Münchener Kommentar
zum Strafgesetzbuch

Herausgegeben von

Dr. Wolfgang Joecks
Professor an der Universität Greifswald

Dr. Klaus Miebach
Richter am Bundesgerichtshof a.D.

Band 6
JGG (Auszug)
Nebenstrafrecht I

Die einzelnen Bände
des Münchener Kommentars zum StGB

Band 1
§§ 1–37
Bandredakteur:
Vorsitzender Richter am BayObLG und am OLG a.D.
Rechtsanwalt Professor Dr. Bernd von Heintschel-Heinegg

Band 2
§§ 38–79b
Bandredakteur:
Vorsitzender Richter am BayObLG und am OLG a.D.
Rechtsanwalt Professor Dr. Bernd von Heintschel-Heinegg

Band 3
§§ 80–184j
Bandredakteur:
Richter am BGH a.D. Dr. Klaus Miebach

Band 4
§§ 185–262
Bandredakteur:
Richter am BGH Professor Dr. Günther M. Sander

Band 5
§§ 263–358
Bandredakteure:
Professor Dr. Roland Hefendehl
Rechtsanwalt Dr. Olaf Hohmann

Band 6
JGG
Nebenstrafrecht I
Bandredakteure:
Professor Dr. Marco Mansdörfer
Richter am BGH a.D. Dr. Klaus Miebach

Band 7
Nebenstrafrecht II
Bandredakteur:
Professor Dr. Roland Schmitz

Band 8
Nebenstrafrecht III
Völkerstrafgesetzbuch
Bandredakteur:
Professor Dr. Christoph Safferling

Münchener Kommentar zum Strafgesetzbuch

Band 6
JGG (Auszug)

Nebenstrafrecht I
Strafvorschriften aus:
AMG · AntiDopG · BtMG · BtMVV · GÜG
NpSG · TPG · TFG · GenTG · TierSchG
BNatSchG · VereinsG · VersammlG

Bandredakteur:

Professor Dr. Marco Mansdörfer
Universität des Saarlandes

Dr. Klaus Miebach
Richter am BGH a.D.

3. Auflage 2018

C.H.BECK

Zitiervorschlag:
MüKoStGB/*Freund* § … AMG Rn. …

www.beck.de

ISBN 978 3 406 68556 9

© 2018 Verlag C.H.Beck oHG
Wilhelmstraße 9, 80801 München
Druck: Kösel GmbH & Co. KG
Am Buchweg 1, 87452 Altusried-Krugzell
Satz: Meta Systems Publishing & Printservices GmbH, Wustermark
Umschlaggestaltung: Druckerei C.H.Beck, Nördlingen

Gedruckt auf säurefreiem, alterungsbeständigem Papier
(hergestellt aus chlorfrei gebleichtem Zellstoff)

Die Bearbeiter des sechsten Bandes

Ralph Alt
Vorsitzender Richter am Landgericht München II a. D.

Dr. Dr. h. c. Georg Freund
Professor an der Universität Marburg

Dr. Bernd Heinrich
Professor an der Universität Tübingen

Hans Kornprobst
Leitender Oberstaatsanwalt München I

Dr. Peter Kotz †
Rechtsanwalt in Augsburg

Dr. Christian Laue
Professor an der Universität Heidelberg

Stefan Maier
Vorsitzender Richter am Landgericht Ravensburg

Dr. Marco Mansdörfer
Professor an der Universität des Saarlandes

Dr. Mustafa Temmuz Oğlakcıoğlu
Wissenschaftlicher Mitarbeiter
an der Universität Erlangen-Nürnberg

Dr. Michael Pfohl
Leitender Oberstaatsanwalt Tübingen
Honorarprofessor an der Universität Tübingen

Dr. Henning Radtke
Richter am Bundesgerichtshof, Karlsruhe
Professor an der Universität Hannover

Dr. iur. utr. Brigitte Tag
Professorin an der Universität Zürich

Oliver Tölle
Polizeidirektor, Berlin

Im Einzelnen haben bearbeitet:

Vorwort zur 3. Auflage

Seit Drucklegung der zweiten Auflage vor rund vier Jahren hat das Nebenstrafrecht zahlreiche Änderungen und Erweiterungen erfahren. Dies und die inzwischen neu ergangene Rechtsprechung erforderten die erneute Überarbeitung und Aktualisierung auch dieses Bandes des Münchener Kommentars zum StGB. Sowohl die Zielsetzung als auch die grundlegende Konzeption des Kommentars haben sich insgesamt bewährt und werden in der dritten Auflage unverändert beibehalten.

Herr Professor Dr. Wolfgang Joecks ist im Sommer 2016 unerwartet verstorben. Er hat den Münchener Kommentar zum StGB vor 16 Jahren mitbegründet und seit nun fast drei Auflagen hinweg als Mitherausgeber, Bandredakteur und Autor nachhaltig geprägt. Herausgeber, Bandredakteure, Autoren und Verlag gedenken seiner in großer Dankbarkeit für sein außerordentliches Engagement und in bewundernder Achtung seines beruflichen und literarischen Lebenswerks. Während der Erstellung der Manuskripte ist Herr Dr. Peter Kotz verstorben. Er hat große Teile des BtMG und das GÜG außerordentlich kompetent kommentiert und damit nachhaltig zum Erfolg des Werkes beigetragen. Bandredakteure, Herausgeber, Autoren und Verlag sind ihm hierfür zu großem Dank verpflichtet. Herr Professor Dr. Otto Lagodny ist nach zwei Auflagen als Bandredakteur ausgeschieden. Herausgeber, Autoren und Verlag möchten sich für erfolgreiche und angenehme Zusammenarbeit herzlich bedanken. Herr Professor Dr. Marco Mansdörfer ist an dessen Stelle getreten. Weiter ausgeschieden sind Herr Professor Dr. Karsten Altenhain und Herr Vorsitzender Richter a.D. Joachim Rahlf. Auch ihnen gebührt herzlicher Dank für das große Engagement, mit dem sie die Manuskripte erstellt und korrigiert haben. Die Arbeitsbereiche wurden vollständig von Herrn Privatdozent Dr. Christian Laue und Herrn Polizeidirektor Oliver Tölle sowie von Herrn Dr. Mustafa Temmuz Oğlakcıoğlu übernommen.

In dieser Auflage wurden Kommentierungen zum Anti-Doping-Gesetz und das Neuepsychoaktive-Stoffe-Gesetz aufgenommen. Band 6 des Münchener Kommentars zum StGB liegt ein Rechts- und Literaturstand vom Juli/August 2017 zugrunde, wobei an zahlreichen Stellen auch noch neuere Rechtsprechung und Literatur berücksichtigt werden konnte. U.a. sind die Änderungen durch das Gesetz zur Fortschreibung der Vorschriften für Blut- und Gewebezubereitungen vom Juli 2017 vollständig eingearbeitet.

Band 6 werden die weiteren Bände in Kürze folgen. Die dritte Auflage wird voraussichtlich Mitte 2018 abgeschlossen sein.

Im Oktober 2017   Herausgeber, Bandredakteure und Verlag

Aus dem Vorwort zur 1. Auflage

Mit den sechs Bänden zum materiellen Strafrecht wird nunmehr eine in der seit langem erfolgreichen Reihe der Münchener Kommentare bestehende Lücke geschlossen. Im Mittelpunkt der Kommentierung stehen die Vorschriften des Strafgesetzbuches, das in den letzten Jahren durch zahlreiche Reformgesetze geändert worden ist und auch weiterhin von Reformvorschlägen begleitet wird. Dabei wird die gerade in den letzten Jahren rege Tätigkeit des Gesetzgebers als Chance begriffen, altes Fallmaterial und ausgetragene oder nicht mehr praxisrelevante Streitstände auszusondern und stattdessen die modernen strafrechtlichen Entwicklungen darzustellen. Erstmalig wird ein Großkommentar darüber hinaus auch umfassend die in der Praxis immer bedeutsamer werdenden Bestimmungen des so genannten Nebenstrafrechts erläutern.

Der Münchener Kommentar zum materiellen Strafrecht wendet sich vor allem an Richter, Staats- und Amtsanwälte, Strafverteidiger und alle strafrechtlichen Praktiker. Entsprechend dieser Ausrichtung steht das Bestreben im Vordergrund, auf der Basis der präzise zusammengefassten neuesten höchstrichterlichen Rechtsprechung und zuverlässigen Wiedergabe der wesentlichen Literatur stets klare und praxisnahe Lösungsvorschläge und Entscheidungshilfen anzubieten.

Der Aufbau der Darstellung folgt grundsätzlich einer in allen sechs Bänden einheitlichen Struktur, um die Nutzung des Kommentars zu erleichtern. Die Erläuterung beginnt regelmäßig mit der Erörterung des Zwecks und der Rechtsnatur der Norm. Auf deren Entstehungsgeschichte wird nur dort vertieft eingegangen, wo sie für die Auslegung und das Verständnis der Vorschrift bedeutsam ist. Die tatbestandlichen Voraussetzungen werden jeweils vom Wortlaut ausgehend erläutert. Bei Bestimmungen des Besonderen Teils des Strafgesetzbuches und anderen Deliktstatbeständen folgen Ausführungen zu besonders relevanten Fragen aus den Bereichen des Allgemeinen Teils, der Rechtsfolgen und des Prozessrechts, die bei der Anwendung dieser Vorschriften regelmäßig von Bedeutung sind. Gegebenenfalls wird ergänzend auf Aspekte des internationalen, insbesondere europäischen Rechts eingegangen.

Wegen seiner auf die Praxis bezogenen Ausrichtung auf wissenschaftlichem Fundament haben die Herausgeber – der Zielsetzung des Kommentars entsprechend ein Richter und ein Hochschullehrer – und der Verlag besonderen Wert darauf gelegt, anerkannte Hochschullehrer und berufserfahrene Praktiker als Autoren zu gewinnen, die in ihren Beiträgen theoretische Ideen und praktische Notwendigkeiten harmonisch miteinander verknüpfen.

Im April 2003   Herausgeber und Verlag

Inhaltsverzeichnis

Abkürzungsverzeichnis

aA	anderer Ansicht
aaO	am angegebenen Ort
AbfVerbrG	Gesetz über die Überwachung und Kontrolle der grenzüber-schreitenden Verbringung von Abfällen – Abfallverbringungsge-setz vom 19.7.2007, BGBl. I S. 1462 (FNA 2129-49)
abgedr.	abgedruckt
abl.	ablehnend
ABl. EG (Nr.)	Amtsblatt der Europäischen Gemeinschaft
Abs.	Absatz
Abschn.	Abschnitt
abw.	abweichend
ADS	Alternative Drogen- und Suchtberichte von 2014–2016
aE	am Ende
ÄndG	Änderungsgesetz
ÄndVO	Änderungsverordnung
aF	alte Fassung
AG	Amtsgericht/Aktiengesellschaft
AgrarR	Agrarrecht (zitiert nach Jahr und Seite)
AIDS	Acquired Immune Defiency Syndrom
allg.	allgemein
allgA	allgemeine Ansicht
allgM	allgemeine Meinung
Alt.	Alternative
aM	anderer Meinung
AMG	Gesetz über den Verkehr mit Arzneimitteln (Arzneimittelgesetz) in der Fassung der Bekanntmachung vom 12.12.2005, BGBl. I S. 3394 (FNA 2121-51-1-2)
Amtl. Begr.	Amtliche Begründung
Anästh. Intensivmed.	Anästhesiologie und Intensivmedizin (zitiert nach Jahr und Seite)
Angekl.	Angeklagter
Anh.	Anhang
Anlagen I, II, III	Anlagen I, II, III zu § 1 Abs. 1 BtMG
Anm.	Anmerkung
AnO	Anordnung
AntiDopG	Gesetz gegen Doping im Sport (Anti-Doping-Gesetz – Anti-DopG) vom 10.12.2015, BGBl. I S. 2210 (FNA 212–4)
AnwBl	Anwaltsblatt (zitiert nach Jahr und Seite)
AöR	Archiv des öffentlichen Rechts (zitiert nach Jahr und Seite)
ApBetrO	Verordnung über den Betrieb von Apotheken (Apothekenbe-triebsordnung) in der Fassung der Bekanntmachung vom 26.9.1995, BGBl. I S. 1195 (FNA 2121-2-2)
ApoG	Gesetz über das Apothekenwesen (Apothekengesetz – ApoG) in der Fassung der Bekanntmachung vom 15.10.1980, BGBl. I S. 1993 (FNA 2121-2)
Arch. Krim.	Archiv für Kriminologie (zitiert nach Band und Seite)
Art.	Artikel
Arztrecht	Arztrecht, Zeitschrift für Rechts- und Vermögensfragen (zitiert nach Jahr und Seite)

Abkürzungen

Arzt und Kranken-
haus .... Arzt und Krankenhaus, Fachzeitschrift für das Krankenhauswesen (zitiert nach Jahr, Heft und Seite)

AT .... Allgemeiner Teil

AtG .... Gesetz über die friedliche Verwendung der Kernenergie und den Schutz gegen ihre Gefahren (Atomgesetz) in der Fassung der Bekanntmachung vom 15.7.1985, BGBl. I S. 1565 (FNA 751-1)

Aufl. .... Auflage

AusfG Übk. 1988 ..... Ausführungsgesetz zum Suchtstoffübereinkommen 1988

AV .... Allgemeine Verfügung

AWG .... Außenwirtschaftsgesetz

BA .... Blutalkohol (zitiert nach Band und Seite)

BÄO .... Bundesärzteordnung

BÄK .... Bundesärztekammer

BAK .... Blutalkoholkonzentration

BAnz. .... Bundesanzeiger (ab 1983 zitiert nach Jahr und Seite)

BArtSchV .... Verordnung zum Schutz wildlebender Tier- und Pflanzenarten (Bundesartenschutzverordnung − BArtSchV) in der Fassung der Bekanntmachung vom 16.2.2005, BGBl. I S. 258, ber. 896 (FNA 791-8-1)

Bay. .... Bayern

BayBS .... Bereinigte Sammlung des Bayerischen Landesrechts

BayObLG .... Bayerisches Oberstes Landesgericht

BayObLGSt .... Bayerisches Oberstes Landesgericht, Sammlung von Entscheidungen in Strafsachen (alte Folge zitiert nach Band und Seite, neue Folge nach Jahr und Seite)

BayVBl. .... Bayerische Verwaltungsblätter

BB .... Betriebs-Berater (zitiert nach Jahr und Seite)

BBl. .... Bundesblatt der Schweizerischen Eidgenossenschaft

BBodSchG .... Gesetz zum Schutz vor schädlichen Bodenveränderungen und zur Sanierung von Altlasten (Bundes-Bodenschutzgesetz − BBodSchG) in der Fassung der Bekanntmachung vom 17.3.1998, BGBl. I S. 502 (FNA 2129-32)

Bd. .... Band

Begr. .... Begründung

Beil. .... Beilage

Bek. .... Bekanntmachung

Ber. .... Bericht (früher Schriftlicher Bericht) des federführenden Ausschusses des Deutschen Bundestages

Beschl. .... Beschluss

Bespr. .... Besprechung

bestr. .... bestritten

BetMG 1972 .... Betäubungsmittelgesetz vom 22.12.1971

betr. .... betreffend

BezG .... Bezirksgericht

BfArM .... Bundesinstitut für Arzneimittel und Medizinprodukte

BfV .... Bundesamt für Verfassungsschutz

BGA-Berichte .... Schriftenreihe des Bundesgesundheitsamts (zitiert nach Jahr und Heft)

BGB .... Bürgerliches Gesetzbuch in der Fassung der Bekanntmachung vom 2.1.2002, BGBl. I S. 42, ber. S. 2909, 2003 I S. 738 (FNA 400-2)

BGBl. I, II, III .... Bundesgesetzblatt Teil I, Teil II; die Verweisung auf Teil III entspricht dem jährlich veröffentlichten Fundstellennachweis A (FNA) des BGBl.

BGH GrS .... Großer Senat beim Bundesgerichtshof in Strafsachen

BGHR .... BGH-Rechtsprechung – Strafsachen, herausgegeben von den Richtern des Bundesgerichtshofes (seit 1987; zitiert nach Paragraph, abgekürztem Stichwort und laufender Nummer)

BGHSt .... Entscheidungen des Bundesgerichtshofs in Strafsachen (zitiert nach Band und Seite)

BGHZ .... Entscheidungen des Bundesgerichtshofs in Zivilsachen (zitiert nach Band und Seite)

BImSchG .... Gesetz zum Schutz vor schädlichen Umwelteinwirkungen durch Luftverunreinigungen, Geräusche, Erschütterungen und ähnliche Vorgänge (Bundes-Immissionsschutzgesetz – BImSchG) in der Fassung der Bekanntmachung vom 26.9.2002, BGBl. I S. 3830 (FNA 2129-8)

BImSchV .... Verordnung zur Durchführung des Bundesimmissionsschutzgesetzes

BJagdG .... Bundesjagdgesetz in der Fassung der Bekanntmachung vom 29.9.1976, BGBl. I S. 2849 (FNA 792–1)

Bln. .... Berlin

Blutalkohol/BA .... Blutalkohol, Wissenschaftliche Zeitschrift für die medizinische und juristische Praxis (zitiert nach Jahr und Seite)

BMI .... Bundesministerium des Innern

BNatSchG .... Gesetz über Naturschutz und Landschaftspflege (Bundesnaturschutzgesetz – BNatSchG) vom 29.7.2009, BGBl. I S. 2542 (FNA 791-9)

Bbg. .... Brandenburg

BRAO .... Bundesrechtsanwaltsordnung

BR .... Bundesrat, auch Plenarprotokoll (zitiert nach Sitzungsnummer)

BRD .... Bundesrepublik Deutschland

BR-Drs. .... Drucksache des Bundesrats (zitiert nach Nummer und Jahr)

BReg. .... Bundesregierung

Brem. .... Freie Hansestadt Bremen

BRep. .... Bundesrepublik Deutschland

Bsp. .... Beispiel

bspw. .... beispielsweise

BT .... Besonderer Teil/Deutscher Bundestag, auch Plenarprotokoll (zitiert nach Wahlperiode und Seite)

BT-Drs. .... Drucksache des Deutschen Bundestags (zitiert nach Wahlperiode und Nummer)

BtM .... Betäubungsmittel

BtMÄndG .... Gesetz zur Änderung des Betäubungsmittelgesetzes

BtMÄndV .... Verordnung zur Änderung betäubungsrechtlicher Vorschriften

BtMÄndV (19.) .... Neunzehnte Verordnung zur Änderung betäubungsmittelrechtlicher Vorschriften (19. BtMÄndV) vom 10.3.2005, BGBl. I S. 757

BtMAHV .... Betäubungsmittel-Außenhandelsverordnung vom 16.12.1991, BGBl. I S. 1420 (FNA 2121-6-24-2)

BtmBinHV .... Betäubungsmittel-Binnenhandelsverordnung (BtMBinHV) vom 16.12.1981, BGBl. I S. 1425 (FNA 2121-6-24-1)

BtMG .... Gesetz über den Verkehr mit Betäubungsmitteln (Betäubungsmittelgesetz – BtMG) in der Fassung der Bekanntmachung vom 1.3.1994, BGBl. I S. 358 (FNA 2121-6-24)

Abkürzungen

DMG .... Düngemittelgesetz – DMG vom 12.11.1977 BGBl. I S. 2134 (FNA 7820–2)

DMW .... Deutsche Medizinische Wochenschrift (zitiert nach Jahr und Seite)

DNotZ .... Deutsche Notar-Zeitschrift

DOB .... Dimeth-Oxy-Bromamphetamin

DÖV .... Die öffentliche Verwaltung (zitiert nach Jahr und Seite)

DOM .... Dimeth-Oxy-Methylamphetamin

DRiZ .... Deutsche Richterzeitung (zitiert nach Jahr und Nummer)

DRsp .... Deutsche Rechtsprechung, Elektronische Datenbank, auch CD-ROM

DRW .... Deutsches Recht, vereinigt mit Juristischer Wochenschrift (zitiert nach Jahr und Seite)

DRZ .... Deutsche Rechtszeitschrift (zitiert nach Jahr und Seite)

DSM-IV .... Diagnostic Statistic Manual

DStR .... Deutsches Steuerrecht (zitiert nach Band und Seite)

DStrZ .... Deutsche Strafrechtszeitung

DtZ .... Deutsch-Deutsche Rechtszeitschrift (zitiert nach Jahr und Seite)

DuR .... Demokratie und Recht (zitiert nach Jahr und Seite)

DVBl .... Deutsches Verwaltungsblatt

DVJJ-Journal .... Zeitschrift für Jugendkriminalrecht und Jugendhilfe (zitiert nach Jahr und Seite)

DVO .... Durchführungsverordnung

DWiR .... Deutsche Zeitschrift für Wirtschaftsrecht (zitiert nach Jahr und Seite)

E .... Entwurf

ebd. .... ebenda

EG .... Einführungsgesetz

EGMR .... Europäischer Gerichtshof für Menschenrechte

Einl. .... Einleitung

einschr. .... einschränkend

entspr. .... entspricht/entsprechend

Erg. .... Ergebnis

Erl. .... Erlass

ESchG .... Gesetz zum Schutz von Embryonen (Embryonenschutzgesetz – ESchG) vom 13.12.1990, BGBl. I S. 2746 (FNA 453–19)

etc. .... et cetera

EU .... Europäische Union

EuGH .... Gerichtshof der Europäischen Gemeinschaften

EuZW .... Europäische Zeitschrift für Wirtschaft (zitiert nach Jahr und Seite)

EWG .... Europäische Wirtschaftsgemeinschaft

EWR .... Europäischer Wirtschaftsraum

EzSt. .... Entscheidungssammlung zum Straf- und Ordnungswidrigkeitenrecht (zitiert nach Paragraph und laufender Nummer)

f./ff. .... folgende

Fallbespr. .... Fallbesprechung

FamRZ .... Ehe und Familie im privaten und öffentlichen Recht (zitiert nach Jahr und Seite)

FlHG .... Fleischhygienegesetz aufgehoben mWv 7.9.2005 durch Art. 7 Nr. 7 G zur Neuordnung d. Lebensmittel- u. FuttermittelR, BGBl. I S. 2618, 2666

Abkürzungen

Fn. .... Fußnote

FNA .... Fundstellennachweis A, siehe bei BGBl.

For .... Forensia, Interdisziplinäre Zeitschrift für Psychiatrie, Kriminologie und Recht (zitiert nach Band und Seite)

FPR .... Familie, Partnerschaft, Recht (zitiert nach Jahr und Seite)

FS .... Festschrift

G .... Gesetz

GA .... Goltdammer's Archiv für Strafrecht (bis 1952 zitiert nach Band und Seite, ab 1953 zitiert nach Jahr und Seite)

GBA .... Generalbundesanwalt beim Bundesgerichtshof

GBl. .... Gesetzblatt

GS .... Gedächtnisschrift

gem. .... gemäß

GenTG .... Gesetz zur Regelung der Gentechnik (Gentechnikgesetz – GenTG) in der Fassung der Bekanntmachung vom 16.12.1993, BGBl. I S. 2066 (FNA 2121-60-1)

GenTSV .... Verordnung über die Sicherheitsstufen und Sicherheitsmaßnahmen bei gentechnischen Arbeiten in gentechnischen Anlagen (Gentechnik-Sicherheitsverordnung – GenTSV) in der Fassung der Bekanntmachung vom 14.3.1995, BGBl. I S. 297 (FNA 2121-60-1-4)

GerS .... Der Gerichtssaal (zitiert nach Band und Seite)

GE .... Gesetzentwurf

GG .... Grundgesetz für die Bundesrepublik Deutschland

GgA .... Gegenansicht

ggf. .... gegebenenfalls

grds. .... grundsätzlich

GrStrK .... Große Strafkammer

GÜG .... Gesetz zur Überwachung des Verkehrs mit Grundstoffen, die für die unerlaubte Herstellung von Betäubungsmitteln missbraucht werden können (Grundstoffüberwachungsgesetz – GÜG) vom 11.3.2008, BGBl. I S. 306 (FNA 2121-6-27)

GVBl. .... Gesetz- und Verordnungsblatt

hA .... herrschende Ansicht

Hmb. .... Hamburg

HdB .... Handbuch

Hess. .... Hessen

HESt .... Höchstrichterliche Entscheidungen in Strafsachen (zitiert nach Band und Seite)

HHC .... Heroinhydrochlorid

HIV .... Human Immunodefiency Virus

hL .... herrschende Lehre

hM .... herrschende Meinung

HoheSeeEinbrG .... Gesetz über das Verbot der Einbringung von Abfällen und anderen Stoffen und Gegenständen in die Hohe See (Hohe-See-Einbringungsgesetz zur Ausführung des Prot. vom 7.11.1996 zum Übkommen über die Verhütung der Meeresverschmutzung durch das Einbringen von Abfällen und anderen Stoffen von 1972)

HoheSeeÜbk. .... Übereinkommen über die Hohe See vom 29.4.1958

Hrsg. .... Herausgeber

Hs. .... Halbsatz

HT	Handeltreiben
HWG	Gesetz über die Werbung auf dem Gebiete des Heilwesens (Heilmittelwerbegesetz – HWG) in der Fassung der Bekanntmachung vom 19.10.1994, BGBl. I S. 3068 (FNA 2121-20)
ic	in concreto/in casu
ICD-10	International Classification of Diseases
idF	in der Fassung (Bekanntmachung der Neufassung auf Grund einer Ermächtigung)
idR	in der Regel
ieS	im engeren Sinne
IfSG	Gesetz zur Verhütung und Bekämpfung von Infektionskrankheiten beim Menschen (Infektionsschutzgesetz – IfSG) vom 20.7.2000, BGBl. I S. 1045 (FNA 2126-13)
ILO	International Labour Organisation
insbes./insbes.	insbesondere
insg.	insgesamt
iRd.	im Rahmen des/der
IRG	Gesetz über die internationale Rechtshilfe in Strafsachen (IRG) in der Fassung der Bekanntmachung vom 27.6.1994, BGBl. I S. 1537 (FNA 319-87)
iS	im Sinne
IuR	Informatik und Recht (zitiert nach Jahr und Seite)
iVm	in Verbindung mit
iwS	im weiteren Sinne
JA	Juristische Arbeitsblätter (zitiert nach Jahr und Seite)
JBl.	Juristische Blätter (zitiert nach Jahr und Seite)
JGG	Jugendgerichtsgesetz (JGG)
JK	Jura-Karteikarten
JMBl.	Justizministerialblatt
JMBlNW	Justizministerialblatt für das Land Nordrhein-Westfalen
JR	Juristische Rundschau (zitiert nach Jahr und Seite)
JStGH	Internationaler Strafgerichtshof für das ehemalige Jugoslawien
Jura	Juristische Ausbildung (zitiert nach Jahr und Seite)
JurA	Juristische Analysen (zitiert nach Jahr und Seite)
JuS	Juristische Schulung (zitiert nach Jahr und Seite)
Justiz	Die Justiz, Amtsblatt
JVA	Justizvollzugsanstalt
JVL	Schriftenreihe der Juristen-Vereinigung-Lebensrecht (zitiert nach Nummer und Seite)
JW	Juristische Wochenschrift (zitiert nach Jahr und Seite)
JZ	Juristenzeitung (zitiert nach Jahr und Seite)
JZ-GD	Juristenzeitung, Gesetzgebungsdienst (zitiert nach Jahr und Seite)
KE	Konsumeinheit
Kfz	Kraftfahrzeug
KGJ	Jahrbuch für Entscheidungen des Kammergerichts
KH	Das Krankenhaus
KHC	Kokainhydrochlorid
KR	Kommunikation und Recht (zitiert nach Jahr und Seite)
KrG	Kreisgericht
KrimGgwFr.	Kriminologische Gegenwartsfragen (zitiert nach Band und Seite)
Kriminalist	Der Kriminalist (zitiert nach Jahr und Seite)
Kriminalistik	Kriminalistik (zitiert nach Jahr und Seite)

Abkürzungen

KrimJ	Kriminologisches Journal
KrimZ	Kriminologische Zentralstelle Wiesbaden eV
krit.	kritisch
KritJ	Kritische Justiz
KritV	Kritische Vierteljahreszeitschrift für die Gesetzgebung und Rechtswissenschaft (zitiert nach Jahr und Seite)
KrWaffG	Ausführungsgesetz zu Artikel 26 des Grundgesetzes (Gesetz über die Kontrolle von Kriegswaffen) in der Fassung der Bekanntmachung vom 22.11.1990, BGBl. I S. 2506 (FNA 190-1)
KrWG	Gesetz zur Förderung der Kreislaufwirtschaft und Sicherung der umweltverträglichen Bewirtschaftung von Abfällen (Kreislaufwirtschaftsgesetz – KrWG) vom 24.2.2012, BGBl. I S. 212 (FNA 2129-56)
KuG	Kirche und Gesellschaft, Katholische Sozialwissenschaftliche Zentralstelle Mönchengladbach (Hrsg.; zitiert nach Heftnummer und Jahr)
KUP	Kriminologie und Praxis (herausgegeben von der Kriminologischen Zentralstelle Wiesbaden eV)
LFGB	Lebensmittel- und Futtermittelgesetzbuch in der Fassung der Bekanntmachung vom 22.8.2011, BGBl. I S. 1770 (FNA 2125-44)
LG	Landgericht
li. Sp.	linke Spalte
Lit.	Literatur
LKA	Landeskriminalamt
LMBG	Gesetz über den Verkehr mit Lebensmitteln, Tabakerzeugnissen, kosmetischen Mitteln und sonstigen Bedarfsgegenständen (Lebensmittel- und Bedarfsgegenständegesetz – LMBG), aufgehoben. Nun: LFBG
Losebl.	Loseblattsammlung
LSD	Lyserg-Säure-Diäthulamid
mAnm	mit Anmerkung
Mat.	Materialien zur Strafrechtsreform, 15 Bände, 1954–1962
MBl.	Ministerialblatt
MBO-Ä	Musterberufsordnung für Ärzte
MDA	Methylen-Dioxy-Amphetamin
MDE	Methylen-Dioxy-Ethyl-Amphetamin
MDMA	Methylen-Dioxy-Meth-Amphetamin
MDR	Monatsschrift für deutsches Recht (zitiert nach Jahr und Seite)
MDv	Marinedienstvorschrift
MV	Mecklenburg-Vorpommern
MedEthik	Zeitschrift für medizinische Ethik (zitiert nach Jahr und Seite)
MedR	Medizinrecht (zitiert nach Jahr und Seite)
MEDSACH	Der medizinische Sachverständige (zitiert nach Jahr und Seite)
MilRegABl.	Amtsblatt der Militärregierung Deutschland
MiStra	Anordnung über Mitteilungen in Strafsachen, AV BMJ
MMW	Münchener Medizinische Wochenschrift (zitiert nach Jahr und Seite)
MPG	Gesetz über Medizinprodukte (Medizinproduktegesetz – MPG) in der Fassung der Bekanntmachung vom 7.8.2002, BGBl. I S. 3146 (FNA 7102-47)

MschrKrim	Monatsschrift für Kriminalpsychologie und Strafrechtsreform (bis 1936; dann für Kriminalbiologie und Strafrechtsreform; zitiert nach Jahr und Seite)
mwN	mit weiteren Nachweisen
Nachw.	Nachweis
NatSchG	Naturschutzgesetze der Länder
Nds.	Niedersachsen
NdsRpflege	Niedersächsische Rechtspflege (zitiert nach Jahr und Seite)
NervA	Der Nervenarzt (zitiert nach Jahr und Seite)
nF	neue Fassung
ngM	nicht geringe Menge
NJ	Neue Justiz (zitiert nach Jahr und Seite)
NJW	Neue Juristische Wochenschrift (zitiert nach Jahr und Seite)
NPA	Neues Polizeiarchiv
NpSG	Neue-psychoaktive-Stoffe-Gesetz vom 21.11.2016, BGBl. I S. 2615 (FNA 2121-2)
Nr.	Nummer
NRW	Nordrhein-Westfalen
NRW SGV	Sammlung des bereinigten Gesetz- und Verordnungsblattes für das Land Nordrhein-Westfalen
NRW VBl.	Verwaltungsblatt des Landes Nordrhein-Westfalen
NStZ	Neue Zeitschrift für Strafrecht (zitiert nach Jahr und Seite)
NStZ-RR	NStZ-Rechtsprechungs-Report Strafrecht (zitiert nach Jahr und Seite)
NuR	Natur und Recht (zitiert nach Jahr und Seite)
NVwZ	Neue Zeitschrift für Verwaltungsrecht (zitiert nach Jahr und Seite)
ÖGW	Öffentliches Gesundheitswesen (zitiert nach Jahr und Seite)
og	oben genannt
OGH	Oberster Gerichtshof für die britische Zone in Köln
OGHSt	Oberster Gerichtshof für die britische Zone in Köln, auch Rechtsprechung des OGH in Strafsachen (zitiert nach Band und Seite)
OLG	Oberlandesgericht
OLG-NL	OLG-Rechtsprechung – Neue Länder (zitiert nach Jahr und Seite)
OLGR	OLG-Report, Schnelldienst zur Zivilrechtsprechung der Oberlandesgerichte (zitiert mit dem Ort des jeweiligen Oberlandesgerichts)
OLGSt	Entscheidungen der Oberlandesgerichte zum Straf- und Strafverfahrensrecht (zitiert nach Paragraph und Seite; Neuaufl. [Entscheidungen seit 1982] innerhalb der Paragraphen nur mit laufender Nummer zitiert)
OK	Organisierte Kriminalität
OpiumÄndG	Gesetz zur Abänderung des Opiumgesetzes vom 21.3.1924
OpiumG 1920	Gesetz vom 30.12.1920 zur Ausführung des internationalen Opiumabkommens vom 23.1.1912
OpiumG 1929	Gesetz über den Verkehr mit Betäubungsmitteln vom 10.12.1929
OpiumV 1917	Verordnung betreffend den Handel mit Opium und anderen Betäubungsmitteln vom 22.3.1917
OpiumV 1918	Verordnung über den Verkehr mit Opium vom 15.12.1918

Abkürzungen

OpiumV 1920	Verordnung über den Verkehr mit Opium und anderen Betäubungsmitteln vom 20.7.1920
OrgKG	Gesetz zur Bekämpfung des illegalen Rauschgifthandels und anderer Erscheinungsformen der Organisierten Kriminalität (OrgKG)
OVG	Oberverwaltungsgericht
OWiG	Gesetz über Ordnungswidrigkeiten in der Fassung der Bekanntmachung vom 19.2.1987, BGBl. I S. 602 (FNA 454-1)
ParteiG	Gesetz über die politischen Parteien (Parteiengesetz) in der Fassung der Bekanntmachung vom 31.1.1994, BGBl. I S. 149 (FNA 112-1)
pass.	passim; im angegebenen Werk da und dort verstreut
PaßG	Paßgesetz (PaßG) vom 19.4.1986, BGBl. I S. 537 (FNA 210-5)
PflSchG	Gesetz zum Schutz der Kulturpflanzen (Pflanzenschutzgesetz – PflSchG) vom 6.2.2012, BGBl. I S. 148, ber. S. 1281 (FNA 7823-7)
PKS	Polizeiliche Kriminalstatistik des BKA
Pkw	Personenkraftwagen
PolG	Polizeigesetz
PolVO	Polizeiverordnung
Prot.	Protokolle über die Sitzung des Sonderausschusses für die Strafrechtsreform
R & P	Recht und Psychiatrie (zitiert nach Jahr und Seite)
RA	Rechtsausschuss bzw. Rechtsanwalt
RA-BT	Rechtsausschuss des Deutschen Bundestages
RdA	Recht der Arbeit (zitiert nach Jahr und Seite)
RdErl.	Runderlass
RdJB	Recht der Jugend und des Bildungswesens (zitiert nach Jahr und Seite)
RdM	Recht der Medizin (zitiert nach Jahr und Seite)
RdSchr.	Rundschreiben
recht	recht, Informationen des Bundesministeriums der Justiz (zitiert nach Jahr und Seite)
RefE	Referentenentwurf
RegBl.	Regierungsblatt
RegE	Regierungsentwurf (des jeweiligen Änderungsgesetzes)
RG	Reichsgericht
RGBl. I, II	Reichsgesetzblatt Teil I, Teil II
RGSt	Entscheidungen des Reichsgerichts in Strafsachen (zitiert nach Band und Seite); auch Reichsgericht
RGZ	Entscheidungen des Reichsgerichts in Zivilsachen (zitiert nach Band und Seite)
RhPf.	Rheinland-Pfalz
RL	Richtlinie(n)
RiStBV	Richtlinien für das Strafverfahren und das Bußgeldverfahren in der ab 1.2.1997 (bundeseinheitlich) geltenden Fassung
Rn.	Randnummer/Randnummern
RöV	Verordnung über den Schutz vor Schäden durch Röntgenstrahlen (Röntgenverordnung – RöV) in der Fassung der Bekanntmachung vom 30.4.2003, BGBl. I S. 604 (FNA 751-13)
re. Sp.	rechte Spalte
Rspr.	Rechtsprechung
RStGB 1871	Reichsstrafgesetzbuch idF von 1871

RuG	Recht und Gesellschaft, Zeitschrift für Rechtskunde (zitiert nach Jahr und Seite)
RuP	Recht und Politik, Vierteljahreszeitschrift für Rechts- und Verwaltungspolitik (zitiert nach Jahr und Seite)
RuStAG	Reichs- und Staatsangehörigkeitsgesetz
s.	siehe
S.	Seite/Satz
s. o.	siehe oben
s. u.	siehe unten
Saarl.	Saarland
Sachs.	Sachsen
SchlH	Schleswig-Holstein
SchlHA	Schleswig-Holsteinische Anzeigen (zitiert nach Jahr und Seite)
SchlHLNatSchG	Landesnaturschutzgesetz Schleswig-Holstein
SchSV	Schiffssicherheitsverordnung
schwBtMG	Betäubungsmittelgesetz der Schweizerischen Eidgenossenschaft
SDÜ	Übereinkommen zur Durchführung des Übereinkommens von Schengen vom 14.6.1985, vom 19.6.1990, BGBl. II S. 1010
Sen.	Senat
SeuffA	Seufferts Archiv für Entscheidungen der obersten Gerichte
SJZ	Süddeutsche Juristenzeitung
sog.	sogenannt
SortenSchG	Sortenschutzgesetz in der Fassung der Bekanntmachung vom 19.12.1997, BGBl. I S. 3164 (FNA 7822-7)
StA	Staatsanwalt bzw. Staatsanwaltschaft
StBA	Statistisches Bundesamt
StGB	Strafgesetzbuch (StGB) in der Fassung der Bekanntmachung vom 13.11.1998, BGBl. I S. 3322 (FNA 450-2)
StGB-DDR	Strafgesetzbuch der Deutschen Demokratischen Republik
StPO	Strafprozessordnung (StPO) in der Fassung der Bekanntmachung vom 7.4.1987, BGBl. I S. 1074, ber. S. 1319 (FNA 312-2)
str.	streitig
StrÄndG	Strafrechtsänderungsgesetz
StraFo	Strafverteidiger Forum
StrlSchV	Verordnung über den Schutz vor Schäden durch ionisierende Strahlen (Strahlenschutzverordnung – StrlSchV)
StRR	StrafRechtsReport (Arbeitszeitschrift für das gesamte Strafrecht; 6. Jg. 2012)
StrRG	Gesetz zur Reform des Strafrechts
StrVG	Gesetz zum vorsorgenden Schutz der Bevölkerung gegen Strahlenbelastung (Strahlenschutzvorsorgegesetz – StrVG) vom 19.12.1986, BGBl. I S. 2610 (FNA 2129-16)
StV	Strafverteidiger (zitiert nach Jahr und Seite)
StVK	Strafvollstreckungskammer
SuchtG	Suchtgefahren (zitiert nach Jahr und Seite)
TÄHAV	Verordnung über tierärztliche Hausapotheken in der Fassung der Bekanntmachung vom 8.7.2009, BGBl. I S. 1760 (FNA 2121-50-1-15)
TA-Lärm	Technische Anleitung zum Schutz gegen Lärm
TA-Luft	Technische Anleitung zur Reinhaltung der Luft
teilw.	teilweise

Abkürzungen

TFG .... Gesetz zur Regelung des Transfusionswesens (Transfusionsgesetz – TFG) in der Fassung der Bekanntmachung vom 28.8.2007, BGBl. I S. 2169 (FNA 2121-52)

THC .... Tetrahydrocannabinol

Thür. .... Thüringen

ThürVBl. .... Thüringer Verwaltungsblätter

TierGesG .... Gesetz zur Vorbeugung vor und Bekämpfung von Tiersuchen (Tiergesundheitsgesetz – TierGesG) vom 22.5.2013, BGBl. I S. 1324 (FNA 7831-44)

TierSchG .... Tierschutzgesetz in der Fassung der Bekanntmachung vom 18.5.2006, BGBl. I S. 2205 (FNA 7833-3)

TierSG .... Tierseuchengesetz (TierSG) in der Fassung der Bekanntmachung vom 22.6.2004, BGBl. I S. 1260, ber. S. 3588 (FNA 7831-1)

TPG .... Gesetz über die Spende, Entnahme und Übertragung von Organen (Transplantationsgesetz – TPG) in der Fassung der Bekanntmachung vom 4.9.2007, BGBl. I S. 2206 (FNA 212-2)

ua .... unter anderem/und andere

üA .... überwiegende Ansicht

Übers. .... Übersicht

ÜberstÜbk. .... Übereinkommen über die Überstellung verurteilter Personen

Übk. .... Übereinkommen

UIG .... Umweltinformationsgesetz (UIG) vom 22.12.2004, BGBl. I S. 3704 (FNA 2129-42)

umstr. .... umstritten

Univ. .... Universitas (zitiert nach Jahr und Seite)

unstr. .... unstreitig

unveröff. .... unveröffentlicht

urspr. .... ursprünglich

usw .... und so weiter

UTR .... Umwelt und Technikrecht (zitiert nach Band und Seite)

uU .... unter Umständen

v. .... von/vom

VA .... Vermittlungsausschuss/Verwaltungsakt

VBLBW .... Verwaltungsblätter Baden-Württemberg (zitiert nach Jahr und Seite)

VE .... Verdeckter Ermittler

VereinsG .... Gesetz zur Regelung des öffentlichen Vereinsrechts (Vereinsgesetz) vom 5.8.1964, BGBl. I S. 593 (FNA 2180-1)

VersammlG .... Gesetz über Versammlungen und Aufzüge (Versammlungsgesetz) in der Fassung der Bekanntmachung vom 15.11.1978, BGBl. I S. 1789 (FNA 2180-4)

VerwArch. .... Verwaltungsarchiv (zitiert nach Jahr und Seite)

VG .... Verwaltungsgericht

VGH .... Verwaltungsgerichtshof

vgl. .... vergleiche

VGrS .... Vereinigte Große Senate

V-Mann .... Vertrauensmann

VO .... Verordnung

Vor/Vorb. .... Vorbemerkung

VR .... Verwaltungsrundschau

VStGB .... Völkerstrafgesetzbuch (VStGB)

VStSen. .... Vereinigte Strafsenate

VVDStRL	Veröffentlichungen der Vereinigung deutscher Staatsrechtslehrer (zitiert nach Heft und Seite)
VwGO	Verwaltungsgerichtsordnung – VwGO
VWKostG	Verwaltungskostengesetz (VwKostG)
VwRundschau	Verwaltungsrundschau (zitiert nach Jahr und Seite)
VwV	Allgemeine Verwaltungsvorschriften
VwVfG	Verwaltungsverfahrensgesetz (VwVfG) in der Fassung der Bekanntmachung vom 23.1.2003, BGBl. I S. 102 (FNA 201-6)
VwVG	Verwaltungs-Vollstreckungsgesetz (VwVG) vom 27.4.1953, BGBl. I S. 157 (FNA 201-4)
WA	Washingtoner Artenschutzübereinkommen – Übereinkommen über den internationalen Handel mit gefährdeten Arten freilebender Tiere und Pflanzen vom 3.3.1973, BGBl. 1975 II S. 777
WaStrG	Bundeswasserstraßengesetz (WaStrG) in der Fassung der Bekanntmachung vom 23.5.2007, BGBl. I S. 962, ber. BGBl. I 2008 S. 1980 (FNA 940-9)
WHG	Gesetz zur Ordnung des Wasserhaushalts (Wasserhaushaltsgesetz – WHG) vom 31.7.2009, BGBl. I S. 2585 (FNA 753-13)
WHO	World Health Organisation (Weltgesundheitsorganisation)
WRV	Weimarer Reichsverfassung
ZAP	Zeitschrift für Anwaltspraxis
ZAR	Zentrale Auswertungen Rauschgift
zB	zum Beispiel
ZBlJR	Zentralblatt für Jugendrecht und Jugendwohlfahrt (zitiert nach Jahr und Seite)
ZfBR	Zeitschrift für deutsches und internationales Baurecht (zitiert nach Jahr und Seite)
ZfJ	Zentralblatt für Jugendrecht (zitiert nach Jahr und Seite)
ZfL	Zeitschrift für Lebensrecht (zitiert nach Jahr und Seite)
ZfStrVo.	Zeitschrift für Strafvollzug und Straffälligenhilfe (zitiert nach Jahr und Seite)
ZfW	Zeitschrift für Wasserrecht (zitiert nach Jahr und Seite)
ZfZ	Zeitschrift für Zollrecht (zitiert nach Jahr und Seite)
ZLA	Zentrallaboratorium deutscher Apotheker
ZMedEthik	Zeitschrift für medizinische Ethik (zitiert nach Jahr und Seite)
ZMR	Zeitschrift für Miet- und Raumrecht (zitiert nach Jahr und Seite)
ZollG	Zollgesetz
ZStW	Zeitschrift für die gesamte Strafrechtswissenschaft (zitiert nach Jahr, Band und Seite)
zT	zum Teil
ZUR	Zeitschrift für Umweltrecht (zitiert nach Jahr und Seite)
zust.	zustimmend
zutr.	zutreffend

Literaturverzeichnis

Apfel / Strittmatter .... *Apfel / Strittmatter*, Praxiswissen Strafverteidigung im Betäubungsmittelrecht, 2009

AWHH / *Bearbeiter* ..... *Arzt / Weber / Heinrich / Hilgendorf*, Strafrecht, Besonderer Teil, 3. Aufl. 2015

Baumann / Weber /
Mitsch / Eisele .... *Baumann / Weber / Mitsch / Eisele*, Strafrecht, Allgemeiner Teil, 12. Aufl. 2016

Baumbach / Hueck /
Bearbeiter .... *Baumbach / Hueck*, GmbH-Gesetz, 21. Aufl. 2017

Baumbach / Hefermehl /
Casper .... *Baumbach / Hefermehl / Casper*, Wechselgesetz, Scheckgesetz, Recht der kartengestützten Zahlung, 23. Aufl. 2008

BLAH / *Hartmann* ...... *Baumbach / Lauterbach / Albers / Hartmann*, Zivilprozessordnung, 75. Aufl. 2017

BKA .... Bundeskriminalamt; BKA (Hrsg.), „Was ist Gewalt?", 3 Bände, 1986 bis 1989

Bockemühl / *Bearbeiter* *Bockemühl*, Handbuch des Fachanwalts Strafrecht, 6. Aufl. 2015

Brunner / Dölling .... *Brunner / Dölling*, Jugendgerichtsgesetz, 12. Aufl. 2011

BtM Prax / *Bearbeiter* .. Praxis des Betäubungsmittelstrafrechts, von *Kotz / Rahlf* (Hrsg.), 2012

BtMR .... *Kotz / Rahlf*, BtMR, Entscheidungssammlung BtM-Strafrecht, Loseblatt Schlussstand: Mai 1996

Buddendiek / Rutkowski *Buddendiek / Rutkowski*, Strafrechtliche Nebengesetze (Loseblatt), ab 2013, 35. El., 01/2012

Cramer / Cramer /
Bearbeiter .... *Cramer / Cramer*, Anwalts-Handbuch Strafrecht, 2002

Czychowski / Reinhardt *Czychowski / Reinhardt*, Wasserhaushaltsgesetz, 11. Aufl. 2014

Dallinger .... *Dallinger*, Aus der Rechtsprechung des Bundesgerichtshofs in Strafsachen, MDR (zitiert nach Jahr und Seite)

Dallinger / Lackner .... *Dallinger / Lackner*, Jugendgerichtsgesetz, 1965

Detter .... *Detter*, Zum Strafzumessungs- und Maßregelrecht, NStZ (zitiert nach Jahr und Seite)

Deutsch / Lippert .... *Deutsch / Lippert*, Kommentar zum Arzneimittelgesetz (AMG), 3. Aufl. 2010

Dietel / Gintzel / Kniesel *Dietel / Gintzel / Kniesel*, Versammlungsgesetze, 17. Aufl. 2016

Doehring .... *Doehring*, Völkerrecht, 2. Aufl. 2004

Dölling DJT .... *Dölling*, Gutachten C für den 61. Deutschen Juristentag, 1996

Eberbach / Lange /
Ronellenfitsch /
Bearbeiter .... *Eberbach / Lange / Ronellenfitsch*, Recht der Gentechnik und Biomedizin – GenTR/BioMedR (Loseblatt) 94. El., 09/2016

Ebert .... *Ebert*, Strafrecht Allgemeiner Teil, 4. Aufl. 2003

Eberth / Müller, 1982 ... *Eberth / Müller*, Betäubungsmittelrecht, 1982

Eberth / Müller /
Schütrumpf .... *Eberth / Müller / Schütrumpf*, Verteidigung in Betäubungsmittelsachen, 6. Aufl. 2013

Literatur

Einf./6. StrRG .... *Dencker/Struensee/Nelles/Stein,* Einführung in das 6. Strafrechtsreformgesetz, 1998

Endriß/Malek .... *Endriß/Malek,* Betäubungsmittelstrafrecht, 2. Aufl. 2000 (ab 3. Aufl. 2008: *Malek,* siehe dort)

Erbs/Kohlhaas/
   Bearbeiter .... *Erbs/Kohlhaas,* Strafrechtliche Nebengesetze (Loseblatt), 211. Aufl., 2016

Eser/Burkhardt .... *Eser/Burkhardt,* Strafrecht I, II, 4. Aufl. 1992; III 2. Aufl. 1981; IV 4. Aufl. 1983

Feldhaus .... *Feldhaus,* Bundesimmissionsschutzrecht (Loseblatt), 180. El. 2014

Fischer .... *Fischer,* Strafgesetzbuch, 64. Aufl. 2017

Franke/Wienroeder ..... *Franke/Wienroeder,* Betäubungsmittelgesetz, 3. Aufl. 2007

Franzheim/Pfohl .... *Franzheim/Pfohl,* Umweltstrafrecht, 2. Aufl. 2001

Frenz/Muggenberg ...... *Frenz/Muggenberg,* Bundesnaturschutzgesetz, 2. Aufl. 2016

Freund AT .... *Freund,* Strafrecht Allgemeiner Teil, 2. Aufl. 2009

Freund Urkundenstraf-
   taten .... *Freund,* Urkundenstraftaten 2. Aufl. 2010

Fuhrmann/Klein/
  Fleischfresser/
   Bearbeiter .... *Fuhrmann/Klein/Fleischfresser* (Hrsg.), Arzneimittelrecht, 2. Aufl. 2014

Gassner/*Bearbeiter* ..... *Gassner/Bendomir-Kahlo/Schmidt-Räntsch,* Bundesnaturschutzgesetz, BNatSchG, 2. Aufl. 2003

GK-BNatSchG/
   Bearbeiter .... Gemeinschaftskommentar zum Bundesnaturschutzgesetz, *Schlacke* (Hrsg.), 2. Aufl. 2017

Göbel .... *Göbel,* Strafprozess, 8. Aufl. 2013

Göhler OWiG .... *Göhler,* Gesetz über Ordnungswidrigkeiten, 16. Aufl. 2012

Göhler/Bearbeiter ...... *Göhler/Buddendiek/Lenzen,* Lexikon des Nebenstrafrechts, zugleich Registerband zu *Erbs/Kohlhaas,* Strafrechtliche Nebengesetze, Loseblattausgabe bis 2002 (siehe nun *Buddendiek/Rutkowski*)

Göppinger/Bearbeiter ... *Göppinger,* Kriminologie, bearb. von *Bock* und *Böhm,* 6. Aufl. 2008

Gössel/Dölling BT/1 ... *Gössel/Dölling,* Strafrecht Besonderer Teil, Band 1, 2. Aufl. 2004

Gössel BT/2 .... *Gössel,* Strafrecht Besonderer Teil, Band 2, 1996

Graf/Jäger/Wittig/
   Bearbeiter .... *Graf/Jäger/Wittig* (Hrsg.), Wirtschafts- und Steuerstrafrecht, 2. Aufl. 2017

Grigoleit/Hüllinghorst/
  Wenig .... *Grigoleit/Hüllinghorst/Wenig,* Handbuch Sucht, Stand 2005

Gropp AT .... *Gropp,* Strafrecht Allgemeiner Teil, 4. Aufl. 2015

Haft AT, BT/I, BT/II *Haft,* Strafrecht Allgemeiner Teil, 9. Aufl. 2004; *Haft/Hilgendorf,* Strafrecht Besonderer Teil I, 9. Aufl. 2009, *Haft,* Besonderer Teil II, 8. Aufl. 2005

Hamm .... *Hamm,* Die Revision in Strafsachen, 7. Aufl. 2010 (früher *Sarstedt*)

Handwörterbuch
  UmwR/*Bearbeiter* . Handwörterbuch des Umweltrechts, *Lohse/Storm/Bunge/Knebel/ Sundermann* (Hrsg.), 2. Aufl. 1994

Heinrich AT .... *Heinrich,* Strafrecht Allgemeiner Teil, 5. Aufl. 2016

Hirsch/Schmid-
  Didczuhn .... *Hirsch/Schmid-Didczuhn,* Gentechnik-Gesetz, 1990

Hirt/Maisack/Moritz .. *Hirt/Maisack/Moritz,* Tierschutzgesetz, 3. Aufl. 2016

HJLW/*Bearbeiter* .... *Hügel/Junge/Lander/Winkler,* Deutsches Betäubungsmittelrecht, Loseblatt, Stand 2016

HK-StPO/*Bearbeiter* .. Heidelberger Kommentar zur Strafprozessordnung, von *Gercke/ Julius/Temming/Zöller,* (Hrsg.), 5. Aufl. 2012

Höfling .... *Höfling* (Hrsg.), Kommentar zum Transplantationsgesetz, 2. Aufl. 2013

Höfling/Rixen .... *Höfling/Rixen,* Verfassungsfragen der Transplantationsmedizin, 1996

Hohmann/Sander .... *Hohmann/Sander,* Strafrecht Besonderer Teil I, 3. Aufl. 2011; Besonderer Teil II, 2. Aufl. 2011

Holtz .... *Holtz,* Aus der Rechtsprechung des Bundesgerichtshofs in Strafsachen, MDR (zitiert nach Jahr und Seite)

HRSt .... Entscheidungssammlung zum Strafrecht, Strafverfahrensrecht und zu den Nebengebieten (Höchstrichterliche Rechtsprechung), *Lemke* (Hrsg.), 2002

ICD-10 .... Weltgesundheitsorganisation, Internationale Klassifikation psychischer Störungen: ICD-10, Kap. V (F), Klinisch-diagnostische Leitlinien, *Dilling/Mombour/Schmidt* (Hrsg.), 5. Aufl. 2011

Jakobs .... *Jakobs,* Strafrecht. Allgemeiner Teil, 2. Aufl. 1991

Jarass/Pieroth/
   Bearbeiter .... *Jarass/Pieroth,* Grundgesetz für die Bundesrepublik Deutschland, 14. Aufl. 2016

Jescheck/Weigend .... *Jescheck/Weigend,* Lehrbuch des Strafrechts, Allgemeiner Teil, 5. Aufl. 1996

Joachimski/Haumer ..... *Joachimski/Haumer,* Betäubungsmittelgesetz (BtMG), 7. Aufl. 2002

Joecks .... *Joecks,* StGB, Studienkommentar, 11. Aufl. 2014

Katholnigg .... *Katholnigg,* Aus der Rechtsprechung zu den Vorschriften über betäubungsmittelabhängige Straftäter, NJW (zitiert nach Jahr und Seite)

Kindhäuser AT, BT/I,
   BT/II .... *Kindhäuser,* Strafrecht Allgemeiner Teil, 7. Aufl. 2015; Besonderer Teil I, 7. Aufl. 2015; Teil II 9. Aufl. 2016

Kindhäuser StGB .... *Kindhäuser,* Strafgesetzbuch, Lehr- und Praxiskommentar, 6. Aufl. 2015

KK-OWiG/*Bearbeiter* Karlsruher Kommentar zum Gesetz über Ordnungswidrigkeiten, *Senge* (Hrsg.), 4. Aufl. 2014

KK-StPO/*Bearbeiter* .. Karlsruher Kommentar zur Strafprozessordnung und zum Gerichtsverfassungsgesetz mit Einführungsgesetz, von *Hannich* (Hrsg.), 7. Aufl. 2013

Kloepfer .... *Kloepfer,* Umweltrecht, 4. Aufl. 2016

Kloepfer/Heger .... *Kloepfer/Heger,* Umweltstrafrecht, 3. Aufl. 2014

*Kloesel/Cyran/Feiden/
   Pabel* .... *Kloesel/Cyran/Feiden/Pabel,* Arzneimittelrecht (Loseblatt), 3. Aufl. 2011

Kluge .... *Kluge* (Hrsg.), Tierschutzgesetz, 2002

KMR .... KMR – Kommentar zur Strafprozessordnung, von *v. Heintschel-Heinegg/Stöckel* (Hrsg.) (Loseblatt) Stand 2015

Koch/Ibelgaufts .... *Koch/Ibelgaufts,* Gentechnikgesetz, Stand: November 2000

Köhler AT .... *Köhler,* Strafrecht Allgemeiner Teil, 1997

Kopp/Ramsauer .... *Kopp/Ramsauer,* Verwaltungsverfahrensgesetz, 17. Aufl. 2016

Kopp/Schenke .... *Kopp/Schenke,* Verwaltungsgerichtsordnung, 22. Aufl. 2016

Literatur

Körner	*Körner*, Betäubungsmittelgesetz, Arzneimittelgesetz, 8. Aufl. 2016
Körner/Patzak/ Volkmer/*Bearbeiter*	*Körner/Patzak/Volkmer*, Betäubungsmittelgesetz, Arzneimittelgesetz, Grundstoffüberwachungsgesetz, 8. Aufl. 2016
Kotz/Rahlf	*Kotz/Rahlf*, Betäubungmittelrechtliche Entscheidungen des BVerfG sowie der Ober- und Instanzgerichte, NStZ-RR (zitiert nach Jahr und Seite)
Kreuzer/*Bearbeiter*	*Kreuzer*, Handbuch des Betäubungsmittelstrafrechts, 1998
Krey/Esser AT	*Krey/Esser*, Deutsches Strafrecht, Allgemeiner Teil, 6. Aufl. 2016
Krey/Hellmann/ Heinrich BT/1	*Krey/Hellmann/Heinrich*, Strafrecht, Besonderer Teil, Band 1, 16. Aufl. 2015
Krey/Hellmann/ Heinrich BT/2	*Krey/Hellmann*, Strafrecht, Besonderer Teil, Band 2, 17. Aufl. 2015
Kügel/Müller/ Hofmann/ Bearbeiter	*Kügel/Müller/Hofmann* (Hrsg.), Arzneimittelgesetz, Kommentar, 2. Aufl. 2016
Kühl AT	*Kühl*, Strafrecht Allgemeiner Teil, 8. Aufl. 2017
Küper	*Küper*, Strafrecht Besonderer Teil, 9. Aufl. 2015
Lackner/Kühl/ Bearbeiter	*Lackner/Kühl*, Strafgesetzbuch, 28. Aufl. 2014
Lagodny	*Lagodny*, Strafrecht vor den Schranken der Grundrechte, 1996
Landmann/Rohmer/ Bearbeiter	*Landmann/Rohmer*, Umweltrecht (Loseblatt), 81. Aufl. 2016
Laufs	*Laufs*, Fortpflanzungsmedizin und Arztrecht, 1992
Laufs/Katzenmeier/ Lipp Arztrecht	*Laufs/Katzenmeier/Lipp*, Arztrecht, 7. Aufl. 2015
Laufs/Kern ArztR– HdB	*Laufs/Kern*, Handbuch des Arztrechts, 4. Aufl. 2010
Laubenthal/Baier/ Nestler	*Laubenthal/Baier/Nestler*, Jugendgerichtsgesetz, 3. Aufl. 2015
Lehner/Nolte/ Putzke/*Bearbeiter* ...	*Lehner/Nolte/Putzke* (Hrsg.), Anti-Doping-Gesetz, 2017
Lippert/Flegel	*Lippert/Flegel*, Kommentar zum Transfusionsgesetz (TFG) und den Hämotherapie-Richtlinien, 2002
Lisken/Denninger/ Bearbeiter	*Lisken/Denninger*, Handbuch des Polizeirechts, 5. Aufl. 2012
LK-StGB/*Bearbeiter* ...	Strafgesetzbuch (Leipziger Kommentar), 11. Aufl., von *Jähnke/ Laufhütte/Odersky* (Hrsg.), 1992–2003, 12. Aufl. 2008 ff.
LK-StGB/*Bearbeiter*, 10. Aufl.	Strafgesetzbuch (Leipziger Kommentar), 10. Aufl., von *Jescheck/ Ruß/Willms* (Hrsg.), 1978 bis 1988
LK-StGB/Nachtrag/ Bearbeiter	Nachtragsband zum Leipziger Kommentar, 2000
Löwe/Rosenberg/ Bearbeiter	*Löwe/Rosenberg*, Die Strafprozessordnung und das Gerichtsverfassungsgesetz mit Nebengesetzen, Großkommentar, 26. Aufl., *Rieß* (Hrsg.), bearbeitet von *Wendisch/Gollwitzer/Gössel*, 2010 ff.
Lorz/Metzger	*Lorz/Metzger*, Tierschutzgesetz, 6. Aufl. 2008
LKMMS/*Bearbeiter* ...	*Lorz/Konrad/Mühlbauer/Müller-Walter/Stöckel*, Naturschutzrecht, 3. Aufl. 2013

Lorz/Metzger/
  Stöckel/*Bearbeiter* ..   *Lorz/Metzger/Stöckel,* Jagdrecht, Fischereirecht, 4. Aufl. 2011
Louis/Engelke ....   *Louis/Engelke,* Bundesnaturschutzgesetz, 2. Aufl. 2000

MAH Strafverteidi-
  gung/*Bearbeiter* .....   Münchener Anwaltshandbuch Strafverteidigung, *Widmaier*
     (Hrsg.), 2. Aufl. 2014
Malek ....   *Malek,* Betäubungsmittelstrafrecht, 4. Aufl. 2014 (bis 2. Aufl.
     2000: *Endriß/Malek*)
Mangoldt v./Klein/
  Starck/*Bearbeiter* ...   *v. Mangoldt/Klein/Starck,* Kommentar zum Grundgesetz: GG,
     6. Aufl. 2010
Marzik/Wilrich ....   *Marzik/Wilrich,* Bundesnaturschutzgesetz, 2004
Matt ....   *Matt,* Strafrecht Allgemeiner Teil I, 1996
Maunz/Dürig/
  Bearbeiter ....   Grundgesetz, Loseblatt-Kommentar von *Badura/Di Fabio/Herde-*
     gen/Herzog/Klein/Korioth/Lerche/Papier/Randelzhofer/Schmidt-
     Assmann/Scholz (Loseblatt)
Maurach/Zipf AT/1 ....   *Maurach/Zipf,* Strafrecht Allgemeiner Teil, Teilband 1, 8. Aufl. 1992
Maurach/Gössel/Zipf
  AT/2 ....   *Maurach/Gössel/Zipf,* Strafrecht Allgemeiner Teil, Teilband 2,
     8. Aufl. 2014
Maurach/Schroeder/
  Maiwald BT/1,
  BT/2 ....   *Maurach/Schroeder/Maiwald,* Strafrecht, Besonderer Teil, Teil-
     band 1, 10. Aufl. 2009; Teilband 2, 9. Aufl. 2005
Maurer AllgVerwR ....   *Maurer,* Allgemeines Verwaltungsrecht, 18. Aufl. 2011
Meier ....   *Meier,* Strafrechtliche Sanktionen, 4. Aufl. 2014
Meyer/*Bearbeiter* ....   *Meyer,* Betäubungsmittelstrafrecht in Westeuropa, 1987
Meyer/Köhler/Dürig-
  Friedl ....   *Meyer/Köhler/Dürig-Friedl,* Demonstrations- und Versammlungs-
     recht, 4. Aufl. 2001
Meyer-Goßner/
  Schmitt/*Bearbeiter* .   *Meyer-Goßner/Schmitt,* Strafprozessordnung, 60. Aufl. 2017
Michalke ....   *Michalke,* Umweltstrafsachen, 2. Aufl. 2000
Mitsch BT II/1, II/2   *Mitsch,* Strafrecht, Besonderer Teil 2, Teilband 1, 2. Aufl. 2002;
     Teilband 2, 3. Aufl. 2015
v. Münch/Kunig/
  Bearbeiter ....   *v. Münch/Kunig* (Hrsg.) Grundgesetzkommentar, Band 1, 6. Aufl.
     2012; Band 2, 6. Aufl. 2012

Narr ....   *Narr,* Ärztliches Berufsrecht (Loseblatt), 2015
Naucke ....   *Naucke,* Strafrecht, 10. Aufl. 2002
Nedopil ....   *Nedopil/Dittmann/Freisleder,* Forensische Psychiatrie. Klinik,
     Begutachtung und Behandlung zwischen Psychiatrie und Recht,
     3. Aufl. 2007
Nickel/Schmidt-
  Preisigke/*Sengler* ...   *Nickel/Schmidt-Preisigke/Sengler,* Transplantationsgesetz, Kommen-
     tar, 2001
NK-StGB/*Bearbeiter* ..   Nomos Kommentar zum Strafgesetzbuch, *Kindhäuser,* 6. Aufl. 2015
NStE ....   Neue Entscheidungssammlung für Strafrecht, *Rebmann/Dahs/Mie-*
     bach (Hrsg.), zitiert nach Paragraph und laufender Nummer,
     innerhalb des Paragraphen nur mit laufender Nummer

Literatur

Kluge/Ort/Reckewell	*Kluge* (Hrsg.), Tierschutzgesetz, 2002
Ott/Wächtler/Heinold	*Ott/Wächtler/Heinold,* Gesetz über Versammlungen und Aufzüge, 7. Aufl. 2010
Otto AT, BT	*Otto,* Grundkurs Strafrecht, AT Allgemeine Strafrechtslehre, 7. Aufl. 2004; BT Die einzelnen Delikte, 7. Aufl. 2005
Palandt/Bearbeiter	*Palandt,* Bürgerliches Gesetzbuch, 76. Aufl. 2017
Patzak/Bohnen	*Patzak/Bohnen,* Betäubungsmittelrecht, 3. Aufl. 2015
Pfeiffer	*Pfeiffer,* Strafprozessordnung und Gerichtsverfassungsgesetz, 5. Aufl. 2005
Pfeil/Hempel/ Schiedermaier/ *Bearbeiter*	*Pfeil/Hempel/Schiedermaier,* Betäubungsmittelrecht, 2. Aufl. 1987
Piller/Hermann	*Piller/Hermann* (Hrsg.), Justizverwaltungsvorschriften (Loseblatt)
Pohlmann/Jabel/ Wolf/*Bearbeiter*	*Pohlmann/Jabel/Wolf,* Strafvollstreckungsordnung, 9. Aufl. 2015
PraxRMed	*Forster* (Hrsg.), Praxis der Rechtsmedizin für Mediziner und Juristen, 1986
Rebholz	*Rebholz,* Einfuhr, Durchfuhr und Ausfuhr im Straf- und Ordnungswidrigkeitenrecht, 1991
Rebmann/Roth/ Herrmann/ *Bearbeiter*	*Rebmann/Roth/Herrmann,* Gesetz über Ordnungswidrigkeiten (Loseblatt)
Rehmann	*Rehmann,* Arzneimittelgesetz (AMG), 4. Aufl. 2014
Rengier BT/I, BT/II	*Rengier,* Strafrecht, BT/I, 18. Aufl. 2016; BT/II, 17. Aufl. 2016
Ridder/Bearbeiter	*Ridder/Breitbach/Rühl,* Versammlungsrecht, 1992
RMed.	Rechtsmedizin. Lehrbuch für Mediziner und Juristen, von *Schwerd* (Hrsg.), 5. Aufl. 1992
Roxin AT/I, AT/II ...	*Roxin,* Strafrecht, Allgemeiner Teil, Band I, 4. Aufl. 2006; Band II, 2003
Sachs	*Sachs,* Grundgesetz, Kommentar, 7. Aufl. 2014
Sack	*Sack,* Umweltschutz-Strafrecht, Erläuterung der Straf- und Bußgeldvorschriften (Loseblatt), 40. El., 2015
Sander	*Sander,* Arzneimittelrecht (Loseblatt), 2015
Satzger/Schluckebier/ Widmaier/ *Bearbeiter*	*Satzger/Schluckebier/Widmaier* (Hrsg.), Strafgesetzbuch, 3. Aufl. 2017
Schäfer	*Schäfer,* Die Praxis des Strafverfahrens, 7. Aufl. 2011
Schäfer Strafzumessung	*Schäfer/Sander/Van Gemmeren* Praxis der Strafzumessung, 5. Aufl. 2012
Schaffstein/Beulke/ Swoboda	*Schaffstein/Beulke/Swoboda* Jugendstrafrecht, 15. Aufl. 2015
Schmidhäuser AT, BT	*Schmidhäuser,* Strafrecht Allgemeiner Teil, Lehrbuch, 2. Aufl. 1975; Studienbuch (StudB) Allgemeiner Teil, 2. Aufl. 1984; Besonderer Teil, Grundriss, 2. Aufl. 1983
Schmidt, D.	*Schmidt, D.,* Die Entwicklung des Betäubungsmittelstrafrechts [im Jahr], NJW (zitiert nach Jahr und Seite)
Schmidt-Glaeser	*Schmidt-Glaeser,* Private Gewalt im politischen Meinungskampf, 2. Aufl. 1992

Schmidt, H. W. .... *Schmidt, H. W.,* Hinweise zum Betäubungsmittelgesetz, MDR (zitiert nach Jahr und Seite)

Schmidt, W. .... *Schmidt W.,* Gewinnabschöpfung in Straf- und Bußgeldverfahren, 2006

Schomburg/Lagodny/ Gleß/Hackner .... *Schomburg/Lagodny/Gleß/Hackner,* Internationale Rechtshilfe in Strafsachen, 5. Aufl. 2012

Schönke/Schröder/ *Bearbeiter* .... *Schönke/Schröder,* Strafgesetzbuch, 29. Aufl. 2014

Schoreit .... *Schoreit,* Vergehen und Verbrechen gegen das BtMG, NStZ (zitiert nach Jahr und Seite)

Schroth BT .... *Schroth,* Strafrecht Besonderer Teil, 5. Aufl. 2010

Schroth/König/ Gutmann/ Oduncu/*Bearbeiter* *Schroth/König/Gutmann/Oduncu,* TPG-Transplantationsgesetz-Kommentar, 2005

Schultz .... *Schultz,* Einführung in den Allgemeinen Teil des Strafrechts, 4. Aufl. 1982

Schumacher/Fischer-Hüftle .... *Schumacher/Fischer-Hüftle,* Bundesnaturschutzgesetz, 2. Aufl. 2010

Sieder/Zeitler/ Dahme/Knopp/ *Bearbeiter* .... *Sieder/Zeitler/Dahme/Knopp,* Wasserhaushaltsgesetz (Loseblatt), 50. Aufl. 2016

SK-StGB/*Bearbeiter* ... Systematischer Kommentar zum Strafgesetzbuch, *Rudolphi/Horn/Samson* (Loseblatt), 9. Aufl. ab 2015

SK-StPO/*Bearbeiter,* 3. Aufl. .... Systematischer Kommentar zur Strafprozessordnung und zum Gerichtsverfassungsgesetz, von *Rudolphi/Frisch/Rogall* u. a., 3. Aufl. (Loseblatt)

SK-StPO/*Bearbeiter* ... Systematischer Kommentar zur Strafprozessordnung, von *Wolter* (Hrsg.), 4. Aufl. 2011

sLSK .... *Horn,* Systematischer Leitsatz-Kommentar zum Sanktionenrecht (Loseblatt)

Spickhoff/*Bearbeiter* ... *Spickhoff* (Hrsg.), Medizinrecht, 2. Aufl. 2014

SSW-StGB/*Bearbeiter* *Satzger/Schluckebier/Widmaier* (Hrsg.), Strafgesetzbuch, 3. Aufl. 2017

Staudinger/*Bearbeiter* *Staudinger,* BGB, 13. Bearbeitung 1993 ff.

Stenglein .... *Stengleins* Kommentar zu den strafrechtlichen Nebengesetzen, 5. Aufl., I 1928; II 1931; Ergänzungsband 1933

Stratenwerth/Kuhlen ... *Stratenwerth/Kuhlen,* Strafrecht, Allgemeiner Teil, 6. Aufl. 2011

StVE .... *Cramer/Berz/Gontard,* Entscheidungssammlung zum Straßenverkehrsrecht (Loseblatt)

Thomas/Putzo/ *Bearbeiter* .... *Thomas/Putzo,* ZPO, 38. Aufl. 2017

Ulsamer .... *Ulsamer,* Lexikon des Rechts – Strafrecht, 2. Aufl. 1996

Ulsenheimer .... *Ulsenheimer,* Arztstrafrecht in der Praxis, 5. Aufl. 2015

Venzlaff/Foerster .... *Venzlaff/Foerster* (Hrsg.), Psychiatrische Begutachtung, Ein praktisches Handbuch für Ärzte und Juristen, 6. Aufl. 2015

Wagner/Kallin/Kruse .. *Wagner/Kallin/Kruse,* Betäubungsmittelstrafrecht, 2. Aufl. 2004

Weber .... *Weber,* Betäubungsmittelgesetz, 4. Aufl. 2013

Literatur

Wessels/Beulke/
 Satzger .... *Wessels/Beulke/Satzger,* Strafrecht Allgemeiner Teil, 46. Aufl.
  2016
Wessels/Hettinger .... *Wessels/Hettinger,* Strafrecht Besonderer Teil/1, 40. Aufl. 2016
Wessels/Hillenkamp .... *Wessels/Hillenkamp,* Strafrecht Besonderer Teil/2, 39. Aufl. 2016
Winkler .... *Winkler,* Vergehen und Verbrechen gegen das BtMG, NStZ
  (zitiert nach Jahr und Seite)
Winters .... *Winters,* Atom- und Strahlenschutzrecht, 1978
Wolff/Bachof/Stober .... *Wolff/Bachof/Stober/Kluth,* Verwaltungsrecht, Band 1, 12. Aufl.
  2007; Band 2, 7. Aufl. 2010
Zipfel .... *Zipfel/Radtke,* Lebensmittelrecht (Loseblatt)
Zschockelt .... *Zschockelt,* Vergehen und Verbrechen gegen das BtMG, NStZ
  (zitiert nach Jahr und Seite)

JGG (Auszug)

Nebenstrafrecht I

Strafvorschriften aus:
AMG · AntiDopG · BtMG · BtMVV · GÜG · NpSG
TPG · TFG · GenTG · TierSchG · BNatSchG
VereinsG · VersammlungsG

Einleitung

Übersicht

I. Allgemeines

Das im Strafgesetzbuch (StGB) geregelte Strafrecht wird traditionell „Kernstrafrecht" **1** genannt, um es abzugrenzen vom „daneben" geregelten „Nebenstrafrecht". Für die **Strafrechtspraxis** hat dieses oft Auffangfunktion, wenn man über das Kernstrafrecht nicht zu einer Verurteilung gelangen kann. Insoweit wird es faktisch oft zum „Hauptstrafrecht". Zudem werden viele Bereiche unseres Sozial- und Wirtschaftslebens durch das Nebenstrafrecht überhaupt erst strafrechtlich erfasst, weil unsere Gesellschaft immer differenzierter wird. Insoweit ist das Nebenstrafrecht gleichsam konstitutives Strafrecht.

Die deutsche **Strafrechtswissenschaft** hat sich hingegen bislang fast ausschließlich mit **2** dem Kernstrafrecht befasst.[1] Unausgesprochene Denkgrundlage hierfür dürfte sein: „Nebenstrafrecht" ist auch „Nebensache" – jedenfalls dogmatisch. Ob man nun aber die 15. Variante zur „weiß-nicht-wievielten-Theorie" zum Erlaubnissachverhaltsirrtum gerade an Fragen des „Nebenstrafrechts" entwickeln kann, vermag ich nicht zu beurteilen. Viel wichtiger erscheint mir, dass sich die bestehende Strafrechtsdogmatik erstens auch am „Nebenstrafrecht" zu bewähren und eine Weiterentwicklung der Dogmatik zweitens das „Nebenstrafrecht" mit einzubeziehen hat. Dazu soll dieser Band beitragen. **Gedankengang:** Nach kurzen terminologischen und konzeptionellen Überlegungen (→ Rn. 3 ff.) sei auf normtheoretische Grundlagen von Neben- und Kernstrafrecht hingewiesen (→ Rn. 9 ff.). Damit ist es möglich, sich die Verdeutlichungsfunktionen des Nebenstrafrechts auf der Ebene der Kriminalpolitik (→ Rn. 13 f.), der Dogmatik (→ Rn. 15 ff.) und auch der Didaktik (→ Rn. 22 ff.) bewusst zu machen. Bislang noch völlig im Schatten steht das *transnationale* Nebenstrafrecht (→ Rn. 25 ff.). Damit das transnationale Nebenstrafrecht zumindest etwas leichter erschlossen werden kann, finden sich die wesentlichsten völkerrechtlichen Übereinkommen hierzu am Ende der Einleitung in thematischen Gruppen zusammengestellt (→ Rn. 51 und → Anh. Einl.).

II. Terminologie und konzeptionelle Überlegungen

Von der Terminologie her ist der Begriff „Nebenstrafrecht" problematisch: Was soll man **3** darunter verstehen? Den **Teil des Kriminalstrafrechts,** der nicht im StGB geregelt ist, ansonsten aber alle Merkmale des „StGB-Kriminalstrafrechts" aufweist? Dies ist das wohl vorherrschende und mangels sinnvoller Alternative auch hier zugrunde zu legende Verständnis. Freilich wird damit ein Teil ausgeblendet, der in der Praxis zunehmend an Bedeutung gewinnt als Ersatz für kriminalpolitisch nicht durchsetzbare kriminalstrafrechtliche Sanktionierungen: das Ordnungswidrigkeitenrecht. Wenn auch vieles dafür sprechen würde, dieses

---

[1] Nach *Tiedemann,* Tatbestandsfunktionen im Nebenstrafrecht, 1969 erscheint erst mit *Küpper/Mosbacher,* Nebenstrafrecht, 2018 das erste übergreifende Lehrbuch zum Nebenstrafrecht.

ebenfalls in ein „neben" dem StGB-Kriminalstrafrecht existierendes und praktisch bedeutsames Sanktionenrecht mit einzubeziehen,[2] so würde doch die Grenzziehung zwischen Kriminalstrafrecht und Ordnungswidrigkeitenrecht verwischt. Mit einem ordnungsrechtlichen Vorwurf will der Gesetzgeber aber etwas gänzlich anderes ausdrücken als mit einem kriminalstrafrechtlichen.

4   Der vorliegende Band enthält vorwiegend verwaltungsrechtliche Gesetze, während Band 7 primär das wirtschaftsstrafrechtliche Nebenstrafrecht und Band 8 das Ausländer-, Waffen-, Wehrschaftsrecht sowie das Völkerstrafrecht behandelt. Cum grano salis kann man sagen: Band 6 ist grundsätzlich das **„Sartorius"-Nebenstrafrecht;** Band 7 das „Schönfelder"-Nebenstrafrecht.

5   Die **Auswahl** der in Band 6 zu kommentierenden Gesetze orientierte sich einerseits am Praxisbedarf, andererseits an der Notwendigkeit einer wissenschaftlich vertiefenden Behandlung. Wenn es auch sicherlich noch weitere Gesetze gibt, die diese Kriterien erfüllen, so war gleichzeitig die verlegerische Grenze zu beachten, dass die Gesamtdarstellung einen Band nicht überschreiten darf und soll.

6   Die **Darstellung** und deren **Umfang** waren bei den einzelnen Gesetzen nicht einheitlich zu handhaben. Allein der jeweilige reine Gesetzestext wurde fast immer vollständig abgedruckt. Oft erschließt sich die Verbotsmaterie jedoch erst aus zusätzlichen Verordnungen. Diese wurden teilweise ganz, teilweise nur in Auszügen aufgenommen.

7   Die Unterscheidung von Verbots- und Sanktionsmaterie wurde auch für die Platzierung der Kommentierung fruchtbar gemacht: Wo immer es möglich und der Lesbarkeit nicht abträglich war, wurden Fragen, die allein die **Verbotsmaterie** betreffen auch nur dort und nicht in den strafrechtlichen Normen kommentiert. Ein Beispiel dafür findet sich mit dem Waffengesetz. Diese Vorgehensweise entlastet die strafrechtlichen Vorschriften und fördert hoffentlich die Lesbarkeit.

8   Besonders hingewiesen sei hier schließlich noch auf die **Begriffserläuterungssynopse,** die am Ende des Bandes als Anhang abgedruckt ist. Mit ihrer Hilfe kann herausgefunden werden, welche Begriffe in welchen Gesetzen identisch verwendet werden.[3] Welcher dogmatische Sprengstoff sich hinter der Verwendung bestimmter Begriffe verbirgt, machen die Beschlüsse des Großen Senats[4] zum „Handeltreiben" deutlich: Auf dieses Tatbestandsmerkmal kommt es zentral nicht nur im BtMG, sondern zB auch im Transplantationsgesetz (TPG) oder im Kriegswaffenkontrollgesetz (KrWaffG, siehe Band 8) an.[5]

III. Normtheoretische Grundlagen

9   Nicht jedes staatliche **Verbot** wird mit Kriminalstrafe sanktioniert. Es gibt auch Verbote, die nur als Ordnungswidrigkeiten geahndet werden. Manche Verbote werden nicht einmal über das Ordnungswidrigkeitenrecht abgestützt, sondern ausschließlich über präventivverwaltungsrechtliche Mittel oder gar über das Privatrecht.[6] Umgekehrt gilt aber: Jeder mit Kriminalstrafe sanktionierten Tat liegt ein Verbot zugrunde.

10   Diese **Struktur** ist schon lange bekannt durch *Bindings* Normentheorie.[7] Sie wird schon in der Formulierung der nebenstrafrechtlichen Normen deutlich. Üblicherweise heißt es:[8]
„§ 2 Es ist verboten, X zu tun."
„§ 51 Wer vorsätzlich gegen § 2 verstößt, wird mit […] bestraft."

---

[2] So *Heine,* Die strafrechtliche Verantwortlichkeit von Unternehmen, 1995, S. 27 ff.
[3] Vgl. näher die Vorbemerkung zur Begriffserläuterungssynopse.
[4] Vgl. BGH 26.10.2005 – GSSt 1/05, BGHSt 50, 252 und 17.3.2015 – GSSt 1/14, BGHSt 61, 14.
[5] Hierauf weist *Weber* NStZ 2004, 66, hin.
[6] Vgl. näher *Lagodny* § 18 A I 2.
[7] *Binding,* Die Normen und ihre Übertretung, eine Untersuchung über die rechtmäßige Handlung und die Arten des Delikts, Erster Band, Normen und Strafgesetze, 3. Aufl. Leipzig 1916, S. 35 ff. und passim. Zur Terminologie („Verhaltensnorm" im abstrakt-generellen Sinn, nicht im konkret-individuellen) vgl. *Lagodny* § 4 A.
[8] Vgl. näher zur Gesetzgebungstechnik im Nebenstrafrecht: Bundesministerium der Justiz (Hrsg.), Empfehlungen zur Ausgestaltung von Straf- und Bußgeldvorschriften im Nebenstrafrecht, 2. Aufl. 1999.

„§ 52 Wer fahrlässig gegen § 2 verstößt, wird mit [...] bestraft."

Nach demselben Muster könnte man die vorsätzliche und die fahrlässige **Körperverlet-** 11 **zung** (§§ 223 und 229 StGB) aufspalten:

„§ 2 Es ist verboten, einen anderen am Körper zu verletzen."

„§ 51 Wer vorsätzlich gegen § 2 verstößt, wird mit [...] bestraft"; diese Regelung entspräche § 223 StGB;

„§ 52 Wer fahrlässig gegen § 2 verstößt, wird mit [...] bestraft"; diese Regelung entspräche § 229 StGB.

In der Sache würde sich durch diese Verschiebung nichts ändern. Der Gehalt von §§ 223 12 bzw. § 229 StGB bliebe erhalten. Die **normtechnische Verteilung** ist ausschließlich eine Frage der Gesetzgebungstechnik. In Verwaltungsgesetzen sind die strafrechtlichen Normen meist am Ende des Gesetzes angefügt, denn der Regelungsschwerpunkt liegt auf der Ausgestaltung der Sach- und Verbotsmaterie. Vergleichbar vorgehen müsste der Kriminalstrafgesetzgeber, wenn er alle Normen zusammenführen wollte, welche die gesundheitliche Integrität gegen Verletzungen oder gegen Gefährdungen schützt. Dann würde man in einer Zusammenschau nicht nur die Verbotsmaterie von §§ 223 und 229 StGB vorfinden, sondern zahlreiche weitere Vorschriften, wie etwa – um nur wenige Beispiele auszuwählen – viele aus dem Lebensmittelrecht, dem Waffen- oder dem Betäubungsmittelrecht.

IV. Verdeutlichungsfunktionen des Nebenstrafrechts

1. Kriminalpolitisch: Strafbarkeitsausweitung. Im Wesentlichen lassen sich zwei 13 Tendenzen der aktuellen Kriminalpolitik aufzeigen: Zum einen setzen „moderne" Verbote **zeitlich früher** ein. Nicht erst (strafrechtlich gesprochen) die Vollendung, sondern bereits der Versuch oder gar die Vorbereitung wird mit Kriminalstrafe flankiert. Schon im StGB finden wir etwa den Subventionsbetrug (§ 264 StGB) im Vergleich zum Betrug (§ 263 StGB). Allerdings ist der Betrug klassischerweise ein Exerzierfeld für als solche akzeptierte Strafbarkeitsvorverlagerungen, wie schon das Beispiel der Urkundenfälschung zeigt. Doch ist es ein Spezifikum neuerer Strafgesetzgebung, zunehmend im Nebenstrafrecht mit der eigenständigen Erfassung von materiellen Vorbereitungshandlungen zu agieren.

Zum anderen erfassen „moderne" Verbote **sachlich eine größere Zahl von Verhal-** 14 **tensweisen** als klassische Vollendungsverbote. Diese erstrecken sich nur auf konkret gefährliche Verhaltensweisen, während jene auch konkret ungefährliches Verhalten einschließen. Paradigma dafür sind die das Nebenstrafrecht prägenden abstrakten Gefährdungsdelikte. Inzwischen stuft der Gesetzgeber hier zwar ab, insbes. durch die Kategorie der „Eignungsdelikte" und entsprechender „Eignungsverbote". Beide Ausweitungen, die zeitliche und die sachliche, mögen in nicht wenigen Fällen legitimierbar sein, weil die Verhaltensweisen noch „die Gefahr in sich tragen".[9] Der nahezu unbegrenzte Gebrauch derartiger „moderner" Delikttypen ist jedoch schon als solcher sehr bedenklich.

2. Dogmatisch: Einebnung. Die Dogmatik der Straftat wurde an kernstrafrechtlichen 15 Erfolgsdelikten entwickelt. Werden aber dogmatische Differenzierungen aus dem Kernstrafrecht in das Nebenstrafrecht übertragen, führt dies zu Konsequenzen, die zwar in sich stimmig sein mögen, aber doch Befremden hervorrufen müssten. Man denke nur an die Konstruktion „Beihilfe zum Besitz" nach § 29 Abs. 1 Ziff. 3 BtMG, § 27 StGB in folgendem tatsächlich geschehenen und strafverfolgten Fall: Der Verdächtige hat die Freundin (F) des inhaftierten Kleindealers (K) auf Bitten des K daran erinnert, dass sich in der von F und K gemeinsam genutzten Garage noch Marihuana befindet. Wer ist hier noch die „Zentralgestalt" (im *Roxin*'schen Sinne) welchen (?) Geschehens?

---

[9] So die treffende Formulierung von *Weber,* Die Vorverlegung des Strafrechtsschutzes durch Gefährdungs- und Unternehmensdelikte in *Jescheck* (Hrsg.), Die Vorverlegung des Strafrechtsschutzes durch Gefährdungs- und Unternehmensdelikte, Beiheft zur Zeitschrift für die gesamte Strafrechtswissenschaft, ua 1987, S. 31.

16   Das gilt auch für solche Fälle wie die **„Beihilfe zum Führen einer Waffe"**:[10] Wenn
der A dem etwas unbeholfenen B erklärt, wie man mit einer Waffe schießt, dann ist das
sicherlich von der Konstruktion her eine Beihilfe des A (§ 27 StGB) zum Führen einer
Waffe nach § 53 Abs. 1 Nr. 3 WaffG durch B. Im zugrunde liegenden BGH-Fall konnte
dem B kein Vorsatz für einen versuchten Totschlag nachgewiesen werden. Damit konnte
mangels Haupttat auch keine Beihilfe des A hierzu angenommen werden. Es ist aber ein
Leichtes, dann in der Erklärung des Gebrauchs eine Bestärkung und Konkretisierung des
bereits vorhandenen Entschlusses zur Fortsetzung des Dauerdeliktes „Führen" einer Waffe
anzunehmen.

17   Ähnliches gilt für die Regeln der Strafbarkeit des **Versuchs oder der Vorbereitung.**
Denn es gibt konsequenterweise auch den Versuch der Einfuhr[11] oder des Handeltreibens.[12]
Noch irritierender wird es bei Besitzdelikten bzw. genauer den Besitzverboten. Diese sind
die denkmöglich dem bloßen Verbot böser Gedanken am nächsten stehende Deliktsgruppe.[13] Nimmt man etwa § 29 Abs. 1 Ziff. 3 BtMG (Besitz von Betäubungsmitteln), so
könnte man sich als zugehöriges „Vollendungs"-Verbot vorstellen: eine – wie auch immer
zu definierende – Fremdschädigung. Diese setzt mindestens voraus, dass das Betäubungsmittel einmal in den Körper des zu schützenden Opfers gelangt; bei den meisten Betäubungsmitteln zusätzlich, dass eine Abhängigkeit durch mehrmalige Einnahme entsteht. Schon
dieses einfache Beispiel zeigt, wie viele Zwischenschritte hinzuzudenken sind, um vom
Besitz zur Fremdschädigung zu gelangen. Überträgt man dies auf die Teilnahmeformen,
dann geht es bei der Beihilfe zum Besitz um die Beihilfe zur Vorbereitung der Vorbereitung
einer Fremdschädigung. Beim Verbot des Besitzes von Waffen (§ 51 Abs. 1 WaffG, siehe
Band 8), mag der zum Tod führende Waffeneinsatz schneller vorstellbar sein als die Fremdschädigung beim Drogenbesitz: Aber auch hier ist der bloße Besitz gleichsam, wenn nicht
die Vorbereitung der Vorbereitung, so doch allenfalls der Beginn der Vorbereitung.

18   Werden nebenstrafrechtliche – also per se weite – Tatbestände mit dogmatischen Figuren
des Kernstrafrechts kombiniert, dann habe wir es letztlich mit einer zweifachen Ausdehnung
zu tun, der nur ein- und dieselbe Wertung zugrunde liegt. Kriminalpolitisch zögert man
aber nicht, eine solche **Doppelverwertung** ein- und desselben Wertungsaspekts vorzunehmen, die man im Strafzumessungsrecht eindeutig unter das Verbot der Doppelverwertung
fasst und deshalb für illegitim hält.

19   Gleichzeitig begibt sich ein **Teil der Strafrechtsdogmatik** angesichts eines solchen
Befundes gleichsam schmollend in die Ecke, entzieht sich der weiteren Diskussion um das
Nebenstrafrecht und beschäftigt sich mit den „wirklichen" Problemen des Strafrechts.

20   **Lösungen** sind weiteren Schritten vorbehalten, die insbes. darin bestehen müssen, das
„Nebenstrafrecht" in der Strafrechtsdogmatik als zentrale Materie „salonfähig" zu machen,
um das Feld hier nicht allein der Praxis zu überlassen. Hierzu beizutragen ist ein Anliegen
dieses Bandes.

21   **Prozessual** haben beide Ausweitungen die Konsequenz, dass die Verdachtsschwelle
gesenkt wird und damit Eingriffsbefugnisse erheblich erweitert werden. Denn mit jeder
materiellrechtlichen Strafbarkeitserweiterung ist eine Vermehrung prozessualer Befugnisse
verbunden, soweit es nicht um Straftatenkataloge bei Eingriffsbefugnissen geht. Doch ist es
ein Federstrich des Gesetzgebers, diese anzupassen. Bisweilen bekommt man den Eindruck,
als sei die prozessuale Seite mehr als nur ein Nebeneffekt materieller Neuregelungen.[14]

22   **3. Didaktik: Klarstellung.** Aus dem Nebenstrafrecht kann man instruktive Konsequenzen für die Didaktik des Strafrechts ableiten. Die Verbotsmaterie wird durch die Aufteilung

---

[10] BGH 31.7.2003 – 5 StR 251/03, NStZ 2004, 44.

[11] Vgl. nur als Beispiel: BGH 19.6.2003 – 5 StR 160/03, NJW 2003, 3068.

[12] Vgl. dazu BGH 26.10.2005 – GSSt 1/05, zur Frage, wann vollendetes Handeltreiben vorliegt.

[13] Zur Verfassungswidrigkeit mangels sinnvoller Auslegungsmöglichkeit (kein legitimierbares Handlungsge-
bot der nur als Unterlassungsdelikte zu verstehenden Besitzdelikte) vgl. näher *Lagodny* § 13 B. Vgl. auch
Eckstein, Besitz als Straftat, 2001, und nun auch umfassend: *Hochmayr*, Strafbarer Besitz von Gegenständen,
Wien 2005.

[14] Vgl. dazu *Weigend* FS Triffterer, Wien ua 1996, 695.

in Verbots- und Sanktions(ermächtigungs)norm deutlich. Damit werden bereits wesentliche Teile des strafrechtlichen Unrechtsbegriffs konstituiert. Das Zusammenspiel von tatbestandlicher Verbotsmaterie und Rechtfertigungssätzen kann besser dargestellt werden. Dass aus strafrechtlicher Sicht noch das Vorsatzerfordernis als Unrechtsvoraussetzung dazukommt, ist eine weitere Frage, die aus spezifisch strafrechtlicher Sicht entwickelt worden ist. Jedenfalls wird der Vorsatzbezug ebenso klar wie der Bezug des Unrechtsbewusstseins, das insbesondere nicht die Sanktionsermächtigung umfassen muss, weil § 17 StGB nicht auf die Kenntnis der Strafbarkeit abstellt.[15]

Am Nebenstrafrecht werden auch Probleme des **Bestimmtheitsgebots** unmittelbar 23 exemplifiziert. So hat *Nelles* herausgearbeitet, dass allein § 34 Abs. 1, 3 und 5 AWG insgesamt rund 10.000 Tatbestände umfasst, weil die Verweisungsketten dieser Norm so weit verzweigt sind.[16] Hier wird auch der Zusammenhang zwischen Bestimmtheitsgebot und unvermeidbarem Verbotsirrtum deutlich: Je weiter man die Grenzen des Bestimmtheitsgebots ausdehnt, um so eher muss man bereit sein, einen unvermeidbaren Verbotsirrtum anzunehmen. Die Beispiele ließen sich vermehren.

Über eine nebenstrafrechtliche Konstruktion des StGB könnte man auch die **staatsori- 24 entierte „BT-Philosophie" des StGB** verdeutlichen. Griffe man den oben erwähnten Gedanken auf und formulierte das StGB nach dem Muster nebenstrafrechtlicher Gesetzgebungstechnik um, dann würde vielleicht noch deutlicher, dass das deutsche StGB – anders als das österreichische und das schweizerische – den Besonderen Teil mit Verboten zum Schutz von Allgemeinrechtsgütern beginnt: Zuerst ist es verboten, einen Angriffskrieg, an dem die Bundesrepublik Deutschland beteiligt sein soll, vorzubereiten (§ 80 StGB) oder es zu unternehmen, mit Gewalt oder durch Drohung mit Gewalt den Bestand der Bundesrepublik Deutschland zu beeinträchtigen oder die auf dem Grundgesetz der Bundesrepublik Deutschland beruhende verfassungsmäßige Ordnung zu ändern (§ 81 StGB), erst dann – über hundert Paragrafen später – ist es verboten, einen anderen zu töten (§§ 211, 212 StGB). Wenn man das Strafgesetzbuch als weltliche Form eines gesellschaftlich zentralen Dekalogs versteht, dann wird an den solchermaßen „entkleideten" Verboten noch deutlicher, welche Verhaltensregeln in welcher Reihenfolge für wichtig erachtet werden.

V. Transnationales Nebenstrafrecht[17]

Die **Probleme** potenzieren sich, wenn man an das transnationale Nebenstrafrecht denkt. 25 Immerhin findet das EU-Strafrecht in seiner Bedeutung für das Kern- und Nebenstrafrecht nunmehr verstärkt Beachtung.[18] Soweit das nationale Nebenstrafrecht aber von völkerrechtlichen Rechtsquellen – wie insbes. multilateralen Abkommen – geprägt wird, stößt man weitgehend ins Leere. Schon die einschlägigen Normen sind in der Regel unbekannt. Damit einher geht eine gewisse Berührungsangst, die durch Unsicherheit im Umgang mit solchen Rechtsquellen gespeist wird.

Nachfolgend sollen **Hinweise** gegeben werden, die den Zugang zu vertragsvölkerrechtli- 26 chen[19] Rechtsquellen erleichtern und Informationslücken schließen. Dazu dienen primär die in den Rn. 51 ff. abgedruckten Listen strafrechtsrelevanter multilateraler Konventionen. Diese stützen sich weitgehend auf den „Fundstellennachweis B" zum deutschen Bundesge-

---

[15] Vgl. für § 17 StGB nur Schönke/Schröder/*Sternberg-Lieben/Schuster* StGB § 17 Rn. 4.
[16] *Nelles/Halla-Heißen,* Exportkontrollen aus Sicht der Strafrechtswissenschaft in *Ehlers/Wolffgang* (Hrsg.), Rechtsfragen der Exportkontrolle, Schriften zum Außenwirtschaftsrecht, Band 3, 1999, S. 99–120, 104; vgl. auch *Samson/Gustafsson,* Zur Straflosigkeit von Verletzungen des Serbien-Embargos, wistra 1996, 201.
[17] Für wichtige Vorarbeiten zu diesem Thema danke ich Frau *Dr. Andrea Jobst-Hausleithner,* Salzburg, sehr.
[18] Vgl. die Lehrbücher: *Hecker,* Europäisches Strafrecht, 5. Aufl. 2015; *Satzger,* Internationales und Europäisches Strafrecht, 7. Aufl. 2016; *Ambos,* Internationales Strafrecht, 3. Aufl. 2011 sowie aus dem Bereich der Monografien: *Hecker,* Strafbare Produktwerbung im Lichte des Gemeinschaftsrechts 2001; *Satzger,* Die Europäisierung des Strafrechts, 2001.
[19] Zum Strafrecht der EU vgl. die sehr hilfreiche, mit Erläuterungen versehene Textsammlung: *Wasmeier/Möhlig* (Hrsg.), Strafrecht der Europäischen Union, 2. Aufl., 2008.

setzblatt, ein weitgehend unbekanntes, im transnationalen Strafrecht aber ungemein wertvolles Hilfsmittel.

27 Für den **„strafrechtlichen Hausgebrauch"** stellen sich folgende Fragen: Zunächst muss man klären, welche völkervertragsrechtlichen Konventionen überhaupt für das anstehende Sachproblem relevant sind (→ Rn. 28 ff.); erst dann kann es um Fragen gehen, wie man diese Konvention anwendet (→ Rn. 39 ff.). Die nachfolgenden Überlegungen zur Lektüre völkerrechtlicher Rechtsquellen erheben also keinen Anspruch auf völkerrechtliche Originalität.

28 **1. Analyse der Rechtsquelle: Relevanzfrage.** Wenn ein oder mehrere Übereinkommen gefunden sind, stellt sich die Frage: Ist das Übereinkommen für die anstehende Rechtsfrage relevant? Dies setzt voraus: Wie liest man ein solches Übereinkommen?

29 Die Frage nach der Relevanz dürfte in der Praxis bereits die wichtigste sein. Oft mag **Unsicherheit** hierüber herrschen; dies kann zur Haltung führen: erst mal ignorieren, weil zu kompliziert oder zu abwegig. Das dahinter liegende Risiko einer rechtsfehlerhaften Entscheidung lässt sich jedoch vermeiden, wenn man ein paar wenige Fragen bedenkt, die nachfolgend dargestellt werden.

30 **a) Eingangs- und Schlussklauseln.** Zunächst muss man die Eingangs- und Schlussklauseln – zumindest vorläufig – ad acta legen. Sie spielen erst bei der konkreten Auslegung eine Rolle. Die Erwägungsgründe zu Beginn eines Übereinkommens fassen die zugrunde liegenden Anlässe, Hintergründe und Zwecke des Übereinkommens zusammen. Die Schlussklauseln treffen Regelungen über die authentische Sprache (dazu → Rn. 46), das Inkrafttreten, Änderungen des Übereinkommens oder zB Vorbehaltsmöglichkeiten.

31 **b) Sachregelungen.** Die Sachregelungen beginnen oft mit Definitionen. Dies ist regelmäßig bei Übereinkommen angloamerikanischer Provenienz der Fall (Beispiel: das UN-Suchtstoffübereinkommen vom 20.12.1988).[20] Außerdem finden sich Regelungen zum sachlichen Anwendungsbereich des Übereinkommens.

32 Bei den eigentlichen Sachregelungen kann man nach folgendem **Schema** prüfen, worum es geht. Denn nur dann kann man sicher entscheiden, ob die Sachmaterie einschlägig ist oder nicht.

33 **aa) Verbotsebene.** Bei einem umweltstrafrechtlichen Fall könnte man zB auf das „**Rotterdamer Übereinkommen** vom 10.9.1998 über das Verfahren der vorherigen Zustimmung nach Inkenntnissetzung für bestimmte gefährliche Chemikalien sowie Pflanzenschutz- und Schädlingsbekämpfungsmittel im internationalen Handel" stoßen. Dieses betrifft aber nur das materielle Verbotsrecht und insbes. das Verbotsaufstellungsverfahren. Es regelt sehr detailliert, wie zu verfahren ist, um einen bestimmten Stoff auf eine internationale Verbotsliste zu setzen. Unmittelbare strafrechtliche Relevanz hat das Übereinkommen deshalb allenfalls bei der Auslegung der Umweltschutzdelikte.

34 Die **Anti-Doping-Konvention des Europarates vom 16.11.1989** normiert in Art. 4 jedenfalls nicht ausdrücklich eine Verpflichtung zur Schaffung eines Straftatbestandes. In Österreich wurde ein spezieller nebenstrafrechtlicher Tatbestand geschaffen,[21] ebenso in Deutschland in § 4 ADG. Dies führt zu Friktionen mit kernstrafrechtlichen Prinzipien (näher: → ADG § 4 Rn. 66–139 in diesem Band).

35 Das **OSPAR-Übereinkommen vom 22.9.1992** (Übereinkommen zum Schutz der Meeresumwelt des Nordostatlantiks) betrifft insgesamt nur die Verbotsebene; es enthält nur Verpflichtungen zu Präventivmaßnahmen. Jedenfalls nicht ausschließbar wäre deshalb die

[20] Das Datum eines Übereinkommens ist wichtig, weil es das Übereinkommen eindeutig individualisiert und deshalb auch regelmäßig ein Ordnungskriterium in Verzeichnissen ist.

[21] Nach § 1 Abs. 2 des österreichischen Antidoping-Bundesgesetzes (öADBG) ist es u.a. verboten, „Arzneimittel, die Stoffe der im Anhang der Anti-Doping-Konvention […] aufgeführten Gruppen von Dopingwirkstoffen enthalten, […] zu Zwecken des Dopings in den Verkehr zu bringen oder bei sich oder anderen anzuwenden". Dieses Verbot ist nach § 22a öADBG mit Kriminalstrafe sanktioniert.

Relevanz des Übereinkommens für die Frage einer Amtsträgerstrafbarkeit, wenn diese Präventivmaßnahmen nicht erfolgen.

bb) Sanktionierungsebene. Viele Übereinkommen verpflichten den nationalen 36 Gesetzgeber, bestimmte Verhaltensweisen nicht nur zu verbieten, sondern zugleich auch mit Kriminalstrafe (und nicht etwa nur mit den Mitteln des Ordnungswidrigkeitenrechts) zu sanktionieren. Ein – inzwischen leider wieder – aktuelles Beispiel für eine entsprechende Sanktionierungsverpflichtungsklausel neben vielen ist das „Internationale Übereinkommen der Vereinten Nationen vom 9.12.1999 zur Bekämpfung der Finanzierung des Terrorismus". Sein Art. 2 Abs. 1 legt fest, welche Handlungen nach diesem Übereinkommen „Straftaten" darstellen, die – siehe Art. 4 – nach innerstaatlichem Recht als Straftaten einzustufen und mit angemessenen Strafen zu bedrohen sind.

Dieses Übereinkommen geht auch mehr ins Detail der strafrechtlichen Ausgestaltung 37 und insbesondere des **Allgemeinen Teils,** indem in Art. 2 Abs. 4 und 5, Art. 6 auch Fragen des Versuchs; der Rechtfertigung (damit auch Fragen bereits der Verbotsebene) oder in Art. 5 die Strafbarkeit der juristischen Person normiert werden; schließlich regelt dieses Übereinkommen auch Fragen der Einziehung in Art. 8. Umgesetzt wurde dieses Übereinkommen zwischenzeitlich im Kernstrafrecht mit dem zum 20.6.2015 neu in das Strafgesetzbuch eingeführten § 89c StGB.[22] § 89c StGB ist mit dem Verbot des bloßen „Sammelns" von Geld zur Finanzierung von Straftaten ein typisches Beispiel dafür, wie weit solche international verankerten Strafnormen die Strafbarkeit in das Vorfeld tatsächlicher Gefahren für substantielle Rechtsgüter ausdehnen.[23] Die Grenze zum (nach allgemeinen Grundsätzen) straflosen Gesinnungsstrafrecht wird hier nicht selten erreicht.

cc) Sanktionierungsverfahren. Die Ebene des Sanktionierungsverfahrens, also in der 38 Regel des Strafverfahrens, ist ein klassischer Regelungsbereich von völkerrechtlichen Übereinkommen in der Form von Auslieferungs- oder sonstigen Rechtshilfeverträgen.

2. Anwendungsfragen. Hat man geklärt, dass das Übereinkommen sachlich einschlägig 39 ist, geht es um eine Reihe von wichtigen Anwendungsfragen:

a) Inkrafttreten. Ist das Übereinkommen für die Bundesrepublik Deutschland **in Kraft?** 40 Wenn nein, kann es gleichwohl Vorwirkungen haben?[24]

b) Adressat. Wendet es sich mit seinen Regelungen nur an den Gesetz- oder sonstigen 41 Normgeber (→ Rn. 42) oder sind seine Regelungen unmittelbar anwendbares Recht (→ Rn. 43)? So sind zB die meisten Regelungen aus Rechtshilfeverträgen nicht umsetzungsbedürftig, sondern unmittelbar anwendbares Recht, wie § 1 Abs. 3 IRG voraussetzt.

aa) Gesetzgeber. Wenn sich das Übereinkommen nur an den Gesetzgeber wendet, 42 lautet die Folgefrage: Hat der Gesetzgeber das Übereinkommen umgesetzt? Wenn ja: Muss das Übereinkommen zur Auslegung des Umsetzungsgesetzes (mit) herangezogen werden? Wenn nein: Muss das Übereinkommen gleichwohl lückenfüllend und unmittelbar (mit) herangezogen werden, etwa weil der Gesetzgeber eine Umsetzungsfrist missachtet hat? Auch wenn man in der Praxis dazu neigen mag: Es wäre nämlich sehr vorschnell, hielte man eine weitere Beachtung des Übereinkommens für irrelevant, weil ja der nationale Gesetzgeber umsetzen müsse und umgesetzt habe.

---

[22] Eingefügt durch das Gesetz zur Änderung der Verfolgung der Vorbereitung von schweren staatsgefährdenden Gewalttaten (GVVG-Änderungsgesetz) vom 12.6.2015, BGBl. I S. 296.
[23] Dazu in grundsätzlicher Weise kritisch → Rn. 17 ff.
[24] Ein Beispiel hierfür ist der Indien-Beschluss des BVerfG 24.6.2003 – 2 BvR 685/03, JZ 2004, 141–145 mit zu recht kritischer Anm. *Vogel,* wo aus der Tatsache, dass demnächst ein Auslieferungs-Vertrag mit Indien in Kraft sei, bedeutende Schlussfolgerungen gezogen wurden, die allerdings wenig überzeugend sind (vgl. näher: *Lagodny* in *Schomburg/Lagodny/Gleß/Hackner,* Internationale Rechtshilfe in Strafsachen [nachfolgend: IRhSt/*Bearbeiter*], § 73 Rn. 9). Erwähnt sei auch die „vorläufige Anwendbarkeit" von EU-Übereinkommen (vgl. dazu IRhSt/*Schomburg* und IRhSt/*Gleß*) zB III A a Art. 18 Rn. 2; III A c Art. 16 Rn. 2).

43   **bb) Strafverfolgungsbehörden, Strafgerichte.** Wenn und soweit das Übereinkommen unmittelbar anwendbar ist, muss es unmittelbar von den **Strafverfolgungsbehörden** und den **Strafgerichten** ausgelegt und angewendet werden. Dabei sind die nachfolgenden Auslegungsprinzipien zwingend zu beachten. Nicht selten sind sie in der Praxis gar nicht bekannt.

44   **3. Auslegung nach dem Wiener Vertragsrechtsübereinkommen.**[25] Zu beachten ist bei völkerrechtlichen Verträgen und Übereinkommen, dass man auf die Auslegungsgrundsätze des Wiener Übereinkommen vom 23.5.1969 über das Recht der Verträge[26] (Wiener VertragsRÜbk) zurückgreift, zumal diese im Jahre 1969, also vor fast 40 Jahren, ohnehin nur Völkergewohnheitsrecht formuliert hat. Die vom nationalen Recht her bekannten Auslegungsgrundsätze werden zum Teil gänzlich anders gehandhabt oder haben zum Teil ein ganz anderes Gewicht.

45   Da es sich oft um multilaterale Übereinkommen handelt, ist zunächst **Art. 33 Wiener VertragsRÜbk.** wichtig. Danach gilt (in der deutschen Übersetzung):

Art. 33 Wiener VertragsRÜbk Auslegung von Verträgen mit zwei oder mehr authentischen Sprachen

(1) Ist ein Vertrag in zwei oder mehr Sprachen als authentisch festgelegt worden, so ist der Text in jeder Sprache in gleicher Weise maßgebend, sofern nicht der Vertrag vorsieht oder die Vertragsparteien vereinbaren, daß bei Abweichungen ein bestimmter Text vorgehen soll.

(2) Eine Vertragsfassung in einer anderen Sprache als einer der Sprachen, deren Text als authentisch festgelegt wurde, gilt nur dann als authentischer Wortlaut, wenn der Vertrag dies vorsieht oder die Vertragsparteien dies vereinbaren.

(3) Es wird vermutet, daß die Ausdrücke des Vertrags in jedem authentischen Text dieselbe Bedeutung haben.

(4) Außer in Fällen, in denen ein bestimmter Text nach Absatz 1 vorgeht, wird, wenn ein Vergleich der authentischen Texte einen Bedeutungsunterschied aufdeckt, der durch die Anwendung der Artikel 31 und 32 nicht ausgeräumt werden kann, diejenige Bedeutung zugrunde gelegt, die unter Berücksichtigung von Ziel und Zweck des Vertrags die Wortlaute am besten miteinander in Einklang bringt.

46   Die maßgebliche **authentische Sprache** ergibt sich aus den Schlussklauseln: Für Europarats-Übereinkommen ist dies englisch und französisch;[27] für EU-Übereinkommen: die Sprachen aller EU-Staaten,[28] für UN-Übereinkommen: arabisch, chinesisch, englisch, französisch, russisch und spanisch.[29] Deutsch ist demnach in diesen praktisch wichtigen Bereichen nur bei EU-Übereinkommen überhaupt *eine* authentische Sprache neben anderen. In allen anderen Fällen handelt es sich bei der deutschen Version nur um eine Übersetzung, die – wie zB beim EuAlÜbk. – auch zwischen den deutschsprachigen Mitgliedsstaaten abgesprochen sein kann, dadurch aber nicht authentisch wird. So ist zB die deutschsprachige Übersetzung von Art. 14 Abs. 2 EuAlÜbk. inhaltlich falsch.[30]

---

[25] Vgl. näher: *Aryal, Ravi Sharma,* Interpretation of treaties: law and practice New Delhi, Deep & Deep Publications, 2003; *Aust, Anthony,* Modern treaty law and practice, Cambridge University Press, 2000; *Bernhardt, Rudolf,* Vertragsauslegung in *Seidl-Hohenveldern* (Hrsg.), Lexikon des Rechts – Völkerrecht, 3. Aufl. 2001, S. 505–509; vgl. aber ausführlicher und im Original: *ders.* Interpretation in International Law, in: *Bernhardt, Rudolf* (Hrsg.), Encyclopedia of Public International Law, Vol. 2 (North-Holland, Elsevir 1995), S. 1416–1426; *Jennings, Robert/Watts, Arthur* (Eds), Oppenheim's International Law, 9th ed., Vol. I Parts 2 to 4 (Longman 1992), S. 1266–1284; *Karl,* Vertrag und spätere Praxis im Völkerrecht, 1983; *Koeck,* Vertragsinterpretation und Vertragsrechtskonvention, 1969; *Reuter, Paul,* Introduction au droit des traités, 3 édition revue et augmentée par Philippe Cahier, Paris 1995; *Verdross, Alfred/Simma, Bruno,* Universelles Völkerrecht, 3. Aufl. 1984, S. 490–501; Speziell zur Auslegung der EuMRK: *Grabenwarter/Pabel,* Europäische Menschenrechtskonvention, 6. Aufl. 2016, S. 34–40.
[26] BGBl. 1985 II S. 927; 1987 II S. 757.
[27] Vgl. die Klausel nach Art. 32 EuAlÜbk.
[28] Vgl. die Klausel nach Art. 20 EU-AuslÜbk.
[29] Vgl. Art. 33 UN-Suchtstoffübereinkommen oder UN-Anti-Folter Übereinkommen.
[30] Vgl. dazu den Fall OLG Zweibrücken 25.2.1991 – 1 Ws 641/1990, StV 1993, 37 mAnm *Lagodny.*

§ 184 GVG, wonach die Gerichtssprache „deutsch" ist, kann daran schon systematisch   47
nichts ändern, weil diese völkerrechtlichen Grundsätze dem nationalen Gesetzgeber nicht
zugänglich sind. Man kann deshalb formulieren: „Die Konventionssprache ist nur ausnahmsweise deutsch".

Auf der Grundlage des authentischen Wortlauts sind **Art. 31 und 32 Wiener Vertrags-**   48
RÜbk. zu beachten:

Art. 31 Wiener VertragsRÜbk Allgemeine Auslegungsregel

(1) Ein Vertrag ist nach Treu und Glauben in Übereinstimmung mit der gewöhnlichen, seinen
Bestimmungen in ihrem Zusammenhang zukommenden Bedeutung und im Lichte seines Zieles
und Zweckes auszulegen.

(2) Für die Auslegung eines Vertrags bedeutet der Zusammenhang außer dem Vertragswortlaut
samt Präambel und Anlagen
a) jede sich auf den Vertrag beziehende Übereinkunft, die zwischen allen Vertragsparteien anläßlich des Vertragsabschlusses getroffen wurde;
b) jede Urkunde, die von einer oder mehreren Vertragsparteien anläßlich des Vertragsabschlusses
   abgefaßt und von den anderen Vertragsparteien als eine sich auf den Vertrag beziehende
   Urkunde angenommen wurde.

(3) Außer dem Zusammenhang sind in gleicher Weise zu berücksichtigen
a) jede spätere Übereinkunft zwischen den Vertragsparteien über die Auslegung des Vertrags
   oder die Anwendung seiner Bestimmungen;
b) jede spätere Übung bei der Anwendung des Vertrags, aus der die Übereinstimmung der Vertragsparteien über seine Auslegung hervorgeht;
c) jeder in den Beziehungen zwischen den Vertragsparteien anwendbare einschlägige Völker-
   rechtssatz.

(4) Eine besondere Bedeutung ist einem Ausdruck beizulegen, wenn feststeht, daß die Vertragsparteien dies beabsichtigt haben.

Art. 32 Wiener VertragsRÜbk Ergänzende Auslegungsmittel

Ergänzende Auslegungsmittel, insbesondere die vorbereitenden Arbeiten und die Umstände des
Vertragsabschlusses, können herangezogen werden, um die sich unter Anwendung des Artikels 31
ergebende Bedeutung zu bestätigen oder die Bedeutung zu bestimmen, wenn die Auslegung nach
Artikel 31
a) die Bedeutung mehrdeutig oder dunkel läßt oder
b) zu einem offensichtlich sinnwidrigen oder unvernünftigen Ergebnis führt.

Diese Auslegungsregeln **unterscheiden** sich von denjenigen des nationalen Rechts und   49
insbesondere des Strafrechts in folgenden Punkten, wie es zB bei der Auslegung von Art. 54
SDÜ durch den EuGH[31] sehr deutlich wurde:
– Der Praxis der beteiligten Staaten kommt eine große Bedeutung zu (Abs. 1 iVm Abs. 2
  Buchstaben a und b, Abs. 3 Buchstaben a und b).
– Ziele und Zwecke haben ebenfalls großes Gewicht (Abs. 1).
Auch ansonsten hat das Wiener Vertragsrechtsübereinkommen unmittelbare Konsequenzen.   50
So verstößt zB der **Vorbehalt** der Bundesrepublik Deutschland zu Art. 54 SDÜ gegen
Art. 19 Wiener VertragsRÜbk.[32]

4. Wesentliche Übereinkommen in thematischer Zusammenschau. Nachfolgend   51
im Anhang sind die wesentlichen Übereinkommen themenspezifisch zusammengestellt.

---

[31] Vgl. dazu die Urteile in den verbundenen Rechtssachen Götzütök und Brügge (C 187/01 und C 385/
01) und in der Rechtssache Van Esbroek (C 436/04).
[32] Vgl. IRhSt/*Schomburg* III E 1 SDÜ Art. 55 Rn. 3.

Anhang. Wesentliche Übereinkommen

Zu den einzelnen Themen finden sich dann die Fundstellen der wichtigsten bi- und multilateralen Abkommen. Die Liste der Abkommen beschränkt sich bewusst auf die Abkommen mit (zumindest in der Tendenz stärker) materiell-rechtlichem Bezug. Für die Abkommen mit stärker prozessualem Bezug muss an dieser Stelle auf die Kommentierungen zur Internationalen Rechtshilfe in Strafsachen verwiesen werden.

1 Abkommen mit arbeits- und sozialrechtlichen Bezügen:

Konvention	Datum
Vereinbarung vom 28.8.2009 zwischen **Deutschland** und der **Tschechischen Republik** über die Zusammenarbeit bei der **Bekämpfung illegaler Beschäftigung,** nicht angemeldeter Erwerbstätigkeit und **illegaler grenzüberschreitender Leiharbeit** sowie damit in Zusammenhang stehendem grenzüberschreitenden **Missbrauch von Sozialleistungen** und der Nichtabführung von Sozialversicherungsbeiträgen	28.8.2009
Vertrag vom 12.11.2008 zwischen **Deutschland** und **Bulgarien** über die Zusammenarbeit bei der **Bekämpfung** des grenzüberschreitenden **Missbrauchs bei Leistungen und Beiträgen zur sozialen Sicherheit durch Erwerbstätigkeit** und von **nicht angemeldeter Erwerbstätigkeit** sowie bei **illegaler** grenzüberschreitender **Leiharbeit**	12.11.2008
Verwaltungsvereinbarung vom 31.5.2001 zwischen **Deutschland** und der Republik **Frankreich** über die Zusammenarbeit bei der Bekämpfung von **nicht angemeldeter Erwerbstätigkeit** und des grenzüberschreitenden Missbrauchs bei mit einer Erwerbstätigkeit verbundenen Sozialleistungen sowie auf dem Gebiet der grenzüberschreitenden Leiharbeit	31.5.2001
Übereinkommen Nr. 170 der Internationalen Arbeitsorganisation vom 25.6.1990 über die **Sicherheit** bei der **Verwendung chemischer Stoffe bei der Arbeit**	25.6.1990
Übereinkommen Nr. 115 der **ILO** vom 22.6.1960 über den **Schutz der Arbeitnehmer vor ionisierenden Strahlen**	22.6.1960
Übereinkommen Nr. 111 der ILO vom 25.6.1958 über die **Diskriminierung in Beschäftigung und Beruf**	25.6.1958
Übereinkommen Nr. 105 der **ILO** vom 25.6.1957 über die **Abschaffung der Zwangsarbeit**	25.6.1957
Übereinkommen Nr. 87 der **ILO** vom 9.7.1948 über die **Vereinigungsfreiheit und den Schutz des Vereinigungsrechtes**	9.7.1948
Übereinkommen Nr. 45 der **ILO** vom 21.6.1935 über die Beschäftigung von **Frauen bei Untertagearbeiten in Bergwerken** jeder Art – Übereinkommen Nr. 116 vom 26.6.1961 – Außerkrafttreten des Übereinkommens Nr. 45 der Internationalen Arbeitsorganisation	21.6.1935
Übereinkommen Nr. 29 der **ILO** vom 28.6.1930 über **Zwangs- oder Pflichtarbeit**	28.6.1930
Übereinkommen vom 25.9.1926 über die **Sklaverei** – Änderungsprotokoll vom 7.12.1953 *Siehe auch* Zusatzübereinkommen vom 7.9.1956 über die Abschaffung der Sklaverei, des Sklavenhandels und sklavereiähnlicher Einrichtungen und Praktiken.	25.9.1926
Zusatzübereinkommen vom 7.9.1956 über die Abschaffung der **Sklaverei**, des Sklavenhandels und sklavereiähnlicher Einrichtungen und Praktiken *Siehe auch* Internationales Übereinkommen vom 25.9.1926 über die Sklaverei.	7.9.1956

Fundstelle in: BGBl. II Deutschland	Fundstelle: BGBl. Österreich	Fundstelle: AS/BS Schweiz
2010 II 154 *2010 II 865*		
2009 II 771 in Kraft 1.7.2010 2012 II 464		
2001 II 721 *in Kraft 31.5.2001*		
2007 II 130 *2008 II 232*		
1973 II 933 *1973 II 1593*		AS **1963** 692
1961 II 97 *1962 II 819*		AS **1961** 810
1959 II 441 *1960 II 2297*	81/1958	AS **1958** 485
1956 II 2072 *1958 II 113*	228/1950	AS **1976** 689
1954 II 624 *1957 II 201* 1963 II 1135 2010 II 634	324/1937	BS **14** 19 AS **1962** 1359
1956 II 640 *1957 II 1694*	86/1961	BS 14 38
1929 II 63 *1929 II 178* 1972 II 1069, 1473 *1973 II 1508*	17/1928 183/1956	BS **12** 52 AS **1954** 315
1958 II 203 1959 II 407	66/1964	AS 1965 135

Konvention	Datum
Übereinkommen Nr. 182 der Internationalen Arbeitsorganisation vom 17.6.1999 über das Verbot und unverzügliche Maßnahmen zur Beseitigung der schlimmsten Folgen der **Kinderarbeit** • Empfehlung Nr. 190	17.6.1999

2 Abkommen betreffend Betäubungsmittel, Suchtstoffe und psychotrope Stoffe, Doping:

Konvention	Datum
Internationales Übereinkommen vom 19.10.2005 **gegen Doping im Sport** – Letzte Änderung der Anlage I	19.10.2005
Übereinkommen vom 16.11.1989 gegen **Doping** – Letzte Änderung des Anhangs – Zusatzprotokoll vom 12.9.2002 – letzte neue Referenzliste	
Abkommen vom 13.6.1989 zwischen **Deutschland** und der ehemaligen **Sowjetunion** über die Zusammenarbeit beim Kampf gegen den Missbrauch von **Suchtstoffen und psychotropen Stoffen** und deren unerlaubten Verkehr	13.6.1989
Übereinkommen vom 21.2.1971 über **psychotrope Stoffe** – letzte Änderungen der Anhänge *Siehe auch* Übereinkommen der Vereinten Nationen vom 20.12.1988 gegen den unerlaubten Verkehr mit Suchtstoffen und psychotropen Stoffen.	21.2.1971
Protokoll vom 23.6.1953 über die Beschränkung und Regelung des **Anbaus der Mohnpflanze,** der **Erzeugung von Opium,** des **internationalen Handels und Großhandels mit Opium** und seiner Verwendung – Aufhebung durch das Einheits-Übereinkommen von 1961 über Betäubungsmittel; dieses Protokoll gilt nur noch im Verhältnis zu den Staaten, für die das Übk. von 1961 noch nicht in Kraft getreten ist.	23.6.1953
Protokoll vom 19.11.1948 zur **Internationalen Überwachung von Stoffen,** die vom Abkommen vom 13.7.1931 nicht erfasst werden – Aufhebung durch das Einheits-Übereinkommen von 1961 über Betäubungsmittel; dieses Protokoll gilt nur noch im Verhältnis zu den Staaten, für die das Übk. von 1961 noch nicht in Kraft getreten ist.	19.11.1948
Abkommen zur Beschränkung der Herstellung und zur Regelung der Verteilung der **Betäubungsmittel** – Protokoll vom 11.12.1946 zur Änderung der die Betäubungsmittel betreffenden Vereinbarungen, Abkommen und Protokolle – Aufhebung durch das Einheits-Übereinkommen von 1961 über Betäubungsmittel; dieses Abkommen gilt nur noch im Verhältnis zu den Staaten, für die das Übk. von 1961 noch nicht in Kraft getreten ist	13.7.1931

Fundstelle in: BGBl. II Deutschland	Fundstelle: BGBl. Österreich	Fundstelle: AS/BS Schweiz
2001 II 1290 2002 II 2352	III 41/2002 III 41/2002	AS 2003 927

Fundstelle in: BGBl. Deutschland	Fundstelle: BGBl. Österreich	Fundstelle: AS/BS Schweiz
2007 II 354 *2010 II 368* 2014 II 434 *in Kraft 1.9.2014*		AS **2009** 521 AS **2011** 339 AS **2014** 1199 *in Kraft 1.1.2014*
1994 II 334 *1994 II 1250* 2007 II 706 2008 II 571 2016 II 1429 *in Kraft 1.1.2017*	III 451/1991 III 242/2001 III 14/2005 III 223/2016 *in Kraft 1.1.2017*	AS **1993** 1238 AS **2005** 417 AS **2017** 465 *In Kraft 1.1.2017*
1989 II 683 *in Kraft 13.6.1989*		
1976 II 1477 *1978 II 1239,* *1977 II 1255* *(Vorbehalte)* 1985 II 1104	III 148/1997	AS **1996** 1752
1959 II 333, 358 *1966 II 385* 1973 II 1353 *1974 II 1211*		AS **1963** 1100 AS **1970** 802
1959 II 333, 349 *1959 II 1266* 1973 II 1353 *1974 II 1211*		AS **1953** 199 AS **1970** 802
1933 II 319 *1933 II 319* 1959 II 333 *1966 II 381* 1973 II 1353 *1974 II 1211*		BS **12** 511 BS **12** 534 AS **1970** 802

Konvention	Datum
Einheitsübereinkommen von 1961 vom 30.3.1961 über **Suchtstoffe** – Änderungsprotokoll vom 25.3.1972 – Einheits-Übereinkommen von 1961 in der durch das Protokoll vom 25.3.1972 geänderten Fassung Dieses Übereinkommen ersetzt die folgenden Übereinkommen im Verhältnis zu jenen Staaten, für die das Einheits-Übereinkommen in Kraft getreten ist: – Internationales Opiumabkommen vom 23.1.1912 und 19.2.1925 – Abkommen vom 13.7.1931 zur Beschränkung der Herstellung und zur Regelung der Verteilung der Betäubungsmittel – Protokoll vom 19.11.1948 zur Internationalen Überwachung von Stoffen, die vom Abkommen vom 13.7.1931 nicht erfasst werden – Protokoll vom 23.6.1953 über die Beschränkung und Regelung des Anbaus der Mohnpflanze, der Erzeugung von Opium, des internationalen Handels und Großhandels mit Opium und seiner Verwendung.	30.3.1961
Internationales **Opiumabkommen** vom 19.2.1925 – Protokoll vom 11.12.1946 zur Änderung der die Betäubungsmittel betreffenden Vereinbarungen, Abkommen und Protokolle – Aufhebung durch das Einheits-Übereinkommen von 1961 über Betäubungsmittel; dieses Abkommen gilt nur noch im Verhältnis zu den Staaten, für die das Übk. von 1961 noch nicht in Kraft getreten ist	19.2.1925
Internationales **Opiumabkommen** vom 23.1.1912 – Protokoll vom 11.12.1946 zur Änderung der die Betäubungsmittel betreffenden Vereinbarungen, Abkommen und Protokolle – Aufhebung durch das Einheits-Übereinkommen von 1961 über Betäubungsmittel; dieses Abkommen gilt nur noch im Verhältnis zu den Staaten, für die das Übk. von 1961 noch nicht in Kraft getreten ist	23.1.1912

3 Abkommen betreffend diplomatischer Beziehungen, Schutz von Diplomaten:

Konvention	Datum
Übereinkommen vom 14.12.1973 über die Verhütung, Verfolgung und Bestrafung von Straftaten gegen völkerrechtlich geschützte Personen einschließlich Diplomaten (**Diplomatenschutzkonvention**)	14.12.1973

4 Abkommen betreffend Erträge aus Straftaten:

Konvention	Datum
Abkommen vom 29.6.2010 zwischen **Österreich** und den Vereinigten Staaten von **Amerika** über die **Aufteilung** entzogener **Erträge aus Straftaten**	29.6.2010
Übereinkommen vom 8.11.1990 über die **Geldwäsche** sowie Ermittlung, Beschlagnahme und Einziehung von **Erträgen** aus Straftaten	8.11.1990

Fundstelle in: BGBl. Deutschland	Fundstelle: BGBl. Österreich	Fundstelle: AS/BS Schweiz
1973 II 1353	531/1978	AS **1970** 802
1974 II 1211	531/1978	AS **1996** 1941
1975 II 2		AS **2005** 371
1975 II 2158		
1977 II 111		
1929 II 407		BS **12** 491
1929 II 641		BS **12** 534
1959 II 333		AS **1970** 802
1966 II 383		
1973 II 1353		
1974 II 1211		
1970 II 973		BS **12** 476
1970 II 973		BS **12** 534
1959 II 33		AS **1970** 802
1966 II 383		
1973 II 1353		
1974 II 1211		

Fundstelle in: BGBl. Deutschland	Fundstelle: BGBl. Österreich	Fundstelle: AS/BS Schweiz
1976 II 1745	488/1977	AS **1985** 439
1977 II 568		

Fundstelle in: BGBl. Deutschland	Fundstelle: BGBl. Österreich	Fundstelle: AS/BS Schweiz
	III 28/2011	
1998 II 519	III 153/1997	AS **1993** 2386
1999 II 200		

5 Abkommen betreffend Flüchtlinge und illegaler Migration:

Konvention	Datum
Vereinbarung vom 23.2.2008 zwischen der **Schweiz** und der Republik **Kongo** über die **einvernehmliche Steuerung der illegalen Migration**	23.2.2008
Europäisches Übereinkommen vom 16.10.1980 über den Übergang der **Verantwortung für Flüchtlinge** *Siehe auch* Abkommen vom 28.7.1951 über die Rechtsstellung der Flüchtlinge.	16.10.1980
Vereinbarung vom 23.11.1957 über **Flüchtlingsseeleute** – Protokoll vom 12.6.1973 über Flüchtlingsseeleute *Siehe auch* Abkommen vom 28.7.1951 über die Rechtsstellung der Flüchtlinge.	23.11.1957
Abkommen vom 28.7.1951 über die **Rechtstellung der Flüchtlinge** – Protokoll vom 31.1.1967 über die Rechtsstellung der Flüchtlinge *Siehe auch* – Europäisches Übereinkommen vom 16.10.1980 über den Übergang der Verantwortung für Flüchtlinge – Übereinkommen vom 28.9.1954 über die Rechtsstellung der Staatenlosen.	28.7.1951

6 Abkommen betreffend Konflikte, Waffen und Munition:

Konvention	Datum
Abkommen vom 30.5.2008 über **Streumunition**	30.5.2008
Übereinkommen vom 18.9.1997 über das Verbot des Einsatzes, der Lagerung, der Herstellung und der Weitergabe von **Antipersonenminen** und über deren Vernichtung	18.8.1997
Übereinkommen vom 13.1.1993 über das Verbot der Entwicklung, Herstellung, Lagerung und des Einsatzes chemischer Waffen und über die Vernichtung solcher Waffen **(Chemiewaffenübereinkommen)** – Modifikation des Chemiewaffenübereinkommens vom 31.10.1999 – Modifikation des Teils V vom 14.10.2004	13.1.1993
Übereinkommen vom 1.3.1991 über die Markierung von **Plastiksprengstoffen** zum Zweck des Aufspürens	1.3.1991
Übereinkommen vom 10.10.1980 über das Verbot oder die Beschränkung des Einsatzes bestimmter konventioneller Waffen, die übermäßige Leiden verursachen oder unterschiedslos wirken können **(VN-Waffenübereinkommen)** samt Protokoll I bis III – Protokoll II in der am 3.5.1996 geänderten Fassung – Protokoll IV vom 13.10.1995 über blind machende Laserwaffen – Änderung vom 21.12.2001 – Protokoll V vom 26.11.2003	10.10.1980

Fundstelle in: BGBl. Deutschland	Fundstelle: BGBl. Österreich	Fundstelle: AS/BS Schweiz
		AS **2008** 3693
1994 II 2645 *1995 II 540*		AS **1986** 464
1961 II 828 *1961 II 1670* 1975 II 421 *1975 II 1437*		AS **1964** 146 AS **1975** 839
1953 II 559 *1954 II 619* 1969 II 1293 *1970 II 194*	55/1955 78/1974	AS 1955 443 AS 1968 1189

Fundstelle in: BGBl. Deutschland	Fundstelle: BGBl. Österreich	Fundstelle: AS/BS Schweiz
2009 II 502 *2011 II 809*	III 82/2010	
1998 II 778 *1998 II 3004*	III 38/1999	AS **2003** 3133
1994 II 806 *1996 II 2618* 2003 II 578 *in Kraft 9.3.2000* 2005 II 75 *2005 II 873* *in Kraft 31.1.2005*	III 38/1997 III 215/1999 III 63/2007	AS 1998 335 AS **2002** 3836
1998 II 2301 *1999 II 143*	III 135/1999	AS **2002** 3546
1992 II 958 und 1993 II 935 *1993 II 1813* 1997 II 806 *1999 II 2* 1997 II 806, 827 *1998 II 1632* 2004 II 1507 *2005 II 507* 2005 II 122 *2007 II 761*	464/1983 III 17/1999 III 17/1999 III 37/2005 III 40/2008	AS **1983** 1499 AS **2004** 341 AS **2003** 4087 AS **2004** 3953 AS **2006** 3871

Konvention	Datum
Vertrag vom 2.4.2013 über den **Waffenhandel**	
Abkommen vom 6.9.1978 zwischen der **Schweiz** und der **Internationalen Atomenergieorganisation** über die Anwendung von **Sicherungsmaß-nahmen iRd. Vertrages über die Nichtverbreitung von Kernwaffen** – Zusatzprotokoll vom 16.6.2000	6.9.1978
Europäisches Übereinkommen vom 28.6.1978 über die Kontrolle des Erwerbs und Besitzes von **Schusswaffen durch Einzelpersonen**	28.6.1978
Übereinkommen vom 18.5.1977 über das Verbot der militärischen oder einer sonstigen feindseligen Nutzung umweltverändernder Techniken **(Umweltkriegsübereinkommen)**	18.5.1977
Übereinkommen vom 10.4.1972 über das Verbot der Entwicklung, Her-stellung und Lagerung **bakteriologischer (biologischer) Waffen** und von **Toxinwaffen** sowie über die Vernichtung solcher Waffen	10.4.1972
Vertrag vom 11.2.1971 über das Verbot der Anbringung von **Kernwaffen und anderen Massenvernichtungswaffen** auf dem Meeresboden und im Meeresuntergrund	11.2.1971
Vertrag vom 1.7.1968 über die **Nichtverbreitung von Kernwaffen** – Entscheidung vom 11.5.1995 – Deutschland: Der Vertrag bleibt auf unbegrenzte Zeit in Kraft *Siehe auch* Verifikationsabkommen vom 5.4.1973.	1.7.1968
Vertrag vom 5.8.1963 über das **Verbot von Kernwaffenversuchen** in der Atmosphäre, im Weltraum und unter Wasser	5.8.1963
Europäisches Übereinkommen vom 29.4.1957 zur **friedlichen Beilegung von Streitigkeiten** – Erklärung vom 29.4.1961 über die Unterwerfung unter die Gerichtsbar-keit des Internationalen Gerichtshofes	29.4.1957
Genfer Abkommen vom 12.8.1949 über den **Schutz der Opfer inter-nationaler bewaffneter Konflikte:** – Genfer Abkommen vom 12.8.1948 zur Verbesserung des Loses der **Ver-wundeten und Kranken der Streitkräfte im Felde** – Genfer Abkommen vom 12.8.1948 zur Verbesserung des Loses der **Ver-wundeten, Kranken und Schiffbrüchigen der Streitkräfte zu See** – Genfer Abkommen vom 12.8.1948 über die Behandlung der **Kriegsge-fangenen** – Genfer Abkommen vom 12.8.1948 zum Schutze von **Zivilpersonen in Kriegszeiten** – Zusatzprotokoll I und II vom 8.6.1977 zu den Genfer Abkommen vom 12.8.1949 (Protokoll I und II) – Änderung vom 30.11.1993 des Anhangs I des Zusatzprotokolls I – Zusatzprotokoll III vom 8.12.2005 über die Annahme eines zusätzlichen Schutzzeichens	12.8.1949
Genfer Übereinkommen vom 27.7.1929 über die **Behandlung der Kriegsgefangenen**	27.7.1929
Genfer Übereinkommen vom 27.7.1929 zur Verbesserung des **Loses der Verwundeten und Kranken der Heere im Felde**	27.7.1929

Fundstelle in: BGBl. Deutschland	Fundstelle: BGBl. Österreich	Fundstelle: AS/BS Schweiz
2014 II 353		AS **2015** 595 *in Kraft 30.4.2015*
		AS **1978** 1720 AS **2005** 1461
1980 II 953 *1986 II 616*		
1983 II 125 *1983 II 564*	144/1990	AS **1988** 1888
1983 II 132 *1983 II 436*	432/1975	AS **1976** 1438
1972 II 325 *1977 II 29*	370/1972	AS **1976** 1430
1974 II 785 *1976 II 552* 1995 II 984	258/1970	AS **1977** 472 siehe auch Abkommen vom 6.9.1978 über die Anwendung von Siche- rungsmaßnahmen
1964 II 906 *1965 II 124*	199/1964	AS **1964** 195
1961 II 81 *1961 II 1026* 1961 II 1026	42/1960	AS **1966** 796
1954 II 781 *1954 II 1133* 1954 II 783 1954 II 813 1954 II 838 1954 II 917; 1956 II 1586 1990 II 1550, 1637 *1991 II 968* 1997 II 1366 *1997 II 1366* 2009 II 222 *2010 II 100*	155/1953 155/1953 155/1953 155/1953 155/1953 527/1982	AS **1951** 181 AS **1951** 181 AS **1951** 207 AS **1951** 228 AS **1951** 300 AS **1982** 1362 (I) AS **1982** 1432 (II) AS **1994** 786 AS **2007** 189
	166/1936	
	166/1936	

Konvention	Datum
Vertrag vom 27.8.1928 über die **Ächtung des Krieges**	27.8.1928
Protokoll vom 17.6.1925 über das Verbot der Verwendung von **erstickenden, giftigen oder ähnlichen Gasen** sowie von **bakteriologischen Mitteln im Kriege** *Siehe auch* Übereinkommen vom 13.1.1993 über das Verbot der Entwicklung, Herstellung, Lagerung und des Einsatzes chemischer Waffen und über die Vernichtung solcher Waffen.	17.6.1925
Abkommen vom 18.10.1907 zur friedlichen Erledigung **internationaler Streitfälle** Dieses Abkommen ersetzt für die Vertragsstaaten das Abkommen vom 29.7.1899 zur friedlichen Erledigung internationaler Streitfälle.	18.10.1907
Abkommen vom 18.10.1907 über den **Beginn der Feindseligkeiten**	18.10.1907
Abkommen vom 18.10.1907 betreffend die Gesetze und Gebräuche des **Landkrieges**	18.10.1907
Abkommen vom 18.10.1907 betreffend die Rechte und Pflichten der **neutralen Mächte und Personen** im Falle eines **Landkriegs**	18.10.1907
Abkommen vom 18.10.1907 über die Behandlung der feindlichen **Kauffahrteischiffe** beim Ausbruch der **Feindseligkeiten**	18.10.1907
Abkommen vom 18.10.1907 über die **Umwandlung** von **Kauffahrteischiffen** in **Kriegsschiffe**	18.10.1907
Abkommen vom 18.10.1907 über die Legung von unterseeischen selbsttätigen **Kontaktminen**	18.10.1907
Abkommen vom 18.10.1907 betreffend die **Beschießung durch Seestreitkräfte** in Kriegszeiten	18.10.1907
Abkommen vom 18.10.1907 betreffend die Anwendung der Grundsätze des **Genfer Abkommens** auf den **Seekrieg**	18.10.1907
Abkommen vom 18.10.1907 über gewisse Beschränkungen in der Ausübung des **Beuterechts** im **Seekrieg**	18.10.1907
Abkommen betreffend das Verbot des **Werfens von Geschossen und Sprengstoffen** aus **Luftschiffen**	18.10.1907
Abkommen vom 18.10.1907 betreffend die Rechte und Pflichten der **Neutralen** im Falle eines **Seekriegs**	18.10.1907
Abkommen vom 29.7.1899 zur friedlichen Erledigung **internationaler Streitfälle** Gemäß Abkommen vom 18.10.1907 zur friedlichen Erledigung internationaler Streitfälle gilt das Abkommen von 1899 nur noch im Verhältnis zu den Staaten, für die das Abkommen von 1907 noch nicht in Kraft getreten ist	29.7.1899
Abkommen vom 29.7.1899 betreffend die Gesetze und Gebräuche des **Landkrieges** Gemäß Abkommen vom 18.10.1907 betreffend die Gesetze und Gebräuche des Landkrieges gilt das Abkommen von 1899 nur noch im Verhältnis zu den Staaten, für die das Abkommen von 1907 noch nicht in Kraft getreten ist.	29.7.1899

Fundstelle in: BGBl. Deutschland	Fundstelle: BGBl. Österreich	Fundstelle: AS/BS Schweiz
1929 II 97 *1929 II 631*	268/1929	BS **11** 250 – Titel: Verzicht auf Krieg
1929 II 173 *1929 II 405*	202/1928	BS **11** 434
1910 S. 5, 375 *in Kraft 26.1.1910*	177/1913	BS **11** 207
1910 S. 82, 375 *in Kraft 26.1.1910*	179/1913	BS **11** 389
1910 S. 107, 375 *in Kraft 26.1.1910*	180/1913	BS **11** 409
1910 S. 151, 375 *in Kraft 26.1.1910*	181/1913	BS **11** 469
1910 S. 181, 375 *in Kraft 26.1.1910*	182/1913	BS **11** 440
1910 S. 207, 375 *in Kraft 26.1.1910*	183/1913	BS **11** 446
1910 S. 231, 375 *in Kraft 26.1.1910*	184/1913	BS **11** 450
1910 S. 256, 375 *in Kraft 26.1.1910*	185/1913	BS **11** 456
1910 S. 283, 375 *in Kraft 26.1.1910*	186/1913	
1910 S. 316, 375 *in Kraft 26.1.1910*	187/1913	BS **11** 462
		BS **11** 432
1910 S. 343, 375 *in Kraft 26.1.1910*	188/1913	BS **11** 476
1901 S. 393, 482 *in Kraft 4.9.1900*	173/1913	BS **11** 189
1901 S. 423, 482 *in Kraft 4.9.1900*	174/1913	BS **11** 393

Konvention	Datum
Dieses Abkommens wird ergänzt durch die Genfer Abkommen vom 12.8.1949 über die Behandlung der Kriegsgefangenen und zum Schutze von Zivilpersonen in Kriegszeiten.	
Abkommen vom 29.7.1899 betreffend die Anwendung der Grundsätze der **Genfer Konvention** vom 22.8.1864 auf den **Seekrieg** *Siehe auch* – Abkommen vom 18.10.1907 betreffend die Anwendung der Grundsätze des Genfer Abkommens auf den Seekrieg – Abkommen vom 12.8.1949 zur Verbesserung des Loses der Verwundeten, Kranken und Schiffbrüchigen der Streitkräfte zur See. Das Abkommen vom 29.7.1899 gilt nur mehr im Verhältnis zu jenen Staaten, für die die beiden oben genannten Abkommen nicht in Kraft getreten sind.	29.7.1899
Erklärung vom 29.7.1899 betreffend das Verbot von **Geschossen, die sich leicht im menschlichen Körper ausdehnen oder platt drücken**	29.7.1899
Erklärung vom 29.7.1899 betreffend das Verbot der Verwendung von **Geschossen mit erstickenden oder giftigen Gasen**	29.7.1899
Erklärung vom 28.11./11.12.1868 betreffend **Nichtanwendung der Sprenggeschosse im Krieg**	11.12.1868
Erklärung vom 16.4.1856 betreffend das **europäische Seerecht in Kriegszeiten**	16.4.1856
Übereinkommen vom 5.4.1973 zwischen dem Königreich Belgien, dem Königreich Dänemark, der Bundesrepublik Deutschland, Irland, der Italienischen Republik, dem Großherzogtum Luxemburg, dem Königreich der Niederlande, der **Europäischen Atomgemeinschaft** und der Internationalen Atomenergie-Organisation in **Ausführung** von Artikel III Absätze 1 und 4 des Vertrages vom 1.7.1968 über die **Nichtverbreitung von Kernwaffen (Verifikationsabkommen)** – Zusatzprotokoll vom 22.9.1998 *Siehe auch* Vertrag vom 1.7.1968 über die Nichtverbreitung von Kernwaffen.	5.4.1973

7 Abkommen betreffend Korruption:

Konvention	Datum
Übereinkommen vom 2.9.2010 zur Errichtung der **Internationalen Anti-Korruptionsakademie** als Internationale Organisation	2.9.2010
Übereinkommen vom 9.12.2005 der **Vereinten Nationen** gegen **Korruption**	9.12.2005
Strafrechtsübereinkommen vom 27.1.1999 gegen **Korruption** Zusatzprotokoll vom 15.5.2003	27.1.1999

8 Abkommen betreffend (organisierter) Kriminalität, Terrorismus und Suchtgifthandels:

Konvention	Datum
Abkommen vom 25.9.2010 zwischen **Österreich** und der Republik **Moldau** über die Zusammenarbeit im Bereich der **Bekämpfung der Kriminalität**	25.9.2010

Fundstelle in: BGBl. Deutschland	Fundstelle: BGBl. Österreich	Fundstelle: AS/BS Schweiz
1901 S. 455, 482 *in Kraft 4.9.1900*	175/1913	
1901 S. 478, 482 *in Kraft 4.9.1900*	176/1913	BS **11** 430
1901 S. 474, 482 *in Kraft 4.9.1900*	176/1913	BS **11** 428
		BS **11** 426
		BS **11** 439
1974 II 794 *1980 II 102* *1982 II 207* *1986 II 885* 2000 II 70	794/1974 III 70/2007	

Fundstelle in: BGBl. II Deutschland	Fundstelle: BGBl. Österreich	Fundstelle: AS/BS Schweiz
	III 22/2011	
	III 47/2006	AS **2009** 5467
27.1.1999 (Unterz.) **15.5.2003 (Unterz.)**		AS **2006** 2375 AS **2006** 2393

Fundstelle in: BGBl. II Deutschland	Fundstelle: BGBl. Österreich	Fundstelle: AS/BS Schweiz
	III 99/2011	

Konvention	Datum
Abkommen vom 1.10.2008 zwischen **Deutschland** und den Vereinigten Staaten von **Amerika** über die Vertiefung der **Zusammenarbeit bei** der Verhinderung und Bekämpfung **schwerwiegender Kriminalität**	1.10.2008
Abkommen vom 31.8.2006 zwischen **Deutschland** und der Sozialistischen Republik **Vietnam** über die **Zusammenarbeit bei der Bekämpfung von schwerwiegenden Straftaten und der Organisierten Kriminalität**	31.8.2006
Abkommen vom 19.9.2005 zwischen der **Schweiz** und **Rumänien** über die **Zusammenarbeit bei der Bekämpfung** des **Terrorismus,** der **organisierten Kriminalität,** des **illegalen Handels mit Betäubungs- mitteln,** psychotropen Stoffen und Vorläuferchemikalien sowie weiterer strafbarer transnationaler Handlungen	19.9.2005
Internationales Übereinkommen vom 13.4./14.9.2005 **zur Bekämpfung nuklearterroristischer Handlungen**	14.9.2005
Vertrag vom 27.5.2005 zwischen dem Königreich Belgien, der Bundesre- publik **Deutschland** dem Königreich Spanien, der Französischen Repub- lik, dem Großherzogtum Luxemburg, dem Königreich der Niederlande und der Republik **Österreich** über die Vertiefung der **grenzüberschrei- tenden Zusammenarbeit,** insbesondere zur **Bekämpfung des Terroris- mus, der grenzüberschreitenden Kriminalität und der illegalen Mig- ration (Vertrag von Prüm)**	27.5.2005
Übereinkommen des Europarats vom 16.5.2005 zur **Verhütung des Ter- rorismus**	16.5.2005
Abkommen vom 11.11.2004 zwischen **Österreich** und der Republik **Ser- bien** über die Zusammenarbeit bei der Bekämpfung der internationalen **organisierten Kriminalität,** des internationalen illegalen **Suchtgifthan- dels** und des internationalen **Terrorismus**	11.11.2004
Abkommen vom 26.10.2004 über die **Zusammenarbeit** zwischen der **EG und ihren Mitgliedstaaten** und der **Schweiz** zur **Bekämpfung von Betrug und sonstigen rechtswidrigen Handlungen,** die ihre **finanziellen Interessen** beeinträchtigen	26.10.2004
Abkommen vom 27.7.2004 zwischen der **Schweiz** und der Republik **Slo- wenien** über die **Zusammenarbeit bei der Bekämpfung der Krimina- lität**	27.7.2004
Vertrag vom 6.6.2004 zwischen **Österreich** und der Republik **Ungarn** über die Zusammenarbeit bei der **Vorbeugung und Bekämpfung** der **grenzüberschreitenden Kriminalität**	6.6.2004
Abkommen vom 30.9.2003 zwischen **Deutschland** und der Republik **Bulgarien** über die **Zusammenarbeit bei der Bekämpfung der Orga- nisierten und der schweren Kriminalität**	30.9.2003
Abkommen vom 7.4.2003 zwischen **Deutschland** und der **Tunesischen Republik** über die Zusammenarbeit bei der **Bekämpfung von Strafta- ten von erheblicher Bedeutung**	7.4.2003
Abkommen vom 3.3.2003 zwischen **Deutschland** und der Republik **Tür- kei** über die Zusammenarbeit bei der **Bekämpfung von Straftaten mit erheblicher Bedeutung,** insbesondere des Terrorismus und der organisier- ten Kriminalität	3.3.2003

Fundstelle in: BGBl. II Deutschland	Fundstelle: BGBl. Österreich	Fundstelle: AS/BS Schweiz
2009 II 1010		
2008 II 1182 *2009 II 964*		
		AS **2008** 2065
2007 II 1586 *2008 II 671*	III 77/2007	AS **2009** 493 *Berichtigung:* AS **2009** 2793
2006 II 626 *2007 II 857*	III 159/2006	
2011 II 300 *2011 II 1006*	III 34/2010	
	III 20/2005	
2008 II 182 *Vorläufige Anwendung:* *2009 II 1117* *2011 II 447*		AS **2009** 1299
		AS **2006** 3057
	III 99/2006	
2005 II 418 *2005 II 795*		
2004 II 1570 *2006 II 47*		
2004 II 1059 *2004 II 1483*		

Konvention	Datum
Abkommen vom 10.6.2002 zwischen **Österreich** und der Republik **Polen** betreffend die Zusammenarbeit bei der **Vorbeugung und Bekämpfung der Kriminalität**	10.6.2002
Abkommen vom 2.3.2001 zwischen **Deutschland** und der Regierung der Republik **Slowenien** über die Zusammenarbeit bei der Bekämpfung von **Straftaten mit erheblicher Bedeutung**	2.3.2001
Abkommen vom 23.2.2001 zwischen **Deutschland** und der Regierung der Republik **Litauen** über die Zusammenarbeit bei der Bekämpfung der **organisierten Kriminalität, des Terrorismus** und anderer Straftaten mit erheblicher Bedeutung	23.2.2001
Übereinkommen der **Vereinten Nationen** vom 15.11.2000 gegen die **grenzüberschreitende organisierte Kriminalität (Palermo I)** • Zusatzprotokoll vom 15.11.2000 zur Verhütung, Bekämpfung und Bestrafung des Menschenhandels, insbesondere des Frauen- und Kinderhandels (Palermo II) Zusatzprotokoll vom 15.11.2000 gegen die Schleusung (Schlepperei) von Migranten auf dem Land-, See- und Luftweg (Palermo III)	15.11.2000
Internationales Übereinkommen der **Vereinten Nationen** vom 9.12.1999 zur Bekämpfung der **Finanzierung des Terrorismus** Berichtigung	9.12.1999
Abkommen vom 3.5.1999 zwischen **Deutschland** und der **Russischen Föderation** über die Zusammenarbeit bei der **Bekämpfung von Straftaten von erheblicher Bedeutung**	3.5.1999
Abkommen vom 5.2.1999 zwischen der **Schweiz** und der Republik **Ungarn** über die Zusammenarbeit bei der **Bekämpfung der Kriminalität**	5.2.1999
Übereinkommen vom 17.12.1997 über die Bekämpfung der **Bestechung ausländischer Amtsträger** im internationalen Geschäftsverkehr	17.12.1997
Internationales Übereinkommen vom 15.12.1997 zur Bekämpfung **terroristischer Bombenanschläge**	15.12.1997
Übereinkommen vom 26.5.1997 über die Bekämpfung der **Bestechung,** an der Beamte der **Europäischen Gemeinschaften** oder der Mitgliedstaaten der Europäischen Union beteiligt sind	26.5.1997
Abkommen vom 15.10.1996 zwischen Deutschland und **Rumänien** über die Zusammenarbeit bei der Bekämpfung der **organisierten Kriminalität sowie des Terrorismus** und anderer Straftaten von erheblicher Bedeutung	15.10.1996
Protokoll vom 28.2.1996 zwischen **Deutschland** und der Sozialistischen Republik **Vietnam** über die Zusammenarbeit bei der **Verbrechensvorbeugung und -bekämpfung**	28.2.1996
Abkommen vom 16.11.1995 zwischen **Deutschland** und **Usbekistan** über die Zusammenarbeit bei der Bekämpfung der **organisierten Kriminalität, des Terrorismus** und anderer Straftaten von erheblicher Bedeutung	16.11.1995
Abkommen vom 30.8.2010 zwischen **Deutschland** und der **Ukraine** über die Zusammenarbeit im Bereich der Bekämpfung der **Organisierten Kriminalität, des Terrorismus** und anderer Straftaten von erheblicher Bedeutung	30.8.2010

Fundstelle in: BGBl. II Deutschland	Fundstelle: BGBl. Österreich	Fundstelle: AS/BS Schweiz
	III 139/2003	
2002 II 2810, 2817 *2003 II 507*		
2002 II 2810 *2003 II 956*		
2005 II 954 *2007 II 1311* 2005 II 954 *2007 II 1341* 2005 II 954 *2007 II 1348*	III 84/2005 III 220/2005 III 11/2008	AS **2006** 5861 AS **2006** 5917 AS **2006** 5899
2003 II 1923 *2006 II 851*	III 102/2002 III 103/2002	AS **2004** 2535
2004 II 860 *2005 II 621*		
		AS **2003** 1901
1998 II 2327 *1999 II 87*	III 176/1999	AS **2003** 4243
2002 II 2506 *2006 II 290*	III 168/2001	AS **2004** 2521
2002 II 2727 *2006 II 954*	III 38/2000	
1998 II 1035 *in Kraft 6.3.1998*		
1996 II 950 *in Kraft 28.2.1996* 2009 II 965 *außer Kraft 14.5.2009*		
1998 II 75 *in Kraft 3.11.1997*		
2013 II 1263		

Konvention	Datum
Abkommen vom 31.8.2006 zwischen **Deutschland** und **Vietnam** über die Zusammenarbeit bei der Bekämpfung von schwerwiegenden Straftaten und der **organisierten Kriminalität**	31.8.2006
Abkommen vom 13.9.1991 zwischen **Deutschland** und der ehemaligen **Tschechoslowakei** über die Zusammenarbeit bei der Bekämpfung der **organisierten Kriminalität** Dieses Abkommen gilt im Verhältnis zwischen Deutschland und der Tschechischen Republik sowie der Slowakischen Republik fort.	13.9.1991
Abkommen vom 22.3.1991 zwischen **Deutschland** und der Republik **Ungarn** über die Zusammenarbeit bei der Bekämpfung der **organisierten Kriminalität** Änderungsvereinbarung vom 23.1./26.6.1995	22.3.1991
Europäisches Übereinkommen vom 27.1.1977 zur **Bekämpfung des Terrorismus** • **Änderungsprotokoll vom 15.5.2003; völkerrechtlich noch nicht in Kraft!** Bekanntmachung	27.1.1977
Übereinkommen vom 23.11.2001 des Europarats über **Computerkriminalität** • Zusatzprotokoll vom 28.1.2003	23.11.2001
Abkommen vom 2.11.2001 zwischen **Österreich** und der Republik **Usbekistan** über Zusammenarbeit im **Sicherheitsbereich** und im Kampf gegen **Kriminalität**	2.11.2001
Übereinkommen der Vereinten Nationen vom 15.11.2000 gegen die grenzüberschreitende **organisierte Kriminalität** (UNTOC)	15.11.2000
Wiener Übereinkommen vom 20.12.1988 gegen den unerlaubten **Verkehr mit Suchtstoffen und psychotropen Stoffen**	20.12.1988
Übereinkommen vom 31.1.1995 über den unerlaubten Verkehr auf See zur Durchführung des Artikels 17 des Übereinkommens der Vereinten Nationen gegen den unerlaubten **Verkehr mit Suchtstoffen und psychotropen Stoffen** (EuDrogenÜbK)	31.1.1995
Übereinkommen der **Vereinten Nationen** vom 20.12.1988 gegen den unerlaubten Verkehr mit **Suchtstoffen und psychotropen Stoffen** *Siehe auch* Übereinkommen vom 31.1.1995 über den unerlaubten Verkehr auf See zur Durchführung des Art. 17 des Übk. der Vereinten Nationen vom 20.12.1988.	20.12.1988
Notenwechsel vom 17.1./24.8.1955/7.3.1956 zwischen **Deutschland** und den **Vereinigten Staaten von Amerika** über die Bekämpfung des ungesetzlichen **Verkehrs mit Betäubungsmitteln**	7.3.1956
Abkommen vom 26.6.1936 zur **Unterdrückung des unerlaubten Verkehrs mit Betäubungsmitteln** – Änderung durch Einheits-Übereinkommen vom 30.3.1961	26.6.1936
Abkommen vom 10.3.2009 zwischen **Deutschland** und **Kroatien** über die Zusammenarbeit bei der Bekämpfung der Organisierten und schweren Kriminalität	10.3.2009

Fundstelle in: BGBl. II Deutschland	Fundstelle: BGBl. Österreich	Fundstelle: AS/BS Schweiz
2009 II 964		
1993 II 37 *in Kraft 29.9.1992*		
1993 II 743 *in Kraft 7.2.1991* 1995 II 881 *in Kraft 26.6.1995*		
1978 II 321 *1978 II 907* 2010 II 1230 2006 II 834	446/1978	AS **1983** 1041 AS **2006** 4247
2008 II 1242 *2010 II 218* 2011 II 290 *2011 II 843*		AS **2011** 6297
	III 91/2002	
2005 II, 956		
1993 II, 1137 1994 II, 496		
1998 II, 2233 2000 II, 1313	III 28/2001	
1993 II 1136 *1994 II 496*	III 154/1997	AS **2006** 531
1957 II 709 *in Kraft 7.3.1956*		
		AS **1953** 187 AS **1970** 802
2013 II 1223		

9 Abkommen betreffend Kultur:

Konvention	Datum
Europäisches Übereinkommen vom 16.1.1992 zum Schutz des **archäologischen Erbes** Dieses Übereinkommen ersetzt das Europäische Übereinkommen vom 6.5.1969 zum Schutz archäologischen Kulturguts.	16.1.1992
Übereinkommen vom 3.10.1985 zum Schutz des **architektonischen Erbes Europas**	3.10.1985
Übereinkommen vom 23.11.1972 zum Schutz des **Kultur- und Naturerbes der Welt** beschlossen von der Generalkonferenz der UNESCO am 16.11.1972	23.11.1972
Übereinkommen vom 14.11.1970 über Maßnahmen zum **Verbot und zur Verhütung** der **rechtswidrigen Einfuhr, Aus- fuhr und Übereignung von Kulturgut**	14.11.1970
UNESCO – Übereinkommen vom 17.10.2003 zur **Erhaltung immateriellen Kulturerbes**	17.10.2003
Europäisches **Kulturabkommen** vom 19.12.1954	19.12.1954
Konvention vom 14.5.1954 zum **Schutz von Kulturgut** bei bewaffneten Konflikten und Haager Protokoll – Ausführungsbestimmungen vom 14.5.1954 – Zweites Protokoll vom 26.3.1999 – Bekanntmachung der amtl. dt. Übersetzung des Zweiten Protokolls	14.5.1954

10 Abkommen betreffend Luftfahrt, Weltraum:

Konvention	Datum
Abkommen vom 30.11.2009 zwischen **Deutschland** und **Österreich** über die Durchführung von Artikel 83bis des Abkommens über die **Internationale Zivilluftfahrt** nach seinem Artikel 9 Absatz 1 *Siehe auch* das Abkommen vom 7.12.1944 über die Internationale Zivilluftfahrt.	30.11.2009
Abkommen vom 9.3.2009 zwischen **Deutschland** und der **Französischen Republik** über die Zusammenarbeit im Bereich der **Sicherheit im Luftraum bei Bedrohungen durch zivile Luftfahrzeuge**	9.3.2009
Abkommen vom 15.4.2008 zwischen **Österreich** und der **Schweiz** über die Zusammenarbeit im Bereich der **Sicherung des Luftraums gegen nichtmilitärische Bedrohungen aus der Luft**	15.4.2008
Abkommen vom 24.4.2007 zwischen **Deutschland** und der **Schweiz** über die Zusammenarbeit im **Bereich der Sicherheit des Luftraums bei Bedrohungen durch zivile Luftfahrzeuge**	24.4.2007
Übereinkommen vom 9.6.2006 zwischen der **EG** und **Albanien, Bosnien und Herzegowina, Bulgarien, Mazedonien, Island, Kroatien, Montenegro, Norwegen, Rumänien, Serbien** und **Kosovo** zur Schaffung eines gemeinsamen europäischen Luftverkehrsraums	9.6.2006

Fundstelle in: BGBl. Deutschland	Fundstelle: BGBl. Österreich	Fundstelle: AS/BS Schweiz
2002 II 2709 *2003 II 309*		AS **1996** 2965
1987 II 623 *in Kraft 1.12.1987*		AS **1996** 2402
1977 II 213 *in Kraft 23.11.1976*	60/1993	AS **1975** 2223
2007 II 626 *2008 II 235*		
2013 II 1009		
1955 II 1128 *in Kraft 17.11.1955*	80/1958	AS **1962** 935
1967 II 1233, 1300 *1967 II 2471* 2009 II 716 *2011 II 486* 2012 II 54	58/1964	AS **1962** 1007 AS **1962** 1033 AS **1962** 1022 AS **2005** 149

Fundstelle in: BGBl. Deutschland	Fundstelle: BGBl. Österreich	Fundstelle: AS/BS Schweiz
2010 II 54 *In Kraft 1.1.2010*	129/2016	
2011 II 146 *in Kraft 1.9.2011* 2013 II 11		
	III 64/2008	AS **2008** 3751
2008 II 195 *2008 II 948*		AS **2008** 2933
2011 II 162		

Konvention	Datum
Luftverkehrsabkommen vom 25. und 30.4.2007 zwischen den Vereinigten Staaten von Amerika und der Europäischen Gemeinschaft und ihren Mitgliedern – Änderungsprotokoll vom 24.6.2010	25./ 30.4.2007
Abkommen vom 31.1.2006 zwischen der **Schweiz** und **Italien** über die Zusammenarbeit im Bereich der **Sicherung des Luftraums gegen nicht-militärische Bedrohungen aus der Luft**	31.1.2006
Übereinkommen vom 19.8.2002 zwischen den Vertragsstaaten des Übereinkommens zur Gründung einer **Europäischen Weltraumorganisation** und der Europäischen Weltraumorganisation über den Schutz und den Austausch geheimhaltungsbedürftiger Informationen	19.8.2002
Übereinkommen vom 30.5.1975 zur Gründung einer **Europäischen Weltraumorganisation** – Änderungen vom 18./20.10.1995 – Änderungen vom 14./11.11.2001 – Änderungen der Anlage V vom 22.6.2005 – Änderungen der Anlage V vom 10.6.2009 *Siehe auch* Übereinkommen vom 19.8.2002 zwischen den Vertragsstaaten des Übereinkommens vom 30.5.1975 und der Europäischen Weltraumorganisation über den Schutz und den Austausch geheimhaltungs-bedürftiger Informationen.	30.5.1975
Übereinkommen vom 23.9.1971 zur Bekämpfung widerrechtlicher Handlungen gegen die **Sicherheit der Zivilluftfahrt** Protokoll vom 24.2.1988 zur Bekämpfung widerrechtlicher gewalttätiger Handlungen auf Flughäfen, die der internationalen Zivilluftfahrt dienen.	23.9.1971
Übereinkommen vom 16.12.1970 zur Bekämpfung der widerrechtlichen **Inbesitznahme von Luftfahrzeugen**	16.12.1970
Vertrag vom 27.1.1967 über die Grundsätze zur Regelung der Tätigkeiten von Staaten bei der **Erforschung und Nutzung des Weltraumes** einschließlich des Mondes und anderer Himmelskörper	27.1.1967
Abkommen vom 14.9.1963 über strafbare und bestimmte andere **an Bord von Luftfahrzeugen begangene Handlungen**	14.9.1963
Abkommen vom 19.6.1948 über die internationale Anerkennung von **Rechten an Luftfahrzeugen**	19.6.1948
Abkommen vom 7.12.1944 über die Internationale **Zivilluftfahrt** Änderungsprotokolle – letztes, von Österreich ratifiziertes Änderungsprotokoll vom 10.5.1984 – Änderungsprotokoll vom 30.9.1977 (Montreal) – letztes, von Deutschland und Schweiz ratifiziertes Änderungsprotokoll vom 26.10.1990 – Änderung Art. 56, Protokoll vom 6.10.1989 – Änderung Anhang 9 – Änderungen der Anhänge 1, 6, Part I und III, 11 und 13 sowie Änderungen der Anhänge 8 und 14 *Siehe auch* das Abkommen vom 30.11.2009 zwischen Deutschland und Österreich über die Durchführung von Artikel 83bis des Abkommens über die Internationale Zivilluftfahrt ist nach seinem Artikel 9 Absatz 1.	7.12.1944

Fundstelle in: BGBl. Deutschland	Fundstelle: BGBl. Österreich	Fundstelle: AS/BS Schweiz
2014 II 946 2015 II 1538		
		AS **2006** 2039
2004 II 1010 *2005 II 768*	III 18/2011	
1976 II 1861 *1981 II 371* 2002 II 2804 2002 II 2804 2007 II 927 *in Kraft 22.6.2005* 2011 II 282 *in Kraft 1.1.2010*	95/1987 (Beitritt)	AS **1980** 2019 AS **2010** 5367 AS **2010** 5367
1977 II 1229 *1978 II 314* 1993 II 866; 1994 II 620 *1995 II 30*	248/1974 63/1990	AS **1978** 462 AS **1990** 1935
1972 II 1505 *1975 II 1204*	249/1974	AS **1971** 1513
1969 II 1967 *1971 II 166*	103/1968	AS **1970** 87
1969 II 121 *1970 II 276*	247/1974	AS **1971** 312
1959 II 129 *1960 II 1506*		AS **1960** 1268
1956 II 411 *1956 II 934* 1996 II 2498, 2501 *2003 II 402* *2006 II 133*	97/1949 III 104/1999 III 113/2008 III 114/2008 III 115/2008	AS **1971** 1305 AS **2004** 4000 AS **2004** 4002 AS **2006** 87 AS **2011** 3617

11 Abkommen betreffend Meer, Schifffahrt:

Konvention	Datum
Abkommen vom 15.6.2000 zwischen Deutschland und der Regierung der Republik **Singapur** über die **Seeschifffahrt**	15.6.2000
Europäisches Übereinkommen vom 26.5.2000 über die **internationale Beförderung** von **gefährlichen Gütern auf Binnenwasserstraßen** (ADN) • letzte Änderung der beigefügten Verordnung *Siehe auch* Übereinkommen vom 30.9.1957.	26.5.2000
Abkommen vom 10.3.1998 zwischen **Deutschland** und **Südafrika** über die **Seeschifffahrt** und Anwendungsvereinbarung vom 13.4./31.8.1999	10.3.1998
Übereinkommen vom 4.12.1995 zur **Durchführung** der Bestimmungen des **Seerechtsübereinkommens** der Vereinten Nationen vom 10.12.1982 über die Erhaltung und Bewirtschaftung von gebietsübergreifenden Fischbeständen und Beständen weit wandernder Fische *Siehe auch* Seerechtsübereinkommen der Vereinten Nationen vom 10.12.1982.	4.12.1995
Übereinkommen vom 17.3.1992 zum Schutz und zur Nutzung grenzüberschreitender **Wasserläufe und internationaler Seen** • Protokoll vom 17.6.1999 über Wasser und Gesundheit	17.3.1992
Übereinkommen vom 10.3.1988 zur Bekämpfung widerrechtlicher Handlungen gegen die Sicherheit der **Seeschifffahrt** – Protokoll vom 14.10.2005 – Protokoll vom 10.3.1988 zur Bekämpfung widerrechtlicher Handlungen gegen die Sicherheit **fester Plattformen, die sich auf dem Festlandsockel befinden** – Protokoll zum Protokoll aus 1998 vom 14.10.2005	10.3.1988
Seerechtsübereinkommen der Vereinten Nationen vom 10.12.1982 – Übereinkommen vom 28.7.1994 zur Durchführung des Teiles XI des Seerechts-Übereinkommens – Bestimmungen vom 13.7.2000 über Prospektion und Erforschung polymetallischer Knollen im Gebiet – Übereinkommen vom 23.5.1997 über die Vorrechte und Immunitäten des Internationalen Seegerichtshof – Protokoll vom 27.3.1998 über die Vorrechte und Immunitäten der Internationalen Meeresbodenbehörde *Siehe auch* Durchführungsübereinkommen vom 4.12.1995 über die Erhaltung und Bewirtschaftung von gebietsübergreifenden Fischbeständen und Beständen weit wandernder Fische	10.12.1982

Fundstelle in: BGBl. Deutschland	Fundstelle: BGBl. Österreich	Fundstelle: AS/BS Schweiz
2002 II 1190 *2003 II 215*		
2007 II 1906 *2009 II 162* 2010 II 1550 2012 II 1386 2014 II 1344 2016 II 1298	III 67/2008 III 25/2012 III 26/2013 III 45/2014 III 8/2015 III 72/2015	AS **2011** 1015 AS **2012** 7483 AS **2014** 4709 AS **2016** 3865
2001 II 42, 49 *2001 II 569*		
2000 II 1022 *2009 II 658*	III 21/2005	
1994 II 2333 *1996 II 2760* 2006 II 763 *2007 II 346* 2013 II 36	578/1996 III 51/2013	AS **1997** 835 AS **2007** 1277 AS **2013** 377
1990 II 494 *1992 II 526* 1990 II 508 *1992 II 1061* 2016 II 506	406/1992 III 85/2010 406/1992 III 86/2010 III 110/2016	AS **1993** 1910 AS **2010** 3355 AS **1993** 1923 AS **2010** 3345 AS **2016** 3009
1994 II 1798 *1995 II 602* 1994 II 2565, 3796 *Vorläufige Anwendung: 1995 II 479; 1996 II 2511* 2003 II 1674 2007 II 143 2007 II 195 *2008 II 343* *außer Kraft 23.9.2014* 2014 II 615 2016 II 871	885/1995 885/1995	AS **2009** 3209 AS **2009** 3411

Konvention	Datum
Internationales Übereinkommen von 1974 vom 1.11.1974 zum **Schutz des menschlichen Lebens auf See** – Protokoll von 1978 vom 17.2.1978 – Protokoll von 1988 vom 11.11.1988 – Letzte Änderungen – Letzte Änderungsverordnung (23.) Dieses Übereinkommen ersetzt das Internationale Übereinkommen von 1960 zum Schutz des menschlichen Lebens auf See – siehe Internationaler Schiffssicherheitsvertrag vom 17.6.1960.	1.11.1974
Übereinkommen vom 20.10.1972 über die Internationalen Regeln zur Verhütung von **Zusammenstößen auf See** – letzte Änderung vom 29.11.2001 Die Regeln dieses Übereinkommens ersetzen im Verhältnis zwischen den Vertragsparteien die Internationalen Regeln vom 17.6.1960 zur Verhütung von Zusammenstößen auf See.	20.10.1972
Internationaler **Schiffssicherheitsvertrag** vom 17.6.1960 a) Internationales Übereinkommen von 1960 zum **Schutz des menschlichen Lebens auf See** – dieses Übereinkommen wird im Verhältnis zwischen den Vertragsparteien durch das Internationale Übereinkommen von 1974 vom 1.11.1974 ersetzt! b) Regeln zur Verhütung von Zusammenstößen auf See – **Seestraßenordnung** – diese Regeln werden im Verhältnis zwischen den Vertragsparteien durch die Regeln des Übereinkommens vom 20.10.1972 ersetzt!	17.6.1960
Übereinkommen vom 29.4.1958 über die **Hohe See** und fakultatives Unterzeichnungsprotokoll über die **obligatorische Beilegung von Streitigkeiten**	29.4.1958
Internationales Übereinkommen vom 10.5.1952 zur Vereinheitlichung von Regeln über die strafgerichtliche Zuständigkeit bei **Schiffszusammenstößen** und anderen mit der Führung eines Seeschiffes zusammenhängenden Ereignissen	10.5.1952
Revidierte **Rheinschifffahrts**-Akte vom 17.10.1868 1. Übereinkommen vom 20.11.1963 zur Revision der Rheinschifffahrts-Akte vom 17.10.1868 – Zusatzprotokoll vom 25.10.1972 – Zusatzprotokoll Nr. 2 vom 17.10.1979 – Zusatzprotokoll Nr. 3 vom 17.10.1979 – Zusatzprotokoll Nr. 4 vom 25.4.1989 – Zusatzprotokoll Nr. 6 vom 21.10.1999 – Zusatzprotokoll Nr. 7 vom 27.11.2002	17.10.1868

Fundstelle in: BGBl. Deutschland	Fundstelle: BGBl. Österreich	Fundstelle: AS/BS Schweiz
1979 II 141 *1980 II 717* 1980 II 525 *1981 II 140* 1994 II 2458 *2000 II 489* 2003 II 1341 *2005 II 1034* 2011 II 506 2012 II 690 2014 II 1122 2016 II 411 2016 II 627 2016 II 1408	435/1988 435/1988 503/1990	AS **1982** 128 AS **1982** 1321 AS **1997** 463 AS **2005** 1315 AS **2008** 4605 AS **2012** 5791 AS **2013** 3071 AS **2016** 2957
1976 II 1017 *1977 II 623* 2003 II 1644 *in Kraft 4.12.2003*	529/1977	AS **1977** 1084 AS **1991** 1346
1965 II 465, 742 1966 II 1472 *a) 1966 II 33* *b) 1965 II 1532* *außer Kraft zu* *a) 1989 II 74*	380/1972	AS **1966** 1016
1972 II 1089 *1975 II 843*	246/1974	AS **1966** 986 AS **1966** 1007
1972 II 653, 668 *1973 II 343*		AS **1956** 716
1869 S. 798, 836 *in Kraft am 1.7.1869* 1966 II 560 *1967 II 2000* 1974 II 1385 *1975 II 743* 1980 II 870 *1985 II 1214* 1980 II 875 *1982 II 858* 1990 II 615 *1991 II 1119* 2002 II 1772 2003 II 1912 *2005 II 159*		AS **1967** 1597 AS **1967** 1591 AS **1975** 630 AS **1985** 239 AS **1982** 1810 AS **1989** 1509 AS **2005** 175

12 Abkommen betreffend Menschenrechte, (persönlicher) Rechte:

Konvention	Datum
Internationaler Pakt vom 16.12.1966 über **wirtschaftliche, soziale und kulturelle Rechte**	16.12.1966
Internationaler Pakt vom 16.12.1966 über **bürgerliche und politische Rechte** – Fakultativprotokoll vom 19.12.1966 – Zweites Fakultativprotokoll vom 15.12.1989 zur Abschaffung der Todesstrafe – Rückzug Vorbehalte Schweiz zum Pakt – Erneuerung Erklärung Schweiz betreffend Zuständigkeit des Ausschusses für Menschenrechte	16.12.1966
Konvention vom 4.11.1950 zum Schutz der **Menschenrechte und Grundfreiheiten** – Zusatzprotokoll vom 20.3.1952 – Protokoll Nr. 2 vom 6.5.1963 und – Protokoll Nr. 3 vom 6.5.1963 – Protokoll Nr. 4 vom 16.9.1963 – Protokoll Nr. 5 vom 20.1.1966 – Protokoll Nr. 6 vom 28.4.1983 – Protokoll Nr. 7 vom 22.11.1984 – Protokoll Nr. 8 vom 19.3.1985 – Protokoll Nr. 9 aufgehoben mit Inkrafttreten des Protokolls Nr. 11 vom 6.11.1990 – Protokoll Nr. 10 vom 25.3.1992, völkerrechtlich noch nicht in Kraft getreten – Protokoll Nr. 11 vom 11.5.1994 – Verfahrensordnung vom 4.11.1998 des Europäischen Gerichtshofs für Menschenrechte Bekanntmachung der Neufassung – Protokoll Nr. 12 vom 4.11.2000, völkerrechtlich in Kraft seit 1.4.2005 – Protokoll Nr. 13 vom 3.5.2002 über die vollständige Abschaffung der Todesstrafe – Protokoll Nr. 14 vom 13.5.2004 über die Änderung des Kontrollsystems der Konvention, in Kraft ab 1.6.2010 – Änderung der Verfahrensordnung – Bekanntmachung der Neufassung der Konvention *Siehe* Europäisches Übereinkommen vom 5.3.1996 über die an Verfahren vor dem EGMR teilnehmenden Personen.	4.11.1950

13 Abkommen betreffend die polizeiliche und behördliche Zusammenarbeit, Zollbehörden:

Konvention	Datum
Abkommen vom 22.2.2010 zwischen **Österreich** und **Georgien** über die **polizeiliche Zusammenarbeit**	22.2.2010

Fundstelle in: BGBl. Deutschland	Fundstelle: BGBl. Österreich	Fundstelle: AS/BS Schweiz
1973 II 1569 *1976 II 428*	591/1978	AS **1993** 725
1973 II 1533 *1976 II 1068* *1979 II 1218 (Art. 41)* 1992 II 1246 *1994 II 311* 1992 II 390 *1993 II 880*	590/1978 105/1988 333/1993	AS **1993** 750 AS **1994** 2202 AS **2007** 3837 AS **2010** 2987
1952 II 685, 953 *1954 II 14* 1956 II 1879 *1957 II 226* 1968 II 1111 *1970 II 1315* 1968 II 422 *1968 II 1109* 1968 II 1111, 1120 *1972 II 105* 1988 II 662 *1989 II 814* – 1989 II 546 *1989 II 991* 2003 II 1571 1994 II 490 1995 II 578 *2001 II 231* 2002 II 1054 *2002 II 1080* 2006 II 693 *2004 II 982* *2004 II 1722* 2006 II 138 *Vorläufige Anwendung:* *2009 II 823* *2010 II 1196 und 2010 II* *1276* 2010 II 1198	210/1958 210/1958 329/1970 und 330/1970 434/1969 84/1972 138/1985 628/1988 64/1990 593/1994 ratifiziert: 1.6.1993 III 30/1998 III 19/2007 III 22/2005 III 47/2010 III 43/2009	AS **1974** 2151 ratifiziert: 28.11.1997 ratifiziert: 28.11.1997 AS **1987** 1807 AS **1988** 1598 ratifiziert: 21.5.1987 ratifiziert: 11.4.1995 ratifiziert: 11.4.1995 AS **1998** 2993 AS **2000** 25 AS **2006** 3961 AS **2003** 2577 AS **2009** 3067 AS **2010** 1241 AS **2009** 2605 und AS **2010** 73

Fundstelle in: BGBl. Deutschland	Fundstelle: BGBl. Österreich	Fundstelle: AS/BS Schweiz
	III 124/2010	

Konvention	Datum
Abkommen vom 12.8.2009 zwischen **Österreich** und **Kosovo** über die **polizeiliche Zusammenarbeit**	12.8.2009
Abkommen vom 30.6.2009 zwischen der **Schweiz** und **Serbien** über die **polizeiliche Zusammenarbeit bei der Bekämpfung der Kriminalität**	30.6.2009
Vereinbarung vom 3.12.2008 zwischen der **Schweiz** und **Liechtenstein** über die **polizeiliche Zusammenarbeit im Grenzraum**	3.12.2008
Übereinkommen vom 24.10.2008 zwischen **Deutschland, Belgien,** der **Französischen Republik** und **Luxemburg** zur Einrichtung und zum Betrieb eines **Gemeinsamen Zentrums der Polizei- und Zollzusammenarbeit im gemeinsamen Grenzgebiet**	24.10.2008
Abkommen vom 25.1.2008 zwischen **Österreich** und der Republik **Mazedonien** über die **polizeiliche Zusammenarbeit**	25.1.2008
Vertrag vom 14.11.2007 zwischen **Österreich** und **Kroatien** über die **polizeiliche Zusammenarbeit** Änderung der Behördenzuständigkeit	14.11.2007
Abkommen vom 24.4.2007 zwischen der **Schweiz** und **Bosnien-Herzegowina** über die **polizeiliche Zusammenarbeit** bei der **Bekämpfung der Kriminalität**	24.4.2007
Konvention vom 5.5.2006 über die **polizeiliche Zusammenarbeit in Südosteuropa**	5.5.2006
Abkommen vom 21.9.2005 zwischen der **Schweiz** und **Albanien** über die **polizeiliche Zusammenarbeit** bei der **Bekämpfung der Kriminalität**	21.9.2005
Abkommen vom 20.9.2005 zwischen der **Schweiz** und **Mazedonien** über die **polizeiliche Zusammenarbeit** bei der **Bekämpfung der Kriminalität**	20.9.2005
Vertrag vom 31.5.2005 zwischen der **Schweiz** und der **Tschechischen Republik** über die **polizeiliche Zusammenarbeit** bei der **Bekämpfung strafbarer Handlungen**	31.5.2005
Abkommen vom 23.5.2005 zwischen der **Schweiz** und der Republik **Lettland** über die **polizeiliche Zusammenarbeit** bei der **Bekämpfung der Kriminalität**	23.5.2005
Vertrag vom 2.3.2005 zwischen **Deutschland** und dem Königreich der **Niederlande** über die grenzüberschreitende **polizeiliche Zusammenarbeit** und die **Zusammenarbeit in strafrechtlichen Angelegenheiten**	2.3.2005
Abkommen vom 24.9.2004 zwischen der **Schweiz** und dem **Europäischen Polizeiamt**	24.9.2005
Vertrag vom 13.2.2004 zwischen **Österreich** und der **Slowakischen Republik** über die **polizeiliche Zusammenarbeit**	13.2.2004
Abkommen vom 20.1.2004 zwischen **Österreich** und der Republik **Lettland** betreffend die **polizeiliche Zusammenarbeit**	20.1.2004
Vertrag vom 10.11./19.12.2003 zwischen **Deutschland** und **Österreich** über die grenzüberschreitende **Zusammenarbeit zur polizeilichen Gefahrenabwehr** und in **strafrechtlichen Angelegenheiten**	19.12.2003
Abkommen vom 15.5.2014 zwischen Deutschland und Polen über die Zusammenarbeit der Polizei-, Grenz- und Zollbehörden	

Fundstelle in: BGBl. Deutschland	Fundstelle: BGBl. Österreich	Fundstelle: AS/BS Schweiz
	III 65/2010	
		AS **2011** 811
		AS **2012** 521
2011 II 130 2015 II 147		
	III 94/2011	
	III 141/2008 III 122/2010	
		AS **2009** 1687
	III 152/2011	
		AS **2007** 3913
		AS **2009** 1699
		AS **2006** 4443
		AS **2007** 19
2006 II 194 *2006 II 1285*		
		AS **2006** 1019
	III 72/2005	
	III 19/2004	
2005 II 858 *2005 II 1307*	III 210/2005	
2015 II 834		

Konvention	Datum
Abkommen vom 26.5.2003 zwischen **Österreich** und der Republik **Süd-afrika** über **polizeiliche Zusammenarbeit**	26.5.2003
Vertrag vom 28.3.2003 zwischen **Österreich** und der Republik **Slowenien** über die **polizeiliche Zusammenarbeit**	28.3.2003
Abkommen vom 29.5.2002 zwischen **Österreich** und der Republik **Bulgarien** betreffend **polizeiliche Zusammenarbeit**	29.5.2002
Vertrag vom 27.4.1999 zwischen der Schweiz und Deutschland über die grenzüberschreitende polizeiliche und justitielle Zusammenarbeit **(deutsch-schweizerischer Polizeivertrag)** – Vereinbarung vom 17.1.2003 zur Berichtigung	27.4.1999
Abkommen vom 14.10.2013 zwischen der **Schweiz** und der **Italienischen Republik** über die Zusammenarbeit der **Polizei- und Zollbehörden** Protokoll vom 17.9.2002 über die Errichtung gemeinsamer Zentren für Polizei- und Zollzusammenarbeit	14.10.2013
Abkommen vom 11.5.1998 zwischen der **Schweiz** und der **Französischen Republik** über die grenzüberschreitende **Zusammenarbeit in Justiz-, Polizei- und Zollsachen** • Zusatzprotokoll vom 28.1.2002 • Briefwechsel vom 26.4./28.5.2004 *Siehe auch* Übereinkommen vom 9.10.2007.	11.5.1998
Abkommen vom 16.12.1997 zwischen **Deutschland** und **Österreich** über die **Zusammenarbeit der Polizeibehörden** und Zollverwaltungen in Grenzgebieten	16.12.1997
Vereinbarung vom 15.12.1997 zwischen **Österreich und Italien** über die **polizeiliche Zusammenarbeit**	15.12.1997
Übereinkommen vom 26.7.1995 auf Grund von Artikel K.3 des Vertrags über die Europäische Union über die Errichtung eines Europäischen Polizeiamtes **(Europol-Übereinkommen)** • Protokoll vom 24.7.1996 betreffend die Auslegung des Europol-Übereinkommens durch den EuGH im Wege der Vorabentscheidung • Protokoll vom 30.11.2000 zur Änderung von Artikel 2 und des Anhangs des Europol-Übereinkommens • Protokoll vom 28.11.2002 zur Änderung des Europol-Übereinkommens • Änderungsprotokoll vom 27.11.2003 aufgrund von Artikel 43 Abs. 1 des Übereinkommens vom 26.7.1995 *Siehe auch* Protokoll vom 19.6.1997 über die Vorrechte und Immunitäten für Europol, die Mitglieder der Organe, die stellvertretenden Direktoren und die Bediensteten von Europol.	26.7.1995

Fundstelle in: BGBl. Deutschland	Fundstelle: BGBl. Österreich	Fundstelle: AS/BS Schweiz
	III 143/2003	
	III 51/2005	
	III 206/2002	
2000 II 946 *2002 II 608 (mit Ausnahme von Art. 6 und 8 Abs. 2 u. Kapitel VI)* 2003 II 506 *in Kraft 17.1.2003*		AS **2003** 1026
		AS **2016** 3663 AS **2004** 1133
		AS **2001** 2636 AS **2003** 1202 AS **2005** 121 AS **2009** 3663
2001 II 1228 *in Kraft 1.8.2001* **außer Kraft 2005 II 1307**	III 11/2000	
	III 52/2000	
1997 II 2150 *1998 II 2930* 1997 II 2170 2002 II 2138 *2007 II 827* 2004 II 83 *2007 II 827* 2006 II 250 *2007 II 827*	III 123/1998 III 123/1998 III 121/2007 III 120/2007 III 122/2007	

Konvention	Datum
Rahmenvertrag vom 3.12.2008 zwischen der **Schweiz** und **Liechtenstein** über die Zusammenarbeit im Bereich des Visumverfahrens, der Einreise und des Aufenthalts sowie über die **polizeiliche Zusammenarbeit im Grenzraum**	3.12.2008
Abkommen vom 9.10.2007 zwischen der **Schweiz** und der **Französischen Republik** über die grenzüberschreitende **Zusammenarbeit in Justiz-, Polizei- und Zollsachen** *Siehe auch* Übereinkommen vom 11.5.1998.	9.10.2007
Vertrag vom 15.12.2004 zwischen der **Schweiz** und **Liechtenstein** über die Zusammenarbeit im Rahmen der Schweizerischen Informationssysteme für **Fingerabdrücke und DNA-Profile** Änderung	15.12.2004
Vertrag vom 27.4.1999 zwischen der **Schweiz,** der Republik **Österreich** und dem Fürstentum **Liechtenstein** über die grenzüberschreitende Zusammenarbeit der **Sicherheits- und Zollbehörden**	27.4.1999
Übereinkommen vom 18.12.1997 aufgrund von Artikel K.3 des Vertrags über die Europäische Union über gegenseitige **Amtshilfe und Zusammenarbeit der Zollverwaltungen**	18.12.1997
Übereinkommen auf Grund von Artikel K.3 des Vertrags über die Europäische Union vom 26.7.1995 über den **Einsatz der Informationstechnologie im Zollbereich** • Übereinkunft vom 26.7.1995 über die vorläufige Anwendung des Übk. 1 Außerkrafttreten • Protokoll vom 29.11.1996 betreffend die Auslegung des Übereinkommens durch den EuGH im Wege der Vorabentscheidung • Protokoll vom 12.3.1999 Änderungsprotokoll vom 8.5.2003	26.7.1995
Abkommen vom 21.6.1988 zwischen **Österreich** und der ehemaligen **Tschechoslowakischen Sozialistischen Republik** über die **Zusammenarbeit bei der Vorbeugung und Aufklärung gerichtlich strafbarer Handlungen** sowie bei der Gewährleistung der Sicherheit im Straßenverkehr	21.6.1988
Abkommen vom 8.7.1999 zwischen Deutschland und der Schweiz über **Durchgangsrechte**	8.7.1999
Abkommen vom 5.2.1958 zwischen Deutschland und der Schweiz über **Durchgangsrechte** idF des Schriftwechsels vom 7./23.11.1959 – letzte Änderung der Anlagen – Ergänzungsabkommen vom 8.7.1999	5.2.1958
Protokoll vom 19.6.1997 auf Grund von Artikel K.3 des Vertrags über die Europäische Union und von Artikel 41 Absatz 3 des Europol-Übereinkommens über die Vorrechte und Immunitäten für **Europol,** die Mitglieder der Organe, die stellvertretenden Direktoren und die Bediensteten von Europol – Protokoll vom 28.11.2002 zur Änderung des Protokolls vom 19.6.1997 *Siehe auch* Europol-Übereinkommen vom 26.7.1995.	19.6.1997

Fundstelle in: BGBl. Deutschland	Fundstelle: BGBl. Österreich	Fundstelle: AS/BS Schweiz
		AS **2012** 513
		AS **2009** 3663
		AS **2006** 2031 AS **2011** 2293 AS **2016** 1613
	III 120/2001	AS **2002** 2732
2002 II 1387 *Vorläufige Anwendung: 2003 II 518; 2006 II 269; 2010 II 78* *Inkrafttreten: 2010 II 203*	III 100/2006 *Inkrafttreten:* III 80/2009	
2004 II 386 *2006 II 570* 2004 II 386, 397 *2005 II 581* *2006 II 822* 2004 II 386, 398 *2006 II 570* 2004 II 386, 401 *2008 II 790* 2004 II 386, 402 *2007 II 1493*	III 189/2000 III 189/2000 III 189/2000	
	212/1990	
2001 II 946		
1960 II 2161, 2283 1960 II 2455 1981 II 211 2001 II 946, 963		AS 1960 1610 AS 1992 973 AS 2003 1067
1998 II 974 1999 II 614 2004 II 83 2007 II 827	III 131/1999 III 120/2007	

14 Rechtsgrundlagen der Europäischen Union und internationaler Organisationen, Recht der Europäischen Union, politische Abkommen:

Konvention	Datum
Vertrag von **Lissabon** vom 13.12.2007 – Berichtigung der authentischen deutschen Fassung	13.12.2007
Vertrag vom 22.11.2004 über das **Europäische Korps** und die **Rechtsstellung seines Hauptquartiers** zwischen der Französischen Republik, der Bundesrepublik **Deutschland,** dem Königreich Belgien, dem Königreich Spanien und dem Großherzogtum Luxemburg **(Straßburger Vertrag)**	22.11.2004
Abkommen vom 26.10.2004 zwischen der **EU, der EG** und der **Schweiz** über die **Assoziierung** dieses Staates bei der Umsetzung, Anwendung und Entwicklung des **Schengen-Besitzstandes** – Übereinkommen vom 17.12.2004 zwischen der **Schweiz, Island** und **Norwegen** über die Umsetzung, Anwendung und Entwicklung des Schengen-Besitzstands – Abkommen vom 28.4.2005 zwischen der **Schweiz** und **Dänemark** über die Umsetzung, Anwendung und Entwicklung derjenigen Teile des Schengen-Besitzstands, die auf Bestimmungen des Titels IV des Gründungsvertrags zur EG basieren – **Erklärungen und Mitteilungen der Schweiz** zum Abkommen vom 26.10.2004 – **Erklärung der Schweiz** zum Abkommen vom 26.10.2004 – **Protokoll** vom 28.2.2008 über den Beitritt des Fürstentums **Liechtenstein** *Siehe auch* Übereinkommen vom 19.6.1990 zur Durchführung des Übereinkommens von Schengen vom 14.6.1985.	26.10.2004
Abkommen vom 15.12.2003 über **Politischen Dialog** und **Zusammenarbeit** zwischen der **Europäischen Gemeinschaft und ihren Mitgliedstaaten** einerseits und der **Andengemeinschaft und ihren Mitgliedstaaten** (Bolivien, Ecuador, Kolumbien, Peru und Venezuela) andererseits	15.12.2003
EU-Truppenstatut vom 17.11.2003	17.11.2003
Übereinkommen vom 13.12.2001 zwischen den an der **multinationalen Brigade aus Eingreiftruppen hoher Bereitschaft für Operationen der Vereinten Nationen teilnehmenden Staaten** über die Rechtsstellung ihrer Truppen *Siehe auch* Abkommen vom 19.6.1951 zwischen den Parteien des Nordatlantikvertrages über die Rechtsstellung ihrer Truppen.	13.12.2001
Übereinkommen vom 13.2.1946 über die **Vorrechte und Immunitäten der Vereinten Nationen**	13.2.1946
Abkommen vom 21.6.1999 zwischen der **Schweiz** und der **Europäischen Gemeinschaft** und ihren Mitgliedstaaten über **Freizügigkeit** – Protokoll vom 26.10.2004 im Hinblick auf die Aufnahme Tschechien, Estland, Zypern, Lettland, Litauen, Ungarn, Malta, Polen, Slowenien und Slowakei als Vertragsparteien infolge ihres Beitritts zur EU – letzter (Änderungs-)Beschluss Nr. 1/2012 – Verlängerung der Gültigkeit der Übergangsbestimmungen	21.6.1999

Fundstelle in: BGBl. Deutschland	Fundstelle: BGBl. Österreich	Fundstelle: AS/BS Schweiz
2008 II 1038 *2009 II 1223* 2010 II 151 2015 II 1683 2016 II 1158	III 132/2009 III 149/2016 III 156/2016 III 159/2016 III 169/2016	
2008 II 694 *2010 II 640*		
2006 II 1362 2009 II 1050	III 169/2008	AS **2008** 481 AS **2008** 529 AS **2008** 513 AS **2008** 5391 AS **2008** 5627
2008 II 654		
2005 II 18		
	III 67/2004	
1980 II 941 *1981 II 34*	126/1957	
		AS **2002** 1529 AS **2006** 995 AS **2006** 5851 AS **2008** 573

Konvention	Datum
Übereinkommen vom 6.3.1997 zwischen den Parteien des **Nordatlantik- vertrags über den Geheimschutz** *Siehe auch* Nordatlantikvertrag vom 4.4.1949 in der Fassung vom 17.10.1951.	6.3.1997
Übereinkommen vom 26.7.1995 aufgrund von Artikel K.3 des Vertrags über den Schutz der **finanziellen Interessen der EG** – Protokoll vom 27.9.1996 – Zweites Protokoll vom 19.6.1997 – Protokoll vom 29.11.1996 betreffend die Auslegung des Übereinkom- mens im Wege der Vorabentscheidung	26.7.1995
Übereinkommen zwischen den Vertragsstaaten des **Nordatlantikvertrags** und den anderen an der **Partnerschaft für den Frieden teilnehmenden Staaten** über die **Rechtsstellung ihrer Truppen** – Zusatzprotokoll vom 19.6.1995 *Siehe auch* – Abkommen vom 19.6.1951 zwischen den Parteien des Nordatlantikver- trages über die Rechtsstellung ihrer Truppen – Abkommen zwischen Deutschland und Schweiz vom 24.4.2007 – Abkommen zwischen Österreich und Schweiz vom 15.4.2008.	19.6.1995
Geheimschutzübereinkommen der WEU vom 28.3.1995	28.3.1995
Vertrag über die **Europäische Union** vom 7.2.1992 – Änderungen durch den Vertrag von Amsterdam vom 2.10.1997 Berichtigung der authentischen Fassung – Änderungen durch den Vertrag von Nizza vom 26.2.2001 – Beitrittsvertrag vom 24.6.1994: Königreich Norwegen, Republik Öster- reich, Republik Finnland, Königreich Schweden – Beitrittsvertrag vom 16.4.2003 über den Beitritt der Tschechischen Republik, der Republiken Estland, Zypern, Lettland, Litauen, Ungarn, Malta, Polen, Slowenien und der Slowakischen Republik 1 Berichtigung der authentischen deutschen Fassung – Beitrittsvertrag vom 25.4.2005 über den Beitritt der Republik Bulgarien und Rumänien 1 Berichtigung der authentischen deutschen Fassung 2 Berichtigung des Beitrittsvertrages – Beitrittsvertrag vom 9.12.2011 über den Beitritt der Republik Kroatien	
Übereinkommen vom 19.6.1990 **zur Durchführung des Übereinkom- mens von Schengen** vom 14.6.1985 zwischen den Regierungen der Staa- ten der Benelux-Wirtschaftsunion, der Bundesrepublik Deutschland und der Französischen Republik betreffend den schrittweisen Abbau der Kont- rollen an den gemeinsamen Grenzen – Übereinkommen und Protokoll vom 27.11.1990 über den Beitritt der **Italienischen Republik**	19.6.1990

Fundstelle in: BGBl. Deutschland	Fundstelle: BGBl. Österreich	Fundstelle: AS/BS Schweiz
2001 II 133 *2002 II 2794*		
1998 II 2322 *2007 II 794* 1998 II 2340 *2007 II 794* 2002 II 2722 2000 II 814 *2007 II 794* 2016 II 1110	III 267/2002 III 267/2002 III 136/2009 III 267/2002	
	III 136/1998 III 137/1998	AS **2003** 3105 AS **2003** 3128
1997 II 1380 *1998 II 188* *außer Kraft 30.6.2011* 2013 II 1086		
1992 II 1251 *1993 II 1947* 1998 II 386 *1999 II 296* 1999 II 416 2001 II 1666 1994 II 2022 *1996 II 1486* 2003 II 1408 2008 II 1235 2006 II 1146 *2007 II 127* 2008 II 363 2008 II 1236 2013 II 680 2014 II 864	III 83/1999 III 4/2003 744/1994 III 20/2004 III 51/2006 (ZP[1]) III 52/2006 (ZP) III 185/2006 III 171/2013	
1993 II 1010, 2001 I 3306 *1994 II 631* 1993 II 1902 *1997 II 1530* *2001 II 657* 1993 II 1902	III 89/1997 III 90/1997	

---

[1] ZP = Zusatzprotokoll.

Konvention	Datum
– Übereinkommen und Protokolle vom 25.6.1991 über den Beitritt des Königreichs **Spanien** und der **Portugiesischen Republik** – Übereinkommen und Protokoll vom 6.11.1992 über den Beitritt der **Griechischen Republik** – Übereinkommen und Protokoll vom 28.4.1995 über den Beitritt der Republik **Österreich** – Übereinkommen und Protokolle vom 19.6./19.12.1996 über den Beitritt des Königreichs **Dänemark,** der Republik **Finnland** und des Königreichs **Schweden** – Übereinkommen vom 18.5.1999 zwischen dem Rat der EU sowie der Republik **Island** und dem Königreich **Norwegen** über die **Assoziierung** der beiden letztgenannten Staaten bei der Umsetzung, Anwendung und Entwicklung des Schengen-Besitzstands – Bonner Protokoll vom 26.4.1994 – Beschluss des Rates (2003/725/JI) vom 2.10.2003 zur Änderung Art. 40/1 und 7 des Übk. vom 14.6.1985 betr. den schrittweisen Abbau der Kontrollen an den Grenzen – Abkommen vom 26.10.2004 zwischen der **Schweiz** und der EU über die **Assoziierung** der Schweiz bei der Umsetzung, Anwendung und Entwicklung des Schengen-Besitzstandes – *Inkraftsetzen* des Beitrittsübereinkommens **Österreichs** für **Tschechien, Estland, Lettland, Litauen, Ungarn, Malta, Polen, Slowenien und Slowakei** *Siehe auch* Abkommen vom 26.10.2004 zwischen der EU, der EG und der Schweiz über die Assoziierung dieses Staates bei der Umsetzung, Anwendung und Entwicklung des Schengen-Besitzstandes.	
Schengen–Übereinkommen vom 14.6.1985 *Siehe* Übereinkommen vom 19.6.1990 zur Durchführung des Übereinkommens vom 14.6.1985 zwischen den Regierungen der Staaten der Benelux-Wirtschaftsunion, der Bundesrepublik Deutschland und der Französischen Republik betreffen den schrittweisen Abbau der Kontrollen an den gemeinsamen Grenzen.	14.6.1985
Europäisches Übereinkommen vom 16.5.1972 über die **Staatenimmunität** Zusatzprotokoll vom 16.5.1972	16.5.1972
Zusatzabkommen vom 3.8.1959 zu dem Abkommen zwischen den Parteien des **Nordatlantikvertrages** vom 19.6.1951 über die **Rechtsstellung ihrer Truppen** hinsichtlich der in der Bundesrepublik Deutschland stationierten ausländischen Truppen – Unterzeichnungsprotokoll zum Zusatzabkommen vom 3.8.1959 geändert durch letzte Bek. vom 1.8.1985 – Änderungsabkommen vom 21.10.1971 – Vereinbarung vom 18.5.1981 – Notenwechsel vom 25.9.1990, 23.9.1991, 12.9.1994 und vom 29.4.1998 siehe Abkommen vom 19.6.1951 – Änderungsabkommen vom 18.3.1993 – Durchführungsabkommen 18.3.1993 – Verwaltungsabkommen vom 18.3.1993 – Abkommen vom 16.5.1994 zur Änderung des Unterzeichnungsprotokolls – Notenwechsel vom 29.4.1998	3.8.1959

Fundstelle in: BGBl. Deutschland	Fundstelle: BGBl. Österreich	Fundstelle: AS/BS Schweiz
2001 II 657 1996 II 2542, 2551 *1996 II 242* *2001 II 657* 1997 II 966, 973 *2001 II 657* 2000 II 1106, 1108, 1112, 1116; *2002 II 627* *2001 II 657* 2000 II 1106, 1120 *2002 II 627* 1995 II 738 *1997 II 1468* 2004 I 1426 (Umsetzungsgesetz) 2006 II 1362	III 137/2007	AS **2008** 481
1993 II 1010		
1990 II 34 *1990 II 1400* 1990 II 34, 52	432/1976 ratifiziert: 10.7.1974	AS **1982** 1792 AS **1985** 634
1961 II 1183, 1218 *1963 II 745* 1961 III 1183, 1313 1985 II 1008 1973 II 1021 *1974 II 143* 1982 II 530 *1982 II 838* 1994 II 2594, 2598 1994 II 2594, 2635 2000 II 1316 1994 II 3710 *1998 II 1568* 1999 II 506		

Konvention	Datum
Abkommen vom 19.6.1951 zwischen den Parteien des **Nordatlantikver-trages** über die **Rechtsstellung ihrer Truppen** – letztes Änderungsgesetz – Notenwechsel vom 25.9.1990 zu dem Abkommen vom 19.6.1961 und zu dem Zusatzabkommen vom 3.8.1959 nebst zugehörigen Überein-kommen – – Notenwechsel vom 12.9.1994 zur Änderung des Notenwechsels vom 25.9.1990 zum NATO-Truppenstatut – Notenwechsel vom 23.9.1991 über die Rechtsstellung der belgischen, kanadischen und niederländischen Truppen in Berlin – letztes Änderungsgesetz – Notenwechsel vom 29.4.1998 über die Rechtsstellung der dänischen, grie-chischen, italienischen, luxemburgischen, norwegischen, portugiesischen, spanischen und türkischen Streitkräfte in der Bundesrepublik Deutschland – Zusatzabkommen vom 6.10.1997 zu dem Abkommen vom 19.6.1951 hinsichtlich der im Königreich der Niederlande stationierten deutschen Truppen *Siehe auch* – Nordatlantikvertrag vom 4.4.1949 – Zusatzabkommen vom 3.8.1959 zu dem Abkommen vom 19.6.1951 hinsichtlich der in der Bundesrepublik Deutschland stationierten auslän-dischen Truppen.	19.6.1951
Allgemeines Abkommen vom 2.9.1949 über die **Vorrechte und Befrei-ungen des Europarates** und Zusatzprotokoll vom 6.11.1952 – Zweites Protokoll vom 15.12.1956 – Drittes Protokoll vom 6.3.1959 – Viertes Protokoll vom 16.12.1961 – Fünftes Protokoll vom 18.6.1990 – Sechstes Protokoll vom 5.3.1996 – Zusatzabkommen betreffend das Verbindungsbüro des Europarates in Wien	2.9.1949
Satzung des **Europarates** – Letzte Änderungen *Siehe auch* Allgemeines Abkommen vom 2.9.1949 über die Vorrechte und Befreiungen des Europarates.	5.5.1949
Nordatlantikvertrag vom 4.4.1949 in der Fassung vom 17.10.1951 – Protokoll vom 10.12.1981 über den Beitritt Spaniens – Protokolle vom 16.12.1997 über den Beitritt der Republik Polen, der Tschechischen Republik und der Republik Ungarn – Protokolle vom 26.3.2003 über den Beitritt der Republiken Bulgarien, Estland, Lettland, Litauen, Rumäniens, der Slowakischen Republik und der Republik Slowenien – Protokolle vom 9.7.2008 zum Nordatlantikvertrag über den Beitritt der Republik Albanien und der Republik Kroatien	4.4.1949

Fundstelle in: BGBl. Deutschland	Fundstelle: BGBl. Österreich	Fundstelle: AS/BS Schweiz
1961 II 1183, 1190	III 135/1998	
1963 II 745		
2002 II 2482		
1994 II 26		
1990 II 1250, 1994 II 26		
1994 II 3714		
1997 II 222		
1994 II 26		
1994 II 26		
2002 II 2482		
1999 II 506		
2002 II 2482		
2000 II 782; 2001 II 52,		
243; 2003 II 103		
1998 II 2405		
1954 II 493	127/1957	AS **1966** 779
1958 II 261	13/1959	AS **1966** 786
1959 II 1453		AS **1966** 789
1961 II 555	88/1962	AS **1974** 702
1963 II 237	218/1992	AS **1966** 792
1963 II 1310	III 140/1998	AS **1994** 718
1963 II 1215	III 67/2011	AS **2000** 1650
1964 II 212		
1994 II 750		
1994 II 3659		
2001 II 564		
2002 II 2842		
1950 S. 263	121/1956	AS **1963** 772
1953 II 558; 1968 II 1926	III 69/2007	AS **2007** 423
1968 II 573		
2003 II 703		
2008 II 129		
2016 II 292		
1955 II 256, 289		
1955 II 630		
1982 II 390		
1982 II 749		
1998 II 362		
1999 II 26		
2003 II 1386		
2004 II 1718		
2008 II 1414		

Konvention	Datum
Siehe auch – Abkommen vom 19.6.1951 zwischen den Parteien des Nordatlantikvertrags über die Rechtsstellung ihrer Truppen – Übereinkommen vom 6.3.1997 zwischen den Parteien des Nordatlantikvertrags über den Geheimschutz.	
Charta der **Vereinten Nationen** vom 26.6.1945 und Statut des **Internationalen Gerichtshofs** – Letzte Bekanntmachung – Anerkennung der – Zuständigkeit des IGH durch Deutschland	26.6.1945
Staatsvertrag von **Saint Germain**	28.6.1919

15 Abkommen betreffend Rundfunk:

Konvention	Datum
Europäisches Übereinkommen vom 22.1.1965 zur Verhütung von **Rundfunksendungen,** die von Sendestellen außerhalb der staatlichen Hoheitsgebiete gesendet werden	22.1.1965

16 Abkommen betreffend Schutz der Person, Menschenhandel:

Konvention	Datum
Übereinkommen vom 25.10.2007 des Europarats zum **Schutz von Kindern vor sexueller Ausbeutung und sexuellem Missbrauch**	25.10.2007
Internationales Übereinkommen vom 20.12.2006 zum Schutz aller Personen vor dem **Verschwindenlassen** Berichtigung der amtlichen deutschen Übersetzung	20.12.2006
Übereinkommen vom 13.12.2006 über die Rechte von **Menschen mit Behinderungen** sowie das **Fakultativprotokoll** zum Übereinkommen über die Rechte von Menschen mit Behinderungen	13.12.2006
Internationale Gesundheitsvorschriften (2005) (IGV) vom 23.5.2005 Neufassung der Anlage 9	23.5.2005
Übereinkommen des Europarats vom 16.5.2005 zur **Bekämpfung des Menschenhandels**	16.5.2005
Rahmenübereinkommen der WHO vom 21.5.2003 zur **Eindämmung des Tabakgebrauchs**	21.5.2003
Haager Übereinkommen vom 13.1.2000 über den **internationalen Schutz von Erwachsenen**	13.1.2000
Übereinkommen vom 19.10.1996 über die Zuständigkeit, das anzuwendende Recht, die Anerkennung, Vollstreckung und Zusammenarbeit auf dem Gebiet der elterlichen Verantwortung und der Maßnahmen zum **Schutz von Kindern**	19.10.1996
Europäisches Übereinkommen vom 25.1.1996 über die **Ausübung von Kinderrechten**	25.1.1996

Fundstelle in: BGBl. Deutschland	Fundstelle: BGBl. Österreich	Fundstelle: AS/BS Schweiz
2010 II 808		
1973 II 430, 505 *1974 II 1397* 2007 II 1992 2008 II 713	120/1956	AS **2003** 866
	303/1920	

Fundstelle in: BGBl. Deutschland	Fundstelle: BGBl. Österreich	Fundstelle: AS/BS Schweiz
1969 II 1939 *1970 II 258*		AS **1976** 1949

Fundstelle in: BGBl. Deutschland	Fundstelle: BGBl. Österreich	Fundstelle: AS/BS Schweiz
2016 II 315 *in Kraft 1.3.2016*	III 96/2011	
2009 II 932 *2011 II 639* 2011 II 848		
2008 II 1419 *2009 II 812, 818*	III 155/2008	
2007 II 930 *2007 II 1528* 2016 II 498 *in Kraft 11.7.2016*	III 98/2008	AS **2007** 2471 AS **2009** 1013
2013 II 391 *in Kraft 1.4.2013*	III 10/2008	AS **2013** 475 *in Kraft 1.4.2013*
2004 II 1538 *2005 II 170*		
2007 II 323 *2009 II 39*		AS **2009** 3107
2009 II 602 *2010 II 1527*	III 49/2011	AS **2009** 3085
2001 II 1074 *2002 II 2472*		

Konvention	Datum
Rahmenübereinkommen vom 1.2.1995 zum **Schutz nationaler Minderheiten**	1.1.1995
Übereinkommen vom 20.11.1989 über die **Rechte des Kindes** – Fakultativprotokoll vom 25.5.2000 betreffend die Beteiligung von Kindern an bewaffneten Konflikten – Änderung vom 12.12.1995 des Übereinkommens vom 20.11.1989 – Fakultativprotokoll vom 25.5.2000 betreffend den Verkauf von Kindern, die Kinderprostitution und die Kinderpornographie – Rückzug Vorbehalte Schweiz zum Übereinkommen – Bekanntmachung über Rückzug Vorbehalte div. Länder zum Übereinkommen	20.11.1989
Europäisches Übereinkommen vom 26.11.1987 zur **Verhütung** von **Folter und unmenschlicher oder erniedrigender Behandlung oder Strafe** – Protokoll Nr. 1 vom 4.11.1993 – Protokoll Nr. 2 vom 4.11.1993	26.11.1987
Europäisches Übereinkommen vom 19.8.1985 über **Gewalttätigkeit und Fehlverhalten** von Zuschauern bei **Sportveranstaltungen** und insbesondere bei **Fußballspielen**	19.8.1985
Übereinkommen vom 10.12.1984 gegen **Folter** und andere **grausame, unmenschliche oder erniedrigende Behandlung oder Strafe** – Fakultativprotokoll zur UN-Folterkonvention	10.12.1984
Europäisches Übereinkommen vom 24.11.1983 über die **Entschädigung für Opfer von Gewalttaten**	24.11.1983
Übereinkommen vom 28.1.1981 zum Schutz des Menschen bei der **automatischen Verarbeitung personenbezogener Daten** – Änderungen vom 15.6.1999, die den Europäischen Gemeinschaften den Beitritt ermöglichen und – Zusatzprotokoll vom 8.11.2001 betreffend Kontrollstellen und grenzüberschreitenden Datenverkehr	28.1.1981
Übereinkommen vom 18.12.1979 zur Beseitigung jeder Form von **Diskriminierung der Frau** – Fakultativprotokoll vom 6.10.1999	18.12.1997
Internationales Übereinkommen vom 17./18.12.1979 gegen **Geiselnahme** – Letzte Bekanntmachung	18.12.1979
Internationales Abkommen vom 11.10.1933 über die Unterdrückung des **Handels mit volljährigen Frauen** – Änderungsprotokoll vom 12.11.1947	11.10.1933

Fundstelle in: BGBl. Deutschland	Fundstelle: BGBl. Österreich	Fundstelle: AS/BS Schweiz
1997 II 1406 *1998 II 57*	III 120/1998	AS **2002** 2630
1992 II 121 *1992 II 990* 2004 II 1354 *2006 II 1015* 2008 II 1222 *2011 II 1288* 2009 II 190 2014 II 300	7/1993 III 92/2002 III 16/2003 III 93/2004	AS **1998** 2055 AS **2002** 357 AS **2007** 4095 AS **2006** 5441 AS **2007** 3839
1989 II 946 *1990 II 491* 1996 II 1114 1996 II 1114 *2002 II 1019*	74/1989 III 198/2002 III 199/2002	AS **1989** 150 AS **2003** 2581 AS **2003** 2584
2004 II 1642 *2005 II 893*	III 133/1988	AS **1990** 1749
1990 II 246 *1993 II 715* 2008 II 854 *2009 II 536*	492/1987	AS **1989** 150 AS **2009** 5449
1996 II 1120 *1997 II 740*	III 169/2006	AS **1993** 1152
II 538 *1985 II 1134* 2002 II 1882 2002 II 1882	317/1988 III 91/2008	AS **2002** 2847 AS **2008** 731
1985 II 647 *1985 II 1234* 2001 II 1237 *2002 II 1197*	443/1982 III 154/2006 206/2000	AS **1999** 1579 AS **2009** 265
1980 II 1361 *1983 II 461* 2008 II 345	600/1986	AS **1985** 429
	317/1936 204/1950	BS **12** 47

Konvention	Datum
Internationale Gesundheitsvorschriften vom 25.7.1969 – Zusatzvorschriften vom 23.5.1973 zur Änderung der Internationalen Gesundheitsvorschriften von 1969 – Änderungen vom 20.5.1981 der Internationalen Gesundheitsvorschriften – *Außerkrafttreten*	25.7.1969
Internationales Übereinkommen vom 7.3.1966 zur Beseitigung jeder Form von **Rassendiskriminierung** – Resolution vom 15.1.1992 zur Änderung des Internationalen Übereinkommens	7.3.1966
Internationales Übereinkommen vom 21.12.1965 zur Beseitigung jeder Form von **Rassendiskriminierung** – Resolution vom 15.1.1992 zur Änderung des Internationalen Übereinkommens	21.12.1965
Europäisches Übereinkommen vom 15.12.1958 über den **Austausch therapeutischer Substanzen menschlichen Ursprungs** – Zusatzprotokoll vom 29.9.1982 – Änderungsprotokoll	15.12.1958
Internationale Übereinkunft vom 30.9.1921 zur Unterdrückung des **Frauen- und Kinderhandels** – Änderungsprotokoll vom 12.11.1947 zur internationalen Übereinkunft vom 30.9.1921 und zu dem am 11.10.1933 geschlossenen Übereinkommen zur Unterdrückung des Handels mit volljährigen Frauen *Siehe auch:* – Abkommen vom 18.5.1904 über Verwaltungsmaßregeln zur Gewährung wirksamen Schutzes gegen den Mädchenhandel idF des Änderungsprotokolls vom 4.5.1949 – Internationales Übereinkommen vom 4.5.1910 zur Bekämpfung des Mädchenhandels idF des Änderungsprotokolls vom 4.5.1949.	30.9.1921
Konvention vom 9.12.1948 über die Verhütung und Bestrafung des **Völkermordes** – Unterwerfung unter die Gerichtsbarkeit des Internationalen Gerichtshofes	9.12.1948
Internationales Übereinkommen vom 4.5.1910 zur Bekämpfung des **Mädchenhandels** – Änderungsprotokoll vom 4.5.1949 – Bek. des Internationalen Übereinkommens idF des Änderungsprotokolls vom 4.5.1949 *Siehe auch* – Internationales Abkommen vom 18.5.1904 über Verwaltungsmaßregeln zur Gewährung wirksamen Schutzes gegen den Mädchenhandel idF Änderungsprotokoll vom 4.5.1949 – Internationale Übereinkunft vom 30.9.1921 zur Unterdrückung des Frauen- und Kinderhandels.	4.5.1910

Fundstelle in: BGBl. Deutschland	Fundstelle: BGBl. Österreich	Fundstelle: AS/BS Schweiz
1971 II 865 *1971 II 1258* 1974 II 1113 *1975 II 276* 1982 II 286 *1982 II 577* *2007 II 1528*	377/1971	AS **1971** 1209 AS **1974** 265 AS **1982** 1739
1969 II 961 *1969 II 2211* 1996 II 282	377/1972	AS **1995** 1164 Vertragsdatum: 21.12.1965
siehe Vertragsdatum: 7.3.1966	377/1972	AS **1995** 1164
1962 II 1442 *1963 II 393* 1989 II 993 *1989 II 993*		AS **1966** 806 AS **1985** 1041 AS **1990** 539
1924 II 180, 202 *in Kraft 8.7.1924* 1972 II 1074, 1081 1972 II 1489 *1973 II 1677*	740/1922 204/1950	BS **12** 37
1954 II 729 *1955 II 210* 1956 II 809	91/1958	AS **2002** 2602
1913 S. 31 *1928 II 314* 1972 II 1074 1972 II 1482 *1973 II 1679*	26/1913 203/1950	BS **12** 29

Konvention	Datum
Abkommen vom 18.5.1904 über Verwaltungsmaßregeln zur Gewährung wirksamen Schutzes gegen den **Mädchenhandel** – Änderungsprotokoll vom 4.5.1949 – Abkommens idF des Protokolls vom 4.5.1949 *Siehe auch* – Internationales Übereinkommen vom 4.5.1910 zur Bekämpfung des Mädchenhandels idF des Änderungsprotokolls vom 4.5.1949 – Internationale Übereinkunft vom 30.9.1921 zur Unterdrückung des Frauen- und Kinderhandels.	18.5.1904

17 Abkommen betreffend Sicherheit:

Konvention	Datum
Abkommen vom 6.11.2008 zwischen **Deutschland** und **Brasilien** über **Partnerschaft und Zusammenarbeit auf dem Gebiet der öffentlichen Sicherheit**	6.11.2008
Abkommen vom 24.9.2005 zwischen **Deutschland** und den **Vereinigten Arabischen Emiraten** über die **Zusammenarbeit im Sicherheitsbereich**	24.9.2005
Abkommen vom 22.9.2009 zwischen **Deutschland** und **Katar** über die **Zusammenarbeit im Sicherheitsbereich**	22.9.2009
Abkommen vom 14.4.2010 zwischen **Deutschland** und **dem Kosovo** über die **Zusammenarbeit im Sicherheitsbereich**	14.4.2010
Übereinkommen vom 9.12.1994 über die **Sicherheit von Personal der Vereinten Nationen** und beigeordnetem Personal • Fakultativprotokoll vom 8.12.2005	9.12.1994
Übereinkommen vom 20.9.1994 über **nukleare Sicherheit**	20.9.1994

18 Abkommen betreffend Staatsangehörigkeiten, Personenstand:

Konvention	Datum
Übereinkommen vom 6.5.1963 über die **Verringerung der Mehrstaatigkeit** und über die Wehrpflicht von Mehrstaatern – Änderungsprotokoll vom 24.11.1977 – Zusatzprotokoll vom 24.11.1977 – Zweites Änderungsprotokoll vom 2.2.1993	6.5.1963
Wiener Übereinkommen vom 24.4.1963 über **konsularische Beziehungen:** Fakultativ-Protokoll über den **Erwerb der Staatsangehörigkeit** Fakultativ-Protokoll über die **obligatorische Beilegung von Streitigkeiten**	24.4.1963
Übereinkommen vom 4.9.1958 über den internationalen Austausch von **Auskünften in Personenstandsangelegenheiten** – Zusatzprotokoll vom 6.9.1989	4.9.1958
Übereinkommen vom 4.9.1958 über die **Änderung von Namen und Vornamen**	4.9.1958

Fundstelle in: BGBl. Deutschland	Fundstelle: BGBl. Österreich	Fundstelle: AS/BS Schweiz
1905 S. 695 *1905 S. 705, 708* 1972 II 1074 1972 II 1478 *1973 II 1679*	26/1913 203/1950	BS **12** 22

Fundstelle in: BGBl. Deutschland	Fundstelle: BGBl. Österreich	Fundstelle: AS/BS Schweiz
2009 II 1243 *2010 II 171*		
2008 II 758 *2009 II 93*		
2013 II 1279		
2013 II 1187		
1997 II 230 *1999 II 718* 2007 II 1306 *2010 II 1074*	III 180/2000 III 84/2010	AS **2007** 6919 AS **2010** 3449
1997 II 130 *1997 II 796*	III 39/1998	AS **1997** 2380

Fundstelle in: BGBl. Deutschland	Fundstelle: BGBl. Österreich	Fundstelle: AS/BS Schweiz
1969 II 1953 *1969 II 2232* *Außer Kraft: 2002 II 171*	471/1975	
1969 II 1585, 1674, 1688 *1971 II 285*	318/1969	AS **1968** 887 AS **1992** 2062 AS **1968** 918
1961 II 1055, 1071 *1962 II 44* 1994 II 486 *1994 II 3828*	277/1965 491/1991	
1961 II 1055, 1076 *1962 II 45*	278/1965	

Konvention	Datum
Übereinkommen vom 28.9.1954 über die Rechtsstellung der **Staatenlosen** *Siehe auch* Übereinkommen vom 28.7.1951 über die Rechtsstellung der Flüchtlinge.	28.9.1954
Europäisches Übereinkommen vom 6.11.1997 über die **Staatsangehörig-keit**	6.11.1997
Übereinkommen vom 13.9.1973 zur Verringerung der Fälle von **Staaten-losigkeit** *Siehe auch* Übereinkommen vom 30.8.1961 zur Verminderung der Staaten-losigkeit.	13.9.1973

19 Steuerrechtliche Abkommen zwischen Deutschland und

Vertragspartner	Datum
Andorra	25.11.2010
Antigua und Barbuda	19.10.2010
Britische Jungferninseln	5.10.2010
Monaco	27.7.2010
San Marino	21.6.2010
St. Lucia	7.6.2010
Turks- und Caicosinseln	4.6.2010
Kaimaninseln	27.5.2010
Bahamas	9.4.2010
St. Vincent und Grenadinen	29.3.2010
Gibraltar	13.8.2009
Guernsey	26.3.2009
Insel Man	2.3.2009

Der Abdruck von sämtlichen **Vereinbarungen** über die Rechts- oder Amtshilfe **in Steuer-strafsachen** ist angesichts ihrer Vielzahl und permanenten Änderungen leider nicht mög-lich. Die vertiefte Beschäftigung mit dieser Materie bedürfte eines weiteren Kommentars (vgl. nur die Bekanntmachungen im BGBl. 2011 II Nr. 25). Es muss daher generell verwie-sen werden (soweit es um Deutschland geht) auf den jeweils aktuellen Stand des Fundstellen-nachweises B des BGBl. II, der alljährlich zum 31. Dezember abgeschlossen wird.

Fundstelle in: BGBl. Deutschland	Fundstelle: BGBl. Österreich	Fundstelle: AS/BS Schweiz
1976 II 473 *1977 II 235*	III 81/2008	AS **1972** 2320
2004 II 578 *2006 II 1351*	III 39/2000	
1997 II 597, 613 1977 II 1219		AS 1992 1779

Fundstelle in: BGBl. II Deutschland	Fundstelle: BGBl. Österreich	Fundstelle: AS/BS Schweiz
2011 II 1223 *2012 II 146*		
2011 II 1212		
2011 II 895 *2012 II 53*		
2011 II 653 *2012 II 92*		
2011 II 908 *2013 II 333*		
2011 II 264 2013 II 559		
2011 II 882 2013 II 116		
2011 II 664 *2011 II 823*		
2011 II 642 *2012 II 63*		
2011 II 253 *2011 II 696*		
2010 II 984 *2011 II 535*		
2010 II 973 *2011 II 535*		
2010 II 957 *2011 II 534*		

20 Abkommen betreffend Umwelt, Tierschutz, Abfälle und Schadstoffe:

Konvention	Datum
Abkommen vom 20.1.2009 zwischen **Österreich** und **Deutschland** über die **grenzüberschreitende Verbringung von Abfällen** nach Artikel 30 der Verordnung (EG) Nr. 1013/2006 des Europäischen Parlaments und des Rates vom 14.6.2006 über die Verbringung von Abfällen	20.1.2009
Europäisches Übereinkommen vom 6.11.2003 über den **Schutz von Tieren beim internationalen Transport.** Dieses Übereinkommen ersetzt das Übereinkommen vom 13.12.1968.	6.11.2003
Protokoll vom 21.5.2003 über **Schadstofffreisetzungs- und -verbringungsregister** *Siehe auch* • Stockholmer Übereinkommen vom 23.5.2001 über persistente organische Schadstoffe und • Basler Übereinkommen vom 22.3.1989 über die Kontrolle der grenzüberschreitenden Verbringung gefährlicher Abfälle und ihrer Entsorgung.	21.5.2003
Internationales **Maas**übereinkommen vom 3.12.2002	3.12.2002
Internationaler Vertrag vom 3.11.2001 über **pflanzen-genetische Ressourcen** für Ernährung und Landwirtschaft	3.11.2001
Stockholmer Übereinkommen vom 23.5.2001 über **persistente organische Schadstoffe** (POP-Konvention) • Beschluss Nr. S C-1/2 • Annahme neue Anlage G	23.5.2001
Übereinkommen vom 12.4.1999 **zum Schutz des Rheins**	12.4.1999
Rotterdamer Übereinkommen vom 10.9.1998 über das Verfahren der vorherigen Zustimmung nach Inkenntnissetzung für bestimmte **gefährliche Chemikalien** sowie **Pflanzenschutz- und Schädlingsbekämpfungsmittel** im Internationalen Handel − Beschluss Nr. RC-1/11 − Beschluss Nr. RC-1/3 − neue Anlage VI	10.9.1998
Übereinkommen vom 2.2.1998 über die Vorrechte und Befreiungen der Kommission zum Schutz der **Meeresumwelt der Ostsee**	2.2.1998
Internationales **Pflanzenschutz**übereinkommen in der am 17.11.1997 in Rom angenommenen Fassung	17.11.1997
Gemeinsames Übereinkommen vom 5.9.1997 über die Sicherheit der Behandlung abgebrannter **Brennelemente** und über die Sicherheit der **Behandlung radioaktiver Abfälle**	5.9.1997
Vertrag vom 24.9.1996 über das umfassende Verbot von **Nuklearversuchen**	24.9.1996
Übereinkommen vom 9.9.1996 über die Sammlung, Abgabe und Annahme von **Abfällen in der Rhein- und Binnenschifffahrt** − 1. CDNI-Verordnung − 2. CDNI-Verordnung	9.9.1996

Fundstelle in: BGBl. Deutschland	Fundstelle: BGBl. Österreich	Fundstelle: AS/BS Schweiz
2009 II 320 *2009 II 960*	III 72/2009	
2006 II 798 *2007 II 1532*		AS **2006** 1857
2007 II 546 *2010 II 44*	III 51/2010	
2004 II 1181 *2008 II 598*		
2003 II 906 2006 II 147		AS **2005** 1789
2002 II 803 2002 II 803 *2009 II 1060*	III 158/2004 III 1/2008 *Berichtigung:* III 99/2009	AS **2004** 2797 AS **2007** 3715
2001 II 849 *2003 II 96*		AS **2003** 1934
2000 II 1058 *2004 II 439* 2009 II 922	III 67/2005 III 156/2006 III 106/2009	AS **2004** 3465 AS **2006** 3445 AS **2006** 3451 AS **2009** 5431
2002 II 1663; 2003 II 392 *2004 II 1721*		
2004 II 1154	III 221/2005	
1998 II 1752 *2001 II 1283*	III 169/2001	AS **2005** 33
1998 II 1210		
2003 II 1799 *2010 II 76* 2010 II 1438 2010 II 1516		AS **2009** 5293 AS **2010** 6379

Konvention	Datum
– 3. CDNI-Verordnung – 4. CDNI-Verordnung	
Übereinkommen vom 22.9.1992 zum Schutz der **Meeresumwelt des Nordostatlantiks** – Änderungen vom 23.7.1998: Anlage V und Anhang 3 – letzter Beschluss 2005/1 der OSPAR-Kommission Dieses Übereinkommen ersetzt die Übereinkommen vom 15.2.1972 zur Verhütung der Meeresverschmutzung durch das Einbringen durch Schiffe und Luftfahrzeuge und vom 4.6.1974 zur Verhütung der Meeresverschmutzung vom Lande aus.	22.9.1992
Übereinkommen vom 5.6.1992 über die **biologische Vielfalt** Protokoll von Cartagena vom 29.1.2000 über die biologische Sicherheit zum Übereinkommen über die biologische Vielfalt – Zusatzprotokoll vom 15.10.2010 – Protokoll vom 29.10.2010	5.6.1992
Rahmenübereinkommen vom 9.5.1992 der **Vereinten Nationen über Klimaänderungen** – Kyoto-Protokoll vom 11.12.1997 – Doha-Änderung	9.5.1992
Übereinkommen vom 9.4.1992 über den Schutz der **Meeresumwelt des Ostseegebietes** (Helsinki-Übereinkommen) – Änderungen vom 20./21.3.2000 und 10.9.2001 der Anlagen III und IV zum Übereinkommen von 1992 – Änderungen vom 25.6.2003 der Anlage IV *Siehe auch* Übereinkommen vom 22.3.1974 über den Schutz der Meeresumwelt des Ostseegebietes.	9.4.1992
Übereinkommen vom 17.3.1992 über die grenzüberschreitenden Auswirkungen von **Industrieunfällen** – Änderung von Anhang 1	17.3.1992
Übereinkommen von **Espoo** vom 25.2.1991 über die **Umweltverträglichkeitsprüfung** im grenzüberschreitenden Rahmen sowie Änderung des Übereinkommens vom 27.2.2001 – Vereinbarung vom 11.4.2006 zwischen Deutschland und Polen über die Durchführung des Übereinkommens (Deutsch-Polnische UVP-Vereinbarung) – Protokoll über die strategische Umweltprüfung	25.2.1991
Internationales Übereinkommen vom 30.11.1990 über Vorsorge, Bekämpfung und Zusammenarbeit auf dem Gebiet der **Ölverschmutzung**	30.11.1990
Basler Übereinkommen vom 22.3.1989 über die Kontrolle der grenzüberschreitenden Verbringung **gefährlicher Abfälle** und ihrer Entsorgung – Änderungen vom 22.9.1995/27.2.1998 – Änderungen beschlossen vom 9. bis 13.12.2002 der Anlagen VIII und IX des Basler Übereinkommens – Änderungen beschlossen vom 25. bis 29.10.2004 der Anlagen VIII und IX – Berichtigung der Anlangen VIII und IX – Änderungen beschlossen vom 28.4. bis 10.5.2013 der Anlage IX	22.3.1989

Fundstelle in: BGBl. Deutschland	Fundstelle: BGBl. Österreich	Fundstelle: AS/BS Schweiz
2015 II 2010 2016 II 1274		
1994 II 1355, 1360 *1998 II 2946* 2001 II 646 *2002 II 2303, 2760* 2006 II 2 *2006 II 358*		AS **2005** 195
1993 II 1741 *1995 II 350* 2003 II 1506 *2004 II 167* 2013 II 618 2016 II 597	213/1995 III 94/2003	AS **1995** 1408 AS **2004** 579
1993 II 1783 *1995 II 316* 2002 II 966 *2005 II 150* 2015 II 1051	414/1994 III 89/2005	AS **1994** 1052 AS **2004** 5205
1994 II 1355, 1397 *2000 II 23* 2002 II 2953 2004 II 1669		
1998 II 1527 *2000 II 642, 741*	III 119/2000 III 14/2010	AS **2005** 1079
2002 II 1406 *2003 II 715* 2007 II 595 *2007 II 1387* 2006 II 497 *2011 II 111*	III 201/1997 III 50/2010	AS **2003** 4093
1994 II 3798 *1995 II 570* 2011 II 579		AS **1998** 1016
1994 II 2703 *1995 II 696* 2002 II 89 *2002 II 1687* 2003 II 1626 *2003 II 1626* 2005 II 1122 2014 II 306	229/1993 III 6/2000	AS **1992** 1125 AS **2007** 197 AS **2009** 5063 AS **2014** 2617

Konvention	Datum
Europäisches Übereinkommen vom 13.11.1987 zum **Schutz von Heimtieren**	13.11.1987
Europäisches Übereinkommen vom 18.3.1986 zum Schutz der für Versuche und andere wissenschaftliche Zwecke verwendeten **Wirbeltiere** – Änderungsprotokoll vom 22.6.1998; *völkerrechtlich noch nicht in Kraft getreten!* – Annahmeerklärung vom 15.6.2006 über die Änderung von Anhang A	18.3.1986
Übereinkommen vom 22.3.1985 zum Schutz der **Ozonschicht** – Montrealer Protokoll vom 16.9.1987 über Stoffe, die zum Abbau der Ozonschicht führen – Letzte, von Österreich ratifizierte Änderungen/Anpassungen vom 17.9.1997 – Letzte, von Deutschland und Schweiz ratifizierte Änderungen und Anpassungen vom 3.12.1999 – Neufassung des Montrealer Protokolls vom 16.9.1987 einschließlich der 1990, 1922, 1995, 1997 und 1999 beschlossenen Änderungen und/oder Anpassungen	22.3.1985
Übereinkommen vom 20.5.1980 über die Erhaltung der lebenden **Meeresschätze der Antarktis**	20.5.1980
Übereinkommen vom 13.11.1979 über weiträumige grenzüberschreitende **Luftverunreinigung** – Protokoll vom 28.9.1984 – Protokoll vom 8.7.1985 betreffend die Verringerung von Schwefelemissionen – Protokoll vom 31.10.1988 betreffend die Bekämpfung von Emissionen von Stickstoffoxiden – Protokoll vom 19.11.1991 betreffend die Bekämpfung von Emissionen flüchtiger organischer Verbindungen oder ihres grenzüberschreitenden Flusses – Protokoll vom 13.6.1994 betreffend die weitere Verringerung von Schwefelemissionen – Protokoll vom 24.6.1998 betreffend persistente organische Schadstoffe (POPs-Protokoll) – Protokoll vom 24.6.1998 betreffend Schwermetalle – Protokoll vom 30.11.1999 betreffend die Verringerung von Versauerung, Eutrophierung und bodennahen Ozon (Multikomponenten-Protokoll)	13.11.1979
Übereinkommen vom 26.10.1979/3.3.1980 über den **physischen Schutz von Kernmaterial** – Entschließung vom 8.7.2005	26.10.1979
Übereinkommen vom 19.9.1979 über die **Erhaltung der europäischen wildlebenden Pflanzen und Tiere** und ihrer natürlichen Lebensräume – Letzte Änderung der Anhänge	19.9.1979
Übereinkommen vom 23.6.1979 zur **Erhaltung der wandernden wildlebenden Tierarten** – Letzte Änderungen	23.6.1979

Fundstelle in: BGBl. Deutschland	Fundstelle: BGBl. Österreich	Fundstelle: AS/BS Schweiz
1991 II 402 *1992 II 12*	III 137/2000	AS **1994** 919
1990 II 1486 *1991 II 740* 2004 II 986 *2006 II 115* 2007 II 171		AS **1994** 930 AS **2006** 4691
1988 II 901 *1989 II 160* 1988 II 1014 *1989 II 662* 1998 II 2690, 2732 *2000 II 13* 2002 II 921 *2002 II 921* 2003 II 345 2010 II 995	596/1988 283/1989 III 94/2005	AS **1988** 1752 AS **1989** 477 AS **2003** 3288 AS **2003** 3294
1982 II 420 *1982 II 962*		
1982 II 373 *1983 II 548* 1988 II 421 1986 II 1116 *1987 II 711* 1990 II 1278 *1991 II 623* 1994 II 2358 *1998 II 224* 1998 II 130 *1998 II 2541* 2002 II 803 *2003 II 1562* 2003 II 610 2004 II 884 *2005 II 647 Berichtigung:* 2010 II 71	158/1983 41/1988 525/1987 273/1991 164/1997 60/1999 III 157/2004 III 141/2004	AS **1983** 887 AS **1988** 867 AS **1988** 285 AS **1991** 1503 AS **2005** 1681 AS **2003** 3332 AS **2003** 4425 AS **2004** 1191 AS **2006** 259 AS **2006** 1885
1990 II 326 *1995 II 299* 2008 II 574 2016 II 838	53/1989 III 74/2016	AS **2016** 1487
1984 II 618 *1985 II 581* 1998 II 2637	372/1983 82/1999	AS **1982** 802
1984 II 569 *1984 II 936* 1997 II 2126 *1999 II 381*	III 149/2005	AS **1996** 2354 AS **2004** 1039

Konvention	Datum
Europäisches Übereinkommen vom 10.5.1979 über den **Schutz von Schlachttieren**	10.5.1979
Europäisches Übereinkommen vom 10.3.1976 zum Schutz von Tieren in **landwirtschaftlichen Tierhaltungen** – Änderungsprotokoll vom 6.2.1992	10.3.1976
Übereinkommen vom 4.6.1974 zur Verhütung der **Meeresverschmutzung vom Lande aus** – Protokoll vom 26.3.1986 zur Änderung des Übereinkommens Dieses Übereinkommen wird im Verhältnis zwischen den Vertragsparteien durch das Übereinkommen vom 22.9.1992 zum Schutz der Meeresumwelt des Nordostatlantiks ersetzt	4.6.1974
Übereinkommen vom 9.4.1992 über den Schutz der **Meeresumwelt des Ostseegebietes** Dieses Übereinkommen, ersetzt das entsprechende Übereinkommen vom 22.3.1974	9.4.1992
Internationales Übereinkommen von 1973 vom 2.11.1973 zur Verhütung der **Meeresverschmutzung durch Schiffe** und Protokoll von 1978 vom 17.2.1978 zu diesem Übereinkommen – Letzte Änderungen des Übereinkommens von 1973 und Protokolls von 1978 zu diesem Übereinkommen – Entschließung MEPC 116(51) – Entschließung MEPC 115(51) – Entschließung MEPC 118(52) – Letzte Verordnung Umweltschutz-See (20.) Dieses Übereinkommen idF des Protokolls von 1978 ersetzt im Verhältnis zwischen den Vertragsparteien das Internationale Übereinkommen zur Verhütung der Verschmutzung der See durch Öl, 1954 in seiner geänderten Fassung.	2.11.1973
Protokoll von 1973 vom 2.11.1973 über Maßnahmen auf **Hoher See** bei Fällen von **Verschmutzung durch andere Stoffe als Öl** – Änderung der Anlage vom 10.7.1996 – Entschließung MEPC.100(48) vom 11.10.2002 *Siehe auch* Internationales Übereinkommen vom 29.11.1969 über Maßnahmen auf Hoher See bei Ölverschmutzungsunfällen.	2.11.1973
Übereinkommen vom 3.3.1973 über den internationalen Handel mit gefährdeten Arten frei lebender Tiere und Pflanzen **(Washingtoner Artenschutzübereinkommen)** – Letzte Änderung/Vorbehalt Letzte Änderung der Anhänge I, II und III	3.3.1973
Übereinkommen vom 29.12.1972 über die Verhütung der **Meeresverschmutzung** durch das Einbringen von **Abfällen und anderen Stoffen** – Protokoll vom 7.11.1996 – Änderungen der Anlagen des Übereinkommens	29.12.1972

Fundstelle in: BGBl. Deutschland	Fundstelle: BGBl. Österreich	Fundstelle: AS/BS Schweiz
1983 II 770 *1984 II 327*	591/1989	AS **1994** 982
1978 II 113 *1978 II 868* 1994 II 1350	82/1993 ratifiziert: 7.10.1996	AS **1981** 218 ratifiziert: 21.12.1994
1981 II 870 *1982 II 445* 1989 II 170 *1990 II 808*		
2000 II 23		
1982 II 2 *1983 II 632* 2005 II 314 *2005 II 1102* 2006 II 28 2006 II 386 2007 II 397 2011 II 850 2012 II 1146 2013 II 356 2014 II 709	434/1988 335/1990 547/1990	AS **1988** 1652 AS **1990** 1366 AS **1992** 937 AS **2003** 3229 AS **1996** 943 AS **2013** 5525
1985 II 593 *1986 II 402* 1998 II 2561 *in Kraft 19.12.1997* 2004 II 755 2011 II 1174		AS **1988** 1498 AS **2007** 3955
1975 II 773 *1976 II 1237* 1995 II 771	188/1982 III 2/2006	AS **1975** 1135 AS **2001** 1978 AS **2006** 5455 AS **2010** 3639
1977 II 165, 180 *1979 II 273* 1998 II 1345 *2010 II 1429* 1987 II 118 2010 II 1006		AS **1979** 1335 AS **2006** 2049 AS **2005** 73 AS **2006** 2049

Konvention	Datum
Übereinkommen vom 15.2.1972 zur Verhütung der **Meeresverschmutzung** durch das Einbringen durch **Schiffe und Luftfahrzeuge** – Änderungsprotokoll vom 2.3.1983 – Änderungsprotokoll vom 5.12.1989 – Inkraftsetzung von Änderungen der Anlagen I und II Dieses Übereinkommen wird durch das Übereinkommen vom 22.9.1992 zum Schutz der Meeresumwelt des Nordostatlantiks ersetzt.	15.2.1972
Übereinkommen vom 2.2.1971 über **Feuchtgebiete,** insbesondere als **Lebensraum für Wasser- und Watvögel,** von internationaler Bedeutung – Protokoll vom 3.12.1982 Änderungen vom 28.5./3.6.1987	2.2.1971
Internationales Übereinkommen vom 29.11.1969 über Maßnahmen auf **Hoher See** bei **Ölverschmutzungsunfällen** *Siehe auch* Protokoll von 1973 vom 2.11.1973 über Maßnahmen auf Hoher See bei Fällen von Verschmutzung durch andere Stoffe als Öl.	29.11.1969
Europäisches Übereinkommen vom 6.11.2003 über den **Schutz von Tieren** beim internationalen Transport Dieses Übereinkommen ersetzt das Übereinkommen vom 13.12.1968.	6.11.2003
Europäisches Übereinkommen vom 16.9.1968 über die Beschränkung der Verwendung bestimmter **Detergentien** in **Wasch- und Reinigungsmitteln** Änderungsprotokoll vom 25.10.1983	16.9.1968
Internationales Übereinkommen vom 2.12.1961 **zum Schutz von Pflanzenzüchtungen** – Änderungs-Zusatzakte vom 10.11.1972 – revidiert in Genf am 23.10.1978 – revidiert in Genf am 19.3.1991	2.12.1961
Übereinkommen vom 7.11.1991 zum Schutz der Alpen **(Alpenkonvention)** – Protokoll vom 20.12.1994 über den Beitritt des Fürstentums Monaco – 1. Protokoll vom 20.12.1994 „Raumplanung und nachhaltige Entwicklung – 2. Protokoll vom 20.12.1994 „Naturschutz und Landschaftspflege" – 3. Protokoll vom 20.12.1994 „Berglandwirtschaft" – 4. Protokoll vom 27.12.1996 „Bergwald" – 5. Protokoll vom 16.10.1998 „Tourismus" – 6. Protokoll vom 16.10.1998 „Energie" – 7. Protokoll vom 16.10.1998 „Bodenschutz" – 8. Protokoll vom 31.10.2000 „Verkehr" – 9. Protokoll vom 31.10.2000 über die Beilegung von Streitigkeiten	7.11.1991

Fundstelle in: BGBl. Deutschland	Fundstelle: BGBl. Österreich	Fundstelle: AS/BS Schweiz
1977 II 165 *1977 II 1492* 1986 II 998 *1989 II 798* 1994 II 1355 *1990 II 1410*		
1976 II 1265 1990 II 1670 1995 II 218	225/1983 283/1993 283/1993	AS **1976** 1139 AS **1987** 380 AS **1995** 65
1975 II 137 *1975 II 1196*		AS **1988** 1242
2007 II 1532		
1972 II 553 *1973 II 240*		AS **1975** 2242
1968 II 428 *1968 II 861* 1976 II 437 *1977 II 468* 1984 II 809 *1986 II 782* 1998 II 258 *1998 II 2493*	603/1994 idF Revision vom 10.11.1972 und 23.10.1978 III 133/2004	AS **1977** 1359 AS **1977** 1382 AS **1981** 1907
1994 II 2538 1996 II 662 1998 II 1747 2002 II 1785, 1787 2002 II 1785, 1796 2002 II 1785, 1808 2002 II 1785, 1817 2002 II 1785, 1824 2002 II 1785, 1833 2002 II 1785, 1842 2002 II 1785, 1851 2002 II 1785, 1862 2003 II 94 (1.–9. Protokoll) 2013 II 1129 *in Kraft: 22.3.1999*	477/1995 III 18/1999 III 232/2002 III 236/2002 III 231/2002 III 233/2002 III 230/2002 III 237/2002 III 235/2002 III 234/2002 III 238/2002	AS 2003 2541 AS 2003 2552

Konvention	Datum
Antarktis-Vertrag vom 1.12.1959 – Umweltschutzprotokoll vom 4.10.1991 – Anlage V	1.12.1959
Internationales **Pflanzenschutzübereinkommen** vom 6.12.1951 – Revidiert in Rom am 28.11.1979	6.12.1951
Internationales Übereinkommen vom 2.12.1946 zur **Regelung des Walfangs** und Protokoll vom 19.11.1956 – Letzte Änderung des Anhangs	2.12.1946
Konvention vom 5.4.1946 der Internationalen **Überfischungskonferenz** – Protokoll vom 2.4.1953	5.4.1946

21 Abkommen betreffend Verkehr, Kraftfahrzeuge und Transport:

Konvention	Datum
Europäisches Übereinkommen vom 20.4.1959 über die obligatorische **Haftpflichtversicherung für Kraftfahrzeuge**	20.4.1959
Europäisches Übereinkommen vom 30.9.1957 über die internationale **Beförderung gefährlicher Güter auf der Straße (ADR)** sowie Anlagen A und B – Änderungsprotokoll vom 21.8.1975 – Letzte Neufassung/Änderungen der Anlagen A und B (Berichtigung) – Änderungsprotokoll vom 28.10.1993 – Revision der Anlagen A und B per 1.1.2015 – Multilaterale Vereinbarung M194 nach Abschnitt 1.5.1 des ADR über die Beförderung von explosiven Stoffen und Gegenständen mit Explosivstoff der Streitkräfte, die zur Vernichtung vorgesehen sind *Siehe auch* Europäisches Übereinkommen vom 26.5.2000 für Binnenwasserstraßen.	30.9.1957
Übereinkommen vom 1.9.1970 über internationale **Beförderungen leicht verderblicher Lebensmittel** und über die besonderen Beförderungsmittel, die für diese Beförderungen zu verwenden sind (ATP) – Letzte Änderungen der Anlage 1	1.9.1970
Übereinkommen vom 8.11.1968 über den **Straßenverkehr** Europäisches Zusatzübereinkommen vom 1.5.1971 – Änderungen	8.11.1968

Fundstelle in: BGBl. Deutschland	Fundstelle: BGBl. Österreich	Fundstelle: AS/BS Schweiz
1978 II 1517 *1979 II 420* 1994 II 2478; 1997 II 708; *1998 II 299* 2003 II 282	39/1988	AS **1990** 1925
1956 II 947 *1957 II 1300* 1985 II 982 *1991 II 1026*	86/1953	AS **1997** 1515
1982 II 558 *1995 II 380*	44/1995	AS **1980** 1072 AS **2011** 833
1954 II 469 1959 II 446 *1959 II 445*		

Fundstelle in: BGBl. Deutschland	Fundstelle: BGBl. Österreich	Fundstelle: AS/BS Schweiz
1965 II 281 *1969 II 1993*	236/1972	
1969 II 1489 *1970 II 50* 1979 II 1334 *1985 II 1115* 2010 II 1412 (2011 II 1246) 2007 II 1950 2009 II 396 2015 II 504 *in Kraft 1.1.2015*	241/1985 III 56/2012 III 15/2009 III 17/2009 III 43/2011 III 13/2013 III 7/2015 III 44/2015 III 115/2015 III 13/2017 III 34/2017	AS **1972** 1073 AS **2011** 3553 AS **2008** 5123 AS **2012** 6657 AS **2014** 4707 AS **2016** 3805
1974 II 565 *1976 II 386* 1988 II 630 2003 II 484 *2003 II 1491* 2010 II 646	144/1978 III 135/1997	
1977 II 809, 986 *1979 II 932* 2016 II 1306	289/1982 290/1982 III 80/2014	AS **1993** 402 AS **1993** 478 AS **1993** 3402 AS **1993** 3426 AS **2007** 3599

Konvention	Datum
Vertrag vom 29.6.2000 über ein **Europäisches Fahrzeug- und Führerscheininformationssystem (EUCARIS)**	29.6.2000
Europäisches Übereinkommen vom 3.6.1976 über die internationalen Wirkungen des **Entzuges des Führerausweises für Motorfahrzeuge**	3.6.1976

22 Weitere Abkommen mit Wirtschaftsbezug:

Konvention	Datum
Übereinkommen vom 5.10.1973 über die **Erteilung europäischer Patente (Europäisches Patentübereinkommen)** – Akte vom 29.11.2000 zur Revision des Übereinkommens (Neufassung des Übereinkommens)	5.10.1973
Internationales Abkommen vom 20.4.1929 zur Bekämpfung der **Falschmünzerei** – Bekanntmachung vom 27.3.2006 – Bekanntmachung vom 26.6.2006	20.4.1929
Internationales Abkommen vom 19.8.1925 zur Bekämpfung des **Alkoholschmuggels**	19.8.1925
Madrider Abkommen vom 14.4.1891 über die **Internationale Registrierung von Marken,** revidiert in Stockholm am 14.7.1967 – Änderungen vom 2.10.1979 – Protokoll vom 27.6.1989 – Änderungen des Protokolls – Gemeinsame Ausführungsordnung vom 18.1.1996 – Gemeinsame Ausführungsordnung vom 18.1.1996 in der seit 1.4.2002 geltenden Fassung bzw. letzte Änderung der Ausführungsordnung – Geänderte Regeln	14.4.1891
Madrider Abkommen vom 14.4.1891 über die Unterdrückung **falscher oder irreführender Herkunftsangaben auf Waren,** revidiert in Washington am 2.6.1911 – Revision in Den Haag am 6.11.1925 – Revision in London am 2.6.1934 – Letzte Revision in Lissabon am 31.10.1958 – Stockholmer Zusatzvereinbarung vom 14.7.1967	14.4.1891

Fundstelle in: BGBl. Deutschland	Fundstelle: BGBl. Österreich	Fundstelle: AS/BS Schweiz
		AS **2007** 3617 AS **2016** 553
2003 II 1786 *2009 II 1128*		
		AS **1983** 508

Fundstelle in: BGBl. Deutschland	Fundstelle: BGBl. Österreich	Fundstelle: AS/BS Schweiz
1976 II 649, 826, 915 *1977 II 792* 2007 II 1082 *2008 II 179*	118/1979 III 136/2007	AS **2007** 6485
1933 II 913 *in Kraft 1.1.1934* 2006 II 435 2006 II 683	347/1931	AS **1949** 1082
1926 II 220 *1927 II 878*		
1970 II 293, 418 *1971 II 200* 1984 II 799 *in Kraft 23.10.1983* 1995 II 1016 *1996 II 557* 2008 II 822 1996 II 562 *in Kraft 1.4.1996* 2003 II 828 2005 II 1285 2007 II 402 2009 II 986 2016 II 906	400/1973 123/1984 III 32/1999 III 88/2008 III 109/1997 III 270/2002 III 98/2009 III 37/2007 III 202/2016	AS **1970** 1689 AS **1984** 44 AS **1997** 2350 AS **2007** 2867 AS **1996** 2810 AS **2005** 111 AS **2007** 2865 AS **2009** 591 AS **2015** 3969
1925 II 115 *1925 II 287* 1928 II 175, 193 *1928 II 489* 1937 II 583, 604 *1938 II 834* 1961 II 273, 293 *1963 II 153, 1076* 1970 II 293, 444 *1970 II 1072*		BS **11** 1011 BS **11** 1014 AS **1963** 141 AS **2006** 3329 AS **1970** 681

Konvention	Datum
Internationaler Vertrag vom 16.11.1887 zur Unterdrückung des **Brannt-weinhandels** unter den Nordseefischern auf Hoher See nebst Protokolle vom 14.2.1893 und 11.4.1894 – Bekanntmachungen über die Wiederanwendung	16.11.1887
Markenrechtsvertrag und Ausführungsordnung vom 27.10.1994	27.10.1994
Markenrechtsvertrag von Singapur vom 27.3.2006	27.3.2006
Abkommen vom 18.10.1907 betreffend Beschränkung der Anwendung von Gewalt bei der **Eintreibung von Vertragsschulden**	18.10.1907

Fundstelle in: BGBl. Deutschland	Fundstelle: BGBl. Österreich	Fundstelle: AS/BS Schweiz
1894 S. 427 *1894 S. 435* 1952 II 435, 973; *1953 II 149*		
2002 II 174 *2004 II 1407*		AS **1997** 2284
2013 II 1583		AS **2009** 887 AS **2014** 1365
1910 S. 59, 375 *in Kraft 26.1.1910*	178/1913	

1. Kapitel. Jugendgerichtsgesetz (JGG)

In der Fassung der Bekanntmachung vom 11.12.1974, BGBl. I S. 3427
Zuletzt geändert durch Gesetz vom 27.8.2017, BGBl. I S. 3295

FNA 451-1

(Auszug)

Schrifttum: *H. J. Albrecht,* Ist das deutsche Jugendstrafrecht noch zeitgemäß?, in Ständige Deputation des Deutschen Juristentages (Hrsg.), Verhandlungen des 64. Deutschen Juristentages, Band 1 Gutachten, Teil D, München 2002; *P. A. Albrecht,* Jugendstrafrecht, 3. Aufl. 2000; *Bock,* Jugendstrafrecht im Bann der Sanktionsforschung, GA 1997, 1; *Böhm/Feuerhelm,* Einführung in das Jugendstrafrecht, 4. Aufl. 2004; *Bohnert,* Strafmündigkeit und Normkenntnis, NStZ 1988, 249; *Bringewat,* Das Absehen von Erziehungsmaßregeln: ein Absehen von Strafe?, NStZ 1992, 315; *Cornel,* Der Erziehungsgedanke im Jugendstrafrecht, in *Dollinger/Schmidt-Semisch,* Handbuch Jugendkriminalität, 2010, S. 455; *Eisenberg,* Streitfragen in der Judikatur zum Jugendstrafrecht 1998–2002, NStZ 2003, 124; *Eisenberg/Dickhaus,* Zu Fragen vorzeitiger Aufhebung der Sperre für die Erteilung einer Fahrerlaubnis im Jugendstrafverfahren, NZV 1990, 455; *Esser/Fritz/Schmidt,* Die Beurteilung der sittlichen Reife Heranwachsender im Sinne des § 105 JGG – Versuch der Operationalisierung, MschrKrim 1991, 356; *Fahl,* Verbot der Schlechterstellung Jugendlicher gegenüber Erwachsenen? FS Schreiber, 2003, 63; *Findeisen,* Der Einstiegs- bzw. Warnschussarrest – ein Thema in der Diskussion, ZJJ 2007, 25; *Frehsee,* „Strafverfolgung" von strafunmündigen Kindern, ZStW 100 (1988), 290; *Goerdeler,* Das Ziel der Anwendung des Jugendstrafrechts, ZJJ 2008, 137; *Graebsch,* What works? – Nothing works? – Who cares? „Evidence-based CriminalPolicy und die Realität der Jugendkriminalpolitik, in *Dollinger/Schmidt-Semisch*(Hrsg.), Handbuch Jugendkriminalität, 2010, S. 137; *Grunewald,* Die De-Individualisierung des Erziehungsgedankens im Jugendstrafrecht, 2003; *Heinz,* Aufnahmebereitschaft, Kritik und Widerstände von Richtern und Staatsanwälten bei der Konfrontation mit kriminologischen Befunden, in Bundesministerium der Justiz (Hrsg.), Das Jugendkriminalrecht als Erfüllungsgehilfe gesellschaftlicher Erwartungen?, 1995, S. 99; *ders.,* Die Einbeziehung der Heranwachsenden in das Jugendstrafrecht – einige rechtstatsächliche Befunde, GS Walter 2014, 301; *Hentschel,* Die Entwicklung des Straßenverkehrsrechts im Jahre 1994, NJW 1995, 627; *Janiszewski,* Überblick über weitere neue Entscheidungen in Verkehrsstraf- und Bußgeldsachen, NStZ 1985, 112; *ders.,* Überblick über neue Entscheidungen in Verkehrsstraf- und -bußgeldsachen, NStZ 1988, 543; *Jehle/Albrecht/Hohmann-Fricke/Tetal,* Legalbewährung nach strafrechtlichen Sanktionen, 2010; Heinz, Die Einbeziehung der Heranwachsenden in das Jugendstrafrecht – einige rechtstatsächliche Befunde, GS Walter, 2014, 301; *Kaspar,* Jenseits von Erziehung: Generalprävention als komplementärer Sanktionszweck des Jugendstrafrechts FS Schöch, 2010, 209; *Keiser,* Grundfälle zum Jugendstrafrecht, JuS 2002, 981, 1077; *Kerner/Karnowski/Eikens,* Begünstigung junger Straftäter durch die Anwendung materiellen Jugendstrafrechts? FS Ostendorf, 2015, 465; *Kröber/Dölling/Leygraf/Sass,* Handbuch der forensischen Psychiatrie, 2006–2010; *Kusch,* Plädoyer für die Abschaffung des Jugendstrafrechts, NStZ 2006, 65; *Lackner,* Kollision zwischen Jugend- und Erwachsenenstrafrecht, GA 1955, 34; *Laubenthal/Baier/Nestler,* Jugendstrafrecht, 2. Aufl. 2010; *Laue,* Die Rechtsprechung des Bundesgerichtshofs zu § 105 JGG, ZJJ 2017, 108; *Lenz,* Die Rechtsfolgensystematik im Jugendgerichtsgesetz, 2007; *Meier,* What works? – Die Ergebnisse der neueren Sanktionsforschung, JZ 2010, 112; *Meier/Rössner/Schöch,* Jugendstrafrecht, 2. Aufl. 2007; *Mitsch,* Die Anwendbarkeit des Jugendstrafrechts auf Heranwachsende, Jura 2002, 242; *Nothacker,* „Erziehungsvorrang" und Gesetzesauslegung im Jugendgerichtsgesetz, 1985; *ders.,* Jugendstrafrecht, 3. Aufl. 2001; *Oberwittler,* Von der Strafe zur Erziehung?, 2000; *Ostendorf,* Zukunft des Jugendstrafrechts, in Bundesminister der Justiz (Hrsg.), Jugendstrafrechtsreform durch die Praxis, 1989, 325; *Paul,* Drogenkonsumenten im Jugendstrafverfahren, 2005; *Pieplow,* Erziehungsgedanke – noch einer, GS Walter, 2014, 341; *ders.,* Erziehung als Chiffre, in *Walter* (Hrsg.), Beiträge zur Erziehung im Jugendkriminalrecht, 1989, S. 5; *Potrykus,* Zur irrtümlichen Verurteilung Jugendlicher als Erwachsener, NJW 1953, 93; *ders.,* Neue Zweifelsfragen nach dem Jugendgerichtsgesetz, NJW 1954, 1349; *Pruin,* Die Heranwachsendenregelung im deutschen Jugendstrafrecht, 2007; *Radtke,* Der sogenannte Warnschussarrest im Jugendstrafrecht, ZStW 121 (2009), 416; *Remschmidt,* Die nichtendende Diskussion um § 105 JGG FS Rössner, 2015, 338; *Renzikowski,* Forensische Psychiatrie und Strafrechtswissenschaft, NJW 1990, 2905; *Schaffstein,* Die Jugendzurechnungsunfähigkeit in ihrem Verhältnis zur allgemeinen Zurechnungsfähigkeit, ZStW 77 (1965), 191; *Schlüchter,* Plädoyer für die Erziehungsgedanken, 1994; *Schnitzerling,* In dubio pro reo bei der strafrechtlichen Einordnung in eine Altersgruppe, NJW 1956, 1384; *Schöch,* Wie soll die Justiz auf Jugendkriminalität reagieren?, in *Dölling* (Hrsg.), Das Jugendstrafrecht an der Wende zum 21. Jahrhundert, 2001, S. 125; *ders.,* Neue Punitivität in der Jugendkriminalpolitik?, in BMJ (Hrsg.), Jenaer Symposium, 2009, S. 13; *Streng,* Die Beurteilung der Strafmündigkeit bei jugendlichen Straftätern, GS Walter, 2014, 423; *ders.,* Kindliche Delinquenten im Ermittlungsverfahren FS Gössel, 2002, 501; *ders.* Die Wirksamkeit strafrechtlicher Sanktionen, in *Lösel/Bender/Jehle* (Hrsg.), Kriminologie und wissensbasierte

Kriminalpolitik, 2007, S. 65; *ders.*, Jugendstrafrecht, 2. Aufl. 2008; *Terdenge,* Rechtsfolgen im Jugendgerichtsgesetz, JA 1978, 95, 147; *Verrel/Käufl,* „Warnschussarrest" – Kriminalpolitik wider besseres Wissen?, NStZ 2008, 177; *Vietze,* Der Einstiegsarrest – eine zeitgemäße Sanktion?, 2004; *Walter,* Heranwachsende als kriminalrechtliche Problemgruppe, GA 2007, 501; *ders.,* Über die Fortentwicklung des Jugendstrafrechts, NStZ 1992, 470; *Walter/Kubink,* § 3 JGG – § 17 StGB: gleiche Tatbestandsstruktur?, GA 1995, 51; *Werner-Eschenbach,* Jugendstrafrecht. Ein Experimentierfeld für neue Rechtsinstitute, 2005; *Wölfl,* Die Geltung der Regelvermutung des § 69 II StGB im Jugendstrafrecht, NZV 1999, 69; *Zieger,* Verteidigung in Jugendstrafsachen, 5. Aufl. 2008.

Erster Teil. Anwendungsbereich

§ 1 Persönlicher und sachlicher Anwendungsbereich

(1) Dieses Gesetz gilt, wenn ein Jugendlicher oder ein Heranwachsender eine Verfehlung begeht, die nach den allgemeinen Vorschriften mit Strafe bedroht ist.

(2) Jugendlicher ist, wer zur Zeit der Tat vierzehn, aber noch nicht achtzehn, Heranwachsender, wer zur Zeit der Tat achtzehn, aber noch nicht einundzwanzig Jahre alt ist.

Übersicht

I. Allgemeines

1   **1. Normzweck.** § 1 bestimmt den Anwendungsbereich des JGG. Abs. 1 regelt, auf wen und unter welchen Voraussetzungen die Sondervorschriften des JGG Anwendung finden. Der **persönliche Anwendungsbereich** des JGG ist beschränkt auf Jugendliche und Heranwachsende.[1] Wann eine natürliche Person Jugendlicher oder Heranwachsender ist, wird in Abs. 2 definiert. Abgestellt wird dabei auf den Tatzeitpunkt. Konsequenz dessen ist, dass das JGG auch dann Anwendung findet, wenn der Täter im Zeitpunkt seiner Verurteilung bereits erwachsen ist.[2] Das gilt für das Verfahren – die Zuständigkeit der Jugendgerichte ergibt sich aus §§ 1, 33 ff., 107[3] – und für die Rechtsfolgen; allerdings ist bei letzteren die Auswahl daran auszurichten, dass nur manche bei einem Erwachsenen sinnvoll sind.[4]

2   Der **sachliche Anwendungsbereich** erstreckt sich auf alle Straftaten Jugendlicher und Heranwachsender, sei es nach dem StGB oder dem Nebenstrafrecht. Das JGG gilt nicht unmittelbar für Ordnungswidrigkeiten; das OWiG verweist aber auf einige Vorschriften des JGG und enthält eigene Sonderregelungen für Jugendliche und Heranwachsende.[5] Notwen-

---

[1] Ausnahme ist die Regelung für Erwachsene unter 24 Jahren in § 114.

[2] Aufgrund der Verjährungsfristen kommt eine große Diskrepanz zwischen Tatalter und Verhandlungsalter vor allem bei schwereren Delikten vor, siehe etwa Verhandlungen gegen Mauerschützen wie LG Berlin 5.3.1997 – (521) 27/2 Js 83/90 KLs (28/96), NJ 1997, 408 (Angeklagter im Alter von 56 Jahren) oder den „Westparkmord", BGH 9.8.2001 – 1 StR 211/01, NJW 2002, 73 (Angeklagter im Alter von 26 Jahren). Der Einsatz verbesserter technischer Verfahren wie der DNA-Analyse macht eine Tataufklärung auch nach längerer Zeit möglich, so dass Jugendstrafverfahren gegen Erwachsene auch in Zukunft wahrscheinlich sind.

[3] *Streng* Rn. 45.

[4] *Brunner/Dölling* Rn. 9; s. dazu eingehend *Budelmann,* Jugendstrafrecht für Erwachsene?, 2005, S. 93, 155, der die Anordnung von zumindest auch erzieherisch motivierten jugendstrafrechtlichen Rechtsfolgen auf im Zeitpunkt der Entscheidung Erwachsene wegen Verletzung des allgemeinen Persönlichkeitsrechts für verfassungswidrig hält.

[5] Siehe *Brunner/Dölling* Rn. 2; *Streng* Rn. 41.

dig ist, dass sämtliche Voraussetzungen für eine Strafbarkeit erfüllt sind, die von den allgemeinen Gesetzen aufgestellt werden. Ist das der Fall, so muss bei einem Jugendlichen darüber hinaus seine Verantwortlichkeit für die Tat festgestellt werden (§ 3), damit seine Strafbarkeit überhaupt in Betracht kommt. Ist er verantwortlich und damit strafbar, so wird eine Rechtsfolge des JGG verhängt. Demgegenüber steht bei einem Heranwachsenden bei Vorliegen der Strafbarkeitsvoraussetzungen des allgemeinen Strafrechts fest, dass er strafbar ist. Stand er jedoch bei der Tat nach seiner geistigen oder sittlichen Entwicklung einem Jugendlichen gleich oder war seine Tat eine Jugendverfehlung, so wird gegen ihn keine Sanktion des Erwachsenenstrafrechts verhängt, sondern ihm eine Rechtsfolge des Jugendstrafrechts auferlegt (§ 105 Abs. 1).

2. Historie. Die Behandlung jugendlicher Straftäter geschah nach dem bis 1851 in **3** Preußen geltenden Allgemeinen Landrecht außerhalb des ordentlichen Strafverfahrens nach dem Ermessen der Polizei. Die untere Strafmündigkeitsgrenze lag bei 7 Jahren.[6] Durch den Einfluss des *code pénal* wurden auch jugendliche Straftäter in das liberale Strafrecht integriert. Vorausgesetzt war für die Strafbarkeit von Jugendlichen – nach dem code pénal waren dies Personen unter 16 Jahren – die Feststellung des *discernements*, der relativen Strafmündigkeit, also der intellektuellen Fähigkeit zwischen Recht und Unrecht unterscheiden zu können.[7] Das RStGB vom 15.5.1871[8] setzte die Altersgrenze der Strafmündigkeit bei 12 Jahren fest (§ 55 RStGB). Eine „jugendliche Person" war, wer das zwölfte, aber nicht das achtzehnte Lebensjahr vollendet hatte (§§ 56, 57 RStGB). Für Personen, die 18 Jahre alt oder älter waren, galt uneingeschränkt das Erwachsenenstrafrecht. Die §§ 55–57 RStGB wurden durch das JGG vom 16.2.1923[9] aufgehoben (§ 47 Abs. 1 S. 1) und die Altersgrenze der Strafmündigkeit auf 14 Jahre heraufgesetzt (§ 2). Jugendlicher war nun, wer über 14, aber noch nicht 18 Jahre alt war (§ 1). Das RJGG vom 6.11.1943[10] behielt diese Strafmündigkeitsgrenze im Grundsatz bei (§§ 1 S. 2, 3 Abs. 2 S. 1). Doch war auch vorgesehen, dass Kinder ab Vollendung des zwölften Lebensjahres „wie ein Jugendlicher" zur Verantwortung gezogen werden konnten, „wenn der Schutz des Volkes wegen der Schwere der Verfehlung eine strafrechtliche Ahndung fordert" (§ 3 Abs. 2 S. 2).

Das JGG vom 4.8.1953[11] setzte die Strafmündigkeitsgrenze wieder ausnahmslos bei **4** 14 Jahren an, denn es sei „heute wohl Allgemeingut aller an der Jugendarbeit beteiligten Kreise ..., daß Schulkinder nicht vor den Strafrichter gehören".[12] Neu geschaffen wurde die Gruppe der Heranwachsenden. Die Absätze 1 und 2 des § 1 gelten seither unverändert. Abs. 3 bestimmte ausdrücklich, dass Personen unter 14 Jahren strafrechtlich nicht verantwortlich sind. Dieser Absatz wurde 1974 gestrichen.[13] Er war überflüssig geworden, nachdem der Gesetzgeber 1969 eine entsprechende Regelung in den § 19 StGB aufgenommen hatte.[14] Diese Umsetzung in das StGB sollte der allgemeinen Bedeutung der Strafmündigkeitsgrenze Rechnung tragen.[15] Durch den Einigungsvertrag findet das JGG seit dem 3.10.1990 auf dem Gebiet der ehemaligen DDR – auch rückwirkend – Anwendung. § 1 gilt dort mit der Maßgabe, dass es in Abs. 1 statt „Verfehlung" „rechtswidrige Tat" heißt.[16]

II. Erläuterung

1. Persönlicher Anwendungsbereich. § 1 bestimmt den persönlichen Anwendungs- **5** bereich des JGG ausschließlich nach **Altersgrenzen.** Das JGG gilt nur für Jugendliche (14–

---

[6] *Oberwittler* S. 62 ff.
[7] Siehe *Schaffstein/Beulke/Swoboda* Rn. 86.
[8] RGBl. S. 127 (137); zur Entwicklung der Strafmündigkeitsgrenze → StGB § 19 Rn. 3 f.
[9] RGBl. I S. 135 (141).
[10] RGBl. I S. 637 (639).
[11] BGBl. I S. 751.
[12] BT-Drs. 1/3264, 39.
[13] Art. 26 Nr. 1 EGStGB, BGBl. I S. 469 (525).
[14] Art. 1 Nr. 1 2. StrRG vom 4.7.1969, BGBl. I S. 717 (720).
[15] Begründung E 1962, S. 137.
[16] Anlage I Kap. III C Abschnitt III Nr. 3c zum Einigungsvertrag vom 31.8.1990, BGBl. II S. 885 (957).

17 Jahre) und Heranwachsende (18–20 Jahre), einschließlich jugendlicher und heranwachsender Soldaten.[17] Auf Erwachsene (ab 21 Jahre) ist das allgemeine Strafrecht anzuwenden. Kinder (unter 14 Jahren) werden gar nicht strafrechtlich belangt. Ihr Verhalten kann tatbestandsmäßig und rechtswidrig sein, erfolgt jedoch kraft unwiderleglicher Vermutung nicht schuldhaft (§ 19 StGB). Auch schuldunabhängige Sanktionen wie etwa Maßregeln oder die Maßnahmen nach § 3 S. 2 können mangels Zuständigkeit der Jugendgerichte gegen Kinder nicht verhängt werden. Nach hM dürfen auch nicht einzelne strafprozessuale Zwangsmaßnahmen, insbes. die vorläufige Festnahme nach § 127 StPO, gegen Kinder angeordnet werden.[18] Es bleiben bei Kindern, die (rechtswidrig) Straftatbestände erfüllen, lediglich die jugendhilferechtlichen Interventionsmöglichkeiten.

6   **a) Maßgeblicher Zeitpunkt.** Abzustellen ist auf das Alter zur Zeit der Tat. Das ist der Zeitpunkt, in dem der Täter oder Teilnehmer gehandelt hat oder im Falle des Unterlassens hätte handeln müssen (§ 8 StGB). Der Zeitpunkt des Erfolgseintritts ist unerheblich, ebenso das Alter im Zeitpunkt der Aufnahme der Ermittlungen, der Aburteilung[19] oder des Strafvollzugs. Überschreitet ein Kind im Verlauf der Tat die Altersgrenze zum Jugendlichen, so ist darauf zu achten, in welchem Alter es sein tatbestandsmäßiges Verhalten erbracht hat. Leistet etwa ein 13-Jähriger einen Beitrag zur Straftat eines anderen, so ist er wegen dieses aktiven Tuns selbst dann nicht strafbar, wenn er zu dem Zeitpunkt, in dem der andere erst handelt, bereits 14 Jahre alt ist. Denn zum Tatzeitpunkt war er nicht schuldfähig (§§ 29, 19 StGB). Allerdings kommt ein Unterlassungsdelikt (§§ 27, 13 StGB) in Betracht, wenn er seinen Tatbeitrag als Jugendlicher hätte zurücknehmen können. Ebenso dürfen bei einem Dauerdelikt solche Teilakte nicht zur Begründung der Strafbarkeit herangezogen werden, die vor Vollendung des 14. Lebensjahrs begangen wurden.[20] Gleiches gilt, wenn bei einer Rauschtat (§ 323a StGB) oder actio libera in causa der „schuldhafte" Teil vor Überschreiten der Altersgrenze liegt. Entsprechend ist zu verfahren, wenn ein Jugendlicher oder Heranwachsender während der Tat die nächste Altersgrenze überschreitet.[21] Bei mehreren Taten, die teilweise nach Jugend- und zum Teil nach Erwachsenenstrafrecht zu behandeln sind, ist § 32 zu beachten.[22]

7   **b) Berechnung des Alters.** Maßgeblich ist der Geburtstag, nicht die Geburtsstunde. Der Geburtstag wird mitgerechnet (§ 187 Abs. 2 S. 2 BGB). Eine Person, die am 1.1.1995 geboren wurde, wird am 1.1.2009 um 0.00 Uhr 14 Jahre alt (§ 188 Abs. 2 BGB). Am Geburtstag selbst ist die Person also bereits Jugendlicher und damit strafmündig. Entsprechend wird sie am 1.1.2013 um 00.00 Uhr 18 Jahre alt und damit Heranwachsender und am 1.1.2016 um 0.00 Uhr 21 Jahre alt und also Erwachsener. Wer am 29.2. geboren wurde, vollendet ein Lebensjahr in Jahren, die keine Schaltjahre sind, am 28.2. um 24.00 Uhr (§ 188 Abs. 3 BGB analog) und wird jeweils am 1.3. um 0.00 Uhr ein Jahr älter.[23]

8   **c) Zweifel am Alter.** Kann nicht festgestellt werden, welches Alter der Angeklagte zur Zeit der Tat hatte,[24] oder ist der genaue Tatzeitpunkt unklar, so ist nach dem Grundsatz

---

[17] Sondervorschriften in den §§ 112a–112e.

[18] Diemer/Schatz/Sonnen/*Sonnen* Rn. 22 f.; abw. *Verrel* NStZ 2001, 284.

[19] Dies kann jedoch für die Wahl der Rechtsfolge eine Rolle spielen; zB wenn ein Heranwachsender, der nach Jugendstrafrecht zu verurteilen ist, im Zeitpunkt der Verurteilung bereits erwachsen ist.

[20] Vgl. zur Altersgrenze von 18 Jahren: BGH 9.10.2002 – 2 StR 344/02, StV 2003, 454 zum Dauerdelikt des Besitzes von Betäubungsmitteln; ebenso zur fortgesetzten Tat: RG 3.12.1931 – II 1046/31, RGSt 66, 36 (37); BGH 24.3.1954 – 6 StR 84/54, NJW 1954, 848.

[21] BGH 29.1.1954 – 1 StR 632/53, JR 1954, 271, hat offen gelassen, ob auf den Zeitpunkt des Gehilfenbeitrags oder der Haupttat abzustellen ist, und stattdessen wegen des pflichtwidrigen Vorverhaltens als Jugendlicher eine Beihilfe durch Unterlassen des die Haupttat nicht hindernden Heranwachsenden bejaht. Am Ergebnis ändert das – entgegen BGH – nichts, weil das Unterlassen hinter dem strafbaren Tun zurücktritt.

[22] BGH 17.7.1979 – 1 StR 298/79, BGHSt 29, 67; 18.6.2015 4 StR 59/15, NStZ 2016, 101.

[23] *Brunner/Dölling* Rn. 10; *Dallinger/Lackner* Rn. 4; *Laubenthal/Baier/Nestler* Rn. 57.

[24] Zu Methoden der Altersbestimmung s. *Rötzscher/Grundmann* Kriminalistik 2004, 337; *Schmeling/Olze/Reisinger/Geserick* NJW 2000, 2720; zum Umfang der Aufklärungspflicht BGH 27.8.1997 – 3 StR 331/97, NStZ 1988, 50; zur Beweiswürdigung bei einer odontologischen Altersbestimmung OLG Hamburg 9.12.2004 – 1 Ss 211/04, StV 2005, 206.

„in dubio pro reo" die Tatsachenlage zu unterstellen, die die günstigere Rechtsfolge auslöst.[25] Das gilt auch, wenn im laufenden Strafverfahren Anordnungen gegen den Beschuldigten zu treffen sind, die nicht, nur oder nur unter besonderen Voraussetzungen bei Jugendlichen oder Heranwachsenden möglich sind (zB §§ 71 Abs. 2, 72).[26]

aa) 14 Jahre. Die für den Angeklagten günstigere Tatsache ist bei Zweifeln bezüglich **9** der Altersgrenze von 14 Jahren immer seine Behandlung als Kind.[27]

bb) 18 Jahre. Ist unklar, ob der Angeklagte im Tatzeitpunkt schon 18 Jahre alt war, so **10** muss zuerst seine Verantwortlichkeit festgestellt werden (§ 3).

(1) War der Angeklagte zum Tatzeitpunkt **nicht verantwortlich** oder ist (auch) dies **11** nicht feststellbar, so scheidet eine Strafbarkeit aus.[28]

(2) War der Angeklagte **verantwortlich,** so muss geprüft werden, ob auf ihn Jugendstraf- **12** recht Anwendung finden würde, wenn er zur Tatzeit schon ein Heranwachsender gewesen wäre (§ 105 Abs. 1).

(a) Liegen die **Voraussetzungen des § 105 Abs. 1 vor,** so wird der Angeklagte nach **13** JGG verurteilt.[29] § 105 Abs. 3 findet keine Anwendung. Theoretisch denkbar ist in dieser Fallkonstellation eine Entscheidung nach dem Zweifelsgrundsatz allenfalls dann, wenn das Gericht erwägt anzuordnen, der Angeklagte solle Hilfe zur Erziehung in Anspruch nehmen (§ 12). Diese Erziehungsmaßregel steht bei Heranwachsenden nicht zur Verfügung (§ 105 Abs. 1). In der Praxis wird das Gericht jedoch bei der Verurteilung regelmäßig davon ausgehen, dass der Angeklagte zum jetzigen Zeitpunkt mindestens 18 Jahre alt ist. Dann aber verbietet sich nach dem Grundgedanken des § 105 eine Anwendung des § 12.

(b) Liegen die **Voraussetzungen des § 105 Abs. 1 nicht vor** oder lassen sie sich nicht **14** zweifelsfrei feststellen, so ist unklar, ob Jugend- oder Erwachsenenstrafrecht anzuwenden ist. Wie in einem solchen Fall zu verfahren ist, ist streitig: Teilweise wird die Auffassung vertreten, grundsätzlich sei Jugendstrafrecht anzuwenden. Erst bei der Bestimmung der Rechtsfolge nach dem JGG müsse dann darauf geachtet werden, dass sie nicht schwerer wiege als die Sanktion, die bei Anwendung des Erwachsenenstrafrechts verhängt werden würde.[30] Demgegenüber ist nach hM[31] bereits die Entscheidung, ob das Jugendstrafrecht Anwendung findet, davon abhängig, welche Rechtsfolgen im konkreten Fall nach Jugend- und welche nach Erwachsenenstrafrecht zu verhängen wären. Das JGG komme nur dann zur Anwendung, wenn die jugendstrafrechtliche Rechtsfolge die mildere sei, dh weniger tief in die Rechte des Angeklagten eingreife; andernfalls sei Erwachsenenstrafrecht anzuwenden. Dieses Vorgehen ist vorzugswürdig. Die erstgenannte Auffassung hat zur Konsequenz, dass innerhalb des Jugendstrafrechts Rechtsfolgen nach Kriterien bestimmt werden, die dort nicht relevant sind. Für die Frage etwa, welche Weisung erteilt oder ob eine Jugendstrafe verhängt werden soll, spielt es keine Rolle, wie schwer im Vergleich dazu die Strafe nach Erwachsenenstrafrecht wäre.

Es gilt kein Grundsatz, dass das Jugendstrafrecht immer milder ist als das Erwachsenen- **15** strafrecht,[32] im Gegenteil sprechen empirische Untersuchungen sogar für durchschnittlich extensivere und intensivere Eingriffe nach Jugendstrafrecht im Vergleich zu vergleichbaren

---

[25] BGH 23.5.2002 – 3 StR 58/02, BGHSt 47, 311, 313 = NJW 2002, 2483; 23.2.1954 – 1 StR 723/53, BGHSt 5, 366 = NJW 1954, 847; OLG Hamm 25.2.1999 – 4 Ss 106/99, StV 2000, 187.

[26] *Eisenberg* Rn. 11.

[27] RG 25.11.1913 – V 282/13, RGSt 48, 308.

[28] *Brunner/Dölling* Rn. 11; *Dallinger/Lackner* Rn. 11.

[29] *Brunner/Dölling* Rn. 11; *Dallinger/Lackner* Rn. 12; *Eisenberg* Rn. 14; *Lackner* GA 1955, 34; *Schnitzerling* NJW 1956, 1385.

[30] *Brunner/Dölling* Rn. 11; ebenso anscheinend BGH 23.2.1954 – 1 StR 723/53, BGHSt 5, 366 = NJW 1954, 847.

[31] *Diemer/Schatz/Sonnen/Sonnen* Rn. 25; *Eisenberg* Rn. 15; *Dallinger/Lackner* Rn. 13; *Mitsch* Jura 2002, 248; *Schaffstein/Beulke/Swoboda* Rn. 167.

[32] Ebenso BGH 29.2.1956 – 2 StR 25/56, BGHSt 10, 100 (103), zum Verhältnis Jugendstrafe – Freiheitsstrafe; *P. A. Albrecht* S. 90; *Fahl* FS Schreiber, 2003, 72; *Lackner* GA 1955, 35; *Mitsch* Jura 2002, 248; *Potrykus* NJW 1954, 1349; *Schaffstein/Beulke/Swoboda* Rn. 167.

Vorwürfen, die nach Erwachsenenstrafrecht beurteilt werden.[33] Doch wird die konkrete Abwägung der Rechtsfolgen im Einzelfall zumeist zugunsten der jugendstrafrechtlichen ausfallen. Das kann allerdings in Grenzfällen auch anders sein. Eine abgestufte Rangfolge der einzelnen jugend- und erwachsenenstrafrechtlichen Sanktionen lässt sich nicht ohne fließende Übergänge und Berücksichtigung der individuellen Ausgestaltung aufstellen.[34] Allerdings kann in der Regel davon ausgegangen werden, dass der stationäre Freiheitsentzug schwerer wiegt als jede andere Rechtsfolge. In den meisten Fällen greifen Weisungen (§ 10) tiefer in die Lebensgestaltung des Verurteilten ein als eine Geldstrafe. Am geringsten ins Gewicht fällt die Verwarnung (§ 14), gefolgt von der Auflage (§ 15), die in etwa mit der erwachsenenstrafrechtlichen Geldstrafe zu vergleichen ist. Einzubeziehen in den Vergleich sind die Konsequenzen der Nichtbefolgung (zB Ungehorsamsarrest [§ 11 Abs. 3], Ersatzfreiheitsstrafe [§ 43 StGB]) und die registerrechtlichen Folgen.

16   Drohen etwa Jugend- oder Freiheitsstrafe, so ist allein die Dauer maßgeblich. Bei gleicher Dauer ist die Jugendstrafe wegen ihrer weiterreichenden Aussetzungsmöglichkeiten milder.[35] Stehen Heimunterbringung (§ 12 Nr. 2) oder Jugendstrafe einerseits und Geldstrafe andererseits zur Wahl, so ist grundsätzlich letztere milder. Gleiches gilt in der Regel auch bei Jugendarrest und Geldstrafe. Schwieriger ist der Vergleich, wenn ambulante Rechtsfolgen des JGG, insbesondere Weisungen und Auflagen, in Betracht kommen. Sie sind immer milder als eine Freiheitsstrafe. Das Verhältnis zur Geldstrafe ist abhängig von einer individuell-konkreten Betrachtung.[36]

17   **cc) Zweifel über das Alter.** Ist unklar, ob der Angeklagte im Tatzeitpunkt schon **21 Jahre** alt war, so muss zuerst geprüft werden, ob auf ihn Jugendstrafrecht Anwendung finden würde, wenn er zur Tatzeit noch Heranwachsender gewesen wäre (§ 105 Abs. 1).

18   Liegen die **Voraussetzungen des § 105 Abs. 1 nicht vor,** so ist Erwachsenenstrafrecht anzuwenden.[37] Es gilt jedoch § 106.

19   Liegen die **Voraussetzungen des § 105 Abs. 1 vor** oder lassen sie sich nicht zweifelsfrei feststellen, so ist im Zweifel Jugendstrafrecht anzuwenden.[38]

20   **2. Sachlicher Anwendungsbereich.** Eine **Verfehlung** ist eine rechtswidrige Tat,[39] also ein Tun oder Unterlassen, das den Tatbestand eines Strafgesetzes erfüllt (§ 11 Abs. 1 Nr. 5 StGB). Keine Verfehlungen sind Ordnungswidrigkeiten (→ Rn. 2), disziplinarrechtliche Tatbestände oder Verhaltensweisen, die mit Ordnungsgeld oder -haft geahndet werden können (zB § 178 GVG, §§ 51, 70 StPO). Bei letzteren muss aber bei Jugendlichen die Altersreife nach § 3 S. 1 vorliegen.[40]

21   Die Beurteilung, ob das Verhalten eines Jugendlichen oder Heranwachsenden eine Verfehlung darstellt, bestimmt sich nach dem allgemeinen Strafrecht. Das gilt auch für die **zeitliche** (§ 2 StGB) und **örtliche Geltung** des Strafrechts (§§ 3–7 StGB).[41]

III. Falsche Altersbestimmung im Prozess

22   Im Jahr 2010 betrug laut Polizeilicher Kriminalstatistik der Anteil der unter 14-Jährigen an den Tatverdächtigen 4,3 % (91.960 Personen).[42] Wird ein **Strafverfahren** gegen eine

---

[33] Siehe *Kerner/Karnowski/Eikens* FS Ostendorf, 2015, 465 (481).
[34] Siehe den Versuch einer generell-abstrakten Rangfolge der Sanktionen bei *Streng* Rn. 587; HK-JGG/*Laue* § 55 Rn. 56.
[35] *Eisenberg* § 55 Rn. 87; *Schaffstein/Beulke/Swoboda* Rn. 167; *Diemer/Schatz/Sonnen/Schatz* § 55 Rn. 30; wohl auch *Brunner/Dölling* § 55 Rn. 39; für Gleichwertigkeit aber BGH 23.2.1954 – 1 StR 723/53, BGHSt 5, 366, 369; 29.2.1956 – 2 StR 25/56, BGHSt 10, 100, 103; OLG Düsseldorf 9.10.1963 – 2 Ss 386/63, NJW 1964, 216; einschränkend BGH 7.5.1980 – 2 StR 10/80, BGHSt 29, 269 (271).
[36] Näher zu den unterschiedlichen Belastungen HK-JGG/*Laue* § 55 Rn. 46 ff.
[37] *Dallinger/Lackner* Rn. 15; *Lackner* GA 1955, 34.
[38] BGH 18.3.1996 – 1 StR 113/96, NStZ-RR 1996, 250; *Brunner/Dölling* Rn. 11.
[39] So ausdrücklich die im Gebiet der ehemaligen DDR geltende Fassung des § 1 (→ Rn. 4).
[40] *Brunner/Dölling* Rn. 3; *Eisenberg* Rn. 22; *Ostendorf* Rn. 10.
[41] Zur Rechtshilfe *Brunner/Dölling* Rn. 5 ff.; *Eisenberg* § 1 Rn. 30a ff.; *Ostendorf* Rn. 15 ff.
[42] BKA (Hrsg.), Polizeiliche Kriminalstatistik 2010 – Kurzbericht, S. 28.

Person geführt, die zur Tatzeit ein **Kind** war, so fehlt eine Prozessvoraussetzung. Da sich Staatsanwaltschaft und Gericht sachlich gar nicht mit dem gegen ein Kind erhobenen Vorwurf befassen dürfen (Befassungsverbot), ist je nach Verfahrensstand im Ermittlungsverfahren einzustellen (§ 170 Abs. 2 StPO), im Zwischenverfahren die Eröffnung des Hauptverfahrens abzulehnen (§ 204 StPO) oder nach bereits erfolgter Eröffnung einzustellen (§ 206a StPO) und im Hauptverfahren durch Prozessurteil einzustellen (§ 260 Abs. 3 StPO).[43] Dasselbe gilt, wenn das Alter des Verdächtigen nicht sicher festgestellt werden kann und zu seinen Gunsten angenommen werden muss, dass er zur Tatzeit noch ein Kind war (→ Rn. 9). In diesem Fall ist, wenn die Staatsanwaltschaft das Ermittlungsverfahren einstellt, ein Klageerzwingungsverfahren zur Überprüfung der Altersfrage zulässig (§ 172 StPO) und der Antragsteller entsprechend zu belehren (§ 171 S. 1 StPO).[44] Andernfalls könnte der Verletzte gegen eine Einstellung, die angesichts des tatsächlichen Alters des Verdächtigen im Tatzeitpunkt unrichtig ist, nicht vorgehen. Steht hingegen fest, dass der Verdächtige ein Kind ist, so ist der Antrag unzulässig, da gar kein Strafverfahren eingeleitet werden darf.

Wird eine Person verurteilt, die zur Tatzeit ein Kind war, so ist das **Urteil** materiell **23** rechtswidrig. Streitig ist, ob es sogar nichtig ist,[45] also trotz Eintritt formeller Rechtskraft nicht materiell rechtskräftig wird. Das ist zu verneinen. In einem Rechtsstaat ist die Annahme, ein Urteil sei nichtig, weder möglich noch notwendig.[46] Beruht die Verurteilung eines Kindes auf einer falschen Feststellung seines Alters zur Tatzeit, so besteht die Möglichkeit der Wiederaufnahme des Verfahrens (§ 359 StPO).[47] Beruht sie auf einer falschen Rechtsanwendung, ordnet das Gericht aber eine auch nach Jugendhilferecht zulässige Rechtsfolge an, so liegt kein derart gewichtiger Rechtsfehler vor, dass überhaupt die Notwendigkeit, eine Nichtigkeit anzunehmen, nahe liegen würde.[48] Wird ein Jugendlicher zu Unrecht als Kind eingestuft und das Verfahren durch Prozessurteil eingestellt, kommt unter den Voraussetzungen des § 362 StPO ebenfalls eine Wiederaufnahme in Betracht.

Wird ein **Jugendlicher** oder **Heranwachsender** zu Unrecht als Erwachsener eingestuft **24** oder ein **Erwachsener** zu Unrecht als Jugendlicher behandelt, so ist das Urteil materiell rechtswidrig, weil das für diese Altersgruppen vorgesehene Rechtsfolgensystem nicht angewandt worden ist. Die Entscheidung ist aber nicht nichtig.[49]

§ 2 Ziel des Jugendstrafrechts; Anwendung des allgemeinen Rechts

(1) [1]Die Anwendung des Jugendstrafrechts soll vor allem erneuten Straftaten eines Jugendlichen oder Heranwachsenden entgegenwirken. [2]Um dieses Ziel zu erreichen, sind die Rechtsfolgen und unter Beachtung des elterlichen Erziehungsrechts auch das Verfahren vorrangig am Erziehungsgedanken auszurichten.

(2) Die allgemeinen Vorschriften gelten nur, soweit in diesem Gesetz nichts anderes bestimmt ist.

---

[43] RG 20.4.1923 – IV 588/22, RGSt 57, 206 (208); *Dallinger/Lackner* Rn. 39; *Eisenberg* Rn. 31; *Frehsee* ZStW 100 (1988), 296; *Laubenthal/Baier/Nestler* Rn. 59; *Ostendorf* Rn. 11; *Streng* Rn. 44; zu strafprozessualen Maßnahmen gegen Kinder → StGB § 19 Rn. 12 ff.; *Streng* FS Gössel, 2002, 501; *Verrel* NStZ 2001, 284.

[44] *Brunner/Dölling* Rn. 14; *Eisenberg* Rn. 32; *Ostendorf* Rn. 11.

[45] Bejahend für den Fall der Verurteilung eines Kindes: *Brunner/Dölling* Rn. 12; Diemer/Schatz/Sonnen/ *Sonnen* Rn. 26; *Ostendorf* Rn. 13; *Frehsee* ZStW 100 (1988), 296; *Potrykus* NJW 1953, 93; → StGB § 19 Rn. 11.

[46] AK/*Loos* Anh. zu § 264 Rn. 21; Meyer-Goßner/Schmitt/*Meyer-Goßner* Einl. Rn. 105; LR/*Rieß* Einl. Abschn. J Rn. 127; offen gelassen von BGH 22.4.1999 – 4 StR 19/99, BGHSt 45, 58 (61); 22.3.2002 – 4 StR 485/01, JR 2003, 125 (126) mit insoweit kritischer Anm. *Radtke* (130 f.).

[47] *Dallinger/Lackner* Rn. 20; *Eisenberg* Rn. 34; *Lackner* GA 1955, 39.

[48] *Dallinger/Lackner* Rn. 21; *Eisenberg* Rn. 35; *Lackner* GA 1955, 40.

[49] BGH 23.10.1953 – 2 StR 188/53, GA 1954, 309; OLG Hamburg 8.12.1951 – Ws 356/51, NJW 1952, 1150; *Brunner/Dölling* Rn. 12; *Lackner* GA 1955, 39; Meyer-Goßner/Schmitt/*Meyer-Goßner* Einl. Rn. 108; differenzierend zwischen Sachverhalts- und Rechtsfehlern *Dallinger/Lackner* Rn. 20 f.; *Eisenberg* Rn. 34 f.; immer für Nichtigkeit *Ostendorf* Rn. 13.

Übersicht

I. Ziel des Jugendstrafrechts (Abs. 1)

1   **1. Normzweck.** Mit der Einfügung des neuen **Abs. 1** durch das 2. JGGÄndG v. 13.12.2007[1] werden zum ersten Mal in der Geschichte des JGG dessen erzieherische Ausrichtung und das Ziel der Spezialprävention klar zum Ausdruck gebracht. Dies dient der Orientierungshilfe für die Auslegung unbestimmter Rechtsbegriffe und der inhaltlichen Bestimmung der jugendstrafrechtlichen Sanktionen.[2]

2   **2. Erläuterung. a) Ziel.** Ziel des Jugendstrafrechts ist nach **Satz 1** vor allem die Verhinderung weiterer Straftaten eines Jugendlichen oder Heranwachsenden, also die **Rückfallverhinderung** oder **Spezialprävention.** Mit der Formulierung „vor allem" sind noch weitere – nachrangige – Gesetzeszwecke möglich, insbes. der Schuldausgleich.[3] Dies zeigt sich etwa an der Jugendstrafe wegen Schwere der Schuld (§ 17 Abs. 2 Alt. 2).[4] An der negativen Generalprävention im Sinne der Abschreckung potenzieller Straftäter ist die Anwendung des Jugendstrafrechts nach einhelliger Meinung dagg. nicht auszurichten.[5] Dies ist nunmehr durch den Wortlaut – weiteren Straftaten „eines", nicht „von" Jugendlichen soll entgegengewirkt werden – deutlich ausgedrückt.[6] Positive Generalprävention, dh die Stärkung der Normgeltung im Rechtsbewusstsein der Allgemeinheit, ist durch jedwedes Strafrecht zumindest als Reflexwirkung intendiert.[7]

3   **b) Weitere Ziele.** Nach **Satz 2** ist das Ziel der Spezialprävention durch die Ausrichtung der Rechtsfolgen am **Erziehungsgedanken** zu erreichen.[8] Der Gesetzgeber hat sich damit ausdrücklich gegen Tendenzen ausgesprochen, den Erziehungsgedanken aus dem Jugendstrafrecht zu eliminieren.[9] Er folgt somit der ganz überwiegenden Meinung in der Literatur und der Rspr.[10] Über den **Inhalt des Erziehungsbegriffs** im JGG besteht allerdings noch immer weitgehend Uneinigkeit. Zum Teil wird ihm jeder inhaltliche Wert abgesprochen:

---

[1] BGBl. I S. 2894.

[2] RegE BT-Drs. 16/6293, 8, 9.

[3] *Brunner/Dölling* Rn. 1; Diemer/Schatz/Sonnen/*Sonnen* Rn. 1; *Goerdeler* ZJJ 2008, 137.

[4] RegE BT-Drs. 16/6293, 9; BGH 21.2.2008 – 5 StR 511/07, NStZ-RR 2008, 258; 27.11.1995 – 1 StR 634/95, NStZ 1996, 232; HK-JGG/*Laue* § 17 Rn. 28 ff.

[5] Ständige Rspr.; s. BGH 11.11.1960 – 4 StR 387/60, BGHSt 15, 224 (226) = NJW 1961, 278; BT-Drs. 16/6293, 10; *Brunner/Dölling* Rn. 1; Diemer/Schatz/Sonnen/*Sonnen* Rn. 1; *Eisenberg* Rn. 3; *Ostendorf* Rn. 4.

[6] BT-Drs. 16/6293, 10; *Goerdeler* ZJJ 2008, 137 (139): „Die gesetzliche Festlegung verleiht dieser Programmatik eine neue Qualität".

[7] HK-JGG/*Rössner* Rn. 4; *Kaspar* S. 219; *Schöch,* Jenaer Symposium S. 14.

[8] Zur historischen Entwicklung des Erziehungsgedankens als das Leitprinzip eines eigenständigen Jugendstrafrechts s. *Cornel* S. 455 ff.; *Grunewald* S. 20 ff.; *Schaffstein/Beulke/Swoboda* Rn. 79 ff.; *Pieplow* S. 8 ff.; *Nothacker* S. 33 ff.

[9] Siehe insbes. *H.J. Albrecht* S. 97 ff.: Trennung von Jugendhilfe- und Jugendstrafrecht, wobei letzteres streng an einem Schuld- und Proportionalitätsprinzip bei eigenen jugendstrafrechtlichen Strafrahmen ausgerichtet sein soll. Siehe auch *Hinz* ZRP 2005, 192: Ablösung des erzieherischen durch ein generalpräventiv ausgerichtetes Jugendstrafrecht, sowie *P. A. Albrecht* § 9 II.

[10] Siehe BGH 6.12.1988 – 1 StR 620/88, BGHSt 36, 37 (42) = NJW 1989, 1490.

Nach *Pieplows* rein funktionalem Verständnis diente der Erziehungsbegriff als Chiffre, um bei der Herausbildung eines eigenständigen Jugendstrafrechts Anfang des 20. Jh. die Forderungen der modernen Strafrechtsschule durchsetzen zu können.[11] Auch *Grunewald* sieht im Erziehungsgedanken primär eine Funktion: Erziehung dient(e) als Leitprinzip, um dem täterbezogenen Jugendstrafrecht individuell ausgerichtete Reaktionen zu ermöglichen, die an den Bedürfnissen und Defiziten des jugendlichen Straftäters orientiert sind.[12] Daneben mangelt es nicht an inhaltlichen Bestimmungsversuchen. So werden zum Teil sehr allgemein gehaltene Begriffsdefinitionen aus der Pädagogik übernommen.[13] Das Spektrum strafrechtsspezifischer Begriffsfüllungen ist breit. Beispielsweise seien genannt: das Verbot der Schlechterstellung jugendlicher Straftäter gegenüber erwachsenen,[14] das Gebot schonender Maßnahmen bis hin zum Ahndungsverzicht[15] und die Vermittlung von zur Legalbewährung unerlässlichen Werten.[16] Überwiegend wird aber Erziehung mit jugendadäquater Spezialprävention gleichgesetzt.[17] Zumeist wird eine Einschränkung auf die positive, dh auf die Besserung abzielende Spezialprävention vorgenommen, während Sicherung und individuelle Abschreckung nicht Erziehung im Sinne des Jugendstrafrechts darstellen sollen.[18] Dies wird durch den Wortlaut des neuen Abs. 1 nahe gelegt: Während in Satz 1 mit der Spezialprävention das Ziel des Jugendstrafrechts definiert wird, bezeichnet Satz 2 das dazu adäquate Mittel: die Ausrichtung am Erziehungsgedanken. Spezialprävention und Erziehung sind somit nicht identisch. Erziehung bezeichnet einen bestimmten Weg zum Ziel des Legalverhaltens. Erziehung ist gekennzeichnet durch die Vermittlung von Fähigkeiten, Werten und Einsichten, die eine gelungene Sozialisation befördern.[19] Dies ist primär Besserung; Einsichten und Werte können aber auch – zumindest theoretisch – durch Individualabschreckung vermittelt werden. Keine Erziehung stellt dagegen die bloße Sicherung dar.

c) Gesetzgeber. Der Gesetzgeber betont, dass normativ-dogmatische Erwägungen bei   **4** der Auslegung und Anwendung des Jugendstrafrechts nicht genügen können. Stattdessen müsse die „Berücksichtigung von Wirkungszusammenhängen und empirischen Einschätzungen im Vordergrund stehen."[20] Die Anwender des JGG sind somit bei der Auswahl und bei der Bemessung der Rechtsfolgen an die **Erkenntnisse der empirischen Sozialforschung** zur spezialpräventiven Wirksamkeit jugendstrafrechtlicher Reaktionsmöglichkeiten gebunden. Hierbei ist zunächst festzuhalten, dass die in den 1970er Jahren weit verbreitete pauschale Behandlungsskepsis („nothing works") mittlerweile einer differenzierteren und zuversichtlicheren Betrachtung („something works") gewichen ist.[21] Es wird nun versucht, die einzelnen Sanktionen in ihrer spezialpräventiven Wirksamkeit miteinander zu vergleichen („what works?"). Eine erste Annäherung bieten **Rückfallstatistiken** wie die von *Jehle/Albrecht/Hohmann-Fricke/Tetal*, bei denen festgehalten wird, wie viele der innerhalb eines bestimmten Jahres (2004) Verurteilten innerhalb eines bestimmten Beobachtungs-

---

[11] *Pieplow* S. 15 ff. Zur Geschichte des Erziehungsbegriffs und der Entwicklung eines eigenständigen Jugendstrafrechts siehe *Cornel* S. 456 ff.; *Grunewald* S. 21 ff.

[12] *Grunewald* S. 155 ff.

[13] Siehe *Cornel* S. 455, zurückgreifend auf *Bernfeld*: Erziehung ist „die Summe der Reaktionen einer Gesellschaft auf die Entwicklungstatsache"; Meier/Rössner/Schöch/*Rössner* Rn. 14: „Erziehung als der Teilbereich der Sozialisation, der die bewussten Handlungen und Maßnahmen umfasst, die Persönlichkeitsentwicklung und Normlernen spezifisch fördern sollen"; *Nothacker* S. 70 ff.: Ersetzung des Begriffs Erziehung durch den der „Sozialisation"; *Dallinger/Lackner* Einl. Rn. 6: „Einwirkung auf die Persönlichkeit des Täters, die sich unmittelbar gegen seine Anlage- und Erziehungsmängel richtet".

[14] *Eisenberg* Rn. 6.

[15] *Böhm/Feuerhelm* S. 11; siehe auch BT-Drs. 16/6293, 10. Vgl. *Pieplow* GS Walter, 341 (356): ...das ist Kern des Erziehungsgedankens, dass es Freiheitsentzug und Strafe zu vermeiden gilt, wo immer möglich."

[16] *Schlüchter* S. 52.

[17] *Ostendorf* Rn. 50 f.; *Heinz* JuS 1991, 896 f.

[18] *Brunner/Dölling* Rn. 2; Diemer/Schatz/Sonnen/*Sonnen* Rn. 1.

[19] Siehe auch *Brunner/Dölling* Rn. 2.

[20] BT-Drs. 16/6293, 10: „§ 2 Abs. 1 verlangt deshalb auch die besondere Beachtung kriminologischer, pädagogischer, jugendpsychologischer und anderer fachlicher Erkenntnisse."

[21] Siehe *Meier* JZ 2010, 112.

zeitraums (2005–2007) wieder strafrechtlich registriert werden.[22] Hierbei ergibt sich, dass die Rückfallquote nach jugendstrafrechtlichen Sanktionen mit 41 % höher ist als nach erwachsenenrechtlichen Sanktionen.[23] Diese schlechtere Legalbewährung ist aber mit der höheren Delinquenzbelastung bei jungen Menschen zu erklären.[24] Gesichert erscheint auch die Erkenntnis, dass stationäre Sanktionen wie Jugendstrafe ohne Aussetzung (69 %) und Jugendarrest (64 %) eine deutlich höhere Rückfallquote aufweisen als ambulante Sanktionen (Jugendstrafe mit Aussetzung: 62 %; sonstige jugendgerichtliche Maßnahmen: 51 %; Einstellung nach §§ 45, 47: 36 %). Auch dies belegt aber nicht zwingend eine schlechtere spezialpräventive Wirkung der stationären Maßnahmen, denn diese werden nur bei solchen Verurteilten angeordnet, die bereits im Zeitpunkt der gerichtlichen Entscheidung eine schlechtere Legalprognose aufweisen:[25] Es erweist sich somit im Rückfall möglicherweise, dass die vorangegangene Legalprognose richtig, nicht aber zwingend, dass die Sanktion wirkungslos war.

5   Die allgemeinen Rückfallquoten geben somit keinen verlässlichen Aufschluss über die tatsächliche spezialpräventive Wirksamkeit (jugend)strafrechtlicher Sanktionen, denn deren Erfolgsquote ist stark abhängig von der Auswahl der Probanden („selection bias"). Methodisch zuverlässig erscheint daher nur eine Überprüfung der strafrechtlichen Effizienz im Rahmen einer zufallsorientierten Zuweisung der Probanden in eine Experimental- und in eine Kontrollgruppe, bei der die für und gegen Rückfall sprechenden Kriterien gleich verteilt sind.[26] Zur Durchführung eines solchen methodisch korrekten Experiments müssten daher jugendliche Straftäter mit vergleichbaren Straftaten nicht nach juristisch-normativen Kriterien, sondern ganz nach Zufall bestraft werden: zB 50 % erhalten eine stationäre Sanktion, 50 % eine ambulante. So wäre die Wirksamkeit der beiden Sanktionskategorien vergleichbar. Eine solche Vorgehensweise ist als Instrumentalisierung jugendlicher Straftäter zu Forschungszwecken mit straf- und grundrechtlichen Vorgaben nicht vereinbar. Die **„evidenzbasierte" Sanktionsforschung mit randomisierter (Kontroll-)Gruppenbildung** ist in einem rechtsstaatlichen System daher kaum durchführbar. Eine methodische Annäherung ist nur in besonderen Situationen möglich, etwa wenn Gesetzesänderungen oder das Ausprobieren alternativer Sanktionsmöglichkeiten im Rahmen einer ambitionierten Evaluation die Bildung (mehr oder weniger) zufallsgeleiteter Experimental- und Kontrollgruppen ermöglichen.[27]

6   Angesichts dieser erheblichen methodischen Probleme können die **Forschungsergebnisse keine eindeutige Tendenz** aufweisen. Einigen Sanktionen wird eine gewisse spezialpräventive Wirksamkeit nicht abgesprochen, allerdings ist stets die Tauglichkeit der Maßnahme in Bezug auf die Ursachen der Anlasstat, die Täterpersönlichkeit und die konkrete Behandlungsausgestaltung innerhalb ihres Vollzuges zu beachten.[28] Außerhalb der schweren

---

[22] Siehe *Jehle/Albrecht/Hohmann-Fricke/Tetal* S. 9 ff.; s. auch *Heinz* S. 100: „Denn nur, wenn bekannt ist, mit welchen Sanktionen das Ziel der Rückfallverhütung am besten erreicht werden kann, lassen sich zB die jugendstrafrechtlichen Rechtsbegriffe ‚geeignet' und ‚erforderlich' anwenden".

[23] *Jehle/Albrecht/Hohmann-Fricke/Tetal* S. 60, weisen nur die Rückfallquoten nach JGG-Sanktionen gesondert aus. Die Rückfallquote nach erwachsenen- und jugendstrafrechtlichen Sanktionen zusammen beträgt aber knapp 34 %.

[24] Bei Männern erreicht die Tatverdächtigenziffer im Alter von 18–20 Jahren den höchsten Wert, bei Frauen im Alter von 14–16 Jahren. Ab diesem Alter nimmt die Delinquenzbelastung kontinuierlich ab, s. Bundeskriminalamt (Hrsg.), Polizeiliche Kriminalstatistik 2009, S. 97 Tabelle T 61.

[25] Dies gilt durch die Voraussetzung der „schädlichen Neigungen" vor allem für den Vergleich der Jugendstrafe mit den restlichen Sanktionen, auch der ausgesetzten Jugendstrafe, bei der nach § 21 ein künftiger „rechtschaffener Lebenswandel" zu den Anordnungsvoraussetzungen gehört. Nicht erklären kann dies aber die hohe Rückfallquote beim Jugendarrest, bei dem wohl eine Funktionsverschiebung hin zu einem Ersatz der nach § 18 ausgeschlossenen kurzen Jugendstrafe zu vermuten ist, s. *Laue* DVJJ-J 1995 S. 91 (94).

[26] Zu dieser „evidenzbasierten" Jugendkriminalpolitik siehe *Graebsch* S. 137.

[27] Siehe etwa das baden-württembergische „Projekt Chance", eine Alternative zum Jugendstrafvollzug, das von den Instituten für Kriminologie der Universitäten Heidelberg und Tübingen mit quantitativen und qualitativen Methoden evaluiert wurde; zu den Ergebnissen siehe *Dölling/Stelly* ZJJ 2009, 201. Hierbei wurde allerdings gerade keine randomisierte Gruppenbildung vorgenommen.

[28] Siehe *Meier*, Kriminologie, 3. Aufl. 2007, § 9 Rn. 77 ff. mwN.

Jugendkriminalität deutet weiterhin vieles auf eine weitgehende **Austauschbarkeit der Sanktionen** hin.[29] Auch aus rechtlichen Gründen trifft daher denjenigen, der für eine eingriffsintensivere Sanktion plädiert, die Beweispflicht für deren bessere spezialpräventive Wirksamkeit.[30]

Das eigentliche Problem für die Jugendgerichte ist somit nicht der wenig befriedigende **7** Stand der empirischen Sanktionsforschung, sondern die Anwendung deren Ergebnisse auf den Einzelfall. Empirische Wissenschaften können immer nur Aussagen über Gruppen machen, in der forensischen Wirklichkeit sind aber **Entscheidungen im Einzelfall** zu treffen.[31] Die Behandlungsnotwendigkeit und -möglichkeit eines konkreten Individuums ist zu beurteilen. Hierfür gibt es verschiedene kriminologische Prognoseverfahren, durch die insbesondere die Rückfallwahrscheinlichkeit beurteilt werden soll. In der forensischen Praxis dominiert die sog **intuitive Prognose,** die sich ohne wissenschaftliches Fundament auf die Menschenkenntnis von Richtern und Staatsanwälten, also Alltagstheorien über das Verhalten, stützt. Da die methodische Basis fehlt, ist die intuitive Prognose anfällig für Verzerrungen durch Werte und subjektive Erfahrungen des Prognostizierenden. Dagegen basiert die **statistische Prognose** auf dem Vergleich von Straffälligen und Kontrollgruppen, so dass diejenigen Merkmale herausgefunden werden können, die bei Straf- und Rückfälligen signifikant häufiger vorkommen. Es sind hierbei vor allem eine Vorstrafenbelastung, eine problematische Sozialisationsbiografie, ein defizitäres Arbeitsverhalten, fehlende oder ungünstige soziale Bindungen sowie das Vorliegen einer Suchtproblematik von Bedeutung. In den letzten Jahren wurden **Prognoseinstrumente** wie Static-99[32] geschaffen, bei denen ohne größeren Aufwand die Gefährdung insbesondere von Gewalttätern beurteilt werden kann. Allerdings sind diese Prognoseinstrumente zumeist auf erwachsene Probanden ausgerichtet, weil einige Merkmale erst nach einigen Jahren prognostiziert werden können. Ein spezifisch für Jugendliche entwickeltes Prognoseinstrument ist dagegen die Psychopathy Checklist, Youth Version (PCL-YV), mit der anhand von 20 Kriterien eine Aussage getroffen werden kann.[33] Bei all diesen statistischen Prognosen sind letztlich aber nur Aussagen über eine Gruppenzugehörigkeit (zB „Der Proband fällt in die Gruppe der hoch Rückfallgefährdeten"), aber nicht über die einzelne Person möglich. Die Treffsicherste, weil streng auf den Einzelfall bezogene, aber auch aufwändigste Prognoseform ist die **klinische Prognose,** die nach einer umfangreichen Exploration durch einen Experten (Psychiater, Psychologen etc) erstellt werden kann. Eine leichter handhabbare Sonderform der klinischen Prognose stellt die „Methode der idealtypisch-vergleichenden Einzelfallanalyse (MIVEA)" dar, bei der die Einzelperson auf ihre Nähe zu kriminologisch besonders aussagekräftigen Idealtypen untersucht wird.[34]

d) Verfahren. Nach Abs. 1 S. 2 ist nicht nur die Rechtsfolgenwahl und -gestaltung am **8** Erziehungsgedanken auszurichten, sondern bereits das Verfahren. Dies bedeutet, dass durch das Verfahren die weitere Entwicklung des Jugendlichen nicht unnötig belastet werden soll. Das Verfahren ist daher verständlich, fair und zügig durchzuführen.[35] Darüber hinaus sind erzieherische Maßnahmen vor der Feststellung eines erzieherischen Bedarfs im Urteil nur dann anzuordnen, wenn sie keinen Zwangscharakter haben oder für den Jugendlichen – vor allem im Vergleich zu zulässigen Maßnahmen wie den vorläufigen Anordnungen über die Erziehung nach § 71 – lediglich vorteilhaft sind.[36] Die Rechtmäßigkeit von strafprozes-

---

[29] *Streng* S. 71 ff.
[30] *Heinz* S. 121 f.
[31] *Heinz* S. 122.
[32] Siehe dazu *Noll/Endrass/Rossegger/Urbaniok* MschrKrim 2006, 24; *Rettenberger/Eher* MschrKrim 2006, 352.
[33] *Sevecke/Krischer* MschrKrim 2006, S. 455.
[34] Siehe hierzu *Bock* ZJJ 2006, 282. Ausgangspunkt hierfür ist die Tübinger Jungtäter-Vergleichsuntersuchung.
[35] *Brunner/Dölling* Rn. 4.
[36] BT-Drs. 16/6293, 9.

sualen Zwangmaßnahmen bleibt davon unberührt; allerdings sind in die Verhältnismäßigkeitsprüfung die erzieherischen Auswirkungen einzubeziehen.[37]

9   Die erzieherische Ausgestaltung des Jugendstrafverfahrens findet ihre Grenze nach Art. 6 Abs. 2, 3 GG im **elterlichen Erziehungsrecht**.[38] Der Gesetzgeber reagiert damit auf die Entscheidung des BVerfG aus dem Jahre 2003,[39] wonach der grundgesetzliche Schutz des elterlichen Erziehungsrechts eine frühzeitige Beteiligung der Eltern im Jugendstrafverfahren erfordere und ihr Ausschluss einer bestimmten gesetzlichen Grundlage bedürfe.[40] Allgemein gesprochen darf das elterliche Erziehungsrecht nicht durch eine erzieherisch motivierte Verfahrensgestaltung zurückgedrängt werden.

II. Anwendung des allgemeinen Rechts (Abs. 2)

10   **1. Normzweck.** Der Gesetzgeber hat im JGG kein eigenständiges Jugendstrafrecht geschaffen, das unverbunden neben dem Erwachsenenstrafrecht steht, sondern lediglich **Sondervorschriften** zusammengestellt, die das materielle und das formelle Strafrecht für Jugendliche und Heranwachsende in einzelnen Punkten abweichend vom allgemeinen Strafrecht regeln. Das Jugendstrafrecht setzt sich also aus den Vorschriften des JGG und den Vorschriften des Erwachsenenstrafrechts zusammen, soweit erstere letztere nicht verdrängen. § 2 bringt dieses **Spezialitätsverhältnis**[41] nochmals zum Ausdruck. Deutlich gemacht wird damit aber auch, dass umgekehrt immer dann, wenn das JGG keine besondere Regelung enthält, die Regeln des allgemeinen Strafrechts ohne Abstriche gelten. Speziell für das Verhältnis des JGG zum StGB trifft § 10 StGB dieselbe Aussage wie § 2.

11   Wie sich aus der Stellung des § 2 im Ersten Teil des JGG ergibt, der den Anwendungsbereich des Gesetzes regelt, gilt der Spezialitätsgrundsatz grundsätzlich für **alle Strafverfahren gegen Jugendliche und Heranwachsende**. Abweichende Regelungen bestehen für Strafverfahren gegen Jugendliche oder Heranwachsende vor Gerichten, die für allgemeine Strafsachen zuständig sind (§§ 104, 112), sowie für das Jugendstrafverfahren gegen Heranwachsende (§ 109). Der Spezialitätsgrundsatz des § 2 gilt allerdings auch für diese Regelungen,[42] weil sie ansonsten keinen Vorrang vor den allgemeinen Vorschriften hätten. Aber in den Verfahren, die in §§ 104, 109, 112 geregelt werden, gehen nicht alle Vorschriften des JGG den allgemeinen vor, wie es aus § 2 folgen würde, sondern nur die, für die das in §§ 104, 109, 112 bestimmt ist.[43]

12   **2. Historie.** Der jetzige § 2 Abs. 2 gilt inhaltlich unverändert seit Inkrafttreten des JGG vom 4.8.1953.[44] Er hatte im JGG vom 16.2.1923[45] und im RJGG vom 6.11.1943[46] keine Vorbilder, obwohl beide Gesetze ebenfalls nur Sondervorschriften gegenüber dem allgemeinen Strafrecht enthielten. Der Ausschuss für Rechtswesen und Verfassungsrecht erkannte denn auch, dass „der Inhalt der Vorschrift …, ohne daß sie ausdrücklich normiert wäre, bereits geltendes Recht" war. Er nahm sie trotzdem in den Gesetzentwurf

---

[37] Siehe *Bezjak/Sommerfeld* ZJJ 2010, 72, in einer Anm. zu VG Göttingen 21.10.2009 – I A 180/09, ZJJ 2010, 72.

[38] Hierzu im Zusammenhang mit dem Jugendstrafrecht *Wedler*, Weisungen nach § 10 Abs. 1 JGG und elterliches Erziehungsrecht, 2011, S. 97 ff.

[39] BVerfG 16.1.2003 – 2 BvR 716/01, BVerfGE 107, 104.

[40] § 51 Abs. 2 aF, wonach ein Ausschluss der Angehörigen, Erziehungsberechtigten und gesetzlichen Vertreter möglich war, wenn gegen deren Anwesenheit Bedenken bestehen, genügte diesen Anforderungen nicht und war wegen Verletzung des Art. 6 Abs. 2 GG aufzuheben, siehe BGBl. I S. 178. Im durch das Gesetz v. 22.12.2006, BGBl. I S. 3416, mit Wirkung vom 31.12.2006 in Kraft gesetzten neuen § 51 Abs. 2–5 sind die Ausschlussgründe nun präzise gefasst.

[41] *P. A. Albrecht* S. 91; *Brunner/Dölling* Rn. 1. Der BT-Ausschuss für Rechtswesen und Verfassungsrecht, der § 2 in den Gesetzentwurf aufnahm, sprach von Subsidiarität; BT-Drs. 1/4437, 3.

[42] *Eisenberg* Rn. 1; Diemer/Schatz/Sonnen/*Sonnen* Rn. 1.

[43] *Ostendorf* Rn. 1.

[44] BGBl. I S. 751.

[45] RGBl. I S. 135.

[46] RGBl. I S. 637.

auf, „um jeden Zweifel über die subsidiäre Geltung der allgemeinen Vorschriften auszu-schließen."[47]

3. Erläuterung. a) Allgemeine Vorschriften. aa) Definition. Allgemeine Vorschrif- 13
ten sind förmliche Bundesgesetze, die das materielle oder formelle Strafrecht betreffen und
keine ausschließlich auf Jugendliche oder Heranwachsende bezogene Regelung enthalten.
Eine allgemeine Vorschrift muss also drei Voraussetzungen erfüllen: Erstens muss es sich um
ein förmliches Bundesgesetz handeln. Zweitens muss sie das Strafrecht betreffen. Und drittens muss sie gegenüber den Vorschriften des JGG allgemeiner sein, dh sie darf sich nicht
ausschließlich auf Jugendliche oder Heranwachsende iSd § 1 Abs. 2 beziehen.

bb) Förmliches Gesetz. § 2 räumt dem JGG den Vorrang vor Vorschriften ein, die 14
innerhalb der Normenhierarchie gleichrangig sind. Der Bundesgesetzgeber hat im JGG
Spezialvorschriften gegenüber dem von ihm gesetzten allgemeinen Strafrecht kodifiziert.
Für die Regelung des Verhältnisses zu nachrangigen Normen besteht im Rahmen dieser
gesetzgeberischen Konzeption und auch sonst kein Anlass, da sie im Kollisionsfall allemal
zurücktreten.[48]
Keine allgemeinen Vorschriften iSd § 2 sind somit landesrechtrechtliche Vorschriften 15
(Art. 31, 74 GG) sowie Rechtsverordnungen und **Verwaltungsvorschriften** des Bundes
(Art. 20 Abs. 3 GG).[49] Wo das JGG Anwendung findet, geht es Verwaltungsvorschriften
des Bundes oder der Länder vor, unabhängig davon, ob die konkrete Verwaltungsvorschrift
dem JGG entspricht oder widerspricht. Trifft eine Verwaltungsvorschrift spezielle jugendspezifische Regelungen zu einem Sachverhalt, der nicht im JGG oder in einem anderen
gegenüber der Verwaltungsvorschrift vorrangigen Gesetz geregelt wird, so kommt sie neben
dem JGG zur Anwendung. Verwendet sie dabei Begriffe oder nimmt sie Bezug auf Sachverhalte, die im JGG verwendet oder geregelt sind, so ergibt sich schon aus der Normenhierarchie, dass die Verwaltungsvorschrift im Lichte des JGG auszulegen ist. Stehen mehrere
Verwaltungsvorschriften ansonsten gleichrangig nebeneinander und trifft eine davon speziell
auf Jugendliche oder Heranwachsende bezogene Regelungen, so ergibt sich bereits aus
diesem Spezialitätsverhältnis, dass sie den anderen vorgeht. Des § 2 bedarf es in solchen
Fällen nicht.[50]

cc) Strafrecht. Zum Strafrecht gehören alle Vorschriften, die sich mit den Voraussetzun- 16
gen für die Verhängung von Strafen und Maßnahmen (§ 11 Abs. 1 Nr. 8 StGB), der Durchführung des darauf abzielenden Verfahrens sowie der Vollstreckung und dem Vollzug von
Strafen und Maßnahmen befassen. Dazu gehören Vorschriften des StGB, der StPO, teilweise
des GVG und des Nebenstrafrechts.[51]
Nicht von § 2 betroffen ist das **Ordnungswidrigkeitsrecht.**[52] Das JGG enthält Sonder- 17
vorschriften für das (Kriminal-)Strafrecht. Sein Verhältnis zum Ordnungswidrigkeitsrecht
ist genau entgegengesetzt zu seinem Verhältnis zu den Vorschriften des allgemeinen Strafrechts: Die Vorschriften des JGG finden im Bußgeldverfahren nur dann entsprechende
Anwendung, wenn das OWiG keine abweichende Regelung trifft (§ 46 Abs. 1 OWiG). Im
Bereich des materiellen Ordnungswidrigkeitsrechts gilt das JGG grundsätzlich nicht. Da das
Ordnungswidrigkeitsrecht eigene Vorschriften über die Sanktionierung enthält, können als
Rechtsfolge einer von einem Jugendlichen oder Heranwachsenden begangenen Ordnungswidrigkeit nur Geldbuße (§ 1 OWiG), Fahrverbot (§ 25 StVG), Verwarnung oder Verwar-
nungsgeld (§ 56 OWiG) verhängt werden. Für die Bestimmung der Höhe der Geldbuße
sind erzieherische Gesichtspunkte unmaßgeblich (§ 17 Abs. 3 OWiG).[53] Notwendige

---

[47] BT-Drs. I/4437, 3.
[48] Weitergehend BT-Drs. 1/4437, 3 („alle Rechtsnormen des Strafrechts in weiterem Sinne").
[49] *Ostendorf* Rn. 7; Diemer/Schatz/Sonnen/*Sonnen* Rn. 21; wohl auch *Dallinger/Lackner* Rn. 3.
[50] So aber *Brunner/Dölling* Rn. 12; *Eisenberg* Rn. 40.
[51] Ebenso für Straffreiheitsgesetze *Brunner/Dölling* Rn. 10; *Dallinger/Lackner* Rn. 8.
[52] *Ostendorf* Rn. 13; Diemer/Schatz/Sonnen/*Sonnen* Rn. 20.
[53] OLG Düsseldorf 3.6.1992 – 5 Ss 183/92, NZV 1992, 418 (419); *Ostendorf* Rn. 13; aA *Eisenberg* Rn. 26.

Voraussetzung für die Verhängung einer Sanktion ist aber auch hier die Verantwortlichkeit des Jugendlichen (§ 12 Abs. 1 S. 2 OWiG iVm § 3 S. 1). Zahlt der Jugendliche oder Heranwachsende die Geldbuße nicht, so kann an ihrer Stelle eine Auflage angeordnet werden, deren Nichtbefolgung wiederum mit Jugendarrest geahndet werden kann (§ 98 OWiG). Die Anordnung kann bereits mit der Festsetzung der Geldbuße getroffen werden (§ 78 Abs. 4 OWiG).

18   **b) Nicht ausschließlich auf Jugendliche oder Heranwachsende bezogen.** Da das JGG eine Sammlung von Sondervorschriften für Personen ist, die mindestens 14 und höchstens 20 Jahre alt sind, ist jede strafrechtliche Vorschrift allgemein, die auch für ältere Personen gilt.[54] Eine allgemeine Vorschrift bezieht sich folglich nicht ausschließlich auf Jugendliche oder Heranwachsende iSd § 1. Eine Vorschrift ist also nicht schon deshalb eine allgemeine, weil sie nicht im JGG niedergelegt ist. Es ist möglich, dass der Bundesgesetzgeber auch außerhalb des JGG Regelungen trifft, die speziell für Jugendliche oder Heranwachsende gelten und sogar den Vorschriften des JGG vorgehen.[55]

19   **4. Vorrang des JGG.** Eine allgemeine Vorschrift tritt zurück, wenn im JGG etwas **anderes bestimmt** ist. Das ist der Fall, wenn die allgemeine Vorschrift im JGG ausdrücklich für nicht anwendbar erklärt wird (vgl. §§ 79–81, 109 Abs. 3), oder wenn die allgemeine Vorschrift einen Sachverhalt regelt, der, soweit es Jugendliche oder Heranwachsende betrifft, auch durch eine Vorschrift des JGG geregelt wird.

20   **a) Vorrang spezialgesetzlicher Regelungen.** Eine Vorschrift des JGG, die einen Sachverhalt regelt, der, soweit es Jugendliche oder Heranwachsende angeht, auch durch eine allgemeine Vorschrift geregelt wird, geht dieser vor. Das gilt auch dann, wenn die allgemeine Vorschrift später erlassen worden ist. Will der Gesetzgeber ausnahmsweise keinen Vorrang der einschlägigen Vorschrift des JGG, so muss er seinen Willen durch Setzung einer spezielleren Vorschrift deutlich machen.[56] Dass die Vorschrift des JGG denselben Sachverhalt regelt wie eine allgemeine Vorschrift, darauf kann bereits der **Wortlaut** hindeuten, zB weil sie den von ihr geregelten Sachverhalt mit demselben Begriff bezeichnet wie die allgemeine Vorschrift. Doch ist der Wortlaut nur ein Indiz. Derselbe Begriff kann im JGG und im allgemeinen Gesetz auch mit unterschiedlicher Bedeutung verwendet werden: ZB bezeichnet der Begriff der Strafe im JGG allein die Jugendstrafe (§§ 5, 13 Abs. 3); im allg. Recht dagegen wird der Begriff weiter gefasst, zB beim Verschlechterungsverbot (s. § 358 Abs. 2 S. 2 StPO) mit der Konsequenz, dass darunter auch Erziehungsmaßregeln und Zuchtmittel fallen.[57]

21   Das JGG enthält **Sondervorschriften zum materiellen Strafrecht** nur bei der Schuld und bei den Rechtsfolgen: In der **Schuld** legt das JGG zusätzliche Voraussetzungen dafür fest, dass ein Jugendlicher überhaupt strafrechtlich belangt werden kann (§ 3), und bestimmt, unter welchen Voraussetzungen ein Heranwachsender nicht nach den Regeln des allgemeinen Strafrechts, sondern nach denen des Jugendstrafrechts für seine Straftat zur Verantwortung gezogen wird (§ 105). Während das JGG die allgemeinen Vorschriften zur Schuld nur ergänzt, so dass etwa die §§ 20, 21, 33, 35 StGB auch im Jugendstrafrecht Anwendung finden,[58] errichtet es im Bereich der Rechtsfolgen ein eigenständiges jugendstrafrechtliches **Sanktionssystem,** das die Vorschriften des Dritten Abschnitts des Allgemeinen Teils des StGB verdrängt:[59] Es ersetzt die Hauptstrafen des allgemeinen Strafrechts durch speziell auf Jugendliche zugeschnittene Rechtsfolgen. An die Stelle der Strafandrohungen des StGB und des Nebenstrafrechts, die grundsätzlich die Verhängung einer Freiheitsstrafe und vielfach einer Geldstrafe anordnen, treten Erziehungsmaßregeln, Zuchtmittel und Jugendstrafe (§§ 5,

---

[54] *Dallinger/Lackner* Rn. 2.
[55] *Eisenberg* Rn. 17.
[56] *Grethlein* Anmerkung zu BGH 6.6.1957 – 2 ARs 63/57, NJW 1957, 1370.
[57] *Brunner/Dölling* Rn. 8.
[58] Zum Verhältnis des § 3 zu §§ 17, 20, 21 StGB → § 3 Rn. 25 ff., 31 ff.
[59] BayObLG 26.6.1991 – RReg. 1St 119/91, NStZ 1991, 584.

8 Abs. 1, 2, §§ 9–30). Daneben bestimmt das JGG, ob und inwieweit die sonstigen Rechtsfolgen des allgemeinen Strafrechts, insbesondere die Nebenstrafen und Maßregeln, gegen Jugendliche und Heranwachsende verhängt werden dürfen (§§ 6, 7, 8 Abs. 3, 106).[60] Der Gesetzgeber hat im JGG aber keine abschließende Regelung strafrechtlicher Reaktionsmöglichkeiten auf jugendliche Delinquenz geschaffen. Mit der hM[61] ist etwa im Jugendstrafrecht ein Absehen von Strafe gemäß § 60 StGB unter den gleichen Voraussetzungen wie im Erwachsenenstrafrecht möglich, weil anderenfalls das Verbot der Schlechterstellung Jugendlicher in einer vergleichbaren Verfahrenssituation[62] verletzt würde.[63] Schließlich weicht das JGG auch bei den **Konkurrenzregeln** (§§ 31, 32) von den Vorschriften des Dritten Abschnitts des Allgemeinen Teils des StGB ab. Allerdings soll bei einer nachträglich gebildeten Einheitsjugendstrafe § 51 Abs. 2 StGB **(Anrechnung verbüßter Strafe)** Berücksichtigung finden, weil § 31 Abs. 2 S. 2 insoweit keine abschließende Regelung enthalte.[64]

Ansonsten gelten die allgemeinen Regeln des materiellen Strafrechts, also in erster Linie **22** des StGB, uneingeschränkt. Das gilt insbesondere für die Straftatbestände. Das JGG stellt **keine besonderen Straftatbestände** für Jugendliche oder Heranwachsende auf. Ebenso wenig erklärt es umgekehrt Straftatbestände des StGB oder des Nebenstrafrechts für unanwendbar auf Jugendliche oder Heranwachsende. Vielmehr verweist § 1 Abs. 1 pauschal auf die Straftatbestände des allgemeinen Strafrechts.

b) Vorrang der Grundsätze des JGG? Nach hM sind die allgemeinen Vorschriften **23** nicht nur dort ausgeschlossen, wo das JGG ausdrückliche Regelungen trifft, sondern auch immer dann, wenn sie mit den Grundsätzen des JGG unvereinbar sind oder nicht zu jugendgemäßen Ergebnissen führen.[65] Fraglich ist bereits, hinter welche Vorschriften die allgemeinen zurücktreten sollen, wenn das JGG gerade keine Spezialvorschriften enthält. Da eine Unanwendbarkeit der allgemeinen Vorschrift mit der Konsequenz eines Regelungsmangels nicht in Betracht kommt, bleibt nur ihre **jugendspezifische Auslegung.** So wird von Vertretern der hM gefordert, die allgemeinen Vorschriften im Hinblick auf die Grundsätze des JGG, insbesondere den Erziehungsgedanken, auszulegen.[66] Diese Lehre führt im materiellen Strafrecht zu unterschiedlichen Anforderungen an das tatbestandliche Unrecht bei Jugendlichen und Erwachsenen. Das ist **mit § 2 regelmäßig unvereinbar.**[67] Die Bestim-

[60] Zur Einbeziehung des Fahrverbots (§ 44 StGB; vgl. § 76 S. 1) → § 8 Rn. 20; zur Einbeziehung der Vorschriften über die Einziehung (§§ 73–76b StGB) → § 6 Rn. 6 ff.

[61] BayObLG 26.6.1991 – RReg. 1 St 119/91, NStZ 1991, 584 mit zust. Anm. *Scheffler* NStZ 1992, 491 und *Brunner* JR 1992, 389; NK-StGB/*Albrecht* StGB § 60 Rn. 1; *Brunner/Dölling* § 5 Rn. 8; *Eisenberg* § 5 Rn. 11; LK-StGB/*Hubrach* StGB § 60 Rn. 5; *Laubenthal/Baier/Nestler* Rn. 492; *Nothacker*, 2001, S. 22 f.; Diemer/Schatz/Sonnen/*Sonnen* Rn. 12; *Fischer* StGB § 60 Rn. 2; für ein Absehen nur bei Zuchtmitteln und Jugendstrafe *Bringewat* NStZ 1992, 318; *Streng* Rn. 258 f.; dagegen *Altermann*, Medienöffentliche Vorverurteilung, 2009, S. 198 ff., 212 f.

[62] Gegen diesen Grundsatz *Fahl* FS Schreiber, 2003, 68.

[63] AA 1. Aufl.; *Böhm/Feuerhelm* S. 165; *Terdenge* JA 1978, 95, 148.

[64] BGH 14.11.1995 – 1 StR 483/95, BGHSt 41, 315 = NStZ 1996, 279 mAnm *Brunner* NStZ 1996, 280; → StGB § 51 Rn. 42.

[65] *Bringewat* NStZ 1992, 316; *Ostendorf* Rn. 11. Obwohl allgemein formuliert, wird diese These häufig nur im Kontext mit strafverfahrensrechtlichen Vorschriften geäußert und näher ausgeführt: OLG Stuttgart 29.10.1986 – 3 Ws 293/86, MDR 1987, 340; *Brunner/Dölling* Rn. 6, 9; *Dallinger/Lackner* Rn. 7; *Eisenberg* Rn. 27; Diemer/Schatz/Sonnen/*Sonnen* Rn. 15 ff. Teilweise lehnen dieselben Autoren bei materiellrechtlichen Vorschriften eine jugendspezifische Auslegung sogar ab; vgl. die Nachweise in Rn. 67.

[66] *Ostendorf* Rn. 12; Diemer/Schatz/Sonnen/*Sonnen* Rn. 15; *Zieger* Rn. 34; siehe auch AG Saalfeld 4.7.2006 – 249 Js 43723/05 2 Ds jug, StV 2007, 16: Unanwendbarkeit des § 31 BtMG im Jugendstrafverfahren wegen der davon ausgehenden negativen erzieherischen Wirkungen.

[67] *Böhm/Feuerhelm* S. 38 mit Fn. 2; *Brunner/Dölling* Rn. 11; *Dallinger/Lackner* Rn. 5; *Laubenthal/Baier/Nestler* Rn. 64; *Meier/Rössner/Schöch/Rössner* § 6 Rn. 2; aA OLG Karlsruhe 28.2.2000 – 2 Ss 225/99, NStZ 2000, 485; *P. A. Albrecht* S. 93 f.; *Eisenberg* § 1 Rn. 24a ff.; *Ostendorf* Rn. 12, § 1 Rn. 10; *ders.* in Jugendstrafrechtsreform durch die Praxis, S. 332 ff.; Diemer/Schatz/Sonnen/*Sonnen* Rn. 8 ff.; vgl. auch *Walter* NStZ 1992, 473 sowie *Walter/Kubink* GA 1995, 53; noch weitergehend *Märker*, Vorsatz und Fahrlässigkeit bei jugendlichen Straftätern, 1995, S. 280, der bei Jugendlichen bedingten Vorsatz und unbewusste Fahrlässigkeit straflos stellen will; s. auch *Lüderssen*, Grenzen der „Sachkunde" des Gerichts (§ 244 Abs. 4 Satz 1 StPO) für die Beurteilung der inneren Tatseite bei jugendlichen Tätern, speziell mit Blick auf den bedingten Vorsatz FS Schreiber, 2003, 289 (294 f.).

mung des strafbaren Unrechts erfolgt aufgrund der Vorgaben des § 1 Abs. 1 und des § 2
Abs. 2 nach den Grundsätzen des allgemeinen Strafrechts. Es gibt folglich keinen Ansatzpunkt für eine abweichende Auslegung der Tatbestände des StGB und des Nebenstrafrechts
zugunsten oder zulasten Jugendlicher oder Heranwachsender. Dies gilt etwa für den Bandenbegriff: Wer jeden auf Dauer angelegten Zusammenschluss von mindestens drei Personen
zur künftigen Begehung bestimmter Straftaten als Bande ansieht, der muss auch auf Jugendbanden, die diese Voraussetzungen erfüllen, die einschlägigen Qualifikationstatbestände und
Regelbeispiele des StGB und des Nebenstrafrechts anwenden.[68] Nichts anderes gilt für den
Handtaschenraub: Wer grundsätzlich der Ansicht folgt, dass das überraschende Wegreißen
Gewalt gegen eine Person ist, kann diese Tatbestandsauslegung bei Jugendlichen nicht mit
dem im Kontext des Gewaltbegriffs unerheblichen Argument zurücknehmen, es handele
sich um eine „jugendtypische sportliche Begehungsweise".[69] Ebenso wenig dürfen Jugendliche, die beim Diebstahl oder Raub Spielzeugpistolen als Scheinwaffen einsetzen, deshalb
aus dem Tatbestand (§§ 244 Abs. 1 Nr. 1a, 250 Abs. 1 Nr. 1a StGB) herausgenommen werden, weil sie „lediglich die vielfache Spielübung aus Kindestagen fortsetzen".[70] Sollte ihnen
das gesteigerte Unrecht nicht bewusst sein, so ist das jedoch unter dem Blickwinkel des § 3
beachtlich.

24   Von der Auslegung strikt zu unterscheiden ist die **Feststellung der Strafbarkeitsvoraussetzungen** im Prozess. Straftaten Jugendlicher können – beispielsweise aufgrund in
der Person des Täters liegender Umstände oder einer jugendtypischen Tatsituation – im
Tatsächlichen Besonderheiten gegenüber Straftaten Erwachsener aufweisen, die zu einer
anderen rechtlichen Würdigung führen. Dies gilt zunächst für wertausfüllungsbedürftige
subjektive Tatmerkmale wie böswillig oder rücksichtslos, bei denen gleiches Tun bei
Erwachsenen und Jugendlichen unterschiedlich bewertet werden kann.[71]

25   Auch kann bei nicht alkoholgewöhnten Jugendlichen und Heranwachsenden die Schuldunfähigkeit (verminderte Schuldfähigkeit) bereits deutlich unterhalb einer Blutalkoholkonzentration von 3 ‰ (2 ‰) einsetzen.[72] Die Absicht rechtswidriger Zueignung (§ 242 StGB)
kann fehlen, wenn der Täter als Angehöriger einer Jugendbande einem Dritten ein Kleidungsstück nur deshalb wegnimmt, weil dieses mit einem Emblem versehen ist, das die
Zugehörigkeit zu der Gruppe symbolisiert.[73] Ebenso kann bei einer Auseinandersetzung
auf dem Schulhof der bedingte Tötungsvorsatz selbst bei einem ersichtlich lebensgefährli-
chen Stich in den Oberkörper deshalb nicht vorliegen, weil der verängstigte und körperlich
unterlegene Jugendliche den umstehenden Mitschülern imponieren will und dabei nicht
über die Folgen seiner Handlung nachdenkt.[74] Die volle Tragweite seiner Tat kann einem
„unreifen, mit der Betreuung des Säuglings ersichtlich überforderten" 18-Jährigen nicht
bewusst sein, der das schreiende Baby derart schüttelt, dass es tödliche Verletzungen davon-
trägt.[75] Mangels allgemeiner Lebenserfahrung kann einem Jugendlichen die Vorstellung
fehlen, dass sein Opfer bei der Bedrohung mit einer Gaspistole einen Schock erleiden

---

[68] Ebenso zu § 244a StGB: BGH 31.7.2008 – 4 StR 144/08, NStZ 2008, 625; 22.3.2006 – 5 StR 38/
06, NStZ 2006, 574; 6.6.2000 – 4 StR 91/00, NStZ-RR 2000, 343 (344); LG Koblenz 18.12.1996 – 2101
Js 830/96, NStZ 1998, 197 mit abl. Anm. *Glandien; Brunner/Dölling* Rn. 11; *Fahl* FS Schreiber, 2003, 74;
Lackner/Kühl/Kühl StGB § 244a Rn. 1; aA *Eisenberg* § 1 Rn. 25; *ders.* NStZ 2003, 124; NK-StGB/*Kindhäuser*
StGB § 244a Rn. 1; *Ostendorf* § 1 Rn. 10: bandenmäßige Begehung ist „Anlass, über Strafmilderungen nachzudenken"; *Zieger* Rn. 13, 34.
[69] So aber *Ostendorf* § 1 Rn. 10; *ders.* in Jugendstrafrechtsreform durch die Praxis, S. 333.
[70] Vgl. vorstehende Fn.
[71] *Brunner/Dölling* Rn. 11; *Dallinger/Lackner* Rn. 6; siehe auch AG Saalfeld 13.4.2004 – 663 Js 11878/03
2 Ds jug, ZJJ 2004, 206: Der Bedrohung mit „Totschlagen", die vom Opfer als „großmäulige Redensart"
aufgefasst wurde, fehlt es unter Berücksichtigung der handelnden Personen und der Umstände an der Eignung,
den individuellen Rechtsfrieden zu stören.
[72] OLG Düsseldorf 8.10.1997 – 5 Ss 261/97, NStZ-RR 1998, 86 (87) zu § 20 StGB; BGH 30.5.1996 –
4 StR 109/96, NStZ-RR 1997, 65 zu § 21 StGB; 30.8.1983 – 1 StR 159/83, StV 1984, 30.
[73] *Brunner/Dölling* Rn. 11; *Eisenberg* Rn. 24a; *Diemer/Schatz/Sonnen/Sonnen* Rn. 10.
[74] BGH 14.1.2003 – 4 StR 526/02, NStZ 2003, 369 (370).
[75] BGH 25.8.1992 – 4 StR 365/92, StV 1992, 574 (575).

kann.[76] Selbst wenn Jugendliche russisches Roulette spielen und den durch Losentscheid bestimmten Verlierer an einem Baum aufhängen, kann trotz der sich aufdrängenden Erkenntnis der Todesgefahr infolge Jugendlichkeit, Unkenntnis und Drogenkonsum der Vorsatz zu verneinen sein.[77] Schließlich kann Jugendlichen gerade wegen ihrer Unreife der jugendgefährdende Inhalt der von ihnen verfassten Schülerzeitschrift verborgen bleiben.[78] Doch lassen sich solche Fälle nicht verallgemeinern. So können etwa Jugendliche, die einen Brandanschlag verüben, durchaus die Möglichkeit in Betracht ziehen und in Kauf nehmen, dass Menschen unmittelbar von den Brandsätzen getroffen und verletzt oder getötet werden.[79] Ebenso kann der an einer leichten Intelligenzminderung und Persönlichkeitsstörung leidende, zur Tatzeit erheblich alkoholisierte Jugendliche trotz seiner maßlosen Wut erkennen, dass sein schlafendes Opfer, auf dessen Kopf er mit einer Axt einschlägt, arg- und wehrlos ist.[80]

---

[76] BGH 5.2.1986 – 2 StR 640/85, StV 1987, 190.
[77] BGH 7.4.1983 – 4 StR 164/83, NStZ 1983, 365; s. auch BGH 10.12.2002 – 4 StR 370/02, StV 2004, 74.
[78] OLG Köln 21.7.1970 – Ss 110/70, NJW 1971, 255 (256) zu § 21 GjS aF (heute § 27 JuschG).
[79] BGH 14.7.1994 – 4 StR 335/94, NStZ 1994, 584 (585); 28.4.1994 – 4 StR 81/94, NStZ 1994, 483; 9.8.2001 – 4 StR 115/01, NStZ 2002, 89. Hingegen wurde der Vorsatz (allerdings nicht aus jugendspezifischen Gründen) verneint in BGH 26.10.2000 – 4 StR 300/00, StV 2003, 557 (558).
[80] BGH 4.12.2003 – 5 StR 457/03, NStZ-RR 2004, 139 (140).

Zweiter Teil. Jugendliche

Erstes Hauptstück. Verfehlungen Jugendlicher und ihre Folgen

Erster Abschnitt. Allgemeine Vorschriften

§ 3 Verantwortlichkeit

[1]Ein Jugendlicher ist strafrechtlich verantwortlich, wenn er zur Zeit der Tat nach seiner sittlichen und geistigen Entwicklung reif genug ist, das Unrecht der Tat einzusehen und nach dieser Einsicht zu handeln. [2]Zur Erziehung eines Jugendlichen, der mangels Reife strafrechtlich nicht verantwortlich ist, kann der Richter dieselben Maßnahmen anordnen wie das Familiengericht.

Übersicht

I. Allgemeines

1   **1. Normzweck.** Während der Gesetzgeber bei Kindern unwiderleglich vermutet, dass sie schuldunfähig sind (absolute Strafunmündigkeit, § 19 StGB), und bei Erwachsenen widerleglich vermutet, dass sie schuldfähig sind, geht er bei Jugendlichen davon aus, dass sie je nach dem Grad der individuellen Persönlichkeitsentwicklung schuldfähig sein können. Deshalb ordnet § 3 S. 1 an, dass bei Jugendlichen in jedem Einzelfall positiv festzustellen ist, dass sie zur Zeit der Tat schuldfähig waren **(relative Strafmündigkeit)**. Dies ist die einzige spezifisch jugendstrafrechtliche Strafbarkeitsvoraussetzung. Ist sie – neben den allgemeinen, im StGB genannten Strafbarkeitsvoraussetzungen – erfüllt, so muss der Jugendliche für seine Tat strafrechtlich zur Verantwortung gezogen und den Rechtsfolgen des JGG unterworfen werden. Ist sie zu verneinen, so dürfen lediglich familien- und jugendhilferechtliche Maßnahmen angeordnet werden. Um dem sachlich für (Jugend-)Strafsachen zuständigen Gericht dies auch kompetenziell zu ermöglichen, räumt § 3 S. 2 ihm die Befugnis ein, dieselben Maßnahmen anzuordnen wie das Familiengericht.

2   § 3 gilt auch in Verfahren vor den für allgemeine Strafsachen zuständigen Gerichten (§ 104 Abs. 1 Nr. 1). Auf **Heranwachsende** ist § 3 nicht anwendbar (§ 105 Abs. 1).

3   **2. Historie.** Das RStGB vom 15.5.1871[1] setzte die Altersgrenze der Strafunmündigkeit bei 12 Jahren fest (§ 55). Eine „jugendliche Person" (§ 57), die das zwölfte, aber nicht das achtzehnte Lebensjahr vollendet hatte, war grundsätzlich strafmündig. Doch war der jugendliche Angeklagte „freizusprechen, wenn er bei Begehung (der Tat) die zur Erkenntnis ihrer Strafbarkeit erforderliche Einsicht nicht besaß" (§ 56). Das JGG vom 16.2.1923[2] setzte

---

[1] RGBl. S. 127 (137).
[2] RGBl. I S. 135 (141).

die Altersgrenze der Strafunmündigkeit auf 14 Jahre hinauf (§ 2) und ging bei Jugendlichen, die das vierzehnte, aber noch nicht das achtzehnte Lebensjahr vollendet hatten, weiterhin von einer grundsätzlichen Strafmündigkeit aus. Doch war der Jugendliche „nicht strafbar, wenn er zur Zeit der Tat nach seiner geistigen oder sittlichen Entwicklung unfähig war, das Ungesetzliche der Tat einzusehen oder seinen Willen dieser Einsicht gemäß zu bestimmen" (§ 3). Neu waren die Absenkung der Anforderungen an die Einsichtsfähigkeit auf das Ungesetzliche der Tat, die Einbeziehung der Steuerungsfähigkeit und die Nennung der „geistigen oder sittlichen Entwicklung". Trotz der negativen Formulierung des Gesetzes verlangte das RG, wie auch schon zu § 56 RStGB,[3] „daß der Tatrichter in jedem Falle genau prüft, ob die Voraussetzungen des § 3 vorliegen".[4] Für die Praxis enthielt das RJGG vom 6.11.1943[5] deshalb keine Neuerung, als es den heutigen Wortlaut des § 3 S. 1 und damit im Gesetzestext die Forderung nach einer positiven Feststellung der strafrechtlichen Verantwortlichkeit des Jugendlichen brachte. § 3 bezog sich nun ferner auf das „Unrecht der Tat" und nicht mehr, wie noch im JGG 1923, auf das „Ungesetzliche der Tat". Damit wurde (nochmals) klargestellt, dass der Jugendliche nur das rechtliche Verbotensein der Tat erfassen können muss, nicht die konkrete Verbotsnorm oder die Strafbarkeit. Das JGG vom 4.8.1953[6] übernahm diese Formulierung. Forderungen nach einer Abschaffung des § 3 unter genereller Anwendung des JGG auf Jugendliche[7] blieben bis heute ungehört. – Der ebenfalls auf das RJGG zurückgehende § 3 S. 2 verweist mit dem FGG-Reformgesetz vom 17.12.2008 nunmehr auf das Familiengericht.[8]

II. Erläuterung

1. Strafrechtliche Verantwortlichkeit. Das Gesetz spricht von strafrechtlicher Verant-   4
wortlichkeit und meint damit die strafrechtliche Schuld[9] als Voraussetzung der Strafbarkeit (Strafbegründungsschuld). Obwohl der Wortlaut den Eindruck erweckt, dass die Schuld des jugendlichen Täters schon dann zu bejahen ist, wenn die in § 3 S. 1 genannten Voraussetzungen erfüllt sind, bezieht sich die Norm jedoch (wie § 20 StGB) nur auf einen Teilaspekt der Strafbegründungschuld: die Fähigkeit, das Unrecht der Tat einzusehen und entsprechend dieser Einsicht zu handeln **(Schuldfähigkeit).** Trotz Bejahung des § 3 S. 1 kann es an der für die Strafbarkeit erforderlichen Schuld fehlen, zB wenn ein Entschuldigungsgrund (§§ 33, 35 Abs. 1 StGB) eingreift oder der Jugendliche einem diesbezüglichen unvermeidbaren Irrtum erliegt (§ 35 Abs. 2 StGB). Auch die Schuldfähigkeit selbst kann vermindert sein (→ Rn. 29 f.).

Anders als § 20 StGB, der unter der im allgemeinen Strafrecht geltenden widerlegbaren   5
Schuldvermutung (→ Rn. 1) einen ausnahmsweise eingreifenden Schuldausschließungs-grund formuliert, beschreibt § 3 S. 1 für das Jugendstrafrecht eine in jedem Einzelfall festzu-stellende **spezielle Schuldvoraussetzung.**[10] Dass es ihrer **positiven Feststellung** bedarf,[11] ergibt sich aus der Gesetzesformulierung. Sie umschreibt, wann ein Jugendlicher verantwortlich ist, und gibt damit vor, dass nur dann, wenn diese Voraussetzungen erfüllt sind, eine Strafbarkeit in Betracht kommt. Befasst sich das Urteil mit dieser Frage nicht, ist

3 RG 12.5.1898 – 1518/98, RGSt 31, 161; 15.2.1900 – 281/00, RGSt 33, 166 (167).

4 RG 7.4.1924 – II 50/24, RGSt 58, 128.

5 RGBl. I S. 637 (639).

6 BGBl. I S. 751.

7 *Bresser* ZStW 74 (1962), 579 (590 f.); *Hellmer* NJW 1964, 177 (180); *Miehe,* Entwicklungstendenzen im Jugendstrafverfahren in *Dölling* (Hrsg.), Das Jugendstrafrecht an der Wende zum 21. Jahrhundert, 2001, S. 141 (160); von „beachtlichen Argumenten" sprechen Diemer/Schatz/Sonnen/*Diemer* Rn. 16.

8 BGBl. 1997 I S. 2942 (2966).

9 BGH 6.7.1956 – 2 StR 37/55, BGHSt 9, 370 (382).

10 *Bohnert* NStZ 1988, 249; *Schaffstein* ZStW 77 (1965), 197; für einen Schuldausschließungsgrund *Lauben-thal/Baier/Nestler* Rn. 65; *Schaffstein/Beulke/Swoboda* Rn. 169; *Streng* Rn. 47.

11 OLG Karlsruhe 28.2.2000 – 2 Ss 225/99, NStZ 2000, 485; Diemer/Schatz/Sonnen/*Diemer* Rn. 14; *Eisenberg* Rn. 4; Meier/Rössner/Schöch/*Meier* § 5 Rn. 9; *Ostendorf* Rn. 2; HK-JGG/*Rössner* Rn. 3, 23; *Schaff-stein/Beulke/Swoboda* Rn. 167; *Streng* Rn. 47, 52; s. bereits RG 7.4.1924 – II 50/24, RGSt 58, 128 zu § 3 JGG 1923.

es rechtsfehlerhaft und unterliegt der Revision.[12] Demgegenüber formuliert § 20 StGB negativ, wann jemand „ohne Schuld handelt". Ist eine positive Feststellung nicht möglich, so ist zugunsten des Jugendlichen anzunehmen, dass er zur Tatzeit schuldunfähig war.[13]

6   **2. Einsichts- und Steuerungsfähigkeit. a) Verhältnis zur Entwicklungsreife.** Die Formulierung des Gesetzes, dass ein Jugendlicher strafrechtlich verantwortlich ist, „wenn er zur Zeit der Tat nach seiner sittlichen und geistigen Entwicklung reif genug ist, das Unrecht der Tat einzusehen und nach dieser Einsicht zu handeln", wird von der **hM** so verstanden, dass **zwei Voraussetzungen** erfüllt sein müssen: Der Jugendliche müsse zur Zeit der Tat einen durch seine sittliche und geistige Entwicklung erlangten Reifegrad erreicht haben und dadurch in der Lage sein, das Unrecht der Tat einzusehen und nach dieser Einsicht zu handeln.[14] § 3 S. 1 ähnelt danach § 20 StGB: Auf der ersten Stufe wird ein – hier entwicklungsbedingter, dort krankheitsbedingter – „biologischer" Zustand verlangt und auf der zweiten Stufe ein daraus resultierender „psychologischer" Zustand – hier die Fähigkeit, dort die Unfähigkeit, das Unrecht der Tat einzusehen und nach dieser Einsicht zu handeln.[15]

7   Nach hM setzt die Bejahung der Verantwortlichkeit grundsätzlich die Erfüllung beider Stufen voraus. Doch gilt dies nicht ausnahmslos: So wird der hypothetische Fall erörtert, dass sich bei einem Jugendlichen die erforderliche Reife nicht nachweisen lasse, wohl aber seine Unrechtseinsicht und seine Steuerungsfähigkeit. Hier sei trotzdem seine Verantwortlichkeit zu bejahen.[16] Das ist im Ergebnis richtig. Doch liegt der Grund für die Bejahung der Verantwortlichkeit darin, dass es gar nicht sein kann, dass der Jugendliche das Unrecht erkennt, ohne die Fähigkeit dazu und damit auch die dafür erforderliche Reife zu haben.[17] Die Unterscheidung im hypothetischen Fall ist sinnlos. Richtig ist es auch, wenn die hM im umgekehrten Fall, dass der Jugendliche zwar die erforderliche Reife, nicht aber die Fähigkeit zur Unrechtseinsicht oder Steuerung besitzt, die Verantwortlichkeit ausschließt. Die gegenteilige Ansicht, die § 3 S. 1 auch dann bejahen will, wenn der Jugendliche aufgrund seines Entwicklungsstands diese Fähigkeiten hätte haben können,[18] nennt einen hier nur aufgrund der Unterscheidung zwischen Reife und Fähigkeit theoretisch denkbaren Fall, der praktisch aber unmöglich ist, weil der nach seinem Entwicklungsstand einsichts- und steuerungsfähige Jugendliche diese Fähigkeit nicht vermeidbar unterdrücken kann.[19]

8   Beide Fallkonstellationen zeigen allerdings auch, dass der Ausgangspunkt der hM, in das Gesetz zwei Voraussetzungen – Reife und (Einsichts- und Steuerungs-)Fähigkeit – hineinzulesen, nicht richtig sein kann. Das Gesetz erzwingt diese Auslegung auch nicht. Es beschreibt im Gegenteil **nur eine Voraussetzung** – die **Fähigkeit, das Unrecht der Tat einzusehen und nach dieser Einsicht zu handeln** – und nennt mit der Reife nur den vom Gesetzgeber unterstellten Grund, warum ein Jugendlicher, bei dem diese Fähigkeit feststellbar ist, sie aufweist. Dass die Einsichts- und die Steuerungsfähigkeit im Verlauf der Entwicklung des Jugendlichen eintreten können und im Regelfall spätestens mit Vollendung des achtzehnten Lebensjahrs eintreten, ist die Prämisse des Jugendstrafrechts, wonach Kinder nie, Erwachsene grundsätzlich immer und die zwischen ihnen stehenden Jugendlichen nach

---

[12] OLG Hamm 28.6.2005 – 3 Ss 194/05, ZJJ 2005, 447.

[13] BGH 13.12.2012 – 4 StR 271/12, NStZ 2013, 286; 3.2.2005 – 4 StR 492/04, ZJJ 2005, 205 mAnm *Ostendorf* ZJJ 2005, 205; OLG Jena 29.1.2007 – 1 Ws 16/07, NStZ-RR 2007, 217; *P. A. Albrecht* S. 96; *Brunner/Dölling* Rn. 8; Diemer/Schatz/Sonnen/*Diemer* Rn. 20; *Eisenberg* Rn. 4; *Zieger* Rn. 38.

[14] HK-JGG/*Rössner* Rn. 23 f.; *P. A. Albrecht* S. 96; Meier/Rössner/Schöch/*Meier* § 5 Rn. 9, 10 (Entwicklungsreife als „zentrale Voraussetzung").

[15] *Roxin* AT/1 § 20 Rn. 52; *Streng* Rn. 59.

[16] *Streng* Rn. 49.

[17] *Bohnert* NStZ 1988, 251; s. auch *Streng* Rn. 49 f.; → StGB § 20 Rn. 157; aA *Frister,* Die Struktur des „voluntativen Schuldelements", 1993, S. 203; *Hellmer,* Schuld und Gefährlichkeit im Jugendstrafrecht, 1962, S. 32.

[18] Diemer/Schatz/Sonnen/*Diemer* Rn. 8.

[19] *Streng* Rn. 50. – Zu der davon zu unterscheidenden Frage, ob sich der Jugendlichen trotz vorhandener (Reife und) Fähigkeiten in einem unvermeidbaren Verbotsirrtum befinden kann, → Rn. 23.

dem Grad ihrer Entwicklung vom Kind zum Erwachsenen schuldfähig sind. Es ist nach der gesetzgeberischen Konzeption kein anderer Grund denkbar, worauf die Einsichts- oder Steuerungsfähigkeit sonst beruhen könnte. Deshalb ist es nicht notwendig, im Einzelfall *neben* der Einsichts- und Steuerungsfähigkeit auch die entwicklungsbedingte Reife des Jugendlichen festzustellen. Es ist zudem auch gar nicht möglich: Denn das Gesetz verlangt keinen eigens definierten Entwicklungsstand des Jugendlichen, sondern beschreibt ihn allein dadurch, dass der Jugendliche in der Lage ist, das Unrecht der Tat einzusehen und nach dieser Einsicht zu handeln.[20] Diese Fähigkeit ist der strafrechtlich allein interessierende Aspekt des durch sie definierten Entwicklungsstands. Dass die Worte „nach seiner sittlichen und geistigen Entwicklung reif genug" keinen über die Einsichts- und Steuerungsfähigkeit hinausgehenden und ohne sie feststellbaren Gehalt haben, belegen nicht zuletzt die gescheiterten Versuche, ihnen einen eigenständigen Inhalt zuzuweisen.[21] Es wäre auch unverständlich, wozu das Strafrecht – für die hier anstehende Frage der Strafbegründung – über die Feststellung der Einsichts- und Steuerungsfähigkeit hinaus einer (weitergehenden) Darlegung der (nicht definierbaren) Reife des Jugendlichen bedürfen sollte.[22] Maßgeblich für die Bejahung der Verantwortlichkeit ist somit allein, dass der Jugendliche entweder die Unrechtseinsicht hatte und sich entsprechend dieser Einsicht hätte verhalten können, oder dass er zumindest die Fähigkeit hatte, das Unrecht der Tat einzusehen und nach dieser Einsicht zu handeln.

b) Einsichtsfähigkeit. Der Jugendliche muss in der Lage sein zu erkennen, dass sein **9** Verhalten mit einem geordneten und friedlichen Zusammenleben der Menschen nicht vereinbar ist und deshalb von der Rechtsordnung nicht akzeptiert werden kann.[23] Hat der Jugendliche Unrechtseinsicht, so steht seine Einsichtsfähigkeit damit fest (→ Rn. 7).[24] Wenn er diese Fähigkeit hat, so liegt das nach der Prämisse des Gesetzgebers daran, dass er infolge seiner Entwicklung („reif genug ist") die erforderliche Intelligenz besitzt („nach seiner geistigen Entwicklung") und in ausreichendem Maße bereits von Wertvorstellungen geprägt ist („nach seiner sittlichen Entwicklung"). Diese „Reife" muss nicht eigens festgestellt werden (→ Rn. 8). Insbesondere muss dann, wenn der Jugendliche tatsächlich das Unrecht der Tat eingesehen hat, nicht zusätzlich nachgewiesen werden, dass ihm dies gerade aufgrund seiner Intelligenz und seiner Wertvorstellungen möglich war.[25]

aa) Konkrete Tat. Der Jugendliche muss erkennen können, dass das Verhalten rechtlich **10** verboten ist.[26] Er muss, „zwar nicht in rechtstechnischer Beurteilung, aber doch in einer seiner Gedankenwelt entsprechenden allgemeinen Bewertung, das Unrechtmäßige seiner Tat erkennen oder erkennen können".[27] Daher genügt es für sich genommen nicht, dass er das Bewusstsein hat, sein Tun sei sittlich verboten. Doch wird in einem solchen Fall zumeist die Fähigkeit bestehen, das Unrecht der Tat einzusehen. Das muss jedoch nicht immer so sein, weil die sittlichen Werturteilen zugrunde liegenden Maßstäbe andere sein können als die des Gesetzes. Nicht erforderlich ist, dass der Jugendliche über die rechtliche

---

[20] *Bohnert* NStZ 1988, 252.

[21] Auch die hM kritisiert den Begriff der Reife als unbestimmbar und vermisst wissenschaftlich anerkannte Verfahren für ihre Feststellung; *P. A. Albrecht* S. 97 f.; *Böhm/Feuerhelm* S. 40 f.; *Bohnert* NStZ 1988, 250; *Brunner/Dölling* Rn. 2; eingehend zu den unterschiedlichen wissenschaftlichen Konzepten von Entwicklung und Reife siehe HK-JGG/*Rössner* Rn. 3 ff.; *Diemer/Schatz/Sonnen/Diemer* Rn. 14; *Eisenberg* Rn. 9; *Ostendorf* Rn. 12; *Renzikowski* NJW 1990, 2910.

[22] Auch die hM erkennt an, dass „nicht die Reife des Jugendlichen im Allgemeinen Prüfungsgegenstand [ist], sondern nur insoweit, als sie die Einsichts- und Steuerungsfähigkeit in Bezug auf die konkrete, dem Täter vorgeworfene Straftat betrifft"; *Diemer/Schatz/Sonnen/Diemer* Rn. 11; ebenso Meier/*Rössner/Schöch/Meier* § 5 Rn. 11.

[23] LG Passau 29.7.1996 – KLs 101 Js 3424/96 jug, NJW 1997, 1165 (1166) m. Bespr. *Laue* Jura 1999, 634; *Brunner/Dölling* Rn. 4; Meier/*Rössner/Schöch/Meier* § 5 Rn. 11; *Schaffstein/Beulke/Swoboda* Rn. 173.

[24] *Streng* Rn. 50; einschränkend *Brunner/Dölling* Rn. 4a.

[25] *Bohnert* NStZ 1988, 253.

[26] BGH 11.3.1958 – 5 StR 620/57, bei *Herlan* GA 1959, 47.

[27] BGH 18.3.1952 – GSSt 2/51, BGHSt 2, 194 (202); 6.12.1956 – 4 StR 234/56, BGHSt 10, 35 (41).

Erheblichkeit und Bewertung seines Handelns hinaus ihre strafrechtliche Bewertung oder den Straftatbestand erkennen kann oder gar kennt.[28] Die Einsichtsfähigkeit muss sich auf das konkrete Verbot oder Gebot beziehen, das er durch Verwirklichung des Straftatbestands verletzt.[29] Ein allgemeines Unrechtsbewusstsein oder das Bewusstsein, einen anderen Tatbestand zu verwirklichen, genügen nicht.

11   Verwirklicht der Jugendliche **mehrere Tatbestände,** so ist seine Einsichtsfähigkeit in Bezug auf jedes einzelne Verbot oder Gebot zu prüfen. Eine **partielle Schuldfähigkeit** des Jugendlichen ist möglich.[30] Das gilt bei Tateinheit und Tatmehrheit: Bei Tateinheit ist er für die von ihm schuldhaft begangene Tat auch dann zur Verantwortung zu ziehen, wenn die strafrechtliche Verantwortlichkeit für ein ideal konkurrierendes Delikt fehlt.[31] Stehen die tateinheitlich verwirklichten Tatbestände zueinander in Gesetzeskonkurrenz, so ist der Jugendliche aus dem allgemeinen Gesetz zu bestrafen, wenn ihm nur im Hinblick auf das speziellere Gesetz die Einsichtsfähigkeit fehlt.[32] Das ist insbesondere dort möglich, wo die Qualifikation auf einer qualitativen Unrechtssteigerung beruht, es ist aber auch nicht ausgeschlossen bei quantitativen Unrechtssteigerungen[33] (zB Falschaussage – Meineid).[34] Bei Tatmehrheit ist die strafrechtliche Verantwortlichkeit des Jugendlichen schon aus dem Grunde stets für jede einzelne Tat zu bestimmen, weil auch verschiedene Handlungen vorliegen.[35]

12   **bb) Maßstab.** Der Jugendliche hat die erforderliche Einsichtsfähigkeit, wenn er entweder das Unrecht der Tat tatsächlich eingesehen hat oder wenn er bei vollständigem Einsatz seiner im Augenblick der Tat vorhandenen intellektuellen Fähigkeiten und bei Berücksichtigung seiner Wertvorstellungen in der Lage gewesen wäre, das Unrechtmäßige der Tat zu erkennen.[36] Die gegenteilige Auffassung, die es ablehnt, vom Jugendlichen zu verlangen, dass er seine Fähigkeiten ausschöpft, verweist darauf, dass die Tatsache, dass der Jugendliche sich nicht angestrengt habe, gerade Ausdruck seiner Unreife sei. Dabei missachtet sie aber, dass das Gesetz ausdrücklich die Einsichtsfähigkeit ausreichen lässt und keine Einsicht verlangt.[37] Damit sieht es auch denjenigen Jugendlichen als verantwortlich an, der die Einsicht hätte erlangen können. Das führt nicht dazu, dass dem Jugendlichen fehlende Fähigkeiten als selbstverschuldet vorgeworfen werden; vorgeworfen wird ihm, vorhandene Fähigkeiten nicht genutzt zu haben, obwohl ihm dies möglich und zumutbar war.

13   An das Maß der hier (wie bei § 17 StGB; zum Verhältnis → Rn. 21 ff.) geforderten Gewissensanspannung sind keine geringeren Anforderungen zu stellen als bei Erwachsenen.[38] Zwar hat der Jugendliche uU dem Erwachsenen unterlegene Bildungs-, Erkenntnis- und Erfahrungswerte, doch ist das kein Argument dafür, von ihm nicht zu verlangen, dass er im Rahmen seiner (eingeschränkten) individuellen Fähigkeiten sein Gewissen soweit ihm eben möglich anspannt, um die erforderliche Unrechtseinsicht zu erlangen.[39] Maßstab für

---

[28] RG 5.3.1924 – IV 45/24, RGSt 58, 99 (100); *Laubenthal/Baier/Nestler* Rn. 68; Meier/Rössner/Schöch/ *Meier* § 5 Rn. 11; *Schaffstein/Beulke/Swoboda* Rn. 174.

[29] BGH 6.12.1956 – 4 StR 234/56, BGHSt 10, 35 (39).

[30] RG 4.2.1918 – I 498/17, RGSt 51, 363 (370); BGH 6.12.1956 – 4 StR 234/56, BGHSt 10, 35; 13.1.1961 – 4 StR 507/60, bei *Herlan* GA 1961, 358.

[31] RG 7.10.1913 – V 1241/13, RGSt 47, 385 (387 f.); 4.2.1918 – I 498/17, RGSt 51, 363 (370 f.); BGH 6.12.1956 – 4 StR 234/56, BGHSt 10, 35 ff.; 28.2.1961 – 1 StR 467/60, BGHSt 15, 377 (383 f.).

[32] RG 7.10.1913 – V 1241/13, RGSt 47, 385 (388); s. auch BGH 3.2.2005 – 4 StR 492/04, ZJJ 2005, 205, der aber im konkreten Fall die subjektive Vorhersehbarkeit mit der Verantwortlichkeit verwechselt; *Böhm,* Aus der neueren Rechtsprechung zum Jugendstrafrecht, NStZ-RR 2005, 289; *Ostendorf* ZJJ 2005, 205 f.

[33] AA *Eisenberg* Rn. 7.

[34] *Schaffstein/Beulke/Swoboda* Rn. 175; ebenso: Meier/Rössner/Schöch/*Meier* § 5 Rn. 12; *Roxin* AT/1 § 20 Rn. 53.

[35] BGH 13.1.1961 – 4 StR 507/60, bei *Herlan* GA 1961, 358.

[36] Diemer/Schatz/Sonnen/*Diemer* Rn. 4; in der Sache ebenso *Bohnert* NStZ 1988, 253; grundsätzlich BGH 18.3.1952 – GSSt 2/51, BGHSt 2, 194 (201); 23.12.1953 – 2 StR 612/52, BGHSt 4, 1 (5); 6.10.1953 – 1 StR 419/53, JR 1954, 188.

[37] *Walter/Kubink* GA 1995, 58; wie hier ablehnend *Brunner/Dölling* Rn. 4.

[38] Diemer/Schatz/Sonnen/*Diemer* Rn. 24; *Bohnert* NStZ 1988, 253; aA *Eisenberg* Rn. 32; *Ostendorf* Rn. 2.

[39] BGH 23.12.1953 – 2 StR 612/52, BGHSt 4, 1.

das Vorliegen der Schuld ist auch im JGG die individuelle strafrechtliche Verantwortlichkeit des Täters.[40] Es wäre mit dem Normzweck wie auch mit dem Schuldprinzip überhaupt unvereinbar, § 3 S. 1 zu einem Instrument der Entkriminalisierung – was ja nichts anderes heißt als: Straffreistellung trotz Schuld – umzufunktionieren.[41]

c) Steuerungsfähigkeit. Der Jugendliche muss in der Lage sein, sich gemäß seiner **14** Unrechtseinsicht zu verhalten. Da der Jugendliche sich im konkreten Fall objektiv nicht rechtskonform verhalten hat und bereits feststeht, dass er sich des Unrechts bewusst war oder hätte sein können, ist zu fragen, ob er sich auch **zu einem rechtskonformen Verhalten hätte motivieren können.**[42] Daran kann es fehlen, wenn er in kriminelle Strukturen eingebunden ist (zB von Erwachsenen, ggf. ihren Eltern, zu Straftaten angehaltene Jugendliche, Mitglieder in hierarchisch strukturierten Jugendbanden), aus denen er nicht auszubrechen wagt (zB weil er sich ohne sie hilflos glaubt, Sanktionen fürchtet),[43] bei spontan ausgeführten Taten, wenn der plötzlich auftretende Anreiz zur Tat oder eine Provokation sich als übermächtig erweist (zB soll bei Sexualdelikten die Handlungsfähigkeit aufgrund spontaner Gefühlsausbrüche fehlen können, weil die an sich vorhandenen Wertvorstellungen und rationalen Einsichten des Jugendlichen von dem sich in der Pubertät entwickelnden, zT impulsiv auftretenden Geschlechtstrieb überlagert werden können)[44] oder bei fehlender Hemmung zur Begehung von Gewalttaten aufgrund suchtartigen Konsums Gewalt verherrlichender Filme.[45]

Wie die Einsichtsfähigkeit ist auch die Steuerungsfähigkeit **für jeden Tatbestand** festzu- **15** stellen. Anders als dort dürfte es hier allerdings praktisch ausgeschlossen sein, dass in den Fällen der Tateinheit die Handlungsfähigkeit unterschiedlich zu bewerten ist.[46]

d) Zur Zeit der Tat. Einsichts- und Steuerungsfähigkeit müssen „zur Zeit der Tat" **16** (§ 8 StGB) vorgelegen haben. Der Zeitpunkt des Verfahrens oder der Entscheidung ist nicht maßgeblich. Bei der rückschauenden Betrachtung und Beurteilung der Einsichts- und Steuerungsfähigkeit des Jugendlichen ist eine mögliche Weiterentwicklung in der Zeitspanne zwischen Tat und Entscheidung zu berücksichtigen.[47] Das Abstellen auf den Tatzeitpunkt ist der Einbruch eines rückwärtsgewandten tatstrafrechtlichen Kriteriums in das täterstrafrechtlich geprägte Jugendstrafrecht.[48]

e) Feststellung. Die Fähigkeit des Jugendlichen, zur Tatzeit das Unrecht der Tat einzuse- **17** hen und danach zu handeln, ist eine innere Disposition, die sich nur ausnahmsweise nach außen hin dokumentiert (zB wenn er tatsächlich das Unrecht eingesehen hat).[49] Sie kann daher nur anhand von Anhaltspunkten festgestellt werden.

aa) Anhaltspunkte. Aus dem **Alter** des Jugendlichen allein kann nicht auf seine Ein- **18** sichtsfähigkeit geschlossen werden. Doch ist nach der Prämisse des Gesetzgebers grundsätzlich davon auszugehen, dass ein 17-Jähriger eher die bei einem Erwachsenen vorausgesetzte Schuldfähigkeit besitzt als ein 14-Jähriger.[50] Das Alter erlaubt zudem einen Vergleich mit

---

[40] BGH 6.10.1953 – 1 StR 419/53, JR 1954, 188.

[41] *Bohnert* NStZ 1998, 254; aA *Walter/Kubink* GA 1995, 54; wiederum anders *P. A. Albrecht* S. 101, der gerade in der Bejahung der Verantwortlichkeit die Möglichkeit zur Entkriminalisierung (zB durch Einstellung) sieht.

[42] HK-JGG/*Rössner* Rn. 27; vgl. auch *Streng* Rn. 51; eingehend → StGB § 20 Rn. 18 ff.

[43] OLG Hamm 24.10.2005 – 2 Ss 381/05, NStZ-RR 2007, 123; *Böhm/Feuerhelm* S. 40; *Bohnert* NStZ 1988, 254 f.; *Eisenberg* Rn. 24; *Laubenthal/Baier/Nestler* Rn. 72; *Schaffstein/Beulke/Swoboda* Rn. 177.

[44] *Böhm/Feuerhelm* S. 40; *Dallinger/Lackner* Rn. 11; *Eisenberg* Rn. 25; *Schaffstein* ZStW 77 (1965), 202; *Schaffstein/Beulke/Swoboda* Rn. 177; s. auch OLG Karlsruhe 28.2.2000 – 2 Ss 225/99, NStZ 2000, 485.

[45] Vgl. den Fall des LG Passau 29.7.1996 – KLs 101 Js 3424/96 jug, NJW 1997, 1165 (mAnm von *Brunner* JR 1997, 120; *Eisenberg* NJW 1997, 1136; *Günter* DVJJ-Journal 1997, 200; *Laue* Jura 1999, 634; *Sonnen* NK 1997, 397, der das allerdings § 3 bejaht und § 21 StGB annimmt; s. auch *Schaffstein/Beulke/Swoboda* Rn. 178.

[46] *Bohnert* NStZ 1988, 254 Fn. 78.

[47] *Laubenthal/Baier/Nestler* Rn. 67; Meier/Rössner/Schöch/*Meier* § 5 Rn. 11; Diemer/Schatz/Sonnen/ *Diemer* Rn. 19; *Ostendorf* Rn. 11.

[48] Siehe *Streng* GS Walter, 2014, 426.

[49] *Bohnert* NStZ 1988, 250.

[50] *Eisenberg* Rn. 22; *Laubenthal/Baier/Nestler* Rn. 66; Meier/Rössner/Schöch/*Meier* § 5 Rn. 10; *Ostendorf* Rn. 5. Siehe auch die Zusammenstellung der empirisch festgestellten Unrechtseinsicht in verschiedenen Altersstufen bei unterschiedlichen Deliktstypen und „normaler" Entwicklung bei HK-JGG/*Rössner* Rn. 25.

Jugendlichen gleichen Alters in ähnlichen Lebensumständen,[51] doch dürften zumeist gesicherte Erkenntnisse über die Vergleichsgruppe fehlen. Tritt beim Vergleich ein erhebliches Defizit des Jugendlichen in seinen intellektuellen oder sozialen Fähigkeiten zu Tage, so lässt diese Abweichung den Schluss zu, dass er die Einsichtsfähigkeit (erst recht) nicht besitzt.[52] Bei der Beurteilung der Einsichts- und Steuerungsfähigkeit sind zudem weitere Aspekte der Person sowie die Tat und die Lebensumstände des Jugendlichen zu berücksichtigen. Im Hinblick auf die Person des Jugendlichen geben zB sein Gesundheitszustand, seine Schulbildung und sein allgemeiner Bildungsstand Anhaltspunkte. Bei der Tat können die Art und Weise ihrer Begehung, die Tatgenese und die Tatsituation, hier insbesondere etwaige soziale Konfliktlagen, Rückschlüsse auf die Fähigkeiten des Jugendlichen erlauben.[53] Im Hinblick auf die Lebensumstände des Jugendlichen sind das elterliche Erziehungsverhalten, sein Umgang und seine Gewohnheiten, das Eingreifen öffentlicher Erziehungsinstitutionen und etwaige Kulturkonflikte (bei Migrationshintergrund) zu berücksichtigen.[54] Mit Blick auf sein gesamtes Lebensumfeld ist zu beachten, dass regelmäßig die Fähigkeit zur Unrechtseinsicht fehlen wird, wenn die Erwägungen, aufgrund derer sein Handeln unrechtmäßig ist, außerhalb des eingeschränkten gesellschaftlichen Horizonts des Jugendlichen liegen (zB Verstöße gegen das Pflichtversicherungsgesetz, das Steuerrecht).[55]

19   **bb) Beurteilung.** Ob der Jugendliche diese Fähigkeiten hatte, mithin also strafrechtlich für seine Tat verantwortlich ist, ist eine Rechtsfrage.[56] Dem Richter dient zur Erhellung der Tatsachen, auf die er seine Beurteilung stützt, der Bericht der Jugendgerichtshilfe (§§ 38, 43).[57] Daneben muss das Gericht einen Sachverständigen hinzuziehen (§ 43), wenn psychologische oder psychiatrische Kenntnisse erforderlich sind, über die das Gericht nicht verfügt. Keinesfalls ist das Gericht gehalten, in jedem Fall einen Sachverständigen einzuschalten. Aus psychowissenschaftlicher Sicht werden verschiedene Kriterien genannt, die für eine sachverständige Begutachtung sprechen: zB vom Äußeren her vorliegende Retardierung, stark gestörte Familienverhältnisse, Alter knapp über der Strafmündigkeitsgrenze, undurchsichtige psychologische Tatsituation, persönlichkeitsuntypische Straftat, Druck von Familienangehörigen oder anderen Bezugspersonen, triebhafte Handlungen, außergewöhnlich schwere Tat, Entkulturationsprobleme bei Migrationshintergrund.[58] Bei Meinungsverschiedenheiten zwischen Gericht und Jugendgerichtshilfe über die Verantwortungsreife kann die Jugendgerichtshilfe die Beauftragung eines Sachverständigen nicht erzwingen.[59] Es erscheint mit dem gesetzgeberischen Willen, dem Charakter des § 3 S. 1 als einer Norm des materiellen Strafrechts und dem Schuldprinzip kaum vereinbar, für jede Feststellung der Verantwortlichkeit eine sachverständige Begutachtung zu verlangen, diese bei Bagatelldelikten immer als unverhältnismäßig anzusehen, deshalb unter Berufung auf die Unschuldsvermutung die Verantwortlichkeit abzulehnen und so im Ergebnis die gesamte Bagatellkriminalität aus dem Jugendstrafrecht herauszunehmen.[60] Ebenso wenig vereinbar mit dem Gesetz ist auch das umgekehrte, in der Praxis nicht selten anzutreffende Vorgehen,[61] in typischen Fällen der Jugenddelinquenz die Verantwortlichkeit schon deshalb zu bejahen, weil keine gegenteiligen Anhaltspunkte vorliegen.[62] Das stellt die gesetzliche Vorgabe einer positiven Feststellung

---

[51] Diemer/Schatz/Sonnen/*Diemer* Rn. 14; *Schaffstein* ZStW 77 (1965), 203.

[52] Diemer/Schatz/Sonnen/*Diemer* Rn. 14.

[53] *P. A. Albrecht* S. 98; *Eisenberg* Rn. 23 f.

[54] *P. A. Albrecht* S. 98; Diemer/Schatz/Sonnen/*Diemer* Rn. 17; *Eisenberg* Rn. 27 ff.; *Ostendorf* Rn. 6.

[55] *Eisenberg* Rn. 26; *Ostendorf* Rn. 9; *Dallinger/Lackner* Rn. 13 ff., 19.

[56] *Laubenthal/Baier/Nestler* Rn. 66; *Streng* Rn. 52; grundlegend BGH 8.3.1955 – 5 StR 49/55, BGHSt 7, 238 zu § 51 StGB aF.

[57] OLG Hamm 24.10.2005 – 2 Ss 381/05, NStZ-RR 2007, 123; *Brunner/Dölling* Rn. 8.

[58] Siehe *Streng* GS Walter, 2014, 427 mwN.

[59] OLG Hamm 24.10.2005 – 2 Ss 381/05, NStZ-RR 2007, 123.

[60] So aber *Ostendorf* Grdl. z. § 3 Rn. 5 („erster Einstig in die Diversion"); ablehnend *Brunner/Dölling* Rn. 8; *Schöch*, 2001, S. 138.

[61] S. etwa AG Solingen 3.3.2010 – 22 Ls 116/09, BeckRS 2010, 13625; AG Alsfeld 22.10.2009 – 4 Ds 601 Js 19356/09, BeckRS 2010, 06887.

[62] AA *Schöch*, 2001, S. 138; s. auch *Bohnert* NStZ 1988, 255.

(→ Rn. 5) auf den Kopf. Dieses Erfordernis ändert aber nichts daran, dass bei der Masse der einfach strukturierten Taten Jugendlicher im Bereich der Bagatellkriminalität im Ergebnis die strafrechtliche Verantwortlichkeit überwiegend zu bejahen sein wird.[63]

3. Verhältnis zum allgemeinen Strafrecht. a) Verhältnis zu § 16 StGB. Die **20** Anwendung des § 16 Abs. 1 S. 1 StGB ist unabhängig vom Alter des Täters. Es ist allein erheblich, dass der Täter einen Umstand nicht kennt, der zum gesetzlichen Tatbestand gehört: Hierbei können jugendliches Alter und die Unreife des Täters gegen die Annahme von Vorsatz sprechen.[64] Die Frage der strafrechtlichen Verantwortlichkeit stellt sich allerdings beim Fahrlässigkeitsdelikt (vgl. § 16 Abs. 1 S. 2 StGB). Hier kann wegen jugendlicher Unerfahrenheit oder Unwissenheit die subjektive Fahrlässigkeit fehlen.[65]

b) Verhältnis zu § 17 StGB. Soweit es die Steuerungsfähigkeit betrifft, kollidieren beide **21** Normen nicht, da diese von § 17 StGB nicht erfasst wird. Es gilt allein § 3 S. 1.

Soweit es die Fähigkeit zur Unrechtseinsicht betrifft, sind nach hM **beide Normen 22 nebeneinander** anwendbar.[66] § 3 S. 1 habe den „reifebedingten Verbotsirrtum",[67] § 17 StGB den auf sonstigen Ursachen beruhenden Verbotsirrtum zum Gegenstand.[68] Doch sei bei einem einsichtsfähigen Jugendlichen regelmäßig ein unvermeidbarer Verbotsirrtum ausgeschlossen.[69]

Der hM ist zu widersprechen. Soweit es die (Fähigkeit zur) Unrechtseinsicht betrifft, **23** hat § 17 StGB neben § 3 S. 1 **keinen eigenständigen Anwendungsbereich.** Sieht der Jugendliche das Unrecht der Tat nicht ein, weil ihm bei der Tat die Einsichtsfähigkeit fehlt, dann greift schon S. 1 ein; eine Prüfung der Vermeidbarkeit des Irrtums – die hier allemal verneint werden müsste – erübrigt sich.[70] Fehlt dem Jugendlichen die Unrechtseinsicht, obwohl er die erforderliche Einsichtsfähigkeit besitzt, so ist sein Irrtum immer vermeidbar,[71] da bereits alle Umstände, die im konkreten Fall für oder gegen die Einsichtsfähigkeit sprechen können, in die Erörterung des S. 1 einfließen (→ Rn. 18). Der Fall, dass ein Jugendlicher sich trotz Einsichtsfähigkeit in einem unvermeidbaren Verbotsirrtum befindet, ist nicht möglich: Denn die Feststellung, der Jugendliche habe das Unrecht nicht einsehen können, bedeutet ja nichts anderes, als dass er dazu eben nicht fähig war. Anders ausgedrückt: Es gibt keine Fälle des unvermeidbaren Verbotsirrtums, die nicht auf fehlender Einsichtsfähigkeit beruhen. Die gegenteilige These der hM wurzelt im Erwachsenenstrafrecht. Weil das Gesetz bei Erwachsenen die Schuldfähigkeit – und damit auch die Fähigkeit zur Unrechtseinsicht – vermutet, ist es dort möglich, dass der als generell einsichtsfähig eingestufte Erwachsene im konkreten Fall das Unrecht nicht einsehen kann. Im Jugendstrafrecht wird die Einsichtsfähigkeit nicht unterstellt und sie wird von § 3 S. 1 auch nicht als eine generelle verlangt, sondern S. 1 fordert die Fähigkeit, das Unrecht der konkreten Tat einzusehen. Folglich ist es unmöglich, dass der Jugendliche einerseits diese Einsichtsfähigkeit besitzt, andererseits aber nicht in der Lage ist, das Unrecht auch einzusehen. Das gilt auch dann, wenn ihm zB eine falsche Rechtsauskunft erteilt wird. Ist er nicht in der Lage, diese als solche zu erkennen, dann fehlt ihm die Einsichtsfähigkeit iSd § 3 S. 1.

---

[63] *Brunner/Dölling* Rn. 3; HK-JGG/*Rössner* Rn. 24.

[64] BGH 13.1.2005 – 4 StR 469/04, BeckRS 2005, 01760; siehe auch *Ostendorf* Rn. 2.

[65] *Brunner/Dölling* Rn. 12; Diemer/Schatz/Sonnen/*Diemer* Rn. 21; HK-JGG/*Rössner* Rn. 28; *Laubenthal/Baier/Nestler* Rn. 76.

[66] *P. A. Albrecht* S. 102; *Böhm/Feuerhelm* S. 39; *Brunner/Dölling* Rn. 13; *Dallinger/Lackner* Rn. 35; Diemer/Schatz/Sonnen/*Diemer* Rn. 22; *Eisenberg* Rn. 32; *Laubenthal/Baier/Nestler* Rn. 74; *Ostendorf* Rn. 2; HK-JGG/*Rössner* Rn. 29; LK-StGB/*Vogel* StGB § 17 Rn. 113; *Streng* Rn. 49; *Zieger* Rn. 39.

[67] Diemer/Schatz/Sonnen/*Diemer* Rn. 11; *Eisenberg* Rn. 32; *Zieger* Rn. 39.

[68] *Zieger* Rn. 39: „intellektuell bedingter Verbotsirrtum." Deshalb sagen manche auch, § 3 S. 1 sei ein Unterfall des § 17 StGB: Diemer/Schatz/Sonnen/*Diemer* Rn. 22; → StGB § 17 Rn. 84; NK-StGB/*Neumann* StGB § 17 Rn. 97.

[69] *Brunner/Dölling* Rn. 12; Diemer/Schatz/Sonnen/*Diemer* Rn. 22; aA *Streng* Rn. 49.

[70] *Streng* Rn. 49; → StGB § 19 Rn. 158.

[71] *Brunner/Dölling* Rn. 12; *Dallinger/Lackner* Rn. 36; aA *Böhm/Feuerhelm* S. 39; *Eisenberg* Rn. 32; *Ostendorf* Rn. 2.

24   Da neben § 3 S. 1 für § 17 StGB kein eigener Anwendungsbereich verbleibt, ist davon auszugehen, dass **§ 3 im Jugendstrafrecht § 17 StGB verdrängt.** Selbst die wichtigste Aussage des § 17 StGB, dass es für eine Bestrafung keines aktuellen Unrechtsbewusstseins bedarf, ergibt sich schon aus § 3 S. 1, der statt der Unrechtseinsicht bereits die dazu vorhandene Fähigkeit ausreichen lässt. Die gegenteilige Ansicht, wonach das Verhältnis zwischen § 3 und § 17 StGB „restlos zugunsten der letzteren Vorschrift aufzulösen" sei,[72] widerspricht § 2, wonach grundsätzlich die Regelungen des JGG denen des StGB vorgehen. Im Fall der fehlenden Einsichtsfähigkeit ist es schon von der Sache her zwingend, dass sich eine Vermeidbarkeitsprüfung iSd § 17 StGB erübrigt. Im Fall bestehender Einsichtsfähigkeit ist der Irrtum immer vermeidbar. Für die Unterscheidung des § 17 StGB zwischen vermeidbaren und unvermeidbaren Irrtümern bleibt folglich kein Raum. Die an die Vermeidbarkeit anknüpfende Rechtsfolge des § 17 S. 2 StGB passt zudem nicht, weil die Jugendstrafe im JGG nicht der gesetzliche Regelfall ist, einen Einheitsstrafrahmen hat und das JGG keine Strafrahmenabsenkungen kennt.[73] Das (vermeidbare) Fehlen der Unrechtseinsicht ist hier im Rahmen der Strafzumessung zu berücksichtigen. Die geringere Schuld des Täters wirkt sich insbesondere bei Zuchtmitteln und Jugendstrafe aus, deren Maß sich auch nach dem Maß der Schuld richtet.[74]

25   **c) Verhältnis zu § 20 StGB.** Beide Vorschriften regeln Fälle, in denen zur Tatzeit die Einsichts- oder Steuerungsfähigkeit des Täters ausgeschlossen war. § 3 betrifft die entwicklungsbedingte Schuldunfähigkeit, § 20 StGB die iwS pathologische Schuldunfähigkeit. Da unterschiedliche Sachverhalte erfasst werden, schließt § 3 die Anwendung des § 20 StGB nicht aus; § 2 greift nicht ein und beide Vorschriften stehen unabhängig nebeneinander.[75] Waren also zur Tatzeit bei dem Jugendlichen die Voraussetzungen des § 20 StGB erfüllt, so war er nach dieser Vorschrift schuldunfähig und die nach § 7 zulässigen Maßregeln der Besserung und Sicherung dürfen verhängt werden. Die Frage der Verantwortlichkeit nach § 3 S. 1 kann daneben zurücktreten.[76] Das gilt unabhängig davon, ob der pathologische Zustand ein dauerhafter oder ein nur vorübergehender ist:

26   **aa) Dauerhafter pathologischer Zustand.** Wenn nicht davon ausgegangen werden kann, dass die pathologischen Ursachen im Verlauf der Entwicklung des Jugendlichen zum Erwachsenen ausgeglichen werden (zB erhebliche Intelligenzminderung), so ist er schuldunfähig gem. § 20 StGB und bei Vorliegen der Voraussetzungen des § 63 StGB in einem psychiatrischen Krankenhaus unterzubringen.[77]

27   **bb) Vorübergehender pathologischer Zustand.** Die Lösung für den Fall, dass die Schuldunfähigkeit auf einer pathologischen Ursache beruht, bei der mit zunehmender Entwicklung eine Besserung bis hin zur späteren Verantwortlichkeit zu erwarten ist, ist umstritten. Zwar ist auch hier die Schuldunfähigkeit krankheitsbedingt und die noch nicht abgeschlossene Entwicklung keine Ursache der (noch) bestehenden Schuldunfähigkeit, doch verspricht die forensisch-psychiatrische Unterbringung des Jugendlichen regelmäßig keinen Erfolg bei der Behebung des pathologischen Zustands: Die Unterbringung eines Jugendlichen nach § 63 StGB im Maßregelvollzug ist sehr selten – im Jahr 2009 in 22 Fällen –, so dass die Maßregeleinrichtungen über keine eigenen Jugendabteilungen verfügen und regelmäßig auch kein jugendspezifisches Therapieangebot bereithalten können. Unter diesen Umständen ist kein Heilungserfolg zu erwarten, und der einzig mögliche Verwahrvoll-

---

[72] *Bohnert* NStZ 1988, 250, 253.
[73] Auch die hM geht davon aus, dass § 17 S. 2 StGB bedeutungslos ist: *Brunner/Dölling* Rn. 13; Diemer/Schatz/Sonnen/*Diemer* Rn. 23; *Eisenberg* Rn. 32.
[74] Diemer/Schatz/Sonnen/*Diemer* Rn. 23.
[75] *Brunner/Dölling* Rn. 10; *Streng* Rn. 59.
[76] BGH 29.1.1975 – 2 StR 579/74, BGHSt 26, 67 (70) mAnm *Brunner* JR 1976, 116; OLG Jena 29.1.2007 – 1 Ws 16/07, NStZ-RR 2007, 217; ebenso Diemer/Schatz/Sonnen/*Diemer* Rn. 28.
[77] *Laubenthal/Baier/Nestler* Rn. 79; Meier/Rössner/Schöch/*Meier* § 5 Rn. 18; *Schaffstein/Beulke/Swoboda* Rn. 182; Schönke/Schröder/*Perron* StGB § 20 Rn. 44.

zug unter Erwachsenen belastet den Jugendlichen über Gebühr.[78] Deshalb kann der Auffassung, dass den Maßregeln nach StGB vor dem § 3 Vorrang gebührt,[79] nicht gefolgt werden. Auch der Vorschlag, unter Beachtung der besonderen Gegebenheiten des jeweiligen Einzelfalls zwischen den Rechtsfolgen des § 20 StGB und des § 3 JGG zu wählen,[80] will sich die praktisch untaugliche Option der Unterbringung des gefährlichen Jugendlichen im Maßregelvollzug nach § 63 StGB erhalten.[81] Die von der Rspr. betonte Sicherung der Allgemeinheit vor gefährlichen jugendlichen Tätern ist auch bei einer Unterbringung des Jugendlichen in der Jugendabteilung eines normalen psychiatrischen Krankenhauses nach den Unterbringungsgesetzen der Länder gewährleistet. Vorzugswürdig ist es daher, § 3 den Vorrang einzuräumen, mit der Folge, dass nur Maßnahmen iSd § 3 S. 2 möglich sind.[82] Damit wird auch deutlich, dass bei verneinter entwicklungsbedingter Verantwortungsreife eine Prüfung der allgemeinen Schuldfähigkeit ausscheiden muss.[83]

cc) Zweifel. Fehlt die Einsichts- oder Steuerungsfähigkeit, lassen sich aber die Voraussetzungen einer Schuldunfähigkeit gem. § 20 StGB nicht nachweisen, so ist entsprechend der gesetzgeberischen Vermutung (→ Rn. 8) nach dem Grundsatz „in dubio pro reo" die Verantwortlichkeit iSd § 3 S. 1 zu verneinen. § 3 S. 2 greift ein.[84]   **28**

d) Verhältnis zu § 21 StGB. Ist die Schuldfähigkeit des Jugendlichen gem. § 21 StGB   **29** vermindert (zB Alkohol-, Drogenmissbrauch), ist er aber im Übrigen gemäß § 3 S. 1 strafrechtlich verantwortlich, so sind neben den an § 21 StGB anknüpfenden Maßregeln auch jugendstrafrechtliche Sanktionen zulässig.[85] Allerdings geht die in §§ 21, 49 Abs. 1 StGB vorgesehene Möglichkeit der Strafmilderung ins Leere; die verminderte Schuldfähigkeit ist im Rahmen der Strafzumessung zu berücksichtigen (→ Rn. 24).

Mangelnde strafrechtliche Verantwortlichkeit des Jugendlichen und verminderte Schuld-   **30** fähigkeit nach § 21 StGB sind begriffslogisch nicht miteinander vereinbar;[86] es sind dann nur die Maßnahmen nach § 3 S. 2 zulässig.

4. Folgen fehlender Verantwortlichkeit. a) Strafverfahrensrechtliche Konse-   **31** **quenzen.** Ist der Jugendliche nicht strafrechtlich verantwortlich, so ist das Verfahren **einzustellen,** im Vorverfahren gem. § 170 Abs. 2 StPO, im Zwischenverfahren gem. § 204 StPO.[87] Im Hauptverfahren kann das Gericht den Angeklagten freisprechen (§ 260 StPO)

---

[78] OLG Karlsruhe 28.2.2000 – 2 Ss 225/99, NStZ 2000, 485 (486); *Böhm/Feuerhelm* S. 45.
[79] 1. Aufl.; BGH 29.1.1975 – 2 StR 579/74, BGHSt 26, 67 (69 f.); *Brunner/Dölling* Rn. 10; *Diemer/ Schatz/Sonnen/Diemer* Rn. 27 f.
[80] *Dallinger/Lackner* Rn. 32; *Meier/Rössner/Schöch/Meier* § 5 Rn. 18; *Roxin* AT/1 § 20 Rn. 54; *Schaffstein/Beulke/Swoboda* Rn. 185; *Schaffstein* ZStW 77 (1965), 194; HK–GS/*Verrel* StGB § 19 Rn. 12; *Schönke/ Schröder/Lenckner/Perron* StGB § 20 Rn. 44; → StGB § 20 Rn. 157.
[81] *Laubenthal/Baier/Nestler* Rn. 80.
[82] OLG Karlsruhe 28.2.2000 – 2 Ss 225/99, NStZ 2000, 485 f.; *P. A. Albrecht* S. 102; *Böhm/Feuerhelm* S. 45 f.; *Eisenberg* Rn. 39; *Laubenthal/Baier/Nestler* Rn. 80; *Ostendorf* Rn. 3, 20; *Renzikowski* NJW 1990, 2910 Fn. 67; *Zieger* Rn. 39.
[83] *Streng* Rn. 60; *Zieger* Rn. 39.
[84] *P. A. Albrecht* S. 102; *Brunner/Dölling* Rn. 10a; *Dallinger/Lackner* Rn. 33; *Diemer/Schatz/Sonnen/Diemer* Rn. 30; *Eisenberg* Rn. 40; *Laubenthal/Baier/Nestler* Rn. 79; *Meier/Rössner/Schöch/Meier* § 5 Rn. 18; *Roxin* AT/1 § 20 Rn. 54; *Schönke/Schröder/Lenckner/Perron* StGB § 20 Rn. 44.
[85] BGH 23.2.1954 – 1 StR 723/53, BGHSt 5, 366 (367); 23.10.1953 – 2 StR 188/53, bei *Herlan* GA 1954, 309; 30.8.1983 – 1 StR 159/83, NStZ 1984, 75; 13.6.1985 – 1 StR 247/85, bei *Böhm* NStZ 1985, 447; 17.3.1992 – 5 StR 652/91, StV 1992, 432; 16.11.1993 – 4 StR 591/93, StV 1994, 598; LG Passau 29.7.1996 – KLs 101 Js 3424/96 jug, NJW 1997, 1165 (1166).
[86] *Böhm/Feuerhelm* S. 45 f.; *Eisenberg* Rn. 34; *ders.,* Zur Frage der sachlichen Zuständigkeit des Jugendschöffengerichts bei Anordnung der Unterbringung, NJW 1986, 2408 (2409); *Laubenthal/Baier/Nestler* Rn. 81; *Nothacker,* 2001, S. 27 f.; *Ostendorf* Rn. 4; *Schaffstein/Beulke/Swoboda* Rn. 186; HK–GS/*Verrel* StGB § 19 Rn. 12; aA BGH 29.1.1975 – 2 StR 579/74, BGHSt 26, 67; *Brunner/Dölling* Rn. 10a; *Dallinger/Lackner* Rn. 34, § 7 Rn. 4; *Diemer/Schatz/Sonnen/Diemer* Rn. 28; *Roxin* AT/1 § 20 Rn. 53; *Schönke/Schröder/ Lenckner/Perron* StGB § 21 Rn. 27; *Streng* Rn. 61; → StGB § 20 Rn. 157, → § 21 Rn. 47.
[87] Eine Einstellung nach § 47 Abs. 1 Nr. 4 ist nicht möglich, weil dort nur der Angeklagte genannt wird; *Diemer/Schatz/Sonnen/Diemer* Rn. 32; *Diemer/Schatz/Sonnen/Sonnen* § 47 Rn. 10; *Eisenberg* § 47 Rn. 5; *Ostendorf* Rn. 16.

oder das Verfahren durch Beschluss einstellen (§ 47 Abs. 1 Nr. 4). Der Gesetzgeber hat diese Möglichkeit der Einstellung geschaffen, weil er die Gefahr sieht, dass nicht einsichtsfähige Jugendliche einen Freispruch missverstehen (zB im Sinne eines „Freibriefs"). Mit dieser gesetzgeberischen Einschätzung einer abstrakten Gefahr steht die gelegentlich erhobene Forderung nicht in Einklang, die Einstellung solle nur in Ausnahmefällen erfolgen. Einstellung und Freispruch lassen die Strafbarkeit von Beteiligten unberührt. Sie sind nicht anfechtbar.

32   Einstellung und Freispruch sind ins **Erziehungsregister** einzutragen. Das gilt nicht nur für die Einstellung nach § 47,[88] die bereits in § 60 Abs. 1 Nr. 7 BZRG genannt wird, sondern auch für andere Formen der Einstellung, die von § 60 Abs. 1 Nr. 6 BZRG erfasst werden.[89] In der Einstellungsverfügung, dem Beschluss oder freisprechenden Urteil sind Tatbestandsmäßigkeit und Rechtswidrigkeit sowie ggf. erfüllte objektive Strafbarkeitsbedingungen der vom Jugendlichen schuldlos begangenen Tat darzulegen, weil dem Jugendlichen mit Blick auf die Eintragung die Tat nicht einfach unterstellt werden darf.[90] Dasselbe gilt, wenn das Gericht eine Maßnahme gem. S. 2 trifft.

33   **b) Familiengerichtliche Maßnahmen (Satz 2).** S. 2 gibt dem Gericht die Möglichkeit, familiengerichtliche Maßnahmen anzuordnen, wenn der Jugendliche strafrechtlich nicht belangt werden kann, weil er zur Tatzeit **nicht strafrechtlich verantwortlich** iS des S. 1 war. S. 2 gilt auch dann, wenn die Verantwortlichkeit in dubio pro reo zu verneinen ist. Da beim schuldfähigen Jugendlichen (zumindest) die Erziehungsmaßregeln des JGG und beim schuldunfähigen Jugendlichen die Maßnahmen nach S. 2 verhängt werden können, kann die unsichere Tatsachengrundlage nicht dazu führen, dass der Jugendliche gar keinen Maßnahmen unterworfen wird.[91] Außerdem stehen die Maßnahmen nach BGB und SGB VIII nicht in einem Exklusivitätsverhältnis zu denen des JGG, sondern werden von diesen als den bei strafrechtlich verantwortlichen jugendlichen Straftätern spezielleren lediglich verdrängt.

34   Es handelt sich um eine formale **Kompetenzerweiterung.**[92] Ihre Wahrnehmung steht im Ermessen des Gerichts, das sich dabei an den Zwecken des S. 2 orientieren muss. Die Kompetenzerweiterung soll es dem Gericht zum einen ermöglichen, dem Jugendlichen aufzuzeigen, dass sein Verhalten nicht hingenommen und eine Wiederholung verhindert werden soll. Zum anderen dient S. 2 der – auch im Interesse des Jugendlichen liegenden – Beschleunigung und Konzentration des Verfahrens.[93] Deshalb muss das Gericht von Satz 2 Gebrauch machen, wenn es mit weniger Aufwand für die Justiz und geringeren Belastungen für den Jugendlichen verbunden ist, dass noch im Jugendstrafverfahren die familiengerichtlichen Entscheidungen getroffen werden. Die gegenläufige Empfehlung, das Gericht solle die Entscheidung grundsätzlich dem Familiengericht überlassen,[94] steht mit dem Gesetzeszweck nicht in Einklang. Ein Vorgehen nach Satz 2 ist insbesondere dann geboten, wenn nach den in der Hauptverhandlung zutage getretenen Tatsachen die Voraussetzungen für die Anordnung erzieherischer Maßnahmen gegeben sind.[95]

35   Das Gericht kann **Maßnahmen** zur Unterstützung der Eltern, des Vormundes und des Pflegers (§§ 1631 Abs. 3, 1800, 1915 BGB) und Maßnahmen zur Abwendung einer Gefährdung des Jugendlichen (§§ 1666, 1666a, 1837 Abs. 4, 1915 BGB) anordnen (vgl. § 34 Abs. 3). Zu Letzteren zählt auch die Anordnung der Inanspruchnahme von Hilfe zur Erziehung nach §§ 27–40 SGB VIII, sofern die Voraussetzung des § 1666 BGB gegeben, dh

---

[88] So aber *Ostendorf* Rn. 21.
[89] *Diemer/Schatz/Sonnen/Diemer* Rn. 31.
[90] Ebenso für das freisprechende Urteil: *Brunner/Dölling* Rn. 7; *Diemer/Schatz/Sonnen/Diemer* Rn. 34; *Eisenberg* Rn. 55.
[91] *Dallinger/Lackner* Rn. 42; aA *Eisenberg* Rn. 41.
[92] *Dallinger/Lackner* Rn. 44; Diemer/Schatz/Sonnen/*Diemer* Rn. 35; *Laubenthal/Baier/Nestler* Rn. 70; *Ostendorf* Rn. 19.
[93] Insoweit ebenso: Diemer/Schatz/Sonnen/*Diemer* Rn. 35; *Eisenberg* Rn. 42.
[94] *Brunner/Dölling* Rn. 16; *Eisenberg* Rn. 59; *Ostendorf* Rn. 18.
[95] Diemer/Schatz/Sonnen/*Diemer* Rn. 36.

das Kindeswohl gefährdet ist.[96] Die Verhängung von Erziehungsmaßregeln (§ 9) ist unzulässig, weil sie eine strafrechtliche Verantwortlichkeit voraussetzen und außerhalb der Kompetenz des Familiengerichts liegen. Die familienrechtlichen Maßnahmen dürfen nur verhängt werden, wenn ihre gesetzlichen Voraussetzungen erfüllt sind.[97] Die formale Kompetenzerweiterung des § 3 S. 2 erlaubt es dem Gericht auch, eine von ihm angeordnete Maßnahme nachträglich abzuändern.[98]

Die Anordnung ergeht in dem freisprechenden Urteil oder im Einstellungsbeschluss **36** gemäß § 47. Sie kann nur mit **Rechtsbehelfen** nach dem JGG und der StPO angefochten werden, da es sich um eine Entscheidung aus dem Jugendstrafverfahren heraus handelt. Statthaft sind somit je nach Entscheidung Berufung und Revision (§§ 312 ff., 333 ff. StPO) oder die Beschwerde (§§ 304 ff. StPO). Die Rechtsmittelbeschränkung nach § 55 Abs. 1 greift aufgrund des Wortlautes der Norm nicht, ein Ausschluss weiterer Rechtsmittel folgt dagegen aus § 55 Abs. 2. Die Anordnung einer Maßnahme nach § 3 S. 2 wird im **Erziehungsregister** eingetragen (§ 60 Abs. 1 Nr. 1 BRZG).

§ 4 Rechtliche Einordnung der Taten Jugendlicher

Ob die rechtswidrige Tat eines Jugendlichen als Verbrechen oder Vergehen anzusehen ist und wann sie verjährt, richtet sich nach den Vorschriften des allgemeinen Strafrechts.

I. Historie und Normzweck

§ 4 wurde durch das JGG vom 4.8.1953[1] eingeführt und durch das EGStGB vom **1** 2.3.1974[2] redaktionell angepasst und in die heutige Fassung gebracht. Der Gesetzgeber wollte wegen des Einheitsstrafrahmens im Jugendstrafrecht (§ 18 Abs. 1 JGG) klarstellen, dass sich die Einstufung von Delikten als Vergehen oder Verbrechen (§ 12 StGB) und die Bestimmung der Fristen der Verfolgungsverjährung (§ 78 StGB) weiterhin an den Strafrahmen des allgemeinen Strafrechts orientieren.[3]

II. Anwendungsbereich

§ 4 findet auf alle rechtswidrige Taten (§ 2 iVm § 11 Abs. 1 Nr. 5 StGB) Jugendlicher **2** und Heranwachsender (§ 105 Abs. 1) Anwendung und gilt auch in Verfahren vor den für allgemeine Strafsachen zuständigen Gerichten (§§ 104 Abs. 1 Nr. 1, 112). § 4 erfasst ebenfalls rechtswidrige Taten, die vor dem Beitritt auf dem Gebiet der früheren DDR begangen wurden.[4]

III. Verbrechen und Vergehen

Die Einstufung einer rechtswidrigen Tat als Verbrechen oder Vergehen erfolgt gem. § 12 **3** StGB anhand der Strafandrohungen des allgemeinen Strafrechts. Das ist insbesondere wichtig für die Strafbarkeit des Versuchs und der Vorbereitungshandlungen (§§ 23, 30 StGB), für das Höchstmaß der Jugendstrafe (§ 18 Abs. 1 S. 2), den Widerruf der Beseitigung des Strafmakels bei Begehung eines Verbrechens oder vorsätzlichen Vergehens (§ 101), das Absehen von der Verfolgung (§§ 45 Abs. 1, 47 Abs. 1 Nr. 1 JGG iVm § 153 StPO) sowie für die notwendige Verteidigung (§ 68 Nr. 1 JGG iVm § 140 Abs. 1 Nr. 2 StPO).

---

[96] *Brunner/Dölling* Rn. 16; *Diemer/Schatz/Sonnen/Diemer* Rn. 36; *Eisenberg* Rn. 42.

[97] *Bohnert* NStZ 1988, 225; *Brunner/Dölling* Rn. 16; *Dallinger/Lackner* Rn. 44; *Diemer/Schatz/Sonnen/Diemer* Rn. 37; *Eisenberg* Rn. 42; *Ostendorf* Rn. 19.

[98] Eingehend *Diemer/Schatz/Sonnen/Diemer* Rn. 37; aA *Brunner/Dölling* Rn. 17; *Dallinger/Lackner* Rn. 43; *Eisenberg* Rn. 54.

[1] BGBl. I S. 751.

[2] Art. 26 Nr. 2, BGBl. I S. 469 (526).

[3] BT-Drs. 1/3264, 43.

[4] Anlage I Kap. III C Abschnitt III Nr. 3f § 1 zum Einigungsvertrag vom 31.8.1990, BGBl. II S. 885 (957).

IV. Verjährung

4   Im allgemeinen Strafrecht wird zwischen der Verfolgungsverjährung (§ 78 StGB) und der Vollstreckungsverjährung (§ 79 StGB) unterschieden. § 4 verweist nach seinem Wortlaut allein auf die Regeln zur Verfolgungsverjährung („wann sie verjährt").

5   **1. Verfolgungsverjährung.** Die Verfolgungsverjährung richtet sich gem. § 4 nach den §§ 78–78c StGB. Eine Unterbrechung der Verjährung ist nur in den Fällen des § 78c StGB möglich, da es sich um eine Ausnahmevorschrift handelt, die den Täter belastet und somit keiner Analogie zugänglich ist.[5] Jugendstrafrechtliche Verfahrenshandlungen, insbesondere nach §§ 43 Abs. 2 S. 2, 45, 47 Abs. 1, sind folglich nur dann für eine Unterbrechung der Verjährung beachtlich, wenn sie unter den Maßnahmenkatalog des § 78c Abs. 1 S. 1 Nr. 1–12 StGB subsumierbar sind.[6] Das gilt etwa für die Beauftragung eines Sachverständigen (§ 43 Abs. 2 S. 2) unter den Voraussetzungen des § 78c Abs. 1 Nr. 3 StGB. Bei Entscheidungen nach §§ 45, 47 Abs. 1 wird zuvor eine Unterbrechung nach § 78c Abs. 1 Nr. 1 StGB erfolgt sein.

6   **2. Vollstreckungsverjährung.** Das JGG enthält keine allgemeine Regelung zur Vollstreckungsverjährung. Eine besondere Regelung besteht lediglich für den **Jugendarrest** (§ 16). Hier sieht § 87 Abs. 4 ein Verbot der Vollstreckung vor, wenn seit Eintritt der Rechtskraft der dem Jugendarrest zugrunde liegenden Entscheidung ein Jahr verstrichen ist. § 87 Abs. 4 ist abschließend; er ist keine Spezialregelung zu § 79 StGB, so dass auch §§ 79a, b StGB hier nicht gelten.[7] Nach § 87 Abs. 3 S. 2 ist es dem Vollstreckungsleiter zudem möglich, von der Vollstreckung des Jugendarrestes abzusehen, wenn dies aus Gründen der Erziehung geboten ist und seit Eintritt der Rechtskraft bereits sechs Monate verstrichen sind. § 87 Abs. 3 S. 2, Abs. 4 gilt auch für den **Ungehorsamsarrest** (§§ 11 Abs. 3, 15 Abs. 3 S. 2).[8]

7   Da das JGG keine eigenen Regelungen enthält, gelten gemäß § 2 für die **Jugendstrafe** und die Maßregeln der Besserung und Sicherung die §§ 79–79b StGB.[9] Von der Verjährungsfrist, die bei der Jugendstrafe (§§ 18 Abs. 1 S. 2, 105 Abs. 3) schon im Normalfall (s. aber § 79b StGB) bis zu 20 Jahre betragen kann (§ 79 Abs. 3 Nr. 2 StGB), kann nur im Gnadenwege abgewichen werden.[10] Für die **Maßregeln der Besserung und Sicherung** (§ 7) gilt § 79 Abs. 4 StGB. Die Aussetzung zur Bewährung (§ 21, § 67b StGB) führt zum Ruhen der Verjährung (§ 79a Nr. 2b StGB).

8   Für die **Erziehungsmaßregeln, Verwarnung** und **Auflagen** bestehen keine Verjährungsfristen. Mit Vollendung des 18. Lebensjahres ist nach §§ 27, 30, 34 iVm § 7 Abs. 1 Nr. 2 SGB VIII die Verpflichtung zur Inanspruchnahme der Hilfe zur Erziehung gemäß § 12 beendet.[11] Somit besteht eine Grenze zumindest für die eingriffsintensivsten (stationären) Erziehungsmaßregeln (ebenso wie für das eingriffsintensivste Zuchtmittel, → Rn. 6).[12] § 79 StGB gilt aber allein für Strafen und Maßnahmen iSd § 11 Abs. 1 Nr. 8 StGB, so dass die ambulanten Erziehungsmaßregeln und Zuchtmittel auch noch lange nach dem Urteil mit keinen oder gar nachteiligen Wirkungen vollstreckt werden könnten. Die Bestimmung einer

---

[5] LG Kaiserslautern 19.3.1981 – 8 Os 346/80, NStZ 1981, 438 (440) mAnm *Lilie* NStZ 1981, 440; *Brunner/Dölling* Rn. 1; *Diemer/Schatz/Sonnen/Diemer* Rn. 3; *Eisenberg* Rn. 4; vgl. zur Verjährungsunterbrechung auch BGH 22.5.1958 – 1 StR 533/57, BGHSt 11, 335 (337); 23.1.1959 – 4 StR 428/58, BGHSt 12, 335 (337 f.); 7.12.1960 – 4 StR 409/60, BGHSt 15, 234 (238); 16.8.1961 – 4 StR 172/61, BGHSt 16, 193 (196); 20.5.1969 – 5 StR 658/68, BGHSt 22, 375 (383); 24.8.1972 – 4 StR 292/72, BGHSt 25, 6 (7 f.); 13.2.1975 – 4 StR 537/74, BGHSt 26, 80 (83 f.); 10.4.1979 – 4 StR 127/79, BGHSt 28, 381 (382); LK-StGB/*Schmid* StGB § 78c Rn. 2.

[6] Zu den Einzelheiten s. die Kommentierungen zu § 78c StGB.

[7] *Diemer/Schatz/Sonnen/Diemer* § 87 Rn. 9; *Eisenberg* § 87 Rn. 10; *Ostendorf* § 87 Rn. 14.

[8] *Diemer/Schatz/Sonnen/Diemer* § 87 Rn. 9; für eine analoge Anwendung *Eisenberg* Rn. 6, § 87 Rn. 7, 10.

[9] *Brunner/Dölling* Rn. 3.

[10] *Diemer/Schatz/Sonnen/Diemer* Rn. 4; *Ostendorf* Rn. 5.

[11] *Diemer/Schatz/Sonnen/Diemer* § 12 Rn. 3.

[12] HK-JGG/*Rössner* Rn. 6.

absoluten Verjährungsgrenze, wie etwa das 24. Lebensjahr (gemäß dem Rechtsgedanken des § 63 Abs. 1, 2 BZRG),[13] der Ablauf des 21. Lebensjahres für Erziehungsmaßregeln oder der Ablauf von einem Jahr nach Rechtskraft der Entscheidung für die verbleibenden Zuchtmittel analog § 87 Abs. 4[14] ist mangels Gesetzeslücke nicht möglich.[15] Zum einen erledigen sich Weisungen nach Zeitablauf (§ 11 Abs. 1). Zum anderen kann das Gericht Weisungen und Auflagen ändern oder von ihnen befreien, wenn sie – hier: infolge des Zeitablaufs – nicht mehr aus Gründen der Erziehung geboten sind (§§ 11 Abs. 2, 15 Abs. 3 S. 1).[16] Eine Befreiung ist auszusprechen, wenn der Verurteilte das 21. Lebensjahr vollendet hat, weil Erwachsene weder erzogen werden können noch dürfen. Ist der verurteilte Jugendliche inzwischen ein Heranwachsender, muss das Gericht, soweit dies nicht schon bei der Anordnung geschehen ist, vor dem Hintergrund der Wertung des § 105 Abs. 1 prüfen, ob der inzwischen Heranwachsende noch einem Jugendlichen gleichsteht. Wurde dem Jugendlichen eine Hilfe zur Erziehung auferlegt (§ 12), kommt eine Vollstreckung gegen den inzwischen Heranwachsenden nicht mehr in Betracht, da diese Erziehungsmaßregel bei Heranwachsenden unzulässig ist (§ 105 Abs. 1).[17]

Bei Geldbußen aufgrund von **Ordnungswidrigkeiten** findet sich eine Regelung zur **9** Vollstreckungsverjährung in § 34 OWiG.

§ 5 Die Folgen der Jugendstraftat

(1) Aus Anlaß der Straftat eines Jugendlichen können Erziehungsmaßregeln angeordnet werden.

(2) Die Straftat eines Jugendlichen wird mit Zuchtmitteln oder mit Jugendstrafe geahndet, wenn Erziehungsmaßregeln nicht ausreichen.

(3) Von Zuchtmitteln und Jugendstrafe wird abgesehen, wenn die Unterbringung in einem psychiatrischen Krankenhaus oder einer Entziehungsanstalt die Ahndung durch den Richter entbehrlich macht.

Übersicht

I. Allgemeines

1. Normzweck. § 5 gehört, neben den §§ 3, 105, zu den zentralen Normen des JGG. **1** Anders als jene betrifft § 5 allein die Rechtsfolgenseite. Hier bringt er zum einen den bedeutsamsten Unterschied des materiellen Jugendstrafrechts gegenüber dem StGB zum Ausdruck, der sich in der Gesetzesgeschichte vom RStGB 1871 bis zum JGG 1953 schrittweise herausentwickelt hat (→ Rn. 3 ff.): An die Stelle der Hauptstrafen des Erwachsenenstrafrechts (Freiheits-, Geldstrafe) treten **spezifisch jugendstrafrechtliche Rechtsfolgen:** Erziehungsmaßregeln, Zuchtmittel und Jugendstrafe. Daneben formuliert § 5 drei Grundsätze des Jugendstrafrechts: den **Erziehungsgedanken** (Abs. 1), das **Erforderlichkeitsprinzip** (Abs. 2) und die **Einspurigkeit freiheitsentziehender Rechtsfolgen** (Abs. 3).

---

[13] *Eisenberg* Rn. 6.
[14] *Ostendorf* Rn. 5.
[15] *Brunner/Dölling* Rn. 4; Diemer/Schatz/Sonnen/*Diemer* Rn. 5; s. auch *Dallinger/Lackner* Rn. 4.
[16] *Brunner/Dölling* Rn. 4.
[17] Ebenso *Eisenberg* Rn. 6, § 12 Rn. 17, 43.

2 § 5 gilt auch für **Heranwachsende,** sofern auf sie die Vorschriften für Jugendliche anwendbar sind (§ 105 Abs. 1). § 5 ist auch in Verfahren vor den in allgemeinen Strafsachen zuständigen Gerichten anzuwenden (§§ 104 Abs. 1 Nr. 1, 112).

3 **2. Historie.** Das RStGB vom 15.5.1871[1] unterwarf Jugendliche grundsätzlich denselben, allerdings gemilderten, freiheitsentziehenden Strafen wie Erwachsene (§ 57 RStGB). Erst das JGG vom 16.2.1923[2] führte daneben als besondere strafrechtliche Rechtsfolgen für Jugendliche die Erziehungsmaßregeln ein, wozu – abgesehen von dem erst im Jahre 1940 eingeführten Arrest[3] – auch die heutigen Zuchtmittel gehörten (§ 7 Abs. 1 JGG 1923). Das Gericht musste prüfen, ob eine solche Erziehungsmaßregel erforderlich war (§ 5 Abs. 1 JGG 1923). Hielt es sie für ausreichend, so hatte es „von Strafe abzusehen" (§ 6 JGG 1923). Diese Wortwahl zeigte, dass nach der Konzeption des Gesetzes die freiheitsentziehende Strafe auch für Jugendliche weiterhin die Regelstrafe blieb, von der nur im Einzelfall abgesehen werden konnte.

4 Das RJGG vom 6.11.1943[4] führte die Zuchtmittel als weitere Gruppe jugendstrafrechtlicher Rechtsfolgen ein, behielt aber die freiheitsentziehende Strafe als die vom Gesetz vorgesehene Regelstrafe bei. Das zeigte sich zum einen im Gesetzesaufbau, wo das Jugendgefängnis an der Spitze (§ 4 RJGG) stand vor den Zuchtmitteln (§ 7 RJGG) und Erziehungsmaßregeln (§ 11 RJGG). Es spiegelte sich aber auch wider bei § 2 RJGG, dem Vorläufer des heutigen § 5, in dessen Abs. 1 es hieß: „Die Straftat eines Jugendlichen wird mit Strafe oder mit Zuchtmitteln geahndet" (vgl. heute § 5 Abs. 2). Erst in § 2 Abs. 2 RJGG wurde dann ausgeführt, dass aus Anlass der Straftat auch Erziehungsmaßregeln angeordnet werden können (heute § 5 Abs. 1). Wie schon im JGG 1923 sah schließlich § 2 Abs. 3 RJGG vor, dass im Einzelfall von Strafe und Zuchtmitteln „abgesehen" werden konnte, wenn Erziehungsmaßregeln die Ahndung durch den Richter entbehrlich machten (vgl. demgegenüber heute § 5 Abs. 2 aE). Dasselbe ordnete § 2 Abs. 3 RJGG für die Maßregel der Unterbringung in einer Heil- oder Pflegeanstalt (§§ 42a, b RStGB;[5] heute: psychiatrisches Krankenhaus) an (ebenso heute § 5 Abs. 3).

5 Das JGG vom 4.8.1953[6] übernahm vom RJGG die drei Gruppen jugendstrafrechtlicher Rechtsfolgen, stellte sie im Gesetzesaufbau aber so um, dass seither die Erziehungsmaßregeln an der Spitze stehen, gefolgt von den Zuchtmitteln und der Jugendstrafe (§§ 9, 13, 17). Der Gesetzgeber übernahm im neuen § 5 den § 2 RJGG, ordnete aber dessen beiden erste Absätze so an, dass nun in **Abs. 1** die Erziehungsmaßregeln zuerst genannt werden. Außerdem zog er die Regelung in § 2 Abs. 3 RJGG zum Verhältnis der Erziehungsmaßregeln zu Strafe und Zuchtmitteln in den neuen **Abs. 2** vor und formulierte sie so um, dass auch dort jetzt der Vorrang der Erziehungsmaßregeln deutlich wird. In den **Gesetzesmaterialien** heißt es dazu:[7]

> „In dem Entwurf ist die Systematik des Ersten Teils geändert worden. Während bisher die Strafe als das erste und wichtigste Reaktionsmittel des Richters genannt wurde, tritt sie nunmehr hinter den Erziehungsmaßregeln und Zuchtmitteln zurück. Dadurch kommt zum Ausdruck, dass die Strafe die letzte und schwerste Maßnahme ist, die dem Jugendrichter zur Verfügung steht, dass jedoch die übrigen im Gesetz bezeichneten **Erziehungsmaßregeln und Zuchtmittel für den Normalfall** Anwendung finden sollen. Diese Änderung der Systematik lässt den Erziehungsgedanken stärker hervortreten und dadurch den Zweck des Gesetzes deutlicher erkennbar werden."

6 Abs. 1 und 2 blieben bis heute unverändert. **Abs. 3** betraf anfangs nur die Maßregel der „Unterbringung in einer Heil- oder Pflegeanstalt" und wurde durch das Opiumgesetz vom

---

[1] RGBl. S. 127 (137).

[2] RGBl. I S. 135 (141).

[3] § 1 der Verordnung zur Ergänzung des Jugendstrafrechts vom 4.10.1940, RGBl. I S. 1336.

[4] RGBl. I S. 637 (639).

[5] Eingefügt durch Art. 2 des Gesetzes gegen gefährliche Gewohnheitsverbrecher und über Maßregeln der Besserung und Sicherung vom 24.11.1933, RGBl. I S. 995 (996), und in § 9 Abs. 5 JGG 1923 einbezogen durch Art. 3 des dazu am selben Tag ergangenen Ausführungsgesetzes, RGBl. I S. 1000 (1005).

[6] BGBl. I S. 751.

[7] BT-Drs. 1/3264, 39 (Hervorhebung nicht im Original).

22.12.1971[8] um die Einweisung in Trinkerheil- und Entziehungsanstalten erweitert. Das EGStGB vom 2.3.1974[9] passte Abs. 3 sprachlich an § 61 Nr. 1, 2 StGB an, indem es die Begriffe „psychiatrisches Krankenhaus" und „Entziehungsanstalt" verwendet.

Durch den **Einigungsvertrag** findet das JGG seit dem 3.10.1990 auf dem Gebiet der **7** ehemaligen DDR – auch rückwirkend – Anwendung. § 5 gilt dort mit der Maßgabe, dass Abs. 2 und 3 an die Stelle des Wortes „Zuchtmitteln" die Worte „Verwarnung, Erteilung von Auflagen und Jugendarrest" treten.[10]

II. Erläuterung

1. Rechtsfolgen der Straftat (Abs. 1, 2). a) Sanktionszwecke. Erziehungsmaßre- **8** geln, Zuchtmittel und Jugendstrafe sind strafrechtliche Rechtsfolgen. Wie das Strafrecht insgesamt soll auch das Jugendstrafrecht Rechte bzw. Rechtsgüter schützen. Wie die Strafen des StGB knüpfen auch Erziehungsmaßregeln, Zuchtmittel und Jugendstrafe an eine Straftat an und sollen künftige Straftaten verhindern. Hier wie dort ist dabei zu unterscheiden zwischen den Zwecken, die mit der Androhung von Sanktionen verfolgt werden, und den Zwecken, die mit der im Einzelfall verhängten Sanktion verfolgt werden. In den mit der **Sanktionsandrohung** verfolgten Zwecken unterscheiden sich Erwachsenen- und Jugendstrafrecht nicht: Beide wollen durch die Androhung den Rechtsbruch von vornherein verhindern (Androhungsgeneralprävention).[11]

Unterschiede bestehen hingegen bei den mit der **Sanktionsverhängung** verfolgten **9** Zwecken. Jugendstrafrechtliche Sanktionen sollen grundsätzlich der **positiven Spezialprävention** dienen (→ § 2 Rn. 2 ff.). Art und Umfang der verhängten Sanktion sollen sich danach bestimmen, was erzieherisch notwendig ist, um eine erneute Straffälligkeit des Jugendlichen zu verhindern **(Erziehungsgedanke).** Allerdings sind nur die Erziehungs- maßregeln (§ 9) allein auf diesen Zweck beschränkt. Demgegenüber dienen Zuchtmittel (§ 13 Abs. 2) und Jugendstrafe (§ 17) auch dazu, dem Jugendlichen eindringlich zum Bewusstsein zu bringen, dass er für von ihm begangenes Unrecht einzustehen hat (§ 13 Abs. 1). Das heißt nichts anderes, als dass er entweder nur darauf hingewiesen wird (Verwar- nung, § 14) oder bereits unmittelbar erfahren soll (Auflage, Arrest, Jugendstrafe, §§ 15, 16, 17), dass er die Folgen seiner Tat tragen muss. Zuchtmittel und Jugendstrafe ermöglichen daher – über das Maß des erzieherisch und damit positiv spezialpräventiv Notwendigen hinaus – die Zufügung eines Nachteils, der nur verhängt wird, weil er zuvor für den Fall schuldhafter Zuwiderhandlung angedroht wurde. Soweit der Jugendliche mit Blick auf seine Tat und den sich in ihr offenbarenden Erziehungsmangel erzogen werden kann, ist er zu erziehen, soweit dies angesichts seiner Tatschuld nicht ausreicht, ist er wie ein Erwachsener, aber mit jugendgemäßen Sanktionen, zu bestrafen.

Auch die Rechtsprechung[12] vertritt seit jeher die Ansicht, dass mit Zuchtmitteln und **10** Jugendstrafe nicht nur erzieherische Zwecke verfolgt werden dürfen. Der Erziehungsge- danke sei allerdings – selbst bei der Verhängung einer Jugendstrafe wegen der Schwere der Schuld (§ 17 Abs. 2) – immer „vorrangig zu bedenken".[13] Er dürfe hinter anderen Zwecken „nicht – und schon gar nicht deutlich – zurücktreten". Durch Zuchtmittel und Jugendstrafe

---

[8] Art. 2 Nr. 1 Gesetz zur Änderung des Gesetzes über den Verkehr mit Betäubungsmitteln (Opiumgesetz), BGBl. I S. 2092 (2096); s. dazu BT-Drs. 6/2673, 5.

[9] Art. 26 Nr. 3, BGBl. I S. 469 (526); s. dazu BT-Drs. 7/550, 327, 7/1232, 138, 7/1261, 37.

[10] Anlage I Kap. III C Abschnitt III Nr. 3c zum Einigungsvertrag v. 31.8.1990; BGBl. II S. 885 (957).

[11] Zur Strafzweckdiskussion *Altenhain,* Das Anschlussdelikt, 2002, S. 316 ff., insbes. 326 ff. mwN.

[12] BVerfG 9.12.2004 – 2 BvR 930/04, NStZ 2005, 642; BGH 11.11.1960 – 4 StR 387/60, BGHSt 15, 224 (225) = NJW 1961, 278 mAnm *Grethlein* NJW 1961, 687; 29.9.1961 – 4 StR 301/61, BGHSt 16, 261 (263) = NJW 1961, 2359; 1.12.1981 – 1 StR 643/81, MDR 1982, 339; 5.5.1982 – 3 StR 153/82, StV 1982, 335; 21.4.1983 – 4 StR 99/83, bei *Böhm* NStZ 1983, 448; 8.7.1986 – StR 234/86, bei *Böhm* NStZ 1987, 442; 14.9.1989 – 4 StR 386/89, StV 1990, 505; 27.11.1995 – 1 StR 634/95, NStZ 1996, 232 f.; 7.5.1996 – 4 StR 182/96, NStZ 1996, 496 mAnm *Dölling* NStZ 1998, 39; 13.10.2005 – 3 StR 379/05, NStZ-RR 2006, 27.

[13] Hierzu und zum Folgenden eingehend HK-JGG/*Laue* § 17 Rn. 22 ff., § 18 Rn. 9 ff.

solle auch ein **gerechter Schuldausgleich** („vergeltender Ausgleich")[14] herbeigeführt werden. Dieses Nebeneinander von Erziehung und Vergeltung sei möglich, weil Grundlage beider Sanktionszwecke die charakterliche Haltung und die Persönlichkeit des Täters sei. Hingegen dürfe der äußere Unrechtsgehalt der Tat keine selbständige Bedeutung für die Strafbemessung haben. Unzulässig sei auch die Einbeziehung generalpräventiver Gesichtspunkte, soweit sie nicht allemal mit jeder gerichtlichen Ahndung verbunden seien, und solcher negativ spezialpräventiver Überlegungen, die ausschließlich auf den Schutz der Allgemeinheit vor dem Täter abzielten.

11   Unabhängig von der Frage, welche Zwecke bei der Strafverhängung berücksichtigt werden, gilt jedoch immer, dass die zur Erreichung der zulässigen Zwecke geeignete und erforderliche Sanktion nach ihrer Art und ihrem Umfang nicht die obere Grenze dessen überschreiten darf, was der **Schuld angemessen** ist.[15]

12   **b) Straftat.** Voraussetzung für die Verhängung einer Erziehungsmaßregel (Abs. 1) ebenso wie eines Zuchtmittels oder einer Jugendstrafe (Abs. 2) ist eine Straftat. Anders als in § 1 Abs. 1 spricht das Gesetz hier nicht von einer Verfehlung, dh von einer nur tatbestandsmäßigen und rechtswidrigen Tat, sondern von einer Straftat, weil es nach dem für das Jugendstrafrecht gleichermaßen geltenden Schuldprinzip für die Verhängung einer jugendstrafrechtlichen Sanktion einer **auch schuldhaften** (vgl. § 3) Verletzung eines mit Strafe bewehrten Verbots oder Gebots bedarf.[16] Es müssen daneben auch alle anderen die Strafbarkeit begründenden Umstände vorliegen (zB objektive Bedingungen der Strafbarkeit) und jegliche die Strafbarkeit ausschließende Umstände (zB Rücktritt, tätige Reue) fehlen. Unterschiede zum Erwachsenenstrafrecht bestehen insoweit nicht.

13   **c) Erziehungsmaßregeln (Abs. 1).** Erziehungsmaßregeln (§ 9) werden **„aus Anlass"** der Straftat angeordnet, Zuchtmittel (§ 13 Abs. 2) und Jugendstrafe (§ 17) hingegen zur Ahndung der Straftat. Damit bringt Abs. 1 zum Ausdruck, dass Erziehungsmaßregeln **keine Strafen** sind, sondern ausschließlich präventiv auf die Behebung des sich in der Straftat dokumentierenden Erziehungsmangels (→ Rn. 15) abzielen.[17] Erziehungsmaßregeln dürfen nicht aus generalpräventiven Gründen oder zur Sühne oder Vergeltung angeordnet werden.[18] Die Anknüpfung an eine Straftat zeigt darüber hinaus, dass der Erziehungsmangel nur deshalb beseitigt werden soll, um eine neuerliche Straffälligkeit des Täters zu verhindern. Das JGG verfolgt keinen darüber hinausgehenden Erziehungsauftrag.[19] Das Gericht hat nicht die Aufgabe, die charakterliche Heranbildung des Täters im Allgemeinen oder um ihrer selbst willen zu fördern oder zur Entfaltung der jugendlichen Persönlichkeit beizutragen. Für solche Maßnahmen stellt das JGG keine Rechtsgrundlagen bereit. Im Erfordernis der Anlasstat zeigt sich der Unterschied zwischen JGG und Jugendhilferecht, das bereits an eine allgemeine Gefährdung des Wohls des Jugendlichen anknüpft (§ 27 SGB VIII).

14   Das Gericht **„kann"** Erziehungsmaßregeln anordnen. Anordnung und Auswahl der Erziehungsmaßregel stehen in seinem **Ermessen.** Maßstab der Ausübung des Ermessens ist die Frage, ob nach seiner Einschätzung Erziehungsmaßregeln ausreichen (dann Abs. 1) oder nicht (dann Abs. 2). Wozu sie „nicht ausreichen", sagt das Gesetz nicht ausdrücklich. Doch kommen hier nur die beiden aus dem Gesetz zu entnehmenden Zwecke in Betracht (→ Rn. 9 f.): Entweder genügen Erziehungsmaßregeln nicht zur Behebung des Erziehungsmangels (zB weil das Gericht „wegen der schädlichen Neigungen des Jugendlichen" eine Einwirkung im Jugendstrafvollzug für erforderlich hält, § 17 Abs. 2 Alt. 1), oder eine ausschließlich auf die Behebung des Erziehungsmangels gerichtete Sanktionierung wird der

---

[14] BVerfG 9.12.2004 – 2 BvR 930/04, NStZ 2005, 642.
[15] BVerfG 9.12.2004 – 2 BvR 930/04, NStZ 2005, 642; BGH 9.2.1990 – 3 StR 379/89, NStZ 1990, 389; Diemer/Schatz/Sonnen/*Diemer* Rn. 9; *Fahl* FS Schreiber, 2003, 76.
[16] *Dallinger/Lackner* Rn. 8; *Eisenberg* Rn. 23.
[17] *Laubenthal/Baier/Nestler* Rn. 573; Meier/Rössner/Schöch/*Schöch* § 8 Rn. 1; *Streng* Rn. 340.
[18] *Brunner/Dölling* Rn. 3, § 9 Rn. 5; Diemer/Schatz/Sonnen/*Diemer* Rn. 6, 7, § 9 Rn. 2.
[19] BVerfG 13.1.1987 – 2 BvR 209/84, NStZ 1987, 275; Diemer/Schatz/Sonnen/*Diemer* Rn. 4, § 9 Rn. 3, § 10 Rn. 5, 23; *Ostendorf* Rn. 2.

Tatschuld des Jugendlichen nicht gerecht (zB Jugendstrafe „wegen der Schwere der Schuld", § 17 Abs. 2 Alt. 2).

Bei der Prüfung, ob Erziehungsmaßregeln ausreichen, muss das Gericht zunächst Art **15** und Umfang des durch die Straftat offenkundig gewordenen **Erziehungsdefizits** des Jugendlichen ermitteln. Da die Erziehungsmaßregel nur **aus Anlass der Straftat** angeordnet werden darf, folgt zunächst: Das Ausmaß des Erziehungsmangels zeigt sich in erster Linie in der Größe des Unrechts und dem Maß der Schuld. Die Tat muss **Symptom der Erziehungsbedürftigkeit** sein.[20] Wenn sich etwa ein Minderjähriger regelmäßig prostituiert, kann eine fahrlässige Körperverletzung im Straßenverkehr nicht als Anlass genommen werden, um die möglichen (sexuellen) Verwahrlosungstendenzen erzieherisch zu bekämpfen, denn Unachtsamkeit im Straßenverkehr und Prostitution stehen in keinem Zusammenhang.[21]

Sodann überlegt das Gericht, ob und mit welchen Erziehungsmaßregeln ein Erziehungs- **16** defizit dieser Art und dieses Umfangs behoben werden kann (Erziehungsfähigkeit). Es muss insbesondere untersuchen, ob die in Betracht gezogene Erziehungsmaßregel geeignet ist, das festgestellte Erziehungsdefizit (und damit die Wurzel der vom Gesetz vermuteten Gefahr künftiger Straftaten) zu beheben (**Sanktionsprognose,** → § 2 Rn. 7).[22] Dabei sind neben allen erwartbaren Auswirkungen der Erziehungsmaßregel insbesondere die Person und das soziale Umfeld des Jugendlichen, Tatumstände und tatnachfolgende Entwicklungen sowie die gesamten Wirkungen des Strafverfahrens zu berücksichtigen.[23]

Bei der Auswahl einer geeigneten Erziehungsmaßregel ist wiederum die Formulierung **17** „aus Anlass der Straftat" zu beachten: Hieraus folgt auch, dass die Erziehungsmaßregel **nicht außer Verhältnis zur Schwere der Straftat** stehen darf. Wegen einer erstmaligen und nur geringfügigen Tat (zB Schwarzfahren) darf etwa keine Betreuungsweisung nach § 10 Abs. 1 S. 3 Nr. 5 erteilt werden.[24] Dies gilt auch dann, wenn diese Reaktion aufgrund der Täterpersönlichkeit als einzige erzieherisch angezeigt wäre.

Gelangt das Gericht zu dem gegenteiligen Ergebnis, dass der Erziehungsmangel mit **18** Erziehungsmaßregeln – ggf. auch im Verein mit Maßregeln der Besserung und Sicherung – nicht behoben werden kann, so muss es prüfen, ob daneben (§ 8) oder stattdessen Zuchtmittel oder Jugendstrafe besser geeignet sind. Ist das Gericht der Überzeugung, dass Erziehungsmaßregeln unabhängig davon, ob sie erzieherisch ausreichen oder nicht, der Tatschuld des Jugendlichen nicht hinreichend Rechnung tragen, so muss es prüfen, welche Zuchtmittel dazu erforderlich sind.[25] Insbesondere gibt es keinen Rechtssatz, wonach das Gericht bei Ersttätern nur Erziehungsmaßregeln anordnen darf.[26]

d) Zuchtmittel und Jugendstrafe (Abs. 2). Entsprechend der Gliederung des Geset- **19** zes (§§ 9, 13, 17) nennt § 5 zuerst die Erziehungsmaßregeln und danach die Zuchtmittel und die Jugendstrafe. Diese Rangfolge wird nochmals dadurch zum Ausdruck gebracht, dass das Gericht Zuchtmittel oder Jugendstrafe nur verhängen darf, „wenn Erziehungsmaßnahmen nicht ausreichen". Abs. 2 formuliert damit das **Erforderlichkeitsprinzip.**[27] Er bringt – gemeinsam mit den §§ 13 Abs. 1, 17 Abs. 2 – zum Ausdruck, dass Erziehungsmaßregeln den Zuchtmitteln und diese der Jugendstrafe bei gleicher Geeignetheit als jeweils mildere Mittel vorgehen.[28]

---

[20] *Brunner/Dölling* Rn. 3, § 9 Rn. 4; Diemer/Schatz/Sonnen/*Diemer* Rn. 7; *Eisenberg* § 9 Rn. 9; *Streng* Rn. 341.

[21] Bsp. nach *Laubenthal/Baier/Nestler* Rn. 575; ähnlich Meier/Rössner/Schöch/*Schöch* § 8 Rn. 2.

[22] Diemer/Schatz/Sonnen/*Diemer* Rn. 15 f.

[23] Diemer/Schatz/Sonnen/*Diemer* Rn. 16.

[24] Meier/Rössner/Schöch/*Schöch* § 8 Rn. 2; *Ostendorf* Rn. 2; *Schaffstein/Beulke/Swoboda* Rn. 303; *Streng* Rn. 247.

[25] Ähnlich Diemer/Schatz/Sonnen/*Diemer* Rn. 15, § 10 Rn. 24; *Streng* Rn. 248.

[26] *Brunner/Dölling* § 9 Rn. 3.

[27] *Lenz* S. 167 ff.; Meier/Rössner/Schöch/*Rössner* § 6 Rn. 11a; *Brunner/Dölling* Rn. 1.

[28] Sieht ein Gesetz für eine Verfehlung eine bestimmte jugendstrafrechtliche Rechtsfolge vor, so geht diese Spezialregelung der Rechtsfolgensystematik des § 5 vor: LG Würzburg 5.10.1961 – Ns 174/61 jug., RdJ

20   Erforderlichkeit bedeutet bei Abs. 2 in einer generalisierenden Betrachtung zunächst, dass die ausschließlich zu erzieherischen Zwecken zulässigen Erziehungsmaßregeln den (auch) ein Übel zufügenden Zuchtmitteln und der Jugendstrafe vorgehen.[29] Das dem Abs. 2 mit dem Teilgebot der Erforderlichkeit zugrunde liegende **Verhältnismäßigkeitsprinzip** erschöpft sich aber nicht in einer derart generalisierenden Betrachtung, sondern beurteilt die Geeignetheit und die Notwendigkeit von Maßnahmen anhand der konkreten Eingriffs-intensität. Unter diesem Maßstab ergeben sich dann allerdings erhebliche Ungereimtheiten, wenn das Gesetz zu den Erziehungsmaßregeln die eingriffsintensive Heimerziehung (§ 12 Nr. 2) zählt und zu den Zuchtmitteln die (nahezu eingriffslose) Verwarnung (§ 14).

21   Dies berücksichtigt die überwiegende Meinung in der Literatur und weicht von der generalisierenden Rangordnung des Abs. 2 mit einer **erweiternden Auslegung** ab.[30] Die gesetzliche Rangfolge ist mit dem Verhältnismäßigkeitsprinzip unvereinbar, weil im Einzel-fall Erziehungsmaßregeln zu größeren Einschränkungen und Belastungen des Jugendlichen führen können als Zuchtmittel (Bsp.: Heimunterbringung nach § 10 Abs. 1 S. 3 Nr. 2 im Verhältnis zur Verwarnung nach § 14). An die Stelle der in § 5 verankerten Reihenfolge muss eine **Abstufung nach Diversion, ambulanten und stationären Rechtsfolgen** treten.[31] Zuerst muss die Strafverfolgungsbehörde prüfen, ob nicht bereits mit der Anwen-dung der §§ 45, 47 ein erzieherisch und sozial erträgliches Ergebnis erzielt werden kann. Ist formell auf eine Sanktion des JGG zu entscheiden, kommt zunächst eine ambulante Rechtsfolge (§§ 9, 12 Nr. 1, 14, 15) in Betracht. Innerhalb der ambulanten Rechtsfolgen ist die erzieherisch und/oder für eine notwendige Tatahndung geeignetste und in ihrer Belastung für den Jugendlichen mildeste Rechtsfolge zu wählen. Genügen ambulante Rechtsfolgen nicht, ist entsprechend bei den stationären Maßnahmen (§§ 12 Nr. 2, 16, 17) zu verfahren.

22   **2. Vorrang der Unterbringung vor der Ahndung (Abs. 3).** Abs. 3 ermöglicht die **Einspurigkeit** vor allem (aber nicht ausschließlich) freiheitsentziehender Rechtsfolgen im Jugendstrafrecht.[32] Das JGG weicht darin vom Erwachsenenstrafrecht ab, das grundsätzlich die Anordnung von Freiheitsstrafe neben der Unterbringung kennt (Zweispurigkeit) und nur beim Vollzug der Maßregel den Vorrang einräumt (Vikariieren). Im Sinne der Einspu-rigkeit lässt es Abs. 3 stattdessen zu, dass die spezifisch jugendstrafrechtlichen Sanktionen der Zuchtmittel und der Jugendstrafe hinter der Unterbringung in einem psychiatrischen Krankenhaus (§ 63 StGB) oder einer Entziehungsanstalt (§ 64 StGB) als Rechtsfolgen des Erwachsenenstrafrechts zurücktreten.

23   Zuchtmittel und Jugendstrafe einerseits und die Unterbringung in einem psychiatrischen Krankenhaus oder einer Entziehungsanstalt andererseits sind **selbständig nebeneinander stehende Rechtsfolgen,** die auch im Jugendstrafrecht nebeneinander angeordnet werden können.[33] Das Vorliegen ihrer Anordnungsvoraussetzungen (§§ 13 Abs. 1, 17 Abs. 2; §§ 63, 64 StGB) ist deshalb jeweils selbständig vorab festzustellen. Insbesondere darf es nicht zu einer Vermengung von Aspekten kommen, die für die Anordnung einer Sanktion erheblich sind, und solchen Aspekten, die für eine Unterbringung maßgeblich sind[34] (zB bei Vorliegen der Voraussetzungen des § 63 StGB wird nur eine Jugendstrafe verhängt und deren Höhe von der voraussichtlichen Heilungsdauer der krankhaften seelischen Störung abhängig gemacht;[35] bei Vorliegen der Voraussetzungen des § 63 StGB wird die Höhe der Jugendstrafe

---

1962, 42 mit zust. Anm. *Müller; Dallinger/Lackner* Rn. 6; *Diemer/Schatz/Sonnen/Diemer* Rn. 18; *Eisenberg* Rn. 21.

[29] Ebenso Maurach/Gössel/*Zipf* AT/2 § 70 Rn. 18.

[30] *P. A. Albrecht* S. 138; *Böhm/Feuerhelm* S. 155; *Brunner/Dölling* Rn. 5; *Diemer/Schatz/Sonnen/Diemer* Rn. 13; HK-JGG/*Wulf* Rn. 13 ff.; *Laubenthal/Baier/Nestler* Rn. 434 ff.; Meier/Rössner/Schöch/*Rössner* § 6 Rn. 8 ff.; *Ostendorf* Rn. 22; *Schaffstein/Beulke/Swoboda* Rn. 266 f.; *Zieger* Rn. 44; aA 1. Aufl.

[31] Meier/Rössner/Schöch/*Rössner* § 6 Rn. 11; *Lenz* S. 173 ff.

[32] BGH 9.12.1992 – 3 StR 434/92, BGHSt 39, 92 (95); 29.1.2002 – 4 StR 529/01, StV 2002, 416.

[33] BVerfG 8.2.2007 – 2 BvR 2060/06, NStZ-RR 2007, 187.

[34] HK-JGG/*Laue* § 18 Rn. 23.

[35] BGH 10.7.1987 – 2 StR 324/87, NStZ 1987, 506.

auch mit den fehlenden Mechanismen der Empathie aufgrund der schweren Störung des Sozialverhaltens begründet).[36]

Erst im Anschluss daran ist zu fragen, ob die Unterbringung das Ahndungsmittel **ent-** **24** **behrlich** macht. Das ist zu bejahen, wenn der mit dem Zuchtmittel oder der Jugendstrafe verfolgte, vom Gericht zuvor dargelegte Zweck durch die Unterbringung erreicht werden kann (zB Trennung des Jugendlichen von seinem ihn negativ beeinflussenden Umfeld; Notwendigkeit einer intensiven, nur stationär möglichen Einwirkung), so dass eine darüber hinausgehende Einwirkung auf den Jugendlichen unnötig oder sogar ungeeignet ist.[37] Insbesondere bei einer Unterbringung in einem psychiatrischen Krankenhaus (§ 63 StGB) wird die Anordnung von Zuchtmitteln oder Jugendstrafe regelmäßig für entbehrlich erachtet.[38] Stellt das Gericht die Entbehrlichkeit fest, so muss es von Zuchtmitteln und Jugendstrafe absehen („wird abgesehen"); stellt es sie nicht fest, muss es sie neben der Unterbringung anordnen. Dem Gericht steht **kein Auswahlermessen** hinsichtlich der einzelnen Rechtsfolgen zu.[39]

Das Tatgericht muss nach Ansicht des BGH selbst dann Abs. 3 in den Urteilsgründen **25** erörtern, wenn es nach Lage des Falls eher fern liegt, dass die Maßregel die Ahndung durch Jugendstrafe entbehrlich macht. Andernfalls sei nicht auszuschließen, dass es Abs. 3 nicht bedacht habe und, hätte es ihn geprüft, zu einer anderen Entscheidung gelangt wäre.[40] Wegen des durch Abs. 3 vorgegebenen Zusammenhangs zwischen Strafe und Unterbringung ist der Rechtsfolgenausspruch bei Unterlassen einer Erörterung insgesamt aufzuheben.[41]

Ist neben der Anordnung einer Unterbringung nach § 63 StGB eine Jugendstrafe ver- **26** hängt, die Entbehrlichkeit nach Abs. 3 somit verneint worden, so ist die Unterbringung in der **Revision** durch Beschränkung auf den Maßregelausspruch selbständig anfechtbar.[42] Ist dagegen die Anordnung der Unterbringung im Urteil unterblieben, so ist eine Beschränkung der Revision auf den unterbliebenen Maßregelausspruch nicht möglich, weil das Urteil in Bezug auf das Zuchtmittel oder die Jugendstrafe in Rechtskraft erwüchse und es dem neuen Tatgericht nunmehr unmöglich wäre, eine Entscheidung nach Abs. 3 über die Entbehrlichkeit des Zuchtmittels oder der Jugendstrafe zu treffen.[43] Beanstandet das Revisionsgericht lediglich die unterbliebene Unterbringung, ist daher auch der Strafausspruch aufzuheben.[44] Aber auch wenn das Tatgericht Abs. 3 anwendet, das Revisionsgericht aber die Maßregelanordnung aufhebt, ist auch die Entscheidung nach Abs. 3 aufzuheben; so kann, auch wenn nur der Verurteilte Revision eingelegt hat, dieser nach dem Wegfall der Maßregelanordnung durch das neue Tatgericht gem. § 358 Abs. 2 S. 2 StPO iVm § 2 Abs. 2 zu einer Strafe verurteilt werden.[45] Spiegelbildlich führen Fehler bei der Strafzumessung aufgrund des Zusammenhangs nach Abs. 3 zur Aufhebung des Maßregelausspruches, auch wenn dieser an sich rechtsfehlerfrei begründet ist.[46]

---

[36] BGH 9.9.1997 – 4 StR 377/97, NStZ 1998, 86; s. auch BGH 29.1.2002 – 4 StR 529/01, NStZ-RR 2002, 182.

[37] Diemer/Schatz/Sonnen/*Diemer* Rn. 19.

[38] BGH 18.1.1993 – 5 StR 682/92, StV 1993, 534; 2.12.1997 – 4 StR 581/97, NStZ-RR 1998, 188; *Brunner/Dölling* Rn. 2a; Diemer/Schatz/Sonnen/*Diemer* Rn. 19; *Eisenberg* Rn. 28; *Laubenthal/Baier/Nestler* Rn. 439: regelmäßig auch bei Unterbringung nach § 64 StGB.

[39] Diemer/Schatz/Sonnen/*Diemer* Rn. 20; *Laubenthal/Baier/Nestler* Rn. 439.

[40] BGH 20.5.2003 – 4 StR 152/03, NStZ 2004, 296; 29.4.2003 – 4 StR 19/03, bei *Böhm* NStZ-RR 2005, 289. In BGH 17.9.2013 – 1 StR 372/13, NStZ-RR 2014, 28, deutet der BGH dagegen an, dass in Fällen, in denen die Nichtentbehrlichkeit „offenkundig" sei, das Revisionsgericht selbst das durch das Tatgericht nicht ausgeübte Ermessen durch eigenes Ermessen ersetzen könne.

[41] BGH 15.1.2015 – 4 StR 419/14, NStZ 2015, 394 (396); 17.9.2013 – 1 StR 372/13, NStZ-RR 2014, 28; 26.5.2009 – 4 StR 134/09, NJW 2009, 2694; 20.5.2003 – 4 StR 152/03, NStZ 2004, 296.

[42] BGH 9.9.1997 – 4 StR 334/15, NStZ 2016, 105.

[43] BayObLG 15.3.1989 – RReg 3 St 38/89, BayObLGSt 1989, 48.

[44] BGH 5.5.2009 – 4 StR 99/09, NStZ-RR 2009, 277; 2.12.1997 – 4 StR 581/97, NStZ-RR 1998, 188 (189).

[45] BGH 19.12.2012 – 4 StR 494/12, NStZ-RR 2013, 309.

[46] BGH 16.4.2015 – 3 StR 5/15, NStZ-RR 2015, 322 (Ls.).

§ 6 Nebenfolgen

(1) ¹Auf Unfähigkeit, öffentliche Ämter zu bekleiden, Rechte aus öffentlichen Wahlen zu erlangen oder in öffentlichen Angelegenheiten zu wählen oder zu stimmen, darf nicht erkannt werden. ²Die Bekanntgabe der Verurteilung darf nicht angeordnet werden.

(2) Der Verlust der Fähigkeit, öffentliche Ämter zu bekleiden und Rechte aus öffentlichen Wahlen zu erlangen (§ 45 Abs. 1 des Strafgesetzbuches), tritt nicht ein.

I. Allgemeines

1   **1. Normzweck.** § 6 sieht vor, dass auf bestimmte Nebenfolgen nicht erkannt werden darf, weil sie sich nach der Einschätzung des Gesetzgebers „nicht für Jugendliche eignen".[1] Ausgeschlossen werden Nebenfolgen, die zu einer **Bloßstellung** des Jugendlichen in der Öffentlichkeit führen können oder ihn von der Teilnahme am politischen Leben ausschließen und damit die Einübung von verantwortungsvollem gemeinschaftsbezogenen Handeln eher verhindern. Aus diesem Grund greift das Verbot des § 6 auch bei Heranwachsenden ein, sofern auf sie die Vorschriften für Jugendliche anwendbar sind (§ 105 Abs. 1); das gilt sowohl für Verfahren vor den Jugendgerichten als auch für Verfahren vor den für allgemeine Strafsachen zuständigen Gerichten (§§ 104 Abs. 1 Nr. 1, 112). Ist auf einen Heranwachsenden Erwachsenenstrafrecht anzuwenden, so ist die Anordnung von Nebenfolgen zulässig; gemäß § 106 Abs. 2 liegt es dann im Ermessen des Richters („kann"), ob die Nebenfolgen des § 45 Abs. 1 StGB nicht eintreten.

2   **2. Historie.** Bereits § 57 Abs. 1 Nr. 5 RStGB vom 15.5.1871[2] und § 9 Abs. 5 JGG vom 16.2.1923[3] schlossen für jugendliche Täter den **Verlust der bürgerlichen Ehrenrechte** aus. § 16 Abs. 1 RJGG vom 6.11.1943[4] weitete dies auf die Unfähigkeit zur Bekleidung öffentlicher Ämter aus. § 16 Abs. 2 RJGG ließ hingegen ausdrücklich die Anordnung des Verfalls und des Ersatzverfalls zu. Das JGG vom 4.8.1953[5] übernahm die Regelung des § 16 Abs. 1 RJGG wörtlich. § 16 Abs. 2 RJGG wurde nicht übernommen; er war bereits neben § 18 Abs. 3 RJGG überflüssig gewesen und ging nun folgerichtig auf in dessen Nachfolger, dem bis heute unveränderten § 8 Abs. 3. Durch das 1. StrRG vom 25.6.1969[6] wurde § 6 an die Änderung des Rechts der Nebenfolgen angepasst[7] und in zwei Absätze unterteilt. Schließlich erhielt die Norm durch das EGStGB vom 2.3.1974[8] ihre bis heute gültige Fassung.

II. Erläuterung

3   **1. Ausschluss bestimmter Nebenfolgen.** § 6 unterscheidet in Anlehnung an das allgemeine Strafrecht zwischen Nebenfolgen, die vom Gericht ausdrücklich angeordnet werden müssen (Abs. 1), und solchen, die ab einem bestimmten Strafmaß kraft Gesetzes eintreten (Abs. 2).

4   Nach **Abs. 1** S. 1 darf bei Jugendlichen nicht auf die **Unfähigkeit, öffentliche Ämter zu bekleiden oder in öffentlichen Angelegenheiten zu wählen oder zu stimmen,** erkannt werden. Diese Regelung bezieht sich auf die Vorschriften des § 45 Abs. 2 und 5 StGB, nach welchen das Gericht Erwachsenen diese Rechte für bis zu fünf Jahren aberkennen kann, wenn es das Gesetz vorsieht (zB §§ 92a, 101, 102 Abs. 2, 109i StGB). Nach

---

[1] BT-Drs. 5/4094, 44.
[2] RGBl. S. 127 (137 f.).
[3] RGBl. I S. 135 (136).
[4] RGBl. I S. 637 (640).
[5] BGBl. I S. 751.
[6] Art. 11 Nr. 1 1. StrRG, BGBl. I S. 645 (660).
[7] S. dazu BT-Drs. 5/4094, 44; → StGB § 45 Rn. 2 f.
[8] Art. 26 Nr. 4 EGStGB, BGBl. I S. 469 (526).

Abs. 1 S. 2 darf auch die **Bekanntgabe des Urteils** nicht angeordnet werden. Diese Nebenfolge kennt das allgemeine Strafrecht in Fällen, in denen öffentlich oder durch Verbreiten
von Schriften eine falsche Verdächtigung oder Beleidigung ausgesprochen wurde (§§ 103
Abs. 2, 165, 200 StGB). Die Bekanntgabe des Urteils soll dann der Genugtuung und der
Rehabilitierung des Tatopfers dienen.[9] Weil sie aber zugleich den Verurteilten bloßstellt,
untersagt Abs. 1 S. 2 auch die Anordnung dieser Nebenfolge. Das fügt sich ein in die
Tendenz des JGG, die Belange des Verletzten zurückzustellen (zB Ausschluss der Privatklage
und des Adhäsionsverfahrens sowie Einschränkung der Nebenklage; §§ 80, 81).

Abs. 2 hebt die in § 45 Abs. 1 StGB vorgesehene Regelung auf, nach welcher derjenige,   **5**
der wegen eines Verbrechens zu einer Freiheitsstrafe von mindestens einem Jahr verurteilt
wird, kraft Gesetzes für die Dauer von fünf Jahren die Fähigkeit verliert, öffentliche Ämter
zu bekleiden und Rechte aus öffentlichen Wahlen zu erlangen.

2. Zulässigkeit anderer Nebenfolgen. Der in der Überschrift des § 6 und in § 8 Abs. 3   **6**
verwendete **Begriff der Nebenfolge** ist weiter als der des StGB (s. dort die Überschrift
vor § 45 StGB). Er erfasst in § 6 die Statusfolgen einer strafgerichtlichen Verurteilung und
die Veröffentlichung der Verurteilung und bezieht in § 8 Abs. 3 alle sonstigen Rechtsfolgen
des allgemeinen Strafrechts mit ein, soweit sie nicht Strafen oder Maßregeln der Besserung
und Sicherung sind. Nebenfolgen im Sinne des JGG sind damit die Maßnahmen der Einziehung[10] (§§ 73 ff. StGB; vgl. § 76 S. 1), aber auch andere strafrechtliche Rechtsfolgen nach
Bundesrecht (zB Mehrerlösabfuhr, § 8 WiStG; Entziehung des [Jugend-]Jagdscheins, § 41
BJagdG) oder Landesrecht.[11]

Abgesehen von den in § 6 ausdrücklich ausgeschlossenen dürfen alle anderen Nebenfol-   **7**
gen auch gegen Jugendliche und Heranwachsende verhängt werden.[12] Das ergibt sich aus
§ 8 Abs. 3. Der dort aufgenommene Zusatz, der Richter dürfe „die nach diesem Gesetz
zulässigen" Nebenfolgen anordnen, kann nur als Verweis auf § 6 verstanden werden.
Außerdem deutet auch die Gesetzesgeschichte (→ Rn. 2) darauf hin, dass der Gesetzgeber
die zuvor von § 16 Abs. 2 RJGG erlaubte Anordnung anderer Rechtsfolgen nicht beseitigen,
sondern diese Möglichkeit durch § 8 Abs. 3 erhalten wollte. Ist die Anordnung solcher
Rechtsfolgen nach allgemeinem Strafrecht zwingend, so muss das Jugendgericht sie auch
gegenüber einem Jugendlichen aussprechen.[13]

Andere als die in § 6 ausgeschlossenen Nebenfolgen sind grundsätzlich zulässig. Sie kön-   **8**
nen nicht wegen ihrer angeblichen Unvereinbarkeit mit den Grundsätzen des JGG für
unzulässig erklärt werden. Insbesondere ist es nicht möglich, die eindeutige gesetzgeberische
Entscheidung unter Berufung auf erzieherische Interessen zu unterlaufen.[14] § 6 ist eine
Ausnahmevorschrift.[15] Die Wertung des Gesetzgebers, dass mit den Zielen des JGG allein
die in § 6 genannten Nebenfolgen unvereinbar sind, ist für den Rechtsanwender verbindlich.
Deshalb ist auch die Anordnung der Einziehung des Wertersatzes in Form eines Geldbetrags
(§§ 73c, 74c StGB) zulässig.[16] Der Wertersatz ist keine Geldstrafe. Dass die fällige Geldsumme
wie eine Geldstrafe beigetrieben wird (§ 459g Abs. 2 StPO), stellt ihn ebenso wenig mit
jener gleich, wie er ihn auf eine Ebene stellt mit Gerichtskosten und Verwaltungsabgaben
(vgl. § 1 JBeitrO); außerdem droht im Fall seiner Uneinbringlichkeit keine Ersatzfreiheits-

---

[9] → StGB § 165 Rn. 1; → StGB § 200 Rn. 1.
[10] BGH 17.6.2010 – 4 StR 126/10, BGHSt 55, 174 (177 f.) = NJW 2010, 3106.
[11] *Brunner/Dölling* Rn. 7; *Diemer/Schatz/Sonnen/Diemer* Rn. 4; *Eisenberg* Rn. 6.
[12] BGH 13.7.1954 – 1 StR 465/53, BGHSt 6, 258 (259) = NJW 1954, 1616.
[13] *Brunner/Dölling* Rn. 1; *Dallinger/Lackner* Rn. 5, 7; *Diemer/Schatz/Sonnen/Diemer* Rn. 4; *Eisenberg*
Rn. 4.
[14] *Diemer/Schatz/Sonnen/Diemer* Rn. 3; aA *Brunner/Dölling* Rn. 1; *Eisenberg* Rn. 4.
[15] BGH 17.6.2010 – 4 StR 126/10, BGHSt 55, 174 (178) = NJW 2010, 3106 = NStZ 2011, 270 mAnm
Altenhain NStZ 2011, 272; *Dallinger/Lackner* Rn. 10.
[16] BGH 17.6.2010 – 4 StR 126/10, BGHSt 55, 174 (177 f.) m. Bespr. *Winkler* juris PraxisReport 20/
2010 Anm. 1; jeweils zu § 73c StGB siehe auch BGH 10.6.2009 – 2 StR 76/09, NJW 2009, 2755 sowie
BGH 15.3.2001 – 3 StR 21/01, NJW 2001, 1805; aA BGH 13.7.1954 – 1 StR 465/53, BGHSt 6, 258
(259) = NJW 1954, 1616; *Brunner/Dölling* Rn. 3; *Eisenberg* Rn. 5, 7.

strafe.[17] Deshalb kommt es für die Zulässigkeit der Anordnung des Wertersatzes auch nicht darauf an, ob der Wert noch im Vermögen des Jugendlichen vorhanden ist oder nicht.[18] Ebenfalls zulässig ist aus denselben Gründen die Anordnung der Abführung des Mehrerlöses (§ 8 WiStG).

§ 7 Maßregeln der Besserung und Sicherung

(1) Als Maßregeln der Besserung und Sicherung im Sinne des allgemeinen Strafrechts können die Unterbringung in einem psychiatrischen Krankenhaus oder einer Entziehungsanstalt, die Führungsaufsicht oder die Entziehung der Fahrerlaubnis angeordnet werden (§ 61 Nr. 1, 2, 4 und 5 des Strafgesetzbuches).

(2) [1]Das Gericht kann im Urteil die Anordnung der Sicherungsverwahrung vorbehalten, wenn

1. der Jugendliche zu einer Jugendstrafe von mindestens sieben Jahren verurteilt wird wegen oder auch wegen eines Verbrechens
   a) gegen das Leben, die körperliche Unversehrtheit oder die sexuelle Selbstbestimmung oder
   b) nach § 251 des Strafgesetzbuches, auch in Verbindung mit § 252 oder § 255 des Strafgesetzbuches,
   durch welches das Opfer seelisch oder körperlich schwer geschädigt oder einer solchen Gefahr ausgesetzt worden ist, und
2. die Gesamtwürdigung des Jugendlichen und seiner Tat oder seiner Taten ergibt, dass er mit hoher Wahrscheinlichkeit erneut Straftaten der in Nummer 1 bezeichneten Art begehen wird.

[2]Das Gericht ordnet die Sicherungsverwahrung an, wenn die Gesamtwürdigung des Verurteilten, seiner Tat oder seiner Taten und ergänzend seiner Entwicklung bis zum Zeitpunkt der Entscheidung ergibt, dass von ihm Straftaten der in Satz 1 Nummer 1 bezeichneten Art zu erwarten sind; § 66a Absatz 3 Satz 1 des Strafgesetzbuches gilt entsprechend. [3]Für die Prüfung, ob die Unterbringung in der Sicherungsverwahrung am Ende des Vollzugs der Jugendstrafe auszusetzen ist, und für den Eintritt der Führungsaufsicht gilt § 67c Absatz 1 des Strafgesetzbuches entsprechend.

(3) [1]Wird neben der Jugendstrafe die Anordnung der Sicherungsverwahrung vorbehalten und hat der Verurteilte das siebenundzwanzigste Lebensjahr noch nicht vollendet, so ordnet das Gericht an, dass bereits die Jugendstrafe in einer sozialtherapeutischen Einrichtung zu vollziehen ist, es sei denn, dass die Resozialisierung des Verurteilten dadurch nicht besser gefördert werden kann. [2]Diese Anordnung kann auch nachträglich erfolgen. [3]Solange der Vollzug in einer sozialtherapeutischen Einrichtung noch nicht angeordnet oder der Gefangene noch nicht in eine sozialtherapeutische Einrichtung verlegt worden ist, ist darüber jeweils nach sechs Monaten neu zu entscheiden. [4]Für die nachträgliche Anordnung nach Satz 2 ist die Strafvollstreckungskammer zuständig, wenn der Betroffene das vierundzwanzigste Lebensjahr vollendet hat, sonst die für die Entscheidung über Vollzugsmaßnahmen nach § 92 Absatz 2 zuständige Jugendkammer. [5]Im Übrigen gelten zum Vollzug der Jugendstrafe § 66c Absatz 2 und § 67a Absatz 2 bis 4 des Strafgesetzbuches entsprechend.

(4) Ist die wegen einer Tat der in Absatz 2 bezeichneten Art angeordnete Unterbringung in einem psychiatrischen Krankenhaus nach § 67d Abs. 6 des Strafgesetzbuches für erledigt erklärt worden, weil der die Schuldfähigkeit ausschließende

[17] Darauf hob BGH 13.7.1954 – 1 StR 465/53, BGHSt 6, 258, zu § 401 Abs. 2 RAO ab, da § 370 RAO eine Ersatzfreiheitsstrafe vorsah. Das Urteil kann daher nicht verallgemeinert werden.
[18] BGH 17.6.2010 – 4 StR 126/10, BGHSt 55, 174 (178) = NJW 2010, 3106.

oder vermindernde Zustand, auf dem die Unterbringung beruhte, im Zeitpunkt der Erledigungsentscheidung nicht bestanden hat, so kann das Gericht nachträglich die Unterbringung in der Sicherungsverwahrung anordnen, wenn

1. die Unterbringung des Betroffenen nach § 63 des Strafgesetzbuches wegen mehrerer solcher Taten angeordnet wurde oder wenn der Betroffene wegen einer oder mehrerer solcher Taten, die er vor der zur Unterbringung nach § 63 des Strafgesetzbuches führenden Tat begangen hat, schon einmal zu einer Jugendstrafe von mindestens drei Jahren verurteilt oder in einem psychiatrischen Krankenhaus untergebracht worden war und

2. die Gesamtwürdigung des Betroffenen, seiner Taten und ergänzend seiner Entwicklung bis zum Zeitpunkt der Entscheidung ergibt, dass er mit hoher Wahrscheinlichkeit erneut Straftaten der in Absatz 2 bezeichneten Art begehen wird.

(5) Die regelmäßige Frist zur Prüfung, ob die weitere Vollstreckung der Unterbringung in der Sicherungsverwahrung zur Bewährung auszusetzen oder für erledigt zu erklären ist (§ 67e des Strafgesetzbuches), beträgt in den Fällen der Absätze 2 und 4 sechs Monate, wenn die untergebrachte Person bei Beginn des Fristlaufs das vierundzwanzigste Lebensjahr noch nicht vollendet hat.

Übersicht

I. Allgemeines

1. Normzweck. Im allgemeinen Strafrecht stellen die Maßregeln der Besserung und **1** Sicherung (§ 61 StGB) neben der Strafe die zweite Sanktionsspur dar. Sie knüpfen nicht an die Schuld, sondern an die sich in der Tat offenbarende **Gefährlichkeit des Täters** an, der sie durch heilende, fürsorgerische oder sichernde Eingriffe begegnen.[1] Mit § 7 erkennt der Gesetzgeber an, dass auch auf die Gefährlichkeit jugendlicher Täter mit diesen strafrechtlichen Mitteln reagiert werden muss. § 7 zeigt, dass der Gesetzgeber insoweit dem **Sicherungsbedürfnis der Allgemeinheit** neben dem ansonsten positiv spezialpräventiven Ansatz (Erziehungsgedanke) des Jugendstrafrechts Bedeutung zumisst.

§ 7 gilt für auch für **Heranwachsende,** sofern auf sie materielles Jugendstrafrecht **2** anwendbar ist (§ 105 Abs. 1). Das gilt sowohl vor den Jugendgerichten als auch vor den in allgemeinen Strafsachen zuständigen Gerichten (§§ 104 Abs. 1 Nr. 1, 112). Wird bei einem Heranwachsenden Erwachsenenstrafrecht angewendet, so sind im Hinblick auf die Maßregel der Sicherungsverwahrung die besonderen Regelungen in § 106 Abs. 3–6 zu berücksichtigen.

2. Historie. Nach der Aufnahme der Maßregeln der Sicherung und Besserung in das **3** RStGB durch das Gesetz gegen gefährliche Gewohnheitsverbrecher und über Maßregeln der Besserung und Sicherung vom 24.11.1933[2] wurde durch das dazugehörige Ausführungsgesetz vom selben Tage[3] auch § 9 Abs. 5 JGG erweitert. Dort wurde untersagt, gegen Jugendliche

---

[1] → StGB § 61 Rn. 1 f. Maurach/Gössel/Zipf/*Laue* § 67 Rn. 1 ff.

[2] RGBl. I S. 995. Zur Entwicklung des Maßregelrechts seit 1870 siehe Maurach/Gössel/Zipf/*Laue* § 67 Rn. 2 ff.

[3] RGBl. I S. 1000 (1005).

„auf Unterbringung in einem Arbeitshaus, Sicherungsverwahrung, Entmannung, Untersagung der Berufsausübung" zu erkennen. Von den in § 42a RStGB genannten Maßregeln waren damit im Jugendstrafrecht nur die Unterbringung in einer Heil- oder Pflegeanstalt und die Unterbringung in einer Trinkerheil- oder Entziehungsanstalt zulässig. Das RJGG vom 6.11.1943[4] beschränkte dies in § 17 nochmals auf die Unterbringung in einer Heil- und Pflegeanstalt. Die Unterbringung in einer Trinkerheil- oder Entziehungsanstalt sei ungeeignet und unnötig, weil in solchen Fällen eine Unterbringung in einer Heil- und Pflegeanstalt oder die Anordnung der Fürsorgeerziehung genüge.[5] Daneben wurde jedoch in § 60 RJGG mit der Unterbringung in einem **Jugendschutzlager** eine spezifisch jugendstrafrechtliche Maßregel eingeführt, die als Ersatz für die Sicherungsverwahrung gedacht war.[6] Danach konnte der Vollstreckungsleiter Jugendliche, deren „Einordnung in die Volksgemeinschaft" nicht zu erwarten war, während oder nach der Verbüßung der Jugendgefängnisstrafe der Polizei zur Unterbringung in einem Jugendschutzlager überweisen.

4   Die Überweisung in ein Jugendschutzlager wurde „als eine typische nationalsozialistische Einrichtung"[7] nicht in das JGG vom 4.8.1953 übernommen. § 7 JGG erlaubte nur noch die Anordnung der Unterbringung in einer Heil- und Pflegeanstalt und der neuen[8] Maßregel der Entziehung der Fahrerlaubnis.[9] § 7 wurde durch das Opiumgesetz vom 22.12.1971[10] neu gefasst. Erlaubt war nun auch (wieder) die Unterbringung in einer Trinkerheil- oder Entziehungsanstalt, für die im neuen § 93a besondere Vollzugsregeln erlassen wurden. Durch das EGStGB vom 2.3.1974[11] wurde § 7 nochmals neu gefasst. Er wurde sprachlich an § 61 StGB angepasst, indem die Begriffe des „psychiatrischen Krankenhauses" und der „Entziehungsanstalt" verwendet wurden. Hinzugefügt wurde die Führungsaufsicht.

5   Mit dem Gesetz vom 8.7.2008[12] wurde mit Wirkung vom 12.7.2008 die Regelung über die **nachträgliche Sicherungsverwahrung**[13] bei Jugendlichen in den neuen Abs. 2–4 angefügt. Nach der Entscheidung des EGMR[14] zum nachträglichen Wegfall der Höchstfrist von zehn Jahren bei der Sicherungsverwahrung,[15] die wegen eines festgestellten Verstoßes gegen Art. 5 Abs. 1 lit. a EMRK erkennbare Auswirkungen auch auf die nachträgliche Sicherungsverwahrung hatte,[16] wurden durch das Gesetz zur Neuordnung des Rechts der Sicherungsverwahrung vom 22.12.2010[17] mit Wirkung vom 1.1.2011 Abs. 3 S. 1 geändert und Abs. 4 S. 1 aF aufgehoben. Nach dem **BVerfG** waren Abs. 2 und 3 mit Art. 2 Abs. 2 S. 2 iVm Art. 104 Abs. 1 GG unvereinbar, blieben aber bis zu einer Neuregelung, längstens bis zum 31.5.2013 nach Maßgabe der Entscheidungsgründe weiterhin anwendbar.[18] Mit Wirkung vom 1.6.2013 trat das Gesetz zur Umsetzung des Abstandsgebots vom 5.12.2012 in Kraft.[19] Darin werden in Art. 316f Abs. 1 EGStGB die bisherigen, vom BVerfG für verfassungswidrig erklärten Vorschriften für nach dem 31.5.2013 begangene Taten in Bezug auf die primäre und vorbehal-

---

[4] RGBl. I S. 637 (641).

[5] *Kümmerlein*, Das neue Reichsjugendgerichtsgesetz, Deutsche Justiz 1943, 529 (536).

[6] Sie ging zurück auf einen Erlass des Reichsministers des Inneren vom 3.10.1941; *Eisenberg* Rn. 2.

[7] BT-Drs. 1/3246, 48.

[8] Eingefügt als § 42m StGB durch Art. 2 Gesetz zur Sicherung des Straßenverkehrs vom 19.12.1952, BGBl. I S. 832 (833).

[9] BGBl. I S. 751.

[10] Art. 2 Nr. 1 Gesetz zur Änderung des Gesetzes über den Verkehr mit Betäubungsmitteln (Opiumgesetz), BGBl. I S. 2092 (2096).

[11] BGBl. I S. 469; s. dazu BT-Drs. 6/3250, 313.

[12] BGBl. I S. 1212.

[13] Zur Sicherungsverwahrung allgemein Maurach/Gössel/Zipf/*Laue* § 68 Rn. 28 ff.

[14] EGMR 17.12.2009 – 19359/04, NJW 2010, 2495 – M./Deutschland m. Besprechung *Kinzig* NStZ 2010, 233; *Laue* JR 2010, 198.

[15] Für den Erwachsenenbereich durch Änderung des 67d Abs. 3 StGB durch das Gesetz zur Bekämpfung von Sexualdelikten und anderen gefährlichen Straftaten vom 26.1.1998, BGBl. S. 160.

[16] *Laue* JR 2010, 198 (203 f.).

[17] BGBl. I S. 2300.

[18] BVerfG 4.5.2011 – 2 BvR 2365/09, 740/10, 2333/08, 1152/10, 571/10, BVerfGE 128, 326 = NJW 2011, 1931; BGBl. I S. 1003; Bespr. von *Peglau* NJW 2011, 1924; *Hörnle* NStZ 2011, 488.

[19] BGBl. I S. 2425. Siehe hierzu *Renzikowski* NJW 2013, 1638.

tene Sicherungsverwahrung für weiterhin anwendbar erklärt. In § 7 JGG wurde die vorbehaltene Sicherungsverwahrung eingeführt (neuer Abs. 2), die Bedingungen des Jugendstrafvollzugs bei vorbehaltener Sicherungsverwahrung neu geregelt (neuer Abs. 3) und die Möglichkeit der nachträglichen Sicherungsverwahrung auf den Fall der Erledigterklärung der Unterbringung im psychiatrischen Krankenhaus beschränkt (neuer Abs. 4).

II. Maßregeln außer Sicherungsverwahrung (Abs. 1)

1. Allgemeines. Im Jugendstrafrecht dürfen nur die in § 7 genannten Maßregeln der **6** Besserung und Sicherung angeordnet werden. Die Anordnung der im Urteil verfügten (primären) oder nachträglichen – mit der Ausnahme des Abs. 4 – Sicherungsverwahrung, nicht aber der vorbehaltenen Sicherungsverwahrung (§ 61 Nr. 3 StGB) ist ebenso wie die Anordnung eines Berufsverbots (§ 61 Nr. 6 StGB) bei der Anwendung von Jugendstrafrecht unzulässig.

Hinsichtlich der zulässigen Maßregeln räumt § 7 dem Gericht **kein zusätzliches Ermes-** **7** **sen** ein.[20] Die Formulierung, dass sie angeordnet werden „können", dient lediglich der Klarstellung, dass nur diese Maßregeln angeordnet werden dürfen. Das wurde in der früheren Fassung des § 7 noch deutlicher („können nur").[21] Die Streichung des Wörtchens „nur" im Zuge der Neufassung durch das EGStGB[22] sollte daran nichts ändern, sondern erfolgte lediglich aus redaktionellen Gründen, weil es überflüssig erschien. Nach der amtlichen Begründung sollte § 7 nur an den neuen Sprachgebrauch angepasst und die Führungsaufsicht in den Katalog der im Jugendstrafrecht zulässigen Maßregeln aufgenommen werden.[23] Ob im Einzelfall eine Maßregel zu verhängen ist, bestimmt sich also nach Abs. 1 ausschließlich nach den Regeln des allgemeinen Strafrechts. Ein Ermessen kommt dem Gericht nur dort zu, wo es im allgemeinen Strafrecht vorgesehen ist (§ 68 Abs. 1 StGB). Soweit kein Ermessen besteht, erlaubt auch § 7 dem Gericht nicht, von der Anordnung einer Maßregel abzusehen, obwohl deren im StGB genannte Voraussetzungen erfüllt sind. Umgekehrt gilt aber auch, dass das Gericht dann, wenn die Voraussetzungen einer Maßregel nicht vorliegen, keine Weisung erteilen darf, die inhaltlich der gesetzlich im konkreten Fall unzulässigen Maßregel entspricht.[24]

Bei der Prüfung der Voraussetzungen betonen Rechtsprechung und Literatur zu Recht, **8** dass im Jugendstrafverfahren, das auch an den Zielen von Schutz, Förderung und Integration des Jugendlichen ausgerichtet sei, stets besonders eingehend und sorgfältig geprüft werden muss, ob die Maßregel erforderlich sei oder eine weniger einschneidende Maßnahme ausreicht.[25] Das folgt aus dem **Verhältnismäßigkeitsgrundsatz** (§ 62 StGB). Hält das Gericht etwa den Vollzug der Jugendstrafe für ausreichend, um die von dem Jugendlichen ausgehende Gefahr zu beseitigen, so kommt daneben eine Anordnung der Unterbringung in einem psychiatrischen Krankenhaus nicht in Betracht.[26] Grundsätzlich ist zwar keine jugendstrafrechtsspezifische Verhältnismäßigkeitsprüfung zu fordern, aber eine Prüfung der

---

[20] BGH 25.4.1991 – 4 StR 89/91, BGHSt 37, 373 (374) = NJW 1991, 384 (mAnm *Brunner* JR 1993, 513, *Eisenberg/Sieveking* JZ 1993, 529, *Walter* NStZ 1992, 100); *Brunner/Dölling* Rn. 1; Diemer/Schatz/Sonnen/*Diemer* Rn. 2; LK-StGB/*Geppert* StGB § 69 Rn. 93; *Janiszewski* NStZ 1985, 112; *Laubenthal/Baier/Nestler* Rn. 453; Meier/Rössner/Schöch/*Rössner* Rn. 22; *Ostendorf* Rn. 3; → StGB § 63 Rn. 84; aA OLG Zweibrücken 31.3.1989 – Is 35/89, StV 1989, 314; LG Oldenburg 30.10.1984 – Ns Ds 229 Js 19 029/84, BA 1985, 186 = bei *Böhm* NStZ 1985, 447; 29.2.1988 – Ns 224 Js 38 769/87, BA 1988, 199 (200) = bei *Böhm* NStZ 1988, 491; *Eisenberg* Rn. 42 zur Entziehung der Fahrerlaubnis.

[21] *Janiszewski* NStZ 1988, 543.

[22] Dazu → Rn. 4.

[23] BT-Drs. 7/550, 327.

[24] Diemer/Schatz/Sonnen/*Diemer* Rn. 2, § 10 Rn. 17 ff.; aA zu einer in erster Linie erzieherisch motivierten Weisung, über einen bestimmten Zeitraum kein KFZ zu führen: *Brunner/Dölling* § 10 Rn. 14; *Dallinger/Lackner* § 10 Rn. 19; *Eisenberg* § 10 Rn. 32; *Schaffstein/Beulke/Swoboda* Rn. 320; offen gelassen von OLG Düsseldorf 8.3.1968 – (3) Ss 61/68, NJW 1968, 2156 mAnm *van Els* NJW 1968, 2157.

[25] BGH 2.3.1951 – 1 StR 44/50, NJW 1951, 450; 25.4.1991 – 4 StR 89/91, BGHSt 37, 373; 4.7.2002 – 4 StR 192/02, bei *Detter* NStZ 2003, 138; *Brunner/Dölling* Rn. 1; Diemer/Schatz/Sonnen/*Diemer* Rn. 2; → StGB § 62 Rn. 15, → StGB § 63 Rn. 114 ff.

[26] BGH 25.4.1991 – 4 StR 89/91, BGHSt 37, 373 (375).

einzelnen Voraussetzungen, bei der das jugendliche Alter des Täters und seine spezifische Lebenssituation besonders zu berücksichtigen sind:[27] So muss etwa die Prognose der Gefährlichkeit zurückhaltend ausfallen, weil die empirische Prognosebasis – das Vorleben des Täters – aufgrund des geringen Alters dünn ist und weniger Voraussagen über die Zukunft erlaubt als bei einem Täter mit einer längeren Biografie.

9   Die Unterbringung in einem psychiatrischen Krankenhaus oder einer Entziehungsanstalt und die Entziehung der Fahrerlaubnis können **alleine oder auch neben Erziehungsmaßregeln, Zuchtmitteln oder Jugendstrafe** angeordnet werden.[28] Die Führungsaufsicht ist nur neben einer Jugendstrafe von mindestens sechs Monaten zulässig. Den jugendstrafrechtlichen Rechtsfolgen kommt gegenüber den Maßregeln der Besserung und Sicherung kein Vorrang zu.[29] Die Maßregeln nach §§ 63, 64 StGB genießen im Gegenteil unter den Voraussetzungen des § 5 Abs. 3 (→ § 5 Rn. 22 ff.) gegenüber Zuchtmitteln und Jugendstrafe sogar den **Vorrang.** Wird ausnahmsweise eine Jugendstrafe neben einer solchen Maßregel verhängt, so ist die Maßregel grundsätzlich vor der Jugendstrafe zu vollstrecken (§ 67 Abs. 1 StGB; → Rn. 24).

10   **2. Maßregeln der Besserung und Sicherung.** Im Folgenden werden die Anforderungen an die Anordnung der einzelnen Maßregeln der Besserung und Sicherung knapp skizziert und etwaige jugendstrafrechtliche Besonderheiten erörtert. Im Übrigen wird auf die Kommentierung der Vorschriften des StGB verwiesen.

11   **a) Unterbringung in einem psychiatrischen Krankenhaus.** Der Jugendliche muss die rechtswidrige Tat im Zustand der Schuldunfähigkeit (§ 20 StGB) oder verminderten Schuldfähigkeit (§ 21 StGB) begangen haben (§ 63 StGB). Fehlende Verantwortlichkeit (§ 3) genügt nicht.[30] Der Defekt muss mitursächlich für die Tat gewesen sein (symptomatischer Zusammenhang).[31]

12   Erforderlich ist zudem eine **Gefahrenprognose** (§ 63 Abs. 1 StGB). Bei der Gesamtwürdigung des Jugendlichen und seiner Tat sind insbesondere der Entwicklungsstand des Jugendlichen (zB bei einem Sexualstraftäter seine Pubertät), sein Vorleben (→ Rn. 7) und seine Lebensbedingungen zu berücksichtigen.[32] Notwendig sind positive Indizien für eine gewisse Wahrscheinlichkeit, dass der Jugendliche aufgrund seines Defekts (auch) künftig erhebliche rechtswidrige Taten begehen wird. Es muss jedoch keine Vorhersage darüber getroffen werden, dass der Jugendliche im Anschluss an die Unterbringung in einer psychiatrischen Klinik keine Gefahr mehr für die Rechtsordnung und die Sicherheit der Allgemeinheit darstellen wird. Die Erfolgsaussichten der Unterbringung sind – anders als bei § 64 StGB – nicht entscheidend, denn die Maßnahme dient vorrangig dem Schutz der Allgemeinheit; ein Behandlungserfolg ist lediglich ein positiver Nebeneffekt.[33]

13   Im Rahmen der **Verhältnismäßigkeitsprüfung** (§ 62 StGB) ist das Sicherheitsbedürfnis der Allgemeinheit, also die von dem Jugendlichen bedrohten Rechte Dritter oder der Allgemeinheit, gegen den Freiheitsanspruch des Jugendlichen abzuwägen. Danach kommt die Unterbringung eines Jugendlichen oder eines nach Jugendrecht beurteilten Heranwachsenden in einem psychiatrischen Krankenhaus **nur in Ausnahmefällen** in Betracht.[34] Bei Kleinkriminalität (zB geringfügige Ladendiebstähle, Schwarzfahren) ist sie regelmäßig ausge-

---

[27] Siehe auch HK-JGG/*Rössner* Rn. 4.

[28] BVerfG 8.2.2007 – 2 BvR 2060/06, NStZ-RR 2007, 187.

[29] Diemer/Schatz/Sonnen/*Diemer* Rn. 2; *Ostendorf* Rn. 3; aA *Eisenberg* Rn. 36, wonach die Entziehung der Fahrerlaubnis hinter der Weisung zurücktritt.

[30] *Brunner/Dölling* Rn. 2; *Ostendorf* Rn. 7. Zum Verhältnis des § 3 zu den §§ 20, 21 StGB → § 3 Rn. 25 ff.

[31] Siehe zu den allgemeinen Voraussetzungen der Unterbringung nach § 63 StGB Maurach/Gössel/Zipf/*Laue* § 67 Rn. 3 ff.

[32] BGH 25.4.1991 – 4 StR 89/91, BGHSt 37, 373; 2.3.1951 – 1 StR 44/50, NJW 1951, 450; 9.5.2000 – 4 StR 59/00, NStZ 2000, 469 (470).

[33] Diemer/Schatz/Sonnen/*Diemer* Rn. 6.

[34] BGH 25.4.1991 – 4 StR 89/91, BGHSt 37, 373 (374); 9.9.1997 – 4 StR 377/97, NStZ 1998, 87; 9.5.2000 – 4 StR 59/00, NStZ 2000, 469 (470); OLG Jena 29.1.2007 – 1 Ws 16/07, NStZ-RR 2007, 217; *Brunner/Dölling* Rn. 2; *Laubenthal/Baier/Nestler* Rn. 447.

schlossen.[35] Je länger die Unterbringung dauern soll, desto strengere Maßstäbe sind anzulegen.[36] Insbesondere ist sorgfältig zu prüfen, ob die Abwendung der von dem Jugendlichen ausgehenden Gefahr nur durch die Unterbringung und nicht auch auf andere Weise möglich ist, es also kein milderes Mittel gibt.[37] Als Alternativen kommen Weisungen in Betracht (zB nach § 10 Abs. 1 S. 3 Nr. 2, wenn eine effektive Sicherung durch die Familienmitglieder, die dabei ggf. vom Jugendamt unterstützt werden, gewährleistet ist;[38] Weisung nach § 10 Abs. 2) oder die Anordnung der Erziehungsbeistandschaft (§ 12).[39] Es ist auch zu erwägen, ob die weniger einschneidende Unterbringung in einer Entziehungsanstalt (§ 64 StGB)[40] in Betracht kommt. Ebenso kann der Vollzug der Jugendstrafe ausreichend sein, um die von dem gewalttätigen Jugendlichen ausgehende Gefahr zu beseitigen.[41]

b) Unterbringung in einer Entziehungsanstalt. Die Anordnung richtet sich nach **14** § 64 StGB, der Vollzug nach § 93a. Im vereinfachten Jugendverfahren ist die Anordnung einer Unterbringung in einer Entziehungsanstalt nicht möglich (§ 78 Abs. 1 S. 2).

Verspricht eine **Weisung nach § 10 Abs. 2,** sich einer Entziehungskur zu unterziehen, **15** Erfolg, ist die Anordnung der Unterbringung in einer Entziehungsanstalt unverhältnismäßig (§ 62 StGB).[42]

Sofern die Voraussetzungen des § 64 StGB gegeben sind,[43] muss das Gericht die Unter- **16** bringung anordnen. Das gilt auch dann, wenn aus seiner Sicht **keine geeignete Anstalt** gefunden werden kann.[44] Die organisatorische Ausgestaltung und die praktische Durchführung der Maßregel sind bei der Entscheidung über ihre Anordnung unbeachtlich, weil sie nicht die Anordnungsvoraussetzungen, insbesondere auch nicht die Erziehungsfähigkeit des Jugendlichen,[45] betreffen. Es ist Aufgabe der für den Vollzug der Maßregel zuständigen Behörden, für den Jugendlichen geeignete, seinen persönlichen Verhältnissen gerecht werdende Therapiemöglichkeiten zur Verfügung zu stellen. Ein fehlender Therapieplatz ist auch kein Grund dafür, entgegen § 67 Abs. 1 StGB den Vollzug der Jugendstrafe vorzuziehen (→ Rn. 24). Bis ein Platz in einer geeigneten Anstalt frei ist, kann die Anordnung, wenn keine andere Möglichkeit besteht, auch in einem psychiatrischen Krankenhaus vollzogen werden, wenn dort eine Suchttherapiemöglichkeit besteht (§ 67a StGB); andernfalls ist eine Überweisung unzulässig.[46]

c) Führungsaufsicht. Die Führungsaufsicht kann vom Gericht angeordnet werden (§ 68 **17** Abs. 1 StGB) oder kraft Gesetzes eintreten, da § 7 die §§ 67b Abs. 2, 67c, 67d Abs. 2–6, 68f

---

[35] OLG Schleswig 14.11.1956 – Ss 34/56, SchlHA 1957, 161; BGH 21.3.1989 – 1 StR 120/89, NJW 1989, 2959; *Brunner/Dölling* Rn. 2.

[36] BVerfG 8.10.1985 – 2 BvR 1150/80 und 2 BvR 1504/82, StV 1986, 160.

[37] BGH 25.4.1991 – 4 StR 89/91, BGHSt 37, 373; 2.3.1951 – 1 StR 44/50, NJW 1951, 450; 9.5.2000 – 4 StR 59/00, NStZ 2000, 469 (470).

[38] Vgl. BGH 2.3.1951 – 1 StR 44/50, NJW 1951, 450.

[39] *Brunner/Dölling* Rn. 2.

[40] BGH 6.8.1991 – 4 StR 343/91, bei *Böhm* NStZ 1993, 527.

[41] BGH 25.4.1991 – 4 StR 89/91, BGHSt 37, 373 (375).

[42] *P. A. Albrecht* S. 147; *Brunner/Dölling* Rn. 4; *Eisenberg* Rn. 18; *Laubenthal/Baier/Nestler* Rn. 430; *Paul* S. 255; im Ergebnis auch *Ostendorf* Rn. 13.

[43] Zu den allgemeinen Voraussetzungen siehe Maurach/Gössel/Zipf/*Laue* § 67 Rn. 14 ff.

[44] BGH 21.3.1979 – 2 StR 743/78, BGHSt 28, 327 (329); 23.5.1989 – 1 StR 128/89, NStZ 1990, 78 (79); 12.10.1989 – 1 StR 516/89, NStZ 1990, 102; *Brunner/Dölling* Rn. 4; Diemer/Schatz/Sonnen/*Diemer* Rn. 5, § 93a Rn. 6; aA *Eisenberg* Rn. 15; *Laubenthal/Baier/Nestler* Rn. 448; *Ostendorf* Rn. 5; *Paul* S. 251 f.

[45] So aber *Eisenberg* Rn. 15.

[46] OLG Celle 10.11.1994 – 1 VAs 4/94, NStZ 1995, 255 mAnm *Bringewat* JR 1996, 81; S/S/*Stree* § 67a Rn. 1; aA OLG Hamm 28.6.1978 – 4 Ss 1162/78, MDR 1978, 950; 6.6.1980 – 2 Ss 1041/80, JMBlNW 1980, 226 (227); Diemer/Schatz/Sonnen/*Diemer* § 93a Rn. 6. – Zu dem Fall, dass sich erst nachträglich herausstellt, dass es an einer Einrichtung nach § 93a fehlt, hatte das BVerfG (22.6.1977 – 2 BvR 1008/76, JMBlNW 1977, 222) entschieden, es sei nicht verfassungswidrig, wenn der Vollzug der Jugendstrafe vorweggenommen werde. Die Entscheidung bezog sich jedoch auf die damalige Situation, in der noch keine geeigneten Einrichtungen bestanden, und räumte den Ländern eine Frist für deren Schaffung ein. Inzwischen bestehen solche Einrichtungen (in *Parsberg* [Bayern], *Brauel* [Niedersachsen] sowie *Marsberg* [Nordrhein-Westfalen], s. *Paul* S. 262 f.). Dass in einer Einrichtung (noch) kein Platz frei ist, rechtfertigt keinen Vorwegvollzug.

StGB unberührt lässt. Führungsaufsicht ist also auch bei Jugendlichen nach der Entlassung aus der psychiatrischen Klinik oder der Entziehungsanstalt möglich.

18   Die Anordnung der Führungsaufsicht nach § 68 Abs. 1 StGB setzt voraus, dass der Jugendliche eine **Jugendstrafe von mindestens sechs Monaten** verwirkt hat. Im Rahmen der Ermessensausübung ist zu fragen, ob mildere Mittel zur Verfügung stehen. Wird die Jugendstrafe zur Bewährung ausgesetzt (§ 21), so muss geprüft werden, ob schon durch die Unterstellung unter die Aufsicht und Leitung eines Bewährungshelfers (§ 24) und durch Weisungen (§ 23) der Gefahr weiterer Straftaten wirksam begegnet werden kann. Das ist dann nicht der Fall, wenn die Strafaussetzung gerade erst im Hinblick auf die Möglichkeit der Anordnung der Führungsaufsicht gewährt worden ist. Auch soweit die Jugendstrafe nicht zur Bewährung ausgesetzt wird, ist zu prüfen, ob statt der Führungsaufsicht etwa die Weisung ausreicht, sich der Betreuung oder Aufsicht einer bestimmten Person zu unterstellen (§ 10 Abs. 1 S. 3 Nr. 5).

19   Bei § 68f StGB war – ebenso wie im Erwachsenenstrafrecht, wo streitig war, ob eine Gesamtstrafe von mindestens zwei Jahren ausreicht[47] – umstritten, ob eine einheitliche Jugendstrafe genügt[48] oder wenigstens für eine der einbezogenen Taten bereits eine Jugendstrafe **von mindestens 2 Jahren** verwirkt worden sein muss.[49] Mittlerweile wurde § 68f Abs. 1 S. 1 StGB durch das Gesetz v. 13.4.2007[50] in seinem Wortlaut entscheidend geändert: Statt „wegen einer vorsätzlichen Straftat" heißt es nunmehr „wegen vorsätzlicher Straftaten". Es ist daher der ersten Ansicht zu folgen.[51] Dies entspricht auch dem Zweck des § 68f StGB, nach dem es keinen Unterschied machen kann, ob die Wiedereingliederungsschwierigkeiten, die eine Führungsaufsicht nötig machen, bei einem Jugendlichen bestehen, der aufgrund einer schweren Tat allein zu einer Jugendstrafe von zwei Jahren verurteilt worden ist, oder bei einem Jugendlichen, der aufgrund mehrerer geringerer Straftaten zu einer einheitlichen Jugendstrafe von zwei Jahren verurteilt worden ist.

20   **d) Entziehung der Fahrerlaubnis.** § 69 Abs. 1 Satz 1 StGB erlaubt die Entziehung der Fahrerlaubnis auch dann, wenn die Schuldunfähigkeit des Täters erwiesen oder nicht auszuschließen ist. Deshalb kann auch einem solchen Jugendlichen die Fahrerlaubnis entzogen werden, dem im Tatzeitpunkt die **Verantwortlichkeit** nach § 3 fehlte.[52]

21   Bei der Entziehung der Fahrerlaubnis steht der Aspekt der Sicherung der Allgemeinheit deutlich im Vordergrund, eine Besserung kann damit nicht erreicht werden. Eine jugendspezifische Auslegung ist daher fernliegend. Dies gilt insbesondere unter dem Aspekt, dass die 15- bis 24-Jährigen die auffälligste Risikogruppe sowohl unter den Unfallverursachern als auch unter den Unfallopfern im Straßenverkehr bilden.[53] Die Sicherung vor den Gefahren des Straßenverkehrs zielt somit auch und besonders auf den Schutz der jungen Verkehrsteilnehmer. Die **Regelvermutung** des § 69 Abs. 2 StGB gilt daher auch im Jugendstrafrecht.[54] Das JGG sieht keine Einschränkung vor. Die Regelvermutung beruht auf gesicherten Erfahrungen und wissenschaftlichen Erkenntnissen und gilt ausnahmslos für jeden Kraftfahrer,

---

[47] Dazu → StGB § 68f Rn. 5.

[48] So OLG München 25.2.2002 – 1 Ws 1040/01, NStZ-RR 2002, 183 mAnm *Ostendorf* ZJJ 2004, 199; LG Berlin 6.8.2007 – 509 Qs 36/07, NStZ 2009, 46; Diemer/Schatz/Sonnen/*Diemer* Rn. 11; *Ostendorf* Rn. 14.

[49] KG 9.12.2002 – 5 Ws 648/02, bei *Böhm* NStZ-RR 2004, 257; OLG Dresden 31.8.2004 – 2 Ws 183/04, NStZ-RR 2005, 153; OLG Hamm 4.9.1997 – 4 Ws 472/97, NStZ-RR 1998, 61; OLG Stuttgart 11.11.2002 – 4 Ws 255/02, Justiz 2003, 267; OLG Zweibrücken 23.2.2005 – 1 Ws 48/05, NStZ-RR 2005, 246; LG Hamburg 17.8.1990 – 604 Qs 29/90, StV 1990, 508; *Böhm/Feuerhelm* S. 168; *Eisenberg* Rn. 38.

[50] Gesetz zur Reform der Führungsaufsicht, BGBl. I S. 513.

[51] So unterdessen auch *Brunner/Dölling* Rn. 11; *Laubenthal/Baier/Nestler* Rn. 451.

[52] BGH 11.11.1954 – 4 StR 526/54, BGHSt 6, 394 (397); Diemer/Schatz/Sonnen/*Diemer* Rn. 16; *Eisenberg* Rn. 42; *Ostendorf* Rn. 15.

[53] Siehe HK-JGG/*Rössner* Rn. 13 mit Daten aus der Verkehrsunfallstatistik.

[54] AG Bremen-Blumenthal 10.4.2001 – 34 Ds 470 Js 3370/01, StV 2002, 373; → StGB § 69 Rn. 66; *Brunner/Dölling* Rn. 13; Diemer/Schatz/Sonnen/*Diemer* Rn. 15; LK-StGB/*Geppert* StGB § 69 Rn. 93; *Hentschel* NJW 1995, 635; *Janiszewski* NStZ 1985, 112; *Laubenthal/Baier/Nestler* Rn. 452; *Schaffstein/Beulke/Swoboda* Rn. 252; *Streng* Rn. 254; *Wölfl* NZV 1999, 69.

also auch für junge Fahrerlaubnisinhaber. Es ist vor dem Hintergrund des mit § 69 StGB intendierten Schutzes der Allgemeinheit nicht ersichtlich, weshalb Jugendliche insoweit einer anderen Beurteilung unterliegen sollten.[55] Nach der gegenteiligen Ansicht steht die gesetzliche Vermutung des § 69 Abs. 2 StGB im Widerspruch zum Erziehungsgedanken, weil sie aufgrund einer einzelnen Tat ohne weitere Betrachtung des betroffenen Jugendlichen eine Vermutung für seine mangelnde charakterliche Eignung aufstelle. Der Erziehungsgedanke gebiete im Gegenteil in jedem Einzelfall zu prüfen, ob es die Sicherheit der Allgemeinheit auch noch im Zeitpunkt der Hauptverhandlung erfordere, gegen den Jugendlichen eine Führerscheinsperre zu verhängen.[56] Dabei wird nicht hinreichend beachtet, dass § 69 Abs. 2 StGB lediglich die Vermutung aufstellt, der Jugendliche sei aufgrund der von ihm begangenen schweren Verkehrsstraftat nicht zum Führen eines Fahrzeugs geeignet. Sind Anhaltspunkte gegeben, die darauf hindeuten, dass der konkrete Einzelfall aus dem typischen Rahmen derartiger Delikte fällt, so hat das Gericht dem durch eine Gesamtwürdigung der Person des Jugendlichen Rechnung zu tragen. Insbesondere muss es eine Nachreife des Jugendlichen berücksichtigen.[57] Die Gesamtwürdigung nimmt ihren Ausgang in der konkreten Tat, aus der sich die mangelnde Eignung des Jugendlichen deutlich ablesen lassen muss. Einzubeziehen sind daneben insbesondere einschlägige Vorstrafen und die sonstige Fahrweise des Täters.[58] Seine „mangelnde praktische Erfahrung" allein reicht nicht aus.[59] Unerheblich ist allerdings bei der Beurteilung der Ungeeignetheit des Jugendlichen die Frage, wie sich der Entzug der Fahrerlaubnis auf die Erziehung und Entwicklung des Betroffenen auswirkt. Das entspricht der gesetzgeberischen Wertung, überhaupt Maßregeln der Besserung und *Sicherung* in das Jugendstrafrecht aufzunehmen (→ Rn. 1).

Gemäß § 69 Abs. 1 Satz 2 StGB erfolgt **keine Verhältnismäßigkeitsprüfung.** Das gilt auch im Jugendstrafrecht.[60] Insbesondere ist § 69 StGB nicht subsidiär gegenüber dem **Fahrverbot** (§ 44 StGB),[61] das eine Nebenstrafe („Denkzettel") ist und nicht dem Schutz der Allgemeinheit dient.[62] Deshalb muss das Gericht nach § 69 StGB vorgehen, wenn der Jugendliche ungeeignet zum Führen von Kraftfahrzeugen ist. § 69 StGB ist auch nicht subsidiär gegenüber **Weisungen,**[63] da diese allein der Behebung von Erziehungsmängeln und nicht dem Schutz der Allgemeinheit dienen. Da Weisungen, die inhaltlich oder ihrer Zielsetzung nach der Maßregel gleichkommen, wegen Umgehung der Anforderungen des § 69 StGB allemal unzulässig sind, könnte eine Weisung der Gefahr auch nicht gleichermaßen effizient begegnen.   **22**

Auch die Dauer der **Sperrfrist** (§ 69a StGB) ist allein an der Ungeeignetheit des Jugendlichen auszurichten.[64] In diesem Rahmen sind dann allerdings Besonderheiten gerade eines jugendlichen Täters zu beachten (zB bis wann ein entwicklungsbedingter Rückstand aufgeholt sein wird; Untersuchungen zur Rückfallwahrscheinlichkeit).[65] Unerheblich ist hingegen das rein berufliche oder wirtschaftliche Interesse des Jugendlichen an der Fahrerlaubnis.[66] Nimmt das Gericht an, dass der Jugendliche über einen bestimmten Zeitraum hinweg   **23**

---

[55] *Janiszewski* NStZ 1988, 543; *Wölfl* NZV 1999, 70.

[56] OLG Zweibrücken 31.3.1989 – I Ss 35/89, StV 1989, 314; BezG Meiningen 11.9.1991 – Ns Ds 5 Js 943/1991, bei *Janiszewski* NStZ 1989, 269 f.; LG Oldenburg 30.10.1984 – Ns Ds 229 Js 19 029/84, BA 1985, 186 = bei *Böhm* NStZ 1985, 447; 29.2.1988 – Ns 224 Js 38 769/87, BA 1988, 199 (200) = bei *Böhm* NStZ 1988, 491; AG Saalfeld 26.10.1993 – Cs 661 Js 76 304/93, NStZ 1994, 89 = BA 1994, 269 mit abl. Anm. *Moltekin*; *Eisenberg* Rn. 42; wohl auch *P. A. Albrecht* S. 147.

[57] Diemer/Schatz/Sonnen/*Diemer* Rn. 15; *Laubenthal/Baier/Nestler* Rn. 452.

[58] BGH 29.6.1954 – 5 StR 233/54, BGHSt 6, 183 (185).

[59] OLG Hamm 29.3.1957 – 3 Ss 110/57, VRS 13 (1957), 32; *Brunner/Dölling* Rn. 13.

[60] *Brunner/Dölling* Rn. 13; Diemer/Schatz/Sonnen/*Diemer* Rn. 15; *Ostendorf* Rn. 15; aA *Eisenberg* Rn. 42.

[61] So aber *P. A. Albrecht* S. 147.

[62] Dazu → StGB § 69 Rn. 21.

[63] Einschr. aA *Eisenberg* Rn. 43. Für die Weisung nach § 10, eine Fahrerlaubnis zu erwerben, AG Saalfeld 8.7.2003 – 675 Js 1800/03 2 Ds jug., StV 2005, 65; *Ostendorf* Rn. 15.

[64] AA *Eisenberg* Rn. 45.

[65] Diemer/Schatz/Sonnen/*Diemer* Rn. 15.

[66] OLG Düsseldorf 25.1.1990 – 3 Ws 73/90, NZV 1990, 237 (238) zu § 69a Abs. 7 StGB.

ungeeignet bleiben wird, darf es die Sperrfrist nicht aus erzieherischen Gründen verlängern oder verkürzen. Geradezu dem Zweck des § 69 StGB zuwiderlaufend wäre es, die Sperrfrist mit der Begründung zu verkürzen, der Jugendliche werde andernfalls ohne Fahrerlaubnis fahren oder sich künftig unerlaubt vom Unfallort entfernen.[67]

24   **3. Verhältnis der Maßregeln zur Jugendstrafe.** Wird neben der Jugendstrafe eine Unterbringung in einem psychiatrischen Krankenhaus oder einer Entziehungsanstalt (§§ 63, 64 StGB) angeordnet, so ist die Maßregel grundsätzlich vor der Strafe zu vollziehen (§ 67 Abs. 1 StGB). Auch im Jugendstrafrecht ist es jedoch zulässig, ausnahmsweise die Strafe oder einen Teil der Strafe vor der Maßregel zu vollziehen, wenn der Zweck der Maßregel dadurch erleichtert wird (§ 67 Abs. 2 StGB).[68] Die Umkehrung der **Reihenfolge der Vollstreckung** muss als sinnvolle Vorstufe der Maßregelbehandlung für deren Zweck erforderlich sein.[69] Bei einer Jugendstrafe von über drei Jahren soll das Gericht nach dem neuen § 67 Abs. 2 S. 2 StGB[70] den Vorwegvollzug eines Teils der Strafe bestimmen.[71] Zweck der Maßregel ist es, durch heilende oder bessernde Einwirkung auf den Täter sowie durch seine Verwahrung die von ihm ausgehende Gefahr weiterer erheblicher rechtswidriger Taten abzuwenden oder zu verringern.[72] Ob dieser Zweck eine Abweichung von der gesetzlichen Reihenfolge der Vollstreckung erfordert, richtet sich nach den Umständen des Einzelfalls, insbesondere nach der Persönlichkeit des Jugendlichen, der Länge der Jugendstrafe und der Art der notwendigen Behandlung. Tunlich ist ein Vorwegvollzug insbesondere dann, wenn dadurch die Therapiebereitschaft geweckt oder verstärkt wird.[73] Das ist etwa der Fall, wenn der Strafvollzug eine Weiterentwicklung des Charakters und der Persönlichkeit des Jugendlichen erwarten lässt, weil ihm die Tragweite seines Tuns verdeutlicht wird und dadurch die Erfolgschancen der nachfolgenden therapeutischen Behandlung wahrscheinlicher werden. Ein Vorwegvollzug kann darüber hinaus bei Protest- und Verweigerungsverhalten des Jugendlichen oder bei mangelndem Durchhaltewillen erforderlich sein. Die Begründung, der Jugendliche müsse einem gewissen Leidensdruck unterworfen werden, damit er für therapeutische Maßnahmen aufgeschlossener werde, reicht für sich genommen nicht aus.[74] Ebenso wenig genügt es, wenn das Gericht lediglich auf die Zweckmäßigkeitserwägung abstellt, dass der für den Jugendlichen erforderliche „strenge Rahmen" derzeit eher vom Jugendstrafvollzug als von einer psychiatrischen Klinik geschaffen werden könne. In beiden Fällen muss noch dargelegt werden, dass der Vorwegvollzug der Jugendstrafe den Jugendlichen auch dem Maßregelziel näher bringt.[75] Das Fehlen eines geeigneten Therapieplatzes erlaubt keinen Vorwegvollzug.[76]

25   Ist ein Jugendlicher nur zu einer Jugendstrafe verurteilt und keine Unterbringung (§§ 63, 64 StGB) angeordnet worden, so kann die Staatsanwaltschaft die **Revision** nicht wirksam auf die Nichtanordnung seiner Unterbringung beschränken. Andernfalls würde die Verurteilung zur Jugendstrafe bereits selbstständig in Rechtskraft erwachsen, so dass eine Entscheidung nach § 5 Abs. 3 nicht mehr möglich wäre.[77] Ist ein Jugendlicher zu einer Jugendstrafe verurteilt, die Unterbringung (§§ 63, 64 StGB) angeordnet und der Vorwegvollzug der Jugendstrafe bestimmt worden (§ 67 Abs. 2 StGB), so muss das Revisionsgericht, wenn es

---

[67] So aber AG Saalfeld 8.7.2003 – 675 Js 1800/03 2 Ds jug., StV 2005, 65; *Eisenberg* Rn. 45; *Eisenberg/ Dickhaus* NZV 1990, 456; *Ostendorf* Rn. 15; s. auch *Böhm/Feuerhelm* S. 168.
[68] BGH 14.7.1987 – 1 StR 250/87, BGHR StGB § 67 II Zweckerreichung, leichtere 7.
[69] BGH 26.2.1986 – 3 StR 492/85, NStZ 1986, 331 (332).
[70] Eingefügt durch Gesetz vom 16.7.2007, BGBl. I S. 1327.
[71] BGH 26.5.2009 – 4 StR 134/09, NJW 2009, 2694 (2695).
[72] BGH 25.7.1985 – 1 StR 241/85, BGHSt 33, 285 (287).
[73] Diemer/Schatz/Sonnen/*Diemer* Rn. 18.
[74] BGH 23.12.1987 – 4 StR 593/87, bei *Böhm* NStZ 1988, 493; *Eisenberg* Rn. 11.
[75] BGH 26.2.1986 – 3 StR 492/85, NStZ 1986, 331 (332).
[76] BGH 3.5.1978 – 4 StR 184/78, bei *Holtz* MDR 1978, 803; 4.12.1980 – 4 StR 582/80, NStZ 1981, 492 mAnm *Scholz* NStZ 1981, 493; 13.10.1981 – 1 StR 491/81, NStZ 1982, 132; Diemer/Schatz/Sonnen/ *Diemer* Rn. 19.
[77] BayObLG 15.3.1989 – 3 St 38/89, JZ 1989, 652.

nicht selbst den Ausspruch zum Vorwegvollzug ändert,[78] auch die Anordnung der Maßregel aufheben, wenn das Tatgericht die Vorwegnahme des Strafvollzugs nicht oder nicht ausreichend begründet hat, weil die Anordnung der Maßregel der Besserung und Sicherung und die Entscheidung über die Reihenfolge der Vollstreckung in engem inneren Zusammenhang stehen.[79]

III. Sicherungsverwahrung (Abs. 2–4)

Obwohl ursprünglich die Sicherungsverwahrung im Jugendstrafrecht keine Anwendung   **26** finden sollte – siehe auch § 106 Abs. 3 S. 1 –, wurde mit dem Gesetz vom 8.7.2008 durch die Anfügung der Abs. 2–4 die Anordnung der **nachträglichen Sicherungsverwahrung** ermöglicht. Die Vorschrift lehnte sich an die bereits seit 2004 bestehende Möglichkeit der nachträglichen Sicherungsverwahrung gegenüber Heranwachsenden, auf die Erwachsenenstrafrecht angewendet wird, an. Der Leitgedanke hinter dieser Regelung war die Überzeugung, dass es in seltenen Ausnahmefällen junge Straftäter geben kann, bei denen trotz aller Erziehungsmaßnahmen im Strafvollzug eine hohe Gefährlichkeit in Bezug auf sehr schwere Straftaten verbleibt und daher nach ihrer Entlassung eine Gefahr für potenzielle Opfer von Sexual- und Gewaltstraftaten sehenden Auges in Kauf genommen werden müsste.[80] Eine unmittelbar im Urteil angeordnete oder vorbehaltene Sicherungsverwahrung war bei Jugendlichen und bei Heranwachsenden, auf die Jugendstrafrecht angewendet wird, weiterhin ausgeschlossen. Nach der Entscheidung des BVerfG vom 4.5.2011[81] waren die Abs. 2 und 3 a.F. mit Art. 2 Abs. 2 S. 2 iVm Art. 104 GG bzw. Abs. 2 aF darüber hinaus auch mit Art. 2 Abs. 2 S. 2 iVm Art. 20 Abs. 3 GG unvereinbar und daher verfassungswidrig.

Durch das Gesetz zur bundesrechtlichen Umsetzung des Abstandsgebots im Recht der   **27** Sicherungsverwahrung vom 5.12.2012 wurden die Anordnungsmöglichkeiten der Sicherungsverwahrung mit Wirkung vom 1.6.2013 nochmals erheblich umgestaltet (→ Rn. 5). Die nachträgliche Sicherungsverwahrung ist nunmehr bis auf den Fall der Erledigterklärung der Unterbringung in einer psychiatrischen Anstalt (Abs. 4) unzulässig. Die Anordnung der primären, d.h. bereits im Urteil angeordneten Sicherungsverwahrung ist gegen jugendliche und gegen heranwachsende Straftäter weiterhin nicht möglich. Dies ist damit zu begründen, dass die noch kurze Biografie junger Straftäter und die Episodenhaftigkeit kriminellen Verhaltens regelmäßig keine ausreichende Tatsachengrundlage für eine belastbare Gefährlichkeitsprognose liefern kann.[82] Dafür wurde bei Anwendung von Jugendstrafrecht die **vorbehaltene Sicherungsverwahrung** in den Fällen ermöglicht, in denen bis zum 31.5.2013 die nachträgliche Sicherungsverwahrung angeordnet werden konnte (Abs. 2). Die vorbehaltene Sicherungsverwahrung hat insb. bei jungen Straftätern den Vorteil, dass die durch das geringe Lebensalter notwendig schmale Basis für die Gefährlichkeitsprognose um den Zeitraum der Strafvollstreckung verbreitert wird. Darüber hinaus kann die späte Anordnungsprüfung die möglichen Behandlungserfolge im Strafvollzug berücksichtigen.[83] Alles in allem überwiegen aber die Zweifel an der Angemessenheit auch der vorbehaltenen Sicherungsverwahrung gegenüber jungen Straftätern. Nach ihrem Grundverständnis ist sie eine Maßnahme gegen hochgefährliche Gewalttäter, bei denen gefährlichkeitsmindernde Behandlungserfolge ausgeblieben und auch weiterhin nicht zu erwarten sind. Bei jungen Menschen wird dieses Urteil nur schwer eindeutig zu fällen sein. Auch die vorbehaltene Sicherungsverwahrung

---

[78] So BGH 3.5.1990 – 1 StR 160/90, StV 1991, 65.
[79] OLG Hamm 5.11.1984 – 1 Ss 1161/84, bei *Böhm* NStZ 1985, 447; aA Diemer/Schatz/Sonnen/*Diemer* Rn. 20.
[80] HK-JGG/*Rössner* Rn. 14; siehe auch BGH v. 9.3.2010 – 1 StR 554/09, NJW 2010, 1539.
[81] BVerfG 4.5.2011 – 2 BvR 2365/09, 740/10, 2333/08, 1152/10, 571/10, NJW 2011, 1931; BGBl. I S. 1003. Bespr. von *Peglau* NJW 2011, 1924; *Hörnle* NStZ 2011, 488.
[82] *Brunner/Dölling* § 106 Rn. 9; *Schöffstein/Beulke/Swoboda* Rn. 258; *Streng* Rn. 556.
[83] Nach Kröber/Dölling/Leygraf/Sass/*Dahle*, Bd. 3, S. 24 f., ist bei individuell ausgerichteten, spezifizierten Behandlungsprogrammen ein durchschnittlicher Rückgang der Rückfälligkeitswahrscheinlichkeit von ca. 10 % zu erwarten.

sollte daher tatsächlich – wie vom BVerfG gefordert – auf extreme Einzelfälle, in denen keine andere Maßnahme vertretbar erscheint, beschränkt werden.[84]

28   Die Anordnung der vorbehaltenen Sicherungsverwahrung hat nach **Abs. 2** folgende **formelle Voraussetzungen: a)** Der Jugendliche oder ihm gleichgestellte Heranwachsende muss wegen eines **Verbrechens** gegen das **Leben** (§§ 211, 212, 221 Abs. 2, 3), die **körperliche Unversehrtheit** (§§ 225 Abs. 2, 226, 227 StGB), die **sexuelle Selbstbestimmung** (§§ 176a, 176b, 177, 178, 179 Abs. 5, 7 StGB) oder nach **§ 251 StGB** (auch iVm §§ 252 oder 255 StGB), durch das das **Opfer seelisch oder körperlich schwer geschädigt** wurde oder eine dementsprechende Gefahr bestand, zu einer **Jugendstrafe von mindestens sieben Jahren verurteilt** worden sein. Eine Einheitsjugendstrafe in dieser Höhe ist ausreichend, wenn jede ihr zugrunde liegende Straftat eine Katalogtat ist; bei einer Kombination aus Katalog- und Nichtkatalogtaten muss deutlich werden, dass auch ohne Nichtkatalogtaten eine Jugendstrafe von mindestens sieben Jahren verhängt worden wäre.[85] Hierbei genügt eine Verurteilung, so dass Abs. 2 auch bei Ersttätern in Betracht kommt.

29   **b)** Darüber hinaus ist eine **Gefährlichkeitsprognose** bereits im Zeitpunkt des Urteils notwendig: Es muss eine Gesamtwürdigung der Persönlichkeit des Jugendlichen und seiner Tat(en) ergeben, dass von ihm mit hoher Wahrscheinlichkeit weiterhin Taten zu erwarten sind, wie sie für die Anlasstat vorausgesetzt sind, das heißt Verbrechen nach den genannten StGB-Vorschriften, durch die das Opfer seelisch oder körperlich schwer geschädigt oder zumindest dieser Gefahr ausgesetzt wird. Bereits zu diesem Zeitpunkt ist eine „hohe Wahrscheinlichkeit" verlangt. Trotz Fortschritten in der Entwicklung verlässlicher Prognoseinstrumente[86] bleibt es schwierig, das Legalverhalten junger Menschen für einen mindestens sieben Jahre in der Zukunft liegenden Zeitraum vorherzusagen. Deswegen kommt der Prognose im Urteilszeitpunkt nur ein vorläufiger Charakter zu: Die Gefährlichkeit im Urteilszeitpunkt ist daher nur notwendige, aber nicht hinreichende Bedingung für die Anordnung der Sicherungsverwahrung bei Anwendung des Jugendstrafrechts. Die endgültige Entscheidung fällt erst in dem Zeitpunkt, in dem der Verurteilte nach der Strafvollstreckung entlassen werden müsste. Der Grund für diese – in ihrem materiellen Gehalt immer noch der nachträglichen Sicherungsverwahrung entsprechende – gesetzliche Konstruktion ist die Vorgabe des Art. 5 Abs. 1 lit. a EMRK, wonach eine Freiheitsentziehung nur nach Verurteilung erfolgen darf, das heißt im Strafurteil bereits angeordnet werden muss, wenn auch nur vorbehalten.[87]

30   **c)** Nach **Abs. 1 Satz 2** ist für die **endgültige Anordnung** der Sicherungsverwahrung eine **weitere Gefährlichkeitsprognose** am Ende der Strafvollstreckung – auch im Fall des Widerrufs einer Reststrafenaussetzung (§ 66a Abs. 3 Satz 1 StGB) – notwendig. Neben den Prognosekriterien des Satz 1 Nr. 2 – Gesamtwürdigung der Persönlichkeit des Jugendlichen sowie seiner Tat(en) – ist nun noch die Entwicklung des Jugendlichen in der Zeit der Strafvollstreckung zu berücksichtigen. Hierdurch wird einerseits die Prognosebasis verbreitert, weil die Persönlichkeitsentwicklung über einen längeren Zeitraum begutachtet werden kann (→ Rn. 27), andererseits geben die Lebensumstände in Gefangenschaft nur bedingt Aufschluss über das zu erwartende Verhalten in Freiheit. Zuständig für die Entscheidung ist nach dem Verfahren des § 275a StPO die erstinstanzliche Jugendkammer bzw. im Fall des § 120 GVG das OLG.

31   **Ermessen:** Auch bei Vorliegen der formellen und materiellen Voraussetzungen der vorbehaltenen Sicherungsverwahrung muss das Gericht diese nicht anordnen („kann"). Im Gegenteil muss diese Maßnahme wegen ihrer Eingriffsintensität und der bei jungen Menschen aufgrund der noch kurzen Lebensgeschichte sehr schwierigen Prognosebasis auf extrem seltene Fälle beschränkt bleiben, in denen ein Betroffener mit an Sicherheit grenzen-

---

[84] Siehe auch die Kritik an der aktuellen Regelung bei *Eisenberg* Rn. 33 ff. und *Schaffstein/Beulke/Swoboda*, Rn. 258.
[85] *Kinzig* ZJJ 2008, 245 (246).
[86] Siehe hierzu *Kröber/Dölling/Leygraf/Sass/Dahle*, Bd. 3, S. 15 ff.; HK-JGG/*Rössner* Rn. 22 f.
[87] S. EGMR 17.12.2009 – 19359/04, NJW 2010, 2495 – M./Deutschland; *Laue* JR 2000, 198 (200 f.).

der Wahrscheinlichkeit als weiterhin hochgefährlich eingestuft werden muss.[88] Wenn die formellen und materiellen Voraussetzungen einer vorbehaltenen Anordnung vorliegen, muss sich das Gericht allerdings damit in den Urteilsgründen auseinandersetzen.[89]

Abs. 3 ist Ausdruck des **ultima ratio**-Prinzips der Sicherungsverwahrung. Das BVerfG **32** betonte in seiner Entscheidung vom 4.5.2011, dass, wenn Sicherungsverwahrung in Betracht kommt, bereits im Strafvollzug alle Möglichkeiten ausgeschöpft werden müssen, um die Gefährlichkeit des Verurteilten zu reduzieren: „Insbesondere muss gewährleistet sein, dass etwa erforderliche psychiatrische, psychologische, psycho- oder sozialtherapeutische Behandlungen (...) zeitig beginnen, mit der gebotenen hohen Intensität durchgeführt und möglichst vor dem Strafende abgeschlossen werden."[90] Dies gilt im (positiv)spezialpräventiv ausgerichteten Jugendstrafrecht in besonderem Maße. Um möglichst die drohende Anordnung der Sicherungsverwahrung zu vermeiden, ist bereits **während des Strafvollzuges** eine effiziente **Behandlung zur Rückfallprophylaxe** durchzuführen. Nach **Satz 1** ist die **Jugendstrafe** bei unter 27-Jährigen, bei denen die Sicherungsverwahrung vorbehalten wurde, **regelmäßig in einer sozialtherapeutischen Einrichtung** zu vollziehen, wenn diese eine bessere Resozialisierung erwarten lässt. Der Gesetzgeber spricht nicht mehr von sozialtherapeutischer Anstalt, sondern verwendet den weiteren Begriff der sozialtherapeutischen Einrichtung. Die sozialtherapeutische Behandlung kann also nicht nur in organisatorisch oder räumlich getrennten Einrichtungen durchgeführt werden, sondern auch innerhalb besonderer Abteilungen des Strafvollzugs.[91] Eine solche Anordnung kann auch **nachträglich** erfolgen (**Satz 2**, → § 106 Rn. 21). Ist der betreffende Jugendliche noch nicht in einer sozialtherapeutischen Einrichtung untergebracht, ist darüber nach jeweils sechs Monaten neu zu entscheiden (**Satz 3**). Über die nachträgliche Anordnung entscheidet bei unter 24-Jährigen die Jugendkammer des Bezirks der Vollzugsbehörde (§ 92 Abs. 2), bei über 24-Jährigen die Strafvollstreckungskammer. Nach **Satz 5** iVm § 66c Abs. 2 StGB ist bereits während des Strafvollzugs dem Verurteilten eine **individuelle und intensive Betreuung** anzubieten, die geeignet ist, die Anordnung der Sicherungsverwahrung möglichst entbehrlich zu machen. Die Einhaltung dieses Grundsatzes ist nach **§ 119a StVollzG,** der über § 92 Abs. 1, 2 S. 2 auch für den Vollzug der Jugendstrafe gilt, durch die Jugendkammer gerichtlich überprüfbar (hierzu → § 106 Rn. 22). Darüber hinaus ist es iVm § 67a Abs. 2 StGB möglich, den Strafgefangenen, bei dem die Sicherungsverwahrung vorbehalten wurde, im Bedarfsfall in einem psychiatrischen Krankenhaus oder einer Entziehungsanstalt unterzubringen, wenn dadurch die Resozialisierung besser gefördert werden kann. Zum Strafvollzug bei vorbehaltener Sicherungsverwahrung auch → § 106 Rn. 22.

Erledigterklärung der Unterbringung in einem psychiatrischen Krankenhaus 33 (Abs. 4): Parallel zu § 66b StGB und § 106 Abs. 6 (dort Rn. 26 ff.) kann die **nachträgliche Sicherungsverwahrung** auch angeordnet werden, wenn die Unterbringung in einem psychiatrischen Krankenhaus nach § 67d Abs. 6 StGB für erledigt erklärt wurde. Auch diese Vorschrift wurde vom BVerfG für verfassungswidrig erachtet, ihre Weitergeltung durch das Gesetz zur Umsetzung des Abstandsgebotes mit Wirkung vom 1.6.2013 angeordnet. **Voraussetzung** für die Anordnung ist nach Abs. 4 Nr. 1 eine Unterbringung des Verurteilten nach § 63 StGB wegen mehrerer der in Abs. 2 genannten Taten oder eine Vorverurteilung wegen einer solchen Tat zu Jugendstrafe von mindestens drei Jahren oder zur Unterbringung in einem psychiatrischen Krankenhaus. Darüber hinaus muss sich gemäß Nr. 2 nach einer Gesamtwürdigung des Verurteilten, seiner Taten und seiner Entwicklung im Vollzug die hohe Wahrscheinlichkeit der erneuten Begehung solcher Straftaten ergeben **(Gefährlichkeitsprognose).**

---

[88] BVerfGE 4.5.2011 – 2 BvR 2365/09, 740/10, 2333/08, 1152/10, 571/10, BVerfGE 128, 326 (379). So bereits für die nachträgliche Sicherungsverwahrung auch BT-Drs. 15/6562, 9; BGH 9.3.2010 – 1 StR 554/09, NJW 2010, 1539 (1541).

[89] BGH 13.8.2008 – 2 StR 240/08, BGHSt 52, 316 (319) = NJW 2008, 3297 mAnm *Eisenberg* NJW 2008, 3299.

[90] BVerfGE 4.5.2011 – 2 BvR 2365/09, 740/10, 2333/08, 1152/10, 571/10, BVerfGE 128, 326 (379).

[91] BT-Drs. 17/9874, 25.

§ 8 Verbindung von Maßnahmen und Jugendstrafe

(1) [1]Erziehungsmaßregeln und Zuchtmittel, ebenso mehrere Erziehungsmaßregeln oder mehrere Zuchtmittel können nebeneinander angeordnet werden. [2]Mit der Anordnung von Hilfe zur Erziehung nach § 12 Nr. 2 darf Jugendarrest nicht verbunden werden.

(2) [1]Neben Jugendstrafe können nur Weisungen und Auflagen erteilt und die Erziehungsbeistandschaft angeordnet werden. [2]Unter den Voraussetzungen des § 16a kann neben der Verhängung einer Jugendstrafe oder der Aussetzung ihrer Verhängung auch Jugendarrest angeordnet werden. [3]Steht der Jugendliche unter Bewährungsaufsicht, so ruht eine gleichzeitig bestehende Erziehungsbeistandschaft bis zum Ablauf der Bewährungszeit.

(3) [1]Neben Erziehungsmaßregeln, Zuchtmitteln und Jugendstrafe kann auf die nach diesem Gesetz zulässigen Nebenstrafen und Nebenfolgen erkannt werden. [2]Ein Fahrverbot darf die Dauer von drei Monaten nicht überschreiten.

Übersicht

I. Allgemeines

1   **1. Normzweck.** § 8 erlaubt in einem Strafverfahren wegen einer oder mehrerer Taten eines Jugendlichen die **Verbindung verschiedener Rechtsfolgen.** Dadurch wird dem Gericht die gerade im Hinblick auf den vornehmlich positiv spezialpräventiven Ansatz des JGG notwendige Flexibilität eingeräumt, um im Einzelfall bestmöglich auf die Straftat eines Jugendlichen reagieren zu können. Das Gericht kann zu diesem Zweck nicht nur verschiedene Erziehungsmaßregeln miteinander verbinden, sondern auch – in den Grenzen des Abs. 1 S. 2 und des Abs. 2 – Erziehungsmaßregeln mit Zuchtmitteln, Zuchtmittel untereinander oder Jugendstrafe mit Erziehungsmaßregeln oder Zuchtmitteln verknüpfen. Darüber hinaus ist grundsätzlich die Kopplung der spezifisch jugendstrafrechtlichen Rechtsfolgen mit den im Jugendstrafrecht zulässigen Nebenstrafen und Nebenfolgen (§ 6) des allgemeinen Strafrechts zulässig (Abs. 3).

2   § 8 erweitert das Spektrum der gerichtlichen Reaktionsformen auf Straftaten Jugendlicher auch dadurch, indem er dem Gericht die Möglichkeit einräumt, **für sich genommen ungeeignete Rechtsfolgen** so miteinander zu verbinden, dass sie gemeinsam geeignet sind. Je nach den Erfordernissen des Einzelfalls können dazu verschiedene Rechtsfolgen nebeneinander oder auch hintereinander gestaffelt angeordnet werden. Letzteres empfiehlt sich etwa dann, wenn eine Rechtsfolge zur Vorbereitung einer anderen dienen soll, die für sich genommen keinen Erfolg verspräche (zB Verwarnung oder Jugendarrest zur Förderung der Bereitschaft, anschließend die Weisung oder Auflage zu erfüllen).[1]

3   Die Verbindung verschiedener Rechtsfolgen erlaubt dem Gericht auch die **Verbindung mehrerer Zwecke,**[2] soweit deren Verfolgung im Jugendstrafrecht zulässig ist (→ § 2 Rn. 2)

---

[1] *Brunner/Dölling* Rn. 1; *Dallinger/Lackner* Rn. 1; *Schaffstein/Beulke/Swoboda* Rn. 288; kritisch *Eisenberg* Rn. 3; *Laubenthal/Baier/Nestler* Rn. 496; *Lenz* S. 146 ff.; *Ostendorf* Rn. 7.
[2] BGH 9.1.1963 – 4 StR 443/62, BGHSt 18, 207 (208).

und im Einzelfall nicht widersprüchlich ist. Dabei steht der positiv spezialpräventive Zweck (Erziehungsgedanke) ganz deutlich im Vordergrund; doch muss sich die Frage, ob und wie mehrere Rechtsfolgen miteinander verbunden werden, trotz § 2 Abs. 1 S. 2 („vorrangig") nicht ausschließlich nach erzieherischen Gesichtspunkten bestimmen.[3] Das zeigt insbesondere die Einbeziehung der Rechtsfolgen des allgemeinen Strafrechts in Abs. 3 und § 5 Abs. 3.

Grenzen werden der Verbindung nur durch die Regelungen des Abs. 1 S. 2 und des **4** Abs. 2 gezogen sowie durch den Verhältnismäßigkeitsgrundsatz[4] und das die Obergrenze der Belastung des Jugendlichen markierende Schuldprinzip. Die **Verbindungsverbote** des Abs. 1 S. 2 und des Abs. 2 sind gesetzliche Ausprägungen des Verhältnismäßigkeitsgrundsatzes. Sie verbieten Verbindungen, die nach Einschätzung des Gesetzgebers unsachgemäß oder unzweckmäßig sind.[5] Insbesondere wird die Anordnung mehrerer freiheitsentziehender Rechtsfolgen untersagt (Grundsatz der **Einspurigkeit** des Freiheitsentzugs; vgl. auch § 5 Abs. 3). Dieses Koppelungsverbot des Abs. 2 S. 1 ist jetzt durch Abs. 2 S. 2 und die Einführung des § 16a gelockert: Der sog Einstiegs- oder Warnschussarrest ist unter bestimmten Voraussetzungen zulässig (→ Rn. 14 ff.). Die Verbindungsverbote erstrecken sich formal nur auf die gleichzeitige Anordnung dieser Rechtsfolgen in einem Verfahren.[6] Sie greifen auch dann ein, wenn in einem Verfahren mehrere Taten eines Jugendlichen verhandelt werden.[7] Werden die Maßnahmen jedoch jeweils getrennt voneinander in verschiedenen Verfahren angeordnet, so ist es zulässig, sie nebeneinander bestehen zu lassen, sofern dies unter erzieherischen Aspekten geboten erscheint (vgl. §§ 31 Abs. 3, 66 Abs. 1 S. 2).[8]

§ 8 ist sowohl auf Jugendliche als auch auf **Heranwachsende** anwendbar (§ 105 Abs. 1) **5** und gilt auch in Verfahren vor den für allgemeine Strafsachen zuständigen Gerichten (§§ 104 Abs. 1 Nr. 1, § 112). Bei **Soldaten** eröffnet § 112b Abs. 4 darüber hinaus die Möglichkeit, die Erziehungshilfe durch den Disziplinarvorgesetzten (§ 112a Nr. 2) neben einer Jugendstrafe anzuordnen.

2. Historie. Die Verbindung mehrerer Rechtsfolgen wurde erstmals in **§ 18 RJGG** vom **6** 6.11.1943[9] geregelt. Dessen Abs. 1 entsprach dem heutigen § 8 Abs. 2 S. 1, der Abs. 2 dem jetzigen § 8 Abs. 1 S. 1 und der Abs. 3 dem geltenden § 8 Abs. 3. – Das **JGG** vom 4.8.1953[10] übernahm im neuen § 8 im Wesentlichen die Regelungen des § 18 RJGG und brachte sie in die heutige Reihenfolge. Eingefügt wurden zwei wichtige Einschränkungen: In Abs. 1 S. 2 „wurde die Möglichkeit der gleichzeitigen Anordnung von Fürsorgeerziehung und Jugendarrest beseitigt". Dadurch sollte „jedoch die Verhängung von Jugendarrest während einer bestehenden Fürsorgeerziehung nicht ausgeschlossen werden". Außerdem wurde in Abs. 2 S. 3 das Ruhen der Schutzaufsicht in der Bewährungszeit angeordnet, um „unerwünschte Überschneidungen zu vermeiden".[11] Abs. 3 erhielt seine bis heute gültige Fassung. – Die meisten späteren Änderungen waren nur noch redaktioneller Natur: So wurde durch das Gesetz zur Änderung und Ergänzung des Reichsjugendwohlfahrtsgesetzes vom 11.8.1961[12] in Abs. 2 S. 1 und 3 das Wort Schutzaufsicht durch das Wort Erziehungsbeistandschaft ersetzt. Durch das EGStGB vom 2.3.1974[13] wurde Abs. 2 S. 1 an den neuen Sprachgebrauch in § 15 (Auflagen) angepasst und der bisherige Satz 3 zu Satz 2. Durch das

---

   [3] So aber Diemer/Schatz/Sonnen/*Diemer* Rn. 2.

   [4] Diemer/Schatz/Sonnen/*Diemer* Rn. 1; *Ostendorf* Rn. 8; s. auch BGH 9.1.1963 – 4 StR 443/62, BGHSt 18, 207 (208).

   [5] BGH 9.1.1963 – 4 StR 443/62, BGHSt 18, 207 (209); Diemer/Schatz/Sonnen/*Diemer* Rn. 2.

   [6] *Schaffstein/Beulke/Swoboda* Rn. 292 f.; *Ostendorf* Rn. 5.

   [7] *Eisenberg* Rn. 13.

   [8] *P. A. Albrecht* S. 156; *Brunner/Dölling* Rn. 2a; Diemer/Schatz/Sonnen/*Diemer* Rn. 3; *Streng* Rn. 261; krit. *Eisenberg* Rn. 13.

   [9] RGBl. I S. 637 (641).

   [10] BGBl. I S. 751.

   [11] Alle Zitate BT-Drs. 1/3264, 43.

   [12] Art. IX, BGBl. I S. 1193 (1203).

   [13] Art. 26 Nr. 6 EGStGB, BGBl. I S. 469 (526).

KJHG vom 26.6.1990[14] trat in Abs. 1 S. 2 an die Stelle der Fürsorgeerziehung die Hilfe zur Erziehung nach § 12 Nr. 2. Eine inhaltliche Erweiterung der Sanktionsmöglichkeiten brachte das Gesetz vom 4.9.2012,[15] das mit Wirkung vom 7.3.2013 durch den neuen Abs. 2 S. 2 iVm dem ebenfalls neuen § 16a den umstrittenen Einstiegs- oder Warnschussarrest ermöglichte (→ Rn. 14 ff.).

II. Erläuterung

7 **1. Verbindung von Erziehungsmaßregeln und Zuchtmitteln (Abs. 1). a) Zulässige Verbindungen.** Eine Verbindung von Erziehungsmaßregeln und Zuchtmitteln ist grundsätzlich zulässig; eine solche Kopplung liegt gem. Abs. 1 S. 1 im pflichtgemäßen Ermessen des Gerichts („können").

8 **b) Unzulässige Verbindungen.** Nach Abs. 1 S. 2 darf Jugendarrest (§ 16) nicht gleichzeitig mit der Anordnung von Heimerziehung (§ 12 Nr. 2) verbunden werden. Das Verbot des Abs. 1 S. 2 gilt nur für Anordnungen in einem Jugendstrafverfahren (nicht in verschiedenen Jugendstrafverfahren, → Rn. 4). Es schließt nicht aus, dass das Jugendgericht einen Jugendlichen zum Jugendarrest verurteilt, der sich aufgrund einer **Anordnung des Jugendamts** schon in Heimerziehung befindet oder für den das Jugendamt dies jedenfalls bereits angeordnet hat (§ 34 SGB VIII).[16] Das zeigt der Wortlaut des Abs. 1 S. 2, der allein die Anordnung des Jugendarrests neben „der Anordnung von Hilfe zur Erziehung nach § 12 Nr. 2" untersagt und nicht allgemein neben Maßnahmen nach § 34 SGB VIII. Dass eine Einschränkung der Kompetenz des Jugendgerichts durch Entscheidungen des Jugendamts nicht gewollt ist, ergibt sich zudem aus den Gesetzesmaterialien (→ Rn. 6). Die Anordnung von Jugendarrest während einer bestehenden Heimerziehung ist auch nicht von vornherein unzweckmäßig.[17] Das Gegenargument, dass ein Jugendlicher, der einer solchen Hilfe zur Erziehung bedürfe, grundsätzlich arrestungeeignet sei, übersieht, dass nicht nur strafrechtlich bereits in Erscheinung getretene Jugendliche in Heimen erzogen werden, dass eine vergleichbare Reaktion im Rahmen der Heimerziehung nicht möglich ist und dass die ganz andere (nämlich strafrechtliche) Qualität des Jugendarrests nicht von vornherein ohne Eindruck auf den Jugendlichen bleiben muss.

9 Dasselbe gilt im Verhältnis zu **Entscheidungen des Familiengerichts.**[18] Verurteilt das Jugendgericht allerdings den Jugendlichen nur zu Jugendarrest und überlässt es gem. § 53 dem Familiengericht die Auswahl und Anordnung der Erziehungsmaßregeln, so kann auch dieses keine Heimerziehung anordnen.[19] Da seine Befugnis in diesem Fall nur eine abgeleitete ist, kann sie ihm nur insoweit zukommen, wie sie dem Jugendgericht zusteht.[20]

10 **c) Unzweckmäßige Verbindungen.** Auch wenn eine Verbindung nach Abs. 1 grundsätzlich erlaubt ist, kann sie im Einzelfall unverhältnismäßig und deshalb unzulässig sein. Es gilt jedoch nicht die Regel, dass die Verhängung ambulanter (dh nicht die Freiheit entziehender) Rechtsfolgen neben stationären (dh die Freiheit entziehenden) Rechtsfolgen grundsätzlich unzweckmäßig ist.[21] Damit würde die gesetzliche Abschichtung zwischen der Anordnung von Heimerziehung (§ 12 Nr. 2) oder Jugendarrest (§ 16) neben anderen Erziehungsmaßregeln oder Zuchtmitteln einerseits (Abs. 1) und der Verurteilung zu Jugendstrafe neben Weisungen, Auflagen und Erziehungsbeistandschaft andererseits (Abs. 2) nivelliert. Gerade vor dem Hintergrund des Erziehungsgedankens ist es im Gegenteil zum Beispiel

---

[14] Art. 6, BGBl. I S. 1163 (1190).
[15] BGBl. I S. 1854.
[16] *Brunner/Dölling* Rn. 2a; Diemer/Schatz/Sonnen/*Diemer* Rn. 3 *Böhm/Feuerhelm* S. 164.
[17] *Dallinger/Lackner* Rn. 6; *Schaffstein/Beulke/Swoboda* Rn. 292; aA *Eisenberg* Rn. 17, § 90 Rn. 16.
[18] *Brunner/Dölling* Rn. 2a; *Dallinger/Lackner* Rn. 9; Diemer/Schatz/Sonnen/*Diemer* Rn. 3; *Eisenberg* Rn. 16; *Ostendorf* Rn. 6.
[19] Diemer/Schatz/Sonnen/*Diemer* Rn. 4; *Ostendorf* Rn. 6; *Streng* Rn. 263; *Dallinger/Lackner* Rn. 5; *Laubenthal/Baier/Nestler* Rn. 499; aA *Brunner/Dölling* Rn. 2a; *Eisenberg* Rn. 16; *Schaffstein/Beulke/Swoboda* Rn. 296.
[20] *Ostendorf* Rn. 6.
[21] In diese Richtung aber *Eisenberg* Rn. 15 („in der Regel"); *Ostendorf* Rn. 7 („regelmäßig").

sinnvoll, einem Jugendlichen, bei dem Jugendarrest oder Heimerziehung angeordnet wurde, auch den Gewinn oder das Entgelt aus der Tat durch eine Auflage (§ 15 Abs. 2 Nr. 2) oder durch die Anordnung der Einziehung (§§ 73 ff. StGB) zu entziehen.[22] Im Einzelfall können auch andere Weisungen oder Auflagen neben (bei Arrest: nach) stationären Rechtsfolgen zweckmäßig sein (zB Täter-Opfer-Ausgleich, § 10 Abs. 1 S. 3 Nr. 7; Entschuldigung, § 15 Abs. 1 Nr. 2).[23] Ansonsten ist jedoch bei der Heimerziehung immer zu beachten, dass sie auf eine umfassende Einwirkung auf den Jugendlichen angelegt ist und deshalb daneben zu befolgende Weisungen oder Auflagen regelmäßig ungeeignet oder unverhältnismäßig sind.[24] Ob und wie nach der Heimerziehung noch weiter auf den Jugendlichen eingewirkt werden muss, lässt sich regelmäßig nicht absehen.[25] Auch eine Kombination von Verwarnung (§ 14) und Jugendarrest (§ 16) ist zumeist ungeeignet, weil der Jugendarrest bereits die mit der Verwarnung bezweckte Missbilligung des Verhaltens des Jugendlichen deutlich zum Ausdruck bringt.[26]

2. Verbindung von Jugendstrafe mit anderen Maßnahmen (Abs. 2). a) Zulässige 11
Verbindungen. Abs. 2 regelt die Verbindung der Jugendstrafe (§ 17) mit anderen Rechtsfolgen. Nach Abs. 2 S. 1 darf die Jugendstrafe mit Weisungen (§ 10), Auflagen (§ 15) und der Anordnung der Inanspruchnahme von Hilfe zur Erziehung in Form der Erziehungsbeistandschaft (§ 12 Nr. 1; § 30 SGB VIII) verbunden werden.

b) Unzulässige Verbindungen. Aus Abs. 2 S. 1 folgt im Gegenschluss, dass eine Ver- 12
knüpfung von Jugendstrafe mit Verwarnung (§ 14) oder der Anordnung einer Hilfe zur Erziehung in Form der Heimerziehung (§ 12 Nr. 2) nicht erlaubt ist. Auch hier (vgl. → Rn. 8) schließt die Tatsache, dass sich der Jugendliche schon aufgrund einer **Anordnung des Jugendamts** in Heimerziehung befindet oder das Jugendamt dies jedenfalls bereits angeordnet hat (§ 34 SGB VIII), die Verurteilung zu einer Jugendstrafe nicht aus.[27]

aa) Heimerziehung neben Aussetzung der (Verhängung einer) Jugendstrafe. 13
Auch die Verbindung der Anordnung einer Hilfe zur Erziehung in Form der Heimerziehung (§ 12 Nr. 2) mit der Aussetzung der Vollstreckung (§ 21) oder der Verhängung (§ 27) einer Jugendstrafe ist unzulässig.[28] Wie die neben der Aussetzung vorgesehenen Maßnahmen (Weisungen, Auflagen, Bewährungsaufsicht) deutlich machen, soll die Aussetzung einer Jugendstrafe dem Jugendlichen gerade die Gelegenheit geben, sich in Freiheit zu bewähren.

bb) Abs. 2 S. 2: Jugendarrest neben der Aussetzung der Vollstreckung oder Ver- 14
hängung einer Jugendstrafe. Die Anordnung des Jugendarrests (§ 16; nicht des Ungehorsamsarrests gem. §§ 11 Abs. 3 S. 1, 15 Abs. 3 S. 2, 23 Abs. 1 S. 4) neben einer Aussetzung der Vollstreckung (§ 21) oder Verhängung (§ 27) einer Jugendstrafe war nach bisheriger Gesetzeslage unzulässig und verstieß gegen Art. 103 Abs. 2 GG (sog **Einstiegs- oder Warnschussarrest**).[29] Mit dem Gesetz zur Erweiterung der jugendgerichtlichen Handlungsmög-

---

[22] *Dallinger/Lackner* Rn. 16; ebenso *Eisenberg* Rn. 15; *Ostendorf* Rn. 7, § 6 Rn. 4.

[23] *Dallinger/Lackner* Rn. 14.

[24] *Brunner/Dölling* Rn. 4; *Dallinger/Lackner* Rn. 13; *Eisenberg* Rn. 15; *Laubenthal/Baier/Nestler* Rn. 505; *Ostendorf* Rn. 7; *Schaffstein/Beulke/Swoboda* Rn. 294.

[25] *Eisenberg* Rn. 15.

[26] *Brunner/Dölling* Rn. 4; *Dallinger/Lackner* Rn. 15; *Laubenthal/Baier/Nestler* Rn. 505; *Eisenberg* Rn. 15; *Ostendorf* Rn. 7; *Streng* Rn. 260.

[27] *Dallinger/Lackner* § 27 Rn. 9.

[28] BGH 17.5.1988 – 5 StR 153/88, BGHSt 35, 288 = NStZ 1988, 364; OLG Frankfurt a. M. 2.3.1955 – 1 Ss 10/55, NJW 1955, 603; *Brunner/Dölling* § 27 Rn. 16; *Dallinger/Lackner* § 27 Rn. 20; *Diemer/Schatz/Sonnen/Diemer* Rn. 8; *Eisenberg* Rn. 10; *Laubenthal/Baier/Nestler* Rn. 500; *Nothacker* 1985, S. 248 f.; *Ostendorf* § 27 Rn. 11; *Schaffstein/Beulke/Swoboda* Rn. 554; *Streng* Rn. 265.

[29] BVerfG 9.12.2004 – 2 BvR 930/04, NJW 2005, 2140 mit Anm. *Baier* JA 2005, 687; BGH 9.1.1963 – 4 StR 443/62, BGHSt 18, 207; BayObLG 21.1.1997 – 1 St RR 211/96, NStZ-RR 1997, 216; 19.6.1998 – 2 St RR 91/98, NStZ-RR 1998, 377; OLG Celle 22.1.1988 – 1 Ss 9/88, NStZ 1988, 315 mit Anm *Bietz*; OLG Düsseldorf 16.7.1962 – 2 Ss 410/62, NJW 1962, 1640; OLG Hamm 27.5.2004 – 3 Ss 89/04, StraFo 2004, 325; *P.A. Albrecht* S. 275 f.; *Böhm/Feuerhelm* S. 272 f.; *Brunner/Dölling* § 27 Rn. 13; *Dallinger/Lackner* § 27 Rn. 19; *Diemer/Schatz/Sonnen/Diemer* Rn. 6; *Eisenberg* Rn. 11; *Findeisen* ZJJ 2007, 27 ff.; *Keiser* JuS 2002,

lichkeiten vom 4.9.2012[30] wurde das Verbot der Koppelung mehrerer stationärer Sanktionen **mit Wirkung vom 7.3.2013** eingeschränkt: Nunmehr ist die Anordnung von Jugendarrest neben der Aussetzung einer Jugendstrafe nach § 21 oder § 27 – auch in der Form der sog. Vorbewährung nach § 61[31] – grundsätzlich gestattet. Eine Anordnung ist durch das Jugendgericht nur im Urteil selbst möglich: Eine Anordnung in einem nachträglichen Beschluss nach § 57 oder § 61a würde „eine bereits begonnene positive Entwicklung des Verurteilten empfindlich stören."[32]

15   **Gesetzgebungshistorie:** Die damalige Bundesregierung hatte bereits in ihrem Koalitionsvertrag 2009 die Einführung des Warnschussarrests festgeschrieben.[33] Gestützt auf Forderungen aus der Praxis[34] konnte die Regierungskoalition auf mehrere bereits bestehende Reformentwürfe zurückgreifen, nach denen neben der Aussetzung der Verhängung oder Vollstreckung von Jugendstrafe Jugendarrest angeordnet werden kann.[35] Dem Jugendlichen soll durch den Arrest „nachdrücklich der Ernst seiner Situation und die Notwendigkeit einer Verhaltensänderung vor Augen geführt werden."[36] „Damit könne vermieden werden, dass der oder die junge Verurteilte die Aussetzung gleichsam als Freispruch zweiter Klasse empfinde".[37] Der Jugendarrest solle das Unrecht und die Konsequenzen des Fehlverhaltens nachdrücklich verdeutlichen und einen erforderlichen Impuls zur Verhaltensänderung setzen.[38] Darüber hinaus soll der Warnschussarrest nach dem Willen des Gesetzgebers „ersten Behandlungsmaßnahmen dienen, um persönlichen und sozialen Defiziten zu begegnen, die Befähigung für eine erfolgreiche Bewältigung der Bewährungszeit zu fördern und eine Grundlage für die anschließende Betreuung durch die Bewährungshilfe zu schaffen."[39]

16   **(1) § 16a Abs. 1: Anordnungsgründe für den Einstiegs- oder Warnschussarrest.** Der Einstiegs- oder Warnschussarrest darf nach dem neuen **§ 16a** nicht bei jeder ausgesetzten Jugendstrafe angeordnet werden. Die Anordnung steht unter den alternativen Bedingungen des § 16a Abs. 1 Nr. 1–3. Nach **§ 16a Abs. 1 Nr. 1** ist die Anordnung zulässig, wenn sie notwendig ist, „um dem Jugendlichen seine Verantwortlichkeit für das begangene Unrecht und die Folgen weiterer Straftaten zu verdeutlichen" **(Eindrucksarrest).** Diese Notwendigkeit besteht für den Gesetzgeber insbes. dann, wenn die Aussetzung der Jugendstrafe vom Verurteilten subjektiv als Freispruch empfunden wird oder wenn Mittäter, bei denen die Voraussetzungen für die Jugendstrafe nicht vorliegen, mit Jugendarrest bestraft werden

---

1080; *Laubenthal/Baier/Nestler* Rn. 502 ff.; Maurach/Gössel/*Zipf* AT/2 § 73 Rn. 45; Meier/Rössner/Schöch/ *Schöch* § 10 Rn. 41, § 12 Rn. 28; *Nothacker* 1985, S. 172; *Ostendorf* Rn. 4, § 27 Rn. 10; *Radtke* ZStW 121 (2009), 416 (418 f.); *Streng* Rn. 254; *Verrel/Käufl* NStZ 2008, 177; *Vietze* S. 58 ff., 74 ff.; *Werner-Eschenbach* S. 68 ff.; *Zieger* Rn. 44. – Für einen Einstiegsarrest: KG 6.2.1961 – (3) 1 Ss 384/60 (106/60), NJW 1961, 1175; 15.2.1961 – (4) 1 Ss 363/60 (54/60), JR 1961, 190; OLG Schleswig 22.2.1962 – 2 Ss 596/61, SchlHA 1962, 108; LG Augsburg 22.1.1986 – Jug Ns 412 Js 34 667/85, NStZ 1986, 507 (mit zust. Anm. *Brunner* und abl. Anm. *Schaffstein, Herrlinger/Eisenberg* NStZ 1987, 177); AG Meppen 9.2.2004 – 13 Ds 320 Js 34 513/ 03 (227/03), NStZ 2005, 171 (m. abl. Anm. *Spahn* ZJJ 2004, 200); AG Winsen 24.4.1981 – 8 Ls 32 Js 1679/ 80 (10/81), NStZ 1982, 120 (mit abl. Anm. *Bietz;* dagegen wiederum *Neumann* NStZ 1982, 466); *Reichenbach* NStZ 2005, 136 ff.; *Schlüchter* GA 1988, 106 (127).

[30] BGBl. I S. 1854: Änderung des § 8 wirksam unter 7.3.2013 (Art. 2 Abs. 3 Gesetz vom 4.9.2012, BGBl. I S. 1854). Zur Neuregelung s. *Schaffstein/Beulke/Swoboda* Rn. 542 ff.

[31] BT-Drs. 17/9389, 11 f.; *Kinzig/Schnierle* JuS 2014, 210 (211).

[32] BT-Drs. 17/9389, 12.

[33] Wachstum. Bildung. Zusammenhalt., Koalitionsvertrag zwischen CDU, CSU und FDP vom 29.10.2009, S. 72/132.

[34] *Werwigk-Hertneck/Rebmann* ZRP 2003, 225 (229 f.); Deutscher Richterbund DRiZ 1988, 113; s. auch *Reichenbach* NStZ 2005, 136.

[35] Siehe etwa Art. 1 1a bb) Gesetzentwurf des Bundesrates „Entwurf eines Gesetzes zur Verbesserung der Bekämpfung der Jugenddelinquenz", BT-Drs. 16/1027, 5, wonach in § 8 Abs. 2 folgender Satz 1a eingefügt werden soll: „Setzt er die Verhängung oder die Vollstreckung der Jugendstrafe zur Bewährung aus, so kann er daneben auch Jugendarrest verhängen." Siehe zu den einzelnen Gesetzentwürfen den kurzen Überblick bei *Findeisen* ZJJ 2007, 25.

[36] BT-Drs. 16/1027, 1.

[37] BT-Drs. 17/9389, 7.

[38] BT-Drs. 17/9389, 7.

[39] BT-Drs. 17/9389, 12.

und die Aussetzung der Jugendstrafe dagegen bei schwererem Unrecht als mildere Sanktion erscheint.[40] Nach **§ 16a Abs. 1 Nr. 2** kann Jugendarrest angeordnet werden, wenn es geboten ist, „den Jugendlichen zunächst für eine begrenzte Zeit aus einem Lebensumfeld mit schädlichen Einflüssen herauszunehmen und durch die Behandlung im Vollzug des Jugendarrests auf die Bewährungszeit vorzubereiten" **(Isolationsarrest).** Dahinter stehen noch höhere Erwartungen des Gesetzgebers an den Jugendarrest: Dieser sei nur dann sinnvoll, wenn eine entsprechende Behandlung im Arrestvollzug tatsächlich zu erwarten ist und dieser sich nicht lediglich auf Freiheitsentziehung und kurzfristige Isolierung von delinquenzgeneigten Gleichaltrigen beschränkt. Auch sei eine angemessene Nachbetreuung im Anschluss an den Arrestvollzug durch Bewährungshilfe oder Jugendgerichtshilfe sicherzustellen.[41] Schließlich ermöglicht **§ 16a Abs. 1 Nr. 3** die Verhängung von Jugendarrest, wenn dieser geboten ist, „um im Vollzug des Jugendarrests eine nachdrücklichere erzieherische Wirkung auf den Jugendlichen zu erreichen oder um dadurch bessere Erfolgsaussichten für eine erzieherische Einwirkung in der Bewährungszeit zu schaffen" **(Behandlungsarrest).** Hier soll die längerfristige Betreuung in der Bewährungszeit entweder durch eine „stationäre Intensivbetreuung" im Arrestvollzug oder durch Vermittlung bestimmter Verhaltensrichtlinien erreicht werden, um „im Zusammenwirken mit der Bewährungshilfe eine tragfähige Basis für die zukünftige Betreuungsbeziehung zu schaffen."[42] Auch bei den Anordnungsgründen der Nr. 3 genügt ein reiner Verwahrvollzug ausdrücklich nicht, denn die Erreichung der vom Gesetz genannten Ziele ist nur bei einem auf individuelle Behandlung ausgerichteten Arrestvollzug vorstellbar.

(2) Nach **§ 16a Abs. 2** ist der Einstiegs- oder Warnschussarrest in der Regel **nicht 17 geboten,** wenn der Verurteilte bereits früher Dauerarrest verbüßt oder sich nicht nur kurzfristig in Untersuchungshaft befunden hat. Diese Einschränkung ist bei der Anordnung nach § 16a Abs. 1 Nr. 1 sinnvoll, denn hafterfahrene Jugendliche können durch den Vollzug von Dauerarrest kaum so beeindruckt werden, dass dieser eine positive Auswirkung auf die Legalbewährung entfaltet; dagegen sprechen bereits die hohen Rückfallquoten nach den stationären Sanktionen des JGG (→ § 2 Rn. 4). Die Formulierung „in der Regel nicht geboten" lässt dem Gericht allerdings einen erheblichen Beurteilungsspielraum. Würde die durchaus sinnvolle Einschränkung des § 16a Abs. 2 konsequent umgesetzt, reduzierte sich der Anwendungsbereich des Einstiegs- oder Warnschussarrests deutlich, denn nur selten wird eine ausgesetzte Jugendstrafe bei Haftunerfahrenen verhängt. Es bleibt abzuwarten, in welchem Maße die Gerichte dies beachten.

cc) Kritik. Mit der überwiegenden Meinung im Schrifttum ist auch ein Einstiegs- oder **18** Warnschussarrest in der nunmehr verabschiedeten Form abzulehnen. Gegen seine Einführung spricht zum einen die jugendkriminologisch fundierte Erkenntnis, dass ausgerechnet eine Kombination der beiden stark rückfallbelasteten[43] Sanktionen Jugendarrest (Rückfallquote von 64 %) und ausgesetzte Jugendstrafe (62 %) wohl schwerlich einen Beitrag zur erfolgreichen Bekämpfung der Jugendkriminalität leisten kann.[44] Darüber hinaus sprechen empirische Studien sowohl gegen die vermutete Abschreckungswirkung einer kurzen Freiheitsentziehung als auch gegen die Wirksamkeit einer Kombination von Bewährungsstrafe und kurzzeitigem Freiheitsentzug.[45] Aus sanktionssystematischer Sicht passt die Kombination aus Jugendarrest und ausgesetzter Jugendstrafe nur bei einer verschwindend geringen Zahl möglicher Täter: Jugendstrafe ist die angemessene Sanktion entweder für Täter mit gravierenden Persönlichkeitsmängeln, die erhebliche Straftaten erwarten lassen, wenn nicht durch eine längerfristige Gesamterziehung auf sie eingewirkt wird (§ 17 Abs. 2 Var. 1:

---

[40] BT-Drs. 17/9389, 12.
[41] BT-Drs. 17/9389, 13.
[42] BT-Drs. 17/9389, 13.
[43] → § 2 Rn. 4.
[44] *Verrel/Käufl* NStZ 177 (178).
[45] *Kinzig/Schnierle* JuS 2014, 210 (214) mwN.

„schädliche Neigungen")[46] oder für besonders schwere Taten (§ 17 Abs. 2 Var. 2: „besondere Schwere der Schuld"), bei denen ein Absehen von Strafe zugunsten von Erziehungsmaßregeln oder Zuchtmittel „in unerträglichem Widerspruch zum allgemeinen Gerechtigkeitsgefühl" stünde.[47] Die Anordnung von Jugendarrest als eines Zuchtmittels setzt stattdessen gerade nur einen geringen Erziehungsbedarf und eine Tat aus dem Bereich der mittleren Kriminalität voraus. Will man dieses – nach wie vor in § 13 Abs. 1 festgeschriebene – Verhältnis der beiden Sanktionsformen nicht aus den Angeln heben, bleibt nur ein minimaler Täterkreis, für den der Einstiegsarrest systemgerecht anwendbar wäre. Um die mit dem Freiheitsentzug intendierte Schockwirkung zu erzielen, muss es sich um haftunerfahrene Jugendliche handeln, dh weder Jugendarrest noch Untersuchungshaft[48] dürfen bisher vollzogen worden sein. In diese Richtung zielt § 16a Abs. 2, allerdings mit einem weiten Beurteilungsspielraum (s. → Rn. 17). Die zur Ausgestaltung der Bewährungszeit weiterhin zur Verfügung stehenden Auflagen und Weisungen (§ 23) dürfen darüber hinaus nicht ausreichen, um den „Ernst der Situation" zu verdeutlichen, und es darf schließlich keine so schwer wiegende kriminelle Gefährdung vorliegen, dass eine längere Gesamterziehung notwendig ist.[49] Eine Eingrenzung auf diesen kleinen Täterkreis kann das Gesetz kaum gewährleisten. So ist zu befürchten, dass die massenhafte Verhängung des Einstiegs- oder Warnschussarrestes die ohnehin schon angespannte Situation im Arrestvollzug weiter verschärfen wird und dadurch auch das Ziel eines dem Urteil möglichst bald nachfolgenden und erzieherisch ausgestalteten Jugendarrestvollzugs (§ 90 Abs. 1 S. 2) weiter verfehlt wird.[50] In der Praxis erweist sich der Warnschussarrest bisher allerdings nicht als sonderlich attraktiv: Im Jahre 2013 wurde er insgesamt lediglich 125 Mal angeordnet, wobei über die Hälfte aller Anordnungen auf die Länder Bayern und Nordrhein-Westfalen zurückging (jeweils 34).[51] Wenige bisher veröffentlichte Verurteilungen lassen erhebliche Begründungsdefizite erkennen, so wenn lediglich der Gesetzestext angeführt oder die Anwendung des § 16a allein damit begründet wird, dass „die Angeklagte bisher noch keinen Arrest verbüßt" hat.[52]

19   **c) Unzweckmäßige Verbindungen.** Wird die Jugendstrafe zur Bewährung ausgesetzt (§ 21), so ist ihre Verbindung im Urteil mit Weisungen oder Auflagen zumeist unzweckmäßig, weil im Beschluss über die Nebenentscheidungen zur Bewährung (§ 268a StPO) entsprechende Maßnahmen angeordnet werden können (§ 23) und ihre Befolgung dann mit der Androhung des Bewährungswiderrufs (§ 26) durchgesetzt werden kann.[53] Wird die

---

[46] StRsp, etwa BGH 9.6.2009 – 5 StR 55/09, NStZ 2010, 280; eingeh. → § 17 Rn. 26 ff.; HK-JGG/*Laue* § 17 Rn. 10 ff.

[47] So *Schaffstein/Beulke/Swoboda* Rn. 457; eingehend → § 17 Rn. 62 ff.; HK-JGG/*Laue* § 17 Rn. 22 ff.

[48] Es wird vermutet, dass die Untersuchungshaft in der Praxis nicht selten als „verkappter Einstiegsarrest" fungiert, s. *Streng* Rn. 264.

[49] Siehe *Verrel/Käufl* NStZ 2008, 177 (181); *Heinz*, Bekämpfung der Jugendkriminalität durch Verschärfung des Jugendstrafrechts?, ZJJ 2008, 60 (62 f.); ähnlich *Radtke* ZStW 121 (2009), 416 (436 ff., 446 f.), der allerdings als Ersatz den „Teilvollzug einer ansonsten bedingten Freiheitsstrafe" als neue Sanktion befürwortet (S. 447 f.).

[50] Ablehnend gegenüber einem Warnschussarrest auch *Kinzig/Schnierle*, JuS 2014, 210; *Kreuzer* ZRP 2012, 101; *Breymann/Sonnen* NStZ 2005, 669; *Brunner/Dölling* § 27 Rn. 13; *Eisenberg* Rn. 3a; *Laubenthal/Baier/Nestler* Rn. 504; Meier/Rössner/Schöch/*Schöch* § 10 Rn. 48; *Ostendorf* Grdl. z. §§ 27–30 Rn. 7; *Schaffstein/Beulke/Swoboda* Rn. 548 ff.; *Streng* Rn. 264; *Werner-Eschenbach* S. 220. – Vorsichtig befürwortend *Findeisen* ZJJ 2007, 29; *Vietze* S. 190 ff. Optimistisch in Bezug auf einen – noch zu realisierenden – aus mehreren Modulen zusammengesetzten, individuell ausgerichteten Behandlungsvollzug *Endres/Breuer*, ZJJ 2014, 127.

[51] Statist. BA (Hrsg.) Strafverfolgungsstatistik 2013, 334 f. In den Ländern Berlin, Brandenburg, Bremen, Hamburg, Hessen, Sachsen, Sachsen-Anhalt, Schleswig-Holstein und Thüringen gab es keine bis höchstens drei Anordnungen. Die Wahrscheinlichkeit, mit einem Warnschussarrest belegt zu werden, ist somit regional höchst unterschiedlich. Eine umfassende, auf zwei Jahre angelegte Evaluation der Praxis des Arrestes nach § 16a skizzieren *Hagl/Bartsch/Baier/Höynck/Pfeiffer* ZJJ 2014, 263.

[52] AG Bonn 24.6.2015 – 603 Ls 772 Js 476/14-8/15, ZJJ 2016, 77; AG Cloppenburg 23.7.2014 – 4 Ls 725 Js 63899/13 (7/14), ZJJ 2014, 394 m. abl. Anm. *Eisenberg*; AG Memmingen 18.6.2014 – 4 Ls 220 Js 1830/13 jug, ZJJ 2014, 397 m. abl. Anm. *Eisenberg*; AG Nürnberg 10.4.2013 – 63 Ls 605 Js 35816/13, ZJJ 2013, 325; AG Plön 21.3.2013 4 Ds 561 Js 45684/12 Jug (36/13), ZJJ 2013, 326; AG Döbeln 28.5.2013 – 2 Ls 463 Js 37536/12 jug, ZJJ 2013, 327; siehe aber auch LG Münster 23.4.2013 – 1 Kls 540 Js 200/12, ZJJ 2013, 323; zu den letzten vier Entscheidungen siehe die Bespr. *Eisenberg* ZJJ 2013, 328.

[53] *Dallinger/Lackner* Rn. 17.

Jugendstrafe nicht zur Bewährung ausgesetzt, wird ihre Verbindung mit Weisungen oder Auflagen häufig unzweckmäßig sein, weil sie der Jugendliche während des Vollzugs der Jugendstrafe nicht erfüllen kann oder ihre Ziele bereits mit der umfassenden Einwirkung durch den Vollzug verfolgt werden. Weisungen oder Auflagen, die erst nach dem Vollzug erfüllt werden sollen, sind häufig unzweckmäßig, weil sich im Augenblick der Verurteilung noch nicht abschätzen lässt, welche Einwirkungen auf den Täter nach dem Vollzug (noch) notwendig sein werden.[54] Zweckmäßig kann aber die Verbindung der Jugendstrafe mit Rechtsfolgen sein, durch die der Gewinn oder das Entgelt aus der Tat entzogen,[55] eine Verständigung mit dem Opfer gesucht[56] (vgl. → Rn. 10) oder durch die der Jugendliche auf die Zeit nach dem Vollzug vorbereitet wird.[57]

d) Verhältnis der Bewährungsaufsicht zur Erziehungsbeistandschaft (Abs. 2 20 S. 2). Eine bestehende Erziehungsbeistandschaft (§ 12 Nr. 1) ruht während der Bewährungsaufsicht (§ 24). Dabei ist unbeachtlich, ob die Erziehungsbeistandschaft vom Jugendgericht oder durch das Jugendamt (§ 30 SGB VIII) angeordnet wurde.[58] Die Erziehungsbeistandschaft besteht während der Zeit der Bewährungsaufsicht regelmäßig fort; es entfällt allein ihre Ausübung. Sie lebt – sofern sie nicht in der Zwischenzeit aufgehoben worden oder erloschen ist – wieder auf, wenn die Bewährungszeit abgelaufen ist, sei es wegen eines Erlasses der Jugendstrafe oder auch wegen des Widerrufs der Strafaussetzung.[59]

3. Nebenstrafen, Nebenfolgen (Abs. 3). Zusätzlich zu den jugendstrafrechtlichen 21 Rechtsfolgen (§ 5 Abs. 1, 2) können alle Nebenstrafen und Nebenfolgen des allg. Strafrechts angeordnet werden (Abs. 3), sofern sie nicht ausdrücklich ausgeschlossen sind (§ 6).[60] Abs. 3 ermöglicht dem Gericht, Nebenstrafen und Nebenfolgen nicht nur neben (Haupt-)Strafen anzuordnen (hier: Jugendstrafe), sondern auch neben Erziehungsmaßregeln oder Zuchtmitteln.[61] So kann auf ein Fahrverbot (§ 44 StGB) auch dann erkannt werden, wenn daneben allein Erziehungsmaßregeln oder Zuchtmittel angeordnet werden (vgl. auch § 76).[62] Da entsprechende Rechtsfolgen auch neben einer Aussetzung der Verhängung der Jugendstrafe (§ 27) angeordnet werden (§ 29 S. 2), ist auch hier die Verhängung eines Fahrverbots zulässig.[63] Das Fahrverbot darf die Dauer von drei Monaten nicht überschreiten (Abs. 3 Satz 2). Hingegen ist eine isolierte, völlig selbstständige Verhängung von Nebenfolgen nur zulässig, soweit dies auch im allgemeinen Strafrecht erlaubt ist (zB § 76a StGB).[64]

4. Maßregeln der Besserung und Sicherung. § 8 trifft keine Aussage zur Verbindung 22 jugendstrafrechtlicher Rechtsfolgen mit den **Maßregeln der Besserung und Sicherung** (§ 7). Deren Kombinierbarkeit mit Jugendstrafe und Zuchtmitteln wird allerdings in § 5 Abs. 3 vorausgesetzt,[65] der die Grenzen eines Nebeneinanders aufzeigt. Auch eine Verbin-

---

[54] *Brunner/Dölling* Rn. 4; *Dallinger/Lackner* Rn. 17; *Streng* Rn. 260.
[55] *Eisenberg* Rn. 15.
[56] *Brunner/Dölling* Rn. 4.
[57] AG Berlin-Tiergarten 16.9.1987 – (403) 67 Js 363/87 Ls 118/37, NStZ 1988, 428 (Betreuungsweisung, § 10 Abs. 1 S. 3 Nr. 5).
[58] *Dallinger/Lackner* Rn. 21; Diemer/Schatz/Sonnen/*Diemer* Rn. 9; *Eisenberg* Rn. 14.
[59] *Brunner/Dölling* Rn. 6; *Dallinger/Lackner* Rn. 21; Diemer/Schatz/Sonnen/*Diemer* Rn. 9; *Eisenberg* Rn. 14.
[60] BGH 17.6.2010 – 4 StR 126/10, BGHSt 55, 174 (177 f.) = NJW 2010, 3106; → § 6 Rn. 7 f.
[61] *P. A. Albrecht* S. 156; *Dallinger/Lackner* Rn. 19; *Schaffstein/Beulke/Swoboda* Rn. 297.
[62] BT-Drs. 4/651, 13; → StGB § 44 Rn. 4; Diemer/Schatz/Sonnen/*Diemer* Rn. 12, § 27 Rn. 11; *Eisenberg* Rn. 4; LK-StGB/*Geppert* StGB § 44 Rn. 12; NK-StGB/*Herzog* StGB § 44 Rn. 22; SK-StGB/*Wolters* § 44 Rn. 6; Lackner/Kühl/*Kühl* StGB § 44 Rn. 5; *Laubenthal/Baier/Nestler* Rn. 441; *Fischer* StGB § 44 Rn. 13; Schönke/Schröder/*Stree/Kinzig* StGB § 44 Rn. 9; aA *Braun* NStZ 1982, 191. Zur kriminalpolitischen Diskussion über die Aufwertung des Fahrverbots zur eigenständigen Sanktion im Jugendstrafrecht und für die Einführung als Zuchtmittel s. *Wedler* NZV 2015, 209.
[63] Diemer/Schatz/Sonnen/*Diemer* § 27 Rn. 14; *Ostendorf* § 27 Rn. 9; Lackner/Kühl/*Kühl* § 44 Rn. 5; Schönke/Schröder/*Stree/Kinzig* StGB § 44 Rn. 9; aA StGB § 44 Rn. 4; *Eisenberg* § 27 Rn. 20; LK-StGB/*Geppert* StGB § 44 Rn. 12; NK-StGB/*Herzog* StGB § 44 Rn. 23; SK-StGB/*Wolters* StGB § 44 Rn. 6; *Fischer* StGB § 44 Rn. 13.
[64] *P. A. Albrecht* S. 156; *Dallinger/Lackner* Rn. 19; *Eisenberg* Rn. 4.
[65] Im Ergebnis allgemeine Meinung; vgl. *Dallinger/Lackner* Rn. 20; *Eisenberg* Rn. 5; *Ostendorf* Rn. 2.

dung mit Erziehungsmaßregeln ist nicht ausgeschlossen. Kommen mehrere Maßregeln in Betracht, so richtet sich deren Verbindung nach § 72 StGB.

Zweiter Abschnitt. Erziehungsmaßregeln

§ 9 Arten

Erziehungsmaßregeln sind
1. die Erteilung von Weisungen,
2. die Anordnung, Hilfe zur Erziehung im Sinne des § 12 in Anspruch zu nehmen.

§ 10 Weisungen

(1) [1]Weisungen sind Gebote und Verbote, welche die Lebensführung des Jugendlichen regeln und dadurch seine Erziehung fördern und sichern sollen. [2]Dabei dürfen an die Lebensführung des Jugendlichen keine unzumutbaren Anforderungen gestellt werden. [3]Der Richter kann dem Jugendlichen insbesondere auferlegen,
1. Weisungen zu befolgen, die sich auf den Aufenthaltsort beziehen,
2. bei einer Familie oder in einem Heim zu wohnen,
3. eine Ausbildungs- oder Arbeitsstelle anzunehmen,
4. Arbeitsleistungen zu erbringen,
5. sich der Betreuung und Aufsicht einer bestimmten Person (Betreuungshelfer) zu unterstellen,
6. an einem sozialen Trainingskurs teilzunehmen,
7. sich zu bemühen, einen Ausgleich mit dem Verletzten zu erreichen (Täter-Opfer-Ausgleich),
8. den Verkehr mit bestimmten Personen oder den Besuch von Gast- oder Vergnügungsstätten zu unterlassen oder
9. an einem Verkehrsunterricht teilzunehmen.

(2) [1]Der Richter kann dem Jugendlichen auch mit Zustimmung des Erziehungsberechtigten und des gesetzlichen Vertreters auferlegen, sich einer heilerzieherischen Behandlung durch einen Sachverständigen oder einer Entziehungskur zu unterziehen. [2]Hat der Jugendliche das sechzehnte Lebensjahr vollendet, so soll dies nur mit seinem Einverständnis geschehen.

§ 11 Laufzeit und nachträgliche Änderung von Weisungen; Folgen der Zuwiderhandlung

(1) [1]Der Richter bestimmt die Laufzeit der Weisungen. [2]Die Laufzeit darf zwei Jahre nicht überschreiten; sie soll bei einer Weisung nach § 10 Abs. 1 Satz 3 Nr. 5 nicht mehr als ein Jahr, bei einer Weisung nach § 10 Abs. 1 Satz 3 Nr. 6 nicht mehr als sechs Monate betragen.

(2) Der Richter kann Weisungen ändern, von ihnen befreien oder ihre Laufzeit vor Ablauf bis auf drei Jahre verlängern, wenn dies aus Gründen der Erziehung geboten ist.

(3) [1]Kommt der Jugendliche Weisungen schuldhaft nicht nach, so kann Jugendarrest verhängt werden, wenn eine Belehrung über die Folgen schuldhafter Zuwiderhandlung erfolgt war. [2]Hiernach verhängter Jugendarrest darf bei einer Verurteilung insgesamt die Dauer von vier Wochen nicht überschreiten. [3]Der Richter sieht von der Vollstreckung des Jugendarrestes ab, wenn der Jugendliche nach Verhängung des Arrestes der Weisung nachkommt.

§ 12 Hilfe zur Erziehung

Der Richter kann dem Jugendlichen nach Anhörung des Jugendamts auch auferlegen, unter den im Achten Buch Sozialgesetzbuch genannten Voraussetzungen Hilfe zur Erziehung

1. in Form der Erziehungsbeistandschaft im Sinne des § 30 des Achten Buches Sozialgesetzbuch oder
2. in einer Einrichtung über Tag und Nacht oder in einer sonstigen betreuten Wohnform im Sinne des § 34 des Achten Buches Sozialgesetzbuch

in Anspruch zu nehmen.

Dritter Abschnitt. Zuchtmittel

§ 13 Arten und Anwendung

(1) Der Richter ahndet die Straftat mit Zuchtmitteln, wenn Jugendstrafe nicht geboten ist, dem Jugendlichen aber eindringlich zum Bewußtsein gebracht werden muß, daß er für das von ihm begangene Unrecht einzustehen hat.

(2) Zuchtmittel sind

1. die Verwarnung,
2. die Erteilung von Auflagen,
3. der Jugendarrest.

(3) Zuchtmittel haben nicht die Rechtswirkungen einer Strafe.

§ 14 Verwarnung

Durch die Verwarnung soll dem Jugendlichen das Unrecht der Tat eindringlich vorgehalten werden.

§ 15 Auflagen

(1) [1]Der Richter kann dem Jugendlichen auferlegen,

1. nach Kräften den durch die Tat verursachten Schaden wiedergutzumachen,
2. sich persönlich bei dem Verletzten zu entschuldigen,
3. Arbeitsleistungen zu erbringen oder
4. einen Geldbetrag zugunsten einer gemeinnützigen Einrichtung zu zahlen.

[2]Dabei dürfen an den Jugendlichen keine unzumutbaren Anforderungen gestellt werden.

(2) Der Richter soll die Zahlung eines Geldbetrages nur anordnen, wenn

1. der Jugendliche eine leichte Verfehlung begangen hat und anzunehmen ist, daß er den Geldbetrag aus Mitteln zahlt, über die er selbständig verfügen darf, oder
2. dem Jugendlichen der Gewinn, den er aus der Tat erlangt, oder das Entgelt, das er für sie erhalten hat, entzogen werden soll.

(3) [1]Der Richter kann nachträglich Auflagen ändern oder von ihrer Erfüllung ganz oder zum Teil befreien, wenn dies aus Gründen der Erziehung geboten ist. [2]Bei schuldhafter Nichterfüllung von Auflagen gilt § 11 Abs. 3 entsprechend. [3]Ist Jugendarrest vollstreckt worden, so kann der Richter die Auflagen ganz oder zum Teil für erledigt erklären.

§ 16 Jugendarrest

(1) Der Jugendarrest ist Freizeitarrest, Kurzarrest oder Dauerarrest.

(2) Der Freizeitarrest wird für die wöchentliche Freizeit des Jugendlichen verhängt und auf eine oder zwei Freizeiten bemessen.

(3) ¹Der Kurzarrest wird statt des Freizeitarrestes verhängt, wenn der zusammenhängende Vollzug aus Gründen der Erziehung zweckmäßig erscheint und weder die Ausbildung noch die Arbeit des Jugendlichen beeinträchtigt werden. ²Dabei stehen zwei Tage Kurzarrest einer Freizeit gleich.

(4) ¹Der Dauerarrest beträgt mindestens eine Woche und höchstens vier Wochen. ²Er wird nach vollen Tagen oder Wochen bemessen.

§ 16a Jugendarrest neben Jugendstrafe

(1) Wird die Verhängung oder die Vollstreckung der Jugendstrafe zur Bewährung ausgesetzt, so kann abweichend von § 13 Absatz 1 daneben Jugendarrest verhängt werden, wenn

1. dies unter Berücksichtigung der Belehrung über die Bedeutung der Aussetzung zur Bewährung und unter Berücksichtigung der Möglichkeit von Weisungen und Auflagen geboten ist, um dem Jugendlichen seine Verantwortlichkeit für das begangene Unrecht und die Folgen weiterer Straftaten zu verdeutlichen,
2. dies geboten ist, um den Jugendlichen zunächst für eine begrenzte Zeit aus einem Lebensumfeld mit schädlichen Einflüssen herauszunehmen und durch die Behandlung im Vollzug des Jugendarrests auf die Bewährungszeit vorzubereiten, oder
3. dies geboten ist, um im Vollzug des Jugendarrests eine nachdrücklichere erzieherische Einwirkung auf den Jugendlichen zu erreichen oder um dadurch bessere Erfolgsaussichten für eine erzieherische Einwirkung in der Bewährungszeit zu schaffen.

(2) Jugendarrest nach Absatz 1 Nummer 1 ist in der Regel nicht geboten, wenn der Jugendliche bereits früher Jugendarrest als Dauerarrest verbüßt oder sich nicht nur kurzfristig im Vollzug von Untersuchungshaft befunden hat.

Vierter Abschnitt. Die Jugendstrafe

§ 17 Form und Voraussetzungen

(1) Die Jugendstrafe ist Freiheitsentzug in einer für ihren Vollzug vorgesehenen Einrichtung.

(2) Der Richter verhängt Jugendstrafe, wenn wegen der schädlichen Neigungen des Jugendlichen, die in der Tat hervorgetreten sind, Erziehungsmaßregeln oder Zuchtmittel zur Erziehung nicht ausreichen oder wenn wegen der Schwere der Schuld Strafe erforderlich ist.

Schrifttum: *H.-J. Albrecht,* Ist das deutsche Jugendstrafrecht noch zeitgemäß?, Gutachten für den 64. Deutschen Juristentag, Gutachten D, 2002; *Balbier,* Brauchen wir ein neues Jugendstrafrecht?, DRiZ 1989, 404; *Bald,* Jugendstrafe wegen schädlicher Neigungen, 1995; *Balzer,* Der strafrechtliche Begriff der schädlichen Neigungen, 1964; *Beulke,* Die §§ 61–61b, 89 JGG – Bewährungsprobe bestanden?, GS Walter, 2014, 259; *Brettel/Bartsch,* Der sog. Koppelungsarrest nach § 16a JGG – Hintergrund, Regelungsprogramm, offene Fragen, RdJB 2014, 299; *Buckolt,* Die Zumessung der Jugendstrafe, 2009; *Budelmann,* Jugendstrafrecht für Erwachsene? – zur Anwendbarkeit von Jugendstrafrecht auf sich zum Verfahrenszeitpunkt im Erwachsenenalter befindliche Personen, 2005; *Caspar,* Jenseits von Erziehung, Generalprävention als komplementärer Sanktionszweck des Jugendstrafrechts, FS Schöch, 2010, S. 209; *Deichsel,* Was Jugendrichter/innen beim Richten ausrichten und anrichten! Eine kritische Auseinandersetzung mit dem Begriff der „schädlichen Neigungen", ZJJ 2004, 266; *Dölling,* Die Rechtsfolgen des Jugendgerichtsgesetzes, in *Dölling* (Hrsg.), Das Jugendstrafrecht an der Wende zum 21. Jahrhundert, 2001, S. 181; *Dünkel,* Freiheitsentzug für junge Rechtsbrecher, 1990; *Eisenberg,* Erziehungsbedürftigkeit und -fähigkeit als Voraussetzungen der Verhängung von Jugendstrafe wegen Schwere der Schuld (§ 17 II Alt. 2 i.V.m. § 2 I 2 JGG), NStZ 2013, 636; *ders.,* Verurteilung eines 29jährigen nach Jugendstrafrecht, JA 2016, 623; *Hartmann,* Die Jugendstrafe wegen Schwere der Schuld nach § 17 Abs. 2 (Alt. 2) JGG, 1991; *Hinz,* Soziales Gebot oder „Lebenslüge"? – Der Erziehungsgedanke bei der Jugendstrafe,

ZRP 2005, 192; *Ch. Jäger*, Jugend zwischen Schuld und Verantwortung, GA 2003, 469; *Kemme*, Die strafpro-zessuale Notwendigkeit zur Hinzuziehung eines Sachverständigen bei Feststellung schädlicher Neigungen gem. § 17 Abs. 2 JGG, StV 2014, 760; *Kemme/Wetzels*, Die Feststellung schädlicher Neigungen gemäß § 17 Abs. 2 Alt. 1 JGG, Praxis der Rechtspsychologie, 2014, 45; *Konze*, Die Jugendstrafe wegen schädlicher Nei-gungen gemäß § 17 II Fall 1 JGG; gemessen an den Grundsätzen angemessenen Strafens, 2015; *Kurzberg*, Jugendstrafe aufgrund schwerer Kriminalität, 2009; *Lenz*, Die Rechtsfolgensystematik im Jugendgerichtsgesetz JGG) – eine dogmatische Strukturierung der jugendstrafrechtlichen Reaktionsmöglichkeiten am Maßstab des Verhältnismäßigkeitsgrundsatzes, 2007; *Loos*, Der Schuldgrundsatz als Sanktionslimitierung im Jugendstraf-recht, in *Wolff/Marek* (Hrsg.), Erziehung und Strafe, 1990, S. 83; *M.-K. Meyer*, Jugendstrafe wegen schwere der Schuld – Erziehungsstrafe und/oder Schuldausgleich?, Zbl. 1984, 445; *Meyer-Odewald*, Die Verhängung und Zumessung der Jugendstrafe gemäß § 17 Abs. 2 Alt. 2 JGG im Hinblick auf das zugrundeliegende Antino-mieproblem, 1993; *Pedal*, Die Voraussetzungen der Jugendstrafe, JuS 2008, 414; *Petersen*, Sanktionsmaßstäbe im Jugendstrafrecht, 2008; *Radtke*, Der sog. Warnschussarrest im Jugendstrafrecht – verfassungsrechtlichen Vorgaben und dogmatisch-systematische Einordnung, ZStW 121 (2009), 416; *ders.*, Schuldgrundsatz und Sicherungsverwahrung – Freiheitsgarantien im zweispurigen Sanktionssystem, GA 2011, 636; *Rentzel-Rothe*, Der Haftgrund der Wiederholungsgefahr gemäß § 112a Abs. 1 Nr. 2 StPO im Jugendstrafverfahren, StV 2013, 786; *Schulz*, Die Höchststrafe im Jugendstrafrecht (10 Jahre) – eine Analyse der Urteile von 1987–1996, 2000; *Streng*, Die Jugendstrafe wegen „schädlicher Neigungen" (§ 17 II 1. Alt. JGG) – Ein Beispiel zu den Grundla-gen und zum System der Jugendstrafe, GA 1984, 149; *Swoboda*, Die Bemessung der Jugendstrafe bei Mordtaten von Heranwachsenden – Die Reform des § 105 Abs. 3 JGG und ihre Bedeutung für den jugendstrafrechtlichen Konflikt zwischen Erziehungsgedanken und positiver Generalprävention, ZStW 125 (2015), 86; *M. Walter*, Das Jugendkriminalrecht in der öffentlichen Diskussion: Fortentwicklung oder Kursänderung zum Erwachse-nenstrafrecht?, GA 2002, 431; *Walter/Wilms*, Künftige Voraussetzungen für die Verhängung der Jugendstrafe: Was kommt nach dem Wegfall der „schädlichen Neigungen"?, NStZ 2007, 1; *Weber*, Die Anwendung der Jugendstrafe, 1990; *G. Wolf*, Strafe und Erziehung nach dem Jugendgerichtsgesetz, 1984.

Übersicht

A. Bedeutung der Vorschrift

I. Normzweck

1   Die Vorschrift verfolgt **zwei Regelungszwecke.** Zum einen enthält **Abs. 1** den **Ansatz einer Legaldefinition** der jugendstrafrechtlichen **Sanktion „Jugendstrafe".** Zusammen mit § 5 Abs. 2 bildet sie zugleich die gesetzliche Grundlage der Sanktionsart Jugendstrafe. § 17 begründet damit die formale Legitimation der Verhängung von Jugendstrafe. Die im Gesetz enthaltene Inhaltsbestimmung der Jugendstrafe ist aber nur wenig zielführend, weil die Sanktionsart von der Vollzugseinrichtung her bestimmt wird, statt den materiellen Gehalt der Sanktion „Jugendstrafe" zu beschreiben. Zum anderen normiert **Abs. 2** – wiederum im systematischen Zusammenhang mit § 5[1] und mit § 13 Abs. 1 – eine **Sanktionsauswahlregelung,** indem mit den Begriffen **„schädliche Neigungen"** (→ Rn. 28 ff.) und **„Schwere der Schuld"** (→ Rn. 51 ff.) zentrale gesetzliche Voraussetzungen für die Verhängung von Jugendstrafe normiert werden. Liegt keine der beiden Voraussetzungen vor, bewendet es von vornherein bei den sonstigen jugendstrafrechtlichen Sanktionen als Reaktion auf die Straftat des jugendlichen oder heranwachsenden Straftäters (→ Rn. 23). Jenseits der Normierung der Kriterien für die Sanktionsauswahl ist **Abs. 2 keine Strafzumessungsregelung** im engeren Sinne.[2] Ist die Auswahl der Sanktion nach Maßgabe von § 5 Abs. 2, § 13 Abs. 1 und § 17 Abs. 2 auf die Verhängung von Jugendstrafe gefallen, richtet sich die konkrete **Strafzumessung nach** den in **§ 18** statuierten Grundsätzen.

2   Die Unterscheidung zwischen den für die Sanktionsauswahl maßgeblichen Kriterien einerseits und den für die konkrete Sanktionsbemessung nach Entscheidung für die Jugendstrafe andererseits ist insbes. in der Rspr des BGH nicht immer ausreichend berücksichtigt worden (→ Rn. 74).[3] Das beruht auch auf im Gesetz selbst angelegten Unklarheiten über den Rechtscharakter der Jugendstrafe und über das Verhältnis zwischen der auf „schädliche Neigungen" sowie der auf „Schwere der Schuld" gestützten Auswahlentscheidung für die Verhängung von Jugendstrafe. Das Verständnis der Bedeutung von § 17 wird durch die mit dem für das Jugendstrafrecht als Leitprinzip gesetzlich verankerten **Erziehungsgedanken**[4] (vgl. § 2 Abs. 1)[5] verbundenen Unklarheiten selbst erschwert.[6] Es ist bislang nicht gelungen, die aus den für Strafen allgemein geltenden verfassungsrechtlichen Vorgaben resultierenden Anforderungen mit dem Erziehungsgedanken vollständig in Einklang zu bringen. Das wirkt sich sowohl bei der auf die „Schwere der Schuld" gestützten Jugendstrafe als auch auf die im Rahmen von § 18 zu berücksichtigenden Strafzumessungskriterien aus. Die für die Jugendstrafe häufig erfolgende Einordnung als **„Erziehungsstrafe"**[7] birgt die Gefahr in sich, den Strafcharakter der Jugendstrafe und damit möglicherweise die für Strafen maßgeblichen spezifischen verfassungsrechtlichen Sicherungen nicht deutlich genug hervortreten zu lassen. Das gilt vor allem für die aus mehreren Gründen in der Kritik stehende Jugendstrafe aufgrund „schädlicher Neigungen".[8] Klagen über einen im Jugendstrafrecht im Vergleich zum allgemeinen Strafrecht schnelleren Zugriff auf eine Freiheitsstrafe[9] dürften einen Grund

---

[1] Vgl. *M. Walter* GA 2002, 431 (450); *Lenz*, Rechtsfolgensystematik, S. 20; *Streng*, Strafrechtliche Sanktionen, § 8 Rn. 2.

[2] Vgl. insoweit Meier/Rössner/Trüg/Wulf/*Laue* Rn. 30.

[3] Meier/Rössner/Trüg/Wulf/*Laue* Rn. 30; siehe aber auch BGH 23.3.2010 – 5 StR 556/09, NStZ-RR 2010, 290 (291); 6.5.2013 – 1 StR 178/13, NStZ 2013, 658 (659); 4.8.2016 – 4 StR 142/16, NStZ-RR 2016, 325 f. mwN („Erziehungsgedanke und Schuldausgleich stehen regelmäßig nicht im Widerspruch").

[4] Ausführlich *H.-J. Albrecht*, 64. DJT, Gutachten C 97-106.

[5] Siehe BT-Drs. 16/6293, 9.

[6] Vgl. *M.-K. Meyer* Zbl. 1984, 445 (452 ff.); siehe auch *Hinz* ZRP 2005, 192.

[7] Exemplarisch *Eisenberg* Rn. 4 und 8.

[8] Überblick zur Kritik bei *M. Walter/Wilms* NStZ 2007, 1; ausführlich *Konze*, Die Jugendstrafe wegen schädlicher Neigungen gemäß § 17 II Fall 1 JGG – Gemessen an den Grundsätzen angemessenen Strafens, 201, S. 49 ff.

[9] *Dünkel* S. 124–126; *Pfeiffer* DVJJ-Journal 1991, 114 ff.; siehe auch *M. Walter/Wilms* NStZ 2007, 1.

auch in der Neigung haben, die freiheitssichernde Funktion des verfassungsrechtlichen Schuldgrundsatzes[10] in Bezug auf die Verhängung der Jugendstrafe gegenüber erzieherischen Notwendigkeiten zurücktreten zu lassen.[11] Wegen der in der höchstrichterl. Rspr im Kern nach wie vor verlangten Berücksichtigung des Erziehungsgedankens bereits bei der Sanktionsartwahl einer allein auf die „Schwere der Schuld" gestützten Jugendstrafe (→ Rn. 74 ff.)[12] betrifft die beschriebene Gefahr die Jugendstrafe insgesamt.[13] Daran ändert der in der Sache zutreffende Hinweis in der Begründung des Regierungsentwurfs zum 2. Gesetz zur Änderung des JGG und anderer Gesetze[14] auf die straflimitierende Funktion der Schuld auch bei den jugendstrafrechtlichen Sanktionen[15] nichts. Die **konzeptionellen Unklarheiten** der Anordnungsvoraussetzungen der Jugendstrafe können durch die mit dem vorgenannten Gesetz erfolgte Einfügung der **Zielbestimmung in § 2 Abs. 1 nicht überwunden** werden. Es wird letztlich nur die allgemeine Aufgabe des Strafrechts insgesamt, nicht allein des Jugendstrafrechts, beschrieben, Rechtsgüterschutz über (zukünftiges) Legalverhalten vormals straffälliger junger Straftäter zu erreichen. Hinsichtlich der auf die „Schwere der Schuld" gestützten Jugendstrafe bewendet es in der Gesetzesbegründung zu § 2 Abs. 1 bei dem floskelhaften Hinweis, bei der „vorrangig" am Erziehungsgedanken orientierten Bemessung der Jugendstrafe könne auch den Belangen des Schuldausgleichs Rechnung getragen werden.[16] Mehr als der Hinweis, im Rahmen der der Strafartwahl nachfolgenden konkreten Strafzumessung seien spezialpräventive Kriterien und Schuldgesichtspunkte berücksichtigungsfähig, ist das nicht. Es wird zudem der für sämtliche Freiheitsstrafen geltenden verfassungsrechtlichen Vorgabe, deren Vollzug auf das Ziel auszurichten, dem Gefangenen ein „künftiges Leben in Freiheit zu ermöglichen",[17] Rechnung getragen. Auch der in der jüngeren Rspr. des BGH häufiger thematisierte Aspekt für den Schuldgehalt und das Erziehungsbedürfnis doppeltrelevanter Tatsachen sowie der daraus abgeleitete Gleichlauf von Erziehungsgedanke und Schuldausgleich,[18] könnte die Unstimmigkeiten in der Konzeption von § 17 Abs. 2 und § 18 Abs. 2 auf der Rechtsanwendungsebene allenfalls dann vollständig überwinden, wenn die für das Quantum der Einzeltatschuld und die für den Umfang der Erziehungsbedarf maßgeblichen Kriterien weitgehend übereinstimmten. Das ist aber trotz Teilkongruenzen schon deshalb nicht der Fall, weil das Schuldmaß sich primär an in der Vergangenheit abgeschlossen vorliegenden Umständen ausrichtet, das Erziehungsbedürfnis aber auch durch zukunftsbezogene Gesichtspunkte bestimmt wird; insbesondere auch durch solche, die erst nach der Tatbegehung eingetreten sind und sich nicht als iS von § 46 Abs. 2 StGB für das Schuldmaß der vergangenen Tat relevantes Nachtatverhalten erweisen. Darüber hinaus ist zu bedenken, dass dem Erziehungsgedanken bei der Sanktionsartwahl für die Jugendstrafe und deren konkreter Strafzumessung jedenfalls bei im Zeitpunkt ihrer Verurteilung erwachsenen Tätern nach Jugendstrafrecht lediglich eingeschränkte oder gar keine Bedeutung mehr zukommt.[19]

---

[10] *Radtke* GA 2011, 636 (640 ff.); siehe auch *Landau* NStZ 2011, 537 (538 f.) jeweils mwN.

[11] Zutreffend *Schüler-Springorum* DVJJ-Journal 1992, 4 (7 f.); optimistischer *Hinz* ZRP 2005, 192 (193).

[12] Vgl. BGH 19.11.2009 – 3 StR 400/09, NStZ 2010, 281 mwN; OLG Hamm 8.6.2010 – 3 RVs 6/10, StV 2011, 583 (585).

[13] Vgl. *M. Walter/Wilms* NStZ 2007, 1 (4).

[14] Vom 13.12.2007, BGBl. I S. 2824.

[15] BT-Drs. 16/6293, 10 li. Sp.

[16] BT-Drs. 16/6293, 9 re. Sp.; vgl. auch BGH 4.8.2016 – 4 StR 142/16, NStZ-RR 2016, 325.

[17] StRspr des BVerfG, exemplarisch BVerfG 5.6.1973 – 1 BvR 536/72, BVerfGE 35, 202 (235 f.) = NJW 1973, 1226, (1231); 28.6.1983 – 2 BvR 539, 612/80, BVerfGE 64, 261 (276) = NJW 1984, 3 (39); 13.1.1987 – 2 BvR 209/84, BVerfGE 74, 102 (122 f.) = NJW 1988, 45 (47); BVerfGE 98, 169 (200 f.) = NJW 1998, 3337; BVerfG 31.5.2006 – 2 BvR 1673/04 ua, BVerfGE 116, 69 (85.) mwN.

[18] BGH 23.3.2010 – 5 StR 556/09, NStZ-RR 2010, 290 (291) mwN; siehe auch bereits BGH 31.10.1995 – 5 StR 470/94, NStZ-RR 1996, 120 bzgl. eines brutalen, aus rassistischen Gründen verübten Mordversuchs.

[19] Vgl. BGH 20.8.2015 – 3 StR 214/15, NStZ 2016, 101; 8.3.2016 – 3 StR 417/15, NStZ 2016, 680; siehe auch BGH 6.5.2013 – 1 StR 178/13, NStZ 2013, 658 dazu krit. *Eisenberg* NStZ 2013, 636.

II. Rechtscharakter der Jugendstrafe

3   Die Jugendstrafe gilt nach allg. Verständnis als die **eingriffsintensivste Sanktion** des Jugendstrafrechts.[20] Jedenfalls für die auf die „**Schwere der Schuld**" (Abs. 2 Alt. 2) gestützte Jugendstrafe ist der Charakter als **echte Kriminalstrafe** allg. anerkannt[21] und in der Sache zutreffend.

4   Dagegen ist die Einordnung der auf das Vorliegen „**schädlicher Neigungen**" (Abs. 2 Alt. 1) gegründeten Jugendstrafe als Strafe im kriminalstrafrechtlichen Sinne nicht in gleicher Weise gesichert.[22] Versteht man echte Kriminalstrafe als eine „repressive Übelszufügung", die dem Zweck des Schuldausgleichs dient,[23] lässt sich die aufgrund schädlicher Neigungen angeordnete Jugendstrafe vor dem Hintergrund sowohl ihrer Voraussetzungen als auch der für ihre Bemessung als relevant erachteten Kriterien nicht ohne weiteres als Kriminalstrafe verstehen. Der auch in diesen Fällen ergehende Schuldspruch sowie die formal einheitliche Regelung in § 17 zusammen mit der auf die Schuldschwere beruhenden Jugendstrafe deuten auch bei der auf schädliche Neigungen gestützten Jugendstrafe auf einen echten Strafcharakter.[24] Die angenommenen Anordnungsvoraussetzungen, insbesondere die Definition der schädlichen Neigungen, die im Kern auf Rückfallgefahr rekurriert (→ Rn. 46), sowie der verlangte Symptomcharakter der „Anlassstat" für die schädlichen Neigungen und die behauptete Notwendigkeit ihres Vorliegens nicht nur im Tat- sondern auch noch im Urteilszeitpunkt (→ Rn. 41 f.)[25] deuten dagegen mehr in Richtung auf eine stationäre Maßregel.[26] Prozessual wird aus dieser – im Ergebnis nicht zutreffenden (→ Rn. 7 f.) – Einordnung die Forderung abgeleitet, § 246a StPO über seinen Wortlaut hinaus auf die Jugendstrafe wegen „schädlicher Neigungen" zu erstrecken.[27]

5   Ein nach dem Anordnungsgrund differenzierendes Rechtsregime der Jugendstrafe wäre mit der allgemein anerkannten Möglichkeit, die Jugendstrafe kumulativ auf beide Anordnungsgründe zu stützen (→ Rn. 14),[28] schwer zu vereinbaren. Zumindest müsste in diesen Fällen dann bei der Strafzumessung im Sinne einer Sicherungsstrafe[29] einerseits die aus präventiven Erwägungen erforderliche Strafdauer und die dem Schuldausgleich dienende jeweils gesondert ausgewiesen und begründet werden. Die aufgeworfenen Schwierigkeiten der Einordnung der Jugendstrafe nach Abs. 2 Alt. 1 können nicht mit dem Hinweis auf die nicht strikte Trennung von Strafen und Maßregeln im Jugendstrafrecht überspielt werden.[30] Ungeachtet von Überschneidungen im Vollzugsziel bei stationären Maßregeln und Freiheitsstrafen bis hin zu der Möglichkeit des Vikariierens (vgl. § 67 Abs. 2, 4 und 5 StGB) bestehen auf zwei Ebenen kategoriale Unterschiede zwischen beiden Sanktionsarten.[31] Die

---

[20] *Buckolt* S. 34; *Kurzberg* S. 95 f.; *Schöch* in *Meier/Rössner/Schöch* Jugendstrafrecht § 11 Rn. 1; Brunner/Dölling Rn. 1; *Ostendorf* Grdl. zu §§ 17 und 18 Rn. 1; siehe auch ausf. *Petersen* S. 174 ff.

[21] BVerfG 9.12.2004 – 2 BvR 930/04, NStZ 2005, 642 f.; *Konze* S. 16; *Pedal* JuS 2008, 414; siehe auch *Radtke* ZStW 121 (2009), 416 (429 f.) mwN.

[22] Näher *Konze* S. 49 ff.

[23] BVerfG 5.2.2004 – 2 BvR 2029/01, BVerfGE 109, 133, 173; 4.5.2011 – 2 BvR 2365/09 ua, BVerfGE 128, 326 (376 f.) = NJW 2011, 1931 (1938 Rn. 105); siehe auch bereits BVerfG 16.4.1980 – 1 BvR 505/78, BVerfGE 54, 100, 108; 16.3.1994 – 2 BvL 3/90 ua BVerfGE 91, 1, 27; 20.3.2002 – 2 BvR 794/95, BVerfGE 105, 135, 153; ausführlich auch *Radtke* GA 2011, 636 (640 ff.).

[24] Vgl. *M.-K. Meyer* Zbl. 1984, 445 (447).

[25] Exemplarisch BGH 20.7.2010 – 5 StR 199/10, StV 2011, 581; 24.2.2015 – 4 StR 37/15, NStZ-RR 2015, 155; 9.7.2015 – 2 StR 170/15, NStZ-RR 2015, 323.

[26] Für die Einordnung als Maßregel daher *Zipf*, Die Strafmaßrevision, 1969, S. 155 ff.; in diese Richtung *Eisenberg* § 17 Rn. 18b; siehe auch Diemer/Schatz/Sonnen/*Sonnen* Rn. 10; *Kemme* StV 2014, 760; krit. dazu *M.-K. Meyer* Zbl. 1984, 445 (447).

[27] Ausführlich *Kemme* StV 2014, 760; *Eisenberg* JGG Rn. 18c; siehe auch *Kemme/Wetzels*, Praxis der Rechtspsychologie 24 (2014), S. 45 ff.

[28] Siehe nur BGH 20.7.2010 – 5 StR 199/10, StV 2011, 581; *Buckolt* S. 36 mwN.

[29] *Ostendorf* Rn. 6 deutet den Zweck der Jugendstrafe ausdrücklich als einen der Sicherungsstrafe; vgl. zum Gedanken der Sicherungsstrafe *Müller-Dietz*, Strafzwecke und Vollzugsziel, in: Recht und Staat, 1973, S. 39; dazu auch *Radtke* GA 2011, 636 (639 u. 649).

[30] In diese Richtung aber *Petersen*, Sanktionsmaßstäbe im Jugendstrafrecht, 2008, S. 138.

[31] BVerfG 4.5.2011 – 2 BvR 2365/09 ua, BVerfGE 128, 326 (376 f.) = NJW 2011, 1931 (1937 f. Rn. 104–107); *Radtke* GA 2011, 636 (639) sowie zuvor *ders.* FS Schöch, 2010, 695 (710–713).

verfassungsrechtliche Legitimation von Freiheitsstrafe als Kriminalstrafe folgt aus der schuldhaften, dem Täter als Fehlverhalten vorwerfbaren Begehung der Straftat selbst und drückt sich in dem Zweck des Schuldausgleichs durch das Aussprechen eines sozial-ethischen Tadels gegenüber dem Täter sowie der Auferlegung des Strafübels selbst aus. Die Legitimation der Verhängung von (stationären) Maßregeln beruht dagegen ausschließlich auf dem Prinzip des rechtfertigenden Notstandes, dem Überwiegen des Allgemeininteresses am Schutz vor weiteren erheblicher Straftaten des Täters gegenüber seinem Freiheitsrecht.[32]

Dieser kategoriale Unterschied setzt sich auf der Ebene der Begrenzung der Dauer der **6** Freiheitsentziehung in beiden Sanktionsarten fort. Freiheitsstrafe darf keinesfalls oberhalb des durch das Ausmaß der Einzeltatschuld bestimmten Schuldumfangs verhängt werden. Freiheitsentziehende Maßregeln finden dagegen ihre zeitliche Grenze, bei ansonsten Fortbestehen der Anordnungsvoraussetzungen,[33] ausschließlich im Grundsatz der Verhältnismäßigkeit. Dieser bezieht sich bei den freiheitsentziehenden Maßregeln auf das Ausmaß der prognostizierten zukünftigen Gefährlichkeit des Täters in Relation zu dem Interesse potentieller Opfer an der Wahrung ihrer Rechtsgüter. Die für die Bestimmung des Schuldmaßes relevanten tatsächlichen Umstände liegen dabei vollständig in der Vergangenheit; die für die Anwendung des Verhältnismäßigkeitsgrundsatzes maßgeblichen Umstände beziehen sich dagegen in erheblichem Umfang auf die Einschätzung zukünftiger Ereignisse.[34]

Die aus dem **verfassungsrechtlichen Schuldgrundsatz** für die Freiheitsstrafe resultie- **7** renden geschilderten Vorgaben sind selbst für den Verfassungsgesetzgeber nicht disponibel[35] und damit erst recht nicht für den einfachen Gesetzgeber. Ist die Jugendstrafe iS von § 17 insgesamt als Kriminalstrafe einzuordnen, müssen die Vorgaben des verfassungsrechtlichen Schuldgrundsatzes auch in den Konstellationen von Abs. 2 Alt. 1 eingehalten werden,[36] was sich insbesondere bei den Strafzumessungserwägungen im engeren Sinne auswirkte. § 17 löst, selbst bei Einbeziehung der in § 18 normierten Grundsätze der Bemessung der Jugendstrafe, die aufgeworfenen Fragen nicht wirklich. Es fehlt an einer dem verfassungsrechtlichen Rahmen vollständig entsprechenden und zugleich in sich stimmigen Konzeption der Jugendstrafe.

Im Ergebnis ist die **Jugendstrafe insgesamt,** also auch die ausschließlich auf das Vorlie- **8** gen „schädlicher Neigungen" gestützte, als **echte, den Bindungen des verfassungsrechtlichen Schuldgrundsatzes unterliegende Kriminalstrafe** zu verstehen.[37] Dafür sprechen auf unterschiedlichen Ebenen angesiedelte Gründe: Auf der Ebene der Anordnungsvoraussetzungen deutet die Notwendigkeit der schuldhaften Tatbegehung auf eine solche Einordnung hin. Ein zwingendes Indiz ist dies jedoch nicht.[38] Wie die Ausgestaltung der Sicherungsverwahrung (§ 66 StGB) zeigt, ist der Gesetzgeber nicht gehindert, auch die Anordnung stationärer Maßregeln von einer schuldhaften Anlasstat abhängig zu machen. Die Anordnung von Sicherungsverwahrung (primäre und vorbehaltene) erfolgt jedoch stets nur im Verbund mit der Bestrafung der verfahrensgegenständlichen Straftat. Die Jugendstrafe aufgrund „schädlicher Neigungen" kann dagegen bei einem entsprechenden Schuldspruch isoliert verhängt werden. Deutlich für den Strafcharakter spricht die grundsätzlich bereits durch das erkennende Gericht im Urteil einzelfallbezogen festzulegende Dauer der Jugendstrafe. Handelte es sich bei der auf „schädlichen Neigungen" beruhenden Jugendstrafe um eine Maßregel, müsste die Zulässigkeit der Dauer (abgesehen von gesetzlichen Höchstvoll-

---

[32] BVerfG 4.5.2011 – 2 BvR 2365/09 ua, BVerfGE 128, 326 (376 f.) = NJW 2011, 1931 (1938 f. Rn. 104 f.); *Radtke* GA 2011, 636 (643 f.) mwN; → StGB Vor § 38 Rn. 69–71; siehe auch *Konze* S. 69 ff.

[33] Dazu ausführlich *Radtke* FS Schöch, 2010, 695 (695–699).

[34] Grundlegend *Loos*, Schuldgrundsatz in *Wolff/Marek* (Hrsg.), S. 84 (89).

[35] BVerfG 30.6.2009 – 2 BvE 2/08 ua BVerfGE 123, 267 (413).

[36] Insoweit ebenso *Petersen* S. 76.

[37] Im Ergebnis ebenso *Bruns* S. 121 ff.; *Buckolt* S. 35; *Petersen* S. 76; *M.-K. Meyer* Zbl. 1984, 445 (447); *M. Walter/Wilms* NStZ 2007, 1 (7); letztlich auch *Lenz* S. 222 mit allerdings verfehlter Einordnung des verfassungsrechtlichen Schuldgrundsatzes als „Teilelement" der „Verhältnismäßigkeit im engeren Sinne"; siehe aber *Eisenberg* JGG § 17 Rn. 18b.

[38] Nur insoweit zutreffend *Begemann* ZRP 1991, 44 (45).

zugsfristen; etwa § 67d Abs. 1 S. 1 StGB) von dem im Urteilszeitpunkt in zeitlicher Hinsicht nicht sicher bestimmbaren Fortbestehen der zukünftigen Gefährlichkeit abhängen. Dementsprechend wäre der Vollzug einer so fundierten Freiheitsentziehung unabhängig von durch das Gericht festgelegten Vollzugsdauern mit dem Wegfall der Anordnungsvoraussetzungen sogleich (zB durch Erledigungserklärung) zu beenden.[39] Das sieht das geltende Recht nicht vor. Der für die Jugendstrafe wegen „schädlicher Neigungen" geforderte symptomatische Charakter der verfahrensgegenständlichen Tat(en) für die schädlichen Neigungen sowie die allgemein behauptete Notwendigkeit ihres Vorliegens noch im Urteilszeitpunkt stehen der Einordnung als echte Kriminalstrafe nicht entgegen. Insoweit handelt es sich um Voraussetzungen, die dem Zweck des § 17 als Sanktionswahlregelung entsprechend gerade inhaltliche Vorgaben für die Entscheidung zwischen der ultima ratio-Sanktion Jugendstrafe und den sonstigen jugendstrafrechtlichen Sanktionen beinhalten. Sie sichern auf der Ebene der Sanktionsauswahl den Erziehungsgedanken und entsprechen insoweit der § 18 Abs. 2 auf der Ebene der Strafzumessung zukommenden Funktion. Im Übrigen ließ sich aus der Einführung der nachträglichen Sicherungsverwahrung bei Verurteilung nach Jugendstrafrecht durch den für verfassungswidrig erklärtem § 7 Abs. 2 aF[40] ableiten, dass der Gesetzgeber selbst nicht von einem Maßregelcharakter der Jugendstrafe aufgrund „schädlicher Neigungen" ausging, sondern eine Abwehr zukünftiger erheblicher Gefährlichkeit bei bestimmten jugendlichen Straftätern – zunächst – über eine (nachträgliche) Sicherungsverwahrung für erforderlich hielt[41] und bzgl. der vorbehaltenen Sicherungsverwahrung gemäß § 7 Abs. 2[42] für erforderlich hält. Das **BVerfG** bewertet angesichts des Vorgenannten die **Jugendstrafe** daher zutreffend **als** echte **Strafe,** die jedenfalls auch auf **vergeltenden Ausgleich für begangenes Unrecht zielt.**[43]

III. Gesetzliche Konzeption der Jugendstrafe und verfassungsrechtlicher Rahmen

9   Eine **nachvollziehbare Konzeption der** in § 17 als **„Jugendstrafe"** bezeichneten freiheitsentziehenden Sanktion des Jugendstrafrechts ist der **Vorschrift schwer zu entnehmen.** Die Einordnung als einheitliche Sanktion mit Strafcharakter (→ Rn. 8) klärt in Teilen den für die Legitimität der Jugendstrafe maßgeblichen verfassungsrechtlichen Rahmen, genügt allein aber nicht als Grundlage für die Deutung der § 17 zugrunde liegenden gesetzlichen Konzeption. Die aus den **Unklarheiten der Konzeption** resultierenden Schwierigkeiten im Verständnis der Vorschrift betreffen unterschiedliche Aspekte auf unterschiedlichen Ebenen:

1. die verfassungsrechtliche Legitimität von Anordnung und Vollzug der Jugendstrafe in Bezug auf ihre beiden zentralen Anwendungsvoraussetzungen („schädliche Neigungen" und „Schwere der Schuld");
2. den Zweck der Jugendstrafe sowie die mit ihrem Vollzug verfolgten Ziele;[44]
3. das Verhältnis der Anordnungsvoraussetzungen zueinander (Strafartauswahl);
4. die für die Bemessung der Höhe der Jugendstrafe maßgeblichen Strafzumessungskriterien einschließlich der Frage nach dem Maßprinzip für die höchstzulässige Dauer der Jugendstrafe im Einzelfall (Schuldquantum oder Verhältnismäßigkeit).[45]

---

[39] Ausführlich *Radtke* FS Schöch, 2010, 695 (696 ff.).

[40] Eingeführt durch das Gesetz zur Einführung der nachträglichen Sicherungsverwahrung bei Verurteilungen nach Jugendstrafrecht vom 8.7.2008, BGBl. I S. 1212; für verfassungswidrig erklärt durch BVerfG 4.5.2011 – 2 BvR 2365/09 ua, BVerfGE 128, 326 = NJW 2011, 1931; die Vorschrift war bis 31.5.2013 in Kraft.

[41] In diese Richtung bereits *M. Walter/Wilms* NStZ 2011, 1, (2).

[42] In der seit 1.6.2013 geltenden Fassung.

[43] BVerfG 9.12.2004 – 2 BvR 930/04, NStZ 2005, 642; vgl. BGH 4.8.2016 – 4 StR 142/16, NStZ-RR 2016, 325, 326 („verhängte Jugendstrafe wird gerechtem Schuldausgleich noch gerecht"); siehe auch *Radtke* ZStW 121 (2009), 416 (429 f.) mwN.

[44] Zur Unterscheidung von Zweck der Strafe und den mit ihrem Vollzug verbundenen (angestrebten) Zielen *Radtke* GA 2011, 636 (644 f.).

[45] Siehe *Lenz* S. 213 ff., der dortigen Einordnung des Schuldgrundsatzes als Teilelement der Verhältnismäßigkeit im engeren Sinne wird hier nicht gefolgt.

Aus den Unklarheiten in Bezug auf die zu 3. und 4. angesprochenen Aspekte ergeben sich Folgefragen wie insbesondere die nach der Zulässigkeit der Verhängung der Jugendstrafe von einer Dauer, die wegen des Schuldquantums der Tat über das aus individualpräventiven (erzieherischen) Gründen erforderliche Maß hinausgeht sowie umgekehrt die Frage nach der Zulässigkeit einer Sanktionierung, die den durch die Einzeltatschuld geprägten Schuldumfang unterschreitet (→ Rn. 52).[46] Im Kern beruhen die vorstehend aufgeführten Unklarheiten auf den Schwierigkeiten, das Verhältnis zwischen der Bedeutung des Erziehungsgedankens und den Anforderungen des Schuldstrafrechts zu bestimmen.

1. Verfassungsrechtliche Legitimität der Jugendstrafe. Die verfassungsrechtliche **10** **Berechtigung der Bestrafung** des schuldigen jugendlichen oder heranwachsenden Straftäters und des Vollzugs der Jugendstrafe leitet sich – nicht anders als bei den Strafen des allgemeinen Strafrechts auch[47] – **aus der schuldhaften Begehung der Straftat selbst** ab.[48] Weil der dem Anwendungsbereich des Jugendstrafrechts unterworfene Täter in einer ihm als schuldhaft vorwerfbaren Weise Unrecht begangen, also geschützte Rechtsgüter beeinträchtigt und dadurch zugleich die Geltung der verwirklichten Strafnorm in Frage gestellt hat, darf der Staat zu der „missbilligenden staatlichen Reaktion"[49] der Strafe, zu der die Jugendstrafe gehört,[50] greifen. Mit dem in der Verurteilung und Bestrafung ausgedrückten sozialethischen Tadel[51] sowie dem vergeltenden Ausgleich für die Begehung des verschuldeten Unrechts[52] geht zugleich die Bestätigung der Fortgeltung der verletzten Norm einher.[53] Dadurch wird dem Rechtsgüterschutz gedient. Von der Bestätigung der Normgeltung durch Verurteilung und Bestrafung des Täters darf eine verhaltenssteuernde Wirkung auf diesen und auf andere Rechtsunterworfene erwartet werden.[54] Die verfassungsrechtliche Legitimität der Jugendstrafe unterscheidet sich damit nicht von der der Strafen des allgemeinen Strafrechts.[55] Der **Erziehungsgedanke,** dessen Geltung im Jugendstrafrecht das BVerfG ausdrücklich bestätigt hat,[56] **legitimiert nicht die Androhung und die Verhängung von Strafe;**[57] nicht einmal die auf „schädliche Neigungen" gestützter Jugendstrafe. Er wirkt sich erst bei der Auswahl der im Einzelfall zu verhängenden Sanktion, den berücksichtigungsfähigen Sanktionsgesichtspunkten sowie vor allem bei der Ausgestaltung des Vollzugs der Jugendstrafe[58] aus. Die verbreitete Auffassung, die Jugendstrafe sei gegenüber den Strafen des allgemeinen Strafrechts eigenständig,[59] trifft damit lediglich für die Strafartauswahl und die berücksichtigungsfähigen Strafzumessungskriterien nicht aber für die verfassungsrechtliche Legitimation zu.

Es bestehen keine aus den Besonderheiten des Jugendstrafrechts und insbesondere der **11** spezifischen Lebenssituation Jugendlicher (und Heranwachsender) ableitbaren tatsächlichen und/oder rechtlichen Gesichtspunkte, die bei der Beurteilung der verfassungsrechtlichen Legitimität der Jugendstrafe die Heranziehung anderer Maßstäbe der Verfassung als bei

---

[46] Einführend *Lenz* S. 202 ff. mwN.

[47] BVerfG 4.5.2011 – 2 BvR 2365/09 ua, NJW 2011, 1931 (1937 Rn. 104), *Radtke* GA 2011, 636 (641 f.); Vor § 38 Rn. 14; vgl. auch BVerfG 5.2.2004 – 2 BvR 2029/01, BVerfGE 109, 13 (171 f.).

[48] Insoweit ebenso *M.-K. Meyer* Zbl. 1984, 445 (446); Brunner/*Dölling* Rn. 9.

[49] BVerfG 9.12.2004 – 2 BvR 930/04, NStZ 2005, 642.

[50] BVerfG 9.12.2004 – 2 BvR 930/04, NStZ 2005, 642.

[51] Vgl. BVerfG 26.2.2008 – 2 BvR 392/07, BVerfGE 120, 224 (240); *Kühl* FS Volk, 2009, 275; Schönke/Schröder/*Kinzig* StGB Vor §§ 38 ff. Rn. 1; *Radtke* GA 2011, 636 (641); krit. gegenüber der sozial-ethischen Missbilligung *Volk* FS Egon Müller, 2008, 709 (710).

[52] BVerfG 9.12.2004 – 2 BvR 930/04, NStZ 2005, 642.

[53] Insoweit zutreffend *Caspar* FS Schöch, 2010, 209 (216 ff.); *Konze* S. 100.

[54] *Konze* S. 100 f.; *M.-K. Meyer* Zbl. 1984, 445 (446).

[55] Vgl. insoweit *H.-J. Albrecht*, Gutachten 64. DJT, D 106; anders offenbar *Konze* S. 63 und S. 95 soweit die schuldhafte Tat bei Jugendstrafe wg. „Schwere der Schuld" auf die Bedeutung einer „Anlasstat" reduziert wird.

[56] BVerfG 16.1.2003 – 2 BvR 716/01, BVerfGE 107, 104 (119) = NJW 2003, 2004 (2005 f.).

[57] Ähnlich insoweit *H.-J. Albrecht*, Gutachten 64. DJT, D 104.

[58] Dazu BVerfG 31.5.2006 – 2 BvR 1673/04 ua, BVerfGE 116, 69 (85 ff.) = NJW 2006, 2093.

[59] Etwa BGH 29.2.1956 – 2 StR 25/56, BGHSt 10, 100 (103); Brunner/*Dölling* Rn. 1; *Eisenberg* JGG Rn. 4.

den Strafen des allgemeinen Strafrechts erzwingen oder auch nur gestatten. Für die den Straftatbeständen zugrunde liegenden Verhaltensnormen sowie die darauf bezogenen Sanktionsnormen[60] versteht sich dies im Rahmen des geltenden Rechts von selbst. Sie sind im Jugendstrafrecht und im allgemeinen Strafrecht identisch. Im Übrigen stimmen auch die Regeln für die schuldhafte Verwirklichung des straftatbestandlichen Unrechts konzeptionell überein. § 3 bedingt eine dem jugendlichen Straftäter als persönlich vorwerfbar, als schuldhaft verwirklichte Straftatbegehung. §§ 3, 19 setzen voraus, dass es bei der Straftatbegehung durch den verantwortlich handelnden Jugendlichen der vergeltenden Ahndung und der Normbestätigung durch missbilligende staatliche Reaktion bedarf. Dabei mag die Bestimmung der Altersgrenze der strafrechtlichen Verantwortlichkeit auf der gesetzgeberischen Bewertung bei unter 14jährigen fehlenden spezial- und generalpräventiven Sanktionierungsbedürfnissen beruhen.[61] Derartige Sanktionierungsbedürfnisse bilden jedoch nicht den verfassungsrechtlich legitimierenden Grund für die Auferlegung des Strafübels, sondern dienen lediglich als Gründe dafür, trotz der wegen der schuldhaften Tatbegehung verfassungsrechtlich an sich zulässigen Bestrafung auf Strafe als staatliche Reaktion auf die Straftat ganz zu verzichten oder sich auf nicht strafende Sanktionen zu beschränken.[62] Unter der Berücksichtigung des Vorgenannten bestehen **keine** durchgreifenden **Bedenken gegen die Verfassungsmäßigkeit der Jugendstrafe.**[63] Das gilt auch für die auf „schädliche Neigungen" gestützte Jugendstrafe.[64] Soweit *Konze* deren Verfassungswidrigkeit auf Unvereinbarkeit mit dem Verhältnismäßigkeitsgrundsatz (bereits „ungeeignet") stützen will, weil die Gefährlichkeit des Täters in den Mittelpunkt der Strafe gestellt werde, Strafe aber allein zur Abwehr von Beeinträchtigungen des Normgeltungsschaden eingesetzt werden dürfe,[65] berücksichtigt sie nicht hinreichend, dass die verfassungsrechtliche Legitimation der Jugendstrafe wegen „schädlicher Neigungen" allein aus der (ausreichend gewichtigen) schuldhaften Tatbegehung folgt (→ Rn. 10 und 12 f.). Lediglich bei einem die Bestrafung gestattenden Ausmaß der jugendspezifisch zu bestimmenden Einzeltatschuld kommt es für die Auswahl zwischen verschiedenen jugendstrafrechtlichen Sanktionen auf das Kriterium der schädlichen Neigungen an (→ Rn. 10 und 12 f.). Die schuldhafte Tat erschöpft sich auch bei „schädlichen Neigungen" nicht in der Funktion einer Anlassstat,[66] sondern bildet wie bei allen Kriminalstrafen auch Grund und Grenze verfassungsrechtlich zulässigen Strafens (→ Rn. 14). Auf die „schädlichen Neigungen" kommt es lediglich insoweit an, als sie Indikator dafür sind, dass es gegenüber dem prognostisch erheblich rückfallgefährdeten Täter der Einwirkung durch Strafe bedarf, um zukünftige erneute Straffälligkeit möglichst zu vermeiden. Die Verhängung der Jugendstrafe und deren Vollstreckung dient dann dem Rechtsgüterschutz sowohl unmittelbar als auch mittelbar durch die nachdrückliche Bestätigung der Normgeltung.

12   **2. Zweck und Vollzugsziel der Jugendstrafe.** Das Gesetz verhält sich zu dem Zweck der Jugendstrafe unmittelbar nicht. **§ 2 Abs. 1** formuliert zwar das mit dem Teilrechtsgebiet Jugendstrafrecht verfolgte Ziel zukünftigen Legalverhaltens bereits in der Vergangenheit straffällig gewordener Jugendlicher und Heranwachsender. Die Vorschrift nennt zudem noch das vorrangige Mittel zur Erreichung dieses Ziels, die Ausrichtung vor allem von Rechtsfolgen der Straftat und der Gestaltung des Verfahrens am Erziehungsgedanken. In Bezug auf die Jugendstrafe mag sich daraus eine Verstärkung ihres – aus § 5 und § 13 ohnehin

---

[60] Zur Unterscheidung von Verhaltens- und Sanktionsnormen knapp einführend → StGB Vor § 38 Rn. 1 und 8 mwN.

[61] *Jäger* GA 2003, 467 (473).

[62] Vgl. zu der begrenzten Tragfähigkeit der mit präventiven Bestrafungsbedürfnissen argumentierenden Lehre von der Verantwortlichkeit *Radtke* GA 2000, 19 (31 f.) sowie → StGB Vor § 38 Rn. 24 f.; vgl. auch *Hirsch* ZStW 106 (1994), 754.

[63] Zur Verfassungsmäßigkeit der Jugendstrafe siehe auch SchlHOLG 10.12.1984 – 1 Ss 270/84, StV 1985, 420 f. mAnm *Streng* sowie *Pedal* JuS 2008, 414 mwN.

[64] AA *Konze* S. 93 ff.

[65] *Konze* S. 101.

[66] So – aber nicht tragfähig – *Konze* S. 63 und 95.

ableitbaren – Charakters als ultima ratio jugendstrafrechtlicher Sanktionen[67] ergeben. Eine **Zweckbestimmung der Jugendstrafe enthält sie nicht.** § 2 Abs. 1 bringt lediglich zum Ausdruck, den Vollzug der Strafe auf das Ziel zukünftigen Legalverhaltens auszurichten und dafür den Vollzug an den zur Zielerreichung geeigneten erzieherischen Möglichkeiten zu orientieren.[68] Auch aus **§ 18 Abs. 2** lässt sich **nicht der Zweck der Jugendstrafe,** sondern lediglich ein Maßstab für die Bemessung der Jugendstrafe nach Auswahl dieser Sanktion anhand der in § 17 genannten Voraussetzungen ableiten. Der Zweck der Jugendstrafe besteht, insoweit nicht anders als bei den Strafen des allgemeinen Strafrechts, in dem **Ausgleich des schuldhaft verwirklichten Unrechts** (→ Rn. 7–10). Mit diesem Zweck ist als Effekt der Androhung und Verhängung von Jugendstrafe zugleich die Normstabilisierung durch die Demonstration der Geltung der Strafnorm, gegen die der Täter verstoßen hat, verbunden.[69] Ein so verstandener Zweck korrespondiert über den mit ihm verbundenen Aspekt der Norminternalisierung, der Einübung einer „legalen Gesinnung", mit der dem Strafrecht zukommenden Aufgabe des Rechtsgüterschutzes.[70] Ungeachtet der nach der Rspr. des BGH vorrangig am Erziehungsgedanken auszurichtenden Jugendstrafe – selbst bei auf der Schwere der Schuld beruhenden[71] (→ Rn. 51 ff.) – darf diese den **Zweck des gerechten Schuldausgleichs nicht verfehlen** und durch eine unangemessen niedrige Bemessung das Ausmaß der Tatschuld „verniedlichen".[72]

Mit einem solchen Verständnis des Zwecks der Jugendstrafe ist die in § 2 Abs. 1 statuierte **13** Zielbestimmung des Jugendstrafrechts allgemein vereinbar. Die genannte Regelung gibt eine Orientierung der Auswahl der Rechtsfolgen und ihrer Bemessung sowie der Ausgestaltung des Verfahrens anhand des Ziels zukünftiger (besser gelingender) Legalbewährung durch erzieherische Einwirkung auf den jungen Straffälligen vor;[73] erzieherische Einwirkung auf im Zeitpunkt ihrer Verurteilung nach Jugendstrafrecht bereits erwachsene Täter ist verfassungsrechtlich nicht ohne weiteres legitim.[74] Soweit nicht – entgegen der Konzeption des Gesetzes – der Jugendstrafe und ihrem Vollzug jegliche erzieherische Eignung abgesprochen wird,[75] stehen Schuldausgleich als Zweck der Strafe einerseits und Ausgestaltung des Vollzugs der Strafe ausschließlich nach spezialpräventiven bzw. erzieherischen Notwendigkeiten andererseits nicht in einem Ausschließlichkeitsverhältnis. Von der das gesamte Strafrecht erfassenden Aufgabe des Rechtsgüterschutzes ausgehend betrifft der formulierte Zweck der Strafe die Ebene der verfassungsrechtlichen Legitimität der Statuierung von Strafnormen (einschließlich ihrer Sanktionskomponente) sowie der Legitimität der Anordnung der Strafe im konkreten Fall. Die Ausrichtung des Vollzugs von Strafen auf das Ziel der Ermöglichung zukünftigen Legalverhaltens wird anders als die Normstatuierung und -anwendung nicht mehr (jedenfalls nicht mehr vorrangig) durch den Aspekt der Schuld und des Schuldausgleichs getragen, sondern resultiert aus der Garantie der Menschenwürde und aus dem Verhältnismäßigkeitsgrundsatz.[76] Das **BVerfG** hat die Geltung des für den Freiheitsstrafenvollzug maßgeblichen **Resozialisierungsziels**[77] auch für den Vollzug der

---

[67] Vgl. Meier/Rössner/Trüg/Wulf/*Laue* Rn. 9.
[68] In der Sache insoweit ähnlich *Caspar* FS Schöch, 2010, 209 (210).
[69] *M.-K. Meyer* ZBl. 1984, 445.
[70] *Loos* in *Wolff/Marek* (Hrsg.), Erziehung und Strafe, S. 83 (85); zur Aufgabe des Strafrechts → StGB Vor §§ 38 ff. Rn. 1–4.
[71] Etwa BGH 4.8.2016 – 4 StR 142/16, NStZ-RR 2016, 325.
[72] Zutreffend BGH 31.10.1995 – 5 StR 470/95, NStZ-RR 1996, 120; siehe auch BGH 16.11.1993 – 4 StR 591/93, StV 1994, 598 (599).
[73] Vgl. BT-Drs. 16/6293, 9 li. Sp.
[74] Vgl. BGH 20.8.2015 – 3 StR 214/15, NStZ 2016, 101; 8.3.2016 – 3 StR 417/15, NStZ 2016, 680.
[75] In diese Richtung etwa *Kaiser* NStZ 1982, 102 (104); *Schüler-Springorum* FS Dünnebier, 1982, 656; *Streng* GA 1984, 149 (163); anders BVerfG 31.5.2006 – 2 BvR 1673/04 ua BVerfGE 116, 69 (85 ff.); Brunner/*Dölling* Rn. 3; siehe auch Meier/Rössner/Trüg/Wulf/*Laue* Rn. 5.
[76] Siehe insoweit nur BVerfG 31.5.2006 – 2 BvR 1673/04 ua, BVerfGE 116, 69 (85) mwN.
[77] Exemplarisch BVerfG 5.6.1973 – 1 BvR 536/72, BVerfGE 35, 202 (235 f.) = NJW 1973, 1226, (1231); 28.6.1983 – 2 BvR 539, 612/80, BVerfGE 64, 261 (276) = NJW 1984, 3 (39); 13.1.1987 – 2 BvR 209/84, BVerfGE 74, 102 (122 f.) = NJW 1988, 45 (47); BVerfGE 98, 169 (200 f.) = NJW 1998, 3337.

Jugendstrafe angenommen und das Resozialisierungsziel weitgehend **mit dem Erziehungsziel des Jugendstrafrechts gleichgesetzt.**[78] Die Orientierung des Vollzugs der Jugendstrafe an dem Ziel zukünftigen Legalverhaltens gilt angesichts der genannten verfassungsrechtlichen Vorgaben gänzlich unabhängig von dem Anordnungsgrund in § 17.

14   **3. Schuldgrundsatz und Sanktionsauswahl bei jugendstrafrechtlichen Sanktionen.** Der verfassungsrechtliche Schuldgrundsatz findet auch auf die Jugendstrafe insgesamt Anwendung (→ Rn. 7 f.). Das gilt sowohl für die **strafbegründende** als auch die **straflimitierende Funktion**[79] dieses Verfassungsprinzips. Die Verhängung der Jugendstrafe setzt damit unabhängig von ihren spezifischen Anordnungsgründen in Abs. 2 die schuldhafte Begehung einer Tat durch den jugendlichen oder heranwachsenden Täter voraus. Die straflimitierende Funktion der Schuld ist für die Jugendstrafe mittlerweile allgemein akzeptiert.[80] Der Gesetzgeber ist bei der Einfügung der Zielbestimmung in § 2 Abs. 1 ebenfalls von der Begrenzung der Höhe der Jugendstrafe nach oben durch das Ausmaß der Schuld ausgegangen.[81] **Unabhängig von** ihrem **Anordnungsgrund** und ungeachtet spezialpräventiver und/oder erzieherischer Sanktionserwägungen darf die im Einzelfall verhängte **Jugendstrafe nicht über das Maß der Tatschuld** des Jugendlichen/Heranwachsenden hinausgehen.[82] Die für die limitierende Funktion des Schuldgrundsatzes maßgebliche Tatschuld ist im Jugendstrafrecht wie im allgemeinen Strafrecht auch[83] als **Einzeltatschuld** zu verstehen.[84] Das gilt auch für eine auf „schädliche Neigungen" gestützte Jugendstrafe (→ Rn. 11 und 26). Allerdings sind bei der Bestimmung des Ausmaßes der Einzeltatschuld die Unterschiede in der Verantwortungsfähigkeit zwischen Jugendlichen und – mit Einschränkungen – Heranwachsenden einerseits sowie Erwachsenen andererseits zu berücksichtigen (näher → Rn. 25 ff.).[85]

15   Der verfassungsrechtliche Schuldgrundsatz wirkt sich auf die Jugendstrafe des § 17 in mehrfacher Hinsicht aus. Neben einer schuldhaften Begehung einer Straftat als notwendige Bedingung jeder Bestrafung und der Begrenzung der konkret zulässigen Strafe durch das **Ausmaß der Einzeltatschuld** (→ Rn. 14) ist Letzteres **auch für** die **Sanktionsauswahl** innerhalb des Spektrums der jugendstrafrechtlichen Sanktionen **von Bedeutung. Unabhängig von dem** jeweiligen **Anordnungsgrund** nach Abs. 2 ist die Verhängung einer **Jugendstrafe lediglich** dann **zulässig,** wenn das Maß der konkret verwirklichten Tatschuld die Jugendstrafe als **schuldangemessene Sanktion** gestattet.[86] Auf das Vorliegen der spezifischen Anordnungsvoraussetzungen des Abs. 2 in Gestalt der „schädlichen Neigungen" und/oder der „besonderen Schwere der Schuld" kommt es also lediglich dann an, wenn das Maß der Einzeltatschuld die Verhängung der Jugendstrafe überhaupt gestattet, sich diese

---

[78] BVerfG 31.5.2006 – 2 BvR 1673/04 ua, BVerfGE 116, 69 (85).
[79] Knapp einführend *Radtke* GA 2011, 636 (640–643) mwN.
[80] Etwa BGH 9.2.1990 – 3 StR 379/89, NStZ 1990, 389; 14.8.1996 – 2 StR 357/96, StV 1998, 334; *Eisenberg/Forstreuter* JR 1999, 174 (175); *Loos* in *Wolff/Marek* (Hrsg.), S. 83 (89); *Streng* GA 1984, 149 (165); *Brunner/Dölling* Rn. 9; *Eisenberg* JGG § 18 Rn. 17; *Diemer/Schoreit/Sonnen/Sonnen* § 18 Rn. 14; *Ostendorf* § 18 Rn. 6; *Meier/Rössner/Trüg/Wulf/Laue* § 18 Rn. 14; *Meier/Rössner/Schöch/Schöch* § 11 Rn. 29; aA offenbar OLG Zweibrücken 19.12.1997 – 1 Ss 237/97, JR 1999, 173 (174).
[81] BT-Drs. 16/6293, 9 re. Sp./S. 10 li. Sp.
[82] BVerfG 9.12.2004 – 2 BvR 930/04, NStZ 2005, 642; *Brunner/Dölling* Rn. 9 aE iVm § 18 Rn. 10; im Ergebnis wohl auch *Eisenberg* Rn. 25; *Lenz* S. 221 f.; siehe auch *Loos* in *Wolff/Marek* (Hrsg.), S. 83 (89 f.); sowie BGH 31.10.1995 – 5 StR 470/95, NStZ-RR 1996, 120; 16.11.1993 – 4 StR 591/93, StV 1994, 598 (599).
[83] BVerfG 26.2.2008 – 2 BvR 392/07, BVerfGE 120, 224 (240); *Kühl* FS Otto, 2007, 63 (73); *Radtke* GA 2011, 636 (646 f.) mwN.
[84] Näher *M.-K. Meyer* Zbl. 1984, 445 (447 ff.) bzgl. § 17 Abs. 2 Alt. 2 JGG; *Eisenberg* JGG Rn. 29 und 41.
[85] Insoweit zutreffend *M.-K. Meyer* Zbl. 1984, 445 (448–452) bzgl. § 17 Abs. 2 Alt. 2 JGG; *Eisenberg* JGG Rn. 31; siehe aber auch *Petersen* S. 115 f.
[86] Ausführlich zu den Möglichkeiten diesem Petitum gerecht zu werden *Petersen* S. 115–136; im Ergebnis dürfte auch BGH 23.3.2010 – 5 StR 556/09, NStZ-RR 2010, 290 (291) von einer entsprechenden Bedeutung des Schuldgrundsatzes ausgehen.

also als schon schuldangemessen erweist.[87] Dementsprechend kann eine Jugendstrafe trotz
eines erzieherisch/spezialpräventiven Bedarfs, mit Mitteln des Vollzuges auf den jungen
Straftäter einzuwirken, nicht auf „schädliche Neigungen" gestützt werden, wenn das Ausmaß der Einzeltatschuld Strafe statt weniger eingriffsintensiver Sanktionen als nicht schuldangemessen erweist. Das bedeutet für die auf **„schädliche Neigungen" gestützte Jugendstrafe,** dass diese nicht lediglich ein die Verhängung von Strafe (statt anderer jugendstrafrechtlicher Sanktionen) legitimierendes Maß der Einzeltatschuld aufweisen muss, sondern auch in ihrer **Höhe** – ungeachtet von erzieherischen/spezialpräventiven Einwirkungs-
bedürfnissen – strikt **durch** das **Ausmaß der Einzeltatschuld limitiert** wird.[88] Die
vorstehend beschriebene Begrenzung selbst der Jugendstrafe wegen „schädlicher Neigungen" mag sich nicht unmittelbar dem Wortlaut der Vorschrift, ihrer Entstehungsgeschichte
und der inneren Systematik entnehmen lassen.[89] Sie ist aber Konsequenz der Geltung des
verfassungsrechtlichen Schuldgrundsatzes für jede strafrechtliche Sanktion mit Strafcharakter
und damit methodisch Ergebnis einer **verfassungskonformen Auslegung von Abs. 2
Var. 1** (vgl. auch → Rn. 11 aE).

Straftaten mit Bagatellcharakter gestatten die Verhängung von **Jugendstrafe** daher   **16**
unabhängig von Erziehungsbedürfnissen **nicht.** Im Übrigen spricht auch die Gestaltung
des einfachen Rechts gegen die Zulässigkeit der Verhängung von Jugendstrafe aufgrund
„schädlicher Neigungen" bei Straftaten mit lediglich geringem Schuldgehalt. Anders als das
allgemeine Strafrecht (vgl. § 38 Abs. 2 letzter Hs., § 47 Abs. 1 StGB) lässt das JGG im
Bereich der Jugendstrafe keine kurze, dh unter 6 Monaten liegende Freiheitsentziehung zu.
Die im allgemeinen Strafrecht über § 47 StGB erfassten Konstellationen von Straftaten mit
geringem Schuldgehalt aber (vor allem) hohem spezialpräventiv begründeten Einwirkungs-
bedarfs auf den Täter mit den Mitteln des Freiheitsstrafenvollzugs findet im Jugendstrafrecht
keine Entsprechung.[90]

Der **Ausschluss im Schuldgehalt geringer Straftaten** als Grund für die Verhängung   **17**
von Jugendstrafe (unabhängig vom Anordnungsgrund nach Abs. 2) **folgt aus** der Geltung
des **verfassungsrechtlichen Schuldgrundsatzes** und **nicht aus** allgemeinen **Verhältnismäßigkeitserwägungen.**[91] Im Kontext der Auswahl und Bemessung von Strafen ist die
Anknüpfung an den Verhältnismäßigkeitsgrundsatz statt an den Schuldgrundsatz nicht tragfähig.[92] Wie *Loos* überzeugend dargelegt hat, wäre bei der Anknüpfung an den prospektiven
Verhältnismäßigkeitsgrundsatz der angestrebte (also künftige) Effekt der Sanktion zu der
Intensität des (ebenfalls künftigen) Eingriffs in Rechte des betroffenen Täters durch die
strafrechtliche Sanktion zueinander ins Verhältnis zu setzen.[93] Bei dem Schuldgrundsatz
geht es dagegen um die Begrenzung des zulässigen (künftigen) Eingriffs in Gestalt der
strafrechtlichen Sanktion durch die in der Vergangenheit vollständig abgeschlossenen
Umstände der Straftat.[94] Die Anknüpfung an die Verhältnismäßigkeit trägt damit der straflimitierenden Funktion der Schuld nicht ausreichend Rechnung.

Die Geltung des verfassungsrechtlichen **Schuldgrundsatzes** für die Jugendstrafe insge-   **18**
samt macht es erforderlich, dass der Umfang der Einzeltatschuld eine ausreichende **Grundlage** auch **für Anordnung und Vollzug langer Jugendstrafen** nach **§ 18 Abs. 1 S. 2**
(bis zu zehn Jahren) bildet. Sollte die gesetzgeberische Einschätzung, dass positive erzieheri-

---

[87] AA offenbar OLG Zweibrücken 19.12.1997 – 1 Ss 237/97, JR 1999, 173 (174) mit abl. Anm. *Eisenberg/
Forstreuter* sowie *Ostendorf* NStZ 1999, 515.
[88] In der Sache weitgehend übereinstimmend *Bruns* S. 121, 124 ff.; zweifelnd *M. Walter/Wilms* NStZ 2007,
1 (5).
[89] Insoweit zutreffend *M. Walter/Wilms* NStZ 2007, 1 (5).
[90] Vgl. *Petersen* S. 189 f. mwN.
[91] In der Terminologie insoweit (Verhältnismäßigkeit) abweichend *Eisenberg/Forstreuter* JR 1999, 175 (176);
Eisenberg JGG Rn. 27; *Ostendorf* § 5 Rn. 2 ff.; *Meier/Rössner/Schöch/Rössner* § 6 Rn. 9; siehe auch *Lenz,*
Rechtsfolgensystematik, S. 206 ff.; auch *Caspar* FS Schöch, 2010, 209 (217).
[92] Siehe auch *Petersen* S. 213 f.
[93] *Loos* in *Wolff/Marek* (Hrsg.), S. 83 (89).
[94] *Loos* in *Wolff/Marek* (Hrsg.), S. 83 (89); ausführlich zu diesem Unterschied *Radtke* GA 2011, 636 (642–
645).

sche bzw. spezialpräventive Effekte mit den Mitteln des Strafvollzuges lediglich innerhalb eines Zeitraums von vier bis fünf Jahren nicht aber darüber hinaus erreichbar sind,[95] rechts-tatsächlich zutreffen, kann jedenfalls die Verhängung von Jugendstrafe über fünf Jahre hinaus nicht zusätzlich zu der Schuldschwere von erzieherischen Notwendigkeiten abhängig gemacht werden (→ Rn. 60). Ungeachtet dessen muss der Vollzug der Jugendstrafe in diesen Konstellationen auch und erst recht auf das Ziel ausgerichtet sein, dem Inhaftierten zukünftig ein straffreies Leben in Freiheit zu ermöglichen.[96] Würde die behauptete Erschöp-fung erzieherischer Einwirkung im Jugendstrafvollzug nach maximal fünf Jahren Dauer zutreffen, stünde allerdings die verfassungsrechtliche Legitimität des darüber hinausgehenden Vollzugs wegen der Garantie der Menschenwürde und dem Verhältnismäßigkeitsgrundsatz in Frage. Der Schuldgrundsatz wird dagegen nicht berührt.

19   Für Abs. 2 als Regelung für die Sanktionsauswahl (→ Rn. 1) innerhalb des jugendstraf-rechtlichen Sanktionsspektrums resultieren aus den Vorgaben des verfassungsrechtlichen Schuldgrundsatzes und des systematischen Zusammenhangs zwischen § 5 Abs. 2, § 13 Abs. 1 Hs. 1, § 17 Abs. 2 und § 18 Abs. 1 S. 2 und 3, Abs. 2 folgende **Grundsätze der Auswahl der Sanktionsart Jugendstrafe:**

1. Jugendstrafe darf ausschließlich verhängt werden, wenn das Ausmaß der jugendspezifisch zu bestimmenden Einzeltatschuld dies gestattet.
2. Das ist bei solchen Straftaten, deren Schuldquantum bei Aburteilung nach allgemeinem Strafrecht unterhalb von sechs Monaten liegen würde, stets ausgeschlossen.
3. In dem nach Maßgabe der jugendspezifischen Strafzumessungsschuld verbleibenden Überschneidungsbereich zwischen Jugendstrafe und den sonstigen jugendstrafrechtlichen Sanktionen, ist die Verhängung von Jugendstrafe ultima ratio (§§ 5 Abs. 2, 13 Abs. 1 Hs. 1).
4. Auf diese darf ausschließlich zurückgegriffen werden, wenn
   a) entweder bei genügendem Quantum der Einzeltatschuld einer vorhandenen erhebli-chen Rückfallgefahr („schädliche Neigungen" – näher → Rn. 26 ff.) nur durch die längere (arg. § 18 Abs. 1 S. 1 Hs. 1) Einwirkung mit den im Jugendstrafvollzug zur Verfügung stehenden Mittel begegnet werden kann oder
   b) die staatliche Reaktion auf die Straftat mit anderen Sanktionen als der Jugendstrafe wegen des Ausmaßes der (jugendspezifischen) Einzeltatschuld („Schwere der Schuld") im Hinblick auf die Schuldausgleichszweck der Strafe und den damit verbundenen Rechtsgüterschutz durch Bestätigung der Geltung der Norm nicht mehr hinnehmbar wäre.

20   **4. Schuldgrundsatz und Strafzumessungskriterien der Jugendstrafe.** Die kon-krete Bedeutung der **straflimitierenden Funktion der Schuld** im Einzelfall hängt von den Inhalten der **Strafzumessungsschuld**[97] ab. Anders als die Strafbegründungsschuld, die ausschließlich an die schuldhafte Verwirklichung der Straftat anknüpft, ist die Strafzumes-sungsschuld quantifizierbar (vgl. § 46 Abs. 1 StGB).[98] Die Inhalte der Strafzumessungsschuld sind für das allgemeine Strafrecht nicht geklärt.[99] § 46 Abs. 2 StGB hilft lediglich in begrenz-tem Umfang. Nicht sämtliche dort als strafzumessungsrelevant benannten Kriterien sind Schuldgesichtspunkte. Für die Bestimmung der Strafzumessungsschuld im Jugendstrafrecht lassen sich die im allgemeinen Strafrecht diskutierten Inhalte der Strafzumessungsschuld im Hinblick auf jugendspezifische Besonderheiten, etwa die altersabhängige Beurteilung der Verantwortlichkeit,[100] ohnehin lediglich mit Modifikationen übertragen.[101] Notwendig ist

---

[95] Vgl. BT-Drs. I/3264, 41; siehe auch *Lenz* S. 120; *Caspar* FS Schöch, 2010, 209 (214); Meier/Rössner/ Trüg/*Laue* Rn. 28 mwN.
[96] Siehe BVerfG 31.5.2006 – 2 BvR 1673/04, BVerfGE 116, 69 (85 f.).
[97] Ausführlich zum Begriff → StGB Vor § 38 Rn. 15–17.
[98] → StGB Vor § 38 Rn. 15; *Frisch* FS Müller-Dietz, 2001, 237 (239).
[99] *Frisch* FS Müller-Dietz, 2001, 237 (239 ff.); *Meier* S. 141 (165 f.); → StGB Vor § 38 Rn. 15 f.
[100] *Petersen* S. 118–121; in der Sache ähnlich *M.-K. Meyer* Zbl 1984, 445 (449).
[101] Näher *Petersen* S. 111 ff.

ein den **jugendstrafrechtlichen Besonderheiten entsprechendes Verständnis der Strafzumessungsschuld.**[102]

Die Strafzumessungsschuld in Bezug auf jugendliche und (ggf.) heranwachsende Täter **21** kann in ihren Inhalten nicht vollständig von den für die Strafzumessungsschuld des allgemeinen Strafrechts (§ 46 StGB) maßgeblichen Kriterien abgekoppelt werden. Ein wesentlicher Aspekt für das Quantum der Schuld ist die **Höhe des verwirklichten Unrechts.** Bei der Bestimmung des Ausmaßes des Erfolgsunrechts divergieren allgemeines Strafrecht und Jugendstrafrecht nicht. Obwohl die Strafrahmen des allgemeinen Strafrechts für die konkrete Bemessung der Jugendstrafe nicht gelten (§ 18 Abs. 1 S. 3), bieten diese auch im Jugendstrafrecht eine Orientierung für die Wertigkeit des tatbestandlich geschützten Rechtsguts.[103] Das Ausmaß der Beeinträchtigung des geschützten Rechtsguts im Sinne des Erfolgsunwerts ist ein wesentlicher Aspekt für die Bemessung des Unrechtsgehalts der Tat. Insoweit ist der häufig anzutreffenden Auffassung, dem **äußeren Unrechtsgehalt der Tat** komme für die Strafzumessung keine selbstständige Bedeutung zu,[104] zu widersprechen.[105] Bedeutung erlangen die **entwicklungsbedingten Besonderheiten** des jugendlichen Straftäters erst **im Rahmen der Quantifizierung des schuldhaft verwirklichten Handlungsunrechts.** Im Rahmen der Bewertung der „persönlichkeitsgegründeten Beziehung des Jugendlichen zu seiner Tat"[106] ist zu berücksichtigen, dass die Rechtsordnung der Verwirklichung von Unrecht durch jugendliche oder junge erwachsene Täter grundsätzlich ein anderes Gewicht zumisst als bei erwachsenen Straftäter außerhalb des Anwendungsbereichs des JGG. § 19 StGB sowie vor allem § 3 und § 105 JGG geben deutliche Hinweise darauf, dass die Rechtsordnung dem jugendlichen/heranwachsenden Täter nicht in gleicher Weise wie dem (im jugendstrafrechtlichen Sinn: vollständig) Erwachsenen die Befähigung zu normkonformen Verhalten zuschreibt (**jugendspezifische Bestimmung des Einzeltatschuldquantums**).[107] Insoweit, aber auch lediglich insoweit hat die ständige Rspr. des BGH, nach der es für die Bewertung des Quantums der Einzeltatschuld auf die innere Tatseite, die Einstellung des Jugendlichen zu der von ihm verübten Tat und auf seine Gesamtpersönlichkeit ankomme,[108] ihre Berechtigung. Das Ausmaß des vorwerfbar verwirklichten Erfolgsunrechts kann auch im Jugendstrafrecht nicht völlig aus der Bemessung der Höhe der Einzeltatschuld ausgeblendet werden. Denn die verfassungsrechtliche Legitimität des Jugendstrafrechts hängt wie die des allgemeinen Strafrechts von der Aufgabe des Rechtsgüterschutzes ab. Das **Ausmaß der Rechtsgutsbeeinträchtigung** ist deshalb **notwendiges Kriterium der Schuldhöhe auch im Jugendstrafrecht.** Wegen der noch in der Entwicklung befindlichen Persönlichkeit der „Klientel" des Jugendstrafrechts hat die Herbeiführung des Erfolgsunrechts aber ein anderes schuldrelevantes Gewicht als bei Erwachsenen.

Welche **Kriterien** bei **der konkreten Strafzumessung** der Jugendstrafe nach Auswahl **22** dieser jugendstrafrechtlichen Sanktionsart anhand der Kriterien des § 17 berücksichtigt werden würden, bestimmt sich innerhalb des vorstehend grob abgesteckten Rahmens nach **§ 18.**[109]

---

[102] Ansätze dazu bei *Petersen* S. 117–123; in der Sache ebenso etwa BGH 4.8.2016 – 4 StR 142/16, NStZ-RR 2016, 325 mwN.

[103] Siehe nur *Eisenberg* JGG § 18 Rn. 15 mwN.

[104] Etwa BGH 29.9.1961 – 4 StR 301/61, BGHSt 16, 261 (263); 9.8.2000 – 3 StR 176/00, NStZ-RR 2001, 215 (216); 13.10.2005 – 3 StR 379/05, NStZ-RR 2006, 27 Ls.; 20.4.2016 – 2 StR 320/15, NJW 2016, 2050, 2051; 4.8.2016 – 4 StR 142/16, NStZ-RR 2016, 325 f. mwN; siehe auch BGH 27.9.2011 – 3 StR 259/11, NStZ-RR 2011, 385 (386); weit. Nachw. bei *Eisenberg* JGG § 18 Rn. 20; siehe auch Meier/Rössner/Trüg/*Laue* Rn. 22.

[105] In der Sache weitgehend übereinstimmend *Petersen* S. 124.

[106] Meier/Rössner/Trüg/Wulf/*Laue* Rn. 22.

[107] Vgl. auch *Konze* S. 18 und 20.

[108] Exemplarisch BGH 11.11.1960 – 4 StR 387/60, BGHSt 15, 224 = NJW 1961, 278; 9.8.2000 – 3 StR 176/00, NStZ-RR 2001, 216; 19.11.2009 – 3 StR 400/09, NStZ 2010, 281 mwN; 14.8.2012 – 5 StR 318/12, NStZ 2013, 289, 290; 20.4.2016 – 2 StR 320/15, NJW 2016, 2050, 2015; 4.8.2016 – 4 StR 142/16, NStZ-RR 2016, 325 f.; OLG Hamm 8.6.2010 – 3 RVs 6/10, StV 2011, 583 (585); Brunner/*Dölling* Rn. 14.

[109] → § 18 Rn. 22–44.

B. Anwendungsbereich

I. Anwendungsbereich in persönlicher Hinsicht

23   § 17 findet auf **sämtliche jugendlichen Straftäter** unabhängig davon Anwendung, ob das Verfahren gegen diese vor Jugendgerichten (§ 33) oder in den Fällen des § 104 vor den für allgemeine Strafsachen zuständigen Gerichten geführt wird.[110] In Verfahren gegen **Heranwachsende** gilt § 17 bei Anwendung von Jugendstrafrecht (§ 105 Abs. 1); ob die Zuständigkeit der Jugendgerichte oder der für allgemeine Strafsachen zuständigen Gerichte begründet ist (vgl. § 112 S. 1 iVm § 104), ist ohne Belang. Kriminalpolitische Vorschläge, die Verhängung von Jugendstrafe erst ab dem 16. Lebensjahr zuzulassen,[111] haben sich zu Recht nicht durchgesetzt.[112]

II. Anwendungsbereich in gegenständlicher Hinsicht

24   Die in § 17 normierten spezifischen Voraussetzungen für die Verurteilung zu Jugendstrafe gelangen lediglich zur Anwendung, wenn nach den allgemeinen Regeln (§ 1 Abs. 1, § 105 Abs. 1) auf die Begehung einer Straftat durch einen Jugendlichen (§ 1 Abs. 2 Hs. 1) oder einen Heranwachsenden (§ 1 Abs. 2 Hs. 2) die Sanktionen des Jugendstrafrechts Anwendung finden. Ihre **Anwendungshäufigkeit** ist nicht unerheblich.[113]

C. Voraussetzungen der Jugendstrafe

I. Allgemeine Voraussetzungen

25   Auf die spezifischen Voraussetzungen des Abs. 2 für die **Auswahl der Sanktionsart** kommt es erst dann an, wenn das Maß der Einzeltatschuld die Verhängung einer Jugendstrafe als eingriffsintensivste Sanktion des Jugendstrafrechts nach Maßgabe des verfassungsrechtlichen Schuldgrundsatzes überhaupt zulässt (→ Rn. 15). Das gilt unabhängig von dem Anordnungsgrund in § 17, also auch bei „ausschließlich" auf „schädliche Neigungen" gestützter Jugendstrafe. Das Ausmaß der für die Strafzumessung (Sanktionsartwahl und ggf. Strafzumessung im engeren Sinne) relevanten Schuld ist jugendspezifisch zu bestimmen (→ Rn. 21 und → § 18 Rn. 6).

II. „Schädliche Neigungen"

26   **1. Verfassungsmäßigkeit und kriminalpolitische Konzeption.** Die auf das „schädliche Neigungen" gestützte Jugendstrafe steht aus mehreren Richtungen und unter verschiedenen Gesichtspunkten in der Kritik. Am weitreichendsten ist die **Annahme der Verfassungswidrigkeit** wegen **Unvereinbarkeit mit dem Bestimmtheitsgrundsatz** des Art. 103 Abs. 2 GG.[114] Dem kann **nicht zugestimmt werden.** Zwar gilt das verfassungsrechtliche Bestimmtheitsgebot auch für die Rechtsfolgenseite der Strafnorm, so dass die für eine Zuwiderhandlung gegen eine Strafnorm drohende Sanktion für den Normadressaten vorhersehbar sein muss.[115] Auf der Grundlage der hier vertretenen Konzeption (→ Rn. 15 und 25) genügt jedoch die auf der Annahme „schädlicher Neigungen" beruhende Jugend-

---

[110] *Eisenberg* JGG Rn. 1.

[111] Vgl. DVJJ-J 2001, 345 f. und 355.

[112] Näher Meier/Rössner/Trüg/*Laue* Rn. 7.

[113] Näher zur Rechtswirklichkeit Diemer/Schatz/Sonnen/*Sonnen* Rn. 3; Meier/Rössner/Trüg/Wulf/*Laue* Rn. 3.

[114] So im Ergebnis etwa *M. Walter/Wilms* NStZ 2007, 1 (5); ebenso *Streng* GA 1984, 149 (154 ff.); *Eisenberg* JGG Rn. 18; siehe auch Diemer/Schatz/Sonnen/*Sonnen* Rn. 8 aE.

[115] BVerfG 3.6.1992 – 2 BvR 1041/88, 78/89, BVerfGE 86, 288 (313) = NJW 1992, 2947; 20.3.2002 – 2 BvR 794/95, BVerfGE 105, 135 (152 f.) = NJW 2002, 1779; Epping/Hillgruber/*Radtke*/*Hagemeier* GG Art. 103 Rn. 36.

strafe diesen Anforderungen, weil einerseits der Begriff in der Rechtsprechung eine zwar kriminalpolitisch zweifelhafte (→ Rn. 27) aber in der Anwendung ausreichend berechenbare Inhaltsbestimmung gefunden hat und andererseits die Bestimmbarkeit über das erforderliche Schuldausmaß zusätzlich erhöht wird. Eine zweite Stoßrichtung verfassungsrechtlich fundierter Kritik knüpft im Ergebnis am **Verhältnismäßigkeitsgrundsatz** an, indem die Eignung der Jugendstrafe und ihres Vollzugs bezweifelt wird, eine bessere zukünftige Legalbewährung verurteilter jugendlicher oder heranwachsender Straftäter zu bewirken (siehe bereits → Rn. 11 aE).[116] Soweit diese Kritik auf die sehr hohe Rückfallquote sowohl bei zur Bewährung ausgesetzter als auch und vor allem bei vollstreckter Jugendstrafe[117] gestützt wird, trägt die Argumentation jedenfalls nicht die Annahme der Ungeeignetheit von Verhängung und Vollzug der Jugendstrafe zur Zielerreichung besserer Legalbewährung. Das hohe Maß an Rückfälligkeit und Wiederkehr in den Strafvollzug dürfte auf der Beachtung des ultima-ratio-Charakters der Jugendstrafe durch die strafgerichtliche Praxis und der damit einer gehenden Anwendung lediglich gegen ohnehin gravierend rückfallgefährdete „Klientel" beruhen.[118] Im Übrigen käme eine auf fehlende Eignung zur Zielerreichung gegründete Unverhältnismäßigkeit der Jugendstrafe bei „schädlichen Neigungen" unter Berücksichtigung einer Einschätzungsprärogative des Gesetzgebers lediglich bei eindeutiger Ungeeignetheit in Betracht.[119] Das BVerfG setzt jedenfalls voraus, dass bei entsprechender Gestaltung des Jugendstrafvollzugs mit den Mitteln des Vollzugs den Inhaftierten die Möglichkeit eröffnet werden kann, zukünftig unter den Bedingungen von Freiheit ein straffreies Leben zu führen.[120]

Kriminalpolitisch wird vielfach die **Abschaffung der Jugendstrafe wegen „schädli-	27 cher Neigungen" gefordert;**[121] der 64. DJT hat mehrheitlich die Forderung unterstützt.[122] Weniger weitgehend werden zumindest **Umformulierungen** dieser spezifischen Anordnungsvoraussetzung **gefordert,**[123] um einerseits mit dem Begriff verbundene Stigmata und Diskriminierungen zu vermeiden sowie andererseits dem Bestimmtheitsgrundsatz besser Rechnung zu tragen.[124] Die Mehrzahl der unterbreiteten Änderungsvorschläge geht dahin, deutlich auf die Gefahr des Rückfalls in Bezug auf erhebliche Straftaten abzustellen und anstelle der „Neigungen" an „Störungen der Persönlichkeitsentwicklung" anzuknüpfen.[125] Ob damit ein höherer Grad inhaltlicher Bestimmtheit verbunden wäre, wird bezweifelt.[126] Abweichende, teils das Vorgenannte ergänzende Vorschläge gehen dahin, die Jugendstrafe wegen „schädlicher Neigungen" im Höchstmaß gegenüber der geltenden Regelung in § 18 Abs. 1 abzusenken[127] oder die Jugendstrafe insgesamt erst gegen Straftäter ab der Vollendung des 16. Lebensjahres zuzulassen.[128] Ungeachtet der problematischen Begrifflichkeit „schädliche Neigungen" besteht kein dringender kriminalpolitischer Änderungsbedarf. In der Sache besteht weitgehend Einigkeit darüber, Jugendstrafe wegen „schädlicher Neigungen" lediglich gegen solche Straftäter zu verhängen, bei denen aus persönlichkeitsspezifischen Gründen die erhebliche Gefahr der auch zukünftigen Begehung erheblicher Straftaten

---

[116] Etwa *Konze* S. 93 ff.; *Streng* GA 1984, 149 (153 ff.); siehe auch *Eisenberg* JGG Rn. 11 aE.
[117] Zu den rechtstatsächlichen Verhältnissen näher Meier/Rössner/Trüg/Wulf/*Laue* Rn. 4; *Eisenberg* JGG Rn. 12–13.
[118] Vgl. *Caspar* FS Schöch, 2010, 209 (212); Meier/Rössner/Trüg/Wulf/*Laue* Rn. 4.
[119] Die „Darlegungslast" liegt daher bei den Kritikern; das verkennt *Eisenberg* JGG Rn. 11 aE.
[120] BVerfG 31.5.2006 – 2 BvR 1673/04 ua, BVerfGE 116, 69 (85–92).
[121] Etwa *H.-J. Albrecht*, 64. DJT, Gutachten D 152 ff.; *Begemann* ZRP 1991, 44 (45); *M. Walter/Wilms* NStZ 2007, 1, (7 f.); *Ostendorf* Rn. 6; *Sonnen* in *Diemer/Schoreit/Sonnen* Rn. 9; 2. *Jugendstrafrechts-Kommission* des DVJJ, DVJJ-Journal 2001, 345 (355).
[122] 64. DJT, Band II/2, N 253 These 8.
[123] *Ostendorf* Rn. 6.
[124] Exemplarisch *Ostendorf* Rn. 6; siehe auch *M. Walter/Wilms* NStZ 2007, 1 (6 f.).
[125] Etwa „Entwurf eines Gesetzes zur Stärkung des Jugendstrafrechts und zur Verbesserung und Beschleunigung des Jugendstrafverfahrens", den die Länder Bayern, Hessen, Niedersachen, Thüringen und Hessen unterbreitet haben; siehe BT-Drs. 15/3422 sowie BR-Drs. 238/04.
[126] *M. Walter/Wilms* NStZ 2007, 1 (6); vgl. auch *Eisenberg* JGG Rn. 18a.
[127] *Ostendorf* Rn. 6.
[128] 2. Jugendstrafrechts-Kommission des DVJJ, DVJJ-Journal 2002, 345 (346 und 355).

besteht.[129] Wird zudem berücksichtigt, dass auf „schädliche Neigungen" gestützte Jugendstrafe lediglich verhängt werden darf, wenn das Ausmaß der Einzeltatschuld die Bestrafung gestattet, ist eine verfassungsrechtlich unbedenkliche Anwendung der so begründeten Jugendstrafe gewährleistet.

28   **2. Begriff.** „Schädliche Neigungen" als Voraussetzung von Jugendstrafe wurden erstmals durch die Verordnung des Reichsjustizministers über die unbestimmte Verurteilung Jugendlicher vom 10.9.1941[130] in das deutsche Jugendstrafrecht eingeführt und im RJGG 1943 beibehalten.[131] Bei der 1953 erfolgten Neufassung des JGG hat der Gesetzgeber den Begriff ebenfalls unverändert gelassen.[132] Nach **ständiger Rspr.** sind als schädliche Neigungen **anlagebedingte** oder **durch unzulängliche Erziehung oder Umwelteinflüsse bedingte Mängel** zu verstehen, die ohne **längere Gesamterziehung**[133] des Täters die **Gefahr weiterer Straftaten,** die nicht nur gemeinlästig sind oder den Charakter von Bagatelldelikten haben, befürchten lassen.[134] Die für erforderlich gehaltenen erheblichen Anlage- oder Erziehungsmängel sollen regelmäßig nur dann angenommen werden können, wenn **bereits vor der Begehung der verfahrensgegenständlichen Tat** erhebliche Persönlichkeitsmängel, „wenn auch verborgen", **angelegt** waren.[135]

29   Die Definition beinhaltet drei Merkmale:[136] das Vorliegen von erheblichen Persönlichkeitsmängeln, prognostisch die Gefahr weiterer erheblicher Straftaten des Täters sowie die Notwendigkeit einer längerdauernden Gesamterziehung. Eine trennscharfe Abgrenzung der Merkmale voneinander ist nicht ohne weiteres möglich. Eine gewisse Zirkelschlüssigkeit ist in der Begriffsbildung angelegt.[137] Gerade die Bestimmung dessen, was als Persönlichkeitsmängel bei der Entscheidung über das Vorliegen „schädlicher Neigungen" Berücksichtigung finden kann, lässt angesichts begrifflicher Unschärfe erhebliche Beurteilungsspielräume. Eine mit den Anforderungen des Art. 103 Abs. 2 GG verträgliche Anwendung des Begriffs „schädliche Neigungen" und seiner Einzelelemente kann nur über eine an Indizien orientierte Fallgruppenbildung erfolgen. Eine solche wird in der höchstrichterlichen Rspr. aber de facto ohnehin praktiziert (→ Rn. 31 ff.). In der Sache beschreiben „schädliche Neigungen" damit ausschließlich Voraussetzungen eines (individual)präventiven Bestrafungsbedürfnisses, das jedoch lediglich dann von Bedeutung ist, wenn das Ausmaß der jugendspezifisch gedeuteten Einzeltatschuld im Hinblick auf den Zweck des Schuldausgleichs die Verhängung von Strafe einerseits gestattet und zugleich grundsätzlich erforderlich macht.

---

[129] *Radtke* ZStW 121 (2009), 416 (434); Brunner/*Dölling* Rn. 11; *Ostendorf* Rn. 4; Meier/Rössner/Schöch/*Schöch* § 11 Rn. 8 mwN.
[130] RGBl. I S. 567; zur Entwicklung und zu den Vorbildern aus dem österreichischen Jugendstrafrecht ausführlich *Bald*, Jugendstrafe wegen schädlicher Neigungen, 1993, S. 3 ff.; *Konze* S. 27 ff.; knapp einführend auch *M. Walter/Wilms* NStZ 2007, 1 (2) mwN; *Ostendorf* Grdl. zu §§ 17 und 18 Rn. 2.
[131] Ausführlich *Konze* S. 30 ff.; siehe auch *Eisenberg* JGG Rn. 18.
[132] *M. Walter/Wilms* NStZ 2007, 1 (2).
[133] Dazu näher BGH 23.3.2010 – 5 StR 556/09, NStZ-RR 2010, 290 (291); siehe auch BGH 9.7.2015 – 2 StR 170/15, NStZ-RR 2015, 323.
[134] Exemplarisch BGH 9.1.1958 – 4 StR 514/57, BGHSt 11, 169 (170) = NJW 1958, 638; 29.9.1961 – 4 StR 301/61, BGHSt 16, 261 (262) = NJW 1961, 2359; 9.6.2009 – 5 StR 55/09, NStZ 2010, 280 (281); 10.3.1992 – 1 StR 105/92, BGHR JGG § 17 Abs. 2 Schädliche Neigungen 5; 8.1.2015 – 3 StR 581/14, NStZ-RR 2015, 154; 9.7.2015 – 2 StR 170/15, NStZ-RR 2015, 323; 28.1.2016 – 3 StR 473/15, NStZ 2016, 681; 4.3.2016 – 3 StR 78/16, NStZ 2016, 682; KG 28.9.2009 – 1 Ss 417/08, StV 2011, 582; OLG Hamm 5.7.2006 – 3 Ss 260/2006, StV 2007, 2; 17.9.2007 – 2 Ss 380/07, ZJJ 2008, 78 (80); OLG Karlsruhe 28.9.2006 – 3 Ss 140/06, StV 2007, 3 (4); siehe auch BGH 20.7.2010 – 5 StR 199/10, StV 2011, 581.
[135] BGH 18.4.1984 – 3 StR 6/84, NStZ 1984, 413; 9.8.2001 – 4 StR 115/01, NStZ-RR 2002, 20; 9.6.2009 – 5 StR 55/09, NStZ 2010, 280 (281); 19.11.2009 – 3 StR 400/09, NStZ 2010, 281; 20.7.2010 – 5 StR 199/10, StV 2011, 581; 17.7.2012 – 3 StR 238/12, NStZ 2013, 287; 9.7.2015 – 2 StR 170/15, NStZ-RR 2015, 323; 28.1.2016 – 3 StR 473/15, NStZ 2016, 681; 4.3.2016 – 3 StR 78/16, NStZ 2016, 682; KG 11.9.2002 – (4) 1 Ss 184/02, StV 2003, 456 (457); 28.9.2009 – 1 Ss 417/08, StV 2011, 582; *Konze* S. 36 f.; weit. Nachw. bei Brunner/*Dölling* Rn. 11b.
[136] Meier/Rössner/Trüg/Wulf/*Laue* Rn. 10 aE.
[137] Siehe *M. Walter/Wilms* NStZ 2007, 1 (3) mwN.

Zwischen den **begrifflichen Anforderungen** der „schädlichen Neigungen" sowie ihrer **30** Elemente einerseits und den **Anforderungen an die Darstellung** des Vorliegens ihrer Voraussetzungen **im tatrichterlichen Urteil** andererseits ist zu **trennen.** Die Beurteilung, ob „schädliche Neigungen" gegeben sind, obliegt dem Tatrichter. Die Revisionsgerichte sind – wie stets – auf die Prüfung von Rechtsfehlern beschränkt.[138] Allerdings trifft den Tatrichter im Jugendstrafverfahren aus § 54 Abs. 1 JGG eine über § 267 Abs. 3 S. 1 StPO hinausgehende Begründungs- und Darlegungspflicht bezüglich der Sanktionsentscheidung (→ Rn 81 ff.).[139]

3. Teilelemente „schädlicher Neigungen". a) Erhebliche Persönlichkeitsmän- 31 gel. Die für die Annahme „schädlicher Neigungen" erforderlichen Persönlichkeitsmängel erfahren eine nähere inhaltliche Ausgestaltung lediglich über die Ausrichtung an ihrer Relevanz für die Beurteilung der Gefahr weiterer Straftaten und damit in Zusammenhang stehend über eine gewisse Fallgruppenbildung. Die **Gründe bzw. Entstehungszusammenhänge für** das Vorhandensein entsprechender **Persönlichkeitsmängel** bei dem Täter sollen für die Annahme schädlicher Neigungen **nicht von Bedeutung** sein.[140] Sie können daher ihre Ursache sowohl in „anlagebedingten Prädispositionen"[141] als auch in Fehlverläufen der Sozialisation, die wiederum unterschiedliche Ursachen haben können, beruhen.[142] Die Offenheit in Bezug auf die Entstehungszusammenhänge zeigt, dass dem Gesetz ungeachtet des missglückten Terminus „schädliche Neigungen" kein ausschließlich oder vorrangig auf biologisch-anlagebedingte Ursachenzusammenhänge abstellendes Konzept zugrunde liegt.[143] Allerdings ist mit der Offenheit der Entstehungszusammenhänge der Persönlichkeitsmängel auch die Einbeziehung solcher Mängel verbunden, deren Entstehung dem jugendlichen oder heranwachsenden Täter nicht als schuldhaft vorgeworfen werden kann.[144] Das ist mit dem verfassungsrechtlichen Schuldgrundsatz nur dann kompatibel, wenn – wie hier vertreten – die verfassungsrechtliche Legitimität der Anordnung auch der auf „schädliche Neigungen" gestützten Jugendstrafe ausschließlich auf dem Umfang der jugendspezifisch beurteilten Einzeltatschuld beruht (→ Rn. 15, 21, 25). Den „schädlichen Neigungen" kommt dann lediglich die Bedeutung eines Auswahlkriteriums zu, das begründet, warum es gegenüber dem konkreten Täter der Verhängung der ohnehin durch die Schuld legitimierten Jugendstrafe bedarf und es nicht bei weniger eingriffsintensiven, nicht Strafcharakter tragenden Sanktionen bewenden kann.

Die „schädliche Neigungen" begründenden erheblichen Persönlichkeitsmängel setzen **32 keinen „Hang"** wie bei der Sicherungsverwahrung (§ 66 Abs. 1 S. 1 Nr. 4 StGB) voraus.[145] Umgekehrt **genügen** nach stRspr **entwicklungsbedingte Reifeverzögerun-**

---

[138] Siehe nur KG 1.3.2006 – 1 Ss 479/05, NStZ 2007, 223 (224 f. Rn. 9 f.); 28.9.2009 – 1 Ss 417/08, StV 2011, 582.

[139] KG 28.9.2009 – 1 Ss 417/08, StV 2011, 582; vgl. auch BGH 4.3.2016 – 3 StR 78/16, NStZ 2016, 682 („Voraussetzungen durch die Feststellungen nicht belegt").

[140] Vgl. BGH 9.1.1958 – 4 StR 514/57, BGHSt 11, 169 (171) = NJW 1958, 638; 29.9.1961 – 4 StR 301/61, BGHSt 16, 261 (262) = NJW 1961, 2359 (2360); *M. Walter/Wilms* NStZ 2007, 1 (3); *Brunner/ Dölling* Rn. 12b; *Ostendorf* Rn. 3; Meier/Rössner/Trüg/*Wulf/Laue* Rn. 11; siehe aber auch *Bald* S. 75 f.; *Eisenberg* JGG Rn. 18a.

[141] Meier/Rössner/Trüg/*Wulf/Laue* Rn. 11.

[142] Exemplarisch BGH 9.1.1958 – 4 StR 514/57, BGHSt 11, 169 (170) = NJW 1958, 638; 29.9.1961 – 4 StR 301/61, BGHSt 16, 261 (262) = NJW 1961, 2359; 9.6.2009 – 5 StR 55/09, NStZ 2010, 280 (281); 10.3.1992 – 1 StR 105/92, BGHR JGG § 17 Abs. 2 Schädliche Neigungen 5; 8.1.2015 – 3 StR 581/14, NStZ-RR 2015, 154; 9.7.2015 – 2 StR 170/15, NStZ-RR 2015, 323; 28.1.2016 – 3 StR 473/15, NStZ 2016, 681 f.; 4.3.2016 – 3 StR 78/16, NStZ 2016, 682; KG 28.9.2009 – 1 Ss 417/08, StV 2007, 2; OLG Hamm 5.7.2006 – 3 Ss 260/2006, StV 2007, 2; 17.9.2007 – 2 Ss 380/07, ZJJ 2008, 78 (80); OLG Karlsruhe 28.9.2006 – 3 Ss 140/06, StV 2007, 3 (4); siehe auch BGH 20.7.2010 – 5 StR 199/10, StV 2011, 581.

[143] Zutreffend Meier/Rössner/Trüg/*Wulf/Laue* Rn. 11.

[144] *Bald* S. 75 f.; *Eisenberg* JGG Rn. 18a; siehe aber auch BGH 7.7.2015 – 3 StR 195/15, StV 2016, 699 nur Ls. (zu Lasten der Angeklagten unzureichende Berücksichtigung einer komplexen Persönlichkeitsstörung mit histrionischen und Borderline-Zügen).

[145] BGH 9.1.1958 – 4 StR 514/57, BGHSt 11, 169 (171) = NJW 1958, 638, *M. Walter/Wilms* NStZ 2007, 1 (3); *Brunner/Dölling* Rn. 11.

gen nicht;[146] es muss sich um – unterhalb des Hangs liegende – Persönlichkeitsmängel handeln.[147]

33   **aa) Anzeichen für oder gegen Persönlichkeitsmängel.** Der Verzicht auf die Begrenzung relevanter Entstehungszusammenhänge (→ Rn. 31) sowie die allgemein behauptete Notwendigkeit des Vorliegens der Persönlichkeitsstörungen auch im Zeitpunkt des tatrichterlichen Urteils (→ Rn. 41 ff.) erschweren selbst die Rechtsanwendung unter Heranziehung von fallgruppenspezifisch orientierten Indizien, die für oder gegen erhebliche Persönlichkeitsmängel sprechen. Gerade weil die möglichen Entstehungszusammenhänge offen gehalten sind, können sich Anzeichen für oder gegen relevante Persönlichkeitsmängel **sowohl** aus primär **tatbezogenen als auch und vor allem täterbezogenen Umständen** ergeben.[148] Allein das **objektive Tatunrecht** ist als Anknüpfungskriterium aber weitgehend unergiebig.[149] Die Bedeutung von für das Vorliegen schädlicher Neigungen sprechenden Anzeichen wird durch das Erfordernis des Vorliegens der Persönlichkeitsmängel auch noch im Urteilszeitpunkt relativiert, wenn bis dahin Entwicklungen eingesetzt haben, die vormals vorhandene Mängel ausgleichen oder jedenfalls verringern.[150]

34   **(1) Begehungsmodalitäten der Tat.** Die Art und Weise der Tatausführung kann für das Vorliegen von für „schädliche Neigungen" erforderlichen Persönlichkeitsmängeln bei **„professionellem Vorgehen"**[151] oder bei **besonders brutaler und rücksichtsloser Ausführung,** vor allem bei Begehung schwerer Straftaten, sprechen.[152] Bei einer derartigen Vorgehensweise wird häufig, selbst bei geringem Alter, auch ein erheblicher Schuldgehalt der Tat vorliegen.[153] Ungeachtet der Ausrichtung „schädlicher Neigungen" an dem Vorhandensein von Persönlichkeitsmängeln sollen auch den **Unrechts- und/oder Schuldgehalt der Tat betreffende Umstände** indizielle Bedeutung für oder gegen das Vorhandensein „schädlicher Neigungen" zukommen.[154] So werden in der Rspr. das Vorliegen eines **„minder schweren Falls",**[155] ein lediglich **geringer Tatbeitrag** sowie eine **alkoholbedingte Enthemmung**[156] bei der Tat (ohne die Voraussetzungen von § 21 StGB zu erreichen) für relevant erachtet; erst recht wird dann eine bei der Tat **erheblich verminderte Schuldfähigkeit** gegen „schädliche Neigungen" sprechen. Etwas anderes kann dann gelten, wenn das Hineingelangen in den Zustand der verminderten Schuldfähigkeit dem Täter vorwerfbar ist und der Vorwurf sich gerade aus vorhandenen Persönlichkeitsmängeln ableitet. Bei Berücksichtigung jugendspezifischer Besonderheiten wird der Tatrichter sich in diesem Kontext an den – allerdings unter den Strafsenaten des BGH nicht völlig einheitlich beurteilten – zu § 21 StGB entwickelten Maßstäben für die Versa-

---

[146] BGH 20.7.2010 – 5 StR 199/10, StV 2011, 581; OLG Karlsruhe 28.9.2006 – 3 Ss 140/06, StV 2007, 3; *Pedal* JuS 2008, 414 (416); Brunner/*Dölling* Rn. 11b.

[147] Zur Abgrenzung von Reifeverzögerungen und Persönlichkeitsmängeln BGH 20.7.2010 – 5 StR 199/10, StV 2011, 581.

[148] Siehe insoweit die Zusammenstellungen bei Brunner/*Dölling* Rn. 11b; Meier/Rössner/Trüg/Wulf/*Laue* Rn. 12 f.

[149] BGH 4.3.2016 – 3 StR 78/16, NStZ 2016, 682.

[150] Etwa BGH 29.5.1985 – 2 StR 270/85, StV 1985, 419 („erfolgreicher Abschluss einer Lehre und Tätigkeit im erlernten Beruf").

[151] OLG Hamm 5.7.2006 – 3 Ss 260/06, StV 2007, 2 (3).

[152] BGH 9.8.2001 – 4 StR 115/01, NStZ 2002, 89; in der Sache auch BGH 23.3.2010 – 5 StR 556/09, NStZ-RR 2010, 290 (291); *Pedal* JuS 2008, 414 (415); Meier/Rössner/Trüg/Wulf/*Laue* Rn. 12; siehe aber auch BGH 17.3.1995 – 2 StR 65/95, bei *Böhm* NStZ 1995, 535; vgl. auch BGH 31.10.1995 – 5 StR 470/94, NStZ-RR 1996, 120 bzgl. eines äußerst brutal ausgeführten, aus rassistischen Motiven verübten Mordversuchs, bei dem die Jugendstrafe aber auf die Schwere der Schuld gestützt wurde.

[153] BGH 23.3.2010 – 5 StR 556/09, NStZ-RR 2010, 290 (291).

[154] Vgl. BGH 7.12.1984 – 3 StR 395/83, StV 1984 253 f. („minder schwerer Fall"); 3.3.1993 – 3 StR 618/92, StV 1993, 531 („geringer Tatbeitrag", „alkoholbedingte Enthemmung"); OLG Hamm 12.4.1999 – 2 Ss 291/99, NStZ-RR 1999, 377 (378); *Pedal* JuS 2008, 414 (416); Meier/Rössner/Trüg/Wulf/*Laue* Rn. 13.

[155] BGH 7.12.1984 – 3 StR 395/83, StV 1984 253.

[156] BGH 3.3.1993 – 3 StR 618/92, StV 1993, 531; OLG Hamm 12.4.1999 – 2 Ss 291/99, NStZ-RR 1999, 377 (378).

gung einer Strafmilderung bei selbst zu verantwortender verminderter Schuldfähigkeit orientieren können.[157] Auch nicht schuldfähigkeitsrelevante **Persönlichkeitsstörungen** müssen berücksichtigt werden.[158]

(2) Beweggründe/Motive. Den Beweggründen zur Tatbegehung kommt allein oder 35 im Zusammenhang mit den Umständen der Tatbegehung regelmäßig erhebliche indizielle Bedeutung im Hinblick auf „schädliche Neigungen" zu. Erweist sich die Tat als **Reaktion auf** eine vorherige **Demütigung oder** eine **Provokation** durch das spätere Tatopfer, so spricht dies typischerweise gegen „schädliche Neigungen".[159] Gleiches gilt für einen unter dem **Einfluss anderer Personen zustande gekommenen Entschluss** zu der Beteiligung an einer Tat;[160] „falsch verstandene Kameradschaft"[161] oder der Wunsch der Anerkennung durch andere lassen damit grundsätzliche keine Rückschlüsse auf „schädliche Neigungen" zu. **Spontaneität des Tatentschlusses** spricht gegen „schädliche Neigungen".[162] Straftaten, die **durch Konflikt- oder Notsituation motiviert** sind, kommen als Anzeichen für „schädliche Neigungen" im Regelfall ebenfalls nicht in Betracht.[163] **„Kriminelle Abenteuerlust"** – was immer konkret darunter zu verstehen sein mag – deutet ohne weitere Erkenntnisse über die Motivation zur Tat nicht auf „schädliche Neigungen".[164]

(3) Lebensumstände des Täters. Den Lebensumständen des jugendlichen oder heran 36 wachsenden Täters in Bezug auf seine **familiäre, berufliche und/oder schulische, soziale Situation** kommt große indizielle Bedeutung für die Beurteilung „schädlicher Neigungen" – insbes. bezogen auf den Zeitpunkt des tatrichterlichen Urteils – zu. So sprechen eine geordnete schulische Laufbahn mit Abschluss und anschließender Berufsausbildung sowie die Tätigkeit im erlernten Beruf gegen das Vorliegen schädlicher Neigungen.[165] Die Einbindung in die Familie bzw. die Rückkehr in familiären Bindungen, die mit einer gewissen informellen Sozialkontrolle einhergehen, schließen „schädliche Neigungen" regelmäßig aus.[166] Umgekehrt kann das Entziehen aus der elterlichen Erziehung und Aufsicht Indiz für schädliche Neigungen sein;[167] Entsprechendes gilt für den Abbruch der beruflichen oder schulischen Ausbildung.[168] Die Bedeutung der **Zugehörigkeit des Täters zu einer bestimmten Gruppe** ist **ambivalent.**[169] Beruht die Straftatbegehung auf dem durch die Gruppenmitglieder ausgehenden Einfluss auf den Täter, so kann der Einfluss das Vorliegen „schädlicher Neigungen" ausschließen;[170] Gleiches soll bei dem Wunsch nach Anerkennung durch die übrigen Gruppenmitglieder sowie bei „falsch verstandener Kameradschaft" als Tatmotive gelten (→ Rn. 35). Allerdings kann eine leichte Beeinflussbarkeit des Täters

---

[157] Dazu *Fischer* StGB § 21 Rn. 25a–25c mwN; krit. gegenüber der Berechtigung die fakultative Strafmilderung gemäß § 21 StGB an einem Vorverschulden auszurichten → § 21 Rn. 27–31.

[158] BGH 7.7.2015 – 3 StR 195/15 Rn. 3, StV 2016, 699 nur Ls.

[159] BGH 9.6.2009 – 5 StR 55/09, NStZ 2010, 280 (281).

[160] BGH 9.6.2009 – 5 StR 55/09, NStZ 2010, 280 (281); 20.7.2010 – 5 StR 199/10, StV 2011, 581; 9.7.2015 – 2 StR 170/15, NStZ-RR 2015, 323 („Einfluss eins 7 Jahre älteren Mitangeklagten"); vgl. auch bereits BGH 29.3.1985 – 2 StR 140/85, StV 1985, 419 („falsch verstandene Kameradschaft").

[161] BGH 29.3.1985 – 2 StR 140/85, StV 1985, 419; 20.7.2010 – 5 StR 199/10, StV 2011, 581.

[162] BGH 29.3.1985 – 2 StR 140/85, StV 1985, 419 (420); 20.7.2010 – 5 StR 199/10, StV 2011, 581 (582); vgl. auch BGH 17.3.1995 – 2 StR 65/95, bei *Böhm* NStZ 1995, 535 (536); *Pedal* JuS 2008, 414 (416); Meier/Rössner/Trüg/Wulf/*Laue* Rn. 16; vgl. auch BGH 4.3.2016 – 3 StR 78/16, NStZ 2016, 682 („fehlende Einweihung in den Tatplan").

[163] BGH 9.1.1958 – 4 StR 514/57, BGHSt 11, 169 (170) = NJW 1958, 638; 24.9.1997 – 2 StR 422/97, BGHR JGG § 17 Abs. 2, Schädliche Neigungen 8; OLG Hamm 12.4.1999 – 2 Ss 291/99, NStZ-RR 1999, 377 (378).

[164] BGH 29.3.1985 – 2 StR 140/85, StV 1985, 419 (420).

[165] BGH 9.6.2009 – 5 StR 55/09, NStZ 2010, 280 (281); *Pedal* JuS 2008, 414 (416).

[166] Vgl. BGH 9.6.2009 – 5 StR 55/09, NStZ 2010, 280 (281).

[167] Meier/Rössner/Trüg/Wulf/*Laue* Rn. 12; zur Bedeutung von funktionalen Störungen in der Familie auch Brunner/*Dölling* Rn. 11b mwN.

[168] Vgl. BGH 9.8.2001 – 4 StR 115/01, NStZ 2002, 89.

[169] *Eisenberg* JGG Rn. 20.

[170] Siehe BGH 9.6.2009 – 5 StR 55/09, NStZ 2010, 280 (281); vgl. auch BGH 9.7.2015 – 2 StR 170/15, NStZ-RR 2015, 323 („Einfluss eines 7 Jahre älteren Mitangeklagten").

(regelmäßig) durch Gruppenmitglieder Anzeichen für „schädliche Neigungen" sein, wenn gerade die Beeinflussbarkeit als Ursache auch weiterer zukünftiger Straffälligkeit in Betracht kommt.[171] Die Mitgliedschaft in einer rechtsextremistischen, nationalsozialistisch ausgerichteten Gruppierung lässt bei entsprechender Identifikation mit den Zielen der Gruppe auf „schädliche Neigungen" schließen.[172]

37   **Vorherige Straffälligkeit.** Die frühere Begehung von Straftaten ist **grundsätzlich** als ein **für** das Vorliegen von **„schädlichen Neigungen" sprechendes Anzeichen** anerkannt.[173] Allerdings werden regelmäßig lediglich **erhebliche** in der Vergangenheit begangene **Straftaten** die Annahme „schädlicher Neigungen" tragen können.[174] Sind früher gegen den jetzigen Angeklagten geführte Strafverfahren durch **Einstellung nach Opportunitätsvorschriften (vor allem §§ 45, 47)** erledigt worden, können aus dem Umstand der möglichen früheren Straffälligkeit kaum jemals Anzeichen für schädliche Neigungen entnommen werden,[175] selbst wenn der jetzige Tatrichter von der schuldhaften Verwirklichung der früher verfahrensgegenständlichen Tat(en) überzeugt ist. Auch eine frühere Verurteilung zu einem Dauerarrest soll nicht ohne Weiteres Schlüsse auf das Vorhandensein schädlicher Neigungen zulassen (zweifelh.).[176] Sind vor der/den verfahrensgegenständlichen Tat(en) begangene Straftaten noch nicht rechtskräftig abgeurteilt, kann der Umstand der Anhängigkeit des oder der entsprechenden Verfahren(s) ebenfalls nicht ohne Weiteres als Anzeichen für „schädliche Neigungen" herangezogen werden.[177] Der jetzige Tatrichter muss eigene Feststellungen zu den entsprechenden Straftaten treffen.[178]

38   Die **Berücksichtigung früherer Straffälligkeit** des jugendlichen oder heranwachsenden Täters bei der Annahme „schädlicher Neigungen" ist mit **erheblichen Darstellungs- und Feststellunganforderungen an den Tatrichter** verbunden. Soll, was zulässig ist, nicht lediglich bei der Bemessung der Höhe der Jugendstrafe die Warnwirkung einer früheren Verurteilung (oder ggf. sogar einer mit Quasi-Sanktionen einhergehenden Verfahrenseinstellung) berücksichtigt werden, sondern die frühere Straftatbegehung als solche Grundlage der „schädlichen Neigungen" sein, muss der Tatrichter die **Begehung der früheren Tat und deren Umstände** zum **Gegenstand eigener Feststellungen** machen;[179] die Angabe über das Vorhandensein von Vorstrafen, selbst wenn diese nach Art und Zahl genannt werden, genügt den Darstellungsanforderungen nicht.[180] Zusätzlich zu der gebotenen Feststellung muss der Tatrichter **begründen, warum** sich **aus** den begangenen **früheren Straftaten Rückschlüsse** auf das (jetzige) Vorliegen schädlicher Neigungen ziehen lassen.[181] Die bloße Mitteilung der objektiven Tathandlung einer

---

[171] BGH 9.1.1958 – 4 StR 514/57, BGHSt 11, 169 (170) = NJW 1958, 89; zustimmend Brunner/*Dölling* Rn. 12; Meier/Rössner/Trüg/Wulf/*Laue* Rn. 16.

[172] OLG Hamm 1.2.2006 – 1 Ss 432/05, NStZ 2007, 45.

[173] *Pedal* JuS 2008, 414 (416); Brunner/*Dölling* Rn. 11b; Meier/Rössner/Trüg/Wulf/*Laue* Rn. 12; siehe auch BGH 9.5.2009 – 5 StR 55/09, NStZ 2010, 280 (281); 19.11.2009 – 3 StR 400/09, NStZ 2010, 281; KG 28.9.2009 – 1 Ss 417/08, StV 2011, 582; OLG Hamm 17.12.1999 – 2 Ss 291/99, NStZ-RR 1999, 377 (378); 7.12.1999 – 2 Ss 1237/99, StV 2001, 176.

[174] BGH 19.11.2009 – 3 StR 400/09, NStZ 2010, 281; in der Sache ebenso BGH 29.3.1985 – 2 StR 140/85, StV 1985, 419; KG 28.9.2009 – 1 Ss 417/08, StV 2011, 582; OLG Hamm 1.2.2006 – 1 Ss 432/05, NStZ 2007, 45; 7.12.1999 – 2 Ss 1237/99, StV 2001, 176; *Pedal* JuS 2008, 414 (416); Brunner/*Dölling* Rn. 11b; Meier/Rössner/Trüg/Wulf/*Laue* Rn. 12.

[175] BGH 9.7.2015 – 2 StR 170/15, NStZ-RR 2015, 323; siehe auch BGH 7.7.2015 – 3 StR 195/15 Rn. 5, StV 2016, 699 nur Ls.

[176] OLG Hamm 7.12.1999 – 2 Ss 1237/99, StV 2001, 176.

[177] OLG Hamm 7.12.1999 – 2 Ss 1237/99, StV 2001, 176; siehe auch BGH 9.5.1994 – 5 StR 171/94, bei *Böhm* NStZ 1995, 535 (536).

[178] OLG Hamm 7.12.1999 – 2 Ss 1237/99, StV 2001, 176.

[179] KG 28.9.2009 – 1 Ss 417/08, StV 2011, 582 (583); OLG Hamm 17.12.1999 – 2 Ss 291/99, NStZ-RR 1999, 377 (378); 7.12.1999 – 2 Ss 1237/99, StV 2001, 176.

[180] BGH 19.11.2009 – 3 StR 400/09, NStZ 2010, 281; OLG Hamm 17.12.1999 – 2 Ss 291/99, NStZ-RR 1999, 377 (378).

[181] BGH 19.11.2009 – 3 StR 400/09, NStZ 2010, 281; 7.7.2015 – 3 StR 195/15 Rn. 5, StV 2016, 699 nur Ls; Meier/Rössner/Trüg/Wulf/*Laue* Rn. 12.

zudem länger zurückliegenden Tat, bzgl. derer gem. § 45 JGG verfahren worden ist, genügt dafür nicht.[182] Unzureichend sind pauschale Formulierungen, die keine tragfähigen Rückschlüsse auf für die Beurteilung vor der Tat bestehender „schädlicher Neigungen" bei Ersttätern ermöglichen.[183]

Die Annahme „schädlicher Neigungen" setzt nicht zwingend die frühere Straffälligkeit **39** voraus. Nach **stRspr** können sich bereits bei der **ersten Straftat** des jugendlichen oder heranwachsenden Täters vor der Tat vorhandene „schädliche Neigungen" ausgewirkt haben.[184] Eine auf „schädliche Neigungen" gestützte Jugendstrafe bei der Ersttat wird dementsprechend lediglich im Ausnahmefall in Betracht kommen.[185] Ein solcher kann gegeben sein, wenn ein bislang nicht auffällig gewordener, in geordneten Verhältnissen aufgewachsener jugendlicher gemeinsam mit Mittätern besonders aktiv, brutal und rücksichtslos mehrere schwere Taten (Raub und ggf. Körperverletzung) begeht.[186] Die Revisionsgerichte verlangen in einer solchen Konstellation **hohe Feststellungs- und Darlegungsanforderungen;** die Tatgerichte müssen die bereits vor der Tat vorhandenen, in ihr zum Ausdruck kommenden Persönlichkeitsmängel umfassend feststellen und sorgfältig darlegen, warum es sich bei der verfahrensgegenständlichen Geschehen nicht lediglich um eine Gelegenheitstat handelte.[187] Anzeichen, die bereits allgemein gegen das Vorliegen „schädlicher Neigungen" sprechen (→ Rn. 33–35), schließen eine darauf gestützte Jugendstrafe bei der Ersttat erst recht aus.

bb) Symptomcharakter der Tat. Die verfahrensgegenständliche **Tat** muss **sympto- 40 matisch für** die vorhandenen erheblichen **Persönlichkeitsmängel** sein.[188] Das kann lediglich gesondert für jede einzelne Straftat des jugendlichen oder heranwachsenden Täters beurteilt werden. Der geforderte Symptomcharakter der Tat ist wenigstens teilkongruent mit einigen, für die „schädlichen Neigungen" bedeutsamen Anzeichen. So kommt Gelegenheitstaten sowie in Konflikt- oder Notsituationen verübten Straftaten bereits keine indizielle Bedeutung für „schädliche Neigungen" zu (→ Rn. 35). Dementsprechend können sie nicht Ausdruck (aus anderen Gründen) vorhandener Persönlichkeitsmängel sein.[189] Soweit einzelne Anzeichen in ihrer Aussagekraft ambivalent sind (etwa Gruppenzugehörigkeit, → Rn. 36), kann die durch sie beeinflusste Straffälligkeit dann symptomatisch sein, wenn im konkreten Kontext der Umstand indizielle Bedeutung für das Vorhandensein „schädlicher Neigungen" hat und sein Vorliegen auch auf die Gefahr zukünftiger Straftatbegehung hindeutet. Insoweit gehen die einzelnen Merkmals des Begriffs der „schädlichen Neigungen" ineinander über, was den Vorwurf der Zirkelschlüssigkeit (→ Rn. 29) nicht völlig unberechtigt erscheinen lässt.

cc) Zeitpunkt des Vorliegens. Die erheblichen **Persönlichkeitsmängel** müssen **41** ebenso wie die aus ihnen abgeleiteten **„schädlichen Neigungen"** selbst **sowohl im Zeitpunkt der Begehung der** verfahrensgegenständlichen **Tat(en) als auch bei Ergehen des tatrichterlichen Urteils** vorliegen (**allgM**).[190] Soweit aus diesem Erfordernis – zusammen

[182] BGH 7.7.2015 – 3 StR 195/15 Rn. 5, StV 2016, 699 nur Ls.
[183] BGH 28.1.2016 – StR 473/15, NStZ 2016, 681.
[184] Etwa BGH 28.8.1996 – 3 StR 205/96, NStZ-RR 1997, 21; 9.8.2001 – 4 StR 115/01, NStZ 2002, 89; weit. Nachw. bei Brunner/*Dölling* Rn. 12; siehe auch *Eisenberg* JGG Rn. 21; Meier/Rössner/Trüg/Wulf/ *Laue* Rn. 15.
[185] OLG Hamm 7.12.1999 – 2 Ss 1237/99, StV 2001, 176.
[186] BGH 28.8.1996 – 3 StR 205/96, NStZ-RR 1997, 21; ebenso OLG Hamm 3.2.2009 – 4 Ss 1/09, BeckRS 2009, 21629.
[187] BGH 5.7.1988 – 1 StR 219/88, BGHR JGG § 17 Abs. 2 Schädliche Neigungen 3; 24.9.1997 – 2 StR 422/97, BGHR JGG § 17 Abs. 2 JGG Schädliche Neigungen 8; 3.3.1993 – 3 StR 618/92, StV 1993, 531; OLG Hamm 5.7.2006 – 3 Ss 260/06, StV 2007 2 f. mwN; OLG Köln 12.7.1992 – Ss 204/92, StV 1993, 531 Ls.; siehe auch Brunner/*Dölling* Rn. 12 mwN.
[188] *Eisenberg* JGG Rn. 23a; Meier/Rössner/Trüg/Wulf/*Laue* Rn. 16.
[189] Meier/Rössner/Trüg/Wulf/*Laue* Rn. 16.
[190] Siehe nur BGH 10.3.1992 – 1 StR 105/92, BGHR JGG § 17 Abs. 2 schädliche Neigungen 5; 9.8.2001 – 4 StR 115/01, NStZ 2002, 89 (90); 9.6.2009 – 5 StR 55/09, NStZ 2010, 280 (281); 19.11.2009 – 3 StR 400/09, NStZ 2010, 281; 20.7.2010 – 5 StR 199/10, StV 2011, 581 f.; 24.2.2015 – 4 StR 37/15,

mit der Rückfallgefahr (→ Rn. 46) – nicht der Maßregelcharakter der auf „schädliche Neigungen" gestützten Jugendstrafe abgeleitet werden soll,[191] lässt sich die Notwendigkeit des Vorliegens „schädlicher Neigungen" bis zum Urteilszeitpunkt lediglich bei Deutung dieser als **präventives Bestrafungsbedürfnis** begründen (→ Rn. 41). Fehlt ein solches individual-präventiv begründetes Bedürfnis, das mit dem Begriff „schädliche Neigungen" ausgedrückt wird, bereits im Zeitpunkt der Tatbegehung oder fällt dieses bis zum Ergehen des Urteils weg, kann Jugendstrafe allein unter den Voraussetzungen der „Schwere der Schuld" verhängt werden.

42 Die Notwendigkeit noch im Urteilszeitpunkt vorhandener „schädlicher Neigungen" weist dem eigentlichen **Nachtatverhalten** (vgl. § 46 Abs. 2 S. 2 StGB) **und** der **Entwicklung der Lebenssituation** des Täters nach Beendigung der Tat eine **erhebliche Bedeutung** für die nach § 17 zu treffende Sanktionsauswahlentscheidung zu.[192] Diese geht über die des Nachtatverhaltens des Täters bei Anwendung des allgemeinen Strafrechts hinaus, weil es nicht – wie bei § 46 Abs. 2 StGB – allein um die Berücksichtigung von Umständen geht, die retrospektiv Rückschlüsse auf die innere Einstellung des Täters zur Tat und/oder auf deren Unrechtsgehalt ziehen lässt,[193] oder sich auf die Aussetzungsentscheidung (§ 56 StGB, § 21 JGG) auswirkt, sondern um solche, die bereits für die Auswahl der nach dem Schuldgehalt infrage kommenden mehreren Sanktionen bedeutsam sind. Durch eine bewusste, ggf. mit Hilfe Dritter (Eltern, Jugendgerichtshilfe, Sozialarbeiter etc) herbeigeführte Änderung der Lebensumstände, unter denen die Tat begangen worden ist, kann der Täter die Voraussetzungen der auf „schädliche Neigungen" gestützte Jugendstrafe beseitigen.[194] **Fehlende Distanzierung von der Tat** kann jedenfalls dann nicht als Kriterium für „schädliche Neigungen" herangezogen werden, wenn der Täter bereits unmittelbar nach der Festnahme ein umfassendes Geständnis abgelegt hat.[195]

43 Maßgeblich sind vor allem Veränderungen derjenigen Lebensumstände, die als Anzeichen für „schädliche Neigungen" in Betracht (→ Rn. 36) kommen. So sprechen das **Lösen aus der Gruppe** bzw. Bande, in deren Rahmen die bisherige Straftatbegehung erfolgte, sowie die Aufnahme einer legalen Erwerbstätigkeit gegen das Fortbestehen „schädlicher Neigungen".[196] Gleiches gilt, wenn der Täter in Unkenntnis der bereits gegen ihn laufenden Ermittlungen sich unter Bruch des gegenüber den Mittätern gelobten Schweigens den Strafverfolgungsbehörden offenbart; selbst wenn er den eigenen Tatbeitrag teilweise leugnet.[197] Hat der Täter nach der letzten Tat seine **Berufsausbildung abgeschlossen** und in dem erlernten Beruf „Fuß gefasst", deutet dies ebenfalls gegen das Fortbestehen „schädlicher Neigungen" im Urteilszeitpunkt.[198] Die Rückkehr des Täters unter die **Obhut seiner Familie,** die „über seinen ordentlichen Lebenswandel wacht", kann gegen weiterhin vorliegende „schädliche Neigungen" sprechen;[199] ebenso bei **Eingehen einer Beziehung,** von der eine stabilisierende Wirkung erwartet werden kann.[200] Auch veränderte sozio-ökonomische Bedingungen (Überwindung der Obdachlosigkeit) und Ausbleiben weiterer Straffälligkeit nach der verfahrensgegenständlichen Tat sprechen gegen das Fortbestehen „schädlicher

---

NStZ-RR 2015, 155; 4.3.2016 – 3 StR 78/16, NStZ 2016, 682; KG 11.9.2002 – (4) 1 Ss 184/02, StV 2003, 456; OLG Hamm 5.7.2006 – 3 Ss 260/06, StV 2007, 2; *Pedal* JuS 2008, 414 (416); *M. Walter/Wilms* NStZ 2007, 1 (3); Brunner/*Dölling* Rn. 12; *Eisenberg* JGG Rn. 23; Meier/Rössner/Trüg/Wulf/*Laue* Rn. 17; *Ostendorf* Rn. 3.
   [191] In diese Richtung *Eisenberg* JGG Rn. 18b; dagegen → Rn. 8.
   [192] Brunner/*Dölling* Rn. 12a.; vgl. auch BGH 24.2.2015 – 4 StR 37/15, NStZ-RR 2015, 155.
   [193] Dazu *Fischer* StGB § 46 Rn. 46 mwN.
   [194] Vgl. *Eisenberg* JGG Rn. 23 mwN.
   [195] BGH 4.3.2016 – 3 StR 78/16, NStZ 2016, 682.
   [196] BGH 7.3.1997 – 3 StR 515/96, bei *Böhm* NStZ 1997, 480 (481); 3.9.1997 – 2 StR 343/97, StV 1998, 331; vgl. auch BGH 9.6.2009 – 5 StR 55/09, NStZ 2010, 280 (281); 20.7.2010 – 5 StR 199/10, StV 2011, 580 (581).
   [197] BGH 20.7.2010 – 5 StR 199/10, StV 2011, 580 (581).
   [198] BGH 29.5.1985 – 2 StR 270/85, StV 1985, 419.
   [199] BGH 9.6.2009 – 5 StR 55/09, NStZ 2010, 280 (281).
   [200] Vgl. OLG Hamm 12.4.1999 – 2 Ss 291/99, NStZ-RR 1999, 377.

Neigungen".[201] Die Wirkungen des **Vollzugs von Untersuchungshaft** können ebenfalls gegen weiter bestehende „schädliche Neigungen" sprechen.[202] Umgekehrt deutet die Begehung neuer, nach der verfahrensgegenständlichen Tat verübter Straftaten auf fortbestehende „schädliche Neigungen" hin. Soweit die neuen Taten noch nicht rechtskräftig abgeurteilt sind, müssen diese zur Überzeugung des (über die frühere Tat) entscheidenden Gerichts feststehen und entsprechend festgestellt werden.[203]

Das **Verteidigungsverhalten** des Beschuldigten/Angeklagten stellt grundsätzlich keine **44** geeignete Grundlage für die Beurteilung des Fortbestehens „schädlicher Neigungen" im Urteilszeitpunkt dar; das Leugnen der Tat darf auch im Kontext der Beurteilung „schädlicher Neigungen" nicht zu Ungunsten des Angeklagten berücksichtigt werden.[204]

Wie hinsichtlich des Vorhandenseins in der Straftat zum Ausdruck kommender „schädli- **45** cher Neigungen" muss das Tatgericht zu dem Fortbestehen solcher Neigungen auch im Urteilszeitpunkt **Feststellungen** treffen und ausführlich **darlegen,** aus welchen Gründen es „schädliche Neigungen" im Urteilszeitpunkt annimmt.[205] Dazu bedarf es regelmäßig einer **umfassenden Würdigung** aller für diese Beurteilung bedeutsamen Umstände; das Übergehen von solchen führt regelmäßig zur Aufhebung des Strafausspruchs.[206] Die Darstellungs- und Feststellungsanforderungen steigen noch bei einer für die erste Straftat auf „schädliche Neigungen" gestützten Jugendstrafe; der Tatrichter muss eingehend begründen und sorgfältig darlegen, warum es sich nicht lediglich um eine Gelegenheitstat handelt.[207]

b) Gefahr weiterer Straftaten. Das Bestehen der **Gefahr** auch **zukünftiger Bege-** **46** **hung erheblicher Straftaten** bildet den eigentlichen Kern der Anordnungsvoraussetzung „schädliche Neigungen".[208] Die darauf gestützte Anordnung von Jugendstrafe setzt eine **Prognoseentscheidung** über das zu erwartende Legalverhalten des fraglichen Täters voraus.[209] Grundlage dieser Prognose sind die als Anzeichen für „schädliche Neigungen" gewerteten, festgestellten Umstände der Tat und vor allem des Täters. Liegt zwischen Tatbegehung und Aburteilung ein **längerer Zeitraum ohne erneute Straffälligkeit,** ist dies sowohl für die Prognose als auch bereits für die Frage noch vorhandener „schädlicher Neigungen" von Bedeutung.[210] Überschneidungen zwischen den Teilelementen „erhebliche Persönlichkeitsmängel" und „Rückfallgefahr" sind damit unausweichlich. Allein die **Gefahr** zukünftiger **erheblicher Straftaten** (stRspr)[211] gestattet die Verhängung auf „schädliche Neigungen" gestützter Jugendstrafe. Der damit verbundenen **Ausschluss von** zukünftig zu erwartenden **Straftaten,** die lediglich **bagatellarischen oder „gemeinlästigen" Charakter** tragen,[212] erklärt sich aus der ultima ratio Funktion der Jugendstrafe insgesamt. Handelt es sich bei der verfahrensgegenständlichen Straftat um eine solche mit

---

[201] OLG Hamm 12.4.1999 – 2 Ss 291/99, NStZ-RR 1999, 377 (378).

[202] OLG Hamm 26.9.2003 – 3 Ss 554/03, StV 2005, 69 (70); 5.7.2006 – 3 Ss 260/06, StV 2007, 2; OLG Köln 5.11.2002 – Ss 435–436/02, StV 2003, 457.

[203] OLG Hamm 7.12.1999 – 2 Ss 1237/99, StV 2001, 177; siehe auch Brunner/*Dölling* Rn. 12a.

[204] OLG Hamm 24.6.2004 – 1 Ss 217/04, ZJJ 2004, 298; *Eisenberg* JGG Rn. 23b; Meier/Rössner/Trüg/ Wulf/*Laue* Rn. 18.

[205] Exemplarisch BGH 19.11.2009 – 5 StR 400/09, NStZ 2010, 281; 28.1.2016 – 3 StR 473/15, NStZ 2016, 681 f.; OLG Hamm 12.4.1999 – 2 Ss 291/99, NStZ-RR 1999, 377 (378); vgl. auch OLG Hamm 7.12.1999 – 2 Ss 1237/99, StV 2001, 176 f.

[206] BGH 20.7.2010 – 5 StR 199/10, StV 2011, 581 (582); vgl. auch BGH 7.3.1997 – 3 StR 515/96, bei *Böhm* NStZ 1997, 481 Nr. 1; 29.5.1985 – 2 StR 270/85, StV 1985, 419.

[207] OLG Hamm 5.7.2006 – 3 Ss 260/06, StV 2007, 2.

[208] *Eisenberg* JGG Rn. 18a.

[209] *Sonnen* in *Diemer/Schoreit/Sonnen* Rn. 19; Meier/Rössner/Trüg/Wulf/*Laue* Rn. 19.

[210] BGH 24.2.2015 – 4 StR 37/15, NStZ-RR 2015, 155; 9.7.2015 – 2 StR 170/15, NStZ-RR 2015, 323.

[211] BGH 9.8.2001 – 4 StR 115/01, NStZ 2002, 89; KG 28.9.2009 – 1 Ss 417/08, StV 2011, 582; OLG Hamm 12.4.1999 – 2 Ss 291/99, NStZ-RR 1999, 377 (378); 7.12.1999 – 2 Ss 1237/99, StV 2001, 176 f. mwN; siehe auch *Eisenberg* JGG Rn. 18a; Meier/Rössner/Trüg/Wulf/*Laue* Rn. 19.

[212] BGH 9.8.2001 – 4 StR 115/01, NStZ 2002, 89; KG 28.9.2009 – 1 Ss 417/08, StV 2011, 582; OLG Hamm 12.4.1999 – 2 Ss 291/99, NStZ-RR 1999, 377 (378); 7.12.1999 – 2 Ss 1237/99, StV 2001, 176 mwN; siehe auch Meier/Rössner/Trüg/Wulf/*Laue* Rn. 19.

einem geringen Schuldmaß, kommt die Verhängung von Jugendstrafe schon deshalb nicht in Betracht. Hat der jugendliche oder heranwachsende Täter in der Vergangenheit lediglich Straftaten mit einem geringen Unrechts- und Schuldgehalt verübt, wird es regelmäßig an einer tragfähigen Grundlage fehlen, um zukünftig die Begehung erheblicher Straftaten zu prognostizieren. Insoweit wirkt sich die strikte Bindung der Jugendstrafe an den verfassungsrechtlichen Schuldgrundsatz auch auf das prognostische Element der „schädlichen Neigungen" aus. Die Gefahr zukünftiger Kriminalität in Gestalt von (selbst wiederholter) Leistungserschleichung oder auf geringwertige Beute bezogener(gewaltloser) Eigentums- und Vermögenskriminalität kann Jugendstrafe nicht legitimieren.[213]

47   **c) Notwendigkeit längerer Gesamterziehung.** In diesem Teilelement der Anordnungsvoraussetzung „schädlicher Neigungen" kommt wie bei der Rückfallgefahr der Charakter der ultima ratio der Jugendstrafe innerhalb des jugendstrafrechtlichen Sanktionsinstrumentarium zum Ausdruck. So begründete Jugendstrafe darf lediglich verhängt werden, wenn die durch die **sonstigen** nach dem Schuldquantum der Tat ebenfalls infrage kommenden **Sanktionen** eröffneten Einwirkungsmöglichkeiten auf den jugendlichen oder heranwachsenden Täter **nicht** oder nicht ausreichend **geeignet sind, um** der aufgrund der vorhandenen Persönlichkeitsmängel bestehenden **Rückfallgefahr entgegen zu wirken.** Insoweit liegen der durch § 17 Abs. 2 geforderten Sanktionsauswahlentscheidung **Verhältnismäßigkeitserwägungen** zugrunde.[214] Es kommt darauf an, dass die **im Vollzug der Jugendstrafe** oder die bei der Aussetzung ihres Vollzugs über die Bewährungsauflagen und -weisungen zur Verfügung stehenden **Einwirkungsmöglichkeiten** auf die Bedingungen zukünftigen Legalverhaltens denen der übrigen grundsätzlich in Betracht kommenden jugendstrafrechtlichen Sanktionen im Hinblick auf die vorhandenen Persönlichkeitsmängel des Täters **überlegen sind.** Dabei ist mit dem BVerfG[215] die Eignung eines entsprechend ausgestalteten Jugendstrafvollzugs zur positiven Einflussnahme auf die Bedingungen zukünftigen Legalverhaltens vorausgesetzt.

48   Das Vorliegen der vorstehenden **Voraussetzungen** muss der Tatrichter **im Urteil darlegen.** Dazu soll es erforderlich sein, die von der Strafe und ggf. ihrem Vollzug erwarteten Wirkungen auf den Tätern zu erörtern.[216]

49   Im Hinblick auf die Geltung des Schuldprinzips kommt es auf die Auswahlentscheidung zwischen Jugendstrafe und sonstigen jugendstrafrechtlichen Sanktionen lediglich dann an, wenn das Ausmaß der Einzeltatschuld als schuldangemessene Reaktion im Einzelfall Alternativen bei der Rechtsfolge eröffnet. Das wird im Hinblick auf den Schuldgehalt einerseits und vor allem die für die Jugendstrafe wegen „schädlicher Neigungen" notwendigen erheblichen Persönlichkeitsmängel andererseits nicht häufig vorkommen.[217] Die auch im Jugendstrafrecht geltende **straflimitierende Funktion der Schuld** bildet eine durch Erziehungsnotwendigkeiten nicht überwindbare Grenze (→ Rn. 8, 14–19). Jugendstrafe wegen „schädlicher Neigungen" kann daher trotz erheblicher Persönlichkeitsmängel, die eine Rückfallgefahr begründen und einer „längeren Gesamterziehung" bedürften, nicht angeordnet werden, wenn das Schuldmaß lediglich eine Höchstdauer der Jugendstrafe gestattete, die für die erforderliche Gesamterziehung zeitlich nicht ausreicht.[218] In solchen Konstellationen kann eine Erziehungsmaßregel nach § 12 Nr. 2 in Gestalt einer Unterbringung in einer betreuten Wohnform in Frage kommen.[219]

50   Das Teilelement „längere Gesamterziehung" wirft sachliche wie terminologische Schwierigkeiten bei der Anwendung gegenüber **heranwachsenden Tätern** auf. Eine längere

---

[213] Brunner/*Dölling* Rn. 11a aE; Meier/Rössner/Trüg/Wulf/*Laue* Rn. 19 aE.
[214] Meier/Rössner/Trüg/Wulf/*Laue* Rn. 20.
[215] BVerfG 31.5.2006 – 2 BvR 1763/04 ua, BVerfGE 116, 69 (86–92).
[216] OLG Karlsruhe 28.9.2006 – 3 Ss 140/06, StV 2007, 3 f.; zuvor bereits OLG Karlsruhe 18.3.2004 – 3 Ss 213/03 (unveröffentl. – zit. nach OLG Karlsruhe 28.9.2006 – 3 Ss 140/06, StV 2007, 3 [4]; Meier/Rössner/Trüg/Wulf/*Laue* Rn. 20.
[217] Vgl. Brunner/*Dölling* Rn. 20.
[218] Im Ergebnis wie hier Brunner/*Dölling* Rn. 12d aE; Meier/Rössner/Trüg/Wulf/*Laue* Rn. 20 aE.
[219] Brunner/*Dölling* Rn. 12d aE. Und Rn. 21; Meier/Rössner/Trüg/Wulf/*Laue* Rn. 20 aE.

Gesamterziehung im eigentlichen Sinne ist rechtlich ausgeschlossen, weil gegenüber Erwachsenen keine Legitimation zu erzieherischer Einwirkung besteht.[220] In Bezug auf Heranwachsende ist daher – was in der Sache kaum bestritten sein dürfte – zu fragen, ob es der Einwirkung durch Angebote des Jugendstrafvollzuges oder ggf. des Erwachsenenstrafvollzuges (vgl. § 91 Abs. 1) bzw. der im Rahmen der Vollstreckungsaussetzung zur Verfügung stehenden Instrumente bedarf, um der Rückfallgefahr zu begegnen. Es geht mithin um die **individualpräventiv begründete Notwendigkeit der Verhängung von Jugendstrafe.** Sie wird vor allem dann bestehen, wenn zuvor verhängte und vollzogene (jugend)strafrechtliche Sanktionen keine Verhaltensänderung herbeizuführen vermocht haben.

III. „Schwere der Schuld"

1. Konzeption. a) Allgemeines. Über die **gesetzliche Konzeption** des Abs. 2 im 51 Hinblick auf eine auf die „Schwere der Schuld" gestützte Jugendstrafe besteht **keine vollständige Klarheit** (bereits → Rn. 2). Die **Unklarheit** insoweit beruht im Kern auf einem unterschiedlichen Verständnis darüber, **ob** die „Schwere der Schuld" bei schuldhafter Verwirklichung der Tat durch den jugendlichen oder heranwachsenden Täter eine **hinreichende oder lediglich** eine **notwendige Voraussetzung der Anordnung einer Jugendstrafe** ist. Wer die „Schwere der Schuld" lediglich als notwendige nicht aber hinreichende Anordnungsvoraussetzung versteht, verlangt **kumulativ** zur Schuldschwere, dass die Verhängung der Jugendstrafe auch **aus erzieherischen Gründen erforderlich** sein muss.[221] Die **Kontroverse** um Konzeption und Verständnis der „Schwere der Schuld" als Anordnungsvoraussetzung der Jugendstrafe hat eine **Ursache in unterschiedlichen Vorstellungen über die Funktion und die Bedeutung des Erziehungsgedankens** als Leitprinzip des Jugendstrafrechts (§ 2 Abs. 1), das sich bei der Jugendstrafe auch auf den Strafzweck erstrecken soll (aber → Rn. 12 f.). Einigkeit sollte darüber erzielt werden können, dass die **erzieherische Erforderlichkeit keine Anordnungsvoraussetzung** der Jugendstrafe gegen solche Täter sein kann, die zum Zeitpunkt der Aburteilung ihrer als Jugendlicher oder Heranwachsender begangenen Tat nicht einmal mehr **sog. Jungerwachsene** sind, also das 24. Lebensjahr vollendet haben (vgl. § 89b Abs. 1 S. 2).[222] Selbst unterhalb dieser Altersgrenze bestehen aber verfassungsrechtliche Zweifel an der Zulässigkeit, im eigentlichen Sinne des Wortes erzieherisch seitens des Staates auf Erwachsene einwirken zu dürfen (vgl. auch → Rn. 60 und → Rn. 61).[223]

b) Konsequenzen. Praktische Auswirkungen hat der Disput über die Konzeption 52 auf drei Ebenen:
1. Dürfte auf der Ebene der **Anordnungsvoraussetzungen und damit bei der Auswahlentscheidung der Sanktion** Jugendstrafe auf die „Schwere der Schuld" lediglich dann gestützt werden, wenn sie zusätzlich auch erzieherisch erforderlich ist, **verlangt** das zwingend sowohl **faktisch Erziehungsfähigkeit und -bedürftigkeit** des Täters als auch **rechtlich die Befugnis, erzieherisch** (im engen Wortsinne) auf diesen **einwirken zu dürfen.** Beide Aspekte sind in Bezug auf Heranwachsende nicht erfüllbar. Selbst die Ersetzung insoweit von „erzieherisch" durch „individualpräventiv" erforderlich gestattete Jugendstrafe bei Heranwachsenden nicht, wenn es in Bezug auf den einzel-

---

[220] *Caspar* FS Schöch, 2010, 209 (214); *Laubenthal/Baier/Nestler* Rn. 697; siehe auch BGH 20.8.2015 – 3 StR 214/15, NStZ 2016, 101; 8.3.2016 – 3 StR 417/15, NStZ 2016, 680.
[221] Exemplarisch BGH 29.9.1961 – 4 StR 301/61, BGHSt 16, 261 (263); BGH 2.12.2008 – 4 StR 543/08, NStZ 2009, 450 („Umstände, die hier aus Erziehungsgründen die Verhängung von Jugendstrafe wegen Schwere der Schuld gebieten könnten, …"); Brdbg. OLG 15.6.1999 – 2 Ss 34/99, StV 1999, 658; OLG Düsseldorf 27.8.2007 – 2 Ss 92/07, StraFo 2007, 475; OLG Hamm 7.3.2005 – 2 Ss 71/05, NStZ-RR 2005, 245; 8.6.2010 – 3 RVs 6/10, StV 2011, 583 (585); weit. bei Brunner/*Dölling* Rn. 14b.
[222] *Budelmann*, Jugendstrafrecht für Erwachsene?, 2005, S. 80 ff.; *Eisenberg* NStZ 2013, 636, 637 mwN; siehe auch BGH 20.8.2015 – 3 StR 214/15, NStZ 2016, 101; 8.3.2016 – 3 StR 417/15 – 3 StR 417/15, NStZ 2016, 680 f. sowie 6.5.2013 – 1 StR 178/13, NStZ 2013, 658.
[223] Näher *Budelmann* S. 80 ff.

nen Täter keinen individualpräventiven Einwirkungsbedarf (durch die Anordnung und ggf. den Vollzug) mittels Strafe gibt. Gleiches gilt bei Jugendlichen, die keine Erziehungs- oder Sozialisationsdefizite aufweisen. Die Begehung im Schuldgehalt schwerer Straften dürfte dann nicht mit Jugendstrafe sanktioniert werden,[224] soweit nicht zugleich „schädliche Neigungen" vorlägen, die stets mit einem (längerdauernden) Erziehungsbedarf einhergehen. Eine **„reine Schuldstrafe"** wäre selbst bei ausschließlich auf die „Schwere der Schuld" gegründeter Jugendstrafe – im Grundsatz – rechtlich unzulässig.[225]

2. Auf der **Ebene der Strafzumessung** der auf „Schwere der Schuld" gestützten Jugendstrafe ließen sich bei konsequenter Umsetzung eines die „erzieherische Notwendigkeit" kumulativ für erforderlich haltendes Verständnisses strikte **Deckelungen** der höchstzulässigen Dauer **durch das Ausmaß der Erziehungsbedürftigkeit** nicht vermeiden. Deren Vereinbarkeit mit dem verfassungsrechtlichen Schuldgrundsatz und der mit ihm verknüpften Idee der Gerechtigkeit[226] wäre jedenfalls dann nicht mehr gewährleistet, wenn geringer Erziehungsbedarf zu einer Unterschreitung der – jugendspezifisch quantifizierten – Einzeltatschuld durch die verhängte **Strafe** führen würde und diese **ihren Zweck, gerechter Schuldausgleich zu sein,**[227] **nicht mehr erfüllen würde.**

3. Auf der Ebene der **Darlegungsanforderungen an das tatrichterliche Urteil** zwingt ein Petitum für die erzieherische Notwendigkeit der auf die „Schwere der Schuld" begründete Jugendstrafe die Tatrichter dazu, sich im Urteil für das Rechtsmittelgericht nachvollziehbar dazu zu verhalten, warum dem Erziehungsaspekt lediglich durch die Anordnung einer Jugendstrafe Rechnung getragen werden könne.[228] Die Urteilsgründe des Tatrichters müssten jedenfalls erkennen lassen, dass dem Erziehungsgedanken bereits bei der Auswahlentscheidung über die Sanktionsart ausreichend Beachtung geschenkt worden ist.[229]

53   **c) Stand der Rechtsprechung und Meinungsstand.** Eine **Bestimmung der Position** der **höchstrichterl. Rspr** zu der Auslegungsfrage, ob zu dem geschriebenen Erfordernis der „Schwere der Schuld" aus § 17 Abs. 2 letzter Hs. noch als ungeschriebene Voraussetzung der Jugendstrafe deren erzieherische Notwendigkeit kumulativ hinzutreten muss, **fällt schwer.** Zum einen ist insbesondere in älteren Entscheidungen **nicht immer** präzise **zwischen der erzieherischen Erforderlichkeit** der Jugendstrafe **als Anordnungsvoraussetzung** einerseits **und** der **Bedeutung des Erziehungsgedankens für die Strafzumessung** im Rahmen von § 18 Abs. 2 andererseits **unterschieden** worden.[230] Zum anderen ist der Aspekt der erzieherischen Erforderlichkeit der Jugendstrafe, wiederum insbesondere in der älteren Rechtsprechung, von vornherein begrifflich und inhaltlich stark mit den für die Beurteilung der „Schwere der Schuld" maßgebenden Kriterien verknüpft worden.[231] Die Erwägung, weil § 18 Abs. 2 die Ermöglichung erforderlicher erzieherischer Einwirkung als (zentrales) Zumessungskriterium der Jugendstrafe vorgebe, bedürfe es stets der Erziehungsfähigkeit als Anordnungsvoraussetzung,[232] greift zu kurz. Bei der Freiheitsstrafe des

---

[224] Siehe nur BT-Drs. I/3264, 40 f.; Brunner/*Dölling* Rn. 14b; Meier/Rössner/Trüg/*Laue* Rn. 28.
[225] Brdbg. OLG 15.6.1999 – 2 Ss 34/99, StV 1999, 658; OLG Hamm 6.9.2004 – 2 Ss 234/04, NStZ-RR 2005, 58 (59); aA – der Formulierung nach – BayObLG 9.4.1984 – Rreg 1 St 1/84, StV 1985, 155 mAnm *Böhm* (in der Sache weicht das BayObLG wohl nicht von den genannten OLG'en ab).
[226] Zu dieser Verknüpfung erstmals grundlegend BVerfG 25.10.1966 – 2 BvR 506/63, BVerfGE 20, 323 (331); siehe auch BVerfG (3. Kammer des 2. Senats) 27.1.1987 – 2 BvR 1133/86, NJW 1987, 2662 (2663) mwN.
[227] BVerfG 4.5.2011 – 2 BvR 2365/09 ua, BVerfGE 128, 326 (377) mwN.
[228] Exemplarisch BGH 2.12.2008 – 4 StR 543/08, NStZ 2009, 450; Brdbg. OLG 15.6.1999 – 2 Ss 34/99, StV 1999, 658; OLG Hamm 8.6.2010 – 3 RVs 6/10, StV 2011, 583 (585).
[229] Brdbg. OLG 15.6.1999 – 2 Ss 34/99, StV 1999, 658; OLG Düsseldorf 27.8.2007 – 2 Ss 92/07, StraFo 2007, 475; OLG Hamm 6.9.2004 – 2 Ss 234/04, NStZ-RR 2005, 58 (59).
[230] Symptomatisch BGH 11.11.1960 – 4 StR 387/60, BGHSt 15, 224 (225 f.); ansatzweise auch BGH 29.9.1961 – 4 StR 301/61, BGHSt 16, 261, (263); zur Bewertung Meier/Rössner/Trüg/Wulf/*Laue* Rn. 30; ausdrücklich die Trennung betonend OLG Hamm 6.9.2004 – 2 Ss 234/04, NStZ-RR 2005, 58 (59).
[231] Exemplarisch BGH 11.11.1960 – 4 StR 387/60, BGHSt 15, 224 (225 f.); 29.9.1961 – 4 StR 301/61, BGHSt 16, 261, (263).
[232] Vgl. *Eisenberg* NStZ 2013, 636, 637.

allgemeinen Strafrechts gibt § 46 Abs. 1 S. 2 StGB die Resozialisierung des Täters als zentralen Gesichtspunkt der Strafzumessung neben dem Quantum der Einzeltatschuld vor,[233] ohne dass damit die Resozialisierungsfähigkeit des einzelnen Täters zur Anordnungsvoraussetzung der Freiheitsstrafe würde. Erst recht kann auf die behauptete Jugendstrafenvoraussetzung Erziehungsbedürftigkeit und -fähigkeit nicht aus der erzieherischen Ausgestaltung des Jugendstrafvollzugs herleiten.[234] Die erzieherische Ausgestaltung dort ist nichts anders als der auf die spezifische Situation der Klientel des Jugendstrafvollzugs ausgerichtete Resozialisierungsvollzug des Freiheitsstrafenvollzugs. Davon ist im Ergebnis auch der Gesetzgeber bei Einführung von § 2 Abs. 1 S. 2 ausgegangen; in der Begründung des Regierungsentwurfs wird ausgeführt, vorrangiges Ziel des Jugendstrafrechts sei das Erreichen zukünftigen Legalverhaltens in der Vergangenheit straffällig gewordener junger Menschen.[235] Androhung und Verhängung der Jugendstrafe wegen „Schwere der Schuld" sind nicht durch Erziehungsdefizite verfassungsrechtlich legitimiert, sondern über die schuldhafte Verwirklichung von Unrecht durch den jugendlichen oder heranwachsenden Täter. Der Androhung der – selbst der auf „schädliche Neigungen" gestützten – Jugendstrafe kommt vor allem generalpräventive Funktion zu. Schuldspruch und Verhängung einer Jugendstrafe dienen sowohl dem Schuldausgleich als auch bereits der positiven Spezialprävention.[236] Erst auf der Ebene des Vollzugs von Strafen geht es ausschließlich um (positiv) spezialpräventive Funktionen und Wirkungen der Strafe.[237] Aus § 2 Abs. 1 S. 2 und den hinter dieser Vorschrift stehenden gesetzgeberischen Erwägungen[238] folgt nichts anderes. Ausgeschlossen wird dadurch lediglich, bei der konkreten Bemessung der Jugendstrafe generalpräventiv orientierte Strafzumessungskriterien zu berücksichtigen. Hat der jugendliche oder heranwachsende Straftäter eine unrechte Tat begangen, deren jugendspezifisch zu bestimmender Einzeltatschuldgehalt die Verhängung von Jugendstrafe (verfassungsrechtlich) legitimiert, ist dies stets eine hinreichende Bedingung dieser jugendstrafrechtlichen Sanktion.

Der veröffentlichten **Rspr des BGH** lässt sich eine **völlig einheitliche Auffassung,** 54 ob zu der „Schwere der Schuld" erzieherische Erfordernisse als weitere Anordnungsvoraussetzung hinzutreten müssen, **nicht entnehmen.**[239] In älteren Entscheidungen ist nahezu durchgängig das Vorliegen der erzieherischen Erforderlichkeit als Voraussetzung für die Verhängung von Jugendstrafe wegen „Schwere der Schuld" verlangt worden.[240] Verhielt sich das tatrichterliche Urteil dazu nicht und ließen die Feststellungen keine Rückschlüsse auf einen entsprechenden Erziehungsbedarf zu, führte dies regelmäßig zur Aufhebung des Strafausspruchs. In jüngerer Zeit haben lediglich zwei Entscheidungen, soweit ersichtlich, explizit das Fehlen von tatrichterlichen Darlegungen dazu, ob Erziehungsgründe die „Verhängung von Jugendstrafe wegen der Schwere der Schuld gebieten könnten...", beanstandet.[241] Eine ganze Reihe von jüngeren Entscheidungen anderer Senate stellt auf die erzieherische Notwendigkeit als weitere (kumulative) Voraussetzung nicht mehr ausdrücklich ab, sondern beschränkt sich auf Aussagen zu der Bedeutung des Erziehungsgedankens für die Bemessung der Jugendstrafe.[242] Keine dieser Entscheidungen lässt sich jedoch entnehmen,

---

[233] Siehe nur *Fischer* StGB § 46 Rn. 7.
[234] So aber *Eisenberg* NStZ 2013, 636 (638).
[235] BT-Drs. 16/6293 S. 9 linke Spalte.
[236] Vgl. BT-Drs. 16/6293 S. 9 rechte Spalte/S. 10 linke Spalte.
[237] Zu diesen Zusammenhängen näher → StGB Vor § 38 Rn. 8 mwN.
[238] BT-Drs. 16/6293 S. 9 f.
[239] In der Bewertung ähnlich Meier/Rössner/Trüg/*Laue* Rn. 31.
[240] BGH 11.11.1960 – 4 StR 387/60, BGHSt 15, 224 (225 f.); 29.9.1961 – 4 StR 301/61, BGHSt 16, 261, (263); aus jüngerer Zeit BGH 22.1.2014 – 5 StR 555/13, NStZ-RR 2014, 119 f.
[241] BGH 22.1.2014 – 5 StR 555/13, NStZ-RR 2014, 119; 2.12.2008 – 4 StR 543/08, NStZ 2009, 450; siehe auch BGH 31.10.1995 – 5 StR 470/94, NStZ-RR 1996, 120 („Teilnahme an einem Tötungsdelikt ... zeigt ein außerordentliches Erziehungsdefizit auf, dem anders als durch den Vollzug von Jugendstrafe nur in Ausnahmefällen begegnet werden darf.").
[242] Etwa BGH 21.12.2008 – 5 StR 511/07, NStZ-RR 2008, 258; 27.10.2009 – 3 StR 404/09, NStZ-RR 2010, 56 f.; 23.3.2010 – 5 StR 556/09, NStZ-RR 2010, 290; 27.9.2011 – 3 StR 259/11, NStZ-RR 2011, 355 (356).

dass die Strafsenate des BGH an der erzieherischen Notwendigkeit der Verhängung (und ggf. des Vollzugs) Jugendstrafe nicht mehr festhalten wollten. Allerdings wird deutlicher als in der früheren Judikatur zwischen der nach Abs. 2 zu treffenden Sanktionsauswahlentscheidung und der durch § 18 Abs. 2 bestimmten konkreten Strafzumessung unterschieden.[243] In zahlreichen jüngeren Entscheidungen ist auf der Grundlage dieser klaren und zutreffenden Unterscheidung zwischen den Anordnungsvoraussetzungen und den Strafzumessungserwägungen die tatrichterliche Sanktionsauswahlentscheidung (Jugendstrafe wegen „Schwere der Schuld") akzeptiert, die konkrete Zumessung der Jugendstrafe wegen unzureichender Berücksichtigung des Erziehungsgedankens aber beanstandet worden.[244] Ein zwingender Schluss dahingehend, dass der BGH an der Erziehungsbedürftigkeit als Anordnungsvoraussetzung festhält, lässt sich daraus nicht ziehen. Umgekehrt kann aber auch nicht – wie angesprochen – die Aufgabe der bisherigen Rspr geschlussfolgert werden. Der BGH sieht letztlich auch keinen Gegensatz zwischen dem Schuldausgleich und Erziehungsbedürftigkeit. „Erziehungsgedanke und gerechter Schuldausgleich stehen regelmäßig nicht im Widerspruch zueinander…";[245] beide Aspekte stünden miteinander in Einklang. Er stützt diese Sichtweise auf die Doppelrelevanz bestimmter Umstände („charakterliche Haltung" und in der Tat zum Ausdruck kommendes Persönlichkeitsbild), die sowohl für Ob und Ausmaß der Erziehungsbedürftigkeit als auch für die Bewertung der Schuld von Bedeutung sei.[246] Der 1. Strafsenat des BGH hat allerdings in nicht tragenden Erwägungen erkennen lassen, geneigt zu sein, bereits das „Vorliegen eines gewissen Schuldausmaßes"[247] als Anordnungsvoraussetzung der auf „Schwere der Schuld" gestützten Jugendstrafe genügen zu lassen.[248] Zur Begründung wird auf den Wortlaut, die Entstehungsgeschichte sowie die nachlassende bzw. nicht mehr vorhandene erzieherische Wirkung des Vollzugs über 5 Jahre hinausgehender Jugendstrafen verwiesen.[249] Der 3. Strafsenat hat in zwei Entscheidungen offen gelassen, ob er dem in vollem Umfang folgen würde;[250] verfassungsrechtliche Vorgaben könnten aber Anlass sein, den Erziehungsgedanken als Strafzumessungskriterium gegenüber solchen nach Jugendstrafrecht verurteilten Tätern aufzugeben, die im Zeitpunkt ihrer Verurteilung das 24. Lebensjahr bereits vollendet haben.[251] Das verdient Zustimmung (→ Rn. 51).

55   Die veröffentlichte **Rspr der OLGe** betont die Bedeutung der Erziehungsbedürftigkeit als kumulative Voraussetzung der Anordnung einer Jugendstrafe wegen „Schwere der Schuld" deutlicher als die jüngere Rspr. des BGH.[252] Gelegentlich wird ausdrücklich hervorgehoben, dass die Erforderlichkeit der Jugendstrafe aus erzieherischen Gründen sowohl bei der Frage nach dem Ob der Verhängung von Jugendstrafe als auch bei der konkreten

---

[243] Siehe etwa BGH 21.2.2008 – 5 StR 511/07, NStZ-RR 2008, 258; 27.10.2009 – 3 StR 404/09, NStZ-RR 2010, 56; 23.3.2010 – 5 StR 556/09, NStZ-RR 2010, 290; 27.9.2011 – 3 StR 259/11, NStZ-RR 2011, 385 (386); 25.10.2011 – 3 StR 353/11, NStZ-RR 2012, 92; 22.6.2011 – 5 StR 202/11, StV 2011, 588; zutreffend daher die Einschätzung von Meier/Rössner/Trüg/Wulf/*Laue* Rn. 30.

[244] Etwa BGH 21.2.2008 – 5 StR 511/07, NStZ-RR 2008, 258; 27.10.2009 – 3 StR 404/09, NStZ-RR 2010, 56 f.; 23.3.2010 – 5 StR 556/09, NStZ-RR 2010, 290; 27.9.2011 – 3 StR 259/11, NStZ-RR 2011, 385 (386); 25.10.2011 – 3 StR 353/11, NStZ-RR 2012, 92; 22.6.2011 – 5 StR 202/11, StV 2011, 588.

[245] BGH 4.8.2016 – 4 StR 142/16, NStZ-RR 2016, 325; 6.5.2013 – 1 StR 178/13, NStZ 2013, 658 (659); 23.3.2010 – 5 StR 556/09, NStZ 2010, 290; 23.10.1997 – 5 StR 487/96, NStZ-RR 1996, 120; allgemein und vertiefend zum Verhältnis von Strafe und Erziehung *Lenz,* Rechtsfolgensystematik, S. 164–166 mwN.

[246] BGH 4.8.2016 – 4 StR 142/16, NStZ-RR 2016, 325; 6.5.2013 – 1 StR 178/13, NStZ 2013, 658 (659); 23.3.2010 – 5 StR 556/09, NStZ 2010, 290; 23.10.1997 – 5 StR 487/96, NStZ-RR 1996, 120.

[247] Krit. im Hinblick auf die Unbestimmtheit des Kriteriums *Eisenberg* NStZ 2013, 636 (637).

[248] BGH 6.5.2013 – 1 StR 178/13, NStZ 2013, 658 (659).

[249] BGH 6.5.2013 – 1 StR 178/13, NStZ 2013, 658 (659).

[250] BGH 20.8.2015 – 3 StR 214/15, NStZ 2016, 101; 8.3.2016 – 3 StR 471/15, NStZ 2016, 680 (681).

[251] BGH 20.8.2015 – 3 StR 214/15, NStZ 2016, 101; 8.3.2016 – 3 StR 471/15, NStZ 2016, 680 (681).

[252] Exemplarisch Brdbg. OLG 15.6.1999 – 2 Ss 34/99, StV 1999, 658; OLG Düsseldorf 27.8.2007 – 2 Ss 92/07, StraFo 2007, 475; OLG Hamm 6.9.2004 – 2 Ss 234/04, NStZ-RR 2005, 58 (59); siehe auch BayObLG 9.4.1984 – RReg 1 St 1/84, StV 1985, 155 (156) mAnm *Böhm*; OLG Karlsruhe 4.7.1996 – 2 Ss 67/96, NStZ 1997, 241 (242) mAnm *Böhm*.

Bemessung dieser Strafe von Bedeutung sei.[253] Soweit ersichtlich besteht insoweit **Einigkeit über den Grundsatz, Jugendstrafe** wegen „Schwere der Schuld" lediglich dann anordnen zu dürfen, **wenn** die Auswahl dieser Sanktion **auch erzieherisch erforderlich ist.**[254] Von diesem Grundsatz wird aber eine **Ausnahme bei Kapitaldelikten** und **sonstigen Fällen schwerster Kriminalität** zugelassen.[255]

Da der höchstrichterlichen Rspr. – ungeachtet → Rn. 54 aE – nicht völlig sicher zu   56 entnehmen ist, ob und unter welchen Voraussetzungen das Vorliegen eines Erziehungsbedürfnisses als weitere Anordnungsvoraussetzung neben die „Schwere der Schuld" treten muss, um die Jugendstrafe auf diesen Anordnungsgrund stützen zu können, kann den Tatgerichten nur geraten werden, im Urteil den Erziehungsbedarf nicht nur bei der Strafzumessung (dort gebietet dies § 18 Abs. 2 ohnehin) sondern bereits bei der Sanktionsauswahl darzulegen. Dessen bedarf es lediglich in den anerkannten Ausnahmefällen von Kapitaldelikten oder den – etwas vagen – sonstigen Fällen schwerster Kriminalität nicht.

Die ganz überwiegende **Auffassung in der Wissenschaft** lehnt den Erziehungsbedarf   57 als kumulative Anordnungsvoraussetzung neben dem Schweregrad der Schuld ab.[256] Gegen eine solche Auslegung des Abs. 2 spreche der Wortlaut, die Entstehungsgeschichte und das systematische Verhältnis zu der auf das Vorliegen „schädlicher Neigungen" gestützten Jugendstrafe.[257] Die Position der Rechtsprechung findet in Teilen der Wissenschaft aber auch Zustimmung mit der Begründung, das zusätzliche Abstellen auf den Erziehungsbedarf stehe mit den allgemeinen Grundsätzen des Jugendstrafrechts, insbes. dem Erziehungsgedanken als dessen überwölbendes Leitprinzip (§ 2 Abs. 1), überein.[258]

d) Einordnung und Stellungnahme. Die **Bedeutung der Kontroverse** in der   58 Rechtsanwendung des Abs. 2 sollte ungeachtet der Rn. 52 dargestellten Konsequenzen **nicht überschätzt werden.** Unter Berücksichtigung der in der Rspr. anerkannten Ausnahme vom (zusätzlichen) Erfordernis der Erziehungsbedürftigkeit bei schwerster Kriminalität (→ Rn. 55 aE) beschränken sich **Auswirkungen** der unterschiedlichen Konzeptionen **auf verfahrensgegenständliche Straftaten,** die im Schuldgehalt **unterhalb von Kapitaldelikten und diesen äquivalenten Delikten** liegen. Gerade wenn abweichend von der Konzeption der Rspr. auch bei Delikten, die im Schuldgehalt unter dem der vorgenannten Straftaten liegen, Jugendstrafe ausschließlich wegen des Schweregrades der Schuld soll verhängt werden dürfen, ist das Spektrum der infrage kommenden Delikte nicht übermäßig breit. Denn der Schuldgehalt der Taten muss dergestalt sein, dass die Auswahl jeder anderen jugendstrafrechtlichen Sanktion sich nicht mehr als gerechte, dem Zweck der staatlichen Reaktion auf die vorwerfbare Begehung von Unrecht nicht entsprechende Sanktion darstellen würde. Dies wird sich typischerweise allenfalls bei Straftaten ab dem mittleren Schweregrad mit nicht unerheblichem (vorwerfbarem) Erfolgs- und/oder Handlungsunrecht annehmen lassen (→ Rn. 60 ff.). Die Bedeutung der Kontroverse um die Konzeption der Anordnungsvoraussetzung der „Schwere der Schuld" relativiert sich weiter dadurch, dass der **Schuldgehalt** (im Sinne von Strafzumessungsschuld) der Tat bei der Deliktsbegehung durch jugendliche oder heranwachsende Täter **jugendspezifisch zu bestimmen** ist

---

[253] OLG Hamm 6.9.2004 – 2 Ss 234/04, NStZ-RR 2005, 58 (59) unter Verweis auf die (ältere) Rspr. des BGH.

[254] Brdbg. OLG 15.6.1999 – 2 Ss 34/99, StV 1999, 658; OLG Düsseldorf 27.8.2007 – 2 Ss 92/07, StraFo 2007, 475; OLG Hamm 6.9.2004 – 2 Ss 234/04, NStZ-RR 2005, 58 (59); siehe auch BayObLG 9.4.1984 – RReg 1 St 1/84, StV 1985, 155 (156) mAnm *Böhm*; OLG Karlsruhe 4.7.1996 – 2 Ss 67/96, NStZ 1997, 241 (242) mAnm *Böhm*.

[255] OLG Düsseldorf 27.8.2007 – 2 Ss 92/07, StraFo 2007, 475; OLG Hamm 6.9.2004 – 2 Ss 234/04, NStZ-RR 2005, 58 (59).

[256] Etwa *Petersen* S. 108; *Caspar* FS Schöch, 2010, 209 (220); *M.-K. Meyer* ZBl. 1984, 445 (452); *Streng* GA 1984, 149 (150); Brunner/*Dölling* Rn. 14 mwN; *Ostendorf* Rn. 4; siehe auch *M. Walter/Wilms* NStZ 2007, 1 (7 f.).

[257] Vgl. Brunner/*Dölling* Rn. 14; Meier/Rössner/Trüg/*Laue* Rn. 28; Gegenerwägungen bei *Eisenberg* JGG Rn. 35.

[258] *Buckolt* S. 47; *Meyer-Odewald* S. 7; *Eisenberg* JGG Rn. 34.

(→ Rn. 20 f. und 70),[259] dem äußeren Unrechtsgehalt damit (etwas) geringere Relevanz zukommt als im allgemeinen Strafrecht. Lediglich eine nach den jugendspezifischen Kriterien zu bestimmende „Schwere der Schuld" gestattet die Anordnung der Jugendstrafe allein aufgrund des Schuldgehalts der Tat. In der praktischen Anwendung dürften sich die Unterschiede zwischen den Auffassungen damit auf wenige Konstellationen reduzieren, in denen unterhalb des Niveaus schwerster Kriminalität Straftaten mit einem – auch aus dem Erfolgsunrecht – resultierenden erheblichen Schuldgehalt vorliegen, der Täter aber nicht erziehungsbedürftig ist. Das kann etwa bei Gewaltdelikten sowie erfolgsqualifizierten Delikten bei erheblichem Fahrlässigkeitsvorwurf hinsichtlich der Herbeiführung der schweren Folge und selbst bei Fahrlässigkeitstaten mit schweren Rechtsgutsverletzungserfolgen vorkommen, deren Eintritt auf gravierender Fahrlässigkeit beruht (→ Rn. 69).[260]

59   Ein **gravierender Unterschied zwischen den** beiden **konkurrierenden Deutungen** der allein auf die „Schwere der Schuld" gestützten Jugendstrafe besteht ungeachtet des im vorstehenden Absatz Ausgeführten aber im Hinblick auf die **Berücksichtigung des** – weitverstandenen – **Nachtatverhaltens für die Sanktionsauswahlentscheidung.** Die Rspr. bezieht das Vorliegen der Anordnungsvoraussetzungen der Jugendstrafe auf den Zeitpunkt des Urteils des erkennenden Gerichts.[261] Wird die Erziehungsbedürftigkeit zur im Grundsatz unverzichtbaren (zusätzlichen) Voraussetzung der Jugendstrafe erhoben, müssen die zum Urteilszeitpunkt bestehenden, für die Beurteilung des Erziehungsbedarfs maßgeblichen Lebensumstände mit in die Entscheidung über das Vorliegen der Anordnungsvoraussetzungen einbezogen werden,[262] und zwar selbst dann, wenn es sich um Lebensumstände handelt, die – anders als etwa das Bemühen um Wiedergutmachung etc – keine Rückschlüsse auf die innere Einstellung zur Tat und damit auf das Ausmaß der Einzeltatschuld im Zeitpunkt der Tatbegehung zulassen.[263] Hängt die Anordnung der Jugendstrafe dagegen ausschließlich von dem Erreichen eines (jugendspezifisch zu deutenden) bestimmten Schweregrades der Schuld ab, kann lediglich solches Nachtatverhalten von Bedeutung sein, das entsprechend den im allgemeinen Strafrecht anerkannten Grundsätzen[264] die angesprochenen Rückschlüsse auf den Unrechts- und Schuldgehalt der Tat im Zeitpunkt ihrer Begehung gestattet.

60   Das **Bestehen eines Erziehungsbedürfnisses** ist **keine** kumulative **Voraussetzung** der Verhängung einer auf die „**Schwere der Schuld**" gestützten Jugendstrafe. Vielmehr bildet das **Ausmaß der Einzeltatschuld** ab einem gewissen Schweregrad (→ Rn. 62 ff.) eine **hinreichende Bedingung der Verhängung von Jugendstrafe.**[265] Das gilt entgegen der höchstrichterlichen Rspr. nicht nur im Ausnahmefall schwerster Kriminalität, sondern ausnahmslos für sämtliche Konstellationen, in denen das Schuldausmaß den erforderlichen, unterhalb des Vorgenannten liegenden Schweregrad erreicht. Dem „Erziehungsbedürfnis" kommt dann keine Bedeutung auf der Ebene der Sanktionsauswahl zu. Es ist lediglich gemäß § 18 Abs. 2 als (leitender) Strafzumessungsgesichtspunkt innerhalb des durch das Ausmaß der Einzeltatschuld gebildeten Rahmens relevant. Liegen zugleich erhebliche Erziehungsdefizite bei dem jugendlichen Straftäter vor, kann die Jugendstrafe auf beide Anordnungsvoraussetzungen des Abs. 2 gestützt werden.

---

[259] BGH 20.4.2016 – 2 StR 320/15, NJW 2016, 2050; 4.8.2016 – 4 StR 142/16, NStZ-RR 2016, 325; 25.8.2016 – 2 StR 595/16, NStZ-RR 2016, 251.

[260] Exemplarisch BGH 22.6.2011 – 5 StR 202/11, StV 2011, 588; offen gelassen von 4.8.2016 – 4 StR 142/16, NStZ-RR 2016, 325 (326).

[261] Siehe nur BGH 20.1.1998 – 4 StR 656/97, StV 1998, 332; Brdbg. OLG 15.6.1999 – 2 Ss 34/99, StV 1999, 658; OLG Hamm 6.9.2004 – 2 Ss 234/09, NStZ-RR 2005, 58 (59).

[262] BGH 20.1.1998 – 4 StR 656/97, StV 1998, 332; Brdbg. OLG 15.6.1999 – 2 Ss 34/99, StV 1999, 658; OLG Hamm 6.9.2004 – 2 Ss 234/09, NStZ-RR 2005, 58 (59).

[263] Zur strafzumessungsrechtlichen Bedeutung von Nachtatverhalten im allgemeinen Strafrecht siehe nur BGH 18.12.2007 – 5 StR 530/07, NStZ-RR 2008, 310 (311); *Fischer* StGB § 46 Rn. 46.

[264] Ausführlich NK-StGB/*Streng* StGB § 46 Rn. 74 ff.

[265] Im Ergebnis wie hier *Petersen* S. 108; *Caspar* FS Schöch, 2010, 209 (220); *M.-K. Meyer* ZBl. 1984, 445 (452); *Streng* GA 1984, 149 (150); Brunner/*Dölling* Rn. 14 mwN; *Ostendorf* Rn. 4.

Für ein Freihalten der Anordnungsvariante „Schwere der Schuld" von der kumulativ **61** verlangten Sanktionsausvoraussetzung der erzieherischen Notwendigkeit bzw. des Erziehungsbedürfnisses sprechen neben dem klar differenzierenden Wortlaut und der Entstehungsgeschichte[266] verfassungsrechtliche Gründe. Die zutreffende Verknüpfung des verfassungsrechtlichen Schuldgrundsatzes mit der Durchsetzung der materiellen Gerechtigkeit, der „Idee der Gerechtigkeit", in der Rechtsprechung des BVerfG[267] erfordert es, auf der Grundlage des wahren Sachverhalts den staatlichen Strafanspruch durchzusetzen und auf die festgestellte Straftat mit einer gerechten, dem Schuldgehalt der Tat angemessenen Sanktion zu reagieren.[268] Mit der Anordnungsvoraussetzung „Schwere der Schuld" der Jugendstrafe trägt das einfache Recht diesen Anforderungen des verfassungsrechtlichen Schuldgrundsatzes Rechnung und gewährleistet, dass bei der Verwirklichung schwerer Schuld über die Verhängung der schuldangemessenen Strafe das Vertrauen der Rechtsunterworfenen in die Geltung der Rechtsordnung aufrechterhalten bleibt. Letztlich wird dieser Zusammenhang auch in der strafgerichtlichen Rspr. anerkannt, indem bei „Kapitaldelikten und sonstigen Fällen schwerster Kriminalität" als vermeintlicher Ausnahmefall auf ein Erziehungsbedürfnis als zusätzliche Anordnungsvoraussetzung neben der „Schwere der Schuld" verzichtet wird (→ Rn. 55 aE). Die Beschränkung des Verzichts auf Konstellationen der Schwerstkriminalität wird der inneren Systematik des Abs. 2 jedoch nicht gerecht. Da wegen des verfassungsrechtlichen Schuldgrundsatzes auch die auf „schädliche Neigungen" gestützte Jugendstrafe lediglich auf Straftaten angewendet werden kann, deren Schuldgehalt überhaupt die Verhängung von Strafe (statt nicht strafender jugendstrafrechtlicher Sanktionen) erlaubt (→ Rn. 15 und 25), und zudem erhebliche Erziehungsdefizite als Grund für die die „schädliche Neigungen" kennzeichnende Rückfallgefahr (→ Rn. 46) verlangt, entsprächen sich unterhalb der Schwerstkriminalität die Anordnungsvoraussetzungen „schädliche Neigungen" und „Schwere der Schuld" weitestgehend. Das legt jedoch der Wortlaut des Abs. 2 nicht nahe. Der Halbsatz „Erziehungsmaßregeln oder Zuchtmittel zur Erziehung nicht ausreichen" bezieht sich nach seiner Stellung im Gesamtsatz eindeutig lediglich auf die Jugendstrafe wegen „schädlicher Neigungen" nicht aber auf den erst nachfolgenden Halbsatz „oder wenn wegen der Schwere der Schuld Strafe erforderlich ist". Die Entstehungsgeschichte spricht ebenfalls gegen ein zusätzliches Erfordernis der Erziehungsbedürftigkeit bei der auf „Schwere der Schuld" gestützten Jugendstrafe.[269] Der Verweis auf die das ungeschriebene Merkmal „Erziehungsbedürftigkeit" vermeintlich gebietenden „allgemeinen Grundsätze des Jugendstrafrechts"[270] trägt nicht. Das verfassungsrechtlich fundierte Gebot materieller Gerechtigkeit bei der staatlichen Reaktion auf eine schuldhafte Straftatbegehung kann durch solche allgemeinen Grundsätze, deren verfassungsrechtlicher Gehalt jenseits der einfachgesetzlichen Ausgestaltung in § 2 Abs. 1 für die hier relevante Frage näher darzulegen wäre, nicht überspielt werden.

2. Begriff und Maßstäbe. a) Begriff. Die Wendung „Schwere der Schuld" stellt auf **62** das nach das (jugendspezifisch zu bestimmende – → Rn. 21) **Ausmaß der Einzeltatschuld im Sinne von Strafzumessungsschuld** ab (→ Rn. 14 f., 20 f.). Welcher Schwellenwert der Einzeltatschuld erreicht sein muss, lässt sich verallgemeinernd nur schwer umschreiben. Die gebräuchliche Formulierung, die „Schwere der Schuld" komme als Anordnungsgrund der Jugendstrafe dann zur Anwendung, wenn die eine nicht Strafcharakter tragende jugendstrafrechtliche Reaktion auf die schuldhaft begangene Tat „in unerträgli-

---

[266] Unmissverständlich BT-Drs. I/3264, 40 ff., eine Schuldstrafe sei unverzichtbar, da sonst die Möglichkeit einer Bestrafung Jugendlicher, die zwar schuldhaft gehandelt haben, *aber nicht erziehungsbedürftig oder erziehungsfähig sind, ganz ausgeschlossen werde* (Hervorhebung H.R.).

[267] Vgl. BVerfG 25.10.1966 – 2 BvR 506/63, BVerfGE 20, 323 (331); BVerfG (1. Kammer des 2. Senats) 23.1.2008 – 2 BvR 2491/07, BeckRS 2008, 31927 mwN.

[268] Vgl. BVerfG 21.7.1987 – 2 BvR 1133/86, NJW 1987, 2662 (2663).

[269] BT-Drs. I/3264, 40 ff.

[270] *Eisenberg* JGG Rn. 34 aE.

chem Widerspruch zum Gerechtigkeitsgefühl" stehen würde,[271] trifft im Kern das Richtige, bleibt aber vage. Ausgangspunkt für die Bestimmung der Anforderungen an die „Schwere der Schuld" als Anordnungsvoraussetzung von Jugendstrafe ist der Zweck der Strafe selbst, der von den Zielen ihres Vollzugs zu unterscheiden ist. **Strafe** in Gestalt repressiver Übelszufügung als Reaktion auf die schuldhafte Verwirklichung einer Straftat **dient** neben anderen möglichen Zwecken **dem Schuldausgleich.**[272] Das meint nicht einen „metaphysisches Vergeltungsdenken",[273] sondern bringt angesichts der nur aus der Aufgabe des (zukünftigen) Rechtsgüterschutzes ableitbaren Legitimität von Strafrecht[274] zum Ausdruck, dass mit dem im Schuldspruch enthaltenen sozial-ethischen Tadel und der Auferlegung des Strafübels das schuldhafte Verhalten des Täters als nicht hinnehmbares Fehlverhalten mit dem Ziel gekennzeichnet wird, die Wiederherstellung von Gerechtigkeit und die Fortgeltung der verletzten strafbewehrten Verhaltensnorm zu demonstrieren. Dem liegt die Erwartung zu Grunde, dadurch das durch die festgestellte Straftatbegehung als beeinträchtigt angenommene Normvertrauen der Rechtsgemeinschaft wieder zu stärken, um über das fortbestehende Normvertrauen und die damit einhergehende Akzeptanz der Gültigkeit der Verhaltensnorm („legale Gesinnung") zukünftige Normbrüche zu vermeiden. Hinter der Zwecksetzung des gerechten Schuldausgleichs durch Strafe steckt damit keine Metaphysik, sondern eine generalpräventive Erwägung im Sinne von positiver Generalprävention.[275] **„Schwere der Schuld"** iS von § 17 Abs. 2 Var. 2 StGB liegt demnach dann vor, wenn das Ausmaß der verwirklichten (jugendspezifisch zu deutenden) **Einzeltatschuld einen Grad** erreicht hat, bei dem **eine nicht Strafcharakter tragende staatliche Reaktion** auf die Straftat **den Zweck der Strafe,** gerechter Schuldausgleich zu sein, **verfehlen würde** und dementsprechend erfahrungsgemäß nicht geeignet wäre, die anzunehmende Beeinträchtigung des Normvertrauens der Rechtsunterworfenen wieder zu beseitigen.[276] Bei der „Erschütterung des Normvertrauens" handelt es sich nicht um einen empirisch, sondern um einen normativ auszufüllenden Begriff.[277] Das führt dazu, bei der Bestimmung des Schweregrades der Einzeltatschuld, ohne jugendspezifische Besonderheiten zu vernachlässigen, die äußeren Unrechtsmerkmale der Tat etwas stärker zu gewichten, als dies der bisherigen Praxis entspricht (→ Rn. 21). Die vorstehende Verknüpfung zwischen dem Schuldausgleichszweck der Strafe und der Verdeutlichung der Normgeltung betrifft ausschließlich die „Schwere der Schuld" als Anordnungsvoraussetzung. Daraus leitet sich nicht ab, generalpräventive Erwägungen als Strafzumessungsfaktoren im Rahmen von § 18 Abs. 2 bei der konkreten Bemessung der einzelnen Jugendstrafe zuzulassen (→ § 18 Rn. 8 und 20 f).[278]

63 **b) Maßstäbe.** Obwohl die „Schwere der Schuld" ein **Sanktionsauswahlkriterium** ist, also die Voraussetzungen der Verhängung von Jugendstrafe betrifft, geht es um **Strafzumessungsschuld** nicht aber um Strafbegründungsschuld (→ Rn. 21 f.). Letztere verlangt allein die schuldhafte Verwirklichung der Tat als solche. Sie kann lediglich vorliegen oder fehlen; Quantifizierungen ist sie – anders als die Strafzumessungsschuld – nicht zugänglich.[279] **Im Ausgangspunkt** besteht **Einigkeit** darüber, die **„Schwere der Schuld"** anhand des **Ausmaßes des verschuldeten Unrechts der Einzeltat** zu bestimmen. Unterschiedlich

---

[271] Meier/Rössner/Schöch/*Schöch* § 11 Rn. 12, Brunner/*Dölling* Rn. 14.

[272] StRspr BVerfG 16.4.1980 – 1 BvR 505/78, BVerfGE 54, 100 (108); 16.3.1994 – 2 BvL 3/90, BVerfGE 91, 1 (27); 20.3.2002 – 2 BvR 794/95, BVerfGE 105, 135 (153); 5.2.2004 – 2 BvR 2029/01, BVerfGE 109, 133 (173); 4.5.2011 – 2 BvR 2333/08, BVerfGE 128, 326 (377) = NJW 2011, 1931; näher *Radtke* GA 2011, 636 (642, 644 f.).

[273] So die Kritik an der Zwecksetzung „Schuldausgleich" bei *Roxin* AT/1 § 3 Rn. 8 f.; siehe auch *Caspar* FS Schöch, 2010, 209 (210 f.).

[274] Näher → StGB Vor § 38 Rn. 1.

[275] Bezüglich der Deutung der „Schwere der Schuld" im generalpräventiven Ausgangspunkt – aber unter Leugnung der Schuldausgleichsfunktion – ebenso *Caspar* FS Schöch, 2010, 209 (220).

[276] Vgl. *Caspar* FS Schöch, 2010, 209 (223); siehe auch BGH 4.8.2016 – 4 StR 142/16, NStZ-RR 2016, 325, 326.

[277] Dazu knapp einführend Radtke/Hohmann/*Radtke* StPO Einl. Rn. 4 mwN.

[278] Siehe *Caspar* FS Schöch, 2010, 209 (215 ff.).

[279] → StGB Vor § 38 Rn. 15.

wird jedoch beurteilt, welches Gewicht den Unrechtskomponenten sowohl der Tat im Verhältnis zueinander als auch im Verhältnis zu dem Maß der Vorwerfbarkeit des verwirklichten Unrechts zukommt.

aa) Grundlagen. Die **Rspr.** betont, dass dem **„äußeren Unrechtsgehalt"** der Tat **64** **keine selbstständige Bedeutung** bei der Bestimmung der „Schwere der Schuld" zukomme. **Maßgeblich** sei vielmehr die **„innere Tatseite"** dergestalt, dass das Maß der Schuld dadurch bestimmt werde, in welchem Umfang sich die **charakterliche Haltung,** die **Persönlichkeit sowie die Tatmotivation des Täters** in vorwerfbarer Weise in der Tat niedergeschlagen habe. Vorhandene **Persönlichkeitsstörungen** sind dabei zu berücksichtigen.[280] Der äußere Unrechtgehalt sei für die Beurteilung der ausschlaggebenden inneren Tatseite lediglich insoweit relevant, als sich aus ihm Rückschlüsse auf die Persönlichkeit des Täters und die Höhe seiner Schuld ziehen lassen (stRspr).[281] Stützt das Tatgericht die „Schwere der Schuld" ausschließlich oder wesentlich auf den äußeren Unrechtgehalt der Tat, führt dies regelmäßig zur Aufhebung in der Revisionsinstanz.[282] Erwägungen zum hypothetischen Verlauf der Tat können nicht berücksichtigt werden.[283] Allein aus dem Umstand der Tatbegehung als solcher kann die „Schwere der Schuld" nicht abgeleitet werden.[284]

Die von der höchstrichterlichen Rspr. als **Gradmesser der Schuld** in den Vordergrund **65** gestellten „charakterliche Haltung", die „Täterpersönlichkeit" und seine „Tatmotivation" sollen nicht in erster Linie aus der Schwere des verwirklichten Unrechts abgeleitet werden können.[285] Das Abstellen auf die Verwirklichung von Verbrechenstatbeständen, selbst auf Qualifikationen von Verbrechenstatbeständen genügt den Revisionsgerichten regelmäßig zur Begründung der „Schwere der Schuld" nicht.[286] Bei der Bestimmung des Schuldgehalts ist auf die jeweils verwirklichte Form der Beteiligung abzustellen[287] – was angesichts des verfassungsrechtlichen Schuldgrundsatzes und der einfachgesetzlichen Regelung in § 29 StGB ohnehin zwingend ist; Beihilfe zu einer schweren räuberischen Erpressung als solche genügt daher nicht für die Anordnung einer Jugendstrafe nach Abs. 2 Var. 2.[288] Ausschlaggebend für die Bemessung des Schweregrades der Schuld sind grundsätzlich die auch im allgemeinen Strafrecht für die **Quantifizierung der Strafzumessungsschuld maßgeblichen Kriterien,** die allerdings in **jugendspezifischer Weise** angewendet werden müssen (→ Rn. 20 f.).[289] Dementsprechend sind neben allgemeinen Aspekten der schuldbezogenen Strafmilderung (etwa eingeschränkte Schuldfähigkeit, Geständnis, Reue, Wiedergutmachungsbemühungen etc) oder der Strafschärfung vor allem auch spezifische Gesichtspunkte

[280] BGH 7.7.2015 – 3 StR 195/15 Rn. 4, StV 2016, 699 nur Ls.
[281] Etwa BGH 11.11.1960 – 4 StR 387/60, BGHSt 15, 224 (226); 29.9.1961 – 4 StR 301/61, BGHSt 16, 261 (263); 9.8.2000 – 3 StR 176/00, NStZ-RR 2001, 215 (216); 7.10.2004 – 3 StR 136/04, StV 2005, 66 f.; 13.10.2005 – 3 StR 379/05, NStZ-RR 2006, 27 Ls.; 19.11.2009 – 3 StR 400/09, NStZ 2010, 281; 23.3.2010 – 5 StR 556/09, NStZ-RR 2010, 290 (291); 25.10.2011 – 3 StR 353/11, NStZ 2012, 164; 22.1.2014 – 5 StR 555/13, NStZ-RR 2014, 119; 18.1.2014 – 4 StR 457/14, NStZ 2016, 102 mAnm *Laue*; 20.4.2016 – 2 StR 320/15, NJW 2016, 2050 (2051); 4.8.2016 – 4 StR 142/16, NStZ-RR 2016, 325; 25.8.2016 – 2 StR 585/16, NStZ-RR 2016, 251 f.; siehe auch BGH 27.9.2011 – 3 StR 259/11, NStZ-RR 2011, 385 (386); OLG Hamm 8.6.2010 – 3 RVs 6/10, StV 2011, 583 (585).
[282] Exemplarisch BGH 19.11.2009 – 3 StR 400/09, NStZ 2010, 281; 25.10.2011 – 3 StR 353/11, NStZ 2012, 164.
[283] BGH 7.7.2015 – 3 StR 195/15 Rn. 6, StV 2016, 699 nur Ls. („wäre Messer am Tatort gewesen, hätte Angeklagte dieses auch verwendet").
[284] BGH 28.1.2016 – 3 StR 473/15, NStZ 2016, 681 (682).
[285] Ebenso Brunner/*Dölling* Rn. 14; Meier/Rössner/Trüg/*Wulf/Laue* Rn. 26.
[286] BGH 19.11.2009 – 3 StR 400/09, NStZ 2010, 281 (schwere räub. Erpressung); 25.10.2011 – 3 StR 353/11, NStZ 2012, 164 (Beihilfe zur schweren räub. Erpressung).
[287] Vgl. BGH 16.8.2000 – 3 StR 253/00, wistra 2000, 463; 25.10.2011 – 3 StR 353/11, NStZ 2012, 164.
[288] BGH 25.10.2011 – 3 StR 353/11, NStZ 2012, 164; siehe auch BGH 28.1.2016 – 3 StR 473/15, NStZ 2016, 681 (Beihilfe zum räuberischen Diebstahl und zur gefährlichen Körperverletzung).
[289] In der Sache ebenso Meier/Schöch/Trüg/Wulf/*Laue* Rn. 26 f.; siehe auch BGH 20.4.2016 – 2 StR 320/15, NJW 2016, 2050 (Bedeutung d. Rücktritt vom Tötungsversuch).

der noch nicht abgeschlossenen Persönlichkeitsentwicklung des jugendlichen oder (insoweit eingeschränkt) heranwachsenden Straftäters zu berücksichtigten. Bedeutsam ist daher etwa, ob und inwieweit die Tat unter dem **bestimmenden Einfluss anderer Personen** (etwa Eltern, Verwandte oder Angehörige von peer-groups des Täters)[290] und/oder als Ausdruck gruppendynamischer Prozesse[291] begangen worden ist. Wesentlicher Faktor des Schweregrades der Einzeltatschuld ist zudem der **Reifegrad des Täters** bei Begehung der Tat (arg. § 3 S. 1). Da die Rechtsordnung nach den Wertungen in § 3 S. 1, § 105 Jugendlichen und Heranwachsenden eine im Vergleich zu dem allgemeinen Strafrecht unterworfenen Tätern im Grundsatz eine geringere Fähigkeit zu Unrechtseinsicht und daran orientierter Verhaltenssteuerung zuschreibt, werden an eine Annahme der „Schwere der Schuld" bei Tätern, die erst knapp die Strafmündigkeitsgrenze überschritten haben,[292] hohe Anforderungen an die Darlegung der Voraussetzungen des Abs. 2 Var. 2 durch den Tatrichter gestellt.[293] Bei im Unrechtsgehalt sehr schweren Taten (Totschlag zu Lasten der eigenen Mutter) kann aber die „Schwere der Schuld" selbst bei einer Täterin angenommen werden, die die Strafmündigkeitsgrenze erst gut einen Monat vor der Tatbegehung erreicht hatte.[294]

66   **bb) Kasuistik.** Die **Heranziehung der „inneren Tatseite" als maßgeblichem Bemessungsfaktor** des Schweregrades der Schuld und die damit einhergehende Relativierung der Bedeutung des äußeren Unrechtsgehalts führt einerseits zu einem erhöhten Begründungsaufwand für die Tatgerichte bei Annahme einer auf die „Schwere der Schuld" gestützten Jugendstrafe und **lässt** damit andererseits eine **Orientierung** der Anwendung von Abs. 2 Var. 2 **an dem verwirklichten Straftatbestand kaum zu.** Die Ausrichtung an der formalen **Unterscheidung** in § 12 StGB **zwischen Verbrechen und Vergehen**[295] **trägt** für die Anwendung der auf „Schwere der Schuld" gestützten Jugendstrafe **nichts bei.** Die Begehung eines Verbrechens, wie etwa einer schweren räuberischen Erpressung oder die Beteiligung daran, begründet nicht unbedingt die „Schwere der Schuld".[296] Umgekehrt kann die Verwirklichung eines Vergehenstatbestandes wie der gefährlichen Körperverletzung unter bestimmten Begehungsumständen (etwa Herbeiführung konkreter Lebensgefahr für das Opfer) zur Annahme der „Schwere der Schuld" führen.[297] Anhand der genannten Maßstäbe zeigt sich folgendes Bild in der Rspr. der Revisionsgerichte:

67   **(1) Verbrechen/Vorsatzdelikte/Erfolgsqualifikationen.** Die Verwirklichung von **Kapitaldelikten**[298] – zu denen neben den **vorsätzlichen Tötungsdelikten**[299] einschließlich des Versuchs[300] jedenfalls auch die im Mindestmaß mit 10 Jahren Freiheitsstrafen bedrohten **Todeserfolgsqualifikationen** (etwa §§ 251, 306c StGB) zu zählen sind; auch Todeserfolgsqualifikationen wie § 227 StGB mit einer geringeren Strafuntergrenze kommen im Einzelfall in Betracht[301] – oder **sonstiger im Unrechtsgehalt schwerster**

---

[290] BGH 27.11.1995 – 1 StR 634/95, NStZ 1995, 232 (Einbindung in die im Drogenhandel tätige Familie).

[291] BGH 28.1.2016 – 3 StR 473/15, NStZ 2016, 681 (682).

[292] Dazu etwa *Laue* NStZ 2016, 103 (104).

[293] Vgl. BGH 21.2.2008 – 5 StR 511/07, NStZ-RR 2008, 258.

[294] BGH 21.2.2008 – 5 StR 511/07, NStZ-RR 2008, 258.

[295] → StGB § 12 Rn. 10 ff.

[296] BGH 19.11.2009 – 3 StR 400/09, NStZ 2010, 281; 25.10.2011 – 3 StR 353/11, NStZ 2012, 164.

[297] Etwa BGH 23.3.2010 – 5 StR 556/09, NStZ-RR 2010, 290; 27.9.2011 – 3 StR 129/11, NStZ-RR 2011, 385 (386) (Tatbegehung gegenüber 2 Menschen bei Verwirklichung mehrerer Qualifikationsmerkmale des § 224 StGB „brutalem Vorgehen" und Verursachung erheblicher Verletzungen).

[298] BGH 16.3.2006 – 4 StR 594/95, NStZ 2006, 503 (Mord bei Verwirklichung mehrerer Mordmerkmale).

[299] BGH 21.2.2008 – 5 StR 511/07, NStZ-RR 2008, 258.

[300] BGH 4.8.2016 – 4 StR 142/16, NStZ-RR 2016, 325 (u.a. versuchter Mord in Tateinheit mit unerlaubtem Entfernen vom Unfallort).

[301] BGH 22.6.2011 – 5 StR 202/11, StV 2011, 588 (bei beträchtlichem Maß an Pflichtwidrigkeit im Hinblick auf die Herbeiführung der Todesfolge).

Taten[302] ist grundsätzlich mit „Schwere der Schuld" verbunden. Ist der Täter vom Tötungsversuch strafbefreiend zurückgetreten, kann der ursprünglich vorhandene Tötungsvorsatz nicht ohne Weiteres zur Begründung der „Schwere der Schuld" herangezogen werden, wenn nicht auch die freiwillige Abkehr von diesem Vorsatz durch das Rücktrittsverhalten bedacht wird.[303] Beihilfe zum versuchten Totschlag begründet ohne nähere Darlegungen im tatrichterlichen Urteil zur maßgeblichen inneren Tatseite (→ Rn. 66) nicht die „Schwere der Schuld".[304] Bei schweren Gewaltdelikten, etwa bei **erheblichen Sexualdelikten**[305] oder **gravierenden Raub- bzw. Erpressungstaten**,[306] kommt „Schwere der Schuld" grundsätzlich in Betracht. Allerdings trägt die Verwirklichung eines Raubes oder einer räuberischen Erpressung bzw. die Beteiligung daran nicht stets die Annahme „schwerer Schuld".[307] Jedenfalls bei wenig eingriffsintensiven Nötigungsmitteln[308] und geringen Schäden wird die Anwendung von Abs. 2 Var. 2 nach der Rspr. kaum in Betracht kommen; das gilt – angesichts der Wertung in § 27 Abs. 2 S. 2 StGB im Kern zutreffend – erst recht für die Beihilfe zum (schweren) Raub bzw. zur (schweren) räuberischen Erpressung.[309] Auch eine **Vergewaltigung** soll nicht stets als Grundlage für die Annahme der „Schwere der Schuld" genügen; etwa wenn die Tat aus einer „Verführungssituation" heraus begangen worden ist (zweifelhaft).[310] Selbst ein **schwerer sexueller Missbrauch von Kindern** soll ohne gleichzeitiges Vorliegen eines erheblichen Erziehungsbedarfs bei dem Täter die Verhängung von Jugendstrafe wegen „Schwere der Schuld" dann nicht stützen können, wenn (trotz Oralverkehrs) keine schwerwiegenden Folgen bei dem Opfer festzustellen seien und solche auch nicht vom Tätervorsatz umfasst waren (zweifelhaft).[311] Umgekehrt kann auch ein sexueller Missbrauch eines Kindes (§ 176 StGB) genügen, wenn sich aus Art und Grad der persönlichen Vorwerfbarkeit und dem äußeren Unrechtsgehalt („Züge einer Straftat nach § 177 Abs. 1 Nr. 3 StGB" – aF) ein ausreichender Schuldgehalt ergibt.[312] Ob eine **Nötigung** unter Verwirklichung des **Regelbeispiels aus § 240 Abs. 4 Nr. 1 StGB aF** genügen kann, ist soweit bislang nicht entschieden; der 5. Strafsenat des BGH hat in einer solchen Konstellation den Strafausspruch (Jugendstrafe) wegen unzureichender Darlegungen zur erzieherischen Erforderlichkeit aufgehoben (auch → Rn. 83 aE).[313]

(2) Vergehen. Vergehenstatbestände hat die Rspr. **lediglich in Ausnahmefällen als Grundlage** einer auf die „Schwere der Schuld" gestützten Jugendstrafe genügen lassen; bislang war dies vor allem bei **gefährlichen Körperverletzungen** mit brutaler Vorgehens- **68**

---

[302] Vgl. BGH 7.10.2004 – 3 StR 136/04, StV 2005, 66; KG 7.10.2008 – 1 Ss 345/08, StV 2009, 91 sowie OLG Hamm 6.9.2004 – 2 Ss 234/04, NStZ-RR 2005, 58 (59) mwN.
[303] BGH 20.4.2016 – 2 StR 320/15, NJW 2016, 2050.
[304] BGH 25.8.2016 – 2 StR 585/16, NStZ-RR 2016, 351.
[305] Etwa BGH 27.10.2009 – 3 StR 404/09, NStZ-RR 2010 56 (sexueller Missbrauch von Kindern in 4 Fällen bei hoher Intensität der Übergriffe); 28.9.2010 – 5 StR 330/10, StV 2011, 588 (Vergewaltigung in Tateinheit mit Körperverletzung); BGH 18.12.2014 – 4 StR 457/14, NStZ 2016, 102 mit krit. Anm. *Laue* (sexueller Missbrauch – mit ungeschütztem vaginalem Geschlechtsverkehr – einer 12jährigen durch einen 15jährigen Täter); siehe aber auch BGH 2.12.2008 – 4 StR 543/08, NStZ 2009, 480 (keine „Schwere der Schuld" bei Begehung einer Vergewaltigung in einer „Verführungssituation"; zweifelhaft).
[306] BGH 9.8.2000 – 3 StR 176/00, NStZ-RR 2001, 215 (schwere räub. Erpressung); 28.6.2011 – 1 StR 291/11, NStZ 2012, 163 (Raub bei extrem gewalttätigem Vorgehen gegen das Opfer); im Grundsatz auch OLG Düsseldorf 27.8.2007 – 2 Ss 92/07, StraFo 2007, 475.
[307] BGH 19.11.2009 – 3 StR 400/09, NStZ 2010, 281; 25.10.2011 – 3 StR 353/11, NStZ 2012, 164; siehe auch bereits BGH 7.10.2004 – 3 StR 136/04, StV 2005, 66; 28.1.2016 – 3 StR 473/15, NStZ 2016, 681 (Beihilfe zum räub. Diebstahl und zur gefährl. Körperverletzung) KG 7.10.2008 – 1 Ss 345/08, StV 2009, 91 (räub. Erpressung sowie drei Fälle versuchten Raubes bei jeweils relativ geringfügigem Gewalteinsatz und engem zeitlichem Zusammenhang der Taten).
[308] KG 7.10.2008 – 1 Ss 345/08, StV 2009, 91.
[309] Vgl. BGH 25.10.2011 – 3 StR 353/11, NStZ 2012, 164.
[310] BGH 2.12.2008 – 4 StR 543/08, NStZ 4009, 450.
[311] OLG Hamm 6.9.2004 – 2 Ss 234/04, NStZ-RR 2005, 58 (59).
[312] BGH 18.1.2014 – 4 StR 457/14, NStZ 2016, 102 mit krit. Anm. *Laue*.
[313] BGH 22.1.2014 – 5 StR 555/13, NStZ-RR 2014, 119.

weise und erheblichen Verletzungen des Opfers der Fall.[314] Ist mit der gefährlichen Körperverletzung tateinheitlich ein versuchtes Tötungsdelikt verwirklicht worden, von dem der Täter aber strafbefreiend zurückgetreten ist, kann der ursprünglich vorhandene Tötungsvorsatz nicht ohne Weiteres zur Begründung der „Schwere der Schuld" herangezogen werden (vgl. → Rn. 67).[315] **Sexueller Missbrauch von Kinder** (§ 176 StGB) kann genügen (→ Rn. 67).[316] In der Regel genügen Vergehen, insbesondere wenn der Umfang des Erfolgsunrechts gering ist, für die Annahme der „Schwere der Schuld" nicht.[317] Das soll selbst dann gelten, wenn die Tat „bedenkenlos" begangen worden ist.[318] Dementsprechend hat der BGH die **Beihilfe zum Diebstahl** zu Lasten eines 91jährigen, auf den Rollstuhl angewiesenen Tatopfers ebenso wenig ausreichen lassen wie eine **Unterlassene Hilfeleistung** (§ 323c StGB) zu Lasten des durch Dritte lebensgefährlich verletzten Stiefvaters.[319] **Betäubungsmitteldelikte** mit Vergehenscharakter (§ 29 Abs. 1 BtMG) genügen selbst bei häufiger Verwirklichung grundsätzlich nicht für die „Schwere der Schuld".[320]

69   **(3) Fahrlässigkeitsdelikte.** Die höchstrichterliche Rspr. hält **in engen Grenzen** auch die Begehung von **Fahrlässigkeitstaten** für eine ausreichende Grundlage einer auf § 17 Abs. 2 Var. 2 JGG gestützten Jugendstrafe,[321] was insbesondere bei Fahrlässigkeitsdelikten im **Straßenverkehr mit schweren** (tödlichen) **Folgen** von praktischer Bedeutung ist.[322] Hier wirkt sich das in der Rspr. allgemein herangezogene maßgebliche Kriterium der „inneren Tatseite" und die damit einhergehende lediglich indizielle Bedeutung des „äußeren Tatunrechts" (→ Rn. 64) besonders deutlich aus. Es besteht weitgehend Einigkeit darüber, aus der Schwere der eingetretenen Tatfolgen nicht ohne Weiteres auf die Schwere der Schuld schließen zu können.[323] Jugendstrafe soll daher bei Fahrlässigkeitsdelikten lediglich dann in Betracht kommen, wenn eine **„besonders grobe Leichtfertigkeit"** Rückschlüsse auf eine entsprechende charakterliche Haltung des Täters zulässt[324] oder der Täter aus Rücksichtslosigkeit eine Gefährdung fremden Lebens oder fremder Gesundheit in Kauf nimmt.[325] Dementsprechend wird „Schwere der Schuld" vor allem bei **bewusster Fahrlässigkeit** für möglich gehalten.[326] Wiederholte Begehung von Fahrlässigkeitsdelikten[327] oder eine Häufung gravierender Sorgfaltsverstöße soll indizielle Bedeutung für den Schuldgehalt im Rahmen der Anwendung von Abs. 2 Var. 2 zukommen.[328] Bezieht sich Fahrlässigkeit (§ 18 StGB) oder die Leichtfertigkeit bei **erfolgsqualifizierten Delikten** auf die Herbei-

---

[314] BGH 23.3.2010 – 5 StR 556/09, NStZ-RR 2010, 290; 27.9.2011 – 3 StR 259/11, NStZ-RR 2011, 385 (386).

[315] BGH 20.4.2016 – 2 StR 320/15, NJW 2016, 2050.

[316] BGH 18.1.2014 – 4 StR 457/14, NStZ 2016, 102 mit krit. Anm. *Laue*.

[317] BGH 20.1.1998 – 4 StR 656/97, StV 1988, 332; 7.10.2004 – 3 StR 136/04, StV 2005, 66.

[318] BGH 20.1.1998 – 4 StR 656/97, StV 1988, 332.

[319] BGH 7.10.2004 – 3 StR 136/04, SV 2005, 66 (bei „konfliktbeladenem Verhältnis" der Täterin zu ihren Stiefvater).

[320] Brdbg. OLG 15.6.1999 – 2 Ss 34/99, StV 1999, 658; OLG Hamm 30.3.2000 – 3 Ss 214/00, StV 2001, 175; siehe aber auch Brunner/*Dölling* Rn. 17a.

[321] Vgl. BayObLG 9.4.1984 – RReg 1 St 1/84, StV 1985, 155 mAnm *Böhm*; OLG Karlsruhe 4.7.1996 – 2 Ss 67/96, NStZ 1997, 241 mAnm *Böhm* und jeweils wN; siehe auch Brunner/*Dölling* Rn. 16; *Eisenberg* JGG Rn. 32a; Meier/Rössner/Trüg/Wulf/*Laue* Rn. 32; für durchgängige Beschränkung auf Vorsatztaten aber *Ostendorf* Rn. 6.

[322] Vgl. BGH 4.8.2016 – 4 StR 142/16, NStZ-RR 2016, 325 mwN.

[323] BayObLG 9.4.1984 – RReg 1 St 1/84, StV 1985, 155 mAnm *Böhm*; OLG Karlsruhe 4.7.1996 – 2 Ss 67/96, NStZ 1997, 241 f. mAnm *Böhm;* siehe auch OLG Braunschweig 14.12.2001 – 2 Ss 32/01, NZV 2002, 195 mAnm *Molketin* NZV 2002, 416.

[324] OLG Karlsruhe 4.7.1996 – 2 Ss 67/96, NStZ 1997, 241 f.; siehe auch OLG Braunschweig 14.12.2001 – 2 Ss 32/01, NZV 2002, 195.

[325] Vgl. Brunner/*Dölling* Rn. 16; Meier/Rössner/Trüg/Wulf/*Laue* Rn. 32 jeweils mwN.

[326] Siehe BayObLG 9.4.1984 – RReg 1 St 1/84, StV 1985, 155 (156); OLG Braunschweig 14.12.2001 – 2 Ss 32/01, NZV 2002, 195; OLG Karlsruhe 4.7.1996 – 2 Ss 67/96, NStZ 1997, 241 (242); abweichend hält OLG Celle 7.10.1968 – 2 Ss 385/68, VRS 36 (1969), 415 (416) die Annahme der „Schwere der Schuld" auch bei unbewusster Fahrlässigkeit grundsätzlich für möglich.

[327] Siehe BayObLG 9.4.1984 – RReg 1 St 1/84, StV 1985, 155 (156).

[328] Brunner/*Dölling* Rn. 16 aE; *Böhm* NStZ 1997, 142.

führung der Todesfolge kommt zumindest ab einer gewissen Erheblichkeitsschwelle des vorsätzlichen Grunddelikts eine (allein) auf die „Schwere der Schuld" gestützte Jugendstrafe in Betracht ($\rightarrow$ Rn. 67).

c) Bewertungen. Wortlaut, Entstehungsgeschichte sowie die innere Systematik des **70** Abs. 2 erfordern die strikte Ausrichtung des für die Klausel „Schwere der Schuld" relevanten Maßstabs an dem individuellen Schuldquantum des jeweiligen Jugendlichen oder heranwachsenden Täters. Das Ausmaß der Schuld bestimmt sich angesichts der Anforderungen des verfassungsrechtlichen Schuldgrundsatzes nach der **Einzeltatschuld** nicht nach einer Charakter- oder Lebensführungsschuld oÄ[329] Die in der Rspr. durchgängig verwendete Formel, maßgeblich sei die „charakterliche Haltung und die Persönlichkeit sowie die Tatmotivation" ($\rightarrow$ Rn. 64) bringt die Bedeutung der Einzeltatschuld lediglich dadurch zum Ausdruck, dass die vorgenannten Kriterien sich in „vorwerfbarer Schuld" niedergeschlagen haben müssen, trifft aber mit Letzterem das Richtige. Nicht zutreffend ist dagegen die zumindest dem Worte nach stattfindende Negierung der Bedeutung des äußeren Unrechtsgehalts der Tat ($\rightarrow$ Rn. 21). Schuld meint die vorwerfbare Verwirklichung von Unrecht. Das Ausmaß von Schuld kann daher nicht ohne wesentliche Berücksichtigung des Handlungs- und des Erfolgsunrechts der einzelnen Tat erfasst werden. Das Ausmaß des Tatunrechts insgesamt wird durch das Erfolgsunrecht mit bestimmt; der Gesetzgeber bringt – ungeachtet § 18 Abs. 1 S. 3 – mit den abstrakten Strafrahmen der Delikte die Wertigkeit der straftatbestandlich geschützten Rechtsgüter zum Ausdruck. Angesichts dessen kann der Grad der Verletzung des geschützten Rechtsguts durch die einzelne Tat nicht weitegehend als Faktor der Bestimmung des Schweregrades ausgeblendet werden ($\rightarrow$ Rn. 21). Maßgebend ist aber das **Ausmaß des verschuldeten Unrechts.** Bei dessen Bemessung sind bei der Anwendung des Abs. 2 Var. 2 sämtliche **für die Bestimmung der Strafzumessungsschuld im allgemeinen Strafrecht relevanten Gesichtspunkte zu berücksichtigen.** Vor allem ist aber zu berücksichtigen, dass das Ausmaß des verschuldeten Unrechts bei Tätern, auf die das allgemeine Strafrecht keine Anwendung findet, nach spezifischen, ihren Entwicklungsstand berücksichtigen Kriterien zu messen ist. Der schuldhaften Herbeiführung identischen äußeren Unrechts (Erfolgsunrechts) durch erwachsene Täter einerseits und jugendliche (ggf. heranwachsende) Täter andererseits kommt daher regelmäßig ein je unterschiedliches Gewicht zu. Insoweit trifft das Abstellen der Rspr. auf die „innere Tatseite" uneingeschränkt zu ($\rightarrow$ Rn. 21 aE).

In der praktischen Konsequenz ergibt sich bei der gebotenen stärkeren Berücksichtigung **71** der Intensität der konkreten Rechtsgutsverletzung – vorbehaltlich der Bedeutung des Ausmaß des Handlungsunrechts und der im Einzelfall zu berücksichtigenden Aspekte der Strafzumessungsschuld – Folgendes: Die „Schwere der Schuld" ist bei **vorsätzlichen Tötungsdelikten** grundsätzlich gegeben, bei Vorliegen der Voraussetzungen von § 213 StGB kann sich anderes ergeben. Bei **todeserfolgsqualifizierten Delikten** wird jedenfalls bei mit Gewalt bzw. qualifizierter Drohung verübten oder mit generell-lebensgefährlichen Tatmitteln begangenen Grunddelikten die „Schwere der Schuld" regelmäßig zu bejahen sein; bei Leichtfertigkeit[330] im Hinblick auf die Todesfolge ist eine Ausnahme von schwerer Schuld kaum vorstellbar. Auch § 227 StGB kann bei dem Tod vorausgehender erheblicher Gewaltanwendung die Verhängung der Jugendstrafe nach Abs. 2 Var. 2 begründen.[331] **Gewaltdelikte** (vor allem im Bereich der Freiheits-, Körperverletzungs-, Sexual- und Raub- bzw. Erpressungsdelikte) begründen regelmäßig ebenfalls die „Schwere der Schuld", wenn die Tatausführung durch massiven Gewalteinsatz, der auf eine Geringschätzung der Integrität fremder gewichtiger Rechtsgüter schließen lässt, und erhebliche verschuldete Tatfolgen bei dem Opfern/den Opfern gekennzeichnet ist. Der Verwirklichung von Qualifikationen oder

---

[329] Ausführlich *Radtke* GA 2011, 636 (646 f.).
[330] Zum Verständnis ausführlich *Radtke* FS Jung, 2007, 737 (742 ff.).
[331] BGH 22.6.2011 – 5 StR 202/11, StV 2011, 588 (bei beträchtlichem Maß an Pflichtwidrigkeit im Hinblick auf die Herbeiführung der Todesfolge).

Gefahrerfolgsqualifikationen kommt indizielle Bedeutung für einen hohen Schweregrad der Tat zumindest dann zu, wenn mit der Verwirklichung der Modifikation eine erhebliche Intensivierung der Rechtsgutsbeeinträchtigung einhergeht. Bei **Fahrlässigkeitsdelikten** muss – wie in der Rspr. zutreffend angenommen – zu einem gravierenden Erfolgsunrecht (regelmäßig Todeserfolg; ggf. dauerhafte Verletzungen im Sinne von § 226 StGB) erhebliche Fahrlässigkeitsschuld hinzutreten. Dies kommt insbesondere bei – tatbestandlich nicht erforderlicher – **Leichtfertigkeit** in Bezug auf die die zurechenbar verursachten Rechtsgutsverletzungen in Betracht. Der **Leichtfertigkeitsmaßstab** muss **jugendspezifisch** gedeutet werden. Versteht man Leichtfertigkeit als Handeln trotz situationsspezifisch erhöhter Erkennbarkeit des erheblichen Risikos der Herbeiführung einer erheblichen Rechtsgutsverletzung,[332] kann diese gerade wegen einer jugendtypisch höheren Risikobereitschaft und einer Neigung, das Gefahrpotential zu unterschätzen, in Situation zu verneinen sein, die bei einem erwachsenen Täter den Vorwurf der Leichtfertigkeit tragen würden. Unter engen Voraussetzungen kann Leichtfertigkeit **auch mit unbewusster Fahrlässigkeit einhergehen.**[333] Außerhalb des Vorgenannten kann allenfalls in Ausnahmefällen ein Schuldgehalt der Tat vorliegen, der in der Anwendung gegen einen jugendlichen oder heranwachsenden Täter die Verhängung von Jugendstrafe – auch ohne Vorhandensein eines erheblichen Erziehungsbedarfs – zum Zwecke eines gerechten Schuldausgleichs unerlässlich macht.

IV. Vorliegen von „schädlichen Neigungen" und Schwere der Schuld

72   Die in der Praxis nicht seltene,[334] nach allgemeiner Auffassung zulässige Anordnung von **kumulativ auf „schädliche Neigungen"** und **„Schwere der Schuld"** gestützter Jugendstrafe[335] ist mit der hier vertretenen Konzeption des Abs. 2 (→ Rn. 58–60) ohne Weiteres zu vereinbaren. Beide Anordnungsvoraussetzungen der Jugendstrafe kommen ohnehin nur bei Straftaten in Betracht, deren Schuldgehalt überhaupt die Verhängung einer Kriminalstrafe und nicht lediglich von nichtstrafenden jugendstrafrechtlichen Sanktionen gestattet. Neben einem bereits allein die Verhängung von Jugendstrafe legitimierenden und zugleich gebietenden hohem Quantum der Einzeltatschuld („Schwere der Schuld") kann die Tat aber zugleich nach den allgemeinen Voraussetzungen von Abs. 2 Var. 1 Ausdruck erheblicher Erziehungsdefizite und Grundlage für die Annahme von erheblicher Rückfallgefahr sein. Bei massiver Gewalttätigkeit im Rahmen der Begehung von Freiheits-, Körperverletzungs- und Sexualdelikten wird dies in der Praxis nicht selten der Fall sein. Vermischt der Tatrichter „Schwere der Schuld" und „schädliche Neigungen" miteinander, kann eine unzureichende Begründung Letzterer zur Aufhebung des Strafausspruchs insgesamt führen.[336]

73   Liegen die Voraussetzungen der „Schwere der Schuld" nicht vor und lässt sich auch nach Ausschöpfung aller dem Jugendgericht zur Verfügung stehenden Erkenntnismöglichkeiten (§ 244 Abs. 2 StPO) bei einem Jugendstrafe nach Abs. 2 Var. 1 an sich legitimierenden Schuldgehalt der Tat das Vorhandensein „schädlicher Neigungen" nicht zu der für den Rechtsfolgenausspruch erforderlichen Überzeugung des Gerichts feststellen, verfährt dieses nach §§ 27–30, spricht also den Angeklagten schuldig und **setzt** die **Verhängung der Jugendstrafe zur Bewährung aus (§ 27).**

V. Bemessung der Jugendstrafe, Aussetzung der Vollstreckung, Zurückstellung der Strafvollstreckung

74   Bei Vorliegen der Anordnungsvoraussetzungen des Abs. 2 richtet sich die konkrete **Strafzumessung** der verwirkten Jugendstrafe innerhalb des durch den Schuldgrundsatz eröffne-

---

[332] *Radtke* FS Jung, 2007, 737 (746 ff.) mwN.
[333] *Radtke* FS Jung, 2007, 737 (749 und 750).
[334] Zu den rechtstatsächlichen Verhältnissen *Ostendorf* Grdl. zu §§ 17 und 18 Rn. 4.
[335] Siehe nur BGH 23.3.2010 – 5 StR 556/09, NStZ-RR 2010, 290; *Eisenberg* JGG Rn. 9; vgl. auch BGH 20.4.2016 – 2 StR 320/15, NJW 2016, 2050 (2051).
[336] Vgl. BGH 24.2.2015 – 4 StR 37/15, NStZ-RR 2015, 155.

ten verfassungsrechtlichen Rahmens einfachgesetzlich vor allem nach **§ 18 Abs. 2** (→ § 18 Rn. 22–44).

Das Jugendstrafrecht eröffnet – abweichend vom allgemeinen Strafrecht (§ 56 StGB) – **75** dem erkennenden Gerichts **mehrere Möglichkeiten, Aussetzungsentscheidungen** im Hinblick auf eine Jugendstrafe zu treffen. Neben der nach **§ 21** möglichen **Aussetzung der Vollstreckung**[337] der nach Abs. 2 verhängten Jugendstrafe lässt **§ 27** eine **Aussetzung bereits der Verhängung**[338] der Jugendstrafe bei Ergehen eines Schuldspruchs zu, wenn sich das Tatgericht nach vollständiger Erfüllung seiner Amtsaufklärungspflicht aus § 244 Abs. 2 StPO nicht von dem aktuellen Vorliegen der Voraussetzungen von „schädlichen Neigungen" bei dem Täter zu überzeugen vermag. Daneben war in der Rspr. und der jugendstrafrechtlichen Literatur die sog **Vorbewährung**[339] anerkannt, die eine nachträgliche Aussetzung der Vollstreckung von Jugendstrafe im Beschlussweg gestattet. Deren positivrechtliche Verankerung in § 57 Abs. 1 und 2 aF war allerdings so schwach ausgestaltet, dass von einer verfassungsrechtlichen Anforderungen genügenden gesetzlichen Regelung im früheren Recht kaum gesprochen werden konnte.[340] Dieses Regelungsdefizit hat allerdings seit dem 4.3.2013 sein Ende gefunden. Durch Art. 1 Nr. 7 und Nr. 9 des Gesetzes zur Erweiterung der jugendgerichlichen Handlungsmöglichkeiten[341] hat die Vorbewährung eine ausreichende gesetzliche Grundlage erhalten. Zum einen ermöglicht § 57 – weitgehend wie bisher – eine nachträgliche Aussetzung im Beschlussweg. Bedeutsamer ist jedoch zum anderen die Einführung eines Vorbehaltsurteils (§ 61). Das Gericht kann durch Urteil im Erkenntnisverfahren die Entscheidung über die Aussetzung der Jugendstrafe zur Bewährung ausdrücklich vorbehalten (§ 61 Abs. 1). Innerhalb eines Zeitraums von regelmäßig 6 Monaten und im Ausnahmefall 9 Monaten (§ 61a Abs. 1) muss von dem Vorbehalt Gebrauch gemacht werden (→ § 21 Rn. 8). Das Vorbehaltsurteil kann mit dem Arrest nach § 16a (Einstiegs- oder Warnschussarrest) verbunden werden (§ 61 Abs. 3).

Die in **§§ 35 ff. BtMG** vorgesehenen Möglichkeiten der Zurückstellung der Vollstre- **76** ckung einer gegen **drogenabhängige Täter** verhängten Freiheitsstrafe finden gemäß **§ 38 BtMG** auch auf die Vollstreckung einer Jugendstrafe entsprechende Anwendung.[342] Die Möglichkeit einer bewährungsweisen Aussetzung des Vollzugs der Jugendstrafe gemäß § 21 ist durch den Tatrichter vorrangig zu prüfen (→ § 21 Rn. 9).[343]

VI. Jugendstrafe und andere jugendstrafrechtliche Sanktionen

Durch Art. 1 Nr. 1 und Nr. 2 des Gesetzes zur Erweiterung der jugendgerichlichen **77** Handlungsmöglichkeiten[344] ist das vormals in § 8 Abs. 2 S. 1 aF statuierte **Koppelungsverbot** von Jugendstrafe und Jugendarrest weitgehend **aufgegeben.** Der neu eingeführte **§ 16a** lässt unter in der Vorschrift näher geregelten Voraussetzungen einen, in der rechtspolitischen Diskussion meist als **Einstiegs- oder Warnschussarrest** bezeichneten, Arrest neben einer Jugendstrafe zu, deren Verhängung (§ 27) oder Vollstreckung (§ 21) zur Bewährung ausgesetzt wird. Zudem ist eine Koppelung von Jugendstrafe und Arrest auch in den in §§ 61–61b als Vorbehaltsurteil ausgestalteten bisherigen sog. **Vorbewährung** möglich (§ 61b Abs. 3 S. 1).[345] Damit gestattet das neue Recht den Einstiegs- oder Warnschussarrest in sämtlichen Konstellationen, die in der vorausgegangenen rechtspolitischen Diskussion erörtert worden sind.[346] Ein Bedarf für die Aufhebung des Koppelungsverbots und die Schaffung

---

[337] Näher *Radtke* ZStW 121 (2009), 416 (439–441) mwN.
[338] *Radtke* ZStW 121 (2009), 416 (441–444) mwN.
[339] Dazu *Radtke* ZStW 121 (2009), 416 (444–446); siehe auch *M. Walter/Pieplow* NStZ 1988, 165.
[340] *Radtke* ZStW 121 (2009), 416 (445).
[341] Vom 4.9.2012, BGBl. I S. 1855.
[342] Sehr ausführlich Brunner/*Dölling* Rn. 23 ff.
[343] Brunner/*Dölling* Rn. 26 mwN.
[344] Vom 4.9.2012, BGBl. S. 1854.
[345] Näher *Beulke* GS Walter, 2014, 259.
[346] Dazu *Radtke* ZStW 121 (2009), 416 (417).

einer Möglichkeit, zu vollziehenden Arrest neben einer – in den drei vorgenannten Formen – ausgesetzten Jugendstrafe ist nach wie vor schwer zu erkennen.[347] Insbesondere ist unklar, ob eine Klientel für eine solche kombinierte Sanktion überhaupt existiert.[348] Die Begründung des Entwurfs lässt jedenfalls kaum erkennen, auf welche Gruppe von (jugendlichen) Straftätern der Einstiegs- oder Warnschussarrest eigentlich zielt; klar ist allenfalls, dass die Klientel des eigentlichen Jugendarrests nicht gemeint ist.[349] Gerade die Einführung eines Arrests in § 16a, der andere Anordnungsvoraussetzungen hat und andere Personen erfassen soll, als der Jugendarrest sonst, in Kombination mit ausgesetzter Jugendstrafe ist systematisch nicht überzeugend.[350]

VII. Jugendstrafe als „Strafe" nach allgemeinem Strafrecht und Strafverfahrensrecht

78   Im allgemeinen Strafrecht und im Strafverfahrensrecht stellt sich in einzelnen Vorschriften die Frage, ob Jugendstrafe als „Freiheitsstrafe" in dem jeweiligen Normkontext gedeutet werden kann. Bei der Halbstrafenregelung für Erstverbüßer in **§ 57 Abs. 2 Nr. 1 StGB** versteht die überwiegend vertretene Auffassung die Jugendstrafe als Freiheitsstrafe und lässt daher eine Halbstrafenaussetzung bei bereits vorausgegangener Jugendstrafe nicht zu.[351] Die bedenkenswerten Gegenargumente vor allem von *Eisenberg*[352] greifen im Ergebnis nicht durch, weil die Unterschiede zwischen allgemeiner Freiheitsstrafe und Jugendstrafe ungeachtet des bei Letzterer relevanten jugendspezifischen Schuldmaßstabs auf der Ebene der Anordnungsvoraussetzungen sich nicht kategorial, sondern lediglich graduell unterscheiden.

79   Entsprechend kann eine Jugendstrafe grundsätzlich auch als **Strafe iS von § 66 StGB** gewertet werden **(hM)**, wobei bei einer Einheitsjugendstrafe (§ 31) von mindestens 1 Jahr deutlich werden muss, dass der Täter für eine der für § 66 StGB relevanten Vorsatztaten Jugendstrafe von wenigstens 1 Jahr verwirkt hätte.[353] Die Gegenauffassung weist zwar auch insoweit mit einem gewissen Recht auf die Unterschiede zwischen der Freiheitsstrafe und der Jugendstrafe hin,[354] gewichtet dieses Unterschiede aber zu hoch. Die gemeinsame Basis beider Formen der Kriminalstrafe liegt in der strikten Determination durch die Einzeltatschuld sowohl bei der Entscheidung über die Strafart als auch bei der zulässigen Strafhöhe (→ Rn. 14 f.). Die Unterschiede bei den berücksichtigungsfähigen Einzelgesichtspunkten der Strafzumessung allein führen nicht zum Ausschluss der Jugendstrafe als Straftat im Rahmen der formalen Voraussetzungen der Sicherungsverwahrung.

80   Ob die Jugendstrafe als **Freiheitsstrafe iS von § 112a Abs. 1 S. 1 Nr. 2 letzter Hs. StPO** in Betracht kommt, wird ebenfalls kontrovers diskutiert. Soweit die Unanwendbarkeit auf die Jugendstrafe mit deren spezifischen Anordnungsvoraussetzungen und Strafzumes-

---

[347] Vgl. etwa die Stellungnahmen der Sachverständigen *Kreuzer* und *Titz* in der Anhörung des Rechtsausschusses des Dt. Bundestages am 23.5.2012 zu dem Entwurf eines Gesetzes zur Erweiterung der jugendgerichtlichen Handlungsmöglichkeiten (BT-Drs. 17/9389); siehe auch *Kreuzer* ZRP 2012, 101.

[348] *Verrel/Käufl* NStZ 2008, 177 (178 f.).

[349] BT-Drs. 17/9389, 19.

[350] Zu den Einwänden näher *Radtke* ZStW 121 (2009), 416 (435–438); zu weiteren Bedenken knapp *Kreuzer* ZRP 2012, 101 (102).

[351] OLG Karlsruhe 4.4.1989 – 2 Ws 24/89, NStZ 1989, 323; OLG Oldenburg 2.10.1986 – 2 Ws 447/86, NStZ 1987, 174; *Fischer* StGB § 57 Rn. 23; LK-StGB/*Hubrach* StGB § 57 Rn. 31; Satzger/Schmitt/Widmaier/*Mosbacher* StGB § 57 Rn. 24; Schönke/Schröder/*Stree/Kinzig* StGB § 57 Rn. 23a; Meier/Rössner/Trüg/Wulf/*Laue* Rn. 34.

[352] NStZ 1987, 169; *Eisenberg* JGG Rn. 36; diesem zustimmend etwa → StGB § 57 Rn. 25.

[353] BGH 27.5.1975 – 5 StR 115/75, BGHSt. 26, 152 (153 f.); 29.1.2002 – 4 StR 529/01, NStZ-RR 2002, 183; 28.2.2007 – 2 StR 28/07, NStZ-RR 2007, 171; *Fischer* StGB § 66 Rn. 7; LK-StGB/*Rissing-van Saan/Peglau* StGB § 66 Rn. 51; SK-StGB/*Sinn* StGB § 66 Rn. 5; Satzger/Schmitt/Widmaier/*Jehle* StGB § 66 Rn. 11; Brunner/*Dölling* Rn. 10; Meier/Rössner/Trüg/Wulf/*Laue* Rn. 34; *Streng*, Strafrechtliche Sanktionen, Rn. 371.

[354] Vor allem *Eisenberg* JGG Rn. 37; *ders./Schlüter* NJW 2001, 189 f.; diesem zustimmend etwa 1. Aufl., § 66 Rn. 62; NK-StGB/*Böllinger/Pollähne* StGB § 66 Rn. 15; Schönke/Schröder/*Stree/Kinzig* StGB § 66 Rn. 15.

sungsleitlinien begründet wird,[355] trägt die Erwägung letztlich ebenfalls nicht. Selbst eine auf „schädliche Neigungen" gestützte Jugendstrafe kommt lediglich dann in Betracht, wenn das Ausmaß der Einzeltatschuld eine Strafcharakter tragende Sanktion zulässt. Die verbleibenden Unterschiede bei den Sanktionsauswahlkriterien zwischen allgemeinen Strafrecht und Jugendstrafrecht sind wiederum nur graduell. Denn auch im allgemeinen Strafrecht bestimmen im Wesentlichen im Überschneidungsbereich von schuldangemessener Freiheits- und Geldstrafe individualpräventive Strafzumessungserwägungen über die Sanktionsauswahl. Das ist kein kategorialer Unterschied zu dem Kriterium der „schädlichen Neigungen". Im Kontext von § 112a Abs. 1 S. 1 Nr. 2 letzter Hs. StPO kommt es im Fall von Jugendstrafe auf eine Straferwartung von wenigstens 1 Jahr ohne Berücksichtigung der Einheitsstrafenbildung nach § 31 JGG an (hM);[356] verfahrensgegenständliche Taten, die nicht unter den Katalog von § 112a Abs. 1 Nr. 2 StPO fallen, sind bei der Bestimmung der Straferwartung außer Betracht zu lassen.[357]

D. Prozessuales

I. Darstellungsanforderungen im tatrichterlichen Urteil

§ 54 Abs. 1 stellt für den Fall des Schuldspruchs über § 267 Abs. 3 StPO hinausgehende **81** Anforderungen an die Darstellung der die Sanktionsauswahl und -bemessung bestimmenden Gesichtspunkte im tatrichterlichen Urteil (→ Rn. 30). Angesichts dessen verlangen die Revisionsgerichte umfassende Darlegungen der Tatgerichte insbesondere hinsichtlich des Vorliegens sämtlicher **Voraussetzungen „schädlicher Neigungen"** (→ Rn. 30). Will der Tatrichter **frühere Straffälligkeit** des jugendlichen oder heranwachsenden Täters als Anhaltspunkt für die Rückfallgefahr und die Notwendigkeit einer längeren Gesamterziehung heranziehen, muss er Feststellungen zu den Einzelheiten der früheren Straftaten treffen (näher → Rn. 38). Besonders hohe Anforderungen an die Darlegungen der Voraussetzungen „schädlicher Neigungen" bestehen, wenn solche bereits aus der **ersten Straftatbegehung** abgeleitet werden sollen (näher → Rn. 39). Das tatrichterliche Urteil muss zudem Feststellungen über das **Fortbestehen „schädlicher Neigungen"** über den Tatzeitpunkt hinaus **zum Urteilszeitpunkt** (näher → Rn. 45) sowie zu der **Notwendigkeit** einer Einwirkung auf den Täter durch eine **längere Gesamterziehung** (näher → Rn. 47 f.) enthalten. Da es sich auch bei der auf „schädliche Neigungen" gestützten Jugendstrafe um eine echte Kriminalstrafe und nicht um eine stationäre Maßregel handelt (→ Rn. 5–8), bedarf es – entgegen gelegentlich vertretener Auffassung[358] – **keiner** in entsprechender Anwendung von § 246a StPO erfolgenden **Hinzuziehung eines Sachverständigen**.

Soweit – entgegen der hier vertretenen Auffassung – bei der (ausschließlich) auf die **82** **„Schwere der Schuld"** gestützten Jugendstrafe neben dem entsprechenden Ausmaß der Einzeltatschuld eine **erzieherische Notwendigkeit** als Anordnungsvoraussetzung gefordert wird, muss das Tatgericht diesen Erziehungsbedarf, der noch im Urteilszeitpunkt bestehen muss, im Urteil darlegen (näher → Rn. 52). Damit ist verbunden, die weitere Entwicklung des Täters nach Tatbegehung zum Gegenstand von Feststellungen zu machen, soweit sich aus dem weitverstandenen Nachtatverhalten Rückschlüsse auf die erzieherische Notwendigkeit der Verhängung einer Jugendstrafe ergeben. Besonders eingehender Darlegung der Voraussetzungen der „Schwere der Schuld" bedarf es bei Jugendlichen, die bei der Tat die Strafmündigkeitsgrenze gerade erst überschritten haben (näher → Rn. 53).

---

[355] *Eisenberg* JGG Rn. 36.
[356] LG Kiel 7.1.2002 – 32 Qs 1/02, StV 2002, 433; KK-StPO/*Graf* StPO § 112a Rn. 21; Meyer-Goßner/Schmitt/*Schmitt* StPO § 112a Rn. 10; Radtke/Hohmann/*Tsambikakis* StPO § 112a Rn. 22.
[357] OLG Braunschweig 29.5.2008 – Ws 188/08, StV 2009, 84.
[358] AA *Kemme* StV 2014, 760; *Eisenberg* JGG Rn. 18c; siehe auch *Kemme/Wetzels* Praxis der Rechtspsychologie 24 (2014), 45.

II. Rechtsmittel

83   Die nach § 55 zulässigen Rechtsmittel der Berufung oder der Revision können nach den allgemeinen Regeln der sog Trennbarkeitsformel[359] wirksam auf den Rechtsfolgenausspruch beschränkt werden. Mit der Sachrüge kann im Rahmen der **Revision** gegen den Strafausspruch sowohl geltend gemacht werden, dass der Tatrichter die rechtlichen Anforderungen an die Jugendstrafe gemäß Abs. 2 verkannt hat als auch, dass er den entsprechenden Darlegungsanforderungen (→ Rn. 81 f.) nicht genügt hat.

84   Sind die Voraussetzungen der Jugendstrafe rechtsfehlerhaft angenommen oder nicht ausreichend dargestellt worden, führt dies in der Regel zur Aufhebung des angefochtenen Urteils im Strafausspruch einschließlich der dazu getroffenen Feststellungen.[360] Das gilt selbst dann, wenn die Verhängung der Jugendstrafe kumulativ auf beide Anordnungsvoraussetzungen gestützt worden war, sich aber die Annahme einer der beiden Gründe als fehlerhaft erweist,[361] weil sich typischerweise Auswirkungen auf die konkrete Bemessung der Strafe nicht ausschließen lassen.[362]

85   Erweist sich bei rechtsfehlerfreiem und vollständigem Strafzumessungssachverhalt die verhängte Jugendstrafe als **„angemessen" iS von § 354 Abs. 1a StPO** kann das Revisionsgericht in der Sache selbst entscheiden;[363] es soll allerdings eine „gewisse Zurückhaltung" in der Anwendung der Vorschrift auf die Jugendstrafe geboten sein.[364] Hat das Tatgericht bei der Bemessung der Jugendstrafe ohne entsprechenden Hinweis nach § 154 StPO ausgeschiedenen Verfahrensstoff berücksichtigt, kommt es darauf an, ob die Strafe auch ohne Berücksichtigung dieser Taten angemessen gemäß § 354 Abs. 1a StPO ist.[365] Soweit der 5. Strafsenat des BGH in einem Einzelfall den Strafausspruch eines auf Jugendstrafe von 1 Jahr und 3 Monate wegen Nötigung (im besonders schweren Fall – § 240 Abs. 4 Nr. 1 StGB aF) lautenden Urteils aufgehoben und in der Sache selbst auf vierwöchigen Jugendarrest erkannt hat, der wegen überlanger Verfahrensdauer als vollstreckt gilt,[366] findet dies im Gesetz, insb. in § 354 Abs. 1 StPO, keine Stütze.

§ 18 Dauer der Jugendstrafe

(1) ¹Das Mindestmaß der Jugendstrafe beträgt sechs Monate, das Höchstmaß fünf Jahre. ²Handelt es sich bei der Tat um ein Verbrechen, für das nach dem allgemeinen Strafrecht eine Höchststrafe von mehr als zehn Jahren Freiheitsstrafe angedroht ist, so ist das Höchstmaß zehn Jahre. ³Die Strafrahmen des allgemeinen Strafrechts gelten nicht.

(2) Die Jugendstrafe ist so zu bemessen, daß die erforderliche erzieherische Einwirkung möglich ist.

Schrifttum: *Dölling*, Über die Höhenbemessung bei der Freiheits- und der Jugendstrafe, FS Schreiber, 2003, 55; *Müller, I.*, Die Mindeststrafe im Jugendstrafrecht im Vergleich zum allgemeinen Strafrecht, FS Eisenberg, 2009, 415; *Schulz*, Die Höchststrafe im Jugendstrafrecht (10 Jahre) – eine Analyse der Urteile von 1987–1996, 2000; *ders.*, Die Höchststrafe im Jugendstrafrecht (10 Jahre) – eine Urteilsanalyse, MKrim. 2001, 310; *Streng*, Sanktionswahl und Strafzumessung im Jugendstrafrecht – Ergebnisse einer empirischen Studie, FS Böttcher, 2007, 431; weit. Nachw. wie zu § 17 JGG.

---

[359] Knapp einführend KK-StPO/*Paul* StPO § 318 Rn. 7–8; Meyer-Goßner/Schmitt/*Meyer-Goßner* StPO § 318 Rn. 6–30b; Radtke/Hohmann/*Beukelmann* StPO § 318 Rn. 5 f.

[360] Exemplarisch BGH 7.10.2004 – 3 StR 136/04, StV 2006, 66; 20.7.2010 – 5 StR 199/10, StV 2011, 581; 25.10.2011 – 3 StR 353/11, NStZ 2012, 164; OLG Hamm 6.9.2004 – 2 Ss 234/04, NStZ-RR 2005, 58.

[361] BGH 20.7.2010 – 5 StR 199/10, StV 2011, 581.

[362] Aus jüngerer Zeit BGH 20.7.2010 – 5 StR 199/10, StV 2011, 581; siehe auch *Eisenberg* JGG Rn. 40; Meier/Rössner/Trüg/Wulf/*Laue* Rn. 36 jeweils mwN.

[363] BGH 20.11.2013 – 1 StR 476/13, NStZ-RR 2014, 92; 17.3.2006 – 1 StR 577/05, NStZ 2006, 587.

[364] BGH 27.10.2009 – 3 StR 404/09, NStZ-RR 2010, 56 (57).

[365] BGH 20.11.2013 – 1 StR 476/13, NStZ-RR 2014, 92 (93).

[366] BGH 22.1.2014 – 5 StR 555/13, NStZ-RR 2014, 119.

Übersicht

A. Bedeutung der Vorschrift

I. Normzweck

Die Vorschrift **regelt Teilaspekte der Strafzumessung der** auf der Grundlage von **1**
§ 17 Abs. 2 angeordneten **Jugendstrafe. Abs. 1** hebt die Geltung der Strafrahmen der
Delikte des allgemeinen Strafrechts für das Jugendstrafrecht auf und **setzt einen** eigenen
jugendstrafrechtsspezifischen Strafrahmen einheitlich für sämtliche Straftatbestände
fest. Eine **deliktsspezifische Ausnahme** davon normiert **Abs. 1 S. 2** für Straftaten mit
einer abstrakten Höchststrafe von mehr als zehn Jahren Freiheitsstrafe nach allgemeinem
Strafrecht. Für **Heranwachsende,** auf die Jugendstrafrecht angewendet wird, legt **§ 105
Abs. 3 S. 1** die Strafobergrenze grundsätzlich, auch außerhalb der Fälle von Abs. 1 S. 2,
auf zehn Jahre fest; **S. 2** erweitert dies bei Mord mir besonderer Schuldschwere auf 15 Jahre
(→ Rn. 14). **Abs. 2** enthält eine inhaltlich von § 46 StGB abweichende **Teilregelung** der
im **Jugendstrafrecht maßgeblichen Strafzumessungskriterien.**[1] Das Hervorheben der
„erzieherischen Einwirkung" in Abs. 2 schließt die Heranziehung im allgemeinen Strafrecht
anerkannter Strafzumessungsaspekte nicht grundsätzlich aus.

Die **Strafrahmenregelung** in **Abs. 1 gilt für** die **Jugendstrafe** des § 17 **insgesamt. 2**
Sie differenziert nicht zwischen den beiden unterschiedlichen Anordnungsvoraussetzungen
in § 17 Abs. 2 („schädliche Neigungen" und „Schwere der Schuld" → § 17 Rn. 26 ff. und
51 ff.). Im Grundsatz verhält es sich mit der **Strafzumessungsregelung** in Abs. 2 ebenso.[2]

---

[1] Vgl. Meier/Rössner/Trüg/Wulf/*Laue* Rn. 1.
[2] Vgl. BGH 4.8.2016 – 4 StR 142/16, NStZ-RR 2016, 325; 19.4.2016 – 1 StR 95/16, NStZ 2016, 683;
17.1.2014 – 3 StR 521/14, NStZ-RR 2015, 155.

Die damit auch für die Strafzumessung einer ausschließlich auf die „Schwere der Schuld" gestützten Jugendstrafe (§ 17 Abs. 2 Var. 2) maßgebliche Ausrichtung an der „erzieherischen Wirkung" erhebt – entgegen der ständigen Rspr. – ein im Urteilszeitpunkt vorhandenes Erziehungsbedürfnis nicht zu einer neben der „Schwere der Schuld" erforderlichen Anordnungsvoraussetzung der Jugendstrafe (→ § 17 Rn. 60 f.; zu den kontroversen Ansichten näher → § 17 Rn. 53–59). Das Gesetz unterscheidet in § 17 einerseits und § 18 andererseits sehr deutlich zwischen den Voraussetzungen der Anordnung einer Jugendstrafe (insoweit im Zusammenhang mit §§ 5 Abs. 2, 13 Abs. 1) sowie den Kriterien der Bemessung der Strafe (→ § 17 Rn. 53). Diese Unterscheidung wird in der neueren Rspr. des BGH beachtet (→ § 17 Rn. 53 f.). Die vom Gesetz vorgegebene Orientierung der Strafzumessung der Jugendstrafe an der „erforderlichen erzieherischen Einwirkung" ist in den Fällen von **Abs. 1 S. 2** von geringerer Bedeutung, weil davon ausgegangen wird, bei einer Vollzugsdauer von mehr als 5 Jahren Jugendstrafe ließen sich keine positiven erzieherischen Effekte mehr erreichen (→ Rn. 3).[3] Die Strafzumessung wird dann (noch) stärker als innerhalb des Strafrahmens aus Abs. 1 S. 1 durch das Ausmaß der Einzeltatschuld bestimmt, weil sich nach verbreiteter Auffassung eine oberhalb von 5 Jahren liegende Jugendstrafe nicht mehr erzieherisch begründen lässt.[4] Unterhalb der vorgenannten Schwelle neigt die Rspr. des BGH ohnehin zu der Einschätzung, dass erzieherische Bedürfnisse und der Aspekt des Schuldausgleichs nicht in Widerspruch zueinander stünden, sondern im Hinblick auf die Strafzumessung in die gleiche Richtung weisen, weil die den hohen Schuldgehalt einer Straftat begründenden Umstände („charakterliche Haltung und Persönlichkeitsbild") regelmäßig auch mit einem erheblichen Erziehungsbedarf einhergehen.[5] Die in **Abs. 2** vorgegebene Ausrichtung der konkreten Strafzumessung der Jugendstrafe an der „erforderlichen erzieherischen Einwirkung" **entspricht dem** in **§ 2 Abs. 1 S. 2 enthaltenen Leitprinzip** des Jugendstrafrechts.

3   Die Festlegung des **jugendstrafrechtlichen Regelstrafrahmens** in Abs. 1 S. 1 **beruht** im Mindest- wie im Höchstmaß **auf erzieherisch–individualpräventiven Erwägungen.** Das **Mindestmaß** von sechs Monaten Jugendstrafe wird auf die – im allgemeinen Strafrecht in § 47 StGB aufgenommene – Annahme gestützt, bei kürzerer Vollzugsdauer träten die entsozialisierenden Wirkungen von Freiheitsentzug ein,[6] ohne dass positive erzieherische (resozialisierende) Effekte in der kurzen Vollstreckungszeit erreicht werden könnten.[7] Die Annahme gilt als empirisch nicht hinreichend belegt.[8] Im Rahmen einer gesetzgeberischen Einschätzungsprärogative ist sie hinzunehmen, zumal sich der Gesetzgeber bewusst gewesen ist, anders als im allgemeinen Strafrecht (dort § 38 Abs. 2 letzter Hs. iVm § 47 Abs. 1 StGB) eine beträchtliche Lücke zwischen der Höchstdauer des Dauerarrestes (vier Wochen, § 16 Abs. 4 S. 1) und der Mindestdauer der Jugendstrafe zu lassen.[9] Das grundsätzliche **Höchstmaß** von fünf Jahren Jugendstrafe **(Abs. 1 S. 1)** wird auf die als gesichert behauptete empirische Erfahrung gegründet, eine längere Vollzugsdauer gehe mit schädlichen Wirkungen für den Verurteilten einher.[10] Als

---

[3] Das nimmt BGH 19.2016 – 1 StR 95/16, NStZ 2016, 683 bzgl. der Strafzumessungserwägungen einer 7jährigen Jugendstrafe nicht hinreichend in den Blick.

[4] Siehe BGH 27.11.1995 – 1 StR 634/95, NStZ 1996, 232; 7.5.1996 – 4 StR 182/96, NStZ 1996, 496 mit zust. Anm. *Dölling* NStZ 1998, 39 und krit. Anm. *Streng* StV 1998, 336; 16.4.2007 – 5 StR 335/06, NStZ 2007, 522 mAnm *Eisenberg/Schmitz* NStZ 2008, 95; weiterhin *Streng* Jugendstrafrecht Rn. 442; Brunner/*Dölling* Rn. 3; Meier/Rössner/Trüg/Wulf/*Laue* Rn. 7.

[5] BGH 23.3.2010 – 5 StR 556/09, NStZ-RR 2010, 290 (291) mwN; siehe auch bereits BGH 31.10.1995 – 5 StR 470/94, NStZ-RR 1996, 120 bzgl. eines brutalen, aus rassistischen Gründen verübten Mordversuchs.

[6] Dazu *Streng* Jugendstrafrecht Rn. 440.

[7] Vgl. *Buckolt* S. 64; Meier/Rössner/Trüg/Wulf/*Laue* Rn. 4; *Laubenthal/Baier* Rn. 702; siehe auch *H.-J. Albrecht*, Gutachten zum 64. DJT, 2002, D 152 sowie OLG Düsseldorf 4.3.2010 – 4 RVs 191/09, StV 2011, 585 (586) mAnm *Ostendorf*.

[8] *Eisenberg* JGG Rn. 4; Meier/Rössner/Trüg/Wulf/*Laue* Rn. 4; *Streng* Jugendstrafrecht Rn. 440 f.

[9] BT-Drs. I/4437, 5; siehe auch *Buckolt* S. 64.

[10] *Buckolt* S. 64 f.; Brunner/*Dölling* Rn. 3 mwN; Meier/Rösner/Trüg/Wulf/*Laue* Rn. 6; *Laubenthal/Baier* Rn. 704; *Streng* Jugendstrafrecht Rn. 442.; siehe auch *Ostendorf* StV 2011, 586 (587) sowie Diemer/Schatz/Sonnen/*Sonnen* Rn. 6.

solche werden vor allem Haftdeprivationen, Abstumpfungseffekte sowie das Schwinden der Möglichkeiten, jugendliche Verurteilte bei längeren Verbüßungsdauern noch zu der Mitwirkung an der eigenen Aus-/Weiterbildung und schulischen Bildung zu motivieren, wenn die erworbenen Fähigkeiten erst nach längerer Zeit unter den Bedingungen von Freiheit angewendet werden können, genannt.[11] Ob der Eintritt derartiger Effekte empirisch wesentlich besser abgesichert ist, als das Fehlen positiver erzieherischer Effekte bei unterhalb von sechs Monaten liegendem Jugendstrafvollzug kann bezweifelt werden. Auch insoweit steht dem Gesetzgeber aber ein Einschätzungs- und Gestaltungsspielraum zu. Soweit für den Strafrahmen aus **Abs. 1 S. 2** vor dem Hintergrund der vorstehend angesprochenen schädlichen Auswirkungen über fünf Jahre hinausgehender Vollzugsdauer davon ausgegangen wird, der Sinn der Regelung liege ausschließlich im Gedanken des Ausgleichs schwerer Schuld begründet,[12] vermengt dies die Legitimität der Strafe, ihren Zweck und die mit ihrem Vollzug verfolgten Ziele. Die Legitimität der Strafe auch gegenüber jugendlichen und heranwachsenden Tätern beruht – wie stets – auf der ihnen als schuldhaft vorwerfbaren Straftat als solcher; der Zweck der Strafe besteht insofern im Schuldausgleich[13] als es dessen bedarf, um die Geltung der verletzten Verhaltensnorm als Voraussetzung weiteren Normvertrauens zu verdeutlichen. Das Ziel des Vollzugs der Strafe besteht aber stets in der Schaffung derjenigen Bedingungen, derer es bedarf, um zukünftiges Legalverhalten zu ermöglichen.[14] Darauf ist aus verfassungsrechtlichen Gründen jeder aus Anlass einer Straftatbegehung angeordneter Freiheitsentzug auszurichten.[15]

II. Verhältnis zum allgemeinen Strafrecht

Die Gesamtregelung in § 18 suggeriert weitestgehend eigenständige Regelungen des 4 Jugendstrafrechts gegenüber dem allgemeinen Strafrecht sowohl im Hinblick auf die abstrakten Strafrahmen als auch auf die die konkrete Strafzumessung leitenden Kriterien. Die Eigenständigkeit reicht jedoch weit weniger weit als § 18 anzuzeigen scheint. Zwar **hebt Abs. 1** die Geltung der **im allgemeinen Strafrecht geltenden straftatbestandsspezifischen abstrakten Strafrahmen auf** und ordnet einen nach deliktsspezifischen, allgemeinen abstrakten jugendstrafrechtlichen Strafrahmen an. Das nimmt dem Erstgenannten aber nicht jede Bedeutung bei der Strafzumessung im Jugendstrafrecht. So entfalten nach überwiegend vertretener Auffassung die jeweiligen **straftatbestandsspezifischen Strafobergrenzen** des allgemeinen Strafrechts **Sperrwirkung** bei der jugendstrafrechtlichen Strafzumessung; selbst innerhalb des allgemeinen Strafrahmens aus Abs. 1 S. 1 darf also keine Jugendstrafe verhängt werden, die oberhalb der abstrakten Höchstgrenze des ausgeurteilten Straftatbestandes liegt.[16] Der BGH hält dagegen eine jenseits der nach allgemeinem Strafrecht einschlägigen Strafobergrenze liegende Jugendstrafe im Ausnahmefall für rechtlich möglich.[17] Das ist mit dem verfassungsrechtlichen Schuldgrundsatz unvereinbar.[18] Mit der für den konkreten Straftatbestand festgelegten Strafobergrenze im allgemeinen Strafrecht markiert der Gesetzgeber das durch die Verwirklichung der Straftat denkbare Höchstmaß der Einzeltatschuld. Dieses Schuldmaß kann bei Begehung durch jugendliche oder heranwachsende Straftäter nicht überschritten werden, gerade weil der Gesetzgeber bereits den denkbaren Höchstschuldumfang im allgemeinen Strafrecht festgelegt hat. Das gilt auch bei allein auf „schädliche Neigungen" gestützter Jugendstrafe. Ungeachtet des Ausmaßes des Erziehungs-

---

[11] *Buckolt* S. 64 f.; Brunner/*Dölling* Rn. 3 mwN; Meier/Rösner/Trüg/Wulf/*Laue* Rn. 6; *Laubenthal/Baier* Rn. 704; *Streng* Jugendstrafrecht Rn. 442.
[12] Etwa Meier/Rössner/Trüg/Wulf/*Laue* Rn. 7; *Streng* Jugendstrafrecht Rn. 442.
[13] Vgl. BGH 4.8.2016 – 4 StR 142/16, NStZ-RR 2016, 325.
[14] Näher *Radtke* GA 2011, 636 (644 f.); auch → StGB Vor § 38 Rn. 8 und 44.
[15] Vgl. BVerfG 4.5.2011 – 2 BvR 2365/09 ua, BVerfG 128, 326 (377).
[16] OLG Köln 23.5.1984 – 3 Ss 211/84 (105), GA 1984, 519; *Streng* Jugendstrafrecht 1984, 149 (163); Brunner/*Dölling* Rn. 15 mwN; *Eisenberg* JGG Rn. 11; Meier/Rössner/Trüg/Wulf/*Laue* Rn. 13; anders ausdrücklich noch BGH 25.2.1955 – 2 StR 556/54, MDR 1955, 372.
[17] Vgl. BGH 14.5.1996 – 1 StR 51/96, BGHSt 42, 158 (162) = NJW 1996, 2663 (2665).
[18] Ebenso Brunner/*Dölling* Rn. 15.

bedürfnisses und der Höhe der Rückfallgefahr bildet auch hier das Maß der Einzeltatschuld eine unübersteigbare Grenze der Strafzumessung (→ § 17 Rn. 14–19).

5   Die Strafrahmen- und Strafzumessungsregelungen des allgemeinen Strafrechts behalten zudem mittelbar in unterschiedlicher Weise Bedeutung für die konkrete Strafzumessung der Jugendstrafe. Nach allgemeiner Auffassung sind die **Strafrahmenmodifikationen des allgemeinen Strafrechts,** unabhängig davon, ob es sich um benannte oder unbenannte minder schwere Fälle oder um benannte oder unbenannte besonders schwere Fälle (auch in Regelbeispieltechnik) sowie um allgemeine (fakultative oder obligatorische) Strafmilderungsgründe handelt, auch bei der Zumessung der konkreten Jugendstrafe – unabhängig von deren Anordnungsgrund – zu **berücksichtigen** (näher → Rn. 11–14, 23–30).[19] Dagegen finden nicht sämtliche Strafzumessungsvorschriften des allgemeinen Strafrechts auch bei der Bemessung der der Jugendstrafe Anwendung.[20] So **gilt** wegen der im Grundsatz erfolgenden Suspendierung der straftatbestandsspezifischen abstrakten Strafrahmen des allgemeinen Strafrechts **formal** das **Doppelverwertungsverbot des § 46 Abs. 3 StGB nicht.**[21] Allerdings fließt über die Bedeutung des verschuldeten Unrechts der Tat der Grad der Beeinträchtigung des tatbestandlichen Rechtsguts in den Umfang der Einzeltatschuld ein. Soweit nicht etwa aus einer zum Persönlichkeitsbild gehörenden besonders gering ausgeprägten Rücksicht auf die Rechts- und Freiheitspositionen Dritter auf Erziehungsbedürftigkeit als Strafzumessungsfaktor im Rahmen von Abs. 2 geschlossen werden soll, kann die Intensität der Rechtsgutbeeinträchtigung nicht außerhalb der Relevanz für den Schuldumfang zu einem eigenständigen Strafzumessungsfaktor erhoben werden. Jenseits solcher konkreter Aspekte der jugendstrafrechtlichen Strafzumessung ist die kontrovers diskutierte Frage nach dem Bestehen einer **eigenständigen jugendstrafrechtlichen Strafzumessungslehre**[22] eher **von theoretischer Bedeutung.**

III. System der Strafzumessung der Jugendstrafe

6   Die Strafzumessung der Jugendstrafe wird ungeachtet der Hervorhebung der „erforderlichen erzieherischen Einwirkung" in Abs. 2 nicht anders als im allgemeinen Strafrecht auch durch den **verfassungsrechtlichen Schuldgrundsatz** bestimmt (→ § 17 Rn. 14–16, 20 f.). Unabhängig von dem Anordnungsgrund aus § 17 Abs. 2 ist jede nicht durch das konkrete Ausmaß der Einzeltatschuld gedeckte Jugendstrafe unzulässig. Angesichts der gesetzgeberischen Grundentscheidung in Abs. 1 S. 1 ist ein **jugendspezifisch zu bestimmendes Schuldmaß** (→ § 17 Rn. 20 f., 65–72) erforderlich,[23] das einer Jugendstrafe von wenigstens sechs Monaten entspricht. Straftaten mit Bagatellcharakter oder solche, die allenfalls die untere Grenze mittlerer Kriminalität erreichen, können bereits wegen des geringen Unrechts- und Schuldgehalts nicht mit Jugendstrafe sanktioniert werden (→ § 17 Rn. 16).

7   Weist die verfahrensgegenständliche Tat bzw. weisen die verfahrensgegenständlichen Taten (vgl. § 31) ein der Jugendstrafe zugängliches Schuldmaß auf, kann die konkrete Strafe wegen der Geltung des verfassungsrechtlichen Schuldgrundsatzes und der von ihm ausgehenden **straflimitierenden Wirkung** nicht anders als im allgemeinen Strafrecht lediglich innerhalb eines durch das Ausmaß der Einzeltatschuld gebildeten Rahmens

---

[19] Vgl. etwa BGH 8.9.1989 – 2 StR 207/89, StV 1989, 545; 17.3.1992 – 1 StR 555/85, StV 1992, 432; siehe auch BGH 1.7.1982 – 3 StR 192/82, NStZ 1982, 466; 28.4.2010 – 5 StR 135/10, NStZ-RR 2010, 257 (258 f.); 17.1.2014 – 3 StR 521/14, NStZ-RR 2015, 155; 22.4.2015 – 2 StR 503/14, NStZ 2016, 15 Brunner/*Dölling* Rn. 6a; Meier/Rössner/Trüg/Wulf/*Laue* Rn. 12.

[20] Vgl. *Petersen* S. 107–110.

[21] BGH 28.8.1996 – 3 StR 205/96, NStZ-RR 1997, 21; 16.4.2007 – 5 StR 335/06, NStZ 2007, 522 (523) mAnm *Eisenberg/Schmitz* NStZ 1998, 95; 20.1.2009 – 1 StR 662/08, NStZ-RR 2009, 155; 19.4.2016 – 1 StR 95/16, NStZ 2016, 683; OLG Hamm 3.2.2009 – 4 Ss 1/09, BeckRS 2009, 21629; Meier/Rössner/Trüg/Wulf/*Laue* Rn. 2; in der Sache ebenso Brunner/*Dölling* Rn. 8.

[22] Zum Streitstand näher *Buckolt* S. 94 f.

[23] BGH 4.8.2016 – 4 StR 142/16, NStZ-RR 2016, 325; 20.4.2016 – 2 StR 320/15, NJW 2016, 2050 (2051); 25.8.2016 – 2 StR 585/15, NStZ-RR 2016, 351.

gefunden werden. Trotz der Anordnung in Abs. 2 können erzieherische Gründe keine oberhalb des durch die Einzeltatschuld Vorgegebenen legitimieren. Diese straflimitierende Funktion ist im Kern allgemein akzeptiert.[24] Auch wenn die Höhe der Einzeltatschuld unter Berücksichtigung jugendspezifischer (vor allem entwicklungsbedingter) Aspekte zu bestimmen ist, wird sie durch das Ausmaß des verschuldeten Unrechts in nicht unerheblichem Umfang beeinflusst (→ § 17 Rn. 70). Die allgemeinen Bewertungskriterien des Tatunrechts sind im Wesentlichen auch auf die Schuldbeurteilung im Jugendstrafrecht zu übertragen.[25] Trotz nicht zu bestreitender Schwierigkeiten der Übertragbarkeit der in § 46 StGB enthaltenen Strafzumessungskriterien in das Jugendstrafrecht[26] erlangt zumindest ein Teil von ihnen auch für die Strafbemessung der Jugendstrafe Bedeutung. Das gilt in der Sache für die **Strafrahmenmodifikationen** des allgemeinen Strafrechts, die dortigen **Strafmilderungsgründe** sowie das **Nachtatverhalten** des Täters.[27] Im Jugendstrafrecht kann sich dieses allerdings auf zwei Ebenen auswirken: zum einen bei der Bestimmung des Umfangs der Einzeltatschuld soweit dieses – wie im allgemeinen Strafrecht[28] – Rückschlüsse auf das Ausmaß des verschuldeten Unrechts zulässt; zum anderen auch außerhalb dessen im Rahmen der Frage nach der Erziehungsbedürftigkeit, die sich durch Veränderungen in den Lebensumständen des Täters zwischen Tat und deren gerichtlicher Aburteilung ihrerseits verändert haben kann (etwa Lösen aus der peer-group, in deren Rahmen die Straftaten begangen wurden).

Innerhalb des durch die Höhe der Einzeltatschuld gebildeten Rahmens kommt die in **8** Abs. 2 vorgegebene **„erforderliche erzieherische Wirkung"** (→ Rn. 36–38) der Jugendstrafe zum Tragen. Dafür ist der Anordnungsgrund nach § 17 Abs. 2 im Grundsatz ohne Bedeutung; auch die allein auf „Schwere der Schuld" gestützte Jugendstrafe muss innerhalb des Schuldspielraums nach den erzieherischen Bedürfnissen bemessen werden.[29] In den Konstellationen des **Abs. 1 S. 2** gilt **im Grundsatz nichts anderes.** Auch bei Jugendstrafen über fünf Jahren wegen der Begehung schwerer Verbrechen (näher → Rn. 14) gibt das hohe Schuldmaß nicht eine bestimmte Punktstrafe vor. Vielmehr besteht ein durch das Schuldquantum markierter Spielraum, der im Wesentlichen durch **erzieherisch/individualpräventive Strafzumessungsgesichtspunkte** auszufüllen ist. Maßgeblich innerhalb dessen ist die Ausrichtung auf das Schaffen solcher Voraussetzungen des Vollzugs der Strafe, die möglichst gute Bedingungen zukünftigen Legalverhaltens schaffen. Sollten die rechtstatsächlichen Annahmen **ausbleibender erzieherischer Effekte bei dem Vollzug von über fünf Jahren hinausgehenden Jugendstrafen** zutreffen (→ Rn. 3), kann das dafür sprechen, innerhalb des durch das Schuldmaß Gestatteten die konkrete Strafe grundsätzlich am unteren Rand anzusiedeln. Gestattet und gebietet das Ausmaß der (jugendspezifischen) Einzeltatschuld eine über fünf Jahre hinausgehende Jugendstrafe, kann allerdings wegen ab einer Vollzugsdauer von vier bis fünf Jahren nicht mehr erreichbarer erzieherischer bzw. allgemein spezialpräventiver Wirkungen[30] vom Tatrichter nicht verlangt werden, die

---

[24] BGH 27.11.1995 – 1 StR 634/95, NStZ 1996, 232; 7.5.1996 – 4 StR 182/96, NStZ 1996, 496 mAnm *Dölling* NStZ 1998, 39 f. und *Streng* StV 1998, 336; *Buckolt* S. 108–110 m. zahlr. Nachw. in Fn. 446; *Lenz* S. 221 f.; *Streng* GA 1984, 149 (163 f.); *ders.* StV 1985, 421 (424); Brunner/*Dölling* Rn. 10 mwN; *Sonnen* in *Diemer/Schoreit/Sonnen,* JGG Rn. 14 und 26; *Eisenberg* JGG Rn. 17; Meier/Rössner/Trüg/*Laue* Rn. 15; *Ostendorf* Rn. 6; *Laubenthal/Baier/Nestler* Rn. 710; Meier/Rössner/Schöch/*Schöch* § 11 Rn. 29.

[25] Zutreffend *Petersen* S. 115 f.

[26] Vgl. *Petersen* S. 107–110.

[27] Vgl. etwa BGH 9.8.2000 – 3 StR 176/00, NStZ-RR 2001, 215 (216); 21.8.2012 – 4 StR 157/12, NStZ-RR 2013, 50 (nur Ls.); 8.1.2014 – 3 StR 318/13, NStZ 2014, 408; 17.12.2014 – 3 StR 521/14, NStZ-RR 2015, 155 f.; 22.4.2015 – 2 StR 503/14, NStZ 2016, 105.

[28] Siehe nur *Fischer* StGB § 46 Rn. 46.

[29] BGH 3.12.2002 – 4 StR 426/02, StV 2003, 458; 21.9.2004 – 3 StR 185/04, NJW 2005, 767; 21.2.2008 – 5 StR 511/07, NStZ-RR 2008, 258 (259); 27.11.2008 – 5 StR 495/08, NStZ 2010, 94; 22.6.2011 – 5 StR 202/11, StV 2011, 588; 27.9.2011 – 3 StR 259/11, NStZ-RR 2011, 386; 25.10.2011 – 3 StR 353/11, NStZ 2012, 164.

[30] Vgl. BT-Drs. I/3284, 41; siehe auch *Lenz,* Die Rechtsfolgensystematik im Jugendgerichtsgesetz, 2007, S. 120; *Caspar,* FS Schöch, 2010, 209, 214.

konkrete Höhe dieser Strafe ganz überwiegend mit erzieherischen Erwägungen zu begründen.[31] **Generalpräventive Strafzumessungsgesichtspunkte** können **bei der konkreten Bemessung** der Jugendstrafe **nicht** berücksichtigt werden (str.; → Rn. 25 f.).

B. Anwendungsbereich

I. Anwendungsbereich in persönlicher Hinsicht

9   § 18 findet auf die Bemessung der Jugendstrafe gegen **sämtliche jugendlichen Straftäter** unabhängig davon Anwendung, ob das Verfahren gegen diese vor Jugendgerichten (§ 33) oder in den Fällen des § 104 vor den für allgemeine Strafsachen zuständigen Gerichten geführt wird. In Verfahren gegen **heranwachsende Straftäter** modifiziert **§ 105 Abs. 3** den allgemeinen einheitlichen Strafrahmen des Jugendstrafrechts aus § 18 Abs. 1 S. 1 (→ Rn. 1 und → Rn. 14).

II. Anwendungsbereich in gegenständlicher Hinsicht

10   Die in § 18 getroffenen Regelungen über den Strafrahmen (Abs. 1) und die Strafzumessung (Abs. 2) gelangen lediglich zur **Anwendung, wenn** nach den allgemeinen Regeln (§ 1 Abs. 1, § 105 Abs. 1) auf die Begehung einer Straftat durch einen Jugendlichen (§ 1 Abs. 2 Hs. 1) oder einen Heranwachsenden (§ 1 Abs. 2 Hs. 2) unter den Voraussetzungen von § 17 Abs. 2 **Jugendstrafe verhängt wird.** Für die übrigen Sanktionen des Jugendstrafrechts gilt die Vorschrift nicht. Allerdings gibt **§ 2 Abs. 1 S. 2** auch für die Erziehungsmaßregeln und die Zuchtmittel die Ausrichtung am Erziehungsgedanken als Leitprinzip vor.

C. Strafzumessung der Jugendstrafe

I. Strafrahmen der Jugendstrafe (Abs. 1)

11   Abweichend vom allgemeinen Strafrecht kennt das Jugendstrafrecht für die Bemessung der Jugendstrafe im **Grundsatz** einen **einheitlichen, nichts straftatbestandsspezifischen Strafrahmen** von sechs Monaten bis fünf Jahren (**Abs. 1 S. 1** iVm S. 3). Nach überwiegend vertretener und zutreffender Auffassung darf das gesetzliche **Mindestmaß lediglich zum Zweck der Einhaltung des Verschlechterungsverbots unterschritten** werden, nicht aber bei Vorliegen von benannten oder unbenannten minder schweren Fällen oder bei dem Eingreifen allgemeiner Strafmilderungsgründe.[32] Soweit die vorgenannten Gründe sich auf das Ausmaß der jugendspezifisch zu bestimmenden Einzeltatschuld auswirken, kommt unabhängig vom Anordnungsgrund aus § 17 Abs. 2 bereits die Verhängung einer Jugendstrafe nicht in Betracht, wenn das Schuldmaß eine Jugendstrafe von wenigstens sechsmonatiger Dauer nicht legitimiert. Es ist dann auf andere jugendstrafrechtliche Sanktionen zu erkennen. Das Höchstmaß von 5 Jahren darf auch bei Bildung einer Einheitsstrafe nach § 31 JGG nicht überschritten werden.[33] Der Grundsatz hat drei **Ausnahmen: Abs. 1 S. 2** hebt die abstrakte Strafobergrenze auf zehn Jahre Jugendstrafe bei der Anwendung gegen **Jugendliche** an, wenn diese wegen Straftaten verurteilt werden, bei denen das allgemeine Strafrecht eine Höchststrafe von mehr als zehn Jahren Freiheitsstrafe vorsieht (vgl. → Rn. 22). **§ 105 Abs. 3 S. 1** erhöht die abstrakte Strafobergrenze der Jugendstrafe in der Anwendung auf **Heranwachsende** grundsätzlich auf zehn Jahre, falls nicht über **S. 2** das Höchstmaß von 15 Jahren gilt (→ Rn. 1 und → Rn. 14).

---

[31] Zweifelhaft daher BGH 19.4.2016 – 1 StR 95/16, NStZ 2016, 683.
[32] Brunner/*Dölling* Rn. 2; *Eisenberg* JGG Rn. 7; aA Diemer/Schatz/Sonnen/*Sonnen* Rn. 4 (Wahl einer anderen – unterhalb der Jugendstrafe liegenden – jugendstrafrechtlichen Sanktion).
[33] *Eisenberg* JGG Rn. 8.

Überblick:

§ 18 Abs. 1 S. 1	6 Monate –	5 Jahre
§ 18 Abs. 1 S. 2	6 Monate –	10 Jahre
§ 105 Abs. 3 S. 1	6 Monate –	10 Jahre
§ 105 Abs. 3 S. 2	6 Monate –	15 Jahre

Rechtstatsächlich lautet die deutliche Mehrzahl der Verurteilungen zu Jugendstrafe auf solche zwischen sechs Monaten und einem Jahr.[34]

Die in **Abs. 1 S. 3** angeordnete Nichtgeltung der Strafrahmen des allgemeinen Strafrechts **12** für die Jugendstrafe bedeutet **lediglich** eine **formale Nichtanwendung der** straftatbestandsspezifischen **Strafrahmen des StGB.** Auf die konkrete Bemessung der Jugendstrafe haben diese **Strafrahmen** und ihre **nach allgemeinem Strafrecht** einschlägigen Modifikationen **in materialer Hinsicht erheblichen Einfluss.** Dieser wirkt sich vor allem wie folgt aus:

1. Die nach allgemeinem Strafrecht maßgebliche Strafobergrenze des verwirklichten Straftatbestandes entfaltet eine **Sperrwirkung** der Jugendstrafe innerhalb des einheitlichen jugendstrafrechtlichen Strafrahmens **(str.;** → Rn. 4).
2. Die **Strafrahmenmodifikationen** des allgemeinen Strafrechts (vor allem benannte oder unbenannte minder schwere oder besonders schwere Fälle) wirken sich regelmäßig auf den Unrechts- und Schuldgehalt der begangenen Straftat aus. Da das Quantum der verwirklichten Einzeltatschuld den Rahmen für die Zumessung der Jugendstrafe unabhängig von ihrem Anordnungsgrund aus § 17 Abs. 2 bildet, bestimmen die Strafrahmenmodifikationen auf diese Weise die Strafzumessung der Jugendstrafe entscheidend mit.[35]
3. Die allgemeinen fakultativen oder obligatorischen Strafmilderungsgründe des StGB (etwa § 13 Abs. 2, § 17 S. 2, §§ 21; 23 Abs. 2, § 27 Abs. 2 S. 2 StGB) sind ebenfalls für den Grad des verschuldeten Unrechts der verfahrensgegenständlichen Straftat bedeutsam. Sie sind daher material ebenfalls von entscheidender Bedeutung für die konkrete Zumessung der Jugendstrafe.

Für den Vorgang der konkreten Strafzumessung der Jugendstrafe und dessen Darlegung im **13** tatrichterlichen Urteil bewirkt die Aufhebung der straftatbestandsspezifischen Strafrahmen des StGB durch Abs. 1 S. 3, dass der Tatrichter anders als im allgemeinen Strafrecht nicht zu Beginn der Strafzumessungserwägungen den unter Berücksichtigung in Frage kommender Strafrahmenmodifikationen oder allgemeiner Milderungsgründe konkret zur Verfügung stehenden abstrakten Strafrahmen anzugeben hat, innerhalb dessen dann die schuldangemessene Strafe festgelegt wird. Die Jugendgerichte bestimmen stattdessen innerhalb des durch das Gesetz vorgegebenen stets einheitlichen Strafrahmens (Abs. 1 S. 1; ggf. Abs. 1 S. 2 oder § 105 Abs. 3) das Ausmaß der Einzeltatschuld nach Maßgabe der vorstehend genannten Kriterien. Auf dieser Grundlage erfolgt die weitere konkrete Strafzumessung anhand des durch Abs. 2 vorgegebenen Maßstabs der „erforderlichen erzieherischen Einwirkung" (→ Rn. 36–38). Geht das Tatgericht rechtsfehlerhaft vom Strafrahmen aus Abs. 1 S. 2 (statt von Abs. 1 S. 1) aus, führt dies nicht zur Aufhebung des Rechtsfolgenausspruchs, wenn die konkrete Strafzumessung rechtsfehlerfrei an Abs. 2 ausgerichtet worden ist – es wird dann regelmäßig[36] das Beruhen ausgeschlossen werden können.[37]

Abs. 1 S. 2 hebt die abstrakte Strafobergrenze der Jugendstrafe deliktsgruppenspezifisch **14** von fünf auf zehn Jahre an. Maßgeblich ist dafür, dass es sich um die Verwirklichung von Straftatbeständen handelt, die nach allgemeinem Strafrecht eine Höchststrafe von mehr als

---

[34] Näher Diemer/Schatz/Sonnen/*Sonnen* Rn. 2 f.; Meier/Rössner/Trüg/Wulf/*Laue* Rn. 8.

[35] Etwa BGH 9.8.2000 – 3 StR 176/00, NStZ-RR 2001, 215 (216); 21.8.2012 – 4 StR 157/12, NStZ-RR 2013, 50 (nur Ls.); 8.1.2014 – 3 StR 318/13, NStZ 2014, 408; 17.12.2014 – 3 StR 521/14, NStZ-RR 2015, 155; 22.4.2015 – 2 StR 503/14, NStZ 2016, 105.

[36] Anders aber BGH 12.11.2015 – 3 StR 345/15, BeckRS 2016, 04653 (bei § 18 Abs. 2 nicht genügender Strafzumessung).

[37] BGH 18.1.2014 – 4 StR 457/14, NStZ 2016, 102 mAnm. *Laue.*; siehe aber auch Diemer/Schatz/Sonnen/*Sonnen* Rn. 8.

zehn Jahren Freiheitsstrafe androhen. Es gilt die im Gesetz angedrohte Höchstgrenze ohne Berücksichtigung von Strafrahmenmodifikationen durch minder oder besonders schwere Fälle.[38] Insoweit wird – wie in § 12 Abs. 3 StGB[39] – eine formale Betrachtungsweise anhand der abstrakten Strafrahmen der Delikte des StGB angelegt. Dementsprechend ist irrelevant, welche konkrete Strafe ein Erwachsener hypothetisch für die Begehung der entsprechenden Tat verwirkt hätte.[40] In den Anwendungsbereich von Abs. 1 S. 2 fällt vor allem eine Vielzahl von erfolgsqualifizierten Delikten.[41] Bei der Verhängung von Jugendstrafe gegen Heranwachsende beträgt die Höchststrafe losgelöst von Abs. 1 S. 2 grundsätzlich 10 Jahre (§ 105 Abs. 3 S. 1). Durch Art. 1 Nr. 14 Gesetz zur Erweiterung der jugendgerichtlichen Handlungsmöglichkeiten[42] ist durch Einfügung von § 105 Abs. 3 S. 2 die Möglichkeit geschaffen worden, gegen Heranwachsende bei Verurteilung wegen Mordes eine maximal 15jährige Jugendstrafe zu verhängen, wenn wegen der Schwere der Schuld die bisherige Höchstgrenze von zehn Jahren nicht ausreicht. Entgegen einer Bemerkung in den Gesetzesmaterialien[43] ist nicht ersichtlich, dass erzieherische Belange eine solche Länge der Jugendstrafe begründen können. Tragfähig ist allein der Gedanke des Schuldausgleichs.

II. Kriterien der jugendstrafrechtlichen Strafzumessung im Allgemeinen

15   **1. Schuldstrafrecht und Erziehungsgedanke (Abs. 2). a) Allgemeines.** Abweichend von § 46 Abs. 1 StGB enthält **§ 18 Abs. 2 JGG keinen Verweis auf** die Bedeutung der **Schuld als Strafzumessungskriterium** der Jugendstrafe. Der Wortlaut enthält auch **keine Differenzierung** zwischen den für die **auf „schädlichen Neigungen" beruhenden Jugendstrafe** einerseits **und** der auf die **„Schwere der Schuld" gestützten** maßgeblichen Strafzumessungskriterien andererseits.[44] Die Kargheit der einfachgesetzlichen Regelung, die auch durch das Leitprinzip in § 2 Abs. 1 S. 2 nicht überwunden wird, erschwert sowohl das Verständnis der Strafzumessungsregeln des Jugendstrafrechts als auch deren Anwendung im konkreten Fall. Die Bedeutung der **Höhe der Einzeltatschuld** als **Kriterium der Strafzumessung** ist ungeachtet des Schweigens des einfachen Gesetzesrechts des JGG durch das verfassungsrechtliche Schuldprinzip vorgegeben (→ Rn. 6 f., § 17 Rn. 14–16, zu f.). Im Grundsatz ist die daraus abgeleitete sowohl **strafbegründende** als auch **straflimitierende Funktion der Schuld** in Bezug auf die Jugendstrafe trotz der allgegenwärtigen Betonung des Erziehungsgedankens **nicht bestritten**.[45] Die eigentliche Schwierigkeit besteht darin, bei dem konkreten Strafzumessungsvorgang das verfassungsrechtliche Schuldprinzip und die einfachgesetzliche Anordnung in Abs. 2, die erforderliche erzieherische Einwirkung zu ermöglichen, bei Wahrung des Vorrangs des Verfassungsrechts miteinander in Einklang zu bringen.[46] Nach der hier vertretenen Auffassung gelingt dies – nachdem die Sanktionsauswahlentscheidung anhand der Voraussetzungen von § 17 Abs. 2 erfolgt ist – durch in einen in der Methodik **der Strafzumessung im allgemeinen Strafrecht nachgebildeten Strafzumessungsvorgang,** innerhalb dessen zunächst unter Berücksichtigung des gebotenen jugendspezifischen Schuldmaßstabs (→ § 17 Rn. 20 f.)[47] ein durch das Quantum der Einzeltatschuld gebildeter Schuldrahmen gebildet wird, inner-

---

[38] BGH 12.7.1955 – 2 StR 188/55, BGHSt 8, 78 (79 f.); *Buckolt* S. 65; Brunner/*Dölling* Rn. 4; *Eisenberg* JGG Rn. 9; Meier/Rössner/Trüg/Wulf/*Laue* Rn. 7; Meier/Rössner/Schöch/*Schöch* § 11 Rn. 23; *Streng* Jugendstrafrecht Rn. 439.; vgl. auch OLG Düsseldorf 10.5.1999 – 2b Ss 95/99, NStZ-RR 1999, 310 bzgl. der Unanwendbarkeit der Strafzumessungsregelung in § 29 Abs. 3 BtMG.
[39] → StGB § 12 Rn. 12–21.
[40] *Buckolt* S. 65; *Ostendorf* Rn. 3.
[41] Näher – aber nicht durchgängig zutreffend – *Buckolt* S. 64 f.
[42] Vom 4.9.2012, BGBl. I S. 1857.
[43] BT-Drs. 17/9389, 33.
[44] Vgl. BGH 4.8.2016 – 4 StR 142/16, NStZ-RR 2016, 325; 19.4.2016 – 1 StR 95/16, NStZ 2016, 683.
[45] Siehe insoweit nur Brunner/*Dölling* Rn. 10; *Eisenberg* JGG Rn. 16 f.; Meier/Rössner/Trüg/Wulf/*Laue* Rn. 11.
[46] Ebenso Brunner/*Dölling* Rn. 10.
[47] Ansätze einer solchen Betrachtung bei *Petersen* S. 117–123.

halb dessen nach wesentlicher Maßgabe der erforderlichen erzieherischen Einwirkung die konkrete Höhe der Jugendstrafe festgelegt wird (→ Rn. 7 f.).[48] Das **Alter,** das **Persönlichkeitsbild** und die „**charakterliche Haltung**" des Täters sind dabei **auf zwei Ebenen von Bedeutung.** Zum einen beeinflussen diese Aspekte bereits das Ausmaß der (jugendspezifisch bestimmten) Einzeltatschuld. Zum anderen sind die – zusammen mit weiteren Umständen – für das konkrete Erziehungsbedürfnis von Bedeutung. Die hier methodische vorgeschlagene, weitgehend parallele Vornahme des Strafzumessungsvorgangs im allgemeinen Strafrecht und bei der Jugendstrafe bedeutet **nicht,** dass die jeweiligen Strafzumessungsvorgänge auch **inhaltlich weitgehend gleichlaufend** sind. Berücksichtigt das Jugendgericht ausschließlich oder überwiegend aus dem allgemeinen Strafrecht stammende Strafzumessungskriterien und wägt diese in der dort üblichen Weise gegeneinander ab, sieht die höchstrichterliche Rspr. darin regelmäßig eine ungenügende Beachtung der Vorgabe aus Abs. 2 und hebt den Strafausspruch auf (näher → Rn. 45).[49]

b) Rechtsprechung. Nach der Rspr. des BGH hat das Verhältnis von Schuld und 16 Erziehungsgedanken (§ 18 Abs. 2, § 2 Abs. 1 S. 2) auf mehreren Ebenen für die Bemessung der Jugendstrafe Bedeutung. Die straflimitierende Funktion der Schuld für die Höhe der Jugendstrafe ist anerkannt; erzieherische Notwendigkeiten legitimieren keine über das Höchstmaß der Einzeltatschuld hinausgehende Jugendstrafe.[50] Ebenso ist im Grundsatz die durch das Schuldmaß geforderte Strafuntergrenze akzeptiert; die Höhe der Jugendstrafe darf nicht derart niedrig bemessen sein, dass „das Maß der Schuld verniedlicht wird" und deshalb der erzieherische Zweck der Strafe verfehlt würde.[51]

aa) Strafzwecke. Auf der Ebene der bei der Bemessung der Jugendstrafe **berücksichti-** 17 **gungsfähigen Strafzwecke** entspricht es stRspr, den gerechten Schuldausgleich neben den Erziehungsgedanken zu stellen.[52] Der **Erziehungsgedanke** (iS von § 18 Abs. 2, § 2 Abs. 1 S. 2) **soll** dabei als Strafzweck **Vorrang vor dem des gerechten Schuldausgleichs** haben.[53] Die Bedeutung dieses Vorrangs relativiert sich aber dadurch, dass der Erziehungsgedanke und der Zweck des gerechten Schuldausgleichs häufig miteinander in Einklang stehen sollen.[54] Das beruht auf der Annahme der **Doppelrelevanz von tatsächlichen Umständen,** die nicht nur **die** „charakterliche Haltung" des Täters sowie sein in der Tat zum Ausdruck gekommenes Persönlichkeitsbild erwägen und damit **das Erziehungsbedürfnis kennzeichnen** sondern **auch für** die **Bewertung des Schuldumfangs** von Bedeutung sind (→ § 17 Rn. 2).[55] Diese Doppelrelevanz ergibt sich vor allem aus dem für die Bestimmung des Umfangs der Einzeltatschuld vom BGH herangezogenen Maßstab, nach dem es

---

[48] In der Sache weitgehend übereinstimmend Meier/Rössner/Trüg/*Laue* Rn. 11.

[49] Exemplarisch BGH 19.11.2009 – 3 StR 4000/09, NStZ 2010, 281; 27.9.2011 – 3 StR 259/11, NStZ-RR 2011, 385 (386); 25.10.2011 – 3 StR 353/11, NStZ 2012, 164; 19.4.2916 – 1 StR 95/16, NStZ 2016, 683 (im Ergebnis zweifelhaft, weil es um eine 7jährige Freiheitsstrafe ging).

[50] BGH 27.11.1995 – 1 StR 634/95, NStZ 1996, 232; 7.5.1996 – 4 StR 182/96, NStZ 1996, 496 mAnm *Dölling* NStZ 1998, 39 und *Streng* StV 1998, 336.

[51] BGH 31.10.1995 – 5 StR 470/94, NStZ-RR 1996, 120; siehe auch BGH 7.9.1993 – 5 StR 455/93, NJW 1994, 395 (396) sowie BGH 4.8.2016 – 4 StR 142/16, NStZ-RR 2016, 325, 326 (2jährige Jugendstrafe wegen fahrlässiger Tötung in Tateinheit mit fahrlässiger Körperverletzung sowie wegen versuchten Mordes in Tateinheit mit unerlaubten Entfernen vom Unfallort nicht beanstandet).

[52] BGH 13.11.1993 – 4 StR 591/93, StV 1994, 598 (599); 31.10.1995 – 5 StR 470/94, NStZ-RR 1996, 120; 23.3.2010 – 5 StR 556/09, NStZ-RR 2010, 290 (291).

[53] BGH 31.10.1995 – 5 StR 470/94, NStZ-RR 1996, 120; 27.11.2008 – 5 StR 495/08, NStZ 2010, 94; 19.11.2009 – 3 StR 400/09, NStZ 2010, 281; 23.3.2010 – 5 StR 556/09, NStZ-RR 2010, 290 (291) mwN; 27.9.2011 – 3 StR 259/11, NStZ-RR 2011, 385 (386); 25.10.2011 – 3 StR 353/11, NStZ 2012, 164; vgl. auch BGH 4.8.2016 – 4 StR 142/16, NStZ-RR 2016, 325; 19.4.2016 – 1 StR 95/16, NStZ 2016, 683.

[54] BGH 23.3.2010 – 5 StR 556/09, NStZ-RR 2010, 290 (291); 4.8.2016 – 4 StR 142/16, NStZ-RR 2016, 325 jeweils mwN; siehe auch bereits BGH 31.10.1995 – 5 StR 470/94, NStZ-RR 1996, 120 bzgl. eines brutalen, aus rassistischen Gründen verübten Mordversuchs sowie BGH 28.6.2011 – 1 StR 291/11, NStZ 2012, 163.

[55] BGH 23.3.2010 – 5 StR 556/09, NStZ-RR 2010, 290 (291) mwN; 27.11.2008 – 5 StR 495/08, NStZ 2010, 94 f.; siehe auch bereits BGH 31.10.1995 – 5 StR 470/94, NStZ-RR 1996, 120.

nicht auf den „äußeren Unrechtsgehalt der Tat" sondern darauf ankomme, inwieweit „sich die charakterliche Haltung und die Persönlichkeit sowie die Tatmotivation … in vorwerfbarer Schuld niedergeschlagen hat"; dem äußeren Unrechtsgehalt komme nur insoweit Bedeutung zu, als aus „ihm Schlüsse auf die Persönlichkeit des Täters und die Höhe der Schuld gezogen werden können" (→ § 17 Rn. 64).[56] Der BGH legt damit für die Anordnungsvoraussetzung **„Schwere der Schuld" in § 17 Abs. 2** und die **Strafzumessung der Jugendstrafe im Kontext von § 18** ein **im Kern identisches Schuldverständnis** zugrunde.[57] Darüber hinaus bewirkt die Doppelrelevanz der vorgenannten tatsächlichen Umstände für den Schuldgehalt und das Erziehungsbedürfnis, dass dieselben tatsächlichen Umstände sowohl das Vorliegen „schädlicher Neigungen" als auch die „Schwere der Schuld" iS von § 17 Abs. 2 begründen können.[58] Zugleich wird dadurch ermöglicht, die **konkrete Strafzumessung der Jugendstrafe unabhängig von** ihrem **Anordnungsgrund** im Kern stets **nach denselben Kriterien** vorzunehmen. Bestimmen „charakterliche Haltung" und in der Tat zum Ausdruck gekommenes „Persönlichkeitsbild" sowohl das Schuldmaß als auch Art und Umfang des Erziehungsbedürfnisses, wird – idealtypisch – eine daran ausgerichtete Strafbemessung sowohl dem Zweck des Schuldausgleichs als auch dem erzieherisch Erforderlichen gerecht.

18   **bb) Erziehungsgedanke und Schuld als Strafzumessungskriterien.** Bei dem konkreten Strafzumessungsvorgang erweist sich das Verhältnis vom Schuld bzw. Schuldausgleich und Erziehungsbedarf in der jeweiligen Bedeutung von Strafzumessungskriterien als komplizierter. Der BGH beschreibt das Verhältnis beider gelegentlich dahingehend, das **Gewicht des** (verschuldeten) **Tatunrechts** müsse **gegen die Folgen der Strafe** für die weitere Entwicklung des Verurteilten **abgewogen werden.**[59] Die Rspr. dürfte aber so zu verstehen sein, dass bei dieser Abwägung der **Erziehungsgedanke** stets vorrangig (aber → Rn. 17) **zu berücksichtigen** ist.[60] Diese **Berücksichtigung** betrifft sowohl die Beachtung **als Strafzumessungskriterium in der Sache als auch** die **Darlegungsanforderungen** im tatrichterlichen Urteil (→ Rn. 45 f.). Nimmt der Tatrichter die Strafzumessung bei Verhängung von Jugendstrafe nach Art derjenigen bei Anwendung des allgemeinen Strafrechts vor oder erschöpfen sich die Darlegungen im Urteil des Jugendgerichts in einer lediglich formel- oder floskelhaften Erwähnung des Erziehungsgedankens, verfällt dieses regelmäßig der Aufhebung in der Revisionsinstanz (→ Rn. 15, 45 f.).[61]

19   **c) Stellungnahme.** Der **Wortlaut von Abs. 2 erzwingt** – selbst in Verbindung mit § 2 Abs. 2 S. 1 – **keinen Vorrang der erzieherischen Einwirkung** als Strafzweck und

---

[56] BGH 11.11.1960 – 4 StR 387/60, BGHSt 15, 224 (226); 29.9.1961 – 4 StR 301/61, BGHSt 16, 261 (263); 9.8.2000 – 3 StR 176/00, NStZ-RR 2001, 215 (216); 7.10.2004 – 3 StR 136/04, StV 2005, 66; 13.10.2005 – 3 StR 379/05, NStZ-RR 2006, 27 Ls.; 19.11.2009 – 3 StR 400/09, NStZ 2010, 281; 23.3.2010 – 5 StR 556/09, NStZ-RR 2010, 290 (291); 25.10.2011 – 3 StR 353/11, NStZ 2012, 164; 17.12.2014 – 3 StR 521/14, NStZ-RR 2015, 155; siehe auch BGH 27.9.2011 – 3 StR 259/11, NStZ-RR 2011, 385 (386) sowie 22.4.2015 – 2 StR 503/14, NStZ 2016, 105; OLG Hamm 8.6.2010 – 3 RVs 6/10, StV 2011, 583 (585).
[57] Exemplarisch BGH 11.11.1960 – 4 StR 387/60, BGHSt 15, 24, 226; 17.1.2014 – 3 StR 521/14, NStZ-RR 2015, 155 f.
[58] Zutreffend Meier/Rössner/Trüg/Wulf/ *Laue* Rn. 10 aE.
[59] Etwa BGH 11.4.1989 – 1 StR 108/89, BGHR JGG § 17 Abs. 2 Schwere der Schuld 1; 31.10.1995 – 5 StR 470/94, NStZ-RR 1996, 120; 22.6.2011 – 5 StR 202/11, NStZ-RR 2011, 305.
[60] Exemplarisch BGH 27.11.2008 – 5 StR 495/08, NStZ 2010, 94; 19.11.2009 – 3 StR 400/09, NStZ 2010, 281; 23.3.2010 – 5 StR 556/09, NStZ-RR 2010, 290 (291); 27.9.2011 – 3 StR 259/11, NStZ-RR 2011, 385 (386); 25.10.2011 – 3 StR 353/11, NStZ 2012, 164; 12.11.2015 – 3 StR 345/15, BeckRS 2016, 04653; 15.6.2016 – 1 StR 72/16, NStZ-RR 2016, 313 (315); 4.8.2016 – 4 StR 142/16, NStZ-RR 2016, 325; 19.4.2016 – 1 StR 95/16, NStZ 2016, 683.
[61] Siehe BGH 4.11.2009 – 2 StR 424/09, NStZ-RR 2010, 88; 27.9.2011 – 3 StR 259/11, NStZ-RR 2011, 385 (386); 19.11.2009 – 3 StR 400/09, NStZ 2010, 281; 25.10.2011 – 3 StR 353/11, NStZ 2012, 164; 22.4.2015 – 2 StR 503/14, NStZ 2016, 105; 12.11.2015 – 3 StR 345/15, BeckRS 2016, 04653; 15.6.2016 – 1 StR 72/16, NStZ-RR 2016, 313 (315); 25.8.2016 – 2 StR 585/16, NStZ-RR 2016, 351; OLG Köln 4.1.2011 – 83 Ss 67/10, StV 2011, 590.

Strafzumessungskriterium vor dem Zweck des Schuldausgleichs und der Orientierung der Höhe der Jugendstrafe an dem Ausmaß der Einzeltatschuld.[62] Der verfassungsrechtliche Schuldgrundsatz schließt, was letztlich nicht bestritten ist, eine zwar nach erzieherischen Erwägungen bemessene aber mit dem konkreten Schuldgehalt der verfahrensgegenständlichen Tat nicht vereinbare Jugendstrafe aus (→ Rn. 7). Das gilt auch für Fallgestaltungen, bei denen Erziehungsbedürfnis und Schuldgehalt gegenläufig sind (aber → Rn. 17). Angesichts der für das einfache Recht unübersteigbaren Grenzen des verfassungsrechtlichen Schuldgrundsatzes besteht der in der Rspr. häufig postulierte (vermeintliche) Vorrang des Erziehungsgedankens als Strafzumessungsfaktor lediglich darin, die Tatgerichte anzuhalten, innerhalb des jugendspezifisch gebildeten Rahmes der Einzeltatschuld die konkrete **Höhe der Jugendstrafe danach zu bestimmen, welche Erziehungsdefizite** bei dem Täter **bestehen** sowie **darzulegen, mit welchen Mitteln des Jugendstrafvollzugs** innerhalb welchen Zeitraums diese Defizite so **abgebaut werden können,** dass möglichst günstige Bedingungen für zukünftiges Legalverhalten des Täter geschaffen werden (→ Rn. 8).[63] Im Rahmen dieser Erwägungen müssen die Jugendgerichte, insoweit nicht anders als die allgemeinen Strafgerichte, auch berücksichtigen, welche Auswirkungen des Vollzugs der Strafe sich auf das weitere Leben des Täters ergeben werden. In den Fällen von **Abs. 1 S. 2** gilt in Bezug auf die Bedeutung des Erziehungsgedankens das zu → Rn. 8 Gesagte.

2. Generalprävention und Erziehungsgedanke (Abs. 2). Die Generalprävention hat 20 im Jugendstrafrecht **als Kriterium der Bemessung der konkreten Jugendstrafe** im Einzelfall **keine Bedeutung** (stRspr und hM).[64] Das gilt sowohl in der positiven, auf Norminternalisierung setzenden als auch in ihrer negativen, auf Abschreckung durch die Aufstellung der strafbewehrten Verhaltensnorm setzenden Variante. In Bezug auf generalpräventive Strafzumessungserwägungen ergibt sich die Unzulässigkeit ihrer Berücksichtigung bei dem konkreten Strafzumessungsvorgang bereits formal aus dem Fehlen entsprechender einfachgesetzlicher Vorschriften im JGG.[65] Selbst im allgemeinen Strafrecht können generalpräventiv orientierte Strafzumessungsaspekte lediglich in dem Umfang berücksichtigt werden, in dem das Gesetz dies über die Formel von der „Verteidigung der Rechtsordnung" (siehe § 47 Abs. 1 letzter Hs., § 56 Abs. 3 letzter Hs. StGB) gestattet. Außerhalb dessen kann sie auch bei der Bemessung der Freiheitsstrafe nicht berücksichtigt werden.[66] Das Fehlen entsprechender Vorschriften im JGG legt den Schluss nahe, für die Jugendstrafe nicht nur wie bei Freiheitsstrafe von einem Vorrang individualpräventiver Strafzumessungskriterien auszugehen,[67] sondern generalpräventive Aspekte bei der konkreten Bemessung ersterer für gänzlich unzulässig zu halten. Material spricht zudem das Leitprinzip in § 2 Abs. 2 S. 1 gegen die Berücksichtigungsfähigkeit der Generalprävention als Zumessungskriterium der Jugendstrafe in concreto.

Die Unzulässigkeit der Berücksichtigung der Generalprävention als Strafzumessungsge- 21 sichtspunkt **schließt aber nicht jede Bedeutung generalpräventiver Erwägungen für die Verhängung und die Bemessung der Jugendstrafe aus.**[68] Die positive Generalprävention in Gestalt der Stärkung des Normvertrauens der Rechtsunterworfenen bzw. der Norminternalisierung durch diese fließt mittelbar in den Zweck des Schuldausgleichs auch der Jugendstrafe (→ § 17 Rn. 62 sowie → Rn. 3) ein. Die Anordnungsvoraussetzung „Schwere der Schuld" in § 17 Abs. 2 lässt sich überhaupt nur inhaltlich fassen, wenn sie

---

[62] Insoweit anders BGH 4.8.2016 – 4 StR 142/16, NStZ-RR 2016, 325; 19.4.2016 – 1 StR 95/16, NStZ 2016, 683.

[63] In der Sache weitgehend übereinstimmend Brunner/*Dölling* Rn. 14.

[64] BGH 11.11.1960 – 4 StR 387/60, BGHSt 15, 224 (226); 29.9.1951 – 4 StR 301/61, BGHSt 16, 261 (263); 23.4.1982 – 2 StR 192/82, NStZ 1982, 332; 9.2.1990 – 3 StR 379/89, StV 1990, 505; siehe auch BayObLG 9.4.1984 – RReg 1 St 1/84, StV 1985, 155 mAnm *Böhm*.

[65] Meier/Rössner/Trüg/Wulf/*Laue* Rn. 9.

[66] Näher → StGB Vor § 38 Rn. 63, 66 f.

[67] → StGB Vor § 38 Rn. 63.

[68] Zutreffend insoweit *Kaspar* FS Schöch, 2010, 209 (223); vgl. auch Brunner/*Dölling* Rn. 9a; Meier/Rössner/Trüg/Wulf/*Laue* Rn. 9.

darauf bezogen wird, dass in den einschlägigen Fällen eine nichtstrafende staatliche Reaktion auf die Begehung einer schweren Straftat der Zweck des gerechten Schuldausgleichs nicht erreichen könnte und deshalb eine Erosion des Normvertrauens der Rechtsunterworfenen drohte (→ § 17 Rn. 62).[69] Lediglich in dieser über den Zweck des gerechten Schuldausgleichs vermittelten Weise hat die Generalprävention Bedeutung für die Verhängung und die Zumessung der Jugendstrafe. Für eine weitergehende Heranziehung im Rahmen einzelner generalpräventiv ausgerichteter Strafzumessungsaspekte ist aus den → Rn. 20 erörterten Gründen entgegen gelegentlich vertretener Auffassung[70] kein Raum.

III. Zumessung der Jugendstrafe im Einzelnen

22   **1. Strafrahmenwahl.** Da Abs. 1 S. 3 die Geltung der straftatbestandsspezifischen Strafrahmen des allgemeinen Strafrechts aufhebt und durch den **allgemeinen Strafrahmen der Jugendstrafe in Abs. 1 S. 1** ersetzt, entfällt bei deren Bemessung grundsätzlich die ansonsten im allgemeinen Strafrecht regelmäßig gebotene Bestimmung des im konkreten Fall anwendbaren straftatbestandsspezifischen Strafrahmens unter Berücksichtigung von Strafrahmenmodifikationen (→ Rn. 13).[71] Das gilt auch bei der Bildung einer Einheitsstrafe nach § 31. Der Tatrichter muss allerdings **bei Jugendlichen** bedenken, ob **im konkreten Fall der erhöhte abstrakte Strafrahmen aus Abs. 1 S. 2** einschlägig ist (zur Handhabung → Rn. 14). Bei der Anwendung der Jugendstrafe gegen Heranwachsende (§ 105 Abs. 1) gilt gemäß § 105 Abs. 3 grundsätzlich der Strafrahmen von sechs Monaten bis 10 Jahren Jugendstrafe. **Strafrahmenmodifikationen des allgemeinen Strafrechts** haben **für** den Strafrahmen der **Jugendstrafe wegen** der Anordnung in **Abs. 1 S. 3** unmittelbar **keine Bedeutung;** sie wirken sich aber regelmäßig auf den Grad der Einzeltatschuld des jugendlichen oder heranwachsenden Täters aus (→ Rn. 12 aE) und erlangen so mittelbar doch für die Bemessung der Jugendstrafe Relevanz (näher → Rn. 23–30).[72]

23   **2. Ausmaß der Einzeltatschuld. a) Allgemeines.** Trotz der Beschränkung des Wortlautes von Abs. 2 auf die Ausrichtung der Jugendstrafe an der Ermöglichung der „erforderlichen erzieherischen Einwirkung" bildet aus verfassungsrechtlichen Gründen das **Maß** der jugendspezifisch zu bestimmenden **Einzeltatschuld den Ausgangspunkt** für die Bemessung der Jugendstrafe (→ Rn. 15). Art und Ausmaß des Erziehungsbedürfnisses, wie in Abs. 2 und in § 2 Abs. 2 S. 1 vorgegeben, bestimmen die Höhe der konkret zu verhängenden Jugendstrafe lediglich in dem durch das Schuldquantum gebildeten Rahmen. Bei der Begründung der tatrichterlichen Strafzumessungsentscheidung ist aber – ebenso wenig wie im allgemeinen Strafrecht – vom Tatgericht nicht gefordert, das angenommene Ausmaß der Einzeltatschuld konkret zu beziffern. Erforderlich ist vielmehr in dem durch § 54 JGG und § 267 Abs. 3 StPO geforderten Umfang, die bestimmenden Strafzumessungserwägungen im Urteil darzulegen. Bei der Bemessung der Jugendstrafe muss der Tatrichter **über** die **floskelhafte Erwähnung von Abs. 2 hinaus** erkennen lassen, dass dem **Erziehungsgedanken hinreichende Berücksichtigung** geschenkt worden ist (→ Rn. 18, 45 f.).[73] Eine Regel, nach der ein Jugendlicher für eine vergleichbare Tat nicht schwerer bestraft werden soll, als ein Erwachsener,[74] hat lediglich insoweit Berechtigung als bei vergleichba-

---

[69] In der Sache insoweit ähnlich *Kaspar* FS Schöch, 2010, 209 (222); *Brunner/Dölling* Rn. 9a; siehe auch bereits *M.-K. Meyer* ZBl. 1984, 445.

[70] Etwa *Kaspar* FS Schöch, 2010, 209 (223); *M.-K. Meyer* ZBl. 1984, 445; sowie ausdrücklich *Lackner/Dallinger*, JGG, 1955, § 18 Rn. 10.

[71] Für das allgemeine Strafrecht siehe nur *Fischer* StGB § 46 Rn. 16 aE.

[72] BGH 9.8.2000 – 3 StR 176/00, NStZ-RR 2001, 215 (216); 21.8.2012 – 4 StR 157/12, NStZ-RR 2013, 50 (nur Ls.); 8.1.2014 – 3 StR 318/13, NStZ 2014, 408; 17.12.2014 – 3 StR 521/14, NStZ-RR 2015, 155.

[73] Exemplarisch BGH 25.8.2016 – 2 StR 585/16, NStZ-RR 2016, 351; 19.4.2016 – 1 StR 95/16, NStZ 2016, 683 (in concreto zweifelhaft, weil es um eine erzieherisch ohnehin nicht begründbare 7jährige Jugendstrafe ging); 15.6.2016 – 1 StR 72/16, NStZ-RR 2016, 313 (315); 12.11.2015 – 3 StR 345/15, BeckRS 2016, 04653; 22.4.2015 – 2 StR 503/14, NStZ 2016, 105.

[74] *Eisenberg* JGG Rn. 15.

rem Unrechtsgehalt der Tat das Maß der Vorwerfbarkeit gegenüber Jugendlichen und Heranwachsenden grundsätzlich nicht höher liegen kann, als bei Erwachsenen. Dementsprechend sind ungeachtet der Aufhebung der Geltung der Strafrahmen des allgemeinen Strafrechts die dort enthaltenen Strafmilderungsgründe über das Ausmaß der Strafzumessungsschuld auch bei der Bemessung der Jugendstrafe zu berücksichtigen.[75]

b) Leitlinie der Bestimmung des Schuldumfangs. Die höchstrichterliche **Rspr.** gibt   24 als Leitlinie der **Bemessung der Strafzumessungsschuld** des jugendlichen oder heranwachsenden Täters – in Übereinstimmung des für § 17 Abs. 2 JGG von ihr herangezogenen Maßstabs – die **„charakterliche Haltung und das Persönlichkeitsbild" des Täters,** soweit diese in der Tat zum Ausdruck gekommen sind, vor (→ Rn. 17, → § 17 Rn. 64).[76] Der „äußere Unrechtsgehalt" soll lediglich Bedeutung haben, wenn und soweit er indizielle Bedeutung für die charakterliche Haltung und das Persönlichkeitsbild des Täters hat (stRspr).[77] Dem ist ungeachtet der so nicht zutreffenden weitgehenden Negierung der Bedeutung des Erfolgsunrechts der Tat (→ § 17 Rn. 70) mit der Maßgabe zuzustimmen, dass bei der Bemessung des **Ausmaßes des verschuldeten Unrechts** sämtliche **für die Bestimmung der Strafzumessungsschuld im allgemeinen Strafrecht relevanten Gesichtspunkte – allerdings unter Beachtung der Spezifika der Verantwortlichkeit jugendlicher und heranwachsender Täter** (→ § 17 Rn. 20 f.) **– zu berücksichtigen sind.** Der schuldhaften Herbeiführung identischen äußeren Unrechts (Erfolgsunrechts) durch erwachsene Täter einerseits und jugendliche (ggf. heranwachsende) Täter andererseits kommt daher regelmäßig ein je unterschiedliches Gewicht zu (→ § 17 Rn. 21 aE). Von dieser Leitlinie ausgehend sind für die Einordnung des Ausmaßes der Einzeltatschuld insbesondere **nachfolgende Gesichtspunkte von Bedeutung:**

c) Minder schwere und besonders schwere Fälle. Unabhängig von der im allgemei-   25 nen Strafrecht verwendeten Gesetzestechnik (tatbestandliche Modifikation oder Strafzumessungsregelung in Regelbeispielstechnik) sind bei der Bemessung der Jugendstrafe regelmäßig sämtliche Gesichtspunkte für die Bestimmung des Schuldumfangs zu berücksichtigen, die nach allgemeinem Strafrecht **Strafrahmenverschiebungen** begründen können.[78] Dementsprechend muss das Tatgericht prüfen, ob sich **nach Maßgabe der allgemeinen Leitlinie** (→ Rn. 24) die Tat als **besonders schwerer Fall** bzw. als **Verwirklichung eines Regelbeispiels** darstellt.[79] Ebenso ist zu der Prüfung gehalten, ob sich die Tat bei Anwendung von allgemeinem Strafrecht als **minder schwerer Fall** des verwirklichten Delikts darstellen würde.[80] Das kommt etwa bei der sexuellen Nötigung in § 177 Abs. 5 StGB

---

[75] Siehe exemplarisch BGH 9.8.2000 – 3 StR 176/00, NStZ-RR 2001, 215 (216); 21.8.2012 – 4 StR 157/12, NStZ-RR 2013, 50 (nur Ls.); 8.1.2014 – 3 StR 318/13, NStZ 2014, 408; 17.12.2014 – 3 StR 521/14, NStZ-RR 2015, 155 f.

[76] BGH 11.11.1960 – 4 StR 387/60, BGHSt 15, 224 (226); 29.9.1961 – 4 StR 301/61, BGHSt 16, 261 (263); 9.8.2000 – 3 StR 176/00, NStZ-RR 2001, 215 (216); 7.10.2004 – 3 StR 136/04, StV 2005, 66; 13.10.2005 – 3 StR 379/05, NStZ-RR 2006, 27 Ls.; 19.11.2009 – 3 StR 400/09, NStZ 2010, 281; 23.3.2010 – 5 StR 556/09, NStZ-RR 2010, 290 (291); 25.10.2011 – 3 StR 353/11, NStZ 2012, 164; 17.12.2014 – 3 StR 521/14, NStZ-RR 2015, 155; siehe auch BGH 27.9.2011 – 3 StR 259/11, NStZ-RR 2011, 385 (386); OLG Hamm 8.6.2010 – 3 RVs 6/10, StV 2011, 583 (585).

[77] Exemplarisch BGH 11.11.1960 – 4 StR 387/60, BGHSt 15, 224 (226); 17.12.2014 – 3 StR 521/14, NStZ-RR 2015, 155; vgl. auch BGH 22.4.2016 – 2 StR 503/14, NStZ 2016, 105.

[78] BGH 8.9.1989 – 2 StR 207/89, StV 1989, 545; 17.3.1992 – 5 StR 652/91, StV 1992, 432; Brunner/*Dölling* Rn. 6a; Meier/Rössner/Trüg/Wulf/*Laue* Rn. 12.

[79] Exemplarisch BGH 17.3.1992 – 5 StR 652/91, StV 1992, 432; 14.10.1999 – 4 StR 312/99, NStZ 2000, 194 (195); Brunner/*Dölling* Rn. 6a; *Eisenberg* JGG Rn. 15; Meier/Rössner/Trüg/Wulf/*Laue* Rn. 12.

[80] Etwa BGH 4.3.1987 – 2 StR 45/87, StV 1987, 306; 27.11.1998 – 3 StR 332/98, bei *Böhm* NStZ-RR 1999, 289 (290); 9.8.2000 – 3 StR 176/00, NStZ-RR 2001, 215 (216); 21.8.2012 – 4 StR 157/12, NStZ-RR 2013, 50 (nur Ls.); 8.1.2014 – 3 StR 318/13, NStZ 2014, 408; 17.12.2014 – 3 StR 521/14, NStZ-RR 2015, 155 f.; 22.4.2015 – 2 StR 503/14, NStZ 2016, 105; 19.4.2016 – 1 StR 95/16, NStZ 2016, 683 (bzgl. § 213 StGB); OLG Hamm 17.10.2000 – 3 Ss 992/00, StV 2001, 178; OLG Köln 24.8.1999 – Ss 215/99, StV 2001, 178; Brunner/*Dölling* Rn. 6a.

(aF),[81] der Körperverletzung mit Todesfolge in § 227 Abs. 2 StGB[82] oder – praktisch häufig relevant – bei Raub und Räuberischer Erpressung in § 250 Abs. 3 StGB[83] aber auch bei § 29a Abs. 2 BtMG[84] in Betracht.[85] Ob sich die konkrete Tat als minder schwerer oder besonders schwerer Fall im Rahmen der genannten Strafrahmenmodifikationen darstellt ist dabei – wie stets – im Rahmen einer **Gesamtwürdigung** unter Berücksichtigung des jeweiligen Standes der Persönlichkeitsentwicklung des jugendlichen oder heranwachsenden Täters zu erwägen.[86] Gerade die im Gesetz generalisierend unterschiedlich ausgestaltete Verantwortlichkeit von Jugendlichen (§§ 3, 19), Heranwachsenden (§ 105 Abs. 1) und Erwachsenen nach Vollendung des 21. Lebensjahres kann dazu führen, bei Anwendung von Jugendstrafrecht je eher zur Annahme eines minder schweren Falls zu kommen, je jünger der Täter ist.[87] Das Vorliegen eines im verwirklichten Straftatbestand vorgesehenen **minder schweren Falls** kann sich dabei, wie im allgemeinen Strafrecht auch,[88] **aus dem Eingreifen von allgemeinen Strafmilderungsgründen** (zB § 21 StGB) ergeben.[89] Obwohl die Strafrahmen des allgemeinen Strafrechts nicht gelten, wird bei der Bestimmung des Umfangs der Einzeltatschuld der **in § 50 StGB enthaltene Rechtsgedanke** für die Bemessung der Jugendstrafe insoweit zur Anwendung zu bringen sein, als ein bereits zur Begründung des Vorliegens eines minder schweren Falls nicht nochmals als Erwägung für einen geringen Schuldgehalt der Tat herangezogen werden kann.[90] So wird bei Vorliegen eines **minder schweren Falls des Totschlags** (§ 213 StGB)[91] eine doppelte Berücksichtigung strafmildernder Umstände nur dann in Betracht kommen, wenn die Provokationsvariante (§ 213 Var. 1 StGB) gegeben ist und ein sonstiger davon unabhängiger Milderungsgrund (etwa § 21 StGB) vorliegt. Ist dagegen ein auf den allgemeinen Milderungsgrund gestützter sonst minder schwerer Fall (§ 213 Var. 2 StGB) angenommen wurden, kann auch dem jugendlichen oder heranwachsenden Täter dieser Grund nicht über den minder schweren Fall hinaus bei der konkreten Bemessung der Jugendstrafe zugute gebracht werden.[92] Hat der jugendliche oder heranwachsende Angeklagte lediglich **Beihilfe** begangen, sind die Voraussetzungen eines minder schweren Falls auf die Beihilfe und nicht ohne weiteres auf die Haupttat zu beziehen;[93] bei der Bemessung der Jugendstrafe ist ungeachtet der durch § 18 Abs. 1 S. 3 JGG aufgehobenen Geltung der Strafrahmen des allgemeinen Strafrechts die obligatorische Strafmilderung aus § 27 Abs. 2 S. 2 StGB zu berücksichtigen (→ Rn. 30).[94]

26   **d) Allgemeine Strafmilderungsgründe.** Die allgemeinen fakultativen oder obligatorischen Strafmilderungsgründe des StGB, **vor allem §§ 13 Abs. 2, 17 S. 2, 21; 23 Abs. 2, 27 Abs. 2 S. 2 StGB** sind, wiederum ungeachtet der Aufhebung der straftatbestandsspezifischen Strafrahmen des allgemeinen Strafrechts, für das **Ausmaß der jugendspezifischen Strafzumessungsschuld von Bedeutung** (→ Rn. 12; im Grundsatz allgM). Jede andere Betrachtung wäre angesichts der in den Strafmilderungsgründen zum Ausdruck kommenden gesetzgeberischen Wertung eines geringeren Unrechts- und/oder Schuldgehalts der

[81] BGH 4.3.1987 – 2 StR 45/87, StV 1987, 306; 2.12.2008 – 4 StR 534/08, StV 2009, 90 (91) – in der konkreten Anwendung zweifelhaft.
[82] BGH 4.3.1987 – 4 StR 161/87, bei *Böhm* NStZ 1987, 442.
[83] BGH 4.7.2002 – 4 StR 192/02, DVJJ-J 2002, 464 (465).
[84] OLG Hamm 8.6.2010 – 3 RVs 6/10, StV 2011, 583 (585).
[85] Weitere Kasuistik bei *Eisenberg* JGG Rn. 15a und 15b.
[86] Zur auch im Jugendstrafrecht erforderlichen Gesamtwürdigung OLG Hamm 8.6.2010 – 3 RVs 6/10, StV 2011, 583 (585) bzgl. eines minder schweren Fall bei § 29a Abs. 2 BtMG; vgl. auch *Eisenberg* JGG Rn. 15a mwN.
[87] In diese Richtung OLG Hamm 17.10.2000 – 3 Ss 992/00, StV 2001, 178; *Eisenberg* JGG Rn. 15a.
[88] *Fischer* StGB § 50 Rn. 4 f.
[89] BGH 10.11.1987 – 1 StR 591/87, bei *Böhm* NStZ 1988, 491; *Eisenberg* JGG Rn. 15a.
[90] In diese Richtung BGH 13.8.1985 – 1 StR 250/85, NStZ 1986, 71; zweifelnd *Eisenberg* JGG Rn. 15b; siehe auch Brunner/*Dölling* Rn. 6b.
[91] Vgl. dazu BGH 19.4.2016 – 1 StR 95/16, NStZ 2016, 683.
[92] Anders wohl *Eisenberg* JGG Rn. 15b; nicht eindeutig Brunner/*Dölling* Rn. 6b.
[93] Vgl. BGH 27.1.1984 – 2 StR 820/83, StV 1984, 254.
[94] BGH 27.1.1984 – 2 StR 820/83, StV 1984, 254.

entsprechenden Tat weder mit dem verfassungsrechtlichen Schuldgrundsatz noch dem Erziehungsgedanken (§ 2 Abs. 2 S. 1, § 18 Abs. 2) vereinbar. Dem jugendlichen oder heranwachsenden Täter würde ansonsten gerade entgegen der gesetzgeberischen Wertungen in §§ 3, 19, 105 einerseits und in den allgemeinen Strafmilderungsgründen andererseits unrechts- und/oder schuldrelevante Umstände nicht gut gebracht, die bei der Anwendung allgemeinen Strafrechts zwingend oder obligatorisch zu einer niedrigeren Strafbemessung führen würden. Der **Unterschied zwischen** dem **allgemeinen Strafrecht** auf der einen Seite **und** dem **Jugendstrafrecht** auf der anderen Seite besteht **im Hinblick auf allgemeine Strafmilderungsgründe in der Art und Weise der Berücksichtigung** beim Strafzumessungsvorgang (vgl. bereits → Rn. 13). Bei Ersterem führen allgemeine Strafmilderungsgründe fakultativ oder obligatorisch zu einer Verschiebung des im Einzelfall zu Verfügung stehenden straftatbestandsspezifischen abstrakten Strafrahmens (nach Maßgabe von § 49 Abs. 1 oder ggf. § 49 Abs. 2 StGB). Im Jugendstrafrecht wirken die Strafmilderungsgründe unmittelbar auf das Quantum der Strafzumessungsschuld ein.

aa) Verminderte Schuldfähigkeit. Das Vorliegen verminderter Schuldfähigkeit ist bei **27** der Bemessung der Jugendstrafe zu **berücksichtigen (allgM);**[95] für die Art der Berücksichtigung gilt grundsätzlich das zu → Rn. 26 Gesagte. **Besonderheiten des Alters und der Persönlichkeitsentwicklung** des jugendlichen oder heranwachsenden Täters können sich im Kontext der verminderten Schuldfähigkeit nach § 21 StGB **sowohl auf der Ebene deren Voraussetzungen als auch** der aus ihrem Vorliegen resultierenden **Rechtsfolgen** ergeben.

(1) Voraussetzungen. Bei **Alkoholkonsum** kann wegen der bei jugendlichen und **28** heranwachsenden Tätern regelmäßig geringeren Alkoholgewöhnung und der typischerweise vorhandenen Reifedefizite eine verminderte Schuldfähigkeit auch **bereits unterhalb von 2 Promille BAK** gegeben sein.[96] Aus dem trotz Alkoholisierung **erhalten gebliebenen Leistungsvermögen** (etwa „planmäßiges Vorgehen") darf nicht ohne weiteres auf das Vorhandensein voller Schuldfähigkeit geschlossen werden.[97] Die Abhängigkeit von harten Drogen kann wie bei Erwachsenen auch die Schuldfähigkeit einschränken.[98] Angesichts der angesprochenen Besonderheiten bei Jugendlichen und Heranwachsenden wird der Tatrichter zur Beurteilung der Schuldfähigkeit in der Regel ein Sachverständigengutachten einzuholen haben.[99]

(2) Rechtsfolgen. Die Annahme verminderter Schuldfähigkeit muss auch bei Jugendli- **29** chen und Erwachsenen nicht zwingend zu deren Gunsten bei der Bemessung der Jugendstrafe berücksichtigt, sondern kann bei vorwerfbarer Bewirkung verminderter Schuldfähigkeit versagt werden.[100] Allerdings wird bei der Beurteilung, ob die Herbeiführung der verminderten Schuldfähigkeit (vor allem bei Alkoholkonsum) dem Täter als verschuldet vorgeworfen werden kann, wiederum die regelmäßig geringere Alkoholgewöhnung und die mit den typischen Reifedefiziten verbundene geringere Fähigkeit, die Auswirkungen des Alkohols einzuschätzen, zu berücksichtigen sein.[101] Selbst wenn unter Berücksichtigung

---

[95] BGH 2.9.1981 – 3 StR 317/81, StV 1982, 27; 30.8.1983 – 1 StR 159/83, NStZ 1984, 75; 8.9.1989 – 2 StR 207/89, StV 1989, 545; OLG Zweibrücken 20.6.1994 – 1 Ss 42/94, StV 1994, 599; Brunner/*Dölling* Rn. 6b; *Eisenberg* JGG Rn. 15 aE und 15c; Meier/Rössner/Trüg/Wulf/*Laue* Rn. 11.

[96] Vgl. BGH 30.8.1983 – 1 StR 159/83, NStZ 1984, 75; 11.1.1991 – 2 StR 483/90, BGHR StGB § 21 Alkoholwirkungen 5; 17.3.1992 – 5 StR 652/91, StV 1992, 432; 6.2.1997 – 4 StR 510/96, StV 1997, 348; siehe auch OLG Zweibrücken 20.6.1994 – 1 Ss 42/94, StV 1994, 599; Brunner/*Dölling* Rn. 6b; *Eisenberg* JGG Rn. 15c mwN.

[97] BGH 6.2.1997 – 4 StR 510/96, StV 1997, 348; 30.5.1996 – 4 StR 109/96, NStZ-RR 1997, 65; Brunner/*Dölling* Rn. 6b; *Eisenberg* JGG Rn. 15c.

[98] Vgl. OLG Hamm 17.10.2000 – 3 Ss 992/00, Blutalkohol 2001, 292; *Eisenberg* JGG Rn. 15c.

[99] BGH 1.9.1992 – 4 StR 385/92, bei *Böhm* NStZ 1993, 528; Brunner/*Dölling* Rn. 6b.

[100] BGH 27.3.2003 – 3 StR 435/02, NJW 2003, 2394; OLG Zweibrücken 20.6.1994 – 1 Ss 42/94, StV 1994, 600; Brunner/*Dölling* Rn. 6b; zweifelnd *Eisenberg* JGG Rn. 15c aE.

[101] In der Sache weitgehend übereinstimmend *Eisenberg* JGG Rn. 15c aE.

des Vorstehenden eine erhebliche Beeinträchtigung der Schuldfähigkeit nicht anzunehmen ist, muss der Tatrichter eine alkoholbedingte Enthemmung – ggf. im Zusammenwirken mit weiteren Faktoren – bei der Bemessung der Jugendstrafe berücksichtigen.[102]

30   **bb) Sonstige allgemeine Strafmilderungsgründe.** Die Strafmilderungsmöglichkeit in **§ 13 Abs. 2 StGB** ist regelmäßig bei der Strafzumessungsschuld für die Bemessung der Jugendstrafe zu berücksichtigen.[103] Entsprechendes gilt für **§ 23 Abs. 2 StGB**.[104] Bei strafbarer Teilnahme (§§ 26, 27 StGB) eines jugendlichen oder heranwachsenden Täters kommt es für die Sanktionsauswahl (§ 17 Abs. 2 Var. 2) und für die Bestimmung der Höhe der Strafzumessungsschuld auf die Schuld des Teilnehmers an;[105] es wird daher für den Gehilfen regelmäßig für das Ausmaß seiner Schuld die Wertung in **§ 27 Abs. 2 S. 2 StGB** zu berücksichtigen sein.[106] Der besondere Strafmilderungsgrund aus **§ 31 BtMG** (Aufklärungshilfe) ist bei der Bemessung der Jugendstrafe regelmäßig zu berücksichtigen;[107] das gilt selbst dann, wenn die Voraussetzungen der Vorschrift nicht vorliegen, der jugendliche Angeklagte aber Aufklärungsbemühungen gezeigt hat.[108]

31   **3. Allgemeine Strafzumessungsgesichtspunkte. a) Nachtatverhalten.** Soweit solches nicht ohnehin bereits im Rahmen der Höhe der Einzeltatschuld relevant ist (etwa bei Geständnis oder Teilgeständnis;[109] Wiedergutmachung oder Wiedergutmachungsbemühungen),[110] kommt Nachtatverhalten vor allem im Hinblick auf die erforderliche erzieherische Einwirkung (Abs. 2) Bedeutung für die Bemessung der Jugendstrafe zu. **Veränderungen im sozialen Umfeld** und in der Lebensführung sprechen gegen einen erheblichen Erziehungsbedarf, wenn sie solche Umstände betreffen, die sich bislang für den Jugendlichen oder Heranwachsenden als kriminogen erwiesen haben; etwa Loslösung aus der peer group, innerhalb derer die bisherige Straffälligkeit begangen wurde.[111] Ebenso kann das Eingehen einer festen Beziehung für die Zumessung der Jugendstrafe relevant sein, wenn davon eine stabilisierende Wirkung zu erwarten ist.[112] Gleiches gilt (bei Jugendlichen) für eine Rückkehr in geordnete familiäre Verhältnisse, (Wieder)Aufnahme der Schul- oder Berufsausbildung.[113]

32   **b) Hafterfahrung.** Nach ständiger Rspr. kann der **Vollzug von Untersuchungshaft** insbesondere gegen bislang haftunerfahrene Jugendliche oder Heranwachsende ein bestimmender Faktor der Bemessung der Jugendstrafe sein.[114] Dabei sind die von dem Haftvollzug ausgehenden Wirkungen unter Berücksichtigung ihrer Dauer bei den von der Jugendstrafe ausgehenden erzieherischen Wirkungen zu bedenken.[115] Dasselbe gilt auch bei **in anderer**

---

[102] Vgl. BGH 11.1.1991 – 2 StR 483/90, BGHR StGB § 21 Alkoholauswirkungen 5.

[103] BGH 3.11.1981 – 1 StR 501/81, NJW 1982, 393 mAnm *Bruns* JR 1982, 465; 17.3.1992 – 5 StR 652/91, bei *Böhm* NStZ 1992, 528.

[104] BGH 18.7.1986 – 2 StR 330/86, BGHR JGG § 18 Abs. 1 S. 3 JGG minder schwerer Fall 1.

[105] Vgl. BGH 16.8.2000 – 3 StR 253/00, wistra 2000, 463, 25.10.2011 – 3 StR 353/11, NStZ 2012, 164.

[106] BGH 27.1.1984 – 2 StR 820/83, StV 1984, 254; siehe auch BGH 14.12.2005 – 2 StR 466/05, NStZ-RR 2006, 88 (89).

[107] BGH 19.8.1997 – 1 StR 227/97, NStZ 1998, 90; Brunner/*Dölling* Rn. 6c.

[108] BGH 19.8.1997 – 1 StR 227/97, NStZ 1998, 90; Brunner/*Dölling* Rn. 6c.

[109] BGH 4.12.1985 – 1 StR 551/85, bei *Böhm* NStZ 1986, 446 (447).

[110] Vgl. Meier/Rössner/Trüg/Wulf/*Laue* Rn. 18.

[111] BGH 20.6.1996 – 4 StR 264/96, NStZ-RR 1996, 347; weit Nachw. bei Meier/Rössner/Trüg/Wulf/*Laue* Rn. 18.

[112] BGH 3.12.2002 – 4 StR 426/02, StV 2003, 458 (feste Verbindung und Schwangerschaft einer Heranwachsenden).

[113] Zum Letzteren etwa BGH 19.4.2016 – 1 StR 95/16, NStZ 2016, 683 mwN; KG 7.10.2008 – 1 Ss 345/08, StV 2009, 91 (92); siehe auch BGH 27.9.2011 – 3 StR 259/11, NStZ-RR 2011, 385 (386) im Rahmen von § 18 Abs. 2 JGG muss bedacht werden, dass durch Jugendstrafvollzug die begonnene schulische Ausbildung unterbrochen würde.

[114] BGH 16.4.2007 – 5 StR 335/06, BGHR JGG § 18 Abs. 2 Strafzwecke 6; 24.7.1984 – 1 StR 421/84, NStZ 1984, 508; 9.9.1997 – 4 StR 377/97, NStZ 1998, 86 (87); 28.9.2010 – 5 StR 330/10, StV 2011, 588 (589); 27.11.2008 – 5 StR 495/08, NStZ 2010, 94.

[115] BGH 28.9.2010 – 5 StR 330/10, StV 2011, 588 (589).

Sache bereits **verbüßter Jugendstrafe.**[116] Je nach den Verhältnissen des Einzelfalls kann dem Vollzug von Untersuchungshaft aber auch jegliche Relevanz für die Bemessung der Strafhöhe fehlen (vorherige mehrfache Vollzugserfahrung, fehlende Wirkungen der Vollzugserfahrung auf das Verhalten nach Haftentlastung, Fortsetzung von Rauschmittelkonsum selbst während der Haft).[117] Umgekehrt sind bisher **fehlende Straffälligkeit** und die Lebensverhältnisse vor der Tat ebenfalls von Bedeutung.[118]

c) Jugendstrafe und Maßregeln. Das **Verhältnis** von Jugendstrafe und Maßregel ist **33** **sowohl** auf der Ebene der **Anordnungsvoraussetzungen als auch** auf der Ebene der **Bemessung der Jugendstrafe von Bedeutung. § 5 Abs. 3** schließt die gleichzeitige Anordnung der Unterbringung des Angeklagten in einem psychiatrischen Krankenhaus (§ 63 StGB) und die Verhängung einer Jugendstrafe nicht grundsätzlich aus.[119] Es ist allerdings unzulässig, diejenigen Gesichtspunkte, die die Anordnung der Maßregel stützen, zugleich als straferhöhende Kriterien der parallel verhängten Jugendstrafe heranzuziehen.[120] Liegt eine erhebliche Minderung der Einsichts- und/oder Steuerungsfähigkeit vor, ist dieses bei der Bemessung der Jugendstrafe regelmäßig über das geminderte Maß der Einzeltatschuld zugunsten des jugendlichen oder heranwachsenden Täters zu berücksichtigen (→ Rn. 27–29). Der aus dem Vorliegen eines Eingangsmerkmals folgenden zukünftigen erheblichen Gefährlichkeit des Täters kann nur über die Maßregel nicht aber über die Bemessung der Jugendstrafe begegnet werden.[121]

d) Zeitaspekte. Die Zeit ist für die Dauer einer Jugendstrafe ebenso von Bedeutung **34** wie die bei der Strafzumessung im allgemeinen Strafrecht. Es sind **verschiedene Gesichtspunkte** voneinander **zu unterscheiden:**[122]
1. Ein großer **zeitlicher Abstand zwischen** der Begehung der **Tat und** ihrer **Aburteilung** muss sich regelmäßig zugunsten des betroffenen Täters auswirken.[123] Im Hinblick auf Abs. 2 sind bei der Jugendstrafe zudem in der fraglichen Zeitspanne eingetretene Veränderungen in den Lebensumständen des Täters zu berücksichtigen, wenn und soweit diese Einfluss auf das Erziehungsbedürfnis haben (→ Rn. 31).
2. Unabhängig von dem Vorgenannten stellt sich eine **lange Dauer des Verfahrens** regelmäßig als erhebliche Belastung des Beschuldigten/Angeklagten dar, die bei der Bemessung auch der Jugendstrafe zu berücksichtigen ist.[124] Die Auswirkungen der Belastungen durch die lange Verfahrensdauer sollen den Wirkungen der Sanktion selbst gleichkommen.[125]
3. Jenseits der vorstehenden Berücksichtigung des Zeitmoments kommt einer gegen Art. 6 Abs. 1 S. 1 EMRK verstoßenden, **rechtsstaatswidrigen Verfahrensverzögerung** eigenständige Bedeutung zu. Die sich daraus ergebenden Konsequenzen können je nach den Gegebenheiten des Einzelfalls verschieden ausfallen (→ Rn. 41–43).

e) Sonstiges. Drohende **Ausweisung** oder **Abschiebung** soll bei ausländischen Staats- **35** angehörigen bei der Bemessung der Strafe Beachtung finden (zweifl.).[126] **Zulässiges Ver-**

---

[116] BGH 20.6.1996 – 4 StR 264/96, NStZ-RR 1996, 347.
[117] BGH 28.9.2010 – 5 StR 330/10, StV 2011, 588 (589).
[118] BGH 19.4.2016 – 1 StR 95/16, NStZ 2016, 683.
[119] BVerfG 8.2.2007 – 2 BvR 2060/06, NStZ-RR 2007, 187.
[120] BGH 9.9.1987 – 4 StR 277/97, NStZ 1998, 86; Brunner/*Dölling* Rn. 6c; Meier/Rössner/Wulf/Trüg/*Laue* Rn. 23.
[121] BGH 9.9.1987 – 4 StR 277/97, NStZ 1998, 86; zum Verhältnis von Strafe und Maßregeln insoweit näher *Radtke* GA 2011, 636 (640 ff.).
[122] Vgl. für das allgemeine Strafrecht *Fischer* StGB § 46 Rn. 61; für die Jugendstrafe Meier/Rössner/Trüg/Wulf/*Laue* Rn. 24.
[123] Nachw. bei *Fischer* StGB § 46 Rn. 61; vgl. auch BGH 18.12.2014 – 4 StR 457/14, NStZ 2016, 102 (103).
[124] Vgl. BGH 15.5.1996 – 2 StR 119/96, NStZ 1997, 29 mAnm *Scheffler*; 26.1.2006 – 3 StR 415/02, NStZ-RR 2006, 188; Brunner/*Dölling* Rn. 6d; Meier/Rössner/Trüg/Wulf/*Laue* Rn. 24.
[125] BVerfG (3. Kammer des 2. Senats) 5.2.2003 – 2 BvR 29/03, NJW 2003, 2228.
[126] OLG Frankfurt a. M. 30.4.2003 – 1 Ss 378/02, StV 2003, 459; vorsichtiger – auf die Umstände des Einzelfalls abstellend – BGH 11.9.1996 – 3 StR 351/96, NJW 1997, 403.

teidigungsverhalten des Angeklagten darf – ebenso wenig wie bei der Annahme schädlicher Neigungen" (→ § 17 Rn. 44) – bei der Bemessung der Jugendstrafe nicht berücksichtigt werden.[127] Das gilt auch dann, wenn der Schuldspruch bereits in Rechtskraft erwachsen ist und lediglich noch über den Strafausspruch verhandelt wird.[128] Zum Zeitpunkt der Tatausführung tilgungsreife **Vorverurteilungen** dürfen ebenfalls keine Berücksichtigung finden.[129] Ist gegen den (heranwachsenden) Täter eine **ausländische Vorverurteilung,** die nach innerstaatlichen Grundsätzen (§§ 31 Abs. 2 S. 1, 105 Abs. 2 JGG) in eine Einheitsstrafe einbeziehungsfähig gewesen wäre, **vollstreckt** worden, soll dieser Gesichtspunkt im Rahmen eines strafzumessungsrechtlich verstandenen „Gesamtstrafübels" berücksichtigt werden müssen (zweifelh.);[130] würde dem gefolgt, müsste dies im Hinblick auf die Korrelation von Strafe und Schuldausgleich auch bei jugendlichen Tätern gelten, wenn die vollstreckte ausländische Vorverurteilung innerstaatlich einbeziehungsfähig gewesen wäre. Die konkrete Bemessung der Jugendstrafe darf nicht mit Erwägungen zur **Strafaussetzung zur Bewährung** vermengt werden.[131]

36   **4. Bemessung der Jugendstrafe und Erziehungsbedarf (Abs. 2). a) Allgemeines.**
Innerhalb des durch das Maß der Einzeltatschuld gebildeten Rahmens bestimmt sich die konkrete Bemessung der Jugendstrafe nach **erzieherischen Gesichtspunkten (Abs. 2).** Diese materielle Vorgabe und die spezifischen Darlegungsanforderungen aus § 54 zwingen den Tatrichter, sich **im Einzelnen mit dem konkreten Erziehungsbedürfnis** (bezogen auf den Zeitpunkt der tatrichterlichen Entscheidung) und den zu erwartenden Wirkungen der Strafe auf den verurteilten Jugendlichen oder Heranwachsenden auseinanderzusetzen. Dementsprechend fordert die höchstrichterliche Rspr. eine **Gesamtwürdigung** der Persönlichkeit des Angeklagten, die die vorstehend genannten Gesichtspunkte umfasst.[132] Genügt die Gesamtwürdigung den gestellten Anforderungen entweder in der Sache nicht oder erschöpft sich diese in einer floskelhaften Erwähnung des Erziehungsgedankens, verfällt der tatrichterliche Strafausspruch in der Revision regelmäßig der Aufhebung (→ Rn. 18 aE; → Rn. 23; → Rn. 45 f.).[133] Beschränkt sich die Begründung der Bemessung der Jugendstrafe wesentlich oder ausschließlich auf Strafzumessungserwägungen des allgemeinen Strafrechts, erweist sich dies regelmäßig als rechtsfehlerhaft;[134] dem ist uneingeschränkt aber lediglich bei Jugendstrafen bis zu fünf Jahren zuzustimmen (→ Rn. 8).[135] Die in der Rspr. gebräuchliche Formulierung, es sei bei der Zumessung der Jugendstrafe die **Schwere des Tatunrechts gegen** die **Folgen der Strafe** für die weitere Entwicklung des Jugendlichen **abzuwägen,**[136] ist allerdings **missverständlich.** Auf die Folgen der Strafe kommt es lediglich innerhalb des durch die Strafzumessungsschuld gebildeten Rahmens an. Sie bestimmen das Ausmaß der Strafzumessungsschuld aber nicht. Die Bemessung der Jugendstrafe und die Anforderungen an die Gesamtwürdigung **divergieren an sich nicht zwischen den bei-**

[127] BGH 11.2.2003 – 4 StR 8/03, StraFo 2003, 206 (207); 7.10.2009 – 2 StR 283/09, NStZ-RR 2010, 88; näher auch *Eisenberg* JGG Rn. 15d.
[128] BGH 4.11.2008 – 3 StR 336/08, NStZ-RR 2009, 148.
[129] BGH 2.7.1991 – 1 StR 302/91, NStZ 1991, 591 mAnm *Kalf.*
[130] BGH 26.1.2011 – 5 StR 569/10, StV 2011, 589 (590).
[131] BGH 7.9.1993 – 5 StR 455/93, BGHR JGG § 18 Abs. 2 Strafzwecke 3; 4.8.2016 – 4 StR 142/16, NStZ-RR 2016, 325, 326; Meier/Rössner/Trüg/*Laue* Rn. 22.
[132] BGH 23.3.2010 – 5 StR 556/09, NStZ-RR 2010, 290 (291); siehe auch BGH 31.10.1995 – 5 StR 470/94, NStZ-RR 1996, 120; Brunner/*Dölling* Rn. 7a.
[133] Siehe BGH 4.11.2009 – 2 StR 424/09, NStZ-RR 2010, 88; 27.9.2011 – 3 StR 259/11, NStZ-RR 2011, 385 (386); 19.11.2009 – 3 StR 400/09, NStZ 2010, 281; 25.10.2011 – 3 StR 353/11, NStZ 2012, 164; 25.8.2016 – 2 StR 585/15, NStZ-RR 2016, 351.
[134] Exemplarisch BGH 19.4.2016 – 1 StR 95/16, NStZ 2916, 683; 25.8.2016 – 2 StR 585/15, NStZ-RR 2016, 351 („nur Strafzumessungserwägungen aus dem allgemeinen Strafrecht").
[135] Zweifelhaft daher BGH 19.4.2016 – 1 StR 95/16, NStZ 2916, 683 (7jährige Jugendstrafe).
[136] BGH 11.4.1989 – 1 StR 108/89, StV 1989, 545; 18.8.1992 – 4 StR 313/92, StV 1993, 532; 22.6.2011 – 5 StR 202/11, StV 2011, 588; 27.9.2011 – 3 StR 259/11, NStZ-RR 2011, 385 (386); 19.4.2016 – 1 StR 95/16, NStZ 2016, 683; siehe auch BVerfG (3. Kammer d. 2. Senats) 5.2.2003 – 2 BvR 327/02 ua, NJW 2003, 2225 (2228); Brunner/*Dölling* Rn. 7a aE mwN.

den alternativen Anordnungsvoraussetzungen in § 17 Abs. 2. Allerdings wirken sich die bei der Jugendstrafe wegen „schädlicher Neigungen" zur Begründung dieser herangezogenen Umstände regelmäßig auch den Erziehungsbedarf im Kontext von Abs. 2 aus. Es bedarf insoweit dann lediglich noch der Darlegung der angestrebten bzw. erwarteten Wirkungen der Jugendstrafe als deren Bemessungsfaktor. Im Rahmen der Gesamtwürdigung lässt sich allerdings nicht immer klar zwischen allgemeinen Strafzumessungsgesichtspunkten und solchen, die allein den Erziehungsbedarf betreffen, trennen. Die → Rn. 31–34 **erörterten Gesichtspunkte** sind daher regelmäßig **im Rahmen der Gesamtwürdigung** im Rahmen der Ausführungen zum Erziehungsbedarf mit zu **bedenken.** Bei der Anwendung von Jugendstrafe jedenfalls gegen **Täter, die im Zeitpunkt der Verurteilung das 21. Lebensjahr bereits vollendet haben,** ist eine Strafzumessung nach der erzieherischen Einwirkung rechtlich ausgeschlossen.[137] Es gibt keine Berechtigung, auf diese Personen erzieherisch einzuwirken. Demensprechend ist der Erziehungsgedanke ihnen gegenüber ein unzulässiges Strafzumessungskriterium. Der 3. Strafsenat des BGH hat in zwei Entscheidungen offengelassen, ob er diese Konsequenz ziehen will, sondern hat sich tragend darauf beschränkt, in diesen Konstellationen dem Erziehungsgedanken ein „allenfalls geringes Gewicht" als Strafzumessungskriterium zuzusprechen.[138] Richtigerweise kann Abs. 2 S. 2 selbst bei **Jugendstrafe gegen Heranwachsende** – unabhängig von ihrem Alter im Urteilszeitpunkt – keine eigenständige Bedeutung als Leitlinie der Strafzumessung haben. Denn auch insoweit besteht kein „Erziehungsrecht" des Staates mehr. Änderungen für die Strafzumessungspraxis werden damit aber kaum verbunden sein. Denn wohlverstandene „erzieherische Wirkungen" erweisen sich ohnehin als spezialpräventive Strafzumessungskriterien innerhalb des durch das Quantums der Einzeltatschuld eröffneten Schuldrahmens.

b) Aspekte des Erziehungsbedarfs. Im Rahmen der Darlegungen (§ 54) muss sich **37** der Tatrichter regelmäßig mit der Persönlichkeit und der **Persönlichkeitsentwicklung** auseinandersetzen; in letztgenanntem Kontext kann die Gefahr der Ausbildung einer dissozialen Persönlichkeit einen langjährigen Erziehungsbedarf bei Notwendigkeit der Einwirkung durch die Angebote des Jugendstrafvollzugs auf den jugendlichen Täter begründen.[139] Ein erheblicher Erziehungsbedarf kann sich auch aus zugleich den Unrechts- und Schuldgehalt der Tat bestimmenden Umständen, wie etwa in der Tat zum Ausdruck kommende Gefühlsrohheit sowie eine aus einer rassistischen Grundhaltung resultierende Gewaltbereitschaft, ergeben.[140] **Maßgeblich** sind allerdings jeweils die **Verhältnisse zum Zeitpunkt des Urteils des erkennenden Gerichts.** Der **Entwicklung seit der Tat** bis zu diesem Zeitpunkt kommt daher erhebliche Bedeutung zu; liegen die Bedingungen, unter denen die Tat/Taten begangen worden ist/sind, nicht mehr vor (näher → Rn. 31), spricht dies regelmäßig gegen einen erheblichen Erziehungsbedarf.[141] Da der BGH typischerweise einen Einklang zwischen für den Erziehungsbedarf einerseits und den Schuldgehalt andererseits maßgeblichen Umständen sieht (→ Rn. 17), muss der Tatrichter im Rahmen der Strafzumessung nach Maßgabe von Abs. 2 **auch für das Schuldmaß relevante Aspekte** im Kontext des Erziehungsbedarfs (etwa Ausnahmecharakter der Tat, alkoholbedingte Enthemmung, spontaner Tatentschluss aus Solidarität mit einem Mittäter)[142] **berücksichtigen.** Wichtiger als eine analytische Trennung ist die Gesamtabwägung. Von besonderer Bedeutung sind die **Auswirkungen der Strafe auf die weitere Entwicklung** des Jugendlichen oder Heranwachsenden. Mit diesen Auswirkungen muss sich der Tatrichter konkret befassen und dies auch in den Urteilsgründen darlegen (→ Rn. 45 f.). Lediglich formelhafte Ausfüh-

---

[137] Vgl. *Budelmann*, Jugendstrafrecht für Erwachsene, 2005, S. 80 ff.
[138] BGH 20.8.2015 – 3 StR 214/15, NStZ 2016, 101, 102; 8.3.2016 – 3 StR 417/15, NStZ 2016, 680 (681).
[139] BGH 23.3.2010 – 5 StR 556/09, NStZ-RR 2010, 290 (291); vgl. auch BGH 28.9.2010 – 5 StR 330/10, StV 2011, 588 (589) – zerrüttete Familienverhältnisse, erhebliche Vorbelastung mit Gewaltdelikten.
[140] BGH 31.10.1995 – 5 StR 470/94, NStZ-RR 1996, 120.
[141] Etwa BVerfG (3. Kammer d. 2. Senats) 5.2.2003 – 2 BvR 327/02 ua, NJW 2003, 2225 (2228).
[142] Vgl. BGH 22.6.2011 – 5 StR 202/11, StV 2011, 588.

rungen dergestalt, die verhängte Strafe sei die erzieherisch notwendige, genügen in aller Regel nicht (→ Rn. 36).[143]

38   Die **Bedeutung von schulischer und beruflicher Ausbildung** für die Bemessung der Jugendstrafe im Kontext des Erziehungsbedarfs iS von Abs. 2 ist **nicht vollständig geklärt.**[144] Ihre Berücksichtigung kommt ohnehin lediglich innerhalb des durch das Maß der Einzeltatschuld gebildeten Rahmens in Betracht. Außerhalb dessen kann die Höhe einer Jugendstrafe daher nicht mit der Erwägung begründet werden, erzieherisch sei das Erreichen eines Schulabschlusses geboten, der durch den konkreten Angeklagten erst nach beispielsweise 2 Jahren erreicht werden könne. Lässt das Schuldmaß es zu, kann nach Auffassung des BGH die Bemessung der Jugendstrafe an dem Erreichen eines Schulabschlusses abhängig gemacht werden, wenn – was vom Tatrichter darzulegen ist – dafür während der Dauer des Vollzugs eine konkrete Realisierungschance besteht.[145] Umgekehrt muss der Tatrichter im Rahmen der Auswirkungen der Jugendstrafe bedenken, ob diese dazu führen würde, die vom Täter absolvierte schulische oder berufliche Ausbildung zu unterbrechen.[146]

39   **5. Jugendstrafe und rechtsstaatswidrige Verfahrensverzögerung. a) Allgemeines.** Dem zeitlichen Abstand zwischen der Begehung der Tat und deren Aburteilung sowie der Dauer des gegen den Beschuldigten/Angeklagten geführten Strafverfahrens kommen für die staatliche Reaktion auf die Begehung der Straftat in unterschiedlicher Weise Bedeutung zu (→ Rn. 34). Die **Zeitspanne zwischen Tat und Urteil** sowie die **Gesamtdauer des Strafverfahrens** sind für sich genommen **Strafzumessungsgesichtspunkte** (→ Rn. 34). Stellt sich die Dauer des Strafverfahrens zudem als eine **gegen Art. 6 Abs. 1 S. 1 EMRK verstoßende konventionswidrige und rechtsstaatswidrige Verfahrensverzögerung** dar, muss dieser Konventionsverstoß innerhalb des innerstaatlichen Rechts des Vertragsstaates **kompensiert** werden.[147] Die Art der Kompensation – jenseits der Berücksichtigung bei der Strafzumessung – einzelfallabhängig und variantenreich (→ Rn. 42).

40   **b) Voraussetzungen.** Ob eine gegen Art. 6 Abs. 1 S. 1 EMRK verstoßende Verfahrensdauer gegeben ist, bestimmt sich anhand der **Angemessenheit** der Verfahrensdauer, die **anhand der Umstände des Einzelfalls** zu bestimmen ist.[148] In die Bewertung der Angemessenheit sind vor allem einzubeziehen die Gesamtdauer des Verfahrens, die **durch die Justizorgane in zurechenbarer Weise verursachten Verfahrensverzögerungen,** die Schwere des Tatvorwurfs, der Umfang und die Schwierigkeit des Tatvorwurfs, der Umfang und die Schwierigkeit des Verfahrensgegenstandes sowie das Ausmaß der durch die Verfahrensdauer für den Beschuldigten/Angeklagten verbundenen Belastungen.[149] Hat dagegen der Beschuldigte/Angeklagte Verzögerungen des Verfahrens selbst verursacht, kann daraus regelmäßig keine Konventionsverletzung abgeleitet werden.[150]

41   **c) Kompensationen.** Nach Maßgabe der einzelfallbezogenen Betrachtung auf der Voraussetzungsebene soll **im Ausnahmefall** als Konsequenz der rechtsstaatswidrigen Verzö-

---

[143] Etwa BGH 19.11.2009 – 3 StR 400/09, NStZ 2010, 281; 27.9.2011 – 3 StR 259/11, NStZ-RR 2011, 385 (386); 25.10.2011 – 3 StR 353/11, NStZ 2012, 164.

[144] Näher *Geissler*, Ausbildung und Arbeit im Jugendstrafvollzug, 1991.

[145] BGH 10.12.1986 – 2 StR 211/86, StV 1987, 306; zustimmend *Buckolt* S. 287; *Brunner/Dölling* Rn. 7c.

[146] Vgl. BGH 27.9.2011 – 3 StR 259/11, NStZ-RR 2011, 385 (386), 25.10.2011 – 3 StR 353/11, NStZ 2012, 164.

[147] Grundlegend EGMR 15.7.1982 – Nr. 8130/78, EuGRZ 1983, 381 (378 ff. – Abs. 67 ff.) – Eckle gegen Deutschland; zum Ganzen auch Radtke/Hohmann/*Ambos* EMRK Art. 6 Rn. 25 f.

[148] Exemplarisch EGMR 25.2.2000 – Nr. 29357/95, NJW 2001, 211. Abs. 70 – Gast u. Popp gegen Deutschland; BVerfG (3. Kammer d. 2. Senats) 5.2.2003 – 2 BvR 29/03, NJW 2003, 2228 mit zahlr. wN; Radtke/Hohmann/*Ambos* StPO EMRK Art. 6 Rn. 21 mwN.

[149] Siehe nur BVerfG (3. Kammer d. 2. Senats) 5.2.2003 – 2 BvR 29/03, NJW 2003, 2228 mwN OLG Düsseldorf 4.3.2010 – III – 4 RVs 191/09, StV 2011, 585 (586); vgl. zu weiteren berücksichtigungsfähigen Aspekten Radtke/Hohmann/*Ambos* EMRK Art. 6 Rn. 21–23 mwN.

[150] BVerfG (Vorprüfungsausschuss d. 2. Senats) 24.11.1983 – 2 BvR 121/83, EuGRZ 1984, 94 f.; BVerfG (3. Kammer d. 2. Senats) 5.2.2003 – 2 BvR 327/02, NJW 2003, 2228 mwN.

gerung sogar ein verfassungsunmittelbares (aus dem Rechtsstaatsprinzip abgeleitetes) **Verfahrenshindernis** in Frage kommen.[151] Das soll jedenfalls dann in Betracht kommen, wenn eine angemessene Berücksichtigung des Konventionsverstoßes im Rahmen einer Sachentscheidung nicht genügt. Die rechtsstaatswidrige Verfahrensverzögerung ist dann als Verfahrenshindernis von Amts wegen zu berücksichtigen.[152] Die Berechtigung des Ausnahmefalls ist zweifelhaft; das Eingreifen eines solchen Verfahrenshindernisses hinge von einer Wertentscheidung ab, in die Gesichtspunkte einzustellen sind, deren Bedeutung erst nach Durchführung des Erkenntnisverfahrens beurteilt werden können. Jenseits dessen kann auf die Verfahrensverzögerung mit der **Einstellung des Verfahrens** im Rahmen entsprechender gesetzlicher Möglichkeiten (etwa im allgemeinen Strafverfahren nach §§ 153, 153a StPO) reagiert werden:[153] im Jugendstrafrecht kann bei Vorliegen der Voraussetzungen **§ 47 JGG** zur Anwendung gelangen.[154] Die Kompensation kann auch über eine **Beschränkung des Verfahrensstoffs** auf der Grundlage von §§ 154, 154a StPO erfolgen.[155]

aa) Vollstreckungslösung im Allgemeinen. Die **Art und Weise des Konventions-**   42 **verstoßes** sowie sein **Ausmaß müssen festgestellt** und **in den Urteilsgründen dargelegt** werden.[156] Genügt bereits dies zur Kompensation, bedarf es keines weiteren Strafabschlags.[157] Genügt diese Kompensation nicht, besteht bei Anwendung des allgemeinen Strafrechts seit der Entscheidung des Großen Senats für Strafsachen des BGH vom 17.1.2008[158] die Pflicht, **in der Urteilsformel** als Kompensation für die rechtsstaatswidrige Verfahrensverzögerung **auszusprechen**, dass **ein zu beziffernder Teil** der nach den allgemeinen Regeln gebildeten Strafe bereits **als vollstreckt gilt (sog Vollstreckungslösung).**[159] Es ist allerdings rechtsfehlerhaft wegen der rechtsstaatswidrigen Verfahrensverzögerung, dem Modell der früheren sog Strafzumessungslösung entsprechend, diese bereits als solche bei der Strafbemessung zu berücksichtigen und zusätzlich die Vollstreckungslösung anzuwenden.[160]

bb) Vollstreckungslösung bei Jugendstrafe. Die **Auswirkungen der Vollstre-**   43 **ckungslösung für die** Kompensation rechtsstaatswidriger Verfahrensverzögerungen bei der **Jugendstrafe** sind **noch nicht vollständig geklärt.** In der obergerichtlichen **Rspr.** wird derzeit noch **zwischen** den **Anordnungsvoraussetzungen iS von § 17 Abs. 2 differenziert.**[161] Bei einer ausschließlich auf die „**Schwere der Schuld**" gestützten Jugendstrafe hat der 5. Strafsenat des BGH die **Anwendbarkeit der Vollstreckungslösung** anerkannt;[162] die so begründete Jugendstrafe muss daher nach den für deren Bemessung allgemein gebildeten Grundsätzen gebildet werden. Genügt die Feststellung des Konventionsverstoßes zu dessen Kompensation, bewendet es dabei. Reicht diese Art der Entschädigung für die konventionswidrige Verfahrensverzögerung nicht aus, muss – wie im allgemeinen

---

[151] Siehe BVerfG (3. Kammer d. 2. Senats) 5.2.2003 – 2 BvR 29/03, NJW 2003, 2228 f. mit zahlr. wN; BVerfG (3. Kammer d. 2. Senats) 5.2.2003 – 2 BvR 327/02 ua, NJW 2003, 2225 (2226) mwN; ebenso BGH 25.10.2000 – 2 StR 232/00, BGHSt 46, 159 (169) = NJW 2001, 1146.

[152] BGH 25.10.2000 – 2 StR 232/00, BGHSt 46, 159 (169); siehe dazu allg. Radtke/Hohmann/*Radtke*, StPO, Einl. Rn. 52 mwN.

[153] Vgl. BVerfG (3. Kammer d. 2. Senats) 5.2.2003 – 2 BvR 327/02 ua, NJW 2003, 2225 (2226) mwN; zur Anwendbarkeit der §§ 153, 153a StPO im Jugendstrafverfahren sowie ihrem Verhältnis zu §§ 45, 47 JGG siehe Radtke/Hohmann/*Radtke* StPO § 153 Rn. 40 und § 153a Rn. 18.

[154] Ebenso Brunner/*Dölling* Rn. 6d.

[155] BVerfG (3. Kammer d. 2. Senats) 5.2.2003 – 2 BvR 327/02 ua, NJW 2003, 2225 (2226) mwN.

[156] BVerfG (3. Kammer d. 2. Senats) 5.2.2003 – 2 BvR 29/03, NJW 2003, 2228; grundlegend BGH 17.1.2008 – GSSt 1/07, BGHSt 52, 124 (147 Rn. 55) = NJW 2008, 860.

[157] Exemplarisch BGH 28.9.2010 – 5 StR 330/10, StV 2011, 588 (589).

[158] BGH 17.1.2008 – GSSt 1/07, BGHSt 52, 124 (146 f. Rn. 56 f.) = NJW 2008, 860.

[159] Dazu etwa *Gaede* JZ 2008, 422; *Keiser* GA 2008, 686; *Kraatz* JR 2008, 189; *I. Roxin* GA 2010, 425; *Scheffler* StV 2009, 719.

[160] BGH 21.4.2011 – 3 StR 50/11, NStZ-RR 2011, 239.

[161] Vgl. Meier/Rössner/Trüg/Wulf/*Laue* Rn. 24; siehe auch *Ostendorf* StV 2011, 586.

[162] BGH 27.11.2008 – 5 StR 495/08, NStZ 2010, 94 (95); bestätigend – nicht tragend – BGH 28.9.2010 – 5 StR 330/10, StV 2011, 588 (589).

Strafrecht – im Urteilstenor ausgesprochen werden, dass ein zu beziffernder Teil dieser Jugendstrafe als bereits vollstreckt gilt.[163] Dagegen werden die Konsequenzen der Vollstreckungslösung einer ausschließlich oder zusätzlich auch auf „schädliche Neigungen" gestützten Jugendstrafe **in der Rspr. kontrovers beurteilt.** Der **3. Strafsenat des BGH** hatte in einer vor BGHSt (GS) 52, 124 ergangenen Entscheidung abgelehnt, bei einer so begründeten Jugendstrafe eine entsprechenden Abschlag vorzunehmen bzw. einen Teil der Strafe als bereits vollstreckt zu erklären.[164] Das **OLG Düsseldorf** hat in Bezug auf eine ausschließlich auf „schädliche Neigungen" gegründeten Jugendstrafe eine schematische Kompensation einer rechtsstaatswidrigen Verfahrensverzögerung für mit dem Erziehungsgedanken nicht ohne weiteres vereinbar gehalten.[165] Maßgeblich sei der Einzelfall unter Berücksichtigung des vorrangigen Erziehungsgedankens. Eine Kompensation durch Vornahme eines Abschlags dürfe jedoch nicht dazu führen, die zur Erreichung des Erziehungsziels erforderliche Dauer der Jugendstrafe zu unterschreiten.[166] Anhand der Verhältnisse des Einzelfalls hat der Senat bei einer auf 2 Jahre und 4 Monate lautenden Jugendstrafe einen Monat für vollstreckt erklärt und ausdrücklich ausgeschlossen, dadurch das erzieherisch erforderliche Mindestmaß der konkreten Jugendstrafe zu unterschreiten.[167] Der **5. Strafsenat des BGH** hat in nicht tragenden Erwägungen ausgeführt, einer Anwendung der Vollstreckungslösung auch auf eine Jugendstrafe, die neben der „Schwere der Schuld" auch auf „schädlichen Neigungen" beruht, zuzuneigen.[168]

44   **cc) Stellungnahme.** Es gibt keine aus Besonderheiten des Jugendstrafrechts resultierenden Gründe, die eine **Anwendung der Vollstreckungslösung** auf die Jugendstrafe ausschließen.[169] Angesichts der für allgemeines Strafrecht und Jugendstrafrecht im Hinblick auf den Beschleunigungsgrundsatz identischen konventionsrechtlichen (Art. 6 Abs. 1 S. 1 EMRK) und verfassungsrechtlichen Vorgaben **steht** bei einer nach den allgemeinen Maßstäben (→ Rn. 42 f.) anderweitig nicht ausreichend kompensierbaren Konventionsverletzung **das Ob einer Berücksichtigung** ohnehin **nicht in Frage.** Spielraum für divergierende Lösungen bleibt damit ohnehin lediglich bei dem Wie der Kompensation. Hier spricht für einen Gleichlauf von allgemeinem Strafrecht und Jugendstrafrecht im hier interessierenden Kontext die weitgehende Übereinstimmung des Strafzumessungsvorgangs in beiden Bereichen. Jeweils bildet das Ausmaß der (im Detail nach unterschiedlichen Aspekten zu bildenden) Einzeltatschuld den Ausgangspunkt für die Strafzumessung. Eine Abweichung von der im allgemeinen Strafrecht herangezogenen Vollstreckungslösung könnte sich nur aus Spezifika des Jugendstrafrechts ableiten lassen. Der insoweit meist angeführte Erziehungsgedanke[170] trägt angesichts seiner bei der Strafzumessung lediglich innerhalb des Schuldrahmens liegenden Bedeutung, weder eine Ablehnung einer Kompensation insgesamt noch zwischen den verschiedenen Anordnungsvoraussetzungen des § 17 Abs. 2 JGG differenzierende Kompensationslösungen. Die Problematik reduziert sich daher – bei beiden Anordnungsvoraussetzungen – auf die Frage, ob eine Kompensation nach der Vollstreckungslösung dazu führen kann, zu einer tatsächlichen Verbüßungsdauer zu gelangen, die unterhalb der Schwelle des für erzieherisch notwendig Erachteten liegt.[171] Gleiches gilt im Übrigen für eine Verbüßungsdauer unterhalb des Mindestschuldmaßes. Da die Gründe für das Vorliegen einer rechtsstaatswidrigen Verfahrensverzögerung und die für ihre Kompensation außerhalb von Aspekten des Unrechts- und Schuldgehalts der Tat liegen, kann ein Verzicht auf eine Kom-

---

[163] BGH 27.11.2008 – 5 StR 495/08, NStZ 2010, 94 (95).
[164] BGH 26.10.2006 – 3 StR 326/06, NStZ-RR 2007, 61 m. krit. Anm. *Ostendorf* StV 2008, 114.
[165] OLG Düsseldorf 4.3.2010 – III – 4 RVs 191/09, StV 2011, 585 (586) mAnm *Ostendorf*.
[166] OLG Düsseldorf 4.3.2010 – III – 4 RVs 191/09, StV 2011, 585 (586) mAnm *Ostendorf*.
[167] OLG Düsseldorf 4.3.2010 – III – 4 RVs 191/09, StV 2011, 585 (586) mAnm *Ostendorf*.
[168] BGH 28.9.2010 – 5 StR 330/10, StV 2011, 588 (589); OLG Düsseldorf 4.3.2010 – III – 4 RVs 191/09, StV 2011, 585 (586).
[169] Im Ergebnis wie hier *Ostendorf* StV 2011, 585; *Rose* ZJJ 2007, 217; *Eisenberg* JGG Rn. 15 f.
[170] Siehe BGH 26.10.2006 – 3 StR 326/06, NStZ-RR 2007, 61 m. krit. Anm. *Ostendorf* StV 2008, 114.
[171] Insoweit zutreffend die Ausgangserwägung von OLG Düsseldorf 4.3.2010 – III – 4 RVs 191/09, StV 2011, 585 (586).

pensation (bei Vorliegen der Voraussetzungen) weder mit Erwägungen zur Unterschreitung des Mindestschuldmaßes noch mit dem des erzieherisch Notwendigen begründet werden. Die notwendige Kompensation ist auch bei der Jugendstrafe stets nach der Vollstreckungslösung vorzunehmen. Das gilt auch dann, wenn dadurch die sich faktisch ergebende Vollzugsdauer Schuldmaß und Erziehungsbedarf unterschreiten.

D. Prozessuales

I. Darstellungsanforderungen im tatrichterlichen Urteil

§ 54 Abs. 1 JGG stellt für den Fall des Schuldspruchs über § 267 Abs. 3 StPO hinausge- **45** hende Anforderungen an die Darstellung der die Sanktionsbemessung bestimmenden Gesichtspunkte im tatrichterlichen Urteil; das gilt insbesondere im Hinblick auf die **Darlegungen zu der erforderlichen erzieherischen Einwirkung iS von Abs. 2** (→ Rn. 37 f.). Das tatrichterliche Urteil muss grundsätzlich eine **Gesamtwürdigung** der Persönlichkeit des Angeklagten enthalten (→ Rn. 36), die auch konkrete Ausführungen zu dem bestehenden Erziehungsbedarf und den zu erwartenden Wirkungen der Strafe enthalten muss (→ Rn. 37 f.). Erschöpft sich die tatrichterliche Strafzumessung in einer solchen, wie sie für die Strafbemessung im allgemeinen Strafrecht üblich ist, genügt dies den spezifischen jugendstrafrechtlichen Darlegungsanforderungen nicht und führt regelmäßig zur Aufhebung des Strafausspruchs (→ Rn. 18).[172] Das kann aber berechtigterweise nur bei Jugendstrafe bis zu fünf Jahren gelten, eine darüber hinausgehende Strafhöhe ist nicht erzieherisch, sondern lediglich mit dem Ausmaß der Einzeltatschuld und dem notwendigen Schuldausgleich zu begründen (→ Rn. 8).

Der nach Abs. 2 (innerhalb des Ausmaßes der Einzeltatschuld) für die Bemessung der **46** Jugendstrafe maßgebliche **erzieherische Bedarf** der Einwirkung durch die Jugendstrafe muss im Urteilszeitpunkt bestehen. Dementsprechend muss sich das Urteil, bezogen auf diesen Zeitpunkt, zu Art und Umfang der erzieherisch notwendigen Einwirkung verhalten (stRspr).[173] Damit ist verbunden, die weitere Entwicklung des Täters nach Tatbegehung zum Gegenstand von Feststellungen zu machen, soweit sich aus dem weitverstandenen Nachtatverhalten Rückschlüsse auf den erzieherischen Bedarf als Bemessungsfaktor der Jugendstrafe ergeben.

II. Rechtsmittel

Die nach § 55 zulässigen Rechtsmittel der Berufung oder der Revision können nach den **47** allgemeinen Regeln der sog Trennbarkeitsformel[174] wirksam auf den Rechtsfolgenausspruch beschränkt werden.[175] Mit der Sachrüge kann im Rahmen der **Revision** gegen den Strafausspruch sowohl geltend gemacht werden, dass der Tatrichter die für die Strafzumessung geltenden Grundsätze, insbesondere die Bedeutung des Erziehungsgedankens verkannt hat, als auch, dass er den aus § 54 JGG und § 267 Abs. 3 StPO resultierenden Darlegungsanforderungen (→ Rn. 47 f.) nicht genügt hat. Allerdings ist – wie im allgemeinen Strafrecht auch – die in Bezug auf die **eigentliche Strafzumessungsentscheidung** des Tatrichters die **revisionsgerichtliche Kontrolldichte eingeschränkt.** Diese können die tatrichterliche Strafzumessung lediglich daraufhin überprüfen, ob die Strafzumessungserwägungen als solche rechtlich fehlerhaft sind oder die verhängte Strafe ihrem auch im Jugendstrafrecht

---

[172] BGH 22.4.2015 – 2 StR 503/14, NStZ 2016, 105; 12.11.2015 – 3 StR 345/15, BeckRS 2016, 04653; 19.4.2016 – 1 StR 95/16, NStZ 2016, 683; 15.6.2016 – 1 StR 72/16, NStZ-RR 2016, 313 (315).
[173] Etwa BGH 25.8.2016 – 2 StR 585/15, NStZ-RR 2016, 351 f.; 22.4.2015 – 2 StR 503/14, NStZ 2016, 105.
[174] Knapp einführend KK-StPO/*Paul* StPO § 318 Rn. 7–8; Meyer-Goßner/Schmitt/*Meyer-Goßner* StPO § 318 Rn. 6–30b; Radtke/Hohmann/*Beukelmann* StPO § 318 Rn. 5 f.
[175] → § 17 Rn. 83.

bestehenden Zweck, gerechter Schuldausgleich zu sein, nicht mehr entspricht.[176] Trotz der begrenzten Kontrolldichte bei Strafzumessungsentscheidungen verfallen tatrichterliche Urteile der Aufhebung im Strafausspruch, die nicht ausreichend die Berücksichtigung der erforderlichen erzieherischen Einwirkung zum Ausdruck bringen (→ Rn. 48).

48   Bei unbeschränkter Revision soll eine **Schuldspruchänderung** durch das Revisionsgericht **nicht notwendig** mit einer **Aufhebung des Strafausspruchs** einhergehen müssen.[177] Es soll vielmehr in analoger Anwendung von § 354 Abs. 1 StPO der Strafausspruch über die Jugendstrafe aufrechterhalten bleiben können, wenn der Tatrichter die für die Bemessung der Jugendstrafe relevanten Gesichtspunkte unabhängig von der materiell-rechtlichen fehlerhaften Einordnung der Tat zutreffend gewürdigt hat.[178] Diese Betrachtung beruht auf einer weit reichenden Relativierung der Bedeutung des Schuldgehaltes der Tat im Verhältnis zu den erzieherischen Bedürfnissen. Sie ist daher im Ansatz nicht überzeugend und kann allenfalls dann akzeptiert werden, wenn mit der Schuldspruchänderung keine wesentliche Veränderung des Ausmaßes der Einzeltatschuld einhergeht. Das ist bei einer Schuldspruchänderung von Mord zu Totschlag kaum anzunehmen.[179] Erweist sich außerhalb der Konstellation der Schuldspruchberichtigung bei rechtsfehlerfreiem und vollständigem Strafzumessungssachverhalt die verhängte Jugendstrafe trotz Rechtsfehlern des Tatrichters bei der Strafzumessung als **„angemessen" iS von § 354 Abs. 1a StPO** kann das Revisionsgericht in der Sache selbst entscheiden (näher → § 17 Rn. 85);[180] es soll allerdings eine „gewisse Zurückhaltung" in der Anwendung der Vorschrift auf die Jugendstrafe geboten sein.[181]

§ 19 (aufgehoben)

Fünfter Abschnitt. Aussetzung der Jugendstrafe zur Bewährung

§ 20 (weggefallen)

§ 21 Strafaussetzung

(1) [1]**Bei der Verurteilung zu einer Jugendstrafe von nicht mehr als einem Jahr setzt das Gericht die Vollstreckung der Strafe zur Bewährung aus, wenn zu erwarten ist, daß der Jugendliche sich schon die Verurteilung zur Warnung dienen lassen und auch ohne die Einwirkung des Strafvollzugs unter der erzieherischen Einwirkung in der Bewährungszeit künftig einen rechtschaffenen Lebenswandel führen wird.** [2]**Dabei sind namentlich die Persönlichkeit des Jugendlichen, sein Vorleben, die Umstände seiner Tat, sein Verhalten nach der Tat, seine Lebensverhältnisse und die Wirkungen zu berücksichtigen, die von der Aussetzung für ihn zu erwarten sind.** [3]**Das Gericht setzt die Vollstreckung der Strafe auch dann zur Bewährung aus, wenn die in Satz 1 genannte Erwartung erst dadurch begründet wird, dass neben der Jugendstrafe ein Jugendarrest nach § 16a verhängt wird.**

(2) **Das Gericht setzt unter den Voraussetzungen des Absatzes 1 auch die Vollstreckung einer höheren Jugendstrafe, die zwei Jahre nicht übersteigt, zur Bewäh-**

---

[176] BGH 9.11.1996 – 4 StR 507/95, StV 1996, 270 (271); vgl. auch BGH 31.10.1995 – 5 StR 470/94, NStZ-RR 1996, 120 „Jugendstrafe darf nicht so niedrig bemessen sein, dass das Maß der Schuld verniedlicht wird"; Meier/Rössner/Trüg/Wulf/*Laue* Rn. 120.

[177] Siehe BGH 4.12.2003 – 5 StR 457/03, NStZ-RR 2004, 139 mAnm *Seebode* StV 2004, 596; 22.3.2006 – 5 StR 38/06, NStZ 2006, 574; *Eisenberg* JGG Rn. 27; Meier/Rössner/Trüg/Wulf/*Laue* Rn. 26.

[178] Vgl. BGH 7.9.1993 – 5 StR 455/93, NStZ 1994, 124.

[179] Anders BGH 7.9.1993 – 5 StR 455/93, NStZ 1994, 124.

[180] Vgl. BGH 17.3.2006 – 1 StR 577/05, NStZ 2006, 587; 20.11.2013 – 1 StR 476/13, NStZ-RR 2014, 92.

[181] BGH 27.10.2009 – 3 StR 404/09, NStZ-RR 2010, 56 (57).

rung aus, wenn nicht die Vollstreckung im Hinblick auf die Entwicklung des Jugendlichen geboten ist.

(3) ¹Die Strafaussetzung kann nicht auf einen Teil der Jugendstrafe beschränkt werden. ²Sie wird durch eine Anrechnung von Untersuchungshaft oder einer anderen Freiheitsentziehung nicht ausgeschlossen.

Schrifttum: *Weigelt*, Bewähren sich Bewährungsstrafen? Eine empirische Untersuchung der Praxis und des Erfolgs der Strafaussetzung von Freiheits- und Jugendstrafen, 2009; *Westphal*, Die Aussetzung der Jugendstrafe zur Bewährung gemäß § 21 JGG, 1995; weit. Nachw. wie zu § 17 und § 18 JGG.

A. Bedeutung der Vorschrift

I. Normzweck

Die Vorschrift ermöglicht dem zuständigen Gericht (→ Rn. 12) **die Vollstreckung** 1 **einer** zwei Jahre nicht übersteigenden **Jugendstrafe** bereits **mit** dem auf diese Sanktion **erkennenden Urteil** auszusetzen. Durch Art. 1 Nr. 3 Buchstabe a) Doppelbuchstabe bb) des Gesetzes zur Erweiterung der jugendgerichtlichen Handlungsmöglichkeiten[1] ist in Abs. 1 der S. 3 eingefügt worden, der die Aussetzung der Vollstreckung auch dann gestattet, wenn die positive Legalprognose erst dadurch begründet wird, dass gegen den Täter außer Jugendstrafe auch Arrest gemäß § 16a angeordnet wird (→ Rn. 23). Damit verfolgt der Gesetzgeber das Ziel, **mögliche** für die weitere Entwicklung des verurteilten Jugendlichen oder Heranwachsenden **nachteilige Wirkungen des Vollzugs** der verhängten Jugendstrafe **zu vermeiden.**[2] Dahinter steht die Erwartung, unter den Voraussetzungen von § 21 durch die die Aussetzung begleitenden Maßnahmen (Auflagen, Weisungen, Bewährungshilfe) günstigere Bedingungen für zukünftiges Legalverhalten der Verurteilten schaffen zu können, als dies mit den im (Jugend)Strafvollzug vorhandenen Instrumentarien möglich wäre. Aus den nach bewährungsweiser Strafaussetzung im Vergleich zu Verurteilten, bei denen die

---

[1] Vom 4.9.2012, BGBl. I S. 1854.
[2] Meier/Rössner/Trüg/Wulf/*Meier* Rn. 2; vgl. auch *Eisenberg* JGG Rn. 7.

Jugendstrafe vollstreckt worden ist, höheren Legalbewährungsquoten[3] kann nicht ohne Weiteres auf die Tragfähigkeit dieser Erwartung geschlossen werden. Der häufigere Rückfall bei Verurteilten, deren Strafen nicht zur Bewährung ausgesetzt worden sind, dürfte jedenfalls auch auf einer von vornherein höheren Kriminalitätsanfälligkeit beruhen, deren Vorhandensein sich regelmäßig bereits bei der Entscheidung über die Sanktionsart, deren konkreter Bemessung sowie bei der Entscheidung über die Aussetzung ausgewirkt haben dürfte.[4]

2   Die in § 21 getroffene Regelung weist sowohl bei dem Regelungszweck als auch bei der Konzeption Parallelen zu der primären Strafaussetzung gemäß § 56 StGB im allgemeinen Strafrecht auf. Die Aussetzungsmöglichkeit im Jugendstrafrecht trägt wie die nach § 56 StGB dem **verfassungsrechtlichen Übermaßverbot** Rechnung und setzt zugleich das ua aus dem Sozialstaatsprinzip abgeleitete **Resozialisierungsgebot**[5] um.[6] Konzeptionell liegt die Übereinstimmung mit dem allgemeinen Strafrecht in der Begrenzung der Höchstdauer der aussetzungsfähigen Strafe auf zwei Jahre. Unterschiede bestehen aber insoweit, als § 21 Abs. 2 die Aussetzung einer zwischen einem und zwei Jahren liegenden Jugendstrafe nicht wie § 56 Abs. 2 StGB von „besonderen Umständen" abhängig macht und die in § 56 Abs. 3 StGB enthaltene generalpräventive Vorbehaltsklausel („Verteidigung der Rechtsordnung") nicht existiert (näher → Rn. 30). Ob de lege ferenda eine Anhebung oder gar Aufhebung der bisherigen Begrenzung der Aussetzungsfähigkeit auf zwei Jahre Jugendstrafe erfolgen sollte, wird unterschiedlich beurteilt.[7]

3   Ob die bereits im Urteil des erkennenden Gerichts zur Bewährung ausgesetzte Jugendstrafe eine **eigenständige Sanktionsart** neben dem mit Freiheitsentzug verbundenen Arrest und der zu vollstreckenden Jugendstrafe **oder** lediglich eine **Vollstreckungsmodifikation** der Jugendstrafe ist, wird – ähnlich wie im allgemeinen Strafrecht[8] – kontrovers diskutiert.[9] **Praktische Konsequenzen** ergeben sich aus der Kontroverse **nicht.** Selbst wenn es sich, wofür bei kriminalpolitischer Betrachtung Manches spricht,[10] um eine eigenständige Sanktionsart handeln sollte, hat dies keine Auswirkungen auf die Anwendung des Verbots der reformatio in peius in §§ 331, 358 Abs. 2 StPO.[11] Eine nicht zur Bewährung ausgesetzte Jugendstrafe darf bei allein zugunsten des Verurteilten eingelegtem Rechtsmittel nicht in eine höhere Jugendstrafe bei Vollstreckungsaussetzung verändert werden und vice versa.[12] Erst recht berechtigt die Annahme der Eigenständigkeit einer bewährungsweisen Jugendstrafe nach § 21 nicht dazu, auf Jugendstrafe bei Aussetzung der Vollstreckung zu erkennen, ohne dass § 17 überhaupt die Verhängung dieser gestattet.[13] Abweichend vom allgemeinen Strafrecht wird wegen der Bedeutung des Erziehungsgedankens und des darauf beruhenden Strafzumessungskriteriums aus § 18 Abs. 2 (→ § 18 Rn. 15 ff.) für zulässig erachtet, die Jugendstrafe mit der Begründung, die Aussetzungsfähigkeit zu erreichen, auf nicht mehr als 2 Jahre zu bemessen.[14] Dem kann allenfalls insoweit zugestimmt werden, als – unabhängig von dem Anordnungsgrund aus § 17 – das Maß der Einzeltatschuld des Täters nicht eine über zwei Jahre hinausgehende Jugendstrafe gebietet und die Sanktionsbemessung nach Maßgabe von § 18 eine unterhalb der Grenze der Aussetzungsfähigkeit lie-

---

[3] Zu den rechtstatsächlichen Verhältnissen insoweit siehe *Ostendorf* Rn. 21.
[4] *Ostendorf* Rn. 21; in der Sache ebenso Meier/Rössner/Trüg/*Meier* Rn. 4.
[5] Vgl. BVerfG 1.7.1998 – 2 BvR 441/90 ua, BVerfG 98, 169.
[6] → StGB Vor § 56 Rn. 1.
[7] Diemer/Schatz/Sonnen/*Sonnen* Rn. 4 mwN.
[8] → StGB Vor § 38 Rn. 76 sowie ausführlich *Müller-Dietz*, Grundfragen des strafrechtlichen Sanktionensystems, S. 52 ff.
[9] Für die Eigenständigkeit vor allem *Westphal*, Die Aussetzung der Jugendstrafe, S. 155 ff.; *Ostendorf* Grdl. zu §§ 21–26a Rn. 3; im Ergebnis auch Diemer/Schatz/Sonnen/*Sonnen* Rn. 5; aA etwa *Eisenberg* JGG Rn. 4; *Streng*, Jugendstrafrecht Rn. 465; wohl auch Brunner/*Dölling* Rn. 2.
[10] → StGB Vor § 38 Rn. 76.
[11] Diemer/Schatz/Sonnen/*Sonnen* Rn. 5.
[12] Diemer/Schatz/Sonnen/*Sonnen* Rn. 5.
[13] Meier/Rössner/Trüg/*Wulf*/*Meier* Rn. 3; siehe auch *Eisenberg* JGG Rn. 4.
[14] *Eisenberg* JGG Rn. 4; *Ostendorf* Grdlg. z. §§ 21–26a Rn. 3; Meier/Rössner/Trüg/*Wulf*/*Meier* Rn. 2; siehe aber auch Brunner/*Dölling* Rn. 2.

gende Bemessung zulässt. Entgegen teilweise vertretener Auffassung[15] darf die **konkrete Strafzumessung** der Jugendstrafe grundsätzlich **nicht mit der Entscheidung über die Aussetzung** nach § 21 **vermischt** werden (→ § 18 Rn. 35).[16] Dementsprechend ist zunächst nach Maßgabe von § 18 innerhalb des durch die Einzeltatschuld gebildeten Rahmens zu bestimmen, in welchem Umfang Erziehungsdefizite bestehen und durch welche Einwirkungsmöglichkeiten in welchem Zeitraum diesen begegnet werden kann (näher → § 18 Rn. 18 f., 22 ff.). Mit dem **Gebot der Trennung der Strafzumessung von der Aussetzungsentscheidung** ist es nicht vereinbar, eine Jugendstrafe oberhalb zwei Jahren (nicht ausschließbar) zu verhängen, um die Aussetzung der Vollstreckung von vornherein zu vermeiden.[17]

Der Normzweck von § 21 (→ Rn. 1) steht mit dem von § 17 – auch bei einer auf das **4** Vorliegen „schädlicher Neigungen" gestützten Jugendstrafe – sowie mit dem von § 18 Abs. 2 in Einklang.[18] Im Kontext der „schädlichen Neigungen" als eine der beiden Anordnungs voraussetzungen ist im Rahmen des Schuldrahmens lediglich zu prüfen, ob die Notwendigkeit einer „längeren Gesamterziehung" besteht. Soweit nach den für die Sanktionsauswahl nach § 17 entscheidenden Gesichtspunkten und den Strafzumessungskriterien des § 18 auf eine aussetzungsfähige Jugendstrafe zu erkennen ist, hängt die Aussetzungsentscheidung gemäß § 21 davon ab, ob, bei „schädlichen Neigungen", die „Gesamterziehung" im Hinblick auf das Ziel zukünftigen legalen Verhaltens (→ Rn. 15 ff.) besser durch den Vollzug der Jugendstrafe oder durch die Aussetzung der Vollstreckung und die sie begleitenden Maßnahmen erreicht werden kann.[19]

II. Praktische Bedeutung und Wirkungen

Die praktische Bedeutung der Aussetzung der Vollstreckung der Jugendstrafe zur Bewäh- **5** rung ist erheblich. Im Anwendungsbereich von **§ 21 Abs. 1** (Jugendstrafe bis zu einem Jahr) wird die Vollstreckung in knapp 80 % aller entsprechenden Jugendstrafen ausgesetzt.[20] Im Anwendungsbereich von **§ 21 Abs. 2** (Jugendstrafe bis zu zwei Jahren) sind es immerhin noch zwischen 55–60 % aller einschlägigen Strafen.[21] Steht der Verurteilte die Bewährungszeit durch, wird die verhängte Jugendstrafe nach Ablauf der Bewährungsfrist erlassen (§ 26a) und der Strafmakel grundsätzlich (aber § 100 S. 2) für beseitigt erklärt (§ 100 S. 1). Ansonsten wird bei Vorliegen der Voraussetzungen von § 26 die Aussetzung widerrufen und die Strafe vollstreckt.

III. Weitere Aussetzungsmöglichkeiten in Bezug auf die Jugendstrafe

Das Jugendstrafrecht bietet weitere Möglichkeiten der Aussetzung einer Jugendstrafe **6** neben der in § 21 normierten primären Aussetzung.[22] Dem allgemeinen Strafrecht zumindest in der Konzeption, nicht in den Details entsprechend lässt **§ 88** die **Aussetzung** der Vollstreckung **der Reststrafe** nach einer grundsätzlich sechsmonatigen Mindestverbüßungsdauer zu.[23]

Abweichend vom allgemeinen Strafrecht kann das erkennende Gericht gemäß **§ 27** neben **7** einem Schuldspruch die **Verhängung einer auf „schädliche Neigungen" gestützten Jugendstrafe** für einen Zeitraum von höchstens zwei Jahren zur Bewährung aussetzen.

---

[15] *Westphal*, Die Aussetzung der Jugendstrafe, S. 163; *Ostendorf* Grdl. §§ 21–26a Rn. 3.
[16] Zutreffend BGH 12.3.2008 – 2 StR 85/08, NStZ 2008, 693; Brunner/*Dölling* Rn. 2.
[17] BGH 12.3.2008 – 2 StR 85/08, NStZ 2008, 693.
[18] Vgl. Brunner/*Dölling* § 17 Rn. 22; *Eisenberg* JGG Rn. 5.
[19] Insoweit ebenso BGH 12.3.2008 – 2 StR 85/08, NStZ 2008, 693; Diemer/Schatz/Sonnen/*Sonnen* Rn. 12.
[20] Ausführlicher zu den rechtstatsächlichen Verhältnissen *Ostendorf* Grdl. z. §§ 21–26a Rn. 5; Diemer/Schatz/Sonnen/*Sonnen* Rn. 2 f.
[21] *Ostendorf* Grdl. z. §§ 21–26a Rn. 5.
[22] Knapper Überblick bei *Radtke* ZStW 121 (2009), 416 (438–446) mwN.
[23] Zu den Voraussetzungen im Einzelnen siehe Meier/Rössner/Trüg/Wulf/*Kern* § 88 Rn. 4 ff.

Eine solche bewährungsweise Aussetzung des Strafausspruchs über die Jugendstrafe selbst kommt lediglich dann in Betracht, wenn das Tatgericht nach vollständiger Erfüllung seiner Amtsaufklärungspflicht aus tatsächlichen Gründen nicht hinreichend sicher das Vorliegen der für die Annahme „schädlicher Neigungen" erforderlichen Aspekte der Persönlichkeit des Angeklagten beurteilen kann.[24] Ob die nicht ausreichend sichere tatsächliche Grundlage lediglich das für die Verhängung einer Jugendstrafe erforderliche Ausmaß „schädlicher Neigungen" betrifft oder bereits deren Vorliegen als solches, wird kontrovers beurteilt.[25] Überschneidungen zwischen § 21 und § 27 sind an sich nicht denkbar, weil die primäre Aussetzung der Vollstreckung der Jugendstrafe einen in Bezug auf die Voraussetzungen der Verhängung der Jugendstrafe (§ 17), auf die Strafzumessungskriterien sowie auf die Aussetzungsvoraussetzungen hinreichend geklärten Sachverhalt verlangt.

8   Eine weitere Aussetzungsmöglichkeit hatte sich in der jugendgerichtlichen Praxis durch eine – teils einer ausreichenden gesetzlichen Grundlage entbehrenden[26] – extensiven Anwendung des Beschlussverfahrens nach **§ 57 Abs. 1,** der häufig **sog Vorbewährung,** entwickelt. Die Jugendgerichte haben die sog Vorbewährung gelegentlich aber auch dazu genutzt, eine neben §§ 21, 27 weitere Aussetzungsmöglichkeit zu schaffen, obwohl im Urteilszeitpunkt bereits eine tragfähige Prognosegrundlage besteht und Anhaltspunkte für greifbare Veränderungen in den prognoserelevanten Lebensumständen nicht vorhanden sind.[27] Letztlich lief dies auf die richterrechtliche Schaffung einer Form der Bewährungsaussetzung, der die gesetzliche Grundlage fehlte.[28] Eine solche Handhabung der Vorschrift verstieß gegen den auch die Rechtsfolgen der Straftat erfassenden verfassungsrechtlichen Bestimmtheitsgrundsatz des Art. 103 Abs. 2 GG.[29] Um diesem Zustand zu beenden, ist durch das „Gesetz zur Erweiterung der jugendgerichtlichen Handlungsmöglichkeiten" vom 4.9.2012[30] das Vorbehaltsurteil über eine nachträgliche Entscheidung über die Aussetzung der Jugendstrafe (§§ 57, 61–61b, 70a) eingeführt worden (→ § 17 Rn. 75–77).[31] Liegen die Voraussetzungen von § 61 Abs. 1 und 2 vor, wird der Vorbehalt durch Urteil des erkennenden Gerichts erklärt. Unterbleibt dies, kann nachträglich lediglich noch bei Bekanntwerden neuer Tatsachen gemäß § 57 Abs. 2 die Aussetzung erfolgen (→ § 61 Rn. 12).[32]

9   Bei der Verhängung von Jugendstrafe gegen drogenabhängige Täter müssen die Voraussetzungen der Aussetzung gem. § 21 auch dann geprüft werden, wenn eine **Zurückstellung der Strafvollstreckung gem. § 35 BtMG** in Betracht kommt.[33]

B. Anwendungsbereich

I. Anwendungsbereich in persönlicher Hinsicht

10   § 21 findet auf die zwei Jahre nicht übersteigende Jugendstrafe gegen **Jugendliche** Anwendung und zwar auch dann, wenn das Verfahren vor einem für allgemeine Strafsachen zuständigen Gericht geführt wird (§ 104 Abs. 1 Nr. 1). Dies gilt im letztgenannten Fall aber

[24] *Radtke* ZStW 121 (2009), 416 (441).

[25] *Eisenberg* JGG § 27 Rn. 11 einerseits und Meier/Rössner/Schöch/*Rössner* § 12 Rn. 25 andererseits; weit. Nachw. bei *Radtke* ZStW 121 (2009), 416 (441 Fn. 94).

[26] Siehe BT-Drs. 17/9389, 13; *Westphal,* Die Aussetzung der Jugendstrafe, S. 260 ff.; *Radtke* ZStW 121 (2009), 416 (444 f.); *Walter/Pieplow* NStZ 1988, 165 (166 ff.); ausführlich auch *Sommerfeld,* „Vorbewährung" nach § 57 JGG in Dogmatik und Praxis, 2007, S. 15 ff. und passim.

[27] BT-Drs. 17/9389, 13; *Westphal,* Die Aussetzung der Jugendstrafe, S. 260 ff.; *Radtke* ZStW 121 (2009), 416 (444 f.); *Walter/Pieplow* NStZ 1988, 165 (166 ff.); ausführlich auch *Sommerfeld,* „Vorbewährung" nach § 57 JGG in Dogmatik und Praxis, 2007, S. 15 ff. und passim.

[28] *Radtke* ZStW 121 (2009), 416 (444 f. mwN).

[29] Offen gelassen von BGH 9.2.2010 – 4 StR 578/09, BeckRS 2010, 06483.

[30] BGBl. I S. 1859 f.

[31] Ein davon abweichender Regelungsvorschlag der Vorbewährung findet sich bereits bei *Radtke* ZStW 121 (2009), 416 (449).

[32] Vgl. Meier/Rössner/Trüg/Wulf/*Meier* Rn. 22.

[33] Brunner/*Dölling* Rn. 16; näher *ders.* § 21 Rn. 17 f. und § 17 Rn. 26 mwN.

lediglich für die Aussetzungsentscheidung selbst nicht aber für die Folgeentscheidungen nach §§ 22–26a (siehe § 104 Abs. 5 S. 1, § 112 S. 1; näher → Rn. 12). Für **Heranwachsende** gilt § 21 dann, wenn auf diese Jugendstrafrecht angewendet wird (§ 105 Abs. 1, § 112 S. 1 und S. 2 iVm § 104 Abs. 1 Nr. 1). Innerhalb dieses Anwendungsbereichs kann nicht bestimmten Tätergruppen (etwa Gewissenstäter) von vornherein eine Aussetzung verwehrt werden (→ Rn. 21).

II. Anwendungsbereich in gegenständlicher Hinsicht

Die primäre Aussetzung nach § 21 gelangt **lediglich für die Jugendstrafe nach § 17** **11** zur Anwendung. Auf andere mit Freiheitsentziehung verbundene jugendstrafrechtliche Sanktionen (Jugendarrest) oder auf die Freiheitsstrafe des allgemeinen Strafrechts findet sie keine Anwendung. Wird ein Heranwachsender auf der Grundlage des allgemeinen Strafrechts zu einer (grundsätzlich aussetzungsfähigen) Freiheitsstrafe verurteilt, richtet sich die primäre Aussetzung nach § 56 StGB. § 21 Abs. 1 S. 3 in seiner ab 7.3.2013 geltenden Fassung ermöglicht die Aussetzung auch bei gleichzeitiger Verhängung eines (zu vollstreckenden) Jugendarrests gemäß § 16a (Einstiegs- oder Warnschussarrest; näher → Rn. 23).

III. Gerichtliche Zuständigkeit für die Anwendung

Grundsätzlich ist **das erkennende Gericht** für die Entscheidung über die Aussetzung **12** und im Fall ihrer Gewährung **auch für die Folgeentscheidungen nach §§ 22–26a** zuständig. Erfolgt die Verurteilung und dementsprechend die Aussetzungsentscheidung bezüglich der Jugendstrafe gegen einen jugendlichen oder heranwachsenden Verurteilten durch ein **für allgemeine Strafsachen zuständiges Gericht,** so sind die Folgeentscheidungen dem Jugendrichter zu übertragen, in dessen Bezirk sich der Verurteilte aufhält (§ 104 Abs. 5 S. 1, § 112 S. 1). Ordnet das **Revisionsgericht** in entsprechender Anwendung von § 354 Abs. 1 StPO selbst Aussetzung der Jugendstrafe an, sind die Folgeentscheidungen durch das zuständige Tatgericht zu treffen.[34]

C. Erläuterung

I. Konzeptionelles

Die primäre Aussetzung der Vollstreckung einer Jugendstrafe stimmt zwar in der Begren- **13** zung der Aussetzungsfähigkeit auf zwei Jahre mit der primären Aussetzung im allgemeinen Strafrecht gemäß § 56 StGB überein (→ Rn. 2) und nimmt an sich auch die Unterscheidung der Aussetzungsvoraussetzungen von Strafen unterhalb und oberhalb von einem Jahr auf. Allerdings ist in der Sache im Kontext von § 21 Abs. 2 nicht ohne weiteres zu erkennen, welche Kriterien bei einer ein Jahr übersteigenden Jugendstrafe trotz günstiger Prognose den Aussetzung entgegenstehen könnten (näher → Rn. 33 f.). Anders als § 56 Abs. 2 StGB im allgemeinen Strafrecht verlangt § 21 Abs. 2 keine „besonderen Umstände" sondern schließt eine Aussetzung nur dann aus, wenn die Vollstreckung der Strafe für die Entwicklung des Jugendlichen oder Heranwachsenden geboten ist. Diese Unterschiede in der Konzeption legen nahe, die Aussetzung auch bei oberhalb von 1 Jahr liegenden Jugendstrafen grundsätzlich zu gewähren und § 21 Abs. 2 nicht lediglich als Vorschrift zu interpretieren, die die Aussetzung in das Ermessen des zuständigen Gerichts legt (näher → Rn. 34).[35]

Die **Voraussetzungen der primären Aussetzung** einer zwischen sechs Monaten (vgl. **14** § 18 Abs. 1 S. 1) und einem Jahr liegenden Jugendstrafe **nach § 21 Abs. 1** und diejenigen bei einer über einem Jahr bis zu zwei Jahren liegenden Jugendstrafe **nach § 21 Abs. 2** **unterscheiden sich** lediglich **in der Klausel über das Gebotensein der Vollstreckung**

---

[34] BGH 9.2.2010 – 4 StR 578/09, BeckRS 2010, 06483.
[35] Vgl. *Eisenberg* JGG Rn. 12.

der Strafe für die Entwicklung des jugendlichen oder heranwachsenden Täters voneinander. Die übrigen Voraussetzungen der Aussetzung sind für den gesamten Anwendungsbereich der Vorschrift identisch.

II. Gemeinsame Voraussetzungen von Abs. 1 und 2

15   **1. Dauer aussetzungsfähiger Jugendstrafen. a) Maßstab.** Aussetzungsfähig sind lediglich Jugendstrafen, deren Dauer zwei Jahre nicht übersteigt. Eine auf zwei Jahre lautende Jugendstrafe kann daher ausgesetzt werden. Maßstab der Zeiteinheit ist die **Dauer der im Tenor ausgesprochenen Strafe.**[36] **Abs. 3 S. 2** stellt ausdrücklich klar, dass die für die Aussetzung nach dem Vorgenannten maßgebliche Dauer grundsätzlich **nicht durch** die Verkürzung der tatsächlichen Vollstreckungsdauer, die sich durch **Anrechnung** von Untersuchungshaft oder anderen vorangegangenen Freiheitsentziehungen (vgl. § 52a) ergeben kann, **beeinflusst** wird. Eine Ausnahme soll lediglich dann gelten, wenn durch die gebotene Anrechnung kein vollstreckbarer Rest einer an sich nach der ausgeurteilten Strafhöhe aussetzungsfähigen Strafe verbleibt.[37]

16   **b) Verbot der Teilaussetzung. Abs. 3 S. 2** schließt die Aussetzung der Vollstreckung eines Teils der verhängten Jugendstrafe aus. Eine oberhalb von zwei Jahren liegende **Jugendstrafe** kann daher nach der lex lata **weder in einen aussetzungsfähigen und einen nicht aussetzungsfähigen Teil noch in zwei je für sich aussetzungsfähige Teile aufgespalten** werden. In seinen faktischen Wirkungen führt der Warnschussarrest (§ 16a) allerding zu einer solchen gespaltenen Vollstreckung.[38] Ob eine ausgeurteilte Jugendstrafe von mehr als zwei Jahren aussetzungsfähig ist, wenn durch Anrechnung die im Urteilszeitpunkt erwartbare Vollstreckungsdauer unterhalb von zwei Jahren liegt, wird nicht einheitlich beurteilt.[39] Da die Höhe der ausgeurteilten Jugendstrafe der Maßstab der Aussetzungsfähigkeit ist und Abs. 3 S. 2 zum Ausdruck bringt, dass die Anrechnung von zuvor erlittener Freiheitsentziehung die Möglichkeit der Aussetzung der Jugendstrafe auf der Ebene der zeitlichen Voraussetzung nicht beeinflussen soll, kann eine Aussetzbarkeit in der genannten Konstellation einer durch Anrechnung unterhalb von zwei Jahren Vollstreckungsdauer liegenden Jugendstrafe nicht angenommen werden.[40] Ist eine **zwei Jahre übersteigende Jugendstrafe** verhängt worden, kommt lediglich eine **Aussetzung des Strafrestes** unter den Voraussetzungen von **§ 88** in Betracht.

17   **2. Günstige Legalprognose. a) Allgemeines.** Das Gesetz macht die primäre Aussetzung der Vollstreckung einer 2 Jahre nicht übersteigenden Jugendstrafe von der Erwartung abhängig, dass der Verurteilte auch ohne die Einwirkungen des Strafvollzuges einen „rechtschaffenen Lebenswandel" (näher → Rn. 18) führen wird. Ungeachtet der antiquierten Formulierung besteht in der Sache Einigkeit darüber, auf eine (günstige) Legalprognose abzustellen.[41] Es kommt damit ausschließlich auf die **Erwartung zukünftigen straffreien Verhaltens** an. In die **Prognose** sind als **Hauptkriterien** für die Beurteilung des zukünftigen Legalverhaltens des verurteilten Jugendlichen oder Heranwachsenden die bereits aufgrund der im Fall des Widerrufs **drohenden Strafvollstreckung ausgehenden Wirkun-**

---

[36] Meier/Rössner/Trüg/Wulf/*Meier* Rn. 5.
[37] Brunner/*Dölling* Rn. 5; *Eisenberg* JGG Rn. 4; *Ostendorf* Rn. 4; Meier/Rössner/Trüg/Wulf/*Meier* Rn. 5; für das allgemeine Strafrecht zu § 56 Abs. 4 StGB ebenso BGH 24.3.1982 – 3 StR 29/82, BGHSt, 31, 25 = NJW 1982, 1768 mAnm *Stree* NStZ 1982, 327; aA *Westphal*, Die Aussetzung der Jugendstrafe, S. 174 ff., dagegen aber zutreffend *Ostendorf* Rn. 4.
[38] Zu der von den die Bundesregierung in der 17. Wahlperiode stützenden Fraktionen vorgeschlagenen Konzeption des Warnschussarrests vgl. BT-Drs. 17/9389; siehe auch die davon abweichende Konzeption von *Radtke* ZStW 121 (2009), 414 (447–449).
[39] Siehe *Westphal*, Die Aussetzung der Jugendstrafe, S. 173; Brunner/*Dölling* Rn. 5; Diemer/Schatz/Sonnen/*Sonnen* Rn. 17 aE einerseits; Meier/Rössner/Trüg/Wulf/*Meier* Rn. 6 andererseits.
[40] AA Meier/Rössner/Trüg/Wulf/*Meier* Rn. 6.
[41] Siehe nur Brunner/*Dölling* Rn. 6; *Eisenberg* Rn. 14 ff.; *Ostendorf* Rn. 5; Meier/Rössner/Trüg/Wulf/*Meier* Rn. 8.

gen sowie diejenigen einzubeziehen, die **von den die Aussetzung begleitenden Maßnahmen** erwartet werden.[42] Subkriterien, die als Grundlagen der Legalprognose zu berücksichtigen sind, benennt das Gesetz nicht abschließend in Abs. 1 S. 2 (näher → Rn. 25 ff.). Maßgeblich ist eine **Gesamtwürdigung** von Tat und Täterpersönlichkeit als Grundlage der Prognose.[43]

b) Maßstab. Das Gesetz gibt als Maßstab für die Aussetzungsentscheidung lediglich die **18** **Erwartung eines zukünftig straffreien Lebens** (→ Rn. 17) des Verurteilten vor. Der Wortlaut „Erwartung" und erst recht das jeder Prognose immanente Maß an Unsicherheit über das Eintreffen des Prognostizierten legen nahe, sich im Hinblick auf das zukünftige Legalverhalten des Verurteilten an einem **Wahrscheinlichkeitsmaßstab** zu orientieren. Die Rspr. füllt die Erwartensklausel durch einen solchen aus und stellt darauf ab, ob die **Wahrscheinlichkeit zukünftiger Straffreiheit größer ist als diejenige weiterer Straffälligkeit.**[44] Ein solcher Maßstab belässt zwar dem Tatrichter erhebliche Spielräume bei der Prognose als solcher (zur revisionsgerichtlichen Kontrolle → Rn. 38), gibt aber anders als manche Ausführungen in der Wissenschaft (etwa „gewisse Chance der Legalbewährung"[45]) einen handhabbaren Maßstab vor, dessen Einhaltung über die der Prognose zugrunde gelegten Tatsachen einer begrenzten Überprüfung zugänglich ist. Geht das zuständige Gericht von gleich hoher Wahrscheinlichkeit erneuter Straffälligkeit einerseits und legalem Verhalten andererseits aus, kommt nach dem genannten Maßstab eine Aussetzung nicht in Betracht (str.);[46] der Grundsatz in dubio pro reo findet auf die Prognoseentscheidung selbst keine Anwendung.[47] Der vorgenannte **Prognosemaßstab** ist in **Ausnahmefällen von Gewissenstätern**[48] (und ggf. **Überzeugungstätern**[49]) **irrelevant,** in denen die Rückfallgefahr solche Straftaten betrifft, wegen deren erneuter Begehung aus verfassungsrechtlichen Gründen eine neue Bestrafung nicht in Frage kommt; in der Vergangenheit hat dies bei Totalverweigerern eine gewisse praktische Bedeutung gehabt.[50]

Bezieht sich die im vorgenannten Sinne überwiegende Wahrscheinlichkeit auch zukünfti- **19** ger Straffälligkeit lediglich auf die Begehung von **im Unrechts- und Schuldgehalt geringer Straftaten** wird wegen des Verhältnismäßigkeitsgrundsatzes und dem mit § 21 verfolgten Zweck, mögliche schädliche Wirkungen des Strafvollzugs zu vermeiden, eine Aussetzung dennoch auszusprechen sein.[51] Das folgt jedoch aus den vorgenannten Erwägungen, nicht aus dem Prognosemaßstab als solchem.

Der für die Prognoseentscheidung maßgebliche Wahrscheinlichkeitsmaßstab kann nur **20** auf der Grundlage von tatsächlichen Erkenntnissen über das Vorliegen oder Nichtvorliegen der in die Prognose einzubeziehenden Kriterien angewendet werden. Lassen sich einzelne von diesen der **Prognose zugrunde liegenden Tatsachen** trotz Erfüllung der Amtsaufklärungspflicht nicht klären, **gilt** insoweit der **Zweifelsgrundsatz.**[52]

c) Einzelfallbezogene Anwendung des Maßstabs. Nach allgM ist der vorgenannte **21** Maßstab einzelfallbezogen anzuwenden.[53] Das **schließt es aus,** bei **bestimmten Straftaten**

---

[42] Vgl. *Eisenberg* JGG Rn. 14; *Ostendorf* Rn. 5.

[43] BGH 9.11.1995 – 4 StR 507/95, NStZ-RR 1996, 133 f.; 26.10.2006 – 3 StR 326/06, NStZ-RR 2007, 61; Diemer/Schatz/Sonnen/*Sonnen* Rn. 12.

[44] Etwa BGH 29.10.1985 – 1 StR 444/85, StV 1986, 69; AG Saarbrücken 3.3.2011 – 26 Ls 29 Js 159/10, Abs. 90); siehe auch *Westphal*, Die Aussetzung der Jugendstrafe, S. 205; Brunner/*Dölling* Rn. 6b; *Ostendorf* Rn. 26; Meier/Rössner/Trüg/Wulf/*Meier* Rn. 9 mwN.

[45] Diemer/Schatz/Sonnen/*Sonnen* Rn. 11, vgl. auch *Ostendorf* Rn. 29.

[46] Meier/Rössner/Trüg/Wulf/*Meier* Rn. 18; aA vor allem *Westphal*, Die Aussetzung der Jugendstrafe, S. 196 ff.; vgl. auch Diemer/Schatz/Sonnen/*Sonnen* Rn. 11 mwN sowie *Ostendorf* Rn. 29.

[47] Meier/Rössner/Trüg/Wulf/*Meier* Rn. 18.

[48] Zum Gewissenstäter näher *Radtke* GA 2000, 19 mwN.

[49] Näher Brunner/*Dölling* Rn. 6b mwN.

[50] Diemer/Schatz/Sonnen/*Sonnen* Rn. 15; siehe auch Brunner/*Dölling* Rn. 6b.

[51] Meier/Rössner/Trüg/Wulf/*Meier* Rn. 9.

[52] *Eisenberg* JGG Rn. 16 aE mwN auf die entsprechende Beurteilung bei § 56 StGB.

[53] *Eisenberg* JGG Rn. 18; *Ostendorf* Rn. 22–25; Meier/Rössner/Trüg/Wulf/*Meier* Rn. 10 aE; siehe auch Brunner/*Dölling* Rn. 6 aE.

oder bei **bestimmten Straftätern von vornherein** die **Aussetzung** einer an sich aussetzungsfähigen Jugendstrafe **zu verneinen.**[54] Dementsprechend hat der BGH selbst die Aussetzung der Vollstreckung einer 2jährigen Jugendstrafe wegen eines im Zustand verminderter Schuldfähigkeit begangenen Mordes als rechtsfehlerfrei bewertet.[55] Die bei Straftaten nach dem BtMG vorhandenen Regelungen über den Aufschub der Vollstreckung (§§ 35, 38 BtMG) schließen diese Delikte nicht aus dem Anwendungsbereich von § 21 aus.[56] Vorstrafen des Täters und selbst die Begehung der jetzt verfahrensgegenständlichen Tat während laufender Bewährung[57] steht einer (erneuten) Aussetzung nicht schlechthin entgegen. Das gilt erst recht für frühere Auffälligkeit, bezüglich derer **Verfahrenserledigung gemäß § 45 oder § 47** erfolgt ist.[58] Soll darauf eine negative Prognose gestützt werden, bedarf es jedenfalls näherer Darlegungen den früheren Strafverfahren zugrunde liegenden Geschehnisse.[59] Sozial randständige Jugendlichen und Heranwachsenden darf die Aussetzung ebenfalls nicht ohne weiteres auf Hinweis auf diese Randständigkeit verwehrt werden; maßgeblich sind die Verhältnisse des Einzelfalls. Es ist nach diesem Maßstab sorgfältig zu prüfen, ob eher durch den Strafvollzug oder eher durch die eine Bewährung begleitenden ambulanten Maßnahmen die Bedingungen für zukünftiges Legalverhalten beeinflusst werden können.[60] Welches Gewicht den einzelnen in die Prognose einbezogenen Umständen zukommt, hat der Tatrichter einzelfallbezogen zu beurteilen. Es gibt **keine generalisierbare Rangfolge** berücksichtigungsfähiger **prognoserelevanter Umstände.**[61]

22   **d) Zeitpunkt der Prognose.** Die Prognose über das zukünftige Legalverhalten muss auf die zum **Zeitpunkt des tatrichterlichen Urteils vorhandenen prognoserelevanten Kriterien** bezogen sein **(allgM).**[62] Es müssen daher in die einzelfallbezogene Gesamtwürdigung sämtliche Veränderungen, die sich in der Phase zwischen Tatbegehung sowie deren Aburteilung ergeben haben und die Anhaltspunkte für das künftige Legalverhalten geben können, vom Tatgericht berücksichtigt werden. Bedeutsam können vor allem **Änderungen in den Lebensumständen des Täters** sein; insoweit gilt Ähnliches (nicht Identisches)[63] wie bei der Beurteilung des Erziehungsbedarfs im Rahmen der Zumessung der Jugendstrafe nach § 18 Abs. 2 (näher → § 18 Rn. 31 f., 39–41). Solche Veränderungen können sich sowohl zugunsten als auch zuungunsten des Verurteilten auswirken.[64] Im Hinblick auf den Wahrscheinlichkeitsmaßstab der Prognose (→ Rn. 18) kommt es maßgeblich darauf an, ob sich bis zu der tatrichterlichen Entscheidung diejenigen Umstände verändert haben, die zu der Begehung der abgeurteilten Straftat geführt haben.[65] Die Maßgeblichkeit des Urteilszeitpunkts für die Prognose eröffnet dem (verteidigten) Angeklagten die Möglichkeit, die Bedingungen für eine positive Prognose durch eigenes Verhalten nach der Tat zu beeinflussen bzw. überhaupt erst zu schaffen.[66] Aus richterlicher Sicht ist die Berufungseinlegung nicht ganz selten durch die Erwägung motiviert, Zeit für entsprechende veränderte Lebensumstände zu gewinnen (etwa Aufnahme einer Berufsausbildung etc). Bei der Prognose im Rahmen von § 21 wird regelmäßig die insbesondere bei Jugendlichen meist rascher und sprunghafter als bei Erwachsenen verlaufende Entwicklung zu bedenken sein.[67]

---

[54] Brunner/*Dölling* Rn. 6 aE; *Eisenberg* JGG § 21 Rn. 18; *Ostendorf* Rn. 21 und 22.
[55] BGH 16.11.1993 – 4 StR 591/93, StV 1994, 598 (599).
[56] Meier/Rössner/Trüg/*Wulf/Meier* Rn. 9.
[57] BGH 9.11.1995 – 4 StR 507/95, NStZ-RR 1996, 133 f.
[58] BGH 26.3.2015 – 2 StR 539/14, BGHR JGG § 21 Sozialprognose 1.
[59] BGH 26.3.2015 – 2 StR 539/14, BGHR JGG § 21 Sozialprognose 1.
[60] Zutreffend *Ostendorf* Rn. 25 mwN.
[61] Wie hier bereits Meier/Rössner/Trüg/Wulf/*Meier* Rn. 10 aE.
[62] Siehe nur BGH 8.10.1990 – 4 StR 426/90, StV 1991, 424; ebenso bereits BGH 26.6.1980 – 4 StR 294/80, (unveröffentlicht).
[63] Vgl. BGH 12.3.2008 – 2 StR 85/08, NStZ 2008, 693.
[64] Vgl. *Eisenberg* JGG Rn. 15.
[65] Brunner/*Dölling* Rn. 6; BGH 10.9.1985 – 1 StR 416/85, StV 1986, 68 (bzgl. des Erziehungsbedarfs im Sinne von § 18 JGG).
[66] Meier/Rössner/Trüg/Wulf/*Meier* Rn. 17 mwN.
[67] Näher *Eisenberg* JGG Rn. 20.

Ein Teil der Schwierigkeiten der Prognose über das zukünftige Legalverhalten resultiert, **23** neben der jeder Aussage über die Zukunft immanenten Unsicherheit, aus den in diese einzubeziehenden Kriterien des § 21 Abs. 1 S. 2 selbst. So lassen sich zwar ein Teil der dort genannten Umstände bezogen auf den Urteilszeitpunkt feststellen (etwa Vorleben, Tatumstände, Verhalten nach der Tat). Die vom Schuld- und Strafausspruch sowie die von den vorgesehenen, die Aussetzung begleitenden Maßnahmen ausgehenden Wirkungen haben selbst einen prognostischen Charakter. Die **Prognose** über das zukünftige Legalverhalten des jugendlichen oder heranwachsenden Verurteilten beruht also insoweit selbst **auf einer bewusst unsicheren Tatsachengrundlage.** Die Unsicherheit in Bezug auf die Tatsachengrundlage der Prognose ist durch den am 4.3.2012 in Kraft tretenden Abs. 1 S. 3[68] noch erhöht worden. Diese Vorschrift ermöglicht die Aussetzung der Vollstreckung der ausgeurteilten Jugendstrafe auch dann, wenn die Erwartung eines zukünftig straffreien Lebens (→ Rn. 18) des Verurteilten erst aufgrund der Wirkungen des neben der Jugendstrafe verhängten und zu vollstreckenden Jugendarrests gemäß § 16a (sog Einstiegs- oder Warnschussarrest) begründet wird.[69] Angesichts der begrenzten Dauer des Jugendarrests und der dementsprechend wenig umfänglichen und intensiven Einwirkungsmöglichkeiten der Arrestanstalt während des Vollzugs ist nur schwer zu erkennen, welche Umstände des Einstiegs- oder Warnschussarrestes die Grundlage für eine positive Legalprognose bilden sollen, die ohne die Einwirkung des Arrests nach der gesetzlichen Konzeption ja gerade (noch) nicht gegeben ist. Diese Bedenken gelten erst recht angesichts der bei der Klientel des Arrests nach § 16a ohnehin regelmäßig bereits vorhandenen Erfahrungen mit Freiheitsentziehungen. Letztlich stellt sich die auf Abs. 1 S. 3 gestützte Prognose als eine Erwartenserwartung dar.

e) Prognosemethodik. Für die nach § 21 zu treffende **individuelle Kriminalprog- 24 nose** als Wahrscheinlichkeitsaussage über das zukünftige Legalverhalten einer Person[70] stehen dem zuständigen Tatgericht an sich sämtliche bekannten Prognosemethoden zur Verfügung.[71] Tatsächlich wird in der gerichtlichen Praxis jedoch nahezu ausschließlich die **intuitive Methode** angewendet, bei der das Gericht auf der Grundlage seiner Erfahrung über die Bedeutung der prognoserelevanten Kriterien eine Individualprognose vornimmt.

f) Gesamtwürdigung von Täterpersönlichkeit und Tat. Nach **stRspr** ist für die **25** Anwendung von § 21 (nicht ausschließlich für Abs. 2) eine Gesamtwürdigung der in der Tat und in der Täterpersönlichkeit liegenden Umstände erforderlich.[72] In diese Würdigung sind – wie sich bereits aus dem für die Prognose maßgeblichen Urteilszeitpunkt ergibt – insbesondere solche nach der Tat eingetretenen Umstände einzubeziehen, aus denen sich Erkenntnisse über eine eventuelle Stabilisierung der Lebenssituation des Täters gewinnen lassen.[73]

g) Einzelne Kriterien (Abs. 1 S. 2). aa) Persönlichkeit. Die Bedeutung von Persön- **26** lichkeitsmerkmalen für das zukünftige Legalverhalten ist generell und im Einzelfall schwer zu beurteilen.[74] Am ehesten können hier psychotische oder neurotische Zustände relevant sein, soweit diese nicht bereits die Schuldfähigkeit ausschließen.[75]

---

[68] Siehe Art. 1 Nr. 3 und Art. 2 des Gesetzes zur Erweiterung der jugendgerichtlichen Handlungsmöglichkeiten 4.9.2012, BGBl. I S. 1854 und S. 1857.
[69] Vgl. BT-Drs. 17/9389, 33 (in der elektronischen Vortabfassung).
[70] *Brettel* in *Göppinger,* Kriminologie, 6. Aufl. 2008, § 14 Rn. 1.
[71] Vgl. *Brettel* in *Göppinger,* Kriminologie, § 14 Rn. 32 und 35; *Schöch* in *Kaiser/Schöch,* Kriminologie Jugendstrafrecht Strafvollzug, 7. Aufl. 2010, Fall 6 Rn. 7 ff. jeweils mwN; siehe aber auch Meier/Rössner/ Trüg/Wulf/*Meier* Rn. 16 bzgl. der Unverhältnismäßigkeit der klinischen Prognose.
[72] BGH 12.3.1987 – 4 StR 94/87, BGHR JGG § 21 Abs. 2 Gesamtwürdigung 2; 9.11.1995 – 4 StR 507/ 95, NStZ-RR 1996, 133; 26.10.2006 – 3 StR 326/06, NStZ-RR 2007, 61; OLG Bamberg 5.5.2011 – 3 Ss 44/11, NStZ 2012, 165 (Gesamtwürdigung bereits bei § 21 Abs. 1 JGG).
[73] BGH 14.3.1987 – 2 StR 52/86, StV 1986, 307; 9.11.1995 – 4 StR 507/95, NStZ-RR 1996, 133.
[74] *Ostendorf* Rn. 10.
[75] *Ostendorf* Rn. 10.

27   **bb) Vorleben.** In der Praxis der Jugendgerichte sind **Art und Umfang früherer Straffälligkeit** des Verurteilten für die Legalprognose wesentliche Umstände.[76] Notwendig ist jedoch stets eine einzelfallbezogene Betrachtung (→ Rn. 21). Frühere Straffälligkeit und selbst die Begehung der jetzt abgeurteilten Tat während laufender Bewährung aus einer früheren Verurteilung stehen der (erneuten) Aussetzung nicht zwingend entgegen – das gilt erst recht bei Erledigung früherer Verfahren gemäß §§ 45, 47[77] (→ Rn. 21). Es bedarf näherer Darlegungen der früher begangenen Taten.[78] Maßgeblich ist, ob die Bedingungen, die zur Begehung der früheren und der jetzigen Tat geführt haben, sich dergestalt verändert haben, dass keine überwiegende Wahrscheinlichkeit erneuter Straffälligkeit besteht.[79] Getilgte oder tilgungsreife Vorstrafen dürfen nicht berücksichtigt werden (§ 51 BZRG). Liegt zwischen den (auch einschlägigen) Vorstrafen und der jetzigen Tat ein längerer Abstand, kommt dennoch eine Aussetzung in Betracht, wenn insgesamt unter Berücksichtigung der übrigen Kriterien noch von einer überwiegenden Wahrscheinlichkeit zukünftiger Legalbewährung ausgegangen werden kann. Will der Tatrichter eine frühere Straftatbegehung, über die noch nicht rechtskräftig entschieden ist, berücksichtigen, treffen ihn erhebliche Darstellungsanforderungen in Bezug auf diese Tat, um nicht in Widerspruch mit der Unschuldsvermutung in Art. 6 Abs. 2 EMRK zu geraten.[80]

28   **cc) Tatumstände.** Anders als im Rahmen der für § 18 maßgeblichen Strafzumessungsschuld (→ § 18 Rn. 24 ff.) haben von den Umständen der Tat lediglich die **zum Handlungsunrecht gehörenden Komponenten** Bedeutung.[81] Es kommt insbesondere auf die Beweggründe des Täters für die Tatbegehung und seine mit der Tat verfolgten Ziele sowie auf die in der Tat zum Ausdruck gekommene Einstellung zum Recht und zu den Rechtsgütern Dritter an, wenn und soweit sich daraus Rückschlüsse für das zukünftige Legalverhalten gewinnen lassen.

29   **dd) Nachtatverhalten.** Das im Rahmen der Prognose zu berücksichtigende Nachtatverhalten stimmt in weiten Teilen mit den für die Strafzumessung nach § 18 relevanten Umständen des Verhaltens des Täters nach der Tat überein (näher → § 18 Rn. 31). **Zulässiges Verteidigungsverhalten** darf in keinem Fall zu Lasten des Verurteilten in der Kriminalprognose berücksichtigt werden.[82]

30   **ee) Lebensverhältnisse.** Den zum Zeitpunkt des tatrichterlichen Urteils existenten Lebensverhältnissen des Verurteilten sowie dessen bereits sicher absehbaren zukünftigen Entwicklung kommt erhebliche prognostische Bedeutung zu.[83] Ausschlaggebend sind wiederum Änderungen der aktuellen Verhältnisse, die sich in der Vergangenheit als für den Jugendlichen oder Heranwachsenden kriminogen erwiesen haben (→ § 18 Rn. 31).[84] Relevant kann also etwa das Lösen aus der peer group, innerhalb derer die bisherige Straffälligkeit begangen wurde, sein; Gleiches kann für das Eingehen einer festen Beziehung, wenn davon eine stabilisierende Wirkung zu erwarten ist, sowie bei Jugendlichen für eine Rückkehr in geordnete familiäre Verhältnisse und (Wieder)Aufnahme der Schul- oder Berufsausbildung gelten (→ § 18 Rn. 31). Sich durch die Erfüllung bzw. Einhaltung der Auflagen und Weisungen (§ 23) erst (absehbar) ergebende Veränderungen in den Lebensver-

---

[76] Näher dazu die Untersuchungsergebnisse von *Spieß* KrimPäd. 1989, 9; siehe aber auch die (zutreffende) Relativierung durch Brunner/*Dölling* Rn. 6a.
[77] BGH 26.3.2015 – 2 StR 539/14, BGHR JGG § 21 Sozialprognose 1.
[78] BGH 26.3.2015 – 2 StR 539/14, BGHR JGG § 21 Sozialprognose 1.
[79] Siehe etwa BGH 17.10.1996 – 4 StR 400/96, StV 1998, 259 (zu § 56 Abs. 1 und 2 StGB).
[80] Näher Satzger/Schmitt/Widmaier/*Mosbacher* StGB § 56 Rn. 16 mwN.
[81] Zutreffend *Ostendorf* Rn. 15.
[82] BGH 18.4.2001 – 3 StR 101/01, StV 2001, 505 (zu § 56 StGB in Bezug auf einen Überzeugungstäter); *Eisenberg* JGG Rn. 25; zur Unzulässigkeit der Berücksichtigung zulässigen Verteidigungsverhaltens bei der Bemessung der Jugendstrafe gemäß → § 18 Rn. 35; exemplarisch BGH 7.10.2009 – 2 StR 283/09, NStZ-RR 2010, 88.
[83] Meier/Rössner/Trüg/Wulf/*Meier* Rn. 13.
[84] Vgl. Brunner/*Dölling* Rn. 6.

hältnissen des Verurteilten sind zu berücksichtigen (siehe aber auch → § 61 Rn. 19–23).[85]
Das Tatgericht hat regelmäßig auch zu beachten, dass sich die Lebensverhältnisse durch eine
bereits erlittene Untersuchungshaft oder die Wirkungen von bereits laufenden Erziehungsmaßregeln oder sonstigen Erziehungsmaßnahmen verändern können.

ff) Wirkungen der Verurteilung und der die Aussetzung begleitenden Maßnah- 31
men. In die erforderliche einzelfallbezogene Gesamtwürdigung von Täterpersönlichkeit
und Tat muss das Gericht auch diejenigen Wirkungen einbeziehen, die es einerseits aus
dem Umstand der Verurteilung zu Jugendstrafe (und der damit drohenden möglichen Vollstreckung im Fall des Widerrufs) und andererseits von den ambulanten Maßnahmen erwartet, die nach den §§ 22 ff. mit der Aussetzungsentscheidung verbunden werden. Insoweit
beruht die Prognose über das zukünftige Legalverhalten des Verurteilten auf prognostizierten, erst zukünftig als eintretend erwarteten Umständen und damit – nicht unproblematisch – auf Erwartenserwartungen. Die Einbeziehung der erwarteten Wirkungen in der
vorstehend bezeichneten Weise geht über § 54 mit entsprechenden **Darlegungsanforde-**
rungen im tatrichterlichen Urteil einher. Der Tatrichter muss sich zu den (erwarteten)
Wirkungen im Einzelnen äußern.[86] Wie sich ua aus dem Fehlen einer § 56 Abs. 3 StGB
entsprechenden Klausel in § 21 ergibt, dürfen **generalpräventive Erwägungen** über die
Wirkung der Strafe **nicht** in Entscheidung über die Aussetzung einbezogen werden
(allgM).[87]

3. Aussetzungspflicht. Stellt das zuständige Gericht eine positive Legalprognose, geht 32
also von einer überwiegenden Wahrscheinlichkeit zukünftig straffreien Lebens des Verurteilten aus, ist es verpflichtet, die Aussetzung auszusprechen (allgM).[88] Ein Ermessen im technischen Sinne besteht nicht. Allerdings lässt die Prognose selbst sowie die Bewertung der
dieser zugrunde liegenden Umstände dem Tatrichter erhebliche Spielräume. Angesichts der
nur begrenzten revisionsgerichtlichen Kontrolldichte (→ Rn. 38) der Entscheidung über
die Aussetzung ist diese de facto einer Ermessensentscheidung nicht unähnlich. Ob die
Aussetzungspflicht nur dann besteht, wenn der **Verurteilte** mit der Aussetzung **einverstan-**
den ist, wird kontrovers beurteilt.[89] Da die positive Prognose regelmäßig auch auf den die
Aussetzung begleitenden Maßnahmen beruht, sollte das Einverständnis des Verurteilten
eingeholt werden. Anderenfalls besteht eine nicht unerhebliche Gefahr mangelnder Mitwirkung an der Erreichung des Ziels künftigen Legalverhaltens auch ohne die Einwirkungen
des Strafvollzugs.

Der **Zeitpunkt der Erfüllung der Aussetzungspflicht** ist im JGG **differenziert gere-** 33
gelt. Das Gericht kann die Aussetzung bei einer nach § 21 Abs. 1 und 2 aussetzungsfähigen
Jugendstrafe entweder in dem den Schuldspruch enthaltenden Urteil aussprechen, unter
den Voraussetzungen von § 61 Abs. 1 oder 3 späteren Beschluss vorbehalten oder nachträglich durch Beschluss unter den Voraussetzungen von § 57 Abs. 1 oder 2 entscheiden (näher
→ § 61 Rn. 7–12).

III. Besonderheiten der Aussetzung nach Abs. 2

Die primäre Aussetzung einer 1 Jahr aber nicht 2 Jahre übersteigenden Jugendstrafe ist 34
trotz positiver Prognose (→ Rn. 17–30) nach dem Wortlaut von Abs. 2 ausgeschlossen,
wenn die Vollstreckung der Strafe im Hinblick auf die **Entwicklung des Verurteilten**
geboten ist. Dieser Wortlaut unterscheidet sich erheblich von der bis 1990 geltenden Fas-

---

[85] *Eisenberg* JGG Rn. 24 mwN.; vgl. auch OLG Hamm 11.8.2015 – 3 Ws 275/15, ZJJ 2016, 302.
[86] Vgl. OLG Hamm 11.8.2015 – 3 Ws 275/15, ZJJ 2015, 302 (bzgl. der Verlängerung der Höchstfrist
der Vorbewährungszeit).
[87] Siehe nur *Ostendorf* Rn. 18.
[88] Brunner/*Dölling* Rn. 9; Meier/Rössner/Trüg/Wulf/*Meier* Rn. 19; *Diemer/Schatz/Sonnen/Sonnen* Rn. 6;
vgl. auch BGH 9.2.2010 – 4 StR 578/09, BeckRS 2010, 06483.
[89] Für ein Einverständniserfordernis grundsätzlich *Eisenberg* Rn. 26, im Ergebnis auch Meier/Rössner/
Trüg/Wulf/*Meier* Rn. 15; dagegen *Westphal*, Die Aussetzung der Jugendstrafe, S. 231.

sung, die – in Übereinstimmung mit § 56 Abs. 3 StGB – auf „besondere Umstände in der Tat und der Person des Jugendlichen" abstellte.[90] Der Gesetzgeber hat die Änderung ua auf die Erwägung gestützt, dass die die Aussetzung begleitenden ambulanten Einwirkungsmöglichkeiten besser als der Vollzug mit seinen Instrumentarien geeignet sein kann, günstigere Bedingungen für ein zukünftig straffreies Leben zu schaffen.[91] Angesichts der Gründe für die Änderung und der bewussten Abweichung von der im allgemeinen Strafrecht geltenden Regelung (§ 56 Abs. 3 StGB) wird allgemein die **Aussetzung der von Abs. 2 erfassten Jugendstrafen als Regelfall** gefolgt.[92] Nicht anders als bei der Aussetzung der von § 21 Abs. 1 erfassten Jugendstrafen **muss** die Vollstreckung **ausgesetzt werden,** wenn eine günstige Prognose vorhanden ist und – insoweit anders als bei Abs. 1 – die Gebotsklausel nicht entgegensteht.[93]

35   **Inhalt und Anwendungsbereich** der Gebotenheitsklausel **des Abs. 2** sind **weitgehend unklar.**[94] Da eine positive Prognose ohnehin durchgängige Voraussetzung der Aussetzung der Vollstreckung der Jugendstrafe ist, können an sich erzieherisch bzw. spezialpräventive Gründe keine Rolle für die Gebotenheit spielen, denn diese sind bereits im Rahmen der Prognose berücksichtigt.[95] Maßstab des Gebotenseins der Vollstreckung ist die „Entwicklung" des Jugendlichen. Bedarf es für die Beeinflussung der Entwicklung des Verurteilten aber gerade der Einwirkung durch den Vollzug der Strafe und der im Jugendstrafvollzug zur Verfügung stehenden Instrumentarien, kann kaum eine positive Prognose gestellt worden sein, die ja gerade eine überwiegende Wahrscheinlichkeit zukünftigen Legalverhaltens bei Aussetzung und der sie begleitenden ambulanten Maßnahmen verlangt.[96] Kaum verwunderlich enthalten die Gesetzesmaterialen zum 1. Gesetz zur Änderung des JGG (1. JGGÄndG),[97] das Abs. 2 seine heutige Gestalt gegeben hat, keine Erläuterungen oder Beispielsfälle zur möglichen Anwendung der Gebotenheitsklausel. Von der Notwendigkeit einer Vollstreckung kann jedenfalls nicht ausgegangen werden, wenn die „absehbare weitere Entwicklung" trotz positiver Prognose gegen eine Aussetzung spricht.[98] Ist eine ungünstige Entwicklung des Verurteilten bereits im Prognosezeitpunkt absehbar, fehlt es schon an der positiven Prognose selbst. Auch die **Gefahr einer unzureichenden Warnwirkung** lediglich der Verurteilung ohne Vollzug der verhängten Strafe, ist **kein Anwendungsfall.** Hier fehlt es bereits an der positiven Prognose, weil absehbar ist, dass eine Verhaltensänderung ohne die Einwirkung durch den Vollzug nicht herbeigeführt werden kann.[99] **Generalpräventiv ausgerichtete Gründe** können schon wegen des ausschließlich auf die Entwicklung des Jugendlichen (oder Heranwachsenden) abstellenden Wortlauts **nicht** die Gebotenheit der Vollstreckung begründen **(allgM).**[100] Das gilt wegen des insoweit eindeutigen Wortlauts („Entwicklung … des Jugendlichen") auch, als es um die in der Bestrafung und im Vollzug der Strafe zum Ausdruck kommenden Aspekt der Normbestätigung (näher → § 17 Rn. 12 aE) geht. Besteht eine günstige Legalprognose kann daher die Vollstreckung einer aussetzungsfähigen, oberhalb eines Jahres liegenden Jugendstrafe nicht damit begründet werden, dies sei zum Schuldausgleich und zur Stabilisierung der Geltung der verletzten Norm[101] geboten. **Anwendungsfälle für** die Ablehnung einer Aussetzung einer zwischen einem und zwei Jahren liegenden Jugendstrafe **(Abs. 2) bei positiver Prognose** sind damit auf

---

[90] Vgl. Brunner/*Dölling* Rn. 10; siehe auch BT-Drs. 11/5829, 30.

[91] BT-Drs. 11/5829, 30.

[92] Siehe nur Brunner/*Dölling* Rn. 9; Meier/Rössner/Trüg/Wulf/*Meier* Rn. 20 aE; Diemer/Schatz/Sonnen/*Sonnen* Rn. 18.

[93] Brunner/*Dölling* Rn. 9.

[94] Meier/Rössner/Trüg/Wulf/*Meier* Rn. 21; Diemer/Schatz/Sonnen/*Sonnen* Rn. 19.

[95] Zutreffend insoweit Brunner/*Dölling* Rn. 11.

[96] Im Ergebnis ebenso bereits Meier/Rössner/Trüg/Wulf/*Meier* Rn. 21; Diemer/Schatz/Sonnen/*Sonnen* Rn. 19.

[97] BGBl. 1990 I S. 1853.; dazu BT-Drs. 11/5829, 20.

[98] So aber Brunner/*Dölling* Rn. 11.

[99] Meier/Rössner/Trüg/Wulf/*Meier* Rn. 21.

[100] Siehe nur BT-Drs. 11/5829, 20; *Ostendorf* Rn. 19; Diemer/Schatz/Sonnen/*Sonnen* Rn. 19.

[101] Zum Verhältnis von Schuldausgleich und Normstabilisierung → § 17 Rn. 12 aE.

der Grundlage des geltenden Rechts **nicht ersichtlich.**[102] Das gilt unabhängig davon, ob die Jugendstrafe nach § 17 Abs. 2 auf „schädliche Neigungen" oder auf die „Schwere der Schuld" oder kumulativ auf beide Anordnungsvoraussetzungen gestützt worden ist **(teilw. str.).**[103]

Die **höchstrichterl. Rspr.** hat sich bislang – soweit ersichtlich – zu dem Inhalt der **36** Gebotenheitsklausel nicht verhalten. Es entspricht aber gefestigter rechtsmittelgerichtlicher Rspr. von den Tatrichtern die Entscheidung über die Aussetzung auch und gerade nach Abs. 2 auf der Grundlage einer **Gesamtwürdigung von Tat und Täterpersönlichkeit** zu verlangen.[104] Die Gesamtwürdigung bezieht sich dabei allein auf die Voraussetzungen der Aussetzung; mit den Voraussetzungen der Sanktionsauswahl (§ 17 Abs. 2) und vor allem der konkreten Bemessung der Strafhöhe (§ 18 Abs. 2) darf diese nicht vermischt werden.[105]

D. Prozessuales

I. Darstellungsanforderungen im tatrichterlichen Urteil

Obwohl **§ 54 Abs. 1** nicht ausdrücklich die Entscheidung über die Aussetzung als **37** Gegenstand der Urteilsgründe benennt, müssen sich diese bei der Verhängung einer aussetzungsfähigen Jugendstrafe zu den Gründen für die Gewährung ebenso verhalten wie zu denjenigen der Ablehnung der Aussetzung (die in der Sache nur bei ungünstiger Prognose in Betracht kommt).[106] Werden frühere Strafverfahren gegen den Betroffenen als Anknüpfungstatsachen der Kriminalprognose herangezogen, müssen die entsprechenden Taten näher festgestellt werden.[107] Die Aussetzung der Vollstreckung als solche erfolgt im **Urteilstenor,** wenn und soweit die Entscheidung darüber nicht entweder gemäß § 61 Abs. 1 oder 2 vorbehalten wird oder im (engen) Rahmen von § 57 Abs. 1 (→ Rn. 8 f.) ein nachträgliches Beschlussverfahren erfolgt.

Über die mit der im Urteil ausgesprochenen Aussetzung einhergehenden **Nebenent-** **38** **scheidungen** der Bewährung nach §§ 22–25 wird durch **gesonderten Beschluss des erkennenden Gerichts** befunden (§ 58 Abs. 1).

II. Rechtsmittel

1. Berufung und Revision. Die nach § 55 zulässigen Rechtsmittel der Berufung oder **39** der Revision können nach den allgemeinen Regeln der sog Trennbarkeitsformel[108] wirksam auf den Rechtsfolgenausspruch und selbst **auf die Frage der Strafaussetzung**[109] als solche **beschränkt werden.** Allerdings enthält **§ 59 Abs. 1** in Bezug auf Letzteres eine **vorgehende Sonderregelung** als die Entscheidung über die Aussetzung, unabhängig ob beja-

[102] Im Ergebnis weitgehend ebenso *Westphal*, Die Aussetzung der Jugendstrafe, S. 249; Meier/Rössner/Trüg/Wulf/*Meier* Rn. 21; Diemer/Schatz/Sonnen/*Sonnen* Rn. 19; vorsichtiger *Eisenberg* JGG Rn. 12 und 13a „weniger zurückhaltend anzuwenden sein als die Kann-Regelung in § 56 Abs. 2 StGB"; *Ostendorf* Rn. 29 „im Regelfall Bewährung auszusprechen"; wenige Anwendungsfälle sieht Brunner/*Dölling* Rn. 11 „bei absehbarer Entwicklung".
[103] Teilweise anders Brunner/*Dölling* Rn. 11, der bei auf „Schwere der Schuld" beruhender Jugendstrafe Anwendungsfälle für denkbar zu halten scheint; umgekehrt will *Ostendorf* Rn. 7 bei „Schwere der Schuld" – insoweit zutreffend – stets Aussetzung innerhalb der 2 Jahres-Grenze annehmen, hält anderes aber bei kumulativen Anordnungsvoraussetzungen für möglich; siehe dazu auch *Westphal*, Die Aussetzung der Jugendstrafe, S. 230.
[104] BGH 12.3.1987 – 4 StR 94/87, BGHR JGG § 21 Abs. 2 Gesamtwürdigung 2; 9.11.1995 – 4 StR 507/95, NStZ-RR 1996, 133; 26.10.2006 – 3 StR 326/06, NStZ-RR 2007, 61; siehe auch OLG Bamberg 5.5.2011 – 3 Ss 44/11, NStZ 2012, 165.
[105] Vgl. BGH 12.3.2008 – 2 StR 85/08, NStZ 2008, 693.
[106] Meier/Rössner/Trüg/Wulf/*Buhr* § 54 Rn. 60.
[107] BGH 26.3.2015 – 2 StR 539/14, BGHR JGG § 21 Sozialprognose 1.
[108] Knapp einführend KK-StPO/*Paul* StPO § 318 Rn. 7–8; Meyer-Goßner/Schmitt/*Meyer-Goßner* StPO § 318 Rn. 6–30b; Radtke/Hohmann/*Beukelmann* StPO § 318 Rn. 5 f.
[109] Siehe BGH 15.5.2001 – 4 StR 306/00, BGHSt 47, 32 (35).

hend oder verneinend, aus Gründen der Beschleunigung **isoliert mit der sofortigen Beschwerde** anzugreifen ist (→ Rn. 40).[110] Die entsprechende Aufspaltung ist nicht unproblematisch und kann zu Zuständigkeitskollisionen führen.[111] Im Rahmen der **Revision** überprüft das Revisionsgericht die tatrichterliche Entscheidung über die Aussetzung bzw. deren Ablehnung an sich lediglich im Hinblick auf das **Vorliegen von Ermessensfehlern;**[112] die tatrichterliche Entscheidung ist innerhalb dessen bis zur Grenze des Vertretbaren hinzunehmen. Angesichts des Zwangs zur Aussetzung bei positiver Prognose (→ Rn. 18) gilt dies im Kontext von § 21 Abs. 1 und 2 aber lediglich hinsichtlich der Prognose selbst; Mängel bei der Feststellung der Prognosebasis sind ebenso revisibel wie eine mangelnde Gesamtwürdigung (→ Rn. 24). Verhält sich das Urteil zur Aussetzungsfrage nicht, obwohl eine aussetzungsfähige Strafe verhängt worden ist, liegt regelmäßig ein Darlegungsfehler als sachlich-rechtlicher Mangel vor.[113] Hat das Tatgericht ausreichende Feststellungen zum Strafzumessungssachverhalt einschließlich des für die Aussetzung relevanten Tatsachenstoffs getroffen, kann das **Revisionsgericht** als **eigene Sachentscheidung** die **Aussetzung in entsprechender Anwendung von § 354 Abs. 1 StPO** anordnen; für die Begleitentscheidungen (§§ 22–25) bleibt das Tatgericht zuständig.[114] Revisibel ist die durch das Tatgericht vorgenommene Entscheidung über die Anwendung von § 27 im Verhältnis zu § 21 sowie der – in ihrer Zulässigkeit zweifelhaften – Vorbewährung gegenüber § 21.[115] Das gilt jedenfalls insoweit als das Tatgericht die jeweiligen rechtlichen Grundlagen für die unterschiedlichen Aussetzungsmöglichkeiten verkannt hat.

40   **2. Sofortige Beschwerde und (einfache) Beschwerde (§ 59 Abs. 1 und 2).** Soll **isoliert die Entscheidung über** die Gewährung oder Ablehnung der primären **Aussetzung** der Vollstreckung der Jugendstrafe angefochten werden, hat dies gemäß **§ 59 Abs. 1** mit der **sofortigen Beschwerde** zu erfolgen.[116] Das gilt sowohl bei einer Entscheidung im Urteil als auch im nachträglichen Beschlussverfahren. Anders als das Revisionsgericht kann das Beschwerdegericht eigene ergänzende Feststellungen treffen; eine Anhörung des Verurteilten ist rechtlich nicht vorgegeben aber sinnvoll.

41   Die die Aussetzung begleitenden **Nebenentscheidungen** können mit der einfachen Beschwerde angegriffen werden (§ 59 Abs. 2).

§ 22 Bewährungszeit

(1) [1]**Der Richter bestimmt die Dauer der Bewährungszeit.** [2]**Sie darf drei Jahre nicht überschreiten und zwei Jahre nicht unterschreiten.**

(2) [1]**Die Bewährungszeit beginnt mit der Rechtskraft der Entscheidung über die Aussetzung der Jugendstrafe.** [2]**Sie kann nachträglich bis auf ein Jahr verkürzt oder vor ihrem Ablauf bis auf vier Jahre verlängert werden.** [3]**In den Fällen des § 21 Abs. 2 darf die Bewährungszeit jedoch nur bis auf zwei Jahre verkürzt werden.**

§ 23 Weisungen und Auflagen

(1) [1]**Der Richter soll für die Dauer der Bewährungszeit die Lebensführung des Jugendlichen durch Weisungen erzieherisch beeinflussen.** [2]**Er kann dem Jugendlichen auch Auflagen erteilen.** [3]**Diese Anordnungen kann er auch nachträglich tref-**

---

[110] Exemplarisch OLG Hamm 11.8.2015 – 3 Ws 275/15, ZJJ 2016, 302.
[111] Vgl. Meier/Rössner/Trüg/Wulf/*Meier* § 59 Rn. 8 f. mwN.
[112] Für das allgemeine Strafrecht siehe nur BGH 26.4.2007 – 4 StR 55/06, NStZ-RR 2007, 232; Radtke/Hohmann/*Nagel* StPO § 337 Rn. 34 mwN.
[113] Brunner/*Dölling* Rn. 15.
[114] BGH 9.2.2010 – 4 StR 578/09, BeckRS 2010, 06483.
[115] Zu Letzterem BGH 9.2.2010 – 4 StR 578/09, BeckRS 2010, 06483; siehe zur ansonsten kontrovers diskutierten Anfechtung von Vorbehaltsentscheidungen Meier/Rössner/Trüg/Wulf/*Meier* § 59 Rn. 4 mwN.
[116] Exemplarisch OLG Hamm 11.8.2015 – 3 Ws 275/15, ZJJ 2016, 302.

fen, ändern oder aufheben. ⁴Die §§ 10, 11 Abs. 3 und § 15 Abs. 1, 2, 3 Satz 2 gelten entsprechend.

(2) Macht der Jugendliche Zusagen für seine künftige Lebensführung oder erbietet er sich zu angemessenen Leistungen, die der Genugtuung für das begangene Unrecht dienen, so sieht der Richter in der Regel von entsprechenden Weisungen oder Auflagen vorläufig ab, wenn die Erfüllung der Zusagen oder des Anerbietens zu erwarten ist.

§ 24 Bewährungshilfe

(1) ¹Der Richter unterstellt den Jugendlichen in der Bewährungszeit für höchstens zwei Jahre der Aufsicht und Leitung eines hauptamtlichen Bewährungshelfers. ²Er kann ihn auch einem ehrenamtlichen Bewährungshelfer unterstellen, wenn dies aus Gründen der Erziehung zweckmäßig erscheint. ³§ 22 Abs. 2 Satz 1 gilt entsprechend.

(2) ¹Der Richter kann eine nach Absatz 1 getroffene Entscheidung vor Ablauf der Unterstellungszeit ändern oder aufheben; er kann auch die Unterstellung des Jugendlichen in der Bewährungszeit erneut anordnen. ²Dabei kann das in Absatz 1 Satz 1 bestimmte Höchstmaß überschritten werden.

(3) ¹Der Bewährungshelfer steht dem Jugendlichen helfend und betreuend zur Seite. ²Er überwacht im Einvernehmen mit dem Richter die Erfüllung der Weisungen, Auflagen, Zusagen und Anerbieten. ³Der Bewährungshelfer soll die Erziehung des Jugendlichen fördern und möglichst mit dem Erziehungsberechtigten und dem gesetzlichen Vertreter vertrauensvoll zusammenwirken. ⁴Er hat bei der Ausübung seines Amtes das Recht auf Zutritt zu dem Jugendlichen. ⁵Er kann von dem Erziehungsberechtigten, dem gesetzlichen Vertreter, der Schule, dem Ausbildenden Auskunft über die Lebensführung des Jugendlichen verlangen.

§ 25 Bestellung und Pflichten des Bewährungshelfers

¹Der Bewährungshelfer wird vom Richter bestellt. ²Der Richter kann ihm für seine Tätigkeit nach § 24 Abs. 3 Anweisungen erteilen. ³Der Bewährungshelfer berichtet über die Lebensführung des Jugendlichen in Zeitabständen, die der Richter bestimmt. ⁴Gröbliche oder beharrliche Verstöße gegen Weisungen, Auflagen, Zusagen oder Anerbieten teilt er dem Richter mit.

§ 26 Widerruf der Strafaussetzung

(1) ¹Das Gericht widerruft die Aussetzung der Jugendstrafe, wenn der Jugendliche
1. in der Bewährungszeit eine Straftat begeht und dadurch zeigt, daß die Erwartung, die der Strafaussetzung zugrunde lag, sich nicht erfüllt hat,
2. gegen Weisungen gröblich oder beharrlich verstößt oder sich der Aufsicht und Leitung des Bewährungshelfers beharrlich entzieht und dadurch Anlaß zu der Besorgnis gibt, daß er erneut Straftaten begehen wird, oder
3. gegen Auflagen gröblich oder beharrlich verstößt.
²Satz 1 Nr. 1 gilt entsprechend, wenn die Tat in der Zeit zwischen der Entscheidung über die Strafaussetzung und deren Rechtskraft begangen worden ist. ³Wurde die Jugendstrafe nachträglich durch Beschluss ausgesetzt, ist auch § 57 Absatz 5 Satz 2 des Strafgesetzbuches entsprechend anzuwenden.

(2) Das Gericht sieht jedoch von dem Widerruf ab, wenn es ausreicht,
1. weitere Weisungen oder Auflagen zu erteilen,

2. die Bewährungs- oder Unterstellungszeit bis zu einem Höchstmaß von vier Jahren zu verlängern oder

3. den Jugendlichen vor Ablauf der Bewährungszeit erneut einem Bewährungshelfer zu unterstellen.

(3) [1]Leistungen, die der Jugendliche zur Erfüllung von Weisungen, Auflagen, Zusagen oder Anerbieten (§ 23) erbracht hat, werden nicht erstattet. [2]Das Gericht kann jedoch, wenn es die Strafaussetzung widerruft, Leistungen, die der Jugendliche zur Erfüllung von Auflagen oder entsprechenden Anerbieten erbracht hat, auf die Jugendstrafe anrechnen. [3]Jugendarrest, der nach § 16a verhängt wurde, wird in dem Umfang, in dem er verbüßt wurde, auf die Jugendstrafe angerechnet.

§ 26a Erlaß der Jugendstrafe

[1]Widerruft der Richter die Strafaussetzung nicht, so erläßt er die Jugendstrafe nach Ablauf der Bewährungszeit. [2]§ 26 Abs. 3 Satz 1 ist anzuwenden.

Sechster Abschnitt. Aussetzung der Verhängung der Jugendstrafe

§ 27 Voraussetzungen

Kann nach Erschöpfung der Ermittlungsmöglichkeiten nicht mit Sicherheit beurteilt werden, ob in der Straftat eines Jugendlichen schädliche Neigungen von einem Umfang hervorgetreten sind, daß eine Jugendstrafe erforderlich ist, so kann der Richter die Schuld des Jugendlichen feststellen, die Entscheidung über die Verhängung der Jugendstrafe aber für eine von ihm zu bestimmende Bewährungszeit aussetzen.

§ 28 Bewährungszeit

(1) Die Bewährungszeit darf zwei Jahre nicht überschreiten und ein Jahr nicht unterschreiten.

(2) [1]Die Bewährungszeit beginnt mit der Rechtskraft des Urteils, in dem die Schuld des Jugendlichen festgestellt wird. [2]Sie kann nachträglich bis auf ein Jahr verkürzt oder vor ihrem Ablauf bis auf zwei Jahre verlängert werden.

§ 29 Bewährungshilfe

[1]Der Jugendliche wird für die Dauer oder einen Teil der Bewährungszeit der Aufsicht und Leitung eines Bewährungshelfers unterstellt. [2]Die §§ 23, 24 Abs. 1 Satz 1 und 2, Abs. 2 und 3 und die §§ 25, 28 Abs. 2 Satz 1 sind entsprechend anzuwenden.

§ 30 Verhängung der Jugendstrafe; Tilgung des Schuldspruchs

(1) [1]Stellt sich vor allem durch schlechte Führung des Jugendlichen während der Bewährungszeit heraus, daß die in dem Schuldspruch mißbilligte Tat auf schädliche Neigungen von einem Umfang zurückzuführen ist, daß eine Jugendstrafe erforderlich ist, so erkennt das Gericht auf die Strafe, die es im Zeitpunkt des Schuldspruchs bei sicherer Beurteilung der schädlichen Neigungen des Jugendlichen ausgesprochen hätte. [2]§ 26 Absatz 3 Satz 3 gilt entsprechend.

(2) Liegen die Voraussetzungen des Absatzes 1 Satz 1 nach Ablauf der Bewährungszeit nicht vor, so wird der Schuldspruch getilgt.

Siebenter Abschnitt. Mehrere Straftaten

§ 31 Mehrere Straftaten eines Jugendlichen

(1) [1]Auch wenn ein Jugendlicher mehrere Straftaten begangen hat, setzt das Gericht nur einheitlich Erziehungsmaßregeln, Zuchtmittel oder eine Jugendstrafe fest. [2]Soweit es dieses Gesetz zuläßt (§ 8), können ungleichartige Erziehungsmaß-regeln und Zuchtmittel nebeneinander angeordnet oder Maßnahmen mit der Strafe verbunden werden. [3]Die gesetzlichen Höchstgrenzen des Jugendarrestes und der Jugendstrafe dürfen nicht überschritten werden.

(2) [1]Ist gegen den Jugendlichen wegen eines Teils der Straftaten bereits rechts-kräftig die Schuld festgestellt oder eine Erziehungsmaßregel, ein Zuchtmittel oder eine Jugendstrafe festgesetzt worden, aber noch nicht vollständig ausgeführt, ver-büßt oder sonst erledigt, so wird unter Einbeziehung des Urteils in gleicher Weise nur einheitlich auf Maßnahmen oder Jugendstrafe erkannt. [2]Die Anrechnung bereits verbüßten Jugendarrestes steht im Ermessen des Gerichts, wenn es auf Jugendstrafe erkennt. [3]§ 26 Absatz 3 Satz 3 und § 30 Absatz 1 Satz 2 bleiben unbe-rührt.

(3) [1]Ist es aus erzieherischen Gründen zweckmäßig, so kann das Gericht davon absehen, schon abgeurteilte Straftaten in die neue Entscheidung einzubeziehen. [2]Dabei kann es Erziehungsmaßregeln und Zuchtmittel für erledigt erklären, wenn er auf Jugendstrafe erkennt.

§ 32 Mehrere Straftaten in verschiedenen Alters- und Reifestufen

[1]Für mehrere Straftaten, die gleichzeitig abgeurteilt werden und auf die teils Jugendstrafrecht und teils allgemeines Strafrecht anzuwenden wäre, gilt einheitlich das Jugendstrafrecht, wenn das Schwergewicht bei den Straftaten liegt, die nach Jugendstrafrecht zu beurteilen wären. [2]Ist dies nicht der Fall, so ist einheitlich das allgemeine Strafrecht anzuwenden.

Zweites Hauptstück. Jugendgerichtsverfassung und Jugendstrafverfahren

Dritter Abschnitt. Jugendstrafverfahren

Vierter Unterabschnitt. Verfahren bei Aussetzung der Jugendstrafe zur Bewährung

§ 61 Vorbehalt der nachträglichen Entscheidung über die Aussetzung

(1) Das Gericht kann im Urteil die Entscheidung über die Aussetzung der Jugendstrafe zur Bewährung ausdrücklich einem nachträglichen Beschlussverfah-ren vorbehalten, wenn
1. nach Erschöpfung der Ermittlungsmöglichkeiten die getroffenen Feststellun-gen noch nicht die in § 21 Abs. 1 Satz 1 vorausgesetzte Erwartung begründen können und
2. auf Grund von Ansätzen in der Lebensführung des Jugendlichen oder sonstiger Umstände die Aussicht besteht, dass eine solche Erwartung in absehbarer Zeit (§ 61a Abs. 1) begründet sein wird.

(2) Ein entsprechender Vorbehalt kann auch ausgesprochen werden, wenn

1. in der Hauptverhandlung Umstände der in Absatz 1 Nummer 2 genannten Art hervorgetreten sind, die allein oder in Verbindung mit weiteren Umständen die in § 21 Absatz 1 Satz 1 vorausgesetzte Erwartung begründen könnten,

2. die Feststellungen, die sich auf die nach Nummer 1 bedeutsamen Umstände beziehen, aber weitere Ermittlungen verlangen und

3. die Unterbrechung oder Aussetzung der Hauptverhandlung zu erzieherisch nachteiligen oder unverhältnismäßigen Verzögerungen führen würde.

(3) [1]Wird im Urteil der Vorbehalt ausgesprochen, gilt § 16a entsprechend. [2]Der Vorbehalt ist in die Urteilsformel aufzunehmen. [3]Die Urteilsgründe müssen die dafür bestimmenden Gründe anführen. [4]Bei der Verkündung des Urteils ist der Jugendliche über die Bedeutung des Vorbehalts und seines Verhaltens in der Zeit bis zu der nachträglichen Entscheidung zu belehren.

Schrifttum: *Baier*, Die Bedeutung der Aussetzung der Verhängung der Jugendstrafe nach § 27 JGG und der Vorbewährung in der jugendgerichtlichen Praxis in Bayern, 2015; *Beulke*, Die §§ 61–61b, 89 JGG, Bewährungsprobe bestanden? Gedächtnisschrift für Michael Walter, 2014, 259; *Flümann*, Die Vorbewährung nach § 57 JGG – Voraussetzungen, Handhabung und Bedeutung, 1983; *Eisenberg*, Das Gesetz zur Erweiterung jugendgerichtlicher Handlungsmöglichkeiten vom 04.09.2012, StV 2013, 44; *Jäckel*, Aussetzung der Verhängung einer Jugendstrafe, Strafaussetzung zur Bewährung und Vorbewährung im Jugendstrafrecht, JA 2010, 102; *Radtke*, Der sogenannte Warnschussarrest im Jugendstrafrecht – Verfassungsrechtliche Vorgaben und dogmatisch-systematische Einordnung, ZStW 121 (2009), 416; *Riekenbrauk*, „Haben Sie mich verstanden?!" … oder über die Pflicht, sich im Jugendstrafverfahren verständlich zu machen, ZJJ 2014, 200; *Sommerfeld*, „Vorbewährung" nach § 57 JGG in Dogmatik und Praxis, 2007; *Walter/Pieplow*, Zur Zulässigkeit eines Vorbehalts der Vollstreckungsentscheidung, insbesondere einer „Vorbewährung" gemäß § 57 Jugendgerichtsgesetz, NStZ 1998, 165; *Weidinger*, Die Strafaussetzungsmöglichkeiten zur Bewährung im deutschen Jugendstrafrecht, 2011; *Werner-Eschenbach*, Jugendstrafrecht. Ein Experimentierfeld für neue Rechtsinstitute, 2005.

Übersicht

A. Bedeutung der Vorschrift

I. Normzweck

Nach der Konzeption und den Vorstellungen des Gesetzgebers bei der Einführung von **1**
§ 61 durch das Gesetz zur Erweiterung der jugendgerichtlichen Handlungsmöglichkeiten
vom 4.9.2012[1] bezweckt die Vorschrift im Verbund mit §§ 61a und b eine **prozedurale
Erweiterung** der in § 21 eröffneten Möglichkeit, die Vollstreckung einer zwei Jahre nicht
übersteigenden Jugendstrafe bereits im Urteil des erkennenden Gerichts zur Bewährung
auszusetzen.[2] § 61 Abs. 1 und 2 lassen unter den jeweiligen gesetzlichen Voraussetzungen
(→ Rn. 18–23 und Rn. 24–30) ein **Vorbehaltsurteil** zu. Das erkennende Jugendgericht
kann nach seinem Ermessen (→ Rn. 31) im auf Schuldspruch und Verhängung einer an
sich aussetzungsfähigen Jugendstrafe (→ § 21 Rn. 11 und 15) lautenden Urteil vorbehalten,
über die bewährungsweise Aussetzung der Vollstreckung in der Frist aus § 61a Abs. 1 erst
nachträglich durch Beschluss zu entscheiden. Wie sich aus den Voraussetzungen des Vorbehaltsurteils ergibt, wird dadurch vermieden, in den Konstellationen von Abs. 1 die Bewährung bereits im Urteil des erkennenden Gerichts zu versagen und in denen des Abs. 2, das
Verfahren auszusetzen oder zu unterbrechen, um eine tragfähige Grundlage für die im
Rahmen von § 21 anzustellende Legalprognose (→ § 21 Rn. 17 31) zu gewinnen. Im
Ergebnis soll die Regelung damit wie § 21 selbst (→ § 21 Rn. 1) mögliche, für die weitere
Entwicklung des zu Jugendstrafe verurteilten Jugendlichen oder Heranwachsenden nachteilige Wirkungen des Jugendstrafvollzugs verhindern.[3] § 61 **modifiziert nicht die in § 21
geregelten Aussetzungsvoraussetzungen**,[4] sondern gestattet lediglich, deren Vorliegen
zu einem späteren Zeitpunkt als dem des Urteils des erkennenden Gerichts abschließend
zu beurteilen. Die Vorschrift ermöglicht insoweit eine **Ausnahme von dem Grundsatz,
dass bei Spruchreife über die Aussetzung** der Vollstreckung **im Urteil zu entscheiden
ist.**[5]

Die Bedeutung des Vorbehaltsurteils gemäß § 61 wird vor dem Hintergrund der an die **2**
tatsächlichen Grundlagen einer **Legalprognose** maßgeblichen Anforderungen deutlich.
Die gemäß § 21 – wie auch für andere durch das erkennende Gericht – zu stellende Legalprognose muss auf die zum Zeitpunkt des tatrichterlichen Urteils vorhandenen prognoserelevanten Umständen bezogen sein (→ § 21 Rn. 22). Erst in Zukunft möglicherweise eintretende, für die Prognose bedeutsame Umstände („Erwartenserwartungen") bilden regelmäßig
keine tragfähige Grundlage für die geforderte Prognose.[6] Ungeachtet der Geltung des Zweifelsgrundsatzes für die Anknüpfungstatsachen der Prognose (→ § 21 Rn. 20) können dieser
keine Anknüpfungstatsachen zugrunde gelegt werden, deren zukünftiges Eintreten bei Ergehen des tatrichterlichen Urteils (noch) nicht beurteilt werden kann.

---

[1] BGBl. I S. 1854 ff.
[2] Vgl. BT-Drs. 17/9389, 9; *Beulke* GS Walter, 2014, 259 (262 und 272 f.); Diemer/Schatz/Sonnen/*Schatz*
Rn. 3 mwN.
[3] BT-Drs. 17/9389, 9; Hans.OLG Hamburg 9.9.2014 – 1 Ws 92/14, StraFo 2014, 434 (435).
[4] Vgl. Hans.OLG Hamburg 25.2.2013 – 2 Ws 19/13, VRS 124 (2013), 355 (358).
[5] BeckOK JGG/*Kilian* § 57 Rn. 1.
[6] Exemplarisch BGH 24.1.2012 – 4 StR 636/11, NStZ-RR 2012, 203 für die Gefährlichkeitsprognose
bei § 64 StGB.

3   Der Regelungszweck insgesamt erschließt sich vor allem aus dem **systematischen Zusammenhang mit §§ 21, 57 und § 89** sowie dem **Vergleich** zur Aussetzung von Freiheitsstrafe im **allgemeinen Strafrecht** (siehe auch → Rn. 6–11). Dort kann die bewährungsweise Aussetzung der Vollstreckung einer aussetzungsfähigen Freiheitsstrafe vor Beginn des Strafvollzugs ausschließlich im Urteil des erkennenden Gerichts angeordnet werden (vgl. § 56 StGB, § 260 Abs. 4 Satz 3, § 268a StPO). Davon **weicht das Jugendstraf- und Jugendstrafverfahrensrecht in mehrfacher Hinsicht ab:**

– § 57 Abs. 1 Satz 1 gestattet außer der Anordnung der Aussetzung im Urteil auch eine **nachträgliche Anordnung im Beschlussweg.**

– Aus § 57 Abs. 2 folgt, dass diese nachträgliche Anordnung – bis zum Beginn des Strafvollzugs – sogar dann zulässig ist, wenn die Aussetzung zuvor im (rechtskräftigen) Urteil des erkennenden Gerichts oder in einem nachträglichen Beschluss abgelehnt worden war. Materiell kommt dies aber nur dann in Betracht, wenn nach dem Ergehen der vorherigen ablehnenden Entscheidung neue Umstände hervorgetreten sind, die nunmehr die Aussetzungsvoraussetzungen aus § 21 tragen. Strukturell handelt es sich um eine **partielle Wiederaufnahme zu Gunsten des Verurteilten propter nova.**

– § 61 statuiert ein dem allgemeinen Strafrecht ebenfalls in dieser Form unbekanntes **Vorbehaltsurteil.** Nach einem solchen Urteil kann die Aussetzung gemäß § 21 nachträglich durch Beschluss angeordnet werden, ohne dass es der Voraussetzungen aus § 57 Abs. 2 bedarf.

4   §§ 61–61b geben zudem der vor der Reform 2012[7] – ohne genügende gesetzliche Grundlage und ohne das Vorliegen der Voraussetzungen richterlicher Rechtsfortbildung – geübten jugendgerichtlichen Praxis der meist sog. **Vorbewährung**[8] eine gewisse Verankerung im Gesetz, auch wenn dieses selbst den Begriff nicht verwendet. Hinsichtlich der bis Oktober 2012 geltenden Rechtslage war kontrovers beurteilt worden, ob auf der Grundlage von § 57 Abs. 1 und 2 JGG aF aus der dortigen Gestattung eines nachträglichen Beschlussverfahrens über die Aussetzung der Vollstreckung einer bereits verhängten Jugendstrafe im Wege richterlichen Rechtsfortbildung ein eigenständiges Rechtsinstitut der „Vorbewährung" entwickelt werden durfte.[9] Das eigentliche verfassungsrechtliche Problem lag im Fehlen einer ausdrücklichen gesetzlichen Grundlage für die Erteilung von Bewährungsauflagen und -weisungen, die den betroffenen Jugendlichen und Heranwachsenden im Rahmen der „Vorbewährung" auferlegt wurden. Angesichts des Eingriffscharakters – Bewährungsauflagen werden wegen der damit verknüpften Genugtuungsfunktion (→ StGB § 56b Rn. 2) sogar als strafähnliche Sanktionen verstanden[10] – ließ sich zumindest die Auferlegung von Bewährungsauflagen trotz der Befragungspflicht aus § 57 Abs. 3 Satz 1 im Rahmen der „Vorbewährung" mangels gesetzlicher Grundlage nicht mit dem Rechtsstaatsgrundsatz (Art. 20 Abs. 3 GG) vereinbaren.[11] Dieses Defizit beseitigt im geltenden Recht § 61b. Wegen der Möglichkeit, den Zeitraum bis zur der (hinausgeschobenen) Entscheidung über die Anwendung von § 21 mit Auflagen/Weisungen sowie Bewährungshilfe zu gestalten (§ 61b Abs. 1) und aus dem Versagen des Probanden Konsequenzen zu ziehen (§ 26 Abs. 1 Satz 3), erlangt die gebräuchliche Bezeichnung „Vorbewährung" Berechtigung.

---

[7] Gesetz zur Erweiterung der jugendgerichtlichen Handlungsmöglichkeiten vom 4.9.2012, BGBl. I S. 1854 ff.

[8] Zur sog. Vorbewährung nach früherem Recht näher *Flümann*, Die Vorbewährung nach § 57 JGG, 1983, passim; *Sommerfeld*, „Vorbewährung" nach § 57 JGG in Dogmatik und Praxis, 2007, passim.

[9] Zum Streitstand jeweils ausführlich *Baier*, Die Bedeutung der Aussetzung der Verhängung der Jugendstrafe nach § 27 JGG und der Vorbewährung in der jugendgerichtlichen Praxis in Bayern, 2015, S. 80 ff.; *Flümann*, Vorbewährung, S. 30 ff.; *Sommerfeld*, „Vorbewährung", S. 17 ff.; *Werner-Eschenbach*, Jugendstrafrecht. Ein Experimentierfeld für neue Rechtsinstitute, 2005, S. 38 ff.; *Westphal*, Die Aussetzung der Jugendstrafe zur Bewährung gemäß § 21 JGG, 1995, S. 260 ff.; siehe auch *Walter/Pieplow* NStZ 1988, 165 (168).

[10] BGH 11.9.2014 – 4 StR 148/14, NJW 2014, 3173; *Arloth* NStZ 1990, 148 (149).

[11] Vgl. bereits *Radtke* ZStW 121 (2009), 416 (445); teilw. aA *Baier*, Bedeutung der Aussetzung der Verhängung der Jugendstrafe, S. 88; *Kudlich* JuS 1999, 877 (878); BGH 9.2.2010 – 4 StR 578/09, BeckRS 2010, 06483 hat die Frage der rechtlichen Zulässigkeit der „Vorbewährung" – bezogen auf das frühere Recht – offengelassen.

II. Praktische Bedeutung

Gesicherte **rechtstatsächliche Erkenntnisse** über die Anwendung der Vorbewährung 5 liegen weder zum früheren noch zum geltenden Recht vor.[12] Statistische Erhebungen sind nicht betrieben worden, empirische Untersuchungen waren und sind rar sowie jeweils auf die Handhabung in einzelnen Regionen beschränkt geblieben.[13] Zum früheren Recht wurden – angesichts der defizitären positivrechtlichen Verankerung kaum verwunderlich – erhebliche Unterschiede in der Anwendung ausgemacht.[14] Zur Handhabung des seit Oktober 2012 geltenden Rechts ist nur wenig bekannt.[15] Eine auf Bayern bezogene neuere Erhebung zeigt erhebliche Unterschiede zwischen den Einstellungen der Jugendgerichte zur Handhabung der Vorbewährung auf der Grundlage der lex lata in den drei bayerischen Oberlandesgerichtsbezirken.[16]

III. Verhältnis zu weiteren Möglichkeiten der Entscheidung über die Aussetzung der Jugendstrafe und deren Vollstreckung

Das Jugendstrafrecht bietet weitaus vielfältigere Möglichkeiten von Entscheidungen über 6 die Aussetzung von Jugendstrafe zur Bewährung (→ Rn. 2) als das allgemeine Strafrecht hinsichtlich der bewährungsweisen Aussetzung von Freiheitsstrafen (→ § 21 Rn. 8 und 9). Jenseits der im allgemeinen Strafrecht rechtlich nicht eröffneten Möglichkeit der Aussetzung bereits der Verhängung der Jugendstrafe (§ 27) sind für das Jugendstrafrecht **folgende Konstellationen zu unterscheiden:**[17]

(1.) Das erkennende Gericht **lehnt** die **Aussetzung** der Vollstreckung einer aussetzungs- 7 fähigen Jugendstrafe (§ 21) in den Urteilsgründen ausdrücklich **ab.** Mit Eintritt der Rechtskraft wird das Urteil und die darin verhängte Strafe vollstreckbar (§ 449 StPO e contrario). Abweichend vom allgemeinen Straf- und Strafverfahrensrecht gestattet **§ 57 Abs. 2** jedoch unter den dort genannten Voraussetzungen (neu hervorgetretene Umstände) dem zuständigen Gericht (§ 57 Abs. 1 Satz 2), im Wege nachträglichen Beschlusses die Vollstreckung der Jugendstrafe zur Bewährung auszusetzen (→ Rn. 3). Gesetzgeber und allgM erachten diese Möglichkeit der nachträglichen Aussetzungsentscheidung nicht als durch die Einführung des Vorbehaltsurteils (§ 61) obsolet.[18] Erst nach Beginn des Strafvollzugs ist das nachträgliche Beschlussverfahren ausgeschlossen.[19] Vor Beginn des Vollzugs besteht das **Vollstreckungshindernis aus § 89 Satz 1** nicht; dieses gilt nur, wenn ein Vorbehaltsurteil gemäß § 61 ergangen ist.[20] Fehlt es daran, kann jederzeit mit der Vollstreckung begonnen werden.

(2.) Die **gleiche Rechtslage wie zu (1.)** besteht, wenn sich das rechtskräftig gewordene 8 Urteil des erkennenden Gerichts bei Verurteilung zu aussetzungsfähiger Jugendstrafe **nicht** – auch nicht in den Entscheidungsgründen – **zu der Aussetzung verhält** (strg). Zur bis Oktober 2012 bestehenden Rechtslage wurde die fehlende Befassung mit der Aussetzungsfrage als stillschweigende Anordnung eines Vorbehalts gedeutet.[21] An dieser Auffassung wird von einigen auch nach Einführung der §§ 61–61b festgehalten.[22] Dem kann nicht

---

[12] Vgl. BT-Drs. 16/13142, 77; BT-Drs. 17/9389, 8; *Baier*, Bedeutung der Aussetzung der Verhängung der Jugendstrafe, S. 181; *Ostendorf* Grdl. zu §§ 57–61b Rn. 4; Diemer/Schatz/Sonnen/*Schatz* Rn. 16 mwN.

[13] Etwa *Baier*, Bedeutung der Aussetzung der Verhängung der Jugendstrafe, S. 182 ff.; *Flümann* Vorbewährung S. 101 ff.; *Sommerfeld* „Vorbewährung" S. 68 ff.

[14] *Flümann* Vorbewährung S. 105 ff. (bzgl. der Landgerichtsbezirke Freiburg, Mannheim und Karlsruhe), siehe auch *Beulke* GS Walter, 2014, 259 (260).

[15] Näher *Baier*, Bedeutung der Aussetzung der Verhängung der Jugendstrafe, S. 196 ff.

[16] *Baier*, Bedeutung der Aussetzung der Verhängung der Jugendstrafe, S. 196–199.

[17] Vgl. Diemer/Schatz/Sonnen/*Schatz* Rn. 9–17.

[18] BT-Drs. 17/9389, 9; *Baier*, Bedeutung der Aussetzung der Verhängung der Jugendstrafe, S. 96; *Sonnen* ZJJ 2014, 38 (39); Diemer/Schatz/Sonnen/*Schatz* Rn. 4; Meier/Rössner/Trüg/Wulf/*Meier* Rn. 4; vgl. auch BeckOK JGG/*Kilian* § 57 Rn. 14.

[19] Diemer/Schatz/Sonnen/*Schatz* Rn. 11.

[20] Meier/Rössner/Trüg/Wulf/*Meier* Rn. 4.; vgl. auch Diemer/Schatz/Sonnen/*Schatz* Rn. 12.

[21] BGH 13.1960 – 2 StR 557/50, BGHSt 14, 74; *Brunner/Dölling* § 57 Rn. 4 und 9 mwN.

[22] BeckOK JGG/*Kilian* § 57 Rn. 12; *Eisenberg* JGG § 57 Rn. 11; *Ostendorf* JGG § 57 Rn. 4.

zugestimmt werden.[23] Angesichts der Einführung des Vorbehaltsurteils einerseits sowie der Vorstellung des Gesetzgebers, die nachträgliche Aussetzung der Vollstreckung im Beschlusswege (§ 57 Abs. 1 Satz 1 Var. 2) weiterhin auch ohne Vorbehalt zu erhalten,[24] bleibt methodisch kein Raum für einen stillschweigend angeordneten Vorbehalt. Aus § 267 Abs. 3 Satz 4 StPO folgt nichts Gegenteiliges. Eine Erörterungspflicht wird grundsätzlich lediglich durch einen auf Aussetzung gerichteten Antrag ausgelöst. Schweigen die Urteilsgründe zur Aussetzung einer dieser an sich zugänglichen Strafe, liegt ein vollstreckbares Urteil vor. § 89 Satz 1 hindert die Vollstreckung nicht (→ Rn. 7 am Ende). Soll nach Rechtskraft des Urteils des erkennenden Gerichts und vor Vollzugsbeginn (nachträglich) ausgesetzt werden, bedarf es eines nachträglichen Beschlusses, der lediglich unter den Voraussetzungen von § 57 Abs. 2 ergehen darf.

9   (3.) Hat das erkennende Gericht die **Aussetzung** einer zwei Jahre nicht übersteigenden Jugendstrafe im Urteil auf der Grundlage von § 21 StGB **angeordnet,** ist ein Vorbehalt oder ein nachträgliches Beschlussverfahren ausgeschlossen.

10   (4.) Unter den in § 61 Abs. 1 und 2 genannten Voraussetzungen ergeht ein **Vorbehaltsurteil,** in dem der angeklagte Jugendliche oder Heranwachsende schuldig gesprochen und zu einer aussetzungsfähigen Jugendstrafe (§ 21 Abs. 1 und 2) verurteilt, die Entscheidung über die Aussetzung der Vollstreckung dieser Strafe zur Bewährung aber ausdrücklich einem späteren Beschluss vorbehalten wird; **zur Tenorierung des Vorbehaltsurteils** → Rn. 34 f. Das Vorbehaltsurteil gestattet neben der Verhängung der Jugendstrafe auch diejenige des Arrests gemäß § 16a (§ 61 Abs. 3 Satz 1). Bei Vorbehaltsurteil kann das Gericht längstens für den in § 61a Abs. 1 genannten Zeitraum bis zur Entscheidung, ob vom Vorbehalt Gebrauch gemacht werden soll, dem Verurteilten Weisungen und Auflagen erteilen (§ 61b Abs. 1 Satz 1) und soll ihn einem Bewährungshelfer unterstellen (§ 61b Abs. 1 Satz 2). Über die Ausgestaltung der – im eigentlichen Sinne des Wortes – **Vorbewährung** wird nicht im Vorbehaltsurteil selbst, sondern in einem gesonderten Beschluss **(„Vorbewährungsbeschluss")**[25] entschieden (§ 61b Abs. 1 Satz 6 iVm § 58 Abs. 1 Satz 1; → § 61b Rn. 9 und 11). Das entspricht verfahrensrechtlich dem Vorgehen bei der Aussetzung der Vollstreckung der ausgeurteilten Strafe sowohl im allgemeinen Strafrecht als auch im Jugendstrafrecht. In der Einführung des Vorbehaltsurteils und dem „Vorbewährungsbeschluss" liegt die eigentliche rechtsstaatliche Errungenschaft des Gesetzes zur Erweiterung der jugendgerichtlichen Handlungsmöglichkeiten vom 4.9.2012 (→ Rn. 3 am Ende).[26]

11   (5.) Wie sich aus dem Wortlaut von § 57 Abs. 1 Satz 1, der Entstehungsgeschichte des vorgenannten Gesetzes[27] sowie dem Umkehrschluss aus § 57 Abs. 2 ergibt, kann eine **nachträgliche Entscheidung** über die Aussetzung der Vollstreckung einer unter den Voraussetzungen von § 21 aussetzungsfähigen Jugendstrafe **auch ohne vorheriges Vorbehaltsurteil** des erkennenden Gerichts erfolgen (vgl. → Rn. 7 und 8).[28] Ohne Vorbehaltsurteil fehlt aber eine rechtliche Grundlage dafür, die Zeit bis zur eventuellen nachträglichen Aussetzung, die erst durch den Beginn des Strafvollzugs endet, mit Bewährungsauflagen/-weisungen und der Unterstellung unter einen Bewährungshelfer auszugestalten.[29] § 61b erfasst ausschließlich die Konstellation des Vorbehaltsurteils. Auch das Vollstreckungshindernis aus § 89 Satz 1 gilt nicht (→ Rn. 6). Materiell erfordert gemäß **§ 57 Abs. 2** eine nachträgliche Aussetzung im Beschlusswege ohne vorheriges Vorbehaltsurteil, dass **tatsächliche Umstände neu hervorgetreten** sind, die allein oder in Verbindung mit bereits bekannten Umständen nunmehr eine Bewährung gemäß § 21 gestatten. Für die Frage, ob es sich um Nova handelt, kommt es allein auf den Zeitpunkt der Kenntniserlangung durch das Gericht

---

[23] Meier/Rössner/Trüg/*Wulf/Meier* Rn. 4.
[24] BT-Drs. 17/9389, 9 rechte Spalte.
[25] Diener/Schatz/Sonnen/*Schatz* § 61b Rn. 1.
[26] BGBl. I S. 1854 ff.
[27] Vgl. BT-Drs. 17/9389, 9 rechte Spalte.
[28] Diemer/Schatz/Sonnen/*Schatz* Rn. 4; Meier/Rössner/Trüg/Wulf/*Meier* Rn. 4; vgl. auch BeckOK JGG/*Kilian* § 57 Rn. 14.
[29] Diemer/Schatz/Sonnen/*Schatz* Rn. 4; Meier/Rössner/Trüg/Wulf/*Meier* Rn. 4.

und nicht darauf an, ob die Umstände bereits bei Ergehen des Urteils bestanden.[30] Der Sache nach handelt es sich jedenfalls im Hinblick auf Letztgenanntes um eine fragwürdige Korrektur anfänglich – wenn auch nicht zwingend dem Gericht vorwerfbarer – unzureichender Erfüllung der Amtsaufklärungspflicht (§ 244 Abs. 2 StPO). Um die Korrektur bloßer Subsumtionsfehler des erkennenden Gerichts bei der Entscheidung über die Aussetzung oder den Erlass eines Vorbehaltsurteils zu vermeiden, müssen die Nova von einigem Gewicht sein und der Entscheidungsgrundlage hinsichtlich der Voraussetzungen des § 21 „ein bedeutsames Teilstück" hinzufügen.[31] Nach der Einführung der Möglichkeit des Vorbehaltsurteils besteht **für nachträgliche Korrekturen** der ursprünglich abgelehnten oder unterbliebenen Aussetzung **auf der Grundlage von § 57 Abs. 2 kein Bedürfnis mehr.** Ist Rechtskraft des auf nicht ausgesetzte Jugendstrafe lautenden und keinen Vorbehalt enthaltenden Urteils eingetreten, bedarf es der Einleitung der Vollstreckung. Für ein Zuwarten damit, in der bloßen Hoffnung, es könnten sich noch prognostisch günstige Umstände ergeben, besteht keinerlei Berechtigung.

Ist kein Vorbehaltsurteil ergangen, kann **im nachträglichen Beschlussverfahren kein** 12 **Arrest gemäß § 16a** mehr angeordnet werden.[32] Das Gesetz gestattet allein in § 61 Abs. 3 Satz 1 die Koppelung von Warnschussarrest und Vorbehaltsurteil. Der systematische Zusammenhang von § 8 Abs. 2 Satz 2 und § 16a sowie die Entstehungsgeschichte sprechen auf der einfachgesetzlichen Ebene gegen eine Auslegung, die die erstmalige Anordnung des Arrests gemäß § 16a erst im späteren Beschlussverfahren ermöglichte. Da der Jugendarrest den Charakter einer Strafe iSv Art. 103 Abs. 2 GG hat,[33] bedürfte es im Hinblick auf den auch die Rechtsfolgenseite der Straftat betreffenden Schutzbereich des verfassungsrechtlichen Bestimmtheitsgebots[34] einer inhaltlich eindeutigen Regelung, die die Verhängung von Warnschussarrest noch im nachträglichen Beschlussverfahren (ohne vorheriges Vorbehaltsurteil) legitimierte. Ob eine solche Regelung mit dem Rückwirkungsverbot – angesichts eines rechtskräftigen Urteils, das Arrest nicht anordnet – kompatibel ausgestaltet werden könnte, erscheint zweifelhaft.

B. Anwendungsbereich

I. Anwendungsbereich in persönlicher Hinsicht

§§ 61–61b finden auf die zwei Jahre nicht übersteigende Jugendstrafe gegen **Jugendliche** 13 Anwendung und zwar auch dann, wenn das Verfahren vor einem für allgemeine Strafsachen zuständigen Gericht geführt wird (§ 104 Abs. 1 Nr. 1). Für **Heranwachsende** gelten §§ 61–61b dann, wenn auf diese Jugendstrafrecht angewendet wird (§ 109 Abs. 2). Wird ein Heranwachsender auf der Grundlage des allgemeinen Strafrechts zu einer (grundsätzlich aussetzungsfähigen) Freiheitsstrafe verurteilt, richtet sich die primäre Aussetzung ausschließlich nach § 56 StGB. Ein Vorbehalt späterer Entscheidung über die (primäre) Aussetzung ist im allgemeinen Straf- und Strafverfahrensrecht nicht möglich.

II. Anwendungsbereich in gegenständlicher Hinsicht

Die Regelungen gelangen lediglich bezüglich der primären Aussetzung nach § 21 14 zugänglichen Jugendstrafen (§ 17) zur Anwendung. Der Jugendarrest ist ausschließlich bei auch auf Anordnung des Arrests gemäß § 16a lautendem Vorbehaltsurteil betroffen (§ 61 Abs. 3 Satz 1; → Rn. 11).

---

[30] *Beulke* GS Walter, 2014, 259 (264), Diemer/Schatz/Sonnen/*Schatz* Rn. 4; *Eisenberg* JGG § 57 Rn. 26; Meier/Rössner/Trüg/Wulf/*Meier* § 57 Rn. 7.

[31] Vgl. Diemer/Schatz/Sonnen/*Schatz* Rn. 4; *Eisenberg* JGG § 57 Rn. 27.

[32] BT-Drs. 17/9389, 16; Diemer/Schatz/Sonnen/*Schatz* Rn. 28; Meier/Rössner/Trüg/Wulf/*Meier* Rn. 4.

[33] BVerfG 9.12.2004 – 2 BvR 930/04, NJW 2005, 2140.

[34] Grundlegend BVerfG 20.3.2002 – 2 BvR 794/95, BVerfGE 105, 135 (153 ff.).

III. Gerichtliche Zuständigkeit

15   **1. Vorbehaltsurteil.** Das Vorbehaltsurteil wird durch den als **erkennendes Gericht** in der oder den **Tatsacheninstanz**(en) zuständigen Spruchkörper erlassen. Dieses ist an sich auch für die durch gesonderten Beschluss ergehenden Nebenentscheidungen („**Vorbewährungsbeschluss**" → Rn. 10) zur Ausgestaltung der „Vorbewährungszeit" (vgl. § 61b Abs. 1) zuständig; allerdings sind die Zuständigkeitsregelungen in § 61a Abs. 2 (→ § 61a Rn. 16 f.) einerseits und § 61b Abs. 1 Satz 1 iVm § 58 Abs. 3 Satz 1 (→ § 61b Rn. 11) andererseits nicht vollständig aufeinander abgestimmt (näher → § 61b Rn. 11). Die Voraussetzungen einer Anordnung des Vorbehalts durch das Revisionsgericht (→ Rn. 44) liegen bei direkter Anwendung von § 354 Abs. 1 StPO nicht und auch bei entsprechender Anwendung regelmäßig nicht vor (vgl. aber → Rn. 44). Wendet sich der Angeklagte mit der sofortigen Beschwerde allein gegen das Unterbleiben eines Vorbehalts, was nach § 59 Abs. 1 Satz 1 statthaft ist, weil dieses Rechtsmittelziel in der Anfechtung der unterbliebenen (sofortigen) Aussetzung enthalten ist, steht die Anordnungskompetenz dem zuständigen **Beschwerdegericht** zu (näher → Rn. 49).[35]

16   **2. Nachträgliche Entscheidung über die Aussetzung.** Ist ein **Vorbehaltsurteil** ergangen, liegt die Zuständigkeit für die (vorbehaltene) nachträgliche Entscheidung über die Aussetzung der Vollstreckung der Jugendstrafe bei dem Gericht, das die **zugrunde liegenden tatsächlichen Feststellungen letztmalig geprüft** hat,[36] ggf. also das Berufungsgericht (§ 61a Abs. 2); näher → Rn. 43. Fehlt es an einem Urteil und wird nachträglich im Beschlussweg über die Aussetzung befunden, ist gemäß § 57 Abs. 1 Satz 2 das erkennende Gericht zuständig, das im ersten Rechtszug in der Sache entschieden hat.

C. Erläuterung

I. Konzeptionelles

17   § 61 normiert in **Abs. 1 und Abs. 2** die **Voraussetzungen** für das Ergehen eines Vorbehaltsurteils. **Abs. 3** enthält **überwiegend verfahrensrechtliche Regelungen,** die u.a. die Tenorierung aber auch Darlegungsanforderungen für die Entscheidungsgründe vorgeben und insoweit § 54 sowie damit mittelbar § 267 StPO modifizieren. **Abs. 3 Satz 1 Halbs. 2** ist **sanktionsrechtlicher Natur,** weil er die Koppelung von – grundsätzlich aussetzungsfähiger – Jugendstrafe und dem Arrest gemäß § 16a auch für den Fall des Vorbehaltsurteils gestattet (→ Rn. 12).

II. Voraussetzungen von Abs. 1

18   **1. Grundlagen.** Notwendige Bedingung eines auf Abs. 1 gestützten Vorbehaltsurteils ist die **Ausschöpfung der Amtsaufklärungspflicht** (§ 244 Abs. 2 StPO) und der damit einhergehenden Beweiserhebungslast des erkennenden Gerichts hinsichtlich der gemäß § 21 prognoserelevanten Anknüpfungstatsachen, ohne dass danach die erforderliche positive Prognose (→ § 21 Rn. 17–31) aktuell gestellt werden kann (Abs. 1 Nr. 1).[37] Das Vorbehaltsurteil darf in dieser Konstellation nur ergehen, wenn im Zeitpunkt des Abschlusses der tatrichterlichen Hauptverhandlung **konkrete prognoserelevante tatsächliche Umstände** vom Gericht **erkannt (festgestellt) sind,** die **im Fall** ihres **noch**

---

[35] Vgl. *Eisenberg* § 59 Rn. 10 – Beschwerdegericht ist die Ausübung eigenen Ermessens eingeräumt.
[36] Hans.OLG Hamburg 25.2.2013 – 2 Ws 19/13, VRS 124 (2013), 355 (357); OLG Hamm 19.11.2015 – 3 Ws 413/15, BeckRS 2015, 21047.
[37] Vgl. Hans.OLG Hamburg 9.9.2014 – 1 Ws 92/14, StraFo 2014, 434 (435); KG 18.12.2015 – 4 Ws 123/15, ZJJ 2016, 175 (177); in der Sache nicht anders *Baier*, Bedeutung der Aussetzung der Bewährung, S. 98; *Eisenberg* StV 2013, 44, 48; Diemer/Schatz/Sonnen/*Schatz* Rn. 21; Meier/Rössner/Trüg/Wulf/*Meier* Rn. 6.

unsicheren Eintretens eine **positive Legalprognose** begründen würden (vgl. Abs. 1 Nr. 2).[38] Das Eintreten der entsprechenden Umstände muss in „absehbarer Zeit", das meint angesichts der Verweisung auf § 61a Abs. 1 regelmäßig die dort genannten sechs Monate, zu erwarten sein.

2. Entscheidungsreife und Vorbehaltsurteil. In den Konstellationen von Abs. 1 **19** besteht an sich Entscheidungsreife bezüglich der Ablehnung bewährungsweiser Aussetzung der Vollstreckung der ausgeurteilten Jugendstrafe. Die Vorschrift schafft **in zweierlei Richtung Klarheit** über die rechtliche Befugnis dennoch ein Vorbehaltsurteil zu erlassen:

Die Verschiebung der Entscheidung über die Aussetzungsreife kommt bei Auslegung **20** unter Berücksichtigung des Zwecks der Regelung sowie der Vorstellungen des Gesetzgebers nur dann in Betracht, wenn aufgrund vom Tatgericht festgestellter – zumindest feststellbarer – tatsächlicher Umstände (→ Rn. 22), eine tatsächlich und normativ tragfähig begründete Aussicht einer für den Fall des Eintretens dieser Umstände günstigen Legalprognose besteht.[39] Dazu bedarf es **„objektivierbarer Umstände"**, bloße Absichtsbekundungen des Angeklagten hinsichtlich der Schaffung von oder der Mitwirkung an prognostisch günstigen, zukünftig eintretenden Umständen genügen nicht.[40] Fehlt es an objektivierbaren Umständen, muss die Aussetzung zur Bewährung abgelehnt werden.[41] Das Vorbehaltsurteil dient nicht dazu, ohne in konkreten Umständen begründetem Anlass, dem Jugendlichen oder Heranwachsenden „aus falsch verstandener Milde" eine „letzte Chance" einzuräumen.[42]

Umgekehrt lässt sich aus Abs. 1 aber auch ableiten, dass bei ausreichender tatsächlicher **21** Grundlage für eine positive Prognose iSv § 21 (→ § 21 Rn. 18) die Aussetzung durch das erkennende Gericht im Urteil erfolgen muss;[43] das Ergehen eines Vorbehaltsurteils ist dann rechtsfehlerhaft.

3. Objektivierbare Umstände („Ansätze in der Lebensführung ..."). Das Gesetz **22** umschreibt die Voraussetzungen des Vorbehaltsurteils lediglich mit „Ansätzen in der Lebensführung des Jugendlichen oder sonstiger bestimmter Umstände". Als Beispiele dafür werden genannt: **zugesagter Therapieplatz, angetretene Berufstätigkeit** oder **familiäre Entwicklungen**[44] sowie das Bemühen um eine Veränderung der Wohnsituation und der Fortsetzung der schulischen Ausbildung.[45] In Betracht kommen sämtliche Umstände, die unter dem Aspekt **„Lebensverhältnisse"** bereits für die Prognoseentscheidung zum Zeitpunkt des tatrichterlichen Urteils relevant sind (näher → § 21 Rn. 30). Erfasst sind sowohl der sich abzeichnende Wegfall in der Vergangenheit sich als kriminogen erweisender Faktoren als auch das erwartete Eintreten erfahrungsgemäß prognostisch günstiger Umstände. Sind derartige Entwicklungen im Urteilzeitpunkt sicher absehbar, müssen sie bereits als Grundlage der Prognose nach § 21 eingestellt werden (→ § 21 Rn. 30).[46] Unterhalb des sicher Absehbaren liegt der Anwendungsbereich von § 61 Abs. 1. Erforderlich ist aber auch insoweit, dass objektivierbare Umstände im Urteilszeitpunkt vorliegen, deren zukünftiger Eintritt hinreichend sicher zu erwarten ist und von denen prognostisch günstige Auswirkungen erwartet werden dürfen. Diese Umstände muss das

[38] Vgl. Hans.OLG Hamburg 9.9.2014 – 1 Ws 92/14, StraFo 2014, 434 (435); KG 18.12.2015 – 4 Ws 123/15, ZJJ 2016, 175 (176 f.).
[39] Siehe BT-Drs. 17/9389, 10 und 16; Hans.OLG Hamburg 9.9.2014 – 1 Ws 92/14, StraFo 2014, 434 (435 f.); KG 18.12.2015- 4 Ws 123/15, ZJJ 2016, 175 (177); Diemer/Schatz/Sonnen/*Schatz* Rn. 21.
[40] Zutreffend Hans.OLG Hamburg 9.9.2014 – 1 Ws 92/14, StraFo 2014, 434 (435); KG 18.12.2015 – 4 Ws 123/15, ZJJ 2016, 175 (177).
[41] Diemer/Schatz/Sonnen/*Schatz* Rn. 21 am Ende.
[42] BT-Drs. 17/9389, 16; Hans.OLG 9.9.2014 – 1 Ws 92/14, StraFo 2014, 434 (435); KG 18.12.2015 – 4 Ws 123/15, ZJJ 2016, 175 (177).
[43] *Eisenberg* StV 2013, 44 (47); Diemer/Schatz/Sonnen/*Schatz* Rn. 21; siehe auch bereits zur Rechtslage vor Oktober 2012 *Jäckel* JA 2010, 539 (543).
[44] Hans.OLG Hamburg 9.9.2014 – 1 WS 92/14, StraFo 2014, 434 (435); siehe auch *Jäckel* JA 2010, 539 (543); *Laubenthal/Baier/Nestler* Jugendstrafrecht Rn. 851; Diemer/Schatz/Sonnen/*Schatz* Rn. 22 f.
[45] Vgl. OLG Hamm 11.8.2015 – 3 Ws 275/15, ZJJ 2016, 302.
[46] Meier/Rössner/Trüg/Wulf/*Meier* § 21 Rn. 13.

Tatgericht im Vorbehaltsurteil feststellen und darlegen (Abs. 3 Satz 3; näher → Rn. 36–38).[47]

23   **4. Prognosemaßstab.** Nicht anders als bei der Aussetzung gemäß § 21 (→ § 21 Rn. 18) bildet eine Prognose über das zukünftige Legalverhalten des angeklagten Jugendlichen oder Heranwachsenden den Kern der Voraussetzungen des Vorbehaltsurteils. Der Sache nach stellt § 61 Abs. 1 auf eine **Erwartenserwartung** ab. Es muss im Zeitpunkt des Vorbehaltsurteils die „Aussicht" bestehen, dass innerhalb des regelmäßig sechsmonatigen Zeitraums aus § 61a Abs. 1 das dann zuständige Gericht (§ 61a Abs. 2; → Rn. 16; → § 61a Rn. 16 f.) eine positive Legalprognose nach § 21 wird stellen können. Die in § 61 Abs. 1 geforderte **„Aussicht"** besteht damit dann, wenn das für das Vorbehaltsurteil zuständige Gericht es **für wahrscheinlich hält,** dass spätestens nach Ablauf der Vorbewährungszeit die **Wahrscheinlichkeit zukünftiger Straffreiheit des Angeklagten größer sein wird als diejenige dessen weiterer Straffälligkeit.** Dafür muss im Zeitpunkt des Vorbehaltsurteils wegen der festgestellten tatsächlichen Umstände (→ Rn. 20 und 22) die Überzeugung bestehen, die **Wahrscheinlichkeit einer zukünftig positiven Legalprognose ist höher als diejenige einer zukünftig negativen Prognose** (str.).[48]

III. Voraussetzungen von Abs. 2

24   **1. Grundlagen.** Im Unterschied zu Abs. 1 liegt in den von Abs. 2 erfassten Konstellationen **keine Entscheidungsreife** hinsichtlich der Aussetzungsfrage vor. Abs. 2 erfordert als notwendige Bedingung das Hervortreten grundsätzlich prognoserelevanter Umstände (→ Rn. 22), deren Validierung aber noch weiterer Ermittlungen bedarf (Abs. 2 Nr. 2). Um als erzieherisch schädlich oder unverhältnismäßig bewertete – den Regelfall bildende[49] – Unterbrechung oder gar Aussetzung zu vermeiden (Abs. 1 Nr. 3), kann ein Vorbehaltsurteil ergehen. In der Vorbewährungszeit (§ 61a Abs. 2) sind die der Prüfung der hervorgetretenen Umstände dienenden Ermittlungen durchzuführen.[50] Das gebietet die Amtsaufklärungspflicht.[51] Es gilt das **Freibeweisverfahren; zuständig** dafür ist das zur Entscheidung im nachträglichen Beschlussverfahren berufene Gericht gemäß **§ 61a Abs. 2,** also das zuletzt mit der Sache befasste Tatgericht (→ § 61a Rn. 16).[52]

25   **2. Voraussetzungen im Einzelnen.** Während der tatrichterlichen Hauptverhandlung müssen objektivierbare Umstände iSv Abs. 1 Nr. 2 (→ Rn. 22) hervorgetreten sein, die für den Fall ihrer Bestätigung wenigstens im Zusammenhang mit bereits festgestellten prognoserelevanten Aspekten eine die Aussetzung tragende positive Legalprognose tragen können. Durch Vorbehaltsurteil kann nur dann erkannt werden, wenn sich das Tatgericht aufgrund der bereits erhobenen Beweise sowie ggf. am Hauptverhandlungstag präsenter Beweismittel nicht die Überzeugung vom Vorliegen des fraglichen Umstands bilden kann.

26   **Bsp:** Der Angeklagte lässt sich in der Hauptverhandlung ein, er habe einen Ausbildungsplatz in Aussicht[53] oder gibt an, er habe die Gruppe, aus der heraus er bisher stets die Straftaten begangen hat, verlassen und sei zurück zu seinen Eltern gezogen. Die Zuverlässigkeit der jeweiligen Information kann während der Hauptverhandlung nicht geklärt werden.

27   **Leitlinien:** Wortlaut (Abs. 2 Nr. 3), Entstehungsgeschichte und Zweck des § 61 (→ Rn. 1 f.) sprechen dafür, auf die von Abs. 2 erfasste Verfahrenssituation **vorrangig mit der Unterbrechung** (§ 229 Abs. 1 und 2 StPO) und **ggf.** der **Aussetzung** (vgl. § 228

[47] Hans.OLG 9.9.2014 – 1 Ws 92/14, StraFo 2014, 434 (435 f.); KG 18.12.2015 – 4 Ws 123/15, ZJJ 2016, 175 (177).
[48] Weiter Diemer/Schatz/Sonnen/*Schatz* Rn. 22 „positive Entwicklung muss möglich sein".
[49] Zutreffend Diemer/Schatz/Sonnen/*Schatz* Rn. 24; Meier/Rössner/Trüg/Wulf/*Meier* Rn. 7; *Ostendorf* Rn. 4.
[50] Vgl. Hans.OLG Hamburg 9.9.2014 – 1 Ws 92/14, StraFo 2014, 434, (435).
[51] Hans.OLG Hamburg 9.9.2014 – 1 Ws 92/14, StraFo 2014, 434, (435).
[52] Vgl. Hans.OLG Hamburg 9.9.2014 – 1 Ws 92/14, StraFo 2014, 434 (435 f.).
[53] Bsp. nach Meier/Rössner/Trüg/Wulf/*Meier* Rn. 7.

Abs. 1, § 229 Abs. 4 StPO) zu reagieren.[54] Unter welchen Voraussetzungen sich insbesondere die mit der Unterbrechung verbundene Verfahrensverzögerung als „erzieherisch nachteilige" oder gar „unverhältnismäßige" Verfahrensverzögerung erweisen kann, ist bislang kaum geklärt. Folgendes dürfte sich formulieren lassen:

Je geringer der zu erwartende Ermittlungsaufwand zur Prüfung der Validität des hervor- **28** getretenen Umstands ist, desto seltener können die Voraussetzungen aus Abs. 2 Nr. 3 gegeben sein. Es erscheint schwer vorstellbar, die Behauptung eines in Aussicht stehenden Ausbildungsplatzes nicht innerhalb der **Unterbrechungsfrist** aus § 229 Abs. 1 StPO zuverlässig aufklären zu können und auf der Grundlage des Ermittlungsergebnisses zu einer positiven oder negativen Legalprognose zu gelangen. Im Regelfall werden sich bei einer Verzögerung um maximal drei Wochen (§ 229 Abs. 1 StPO) auch keine erzieherisch nachteiligen Effekte einstellen. Kommt wegen tatsächlicher oder rechtlicher Schwierigkeiten der Aufklärung hervorgetretener, bisher nicht validierter prognoserelevanter Umständen wegen der Höchstfristen der Unterbrechung an sich nur eine **Aussetzung** der Hauptverhandlung in Betracht, dürfte sich – insoweit teils entgegen Wortlaut und gesetzgeberischer Vorstellung – das Vorbehaltsurteil jedenfalls dann anbieten, wenn durch die Ausgestaltung der Vorbewährungszeit nach Maßgabe von § 61b zusätzliche Erkenntnisse zu erwarten sind, die zusammen mit dem bereits in der Hauptverhandlung neu hervorgetretenen Umstand eine positive Legalprognose gemäß § 21 werden tragen können. Der zweite Beispielsfall mit der Behauptung des erfolgten Lösens aus der bisherigen peer group wird eher in Richtung eines Vorbehaltsurteils weisen.

3. Prognosemaßstab. Die konjunktivische Wendung in **Abs. 2 Nr. 1** „Erwartung **29** begründen könnten" scheint für den Prognosemaßstab auf die bloße Möglichkeit einer positiven Legalprognose bei Hinzutreten des derzeit noch ungesicherten, hervorgetretenen Umstandes abzustellen.[55] Das ist weder präzise noch durch den Zweck des Vorbehalts in den von Abs. 2 erfassten Konstellationen nahe gelegt. Wie *Schatz* im Ausgangspunkt zutreffend herausstellt, knüpft Abs. 2 – anders als Abs. 1 – nicht an eine zukünftig erst mit einer gewissen Wahrscheinlichkeit eintretende Situation an, sondern an die im Zeitpunkt des Vorbehalts bestehende.[56] Es geht allein um die Prüfung des Vorliegens des behaupteten, bereits als prognoserelevant bewerteten Umstandes und den dafür benötigten Zeitraum. Für die im Rahmen von Abs. 2 maßgebliche Prognose kommt es daher auf eine **Hypothese** an: Das Vorbehaltsurteil auf dieser Grundlage ergeht, wenn der hervorgetretene, real **noch nicht validierte tatsächliche Umstand als vorliegend in die Prognose eingestellt** wird und sich diese **dann als positiv iSv § 21 erweist.** Das gilt nicht, wenn vorrangig mit Unterbrechung oder ggf. Aussetzung auf das Bekanntwerden des neuen Umstandes reagiert werden kann. Bei einem so formulierten Prognosemaßstab sind Ausgestaltungen der Bewährungszeit gemäß § 61b sinnvoll, weil für den Fall der Bestätigung des hervorgetretenen Umstands die Aussetzung im Beschlussweg (§ 57 Abs. 1 Satz 1, § 61b Abs. 3) erfolgen muss. Denn es liegen dann die Voraussetzungen des § 21 vor (→ § 21 Rn. 32).

Andere Gründe als das Hervortreten eines noch nicht auf Zuverlässigkeit geprüften, an **30** sich prognoserelevanten Umstands legitimieren das Vorbehaltsurteil auf der Grundlage von Abs. 2 **nicht;**[57] insbesondere nicht eine „nicht erwartete Wende iSv Legalverhalten".[58]

IV. Ermessen des Tatgerichts

Es steht im Ermessen des Tatgerichts („kann"), bei Vorliegen der Voraussetzungen von **31** Abs. 1 oder Abs. 2 durch Vorbehaltsurteil zu entscheiden (allgM).[59] Bei der Ermessensaus-

---

[54] BT-Drs. 17/9389, 16 linke Spalte „grundsätzlich Unterbrechung oder Aussetzung"; *Baier,* Bedeutung der Aussetzung der Verhängung, S. 99; Diemer/Schatz/Sonnen/*Schatz* Rn. 24; Meier/Rössner/Trüg/Wulf/ *Meier* Rn. 7.; *Ostendorf* Rn. 4.
[55] So offenbar auch Diemer/Schatz/Sonnen/*Schatz* Rn. 24 „möglich erscheinen lassen".
[56] Diemer/Schatz/Sonnen/*Schatz* Rn. 24 gestützt auf BT-Drs. 17/9389, 16 linke Spalte.
[57] Diemer/Schatz/Sonnen/*Schatz* Rn. 24; Meier/Rössner/Trüg/Wulf/*Meier* Rn. 8.
[58] So aber *Eisenberg* JGG §§ 61, 61a Rn. 4; siehe auch bereits *ders.* StV 2013, 44 (49).
[59] *Eisenberg* JGG §§ 61, 61a Rn. 4.

übung soll das Tatgericht sich **am Erziehungsziel (§ 2 Abs. 1) orientieren.**[60] Mehr als sehr grobe Leitlinie kann das nicht sein. In den Fällen von **Abs. 2** ist angesichts der Anwendungsvoraussetzung in Nr. 3 schwer ersichtlich, was bei – trotz generellen Vorrangs – in concreto erzieherisch nachteiliger Unterbrechung oder Aussetzung noch an ermessensleitenden Kriterien aus dem Erziehungsziel soll abgeleitet werden können. Sind aus Sicht des Tatgerichts (ausnahmsweise; → Rn. 28) bei Unterbrechung und erst recht Aussetzung nachteilige Erziehungseffekte zu befürchten, wird regelmäßig lediglich noch das Vorbehaltsurteil in Betracht kommen. Gleiches gilt bei Vorliegen der Voraussetzungen bei **Abs. 1**;[61] erst recht unter Berücksichtigung der Koppelungsmöglichkeit mit dem Arrest gemäß § 16a (→ Rn. 32). Der Sache nach geht es weniger um ein Ermessen im verwaltungsrechtlichen Sinne als vielmehr eine Beurteilungsprärogative des Tatrichters hinsichtlich der Voraussetzungen des Vorbehaltsurteils, die jedenfalls durch das Revisionsgericht nur eingeschränkt überprüft werden kann (näher → Rn. 44). Soweit nach den dafür maßgeblichen Vorschriften (vor allem § 5 Abs. 3, § 8) neben der aussetzungsfähigen Jugendstrafe außerhalb der Koppelung mit § 16a (§ 61 Abs. 3 Satz 1; → Rn. 32) weitere jugendstrafrechtliche Sanktionen verhängt werden sollen, wird vorrangig zu prüfen sein, ob ein Vorbehaltsurteil erzieherisch sinnvoll ist.

V. Rechtsfolgen (Abs. 1 und Abs. 3 Satz 1)

32   Durch Vorbehaltsurteil kann nur entschieden werden, wenn auf gemäß § 21 **aussetzungsfähige Jugendstrafe** erkannt wird. Abs. 3 Satz 1 gestattet die Verhängung von **Arrest gemäß § 16a** neben der Jugendstrafe auch im Vorbehaltsurteil. Dieser rechtspolitisch umstrittenen Entscheidung des Gesetzgebers[62] scheint jedenfalls für die Konstellationen aus **Abs. 1** die Erwägung zugrunde zu liegen, allein die aus dem Vollzug des Arrests erwarteten Wirkungen seien Umstände, die (zukünftig) eine positive Prognose begründen können (zum Maßstab → Rn. 23 und 29).[63] Wie sich der Arrest nach § 16a zu den Voraussetzungen des Vorbehalts aus **Abs. 2** verhält, ist schwer einzuordnen. Die Verhängung des Arrests selbst ist kein aufklärungsbedürftiger Umstand. Es bedarf daher jedenfalls eines davon verschiedenen, in der Hauptverhandlung hervorgetretenen tatsächlichen Umstands, dessen Vorliegen während der Vorbewährungszeit überprüft werden muss, ohne dass dies vorrangig während Unterbrechung/Aussetzung (→ Rn. 27 f.) erfolgen kann.

33   Arrest gemäß § 16a kann im Vorbehaltsurteil, nicht aber im nachträglichen Aussetzungsbeschluss angeordnet werden (→ Rn. 12).[64]

D. Prozessuales

I. Tenorierung, Darlegungsanforderungen und Belehrungen (Abs. 3 Satz 2–4)

34   **1. Tenor des Vorbehaltsurteils (Abs. 3 Satz 2).** Der Vorbehalt muss **im Tenor** ausgesprochen wurden; die Anordnung in den Urteilsgründen genügt nicht. Unterbleibt die Tenorierung, ergibt sich aber aus den Gründen der Wille des erkennenden Gerichts, die Aussetzung dem Beschlussverfahren vorzubehalten, kann selbst im Revisionsverfahren in analoger Anwendung von § 354 Abs. 1 StPO der Tenor entsprechend abgeändert werden.[65] Das Gesetz schreibt ausdrücklich lediglich die Tenorierung des Vorbehalts selbst vor, verhält

---

[60] Diemer/Schatz/Sonnen/*Schatz* Rn. 26; Meier/Rössner/Trüg/Wulf/*Meier* Rn. 9.

[61] In der Sache ebenso Meier/Rössner/Trüg/Wulf/*Meier* Rn. 9 „im Zweifel Vorbehalt".

[62] Vgl. *Beulke* GS Walter, 2014, 259 (266); *Eisenberg* StV 2013, 44 (49); *ders.* JGG §§ 61, 61a Rn. 4; zum „Warnschussarrest" ausführlich *Radtke* ZStW 121 (2009) 416.

[63] Siehe BT-Drs. 17/9389, 14; *Beulke* GS Walter, 2014, 259 (266).

[64] BT-Drs. 17/9389, 16 rechte Spalte; *Beulke* GS Walter, 2014, 259 (267); Meier/Rössner/Trüg/Wulf/ *Meier* Rn. 4.

[65] Siehe etwa BGH 9.2.2010 – 4 StR 578/09, BeckRS 2010, 06483.

sich aber insoweit nicht zu den Fristen aus § 61a Abs. 1 Satz 1 und 2.[66] § 61a Abs. 1 Satz 2 stellt allerdings eine Koppelung zwischen dem Vorbehalt und einer unter sechs Monate liegenden Vorbewährungszeit her („mit dem Vorbehalt"), was dafür spricht, auch die Frist mit in die Urteilsformel aufzunehmen. In die gleiche Richtung weist § 61 Abs. 3 Satz 3, der Darlegungsanforderungen in den Urteilsgründen lediglich hinsichtlich der Voraussetzungen des Vorbehalts statuiert.

Bsp.: Der Tenor des Urteils mit Vorbehalt kann etwa lauten: Der Angeklagte wird wegen **35** schweren Raubes zu einer Jugendstrafe von einem Jahr und neun Monaten verurteilt. Die Entscheidung über die Aussetzung der Vollstreckung dieser Strafe zur Bewährung bleibt für die Dauer von drei Monaten einem gesonderten Beschlussverfahren vorbehalten.

2. Darlegungsanforderungen (Abs. 3 Satz 3). a) Systematik. Abs. 3 Satz 3 gibt den **36** Tatgerichten vor, die für den Vorbehalt maßgeblichen Gründe in die Urteilsgründe aufzunehmen. Das entspricht, hier bezogen auf die Vorbehaltsvoraussetzungen, den in § 54 sowie § 267 Abs. 3 Satz 4 StPO für die Aussetzungsentscheidung selbst folgenden Darlegungsanforderungen im tatrichterlichen Urteil (dazu → § 21 Rn. 37).

b) Bedeutung. Den Darlegungsanforderungen aus Abs. 3 Satz 3 kommt vor allem in **37** zweierlei Hinsicht Bedeutung zu: Zum einen wird dem **Rechtsmittelgericht** dadurch eine Überprüfung der Voraussetzungen des Vorbehalts ermöglicht (zum Prüfungsumfang → Rn. 43 f., 49).[67] Zum anderen bilden die im Vorbehaltsurteil dargelegten Gründe für den Vorbehalt die maßgebliche Grundlage für die gemäß § 61a Abs. 1 Satz 1 zu treffende nachträgliche Aussetzungsentscheidung. Die seit Einfügung der §§ 61–61b ergangene Rspr. geht zutreffend davon aus, dass die im Urteilszeitpunkt festgestellten positiven Ansätze (→ Rn. 22, 25–27) die **Grundlage** für die **Prognose im Rahmen von § 61a Abs. 1 Satz 1** bilden (→ § 61a Rn. 6–9).[68] Für die Aussetzung im Beschlussweg nach Vorbehaltsurteil kommt es – in den Fällen von § 61 Abs. 1 – darauf an, ob sich die im Vorbehaltsurteil dargelegten (Abs. 3 Satz 3) positiven Ansätze in der Lebensführung des Jugendlichen oder Heranwachsenden als „nachhaltig, verfestigt oder zumindest in bestimmender Weise als weiterentwickelt erwiesen haben" (näher → § 61a Rn. 6–9, 11).[69] In den Konstellationen des Abs. 2 kommt es aus den vorgenannten Gründen darauf an, den hervorgetretenen, noch nicht validierten Umstand (→ Rn. 25–28) sowie seine Bedeutung für die Prognose darzulegen. Hat sich das Vorliegen des fraglichen Umstands während des Laufs der Vorbewährungszeit bestätigt, wird angesichts des für Abs. 2 geltenden Prognosemaßstabs (→ Rn. 29) regelmäßig im Nachverfahren die Vollstreckung der Strafe auszusetzen sein (näher → § 61a Rn. 6–8, 11)

c) Umfang der Darlegungsanforderungen. Im Hinblick auf die zu → Rn. 37 ausge- **38** führte Bedeutung der Darlegungen insb. für das nachträgliche Beschlussverfahren müssen die für den Vorbehalt maßgeblichen tatsächlichen Umstände so präzise dargelegt werden, dass die Überprüfung hinsichtlich ihrer Bestätigung in dem vorstehenden Sinne zugänglich sind.[70]

3. Belehrung (Abs. 3 Satz 4). Das Tatgericht ist gehalten, den jugendlichen oder **39** heranwachsenden Angeklagten in einer angemessenen Weise über die Bedeutung des Vorbehalts als solchen und vor allem die Bedeutung des eigenen Verhaltens des Angeklagten während der Vorbewährungszeit zu belehren. Der Gesetzgeber erwartet von der unter

---

[66] Zutreffend insoweit *Baier*, Vorbewährung in der jugendgerichtlichen Praxis, S. 104.

[67] *Eisenberg* StV 2013, 44 (50), *ders.* JGG §§ 61, 61a Rn. 9; Diemer/Schatz/Sonnen/*Schatz* Rn. 30 mwN.

[68] Hans. OLG Hamburg 9.9.2014 – 1 Ws 92/14, StraFo 2014, 434 (435) – „zentraler Anknüpfungspunkt"; KG 18.12.2015 – 4 Ws 123/15, ZJJ 2016, 175 (177); siehe auch OLG Hamm 11.8.2015 – 3 Ws 275/15, ZJJ 2016, 302 f.

[69] Hans. OLG Hamburg 9.9.2014 – 1 Ws 92/14, StraFo 2014, 434 (435) – „zentraler Anknüpfungspunkt"; KG 18.12.2015 – 4 Ws 123/15, ZJJ 2016, 175 (177).

[70] Vgl. Hans.OLG Hamburg 9.9.2014 – 1 Ws 92/14, StraFo 2014, 434 (435 f.); KG 18.12.2015 – 4 Ws 123/15, ZJJ 2016, 175 (177).

dem „frischen Eindruck der Hauptverhandlung" erteilten Belehrung einen „verstärkten erzieherischen Eindruck".[71] Die konkrete Ausgestaltung der Belehrung[72] richtet sich gegenüber Jugendlichen nach **§ 70a;** auf zu belehrende Heranwachsende findet § 70a Abs. 1 Satz 1 und Abs. 2 Anwendung (§ 109 Abs. 1).[73]

II. Rechtsmittel

40   **1. Allgemeines.** Wie bei den Rechtsmitteln gegen Urteile, die unmittelbar über die Aussetzung gemäß § 21 entscheiden (→ § 21 Rn. 39), gewährt das Gesetz auch in Bezug auf das Vorbehaltsurteil **mehrere statthafte,** die Aussetzungsfrage betreffende **Rechtsmittel.** Gegen das auf der Grundlage von Abs. 1 oder Abs. 2 ergangene Vorbehaltsurteil sind grundsätzlich die gegen ein Urteil gesetzlich zur Verfügung stehenden Rechtsmittel der **Berufung** oder **Revision** statthaft. Die Begrenzung der Rechtsmittelberechtigung aus § 55 Abs. 2 gilt. Zumindest aus **§ 59 Abs. 1 Satz 2** folgt, dass das mit dem Vorbehaltsurteil notwendig verbundene Unterbleiben der sofortigen Bewährungsaussetzung – zu Gunsten des Angeklagten – isoliert auf **sofortige Beschwerde** (§ 311 StPO) hin überprüft werden kann. Ob umgekehrt auch die Anordnung des Vorbehalts gesondert mit dem Ziel, die Aussetzung bereits durch das Urteil des erkennenden Gerichts abzulehnen, angefochten werden kann, wird kontrovers beurteilt (→ Rn. 47 f.).

41   Greift der Angeklagte oder für ihn sein gesetzlicher Vertreter (§ 298 StPO) oder für den jugendlichen Angeklagten dessen Erziehungsberechtigter (§ 67 Abs. 3 JGG) das Vorbehaltsurteil ausschließlich mit dem Ziel an, die sofortige Aussetzung der Jugendstrafe zu erreichen, ist das Rechtsmittel unabhängig von der gewählten Bezeichnung (§ 300 StPO) stets als sofortige Beschwerde gemäß § 59 Abs. 1 Satz 2 JGG, § 311 StPO auszulegen.[74] Der Gesetzgeber scheint davon auszugehen, insoweit sei die sofortige Beschwerde lex specialis gegenüber Berufung und Revision, Letztgenannte deshalb bei isolierter Anfechtung der Aussetzungsfrage „nicht zulässig".[75] War durch die vorgenannten Rechtsmittelführer bereits gegen das erstinstanzliche Urteil Berufung eingelegt worden, schließt **§ 55 Abs. 2** die sofortige Beschwerde gegen einen im Berufungsurteil erstmals angeordneten oder bestätigten Vorbehalt aus.[76] Die Möglichkeit der isolierten sofortigen Beschwerde gegen die Aussetzungsfrage betreffende Entscheidungsteile soll lediglich rasche Klarheit über das Vorliegen einer zu vollstreckenden Strafe herbeiführen.[77] Sie ersetzt insoweit die (jeweils beschränkte) Berufung oder Revision, schafft aber nicht eine weitere von § 55 nicht erfasste Rechtsmittelberechtigung.[78] Die in diesem Umfang statthafte, isolierte sofortige Beschwerde kann auch gegen die Koppelung von Vorbehalt und Verhängung von Arrest gemäß § 16a gerichtet werden (§ 59 Abs. 1 Satz 1 Var. 2).[79] Aus dem Umkehrschluss folgt, dass eine allein gegen den Arrest nicht aber auch gegen den Vorbehalt gerichtete sofortige Beschwerde nicht statthaft ist.[80]

42   **2. Berufung und Revision. a) Rechtsmittelberechtigung und Umfang der Anfechtung.** Gegen ein **Vorbehaltsurteil insgesamt** kann von allen grundsätzlich Rechtsmittelberechtigten[81] unter Berücksichtigung der Einschränkung aus § 55 Abs. 2

---

[71] BT-Drs. 17/9389, 17 linke Spalte.

[72] Näher *Riekenbrauk* ZJJ 2014, 200.

[73] *Eisenberg* JGG § 70a Rn. 1.

[74] Vgl. – auf der Grundlage der vor Oktober 2012 bestehenden Rechtslage OLG München 25.1.2005 – 2 Ws 1308/04, NStZ-RR 2005, 152 f.

[75] BT-Drs. 17/93989, 15 rechte Spalte.

[76] OLG Frankfurt/Main 31.10.2003 – 3 Ws 1151/02, NStZ-RR 2003, 27; OLG Saarbrücken 29.7.2003 – 1 Ws 143/04, StraFo 2003, 431 mwN; Diemer/Schatz/Sonnen/*Schatz* § 59 Rn. 12 mwN; Meier/Rössner/ Trüg/Wulf/*Meier* § 59 Rn. 1.

[77] BT-Drs. I/3264, 46; Diemer/Schatz/Sonnen/*Schatz* § 59 Rn. 1 Meier/Rössner/Trüg/Wulf/*Meier* § 59 Rn. 1.

[78] OLG Saarbrücken 29.7.2003 – 1 Ws 143/03, StraFo 2003, 431.

[79] BT-Drs. 17/9389, 15 rechte Spalte.

[80] BT-Drs. 17/9389, 15 rechte Spalte; Diemer/Schatz/Sonnen/*Schatz* § 59 Rn. 9.

[81] Vgl. dazu für das Jugendstrafverfahren Radtke/Hohmann/*Radtke* StPO § 296 Rn. 39, 43–49.

Berufung und/oder Revision eingelegt werden. Diese Rechtsmittel sind nach Maßgabe der sog. Trennbarkeitsformel[82] wirksam **auf den Rechtsfolgenausspruch beschränkbar.** Erfolgt vollumfängliche oder wirksam auf den Rechtsfolgenausspruch beschränkte Anfechtung, unterliegt auch die Anordnung des Vorbehalts, ggf. einschließlich der Verhängung von vollstreckbarem Arrest gemäß § 16a, der Prüfung durch das Rechtsmittelgericht.[83] Das gilt unabhängig vom Rechtsmittelführer und unabhängig davon, ob es sich um ein Rechtsmittel zu Gunsten oder zu Ungunsten des Angeklagten handelt. Mit unbeschränkter oder auf den Rechtsfolgenausspruch begrenzter Berufung oder Revision kann die Staatsanwaltschaft daher auch die Anordnung des Vorbehalts zu Ungunsten des Angeklagten mit dem Ziel, die Aussetzung bereits im Urteil des erkennenden Gerichts zu versagen, überprüfen lassen.[84] Die Entscheidungsmöglichkeiten von Berufungsgericht einerseits und Revisionsgericht andererseits über das jeweilige Rechtsmittel sind auch bzgl. des den Vorbehalt betreffenden Teils des angefochtenen Urteils unterschiedlich (→ Rn. 43 f.). Da das Vorbehaltsurteil gerade keine Sachentscheidung über die Aussetzung selbst trifft, kommt − anders als bei Urteilen ohne Vorbehalt − eine wirksame Beschränkung **auf die Frage der Strafaussetzung**[85] nicht in Betracht. Soll ausschließlich der Vorbehalt mit dem Ziel einer bereits durch Urteil des erkennenden Gerichts auszuordnenden Aussetzung (gemäß § 21) angefochten werden, ist allein die sofortige Beschwerde statthaft (§ 59 Abs. 1 Satz 2; → Rn. 41 sowie → Rn. 46).

b) Entscheidung durch das Berufungsgericht. Dem Berufungsgericht stehen bei 43 statthafter, nicht beschränkt erhobener Berufung (→ Rn. 42) hinsichtlich der Voraussetzungen des Vorbehalts gemäß Abs. 1 oder Abs. 2 dieselben Entscheidungsmöglichkeiten zur Verfügung wie dem erstinstanzlich zuständigen Tatrichter. Liegen die Voraussetzungen für den Vorbehalt immer noch oder erstmals während der Berufungshauptverhandlung vor, steht die Anordnung des Vorbehalts im Ermessen (→ Rn. 31) des Berufungsgerichts. War erstinstanzlich der Vorbehalt unterblieben, schließt § 331 Abs. 1 StPO bei allein zugunsten des Angeklagten erhobenem Rechtsmittel die (dann erstmalige) Verhängung des Arrests gemäß § 16a aus. Wendet sich die Staatsanwaltschaft mit der unbeschränkten oder auf den gesamten Rechtsfolgenausspruch beschränkten Berufung (→ Rn. 42) auch gegen den in erster Instanz angeordneten Vorbehalt, ist das Berufungsgericht rechtlich nicht gehindert, den Vorbehalt zu bestätigen, ihn aber mit Arrest gemäß § 16a zu koppeln. Im Hinblick auf § 301 StPO kann ein Rechtsmittel der Staatsanwaltschaft zur Aussetzung der Vollstreckung nach § 21 durch das Berufungsgericht selbst führen.

c) Entscheidung durch das Revisionsgericht. Angesichts des über § 354 StPO 44 abschließend festgelegten Umfangs der Befugnis des Revisionsgerichts zur Entscheidung in der Sache selbst wird sogar bei entsprechender Anwendung von § 354 Abs. 1 StPO kaum jemals eine eigene Sachentscheidung des Revisionsgerichts auf Anordnung des Vorbehalts in Frage kommen. Denkbar erschiene im Wege der Analogie zu § 354 Abs. 1 StPO allenfalls, in engen Ausnahmefällen einen durch das Tatgericht angeordneten Vorbehalt entfallen zu lassen und die Aussetzung gemäß § 21 selbst anzuordnen, wenn der Tatrichter bei ansonsten vollständig und rechtsfehlerfrei festgestellten Rechtsfolgensachverhalt die rechtlichen Voraussetzungen von § 61 Abs. 1 oder Abs. 2 verkannt hat und ausgeschlossen ist, dass sich in einer neuen tatrichterlichen Hauptverhandlung noch den Vorbehalt tragende tatsächliche Anhaltspunkte ergeben werden. Bezogen auf die Rechtslage vor Einfügung der §§ 61−61b hat der 4. Strafsenat des BGH gemäß § 354 Abs. 1 StPO analog in einer Konstellation selbst

---

[82] Knapp einführend KK-StPO/*Paul* StPO § 318 Rn. 7−8; Meyer-Goßner/Schmitt/*Meyer-Goßner* StPO § 318 Rn. 6−30b; Radtke/Hohmann/*Beukelmann* StPO § 318 Rn. 5 f.; ausführlich zu den Voraussetzungen der Trennbarkeit BGH 27.4.2017 − 4 StR 547/16 Rn. 17−20 (zur Veröffentlichung in BGHSt vorgesehen).
[83] Vgl. Diemer/Schatz/Sonnen/*Schatz* Rn. 32.
[84] In der Sache ebenso Diemer/Schatz/Sonnen/*Schatz* Rn. 32.
[85] Siehe BGH v.15.5.2001 − 4 StR 306/00, BGHSt 47, 32 (35) bzgl. der ansonsten möglichen Beschränkung allein auf die Aussetzungsfrage.

auf Aussetzung erkannt, in der das Tatgericht zwar im Tenor einen Vorbehalt (auf der Grundlage von § 57 aF) angeordnet, in den Urteilsgründen die verhängte Jugendstrafe „gemäß § 21 Abs. 1 und 2 JGG" aber zur Bewährung ausgesetzt hatte.[86] Das Revisionsgericht ist keinesfalls berechtigt, eigenes Ermessen an die Stelle des allein dem Tatrichter aus § 61 Abs. 1 zustehenden Ermessens zu setzen.

45   Der **revisionsgerichtliche Prüfungsmaßstab** hinsichtlich des Vorbehalts entspricht dem für die Kontrolle von Bewährungsentscheidungen geltenden.[87] Ist das Ermessen als solches rechtsfehlerfrei ausgeübt worden, muss das Ergebnis bis zur Grenze des Vertretbaren hingenommen werden. **Ermessensdefizite** unterliegen vollumfänglicher revisionsgerichtlicher Kontrolle.[88] Ebenso prüft das Revisionsgericht bereits auf Sachrüge die Einhaltung der Darlegungsanforderungen aus Abs. 3 Satz 3 (zu diesen → Rn. 36–38). Macht etwa der Angeklagte – im Rahmen der Anfechtung eines Vorbehalt und Aussetzung ablehnenden Urteils – geltend, es lägen im Urteil nicht berücksichtigte Umstände iSv Abs. 1 oder 2 vor, bedarf es einer entweder auf die Verletzung von § 244 Abs. 2 oder § 261 StPO gestützten Verfahrensrüge.

46   **3. Sofortige Beschwerde und (einfache) Beschwerde (§ 59 Abs. 1 und 2 JGG).**
a) Sofortige Beschwerde zugunsten des Angeklagten. § 59 Abs. 1 Satz 2 eröffnet für **wenigstens zwei Konstellationen** eine isolierte Überprüfung von auf die Aussetzung der Vollstreckung der Jugendstrafe gemäß § 21 bezogener Entscheidungen. Bei isolierter Anfechtung ausschließlich mit der sofortigen Beschwerde (→ Rn. 40–42) kann sich der Angeklagte oder **zu seinen Gunsten** andere Rechtsmittelberechtigte

(1.) sowohl gegen die Anordnung des Vorbehalts – auch in Verbindung mit der Verhängung von Arrest gemäß § 16a – im Vorbehaltsurteil mit dem Rechtschutzziel, Aussetzung bereits im Urteil des erkennenden Gerichts zu erreichen, wenden als auch

(2.) gegen einen – nach teilweise vertretener Auffassung immer noch rechtlich möglichen – stillschweigenden Vorbehalt (vgl. aber → Rn. 8 und 11), von dem ausgegangen werden soll, wenn sich das Tatgericht trotz Verhängung einer nach § 21 aussetzungsfähigen Jugendstrafe nicht zur Aussetzung verhält. Richtigerweise ist das Schweigen der Urteilsgründe aber als Ablehnung der Aussetzung zu werten, so dass die isolierte Anfechtungsmöglichkeit bereits aus § 59 Abs. 1 Satz 1 resultiert.

47   Ob es § 59 Abs. 1 Satz 2 bedurfte, um eine isolierte Prüfung der Anordnung des Vorbehalts im Vorbehaltsurteil durch sofortige Beschwerde zu ermöglichen, ist zweifelhaft. Der Sache nach stellt sich der Vorbehalt als Ablehnung der Aussetzung im Urteil dar, so dass die Beschwerde ohnehin nach § 59 Abs. 1 Satz 1 statthaft wäre.[89]

48   **b) Sofortige Beschwerde zu Ungunsten des Angeklagten.** Nach den Vorstellungen des Gesetzgebers soll eine isolierte Anfechtung des Vorbehalts mit dem Ziel, sofortige Vollstreckung zu erreichen, **nicht zulässig** sein.[90] Das findet einen gewissen Anhalt im Umkehrschluss aus § 59 Abs. 1 Satz 2, der die Entsprechung (isolierte sofortige Beschwerde) zu Satz 1 auf das Unterbleiben der Aussetzung begrenzt. Da das Rechtsmittelziel in der hier betrachteten Konstellation gerade die ausdrückliche Ablehnung der Aussetzung im tatrichterlichen Urteil ist, spricht der Wortlaut von § 59 Abs. 1 Satz 2 auch unter Berücksichtigung des Verhältnisses zu Satz 1 für einen Ausschluss der isolierten Anfechtung des angeordneten Vorbehalts zu Lasten des Angeklagten. Der Zweck von § 59 Abs. 1 insgesamt, zeitnah eine Klärung des Vorliegens einer vollstreckbaren Strafe herbeizuführen

---

[86] Vgl. BGH 9.2.2010 – 4 StR 578/09, BeckRS 2010, 06483.

[87] Zu diesem etwa BGH 25.4.2012 – 5 StR 17/12, BeckRS 2012, 09735 mwN.

[88] Zu Ermessendefizit und Kontrolldichte näher BGH 3.2.2016 – 1 StR 606/15, NStZ-RR 2017, 14 (15); 10.8.2016 – 1 StR 226/16, BeckRS 2016, 16635 (jeweils zur Ermessensausübung bei § 73c Abs. 1 Satz 2 StGB aF) mwN.

[89] Anders Meier/Rössner/Trüg/Wulf/*Meier* § 59 Rn. 4 „nur Feststellung fehlender Spruchreife, daher aus dem Vorbehalt noch keine Rechtsfolgen".

[90] BT-Drs. 17/93989, 16 rechte Spalte; siehe auch Diemer/Schatz/Sonnen/*Schatz* Rn. 32 und § 59 Rn. 10.

(→ Rn. 41), legt aber de lege ferenda nahe, eine zu Ungunsten des Angeklagten eingelegte sofortige Beschwerde mit dem Ziel, ausschließlich den Vorbehalt aufzuheben und die Aussetzung abzulehnen, zukünftig zuzulassen. Da dem Vorbehalt selbst wegen des Vollstreckungshindernisses aus § 89 Satz 1 durchaus Rechtswirkungen zukommen,[91] wäre eine isolierte Überprüfung der Vorbehaltsvoraussetzungen angezeigt. Derzeit kann die Staatsanwaltschaft dies lediglich durch vollumfängliche oder auf den Rechtsfolgenausspruch beschränkte Anfechtung des Vorbehaltsurteils erreichen (→ Rn. 42).

Teilweise wird auf der Grundlage des geltenden Rechts in Fällen **offensichtlicher** 49 **Rechtswidrigkeit der Anordnung des Vorbehalts** im Urteil des erkennenden Gerichts der Staatsanwaltschaft eine sofortige Beschwerde gegen den Vorbehalt zugestanden, um das Vollstreckungshindernis zu beseitigen.[92] Angesichts der vorstehenden Ausführungen (→ Rn. 47) liefe dies aber letztlich auf eine außerordentliche Beschwerde wegen greifbarer Gesetzwidrigkeit hinaus; eine solche wird im Strafverfahrensrecht nach ganz überwiegendem Verständnis gerade nicht anerkannt.[93]

c) Entscheidung des Beschwerdegerichts. Anders als das Revisionsgericht entschei- 50 det das Beschwerdegericht in der Sache selbst über das Vorliegen der Voraussetzungen aus Abs. 1/Abs. 2 und übt dabei eigenes Ermessen aus.[94] Es kann im Freibeweisverfahren weitere Tatsachenfeststellungen treffen. Die Entscheidung ergeht grundsätzlich nach Aktenlage (vgl. § 309 Abs. 1 StPO); wegen des Gegenstands der Entscheidung wird sich aber regelmäßig eine mündliche Anhörung des betroffenen jugendlichen oder heranwachsenden Angeklagten anbieten.

d) (Einfache) Beschwerde. Gestaltet das Gericht die Vorbewährungszeit nach Maß- 51 gabe von § 61b Abs. 1 mit Auflagen und Weisungen aus, unterliegt der entsprechende Beschluss der einfachen Beschwerde (§ 59 Abs. 2 JGG).[95]

§ 61a Frist und Zuständigkeit für die vorbehaltene Entscheidung

(1) [1]**Die vorbehaltene Entscheidung ergeht spätestens sechs Monate nach Eintritt der Rechtskraft des Urteils.** [2]**Das Gericht kann mit dem Vorbehalt eine kürzere Höchstfrist festsetzen.** [3]**Aus besonderen Gründen und mit dem Einverständnis des Verurteilten kann die Frist nach Satz 1 oder 2 durch Beschluss auf höchstens neun Monate seit Eintritt der Rechtskraft des Urteils verlängert werden.**

(2) Zuständig für die vorbehaltene Entscheidung ist das Gericht, in dessen Urteil die zugrunde liegenden tatsächlichen Feststellungen letztmalig geprüft werden konnten.

Schrifttum: Nachw. wie zu § 61.

Übersicht

---

[91] Was Meier/Rössner/Trüg/Wulf/*Meier* § 59 Rn. 4 möglicherweise an dieser Stelle nicht ausreichend in den Blick nimmt.
[92] Meier/Rössner/Trüg/Wulf/*Meier* § 59 Rn. 4 f.; siehe auch *Eisenberg* § 59 Rn. 6 und *Eisenberg/Wolski* NStZ 1986, 220 (221 f.).
[93] Näher Radtke/Hohmann/*Radtke* StPO § 296 Rn. 6 mwN.
[94] Diemer/Schatz/Sonnen/*Schatz* § 59 Rn. 18; Meier/Rössner/Trüg/Wulf/*Meier* § 59 Rn. 7 jeweils mwN; *Ostendorf* § 59 Rn. 8.
[95] Meier/Rössner/Trüg/Wulf/*Meier* § 59 Rn. 10.

I. Bedeutung der Vorschrift

1   Der unmittelbare Regelungsgehalt der Vorschrift erschöpft sich in der **Festlegung von Fristen,** innerhalb derer nach Vorbehaltsurteil gemäß § 61 nachträglich die vorbehaltene Entscheidung über die Aussetzung der verhängten Jugendstrafe ergehen muss (§ 61a Abs. 1), sowie die **Bestimmung der gerichtlichen Zuständigkeit** dafür (§ 61a Abs. 2; → Rn. 16 f. und → § 61 Rn. 10). Durch die Höchstfristen (→ Rn. 5) wird Gewissheit für den Verurteilten über die Vollstreckbarkeit des Vorbehaltsurteils geschaffen[1] und zugleich werden der ggf. gemäß § 61b näher ausgestalteten „Vorbewährungszeit" zeitliche Grenzen gesetzt.[2] Zu dem für die nachträgliche Aussetzung relevanten Maßstab sowie zu den dafür berücksichtigungsfähigen Anknüpfungstatsachen verhält sich das Gesetz nicht ausdrücklich. Beides lässt sich lediglich aus dem Zweck der §§ 61a–b insgesamt (→ § 61 Rn. 1 f.) sowie aus den in § 61 Abs. 1 und 2 statuierten Voraussetzungen des Vorbehalts ableiten (→ Rn. 6–9 und 11).

II. Fristen (Abs. 1)

2   Das Gesetz legt in **Abs. 1 Satz 1** als **Regelfall** eine **sechsmonatige Höchstfrist** der Vorbewährungszeit, also der Zeit zwischen der Rechtskraft des Vorbehaltsurteils (vgl. § 61b Abs. 1 Satz 1) und der nachträglichen Entscheidung über die Aussetzung fest. Innerhalb dieses Zeitraums bestimmt das erkennende Gericht die konkrete Höchstfrist bereits im Vorbehaltsurteil. Dies beruht einerseits auf der Erwartung, dass in sechs Monaten typischerweise eine ausreichend tragfähige Tatsachengrundlage für die Legalprognose (iSv § 21) gewonnen werden kann, und andererseits auf Verhältnismäßigkeitserwägungen.[3] Das erkennende Gericht kann **im Vorbehaltsurteil** eine **kürzere Frist** festlegen **(Abs. 1 S. 2).** Die Länge der Frist wird das erkennende Gericht unter Berücksichtigung des prognostizierten Zeitpunkts bis zur Spruchreife der Aussetzungsentscheidung und der während der Vorbewährungszeit den Verurteilten treffenden Belastungen (§ 61b Abs. 1 Satz 1–3) bestimmen.[4] Da anders als nach der Rechtslage vor der Einfügung von §§ 61–61b das Gesetz Höchstfristen der Vorbewährungszeit statuiert, ist die Fristbestimmung im Vorbehaltsurteil lediglich bei Verkürzung zwingend,[5] empfiehlt sich aber aus Gründen der Klarheit auch und gerade für den Verurteilten stets.

3   **Abs. 1 Satz 3** ermöglicht dem Gericht zudem, **mit Zustimmung** des betroffenen jugendlichen oder heranwachsenden Verurteilten die Höchstfrist auf **maximal neun Monate** zu verlängern. Nach den Vorstellungen des Gesetzgebers soll damit Konstellationen Rechnung getragen werden, in denen etwa „bei laufender Therapie mit noch offenem Ergebnis" selbst sechs Monate Vorbewährungsfrist nicht genügen, um eine tragfähige Prognosegrundlage zu gewinnen.[6] Angesichts des Zwecks von § 61 Abs. 1 und 2 nicht sogleich

---

[1] Vgl. BT-Drs. 17/9389, 17 linke Spalte.
[2] *Eisenberg* StV 2013, 44 (49); Diemer/Schatz/Sonnen/*Schatz* Rn. 1; Meier/Rössner/Trüg/Wulf/*Meier* Rn. 1.
[3] Siehe BT-Drs. 17/9389, 17 linke Spalte; vgl. auch *Baier*, Die Bedeutung der Aussetzung der Verhängung der Jugendstrafe nach § 27 JGG und der Vorbewährung in der jugendgerichtlichen Praxis in Bayern, 2015, S. 103; *Sommerfeld*, „Vorbewährung" nach § 57 JGG in Dogmatik und Praxis, 2007, S. 166 f. und 179 f.
[4] Meier/Rössner/Trüg/Wulf/*Meier* Rn. 1.
[5] Diemer/Schatz/Sonnen/*Schatz* Rn. 6.
[6] BT-Drs. 17/9389, 17 linke Spalte unter Berufung u.a. auf die empirischen Erkenntnisse von *Sommerfeld* „Vorbewährung" S. 204.

an sich prognoserelevante tatsächliche Umstände verifizieren und zur Grundlage der Legalprognose machen zu können, ist das weitere Hinausschieben der Spruchreife kriminalpolitisch zweifelhaft, aber nicht rechtlich bedenklich,[7] zumal die damit verbundenen fortbestehenden Belastungen der Vorbewährungszeit durch die mindestens formal freiwillige
Zustimmung des Verurteilten[8] legitimiert sind.

Nach dem Wortlaut[9] ergeht die Entscheidung über die (nachträgliche) **Verlängerung** 4
der Höchstfrist auf maximal neun Monate **durch Beschluss.**[10] *Schatz* will dagegen die
Festlegung einer neunmonatigen Höchstfrist bereits im Vorbehaltsurteil zulassen, wenn bei
dessen Ergehen absehbar sei, dass eine kürzere Frist nicht zur „Klärung der noch offenen
Fragen nach § 61 Abs. 1 oder Abs. 2" ausreiche.[11] Das ist mit dem Wortlaut und der Entstehungsgeschichte kaum vereinbar. Da die Frist im Vorbehaltsurteil selbst ausgesprochen wird
(→ § 61 Rn. 34), deutet das Zusammenspiel von „Beschluss" und „verlängert" unmissverständlich auf eine spätere Verlängerung der Frist durch gesonderte Entscheidung hin. Davon
gehen auch die Gesetzesmaterialien aus.[12] Eine neunmonatige Vorbewährungsfrist kann
daher nicht bereits im Vorbehaltsurteil festgelegt werden.

Die Fristen aus Abs. 1 sind sämtlich Höchstfristen der Vorbewährungszeit. Das zuständige 5
Gericht ist daher **nicht gehindert,** über die Aussetzung **vor** dem **Ablauf** der im Vorbehaltsurteil oder ggf. im nachträglichen Beschluss gemäß Abs. 1 Satz 3 **festgelegten Frist** über
die Aussetzungsfrage zu entscheiden.[13]

III. Entscheidung über die Aussetzung innerhalb der Fristen

1. Entscheidungsmaßstab. Das Gesetz gibt in Abs. 1 Satz 1 lediglich vor, innerhalb 6
der – regelmäßig (siehe aber → Rn 3 f.) – sechsmonatigen Höchstfrist über die bislang
vorbehaltene Aussetzung zu entscheiden. Es fehlen allerdings unmittelbare inhaltliche Vorgaben über den dabei anzulegenden Entscheidungsmaßstab.[14] Da der angeordnete Vorbehalt
die Aussetzungsvoraussetzungen des § 21 nicht verändert (→ § 61 Rn. 1), gelten diese im
rechtlichen Ausgangspunkt auch für die nachträgliche Entscheidung nach Vorbehaltsurteil.[15]
Es wird allerdings **kontrovers beurteilt, ob** die nachträgliche Aussetzungsentscheidung
auf eine **vollumfängliche Prognose** (iSv § 21) unter Berücksichtigung sämtlicher bis dahin
hervorgetretener prognoserelevanter Anknüpfungstatsachen gestützt werden darf und muss
(näher → Rn. 10) oder ob eine umfassende Prognose lediglich dann rechtlich eröffnet wird,
wenn sich – in den Fällen des auf § 61 Abs. 1 gestützten Vorbehalts – die den Vorbehalt
begründenden positiven „Ansätzen in der Lebensführung" verfestigt haben (näher
→ Rn. 7–9).

a) „eingeschränkte Prognose". Die bislang zu §§ 61–61b ergangene **Rspr.** legt für 7
die nachträgliche Aussetzungsentscheidung (zumindest für Vorbehalte auf der Grundlage
von § 61 Abs. 1) ein **zweistufiges Prüfverfahren** zugrunde:

Auf der **ersten Stufe** wird geprüft, ob die zum Zeitpunkt des Vorbehaltsurteils festgestell- 8
ten, als prognostisch günstig bewerteten Ansätze in der Lebensführung des Verurteilten sich
bestätigt haben.[16] Maßgeblich dafür ist, ob diese konkreten Ansätze bis zum Zeitpunkt der

---

[7] Kritischer *Beulke* GS Walter, 2014, 259 (268).

[8] Daran zweifelnd *Beulke* GS Walter, 2014, 259 (268).

[9] Anders offenbar Diemer/Schatz/Sonnen/*Schatz* Rn. 4 „Wortlaut nicht zwingend".

[10] BT-Drs. 17/9389, 17 linke Spalte; siehe auch *Baier*, Bedeutung der Aussetzung der Verhängung der
Jugendstrafe, S. 104; *Beulke* GS Walter, 2014, 259 (268); Meier/Rössner/Trüg/Wulf/*Meier* Rn. 1 am Ende.

[11] Diemer/Schatz/Sonnen/*Schatz* Rn. 4.

[12] BT-Drs. 17/9389, 17 linke Spalte.

[13] BT-Drs. 17/9389, 17 linke Spalte; OLG Hamm 11.8.2015 – 3 Ws 275/15, ZJJ 2016, 302.

[14] Näher Diemer/Schatz/Sonnen/*Schatz* Rn. 13.

[15] Vgl. BT-Drs. 17/9389, 9; Hans.OLG Hamburg 25.2.2013 – 2 Ws 19/13 VRS 124 (2013), 355 (358);
Hans.OLG Hamburg 9.9.2014 – 1 Ws 92/14, StraFo 2014, 434 (435); Diemer/Schatz/Sonnen/*Schatz* Rn. 12.

[16] Hans.OLG Hamburg 9.9.2014 – 1 Ws 92/14, StraFo 2014, 434 (436); KG 18.12.2015 – 4 Ws 123715,
ZJJ 2016, 175 (177); vgl. auch OLG Hamm 11.8.2015 – 3 Ws 275/15, ZJJ 2016, 302 f.; ohne ausdrückliche
Bestimmung des relevanten Maßstabs in der Sache abweichend Hans.OLG Hamburg 25.2.2013 – 2 Ws 19/
13, VRS 124 (2013), 355 (358 ff.).

nachträglichen Entscheidung sich als „nachhaltig", „verfestigt" oder „zumindest in bestimmender Weise als weiterentwickelt" erwiesen haben.[17] Fehlt es daran, versagt das zuständige Gericht (→ Rn. 16) schon deshalb die Aussetzung und erklärt die verhängte Jugendstrafe für vollstreckbar,[18] wenn soweit nicht als „milderes Mittel" – bei Fortbestehen der Voraussetzungen aus § 61 Abs. 1 – eine Verlängerung der Vorbewährungszeit im rechtlich zulässigen Rahmen gemäß § 61a Abs. 1 Satz 3 in Betracht kommt.[19] Ist die Verfestigung der den Grund für das Vorbehaltsurteil bildenden Ansätze in der Lebensführung des Verurteilten ausgeblieben, wird die Aussetzung auch dann abgelehnt und die Vollstreckung angeordnet, wenn sich während der Vorbewährungszeit anderweitige positive Entwicklungen ergeben hat. Solche sollen als Nova lediglich eine nachträgliche Aussetzung durch Beschluss auf der Grundlage von § 57 Abs. 2 begründen können.[20] Die Ablehnung der Aussetzung kann allerdings nicht auf solche Umstände gestützt werden, die dem Gericht bereits bei der Erstellung des Bewährungsplans (§ 60 Abs. 1 Satz 1) für die Vorbewährungszeit bekannt waren und die sich bis zur nachträglichen Entscheidung über die Aussetzung nicht verändert haben.[21]

9   Hat sich die erforderliche Verfestigung der dem Vorbehaltsurteil zugrunde gelegten positiven Ansätze bis zum nachträglichen Beschluss eingestellt, erfolgt nach der Rspr. der OLGe auf der **zweiten Stufe** eine (erneute) Gesamtwürdigung sämtlicher prognoserelevanter Umstände.[22] Der Erfüllung gemäß § 61b erteilter Auflagen und/oder Weisungen kommt lediglich im Rahmen dieser Gesamtwürdigung Bedeutung zu; eigenständige Entscheidungsgrundlage sind sie damit nicht.[23] Die nachträgliche Aussetzung wird daher regelmäßig nicht allein auf die beanstandungsfreie Erbringung der die Vorbewährungszeit ausgestaltenden Maßnahmen gestützt werden können.[24]

10   **b) „Umfängliche Prognose".** Der vorstehend referierten Rspr. wird von *Schatz* vorgeworfen, sie konterkariere das gesetzgeberische Ziel, den Vollzug von (aussetzungsfähiger) Jugendstrafe möglichst zu vermeiden und führe zu nicht sachgerechten Ergebnissen. Letzteres bezieht sich auf die in der Rspr. der OLGe gezogene Konsequenz, während der Vorbewährungszeit neu hervortretende prognoserelevante Umständen lediglich im Rahmen eines nachträglichen Beschlusses unter den Voraussetzungen von § 57 Abs. 2 berücksichtigen zu können. In der Entscheidung über den Vorbehalt müsste nach der kritisierten Rspr. die Aussetzung abgelehnt werden, obwohl aufgrund von – dem Vorbehalt nicht zugrunde liegender – Nova von einer günstigen Legalprognose auszugehen wäre.[25] Um dem Gesetzeszweck zu entsprechen und solche Ergebnisse zu vermeiden, müsse daher bei der vorbehaltenen Entscheidung über die Aussetzung eine umfassende Prüfung der Voraussetzungen des § 21 ohne Beschränkung auf bereits im Vorbehaltsurteil dargelegte (§ 61 Abs. 3 Satz 3) Ansätze und Entwicklungen erfolgen.[26]

11   **c) Bewertungen.** Weder der Wortlaut von Abs. 1 Satz 1 noch derjenige von § 61 Abs. 1 und 2 setzen eindeutige Vorgaben für den Maßstab der vorbehaltenen Entscheidung über

---

[17] Hans.OLG Hamburg 9.9.2014 – 1 Ws 92/14, StraFo 2014, 434 (436); KG 18.12.2015 – 4 Ws 123/15, ZJJ 2016, 175 (177); in der Sache ähnlich Meier/Rössner/Trüg/Wulf/*Meier* Rn. 3 am Ende „wesentlicher Orientierungspunkt".

[18] Hans.OLG Hamburg 9.9.2014 – 1 Ws 92/14, StraFo 2014, 434 (436); KG 18.12.2015 – 4 Ws 123/15, ZJJ 2016, 175 (177).

[19] Vgl. Hans.OLG Hamburg 9.9.2014 – 1 Ws 92/14, StraFo 2014, 434 (436); KG 18.12.2015 – 4 Ws 123/15, ZJJ 2016, 175 (177); OLG Hamm 11.8.2015 – 3 Ws 275/15, ZJJ 2016, 302 f.

[20] Hans.OLG Hamburg 9.9.2014 – 1 Ws 92/14, StraFo 2014, 434 (436); KG 18.12.2015 – 4 Ws 123/15, ZJJ 2016, 175 (177).

[21] OLG Hamm 19.11.2015 – 3 Ws 413715, BeckRS 2015, 21047.

[22] Hans.OLG Hamburg 9.9.2014 – 1 Ws 92/14, StraFo 2014, 434 (436); KG 18.12.2015 – 4 Ws 123/15, ZJJ 2016, 175 (177).

[23] KG 18.12.2015 – 4 Ws 123/15, ZJJ 2016, 175 (177).

[24] KG 18.12.2015 – 4 Ws 123/15, ZJJ 2016, 175 (177).

[25] Diemer/Schatz/Sonnen/*Schatz* Rn. 13.

[26] Diemer/Schatz/Sonnen/*Schatz* Rn. 13; in der Sache so auch noch Hans.OLG Hamburg 25.2.2013 – 2 Ws 19/13, VRS 124 (2013), 355 (358 ff.) ohne sich aber explizit zur Maßstabsfrage zu verhalten.

die Aussetzung. Die Wendung „die vorbehaltene Entscheidung ergeht …" (§ 61a Abs. 1 Satz 1) scheint allerdings eher dafür zu sprechen, bezogen auf den Zeitpunkt des Beschlusses und auf sämtliche dann vorliegenden prognoserelevanten Umstände nach Maßgabe von § 21 über die Aussetzung zu befinden. Im Ergebnis verdient dennoch die in der überwiegenden oberlandesgerichtlichen Rspr. herangezogene **„eingeschränkte Prognose"** (→ Rn. 7– 9) den **Vorzug**. Dafür sprechen intrasystematische Gründen sowie auch die unmittelbare Zwecksetzung des Vorbehaltsurteils. § 61 eröffnet keine anlasslose Möglichkeit, die Entscheidung über die Aussetzung einer dieser zugänglichen Jugendstrafe aufzuschieben, sondern bindet das Vorbehaltsurteil an bestimmte Gründe. Er bezweckt gerade nicht, dem verurteilten Jugendlichen oder Heranwachsenden „aus falsch verstandener Milde" eine „letzte Chance" einzuräumen (→ § 61 Rn. 20).[27] Die Berücksichtigung nicht bereits im Vorbehaltsurteil dargelegter positiver Ansätze in der Lebensführung im vorbehaltenen späteren Beschluss gibt diese Beschränkung auf die die Vorbehaltsvoraussetzung tragenden Gründe weitgehend auf. Die Darlegungsanforderungen in § 61 Abs. 3 Satz 3 (näher → § 61 Rn. 37 f.) streiten ebenfalls für das dargestellte zweistufige Verfahren. Ausweislich der Gesetzesmaterialien sollen die Darlegungen in den Gründen des Vorbehaltsurteils die „spätere Überprüfung, ob sich die mit dem Vorbehalt verbundenen Erwartungen verwirklicht haben" fördern.[28] Im Rahmen einer sämtliche bis zum Beschlusszeitpunkt eingetretenen prognoserelevanten Umstände berücksichtigenden Prognose käme den im Urteilszeitpunkt vorhandenen und vom erkennenden Gericht im Urteil dokumentierten Erwartenserwartungen (→ § 61 Rn. 23) lediglich noch ein gewisses Gewicht zu. Das passt schwerlich zu der Zwecksetzung des Darlegungserfordernisses. Die mit dem zweistufigen Verfahren möglicherweise verbundene Konsequenz, nicht bereits im Vorbehaltsurteil enthaltene, prognoserelevante Umstände der Prognose zu entziehen, wenn sich die Erwartenserwartung nicht bestätigt hat (erste Stufe), führt auch nicht zu sachwidrigen Ergebnissen. Der Gesetzgeber hat sich bewusst für ein Nebeneinander von nachträglichem Beschlussverfahren nach Vorbehaltsurteil einerseits und aufgrund von Nova andererseits entschieden.[29] Treten solche Nova vor der Entscheidung über den Vorbehalt auf, bleibt im Fall der Aussetzung auf der Grundlage von § 57 Abs. 2 kein Raum mehr für einen Beschluss gemäß § 57 Abs. 1 Satz 1, § 61a Abs. 1 Satz 1. Ergeben sich Nova nach Ablehnung der Aussetzung in einem vorbehalten Beschluss aber vor Beginn der Strafvollstreckung, kann es wiederum unter den Voraussetzungen von § 57 Abs. 2 zur späteren Anordnung der Aussetzung kommen. De lege ferenda sollte allerdings § 57 Abs. 2 gestrichen werden und es ausschließlich bei Vorbehaltsurteil und im Anschluss daran ergehenden Beschluss (mit eingeschränktem Prognosemaßstab) verbleiben.

2. Entscheidungsinhalt. Nach Maßgabe der in → Rn. 7–9 und 11 dargelegten **12** Grundsätze entscheidet das zuständige Gericht (→ Rn. 16) über die Aussetzung der Jugendstrafe. Wird die Aussetzung abgelehnt, **entfällt** jedenfalls mit Rechtskraft des Beschlusses (→ Rn. 20) das **Vollstreckungshindernis aus § 89 Satz 1** (arg.: § 89 Satz 2). Wird die Aussetzung angeordnet, trifft das zuständige Gericht auch die damit verbundenen Nebenentscheidungen gemäß §§ 22 f., insb. bzgl. Bewährungsauflagen und -weisungen sowie der Bewährungszeit etc. (vgl. § 58 Abs. 1 Satz 1).[30] Da die gemäß § 21 erfolgende primäre Aussetzung in einem Beschluss und nicht im Urteil des erkennenden Gerichts angeordnet wird, ist es nicht ausgeschlossen, die Nebenentscheidungen bereits im Aussetzungsbeschluss selbst vorzunehmen.[31] Wegen der unterschiedlichen Rechtsmittel gegen die Aussetzungsentscheidung einerseits (§ 59 Abs. 1; näher → Rn. 21) und die Nebenentscheidungen andererseits (§ 59 Abs. 2; näher → Rn. 22) können sich dennoch getrennte Beschlüsse anbieten.

---

[27] BT-Drs. 17/9389, 16 linke Spalte.
[28] BT-Drs. 17/9389, 16 rechte Spalte.
[29] Vgl. BT-Drs. 17/9389, 15 rechte Spalte.
[30] Diemer/Schatz/Sonnen/*Schatz* Rn. 12.
[31] Diemer/Schatz/Sonnen/*Schatz* Rn. 12.

13   **3. Verfahrensfragen.** Vor der Entscheidung über die vorbehaltene Aussetzungsentscheidung sind der **Verurteilte,** falls dieser Jugendlicher ist, sein Erziehungsberechtigter,
ggf. sein davon verschiedener gesetzlicher Vertreter, sowie die Staatsanwaltschaft **zu hören**
(vgl. § 57 Abs. 1 Satz 2, letzter Halbs.; § 67 Abs. 1).[32] Eine mündliche Verhandlung
schreibt das Gesetz nicht vor; diese wird sich aber anbieten, weil es zentral um die Frage
geht, ob sich die im Vorbehaltsurteil zugrunde gelegten Erwartenserwartungen erfüllt
haben (→ Rn. 8 und 11). Dazu kann die mündliche Befragung des Verurteilten regelmäßig beitragen.

IV. Ausbleiben einer Aussetzungsentscheidung bis zum Fristablauf

14   Das Gesetz trifft **keine ausdrückliche Regelung über die Folgen eines Ausbleibens der vorbehaltenen Entscheidung** über die Aussetzung nach Verstreichen der
Höchstfrist(en). Bedeutung kommt dem für die Frage des Wegfalls des Vollstreckungshindernisses aus § 89 Satz 1 zu.[33] Im Gesetzgebungsverfahren ist die Möglichkeit bedacht,
eine Regelung aber für entbehrlich gehalten worden. Die praktische Bedeutung sei gering,
weil mit Aktenvorlagefristen seitens der Staatsanwaltschaft zu rechnen sei, die innerhalb
der Fristen ggf. förmlich auf einen gerichtlichen Beschluss über die Aussetzung antragen
werde.[34] Von der Festlegung einer Fiktion, die sowohl in Richtung Ablehnung der Aussetzung als auch Anordnung gehen könnte, ist bewusst – auch im Hinblick auf damit verbundenen Folgeprobleme bei der Bestimmung des Fristlaufs für die sofortige Beschwerde
gemäß § 59 Abs. 1 – Abstand genommen worden.[35] Rspr. zu Folgen des Ausbleibens
fristgerechter Beschlussfassung über die vorbehaltene Aussetzung liegt ebenfalls noch nicht
vor.[36]

15   Die Auffassung, bei Ausbleiben der nachträglichen Aussetzungsentscheidung verbleibe
es „faktisch bei der Aussetzung", so dass nach Fristablauf auch weiterhin die ausgeurteilte
Jugendstrafe nicht vollstreckt werden könne,[37] vermag im Ergebnis nicht zu überzeugen.
Das Vorbehaltsurteil trifft gerade keine Aussetzungsentscheidung, sondern beschränkt sich
auf die Verurteilung zu zwar aussetzungsfähiger aber eben nicht ausgesetzter Jugendstrafe
und den Vorbehalt. Es verhängt daher eine vollstreckbare Strafe. Lediglich § 89 Satz 1
steht der sofortigen Vollstreckung dieser Jugendstrafe entgegen. Der Wortlaut dieser Vorschrift stellt ausreichend und in Übereinstimmung mit Erwägungen im Gesetzgebungsverfahren klar, dass das Hindernis die Vollstreckung *vor* Ablauf der Frist ausschließt, das
Vollstreckungshindernis seinerseits aber **mit Fristablauf wegfällt.**[38] Dafür sprechen
auch Voraussetzungen und Zweck des Vorbehaltsurteils. Dieses ergeht in einer Verfahrenssituation, in der die Bedingungen der Aussetzung der Jugendstrafe gemäß § 21 nach der
Überzeugung des erkennenden Gerichts gerade (noch) nicht vorliegen. Ohne das Vorbehaltsurteil müsste daher die Aussetzung abgelehnt werden. Um spätestens bei Ablauf der
jeweiligen Höchstfrist nunmehr die Aussetzung anordnen zu können, bedarf es zumindest
in den Fällen des § 61 Abs. 1 der Verfestigung der im Vorbehaltsurteil zugrunde gelegten
positiven Ansätze in der Lebensführung des Verurteilten (→ Rn. 7–9 und 11) und in den
Fällen des § 61 Abs. 2 der Bestätigung der im Zeitpunkt des Vorbehaltsurteils noch nicht
verifizierten prognoserelevanten Umstände. Ergeht bis zum Fristablauf keine gerichtliche
Entscheidung, die diese für die Aussetzung gemäß § 21 notwendigen Voraussetzungen

[32] Vgl. Hans.OLG Hamburg 9.9.2014 – 1 Ws 92/14, StraFo 2014, 434 (435); OLG Hamm 19.11.2015 –
3 Ws 413/15, BeckRS 2015, 21047; Diemer/Schatz/Sonnen/*Schatz* Rn. 14; *Eisenberg* JGG § 57 Rn. 15;
Meier/Rössner/Trüg/Wulf/*Meier* § 57 Rn. 28.
[33] BT-Drs. 17/9389, 17 linke und rechte Spalte.
[34] BT-Drs. 17/9389, 17 rechte Spalte; siehe dazu *Baier*, Bedeutung der Aussetzung der Verhängung der
Jugendstrafe, S. 105; *Beulke* GS Walter, 2014, 259 (268 f.); *Eisenberg* StV 2013, 44 (49 mit Fn. 31).
[35] BT-Drs. 17/9389, 17 rechte Spalte.
[36] KG 18.12.2015 – 4 Ws 123/15, ZJJ 2016, 175 (176) hat die Entscheidung über Ob und Wie des
Ausbleibens offen gelassen.
[37] Diemer/Schatz/Sonnen/*Schatz* Rn. 7 iVm § 89 Rn. 5 f.
[38] BT-Drs. 17/9389, 17 rechte Spalte; siehe auch Meier/Rössner/Trüg/Wulf/*Meier* Rn. 2 am Ende.

feststellt, kann das Ausbleiben einer Entscheidung keinesfalls die Bedeutung einer Aussetzung beigemessen und die Vollstreckung länger aufgeschoben werden. Sobald die Sache nach Fristablauf dem zuständigen Vollstreckungsleiter (§ 84) vorliegt, kann und muss vollstreckt werden.[39]

V. Gerichtliche Zuständigkeit (Abs. 2)

1. Nachträgliche Entscheidung über die vorbehaltene Aussetzung. Abweichend 16 von § 57 Abs. 1 Satz 2 liegt die Zuständigkeit für die vorbehaltene Aussetzungsentscheidung bei dem Gericht, durch das die dem Vorbehalt zugrunde liegenden tatsächlichen Umstände letztmalig geprüft worden sind. Ist gegen das in erster Instanz ergangene Vorbehaltsurteil insgesamt (→ § 61 Rn. 42) oder gegen den Vorbehalt isoliert (→ § 61 Rn. 46) kein Rechtsmittel eingelegt worden, liegt die Zuständigkeit stets beim **erstinstanzlichen Gericht.** Ist Berufung vollumfänglich (→ § 61 Rn. 43) oder auf den Rechtsfolgenausspruch beschränkt (§ 61 Rn. 43 f.) erhoben worden, so ist das **Berufungsgericht** für die vorbehaltene Aussetzungsentscheidung unabhängig davon zuständig, ob es den Vorbehalt selbst angeordnet oder lediglich die in erster Instanz erfolgte Anordnung nicht beanstandet hat.[40] Hat der Verurteilte oder sonstige Rechtsmittelberechtigte für diesen isoliert sofortige Beschwerde gegen den angeordneten Vorbehalt erhoben (näher → § 61 Rn. 41 und 46), liegt die Zuständigkeit für die nachträgliche Aussetzungsentscheidung bei dem zuständigen **Beschwerdegericht.** Denn auch auf die sofortige Beschwerde hin werden die zugrundeliegenden tatsächlichen Feststellungen (letztmalig) geprüft; Anderes gilt nur, wenn das Beschwerdegericht nicht in der Sache selbst entscheidet, sondern die Sache an die Ausgangsinstanz zurückverweist.[41] Die Zuständigkeit des Revisionsgerichts ist selbst dann nicht begründet, wenn es – höchst ausnahmsweise (→ § 61 Rn. 44) – den Vorbehalt selbst angeordnet hat. Denn eine Prüfung der zugrunde liegenden Feststellungen in tatsächlicher Hinsicht findet in der Revision nicht statt. Diese Zuständigkeitsbestimmungen gelten auch dann, wenn das Vorbehaltsurteil nicht durch ein Jugendgericht, sondern ein Gericht für allgemeine Strafsachen angeordnet worden ist.[42]

Das für die nachträgliche Entscheidung zuständige Gericht (→ Rn. 16) trifft auch die 17 im Fall der Aussetzung gemäß § 21 auf der Grundlage von §§ 22–25 zu treffenden **Nebenentscheidungen** über Auflagen und Weisungen usw. Es handelt sich lediglich um die Nachholung der Aussetzungsentscheidung auf der Grundlage von § 21, so dass **§ 58 Abs. 3 Satz 1** gilt. § 61b Abs. 1 Satz 6 regelt lediglich die die Vorbewährungsphase betreffenden Nebenentscheidungen iSv § 61b Abs. 1 Satz 1 und 2 (→ § 61b Rn. 5–8); die Ausgestaltung der Bewährung in Folge der nachträglichen Aussetzungsentscheidung ist davon nicht erfasst. Über die Aussetzung und über die Nebenentscheidung kann in einem Beschluss entschieden werden. Wegen der unterschiedlichen Rechtsmittel (→ Rn. 20 und 21) dürfte sich aber getrennte Beschlussfassung anbieten (→ Rn. 12 am Ende).

2. Nachträgliche Aussetzung ohne vorherigen Vorbehalt. Für die unter den 18 Voraussetzungen von § 57 Abs. 2 („Nova") ergehende nachträgliche Aussetzungsentscheidung gilt § 61a Abs. 2 nicht. Die Zuständigkeit dafür liegt gemäß § 57 Abs. 1 Satz 2 stets bei dem erstinstanzlichen Gericht.[43]

3. Besetzung. Da sämtliche die nachträgliche Aussetzung betreffenden Entscheidungen 19 (→ Rn. 16–18) außerhalb einer Hauptverhandlung ergehen, wirken an ihr stets nur die

---

[39] Im Ergebnis wie hier Meier/Rössner/Trüg/Wulf/*Meier* Rn. 2 am Ende.
[40] BT-Drs. 17/9389, 17 rechte Spalte; *Baier*, Bedeutung der Aussetzung der Verhängung der Jugendstrafe, S. 108; *Eisenberg* JGG §§ 61, 61a Rn. 14.
[41] Zu den Voraussetzungen KK-StPO/*Zabeck* StPO § 309 Rn. 7 mwN.
[42] BT-Drs. 17/9389, 20; Diemer/Schatz/Sonnen/*Schatz* Rn. 9.
[43] Diemer/Schatz/Sonnen/*Schatz* Rn. 10.

berufsrichterlichen Mitglieder des zuständigen Spruchkörpers, nicht aber die Jugendschöffen mit (vgl. § 33a Abs. 2, § 33b Abs. 7).[44]

VI. Rechtsmittel

20 **1. Entscheidung über die Aussetzung.** Gegen den Beschluss, mit dem nachträglich über die zunächst vorbehaltene Aussetzung der Jugendstrafe entschieden wird, ist gemäß **§ 59 Abs. 1 Satz 1** die **sofortige Beschwerde** statthaft.[45] Das gilt unabhängig davon, ob die Aussetzung angeordnet[46] oder abgelehnt und damit die Vollstreckbarkeit der Jugendstrafe aus dem Vorbehaltsurteil angeordnet wird.[47] Sofortige Beschwerde ist auf der genannten Grundlage auch gegen den auf der Grundlage von § 57 Abs. 2 getroffenen Aussetzungsbeschluss (→ Rn. 18) statthaft.

21 **2. Nebenentscheidungen.** Gegen die Nebenentscheidungen ist im durch **§ 59 Abs. 2** eröffneten Umfang die **einfache Beschwerde** statthaft.

§ 61b Weitere Entscheidungen bei Vorbehalt der Entscheidung über die Aussetzung

(1) ¹Das Gericht kann dem Jugendlichen für die Zeit zwischen Eintritt der Rechtskraft des Urteils und dem Ablauf der nach § 61a Absatz 1 maßgeblichen Frist Weisungen und Auflagen erteilen; die §§ 10, 15 Absatz 1 und 2, § 23 Absatz 1 Satz 1 bis 3, Absatz 2 gelten entsprechend. ²Das Gericht soll den Jugendlichen für diese Zeit der Aufsicht und Betreuung eines Bewährungshelfers unterstellen; darauf soll nur verzichtet werden, wenn ausreichende Betreuung und Überwachung durch die Jugendgerichtshilfe gewährleistet sind. ³Im Übrigen sind die §§ 24 und 25 entsprechend anzuwenden. ⁴Bewährungshilfe und Jugendgerichtshilfe arbeiten eng zusammen. ⁵Dabei dürfen sie wechselseitig auch personenbezogene Daten über den Verurteilten übermitteln, soweit dies für eine sachgemäße Erfüllung der Betreuungs- und Überwachungsaufgaben der jeweils anderen Stelle erforderlich ist. ⁶Für die Entscheidungen nach diesem Absatz gelten § 58 Absatz 1 Satz 1, 2 und 4; Absatz 3 Satz 1 und § 59 Absatz 2 und 5 entsprechend. ⁷Die Vorschriften des § 60 sind sinngemäß anzuwenden.

(2) Ergeben sich vor Ablauf der nach § 61a Absatz 1 maßgeblichen Frist hinreichende Gründe für die Annahme, dass eine Aussetzung der Jugendstrafe zur Bewährung abgelehnt wird, so gelten § 453c der Strafprozessordnung und § 58 Absatz 2 und 3 Satz 1 entsprechend.

(3) Wird die Jugendstrafe zur Bewährung ausgesetzt, so wird die Zeit vom Eintritt der Rechtskraft des Urteils, in dem die Aussetzung einer nachträglichen Entscheidung vorbehalten wurde, bis zum Eintritt der Rechtskraft der Entscheidung auf die nach § 22 bestimmte Bewährungszeit angerechnet.

(4) ¹Wird die Aussetzung abgelehnt, so kann das Gericht Leistungen, die der Jugendliche zur Erfüllung von Weisungen, Auflagen, Zusagen oder Anerbieten erbracht hat, auf die Jugendstrafe anrechnen. ²Das Gericht hat die Leistungen anzurechnen, wenn die Rechtfolgen der Tat andernfalls das Maß der Schuld übersteigen würde. ³Im Hinblick auf Jugendarrest, der nach § 16 verhängt wurde (§ 61 Absatz 3 Satz 1), gilt § 26 Absatz 3 Satz 3 entsprechend.

Schrifttum: Nachw. wie zu § 61.

---

[44] Diemer/Schatz/Sonnen/*Schatz* Rn. 14.
[45] BT-Drs. 17/9389, 17 rechte Spalte; Diemer/Schatz/Sonnen/*Schatz* Rn. 16.
[46] Vgl. KG 18.12.2015 – 4 Ws 123/15, ZJJ 2016.
[47] Siehe Hans.OLG Hamburg 25.2.2013 – 2 Ws 19/13, VRS 124 (2013), 355 (356 f.); 9.9.2014 – 1 Ws 92/14 StraFo 2014, 434 (435).

Übersicht

I. Bedeutung der Vorschrift

Die Vorschrift enthält Einzelregelungen zur Ausgestaltung der „Vorbewährungszeit", **1** also des Zeitraums zwischen der Rechtskraft des Vorbehaltsurteils und dem Ablauf der Höchstfristen aus § 61a Abs. 1 (→ § 61a Rn. 2–5), sowie zum Umgang mit während der „Vorbewährungszeit" seitens des Verurteilten erbrachten Leistungen sowohl für den Fall der (nachträglichen) Aussetzung als auch deren Ablehnung. Zudem schafft Abs. 1 Satz 5 eine bereichsspezifische Rechtsgrundlage für eine Übermittlung personenbezogener Daten im Verhältnis von Jugendgerichtshilfe und Bewährungshilfe (Zweckänderung und Zweckbindung). Die eigentliche Bedeutung liegt – gerade vor dem Hintergrund des Rechtszustands vor Einführung der §§ 61–61b – in der Statuierung einer gesetzlichen Grundlage für die Eingriffscharakter aufweisende Ausgestaltung der Vorbewährungszeit, vor allem durch Auflagen und Weisungen (→ § 61 Rn. 4).

II. Inhaltliche Gestaltung der Vorbewährungszeit (Abs. 1 Satz 1–5, Satz 7)

1. Auflagen und Weisungen, Ungehorsamsarrest. Abs. 1 Satz 1 gestattet dem das **2** Vorbehaltsurteil erlassenden Gericht (näher → Rn. 11), die „Vorbewährungszeit" mit **Auflagen und Weisungen** (vgl. § 23) auszugestalten. Die entsprechenden Anordnungen ergehen durch einen gesonderten Beschluss (**„Vorbewährungsbeschluss";** Abs. 1 Satz 6 iVm § 58 Abs. 1 Satz 1; → Rn. 9 f.). Bezüglich der Erteilung von Auflagen ist dem Gericht wie bei der Aussetzung der Vollstreckung der Jugendstrafe gemäß § 21 ein weites Ermessen eingeräumt („kann"; ebenso § 23 Abs. 1 Satz 2). Abweichend von § 23 Abs. 1 Satz 1 („soll") hat sich der Gesetzgeber aber auch hinsichtlich der Weisungen zu einer Kann–Regelung entschlossen. Im Hinblick auf die im Zeitpunkt des Vorbehaltsurteils noch offene Frage der Vollstreckung der verhängten Jugendstrafe wird ein zurückhaltender Umgang mit Auflagen während der Vorbewährungszeit angemahnt;[1] es sollten lediglich solche Auflagen erteilt

---

[1] Meier/Rössner/Trüg/Wulf/*Meier* Rn. 2.

werden, die – wie etwa diejenige der Schadenswiedergutmachung – neben vollstreckter Jugendstrafe in Betracht kommen.[2]

3   Wegen der Verweisung auf § 23 Abs. 2 sind – bei Befragung des Verurteilten (§ 58 Abs. 3) nach der Bereitschaft dazu – freiwillige Zusagen zur zukünftigen Lebensführung (statt darauf bezogener Weisungen) sowie Leistungserbieten, die auf den Ausgleich des begangenen Unrechts zielen (statt dies bezweckender Auflagen) vorrangig. Im Übrigen ergeben sich die Einzelheiten rechtlich zulässiger Ausgestaltung der „Vorbewährungszeit" insoweit aus den in Abs. 1 Satz 1 in Bezug genommenen Vorschriften.

4   Anders als bei der Aussetzung der Vollstreckung der Jugendstrafe zur Bewährung gemäß § 21 kann nach allgM bei Nichterfüllung der Auflagen und/oder Weisungen in der Vorbewährungszeit **kein** meist sog. **Ungehorsamsarrest** (vgl. § 23 Abs. 1 Satz 4 iVm § 11 Abs. 3, § 15 Abs. 3 Satz 2) angeordnet werden;[3] § 61b Abs. 1 Satz 1 letzter Halbs. verweist gerade nicht auf § 23 Abs. 1 Satz 4. Sollten sich bis zur Entscheidung über die vorbehaltene Aussetzung die für den Vorbehalt maßgeblichen Umstände nach § 61 Abs. 1 oder Abs. 2 in der erforderlichen Weise konsolidiert haben (→ § 61a Rn. 8 und 11), kommt der unterbliebenen oder unzureichenden Erfüllung der Auflagen und Weisungen in der Vorbewährungszeit Bedeutung im Rahmen der dann auf der Grundlage einer neuen Gesamtwürdigung (→ § 61a Rn. 9 und 11) gebotenen Legalprognose zu. Aus der beanstandungsfreien Befolgung/Erbringung der Auflagen und Weisungen kann allerdings nicht ohne Weiteres auf eine positive Prognose geschlossen werden (→ § 61a Rn. 9 am Ende).[4]

5   **2. Bewährungs- und Jugendgerichtshilfe; Bewährungsplan (Abs. 1 Satz 2–5, Satz 7). a) Allgemeines. Abs. 1 Satz 2** gibt als Sollschrift die Unterstellung des verurteilten Jugendlichen oder Heranwachsenden **vorrangig** unter die **Betreuung eines Bewährungshelfers** vor. Worauf sich der **Sollenscharakter** bezieht, wird offenbar **unterschiedlich beurteilt.** Einige deuten die Vorschrift wohl dahin, es sei bereits Gegenstand, **ob** eine **Unterstellung** unter die Betreuung und Aufsicht einer dazu fachlich qualifizierten Person erfolgen soll.[5] Andere beziehen die Sollensanordnung lediglich auf den Vorrang der Aufsicht durch die Bewährungshilfe vor der Jugendgerichtshilfe.[6] Weder der Wortlaut von Abs. 1 Satz 2 selbst noch der der Verweisung in Satz 3 („Im übrigen § 24 … entsprechend anzuwenden") ermöglichen, die Frage, die Auswirkungen auf die Anfechtbarkeit mit Rechtsmitteln haben kann (→ Rn. 20), eindeutig zu beantworten. Die Gesetzesmaterialien sprechen eher dafür, dass lediglich der Vorrang der Bewährungshilfe festgelegt werden sollte.[7] Sinn und Zweck der „Vorbewährung", die auf Verurteilte angewendet wird, bei denen zum Urteilszeitpunkt gerade keine günstige Prognose gestellt werden kann, deutet ebenfalls eher darauf hin, wie in § 24 Abs. 1 Satz 1 von der obligatorischen Unterstellung unter die Aufsicht der Bewährungshilfe oder nachrangig der Jugendgerichtshilfe auszugehen. Unabhängig von der dargestellten Kontroverse schafft § 61b Abs. 1 Satz 2 die notwendige gesetzlichen Grundlage für die Ausgestaltung der Vorbewährungszeit (→ § 61 Rn. 4). Die von § 52 Abs. 3 SGB VIII (iVm § 38 Abs. 2 Satz 2 JGG) abweichende, vorrangige Zuständigkeit der Bewährungshilfe gegenüber der Jugendgerichtshilfe beruht auf Zweifeln des Gesetzgebers an flächendeckend ausreichenden personellen Kapazitäten der Jugendgerichtshilfe.[8] Letztere soll die Aufsicht über den Verurteilten in der Vorbewährungszeit nur dann erhalten, wenn sichergestellt ist,

---

[2] Meier/Rössner/Trüg/Wulf/*Meier* Rn. 2.
[3] *Baier*, Bedeutung der Aussetzung der Verhängung der Jugendstrafe, S. 106; *Eisenberg* StV 2013, 44 (50), *ders.* Rn. 7; Diemer/Schatz/Sonnen/*Schatz* Rn. 2; *Ostendorf* Rn. 3.
[4] KG 18.12.2015 – 4 Ws 123715; ZJJ 2016, 175 (177).
[5] So wohl *Beulke* GS Walter, 2014, 259 (270); Diemer/Schatz/Sonnen/*Schatz* Rn. 3.
[6] So wohl *Eisenberg* StV 2013, 44 (49), *ders.* Rn. 8; Meier/Rössner/Trüg/Wulf/*Meier* Rn. 4.
[7] BT-Drs. 17/9389, 18 linke Spalte – „Wie in der echten Bewährungszeit erscheint es zur Förderung … geboten, …" „Soweit nicht die Bewährungshilfe damit betraut ist, haben sie (*die Jugendgerichtshilfe, H.R.*) auch die Erfüllung von Auflagen und Weisungen zu überwachen …."
[8] BT-Drs. 17/9389, 18 linke Spalte; siehe auch *Baier*, Bedeutung der Aussetzung der Verhängung der Jugendstrafe, S. 107; Diemer/Schatz/Sonnen/*Schatz* Rn. 3.

dass sie die damit verbundenen Aufgaben bewältigen kann.[9] Um dies beurteilen zu können, hat das für die Nebenentscheidungen zum Vorbehaltsurteil zuständige Gericht (→ § 61 Rn. 15) die jeweiligen örtlichen Verhältnisse im Freibeweisverfahren aufzuklären.[10] Zur Frage der Anfechtbarkeit der Entscheidung über Ob und Wie der Aufsicht während des Laufs der Vorbewährungsfrist → Rn. 20.

b) Geltung der allgemeinen Regeln über die Bewährungshilfe. Abs. 1 Satz 3 **6** ordnet die entsprechende Geltung der §§ 24, 25 für die Bestellung und die Rechts- bzw. Pflichtenstellung des Bewährungshelfers an. Davon ist die in § 24 Abs. 1 Satz 1 statuierte Höchstfrist über die Dauer der Unterstellung unter den Bewährungshelfer nicht erfasst; es gelten des Höchstfristen aus § 61a (näher dazu → § 61a Rn. Rn. 2–5). Dem durch den Bewährungshelfer zu erstellenden Bericht über die Entwicklung des Verurteilten (§ 25 Satz 3) kommt im Rahmen der Entscheidung über die vorbehaltene Aussetzung lediglich insoweit Bedeutung zu, als wegen der Verfestigung der den Vorbehalt begründenden positiven Ansätze beim Verurteilten (→ § 61 Rn. 20–23) oder einer Bestätigung der im Zeitpunkt des Vorbehaltsurteils noch nicht validierten prognoserelevanten Umstände (→ § 61 Rn. 24–29) eine erneute Gesamtwürdigung aller für die Prognose maßgeblichen Umstände erfolgt (→ § 61a Rn. 8 f. und 11).[11] Ob die Ansätze sich in der erforderlichen Weise verfestigt oder sich die zunächst noch nicht validierten Umstände als zutreffend erwiesen haben, hat das zuständige Gericht (→ § 61a Rn. 17 f.) im Freibeweisverfahren aufzuklären.[12] Dazu kann es sich auch der Unterstützung des Bewährungshelfers bedienen; allerdings wird dies nicht stets zur Erfüllung der Amtsaufklärungspflicht genügen.[13]

c) Zusammenarbeitsgebot und Zweckänderung. Abs. 1 Satz 4 statuiert ein **7** Zusammenarbeitsgebot zwischen Jugendgerichts- und Bewährungshilfe, dem kaum Regelungsgehalt zukommt und dessen Nicht- oder Schlechterfüllung keine rechtlichen Konsequenzen auslöst. **Satz 5** trägt den (verfassungsrechtlichen) **Grundsätzen der Zweckbindung und Zweckänderung** bei Nutzung sowie Übermittlung staatlich erhobener Daten[14] Rechnung.

d) Bewährungsplan. Aus der in Abs. 1 Satz 7 angeordneten entsprechenden Anwen- **8** dung von § 60 folgt, dass der Vorsitzende des für die Nebenentscheidungen im „Vorbewährungsbeschluss" zuständigen Gerichts (→ Rn. 11) einen Bewährungsplan aufstellt und ihm dem Verurteilten unter Beachtung der Vorgaben aus § 60 Abs. 1 Satz 1 eröffnet. Umstände, die dem zuständigen Gericht bereits bei der Aufstellung des Bewährungsplan bekannt waren und die sich bis zur Entscheidung über die vorbehaltene Aussetzung nicht (mehr) verändert haben, sollen im Hinblick auf den Vertrauensschutzgrundsatz nicht herangezogen werden dürfen, um die spätere Aussetzung der Vollstreckung abzulehnen.[15]

III. „Vorbewährungsbeschluss"; Verfahren und gerichtliche Zuständigkeit (Abs. 1 Satz 6)

1. „Vorbewährungsbeschluss". Die nach Abs. 1 ggf. zu treffenden Entscheidungen **9** über die Ausgestaltung der „Vorbewährungszeit" ergehen durch einen gesonderten Beschluss (Abs. 1 Satz 6 iVm § 58 Abs. 1 Satz 1), der als **„Vorbewährungsbeschluss"** bezeichnet werden kann. Sein Inhalt richtet sich nach Abs. 1 Satz 2 und 3; → Rn. 2–6).

---

[9] Vgl. *Baier*, Bedeutung der Aussetzung der Verhängung der Jugendstrafe, S. 107; *Eisenberg* Rn. 8.
[10] Diemer/Schatz/Sonnen/*Schatz* Rn. 3; *Eisenberg* Rn. 8.
[11] Weitergehend offenbar Meier/Rössner/Trüg/Wulf/*Meier* Rn. 4 „Bericht bildet die Grundlage für die spätere Aussetzungsentscheidung).
[12] Vgl. KG 18.12.2015 – 4 Ws 123/15, ZJJ 2016, 175 (177 f.).
[13] Exemplarisch dazu der KG 18.12.2015 – 4 Ws 123/15, ZJJ 2016, 175 zugrunde liegende Sachverhalt.
[14] Grundlegend dazu BVerfG 3.3.2004 – 1 BvR 2378/98 u.a., BVerfGE 209, 279 (375 f.); 10.3.2008 – 1 BvR 2388/03. BVerfGE 120, 351 (369); 7.12.2011 – 2 BvR 2500/09, BVerfGE 130, 1, (33); 24.6.2016 – 1 BvR 966/09 u.a., BVerfGE 141, 220.
[15] OLG Hamm 19.11.2015 – 3 Ws 413/15, BeckRS 2015, 21047.

10   **2. Verfahren.** § 58 regelt in seinem unmittelbaren Anwendungsbereich sowohl Folgeentscheidungen zu Aussetzungen (gemäß § 21), die bereits im Urteil des erkennenden Gerichts getroffen werden, als auch solcher im Zusammenhang mit der nachträglichen Aussetzung im Beschlussweg auf der Grundlage von § 57 Abs. 1 Satz 1 letzter Halbs., Abs. 2. Vor diesem Hintergrund erklärt sich die Regelung über die **Gewährung rechtlichen Gehörs** in § 58 Abs. 1 Satz 2. Ergeht Vorbehaltsurteil gemäß § 61 Abs. 1 oder 2, wird das zuständige erkennende Gericht regelmäßig bereits in der Hauptverhandlung das Ob der Erteilung von Auflagen und Weisungen sowie die Unterstellung unter Bewährungsaufsicht gemäß § 61b Abs. 1 Satz 2 und 3 erörtert haben. Einer weiteren Anhörung bedarf es nicht mehr. Das Gericht **verkündet** außer dem Vorbehaltsurteil **in der Hauptverhandlung auch den „Vorbewährungsbeschluss"** (vgl. § 268a Abs. 1 letzter Halbsatz StPO; § 2 Abs. 2 JGG).[16] In diesen Konstellationen erfolgt die Beschlussfassung in der für die Hauptverhandlung maßgeblichen Besetzung des zuständigen Jugendgerichts (vgl. § 33a Abs. 2; § 33b Abs. 7 e contrario).[17] Wird der Vorbewährungsbeschluss nicht mit dem Vorbehaltsurteil gefasst und verkündet, muss vor dem der Hauptverhandlung nachfolgenden „Vorbewährungsbeschluss" rechtliches Gehör gemäß § 58 Abs. 1 Satz 2 gewährt werden; beim jugendlichen Verurteilten umfasst dies auch die Anhörung der Erziehungsberechtigten und der gesetzlichen Vertreter (§ 67 Abs. 1).

11   **3. Gerichtliche Zuständigkeit für den „Vorbewährungsbeschluss" (Abs. 1 Satz 6 iVm § 58 Abs. 3 Satz 1).** Die Zuständigkeit für „Vorbewährungsbeschluss" auf der Grundlage von Abs. 1 Satz 1 und 2 ist gemäß Abs. 1 Satz 6 iVm § 58 Abs. 1 Satz 1 bei dem **Gericht** begründet, das – im Urteil – den **Vorbehalt angeordnet hat.** Um welches Gericht es sich dabei handelt, hängt von dem konkreten Verfahrensablauf ab:

(1.) Hat das **erstinstanzliche Gericht durch Vorbehaltsurteil entschieden** und ist weder dieses Urteil (insgesamt oder auf den Rechtsfolgenausspruch beschränkt) mit der Berufung oder der Revision noch isoliert der Vorbehalt mit der sofortigen Beschwerde (§ 59 Abs. 1 Satz 2; näher → § 61 Rn. 46 f.) angefochten worden, ist dieses Gericht auch für den Vorbewährungsbeschluss zuständig.

(2.) Ist ein **Vorbehaltsurteil** durch das erstinstanzliche Gericht **ergangen** und die dagegen gerichtete (vollumfängliche oder auf den Rechtsfolgenausspruch beschränkte) **Berufung erfolglos** geblieben, hat nicht das Berufungsgericht den Vorbehalt angeordnet,[18] sondern das **Gericht erster Instanz (strg.).**[19] Dieses ist für den Vorbewährungsbeschluss zuständig. Für eine Korrektur des eindeutigen Wortlauts von § 58 Abs. 1 Satz 1 („angeordnet *hat*") besteht kein Anlass, obwohl in der hier vorliegenden Konstellation das erstinstanzliche Gericht für den „Vorbewährungsbeschluss" (und die Entscheidungen nach § 61b Abs. 2; → Rn. 12–14), das Berufungsgericht aber für die spätere Entscheidung über die bislang vorbehaltene Aussetzung zuständig ist (§ 61a Abs. 2; näher → § 61a Rn. 16). Die Gefahr widersprüchlicher Entscheidungen ist angesichts der unterschiedlichen Gegenstände damit kaum verbunden. Allenfalls in den Fällen von § 61b Abs. 2 (dazu → Rn. 12–14) besteht diese Gefahr in einem gewissen Umfang, wenn das in der vorliegenden Konstellation (erfolglose Berufung gegen Vorbehaltsurteil) auch für die vorläufigen Maßnahmen zuständige erstinstanzliche Gericht (Abs. 2 iVm mit § 58 Abs. 3 Satz 1; → Rn. 14) von nicht erfüllten Erwartenserwartungen ausgeht und Sicherungsmaßnahmen ergreift (→ Rn. 12 f.), später aber das für die Aussetzungsentscheidung zuständige Berufungsgericht die Vollstreckung aussetzt.

(3.) Eine dem zu (2.) Dargestellten entsprechende Rechtslage besteht auch dann, wenn die isolierte **sofortige Beschwerde** (§ 59 Abs. 1 Satz 2) **gegen** den in erster Instanz angeordneten **Vorbehalt** (→ § 61 Rn. 46) **erfolglos** geblieben ist. Der „Vorbewährungsbe-

---

[16] Vgl. *Brunner/Dölling* § 58 Rn. 3; *Eisenberg* JGG § 58 Rn. 10.
[17] *Eisenberg* JGG § 58 Rn. 10.
[18] So aber *Eisenberg* Rn. 10; Meier/Rössner/Trüg/*Wulf/Meier* Rn. 5.
[19] Wie hier Diemer/Schatz/Sonnen/*Schatz* Rn. 6; *Ostendorf* Rn. 4.

schluss" und die Entscheidungen gemäß § 61b Abs. 2 gehören in die Zuständigkeit des erstinstanzlichen Gerichts nicht des Beschwerdegerichts.

(4.) Bei ausschließlich mit der **Revision** (bzw. Sprungrevision) **angefochtenem Vorbehaltsurteil** liegt bei erfolglosem Rechtsmittel die Zuständigkeit für den „Vorbewährungsbeschluss", die Entscheidungen gemäß § 61b Abs. 2 und für die Aussetzungsentscheidung stets bei dem Gericht erster Instanz.

(5.) Hat das **erstinstanzliche Gericht** bei Verurteilung zu aussetzungsfähiger Jugendstrafe **nicht** durch Urteil **auf Vorbehalt erkannt, ordnet** aber das **Berufungsgericht** auf eine vollumfängliche oder auf den Rechtsfolgenausspruch beschränkte Berufung den Vorbehalt gemäß § 61 Abs. 1 oder Abs. 2 **an,** ist das Berufungsgericht für den „Vorbewährungsbeschluss" zuständig.

(6.) Wird ein auf aussetzungsfähige Jugendstrafe lautendes, keinen Vorbehalt anordnendes Urteil insoweit erfolgreich mit der Revision angefochten als das **Revisionsgericht** ausnahmsweise selbst den **Vorbehalt anordnet** (→ § 61 Rn. 44), bleibt es trotz Abs. 1 Satz 6 iVm § 58 Abs. 3 Satz 1 bei der Zuständigkeit des Gerichts erster Instanz für den Vorbewährungsbeschluss. Insoweit gilt nichts Anderes als bei der ebenfalls nur in Ausnahmefällen in Betracht kommenden Anordnung der Aussetzung der Vollstreckung der Bewährung durch das Revisionsgericht im allgemeinen Strafrecht. Der über § 354 Abs. 1 eröffnete Umfang eigener Sachentscheidung des Revisionsgerichts umfasst die Ausgestaltung der Bewährungszeit mittels Auflagen und Weisungen durch das Revisionsgericht nicht.[20]

IV. Vorläufige Maßnahmen und Sicherungshaftbefehl (Abs. 2)

1. Sicherungsmaßnahmen. Ergeben sich während des Laufs der Vorbewährungszeit **12** (→ Rn. 1) tragfähige Anhaltspunkte dafür, dass sich die im Vorbehaltsurteils festgestellten (§ 61 Abs. 3 Satz 3; → § 61 Rn. 36−38) für die Zukunft erwarteten, prognostisch günstigen Ansätze in der Lebensführung des Verurteilten bzw. noch nicht verifizierte prognostisch günstige Umstände nicht verfestigen bzw. bestätigen, schafft Abs. 2 die gesetzliche Grundlage die gemäß § 453c StPO zulässigen Sicherungsmaßnehmen einschließlich eines Sicherungshaftbefehls anzuordnen. Ziel ist es, die nunmehr zu erwartende Vollstreckung bis zur bislang vorbehaltenen Entscheidung über die Aussetzung zu sichern.[21] Die zulässigen Sicherungsmaßnahmen erfassen lediglich den Zeitraum bis zur nachträglichen Entscheidung, ob die bislang vorbehaltene Entscheidung über die Aussetzung gemäß § 21 erfolgt oder nicht.

Untersuchungshaft ist wegen der bereits rechtskräftigen Verurteilung zu Jugendstrafe **13** **ausgeschlossen. Vollstreckungshaftbefehl** gemäß § 457 Abs. 2 Satz 1 StPO kann **nicht** ergehen, weil die Jugendstrafe wegen des Hindernisses aus § 89 Satz 1 (noch) nicht vollstreckbar ist.[22]

2. Gerichtliche Zuständigkeit. Abs. 2 letzter Halbsatz ordnet (ebenfalls) die **entspre- 14** **chende Geltung von § 58 Abs. 3 Satz 1** an. Zuständig für die Sicherungsmaßnahmen ist daher das Gericht, das den Vorbehalt angeordnet hat. Die Zuständigkeit richtet sich damit nach den → Rn. 11 dargelegten Grundsätzen. Vor allem hinsichtlich der vorläufigen Sicherungsmaßnahmen kann sich die unterschiedliche Zuständigkeit für diese einerseits und die nachfolgende Aussetzungsentscheidung andererseits (→ Rn. 11) auswirken, weil die ggf. verschiedenen Gerichte jeweils die Bestätigung oder Nichtbestätigung der ursprünglichen Erwartenserwartungen zu beurteilen haben.

V. Anrechnungsvorschriften (Abs. 3 und 4)

1. Allgemeines. Die beiden Absätze enthalten teils von Gesetzes wegen eintretende, **15** teils der gerichtlichen Anordnung bedürfende Anrechnungsregelungen sowohl für den Fall

[20] Siehe etwa BGH 31.7.2012 – 5 StR 135/12, NStZ-RR 2012, 357; Meyer-Goßner/Schmitt/*Meyer-Goßner* StPO § 268a Rn. 4 iVm § 354 Rn. 26d mwN.
[21] Diemer/Schatz/Sonnen/*Schatz* Rn. 8 und 10.
[22] Vgl. Diemer/Schatz/Sonnen/*Schatz* Rn. 9.

der nachträglichen Aussetzung (Abs. 3) als auch für den deren Ablehnung (Abs. 4). Die Regelung in **Abs. 4 Satz 2** mit einer Verpflichtung zur Anrechnung erfüllter „Weisungen, Auflagen, Zusagen und Anerbieten" bei sonstigem Übersteigen des Quantums – offenbar – der Einzeltatschuld **irritiert,** weil lediglich Auflagen wegen der damit verbundenen Genugtuungsfunktion Sanktionscharakter aufweisen (ohne Strafe im eigentlichen Sinne zu sein) und deshalb eine gewisse Relation zur strafrechtlichen Schuld aufweisen (→ Rn. 17).[23]

16   **2. Anrechnung bei Aussetzung (Abs. 3).** Erfolgt nach Vorbehaltsurteil im nachträglichen Beschluss die Aussetzung der Jugendstrafe, wird die in Abs. 3 bezeichnete Zeitspanne zwischen der Rechtskraft des Vorbehaltsurteils und der Rechtskraft des Aussetzungsbeschlusses (→ Rn. § 61a Rn. 20) auf die im Bewährungsbeschluss (§ 58 Abs. 1 Satz 1) festgelegte Bewährungszeit (§ 22) **von Gesetzes wegen angerechnet.** Einer darauf gerichteten gerichtlichen Entscheidung bedarf es nicht. Aus Klarstellungsgründen wird sie dennoch von dem dafür gemäß § 61a Abs. 2 zuständigen Gericht (→ § 61a Rn. 16 f.) ausgesprochen werden dürfen.[24] Die Höchstfristen des § 22 für die Dauer der Bewährung werden durch die Anrechnung nicht verlängert.[25] Bei der Bemessung der Bewährungsfrist aus § 22 darf die „Vorbewährungszeit" berücksichtigt werden.[26]

17   **3. Anrechnung bei Ablehnung der Aussetzung (Abs. 4). a) Grundlagen.** Die Regelung geht über § 26 Abs. 3 Satz 2 auch insoweit hinaus, als die Anrechnung u.a. auch befolgte/erbrachte Weisungen erfasst und sich unter den Voraussetzungen von **§ 61b Abs. 4 Satz 2** zur **Anrechnungspflicht** verdichtet. Die erweiterte Anrechnungsmöglichkeit mag „dem Erziehungsstrafrecht besser Rechnung" tragen[27] als § 26 Abs. 3. Zumindest die Anrechnungspflicht in den Fällen von § 61b Abs. 4 Satz 2 wegen drohender Überschreitung des Schuldmaßes beruht jenseits der Berücksichtigung erbrachter Auflagen (→ Rn. 15) auf einer Verkennung des Charakters der übrigen Gestaltungsinstrumente der Bewährungszeit einerseits und strafrechtlicher Schuld andererseits. Wie das zuständige Gericht (→ Rn. 20) die Erbringung nicht schuldbasierter Leistungen in Schuldquanten (Übersteigen des Maßes der Schuld) umsetzen können soll, bleibt unklar.

18   **b) Ermessen des Gerichts (Abs. 4 Satz 1).** Grundsätzlich steht die Anrechnung im Ermessen des Gerichts.[28] Wegen der Rechtsnatur der Auflagen (→ Rn. 15), ist deren Anrechnung im Rahmen einer Reduzierung des Ermessens regelmäßig anzuordnen.[29] Die Anrechnung muss ausdrücklich in dem die Aussetzung ablehnenden Beschluss angeordnet werden; sie kann nach Rechtskraft des Beschlusses nicht nachgeholt werden.[30]

19   **c) Anrechnungspflicht (Abs. 4 Satz 2 und 3).** Ausweislich der Gesetzesmaterialien wird im Fall des Aufschubs der Entscheidung über die Aussetzung angenommen, „die Gefahr einer Überschreitung der noch schuldangemessenen Sanktionierung" liege weitaus höher als im Fall des Widerrufs nach erfolgter Aussetzung; dem trage die Regelung in Abs. 4 Satz 2 Rechnung.[31] In welchen schuldrelevanten Umständen diese Gefahr begründet sein soll, wird nicht erklärt und ist auch kaum ersichtlich. Da die Jugendstrafe selbst sowohl innerhalb des zulässigen Schuldrahmens liegen als auch erzieherisch legitimiert sein muss (→ § 18 Rn. 15), kann die Gefahr keinesfalls aus der Strafe selbst resultieren. Mit Ausnahme der Auflagen weisen die übrigen Gestaltungsinstrumente der Bewährungszeit keine Schuld-

---

[23] Dazu einführend → StGB § 56b Rn. 2 mwN.
[24] Vgl. Diemer/Schatz/Sonnen/*Schatz* Rn. 12.
[25] BT-Drs. 17/9389, 18 rechte Spalte; Diemer/Schatz/Sonnen/*Schatz* Rn. 13; *Eisenberg* Rn. 18; Meier/Rössner/Trüg/Wulf/*Meier* Rn. 7.
[26] Vgl. BT-Drs. 17/9389, 18 rechte Spalte; Diemer/Schatz/Sonnen/*Schatz* Rn. 13; *Eisenberg* Rn. 18; Meier/Rössner/Trüg/Wulf/*Meier* Rn. 7; siehe aber auch *Ostendorf* Rn. 5.
[27] Diemer/Schatz/Sonnen/*Schatz* Rn. 15.
[28] Vgl. Hans.OLG Hamburg 9.9.2014 – 1 Ws 92/14, StraFo 2014, 434 (436).
[29] Siehe nur Diemer/Schatz/Sonnen/*Schatz* Rn. 17; *Ostendorf* Rn. 6.
[30] Vgl. Diemer/Schatz/Sonnen/*Schatz* Rn. 17 mwN.
[31] BT-Drs. 17/9389, 18 rechte Spalte; siehe auch *Baier*, Die Bedeutung der Aussetzung der Verhängung der Jugendstrafe, S. 112.

ausgleichsfunktion auf.[32] Es kann also allenfalls um Belastungen gehen, die mit dem Zeitablauf bis zur Entscheidung über die Aussetzung verbunden sind. Soweit mit diesen ein Nachlassen des Strafbedürfnisses verbunden sein sollte, könnte dies im Rahmen von Abs. 4 Satz 2 berücksichtigt werden. Da die Zeiträume aber überschaubar sind (vgl. § 61a Abs. 2), werden sich kaum jemals Umstände einstellen, die auf der Grundlage von Abs. 4 Satz 2 zur einer Anrechnungspflicht für das Gericht führen können. Anders verhält es sich in den Fällen von **Abs. 4 Satz 3** bei verbüßtem Arrest gemäß § 16a, der stets anzurechnen ist.

d) Gerichtliche Zuständigkeit. Für die Anrechnung gemäß Abs. 4 ist das Gericht **20** zuständig, das gemäß § 61a Abs. 2 über die vorbehaltene Aussetzung entscheidet.[33]

VI. Rechtsmittel

1. Nebenentscheidungen gemäß Abs. 1. Gegen den Beschluss über die Ausgestaltung **21** der Bewährungszeit durch die **Auferlegung von Auflagen und Weisungen** ist aufgrund des Verweises in Abs. 1 Satz 6 die **einfache Beschwerde gemäß § 59 Abs. 2** statthaft (allgM). Die **Anfechtbarkeit** der Entscheidung über die **Unterstellung unter die Aufsicht der Bewährungshilfe** oder – nachrangig – der Jugendgerichtshilfe sowie diejenige über die Person des Helfers mit der Beschwerde wird **kontrovers** beurteilt. *Meier* verneint die Statthaftigkeit der Beschwerde („unanfechtbar") unter Hinweis auf die im Jugendstrafrecht obligatorische Anordnung der Unterstellung unter die Aufsicht der Bewährungshilfe (vgl. § 24 Abs. 1 Satz 1) sowie hinsichtlich der Person des Helfers auf die fehlende Beeinträchtigung der Rechtsposition des Verurteilten dadurch.[34] Die hM hält dagegen auch insoweit die Beschwerde (auf der Grundlage von § 304 StPO) für statthaft,[35] was ungeachtet des durch § 59 Abs. 2 letzter Halbsatz („gesetzwidrig") damit einherginge, grundsätzlich auch die Auswahl zwischen Bewährungshilfe und Jugendgerichtshilfe (Abs. 1 Satz 2) einer Überprüfung durch das Beschwerdegericht zu unterwerfen.[36] Auch wenn die Unterstellung unter die Aufsicht einer dafür geeigneten Person während der Vorbewährungszeit obligatorisch ist (→ Rn. 5), handelt es sich bei der konkreten Anordnung um eine jugendgerichtliche Entscheidung (Abs. 1 Satz 2 iVm § 25 Abs. 1 Satz 1). Soweit nicht § 59 Abs. 2 für eine abschließende Sonderregelung über die Statthaftigkeit der einfachen Beschwerde gegen gerichtlichen Entscheidungen im Zusammenhang mit Bewährungsentscheidungen bei Verhängung von Jugendstrafe gehalten wird, ist die einfache Beschwerde gemäß § 304 StPO auch gegen die Unterstellung unter die Aufsicht unter einen Bewährungs- oder Jugendgerichtshelfer während der „Vorbewährungszeit" eröffnet. Im Hinblick auf die obligatorische Natur (→ Rn. 5) und des auf die „Gesetzwidrigkeit" beschränkten Prüfungsmaßstabs (§ 305a Abs. 1 Satz 2 StPO, § 59 Abs. 2 Satz 2 letzter Halbsatz)[37] kann die Beschwerde allein wegen der Anordnung der Aufsicht jedoch nicht erfolgreich sein. Bezüglich der Überprüfung der Auswahlentscheidung zwischen Bewährungs- und Jugendgerichtshilfe (→ Rn. 5) ist zwar nach dem Vorstehenden die einfache Beschwerde statthaft. Deren Zulässigkeit bei Angriff gegen die Auswahlentscheidung kann allerdings nur dann angenommen werden, wenn davon ausgegangen wird, dass der Verurteilte durch die Unterstellung unter die Aufsicht einer bestimmten Institution bzw. einer dort tätigen bestimmten Person im rechtsmittelrechtlichen Sinne beschwert ist,[38] wenn diese nicht oder nicht ausreichend zur Betreuung und Überwachung geeignet ist. Das mag angenommen werden können, bedarf

---

[32] Unklar daher Hans.OLG Hamburg 9.9.2014 – 1 Ws 92/14, StraFo 2014, 434 (436) bzgl. erfolgter therapeutischer Behandlung.

[33] In der Sache ebenso Diemer/Schatz/Sonnen/*Schatz* Rn. 19.

[34] Meier/Rössner/Trüg/Wulf/*Meier* Rn. 5 iVm § 59 Rn. 10.

[35] *Brunner/Dölling* § 59 Rn. 7; Diemer/Schatz/Sonnen/*Schatz* § 61b Rn. 3 am Ende; *Eisenberg* § 59 Rn. 25; *Ostendorf* § 59 Rn. 3.

[36] So ausdrücklich Diemer/Schatz/Sonnen/*Schatz* Rn. 3 am Ende.

[37] Zum Prüfungsmaßstab ausführlich SK-StPO/*Frisch* StPO § 305 Rn. 13 f. mwN.

[38] Zur Beschwer als prozessuale Zulässigkeitsvoraussetzung jedes Rechtsmittels im Strafprozess ausführlich *Radtke* FS Claus Roxin, Band 2, 2011, 1419.

aber näherer Begründung. **Gegen** die Zusammenstellung der im „Vorbewährungsbeschluss" erteilten Auflagen und Weisungen im **Bewährungsplan** (Abs. 1 Satz 7 iVm § 60) ist die **Beschwerde unzulässig;**[39] durch den Plan selbst ist der Verurteilte nicht beschwert.

22   **2. Vorläufige Maßnahmen gemäß Abs. 2.** Gegen einen auf der Grundlage von Abs. 2 iVm § 453c StPO erlassenen **Sicherungshaftbefehl** ist die einfache Beschwerde (§ 304 StPO) statthaft;[40] ob dies auch für die weitere Beschwerde gemäß § 310 Abs. 1 gilt, wird kontrovers beurteilt.[41]

23   **3. Anrechnungsentscheidungen gemäß Abs. 4.** Gegen Anrechnungsentscheidungen auf der Grundlage von Abs. 4 – auch gegen ihr Unterbleiben – ist die **sofortige Beschwerde gemäß § 59 Abs. 1 Satz 1** statthaft;[42] es handelt sich um eine Annexentscheidung zu dem Beschluss, mit dem die zunächst vorbehaltene Aussetzung abgelehnt worden ist (zu dessen Anfechtbarkeit → § 61a Rn. 20).

---

[39] Im Ergebnis ebenso Meier/Rössner/Trüg/Wulf/*Meier* § 59 Rn. 10.
[40] Vgl. nur Meyer-Goßner/Schmitt/*Schmitt* StPO § 473c Rn. 17 mwN.
[41] Meyer-Goßner/Schmitt/*Schmitt* StPO § 473c Rn. 17 mwN.
[42] Diemer/Schatz/Sonnen/*Schatz* Rn. 19 mwN.

Dritter Teil. Heranwachsende

Erster Abschnitt. Anwendung des sachlichen Strafrechts

§ 105 Anwendung des Jugendstrafrechts auf Heranwachsende

(1) Begeht ein Heranwachsender eine Verfehlung, die nach den allgemeinen Vorschriften mit Strafe bedroht ist, so wendet der Richter die für einen Jugendlichen geltenden Vorschriften der §§ 4 bis 8, 9 Nr. 1, §§ 10, 11 und 13 bis 32 entsprechend an, wenn
1. die Gesamtwürdigung der Persönlichkeit des Täters bei Berücksichtigung auch der Umweltbedingungen ergibt, daß er zur Zeit der Tat nach seiner sittlichen und geistigen Entwicklung noch einem Jugendlichen gleichstand, oder
2. es sich nach der Art, den Umständen oder den Beweggründen der Tat um eine Jugendverfehlung handelt.

(2) § 31 Abs. 2 Satz 1, Abs. 3 ist auch dann anzuwenden, wenn der Heranwachsende wegen eines Teils der Straftaten bereits rechtskräftig nach allgemeinem Strafrecht verurteilt worden ist.

(3) [1]Das Höchstmaß der Jugendstrafe für Heranwachsende beträgt zehn Jahre. [2]Handelt es sich bei der Tat um Mord und reicht das Höchstmaß nach Satz 1 wegen der besonderen Schwere der Schuld nicht aus, so ist das Höchstmaß 15 Jahre.

Übersicht

A. Allgemeines

I. Normzweck, Ausnahmecharakter und Anwendungsbereich

1   1. Normzweck. § 105 ermöglicht die Anwendung der Vorschriften des materiellen Jugendstrafrechts zu den Rechtsfolgen (§§ 4–8, 9 Nr. 1, 10, 11, §§ 13–30) und zu den Konkurrenzen (§§ 31, 32) auf Heranwachsende (§ 1 Abs. 2). Anders als bei der starren Altersgrenze von 14 Jahren, die das niemals strafbare Kind (§ 19 StGB) von dem im Einzelfall entsprechend seinem Entwicklungsstand strafbaren Jugendlichen (§ 3 S. 1) abgrenzt, erkennt der Gesetzgeber bei der Altersgrenze von 18 Jahren an, dass in Einzelfällen ein Mensch trotz seines Alters nach den für eine andere Altersgruppe geltenden Regeln zu behandeln sein kann – also hier: dass 18- bis 20-jährige Straftäter trotz des formalen Eintritts der Volljährigkeit immer noch Jugendlichen gleichstehen können und deshalb auch wie solche zu behandeln sind.

2   Die Ausdehnung des Anwendungsbereichs der Vorschriften des materiellen Jugendstrafrechts gilt jedoch nicht für den – in Abs. 1 gerade nicht genannten – § 3. Heranwachsende sind ebenso wie Erwachsene **grundsätzlich schuldfähig** und deshalb für ihre rechtswidrigen Taten auch strafrechtlich zur Rechenschaft zu ziehen. Während sich bei Jugendlichen die Frage stellt, ob sie für ihre rechtswidrige Tat überhaupt strafrechtlich belangt werden können, erhebt sich bei Heranwachsenden, soweit sie nicht ausnahmsweise gem. § 20 StGB schuldunfähig sind, nur die Frage, ob auf sie die Regeln des Jugend- oder des allgemeinen Strafrechts anzuwenden sind. Abs. 1 macht dies davon abhängig, ob die Person (Nr. 1) oder die Tat (Nr. 2) des Heranwachsenden der Person oder der Tat eines Jugendlichen gleichsteht. Ist das der Fall, so geht der Gesetzgeber davon aus, dass auf den Heranwachsenden auch noch wie auf einen Jugendlichen eingewirkt werden kann, und ordnet deshalb die Verhängung der in erster Linie positiv spezialpräventiv (erzieherisch) motivierten und weniger repressiven Rechtsfolgen des JGG an.

3   2. Ausnahmevorschrift. a) Gesetzeslage. Nach dem **Wortlaut** des Abs. 1 erscheint die Anwendung des Jugendstrafrechts als **Ausnahme.**[1] Abs. 1 handelt von Heranwachsenden und regelt, unter welchen Voraussetzungen auf sie das für Jugendliche geltende Recht anwendbar ist. Er beschränkt diese Möglichkeit von vornherein auf zwei Fallkonstellationen und stellt dabei gerade darauf ab, ob der Heranwachsende seiner Person oder Tat nach noch einem Jugendlichen gleichsteht.

4   Auf einen Ausnahmecharakter weist auch die **Entstehungsgeschichte** des § 105:[2] Man sprach von einem „Sonderrecht", das es ermögliche, Heranwachsende „unter bestimmten Voraussetzungen wie Jugendliche zu behandeln".[3] Die Einführung der bis dahin im Gesetz unbekannten Regelung wurde im Jahr 1953 vor allem mit den „außergewöhnlichen Verhältnisse(n) der Nachkriegszeit" begründet: „Die unmittelbaren Erlebnisse des Krieges, der oft rücksichtslose Kampf um das nackte Überleben auf der Flucht, der Verlust von Eltern und Angehörigen, Besitz und Heimat haben die Entwicklung von vielen jungen Menschen empfindlich gestört und ihre soziale Eingliederung in die Gemeinschaft erschwert. Die unbeschreibliche Not der Nachkriegsjahre und das schlechte Beispiel der Erwachsenen haben ein Übriges getan. Es ist eine vordringliche Pflicht des Staates, hier mit allen zur Verfügung stehenden Mitteln zu helfen".[4] Ausdrücklich wurde betont, es solle „vorerst dabei bleiben, dass geistig und charakterlich normal entwickelte Heranwachsende grundsätzlich wie Erwachsene behandelt werden". Dies „dürfte auch mit der Überzeugung des Volkes in Einklang stehen, nach der ein normal entwickelter Achtzehnjähriger schon einen solchen Grad sozialer Freiheit erlangt hat, dass seine volle strafrechtliche Verantwortlichkeit begrün-

---

[1] *Ostendorf* Grdl. zu §§ 105–106 Rn. 2; *Renzikowski* NJW 1990, 2910.
[2] *Ostendorf* Grdl. zu §§ 105–106 Rn. 2; s. auch BGH 23.10.1958 – 4 StR 327/58, BGHSt 12, 116 (118); *Dallinger/Lackner* Rn. 9; Diemer/Schatz/Sonnen/*Sonnen* Rn. 9.
[3] BT-Drs. 1/3264, 34, 36; s. dort auch zu den folgenden Zitaten.
[4] BT-Drs. 1/3264, 36.

det erscheint". Der Vorschlag, die Anwendbarkeit des Jugendstrafrechts auf alle Heranwach-senden auszuweiten, wurde daher ausdrücklich abgelehnt: „Das in Zukunft geltende Straf-recht für Heranwachsende darf nicht auf den besonderen Verhältnissen der Nachkriegszeit aufbauen. Voraussichtlich schon in einigen Jahren werden die in der Gegenwart besonders häufig zu beobachtenden Fehlentwicklungen junger Menschen überwunden sein. Das Bedürfnis, ihnen gegenüber die erzieherischen Möglichkeiten des Jugendstrafrechts einzu-setzen, wird dann wieder hinter dem allgemeinen Verlangen der Öffentlichkeit zurücktreten, gegen Rechtsbrüche wirksam geschützt zu werden."

b) Rechtsprechung. Der BGH lehnte dagegen schon früh die – anfänglich auch von **5** ihm geteilte[5] – Auslegung ab, dass die Vorschriften des Jugendstrafrechts im Verhältnis zu den allgemeinen Vorschriften bei Heranwachsenden in einem Ausnahmeverhältnis stehen. Zwar deute der Wortlaut darauf hin, dass die Anwendung des allgemeinen Strafrechts auf Heranwachsende der Normalfall und auch im Zweifel am Platze sei, doch werde dies dem Zweck des Gesetzes nicht gerecht: „Danach soll jeder 18- bis 21-jährige Täter der seinem geistig-seelischen Reifegrad entsprechenden Behandlung zugeführt werden: ist er bereits im wesentlichen ausgeformt, dem Erwachsenenstrafrecht, sind bei ihm die Entwicklungs-kräfte noch in größerem Umfang wirksam, dem Jugendstrafrecht."[6] In späteren Entschei-dungen hat die Rechtsprechung dann ebenso das entgegengesetzte, in Teilen der Literatur (→ Rn. 7) befürwortete Regel-Ausnahme-Verhältnis abgelehnt, bei dem die Anwendung des Jugendstrafrechts die Regel und des allgemeinen Strafrechts die Ausnahme ist: Das Gesetz „stellt **keine Vermutung für die grundsätzliche Anwendung des einen oder des anderen Rechts** auf … Die Forderung, grundsätzlich Jugendrecht anzuwenden, wenn nicht ausnahmsweise der Täter eindeutig einem Erwachsenen gleichzustellen ist, findet im Gesetz keine Stütze."[7]

Die Rechtsprechung hat erhebliche praktische Konsequenzen. Sie sieht die Altersgrenze **6** von 18 Jahren nicht als eine vom Gesetz vorgegebene (normative) Zäsur, sondern geht davon aus, dass „das Jugendalter als Entwicklungsabschnitt nicht durch Altersgrenzen bestimmt ist."[8] Die Rechtsprechung fragt bei Nr. 1 danach, ob bei dem Heranwachsenden wie bei einem Jugendlichen **„Entwicklungskräfte noch in größerem Umfang wirksam** sind" oder ob er „vielmehr die einem jungen Erwachsenen kennzeichnende Ausformung erfahren" hat.[9] Die altersbezogene Unterscheidung des Gesetzes zwischen Jugendlichen und Heranwachsenden (§ 1 Abs. 2) wird durch eine Differenzierung zwischen materiell jugendlichen Menschen, die bis zu 20 Jahre alt werden können, und materiell schon erwach-senen Menschen aufgelöst (dazu auch → Rn. 12 f.).

c) Praxis. In der forensischen Praxis wirkt sich dies mit einer **überwiegenden Anwen- 7 dung des Jugendstrafrechts** auf Heranwachsende aus: Im Jahre 2013 wurde von 64.049 verurteilten Heranwachsenden auf 42.219 Jugendstrafrecht angewendet, das sind annähernd 65,9 %.[10] Ein Anteil von über 60 % Jugendstrafrechtsanwendung ist seit Mitte der 1980er Jahre die Regel,[11] in den letzten Jahren liegt die Quote für die Anwendung des Jugendstraf-rechts deutschlandweit bei zwei Dritteln.[12] Hierbei gibt es zwischen den Bundesländern

---

[5] BGH 7.10.1954 – 4 StR 216/54, LM JGG § 105 Abs. 1 Nr. 2 Nr. 6.

[6] BGH 23.10.1958 – 4 StR 327/58, BGHSt 12, 116 (118).

[7] BGH 7.11.1988 – 1 StR 620/88, BGHSt 36, 37 (40) = NStZ 1989, 574; 9.8.2001 – 1 StR 211/01, NJW 2002, 73 (75); 6.3.2003 – 4 StR 493/02, NStZ 2004, 294 (295).

[8] BGH 6.12.1988 – 1 StR 629/88, BGHSt 36, 37 (40).

[9] BGH 23.10.1958 – 4 StR 327/58, BGHSt 12, 116 (118); 16.1.1968 – 1 StR 604/67, BGHSt 22, 41 (42); 6.12.1988 – 1 StR 629/88, BGHSt 36, 37 (40); 9.8.2001 – 1 StR 211/01, NJW 2002, 73 (74 f.).

[10] Statist. Bundesamt (Hrsg.) Strafverfolgungsstatistik 2013, Fachserie 10 Reihe 3, S. 190, 308.

[11] Über den Anteil der Heranwachsenden, auf die Jugendstrafrecht angewendet wurde, für die alten Bun-desländer einschl. West-Berlin seit 1954 siehe *Pruin* S. 58 f. Während 1954 noch auf lediglich 20 % der Heranwachsenden Jugendstrafrecht angewendet wurde, stieg dieser Anteil bis 1990 kontinuierlich. Seitdem gibt es gewisse Schwankungen, aber lediglich 1994 und 1995 fiel der Anteil auf unter 60 %.

[12] *Heinz*, Das strafrechtliche Sanktionensystem und die Sanktionierungspraxis in Deutschland 1882–2012, 2014, S. 117 (http://www.uni-konstanz.de/rtf/kis/Sanktionierungspraxis-in-Deutschland-Stand-2012.pdf, Stand: 21.7.2017); *ders.* GS Walter, 2014, 303.

erhebliche **Unterschiede:** die Anwendung des Jugendstrafrechts reichte im Jahre 2012 von 49 % in Sachsen bis zu 88 % in Schleswig-Holstein.[13] Genauso deutlich sind die Unterschiede bezogen auf die Deliktsgruppen: Am häufigsten auf Heranwachsende angewendet wird das Jugendstrafrechts bei Gewaltdelikten wie vorsätzlichen Tötungsdelikten (90 %), Raub/Erpressung (97 %), Vergewaltigung (93 %) sowie bei Diebstahl unter erschwerenden Umständen (93 %) und BtM-Straftaten (92 %). Dagegen wird bei Straßenverkehrsdelikten überwiegend Erwachsenenstrafrecht angewendet (58 %).[14]

8   **d) Literatur.** Stimmen in der Literatur gehen noch über die Rechtsprechung hinaus und plädieren für eine Abschaffung des § 105 und für die „lineare Einbeziehung aller Heranwachsenden in das Jugendrecht"[15] oder unterstellen, dass **„im Normalfall … Jugendstrafrecht anzuwenden** ist".[16] Sie verkehren damit das aus Wortlaut und Entstehungsgeschichte ableitbare Regel-Ausnahme-Verhältnis in sein Gegenteil. Begründet wird dies zumeist mit dem Verweis auf die jugendgerichtliche Praxis und Erkenntnisse der Jugendpsychologie.[17] Das erste Argument erscheint zweifelhaft, denn es bezieht sich lediglich auf die forensische Wirklichkeit und schließt von einem Sein auf ein Sollen. Das zweite Argument ist problematisch, weil sich ein Vorrang des Jugendstrafrechts gegenüber dem Erwachsenenstrafrecht mit dem Gesetzeswortlaut nicht vereinbaren lässt. Die Erkenntnisse der Jugend- und Entwicklungspsychologie deuten tatsächlich darauf hin, dass beim Übergang vom Jugendlichen zum Erwachsenen der Entwicklungsstand individuell sehr stark variiert.[18] Daraus ist aber nicht auf einen Vorrang der Anwendung des Jugendstrafrechts zu schließen, sondern lediglich auf die Notwendigkeit einer Einzelbeurteilung, die für beide Ergebnisse offen ist.[19] Hierbei ist allerdings zu berücksichtigen, dass vor allem das jugendstrafrechtliche Rechtsfolgenrepertoire eine individuelle und flexible Aburteilung des Heranwachsenden ermöglicht.[20] Die Anwendung des Jugend- oder Erwachsenenrechts kann nicht Gegenstand einer strafprozessualen Absprache sein.[21]

9   **3. Anwendungsbereich.** § 105 gilt bei allen Verfehlungen (dh rechtswidrigen Taten; auch → Rn. 10) von Heranwachsenden unabhängig davon, ob sie bei Jugendgerichten oder bei den für allgemeine Strafsachen zuständigen Gerichten anhängig sind.[22] Im Ordnungswidrigkeitenrecht ist § 105 nicht anwendbar.

II. Historie

10   Das JGG vom 16.2.1923[23] galt nur für Jugendliche im Alter von 14 bis 17 Jahren. Obwohl es schon entsprechende Vorschläge gab, lehnte der damalige Gesetzgeber die Einbeziehung der Heranwachsenden in das JGG ab. Im RJGG vom 6.11.1943[24] blieb es bei der Altersgrenze von 18 Jahren, allerdings auch deshalb, weil dem Gesetzgeber „das ganze Problem wegen der Zugehörigkeit der meisten jungen Leute zur Wehrmacht oder zu wehrmachtähnlichen Formationen nicht besonders dringlich erschien".[25] Der Gesetzgeber ermöglichte

[13] Siehe *Heinz*, Das strafrechtliche Sanktionensystem 1882–2012, 2014, S. 120 Schaubild 57; *Pruin* S. 60 ff.; *Schaffstein/Beulke/Swoboda* Rn. 226.

[14] Alle Angaben bezogen auf das Jahr 2004 nach *Pruin* S. 66 ff.; siehe auch *Heinz*, Das strafrechtliche Sanktionensystem 1882–2012, 2014, S. 121 ff. Schaubilder 59–61; *Walter* GA 2007, 501 (509); *Schaffstein/Beulke/Swoboda* Rn. 224 ff.

[15] So *Walter*, GA 2007, 501 (517); aus jugendpsychiatrischer Sicht *Remschmidt* FS Rössner, 2015, 338 (350 ff.).

[16] *Diemer/Schatz/Sonnen/Sonnen* Rn. 9, 17; *Zieger* Rn. 96.

[17] So beispielhaft *Schaffstein/Beulke/Swoboda* Rn. 196.

[18] Siehe hierzu HK-JGG/*Remschmidt/Rössner* Rn. 7 ff.

[19] *Brunner/Dölling* Rn. 4.

[20] AA 1. Aufl.

[21] BGH 15.3.2001 – 3 StR 61/01, NJW 2001, 2642 (2643); 26.1.2006 – 3 StR 415/02, NStZ-RR 2006, 187; HK-GS/*Verrel* § 19 Rn. 14.

[22] *Diemer/Schatz/Sonnen/Sonnen* Rn. 1; HK-JGG/*Remschmidt/Rössner* Rn. 1; *Ostendorf* Rn. 1.

[23] RGBl. I S. 135 (141).

[24] RGBl. I S. 637 (639).

[25] So die Darstellung in der Begründung zum JGG 1953, BT-Drs. 1/3264, 36; s. auch *Ostendorf* Grdl. zu §§ 105–106 Rn. 2.

im Gegenteil sogar, Jugendliche wie Erwachsene zu bestrafen, wenn sie jenen in der Entwicklung schon gleichstanden oder wenn sie „charakterlich abartige Schwerverbrecher" waren (§ 20 RJGG).[26] Der Gesetzgeber des JGG vom 4.8.1953[27] beseitigte diese Regelung. Er eröffnete im Gegenteil im neuen § 105 Abs. 1 die Möglichkeit, auf Heranwachsende Jugendstrafrecht anzuwenden. Doch sollte dies nach seiner Ansicht die Ausnahme bleiben (→ Rn. 4). Abs. 1 ist seither mit der einen Ausnahme unverändert geblieben, dass durch das Gesetz zur Neuregelung des Volljährigkeitsalters vom 31.7.1974[28] der Verweis auf die Erziehungsbeistandschaft und die Fürsorgeerziehung gestrichen wurde (§§ 9 Nr. 2, 12). Der ebenfalls bis heute unveränderte frühere Abs. 2 wurde durch das EGStGB vom 2.3.1974[29] zu Abs. 3; zugleich wurde der heutige Abs. 2 eingefügt. Aufgrund des Einigungsvertrags gilt § 105 im Gebiet der ehemaligen DDR mit der Maßgabe, dass es in Abs. 1 statt „Verfehlung" „rechtswidrige Tat" heißt.[30]

B. Erläuterung

I. Anwendbarkeit des Jugendstrafrechts auf Heranwachsende

11 Abs. 1 eröffnet unter den Voraussetzungen der Nr. 1 oder Nr. 2 die Möglichkeit einer entsprechenden Anwendung der ansonsten nur für Jugendliche geltenden Regelungen der §§ 4–8, § 9 Nr. 1, §§ 10, 11 und §§ 13–32 auf Heranwachsende. **Nr. 1 ist persönlichkeitsorientiert, Nr. 2 tatorientiert.**[31] Beide Varianten stehen gleichrangig nebeneinander, überschneiden sich jedoch, wenn ein Heranwachsender iSd Nr. 1 eine Tat iSd Nr. 2 begeht. Kommen nach Lage des Falls beide Varianten in Betracht, so empfiehlt sich eine Prüfung der Nr. 2, weil sie keine umfangreiche und eingriffsintensive Persönlichkeitsprüfung voraussetzt.[32] Materiell-rechtlich bedarf es bei Bejahung der Nr. 2 keiner Erörterung der Nr. 1 mehr; bestehen jedoch Zweifel oder ist Nr. 2 zu verneinen, so muss das Gericht die Voraussetzungen der Nr. 1 prüfen, wenn der Sachverhalt Hinweise darauf gibt, dass der Heranwachsende bei der Tat noch einem Jugendlichen gleichstand. Die Frage, ob das Gericht auch dann, wenn es vom Vorliegen der Voraussetzungen der Nr. 2 überzeugt ist, in eine mit weiteren Beweiserhebungen verbundene Prüfung der Nr. 1 eintreten darf, ist vor dem Hintergrund des § 105 praktisch bedeutungslos.[33] In der Regel muss sich das Gericht aber auch in einem Fall der Nr. 2 deshalb ein Urteil auch über die Person des Heranwachsenden bilden, weil es ansonsten nicht in der Lage ist, die geeigneten und erforderlichen jugendstrafrechtlichen Rechtsfolgen zu bestimmen.[34]

12 **1. Entwicklungsrückstand (Nr. 1). a) Maßstab.** Auf einen Heranwachsenden wird Jugendstrafrecht angewendet, wenn „er zur Zeit der Tat nach seiner sittlichen und geistigen Entwicklung noch einem Jugendlichen gleichstand". Streitig ist, wonach sich der hier zum Vergleich herangezogene Begriff des Jugendlichen bestimmt.

13 **aa) Materieller Begriff des Jugendlichen.** Rechtsprechung und überwiegende Literatur definieren den Begriff des Jugendlichen abweichend von der Legaldefinition des § 1

---

[26] § 20 RJGG geht bereits auf die VO zum Schutze gegen jugendliche Schwerverbrecher vom 4.10.1939, RGBl. I S. 2000, zurück.
[27] BGBl. I S. 751 (766).
[28] Art. 7 Nr. 1, BGBl. I S. 1713 (1715).
[29] Art. 26 Nr. 48, BGBl. I S. 469 (529).
[30] Anlage I Kap. III C Abschnitt III Nr. 3c zum Einigungsvertrag vom 31.8.1990, BGBl. II S. 885 (957).
[31] BGH 17.10.2000 – 1 StR 261/00, NStZ 2001, 102; OLG Hamm 6.9.2004 – 2 Ss 234/04, NStZ-RR 2005, 58 (59).
[32] BGH 17.10.2000 – 1 StR 261/00, NStZ 2001, 102; OLG Hamm 6.9.2004 – 2 Ss 234/04, NStZ-RR 2005, 58 (59); *Brunner/Dölling* Rn. 16; *Eisenberg* Rn. 2; *Mitsch* Jura 2002, 243; *Diemer/Schatz/Sonnen/Sonnen* Rn. 11; *Zieger* Rn. 94; wohl auch *Nothacker*, 2001, S. 31.
[33] Eine Untersuchung lehnen als unverhältnismäßig ab: *P. A. Albrecht* S. 108; *Brunner/Dölling* Rn. 16; *Ostendorf* Rn. 23; *Schaffstein/Beulke/Swoboda* Rn. 215.
[34] *Diemer/Schatz/Sonnen/Sonnen* Rn. 11.

Abs. 2. Deren „formale Kriterien" könnten „den materiellen Gehalt dessen, was einen Jugendlichen iSd § 105 JGG ausmacht, nicht kennzeichnen".[35] Es habe sich vielmehr gezeigt, dass das Jugendalter als Entwicklungsabschnitt nicht durch Altersgrenzen bestimmt sei. Ein bestimmter, sicher abgrenzbarer Typ des Jugendlichen zwischen 14 und 17 Jahren, mit dem der Heranwachsende verglichen werden könnte, sei nicht feststellbar. Auch bei Überschreitung der Altersstufe von 17 zu 18 Jahren sei eine Zäsur nicht erkennbar. Die Entwicklung des jungen Menschen sei vielmehr ein durch zahlreiche äußere Einflüsse geprägter, kontinuierlicher Prozess, der je nach Person unterschiedlich ablaufe und unterschiedlich lange andauere. Vertreten wird deshalb ein vom Gesetz abgelöster materieller Begriff des Jugendlichen. Abzustellen sei allein auf die individuelle Reifeentwicklung des Heranwachsenden.[36] Streitig ist allerdings, nach welchen Kriterien sich bestimmt, ob der Heranwachsende die hinreichende individuelle Reife für die Anwendung des allgemeinen Strafrechts besitzt.

14   (1) Nach der **Rechtsprechung** ist unter einem Jugendlichen iSd Nr. 1 „der noch ungefestigte, in der Entwicklung stehende, auch **noch prägbare Mensch** zu verstehen, bei dem Entwicklungskräfte noch in größerem Umfang wirksam sind. Ist das nicht der Fall und stehen Reiferückstände nicht im Vordergrund, hat der Täter vielmehr die einen jungen Erwachsenen kennzeichnende Ausformung erfahren, dann ist er nicht mehr einem Jugendlichen gleichzustellen."[37] Bisweilen wird die Anwendung von Jugendstrafrecht oder allgemeinem Strafrecht auch davon abhängig gemacht, wie nah der Heranwachsende an die untere oder obere Altersgrenze herankommt.[38]

15   (2) Die **Literatur** geht, soweit sie nicht der Rechtsprechung folgt, zum Teil noch einen Schritt weiter und zieht die Konsequenz, dass nach diesen Maßstäben grundsätzlich alle Heranwachsenden materiell noch Jugendliche seien und folglich die Anwendung des Jugendstrafrechts auf diese Tätergruppe der Normalfall sei.[39] Dass sich diese Ansicht vom Gesetz entfernt, wurde bereits oben dargelegt (→ Rn. 8). Wie sehr sie sich entfernt, zeigt sich besonders anschaulich darin, dass sie inzwischen zu einer beweistechnischen Umkehr von Regelfall (Erwachsenenstrafrecht) und Ausnahme (Jugendstrafrecht) gelangt ist: So wird gefordert, es sei für die Anwendung des allgemeinen Erwachsenenstrafrechts notwendig, dass die fortgeschrittene Reife, dh die Progression des Täters gegenüber einem 17-jährigen Jugendlichen, positiv festgestellt wird. Um das Jugendstrafrecht anzuwenden, bedürfe es dagegen keines Nachweises eines Reiferückstands.[40]

16   **bb) Formeller Begriff des Jugendlichen.** Nach der Gegenmeinung ist bei der Beurteilung, ob der Heranwachsende „zur Zeit der Tat nach seiner sittlichen und geistigen Entwicklung noch einem Jugendlichen gleichstand", von der Legaldefinition des § 1 Abs. 2 auszugehen. Das ergebe sich aus dem Wortlaut, dem durchgängigen Sprachgebrauch des JGG und dem Charakter des Abs. 1 als Ausnahmevorschrift. Auf einen Heranwachsenden sei folglich nur dann Jugendstrafrecht anzuwenden, wenn er zur Zeit der Tat einem 14- bis 17-Jährigen gleichstand.

17   Damit ist der Vergleichsmaßstab aber noch nicht hinlänglich bestimmt. Hier setzt die oben (→ Rn. 13) geschilderte Kritik der hM an, dass ein jugendspezifischer Entwicklungs-

---

[35] BGH 6.12.1988 – 1 StR 620/88, BGHSt 36, 37 (39); ebenso: *P. A. Albrecht* S. 106; *Brunner/Dölling* Rn. 4; *Eisenberg* Rn. 7; *Laubenthal/Baier/Nestler* Rn. 89; *Meier/Rössner/Schöch/Meier* § 5 Rn. 22; *Ostendorf* Rn. 6; Diemer/Schatz/Sonnen/*Sonnen* Rn. 15; *Zieger* Rn. 96.

[36] *Eisenberg* Rn. 7 f.

[37] BGH 6.12.1988 – 1 StR 620/88, BGHSt 36, 37 (40); ebenso: BGH 26.6.1990 – 1 StR 303/90, StV 1990, 508; 15.5.1992 – 3 StR 535/91, StV 1992, 464 (465); 12.4.1994 – 4 StR 13/94, StV 1994, 607; 15.6.1994 – 2 StR 229/94, StV 1994, 608; 1.7.1998 – 1 StR 182/98, NStZ-RR 1999, 26; 9.8.2001 – 1 StR 211/01, NJW 2002, 73 (75); 11.3.2003 – 1 StR 507/02, NStZ-RR 2003, 186; 6.3.2003 – 4 StR 493/02, NStZ 2004, 294 (295).

[38] BGH 29.5.2002 – 2 StR 2/02, BGHR JGG § 105 Abs. 1 Nr. 1.

[39] Diemer/Schatz/Sonnen/*Sonnen* Rn. 16 f.; *Ostendorf* Rn. 7; s. auch *P. A. Albrecht* S. 107.

[40] Diemer/Schatz/Sonnen/*Sonnen* Rn. 17; *Ostendorf* Rn. 7; s. bereits *Brauneck* ZStW 77 (1965), 209 (213 f.).

stand nicht festgestellt und deshalb im Einzelfall auch nicht entschieden werden könne, ob ein 18- bis 20-Jähriger noch auf diesem Stand verharre oder ob er schon die für Heranwachsende typische Entwicklungsreife aufweise. Entscheidend ist aber, dass Abs. 1 Nr. 1 als eine **Privilegierung für geminderte Schuld** des noch unreifen Heranwachsenden anzusehen ist.[41]

Es kommt somit darauf an, ob der Heranwachsende nach dem Maß seiner **Schuldfähig-** **18** **keit** mit einem Jugendlichen vergleichbar ist. Vergleichsfigur ist der nach § 3 S. 1 für seine Tat verantwortliche Jugendliche, weil es das Gesetz von vornherein ausschließt, dass ein Heranwachsender entwicklungsbedingt schuldunfähig ist (→ Rn. 2). Ein Heranwachsender kann nur aus pathologischen Gründen schuldunfähig sein (§ 20 StGB). Ist dies ausnahmsweise der Fall, so fehlt die Grundlage für einen Vergleich mit einem Jugendlichen; es gilt allgemeines Strafrecht.[42] Ist der Heranwachsende, wie regelmäßig, nicht aus pathologischen Gründen schuldunfähig, so steht er einem Jugendlichen dann gleich, wenn bei ihm zur Zeit der Tat eine **nicht pathologische** – und damit in den Augen des Gesetzes nur mit einem Entwicklungsrückstand erklärbare – **verminderte Schuldfähigkeit** vorlag. Hingegen steht der in beiderlei Hinsicht (pathologisch und entwicklungsbedingt) uneingeschränkt schuldfähige Heranwachsende einem Erwachsenen gleich. Dass das Gesetz ihn – anders als den unvermindert schuldfähigen Jugendlichen – dem allgemeinen Strafrecht unterwirft, ist konsequent. Da er keine in den Augen des Gesetzgebers nur entwicklungsbedingt erklärbare Schuldminderung aufweist, besteht bei ihm auch keine Möglichkeit (mehr), auf seine Entwicklung noch mit den Mitteln des JGG einzuwirken.

b) Feststellung. Ob der Heranwachsende im Augenblick der Tat nur vermindert ein- **19** sichts- oder handlungsfähig war, ist im Wege einer „Gesamtwürdigung" seiner Persönlichkeit herauszufinden.[43] Dem Gericht kommt ein umfangreicher **Beurteilungsspielraum** zu, da es sich insoweit um Tatfragen handelt.[44] Ein Sachverständiger muss regelmäßig nicht hinzugezogen werden, wenn die Jugendgerichtshilfe und der Bewährungshelfer angehört wurden;[45] eine Ausnahme liegt vor, wenn sich Zweifel an einer normalen Reifeentwicklung ergeben, für deren Beurteilung die Sachkunde des Gerichts nicht ausreicht, etwa bei Vorliegen eines ADHS-Syndroms.[46] Maßgeblich für die Beurteilung ist der **Zeitpunkt der Tat;** spätere Eindrücke des Gerichts von dem Heranwachsenden können lediglich insofern berücksichtigt werden, als sie Rückschlüsse auf seinen Entwicklungsstand im Augenblick der Tat zulassen.[47]

aa) Feststellung des Reifestands. Die Entscheidung, ob auf einen Heranwachsenden **20** Jugendstrafrecht angewandt wird, setzt die Feststellung und Beurteilung des individuellen Reifegrades des Heranwachsenden voraus. Die Reifebeurteilung gilt als äußerst problematisch und zählt auch aus der Sicht der Sachverständigen „zu den schwierigsten forensischen Aufgaben".[48]

---

[41] *Laubenthal/Baier/Nestler* Rn. 87; *Schaffstein/Beulke/Swoboda* Rn. 208; *Streng* Rn. 72; *Walter* GA 2007, 501 (507).

[42] Zum Verhältnis zu § 20 StGB gilt dasselbe wie bei § 3; → § 3 Rn. 25 ff.

[43] Die Berücksichtigung nur einzelner Aspekte, etwa der schulischen Planungen, reicht nicht aus, s. BGH 25.9.2007 – 5 StR 375/07, NStZ 2008, 696; 13.2.2003 – 3 StR 430/02, NStZ 2003, 493.

[44] BGH 6.12.1988 – 1 StR 620/88, BGHSt 36, 37 (38); 1.7.1998 – 1 StR 182/98, NStZ-RR 1999, 26; 6.3.2003 – 4 StR 493/02, NStZ 2004, 294 (295); 13.9.2010 – 1 StR 423/10, NStZ 2011, 90; BayObLG 12.11.2004 – 4 StR RR 165/04, NStZ 2005, 645; OLG Koblenz 10.6.2010 – 2 Ss 48/10, NStZ-RR 2010, 358 Ls. Die Einschätzung des Gerichts, dass der Heranwachsende einem Jugendlichen (nicht) gleichsteht, nimmt deshalb an der innerprozessualen Bindungswirkung nach Teilaufhebung durch das Revisionsgericht nicht teil; BGH 13.5.2005 – 4 StR 67/05, NStZ 2005, 644 (645).

[45] BGH 18.4.1984 – 2 StR 103/84, NStZ 1984, 467 mAnm *Brunner* und Anm. *Eisenberg* NStZ 1985, 84; BGH 25.9.1990 – 1 StR 394/90, *Böhm* NStZ 1991, 524; 1.7.1998 – 1 StR 182/98, NStZ-RR 1999, 26; 29.5.2002 – 2 StR 2/02, BGHR JGG § 105 Abs. 1 Nr. 1, Entwicklungsstand 8, Reifegrad-Sachverständiger; *Diemer/Schatz/Sonnen/Sonnen* Rn. 35; *Eisenberg* Rn. 11.

[46] OLG Koblenz 10.6.2010 – 2 Ss 48/10, NStZ-RR 2010, 358 Ls.

[47] BGH 29.7.1954 – 4 StR 276/54, MDR 1954, 694; 23.10.1958 – 4 StR 327/58, BGHSt 12, 116 (120).

[48] *Esser/Fritz/Schmidt* MschrKrim 1991, 356.

21   Hierfür wird zumeist auf die 1954 entwickelten (rechtlich unverbindlichen) **Marburger Richtlinien** zurückgegriffen.[49] Danach wird „ein Heranwachsender einem Jugendlichen oft in seiner sittlichen und geistigen Entwicklung dann gleichzustellen sein, wenn seine Persönlichkeit insbesondere folgende Züge vermissen lässt: eine gewisse Lebensplanung, Fähigkeit zu selbständigem Urteilen und Entscheiden, Fähigkeit zu zeitlich überschauendem Denken, Fähigkeit, Gefühlsurteile rational zu unterbauen, ernsthafte Einstellung zur Arbeit, gewisse Eigenständigkeit zu anderen Menschen usw. Charakteristische jugendtümliche Züge können u. a. sein: ungenügende Ausformung der Persönlichkeit, Hilflosigkeit (die sich nicht selten hinter Trotz und Arroganz versteckt), naiv-vertrauensseliges Verhalten, Leben nach dem Augenblick, starke Anlehnungsbedürftigkeit, spielerische Einstellung zur Arbeit, Neigung zum Tagträumen, Hang zu abenteuerlichem Handeln, Hineinleben in selbstwerterhöhende Rollen, mangelhafter Anschluss an Altersgenossen usw. Zur Sicherung des diagnostischen Ergebnisses ist zusätzlich die Überlegung anzuraten, ob der Heranwachsende noch mit den Maßnahmen des JGG, die auf die Formbarkeit des Jugendlichen abgestellt sind, zu fördern ist oder nicht."[50]

22   In Anlehnung daran werden zum Teil auch folgende **Reifekriterien** herangezogen:[51] realistische Lebensplanung (vs. Leben im Augenblick); Eigenständigkeit gegenüber den Eltern und gegenüber Peers und Partner (vs. starkes Anlehnungsbedürfnis und Hilflosigkeit); ernsthafte (vs. spielerische) Einstellung gegenüber Arbeit und Schule; äußerer Eindruck;[52] realistische Alltagsbewältigung (vs. Tagträumen, abenteuerliches Handeln, Hineinleben in selbstwerterhöhende Rollen); gleichaltrige oder ältere (vs. überwiegend junge) Freunde; Bindungsfähigkeit (vs. Labilität in den mitmenschlichen Beziehungen oder Bindungsschwäche); Integration von Eros und Sexus; konsistente und berechenbare Stimmungslage (vs. jugendliche Stimmungswechsel ohne adäquaten Anlass).[53] In der **gerichtlichen Praxis** dürfte den folgenden Indizien für eine Reifeverzögerung eine besondere Bedeutung zukommen:[54] häufiger Wechsel der Erziehungs- und Bezugspersonen, Wohnortwechsel, psychische Schwierigkeiten, Drogenkonsum, eine abgebrochene Schul- oder Berufsausbildung.

23   Die Marburger Richtlinien und die auf sie aufbauenden Kataloge von Reifekriterien sind einerseits zwar „äußerst vage und ausfüllungsbedürftig",[55] sollen aber andererseits auch nicht abschließend sein. Die Gesamtheit der nach diesen oder weiteren Kriterien relevanten Umstände fließt in die **Gesamtwürdigung** der Persönlichkeit des Heranwachsenden ein. Sie ist an der „Lebenswelt junger Volljähriger" zu orientieren.[56] Dabei muss das soziale Umfeld berücksichtigt werden, wie etwa auch die besonderen persönlichen Lebensbedingungen durch Arbeitslosigkeit, psychische Auffälligkeiten, Suchtkrankheiten, Zugehörigkeit zu Randgruppen und extremen politischen Gruppierungen.[57] Das Gericht muss die tatsäch-

---

[49] Daran anknüpfend: *Brunner/Dölling* Rn. 5 ff.; *Diemer/Schatz/Sonnen/Sonnen* Rn. 17; *Laubenthal/Baier/ Nestler* Rn. 93; *Meier/Rössner/Schöch/Meier* § 5 Rn. 23 f.; *Streng* Rn. 76 f.; *Zieger* Rn. 98 f.; kritisch, aber ohne Alternativen: *P. A. Albrecht* S. 107; *Ostendorf* Rn. 7. Hingegen treten für eine typologische Differenzierung nach Entwicklungs-, Verwahrlosungs- und Anlagetätern ein: *Brunner/Dölling* Rn. 8; *Dallinger/Lackner* Rn. 29; dies ablehnend BGH 12.4.1994 – 4 StR 13/94, StV 1994, 607; *P. A. Albrecht* S. 107; *Eisenberg* Rn. 26; *Diemer/Schatz/Sonnen/Sonnen* Rn. 20.

[50] MschrKrim 1955, 60.

[51] Eine Aktualisierung und Evaluation der Kriterien stammt von *Esser/Fritz/Schmidt* MschrKrim 1991, 356; siehe auch *Ostendorf* Anleitung für Sitzungsvertreter der StA in der Hauptverhandlung vor dem Jugendgericht, ZJJ 2010, 183 (184).

[52] Ablehnend BGH 23.10.1958 – 4 StR 327/58, BGHSt 12, 116 (117 f.); BGH 6.12.1988 – 1 StR 620/ 88, BGHSt 36, 37.

[53] Daran anknüpfend die Bonner Delphi-Studie mit einem eigenen Kriterienkatalog *Busch/Scholz* MschrKrim 2003, 421 (424); *Busch* ZJJ 4/2006, 264. In der Literatur stützen sich auf die Marburger Richtlinien und ihre Aktualisierungen *Brunner/Dölling* Rn. 5b; *Laubenthal/Baier/Nestler* Rn. 94 f.; *Meier/Rössner/ Schöch/Meier* § 5 Rn. 23; *Ostendorf* Rn. 7; *Streng* Rn. 76 f.; *Zieger* Rn. 98.

[54] Siehe *Pedal* JuS 2008, 414 (415).

[55] So statt vieler *Meier/Rössner/Schöch/Meier* § 5 Rn. 23; skeptisch zur Leistungsfähigkeit jugendpsychologischer Operationalisierungsversuche von Reife *Pruin* S. 18 f.

[56] Dazu ausführlich *Brunner/Dölling* Rn. 11 f.; *Ostendorf* Rn. 9 ff.

[57] Dazu etwa BGH 20.12.1983 – 1 StR 848/83, StV 1984, 254; 26.6.1990 – 1 StR 303/90, bei *Böhm* NStZ 1990, 530 f.; 28.2.1994 – 4 StR 796/93, bei *Böhm* NStZ 1994, 532; *Brunner/Dölling* Rn. 11 f.; *Ostendorf* Rn. 9 ff.; allgemein zu besonders gefährdeten Gruppen *Remschmidt* MschrKrim 1978, 79 (86 ff.).

lichen Umstände im Einzelnen angeben, aus denen es seine rechtlichen Schlüsse zieht, und die Erwägungen erkennbar machen, die zu den Folgerungen geführt haben.[58]

bb) Feststellung der verminderten Schuldfähigkeit. Nach der hier vertretenen **24** Ansicht (→ Rn. 18) bedarf es für die Anwendung von Jugendstrafrecht der Feststellung, dass der Heranwachsende zum Tatzeitpunkt vermindert schuldfähig war, ohne dass dies auf die sog biologischen Merkmale des § 21 StGB zurückgeführt werden kann. Das sind zum einen Fälle (entwicklungsbedingt) verminderter Einsichtsfähigkeit, in denen der Heranwachsende das Unrecht der Tat vermeidbar nicht erkannt hat (bei Unvermeidbarkeit greift § 17 S. 1 StGB ein), und zum anderen Fälle (entwicklungsbedingt) herabgesetzten Hemmungsvermögens. In beiden Varianten entspricht das Können des Heranwachsenden nicht dem vom Gesetzgeber bei jedem Volljährigen als selbstverständlich unterstellten Maß; dem Heranwachsenden fällt die Einsicht in das Unrecht oder das Handeln entsprechend dieser Einsicht deutlich schwerer als seinen Altersgenossen und Erwachsenen. Hinweise für die Ursachen können die oben dargestellten Reifekriterien (→ Rn. 21 f.) geben.

c) Partieller Gleichstand mit einem Jugendlichen. Da es auf (entwicklungsbedingt) **25** verminderte Schuldfähigkeit ankommt, kann der Heranwachsende bei mehreren im gleichen Zeitraum verübten Taten bei der einen einem Jugendlichen gleichstehen und bei der anderen nicht.[59] Das widerspricht nicht dem Wortlaut des Gesetzes, weil Nr. 1 auf die Tat, dh die konkrete Tatbestandsverwirklichung, abstellt. Die Gesamtwürdigung der Persönlichkeit ist tatbezogen und betrifft nur die Frage, ob der Heranwachsende bei der Begehung dieser Tat einem Jugendlichen gleichstand. Ein anderes Verständnis stünde auch nicht im Einklang mit Nr. 2, die die Möglichkeit einer tatbezogenen Unterscheidung geradezu voraussetzt, und dem Vorgehen bei § 3.[60] Sind die Voraussetzungen der Nr. 1 nur bei einigen von mehreren Taten erfüllt, so gilt bei gleichzeitiger Aburteilung § 32. In der Praxis wird das Problem aber zumeist durch ein Vorgehen nach Abs. 1 Nr. 2 zu beheben sein.[61]

d) Endgültiger Gleichstand mit einem Jugendlichen. Stand der Heranwachsende **26** bei der Tat einem Jugendlichen gleich, so ist Jugendstrafrecht anzuwenden. Das gilt auch dann, wenn eine weitere Persönlichkeitsentwicklung des Heranwachsenden ausgeschlossen ist (ohne dass Schuldunfähigkeit vorliegt).[62] Die Rechtsprechung verneint dies und wendet allgemeines Strafrecht an.[63] In der Praxis sind solche Fälle selten, weil „eine die Chancen jeder Nachreifung gering achtende, pessimistische Prognose völliger Entwicklungsunfähigkeit bereits in der Lebensphase zwischen dem 18. und dem 21. Lebensjahr nur auf einer Zusammenschau aller für die gesamte Entwicklung maßgeblichen tatsächlichen Umstände und nur ausnahmsweise mit Sicherheit zu stellen sein wird".[64] Verneint wurde die Anwendung des Jugendstrafrechts beispielsweise, weil die weitere sittliche und geistige Entwicklung des Heranwachsenden auf der Stufe eines Jugendlichen wegen Schwachsinns[65] oder auf-

---

[58] BGH 29.7.1954 – 4 StR 276/54, MDR 1954, 694; *Pruin* S. 20; siehe auch BGH 15.3.2011 – 5 StR 35/11, NStZ-RR 2011, 218.

[59] Ebenso im Ergebnis *Blau* MDR 1959, 717 (720); *ders.* RdJ 1962, 310; HK-GS/*Verrel* § 19 Rn. 16; wohl auch *Schaffstein/Beulke/Swoboda* Rn. 213; aA *Brunner/Dölling* Rn. 11; *Dallinger/Lackner* Rn. 30; *Gerson*, Zur Frage der „partiellen Reifeverzögerung" und der „Erfolgsaussicht", MschrKrim 1956, 89 (96 f.); *Laubenthal/Baier/Nestler* Rn. 96; Diemer/Schatz/Sonnen/*Sonnen* Rn. 21.

[60] *Schaffstein/Beulke/Swoboda* Rn. 213.

[61] *Streng* Rn. 81.

[62] *Ostendorf* Rn. 6a; Diemer/Schatz/Sonnen/*Sonnen* Rn. 21; *Schaffstein/Beulke/Swoboda* Rn. 212; *Streng* Rn. 79; *Zieger* Rn. 96.

[63] BGH 16.6.1959 – 1 StR 261/59, NJW 1959, 1500; 16.1.1968 – 1 StR 604/67, BGHSt 22, 41 = NJW 1968, 1195; 26.6.1990 – 1 StR 303/90, StV 1990, 508; 9.8.2001 – 1 StR 211/01, NJW 2002, 73 (76) = NStZ 2002, 204 m. abl. Anm. *Walter*; BGH 11.3.2003 – 1 StR 507/02, NStZ-RR 2003, 186; ebenso *Brunner/Dölling* Rn. 13; *Dallinger/Lackner* Rn. 31; HK-GS/*Verrel* § 19 Rn. 16; *Laubenthal/Baier/Nestler* Rn. 91; abw. nunmehr BGH 15.3.2011 – 5 StR 35/11, NStZ-RR 2011, 218 (219).

[64] BGH 9.8.2001 – 1 StR 211/01, NJW 2002, 73 (76); s. auch BGH 20.12.1983 – 1 StR 848/83, StV 1984, 254; 12.4.1994 – 4 StR 13/94, bei *Böhm* NStZ 1994, 532; 11.3.2003 – 1 StR 507/02, NStZ-RR 2003, 186.

[65] BGH 16.6.1959 – 1 StR 261/59, NJW 1959, 1500; 16.1.1968 – 1 StR 604/67, BGHSt 22, 41.

grund „psychopathischer Willensschwäche"[66] ausgeschlossen sei oder weil allein Charaktermängel des Heranwachsenden anstelle von Reifedefiziten erkennbar seien.[67]

27   Die Rechtsprechung verweist zur Begründung ihrer einschränkenden Auslegung der Nr. 1 auf deren Wortlaut und Zweck. Der Gesetzestext ist jedoch nicht eindeutig. Die Rechtsprechung deutet die Formulierung, dass der Heranwachsende „noch" einem Jugendlichen gleichstehen muss, dahin, dass eine weitere Entwicklung zu erwarten sein muss.[68] Es lässt sich jedoch den Gesetzesmaterialien nicht entnehmen, dass der Gesetzgeber bei der Schaffung des § 105 an diesen Fall gedacht und deshalb das Wort „noch" eingefügt hat. Es liegt daher näher, in dem Wort „noch" nicht mehr zu sehen als einen Abglanz der gesetzgeberischen Entwicklungsvorstellung, wonach der Heranwachsende grundsätzlich seinem Alter entsprechend weiter fortgeschritten ist als ein Jugendlicher, weshalb Nr. 1 denjenigen noch dem Jugendstrafrecht unterwirft, dessen Reife trotz seines fortgeschrittenen Alters „noch" auf dem Stand eines Jugendlichen ist. Auch der Zweck der Nr. 1 spricht dafür, auf einen Heranwachsenden, bei dem eine weitere Persönlichkeitsentwicklung ausgeschlossen ist, Jugendstrafrecht anzuwenden. Die Rechtsprechung lehnt dies mit der Begründung ab, dass die jugendstrafrechtlichen Rechtsfolgen „auf den unfertigen, noch formbaren Menschen zugeschnitten" seien; nur bei ihm ließen die auf das Erziehungsbedürfnis abgestellten, nach § 5 auszuwählenden Maßnahmen eine Besserung und Abschreckung erwarten. Deshalb könne auch nur der Heranwachsende, der noch in der für Jugendliche charakteristischen Entwicklungsphase stehe, dem Jugendstrafrecht unterstellt werden, nicht aber derjenige, der endgültig auf der Stufe des Jugendlichen stehen geblieben sei. Diese Argumentation ist aber nur dann plausibel, wenn man annimmt, dass die jugendstrafrechtlichen Rechtsfolgen überhaupt nur deshalb erfolgreich auf Jugendliche einwirken können, weil sich diese währenddessen ununterbrochen weiter entwickeln. Geht man jedoch richtigerweise davon aus, dass die jugendliche Entwicklung in Schüben erfolgt, dann zeigt sich, dass das Gesetz die Wirksamkeit seiner Rechtsfolgen nicht von einer gerade ablaufenden Weiterentwicklung des Jugendlichen abhängig macht, sondern deren Anordnung auch dann zulässt, wenn ein Jugendlicher im Augenblick auf einer bestimmten Entwicklungsstufe steht und nicht schon im Begriff ist, die nächste zu erklimmen. Von daher ist nicht einsehbar, warum das Ziel, den Jugendlichen zu einem – schon während seiner Jugendzeit – legalen Verhalten zu motivieren, nicht auch bei einem Heranwachsenden, der auf dem Stand eines Jugendlichen verharrt, nicht soll erreicht werden können.[69] Das ist jedenfalls nicht von vornherein ausgeschlossen und deshalb die Anwendung des Jugendstrafrechts nicht ungeeignet. Schließlich erscheint es auch vor dem Hintergrund des Gleichheitssatzes bedenklich, wenn auf einen 14- bis 17-Jährigen, der sich nachweislich nicht weiterentwickeln wird, Jugendstrafrecht angewandt wird, nicht aber auf einen Heranwachsenden, der ihm – abgesehen vom Alter – ansonsten in jeder Hinsicht entspricht.

28   **e) Zweifel am Gleichstand mit einem Jugendlichen.** Bestehen unbehebbare Zweifel daran, ob der Heranwachsende zur Tatzeit einem Jugendlichen gleichstand, so ist nach der Rechtsprechung die Sanktion dem Jugendstrafrecht zu entnehmen.[70] Das wird im Ergebnis zumeist richtig sein; es ist jedoch differenzierter vorzugehen. Der Grundsatz in dubio pro

---

[66] AG Kiel 26.9.1955 – 4–266/55, NJW 1956, 35.
[67] BGH 6.12.1988 – 1 StR 620/88, BGHSt 36, 37 (40 f.).
[68] So BGH 16.1.1968 – 1 StR 604/67, BGHSt 22, 41 (42); *Dallinger/Lackner* Rn. 31.
[69] *Schaffstein/Beulke/Swoboda* Rn. 213.
[70] BGH 23.10.1958 – 4 StR 327/58, BGHSt 12, 116 (119) = NJW 1959, 159 (m. abl. Anm. *Grethlein* NJW 1959, 542); 20.12.1983 – 1 StR 848/83, StV 1984, 254; 6.12.1988 – 1 StR 620/88, BGHSt 36, 37 (40); 9.8.2001 – 1 StR 211/01, NJW 2002, 73 (75); 11.3.2003 – 1 StR 507/02, NStZ-RR 2003, 186; 6.3.2003 – 4 StR 493/02, NStZ 2004, 294 (295); ebenso *Pruin* S. 28 f. sowie *Dallinger/Lackner* Rn. 37, wonach es sich hier nicht um eine Frage des Grundsatzes in dubio pro reo handelt, sondern um eine im Beurteilungsspielraum des Gerichts liegende Bewertung. Nach *Brunner/Dölling* Rn. 17 ist ebenfalls von vornherein Jugendstrafrecht anzuwenden und erst bei der Bestimmung der jugendstrafrechtlichen Rechtsfolge der Vergleich zum allgemeinen Strafrecht zu ziehen; ebenso *Laubenthal/Baier/Nestler* Rn. 88; *Streng* Rn. 80; s. dagegen bereits → § 1 Rn. 12.

reo gilt nur für die Tatsachen, die der rechtlichen Beurteilung zugrunde zu legen sind, ob der Heranwachsende einem Jugendlichen gleichstand, nicht jedoch für die Wahrnehmung des dem Gericht von Abs. 1 eröffneten Beurteilungsspielraums (→ Rn. 19). Daraus ergibt sich: Bestehen Tatsachenzweifel, so ist zu prüfen, ob sich die Beurteilung ändert, je nachdem welche mögliche Tatsache zugrunde gelegt wird. Da nach dem Grundsatz „in dubio pro reo" die für den Heranwachsenden günstigere Sachlage unterstellt werden muss, ist zu untersuchen, welche Rechtsfolgen im konkreten Fall nach Jugend- und nach allgemeinem Strafrecht zu verhängen wären.[71] Zugunsten des Heranwachsenden ist nur dann diejenige Tatsache zu unterstellen, welche zu der Beurteilung führt, dass er zur Zeit der Tat einem Jugendlichen gleichstand, wenn die jugendstrafrechtlichen Rechtsfolgen milder sind als die nach allgemeinem Strafrecht, dh weniger tief in die Rechte des Angeklagten eingreifen. Ebenso ist zu verfahren, wenn fraglich ist, ob das Verfahren nach §§ 45, 47 JGG oder nach §§ 153 ff. StPO einzustellen ist, wobei zu beachten ist, dass nur erstere in das (Erziehungs-)Register eingetragen werden (§ 60 Abs. 1 Nr. 7 BZRG).

2. Jugendverfehlung (Nr. 2). Im Gegensatz zu Nr. 1 stellt Nr. 2 mit dem Begriff der **29** Jugendverfehlung primär auf die Tat ab, nicht lediglich auf den Täter (→ Rn. 11).[72] Sie ermöglicht damit die Anwendung des Jugendstrafrechts aufgrund des Charakters der Tat als jugendtypisch.

a) Grundsatz. Der Begriff der Jugendverfehlung wird im Gesetz nicht definiert. Mit **30** „Verfehlung" bezeichnet das JGG eine rechtswidrige Tat (vgl. §§ 1 Abs. 1, 5 Abs. 1, 2). Für die Beurteilung einer Tat als Jugendverfehlung kommt es somit nicht auf eine Vergleichbarkeit mit Taten Jugendlicher auf der Ebene der Schuld an. Von den die Tatschuld kennzeichnenden Merkmalen der Tat finden nur die in Nr. 2 besonders genannten Beweggründe Berücksichtigung. Gerade indem das Gesetz darauf abstellt, dass die Tat „nach der Art, den Umständen oder den Beweggründen" eine Jugendverfehlung sein muss, macht es deutlich, dass der Entwicklungsstand des Heranwachsenden hier unerheblich ist. Der Begriff „Jugend" ist, wie in Nr. 1, in Anlehnung an § 1 Abs. 2 zu bestimmen (formeller Begriff des Jugendlichen; Rn. 16). Eine Jugendverfehlung ist somit eine rechtswidrige Tat, die aufgrund bestimmter äußerer (Art, Umstände) oder innerer Merkmale (Beweggründe) **für 14- bis 17-Jährige typisch** ist.

Nach Art, Umständen und Beweggründen jugendtypisch können auch Taten sein, die **31** überwiegend von Erwachsenen verübt werden.[73] Kommen die nach außen erkennbaren Tatumstände und die Motivation im Wesentlichen der typischen Begehungsweise eines Erwachsenen gleich, ist auch bei Nr. 2 die Reifeentwicklung des Heranwachsenden festzustellen.[74] So ist es möglich, dass Straftaten schwerer und schwerster Kriminalität selbst dann unter Nr. 2 fallen, wenn sie überproportional häufig von Erwachsenen begangen werden.[75]

---

[71] BGH 23.2.1954 – 1 StR 723/53, BGHSt 5, 366; *P. A. Albrecht* S. 110; *Eisenberg* Rn. 36; *Meier*/Rössner/Schöch/*Meier* § 5 Rn. 25; *Schaffstein/Beulke/Swoboda* Rn. 211; *Diemer/Schatz/Sonnen/Sonnen* Rn. 22; wohl auch *Ostendorf* Rn. 24.

[72] OLG Düsseldorf 13.1.1966 – 1 Ss 675/65, VRS 30 (1966), 175.

[73] BGH 17.10.2000 – 1 StR 261/00, NStZ 2001, 102; OLG Hamm 25.11.2004 – 2 Ss 413/04, StV 2005, 72; BayObLG 15.5.1984 – 4 St 100/84, StV 1984, 520; *Brunner/Dölling* Rn. 14; *Eisenberg* Rn. 35; *Meier/Rössner/Schöch/Meier* § 5 Rn. 27; *Ostendorf* Rn. 17; *Schaffstein/Beulke/Swoboda* Rn. 215; *Diemer/Schatz/Sonnen/Sonnen* Rn. 27.

[74] LG Gera 1.4.1998 – 511 Js 37 789/97 – 4 Ns, StV 1998, 346; *Eisenberg* Rn. 34; *Schaffstein/Beulke/Swoboda* Rn. 216.

[75] *Brunner/Dölling* Rn. 14; *Eisenberg* Rn. 35; HK-GS/*Verrel* § 19 Rn. 17; *Laubenthal/Baier/Nestler* Rn. 97; *Ostendorf* Rn. 17; *Schaffstein/Beulke/Swoboda* Rn. 219; *Diemer/Schatz/Sonnen/Sonnen* Rn. 27; *Zieger* Rn. 95; aA 1. Auflage; zu Einzelfällen vgl. BGH 10.2.1981 – 1 StR 643/80, StV 1981, 183 (Vergewaltigung); 3.7.1986 – 4 StR 258/86, NStZ 1986, 549 (Körperverletzung mit Todesfolge); 6.3.1987 – 3 StR 52/87, NStZ 1987, 366 (schwerer Raub); 6.12.1988 – 1 StR 620/88, StV 1989, 311 (BtM-Delikte); 27.11.1990 – 5 StR 497/90, StV 1991, 424 (schwerer Raub); 11.3.2002 – 1 StR 507/02, NStZ-RR 2003, 186 (Totschlag, schwerer Raub); 25.9.2007 – 5 StR 375/07, NStZ 2008, 696 (Totschlag); OLG Zweibrücken 28.1.1986 – 1 Ss 30/86, StV 1986, 306; OLG Celle 14.10.1969 – 3 Ss 252/69, NJW 1970, 341 f. (gefährliche Körperverletzung, sexuelle Nötigung); AG Saalfeld 14.10.2003 – 675 Js 40910/02 s. Ds jug, StV 2007, 15 (uneidliche Falschaussage).

32 **b) Kriterien.** Eine Jugendverfehlung muss nach Art, Umständen und Beweggrund für Jugendliche in dem Sinne typisch sein, dass ihre Begehung Ausdruck der jugendlichen Entwicklungsphase ist. Keine Deliktskategorie ist hierbei von vornherein ausgeschlossen,[76] auch nicht zB Betrug, obwohl hierbei der erste Anschein gegen eine Jugendverfehlung sprechen wird. Dasselbe gilt für Straßenverkehrsdelikte (zB §§ 315b, c StGB), auch wenn sie von Tätern aller Altersklassen und nicht überproportional von Jugendlichen begangen werden.[77] Dennoch verneint bei Straßenverkehrsdelikten auch die Praxis häufig eine Anwendung des Abs. 1 (→ Rn. 7) – allerdings nicht selten aus dem sachwidrigen Motiv, das Verfahren durch Strafbefehl erledigen zu können.[78]

33 Die Tat muss geprägt sein von einer bestimmten Tatausführung, bestimmten **Tatumständen oder Tatmotiven, die kennzeichnend sind für Taten Jugendlicher.** Das ist etwa dann der Fall, wenn die Tat auf „jugendlichen Leichtsinn, Unüberlegtheit und soziale Unreife" zurückzuführen ist,[79] wenn sie auf einem Mangel an Ausgeglichenheit, Besonnenheit, Hemmungsvermögen und Beherrschung beruht,[80] oder wenn sie „jugendlichen Vorstellungen von Heldenhaftigkeit, Mutbeweis und Imponiergehabe entspricht".[81] Da das Gesetz nur verlangt, dass die Tat nach ihrer Art, ihren Umständen *oder* den zu ihr führenden Beweggründen eine Jugendverfehlung ist, sind unter Nr. 2 auch solche „aus den Antriebskräften der Entwicklung entspringenden Entgleisungen" zu fassen, deren Tatumstände im Wesentlichen der typischen Begehungsweise von Erwachsenen gleichkommen.[82]

34 **c) Beispiele.** Im Ergebnis ist also zum Beispiel eine Sachbeschädigung, insbesondere das Sprühen von Graffiti, eine typische Jugendverfehlung, weil Taten nach § 303 StGB überproportional häufig von Jugendlichen verübt werden.[83] Dies gilt insbesondere, wenn der Heranwachsende Graffitis vor allem aus dem Anreiz heraus sprüht, etwas Verbotenes zu tun, unabhängig davon, ob auch Erwachsene solche Taten aus diesem Beweggrund begehen.[84] Ebenso ist der Verstoß gegen § 29 BtMG eine Jugendverfehlung, wenn der Heranwachsende nur aus Neugierde Drogen ausprobieren wollte, obwohl dieselbe Motivation auch Erwachsene zu solchen Taten veranlassen kann.[85] Selbst die Absicht, Drogen gewinnbringend zu verkaufen, hindert die Annahme einer Jugendverfehlung nicht.[86] Bei ständigem Drogenkonsum liegt eine Reifeverzögerung nahe, so dass Nr. 1 anwendbar sein könnte.[87] Sexualdelikte, auch

---

[76] AA 1. Aufl.
[77] BayObLG 15.5.1984 – 4 St 100/84, StV 1984, 520; OLG Hamm 3.3.1960 – 2 Ss 1288/59, NJW 1960, 1966; OLG Hamburg 2.10.1962 – 2 Ss 62/62, NJW 1963, 67; OLG Saarbrücken 6.5.1999 – Ss 24–99 (40–99), NStZ-RR 1999, 284 (285); OLG Zweibrücken 31.3.1989 – 1 Ss 35/89, StV 1989, 314; AG Saalfeld 26.10.1993 – Cs 661 Js 76 304/93, NStZ 1994, 89 (90); OLG Zweibrücken 15.2.2005 – 635 Js 31395/04 2 Ds jug, ZJJ 2005, 211; *Brunner/Dölling* Rn. 14c; *Eisenberg* Rn. 35; *Laubenthal/Baier/Nestler* Rn. 98; *Ostendorf* Rn. 17; *Schaffstein/Beulke/Swoboda* Rn. 215; Diemer/Schatz/Sonnen/*Sonnen* Rn. 28; *Zieger* Rn. 95; aA 1. Aufl.
[78] AG Saalfeld 26.10.1993 – Cs 661 Js 76 304/93, NStZ 1994, 89 (90); LG Gera 5.11.1998 – 582 Js 51 878/97 – 4 Ns, StV 1999, 661 (662).
[79] BGH 3.7.1986 – 4 StR 258/86, NStZ 1986, 549; 6.3.1987 – 3 StR 52/87, NStZ 1987, 366; 1.7.1998 – 1 StR 182/98, NStZ-RR 1999, 26 (27); BayObLG 15.5.1984 – 4 St 100/84, StV 1984, 520; *Brunner/Dölling* Rn. 14; *Eisenberg* Rn. 34; Meier/Rössner/Schöch/*Meier* § 5 Rn. 27; Diemer/Schatz/Sonnen/*Sonnen* Rn. 24.
[80] BGH 25.9.2007 – 5 StR 375/07, NStZ 2008, 696; 3.7.1986 – 4 StR 258/86, NStZ 1986, 549 (550); OLG Hamm 25.11.2004 – 2 Ss 413/04, StV 2005, 71; OLG Zweibrücken 31.3.1989 – 1 Ss 35/89, StV 1989, 314.
[81] OLG Zweibrücken 31.3.1989 – 1 Ss 35/89, StV 1989, 314.
[82] BGH 17.10.2000 – 1 StR 261/00, NStZ 2001, 102; OLG Hamm 25.11.2004 – 2 Ss 413/04, StV 2005, 71.
[83] Nach BKA S. 211, wurde die Hälfte der Sachbeschädigungen auf Straßen, Wegen und Plätzen von Minderjährigen begangen. Der Anteil der minderjährigen Tatverdächtigen an der Gesamtkriminalität betrug demgegenüber lediglich gut 15 %, s. BKA (Hrsg.), PKS 2009 S. 72. Laut BKA (Hrsg.), PKS 2014, S. 279, ist der Anteil der minderjährigen Täter an Sachbeschädigungsdelikten aber rückläufig: 2014 war nur etwa ein Drittel aller Täter minderjährig.
[84] *Laubenthal/Baier/Nestler* Rn. 98; *Ostendorf* Rn. 17; *Streng* Rn. 83; HK-GS/*Verrel* § 19 Rn. 17; aA 1. Auflage; OLG Düsseldorf 10.3.1998 – 2 Ss 364/97, NJW 1999, 1199 mAnm *Behm* NStZ 1999, 511.
[85] *Brunner/Dölling* Rn. 31; *Ostendorf* Rn. 18; aA 1. Aufl.
[86] BGH 6.12.1988 – 1 StR 570/88, StV 1989, 311.
[87] *Brunner/Dölling* Rn. 31; *Ostendorf* Rn. 18.

schwere, stellen Jugendverfehlungen dar, wenn sie als Aus- oder Nachwirkungen der Pubertät zu interpretieren sind.[88] Es spricht auch für eine Jugendverfehlung, wenn ein Ladendiebstahl als Mutprobe begangen wird[89] oder wenn Geld für den Kauf von Kleidung geraubt wird, weil die Bekannten „so gut angezogen sind",[90] bzw. allgemein dann, wenn Heranwachsende durch die Straftat einem Gruppendruck Gleichaltriger genügen wollen.[91] Nicht jugendtypisch erscheinen dagegen der Versuch, Geldforderungen durch Abnötigen eines Schuldscheins zu begründen, oder das Abnötigen einer Lebensversicherungspolice, um sie als Grundlage eines dem Heranwachsenden zufließenden Kredits zu verwenden.[92]

d) Feststellung. Die Bewertung der Straftat ist eine Tatfrage; das Gericht hat dabei **35** einen großen Beurteilungsspielraum.[93] Es bedarf einer umfassenden Analyse der äußeren Tatumstände sowie der inneren Motivation des Heranwachsenden.[94] Ist eine eindeutige Qualifikation der Tat als Jugendverfehlung nicht möglich, ist im Zweifel Jugendstrafrecht anzuwenden;[95] es ist wie oben beschrieben (→ Rn. 28) vorzugehen.

3. Rechtsfolgen. Ist Abs. 1 bei einem Heranwachsenden einschlägig, so ist auf ihn **36** materielles Jugendstrafrecht anzuwenden. Lediglich die Anordnung einer Hilfe zur Erziehung (§§ 9 Nr. 2, 12) kommt nicht in Betracht. Nach **Abs. 3** beträgt die **Jugendstrafe** bei Heranwachsenden abweichend von § 18 Abs. 1 S. 1 bis zu 10 Jahren. Mit dem Gesetz zur Erweiterung der jugendgerichtlichen Handlungsmöglichkeiten vom 4.9.2012[96] kann nach dem neuen Abs. 3 S. 2 bei Mord eine Jugendstrafe bis 15 Jahre verhängt werden, wenn 10 Jahre wegen der besonderen Schwere der Schuld nicht ausreichen. Der Gesetzgeber kam damit vereinzelten Forderungen nach der generellen Anhebung der Höchstjugendstrafe bei Heranwachsenden auf 15 Jahre[97] in einem kleinen Teilbereich[98] entgegen. Bei Mordfällen war eine Sanktionslücke zwischen dem Jugendstrafrecht (Höchststrafe von 10 Jahren) und dem Erwachsenenstrafrecht (lebenslängliche Freiheitsstrafe) besonders bei der Bejahung der besonderen Schwere der Schuld nach § 57a StGB bisher durchaus gegeben. Mit der neuen Regelung für einen einzelnen Tatbestand nähert sich das Jugendstrafrecht dem tatbestandsbezogenen Erwachsenenstrafrecht an. Wenn darüber hinaus „kriminologische Bedenken zurücktreten müssen" und es bei der Neuregelung um „eine ethische und gesellschaftliche Wertung" geht, „die der Gesetzgeber als Grundentscheidung zu treffen hat",[99] wird der Rahmen eines spezialpräventiv ausgerichteten Täterstrafrechts verlassen. Ist Abs. 1 nicht einschlägig und auf den Heranwachsenden somit allgemeines Strafrecht anzuwenden, so ist für die Rechtsfolgen § 106 zu beachten.

II. Einbeziehung abgeurteilter Straftaten

1. Überblick. Wird der Angeklagte für eine Tat, die er als Heranwachsender begangen **37** hat, nach Jugendstrafrecht bestraft (Abs. 1), so gilt für die **Einbeziehung bereits rechtskräftiger, aber noch nicht vollständig erledigter Verurteilungen** nach Jugendstrafrecht

[88] *Brunner/Dölling* Rn. 14; *Ostendorf* Rn. 18; *Schaffstein/Beulke/Swoboda* Rn. 217.
[89] *Streng* Rn. 83.
[90] BGH 27.11.1990 – 5 StR 497/90, StV 1991, 424; *Laubenthal/Baier/Nestler* Rn. 98.
[91] Siehe BGH 17.10.2000 – 1 StR 261/00, NStZ 2001, 102.
[92] BGH 1.7.1998 – 1 StR 182/98, NStZ-RR 1999, 26 (27).
[93] BGH 3.7.1986 – 4 StR 258/86, NStZ 1986, 549 (550); 6.3.1987 – 3 StR 52/87, NStZ 1987, 366; 27.11.1990 – 5 StR 497/90, StV 1991, 424; 1.7.1998 – 1 StR 182/98, NStZ-RR 1999, 26 (27); OLG Hamm 25.11.2004 – 2 Ss 413/04, StV 2005, 71; HK-GS/*Verrel* § 19 Rn. 17.
[94] BGH 6.3.1987 – 3 StR 52/87, NStZ 1987, 366.
[95] BGH 3.5.1983 – 5 StR 246/83, bei *Böhm* NStZ 1983, 451; HK-GS/*Verrel* § 19 Rn. 17; *Zieger* Rn. 95.
[96] BGBl. I S. 1854.
[97] *Werwigk-Hertneck/Rebmann* ZRP 2003, 225, 229.
[98] Siehe *Eisenberg* § 18 Rn. 10; *Kerner/Karnowski/Eikens* FS Ostendorf, S. 471: „Extrem-Ausnahme". Nach Statist. Bundesamt (Hrsg.), Strafverfolgung 2014, S. 24 f., 282 f., wurden im Jahre 2014 9 Heranwachsende wegen Mordes nach Jugendstrafrecht verurteilt, wovon bei keinem die erhöhte Jugendstrafe nach § 105 Abs. 3 S. 2 verhängt wurde.
[99] Alle Zitate aus BT-Drs. 17/9389, 8.

Abs. 1 iVm § 31 und für die Einbeziehung bereits rechtskräftiger Verurteilungen nach allgemeinem Strafrecht Abs. 2 iVm § 31 Abs. 2 S. 1, Abs. 3. Streitig ist hier, ob Abs. 2 iVm § 31 Abs. 2 S. 1, Abs. 3 nur dann eingreifen, wenn der Angeklagte bei der rechtskräftig abgeurteilten Tat ebenfalls Heranwachsender war, oder ob sie auch dann gelten, wenn er bei dieser Tat schon erwachsen war (→ Rn. 47). Nicht geregelt ist in § 105 die Einbeziehung bereits rechtskräftiger Verurteilungen, wenn der Angeklagte wegen einer Tat, die er als Heranwachsender begangen hat, nach allgemeinem Strafrecht verurteilt werden soll. Ist er in den bereits rechtskräftigen Urteilen nach allgemeinem Strafrecht verurteilt worden, so gilt § 55 StGB. Streitig ist, wie zu verfahren ist, wenn es sich um eine rechtskräftige Verurteilung nach Jugendstrafrecht handelt (→ Rn. 42 f.). Ebenfalls nicht in § 105 geregelt sind zudem die Fälle der Einbeziehung rechtskräftiger Verurteilungen für Taten als Heranwachsender nach allgemeinem Strafrecht, wenn der Angeklagte nun wegen einer Tat, die er als Jugendlicher begangen hat, nach Jugendstrafrecht verurteilt werden soll (→ Rn. 45).

38 Von der Einbeziehung rechtskräftiger Verurteilungen zu unterscheiden ist die **gleichzeitige Aburteilung** mehrerer Taten, auf die teilweise Jugendstrafrecht und teilweise allgemeines Strafrecht anzuwenden ist. Wird der Angeklagte für eine Tat von mehreren angeklagten Taten, die er als Heranwachsender begangen hat, nach Jugendstrafrecht bestraft, so verweist Abs. 1 auf § 32.

39 **2. Fallgruppen.** Bei der Einbeziehung rechtskräftiger Urteile kann danach unterschieden werden, ob der Angeklagte damals nach Jugendstrafrecht abgeurteilt wurde, weil er die Tat als Jugendlicher begangen hatte oder als Heranwachsender, auf den noch Jugendstrafrecht anzuwenden war, oder ob er nach allgemeinem Strafrecht abgeurteilt wurde, weil er entweder zur Tatzeit zwar ein Heranwachsender, aber Abs. 1 nicht einschlägig war, oder weil er zur Tatzeit schon ein Erwachsener war. Innerhalb dieser Fallgruppen – (1) Jugendstrafrecht, (2) allgemeines Strafrecht bei Heranwachsendem, (3) allgemeines Strafrecht bei Erwachsenem – kann dann wieder danach unterschieden werden, nach welchem Recht der Täter jetzt verurteilt werden soll: Der Angeklagte wird (a) als zur Tatzeit Heranwachsender nach Jugendstrafrecht verurteilt, (b) als zur Tatzeit Jugendlicher nach Jugendstrafrecht verurteilt, (c) als zur Tatzeit Heranwachsender oder Erwachsener nach allgemeinem Strafrecht verurteilt. Damit ergeben sich folgende Fallgruppen:

40 **a) Einbeziehung einer nach Jugendstrafrecht abgeurteilten Tat. aa)** Findet **Jugendstrafrecht** Anwendung, weil der Angeklagte die Tat als Heranwachsender verübt hat und **Abs. 1** eingreift, so ist gem. Abs. 1 iVm § 31 eine einheitliche Rechtsfolgenbestimmung möglich. Einbezogen werden gemäß § 31 Abs. 2 rechtskräftige Entscheidungen, in denen der Angeklagte bereits wegen einer Tat, die er als Jugendlicher oder Heranwachsender begangen hat, nach Jugendstrafrecht verurteilt worden ist. Nur ausnahmsweise kann das Gericht aus erzieherischen Gründen von einer Einbeziehung absehen (§ 31 Abs. 3).

41 **bb)** Findet **Jugendstrafrecht** Anwendung, weil der Angeklagte bei der Begehung der Tat noch **Jugendlicher** war, so gilt § 31 unmittelbar und damit dasselbe wie oben (→ Rn. 40).

42 **cc)** Findet **allgemeines Strafrecht** Anwendung, weil der Angeklagte zur Tatzeit Heranwachsender war und Abs. 1 nicht eingreift oder weil der Angeklagte zur Tatzeit schon Erwachsener war, so ist grundsätzlich eine Einbeziehung einer rechtskräftigen Verurteilung nach Jugendstrafrecht über § 31 oder über § 105 Abs. 1, 2 iVm § 31 nicht möglich, weil diese Vorschriften für den nach allgemeinem Strafrecht zu verurteilenden Angeklagten nicht gelten. Jedoch sind diese Vorschriften dann **analog** anzuwenden, wenn der Angeklagte jetzt nach allgemeinem Strafrecht wegen einer Tat verurteilt werden soll, die er als Heranwachsender beging und die zeitlich vor der ebenfalls im Heranwachsendenalter begangenen und bereits nach Jugendstrafrecht abgeurteilten Tat erfolgte. Denn es darf nicht von dem Zufall abhängen, welche Tat zuerst abgeurteilt wurde, ob Abs. 2 eingreift oder nicht. In den übrigen Fällen ist eine Gesamtstrafe zu bilden, wenn die Voraussetzungen des § 55 StGB erfüllt sind.[100] Anderenfalls kommt es zu zwei nebeneinander stehenden Verurteilungen nach Jugendstrafrecht und allgemeinem Strafrecht.

Diese Lösung ist nicht unumstritten: Die Rechtsprechung[101] kommt in allen vorgenann- **43** ten Fällen zu zwei nebeneinander stehenden Verurteilungen nach Jugendstrafrecht und allgemeinem Strafrecht. § 55 StGB ist ihrer Ansicht nach nicht anwendbar, weil jugendstrafrechtliche Rechtsfolgen und Erwachsenenstrafe nicht gesamtstrafenfähig seien.[102] Doch soll in Fällen, in denen die sonstigen Voraussetzungen des § 55 StGB erfüllt sind, die sich aus seiner Nichtanwendung ergebende Härte durch eine Milderung der Einzelstrafe für die nach allgemeinem Strafrecht abzuurteilende Tat (bzw. der Einzelstrafen bei der Bildung einer Gesamtstrafe wegen mehrerer nach allgemeinem Strafrecht abzuurteilender Taten) ausgeglichen werden (Härteausgleich).[103] In der Literatur wird eine analoge Anwendung des § 32 vorgeschlagen.[104] Das hätte zur Folge, dass insgesamt Jugendstrafrecht anzuwenden ist, wenn das Schwergewicht bei den nach Jugendstrafrecht abgeurteilten Taten liegt. Eine Analogie ist jedoch unzulässig, weil § 105 Abs. 2 zeigt, dass der Gesetzgeber die Einbeziehung einer nach allgemeinem Strafrecht verhängten Strafe in eine Verurteilung nach Jugendstrafrecht nur ausnahmsweise gestatten will.[105]

b) Einbeziehung einer nach allgemeinem Strafrecht abgeurteilten Tat eines **44** **Heranwachsenden. aa)** Findet **Jugendstrafrecht** Anwendung, weil der Angeklagte zur Tatzeit **Heranwachsender** war und **Abs. 1** eingreift, und ist der Angeklagte bereits rechtskräftig für eine Tat, zu deren Tatzeit er Heranwachsender war, nach allgemeinem Strafrecht verurteilt worden, so kann dieses Urteil gem. Abs. 2 iVm § 31 Abs. 2 S. 1 in die Verurteilung nach Jugendstrafrecht mit einbezogen werden. Das gilt jedoch nur, wenn die bereits rechtskräftig abgeurteilte Tat zeitlich vor der nun anhängigen Tat begangen wurde (zu den Einzelheiten → Rn. 51 ff.). Anderenfalls bleibt das früher ergangene Urteil bestehen und die nach Jugendstrafrecht zu behandelnde Tat wird getrennt abgeurteilt. Es hieße, den Zufall bei der Strafverfolgung, dass der Angeklagte zuerst wegen der späteren Tat verurteilt wurde, überbewerten, wenn man nun die nach allgemeinem Strafrecht abgeurteilte Tat in den Abs. 2 mit einbeziehen würde. Denn auch im umgekehrten Fall, wenn er schon rechtskräftig wegen der früheren Tat nach Jugendstrafrecht abgeurteilt wurde und nun wegen seiner späteren Tat nach allgemeinem Strafrecht verurteilt würde, bestünde keine Möglichkeit, insgesamt Jugendstrafrecht anzuwenden (→ Rn. 42 f.).

bb) Findet hingegen deshalb **Jugendstrafrecht** Anwendung, weil der Angeklagte bei **45** der Begehung der Tat noch **Jugendlicher** war, und ist der Angeklagte zwischenzeitlich nach allgemeinem Strafrecht wegen einer Tat verurteilt worden, die er als Heranwachsender begangen hat, so ist die Einbeziehung dieses Urteils nicht möglich. § 31 Abs. 2 erfasst solche

---

[100] Zutreffend NK-StGB/NK-StGB/*Frister* StGB § 55 Rn. 26 f.; ebenso *Ostendorf* § 32 Rn. 8; s. auch Diemer/Schatz/Sonnen/*Sonnen* § 31 Rn. 53, § 32 Rn. 15; *Streng* Rn. 293 f.

[101] BGH 6.5.1960 – 4 StR 107/60, BGHSt 14, 287; 21.10.1980 – 1 StR 451/80, NStZ 1981, 355; 6.8.1986 – 3 StR 281/86, NStZ 1987, 24; 12.10.1989 – 4 StR 445/89, BGHSt 36, 270 (273) = NStZ 1991, 130 (m. abl. Anm. *Böhm/Bück-Schmitz*; *Bringewat* JuS 1991, 24); 31.10.1989 – 1 StR 501/89, BGHSt 36, 294 (295) = NStZ 1990, 196 (mAnm *Brunner* JR 1990, 524; *Ranft* Jura 1990, 463; *Walter/Pieplow* StV 1991, 5); 15.1.1998 – 1 StR 725/97, NStZ-RR 1998, 151 (152); 16.9.2008 – 4 StR 316/08, NStZ-RR 2008, 388 Ls.; OLG Schleswig 15.9.1986 – 1 Ss 323/86, NStZ 1987, 225 m. abl. Anm. *Knüllig-Dingeldey*; ebenso Diemer/Schatz/Sonnen/*Sonnen* Rn. § 32 Rn. 26; *Laubenthal/Baier/Nestler* Rn. 546; LK/*Rissing-van Saan* StGB § 55 Rn. 43; SK-StGB/*Samson/Günther* StGB § 55 Rn. 5; Schönke/Schröder/*Sternberg-Lieben/Bosch* StGB § 55 Rn. 34; *Fischer* StGB § 55 Rn. 4.

[102] BGH 29.2.1959 – 2 StR 25/56, BGHSt 10, 100 (103).

[103] BGH 12.10.1989 – 4 StR 445/89, BGHSt 36, 270; 15.1.1998 – 1 StR 725/97, NStZ-RR 1998, 151; 24.1.2007 – 2 StR 584/06, NStZ-RR 2007, 168; 16.9.2008 – 4 StR 316/08, NStZ-RR 2008, 388 Ls.

[104] *Böhm/Feuerhelm* S. 69; *Brunner/Dölling* § 32 Rn. 11; *Eisenberg* § 32 Rn. 9; *Schaffstein/Beulke/Swoboda* Rn. 234; *Streng* Rn. 291 ff., der dann im Fall eines Schwergewichts beim allgemeinen Strafrecht § 55 analog anwenden will.

[105] BGH 12.10.1989 – 4 StR 445/89, BGHSt 36, 270 (273); NK-StGB/NK-StGB/*Frister* StGB § 55 Rn. 28; → StGB § 55 Rn. 33; *Ostendorf* § 32 Rn. 7; *Schoreit*, Zur Frage der Bildung einer Gesamtstrafe aus einer Jugendstrafe und einer Freiheitsstrafe, NStZ 1989, 461 (462 f.); *ders.*, Gesamtstrafenbildung unter Einbeziehung einer Jugendstrafe, ZRP 1990, 175; → StGB § 55 Rn. 33.

Fälle nicht. § 105 gilt nicht bei Jugendlichen.[106] Eine analoge Anwendung des § 105 Abs. 2 iVm § 31 Abs. 2 S. 1 kommt nicht in Betracht, weil hier die Verurteilung (wegen der zeitlich früheren Tat) nach Jugendstrafrecht nicht den Schluss erlaubt, dass die Behandlung des Heranwachsenden (wegen der späteren Tat) nach allgemeinem Strafrecht zu Unrecht erfolgt ist (dazu → Rn. 51).

46   **cc)** Findet **allgemeines Strafrecht** Anwendung, weil der Angeklagte zur Tatzeit Heranwachsender war und Abs. 1 nicht eingreift oder weil der Angeklagte zur Tatzeit schon Erwachsener war, und ist der Angeklagte bereits rechtskräftig für eine Tat, zu deren Tatzeit er Heranwachsender war, nach allgemeinem Strafrecht verurteilt worden, so ist bei Vorliegen der Voraussetzungen des § 55 StGB eine Gesamtstrafe zu bilden. Anderenfalls kommt es zu zwei nebeneinander stehenden Verurteilungen nach allgemeinem Strafrecht.

47   **c) Einbeziehung einer nach allgemeinem Strafrecht abgeurteilten Tat eines Erwachsenen. aa)** Findet **Jugendstrafrecht** Anwendung, weil der Angeklagte zur Tatzeit **Heranwachsender** war und **Abs. 1** eingreift, und ist der Angeklagte bereits rechtskräftig für eine Tat, zu deren Tatzeit er Erwachsener war, nach allgemeinem Strafrecht verurteilt worden, so wendet die Rechtsprechung § 105 Abs. 2 an.[107] Das ist zwar nach dem Wortlaut nicht ausgeschlossen, widerspricht jedoch dem Zweck des Abs. 2. Danach gilt es, jemanden insgesamt nach Jugendstrafrecht abzuurteilen, weil er noch einem Jugendlichen gleichsteht. Dabei wird ihm zugute gehalten, dass angesichts der im aktuellen Verfahren gewonnenen Einschätzung seiner Persönlichkeit seine in einem vorangegangenen Urteil angeordnete Behandlung nach Erwachsenenstrafrecht verfehlt erscheint (dazu näher → Rn. 51). Das aber ist in dieser Fallkonstellation von vornherein unmöglich. Ist der Angeklagte wegen einer Tat, die er als Erwachsener begangen hat, verurteilt worden, so konnte er nach der Einschätzung des Gesetzgebers bei dieser Tat auf keinen Fall einem Jugendlichen gleichgestanden haben. Es hieße, den Zufall bei der Strafverfolgung, dass er zuerst wegen der späteren Tat verurteilt wurde, überbewerten, wenn man nun die Tat, die er als Erwachsener verübt hat, in den Abs. 2 mit einbeziehen wollte. Denn im umgekehrten Fall, wenn er schon rechtskräftig wegen der früheren Tat als Heranwachsender nach Jugendstrafrecht abgeurteilt wurde und nun wegen seiner Tat als Erwachsener verurteilt wird, besteht auch keine Handhabe, insgesamt Jugendstrafrecht anzuwenden (→ Rn. 42 f.). Hinzu kommt, dass auch nicht einsichtig ist, warum ein Erwachsener, der bereits rechtskräftig wegen einer als Erwachsener begangenen Tat verurteilt wurde, privilegiert werden soll, wenn er zuvor einmal eine (nach seinem damaligen Entwicklungsstand) nach Jugendstrafrecht abzuurteilende Tat begangen hatte.

48   **bb)** Findet **Jugendstrafrecht** Anwendung, weil der Angeklagte bei der Begehung der Tat noch **Jugendlicher** war, und ist der Angeklagte zwischenzeitlich nach allgemeinem Strafrecht wegen einer Tat verurteilt worden, die er später als Erwachsener begangen hat, so ist die Einbeziehung dieses Urteils ebenfalls nicht möglich (→ Rn. 45).[108]

49   **cc)** Findet **allgemeines Strafrecht** Anwendung, weil der Angeklagte zur Tatzeit Heranwachsender war und Abs. 1 nicht eingreift oder weil der Angeklagte zur Tatzeit schon Erwachsener war, und ist der Angeklagte bereits rechtskräftig für eine Tat, zu deren Tatzeit er Erwachsener war, nach allgemeinem Strafrecht verurteilt worden, so ist bei Vorliegen der Voraussetzungen des § 55 StGB eine Gesamtstrafe zu bilden. Andernfalls kommt es zu zwei nebeneinander stehenden Verurteilungen nach allgemeinem Strafrecht.

---

[106] BGH 13.10.1977 – 4 StR 451/77, BGHSt 27, 295 (297) = NJW 1978, 384; *Laubenthal/Baier/Nestler* Rn. 545; für eine analoge Anwendung des § 105 Abs. 2 hingegen: *Eisenberg* Rn. 44; *Ostendorf* § 32 Rn. 9; *Streng* Rn. 289.

[107] BGH 21.10.1980 – 1 StR 451/80, NStZ 1981, 355 mAnm *Dingeldey*; 2.5.1990 – 2 StR 64/90, BGHSt 37, 34 (m. zust. Anm. *Eisenberg* JR 1990, 483, *Ostendorf* NStZ 1991, 185); 23.11.1993 – 5 StR 573/93, BGHSt 40, 1 = NJW 1994, 744; 12.12.2001 – 4 StR 474/01, bei *Böhm* NStZ 2002, 472; ebenso: *P. A. Albrecht* S. 154; *Böhm/Feuerhelm* S. 158; Diemer/Schatz/Sonnen/*Sonnen* Rn. 33; *Eisenberg* Rn. 44; Meier/Rössner/Schöch/*Meier* § 5 Rn. 37; *Ostendorf* Rn. 28, § 32 Rn. 9.

[108] Ebenso wohl *Laubenthal/Baier/Nestler* Rn. 545; für eine analoge Anwendung des § 105 Abs. 2 hingegen: *Eisenberg* Rn. 44; *Ostendorf* § 32 Rn. 9; *Streng* Rn. 289.

3. Einheitsstrafe nach Jugendstrafrecht (Abs. 2). Abs. 2 dehnt den Anwendungsbe- **50** reich des § 31 Abs. 2 S. 1, Abs. 3 auf Fälle aus, in denen der Angeklagte bereits rechtskräftig für eine Tat, zu deren Tatzeit er Heranwachsender war, nach allgemeinem Strafrecht verurteilt wurde und nun für eine andere Tat nach Jugendstrafrecht abgeurteilt wird (→ Rn. 44).

a) Anwendung nur auf frühere Taten. Der Wortlaut des Abs. 2 stellt nur darauf ab, **51** dass der Angeklagte bereits verurteilt worden ist. Offen bleibt, ob die abgeurteilte Tat zeitlich vor oder nach der nun abzuurteilenden Tat begangen worden sein muss bzw. kann. Nach dem Zweck des Gesetzes kann sich Abs. 2 nur auf rechtskräftig abgeurteilte Taten beziehen, die vor der nun abzuurteilenden Tat begangen wurden. Abs. 2 schafft die Möglichkeit, dass ein gegen einen Heranwachsenden nach allgemeinem Strafrecht ergangenes Urteil in eine Verurteilung nach Jugendstrafrecht einbezogen wird. Der Gesetzgeber wollte dadurch eine Korrektur der früheren Entscheidung ermöglichen. Er ging davon aus, „daß, wenn der Richter trotz vorangegangener Verurteilung nach allgemeinem Strafrecht nunmehr Jugendstrafrecht anwendet, er dazu aufgrund genauerer Persönlichkeitserforschung kommt".[109] Diese Vermutung ist aber wegen der Tatbezogenheit der Beurteilung nach Abs. 1 nur berechtigt, wenn die abgeurteilte Tat vor der abzuurteilenden Tat begangen wurde. Vor dem Hintergrund der gesetzgeberischen Vorstellung eines Entwicklungsrückstands ist nur die Vermutung plausibel, dass dann auch bei der zeitlich früheren Tat der Heranwachsende in seiner Entwicklung zurückgeblieben war. Bezüglich einer späteren Tat entfaltet die Feststellung, dass der Heranwachsende zuvor noch einem Jugendlichen gleichstand, diese Vermutungswirkung nicht. Hier bleibt das früher ergangene Urteil bestehen und die nach Jugendstrafrecht zu behandelnde Tat wird getrennt abgeurteilt (→ Rn. 44).

Nach der **Rechtsprechung** ist es hingegen unerheblich, ob die bereits abgeurteilte **52** Tat vor der nun abzuurteilenden Tat verübt wurde oder nach ihr.[110] In der Konsequenz dessen liegt es, dass sie sogar Verurteilungen wegen solcher Taten einbezieht, die der Angeklagte erst als Erwachsener begangen hat (→ Rn. 47). Insbesondere in solchen Fällen erscheint es dann aber häufig wenig sachgerecht, dem Angeklagten, nur weil er (erst) jetzt nach Jugendstrafrecht verurteilt wird, das Privileg des Abs. 2 zu eröffnen. Trotz der insoweit an sich eindeutigen Gesetzesformulierung („ist auch dann anzuwenden") soll deshalb bei Abs. 2 nicht das Regel-Ausnahme-Verhältnis des § 31 gelten, wonach die Einbeziehung der abgeurteilten Straftat die Regel und das Absehen davon die Ausnahme ist. Stattdessen soll der Einbeziehung eine Neubeurteilung der früher abgeurteilten Tat hinsichtlich der Frage vorangehen, ob aufgrund der im anhängigen Verfahren gewonnenen Erkenntnisse für sie Jugendstrafrecht anwendbar ist.[111] Die Rechtsprechung wendet hier § 32 S. 1 analog an und fragt, ob das Schwergewicht bei den Straftaten liegt, die nach Jugendstrafrecht zu beurteilen wären.[112] Das Gericht muss demnach prüfen, ob die abgeurteilte Tat lediglich Teil einer Reihe von Taten ist, die ihre Wurzeln und ihr Schwergewicht in den entwicklungsbedingten Problemen des Heranwachsenden haben, durch sie geprägt und deswegen insgesamt nach Jugendstrafrecht zu beurteilen sind. Ist das der Fall, so ist eine Einbeziehung zulässig. Konsequenz der analogen Anwendung des § 32 ist aber auch, dass dann, wenn das Schwergewicht nicht bei der nach Jugendstrafrecht zu beurteilenden Tat liegt, in entsprechender Anwendung von § 32 S. 2 einheitlich das allge-

---

[109] BT-Drs. 7/550, 332.
[110] BGH 10.3.1992 – 1 StR 105/92, bei *Böhm* NStZ 1992, 529.
[111] BGH 2.5.1990 – 2 StR 64/90, BGHSt 37, 34 (37); s. auch BGH 23.11.1993 – 5 StR 573/93, BGHSt 40, 1 (2); *Brunner/Dölling* Rn. 25; *Diemer/Schatz/Sonnen/Sonnen* Rn. 33; aA *Ostendorf* § 32 Rn. 9.
[112] BGH 2.5.1990 – 2 StR 64/90, BGHSt 37, 34 (38); 23.11.1993 – 5 StR 573/93, BGHSt 40, 1 (2). Ausdrücklich gilt das nach Ansicht des BGHSt 37, 34 (37), „unabhängig davon, ob die rechtskräftige Verurteilung nach allgemeinem Strafrecht wegen einer Tat (oder mehrerer Taten) im Heranwachsenden- oder Erwachsenenalter erfolgte". Ebenso: *Brunner/Dölling* § 32 Rn. 7; *Eisenberg* Rn. 44; *Keiser* JuS 2002, 1081; *Meier/Rössner/Schöch/Meier* § 5 Rn. 37; *Schaffstein/Beulke/Swoboda* Rn. 237; Schönke/Schröder/*Sternberg-Lieben/Bosch* StGB § 55 Rn. 34; LK/*Rissing-van Saan* StGB § 55 Rn. 43; *Streng* Rn. 288.

meine Strafrecht anzuwenden ist, sofern nicht gem. § 31 Abs. 3 S. 1 von einer Einbeziehung abzusehen ist.[113] Das Gericht hat also nach Ansicht der Rechtsprechung drei Entscheidungsmöglichkeiten: Es bezieht die rechtskräftige Verurteilung in die nun erfolgende Verurteilung nach Jugendstrafrecht ein (Abs. 2 iVm § 31 Abs. 2 S. 1), es wendet auf alle Taten das allgemeine Strafrecht an und bildet eine Gesamtstrafe nach § 55 StGB oder es sieht von einer Einbeziehung mit der Konsequenz ab, dass es das rechtskräftige Urteil bestehen lässt und den Angeklagten für die anhängige Tat nach Jugendstrafrecht verurteilt (Abs. 2 iVm § 31 Abs. 3).

53   **b) Bestimmung der Rechtsfolgen.** Ist der Angeklagte wegen einer zeitlich früheren Tat (→ Rn. 51) rechtskräftig nach allgemeinem Strafrecht verurteilt worden, so ist er grundsätzlich gem. § 31 Abs. 2 S. 1 einheitlich nach Jugendstrafrecht zu verurteilen.[114] Nur im Ausnahmefall des § 31 Abs. 3 wird das rechtskräftige Urteil nicht einbezogen. Ein Antrag auf Wiederaufnahme des Verfahrens steht der Einbeziehung nicht entgegen.[115]

54   Nach hM erfolgt nicht nur die Bestimmung der Art, sondern auch der **Höhe der jugendstrafrechtlichen Rechtsfolgen** unabhängig von der bisher verhängten Strafe.[116] Eine neu gebildete Jugendstrafe müsse daher nicht höher sein als die einbezogene frühere Freiheitsstrafe. Doch wird im Regelfall eine insgesamt mildere Verurteilung gerade unter dem Aspekt der erzieherischen Einwirkung verfehlt sein, weil sie bei dem Angeklagten den Eindruck erweckt, zusätzliche Delinquenz werde belohnt.[117]

§ 106 Milderung des allgemeinen Strafrechts für Heranwachsende; Sicherungsverwahrung

(1) Ist wegen der Straftat eines Heranwachsenden das allgemeine Strafrecht anzuwenden, so kann das Gericht an Stelle von lebenslanger Freiheitsstrafe auf eine Freiheitsstrafe von zehn bis fünfzehn Jahren erkennen.

(2) Das Gericht kann anordnen, daß der Verlust der Fähigkeit, öffentliche Ämter zu bekleiden und Rechte aus öffentlichen Wahlen zu erlangen (§ 45 Abs. 1 des Strafgesetzbuches), nicht eintritt.

(3) ¹Sicherungsverwahrung darf neben der Strafe nicht angeordnet werden. ²Das Gericht kann im Urteil die Anordnung der Sicherungsverwahrung vorbehalten, wenn

1. der Heranwachsende zu einer Freiheitsstrafe von mindestens fünf Jahren verurteilt wird wegen eines oder mehrerer Verbrechen,
   a) gegen das Leben, die körperliche Unversehrtheit oder die sexuelle Selbstbestimmung oder
   b) nach § 251 des Strafgesetzbuches, auch in Verbindung mit § 252 oder § 255 des Strafgesetzbuches,
   durch welche das Opfer seelisch oder körperlich schwer geschädigt oder einer solchen Gefahr ausgesetzt worden ist, und
2. auf Grund der Gesamtwürdigung des Heranwachsenden und seiner Tat oder seiner Taten mit hinreichender Sicherheit feststellbar oder zumindest wahrscheinlich ist, dass bei ihm ein Hang zu Straftaten der in Nummer 1 bezeichneten Art vorliegt und er infolgedessen zum Zeitpunkt der Verurteilung für die Allgemeinheit gefährlich ist.

---

[113] BGH 23.11.1993 – 5 StR 573/93, BGHSt 40, 1 (2), zum Fall der Einbeziehung einer Erwachsenentat.

[114] Ebenso *Laubenthal/Baier/Nestler* Rn. 544; *Ostendorf* § 32 Rn. 9, die dies allerdings auch dann annehmen, wenn Verurteilungen wegen zeitlich später begangener Taten einbezogen werden.

[115] BGH 13.10.1977 – 4 StR 451/77, BGHSt 27, 295 (297) = NJW 1978, 384.

[116] BGH 6.8.1997 – 3 StR 272/97, StV 1998, 345; ebenso: BGH 23.8.1974 – 2 StR 298/74, BGHSt 25, 355 (356); BGH 2.5.1990 – 2 StR 64/90, BGHSt 37, 34 (39 f.); siehe auch BGH 3.3.2004 – 1 StR 71/04, BGHSt 49, 90; *Diemer/Schatz/Sonnen/Sonnen* Rn. 34; *Eisenberg* Rn. 44.

[117] Ebenso zu § 31: *Seiser* NStZ 1997, 374 (376); *Streng* Rn. 275.

(4) Unter den übrigen Voraussetzungen des Absatzes 3 Satz 2 kann das Gericht einen solchen Vorbehalt auch aussprechen, wenn

1. die Verurteilung wegen eines oder mehrerer Vergehen nach § 176 des Strafgesetzbuches erfolgt,

2. die übrigen Voraussetzungen des § 66 Absatz 3 des Strafgesetzbuches erfüllt sind, soweit dieser nicht auf § 66 Absatz 1 Satz 1 Nummer 4 des Strafgesetzbuches verweist, und

3. es sich auch bei den maßgeblichen früheren und künftig zu erwartenden Taten um solche der in Nummer 1 oder Absatz 3 Satz 2 Nummer 1 genannten Art handelt, durch welche das Opfer seelisch oder körperlich schwer geschädigt oder einer solchen Gefahr ausgesetzt worden ist oder würde.

(5) [1]Wird neben der Strafe die Anordnung der Sicherungsverwahrung vorbehalten und hat der Verurteilte das siebenundzwanzigste Lebensjahr noch nicht vollendet, so ordnet das Gericht an, dass bereits die Strafe in einer sozialtherapeutischen Einrichtung zu vollziehen ist, es sei denn, dass die Resozialisierung des Täters dadurch nicht besser gefördert werden kann. [2]Diese Anordnung kann auch nachträglich erfolgen. [3]Solange der Vollzug in einer sozialtherapeutischen Anstalt noch nicht angeordnet oder der Gefangene noch nicht in eine sozialtherapeutische Einrichtung verlegt worden ist, ist darüber jeweils nach sechs Monaten neu zu entscheiden. [4]Für die nachträgliche Anordnung nach Satz 2 ist die Strafvollstreckungskammer zuständig. [5]§ 66c Absatz 2 und § 67a Absatz 2 bis 4 des Strafgesetzbuches gilt entsprechend.

(6) Das Gericht ordnet die Sicherungsverwahrung an, wenn die Gesamtwürdigung des Verurteilten, seiner Tat oder seiner Taten und ergänzend seiner Entwicklung bis zum Zeitpunkt der Entscheidung ergibt, dass von ihm Straftaten der in Absatz 3 Satz 2 Nummer 1 oder Absatz 4 bezeichneten Art zu erwarten sind; § 66a Absatz 3 Satz 1 des Strafgesetzbuches gilt entsprechend.

(7) Ist die wegen einer Tat der in Absatz 3 Satz 2 Nr. 1 bezeichneten Art angeordnete Unterbringung in einem psychiatrischen Krankenhaus nach § 67d Abs. 6 des Strafgesetzbuches für erledigt erklärt worden, weil der die Schuldfähigkeit ausschließende oder vermindernde Zustand, auf dem die Unterbringung beruhte, im Zeitpunkt der Erledigungsentscheidung nicht bestanden hat, so kann das Gericht die Unterbringung in der Sicherungsverwahrung nachträglich anordnen, wenn

1. die Unterbringung des Betroffenen nach § 63 des Strafgesetzbuches wegen mehrerer solcher Taten angeordnet wurde oder wenn der Betroffene wegen einer oder mehrerer solcher Taten, die er vor der zur Unterbringung nach § 63 des Strafgesetzbuches führenden Tat begangen hat, schon einmal zu einer Freiheitsstrafe von mindestens drei Jahren verurteilt oder in einem psychiatrischen Krankenhaus untergebracht worden war und

2. die Gesamtwürdigung des Betroffenen, seiner Taten und ergänzend seiner Entwicklung bis zum Zeitpunkt der Entscheidung ergibt, dass er mit hoher Wahrscheinlichkeit erneut Straftaten der in Absatz 3 Satz 2 Nr. 1 bezeichneten Art begehen wird.

Übersicht

I. Allgemeines

1   **1. Normzweck.** Die Regelungen des § 106 sind Ausdruck der gesetzgeberischen Einschätzung, dass die Entwicklung von Heranwachsenden „noch **nicht** als so hoffnungslos angesehen werden kann, daß die Verhängung einer lebenslänglichen Zuchthausstrafe (heute: Freiheitsstrafe) oder die Anordnung der Sicherungsverwahrung **in allen nach dem allgemeinen Strafrecht vorgesehenen Fällen gerechtfertigt** wäre".[1] Mit Blick hierauf schafft Abs. 1 die Möglichkeit, die lebenslange Freiheitsstrafe abzumildern, weil auch bei altersgemäß entwickelten Heranwachsenden die Reifeentwicklung noch nicht so abgeschlossen ist, dass bei entsprechenden erzieherischen Bemühungen eine spätere Wiedereingliederung nicht mehr möglich wäre.[2] Durch die Vorschrift wird somit anerkannt, dass es zwischen der Gruppe der Jugendlichen und Heranwachsenden, auf die Jugendstrafrecht angewendet wird, und den mindestens 21-Jährigen, die nur unter das Erwachsenenstrafrecht fallen können, eine dritte Gruppe der Heranwachsenden gibt, auf die zwar allgemeines Strafrecht angewendet wird, die sich aber in einem wesentlichen Punkt von den Vollerwachsenen unterscheidet: Ihre potenzielle Wiedereingliederungsfähigkeit ist regelmäßig gegeben. Abs. 2 erlaubt, bestimmte Nebenfolgen nicht eintreten zu lassen, und Abs. 3 S. 1 verbietet, neben der Strafe (primäre) Sicherungsverwahrung anzuordnen. Die weiteren Regelungen wurden durch das Gesetz zur bundesrechtlichen Umsetzung des Abstandsgebots vom 5.12.2012[3] mit Wirkung vom 1.6.2013 mit den materiell jugendstrafrechtlichen Vorschriften des § 7 Abs. 2 bis 4 weitgehend synchronisiert. Die Anwendung der dem Schutz der Allgemeinheit[4] dienenden Vorschriften über den Vorbehalt und – im Spezialfall des Abs. 7 – die nachträgliche Anordnung der Sicherungsverwahrung auf Heranwachsende spiegelt die gesetzgeberische Anerkennung entwicklungsbedingter Besonderheiten auch bei Heranwachsenden wider. Abs. 3 S. 2 und Abs. 4 statuieren die formellen und materiellen Anforderungen für die vorbehaltene Sicherungsverwahrung. Abs. 5 erklärt zum Regelfall, dass die Strafe beim Vorbehalt der Sicherungsverwahrung in einer sozialtherapeutischen Einrichtung vollstreckt wird. Abs. 6 regelt den Maßstab für die endgültige Anordnung der Unterbringung in der Sicherungsverwahrung. Abs. 7 ermöglicht die nachträgliche Anordnung der Sicherungsverwahrung für den Sonderfall, dass die Unterbringung des Täters in einem psychiatrischen Krankenhaus nach § 67d Abs. 6 StGB für erledigt erklärt worden ist.

2   Der **Anwendungsbereich** des § 106 erstreckt sich auf Heranwachsende sowohl im Rahmen der Verfahren vor den Jugendgerichten als auch vor den für allgemeine Strafsachen zuständigen Gerichten (§§ 112, 104 Abs. 1). § 106 gilt nur für Heranwachsende, auf die das allgemeine Strafrecht angewendet wird.

3   **2. Historie.** Milderungen des allgemeinen Strafrechts für Heranwachsende finden sich erstmals in § 106 des JGG vom 4.8.1953.[5] Abs. 1 sah bereits die Absenkung der lebenslangen (Zuchthaus-)Strafe vor. Abs. 2 erlaubte dem Richter, von der Anordnung der Sicherungsverwahrung oder der Aberkennung der bürgerlichen Ehrenrechte bzw. der Fähigkeit zur Bekleidung öffentlicher Ämter abzusehen. Mit dem 1. StrRG vom 25.6.1969 nahm der Gesetzgeber Heranwachsende ganz vom Anwendungsbereich der Sicherungsverwahrung

---

[1] BT-Drs. 1/3264, 44 (Klammerzusatz nicht original).
[2] BGH 22.12.1982 – 3 StR 437/82, BGHSt 31, 189 (190 f.); 13.8.2008 – 2 StR 240/08, NJW 2008, 3297 (3298); 5.7.1988 – 1 StR 219/88, NStZ 1988, 498; 12.8.1994 – 2 StR 348/94, StV 1994, 609 Ls.
[3] BGBl. I S. 2425.
[4] Vgl. zur vorbehaltenen Sicherungsverwahrung BT-Drs. 14/9041, 1; zur nachträglichen Sicherungsverwahrung BT-Drs. 15/2887, 18.
[5] BGBl. I S. 751 (766).

aus.[6] Erst in jüngerer Zeit wurde § 106 wieder im Hinblick auf die Zulässigkeit der Sicherungsverwahrung zweimal grundlegend erweitert. Zunächst wurden durch das Gesetz zur Änderung der Vorschriften über die Straftaten gegen die sexuelle Selbstbestimmung und zur Änderung anderer Vorschriften vom 27.12.2003[7] die Abs. 3 und 4 eingefügt. Das bislang in Abs. 2 S. 1 statuierte grundsätzliche Verbot der Anordnung von Sicherungsverwahrung für Heranwachsende wurde aufgehoben und die Möglichkeit der vorbehaltenen Sicherungsverwahrung eingeführt. Das Gesetz zur Einführung der nachträglichen Sicherungsverwahrung vom 23.7.2004[8] übertrug mit den neuen Abs. 5 und 6 schließlich auch diese Form der Sicherungsverwahrung auf heranwachsende Straftäter. Mit dem Gesetz zur Reform der Führungsaufsicht vom 13.4.2007[9] wurde Abs. 5 S. 2 angefügt. Im Gefolge der Entscheidung des EGMR vom 17.12.2009,[10] durch die die Unvereinbarkeit der rückwirkenden Verlängerung der Sicherungsverwahrung mit Art. 5 und 7 EMRK festgestellt wurde, erklärte das BVerfG am 4.5.2011[11] die Abs. 3 S. 2 und 3 sowie Abs. 5 und 6 für verfassungswidrig. Mit dem Gesetz zur bundesrechtlichen Umsetzung des Abstandsgebots vom 5.12.2012[12] erhielt § 106 mit Wirkung vom 1.6.2013 seinen jetzigen Regelungsgehalt.

II. Erläuterung

1. Strafmilderung bei lebenslanger Freiheitsstrafe (Abs. 1). a) Voraussetzungen. 4
Abs. 1 ermöglicht eine im Ermessen des Gerichts stehende Strafrahmenverschiebung. Vorausgesetzt ist, dass auf den Heranwachsenden allgemeines Strafrecht anzuwenden und danach eine **lebenslange Freiheitsstrafe** zu verhängen ist. Umstritten ist, ob die zweite Voraussetzung auch dann erfüllt und Abs. 1 anzuwenden ist, wenn schon aufgrund eines anderen Strafmilderungsgrundes eine zeitige Freiheitsstrafe zulässig ist. Die Rechtsprechung lehnt dies zu Recht ab.[13] Ihrer Ansicht nach ist eine Ermessensentscheidung nach Abs. 1 nur dann geboten, wenn ansonsten eine lebenslange Freiheitsstrafe verwirkt wäre. Sei hingegen schon aufgrund eines anderen Strafmilderungsgrundes ein anderer Strafrahmen eröffnet, so sei eine Erörterung des Abs. 1 entbehrlich. Abs. 1 fordere eine stärkere Berücksichtigung des Resozialisierungsgedankens dadurch, dass auch bei grundsätzlich verwirkter lebenslanger Freiheitsstrafe bei einem Heranwachsenden geprüft werden müsse, ob eine spätere Wiedereingliederung des Täters erwartet werden könne. Sei aber lebenslange Freiheitsstrafe, zB durch Strafrahmenverschiebungen, wobei bereits die einfache Milderung der lebenslangen Freiheitsstrafe gem. § 49 Abs. 1 Nr. 1 StGB einen gegenüber Abs. 1 wesentlich günstigeren Strafrahmen eröffne, nicht verwirkt und deshalb eine spätere Wiedereingliederung ohnehin möglich, könne die Sonderregelung des Abs. 1 nicht darüber hinaus zu einer weiteren Strafrahmenverschiebung führen. Allerdings hat der BGH zu Recht auch festgestellt, dass der hinter Abs. 1 stehende Grundgedanke (→ Rn. 1) Gültigkeit bei der Bemessung zeitiger, insbesondere längerer Freiheitsstrafen beansprucht.[14]

Die Literatur bejaht demgegenüber eine **doppelte Strafmilderung**.[15] Wortlaut („an 5 Stelle von lebenslanger Freiheitsstrafe") und Wortstellung sprechen jedoch eher dafür, dass eine Strafrahmenverschiebung nach Abs. 1 erst dann in Betracht kommen soll, wenn nach

---

[6] BGBl. I S. 645.
[7] BGBl. I S. 3007.
[8] BGBl. I S. 1838.
[9] BGBl. I S. 513 (517).
[10] EGMR 17.12.2009 – 19359/04, NJW 2010, 2495 – M. / Deutschland m. Bespr. *Laue* JR 2010, 198.
[11] BVerfG 4.5.2011 – 2 BvR 2365/09, 740/10, 2333/08, 1152/10, 571/10, BVerfGE 128, 326 = NJW 2011, 1931; BGBl. I S. 1003.
[12] BGBl. I, S. 2425. Siehe zu diesem Gesetz *Renzikowski* NJW 2013, 1638.
[13] BGH 1.9.2004 – 2 StR 268/04, NStZ 2005, 166 = JR 2005, 81 m. abl. Anm. *Eisenberg*; ebenso HK-JGG/*Rössner* Rn. 5.
[14] BGH 1.9.2004 – 2 StR 268/04, NStZ 2005, 166 (167); 12.8.1994 – 2 StR 348/94, StV 1994, 609; so auch *Böhm/Feuerhelm* S. 57; HK-JGG/*Rössner* Rn. 5; Diemer/Schatz/Sonnen/*Sonnen* Rn. 4.
[15] *Brunner/Dölling* Rn. 2; *Eisenberg* JR 2005, 82; *ders.* Rn. 3; *Ostendorf* Rn. 3; Diemer/Schoreit/Sonnen/*Sonnen* Rn. 19; *Streng* Rn. 69.

Anwendung der Regeln des allgemeinen Strafrechts – also auch und gerade bei Berücksichtigung möglicher Milderungsgründe – auf eine lebenslange Freiheitsstrafe zu erkennen ist. Auch die systematische Stellung der Norm als Teil des JGG und damit als Ausnahmeregelung gegenüber den Bestimmungen des allgemeinen Strafrechts deutet darauf hin, eine Strafrahmenverschiebung nach Abs. 1 erst dann in Betracht zu ziehen, wenn nicht schon nach den Milderungsgründen des allgemeinen Strafrechts von der lebenslangen Freiheitsstrafe abgesehen werden kann. Wenn schließlich darauf hingewiesen wird, dass eine kumulierte Anwendung gesetzlicher Milderungsgründe im allgemeinen Strafrecht durchaus üblich sei,[16] so verkennt das den materiellen Unterschied zwischen Abs. 1 und den auf § 49 StGB verweisenden Strafmilderungsgründen. Während bei diesen die doppelte Milderung deshalb obligatorisch ist, weil sie in einer geringeren Tatschuld wurzeln, liegt der Grund für die Strafrahmenverschiebung nach Abs. 1 vor allem darin, dass der Heranwachsende wiedereingliederungsfähig erscheint. Diese günstige Prognose rechtfertigt für sich genommen keine (zusätzliche) Strafrahmenverschiebung, sondern nur das Absehen von der lebenslänglichen Freiheitsstrafe und die Berücksichtigung bei der Strafzumessung.

6   **b) Ermessen.** Die Strafmilderung steht im Ermessen des Gerichts („kann").[17] Für die Ermessensausübung gelten dieselben Grundsätze wie bei der Anwendung fakultativer, auf § 49 Abs. 1 Nr. 1 StGB verweisender Strafmilderungsgründe.[18] Die Anwendung des Abs. 1 bildet hierbei keinesfalls die Ausnahme, weil sein Grundgedanke – die noch nicht abgeschlossene Reifeentwicklung bei einem altersgemäß entwickelten Heranwachsenden (→ Rn. 1) – die Regel bildet,[19] der definitive Ausschluss der Legalbewährung aufgrund einer unbeeinflussbaren Verfestigung der Persönlichkeit dagegen die Ausnahme.[20] Unzulässig ist es, zu Lasten des Heranwachsenden darauf zu verweisen, dass ihm auch bei einer lebenslänglichen Freiheitsstrafe eine Wiedereingliederung möglich sei (§ 57a StGB).[21]

7   Vor diesem Hintergrund ist die Ermessensentscheidung nach dem Zweck des Abs. 1 primär daran auszurichten, ob erwartet werden kann, dass der Heranwachsende nach vollständiger oder teilweiser (§ 57 StGB) Verbüßung einer längeren Freiheitsstrafe erfolgreich in die Gesellschaft eingegliedert werden kann.[22] Die anderen nach dem allgemeinen Strafrecht zu berücksichtigenden Strafzwecke, also positive und negative Generalprävention sowie der Sühnezweck der Strafe, treten bei dieser Abwägung deutlich in den Hintergrund.[23]

8   Bei der **Prognose** muss – neben dem Vorleben des Heranwachsenden, seiner Tat und seinem Verhalten nach der Tat – vor allem auch die zukünftige Entwicklung des Angeklagten aufgrund der Einwirkung der Strafvollstreckung einbezogen werden. Es muss vom Gericht „schon jetzt geprüft werden, ob von der Strafvollstreckung mit ihren Resozialisierungshilfen noch Wirkungen auf den Angeklagten erwartet werden können".[24] Welche Erwartungen

---

[16] *Eisenberg* JR 2005, 83.

[17] BGH 13.6.2008 – 2 StR 240/08, NJW 2008, 3297 (3298); *Brunner/Dölling* Rn. 5; *Eisenberg* Rn. 7; Diemer/Schatz/Sonnen/*Sonnen* Rn. 3.

[18] Dazu → StGB § 49 Rn. 11 ff. mwN.

[19] Ebenso bereits BGH 8.6.1955 – 3 StR 163/55, BGHSt 7, 353 (355): „im allgemeinen"; BGH 5.7.1988 – 1 StR 219/88, NStZ 1988, 498; *Brunner/Dölling* Rn. 1: „Von den Milderungsangeboten des § 106 sollte sehr großzügig Gebrauch gemacht werden"; Diemer/Schatz/Sonnen/*Sonnen* Rn. 3: „‚Kann'-Regelung heute fast schon als ‚Muss' zu interpretieren"; *Eisenberg* Rn. 3; HK-JGG/*Rössner* Rn. 3; *Laubenthal/Baier/Nestler* Rn. 79; *Zieger* Rn. 103; aA 1. Aufl.; BVerfG 13.5.2009 – 2 BvR 247/09, ZJJ 2009, 261 (262).

[20] Etwa bei Vorliegen einer gefestigten dissozialen Persönlichkeitsstruktur, siehe BGH 13.6.2008 – 2 StR 240/08, NJW 2008, 3297 (3298); HK-JGG/*Rössner* Rn. 3.

[21] BGH 22.12.1982 – 3 StR 437/82, BGHSt 31, 189.

[22] BGH 5.7.1988 – 1 StR 219/88, NStZ 1988, 498.

[23] BGH 22.12.1982 – 3 StR 437/82, BGHSt 31, 189 (191); 13.6.2008 – 2 StR 240/08, NJW 2008, 3297 (3298); 4.11.1976 – 4 StR 549/76, bei *Holtz* MDR 1977, 283; 22.10.1982 – 2 StR 602/82, bei *Böhm* NStZ 1983, 451; 5.7.1988 – 1 StR 219/88, NStZ 1988, 498; *Eisenberg* Rn. 7; HK-JGG/*Rössner* Rn. 3; anders noch BGH 8.6.1955 – 3 StR 163/55, BGHSt 7, 353 (355) sowie neuerdings BVerfG 13.5.2009 – 2 BvR 247/09, ZJJ 2009, 261 (262).

[24] BGH 5.7.1988 – 1 StR 219/88, NStZ 1988, 498.

an die Wirkung des Strafvollzugs geknüpft werden können, hängt in erster Linie davon ab, ob und gegebenenfalls inwieweit der Heranwachsende „noch formbar" ist. Es liegt in der Natur der Sache, dass Aussagen in dieser Richtung nur schwer möglich sind. Das ändert aber nichts daran, dass sich das Gericht – unter Umständen unter Zuhilfenahme eines Sachverständigen – darum bemühen muss. Der Einwand, die zukünftigen Wirkungen des Strafvollzugs seien keine Tatsachen, auf die eine Prognose gestützt werden könne,[25] übersieht, dass jede Prognose eine Vorhersage der zukünftigen Entwicklung ist: Diese Vorhersage muss sich auf gegenwärtige Tatsachen stützen. Nicht anders ist das bei der Anwendung des Abs. 1: Wenn sich zum Entscheidungszeitpunkt Anhaltspunkte dafür finden lassen, dass die Strafvollstreckung die Legalbewährung fördern kann, ist die Strafrahmenverschiebung vorzunehmen; gibt es keine Anhaltspunkte dafür – etwa beim Vorliegen einer verfestigten dissozialen Persönlichkeit[26] –, ist die Anwendung des Abs. 1 abzulehnen. Die Feststellung der Tatsachen – in den Worten der Rechtsprechung: der Formbarkeit bzw. Nicht-Formbarkeit – kann im Einzelfall schwierig sein mit der Folge, dass im Zweifel zugunsten des Angeklagten von einer günstigen Anlage auszugehen ist. In jedem Fall ist das Gericht dazu verpflichtet, die Anwendung des Abs. 1 eingehend zu begründen.[27] Die Ablehnung bedarf nach § 263 Abs. 1 StPO einer 2/3-Mehrheit.

c) Übertragung des Grundgedankens des Abs. 1 auf andere Fälle? Ein Teil der 9 Lehre entnimmt Abs. 1 den allgemeinen Gedanken, dass selbst bei altersgemäß entwickelten (also nicht unter § 105 Abs. 1 fallenden) Heranwachsenden die Reifeentwicklung noch nicht so weit abgeschlossen ist wie bei Erwachsenen. Diese Einschätzung des Gesetzgebers besitze auch außerhalb des engen Anwendungsbereichs des Abs. 1 Gültigkeit.[28] Teile der Rechtsprechung sind dem gefolgt, etwa bei der Strafaussetzung zur Bewährung[29] oder bei der Bemessung einer zeitigen Freiheitsstrafe.[30]

Das ist insoweit richtig und selbstverständlich, als die Persönlichkeit des Angeklagten und 10 die Wirkungen der Strafe auf ihn bei der Legalprognose nach § 56 Abs. 1 StGB oder der Strafzumessung nach § 46 Abs. 1 S. 2 StGB grundsätzlich zu beachten sind. Aus Abs. 1 lässt sich jedoch nicht ein allgemeiner fakultativer übergesetzlicher Strafmilderungsgrund kreieren, der auf jede Strafzumessungsentscheidung anzuwenden ist.[31] Dem OLG Köln ist allerdings beizupflichten, dass bei einer Trunkenheitsfahrt eines Heranwachsenden der Gedanke der Wiedereingliederung der Vorrang vor der Verteidigung der Rechtsordnung gebührt.[32]

2. Nebenfolgen (Abs. 2). Abs. 2 ersetzt die zwingende Rechtsfolge des § 45 Abs. 1 11 StGB durch eine Ermessensentscheidung des Gerichts („kann"). Da der Gesetzgeber hier anders verfährt als bei Jugendlichen, wo er die Anordnung der Nebenfolgen des § 45 Abs. 1 StGB ganz untersagt (§ 6), ist es unangemessen, hier allein aus der allgemeinen Erwägung heraus, dass bei Heranwachsenden der positiven Spezialprävention größere Bedeutung zukomme als bei Erwachsenen, regelmäßig von einem Ausschluss der Nebenfolgen auszugehen.[33] Dies hieße, die gesetzliche Unterscheidung in §§ 6, 106 Abs. 2 einzuebnen. Die Anordnung ist aber sinnvoll, wenn die Übernahme von Verantwortung für die Gemeinschaft die Wiedereingliederung fördern kann.[34]

---

[25] So die 1. Aufl.

[26] Siehe BGH 13.6.2008 – 2 StR 240/08, NJW 2008, 3297 (3298).

[27] BGH 13.6.2008 – 2 StR 240/08, NJW 2008, 3297 (3298).

[28] *Böhm/Feuerhelm* S. 57; Diemer/Schatz/Sonnen/*Sonnen* Rn. 18; *Eisenberg* Rn. 6; kritisch *Brunner/Dölling* Rn. 9.

[29] OLG Köln 18.11.1966 – Ss 432/66, NJW 1967, 838 (840) mAnm *Grethlein*.

[30] So der 2. Strafsenat des BGH: BGH 12.8.1994 – 2 StR 348/94, StV 1994, 609; ebenso für den Fall, dass eine zusätzliche Strafrahmenverschiebung nicht möglich ist (→ Rn. 4) BGH 1.9.2004 – 2 StR 268/04, NStZ 2005, 166 (167); anders aber der 3. Strafsenat: BGH 5.12.2002 – 3 StR 297/02, NStZ 2003, 495 (496).

[31] BGH 5.12.2002 – 3 StR 297/02, NStZ 2003, 495 (496). So aber OLG Köln 18.11.1966 – Ss 432/66, NJW 1967, 838.

[32] OLG Köln 18.11.1966 – Ss 432/66, NJW 1967, 838. Ebenso *Brunner/Dölling* Rn. 7.

[33] So aber *Brunner/Dölling* Rn. 3; Diemer/Schatz/Sonnen/*Sonnen* Rn. 17; *Eisenberg* Rn. 5; *Ostendorf* Rn. 5.

[34] HK-JGG/*Rössner* Rn. 6.

12   **3. Sicherungsverwahrung (Abs. 3–7). a) Sicherungsverwahrung neben der Strafe (Abs. 3 S. 1).** Gem. Abs. 3 S. 1 darf neben einer Freiheitsstrafe keine (primäre) Sicherungsverwahrung angeordnet werden, auch wenn im Übrigen auf den Heranwachsenden das allgemeine Strafrecht anzuwenden ist. Damit wird auch im Bereich der Sicherungsverwahrung der Umstand berücksichtigt, dass bei gerade erst Volljährigen noch reifungsbedingte Entwicklungsdefizite auftreten können. Darüber hinaus ist die Annahme eines „Hangs" bzw. der Gefährlichkeit problematisch, weil die noch relativ kurze Biografie des Heranwachsenden kaum die ausreichende Tatsachengrundlage für eine sichere Prognose liefert.[35] Werden allerdings zugleich Straftaten abgeurteilt, die der Täter als Erwachsener begangen hat, so schließt die Vorschrift die Anordnung der Sicherungsverwahrung wegen dieser Straftaten nicht aus.[36]

13   **b) Vorbehaltene Sicherungsverwahrung (Abs. 3 S. 2, Abs. 4).** Sowohl § 66a StGB, der die vorbehaltene Sicherungsverwahrung im allgemeinen Strafrecht regelt,[37] als auch Abs. 2 S. 2 und 3 a.F. wurden wegen Verstoßes gegen Art. 2 Abs. 2 S. 2 iVm Art. 104 Abs. 1 GG für **verfassungswidrig** erklärt.[38] Mit der Neuregelung durch das Gesetz zur bundesrechtlichen Umsetzung des Abstandsgebotes wurde die vorbehaltene Sicherungsverwahrung mit Wirkung vom 1.6.2013 aber weiterhin beibehalten und durch den neuen Abs. 4 sogar erweitert.[39] Abs. 3 erfasst Ersttäter besonders schwerer Gewalt- und Sexualstraftaten; Abs. 4 ermöglicht die Anordnung gegenüber Rückfall- oder Mehrfachtätern des sexuellen Missbrauchs von Kindern nach § 176 StGB.

14   **aa) Ersttäter (Abs. 3 S. 2).** Die Neuregelung in Abs. 3 Satz 2 ist auf Ersttäter zugeschnitten und strukturell der vorbehaltenen Anordnung der Sicherungsverwahrung nach materiellem Jugendstrafrecht gemäß § 7 Abs. 2 Satz 1 angeglichen (→ Erl. dort Rn. 26 ff.). Im Unterschied dazu ist bei Heranwachsenden, auf die Erwachsenenstrafrecht angewendet wird, als „Anlassstrafe" eine Freiheitsstrafe von mindestens fünf Jahren notwendig und es muss ein „Hang" zu gefährlichen Straftaten zumindest wahrscheinlich sein.

15   (1) Nach **Abs. 3 S. 2 Nr. 1** hat die Anordnung der vorbehaltenen Sicherungsverwahrung folgende **formelle Voraussetzungen:** Der Heranwachsende muss wegen eines **Verbrechens** gegen das **Leben** (§§ 211, 212, 221 Abs. 2, 3 StGB), die **körperliche Unversehrtheit** (§§ 225 Abs. 2, 226, 227 StGB), die **sexuelle Selbstbestimmung** (§§ 176a, 176b, 177, 178, 179 Abs. 5, 7 StGB) oder nach **§ 251 StGB** (auch iVm §§ 252 oder 255 StGB), durch das das **Opfer seelisch oder körperlich schwer geschädigt** wurde oder eine dementsprechende Gefahr bestand, zu einer **Freiheitsstrafe von mindestens fünf Jahren** verurteilt worden sein.

16   (2) **Abs. 3 S. 2 Nr. 2** verlangt als **materielle Voraussetzung,** dass bei dem Heranwachsenden ein **Hang** zur Begehung der in Nr. 1 genannten Straftaten zumindest wahrscheinlich ist. Unter einem Hang versteht man einen „eingeschliffenen inneren Zustand des Täters, der ihn immer wieder neue Straftaten begehen lässt."[40] Durch diesen Hang muss der Verurteilte **für die Allgemeinheit gefährlich** sein. Aus einer **Gesamtwürdigung** der Persönlichkeit des Heranwachsenden und seiner Tat(en) muss sich zumindest die Wahrscheinlichkeit der hangbedingten Gefährlichkeit im Zeitpunkt des Urteils ergeben. Das Gericht muss

---

[35] S. BT-Drs. 15/1311, S. 26; *Brunner/Dölling* Rn. 9; *Schaffstein/Beulke/Swoboda* Rn. 258; *Streng* Rn. 556.
[36] BGH 8.11.1972 – 3 StR 210/72, BGHSt 25, 44 (51) = NJW 1973, 154.
[37] Siehe hierzu Maurach/Gössel/Zipf/*Laue* § 68 Rn. 45 ff.
[38] BVerfG 4.5.2011 – 2 BvR 2365/09, 740/10, 2333/08, 1152/10, 571/10, BVerfGE 128, 326 = NJW 2011, 1931; BGBl. I S. 1003.
[39] Für während der Übergangszeit bis zum 31.5.2013 begangene Taten schreibt § 316f Abs. 2 EGStGB die Fortgeltung der bis zu diesem Zeitpunkt geltenden Regelungen vor, wobei nach Satz 3 die rückwirkende Anordnung der vorbehaltenen Sicherungsverwahrung bei Heranwachsenden nur in Frage kommt, wenn diese unter einer psychischen Störung leiden, aus der die Gefahr resultiert, dass der Verurteilte schwerste Gewalt- oder Sexualstraftaten begehen werde, siehe BGH 12.6.2013 – 1 StR 48/13, BGHSt 58, 292.
[40] BGH 8.7.2005 – 2 StR 120/05, BGHSt 50, 188 (195 f.); 4.9.2008 – 5 StR 101/08, NStZ 2010, 387 (388); 27.10.2004 – 5 StR 130/04, NStZ 2005, 265; 13.7.2000 – 4 StR 246/00, NStZ 2000, 587; siehe auch Maurach/Gössel/Zipf/*Laue* § 68 Rn. 39 m.w.N.

in seinen Urteilsgründen darlegen, ob es Hang und Gefährlichkeit lediglich für wahrscheinlich hält oder bereits eine diesbezügliche Überzeugung gewinnen konnte.[41] Die Feststellung, ob bei einem Heranwachsenden ein Hang, also ein „eingeschliffener Zustand" besteht, ist bei den in Frage kommenden Personen aufgrund ihres noch relativ geringen Lebensalters und der damit verbundenen schmalen biografischen Prognosebasis zumeist schwierig.

bb) Rückfall- und Mehrfachtäter (Abs. 3 S. 2). Bei einer Anlassverurteilung wegen **17** **Vergehen des sexuellen Missbrauchs von Kindern** (§ 176 StGB) ermöglicht der neue **Abs. 4** die vorbehaltene Anordnung der Sicherungsverwahrung bei **Rückfall- und Mehrfachtätern.** Der Gesetzgeber sieht bei diesen in jungen Jahren begangenen Vergehen „in Einzelfällen" eine erhöhte prognostische Bedeutung für die spätere Begehung schwerer Gewalt- und Sexualstraftaten.[42] Dies erscheint empirisch nur schwer zu belegen[43] und verkennt darüber hinaus, dass gerade Vergehen nach § 176 StGB in der Entwicklung Jugendlicher ganz überwiegend episodenhafte Erscheinungen sind, die keiner tiefergehenden rein strafrechtlichen Behandlung bedürfen: Ihre Stigmatisierung als besondere Anlasstaten für die vorbehaltene Sicherungsverwahrung verstellt möglicherweise den Blick auf mehr Erfolg versprechende außerstrafrechtliche Interventionsmöglichkeiten.[44]

(1) Als **formelle Voraussetzungen** sind notwendig:[45] **18**
a) die **Verurteilung wegen sexuellen Missbrauchs** von Kindern nach § 176 Abs. 1 bis 6 StGB als Anlasstat(en);
b) durch diese(s) Vergehen des sexuellen Missbrauchs muss das **Opfer seelisch oder körperlich schwer geschädigt** oder einer solchen Gefahr ausgesetzt worden sein, siehe „auch" in Abs. 4 Nr. 3;
c) wegen dieser Tat(en) muss der Betreffende zu **mindestens fünf Jahren Freiheitsstrafe** verurteilt werden; dies ergibt sich aus dem Verweis auf die „übrigen Voraussetzungen des Absatzes 3 Satz 2";
d) durch Verweis auf „die übrigen Voraussetzungen" des § 66 Abs. 3 StGB ist eine **Vorverurteilung** wegen eines Vergehens des sexuellen Missbrauchs von Kindern (§ 176 StGB) oder einer Straftat aus dem Katalog des Abs. 3 Satz 2 Nr. 1 (→ Rn. 15) zu mindestens 3 Jahren Freiheitsstrafe (oder – nach ü.M. – Jugendstrafe[46]) oder die zusätzliche Begehung einer **weiteren Straftat** solcher Art neben der Anlasstat notwendig. Diese Voraussetzung zusätzlich begangener schwerer Straftaten ist nach dem Gesetzgeber „zur Verbesserung der Prognosesicherheit aus Verhältnismäßigkeitsgründen geboten"[47]
e) Schließlich müssen auch die nach d) notwendigen Taten das **Opfer körperlich oder seelisch schwer geschädigt** oder zumindest einer solchen Gefahr ausgesetzt haben.

(2) Als **materielle Voraussetzung** muss beim Verurteilten ein **Hang** (→ Rn. 16) zu **19** Vergehen des sexuellen Missbrauchs von Kindern (s. Abs. 4 Nr. 3) oder zu Straftaten nach

---

[41] BT-Drs. 17/9874, 25.
[42] BT-Drs. 17/9874, 25.
[43] Die in der Entwurfsbegründung angeführte Literatur rechtfertigt eine solche Schlussfolgerung nur bedingt, siehe *Jehle/Albrecht/Hohmann-Fricke/Tetal*, Legalbewährung nach strafrechtlichen Sanktionen, 2010, S. 130: „Dies heißt, dass Missbrauchsdelikte, ebenso wie gewalttätige Sexualdelikte, zumeist einmalige Erscheinungen im Lebensverlauf eines Täters darstellen. Nur eine extrem kleine Gruppe fällt wiederholt wegen Missbrauchs- und gewalttätigen Sexualdelikten auf." Auch die Untersuchungen von *Jutta Elz* stützen die These von der zukünftigen besonderen Gefährlichkeit junger gewaltloser Missbrauchstäter nur sehr eingeschränkt, siehe etwa *Elz*, Gefährliche Sexualstraftäter, 2011, S. 224 f. Krit. auch *Eisenberg* Rn. 23.
[44] Siehe *Eisenberg* Rn. 23.
[45] BT-Drs. 17/9874, 25.
[46] Nach der Rsp. reicht, obwohl § 66 Abs. 3 StGB lediglich von Freiheitsstrafe spricht, auch eine Vorverurteilung zu mindestens drei Jahren Jugendstrafe aus, siehe BGH 27.5.1975 – 5 StR 115/75, BGHSt 26, 152 (152); 28.2.2007 – 2 StR 28/07, NStZ 2007, 171; so auch *Fischer*, StGB § 66 Rn. 26; HK-GS/*Rössner/Best* § 66 Rn. 10. Diese Auffassung übersieht, dass man aus einer längeren Jugendstrafe nicht im gleichen Maße auf eine besondere Tatschwere und damit Gefährlichkeit des Täters wie bei einer Freiheitsstrafe schließen kann, denn die Bemessung der Jugendstrafe erfolgt nicht primär nach Tatschwere, sondern gemäß § 18 Abs. 2 JGG nach Erziehungsgesichtspunkten; siehe Maurach/Gössel/Zipf/*Laue* § 68 Rn. 36; abl. auch → StGB § 66 Rn. 64; *Eisenberg/Schlüter* NJW 2001, 188 (189 f.).
[47] BT-Drs. 17/9874, 25.

Abs. 3 Satz 2 Nr. 1, durch die Opfer seelisch oder körperlich schwer geschädigt oder einer solchen Gefahr ausgesetzt werden, zumindest wahrscheinlich sein. Dies ergibt sich aus dem Erfordernis der „übrigen Voraussetzungen des Abs. 3 Satz 2" iVm Abs. 4 Nr. 3.

20   **cc) Vollzug in einer sozialtherapeutischen Einrichtung (Abs. 5).** Spricht das Gericht nach Abs. 3 S. 2 oder Abs. 4 neben der Strafe den Vorbehalt einer Sicherungsverwahrung aus, so ist nach **Abs. 5 Satz 1** bereits die Strafe in einer **sozialtherapeutischen Einrichtung** zu vollziehen. Voraussetzung hierfür ist allerdings, dass der Verurteilte das 27. Lebensjahr noch nicht vollendet hat und nicht der Ausnahmefall vorliegt, dass seine Resozialisierung dadurch nicht besser gefördert werden kann. Der Gesetzgeber spricht nicht mehr von sozialtherapeutischer Anstalt, sondern verwendet den weiteren Begriff der sozialtherapeutischen Einrichtung. Die sozialtherapeutische Behandlung kann also nicht nur in organisatorisch oder räumlich getrennten Einrichtungen durchgeführt werden, sondern auch innerhalb besonderer Abteilungen des Strafvollzugs.[48] Die Regelung entspricht § 7 Abs. 3 (→ § 7 Rn. 32) und ist Ausdruck des vom BVerfG in seiner Entscheidung vom 4.5.2011 geforderten *ultima ratio*-Charakters der Sicherungsverwahrung insb. bei jungen Menschen.[49] Aus diesem Grund ist die Gelegenheit zur therapeutischen Minderung der Gefährlichkeit des Täters so früh wie möglich zu ergreifen, dh bereits beim Vollzug der Freiheitsstrafe, um eine spätere Sicherungsverwahrung möglichst zu vermeiden. Die Altersbegrenzung bis zur Vollendung des 27. Lebensjahres entspricht der im Jugendhilferecht für eine besondere Behandlung junger Erwachsener gezogenen Altersgrenze (vgl. § 41 iVm § 2 Abs. 2 Nr. 6, § 7 Abs. 1 Nr. 3 SGB VIII zu Leistungen der Jugendhilfe für junge Volljährige).

21   Nach Abs. 5 S. 2 kann die **Anordnung** zum Strafvollzug in einer sozialtherapeutischen Einrichtung auch **nachträglich** erfolgen. Dies kommt insbesondere dann in Betracht, wenn bei der Verurteilung noch keine Möglichkeit zu einer besseren Förderung der Sozialisierung des Täters durch den Vollzug der Freiheitsstrafe in einer sozialtherapeutischen Einrichtung bestand. Solange eine entsprechende Anordnung noch nicht ergangen ist, ist der Erlass der Anordnung gem. Abs. 5 S. 3 alle **sechs Monate** zu überprüfen. Für die nachträgliche Anordnung nach S. 2 ist die **Strafvollstreckungskammer** zuständig (Abs. 5 S. 4).

22   **Abs. 5 S. 5** erklärt **§ 66c Abs. 2 StGB** für anwendbar. Danach ist dem Verurteilten bereits im Strafvollzug eine individuell zugeschnittene, intensive und zur Gefährlichkeitsreduzierung geeignete Behandlung anzubieten. Der Gesetzgeber kommt damit der Forderung des BVerfG nach, bereits im Strafvollzug alle Behandlungsmöglichkeiten auszuschöpfen, um die Gefährlichkeit des Verurteilten zu reduzieren, um so die endgültige Anordnung der Sicherungsverwahrung entbehrlich zu machen.[50] Die Einhaltung dieses Grundsatzes ist nach **§ 119a StVollzG** gerichtlich überprüfbar. Die aus drei Berufsrichtern bestehende Strafvollstreckungskammer muss regelmäßig von Amts wegen (§ 119a Abs. 1, 3 StVollzG) oder auf Antrag der Vollzugsbehörde (§ 119a Abs. 2 StVollzG) überprüfen, ob die dem Gefangenen, bei dem die Sicherungsverwahrung vorbehalten wurde, angebotene Betreuung den Grundsätzen des § 66c StGB entspricht.[51] Die Entscheidungen der Strafvollstreckungskammer sind bindend und haben erheblichen Einfluss auf die Frage, ob die sich dem Strafvollzug anschließende Sicherungsverwahrung nach § 67c Abs. 1 S. 1 Nr. 2 StGB unverhältnismäßig sein könnte, weil dem Gefangenen eine ausreichende Betreuung nicht angeboten wurde.[52] Nach § 119a Abs. 5 StVollzG ist gegen die Entscheidung der Strafvollstreckungskammer eine Beschwerde zulässig.[53] Die Verweisung auf **§ 67a Abs. 2–4 StGB**

---

[48] BT-Drs. 17/9874, 25.
[49] BVerfGE 4.5.2011 – 2 BvR 2365/09, 740/10, 2333/08, 1152/10, 571/10, BVerfGE 128, 326 (379).
[50] Siehe BVerfGE 4.5.2011 – 2 BvR 2365/09, 740/10, 2333/08, 1152/10, 571/10, BVerfGE 128, 326 (379): „Insbesondere muss gewährleistet sein, dass etwa erforderliche psychiatrische, psychologische, psycho- oder sozialtherapeutische Behandlungen (…) zeitig beginnen, mit der gebotenen hohen Intensität durchgeführt und möglichst vor dem Strafende abgeschlossen werden."
[51] Siehe hierzu *Peglau* JR 2016, 45; *Brettel* ZJJ 2015, 159 (160 f.).
[52] BT-Drs. 17/9874, 28.
[53] Hierbei handelt es sich nicht um eine Rechtsbeschwerde nach §§ 116 ff. StVollzG, sondern um eine Beschwerde sui generis, bei der das OLG zur Überprüfung der Entscheidung der Strafvollstreckungskammer

ermöglicht – bereits während des der Sicherungsverwahrung vorangehenden Strafvollzugs – die Überweisung in den Vollzug einer freiheitsentziehenden Maßregel, wenn diese einen besseren therapeutischen und damit gefährlichkeitsmindernden Erfolg[54] verspricht.[55]

dd) Entscheidung. Liegen nach Abs. 3 S. 2 oder nach Abs. 4 die formellen Vorausset- **23** zungen für die Anordnung der vorbehaltenen Sicherungsverwahrung vor, muss sich das Gericht damit in den Urteilsgründen auseinandersetzen.[56] Die Anordnung der vorbehaltenen Sicherungsverwahrung im Urteil steht im pflichtgemäßen **Ermessen.**

Nach **Abs. 6** ist für die **endgültige Anordnung** der Sicherungsverwahrung eine weitere **24** Gefährlichkeitsprognose am Ende der Strafvollstreckung – auch im Fall des Widerrufs einer Reststrafenaussetzung (§ 66a Abs. 3 S. 1 StGB) – notwendig. Ungereimt erscheint, dass bei der endgültigen Anordnung im Gegensatz zur vorbehaltenen Anordnung ein „Hang" oder zumindest dessen Wahrscheinlichkeit nicht mehr festgestellt werden muss.[57] Ausreichend ist nach der Gesamtwürdigung des Verurteilten, seiner Tat(en) und seiner Entwicklung während der Strafvollstreckung die Erwartung, er werde weiterhin Straftaten nach Abs. 3 Satz 2 bzw. nach Abs. 4 Nr. 1 begehen. Zuständig für die Entscheidung ist nach dem Verfahren des § 275a StPO die erstinstanzliche Jugendkammer bzw. im Fall des § 120 GVG das OLG.

c) Nachträgliche Sicherungsverwahrung (Abs. 7). aa) Weitgehende Abschaf- **25** **fung.** Auch die in § 106 Abs. 5, 6 aF sowie § 66b StGB geregelte nachträgliche Sicherungs-verwahrung wurde durch das BVerfG für mit Art. 2. Abs. 2 S. 2 iVm Art. 104 Abs. 1 GG unvereinbar und damit für verfassungswidrig erklärt und galt nur noch bis zu einer Neurege-lung durch den Gesetzgeber, also bis zum 31.5.2013 (→ Rn. 3, 13). Im Gesetz zur Umset-zung des bundesrechtlichen Abstandsgebots vom 5.12.2012[58] wurde mit Wirkung vom 1.6.2013 die nachträgliche Sicherungsverwahrung sowohl gegen Erwachsene als auch gegen Jugendliche und Heranwachsende weitgehend abgeschafft und nur auf den in Abs. 7 geregel-ten Fall der Erledigterklärung einer Unterbringung im psychiatrischen Krankenhaus beschränkt.

bb) Unterbringung nach Erledigterklärung. Entsprechend der Regelung des allge- **26** meinen Strafrechts in § 66b StGB[59] lässt Abs. 7 eine nachträgliche Anordnung der Siche-rungsverwahrung auch dann zu, wenn die **Unterbringung eines Heranwachsenden in einem psychiatrischen Krankenhaus für erledigt erklärt** worden ist, sich während des Vollzugs der Maßregel aber seine besondere Gefährlichkeit erwiesen hat. Zentraler Unterschied der Regelung im JGG gegenüber derjenigen des allgemeinen Strafrechts ist, dass es sich hier bei den begangenen und für die künftige Gefährlichkeit maßgeblichen Taten um solche der in Abs. 3 S. 2 Nr. 1 bezeichneten Art handeln muss. Im Einzelnen müssen kumulativ folgende **Voraussetzungen** erfüllt sein:

(1) Zunächst muss gegen den Täter wegen einer **Tat nach Abs. 3 S. 2 Nr. 1** eine **27** Unterbringung in einem psychiatrischen Krankenhaus nach § 63 StGB angeordnet und mit deren Vollstreckung begonnen worden sein. Nach Beginn der Vollstreckung muss das Gericht die Vollstreckung der **Unterbringung nach § 67d Abs. 6 StGB für erledigt erklärt** haben, weil es festgestellt hat, dass die Voraussetzungen der Maßregel nicht mehr vorliegen oder die weitere Vollstreckung der Maßregel unverhältnismäßig wäre.

---

auch in tatsächlicher Hinsicht befugt ist und eine eigene Sachentscheidung fällen kann, siehe KG 9.2.2016 – 2 Ws 18/16 – 141 AR 47/216, BeckRS 2016, 05033; OLG Celle 9.9.2015 – 1 Ws 353/15, BeckRS 2015, 19041.

[54] Nur eine bessere Resozialisierung rechtfertigt die Verlegung in eine (andere) Maßregel, nicht dagegen Sicherheitsaspekte, Platzmangel oder Behandlungsverweigerung, s. OLG Koblenz, 8.4.2014 – 2 Ws 103/13 (Vollz), StV 2015, 378 (Ls.) = BeckRS 2014, 17566; → StGB § 67a Rn. 1.

[55] Siehe hierzu allgemein Maurach/Gössel/Zipf/*Laue* § 68 Rn. 63 ff.

[56] BGH 13.8.2008 – 2 StR 240/08, BGHSt 52, 316 (319) = NJW 2008, 3297 m. Anm. *Eisenberg.*

[57] *Schaffstein/Beulke/Swoboda* Rn. 256; *Renzikowski* NJW 2013, 1638 (1641).

[58] BGBl. I S. 2425.

[59] Siehe hierzu Maurach/Gössel/Zipf/*Laue* § 68 Rn. 48 ff.

28 (2) Weiterhin müssen die folgenden **formalen Voraussetzungen** erfüllt sein:

– die Unterbringung nach § 63 StGB wurde wegen mehrerer Taten iSd Abs. 3 S. 2 Nr. 1 angeordnet,

– der Täter wurde bereits vor der zu einer Unterbringung nach § 63 StGB führenden Tat wegen einer oder mehrerer Taten iSd Abs. 3 S. 2 Nr. 1 zu einer **Freiheitsstrafe von mindestens drei Jahren** verurteilt oder

– der Täter wurde bereits vor der zu einer Unterbringung nach § 63 StGB führenden Tat wegen einer oder mehrerer Taten iSd Abs. 3 S. 2 Nr. 1 in einem psychiatrischen Krankenhaus untergebracht.

29 (3) Schließlich muss als **materielle Voraussetzung** die Gesamtwürdigung des Betroffenen, seiner Taten und ergänzend seiner Entwicklung bis zur Erledigterklärung ergeben, dass er mit hoher Wahrscheinlichkeit erneut Straftaten nach Abs. 3 S. 2 Nr. 1 begehen wird.

30 **cc) Ermessen.** Auch wenn alle Voraussetzungen des Abs. 7 vorliegen, hat das Gericht bei der Anordnung der nachträglichen Sicherungsverwahrung ein Ermessen („kann"). Wie auch sonst bei der Sicherungsverwahrung gilt hier aufgrund der Eingriffsintensität das Gebot eines äußerst zurückhaltenden Gebrauchs von der Möglichkeit der Anordnung.

2. Kapitel. Arznei- und Betäubungsmittelrecht

I. Gesetz über den Verkehr mit Arzneimitteln (Arzneimittelgesetz – AMG)[1, 2, 3, 4]

In der Fassung der Bekanntmachung vom 12.12.2005, BGBl. I S. 3394
Zuletzt geändert durch Gesetz vom 18.7.2017, BGBl. I S. 2757

FNA 2121-51-1-2

(Auszug)

Stichwortverzeichnis

Die angegebenen Zahlen beziehen sich auf die §§ und Randnummern bzw. die Fußnoten des Textes.
Hauptfundstellen sind durch Fettdruck hervorgehoben.

---

[1] **Amtl. Anm.:** Dieses Gesetz dient der Umsetzung
– der Richtlinie 2001/83/EG des Europäischen Parlaments und des Rates vom 6. November 2001 zur Schaffung eines Gemeinschaftskodexes für Humanarzneimittel (ABl. EG Nr. L 311 S. 67),
– der Richtlinie 2001/82/EG des Europäischen Parlaments und des Rates vom 6. November 2001 zur Schaffung eines Gemeinschaftskodexes für Tierarzneimittel (ABl. EG Nr. L 311 S. 1),
– der Richtlinie 2001/20/EG des Europäischen Parlaments und des Rates vom 4. April 2001 zur Angleichung der Rechts- und Verwaltungsvorschriften der Mitgliedstaaten über die Anwendung der guten klinischen Praxis bei der Durchführung von klinischen Prüfungen mit Humanarzneimitteln (ABl. EG Nr. L 121 S. 34),
– der Richtlinie 2002/98/EG des Europäischen Parlaments und des Rates vom 27. Januar 2003 zur Festlegung von Qualitäts- und Sicherheitsstandards für die Gewinnung, Testung, Verarbeitung, Lagerung und Verteilung von menschlichem Blut und Blutbestandteilen und zur Änderung der Richtlinie 2001/83/EG (ABl. EU Nr. L 33 S. 30),
– der Richtlinie 2004/23/EG des Europäischen Parlaments und des Rates vom 31. März 2004 zur Festlegung von Qualitäts- und Sicherheitsstandards für die Spende, Beschaffung, Testung, Verarbeitung, Konservierung, Lagerung und Verteilung von menschlichen Geweben und Zellen (ABl. EU Nr. L 102 S. 48),
– der Richtlinie 2004/24/EG des Europäischen Parlaments und des Rates vom 31. März 2004 zur Änderung der Richtlinie 2001/83/EG zur Schaffung eines Gemeinschaftskodexes für Humanarzneimittel hinsichtlich traditioneller pflanzlicher Arzneimittel (ABl. EU Nr. L 136 S. 85),
– der Richtlinie 2004/27/EG des Europäischen Parlaments und des Rates vom 31. März 2004 zur Änderung der Richtlinie 2001/83/EG zur Schaffung eines Gemeinschaftskodexes für Humanarzneimittel (ABl. EU Nr. L 136 S. 34) und
– der Richtlinie 2004/28/EG des Europäischen Parlaments und des Rates vom 31. März 2004 zur Änderung der Richtlinie 2001/82/EG zur Schaffung eines Gemeinschaftskodexes für Tierarzneimittel (ABl. EU Nr. L 136 S. 58).
[2] Die Änderungen durch Gesetz vom 19.10.2012, BGBl. I S. 2192, treten teilweise erst **mit unbestimmtem Datum** in Kraft, siehe Art. 15 des Gesetzes.
[3] Die Änderungen durch Art. 4 Abs. 11 Gesetz vom 18.7.2016, BGBl. I S. 1666, treten erst **mWv 1.10.2021** in Kraft.
[4] Die Änderungen durch Gesetz vom 20.12.2016, BGBl. I S. 3048, treten teilweise erst **mit unbestimmtem Datum** in Kraft, siehe Art. 13 des Gesetzes.

(Amtliche) Inhaltsübersicht

Vorbemerkung vor § 1[1]

Übersicht

[1] Mein herzlicher Dank gilt Frau Privatdozentin *Dr. Frauke Rostalski* sowie meinen Mitarbeiterinnen *Marie
Hänke, Dr. Julia Heinrich, Dr. Franziska Mulch, Anna Lena Nowicki* und *Franziska Walther,* die mich – ebenso
wie meine Sekretärin *Anja Napierala* – nachhaltig unterstützt und so zum Gelingen des Werkes entscheidend
beigetragen haben. Speziell bei der Sammlung und Auswertung des Materials sowie durch die kritische
Durchsicht des Textes waren mir auch meine studentischen Hilfskräfte *Katharina Breitstadt, Konstantin Lange,
Bernd Rohrberg* und *Verena Scholz* stets eine äußerst wertvolle Hilfe.

I. Historische Einführung

Das Arzneimittelwesen ist, im weitesten Sinne verstanden, fast so alt wie der Mensch **1**
selbst.[2] Schon in frühester Zeit bediente man sich – instinktiv zunächst – einfacher natürlicher Substanzen zu Heilzwecken, und allmählich erwuchs aus der so gewonnenen Erfahrung eine heilkundliche Kenntnis. Die weiter entwickelten antiken Völker unterschieden bereits Hunderte von Arzneimitteln pflanzlichen, tierischen und mineralischen Ursprungs, ein Wissen, das sie nachfolgenden Jahrhunderten hinterließen. Vor allem im arabischen Raum bewahrte man diese antike Heilkunde und entwickelte sie zu einer solchen Komplexität weiter, dass es schließlich eines Spezialistenstandes bedurfte, um sie zu beherrschen: Nicht mehr der Arzt selbst stellte nun seine Heilmittel her, sondern der Arzneibereiter – der Apotheker. Fünfhundert Jahre später, im 12./13. Jahrhundert, kam es zu derselben Entwicklung auch in Europa. Die ersten Apotheken entstanden in Deutschland ab 1220, und wenig später begann auch deren **gesetzliche Reglementierung.** Sie erfolgte zunächst durch städtische Apothekenordnungen, die bestimmte Pflichten und Verbote statuierten (etwa: Apothekereid, Sachkundenachweis, Verbot des Paktierens mit Ärzten, Verbot des Substituierens).[3] Zugleich wurde den Apothekern ihr Auskommen dadurch gesichert, dass man ihnen das Monopol für den Handel mit Arzneien und weiteren Luxuswaren verlieh und ihnen durch gesetzliche Preisfestsetzungen (Taxen) einen bestimmten Mindestgewinn garantierte.

Zu einer reichsrechtlichen Legislation auf dem Gebiet des Arzneiwesens kam es erst im **2**
16. Jahrhundert: Die Constitutio Criminalis Carolina von 1532 enthielt eine spezielle Strafvorschrift für Ärzte, die leichtfertig oder vorsätzlich mit einem Arzneimittel einen Menschen töteten (Art. 134);[4] und die Reichspoliceyordnung von 1577 ordnete die jährliche Visitation aller Apotheken durch die Obrigkeit an. Die Herausbildung eines echten reichseinheitlichen Apothekenrechts scheiterte jedoch in der Folgezeit an der allgemeinen verfassungsgeschichtlichen Entwicklung, dass sich die Gesetzgebungshoheit mehr und mehr in die Hände der Landesfürsten verlagerte. So lösten vom **17. Jahrhundert** an territoriale Apothekenordnungen ihre städtischen Vorgängerinnen ab; es entstand das so genannte klassische Apothekenrecht, dessen Verbote zum Teil nun auch in Landesgesetzen mit Strafe bewehrt wurden. Ein Apothekenmonopol zur Gewährleistung einer Arzneimittelversorgung durch Sachkundige sah etwa das „Churfürstlich Brandenburgische Medizinaledikt" vom 11.12.1685 vor, das jeglichen Medikamentenverkauf durch Drogisten „bei Strafe der Konfiskation und beträchtlicher Geldbuße" pönalisierte. Auch stellte das Josephinische Gesetzbuch von 1787 in III § 20 den Verkauf und die Zubereitung verbotener Arzneien unter Strafe, und das Allgemeine Landrecht für die preußischen Staaten von 1794 sah Geldstrafen für den fahrlässigen Umgang mit Arzneimitteln vor. Letztlich waren das freilich eher Kompetenzverlagerungen als Veränderungen in der Sache.

Der entscheidende Umschwung, der schließlich die Ablösung des Arzneimittelrechts **3**
vom Apothekenrecht bewirkte, vollzog sich im **19. Jahrhundert.** In dieser Zeit gelangen die synthetische Herstellung medizinischer Wirkstoffe und daran anschließend die industrielle Produktion von Arzneimitteln durch pharmazeutische Betriebe. War schon bislang die Anzahl der Medikamente und ihrer Konsumenten stetig gestiegen, so begann nun ein nicht gekannter Aufschwung. Arzneimittel wurden einem viel größeren Personenkreis

---

[2] Vgl. *Dann,* Einführung in die Pharmaziegeschichte, 1975, S. 3 ff.; *Wagner,* Arzneimittel-Delinquenz: Herstellen und Inverkehrbringen von Arzneimitteln, 1984, S. 37 ff. (jeweils auch zum Folgenden).

[3] Zum noch immer relevanten grds. Verbot der Ersetzung des verschriebenen Mittels vgl. etwa *Sander* 39. Lfg. 2002, § 43 Anm. 9.

[4] Die Vorschrift geht zurück auf Art. 159 der Constitutio Criminalis Bambergensis von 1507. – Neben der „peinlichen Gerichtsordnung" Kaiser Karls V. galten städtische Apothekenordnungen, die die Apothekenprivilegien, den Apothekenbetrieb und das Verhalten ihres Leiters regelten, und wurden auch Arzneibücher erlassen, die nicht nur Lehrbücher waren, sondern zugleich als Richtlinien für die apothekerliche Tätigkeit dienten; vgl. dazu und zum Folgenden *Birkenstock,* Die Bestimmtheit von Straftatbeständen mit unbestimmten Gesetzesbegriffen – Am Beispiel der Verletzung des Verkehrsverbots bedenklicher Arzneimittel unter besonderer Berücksichtigung der Tatbestandslehre und der Rechtsprechung des Bundesverfassungsgerichts, 2004, S. 8 mwN.

zugänglich – dasselbe galt aber auch für die mit ihnen verbundenen gesundheitlichen Gefahren. Die dramatisch veränderten Verhältnisse machten neue Regelungen erforderlich; im liberalistischen Klima der Zeit kam es jedoch nicht zu einer umfassenden, primär am Gesundheitsschutz orientierten Arzneimittelgesetzgebung, sondern zunächst nur zu verschiedenen Teilregelungen. Insbesondere wurde (auf der Grundlage des § 6 Abs. 2 GewO des Norddeutschen Bundes vom 21.6.1869) in einer Reihe von Verordnungen festgelegt, welche Arzneimittel ausschließlich in Apotheken gehandelt werden durften. Bedeutsam war in diesem Zusammenhang vor allem die **Kaiserliche Verordnung betreffend den Verkehr mit Arzneimitteln**[5] vom 22.10.1901, RGBl. I S. 380, die erstmals einheitlich für das gesamte Reich galt und bis 1969 in Geltung blieb. Diese der Festlegung der für den Handel nicht frei gegebenen Arzneimittel dienende Verordnung und die Regelung der verschreibungspflichtigen Arzneimittel durch Erlass des Ministers der Geistlichen, Unterrichts- und Medizinalangelegenheiten vom 22.6.1896 wurden strafrechtlich in § 345 Nr. 1 bzw. 4 des Strafgesetzbuchs für die preußischen Staaten und sodann durch § 367 Abs. 1 Nr. 3 bzw. 5 StGB aF abgesichert.

4   Im Verlauf des **20. Jahrhunderts** führten der Fortschritt in Wissenschaft und Industrie sowie intensive Werbungsmaßnahmen dazu, dass sich der Absatzmarkt für Arzneimittel nochmals ausweitete. Der Bundesgesetzgeber reagierte darauf mit dem ersten umfassenden Gesetz über den Verkehr mit Arzneimitteln, dem **AMG 1961.** Darin wurde das bis dato unsystematische und zersplitterte Arzneimittelrecht nicht nur geordnet und vereinheitlicht, sondern erstmals auch die Herstellung von Arzneimitteln außerhalb von Apotheken von einer behördlichen Erlaubnis abhängig gemacht. Darüber hinaus wurde das Inverkehrbringen bestimmter gefährlicher Arzneimittel verboten (§§ 6, 8 AMG 1961) und auch mit einer Strafdrohung versehen (§ 44 Abs. 1 AMG 1961) – hier liegen die Wurzeln des geltenden Arzneimittelstrafrechts.

5   Trotz seiner begrüßenswerten Neuerungen war das AMG 1961 praktisch schon im Zeitpunkt seines Inkrafttretens zum Scheitern verurteilt. Deutlich wurde das an der Tragödie um das Schlafmittel **Contergan,** die sich bereits während des Gesetzgebungsverfahrens ankündigte.[6] Der in Contergan enthaltene Wirkstoff Thalidomid führte bei seinen Anwendern zu Nervenschäden. Besonders fatal wirkte er sich aber bei Schwangeren aus: Sie gebaren Kinder mit schweren, teilweise tödlichen Missbildungen. – Wenngleich die Contergan-Problematik noch kurz vor Inkrafttreten des AMG 1961 aufgetreten war, so war doch überdeutlich, dass ein vergleichbares Unglück auch unter dem neuen Gesetz keineswegs ausgeschlossen sein würde. Denn dieses stellte für Arzneimittel zwar eine Registrierungspflicht auf, aber keine an gesundheitlichen Kriterien orientierte Zulassungspflicht. Damit war klar, dass das gerade erst erlassene Gesetz noch immer keinen hinreichenden Schutz vor den Gefahren neuer Arzneimittel gewährleistete, es also eines neuerlichen Ansatzes bedurfte. Er fand Ausdruck in dem neu gefassten Gesetz über den Verkehr mit Arzneimitteln vom 24.8.1976, dem **AMG 1976.**[7] Darin wurden – um nur die wichtigsten Neuerungen zu nennen – im Interesse eines wirksamen Gesundheitsschutzes neben der Zulassungspflicht auch Herstellungs- und Vertriebsverbote, eine Dauerüberwachung der Arzneimittel durch Hersteller und Behörden sowie eine verschuldensunabhängige Herstellerhaftung eingeführt. Auch die Anzahl strafrechtlicher Sanktionsnormen wurde um ein beträchtliches Maß erhöht. Vielfach novelliert (vor allem zur **Umsetzung europäischer Richtlinien** und zur Anpassung an die wissenschaftliche Entwicklung) ist das AMG bis heute die zentrale Grundlage des deutschen Arzneimittelrechts.

---

[5] Näher zu dieser Verordnung etwa *Schiedermair* PharmZtg 1969, 1590 ff.; zum Folgenden vgl. auch *Birkenstock,* Bestimmtheit von Straftatbeständen (Fn. 4) S. 10.
[6] S. zum Contergan-Fall LG Aachen 18.12.1970 – 4 KMs 1768, 15–115/67, JZ 1971, 507 ff.; ferner *Wenzel/Wenzel,* Der Contergan-Prozess, Bd. VI, 1971, S. 226 ff., 247 ff.; *Kirk,* Der Contergan-Fall: Eine unvermeidbare Arzneimittelkatastrophe?, 1999; Deutsch/Lippert/*Deutsch/ua* Einl. Rn. 6 ff. – S. dazu auch → Vor § 95 Rn. 43 ff.
[7] Vgl. dazu *Kloesel* NJW 1976, 1769 ff.

Umfangreichere Änderungen hat beispielsweise das Zweite Gesetz zur Änderung arznei-   **6**
mittelrechtlicher und anderer Vorschriften gebracht. Auch mit diesen Neuregelungen
bezweckte der Gesetzgeber im Wesentlichen die Umsetzung Europäischer Richtlinien.[8] So
haben das Europäische Parlament und der Rat der Europäischen Union am 31. Dezember
2010 die Richtlinie 2010/84/EU zur Änderung der Richtlinie 2001/83/EG zur Schaffung
eines Gemeinschaftskodexes für Humanarzneimittel hinsichtlich der Pharmakovigilanz und
am 8. Juni 2011 die Richtlinie 2011/62/EU hinsichtlich der Verhinderung des Eindringens
von gefälschten Arzneimitteln in die legale Lieferkette erlassen. Die Änderungen im AMG
zur Umsetzung der neuen europäischen Regelungen in den Bereichen **Pharmakovigilanz**
und **Fälschungen** betrafen nahezu sämtliche Bereiche des Gesetzes. Im Wesentlichen tangiert waren jedoch das **Risikomanagement-System** des Zulassungsinhabers, der **Neben-
wirkungsbegriff** und die **Meldewege** für Verdachtsfälle von Nebenwirkungen, **Wirksam-
keits-** und **Unbedenklichkeitsprüfungen** nach der Zulassung eines Arzneimittels, die
Informationsmöglichkeiten der Öffentlichkeit durch entsprechende Internetportale,
die Meldungen an die „**EudraVigilance**"**-Datenbank** sowie die Vorlageintervalle für
regelmäßige Unbedenklichkeitsberichte. Weiterhin wurden **Erleichterungen** im Bereich
der **klinischen Prüfungen** angestrebt. Zur Stärkung der **Transparenz** wurde den Bundesoberbehörden insbesondere die Befugnis gegeben, über den Eingang von Zulassungsanträ-
gen, die Versagung eines Zulassungsantrages und über die Genehmigung zur Durchführung
einer klinischen Prüfung von Arzneimitteln zu informieren. Zum Schutz der legalen Lieferkette vor **gefälschten Arzneimitteln** und **Wirkstoffen** hat man sich bemüht, die Anforderungen an Hersteller, Importeure und Vertreiber von Wirkstoffen konkreter und transparen-
ter zu gestalten. Es wurden auch solche Akteure explizit erfasst, die mit Arzneimitteln
Handel treiben, ohne Großhändler zu sein (**„Arzneimittelvermittler"**). Für besonders
fälschungsgefährdete Arzneimittel sind inzwischen **Sicherheitsmerkmale** vorgesehen, mit
denen einzelne Arzneimittelpackungen identifiziert und authentifiziert werden können. –
Die „**Reform**" durch das Zweite Gesetz zur Änderung arzneimittelrechtlicher und anderer
Vorschriften mag in einigen Teilbereichen als Reform aufgefasst werden – das ist eine hier
nicht näher zu erörternde Wertungsfrage.[9] Sicher lässt sich aber sagen, dass **einiges** – wieder
einmal – gründlich **missglückt** ist. Das gilt nicht nur für den schon in früheren Auflagen
dieser Kommentierung (1. Aufl. 2007, §§ 64–69b Rn. 6; 2. Aufl. 2013, Anhang Rn. 7 ff.)
gerügten faux pas der **Verwechslung von „und" mit „oder"**. Zu nennen ist auch die
vollkommen **überflüssige** und nur lästige Aufzählung von **Trivialitäten** – wie zB, dass
der Prüfer seine „Prüfgruppe" (gemeint ist eigentlich seine Prüf*er*gruppe) sorgfältig auszuwählen, anzuleiten und zu überwachen hat (vgl. § 40 Abs. 1a). Unergründlich bleibt ferner
etwa der tiefere Sinn der **unnötig umständlichen Normierung** des Arzt- oder Zahnarzt-
erfordernisses in § 40 Abs. 2, wenn es dort heißt: „Die betroffene Person ist durch einen
Prüfer, der Arzt oder, bei zahnmedizinischer Prüfung, Zahnarzt ist, *oder durch ein Mitglied der
Prüfgruppe, das Arzt oder, bei zahnmedizinischer Prüfung, Zahnarzt ist,* über Wesen, Bedeutung,
Risiken und Tragweite der klinischen Prüfung … aufzuklären, …" Das Gemeinte könnte
man auch einfacher ausdrücken. – Wirkliche Reformen haben auch das Dritte und das
Vierte Gesetz zur Änderung arzneimittelrechtlicher und anderer Vorschriften nicht
gebracht. Der Gesetzgeber bleibt vielmehr bei seinem „Konzept" der Flickschusterei.

---

[8] S. dazu und zum Folgenden BT-Drs. 17/9341, 1, 39, 101; außerdem 17/10156, 1 f., 80.
[9] Beispielhaft: Welche „Erleichterung" bzw. welchen Fortschritt es bringen soll, wenn nach § 40 Abs. 1b
bei bestimmten klinischen Prüfungen mit zugelassenen Arzneimitteln die Probandenversicherung entbehrlich
ist, „soweit eine anderweitige Versicherung für Prüfer und Sponsor besteht", erscheint zweifelhaft. Es ist schon
nicht einfach zu konkretisieren, welche genauen Inhalte die „anderweitige Versicherung" jeweils haben soll
(vgl. dazu BT-Drs. 17/9341, 56 [dort werden nur ganz allgemein die Haftpflicht- und die Pharma-Produkt-
haftpflicht-Versicherung sowie die Gefährdungshaftung des pharmazeutischen Unternehmers genannt]). Vor
allem aber fehlt einer „anderweitigen Versicherung" der Bezug zu dem spezifischen Risiko, das gerade durch
die Probandenversicherung abgedeckt werden soll. Sie ist insofern per definitionem für die Arzneimittelprüfung unspezifisch und gehört daher auch nicht in deren Regelungszusammenhang. Wenn eine Probandenversicherung wegen der Geringfügigkeit der relevanten Risiken entbehrlich ist, braucht man auch keine „anderweitige" Versicherung.

II. Systematische Stellung des Arzneimittelgesetzes

7   **1. Das AMG als nebenstrafrechtliches Regelungswerk.** Das StGB als sog **Kernstrafrecht** beinhaltet nur einen kleinen Ausschnitt derjenigen Vorschriften, die bestimmte Verstöße gegen Rechtsgüter schützende Verhaltensnormen (Ver- und Gebote) mit Strafe sanktionieren. Der weitaus größere Teil materiell-strafrechtlich relevanter Verhaltens- und Sanktionsnormen[10] ist in Gesetzen außerhalb des StGB geregelt. Die materiell-strafrechtlichen Regelungen, die nicht unmittelbar Eingang in das StGB gefunden haben, bezeichnet man als **Nebenstrafrecht.**[11]

8   Der Umfang dieses Nebenstrafrechts ist aufgrund der Menge an strafrechtlichen Nebengesetzen, die im Laufe der Zeit geschaffen wurden, kaum noch zu überblicken und steigt stetig an. Neben dieser Entwicklung, Strafrecht auf möglichst viele Lebensbereiche auszudehnen und einen detaillierten, den Bedürfnissen des jeweiligen Bereichs angepassten Regelungsapparat zu schaffen, ist bisweilen auch ein gegenläufiger Trend zu verzeichnen: Neu entwickeltes, für besonders relevant gehaltenes Nebenstrafrecht wird in das StGB, also das Kernstrafrecht, aufgenommen – man denke etwa an das Wirtschafts- und Umweltstrafrecht.[12]

9   Schon die Möglichkeit dieser Übertragungs- bzw. Integrationspraxis – also die relative Zufälligkeit des Standorts der jeweiligen Regelung – deutet darauf hin, dass es sich auch bei nebenstrafrechtlichen Bestimmungen um „echtes Strafrecht" handelt. Entscheidend dafür, dass für das **Nebenstrafrecht** dieselben Legitimationsanforderungen und **verfassungsrechtlichen Maßstäbe** gelten wie für das Kernstrafrecht, ist jedoch dessen identische Eingriffsqualität: Ein Unterschied zwischen Neben- und Kernstrafrecht existiert insofern nicht.

10   Deshalb ist der Begriff „Nebenstrafrecht" irreführend. Er suggeriert eine mindere – „nebensächliche" – Bedeutung. Indessen handelt es sich bei nebenstrafrechtlichen Vorschriften gerade nicht um eine Rechtsmaterie, die *neben* dem eigentlichen Strafrecht steht. Vielmehr ist das „Nebenstrafrecht" ganz genauso wesentlicher Teil des „echten" Strafrechts wie das „Kernstrafrecht". Seine Vernachlässigung durch die Strafrechtswissenschaft ist ein gravierender Mangel. Beispielsweise ist es nur vor dem Hintergrund dieser Vernachlässigung durch die Wissenschaft zu erklären, dass gewisse Tendenzen der Rechtsprechung, speziell im Bereich des Nebenstrafrechts der Sache nach eine ansonsten abgelehnte **Risikoerhöhungslehre** zu vertreten, weithin unbemerkt geblieben sind.[13] – Indessen ist Folgendes festzuhalten: Erkenntnisse und Entwicklungen von Wissenschaft und Rechtsprechung, die für den Bereich des mehr im Blickfeld des Interesses stehenden Kernstrafrechts gewonnen wurden, sind in das Nebenstrafrecht zu übertragen und auch dort zu nutzen. Umgekehrt kann die sachliche Durchdringung spezieller nebenstrafrechtlicher Fragestellungen zu einer Neuorientierung der stagnierenden **„kernstrafrechtlichen" Dogmatik** führen.[14]

11   Im AMG wurden mit den §§ 95, 96 strafrechtliche Sanktionsnormen geschaffen, die in Verbindung mit einzelnen im AMG näher bezeichneten ge- bzw. verbotenen Verhaltensweisen einen Straftatbestand bilden und somit als (Neben-)Strafrecht zu qualifizieren sind. Basierend auf der Überlegung, dass Arzneimittel zwar ihrer Bestimmung nach der Heilung von Krankheiten und Linderung von Leiden dienen sollen, aber bei unsachgemäßer Herstellung, Abgabe oder Anwendung auch ein erhebliches Schädigungspotential für Gesundheit

---

[10]   Zu den Begriffen Verhaltens- und Sanktionsnorm vgl. → Vor § 95 Rn. 2 ff.

[11]   Vgl. hierzu statt vieler die einführende Darstellung bei *Naucke,* Strafrecht – Eine Einführung, 10. Aufl. 2002, § 4 Rn. 8 ff.

[12]   Siehe hierzu die in das Kernstrafrecht integrierten §§ 264, 265b bzw. 324–330d StGB.

[13]   S. dazu für den Bereich des Lebensmittelstrafrechts etwa *Freund* ZLR 1994, 261 (278 f.) m. entsprechenden Nachweisen. – Näher zur Kritik an den Risikoerhöhungslehren → StGB Vor § 13 Rn. 311 ff. mwN.

[14]   Beispielsweise wird im Bereich des Nebenstrafrechts auf Gedanken der Vorsatztheorie rekurriert, obwohl diese im Bereich des Kernstrafrechts (zu Unrecht) abgelehnt werden; vgl. dazu etwa *Freund* AT § 4 Rn. 75 ff., § 7 Rn. 89 ff., 108 mwN; ferner → § 95 Rn. 11.

und Leben in sich bergen, hat sich für den Umgang mit ihnen eine Vielzahl von **Verhaltensvorschriften** herausgebildet. Diese sollen im Rahmen des Möglichen und Angemessenen der Gefahr von Schädigungen entgegentreten und somit einen einigermaßen effektiven **Rechtsgüterschutz** gewährleisten.

Neben die explizit im AMG geregelten speziellen Verhaltensnormen, die auf die besonderen Bedürfnisse im Umgang mit Arzneimitteln zugeschnitten wurden, treten die allgemeinen Verhaltensregeln, die den Schutz des Lebens und der körperlichen Integrität zum Gegenstand haben und die durch die allgemeinen Strafvorschriften des StGB mit einer Strafbewehrung versehen sind. Wie im StGB finden sich auch im AMG Sanktionsnormen, die für **Leib und Leben** anderer Menschen gefährliche Verhaltensweisen erfassen. Daneben spielen aber auch der Schutz des **Vermögens,** der Schutz der allgemeinen **Dispositionsfreiheit** und sogar der **Tierschutz** eine nicht unerhebliche Rolle.[15]   **12**

Die materiellen Strafnormen des AMG sind nicht zu verwechseln mit den – ebenfalls im AMG enthaltenen – **zivilrechtlichen Haftungsvorschriften,** die unmittelbar vor den Straf- und Bußgeldvorschriften im 16. Abschnitt (§§ 84–94a) geregelt wurden und einen Sonderfall der (zivilrechtlichen) Produkthaftung darstellen.[16] Diesen Haftungsvorschriften kommt kein Strafcharakter im eigentlichen Sinne zu – auch wenn die Verpflichtung zur Zahlung von Schadensersatz mitunter so empfunden wird. Sie dienen lediglich dem Schadensausgleich unter natürlichen bzw. juristischen Personen. Die Verpflichtung zum Schadensersatz, also die Verantwortlichkeit für eine Schadensfolge, tritt bei der **Gefährdungshaftung** verschuldensunabhängig ein.[17] Hier haftet der pharmazeutische Unternehmer[18] unabhängig davon, ob sein Verhalten im Zeitpunkt des Entwickelns, Herstellens oder Inverkehrbringens als vorsätzliches oder fahrlässiges Fehlverhalten zu qualifizieren ist, für Schäden, die aus der Einnahme eines von ihm in Verkehr gebrachten Arzneimittels resultieren. Maßgeblich ist allein, ob bei nachträglicher Einschätzung der Wissensstand zum Zeitpunkt der letzten mündlichen Verhandlung ergibt, dass aufgrund der schädlichen Wirkungen – wären sie bei Einführung bekannt gewesen – das Medikament nicht bzw. nicht in der erfolgten Art und Weise auf den Markt gebracht worden wäre.   **13**

2. Bezüge und Parallelen zu anderen nebenstrafrechtlichen Gesetzen und europarechtliche Vorgaben. Vergleicht man andere nebenstrafrechtliche Gesetze mit dem AMG, so lassen sich einige Gemeinsamkeiten und Berührungspunkte mit dem **Medizinproduktegesetz** (MPG), dem **Betäubungsmittelgesetz** (BtMG) und dem **Lebensmittel-, Bedarfsgegenstände- und Futtermittelgesetzbuch** (LFGB) finden.[19] Dies hängt im Wesentlichen damit zusammen, dass auch das BtMG und das LFGB Sorgfaltspflichten im Umgang mit bestimmten „Produkten" bzw. „Stoffen" zum Inhalt haben und daher Verhaltensweisen wie das „Abgeben", „Anbieten", „Erwerben", „Herstellen" oder „Inverkehrbringen" dieser **„Produkte"** bzw. **„Stoffe"** nur unter Einhaltung dieser Sorgfaltspflichten zum Schutz des Verbrauchers bzw. Abnehmers gestatten. Ausgangspunkt der strafrechtlichen Überlegungen sind also sowohl beim AMG als auch beim BtMG und LFGB „Produkte" bzw. „Stoffe", die aufgrund ihrer Beschaffenheit oder der konkreten Art der Ingebrauchnahme insbesondere geeignet sind, sich schädigend auf den menschlichen Organismus auszuwirken. Grund einer strafrechtlichen Sanktionierung ist also bei allen drei Gesetzen vor allem die **Gefahr,** die für die **Rechtsgüter körperliche Unversehrtheit und Leben** von dem jeweiligen „Produkt" bzw. „Stoff" ausgeht und die den Gesetzgeber   **14**

---

[15] Näher dazu etwa unten §§ 1, 8 sowie → Vor § 95 Rn. 10 f. (zur Dispositionsfreiheit); §§ 1, 5, 6, 56–61 sowie → Vor § 95 Rn. 85 (zum Tierschutz).

[16] Eine Einführung über die zivilrechtliche Gefährdungshaftung gibt *Medicus* Jura 1996, 561 ff. mwN. Siehe auch *Kullmann* ZLR 2002, 37 ff. – allerdings für die Produzentenhaftung im Bereich von Lebensmitteln.

[17] Näher dazu Deutsch/Lippert/*Deutsch* § 84 Rn. 16 ff. und *Medicus/Petersen,* Bürgerliches Recht, 23. Aufl. 2011, Rn. 631 ff.

[18] Zum Begriff des pharmazeutischen Unternehmers vgl. → § 4 Rn. 39 f.

[19] Näher dazu → § 2 Rn. 28 ff.

dazu veranlasst hat, gewisse Verhaltensweisen gänzlich zu untersagen bzw. sie nur unter bestimmten Bedingungen zu gestatten.[20]

15   Insbesondere das LFGB und das AMG sind stark beeinflusst durch den europäischen Gesetzgeber, der mittels Verordnungen und Richtlinien eine Vereinheitlichung und Harmonisierung von Standards und Qualität innerhalb der EU zu erreichen versucht. Das derzeit in Deutschland geltende AMG hat dieser **Europäisierungsentwicklung** durch Umsetzung der zum Arzneimittelrecht geschaffenen Richtlinien Rechnung getragen.[21] Die Entwicklung einer immer weiter reichenden Europäisierung des Arzneimittelrechts führte nicht nur zu einer Vereinheitlichung der Zulassungsstandards, sondern erstreckt sich zunehmend auch auf den Kontrollapparat zur Zulassung und Überwachung von Arzneimitteln: Die Kontrolle wurde den nationalen Zulassungsbehörden entzogen und auf ein zentrales Entscheidungsgremium verlagert. Diese Entwicklung lässt eine immer stärkere Beeinflussung des nationalen Rechts durch den europäischen Gesetzgeber erwarten, so dass ua auch das AMG als Beispiel für eine fortschreitende und sich weiterentwickelnde Internationalisierung des deutschen Rechts unter Einfluss des Gemeinschaftsrechts herangezogen werden kann.[22]

III. Übersicht über den Gang der Kommentierung

16   Die folgende Kommentierung ist eine explizit (neben-)strafrechtliche. Sie erhebt daher nicht den Anspruch, das AMG in seiner Gesamtheit zu analysieren, sondern konzentriert sich auf die in dem Gesetz enthaltenen Straftatbestände (§§ 95, 96); einbezogen werden aber – sachbedingt – auch die Ordnungswidrigkeiten des § 97. Die Erläuterungen halten sich dabei eng an die Systematik des Gesetzes. So werden die im Gesetz statuierten Verhaltensnormen, etwa die §§ 5, 7, 8 usw, jeweils an Ort und Stelle kommentiert, die speziellen Voraussetzungen einer strafrechtlichen Sanktion dagegen in den §§ 95 ff. Grundlage für das Verständnis beider Bereiche ist der Abschnitt Vor § 95, der einen kurzen Abriss über die allgemeine Lehre von der Straftat bietet. Es empfiehlt sich, bei der ersten Benutzung des Kommentars mit diesem einführenden Abschnitt zu beginnen.

Erster Abschnitt. Zweck des Gesetzes und Begriffsbestimmungen, Anwendungsbereich

§ 1 Zweck des Gesetzes

Es ist der Zweck dieses Gesetzes, im Interesse einer ordnungsgemäßen Arzneimittelversorgung von Mensch und Tier für die Sicherheit im Verkehr mit Arzneimitteln, insbesondere für die Qualität, Wirksamkeit und Unbedenklichkeit der Arzneimittel nach Maßgabe der folgenden Vorschriften zu sorgen.

1   Mit dieser einleitenden Bestimmung bekennt sich das AMG programmatisch zu einem bestimmten gesetzgeberischen Zweck, nämlich zur **Sicherheit im Arzneimittelverkehr.** Sicherheit heißt dabei: Schutz vor bestimmten Gefahren, die mit dem Verkehr mit Arzneimitteln einhergehen. Solche Gefahren gibt es in vielgestaltiger Form. Menschen und Tiere können etwa durch bedenkliche Arzneimittel an Leib oder Leben geschädigt werden.

---

[20] Zur Kritik an der zT recht willkürlich differenzierenden Gesetzgebung s. etwa → § 2 Rn. 28 ff., → Vor § 95 Rn. 86 ff.

[21] Maßgeblich für diese Europäisierung des AMG waren insbes. die Richtlinien 65/65/EWG, 75/318/ EWG und 75/319/EWG; die 12. AMG-Novelle ist unter anderem stark beeinflusst von der Richtlinie 2001/ 20/EG; zu nennen ist etwa auch die Richtlinie 2001/83/EG zur Schaffung eines Gemeinschaftskodexes für Humanarzneimittel sowie die Richtlinie 2001/82/EG zur Schaffung eines Gemeinschaftskodexes für Tierarzneimittel.

[22] Zur Europäisierung des Strafrechts vgl. → StGB Vor § 13 Rn. 110 ff.

Gefahren drohen aber zB auch dem Vermögen oder der Dispositionsfreiheit von Personen, die für „gutes Geld" qualitativ minderwertige oder gar unwirksame Arzneimittel erhalten.

Derartigen Gefahren versucht das AMG zu begegnen, indem es **Verhaltens- und Sank-** 2 **tionsnormen** aufstellt.[1] Sollen diese Normen – immerhin Eingriffe in die allgemeine Handlungsfreiheit des Betroffenen – verfassungsrechtlich Bestand haben, so müssen sie (dies als Mindestbedingung) einen legitimen Zweck verfolgen.[2] Ob und worin ein solcher Zweck im Einzelnen besteht, muss stets im jeweiligen Kontext einer konkreten Verhaltens- oder Sanktionsnorm geklärt werden. Es genügt nicht, insoweit gleichsam mechanisch auf die sehr allgemeine Formulierung des § 1 zu verweisen. So gesehen, kommt der Bestimmung allenfalls die Funktion einer Auslegungs- und Argumentationshilfe zu.[3] Selbst diese sollte man indes nicht überbewerten: Wenn etwa § 1 Mensch und Tier nebeneinander nennt, bleibt deren qualitativer Unterschied doch zu beachten – gerade auch, was die sachgerechte strafrechtliche Sanktionierung eines Fehlverhaltens anlangt.[4]

Durch das Gesetz zur Änderung des Grundgesetzes vom 28.8.2006 **(Föderalismusre-** 3 **form I)**[5] wurde die Kompetenzverteilung zwischen Bund und Ländern neu geordnet. Dabei wurde dem Bund in Art. 74 Abs. 1 Nr. 19 GG die konkurrierende Gesetzgebungskompetenz für das „Recht des Apothekenwesens, der Arzneien, der Medizinprodukte, der Heilmittel, der Betäubungsmittel und der Gifte" zugewiesen. Der Bund ist demnach nicht mehr allein für den „Verkehr", sondern für das gesamte **Recht der Arzneien** zuständig. Auf diese Weise soll ein bundesweit einheitliches Sicherheits- und Schutzniveau gewährleistet werden.

Ausgelöst wurde diese Neuordnung der Kompetenzen durch das Bundesverfassungsgericht 4 mit seiner Entscheidung zur Frischzellenverordnung:[6] Nach Ansicht des BVerfG stand dem Gesetzgeber ursprünglich eine **Gesetzgebungskompetenz** nur für den **Verkehr mit Arzneimitteln** zu. Sofern Arzneimittel zur sofortigen Anwendung vom Arzt, Tierarzt oder einer sonstigen Person, die zur Ausübung der Heilkunde befugt ist, hergestellt werden, fehlte demnach dem Bundesgesetzgeber die Kompetenz zur Regelung dieser Materie. Aufgrund der Neuordnung kann der Bundesgesetzgeber nunmehr auch die Anforderungen an die Herstellung von Arzneimitteln durch Ärzte zur unmittelbaren Anwendung im Arzneimittelgesetz regeln, ohne mit der Verfassung in Konflikt zu geraten (vgl. dazu etwa → § 5 Rn. 3).

§ 2 Arzneimittelbegriff

(1) Arzneimittel sind Stoffe oder Zubereitungen aus Stoffen,

1. **die zur Anwendung im oder am menschlichen oder tierischen Körper bestimmt sind und als Mittel mit Eigenschaften zur Heilung oder Linderung oder zur Verhütung menschlicher oder tierischer Krankheiten oder krankhafter Beschwerden bestimmt sind oder**

2. **die im oder am menschlichen oder tierischen Körper angewendet oder einem Menschen oder einem Tier verabreicht werden können, um entweder**

   a) **die physiologischen Funktionen durch eine pharmakologische, immunologische oder metabolische Wirkung wiederherzustellen, zu korrigieren oder zu beeinflussen oder**

   b) **eine medizinische Diagnose zu erstellen.**

(2) Als Arzneimittel gelten

1. **Gegenstände, die ein Arzneimittel nach Absatz 1 enthalten oder auf die ein Arzneimittel nach Absatz 1 aufgebracht ist und die dazu bestimmt sind, dau-**

---

[1] Zur Unterscheidung von Verhaltens- und Sanktionsnormen → Vor § 95 Rn. 2 ff.
[2] Näher zur Legitimation von Strafe → Vor § 95 Rn. 2 ff.
[3] In dieser Einschätzung sachlich übereinstimmend etwa *Rehmann* § 1 Rn. 1.
[4] Vgl. dazu noch → § 5 Rn. 29 und → Vor § 95 Rn. 85; ferner → Vor § 95 Rn. 40.
[5] Gesetz zur Änderung des Grundgesetzes vom 28.8.2006, BGBl. I S. 2034.
[6] BVerfG 16.2.2000 – 1 BvR 420/97, BVerfGE 102, 26 ff.

ernd oder vorübergehend mit dem menschlichen oder tierischen Körper in Berührung gebracht zu werden,

1a. tierärztliche Instrumente, soweit sie zur einmaligen Anwendung bestimmt sind und aus der Kennzeichnung hervorgeht, dass sie einem Verfahren zur Verminderung der Keimzahl unterzogen worden sind,

2. Gegenstände, die, ohne Gegenstände nach Nummer 1 oder 1a zu sein, dazu bestimmt sind, zu den in Absatz 1 bezeichneten Zwecken in den tierischen Körper dauernd oder vorübergehend eingebracht zu werden, ausgenommen tierärztliche Instrumente,

3. Verbandstoffe und chirurgische Nahtmaterialien, soweit sie zur Anwendung am oder im tierischen Körper bestimmt und nicht Gegenstände der Nummer 1, 1a oder 2 sind,

4. Stoffe und Zubereitungen aus Stoffen, die, auch im Zusammenwirken mit anderen Stoffen oder Zubereitungen aus Stoffen, dazu bestimmt sind, ohne am oder im tierischen Körper angewendet zu werden, die Beschaffenheit, den Zustand oder die Funktion des tierischen Körpers erkennen zu lassen oder der Erkennung von Krankheitserregern bei Tieren zu dienen.

(3) Arzneimittel sind nicht

1. Lebensmittel im Sinne des § 2 Abs. 2 des Lebensmittel- und Futtermittelgesetzbuches,

2. kosmetische Mittel im Sinne des § 2 Abs. 5 des Lebensmittel- und Futtermittelgesetzbuches,

3. Erzeugnisse im Sinne des § 2 Nummer 1 des Tabakerzeugnisgesetzes,

4. Stoffe oder Zubereitungen aus Stoffen, die ausschließlich dazu bestimmt sind, äußerlich am Tier zur Reinigung oder Pflege oder zur Beeinflussung des Aussehens oder des Körpergeruchs angewendet zu werden, soweit ihnen keine Stoffe oder Zubereitungen aus Stoffen zugesetzt sind, die vom Verkehr außerhalb der Apotheke ausgeschlossen sind,

5. Biozid-Produkte nach Artikel 3 Absatz 1 Buchstabe a der Verordnung (EU) Nr. 528/2012 des Europäischen Parlaments und des Rates vom 22. Mai 2012 über die Bereitstellung auf dem Markt und die Verwendung von Biozidprodukten (ABl. L 167 vom 27.6.2012, S. 1),

6. Futtermittel im Sinne des § 3 Nr. 12 bis 16 des Lebensmittel- und Futtermittelgesetzbuches,

7. Medizinprodukte und Zubehör für Medizinprodukte im Sinne des § 3 des Medizinproduktegesetzes, es sei denn, es handelt sich um Arzneimittel im Sinne des § 2 Absatz 1 Nummer 2 Buchstabe b,

8. Organe im Sinne des § 1a Nr. 1 des Transplantationsgesetzes, wenn sie zur Übertragung auf menschliche Empfänger bestimmt sind.

(3a) Arzneimittel sind auch Erzeugnisse, die Stoffe oder Zubereitungen aus Stoffen sind oder enthalten, die unter Berücksichtigung aller Eigenschaften des Erzeugnisses unter eine Begriffsbestimmung des Absatzes 1 fallen und zugleich unter die Begriffsbestimmung eines Erzeugnisses nach Absatz 3 fallen können.

(4) [1]Solange ein Mittel nach diesem Gesetz als Arzneimittel zugelassen oder registriert oder durch Rechtsverordnung von der Zulassung oder Registrierung freigestellt ist, gilt es als Arzneimittel. [2]Hat die zuständige Bundesoberbehörde die Zulassung oder Registrierung eines Mittels mit der Begründung abgelehnt, dass es sich um kein Arzneimittel handelt, so gilt es nicht als Arzneimittel.

Schrifttum: *Blasius,* Der Arzneimittelbegriff in der Europäischen Gemeinschaft, DAZ 1990, 2; *dies.,* in *Blasius/Müller-Römer/Fischer* (Hrsg.), Arzneimittel und Recht in Deutschland, 1998, S. 50; *Bruggmann,* Das Tierkosmetikum – eine Sphinx des AMG, PharmR 2009, 13; *Bungard,* Die Abgrenzung der Arzneimittel von den Lebensmitteln, PharmR 1980, 217; *ders.,* Die Abgrenzung der Kosmetika von den Arzneimitteln,

Bedarfsgegenständen und Lebensmitteln, PharmR 1981, 276; *v. Cettritz,* Abgrenzung Arzneimittel – Medizinprodukt, PharmR 1997, 212; *Deutsch,* Amalgame im Arzneimittelrecht, PharmInd 1984, 909; *Dettling,* Cholesterinsenker: Arzneimittel, Medizinprodukte oder Lebensmittel?, Zugleich Anmerkung zum Erfokol-Kapseln-Urteil des BGH – (Teil 1), MLR 2009, 73; *ders.,* Steuerung physiologischer Körperfunktionen als Arzneimittelmerkmal – Zugleich Entgegnung auf Hahn/Winter, ZLR 2008, 607 ff., in ZLR 2009, 105; *Dettling/Koppe-Zagouras,* Antiinfektiva und Desinfektiva: Arzneimittel, Medizinprodukte, Biozide oder Kosmetika? – Beispiel Chlorhexidin-Produkte, PharmR 2010, 152; *Doepner,* Multi-Vitamin-Präparate – Möglichkeiten und Grenzen der Einordnung und Zulassung als Arzneimittel, PharmR 1989, 50; *ders.,* Arzneimittel – Nahrungsergänzungsmittel – Abgrenzung und Konsequenzen für die Vermarktung, PharmR 1996, 206; *Duttge/Waschkewitz,* „Legal-Highs" – Herausforderung für eine Kriminalpolitik von rechtsstaatlichem Maße, FS Rössner, 2015, 737; *Eisenried,* Die Aufmachung von Nahrungsergänzungsmitteln – der Einzelfall entscheidet, LMuR 2008, 144; *Hasskarl,* Rechtsfragen der Entwicklung, Herstellung und Zulassung gentechnologischer Arzneimittel, MedR 1986, 269; *ders.,* Arzneimittelrechtliche, medizinprodukterechtliche und transplantationsrechtliche Fragen im Zusammenhang mit der Herstellung von Hauttransplantaten, PharmR 1998, 412; *Hasskarl/Hasskarl/Ostertag,* Gewinnung und Anwendung hämatopoetischer Stammzellen aus Nabelschnurblut – Medizinische und arzneimittelrechtliche Aspekte, PharmR 2002, 81; *Hart,* Arzneimittel- und haftungsrechtliche Aspekte neuer Krebstherapien, MedR 1997, 51; *Heber,* Zum Import von Vitamin-C-Präparaten aus der Schweiz, PharmR 1992, 130; *Hess,* Zur rechtlichen Einordnung von Haftmitteln für Zahnprothesen, PharmR 1981, 151; *Hoffmann,* Zur Prüfung, ob eine Sportlernahrung als Lebensmittel oder als Arzneimittel zu beurteilen ist – Anm. zu KG Berlin (20.10.2000 – 25 U 6748/99) „Anti-Kataboler Muskelzellschutz" und KG Berlin (20.10.2000 – 25 U 8835/99) „Testosteronbooster", ZLR 2001, 604; *Jäkel,* Haut- und Händedesinfektionsmittel mit medizinischer Zweckbestimmung bleiben Arzneimittel, Replik zu Bruggmann, PharmR 2010, 97 ff., PharmR 2010, 278; *Jestaedt/Hiltl,* Beurteilungsspielraum nationaler Behörden bei der Einstufung eines Produkts als Arzneimittel gemeinschaftsrechtskonform, EuZW 1992, 454; *Kaspar/Krüger/Stollmann,* Nikotinhaltige Liquids – Funktionsarzneimittel oder bloße Genussmittel?, MedR 2012, 495; *Klaus,* Leitfaden zur Abgrenzung von Lebensmitteln und Arzneimitteln in der Rechtspraxis aller EU-Mitgliedstaaten auf Grundlage der gemeinschaftsrechtlich harmonisierten Begriffsbestimmungen, ZLR 2004, 569; *Klein,* Nahrungsergänzung oder Arzneimittel?, NJW 1998, 791; *Knauer,* Die Abgrenzung von Arzneimitteln und Zwischenprodukten – Zur Auslegung von § 2 AMG aus strafrechtlicher Sicht – Zugleich Anmerkung zu BGH vom 6. November 2007 – 1 StR 302/07, PharmR 2008, 199; *Kügel/Klein,* Neue Entwicklungen bei der Abgrenzung von Arzneimitteln und Nahrungsmittelergänzungsmitteln, PharmR 1996, 386; *Kullmann,* Arzneimittelhaftung bei Blutpräparaten, VersR 1993, 162; *Lippert,* Die Eigenblutspende – Medizin – Organisation – Recht, VersR 1992, 790; *ders.,* Implantate, Transplantate, Infusionen und Transfusionen – wer haftet wie?, VersR 1994, 153; *Marauhn/Ruppel* (Hrsg.), Vom Arzneimittel zum Lebensmittel? – Zur Abgrenzung von Arznei- und Lebensmitteln im europäischen und deutschen Recht, 2009; *Meyer,* Zu den sog. Bezeichnungsarzneimitteln und Präsentationsarzneimitteln – Anm. zu OLG Hamburg (5.10.2000 – 3 U 233/99) „Muskelaufbaumittel", ZLR 2001, 319; *Meyer-Lüerßen,* In-vitro-Diagnostica: Regelungen durch das novellierte Arzneimittelgesetz, PharmR 1986, 180; *Meyer-Lüerßen/Will,* Gesetzliche Regelung für Diagnostica in Deutschland – 1. Teil, PharmR 1991, 98; *Müller,* Grundfragen des Arzneimittelbegriffs und der Zweifelsfragen, NVwZ 2009, 425; *ders.,* Aktuelle Fragen zum europäischen Arzneimittelbegriff, EuZW 2009, 603; *Nobis,* „Legal-High"-Produkte – wirklich illegal?, NStZ 2012, 422; *Papier,* Der bestimmungsgemäße Gebrauch der Arzneimittel: die Verantwortung des pharmazeutischen Unternehmers, 1980; *Patzak/Volkmer,* „Legal-High"-Produkte – wirklich legal? – Kräutermischungen, Badezusätze und Lufterfrischer aus betäubungs- und arzneimittelrechtlicher Sicht, NStZ 2011, 498 ff.; *Plaßmann,* „Legal Highs": Keine Arzneimittel i.S.v. Art. 1 Nr. 2 lit. b RL 2001/83/EG! – Anm. zum Urteil des Europäischen Gerichtshofs vom 10.7.2014 (C-358/13 und C-181/14), StoffR 2014, 157; *Rabe,* Arzneimittel und Lebensmittel, Abgrenzungsprobleme und europarechtliche Dimension, NJW 1990, 1390; *Rennert,* Der Arzneimittelbegriff in der jüngeren Rechtsprechung des BVerwG, NVwZ 2008, 1179; *Reese/Stallberg,* Zur gemeinschaftlichen Auslegung der sogenannten Zweifelsregelung des Art. 2 Abs. 2 der Richtlinie 2001/83/EG – Zugleich eine Auseinandersetzung mit den Schlussanträgen der Generalanwältin *Trstenjak* in Sachen „Red Rice", ZLR 2008, 695; *Schneider,* Die Wiederaufbereitung von Einmalartikeln, MedR 1988, 166; *Steinbeck,* Was ist ein Arzneimittel?, MedR 2009, 145; *Sträter/Fresenius,* Verkehrsfähigkeit von sog. Fitnessprodukten für Sportler nach dem AMG und dem LMBG, PharmR 1987, 105; *Triebsch/Banz,* Zur Frage der Wiederaufbereitung von fiktiven Arzneimitteln, die zum einmaligen Gebrauch bestimmt sind, PharmR 1989, 134; *Vergho,* Strafrechtliche Probleme der Abgrenzung von Lebensmitteln und Arzneimitteln – Der Umgang mit § 96 Nr. 5 AMG beim Vertrieb von Grenzprodukten, PharmR 2009, 221.

Übersicht

I. Überblick

1   Die §§ 2–4 stellen, der englischen Rechtstradition folgend,[1] eine Reihe von Legaldefinitionen an den Anfang des Gesetzes. Soweit die definierten Begriffe Bestandteile einer Sanktionsnorm sind, also die Strafbarkeit von Verhaltensweisen konstituieren, darf von den gesetzlichen Umschreibungen nicht zu Lasten der betroffenen Person abgewichen werden – es gilt die **Wortlautgarantie des nullum-crimen-Satzes** (Art. 103 Abs. 2 GG, § 1 StGB). Diese strenge Garantie gilt aber auch nur im Kontext der Sanktionsnorm, also wenn es um die Rechtsfolge der Bestrafung geht. Sie gilt nicht in gleichem Maße für die Begründung etwa eines schlichten Verbots.[2]

II. Erläuterung des Arzneimittelbegriffs

2   § 2 definiert zunächst den zentralen Begriff des **Arzneimittels.** Zu seiner Bestimmung entwirft das Gesetz ein nicht unkompliziertes System aus zahlreichen Definitionen, Querverweisen und Abgrenzungen. Die Regelung ist erkennbar von dem Bestreben geprägt, den Arzneimittelbegriff einerseits weit zu fassen, ihn aber andererseits auf gewisse Stoffe bzw. Stoffzubereitungen nicht zu erstrecken. Zu unterscheiden sind danach „echte" Arzneimittel – nach jüngerer Terminologie: Präsentations- und Funktionsarzneimittel (Abs. 1 Nr. 1 und 2), fiktive Arzneimittel und Nicht-Arzneimittel; ergänzend gilt eine Arzneimittelvermutung.

3   **1. „Echte" Arzneimittel (Abs. 1).** Stoffe bzw. Stoffzubereitungen,[3] die mindestens einer der beiden Ziffern des Abs. 1 unterfallen, bezeichnet man als „echte" Arzneimittel. Gemeinsam ist ihnen die **Anwendung am oder im menschlichen oder tierischen Körper** – eine definitorische Eingrenzung ist damit allerdings noch nicht verbunden, weil etwa auch Medizinprodukte, Kosmetika, Lebens- und Genussmittel auf der Körperoberfläche oder in seinem Inneren angewendet werden.

4   Durch die **AMG-Novelle 2009**[4] wurde die Definition des Arzneimittelbegriffs in Abs. 1 gänzlich neu gefasst und an den europarechtlichen Begriff in Art. 1 Nr. 2a und b der Richtlinie 2001/83 EG angepasst. Die vollzogenen Änderungen – so die gesetzgeberische Intention – sollen aber „weitgehend ohne Auswirkungen in der Anwendungspraxis bleiben".[5] Die Definition umfasst nunmehr lediglich zwei Nummern, nämlich sog Präsentationsarzneimittel (Nr. 1) und sog Funktionsarzneimittel (Nr. 2).

5   **Präsentationsarzneimittel** nach Abs. 1 Nr. 1 sind alle Stoffe und Zubereitungen aus Stoffen, welche zur Heilung oder Linderung oder zur Verhütung menschlicher oder tierischer Krankheiten oder krankhafter Beschwerden bestimmt sind. Relevant ist demnach

---

[1] Vgl. Deutsch/Lippert/*Lippert*, 2. Aufl. 2007, § 4 Rn. 1.
[2] Zur Unterscheidung von Verhaltens- und Sanktionsnormen → Vor § 95 Rn. 2 ff. Näher zur Bestimmtheitsproblematik *Birkenstock,* Die Bestimmtheit von Straftatbeständen mit unbestimmten Gesetzesbegriffen – Am Beispiel der Verletzung des Verkehrsverbots bedenklicher Arzneimittel unter besonderer Berücksichtigung der Tatbestandslehre und der Rechtsprechung des Bundesverfassungsgerichts, 2004.
[3] Zum ebenfalls legaldefinierten Terminus „Stoff" und zur Stoffzubereitung s. § 3.
[4] Gesetz zur Änderung arzneimittelrechtlicher und anderer Vorschriften vom 17.7.2009, BGBl. I S. 1990.
[5] S. dazu BT-Drs. 16/12256, 41.

nicht ihre tatsächliche Eignung, sondern die Bestimmung durch den pharmazeutischen Unternehmer. Es kommt darauf an, ob der zu beurteilende Stoff als Präparat zur Heilung, Linderung oder Verhütung von Krankheiten am Markt präsentiert wird.[6] Dies ist dann der Fall, wenn eine oder mehrere der genannten Eigenschaften ausdrücklich oder in konkludenter Form als solche des Mittels bezeichnet werden oder das Mittel im Hinblick darauf empfohlen wird.[7]

Im Unterschied dazu definiert sich ein **Funktionsarzneimittel** über seine spezifische **6** Wirkweise. Vorausgesetzt ist eine pharmakologische, immunologische oder metabolische Wirkung. Außerdem unterfallen Präparate dann dem Begriff des Funktionsarzneimittels, wenn sie der medizinischen Diagnoseerstellung dienen.

Betrachtet man die in Abs. 1 genannten Anwendungszwecke und Wirkweisen, so wird **7** deutlich, dass der Begriff der echten Arzneimittel **weit gefasst** ist. Er bezieht sich letztlich auf jegliche Beeinflussung des Körpers oder der Psyche (einschließlich der vorgelagerten Diagnose), und zwar sowohl beim Menschen als auch beim Tier. Wegen ihrer Weite können sich die Regelungsbereiche beider Nummern im Einzelfall durchaus überschneiden; das ist insofern unerheblich, als für alle „echten" Arzneimittel dieselben rechtlichen Regeln gelten. Vollzieht man gleichwohl die Systematik des Abs. 1 nach, so lassen sich die bereits benannten zwei Arten „echter" Arzneimittel unterscheiden:

a) Arzneimittel nach Abs. 1 Nr. 1, sog Präsentationsarzneimittel. Maßgeblich für **8** die Subsumtion eines Stoffs unter den Arzneimittelbegriff nach Abs. 1 Nr. 1 ist seine **Zweckbestimmung.** Um Arzneimittel zu sein, muss der Stoff zu wenigstens einer der in der Nummer 1 aufgeführten Zwecke bestimmt (nicht: geeignet!) sein. Ob eine solche Zweckbestimmung vorliegt, richtet sich im Regelfall – anders als im AMG 1961 – nach der naturgemäß **objektiv** zu bestimmenden Verkehrsanschauung.[8] Wenn nach dieser Verkehrsanschauung ein Stoff einen Zweck iS des Abs. 1 Nr. 1 erfüllen soll, handelt es sich bei dem Stoff also auch dann um ein Arzneimittel, wenn der Hersteller selbst ihn nicht als solches verstanden wissen will.[9]

In dieselbe Richtung gehen die Definitionsbemühungen des EuGH:[10] So wird für das **9** Vorliegen eines Präsentationsarzneimittels verlangt, dass ein Produkt als „zur Heilung oder Verhütung von menschlichen Krankheiten" bestimmt bezeichnet wird. Dies soll dann der Fall sein, wenn es auf dem Etikett, dem Beipackzettel oder mündlich ausdrücklich als solches „bezeichnet" oder „empfohlen" wird oder wenn „bei einem durchschnittlich informierten Verbraucher auch nur schlüssig, aber mit Gewissheit der Eindruck entsteht, dass dieses Erzeugnis in Anbetracht seiner Aufmachung die betreffenden Eigenschaften haben müsse."

Allerdings kann ein Stoff, der im Verkehr jedenfalls nicht als typisches Arzneimittel gilt, **10** dem aber durch den Hersteller eine **arzneiliche Zweckbestimmung** beigemessen wird, in den Anwendungsbereich des AMG fallen.[11] Im Übrigen ist eine **subjektive Funktionszuweisung** durch den Hersteller nur relevant, wenn eine **Verkehrsanschauung** gänzlich fehlt. Die Qualifikation eines Stoffs als Arzneimittel setzt neben der beschriebenen „objekti-

---

[6] Zur weiteren Konkretisierung der Präsentationsarzneimittel s. etwa *Kloesel/Cyran* 117. Lfg. 2011, § 2 Anm. 34 ff.

[7] Näher dazu BGH 23.12.2015 – 2 StR 525/13, BeckRS 2016. 02553 Rn. 17.

[8] Erbs/Kohlhaas/*Pelchen/Anders,* A 188, AMG, 187. Lfg. 2011, § 2 Rn. 1; KPV/*Volkmer* Vorbemerkung Rn. 64 f.; Kügel/Müller/Hofmann/*Müller* Rn. 114 ff.; Deutsch/Lippert/*Lippert,* 2. Aufl. 2007, § 2 Rn. 3. – Zur jüngeren – europarechtlich vorgezeichneten – Differenzierung zwischen Präsentations- und Funktionsarzneimitteln s. etwa Deutsch/Lippert/*Koyuncu* Rn. 4. – Zu gewissen Besonderheiten bei der Ausnahme von der Apothekenpflicht vgl. § 44.

[9] Strafrechtlich relevant ist demnach nur die Kenntnis oder das Kennen-Müssen der Funktionszuweisung durch die Verkehrsauffassung.

[10] EuGH 15.11.2007 – C-319/05, PharmR 2008, 59 (63).

[11] Das kann nach Auffassung des BGH etwa auch auf illegale „Designer-Drogen" zutreffen; vgl. zu einem solchen Fall BGH 3.12.1997 – 2 StR 270/97, BGHSt 43, 336 (340 f.); Erbs/Kohlhaas/*Pelchen/Anders,* A 188, AMG, 187. Lfg. 2011, § 2 Rn. 1; KPV/*Volkmer* Vorbemerkung Rn. 64. – In diesem Sinne auch die Gesetzesbegründung zur Neufassung der Vorschrift im Jahre 2009; vgl. BT-Drs. 16/12256, 41.

ven" Funktionszuweisung nichts weiter voraus: Er muss weder als Arzneimittel geeignet noch als solches zugelassen sein; er bedarf keiner besonderen Verpackung und keines besonderen Beipackzettels; eine besondere Bezeichnung ist ebenso wenig erforderlich wie eine besondere Vertriebsform.[12]

11   Neben dem Aspekt der Zweckbestimmung bedarf es für die Annahme eines Arzneimittels nach Abs. 1 Nr. 1 des Vorliegens solcher Stoffe und Stoffzubereitungen, die zur Heilung, Linderung oder zur Verhütung von menschlichen oder tierischen Krankheiten oder krankhaften Beschwerden bestimmt sind.

12   Unter einer **Krankheit** versteht man jede auch ganz geringfügige oder nur zeitweilige Störung der normalen Beschaffenheit oder Tätigkeit des Körpers.[13] Natürliche körperliche Erscheinungen wie Hunger, Durst, Müdigkeit, Menstruation, Schwangerschaft oder hohes Alter zählen hingegen nicht dazu.

13   Der Begriff der **krankhaften Beschwerden** bedeutet eine Erweiterung gegenüber dem der Krankheit nur dann, wenn letzterer nicht extensiv im obigen Sinn verstanden wird. Für diesen Fall fungieren die krankhaften Beschwerden als Auffangbegriff für Erscheinungen wie Kopfschmerz, Verdauungsstörungen oder „Hexenschuss".[14]

14   Als bezweckte Wirkungen der auf Krankheiten (etc) bezogenen Arzneimittel nennt das Gesetz zunächst die **Heilung,** dh die Beseitigung der Krankheit, und die **Linderung,** dh die Verringerung der mit ihr verbundenen Beeinträchtigungen. Erfasst sind damit alle Therapeutika, also etwa Antibiotika, Neuroleptika oder Analgetika. Dagegen bezeichnet **Verhütung** die Vermeidung einer Krankheit; dem dienen sämtliche Prophylaktika wie zB Impfstoffe.

15   **b) Arzneimittel nach Abs. 1 Nr. 2, sog Funktionsarzneimittel.** Ob ein Funktionsarzneimittel nach Abs. 1 Nr. 2 vorliegt, ist nach der Rechtsprechung des EuGH im Rahmen einer **Einzelfallbeurteilung** zu entscheiden. Dabei sind alle Produktspezifika zu berücksichtigen,[15] insbesondere natürlich die im Gesetz genannten pharmakologischen, immunologischen oder metabolischen Wirkungen. Aber auch die Modalitäten des Gebrauchs eines Produktes, der Umfang seiner Verbreitung, die Bekanntheit bei den Verbrauchern und die mit der Einnahme einhergehenden Risiken sind bei der Einordnung von Relevanz.[16] Solche Faktoren können auch bei vorhandener „arzneilicher" Wirkung – sofern sie diese „überwiegen" – mit Blick auf die als maßgeblich angesehene „objektive Verkehrsauffassung" zur Verneinung der Arzneimitteleigenschaft führen.[17]

16   Die Arzneimitteleigenschaft nach § 2 Abs. 1 Nr. 5 aF (§ 2 Abs. 1 Nr. 2a nF) bejahte der Bundesgerichtshof[18] allerdings in einem Fall des Vertriebes von **Gamma-Butyrolacton** (auch sog **„liquid ecstasy"**), einem Wirkstoff, der vornehmlich von der Industrie als Reinigungs- und Lösungsmittel eingesetzt wird. Dieser eignet sich zugleich als Rauschmittel, unterfällt jedoch nicht dem Betäubungsmittelgesetz. Im Hinblick auf die unterschiedlichen Verwendungsarten des Stoffs soll es nach Auffassung des Bundesgerichtshofs darauf ankommen, ob der durchschnittlich informierte, aufmerksame und verständige Verbrau-

---

[12] BGH 3.12.1997 – 2 StR 270/97, NJW 1998, 836.

[13] Vgl. BGH 21.3.1958 – 2 StR 393/57, BGHSt 11, 304 (315); *Rehmann* Rn. 13. – Bisweilen wird in die Definition der Krankheit das Kriterium mit aufgenommen, dass diese geheilt oder gelindert werden kann. Dieses Kriterium ist indessen nicht spezifisch für die Krankheit, sondern lediglich für das (Arznei-)Mittel zu ihrer Heilung oder Linderung.

[14] In diesem letzteren Sinne Erbs/Kohlhaas/*Pelchen/Anders,* A 188, AMG, 187. Lfg. 2011, § 2 Rn. 10; vgl. auch *Kloesel/Cyran* 125. Lfg. 2013, § 2 Anm. 46. – Für verzichtbar halten den Begriff der krankhaften Beschwerden dagegen *Sander* 39. Lfg. 2002, § 2 Anm. 13; *Rehmann* Rn. 13.

[15] Zumindest nach der Deutung durch das BVerwG 26.5.2009 – 3 C 5/09, PharmR 2009, 397 (399), ist dabei aber zwingend zu beachten, dass der fehlende Nachweis einer pharmakologischen Wirkung durch andere Kriterien zur Bestimmung eines Funktionsarzneimittels nicht ersetzt werden kann.

[16] EuGH 30.4.2009 – C-27/08, NVwZ 2009, 967 (968); 15.1.2009 – C-140/07, NVwZ 2009, 439 (441). – Näher zu den Funktionsarzneimitteln etwa *Kloesel/Cyran* 127. Lfg. 2014, § 2 Anm. 57.

[17] Zur sog. „Zweifelsfallregelung" (die keine ist) und der Problematik eines „Überwiegenskriteriums" s. noch → Rn. 30 ff.

[18] BGH 8.12.2009 – 1 StR 277/09, BGHSt 54, 243 (250 ff.) (Gamma-Butyrolacton; „liquid ecstasy").

cher – „hier: der am Gebrauch euphorisierend wirkender Mittel Interessierte(!)"[19] – diesen zu einem Zweck iS des Abs. 1 konkret anwende. Maßgeblich sei danach nicht die überwiegende Verwendung des Stoffs als Industriechemikalie, vielmehr existiere mit Rücksicht auf die unterschiedliche Konzentration des Wirkstoffs im Rahmen der Verwendung ein weiterer – einheitlicher – und für die Bildung der als maßgeblich angesehenen „objektiven Verkehrsauffassung" ausreichender **Verkehrskreis von Konsumenten,** welche den Stoff als Rauschmittel verwendeten. Die konkrete Verwendung durch diesen Verkehrskreis führe hier zur Begründung der Arzneimitteleigenschaft, da die **arzneimittelspezifische Wirkungsweise** zahlreichen Verbrauchern bekannt sei und sich eine entsprechende Verbrauchergewohnheit gebildet habe.

Denkt man diesen Ansatz des Bundesgerichtshofs konsequent zu Ende und knüpft zur **17** Begründung der Arzneimitteleigenschaft an den **Verkehrskreis der Rauschmittelkonsumenten** an, ergibt sich Folgendes: Da (potentielle) Rauschmittel praktisch immer pharmakologische Wirkungen auslösen, wären unter der Bedingung der Verwendung als Rauschmittel etwa auch **Alkohol** und **Nikotin** sowie **Benzin, Klebstoff** oder **Nagellackentferner** nach der „objektiven Verkehrsauffassung" des entsprechenden „Verbraucherkreises" als Arzneimittel anzusehen.

In diesem Zusammenhang ist es jedoch unter **Schutzzweckaspekten** kaum überzeu- **18** gend, wenn der Bundesgerichtshof überhaupt auf eine „objektive Verkehrsauffassung" mit dem Erfordernis eines im Hinblick auf die Zahl der Teilnehmer hinreichend großen Verkehrskreises jeweiliger (Rauschmittel-)Konsumenten abstellt. Denn für den vor allem bedeutsamen Gesundheitsschutz eines konkreten Konsumenten darf es keinen Unterschied machen, ob sich eine bestimmte **Droge bereits „am Markt durchgesetzt"** hat oder nur einigen **wenigen Eingeweihten** bekannt ist, die dann entsprechend gefährdet werden. Bei vorhandener pharmakologischer, immunologischer oder metabolischer Wirkung des Produkts muss deshalb durchaus die – vom Inverkehrbringer in Rechnung zustellende – subjektive Zweckbestimmung entsprechenden Einsatzes durch den Verbraucher bei ratio-orientiertem Verständnis genügen, um die Arzneimitteleigenschaft als solche zu begründen.

Die auch vom BVerfG[20] mit Recht geforderte Begrenzung der (strafrechtlichen) Ver- **19** antwortlichkeit etwaiger Inverkehrbringer ist mit Blick auf **erlaubte Verwendungsformen** unter Berücksichtigung tolerierter (Rest-)Risiken auch auf andere Weise als durch Ablehnung der Arzneimitteleigenschaft möglich. Sachlich geht es um die Frage der **spezifischen Verhaltensmissbilligung,** die beispielsweise zu verneinen ist, wenn Gamma-Butyrolacton als Industriechemikalie unter Einhaltung der dafür maßgeblichen Bedingungen vertrieben wird. Ein etwaiger Missbrauch als Droge fällt dann nicht mehr in den **Verantwortungsbereich des Vertreibenden.** Dagegen gibt es keinen Grund, den von Verantwortung freizustellen, der die Substanz als Droge unter Bedingungen weitergibt, unter denen die **Schutzwürdigkeit potentieller Konsumenten** nicht ernsthaft bezweifelt werden kann. Die spezifische Missbilligung ist daher auch nicht etwa davon abhängig, dass sich bereits ein Markt mit einer „objektiven Verkehrsauffassung" iS der spezifischen Verwendung als bedenkliche Droge herausgebildet hat. Mit dieser Maßgabe können im Einzelfall durchaus Fälle erfasst sein, in denen der Verkäufer eines (generell) legal gehandelten Produktes – wie beispielsweise Nagellackentferner – zufällig weiß, dass der Kunde dieses als Droge und damit unter Ausnutzung der auf bestimmtem Wege zu erzeugenden pharmakologischen Wirkung konsumieren möchte. Insofern handelt es sich um das allgemeine Problem der – etwa zum Schutz einer dreizehnjährigen Kundin – ausnahmsweisen Missbilligung eines unter „normalen" Umständen erlaubten („neutralen") Verhaltens.[21]

---

[19] So in der Tat BGHSt 54, 243 (250).
[20] BVerfG 16.3.2006 – 2 BvR 954/02, NJW 2006, 2684 (2685).
[21] Allg. zu Konstellationen der über das Verhaltens des Opfers vermittelten Gefahren und den entsprechenden Verantwortungsbereichen etwa → StGB Vor § 13 Rn. 418 ff. mwN.

Freund   311

20   Letztlich zeigt die hier nicht abschließend zu diskutierende Problematik freilich nur
erneut, dass der Versuch, angemessenen Verbraucherschutz durch eine **Differenzierung**
zwischen **Arzneimitteln** und **sonstigen Produkten** zu gewährleisten, schon im Ansatz
verfehlt ist. Da auch andere Produkte gleichermaßen bedenklich sein können, kann die
Abgrenzung unter Schutzaspekten nicht überzeugend gelingen. Abhilfe kann insofern
nur eine **allgemeine Regelung** der **strafrechtlichen Produktverantwortlichkeit** im
Kernstrafrecht bringen.[22] – Durch die jüngste Entwicklung in der Rechtsprechung des
EuGH hat sich die Lage freilich ohnehin grundlegend geändert: Der EuGH hat in seiner
Entscheidung vom 10.7.2014 klargestellt, dass unter den Begriff „Arzneimittel" nicht
solche Stoffe zu fassen seien, die sich „auf eine schlichte Beeinflussung der physiologischen
Funktionen" beschränkten, „ohne dass sie geeignet wären, der menschlichen Gesundheit
unmittelbar oder mittelbar zuträglich zu sein."[23] Begründet wird dies mit dem Wortlaut
und der Zielsetzung der Richtlinie 2001/83/EG. Nach Art. 1 Nr. 2 der Richtlinie sind
Arzneimittel: a) alle Stoffe oder Stoffzusammensetzungen, die als Mittel mit Eigenschaften
zur Heilung oder zur Verhütung menschlicher Krankheiten bestimmt sind, oder b) alle
Stoffe oder Stoffzusammensetzungen, die im oder am menschlichen Körper verwendet
oder einem Menschen verabreicht werden können, um entweder die menschlichen physiologischen Funktionen durch eine pharmakologische, immunologische oder metabolische Wirkung wiederherzustellen, zu korrigieren oder zu beeinflussen oder eine medizinische Diagnose zu erstellen. Ziel der Richtlinie sei es, ein hohes „Niveau des Schutzes der
menschlichen Gesundheit" zu erreichen. Daher seien die beiden Definitionen stets in
Verbindung miteinander zu lesen. Insbesondere die Begriffe *„zur Heilung oder zur Verhütung menschlicher Krankheiten"* sowie *„wiederherzustellen"* und *„korrigieren"* machten deutlich, dass nur solche Stoffe von der Richtlinie erfasst werden sollen, die eine **positive
Wirkung für die menschliche Gesundheit** haben. Auf diese Rechtsprechung des
EuGH reagierte der **BGH** mit seiner Entscheidung über die Arzneimitteleigenschaft von
Zusatzstoffen für elektronische Zigaretten vom 23.12.2015,[24] in der er von seinen früheren
Aussagen Abstand nimmt und in einer richtlinienkonformen Auslegung des Arzneimittelgesetzes ausdrücklich auf die **gesundheitsfördernde Wirkung** von Arzneimitteln als
deren **spezifisches Kriterium** abstellt: Funktionsarzneimittel seien in Anlehnung an die
dargestellte Entscheidung des EuGH nur solche Stoffe, die „sich unmittelbar oder wenigstens mittelbar positiv [...] und nicht ausschließlich nachteilig auf die Gesundheit auswirken".[25] Zusatzstoffe für elektronische Zigaretten erfüllten dieses Merkmal nicht: Zwar
entfalte das darin enthaltene Nikotin eine pharmakologische Wirkung, doch verbessere
sich hierdurch nicht der Gesundheitszustand, sodass darin kein Funktionsarzneimittel –
sondern lediglich ein Genussmittel – zu erblicken sei; die arzneimittelrechtlichen Bestimmungen seien demnach nicht auf nikotinhaltige Verbrauchsstoffe der **elektronischen
Zigaretten** anzuwenden.[26] Diese Argumentation ist ohne Weiteres auf die oben
→ Rn. 16 f. angesprochenen Rauschmittel – etwa „liquid ecstasy" – übertragbar. Freilich
löst die neue Rechtsprechung nicht alle Probleme, sondern wirft ihrerseits neue Fragen
auf: Problematisch ist nunmehr etwa, wer die Definitionsmacht darüber haben soll, was
für die Gesundheit förderlich ist und was ihr nur schadet.

---

[22] Vgl. dazu → Vor § 95 Rn. 78 ff. – Für eine Lösung des allgemeinen Problems strafrechtlicher Produktverantwortlichkeit im Kernstrafrecht etwa auch *Plaßmann* StoffR 2014, 157 (161).
[23] S. dazu und zum Folgenden EuGH 10.7.2014 – C-358/13 und C-181/14, NStZ 2014, 461 ff. – Näher
zu dieser wichtigen Entscheidung des EuGH und ihrer Bedeutung für die „Legal-Highs" etwa *Duttge/
Waschkewitz* FS Rössner, 2015, 737 (739 ff.); vgl. auch *Meinecke/von Harten* StraFo 2014, 9 ff.; *Oğlakcıoğlu* StV
2015, 166 ff. – Dazu, dass die Entscheidung des EuGH die Sachprobleme nicht löst, sondern ihrerseits neue
aufwirft, s. etwa *Patzak/Volkmer/Ewald* NStZ 2014, 463 ff.
[24] BGH 23.12.2015 – 2 StR 525/13, BeckRS 2016, 02553; s. auch bereits BGH 23.7.2014 – 1 StR 47/
14, BeckRS 2014, 16274 (Keine Arzneimitteleigenschaft von synthetischen Cannabinoiden).
[25] BGH 23.12.2015 – 2 StR 525/13, BeckRS 2016, 02553 Rn. 21.
[26] BGH 23.12.2015 – 2 StR 525/13, BeckRS 2016, 02553 Rn. 24 f – Dies gebe Raum für die Anwendung
des Tabakrechts auf solche Stoffe.

Arzneimittel sind schließlich auch Stoffe zur **Erkennung von Krankheiten,** also alle 21
Diagnostika, beispielsweise Röntgenkontrastmittel oder bestimmte radioaktiv markierte
Stoffe, Abs. 1 Nr. 2b.[27]

2. Fiktive Arzneimittel (Abs. 2). Eine nochmalige Erweiterung erfährt der Arzneimit- 22
telbegriff, indem ihm nach Abs. 2 gewisse Gegenstände und Instrumente sowie weitere
Stoffe und Stoffzubereitungen gleichgestellt werden. Man spricht insoweit von fiktiven
Arzneimitteln. Ihre Einbeziehung rechtfertigt sich dadurch, dass sie genauso wie echte
Arzneimittel und zu ähnlichen Zwecken mit dem Körper in Berührung kommen. Im
Einzelnen zählen zu diesen fiktiven Arzneimitteln folgende Gegenstände und Stoffe:

a) Fiktive Arzneimittel nach Abs. 2 Nr. 1. Als Gegenstände iS der Nr. 1 kommen 23
unter anderem in Betracht: Arzneimittel tragende Verbandsstoffe, Wund-, Zug-, Rheuma-
pflaster, Zinkleim- und Brandbinden, Kunststoffmembrane, Hormon oder Kupfer tragende
Intrauterinpessare, im veterinärmedizinischen Bereich auch Halsbänder mit Wirkstoffen
gegen Parasiten.[28] Zu beachten ist jedoch, dass viele dieser Gegenstände je nach Einzelfall
auch Medizinprodukte sein können, für die die Regelungen des AMG nicht gelten.[29]

b) Fiktive Arzneimittel nach Abs. 2 Nr. 1a. Tierärztliche Instrumente zur einmali- 24
gen Anwendung, die einem Verfahren zur Verminderung der Keimzahl unterzogen wurden,
sind insbesondere Spritzen, Kanülen, Katheter, Sonden und andere Infusions- und Transfusi-
onsgeräte.[30] Die entsprechenden Instrumente zur Anwendung beim Menschen gelten dagegen seit dem 13.6.1998 als Medizinprodukte gem. § 3 Nr. 1 MPG.

c) Fiktive Arzneimittel nach Abs. 2 Nr. 2. Zu den von der Vorschrift erfassten 25
Gegenständen zählen zB künstliche Gelenke, Transponder, Augenlinsen oder Zahnplom-
ben, sofern sie jeweils zur Einbringung bei Tieren bestimmt sind.[31] Explizit ausgenommen
sind tierärztliche Instrumente. Gegenstände, die in den menschlichen Körper eingebracht
zu werden bestimmt sind, fallen ebenfalls nicht unter die Norm, sondern stellen Medizinprodukte nach § 3 Nr. 1 MPG dar.

d) Fiktive Arzneimittel nach Abs. 2 Nr. 3. Als fiktive Arzneimittel werden auch 26
Verbandsstoffe und chirurgische Nahtmaterialien erfasst, allerdings nur sofern sie zur
Anwendung an oder in tierischen Körpern bestimmt sind und nicht bereits unter die
Fiktionen der Nr. 1, 1a oder 2 fallen.

e) Fiktive Arzneimittel nach Abs. 2 Nr. 4. Fiktive Arzneimittel sind auch Stoffe und 27
Zubereitungen aus Stoffen, die, auch im Zusammenwirken mit anderen Stoffen oder Zubereitungen aus Stoffen, dazu bestimmt sind, **ohne am oder im tierischen Körper angewendet zu werden,** die Beschaffenheit, den **Zustand** oder die **Funktion** des tierischen
Körpers erkennen zu lassen oder der **Erkennung von Krankheitserregern** bei Tieren zu
dienen. In der Sache geht es um sog **veterinärmedizinische In-vitro-Diagnostika.**[32]

3. Abgrenzungen (Abs. 3). Nicht zu den Arzneimitteln zählen nach Abs. 3 eine ganze 28
Reihe anderer, teilweise durchaus verwandter Stoffe: Mit Ausnahme der in Abs. 3 Nr. 8
genannten Organe handelt es sich dabei durchgängig (wie bei Arzneimitteln) um **Produkte,**
die von Menschen hergestellt oder bearbeitet und massenhaft in Verkehr gebracht werden.
Ihnen können genau dieselben Gefahren innewohnen wie Arzneimitteln. Die bewusste
Differenzierung des Gesetzes ist deshalb unter Rechtsgüterschutzaspekten **nicht sachge-**

---

[27] Vgl. *Rehmann* Rn. 16.
[28] *Sander* 39. Lfg. 2002, § 2 Anm. 27; Erbs/Kohlhaas/*Pelchen/Anders,* A 188, AMG, 187. Lfg. 2011, § 2
Rn. 14; *Rehmann* § 2 Rn. 21.
[29] Zur Abgrenzung → Rn. 42 f.
[30] Erbs/Kohlhaas/*Pelchen/Anders,* A 188, AMG, 187. Lfg. 2011, § 2 Rn. 15; *Rehmann* Rn. 22.
[31] Erbs/Kohlhaas/*Pelchen/Anders,* A 188, AMG, 187. Lfg. 2011, § 2 Rn. 16.
[32] *Kloesel/Cyran* 117 Lfg. 2011, § 2 Anm. 97; Erbs/Kohlhaas/*Pelchen/Anders,* A 188, AMG, 187. Lfg. 2011,
§ 2 Rn. 17/18.

recht; sie reißt bedenkliche Lücken in das System der strafrechtlichen Produktverantwortlichkeit.[33] Solange der Gesetzgeber insoweit keine Abhilfe schafft, ist sie jedoch – gerade was das Strafrecht angeht – hinzunehmen. Demnach sind die Arzneimittel von folgenden anderen Stoffen abzugrenzen:

29   **a) Lebensmittel.** Gemäß § 2 Abs. 2 LFGB, der auf Art. 2 der Verordnung (EG) Nr. 178/ 2002 verweist, sind Lebensmittel Stoffe, die dazu bestimmt sind, in unverändertem, zubereitetem oder verarbeitetem Zustand von Menschen verzehrt zu werden, es sei denn, dass sie überwiegend dazu bestimmt sind, zu anderen Zwecken als zur Ernährung oder zum Genuss verzehrt zu werden. Wie bei Arzneimitteln ist die Zweckbestimmung auch hier grundsätzlich „objektiv" vorzunehmen.[34] Ein Abgrenzungsproblem entsteht dann, wenn ein Stoff nach der Verkehrsanschauung zum Verzehr, zugleich aber auch zu arzneilichen Zwecken iS des § 2 Abs. 1 bestimmt ist – so bei Vitaminpräparaten, Diätprodukten sowie gesundheits- oder leistungsfördernden Nahrungsergänzungsmitteln. Auch in diesen Fällen der **Doppelfunktionalität** soll zunächst anhand „objektiver" Indizien (etwa: Aufmachung, Bezeichnung, Einnahmeform) geklärt werden, ob der Aspekt des Verzehrs oder der Aspekt der Heilung, Linderung oder Vorbeugung überwiegt.[35] Im ersteren Fall soll es sich um ein Lebens-, im letzteren um ein Arzneimittel handeln. **Im Zweifel** sollte nach zumindest bislang verbreiteter Auffassung von einem Lebensmittel auszugehen sein[36] – eine Konzeption, die unter Schutzaspekten mehr als fragwürdig war.

30   Ob die sog Zweifelsregelung in § 2 Abs. 3a, welche auf Art. 2 Abs. 2 der Arzneimittelrichtlinie 2001/83/EG in der Fassung der Änderungsrichtlinie 2004/27/EG beruht, die Problematik von Grenz- bzw. doppelfunktionellen Produkten einer Klärung näher gebracht hat, ist durchaus zweifelhaft. Zunächst ergaben Entscheidungen der Verwaltungsgerichte, eine Grenzverschiebung zu Lasten der Lebensmittel.[37] Inzwischen ist allerdings nach den entsprechenden Vorgaben des EuGH vom Bundesverwaltungsgericht[38] der **Erfassungsbereich der „Zweifelsregelung"** in entscheidender Hinsicht **beschränkt** worden: Die Einordnung als „Funktionsarzneimittel" iSd Art. 1 Nr. 2 Buchst. b der Richtlinie 2001/83/EG (bzw. nach § 2 Abs. 1 Nr. 2a) soll ungeachtet der Zweifelsregelung des § 2 Abs. 3a (bzw. des Art. 2 Abs. 2 der Richtlinie) den **wissenschaftlichen Nachweis** erfordern, dass die physiologischen Funktionen durch eine **pharmakologische, immunologische oder metabolische Wirkung** des Produkts wiederhergestellt, korrigiert oder beeinflusst werden. Der fehlende Nachweis einer pharmakologischen Wirkung

---

[33] S. näher zur strafrechtlichen Produktverantwortlichkeit → Vor § 95 Rn. 41 ff., 86 ff.
[34] Vgl. → Rn. 5. – Sofern es an einer Verkehrsanschauung fehlt, ist die Zweckbestimmung entscheidend, die der Hersteller seinem Produkt beilegt.
[35] BGH 25.4.2001 – 2 StR 374/00, BGHSt 46, 380 (383) mAnm *Hecker* NStZ 2001, 549; OLG München 13.6.1996 – 6 U 2393/96, PharmR 1996, 365 (367); *Kügel/Klein* PharmR 1996, 386 (388); vgl. auch *Rabe* NJW 1990, 1390 (1392 f.) (mit Blick auf die Eigenschaften und Wirkungen). Ein Nachweis der Kasuistik findet sich bei KPV/*Volkmer* Vorbemerkung Rn. 99 ff.; näher zur Abgrenzungsproblematik auch OLG Stuttgart 13.2.2003 – 2 U 19/00, ZLR 2003, 497 ff. mAnm *Rathke;* OVG Lüneburg 24.10.2002 – 11 LC 207/02, ZLR 2003, 371 ff. mAnm *Hagenmeyer* (Pflanzenteile als nicht dem AMG unterfallende Vorprodukte); KG 28.5.2002 – 5 U 74/01, ZLR 2002, 759 ff. mAnm *Doepner; Klein* NJW 1998, 791 ff.; OVG Münster (Vorlagebeschluss) 7.5.2003 – 13 A 1977/02, ZLR 2003, 585 ff. mAnm *Streinz.* – Zur „unendlichen Geschichte" der Abgrenzung der Arzneimittel von den Lebensmitteln s. auch *Dettling* PharmR 2006, 58 ff., 142 ff.; *Schroeder* ZLR 2005, 411 ff. mwN. – Zum „Überwiegenskriterium" s. ergänzend etwa Kügel/Müller/Hofmann/*Raum* § 95 Rn. 8.
[36] Vgl. etwa BGH 25.4.2001 – 2 StR 374/00, BGHSt 46, 380 (383); VGH München 13.5.1997 – 25 CS 96 3855, NJW 1998, 845; KG 25.6.2002 – 5 U 8456/00, ZLR 2003, 232 (237) mAnm *Krüger.* – Anders etwa Kügel/Müller/Hofmann/*Müller* § 2 Rn. 155 (Einstufung als Arzneimittel, wenn eine sichere Einordnung im Wege einer wertenden Gesamtbetrachtung nicht gelingt, insbes. weil „kein Überwiegen einer Zweckbestimmung" festgestellt werden kann).
[37] OVG Münster 10.11.2005 – 13 A 463/03, LMuR 2006, 2 ff.; OVG Saarlouis 3.2.2006 – 3 R 7/05, PharmR 2006, 166. – Zur sog Zweifelsregelung der Arzneimittelrichtlinie 2001/83/EG näher *Bruggmann/Meyer* LMuR 2006, 37 ff.; *Kraft/Röcke* ZLR 2006, 19 ff.; *Reese/Stallberg* ZLR 2008, 695 ff.; s. ferner *Dettling* PharmR 2006, 58 (66). – Zur Kritik an der zT ungerechtfertigten Ungleichbehandlung von Lebensmitteln und Arzneimitteln vgl. noch → Vor § 95 Rn. 78 ff. (im Kontext der rechtspolitischen Kritik).
[38] BVerwG 26.5.2009 – 3 C 5/09, PharmR 2009, 397 ff.

könne durch andere Kriterien zur Bestimmung eines Funktionsarzneimittels nicht ersetzt werden.

Zwar seien **Kriterien** der **Modalitäten des Gebrauchs** eines Produkts, des **Umfangs** **31** **seiner Verbreitung,** der **Bekanntheit** bei den Verbrauchern und der **Risiken,** die seine Verwendung mit sich bringen, für die Entscheidung, ob ein Produkt unter die Definition des Funktionsarzneimittels falle, weiterhin relevant (vgl. EuGH 15.1.2009 – C-140/07, Rn. 31–37). Diese seien aber nur ergänzend – gleichsam als Korrektiv – heranzuziehen, wenn eine pharmakologische Wirkung positiv festgestellt worden sei. Sie hätten **keine** für ein Arzneimittel nach der Funktion **ausreichende konstitutive Wirkung.**

Somit wendet zumindest die deutsche Rechtsprechung die Norm erst dann an, wenn **32** die **Arzneimitteleigenschaft** eines Produktes **positiv festgestellt** wurde.[39] Die „Zweifels-fallregelung" ist demnach gar keine Regelung für Zweifelsfälle, sondern lediglich eine **Regelung zum Anwendungsvorrang** des Arzneimittelrechts **bei eindeutigen Arznei-mitteln,** die zugleich die Eigenschaft einer anderen Produktgruppe aufweisen oder aufwei-sen können – also sachlich eine Konkurrenzregel. Dabei gehört zur erforderlichen positiven Feststellung der Arzneimitteleigenschaft mindestens die pharmakologische, immunologische oder metabolische Wirkung. Außerdem müssen uU weitere für die Einordnung als Arznei-mittel relevante Kriterien erfüllt sein (zB Modalitäten des Gebrauchs eines Produkts, Ver-kehrsauffassung etc). Ohne solche zusätzlich einschränkenden Kriterien wäre etwa eine Zigarette aufgrund der pharmakologischen Wirkung des Nikotins und ihrer zugedachten Funktion, das Wohlbefinden des Rauchers zu steigern, ein Arzneimittel.

Ein Anwendungsbereich für die Norm bleibt damit nur, wenn ungewiss ist, ob das **33** streitbefangene Produkt auch noch unter eine andere Definition fällt. Die Regelung stelle dann nach Meinung der Rechtsprechung klar, dass ein Produkt, welches sowohl unter die Definition des Arzneimittels als auch eines anderen regulierten Produktes fallen kann, nach den Bestimmungen des Arzneimittelrechts zu behandeln ist.[40] Damit handelt es sich bei Abs. 3a und seinem europarechtlichen Pendant aber nicht um eine Zweifelsfall-, sondern eine **Konkurrenzregelung,** denn sie legt nur fest, dass die Einstufung eines Produktes als Arzneimittel möglichen anderen Klassifizierungen vorzugehen hat.[41] In wirklichen Zwei-felsfällen, in welchen die Arzneimitteleigenschaft eines Stoffs oder einer Stoffzubereitung ungewiss ist, führt die beschriebene Auslegung von § 2 Abs. 3a AMG bzw. Art. 2 Abs. 2 der Richtlinie 2001/83 dazu, dass das Arzneimittelrecht nicht anwendbar ist. Die einschlägigen Normen sollen im Gegenteil nur dann herangezogen werden, wenn die Arzneimitteleigen-schaft sicher feststeht. Demnach führt § 2 Abs. 3a in seiner Anwendung durch die Rechtspre-chung zum Gegenteil dessen, was sein Wortlaut eigentlich nahelegt: **Im Zweifel über die Arzneimitteleigenschaft** ist das **Arzneimittelrecht nicht anwendbar.**[42]

Von der Beschränkung der sog Zweifelsregelung und dem zwingenden Nachweis einer **34** „arzneilichen" – also pharmakologischen, immunologischen oder metabolischen – Wirkung nicht betroffen ist indessen die mögliche Einordnung als **„Präsentationsarzneimittel"** nach § 2 Abs. 1 Nr. 1 (bzw. nach Art. 1 Nr. 2 Buchst. a der Richtlinie 2001/83/EG), bei dem diese Wirkung gerade fehlen kann und nur ausdrücklich oder konkludent behauptet wird. Damit ein Präsentationsarzneimittel angenommen werden kann, muss jedoch nach

---

[39] BVerwG 26.5.2009 – 3 C 5/09, LMuR 2009, 127; OVG Münster 23.4.2010 – 13 A 622/10, PharmR 2010, 342 ff.; *Steinbeck* MedR 2009, 145 (148). – Die Gegenauffassung versteht § 2 Abs. 3a als echte Zweifels-fallregelung mit der Konsequenz, dass das Arzneimittelrecht auch dann anwendbar ist, wenn Zweifel an der rechtlichen Einordnung eines Produktes bestehen. Vgl. dazu *Kraft/Röcke* ZLR 2006, 19 (26 ff.); *Mahn* ZLR 2005, 531, (536). – Näher zum Ganzen Deutsch/Lippert/*Koyuncu* Rn. 102 f.

[40] EuGH 15.1.2009 – C 140/07, PharmR 2009, 122 (124); vgl. auch *Müller* NVwZ 2009, 425; *Steinbeck* MedR 2009, 145 (148); Deutsch/Lippert/*Koyuncu* Rn. 102.

[41] So auch Deutsch/Lippert/*Koyuncu* Rn. 103; *Delewski* LMuR 2010, 1 (6); *Müller* EuZW 2009, 603 (605 f.); *Paus* in Gesamtes Medizinrecht, hrsg. v. *Bergmann* ua, 2012, AMG § 2 Rn. 21; *Voit* PharmR 2010, 501 (510) (mit dem zutreffenden Hinweis darauf, dass bei Medizinprodukten diese Konkurrenzregel außer Kraft gesetzt sein kann). – Zur Abgrenzung von Medizinprodukten zu Präsentationsarzneimitteln s. auch *Voit* PharmR 2015, 425 ff.

[42] Vgl. dazu auch *Delewski* LMuR 2010, 1 (6).

der einschlägigen verwaltungsgerichtlichen Rechtsprechung die betreffende Werbung aus der Sicht des durchschnittlich informierten Verbrauchers für das **Gesamtbild der Produktpräsentation „prägend"** sein. Eine einzelne in Richtung eines Krankheitsbezugs gehende Aussage soll dagegen bei andersartigem Kontext nicht genügen.[43]

35   Es hat sich gezeigt, dass sowohl bei den sog Funktionsarzneimitteln als auch bei den sog Präsentationsarzneimitteln noch immer eine Art „Überwiegenskriterium" darüber entscheiden soll, ob Arzneimittelrecht anwendbar ist oder nicht. Indessen erscheint eine mit dem Kriterium des „überwiegenden" Zwecks bewirkte Differenzierung unter Schutzaspekten alles andere als sachgerecht. Denn ein bei einem Mittel mit arzneilicher Zweckbestimmung hinzu tretender überwiegender anderer Zweck ist insoweit unspezifisch: Wenn das Mittel bedenklich ist, darf es nicht in Verkehr gelangen bzw. muss es aus dem Verkehr gezogen werden. Das gilt unabhängig von seiner Qualifizierung als Arznei- oder als Lebensmittel nach dem Kriterium des überwiegenden Zwecks. Das **„Überwiegenskriterium"** führt dazu, dass in ein Kontinuum willkürlich eine Zäsur geschlagen wird. Wer kann in Zweifelsfällen schon genau sagen, welcher Aspekt eines Mittels überwiegt? Oft genug wird sich hierüber trefflich streiten lassen. Insofern kann man sich des Eindrucks nicht ganz erwehren, dass das „Überwiegenskriterium" eine Arbeitsbeschaffungsmaßnahme für eine nicht unerhebliche Anzahl von Juristen darstellt (und zumindest dadurch auch etwas Gutes hat).

36   **b) Kosmetische Mittel.** Auch die kosmetischen Mittel sind in § 2 Abs. 5 LFGB legaldefiniert, nämlich als Stoffe oder Zubereitungen aus Stoffen, die ausschließlich oder überwiegend dazu bestimmt sind, äußerlich am Körper des Menschen oder in seiner Mundhöhle zur Reinigung, zum Schutz, zur Erhaltung eines guten Zustandes, zur Parfümierung, zur Veränderung des Aussehens oder dazu angewendet zu werden, den Körpergeruch zu beeinflussen. Als kosmetische Mittel gelten nicht Stoffe oder Zubereitungen aus Stoffen, die zur Beeinflussung der Körperformen bestimmt sind. Stehen auch arzneiliche Zwecke in Rede, kommt es darauf an, welche Zweckbestimmung „objektiv" dominierend ist. Das „Überwiegenskriterium" mit seinen Abgrenzungsschwierigkeiten und Ungereimtheiten erlangt also auch hier Bedeutung. Eine überwiegend arzneiliche Funktion wird zB Aknecremes, Brandsalben, Haarwuchsmitteln und Hühneraugenpflastern zugesprochen; diese Mittel sind also keine Kosmetika, sondern Arzneimittel.[44] Reinigende oder pflegende Stoffzubereitungen müssen allerdings nicht zwangsläufig Arzneimittel sein, bloß weil einer ihrer Bestandteile heilende Wirkung zeitigt. Vielmehr kommt es nach geläufigem Verständnis auf die (überwiegende) Zweckbestimmung des Gesamtprodukts an.[45]

37   **c) Tabakerzeugnisse.** Für Tabakerzeugnisse wird verwiesen auf § 2 Nr. 1 des Tabakerzeugnisgesetzes (TabakerzG) vom 4.4.2016 BGBl. I S. 569 (Nr. 15). Zuvor wurde § 3 des Vorläufigen Tabakgesetzes (vom 9.9.1997, BGBl. I S. 2296) in Bezug genommen. Nach der dortigen Regelung stellten Tabakerzeugnisse Arzneimittel dar, wenn sie die Linderung von Asthma-Beschwerden bezwecken.[46]

38   **d) Stoffe zur äußeren Pflege und Reinigung von Tieren.** Tierkosmetika sind grundsätzlich keine Arzneimittel. Sobald sie jedoch apothekenpflichtige Stoffe (zB zur Bekämpfung von Parasiten) enthalten, unterfallen sie dem Arzneimittelbegriff.

39   **e) Biozidprodukte.** Biozid-Produkte nach Art. 3 Abs. 1 Buchst. a der Verordnung (EU) Nr. 528/2012 sind dem Anwendungsbereich des AMG entzogen. Ob das sachgerecht ist, erscheint – mit Blick auf die uU sinnvolle Schutzkumulation – durchaus zweifelhaft.

---

[43] Vgl. OVG Lüneburg 3.2.2011 – 13 LC 92/09 (Unterbrechung der Vorstufe der Cholesterinsynthese bei Red-Rice-Kapseln), PharmR 2011, 86 ff.

[44] KPV/*Volkmer* Vorbemerkung Rn. 132.

[45] OLG Düsseldorf 7.7.1989 – 5 Ss Owi 228/89, OLGSt 1989, Nr. 1 § 52 AMG; OVG Münster 29.3.1995 – 13 A 3778/93, ZLR 1995, 555 ff.; BVerwG 18.12.1997 – 3 C 46/96, NJW 1998, 3433 (3434); Kügel/Müller/Hofmann/*Müller* Rn. 190.

[46] Vgl. dazu etwa KPV/*Volkmer* Vorbemerkung Rn. 133. – Zur Relevanz des Vorläufigen Tabakgesetzes für nikotinhaltige Verbrauchsstoffe für E-Zigaretten s. BGH 23.12.2015 – 2 StR 525/13, BeckRS 2016, 02553.

f) Futtermittel. Futtermittel iS des § 2 Abs. 4 des LFGB sind sozusagen „Lebensmittel **40** für Tiere". Zur näheren Umschreibung verweist § 2 Abs. 4 LFGB auf Art. 3 Nr. 4 der Verordnung (EG) Nr. 178/2002. Für Futtermittel und ihre Abgrenzung zu den Tierarzneimitteln gilt entsprechend, was oben zur Abgrenzung der Lebensmittel von den Arzneimitteln ausgeführt wurde. Unter Verbraucherschutzaspekten sollte wegen der erschwerten Eigenkontrolle der Verbraucher sogar eher noch strenger verfahren werden.

g) Medizinprodukte. Zum 1.1.1995 hat der Gesetzgeber, um europarechtlichen Ver- **41** pflichtungen nachzukommen, mit dem MPG den Terminus „Medizinprodukte" eingeführt und in § 3 MPG⁴⁷ legaldefiniert. Kennzeichen dieser Produkte ist, dass sie vornehmlich physikalisch (statt: pharmakologisch oder immunologisch) wirken. Zu ihnen gehören zB ärztliche und zahnärztliche Instrumente, die bei der Behandlung von Menschen verwendet werden, ferner Verbandsstoffe, chirurgisches Nahtmaterial, Prothesen, künstliche Gefäße, Herzklappen, orthopädische Implantate, Vorrichtungen zur Empfängnisregelung und ähnliches.⁴⁸

Die **Abgrenzung** der Medizinprodukte **von den Arzneimitteln** nach Abs. 2 Nr. 1 **42** kann Schwierigkeiten bereiten, wenn ein Gegenstand sowohl physikalisch als auch pharmakologisch/immunologisch wirkt. Denkbar ist das etwa bei bestimmten Vorrichtungen zur Empfängnisregelung. In einem solchen Fall ist zu klären, in welcher Form die **Hauptwirkung** erreicht wird: Wird sie physikalisch erreicht und lediglich pharmakologisch unterstützt, so handelt es sich um ein Medizinprodukt; im umgekehrten Fall um ein Arzneimittel.⁴⁹ Es liegt – einmal mehr – auf der Hand, dass nach dieser (schon wieder mit einer Art **„Überwiegenskriterium"** arbeitenden) Formel eine sichere Abgrenzung keineswegs immer möglich sein wird.⁵⁰ Sie ist jedoch wichtig, weil für Medizinprodukte zwar weitgehend, jedoch nicht durchweg dieselben Regeln gelten wie für Arzneimittel.⁵¹ Insofern stellen das AMG und das MPG nicht eben einen Höhepunkt der Gesetzgebungskunst dar.⁵²

h) Organe. Keine größeren Abgrenzungsprobleme bereitet die Regelung, dass Organe **43** iS des § 1a Nr. 1 des Transplantationsgesetzes, die zur Transplantation bei anderen Menschen bestimmt sind, keine Arzneimittel darstellen (sollen).⁵³ Ob diese Ausgrenzung zu Recht erfolgt, ist jedoch eine andere Frage.⁵⁴

4. Kollisionsregel (sog Zweifelsregelung) des Abs. 3a. Zu dieser zweifelhaften **44** Regelung wurde bereits in grundsätzlichem Zusammenhang → Rn. 30 ff. das Nötige gesagt.

5. Arzneimittelvermutung (Abs. 4). Eine letzte, formale Bestimmung des Arzneimit- **45** telbegriffs bringt Abs. 4. Danach wird die Qualifikation eines Mittels als Arzneimittel bzw. Nicht-Arzneimittel an die diesbezügliche Entscheidung der zuständigen Behörde geknüpft. Gesetzestechnisch handelt es sich dabei um **Vermutungen,**⁵⁵ die der Rechtssicherheit dienen. Sie sind unwiderleglich und gehen ihrem Zweck entsprechend im Kollisionsfall

---

⁴⁷ Gesetz über Medizinprodukte (MPG) idF der Bekanntmachung vom 7.8.2002, BGBl. I S. 3146 (FNA 7102-47).
⁴⁸ Zum Medizinprodukterecht vgl. *Deutsch/Lippert/Ratzel/Tag,* Kommentar zum Medizinproduktegesetz (MPG), 2. Aufl. 2010; ferner die Rechtsprechungsübersicht von *Hobusch/Ochs* MedR 2010, 624 ff.; *dies.* MedR 2015, 706 ff.; s. auch BGH 18.4.2013 – I ZR 53/09, MedR 2015, 34 f. (zum Medizinproduktbegriff) mAnm *Koyuncu.*
⁴⁹ Vgl. etwa § 3 Nr. 1 MPG (Kriterium der „bestimmungsgemäßen Hauptwirkung"); *Kloesel/Cyran* 123. Lfg. 2012, § 2 Anm. 89; *Kügel/Müller/Hofmann/Müller* Rn. 220; *Rehmann* Rn. 27.
⁵⁰ Vgl. zur Relevanz der „hauptsächlichen" bzw. „überwiegenden" Wirkung des Produkts Deutsch/Lippert/*Koyuncu* Rn. 93; weiterführend dazu *Voit* PharmR 2010, 501 ff. – Die in → Rn. 29 f. angeführte Kritik am „Überwiegenskriterium" gilt auch hier entsprechend.
⁵¹ Zu den Unterschieden vgl. etwa unten 6. Abschnitt → §§ 40–42b Rn. 5, 80, 89 (im Kontext der klinischen Prüfung).
⁵² Zur rechtspolitischen Kritik vgl. allgemein → Vor § 95 Rn. 78 ff.
⁵³ Näher dazu etwa *Rehmann* Rn. 34 mwN.
⁵⁴ Näher allgemein zur rechtspolitischen Kritik → Vor § 95 Rn. 78 ff.
⁵⁵ Von einer gesetzlichen Fiktion spricht *Sander* 39. Lfg. 2002, § 2 Anm. 40.

den materiellen Bestimmungen der Abs. 1 und 2 vor. Auch diese formale Bestimmung des Arzneimittelbegriffs kann zu sachwidrigen Ausgrenzungen führen, ist aber – insbesondere für das Strafrecht – de lege lata hinzunehmen.[56]

§ 3 Stoffbegriff

Stoffe im Sinne dieses Gesetzes sind
1. **chemische Elemente und chemische Verbindungen sowie deren natürlich vorkommende Gemische und Lösungen,**
2. **Pflanzen, Pflanzenteile, Pflanzenbestandteile, Algen, Pilze und Flechten in bearbeitetem oder unbearbeitetem Zustand,**
3. **Tierkörper, auch lebender Tiere, sowie Körperteile, -bestandteile und Stoffwechselprodukte von Mensch oder Tier in bearbeitetem oder unbearbeitetem Zustand,**
4. **Mikroorganismen einschließlich Viren sowie deren Bestandteile oder Stoffwechselprodukte.**

1   Auch der Begriff des **Stoffs,** der seinerseits ein Element des Arzneimittelbegriffs ist, wird im AMG legaldefiniert.[1] Wiederum ist die Formulierung bewusst weit gehalten, damit nicht bestimmte Produkte von vornherein dem Anwendungsbereich des Gesetzes entgehen. So sind praktisch alle nur erdenklichen Arzneimittel-Ingredienzien, seien sie menschlichen, tierischen, pflanzlichen, mikroorganischen oder unbelebten Ursprungs, als Stoffe zu qualifizieren. Von ihnen abzugrenzen sind lediglich die **Gegenstände.** Der Unterschied besteht darin, dass letztere zu langfristigem *Ge*brauch bestimmt sind, Stoffe dagegen zum *Ver*brauch (wenn auch nicht unbedingt schon bei der ersten Anwendung).[2]

2   Werden mehrere Stoffe miteinander vermischt oder verbunden, spricht man von **Zubereitungen.** Weder für Stoffe noch für deren Zubereitungen an sich sieht das AMG Verkehrsbeschränkungen vor. Erst wenn sie aufgrund ihrer Zweckbestimmung zu Arzneimitteln werden,[3] greifen die gesetzlichen Regelungen ein.

§ 4 Sonstige Begriffsbestimmungen

(1) [1]Fertigarzneimittel sind Arzneimittel, die im Voraus hergestellt und in einer zur Abgabe an den Verbraucher bestimmten Packung in den Verkehr gebracht werden oder andere zur Abgabe an Verbraucher bestimmte Arzneimittel, bei deren Zubereitung in sonstiger Weise ein industrielles Verfahren zur Anwendung kommt oder die, ausgenommen in Apotheken, gewerblich hergestellt werden. [2]Fertigarzneimittel sind nicht Zwischenprodukte, die für eine weitere Verarbeitung durch einen Hersteller bestimmt sind.

(2) Blutzubereitungen sind Arzneimittel, die aus Blut gewonnene Blut-, Plasma- oder Serumkonserven, Blutbestandteile oder Zubereitungen aus Blutbestandteilen sind oder als Wirkstoffe enthalten.

(3) [1]Sera sind Arzneimittel im Sinne des § 2 Absatz 1, die Antikörper, Antikörperfragmente oder Fusionsproteine mit einem funktionellen Antikörperbestandteil als Wirkstoff enthalten und wegen dieses Wirkstoffs angewendet werden. [2]Sera gelten nicht als Blutzubereitungen im Sinne des Absatzes 2 oder als Gewebezubereitungen im Sinne des Absatzes 30.

---

[56] Dazu bereits → Rn. 1.
[1] Näher dazu etwa Kügel/Müller/Hofmann/*Müller* Rn. 1 ff.
[2] Vgl. Erbs/Kohlhaas/*Pelchen/Anders,* A 188, AMG, 187. Lfg. 2011, § 3 Rn. 1.
[3] Zur Bedeutung der Zweckbestimmung für die Qualifizierung als Arzneimittel → § 2 Rn. 5 f.; näher zum Stoffbegriff *Kloesel/Cyran* 117. Lfg. 2011, § 2 Anm. 14 und 125. Lfg. 2013, § 3 Anm. 1 ff.; *Sander* 41. Lfg. 2003, § 2 Anm. 4; *Rehmann* § 2 Rn. 7.

(4) Impfstoffe sind Arzneimittel im Sinne des § 2 Abs. 1, die Antigene oder rekombinante Nukleinsäuren enthalten und die dazu bestimmt sind, bei Mensch oder Tier zur Erzeugung von spezifischen Abwehr- und Schutzstoffen angewendet zu werden und, soweit sie rekombinante Nukleinsäuren enthalten, ausschließlich zur Vorbeugung oder Behandlung von Infektionskrankheiten bestimmt sind.

(5) Allergene sind Arzneimittel im Sinne des § 2 Abs. 1, die Antigene oder Haptene enthalten und dazu bestimmt sind, bei Mensch oder Tier zur Erkennung von spezifischen Abwehr- oder Schutzstoffen angewendet zu werden (Testallergene) oder Stoffe enthalten, die zur antigen-spezifischen Verminderung einer spezifischen immunologischen Überempfindlichkeit angewendet werden (Therapieallergene).

(6) Testsera sind Arzneimittel im Sinne des § 2 Abs. 2 Nr. 4, die aus Blut, Organen, Organteilen oder Organsekreten gesunder, kranker, krank gewesener oder immunisatorisch vorbehandelter Lebewesen gewonnen werden, spezifische Antikörper enthalten und die dazu bestimmt sind, wegen dieser Antikörper verwendet zu werden, sowie die dazu gehörenden Kontrollsera.

(7) Testantigene sind Arzneimittel im Sinne des § 2 Abs. 2 Nr. 4, die Antigene oder Haptene enthalten und die dazu bestimmt sind, als solche verwendet zu werden.

(8) Radioaktive Arzneimittel sind Arzneimittel, die radioaktive Stoffe sind oder enthalten und ionisierende Strahlen spontan aussenden und die dazu bestimmt sind, wegen dieser Eigenschaften angewendet zu werden; als radioaktive Arzneimittel gelten auch für die Radiomarkierung anderer Stoffe vor der Verabreichung hergestellte Radionuklide (Vorstufen) sowie die zur Herstellung von radioaktiven Arzneimitteln bestimmten Systeme mit einem fixierten Mutterradionuklid, das ein Tochterradionuklid bildet (Generatoren).

(9) Arzneimittel für neuartige Therapien sind Gentherapeutika, somatische Zelltherapeutika oder biotechnologisch bearbeitete Gewebeprodukte nach Artikel 2 Absatz 1 Buchstabe a der Verordnung (EG) Nr. 1394/2007 des Europäischen Parlaments und des Rates vom 13. November 2007 über Arzneimittel für neuartige Therapien und zur Änderung der Richtlinie 2001/83/EG und der Verordnung (EG) Nr. 726/2004 (ABl. L 324 vom 10.12.2007, S. 121).

(10) Fütterungsarzneimittel sind Arzneimittel in verfütterungsfertiger Form, die aus Arzneimittel-Vormischungen und Mischfuttermitteln hergestellt werden und die dazu bestimmt sind, zur Anwendung bei Tieren in den Verkehr gebracht zu werden.

(11) ¹Arzneimittel-Vormischungen sind Arzneimittel, die ausschließlich dazu bestimmt sind, zur Herstellung von Fütterungsarzneimitteln verwendet zu werden. ²Sie gelten als Fertigarzneimittel.

(12) Die Wartezeit ist die Zeit, die bei bestimmungsgemäßer Anwendung des Arzneimittels nach der letzten Anwendung des Arzneimittels bei einem Tier bis zur Gewinnung von Lebensmitteln, die von diesem Tier stammen, zum Schutz der öffentlichen Gesundheit einzuhalten ist und die sicherstellt, dass Rückstände in diesen Lebensmitteln die im Anhang der Verordnung (EU) Nr. 37/2010 der Kommission vom 22. Dezember 2009 über pharmakologisch wirksame Stoffe und ihre Einstufung hinsichtlich der Rückstandshöchstmengen in Lebensmitteln tierischen Ursprungs (ABl. L 15 vom 20.1.2010, S. 1) in der jeweils geltenden Fassung festgelegten zulässigen Höchstmengen für pharmakologisch wirksame Stoffe nicht überschreiten.

(13) ¹Nebenwirkungen sind bei Arzneimitteln, die zur Anwendung bei Menschen bestimmt sind, schädliche und unbeabsichtigte Reaktionen auf das Arznei-

mittel. [2]Nebenwirkungen sind bei Arzneimitteln, die zur Anwendung bei Tieren bestimmt sind, schädliche und unbeabsichtigte Reaktionen bei bestimmungsgemäßem Gebrauch. [3]Schwerwiegende Nebenwirkungen sind Nebenwirkungen, die tödlich oder lebensbedrohlich sind, eine stationäre Behandlung oder Verlängerung einer stationären Behandlung erforderlich machen, zu bleibender oder schwerwiegender Behinderung, Invalidität, kongenitalen Anomalien oder Geburtsfehlern führen. [4]Für Arzneimittel, die zur Anwendung bei Tieren bestimmt sind, sind schwerwiegend auch Nebenwirkungen, die ständig auftretende oder lang anhaltende Symptome hervorrufen. [5]Unerwartete Nebenwirkungen sind Nebenwirkungen, deren Art, Ausmaß oder Ergebnis von der Fachinformation des Arzneimittels abweichen.

(14) Herstellen ist das Gewinnen, das Anfertigen, das Zubereiten, das Be- oder Verarbeiten, das Umfüllen einschließlich Abfüllen, das Abpacken, das Kennzeichnen und die Freigabe; nicht als Herstellen gilt das Mischen von Fertigarzneimitteln mit Futtermitteln durch den Tierhalter zur unmittelbaren Verabreichung an die von ihm gehaltenen Tiere.

(15) Qualität ist die Beschaffenheit eines Arzneimittels, die nach Identität, Gehalt, Reinheit, sonstigen chemischen, physikalischen, biologischen Eigenschaften oder durch das Herstellungsverfahren bestimmt wird.

(16) Eine Charge ist die jeweils aus derselben Ausgangsmenge in einem einheitlichen Herstellungsvorgang oder bei einem kontinuierlichen Herstellungsverfahren in einem bestimmten Zeitraum erzeugte Menge eines Arzneimittels.

(17) Inverkehrbringen ist das Vorrätighalten zum Verkauf oder zu sonstiger Abgabe, das Feilhalten, das Feilbieten und die Abgabe an andere.

(18) [1]Der pharmazeutische Unternehmer ist bei zulassungs- oder registrierungspflichtigen Arzneimitteln der Inhaber der Zulassung oder Registrierung. [2]Pharmazeutischer Unternehmer ist auch, wer Arzneimittel im Parallelvertrieb oder sonst unter seinem Namen in den Verkehr bringt, außer in den Fällen des § 9 Abs. 1 Satz 2.

(19) Wirkstoffe sind Stoffe, die dazu bestimmt sind, bei der Herstellung von Arzneimitteln als arzneilich wirksame Bestandteile verwendet zu werden oder bei ihrer Verwendung in der Arzneimittelherstellung zu arzneilich wirksamen Bestandteilen der Arzneimittel zu werden.

(20) *(aufgehoben)*

(21) Xenogene Arzneimittel sind zur Anwendung im oder am Menschen bestimmte Arzneimittel, die lebende tierische Gewebe oder Zellen sind oder enthalten.

(22) Großhandel mit Arzneimitteln ist jede berufs- oder gewerbsmäßige zum Zwecke des Handeltreibens ausgeübte Tätigkeit, die in der Beschaffung, der Lagerung, der Abgabe oder Ausfuhr von Arzneimitteln besteht, mit Ausnahme der Abgabe von Arzneimitteln an andere Verbraucher als Ärzte, Zahnärzte, Tierärzte oder Krankenhäuser.

(22a) Arzneimittelvermittlung ist jede berufs- oder gewerbsmäßig ausgeübte Tätigkeit von Personen, die, ohne Großhandel zu betreiben, selbstständig und im fremden Namen mit Arzneimitteln im Sinne des § 2 Absatz 1 oder Absatz 2 Nummer 1, die zur Anwendung bei Menschen bestimmt sind, handeln, ohne tatsächliche Verfügungsgewalt über diese Arzneimittel zu erlangen.

(23) [1]Klinische Prüfung bei Menschen ist jede am Menschen durchgeführte Untersuchung, die dazu bestimmt ist, klinische oder pharmakologische Wirkungen von Arzneimitteln zu erforschen oder nachzuweisen oder Nebenwirkungen festzustellen oder die Resorption, die Verteilung, den Stoffwechsel oder die Aus-

scheidung zu untersuchen, mit dem Ziel, sich von der Unbedenklichkeit oder Wirksamkeit der Arzneimittel zu überzeugen. [2]Satz 1 gilt nicht für eine Untersuchung, die eine nichtinterventionelle Prüfung ist. [3]Nichtinterventionelle Prüfung ist eine Untersuchung, in deren Rahmen Erkenntnisse aus der Behandlung von Personen mit Arzneimitteln anhand epidemiologischer Methoden analysiert werden; dabei folgt die Behandlung einschließlich der Diagnose und Überwachung nicht einem vorab festgelegten Prüfplan, sondern ausschließlich der ärztlichen Praxis; soweit es sich um ein zulassungspflichtiges oder nach § 21a Absatz 1 genehmigungspflichtiges Arzneimittel handelt, erfolgt dies ferner gemäß den in der Zulassung oder der Genehmigung festgelegten Angaben für seine Anwendung.

[Abs. 23 ab unbestimmtem Zeitpunkt, siehe Gesetzeskopf Fn. 4:]

(23) [1]Klinische Prüfung bei Menschen ist eine solche im Sinne des Artikels 2 Absatz 2 Nummer 2 der Verordnung (EU) Nr. 536/2014 des Europäischen Parlaments und des Rates vom 16. April 2014 über klinische Prüfungen mit Humanarzneimitteln und zur Aufhebung der Richtlinie 2001/20/EG (ABl. L 158 vom 27.5.2014, S. 1). [2]Keine klinische Prüfung ist eine nichtinterventionelle Studie im Sinne des Artikels 2 Absatz 2 Nummer 4 der Verordnung (EU) Nr. 536/2014.

(24) Sponsor ist eine natürliche oder juristische Person, die die Verantwortung für die Veranlassung, Organisation und Finanzierung einer klinischen Prüfung bei Menschen übernimmt.

[Abs. 24 ab unbestimmtem Zeitpunkt, siehe Gesetzeskopf Fn. 4:]

(24) Sponsor ist eine Person, ein Unternehmen, eine Einrichtung oder eine Organisation im Sinne des Artikels 2 Absatz 2 Nummer 14 der Verordnung (EU) Nr. 536/2014.

(25) [1]Prüfer ist in der Regel ein für die Durchführung der klinischen Prüfung bei Menschen in einer Prüfstelle verantwortlicher Arzt oder in begründeten Ausnahmefällen eine andere Person, deren Beruf auf Grund seiner wissenschaftlichen Anforderungen und der seine Ausübung voraussetzenden Erfahrungen in der Patientenbetreuung für die Durchführung von Forschungen am Menschen qualifiziert. [2]Wird eine klinische Prüfung in einer Prüfstelle von einer Gruppe von Personen durchgeführt, so ist der Prüfer der für die Durchführung verantwortliche Leiter dieser Gruppe. [3]Wird eine Prüfung in mehreren Prüfstellen durchgeführt, wird vom Sponsor ein Prüfer als Leiter der klinischen Prüfung benannt.

[Abs. 25 ab unbestimmtem Zeitpunkt, siehe Gesetzeskopf Fn. 4:]

(25) [1]Prüfer ist eine Person im Sinne des Artikels 2 Absatz 2 Nummer 15 der Verordnung (EU) Nr. 536/2014. [2]Hauptprüfer ist eine Person im Sinne des Artikels 2 Absatz 2 Nummer 16 der Verordnung (EU) Nr. 536/2014.

(26) [1]Homöopathisches Arzneimittel ist ein Arzneimittel, das nach einem im Europäischen Arzneibuch oder, in Ermangelung dessen, nach einem in den offiziell gebräuchlichen Pharmakopöen der Mitgliedstaaten der Europäischen Union beschriebenen homöopathischen Zubereitungsverfahren hergestellt worden ist. [2]Ein homöopathisches Arzneimittel kann auch mehrere Wirkstoffe enthalten.

(27) Ein mit der Anwendung des Arzneimittels verbundenes Risiko ist

a) jedes Risiko im Zusammenhang mit der Qualität, Sicherheit oder Wirksamkeit des Arzneimittels für die Gesundheit der Patienten oder die öffentliche Gesundheit, bei zur Anwendung bei Tieren bestimmten Arzneimitteln für die Gesundheit von Mensch oder Tier,

b) jedes Risiko unerwünschter Auswirkungen auf die Umwelt.

(28) Das Nutzen-Risiko-Verhältnis umfasst eine Bewertung der positiven therapeutischen Wirkungen des Arzneimittels im Verhältnis zu dem Risiko nach Absatz 27 Buchstabe a, bei zur Anwendung bei Tieren bestimmten Arzneimitteln auch nach Absatz 27 Buchstabe b.

(29) Pflanzliche Arzneimittel sind Arzneimittel, die als Wirkstoff ausschließlich einen oder mehrere pflanzliche Stoffe oder eine oder mehrere pflanzliche Zubereitungen oder eine oder mehrere solcher pflanzlichen Stoffe in Kombination mit einer oder mehreren solcher pflanzlichen Zubereitungen enthalten.

(30) ¹Gewebezubereitungen sind Arzneimittel, die Gewebe im Sinne von § 1a Nr. 4 des Transplantationsgesetzes sind oder aus solchen Geweben hergestellt worden sind. ²Menschliche Samen- und Eizellen (Keimzellen) sowie imprägnierte Eizellen und Embryonen sind weder Arzneimittel noch Gewebezubereitungen.

(30a) Einheitlicher Europäischer Code oder „SEC" ist die eindeutige Kennnummer für in der Europäischen Union verteilte Gewebe oder Gewebezubereitungen gemäß Anhang VII der Richtlinie 2006/86/EG der Kommission vom 24. Oktober 2006 zur Umsetzung der Richtlinie 2004/23/EG des Europäischen Parlaments und des Rates hinsichtlich der Anforderungen an die Rückverfolgbarkeit, der Meldung schwerwiegender Zwischenfälle und unerwünschter Reaktionen sowie bestimmter technischer Anforderungen an die Kodierung, Verarbeitung, Konservierung, Lagerung und Verteilung von menschlichen Geweben und Zellen (ABl. L 294 vom 25.10.2006, S. 32), die zuletzt durch die Richtlinie (EU) 2015/565 (ABl. L 93 vom 9.4.2015, S. 43) geändert worden ist.

(30b) ¹EU-Gewebeeinrichtungs-Code ist die eindeutige Kennnummer für Gewebeeinrichtungen in der Europäischen Union. ²Für den Geltungsbereich dieses Gesetzes gilt er für alle Einrichtungen, die erlaubnispflichtige Tätigkeiten mit Geweben, Gewebezubereitungen oder mit hämatopoetischen Stammzellen oder Stammzellzubereitungen aus dem peripheren Blut oder aus dem Nabelschnurblut durchführen. ³Der EU-Gewebeeinrichtungs-Code besteht gemäß Anhang VII der Richtlinie 2006/86/EG aus einem ISO-Ländercode und der Gewebeeinrichtungsnummer des EU-Kompendiums der Gewebeeinrichtungen.

(30c) ¹EU-Kompendium der Gewebeeinrichtungen ist das Register, in dem alle von den zuständigen Behörden der Mitgliedstaaten der Europäischen Union genehmigten, lizenzierten, benannten oder zugelassenen Gewebeeinrichtungen enthalten sind und das die Informationen über diese Einrichtungen gemäß Anhang VIII der Richtlinie 2006/86/EG in der jeweils geltenden Fassung enthält. ²Für den Geltungsbereich dieses Gesetzes enthält das Register alle Einrichtungen, die erlaubnispflichtige Tätigkeiten mit Geweben, Gewebezubereitungen oder mit hämatopoetischen Stammzellen oder Stammzellzubereitungen aus dem peripheren Blut oder aus dem Nabelschnurblut durchführen.

(30d) EU-Kompendium der Gewebe- und Zellprodukte ist das Register aller in der Europäischen Union in Verkehr befindlichen Arten von Geweben, Gewebezubereitungen oder von hämatopoetischen Stammzellen oder Stammzellzubereitungen aus dem peripheren Blut oder aus dem Nabelschnurblut mit den jeweiligen Produktcodes.

(31) Rekonstitution eines Fertigarzneimittels zur Anwendung beim Menschen ist die Überführung in seine anwendungsfähige Form unmittelbar vor seiner Anwendung gemäß den Angaben der Packungsbeilage oder im Rahmen der klinischen Prüfung nach Maßgabe des Prüfplans.

(32) ¹Verbringen ist jede Beförderung in den, durch den oder aus dem Geltungsbereich des Gesetzes. ²Einfuhr ist die Überführung von unter das Arzneimittelgesetz fallenden Produkten aus Drittstaaten, die nicht Vertragsstaaten des Abkommens über den Europäischen Wirtschaftsraum sind, in den zollrechtlich freien Verkehr. ³Produkte gemäß Satz 2 gelten als eingeführt, wenn sie entgegen den Zollvorschriften in den Wirtschaftskreislauf überführt wurden. ⁴Ausfuhr ist jedes

Verbringen in Drittstaaten, die nicht Vertragsstaaten des Abkommens über den Europäischen Wirtschaftsraum sind.

(33) Anthroposophisches Arzneimittel ist ein Arzneimittel, das nach der anthroposophischen Menschen- und Naturerkenntnis entwickelt wurde, nach einem im Europäischen Arzneibuch oder, in Ermangelung dessen, nach einem in den offiziell gebräuchlichen Pharmakopöen der Mitgliedstaaten der Europäischen Union beschriebenen homöopathischen Zubereitungsverfahren oder nach einem besonderen anthroposophischen Zubereitungsverfahren hergestellt worden ist und das bestimmt ist, entsprechend den Grundsätzen der anthroposophischen Menschen- und Naturerkenntnis angewendet zu werden.

(34) Eine Unbedenklichkeitsprüfung [ab unbestimmtem Zeitpunkt, siehe Gesetzeskopf Fn. 4: *Unbedenklichkeitsstudie*] bei einem Arzneimittel, das zur Anwendung bei Menschen bestimmt ist, ist jede Prüfung [ab unbestimmtem Zeitpunkt, siehe Gesetzeskopf Fn. 4: *Studie*] zu einem zugelassenen Arzneimittel, die durchgeführt wird, um ein Sicherheitsrisiko zu ermitteln, zu beschreiben oder zu quantifizieren, das Sicherheitsprofil eines Arzneimittels zu bestätigen oder die Effizienz von Risikomanagement-Maßnahmen zu messen.

(35) Eine Unbedenklichkeitsprüfung bei einem Arzneimittel, das zur Anwendung bei Tieren bestimmt ist, ist eine pharmakoepidemiologische Studie oder klinische Prüfung entsprechend den Bedingungen der Zulassung mit dem Ziel, eine Gesundheitsgefahr im Zusammenhang mit einem zugelassenen Tierarzneimittel festzustellen und zu beschreiben.

(36) Das Risikomanagement-System umfasst Tätigkeiten im Bereich der Pharmakovigilanz und Maßnahmen, durch die Risiken im Zusammenhang mit einem Arzneimittel ermittelt, beschrieben, vermieden oder minimiert werden sollen; dazu gehört auch die Bewertung der Wirksamkeit derartiger Tätigkeiten und Maßnahmen.

(37) Der Risikomanagement-Plan ist eine detaillierte Beschreibung des Risikomanagement-Systems.

(38) Das Pharmakovigilanz-System ist ein System, das der Inhaber der Zulassung und die zuständige Bundesoberbehörde anwenden, um insbesondere den im Zehnten Abschnitt aufgeführten Aufgaben und Pflichten nachzukommen, und das der Überwachung der Sicherheit zugelassener Arzneimittel und der Entdeckung sämtlicher Änderungen des Nutzen-Risiko-Verhältnisses dient.

(39) Die Pharmakovigilanz-Stammdokumentation ist eine detaillierte Beschreibung des Pharmakovigilanz-Systems, das der Inhaber der Zulassung auf eines oder mehrere zugelassene Arzneimittel anwendet.

(40) Ein gefälschtes Arzneimittel ist ein Arzneimittel mit falschen Angaben über
1. die Identität, einschließlich seiner Verpackung, seiner Kennzeichnung, seiner Bezeichnung oder seiner Zusammensetzung in Bezug auf einen oder mehrere seiner Bestandteile, einschließlich der Hilfsstoffe und des Gehalts dieser Bestandteile,
2. die Herkunft, einschließlich des Herstellers, das Herstellungsland, das Herkunftsland und den Inhaber der Genehmigung für das Inverkehrbringen oder den Inhaber der Zulassung oder
3. den in Aufzeichnungen und Dokumenten beschriebenen Vertriebsweg.

(41) Ein gefälschter Wirkstoff ist ein Wirkstoff, dessen Kennzeichnung auf dem Behältnis nicht den tatsächlichen Inhalt angibt oder dessen Begleitdokumentation nicht alle beteiligten Hersteller oder nicht den tatsächlichen Vertriebsweg widerspiegelt.

[Abs. 42 ab unbestimmtem Zeitpunkt, siehe Gesetzeskopf Fn. 4:]
(42) EU-Portal ist das gemäß Artikel 80 der Verordnung (EU) Nr. 536/2014 auf EU-Ebene eingerichtete und unterhaltene Portal für die Übermittlung von Daten und Informationen im Zusammenhang mit klinischen Prüfungen.

Übersicht

I. Überblick

1   § 4 enthält eine Reihe weiterer **Legaldefinitionen:** gesetzliche Umschreibungen derjenigen Begriffe, die im AMG häufig vorkommen und/oder von besonderer Wichtigkeit sind. Für diese Definitionen gilt das oben zu § 2 Gesagte:[1] Zumindest was das Strafrecht anbelangt, sind sie verbindlich in dem Sinne, dass nicht zu Lasten des Betroffenen von ihnen abgewichen werden darf.

II. Erläuterung der einzelnen Legaldefinitionen

2   **1. Fertigarzneimittel (Abs. 1).** Fertigarzneimittel sind Arzneimittel, die im Voraus hergestellt und in einer zur Abgabe an den Verbraucher bestimmten Verpackung in den Verkehr gebracht werden oder andere zur Abgabe an den Verbraucher bestimmte Arzneimittel, bei deren Zubereitung ein industrielles Verfahren zur Anwendung kommt bzw. die gewerblich – allerdings außerhalb von Apotheken – hergestellt werden. Damit fallen im Gegensatz zum früheren Recht solche Arzneimittel, die im Einzelfall auf Bestellung zielgerichtet hergestellt werden, dann unter den Begriff des Fertigarzneimittels, wenn dies gewerblich außerhalb einer Apotheke oder durch ein industrielles Verfahren geschieht.[2] Jedoch sind klassische Rezepturarzneimittel, die in einem „handwerklichen" Verfahren in einer Apotheke hergestellt werden, weiterhin keine Fertigarzneimittel. Im Hinblick auf einen möglichst effektiven Verbraucherschutz unterliegen die Herstellung, der Umgang und die Verwendung relativ strengen Reglementierungen: so sieht § 21 eine Zulassungspflicht vor, und die §§ 10, 11 normieren die Anforderungen an Kennzeichnung und Packungsbeilage.

---

[1] Dazu → § 2 Rn. 1.
[2] Zu den sog „specifics" nach alter Rechtslage s. etwa Deutsch/Lippert/*Lippert,* 2. Aufl. 2007, § 4 Rn. 2; *Sander* 48. Lfg. 2011, § 4 Anm. 3; vgl. auch Deutsch/Lippert/*Koyuncu* Rn. 6.

Fraglich ist, inwieweit nach der durch die 14. AMG-Novelle in Kraft getretenen Geset- **3** zesfassung auch sog **Bulkware** – also Arzneimittel, die zwar im Voraus produziert, nicht aber mit einer zur Abgabe an den Verbraucher bestimmten Verpackung versehen wurden – in den Begriff des Fertigarzneimittels einzubeziehen ist.[3] Schon vorher hatte man erwogen, diese ebenfalls unter den Begriff des Fertigarzneimittels zu fassen, insbesondere um diese den Kennzeichnungs- und Zulassungspflichten zu unterwerfen. Letztlich wurde davon allerdings lange Zeit abgesehen, da dieses Ergebnis auch dadurch erreicht werden kann, dass entsprechende Verpflichtungen mittels RechtsVO nach § 12 Abs. 1 Nr. 1 bzw. § 35 Abs. 1 Nr. 2 dem pharmazeutischen Unternehmer auferlegt werden.[4] Soweit die Herstellung der Bulkware durch ein industrielles Verfahren oder – außerhalb einer Apotheke – gewerblich geschieht, liegt es nahe, Bulkware nunmehr generell als Fertigarzneimittel zu behandeln, es sei denn, es lässt sich begründen, dass die Ware (noch) nicht zur Abgabe an den Verbraucher bestimmt ist. An den Begriff des Fertigarzneimittels knüpfen die Vorschriften der §§ 10, 11 und 21 AMG an. Zwischenprodukte, die für eine Weiterverarbeitung durch einen Hersteller bestimmt sind, sind keine Fertigarzneimittel (S. 2).

Zu den Begriffen des „**Herstellens**" und „**Inverkehrbringens**" siehe die Kommentie- **4** rung → Rn. 19, 22 ff.

Verbraucher ist jeder, der Arzneimittel erwirbt, um sie an sich, an anderen oder an **5** Tieren anzuwenden. Demnach ist der arzneimittelrechtliche Verbraucherbegriff deutlich weiter gefasst als der zivilrechtliche und umfasst neben Privatpersonen auch Einrichtungen der Gesundheits- und Krankenfürsorge, in denen Arzneimittel angewendet werden.[5]

2. Blutzubereitungen (Abs. 2). Blutzubereitungen stellen eine besondere Gattung von **6** Arzneimitteln dar. Zu ihnen zählen die aus Blut gewonnenen Konserven, Blutbestandteile und deren Zubereitungen sowie diejenigen Stoffe, die die genannten Substanzen als Wirkstoffe (früher sog „arzneilich wirksame Bestandteile") enthalten.[6] Von ihnen abzugrenzen sind Arzneimittel, die Blutzubereitungen als reine Hilfsstoffe enthalten. Für die Herstellung und den Vertrieb von Blutzubereitungen sind Sonderregeln zu beachten.[7]

3. Sera (Abs. 3). Sera sind dann Arzneimittel im Sinne von § 2 Abs. 1, wenn sie auf- **7** grund ihres Antikörpergehalts, ihres Gehalts an Antikörperfragmenten oder ihrer Fusionsproteine mit einem funktionellen Antikörperbestandteil als Wirkstoff zum Zwecke der passiven Immunisierung angewendet werden sollen. In Satz 2 findet sich eine Antidefinition, die festlegt, dass Sera nicht als Blutzubereitungen im Sinne des Absatzes 2 und nicht als Gewebezubereitungen im Sinne des § 30 gelten. Mit dieser Festlegung lassen sich allerdings nicht die Abgrenzungsschwierigkeiten zwischen Blutzubereitungen und Gewebezubereitungen auf der einen und Sera auf der anderen Seite klären.[8] Fest steht nur, dass sofern ein „Stoff" unter die Definition von Abs. 3 fällt und somit als Serum im Sinne dieses Gesetzes gilt, er nicht zugleich eine Blut- oder Gewebezubereitung darstellt. Problematisch an der Serumdefinition ist nicht zuletzt die Relevanz der subjektiv angereicherten Zweckbestimmung (Anwendung gerade „wegen" der spezifischen Wirkstoffe).[9]

4. Impfstoffe (Abs. 4). Im Gegensatz zu den Sera (Abs. 3) dienen **Impfstoffe** einer **8** aktiven Immunisierung des Organismus: Aufgrund der in ihnen enthaltenen Antigene oder rekombinanten Nukleinsäuren regen sie den (menschlichen oder tierischen) Körper dazu

---

[3] Auch in der Rechtsprechung scheint noch nicht gänzlich geklärt, ob Bulkware als Fertigarzneimittel anzusehen ist; vgl. zB BVerwG 3.3.2011 – 3 C 8/10, PharmR 2011, 168 (170) (möglicherweise Fertigarzneimittel); allerdings auch LG Hamburg 1.12.2009 – 315 O 389/09, PharmR 2010, 542 (545) (kein Fertigarzneimittel); differenzierend Kügel/Müller/Hofmann/*Krüger* Rn. 1.

[4] BT-Drs. 7/5091, 11 f.; Erbs/Kohlhaas/*Pelchen/Anders,* A 188, AMG, 187. Lfg. 2011, § 4 Rn. 2.

[5] BT-Drs. 3/654, 29 (Begründung zum AMG 1961).

[6] Vgl. näher *Kloesel/Cyran* 128. Lfg. 2014, § 4 Anm. 11 f.; Erbs/Kohlhaas/*Pelchen/Anders,* A 188, AMG, 187. Lfg. 2011, § 4 Rn. 5.

[7] S. §§ 13 Abs. 2 S. 2, 15 Abs. 3 (Herstellung) und § 47 Abs. 1 Nr. 2a (Vertrieb).

[8] Zur strittigen Abgrenzung *Sander* 48. Lfg. 2011, § 4 Anm. 5a.

[9] Zu deren Relevanz s. etwa Deutsch/Lippert/*Koyuncu* Rn. 18 ff.

an, selbst Antikörper gegen Krankheitserreger zu bilden. Als **Antigene** sind alle Erzeugnisse aufzufassen, die aus Krankheitserregern (Viren, Bakterien) bzw. anderen Mikroorganismen, aus Pflanzen, aus menschlichen oder tierischen Organen oder aus Körperflüssigkeiten gewonnen und hergestellt werden und gerade dazu bestimmt sind, die körpereigene Produktion von Abwehr- und Schutzstoffen zu fördern. Impfstoffe fallen unter den Arzneimittelbegriff des § 2 Abs. 1.

9   **5. Allergene (Abs. 5).** Während Abs. 5 aF nur eine Legaldefinition für Testallergene vorsah, werden in dieser Vorschrift nun allgemein Allergene legaldefiniert. Entsprechend dem Gesetzeswortlaut sind Allergene in zwei Gruppen einzuteilen, die Testallergene auf der einen und die Therapieallergene auf der anderen Seite. **Testallergene** dienen der Erkennung spezifischer Abwehr- oder Schutzstoffe im (menschlichen oder tierischen) Körper. Sofern in den Testallergenen Antigene oder Haptene enthalten sind, stellen sie Arzneimittel im Sinne des § 2 Abs. 1 dar. **Haptene** sind Halbantigene, also niedermolekulare Stoffe, die sich von den Antigenen dadurch unterscheiden, dass sie selbst keine Antikörper zu bilden vermögen, jedoch mittels Kopplung an hochmolekulare Strukturen Immunreaktionen auslösen können.[10] Insbesondere Tuberkuline sind als Testallergene im Sinne des Gesetzes zu verstehen.[11] Demgegenüber enthalten **Therapieallergene** Stoffe, die zur antigen-spezifischen Verminderung einer spezifischen immunologischen Überempfindlichkeit eingesetzt werden.

10   **6. Testsera (Abs. 6).** Testsera sind Sera (Abs. 3), die aufgrund ihrer Antikörper zur Blutgruppenserologie, zum Nachweis von Krankheitserregern und zu sonstigen forensischen Zwecken eingesetzt werden und somit unter den Begriff der „fiktiven Arzneimittel" gem. § 2 Abs. 2 Nr. 4 fallen. Dies gilt auch für die dazugehörigen Kontrollsera. Testsera bzw. Kontrollsera unterliegen keiner Zulassungspflicht nach § 21 Abs. 1, da sie nicht am menschlichen (oder tierischen) Körper angewendet werden, sondern nur zu Test- oder Diagnosezwecken dienen.

11   **7. Testantigene (Abs. 7).** Im Unterschied zu Testallergenen werden **Testantigene** nicht am oder im (menschlichen oder tierischen) Körper angewendet, sondern dienen ausschließlich zu forensischen Zwecken außerhalb des (menschlichen oder tierischen) Organismus. Daher entfällt auch hier die Zulassungspflicht nach § 21 Abs. 1. Ebenso wie die Testsera stellen die Testantigene fiktive Arzneimittel im Sinne des § 2 Abs. 2 Nr. 4 dar.

12   **8. Radioaktive Arzneimittel (Abs. 8) und Arzneimittel für neuartige Therapien (Abs. 9). Radioaktive Arzneimittel** bestehen ganz oder zum Teil aus radioaktiven Stoffen (vgl. zu diesem Begriff § 2 AtomG). Ihre Herstellung ist nicht nur durch § 13, sondern auch durch die Strahlenschutz-VO (vgl. § 7) reglementiert. Ihr Inverkehrbringen ist nach § 7 einem Verbot mit Erlaubnisvorbehalt unterworfen. Zu beachten ist, dass als radioaktive Arzneimittel nur solche Substanzen anzusehen sind, die gerade wegen ihrer Radioaktivität angewendet werden. Fehlt einem Stoff oder einer Stoffzubereitung diese Zweckbestimmung und ist er dennoch radioaktiv, so wird er als bedenkliches Arzneimittel iSv § 5 Abs. 1 aufgefasst.[12] Richtig ist das freilich nur unter der Voraussetzung, dass nicht ausnahmsweise die Radioaktivität eine unvermeidbare Begleiterscheinung darstellt und als vertretbar riskant einzustufen ist.

13   Im Jahre 2009 neu eingefügt wurde die Legaldefinition für **Arzneimittel für neuartige Therapien.** Diese Legaldefinition entspricht den zwingenden Vorgaben des Artikels 2 der Verordnung (EG) Nummer 1394/2007. In diesen Zusammenhang gehören Gentherapeutika, somatische Zelltherapeutika und bestimmte biotechnologisch bearbeitete Gewebeprodukte.[13]

14   **9. Fütterungsarzneimittel (Abs. 10) und Arzneimittelvormischungen (Abs. 11).** Bei Fütterungsarzneimitteln handelt es sich um Fertigarzneimittel (Abs. 1), die zur

---

[10]   *Rehmann* Rn. 5; Erbs/Kohlhaas/*Pelchen/Anders,* A 188, AMG, 187. Lfg. 2011, § 4 Rn. 8.
[11]   BT-Drs. 7/3060, 45.
[12]   *Rehmann* Rn. 8.
[13]   Zur Konkretisierung s. etwa *Kloesel/Cyran* 128. Lfg. 2014, § 4 Anm. 41 ff.

Anwendung bei Tieren bestimmt sind. Fütterungsarzneimittel dürfen gem. § 56 Abs. 2 nur aus **Arzneimittelvormischungen** (Abs. 11) hergestellt werden,[14] wobei die Arzneimittelvormischungen ihrerseits als Fertigarzneimittel gelten (Abs. 11 S. 2) und der Zulassungspflicht nach den §§ 21, 25 unterliegen, sofern sie nicht als Standardzulassungen nach der Verordnung über Standardzulassungen[15] von einer Einzelzulassungspflicht befreit wurden (§ 36 Abs. 1).

Auch Mischfuttermittel iSv § 3 Nr. 14 LFGB können unter den Begriff des Fütterungs- **15** arzneimittels fallen, sofern das Mischfuttermittel als Trägerstoff für Tierarzneimittel eingesetzt wird. In diesem Fall wird das Mischfuttermittel Teil des Arzneimittels und unterliegt damit den Bestimmungen des AMG.

10. Wartezeit (Abs. 12). Tiere, die zur Gewinnung von Lebensmitteln bestimmt sind **16** und bei denen Arzneimittel zur Anwendung kamen, durften nach altem Recht erst dann zur Lebensmittelgewinnung verwendet werden, wenn die durch die Arzneimittelanwendung entstehenden, für die Gesundheit von Menschen nicht unbedenklichen, Rückstände im Organismus der Tiere wieder abgebaut waren. Diese **Wartezeit** (einschließlich einer Sicherheitsspanne) wurde nach der konkreten Abbauzeit der Rückstände bemessen. Der Nachweis eines vollständigen Abbaus war mittels Rückstandsprüfungen zu erbringen. Bei der Zulassung eines Tierarzneimittels war gem. § 23 Abs. 1 Nr. 1 neben den allgemeinen Zulassungsangaben des § 22 auch die Wartezeit anzugeben. Nach nunmehr geltendem Recht muss nur noch sichergestellt sein, dass Rückstände in den aus den Tieren hergestellten Lebensmitteln die festgelegten zulässigen Höchstmengen für pharmakologisch wirksame Stoffe nicht überschreiten. Bestimmte Rückstände werden dem Verbraucher also zugemutet. Ein Fortschritt für den Verbraucherschutz ist darin nicht zu erblicken.

11. Nebenwirkungen (Abs. 13). Nach der Neufassung definiert Abs. 13 Nebenwir- **17** kungen wie folgt: Bei Arzneimitteln, die zur Anwendung bei Menschen bestimmt sind, sind **Nebenwirkungen** schädliche und unbeabsichtigte Reaktionen auf das Arzneimittel. Bei Arzneimitteln, die zur Anwendung bei Tieren bestimmt sind, sind Nebenwirkungen schädliche und unbeabsichtigte Reaktionen bei bestimmungsgemäßem Gebrauch. Als **schwerwiegend** werden Nebenwirkungen eingestuft, die tödlich oder lebensbedrohlich sind, eine stationäre Behandlung oder Verlängerung einer stationären Behandlung erforderlich machen, zu bleibender oder schwerwiegender Behinderung, Invalidität, kongenitalen Anomalien oder Geburtsfehlern führen. Für Arzneimittel, die zur Anwendung bei Tieren bestimmt sind, sind schwerwiegend auch Nebenwirkungen, die ständig auftretende oder lang anhaltende Symptome hervorrufen. **Unerwartet** sind Nebenwirkungen, deren Art, Ausmaß oder Ergebnis von der Fachinformation des Arzneimittels abweichen. Sobald die Nebenwirkungen ein nach dem jeweiligen Stand der Wissenschaft vertretbares Maß überschreiten, ist das entsprechende Arzneimittel als ein „bedenkliches Arzneimittel" iS des § 5 zu qualifizieren, dessen Inverkehrbringen untersagt und strafrechtlich sanktioniert ist.[16]

Im Zeitraum **nach dem Inverkehrbringen** ist von nicht unerheblicher praktischer **18** Relevanz die Erlangung von Kenntnissen in Bezug auf bis dahin nicht in Rechnung gestellte Nebenwirkungen, sei es durch Schadensmeldungen oder Anwendungsbeobachtungen. Insoweit stellt sich nicht zuletzt die Frage nach der Legitimation einer (strafbewehrten) Rückrufpflicht.[17]

---

[14] Diese Änderung wurde mit Rücksicht auf die EG-Richtlinie 81/851/EWG durch das 1. ÄndG in das AMG aufgenommen.

[15] VO über Standardzulassungen vom 3.12.1982, BGBl. I S. 1601 (FNA 2121-51-14).

[16] Seit geraumer Zeit erfasst ist außer dem Inverkehrbringen auch das Anwenden eines bedenklichen Arzneimittels bei einem anderen Menschen. – S. dazu § 95 Abs. 1 Nr. 1 iVm § 5.

[17] Näher zu dieser Problematik strafrechtlich relevanten Unterlassens etwa unten 11. Abschnitt → §§ 64–69b Rn. 4, → Vor § 95 Rn. 17 f.

19   **12. Herstellen (Abs. 14).** Der im AMG verwendete Begriff des **Herstellens** ist weit und umfassend zu verstehen: Er erstreckt sich auf alle Vorgänge, die zur Herstellung eines Arzneimittels erforderlich sind, und reicht somit von der Gewinnung bis zur Freigabe. Neben den eigentlichen Herstellungsphasen, wie Gewinnen, Anfertigen, Zubereiten, Be- und Verarbeiten, umfasst er auch Tätigkeiten, wie das Abpacken, Abfüllen, Umfüllen, Kennzeichnen und die Freigabe der Arzneimittel – kurz: sämtliche Tätigkeiten des Produktions- und Verarbeitungsprozesses bis hin zum verkaufsfertig verpackten und freigegebenen Endprodukt.[18] Eine Erlaubnis zum Herstellen von Arzneimitteln iS von § 2 Abs. 1 bzw. Abs. 2 Nr. 1 ist nach § 13 immer dann erforderlich, wenn die Abgabe von Arzneimitteln an andere gewerbs- oder berufsmäßig erfolgen soll.[19] Für diese Fälle unterliegt die Herstellung auch staatlicher Überwachung nach Maßgabe der §§ 64 ff. – Nicht als Herstellen im Sinne dieser Vorschrift wird jedoch die bloße Beschriftung des Arzneimittels mit dem Namen des pharmazeutischen Unternehmers verstanden.[20]

20   **13. Qualität (Abs. 15).** Der Qualitätsbegriff des AMG ist „wertneutral". Ihm geht es um die schlichte **Beschreibung der Beschaffenheit** eines Arzneimittels anhand der in Abs. 15 genannten Kriterien. Im Zulassungsverfahren ist diese Beschaffenheit durch Vorlage eines analytischen Gutachtens nachzuweisen. Eine Sicherstellung der gleich bleibenden Qualität eines Arzneimittels wird gewährleistet durch ein ordnungsgemäßes Herstellungsverfahren, eine Kontrolle der Ausgangsstoffe sowie eine laufende Qualitätskontrolle. Dabei hat sich die Kontrolle des Herstellungsverfahrens an den GMP-Richtlinien der Weltgesundheitsorganisation (WHO) über die Grundsätze für eine ordnungsgemäße Herstellung zu orientieren. Diese Grundsätze haben Eingang in die Betriebsverordnung für pharmazeutische Unternehmer gefunden. Nach § 8 Abs. 1 Nr. 1 ist es untersagt, Arzneimittel, die in ihrer Qualität aufgrund von Abweichungen hinsichtlich anerkannter pharmazeutischer Regeln nicht unerheblich gemindert und somit als „mangelhaft" einzustufen sind, in den Verkehr zu bringen. Solche qualitativ mangelhaften Arzneimittel sind damit nicht verkehrsfähig.

21   **14. Charge (Abs. 16).** Unter einer Charge versteht man eine jeweils aus derselben Ausgangsmenge in einem einheitlichen – also räumlich und zeitlich zusammenhängenden – Herstellungsvorgang produzierte Menge eines Fertigarzneimittels (Abs. 1). Durch die Verwendung des Begriffs „einheitlich" im 1. Hs. wird klargestellt, dass es allein auf die Produktion in einem identischen Herstellungsvorgang ankommt, der durchaus in mehreren Phasen verlaufen kann.[21] Bei der Produktion in einem kontinuierlichen Herstellungsprozess wird als Charge die in einem bestimmten Zeitraum produzierte Menge eines Arzneimittels bezeichnet (Hs. 2). Aufgrund der Verpflichtung zur Chargenbezeichnung in § 10 Abs. 1 Nr. 4 kann der entsprechende Produktionsablauf zurückverfolgt und überprüft werden. Relevant wird der Begriff der Charge auch in Zusammenhang mit der in § 4 Abs. 4 BetriebsVO für pharmazeutische Unternehmer normierten, chargenbezogenen Protokollierungsverpflichtung der für die Herstellung verantwortlichen Person. Außerdem bedürfen Sera, Impfstoffe und Testallergene unabhängig von ihrer Zulassung als Arzneimittel zusätzlich einer chargenbezogenen staatlichen Prüfung (§ 32), bevor sie für den Verkehr freigegeben und damit auch in denselben gebracht werden dürfen.

22   **15. Inverkehrbringen (Abs. 17).** Ein besonders wichtiger Begriff des AMG – nicht zuletzt in strafrechtlicher Hinsicht – ist der des Inverkehrbringens. Vielfach wird tatbestandlich missbilligtes Fehlverhalten mit seiner Hilfe konturiert (s. § 95 Abs. 1 Nr. 1, 2, 2a, 3, 3a, 5a, § 96 Nr. 3, 5, 7, 8, 9, 18, 19, jeweils iVm den zugehörigen Verhaltensnormen). Der

---

[18] Vgl. BGH 3.12.1997 – 2 StR 270/97, BGHSt 43, 336 (344).
[19] S. hierzu den Fall des AG Tiergarten 11.9.1986 – 1 Wi Js 260/83, LRE 20, 319 ff., bei dem das Umpacken bzw. Umfüllen von Vitaminpräparaten als Herstellen erlaubnispflichtiger Arzneimittel gewertet wurde; vgl. auch → § 95 Rn. 38 ff., → § 96 Rn. 9 ff.
[20] Vgl. § 9 AMG; BT-Drs. 7/3060, 45.
[21] BT-Drs. 7/3060, 45; Erbs/Kohlhaas/*Pelchen/Anders,* A 188, AMG, 187. Lfg. 2011, § 4 Rn. 18.

Schutzrichtung des Gesetzes entsprechend ist der Begriff sehr **weit gefasst**.[22] Er beschränkt sich nicht auf den eigentlichen Abgabevorgang, sondern schließt darüber hinaus drei vorgelagerte Stadien bzw. Verhaltensweisen ein: das Vorrätighalten zum Verkauf oder zu sonstiger Abgabe, das Feilhalten und das Feilbieten.

Zu beachten ist außerdem, dass Inverkehrbringen nach den allgemeinen Regeln auch **23** **durch** (begehungsgleiches) **Unterlassen** möglich ist.[23] Der entsprechend Sonderverantwortliche muss nicht immer selbst aktiv werden, sondern kann ein Arzneimittel zB auch dadurch in den Verkehr bringen, dass er das Tätigwerden anderer Personen geschehen lässt. Ob auch das begehungsgleiche **Unterlassen des Rückrufs** als ein solches Inverkehrbringen durch begehungsgleiches Unterlassen aufgefasst werden kann, ist freilich mehr als zweifelhaft.[24] Entsprechendes gilt für das begehungsgleiche Unterlassen pflichtvergessener Amtsträger, die bei Wahrung der im Strafrecht verbindlichen Wortlautgrenze nicht als „Inverkehrbringer" angesehen werden können (vgl. → Rn. 38).

a) Vorrätighalten zum Verkauf oder zu sonstiger Abgabe. Vorrätighalten bezeich- **24** net das funktional „angehauchte" Innehaben, den Gewahrsam oder auch nur mittelbaren Besitz (hier: eines Arzneimittels). Dieses Innehaben muss eine hinreichend dauerhafte Form annehmen; es genügt nicht schon jeglicher Besitz, etwa die Einführung eines Mittels in den Geltungsbereich des AMG.[25] – Funktional gefärbt ist das Innehaben, weil das Wort „Vorrat" immer einen Bezug zur möglichen Verwendung des Mittels impliziert.[26] Das AMG engt die möglichen Zweckbezüge auf den Verkauf und die sonstige Abgabe des Vorrats ein. Soweit der notwendige **Zweckbezug** vom **Vorratshalter selbst** hergestellt werden soll, erfordert Vorrätighalten wenigstens den **(Eventual-)Vorsatz** des Halters, Gegenstände aus dem Vorrat im Geltungsbereich des AMG zu verkaufen oder sonst abzugeben.[27] Ob ein solcher Vorsatz besteht, muss wie auch sonst im Strafprozess ordnungsgemäß bewiesen werden.[28]

Das Gesagte schließt **fahrlässiges Vorrätighalten** zum Verkauf oder zu sonstiger Abgabe **25** keineswegs aus. Ein solches fahrlässiges Vorrätighalten zum Verkauf oder sonstiger Abgabe ist durchaus möglich (und auch strafbar gem. § 95 Abs. 1 Nr. 1 iVm Abs. 4). Unstreitig kann Fahrlässigkeit in Bezug auf jene Umstände vorliegen, die das Verkaufs- bzw. Abgabeverbot begründen, also etwa in Bezug auf die Bedenklichkeit eines Arzneimittels nach § 5. Denkbar ist aber auch ein Fahrlässigkeitsbezug im Hinblick auf den **Verkaufs- oder Abgabezweck,**

---

[22] Allerdings nicht weit genug – s. dazu näher → Rn. 37 f., → Vor § 95 Rn. 81 ff. – Das gilt auch vor dem Hintergrund, dass mit Rücksicht auf den Schutzzweck des Gesetzes der Begriff des Inverkehrbringens in der Rechtsprechung beginnend mit dem Urteil des 1. Strafsenats des Reichsgerichts vom 23.11.1928 – I. 286/28 – (RGSt 62, 369 [388 f.]) bis hin zum Beschluss des BGH 11.8.1999 – 2 StR 44/99 (NStZ 1999, 625) weit ausgelegt wird. Vgl. zu dieser weiten Auslegung (bei der die subjektive Zwecksteuerung des objektiven Vorgangs berücksichtigt wird) *Birkenstock,* Die Bestimmtheit von Straftatbeständen mit unbestimmten Gesetzesbegriffen – Am Beispiel der Verletzung des Verkehrsverbots bedenklicher Arzneimittel unter besonderer Berücksichtigung der Tatbestandslehre und der Rechtsprechung des Bundesverfassungsgerichts, 2004, S. 35 f., 129 ff., 142 ff. (insbes. Erg. zu 4.).

[23] Zu diesen allgemeinen Regeln des (begehungsgleichen) Unterlassens → StGB § 13 Rn. 65 ff.; vgl. auch → Rn. 36 ff.

[24] S. dazu noch → Rn. 37 und → Vor § 95 Rn. 81 ff.

[25] BGH 10.6.1998 – 5 StR 72/98, StV 1998, 663.

[26] Insofern ist Vorrätighalten – entgegen *Horn* NJW 1977, 2329 (2330) – durchaus ein Verhalten und nicht nur ein Zustand.

[27] Vgl. Erbs/Kohlhaas/*Pelchen/Anders,* A 188, AMG, 187. Lfg. 2011, § 4 Rn. 21; Deutsch/Lippert/*Koyuncu* Rn. 63; *Rehmann* Rn. 16 f. – die freilich nicht von Eventualvorsatz, sondern von „Absicht" sprechen (wobei unklar ist, ob dies im strafrechtlich-technischen Sinn gemeint ist). – Zur „Abgabe" → Rn. 33 ff.

[28] Dafür spielen nicht zuletzt die äußeren Umstände des Gewahrsams bzw. Besitzes eine nicht unerhebliche Rolle: Wer etwa in einem technisch wie finanziell aufwändigen Prozess große Mengen Methyl-Methaqualon herstellt und in abgefüllten Gelatinekapseln absatzbereit lagert, bei dem ist Vorsatz zum Verkauf (und nicht etwa zum Eigenkonsum) mehr als naheliegend (vgl. BGH 3.12.1997 – 2 StR 270/97, BGHSt 43, 336 [345]). – Näher zur Problematik des Nachweises subjektiver Deliktsmerkmale *Freund,* Normative Probleme der „Tatsachenfeststellung" – Eine Untersuchung zum tolerierten Risiko einer Fehlverurteilung im Bereich subjektiver Deliktsmerkmale, 1987; allg. zum rechtsgenügenden Beweis s. *ders.* FS Meyer-Goßner, 2001, 409 ff.

den **andere Personen** dem für diese gehaltenen Vorrat zugedacht haben. Wenn nämlich der Verkauf oder die Abgabe durch denjenigen zu erwarten sind, für den man den Vorrat hält, ist auch das Vorrätighalten des diesen Zweckbezug fahrlässig Verkennenden entsprechend funktional „angehaucht".[29] Kein fahrlässiges Vorrätighalten zu besagtem Zweck liegt dagegen vor, wenn jemand für sich selbst einen Vorrat hält und nur der eigenmächtige Zugriff eines anderen zu Verkaufszwecken oder zu sonstiger Abgabe (fahrlässig) verkannt wird.

26   Die skizzierten Voraussetzungen sind allein bereits ausreichend, um ein Vorrätighalten iS des Gesetzes zu begründen. Es bedarf keiner Kontaktaufnahme zwischen Vorratshalter und potentiellen Kauf- oder Abnahmeinteressenten.[30] Der Vorrat muss auch weder am Ort eines geplanten Verkaufs noch überhaupt verkaufsfertig gehalten werden.[31] Im Ergebnis bedeutet das eine ausgesprochen frühzeitig, nämlich schon im **Vorbereitungsstadium** ansetzende Vorfeldkriminalisierung. Deren Berechtigung ist zwar nicht unproblematisch und umstritten, aber jedenfalls nicht von vornherein ausgeschlossen.[32]

27   Nicht unter Abs. 17 Fall 1 fällt allerdings, wenn der Vorrat ausschließlich zum **Eigenkonsum** oder zur **Vernichtung** gehalten wird. Entsprechendes soll gelten, wenn die **Rückgabe** oder der **Export** intendiert sind[33] – was durchaus nicht unproblematisch ist. Lässt sich eine Verwendungsintention nicht feststellen oder fehlt eine solche, liegen die gesetzlichen Voraussetzungen des Vorrätighaltens zum Verkauf oder zu sonstiger Abgabe nicht (eindeutig) vor.[34]

28   **b) Feilhalten.** Den zweiten Modus des Inverkehrbringens bezeichnet das Gesetz etwas altertümlich mit dem Wort „Feilhalten". Gemeinhin wird darunter das nach außen erkennbare körperliche Bereitstellen zum Verkauf verstanden.[35] Das Feilhalten bildet in solcher Sicht eine dem Vorrätighalten zeitlich nachfolgende Stufe, die gegenüber diesem durch zwei Einengungen gekennzeichnet ist: Der Vorrat muss zum einen körperlich nach außen in Erscheinung treten, zum anderen genügt nicht mehr jeglicher Abgabe-, sondern einzig der Verkaufsvorsatz. Typische Beispiele für ein Feilhalten sind demnach Aufstellungen von Gegenständen in Schaufenstern oder Verkaufsständen.[36]

29   Ausschließlich so verstanden, würde das Feilhalten allerdings kaum Verhaltensweisen erfassen, die nicht schon unter das Vorrätighalten iSv Abs. 17 Fall 1 fielen. Zwar ist es systematisch nicht zwingend, die beiden ersten Modi des Inverkehrbringens sinnverschieden aufzufassen – schließlich ist es nicht ungewöhnlich, dass in strafrechtlichen Tatbeständen umschriebene Begehungsmodalitäten teils oder stets dasselbe Verhalten betreffen.[37] Wenn

---

[29] Zu eng daher wohl *Horn* NJW 1977, 2329 (2331). – Ein entsprechendes Problem besteht bei der Urkundenfälschung im Hinblick auf das Erfordernis des Handelns „zur Täuschung im Rechtsverkehr" (auch dort kommt es auf eine spezielle Absicht nicht an); s. dazu *Freund,* Urkundenstraftaten, 2. Aufl. 2010, Rn. 212 ff.

[30] *Horn* NJW 1977, 2329 (2330).

[31] BGH 10.6.1998 – 5 StR 72/98, StV 1998, 663.

[32] Vgl. zur Problematik der Vorfeldkriminalisierung → StGB Vor § 13 Rn. 54; *Jakobs* ZStW 97 (1985) 751 ff., jew. mwN. – S. etwa noch → § 95 Rn. 21.

[33] KPV/*Volkmer* § 95 Rn. 47 mwN.

[34] Sachlich übereinstimmend KPV/*Volkmer* § 95 Rn. 47.

[35] So die Definition des BGH zum damaligen Lebensmittelgesetz: BGH 24.6.1970 – 4 StR 30/70, BGHSt 23, 286 (287, 288 ff.); ihr folgend etwa Erbs/Kohlhaas/*Pelchen/Anders,* A 188, AMG, 187. Lfg. 2011, § 4 Rn. 22; *Horn* NJW 1977, 2329 (2331).

[36] Zum Verbot, Arzneimittel in Apotheken zur *Selbstbedienung* feilzuhalten, s. OLG Köln 27.3.1984 – 3 Ss 18/84 B (53), GewArch 1984, 269 f. – Zum Inverkehrbringen von freiverkäuflichen Arzneimitteln außerhalb von Apotheken und dem Erfordernis der Sachkunde vgl. OLG Düsseldorf 30.1.1984 – 5 Ss (OWi) 20/84 – 21/84 I, JMBlNW 1984, 140 ff. = GewArch 1984, 270 ff.

[37] Nicht selten werden im Gesetz spezielle Tatbestandsverwirklichungsformen genannt, die neben der ebenfalls vorhandenen Generalklausel eigentlich überflüssig sind. Man denke hier zB an das Gift und die Waffe bei der gefährlichen Körperverletzung (§ 224 StGB), die neben den (anderen) gesundheitsschädlichen Stoffen bzw. dem (anderen) gefährlichen Werkzeug keine eigenständige Bedeutung haben. Weitere Beispiele sind die Amtsanmaßung nach § 132 StGB, deren erste Verwirklichungsform nach zutreffender Auffassung lex specialis im Verhältnis zur zweiten ist (vgl. dazu *Wessels/Hettinger,* 40. Aufl. 2016, Rn. 608 mwN auch zu abweichenden Auffassungen), und die Urkundenfälschung (§ 267 StGB) in der Form des Verfälschens einer

aber der Begriff des Feilhaltens die Möglichkeit bietet, rechtlich zu missbilligende Verhaltensweisen zu erfassen, die ansonsten eventuell ungeahndet blieben, so sollte diese Möglichkeit – der Ratio entsprechend – auch genutzt werden.

Genau diese Gelegenheit eröffnet aber der Begriff des Feilhaltens, wenn man auf das **30** Erfordernis des *körperlichen* Bereitstellens verzichtet. Er ist dann zu verstehen als die **nach außen erkennbare Bereitschaft zum Verkauf** – das ist eine Definition, die mit dem üblichen Wortverständnis durchaus in Einklang steht. Nicht erforderlich ist hiernach, dass der Feilhaltende die zu verkaufenden Gegenstände schon in seinem Besitz oder Gewahrsam hat. In diesem Sinn erfasst das Feilhalten dann zB die Veröffentlichung von Verkaufslisten, insbesondere auch im Internet. Im Ergebnis bedeutet das eine sinnvolle Ergänzung zum Vorrätighalten gem. Abs. 17 Fall 1.

c) Feilbieten. Feilbieten ist der **an potentielle Erwerber gerichtete Hinweis auf** **31** **feilgehaltene Ware.**[38] Dieser Modus des Inverkehrbringens setzt also erstmals eine Kontaktaufnahme des Täters mit näher konkretisierten „Kunden" voraus. Hierin besteht der wesentliche Unterschied, die graduelle Steigerung gegenüber dem bloßen Feilhalten. Ob diese Kontaktaufnahme beantwortet wird oder sogar in einen Geschäftsabschluss mündet, ist hierbei ohne Belang. Strukturell handelt es sich deshalb um Versuchsunrecht im Verhältnis zur „erfolgreichen" Weitergabe. Die Vorverlagerung der Strafbarkeit durch das Vorrätig- bzw. Feilhalten geht noch weiter: Diese stellen im Verhältnis zum Feilbieten typische Vorbereitungshandlungen dar.

Feilbieten umfasst sämtliche verkaufsanbahnende Formen der Kundenansprache. Selbst- **32** verständlich gehört dazu auch das Anbieten,[39] und zwar selbst solcher Gegenstände, an denen der Täter weder Besitz noch Gewahrsam hält. Zwar mag es zutreffen, dass der Gesetzgeber sich bewusst gegen die Verwendung des Begriffs „Anbieten" entschieden hat, weil dieser auch die Werbung einschließt, die doch im Gesetz über die Werbung auf dem Gebiete des Heilwesens (HWG) gesondert geregelt ist.[40] Das nötigt aber keineswegs dazu, das Anbieten schlechthin aus dem Bereich des Abs. 17 Fall 3 auszuschließen. Vielmehr lässt sich das „Problem" ohne Weiteres nach allgemeinen Kollisionsregeln in der Weise lösen, dass das HWG als lex specialis abschließend anzuwenden ist, soweit es um Werbungsangebote geht. Vorteilhaft an einer solchen Lösung ist auch, dass sie von der problematischen Abgrenzung zwischen Feil- und Anbieten befreit.

d) Abgabe. Abgabe ist die **Einräumung von Verfügungsgewalt an einen Dritten.**[41] **33** Dazu bedarf es nicht notwendig einer Übertragung des Eigentums; es genügt vielmehr auch die Verschaffung tatsächlicher Verfügungsgewalt, auch mittels Abtretung des Herausgabeanspruchs gegen einen Dritten.[42] Als Abgabe ist auch die **Rückgabe** eines Arzneimittels anzusehen. Dies folgt systematisch aus § 30 Abs. 4 Satz 2: Dort wird die Rückgabe eines nicht mehr zugelassenen Arzneimittels an den pharmazeutischen Unternehmer nur bei entsprechender Kenntlichmachung für zulässig erklärt. Einer solchen Gestattung bedürfte es nicht, wenn die Rückgabe von vornherein schon keine Abgabe darstellte.[43]

---

echten Urkunde, die nach zutreffender Auffassung einen speziellen Unterfall des Herstellens einer unechten Urkunde darstellt (vgl. zu der umstrittenen Frage etwa *Freund,* Urkundenstraftaten [Fn. 29] Rn. 184 ff. mwN). – Zur Veranschaulichung und im Hinblick auf die in der Lebenswirklichkeit vorkommende Phänotypik folgt die Konstruktion von Strafgesetzen eigenen Regeln. Schlussfolgerungen in Bezug auf die normativ richtige Extension einzelner Verwirklichungsformen sind deshalb nur mit großen Vorbehalten möglich.

[38] OLG Hamburg 20.6.1962 – Ss 27/62, DAZ 1962, 815 f.; *Rehmann* Rn. 18.

[39] Anders *Sander* 48. Lfg. 2011, § 4 Anm. 21; *Kloesel/Cyran* 128. Lfg. 2014, § 4 Anm. 55 f.; wie hier *Rehmann* Rn. 18; *Horn* NJW 1977, 2329 (2330).

[40] So Erbs/Kohlhaas/*Pelchen/Anders,* A 188, AMG, 187. Lfg. 2011, § 4 Rn. 23.

[41] Vgl. OLG Celle 14.2.1985 – 2 Ss (OWi) 15/85, NJW 1985, 2206; BayObLG 25.7.1983 – RReg 4 St 80/83, nachgewiesen bei *Kloesel/Cyran* E 20 (zur Abgabe durch Tierärzte im Rahmen des Dispensierrechts); *Kloesel/Cyran* 128. Lfg. 2014, § 4 Anm. 57; s. auch Fuhrmann/Klein/Fleischfresser/*Bakhschai,* Arzneimittelrecht, 2. Aufl. 2014, § 17 Rn. 10 ff.

[42] Deutsch/Lippert/*Koyuncu* Rn. 61.

[43] Zutreffend *Sander* 48. Lfg. 2011, § 4 Anm. 21; *Kloesel/Cyran* 128. Lfg. 2014, § 4 Anm. 57; *Rehmann* Rn. 19. – Zur Gegenauffassung s. etwa Deutsch/Lippert/*Koyuncu* Rn. 62 (Dessen im Ansatz durchaus berech-

34   Keine Abgabe ist indes die **Verabreichung** eines Arzneimittels durch den Arzt an einen Patienten.[44] Dem ist zwar entgegen gehalten worden, die Anwendung eines Arzneimittels sei gerade die intensivste Form der Abgabe.[45] Eine solche Auffassung erscheint jedoch unter Wortlautaspekten problematisch, jedenfalls sofern man Abgabe als Einräumung der Verfügungsmacht versteht – diese erhält der Patient ja gerade nicht.[46] Gibt der Arzt dem Patienten allerdings das Arzneimittel zur späteren Anwendung mit nach Hause, ist dies folgerichtig als Abgabe iS des Abs. 1 zu verstehen.[47] Auch wurden in § 95 Abs. 1 Nr. 2a aF das Verschreiben und das Anwenden explizit neben dem Inverkehrbringen mit Strafe bedroht. Dies legt den – freilich nicht zwingenden[48] – Gegenschluss nahe, dass Verschreiben und Anwenden grundsätzlich nicht als Inverkehrbringen (in Form der Abgabe) aufzufassen sind.

35   Anders verhält es sich aber, wenn sich ein Arzt mit einem Apotheker zusammengeschlossen hat und bedenkliche Rezeptur-Arzneimittel verschreibt, die letzterer dann herstellt und ausgibt. Arzt und Apotheker können hier als Mittäter der Abgabe bedenklicher Arzneimittel zu qualifizieren sein.[49]

36   **e) Inverkehrbringen durch Unterlassen.** Sämtliche vier Fälle des Inverkehrbringens können auch in Form eines begehungsgleichen Unterlassens geschehen.[50] Offenkundig ist dies zunächst für das Vorrätig- und das Feilhalten – im Grunde lässt sich hier kaum von einem aktiven „Tun" sprechen; zumindest erscheint eine Differenzierung des rechtlich missbilligten Verhaltens in die phänomenologischen Kategorien Tun und Unterlassen hier nicht sinnvoll. Dagegen können das Feilbieten und vor allem die Abgabe sowohl durch eine aktive Handlung vorgenommen werden als auch durch ein passives bloßes Geschehenlassen. Letzteres kann freilich nur dann strafbarkeitsbegründend sein, wenn der Unterlassende für die Abwendung eines tatbestandsspezifischen schadensträchtigen Verlaufs **sonderverantwortlich** (nach herkömmlicher Terminologie: garantenpflichtig) ist.[51] Eine derartige Sonderverantwortlichkeit trifft zB die sachkundige Person (§ 14) in ihrer Eigenschaft als Vertriebsleiter,[52] aber auch andere Personen, die es geschehen lassen, dass in

---

tigte teleologische Argumentation ist allerdings problematisch: Ohne die Kenntlichmachung dürfte das für die Abgabe an andere relevante – abstrakte – Risiko gerade bestehen.).

[44] BGH 11.2.1988 – 1 ZR 117/86, NJW-RR 1989, 550 (551); Erbs/Kohlhaas/*Pelchen/Anders*, A 188, AMG, 187. Lfg. 2011, § 4 Rn. 24; KPV/*Volkmer* § 95 Rn. 52. Vgl. auch die amtliche Begründung zu § 10 AMG 1961, BT-Drs. 3/654, 1958, 20.

[45] So OVG Münster 20.10.1987 – 13 B 2596/87, NJW 1989, 792 zur Injektion tierischer Frischzellen bei einem Menschen; s. auch die Bespr. von *Pabel* NJW 1989, 759 f.

[46] Vgl. *Räpple,* Das Verbot bedenklicher Arzneimittel, 1991, S. 37; *Rehmann* Rn. 19. – Zum Aspekt des Wechsels in der Verfügungsgewalt s. etwa auch BVerwG 26.3.1998 – 3 B 171/97, NVwZ-RR 1998, 654; BayObLG 29.4.1998 – 4 StR 12/98, NJW 1998, 3430; OLG Bremen 4.6.1987 – 2 U 60/87, PharmR 1987, 242.

[47] Vgl. BT-Drs. 3/654, 1958, 20.

[48] Nicht zwingend deshalb, weil der Gesetzgeber mitunter phänomenologisch orientierte Verwirklichungsformen aufzählt, die normativ gesehen bereits von der daneben genannten „Generalklausel" erfasst werden. – Ein Beispiel dafür ist das „Verfälschen" einer echten Urkunde bei der Urkundenfälschung nach § 267: Nach zutreffender Auffassung erfüllt das Verfälschen immer zugleich die Verwirklichungsform des Herstellens einer unechten Urkunde. Der normative Anwendungsbereich der Urkundenfälschung wird also gar nicht ausgedehnt (näher dazu *Freund* Urkundenstraftaten [Fn. 29] Rn. 29 ff., 186 ff. mwN). – S. ergänzend oben Fn. 37.

[49] BGH 11.8.1999 – 2 StR 44/99 (NStZ 1999, 625) und vorausgehend LG Köln 22.12.1997 – 115/51/96, Bl. 151 ff. der UA, beide mitgeteilt bei *Birkenstock,* Die Bestimmtheit von Straftatbeständen mit unbestimmten Gesetzesbegriffen – Am Beispiel der Verletzung des Verkehrsverbots bedenklicher Arzneimittel unter besonderer Berücksichtigung der Tatbestandslehre und der Rechtsprechung des Bundesverfassungsgerichts, 2004, S. 36, 331 ff.; dazu auch → § 95 Rn. 43.

[50] Vgl. Erbs/Kohlhaas/*Pelchen/Anders*, A 188, AMG, 187. Lfg. 2011, § 95 Rn. 4; KPV/*Volkmer* § 95 Rn. 45; Fuhrmann/Klein/Fleischfresser/*Mayer* § 45 Rn. 35; *Putz,* Strafrechtliche Produktverantwortlichkeit, insbesondere bei Arzneimitteln, 2004, S. 39.

[51] Zur Sonderverantwortlichkeit als spezifischem Erfordernis begehungsgleichen Unterlassens näher → StGB § 13 Rn. 74 ff., 106 ff., 174 ff. mwN. – Von einer etwaigen strafrechtlichen Verantwortlichkeit wegen Nichtanzeige geplanter Straftaten (§ 138 StGB) oder wegen unterlassener Hilfeleistung (§ 323c StGB) soll hier abgesehen werden; dafür wäre eine Sonderverantwortlichkeit (Garantenverantwortlichkeit) nicht notwendig.

[52] Vgl. Erbs/Kohlhaas/*Pelchen/Anders*, A 188, AMG, 187. Lfg. 2011, § 95 Rn. 4.

ihrem Organisationskreis verbotenerweise Arzneimittel in den Verkehr gelangen. Das gilt etwa für den im Gesamtleitungsorgan Zuständigen, der von einem Versagen der sachkundigen Person Kenntnis erlangt und dennoch ein Inverkehrgelangen zulässt, oder für den vom Vertriebsleiter Beauftragten, der die übernommene Aufgabe nicht ausführt, das Inverkehrgelangen zu unterbinden.

Von einem Inverkehrbringen durch Unterlassen lässt sich dagegen nicht mehr sprechen, **37** wenn Gegenstände bereits **aus der Sphäre des Inverkehrbringers gelangt** sind und nun „lediglich" nicht aus dem Verkehr gezogen werden.[53] So verhält es sich zB in dem Fall, dass ein Hersteller Arzneimittel abgibt, deren Bedenklichkeit erst später infolge neuer wissenschaftlicher Erkenntnisse zu Tage tritt. Der unterlassene Rückruf lässt sich hier schon grammatikalisch nicht als (neuerliches) passives Inverkehrbringen qualifizieren. Denn anders als das Vorrätighalten, das Feilhalten und ggf. auch das Feilbieten stellt die Abgabe kein „Dauerdelikt", kein perpetuiertes Verhaltensunrecht dar. Hat die Abgabe einmal stattgefunden, so lässt sich das nachfolgende Unterlassen des Abgebenden deshalb nur unter dem Aspekt der kernstrafrechtlichen Verletzungsdelikte erfassen.[54] Dort ist rechtspolitisch dringend eine Ergänzung durch ein Gefährdungsdelikt nötig, das auch die Verantwortlichkeit für das Inverkehrbleiben eines Produkts erfasst, das dringend verdächtig ist, andere an Leib oder Leben zu schädigen.[55]

Eine entsprechende Lücke in der strafrechtlichen Erfassung ergibt sich auch in Bezug **38** auf **pflichtvergessene Amtsträger.** Diese sind zwar unter gewissen Voraussetzungen kraft einer qualifizierten Rechtspflicht gehalten, ein Inverkehrgelangen (oder auch Inverkehrbleiben) zu vermeiden – besitzen also die für begehungsgleiches Unterlassen spezifische Sonderverantwortlichkeit für das Vermeiden bestimmter Schädigungsmöglichkeiten. Dennoch bringen sie selbst bei weitest möglichem Wortsinn nicht selbst Arzneimittel in Verkehr.[56] Da nun aber der Wortlaut der relevanten Sanktionsnormen des AMG darauf abstellt, greifen diese nicht ein: nullum crimen sine lege![57]

16. Pharmazeutischer Unternehmer (Abs. 18). Seit der 14. AMG-Novelle ist **phar- 39 mazeutischer Unternehmer** primär der Inhaber der Zulassung oder der Registrierung. Daneben ist aber wie bisher für den Begriff des pharmazeutischen Unternehmers das Inverkehrbringen „unter seinem Namen" relevant. Wer beim Inverkehrbringen von Arzneimitteln durch Angabe seines Namens auf der Verpackung des Arzneimittels (§ 9) oder auf der Rechnung, den Lieferscheinen oder in sonstiger Weise nach außen dokumentiert, dass er die Verantwortung für das Inverkehrbringen trägt, ist ebenfalls pharmazeutischer Unternehmer im Sinne des Gesetzes. Der Kreis der Personen, die als pharmazeutische Unternehmer gelten, wird also über den eigentlichen Hersteller eines Arzneimittels hinaus auf jeden Inverkehrbringer erweitert. Somit fallen auch Vertriebsunternehmer und Mitvertreiber

---

[53] So auch *Horn* NJW 1977, 2329 (2335 f.); *Putz,* Strafrechtliche Produktverantwortlichkeit, insbesondere bei Arzneimitteln, 2004, S. 39. – Zur Gegenauffassung s. etwa *Mayer,* Strafrechtliche Produktverantwortung bei Arzneimittelschäden, 2008, S. 221 ff., dessen Argumentation mit dem angeblich möglichen mehrfachen Inverkehrbringen durch den selben Inverkehrbringer spätestens dann nicht mehr trägt, wenn das bedenkliche Arzneimittel bereits beim Endverbraucher angelangt ist.
[54] Zu einem solchen Fall s. etwa die klassische „Lederspray"-Entscheidung BGH 6.7.1990 – 2 StR 549/ 89, BGHSt 37, 106 ff.; näher zu der allgemeinen Problematik *Freund,* Erfolgsdelikt und Unterlassen, 1992, S. 180 ff., 214 ff.
[55] Zu einem entsprechenden Gesetzgebungsvorschlag s. *Freund* ZStW 109 (1997), 455 (479 f.). Nach diesem Vorschlag wird erfasst, „wer zu verantworten hat, dass ein Gegenstand *in Verkehr gelangt oder bleibt* oder zum Inverkehrbringen bereit gehalten wird, obwohl dieser geeignet oder dringend verdächtig ist, andere widerrechtlich an Leib oder Leben zu schädigen". – Vgl. dazu auch noch → Vor § 95 Rn. 78 ff. zur „Rechtspolitik".
[56] Anders – jedoch ohne Problembewusstsein in der hier interessierenden Hinsicht – *Kloesel/Cyran* 116. Lfg. 2010, § 5 Anm. 1, 6; *Mayer,* Strafrechtliche Produktverantwortung bei Arzneimittelschäden, 2008, S. 592 ff. (unter Befürwortung einer Strafbarkeit zuständiger Amtsträger als mittelbare Täter).
[57] Zur formalen Garantie des Wortlauttatbestands vgl. nochmals → § 2 Rn. 1; ferner → Vor § 95 Rn. 14. – Abhilfe kann auch insoweit die von mir vorgeschlagene kernstrafrechtliche Vorschrift zur allgemeinen strafrechtlichen Produktverantwortlichkeit bieten; s. dazu → Vor § 95 Rn. 78 ff.

unter die Definition. Diese Definition hat zur Folge, dass ein pharmazeutischer Unternehmer in diesen Fällen stets feststellbar ist. Um eine Identifikation des verantwortlichen Inverkehrbringers noch weiter zu erleichtern, schreibt § 9 Abs. 1 S. 1 vor, dass Arzneimittel grundsätzlich mit Namen und Anschrift des pharmazeutischen Unternehmers zu kennzeichnen sind. Diese Kennzeichnungsvorschrift und die Definition des pharmazeutischen Unternehmers gelten nicht für Arzneimittel, die zur klinischen Prüfung beim Menschen bestimmt sind (Abs. 18 S. 2 Hs. 1 iVm § 9 Abs. 1 S. 2).

40   Kein pharmazeutischer Unternehmer ist ein bloßer **Lohnhersteller,** der ein Arzneimittel für einen anderen produziert, das der andere dann unter seinem Namen vertreibt.[58] Der pharmazeutische Unternehmer muss die Zulassung eines Arzneimittels beantragen (§ 21 Abs. 3) und er unterliegt der zivilrechtlichen Gefährdungshaftung nach § 84.

41   **17. Wirkstoffe (Abs. 19).** Der Begriff des Wirkstoffs, der im Zuge des 4. ÄndG zum AMG vom 11.4.1990, BGBl. I S. 717, in das AMG aufgenommen wurde, bezeichnet all die Stoffe, die bei der Herstellung von Arzneimitteln dazu bestimmt sind, als arzneilich wirksame Bestandteile verwendet zu werden, oder solche Stoffe, die bei ihrer Verwendung in der Arzneimittelherstellung zu arzneilich wirksamen Bestandteilen des Arzneimittels werden. Er erlangt vor allem bei der Überwachung und Einfuhr von Arzneimitteln Bedeutung und dient im Rahmen der §§ 64 ff. ua als Anknüpfungspunkt für den Überwachungsauftrag der Behörden. Stoffe, die arzneilich ohne Wirkung sind, fallen nicht unter den Wirkstoffbegriff des AMG. Wird ein Stoff sowohl als arzneilich wirksamer Bestandteil als auch zu anderen Zwecken eingesetzt, gilt er nur dann als Wirkstoff, wenn er vom Hersteller selbst zur Herstellung von Arzneimitteln eingesetzt oder an Arzneimittelhersteller geliefert wird.[59]

42   Letztlich unterscheidet das deutsche AMG zwischen „arzneilich wirksamen Bestandteilen" und „weiteren Bestandteilen"[60] und löst sich damit von der europarechtlichen Begrifflichkeit bei der Differenzierung, nach der es „wirksame Bestandteile" und „Hilfsstoffe" gibt.[61] Sachlich dürfte aber nach dem AMG keine andere Unterscheidung gemeint sein. Unter dem Blickwinkel des – auch strafrechtlich relevanten – Güterschutzes ist die angesprochene Differenzierung freilich durchaus fragwürdig. Denn beim Inverkehrbringen des „Gesamtprodukts" können auch bei „weiteren Bestandteilen" oder „Hilfsstoffen" dieselben Gefahren auftreten wie bei „arzneilich wirksamen Bestandteilen".[62]

43   **18. Somatische Zelltherapeutika (Abs. 20 aF) und xenogene Arzneimittel (Abs. 21).** Zu den (im inzwischen weggefallenen Abs. 20 erwähnten) somatischen Zelltherapeutika, vgl. nunmehr Abs. 9 (→ Rn. 13). **Xenogene Arzneimittel** enthalten keine menschlichen Zellen, sondern bestehen aus oder enthalten lebende tierische Gewebe oder Körperzellen. Sie zeichnen sich dadurch aus, dass die Zellen genetisch modifiziert oder anderweitig in ihren biologischen Eigenschaften verändert wurden. Trotz genetischer Modifizierung sollen xenogene Arzneimittel jedoch nicht in den Bereich der Gentransferarzneimittel (nunmehr: Gentherapeutika) fallen (vgl. BR-Drs. 748/03, 55.).

44   **19. Großhandel mit Arzneimitteln (Abs. 22) und Arzneimittelvermittlung (Abs. 22a).** Die durch die 12. AMG-Novelle eingeführte Legaldefinition des **Großhandels** entspricht der Definition des Art. 1 Nr. 17 der Richtlinie 2001/83/EG. Ausgenommen von dem Begriff des Großhandels ist die Abgabe von Arzneimitteln an andere Verbraucher als Ärzte, Tierärzte, Krankenhäuser und nunmehr auch Zahnärzte. Wer mit Arzneimitteln Großhandel betreibt, bedarf einer Erlaubnis gem. § 52a. In Abs. 22a wird die **Arzneimittelvermittlung** legaldefiniert als jede berufs- oder gewerbsmäßig ausgeübte Tätigkeit von

---

[58] *Rehmann* Rn. 20; s. auch Fuhrmann/Klein/Fleischfresser/*Bakhschai* § 17 Rn. 11.
[59] BT-Drs. 11/5373, 12.
[60] Die wiederum in wirksame und sonstige Bestandteile aufgegliedert werden.
[61] Kritisch hinsichtlich der unterschiedlichen Terminologie und der daraus resultierenden fehlenden Gesetzesklarheit *Rehmann* Rn. 21; s. auch Deutsch/Lippert/*Koyuncu* Rn. 68 ff.
[62] Zu den sachwidrigen Differenzierungen des AMG vgl. auch → Vor § 95 Rn. 78 ff.; ferner etwa → § 2 Rn. 29 f., 37, 42.

Personen, die, ohne Großhandel zu betreiben, selbstständig und im fremden Namen mit Arzneimitteln im Sinne des § 2 Abs. 1 oder Abs. 2 Nr. 1, die zur Anwendung bei Menschen bestimmt sind, handeln, ohne tatsächliche Verfügungsgewalt über diese Arzneimittel zu erlangen.

20. Klinische Prüfung am Menschen, nichtinterventionelle Prüfung (Abs. 23). 45
Da die 12. AMG-Novelle nicht zuletzt der Umsetzung der Richtlinie 2001/20/EG diente und damit weitreichende Veränderungen für die Regelungen zur klinischen Prüfung von Arzneimitteln zur Folge hatte, hat der Gesetzgeber in den Absätzen 23–25 flankierend zu den Vorschriften der klinischen Prüfung (§§ 40–42b) Definitionen für die in diesem Bereich zentralen Begriffe der klinischen Prüfung als solcher (Abs. 23), des Sponsors (Abs. 24) und des Prüfers (Abs. 25) vorgenommen. Dabei entsprechen die neu eingefügten Definitionen denen der Richtlinie 2001/20/EG. Um eine klinische Prüfung iS des AMG handelt es sich nur, wenn ein **Arzneimittel** am Menschen erprobt wird, um **neue verallgemeinerungs-fähige Erkenntnisse** in Bezug auf **Wirksamkeit** und/oder **Sicherheit** des Mittels zu gewinnen. Im Wesentlichen klarstellend sind nach Satz 2 Untersuchungen ausgeschlossen, die nichtinterventionelle Prüfungen sind. Wann es sich um eine **nichtinterventionelle Prüfung** handelt, ist **in Satz 3 legaldefiniert.** Danach handelt es sich um eine Untersuchung, in deren Rahmen Erkenntnisse aus der Behandlung von Personen mit Arzneimitteln gemäß den in der Zulassung festgelegten Angaben für seine Anwendung anhand epidemiologischer Methoden analysiert werden und die Behandlung einschließlich der Diagnose und Überwachung nicht einem vorab festgelegten Prüfplan, sondern ausschließlich der ärztlichen Praxis folgt. Die jüngste Änderung in Absatz 23 durch eine Ergänzung des Satzes 3 dient der Klarstellung, dass eine nichtinterventionelle Prüfung auch die Beobachtung von Wirkungen solcher Arzneimittel einschließen kann, für deren Inverkehrbringen keine Zulassung oder Genehmigung nach § 21a vorgeschrieben ist. Sofern die Prüfung mit zugelassenen oder genehmigten Arzneimitteln erfolgt, soll diese gemäß den festgelegten Angaben in der Zulassung oder Genehmigung geschehen.

21. Sponsor (Abs. 24). Auch die Definition des Sponsors orientiert sich weitgehend 46 an der Richtlinie 2001/20/EG. Während jedoch nach der Richtlinie der **Sponsor** die Verantwortung für die Einleitung, das Management und/oder die Finanzierung der klinischen Prüfung übernimmt, fehlt im deutschen AMG das „oder". Nach der Definition des AMG ist Sponsor derjenige, der die **Verantwortung** für die **Veranlassung, Organisation und Finanzierung** einer klinischen Prüfung übernimmt. Er hat insoweit die Gesamtverantwortung, insbesondere für die Einhaltung der Richtlinien der GCP (good clinical practise) und der gesetzlichen Anforderungen; er ist verantwortlich für die Einholung der Genehmigung; er ist Adressat von Behördenentscheidungen und der Bewertung seitens der Ethik-Kommission; er ist verantwortlich für den Abschluss einer Probandenversicherung und für eine korrekte und akzeptable Nutzen-Risiko-Bewertung.

22. Prüfer (Abs. 25). Auch der in Abs. 25 definierte **Prüfer** trägt die **Verantwortung** 47 für die Durchführung der klinischen Prüfung. Er ist in der Regel Arzt. In begründeten Ausnahmefällen kommt auch eine andere Person in Betracht, deren Beruf aufgrund seiner wissenschaftlichen Anforderungen und der seine Ausübung voraussetzenden Erfahrungen in der Patientenbetreuung die erforderliche Qualifikation verbürgt. Dies kann beispielsweise bei einem Psychotherapeuten der Fall sein, mangels wissenschaftlichen Hintergrundes jedoch nicht bei Heilpraktikern. Wenn ein Prüfer die Gesamtverantwortung für die klinische Studie hat und diese zudem finanziert, kann er gleichzeitig Sponsor im Sinne des Abs. 24 sein. Nicht geglückt ist die Umformulierung des früheren Satzes 2, der bei einer Prüfergruppe den verantwortlichen Leiter der Gruppe als Hauptprüfer ansah. Nunmehr soll nur noch „der für die Durchführung verantwortliche Leiter dieser Gruppe" ein „Prüfer" sein. Aufgrund dieser irritierenden Begriffsbildung[63] geht eine sinnvolle Möglichkeit der Differenzierung zwischen

---

[63] Die Umdefinition wird hauptsächlich damit begründet, dass es Probleme mit der Pflicht (zB nach § 67 Abs. 1 S. 5 aF [S. 6 nF]) gegeben habe, alle „Prüfer" zu benennen und deren Wechsel Rechnung zu tragen

mehreren Prüfern innerhalb einer Gruppe verloren. Die gemeinte Person wäre besser mit dem Begriff des „Leiters der klinischen Prüfung" bzw. mit dem früheren des „Hauptprüfers" (vgl. dazu auch § 42 Abs. 1 S. 2 aF) bezeichnet. Merkwürdigerweise ist in Abs. 25 vom Leiter der klinischen Prüfung aber nur bei multizentrischen Prüfungen die Rede.

48   **23. Definitionen der Abs. 26–41.** Mit der 14. AMG-Novelle sind die Definitionen des **homöopathischen Arzneimittels** (Abs. 26), **eines mit der Anwendung verbundenen Risikos** (Abs. 27) und des **Nutzen-Risiko-Verhältnisses** (Abs. 28) in das AMG aufgenommen worden. Sie entsprechen den jeweiligen Definitionen der geänderten Richtlinien 2001/83/EG und 2001/82/EG. Die neu eingefügte Definition der **pflanzlichen Arzneimittel** (Abs. 29) wurde mit Blick auf das in Umsetzung der Richtlinie 2004/24/EG eingefügte Registrierungsverfahren für traditionelle pflanzliche Arzneimittel (§ 39a AMG) als erforderlich angesehen. Für das Verständnis der in der Definition enthaltenen Begriffe „pflanzliche Stoffe" und „pflanzliche Zubereitungen" sollen die Definitionen in Art. 1 Abs. 31 und 32 der geänderten Richtlinie 2001/83/EG herangezogen werden. Die Definitionen des Abs. 30 beruhen auf dem Gewebegesetz.[64] Durch Gesetz v. 21. November 2016 zur Umsetzung von EU-Richtlinien zur **Einfuhr** und zur **Kodierung menschlicher Gewebe und Gewebezubereitungen** neu eingefügt wurden die Abs. 30a bis 30d. In den Abs. 31–32 finden sich Definitionen zum Begriff der **Rekonstitution** (Abs. 31), des **Verbringens,** der **Einfuhr** und der **Ausfuhr** (Abs. 32). Dabei wurde die Ausfuhr erst relativ spät in den Katalog der Definitionen aufgenommen. Es bleibt mit Spannung abzuwarten, wann der Gesetzgeber *endlich* auch die von vielen sicher schon lange ersehnte Legaldefinition des Begriffs der **Durchfuhr** vornehmen wird. Aus Abs. 32 Satz 1 lässt sich lediglich erschließen, dass die Durchfuhr ein Unterfall des Verbringens sein soll. In Abs. 33 wird das anthroposophische Arzneimittel definiert. Ferner finden sich in § 4 Definitionen der Unbedenklichkeitsprüfung für Arzneimittel, die zur Anwendung bei Menschen (Abs. 34) und bei Tieren (Abs. 35) bestimmt sind, Definitionen zum Risikomanagement-System (Abs. 36), zum Risikomanagement-Plan (Abs. 37), zum Pharmakovigilanz-System (Abs. 38), zur Pharmakovigilanz-Stammdokumentation (Abs. 39) sowie zum gefälschten Arzneimittel (Abs. 40) und zum gefälschten Wirkstoff (Abs. 41).

49   **24. Weitere Definitionen.** Neben den in den §§ 2, 3 und 4 normierten und dem Gesetz vorangestellten Begriffsbestimmungen lassen sich über das AMG verstreut noch weitere Legaldefinitionen finden, die für das Verständnis der gesetzlichen Regelungen von Bedeutung sind.[65]

§ 4a Ausnahmen vom Anwendungsbereich

[1]Dieses Gesetz findet keine Anwendung auf

1. **Arzneimittel, die unter Verwendung von Krankheitserregern oder auf biotechnischem Wege hergestellt werden und zur Verhütung, Erkennung oder Heilung von Tierseuchen bestimmt sind,**
2. **die Gewinnung und das Inverkehrbringen von Keimzellen zur künstlichen Befruchtung bei Tieren,**
3. **Gewebe, die innerhalb eines Behandlungsvorgangs einer Person entnommen werden, um auf diese ohne Änderung ihrer stofflichen Beschaffenheit rücküber-tragen zu werden.**

[2]Satz 1 Nr. 1 gilt nicht für § 55.

(vgl. dazu etwa Kügel/Müller/Hofmann/*Wachenhausen* Rn. 199). Auf die Idee, die entsprechende Pflicht zu begrenzen, ist wohl niemand gekommen. – Zu der merkwürdigen Umdefinition ist nur zu sagen: Die Schildbürger hätten das nicht besser gekonnt!

[64] Näher dazu und zu den entsprechenden Definitionen *Kloesel/Cyran* 123. Lfg. 2012, § 4 Anm. 91 ff.

[65] Vgl. hierzu die Übersicht bei Deutsch/Lippert/*Lippert,* 2. Aufl. 2007, § 4 Rn. 35 ff., der den Versuch einer Auflistung sämtlicher Legaldefinitionen (ohne Garantie auf Vollständigkeit) unternommen hat.

Schrifttum: *Bender,* Organtransplantationen und AMG, VersR 1999, 419; *Gassner,* Tissue Engineering im Normendschungel, MedR 2001, 553; *Hasskarl,* Arzneimittelrechtliche, medizinproduktrechtliche und transplantationsrechtliche Fragen im Zusammenhang mit der Herstellung von Hauttransplantaten, PharmR 1998, 412.

I. Neuregelung

Der im Zuge des 11. AMGÄndG neu eingefügte § 4a ist im Wesentlichen inhaltsgleich **1** mit der Regelung des § 80 aF, der zeitgleich aufgehoben wurde. Die Regelung in einem neuen § 4a erfolgte aus systematischen und redaktionellen Erwägungen.[1] Die jüngste Änderung ist insbesondere vor dem Hintergrund der Föderalismusreform zu sehen, welche die Einschränkung der früheren Ausnahme für Angehörige der Heilberufe ermöglicht hat.[2]

II. Vom Anwendungsbereich des AMG ausgeschlossene Arzneimittel (Nr. 1)

Arzneimittel im Sinne des § 2,[3] die der Erkennung und Verhütung oder Heilung von **2** Tierseuchen dienen und nach einem der in Nr. 1 genannten Verfahren hergestellt werden, sind den Bestimmungen des AMG entzogen; allein § 55, der das Arzneibuch betrifft, bleibt anwendbar. Arzneimittel nach Nr. 1 unterliegen einer Zulassungspflicht nach dem Tiergesundheitsgesetz (TierGesG).[4]

III. Künstliche Befruchtung bei Tieren (Nr. 2)

Für die künstliche Befruchtung bei Tieren kommen die Vorschriften des AMG nicht **3** zur Anwendung. Es gelten vielmehr die Regelungen des Tierzuchtgesetzes (TierZG).[5] Für die künstliche Befruchtung beim Menschen sind jedenfalls primär die Vorschriften des Embryonenschutzgesetzes (ESchG)[6] zu beachten. Neben die fragmentarischen Regelungen des ESchG treten ergänzend die allgemeinen Vorschriften des StGB und des BGB. Die Regelungen des AMG haben allenfalls beschränkte Bedeutung.[7]

IV. Gewebetransplantationen (Nr. 3)

Des Weiteren wird die Transplantation von Geweben, die innerhalb eines Behandlungs- **4** vorgangs einer Person entnommen werden, um auf diese ohne Änderung ihrer stofflichen Beschaffenheit rückübertragen zu werden, den Bestimmungen des AMG entzogen. Allein anwendbar ist für diesen Bereich der Autotransplantate das Transplantationsgesetz (TPG).[8]

§ 4b Sondervorschriften für Arzneimittel für neuartige Therapien

(1) [1]Für Arzneimittel für neuartige Therapien, die im Geltungsbereich dieses Gesetzes
1. als individuelle Zubereitung für einen einzelnen Patienten ärztlich verschrieben,
2. nach spezifischen Qualitätsnormen nicht routinemäßig hergestellt und
3. in einer spezialisierten Einrichtung der Krankenversorgung unter der fachlichen Verantwortung eines Arztes angewendet

---

[1] 11. AMGÄndG vom 21.8.2002, BGBl. I S. 3348.
[2] Vgl. zur Föderalismusreform → § 1 Rn. 3 f.
[3] Selbstverständlich schließt die Rechtsfolge des § 4a (Unanwendbarkeit des AMG) die Maßgeblichkeit des Arzneimittelbegriffs des § 2 ebenso wenig aus wie die Anwendbarkeit des § 4a selbst; vgl. dazu etwa *Rehmann* § 4a Rn. 2.
[4] Das TierGesG vom 22.5.2013, BGBl. I S. 1324, 3942 (Nr. 25) (FNA 7831-13) hat das Tierseuchengesetz (TierSG) zum 1.5.2014 abgelöst.
[5] TierZG idF der Bekanntmachung vom 21.12.2006, BGBl. I S. 3294 (FNA 7824-8).
[6] ESchG vom 13.12.1990, BGBl. I S. 2746 (FNA 453-19).
[7] Näher dazu etwa Deutsch/Lippert/*Koyuncu* Rn. 6.
[8] TPG vom 5.11.1997, BGBl. I S. 2631 (FNA 212-2), → TPG § 1 Rn. 1 ff.

werden, finden der Vierte Abschnitt, mit Ausnahme des § 33, und der Siebte Abschnitt dieses Gesetzes keine Anwendung. [2]Die übrigen Vorschriften des Gesetzes sowie Artikel 14 Absatz 1 und Artikel 15 Absatz 1 bis 6 der Verordnung (EG) Nr. 1394/2007 gelten entsprechend mit der Maßgabe, dass die dort genannten Amtsaufgaben und Befugnisse entsprechend den ihnen nach diesem Gesetz übertragenen Aufgaben von der zuständigen Behörde oder der zuständigen Bundesoberbehörde wahrgenommen werden und an die Stelle des Inhabers der Zulassung im Sinne dieses Gesetzes oder des Inhabers der Genehmigung für das Inverkehrbringen im Sinne der Verordnung (EG) Nr. 1394/2007 der Inhaber der Genehmigung nach Absatz 3 Satz 1 tritt.

(2) Nicht routinemäßig hergestellt im Sinne von Absatz 1 Satz 1 Nummer 2 werden insbesondere Arzneimittel,

1. die in so geringem Umfang hergestellt und angewendet werden, dass nicht zu erwarten ist, dass hinreichend klinische Erfahrung gesammelt werden kann, um das Arzneimittel umfassend bewerten zu können, oder

2. die noch nicht in ausreichender Anzahl hergestellt und angewendet worden sind, so dass die notwendigen Erkenntnisse für ihre umfassende Bewertung noch nicht erlangt werden konnten.

(3) [1]Arzneimittel nach Absatz 1 Satz 1 dürfen nur an andere abgegeben werden, wenn sie durch die zuständige Bundesoberbehörde genehmigt worden sind. [2]§ 21a Absatz 2 Satz 1, Absatz 3 bis 6 und 8 gilt entsprechend. [3]Zusätzlich zu den Angaben und Unterlagen nach § 21a Absatz 2 Satz 1 sind dem Antrag auf Genehmigung folgende Angaben und Unterlagen beizufügen:

1. Angaben zu den spezialisierten Einrichtungen der Krankenversorgung, in denen das Arzneimittel angewendet werden soll,

2. die Anzahl der geplanten Anwendungen oder der Patienten im Jahr,

3. Angaben zur Dosierung,

4. Angaben zum Risikomanagement-Plan mit einer Beschreibung des Risikomanagement-Systems, das der Antragsteller für das betreffende Arzneimittel einführen wird, verbunden mit einer Zusammenfassung des Risikomanagement-Plans und Risikomanagement-Systems, und

5. bei Arzneimitteln für neuartige Therapien, die aus einem gentechnisch veränderten Organismus oder einer Kombination von gentechnisch veränderten Organismen bestehen oder solche enthalten, zusätzlich die technischen Unterlagen gemäß den Anhängen III A, III B und IV der Richtlinie 2001/18/EG des Europäischen Parlaments und des Rates vom 12. März 2001 über die absichtliche Freisetzung genetisch veränderter Organismen in die Umwelt und zur Aufhebung der Richtlinie 90/220/EWG des Rates (ABl. L 106 vom 17.4.2001, S. 1), die zuletzt durch die Richtlinie (EU) 2015/412 (ABl. L 68 vom 13.3.2015, S. 1) geändert worden ist, sowie die auf der Grundlage einer nach Anhang II der Richtlinie 2001/18/EG durchgeführten Umweltverträglichkeitsprüfung gewonnenen Informationen nach Anhang II Buchstabe D der Richtlinie 2001/18/EG.
[4]§ 22 Absatz 2 Satz 1 Nummer 5, Absatz 4 und 7 Satz 1 gilt entsprechend.

(4) [1]Bei Arzneimitteln für neuartige Therapien, die aus einem gentechnisch veränderten Organismus oder einer Kombination von gentechnisch veränderten Organismen bestehen oder solche enthalten, entscheidet die zuständige Bundesoberbehörde im Benehmen mit dem Bundesamt für Verbraucherschutz und Lebensmittelsicherheit über den Antrag auf Genehmigung. [2]Die Genehmigung der zuständigen Bundesoberbehörde für die Abgabe des Arzneimittels nach Satz 1 an andere umfasst auch die Genehmigung für das Inverkehrbringen der gentechnisch veränderten Organismen, aus denen das Arzneimittel nach Satz 1 besteht oder die es enthält. [3]Die Genehmigung darf nur erteilt werden, wenn

1. eine Umweltverträglichkeitsprüfung gemäß den Grundprinzipien des Anhangs II der Richtlinie 2001/18/EG und auf der Grundlage der Angaben nach den Anhängen III und IV der Richtlinie 2001/18/EG durchgeführt wurde und

2. nach dem Stand der Wissenschaft unvertretbare schädliche Auswirkungen auf die Gesundheit Dritter und auf die Umwelt nicht zu erwarten sind.

(5) Können die erforderlichen Angaben und Unterlagen nach § 21a Absatz 2 Satz 1 Nummer 8 nicht erbracht werden, kann der Antragsteller die Angaben und Unterlagen über die Wirkungsweise, die voraussichtliche Wirkung und mögliche Risiken beifügen.

(6) Die Genehmigung kann befristet werden.

(7) [1]Der Inhaber der Genehmigung hat der zuständigen Bundesoberbehörde in bestimmten Zeitabständen, die diese festlegt, über den Umfang der Herstellung und über die Erkenntnisse für die umfassende Beurteilung des Arzneimittels zu berichten. [2]Die Genehmigung ist zurückzunehmen, wenn nachträglich bekannt wird, dass eine der Voraussetzungen nach Absatz 1 Satz 1 nicht vorgelegen hat. [3]Die Genehmigung ist zu widerrufen, wenn eine der Voraussetzungen nach Absatz 1 Satz 1 nicht mehr vorliegt.

(8) [1]Der Antragsteller hat der zuständigen Bundesoberbehörde unter Beifügung entsprechender Unterlagen unverzüglich Anzeige zu erstatten, wenn sich Änderungen in den Angaben und Unterlagen ergeben, die dem Antrag auf Genehmigung beigefügt waren. [2]Satz 1 gilt nach der Genehmigung entsprechend für den Inhaber der Genehmigung. [3]Dieser ist ferner verpflichtet, die zuständige Bundesoberbehörde zu informieren, wenn neue oder veränderte Risiken bestehen oder sich das Nutzen-Risiko-Verhältnis des Arzneimittels geändert hat. [4]Bei Arzneimitteln für neuartige Therapien, die aus einem gentechnisch veränderten Organismus oder einer Kombination von gentechnisch veränderten Organismen bestehen oder solche enthalten, hat der Antragsteller unter Beifügung entsprechender Unterlagen der zuständigen Bundesoberbehörde außerdem unverzüglich anzuzeigen, wenn ihm neue Informationen über Gefahren für die Gesundheit nicht betroffener Personen oder die Umwelt bekannt werden. [5]Satz 4 gilt nach der Genehmigung entsprechend für den Inhaber der Genehmigung. [6]§ 29 Absatz 1a, 1d und 2 ist entsprechend anzuwenden.

(9) [1]Folgende Änderungen dürfen erst vollzogen werden, wenn die zuständige Bundesoberbehörde zugestimmt hat:

1. eine Änderung der Angaben über die Dosierung, die Art oder die Dauer der Anwendung oder über die Anwendungsgebiete, soweit es sich nicht um die Zufügung einer oder Veränderung in eine Indikation handelt, die einem anderen Therapiegebiet zuzuordnen ist,

2. eine Einschränkung der Gegenanzeigen, Nebenwirkungen oder Wechselwirkungen mit anderen Arzneimitteln oder sonstigen Stoffen,

3. eine Änderung der Hilfsstoffe nach Art oder Menge oder der Wirkstoffe nach ihrer Menge,

4. eine Änderung der Darreichungsform in eine Darreichungsform, die mit der genehmigten vergleichbar ist,

5. eine Änderung des Herstellungs- oder Prüfverfahrens, einschließlich der Angaben nach § 21a Absatz 2 Satz 1 Nummer 5,

6. eine Änderung der Art der Aufbewahrung und der Dauer der Haltbarkeit oder

7. bei Arzneimitteln für neuartige Therapien, die aus einem gentechnisch veränderten Organismus oder einer Kombination von gentechnisch veränderten Organismen bestehen oder solche enthalten, eine Änderung, die geeignet ist, die Risikobewertung für die Gesundheit nicht betroffener Personen oder die Umwelt zu verändern.

[2]Die Entscheidung über den Antrag auf Zustimmung muss innerhalb von drei Monaten ergehen. [3]Absatz 4 und § 27 Absatz 2 gelten entsprechend.

(10) [1]Abweichend von Absatz 9 ist eine neue Genehmigung nach Absatz 3 in folgenden Fällen zu beantragen:

1. bei einer Erweiterung der Anwendungsgebiete, soweit es sich nicht um eine Änderung nach Absatz 9 Satz 1 Nummer 1 handelt,
2. bei einer Änderung der Zusammensetzung der Wirkstoffe nach ihrer Art,
3. bei einer Änderung der Darreichungsform, soweit es sich nicht um eine Änderung nach Absatz 9 Satz 1 Nummer 4 handelt.

[2]Über die Genehmigungspflicht nach Satz 1 entscheidet die zuständige Bundesoberbehörde.

(11) [1]Über Anfragen zur Genehmigungspflicht eines Arzneimittels für neuartige Therapien entscheidet die zuständige Behörde im Benehmen mit der zuständigen Bundesoberbehörde. [2]§ 21 Absatz 4 gilt entsprechend.

Schrifttum: *Boergen/Jäkel/Spiegel,* Lebende Arzneimittel – ein Überblick über die Verordnung (EG) Nr. 1394/2007 über Arzneimittel für neuartige Therapien, PharmR 2008, 357; *Brucklacher/Walles,* Nationale und europäische Rahmenbedingungen für Tissue Engineering, PharmR 2010, 581; *Erdmann,* Gewebe als Arzneimittel? – Eine Untersuchung zur Neuordnung des Geweberechts in Deutschland, 2011; *Gassner/Kloepfer* (Hrsg.), Die Implementierung der Verordnung über Arzneimittel für neuartige Therapien in Deutschland und ihre Folgen, 2008; *Straßburger/Meilicke/Cichutek,* Arzneimittelrechtliche Anforderungen an Arzneimittel für neuartige Therapien aus humanen Pankreata – Zugleich eine Replik auf *Pühler* et al., „Pankreasinseln – Was tun, wenn ein Organ zum Gewebe wird?" (MedR 2010, 23 ff.), MedR 2010, 835; *Thanner/Nagel,* Arzneimittel für neuartige Therapien umfassend bewertet – Problemfelder und Lösungsansätze in der Übersicht, Bundesgesundheitsblatt 2011, 843.

I. Hintergrund und Regelungsbereich

1   Die Sondervorschriften für Arzneimittel für neuartige Therapien wurden 2009 in das Arzneimittelgesetz eingefügt.[1] Der Begriff „Arzneimittel für neuartige Therapien" erfasst dabei gemäß § 4 Abs. 9 drei Gruppen von Produkten: Gentherapeutika, somatische Zelltherapeutika und biotechnologisch bearbeitete Gewebeprodukte.[2] Mit Wirkung vom 30.12.2008 fallen diese Arzneimittel für neuartige Therapien eigentlich unter die europaweite Regulierung durch die Verordnung (EG) Nr. 1394/2007.[3] Die Verordnung Nr. 1394/2007 umfasst allerdings wegen Art. 28 Nr. 2 der Verordnung eine bestimmte Gruppe von Arzneimitteln nicht (sog non-routine Arzneimittel). Die rechtliche Regulierung dieser Gruppe wird den Mitgliedstaaten der EU überlassen – in Deutschland wurde daraufhin § 4b eingeführt.[4]

II. Erläuterung

2   § 4b orientiert sich in seinem Regelungsgehalt eng an den Vorgaben des Art. 28 Nr. 1 der Verordnung (EG) Nr. 1394/2007. Abs. 1 der Vorschrift bestimmt, welche Produkte von § 4b umfasst sind und welche rechtlichen Regelungen für diese anwendbar sind. In Abs. 2 wird erläutert, was unter dem Begriff „nicht routinemäßig hergestellt" (s. Abs. 1) zu verstehen ist. Demnach sind solche Arzneimittel nicht routinemäßig hergestellt, die in so geringem Umfang hergestellt und angewendet werden, dass nicht zu erwarten ist, dass die für eine umfassende Bewertung ausreichende klinische Erfahrung gesammelt werden kann (Abs. 2 Nr. 1), oder die noch nicht in ausreichender Anzahl hergestellt und angewendet worden sind, sodass die notwendigen Erkenntnisse für ihre umfassende Beurteilung noch nicht vorliegen (Abs. 2 Nr. 2). In Abs. 3 ff. wird für die in Abs. 1 genannten Arzneimittel für neuartige Therapien ein eigenständiges Genehmigungsverfahren festgelegt. Die Genehmigung kann befristet werden

[1] Gesetz zur Änderung arzneimittelrechtlicher und anderer Vorschriften vom 17.7.2009, BGBl. I S. 1990.
[2] Zu den jeweiligen Definitionen vgl. die Kommentierung bei § 4.
[3] Verordnung (EG) Nr. 1394/2007 vom 13.11.2007 über Arzneimittel für neuartige Therapien und zur Änderung der Richtlinie 2001/83/EG und der Verordnung (EG) Nr. 726/2004, S. 8, ABl. 2007 L 324, 121.
[4] Vgl. Deutsch/Lippert/*Koyuncu* Rn. 3.

(Abs. 6). Nach der Gesetzesbegründung zu Abs. 11 S. 1 soll die Bestimmung § 11 S. 2 der Allgemeinen Verwaltungsvorschrift zur Durchführung des Arzneimittelgesetzes nachgebildet sein und im Bereich des Vollzuges eine bundeseinheitliche Anwendung von § 4b im Hinblick auf die Besonderheiten dieser Arzneimittel gewährleisten.[5] Nach § 4b Abs. 11 S. 2 iVm § 21 Abs. 4 ist schließlich auch vorgesehen, dass die zuständige Bundesoberbehörde unabhängig von einem Zulassungsantrag eines Herstellers auf Antrag einer zuständigen Landesbehörde über die Zulassungspflicht eines Arzneimittels für neuartige Therapien entscheiden kann. In § 144 wurden für die in § 4b Abs. 1 genannten Arzneimittel für neuartige Therapien gesonderte Übergangsvorschriften erlassen.

III. Sanktionenrechtliche Bedeutung der Vorschrift

Mit Freiheitsstrafe bis zu einem Jahr oder mit Geldstrafe wird nach § 96 Nr. 1 bestraft, wer **3** entgegen § 4b Abs. 3 S. 1 ein Arzneimittel abgibt. Gemäß § 97 Abs. 1 iVm § 96 Nr. 1 handelt ordnungswidrig, wer die in § 96 Nr. 1 unter Strafe gestellte Handlung fahrlässig begeht.

Zweiter Abschnitt. Anforderungen an die Arzneimittel

§ 5 Verbot bedenklicher Arzneimittel

(1) Es ist verboten, bedenkliche Arzneimittel in den Verkehr zu bringen oder bei einem anderen Menschen anzuwenden.

(2) Bedenklich sind Arzneimittel, bei denen nach dem jeweiligen Stand der wissenschaftlichen Erkenntnisse der begründete Verdacht besteht, dass sie bei bestimmungsgemäßem Gebrauch schädliche Wirkungen haben, die über ein nach den Erkenntnissen der medizinischen Wissenschaft vertretbares Maß hinausgehen.

Schrifttum: *Birkenstock,* Die Bestimmtheit von Straftatbeständen mit unbestimmten Gesetzesbegriffen – Am Beispiel der Verletzung des Verkehrsverbots bedenklicher Arzneimittel unter besonderer Berücksichtigung der Tatbestandslehre und der Rechtsprechung des Bundesverfassungsgerichts, 2004; *Di Fabio,* Risikoentscheidungen im Rechtsstaat – Zum Wandel der Dogmatik im öffentlichen Recht, insbesondere am Beispiel der Arzneimittelüberwachung, 1994; *Fuhrmann,* Sicherheitsentscheidungen im Arzneimittelrecht – Eine rechtliche Analyse zum Verbot bedenklicher Arzneimittel nach § 5 AMG und zum Nachmarktkontrollsystem unter Berücksichtigung des Lebensmittelrechts, 2005; *Hansen-Dix,* Zum Begriff „schädliche Wirkungen" im Arzneimittelrecht – dargestellt am Beschluss des OVG Berlin vom 26. November 1987, PharmR 1989, 8; *Georgy,* Die strafrechtliche Verantwortlichkeit von Amtsträgern für Arzneimittelrisiken – Am Beispiel öffentlich-rechtlicher Ethik-Kommissionen und des Bundesinstituts für Arzneimittel und Medizinprodukte, 2011; *Hart,* Die Unbedenklichkeit von Arzneimitteln zu zwei Beschlüssen des OVG Berlin, 26.11.1987 – 5 S 75.87 und 22.1.1988 – 5 S 102.87), MedR 1989, 15; *Hasskarl,* Bestimmungsgemäßer Gebrauch von Arzneimitteln, PharmInd 1980, 662; *Hauke/Kremer,* Der bestimmungsgemäße Gebrauch eines Arzneimittels, PharmR 1992, 162; *Hielscher,* Zulassung von Phytopharmaka – Wirksamkeitsnachweis – Risiko-Nutzen-Abschätzung, PharmR 1984, 1; *Horn,* Das „Inverkehrbringen" als Zentralbegriff des Nebenstrafrechts, NJW 1977, 2329; *Koenig,* Stand der Wissenschaft und Technik im Hinblick auf NAT/PCR-Testungen im Herstellungsprozess von Blutplasmapräparaten – Eine rechtswissenschaftliche Untersuchung, 2000; *Letzel/Wartensleben,* „Begründeter Verdacht" und „Jeweils gesicherter Stand der wissenschaftlichen Erkenntnis", PharmR 1989, 2; *Mayer,* Strafrechtliche Produktverantwortung bei Arzneimittelschäden – Ein Beitrag zur Abgrenzung der Verantwortungsbereiche im Arzneiwesen aus strafrechtlicher Sicht, 2008; *ders.,* Die strafrechtliche Rückrufpflicht des pharmazeutischen Unternehmers, PharmR 2008, 236; *Meyer,* E-Commerce mit Arzneimitteln: Ist der Internet-Vertrieb apothekenpflichtiger Arzneimittel an Endverbraucher in Deutschland zulässig?, 2000; *Papier,* Der bestimmungsgemäße Gebrauch der Arzneimittel: die Verantwortung des pharmazeutischen Unternehmers, 1980; *Patzak/Volkmer,* „Legal-High"-Produkte – wirklich legal? – Kräutermischungen, Badezusätze und Lufterfrischer aus betäubungs- und arzneimittelrechtlicher Sicht, NStZ 2011, 498; *Prütting,* Bedenkliche Arzneimittel – Muss der Apotheker abgeben, wenn der Arzt verordnet?, DAZ 1987, 310; *Räpple,* Das Verbot bedenklicher Arzneimittel: eine Kommentierung zu § 5 AMG, 1991; *Ratajczak,* Der „begründete Verdacht" in § 5 AMG und § 4 MPG, in *Ratajcak/Schwarz-Schilling* (Hrsg.), Arzneimittel und Medizinprodukte, 1997, S. 75; *Samson/Wolz,* Bedenklichkeit von Arzneimitteln und Gebrauchsinformation, MedR 1988, 71; *Wagner,* Arzneimittel-Delinquenz:

---

[5] Allgemeine Verwaltungsvorschrift zur Durchführung des Arzneimittelgesetzes vom 29.3.2006, BAnz. S. 2287.

Herstellen und Inverkehrbringen von Arzneimitteln, 1984; *Wesch,* Abgabe zurückgenommener Arzneimittel durch Ärzte, PharmR 2001, 191; *Wolz,* Bedenkliche Arzneimittel als Rechtsbegriff – Der Begriff der bedenklichen Arzneimittel und das Verbot ihres Inverkehrbringens in den §§ 95 I Nr. 1 iVm 5 AMG, 1988.

Übersicht

I. Überblick

1   Das Verbot, bedenkliche Arzneimittel in Verkehr zu bringen, wird gemeinhin als die „Grundnorm" des AMG erachtet.[1] Dieses Verbot gilt „absolut",[2] gegenüber jedermann und für jegliche Arzneimittel. Von ihm sind also auch „einfache" Tierarzneimittel erfasst, nicht nur solche, die zur Anwendung bei Tieren bestimmt sind, die der Lebensmittelgewinnung dienen, und die deshalb mittelbar (auch) der menschlichen Gesundheit gefährlich werden können.[3] Das Verkehrsverbot stellt einen gravierenden Eingriff in die allgemeine Handlungsfreiheit dar. Dieser Eingriff bedarf der sachlichen Rechtfertigung. Es gelten die allgemeinen Regeln der Legitimation von Verhaltensnormen:

2   Im Wege einer **Güter- und Interessenabwägung** ist zu klären, ob eine bestimmte Verhaltensnorm in concreto durch den damit zu erzielenden Nutzen für die berechtigten Belange des Rechtsgüterschutzes und eine etwa vorhandene Sonderverantwortlichkeit des Normadressaten gerechtfertigt werden kann.[4] Dabei versteht es sich von selbst, dass der Gedanke des Güterschutzes gerade nicht absolut zu verwirklichen ist. Vielmehr muss er sich – wie sonst auch – gewisse Abstriche gefallen lassen.[5] Vor diesem Hintergrund der notwendigen Legitimation von Verhaltensnormen hat die Konkretisierung dessen zu erfolgen, was unter einem Arzneimittel, unter „bedenklich" und unter „Inverkehrbringen" genau zu verstehen ist.

3   Das schon „klassisch" zu nennen Verbot des Inverkehrbringens bedenklicher Arzneimittel wurde im Jahre 2009 ergänzt durch das **Verbot,** solche Arzneimittel **bei einem anderen Menschen anzuwenden.** Dadurch sollte die Schutzlücke geschlossen werden, die sich aus dem Eingrenzungseffekt des Erfordernisses des Inverkehrbringens bei vergleichbarem Gefährlichkeitspotential ergibt:[6] So bringt zB der Arzt, der ein bedenkliches Arzneimittel seinem Patienten injiziert, dieses Arzneimittel nicht in den Verkehr und konnte nach früherem Recht

---

und des Subjektiven unter dem Aspekt der verfassungsrechtlichen Bestimmtheit auch *Birkenstock,* Bestimmtheit von Straftatbeständen (Fn. 14) S. 39 ff., 56 f. und passim.

[1] Vgl. den Bericht der Bundesregierung, BT-Drs. 9/1355, 8; *Wagner,* Arzneimittel-Delinquenz: Herstellen und Inverkehrbringen von Arzneimitteln, 1984, S. 68; *Wolz,* Bedenkliche Arzneimittel als Rechtsbegriff – Der Begriff der bedenklichen Arzneimittel und das Verbot ihres Inverkehrbringens in den §§ 95 I Nr. 1 iVm 5 AMG, 1988, S. 5.

[2] Vgl. *Sander* 39. Lfg. 2002, § 5 Rn. 1; *Deutsch/Lippert/Deutsch* Rn. 1, 2. – Zu den notwendigen Relativierungen bei der Konturierung entsprechender Verhaltensnormen s. freilich sogleich in → Rn. 2.

[3] Vorsätzliches Inverkehrbringen ist nach § 95 Abs. 1 Nr. 1, fahrlässiges Inverkehrbringen nach § 95 Abs. 4 iVm Abs. 1 Nr. 1 mit Strafe bewehrt.

[4] Vgl. dazu näher → Vor § 95 Rn. 5 ff. – Im hier interessierenden Zusammenhang ist es für die notwendige Güter- und Interessenabwägung auch von Bedeutung, ob es um den Schutz der *menschlichen Gesundheit* vor unmittelbaren oder mittelbaren Gefahren geht oder ob für ein bestimmtes Verkehrsverbot *nur* der *Tierschutz* (uU in Verbindung mit dem Schutz des Eigentums an den potentiell betroffenen Tieren) ins Feld geführt werden kann. Falls im Ergebnis ein Verbot ausschließlich im Interesse des Tier- bzw. Eigentumsschutzes legitimiert werden kann, muss bei der Sanktionierung eines Verstoßes dem Unwertunterschied Rechnung getragen werden, der sich im Verhältnis zu einem Verstoß gegen eine die menschlich Gesundheit schützende Verhaltensnorm ergibt.

[5] Näher dazu → StGB Vor § 13 Rn. 151 ff., 155 ff.; *Freund* AT § 1 Rn. 13 ff.

[6] Vgl. zu dieser Lückenschließungsfunktion etwa *Kloesel/Cyran* 123. Lfg. 2012, § 5 Anm. 11a (wo allerdings – nicht den Kern treffend – der Aspekt des ggf. fehlenden Verletzungserfolgs in den Vordergrund gerückt wird).

nicht nach spezifischem Arzneimittelstrafrecht bestraft werden.[7] Die unterschiedliche Behandlung der Konstellationen des Inverkehrbringens und des Anwendens ist in der Tat willkürlich. Denn unter Gefährdungsaspekten ist die Injektion des bedenklichen Mittels durch den Arzt mindestens gleichwertig. – Allerdings ist der Gesetzgeber bei seinem Reformversuch „auf halbem Weg" stehengeblieben. Denn nach wie vor werden bestimmte Fälle von den arzneimittelstrafrechtlich relevanten Verhaltensnormen sachwidrig nicht erfasst: Man denke etwa an denjenigen, der ein bedenkliches Arzneimittel unter Verstoß gegen eine Rückrufpflicht im Verkehr belässt und der auch nicht wegen eines Inverkehrbringens durch begehungsgleiches Unterlassen strafrechtlich zur Verantwortung gezogen werden kann. Solche Beispiele ließen sich vermehren (vgl. dazu bereits → § 4 Rn. 37 sowie noch → Vor § 95 Rn. 81 ff.).

II. Erläuterung

1. Arzneimittel. Der Begriff des Arzneimittels im Allgemeinen ist bereits oben kom- **4** mentiert worden.[8] Was den konkreten Kontext des § 5 anbelangt, so ist insbesondere darauf hinzuweisen, dass hier **jegliche Arzneimittel** erfasst sind, seien es „echte" oder fiktive, fertige oder für den Einzelfall produzierte.[9] Auch Arzneimittel, die zur Anwendung bei Tieren bestimmt sind, unterfallen dem Regelungsbereich der Verbotsnorm. Nach verbreiteter Auffassung sollen nach der Gesetzessystematik allerdings **Prüfpräparate zur klinischen Prüfung** ausgenommen sein; für sie sollen die speziellen Regeln des § 40 gelten.[10] Bezieht man auch Prüfpräparate grundsätzlich in den Anwendungsbereich des § 5 ein,[11] muss jedenfalls den besonderen Umständen Rechnung getragen werden, die mit den Erfordernissen der klinischen Prüfung zusammenhängen.

2. Bedenklichkeit. Zur Bestimmung derjenigen Arzneimittel, die dem Verkehr ganz **5** entzogen sein sollen, musste der Gesetzgeber sich zwangsläufig irgendeines kennzeichnenden Attributs bedienen. Seine Wahl ist auf den Begriff „bedenklich" gefallen,[12] der in Abs. 2 näher umschrieben wird. Das Verdikt der Bedenklichkeit ist danach das Resultat eines komplexen **Prognose- und Abwägungsvorgangs**, in den nicht weniger als **fünf Faktoren** eingehen: Es sind dies der bestimmungsgemäße Gebrauch, der begründete Verdacht, die schädliche Wirkung, der jeweilige Stand der wissenschaftlichen Erkenntnisse und das nach Erkenntnis der medizinischen Wissenschaft vertretbare Maß. Fast alle diese Determinanten sind ihrerseits nicht ohne Weiteres definierbar.

So nimmt es kaum Wunder, wenn dem Wortlaut des § 5 von mancher Seite die verfassungs- **6** rechtlich gebotene hinreichende Bestimmtheit abgesprochen wird.[13] Sowohl das BVerfG als auch der BGH haben diese Kritik jedoch vor einiger Zeit zurückgewiesen.[14] Wenn demnach de

---

[7] Dies war allenfalls – und selbst dann nicht überzeugend – möglich, wenn er dem Patienten das Mittel mit nach Hause gegeben und dieser es sich im Wege der Selbstinjektion verabreicht hat. Zwar mag der Wortlaut „Inverkehrbringen" in einem solchen Fall noch passen, jedoch ist die spezifische Ratio dieses Verbots beim seinen Patienten behandelnden Arzt gerade nicht einschlägig. – Zur ggf. notwendigen teleologischen Reduktion des zu weit geratenen Wortlauttatbestandes s. etwa *Ulsenheimer* FS Rissing-van Saan, 2011, 701 (705 f.); vgl. auch *Loose*, Strafrechtliche Grenzen ärztlicher Behandlung und Forschung, 2003, S. 102 mwN.
[8] S. dazu die Kommentierung zu § 2.
[9] *Wolz*, Bedenkliche Arzneimittel als Rechtsbegriff (Fn. 1) S. 31.
[10] So etwa Deutsch/Lippert/*Deutsch* Rn. 1.
[11] Diese Einbeziehung erscheint nicht zuletzt deshalb durchaus sinnvoll, weil es Fälle des Arzneimitteleinsatzes gibt, bei denen fraglich sein kann, *ob* sie als Arzneimittelprüfung iS des AMG aufzufassen sind. Man denke etwa an die kombinierte Anwendung zweier zugelassener Arzneimittel oder an Studien zur genaueren Dosisbestimmung bei einem zugelassenen Mittel.
[12] AMG-Bericht der Bundesregierung, BT-Drs. 9/1355, 8.
[13] Etwa von Deutsch/Lippert/*Lippert*, 1. Aufl. 2001, § 96 Rn. 6 mit Fn. 4; s. ergänzend Deutsch/Lippert/*Tag* §§ 95/96 Rn. 5. Kritisch zur Wortwahl auch Deutsch/Lippert/*Deutsch* Rn. 4.
[14] BVerfG 26.4.2000 – 2 BvR 1881/99 u. 2 BvR 1892/99 (mitgeteilt bei *Birkenstock*, Die Bestimmtheit von Straftatbeständen mit unbestimmten Gesetzesbegriffen – Am Beispiel der Verletzung des Verkehrsverbots bedenklicher Arzneimittel unter besonderer Berücksichtigung der Tatbestandslehre und der Rechtsprechung des Bundesverfassungsgerichts, 2004, S. 328 ff.); BGH 11.8.1999 – 2 StR 44/99, MedR 2000, 482; s. dazu auch BGH 3.12.1997 – 2 StR 270/97, BGHSt 43, 336 (342 f.) (unerlaubte Herstellung von „Designer-Drogen" als möglicherweise bedenkliche Arzneimittel).

lege lata weiterhin mit dem Begriff „bedenklich" und mit den ihn tragenden Strukturelementen gearbeitet werden muss, ist das durchaus erträglich. Denn selbst wenn die gesetzliche Formulierung nicht optimal gelungen sein mag, darf man sich von denkbaren alternativen Gesetzesfassungen keine nennenswert größere Bestimmtheit erhoffen. Die notwendige Offenheit der gesetzlichen Formulierungen ist vielmehr sachbedingt. Eine zu weitgehende Festlegung durch den Gesetzestext ginge immer auf Kosten der Sachgerechtigkeit der getroffenen Regelung.[15]

7   **a) Bestimmungsgemäßer Gebrauch.** Mit dem Tatbestandelement des „bestimmungsgemäßen Gebrauchs" strebt das Gesetz eine Abgrenzung verschiedener Verantwortungssphären an:[16] Wer ein Arzneimittel in Verkehr bringt, ist dafür verantwortlich, dass es bei bestimmungsgemäßem Gebrauch keine schädlichen Folgen bewirkt, die das Maß des medizinisch Vertretbaren übersteigen. Weichen dagegen der Arzt oder (freiverantwortlich, insbesondere hinreichend aufgeklärt) der Konsument von diesem Gebrauch ab, fallen die schädlichen Folgen in deren Verantwortungsbereich. Obwohl das Element demnach von beachtlicher rechtlicher Bedeutung ist, wird es im Gesetz nirgends näher umschrieben.

8   Bei schematischer Betrachtung scheinen sich zunächst zwei Wege zu eröffnen, den bestimmungsgemäßen Gebrauch zu interpretieren: Entweder spricht man die Bestimmungsmacht **subjektiv** allein dem „Inverkehrbringer" zu – bestimmungsgemäß wäre demnach nur der Gebrauch, der mit den Anwendungshinweisen in Einklang steht.[17] Oder aber man **„objektiviert"** den Begriff des bestimmungsgemäßen Gebrauchs in mehr oder minder extensiver Form – mit umfasst wäre dann je nach Verständnis (zusätzlich) auch nahezu jede tatsächlich praktizierte Anwendung oder doch die häufige oder naheliegende Falschanwendung bzw. zumindest die wissenschaftlich empfohlene Anwendung.[18] Praktischer Hintergrund dieser Frage ist ein offensichtlicher Interessenwiderstreit: Während ein mehr oder minder „objektives" Verständnis des bestimmungsgemäßen Gebrauchs den Schutzkreis des § 5 weiter zieht, also grundsätzlich dem Verbraucher dient, werden die Hersteller von Arzneimitteln eher daran interessiert sein, ihre haftungs- und strafrechtlichen Risiken möglichst zu minimieren.

9   Tatsächlich erscheint die Bildung eines solchen **Gegensatzpaars** jedoch **verfehlt.** Es ist zu grob und holzschnittartig, als dass sich die sachlichen Probleme mit ihm angemessen lösen ließen. Richtigerweise muss der bestimmungsgemäße Gebrauch (wie schon die Funktionsbestimmung als Arzneimittel)[19] von der Verkehrsauffassung festgelegt werden. Dafür ist die Gebrauchsanweisung des Herstellers selbstverständlich von grundlegender Bedeutung.

10   Allerdings ist es nicht ausgeschlossen, dass sich im Verkehr ein weitergehender „bestimmungsgemäßer Gebrauch" herausbildet, den der Hersteller bzw. Inverkehrbringer durch die Erfüllung der **Produktbeobachtungspflicht** erkennen und bei seinem Verhalten berücksichtigen muss.[20] Schon diese abstrakte Überlegung zeigt, dass die Trennung in eine „subjektive" und eine „objektive" Gebrauchsbestimmung nicht sinnvoll ist.[21]

---

[15] Näher zur Problematik der Konstruktion von Sanktionsnormen, die für Änderungen im Verhaltensnormbereich die notwendige Offenheit besitzen, → Vor § 95 Rn. 51 ff.

[16] Anschaulich, auch zum Folgenden, *Räpple,* Das Verbot bedenklicher Arzneimittel, 1991, S. 57 f. – Zur Bedeutung der Abgrenzung von Verantwortungsbereichen (auch) für das Strafrecht auch → § 8 Rn. 18, 3. Abschnitt → §§ 13–20d Rn. 7 ff.; ferner allg. → StGB Vor § 13 Rn. 404 ff. – Zur Verantwortlichkeit des Apothekers im Verhältnis zu der des Arztes, der bei seinem Patienten einen „Off-Label-Use" praktiziert s. Kügel/Müller/Hofmann/*Hofmann* Rn. 9.

[17] IdS etwa *Hauke/Kremer* PharmR 1992, 162 (164 f.) mwN; Erbs/Kohlhaas/*Pelchen/Anders,* A 188, AMG, 187. Lfg. 2011, § 5 Rn. 5; wohl auch *Rehmann* Rn. 3 und – im Grundsatz – Deutsch/Lippert/*Deutsch* Rn. 6; *Wolz,* Bedenkliche Arzneimittel als Rechtsbegriff (Fn. 1) S. 59 ff.

[18] IS einer Objektivierung nach der Verkehrsauffassung etwa *Räpple,* Das Verbot bedenklicher Arzneimittel (Fn. 16) S. 63 ff.; vgl. auch Erbs/Kohlhaas/*Pelchen/Anders,* A 188, AMG, 187. Lfg. 2011, § 5 Rn. 5 (sofern es an einer ausdrücklichen Bestimmung fehlt, soll es auf den in verständigen Verbraucherkreisen üblichen Gebrauch ankommen); Fuhrmann/Klein/Fleischfresser/*Mayer* § 45 Rn. 15.

[19] S. dazu auch → § 2 Rn. 5.

[20] Zur Produktbeobachtungspflicht vgl. noch unten → §§ 64–69b Rn. 4, → Vor § 95 Rn. 12.

[21] Im Grundsatz richtig deshalb der differenziertere Ansatz des BGH (vgl. BGH 10.6.1998 – 5 StR 72/98, StV 1998, 663: Im Falle des illegalen Handels mit Anabolika in Fitnessstudios kann auch der bestimmungsgemäße Missbrauch den bestimmungsgemäßen Gebrauch darstellen). Gegen eine Trennung des Objektiven

b) Nach dem jeweiligen Stand der wissenschaftlichen Erkenntnisse begründeter 11
Verdacht schädlicher Wirkungen. Ist der Rahmen des bestimmungsgemäßen Gebrauchs
festgelegt, so bedarf es innerhalb desselben eines – nach dem jeweiligen Stand der wissenschaftlichen Erkenntnisse – begründeten Verdachts schädlicher Wirkungen.

aa) Schädliche Wirkungen. Wirkungen eines Arzneimittels sind alle Reaktionen des 12
Organismus, die durch Arzneimittel ausgelöst werden. Dazu zählen grundsätzlich auch
Placebo-Effekte. Allerdings wird im Rahmen des § 5 zT eine Einschränkung vorgenommen:
Wirkungen iS des Gesetzes seien nur pharmakologisch verursachte, nicht aber rein psychisch
vermittelte Reaktionen. Denn das AMG wolle gerade (und nur) arzneimittelspezifischen
Gefahren wehren.[22] Indessen sind auch Placebo-Effekte durchaus arzneimittelspezifisch.
Und es ist letztlich eine Frage der Wertung, ob solche (möglichen) Effekte ein Arzneimittel
zu einem bedenklichen machen.[23]

Schädlich ist eine Wirkung, wenn sie die Gesundheit des Arzneimittelkonsumenten nach- 13
teilig beeinflusst.[24] Häufig wird das bei Nebenwirkungen (§ 4 Abs. 13) der Fall sein; zwangsläufig ist dies aber keineswegs, da es theoretisch auch gesundheitsfördernde Nebenwirkungen
geben kann.[25] Der (eher akademische) Streit darum, ob schädliche Wirkungen und Nebenwirkungen gleichzusetzen sind,[26] ist deshalb im verneinenden Sinne zu entscheiden.

Umstritten ist ferner die Frage, ob auch schon leichteste gesundheitliche Nachteile, wie 14
etwa die gesteigerte Pulsfrequenz oder Akkomodationsstörungen des Auges, als schädliche
Wirkungen iS des Abs. 2 angesehen werden können. Das ist richtigerweise zu bejahen.[27]
Genauso hindert die extreme statistische Seltenheit einer bestimmten (Neben-)Wirkung
nicht ihre Subsumtion unter den Begriff der schädlichen Wirkung.[28] Denn auch noch so
minimale, noch so unwahrscheinliche Gesundheitsbeeinträchtigungen sollte ein Arzneimit-
telkonsument nur dann hinnehmen müssen, wenn das Mittel zugleich auch irgendeinen
positiven Effekt zeigt.

Damit ist nicht etwa eine unangemessene Ausweitung des Verkehrsverbots verbunden: 15
Zur Bedenklichkeit des entsprechenden Arzneimittels führt die schädliche Wirkung nach
dem eindeutigen Wortlaut des Gesetzes erst (und nur) dann, wenn sie über das medizinisch
vertretbare Maß hinausgeht. Mit der Bejahung einer schädlichen Wirkung ist also noch
keine entscheidende Weiche gestellt, sondern nur ein (allerdings notwendiges) Abwägungs-
datum beschrieben.

bb) Begründeter Verdacht. Nach Abs. 2 ist es nicht erforderlich, dass ein Arzneimittel 16
nachweislich zu schädlichen Wirkungen führt. Vielmehr genügt bereits ein insoweit bestehender „begründeter Verdacht". Nach der Literatur soll ein solcher vorliegen, wenn „ernst

---

und des Subjektiven unter dem Aspekt der verfassungsrechtlichen Bestimmtheit auch *Birkenstock,* Bestimmtheit
von Straftatbeständen (Fn. 14) S. 39 f., 56 f. und passim.
[22] So *Wolz,* Bedenkliche Arzneimittel als Rechtsbegriff (Fn. 1) S. 53 f.; ihr folgend *Räpple,* Das Verbot
bedenklicher Arzneimittel (Fn. 16) S. 42.
[23] Allgemein zu diesem Wertungsproblem → Rn. 21 ff.
[24] *Sander* 39. Lfg. 2002, § 5 Anm. 4; *Kloesel/Cyran* 121. Lfg. 2012, § 5 Anm. 15; *Räpple,* Das Verbot bedenklicher Arzneimittel (Fn. 16) S. 42; *Wagner,* Arzneimittel-Delinquenz (Fn. 1) S. 75.
[25] Bemerkenswert ist in diesem Zusammenhang auch, dass die einem Mittel zugedachte Funktion bewer-
tungsrelevant sein kann: ZB war die empfängnisverhütende Wirkung der „Pille" ursprünglich wohl auch nur
eine „Nebenwirkung" des Präparats, zu deren Erzielung es später gezielt eingesetzt worden ist.
[26] Dafür Erbs/Kohlhaas/*Pelchen/Anders,* A 188, AMG, 187. Lfg. 2011, § 95 Rn. 2; wohl auch *Biermann,*
Die Arzneimittelprüfung am Menschen, Diss. Gießen, 1985, S. 130 f.; Fuhrmann/Klein/Fleischfresser/*Mayer*
§ 45 Rn. 14; *Vogeler* MedR 1984, 132 ff.; dagegen OVG Berlin 26.11.1987 – OVG 5 S 75.87, PharmR 1988,
57 (58); *Räpple,* Das Verbot bedenklicher Arzneimittel (Fn. 16) S. 43 ff.; *Hansen-Dix* PharmR 1989, 8 (9);
Wolz, Bedenkliche Arzneimittel als Rechtsbegriff (Fn. 1) S. 55 f.
[27] Ebenso *Räpple,* Das Verbot bedenklicher Arzneimittel (Fn. 16) S. 57; *Hansen-Dix* PharmR 1989, 8
(10 f.); *Hart* MedR 1989, 15 (17 f.); *Wolz,* Bedenkliche Arzneimittel als Rechtsbegriff (Fn. 1) S. 59. Für die
konkreten Beispiele ablehnend dagegen OVG Berlin 26.11.1987 – OVG 5 S 75.87, PharmR 1988, 57 (58);
22.1.1988 – OVG 5 S 102.87, PharmR 1988, 66 (66 f.).
[28] Anders Deutsch/Lippert/*Deutsch* Rn. 8, der bei sehr seltenen Nebenwirkungen § 5 nicht anwenden
will.

zu nehmende Erkenntnisse den Schluss nahelegen", dass das in Frage stehende Arzneimittel „unvertretbare schädliche Wirkungen haben kann".[29] Daran schließt sich aber doch unmittelbar die Frage an, welche Erkenntnisse wann ernst zu nehmen sind. Um das zu beantworten, bedarf es eines näheren Blicks auf die Konstituenten eines begründeten Verdachts.

17   **Verdacht** bezeichnet einen gewissen, vermuteten und zunächst nicht ohne Weiteres quantifizierbaren Sicherheits- oder Unsicherheitsgrad für die Richtigkeit einer Hypothese.[30] Wenn man sich ihn auf einer Wahrscheinlichkeitsskala vorstellt, ist er „nach unten" abzugrenzen von der bloßen Spekulation (dagegen ist die Abgrenzung „nach oben" zur Gewissheit im hiesigen Kontext unerheblich). Wo diese Schwelle zwischen Spekulation und Verdacht verläuft, lässt sich zwar theoretisch auf der vorgestellten Skala allgemein gültig fixieren. Die Wirklichkeit hingegen vollzieht sich nicht in Prozentzahlen; sie ist auch nicht in ohne Weiteres verallgemeinerungsfähigen „objektiven" empirischen Befunden darstellbar.

18   Jeder Verdacht ist deshalb letztendlich ein **Konstrukt,** das durch die Auseinandersetzung mit möglichen unterschiedlichen Einschätzungen der Sachlage zustande kommt.[31] Dass dabei nicht auf den notwendigen Sachverstand verzichtet werden darf – also ggf. entsprechende Sachverständige zu Rate zu ziehen sind[32] –, versteht sich von selbst. Auf dieser Basis muss eine Schädigung durch die Anwendung eines Arzneimittels plausibel, wahrscheinlich oder naheliegend erscheinen, jedenfalls zumindest nach unserem Erfahrungswissen möglich sein. Entscheidend kommt es also auf eine anzunehmende **Schädigungsmöglichkeit** an.

19   Dass der Verdacht **begründet** sein muss, ist trivial. Das Attribut stellt primär klar, dass ein rein intuitiver, unbestimmter, nicht substantiierter Argwohn keinen Verdacht iS des Gesetzes darstellt (obwohl das Wort „Verdacht" durchaus auch in diesem letzteren Sinne gebraucht wird).[33] In Anbetracht der gravierenden Rechtsfolgen, die an den Tatbestand des § 5 anknüpfen können, kann das auch schwerlich anders sein. Ein begründeter Verdacht ist demnach nur dann gegeben, wenn die in Rede stehende Hypothese (möglicher Ursachenzusammenhang zwischen Arzneimittel und schädlicher Wirkung) mit „intersubjektiv nachprüfbaren"[34] Belegen, also mit einer Begründung, versehen ist.

20   **cc) Jeweiliger Stand der wissenschaftlichen Erkenntnisse.** Die Beurteilungsbasis zur Ermittlung eines begründeten Verdachts ist der „jeweilige Stand der wissenschaftlichen Erkenntnisse". Auch hierbei handelt es sich im Grunde um eine Selbstverständlichkeit. Mit der Betonung des **„jeweiligen"** Stands bekennt sich der Gesetzgeber zu der wissenschaftstheoretischen Einsicht, dass es den Idealzustand absoluter Gewissheit nicht gibt; und die Verwendung des Plurals **„Erkenntnisse"** verweist auf die Notwendigkeit, einen Pluralismus von Meinungen zu verarbeiten.[35] Eine praktische Konsequenz der Formulierung liegt darin, dass – angesichts des sich ständig wandelnden Stands der Erkenntnisse – ein ursprünglich als unbedenklich erachtetes Arzneimittel ohne Weiteres auch nach seiner Markteinführung zu einem „bedenklichen" werden kann.[36] Dann stellt sich die Frage nach der – auch strafrechtlichen – Verantwortlichkeit für das weitere Inverkehr*bleiben* bereits in Verkehr gebrachter, aber erst nachträglich als bedenklich erkannter Arzneimittel.[37]

21   **c) Nach den Erkenntnissen der medizinischen Wissenschaft vertretbares Maß.** Auch wenn ein Arzneimittel bei bestimmungsgemäßem Gebrauch schädlicher Wirkungen

---

[29] So KPV/*Volkmer* § 95 Rn. 25; vgl. auch Fuhrmann/Klein/Fleischfresser/*Mayer* § 45 Rn. 16.

[30] *Letzel/Wartensleben* PharmR 1989, 2 (3), dort instruktiv auch zum Folgenden.

[31] Vgl. dazu *Letzel/Wartensleben* PharmR 1989, 2 (5).

[32] In dem Zeitraum, dessen es zur möglichen und notwendigen Klärung der Sachlage bedarf, haben die Interessen des Herstellers hinter denen des Verbrauchers zurückzustehen; VG Berlin 15.1.1979 – VU 14 A 13/79, nachgewiesen bei *Kloesel/Cyran* E 6 (zu Clofibrat).

[33] Zu den zwei Bedeutungen des Wortes „Verdacht" s. *Letzel/Wartensleben* PharmR 1989, 2 (3); vgl. ferner Erbs/Kohlhaas/*Pelchen/Anders,* A 188, AMG, 187. Lfg. 2011, § 5 Rn. 3; *Rehmann* Rn. 2.

[34] Vgl. *Letzel/Wartensleben* PharmR 1989, 2 (5).

[35] *Letzel/Wartensleben* PharmR 1989, 2 (5, 6).

[36] Vgl. Deutsch/Lippert/*Deutsch* Rn. 7.

[37] Vgl. dazu bereits → § 4 Rn. 37 f.; ferner noch → Vor § 95 Rn. 12, 17 f., 83.

verdächtig ist, muss es deshalb noch nicht unbedingt bedenklich sein. Für dieses Verdikt bedarf es vielmehr gerade solcher schädlicher Folgen, die das „nach Erkenntnissen der medizinischen Wissenschaft vertretbare Maß" überschreiten. Das so bezeichnete Maß entpuppt sich damit als **entscheidendes Regulativ** bei der Beurteilung eines Arzneimittels als bedenklich oder nicht bedenklich.[38]

In der Literatur ist man sich grundsätzlich darüber einig, dass die Vertretbarkeitsgrenze **22** im Wege einer **Nutzen-Risiko-Abwägung** ermittelt werden muss.[39] Das entspricht auch der Intention des Gesetzgebers, nach der schädliche Wirkungen hinzunehmen seien, wenn therapeutische Effekte überwögen.[40] Demnach sind bei der Ermittlung des medizinisch vertretbaren Maßes in einem ersten Schritt Nutzen und Risiken eines Arzneimittels zu bestimmen. In einem zweiten Schritt sind sie dann gegeneinander abzuwägen. Dabei ist unter dem **Nutzen** eines Arzneimittels dessen therapeutische Wirksamkeit zu verstehen;[41] das **Risiko** lässt sich als Produkt aus der Wahrscheinlichkeit und der Intensität schädlicher Wirkungen umschreiben.[42]

So einleuchtend das geschilderte Konzept in der Theorie erscheinen mag, so schwierig **23** gestaltet sich die geforderte Abwägung mitunter in der Praxis. Zwar lässt sich in einfachen Fällen sehr wohl ein eindeutiges Überwiegen des Risikos konstatieren – etwa wenn ein Arzneimittel gar keinen Nutzen, wohl aber schädliche Wirkungen aufweist, oder wenn ein Arzneimittel hinsichtlich der Wahrscheinlichkeit oder Intensität schädlicher Wirkungen riskanter ist als die zu behandelnde Krankheit selbst.[43] Meistens aber werden sich Nutzen wie Risiken eines Arzneimittels kaum exakt quantifizieren und noch weniger abwägen lassen, zumal es insoweit an anerkannten Methoden fehlt.[44] Es ist deshalb falsch anzunehmen, die **Nutzen-Risiko-Abwägung** sei ein simpler Rechenvorgang mit vorgegebenen Faktoren.[45] Letztlich kann sie nicht ohne Wertungen auskommen.[46]

Solche Wertungen, die über den entschiedenen Einzelfall hinausführen, lassen sich der **24** **Rechtsprechungskasuistik** nur sehr begrenzt entnehmen.[47] Insoweit kommt es eben doch sehr auf die genauen Verhältnisse zu einem bestimmten Zeitpunkt an, der vergangen ist, wenn ein „Fall" zu den Gerichten gelangt. Hinterher ist man meist klüger. Die Beurteilung der Bedenklichkeit hat aber bezogen auf die **Sachlage** zu erfolgen, die sich dem Betreffenden im **verhaltensrelevanten Zeitpunkt** darbietet.[48]

Dieselbe Wertungsproblematik stellt sich auch bei der **Arzneimittelprüfung**. Deshalb **25** wäre es verfehlt, § 5 in solchen Fällen überhaupt nicht als relevant anzusehen. Es ist durchaus möglich, den Besonderheiten der klinischen Prüfung eines Arzneimittels bei der spezifischen Konkretisierung des § 5 Rechnung zu tragen. Andernfalls wäre gerade ein besonders sensib-

---

[38] So auch *Wolz*, Bedenkliche Arzneimittel als Rechtsbegriff (Fn. 1) S. 70 („Kernproblem des Bedenklichkeitsbegriffs").

[39] Deutsch/Lippert/*Deutsch* Rn. 7; KPV/*Volkmer* § 95 Rn. 42; Fuhrmann/Klein/Fleischfresser/*Mayer* § 45 Rn. 17; Erbs/Kohlhaas/*Pelchen/Anders,* A 188, AMG, 187. Lfg. 2011, § 5 Rn. 2; *Rehmann* Rn. 2.

[40] BT-Drs. 7/3060, 45.

[41] Amtliche Begründung, BT-Drs. 7/3060, 45; *Wagner,* Arzneimittel-Delinquenz (Fn. 1) S. 75; *Wolz,* Bedenkliche Arzneimittel als Rechtsbegriff (Fn. 1) S. 71.

[42] *Wolz,* Bedenkliche Arzneimittel als Rechtsbegriff (Fn. 1) S. 81.

[43] Vgl. die Beispiele bei *Wolz,* Bedenkliche Arzneimittel als Rechtsbegriff (Fn. 1) S. 88 ff., 96, die insoweit von „absoluter Bedenklichkeit" spricht.

[44] *Letzel/Wartensleben* PharmR 1989, 2 (5).

[45] Zutreffend *Wolz,* Bedenkliche Arzneimittel als Rechtsbegriff (Fn. 1) S. 70.

[46] Die Problematik des notwendigen Werturteils betont mit Recht *Di Fabio*, Risikoentscheidungen im Rechtsstaat – Zum Wandel der Dogmatik im öffentlichen Recht, insbesondere am Beispiel der Arzneimittelüberwachung, 1994, S. 176 ff., 181 (der unter Berufung auf *Fülgraff* darauf hinweist, dass Wissenschaftler zwar Fachleute für die Abschätzung von Nutzen und Risiko sind, aber nicht Fachleute für Werturteile).

[47] Zu den Versuchen einer Konkretisierung s. etwa Kügel/Müller/Hofmann/*Hofmann* § 5 Rn. 27 ff. mwN; ferner → § 95 Rn. 38 ff.

[48] Dies betont als unverzichtbar auch für die verfassungsrechtliche Bestimmtheitsprüfung zu Recht *Birkenstock,* Bestimmtheit von Straftatbeständen (Fn. 14) S. 72 ff., 129 ff. Näher zum Hintergrund der notwendigen Perspektivenbetrachtung bei der Verhaltensnormkonturierung → StGB Vor § 13 Rn. 179 ff.; *Freund* GA 1991, 387 ff.; s. auch → Vor § 95 Rn. 20 f., → § 95 Rn. 33 ff.

ler Bereich von der Strafdrohung des § 95 Abs. 1 Nr. 1 ohne sachlichen Grund ausgenommen.[49]

26   Wenn der Blick auf bereits ergangene Urteile nicht weiter führt, ist es hilfreich, sich die hier erörterten Grundlagen der Strafbarkeit in Erinnerung zu rufen[50] und den Begriff der Bedenklichkeit von dort her zu klären. Das Bedenklichkeitsurteil ist die Grundlage des Verkehrsverbots; und das Verkehrsverbot muss das geeignete, erforderliche und angemessene Mittel zum Schutz der Rechtsgüter Leben und Gesundheit sein. Entscheidend kommt es also auf die **Legitimationsbedingungen für Verhaltensnormen** an.[51] Gewiss lösen sich damit nicht alle Einzelfallprobleme von selbst. Sie werden aber zumindest in den richtigen sachlichen Kontext gestellt und begrifflich handhabbar gemacht. Die Kriterien für ihre Lösung werden offengelegt. Auf dieser Grundlage lässt sich dann nachvollziehbar argumentieren und entscheiden.

27   **3. Inverkehrbringen.** Zum Begriff des Inverkehrbringens näher → § 4 Rn. 22 ff. Die **Anwendung bei einem anderen Menschen** erfasst zB das Auftragen auf die Haut oder das Injizieren mit einer Spritze sowie die Verabreichung über einen Inhalator. Zu beachten ist, dass anders als beim Inverkehrbringen, das auch für reine Tierarzneimittel gilt, das Anwenden bei einem anderen Menschen erfolgen muss. Der Tierschutz bleibt in diesem Bereich außen vor.

III. Sanktionenrechtliche Bedeutung der Vorschrift

28   Die Sanktionsnorm zum **Inverkehrbringen bedenklicher Arzneimittel** bildet eine Art **Grundnorm der arzneimittelstrafrechtlichen Produktverantwortlichkeit.**[52] Vorsätzliches Inverkehrbringen eines bedenklichen Arzneimittels ist nach § 95 Abs. 1 Nr. 1 strafbar; fahrlässiges Inverkehrbringen wird von § 95 Abs. 4 iVm Abs. 1 Nr. 1 erfasst. Als in Bezug genommene Norm spielt in diesem Zusammenhang auch § 73a eine Rolle. – Näher zur Problematik des Vorsatzes → Vor § 95 Rn. 31 ff., → § 95 Rn. 3 ff.; zur Fahrlässigkeit → Vor § 95 Rn. 20 f., 27 ff., → § 95 Rn. 30 ff.

29   Rechtspolitisch scharf zu kritisieren an der grundsätzlich „intakten" Sanktionsnorm, die durch § 5 mitkonstituiert wird, ist freilich die Gleichschaltung des Schutzes der **menschlichen Gesundheit** mit dem bloßen **Tier- und Eigentumsschutz** vor Gefährdungen durch bedenkliche Arzneimittel. Zwar mag im Ergebnis ein Verbot des Inverkehrbringens eines „einfachen" Tierarzneimittels wegen seiner Bedenklichkeit zB für Zierfische, Katzen oder Goldhamster im Interesse des Tier- bzw. Eigentumsschutzes zu legitimieren sein. Da aber solche Tiere bei uns wohl kaum in die menschliche Nahrungskette gelangen dürften, hat ein Verhaltensnormverstoß qualitativ einen anderen Stellenwert als ein Verstoß gegen eine die menschliche Gesundheit schützende Verhaltensnorm. Mit Recht käme bei uns niemand auf die Idee, die vollendete Körperverletzung an einem Menschen und an einem Tier in derselben Sanktionsnorm zu erfassen. Im vorgelagerten Gefährdungsbereich findet aber genau diese unangemessene Gleichschaltung durch § 95 Abs. 1 Nr. 1 (ggf. iVm Abs. 4) statt. Sachgerecht konstruierte Sanktionsnormen differenzieren bei grundverschiedenen Unwertsachverhalten bereits im Bereich des **Tatbestands** und verlagern die notwendige und im Tatbestandsbereich ohne Weiteres mögliche Unterscheidung nicht in den Bereich der Strafzumessung. Denn sonst wird der **Schuldspruch** seiner Funktion nicht mehr gerecht, das **verwirklichte Unrecht** möglichst präzise zu beschreiben.[53]

---

[49] Ob die strafrechtlichen Sonderregelungen zur Arzneimittelprüfung (s. dazu §§ 40–42b iVm § 96 Nr. 10 und 11) die Lücke schließen würden, ist keineswegs sicher.

[50] Näher dazu → Vor § 95 Rn. 2 ff.

[51] S. dazu in grundsätzlichem Zusammenhang → StGB Vor § 13 Rn. 155 ff.; ferner bereits *Freund*, Erfolgsdelikt und Unterlassen, 1992, S. 51 ff., jew. mwN.

[52] Sie könnte durchaus eine Vorbildfunktion für einen in das Kernstrafrecht zu integrierenden allgemeinen Tatbestand der Lebens- und Gesundheitsgefährdung durch Produkte übernehmen (näher zu dieser rechtspolitischen Problematik → Vor § 95 Rn. 78 ff.).

[53] Näher zur grundlegenden Bedeutung des richtigen Schuldspruchs für die Erfüllung der strafrechtlichen Aufgabe *Freund/Rostalski* JZ 2015, 164 ff.; s. auch *Freund*, Erfolgsdelikt und Unterlassen, 1992, S. 107 ff.; *ders.* ZLR 1974, 261 (275 ff.). – Zu der de lege lata immerhin zu wählenden „Notlösung" der Problematik bei der Strafverfolgung und Strafbemessung vgl. Kügel/Müller/Hofmann/*Hofmann* Rn. 48.

Nach § 95 Abs. 1 Nr. 1 ist auch das **Anwenden** eines bedenklichen Arzneimittels bei **30** einem anderen Menschen als **Vorsatztat** strafbar; **fahrlässiges Anwenden** wird von § 95 Abs. 4 iVm Abs. 1 Nr. 1 erfasst. Allerdings ist zu beachten, dass anders als beim Inverkehrbringen, das auch für reine Tierarzneimittel gilt, das Anwenden bei einem Tier nicht genügt. Tiere sind insofern nicht geschützt.

§ 6 Ermächtigung zum Schutz der Gesundheit

(1) ¹**Das Bundesministerium für Gesundheit (Bundesministerium) wird ermächtigt, durch Rechtsverordnung mit Zustimmung des Bundesrates die Verwendung bestimmter Stoffe, Zubereitungen aus Stoffen oder Gegenstände bei der Herstellung von Arzneimitteln vorzuschreiben, zu beschränken oder zu verbieten, und das Inverkehrbringen und die Anwendung von Arzneimitteln, die nicht nach diesen Vorschriften hergestellt sind, zu untersagen, soweit es zur Risikovorsorge oder zur Abwehr einer unmittelbaren oder mittelbaren Gefährdung der Gesundheit von Mensch oder Tier durch Arzneimittel geboten ist.** ²**Die Rechtsverordnung nach Satz 1 wird vom Bundesministerium für Ernährung und Landwirtschaft im Einvernehmen mit dem Bundesministerium erlassen, soweit es sich um Arzneimittel handelt, die zur Anwendung bei Tieren bestimmt sind.**

(2) Die Rechtsverordnung nach Absatz 1 ergeht im Einvernehmen mit dem Bundesministerium für Umwelt, Naturschutz, Bau und Reaktorsicherheit, soweit es sich um radioaktive Arzneimittel und um Arzneimittel handelt, bei deren Herstellung ionisierende Strahlen verwendet werden.

Schrifttum zur Blankettnormproblematik: Siehe hierzu die ausführlichen Schrifttumsnachweise Vor § 95 vor Rn. 51.

I. Allgemeine Bedeutung der Vorschrift

Mittels § 6 wird das Bundesministerium für Gesundheit ermächtigt, **Verwendungsvor-** **1** **schriften** zu erlassen, mit denen Einfluss auf die Verwendung von Stoffen, Zubereitungen von Stoffen oder Gegenständen bei der Herstellung von Arzneimitteln genommen werden kann, indem die Verwendung vorgeschrieben, beschränkt oder ganz untersagt wird.[1] Sofern diese Verwendungsvorschriften nicht eingehalten wurden, kann das Inverkehrbringen von Arzneimitteln verboten werden, sofern dies zum Gesundheitsschutz bei Mensch oder Tier erforderlich ist. **Zweck** dieser Vorschrift ist es demnach, Gesundheitsgefährdungen bei Mensch und Tier auch außerhalb der bereits bestehenden §§ 5, 7 wirksam entgegenzutreten. Insofern ergänzt die Regelung des § 6 die Vorschriften der §§ 5 und 7, denen gemeinsam ist, das Inverkehrbringen von Arzneimitteln mit bestimmten Eigenschaften zu reglementieren und ggf. gänzlich zu untersagen. Die 12. AMG-Novelle hat den durch § 6 vermittelten Schutzstandard insofern erweitert, als jetzt ein Inverkehrbringen oder Anwenden von Arzneimitteln bereits dann untersagt werden kann, wenn dies zur **Risikovorsorge** geboten erscheint, während früher – nunmehr als Fall 2 aufgeführt – nur die Abwehr von (konkreten) Gefahren den Erlass einer entsprechenden Rechtsverordnung legitimierte.

§ 6 stellt eine nach Art. 80 Abs. 1 GG erforderliche **Ermächtigungsnorm**[2] zum Erlass **2** von Rechtsverordnungen dar, die den dort genannten Anforderungen an eine rechtmäßige Delegation der Normgebungskompetenzen an die Exekutive genügen muss. Insbesondere ist in diesem Zusammenhang zu beachten, dass Inhalt, Zweck und Ausmaß der erteilten Ermächtigung hinreichend im Gesetz bestimmt sein müssen.

Im Gegensatz zu § 5 lässt sich in § 6 nicht das Erfordernis der „Bedenklichkeit" der **3** hergestellten Arzneimittel finden. Mit Blick auf den **allgemeinen Verhältnismäßigkeits-**

---

[1] Ausführlich zur Bedeutung der Vorschrift BT-Drs. 7/3060, 46.
[2] Zu den Anforderungen an eine Ermächtigungsnorm vgl. statt vieler Maunz/Dürig/*Rennert,* 70. Lfg. 2013, GG Art. 80 Rn. 27 ff.

grundsatz[3] wird der Erlass eines strikten Verwendungsverbots allerdings rechtlich nur in den Fällen zu legitimieren sein, in denen das Verbot aus Gründen des Gesundheitsschutzes erforderlich ist und zudem kein gleichermaßen geeignetes „milderes Mittel", wie zB Schutzmaßnahmen in Form von Warnhinweisen oder Verschreibungspflichten, zur Verfügung steht, um den Gesundheitsgefahren effektiv zu begegnen.

4   Demnach kommt es auch hier zumindest auf eine potentielle Gefährlichkeit des Arzneimittels an, so dass der Anwendungsbereich des § 6 dem des § 5 stark angenähert sein dürfte. Arzneimittel, die iS der nach § 6 erlassenen Rechtsverordnung potentiell gefährlich sind, lassen sich oft auch als „bedenklich" iS des § 5 einstufen. Allerdings ist im Gegensatz zu § 5 eine Einzelfallprüfung, ob ausreichende Verdachtsmomente bestehen, nicht mehr vorgesehen. Vielmehr treten sofort bei Verstoß gegen die Verordnung die dort und in § 6 genannten Rechtswirkungen ein. Ein anderer als der in § 5 beschriebene Fall liegt auch dann vor, wenn Arzneimittel hergestellt worden sind, bei denen das Gebot der Verwendung bestimmter Stoffe (etwa Markierungsstoffe) nicht erfüllt wurde.[4] Diese Arzneimittel sind nicht zwingend „bedenklich" iSv § 5, so dass § 6 für diese Fälle eine Ergänzungsfunktion zukommt.

5   Allerdings ist insoweit bei der Bestimmung der angemessenen Reaktion auf den Normverstoß (nebst Folgen) dem etwa vorhandenen Unterschied im Unwertgehalt Rechnung zu tragen: Bei fehlender Bedenklichkeit muss – ceteris paribus – die Sanktion milder ausfallen.[5]

6   Aufgrund von § 6 sind bisher die **ArzneimittelfarbstoffVO** vom 25.8.1982 (mit Neufassung vom 17.10.2005) ua geändert durch Art. 8 Gesetz zur Änderung arzneimittelrechtlicher und anderer Vorschriften vom 17.7.2009, BGBl. I S. 1990,[6] die **VO über ein Verbot der Verwendung von Ethylenoxid bei Arzneimitteln** vom 11.8.1988 ua geändert durch Art. 9 Gesetz zur Änderung arzneimittelrechtlicher und anderer Vorschriften vom 19.7.2009, BGBl. I S. 1990,[7] die **Arzneimittel-TSE-VO** vom 9.5.2001 ua geändert durch Art. 11 Gesetz vom 19.7.2009, BGBl. I S. 1990,[8] die **FrischzellenVO** vom 4.3.1997,[9] die allerdings inzwischen vom BVerfG aus Gründen der fehlenden Regelungskompetenz für verfassungswidrig erklärt wurde,[10] und die **Aflatoxin-VerbotsVO**[11] vom 19.7.2000 (ua geändert durch Gesetz zur Änderung arzneimittelrechtlicher und anderer Vorschriften vom 19.7.2009, BGBl. I S. 1990) ergangen. Die **VO über das Verbot der Verwendung bestimmter Stoffe zur Herstellung von Arzneimitteln zur Anwendung bei Tieren** vom 21.10.1981 wurde durch VO vom 16.3.2009 aufgehoben, da die Inhalte durch die (lebensmittelrechtliche) VO über Stoffe mit pharmakologischer Wirkung umgesetzt wurden.[12]

---

[3] Näher zum verfassungsrechtlichen Verhältnismäßigkeitsgrundsatz etwa *Detterbeck,* Allgemeines Verwaltungsrecht mit Verwaltungsprozessrecht, 13. Aufl. 2015, Rn. 229 ff.; *Maurer,* Staatsrecht I, 6. Aufl. 2010, § 8 Rn. 55 ff. mwN.

[4] Mit diesem Beispiel *Rehmann* Rn. 1. S. auch Erbs/Kohlhaas/*Pelchen/Anders,* A 188, AMG, 187. Lfg. 2011, § 6 Rn. 3.

[5] Näher zur Problematik der Rechtsfolgebestimmung → StGB Vor § 13 Rn. 74 ff.; *Freund* GA 1999, 509 ff.; s. auch → Vor § 95 Rn. 40.

[6] Für die VO selbst BGBl. I S. 1237; Neufassung vom 17.10.2005, BGBl. I S. 3031 (FNA 2121-51-42).

[7] Für die VO selbst BGBl. I S. 1586 (FNA 2121-51-23); für die ÄndVO BGBl. I S. 1792.

[8] BGBl. I S. 856.

[9] Verordnung über das Verbot der Verwendung bestimmter Stoffe zur Herstellung von Arzneimitteln (Frischzellen-Verordnung) vom 4.3.1997, BGBl. I S. 432 (FNA 2121-51-1-2-3).

[10] BVerfG 16.2.2000 – 1 BvR 420/97, BVerfGE 102, 26 ff. = NJW 2000, 857 ff.: Dem Bundesgesetzgeber sei nur die Kompetenz zur Regelung des Verkehrs mit Arzneimitteln eingeräumt. Diese umfasse nicht die unbeschränkte Zuständigkeit zur Regelung aller Fragen des Arzneimittelrechts. Wolle der Bundesgesetzgeber zur Optimierung des Gesundheitsschutzes der Bevölkerung schon bei der Herstellung verkehrsfähiger Arzneimittel ansetzen, halte er sich nur so lange im Rahmen dieser Zuständigkeit, wie seine Regelung Arzneimittel betreffe, die zum Zwecke des Inverkehrbringens hergestellt werden. Unter Beachtung dieser verfassungsrechtlichen Vorgaben sei Abs. 1 dahin auszulegen, dass die Verwendung bestimmter Stoffe bei der Herstellung von Arzneimitteln nur dann durch Rechtsverordnung des Bundes verboten werden dürfe, wenn die Arzneimittel zum Zwecke der Abgabe an andere hergestellt werden. – Vgl. dazu auch Deutsch/Lippert/*Deutsch* Rn. 2 f. mwN.

[11] Für die VO BGBl. I S. 1081 (FNA 2121-51-33).

[12] Für die ursprüngliche VO selbst BGBl. I S. 1135 (FNA 2121-51-12); für die Aufhebungs- und Änderungsverordnung vom 16.3.2009, BGBl. I S. 510. – S. dazu Kügel/Müller/Hofmann/*Nickel* Rn. 21.

Als **Adressaten** kommen nicht nur Hersteller, sondern auch alle anderen Personen (ggf. **7** auch Unternehmen)[13] in Betracht, die Arzneimittel in den Verkehr bringen oder anwenden.[14] Unerheblich ist in diesem Zusammenhang, ob es sich um zugelassene oder registrierte Arzneimittel handelt. Selbst Ärzte kommen als Adressaten der Verhaltensnorm in Betracht, sofern sie das Arzneimittel iSv § 13 Abs. 1 S. 3 selbst herstellen.[15]

Im Bereich der Rechtsverordnungen macht sich der Einfluss des **Europarechts** bereits **8** bemerkbar und wird auch in Zukunft immer stärker sichtbar werden. Soweit eine EU-Richtlinie europaweit die Verwendung bestimmter Stoffe bei der Herstellung von Arzneimitteln untersagt, bedarf es einer Umsetzung in nationales Recht. Denn anders als eine EU-Verordnung wirkt eine EU-Richtlinie nicht ohne Weiteres unmittelbar, sondern bedarf grundsätzlich eines Transformationsaktes in das nationale Recht.

II. Sanktionenrechtliche Bedeutung der Vorschrift

Die §§ 95 Abs. 1 Nr. 2, 96 Nr. 2 sehen eine **Strafbarkeit** für den Verstoß gegen eine **9** in einer Rechtsverordnung nach § 6 normierte Verhaltensnorm vor, sofern sie für einen bestimmten Tatbestand auf eine dieser Vorschriften (rück-)verweist. Bei den beiden genannten Sanktionsnormen handelt es sich dementsprechend um sog **„qualifizierte Blankettnormen"**.[16] Eine solche **Rückverweisung** findet sich derzeit etwa in der ArzneimittelfarbstoffVO, in der VO über ein Verbot der Verwendung von Ethylenoxid bei Arzneimitteln, in der Aflatoxin-VerbotsVO sowie in der Arzneimittel-TSE-VO.

Handelt es sich bei den Verstößen gegen die jeweilige VO lediglich um ein fahrlässiges **10** Zuwiderhandeln, sind die Verstöße des § 95 Abs. 1 Nr. 2 nach § 95 Abs. 4 als Fahrlässigkeitsstraftat und die Verstöße des § 96 Nr. 2 nach § 97 Abs. 1 als **Ordnungswidrigkeit** zu ahnden.

§ 6a Verbot von Arzneimitteln zu Dopingzwecken im Sport *(aufgehoben)*

Die Dopingproblematik ist nunmehr im Gesetz gegen Doping im Sport (Anti-Doping- **1** Gesetz – AntiDopG) vom 10.12.2015, BGBl. I S. 2210 (FNA 212-4) geregelt; siehe die Kommentierung des AntiDopG unter II.

§ 7 Radioaktive und mit ionisierenden Strahlen behandelte Arzneimittel

(1) Es ist verboten, radioaktive Arzneimittel oder Arzneimittel, bei deren Herstellung ionisierende Strahlen verwendet worden sind, in den Verkehr zu bringen, es sei denn, dass dies durch Rechtsverordnung nach Absatz 2 zugelassen ist.

(2) [1]Das Bundesministerium wird ermächtigt, im Einvernehmen mit dem Bundesministerium für Umwelt, Naturschutz, Bau und Reaktorsicherheit durch Rechtsverordnung mit Zustimmung des Bundesrates das Inverkehrbringen radioaktiver Arzneimittel oder bei der Herstellung von Arzneimitteln die Verwendung ionisierender Strahlen zuzulassen, soweit dies nach dem jeweiligen Stand der wissenschaftlichen Erkenntnisse zu medizinischen Zwecken geboten und für die Gesundheit von Mensch oder Tier unbedenklich ist. [2]In der Rechtsverordnung können für die Arzneimittel der Vertriebsweg bestimmt sowie Angaben über die Radioaktivität auf dem Behältnis, der äußeren Umhüllung und der Packungsbeilage vorgeschrieben werden. [3]Die Rechtsverordnung wird vom Bundesministerium für Ernährung und Landwirtschaft im Einvernehmen mit dem Bundesministerium

---

[13] Zur speziellen Problematik der strafrechtlichen Verantwortlichkeit von Unternehmen → StGB Vor § 13 Rn. 146 f. mwN.

[14] Zum weiten Verständnis des Begriffs „Inverkehrbringen" → § 4 Rn. 22 ff.

[15] Deutsch/Lippert/*Deutsch* § 6 Rn. 1; *Kloesel/Cyran* 96. Lfg. 2005, § 6 Anm. 9.

[16] Zur Verfassungswidrigkeit derartiger qualifizierter Blankettnormen → Vor § 95 Rn. 53 ff.

und dem Bundesministerium für Umwelt, Naturschutz, Bau und Reaktorsicherheit erlassen, soweit es sich um Arzneimittel handelt, die zur Anwendung bei Tieren bestimmt sind.

I. Verbotstatbestand (Abs. 1) und Erlaubnisvorbehalt (Abs. 2)

1   Abs. 1 untersagt im Hinblick auf die spezifische Gefährlichkeit das Inverkehrbringen von **radioaktiven Arzneimitteln**[1] bzw. von Arzneimitteln, bei deren Herstellung ionisierende Strahlen verwendet wurden. Unter Berücksichtigung der Legaldefinition bleibt festzustellen, dass als radioaktive Arzneimittel nur solche Substanzen anzusehen sind, die gerade wegen ihrer Radioaktivität angewendet werden.[2] Fehlt einem Stoff oder einer Stoffzubereitung diese Zweckbestimmung und ist er dennoch radioaktiv, so kann er als bedenkliches Arzneimittel iSv § 5 Abs. 1 aufzufassen sein.[3] Richtig ist das freilich nur unter der Voraussetzung, dass nicht ausnahmsweise die Radioaktivität eine unvermeidbare Begleiterscheinung darstellt und als vertretbar riskant einzustufen ist. Für die Herstellung radioaktiver Arzneimittel greifen neben der allgemeinen Erlaubnispflicht nach § 13 noch ergänzend die Regelungen der StrahlenschutzVO vom 20.7.2001[4] ein.

2   Der Verbotstatbestand des § 7 gilt nicht nur für Arzneimittel, die in Deutschland hergestellt wurden, sondern erfasst auch **im Ausland produzierte Arzneimittel,** die radioaktiv sind bzw. bei deren Herstellung ionisierende Strahlen verwendet wurden, sofern sie in Deutschland in den Verkehr gebracht werden sollen.[5] Vom Verbot nicht erfasst werden Arzneimittel, die von der EMEA (European Medicines Evaluation Agency) zugelassen wurden: einer nationalen Zulassung unter Berücksichtigung des § 7 bedarf es in diesen Fällen nicht (mehr).[6]

3   Das generelle Verbot wird in Abs. 2 um einen **Erlaubnisvorbehalt** ergänzt, der immer dann eingreift, wenn eine Rechtsverordnung das Inverkehrbringen[7] derartiger Arzneimittel gestattet. Unter den in Abs. 2 näher bezeichneten Voraussetzungen wird das Bundesministerium für Gesundheit ermächtigt, mittels Rechtsverordnung Ausnahmen vom generellen Verbot des Abs. 1 zuzulassen, so dass dann auch radioaktive bzw. entsprechend behandelte Arzneimittel in den Verkehr gebracht werden können. Aufgrund dieser Ermächtigungsnorm wurde am 28.1.1987 eine Verordnung über radioaktive oder mit ionisierenden Strahlen behandelte Arzneimittel (AMRadVO) erlassen, die weitgehend dem europäischen Recht angeglichen wurde.[8]

II. Sanktionenrechtliche Bedeutung der Vorschrift

4   Bei vorsätzlichen bzw. fahrlässigen Zuwiderhandlungen gegen das Verbot des § 7 Abs. 1 tritt eine Strafbarkeit nach § 95 Abs. 1 Nr. 3 bzw. Abs. 4 ein. Der Versuch ist strafbar nach § 95 Abs. 2. Verstöße gegen die nach § 7 Abs. 2 erlassene Rechtsverordnung können über die Rückverweisungsnorm des § 5 der AMRadVO iVm § 97 Abs. 2 Nr. 31 als Ordnungswidrigkeit mit einer Geldbuße geahndet werden. Auch hier ergeben sich allerdings verfassungsrechtliche Bedenken hinsichtlich der **Rückverweisungstechnik** bei qualifizierten Blankettnormen.[9]

---

[1] Legaldefiniert in § 4 Abs. 8, vgl. hierzu die Kommentierung zu § 4.

[2] In diesem Sinne wohl auch *Rehmann* Rn. 1; *Kloesel/Cyran* 129. Lfg. 2015, § 7 Anm. 5, die solche Arzneimittel herausnehmen wollen, die natürlich strahlende Stoffe in technisch unvermeidbaren Spuren enthalten.

[3] *Rehmann* § 4 Rn. 8.

[4] Abgedruckt im BGBl. I S. 1714; Berichtigung im Jahr 2002, BGBl. I S. 1459 (FNA 751-1-8). – Zur Relevanz der Strahlenschutzverordnung für die klinische Prüfung s. *Eck,* Die Zulässigkeit medizinischer Forschung mit einwilligungsunfähigen Personen und ihre verfassungsrechtlichen Grenzen, 2005, S. 81 ff.

[5] *Rehmann* Rn. 1.

[6] Deutsch/Lippert/*Deutsch* Rn. 1.

[7] Ausführlich zum Begriff des Inverkehrbringens → § 4 Rn. 22 ff.

[8] Vgl. hierzu BGBl. I S. 502 – abgedruckt mit Stand vom 10.2.2006 bei Deutsch/Lippert/*Deutsch*, 2. Aufl. 2007, im Zusammenhang mit der Kommentierung des § 7.

[9] Ausführlich zu dieser Problematik die Kommentierung → Vor § 95 Rn. 53 ff.

§ 8 Verbote zum Schutz vor Täuschung

(1) Es ist verboten, Arzneimittel oder Wirkstoffe herzustellen oder in den Verkehr zu bringen, die
1. **durch Abweichung von den anerkannten pharmazeutischen Regeln in ihrer Qualität nicht unerheblich gemindert sind oder**
1a. *(aufgehoben)*
2. **mit irreführender Bezeichnung, Angabe oder Aufmachung versehen sind. Eine Irreführung liegt insbesondere dann vor, wenn**
   a) **Arzneimitteln eine therapeutische Wirksamkeit oder Wirkungen oder Wirkstoffen eine Aktivität beigelegt werden, die sie nicht haben,**
   b) **fälschlich der Eindruck erweckt wird, dass ein Erfolg mit Sicherheit erwartet werden kann oder dass nach bestimmungsgemäßem oder längerem Gebrauch keine schädlichen Wirkungen eintreten,**
   c) **zur Täuschung über die Qualität geeignete Bezeichnungen, Angaben oder Aufmachungen verwendet werden, die für die Bewertung des Arzneimittels oder Wirkstoffs mitbestimmend sind.**

(2) Es ist verboten, gefälschte Arzneimittel oder gefälschte Wirkstoffe herzustellen, in den Verkehr zu bringen oder sonst mit ihnen Handel zu treiben.

(3) Es ist verboten, Arzneimittel, deren Verfalldatum abgelaufen ist, in den Verkehr zu bringen.

Schrifttum: *Hartl,* Anwendbarkeit von § 8 Abs. 1 Nr. 2c AMG auf Exportarzneimittel, PharmR 1987, 250; *Hess,* Zur Frage der Irreführung bei der Bezeichnung „Blutreinigungstee" für Naturheilmittel, PharmR 1987, 300; *Hesshaus/Pannenbecker,* Zur Bezeichnung von Arzneimitteln, PharmR 2001, 382; *Kleist,* Von der Schwierigkeit des Zusammenspiels zwischen Arzneimittelrecht und Tierschutzrecht – Zugleich eine Anmerkung zum Urteil des Bundesverwaltungsgerichts vom 7. Mai 1987, PharmR 1987, 267; *Ohde,* Die Mindestirreführungsquote im Wettbewerbsrecht und im Gesundheitsrecht – 2. Teil, GRUR 1989, 301; *Schneider,* Nach wie vor umstritten – Die Wiederverwendung von Einmal-Artikeln, MedR 1996, 267; *Scholz,* Auswirkungen der Irreführungsgefahr bei Abgrenzungsvereinbarungen im pharmazeutischen Bereich, GRUR 1994, 688 (insbes. 697 ff.).

Übersicht

I. Überblick

1. Geschütztes Rechtsgut. § 8 betrifft in erster Linie Verhaltensnormen, die dem **Verbraucherschutz** dienen: Der Verbraucher soll – wie auch im Lebensmittelrecht – vor mangelhaften, minderwertigen oder mit irreführenden Angaben versehenen Arzneimitteln (bzw. Wirkstoffen) geschützt werden. Geschützte Rechtsgüter sind damit zum einen Vermögen und Gesundheit des Verbrauchers, zum anderen aber auch allgemeiner dessen **Dispositionsfreiheit.** Denn selbst wenn zB ein Arzneimittel nicht gesundheitsschädlich oder im Hinblick auf seine Inhaltsstoffe „sein Geld wert" ist, hat der Verbraucher ein grundsätzlich schützenswertes Interesse daran, nicht durch irreführende Bezeichnungen oder Angaben zum Kauf bzw. zur Einnahme verleitet zu werden. Die Frage kann nur sein, ob und inwieweit dem an sich berechtigten Interesse Rechnung getragen werden kann – also ob und inwieweit sich entsprechende Verhaltensnormen legitimieren lassen: Der Nutzen der Normeinhaltung muss – ggf. iVm einer etwaigen Sonderverantwortlichkeit des in die Pflicht zu Nehmenden – die mit der Verhaltensnorm verbundene Freiheitsbeschränkung rechtfertigen.[1]

2   Auch wenn es sich bei den in Frage stehenden Normen primär um verbraucherschützende Vorschriften handelt, ist es nicht ausgeschlossen, auch Ärzte, Apotheker und sogar Wettbewerber zumindest mittelbar in deren Schutzbereich einzubeziehen.[2] Für die Auslegung und das Verständnis der relevanten Normen ist aber in erster Linie der **Horizont der Verbraucher bzw. Konsumenten** maßgeblich. So ist insbesondere im Rahmen des Erfordernisses der „Irreführung" in Abs. 1 Nr. 2 auf die Perspektive und Sicht des Verbrauchers – als dem Schwächsten der potentiell Betroffenen – zu rekurrieren und nicht etwa auf die eines pharmazeutischen Mitbewerbers.

3   Überschneidungen hinsichtlich der Verhaltensnormen (Ver- und Gebote) sind insbesondere mit den Vorschriften der §§ 11, 11a denkbar, die spezielle Anforderungen an den Inhalt von Packungsbeilagen und Fachinformationen enthalten.[3] Wird diesen inhaltlichen Anforderungen nicht nachgekommen oder werden sie nur unzureichend erfüllt, so ist es durchaus denkbar, dass neben dem spezifischen Verstoß gegen die §§ 11, 11a auch ein damit in Idealkonkurrenz (§ 52 StGB) stehender Verstoß gegen § 8 in Betracht kommt.

4   **2. Deliktstypus.** Bei § 8 handelt es sich um einen **Gefährdungstatbestand,** der bereits die abstrakte Gefahr einer Täuschung bzw. Irreführung des Verbrauchers genügen lässt, um ein strafbewehrtes Verbot eingreifen zu lassen. In den Fällen des Abs. 1 Nr. 2 ist die Erfüllung des (Gefahr-)Erfordernisses der **Eignung zur Irreführung** offensichtlich. Auch in den Fällen des Abs. 2 ist die Gefahr nicht von der Hand zu weisen, dass das abgelaufene Verfalldatum überlesen wird. In den Fällen der Qualitätsminderung des Abs. 1 Nr. 1 erscheint es zwar theoretisch denkbar, dass diese auch für den „flüchtigen Verbraucher" offensichtlich ist. Praktischer Regelfall dürfte jedoch auch hier die naheliegende Verkennung dieser Eigenschaft sein. Im äußerst seltenen Fall vollkommen ausgeschlossener abstrakter Gefährlichkeit ist eine teleologische Reduktion des im Wortlaut zu weit geratenen Tatbestands angezeigt.[4]

5   **3. Adressat der Norm.** Adressiert sind die Verhaltensnormen des § 8 an diejenigen Personen, die ein Arzneimittel oder einen Wirkstoff herstellen bzw. in den Verkehr bringen: Neben dem Hersteller und dem pharmazeutischen Unternehmer sind dies in erster Linie also auch Großhändler, Apotheker, Ärzte und Händler.[5] In sachlicher Hinsicht erstreckt sich der Geltungsbereich zunächst auf alle Arten von Arzneimitteln: Erfasst werden damit also „echte" oder fiktive, fertige oder für den Einzelfall produzierte Medikamente.[6] Entsprechendes gilt für Wirkstoffe.

II. Erläuterung des tatbestandsmäßigen Verhaltens

6   **1. Abs. 1 Nr. 1.** In Abs. 1 Nr. 1 wird das Herstellen und Inverkehrbringen von **qualitativ minderwertigen Arzneimitteln oder Wirkstoffen** untersagt. Als Maßstab für die Qualität eines Arzneimittels oder Wirkstoffs gelten die sog „anerkannten pharmazeutischen Regeln", die sich ihrerseits zum einen aus dem ständig aktualisierten Arzneibuch (§ 55) und zum anderen aus den GMP-Richtlinien ergeben. Die Nichteinhaltung dieser Regeln führt jedoch nicht zwangsläufig zu einem Verstoß gegen § 8. Vielmehr muss aufgrund der Abwei-

---

[1] Näher dazu → Vor § 95 Rn. 5 ff., 16 ff.; s. auch in grundsätzlichem Zusammenhang StGB → Vor § 13 Rn. 134 ff., 152 ff.
[2] Deutsch/Lippert/*Deutsch* Rn. 2.
[3] S. dazu die Kommentierung zu § 11; vgl. auch § 11a.
[4] Vgl. zu dieser allgemeinen Problematik abstrakter Gefährdungstatbestände etwa Schönke/Schröder/ *Heine/Bosch* StGB § 306a Rn. 2 (zu den Brandstiftungsdelikten) mwN.
[5] *Rehmann* Rn. 1.
[6] Näher zum Arzneimittelbegriff die Kommentierung zu § 2.

chung von den anerkannten pharmazeutischen Regeln auch eine nicht unerhebliche Qualitätsminderung vorliegen – genauer noch: im maßgeblichen Herstellungszeitpunkt bzw. beim Inverkehrbringen muss mit einem entsprechend *minderwertigen* Arzneimittel oder Wirkstoff zu rechnen sein.[7]

Die strafrechtlich relevante Vollendungstat liegt vor, wenn ein hergestelltes oder in Ver- **7** kehr gebrachtes Arzneimittel oder ein hergestellter oder in Verkehr gebrachter Wirkstoff tatsächlich die entsprechende minderwertige Beschaffenheit aufweist. Dagegen fehlt es an dem erforderlichen Erfolgssachverhalt, wenn zwar die Gefahr des Herstellens oder Inverkehrbringens eines solchen Arzneimittels oder Wirkstoffs bestand, aber tatsächlich die vorausgesetzte Minderwertigkeit (zufällig) ausgeblieben ist.[8]

Ob eine für § 8 relevante Qualitätsminderung vorliegt, ist von den Umständen des kon- **8** kreten Einzelfalls abhängig. Allgemein kann man sagen: Minderungen bleiben außer Betracht, wenn sie die **Geringfügigkeitsschwelle** nicht überschreiten und den Behandlungserfolg nicht nennenswert beeinträchtigen.[9] Eine Konkretisierungshilfe kann die etwa vorhandene Verkehrsauffassung sein. Ansonsten muss im Wege einer Güter- und Interessenabwägung direkt bestimmt werden, welche Toleranzen dem Verbraucher noch zugemutet werden können und wo die Grenze zum rechtlich missbilligten Verhalten überschritten wird. Verallgemeinernde Aussagen sind insoweit kaum möglich. Denn auch der unter Umständen unterschiedlich hohe Aufwand, der zur Vermeidung der Abweichungen erforderlich wäre, spielt eine gewisse Rolle bei der Bestimmung dessen, was vom Verkehr noch hinzunehmen ist. An einer Kostenbegrenzung hat nicht nur der Hersteller oder Inverkehrbringer, sondern durchaus auch der potentielle Erwerber ein Interesse.

Wenn die – nach dem bisher Gesagten: relative – Geringfügigkeitsschwelle überschritten **9** ist, setzt ein Verbot nach § 8 allerdings keine konkrete Gefahr für den Verbraucher voraus. Vielmehr ist, wie oben bereits dargestellt, die **abstrakte Gefahr** ausreichend, die von diesen qualitativ minderwertigen Arzneimitteln oder Wirkstoffen ausgeht. Für den Fall, dass von einem Arzneimittel eine konkrete Gefahr ausgeht, greift bereits das strafbewehrte Verbot des § 5 ein, der das Inverkehrbringen bedenklicher Arzneimittel untersagt.[10]

2. Abs. 1 Nr. 2. Abs. 1 Nr. 2 untersagt das Herstellen oder Inverkehrbringen irreführen- **10** der Arzneimittel. Für **Wirkstoffe** gilt inzwischen jeweils Entsprechendes. Zentrale Bedeutung besitzt der Begriff der **Irreführung.** Darunter ist ein Verhalten zu verstehen, das geeignet ist, bei den angesprochenen Verkehrskreisen eine unrichtige Vorstellung über die wesentlichen Eigenschaften eines Arzneimittels (oder Wirkstoffs) hervorzurufen. Dies kann entweder durch eine irreführende Bezeichnung, Angabe oder Aufmachung geschehen.[11] Die Verwendung irreführender Bezeichnungen stellt zudem einen Verstoß gegen §§ 3, 5 UWG und § 3 Nr. 3a HWG dar. Besonders relevante Irreführungsfälle sind unter den lit. a–c beispielhaft und nicht abschließend aufgeführt.

a) Irreführung über die therapeutische Wirksamkeit (Nr. 2a). Eine Irreführung **11** über die therapeutische Wirksamkeit wird immer dann gegeben sein, wenn der Hersteller oder Inverkehrbringer dem Arzneimittel eine therapeutische Wirksamkeit oder eine Wirkung zuschreibt, obwohl diese nicht mit anerkanntem Erkenntnismaterial belegt werden kann.[12] Entsprechendes gilt für Aktivitäten von Wirkstoffen. Zum anerkannten Erkenntnis-

---

[7] Näher zur maßgeblichen ex ante-Beurteilung bei der Legitimation von Verhaltensnormen in grundsätzlichem Zusammenhang → StGB Vor § 13 Rn. 179 ff.
[8] Zum Erfolgssachverhalt als oft vorausgesetztem zusätzlichen Sanktionserfordernis neben dem tatbestandlich missbilligten Verhalten näher → StGB Vor § 13 Rn. 310 ff., 377 ff.; vgl. auch → Vor § 95 Rn. 41 ff.
[9] S. auch *Rehmann* Rn. 2 mit einzelnen Beispielen zur Qualitätsminderung; aA Erbs/Kohlhaas/*Pelchen*/*Anders*, A 188, AMG, 187. Lfg. 2011, § 8 Rn. 4 (der jede geringfügige Qualitätsminderung für das Verbot ausreichen lassen möchte und nur die bloß subjektive Empfindlichkeit als irrelevant ansieht).
[10] Vgl. hierzu die Kommentierung zu § 5.
[11] Näher zu den einzelnen Modalitäten *Rehmann* Rn. 5a.
[12] VG Würzburg 16.7.1980 – W 1448/78 (abgedruckt bei *Kloesel/Cyran* E 5 [Teufelskralle]); *Rehmann* Rn. 5a.

material zählen wissenschaftlich fundierte Erfahrungen. Ob und inwieweit auch praktische Erfahrungen (des täglichen Lebens) als hinreichend zuverlässige Erkenntnisquelle fungieren können, hängt davon ab, ob sie den mit anerkannten wissenschaftlichen Methoden gewonnenen Erkenntnissen – zumindest annähernd – gleichwertig sind.[13] Wie im Bereich der Erfahrungssätze ganz allgemein dürfte es jedenfalls gewisse Evidenzen geben, die mit guten Gründen nicht (mehr) in Frage zu stellen sind.[14] Allerdings ist der Schein nicht selten trügerisch, so dass insoweit große Vorsicht geboten ist.

12   Aufgrund des relativ strengen Zulassungsverfahrens, bei dem die Zulassungsbehörde ua auch die Wirksamkeit des Arzneimittels überprüft, scheint diese Tatmodalität praktisch keine besonders große Rolle zu spielen. Indessen ist zu bedenken, dass unter Wirksamkeitsgesichtspunkten nicht nur über das „Ob" der Wirksamkeit, sondern ebenso über das Ausmaß – also das „Wie stark" – irregeführt werden kann.[15]

13   **b) Erwecken des Eindrucks einer Erfolgssicherheit bzw. fehlender Nebenwirkungen (Nr. 2b).** Wird dem Verbraucher wahrheitswidrig vorgespiegelt, bei der Einnahme eines bestimmten Arzneimittels (bzw. Wirkstoffs) träten keine schädlichen bzw. unerwünschten Nebenwirkungen ein oder ein bestimmter Erfolgseintritt wäre sicher, so liegt eine tatbestandliche Irreführung im Sinne der Nr. 2b vor. Da schädliche oder unerwünschte Nebenwirkungen in jedem Fall ausdrücklich in der Packungsbeilage aufgeführt werden müssen (vgl. § 11 Abs. 1 Nr. 5), reicht ein bloßes Weglassen dieser Angaben aus, um beim Abnehmer einen falschen Eindruck zu erwecken und ihn dementsprechend auch tatbestandlich zu täuschen. Bei dieser Fallgruppe handelt es sich nicht etwa um Fälle der Täuschung durch begehungsgleiches Unterlassen, für die § 13 StGB von Bedeutung wäre. Vielmehr handelt es sich um Sonderfälle der Täuschung durch aktives Tun, bei denen das Bekundete wegen seiner Unvollständigkeit in die Irre führt.[16] – Das Vorspiegeln des sicheren Erfolgseintritts ist sachlich ein Spezialfall der Täuschung über die Wirksamkeit (Abs. 1 Nr. 2a).

14   **c) Täuschung über die Qualität mittels Bezeichnungen, Angaben oder Aufmachungen (Nr. 2c).** Fälle der Täuschung über die bewertungsrelevante Qualität eines Arzneimittels oder Wirkstoffs durch Bezeichnungen, Angaben oder Aufmachungen werden bereits von den soeben → Rn. 7 ff. angesprochenen speziellen Irreführungsverboten erfasst. Dann geht die speziellere der allgemeinen Norm nach den üblichen Konkurrenzregeln vor. Jedenfalls wird die sachliche Reichweite des Irreführungsverbots von der allgemeineren Norm nicht mehr beeinflusst.

15   Abs. 1 Nr. 2c erlangt jedoch Bedeutung für die Reichweite des Irreführungsverbots bei zusätzlichen Angaben oder Beeinflussungen des Erscheinungsbildes (sog „Nebenbei-Äußerungen"),[17] durch die ein bewertungsrelevanter falscher Anschein erweckt wird. Solche „Nebenbei-Äußerungen" können etwa sein: vitaminhaltig, Naturheilmittel, keine Tierversuche.[18]

16   An dieser Stelle wird deutlich, dass neben dem Schutz der Gesundheit und des Vermögens auch allgemein die **Dispositionsfreiheit** des Verbrauchers von Rechts wegen berücksichtigt wird. Lehnt der Verbraucher Tierversuche zur Erprobung neuer Wirkstoffe ab oder möchte er nur mit Naturheilmitteln behandelt werden, so liegen Erwerb und Anwendung solcher Arzneimittel ausschließlich in seiner rechtlich garantierten Entscheidungsmacht. Diese hat der Hersteller oder Inverkehrbringer eines Arzneimittels bzw. Wirkstoffs im Rahmen des Möglichen und Zumutbaren zu achten. Unabhängig davon, ob das Arzneimittel oder der

---

[13]   In diese Richtung gehend VG Berlin 7.9.1981 – VG 14 A 531.80 (abgedruckt bei *Kloesel/Cyran* E 7); *Hesshaus/Pannenbecker* PharmR 2001, 382 (383).

[14]   Näher zur Problematik des gesicherten empirischen Wissens, zu dem auch gewisse Sätze der Lebenserfahrung zählen, *Freund,* Normative Probleme der „Tatsachenfeststellung", 1987, S. 14 ff.

[15]   Mit Beispielen dazu Deutsch/Lippert/*Deutsch* Rn. 7.

[16]   Ein vergleichbares Phänomen tritt bei den Aussagedelikten auf, bei denen die unvollständige Aussage in der Verhaltensform des aktiven Tuns „falsch" ist (vgl. dazu → StGB § 13 Rn. 231 mwN).

[17]   So Deutsch/Lippert/*Deutsch* Rn. 10.

[18]   Mit diesen Beispielen Deutsch/Lippert/*Deutsch* Rn. 10 mwN.

Wirkstoff ansonsten im Hinblick auf die Gesundheit unbedenklich oder im Hinblick auf das Vermögen des Verbrauchers „sein Geld wert" ist, ist dem Verbraucher ein grundsätzlich schützenswertes Interesse daran zuzubilligen, selbst darüber zu entscheiden, ob er zB nur mit Arzneimitteln behandelt werden möchte, die ohne Tierversuche getestet wurden oder ein Naturheilmittel darstellen. Wird der Abnehmer eines Arzneimittels darüber getäuscht, so wird unerlaubt in seine Dispositionsfreiheit eingegriffen.[19]

3. Abs. 2. Durch die 12. AMG-Novelle neu eingefügt wurde das Verbot, **gefälschte** **17** **Arzneimittel** herzustellen oder in Verkehr zu bringen (Abs. 1 Nr. 1a aF). Nunmehr normiert Abs. 2 das Verbot, gefälschte Arzneimittel oder gefälschte Wirkstoffe herzustellen, in den Verkehr zu bringen oder sonst mit ihnen Handel zu treiben. Legaldefinitionen des gefälschten Arzneimittels und des gefälschten Wirkstoffs finden sich in § 4 Abs. 40 und 41.

4. Abs. 3. Arzneimittel haben nur eine begrenzte Haltbarkeit. Ist deren **Verfalldatum** **18** überschritten, dürfen diese nicht mehr in den Verkehr gebracht werden; sie gelten kraft gesetzlicher Fiktion als qualitativ minderwertig, ohne dass es darauf ankommt, ob und inwieweit eine tatsächliche Qualitätsminderung durch Überschreitung des Haltbarkeitsdatums eingetreten ist. Im Hinblick auf die nach der Verkehrsauffassung jedenfalls anzunehmende **finanzielle Minderwertigkeit** ist diese Fiktion sachlich unbedenklich. Im strafrechtlichen Zusammenhang der angemessenen Reaktion auf das in Frage stehende Fehlverhalten nebst Folgen wäre es jedoch verfehlt, die Unterschiede nicht zu berücksichtigen, die sich aus der etwa vorhandenen oder fehlenden tatsächlichen **Qualitätsminderung** ergeben. Die im Schuldspruchbereich irrelevante Unterscheidung muss also im Bereich der **Rechtsfolgenkonkretisierung** (also der Strafzumessung iwS) letztlich doch getroffen werden, wenn nicht sachlich Ungleiches willkürlich gleich behandelt werden soll.[20]

Die **Irreführungseignung** in der hier maßgeblichen Hinsicht scheitert nicht etwa daran, **19** dass das Verfalldatum regelmäßig aufgedruckt ist. Denn nach der insoweit akzeptablen gesetzlichen Vorwertung reicht die bloße Möglichkeit, der potentielle Verbraucher werde es nicht rechtzeitig lesen. Dieser darf jedenfalls beim Erhalt des Arzneimittels von Rechts wegen ohne Weiteres vom Nichtablauf des Verfalldatums ausgehen. Zu einer anderen Verteilung der jeweiligen Verantwortungsbereiche gelangt man erst, wenn der Verbraucher das Mittel länger als vorgesehen in Besitz hat und dennoch nicht auf das Verfalldatum achtet.

III. Sanktionenrechtliche Bedeutung der Vorschrift

Vorsätzliche Zuwiderhandlungen gegen § 8 Abs. 1 Nr. 1 oder Abs. 2 sind durch die **20** 12. AMG-Novelle **Straftaten** nach § 95 Abs. 1 Nr. 3a geworden (vgl. § 96 Nr. 2 aF); bei Fahrlässigkeit normiert § 95 Abs. 4 die entsprechende Strafbarkeit. Vorsätzliche Verstöße gegen § 8 Abs. 1 Nr. 2 sind Straftaten nach § 96 Nr. 3. Vorsätzliche Verstöße gegen das Verbringungsverbot des § 73 Abs. 1b S. 1 für gefälschte Arzneimittel oder Wirkstoffe sind Straftaten nach § 96 Nr. 18e. Fahrlässige Zuwiderhandlungen gegen § 8 Abs. 1 Nr. 2 stellen **Ordnungswidrigkeiten** nach § 97 Abs. 1 dar. Entsprechendes gilt bei fahrlässigen Verstößen gegen das Verbringungsverbot des § 73 Abs. 1b S. 1. Vorsätzliche und fahrlässige Verstöße gegen § 8 Abs. 3 sind Ordnungswidrigkeiten nach § 97 Abs. 2 Nr. 1. – Als in Bezug genommene Normen spielen in diesem Zusammenhang auch §§ 73, 73a eine Rolle.

§ 9 Der Verantwortliche für das Inverkehrbringen

(1) [1]**Arzneimittel, die im Geltungsbereich dieses Gesetzes in den Verkehr gebracht werden, müssen den Namen oder die Firma und die Anschrift des phar-**

---

[19] Zu der entsprechenden Irreführungsproblematik im Kontext des Lebensmittelrechts vgl. *Freund* ZLR 1994, 261 (271 f.) (die freie Entscheidung eines Kunden, Rindergulasch und kein Pferdefleisch zu essen, darf auch dann nicht hintertrieben werden, wenn kein Minderwert festzustellen ist).
[20] Vgl. dazu die kritische Würdigung des gegenwärtigen Arzneimittelstrafrechts → Vor § 95 Rn. 78 ff. – Zur Relevanz der Legitimationsgründe der übertretenen Verhaltensnorm für die angemessene Reaktion auf den Verhaltensnormverstoß (nebst Folgen) vgl. auch bereits → § 5 Rn. 29, → § 6 Rn. 5; s. ferner → Vor § 95 Rn. 5 ff., 16 ff., 40.

mazeutischen Unternehmers tragen. [2]Dies gilt nicht für Arzneimittel, die zur klinischen Prüfung bei Menschen bestimmt sind.

(2) [1]Arzneimittel dürfen im Geltungsbereich dieses Gesetzes nur durch einen pharmazeutischen Unternehmer in den Verkehr gebracht werden, der seinen Sitz im Geltungsbereich dieses Gesetzes, in einem anderen Mitgliedstaat der Europäischen Union oder in einem anderen Vertragsstaat des Abkommens über den Europäischen Wirtschaftsraum hat. [2]Bestellt der pharmazeutische Unternehmer einen örtlichen Vertreter, entbindet ihn dies nicht von seiner rechtlichen Verantwortung.

I. Gebot der namentlichen Kennzeichnung (Abs. 1)

1   Alle Arzneimittel, die in Deutschland in den Verkehr gebracht werden, bedürfen nach S. 1 grundsätzlich einer Angabe hinsichtlich **Name und Adresse des pharmazeutischen Unternehmers,** der für den Vertrieb verantwortlich ist. Diese Angaben müssen eine Postzustellung ermöglichen. Das Gebot des Abs. 1 S. 1 umfasst nicht nur sog „Fertigarzneimittel",[1] sondern auch solche Präparate, die noch nicht endgültig konfektioniert sind.[2] Ausnahmen gelten für Arzneimittel, die zur klinischen Prüfung bei Menschen bestimmt sind (S. 2).

2   Die **Kennzeichnungspflicht** richtet sich zwar zunächst an den pharmazeutischen Unternehmer; erfasst werden aber auch nachgeordnete Vertriebsstufen, wie Großhandel und Apotheken.[3] Zudem erstreckt sich diese Pflicht auch auf Importeure, die Arzneimittel aus dem Ausland, insbesondere aus EU-Mitgliedstaaten, nach Deutschland einführen, um sie nach Anpassung an die deutschen Verkehrsvorschriften im Geltungsbereich dieses Gesetzes in den Verkehr zu bringen.[4] Welche genauen Anforderungen an diese Kennzeichnungspflicht zu stellen sind, ergibt sich für Fertigarzneimittel aus der Vorschrift des § 10. Alle anderen Arzneimittel, für die keine der Vorschrift des § 10 entsprechende Regelung existiert, müssen nach der Ratio des § 9 zumindest mit einer gut lesbaren und dauerhaften Kennzeichnung des verantwortlichen Inverkehrbringers versehen werden.[5]

II. Tätigkeitsbeschränkung auf pharmazeutische Unternehmer mit Sitz in einem EU-Mitgliedstaat (Abs. 2)

3   Ein Inverkehrbringen von Arzneimitteln darf in Deutschland nur von solchen pharmazeutischen Unternehmern vorgenommen werden, die ihren Sitz im Inland, in einem der EU-Mitgliedstaaten oder dem EWR haben. Die Vorschrift, dass nur inländische pharmazeutische Unternehmer Arzneimittel in Deutschland in den Verkehr bringen dürfen, war mit EU-Recht nicht vereinbar und wurde dementsprechend im obigen Sinne modifiziert.[6] Für die Ermittlung des Sitzes eines Unternehmens gelten die allgemeinen zivil- und gesellschaftsrechtlichen Bestimmungen, wobei unselbstständige Zweigniederlassungen einer juristischen Person keine Berücksichtigung finden. S. 2 stellt klar, dass die Bestellung eines örtlichen Vertreters den pharmazeutischen Unternehmer von seiner rechtlichen Verantwortung nicht entbindet.

III. Sanktionenrechtliche Bedeutung der Vorschrift

4   Verstöße gegen die Kennzeichnungspflicht und Beschränkungen des § 9 werden als Ordnungswidrigkeit gem. § 97 Abs. 2 Nr. 2 u. 3 geahndet.

---

[1] Näher zum Begriff des „Fertigarzneimittels" → § 4 Rn. 2 f.
[2] *Rehmann* Rn. 1. – Sog „Bulkware" unterliegt damit der Kennzeichnungspflicht unabhängig von ihrer Einstufung als Fertigarzneimittel nach neuem Recht; zur „Bulkware" vgl. → § 4 Rn. 3.
[3] Für Apotheker ist insofern § 14 ApothekenbetrO zu beachten.
[4] *Rehmann* Rn. 2.
[5] Zu den näheren Anforderungen s. etwa *Rehmann* § 9 Rn. 2.
[6] EuGH 28.2.1984 – 247/81, Slg. EuGH 1984, 1123 ff., der einen Verstoß gegen die Warenverkehrsfreiheit rügte.

§ 10 Kennzeichnung

(1) [1]Fertigarzneimittel, die Arzneimittel im Sinne des § 2 Abs. 1 oder Abs. 2 Nr. 1 und nicht zur klinischen Prüfung bei Menschen bestimmt oder nach § 21 Abs. 2 Nr. 1a, 1b oder 6 von der Zulassungspflicht freigestellt sind, dürfen im Geltungsbereich dieses Gesetzes nur in den Verkehr gebracht werden, wenn auf den Behältnissen und, soweit verwendet, auf den äußeren Umhüllungen in gut lesbarer Schrift, allgemeinverständlich in deutscher Sprache und auf dauerhafte Weise und in Übereinstimmung mit den Angaben nach § 11a angegeben sind

1. der Name oder die Firma und die Anschrift des pharmazeutischen Unternehmers und, soweit vorhanden, der Name des von ihm benannten örtlichen Vertreters,

2. die Bezeichnung des Arzneimittels, gefolgt von der Angabe der Stärke und der Darreichungsform, und soweit zutreffend, dem Hinweis, dass es zur Anwendung für Säuglinge, Kinder oder Erwachsene bestimmt ist, es sei denn, dass diese Angaben bereits in der Bezeichnung enthalten sind; enthält das Arzneimittel bis zu drei Wirkstoffe, muss der internationale Freiname (INN) aufgeführt werden oder, falls dieser nicht existiert, die gebräuchliche Bezeichnung; dies gilt nicht, wenn in der Bezeichnung die Wirkstoffbezeichnung nach Nummer 8 enthalten ist,

3. die Zulassungsnummer mit der Abkürzung „Zul.-Nr.",

4. die Chargenbezeichnung, soweit das Arzneimittel in Chargen in den Verkehr gebracht wird, mit der Abkürzung „Ch.-B.", soweit es nicht in Chargen in den Verkehr gebracht werden kann, das Herstellungsdatum,

5. die Darreichungsform,

6. der Inhalt nach Gewicht, Nennvolumen oder Stückzahl,

7. die Art der Anwendung,

8. die Wirkstoffe nach Art und Menge und sonstige Bestandteile nach der Art, soweit dies durch Auflage der zuständigen Bundesoberbehörde nach § 28 Abs. 2 Nr. 1 angeordnet oder durch Rechtsverordnung nach § 12 Abs. 1 Nr. 4, auch in Verbindung mit Abs. 2, oder nach § 36 Abs. 1 vorgeschrieben ist; bei Arzneimitteln zur parenteralen oder zur topischen Anwendung, einschließlich der Anwendung am Auge, alle Bestandteile nach der Art,

8a. bei gentechnologisch gewonnenen Arzneimitteln der Wirkstoff und die Bezeichnung des bei der Herstellung verwendeten gentechnisch veränderten Organismus oder die Zelllinie,

9. das Verfalldatum mit dem Hinweis „verwendbar bis",

10. bei Arzneimitteln, die nur auf ärztliche, zahnärztliche oder tierärztliche Verschreibung abgegeben werden dürfen, der Hinweis „Verschreibungspflichtig", bei sonstigen Arzneimitteln, die nur in Apotheken an Verbraucher abgegeben werden dürfen, der Hinweis „Apothekenpflichtig",

11. bei Mustern der Hinweis „Unverkäufliches Muster",

12. der Hinweis, dass Arzneimittel unzugänglich für Kinder aufbewahrt werden sollen, es sei denn, es handelt sich um Heilwässer,

13. soweit erforderlich, besondere Vorsichtsmaßnahmen für die Beseitigung von nicht verwendeten Arzneimitteln oder sonstige besondere Vorsichtsmaßnahmen, um Gefahren für die Umwelt zu vermeiden,

14. Verwendungszweck bei nicht verschreibungspflichtigen Arzneimitteln.

[2]Sofern die Angaben nach Satz 1 zusätzlich in einer anderen Sprache wiedergegeben werden, müssen in dieser Sprache die gleichen Angaben gemacht werden. [3]Ferner ist Raum für die Angabe der verschriebenen Dosierung vorzusehen; dies gilt nicht für die in Absatz 8 Satz 3 genannten Behältnisse und Ampullen und für Arzneimittel, die dazu bestimmt sind, ausschließlich durch Angehörige der

Heilberufe angewendet zu werden. [4]Arzneimittel, die nach einer homöopathischen Verfahrenstechnik hergestellt werden und nach § 25 zugelassen sind, sind zusätzlich mit einem Hinweis auf die homöopathische Beschaffenheit zu kennzeichnen. [5]Weitere Angaben, die nicht durch eine Verordnung der Europäischen Gemeinschaft oder der Europäischen Union vorgeschrieben oder bereits nach einer solchen Verordnung zulässig sind, sind zulässig, soweit sie mit der Anwendung des Arzneimittels im Zusammenhang stehen, für die gesundheitliche Aufklärung der Patienten wichtig sind und den Angaben nach § 11a nicht widersprechen.

(1a) *(aufgehoben)*

(1b) [1]Bei Arzneimitteln, die zur Anwendung bei Menschen bestimmt sind, ist die Bezeichnung des Arzneimittels auf den äußeren Umhüllungen auch in Blindenschrift anzugeben. [2]Die in Absatz 1 Satz 1 Nr. 2 genannten sonstigen Angaben zur Darreichungsform und zu der Personengruppe, für die das Arzneimittel bestimmt ist, müssen nicht in Blindenschrift aufgeführt werden; dies gilt auch dann, wenn diese Angaben in der Bezeichnung enthalten sind. [3]Satz 1 gilt nicht für Arzneimittel,

1. die dazu bestimmt sind, ausschließlich durch Angehörige der Heilberufe angewendet zu werden oder
2. die in Behältnissen von nicht mehr als 20 Milliliter Nennvolumen oder einer Inhaltsmenge von nicht mehr als 20 Gramm in Verkehr gebracht werden.

[Abs. 1c ab 9.2.2019:]

(1c) Bei Arzneimitteln, die zur Anwendung bei Menschen bestimmt sind, sind auf den äußeren Umhüllungen Sicherheitsmerkmale sowie eine Vorrichtung zum Erkennen einer möglichen Manipulation der äußeren Umhüllung anzubringen, sofern dies durch Artikel 54a der Richtlinie 2001/83/EG des Europäischen Parlaments und des Rates vom 6. November 2001 zur Schaffung eines Gemeinschaftskodexes für Humanarzneimittel (ABl. L 311 vom 28.11.2001, S. 67), die zuletzt durch die Richtlinie 2011/62/EU (ABl. L 174 vom 1.7.2011, S. 74) geändert worden ist, vorgeschrieben oder auf Grund von Artikel 54a der Richtlinie 2001/83/EG festgelegt wird.

(2) Es sind ferner Warnhinweise, für die Verbraucher bestimmte Aufbewahrungshinweise und für die Fachkreise bestimmte Lagerhinweise anzugeben, soweit dies nach dem jeweiligen Stand der wissenschaftlichen Erkenntnisse erforderlich oder durch Auflagen der zuständigen Bundesoberbehörde nach § 28 Abs. 2 Nr. 1 angeordnet oder durch Rechtsverordnung vorgeschrieben ist.

(3) Bei Sera ist auch die Art des Lebewesens, aus dem sie gewonnen sind, bei Virusimpfstoffen das Wirtssystem, das zur Virusvermehrung gedient hat, anzugeben.

(4) [1]Bei Arzneimitteln, die in das Register für homöopathische Arzneimittel eingetragen sind, sind anstelle der Angaben nach Absatz 1 Satz 1 Nr. 1 bis 14 und außer dem deutlich erkennbaren Hinweis „Homöopathisches Arzneimittel" die folgenden Angaben zu machen:

1. Ursubstanzen nach Art und Menge und der Verdünnungsgrad; dabei sind die Symbole aus den offiziell gebräuchlichen Pharmakopöen zu verwenden; die wissenschaftliche Bezeichnung der Ursubstanz kann durch einen Phantasienamen ergänzt werden,
2. Name und Anschrift des pharmazeutischen Unternehmers und, soweit vorhanden, seines örtlichen Vertreters,
3. Art der Anwendung,
4. Verfalldatum; Absatz 1 Satz 1 Nr. 9 und Absatz 7 finden Anwendung,
5. Darreichungsform,
6. der Inhalt nach Gewicht, Nennvolumen oder Stückzahl,

7. Hinweis, dass Arzneimittel unzugänglich für Kinder aufbewahrt werden sollen, weitere besondere Vorsichtsmaßnahmen für die Aufbewahrung und Warnhinweise, einschließlich weiterer Angaben, soweit diese für eine sichere Anwendung erforderlich oder nach Absatz 2 vorgeschrieben sind,

8. Chargenbezeichnung,

9. Registrierungsnummer mit der Abkürzung „Reg.-Nr." und der Angabe „Registriertes homöopathisches Arzneimittel, daher ohne Angabe einer therapeutischen Indikation",

10. der Hinweis an den Anwender, bei während der Anwendung des Arzneimittels fortdauernden Krankheitssymptomen medizinischen Rat einzuholen,

11. bei Arzneimitteln, die nur in Apotheken an Verbraucher abgegeben werden dürfen, der Hinweis „Apothekenpflichtig",

12. bei Mustern der Hinweis „Unverkäufliches Muster".
[2]Satz 1 gilt entsprechend für Arzneimittel, die nach § 38 Abs. 1 Satz 3 von der Registrierung freigestellt sind; Absatz 1b findet keine Anwendung.

(4a) [1]Bei traditionellen pflanzlichen Arzneimitteln nach § 39a müssen zusätzlich zu den Angaben in Absatz 1 folgende Hinweise aufgenommen werden:
1. Das Arzneimittel ist ein traditionelles Arzneimittel, das ausschließlich auf Grund langjähriger Anwendung für das Anwendungsgebiet registriert ist, und
2. der Anwender sollte bei fortdauernden Krankheitssymptomen oder beim Auftreten anderer als der in der Packungsbeilage erwähnten Nebenwirkungen einen Arzt oder eine andere in einem Heilberuf tätige qualifizierte Person konsultieren.
[2]An die Stelle der Angabe nach Absatz 1 Satz 1 Nr. 3 tritt die Registrierungsnummer mit der Abkürzung „Reg.-Nr.".

(5) [1]Bei Arzneimitteln, die zur Anwendung bei Tieren bestimmt sind, gelten die Absätze 1 und 1a mit der Maßgabe, dass anstelle der Angaben nach Absatz 1 Satz 1 Nummer 1 bis 14 und Absatz 1a die folgenden Angaben zu machen sind:
1. Bezeichnung des Arzneimittels, gefolgt von der Angabe der Stärke, der Darreichungsform und der Tierart, es sei denn, dass diese Angaben bereits in der Bezeichnung enthalten sind; enthält das Arzneimittel nur einen Wirkstoff, muss die internationale Kurzbezeichnung der Weltgesundheitsorganisation angegeben werden oder, soweit eine solche nicht vorhanden ist, die gebräuchliche Bezeichnung, es sei denn, dass die Angabe des Wirkstoffs bereits in der Bezeichnung enthalten ist,
2. die Wirkstoffe nach Art und Menge und sonstige Bestandteile nach der Art, soweit dies durch Auflage der zuständigen Bundesoberbehörde nach § 28 Absatz 2 Nummer 1 angeordnet oder durch Rechtsverordnung nach § 12 Absatz 1 Nummer 4 auch in Verbindung mit Absatz 2 oder nach § 36 Absatz 1 vorgeschrieben ist,
3. die Chargenbezeichnung,
4. die Zulassungsnummer mit der Abkürzung „Zul.-Nr.",
5. der Name oder die Firma und die Anschrift des pharmazeutischen Unternehmers und, soweit vorhanden, der Name des von ihm benannten örtlichen Vertreters,
6. die Tierarten, bei denen das Arzneimittel angewendet werden soll,
7. die Art der Anwendung,
8. die Wartezeit, soweit es sich um Arzneimittel handelt, die zur Anwendung bei Tieren bestimmt sind, die der Gewinnung von Lebensmitteln dienen,
9. das Verfalldatum entsprechend Absatz 7,
10. soweit erforderlich, besondere Vorsichtsmaßnahmen für die Beseitigung von nicht verwendeten Arzneimitteln,

11. der Hinweis, dass Arzneimittel unzugänglich für Kinder aufbewahrt werden sollen, weitere besondere Vorsichtsmaßnahmen für die Aufbewahrung und Warnhinweise, einschließlich weiterer Angaben, soweit diese für eine sichere Anwendung erforderlich oder nach Absatz 2 vorgeschrieben sind,

12. der Hinweis „Für Tiere",

13. die Darreichungsform,

14. der Inhalt nach Gewicht, Nennvolumen oder Stückzahl,

15. bei Arzneimitteln, die nur auf tierärztliche Verschreibung abgegeben werden dürfen, der Hinweis „Verschreibungspflichtig", bei sonstigen Arzneimitteln, die nur in Apotheken an den Verbraucher abgegeben werden dürfen, der Hinweis „Apothekenpflichtig",

16. bei Mustern der Hinweis „Unverkäufliches Muster".

[2]Arzneimittel zur Anwendung bei Tieren, die in das Register für homöopathische Arzneimittel eingetragen sind, sind mit dem deutlich erkennbaren Hinweis „Homöopathisches Arzneimittel" zu versehen; anstelle der Angaben nach Satz 1 Nummer 2 und 4 sind die Angaben nach Absatz 4 Satz 1 Nummer 1, 9 und 10 zu machen. [3]Die Sätze 1 und 2 gelten entsprechend für Arzneimittel, die nach § 38 Absatz 1 Satz 3 oder nach § 60 Absatz 1 von der Registrierung freigestellt sind. [4]Bei traditionellen pflanzlichen Arzneimitteln zur Anwendung bei Tieren ist anstelle der Angabe nach Satz 1 Nummer 4 die Registrierungsnummer mit der Abkürzung „Reg.-Nr." zu machen; ferner sind die Hinweise nach Absatz 4a Satz 1 Nummer 1 und entsprechend der Anwendung bei Tieren nach Nummer 2 anzugeben. [5]Die Angaben nach Satz 1 Nummer 13 und 14 brauchen, sofern eine äußere Umhüllung vorhanden ist, nur auf der äußeren Umhüllung zu stehen.

(6) Für die Bezeichnung der Bestandteile gilt Folgendes:

1. Zur Bezeichnung der Art sind die internationalen Kurzbezeichnungen der Weltgesundheitsorganisation oder, soweit solche nicht vorhanden sind, gebräuchliche wissenschaftliche Bezeichnungen zu verwenden; das Bundesinstitut für Arzneimittel und Medizinprodukte bestimmt im Einvernehmen mit dem Paul-Ehrlich-Institut und dem Bundesamt für Verbraucherschutz und Lebensmittelsicherheit die zu verwendenden Bezeichnungen und veröffentlicht diese in einer Datenbank nach § 67a;

2. Zur Bezeichnung der Menge sind Maßeinheiten zu verwenden; sind biologische Einheiten oder andere Angaben zur Wertigkeit wissenschaftlich gebräuchlich, so sind diese zu verwenden.

(7) Das Verfalldatum ist mit Monat und Jahr anzugeben.

(8) [1]Durchdrückpackungen sind mit dem Namen oder der Firma des pharmazeutischen Unternehmers, der Bezeichnung des Arzneimittels, der Chargenbezeichnung und dem Verfalldatum zu versehen. [2]Auf die Angabe von Namen und Firma eines Parallelimporteurs kann verzichtet werden. [3]Bei Behältnissen von nicht mehr als 10 Milliliter Nennvolumen und bei Ampullen, die nur eine einzige Gebrauchseinheit enthalten, brauchen die Angaben nach den Absätzen 1, 2 bis 5 nur auf den äußeren Umhüllungen gemacht zu werden; jedoch müssen sich auf den Behältnissen und Ampullen mindestens die Angaben nach Absatz 1 Satz 1 Nummer 2 erster Halbsatz, 4, 6, 7, 9 sowie nach den Absätzen 3 und 5 Satz 1 Nummer 1, 3, 7, 9, 12, 14 befinden; es können geeignete Abkürzungen verwendet werden. [4]Satz 3 findet auch auf andere kleine Behältnisse als die dort genannten Anwendung, sofern in Verfahren nach § 25b abweichende Anforderungen an kleine Behältnisse zugrunde gelegt werden.

(8a) [1]Bei Frischplasmazubereitungen und Zubereitungen aus Blutzellen müssen mindestens die Angaben nach Absatz 1 Satz 1 Nummer 1, 2, ohne die Angabe der Stärke, Darreichungsform und der Personengruppe, Nummer 3 oder die Genehmigungsnummer mit der Abkürzung „Gen.-Nr.", Nummer 4, 6, 7 und 9 gemacht sowie die Bezeichnung und das Volumen der Antikoagulans- und, soweit vorhanden, der Additivlösung, die Lagertemperatur, die Blutgruppe und bei allogenen Zubereitungen aus roten Blutkörperchen zusätzlich die Rhesusformel, bei Thrombozytenkonzentraten und autologen Zubereitungen aus roten Blutkörperchen zusätzlich der Rhesusfaktor angegeben werden. [2]Bei autologen Blutzubereitungen muss zusätzlich die Angabe „Nur zur Eigenbluttransfusion" gemacht und bei autologen und gerichteten Blutzubereitungen zusätzlich ein Hinweis auf den Empfänger gegeben werden. [3]Bei hämatopoetischen Stammzellzubereitungen aus dem peripheren Blut oder aus dem Nabelschnurblut muss der Einheitliche Europäische Code mit der Abkürzung „SEC" angegeben werden sowie im Fall festgestellter Infektiosität die Angabe „Biologische Gefahr" gemacht werden.

(8b) [1]Bei Gewebezubereitungen müssen mindestens die Angaben nach Absatz 1 Satz 1 Nummer 1 und 2 ohne die Angabe der Stärke, der Darreichungsform und der Personengruppe, Nummer 3 oder die Genehmigungsnummer mit der Abkürzung „Gen.-Nr.", Nummer 4, 6 und 9, der Einheitliche Europäische Code mit der Abkürzung „SEC" sowie die Angabe „Biologische Gefahr" im Falle festgestellter Infektiosität gemacht werden. [2]Bei autologen Gewebezubereitungen müssen zusätzlich die Angabe „Nur zur autologen Anwendung" gemacht und bei autologen und gerichteten Gewebezubereitungen zusätzlich ein Hinweis auf den Empfänger gegeben werden.

(9) [1]Bei den Angaben nach den Absätzen 1 bis 5 dürfen im Verkehr mit Arzneimitteln übliche Abkürzungen verwendet werden. [2]Die Firma nach Absatz 1 Nr. 1 darf abgekürzt werden, sofern das Unternehmen aus der Abkürzung allgemein erkennbar ist.

(10) [1]Für Arzneimittel, die zur Anwendung bei Tieren und zur klinischen Prüfung oder zur Rückstandsprüfung bestimmt sind, finden Absatz 5 Satz 1 Nummer 1, 3, 5, 7, 8, 13 und 14 sowie die Absätze 8 und 9, soweit sie sich hierauf beziehen, Anwendung. [2]Diese Arzneimittel sind soweit zutreffend mit dem Hinweis „Zur klinischen Prüfung bestimmt" oder „Zur Rückstandsprüfung bestimmt" zu versehen. [3]Durchdrückpackungen sind mit der Bezeichnung, der Chargenbezeichnung und dem Hinweis nach Satz 2 zu versehen.

(11) [1]Aus Fertigarzneimitteln entnommene Teilmengen, die zur Anwendung bei Menschen bestimmt sind, dürfen nur mit einer Kennzeichnung abgegeben werden, die mindestens den Anforderungen nach Absatz 8 Satz 1 entspricht. [2]Absatz 1b findet keine Anwendung.

Zum **Schrifttum** vgl. die Angaben zu § 11.

Übersicht

I. Kennzeichnungspflicht

1   § 10 normiert zum Zwecke des Verbraucherschutzes einen umfangreichen Katalog von
Kennzeichnungspflichten, und zwar im Grundsatz für **Fertigarzneimittel**[1] iS des § 4
Abs. 1, die über § 2 Abs. 1 bzw. Abs. 2 Nr. 1 als Arzneimittel aufzufassen sind. Eine Ausdehnung dieser Verpflichtung zur Kennzeichnung auf andere Arzneimittel ist über die Ermächtigung des § 12 im Wege einer Rechtsverordnung möglich und auch bereits in der Praxis
umgesetzt worden.[2] Neben den in § 10 sehr ausdifferenzierten Kennzeichnungspflichten
sind ergänzend auch die Vorschriften des § 81 BtMG und der AMRadVO zu beachten, die
für die jeweiligen Stoffe noch weitergehende Pflichten normieren. Die **Kennzeichnung**
stellt einen erlaubnispflichtigen Herstellungsvorgang iS des § 13 iVm § 4 Abs. 14 dar.

II. Kennzeichnungspflichtige Behältnisse und Umhüllungen (Abs. 1)

2   Ein Inverkehrbringen von Fertigarzneimitteln iS des § 2 Abs. 1 bzw. Abs. 2 Nr. 1 (ausgenommen solcher, die zur klinischen Prüfung bei Menschen bestimmt oder nach § 21 Abs. 2
Nr. 1a oder 1b von der Zulassungspflicht freigestellt sind) in den Geltungsbereich dieses
Gesetzes ist nur dann zulässig, wenn ihre **Behältnisse** und – sofern verwendet – **Umhüllungen** den Kennzeichnungsvorgaben des Abs. 1 genügen.[3] **Behältnisse** sind alle das Arzneimittel umschließenden Einheiten, die dessen Aufbewahrung dienen, also insbesondere Fla-
schen, Dosen, Tuben, Schachteln, Glas- und Kunststoffröhrchen, Ampullen und
Fertigspritzen.[4] **Umhüllungen** sind Schachteln oder sonstige Verpackungen, die das jeweilige Arzneimittelbehältnis umschließen.

III. Besondere Kennzeichnungspflichten mit Blick auf blinde Konsumenten (Abs. 1b)

3   Um den Umgang mit Arzneimitteln für blinde Konsumenten einfacher und sicherer zu
gestalten, sieht der durch die 12. AMG-Novelle eingefügte Abs. 1b in der am 1.9.2006
in Kraft getretenen Fassung eine Kennzeichnungspflicht der Arzneimittelbezeichnung in
Blindenschrift auf der äußeren Umhüllung ausdrücklich vor.[5]

IV. Warn- und Lagerhinweise (Abs. 2)

4   Soweit es nach dem jeweiligen Stand der wissenschaftlichen Erkenntnisse erforderlich
oder gem. § 28 Abs. 2 Nr. 1 mittels Rechtsverordnung vorgeschrieben ist, müssen zusätzlich
zu den allgemeinen Angaben des Abs. 1 noch **Warn- und Lagerhinweise** gegeben werden.
Während die Warnhinweise in erster Linie als verbraucherschützende Elemente aufzufassen
sind, dienen die Lagerhinweise primär der Information für Fachkreise, wie zB Großhandel,

---

[1] Zum Begriff des Fertigarzneimittels näher → § 4 Rn. 2 f.
[2] Vgl. dazu zB § 10 Abs. 2 TÄHAV.
[3] § 10 berücksichtigt damit die Vorschriften der Richtlinie 92/27/EWG; näher zu den einzelnen Anforderungen an die Kennzeichnungspflicht *Rehmann* Rn. 2 ff.; Deutsch/Lippert/*Deutsch* Rn. 4 ff.
[4] *Rehmann* Rn. 2; Deutsch/Lippert/*Deutsch* Rn. 4. – In der Richtlinie 92/27/EWG als „Primärverpa-
ckung" bezeichnet.
[5] Vgl. dazu etwa *Dörfer/Klein* PharmR 2008, 89 ff.; *Jäkel* PharmR 2009, 613 ff.

Apotheker und Ärzte. Bei den angesprochenen Fachkreisen soll durch sachgerechte Lagerung sichergestellt werden, dass die Halt- und Verwendbarkeit des Arzneimittels gewährleistet werden kann. Freilich können die Lagerhinweise auch für den Verbraucher von Bedeutung sein.

V. Kennzeichnungspflicht bei Sera (Abs. 3)

Auch für **Sera**[6] sieht das Gesetz über die allgemeinen Anforderungen hinausgehende **5** Kennzeichnungspflichten vor. Diese zusätzlichen Angaben müssen auch auf den Behältnissen und Umhüllungen gut sichtbar und dauerhaft angebracht werden.[7]

VI. Kennzeichnungspflicht bei homöopathischen Arzneimitteln (Abs. 4) und traditionellen pflanzlichen Arzneimitteln (Abs. 4a)

Homöopathische Arzneimittel sind als solche in der gesetzlich vorgeschriebenen **6** Form kenntlich zu machen.[8] Da homöopathische Präparate nicht zugelassen werden müssen, sondern lediglich registriert werden (vgl. §§ 38, 39), ist anstelle der Zulassungsnummer die Registrierungsnummer anzugeben. Aufgrund des weitreichenden Werbeverbots des § 5 HWG werden Angaben zu Anwendungsgebieten bei homöopathischen Mitteln in Deutschland als unzulässig angesehen.[9] Nach Abs. 4 S. 3 und 4 aF waren Angaben über Anwendungsgebiete ausdrücklich verboten. Nunmehr schreibt Abs. 4 Nr. 9 den ausdrücklichen Hinweis vor: „Registriertes homöopathisches Arzneimittel, daher ohne Angabe einer therapeutischen Indikation". Weitere Einzelheiten der Kennzeichnungspflicht für homöopathische Arzneimittel ergeben sich aus Abs. 4. **Traditionelle pflanzliche Arzneimittel** sind nach Maßgabe des Abs. 4a als solche zu bezeichnen und mit weiteren speziellen Hinweisen zu versehen. Insbesondere ist anzugeben, dass es sich um ein Arzneimittel handelt, das ausschließlich aufgrund langjähriger Anwendung für das Anwendungsgebiet registriert ist.

VII. Kennzeichnungspflicht bei Tierarzneimitteln (Abs. 5)

Auch für **Tierarzneimittel** sieht die Vorschrift des § 10 gewisse zusätzliche Angaben **7** zwingend vor. Insbesondere im Hinblick auf einen effektiven Verbraucherschutz hat es der Gesetzgeber für unerlässlich gehalten, besondere Kennzeichnungen zu verlangen. So gelten bei Arzneimitteln, die zur Anwendung bei Tieren bestimmt sind, die Abs. 1 und 1a mit der Maßgabe, dass die Angaben nach Abs. 5 Nr. 1–16 zu machen sind. Mit der weiteren Novellierung ist ein ganzer Katalog von Hinweisen, Darreichungsformen, Inhalten und Verschreibungspflichten beschlossen worden. Nach der nunmehr geltenden Fassung müssen wieder nicht nur die Wirkstoffe, sondern auch sonstige Bestandteile nach der Art angegeben werden.[10]

VIII. Bezeichnung von Bestandteilen (Abs. 6)

Die Bezeichnung der Bestandteile hat sich an der internationalen Kurzbezeichnung **8** (INN) der WHO zu orientieren. Sofern eine solche nicht existiert und auch nicht durch RechtsVO[11] vorgegeben wurde, sind die gebräuchlichen wissenschaftlichen Bezeichnungen maßgeblich. Die **Mengenangaben** müssen für jeden einzelnen Bestandteil gesondert erfolgen. Die Maßeinheiten haben sich am Internationalen Einheitsbuch oder am Arzneibuch (§ 55) zu orientieren, sofern dieses solche angibt.[12]

---

[6] Zum Begriff des Serums s. die Kommentierung zu § 4.
[7] Mit weiteren Hinweisen zum europarechtlichen Bezug *Rehmann* Rn. 23.
[8] Diese Verpflichtung findet ihre Entsprechung in der Richtlinie 92/73/EWG.
[9] Ausführlich zur Vereinbarkeit dieses nationalen Verbots mit EU-Recht *Rehmann* Rn. 24.
[10] Dies war zwischenzeitlich anders. Vgl. dazu die Kommentierung der 1. Aufl.
[11] BezeichnungsVO vom 15.9.1980, BGBl. I S. 1736.
[12] Detailliert dazu *Kloesel/Cyran* 129. Lfg. 2015, § 10 Anm. 98.

IX. Angabe des Verfalldatums (Abs. 7)

9   Die Angabe des **Verfalldatums** muss Monat und Jahr umfassen; damit entspricht die Regelung des § 10 der europarechtlichen Vorgabe, wie sie in Art. 2 Abs. 1 lit. h Richtlinie 92/27/EWG getroffen wurde.

X. Kennzeichnungspflicht für Durchdrückpackungen (sog Blister) und kleine Behältnisse (Abs. 8)

10   **Durchdrückpackungen** (sog Blister) müssen zusätzlich zu der Kennzeichnung auf Behältnis und Umhüllung mit einer Angabe des Namens bzw. der Firma des pharmazeutischen Unternehmers, der Bezeichnung des Arzneimittels, der Chargenbezeichnung und des Verfalldatums versehen werden.[13] Diese Kennzeichnungspflicht trägt dem Umstand Rechnung, dass Durchdrückpackungen häufig separat von ihrem Behältnis oder ihrer Umhüllung aufbewahrt und eingesetzt werden. Es soll damit sichergestellt werden, dass sich die wichtigsten Angaben auch auf der Durchdrückpackung selbst befinden und das in ihr befindliche Arzneimittel identifiziert werden kann.

11   Aufgrund ihrer geringen Größe unterliegen **kleine Behältnisse** (nicht mehr als zehn Milliliter Nennvolumen) und **Ampullen** Sonderregelungen hinsichtlich der Kennzeichnungspflicht. Bei ihnen reicht es aus, dass sich die Pflichtangaben auf der äußeren Umhüllung befinden. Auf den Behältnissen und Ampullen selbst müssen jedoch die – abgekürzten – Angaben nach Abs. 1 S. 1 Nr. 2 HS 1, 4, 6, 7, 9 sowie nach den Abs. 3 und 5 S. 1 Nr. 1, 3, 7, 9, 12, 14 stehen. Gemäß Satz 4 findet Satz 3 auch Anwendung auf andere kleine Behältnisse als die dort genannten.

XI. Kennzeichnungspflicht für Frischplasmazubereitungen und Zubereitungen aus Blutzellen (Abs. 8a) und Gewebezubereitungen (Abs. 8b)

12   Bei **Frischplasmazubereitungen** und **Zubereitungen aus Blutzellen (Abs. 8a)** sind aufgrund der besonderen Gefährlichkeit mindestens die Angaben nach Abs. 1 S. 1 Nr. 1 und 2 ohne die Angabe der Stärke, Darreichungsform und der Personengruppe, Nr. 3 (bzw. die Genehmigungsnummer mit der Abkürzung „Gen.-Nr.“), 4, 6, 7 und 9 zu machen sowie die Bezeichnung und das Volumen der Antikoagulans- und, soweit vorhanden, der Additivlösung, die Lagertemperatur, die Blutgruppe und bei allogenen Zubereitungen aus roten Blutkörperchen zusätzlich die Rhesusformel, schließlich bei Thrombozytenkonzentraten und autologen Zubereitungen aus roten Blutkörperchen zusätzlich der Rhesusfaktor anzugeben.[14] Bei autologen Gewebezubereitungen muss zusätzlich die Angabe „Nur zur Eigenbluttransfusion" gemacht und bei autologen und gerichteten Gewebezubereitungen zusätzlich ein Hinweis auf den Empfänger gegeben werden. Bei hämatopoetischen Stammzellzubereitungen ist der Einheitliche Europäische Code mit der Abkürzung „SEC" anzugeben. Bei festgestellter Infektiosität bedarf es des Hinweises: „Biologische Gefahr".

13   Bei **Gewebezubereitungen (Abs. 8b)** müssen mindestens die Angaben nach Abs. 1 S. 1 Nr. 1 und 2 ohne die Angabe der Stärke, der Darreichungsform und der Personengruppe, Nr. 3 oder die Genehmigungsnummer mit der Abkürzung „Gen.-Nr.“, Nr. 4, 6, und 9, der Einheitliche Europäische Code mit der Abkürzung „SEC" sowie im Falle festgestellter Infektiosität die Angabe „Biologische Gefahr" gemacht werden. Bei autologen Gewebezubereitungen müssen zusätzlich die Angabe „Nur zur autologen Anwendung" gemacht und bei autologen und gerichteten Gewebezubereitungen zusätzlich ein Hinweis auf den Empfänger gegeben werden.

---

[13] Ausführlich zur nicht EU-konformen Umsetzung der Richtlinie 92/27/EWG *Rehmann* Rn. 29.
[14] Ausführlicher *Rehmann* Rn. 31.

XII. Verwendung von Abkürzungen (Abs. 9)

Grundsätzlich ist die Verwendung verkehrsüblicher **Abkürzungen** gestattet. Dadurch **14** darf jedoch nicht die Gefahr von Missverständnissen entstehen. Eine Abkürzung ist verkehrsüblich, wenn sie sich in den betroffenen Verkehrs- und Fachkreisen durchgesetzt hat.[15] In Anführungszeichen vorgegebene Formulierungen, wie zB „Unverkäufliches Muster" oder „verwendbar bis", dürfen nicht abgekürzt oder sonst verändert werden.[16]

XIII. Kennzeichnungspflicht für Arzneimittel, die zur Anwendung bei Tieren und zur klinischen Prüfung oder zur Rückstandsprüfung bestimmt sind (Abs. 10)

Besonderheiten hinsichtlich der Kennzeichnungspflicht ergeben sich auch bei Arzneimitteln, die sich noch in der **klinischen Prüfung** befinden bzw. bei denen eine **Rückstandsprüfung** vorgesehen ist und die deshalb bei Tieren angewendet werden sollen. Diese müssen zunächst mit dem Hinweis „Zur klinischen Prüfung bzw. Rückstandsprüfung bestimmt" versehen werden. Hinsichtlich der allgemeinen Kennzeichnungspflicht erlangen bei diesen Arzneimitteln nur die Regelungen aus Abs. 5 S. 1 Nr. 1, 3, 5, 7, 8, 13 und 14 bzw. Abs. 8 und 9 Bedeutung. Durchdrückpackungen müssen die allgemeine Bezeichnung, die Chargenbezeichnung und den oben genannten Hinweis tragen.

XIV. Kennzeichnungspflicht für aus Fertigmitteln entnommene Teilmengen (Abs. 11)

Aus **Fertigarzneimitteln entnommene Teilmengen,** die zur Anwendung bei Menschen bestimmt sind, dürfen nur mit einer Kennzeichnung abgegeben werden, die mindestens den Anforderungen nach Abs. 8 S. 1 entspricht. Abs. 1b kommt nicht zur Anwendung.

XV. Sanktionenrechtliche Bedeutung der Vorschrift

Wer nicht ordnungsgemäß gekennzeichnete Arzneimittel in den Verkehr bringt, begeht **17** eine **Ordnungswidrigkeit** nach § 97 Abs. 2 Nr. 4. Mitunter handelt er überdies wettbewerbswidrig nach § 3 UWG, da Verstöße gegen gesundheitsbezogene Normen des AMG auch einen Wettbewerbsverstoß darstellen können.[17]

§ 11 Packungsbeilage

(1) [1]Fertigarzneimittel, die Arzneimittel im Sinne des § 2 Abs. 1 oder Abs. 2 Nr. 1 sind und die nicht zur klinischen Prüfung oder Rückstandsprüfung bestimmt oder nach § 21 Abs. 2 Nr. 1a, 1b oder 6 von der Zulassungspflicht freigestellt sind, dürfen im Geltungsbereich dieses Gesetzes nur mit einer Packungsbeilage in den Verkehr gebracht werden, die die Überschrift „Gebrauchsinformation" trägt sowie folgende Angaben in der nachstehenden Reihenfolge allgemein verständlich in deutscher Sprache, in gut lesbarer Schrift und in Übereinstimmung mit den Angaben nach § 11a enthalten muss:
1. zur Identifizierung des Arzneimittels:
   a) die Bezeichnung des Arzneimittels, § 10 Abs. 1 Satz 1 Nr. 2 finden entsprechende Anwendung,
   b) die Stoff- oder Indikationsgruppe oder die Wirkungsweise;
2. die Anwendungsgebiete;

---

[15] *Rehmann* Rn. 31 nennt nur die Ärzte, Apotheker, Hersteller, Groß- und Einzelhändler – stellt also nur auf die Fachkreise ab – und vergisst den gleichfalls betroffenen Verbraucher.

[16] *Sander* 49. Lfg. 2012, § 10 Anm. 28.

[17] S. dazu etwa *Rehmann* Rn. 36 mwN.

3. eine Aufzählung von Informationen, die vor der Einnahme des Arzneimittels bekannt sein müssen:
   a) Gegenanzeigen,
   b) entsprechende Vorsichtsmaßnahmen für die Anwendung,
   c) Wechselwirkungen mit anderen Arzneimitteln oder anderen Mitteln, soweit sie die Wirkung des Arzneimittels beeinflussen können,
   d) Warnhinweise, insbesondere soweit dies durch Auflage der zuständigen Bundesoberbehörde nach § 28 Abs. 2 Nr. 2 angeordnet oder auf Grund von § 7 des Anti-Doping-Gesetzes oder durch Rechtsverordnung nach § 12 Abs. 1 Nr. 3 vorgeschrieben ist;
4. die für eine ordnungsgemäße Anwendung erforderlichen Anleitungen über
   a) Dosierung,
   b) Art der Anwendung,
   c) Häufigkeit der Verabreichung, erforderlichenfalls mit Angabe des genauen Zeitpunkts, zu dem das Arzneimittel verabreicht werden kann oder muss, sowie, soweit erforderlich und je nach Art des Arzneimittels,
   d) Dauer der Behandlung, falls diese festgelegt werden soll,
   e) Hinweise für den Fall der Überdosierung, der unterlassenen Einnahme oder Hinweise auf die Gefahr von unerwünschten Folgen des Absetzens,
   f) die ausdrückliche Empfehlung, bei Fragen zur Klärung der Anwendung den Arzt oder Apotheker zu befragen;
5. eine Beschreibung der Nebenwirkungen, die bei bestimmungsgemäßem Gebrauch des Arzneimittels eintreten können; bei Nebenwirkungen zu ergreifende Gegenmaßnahmen, soweit dies nach dem jeweiligen Stand der wissenschaftlichen Erkenntnis erforderlich ist; bei allen Arzneimitteln, die zur Anwendung bei Menschen bestimmt sind, ist zusätzlich ein Standardtext aufzunehmen, durch den die Patienten ausdrücklich aufgefordert werden, jeden Verdachtsfall einer Nebenwirkung ihren Ärzten, Apothekern, Angehörigen von Gesundheitsberufen oder unmittelbar der zuständigen Bundesoberbehörde zu melden, wobei die Meldung in jeder Form, insbesondere auch elektronisch, erfolgen kann;
6. einen Hinweis auf das auf der Verpackung angegebene Verfalldatum sowie
   a) Warnung davor, das Arzneimittel nach Ablauf dieses Datums anzuwenden,
   b) soweit erforderlich, besondere Vorsichtsmaßnahmen für die Aufbewahrung und die Angabe der Haltbarkeit nach Öffnung des Behältnisses oder nach Herstellung der gebrauchsfertigen Zubereitung durch den Anwender,
   c) soweit erforderlich, Warnung vor bestimmten sichtbaren Anzeichen dafür, dass das Arzneimittel nicht mehr zu verwenden ist,
   d) vollständige qualitative Zusammensetzung nach Wirkstoffen und sonstigen Bestandteilen sowie quantitative Zusammensetzung nach Wirkstoffen unter Verwendung gebräuchlicher Bezeichnungen für jede Darreichungsform des Arzneimittels, § 10 Abs. 6 findet Anwendung,
   e) Darreichungsform und Inhalt nach Gewicht, Nennvolumen oder Stückzahl für jede Darreichungsform des Arzneimittels,
   f) Name und Anschrift des pharmazeutischen Unternehmers und, soweit vorhanden, seines örtlichen Vertreters,
   g) Name und Anschrift des Herstellers oder des Einführers, der das Fertigarzneimittel für das Inverkehrbringen freigegeben hat;
7. bei einem Arzneimittel, das unter anderen Bezeichnungen in anderen Mitgliedstaaten der Europäischen Union nach den Artikeln 28 bis 39 der Richtlinie 2001/83/EG des Europäischen Parlaments und des Rates vom 6. November 2001 zur Schaffung eines Gemeinschaftskodexes für Humanarzneimittel (ABl. L 311 vom 28.11.2001, S. 67), die zuletzt durch die Richtlinie 2012/26/EU

(ABl. L 299 vom 27.10.2012, S. 1) geändert worden ist, für das Inverkehrbringen genehmigt ist, ein Verzeichnis der in den einzelnen Mitgliedstaaten genehmigten Bezeichnungen;

8. das Datum der letzten Überarbeitung der Packungsbeilage.

[2]Für Arzneimittel, die zur Anwendung bei Menschen bestimmt sind und sich auf der Liste gemäß Artikel 23 der Verordnung (EG) Nr. 726/2004 des Europäischen Parlaments und des Rates vom 31. März 2004 zur Festlegung von Gemeinschaftsverfahren für die Genehmigung und Überwachung von Human- und Tierarzneimitteln und zur Errichtung einer Europäischen Arzneimittel-Agentur (ABl. L 136 vom 30.4.2004, S. 1), die zuletzt durch die Verordnung (EU) Nr. 1027/2012 (ABl. L 316 vom 14.11.2012, S. 38) geändert worden ist, befinden, muss ferner folgende Erklärung aufgenommen werden: „Dieses Arzneimittel unterliegt einer zusätzlichen Überwachung." [3]Dieser Erklärung muss ein schwarzes Symbol vorangehen und ein geeigneter standardisierter erläuternder Text nach Artikel 23 Absatz 4 der Verordnung (EG) Nr. 726/2004 folgen. [4]Erläuternde Angaben zu den in Satz 1 genannten Begriffen sind zulässig. [5]Sofern die Angaben nach Satz 1 in der Packungsbeilage zusätzlich in einer anderen Sprache wiedergegeben werden, müssen in dieser Sprache die gleichen Angaben gemacht werden. [6]Satz 1 gilt nicht für Arzneimittel, die nach § 21 Abs. 2 Nr. 1 einer Zulassung nicht bedürfen. [7]Weitere Angaben, die nicht durch eine Verordnung der Europäischen Gemeinschaft oder der Europäischen Union vorgeschrieben oder bereits nach einer solchen Verordnung zulässig sind, sind zulässig, soweit sie mit der Anwendung des Arzneimittels im Zusammenhang stehen, für die gesundheitliche Aufklärung der Patienten wichtig sind und den Angaben nach § 11a nicht widersprechen. [8]Bei den Angaben nach Satz 1 Nr. 3 Buchstabe a bis d ist, soweit dies nach dem jeweiligen Stand der wissenschaftlichen Erkenntnisse erforderlich ist, auf die besondere Situation bestimmter Personengruppen, wie Kinder, Schwangere oder stillende Frauen, ältere Menschen oder Personen mit spezifischen Erkrankungen einzugehen; ferner sind, soweit erforderlich, mögliche Auswirkungen der Anwendung auf die Fahrtüchtigkeit oder die Fähigkeit zur Bedienung bestimmter Maschinen anzugeben. [9]Der Inhaber der Zulassung ist verpflichtet, die Packungsbeilage auf aktuellem wissenschaftlichen Kenntnisstand zu halten, zu dem auch die Schlussfolgerungen aus Bewertungen und die Empfehlungen gehören, die auf dem nach Artikel 26 der Verordnung (EG) Nr. 726/2004 eingerichteten europäischen Internetportal für Arzneimittel veröffentlicht werden.

(1a) Ein Muster der Packungsbeilage und geänderter Fassungen ist der zuständigen Bundesoberbehörde unverzüglich zu übersenden, soweit nicht das Arzneimittel von der Zulassung oder Registrierung freigestellt ist.

(1b) Die nach Absatz 1 Satz 1 Nummer 5 und Satz 3 erforderlichen Standardtexte werden von der zuständigen Bundesoberbehörde im Bundesanzeiger bekannt gemacht.

(2) Es sind ferner in der Packungsbeilage Hinweise auf Bestandteile, deren Kenntnis für eine wirksame und unbedenkliche Anwendung des Arzneimittels erforderlich ist, und für die Verbraucher bestimmte Aufbewahrungshinweise anzugeben, soweit dies nach dem jeweiligen Stand der wissenschaftlichen Erkenntnisse erforderlich oder durch Auflage der zuständigen Bundesoberbehörde nach § 28 Abs. 2 Nr. 2 angeordnet oder durch Rechtsverordnung vorgeschrieben ist.

(2a) Bei radioaktiven Arzneimitteln gilt Absatz 1 entsprechend mit der Maßgabe, dass die Vorsichtsmaßnahmen aufzuführen sind, die der Verwender und der Patient während der Zubereitung und Verabreichung des Arzneimittels zu ergreifen haben, sowie besondere Vorsichtsmaßnahmen für die Entsorgung des Transportbehälters und nicht verwendeter Arzneimittel.

(3) ¹Bei Arzneimitteln, die in das Register für homöopathische Arzneimittel eingetragen sind, gilt Absatz 1 entsprechend mit der Maßgabe, dass die in § 10 Abs. 4 vorgeschriebenen Angaben, ausgenommen die Angabe der Chargenbezeichnung, des Verfalldatums und des bei Mustern vorgeschriebenen Hinweises, zu machen sind sowie der Name und die Anschrift des Herstellers anzugeben sind, der das Fertigarzneimittel für das Inverkehrbringen freigegeben hat, soweit es sich dabei nicht um den pharmazeutischen Unternehmer handelt. ²Satz 1 gilt entsprechend für Arzneimittel, die nach § 38 Abs. 1 Satz 3 von der Registrierung freigestellt sind.

(3a) Bei Sera gilt Absatz 1 entsprechend mit der Maßgabe, dass auch die Art des Lebewesens, aus dem sie gewonnen sind, bei Virusimpfstoffen das Wirtssystem, das zur Virusvermehrung gedient hat, und bei Arzneimitteln aus humanem Blutplasma zur Fraktionierung das Herkunftsland des Blutplasmas anzugeben ist.

(3b) ¹Bei traditionellen pflanzlichen Arzneimitteln nach § 39a gilt Absatz 1 entsprechend mit der Maßgabe, dass bei den Angaben nach Absatz 1 Satz 1 Nr. 2 anzugeben ist, dass das Arzneimittel ein traditionelles Arzneimittel ist, das ausschließlich auf Grund langjähriger Anwendung für das Anwendungsgebiet registriert ist. ²Zusätzlich ist in die Packungsbeilage der Hinweis nach § 10 Abs. 4a Satz 1 Nr. 2 aufzunehmen.

(3c) Der Inhaber der Zulassung hat dafür zu sorgen, dass die Packungsbeilage auf Ersuchen von Patientenorganisationen bei Arzneimitteln, die zur Anwendung bei Menschen bestimmt sind, in Formaten verfügbar ist, die für blinde und sehbehinderte Personen geeignet sind.

(3d) ¹Bei Heilwässern können unbeschadet der Verpflichtungen nach Absatz 2 die Angaben nach Absatz 1 Satz 1 Nr. 3 Buchstabe b, Nr. 4 Buchstabe e und f, Nr. 5, soweit der dort angegebene Hinweis vorgeschrieben ist, und Nr. 6 Buchstabe c entfallen. ²Ferner kann bei Heilwässern von der in Absatz 1 vorgeschriebenen Reihenfolge abgewichen werden.

(4) ¹Bei Arzneimitteln, die zur Anwendung bei Tieren bestimmt sind, gilt Absatz 1 mit der Maßgabe, dass anstelle der Angaben nach Absatz 1 Satz 1 die folgenden Angaben nach Maßgabe von Absatz 1 Satz 2 und 3 in der nachstehenden Reihenfolge allgemein verständlich in deutscher Sprache, in gut lesbarer Schrift und in Übereinstimmung mit den Angaben nach § 11a gemacht werden müssen:
1. Name und Anschrift des pharmazeutischen Unternehmers, soweit vorhanden seines örtlichen Vertreters, und des Herstellers, der das Fertigarzneimittel für das Inverkehrbringen freigegeben hat;
2. Bezeichnung des Arzneimittels, gefolgt von der Angabe der Stärke und Darreichungsform; die gebräuchliche Bezeichnung des Wirkstoffes wird aufgeführt, wenn das Arzneimittel nur einen einzigen Wirkstoff enthält und sein Name ein Phantasiename ist; bei einem Arzneimittel, das unter anderen Bezeichnungen in anderen Mitgliedstaaten der Europäischen Union nach den Artikeln 31 bis 43 der Richtlinie 2001/82/EG des Europäischen Parlaments und des Rates zur Schaffung eines Gemeinschaftskodexes für Tierarzneimittel vom 6. November 2001 (ABl. EG Nr. L 311 S. 1), geändert durch die Richtlinie 2004/28/EG (ABl. EU Nr. L 136 S. 58), für das Inverkehrbringen genehmigt ist, ein Verzeichnis der in den einzelnen Mitgliedstaaten genehmigten Bezeichnungen;
3. Anwendungsgebiete;
4. Gegenanzeigen und Nebenwirkungen, soweit diese Angaben für die Anwendung notwendig sind; können hierzu keine Angaben gemacht werden, so ist der Hinweis „keine bekannt" zu verwenden; der Hinweis, dass der Anwender oder Tierhalter aufgefordert werden soll, dem Tierarzt oder Apotheker jede Nebenwirkung mitzuteilen, die in der Packungsbeilage nicht aufgeführt ist;

5. Tierarten, für die das Arzneimittel bestimmt ist, Dosierungsanleitung für jede Tierart, Art und Weise der Anwendung, soweit erforderlich Hinweise für die bestimmungsgemäße Anwendung;
6. Wartezeit, soweit es sich um Arzneimittel handelt, die zur Anwendung bei Tieren bestimmt sind, die der Gewinnung von Lebensmitteln dienen; ist die Einhaltung einer Wartezeit nicht erforderlich, so ist dies anzugeben;
7. besondere Vorsichtsmaßnahmen für die Aufbewahrung;
8. besondere Warnhinweise, insbesondere soweit dies durch Auflage der zuständigen Bundesoberbehörde angeordnet oder durch Rechtsverordnung vorgeschrieben ist;
9. soweit dies nach dem jeweiligen Stand der wissenschaftlichen Erkenntnisse erforderlich ist, besondere Vorsichtsmaßnahmen für die Beseitigung von nicht verwendeten Arzneimitteln oder sonstige besondere Vorsichtsmaßnahmen, um Gefahren für die Umwelt zu vermeiden.

[2]Das Datum der letzten Überarbeitung der Packungsbeilage ist anzugeben. [3]Bei Arzneimittel-Vormischungen sind Hinweise für die sachgerechte Herstellung der Fütterungsarzneimittel und Angaben über die Dauer der Haltbarkeit der Fütterungsarzneimittel aufzunehmen. [4]Weitere Angaben sind zulässig, soweit sie mit der Anwendung des Arzneimittels im Zusammenhang stehen, für den Anwender oder Tierhalter wichtig sind und den Angaben nach § 11a nicht widersprechen. [5]Bei Arzneimitteln zur Anwendung bei Tieren, die in das Register für homöopathische Arzneimittel eingetragen sind, oder die nach § 38 Absatz 1 Satz 3 oder nach § 60 Absatz 1 von der Registrierung freigestellt sind, gelten die Sätze 1, 2 und 4 entsprechend mit der Maßgabe, dass die in § 10 Absatz 4 vorgeschriebenen Angaben mit Ausnahme der Angabe der Chargenbezeichnung, des Verfalldatums und des bei Mustern vorgeschriebenen Hinweises zu machen sind. [6]Bei traditionellen pflanzlichen Arzneimitteln zur Anwendung bei Tieren ist zusätzlich zu den Hinweisen nach Absatz 3b Satz 1 ein der Anwendung bei Tieren entsprechender Hinweis nach § 10 Absatz 4a Satz 1 Nummer 2 anzugeben.

(5) [1]Können die nach Absatz 1 Satz 1 Nr. 3 Buchstabe a und c sowie Nr. 5 vorgeschriebenen Angaben nicht gemacht werden, so ist der Hinweis „keine bekannt" zu verwenden. [2]Werden auf der Packungsbeilage weitere Angaben gemacht, so müssen sie von den Angaben nach den Absätzen 1 bis 4 deutlich abgesetzt und abgegrenzt sein.

(6) [1]Die Packungsbeilage kann entfallen, wenn die nach den Absätzen 1 bis 4 vorgeschriebenen Angaben auf dem Behältnis oder auf der äußeren Umhüllung stehen. [2]Absatz 5 findet entsprechende Anwendung.

(7) [1]Aus Fertigarzneimitteln entnommene Teilmengen, die zur Anwendung bei Menschen bestimmt sind, dürfen nur zusammen mit einer Ausfertigung der für das Fertigarzneimittel vorgeschriebenen Packungsbeilage abgegeben werden. [2]Absatz 6 Satz 1 gilt entsprechend. [3]Abweichend von Satz 1 müssen bei der im Rahmen einer Dauermedikation erfolgenden regelmäßigen Abgabe von aus Fertigarzneimitteln entnommenen Teilmengen in neuen, patientenindividuell zusammengestellten Blistern Ausfertigungen der für die jeweiligen Fertigarzneimittel vorgeschriebenen Packungsbeilagen erst dann erneut beigefügt werden, wenn sich diese gegenüber den zuletzt beigefügten geändert haben.

Schrifttum: *Blasius,* in *Blasius/Müller-Römer/Fischer* (Hrsg.), Arzneimittel und Recht in Deutschland, 1998, S. 172; *v. Czettritz,* Patientenfreundliche Packungsbeilage – Einfluss der „Guideline on the Readability of the Label and Package Leaflet of Medicinal Products for Human Use" auf die Gebrauchsinformationstexte für Fertigarzneimittel, PharmR 2001, 42; *v. Czettritz/Thewes,* Zur „Äußeren Umhüllung" eines Arzneimittels und den „darauf angebrachten Angaben" nach § 10 Abs. 1 Satz 1 und 5 AMG, PharmR 2013, 477; *v. Czettritz/ Wartensleben/Ehlers/u. a.,* Rechtliche Aspekte zur Rücknahme von Lipobay, PharmR 2001, 268 (275); *Gawrich/Ziller,* PharmR 1998, 374; *Hasskarl,* Sicherheit durch Information im Arzneimittelrecht, NJW 1988,

2265; *Herrmann,* Probleme der Packungsbeilage, PharmR 1986, 191; *Meyer-Lüerßen,* Ergebnisse des ersten VDGH-Symposiums über arzneimittelrechtliche Fragen bei In-vitro-Diagnostica, PharmR 1989, 51; *Stallberg,* Information und Werbung in und auf Arzneimittelverpackungen – Rechtliche Gestaltungsmöglichkeiten und Grenzen, PharmR 2010, 214; *Ufer,* Pflichtangaben einer Arzneimittelpackungsbeilage im Hinblick auf AMG und HWG – Anmerkung zum Urteil des BGH vom 13. März 2008 (AZ: I ZR 95/05; Fundstelle: WRP 2008, 1335), JR 2010, 71; *Will,* 4. AMG-Novelle – Inhalt und Konsequenzen, PharmR 1990, 94.

Übersicht

I. Ratio der Norm

1   § 11 normiert die Pflicht, Arzneimitteln eine **Packungsbeilage** beizufügen, die als Gebrauchsinformation zu beschriften ist. Neben Informationen zum Arzneimittel soll diese Packungsbeilage vor allem gewährleisten, dass das Arzneimittel sachgerecht zur Anwendung gelangt. Eventuellen Schäden, die sich aus einer nicht sachgerechten Anwendung ergeben können, soll vorgebeugt werden. Die Norm enthält einen Katalog von **Pflichtangaben** für zulassungspflichtige Fertigarzneimittel[1] nach § 4 Abs. 1 oder Abs. 2 Nr. 1, die zwingend in der Gebrauchsanleitung angegeben werden müssen, sofern das Arzneimittel in Deutschland in den Verkehr gebracht werden soll. Dabei müssen die Angaben – in der im Gesetz vorgegebenen Reihenfolge – allgemein verständlich und gut lesbar in deutscher Sprache abgefasst werden. Insgesamt ist auf eine verbraucherfreundliche Aufmachung zu achten, um für den Verbraucher als Adressaten der Gebrauchsanweisung eine möglichst umfassende Kenntnisnahme zu gewährleisten. Über die Pflichtangaben hinausgehende Angaben zur gesundheitlichen Aufklärung, die im Zusammenhang mit der Anwendung des Präparats stehen, sind zulässig, sofern sie nicht im Widerspruch zur Fachinformation (§ 11a) stehen und deutlich von den Pflichtangaben abgegrenzt werden.[2]

2   Eine Gebrauchsanweisung ist bei solchen Arzneimitteln nicht erforderlich, die sich noch im Stadium der klinischen Prüfung befinden, für die noch eine Rückstandsprüfung vorgesehen ist oder die nach § 21 Abs. 2 Nr. 1a, 1b oder 6 von der Zulassungspflicht freigestellt sind.

II. Pflichtangaben in der Gebrauchsanweisung (Abs. 1) und Besonderheiten mit Blick auf Sehbehinderte (Abs. 3c)

3   Abs. 1 normiert in Nr. 1–8 diejenigen Angaben, die für **Fertigarzneimittel** in der Packungsbeilage zwingend gemacht werden müssen.[3] Nur unter den Voraussetzungen des Abs. 6 kann eine Packungsbeilage entfallen. Die Pflichtangaben müssen dann aber zumindest

---

[1] Zum Begriff des Fertigarzneimittels → § 4 Rn. 2 f.
[2] So die gesetzlichen Vorgaben in § 11 Abs. 1 S. 5 und Abs. 5 S. 2.
[3] Näher zu den einzelnen Nummern *Rehmann* Rn. 4 ff.; Erbs/Kohlhaas/*Pelchen*/*Anders,* A 188, AMG, 187. Lfg. 2011, § 11 Rn. 3 ff.

auf dem Behältnis oder der äußeren Umhüllung erscheinen. Auf Ersuchen von Patientenorganisationen muss der Inhaber der Zulassung dafür sorgen, dass die Packungsbeilage in für blinde und sehbehinderte Personen geeigneter Form verfügbar ist (Abs. 3c).

III. Einreichungspflicht (Abs. 1a)

Ein **Muster der Packungsbeilage** und ggf. geänderter Fassungen muss beim Bundesins- **4** titut für Arzneimittel und Medizinprodukte bzw. beim Paul-Ehrlich-Institut oder dem Bundesamt für Verbraucherschutz und Lebensmittelsicherheit als zuständiger Bundesoberbehörde (§ 77) **eingereicht** werden, sofern nicht für das Arzneimittel eine Freistellung von der Zulassung oder Registrierung besteht. Damit den Zulassungsakten stets ein aktuelles Exemplar der Gebrauchsinformation beiliegt, sind eventuelle Aktualisierungen oder Änderungen der Bundesoberbehörde anzuzeigen; in manchen Fällen ist deren Vollzug zustimmungspflichtig (vgl. § 29).

IV. Warn- und Aufbewahrungshinweise (Abs. 2)

Im Rahmen seiner **Aufklärungspflicht** hat der verantwortliche Inverkehrbringer den **5** Verbraucher auch auf eventuelle Gefahren und Aufbewahrungsmodalitäten hinzuweisen. Eine derartige Hinweispflicht trifft den Inverkehrbringer immer dann, wenn sie nach dem jeweiligen Stand der Wissenschaft als erforderlich anzusehen ist oder wenn entsprechende Warnhinweise durch Auflage des Bundesinstituts für Arzneimittel und Medizinprodukte (§ 28 Abs. 2 Nr. 2) bzw. durch Rechtsverordnung (§ 12 Abs. 1 Nr. 3) vorgeschrieben sind.[4]

V. Besonderheiten bei radioaktiven Arzneimitteln (Abs. 2a)

Aufgrund der besonderen Gefährlichkeit, die von **radioaktiven Arzneimitteln** ausgeht, **6** muss die Packungsbeilage neben den Pflichtangaben auch Angaben über besondere Vorsichtsmaßnahmen bei der Verwendung, Zubereitung oder Entsorgung des radioaktiven Produkts enthalten.

VI. Besonderheiten bei homöopathischen Arzneimitteln (Abs. 3)

Bei **homöopathischen Arzneimitteln** gilt Abs. 1 entsprechend mit der Maßgabe, dass **7** mit Ausnahme der Chargenbezeichnung und des Verfalldatums die in § 10 Abs. 4 vorgeschriebenen Angaben (insbes. auch die Bezeichnung als „homöopathisches Arzneimittel") zu machen sind[5] sowie der Name und die Anschrift des Herstellers zu nennen ist, der das Fertigarzneimittel für das Inverkehrbringen freigegeben hat, soweit es sich dabei nicht um den pharmazeutischen Unternehmer handelt. Dies gilt entsprechend für Arzneimittel, die nach § 38 Abs. 1 S. 3 von der Registrierung freigestellt sind.

VII. Besondere Angaben für Sera (Abs. 3a), traditionelle pflanzliche Arzneimittel (Abs. 3b) und Heilwässer (Abs. 3d)

Auch bei **Sera** sieht das Gesetz zusätzliche Angaben vor: Es müssen die Art des Lebewe- **8** sens, aus dem sie gewonnen sind, bei Virusimpfstoffen das Wirtssystem, das zur Virusvermehrung gedient hat, und bei Arzneimitteln aus humanem Blutplasma zur Fraktionierung das Herkunftsland des Blutplasmas angegeben werden. Bei **traditionellen pflanzlichen Arzneimitteln** nach § 39a ist bei den Angaben nach Abs. 1 S. 1 Nr. 2 anzugeben, dass es sich um solche handelt und diese ausschließlich aufgrund langjähriger Anwendung für das entsprechende Anwendungsgebiet registriert wurden. In die Packungsbeilage ist auch der

---

[4] Entsprechende Vorschriften lassen sich zB in der Arzneimittel-WarnhinweisVO (AMWarnVO) vom 21.12.1984, BGBl. 1985 I S. 22 (FNA 2121-51-17) finden.
[5] S. auch die Kommentierung zu § 10.

Hinweis nach § 10 Abs. 4a S. 1 Nr. 2 aufzunehmen. Für **Heilwässer** gibt es die in Abs. 3d aufgezählten Lockerungen.

VIII. Besonderheiten bei Tierarzneimitteln (Abs. 4)

9   Für **Tierarzneimittel** gelten besondere Angabepflichten, um insbesondere den spezifischen Gefahren, die sich aus der Verwertung von Tieren als Lebensmittel ergeben, hinreichend Rechnung tragen zu können.[6] Hinzu kommen, falls nach dem jeweiligen wissenschaftlichen Stand der Forschung erforderlich, Hinweise auf besondere Vorsichtsmaßnahmen, um Gefahren für die Umwelt – etwa durch die Beseitigung nicht verwendeter Arzneimittel – zu vermeiden. Bei Arzneimittelvormischungen[7] sind ggf. Hinweise für die sachgerechte Herstellung von Fütterungsarzneimitteln aufzunehmen. Nach altem Recht waren in Abweichung zu Abs. 1 Satz 1 Nr. 2 aF bei Tierarzneimitteln alle wirksamen Bestandteile, also nicht nur die Wirkstoffe (arzneilich wirksamen Bestandteile), nach Art und Menge anzugeben.[8] Darunter fielen auch die therapeutisch relevanten Hilfsstoffe (weitere Bestandteile). Nach neuem Recht sind nur noch die „Wirkstoffe" anzugeben.

IX. Gegenanzeigen, Neben- und Wechselwirkungen (Abs. 5)

10   Sofern trotz entsprechender Prüfung oder mangels Mitteilungen Dritter keine **Gegenanzeigen, Neben- und Wechselwirkungen** bekannt sind, muss dies durch den Hinweis „keine bekannt" deutlich gemacht werden.[9] Bei nachträglich bekannt gewordenen Risiken trifft den pharmazeutischen Unternehmer eine Aktualisierungspflicht hinsichtlich der Gebrauchsanleitung: Er muss die Gebrauchsanleitung entsprechend ändern und hat ein neues, aktualisiertes Exemplar beim Bundesinstitut für Arzneimittel und Medizinprodukte als zuständige Bundesoberbehörde zu hinterlegen (vgl. § 11 Abs. 1a). Die Verletzung einer solchen qualifizierten Rechtspflicht ist als begehungsgleiches Unterlassen aufzufassen und kann zu einer entsprechenden strafrechtlichen Verantwortlichkeit führen.[10] – Selbstverständlich bleiben weitergehende Verpflichtungen – etwa zum Rückruf eines als zu gefährlich erkannten Arzneimittels – unberührt.

X. Ausnahmen von den Pflichtangaben (Abs. 6) und Sonderregelungen für aus Fertigarzneimitteln entnommene Teilmengen (Abs. 7)

11   Die **Packungsbeilage** kann immer dann **entfallen,** wenn die nach Abs. 1–4 erforderlichen **Angaben** bereits **auf dem Behältnis** oder der **äußeren Umhüllung,** in dem oder der sich das Arzneimittel befindet, angebracht wurden (Abs. 6). Aufgrund der Fülle der notwendigen Angaben wird dieser Fall allerdings nur selten eintreten.[11] Abs. 7 enthält **Sonderregelungen für aus Fertigarzneimitteln entnommene Teilmengen,** die zur Anwendung bei Menschen bestimmt sind. Diese dürfen im Grundsatz nur zusammen mit einer **Ausfertigung** der für das Fertigarzneimittel vorgeschriebenen **Packungsbeilage** abgegeben werden.

XI. Sanktionenrechtliche Bedeutung der Vorschrift

12   Der Verstoß gegen die Bestimmungen des § 11 wird als **Ordnungswidrigkeit** nach § 97 Abs. 2 Nr. 5 oder – im Falle der Abgabe einer Teilmenge entgegen § 11 Abs. 7 S. 1 – als Ordnungswidrigkeit nach § 97 Abs. 2 Nr. 5a geahndet. Allerdings kann der Verstoß unter

---

[6] Näher dazu die Kommentierung zu § 10.

[7] Zum Begriff der Arzneimittelvormischung s. die Kommentierung zu § 4.

[8] Zur Differenzierung zwischen „arzneilich wirksamen Bestandteilen" und „weiteren Bestandteilen" s. auch die Kommentierung zu § 4.

[9] Diese Hinweispflicht wurde mit der 8. AMG-Novelle eingeführt.

[10] Näher zur hier berührten allgemeinen Problematik der strafrechtlichen Produktverantwortlichkeit wegen begehungsgleichen Unterlassens *Freund,* Erfolgsdelikt und Unterlassen, 1992, S. 195, 214 ff., 241 ff.; s. auch → Vor § 95 Rn. 12 f., 17 f., 41 ff., 86 ff.

[11] Näher zum Ausnahmetatbestand des § 11 Abs. 6 *Rehmann* § 11 Rn. 25.

gewissen weiteren Voraussetzungen – etwa dadurch bedingten Gesundheitsbeeinträchtigungen der Verbraucher – auch eine strafrechtliche Verantwortlichkeit mit sich bringen.[12]

§ 11a Fachinformation

(1) [1]Der pharmazeutische Unternehmer ist verpflichtet, Ärzten, Zahnärzten, Tierärzten, Apothekern und, soweit es sich nicht um verschreibungspflichtige Arzneimittel handelt, anderen Personen, die die Heilkunde oder Zahnheilkunde berufsmäßig ausüben, für Fertigarzneimittel, die der Zulassungspflicht unterliegen oder von der Zulassung freigestellt sind, Arzneimittel im Sinne des § 2 Abs. 1 oder Abs. 2 Nr. 1 und für den Verkehr außerhalb der Apotheken nicht freigegeben sind, auf Anforderung eine Gebrauchsinformation für Fachkreise (Fachinformation) zur Verfügung zu stellen. [2]Diese muss die Überschrift „Fachinformation" tragen und folgende Angaben in gut lesbarer Schrift in Übereinstimmung mit der im Rahmen der Zulassung genehmigten Zusammenfassung der Merkmale des Arzneimittels und in der nachstehenden Reihenfolge enthalten:
1. die Bezeichnung des Arzneimittels, gefolgt von der Stärke und der Darreichungsform;
2. qualitative und quantitative Zusammensetzung nach Wirkstoffen und den sonstigen Bestandteilen, deren Kenntnis für eine zweckgemäße Verabreichung des Mittels erforderlich ist, unter Angabe der gebräuchlichen oder chemischen Bezeichnung; § 10 Abs. 6 findet Anwendung;
3. Darreichungsform;
4. klinische Angaben:
   a) Anwendungsgebiete,
   b) Dosierung und Art der Anwendung bei Erwachsenen und, soweit das Arzneimittel zur Anwendung bei Kindern bestimmt ist, bei Kindern,
   c) Gegenanzeigen,
   d) besondere Warn- und Vorsichtshinweise für die Anwendung und bei immunologischen Arzneimitteln alle besonderen Vorsichtsmaßnahmen, die von Personen, die mit immunologischen Arzneimitteln in Berührung kommen und von Personen, die diese Arzneimittel Patienten verabreichen, zu treffen sind, sowie von dem Patienten zu treffenden Vorsichtsmaßnahmen, soweit dies durch Auflagen der zuständigen Bundesoberbehörde nach § 28 Abs. 2 Nr. 1 Buchstabe a angeordnet oder auf Grund von § 7 des Anti-Doping-Gesetzes oder durch Rechtsverordnung vorgeschrieben ist,
   e) Wechselwirkungen mit anderen Arzneimitteln oder anderen Mitteln, soweit sie die Wirkung des Arzneimittels beeinflussen können,
   f) Verwendung bei Schwangerschaft und Stillzeit,
   g) Auswirkungen auf die Fähigkeit zur Bedienung von Maschinen und zum Führen von Kraftfahrzeugen,
   h) Nebenwirkungen bei bestimmungsgemäßem Gebrauch,
   i) Überdosierung: Symptome, Notfallmaßnahmen, Gegenmittel;
5. pharmakologische Eigenschaften:
   a) pharmakodynamische Eigenschaften,
   b) pharmakokinetische Eigenschaften,
   c) vorklinische Sicherheitsdaten;
6. pharmazeutische Angaben:
   a) Liste der sonstigen Bestandteile,
   b) Hauptinkompatibilitäten,

---

[12] Zum oft von Zufälligkeiten abhängigen Übergang der bloßen Ordnungswidrigkeit zur Straftat vgl. noch unten zu § 97.

c) Dauer der Haltbarkeit und, soweit erforderlich, die Haltbarkeit bei Herstellung einer gebrauchsfertigen Zubereitung des Arzneimittels oder bei erstmaliger Öffnung des Behältnisses,

d) besondere Vorsichtsmaßnahmen für die Aufbewahrung,

e) Art und Inhalt des Behältnisses,

f) besondere Vorsichtsmaßnahmen für die Beseitigung von angebrochenen Arzneimitteln oder der davon stammenden Abfallmaterialien, um Gefahren für die Umwelt zu vermeiden;

7. Inhaber der Zulassung;

8. Zulassungsnummer;

9. Datum der Erteilung der Zulassung oder der Verlängerung der Zulassung;

10. Datum der Überarbeitung der Fachinformation.

[3]Bei allen Arzneimitteln, die zur Anwendung bei Menschen bestimmt sind, ist ein Standardtext aufzunehmen, durch den die Angehörigen von Gesundheitsberufen ausdrücklich aufgefordert werden, jeden Verdachtsfall einer Nebenwirkung an die zuständige Bundesoberbehörde zu melden, wobei die Meldung in jeder Form, insbesondere auch elektronisch, erfolgen kann. [4]Für Arzneimittel, die zur Anwendung bei Menschen bestimmt sind und sich auf der Liste gemäß Artikel 23 der Verordnung (EG) Nr. 726/2004 befinden, muss ferner folgende Erklärung aufgenommen werden: „Dieses Arzneimittel unterliegt einer zusätzlichen Überwachung." [5]Dieser Erklärung muss ein schwarzes Symbol vorangehen und ein geeigneter standardisierter erläuternder Text nach Artikel 23 Absatz 4 der Verordnung (EG) Nr. 726/2004 folgen. [6]Weitere Angaben, die nicht durch eine Verordnung der Europäischen Gemeinschaft oder der Europäischen Union vorgeschrieben oder bereits nach dieser Verordnung zulässig sind, sind zulässig, wenn sie mit der Anwendung des Arzneimittels im Zusammenhang stehen und den Angaben nach Satz 2 nicht widersprechen; sie müssen von den Angaben nach Satz 2 deutlich abgesetzt und abgegrenzt sein. [7]Satz 1 gilt nicht für Arzneimittel, die nach § 21 Abs. 2 einer Zulassung nicht bedürfen oder nach einer homöopathischen Verfahrenstechnik hergestellt sind. [8]Der Inhaber der Zulassung ist verpflichtet, die Fachinformation auf dem aktuellen wissenschaftlichen Kenntnisstand zu halten, zu dem auch die Schlussfolgerungen aus Bewertungen und die Empfehlungen gehören, die auf dem nach Artikel 26 der Verordnung (EG) Nr. 726/2004 eingerichteten europäischen Internetportal für Arzneimittel veröffentlicht werden. [9]Die nach den Sätzen 3 und 5 erforderlichen Standardtexte werden von der zuständigen Bundesoberbehörde im Bundesanzeiger bekannt gemacht.

(1a) Bei Sera ist auch die Art des Lebewesens, aus dem sie gewonnen sind, bei Virusimpfstoffen das Wirtssystem, das zu Virusvermehrung gedient hat, und bei Arzneimitteln aus humanem Blutplasma zur Fraktionierung das Herkunftsland des Blutplasmas anzugeben.

(1b) Bei radioaktiven Arzneimitteln sind ferner die Einzelheiten der internen Strahlungsdosimetrie, zusätzliche detaillierte Anweisungen für die extemporane Zubereitung und die Qualitätskontrolle für diese Zubereitung sowie, soweit erforderlich, die Höchstlagerzeit anzugeben, während der eine Zwischenzubereitung wie ein Eluat oder das gebrauchsfertige Arzneimittel seinen Spezifikationen entspricht.

(1c) [1]Bei Arzneimitteln, die zur Anwendung bei Tieren bestimmt sind, muss die Fachinformation unter der Nummer 4 „klinische Angaben" folgende Angaben enthalten:

a) Angabe jeder Zieltierart, bei der das Arzneimittel angewendet werden soll,

b) Angaben zur Anwendung mit besonderem Hinweis auf die Zieltierarten,

c) Gegenanzeigen,

d) besondere Warnhinweise bezüglich jeder Zieltierart,
e) besondere Warnhinweise für den Gebrauch, einschließlich der von der verabrei-
    chenden Person zu treffenden besonderen Sicherheitsvorkehrungen,
f) Nebenwirkungen (Häufigkeit und Schwere),
g) Verwendung bei Trächtigkeit, Eier- oder Milcherzeugung,
h) Wechselwirkungen mit anderen Arzneimitteln und andere Wechselwirkungen,
i) Dosierung und Art der Anwendung,
j) Überdosierung: Notfallmaßnahmen, Symptome, Gegenmittel, soweit erfor-
    derlich,
k) Wartezeit für sämtliche Lebensmittel, einschließlich jener, für die keine Warte-
    zeit besteht.
[2]Die Angaben nach Absatz 1 Satz 2 Nr. 5 Buchstabe c entfallen.

(1d) Bei Arzneimitteln, die nur auf ärztliche, zahnärztliche oder tierärztliche
Verschreibung abgegeben werden dürfen, ist auch der Hinweis „Verschreibungspflichtig", bei Betäubungsmitteln der Hinweis „Betäubungsmittel", bei sonstigen
Arzneimitteln, die nur in Apotheken an Verbraucher abgegeben werden dürfen,
der Hinweis „Apothekenpflichtig" anzugeben; bei Arzneimitteln, die einen Stoff
oder eine Zubereitung nach § 48 Absatz 1 Satz 1 Nummer 3 enthalten, ist eine
entsprechende Angabe zu machen.

(1e) Für Zulassungen von Arzneimitteln nach § 24b können Angaben nach
Absatz 1 entfallen, die sich auf Anwendungsgebiete, Dosierungen oder andere
Gegenstände eines Patents beziehen, die zum Zeitpunkt des Inverkehrbringens
noch unter das Patentrecht fallen.

(2) [1]Der pharmazeutische Unternehmer ist verpflichtet, die Änderungen der
Fachinformation, die für die Therapie relevant sind, den Fachkreisen in geeigneter
Form zugänglich zu machen. [2]Die zuständige Bundesoberbehörde kann, soweit
erforderlich, durch Auflage bestimmen, in welcher Form die Änderungen allen
oder bestimmten Fachkreisen zugänglich zu machen sind.

(3) Ein Muster der Fachinformation und geänderter Fassungen ist der zuständigen Bundesoberbehörde unverzüglich zu übersenden, soweit nicht das Arzneimittel von der Zulassung freigestellt ist.

(4) [1]Die Verpflichtung nach Absatz 1 Satz 1 kann bei Arzneimitteln, die ausschließlich von Angehörigen der Heilberufe verabreicht werden, auch durch Aufnahme der Angaben nach Absatz 1 Satz 2 in der Packungsbeilage erfüllt werden.
[2]Die Packungsbeilage muss mit der Überschrift „Gebrauchsinformation und
Fachinformation" versehen werden.

Die Vorschrift ist straf- und ordnungswidrigkeitenrechtlich nicht relevant.   1

§ 12 Ermächtigung für die Kennzeichnung, die Packungsbeilage und die
     Packungsgrößen

(1) Das Bundesministerium wird ermächtigt, im Einvernehmen mit dem Bundesministerium für Wirtschaft und Energie durch Rechtsverordnung[1] mit Zustimmung des Bundesrates
1. die Vorschriften der §§ 10 bis 11a auf andere Arzneimittel und den Umfang
    der Fachinformation auf weitere Angaben auszudehnen,
2. vorzuschreiben, dass die in den §§ 10 und 11 genannten Angaben dem Verbrau-
    cher auf andere Weise übermittelt werden,
3. für bestimmte Arzneimittel oder Arzneimittelgruppen vorzuschreiben, dass
    Warnhinweise, Warnzeichen oder Erkennungszeichen auf

---

[1] Siehe die Blindenschrift-Kennzeichnungs-VO.

a) den Behältnissen, den äußeren Umhüllungen, der Packungsbeilage oder
b) der Fachinformation

anzubringen sind,

4. vorzuschreiben, dass bestimmte Bestandteile nach der Art auf den Behältnissen und den äußeren Umhüllungen anzugeben sind oder auf sie in der Packungsbeilage hinzuweisen ist,

soweit es geboten ist, um einen ordnungsgemäßen Umgang mit Arzneimitteln und deren sachgerechte Anwendung im Geltungsbereich dieses Gesetzes sicherzustellen und um eine unmittelbare oder mittelbare Gefährdung der Gesundheit von Mensch oder Tier zu verhüten, die infolge mangelnder Unterrichtung eintreten könnte.

(1a) Das Bundesministerium wird ferner ermächtigt, durch Rechtsverordnung mit Zustimmung des Bundesrates für Stoffe oder Zubereitungen aus Stoffen bei der Angabe auf Behältnissen und äußeren Umhüllungen oder in der Packungsbeilage oder in der Fachinformation zusammenfassende Bezeichnungen zuzulassen, soweit es sich nicht um wirksame Bestandteile handelt und eine unmittelbare oder mittelbare Gefährdung der Gesundheit von Mensch oder Tier infolge mangelnder Unterrichtung nicht zu befürchten ist.

(1b) Das Bundesministerium wird ferner ermächtigt, im Einvernehmen mit dem Bundesministerium für Wirtschaft und Energie durch Rechtsverordnung[2] mit Zustimmung des Bundesrates

1. die Kennzeichnung von Ausgangsstoffen, die für die Herstellung von Arzneimitteln bestimmt sind, und

2. die Kennzeichnung von Arzneimitteln, die zur klinischen Prüfung bestimmt sind [ab unbestimmtem Zeitpunkt, siehe Gesetzeskopf Fn. 4: *und nicht in den Anwendungsbereich der Verordnung (EU) Nr. 536/2014 fallen*],

zu regeln, soweit es geboten ist, um eine unmittelbare oder mittelbare Gefährdung der Gesundheit von Mensch oder Tier zu verhüten, die infolge mangelnder Kennzeichnung eintreten könnte.

(2) [1]Soweit es sich um Arzneimittel handelt, die zur Anwendung bei Tieren bestimmt sind, tritt in den Fällen des Absatzes 1, 1a, 1b oder 3 an die Stelle des Bundesministeriums das Bundesministerium für Ernährung und Landwirtschaft, das die Rechtsverordnung jeweils im Einvernehmen mit dem Bundesministerium erlässt. [2]Die Rechtsverordnung nach Absatz 1, 1a oder 1b ergeht im Einvernehmen mit dem Bundesministerium für Umwelt, Naturschutz, Bau und Reaktorsicherheit, soweit es sich um radioaktive Arzneimittel und um Arzneimittel handelt, bei deren Herstellung ionisierende Strahlen verwendet werden, oder in den Fällen des Absatzes 1 Nr. 3 Warnhinweise, Warnzeichen oder Erkennungszeichen im Hinblick auf Angaben nach § 10 Abs. 1 Satz 1 Nr. 13 oder Absatz 5 Satz 1 Nummer 10, § 11 Abs. 4 Satz 1 Nr. 9 oder § 11a Abs. 1 Satz 2 Nr. 6 Buchstabe f vorgeschrieben werden.

(3) [1]Das Bundesministerium wird ferner ermächtigt, durch Rechtsverordnung ohne Zustimmung des Bundesrates zu bestimmen, dass Arzneimittel nur in bestimmten Packungsgrößen in den Verkehr gebracht werden dürfen und von den pharmazeutischen Unternehmern auf den Behältnissen oder, soweit verwendet, auf den äußeren Umhüllungen entsprechend zu kennzeichnen sind. [2]Die Bestimmung dieser Packungsgrößen erfolgt für bestimmte Wirkstoffe und berücksichtigt die Anwendungsgebiete, die Anwendungsdauer und die Darreichungsform. [3]Bei der Bestimmung der Packungsgrößen ist grundsätzlich von einer Dreiteilung auszugehen:

---

[2] Siehe die GCP-VO.

1. **Packungen für kurze Anwendungsdauer oder Verträglichkeitstests,**
2. **Packungen für mittlere Anwendungsdauer,**
3. **Packungen für längere Anwendungsdauer.**

Schrifttum: *Meyer-Lüerßen,* Ergebnisse des ersten VDGH-Symposiums über arzneimittelrechtliche Fragen bei In-vitro-Diagnostica, PharmR 1989, 51. S. ergänzend die Literaturangaben zu § 11.

I. Ratio der Norm

Um die **Arzneimittelsicherheit** angemessen zu gewährleisten,[3] enthält § 12 eine allge- 1 meine **Ermächtigungsnorm,** adressiert an das Bundesministerium für Gesundheit. Durch § 12 wird dieses Ministerium ermächtigt, im Einvernehmen mit dem Bundesministerium für Wirtschaft und Energie mit Zustimmung des Bundesrates Rechtsverordnungen zu erlassen, die zusätzliche Kennzeichnungsvorschriften schaffen oder besondere Kennzeichnungen gestatten. Diese vom Bundesministerium erlassenen Rechtsverordnungen treten dann ergänzend neben die Bestimmungen der §§ 10–11a bzw. nehmen deren Stelle ein.

II. Inhalt und Umfang der Ermächtigung in Abs. 1

Abs. 1 ermächtigt das Bundesministerium zunächst, die **Kennzeichnungsvorschriften** 2 **(Nr. 1) auszudehnen.** In **Nr. 2** werden **Abweichungen bei den Kennzeichnungsvorschriften** der §§ 10, 11 zugelassen, soweit es um Pflichtangaben geht, die dem Verbraucher übermittelt werden sollen. Bei Tierarzneimitteln wurden solche Modifikationen der allgemeinen Kennzeichnungspflicht etwa über § 10 Abs. 2 S. 2 TÄHAV[4] eingeführt.

Zugelassen wird auch die **Anordnung besonderer Warnhinweise,** die auf Behältnissen, 3 Umhüllungen und in der Fachinformation anzugeben sind **(Nr. 3).** Diese Warnhinweise können entweder in Form von Warnzeichen (Vorsicht, Totenkopfsymbol etc) gegeben werden, aber auch sonstige Gebrauchs- und Verwendungshinweise darstellen.[5] Zudem sieht **Nr. 4** vor, dass durch Rechtsverordnung in Abweichung von § 10 Abs. 1 Nr. 8 eine zusätzliche **Angabe** aller oder bestimmter **Bestandteile nach ihrer Art** angeordnet werden kann.

III. Ermächtigung zur Zulassung zusammenfassender Bezeichnungen (Abs. 1a) und zum Erlass von Kennzeichnungspflichten für Ausgangsstoffe und Arzneimittel, die zur klinischen Prüfung bestimmt sind (Abs. 1b)

Abs. 1a ermöglicht es, die Verwendung **zusammenfassender Bezeichnungen** für nicht 4 wirksame Bestandteile[6] zuzulassen, sofern die Arzneimittelsicherheit dadurch nicht leidet.[7] Genauer: Eine Gefährdung der Gesundheit von Mensch oder Tier darf nicht infolge mangelnder Unterrichtung zu befürchten sein. Durch die 12. AMG-Novelle wurde in Abs. 1b eine weitere Ermächtigungsnorm für das Bundesministerium für Gesundheit geschaffen. Zum Schutz der Gesundheit von Mensch und Tier können nunmehr auch Rechtsverordnungen erlassen werden, welche die **Kennzeichnung für Ausgangsstoffe und Arzneimittel** zum Regelungsgegenstand haben, die für die **klinische Prüfung** bestimmt sind, sofern eine Gesundheitsgefährdung infolge mangelnder Kennzeichnung eintreten könnte.

---

[3] S. zu diesem generell relevanten Gesichtspunkt differenzierend oben zu § 1.
[4] VO über tierärztliche Hausapotheken (TÄHAV) idF der Bekanntmachung vom 8.7.2009, BGBl. I S. 1760 (FNA 2121-50-1-15).
[5] *Rehmann* Rn. 2.
[6] Damit sind wohl „*arzneilich* nicht wirksame Bestandteile" und damit sonstige Bestandteile (Hilfsstoffe) gemeint. Diese unterschiedliche Terminologie innerhalb des Gesetzes erschwert das Verständnis und sollte daher angepasst werden. – Zum Begriff der „arzneilich wirksamen" bzw. „sonstigen" Bestandteile ausführlicher die Kommentierung zu § 4.
[7] Im Zuge der Ermächtigungsnorm des § 12 Abs. 1a wurde die VO über die Angabe von Arzneimittelbestandteilen vom 4.10.1991, BGBl. I S. 1968 (FNA 2121-51-28) erlassen.

IV. Besonderheiten bei Arzneimitteln, die zur Anwendung bei Tieren bestimmt sind, und bei radioaktiven Arzneimitteln (Abs. 2)

5   Bei **Tierarzneimitteln** tritt an die Stelle des Bundesministeriums für Gesundheit das Bundesministerium für Ernährung und Landwirtschaft, das die Rechtsverordnung im Einvernehmen mit dem Bundesgesundheitsministerium erlässt. Hat die zu erlassende Rechtsverordnung den Umgang mit **radioaktiven Arzneimitteln** und mit Arzneimitteln, bei deren Herstellung ionisierende Strahlen verwendet werden, zum Gegenstand, muss die Zustimmung des Bundesministeriums für Umwelt, Naturschutz, Bau und Reaktorsicherheit eingeholt werden. Einer Einbeziehung des Bundesumweltministeriums bedarf es auch, wenn es um die Verwendung von Warnhinweisen, Warnzeichen oder Erkennungszeichen geht, die Gefahren für die Umwelt abwenden sollen.

V. Ermächtigung zur Festlegung von Packungsgrößen (Abs. 3)

6   Von der Ermächtigung zum Erlass einer Rechtsverordnung zur **Festlegung von Packungsgrößen** hat das Bundesministerium für Gesundheit im Jahre 2004 Gebrauch gemacht (VO über die Bestimmung und Kennzeichnung von Packungsgrößen für Arzneimittel in der vertragsärztlichen Versorgung v. 22.6.2004, BGBl. I S. 1318, FNA 2121-51-40). Damit wurde die ZuzahlungsVO[8] abgelöst, die die Erstattung von Arzneimittelkosten durch die Kassen von der Einhaltung bestimmter Normgrößen abhängig machte.[9]

VI. Sanktionenrechtliche Bedeutung der Vorschrift

7   Verstöße gegen Rechtsverordnungen nach § 12 sind **ordnungswidrig** nach § 97 Abs. 2 Nr. 4, 5 oder Nr. 31. Eine Ordnungswidrigkeit nach § 97 Abs. 2 Nr. 31 soll allerdings nur dann in Betracht kommen, wenn sich in der Rechtsverordnung eine **Rückverweisungsklausel** auf die Vorschriften des AMG finden lässt. Bei dieser Sanktionsnorm handelt es sich dementsprechend um eine sog **„qualifizierte Blankettnorm".**[10]

Dritter Abschnitt. Herstellung von Arzneimitteln

§ 13 Herstellungserlaubnis

    (1) [1]Wer
1. **Arzneimittel im Sinne des § 2 Absatz 1 oder Absatz 2 Nummer 1,**
2. **Testsera oder Testantigene,**
3. **Wirkstoffe, die menschlicher, tierischer oder mikrobieller Herkunft sind oder die auf gentechnischem Wege hergestellt werden, oder**
4. **andere zur Arzneimittelherstellung bestimmte Stoffe menschlicher Herkunft gewerbs- oder berufsmäßig herstellt, bedarf einer Erlaubnis der zuständigen Behörde.** [2]**Das Gleiche gilt für juristische Personen, nicht rechtsfähige Vereine und Gesellschaften bürgerlichen Rechts, die Arzneimittel zum Zwecke der Abgabe an ihre Mitglieder herstellen.** [3]**Satz 1 findet auf eine Prüfung, auf deren Grundlage die Freigabe des Arzneimittels für das Inverkehrbringen erklärt wird, entsprechende Anwendung.** [4]**§ 14 Absatz 4 bleibt unberührt.**

    (1a) **Absatz 1 findet keine Anwendung auf**
1. **Gewebe im Sinne von § 1a Nummer 4 des Transplantationsgesetzes, für die es einer Erlaubnis nach § 20b oder § 20c bedarf,**

---

[8] ZuzahlungsVO vom 9.9.1993, BGBl. I S. 1557.
[9] Bei der Bestimmung der Packungsgrößen war von einer Dreiteilung auszugehen: Packungen für kurze Anwendungsdauer oder Verträglichkeitstests, für mittlere Anwendungsdauer und längere Anwendungsdauer.
[10] Zur nicht zuletzt verfassungsrechtlichen Problematik derartiger Blankettnormen mit Rückverweisungsklausel → Vor § 95 Rn. 53 ff.

2. die Gewinnung und die Laboruntersuchung von autologem Blut zur Herstellung von biotechnologisch bearbeiteten Gewebeprodukten, für die es einer Erlaubnis nach § 20b bedarf,

3. Gewebezubereitungen, für die es einer Erlaubnis nach § 20c bedarf,

4. die Rekonstitution, soweit es sich nicht um Arzneimittel handelt, die zur klinischen Prüfung [ab unbestimmtem Zeitpunkt, siehe Gesetzeskopf Fn. 4: *außerhalb des Anwendungsbereichs der Verordnung (EU) Nr. 536/2014*] bestimmt sind.

(2) Einer Erlaubnis nach Absatz 1 bedarf nicht

1. der Inhaber einer Apotheke für die Herstellung von Arzneimitteln im Rahmen des üblichen Apothekenbetriebs, oder für die Rekonstitution oder das Abpacken einschließlich der Kennzeichnung von Arzneimitteln, die zur klinischen Prüfung [ab unbestimmtem Zeitpunkt, siehe Gesetzeskopf Fn. 4: *außerhalb des Anwendungsbereichs der Verordnung (EU) Nr. 536/2014*] bestimmt sind, sofern dies dem Prüfplan entspricht,

2. der Träger eines Krankenhauses, soweit er nach dem Gesetz über das Apothekenwesen Arzneimittel abgeben darf, oder für die Rekonstitution oder das Abpacken einschließlich der Kennzeichnung von Arzneimitteln, die zur klinischen Prüfung [ab unbestimmtem Zeitpunkt, siehe Gesetzeskopf Fn. 4: *außerhalb des Anwendungsbereichs der Verordnung (EU) Nr. 536/2014*] bestimmt sind, sofern dies dem Prüfplan entspricht,

[Nr. 2a ab unbestimmtem Zeitpunkt, siehe Gesetzeskopf Fn. 4:]

2a. die Apotheke für die in Artikel 61 Absatz 5 der Verordnung (EU) Nr. 536/2014 genannten Tätigkeiten,

3. der Tierarzt im Rahmen des Betriebes einer tierärztlichen Hausapotheke für
   a) das Umfüllen, Abpacken oder Kennzeichnen von Arzneimitteln in unveränderter Form,
   b) die Herstellung von Arzneimitteln, die ausschließlich für den Verkehr außerhalb der Apotheken freigegebene Stoffe oder Zubereitungen aus solchen Stoffen enthalten,
   c) die Herstellung von homöopathischen Arzneimitteln, die, soweit sie zur Anwendung bei Tieren bestimmt sind, die der Gewinnung von Lebensmitteln dienen, ausschließlich Wirkstoffe enthalten, die im Anhang der Verordnung (EU) Nr. 37/2010 als Stoffe aufgeführt sind, für die eine Festlegung von Höchstmengen nicht erforderlich ist,
   d) das Zubereiten von Arzneimitteln aus einem Fertigarzneimittel und arzneilich nicht wirksamen Bestandteilen,
   e) das Mischen von Fertigarzneimitteln für die Immobilisation von Zoo-, Wild- und Gehegetieren,
   soweit diese Tätigkeiten für die von ihm behandelten Tiere erfolgen,

4. der Großhändler für
   a) das Umfüllen von flüssigem Sauerstoff in mobile Kleinbehältnisse für einzelne Patienten in Krankenhäusern oder bei Ärzten einschließlich der erforderlichen Kennzeichnung,
   b) das Umfüllen, Abpacken oder Kennzeichnen von sonstigen Arzneimitteln in unveränderter Form, soweit es sich nicht um Packungen handelt, die zur Abgabe an den Verbraucher bestimmt sind,

5. der Einzelhändler, der die Sachkenntnis nach § 50 besitzt, für das Umfüllen, Abpacken oder Kennzeichnen von Arzneimitteln zur Abgabe in unveränderter Form unmittelbar an den Verbraucher,

6. der Hersteller von Wirkstoffen, die für die Herstellung von Arzneimitteln bestimmt sind, die nach einer im Homöopathischen Teil des Arzneibuches beschriebenen Verfahrenstechnik hergestellt werden.

(2a) ¹Die Ausnahmen nach Absatz 2 [ab unbestimmtem Zeitpunkt, siehe Gesetzes-kopf Fn. 4: *Absatz 2 Nummer 1, 2, 3 bis 6*] gelten nicht für die Herstellung von Blutzu-bereitungen, Gewebezubereitungen, Sera, Impfstoffen, Allergenen, Testsera, Test-antigenen, Arzneimitteln für neuartige Therapien, xenogenen und radioaktiven Arzneimitteln. ²Satz 1 findet keine Anwendung auf die in Absatz 2 Nummer 1 oder Nummer 2 genannten Einrichtungen, soweit es sich um

1. das patientenindividuelle Umfüllen in unveränderter Form, das Abpacken oder Kennzeichnen von im Geltungsbereich dieses Gesetzes zugelassenen Sera nicht menschlichen oder tierischen Ursprungs oder
2. die Rekonstitution oder das Umfüllen, das Abpacken oder Kennzeichnen von Arzneimitteln, die zur klinischen Prüfung [ab unbestimmtem Zeitpunkt, siehe Gesetzeskopf Fn. 4: *außerhalb des Anwendungsbereichs der Verordnung (EU) Nr. 536/2014*] bestimmt sind, sofern dies dem Prüfplan entspricht, oder
3. die Herstellung von Testallergenen

handelt. ³Tätigkeiten nach Satz 2 Nummer 1 und 3 sind der zuständigen Behörde anzuzeigen.

(2b) ¹Einer Erlaubnis nach Absatz 1 bedarf ferner nicht eine Person, die Arzt ist oder sonst zur Ausübung der Heilkunde bei Menschen befugt ist, soweit die Arzneimittel unter ihrer unmittelbaren fachlichen Verantwortung zum Zwecke der persönlichen Anwendung bei einem bestimmten Patienten hergestellt werden. ²Satz 1 findet keine Anwendung auf

1. Arzneimittel für neuartige Therapien und xenogene Arzneimittel sowie
2. Arzneimittel, die zur klinischen Prüfung bestimmt sind, soweit es sich nicht nur um eine Rekonstitution handelt.

(2c) Absatz 2b Satz 1 gilt für Tierärzte im Rahmen des Betriebes einer tierärztli-chen Hausapotheke für die Anwendung bei von ihnen behandelten Tieren entspre-chend.

(3) Eine nach Absatz 1 für das Umfüllen von verflüssigten medizinischen Gasen in das Lieferbehältnis eines Tankfahrzeuges erteilte Erlaubnis umfasst auch das Umfüllen der verflüssigten medizinischen Gase in unveränderter Form aus dem Lieferbehältnis eines Tankfahrzeuges in Behältnisse, die bei einem Krankenhaus oder anderen Verbrauchern aufgestellt sind.

(4) ¹Die Entscheidung über die Erteilung der Erlaubnis trifft die zuständige Behörde des Landes, in dem die Betriebsstätte liegt oder liegen soll. ²Bei Blutzubereitungen, Gewebezubereitungen, Sera, Impfstoffen, Allergenen, Arz-neimitteln für neuartige Therapien, xenogenen Arzneimitteln, gentechnisch hergestellten Arzneimitteln sowie Wirkstoffen und anderen zur Arzneimittel-herstellung bestimmten Stoffen, die menschlicher, tierischer oder mikrobieller Herkunft sind oder die auf gentechnischem Wege hergestellt werden, ergeht die Entscheidung über die Erlaubnis im Benehmen mit der zuständigen Bun-desoberbehörde.

[Abs. 5 ab unbestimmtem Zeitpunkt, siehe Gesetzeskopf Fn. 4:]

(5) ¹Die Erlaubnis zur Herstellung von Prüf- oder Hilfspräparaten im Sinne des Artikels 2 Absatz 2 Nummer 5 und 8 der Verordnung (EU) Nr. 536/2014 wird von der zuständigen Behörde nach Maßgabe des Artikels 61 Absatz 1 bis 3 der Verordnung (EU) Nr. 536/2014 erteilt. ²Für die Erteilung der Erlaubnis finden die §§ 16, 17 und 64 Absatz 3a Satz 2 entsprechende Anwendung.

[Abs. 6 ab unbestimmtem Zeitpunkt, siehe Gesetzeskopf Fn. 4:]

(6) Der Inhaber der Erlaubnis nach Absatz 5 ist verpflichtet, der sachkundigen Person nach § 14 Absatz 1 Nummer 1 und § 15 die Erfüllung ihrer Aufgabe zu ermöglichen und ihr insbesondere alle erforderlichen Hilfsmittel zur Verfügung zu stellen.

§ 14 Entscheidung über die Herstellungserlaubnis

(1) Die Erlaubnis darf nur versagt werden, wenn

1. nicht mindestens eine Person mit der nach § 15 erforderlichen Sachkenntnis (sachkundige Person nach § 14) vorhanden ist, die für die in § 19 genannte Tätigkeit verantwortlich ist,
2. *(aufgehoben)*
3. die sachkundige Person nach Nummer 1 oder der Antragsteller die zur Ausübung ihrer Tätigkeit erforderliche Zuverlässigkeit nicht besitzt,
4. die sachkundige Person nach Nummer 1 die ihr obliegenden Verpflichtungen nicht ständig erfüllen kann,
5. *(weggefallen)*
5a. in Betrieben, die Fütterungsarzneimittel aus Arzneimittel-Vormischungen herstellen, die Person, der die Beaufsichtigung des technischen Ablaufs der Herstellung übertragen ist, nicht ausreichende Kenntnisse und Erfahrungen auf dem Gebiete der Mischtechnik besitzt,
5b. der Arzt, in dessen Verantwortung eine Vorbehandlung der spendenden Person zur Separation von hämatopoetischen Stammzellen aus dem peripheren Blut oder von anderen Blutbestandteilen durchgeführt wird, nicht die erforderliche Sachkenntnis besitzt,
5c. entgegen § 4 Satz 1 Nr. 2 des Transfusionsgesetzes keine leitende ärztliche Person bestellt worden ist oder diese Person nicht die erforderliche Sachkunde nach dem Stand der medizinischen Wissenschaft besitzt oder entgegen § 4 Satz 1 Nr. 3 des Transfusionsgesetzes bei der Durchführung der Spendeentnahme von einem Menschen keine ärztliche Person vorhanden ist,
6. geeignete Räume und Einrichtungen für die beabsichtigte Herstellung, Prüfung und Lagerung der Arzneimittel nicht vorhanden sind oder
6a. der Hersteller nicht in der Lage ist zu gewährleisten, dass die Herstellung oder Prüfung der Arzneimittel nach dem Stand von Wissenschaft und Technik und bei der Gewinnung von Blut und Blutbestandteilen zusätzlich nach den Vorschriften des Zweiten Abschnitts des Transfusionsgesetzes vorgenommen wird.

(2) *(aufgehoben)*

(2a) Die leitende ärztliche Person nach § 4 Satz 1 Nr. 2 des Transfusionsgesetzes kann zugleich die sachkundige Person nach Absatz 1 Nr. 1 sein.

(2b) *(aufgehoben)*

(3) *(weggefallen)*

(4) Abweichend von Absatz 1 Nr. 6 kann teilweise außerhalb der Betriebsstätte des Arzneimittelherstellers

1. die Herstellung von Arzneimitteln zur klinischen Prüfung am Menschen in einer beauftragten Apotheke,
2. die Änderung des Verfalldatums von Arzneimitteln zur klinischen Prüfung am Menschen in einer Prüfstelle durch eine beauftragte Person des Herstellers, sofern diese Arzneimittel ausschließlich zur Anwendung in dieser Prüfstelle bestimmt sind,
3. die Prüfung der Arzneimittel in beauftragten Betrieben,
4. die Gewinnung oder Prüfung, einschließlich der Laboruntersuchungen der Spenderproben, von zur Arzneimittelherstellung bestimmten Stoffen menschlicher Herkunft, mit Ausnahme von Gewebe, in anderen Betrieben oder Einrichtungen,

die keiner eigenen Erlaubnis bedürfen, durchgeführt werden, wenn bei diesen hierfür geeignete Räume und Einrichtungen vorhanden sind und gewährleistet ist, dass die Herstellung und Prüfung nach dem Stand von Wissenschaft und Technik erfolgt und die sachkundige Person nach Absatz 1 Nummer 1 ihre Verantwortung wahrnehmen kann.

(5) ¹Bei Beanstandungen der vorgelegten Unterlagen ist dem Antragsteller Gelegenheit zu geben, Mängeln innerhalb einer angemessenen Frist abzuhelfen. ²Wird den Mängeln nicht abgeholfen, so ist die Erteilung der Erlaubnis zu versagen.

§ 15 Sachkenntnis

(1) ¹Der Nachweis der erforderlichen Sachkenntnis als sachkundige Person nach § 14 wird erbracht durch
1. die Approbation als Apotheker oder
2. das Zeugnis über eine nach abgeschlossenem, mindestens vierjährigem Hochschulstudium der Pharmazie, der Chemie, der pharmazeutischen Chemie und Technologie, der Biologie, der Human- oder der Veterinärmedizin abgelegte Prüfung

sowie eine mindestens zweijährige praktische Tätigkeit auf dem Gebiet der qualitativen und quantitativen Analyse sowie sonstiger Qualitätsprüfungen von Arzneimitteln. ²Die Mindestdauer des Hochschulstudiums kann dreieinhalb Jahre betragen, wenn auf das Hochschulstudium eine theoretische und praktische Ausbildung von mindestens einem Jahr folgt, die ein Praktikum von mindestens sechs Monaten in einer öffentlichen Apotheke umfasst und durch eine Prüfung auf Hochschulniveau abgeschlossen wird. ³Die Dauer der praktischen Tätigkeit nach Satz 1 kann um ein Jahr herabgesetzt werden, wenn das Hochschulstudium mindestens fünf Jahre umfasst, und um eineinhalb Jahre, wenn das Hochschulstudium mindestens sechs Jahre umfasst. ⁴Bestehen zwei akademische oder als gleichwertig anerkannte Hochschulstudiengänge, von denen sich der eine über vier, der andere über drei Jahre erstreckt, so ist davon auszugehen, dass das Zeugnis über den akademischen oder den als gleichwertig anerkannten Hochschulstudiengang von drei Jahren Dauer die Anforderung an die Dauer nach Satz 2 erfüllt, sofern die Zeugnisse über die beiden Hochschulstudiengänge als gleichwertig anerkannt werden.

(2) ¹In den Fällen des Absatzes 1 Nr. 2 muss der zuständigen Behörde nachgewiesen werden, dass das Hochschulstudium theoretischen und praktischen Unterricht in mindestens folgenden Grundfächern umfasst hat und hierin ausreichende Kenntnisse vorhanden sind:
– Experimentelle Physik
– Allgemeine und anorganische Chemie
– Organische Chemie
– Analytische Chemie
– Pharmazeutische Chemie
– Biochemie
– Physiologie
– Mikrobiologie
– Pharmakologie
– Pharmazeutische Technologie
– Toxikologie
– Pharmazeutische Biologie.
²Der theoretische und praktische Unterricht und die ausreichenden Kenntnisse können an einer Hochschule auch nach abgeschlossenem Hochschulstudium im Sinne des Absatzes 1 Nr. 2 erworben und durch Prüfung nachgewiesen werden.

(3) ¹Für die Herstellung und Prüfung von Blutzubereitungen, Sera menschlichen oder tierischen Ursprungs, Impfstoffen, Allergenen, Testsera und Testantige-

nen findet Absatz 2 keine Anwendung. [2]An Stelle der praktischen Tätigkeit nach Absatz 1 muss eine mindestens dreijährige Tätigkeit auf dem Gebiet der medizinischen Serologie oder medizinischen Mikrobiologie nachgewiesen werden. [3]Abweichend von Satz 2 müssen anstelle der praktischen Tätigkeit nach Absatz 1

1. für Blutzubereitungen aus Blutplasma zur Fraktionierung eine mindestens dreijährige Tätigkeit in der Herstellung oder Prüfung in plasmaverarbeitenden Betrieben mit Herstellungserlaubnis und zusätzlich eine mindestens sechsmonatige Erfahrung in der Transfusionsmedizin oder der medizinischen Mikrobiologie, Virologie, Hygiene oder Analytik,

2. für Blutzubereitungen aus Blutzellen, Zubereitungen aus Frischplasma sowie für Wirkstoffe und Blutbestandteile zur Herstellung von Blutzubereitungen eine mindestens zweijährige transfusionsmedizinische Erfahrung, die sich auf alle Bereiche der Herstellung und Prüfung erstreckt,

3. für autologe Blutzubereitungen eine mindestens sechsmonatige transfusionsmedizinische Erfahrung oder eine einjährige Tätigkeit in der Herstellung autologer Blutzubereitungen,

4. für hämatopoetische Stammzellzubereitungen aus dem peripheren Blut oder aus dem Nabelschnurblut zusätzlich zu ausreichenden Kenntnissen mindestens zwei Jahre Erfahrungen in dieser Tätigkeit, insbesondere in der zugrunde liegenden Technik,

nachgewiesen werden. [4]Zur Vorbehandlung von Personen zur Separation von hämatopoetischen Stammzellen aus dem peripheren Blut oder von anderen Blutbestandteilen muss die verantwortliche ärztliche Person ausreichende Kenntnisse und eine mindestens zweijährige Erfahrung in dieser Tätigkeit nachweisen. [5]Für das Abpacken und Kennzeichnen verbleibt es bei den Voraussetzungen des Absatzes 1.

(3a) [1]Für die Herstellung und Prüfung von Arzneimitteln für neuartige Therapien, xenogenen Arzneimitteln, Gewebezubereitungen, Arzneimitteln zur In-vivo-Diagnostik mittels Markergenen, radioaktiven Arzneimitteln und Wirkstoffen findet Absatz 2 keine Anwendung. [2]Anstelle der praktischen Tätigkeit nach Absatz 1 muss

1. für Gentherapeutika und Arzneimittel zur In-vivo-Diagnostik mittels Markergenen eine mindestens zweijährige Tätigkeit auf einem medizinisch relevanten Gebiet, insbesondere der Gentechnik, der Mikrobiologie, der Zellbiologie, der Virologie oder der Molekularbiologie,

2. für somatische Zelltherapeutika und biotechnologisch bearbeitete Gewebeprodukte eine mindestens zweijährige Tätigkeit auf einem medizinisch relevanten Gebiet, insbesondere der Gentechnik, der Mikrobiologie, der Zellbiologie, der Virologie oder der Molekularbiologie,

3. für xenogene Arzneimittel eine mindestens dreijährige Tätigkeit auf einem medizinisch relevanten Gebiet, die eine mindestens zweijährige Tätigkeit auf insbesondere einem Gebiet der in Nummer 1 genannten Gebiete umfasst,

4. für Gewebezubereitungen eine mindestens zweijährige Tätigkeit auf dem Gebiet der Herstellung und Prüfung solcher Arzneimittel in Betrieben und Einrichtungen, die einer Herstellungserlaubnis nach diesem Gesetz bedürfen oder eine Genehmigung nach dem Recht der Europäischen Union besitzen,

5. für radioaktive Arzneimittel eine mindestens dreijährige Tätigkeit auf dem Gebiet der Nuklearmedizin oder der radiopharmazeutischen Chemie und

6. für andere als die unter Absatz 3 Satz 3 Nummer 2 aufgeführten Wirkstoffe eine mindestens zweijährige Tätigkeit in der Herstellung oder Prüfung von Wirkstoffen

nachgewiesen werden.

(4) Die praktische Tätigkeit nach Absatz 1 muss in einem Betrieb abgeleistet werden, für den eine Erlaubnis zur Herstellung von Arzneimitteln durch einen Mitgliedstaat der Europäischen Union, einen anderen Vertragsstaat des Abkommens über den Europäischen Wirtschaftsraum oder durch einen Staat erteilt worden ist, mit dem eine gegenseitige Anerkennung von Zertifikaten nach § 72a Satz 1 Nr. 1 vereinbart ist.

(5) Die praktische Tätigkeit ist nicht erforderlich für das Herstellen von Fütterungsarzneimitteln aus Arzneimittel-Vormischungen; Absatz 2 findet keine Anwendung.

(6) Eine nach Überprüfung der erforderlichen Sachkenntnis durch die zuständige Behörde rechtmäßig ausgeübte Tätigkeit als sachkundige Person berechtigt auch zur Ausübung dieser Tätigkeit innerhalb des Zuständigkeitsbereichs einer anderen zuständigen Behörde, es sei denn, es liegen begründete Anhaltspunkte dafür vor, dass die bisherige Sachkenntnis für die neu auszuübende Tätigkeit nicht ausreicht.

§ 16 Begrenzung der Herstellungserlaubnis

[1]Die Erlaubnis wird dem Antragsteller für eine bestimmte Betriebsstätte und für bestimmte Arzneimittel und Darreichungsformen erteilt, in den Fällen des § 14 Abs. 4 auch für eine bestimmte Betriebsstätte des beauftragten oder des anderen Betriebes. [2]Soweit die Erlaubnis die Prüfung von Arzneimitteln oder Wirkstoffen umfasst, ist die Art der Prüfung aufzuführen.

§ 17 Fristen für die Erteilung

(1) Die zuständige Behörde hat eine Entscheidung über den Antrag auf Erteilung der Erlaubnis innerhalb einer Frist von drei Monaten zu treffen.

(2) [1]Beantragt ein Erlaubnisinhaber die Änderung der Erlaubnis in Bezug auf die herzustellenden Arzneimittel oder in Bezug auf die Räume und Einrichtungen im Sinne des § 14 Abs. 1 Nr. 6, so hat die Behörde die Entscheidung innerhalb einer Frist von einem Monat zu treffen. [2]In Ausnahmefällen verlängert sich die Frist um weitere zwei Monate. [3]Der Antragsteller ist hiervon vor Fristablauf unter Mitteilung der Gründe in Kenntnis zu setzen.

(3) [1]Gibt die Behörde dem Antragsteller nach § 14 Abs. 5 Gelegenheit, Mängeln abzuhelfen, so werden die Fristen bis zur Behebung der Mängel oder bis zum Ablauf der nach § 14 Abs. 5 gesetzten Frist gehemmt. [2]Die Hemmung beginnt mit dem Tage, an dem dem Antragsteller die Aufforderung zur Behebung der Mängel zugestellt wird.

§ 18 Rücknahme, Widerruf, Ruhen

(1) [1]Die Erlaubnis ist zurückzunehmen, wenn nachträglich bekannt wird, dass einer der Versagungsgründe nach § 14 Abs. 1 bei der Erteilung vorgelegen hat. [2]Ist einer der Versagungsgründe nachträglich eingetreten, so ist sie zu widerrufen; an Stelle des Widerrufs kann auch das Ruhen der Erlaubnis angeordnet werden. [3]§ 13 Abs. 4 findet entsprechende Anwendung.

(2) [1]Die zuständige Behörde kann vorläufig anordnen, dass die Herstellung eines Arzneimittels eingestellt wird, wenn der Hersteller die für die Herstellung und Prüfung zu führenden Nachweise nicht vorlegt. [2]Die vorläufige Anordnung kann auf eine Charge beschränkt werden.

§ 19 Verantwortungsbereiche

¹Die sachkundige Person nach § 14 ist dafür verantwortlich, dass jede Charge des Arzneimittels entsprechend den Vorschriften über den Verkehr mit Arzneimitteln hergestellt und geprüft wurde. ²Sie hat die Einhaltung dieser Vorschriften für jede Arzneimittelcharge in einem fortlaufenden Register oder einem vergleichbaren Dokument vor deren Inverkehrbringen zu bescheinigen.

§ 20 Anzeigepflichten

¹Der Inhaber der Erlaubnis hat jede Änderung einer der in § 14 Abs. 1 genannten Angaben unter Vorlage der Nachweise der zuständigen Behörde vorher anzuzeigen. ²Bei einem unvorhergesehenen Wechsel der sachkundigen Person nach § 14 hat die Anzeige unverzüglich zu erfolgen.

§ 20a Geltung für Wirkstoffe und andere Stoffe

§ 13 Abs. 2 und 4 und die §§ 14 bis 20 gelten entsprechend für Wirkstoffe und für andere zur Arzneimittelherstellung bestimmte Stoffe menschlicher Herkunft, soweit ihre Herstellung oder Prüfung nach § 13 Abs. 1 einer Erlaubnis bedarf.

§ 20b Erlaubnis für die Gewinnung von Gewebe und die Laboruntersuchungen

(1) ¹Eine Einrichtung, die zur Verwendung bei Menschen bestimmte Gewebe im Sinne von § 1a Nr. 4 des Transplantationsgesetzes gewinnen (Entnahmeeinrichtung) oder die für die Gewinnung erforderlichen Laboruntersuchungen durchführen will, bedarf einer Erlaubnis der zuständigen Behörde. ²Gewinnung im Sinne von Satz 1 ist die direkte oder extrakorporale Entnahme von Gewebe einschließlich aller Maßnahmen, die dazu bestimmt sind, das Gewebe in einem be- oder verarbeitungsfähigen Zustand zu erhalten, eindeutig zu identifizieren und zu transportieren. ³Die Erlaubnis darf nur versagt werden, wenn
1. eine angemessen ausgebildete Person mit der erforderlichen Berufserfahrung (verantwortliche Person nach § 20b) nicht vorhanden ist, die, soweit es sich um eine Entnahmeeinrichtung handelt, zugleich die ärztliche Person im Sinne von § 8d Abs. 1 Satz 1 des Transplantationsgesetzes sein kann,
2. weiteres mitwirkendes Personal nicht ausreichend qualifiziert ist,
3. angemessene Räume für die jeweilige Gewebegewinnung oder für die Laboruntersuchungen nicht vorhanden sind,
4. nicht gewährleistet wird, dass die Gewebegewinnung oder die Laboruntersuchungen nach dem Stand der medizinischen Wissenschaft und Technik und nach den Vorschriften der Abschnitte 2, 3 und 3a des Transplantationsgesetzes vorgenommen werden oder
5. die verantwortliche Person nach § 20b oder der Antragsteller die zur Ausübung ihrer oder seiner Tätigkeit erforderliche Zuverlässigkeit nicht besitzt.
⁴Von einer Besichtigung im Sinne von § 64 Abs. 3 Satz 2 kann die zuständige Behörde vor Erteilung der Erlaubnis nach dieser Vorschrift absehen. ⁵Die Erlaubnis wird der Entnahmeeinrichtung von der zuständigen Behörde für eine bestimmte Betriebsstätte und für bestimmtes Gewebe und dem Labor für eine bestimmte Betriebsstätte und für bestimmte Tätigkeiten erteilt und kann die Möglichkeit der Gewebeentnahme außerhalb der Räume nach Satz 3 Nummer 3 durch von der Entnahmeeinrichtung entsandtes Personal vorsehen. ⁶Dabei kann die zuständige Behörde die zuständige Bundesoberbehörde beteiligen.

(1a) § 20c Absatz 4 Satz 1 und 2 und Absatz 5 gilt entsprechend.

(2) ¹Einer eigenen Erlaubnis nach Absatz 1 bedarf nicht, wer diese Tätigkeiten unter vertraglicher Bindung mit einem Hersteller oder einem Be- oder Verarbeiter ausübt, der eine Erlaubnis nach § 13 oder § 20c für die Be- oder Verarbeitung von Gewebe oder Gewebezubereitungen besitzt. ²In diesem Fall hat der Hersteller oder der Be- oder Verarbeiter die Entnahmeeinrichtung oder das Labor der für diese jeweils örtlich zuständigen Behörde anzuzeigen und der Anzeige die Angaben und Unterlagen nach Absatz 1 Satz 3 beizufügen. ³Nach Ablauf von einem Monat nach der Anzeige nach Satz 2 hat der Hersteller oder der Be- oder Verarbeiter die Entnahmeeinrichtung oder das Labor der für ihn zuständigen Behörde anzuzeigen, es sei denn, dass die für die Entnahmeeinrichtung oder das Labor zuständige Behörde widersprochen hat. ⁴In Ausnahmefällen verlängert sich die Frist nach Satz 3 um weitere zwei Monate. ⁵Der Hersteller oder der Be- oder Verarbeiter ist hiervon vor Fristablauf unter Mitteilung der Gründe in Kenntnis zu setzen. ⁶Hat die zuständige Behörde widersprochen, sind die Fristen in Satz 3 und 4 gehemmt, bis der Grund für den Widerspruch behoben ist. ⁷Absatz 1 Satz 3 bis 6 gilt entsprechend mit der Maßgabe, dass die Erlaubnis nach Absatz 1 Satz 5 dem Hersteller oder dem Be- oder Verarbeiter erteilt wird.

(3) ¹Die Erlaubnis ist zurückzunehmen, wenn nachträglich bekannt wird, dass einer der Versagungsgründe nach Absatz 1 Satz 3 bei der Erteilung vorgelegen hat. ²Ist einer dieser Versagungsgründe nachträglich eingetreten, so ist die Erlaubnis zu widerrufen; an Stelle des Widerrufs kann auch das Ruhen der Erlaubnis angeordnet werden. ³Die zuständige Behörde kann die Gewinnung von Gewebe oder die Laboruntersuchungen vorläufig untersagen, wenn die Entnahmeeinrichtung, das Labor oder der Hersteller oder der Be- oder Verarbeiter die für die Gewebegewinnung oder die Laboruntersuchungen zu führenden Nachweise nicht vorlegt.

(4) Die Absätze 1 bis 3 gelten entsprechend für die Gewinnung und die Laboruntersuchung von autologem Blut für die Herstellung von biotechnologisch bearbeiteten Gewebeprodukten.

(5) ¹Der Inhaber der Erlaubnis hat der zuständigen Behörde jede Änderung der in Absatz 1 Satz 3 genannten Voraussetzungen für die Erlaubnis unter Vorlage der Nachweise vorher anzuzeigen und er darf die Änderung erst vornehmen, wenn die zuständige Behörde eine schriftliche Erlaubnis erteilt hat. ²Bei einem unvorhergesehenen Wechsel der angemessen ausgebildeten Person nach § 20b hat die Anzeige unverzüglich zu erfolgen.

§ 20c Erlaubnis für die Be- oder Verarbeitung, Konservierung, Prüfung, Lagerung oder das Inverkehrbringen von Gewebe oder Gewebezubereitungen

(1) ¹Eine Einrichtung, die Gewebe oder Gewebezubereitungen, die nicht mit industriellen Verfahren be- oder verarbeitet werden und deren wesentliche Be- oder Verarbeitungsverfahren in der Europäischen Union hinreichend bekannt sind, be- oder verarbeiten, konservieren, prüfen, lagern oder in den Verkehr bringen will, bedarf abweichend von § 13 Abs. 1 einer Erlaubnis der zuständigen Behörde nach den folgenden Vorschriften. ²Dies gilt auch im Hinblick auf Gewebe oder Gewebezubereitungen, deren Be- oder Verarbeitungsverfahren neu, aber mit einem bekannten Verfahren vergleichbar sind. ³Die Entscheidung über die Erteilung der Erlaubnis trifft die zuständige Behörde des Landes, in dem die Betriebsstätte liegt oder liegen soll, im Benehmen mit der zuständigen Bundesoberbehörde.

(2) ¹Die Erlaubnis darf nur versagt werden, wenn
1. eine Person mit der erforderlichen Sachkenntnis und Erfahrung nach Absatz 3 (verantwortliche Person nach § 20c) nicht vorhanden ist, die dafür verantwort-

lich ist, dass die Gewebezubereitungen und Gewebe im Einklang mit den geltenden Rechtsvorschriften be- oder verarbeitet, konserviert, geprüft, gelagert oder in den Verkehr gebracht werden,

2. weiteres mitwirkendes Personal nicht ausreichend qualifiziert ist,

3. geeignete Räume und Einrichtungen für die beabsichtigten Tätigkeiten nicht vorhanden sind,

4. nicht gewährleistet ist, dass die Be- oder Verarbeitung einschließlich der Kennzeichnung, Konservierung und Lagerung sowie die Prüfung nach dem Stand von Wissenschaft und Technik vorgenommen werden,

5. ein Qualitätsmanagementsystem nach den Grundsätzen der Guten fachlichen Praxis nicht eingerichtet worden ist oder nicht auf dem neuesten Stand gehalten wird oder

6. die verantwortliche Person nach § 20c oder der Antragsteller die zur Ausübung ihrer oder seiner Tätigkeit erforderliche Zuverlässigkeit nicht besitzt.

[2]Abweichend von Satz 1 Nummer 3 kann außerhalb der Betriebsstätte die Prüfung der Gewebe und Gewebezubereitungen in beauftragten Betrieben, die keiner eigenen Erlaubnis bedürfen, durchgeführt werden, wenn bei diesen hierfür geeignete Räume und Einrichtungen vorhanden sind und gewährleistet ist, dass die Prüfung nach dem Stand von Wissenschaft und Technik erfolgt und die verantwortliche Person nach § 20c ihre Verantwortung wahrnehmen kann.

(3) [1]Der Nachweis der erforderlichen Sachkenntnis der verantwortlichen Person nach § 20c wird erbracht durch das Zeugnis über eine nach abgeschlossenem Hochschulstudium der Humanmedizin, Biologie, Biochemie oder einem als gleichwertig anerkannten Studium abgelegte Prüfung sowie eine mindestens zweijährige praktische Tätigkeit auf dem Gebiet der Be- oder Verarbeitung von Geweben oder Gewebezubereitungen. [2]Für Einrichtungen, die ausschließlich Gewebe oder Gewebezubereitungen prüfen, kann der Nachweis der praktischen Tätigkeit nach Satz 1 auch durch eine mindestens zweijährige praktische Tätigkeit auf dem Gebiet der Prüfung und Be- oder Verarbeitung von Geweben oder Gewebezubereitungen erbracht werden.

(4) [1]Bei Beanstandungen der vorgelegten Unterlagen ist dem Antragsteller Gelegenheit zu geben, Mängeln innerhalb einer angemessenen Frist abzuhelfen. [2]Wird den Mängeln nicht abgeholfen, so ist die Erteilung der Erlaubnis zu versagen. [3]Die Erlaubnis wird für eine bestimmte Betriebsstätte und für bestimmte Gewebe oder Gewebezubereitungen erteilt.

(5) [1]Die zuständige Behörde hat eine Entscheidung über den Antrag auf Erteilung der Erlaubnis innerhalb einer Frist von drei Monaten zu treffen. [2]Beantragt ein Erlaubnisinhaber die Änderung der Erlaubnis, so hat die Behörde die Entscheidung innerhalb einer Frist von einem Monat zu treffen. [3]In Ausnahmefällen verlängert sich die Frist um weitere zwei Monate. [4]Der Antragsteller ist hiervon vor Fristablauf unter Mitteilung der Gründe in Kenntnis zu setzen. [5]Gibt die Behörde dem Antragsteller nach Absatz 4 Satz 1 Gelegenheit, Mängeln abzuhelfen, so werden die Fristen bis zur Behebung der Mängel oder bis zum Ablauf der nach Absatz 4 Satz 1 gesetzten Frist gehemmt. [6]Die Hemmung beginnt mit dem Tag, an dem dem Antragsteller die Aufforderung zur Behebung der Mängel zugestellt wird.

(6) [1]Der Inhaber der Erlaubnis hat jede Änderung einer der in Absatz 2 genannten Angaben unter Vorlage der Nachweise der zuständigen Behörde vorher anzuzeigen und darf die Änderung erst vornehmen, wenn die zuständige Behörde eine schriftliche Erlaubnis erteilt hat. [2]Bei einem unvorhergesehenen Wechsel der verantwortlichen Person nach § 20c hat die Anzeige unverzüglich zu erfolgen.

(7) [1]Die Erlaubnis ist zurückzunehmen, wenn nachträglich bekannt wird, dass einer der Versagungsgründe nach Absatz 2 bei der Erteilung vorgelegen hat. [2]Ist

einer dieser Versagungsgründe nachträglich eingetreten, so ist die Erlaubnis zu widerrufen; an Stelle des Widerrufs kann auch das Ruhen der Erlaubnis angeordnet werden. [3]Absatz 1 Satz 3 gilt entsprechend. [4]Die zuständige Behörde kann vorläufig anordnen, dass die Be- oder Verarbeitung von Gewebe oder Gewebezubereitungen eingestellt wird, wenn der Be- oder Verarbeiter die für die Be- oder Verarbeitung zu führenden Nachweise nicht vorlegt. [5]Wird die Be- oder Verarbeitung von Geweben oder Gewebezubereitungen eingestellt, hat der Be- oder Verarbeiter dafür zu sorgen, dass noch gelagerte Gewebezubereitungen und Gewebe weiter qualitätsgesichert gelagert und auf andere Hersteller, Be- oder Verarbeiter oder Vertreiber mit einer Erlaubnis nach Absatz 1 oder § 13 Abs. 1 übertragen werden. [6]Das gilt auch für die Daten und Angaben über die Be- oder Verarbeitung, die für die Rückverfolgung dieser Gewebezubereitungen und Gewebe benötigt werden.

§ 20d Ausnahme von der Erlaubnispflicht für Gewebe und Gewebezubereitungen

[1]Einer Erlaubnis nach § 20b Absatz 1 und § 20c Absatz 1 bedarf nicht eine Person, die Arzt ist oder sonst zur Ausübung der Heilkunde bei Menschen befugt ist und die dort genannten Tätigkeiten mit Ausnahme des Inverkehrbringens ausübt, um das Gewebe oder die Gewebezubereitung persönlich bei ihren Patienten anzuwenden. [2]Dies gilt nicht für Arzneimittel, die zur klinischen Prüfung bestimmt sind.

Kommentierung zum 3. Abschnitt (§§ 13–20d)

Schrifttum: *Bender,* Gewinnung von Nabelschnurblut durch die Geburtsklinik nur mit Herstellungserlaubnis nach § 13 AMG?, PharmR 2002, 244; *Blasius,* in *Blasius/Müller-Römer/Fischer* (Hrsg.), Arzneimittel und Recht in Deutschland, 1998, S. 87; *Dettling/Kieser/Ulshöfer,* Zytostatikaversorgung nach der AMG-Novelle (Teil 2), PharmR 2009, 546; *Ehlers,* Onkologische medikamentöse Therapie unter der Prämisse nicht-indikations zugelassener Medikamente im Spannungsfeld zwischen Ressourcen, Vorgaben und Hilfeleistung, PharmR 2001, 215; *Erdmann,* Gewebe als Arzneimittel? – Eine Untersuchung zur Neuordnung des Geweberechts in Deutschland, 2011; *Glaeske/Greiser/Hart,* Arzneimittelsicherheit und Länderüberwachung, 1993; *Hartl,* Die Herstellung von Infusionslösungen durch Arzt und medizinisches Hilfspersonal – Arzneimittelrechtliche Überlegungen zur Zulässigkeit, PharmR 1986, 97; *Hasskarl/Hasskarl/Ostertag,* Gewinnung und Anwendung hämatopoetischer Stammzellen aus Nabelschnurblut – Medizinische und arzneimittelrechtliche Aspekte, PharmR 2002, 81; *dies.,* Hämatopoetische Stammzellen aus Nabelschnurblut – Medizinische und rechtliche Aspekte, NJW 2002, 1772; *Hoppe,* Arzneimittelherstellung durch Ärzte – Zulässigkeit und Stellvertretung, MedR 1996, 72; *Koenig,* Stand der Wissenschaft und Technik im Hinblick auf NAT/PCR-Testungen im Herstellungsprozess von Blutplasmapräparaten – Eine rechtswissenschaftliche Untersuchung, 2000; *Meyer-Lüerßen,* In-vitro-Diagnostica: Regelung durch das novellierte Arzneimittelgesetz, PharmR 1986, 180; *Meyer-Lüerßen/Will,* Gesetzliche Regelung für Diagnostica in Deutschland – 1 Teil, PharmR 1991, 98; *Prinz,* Die Herstellung von Rezepturarzneimitteln für Apotheken, PharmR 2008, 364; *Schmidt-Salzer,* Strafrechtliche Verantwortung von Herstelleitern, Vorgesetzten und Mitarbeitern für das Inverkehrbringen fehlerhafter Arzneimittel, PharmR 1989, 20; *Wolfslast/Rosenau,* Zur Anwendung des Arzneimittelgesetzes auf die Entnahme von Organ- und Gewebetransplantaten, NJW 1993, 2348; *Zur Bonsen,* Die 5. AMG-Novelle – Ein Beitrag des Gesetzgebers zur Sicherheit von Blutprodukten?, PharmR 1994, 337.

Übersicht

I. Allgemeines

Die Vorschriften im dritten Abschnitt des AMG (§§ 13–20d) beziehen sich auf die **1**
gewerbs- oder berufsmäßige Herstellung von Arzneimitteln, ferner von Testsera oder
Testantigenen bzw. von Wirkstoffen, die menschlicher, tierischer oder mikrobieller Herkunft sind oder die auf gentechnischem Wege hergestellt werden, oder von anderen zur
Arzneimittelherstellung bestimmten Stoffen menschlicher Herkunft. Diese Herstellung
unterliegt grundsätzlich gem. § 13 Abs. 1 einer **Erlaubnispflicht.** Von einem **gewerbsmäßigen** Herstellen[1] kann immer dann gesprochen werden, wenn die der Produktion dienende
Tätigkeit auf die Erzielung von dauernden Einnahmen gerichtet ist. Die Herstellung erfolgt
dann **berufsmäßig,** wenn sie von Angehörigen der freien Berufe (Ärzte, Apotheker) ausgeübt wird.[2]

II. Generelle Erlaubnispflichtigkeit beim gewerbsmäßigen Herstellen von Arzneimitteln (§§ 13–18)

Das gewerbs- oder berufsmäßige Herstellen von Arzneimitteln, Testsera oder Testantige- **2**
nen sowie von Wirkstoffen,[3] die menschlicher, tierischer oder mikrobieller Herkunft sind
oder auf gentechnologischem Wege hergestellt werden, oder von anderen zur Arzneimittelherstellung bestimmten Stoffen menschlicher Herkunft ist grundsätzlich **erlaubnispflichtig.** Die früher vorgesehene Beschränkung auf Fälle, in denen eine Abgabe[4] an andere
erfolgen soll (§ 13 Abs. 1 S. 1 aF), ist im Jahre 2009 entfallen. Ermöglicht wurde dies
durch die Neuordnung der Gesetzgebungskompetenzen im Zuge der Föderalismusreform.[5]
Ausnahmen von dieser generellen Erlaubnispflicht greifen nur in den von § 13 Abs. 1a–
2b enumerativ aufgeführten Fällen ein. Welche **Behörde** für die Erteilung der Erlaubnis
zuständig ist, richtet sich nach landesrechtlichen Bestimmungen. In den meisten Bundesländern sind die Regierungspräsidien als Mittelbehörden, in den Stadtstaaten die Gesundheitsbehörden als oberste Landesbehörden zuständig.[6]

Grundsätzlich besteht für den Antragsteller ein **Anspruch auf Erteilung** der von ihm **3**
beantragten Herstellungserlaubnis, es sei denn, es liegt einer der in § 14 Abs. 1 Nr. 1–6a
genannten **Versagungsgründe** vor.[7] Die Aufzählung der dort genannten Versagungsgründe
ist abschließend, dh andere als die dort normierten Versagungsgründe kommen nicht in
Betracht. Insbesondere hat der Hersteller der zuständigen Behörde in seinem Antrag zunächst
die nach dem Gesetz notwendigen **personellen Voraussetzungen** eines ordnungsgemäßen
Herstellungsbetriebes nachzuweisen. Dafür ist es erforderlich, dass die „sachkundige Person"
iS des § 14 Abs. 1 Nr. 1 über die erforderliche **Sachkenntnis** (die Einzelheiten dazu regelt
§ 15) verfügt und auch die nötige **Zuverlässigkeit** besitzt.[8] Bei Versagung der Herstellungserlaubnis steht dem Antragenden der Rechtsbehelf des **Widerspruchs** zu. Hilft die Behörde

---

[1] Zum Begriff des Herstellens näher → § 4 Rn. 19.
[2] *Rehmann* § 13 Rn. 2.
[3] Zum Begriff des Wirkstoffs näher → § 4 Rn. 41 f.
[4] Zum Begriff der Abgabe näher → § 4 Rn. 33 ff. – Zur früheren Problematik der Erlaubnispflicht bei
der Herstellung von Eigenblut- und Eigenurinzubereitungen siehe BayObLG 29.4.1998 – 4 St RR 12/98,
NJW 1998, 3430 (3431 f.).
[5] Zur Erstreckung der Gesetzgebungskompetenz des Bundes im Zuge der Föderalismusreform auf das
„Recht der Arzneien" vgl. → § 1 Rn. 3 f.
[6] *Sander* 34. Lfg. 1999, § 13 Anm. 12.
[7] Insofern verhält es sich im Bereich des Arzneimittelrechts nicht anders als etwa in Gaststätten- oder
Gewerberecht (vgl. hierzu etwa § 2 [Erlaubnis], § 3 [Inhalt der Erlaubnis], § 4 [Versagungsgründe] Gaststät-
tenG). S. auch *Sander* 25. Lfg. 1994, § 14 Anm. 2.
[8] Hinsichtlich der Zuverlässigkeit gelten allgemein die im Gewerberecht geltenden Grundsätze; vgl. dazu
etwa BVerwG 2.2.1982 – BVerwG 1 C 146.80, BVerwGE 65, 1 ff. (Unzuverlässig ist, wer nach dem Gesamteindruck seines Verhaltens nicht die Gewähr dafür bietet, dass er sein Gewerbe künftig ordnungsgemäß
betreibt); Michel/Kienzle/*Pauly* Das Gaststättengesetz, 14. Aufl. 2003, § 4 Rn. 2 ff. – Explizit auf die Zuverlässigkeit im Bereich des Arzneimittelrechts nimmt Bezug *Sander* 25. Lfg. 1994, § 14 Anm. 5.

dem Widerspruch nicht ab, hat er die Möglichkeit, mittels **Verpflichtungsklage** sein Begehren vor den Verwaltungsgerichten geltend zu machen.[9]

4   § 16 sieht vor, dass die dem Antragsteller erteilte Herstellungserlaubnis sowohl in inhaltlicher als auch in räumlicher Hinsicht zu beschränken ist. Die Herstellungserlaubnis wird zunächst auf eine **bestimmte,** im Antrag zu bezeichnende **Betriebsstätte** begrenzt. Der jeweilige Ort der Betriebsstätte ist ausschlaggebend dafür, welche Behörde zuständig für die Entscheidung ist (§ 13 Abs. 4). Die Herstellungserlaubnis ist stets **betriebsbezogen,** so dass bei Veräußerung, Verschmelzung oder Umwandlung des Betriebes die Erlaubnis umgeschrieben werden kann, sofern die Voraussetzungen, die bei der Erteilung vorlagen, nach wie vor gegeben sind.[10] Darüber hinaus wird die Erlaubnis nur für im Antrag **konkret bezeichnete Arzneimittel** und **Darreichungsformen**[11] erteilt.[12] Soweit die Erlaubnis die Prüfung von Arzneimitteln oder Wirkstoffen umfasst, ist die Art der Prüfung aufzuführen (§ 16 S. 2).

5   § 17 bestärkt den **Rechtsanspruch** des Antragstellers: Die Behörde hat über den Antrag binnen einer Frist von drei Monaten zu entscheiden, um nicht durch Verzögerung oder Verschleppung des Vorgangs die Rechtsposition des Antragenden zu schwächen.[13] Bei Überschreitung der Frist hat der Antragende die Möglichkeit, im Wege der **Untätigkeitsklage**[14] gegen die Behörde vorzugehen.

6   Tritt einer der in § 14 Abs. 1 genannten Versagungsgründe nachträglich ein oder wird nachträglich bekannt, dass er bereits bei Erteilung vorgelegen hat, so hat die Behörde die Erlaubnis zu **widerrufen** bzw. **zurückzunehmen** (§ 18 Abs. 1).[15] Anstelle des Widerrufs hat die Behörde auch die Möglichkeit, ein **Ruhen** der Erlaubnis anzuordnen. Dies stellt im Vergleich zum Widerruf den geringeren Eingriff dar: Die Anordnung des Ruhens der Erlaubnis führt dazu, dass der Erlaubnisinhaber einstweilen von seiner Erlaubnis keinen Gebrauch machen kann, sein Herstellungsrecht dementsprechend suspendiert wird. Im Gegensatz zum Widerruf erlischt die Erlaubnis aber noch nicht. Zudem steht der Behörde die Möglichkeit offen, mittels **vorläufiger Anordnung** (§ 18 Abs. 2) die Einstellung eines Herstellungsvorganges zu verfügen, wenn die entsprechenden Nachweise der Behörde nicht vorgelegt worden sind.

III. Die einzelnen Verantwortungsbereiche – „Sachkundige Personen" (§ 19)

7   Für die Erteilung einer Herstellungserlaubnis ist es nach § 14 erforderlich, dass vom Antragenden die für den **Herstellungsbetrieb verantwortlichen Personen** bezeichnet werden und deren Qualifikation in Form eines Sachkundenachweises (§ 15) der zuständigen Behörde dokumentiert wird. Zu benennen ist insoweit eine jeweils „sachkundige Person" (früher sog Herstellungs-, Kontroll- und Vertriebsleiter).[16] Bestimmte Aufgaben können auch in **Personalunion** wahrgenommen werden. § 19 legt die Verantwortungsbereiche der jeweils sachkundigen Person nach § 14 fest und sieht bestimmte Dokumentationspflichten vor. In § 19 aF wurden die Aufgaben der einzelnen Bereichsleiter – also des Herstellungs-, Kontroll- und Vertriebsleiters – benannt und ihre Aufgaben- und Zuständigkeitsbereiche voneinander abgegrenzt. Deren sachliche Funktion lebt in den Instituten der „sachkundigen Person" bzw.

---

[9] Allgemein zu den verwaltungsrechtlichen Klagearten *Detterbeck,* Allgemeines Verwaltungsrecht mit Verwaltungsprozessrecht, 13. Aufl. 2015, Rn. 1350 ff.

[10] *Rehmann* § 16 Rn. 2.

[11] Die Darreichungsform richtet sich danach, ob das Medikament als Tablette, Dragee, Filmtablette, Kapsel, Salbe, Gel, Tropfen, Zäpfchen, Lösung, Puder etc zur Anwendung gelangt.

[12] Vgl. insoweit auch die Bestimmungen der Richtlinie 75/319/EWG vom 20.5.1975, insbes. Art. 16 ff. (Art. 18 Abs. 3), ABl. 1975 L 147, 13 ff.

[13] Damit wurde Art. 20 der Richtlinie 75/319/EWG in nationales Recht umgesetzt.

[14] Als eine Form der verwaltungsrechtlichen Verpflichtungsklage; zur Untätigkeitsklage näher *Detterbeck* Allgemeines Verwaltungsrecht mit Verwaltungsprozessrecht, 13. Aufl. 2015, Rn. 1361, 1379 ff.

[15] Allgemein zu Widerruf und Rücknahme von Verwaltungsakten statt vieler *Detterbeck,* Allgemeines Verwaltungsrecht mit Verwaltungsprozessrecht, 13. Aufl. 2015, Rn. 678 ff.; *Maurer* AllgVerwR, 18. Aufl. 2011, § 11 Rn. 10 ff.

[16] Neben diesen Aufgabenbereichen gibt es nach § 74a auch einen Informationsbeauftragten; näher dazu §§ 74a–76.

des Leiters der Herstellung und des Leiters der Qualitätskontrolle durchaus fort. Deshalb sind die zum alten Recht gewonnenen Einsichten nach wie vor von Bedeutung.[17]

1. Der Leiter der Herstellung (früher: Herstellungsleiter). Der Leiter der Herstel- **8** lung trägt die Verantwortung für den Herstellungsvorgang. Ihm obliegt es, dafür Sorge zu tragen, dass die gesetzlichen Vorschriften im Bereich des Arzneimittelrechts eingehalten werden.[18] Seine Verantwortung erstreckt sich auf alle Abschnitte des Herstellungsvorgangs: Sie reicht dementsprechend von dem eigentlichen Herstellungsvorgang über eine ordnungsgemäße Lagerung der Arzneimittel bis hin zu einer den gesetzlichen Vorgaben entsprechenden Kennzeichnung und Verpackung der produzierten Arzneimittel. Um diese Aufgaben sachgerecht wahrnehmen zu können, ist er von der Betriebsleitung mit entsprechenden Befugnissen und Weisungsrechten gegenüber den Mitarbeitern auszustatten. Ausgenommen von seiner Kontrollverantwortlichkeit sind solche Herstellungsvorgänge, die außerhalb des Betriebes erfolgen, etwa im Wege der Lohnherstellung.[19] Diese Vorgänge fallen in den Verantwortungsbereich des Lohnherstellers und dessen Herstellungsleiters.

2. Der Leiter der Qualitätskontrolle (früher: Kontrollleiter). In den Verantwor- **9** tungsbereich des Leiters der Qualitätskontrolle fällt die Qualitätsprüfung. Die Prüfung erstreckt sich auf Ausgangsstoffe sowie Zwischen- und Endprodukte und muss den gesetzlichen Vorgaben, insbesondere denen des Arzneibuches (§ 55) und der AMWHV,[20] entsprechen. § 14 Abs. 4 sieht vor, dass die Qualitätsprüfung auch auf Auftragnehmer außerhalb der Betriebsstätte verlagert werden kann, sofern diese mit den entsprechenden Räumlichkeiten und Einrichtungen ausgestattet sind. Durch die Verlagerung auf externe Einrichtungen wird der Kontrollleiter jedoch nicht von seiner Verantwortung entbunden (vgl. § 19 Abs. 4 aF).[21] Da er auch weiterhin in der Verantwortung steht, muss ihm (mittels einer entsprechenden Klausel im Werkvertrag) die Möglichkeit eingeräumt werden, auch im Auftragsunternehmen Prüfungen vorzunehmen.[22]

3. Der (frühere) Vertriebsleiter. Der Vertriebsleiter ist für das Inverkehrbringen der **10** Arzneimittel in Übereinstimmung mit den gesetzlichen Vorgaben des AMG, BtMG und HWG verantwortlich. Sein Verantwortungsbereich endet dort, wo die Verantwortungssphären des Leiters der Herstellung und des Leiters der Qualitätskontrolle bzw. Informationsbeauftragten beginnen.[23] Er ist in jedem Fall für die Einhaltung des in den §§ 43, 47 vorgeschriebenen Vertriebswegs zuständig. Ebenso trifft ihn die Verantwortung für die Werbung, insbesondere unter Einhaltung der Vorschriften des HWG.

Diese **Abgrenzung der Verantwortungsbereiche** hat auch für das Strafrecht Bedeu- **11** tung: Grundsätzlich ist jeder nur für seinen Bereich verantwortlich und darf darauf vertrauen, dass die anderen ihren speziellen Aufgaben gerecht werden. Auch wenn zB ein bedenkliches Arzneimittel in den Verkehr gelangen sollte, weil ein Einzelner in dem komplexen arbeitsteiligen Vorgang seine Pflichten verletzt hat, sind die anderen ungeachtet der naturalistischen Mitursächlichkeit dafür rechtlich nicht verantwortlich. Entscheidend ist allein, ob sie die ihnen obliegenden Pflichten eingehalten haben. Allerdings sind gewisse Einschränkungen

---

[17] Zur durchaus sinnvollen arbeitsteiligen Differenzierung nach den unterschiedlichen Verantwortungsbereichen eines Herstellungs-, Kontroll- und Vertriebsleiters s. etwa *Mayer,* Strafrechtliche Produktverantwortung bei Arzneimittelschäden, 2008, S. 75 f.; vgl. dazu auch Fuhrmann/Klein/Fleischfresser/*Krüger* § 14 Rn. 81 ff., 118 ff.; Kügel/Müller/Hofmann/*Kügel* § 19 Rn. 3 ff., 15 ff., 21 ff.
[18] Insbesondere die Vorschriften des AMG (§§ 21–37, 55), der AMWHV und der europarechtlichen Richtlinien.
[19] *Rehmann* § 19 Rn. 3.
[20] Die Arzneimittel- und Wirkstoffherstellungsverordnung vom 3.11.2006, BGBl. I S. 2523 (FNA 2121-51-46) hat die PharmBetrVO vom 8.3.1985, BGBl. I S. 546 (FNA 2121-51-8) abgelöst.
[21] *Sander* 37. Lfg. 2000, § 19 Anm. 7.
[22] *Rehmann* § 19 Rn. 4. – Zur Problematik der strafrechtlichen Verantwortlichkeit für das Inverkehrgelangen – insbesondere auch zu den Lücken der gegenwärtigen strafrechtlichen Produktverantwortlichkeit – vgl. in grundsätzlichem Zusammenhang → Vor § 95 Rn. 82.
[23] Näher dazu *Kloesel/Cyran* 106. Lfg. 2007, § 19 Anm. 9; *Rehmann* § 19 Rn. 5 mwN.

des Vertrauensgrundsatzes zu beachten: Wenn es hinreichende Anhaltspunkte dafür gibt, dass ein anderer an dem arbeitsteiligen Prozess Beteiligter sich fehlerhaft verhält, kann das durchaus zu einer Modifikation der eigenen Verhaltensanforderungen führen.[24]

12   § 20 normiert bestimmte Anzeigepflichten des Inhabers der Erlaubnis. Er muss jede Änderung einer der in § 14 Abs. 1 genannten Angaben unter Vorlage der Nachweise der zuständigen Behörde vorher anzeigen. Wechselt die sachkundige Person nach § 14 unvorhergesehen, hat die Anzeige unverzüglich zu erfolgen. § 13 Abs. 2 und 4 und die §§ 14–20 gelten entsprechend für Wirkstoffe und für andere zur Arzneimittelherstellung bestimmte Stoffe menschlicher Herkunft, soweit ihre Herstellung oder Prüfung nach § 13 Abs. 1 einer Erlaubnis bedarf (§ 20a).

IV. Erlaubnis für die Gewinnung von Gewebe und die Laboruntersuchungen (§ 20b), Erlaubnis für die Be- oder Verarbeitung, Konservierung, Prüfung, Lagerung oder das Inverkehrbringen von Gewebe oder Gewebezubereitungen (§ 20c), Ausnahme von der Erlaubnispflicht für Gewebe und Gewebezubereitungen (§ 20d)

13   Durch das Gewebegesetz[25] vom 20.7.2007, das am 1.8.2007 in Kraft getreten ist, sind auch Änderungen im AMG notwendig geworden. § 20b Abs. 1 S. 1 regelt nunmehr, dass alle Einrichtungen, die zur Verwendung bei Menschen bestimmte Gewebe im Sinne von § 1a Nr. 4 des TPG gewinnen (Entnahmeeinrichtung) oder die für die Gewinnung erforderlichen Laboruntersuchungen durchführen wollen, grundsätzlich einer Erlaubnis der zuständigen Behörde bedürfen. Abs. 2 betrifft eine Ausnahme von der Erlaubnispflicht, wenn die Tätigkeiten unter vertraglicher Bindung mit einem Hersteller oder einem Be- oder Verarbeiter ausgeübt werden, der dafür eine Erlaubnis nach § 13 oder § 20c hat. § 20c regelt die Erlaubnis für die Be- oder Verarbeitung, Konservierung, Prüfung, Lagerung oder das Inverkehrbringen von Gewebe oder Gewebezubereitungen. Abs. 2 nennt abschließend die Gründe für die Versagung einer Erlaubnis. § 20d S. 1 normiert schließlich, dass eine Person einer Erlaubnis nach § 20b Abs. 1 oder § 20c Abs. 1 nicht bedarf, wenn diese Arzt (oder sonst zur Ausübung der Heilkunde bei Menschen befugt) ist und die dort genannten Tätigkeiten mit Ausnahme des Inverkehrbringens ausübt, um das Gewebe oder die Gewebezubereitung persönlich bei ihren Patienten anzuwenden. Die Erlaubnispflicht gilt demnach nur für die Abgabe von Gewebe an andere.

V. Sanktionenrechtliche Bedeutung der Vorschriften im 3. Abschnitt

14   Wer vorsätzlich entgegen § 13 Abs. 1 S. 1 oder § 72 Abs. 1 S. 1 ein Arzneimittel, einen Wirkstoff oder einen dort genannten anderen Stoff herstellt oder einführt, macht sich **strafbar** nach § 96 Nr. 4; im Falle fahrlässigen Handelns liegt eine **Ordnungswidrigkeit** gem. § 97 Abs. 1 vor. In den von §§ 20b und 20c erfassten Fällen kommt eine Strafbarkeit nach § 96 Nr. 4a in Betracht. Darüber hinaus handelt **ordnungswidrig** gem. § 97 Abs. 2 Nr. 6, wer einer vollziehbaren Anordnung nach § 18 Abs. 2 zuwider handelt. Nach § 97 Abs. 2 Nr. 7 lit. a handelt ebenfalls ordnungswidrig, wer eine anzeigepflichtige Änderung

---

[24] Zur notwendigen Bildung von Verantwortungsbereichen bei der Verhaltensnormkonturierung auch im Kontext des Arzneimittelrechts näher *Georgy*, Die strafrechtliche Verantwortlichkeit von Amtsträgern für Arzneimittelrisiken, 2011, S. 168 ff., 176 ff.; allg. dazu → StGB Vor § 13 Rn. 405 ff.; ferner *Frisch*, Tatbestandsmäßiges Verhalten und Zurechnung des Erfolgs, 1988, S. 208 ff.; Schönke/Schröder/*Eisele* StGB Vor § 13 Rn. 100, jew. mwN. – Zur Problematik der Verantwortungsbereiche vgl. etwa auch → § 5 Rn. 7 ff., → § 8 Rn. 18, 9. Abschnitt → §§ 56–61 Rn. 19. – Zur Verantwortlichkeit des Apothekers im Verhältnis zu der des Arztes, der bei seinem Patienten einen „Off-Label-Use" praktiziert s. Kügel/Müller/Hofmann/ *Hofmann* § 5 Rn. 9.
[25] Dieses Gesetz setzt die EU-Richtlinie 2004/23/EG vom 31.3.2004 in deutsches Recht um und unterstellt die Gewebeentnahme weitgehend den Regelungen des TPG; vgl. dazu Deutsch/Lippert/*Ratzel* § 20b Rn. 1. – Zur Problematik des Geweberechts s. auch *Erdmann*, Gewebe als Arzneimittel? – Eine Untersuchung zur Neuordnung des Geweberechts in Deutschland, 2011.

nach § 20 bzw. 20c Abs. 6 nicht, nicht richtig, nicht vollständig oder nicht rechtzeitig anzeigt. Im Falle einer Strafbarkeit nach § 96 ist als Sanktion bis zu einem Jahr Freiheitsstrafe oder Geldstrafe vorgesehen, Ordnungswidrigkeiten nach § 97 werden mit Geldbuße bis zu 25.000 Euro geahndet (§ 97 Abs. 3).

Problematisch ist die genaue Konkretisierung der Anforderungen an **vorsätzliches** Han- 15 deln oder Unterlassen. Nach den allgemeinen Regeln muss der Vorsatztäter die Umstände kennen, welche die Tatbestandsverwirklichung begründen, und dennoch (willentlich) handeln oder unterlassen.[26] Dabei kann es nach zutreffender Auffassung im hier interessierenden Zusammenhang nicht genügen, dass der Betreffende zB nur die chemische Beschaffenheit der Substanzen kennt, welche die Arzneimitteleigenschaft des hergestellten Produkts begründen. Vielmehr muss er zunächst jedenfalls die Arzneimitteleigenschaft als solche erfassen, wenn der qualifizierte Vorwurf vorsätzlichen tatbestandsmäßigen Fehlverhaltens berechtigt sein soll. Insoweit verhält es sich nicht anders als etwa beim Diebstahl: Dort genügt es auch nicht, dass der Wegnehmende die Umstände kennt, die nach der Zivilrechtsordnung die Fremdheit der Sache begründen; vielmehr schließt selbst die vorwerfbar irrige Annahme eigenen Eigentums den Diebstahlsvorsatz aus.[27] Im hier interessierenden Bereich des AMG wird man speziell für die Vorsatzstrafe freilich zusätzlich verlangen müssen, dass der sich fehlerhaft Verhaltende die **Erlaubnis-** bzw. **Anzeigepflichtigkeit** in concreto **kennt** bzw. jedenfalls in einer dem dolus eventualis genügenden Form als Möglichkeit erkannt hat. Nur dann erfasst der Betreffende den spezifischen Unwertgehalt seiner Pflichtverletzung. Das bloße Erkennen-Können und Erkennen-Müssen reicht insoweit nur für einen Fahrlässigkeitsvorwurf.[28]

Vierter Abschnitt. Zulassung der Arzneimittel

§ 21 Zulassungspflicht

(1) [1]**Fertigarzneimittel, die Arzneimittel im Sinne des § 2 Abs. 1 oder Abs. 2 Nr. 1 sind, dürfen im Geltungsbereich dieses Gesetzes nur in den Verkehr gebracht werden, wenn sie durch die zuständige Bundesoberbehörde zugelassen sind oder wenn für sie die Europäische Gemeinschaft oder die Europäische Union eine Genehmigung für das Inverkehrbringen gemäß Artikel 3 Abs. 1 oder 2 der Verordnung (EG) Nr. 726/2004 auch in Verbindung mit der Verordnung (EG) Nr. 1901/ 2006 des Europäischen Parlaments und des Rates vom 12. Dezember 2006 über Kinderarzneimittel und zur Änderung der Verordnung (EWG) Nr. 1768/92, der Richtlinien 2001/20/EG und 2001/83/EG sowie** [ab unbestimmtem Zeitpunkt, siehe Gesetzeskopf Fn. 4:] *der Richtlinie 2001/83/EG und der Verordnung (EU) Nr. 536/2014,*] **der Verordnung (EG) Nr. 726/2004 (ABl. L 378 vom 27.12.2006, S. 1) oder der Verordnung (EG) Nr. 1394/2007 erteilt hat.** [2]**Das gilt auch für Arzneimittel, die keine Fertigarzneimittel und zur Anwendung bei Tieren bestimmt sind, sofern sie nicht an pharmazeutische Unternehmer abgegeben werden sollen, die eine Erlaubnis zur Herstellung von Arzneimitteln besitzen.**

(2) **Einer Zulassung bedarf es nicht für Arzneimittel, die**
1. **zur Anwendung bei Menschen bestimmt sind und auf Grund nachweislich häufiger ärztlicher oder zahnärztlicher Verschreibung in den wesentlichen Herstellungsschritten in einer Apotheke in einer Menge bis zu hundert abgabefertigen Packungen an einem Tag im Rahmen des üblichen Apothekenbe-**

---

[26] S. dazu → Vor § 95 Rn. 31 ff., → § 95 Rn. 3 ff.
[27] Diesen wertungsrelevanten Aspekt betont etwa auch *Tiedemann* FS Geerds, 1995, 95 (107): Ohne Kenntnis der Fremdheit der Sache fehlt der Unrechtsappell im Hinblick auf den Diebstahl.
[28] Näher zu den Anforderungen an fahrlässiges Handeln oder Unterlassen → Vor § 95 Rn. 21, → § 95 Rn. 30 ff.

triebs hergestellt werden und zur Abgabe im Rahmen der bestehenden Apothekenbetriebserlaubnis bestimmt sind,

1a. Arzneimittel sind, bei deren Herstellung Stoffe menschlicher Herkunft eingesetzt werden und die entweder zur autologen oder gerichteten, für eine bestimmte Person vorgesehene Anwendung bestimmt sind oder auf Grund einer Rezeptur für einzelne Personen hergestellt werden, es sei denn, es handelt sich um Arzneimittel im Sinne von § 4 Absatz 4,

1a. andere als die in Nummer 1a genannten Arzneimittel sind und für Apotheken, denen für einen Patienten eine Verschreibung vorliegt, aus im Geltungsbereich dieses Gesetzes zugelassenen Arzneimitteln

    a) als Zytostatikazubereitung oder für die parenterale Ernährung sowie in anderen medizinisch begründeten besonderen Bedarfsfällen, sofern es für die ausreichende Versorgung des Patienten erforderlich ist und kein zugelassenes Arzneimittel zur Verfügung steht, hergestellt werden oder

    b) als Blister aus unveränderten Arzneimitteln hergestellt werden oder

    c) in unveränderter Form abgefüllt werden,

1c. zur Anwendung bei Menschen bestimmt sind, antivirale oder antibakterielle Wirksamkeit haben und zur Behandlung einer bedrohlichen übertragbaren Krankheit, deren Ausbreitung eine sofortige und das übliche Maß erheblich überschreitende Bereitstellung von spezifischen Arzneimitteln erforderlich macht, aus Wirkstoffen hergestellt werden, die von den Gesundheitsbehörden des Bundes oder der Länder oder von diesen benannten Stellen für diese Zwecke bevorratet wurden, soweit ihre Herstellung in einer Apotheke zur Abgabe im Rahmen der bestehenden Apothekenbetriebserlaubnis oder zur Abgabe an andere Apotheken erfolgt,

1d. Gewebezubereitungen sind, die der Pflicht zur Genehmigung nach den Vorschriften des § 21a Abs. 1 unterliegen,

1e. Heilwässer, Bademoore oder andere Peloide sind, die nicht im Voraus hergestellt und nicht in einer zur Abgabe an den Verbraucher bestimmten Packung in den Verkehr gebracht werden, oder die ausschließlich zur äußeren Anwendung oder zur Inhalation vor Ort bestimmt sind,

1f. medizinische Gase sind und die für einzelne Personen aus im Geltungsbereich dieses Gesetzes zugelassenen Arzneimitteln durch Abfüllen und Kennzeichnen in Unternehmen, die nach § 50 zum Einzelhandel mit Arzneimitteln außerhalb von Apotheken befugt sind, hergestellt werden,

1g. als Therapieallergene für einzelne Patienten auf Grund einer Rezeptur hergestellt werden,

2. zur klinischen Prüfung bei Menschen bestimmt sind,

3. Fütterungsarzneimittel sind, die bestimmungsgemäß aus Arzneimittel-Vormischungen hergestellt sind, für die eine Zulassung nach § 25 erteilt ist,

4. für Einzeltiere oder Tiere eines bestimmten Bestandes in Apotheken oder in tierärztlichen Hausapotheken unter den Voraussetzungen des Absatzes 2a hergestellt werden,

5. zur klinischen Prüfung bei Tieren oder zur Rückstandsprüfung bestimmt sind oder

6. unter den in Artikel 83 der Verordnung (EG) Nr. 726/2004 genannten Voraussetzungen kostenlos für eine Anwendung bei Patienten zur Verfügung gestellt werden, die an einer zu einer schweren Behinderung führenden Erkrankung leiden oder deren Krankheit lebensbedrohlich ist, und die mit einem zugelassenen Arzneimittel nicht zufrieden stellend behandelt werden können; dies gilt auch für die nicht den Kategorien des Artikels 3 Absatz 1 oder 2 der Verordnung (EG) Nr. 726/2004 zugehörigen Arzneimitteln; Verfahrensregelungen werden in einer Rechtsverordnung nach § 80 bestimmt.

(2a) [1]Arzneimittel, die für den Verkehr außerhalb von Apotheken nicht freigegebene Stoffe und Zubereitungen aus Stoffen enthalten, dürfen nach Absatz 2 Nr. 4 nur hergestellt werden, wenn für die Behandlung ein zugelassenes Arzneimittel für die betreffende Tierart oder das betreffende Anwendungsgebiet nicht zur Verfügung steht, die notwendige arzneiliche Versorgung der Tiere sonst ernstlich gefährdet wäre und eine unmittelbare oder mittelbare Gefährdung der Gesundheit von Mensch und Tier nicht zu befürchten ist. [2]Die Herstellung von Arzneimitteln gemäß Satz 1 ist nur in Apotheken zulässig. [3]Satz 2 gilt nicht für das Zubereiten von Arzneimitteln aus einem Fertigarzneimittel und arzneilich nicht wirksamen Bestandteilen sowie für das Mischen von Fertigarzneimitteln zum Zwecke der Immobilisation von Zoo-, Wild- und Gehegetieren. [4]Als Herstellen im Sinne des Satzes 1 gilt nicht das Umfüllen, Abpacken oder Kennzeichnen von Arzneimitteln in unveränderter Form, soweit
1. keine Fertigarzneimittel in für den Einzelfall geeigneten Packungsgrößen im Handel verfügbar sind oder
2. in sonstigen Fällen das Behältnis oder jede andere Form der Arzneimittelverpackung, die unmittelbar mit dem Arzneimittel in Berührung kommt, nicht beschädigt wird.
[5]Die Sätze 1 bis 4 gelten nicht für registrierte oder von der Registrierung freigestellte homöopathische Arzneimittel, die, soweit sie zur Anwendung bei Tieren bestimmt sind, die der Gewinnung von Lebensmitteln dienen, ausschließlich Wirkstoffe enthalten, die im Anhang der Verordnung (EU) Nr. 37/2010 als Stoffe aufgeführt sind, für die eine Festlegung von Höchstmengen nicht erforderlich ist.

(3) [1]Die Zulassung ist vom pharmazeutischen Unternehmer zu beantragen. [2]Für ein Fertigarzneimittel, das in Apotheken oder sonstigen Einzelhandelsbetrieben auf Grund einheitlicher Vorschriften hergestellt und unter einer einheitlichen Bezeichnung an Verbraucher abgegeben wird, ist die Zulassung vom Herausgeber der Herstellungsvorschrift zu beantragen. [3]Wird ein Fertigarzneimittel für mehrere Apotheken oder sonstige Einzelhandelsbetriebe hergestellt und soll es unter deren Namen und unter einer einheitlichen Bezeichnung an Verbraucher abgegeben werden, so hat der Hersteller die Zulassung zu beantragen.

(4) [1]Die zuständige Bundesoberbehörde entscheidet ferner, unabhängig von einem Zulassungsantrag nach Absatz 3 oder von einem Genehmigungsantrag nach § 21a Absatz 1 oder § 42 Absatz 2, auf Antrag einer zuständigen Landesbehörde über die Zulassungspflicht eines Arzneimittels, die Genehmigungspflicht einer Gewebezubereitung oder über die Genehmigungspflicht einer klinischen Prüfung. [2]Dem Antrag hat die zuständige Landesbehörde eine begründete Stellungnahme zur Einstufung des Arzneimittels oder der klinischen Prüfung beizufügen.

§ 21a Genehmigung von Gewebezubereitungen

(1) [1]Gewebezubereitungen, die nicht mit industriellen Verfahren be- oder verarbeitet werden und deren wesentliche Be- oder Verarbeitungsverfahren in der Europäischen Union hinreichend bekannt und deren Wirkungen und Nebenwirkungen aus dem wissenschaftlichen Erkenntnismaterial ersichtlich sind, dürfen im Geltungsbereich dieses Gesetzes nur in den Verkehr gebracht werden, wenn sie abweichend von der Zulassungspflicht nach § 21 Abs. 1 von der zuständigen Bundesoberbehörde genehmigt worden sind. [2]Dies gilt auch im Hinblick auf Gewebezubereitungen, deren Be- oder Verarbeitungsverfahren neu, aber mit einem bekannten Verfahren vergleichbar sind. [3]Satz 1 gilt entsprechend für hämatopoetische Stammzellzubereitungen aus dem peripheren Blut oder aus dem Nabelschnurblut, die zur autologen oder gerichteten, für eine bestimmte Person vorgesehenen Anwendung bestimmt

sind. [4]Die Genehmigung umfasst die Verfahren für die Gewinnung, Verarbeitung und Prüfung, die Spenderauswahl und die Dokumentation für jeden Verfahrensschritt sowie die quantitativen und qualitativen Kriterien für Gewebezubereitungen. [5]Insbesondere sind die kritischen Verfahrensschritte daraufhin zu bewerten, dass die Funktionalität und die Sicherheit der Gewebe gewährleistet sind.

(1a) Einer Genehmigung nach Absatz 1 bedarf es nicht für Gewebezubereitungen, die zur klinischen Prüfung bei Menschen bestimmt sind.

(2) [1]Dem Antrag auf Genehmigung sind vom Antragsteller folgende Angaben und Unterlagen beizufügen:

1. der Name oder die Firma und die Anschrift des Antragstellers und der Be- oder Verarbeiter,
2. die Bezeichnung der Gewebezubereitung,
3. die Bestandteile der Gewebezubereitung nach Art, Darreichungsform und Packungsgröße,
4. die Anwendungsgebiete sowie die Art der Anwendung und bei Gewebezubereitungen, die nur begrenzte Zeit angewendet werden sollen, die Dauer der Anwendung,
5. Angaben über die Gewinnung der Gewebe und die für die Gewinnung erforderlichen Laboruntersuchungen,
6. Angaben zur Herstellungsweise, einschließlich der Be- oder Verarbeitungsverfahren, der Prüfverfahren mit ihren Inprozess- und Endproduktkontrollen sowie der Verwendung von Elektronen-, Gamma- oder Röntgenstrahlen,
7. Angaben über die Art der Haltbarmachung, die Dauer der Haltbarkeit, die Art der Aufbewahrung und Lagerung der Gewebezubereitung,
8. Angaben zur Funktionalität und zu den Risiken der Gewebezubereitung,
9. Unterlagen über die Ergebnisse von mikrobiologischen, chemischen, biologischen oder physikalischen Prüfungen sowie über die zur Ermittlung angewandten Methoden, soweit diese Unterlagen erforderlich sind,
10. Unterlagen über Ergebnisse von pharmakologischen und toxikologischen Versuchen,
11. eine Nutzen-Risiko-Bewertung,
12. alle für die Bewertung des Arzneimittels zweckdienlichen Angaben und Unterlagen sowie
13. bei hämatopoetischen Stammzellzubereitungen zusätzlich Angaben zur Dosierung und zur Menge des Wirkstoffs.

[2]Die Ergebnisse und Angaben nach Satz 1 Nummer 7 bis 10 sowie die Ergebnisse von klinischen Prüfungen oder sonstigen ärztlichen Erprobungen sind so zu belegen, dass aus diesen Art, Umfang und Zeitpunkt der Untersuchungen hervorgehen. [3]§ 22 Absatz 4, 5 und 7 Satz 1 gilt entsprechend.

(3) [1]Für die Angaben nach Absatz 2 Nummer 4, 8 und 10 kann wissenschaftliches Erkenntnismaterial eingereicht werden, das auch in nach wissenschaftlichen Methoden aufbereitetem medizinischen Erfahrungsmaterial bestehen kann. [2]Hierfür kommen Studien des Herstellers der Gewebezubereitung, Daten aus Veröffentlichungen oder nachträgliche Bewertungen der klinischen Ergebnisse der hergestellten Gewebezubereitungen in Betracht.

(4) [1]Die zuständige Bundesoberbehörde hat eine Entscheidung über den Antrag auf Genehmigung innerhalb einer Frist von fünf Monaten zu treffen. [2]Wird dem Antragsteller Gelegenheit gegeben, Mängeln abzuhelfen, so werden die Fristen bis zur Behebung der Mängel oder bis zum Ablauf der für die Behebung gesetzten Frist gehemmt. [3]Die Hemmung beginnt mit dem Tag, an dem dem Antragsteller die Aufforderung zur Behebung der Mängel zugestellt wird.

(5) [1]Die zuständige Bundesoberbehörde erteilt die Genehmigung schriftlich unter Zuteilung einer Genehmigungsnummer. [2]Sie kann die Genehmigung mit Auflagen verbinden. [3]§ 28 und § 34 finden entsprechende Anwendung.

(6) Die zuständige Bundesoberbehörde darf die Genehmigung nur versagen, wenn

1. die vorgelegten Unterlagen unvollständig sind,
2. die Gewebezubereitung nicht dem Stand der wissenschaftlichen Erkenntnisse entspricht,
3. die Gewebezubereitung nicht die vorgesehene Funktion erfüllt oder das Nutzen-Risiko-Verhältnis ungünstig ist oder
4. das Inverkehrbringen der Gewebezubereitung gegen gesetzliche Vorschriften oder gegen eine Verordnung oder eine Richtlinie oder eine Entscheidung oder einen Beschluss der Europäischen Gemeinschaft oder der Europäischen Union verstoßen würde.

(7) [1]Der Antragsteller oder nach der Genehmigung der Inhaber der Genehmigung hat der zuständigen Bundesoberbehörde unter Beifügung entsprechender Unterlagen unverzüglich Anzeige zu erstatten, wenn sich Änderungen in den Angaben und Unterlagen nach den Absätzen 2 und 3 ergeben. [2]Der Inhaber der Genehmigung ist verpflichtet, die zuständige Bundesoberbehörde zu informieren, wenn neue oder veränderte Risiken bei der Gewebezubereitung bestehen oder sich das Nutzen-Risiko-Verhältnis der Gewebezubereitung geändert hat. [3]§ 29 Absatz 1a, 1d und 2 ist entsprechend anzuwenden. [4]Folgende Änderungen dürfen erst vollzogen werden, wenn die zuständige Bundesoberbehörde zugestimmt hat:

1. eine Änderung der Angaben über die Art oder die Dauer der Anwendung oder die Anwendungsgebiete,
2. eine Einschränkung der Risiken,
3. eine Änderung der Hilfsstoffe nach Art oder Menge,
4. eine Änderung der Darreichungsform,
5. eine Änderung der Angaben über die Gewinnung der Gewebe und die für die Gewinnung erforderlichen Laboruntersuchungen,
6. eine Änderung des Be- oder Verarbeitungsverfahrens oder des Prüfverfahrens,
7. eine Änderung der Art der Haltbarmachung und eine Verlängerung der Haltbarkeit,
8. eine Änderung der Art der Aufbewahrung und Lagerung der Gewebezubereitung und
9. bei hämatopoetischen Stammzellzubereitungen zusätzlich eine Änderung der Angaben über die Dosierung oder die Menge des Wirkstoffs.

[5]Die Entscheidung über den Antrag auf Zustimmung muss innerhalb von drei Monaten ergehen. [6]§ 27 Absatz 2 gilt entsprechend.

(8) [1]Die Genehmigung ist zurückzunehmen, wenn nachträglich bekannt wird, dass einer der Versagungsgründe nach Absatz 6 Nummer 2 bis 4 vorgelegen hat. [2]Sie ist zu widerrufen, wenn einer dieser Versagungsgründe nachträglich eingetreten ist. [3]In beiden Fällen kann auch das Ruhen der Genehmigung befristet angeordnet werden. [4]Vor einer Entscheidung nach den Sätzen 1 bis 3 ist der Inhaber der Genehmigung zu hören, es sei denn, dass Gefahr im Verzuge ist. [5]Ist die Genehmigung zurückgenommen oder widerrufen oder ruht die Genehmigung, so darf die Gewebezubereitung nicht in den Verkehr gebracht und nicht in den Geltungsbereich dieses Gesetzes verbracht werden.

(9) [1]Abweichend von Absatz 1 bedürfen Gewebezubereitungen und hämatopoetische Stammzellzubereitungen aus dem peripheren Blut oder aus dem Nabel-

schnurblut nach Absatz 1 Satz 3, die in einem Mitgliedstaat der Europäischen Union oder in einem anderen Vertragsstaat des Abkommens über den Europäischen Wirtschaftsraum in den Verkehr gebracht werden dürfen, bei ihrem erstmaligen Verbringen zum Zweck ihrer Anwendung in den Geltungsbereich dieses Gesetzes einer Bescheinigung der zuständigen Bundesoberbehörde. [2]Vor der Erteilung der Bescheinigung hat die zuständige Bundesoberbehörde zu prüfen, ob die Be- oder Verarbeitung der Gewebezubereitungen den Anforderungen an die Entnahme- und Verarbeitungsverfahren, einschließlich der Spenderauswahlverfahren und der Laboruntersuchungen, sowie die quantitativen und qualitativen Kriterien für die Gewebezubereitungen den Anforderungen dieses Gesetzes und seiner Verordnungen entsprechen. [3]Die zuständige Bundesoberbehörde hat die Bescheinigung zu erteilen, wenn sich die Gleichwertigkeit der Anforderungen nach Satz 2 aus der Genehmigungsbescheinigung oder einer anderen Bescheinigung der zuständigen Behörde des Herkunftslandes ergibt und der Nachweis über die Genehmigung in dem Mitgliedstaat der Europäischen Union oder dem anderen Vertragsstaat des Abkommens über den Europäischen Wirtschaftsraum vorgelegt wird. [4]Eine Änderung in den Anforderungen nach Satz 2 ist der zuständigen Bundesoberbehörde rechtzeitig vor einem weiteren Verbringen in den Geltungsbereich dieses Gesetzes anzuzeigen. [5]Die Bescheinigung ist zurückzunehmen, wenn eine der Voraussetzungen nach Satz 2 nicht vorgelegen hat; sie ist zu widerrufen, wenn eine der Voraussetzungen nach Satz 2 nachträglich weggefallen ist. [6]§ 73 Absatz 3a gilt entsprechend.

§ 22 Zulassungsunterlagen

(1) Dem Antrag auf Zulassung müssen vom Antragsteller folgende Angaben beigefügt werden:
1. der Name oder die Firma und die Anschrift des Antragstellers und des Herstellers,
2. die Bezeichnung des Arzneimittels,
3. die Bestandteile des Arzneimittels nach Art und Menge; § 10 Abs. 6 findet Anwendung,
4. die Darreichungsform,
5. die Wirkungen,
6. die Anwendungsgebiete,
7. die Gegenanzeigen,
8. die Nebenwirkungen,
9. die Wechselwirkungen mit anderen Mitteln,
10. die Dosierung,
11. zur Herstellungsweise des Arzneimittels,
12. die Art der Anwendung und bei Arzneimitteln, die nur begrenzte Zeit angewendet werden sollen, die Dauer der Anwendung,
13. die Packungsgrößen,
14. die Art der Haltbarmachung, die Dauer der Haltbarkeit, die Art der Aufbewahrung, die Ergebnisse von Haltbarkeitsversuchen,
15. die Methoden zur Kontrolle der Qualität (Kontrollmethoden).

(1a) Die Angaben nach Absatz 1 Nummer 1 bis 10 müssen in deutscher, die übrigen Angaben in deutscher oder englischer Sprache beigefügt werden; andere Angaben oder Unterlagen können im Zulassungsverfahren statt in deutscher auch in englischer Sprache gemacht oder vorgelegt werden, soweit es sich nicht um Angaben handelt, die für die Kennzeichnung, die Packungsbeilage oder die Fachinformation verwendet werden.

(2) ¹Es sind ferner vorzulegen:

1. die Ergebnisse physikalischer, chemischer, biologischer oder mikrobiologischer Versuche und die zu ihrer Ermittlung angewandten Methoden (analytische Prüfung),
2. die Ergebnisse der pharmakologischen und toxikologischen Versuche,
3. die Ergebnisse der klinischen Prüfungen oder sonstigen ärztlichen, zahnärztlichen oder tierärztlichen Erprobung,
4. eine Erklärung, dass außerhalb der Europäischen Union durchgeführte klinische Prüfungen unter ethischen Bedingungen durchgeführt wurden, die mit den ethischen Bedingungen der Richtlinie 2001/20/EG des Parlaments und des Rates vom 4. April 2001 zur Angleichung der Rechts- und Verwaltungsvorschriften der Mitgliedstaaten über die Anwendung der guten klinischen Praxis bei der Durchführung von klinischen Prüfungen mit Humanarzneimitteln (ABl. EG Nr. L 121 vom 1.5.2001, S. 34) [ab unbestimmtem Zeitpunkt, siehe Gesetzeskopf Fn. 4: *Verordnung (EU) Nr. 536/2014*] gleichwertig sind,
5. bei Arzneimitteln, die zur Anwendung bei Menschen bestimmt sind, eine zusammenfassende Beschreibung des Pharmakovigilanz-Systems des Antragstellers, die Folgendes umfassen muss:
   a) den Nachweis, dass der Antragsteller über eine qualifizierte Person nach § 63a verfügt, und die Angabe der Mitgliedstaaten, in denen diese Person ansässig und tätig ist, sowie die Kontaktangaben zu dieser Person,
   b) die Angabe des Ortes, an dem die Pharmakovigilanz-Stammdokumentation für das betreffende Arzneimittel geführt wird, und
   c) eine vom Antragsteller unterzeichnete Erklärung, dass er über die notwendigen Mittel verfügt, um den im Zehnten Abschnitt aufgeführten Aufgaben und Pflichten nachzukommen,
5a. bei Arzneimitteln, die zur Anwendung bei Menschen bestimmt sind, den Risikomanagement-Plan mit einer Beschreibung des Risikomanagement-Systems, das der Antragsteller für das betreffende Arzneimittel einführen wird, verbunden mit einer Zusammenfassung,
6. bei Arzneimitteln, die zur Anwendung bei Tieren bestimmt sind, eine detaillierte Beschreibung des Pharmakovigilanz-Systems des Antragstellers, den Nachweis, dass der Antragsteller über eine qualifizierte Person nach § 63a verfügt und, soweit erforderlich, des Risikomanagement-Systems, das der Antragsteller einführen wird, sowie den Nachweis über die notwendige Infrastruktur zur Meldung aller Verdachtsfälle von Nebenwirkungen gemäß § 63h,
7. eine Kopie jeder Ausweisung des Arzneimittels als Arzneimittel für seltene Leiden gemäß der Verordnung (EG) Nr. 141/2000 des Europäischen Parlaments und des Rates vom 16. Dezember 1999 über Arzneimittel für seltene Leiden (ABl. EG Nr. L 18 S. 1),
8. bei Arzneimitteln, die zur Anwendung bei Menschen bestimmt sind, eine Bestätigung des Arzneimittelherstellers, dass er oder eine von ihm vertraglich beauftragte Person sich von der Einhaltung der Guten Herstellungspraxis bei der Wirkstoffherstellung durch eine Überprüfung vor Ort überzeugt hat; die Bestätigung muss auch das Datum des Audits beinhalten.

²Die Ergebnisse nach Satz 1 Nr. 1 bis 3 sind durch Unterlagen so zu belegen, dass aus diesen Art, Umfang und Zeitpunkt der Prüfungen hervorgehen. ³Dem Antrag sind alle für die Bewertung des Arzneimittels zweckdienlichen Angaben und Unterlagen, ob günstig oder ungünstig, beizufügen. ⁴Dies gilt auch für unvollständige oder abgebrochene toxikologische oder pharmakologische Versuche oder klinische Prüfungen zu dem Arzneimittel.

(3) ¹An Stelle der Ergebnisse nach Absatz 2 Nr. 2 und 3 kann anderes wissenschaftliches Erkenntnismaterial vorgelegt werden, und zwar

1. bei einem Arzneimittel, dessen Wirkstoffe seit mindestens zehn Jahren in der Europäischen Union allgemein medizinisch oder tiermedizinisch verwendet wurden, deren Wirkungen und Nebenwirkungen bekannt und aus dem wissenschaftlichen Erkenntnismaterial ersichtlich sind,

2. bei einem Arzneimittel, das in seiner Zusammensetzung bereits einem Arzneimittel nach Nummer 1 vergleichbar ist,

3. bei einem Arzneimittel, das eine neue Kombination bekannter Bestandteile ist, für diese Bestandteile; es kann jedoch auch für die Kombination als solche anderes wissenschaftliches Erkenntnismaterial vorgelegt werden, wenn die Wirksamkeit und Unbedenklichkeit des Arzneimittels nach Zusammensetzung, Dosierung, Darreichungsform und Anwendungsgebieten auf Grund dieser Unterlagen bestimmbar sind.

²Zu berücksichtigen sind ferner die medizinischen Erfahrungen der jeweiligen Therapierichtungen.

(3a) Enthält das Arzneimittel mehr als einen Wirkstoff, so ist zu begründen, dass jeder Wirkstoff einen Beitrag zur positiven Beurteilung des Arzneimittels leistet.

(3b) Bei radioaktiven Arzneimitteln, die Generatoren sind, sind ferner eine allgemeine Beschreibung des Systems mit einer detaillierten Beschreibung der Bestandteile des Systems, die die Zusammensetzung oder Qualität der Tochterradionuklidzubereitung beeinflussen können, und qualitative und quantitative Besonderheiten des Eluats oder Sublimats anzugeben.

(3c) ¹Ferner sind Unterlagen vorzulegen, mit denen eine Bewertung möglicher Umweltrisiken vorgenommen wird, und für den Fall, dass die Aufbewahrung des Arzneimittels oder seine Anwendung oder die Beseitigung seiner Abfälle besondere Vorsichts- oder Sicherheitsmaßnahmen erfordert, um Gefahren für die Umwelt oder die Gesundheit von Menschen, Tieren oder Pflanzen zu vermeiden, dies ebenfalls angegeben wird. ²Angaben zur Verminderung dieser Gefahren sind beizufügen und zu begründen. ³Für Arzneimittel, die für die Anwendung bei Tieren bestimmt sind, sind auch die Ergebnisse der Prüfungen zur Bewertung möglicher Umweltrisiken vorzulegen; Absatz 2 Satz 2 bis 4 findet entsprechend Anwendung.

(4) ¹Wird die Zulassung für ein im Geltungsbereich dieses Gesetzes hergestelltes Arzneimittel beantragt, so muss der Nachweis erbracht werden, dass der Hersteller berechtigt ist, das Arzneimittel herzustellen. ²Dies gilt nicht für einen Antrag nach § 21 Abs. 3 Satz 2.

(5) Wird die Zulassung für ein außerhalb des Geltungsbereiches dieses Gesetzes hergestelltes Arzneimittel beantragt, so ist der Nachweis zu erbringen, dass der Hersteller nach den gesetzlichen Bestimmungen des Herstellungslandes berechtigt ist, Arzneimittel herzustellen, und im Falle des Verbringens aus einem Land, das nicht Mitgliedstaat der Europäischen Union oder anderer Vertragsstaat des Abkommens über den Europäischen Wirtschaftsraum ist, dass der Einführer eine Erlaubnis besitzt, die zum Verbringen des Arzneimittels in den Geltungsbereich dieses Gesetzes berechtigt.

(6) ¹Soweit eine Zulassung im Ausland erteilt worden ist, ist eine Kopie dieser Zulassung und, soweit es sich um Arzneimittel handelt, die zur Anwendung bei Menschen bestimmt sind, eine Kopie der Zusammenfassung der Unbedenklichkeitsdaten einschließlich der Daten aus den regelmäßigen aktualisierten Unbedenklichkeitsberichten, soweit verfügbar, und der Berichte über Verdachtsfälle von Nebenwirkungen beizufügen. ²Ist eine Zulassung ganz oder teilweise versagt worden, sind die Einzelheiten dieser Entscheidung unter Darlegung ihrer Gründe mitzuteilen. ³Wird ein Antrag auf Zulassung in einem Mitgliedstaat oder in mehreren Mitgliedstaaten der Europäischen Union geprüft, ist dies anzugeben. ⁴Kopien der von den

zuständigen Behörden der Mitgliedstaaten genehmigten Zusammenfassungen der Produktmerkmale und der Packungsbeilagen oder, soweit diese Unterlagen noch nicht vorhanden sind, der vom Antragsteller in einem Verfahren nach Satz 3 vorgeschlagenen Fassungen dieser Unterlagen sind ebenfalls beizufügen. [5]Ferner sind, sofern die Anerkennung der Zulassung eines anderen Mitgliedstaates beantragt wird, die in Artikel 28 der Richtlinie 2001/83/EG oder in Artikel 32 der Richtlinie 2001/82/EG vorgeschriebenen Erklärungen abzugeben sowie die sonstigen dort vorgeschriebenen Angaben zu machen. [6]Satz 5 findet keine Anwendung auf Arzneimittel, die nach einer homöopathischen Verfahrenstechnik hergestellt worden sind.

(7) [1]Dem Antrag ist der Wortlaut der für das Behältnis, die äußere Umhüllung und die Packungsbeilage vorgesehenen Angaben sowie der Entwurf einer Zusammenfassung der Produktmerkmale beizufügen, bei der es sich zugleich um die Fachinformation nach § 11a Absatz 1 Satz 2 handelt, soweit eine solche vorgeschrieben ist. [2]Der zuständigen Bundesoberbehörde sind bei Arzneimitteln, die zur Anwendung bei Menschen bestimmt sind, außerdem die Ergebnisse von Bewertungen der Packungsbeilage vorzulegen, die in Zusammenarbeit mit Patienten-Zielgruppen durchgeführt wurden. [3]Die zuständige Bundesoberbehörde kann verlangen, dass ihr ein oder mehrere Muster oder Verkaufsmodelle des Arzneimittels einschließlich der Packungsbeilagen sowie Ausgangsstoffe, Zwischenprodukte und Stoffe, die zur Herstellung oder Prüfung des Arzneimittels verwendet werden, in einer für die Untersuchung ausreichenden Menge und in einem für die Untersuchung geeigneten Zustand vorgelegt werden.

§ 23 Besondere Unterlagen bei Arzneimitteln für Tiere

(1) [1]Bei Arzneimitteln, die zur Anwendung bei Tieren bestimmt sind, die der Gewinnung von Lebensmitteln dienen, ist über § 22 hinaus
1. die Wartezeit anzugeben und mit Unterlagen über die Ergebnisse der Rückstandsprüfung, insbesondere über den Verbleib der pharmakologisch wirksamen Bestandteile und deren Umwandlungsprodukte im Tierkörper und über die Beeinflussung der Lebensmittel tierischer Herkunft, soweit diese für die Beurteilung von Wartezeiten unter Berücksichtigung festgesetzter Höchstmengen erforderlich sind, zu begründen und
2. bei einem Arzneimittel, dessen pharmakologisch wirksamer Bestandteil in Tabelle 1 des Anhangs der Verordnung (EU) Nr. 37/2010 nicht aufgeführt ist, eine Bescheinigung vorzulegen, durch die bestätigt wird, dass bei der Europäischen Arzneimittel-Agentur mindestens sechs Monate vor dem Zulassungsantrag ein Antrag nach Artikel 3 der Verordnung (EG) Nr. 470/2009 des Europäischen Parlaments und des Rates vom 6. Mai 2009 über die Schaffung eines Gemeinschaftsverfahrens für die Festsetzung von Höchstmengen für Rückstände pharmakologisch wirksamer Stoffe in Lebensmitteln tierischen Ursprungs, zur Aufhebung der Verordnung (EWG) Nr. 2377/90 des Rates und zur Änderung der Richtlinie 2001/82/EG des Europäischen Parlaments und des Rates und der Verordnung (EG) Nr. 726/2004 des Europäischen Parlaments und des Rates (ABl. L 152 vom 16.6.2009, S. 11) in der jeweils geltenden Fassung gestellt worden ist.
[2]Satz 1 Nr. 2 gilt nicht, soweit § 25 Abs. 2 Satz 5 Anwendung findet.

(2) [1]Bei Arzneimittel-Vormischungen ist das als Trägerstoff bestimmte Mischfuttermittel unter Bezeichnung des Futtermitteltyps anzugeben. [2]Es ist außerdem zu begründen und durch Unterlagen zu belegen, dass sich die Arzneimittel-Vormischungen für die bestimmungsgemäße Herstellung der Fütterungsarzneimittel eignen, insbesondere dass sie unter Berücksichtigung der bei der Mischfuttermittelherstellung zur Anwendung kommenden Herstellungsverfahren eine homogene

und stabile Verteilung der wirksamen Bestandteile in den Fütterungsarzneimitteln erlauben; ferner ist zu begründen und durch Unterlagen zu belegen, für welche Zeitdauer die Fütterungsarzneimittel haltbar sind. [3]Darüber hinaus ist eine routinemäßig durchführbare Kontrollmethode, die zum qualitativen und quantitativen Nachweis der wirksamen Bestandteile in den Fütterungsarzneimitteln geeignet ist, zu beschreiben und durch Unterlagen über Prüfungsergebnisse zu belegen.

(3) [1]Aus den Unterlagen über die Ergebnisse der Rückstandsprüfung und über das Rückstandsnachweisverfahren nach Absatz 1 sowie aus den Nachweisen über die Eignung der Arzneimittel-Vormischungen für die bestimmungsgemäße Herstellung der Fütterungsarzneimittel und den Prüfungsergebnissen über die Kontrollmethoden nach Absatz 2 müssen Art, Umfang und Zeitpunkt der Prüfungen hervorgehen. [2]An Stelle der Unterlagen, Nachweise und Prüfungsergebnisse nach Satz 1 kann anderes wissenschaftliches Erkenntnismaterial vorgelegt werden.

§ 24 Sachverständigengutachten

(1) [1]Den nach § 22 Abs. 1 Nr. 15, Abs. 2 und 3 und § 23 erforderlichen Unterlagen sind Gutachten von Sachverständigen beizufügen, in denen die Kontrollmethoden, Prüfungsergebnisse und Rückstandsnachweisverfahren zusammengefasst und bewertet werden. [2]Im Einzelnen muss aus den Gutachten insbesondere hervorgehen:

1. aus dem analytischen Gutachten, ob das Arzneimittel die nach den anerkannten pharmazeutischen Regeln angemessene Qualität aufweist, ob die vorgeschlagenen Kontrollmethoden dem jeweiligen Stand der wissenschaftlichen Erkenntnisse entsprechen und zur Beurteilung der Qualität geeignet sind,
2. aus dem pharmakologisch-toxikologischen Gutachten, welche toxischen Wirkungen und welche pharmakologischen Eigenschaften das Arzneimittel hat,
3. aus dem klinischen Gutachten, ob das Arzneimittel bei den angegebenen Anwendungsgebieten angemessen wirksam ist, ob es verträglich ist, ob die vorgesehene Dosierung zweckmäßig ist und welche Gegenanzeigen und Nebenwirkungen bestehen,
4. aus dem Gutachten über die Rückstandsprüfung, ob und wie lange nach der Anwendung des Arzneimittels Rückstände in den von den behandelten Tieren gewonnenen Lebensmitteln auftreten, wie diese Rückstände zu beurteilen sind und ob die vorgesehene Wartezeit ausreicht.

[3]Aus dem Gutachten muss ferner hervorgehen, dass die nach Ablauf der angegebenen Wartezeit vorhandenen Rückstände nach Art und Menge die im Anhang der Verordnung (EU) Nr. 37/2010 festgesetzten Höchstmengen unterschreiten.

(2) Soweit wissenschaftliches Erkenntnismaterial nach § 22 Abs. 3 und § 23 Abs. 3 Satz 2 vorgelegt wird, muss aus den Gutachten hervorgehen, dass das wissenschaftliche Erkenntnismaterial in sinngemäßer Anwendung der Arzneimittelprüfrichtlinien erarbeitet wurde.

(3) [1]Den Gutachten müssen Angaben über den Namen, die Ausbildung und die Berufstätigkeit der Sachverständigen sowie seine berufliche Beziehung zum Antragsteller beigefügt werden. [2]Die Sachverständigen haben mit Unterschrift unter Angabe des Datums zu bestätigen, dass das Gutachten von ihnen erstellt worden ist.

§ 24a Verwendung von Unterlagen eines Vorantragstellers

[1]Der Antragsteller kann auf Unterlagen nach § 22 Abs. 2, 3, 3c und § 23 Abs. 1 einschließlich der Sachverständigengutachten nach § 24 Abs. 1 Satz 2 eines frühe-

ren Antragstellers (Vorantragsteller) Bezug nehmen, sofern er die schriftliche Zustimmung des Vorantragstellers einschließlich dessen Bestätigung vorlegt, dass die Unterlagen, auf die Bezug genommen wird, die Anforderungen der Arzneimittelprüfrichtlinien nach § 26 erfüllen. [2]Der Vorantragsteller hat sich auf eine Anfrage auf Zustimmung innerhalb einer Frist von drei Monaten zu äußern. [3]Eine teilweise Bezugnahme ist nicht zulässig.

§ 24b Zulassung eines Generikums, Unterlagenschutz

(1) [1]Bei einem Generikum im Sinne des Absatzes 2 kann ohne Zustimmung des Vorantragstellers auf die Unterlagen nach § 22 Abs. 2 Satz 1 Nr. 2 und 3 und § 23 Abs. 1 einschließlich der Sachverständigengutachten nach § 24 Abs. 1 Satz 2 Nr. 2 bis 4 des Arzneimittels des Vorantragstellers (Referenzarzneimittel) Bezug genommen werden, sofern das Referenzarzneimittel seit mindestens acht Jahren zugelassen ist oder vor mindestens acht Jahren zugelassen wurde; dies gilt auch für eine Zulassung in einem anderen Mitgliedstaat der Europäischen Union. [2]Ein Generikum, das gemäß dieser Bestimmung zugelassen wurde, darf frühestens nach Ablauf von zehn Jahren nach Erteilung der ersten Genehmigung für das Referenzarzneimittel in den Verkehr gebracht werden. [3]Der in Satz 2 genannte Zeitraum wird auf höchstens elf Jahre verlängert, wenn der Inhaber der Zulassung innerhalb von acht Jahren seit der Zulassung die Erweiterung der Zulassung um eines oder mehrere neue Anwendungsgebiete erwirkt, die bei der wissenschaftlichen Bewertung vor ihrer Zulassung durch die zuständige Bundesoberbehörde als von bedeutendem klinischem Nutzen im Vergleich zu bestehenden Therapien beurteilt werden.

(2) [1]Die Zulassung als Generikum nach Absatz 1 erfordert, dass das betreffende Arzneimittel die gleiche Zusammensetzung der Wirkstoffe nach Art und Menge und die gleiche Darreichungsform wie das Referenzarzneimittel aufweist und die Bioäquivalenz durch Bioverfügbarkeitsstudien nachgewiesen wurde. [2]Die verschiedenen Salze, Ester, Ether, Isomere, Mischungen von Isomeren, Komplexe oder Derivate eines Wirkstoffes gelten als ein und derselbe Wirkstoff, es sei denn, ihre Eigenschaften unterscheiden sich erheblich hinsichtlich der Unbedenklichkeit oder der Wirksamkeit. [3]In diesem Fall müssen vom Antragsteller ergänzende Unterlagen vorgelegt werden, die die Unbedenklichkeit oder Wirksamkeit der verschiedenen Salze, Ester, Ether, Isomere, Mischungen von Isomeren, Komplexe oder Derivate des Wirkstoffes belegen. [4]Die verschiedenen oralen Darreichungsformen mit sofortiger Wirkstofffreigabe gelten als ein und dieselbe Darreichungsform. [5]Der Antragsteller ist nicht verpflichtet, Bioverfügbarkeitsstudien vorzulegen, wenn er auf sonstige Weise nachweist, dass das Generikum die nach dem Stand der Wissenschaft für die Bioäquivalenz relevanten Kriterien erfüllt. [6]In den Fällen, in denen das Arzneimittel nicht die Anforderungen eines Generikums erfüllt oder in denen die Bioäquivalenz nicht durch Bioäquivalenzstudien nachgewiesen werden kann oder bei einer Änderung des Wirkstoffes, des Anwendungsgebietes, der Stärke, der Darreichungsform oder des Verabreichungsweges gegenüber dem Referenzarzneimittel sind die Ergebnisse der geeigneten vorklinischen oder klinischen Versuche vorzulegen. [7]Bei Arzneimitteln, die zur Anwendung bei Tieren bestimmt sind, sind die entsprechenden Unbedenklichkeitsuntersuchungen, bei Arzneimitteln, die zur Anwendung bei Tieren bestimmt sind, die der Lebensmittelgewinnung dienen, auch die Ergebnisse der entsprechenden Rückstandsversuche vorzulegen.

(3) [1]Sofern das Referenzarzneimittel nicht von der zuständigen Bundesoberbehörde, sondern der zuständigen Behörde eines anderen Mitgliedstaates zugelassen

wurde, hat der Antragsteller im Antragsformular den Mitgliedstaat anzugeben, in dem das Referenzarzneimittel genehmigt wurde oder ist. [2]Die zuständige Bundesoberbehörde ersucht in diesem Fall die zuständige Behörde des anderen Mitgliedstaates, binnen eines Monats eine Bestätigung darüber zu übermitteln, dass das Referenzarzneimittel genehmigt ist oder wurde, sowie die vollständige Zusammensetzung des Referenzarzneimittels und andere Unterlagen, sofern diese für die Zulassung des Generikums erforderlich sind. [3]Im Falle der Genehmigung des Referenzarzneimittels durch die Europäische Arzneimittel-Agentur ersucht die zuständige Bundesoberbehörde diese um die in Satz 2 genannten Angaben und Unterlagen.

(4) Sofern die zuständige Behörde eines anderen Mitgliedstaates, in dem ein Antrag eingereicht wird, die zuständige Bundesoberbehörde um Übermittlung der in Absatz 3 Satz 2 genannten Angaben oder Unterlagen ersucht, hat die zuständige Bundesoberbehörde diesem Ersuchen binnen eines Monats zu entsprechen, sofern mindestens acht Jahre nach Erteilung der ersten Genehmigung für das Referenzarzneimittel vergangen sind.

(5) [1]Erfüllt ein biologisches Arzneimittel, das einem biologischen Referenzarzneimittel ähnlich ist, die für Generika geltenden Anforderungen nach Absatz 2 nicht, weil insbesondere die Ausgangsstoffe oder der Herstellungsprozess des biologischen Arzneimittels sich von dem des biologischen Referenzarzneimittels unterscheiden, so sind die Ergebnisse geeigneter vorklinischer oder klinischer Versuche hinsichtlich dieser Abweichungen vorzulegen. [2]Die Art und Anzahl der vorzulegenden zusätzlichen Unterlagen müssen den nach dem Stand der Wissenschaft relevanten Kriterien entsprechen. [3]Die Ergebnisse anderer Versuche aus den Zulassungsunterlagen des Referenzarzneimittels sind nicht vorzulegen.

(6) Zusätzlich zu den Bestimmungen des Absatzes 1 wird, wenn es sich um einen Antrag für ein neues Anwendungsgebiet eines bekannten Wirkstoffes handelt, der seit mindestens zehn Jahren in der Europäischen Union allgemein medizinisch verwendet wird, eine nicht kumulierbare Ausschließlichkeitsfrist von einem Jahr für die Daten gewährt, die auf Grund bedeutender vorklinischer oder klinischer Studien im Zusammenhang mit dem neuen Anwendungsgebiet gewonnen wurden.

(7) [1]Absatz 1 Satz 3 und Absatz 6 finden keine Anwendung auf Generika, die zur Anwendung bei Tieren bestimmt sind. [2]Der in Absatz 1 Satz 2 genannte Zeitraum verlängert sich
1. bei Arzneimitteln, die zur Anwendung bei Fischen oder Bienen bestimmt sind, auf dreizehn Jahre,
2. bei Arzneimitteln, die zur Anwendung bei einer oder mehreren Tierarten, die der Gewinnung von Lebensmitteln dienen, bestimmt sind und die einen neuen Wirkstoff enthalten, der am 30. April 2004 noch nicht in der Gemeinschaft zugelassen war, bei jeder Erweiterung der Zulassung auf eine weitere Tierart, die der Gewinnung von Lebensmitteln dient, die innerhalb von fünf Jahren seit der Zulassung erteilt worden ist, um ein Jahr. Dieser Zeitraum darf jedoch bei einer Zulassung für vier oder mehr Tierarten, die der Gewinnung von Lebensmitteln dienen, insgesamt dreizehn Jahre nicht übersteigen.
[3]Die Verlängerung des Zehnjahreszeitraums für ein Arzneimittel für eine Tierart, die der Lebensmittelgewinnung dient, auf elf, zwölf oder dreizehn Jahre erfolgt unter der Voraussetzung, dass der Inhaber der Zulassung ursprünglich auch die Festsetzung der Rückstandshöchstmengen für die von der Zulassung betroffenen Tierarten beantragt hat.

(8) Handelt es sich um die Erweiterung einer Zulassung für ein nach § 22 Abs. 3 zugelassenes Arzneimittel auf eine Zieltierart, die der Lebensmittelgewinnung

dient, die unter Vorlage neuer Rückstandsversuche und neuer klinischer Versuche erwirkt worden ist, wird eine Ausschließlichkeitsfrist von drei Jahren nach der Erteilung der Zulassung für die Daten gewährt, für die die genannten Versuche durchgeführt wurden.

§ 24c Nachforderungen

[1]Müssen von mehreren Zulassungsinhabern inhaltlich gleiche Unterlagen nachgefordert werden, so teilt die zuständige Bundesoberbehörde jedem Inhaber der Zulassung mit, welche Unterlagen für die weitere Beurteilung erforderlich sind, sowie Namen und Anschrift der übrigen beteiligten Zulassungsinhaber. [2]Die zuständige Bundesoberbehörde gibt den beteiligten Inhabern der Zulassung Gelegenheit, sich innerhalb einer von ihr zu bestimmenden Frist zu einigen, wer die Unterlagen vorlegt. [3]Kommt eine Einigung nicht zustande, so entscheidet die zuständige Bundesoberbehörde und unterrichtet hiervon unverzüglich alle Beteiligten. [4]Diese sind, sofern sie nicht auf die Zulassung ihres Arzneimittels verzichten, verpflichtet, sich jeweils mit einem der Zahl der beteiligten Inhaber der Zulassung entsprechenden Bruchteil an den Aufwendungen für die Erstellung der Unterlagen zu beteiligen; sie haften als Gesamtschuldner. [5]Die Sätze 1 bis 4 gelten entsprechend für die Nutzer von Standardzulassungen sowie, wenn inhaltlich gleiche Unterlagen von mehreren Antragstellern in laufenden Zulassungsverfahren gefordert werden.

§ 24d Allgemeine Verwertungsbefugnis

Die zuständige Bundesoberbehörde kann bei Erfüllung ihrer Aufgaben nach diesem Gesetz ihr vorliegende Unterlagen mit Ausnahme der Unterlagen nach § 22 Abs. 1 Nr. 11, 14 und 15 sowie Abs. 2 Nr. 1 und des Gutachtens nach § 24 Abs. 1 Satz 2 Nr. 1 verwerten, sofern die erstmalige Zulassung des Arzneimittels in einem Mitgliedstaat der Europäischen Union länger als acht Jahre zurückliegt oder ein Verfahren nach § 24c noch nicht abgeschlossen ist oder soweit nicht die §§ 24a und 24b speziellere Vorschriften für die Bezugnahme auf Unterlagen eines Vorantragstellers enthalten.

§ 25 Entscheidung über die Zulassung

(1) [1]Die zuständige Bundesoberbehörde erteilt die Zulassung schriftlich unter Zuteilung einer Zulassungsnummer. [2]Die Zulassung gilt nur für das im Zulassungsbescheid aufgeführte Arzneimittel und bei Arzneimitteln, die nach einer homöopathischen Verfahrenstechnik hergestellt sind, auch für die in einem nach § 25 Abs. 7 Satz 1 in der vor dem 17. August 1994 geltenden Fassung bekannt gemachten Ergebnis genannten und im Zulassungsbescheid aufgeführten Verdünnungsgrade.

(2) [1]Die zuständige Bundesoberbehörde darf die Zulassung nur versagen, wenn
1. die vorgelegten Unterlagen, einschließlich solcher Unterlagen, die auf Grund einer Verordnung der Europäischen Gemeinschaft oder der Europäischen Union vorzulegen sind, unvollständig sind,
2. das Arzneimittel nicht nach dem jeweils gesicherten Stand der wissenschaftlichen Erkenntnisse ausreichend geprüft worden ist oder das andere wissenschaftliche Erkenntnismaterial nach § 22 Abs. 3 nicht dem jeweils gesicherten Stand der wissenschaftlichen Erkenntnisse entspricht,
3. das Arzneimittel nicht nach den anerkannten pharmazeutischen Regeln hergestellt wird oder nicht die angemessene Qualität aufweist,

4. dem Arzneimittel die vom Antragsteller angegebene therapeutische Wirksamkeit fehlt oder diese nach dem jeweils gesicherten Stand der wissenschaftlichen Erkenntnisse vom Antragsteller unzureichend begründet ist,

5. das Nutzen-Risiko-Verhältnis ungünstig ist,

5a. bei einem Arzneimittel, das mehr als einen Wirkstoff enthält, eine ausreichende Begründung fehlt, dass jeder Wirkstoff einen Beitrag zur positiven Beurteilung des Arzneimittels leistet, wobei die Besonderheiten der jeweiligen Arzneimittel in einer risikogestuften Bewertung zu berücksichtigen sind,

6. die angegebene Wartezeit nicht ausreicht,

6a. bei Arzneimittel-Vormischungen die zum qualitativen und quantitativen Nachweis der Wirkstoffe in den Fütterungsarzneimitteln angewendeten Kontrollmethoden nicht routinemäßig durchführbar sind,

6b. das Arzneimittel zur Anwendung bei Tieren bestimmt ist, die der Gewinnung von Lebensmitteln dienen, und einen pharmakologisch wirksamen Bestandteil enthält, der nicht in Tabelle 1 des Anhangs der Verordnung (EU) Nr. 37/2010 enthalten ist,

7. das Inverkehrbringen des Arzneimittels oder seine Anwendung bei Tieren gegen gesetzliche Vorschriften oder gegen eine Verordnung oder eine Richtlinie oder eine Entscheidung oder einen Beschluss der Europäischen Gemeinschaft oder der Europäischen Union verstoßen würde. [2]Die Zulassung darf nach Satz 1 Nr. 4 nicht deshalb versagt werden, weil therapeutische Ergebnisse nur in einer beschränkten Zahl von Fällen erzielt worden sind. [3]Die therapeutische Wirksamkeit fehlt, wenn der Antragsteller nicht entsprechend dem jeweils gesicherten Stand der wissenschaftlichen Erkenntnisse nachweist, dass sich mit dem Arzneimittel therapeutische Ergebnisse erzielen lassen. [4]Die medizinischen Erfahrungen der jeweiligen Therapierichtung sind zu berücksichtigen. [5]Die Zulassung darf nach Satz 1 Nr. 6b nicht versagt werden, wenn das Arzneimittel zur Behandlung einzelner Einhufer bestimmt ist, bei denen die in Artikel 6 Abs. 3 der Richtlinie 2001/82/EG genannten Voraussetzungen vorliegen, und es die übrigen Voraussetzungen des Artikels 6 Abs. 3 der Richtlinie 2001/82/EG erfüllt.

(3) [1]Die Zulassung ist für ein Arzneimittel zu versagen, das sich von einem zugelassenen oder bereits im Verkehr befindlichen Arzneimittel gleicher Bezeichnung in der Art oder der Menge der Wirkstoffe unterscheidet. [2]Abweichend von Satz 1 ist ein Unterschied in der Menge der Wirkstoffe unschädlich, wenn sich die Arzneimittel in der Darreichungsform unterscheiden.

(4) [1]Ist die zuständige Bundesoberbehörde der Auffassung, dass eine Zulassung auf Grund der vorgelegten Unterlagen nicht erteilt werden kann, teilt sie dies dem Antragsteller unter Angabe von Gründen mit. [2]Dem Antragsteller ist dabei Gelegenheit zu geben, Mängeln innerhalb einer angemessenen Frist, jedoch höchstens innerhalb von sechs Monaten abzuhelfen. [3]Wird den Mängeln nicht innerhalb dieser Frist abgeholfen, so ist die Zulassung zu versagen. [4]Nach einer Entscheidung über die Versagung der Zulassung ist das Einreichen von Unterlagen zur Mängelbeseitigung ausgeschlossen.

(5) [1]Die Zulassung ist auf Grund der Prüfung der eingereichten Unterlagen und auf der Grundlage der Sachverständigengutachten zu erteilen. [2]Zur Beurteilung der Unterlagen kann die zuständige Bundesoberbehörde eigene wissenschaftliche Ergebnisse verwerten, Sachverständige beiziehen oder Gutachten anfordern. [3]Die zuständige Bundesoberbehörde kann in Betrieben und Einrichtungen, die Arzneimittel entwickeln, herstellen, prüfen oder klinisch prüfen, zulassungsbezogene Angaben und Unterlagen, auch im Zusammenhang mit einer Genehmigung für das Inverkehrbringen gemäß Artikel 3 Abs. 1 oder

2 der Verordnung (EG) Nr. 726/2004 überprüfen. [4]Zu diesem Zweck können Beauftragte der zuständigen Bundesoberbehörde im Benehmen mit der zuständigen Behörde Betriebs- und Geschäftsräume zu den üblichen Geschäftszeiten betreten, Unterlagen einsehen sowie Auskünfte verlangen. [5]Die zuständige Bundesoberbehörde kann ferner die Beurteilung der Unterlagen durch unabhängige Gegensachverständige durchführen lassen und legt deren Beurteilung der Zulassungsentscheidung und, soweit es sich um Arzneimittel handelt, die der Verschreibungspflicht nach § 48 Abs. 2 Nr. 1 unterliegen, dem der Zulassungskommission nach Absatz 6 Satz 1 vorzulegenden Entwurf der Zulassungsentscheidung zugrunde. [6]Als Gegensachverständiger nach Satz 5 kann von der zuständigen Bundesoberbehörde beauftragt werden, wer die erforderliche Sachkenntnis und die zur Ausübung der Tätigkeit als Gegensachverständiger erforderliche Zuverlässigkeit besitzt. [7]Dem Antragsteller ist auf Antrag Einsicht in die Gutachten zu gewähren. [8]Verlangt der Antragsteller, von ihm gestellte Sachverständige beizuziehen, so sind auch diese zu hören. [9]Für die Berufung als Sachverständiger, Gegensachverständiger und Gutachter gilt Absatz 6 Satz 5 und 6 entsprechend.

(5a) [1]Die zuständige Bundesoberbehörde erstellt ferner einen Beurteilungsbericht über die eingereichten Unterlagen zur Qualität, Unbedenklichkeit und Wirksamkeit und gibt darin eine Stellungnahme hinsichtlich der Ergebnisse von pharmazeutischen und vorklinischen Versuchen sowie klinischen Prüfungen sowie bei Arzneimitteln, die zur Anwendung bei Menschen bestimmt sind, auch zum Risikomanagement- und zum Pharmakovigilanz-System ab; bei Arzneimitteln, die zur Anwendung bei Tieren bestimmt sind, die der Gewinnung von Lebensmitteln dienen, bezieht sich der Beurteilungsbericht auch auf die Ergebnisse der Rückstandsprüfung. [2]Der Beurteilungsbericht ist zu aktualisieren, wenn hierzu neue Informationen verfügbar werden.

(5b) Absatz 5a findet keine Anwendung auf Arzneimittel, die nach einer homöopathischen Verfahrenstechnik hergestellt werden, sofern diese Arzneimittel dem Artikel 16 Abs. 2 der Richtlinie 2001/83/EG oder dem Artikel 19 Abs. 2 der Richtlinie 2001/82/EG unterliegen.

(6) [1]Vor der Entscheidung über die Zulassung eines Arzneimittels, das den Therapierichtungen Phytotherapie, Homöopathie oder Anthroposophie zuzurechnen ist und das der Verschreibungspflicht nach § 48 Abs. 2 Nr. 1 unterliegt, ist eine Zulassungskommission zu hören. [2]Die Anhörung erstreckt sich auf den Inhalt der eingereichten Unterlagen, der Sachverständigengutachten, der angeforderten Gutachten, die Stellungnahmen der beigezogenen Sachverständigen, das Prüfungsergebnis und die Gründe, die für die Entscheidung über die Zulassung wesentlich sind, oder die Beurteilung durch die Gegensachverständigen. [3]Weicht die Bundesoberbehörde bei der Entscheidung über den Antrag von dem Ergebnis der Anhörung ab, so hat sie die Gründe für die abweichende Entscheidung darzulegen. [4]Das Bundesministerium beruft, soweit es sich um zur Anwendung bei Tieren bestimmte Arzneimittel handelt im Einvernehmen mit dem Bundesministerium für Ernährung und Landwirtschaft, die Mitglieder der Zulassungskommission unter Berücksichtigung von Vorschlägen der Kammern der Heilberufe, der Fachgesellschaften der Ärzte, Zahnärzte, Tierärzte, Apotheker, Heilpraktiker sowie der für die Wahrnehmung ihrer Interessen gebildeten maßgeblichen Spitzenverbände der pharmazeutischen Unternehmer, Patienten und Verbraucher. [5]Bei der Berufung sind die jeweiligen Besonderheiten der Arzneimittel zu berücksichtigen. [6]In die Zulassungskommissionen werden Sachverständige berufen, die auf den jeweiligen Anwendungsgebieten und in der jeweiligen Therapierichtung (Phytotherapie, Homöopathie, Anthroposophie) über wissenschaftliche Kenntnisse verfügen und praktische Erfahrungen gesammelt haben.

(7) [1]Für Arzneimittel, die nicht der Verschreibungspflicht nach § 48 Abs. 2 Nr. 1 unterliegen, werden bei der zuständigen Bundesoberbehörde Kommissionen für bestimmte Anwendungsgebiete oder Therapierichtungen gebildet. [2]Absatz 6 Satz 4 bis 6 findet entsprechende Anwendung. [3]Die zuständige Bundesoberbehörde kann zur Vorbereitung der Entscheidung über die Verlängerung von Zulassungen nach § 105 Abs. 3 Satz 1 die zuständige Kommission beteiligen. [4]Betrifft die Entscheidung nach Satz 3 Arzneimittel einer bestimmten Therapierichtung (Phytotherapie, Homöopathie, Anthroposophie), ist die zuständige Kommission zu beteiligen, sofern eine vollständige Versagung der Verlängerung nach § 105 Abs. 3 Satz 1 beabsichtigt oder die Entscheidung von grundsätzlicher Bedeutung ist; sie hat innerhalb von zwei Monaten Gelegenheit zur Stellungnahme. [5]Soweit die Bundesoberbehörde bei der Entscheidung nach Satz 4 die Stellungnahme der Kommission nicht berücksichtigt, legt sie die Gründe dar.

(7a) [1]Zur Verbesserung der Arzneimittelsicherheit für Kinder und Jugendliche wird beim Bundesinstitut für Arzneimittel und Medizinprodukte eine Kommission für Arzneimittel für Kinder und Jugendliche gebildet. [2]Absatz 6 Satz 4 bis 6 findet entsprechende Anwendung. [3]Zur Vorbereitung der Entscheidung über den Antrag auf Zulassung eines Arzneimittels, das auch zur Anwendung bei Kindern oder Jugendlichen bestimmt ist, beteiligt die zuständige Bundesoberbehörde die Kommission. [4]Die zuständige Bundesoberbehörde kann ferner zur Vorbereitung der Entscheidung über den Antrag auf Zulassung eines anderen als in Satz 3 genannten Arzneimittels, bei dem eine Anwendung bei Kindern oder Jugendlichen in Betracht kommt, die Kommission beteiligen. [5]Die Kommission hat Gelegenheit zur Stellungnahme. [6]Soweit die Bundesoberbehörde bei der Entscheidung die Stellungnahme der Kommission nicht berücksichtigt, legt sie die Gründe dar. [7]Die Kommission kann ferner zu Arzneimitteln, die nicht für die Anwendung bei Kindern oder Jugendlichen zugelassen sind, den anerkannten Stand der Wissenschaft dafür feststellen, unter welchen Voraussetzungen diese Arzneimittel bei Kindern oder Jugendlichen angewendet werden können. [8]Für die Arzneimittel der Phytotherapie, Homöopathie und anthroposophischen Medizin werden die Aufgaben und Befugnisse nach den Sätzen 3 bis 7 von den Kommissionen nach Absatz 7 Satz 4 wahrgenommen.

(8) [1]Bei Sera, Impfstoffen, Blutzubereitungen, Gewebezubereitungen, Allergenen, xenogenen Arzneimitteln, die keine Arzneimittel nach § 4 Absatz 9 sind, erteilt die zuständige Bundesoberbehörde die Zulassung entweder auf Grund der Prüfung der eingereichten Unterlagen oder auf Grund eigener Untersuchungen oder auf Grund der Beobachtung der Prüfungen des Herstellers. [2]Dabei können Beauftragte der zuständigen Bundesoberbehörde im Benehmen mit der zuständigen Behörde Betriebs- und Geschäftsräume zu den üblichen Geschäftszeiten betreten und in diesen sowie in den dem Betrieb dienenden Beförderungsmitteln Besichtigungen vornehmen. [3]Auf Verlangen der zuständigen Bundesoberbehörde hat der Antragsteller das Herstellungsverfahren mitzuteilen. [4]Bei diesen Arzneimitteln finden die Absätze 6, 7 und 7a keine Anwendung.

(8a) Absatz 8 Satz 1 bis 3 findet entsprechende Anwendung auf Kontrollmethoden nach § 23 Abs. 2 Satz 3.

(9) [1]Werden verschiedene Stärken, Darreichungsformen, Verabreichungswege oder Ausbietungen eines Arzneimittels beantragt, so können diese auf Antrag des Antragstellers Gegenstand einer einheitlichen umfassenden Zulassung sein; dies gilt auch für nachträgliche Änderungen und Erweiterungen. [2]Dabei ist eine einheitliche Zulassungsnummer zu verwenden, der weitere Kennzeichen zur Unterscheidung der Darreichungsformen oder Konzentrationen hinzugefügt werden

müssen. [3]Für Zulassungen nach § 24b Abs. 1 gelten Einzelzulassungen eines Referenzarzneimittels als einheitliche umfassende Zulassung.

(10) Die Zulassung lässt die zivil- und strafrechtliche Verantwortlichkeit des pharmazeutischen Unternehmers unberührt.

§ 25a Vorprüfung

(1) [1]Die zuständige Bundesoberbehörde kann den Zulassungsantrag durch unabhängige Sachverständige auf Vollständigkeit und daraufhin prüfen lassen, ob das Arzneimittel nach dem jeweils gesicherten Stand der wissenschaftlichen Erkenntnisse ausreichend geprüft worden ist. [2]§ 25 Abs. 6 Satz 5 findet entsprechende Anwendung.

(2) Bei Beanstandungen im Sinne des Absatzes 1 hat der Sachverständige dem Antragsteller Gelegenheit zu geben, Mängeln innerhalb von drei Monaten abzuhelfen.

(3) [1]Ist der Zulassungsantrag nach Ablauf der Frist unter Zugrundelegung der abschließenden Stellungnahme des Sachverständigen weiterhin unvollständig oder mangelhaft im Sinne des § 25 Abs. 2 Nr. 2, so ist die Zulassung zu versagen. [2]§ 25 Abs. 4 und 6 findet auf die Vorprüfung keine Anwendung.

(4) Stellt die zuständige Bundesoberbehörde fest, dass ein gleich lautender Zulassungsantrag in einem anderen Mitgliedstaat der Europäischen Union geprüft wird, lehnt sie den Antrag ab und setzt den Antragsteller in Kenntnis, dass ein Verfahren nach § 25b Anwendung findet.

(5) Wird die zuständige Bundesoberbehörde nach § 22 unterrichtet, dass sich ein Antrag auf ein in einem anderen Mitgliedstaat der Europäischen Union bereits zugelassenes Arzneimittel bezieht, lehnt sie den Antrag ab, es sei denn, er wurde nach § 25b eingereicht.

§ 25b Verfahren der gegenseitigen Anerkennung und dezentralisiertes Verfahren

(1) Für die Erteilung einer Zulassung oder Genehmigung in mehr als einem Mitgliedstaat der Europäischen Union hat der Antragsteller einen auf identischen Unterlagen beruhenden Antrag in diesen Mitgliedstaaten einzureichen; dies kann in englischer Sprache erfolgen.

(2) [1]Ist das Arzneimittel zum Zeitpunkt der Antragstellung bereits in einem anderen Mitgliedstaat der Europäischen Union genehmigt oder zugelassen worden, ist diese Zulassung auf der Grundlage des von diesem Staat übermittelten Beurteilungsberichtes anzuerkennen, es sei denn, dass Anlass zu der Annahme besteht, dass die Zulassung des Arzneimittels eine schwerwiegende Gefahr für die öffentliche Gesundheit, bei Arzneimitteln zur Anwendung bei Tieren eine schwerwiegende Gefahr für die Gesundheit von Mensch oder Tier oder für die Umwelt darstellt. [2]In diesem Fall hat die zuständige Bundesoberbehörde nach Maßgabe des Artikels 29 der Richtlinie 2001/83/EG oder des Artikels 33 der Richtlinie 2001/82/EG zu verfahren.

(3) [1]Ist das Arzneimittel zum Zeitpunkt der Antragstellung noch nicht zugelassen, hat die zuständige Bundesoberbehörde, soweit sie Referenzmitgliedstaat im Sinne des Artikels 28 der Richtlinie 2001/83/EG oder des Artikels 32 der Richtlinie 2001/82/EG ist, Entwürfe des Beurteilungsberichtes, der Zusammenfassung der Merkmale des Arzneimittels und der Kennzeichnung und der Packungsbeilage zu erstellen und den zuständigen Mitgliedstaaten und dem Antragsteller zu übermitteln. [2]§ 25 Absatz 5 Satz 5 gilt entsprechend.

(4) Für die Anerkennung der Zulassung eines anderen Mitgliedstaates finden Kapitel 4 der Richtlinie 2001/83/EG und Kapitel 4 der Richtlinie 2001/82/EG Anwendung.

(5) ¹Bei einer abweichenden Entscheidung bezüglich der Zulassung, ihrer Aussetzung oder Rücknahme finden die Artikel 30, 32, 33 und 34 der Richtlinie 2001/83/EG und die Artikel 34, 36, 37 und 38 der Richtlinie 2001/82/EG Anwendung. ²Im Falle einer Entscheidung nach Artikel 34 der Richtlinie 2001/83/EG oder nach Artikel 38 der Richtlinie 2001/82/EG ist über die Zulassung nach Maßgabe der nach diesen Artikeln getroffenen Entscheidung oder des nach diesen Artikeln getroffenen Beschlusses der Europäischen Gemeinschaft oder der Europäischen Union zu entscheiden. ³Ein Vorverfahren nach § 68 der Verwaltungsgerichtsordnung findet bei Rechtsmitteln gegen Entscheidungen der zuständigen Bundesoberbehörden nach Satz 2 nicht statt. ⁴Ferner findet § 25 Abs. 6 keine Anwendung.

(6) Die Absätze 1 bis 5 finden keine Anwendung auf Arzneimittel, die nach einer homöopathischen Verfahrenstechnik hergestellt worden sind, sofern diese Arzneimittel dem Artikel 16 Abs. 2 der Richtlinie 2001/83/EG oder dem Artikel 19 Abs. 2 der Richtlinie 2001/82/EG unterliegen.

§ 25c Maßnahmen der zuständigen Bundesoberbehörde zu Entscheidungen oder Beschlüssen der Europäischen Gemeinschaft oder der Europäischen Union

Die zuständige Bundesoberbehörde trifft die zur Durchführung von Entscheidungen oder Beschlüssen der Europäischen Gemeinschaft oder der Europäischen Union nach Artikel 127a der Richtlinie 2001/83/EG oder nach Artikel 95b der Richtlinie 2001/82/EG erforderlichen Maßnahmen.

§ 26 Arzneimittelprüfrichtlinien

(1) ¹Das Bundesministerium wird ermächtigt, durch Rechtsverordnung mit Zustimmung des Bundesrates Anforderungen an die in den §§ 22 bis 24, auch in Verbindung mit § 38 Absatz 2 und § 39b Absatz 1 bezeichneten Angaben, Unterlagen und Gutachten sowie deren Prüfung durch die zuständige Bundesoberbehörde zu regeln. ²Die Vorschriften müssen dem jeweils gesicherten Stand der wissenschaftlichen Erkenntnisse entsprechen und sind laufend an diesen anzupassen, insbesondere sind Tierversuche durch andere Prüfverfahren zu ersetzen, wenn dies nach dem Stand der wissenschaftlichen Erkenntnisse im Hinblick auf den Prüfungszweck vertretbar ist. ³Die Rechtsverordnung ergeht, soweit es sich um radioaktive Arzneimittel und um Arzneimittel handelt, bei deren Herstellung ionisierende Strahlen verwendet werden und soweit es sich um Prüfungen zur Ökotoxizität handelt, im Einvernehmen mit dem Bundesministerium für Umwelt, Naturschutz, Bau und Reaktorsicherheit und, soweit es sich um Arzneimittel handelt, die zur Anwendung bei Tieren bestimmt sind, im Einvernehmen mit dem Bundesministerium für Ernährung und Landwirtschaft.

(2) ¹Die zuständige Bundesoberbehörde und die Kommissionen nach § 25 Abs. 7 haben die Arzneimittelprüfrichtlinien sinngemäß auf das wissenschaftliche Erkenntnismaterial nach § 22 Abs. 3 und § 23 Abs. 3 Satz 2 anzuwenden, wobei die Besonderheiten der jeweiligen Arzneimittel zu berücksichtigen sind. ²Als wissenschaftliches Erkenntnismaterial gilt auch das nach wissenschaftlichen Methoden aufbereitete medizinische Erfahrungsmaterial.

§ 27 Fristen für die Erteilung

(1) ¹Die zuständige Bundesoberbehörde hat eine Entscheidung über den Antrag auf Zulassung innerhalb einer Frist von sieben Monaten zu treffen. ²Die Entschei-

dung über die Anerkennung einer Zulassung ist innerhalb einer Frist von drei Monaten nach Erhalt des Beurteilungsberichtes zu treffen. [3]Ein Beurteilungsbericht ist innerhalb einer Frist von drei Monaten zu erstellen.

(2) [1]Gibt die zuständige Bundesoberbehörde dem Antragsteller nach § 25 Abs. 4 Gelegenheit, Mängeln abzuhelfen, so werden die Fristen bis zur Behebung der Mängel oder bis zum Ablauf der nach § 25 Abs. 4 gesetzten Frist gehemmt. [2]Die Hemmung beginnt mit dem Tage, an dem dem Antragsteller die Aufforderung zur Behebung der Mängel zugestellt wird. [3]Das Gleiche gilt für die Frist, die dem Antragsteller auf sein Verlangen hin eingeräumt wird, auch unter Beiziehung von Sachverständigen, Stellung zu nehmen.

(3) Bei Verfahren nach § 25b Abs. 3 verlängert sich die Frist zum Abschluss des Verfahrens entsprechend den Vorschriften in Artikel 28 der Richtlinie 2001/83/EG und Artikel 32 der Richtlinie 2001/82/EG um drei Monate.

§ 28 Auflagenbefugnis

(1) [1]Die zuständige Bundesoberbehörde kann die Zulassung mit Auflagen verbinden. [2]Bei Auflagen nach den Absätzen 2 bis 3d zum Schutz der Umwelt entscheidet die zuständige Bundesoberbehörde im Einvernehmen mit dem Umweltbundesamt, soweit Auswirkungen auf die Umwelt zu bewerten sind. [3]Hierzu übermittelt die zuständige Bundesoberbehörde dem Umweltbundesamt die zur Beurteilung der Auswirkungen auf die Umwelt erforderlichen Angaben und Unterlagen. [4]Auflagen können auch nachträglich angeordnet werden.

(2) Auflagen nach Absatz 1 können angeordnet werden, um sicherzustellen, dass
1. die Kennzeichnung der Behältnisse und äußeren Umhüllungen den Vorschriften des § 10 entspricht; dabei kann angeordnet werden, dass angegeben werden müssen
   a) Hinweise oder Warnhinweise, soweit sie erforderlich sind, um bei der Anwendung des Arzneimittels eine unmittelbare oder mittelbare Gefährdung der Gesundheit von Mensch oder Tier zu verhüten,
   b) Aufbewahrungshinweise für den Verbraucher und Lagerhinweise für die Fachkreise, soweit sie geboten sind, um die erforderliche Qualität des Arzneimittels zu erhalten,
2. die Packungsbeilage den Vorschriften des § 11 entspricht; dabei kann angeordnet werden, dass angegeben werden müssen
   a) die in der Nummer 1 Buchstabe a genannten Hinweise oder Warnhinweise,
   b) die Aufbewahrungshinweise für den Verbraucher, soweit sie geboten sind, um die erforderliche Qualität des Arzneimittels zu erhalten,
2a. die Fachinformation den Vorschriften des § 11a entspricht; dabei kann angeordnet werden, dass angegeben werden müssen
   a) die in Nummer 1 Buchstabe a genannten Hinweise oder Warnhinweise,
   b) besondere Lager- und Aufbewahrungshinweise, soweit sie geboten sind, um die erforderliche Qualität des Arzneimittels zu erhalten,
   c) Hinweise auf Auflagen nach Absatz 3,
3. die Angaben nach den §§ 10, 11 und 11a den für die Zulassung eingereichten Unterlagen entsprechen und dabei einheitliche und allgemein verständliche Begriffe und ein einheitlicher Wortlaut, auch entsprechend den Empfehlungen und Stellungnahmen der Ausschüsse der Europäischen Arzneimittel-Agentur, verwendet werden, wobei die Angabe weiterer Gegenanzeigen, Nebenwirkungen und Wechselwirkungen zulässig bleibt; von dieser Befugnis kann die zuständige Bundesoberbehörde allgemein aus Gründen der Arzneimittelsicherheit, der Transparenz oder der rationellen Arbeitsweise Gebrauch machen; dabei

kann angeordnet werden, dass bei verschreibungspflichtigen Arzneimitteln bestimmte Anwendungsgebiete entfallen, wenn zu befürchten ist, dass durch deren Angabe der therapeutische Zweck gefährdet wird,

4. das Arzneimittel in Packungsgrößen in den Verkehr gebracht wird, die den Anwendungsgebieten und der vorgesehenen Dauer der Anwendung angemessen sind,

5. das Arzneimittel in einem Behältnis mit bestimmter Form, bestimmtem Verschluss oder sonstiger Sicherheitsvorkehrung in den Verkehr gebracht wird, soweit es geboten ist, um die Einhaltung der Dosierungsanleitung zu gewährleisten oder um die Gefahr des Missbrauchs durch Kinder zu verhüten.

(2a) Warnhinweise nach Absatz 2 können auch angeordnet werden, um sicherzustellen, dass das Arzneimittel nur von Ärzten bestimmter Fachgebiete verschrieben und unter deren Kontrolle oder nur in Kliniken oder Spezialkliniken oder in Zusammenarbeit mit solchen Einrichtungen angewendet werden darf, wenn dies erforderlich ist, um bei der Anwendung eine unmittelbare oder mittelbare Gefährdung der Gesundheit von Menschen zu verhüten, insbesondere, wenn die Anwendung des Arzneimittels nur bei Vorhandensein besonderer Fachkunde oder besonderer therapeutischer Einrichtungen unbedenklich erscheint.

(3) [1]Die zuständige Bundesoberbehörde kann durch Auflagen ferner anordnen, dass weitere analytische, pharmakologisch-toxikologische oder klinische Prüfungen durchgeführt werden und über die Ergebnisse berichtet wird, wenn hinreichende Anhaltspunkte dafür vorliegen, dass das Arzneimittel einen großen therapeutischen Wert haben kann und deshalb ein öffentliches Interesse an seinem unverzüglichen Inverkehrbringen besteht, jedoch für die umfassende Beurteilung des Arzneimittels weitere wichtige Angaben erforderlich sind. [2]Die zuständige Bundesoberbehörde überprüft jährlich die Ergebnisse dieser Prüfungen. [3]Satz 1 gilt entsprechend für Unterlagen über das Rückstandsnachweisverfahren nach § 23 Abs. 1 Nr. 2.

(3a) Die zuständige Bundesoberbehörde kann bei Arzneimitteln, die zur Anwendung bei Menschen bestimmt sind, bei Erteilung der Zulassung durch Auflagen ferner anordnen,

1. bestimmte im Risikomanagement-System enthaltene Maßnahmen zur Gewährleistung der sicheren Anwendung des Arzneimittels zu ergreifen, wenn dies im Interesse der Arzneimittelsicherheit erforderlich ist,

2. Unbedenklichkeitsprüfungen [ab unbestimmtem Zeitpunkt, siehe Gesetzeskopf Fn. 4: *Unbedenklichkeitsstudien*] durchzuführen, wenn dies im Interesse der Arzneimittelsicherheit erforderlich ist,

3. Verpflichtungen im Hinblick auf die Erfassung oder Meldung von Verdachtsfällen von Nebenwirkungen, die über jene des Zehnten Abschnitts hinausgehen, einzuhalten, wenn dies im Interesse der Arzneimittelsicherheit erforderlich ist,

4. sonstige erforderliche Maßnahmen hinsichtlich der sicheren und wirksamen Anwendung des Arzneimittels zu ergreifen, wenn dies im Interesse der Arzneimittelsicherheit erforderlich ist,

5. ein angemessenes Pharmakovigilanz-System einzuführen, wenn dies im Interesse der Arzneimittelsicherheit erforderlich ist,

6. soweit Bedenken bezüglich einzelner Aspekte der Wirksamkeit des Arzneimittels bestehen, die erst nach seinem Inverkehrbringen beseitigt werden können, Wirksamkeitsprüfungen [ab unbestimmtem Zeitpunkt, siehe Gesetzeskopf Fn. 4: *Wirksamkeitsstudien*] nach der Zulassung durchzuführen, die den Vorgaben in Artikel 21a Satz 1 Buchstabe f der Richtlinie 2001/83/EG entsprechen.

(3b) [1]Die zuständige Bundesoberbehörde kann bei Arzneimitteln, die zur Anwendung bei Menschen bestimmt sind, nach Erteilung der Zulassung ferner durch Auflagen anordnen,

1. ein Risikomanagement-System und einen Risikomanagement-Plan einzuführen, wenn dies im Interesse der Arzneimittelsicherheit erforderlich ist,
2. Unbedenklichkeitsprüfungen [ab unbestimmtem Zeitpunkt, siehe Gesetzeskopf Fn. 4: *Unbedenklichkeitsstudien*] durchzuführen, wenn dies im Interesse der Arzneimittelsicherheit erforderlich ist,
3. eine Wirksamkeitsprüfung [ab unbestimmtem Zeitpunkt, siehe Gesetzeskopf Fn. 4: *Wirksamkeitsstudie*] durchzuführen, wenn Erkenntnisse über die Krankheit oder die klinische Methodik darauf hindeuten, dass frühere Bewertungen der Wirksamkeit erheblich korrigiert werden müssen; die Verpflichtung, diese Wirksamkeitsprüfung nach der Zulassung durchzuführen, muss den Vorgaben nach Artikel 22a Absatz 1 Buchstabe b Satz 2 der Richtlinie 2001/83/EG entsprechen.

²Liegen die Voraussetzungen für eine Auflage nach Satz 1 Nummer 2 für mehr als ein Arzneimittel vor und sind dies Arzneimittel, die in mehreren Mitgliedstaaten zugelassen sind, empfiehlt die zuständige Bundesoberbehörde nach Befassung des Ausschusses für Risikobewertung im Bereich der Pharmakovigilanz nach Artikel 56 Absatz 1 Doppelbuchstabe aa der Verordnung (EG) Nr. 726/2004 den betroffenen Inhabern der Zulassung, eine gemeinsame Unbedenklichkeitsprüfung [ab unbestimmtem Zeitpunkt, siehe Gesetzeskopf Fn. 4: *Unbedenklichkeitsstudie*] nach der Zulassung durchzuführen.

(3c) ¹Die zuständige Bundesoberbehörde kann durch Auflage ferner anordnen, dass bei der Herstellung und Kontrolle solcher Arzneimittel und ihrer Ausgangsstoffe, die biologischer Herkunft sind oder auf biotechnischem Wege hergestellt werden,

1. bestimmte Anforderungen eingehalten und bestimmte Maßnahmen und Verfahren angewendet werden,
2. Unterlagen vorgelegt werden, die die Eignung bestimmter Maßnahmen und Verfahren begründen, einschließlich von Unterlagen über die Validierung,
3. die Einführung oder Änderung bestimmter Anforderungen, Maßnahmen und Verfahren der vorherigen Zustimmung der zuständigen Bundesoberbehörde bedarf,

soweit es zur Gewährleistung angemessener Qualität oder zur Risikovorsorge geboten ist. ²Die angeordneten Auflagen sind sofort vollziehbar. ³Widerspruch und Anfechtungsklage haben keine aufschiebende Wirkung.

(3d) ¹Bei Arzneimitteln, die zur Anwendung bei Tieren bestimmt sind, kann die zuständige Bundesoberbehörde in begründeten Einzelfällen ferner anordnen, dass weitere Unterlagen, mit denen eine Bewertung möglicher Umweltrisiken vorgenommen wird, und weitere Ergebnisse von Prüfungen zur Bewertung möglicher Umweltrisiken vorgelegt werden, sofern dies für die umfassende Beurteilung der Auswirkungen des Arzneimittels auf die Umwelt erforderlich ist. ²Die zuständige Bundesoberbehörde überprüft die Erfüllung einer Auflage nach Satz 1 unverzüglich nach Ablauf der Vorlagefrist. ³Absatz 1 Satz 2 und 3 findet entsprechende Anwendung.

(3e) Die zuständige Bundesoberbehörde kann, wenn dies im Interesse der Arzneimittelsicherheit erforderlich ist, bei Arzneimitteln, die zur Anwendung beim Tier bestimmt sind, durch Auflagen ferner anordnen, dass nach der Zulassung ein Risikomanagement-System eingeführt wird, das die Zusammenstellung von Tätigkeiten und Maßnahmen im Bereich der Pharmakovigilanz beschreibt, einschließlich der Bewertung der Effizienz derartiger Maßnahmen, und dass nach der Zulassung Erkenntnisse bei der Anwendung des Arzneimittels systematisch gesammelt, dokumentiert und ausgewertet werden und ihr über die Ergebnisse dieser Untersuchung innerhalb einer bestimmten Frist berichtet wird.

(3f) [1]Bei Auflagen nach den Absätzen 3, 3a, 3b und 3e kann die zuständige Bundesoberbehörde Art, Umfang und Zeitrahmen der Studien oder Prüfungen sowie Tätigkeiten, Maßnahmen und Bewertungen im Rahmen des Risikomanagement-Systems bestimmen. [2]Die Ergebnisse sind durch Unterlagen so zu belegen, dass aus diesen Art, Umfang und Zeitpunkt der Studien oder Prüfungen hervorgehen.

(3g) [1]Der Inhaber der Zulassung eines Arzneimittels, das zur Anwendung bei Menschen bestimmt ist, hat alle Auflagen nach den Absätzen 3, 3a und 3b in sein Risikomanagement-System aufzunehmen. [2]Die zuständige Bundesoberbehörde unterrichtet die Europäische Arzneimittel-Agentur über die Zulassungen, die unter den Auflagen nach den Absätzen 3, 3a und 3b erteilt wurden.

(3h) Die zuständige Bundesoberbehörde kann bei biologischen Arzneimitteln, die zur Anwendung bei Menschen bestimmt sind, geeignete Maßnahmen zur besseren Identifizierbarkeit von Nebenwirkungsmeldungen anordnen.

(4) [1]Soll die Zulassung mit einer Auflage verbunden werden, so wird die in § 27 Abs. 1 vorgesehene Frist bis zum Ablauf einer dem Antragsteller gewährten Frist zur Stellungnahme gehemmt. [2]§ 27 Abs. 2 findet entsprechende Anwendung.

§ 29 Anzeigepflicht, Neuzulassung

(1) [1]Der Antragsteller hat der zuständigen Bundesoberbehörde unter Beifügung entsprechender Unterlagen unverzüglich Anzeige zu erstatten, wenn sich Änderungen in den Angaben und Unterlagen nach den §§ 22 bis 24a und 25b ergeben. [2]Die Verpflichtung nach Satz 1 hat nach Erteilung der Zulassung der Inhaber der Zulassung zu erfüllen.

(1a) [1]Der Inhaber der Zulassung hat der zuständigen Bundesoberbehörde unverzüglich alle Verbote oder Beschränkungen durch die zuständigen Behörden jedes Landes, in dem das betreffende Arzneimittel in Verkehr gebracht wird, sowie alle anderen neuen Informationen mitzuteilen, die die Beurteilung des Nutzens und der Risiken des betreffenden Arzneimittels beeinflussen könnten. [2]Zu diesen Informationen gehören bei Arzneimitteln, die zur Anwendung bei Menschen bestimmt sind, sowohl positive als auch negative Ergebnisse von klinischen Prüfungen oder anderen Studien, die sich nicht nur auf die in der Zulassung genannten, sondern auf alle Indikationen und Bevölkerungsgruppen beziehen können, sowie Angaben über eine Anwendung des Arzneimittels, die über die Bestimmungen der Zulassung hinausgeht. [3]Er hat auf Verlangen der zuständigen Bundesoberbehörde auch alle Angaben und Unterlagen vorzulegen, die belegen, dass das Nutzen-Risiko-Verhältnis weiterhin günstig zu bewerten ist. [4]Die zuständige Bundesoberbehörde kann bei Arzneimitteln, die zur Anwendung bei Menschen bestimmt sind, jederzeit die Vorlage einer Kopie der Pharmakovigilanz-Stammdokumentation verlangen. [5]Diese hat der Inhaber der Zulassung spätestens sieben Tage nach Zugang der Aufforderung vorzulegen. [6]Die Sätze 1 bis 3 gelten nicht für den Parallelimporteur.

(1b) Der Inhaber der Zulassung hat der zuständigen Bundesoberbehörde den Zeitpunkt für das Inverkehrbringen des Arzneimittels unter Berücksichtigung der unterschiedlichen zugelassenen Darreichungsformen und Stärken unverzüglich mitzuteilen.

(1c) [1]Der Inhaber der Zulassung hat der zuständigen Bundesoberbehörde nach Maßgabe des Satzes 2 anzuzeigen, wenn das Inverkehrbringen des Arzneimittels vorübergehend oder endgültig eingestellt wird. [2]Die Anzeige hat spätestens zwei Monate vor der Einstellung des Inverkehrbringens zu erfolgen. [3]Dies gilt nicht, wenn Umstände vorliegen, die der Inhaber der Zulassung nicht zu vertreten hat.

(1d) Der Inhaber der Zulassung hat alle Daten im Zusammenhang mit der Absatzmenge des Arzneimittels sowie alle ihm vorliegenden Daten im Zusammenhang mit dem Verschreibungsvolumen mitzuteilen, sofern die zuständige Bundesoberbehörde dies insbesondere aus Gründen der Arzneimittelsicherheit fordert.

(1e) [1]Der Inhaber der Zulassung hat der zuständigen Bundesoberbehörde die in dem Verfahren nach Artikel 107c Absatz 4, 5 oder 6 der Richtlinie 2001/83/EG geänderten Stichtage oder Intervalle für die Vorlage von regelmäßigen aktualisierten Unbedenklichkeitsberichten anzuzeigen. [2]Etwaige Änderungen des in der Zulassung angegebenen Stichtags oder des Intervalls auf Grund von Satz 1 werden sechs Monate nach ihrer Veröffentlichung über das europäische Internetportal wirksam.

(1f) Der Inhaber der Zulassung ist bei Arzneimitteln, die zur Anwendung beim Menschen bestimmt sind, verpflichtet, die zuständige Bundesoberbehörde und die Europäische Arzneimittel-Agentur zu informieren, falls neue oder veränderte Risiken bestehen oder sich das Nutzen-Risiko-Verhältnis von Arzneimitteln geändert hat.

(1g) [1]Der Inhaber der Zulassung eines Arzneimittels, das zur Anwendung bei Menschen bestimmt ist, hat der zuständigen Bundesoberbehörde unverzüglich die Gründe für das vorübergehende oder endgültige Einstellen des Inverkehrbringens, den Rückruf, den Verzicht auf die Zulassung oder die Nichtbeantragung der Verlängerung der Zulassung mitzuteilen. [2]Er hat insbesondere zu erklären, ob die Maßnahme nach Satz 1 auf einem der Gründe des § 25 Absatz 2 Satz 1 Nummer 3, 4 oder Nummer 5, § 30 Absatz 2 Satz 1 Nummer 1 oder § 69 Absatz 1 Satz 2 Nummer 4 oder Nummer 5 beruht. [3]Die Mitteilung nach Satz 1 hat auch dann zu erfolgen, wenn die Maßnahme in einem Drittland getroffen wird und auf einem der in Satz 2 genannten Gründe beruht. [4]Beruht eine Maßnahme nach Satz 1 oder Satz 3 auf einem der in Satz 2 genannten Gründe, hat der Inhaber der Zulassung dies darüber hinaus der Europäischen Arzneimittel-Agentur mitzuteilen.

(2) [1]Bei einer Änderung der Bezeichnung des Arzneimittels ist der Zulassungsbescheid entsprechend zu ändern. [2]Das Arzneimittel darf unter der alten Bezeichnung vom pharmazeutischen Unternehmer noch ein Jahr, von den Groß- und Einzelhändlern noch zwei Jahre, beginnend mit dem auf die Bekanntmachung der Änderung im Bundesanzeiger folgenden 1. Januar oder 1. Juli, in den Verkehr gebracht werden.

(2a) [1]Eine Änderung
1. der Angaben nach den §§ 10, 11 und 11a über die Dosierung, die Art oder die Dauer der Anwendung, die Anwendungsgebiete, soweit es sich nicht um die Zufügung einer oder Veränderung in eine Indikation handelt, die einem anderen Therapiegebiet zuzuordnen ist, eine Einschränkung der Gegenanzeigen, Nebenwirkungen oder Wechselwirkungen mit anderen Mitteln,
2. der wirksamen Bestandteile, ausgenommen der arzneilich wirksamen Bestandteile,
3. in eine mit der zugelassenen vergleichbaren Darreichungsform,
3a. in der Behandlung mit ionisierenden Strahlen,
4. im Zusammenhang mit erheblichen Änderungen des Herstellungsverfahrens, der Darreichungsform, der Spezifikation oder des Verunreinigungsprofils des Wirkstoffs oder des Arzneimittels, die sich deutlich auf die Qualität, Unbedenklichkeit oder Wirksamkeit des Arzneimittels auswirken können, sowie jede Änderung gentechnologischer Herstellungsverfahren; bei Sera, Impfstoffen, Blutzubereitungen, Allergenen, Testsera und Testantigenen jede Ände-

rung des Herstellungs- oder Prüfverfahrens oder die Angabe einer längeren Haltbarkeitsdauer,

5. der Packungsgröße und

6. der Wartezeit eines zur Anwendung bei Tieren bestimmten Arzneimittels darf erst vollzogen werden, wenn die zuständige Bundesoberbehörde zugestimmt hat. [2]Satz 1 Nr. 1 gilt auch für eine Erweiterung der Zieltierarten bei Arzneimitteln, die nicht zur Anwendung bei Tieren bestimmt sind, die der Gewinnung von Lebensmitteln dienen. [3]Die Zustimmung gilt als erteilt, wenn der Änderung nicht innerhalb einer Frist von drei Monaten widersprochen worden ist.

(2b) Abweichend von Absatz 1 kann

1. der Wegfall eines Standortes für die Herstellung des Arzneimittels oder seines Wirkstoffs oder für die Verpackung oder die Chargenfreigabe,

2. eine geringfügige Änderung eines genehmigten physikalisch-chemischen Prüfverfahrens, wenn durch entsprechende Validierungsstudien nachgewiesen werden kann, dass das aktualisierte Prüfverfahren mindestens gleichwertig ist,

3. eine Änderung der Spezifikation eines Wirkstoffs oder anderen Stoffs zur Arzneimittelherstellung zwecks Anpassung an eine Monografie des Arzneibuchs, wenn die Änderung ausschließlich zur Übereinstimmung mit dem Arzneibuch vorgenommen wird und die Spezifikationen in Bezug auf produktspezifische Eigenschaften unverändert bleiben,

4. eine Änderung des Verpackungsmaterials, wenn dieses mit dem Arzneimittel nicht in Berührung kommt und die Abgabe, Verabreichung, Unbedenklichkeit oder Haltbarkeit des Arzneimittels nachweislich nicht beeinträchtigt wird, oder

5. eine Änderung im Zusammenhang mit der Verschärfung der Spezifikationsgrenzwerte, wenn die Änderung nicht Folge einer Verpflichtung auf Grund früherer Beurteilungen zur Überprüfung der Spezifikationsgrenzwerte ist und nicht auf unerwartete Ereignisse im Verlauf der Herstellung zurückgeht,

innerhalb von zwölf Monaten nach ihrer Einführung der zuständigen Bundesoberbehörde angezeigt werden.

(3) [1]Eine neue Zulassung ist in folgenden Fällen zu beantragen:

1. bei einer Änderung der Zusammensetzung der Wirkstoffe nach Art oder Menge,

2. bei einer Änderung der Darreichungsform, soweit es sich nicht um eine Änderung nach Absatz 2a Nr. 3 handelt,

3. bei einer Erweiterung der Anwendungsgebiete, soweit es sich nicht um eine Änderung nach Absatz 2a Nr. 1 handelt, und

3a. bei der Einführung gentechnologischer Herstellungsverfahren.

4. *(weggefallen)*

5. *(aufgehoben)*

[2]Über die Zulassungspflicht nach Satz 1 entscheidet die zuständige Bundesoberbehörde.

(4) [1]Die Absätze 1, 1a Satz 4 und 5, die Absätze 1e bis 1g, 2, 2a bis 3 finden keine Anwendung auf Arzneimittel, für die von der Europäischen Gemeinschaft oder der Europäischen Union eine Genehmigung für das Inverkehrbringen erteilt worden ist. [2]Für diese Arzneimittel gelten die Verpflichtungen des pharmazeutischen Unternehmers nach der Verordnung (EG) Nr. 726/2004 mit der Maßgabe, dass im Geltungsbereich des Gesetzes die Verpflichtung zur Mitteilung an die Mitgliedstaaten oder zur Unterrichtung der Mitgliedstaaten gegenüber der jeweils zuständigen Bundesoberbehörde besteht.

(5) [1]Die Absätze 2a bis 3 finden keine Anwendung für Arzneimittel, die der Verordnung (EG) Nr. 1234/2008 der Kommission vom 24. November 2008 über die Prüfung von Änderungen der Zulassungen von Human- und Tierarzneimitteln

(ABl. L 334 vom 12.12.2008, S. 7) in der jeweils geltenden Fassung unterliegen.
²Die Absätze 2a bis 3 gelten

1. für zulassungspflichtige homöopathische Arzneimittel, die zur Anwendung am Menschen bestimmt sind und die vor dem 1. Januar 1998 zugelassen worden sind oder als zugelassen galten,
2. für die in Artikel 3 Nummer 6 der Richtlinie 2001/83/EG genannten Blutzubereitungen und
3. für nach § 21 zugelassene Gewebezubereitungen, es sei denn, es kommt bei ihrer Herstellung ein industrielles Verfahren zur Anwendung.

§ 30 Rücknahme, Widerruf, Ruhen

(1) ¹Die Zulassung ist zurückzunehmen, wenn nachträglich bekannt wird, dass einer der Versagungsgründe des § 25 Abs. 2 Nr. 2, 3, 5, 5a, 6 oder 7 bei der Erteilung vorgelegen hat; sie ist zu widerrufen, wenn einer der Versagungsgründe des § 25 Abs. 2 Nr. 3, 5, 5a, 6 oder 7 nachträglich eingetreten ist. ²Die Zulassung ist ferner zurückzunehmen oder zu widerrufen, wenn
1. sich herausstellt, dass dem Arzneimittel die therapeutische Wirksamkeit fehlt,
2. in den Fällen des § 28 Abs. 3 die therapeutische Wirksamkeit nach dem jeweiligen Stand der wissenschaftlichen Erkenntnisse unzureichend begründet ist.
³Die therapeutische Wirksamkeit fehlt, wenn feststeht, dass sich mit dem Arzneimittel keine therapeutischen Ergebnisse erzielen lassen. ⁴In den Fällen des Satzes 1 kann auch das Ruhen der Zulassung befristet angeordnet werden.

(1a) ¹Die Zulassung ist ferner ganz oder teilweise zurückzunehmen oder zu widerrufen, soweit dies erforderlich ist, um einer Entscheidung oder einem Beschluss der Europäischen Gemeinschaft oder der Europäischen Union nach Artikel 34 der Richtlinie 2001/83/EG oder nach Artikel 38 der Richtlinie 2001/82/EG zu entsprechen. ²Ein Vorverfahren nach § 68 der Verwaltungsgerichtsordnung findet bei Rechtsmitteln gegen Entscheidungen der zuständigen Bundesoberbehörde nach Satz 1 nicht statt. ³In den Fällen des Satzes 1 kann auch das Ruhen der Zulassung befristet angeordnet werden.

(2) ¹Die zuständige Bundesoberbehörde kann die Zulassung
1. zurücknehmen, wenn in den Unterlagen nach den §§ 22, 23 oder 24 unrichtige oder unvollständige Angaben gemacht worden sind oder wenn einer der Versagungsgründe des § 25 Abs. 2 Nr. 6a oder 6b bei der Erteilung vorgelegen hat,
2. widerrufen, wenn einer der Versagungsgründe des § 25 Abs. 2 Nr. 2, 6a oder 6b nachträglich eingetreten ist oder wenn eine der nach § 28 angeordneten Auflagen nicht eingehalten und diesem Mangel nicht innerhalb einer von der zuständigen Bundesoberbehörde zu setzenden angemessenen Frist abgeholfen worden ist; dabei sind Auflagen nach § 28 Abs. 3 und 3a jährlich zu überprüfen,
3. im Benehmen mit der zuständigen Behörde widerrufen, wenn die für das Arzneimittel vorgeschriebenen Prüfungen der Qualität nicht oder nicht ausreichend durchgeführt worden sind,
4. im Benehmen mit der zuständigen Behörde widerrufen, wenn sich herausstellt, dass das Arzneimittel nicht nach den anerkannten pharmazeutischen Regeln hergestellt worden ist.
²In diesen Fällen kann auch das Ruhen der Zulassung befristet angeordnet werden.

(2a) ¹In den Fällen der Absätze 1 und 1a ist die Zulassung zu ändern, wenn dadurch der in Absatz 1 genannte betreffende Versagungsgrund entfällt oder der in Absatz 1a genannten Entscheidung entsprochen wird. ²In den Fällen des Absatzes 2 kann die Zulassung durch Auflage geändert werden, wenn dies ausreichend ist, um den Belangen der Arzneimittelsicherheit zu entsprechen.

(3) [1]Vor einer Entscheidung nach den Absätzen 1 bis 2a muss der Inhaber der Zulassung gehört werden, es sei denn, dass Gefahr im Verzuge ist. [2]Das gilt auch, wenn eine Entscheidung der zuständigen Bundesoberbehörde über die Änderung der Zulassung, Auflagen zur Zulassung, den Widerruf, die Rücknahme oder das Ruhen der Zulassung auf einer Einigung der Koordinierungsgruppe nach Artikel 107g, 107k oder Artikel 107q der Richtlinie 2001/83/EG beruht. [3]Ein Vorverfahren nach § 68 der Verwaltungsgerichtsordnung findet in den Fällen des Satzes 2 nicht statt. [4]In den Fällen des § 25 Abs. 2 Nr. 5 ist die Entscheidung sofort vollziehbar. [5]Widerspruch und Anfechtungsklage haben keine aufschiebende Wirkung.

(4) [1]Ist die Zulassung für ein Arzneimittel zurückgenommen oder widerrufen oder ruht die Zulassung, so darf es
1. nicht in den Verkehr gebracht und
2. nicht in den Geltungsbereich dieses Gesetzes verbracht werden.
[2]Die Rückgabe des Arzneimittels an den pharmazeutischen Unternehmer ist unter entsprechender Kenntlichmachung zulässig. [3]Die Rückgabe kann von der zuständigen Behörde angeordnet werden.

§ 31 Erlöschen, Verlängerung

(1) [1]Die Zulassung erlischt
1. wenn das zugelassene Arzneimittel innerhalb von drei Jahren nach Erteilung der Zulassung nicht in den Verkehr gebracht wird oder wenn sich das zugelassene Arzneimittel, das nach der Zulassung in den Verkehr gebracht wurde, in drei aufeinander folgenden Jahren nicht mehr im Verkehr befindet,
2. durch schriftlichen Verzicht,
3. nach Ablauf von fünf Jahren seit ihrer Erteilung, es sei denn, dass
   a) bei Arzneimitteln, die zur Anwendung bei Menschen bestimmt sind, spätestens neun Monate,
   b) bei Arzneimitteln, die zur Anwendung bei Tieren bestimmt sind, spätestens sechs Monate
   vor Ablauf der Frist ein Antrag auf Verlängerung gestellt wird,
3a. bei einem Arzneimittel, das zur Anwendung bei Tieren bestimmt ist, die der Gewinnung von Lebensmitteln dienen und das einen pharmakologisch wirksamen Bestandteil enthält, der in die Tabelle 2 des Anhangs der Verordnung (EU) Nr. 37/2010 aufgenommen wurde, nach Ablauf einer Frist von 60 Tagen nach Veröffentlichung im Amtsblatt der Europäischen Union, sofern nicht innerhalb dieser Frist auf die Anwendungsgebiete bei Tieren, die der Gewinnung von Lebensmitteln dienen, nach § 29 Abs. 1 verzichtet worden ist; im Falle einer Änderungsanzeige nach § 29 Abs. 2a, die die Herausnahme des betreffenden pharmakologisch wirksamen Bestandteils bezweckt, ist die 60-Tage-Frist bis zur Entscheidung der zuständigen Bundesoberbehörde oder bis zum Ablauf der Frist nach § 29 Abs. 2a Satz 2 gehemmt und es ruht die Zulassung nach Ablauf der 60-Tage-Frist während dieses Zeitraums; die Halbsätze 1 und 2 gelten entsprechend, soweit für die Änderung des Arzneimittels die Verordnung (EG) Nr. 1234/2008 Anwendung findet,
4. wenn die Verlängerung der Zulassung versagt wird.
[2]In den Fällen des Satzes 1 Nr. 1 kann die zuständige Bundesoberbehörde Ausnahmen gestatten, sofern dies aus Gründen des Gesundheitsschutzes für Mensch oder Tier erforderlich ist.

(1a) Eine Zulassung, die verlängert wird, gilt ohne zeitliche Begrenzung, es sei denn, dass die zuständige Bundesoberbehörde bei der Verlängerung nach Absatz 1 Satz 1 Nr. 3 eine weitere Verlängerung um fünf Jahre nach Maßgabe der Vorschriften in Absatz 1 Satz 1 Nr. 3 in Verbindung mit Absatz 2 auch unter Berücksichtigung einer zu geringen Anzahl von Patienten, bei denen das betreffende Arzneimittel, das zur Anwendung bei Menschen bestimmt ist, angewendet wurde, als erforderlich beurteilt und angeordnet hat, um das sichere Inverkehrbringen des Arzneimittels weiterhin zu gewährleisten.

(2) [1]Der Antrag auf Verlängerung ist durch einen Bericht zu ergänzen, der Angaben darüber enthält, ob und in welchem Umfang sich die Beurteilungsmerkmale für das Arzneimittel innerhalb der letzten fünf Jahre geändert haben. [2]Der Inhaber der Zulassung hat der zuständigen Bundesoberbehörde dazu eine überarbeitete Fassung der Unterlagen in Bezug auf die Qualität, Unbedenklichkeit und Wirksamkeit vorzulegen, in der alle seit der Erteilung der Zulassung vorgenommenen Änderungen berücksichtigt sind; bei Arzneimitteln, die zur Anwendung bei Tieren bestimmt sind, ist anstelle der überarbeiteten Fassung eine konsolidierte Liste der Änderungen vorzulegen. [3]Bei Arzneimitteln, die zur Anwendung bei Tieren bestimmt sind, die der Gewinnung von Lebensmitteln dienen, kann die zuständige Bundesoberbehörde ferner verlangen, dass der Bericht Angaben über Erfahrungen mit dem Rückstandsnachweisverfahren enthält.

(3) [1]Die Zulassung ist in den Fällen des Absatzes 1 Satz 1 Nr. 3 oder des Absatzes 1a auf Antrag nach Absatz 2 Satz 1 innerhalb von sechs Monaten vor ihrem Erlöschen um fünf Jahre zu verlängern, wenn kein Versagungsgrund nach § 25 Abs. 2 Nr. 3, 5, 5a, 6, 6a oder 6b, 7 vorliegt oder die Zulassung nicht nach § 30 Abs. 1 Satz 2 zurückzunehmen oder zu widerrufen ist oder wenn von der Möglichkeit der Rücknahme nach § 30 Abs. 2 Nr. 1 oder des Widerrufs nach § 30 Abs. 2 Nr. 2 kein Gebrauch gemacht werden soll. [2]§ 25 Abs. 5 Satz 5 und Abs. 5a gilt entsprechend. [3]Bei der Entscheidung über die Verlängerung ist auch zu überprüfen, ob Erkenntnisse vorliegen, die Auswirkungen auf die Unterstellung unter die Verschreibungspflicht haben.

(4) [1]Erlischt die Zulassung nach Absatz 1 Nr. 2 oder 3, so darf das Arzneimittel noch zwei Jahre, beginnend mit dem auf die Bekanntmachung des Erlöschens nach § 34 folgenden 1. Januar oder 1. Juli, in den Verkehr gebracht werden. [2]Das gilt nicht, wenn die zuständige Bundesoberbehörde feststellt, dass eine Voraussetzung für die Rücknahme oder den Widerruf nach § 30 vorgelegen hat; § 30 Abs. 4 findet Anwendung.

§ 32 Staatliche Chargenprüfung

(1) [1]Die Charge eines Serums, eines Impfstoffes oder eines Allergens darf unbeschadet der Zulassung nur in den Verkehr gebracht werden, wenn sie von der zuständigen Bundesoberbehörde freigegeben ist. [2]Die Charge ist freizugeben, wenn eine Prüfung (staatliche Chargenprüfung) ergeben hat, dass die Charge nach Herstellungs- und Kontrollmethoden, die dem jeweiligen Stand der wissenschaftlichen Erkenntnisse entsprechen, hergestellt und geprüft worden ist und dass sie die erforderliche Qualität, Wirksamkeit und Unbedenklichkeit aufweist. [3]Die Charge ist auch dann freizugeben, soweit die zuständige Behörde eines anderen Mitgliedstaates der Europäischen Union nach einer experimentellen Untersuchung festgestellt hat, dass die in Satz 2 genannten Voraussetzungen vorliegen.

(1a) [1]Die zuständige Bundesoberbehörde hat eine Entscheidung nach Absatz 1 innerhalb einer Frist von zwei Monaten nach Eingang der zu prüfenden Chargenprobe zu treffen. [2]§ 27 Abs. 2 findet entsprechende Anwendung.

(2) [1]Das Bundesministerium erlässt nach Anhörung von Sachverständigen aus der medizinischen und pharmazeutischen Wissenschaft und Praxis allgemeine Verwaltungsvorschriften über die von der Bundesoberbehörde an die Herstel-

lungs- und Kontrollmethoden nach Absatz 1 zu stellenden Anforderungen und macht diese als Arzneimittelprüfrichtlinien im Bundesanzeiger bekannt. ²Die Vorschriften müssen dem jeweiligen Stand der wissenschaftlichen Erkenntnisse entsprechen und sind laufend an diesen anzupassen.

(3) Auf die Durchführung der staatlichen Chargenprüfung finden § 25 Abs. 8 und § 22 Abs. 7 Satz 3 entsprechende Anwendung.

(4) Der Freigabe nach Absatz 1 Satz 1 bedarf es nicht, soweit die dort bezeichneten Arzneimittel durch Rechtsverordnung nach § 35 Abs. 1 Nr. 4 oder von der zuständigen Bundesoberbehörde freigestellt sind; die zuständige Bundesoberbehörde soll freistellen, wenn die Herstellungs- und Kontrollmethoden des Herstellers einen Entwicklungsstand erreicht haben, bei dem die erforderliche Qualität, Wirksamkeit und Unbedenklichkeit gewährleistet sind.

(5) Die Freigabe nach Absatz 1 oder die Freistellung durch die zuständige Bundesoberbehörde nach Absatz 4 ist zurückzunehmen, wenn eine ihrer Voraussetzungen nicht vorgelegen hat; sie ist zu widerrufen, wenn eine der Voraussetzungen nachträglich weggefallen ist.

§ 33 Gebühren und Auslagen [ab 1.10.2021: *Aufwendungsersatz und Entgelte*]

(1) ¹Die zuständige Bundesoberbehörde erhebt für die Entscheidungen über die Zulassung, über die Genehmigung von Gewebezubereitungen, über die Genehmigung von Arzneimitteln für neuartige Therapien, über die Freigabe von Chargen, für die Bearbeitung von Anträgen, für die Tätigkeit im Rahmen der Sammlung und Bewertung von Arzneimittelrisiken, für das Widerspruchsverfahren gegen einen auf Grund dieses Gesetzes erlassenen Verwaltungsakt oder gegen die auf Grund einer Rechtsverordnung nach Absatz 2 Satz 1 oder § 39 Absatz 3 Satz 1 oder § 39d Absatz 9 erfolgte Festsetzung von Gebühren und Auslagen sowie für andere individuell zurechenbare öffentliche Leistungen einschließlich selbständiger Beratungen und selbständiger Auskünfte, soweit es sich nicht um mündliche und einfache schriftliche Auskünfte im Sinne des § 7 Nummer 1 des Bundesgebührengesetzes handelt, nach diesem Gesetz und nach der Verordnung (EG) Nr. 1234/2008 Gebühren und Auslagen.

(2) ¹Das Bundesministerium wird ermächtigt, im Einvernehmen mit dem Bundesministerium für Wirtschaft und Energie, und soweit es sich um zur Anwendung bei Tieren bestimmte Arzneimittel handelt, auch mit dem Bundesministerium für Ernährung und Landwirtschaft durch Rechtsverordnung, die der Zustimmung des Bundesrates nicht bedarf, die gebührenpflichtigen Tatbestände näher zu bestimmen und dabei feste Sätze oder Rahmensätze sowie die Erstattung von Auslagen auch abweichend von den Regelungen des Verwaltungskostengesetzes vorzusehen. ²Die Höhe der Gebühren für die Entscheidungen über die Zulassung, über die Genehmigung von Gewebezubereitungen, über die Genehmigung von Arzneimitteln für neuartige Therapien, über die Freigabe von Chargen sowie für andere individuell zurechenbare öffentliche Leistungen bestimmt sich jeweils nach dem Personal- und Sachaufwand, zu dem insbesondere der Aufwand für das Zulassungsverfahren, bei Sera, Impfstoffen und Allergenen auch der Aufwand für die Prüfungen und für die Entwicklung geeigneter Prüfungsverfahren gehört. ³Die Höhe der Gebühren für die Entscheidung über die Freigabe einer Charge bestimmt

---

¹ **Red. Anm.:** In § 33 Abs. 1 werden mit Inkrafttreten der Änderung durch Art. 2 Nr. 9 Gesetz vom 20.12.2016 (BGBl. I S. 3048) nach den Wörtern „auf Grund dieses Gesetzes" die Wörter „oder nach der Verordnung (EG) Nr. 1234/2008 oder der Verordnung (EU) Nr. 536/2014" eingefügt, wird nach den Wörtern „nach diesem Gesetz" das Wort „und" durch ein Komma ersetzt und werden nach der Angabe „Verordnung (EG) Nr. 1234/2008" die Wörter „und nach der Verordnung (EU) Nr. 536/2014" eingefügt.

sich nach dem durchschnittlichen Personal- und Sachaufwand; daneben ist die Bedeutung, der wirtschaftliche Wert oder der sonstige Nutzen der Freigabe für den Gebührenschuldner angemessen zu berücksichtigen.

(3) [ab 1.10.2021: *(1)]* Abweichend von § 18 Absatz 1 Satz 1 des Bundesgebührengesetzes verjährt der Anspruch auf Zahlung von Gebühren und Auslagen, die nach § 33 Absatz 1 in der bis zum 14. August 2013 geltenden Fassung in Verbindung mit der Therapieallergene-Verordnung zu erheben sind, drei Jahre nach der Bekanntgabe der abschließenden Entscheidung über die Zulassung.

(4) [ab 1.10.2021: *(2)]* ¹Soweit ein Widerspruch nach Absatz 1 erfolgreich ist, werden notwendige Aufwendungen im Sinne von § 80 Abs. 1 des Verwaltungsverfahrensgesetzes bis zur Höhe der in einer Rechtsverordnung nach Absatz 2 Satz 1 oder § 39 Abs. 3 Satz 1 oder § 39d Absatz 9 für die Zurückweisung eines entsprechenden Widerspruchs vorgesehenen Gebühren, bei Rahmengebühren bis zu deren Mittelwert, erstattet. ²Wenn ein Widerspruch gegen einen auf Grund dieses Gesetzes erlassenen Verwaltungsakt oder gegen die Festsetzung von Gebühren für eine individuell zurechenbare öffentliche Leistung nach diesem Gesetz erfolgreich ist, werden notwendige Aufwendungen im Sinne von § 80 Absatz 1 des Verwaltungsverfahrensgesetzes bis zur Höhe der für die Zurückweisung eines entsprechenden Widerspruchs vorgesehenen Gebühren, bei Rahmengebühren bis zu deren Mittelwert, erstattet.

(5) [ab 1.10.2021: *(3)]*¹Für die Nutzung von Monographien für Arzneimittel, die nach § 36 von der Pflicht zur Zulassung freigestellt sind, verlangt das Bundesinstitut für Arzneimittel und Medizinprodukte Entgelte. ²Dabei können pauschale Entgeltvereinbarungen mit den Verbänden, denen die Nutzer angehören, getroffen werden. ³Für die Bemessung der Entgelte findet Absatz 2 Satz 3 [ab 1.10.2021: *finden die für Gebühren geltenden Regelungen*] entsprechende Anwendung.

(6) [ab 1.10.2021: *(4)]* Die zuständige Behörde des Landes hat der zuständigen Bundesoberbehörde die dieser im Rahmen der Mitwirkungshandlungen nach diesem Gesetz entstehenden Kosten zu erstatten, soweit diese Kosten vom Verursacher getragen werden.

§ 34 Information der Öffentlichkeit

(1) ¹Die zuständige Bundesoberbehörde hat im Bundesanzeiger bekannt zu machen:
1. die Erteilung und Verlängerung einer Zulassung,
2. die Rücknahme einer Zulassung,
3. den Widerruf einer Zulassung,
4. das Ruhen einer Zulassung,
5. das Erlöschen einer Zulassung,
6. die Feststellung nach § 31 Abs. 4 Satz 2,
7. die Änderung der Bezeichnung nach § 29 Abs. 2,
8. die Rücknahme oder den Widerruf der Freigabe einer Charge nach § 32 Abs. 5,
9. eine Entscheidung zur Verlängerung einer Schutzfrist nach § 24b Abs. 1 Satz 3 oder Abs. 7 oder zur Gewährung einer Schutzfrist nach § 24b Abs. 6 oder 8.
²Satz 1 Nr. 1 bis 5 und Nr. 7 gilt entsprechend für Entscheidungen oder Beschlüsse der Europäischen Gemeinschaft oder der Europäischen Union.

(1a) ¹Für Arzneimittel, die zur Anwendung bei Menschen bestimmt sind, stellt die zuständige Bundesoberbehörde der Öffentlichkeit über ein Internetportal und erforderlichenfalls auch auf andere Weise folgende Informationen unverzüglich zur Verfügung:

1. Informationen über die Erteilung der Zulassung zusammen mit der Packungsbeilage und der Fachinformation in der jeweils aktuell genehmigten Fassung,
2. den öffentlichen Beurteilungsbericht, der Informationen nach § 25 Absatz 5a
für jedes beantragte Anwendungsgebiet sowie eine allgemeinverständlich formulierte Zusammenfassung mit einem Abschnitt über die Bedingungen der
Anwendung des Arzneimittels enthält,
3. Zusammenfassungen von Risikomanagement-Plänen,
4. Informationen über Auflagen zusammen mit Fristen und Zeitpunkten für die
Erfüllung,
5. Bedenken aus dem Pharmakovigilanz-Bereich.
[2]Bei den Informationen nach Satz 1 Nummer 2 und 5 sind Betriebs- und
Geschäftsgeheimnisse und personenbezogene Daten zu streichen, es sei denn, ihre
Offenlegung ist für den Schutz der öffentlichen Gesundheit erforderlich. [3]Betref-
fen die Pharmakovigilanz-Bedenken nach Satz 1 Nummer 5 Arzneimittel, die in
mehreren Mitgliedstaaten zugelassen wurden, so erfolgt die Veröffentlichung in
Abstimmung mit der Europäischen Arzneimittel-Agentur. [4]Bei Arzneimitteln,
die zur Anwendung bei Tieren bestimmt sind, stellt die zuständige Bundesober-
hörde der Öffentlichkeit Informationen über die Erteilung der Zulassung zusammen mit der Fachinformation, den Beurteilungsbericht nach Satz 1 Nummer 2
und, wenn sich das Anwendungsgebiet des Arzneimittels auf Tiere bezieht, die
der Gewinnung von Lebensmitteln dienen, auch von Rückstandsuntersuchungen
unter Streichung von Betriebs- und Geschäftsgeheimnissen, unverzüglich zur Verfügung. [5]Die Sätze 1 und 4 betreffen auch Änderungen der genannten Informationen.

(1b) [1]Für Arzneimittel, die zur Anwendung bei Menschen bestimmt sind, sind
die Rücknahme eines Zulassungsantrags sowie die Versagung der Zulassung und
die Gründe hierfür öffentlich zugänglich zu machen. [2]Ferner sind Entscheidungen
über den Widerruf, die Rücknahme oder das Ruhen einer Zulassung öffentlich
zugänglich zu machen. [3]Die Bundesoberbehörde ist befugt, bei Arzneimitteln,
die zur Anwendung bei Menschen bestimmt sind, Auskunft über den Eingang
eines ordnungsgemäßen Zulassungsantrags, den Eingang eines ordnungsgemäßen
Antrags auf Genehmigung einer konfirmatorischen klinischen Prüfung sowie über
die Genehmigung oder die Versagung einer konfirmatorischen klinischen Prüfung
zu geben.

(1c) Die Absätze 1a und 1b Satz 1 und 2 finden keine Anwendung auf Arzneimittel, die nach der Verordnung (EG) Nr. 726/2004 genehmigt sind.

(1d) [1]Die zuständige Bundesoberbehörde stellt die Informationen nach den
Absätzen 1a, 1b und 1f elektronisch zur Verfügung. [2]Die zuständige Bundesoberbehörde stellt die Informationen nach den Absätzen 1 und 1b mit Erlass der Entscheidung unter Hinweis auf die fehlende Bestandskraft zur Verfügung.

(1e) Die zuständige Bundesoberbehörde hat über das Internetportal für Arzneimittel nach § 67a Absatz 2 zusätzlich zu den Informationen in Absatz 1a Satz 1
Nummer 1 bis 4 und Absatz 1a Satz 2 mindestens folgende weitere Informationen
zu veröffentlichen:
1. die Liste der Arzneimittel nach Artikel 23 der Verordnung (EG) Nr. 726/2004,
2. Informationen über die Meldewege für Verdachtsfälle von Nebenwirkungen
von Arzneimitteln an die zuständige Bundesoberbehörde durch Angehörige
der Gesundheitsberufe und Patienten, einschließlich der von der zuständigen
Bundesoberbehörde bereitgestellten Internet-Formulare.

(1f) Für Arzneimittel, die zur Anwendung bei Menschen bestimmt sind, kann
die zuständige Bundesoberbehörde genehmigtes Schulungsmaterial der Öffentlichkeit über ein Internetportal und erforderlichenfalls auch auf andere Weise zur

Verfügung stellen, soweit dies im Interesse der sicheren Anwendung der Arzneimittel erforderlich ist.

(1g) [1]Für Arzneimittel, die zur Anwendung bei Menschen bestimmt sind und der staatlichen Chargenprüfung nach § 32 unterliegen, kann die zuständige Bundesoberbehörde Informationen über die Anzahl der freigegebenen Chargen bekannt geben. [2]Angaben zur Größe der freigegebenen Chargen können bekannt gegeben werden, soweit dies zum Schutz der öffentlichen Gesundheit erforderlich ist.

(2) [1]Die zuständige Bundesoberbehörde kann einen Verwaltungsakt, der auf Grund dieses Gesetzes ergeht, im Bundesanzeiger öffentlich bekannt machen, wenn von dem Verwaltungsakt mehr als 50 Adressaten betroffen sind. [2]Dieser Verwaltungsakt gilt zwei Wochen nach dem Erscheinen des Bundesanzeigers als bekannt gegeben. [3]Sonstige Mitteilungen der zuständigen Bundesoberbehörde einschließlich der Schreiben, mit denen den Beteiligten Gelegenheit zur Äußerung nach § 28 Abs. 1 des Verwaltungsverfahrensgesetzes gegeben wird, können gleichfalls im Bundesanzeiger bekannt gemacht werden, wenn mehr als 50 Adressaten davon betroffen sind. [4]Satz 2 gilt entsprechend.

§ 35 Ermächtigungen zur Zulassung und Freistellung

(1) Das Bundesministerium wird ermächtigt, durch Rechtsverordnung mit Zustimmung des Bundesrates
1. (weggefallen)
2. die Vorschriften über die Zulassung auf Arzneimittel, die nicht der Zulassungspflicht nach § 21 Absatz 1 unterliegen, sowie auf Arzneimittel, die nach § 21 Absatz 2 Nummer 1g von der Zulassung freigestellt sind, auszudehnen, soweit es geboten ist, um eine unmittelbare oder mittelbare Gefährdung der Gesundheit von Mensch und Tier zu verhüten,
3. die Vorschriften über die Freigabe einer Charge und die staatliche Chargenprüfung auf andere Arzneimittel, die in ihrer Zusammensetzung oder in ihrem Wirkstoffgehalt Schwankungen unterworfen sind, auszudehnen, soweit es geboten ist, um eine unmittelbare oder mittelbare Gefährdung der Gesundheit von Mensch oder Tier zu verhüten,
4. bestimmte Arzneimittel von der staatlichen Chargenprüfung freizustellen, wenn das Herstellungsverfahren und das Prüfungsverfahren des Herstellers einen Entwicklungsstand erreicht haben, bei dem die Qualität, Wirksamkeit und Unbedenklichkeit gewährleistet sind.

(2) Die Rechtsverordnungen nach Absatz 1 Nr. 2 bis 4 ergehen im Einvernehmen mit dem Bundesministerium für Wirtschaft und Energie und, soweit es sich um radioaktive Arzneimittel und um Arzneimittel handelt, bei deren Herstellung ionisierende Strahlen verwendet werden, im Einvernehmen mit dem Bundesministerium für Umwelt, Naturschutz, Bau und Reaktorsicherheit und, soweit es sich um Arzneimittel handelt, die zur Anwendung bei Tieren bestimmt sind, im Einvernehmen mit dem Bundesministerium für Ernährung und Landwirtschaft.

§ 36 Ermächtigung für Standardzulassungen

(1) [1]Das Bundesministerium wird ermächtigt, nach Anhörung von Sachverständigen durch Rechtsverordnung mit Zustimmung des Bundesrates bestimmte Arzneimittel oder Arzneimittelgruppen oder Arzneimittel in bestimmten Abgabeformen von der Pflicht zur Zulassung freizustellen, soweit eine unmittelbare oder mittelbare Gefährdung der Gesundheit von Mensch oder Tier nicht zu befürchten

ist, weil die Anforderungen an die erforderliche Qualität, Wirksamkeit und Unbedenklichkeit erwiesen sind. [2]Die Freistellung kann zum Schutz der Gesundheit von Mensch oder Tier von einer bestimmten Herstellung, Zusammensetzung, Kennzeichnung, Packungsbeilage, Fachinformation oder Darreichungsform abhängig gemacht sowie auf bestimmte Anwendungsarten, Anwendungsgebiete oder Anwendungsbereiche beschränkt werden. [3]Die Angabe weiterer Gegenanzeigen, Nebenwirkungen und Wechselwirkungen durch den pharmazeutischen Unternehmer ist zulässig.

(2) [1]Bei der Auswahl der Arzneimittel, die von der Pflicht zur Zulassung freigestellt werden, muss den berechtigten Interessen der Arzneimittelverbraucher, der Heilberufe und der pharmazeutischen Industrie Rechnung getragen werden. [2]In der Wahl der Bezeichnung des Arzneimittels ist der pharmazeutische Unternehmer frei.

(3) Die Rechtsverordnung nach Absatz 1 ergeht im Einvernehmen mit dem Bundesministerium für Wirtschaft und Energie und, soweit es sich um radioaktive Arzneimittel und um Arzneimittel handelt, bei deren Herstellung ionisierende Strahlen verwendet werden, im Einvernehmen mit dem Bundesministerium für Umwelt, Naturschutz, Bau und Reaktorsicherheit und, soweit es sich um Arzneimittel handelt, die zur Anwendung bei Tieren bestimmt sind, im Einvernehmen mit dem Bundesministerium für Ernährung und Landwirtschaft.

(4) [1]Vor Erlass der Rechtsverordnung nach Absatz 1 bedarf es nicht der Anhörung von Sachverständigen und der Zustimmung des Bundesrates, soweit dies erforderlich ist, um Angaben zu Gegenanzeigen, Nebenwirkungen, Wechselwirkungen, Dosierungen, Packungsgrößen und Vorsichtsmaßnahmen für die Anwendung unverzüglich zu ändern und die Geltungsdauer der Rechtsverordnung auf längstens ein Jahr befristet ist. [2]Die Frist kann bis zu einem weiteren Jahr einmal verlängert werden, wenn das Verfahren nach Absatz 1 innerhalb der Jahresfrist nicht abgeschlossen werden kann.

(5) [1]Die der Rechtsverordnung nach Absatz 1 zugrunde liegenden Monographien sind von der zuständigen Bundesoberbehörde regelmäßig zu überprüfen und soweit erforderlich, an den jeweils gesicherten Stand der Wissenschaft und Technik anzupassen. [2]Dabei sind die Monographien daraufhin zu prüfen, ob die Anforderungen an die erforderliche Qualität, Wirksamkeit und Unbedenklichkeit einschließlich eines positiven Nutzen-Risiko-Verhältnisses, für die von der Pflicht zur Zulassung freigestellten Arzneimittel, weiterhin als erwiesen gelten können.

§ 37 Genehmigung der Europäischen Gemeinschaft oder der Europäischen Union für das Inverkehrbringen, Zulassungen von Arzneimitteln aus anderen Staaten

(1) [1]Die von der Europäischen Gemeinschaft oder der Europäischen Union gemäß der Verordnung (EG) Nr. 726/2004 auch in Verbindung mit der Verordnung (EG) Nr. 1901/2006 oder der Verordnung (EG) Nr. 1394/2007 erteilte Genehmigung für das Inverkehrbringen steht, soweit in den §§ 11a, 13 Abs. 2a, § 21 Abs. 2 und 2a, §§ 40, 56, 56a, 58, 59, 67, 69, 73, 84 oder 94 auf eine Zulassung abgestellt wird, einer nach § 25 erteilten Zulassung gleich. [2]Als Zulassung im Sinne des § 21 gilt auch die von einem anderen Staat für ein Arzneimittel erteilte Zulassung, soweit dies durch Rechtsverordnung des Bundesministeriums bestimmt wird.

(2) [1]Das Bundesministerium wird ermächtigt, eine Rechtsverordnung nach Absatz 1, die nicht der Zustimmung des Bundesrates bedarf, zu erlassen, um eine

Richtlinie des Rates durchzuführen oder soweit in internationalen Verträgen die Zulassung von Arzneimitteln gegenseitig als gleichwertig anerkannt wird. [2]Die Rechtsverordnung ergeht im Einvernehmen mit dem Bundesministerium für Ernährung und Landwirtschaft, soweit es sich um Arzneimittel handelt, die zur Anwendung bei Tieren bestimmt sind.

Kommentierung des 4. Abschnitts (§§ 21–37)

Schrifttum: *Altevogt,* Der Sinn des Nachzulassungsverfahrens für Arzneimittel aus der ehemaligen DDR, PharmR 1993, 292; *Bakhschai,* Zulassungspflicht für Nachahmerrezepturarzneimittel?, PharmR 2005, 132; *Bauer,* Übertragung von Arzneimittelzulassungen – Stellungnahme zu dem Aufsatz von Sedelmeier (PharmR 1994, 3 f.), PharmR 1994, 378 (m. Erwiderung *Sedelmeier* S. 379); *ders.,* Verordnung über Kinderarzneimittel und elektronische Einreichung, A & R 2007, 173; *Berg,* Zur gemeinschaftsrechtlich bedingten Verkehrsfähigkeit eines importierten Arzneimittels ohne Vollzulassung – Anmerkung zum Urteil des BGH (17.7.1997 – I ZR 58/95) – „Tiapridal", PharmR 1998, 338; *Blasius,* in *Blasius/Müller-Römer/Fischer* (Hrsg.), Arzneimittel und Recht in Deutschland, 1998, S. 105; *Blattner,* Verwaltungsverfahrensfehler und deren Folgen im zentralisierten europäischen Arzneimittelzulassungsverfahren, PharmR 2002, 277; *Bopp/Holzapfel,* Inverkehrbringen nicht zugelassener Arzneimittel, PharmR 2006, 87; *Boorberg/Strüngmann/Spieß,* Bilanzierung von Arzneimittelzulassungen, DB 1994, 53; *Brixius,* Rechtmäßigkeit der AMG-Einreichungsverordnung unter besonderer Berücksichtigung von Nachzulassung und Registrierung traditioneller pflanzlicher Arzneimittel, PharmR 2005, 173; Bundesgesundheitsamt, Stellungnahme des BGA zum Parallelimport von nach §§ 21 ff. AMG zugelassenen Arzneimitteln, PharmR 1983, 223; *dass.,* Widerspruchsbescheid zur Anordnung einer Auflage nach § 28 Arzneimittelgesetz – (Kindergesicherte Verpackungen für Arzneimittel) sowie Änderung der Anordnung einer Auflage nach § 28 Arzneimittelgesetz, PharmR 1980, 162, mAnm. S. 168; *Bundesregierung der Bundesrepublik Deutschland,* Bericht der Bundesregierung über Erfahrungen mit dem Arzneimittelgesetz – Aktualisierung, PharmR 1984, 52; *v. Czettritz,* Europarechtskonformität des Mitvertriebs von Arzneimitteln, PharmR 2001, 147; *v. Czettritz/Meier,* Auflagen im arzneimittelrechtlichen Zulassungsbescheid – Rechtsmittel, Rechtsfolgen und Konsequenzen, PharmR 2006, 101; *v. Czettritz/Wartensleben/Ehlers/u. a.,* Rechtliche Aspekte zur Rücknahme von Lipobay, PharmR 2001, 268; *Denninger,* „Arzneimittel-Richtlinien und Verschreibungsfähigkeit" – eine verfassungsrechtliche Untersuchung, 1981; *ders.,* Zur kassenärztlichen Verschreibungsfähigkeit zugelassener Arzneimittel, NJW 1981, 619; *ders.,* Die Bindungswirkung der Arzneimittelzulassung, NJW 1984, 645; *ders.,* Grenzen der Auflagenbefugnis im arzneimittelrechtlichen Zulassungsverfahren, PharmR 2009, 327; *Deutsch/Spickhoff,* Medizinrecht – Arztrecht, Arzneimittelrecht, Medizinprodukterecht und Transfusionsrecht. 6. Aufl. 2008, Kap. XXIV ff.; *Deutscher Bundestag,* Wissenschaftlicher Dienst Fachbereich VI Arbeit und Soziales, Zulässigkeit der Festsetzung unterschiedlicher Fristen durch die zuständige Bundesoberbehörde für das Inverkehrbringen von Arzneimitteln, PharmR 1982, 181; *Di Fabio,* Risikoentscheidungen im Rechtsstaat – Zum Wandel der Dogmatik im öffentlichen Recht, insbesondere am Beispiel der Arzneimittelüberwachung, 1994, S. 184; *Doepner,* Multi-Vitamin-Präparate – Möglichkeiten und Grenzen der Einordnung und Zulassung als Arzneimittel (Teil IV), PharmR 1989, 44; *Dorn,* Die besondere Stellung von Phytotherapeutika bei Zulassungen und auf dem Markt, PharmR 1985, 183; *Dwerhagen,* Parallelimport von Arzneimitteln und Importe nach: § 73 Abs. 3 AMG – Überblick über die neueste Rechtsprechung, PharmR 1996, 171; *Ehlers,* Die Fristsetzung nach § 25 Abs. 4 AMG, PharmR 1992, 98; *ders.,* Onkologische medikamentöse Therapie unter der Prämisse nicht-indikations zugelassener Medikamente im Spannungsfeld zwischen Ressourcen, Vorgaben und Hilfeleistung, PharmR 2001, 215; *Ehlers/Bitter,* Der „off label use" im haftungsrechtlichen Focus – Haftungsrechtliche Aspekte bei einer Verordnung außerhalb der zugelassenen Indikation, PharmR 2003, 76; *Engelke,* Transnationalisierung der Arzneimittelregulierung: Der Einfluss der ICH-Guidelines auf das deutsche Arzneimittelzulassungsrecht, MedR 2010, 619; *ders.,* Die Bindungswirkung der arzneimittelrechtlichen Zulassung für den Off-Label-Use – Zugleich eine Anmerkung zum Urteil des BSG vom 30.6.2009 – B 1 KR 5/09 R, MedR 2011, 418; *Erdmann,* Gewebe als Arzneimittel? – Eine Untersuchung zur Neuordnung des Geweberechts in Deutschland, 2011; *Fegert/Kölch/Lippert,* Sichere und wirksame Arzneimittel auch für Kinder – Eine Herausforderung für die 12. Novelle zum Arzneimittelgesetz, ZRP 2003, 446; *Frehse/Kleinke,* Anwendbarkeit der Antragsfrist des § 31 Abs. 1 Nr. 3 AMG auf den wiederholten Verlängerungsantrag einer Arzneimittelzulassung, PharmR 2001, 344; *Freund, A.,* Die zulassungsüberschreitende Anwendung von Humanarzneimitteln (Off-Label-Use) in Deutschland – Pharmazeutische Unternehmer, Vertragsärzte, Patienten und Versicherte im Spannungsfeld von Arzneimittel- und Sozialrecht sowie zivil- und strafrechtlicher Haftung, PharmR 2004, 275; *Friese,* Der Review des Europäischen Arzneimittelrechts – Insbesondere Änderungen im Verfahren der gegenseitigen Anerkennung, PharmR 2002, 161; *Friese/Jentges/Muazzam,* Guide to Drug Regulatory Affairs, 2007; *Fritz,* § 24c nach der Änderung durch die 5. AMG-Novelle, PharmR 1995, 284; *dies.,* Die Therapie mit einem innovativen Medikament vor seiner Zulassung – Arzneimittel- und arztrechtliche Beurteilung von individuellen Arzneimittelversuchen, 1999; *dies.,* Die Therapie mit einem innovativen Medikament vor seiner Zulassung – Arzneimittel- und arztrechtliche Beurteilung von individuellen Arzneimittelversuchen, PharmR 1999, 129; *Fulda,* Unterlagenschutz und Marktschutz für Arzneimittel oder: Über die Entfernung von Münster nach Brüssel, Anmerkung zu OVG Münster, Beschl. v. 26.9.2008 – 13 B 1202/08, PharmR 2008, 589; *dies.,* Die Compassionate Use-Verordnung – mehr Fragen als Antworten?, PharmR 2010, 517; *Gassner,* Unterlagenschutz im Europäischen Arzneimittelrecht, GRUR Int. 2004, 983; *ders.,* Ergänzendes Schutzzertifikat und pädiatrische Marktexklusivität, A & R 2008, 269; *Gawrich/Ziller,* Die wesentlichen

Regelungsinhalte der 7. und 8. AMG-Novelle, PharmR 1998, 374; *Glaeske/Greiser/Hart,* Arzneimittelsicherheit und Länderüberwachung, 1993; *Gornig,* Die rechtliche Systematik der Verantwortung pharmazeutischer Unternehmer – Haftungsrisiken im öffentlichen Recht, in Marburger Gespräche zum Pharmarecht, Die Haftung der Unternehmensleitung, 1999, S. 15, 17 ff.; *v. Graevenitz/Besen,* Übertragung von Arzneimittelzulassungen im Lichte der Fusionskontrolle, PharmR 2009, 1; *Greifender,* Die 14. AMG-Novelle – ein kritischer Überblick über die geplanten Änderungen durch den Regierungsentwurf vom 13. April 2005, PharmR 2005, 297; *Gründel,* Individueller Heilversuch und Gefährdungshaftung des Pharmaherstellers, PharmR 2001, 106; *Günter,* Sorgfaltspflichten bei Neuentwicklung und Vertrieb pharmazeutischer Präparate, NJW 1972, 309; *Hansen-Dix,* Zum Begriff „schädliche Wirkungen" im Arzneimittelrecht – dargestellt am Beschluß des OVG Berlin vom 26. November 1987, PharmR 1989, 8; *Harney,* Die Haftung des Pharmaherstellers beim Einzelimport und beim Compassionate Use, PharmR 2010, 18; *Hasskarl,* Rechtsfragen bei der Anwendung eines nicht zugelassenen Arzneimittels, PharmR 2010, 444; *Hart,* Die rechtliche Behandlung der Altarzneimittel, NJW 1983, 1354; *ders.,* Rechtsfragen der Entwicklung, Herstellung und Zulassung gentechnologischer Arzneimittel, MedR 1986, 269; *ders.,* Auswirkungen der Tierschutzgesetznovelle auf das Zulassungsverfahren für Arzneimittel, PharmR 1987, 2; *ders.,* Sicherheit durch Information im Arzneimittelrecht, NJW 1988, 2265; *ders.,* Die Unbedenklichkeit von Arzneimitteln zu zwei Beschlüssen des OVG Berlin (OVG Berlin, 26.11.1987 – 5 S 75.87 und 22.1.1988 – 5 S 102.87), MedR 1989, 15; *ders.,* Heilversuch, Entwicklung therapeutischer Strategien, klinische Prüfung und Humanexperiment – Grundsätze ihrer arzneimittel-, arzthaftungs- und berufsrechtlichen Beurteilung, MedR 1994, 94; *ders.,* Rechtliche Grenzen der „Ökonomisierung" – Arzneimittel-, sozial- und haftungsrechtliche Aspekte der Pharmaökonomie, MedR 1996, 60; *Hauke/Kremer,* Der bestimmungsgemäße Gebrauch eines Arzneimittels, PharmR 1992, 162; *Heinemann,* Die rechtlichen Rahmenbedingungen bei Parallelimporten von Arzneimitteln in die Bundesrepublik Deutschland, PharmR 2001, 180; *Henning,* Der Nachweis der Wirksamkeit von Arzneimitteln, NJW 1978, 1671; *Heinemann/Tieben,* Die EU-Verordnung zu Kinderarzneimitteln, A & R 2007, 53; *Heßhaus,* Zur Bezeichnung von Arzneimitteln, PharmR 2001, 382; *Hielscher,* Zulassung von Phytopharmaka – Wirksamkeitsnachweis – Risiko-Nutzen-Abschätzung, Kongreß: FGU, 1983, Berlin, PharmR 1984, 1; *Hiltl,* Die gerichtliche Durchsetzung der Fristen zur Entscheidung über Arzneimittel-Zulassungsanträge, PharmR 1991, 112; *ders.,* Formalzulassung von Parallelimporten – Anmerkung zum „Smith & Nephew"-Urteil des EuGH vom 12. November 1996, PharmR 1997, 84; *Hohm,* Arzneimittelsicherheit und Nachmarktkontrolle: eine arzneimittel-, verfassungs- und europarechtliche Untersuchung, 1990; *Huber,* Die Zweitanmelderfrage nach der 3. AMG-Novelle, PharmR 1988, 182; *Hufnagel,* Ausweitung des Versuchsprivilegs in Europa und den USA, PharmR 2006, 209; *Hußmann/Kozianka,* Neuigkeiten zum off-label-use (Teil 2) – Zu den Entwicklungen in der Rechtsprechung und deren Auswirkungen auf die Praxis, PharmR 2006, 487; *Jäkel,* Hemmnisse für den Compassionate Use durch die 15. AMG-Novelle, PharmR 2009, 323; *Keilbach,* Anzeigepflicht nach § 29 Arzneimittelgesetz auch für Alt-Arzneimittel?, PharmR 1983, 1; *Kirchbach,* Wissenschaftliche Standards als Steuerungsinstrument bei der Arzneimittelzulassung und im Erstattungsrecht, PharmR 1986, 44; *Kieser,* Beschränkte Versandmöglichkeit von Defekturarzneimitteln?, PharmR 2008, 413; *Kleist,* Von der Schwierigkeit des Zusammenspiels zwischen Arzneimittelrecht und Tierschutzrecht – Zugleich eine Anmerkung zum Urteil des Bundesverwaltungsgerichts vom 7. Mai 1987, PharmR 1987, 267; *dies.,* Pharma-Recht und Zulassungsprobleme, 1993; *Knothe,* Staatshaftung bei der Zulassung von Arzneimitteln, 1990; *Kloesel,* Das neue Arzneimittelrecht, NJW 1976, 1769; *Koenig/Müller,* Haftungsrechtliche Maßstäbe beim „Off-off"-label-Use trotz Verfügbarkeit eines indikationsspezifisch zugelassenen Arzneimittels, MedR 2008, 190; *Kraft,* Der Anwendungsbereich des „Compassionate Use" von Arzneimitteln, A & R 2007, 252; *Krüger,* Haftung des pharmazeutischen Unternehmers bei Off-Label-Use, PharmR 2004, 52; *Letzel/Wartensleben,* „Begründeter Verdacht" und „Jeweils gesicherter Stand der wissenschaftlichen Erkenntnisse" – Zur Wissenschaftstheorie und -dynamik von zwei AMG-Begriffen, PharmR 1989, 2; *Lewandowski,* „Sicherheitsentscheidungen bei Arzneimitteln zwischen Wissenschaft und Politik" – Kongreß: Deutsche Pharmazeutische Gesellschaft, 1980, Bonn, PharmR 1980, 106; *ders.,* Sicherheitsentscheidungen im Zulassungsverfahren und bei der Risikoabwehr – Rechts- und Verfahrensfragen, PharmR 1982, 132; *ders.,* Sicherheitsurteile über Arzneimittel und ihre rechtlichen Grundlagen, PharmR 1983, 193; *Linse/Porstner,* Auslegungsfragen des „Inverkehrbringens" von Arzneimitteln im Rahmen der „Sunset Clause", PharmR 2005, 420; *Lipp,* Die medizinische Indikation – ein „Kernstück ärztlicher Legitimation"?, MedR 2015, 762; *May,* Änderungen im vierten Abschnitt „Zulassung der Arzneimittel" durch das 2. Gesetz zur Änderung des Arzneimittelgesetzes, PharmR 1987, 42; *ders.,* Die Regelung der Zweitanmelderfrage im Arzneimittelgesetz, PharmR 1986, 253; *Mayer,* Strafrechtliche Produktverantwortung bei Arzneimittelschäden – Ein Beitrag zur Abgrenzung der Verantwortungsbereiche im Arzneiwesen aus strafrechtlicher Sicht, 2008; *ders.,* Die Arzneimittelzulassung als Strafbarkeitshindernis, MedR 2008, 595; *Meier/v. Czettritz,* Verfassungswidrigkeit der Präklusionsregelungen § 25 IV 3 AMG und § 105 V 3 AMG, PharmR 2003, 333; *Meyer,* Zweitanmelderproblematik bei Arzneimitteln – Vorschlag für eine angemessene Verwertungssperre und eine angemessene Entschädigung, PharmR 1985, 5; *Meyer/Grunert,* „Off-Label-Use": Haftungs- und Regressrisiken für Ärzte, Apotheker und Pharmaunternehmen, PharmR 2005, 205; *Meyer-Lüerßen/Will,* Gesetzliche Regelung für Diagnostica in Deutschland – 1. Teil, PharmR 1991, 98; *Müller-Buttmann,* Die Verpflichtung des pharmazeutischen Unternehmers zur Anzeige unerwünschter Arzneimittelwirkungen und Fällen des Arzneimittelmißbrauchs, PharmR 1986, 250; *Mummenhoff,* Die materiellen Kriterien der Positivliste, PharmR 2001, 217; *Nink/Schröder,* Zu Risiken und Nebenwirkungen: Lesen Sie die Packungsbeilage?, PharmR 2006, 118; *Pabel,* Wirksamkeitsnachweis und Nachzulassung in der 5. AMG-Novelle, PharmR 1995, 180; *Pannenbecker,* Die Bedeutung der Erklärung zur pharmazeutischen Qualität im Rahmen der Verlängerung der Zulassung nach § 31 AMG – insbesondere im Hinblick auf Stabilitätsprüfungen, PharmR 2004, 37; *Pieck,* Arzt und Apotheker – Zur Abgrenzung ihrer Aufgabenbereiche, FS Küchenhoff: Recht und Staat, 1972, Bd. 2, 617; *Prinz,* Die Herstellung von Rezepturarzneimitteln für Apotheken, PharmR 2008, 364; *ders.,* Die Zulässigkeit der Herstellung patientenindividueller Rezepturarzneimittel durch pharmazeutische Herstellerbetriebe nach der 15. AMG-Novelle, PharmR 2009, 437; *Prutsch,* Die Vorlage von analytischen Sachverständigengutachten nach § 24 Abs. 1 Nr. 1 AMG bei der Nachzulassung von Altarzneimitteln gem. Art. 3 § 7 AMNG, PharmR 1987, 99; *Ramsauer/Seiler,* Die Zweitanmeldung nach der Übergangsregelung der 3. AMG-Novelle, PharmR 1989, 90; *Räpple,* Rechtswirksamkeit von mangelhaften Anträgen im Rahmen der Zulassung, Nachzulassung und Zahlungsverlängerung von Arzneimitteln, PharmR 1991, 263; *ders.,* Das Verbot bedenklicher Arzneimittel – Eine Kommentierung zu § 5 AMG, 1991, S. 95; *Rehmann,* Ist die arzneimittelrechtliche Zulassung personenbezogen?, PharmR 1995, 287; *ders.,* Formalzulassung von Parallelimporten – Anmerkung zum Urteil des Europäischen Gerichtshofs vom 12.11.1996 – Smith & Nephew zugleich Erwiderung auf Hiltl (PharmR 1997, 84), PharmR 1997, 326; *ders.,* Rechtliche Rahmenbedingungen für einen effizienten Marktzugang von Generika, A & R 2008, 147; *Reich,* Parallelimporte von Arzneimitteln nach dem Recht der Europäischen Gemeinschaft, NJW 1984, 2000; *Reinelt,* Zur Haftung des Arzneimittelherstellers für die Übertragung von Viren durch Blutprodukte – Zur beabsichtigten Änderung des Arzneimittelgesetzes, ZRP 1994, 333; *Roth,* Beschränkungen beim Umgang mit menschlichem Gewebe durch arzneimittelrechtliche Genehmigungen, PharmR 2008, 108; *Samson,* Zur Strafbarkeit der klinischen Arzneimittelprüfung, NJW 1978, 1182; *Schefold,* Verfassungsfragen zum Verhältnis von Erst- und Nachanmelder im Zulassungsverfahren von Arzneimitteln, in *Zuleeg/Schefold,* Die Zweitanmelderproblematik, 1983; *Schäfer,* Packungsbeilagenbewertung und Lesbarkeitstest nach der 14. AMG-Novelle, A & R 2005, 104; *Schenke,* Die Rechtsnatur der Vorlage eines Musters gem. Art. 3 § 7 Abs. 3a S. 2 Nr. 5 des Gesetzes zur Neuordnung des Arzneimittelrechts sowie die Zulässigkeit seines Zurückziehens, PharmR 1993, 4; *Schnieders,* Arzneimittelregelungen in der Bundesrepublik Deutschland und der Europäischen Gemeinschaft, PharmR 1982, 28; *Scholl,* Die Zweitanmelderproblematik am Beispiel des Arzneimittelrechts, 1992; *Scholz/Stoll,* Bedarfsprüfung und Wirksamkeitskontrolle durch Ethik-Kommissionen?, MedR 1990, 58; *Schreiber/Schäfer,* Arzneimittel in der Erprobung, A & R 2006, 117; *Schubert,* Zur Einführung: Arzneimittelrecht, JuS 1983, 748; *Schwerdtfeger,* Die Bindungswirkung der Arzneimittelzulassung – Zur rechtlichen Relevanz der Wirksamkeitsprüfung nach dem AMG für die RVO-Schiene, das Beihilferecht und die Transparenzkommission, 1983; *ders.,* Arzneimittelzulassung und RVO, PharmR 1983, 201; *ders.,* Pluralistische Arzneimittelbeurteilung (Organtherapeutika) – Zu den gesetzlichen und verfassungsrechtlichen Anforderungen an die Bildung und Zusammensetzung der Aufbereitungskommissionen nach § 25 VII AMG sowie zur prozessualen Durchsetzbarkeit dieser Anforderungen, 1988; *Sickmüller,* Anzeige von Nebenwirkungen, Wechselwirkungen mit anderen Mitteln und Arzneimittelmissbrauch nach § 29 Abs. 1 Satz 2–8 AMG – Erläuterung der 3. Bekanntmachung des BfArM und des PEI im Bundesanzeiger Nr. 97 vom 25. Mai 1996, PharmR 1996, 315; *dies./Knauer/Sander,* Die „Sunset Clause" im Arzneimittelgesetz Auslegungsfragen zum Inverkehrbringen von Arzneimitteln unter besonderer Berücksichtigung regulatorischer Strategien in der EU, PharmR 2009, 60; *Stebner,* Vorlage von Verträglichkeitsstudien für „Altarzneimittel" bei der „Nachzulassung" am Beispiel homöopathischer Arzneimittel, PharmR 1994, 34; *Sträter,* Anzeigepflicht nach § 29 Arzneimittelgesetz auch für Alt-Arzneimittel?, PharmR 1983, 5; *Stumpf,* Der Vertrieb von Arzneimitteln außerhalb zugelassener Indikationen in wettbewerbsrechtlicher Perspektive, Die Beurteilung des „Off-Label-Use" nach dem Arzneimittel-, Sozial- und Arzthaftungsrecht und ihre wettbewerbsrechtlichen Konsequenzen, PharmR 2003, 421; *Tomuschat,* Rechtsgutachten zur Frage der Bearbeitungsfristen für die Zulassung von Arzneimitteln, PharmR 1992, 322; *Wagner,* Die Folgen eines Wegfalls der Zulassung des im Einfuhrstaat zugelassenen Arzneimittels für den Parallelimport am Beispiel Deutschlands, PharmR 2001, 174; *ders.,* Die Beauflagbarkeit von Versagungsgründen des § 25 Absatz 2 AMG nach § 36 VwVfG, PharmR 2003, 306; *Wartensleben,* Neue rechtliche Fußangeln bei der Herstellung von Fertigarzneimitteln in (Krankenhaus-)Apotheken, PharmR 1991, 258; *Weber,* „Off-label use" – Arzneimittel- und strafrechtliche Aspekte am Beispiel der Kinderheilkunde, 2009; *Weiß,* Zur Bündelung zentral zugelassener Arzneimittel, PharmR 2003, 158; *Wigge,* Zur Vorgreiflichkeit der Arzneimittelzulassung in der GKV – Verordnungsrechtliche Konsequenzen aus der BSG-Entscheidung zum sog. „Off-Label-Use", PharmR 2002, 305, 348; *Will,* 4. AMG-Novelle – Inhalt und Konsequenzen, PharmR 1990, 94; *Wille,* Bedeutung der zugelassenen Indikation eines Arzneimittels im Sozial-, Arzneimittel- und Wettbewerbsrecht, PharmR 2009, 365; *Wolz,* Bedenkliche Arzneimittel als Rechtsbegriff – Der Begriff der bedenklichen Arzneimittel und das Verbot ihres Inverkehrbringens in den §§ 95 I Nr. 1 iVm 5 AMG, 1988; *Zuleeg,* Rechtsgutachten zur Regelung der Zweitanmelderfrage, in *Zuleeg/Schefold,* Die Zweitanmelderproblematik, 1983; *Zuck,* In welchem Umfang harmonisiert der Gemeinschaftskodex das Inverkehrbringen von Arzneimitteln?, A & R 2008, 71; *Zur Bonsen,* Die 5. AMG-Novelle – Ein Beitrag des Gesetzgebers zur Sicherheit von Blutprodukten?, PharmR 1994, 337.

Zur Arzneimittelprüfung: S. ergänzend die Schrifttumsangaben bei der Kommentierung des 6. Abschnitts (§§ 40–42c).

Übersicht

I. Allgemeines

1   Das im 4. Abschnitt geregelte **Zulassungsverfahren** für Arzneimittel ist ein zentraler Teil des Arzneimittelgesetzes und für das Arzneimittelrecht von großer Bedeutung. Im Zulassungsverfahren werden die Weichen dafür gestellt, welche Arzneimittel auf den Markt und dementsprechend auch mit dem Verbraucher in Berührung kommen. Um eine Zulassung zu erhalten, muss ein pharmazeutischer Unternehmer die Qualität, Wirksamkeit und Unbedenklichkeit des Arzneimittels im Sinne eines Nutzen-Risiko-Verhältnisses, das zumindest nicht ungünstig ist (§ 25 Abs. 2 Nr. 5), nachweisen. Gerade für den Bereich der Zulassung von Arzneimitteln tritt neben die nationalen Bestimmungen eine Vielzahl von **europarechtlichen Vorschriften,** die in den vergangenen Jahren erlassen wurden, um die Qualitätsstandards und Anforderungen an Arzneimittel in der EU einheitlich zu gestalten und für den Verbraucher über die nationalen Grenzen hinweg eine gleich bleibend hohe Qualität und Sicherheit gewährleisten zu können.[1] Im Zuge dieser europarechtlichen Harmonisierung wurden die Entscheidungsbefugnisse weitgehend von nationalen Behörden auf EG-Behörden verlagert. Die 12. AMG-Novelle hat zur Verbesserung der Arzneimittelsicherheit für Kinder und Jugendliche in § 25 Abs. 7a die Einrichtung einer entsprechenden Kommission vorgeschrieben. Diese Kommission ist insbesondere in einschlägigen Zulassungsverfahren zu beteiligen.

II. Zulassungspflicht für Fertigarzneimittel (§ 21)

2   § 21 Abs. 1 normiert eine **grundsätzliche Zulassungspflicht** für alle Fertigarzneimittel,[2] die Arzneimittel im Sinne des § 2 Abs. 1 oder Abs. 2 Nr. 1 sind. Bevor Fertigarzneimittel in der Bundesrepublik Deutschland in den Verkehr gebracht werden dürfen, muss die Erteilung der entsprechenden (nationalen) **Zulassung**[3] durch die zuständige Bundesoberbehörde erteilt worden sein (Abs. 1 Hs. 1). Neben den national zugelassenen Arzneimitteln sind auch solche verkehrsfähig, die das **zentrale Zulassungsverfahren** der Europäischen Arzneimittelagentur (EMEA) mit Erfolg durchlaufen haben[4] sowie solche, die im Rahmen des **dezentralen Zulassungsverfahrens**[5] oder im **Verfahren der gegenseitigen Anerkennung**[6] (§ 25b) die Vermarktungserlaubnis in einem Mitgliedstaat erworben haben.

3   Das **zentralisierte Verfahren** ist für **besonders innovative** und **wichtige Arzneimittel,** die im Anhang der Verordnung (EG) 726/2004 näher konkretisiert sind, **zwingend**

---

[1] Relevant sind für diesen Bereich insbesondere die Richtlinie 2001/83/EG vom 6.11.2001, ABl. 2001 311, 67–128 (Gemeinschaftskodex für Humanarzneimittel) sowie die Richtlinie 2001/82/EG vom 6.11.2001, ABl. 2001 L 311, 1–66 (Gemeinschaftskodex für Tierarzneimittel) und die Verordnung (EG) Nr. 726/2004 vom 31.3.2004, ABl. 2004 L 136, 1 ff.

[2] Zum Begriff des Fertigarzneimittels → § 4 Rn. 2 f.

[3] Den Rechtsrahmen der nationalen Zulassungen der einzelnen Mitgliedstaaten geben die Richtlinie 2001/83/EG zur Schaffung eines Gemeinschaftskodexes für Humanarzneimittel sowie die Richtlinie 2001/82/EG zur Schaffung eines Gemeinschaftskodexes für Tierarzneimittel EU-weit vor. Umfassend mit vielen Hinweisen zum Zulassungsverfahren *Rehmann* Vor § 21–37 Rn. 2 ff.

[4] Diese Erweiterung wurde durch das 7. ÄnderungsG in das AMG eingefügt und entspricht dem Regelungsinhalt der EG Nr. 726/2004 des Europäischen Parlaments und des Rates vom 31.3.2004.

[5] Das dezentrale Zulassungsverfahren wurde mit der 14. Novelle in das deutsche Arzneimittelrecht eingeführt. Diese setzte die Vorgaben der Richtlinie 2001/83/EG zur Schaffung eines Gemeinschaftskodexes für Humanarzneimittel um.

[6] Die europarechtlichen Vorgaben finden sich wiederum in den Richtlinien 2001/83/EG und 2001/82/EG.

vorgeschrieben. Namentlich müssen vor allem Arzneimittel, welche mit biotechnologischen Verfahren hergestellt werden, Arzneimittel für neuartige Therapien, Tierarzneimittel zur Leistungssteigerung, Arzneimittel mit neuen Wirkstoffen zur Behandlung von Aids, Krebs, neurodegenerativen Erkrankungen, Diabetes, Autoimmunerkrankungen und anderen Immunschwächen, Viruserkrankungen sowie Arzneimittel zur Behandlung von seltenen Leiden nach der Verordnung (EG) 141/2000 (orphan drugs) zentral zugelassen werden. Bei anderen Präparaten ist eine **zentrale Zulassung fakultativ** zur nationalen möglich, wenn sie einen neuen Wirkstoff enthalten oder eine besondere Innovation darstellen (vgl. Art. 3 Abs. 2 der Verordnung [EG] 726/2004). Die Erteilung der Zulassung erfolgt durch die Europäische Kommission auf der Grundlage eines Beurteilungsberichts der EMEA und gilt für die gesamte Europäische Union.[7]

Möchte ein pharmazeutischer Unternehmer **nationale Zulassungen in mehreren** **4** **Mitgliedstaaten** erwirken, so muss er sich des **dezentralen Verfahrens** bzw. des **Verfahrens der gegenseitigen Anerkennung** bedienen. Hier wird die Zulassung für den jeweiligen Mitgliedstaat zwar von der jeweiligen nationalen Behörde erteilt, die erforderliche Prüfung eines Zulassungsantrags erfolgt aber nur in einem Mitgliedstaat (Referenzmitgliedstaat). Im Verfahren der gegenseitigen Anerkennung wird eine zunächst in einem Mitgliedstaat erfolgte nationale Zulassung bei Antragstellungen in anderen Mitgliedstaaten im Rahmen eines Anerkennungsverfahrens übernommen. Bei dem dezentralisierten Verfahren – welches dann eingreift, wenn noch keine nationale Zulassung vorliegt – werden identische Anträge in allen Staaten, in welchen das Arzneimittel vertrieben werden soll, gestellt. Eine inhaltliche Prüfung und verbindliche Bescheidung des Antrags ergeht zunächst nur durch den vom Antragsteller benannten Referenzmitgliedstaat, die übrigen Entscheidungen werden ausgesetzt. Die Entscheidung des Referenzmitgliedstaates ist für die anderen Mitgliedstaaten verbindlich. Auch sie müssen nach der Erstzulassung durch den Referenzmitgliedstaat die Zulassung erteilen.[8] Wegen der europaweiten Zulassungsmöglichkeiten, die angewendet werden müssen, wenn Zulassungen in mehr als einem Mitgliedstaat begehrt werden, haben die nationalen Zulassungen an Bedeutung verloren.

Ausgenommen von der Zulassungspflicht sind **homöopathische Arzneimittel** (§§ 38 f.) **5** und **traditionelle pflanzliche Arzneimittel** (§§ 39a ff.), die nicht verschreibungspflichtig sind. An die Stelle der Zulassungspflicht tritt bei diesen Präparaten gem. § 38 bzw. § 39a die **Verpflichtung zur Registrierung.**[9]

Eine grundsätzlich bestehende Zulassungspflicht entfällt nur in den in § 21 Abs. 2 und **6** 2a genannten Fällen: Die dort genannten **Ausnahmen** greifen beispielsweise ein für Arzneimittel, die bis zu einer Menge von max. 100 Packungen am Tag in Apotheken hergestellt werden (sog **verlängerte Rezeptur** – Abs. 2 Nr. 1), sowie für Arzneimittel, die zur **klinischen Prüfung** bestimmt sind (Nr. 2) und etwa für **Tierarzneimittel,** bei denen die in den Nr. 3–5 genannten Ausnahmen und die Regelung des Abs. 2a zu beachten sind.[10] Seit der 14. AMG-Novelle entfällt das Zulassungserfordernis nach § 21 Abs. 2 Nr. 6 auch in den Fällen des sog **Compassionate Use.** Darunter versteht man den Einsatz von Arzneimitteln außerhalb ihres zugelassenen Indikationsbereiches aus humanitären Gründen bei besonders schwerwiegenden und lebensbedrohlichen Erkrankungen, die mit zugelassenen Arzneimitteln nicht zufriedenstellend behandelt werden können.[11] Weitere Ausnahmefälle sind in Abs. 2 Nr. 1a–g normiert.

---

[7] Näher – auch zum Verfahren – Deutsch/Lippert/*Anker* Vor § 21 Rn. 6 ff.

[8] Zum Verfahren der gegenseitigen Anerkennung und zum dezentralisierten Verfahren näher Deutsch/Lippert/*Anker* Vor § 21 Rn. 18 ff.; Fuhrmann/Klein/*Fleischfresser* § 6 Rn. 46 ff.

[9] Vgl. dazu die Kommentierung unten zu §§ 38–39d.

[10] Näher dazu *Rehmann* § 21 Rn. 3 ff.; Deutsch/Lippert/*Anker* § 21 Rn. 31 ff.; *Sander* 30. Lfg. 1997, § 21 Anm. 9 ff. – Zur Problematik der Vereinbarkeit der Ausnahme von der Zulassungspflicht in den Fällen der „verlängerten Rezeptur" (§ 21 Abs. 2 Nr. 1) mit europäischem Recht s. Kügel/Müller/Hofmann/*Winnands* § 21 Rn. 17 mwN.

[11] Vgl. auch Art. 83 der Verordnung (EG) 726/2004, der eine entsprechende Regelung im zentralen Zulassungsverfahren enthält. – Näher zum Compassionate Use *Fulda* PharmR 2010, 517; *Harney* PharmR 2010, 18; *Jäkel* PharmR 2009, 323; *Kraft* A & R 2007, 252; Kügel/Müller/Hofmann/*Kortland* Vor § 21 Rn. 25.

7   Um die **Entwicklung von Kinderarzneimitteln** zu fördern, müssen nach der Verordnung (EG) 1901/2006 mit dem Zulassungsantrag auch Daten über die Anwendung des zuzulassenden Arzneimittels bei Kindern vorgelegt werden.[12]

III. Genehmigung von Gewebezubereitungen (§ 21a)

8   § 21a sieht eine spezielle Genehmigungspflicht für Gewebezubereitungen iSv § 4 Abs. 30 iVm § 1a Nr. 4 TPG vor, die nicht unter die allgemeine Zulassungspflicht fallen. Dabei handelt es sich um solche Zubereitungen, die nicht industriell und nach einem bekannten Verfahren hergestellt werden. Neben der Zulassungspflicht nach § 21a besteht auch eine Gewinnungs- und Verarbeitungserlaubnispflicht nach §§ 20b und c.[13]

IV. Anforderungen an die Zulassungsunterlagen (§§ 22 ff.), Besonderheiten bei Generika (§§ 24b ff.)

9   Die §§ 22 ff. nennen die **Anforderungen,** die die vom Antragsteller eingereichten Zulassungsunterlagen erfüllen müssen, damit das Zulassungsverfahren positiv verlaufen kann.[14] Weitere Unterlagen dürfen vom Antragsteller nicht verlangt werden. Die Anforderungen an die Zulassungsunterlagen sind im nationalen und im zentralen Zulassungsverfahren vor der EMEA identisch, dem Antragsteller werden also in den §§ 22–24b dieselben Pflichten auferlegt, wie dies auch auf europäischer Ebene geschehen ist.[15] Die geforderten Angaben müssen vollständig und richtig gemacht werden; es dürfen keine Umstände verschwiegen werden, die für die Erteilung oder Versagung der Zulassung relevant sein können. Für die Vollständigkeit bzw. Richtigkeit der erforderlichen Angaben sind die **Arzneimittelprüfrichtlinien** maßgeblich, die nach § 26 Abs. 1 vom Bundesministerium für Gesundheit unter Einbeziehung von Sachverständigen aus medizinischer und pharmazeutischer Wissenschaft und Praxis erlassen werden können. Für die Zulassung eines **Generikums** kann im Grundsatz auf Zulassungsunterlagen des Referenzarzneimittels ohne Zustimmung des Vorantragstellers zurückgegriffen werden, sofern das Referenzarzneimittel seit mindestens acht Jahren zugelassen ist oder vor mindestens acht Jahren zugelassen wurde (§ 24b Abs. 1 S. 1). Eine bezugnehmende Zulassung kann frühestens 10 Jahre nach Erteilung der Zulassung für das Referenzprodukt erfolgen. Generika sind Arzneimittel, welche mit einem auf dem Markt befindlichen Präparat (Referenzarzneimittel) im Wesentlichen identisch sind. Um eine Zulassung eines Generikums zu erreichen, muss der pharmazeutische Unternehmer nur eigene Nachweise zur Herstellung und zur pharmazeutischen Qualität vorlegen sowie die Bioverfügbarkeit und Bioäquivalenz zum Referenzprodukt darlegen. Im Übrigen kann er auf dessen Zulassungsunterlagen zurückgreifen.

10   Nach § 25 Abs. 1 S. 1 iVm § 77 sind **Zulassungsanträge** an das Bundesinstitut für Arzneimittel und Medizinprodukte bzw. in bestimmten Fällen an das Paul-Ehrlich-Institut (PEI) oder das Bundesamt für Verbraucherschutz und Lebensmittelsicherheit zu richten. Die Zuständigkeitsbereiche der einzelnen Institute sind in § 77 näher geregelt.

V. Anzeigepflichten des Antragstellers (§ 29)

11   Der Antragsteller ist nach § 29 verpflichtet, eventuelle Änderungen unverzüglich, also ohne schuldhaftes Zögern, der zuständigen Behörde mitzuteilen. **Anzeigepflichtig** sind nach Abs. 1 alle **Änderungen** in den Angaben nach §§ 22–24a und 25b sowie die in

---

[12] Vgl. dazu Deutsch/Lippert/*Anker* § 21 Rn. 37 ff.; Fuhrmann/Klein/Fleischfresser/*Lau* § 10 Rn. 11 ff.; *Rehmann* Vor § 21 Rn. 36; ferner unten → §§ 40–42b Rn. 82 ff.

[13] Näher zu den Voraussetzungen und zum Verfahren der Genehmigung bei Gewebezubereitungen *Kloesel/ Cyran* 126. Lfg. 2014, § 21a Anm. 3 ff.; Fuhrmann/Klein/*Fleischfresser* § 6 Rn. 30.

[14] Zu den einzelnen Anforderungen s. *Rehmann* § 22 Rn. 2 ff.; § 23 Rn. 1 ff.; § 24 Rn. 1 ff.; Deutsch/ Lippert/*Anker* § 22 Rn. 6 ff.; § 23 Rn. 3 f.; § 24 Rn. 5 ff.; Fuhrmann/Klein/*Fleischfresser* § 6 Rn. 65 ff.

[15] Vgl. hierzu die Richtlinie 2001/83/EG, die Richtlinie 2001/82/EG und die Verordnung (EG) Nr. 726/ 2004.

Abs. 1a–g genannten Fälle. Die früher in Abs. 1 S. 2–5 geregelte Mitteilungspflicht hinsichtlich der Angaben, die für die **Pharmakovigilanz** – also die Überwachung auf dem Gebiet des Arzneimittelsektors – bedeutsam sind, findet sich nunmehr in § 63b. Entsprechend der Systematik der Abs. 1–2a unterscheidet man **zustimmungspflichtige** und **nicht zustimmungspflichtige Änderungen.**[16] Zustimmungspflichtige Änderungen im Sinne des Abs. 2a dürfen erst vollzogen werden, wenn die Zustimmung der Zulassungsbehörde vorliegt. Ergeben sich Änderungen im Sinne des Abs. 3, ist eine schlichte Änderungsanzeige nicht ausreichend; erforderlich ist vielmehr eine **Neuzulassung** des Arzneimittels. Die Aufzählung der in Abs. 3 genannten Fälle, die eine Neuzulassung erfordern, ist abschließend. Nach Abs. 4 hat die Anzeige gegenüber der EMEA zu erfolgen, wenn diese das Arzneimittel zugelassen hat.

VI. Rücknahme, Widerruf und Ruhen der Zulassung (§ 30), Erlöschen und Verlängerung der Zulassung (§ 31)

§ 30 enthält im Verhältnis zu den allgemeinen Regeln der §§ 48, 49 VwVfG Sonderregeln, **12** wann eine erteilte Zulassung **zurückzunehmen** bzw. zu **widerrufen** ist. In Abs. 1 und 1a werden die Gründe genannt, die zwingend zu einer Rücknahme bzw. zu einem Widerruf führen **(gebundene Entscheidung),** während in Abs. 2 diejenigen Gründe aufgezählt sind, bei deren Vorliegen es im **Ermessen** der Behörde steht, ob sie den Zulassungsbescheid zurücknimmt bzw. widerruft. Der Behörde steht es auch frei, in den Fällen der Abs. 1 und 2 statt einer sofortigen endgültigen Aufhebung des Verwaltungsakts zunächst nur dessen befristetes **Ruhen** anzuordnen.

Ist die Zulassung für ein Arzneimittel widerrufen, zurückgenommen oder ruht sie, darf **13** das Arzneimittel weder in den Verkehr gebracht noch in den Geltungsbereich des Gesetzes verbracht werden. Das Arzneimittel ist zu diesem Zeitpunkt **nicht** (mehr) **verkehrsfähig.** Das Verkehrsverbot für Arzneimittel ohne (noch bestehende) Zulassung richtet sich nicht nur an den pharmazeutischen Unternehmer, sondern trifft auch Großhändler und Apotheker. Daher müssen Widerruf, Rücknahme und Ruhen der Zulassung auch nach § 34 bekannt gegeben werden. Spezielle Regelungen zum **Erlöschen** und zur **Verlängerung** der Zulassung enthält § 31.

VII. Staatliche Chargenprüfung (§ 32)

Für die in Abs. 1 aufgeführten Arzneimittel tritt neben die allgemeine Zulassungspflicht **14** nach § 25 noch das Erfordernis einer **Chargenfreigabe.**[17] Diese Chargenfreigabe ist nach Durchführung der Chargenprüfung von der zuständigen Bundesoberbehörde, dem Paul-Ehrlich-Institut (PEI) (§ 77 Abs. 2), zu erteilen, wenn die Prüfung ergibt, dass die in Abs. 1 S. 2 und 3 aufgeführten Anforderungen erfüllt wurden. Gegenstand der Prüfung sind Qualität, Wirksamkeit und Unbedenklichkeit des Produktes. Innerhalb der EU ist nur *eine* Chargenprüfung erforderlich; dort durchgeführte Prüfungen sind als gleichwertig anzusehen und machen ein erneutes Tätigwerden des PEI überflüssig.[18]

VIII. Sanktionenrechtliche Bedeutung der Vorschriften im 4. Abschnitt

1. Verstoß gegen § 21. Bei vorsätzlichem Inverkehrbringen von zulassungspflichtigen **15** Fertigarzneimitteln ohne die entsprechende Zulassung greift eine **Strafbarkeit** nach § 96 Nr. 5 ein. Die fahrlässige Begehung stellt eine **Ordnungswidrigkeit** nach § 97 Abs. 1 dar. Des Weiteren besteht die Möglichkeit, nicht zugelassene Arzneimittel unter den Voraussetzungen des § 98 **einzuziehen.** Umstritten ist die Strafbarkeit des Arztes nach § 96 Nr. 5

---

[16] Zu den Einzelheiten s. *Rehmann* § 29 Rn. 5 ff.; ferner *Kloesel/Cyran* 130. Lfg. 2015, § 29 Anm. 2 ff.; Fuhrmann/Klein/Fleischfresser/*Kösling/Wolf* § 11 Rn. 17 ff.
[17] Zum Begriff der Charge → § 4 Rn. 21.
[18] Näher dazu etwa *Rehmann* § 32 Rn. 1 mwN.

beim „Off-Label-Use".[19] Zu den Anforderungen an vorsätzliches Handeln s. in grundsätzlichem Zusammenhang → Vor § 95 Rn. 31 ff., → § 95 Rn. 3 ff.; zur Fahrlässigkeit näher → Vor § 95 Rn. 20 f., 27 ff., → § 95 Rn. 30 ff.

16   **2. Verstoß gegen § 21a.** Wer ohne die nach § 21a Abs. 1 S. 1 erforderliche Genehmigung Gewebezubereitungen in den Verkehr bringt, macht sich ggf. nach § 96 Nr. 5a strafbar. Der Verstoß gegen § 21a Abs. 9 S. 1 wird von § 96 Nr. 5b erfasst. Allerdings hat es der Gesetzgeber auf Sanktionsnormebene versäumt, die durch das Gesetz vom 18.7.2017, BGBl. I S. 2757 (2760) auf Verhaltensnormebene vorgenommene Ausdehnung auf bestimmte hämatopoetische Stammzellzubereitungen auch in der Strafvorschrift umzusetzen. § 96 Nr. 5b bezieht sich nach wie vor nur auf Gewebezubereitungen. Das ist inkonsequent. Bei fahrlässigem Handeln greift – ebenfalls beschränkt auf Gewebezubereitungen – § 97 Abs. 1 mit der möglichen Ahndung als Ordnungswidrigkeit. Auch Verstöße gegen § 21a Abs. 7 S. 1 sind nach § 97 Abs. 2 Nr. 7 (Buchstabe b) als Ordnungswidrigkeit erfasst.

17   **3. Verstoß gegen § 22.** Wird der Zulassungsantrag vorsätzlich mit unrichtigen oder unvollständigen Unterlagen versehen, macht sich der Antragsteller in gewissen Fällen **strafbar** nach § 96 Nr. 6, handelt er dabei fahrlässig, liegt eine **Ordnungswidrigkeit** nach § 97 Abs. 1 vor.

18   **4. Verstoß gegen § 23.** Werden die nach § 23 erforderlichen Angaben für die Zulassung von Tierarzneimitteln unrichtig oder unvollständig gemacht, greift im Vorsatzfall eine **Strafbarkeit** nach § 96 Nr. 6 ein. Wer die nach dem Tierarzneimittelkodex erforderlichen Angaben nicht richtig oder nicht vollständig beifügt, macht sich nach § 96 Nr. 20 strafbar. Im Fall von Fahrlässigkeit werden die Taten als **Ordnungswidrigkeiten** nach § 97 Abs. 1 geahndet.

19   **5. Verstoß gegen § 28 und § 29.** Wer **entgegen einer vollziehbaren Anordnung** nach § 28 Abs. 3, 3a, 3b oder 3c S. 1 Nr. 2 eine geforderte Unterlage nicht vollständig oder mit nicht richtigem Inhalt vorlegt, begeht im Vorsatzfall eine Straftat nach § 96 Nr. 6; bei fahrlässigem Handeln liegt eine Ordnungswidrigkeit nach § 97 Abs. 1 vor. Die **Verletzung von Anzeigepflichten** im Sinne des § 29 wird als **Ordnungswidrigkeit** gem. § 97 Abs. 2 Nr. 7 (Buchstabe b) bzw. Nr. 7a geahndet. Sofern zustimmungspflichtige Änderungen an einem Arzneimittel vollzogen werden, ohne dass die Zustimmung der zuständigen Behörde vorliegt oder die gesetzliche Zustimmungsfiktion des § 29 Abs. 2a S. 3 eingreift, kommt auch ein Verstoß gegen § 96 Nr. 5 in Betracht, da das Arzneimittel zumindest in Teilen nicht (mehr) zugelassen ist. Werden durch die Änderungen zudem die vorgeschriebene Kennzeichnung oder die Packungsbeilage unrichtig, können auch die ordnungswidrigkeitenrechtlichen Tatbestände des § 97 Abs. 2 Nr. 4 und/oder Nr. 5 einschlägig sein. Das Inverkehrbringen von Arzneimitteln ohne erforderliche Neuzulassung nach § 29 Abs. 3 stellt einen Verstoß gegen § 21 Abs. 1 und mithin eine Straftat nach § 96 Nr. 5 dar.

20   **6. Verstoß gegen § 30.** Wenn ein Arzneimittel aufgrund der in § 30 genannten Maßnahmen der Verwaltungsbehörde nicht mehr verkehrsfähig ist und dennoch vorsätzlich in den Verkehr gebracht wird, liegt eine **Strafbarkeit** nach § 96 Nr. 7 vor. Im Falle fahrlässigen Handelns bzw. Unterlassens stellt das Verhalten eine **Ordnungswidrigkeit** nach § 97 Abs. 1 dar. Der Verstoß gegen das in § 30 Abs. 4 S. 1 Nr. 2 geregelte Importverbot wird ebenfalls als **Ordnungswidrigkeit** nach § 97 Abs. 2 Nr. 8 sanktioniert.

---

[19] Eingehend zu dieser Problematik *Weber,* „Off-label use" – Arzneimittel- und strafrechtliche Aspekte am Beispiel der Kinderheilkunde, 2009, S. 91 ff.; s. auch *Ulsenheimer* FS Rissing-van Saan, 2011, 701 ff.; allg. zum „Off-Label-Use" etwa *Engelke* MedR 2011, 418 ff.; *Freund, A.* PharmR 2004, 275 ff.; Kügel/Müller/Hofmann/*Kortland* AMG Vor § 21 Rn. 21 ff. (Rn. 24 f. auch zur möglichen Abschichtung vom „Unlicensed Use" und vom „Compassionate Use").

7. Verstoß gegen § 32. Werden nicht freigegebene Chargen vorsätzlich in den Verkehr 21 gebracht, greift eine **Strafbarkeit** nach § 96 Nr. 8 ein; im Falle des fahrlässigen Inverkehrbringens ist eine **Ordnungswidrigkeit** nach § 97 Abs. 1 gegeben.

8. Strafrechtliche Verantwortlichkeiten nach allgemeinen Regeln. Zur Klarstel- 22 lung: Die durch die Verweisungen der §§ 95 f. konstituierten Straftaten regeln die strafrechtlichen Verantwortlichkeiten auch im hier interessierenden Bereich nicht abschließend. Sie bilden lediglich ergänzende Sanktionsnormen. So ist es zB ohne Weiteres möglich, dass sich der gegen ein spezialgesetzliches Verbot verstoßende Inverkehrbringer eines Arzneimittels dadurch zugleich tatbestandlich missbilligt iS der fahrlässigen **Körperverletzung** (§ 229 StGB) oder **Tötung** (§ 222 StGB) verhält und bei eingetretenen spezifischen Fehlverhaltensfolgen wegen fahrlässiger Körperverletzung oder Tötung bestraft wird. Selbst bei fehlendem Verstoß gegen eine speziell zulassungsrechtliche Norm bleibt – wie § 25 Abs. 10 ebenfalls nur klarstellend sagt – die strafrechtliche Verantwortlichkeit des pharmazeutischen Unternehmers unberührt.

Von den speziellen arzneimittelstrafrechtlichen Normen nicht betroffen sind regelmäßig 23 die in der Zulassungsbehörde zuständigen **Amtsträger.** Immerhin kann aber mit den Gefahrenabwehrmöglichkeiten dieser Amtsträger eine strafrechtliche Verantwortlichkeit nach den allgemeinen Regeln einhergehen. Dabei kommt nicht nur eine solche wegen eines Begehungsdelikts – etwa der fahrlässigen Tötung oder Körperverletzung (§§ 222, 229 StGB) – durch fehlerhaftes Vorgehen bei der Zulassung trotz vorhandenen Versagungsgrundes in Betracht (wenn etwa das Nutzen–Risiko–Verhältnis iS des § 25 Abs. 2 Nr. 5 so ungünstig ist, dass das Arzneimittel als gesundheitlich bedenklich eingestuft werden muss). Auch eine strafrechtliche Verantwortlichkeit wegen **begehungsgleichen Unterlassens** ist ohne Weiteres denkbar:[20] Werden zB die Möglichkeiten der Rücknahme und des Widerrufs der Zulassung nicht genutzt, obwohl das Ergreifen der entsprechenden Gefahrenabwendungsmaßnahme kraft der qualifizierten **Amtspflicht** unbedingt geboten war, und kommt es deshalb zu körperlichen Schäden bei Menschen, erfüllt der pflichtvergessene Amtsträger die Voraussetzungen der **fahrlässigen Körperverletzung** durch begehungsgleiches Unterlassen (§§ 229, 13 StGB). Sachlich handelt es sich insoweit um einen speziellen Fall der strafrechtlichen Produktverantwortlichkeit, die eben nicht nur beim Inverkehrbringer in Betracht kommt, sondern auch bei einem Amtsträger gegeben sein kann, der für das Inverkehrbleiben unter Verstoß gegen eine qualifizierte Rechtspflicht verantwortlich ist.[21]

Zu den Anforderungen an **vorsätzliches Handeln** (unter Einschluss des Unterlassens) 24 s. in grundsätzlichem Zusammenhang → Vor § 95 Rn. 31 ff., → § 95 Rn. 3 ff.; zur **Fahrlässigkeit** näher → Vor § 95 Rn. 20 f., 27 ff., → § 95 Rn. 30 ff.

Fünfter Abschnitt. Registrierung von Arzneimitteln

§ 38 Registrierung homöopathischer Arzneimittel

(1) ¹**Fertigarzneimittel, die Arzneimittel im Sinne des § 2 Abs. 1 oder Abs. 2 Nr. 1 sind, dürfen als homöopathische Arzneimittel im Geltungsbereich dieses Gesetzes nur in den Verkehr gebracht werden, wenn sie in ein bei der zuständigen Bundesoberbehörde zu führendes Register für homöopathische Arzneimittel eingetragen sind (Registrierung). ²Einer Zulassung bedarf es nicht; § 21 Abs. 1 Satz 2**

---

[20] Zur Amtsträgerverantwortlichkeit wegen begehungsgleichen Unterlassens s. näher *Freund*, Erfolgsdelikt und Unterlassen, 1992, S. 260 f., 291 ff., 305 ff.; *Georgy*, Die strafrechtliche Verantwortlichkeit von Amtsträgern für Arzneimittelrisiken, 2011, S. 30 ff.; *Putz*, Strafrechtliche Produktverantwortlichkeit, insbesondere bei Arzneimitteln, 2004, S. 24 ff. – Allg. zu den Anforderungen der Strafbarkeit → Vor § 95 Rn. 2 ff.

[21] Näher zu dem allgemeinen Problem der strafrechtlichen Produktverantwortlichkeit → Vor § 95 Rn. 86 ff.

und Abs. 3 findet entsprechende Anwendung. ³Einer Registrierung bedarf es nicht für Arzneimittel, die von einem pharmazeutischen Unternehmer in Mengen bis zu 1 000 Packungen in einem Jahr in den Verkehr gebracht werden, es sei denn, es handelt sich um Arzneimittel,

1. die Zubereitungen aus Stoffen gemäß § 3 Nr. 3 oder 4 enthalten,
2. die mehr als den hundertsten Teil der in nicht homöopathischen, der Verschreibungspflicht nach § 48 unterliegenden Arzneimitteln verwendeten kleinsten Dosis enthalten oder
3. bei denen die Tatbestände des § 39 Abs. 2 Nr. 3, 4, 5, 6, 7 oder 9 vorliegen.

(2) ¹Dem Antrag auf Registrierung sind die in den §§ 22 bis 24 bezeichneten Angaben, Unterlagen und Gutachten beizufügen. ²Das gilt nicht für die Angaben über die Wirkungen und Anwendungsgebiete, für die Unterlagen und Gutachten über die klinische Prüfung sowie für Angaben nach § 22 Absatz 2 Nummer 5 und 5a und Absatz 7 Satz 2. ³Die Unterlagen über die pharmakologisch-toxikologische Prüfung sind vorzulegen, soweit sich die Unbedenklichkeit des Arzneimittels nicht anderweitig, insbesondere durch einen angemessen hohen Verdünnungsgrad ergibt. ⁴§ 22 Absatz 1a gilt entsprechend.

§ 39 Entscheidung über die Registrierung homöopathischer Arzneimittel, Verfahrensvorschriften

(1) ¹Die zuständige Bundesoberbehörde hat das homöopathische Arzneimittel zu registrieren und dem Antragsteller die Registrierungsnummer schriftlich zuzuteilen. ²§ 25 Abs. 4 und 5 Satz 5 findet entsprechende Anwendung. ³Die Registrierung gilt nur für das im Bescheid aufgeführte homöopathische Arzneimittel und seine Verdünnungsgrade. ⁴Die zuständige Bundesoberbehörde kann den Bescheid über die Registrierung mit Auflagen verbinden. ⁵Auflagen können auch nachträglich angeordnet werden. ⁶§ 28 Abs. 2 und 4 findet Anwendung.

(2) Die zuständige Bundesoberbehörde hat die Registrierung zu versagen, wenn
1. die vorgelegten Unterlagen unvollständig sind,
2. das Arzneimittel nicht nach dem jeweils gesicherten Stand der wissenschaftlichen Erkenntnisse ausreichend analytisch geprüft worden ist,
3. das Arzneimittel nicht die nach den anerkannten pharmazeutischen Regeln angemessene Qualität aufweist,
4. bei dem Arzneimittel der begründete Verdacht besteht, dass es bei bestimmungsgemäßem Gebrauch schädliche Wirkungen hat, die über ein nach den Erkenntnissen der medizinischen Wissenschaft vertretbares Maß hinausgehen,
4a. das Arzneimittel zur Anwendung bei Tieren bestimmt ist, die der Gewinnung von Lebensmitteln dienen, und es einen pharmakologisch wirksamen Bestandteil enthält, der nicht im Anhang der Verordnung (EU) Nr. 37/2010 als Stoff aufgeführt ist, für den eine Festlegung von Höchstmengen nicht erforderlich ist,
5. die angegebene Wartezeit nicht ausreicht,
5a. das Arzneimittel, sofern es zur Anwendung bei Menschen bestimmt ist, nicht zur Einnahme und nicht zur äußerlichen Anwendung bestimmt ist,
5b. das Arzneimittel mehr als einen Teil pro Zehntausend der Ursubstanz oder bei Arzneimitteln, die zur Anwendung bei Menschen bestimmt sind, mehr als den hundertsten Teil der in allopathischen der Verschreibungspflicht nach § 48 unterliegenden Arzneimitteln verwendeten kleinsten Dosis enthält,
6. das Arzneimittel der Verschreibungspflicht unterliegt; es sei denn, dass es ausschließlich Stoffe enthält, die im Anhang der Verordnung (EU) Nr. 37/2010

als Stoffe aufgeführt sind, für die eine Festlegung von Höchstmengen nicht
erforderlich ist,

7. das Arzneimittel nicht nach einer im Homöopathischen Teil des Arzneibuches
beschriebenen Verfahrenstechnik hergestellt ist,

7a. wenn die Anwendung der einzelnen Wirkstoffe als homöopathisches oder
anthroposophisches Arzneimittel nicht allgemein bekannt ist,

8. für das Arzneimittel eine Zulassung erteilt ist,

9. das Inverkehrbringen des Arzneimittels oder seine Anwendung bei Tieren
gegen gesetzliche Vorschriften verstoßen würde.

(2a) ^{1}Ist das Arzneimittel bereits in einem anderen Mitgliedstaat der Europäischen Union oder in einem anderen Vertragsstaat des Abkommens über den Europäischen Wirtschaftsraum registriert worden, ist die Registrierung auf der Grundlage dieser Entscheidung zu erteilen, es sei denn, dass ein Versagungsgrund nach
Absatz 2 vorliegt. ^{2}Für die Anerkennung der Registrierung eines anderen Mitgliedstaates findet Kapitel 4 der Richtlinie 2001/83/EG und für Arzneimittel, die
zur Anwendung bei Tieren bestimmt sind, Kapitel 4 der Richtlinie 2001/82/EG
entsprechende Anwendung; Artikel 29 Abs. 4, 5 und 6 und die Artikel 30 bis 34
der Richtlinie 2001/83/EG sowie Artikel 33 Abs. 4, 5 und 6 und die Artikel 34
bis 38 der Richtlinie 2001/82/EG finden keine Anwendung.

(2b) ^{1}Der Antragsteller hat der zuständigen Bundesoberbehörde unter Beifügung entsprechender Unterlagen unverzüglich Anzeige zu erstatten, wenn sich
Änderungen in den Angaben und Unterlagen nach § 38 Absatz 2 Satz 1 ergeben.
^{2}§ 29 Absatz 1a, 1e, 1f und 2 bis 2b gilt entsprechend. ^{3}Die Verpflichtung nach
Satz 1 hat nach Erteilung der Registrierung der Inhaber der Registrierung zu
erfüllen. ^{4}Eine neue Registrierung ist in folgenden Fällen zu beantragen:

1. bei einer Änderung der Zusammensetzung der Wirkstoffe nach Art oder
Menge, einschließlich einer Änderung der Potenzstufe,

2. bei einer Änderung der Darreichungsform, soweit es sich nicht um eine Änderung nach § 29 Absatz 2a Satz 1 Nummer 3 handelt.

(2c) ^{1}Die Registrierung erlischt nach Ablauf von fünf Jahren seit ihrer Erteilung,
es sei denn, dass spätestens neun Monate vor Ablauf der Frist ein Antrag auf
Verlängerung gestellt wird. ^{2}Für das Erlöschen und die Verlängerung der Registrierung gilt § 31 entsprechend mit der Maßgabe, dass die Versagungsgründe nach
Absatz 2 Nr. 3 bis 9 Anwendung finden.

(2d) Für Rücknahme, Widerruf und Ruhen der Registrierung gilt § 30 Absatz 1
Satz 1, Absatz 2, 2a, 3 und 4 entsprechend mit der Maßgabe, dass die Versagungsgründe nach Absatz 2 Nummer 2 bis 9 Anwendung finden.

(2e) § 34 Absatz 1 Satz 1 Nummer 1 bis 7, Absatz 1a Satz 1 Nummer 1, 4 und
5, Absatz 1a Satz 4, Absatz 1b und 1d gilt entsprechend.

(3) ^{1}Das Bundesministerium wird ermächtigt, für homöopathische Arzneimittel entsprechend den Vorschriften über die Zulassung durch Rechtsverordnung
ohne Zustimmung des Bundesrates Vorschriften über [bis 30.9.2021: die Gebühren
und Auslagen und] die Freistellung von der Registrierung zu erlassen. ^{2}Die Rechtsverordnung ergeht im Einvernehmen mit dem Bundesministerium für Ernährung
und Landwirtschaft, soweit es sich um Arzneimittel handelt, die zur Anwendung
bei Tieren bestimmt sind. ^{3}§ 36 Abs. 4 gilt für die Änderung einer Rechtsverordnung über die Freistellung von der Registrierung entsprechend.

§ 39a Registrierung traditioneller pflanzlicher Arzneimittel

^{1}Fertigarzneimittel, die pflanzliche Arzneimittel und Arzneimittel im Sinne des
§ 2 Abs. 1 sind, dürfen als traditionelle pflanzliche Arzneimittel nur in den Verkehr

gebracht werden, wenn sie durch die zuständige Bundesoberbehörde registriert sind. [2]Dies gilt auch für pflanzliche Arzneimittel, die Vitamine oder Mineralstoffe enthalten, sofern die Vitamine oder Mineralstoffe die Wirkung der traditionellen pflanzlichen Arzneimittel im Hinblick auf das Anwendungsgebiet oder die Anwendungsgebiete ergänzen.

§ 39b Registrierungsunterlagen für traditionelle pflanzliche Arzneimittel

(1) [1]Dem Antrag auf Registrierung müssen vom Antragsteller folgende Angaben und Unterlagen beigefügt werden:

1. die in § 22 Abs. 1, 3c, 4, 5 und 7 und § 24 Abs. 1 Nr. 1 genannten Angaben und Unterlagen,
2. die in § 22 Abs. 2 Satz 1 Nr. 1 genannten Ergebnisse der analytischen Prüfung,
3. die Zusammenfassung der Merkmale des Arzneimittels mit den in § 11a Abs. 1 genannten Angaben unter Berücksichtigung, dass es sich um ein traditionelles pflanzliches Arzneimittel handelt,
4. bibliographische Angaben über die traditionelle Anwendung oder Berichte von Sachverständigen, aus denen hervorgeht, dass das betreffende oder ein entsprechendes Arzneimittel zum Zeitpunkt der Antragstellung seit mindestens 30 Jahren, davon mindestens 15 Jahre in der Europäischen Union, medizinisch oder tiermedizinisch verwendet wird, das Arzneimittel unter den angegebenen Anwendungsbedingungen unschädlich ist und dass die pharmakologischen Wirkungen oder die Wirksamkeit des Arzneimittels auf Grund langjähriger Anwendung und Erfahrung plausibel sind,
5. bibliographischer Überblick betreffend die Angaben zur Unbedenklichkeit zusammen mit einem Sachverständigengutachten gemäß § 24 und, soweit zur Beurteilung der Unbedenklichkeit des Arzneimittels erforderlich, die dazu notwendigen weiteren Angaben und Unterlagen,
6. Registrierungen oder Zulassungen, die der Antragsteller in einem anderen Mitgliedstaat oder in einem Drittland für das Inverkehrbringen des Arzneimittels erhalten hat, sowie Einzelheiten etwaiger ablehnender Entscheidungen über eine Registrierung oder Zulassung und die Gründe für diese Entscheidungen.

[2]Der Nachweis der Verwendung über einen Zeitraum von 30 Jahren gemäß Satz 1 Nr. 4 kann auch dann erbracht werden, wenn für das Inverkehrbringen keine spezielle Genehmigung für ein Arzneimittel erteilt wurde. [3]Er ist auch dann erbracht, wenn die Anzahl oder Menge der Wirkstoffe des Arzneimittels während dieses Zeitraums herabgesetzt wurde. [4]Ein Arzneimittel ist ein entsprechendes Arzneimittel im Sinne des Satzes 1 Nr. 4, wenn es ungeachtet der verwendeten Hilfsstoffe dieselben oder vergleichbare Wirkstoffe, denselben oder einen ähnlichen Verwendungszweck, eine äquivalente Stärke und Dosierung und denselben oder einen ähnlichen Verabreichungsweg wie das Arzneimittel hat, für das der Antrag auf Registrierung gestellt wird.

(1a) Die Angaben nach § 22 Absatz 1 Satz 1 Nummer 1 bis 10 müssen in deutscher, die übrigen Angaben in deutscher oder englischer Sprache beigefügt werden; andere Angaben oder Unterlagen können im Registrierungsverfahren statt in deutscher auch in englischer Sprache gemacht oder vorgelegt werden, soweit es sich nicht um Angaben handelt, die für die Kennzeichnung, die Packungsbeilage oder die Fachinformation verwendet werden.

(2) Anstelle der Vorlage der Angaben und Unterlagen nach Absatz 1 Satz 1 Nr. 4 und 5 kann bei Arzneimitteln zur Anwendung am Menschen auch Bezug genommen werden auf eine gemeinschaftliche oder unionsrechtliche Pflanzenmonogra-

phie nach Artikel 16h Abs. 3 der Richtlinie 2001/83/EG oder eine Listenposition nach Artikel 16f der Richtlinie 2001/83/EG.

(3) [1]Enthält das Arzneimittel mehr als einen pflanzlichen Wirkstoff oder Stoff nach § 39a Satz 2, sind die in Absatz 1 Satz 1 Nr. 4 genannten Angaben für die Kombination vorzulegen. [2]Sind die einzelnen Wirkstoffe nicht hinreichend bekannt, so sind auch Angaben zu den einzelnen Wirkstoffen zu machen.

§ 39c Entscheidung über die Registrierung traditioneller pflanzlicher Arzneimittel

(1) [1]Die zuständige Bundesoberbehörde hat das traditionelle pflanzliche Arzneimittel zu registrieren und dem Antragsteller die Registrierungsnummer schriftlich mitzuteilen. [2]§ 25 Abs. 4 sowie 5 Satz 5 findet entsprechende Anwendung. [3]Die Registrierung gilt nur für das im Bescheid aufgeführte traditionelle pflanzliche Arzneimittel. [4]Die zuständige Bundesoberbehörde kann den Bescheid über die Registrierung mit Auflagen verbinden. [5]Auflagen können auch nachträglich angeordnet werden. [6]§ 28 Abs. 2 und 4 findet entsprechende Anwendung.

(2) [1]Die zuständige Bundesoberbehörde hat die Registrierung zu versagen, wenn der Antrag nicht die in § 39b vorgeschriebenen Angaben und Unterlagen enthält oder

1. die qualitative oder quantitative Zusammensetzung nicht den Angaben nach § 39b Abs. 1 entspricht oder sonst die pharmazeutische Qualität nicht angemessen ist,

2. die Anwendungsgebiete nicht ausschließlich denen traditioneller pflanzlicher Arzneimittel entsprechen, die nach ihrer Zusammensetzung und dem Zweck ihrer Anwendung dazu bestimmt sind, am Menschen angewandt zu werden, ohne dass es der ärztlichen Aufsicht im Hinblick auf die Stellung einer Diagnose, die Verschreibung oder die Überwachung der Behandlung bedarf,

3. das Arzneimittel bei bestimmungsgemäßem Gebrauch schädlich sein kann,

4. die Unbedenklichkeit von Vitaminen oder Mineralstoffen, die in dem Arzneimittel enthalten sind, nicht nachgewiesen ist,

5. die Angaben über die traditionelle Anwendung unzureichend sind, insbesondere die pharmakologischen Wirkungen oder die Wirksamkeit auf der Grundlage der langjährigen Anwendung und Erfahrung nicht plausibel sind,

6. das Arzneimittel nicht ausschließlich in einer bestimmten Stärke und Dosierung zu verabreichen ist,

7. das Arzneimittel nicht ausschließlich zur oralen oder äußerlichen Anwendung oder zur Inhalation bestimmt ist,

8. die nach § 39b Abs. 1 Satz 1 Nr. 4 erforderliche zeitliche Vorgabe nicht erfüllt ist,

9. für das traditionelle pflanzliche Arzneimittel oder ein entsprechendes Arzneimittel eine Zulassung gemäß § 25 oder eine Registrierung nach § 39 erteilt wurde,

10. das Inverkehrbringen des Arzneimittels oder seine Anwendung bei Tieren gegen gesetzliche Vorschriften verstoßen würde.

[2]Für Arzneimittel, die zur Anwendung bei Tieren bestimmt sind, gilt Satz 1 entsprechend.

(3) [1]Die Registrierung erlischt nach Ablauf von fünf Jahren seit ihrer Erteilung, es sei denn, dass spätestens neun Monate vor Ablauf der Frist ein Antrag auf Verlängerung gestellt wird. [2]Für das Erlöschen und die Verlängerung der Registrierung gilt § 31 entsprechend mit der Maßgabe, dass die Versagungsgründe nach Absatz 2 Anwendung finden.

§ 39d Sonstige Verfahrensvorschriften für traditionelle pflanzliche Arzneimittel

(1) Die zuständige Bundesoberbehörde teilt dem Antragsteller, sowie bei Arzneimitteln, die zur Anwendung am Menschen bestimmt sind, der Europäischen Kommission und der zuständigen Behörde eines Mitgliedstaates der Europäischen Union auf Anforderung eine von ihr getroffene ablehnende Entscheidung über die Registrierung als traditionelles Arzneimittel und die Gründe hierfür mit.

(2) [1]Für Arzneimittel, die Artikel 16d Abs. 1 der Richtlinie 2001/83/EG entsprechen, gilt § 25b entsprechend. [2]Für die in Artikel 16d Abs. 2 der Richtlinie 2001/83/EG genannten Arzneimittel ist eine Registrierung eines anderen Mitgliedstaates gebührend zu berücksichtigen.

(3) Die zuständige Bundesoberbehörde kann den nach Artikel 16h der Richtlinie 2001/83/EG eingesetzten Ausschuss für pflanzliche Arzneimittel auf Antrag um eine Stellungnahme zum Nachweis der traditionellen Anwendung ersuchen, wenn Zweifel über das Vorliegen der Voraussetzungen nach § 39b Abs. 1 Satz 1 Nr. 4 bestehen.

(4) Wenn ein Arzneimittel zur Anwendung bei Menschen seit weniger als 15 Jahren innerhalb der Europäischen Union angewendet worden ist, aber ansonsten die Voraussetzungen einer Registrierung nach den §§ 39a bis 39c vorliegen, hat die zuständige Bundesoberbehörde das nach Artikel 16c Abs. 4 der Richtlinie 2001/83/EG vorgesehene Verfahren unter Beteiligung des Ausschusses für pflanzliche Arzneimittel einzuleiten.

(5) Wird ein pflanzlicher Stoff, eine pflanzliche Zubereitung oder eine Kombination davon in der Liste nach Artikel 16f der Richtlinie 2001/83/EG gestrichen, so sind Registrierungen, die diesen Stoff enthaltende traditionelle pflanzliche zur Anwendung bei Menschen bestimmte Arzneimittel betreffen und die unter Bezugnahme auf § 39b Abs. 2 vorgenommen wurden, zu widerrufen, sofern nicht innerhalb von drei Monaten die in § 39b Abs. 1 genannten Angaben und Unterlagen vorgelegt werden.

(6) § 34 Absatz 1 Satz 1 Nummer 1 bis 7, Absatz 1a Satz 1 Nummer 1, 4 und 5, Absatz 1a Satz 4, Absatz 1b und 1d gilt entsprechend.

(7) [1]Der Antragsteller hat der zuständigen Bundesoberbehörde unter Beifügung entsprechender Unterlagen unverzüglich Anzeige zu erstatten, wenn sich Änderungen in den Angaben und Unterlagen nach § 39b Absatz 1 Satz 1 in Verbindung mit Absatz 2 ergeben. [2]§ 29 Absatz 1a, 1e, 1f und 2 bis 2b gilt entsprechend. [3]Die Verpflichtung nach Satz 1 hat nach Erteilung der Registrierung der Inhaber der Registrierung zu erfüllen. [4]Eine neue Registrierung ist in folgenden Fällen zu beantragen:
1. bei einer Änderung der Anwendungsgebiete, soweit es sich nicht um eine Änderung nach § 29 Absatz 2a Satz 1 Nummer 1 handelt,
2. bei einer Änderung der Zusammensetzung der Wirkstoffe nach Art oder Menge,
3. bei einer Änderung der Darreichungsform, soweit es sich nicht um eine Änderung nach § 29 Absatz 2a Satz 1 Nummer 3 handelt.

(8) Für Rücknahme, Widerruf und Ruhen der Registrierung gilt § 30 Absatz 1 Satz 1, Absatz 2, 2a, 3 und 4 entsprechend mit der Maßgabe, dass die Versagungsgründe nach § 39c Absatz 2 Anwendung finden.

[Abs. 9 bis 30.9.2021:]

(9) [1]Das Bundesministerium wird ermächtigt, für traditionelle pflanzliche Arzneimittel entsprechend den Vorschriften der Zulassung durch Rechtsverordnung ohne Zustimmung des Bundesrates Vorschriften über die Gebühren und Auslagen der Registrierung zu erlassen. [2]Die Rechtsverordnung ergeht im Einvernehmen mit dem Bundesministerium für Ernährung und Landwirtschaft, soweit es sich um Arzneimittel handelt, die zur Anwendung bei Tieren bestimmt sind.

Kommentierung des 5. Abschnitts (§§ 38–39d)

Schrifttum: *Blasius,* in *Blasius/Müller-Römer/Fischer* (Hrsg.), Arzneimittel und Recht in Deutschland, 1998, S. 139; *Dettling,* Wissenschaftlichkeit im Arzneimittelrecht – Zum Begriff des jeweils gesicherten Standes der wissenschaftlichen Erkenntnisse – (Teil 2), PharmR 2008, 323, 325 f.; *Gawrich/Ziller,* Die wesentlichen Regelungsinhalte der 7. und 8. AMG-Novelle, PharmR 1998, 374; *Hesshaus,* Die Registrierung traditioneller pflanzlicher Arzneimittel – Zwischen Bestandsschutz und Neuentwicklung, PharmR 2006, 158; *Krüger,* Registrierung traditioneller pflanzlicher Arzneimittel – Chancen und Möglichkeiten, PharmR 2006, 572; *ders.,* Werbliche Besonderheiten für Arzneimittel der besonderen Therapierichtungen, PharmR 2006, 10; *Letzel/Wartensleben,* „Begründeter Verdacht" und „Jeweils gesicherter Stand der wissenschaftlichen Erkenntnisse" – Zur Wissenschaftstheorie und -dynamik von zwei AMG-Begriffen, PharmR 1989, 2; *Pannenbecker,* Die allgemeine Bekanntheit der Anwendung als homöopathisches Arzneimittel iSd § 39 Abs. 2 Nr. 7a AMG als „K.O.-Kriterium" bei der Registrierung?, PharmR 2004, 181; *Pannenbecker/Natz,* Defizite der 14. AMG-Novelle im Hinblick auf homöopathische Humanarzneimittel, PharmR 2005, 266; *Stolte,* Pflanzliche und traditionelle Arzneimittel – Erste Erfahrungen mit der Registrierung nach §§ 39a ff. AMG, PharmR 2008, 133.

S. ergänzend die Literaturangaben zum 4. Abschnitt (§§ 21–37).

I. Allgemeines

Homöopathische und traditionelle pflanzliche Arzneimittel unterliegen entspre- **1** chend dem Regelungsinhalt des 5. Abschnitts einer staatlichen **Registrierungspflicht.** Seine europarechtliche Grundlage hat diese im Gemeinschaftskodex, der Richtlinie 2001/83/EG. Das allgemein im 4. Abschnitt geregelte Zulassungsverfahren muss bei einer Registrierung nicht durchgeführt werden. Letztlich verläuft das Registrierungsverfahren in seinen Grundzügen aber ähnlich wie das Zulassungsverfahren: Diese Parallele wird bereits daran deutlich, dass in § 38 Abs. 2 S. 2 und § 39b Abs. 1 S. 1, Abs. 1a auf die Regelungen der §§ 22–24 Bezug genommen wird. Insofern stimmt der Inhalt der Regelungen des 5. Abschnitts mit EG-Recht überein, welches den Umgang mit solchen Arzneimitteln näher regelt.

II. Begriff des homöopathischen und des traditionellen pflanzlichen Arzneimittels

Ein homöopathisches Arzneimittel ist nach der durch die 14. AMG-Novelle in § 4 **2** Abs. 26 neu eingefügten Definition ein Arzneimittel, das nach einem im Europäischen Arzneibuch oder, in Ermangelung dessen, nach einem in den offiziell gebräuchlichen Pharmakopöen der Mitgliedstaaten der Europäischen Union beschriebenen homöopathischen Zubereitungsverfahren hergestellt worden ist. Nach S. 2 kann ein homöopathisches Arzneimittel auch mehrere Wirkstoffe enthalten. **Pflanzliche Arzneimittel** sind nach der Legaldefinition des § 4 Abs. 29 Arzneimittel, die als Wirkstoff ausschließlich einen oder mehrere pflanzliche Stoffe oder eine oder mehrere pflanzliche Zubereitungen oder einen oder mehrere solcher pflanzlichen Stoffe in Kombination mit einer oder mehreren solcher pflanzlichen Zubereitungen enthalten. Ihre Einstufung als **traditionelle** pflanzliche Arzneimittel erfordert insbesondere einen ausreichend langen bisherigen Verwendungszeitraum (mindestens 30 Jahre, davon grundsätzlich mindestens 15 Jahre in der Europäischen Union; § 39b Abs. 1 S. 1 Nr. 4).

III. Registrierungspflicht und rechtliche Folgen der Registrierung (§ 38, § 39a)

Grundsätzlich unterliegen alle Fertigarzneimittel,[1] die Arzneimittel im Sinne des § 2 **3** Abs. 1 oder Abs. 2 Nr. 1 sind und als homöopathisches oder traditionelles pflanzliches Arzneimittel in Deutschland in den Verkehr gebracht werden sollen, einer **Registrierungspflicht.** Diese tritt an die Stelle des Zulassungserfordernisses. **Registrierungsfähig** sind homöopathische Arzneimittel – sowohl Einzelmittel als auch Komplexmittel –, wenn kein Versagungsgrund vorliegt. Insbesondere muss ihre Anwendung als homöopathisches oder anthroposophisches Arzneimittel allgemein bekannt sein.[2] Freigestellt von der Registrie-

---

[1] Zum Begriff des Fertigarzneimittels näher → § 4 Rn. 2 f.
[2] S. *Rehmann* § 38 Rn. 2 mit weiteren Ausführungen zur Registrierungsfähigkeit von homöopathischen Arzneimitteln.

rungspflicht sind Arzneimittel, die in Mengen von weniger als 1.000 Packungen pro Jahr als sog „verlängerte Rezepturen" in den Verkehr gebracht werden. Allerdings gilt die Ausnahme des § 38 Abs. 1 S. 3 nicht für Arzneimittel, die aus Stoffen tierischer oder menschlicher Herkunft bzw. aus Viren oder Mikroorganismen gewonnen wurden. Darüber hinaus werden solche Arzneimittel von dem Befreiungstatbestand nicht erfasst, die einen zu geringen Verdünnungsgrad aufweisen oder bei denen im Fall einer beantragten Registrierung ein Versagungsgrund nach § 39 Abs. 2 Nr. 3, 4, 5, 6, 7 oder 9 einschlägig wäre. Traditionelle pflanzliche Arzneimittel sind nicht registrierungsfähig, wenn einer der in § 39c Abs. 2 genannten Versagungsgründe vorliegt.

4   Mit der Registrierung wird das homöopathische oder traditionelle pflanzliche Arzneimittel **verkehrsfähig**. Die zivilrechtliche Haftung des pharmazeutischen Unternehmers, der ein homöopathisches oder traditionelles pflanzliches Arzneimittel in den Verkehr bringt, richtet sich allerdings nicht nach der speziellen Gefährdungshaftung des § 84, da dieser sich nur auf zugelassene Arzneimittel bezieht. An die Stelle der speziellen Regelung des § 84 treten für registrierte Arzneimittel die allgemeinen Vorschriften des ProdHaftG.

IV. Anspruch auf Registrierung (§ 39, § 39c)

5   Sofern keiner der in § 39 Abs. 2 oder § 39c Abs. 2 abschließend genannten Versagungsgründe vorliegt, besteht für den Antragsteller ein Anspruch auf die beantragte Registrierung. Die Registrierung ist dem Antragenden schriftlich bekannt zu geben. Bei der Registrierung handelt es sich um einen begünstigenden Verwaltungsakt. Die Versagung einer beantragten Registrierung stellt einen belastenden Verwaltungsakt dar, der allgemein mit den verwaltungsrechtlichen Instrumentarien angegriffen werden kann.[3]

V. Sanktionenrechtliche Bedeutung der Vorschriften im 5. Abschnitt

6   Wird im Registrierungsverfahren eine nach § 38 Abs. 2 erforderliche Unterlage vorsätzlich nicht vollständig oder mit nicht richtigem Inhalt vorgelegt, greift die Strafvorschrift des § 96 Nr. 6. Wird ein registrierungspflichtiges homöopathisches oder traditionelles pflanzliches Arzneimittel vorsätzlich ohne entsprechende Registrierung in den Verkehr gebracht, ist eine **Strafbarkeit** nach § 96 Nr. 9 gegeben. Im Falle fahrlässigen Verhaltens liegt jeweils eine **Ordnungswidrigkeit** nach § 97 Abs. 1 vor. Zu den Anforderungen an **vorsätzliches Handeln** (unter Einschluss des Unterlassens) s. in grundsätzlichem Zusammenhang → Vor § 95 Rn. 31 ff., → § 95 Rn. 3 ff.; zur **Fahrlässigkeit** näher → Vor § 95 Rn. 20 f., 27 ff., → § 95 Rn. 30 ff.

Sechster Abschnitt. Schutz des Menschen bei der klinischen Prüfung

§ 40 Allgemeine Voraussetzungen der klinischen Prüfung

(1) **[1]Der Sponsor, der Prüfer und alle weiteren an der klinischen Prüfung beteiligten Personen haben bei der Durchführung der klinischen Prüfung eines Arzneimittels bei Menschen die Anforderungen der guten klinischen Praxis nach Maßgabe des Artikels 1 Abs. 3 der Richtlinie 2001/20/EG einzuhalten. [2]Die klinische Prüfung eines Arzneimittels bei Menschen darf vom Sponsor nur begonnen werden, wenn die zuständige Ethik-Kommission diese nach Maßgabe des § 42 Abs. 1 zustimmend bewertet und die zuständige Bundesoberbehörde diese nach Maßgabe des § 42 Abs. 2 genehmigt hat. [3]Die klinische Prüfung eines Arzneimittels darf bei Menschen nur durchgeführt werden, wenn und solange**

---

[3] Allgemein zur Verpflichtungsklage und ihren Voraussetzungen statt vieler *Detterbeck,* Allgemeines Verwaltungsrecht mit Verwaltungsprozessrecht, 13. Aufl. 2015, Rn. 1379 ff.

1. ein Sponsor oder ein Vertreter des Sponsors vorhanden ist, der seinen Sitz in einem Mitgliedstaat der Europäischen Union oder in einem anderen Vertragsstaat des Abkommens über den Europäischen Wirtschaftsraum hat,
2. die vorhersehbaren Risiken und Nachteile gegenüber dem Nutzen für die Person, bei der sie durchgeführt werden soll (betroffene Person), und der voraussichtlichen Bedeutung des Arzneimittels für die Heilkunde ärztlich vertretbar sind,
2a. nach dem Stand der Wissenschaft im Verhältnis zum Zweck der klinischen Prüfung eines Arzneimittels, das aus einem gentechnisch veränderten Organismus oder einer Kombination von gentechnisch veränderten Organismen besteht oder solche enthält, unvertretbare schädliche Auswirkungen auf
    a) die Gesundheit Dritter und
    b) die Umwelt
    nicht zu erwarten sind,
3. die betroffene Person
    a) volljährig und in der Lage ist, Wesen, Bedeutung und Tragweite der klinischen Prüfung zu erkennen und ihren Willen hiernach auszurichten,
    b) nach Absatz 2 Satz 1 aufgeklärt worden ist und schriftlich eingewilligt hat, soweit in Absatz 4 oder in § 41 nichts Abweichendes bestimmt ist und
    c) nach Absatz 2a Satz 1 und 2 informiert worden ist und schriftlich eingewilligt hat; die Einwilligung muss sich ausdrücklich auch auf die Erhebung und Verarbeitung von Angaben über die Gesundheit beziehen,
4. die betroffene Person nicht auf gerichtliche oder behördliche Anordnung in einer Anstalt untergebracht ist,
5. sie in einer geeigneten Einrichtung von einem angemessen qualifizierten Prüfer verantwortlich durchgeführt wird und die Prüfung von einem Prüfer mit mindestens zweijähriger Erfahrung in der klinischen Prüfung von Arzneimitteln geleitet wird,
6. eine dem jeweiligen Stand der wissenschaftlichen Erkenntnisse entsprechende pharmakologisch-toxikologische Prüfung des Arzneimittels durchgeführt worden ist,
7. jeder Prüfer durch einen für die pharmakologisch-toxikologische Prüfung verantwortlichen Wissenschaftler über deren Ergebnisse und die voraussichtlich mit der klinischen Prüfung verbundenen Risiken informiert worden ist,
8. für den Fall, dass bei der Durchführung der klinischen Prüfung ein Mensch getötet oder der Körper oder die Gesundheit eines Menschen verletzt wird, eine Versicherung nach Maßgabe des Absatzes 3 besteht, die auch Leistungen gewährt, wenn kein anderer für den Schaden haftet, und
9. für die medizinische Versorgung der betroffenen Person ein Arzt oder bei zahnmedizinischer Behandlung ein Zahnarzt verantwortlich ist.

⁴Kann die betroffene Person nicht schreiben, so kann in Ausnahmefällen statt der in Satz 3 Nummer 3 Buchstabe b und c geforderten schriftlichen Einwilligung eine mündliche Einwilligung in Anwesenheit von mindestens einem Zeugen, der auch bei der Information der betroffenen Person einbezogen war, erteilt werden. ⁵Der Zeuge darf keine bei der Prüfstelle beschäftigte Person und kein Mitglied der Prüfgruppe sein. ⁶Die mündlich erteilte Einwilligung ist schriftlich zu dokumentieren, zu datieren und von dem Zeugen zu unterschreiben.

(1a) ¹Der Prüfer bestimmt angemessen qualifizierte Mitglieder der Prüfgruppe. ²Er hat sie anzuleiten und zu überwachen sowie ihnen die für ihre Tätigkeit im Rahmen der Durchführung der klinischen Prüfung erforderlichen Informationen, insbesondere den Prüfplan und die Prüferinformation, zur Verfügung zu stellen. ³Der Prüfer hat mindestens einen Stellvertreter mit vergleichbarer Qualifikation zu benennen.

(1b) Einer Versicherung nach Absatz 1 Satz 3 Nummer 8 bedarf es nicht bei klinischen Prüfungen mit zugelassenen Arzneimitteln, wenn die Anwendung gemäß den in der Zulassung festgelegten Angaben erfolgt und Risiken und Belastungen durch zusätzliche Untersuchungen oder durch den Therapievergleich gering sind und soweit eine anderweitige Versicherung für Prüfer und Sponsor besteht.

(2) ¹Die betroffene Person ist durch einen Prüfer, der Arzt oder, bei zahnmedizinischer Prüfung, Zahnarzt ist, oder durch ein Mitglied der Prüfgruppe, das Arzt oder, bei zahnmedizinischer Prüfung, Zahnarzt ist, über Wesen, Bedeutung, Risiken und Tragweite der klinischen Prüfung sowie über ihr Recht aufzuklären, die Teilnahme an der klinischen Prüfung jederzeit zu beenden; ihr ist eine allgemein verständliche Aufklärungsunterlage auszuhändigen. ²Der betroffenen Person ist ferner Gelegenheit zu einem Beratungsgespräch mit einem Prüfer oder einem Mitglied der Prüfgruppe, das Arzt oder, bei zahnmedizinischer Prüfung, Zahnarzt ist, über die sonstigen Bedingungen der Durchführung der klinischen Prüfung zu geben. ³Eine nach Absatz 1 Satz 3 Nummer 3 Buchstabe b erklärte Einwilligung in die Teilnahme an einer klinischen Prüfung kann jederzeit gegenüber dem Prüfer oder einem Mitglied der Prüfgruppe schriftlich oder mündlich widerrufen werden, ohne dass der betroffenen Person dadurch Nachteile entstehen dürfen.

(2a) ¹Die betroffene Person ist über Zweck und Umfang der Erhebung und Verwendung personenbezogener Daten, insbesondere von Gesundheitsdaten zu informieren. ²Sie ist insbesondere darüber zu informieren, dass
1. die erhobenen Daten soweit erforderlich
   a) zur Einsichtnahme durch die Überwachungsbehörde oder Beauftragte des Sponsors zur Überprüfung der ordnungsgemäßen Durchführung der klinischen Prüfung bereitgehalten werden,
   b) pseudonymisiert an den Sponsor oder eine von diesem beauftragte Stelle zum Zwecke der wissenschaftlichen Auswertung weitergegeben werden,
   c) im Falle eines Antrags auf Zulassung pseudonymisiert an den Antragsteller und die für die Zulassung zuständige Behörde weitergegeben werden,
   d) im Falle unerwünschter Ereignisse des zu prüfenden Arzneimittels pseudonymisiert an den Sponsor und die zuständige Bundesoberbehörde sowie von dieser an die Europäische Datenbank weitergegeben werden,
2. die Einwilligung nach Absatz 1 Satz 3 Nr. 3 Buchstabe c unwiderruflich ist,
3. im Falle eines Widerrufs der nach Absatz 1 Satz 3 Nr. 3 Buchstabe b erklärten Einwilligung die gespeicherten Daten weiterhin verwendet werden dürfen, soweit dies erforderlich ist, um
   a) Wirkungen des zu prüfenden Arzneimittels festzustellen,
   b) sicherzustellen, dass schutzwürdige Interessen der betroffenen Person nicht beeinträchtigt werden,
   c) der Pflicht zur Vorlage vollständiger Zulassungsunterlagen zu genügen,
4. die Daten bei den genannten Stellen für die auf Grund des § 42 Abs. 3 bestimmten Fristen gespeichert werden.
³Im Falle eines Widerrufs der nach Absatz 1 Satz 3 Nr. 3 Buchstabe b erklärten Einwilligung haben die verantwortlichen Stellen unverzüglich zu prüfen, inwieweit die gespeicherten Daten für die in Satz 2 Nr. 3 genannten Zwecke noch erforderlich sein können. ⁴Nicht mehr benötigte Daten sind unverzüglich zu löschen. ⁵Im Übrigen sind die erhobenen personenbezogenen Daten nach Ablauf der auf Grund des § 42 Abs. 3 bestimmten Fristen zu löschen, soweit nicht gesetzliche, satzungsmäßige oder vertragliche Aufbewahrungsfristen entgegenstehen.

(3) ¹Die Versicherung nach Absatz 1 Satz 3 Nr. 8 muss zugunsten der von der klinischen Prüfung betroffenen Personen bei einem in einem Mitgliedstaat der Europäischen Union oder einem anderen Vertragsstaat des Abkommens über den

Europäischen Wirtschaftsraum zum Geschäftsbetrieb zugelassenen Versicherer genommen werden. ²Ihr Umfang muss in einem angemessenen Verhältnis zu den mit der klinischen Prüfung verbundenen Risiken stehen und auf der Grundlage der Risikoabschätzung so festgelegt werden, dass für jeden Fall des Todes oder der dauernden Erwerbsunfähigkeit einer von der klinischen Prüfung betroffenen Person mindestens 500 000 Euro zur Verfügung stehen. ³Soweit aus der Versicherung geleistet wird, erlischt ein Anspruch auf Schadensersatz.

(4) Auf eine klinische Prüfung bei Minderjährigen finden die Absätze 1 bis 3 mit folgender Maßgabe Anwendung:

1. ¹Das Arzneimittel muss zum Erkennen oder zum Verhüten von Krankheiten bei Minderjährigen bestimmt und die Anwendung des Arzneimittels nach den Erkenntnissen der medizinischen Wissenschaft angezeigt sein, um bei dem Minderjährigen Krankheiten zu erkennen oder ihn vor Krankheiten zu schützen. ²Angezeigt ist das Arzneimittel, wenn seine Anwendung bei dem Minderjährigen medizinisch indiziert ist.

2. Die klinische Prüfung an Erwachsenen oder andere Forschungsmethoden dürfen nach den Erkenntnissen der medizinischen Wissenschaft keine ausreichenden Prüfergebnisse erwarten lassen.

3. ¹Die Einwilligung wird durch den gesetzlichen Vertreter abgegeben, nachdem er entsprechend Absatz 2 aufgeklärt worden ist. ²Sie muss dem mutmaßlichen Willen des Minderjährigen entsprechen, soweit ein solcher feststellbar ist. ³Der Minderjährige ist vor Beginn der klinischen Prüfung von einem im Umgang mit Minderjährigen erfahrenen Prüfer, der Arzt oder, bei zahnmedizinischer Prüfung, Zahnarzt ist, oder einem entsprechend erfahrenen Mitglied der Prüfgruppe, das Arzt oder, bei zahnmedizinischer Prüfung, Zahnarzt ist, über die Prüfung, die Risiken und den Nutzen aufzuklären, soweit dies im Hinblick auf sein Alter und seine geistige Reife möglich ist; erklärt der Minderjährige, nicht an der klinischen Prüfung teilnehmen zu wollen, oder bringt er dies in sonstiger Weise zum Ausdruck, so ist dies zu beachten. ⁴Ist der Minderjährige in der Lage, Wesen, Bedeutung und Tragweite der klinischen Prüfung zu erkennen und seinen Willen hiernach auszurichten, so ist auch seine Einwilligung erforderlich. ⁵Eine Gelegenheit zu einem Beratungsgespräch nach Absatz 2 Satz 2 ist neben dem gesetzlichen Vertreter auch dem Minderjährigen zu eröffnen.

4. Die klinische Prüfung darf nur durchgeführt werden, wenn sie für die betroffene Person mit möglichst wenig Belastungen und anderen vorhersehbaren Risiken verbunden ist; sowohl der Belastungsgrad als auch die Risikoschwelle müssen im Prüfplan eigens definiert und vom Prüfer ständig überprüft werden.

5. Vorteile mit Ausnahme einer angemessenen Entschädigung dürfen nicht gewährt werden.

(5) ¹Der betroffenen Person, ihrem gesetzlichen Vertreter oder einem von ihr Bevollmächtigten steht eine zuständige Kontaktstelle zur Verfügung, bei der Informationen über alle Umstände, denen eine Bedeutung für die Durchführung einer klinischen Prüfung beizumessen ist, eingeholt werden können. ²Die Kontaktstelle ist bei der jeweils zuständigen Bundesoberbehörde einzurichten.

[§§ 40–40d ab unbestimmtem Zeitpunkt, siehe Gesetzeskopf Fn. 4:]

§ 40 Verfahren zur Genehmigung einer klinischen Prüfung

(1) Mit der klinischen Prüfung von Arzneimitteln bei Menschen darf nur begonnen werden, wenn die zuständige Bundesoberbehörde die klinische Prüfung nach Artikel 8 der Verordnung (EU) Nr. 536/2014 genehmigt hat.

(2) ¹*Der nach Artikel 5 Absatz 1 der Verordnung (EU) Nr. 536/2014 zu stellende Antrag auf Genehmigung einer klinischen Prüfung ist über das EU-Portal in deutscher oder englischer Sprache einzureichen.* ²*Die Unterlagen, die für die betroffene Person oder deren gesetzlichen Vertreter bestimmt sind, sind in deutscher Sprache einzureichen.*

(3) ¹*Der Antrag wird nach Artikel 5 Absatz 3 der Verordnung (EU) Nr. 536/2014 durch die zuständige Bundesoberbehörde validiert.* ²*Die nach dem Geschäftsverteilungsplan nach § 41b Absatz 2 zuständige Ethik-Kommission nimmt zu den Antragsunterlagen hinsichtlich der Voraussetzungen nach Artikel 6 Absatz 1 Buchstabe a, b und e der Verordnung (EU) Nr. 536/2014 sowie nach § 40a Satz 1 Nummer 4 und § 40b Absatz 4 Satz 3 Stellung.* ³*Für die Stellungnahme gilt die in der Verfahrensordnung nach § 41b Absatz 1 festgelegte Frist.* ⁴*§ 41 Absatz 3 Satz 1 gilt entsprechend.* ⁵*Bei der Validierung des Antrags hinsichtlich der Voraussetzungen nach Artikel 7 der Verordnung (EU) Nr. 536/2014, auch in Verbindung mit Artikel 11 der Verordnung (EU) Nr. 536/2014, sowie nach § 40a Satz 1 Nummer 2, 3 und 5, Satz 2 und 3 und § 40b Absatz 2, 3 Satz 1, Absatz 4 Satz 1 und 9, Absatz 5 und 6 ist die Bundesoberbehörde an die Bewertung der nach dem Geschäftsverteilungsplan nach § 41b Absatz 2 zuständigen Ethik-Kommission gebunden.*

(4) ¹*Die zuständige Bundesoberbehörde nimmt die Aufgaben nach Artikel 6 der Verordnung (EU) Nr. 536/2014, auch in Verbindung mit Artikel 11 der Verordnung (EU) Nr. 536/2014, wahr und prüft die Voraussetzungen des § 40a Satz 1 Nummer 1 und 4 und des § 40b Absatz 4 Satz 3 hinsichtlich der Nutzen-Risiko-Bewertung nach Artikel 6 Absatz 1 Buchstabe b der Verordnung (EU) Nr. 536/2014.* ²*Die nach dem Geschäftsverteilungsplan nach § 41b Absatz 2 zuständige Ethik-Kommission nimmt zu den Voraussetzungen nach Artikel 6 Absatz 1 Buchstabe a, b und e der Verordnung (EU) Nr. 536/2014 sowie nach § 40a Satz 1 Nummer 4 und § 40b Absatz 4 Satz 3 hinsichtlich der Nutzen-Risiko-Bewertung nach Artikel 6 Absatz 1 Buchstabe b der Verordnung (EU) Nr. 536/2014 Stellung.* ³*Für die Stellungnahme gilt die in der Verfahrensordnung nach § 41b Absatz 1 festgelegte Frist.*

(5) ¹*Die nach dem Geschäftsverteilungsplan nach § 41b Absatz 2 zuständige Ethik-Kommission nimmt die Aufgaben nach Artikel 7 der Verordnung (EU) Nr. 536/2014, auch in Verbindung mit Artikel 11 der Verordnung (EU) Nr. 536/2014, wahr und prüft die Voraussetzungen des § 40a Satz 1 Nummer 2, 3 und 5, Satz 2 und 3 und des § 40b Absatz 2, 3 Satz 1, Absatz 4 Satz 1, Satz 3 hinsichtlich der Festlegung der Einwilligung, Satz 4 bis 9, Absatz 5 und 6.* ²*§ 41 Absatz 2 gilt entsprechend.*

(6) ¹*Die zuständige Bundesoberbehörde erhebt eine Gesamtgebühr im Sinne der Artikel 86 und 87 der Verordnung (EU) Nr. 536/2014.* ²*Die zuständige Ethik-Kommission erhebt eine Gebühr für die Bearbeitung eines Antrags nach Maßgabe der Rechtsverordnung nach § 41b Absatz 1 und teilt diese der zuständigen Bundesoberbehörde mit.* ³*Diese Gebühr ist in den Gebührenbescheid über die Gesamtgebühr nach Satz 1 aufzunehmen.*

(7) ¹*Bei Prüfpräparaten, die aus einem gentechnisch veränderten Organismus oder einer Kombination von gentechnisch veränderten Organismen bestehen oder solche enthalten, sind zusätzlich zu dem nach Absatz 2 einzureichenden Antrag bei der zuständigen Bundesoberbehörde folgende Unterlagen gemäß den Anhängen II und III zur Richtlinie 2001/18/EG des Europäischen Parlaments und des Rates vom 12. März 2001 über die absichtliche Freisetzung genetisch veränderter Organismen in die Umwelt und zur Aufhebung der Richtlinie 90/220/ EWG des Rates (ABl. L 106 vom 17.4.2001, S. 1), die zuletzt durch die Richtlinie (EU) 2015/412 (ABl. L 68 vom 13.3.2015, S. 1) geändert worden ist, einzureichen:*

1. *eine Darlegung und Bewertung der Risiken für die Gesundheit nicht betroffener Personen und die Umwelt sowie eine Darlegung der vorgesehenen Vorkehrungen,*

2. *Informationen über den gentechnisch veränderten Organismus, über die Bedingungen der klinischen Prüfung und über die den gentechnisch veränderten Organismus möglicherweise aufnehmende Umwelt sowie Informationen über die Wechselwirkungen zwischen dem gentechnisch veränderten Organismus und der Umwelt,*

3. *einen Beobachtungsplan zur Ermittlung der Auswirkungen auf die Gesundheit nicht betroffener Personen und die Umwelt sowie eine Beschreibung der geplanten Überwachungsmaßnahmen und Angaben über entstehende Reststoffe und ihre Behandlung sowie über Notfallpläne.*

²Der Sponsor kann insoweit auch auf Unterlagen Bezug nehmen, die ein Dritter in einem vorangegangenen Verfahren vorgelegt hat, sofern es sich nicht um vertrauliche Angaben handelt. ³Die zuständige Bundesoberbehörde stellt das Benehmen mit dem Bundesamt für Verbraucherschutz und Lebensmittelsicherheit her. ⁴Die Genehmigung der klinischen Prüfung durch die zuständige Bundesoberbehörde umfasst die Genehmigung der Freisetzung dieser gentechnisch veränderten Organismen im Rahmen der klinischen Prüfung.

(8) ¹Die zuständige Bundesoberbehörde übermittelt die Entscheidung nach Artikel 8 Absatz 1 Unterabsatz 1 der Verordnung (EU) Nr. 536/2014 über das EU-Portal an den Sponsor. ²Sie ist dabei an den Bewertungsbericht der Ethik-Kommission nach Absatz 5 gebunden. ³Weicht die Bundesoberbehörde von der Stellungnahme der Ethik-Kommission nach Absatz 4 Satz 2 ab, so bezeichnet sie die zuständige Ethik-Kommission, gibt das Ergebnis der Stellungnahme der Ethik-Kommission wieder und begründet ihr Abweichen von dieser Stellungnahme. ⁴In der Begründung kann auf in englischer Sprache abgefasste Bewertungsberichte Bezug genommen werden. ⁵Die zuständige Bundesoberbehörde übermittelt die Entscheidung nach Artikel 8 Absatz 2 Unterabsatz 3 der Verordnung (EU) Nr. 536/2014.

§ 40a Allgemeine Voraussetzungen für die klinische Prüfung

¹Über die Voraussetzungen nach der Verordnung (EU) Nr. 536/2014 hinaus darf eine klinische Prüfung bei Menschen nur durchgeführt werden, solange

1. *ein Sponsor oder ein Vertreter des Sponsors bei rein nationalen sowie bei national und in Drittstaaten durchgeführten klinischen Prüfungen vorhanden ist, der seinen Sitz in einem Mitgliedstaat der Europäischen Union oder in einem anderen Vertragsstaat des Abkommens über den Europäischen Wirtschaftsraum hat,*

2. *die Person, bei der die klinische Prüfung durchgeführt werden soll (betroffene Person) nicht auf gerichtliche oder behördliche Anordnung in einer Anstalt untergebracht ist,*

3. *für den Fall, dass bei der Durchführung der klinischen Prüfung ein Mensch getötet oder der Körper oder die Gesundheit eines Menschen verletzt wird, eine Versicherung, die auch Leistungen gewährt, wenn kein anderer für den Schaden haftet, nach folgenden Maßgaben besteht:*
   a) *die Versicherung muss zugunsten der von der klinischen Prüfung betroffenen Person bei einem in einem Mitgliedstaat der Europäischen Union oder einem anderen Vertragsstaat des Abkommens über den Europäischen Wirtschaftsraum zum Geschäftsbetrieb zugelassenen Versicherer genommen werden,*
   b) *der Umfang der Versicherung muss in einem angemessenen Verhältnis zu den mit einer klinischen Prüfung verbundenen Risiken stehen und auf der Grundlage der Risikoabschätzung so festgelegt werden, dass für jeden Fall des Todes oder der fortdauernden Erwerbsunfähigkeit einer von der klinischen Prüfung betroffenen Person mindestens 500 000 Euro zur Verfügung stehen,*

4. *nach dem Stand der Wissenschaft im Verhältnis zum Zweck der klinischen Prüfung eines Arzneimittels, das aus einem gentechnisch veränderten Organismus oder einer Kombination von gentechnisch veränderten Organismen besteht oder solche enthält, unvertretbare schädliche Auswirkungen nicht zu erwarten sind auf*
   a) *die Gesundheit Dritter und*
   b) *die Umwelt,*

5. *sie in einer nach Artikel 50 in Verbindung mit Anhang I Nummer 67 der Verordnung (EU) Nr. 536/2014 geeigneten Einrichtung stattfindet.*

²Bei xenogenen Arzneimitteln müssen die Anforderungen nach Satz 1 Nummer 3 im Hinblick auf eine Versicherung von Drittrisiken erfüllt sein. ³Einer Versicherung nach Satz 1 Num-

mer 3 bedarf es nicht bei einer minimalinterventionellen klinischen Prüfung nach Artikel 2 Absatz 2 Nummer 3 der Verordnung (EU) Nr. 536/2014, soweit eine anderweitige Versicherung für Prüfer und Sponsor besteht. [4]Soweit aus der Versicherung nach Satz 1 Nummer 3 geleistet wird, erlischt ein Anspruch auf Schadensersatz.

§ 40b Besondere Voraussetzungen für die klinische Prüfung

(1) Ergänzend zu Artikel 29 der Verordnung (EU) Nr. 536/2014 gelten für die Einwilligung der betroffenen Person oder, falls diese nicht in der Lage ist, eine Einwilligung nach Aufklärung zu erteilen, ihres gesetzlichen Vertreters die Vorgaben nach den Absätzen 2 bis 5.

(2) Die betroffene Person oder, falls diese nicht in der Lage ist, eine Einwilligung nach Aufklärung zu erteilen, ihr gesetzlicher Vertreter ist durch einen Prüfer, der Arzt oder, bei einer zahnmedizinischen Prüfung, Zahnarzt ist, oder durch ein Mitglied des Prüfungsteams, das Arzt oder, bei einer zahnmedizinischen Prüfung, Zahnarzt ist, im Rahmen des Gesprächs nach Artikel 29 Absatz 2 Buchstabe c der Verordnung (EU) Nr. 536/2014 aufzuklären.

(3) [1]Eine klinische Prüfung darf bei einem Minderjährigen, der in der Lage ist, das Wesen, die Bedeutung und die Tragweite der klinischen Prüfung zu erkennen und seinen Willen hiernach auszurichten, nur durchgeführt werden, wenn auch seine schriftliche Einwilligung nach Aufklärung gemäß Artikel 29 der Verordnung (EU) Nr. 536/2014 zusätzlich zu der schriftlichen Einwilligung, die sein gesetzlicher Vertreter nach Aufklärung erteilt hat, vorliegt. [2]Erklärt ein Minderjähriger, der nicht in der Lage ist, Wesen, Bedeutung und Tragweite der klinischen Prüfung zu erkennen und seinen Willen hiernach auszurichten, nicht an der klinischen Prüfung teilnehmen zu wollen, oder bringt er dies in sonstiger Weise zum Ausdruck, so gilt dies als ausdrücklicher Wunsch im Sinne des Artikels 31 Absatz 1 Buchstabe c der Verordnung (EU) Nr. 536/2014.

(4) [1]Eine klinische Prüfung mit einer Person, die nicht in der Lage ist, Wesen, Bedeutung und Tragweite der klinischen Prüfung zu erkennen und ihren Willen hiernach auszurichten, darf nur durchgeführt werden, wenn
1. die Voraussetzungen des Artikels 31 Absatz 1 der Verordnung (EU) Nr. 536/2014 und
2. die Voraussetzungen des Artikels 31 Absatz 3 der Verordnung (EU) Nr. 536/2014
vorliegen.
[2]Erklärt eine Person, die nicht in der Lage ist, Wesen, Bedeutung und Tragweite der klinischen Prüfung zu erkennen und ihren Willen hiernach auszurichten, nicht an der klinischen Prüfung teilnehmen zu wollen, oder bringt sie dies in sonstiger Weise zum Ausdruck, so gilt dies als ausdrücklicher Wunsch im Sinne des Artikels 31 Absatz 1 Buchstabe c der Verordnung (EU) Nr. 536/2014. [3]Bei einer volljährigen Person, die nicht in der Lage ist, Wesen, Bedeutung und Tragweite der klinischen Prüfung zu erkennen und ihren Willen hiernach auszurichten, darf eine klinische Prüfung im Sinne des Artikels 31 Absatz 1 Buchstabe g Ziffer ii der Verordnung (EU) Nr. 536/2014, die ausschließlich einen Nutzen für die repräsentierte Bevölkerungsgruppe, zu der die betroffene Person gehört, zur Folge haben wird (gruppennützige klinische Prüfung), nur durchgeführt werden, soweit die betroffene Person als einwilligungsfähige volljährige Person für den Fall ihrer Einwilligungsunfähigkeit schriftlich nach ärztlicher Aufklärung festgelegt hat, dass sie in bestimmte, zum Zeitpunkt der Festlegung noch nicht unmittelbar bevorstehende gruppennützige klinische Prüfungen einwilligt. [4]Der Betreuer prüft, ob diese Festlegungen auf die aktuelle Situation zutreffen. [5]Die Erklärung kann jederzeit formlos widerrufen werden. [6]§ 1901a Absatz 1, 4 und 5 des Bürgerlichen Gesetzbuches gilt im Übrigen entsprechend. [7]Die betroffene Person ist über sämtliche für die Einwilligung wesentlichen Umstände aufzuklären. [8]Dazu gehören insbesondere die Aufklärung über das Wesen, die Ziele, den Nutzen, die Folgen, die Risiken und die Nachteile klinischer Prüfungen, die unter den Bedingungen des Artikels 31 der Verordnung (EU) Nr. 536/2014 stattfinden, sowie die in Artikel 29 Absatz 2 Buchstabe a Ziffer ii und iv

der Verordnung (EU) Nr. 536/2014 angeführten Inhalte. [9]Bei Minderjährigen, für die nach Erreichen der Volljährigkeit Satz 1 gelten würde, darf eine solche gruppennützige klinische Prüfung nicht durchgeführt werden.

(5) Eine klinische Prüfung darf in Notfällen nur durchgeführt werden, wenn die Voraussetzungen des Artikels 35 der Verordnung (EU) Nr. 536/2014 vorliegen.

(6) [1]Die betroffene Person oder, falls diese nicht in der Lage ist, eine Einwilligung nach Aufklärung zu erteilen, ihr gesetzlicher Vertreter muss schriftlich und ausdrücklich in die Erhebung, Verarbeitung und Nutzung von personenbezogenen Daten, insbesondere von Gesundheitsdaten, einwilligen. [2]Sie ist über Zweck und Umfang der Erhebung und Verwendung dieser Daten aufzuklären. [3]Sie ist insbesondere darüber zu informieren, dass
1. *die erhobenen Daten, soweit erforderlich,*
   a) *zur Einsichtnahme durch die Überwachungsbehörde oder Beauftragte des Sponsors zur Überprüfung der ordnungsgemäßen Durchführung der klinischen Prüfung bereitgehalten werden,*
   b) *pseudonymisiert an den Sponsor oder eine von diesem beauftragte Stelle zum Zwecke der wissenschaftlichen Auswertung weitergegeben werden,*
   c) *im Fall eines Antrags auf Zulassung pseudonymisiert an den Antragsteller und die für die Zulassung zuständige Behörde weitergegeben werden,*
   d) *im Fall unerwünschter Ereignisse und schwerwiegender unerwünschter Ereignisse nach Artikel 41 Absatz 1, 2 und 4 der Verordnung (EU) Nr. 536/2014 pseudonymisiert vom Prüfer an den Sponsor weitergegeben werden,*
   e) *im Fall mutmaßlicher unerwarteter schwerwiegender Nebenwirkungen nach Artikel 42 der Verordnung (EU) Nr. 536/2014 pseudonymisiert vom Sponsor an die Datenbank nach Artikel 40 Absatz 1 der Verordnung (EU) Nr. 536/2014 weitergegeben werden,*
   f) *im Fall unerwarteter Ereignisse nach Artikel 53 Absatz 1 der Verordnung (EU) Nr. 536/2014 pseudonymisiert vom Sponsor an das EU-Portal weitergegeben werden,*
2. *im Fall eines Widerrufs der nach Satz 1 und Absatz 1 erklärten Einwilligungen die gespeicherten Daten weiterhin verwendet werden dürfen, soweit dies erforderlich ist, um*
   a) *Wirkungen des zu prüfenden Arzneimittels festzustellen,*
   b) *sicherzustellen, dass schutzwürdige Interessen der betroffenen Person nicht beeinträchtigt werden,*
   c) *der Pflicht zur Vorlage vollständiger Zulassungsunterlagen zu genügen,*
3. *die Daten bei Prüfer und Sponsor für die aufgrund des Artikels 58 Unterabsatz 1 der Verordnung (EU) Nr. 536/2014 bestimmte Frist gespeichert werden.*

(7) Die Kontaktstelle im Sinne des Artikels 28 Absatz 1 Buchstabe g der Verordnung (EU) Nr. 536/2014 ist bei der nach § 77 zuständigen Bundesoberbehörde einzurichten.

§ 40c Verfahren bei Hinzufügung eines Mitgliedstaates, bei Änderungen sowie bei Bewertungsverfahren

(1) Für die Verfahren zur späteren Hinzufügung eines zusätzlichen betroffenen Mitgliedstaates der Europäischen Union nach Artikel 14 der Verordnung (EU) Nr. 536/2014 und zur Genehmigung einer wesentlichen Änderung einer klinischen Prüfung nach den Artikeln 15 bis 24 der Verordnung (EU) Nr. 536/2014 gelten die §§ 40 bis 40b entsprechend.

(2) Im Rahmen des Bewertungsverfahrens nach Artikel 44 der Verordnung (EU) Nr. 536/2014 wird die Bewertung der zuständigen Ethik-Kommission einbezogen.

(3) [1]Änderungen einer von der zuständigen Bundesoberbehörde genehmigten klinischen Prüfung mit Arzneimitteln, die aus gentechnisch veränderten Organismen bestehen oder diese enthalten und die geeignet sind, die Risikobewertung für die Gesundheit nicht betroffener Personen und die Umwelt zu verändern, darf der Sponsor nur vornehmen, wenn diese Änderungen von der zuständigen Bundesoberbehörde genehmigt wurden. [2]Die Genehmigung ist bei der zuständigen Bundesoberbehörde zu beantragen. [3]Der Antrag ist zu begründen.

§ 40d Besondere Pflichten des Prüfers, des Sponsors und der zuständigen Bundesoberbehörde

Bei klinischen Prüfungen mit Arzneimitteln, die aus einem gentechnisch veränderten Organismus oder einer Kombination von gentechnisch veränderten Organismen bestehen oder die solche Organismen enthalten,

1. *treffen der Sponsor und der Prüfer unabhängig vom Vorliegen einer Genehmigung nach § 40c Absatz 3 alle Maßnahmen, die zum Schutz der Gesundheit nicht betroffener Personen und der Umwelt vor unmittelbarer Gefahr geboten sind;*
2. *unterrichtet der Prüfer den Sponsor unverzüglich über Beobachtungen von in der Risikobewertung nicht vorgesehenen etwaigen schädlichen Auswirkungen auf die Gesundheit nicht betroffener Personen und die Umwelt;*
3. *teilt der Sponsor der zuständigen Bundesoberbehörde unverzüglich alle ihm bekannt gewordenen neuen Informationen über Gefahren für die Gesundheit nicht betroffener Personen und für die Umwelt mit;*
4. *informiert der Sponsor die zuständige Bundesoberbehörde unmittelbar nach Abschluss der klinischen Prüfung über die Ergebnisse in Bezug auf die Gefahren für die menschliche Gesundheit oder die Umwelt;*
5. *unterrichtet die zuständige Bundesoberbehörde die Öffentlichkeit über den hinreichenden Verdacht einer Gefahr für die Gesundheit Dritter oder für die Umwelt in ihrem Wirkungsgefüge einschließlich der zu treffenden Vorsichtsmaßnahmen; wird die Genehmigung zurückgenommen oder widerrufen, das befristete Ruhen der Genehmigung oder eine Änderung der Bedingungen für die klinische Prüfung angeordnet und ist diese Maßnahme unanfechtbar geworden oder sofort vollziehbar, so soll die Öffentlichkeit von der zuständigen Bundesoberbehörde auch hierüber unterrichtet werden; die §§ 17a und 28a Absatz 2 Satz 2 und 3, Absatz 3 und 4 des Gentechnikgesetzes gelten entsprechend.*

§ 41 Besondere Voraussetzungen der klinischen Prüfung

(1) [1]Auf eine klinische Prüfung bei einer volljährigen Person, die an einer Krankheit leidet, zu deren Behandlung das zu prüfende Arzneimittel angewendet werden soll, findet § 40 Abs. 1 bis 3 mit folgender Maßgabe Anwendung:
1. Die Anwendung des zu prüfenden Arzneimittels muss nach den Erkenntnissen der medizinischen Wissenschaft angezeigt sein, um das Leben dieser Person zu retten, ihre Gesundheit wiederherzustellen oder ihr Leiden zu erleichtern, oder
2. sie muss für die Gruppe der Patienten, die an der gleichen Krankheit leiden wie diese Person, mit einem direkten Nutzen verbunden sein.
[2]Kann die Einwilligung wegen einer Notfallsituation nicht eingeholt werden, so darf eine Behandlung, die ohne Aufschub erforderlich ist, um das Leben der betroffenen Person zu retten, ihre Gesundheit wiederherzustellen oder ihr Leiden zu erleichtern, umgehend erfolgen. [3]Die Einwilligung zur weiteren Teilnahme ist einzuholen, sobald dies möglich und zumutbar ist.

(2) [1]Auf eine klinische Prüfung bei einem Minderjährigen, der an einer Krankheit leidet, zu deren Behandlung das zu prüfende Arzneimittel angewendet werden soll, findet § 40 Abs. 1 bis 4 mit folgender Maßgabe Anwendung:
1. Die Anwendung des zu prüfenden Arzneimittels muss nach den Erkenntnissen der medizinischen Wissenschaft angezeigt sein, um das Leben der betroffenen Person zu retten, ihre Gesundheit wiederherzustellen oder ihr Leiden zu erleichtern, oder
2. a) die klinische Prüfung muss für die Gruppe der Patienten, die an der gleichen Krankheit leiden wie die betroffene Person, mit einem direkten Nutzen verbunden sein,

b) die Forschung muss für die Bestätigung von Daten, die bei klinischen Prüfungen an anderen Personen oder mittels anderer Forschungsmethoden gewonnen wurden, unbedingt erforderlich sein,

c) die Forschung muss sich auf einen klinischen Zustand beziehen, unter dem der betroffene Minderjährige leidet und

d) die Forschung darf für die betroffene Person nur mit einem minimalen Risiko und einer minimalen Belastung verbunden sein; die Forschung weist nur ein minimales Risiko auf, wenn nach Art und Umfang der Intervention zu erwarten ist, dass sie allenfalls zu einer sehr geringfügigen und vorübergehenden Beeinträchtigung der Gesundheit der betroffenen Person führen wird; sie weist eine minimale Belastung auf, wenn zu erwarten ist, dass die Unannehmlichkeiten für die betroffene Person allenfalls vorübergehend auftreten und sehr geringfügig sein werden.

²Satz 1 Nr. 2 gilt nicht für Minderjährige, für die nach Erreichen der Volljährigkeit Absatz 3 Anwendung finden würde.

(3) Auf eine klinische Prüfung bei einer volljährigen Person, die nicht in der Lage ist, Wesen, Bedeutung und Tragweite der klinischen Prüfung zu erkennen und ihren Willen hiernach auszurichten und die an einer Krankheit leidet, zu deren Behandlung das zu prüfende Arzneimittel angewendet werden soll, findet § 40 Abs. 1 bis 3 mit folgender Maßgabe Anwendung:

1. ¹Die Anwendung des zu prüfenden Arzneimittels muss nach den Erkenntnissen der medizinischen Wissenschaft angezeigt sein, um das Leben der betroffenen Person zu retten, ihre Gesundheit wiederherzustellen oder ihr Leiden zu erleichtern; außerdem müssen sich derartige Forschungen unmittelbar auf einen lebensbedrohlichen oder sehr geschwächten klinischen Zustand beziehen, in dem sich die betroffene Person befindet, und die klinische Prüfung muss für die betroffene Person mit möglichst wenig Belastungen und anderen vorhersehbaren Risiken verbunden sein; sowohl der Belastungsgrad als auch die Risikoschwelle müssen im Prüfplan eigens definiert und vom Prüfer ständig überprüft werden. ²Die klinische Prüfung darf nur durchgeführt werden, wenn die begründete Erwartung besteht, dass der Nutzen der Anwendung des Prüfpräparates für die betroffene Person die Risiken überwiegt oder keine Risiken mit sich bringt.

2. ¹Die Einwilligung wird durch den gesetzlichen Vertreter oder Bevollmächtigten abgegeben, nachdem er entsprechend § 40 Abs. 2 aufgeklärt worden ist. ²§ 40 Abs. 4 Nr. 3 Satz 2, 3 und 5 gilt entsprechend.

3. ¹Die Forschung muss für die Bestätigung von Daten, die bei klinischen Prüfungen an zur Einwilligung nach Aufklärung fähigen Personen oder mittels anderer Forschungsmethoden gewonnen wurden, unbedingt erforderlich sein. ²§ 40 Abs. 4 Nr. 2 gilt entsprechend.

4. Vorteile mit Ausnahme einer angemessenen Entschädigung dürfen nicht gewährt werden.

[ab unbestimmtem Zeitpunkt, siehe Gesetzeskopf Fn. 4:]

§ 41 Stellungnahme der Ethik-Kommission

(1) Die Stellungnahme der Ethik-Kommission nach § 40 Absatz 4 Satz 2 muss ein klares Votum im Sinne einer Zustimmung, einer Zustimmung mit Auflagen im Sinne des Artikels 8 Absatz 1 Unterabsatz 3 der Verordnung (EU) Nr. 536/2014 oder einer Ablehnung der Vertretbarkeit der Durchführung der klinischen Prüfung sowie eine entsprechende Begründung enthalten.

(2) *¹Die Ethik-Kommission kann eigene wissenschaftliche Erkenntnisse verwerten, Sachverständige hinzuziehen oder Gutachten von Sachverständigen anfordern. ²Sie hat Sachverständige beizuziehen oder Gutachten anzufordern, wenn es sich um eine klinische Prüfung von xenogenen Arzneimitteln oder Gentherapeutika handelt.*

(3) *¹Die Stellungnahme ist von den zuständigen Bundesoberbehörden bei der Erfüllung ihrer Aufgaben nach § 40 Absatz 4 Satz 1 maßgeblich zu berücksichtigen. ²Weicht die zuständige Bundesoberbehörde von dem Votum der Ethik-Kommission ab, so hat sie dies gegenüber der Ethik-Kommission schriftlich zu begründen.*

§ 41a Registrierungsverfahren für Ethik-Kommissionen

(1) An dem Verfahren zur Bewertung eines Antrags auf Genehmigung einer klinischen Prüfung nach der Verordnung (EU) Nr. 536/2014 des Europäischen Parlaments und des Rates vom 16. April 2014 über klinische Prüfungen mit Humanarzneimitteln und zur Aufhebung der Richtlinie 2001/20/EG (ABl. L 158 vom 27.5.2014, S. 1)dürfen nur öffentlich-rechtliche Ethik-Kommissionen der Länder teilnehmen, die nach Landesrecht für die Prüfung und Bewertung klinischer Prüfungen bei Menschen zuständig sind und nach den Absätzen 2 bis 5 registriert sind.

(2) Der Antrag auf Registrierung ist vom jeweiligen Träger der öffentlich-rechtlichen Ethik-Kommissionen der Länder bei dem Bundesinstitut für Arzneimittel und Medizinprodukte zu stellen.

(3) Im Einvernehmen mit dem Paul-Ehrlich-Institut genehmigt das Bundesinstitut für Arzneimittel und Medizinprodukte den Antrag auf Registrierung, wenn folgende Voraussetzungen durch geeignete Unterlagen nachgewiesen werden:
1. die erforderliche aktuelle wissenschaftliche Expertise der Mitglieder sowie der externen Sachverständigen,
2. die interdisziplinäre Zusammensetzung der Ethik-Kommission unter Beteiligung von je mindestens einem Juristen, einer Person mit wissenschaftlicher oder beruflicher Erfahrung auf dem Gebiet der Ethik in der Medizin, einer Person mit Erfahrung auf dem Gebiet der Versuchsplanung und Statistik, drei Ärzten, die über Erfahrungen in der klinischen Medizin verfügen, davon ein Facharzt für klinische Pharmakologie oder für Pharmakologie und Toxikologie, sowie einem Laien,
3. der Ethik-Kommission gehören weibliche und männliche Mitglieder an und bei der Auswahl der Mitglieder und externen Sachverständigen werden Frauen und Männer mit dem Ziel der gleichberechtigten Teilhabe gleichermaßen berücksichtigt,
4. eine Geschäftsordnung, die insbesondere verpflichtende Regelungen zur Arbeitsweise der Ethik-Kommission trifft; dazu gehören insbesondere Regelungen zur Geschäftsführung, zum Vorsitz, zur Vorbereitung von Beschlüssen, zur Beschlussfassung sowie zur Ehrenamtlichkeit und Verschwiegenheitspflicht der Mitglieder und externen Sachverständigen,
5. eine Geschäftsstelle mit dem für die Organisation der Aufgaben der Ethik-Kommission erforderlichen qualifizierten Personal,
6. eine sachliche Ausstattung, die es ermöglicht, kurzfristig Abstimmungsverfahren durchzuführen und fristgerecht Stellungnahmen und Bewertungsberichte zu erstellen,
7. die Ethik-Kommission holt zu jedem Antrag Unabhängigkeitserklärungen der beteiligten Mitglieder und externen Sachverständigen ein, die beinhalten, dass diese keine finanziellen oder persönlichen Interessen, die Auswirkungen auf ihre Unparteilichkeit haben könnten, haben.

(4) Registrierte Ethik-Kommissionen teilen dem Bundesinstitut für Arzneimittel und Medizinprodukte Änderungen, die die Voraussetzungen der Registrierung betreffen, unverzüglich mit.

(5) Das Bundesinstitut für Arzneimittel und Medizinprodukte kann im Einvernehmen mit dem Paul-Ehrlich-Institut das Ruhen der Registrierung anordnen oder die Registrierung aufheben, wenn bekannt wird, dass die Voraussetzungen zur Registrierung nicht oder nicht mehr vorliegen oder wenn ein Verstoß gegen die nach § 41b Absatz 1 festgelegte Verfahrensordnung vorliegt.

(6) ¹Das Bundesinstitut für Arzneimittel und Medizinprodukte veröffentlicht eine Liste der registrierten Ethik-Kommissionen im Bundesanzeiger. ²Personenbezogene Daten dürfen nur mit Einwilligung der jeweiligen Person veröffentlicht werden. ³Die Liste ist regelmäßig zu aktualisieren.

§ 41b Verfahrensordnung und Geschäftsverteilungsplan

(1) ¹Das Bundesministerium erstellt durch Rechtsverordnung mit Zustimmung des Bundesrates eine Verfahrensordnung über die Zusammenarbeit der Bundesoberbehörden und der registrierten Ethik-Kommissionen bei der Bearbeitung von Anträgen auf die Genehmigung von klinischen Prüfungen nach der Verordnung (EU) Nr. 536/2014. ²In der Verfahrensordnung werden insbesondere die Einzelheiten des Registrierungsverfahrens, die Fristen für die Stellungnahmen der registrierten Ethik-Kommissionen, die festen Gebührensätze oder Rahmensätze jeweils nach dem Personal- und Sachaufwand für die Stellungnahmen und Bewertungsberichte der registrierten Ethik-Kommissionen, die Kriterien für einen Geschäftsverteilungsplan einschließlich der für die Verteilung der zu bearbeitenden Anträge maßgeblichen Faktoren sowie die Zuständigkeiten bestimmt, vom Sponsor zusätzliche Informationen nach der Verordnung (EU) Nr. 536/2014 zu ersuchen.

(2) ¹Die bis zum 30. September 2017 registrierten Ethik-Kommissionen oder eine von ihnen benannte Stelle erlassen bis zum 1. Januar 2018 einen gemeinsamen Geschäftsverteilungsplan für alle registrierten Ethik-Kommissionen. ²Dieser ist jährlich zum 1. Januar zu aktualisieren. ³Der Geschäftsverteilungsplan kann in besonderen Fällen abweichend von Satz 2 aktualisiert und geändert werden. ⁴Das Bundesinstitut für Arzneimittel und Medizinprodukte veröffentlicht den jeweils aktuellen Geschäftsverteilungsplan. ⁵Personenbezogene Daten dürfen nur mit Einwilligung der jeweiligen Person veröffentlicht werden.

§ 41c Verordnungsermächtigung

¹Das Bundesministerium wird ermächtigt, durch Rechtsverordnung, die nicht der Zustimmung des Bundesrates bedarf, eine Bundes-Ethik-Kommission bei dem Bundesinstitut für Arzneimittel und Medizinprodukte und dem Paul-Ehrlich-Institut einzurichten, wenn dies erforderlich ist, um die Bearbeitung der in der Verordnung (EU) Nr. 536/2014 geregelten Verfahren sicherzustellen. ²Für die Bundes-Ethik-Kommission gelten die Vorgaben dieses Abschnitts mit der Maßgabe, dass die Bundes-Ethik-Kommission als registriert gilt, entsprechend.

§ 42 Verfahren bei der Ethik-Kommission, Genehmigungsverfahren bei der Bundesoberbehörde

(1) ¹Die nach § 40 Abs. 1 Satz 2 erforderliche zustimmende Bewertung der Ethik-Kommission ist vom Sponsor bei der nach Landesrecht für den Prüfer zuständigen unabhängigen interdisziplinär besetzten Ethik-Kommission zu beantragen. ²Wird

die klinische Prüfung von mehreren Prüfern durchgeführt, so ist der Antrag bei der für den Leiter der klinischen Prüfung zuständigen unabhängigen Ethik-Kommission zu stellen. [3]Das Nähere zur Bildung, Zusammensetzung und Finanzierung der Ethik-Kommission wird durch Landesrecht bestimmt. [4]Der Sponsor hat der Ethik-Kommission alle Angaben und Unterlagen vorzulegen, die diese zur Bewertung benötigt. [5]Zur Bewertung der Unterlagen kann die Ethik-Kommission eigene wissenschaftliche Erkenntnisse verwerten, Sachverständige beiziehen oder Gutachten anfordern. [6]Sie hat Sachverständige beizuziehen oder Gutachten anzufordern, wenn es sich um eine klinische Prüfung bei Minderjährigen handelt und sie nicht über eigene Fachkenntnisse auf dem Gebiet der Kinderheilkunde, einschließlich ethischer und psychosozialer Fragen der Kinderheilkunde, verfügt oder wenn es sich um eine klinische Prüfung von xenogenen Arzneimitteln oder Gentherapeutika handelt. [7]Die zustimmende Bewertung darf nur versagt werden, wenn

1. die vorgelegten Unterlagen auch nach Ablauf einer dem Sponsor gesetzten angemessenen Frist zur Ergänzung unvollständig sind,
2. die vorgelegten Unterlagen einschließlich des Prüfplans, der Prüferinformation und der Modalitäten für die Auswahl der Prüfungsteilnehmer nicht dem Stand der wissenschaftlichen Erkenntnisse entsprechen, insbesondere die klinische Prüfung ungeeignet ist, den Nachweis der Unbedenklichkeit oder Wirksamkeit eines Arzneimittels einschließlich einer unterschiedlichen Wirkungsweise bei Frauen und Männern zu erbringen, oder
3. die in § 40 Abs. 1 Satz 3 Nr. 2 bis 9, Abs. 4 und § 41 geregelten Anforderungen nicht erfüllt sind.

[8]Das Nähere wird in der Rechtsverordnung nach Absatz 3 bestimmt. [9]Die Ethik-Kommission hat eine Entscheidung über den Antrag nach Satz 1 innerhalb einer Frist von höchstens 60 Tagen nach Eingang der erforderlichen Unterlagen zu übermitteln, die nach Maßgabe der Rechtsverordnung nach Absatz 3 verlängert oder verkürzt werden kann; für die Prüfung xenogener Arzneimittel gibt es keine zeitliche Begrenzung für den Genehmigungszeitraum.

(2) [1]Die nach § 40 Abs. 1 Satz 2 erforderliche Genehmigung der zuständigen Bundesoberbehörde ist vom Sponsor bei der zuständigen Bundesoberbehörde zu beantragen. [2]Der Sponsor hat dabei alle Angaben und Unterlagen vorzulegen, die diese zur Bewertung benötigt, insbesondere die Ergebnisse der analytischen und der pharmakologisch-toxikologischen Prüfung sowie den Prüfplan und die klinischen Angaben zum Arzneimittel einschließlich der Prüferinformation. [3]Die Genehmigung darf nur versagt werden, wenn

1. die vorgelegten Unterlagen auch nach Ablauf einer dem Sponsor gesetzten angemessenen Frist zur Ergänzung unvollständig sind,
2. die vorgelegten Unterlagen, insbesondere die Angaben zum Arzneimittel und der Prüfplan einschließlich der Prüferinformation nicht dem Stand der wissenschaftlichen Erkenntnisse entsprechen, insbesondere die klinische Prüfung ungeeignet ist, den Nachweis der Unbedenklichkeit oder Wirksamkeit eines Arzneimittels einschließlich einer unterschiedlichen Wirkungsweise bei Frauen und Männern zu erbringen,
3. die in § 40 Abs. 1 Satz 3 Nr. 1, 2, 2a und 6, bei xenogenen Arzneimitteln auch die in Nummer 8 geregelten Anforderungen insbesondere im Hinblick auf eine Versicherung von Drittrisiken nicht erfüllt sind,
4. der zuständigen Bundesoberbehörde Erkenntnisse vorliegen, dass die Prüfeinrichtung für die Durchführung der klinischen Prüfung nicht geeignet ist oder dass von dieser die in Nummer 2 bezeichneten Anforderungen an die klinische Prüfung nicht eingehalten werden können oder
5. die in § 40 Absatz 4 oder § 41 geregelten Anforderungen nicht erfüllt sind.

§§ 40–42b AMG

[4]Die Genehmigung gilt als erteilt, wenn die zuständige Bundesoberbehörde dem Sponsor innerhalb von höchstens 30 Tagen nach Eingang der Antragsunterlagen keine mit Gründen versehenen Einwände übermittelt. [5]Wenn der Sponsor auf mit Gründen versehene Einwände den Antrag nicht innerhalb einer Frist von höchstens 90 Tagen entsprechend abgeändert hat, gilt der Antrag als abgelehnt. [6]Das Nähere wird in der Rechtsverordnung nach Absatz 3 bestimmt. [7]Abweichend von Satz 4 darf die klinische Prüfung von Arzneimitteln,

1. die unter die Nummer 1 des Anhangs der Verordnung (EG) Nr. 726/2004 fallen,
2. die Arzneimittel für neuartige Therapien, xenogene Arzneimittel sind,
3. die genetisch veränderte Organismen enthalten oder
4. deren Wirkstoff ein biologisches Produkt menschlichen oder tierischen Ursprungs ist oder biologische Bestandteile menschlichen oder tierischen Ursprungs enthält oder zu seiner Herstellung derartige Bestandteile erfordert,

nur begonnen werden, wenn die zuständige Bundesoberbehörde dem Sponsor eine schriftliche Genehmigung erteilt hat. [8]Die zuständige Bundesoberbehörde hat eine Entscheidung über den Antrag auf Genehmigung von Arzneimitteln nach Satz 7 Nr. 2 bis 4 innerhalb einer Frist von höchstens 60 Tagen nach Eingang der in Satz 2 genannten erforderlichen Unterlagen zu treffen, die nach Maßgabe einer Rechtsverordnung nach Absatz 3 verlängert oder verkürzt werden kann; für die Prüfung xenogener Arzneimittel gibt es keine zeitliche Begrenzung für den Genehmigungszeitraum.

(2a) [1]Die für die Genehmigung einer klinischen Prüfung nach Absatz 2 zuständige Bundesoberbehörde unterrichtet die nach Absatz 1 zuständige Ethik-Kommission, sofern ihr Informationen zu anderen klinischen Prüfungen vorliegen, die für die Bewertung der von der Ethik-Kommission begutachteten Prüfung von Bedeutung sind; dies gilt insbesondere für Informationen über abgebrochene oder sonst vorzeitig beendete Prüfungen. [2]Dabei unterbleibt die Übermittlung personenbezogener Daten, ferner sind Betriebs- und Geschäftsgeheimnisse dabei zu wahren.

(3) [1]Das Bundesministerium wird ermächtigt, durch Rechtsverordnung mit Zustimmung des Bundesrates Regelungen zur Gewährleistung der ordnungsgemäßen Durchführung der klinischen Prüfung und der Erzielung dem wissenschaftlichen Erkenntnisstand entsprechender Unterlagen zu treffen. [2]In der Rechtsverordnung können insbesondere Regelungen getroffen werden über:

1. die Aufgaben und Verantwortungsbereiche des Sponsors, der Prüfer oder anderer Personen, die die klinische Prüfung durchführen oder kontrollieren einschließlich von Anzeige-, Dokumentations- und Berichtspflichten insbesondere über Nebenwirkungen und sonstige unerwünschte Ereignisse, die während der Studie auftreten und die Sicherheit der Studienteilnehmer oder die Durchführung der Studie beeinträchtigen könnten,
2. die Aufgaben der und das Verfahren bei Ethik-Kommissionen einschließlich der einzureichenden Unterlagen, auch mit Angaben zur angemessenen Beteiligung von Frauen und Männern als Prüfungsteilnehmerinnen und Prüfungsteilnehmer, der Unterbrechung oder Verlängerung oder Verkürzung der Bearbeitungsfrist und der besonderen Anforderungen an die Ethik-Kommissionen bei klinischen Prüfungen nach § 40 Abs. 4 und § 41 Abs. 2 und 3,
3. die Aufgaben der zuständigen Behörden und das behördliche Genehmigungsverfahren einschließlich der einzureichenden Unterlagen, auch mit Angaben zur angemessenen Beteiligung von Frauen und Männern als Prüfungsteilnehmerinnen und Prüfungsteilnehmer, und der Unterbrechung oder Verlängerung oder Verkürzung der Bearbeitungsfrist, das Verfahren zur Überprüfung von

Unterlagen in Betrieben und Einrichtungen sowie die Voraussetzungen und
das Verfahren für Rücknahme, Widerruf und Ruhen der Genehmigung oder
Untersagung einer klinischen Prüfung,

4. die Anforderungen an die Prüfeinrichtung und an das Führen und Aufbewahren
   von Nachweisen,

5. die Übermittlung von Namen und Sitz des Sponsors und des verantwortlichen
   Prüfers und nicht personenbezogener Angaben zur klinischen Prüfung sowie
   Ergebnissen der klinischen Prüfung von der zuständigen Behörde an eine euro-
   päische Datenbank,

6. die Befugnisse zur Erhebung und Verwendung personenbezogener Daten,
   soweit diese für die Durchführung und Überwachung der klinischen Prüfung
   erforderlich sind; dies gilt auch für die Verarbeitung von Daten, die nicht in
   Dateien verarbeitet oder genutzt werden,

7. soweit Arzneimittel betroffen sind, die aus einem gentechnisch veränderten
   Organismus oder einer Kombination von gentechnisch veränderten Organismen bestehen oder solche enthalten,

   a) die Erhebung und Verwendung personenbezogener Daten, soweit diese für
      die Abwehr von Gefahren für die Gesundheit Dritter oder für die Umwelt
      in ihrem Wirkungsgefüge erforderlich sind,

   b) die Aufgaben und Befugnisse der Behörden zur Abwehr von Gefahren für
      die Gesundheit Dritter und für die Umwelt in ihrem Wirkungsgefüge,

   c) die Übermittlung von Daten in eine öffentlich zugängliche europäische
      Datenbank und

   d) den Informationsaustausch mit der Europäischen Kommission;
ferner kann die Weiterleitung von Unterlagen und Ausfertigungen der Entscheidungen an die zuständigen Behörden und die für die Prüfer zuständigen Ethik-
Kommissionen bestimmt sowie vorgeschrieben werden, dass Unterlagen auf elektronischen Speichermedien eingereicht werden. [3]In der Rechtsverordnung sind für
zugelassene Arzneimittel Ausnahmen entsprechend der Richtlinie 2001/20/EG
vorzusehen.

[ab unbestimmtem Zeitpunkt, siehe Gesetzeskopf Fn. 4:]

§ 42 Korrekturmaßnahmen

*(1) Die zuständige Bundesoberbehörde ergreift die in Artikel 77 der Verordnung (EU)
Nr. 536/2014 genannten Korrekturmaßnahmen nach Maßgabe der folgenden Absätze.*

*(2) [1]Die Genehmigung einer klinischen Prüfung ist zurückzunehmen, wenn bekannt wird,
dass die Voraussetzungen der Verordnung (EU) Nr. 536/2014 oder die Voraussetzungen des
§ 40a oder des § 40b Absatz 2 bis 6 bei der Erteilung der Genehmigung nicht vorlagen. [2]In
diesem Fall kann auch das Ruhen der Genehmigung befristet angeordnet werden.*

*(3) [1]Die Genehmigung ist zu widerrufen, wenn bekannt wird, dass die in Absatz 2 genann-
ten Voraussetzungen nicht mehr vorliegen. [2]Die Genehmigung kann widerrufen werden, wenn
die Gegebenheiten der klinischen Prüfung nicht mit den Angaben im Genehmigungsantrag
übereinstimmen oder wenn Tatsachen Anlass zu Zweifeln an der Unbedenklichkeit oder der
wissenschaftlichen Grundlage der klinischen Prüfung geben. [3]In den Fällen der Sätze 1 und
2 kann auch das Ruhen der Genehmigung befristet angeordnet werden.*

*(4) [1]Wenn der zuständigen Bundesoberbehörde im Rahmen ihrer Tätigkeit Tatsachen
bekannt werden, die die Annahme rechtfertigen, dass die Voraussetzungen der Verordnung
(EU) Nr. 536/2014 oder des § 40a oder des § 40b Absatz 2 bis 6 nicht mehr vorliegen, kann
sie den Sponsor dazu auffordern, Aspekte der klinischen Prüfung zu ändern. [2]Maßnahmen
der zuständigen Überwachungsbehörde gemäß § 69 bleiben davon unberührt.*

(5) ¹In den Fällen der Absätze 2 bis 4 nimmt die zuständige Ethik-Kommission vor der Entscheidung der zuständigen Bundesoberbehörde Stellung, es sei denn, es ist Gefahr im Verzug. ²Soll die Korrekturmaßnahme aufgrund des Fehlens von Voraussetzungen nach Artikel 6 Absatz 1 Buchstabe a, b und e der Verordnung (EU) Nr. 536/2014 oder von Voraussetzungen nach § 40a Satz 1 Nummer 4 oder nach § 40b Absatz 4 Satz 3 ergehen, so gilt § 41 Absatz 3 Satz 1 entsprechend. ³Soll die Korrekturmaßnahme aufgrund des Fehlens von Voraussetzungen nach Artikel 7 der Verordnung (EU) Nr. 536/2014 oder von Voraussetzungen nach § 40a Satz 1 Nummer 2, 3 und 5, Satz 2 und 3 oder nach § 40b Absatz 2, 3, 4 Satz 1, 2 und 9, Absatz 5 und 6 ergehen, so ist die Bundesoberbehörde an die Stellungnahme der Ethik-Kommission gebunden.

(6) Ist die Genehmigung einer klinischen Prüfung zurückgenommen oder widerrufen oder ruht sie, so darf die klinische Prüfung nicht fortgesetzt werden.

(7) Die zuständige Bundesoberbehörde kann die sofortige Unterbrechung der klinischen Prüfung anordnen; in diesem Fall übermittelt sie diese Anordnung unverzüglich dem Sponsor.

(8) Widerspruch und Anfechtungsklage gegen den Widerruf, die Rücknahme, die Anordnung des Ruhens der Genehmigung, die Anordnung der sofortigen Unterbrechung der klinischen Prüfung sowie gegen Anordnungen nach Absatz 4 haben keine aufschiebende Wirkung.

§ 42a Rücknahme, Widerruf und Ruhen der Genehmigung oder der zustimmenden Bewertung

(1) ¹Die Genehmigung ist zurückzunehmen, wenn bekannt wird, dass ein Versagungsgrund nach § 42 Abs. 2 Satz 3 Nr. 1, Nr. 2 oder Nr. 3 bei der Erteilung vorgelegen hat; sie ist zu widerrufen, wenn nachträglich Tatsachen eintreten, die die Versagung nach § 42 Abs. 2 Satz 3 Nr. 2, Nr. 3, Nummer 4 oder Nummer 5 rechtfertigen würden. ²In den Fällen des Satzes 1 kann auch das Ruhen der Genehmigung befristet angeordnet werden.

(2) ¹Die zuständige Bundesoberbehörde kann die Genehmigung widerrufen, wenn die Gegebenheiten der klinischen Prüfung nicht mit den Angaben im Genehmigungsantrag übereinstimmen oder wenn Tatsachen Anlass zu Zweifeln an der Unbedenklichkeit oder der wissenschaftlichen Grundlage der klinischen Prüfung geben. ²In diesem Fall kann auch das Ruhen der Genehmigung befristet angeordnet werden. ³Die zuständige Bundesoberbehörde unterrichtet unter Angabe der Gründe unverzüglich die anderen für die Überwachung zuständigen Behörden und Ethik-Kommissionen sowie die Europäische Kommission und die Europäische Arzneimittel-Agentur.

(3) ¹Vor einer Entscheidung nach den Absätzen 1 und 2 ist dem Sponsor Gelegenheit zur Stellungnahme innerhalb einer Frist von einer Woche zu geben. ²§ 28 Abs. 2 Nr. 1 des Verwaltungsverfahrensgesetzes gilt entsprechend. ³Ordnet die zuständige Bundesoberbehörde die sofortige Unterbrechung der Prüfung an, so übermittelt sie diese Anordnung unverzüglich dem Sponsor. ⁴Widerspruch und Anfechtungsklage gegen den Widerruf, die Rücknahme oder die Anordnung des Ruhens der Genehmigung sowie gegen Anordnungen nach Absatz 5 haben keine aufschiebende Wirkung.

(4) Ist die Genehmigung einer klinischen Prüfung zurückgenommen oder widerrufen oder ruht sie, so darf die klinische Prüfung nicht fortgesetzt werden.

(4a) ¹Die zustimmende Bewertung durch die zuständige Ethik-Kommission ist zurückzunehmen, wenn die Ethik-Kommission nachträglich davon Kenntnis erlangt, dass ein Versagungsgrund nach § 42 Absatz 1 Satz 7 vorgelegen hat; sie ist zu widerrufen, wenn die Ethik-Kommission davon Kenntnis erlangt, dass nachträglich

1. die Anforderungen an die Eignung des Prüfers, seines Stellvertreters oder der Prüfstelle nicht mehr gegeben sind,

2. keine ordnungsgemäße Probandenversicherung mehr besteht oder die Voraussetzungen für eine Ausnahme von der Versicherungspflicht nicht mehr vorliegen,

3. die Modalitäten für die Auswahl der Prüfungsteilnehmer nicht mehr dem Stand der medizinischen Erkenntnisse entsprechen, insbesondere die klinische Prüfung ungeeignet ist, den Nachweis der Unbedenklichkeit oder der Wirksamkeit eines Arzneimittels einschließlich einer unterschiedlichen Wirkungsweise bei Frauen und Männern zu erbringen, oder

4. die Voraussetzungen für die Einbeziehung von Personen nach § 40 Absatz 4 oder § 41 nicht mehr gegeben sind.

[2]Die Absätze 3 und 4 gelten entsprechend. [3]Die zuständige Ethik-Kommission unterrichtet unter Angabe der Gründe unverzüglich die zuständige Bundesoberbehörde und die anderen für die Überwachung zuständigen Behörden.

(5) [1]Wenn der zuständigen Bundesoberbehörde im Rahmen ihrer Tätigkeit Tatsachen bekannt werden, die die Annahme rechtfertigen, dass der Sponsor, ein Prüfer oder ein anderer Beteiligter seine Verpflichtungen im Rahmen der ordnungsgemäßen Durchführung der klinischen Prüfung nicht mehr erfüllt, informiert die zuständige Bundesoberbehörde die betreffende Person unverzüglich und ordnet die von dieser Person durchzuführenden Abhilfemaßnahmen an; betrifft die Maßnahme nicht den Sponsor, so ist dieser von der Anordnung zu unterrichten. [2]Maßnahmen der zuständigen Überwachungsbehörde gemäß § 69 bleiben davon unberührt.

[ab unbestimmtem Zeitpunkt, siehe Gesetzeskopf Fn. 4:]

§ 42a Datenschutz

Personenbezogene Daten sind vor ihrer Übermittlung nach Artikel 41 Absatz 2 und 4 der Verordnung (EU) Nr. 536/2014 durch den Prüfer oder nach Artikel 42 oder Artikel 53 Absatz 1 der Verordnung (EU) Nr. 536/2014 durch den Sponsor unter Verwendung des Identifizierungscodes der betroffenen Person zu pseudonymisieren.

§ 42b Veröffentlichung der Ergebnisse klinischer Prüfungen

(1) [1]Pharmazeutische Unternehmer, die im Geltungsbereich dieses Gesetzes ein Arzneimittel in den Verkehr bringen, das der Pflicht zur Zulassung oder Genehmigung für das Inverkehrbringen unterliegt und zur Anwendung bei Menschen bestimmt ist, haben Berichte über alle Ergebnisse konfirmatorischer klinischer Prüfungen [ab unbestimmtem Zeitpunkt, siehe Gesetzeskopf Fn. 4: *in Drittstaaten*] zum Nachweis der Wirksamkeit und Unbedenklichkeit der zuständigen Bundesoberbehörde zur Eingabe in die Datenbank nach § 67a Absatz 2 zur Verfügung zu stellen. [2]Diese Berichte sind innerhalb von sechs Monaten nach Erteilung oder Änderung, soweit die Änderung auf konfirmatorischen klinischen Prüfungen beruht, der Zulassung oder der Genehmigung für das Inverkehrbringen zur Verfügung zu stellen.

(2) Wird eine klinische Prüfung mit einem bereits zugelassenen oder für das Inverkehrbringen genehmigten Arzneimittel durchgeführt und wird dieses nicht als Vergleichspräparat eingesetzt, hat der Sponsor die Ergebnisse der klinischen Prüfung innerhalb eines Jahres nach ihrer Beendigung entsprechend Absatz 1 zur Verfügung zu stellen.

(3) [ab unbestimmtem Zeitpunkt, siehe Gesetzeskopf Fn. 4: *(2)*][1]Die Berichte nach den Absätzen 1 und 2 [ab unbestimmtem Zeitpunkt, siehe Gesetzeskopf Fn. 4:

Absatz 1] müssen alle Ergebnisse der klinischen Prüfungen unabhängig davon, ob sie günstig oder ungünstig sind, enthalten. [2]Es sind ferner Aussagen zu nachträglichen wesentlichen Prüfplanänderungen sowie Unterbrechungen und Abbrüchen der klinischen Prüfung in den Bericht aufzunehmen. [3]Im Übrigen ist der Ergebnisbericht gemäß den Anforderungen der Guten Klinischen Praxis abzufassen. [4]Mit Ausnahme des Namens und der Anschrift des pharmazeutischen Unternehmers oder des Sponsors sowie der Angabe des Namens und der Anschrift von nach § 4a des Bundesdatenschutzgesetzes einwilligender Prüfärzte dürfen die Berichte nach Satz 1 keine personenbezogenen, insbesondere patientenbezogenen Daten enthalten. [5]Der Bericht kann in deutscher oder englischer Sprache verfasst sein. [6]§ 63b Absatz 3 Satz 1 ist nicht anzuwenden. [7]Die Vorschriften zum Schutz des geistigen Eigentums und zum Schutz von Betriebs- und Geschäftsgeheimnissen bleiben ebenso wie die §§ 24a und 24b unberührt.

[ab unbestimmtem Zeitpunkt, siehe Gesetzeskopf Fn. 4:]

§ 42c Inspektionen

[1]*Die folgenden Inspektionen nach Artikel 78 der Verordnung (EU) Nr. 536/2014 werden durch die zuständige Bundesoberbehörde durchgeführt:*
1. *Inspektionen zur Überprüfung der Übereinstimmung der klinischen Prüfung mit*
   a) den Angaben und Unterlagen der Genehmigung,
   b) den Angaben eines Zulassungsantrags nach der Verordnung (EG) Nr. 726/2004 oder
   c) den Unterlagen nach § 22 Absatz 2 Nummer 3,
2. *Inspektionen in Drittstaaten,*
3. *Inspektionen zur Überprüfung der Meldepflicht nach Artikel 52 der Verordnung (EU) Nr. 536/2014 sowie*
4. *Inspektionen zur Entscheidung über Maßnahmen nach Artikel 77 der Verordnung (EU) Nr. 536/2014, die die Genehmigung einer klinischen Prüfung betreffen.*
[2]*Alle anderen Inspektionen nach Artikel 78 der Verordnung (EU) Nr. 536/2014 zur Überwachung der Einhaltung der Verordnung (EU) Nr. 536/2014 werden durch die zuständige Behörde durchgeführt. [3]Soweit in Durchführungsrechtsakten nach Artikel 78 Absatz 7 der Verordnung (EU) Nr. 536/2014 nicht anders bestimmt, hat die Bundesoberbehörde zur Durchführung der Inspektion die Befugnisse nach § 64 Absatz 4 Nummer 1 bis 3 und Absatz 4a, die im Benehmen mit der zuständigen Behörde ausgeübt werden. [4]Die zuständige Behörde hat zur Durchführung der Inspektion die Befugnisse nach § 64 Absatz 4 und 4a. [5]Das Grundrecht auf Unverletzlichkeit der Wohnung (Artikel 13 Absatz 1 des Grundgesetzes) wird insoweit eingeschränkt.*

Kommentierung des 6. Abschnitts (§§ 40–42c)

Schrifttum: *Achtmann,* Der Schutz des Probanden bei der klinischen Arzneimittelprüfung – Unter besonderer Berücksichtigung der Haftung der Beteiligten und der Probandenversicherung, 2013; *Alber-Malchow,* Die arzneimittelgesetzliche Regelung der Mitwirkung von Ethik-Kommissionen im Licht der Berufsfreiheit der freien Ethik-Kommissionen und der Forschungsfreiheit des Arztes, 2005; *Amelung,* Vetorechte beschränkt Einwilligungsfähiger in Grenzbereichen medizinischer Intervention, 1995; *ders.,* Über die Einwilligungsfähigkeit (Teil I), ZStW 104 (1992), 525; *ders.,* Die Einwilligung des Unfreien – Das Problem der Freiwilligkeit bei der Einwilligung eingesperrter Personen, ZStW 95 (1983), 1; *Arndt,* Klinische Prüfungen am Menschen – Bedeutung und Aufgaben der Ethik-Kommissionen nach der Neufassung des § 40 AMG mit der 5. AMG-Novelle, PharmR 1996, 72; *Baldus,* Das Zusammenwirken von Ethikkommissionen bei multizentrischen Prüfungen, MedR 2006, 202; *Bender,* Heilversuch oder klinische Prüfung?, MedR 2005, 511; *Bernat,* Landesbericht Österreich, in *Deutsch/Taupitz* (Hrsg.), Forschungsfreiheit und Forschungskontrolle in der Medizin – Zur geplanten Revision der Deklaration von Helsinki, 2000, S. 7; *Biermann,* Die Arzneimittelprüfung am Menschen, 1985; *Böse,* Das Beratungsmonopol der öffentlich-rechtlichen Ethik-Kommissionen – Zugleich eine Besprechung des Urteils des VG Stuttgart v. 29.6.2001 – 4 K 5787/00, MedR 2002, 244; *Böse/Jansen,* Radiologische Begleitdiagnostik zu Forschungszwecken – Inkonsistenzen des vereinfachten Genehmigungsverfahrens nach der Novellierung der Strahlenschutz- und Röntgenverordnung, MedR 2012, 720 ff.; *Brückner/Brockmeyer/Gödicke/Kratz/Scholz/Taupitz/Weber,* Einbeziehung von volljährigen einwilligungsunfähigen Notfallpatienten in Arzneimittelstudien, MedR 2010, 69; *Bruns/ Sickmüller/v. Schorlemer,* Europäische Richtlinie zur klinischen Prüfung: Vorschläge zur Implementierung in deutsches Recht, PharmR 2002, 201; *Buck,* Die Kinderarzneimittelverordnung der Europäischen Gemeinschaft – Eine rechtsvergleichende Untersuchung unter Berücksichtigung des US-amerikanischen ‚carrot-and-stick system' zur Erforschung und Zulassung pädiatrischer Arzneimittel, 2008; *Caasen,* Die „klinische Prüfung" im Arzneimittelrecht, Diss. Kiel 1985; *Dähne,* Die Doppelfunktion öffentlich-rechtlicher Ethik-Kommissionen – Zugleich eine Besprechung des Urteils des VGH Baden-Württemberg vom 10.9.2002 – 9 S 2506/01, MedR 2003, 164; *ders.,* Klinische Prüfung mit Betäubungsmitteln – Ein Beitrag zur Deregulierung im Arzneimittelrecht, MedR 2003, 547; *Damm,* Einwilligungs- und Entscheidungsfähigkeit in der Entwicklung von Medizin und Medizinrecht, MedR 2015, 775; *Deutsch,* Der Doppelblindversuch – Rechtliche und ethische Zulässigkeit der kontrollierten klinischen Forschung am Menschen, JZ 1980, 289; *ders.,* Klinische Arzneimittelprüfung, in *Doelle u. a.* (Hrsg.), Grundlagen der Arzneimitteltherapie, 1986, S. 14; *ders.,* Der Beitrag des Rechts zur klinischen Forschung in der Medizin – Kongress: Universität Köln, 1994, NJW 1995, 3019; *ders.,* Die fünfte Novelle zum Arzneimittelgesetz – Gesetzgebung im Vermittlungsausschuß, NJW 1994, 2381; *ders.,* Die Bildung von Ethik-Kommissionen nach § 40 AMG, VersR 1995, 121; *ders.,* Verkehrssicherungspflicht bei klinischer Forschung – Aufgabe der universitären Ethik-Kommissionen?, MedR 1995, 483; *ders.,* Der Beitrag des Rechts zur klinischen Forschung in der Medizin, NJW 1995, 3019; *ders.,* Klinische Prüfung von Arzneimitteln: eine Europäische Richtlinie setzt Standards und vereinheitlicht Verfahren, NJW 2001, 3361; *ders.,* § 40 AMG, die EU-Richtlinie über die Prüfung von Arzneimitteln und die neue Deklaration von Helsinki, PharmR 2001, 202; *ders.,* Klinische Forschung International: Die Deklaration von Helsinki des Weltärztebundes in neuem Gewand, NJW 2002, 857; *ders.,* Private und öffentlich-rechtliche Ethikkommissionen (Besprechung von VG Stuttgart v. 29.6.2001 – 4 K 5787/00, NJW 2002, 529), NJW 2002, 491; *ders.,* Heilversuche und klinische Prüfungen, VersR 2005, 1009; *ders.,* Das neue Bild der Ethikkommission, MedR 2006, 411; *ders.,* Pilotstudien in der Medizin: Rechtliche Probleme, MedR 2011, 549; *Deutsch/Lippert,* Ethikkommission und klinische Prüfung – Vom Prüfplan zum Prüfvertrag, 1998; *Deutsch/Spickhoff,* Medizinrecht – Arztrecht, Arzneimittelrecht, Medizinprodukterecht und Transfusionsrecht, 6. Aufl. 2008, Kap. XXIV ff., insbes. Kap. XXVII; *Eberbach,* Familienrechtliche Aspekte der Humanforschung an Minderjährigen, FamRZ 1982, 450; *ders.,* Arzneimittel- und epidemiologische Forschung bei Aids, MedR 1989, 281; *Eck,* Die Zulässigkeit medizinischer Forschung mit einwilligungsunfähigen Personen und ihre verfassungsrechtlichen Grenzen, 2005; *Elzer,* Allgemeine und besondere klinische Prüfungen an Einwilligungsunfähigen, 1998; *ders.,* Die Grundrechte Einwilligungsunfähiger in klinischen Prüfungen – Ein Beitrag zum EMRÜ-Biomedizin, MedR 1998, 122; *Esch,* Der Patientenanwalt – Zur Vertretung einwilligungsunfähiger Patienten bei medizinischen Entscheidungen durch gewillkürte und gesetzliche Stellvertreter, 2000; *Eser,* Kontrollierte Arzneimittelprüfung in rechtlicher Sicht, Der Internist 1982, 218; *ders.,* Medizin und Strafrecht: Eine schutzgutorientierte Problemübersicht, ZStW 97 (1985), 1; *Fincke,* Strafbarkeit des „kontrollierten Versuchs" beim Wirksamkeitsnachweis neuer Arzneimittel, NJW 1977, 1094; *ders.,* Arzneimittelprüfung – Strafbare Versuchsmethoden. „Erlaubtes" Risiko bei eingeplantem fatalen Ausgang, 1977; *Fischer,* Einwilligung und Aufklärung bei klinischen Therapiestudien, in *Breddin/Deutsch/Ellermann/Jesdinsky* (Hrsg.), Rechtliche und ethische Probleme bei klinischen Untersuchungen am Menschen, 1987, S. 42; *ders.,* Der Einfluss der Europäischen Richtlinie 2001 zur Klinischen Prüfung von Arzneimitteln auf Versuche an Kindern und anderen einwilligungsunfähigen Personen, FS Schreiber, 2003, S. 685; *ders.,* Die mutmaßliche Einwilligung bei ärztlichen Eingriffen, FS Deutsch, 1999, S. 545; *ders.,* Ärztliche Verantwortung im europäischen Rechtsvergleich, 1999; *v. Freier,* Kindes- und Patientenwohl in der Arzneimittelforschung am Menschen – Anmerkungen zur geplanten Novellierung des AMG, MedR 2003, 610; *ders.,* Recht und Pflicht in der medizinischen Humanforschung – Zu den rechtlichen Grenzen der kontrollierten Studie, 2009; *Freund,* Aus der Arbeit einer Ethikkommission: Zur Steuerung von Wissenschaft durch Organisation, MedR 2001, 65; *ders.,* Funktion und rechtliche Verantwortung der Ethikkommission – insbesondere bei der Forschung an nicht unbeschränkt Einwilligungsfähigen, KHuR 2005, 111; *Freund/Georgy,* Täuschung bei der Aufklärung für die Teilnahme an Arzneimittelprüfungen – vom Arbeitskreis medizinischer Ethik-Kommissionen empfohlen, JZ 2009, 504; *Freund/Heubel,* Forschung mit einwilligungsunfähigen und beschränkt einwilligungsfähigen Personen, MedR 1997, 347; *Freund/Reus,* Probandenversicherung gemäß dem Arzneimittelgesetz?, PharmR 2009, 205; *Fritz,* Die Therapie mit einem innovativen Medikament vor seiner Zahlung, PharmR 1999, 129; *Fröhlich,* Forschung wider Willen? – Rechtsprobleme biomedizinischer Forschung mit nichteinwilligungsfähigen Personen, 1999; *Gamerschlag,* Persönliche Verantwortung und Interessenkonflikt des Leiters der klinischen Prüfung eines Arzneimittels, NJW 1982, 684; *Gauler/Weihrauch,* Placebo – ein wirksames und ungefährliches Medikament?, 1997; *Gawrich/Granitza,* Die klinische Prüfung der Phase IV nach der Zweiten AMG-Novelle, PharmR 1987, 95; *Gawrich/Ziller,* Die wesentlichen Regelungsinhalte der 7. und 8. AMG-Novelle, PharmR 1998, 374; *Georgy,* Die strafrechtliche Verantwortlichkeit von Amtsträgern für Arzneimittelrisiken – Am Beispiel öffentlich-rechtlicher Ethik-Kommissionen und des Bundesinstituts für Arzneimittel und Medizinprodukte, 2011; *Giesen, R.,* Internationale Maßstäbe für die Zulässigkeit medizinischer Heil- und Forschungseingriffe – Das Vorhaben einer europäischen Bioethik-Konvention, MedR 1995, 353; *Glaeske/Greiser/Hart,* Arzneimittelsicherheit und Länderüberwachung, 1993; *Gödicke/Purnhagen,* Haftungsgrundlagen für Schmerzensgeld bei der klinischen Prüfung von Arzneimitteln, PharmR 2007, 139; *Granitza/Kleist,* Die klinische Prüfung der Phase IV nach der Zweiten AMG-Novelle, PharmR 1987, 95; *Gross,* Güterabwägung in der klinischen Medizin, 1989; *Gründel,* Individueller Heilversuch und Gefährdungshaftung des Pharmaherstellers, PharmR 2001, 106; *ders.,* Einwilligung und Aufklärung bei psychotherapeutischen Behandlungsmaßnahmen, NJW 2002, 2987; *Grupp,* Zur Stellung von Ethik-Kommissionen unter öffentlich-rechtlichen Aspekten, in *Furkel/Jung* (Hrsg.), Bioethik und Menschenrechte, 1994, S. 125; *Habermann/Lasch/Gödicke,* Therapeutische Prüfungen an Nicht-Einwilligungsfähigen im Eilfall – ethisch geboten und rechtlich zulässig?, NJW 2000, 3389; *Hägele,* Arzneimittelprüfung am Menschen – Ein strafrechtlicher Vergleich aus deutscher, österreichischer, schweizerischer und internationaler Sicht, 2004; *Hart,* Arzneimitteltherapie und ärztliche Verantwortung, 1990; *ders.,* Arzneimittelsicherheit und Länderüberwachung, MedR 1993, 207; *ders.,* Heilversuch, Entwicklung therapeutischer Strategien, klinische Prüfung und Humanexperiment – Grundsätze ihrer arzneimittel-, arzthaftungs- und berufsrechtlichen Beurteilung, MedR 1994, 94; *ders.,* Rechtliche Grenzen der „Ökonomisierung" – Arzneimittel-, sozial- und haftungsrechtliche Aspekte der Pharmaökonomie, MedR 1996, 60; *ders.,* Heilversuch und klinische Prüfung – Kongruenz und Differenz, MedR 2015, 766; *Helle/Frölich/Haindl,* Der Heilversuch in der klinischen Prüfung von Arzneimitteln und Medizinprodukten, NJW 2002, 857; *Herbst,* Die Widerruflichkeit der Einwilligung in die Datenverarbeitung bei medizinischer Forschung, MedR 2009, 149; *Höfling/Demel,* Zur Forschung an Nichteinwilligungsfähigen, MedR 1999, 540; *Holzhauer,* Zur klinischen Prüfung von Medikamenten an Betreuten, NJW 1992, 2325; *Irmer,* Klinische Forschung mit Nichteinwilligungsfähigen, 2010; *Jansen,* Forschung an Einwilligungsunfähigen – Insbesondere strafrechtliche und verfassungsrechtliche Aspekte der fremdnützigen Forschung, 2015; *Jary,* Medizinische Forschung an Strafgefangenen – Eine Gratwanderung zwischen historisch geprägtem Paternalismus und der Achtung der Grundrechte Strafgefangener unter besonderer Berücksichtigung weitestgehender Äquivalenzherstellung im Strafvollzug, 2010; *Joerden,* Bedingungen der Akzeptanz medizinischer Versuche am Menschen, in *Joerden* (Hrsg.), Der Mensch und seine Behandlung in der Medizin, 1999, S. 229; *Jordan,* Zur strafrechtlichen Zulässigkeit placebokontrollierter Therapiestudien, 1987; *Jürgens,* Fremdnützige Forschung an einwilligungsunfähigen Personen nach deutschem Recht und nach dem Menschenrechtsübereinkommen für Biomedizin, KritV 1998, 34; *Jung,* Zur Rolle von Ethikkommissionen bei medizinisch-ethischen Entscheidungsprozessen, in *Furkel/Jung* (Hrsg.), Bioethik und Menschenrechte, 1994, S. 145; *Keilpflug,* Demokratieprinzip und Ethikkommissionen in der medizinischen Forschung, 2012; *Keller,* Das Recht und die medizinische Forschung, MedR 1991, 11; *v. Kielmannsegg,* Das Prinzip des Eigennutzens in der klinischen Arzneimittelprüfung, PharmR 2008, 517; *ders.,* Datenschutz und Gefahrenabwehr bei klinischen Prüfungen – Die Weitergabe von Informationen über Fehlverhalten von Prüfärzten durch die Ethik-Kommission, DÖV 2009, 522; *ders.,* Störerabwehr durch Ethik-Kommissionen?, Die Verwaltung – Zeitschrift für Verwaltungsrecht und Verwaltungswissenschaften, 2010, 195; *Kleinsorge,* Kontrollierte Arzneimittelstudien und ihre Alternativen, 1986; *Kleinsorge/Streichele/Sander,* Klinische Arzneimittelprüfung – medizinische und rechtliche Grundlagen, 1987; *Koch,* Arzneimittelrecht und klinische Prüfung, in *Wagner* (Hrsg.), Arzneimittel und Verantwortung, 1992, S. 187; *Köhler,* Medizinische Forschung in der Behandlung des Notfallpatienten, NJW 2002, 853; *Kollhosser,* Umfang und Form der Aufklärung über die Probandenversicherung bei der klinischen Prüfung von Arzneimitteln, MedR 1983, 201; *ders.,* Probandenversicherungspflicht für die klinische Prüfung von Arzneimitteln in der Phase IV? – Der Taumel des Gesetzgebers durch die Wirren des Arzneimittelrechts, MedR 1991, 184; *Kollhosser/Krefft,* Rechtliche Aspekte sogenannter Pilotstudien in der medizinischen Forschung, MedR 1993, 93; *Kollhosser/Kubillus,* Grundfragen des Arztrechtes, JA 1996, 339; *Lang,* Forschung an nicht einwilligungsfähigen Minderjährigen, GesR 2004, 166; *Krüger, Heiko,* Vorenthaltung von Standardtherapien in klinischen Studien – kein gesetzgeberischer Handlungsbedarf? – Inkonsistenzen des nationalen, europäischen und internationalen Regelungssystems, MedR 2009, 33; *Krüger, Matthias,* Haftung von Ethikkommissionen und MPG-Novelle, VersR 2009, 1048; *Laufs,* Arzt, Patient und Recht am Ende des Jahrhunderts, NJW 1999, 1758; *ders.,* Die neue europäische Richtlinie zur Arzneimittelprüfung und das deutsche Recht, MedR 2004, 583; *Laufs/Reiling,* Ethik-Kommissionen – Vorrecht der Ärztekammern? – Das Verhältnis von Berufsordnungsrecht und Ethik-Kommissionen dargestellt am Beispiel des neuen § 1 Abs. 4 der Muster-Berufsordnung für die deutschen Ärzte. MedR 1991, 1; *Lehmann/Neumann/Reischl/Tolle,* Neuregelung des Rechts der klinischen Prüfung von Medizinprodukten und Leistungsbewertungsprüfung von In-vitro-Diagnostika in Deutschland, Medizinprodukte Journal (MPJ) 2010, 172; *Liedtke,* Risikoverteilung beim kontrollierten Arzneimittelversuch, NJW 1977, 2113; *Lippert,* Der Monitor im Rahmen klinischer Prüfungen, MedR 1993, 17; *ders.,* Rechtsfragen bei Forschungsprojekten am Menschen, VersR 1997, 545; *ders.,* Die zustimmende Bewertung einer Ethikkommission bei der klinischen Prüfung von Arzneimitteln nach dem novellierten Arzneimittelgesetz und der GCP-Verordnung, FS Adolf Laufs, 2006, 973; *Lippert/Adler,* Forschung am Menschen – Der Proband/Patient im Dschungel der Haftungsnormen, VersR 1993, 277; *Lippert/Strobel,* Die Überwachung klinischer Prüfungen nach dem AMG, VersR 1995, 637; *Listl,* Die zivilrechtliche Haftung für Fehler von Ethikkommissionen, 2012, S. 33 ff.; *Löwer,* Wegeunfallversicherung für Probanden in klinischen Arzneimittelversuchen?, GS Heinze, 2005, S. 553; *Loose,* Strafrechtliche Grenzen ärztlicher Behandlung und Forschung, 2003; *Magnus,* Medizinische Forschung an Kindern – Rechtliche, ethische und rechtsvergleichende Aspekte der Arzneimittelforschung an Kindern, 2006; *Mand/Stückrath,* Medizinische Forschung an Einwilligungsunfähigen, KuR 2006, 61; *Mayer,* Strafrechtliche Produktverantwortung bei Arzneimittelschäden – Ein Beitrag zur Abgrenzung der Verantwortungsbereiche im Arzneiwesen aus strafrechtlicher Sicht, 2008; *Meurer,* Arzneimittelprüfung in strafrechtlicher Sicht, in *Baltzer* (Hrsg.), Arzneimittel in der modernen Gesellschaft, 1985, S. 217; *Michael,* Forschung an Minderjährigen – Verfassungsrechtliche Grenzen, 2004; *Möller,* Rechtliche Aspekte der Placebo-Anwendung in der Medizin, RPG 2001, 67; *Müller-Römer/Fischer,* in *Blasius/Müller-Römer/Fischer* (Hrsg.), Arzneimittel und Recht in Deutschland, 1998, S. 64; *Oswald,* Weicher Paternalismus und das Verbot der Teilnahme untergebrachter Personen an klinischen Arzneimittelprüfungen, FS Schroth, 2010, S. 94; *dies.,* Die strafrechtlichen Beschränkungen der klinischen Prüfung von Arzneimitteln und ihr Verhältnis zu § 228 StGB, 2014; *Pfeiffer,* Ethik-Kommissionen, Embryonenschutz und In-vitro-Fertilisation – gültige Regelungen im ärztlichen Standesrecht? – Stellungnahme zu dem Aufsatz von Schröder, VersR 1990, 243, VersR 1990, 685; *ders.,* Die gegenwärtige und künftige Problematik der Ethik-Kommissionen, VersR 1991, 613; *ders.,* Fünftes Gesetz zur Änderung des Arzneimittelgesetzes, VersR 1994, 1377; *ders.,* Zur gesetzwidrigen Regelung über die Einschaltung von Ethik-Kommissionen bei der Arzneimittelforschung, ZRP 1998, 43; *Picker,* Menschenrettung durch Menschennutzung?, JZ

2000, 693; *Rieger,* Die klinische Prüfung nach dem AMG von 1976 und die Werteordnung des Grundgesetzes, 1988; *Rittner/Kratz/Ernst/Walter-Sack,* Zur Angemessenheit des Probandenschutzes nach § 40 Abs. 1 Nr. 8 AMG (Bericht der Arbeitsgruppe „Probandenversicherung" des Arbeitskreises Medizinischer Ethikkommissionen), VersR 2000, 688; *Rosenau,* Landesbericht Österreich, in *Deutsch/Taupitz* (Hrsg.), Forschungsfreiheit und Forschungskontrolle in der Medizin – Zur geplanten Revision der Deklaration von Helsinki, 2000, S. 63; *ders.,* Strafrechtliche Probleme bei der klinischen Prüfung von Humanarzneimitteln nach der neuen europäischen Richtlinie, RPG 2002, 94; *Ruderisch,* Rechtliche und rechtspolitische Fragen der Humangenetik, ZRP 1992, 260; *Samson,* Zur Strafbarkeit der klinischen Arzneimittelprüfung, NJW 1978, 1182; *Schenke,* Verfassungsrechtliche Probleme einer öffentlich-rechtlichen Monopolisierung der ethischen Beratung bei klinischen Versuchen an Menschen, NJW 1996, 745; *ders.,* Rechtliche Grenzen der Rechtsetzungsbefugnisse von Ärztekammern – Zur rechtlichen Problematik satzungsrechtlich statuierter Kompetenzen von Ethik-Kommissionen, NJW 1991, 2313; *Schlacke,* Die Pflicht zur Anrufung von Ethik-Kommissionen bei multizentrischen Arzneimittelprüfungen nach der 8. AMG-Novelle, MedR 1999, 551; *Schmidt,* Überwachung der klinischen Prüfung, in *Witte/Schenk/Schwarz/ Kori-Lindner* (Hrsg.), Ordnungsgemäße klinische Prüfung, 4. Aufl. 1995, S. 287; *Scholz/Stoll,* Bedarfsprüfung und Wirksamkeitskontrolle durch Ethik-Kommissionen?, MedR 1990, 58; *Schwarz,* Leitfaden klinische Prüfungen, 1995; *Sosnitza/Op den Camp,* Auswirkungen des Gendiagnostikgesetzes auf klinische Prüfungen, MedR 2011, 401; *Spickhoff,* Forschung an nicht-einwilligungsfähigen Notfallpatienten, MedR 2006, 707; *Spranger,* Fremdnützige Forschung an Einwilligungsunfähigen, Bioethik und klinische Arzneimittelprüfung, MedR 2001, 238; *Staak/ Weiser,* Klinische Prüfung von Arzneimitteln, 1978; *Stock,* Der Probandenschutz bei der medizinischen Forschung am Menschen, 1998; *Sträter,* Klinische Prüfung von Arzneimitteln – Rechtliche Anforderungen – Änderungen nach der 5. AMG-Novelle, in *Witte/Schenk/Schwarz/Kori-Lindner* (Hrsg.), Ordnungsgemäße klinische Prüfung, 4. Aufl. 1995, S. 69; *ders.,* Zur Mitwirkung lokaler Ethikkommissionen an multizentrischen Studien – Rechtliche Bewertung der Praxis der Ärztekammern und des Bundesinstituts für Arzneimittel und Medizinprodukte – BfArM – Änderungen nach dem Entwurf zur 8. AMG-Novelle, PharmR 1997, 337; *Sträter/Wachenhausen,* Meldung von Nebenwirkungen aus klinischen Studien an Ethik-Kommissionen, PharmR 2007, 95; *Swik,* Die Versicherungspflicht für klinische Prüfungen nach § 40 AMG (Probanden-Versicherung) – Anmerkungen aus der Praxis, PharmR 2006, 76; *Szutowska-Simon,* Wille und Einwilligung im Probandenschutzsystem – Eine Untersuchung zur Richtlinie 2001/20/EG, zur Biomedizinischen Menschenrechtskonvention sowie zum polnischen und deutschen Zivil- und Arzneimittelrecht und ein alternativer Regelungsvorschlag zur Verordnung (EU) Nr. 536/ 2014 über Arzneimittelprüfungen mit Menschen, 2015; *Taupitz/Fröhlich,* Medizinische Forschung mit nichteinwilligungsfähigen Personen – Stellungnahme der Zentralen Ethikkommission, VersR 1997, 911; *Tiedemann,* Voraussetzungen und Grenzen rechtlicher Regelungen für die Tätigkeit von Ethik-Kommissionen bei Forschungsvorhaben am Menschen, ZRP 1991, 54; *Tiedemann/Tiedemann,* Zur strafrechtlichen Bedeutung des sogenannten kontrollierten Versuches bei der klinischen Arzneimittelprüfung, FS Rudolf Schmitt, 1992, S. 139; *Ulsenheimer,* Arztstrafrecht in der Praxis, 4. Aufl. 2008, Rn. 393 ff.; *ders.,* Zur Strafbarkeit des Arztes beim „off-label-use" von Medikamenten, FS Rissing-van Saan, hrsg. v. *Bernsmann u. a.,* 2011, S. 701; *van der Sanden,* Haftung medizinischer Ethik-Kommissionen bei klinischer Arzneimittelprüfung, 2008; *Vesting,* Ärztliches Standesrecht – Instrumentarium zur Regelung der Gentherapie?, NJW 1997, 1605; *ders.,* Somatische Gentherapie – Regelung und Regulierungsbedarf in Deutschland, ZRP 1997, 21; *Vesting/Müller,* Xenotransplantation – Naturwissenschaftliche Grundlagen, Regelung und Regelungsbedarf, MedR 1997, 203; *Vogeler,* Ethik-Kommissionen – Grundlagen, Haftung und Standards, 2011; *Voit,* Die Probandenversicherung bei klinischer Prüfung von Medizinprodukten und Arzneimitteln im Lichte des 2. Schadensersatzrechtsänderungsgesetzes, PatR 2004, 69; *ders.,* Anforderungen des AMG an die Ausgestaltung der Probandenversicherung bei der Durchführung klinischer Studien und ihre Konsequenzen für Sponsor, Prüfarzt und Ethik-Kommission, PharmR 2005, 345; *Wachenhausen,* Medizinische Versuche und klinische Prüfung an Einwilligungsunfähigen, 2001; *Wagner,* Strafrechtliche Aspekte des Einsatzes von Placebos in der Medizin, 2012; *Wagner/Morsey,* Rechtsfragen der somatischen Gentherapie, NJW 1996, 1565; *Walter-Sack/Haefeli,* Qualitätssicherung der pädiatrischen Arzneimittel-Therapie durch klinische Studien – ethische und rechtliche Rahmenbedingungen unter Berücksichtigung der spezifischen Bedürfnisse von Kindern, MedR 2000, 454; *Wartensleben,* Die Befreiung des Strafrechts vom manipulierten Denken, FS Bruns, 1978, S. 339; *Weber,* „Off-label use" – Arzneimittel- und strafrechtliche Aspekte am Beispiel der Kinderheilkunde, 2009; *Will,* 4. AMG-Novelle – Inhalt und Konsequenzen, PharmR 1990, 94; *Wolfslast,* Einwilligungsfähigkeit im Lichte der Bioethik-Konvention, KritV 1998, 74; *Wölk,* Risikovorsorge und Autonomieschutz im Recht des medizinischen Erprobungshandelns, 2004; *ders.,* Rechtliche Risikovorsorge und Autonomieschutz im Recht des medizinischen Erprobungshandelns, RPG 2004, 59.

Übersicht

I. Inhalt und Ratio der Regelungen

Die klinische Prüfung eines Arzneimittels ist Voraussetzung für dessen Zulassung (§§ 22 **1** Abs. 2 Nr. 3, 25 Abs. 2 Nr. 2). Ebenso wie das Zulassungserfordernis als solches dient auch die klinische Prüfung der Gewährleistung eines effektiven **Verbraucherschutzes.** Patienten, die mit einem Arzneimittel behandelt werden oder die ein solches selbst anwenden, sollen nach Möglichkeit ein wirksames und sicheres Mittel erhalten. Die Arzneimittelprüfung erstreckt sich dementsprechend auf die **Wirksamkeit** und (relative) **Sicherheit** des Arzneimittels.[1] Sie wird im Allgemeinen in verschiedene Phasen untergliedert:[2]

In der **Phase I,** die sich an einen tierexperimentellen Teil anschließt, erfolgt eine Prüfung **2** der Verträglichkeit an etwa 10 bis 50 gesunden Probanden. Dabei wird gleichzeitig die Pharmakokinetik und -dynamik geprüft. In der **Phase II** wird die pharmakologische Wirkung in einer kontrollierten Studie von bis zu 200 Probanden getestet. Sodann folgt die **Phase III,** in deren Rahmen das Arzneimittel in einer erweiterten klinischen Prüfung nochmals an einer größeren Zahl von Probanden im Hinblick auf seine Wirksamkeit, Sicherheit bzw. Verträglichkeit untersucht wird. Diese Phase bildet den Abschluss der klinischen Prüfung, die Grundlage für die Zulassung ist. In der (Nach-)**Phase IV** findet eine kritische Überwachung und weitere Prüfung des zugelassenen Arzneimittels statt. Die entsprechende **Produktbeobachtungspflicht** ist wegen der besonderen Gefährlichkeit auch des zugelassenen Arzneimittels berechtigt.[3] Ihre Verletzung kann zur strafrechtlichen Verantwortlichkeit wegen begehungsgleichen Unterlassens führen.[4]

Sinn und Zweck der Regelungen des 6. Abschnitts zur Durchführung klinischer Prü- **3** fungen von Arzneimitteln ist der Schutz des Menschen bei einer solchen Prüfung. Ein besonderes Schutzbedürfnis ergibt sich aus dem Charakter der Prüfung, bei der im Verhältnis zur späteren Benutzung eines geprüften Präparates typischerweise ein **erhöhtes Schädigungspotential** naheliegt und insbesondere auch mit noch nicht bekannten Schädigungsmöglichkeiten zu rechnen ist.

Dabei haben die zu beachtenden wichtigsten gesetzlichen Grundregeln, insbesondere die **4** „**Vertretbarkeit**" der Prüfung unter **Kosten-Nutzen-Aspekten**[5] und die Einwilligung nach Aufklärung – also das Erfordernis des **informed consent**[6] – lediglich deklaratorische Funktion. Sie gelten auch ohne die speziellen gesetzlichen Vorschriften des § 40 Abs. 1 S. 3 Nr. 2 und 3 (vgl. auch schon § 40 Abs. 1 S. 1 Nr. 1 und 2 aF) aufgrund allgemeiner Rechts-

---

[1] S. statt vieler Deutsch/Lippert/*Deutsch* § 40 Rn. 1; Fuhrmann/Klein/Fleischfresser/*Franken* § 12 Rn. 23 ff. – Relative Sicherheit meint hier Eindämmung von Schädigungsmöglichkeiten im Rahmen des Angemessenen. Von der im Rahmen der klinischen Prüfung relevanten Arzneimittelsicherheit ist die für die spätere Produktion bedeutsame – ebenfalls sicherheitsrelevante – gleich bleibende pharmazeutische Qualität eines Arzneimittels zu unterscheiden. Die 12. AMG-Novelle hat zur Verbesserung der Arzneimittelsicherheit für Kinder und Jugendliche in § 25 Abs. 7a die Einrichtung einer entsprechenden Kommission vorgeschrieben. Diese Kommission ist insbesondere in einschlägigen Zulassungsverfahren zu beteiligen.
[2] Vgl. dazu etwa *Rehmann* Vor §§ 40–42b Rn. 4; ferner Fuhrmann/Klein/Fleischfresser/*Franken* § 12 Rn. 29 ff.; Kügel/Müller/Hofmann/*Wachenhausen* § 40 Rn. 20.
[3] Zur entsprechenden Verkehrspflicht vgl. etwa *Rehmann* Vor §§ 40–42b Rn. 4.
[4] Näher dazu etwa → Vor § 95 Rn. 16 ff., 74, 82 f.; vgl. etwa auch unten 11. Abschnitt → §§ 64–69b Rn. 3 ff.
[5] Sachlich geht es um eine Güter- und Interessenabwägung mit dem Resultat der Legitimierbarkeit der Maßnahme; dabei sind die „Kosten" selbstverständlich nicht nur im wirtschaftlichen Sinne, sondern umfassend zu verstehen; näher dazu → Rn. 12, 14 ff.
[6] Näher dazu → Rn. 22 ff.

grundsätze.[7] Von nicht unerheblicher praktischer Relevanz und in gewisser Weise konstitutiv sind aber gewisse verfahrensmäßige und formalisierende Absicherungen wie etwa das Erfordernis, dass die klinische Prüfung in einer geeigneten Einrichtung von einem angemessen qualifizierten Prüfer verantwortlich durchgeführt wird und die Leitung von einem Prüfer wahrgenommen wird, der eine mindestens zweijährige Erfahrung in der klinischen Prüfung von Arzneimitteln besitzt (§ 40 Abs. 1 S. 3 Nr. 5), sowie die Verpflichtung zum Abschluss einer Probandenversicherung (§ 40 Abs. 1 S. 3 Nr. 8, Abs. 3; zur Ausnahme s. Abs. 1b). Die Regelungen des 6. Abschnitts haben durch das 12. Gesetz zur Änderung des Arzneimittelgesetzes erhebliche Umbildungen erfahren. Diese dienen vor allem der Umsetzung des europäischen Rechts der Richtlinie 2001/20/EG vom 4.4.2001 über die Durchführung von klinischen Prüfungen mit Humanarzneimitteln (ABl. 2001 L 121, S. 34) und betreffen unter anderem die Problematik der Arzneimittelprüfung an nicht bzw. nicht unbeschränkt einwilligungsfähigen Personen (zB Kindern, Jugendlichen oder unter Betreuung stehenden Erwachsenen), die Bildung einer Kommission „Arzneimittel für Kinder und Jugendliche" beim Bundesinstitut für Arzneimittel und Medizinprodukte, geänderte Melde- und Berichtspflichten zu unerwünschten Arzneimittelnebenwirkungen in Zusammenhang mit dem Aufbau eines EU-weiten Datenbanksystems und den Stellenwert des Votums der Ethik-Kommission. § 42 aF (Ausnahmen vom Geltungsbereich des 6. Abschnitts betreffend) ist praktisch weggefallen; an seine Stelle sind in § 42 Regelungen zum Verfahren bei der Ethik-Kommission und zum Genehmigungsverfahren bei der Bundesoberbehörde getreten; neu ist in diesem Zusammenhang auch § 42a (Rücknahme, Widerruf und Ruhen der Genehmigung).

5   Für die Prüfung von **Medizinprodukten** finden sich Regelungen in §§ 20 ff. MPG, die denen der Arzneimittelprüfung entsprechen und teilweise sogar inhaltsgleich sind.[8]

6   Das AMG enthält keine abschließenden Vorschriften zur Arzneimittelprüfung. Bei einer solchen sind auch allgemeine Regeln zu beachten, deren Verletzung etwa zur strafrechtlichen Verantwortlichkeit nach den Normen des StGB führen kann. Insoweit sind insbesondere die Straftatbestände der **Körperverletzungsdelikte** und der **Tötungsdelikte** von praktischer Bedeutung. Die spezialgesetzlichen Strafvorschriften des § 96 Nr. 10 und Nr. 11 stehen der Anwendbarkeit der Vorschriften des StGB nicht entgegen, sondern ergänzen dieselben lediglich – stellen also eine flankierende Maßnahme dar.[9]

II. Anwendungsbereich der Vorschriften des 6. Abschnitts

7   Die Regelungen des 6. Abschnitts beziehen sich auf sämtliche Fälle einer **klinischen Prüfung** von Arzneimitteln[10] **am Menschen.** Um die klinische Prüfung eines Arzneimittels iS dieser Regelungen handelt es sich, wenn es am Menschen erprobt wird, um **neue verallgemeinerungsfähige Erkenntnisse** in Bezug auf **Wirksamkeit** und/oder **Sicherheit** des Mittels zu gewinnen.[11] Zu solcher therapeutischen Forschung (iwS) zählt auch die diagnostische Forschung. Dementsprechend formulierten schon die „Grundsätze für die ordnungsgemäße Durchführung der klinischen Prüfung von Arzneimitteln":[12] „Klinische Prüfung im Sinne dieser Grundsätze ist die Anwendung eines Arzneimittels am Menschen zu dem Zweck, über den einzelnen Anwendungsfall hinaus Erkenntnisse über den therapeutischen oder diag-

---

[7] So mit Recht auch Deutsch/Lippert/*Deutsch* § 40 Rn. 2 f., der die Normativbestimmungen des § 40 zT als Ausprägung der allgemeinen Verkehrssicherungspflicht begreift.

[8] Gesetz über Medizinprodukte (MPG) idF der Bekanntmachung vom 7.8.2002, BGBl. I S. 3146 (FNA 7102-47); vgl. dazu etwa *Gassner* NJW 2002, 863 ff.

[9] Mit Recht betont von *Loose* S. 88.

[10] Die Erprobung etwa einer neuen Operationsmethode wird vom AMG nicht erfasst, obwohl auch dabei vergleichbare Probleme des Schutzes von Versuchspersonen auftreten können. – Vgl. dazu → Rn. 73. – Zu den Rechtsfolgen einer von der Bewertung des BfArM abweichenden Bewertung der Arzneimittelqualität durch die Ethik-Kommission s. *Georgy,* Die strafrechtliche Verantwortlichkeit von Amtsträgern für Arzneimittelrisiken, 2011, S. 61 f.

[11] *Rehmann* Vor §§ 40–42b Rn. 3; s. auch *Freund/Heubel* MedR 1997, 347 (349, 350) (allg. zur klinischen Prüfung).

[12] BAnz. 1987; abgelöst durch die GCP-Verordnung vom 9.8.2004 BGBl. I S. 2081 (FNA 2121-51-41).

nostischen Wert eines Arzneimittels, insbesondere über seine Wirksamkeit und Unbedenklichkeit, zu gewinnen; dies gilt unabhängig davon, ob die Prüfung in einer Klinik oder in der Praxis eines niedergelassenen Arztes durchgeführt wird." Dieser schon vor dem 12. Gesetz zur Änderung des Arzneimittelgesetzes geltende Rechtszustand ist durch die mit § 4 Abs. 23 S. 1 eingeführte Legaldefinition klarstellend positiviert worden. Nach dieser Legaldefinition ist eine klinische Prüfung bei Menschen „jede am Menschen durchgeführte Untersuchung, die dazu bestimmt ist, klinische oder pharmakologische Wirkungen von Arzneimitteln zu erforschen oder nachzuweisen oder Nebenwirkungen festzustellen oder die Resorption, die Verteilung, den Stoffwechsel oder die Ausscheidung zu untersuchen, mit dem Ziel, sich von der Unbedenklichkeit oder Wirksamkeit der Arzneimittel zu überzeugen". Gleichfalls im Wesentlichen eine Klarstellungsfunktion besitzt die Ausschlussklausel des § 4 Abs. 23 S. 2, nach der Satz 1 nicht für eine Untersuchung gilt, die eine nichtinterventionelle Prüfung ist. Dabei wird als nichtinterventionelle Prüfung eine Untersuchung legaldefiniert, in deren Rahmen Erkenntnisse aus der Behandlung von Personen mit Arzneimitteln anhand epidemiologischer Methoden analysiert werden und die Behandlung einschließlich der Diagnose und Überwachung nicht einem vorab festgelegten Prüfplan, sondern ausschließlich der ärztlichen Praxis folgt; bei zulassungspflichtigen oder nach § 21 Abs. 1 genehmigungspflichtigen Arzneimitteln erfolgt dies gemäß den in der Zulassung oder der Genehmigung festgelegten Angaben für seine Anwendung (§ 4 Abs. 23 S. 3 und 4).

Oft wird ein Exklusivitätsverhältnis zwischen der klinischen Prüfung eines Arzneimittels **8** und gewissen Unternehmungen, die der Heilung Einzelner dienen, vorausgesetzt. Ohne die Prämisse kritisch zu hinterfragen, sucht man auf dieser Basis nach Abgrenzungskriterien: Entscheidend für die klinische Prüfung soll dabei sein, ob die Gewinnung neuer verallgemeinerungsfähiger Erkenntnisse „im Vordergrund" stehe, ob es darum „in erster Linie" gehe.[13] Bei diesem Abgrenzungsversuch wird die Möglichkeit einer Therapiebegleitforschung verkannt, die sowohl die **Kriterien der klinischen Prüfung** als auch die **Kriterien des Heilungsunternehmens** erfüllt.[14] In solchen – in der Praxis sogar recht häufigen Fällen – sind die jeweils **unterschiedlichen Legitimationsbedingungen** zu beachten.[15] Wenn man mit einem „Überwiegenskriterium" operiert, wird zwangsläufig ein wichtiger Teilaspekt ausgeblendet. Ganz abgesehen davon hilft das auch in anderen Zusammenhängen nicht überzeugende Überwiegenskriterium nicht weiter, wenn die Funktionen des Heilungsunternehmens und der klinischen Prüfung gleichrangig nebeneinander stehen.[16]

Die Vorschriften des 6. Abschnitts sind also immer schon dann anwendbar, wenn die **9** in → Rn. 7 genannten Kriterien der **klinischen Prüfung** überhaupt erfüllt sind. Dass **gleichzeitig** ein **Heilungsunternehmen** vorliegt, dem das Hauptinteresse gilt, vermag von den rechtlichen Bindungen, denen die gleichzeitig ablaufende klinische Prüfung unterliegt, nicht zu befreien. Insofern kommt der durch die 12. AMG-Novelle eingeführten Legaldefinition des § 4 Abs. 23 S. 1 immerhin eine Klarstellungsfunktion zu, die der möglichen Gegenposition jede Grundlage entzieht.

Nach § 42 aF sollten die §§ 40 und 41 keine Anwendung bei Arzneimitteln iS des § 2 **10** Abs. 2 Nr. 4 finden. Dabei handelt es sich um fiktive Arzneimittel, die nicht dazu bestimmt sind, am oder im menschlichen Körper angewendet zu werden.[17] Für solche Arzneimittel

---

[13] Vgl. etwa Deutsch/Lippert/*Deutsch* § 40 Rn. 6; *Rehmann* Vor §§ 40–42b Rn. 3. Zu ähnlichen – ein Exklusivitätsverhältnis suggerierenden – Formulierungen s. *Fröhlich* S. 11–13, 16; *Gründel* PharmR 2001, 106 (107) (entscheidendes *Abgrenzungskriterium* sei die Zielrichtung der Abgabe und das Vorhandensein eines Prüfplanes und systematischer Erfassungssysteme); s. auch *Deutsch* NJW 2001, 3361 (3362): Stehe die therapeutische Intervention *im Vordergrund*, sollen die Regeln der Richtlinie 2001/20/EG v. 4.4.2001 nicht gelten.

[14] Zu den Kriterien des Heilungsunternehmens und den Kombinationsmöglichkeiten mit therapeutischer Forschung iwS (unter Einschluss der diagnostischen Forschung) vgl. *Freund/Heubel* MedR 1997, 347 (349, 350); *Freund* MedR 2001, 65 (67); Laufs/Katzenmeier/*Lipp*, Arztrecht, 6. Aufl. 2009, XIII Rn. 18 ff., 69 ff.

[15] Eingehend zu dieser Problematik mit zutreffender Differenzierung *Loose* S. 5 ff., 16 ff., 137 ff., 147 ff. – Nicht ganz so klar, aber in der Sache durchaus richtig *Bender* MedR 2005, 511 ff.

[16] Zur Kritik an einem Überwiegenskriterium vgl. auch → § 2 Rn. 29 f., 37, 42.

[17] Vgl. dazu Deutsch/Lippert/*Deutsch*, 1. Aufl. 2001, zu § 42.

ist eine klinische Prüfung am Menschen ohne praktische Relevanz. Würde sie stattfinden, wäre die angeordnete Befreiung von den einengenden Vorschriften der §§ 40 f. aF sachlich verfehlt gewesen. § 40 Abs. 1 Nr. 5 und Nr. 6 aF sollten nicht für klinische Prüfungen mit zugelassenen oder von der Zulassungspflicht freigestellten Arzneimitteln gelten. Zu beachten war freilich auch nach alter Gesetzeslage, dass Arzneimittelprüfungen mit zugelassenen Arzneimitteln, die eine Änderung der Indikation betrafen, uneingeschränkt den Bestimmungen der §§ 40 f. aF unterlagen. Die Legaldefinition des § 4 Abs. 23 S. 1 schafft für all diese Fälle Klarheit.

11   Im Übrigen ergab sich aus § 42 aF jedenfalls die eingeschränkte Geltung der §§ 40 f. aF für Studien der Phase IV.[18] Ausgenommen war lediglich die nochmalige pharmakologisch-toxikologische Prüfung und die Vorlegung der Ergebnisse dieser Prüfung sowie das Votum einer Ethik-Kommission. Diese Freistellung von der Vorlagepflicht an die Ethik-Kommission war freilich eine rein arzneimittelrechtliche, die entsprechende berufsrechtliche Pflicht blieb erhalten.[19] – Wegen der mitunter fließenden Übergänge war die Abgrenzung der Phase-IV-Studien von den bloßen Anwendungsbeobachtungen oder Therapieoptimierungsstudien, die nicht den §§ 40 f. aF unterfallen sollten,[20] keineswegs gesichert. Auch insoweit bringt die Legaldefinition des § 4 Abs. 23 S. 1 Rechtsklarheit iS einer Einbeziehung in den Anwendungsbereich der Vorschriften des 6. Abschnitts. Herausgenommen sind nach § 4 Abs. 23 S. 2 lediglich „nichtinterventionelle Prüfungen", die durch die Legaldefinition des § 4 Abs. 23 S. 3 konkretisiert werden.

III. Die im Einzelnen zu beachtenden Anforderungen

12   **1. Grundsätzliche Anforderungen. a) Güter und Interessenabwägung.** Grundvoraussetzung einer zulässigen Arzneimittelprüfung ist eine Güter- und Interessenabwägung mit einem bestimmten Abwägungsergebnis. Das Gesetz spricht in § 40 Abs. 1 S. 3 Nr. 2 von der ärztlichen **Vertretbarkeit** der Prüfung bei Würdigung der vorhersehbaren **Risiken und Nachteile gegenüber dem Nutzen für die Person, bei der sie durchgeführt werden soll** (betroffene Person), und der voraussichtlichen **Bedeutung des Arzneimittels** für die Heilkunde (vgl. auch bereits § 40 Abs. 1 S. 1 Nr. 1 aF). Die geforderte Abwägung setzt zunächst eine möglichst präzise Einschätzung der Sachlage und damit nicht zuletzt ärztlichen, aber auch pharmazeutischen Sachverstand voraus: Wer die möglichen Gefahren nicht kennt, kann diese schon im Ansatz nicht (richtig) gegen den möglichen Nutzen abwägen.

13   Vor diesem Hintergrund ist das frühere gesetzliche Erfordernis zu sehen, dass die klinische Prüfung von einem Arzt geleitet werden musste, der eine mindestens **zweijährige Erfahrung** in der Arzneimittelprüfung nachzuweisen hatte (§ 40 Abs. 1 S. 1 Nr. 4 aF). § 40 Abs. 1 S. 3 Nr. 5 verzichtet auf die ärztliche Leitung, verlangt aber immerhin noch, dass die Leitung von einem Prüfer wahrgenommen wird, der eine mindestens zweijährige Erfahrung in der klinischen Prüfung von Arzneimitteln besitzt. Nach der Legaldefinition des Prüfers in dem neuen § 4 Abs. 25 ist Prüfer jedenfalls **in der Regel** ein für die Durchführung der klinischen Prüfung bei Menschen in einer Prüfstelle verantwortlicher **Arzt;** nur in begründeten Ausnahmefällen kommt auch eine andere Person in Betracht, deren Beruf aufgrund seiner wissenschaftlichen Anforderungen und der seine Ausübung voraussetzenden Erfahrungen in der Patientenbetreuung für die Durchführung von Forschungen am Menschen qualifiziert. Eine vergleichbar formalisierend-absichernde Funktion besitzen auch das Erfordernis der Durchführung einer dem aktuellen Standard entsprechenden **pharmakologisch-toxikologischen Prüfung,** das Erfordernis der Vorlage ihrer Ergebnisse bei der zuständigen Bundesoberbehörde (§ 40 Abs. 1 S. 3 Nr. 6, § 42 Abs. 2 S. 2; vgl. auch schon § 40 Abs. 1

---

[18] Deutsch/Lippert/*Deutsch*, 1. Aufl. 2001, zu § 42. Zu den verschiedenen Phasen I–IV der Arzneimittelprüfung → Rn. 2.
[19] Zutreffend betont von Deutsch/Lippert/*Deutsch* § 40 Rn. 12; *Loose* S. 104 Fn. 367.
[20] Vgl. etwa Deutsch/Lippert/*Deutsch*, 1. Aufl. 2001, zu § 42.

S. 1 Nr. 5, 6 aF) sowie die entsprechende Informationspflicht gegenüber den Prüfern (§ 40 Abs. 1 S. 3 Nr. 7; § 40 Abs. 1 S. 1 Nr. 7 aF sah nur eine Informationspflicht gegenüber dem Leiter der klinischen Prüfung vor). Auch der vorzulegende **Prüfplan** und das vorzulegende **Votum der Ethik-Kommission**[21] sind vor diesem Hintergrund zu sehen (§§ 40 Abs. 1 S. 2, 42 Abs. 1; vgl. auch schon § 40 Abs. 1 S. 1 Nr. 6 aF).

Die Abwägung als solche ist freilich kein Privileg der Ärzteschaft oder gar des je zur **14** Entscheidung aufgerufenen einzelnen Arztes. Vielmehr geht es insoweit um eine **rechtliche Wertung,** die zwar von dem jeweiligen Arzt vorzunehmen ist, aber stets einer Richtigkeitskontrolle unterzogen werden kann.[22] Nur so kann etwa verbreiteten Bewertungsfehlern, die in gewissen Bereichen zur „Routine" geworden sein mögen, Einhalt geboten werden.

In die **Abwägung** sind nach allgemeinen Rechtsgrundsätzen nicht nur – wie im Gesetz **15** früher in § 40 Abs. 1 S. 1 Nr. 1 aF allein angesprochen – die Risiken für den Probanden einzustellen, sondern **sämtliche Belastungen und Nachteile,** die auf ihn sicher oder möglicherweise zukommen.[23] In diesem Sinne ist die Regelung des § 40 Abs. 1 S. 3 Nr. 2, die auf die vorhersehbaren Risiken und Nachteile abstellt, zutreffend etwas weiter formuliert. Auch die auf der anderen Seite der Waagschale relevante „Bedeutung des Arzneimittels für die Heilkunde" darf nicht zu eng aufgefasst werden. So spielt es etwa auch eine nicht unerhebliche Rolle, wie der nach der Anlage der konkreten Arzneimittelprüfung zu erwartende Erkenntnisgewinn zu veranschlagen ist. Sachlich sind alle Faktoren zu berücksichtigen, die den **Nutzen der *konkreten* Arzneimittelprüfung** beeinflussen. Dabei darf selbstverständlich der Nutzen für die Person, bei der die Prüfung durchgeführt werden soll, berücksichtigt werden, wie § 40 Abs. 1 S. 3 Nr. 2 klarstellt. Auch die voraussichtliche Bedeutung des Arzneimittels für die Heilkunde ist insoweit nur *ein* Faktor unter anderen. Konkret bedeutet das zB: Eine riskante Arzneimittelprüfung hat zu unterbleiben, wenn ihr konkreter Nutzen[24] die Belastung nicht rechtfertigt, selbst wenn das in Frage stehende Arzneimittel von großer Bedeutung für die Heilkunde ist und bei anders geplanter Prüfung ein Ertrag zu erwarten wäre, der die Belastung rechtfertigen würde.

Für die unter Legitimationsaspekten nötige „Kosten-Nutzen-Analyse",[25] aber auch für **16** die korrekte Aufklärung[26] der Patienten oder Probanden muss genau geklärt werden, wer wie belastet werden soll und wer davon welchen Nutzen haben kann. In diesem Zusammenhang findet sich verbreitet eine Klassifizierung von Studien in **„Heilversuche"** bzw. **„Heilungsunternehmen"** einerseits und in **„Wissensversuche"** andererseits. Dem entsprechen die Begriffe der **„therapeutischen"** und der **„nichttherapeutischen" Forschung.**[27] Indessen ist – wie bereits → Rn. 8 dargelegt – Vorsicht geboten. Zwar sprechen diese Begriffe einen unter Legitimationsaspekten hochbedeutsamen Unterschied an, sie werden jedoch als vereinfachendes Gegensatzpaar der komplexen

---

[21] S. dazu noch → Rn. 65 ff.

[22] Zutreffend betont von Deutsch/Lippert/*Deutsch* § 40 Rn. 13; s. auch Kügel/Müller/Hofmann/*Raum* AMG § 96 Rn. 25.

[23] Die revidierte Deklaration von Helsinki (s. dazu → Rn. 79) spricht insoweit in Nr. 18 treffender von den Risiken *und* Belastungen für die Versuchsperson. – Vgl. auch *Deutsch* NJW 2001, 3361 (3362) (zur Richtlinie 2001/20/EG vom 4.4.2001, ABl. 2001 L 121, 34 ff. [37]): Risiken und Nachteile müssen gegenüber dem Nutzen für die Prüfungsteilnehmer und für andere gegenwärtige und zukünftige Patienten abgewogen werden; zur notwendigen Differenzierung nach dem Eigen- und Fremdnutzen s. noch → Rn. 19 ff.

[24] Der konkrete Nutzen kann zB deshalb sehr gering sein, weil die Arzneimittelprüfung unzulänglich geplant ist – etwa weil eine notwendige Kontrollgruppe fehlt oder die vorgesehene Fallzahl zu gering ist, um zu hinreichend aussagekräftigen Ergebnissen zu gelangen.

[25] Zur Bedeutung einer Kosten-Nutzen-Analyse vgl. etwa auch *Eck,* Die Zulässigkeit medizinischer Forschung mit einwilligungsunfähigen Personen und ihre verfassungsrechtlichen Grenzen, 2005, S. 57 ff.; *Fröhlich* S. 146 ff. (der von einer „Nutzen-Risiko-Abwägung" spricht); *Georgy,* Die strafrechtliche Verantwortlichkeit von Amtsträgern (Fn. 10) S. 74 ff.; Lackner/Kühl/*Kühl* StGB § 228 Rn. 22 (der eine Risiko-Nutzen-Analyse verlangt); *Loose* S. 5 ff., 16 ff., 137 ff., 147 ff.; *Wölk* RPG 2004, 59, 63 ff., 68 ff.

[26] S. dazu noch → Rn. 22 ff.

[27] Zu dieser Unterscheidung vgl. etwa *Deutsch* VersR 1999, 1 (6); *Fröhlich* S. 10 ff. *Mayer,* Strafrechtliche Produktverantwortung, S. 28 f. – Zum Verhältnis von Heilversuch und klinischer Prüfung vgl. auch *Hart* MedR 2015, 766 ff.

Problemlage nicht gerecht. Tatsächlich überschneiden sich die denkbaren Konstellationen sehr häufig. Dieselbe Studie kann teilweise in die eine und teilweise in die andere Kategorie einzuordnen sein. Eine dennoch vorgenommene ausschließliche Einordnung in die eine oder andere Schublade ist dann aber missverständlich und gefährlich, weil das Legitimationsproblem nicht mehr auf den Punkt gebracht wird.[28]

17 Und noch einem weiteren Missverständnis ist im hier interessierenden Zusammenhang entgegenzutreten. Es betrifft die Begriffe des **unmittelbaren** und des **mittelbaren Nutzens:**[29] Diese Unterscheidung ist nur formaler Natur und hat nichts mit der für die Legitimation einer bestimmten Belastung bedeutsamen **Wertigkeit** des in Frage stehenden Nutzens zu tun.[30] Die Wertigkeit des Nutzens, den ein Patient oder Proband von der Einbeziehung in eine Arzneimittelprüfung hat, ist selbstverständlich ex ante zu bestimmen[31] und stark einzelfallabhängig. So ist es etwa durchaus denkbar, dass der unmittelbare (Saldo-)Nutzen, den die Teilnehmer an der **Verum-Gruppe** haben, auch nicht größer zu veranschlagen ist als der mittelbare (Saldo-)Nutzen der Teilnehmer an der **Placebo-Gruppe:** Die Möglichkeit, geraume Zeit später in den Genuss eines als sicher und wirksam getesteten Mittels (zB gegen Neurodermitis) zu kommen, kann sogar wertvoller sein als die sofortige Aussicht, das noch ungeprüfte Mittel zu erhalten.

18 Vor diesem Hintergrund hat die Klassifizierung der verschiedenen Arten des Nutzens in einen unmittelbaren und einen mittelbaren Nutzen lediglich **formal-beschreibenden Charakter,** sagt aber noch nichts Entscheidendes über die Wertigkeit des jeweiligen Nutzens oder gar die Legitimierbarkeit der in Frage stehenden Belastung durch einen solchen aus. Man kann deshalb auch nicht sinnvoll von einem „nur" mittelbaren Nutzen (im Verhältnis zu einem „sogar" unmittelbaren) sprechen. Die Wertigkeit des jeweiligen unmittelbaren oder mittelbaren Nutzens folgt vielmehr eigenen Gesetzmäßigkeiten. Insoweit verhält es sich ähnlich wie bei der normalen Heilbehandlung: Der unmittelbare Nutzen des sofortigen Einsatzes eines Therapeutikums „ins Blaue hinein" wird für den Patienten in seiner Wertigkeit regelmäßig erheblich geringer zu veranschlagen sein als der mittelbare Nutzen diagnostischer Maßnahmen.

19 Für die Beurteilung einer Arzneimittelprüfung kommt es entscheidend darauf an, ob der jeweils betroffene Patient oder Proband selbst durch seine Einbeziehung in die Studie einen (unmittelbaren oder mittelbaren) Nutzen hat und wie dieser im Verhältnis zu den Belastungen, Gefahren oder sonstigen Nachteilen einzuschätzen ist. Dabei ist bei der Bildung verschiedener Gruppen – etwa der Einrichtung einer **Placebo-Gruppe** – sinnvollerweise eine differenzierende Einschätzung vorzunehmen. Die in die Placebo-Gruppe Einbezogenen haben keinen unmittelbaren Nutzen von dem Prüfmedikament; für diese kommt aber etwa ein mittelbarer Nutzen in Betracht, sofern die dieser Gruppe Zugeordneten noch zu einem späteren Zeitpunkt von der erfolgreich durchgeführten Studie profitieren können. Wenn sie das sehr wahrscheinlich oder praktisch gewiss nicht mehr erleben werden, mindert das die Wertigkeit des mittelbaren Nutzens uU auf Null, so dass nur Belastungen übrig bleiben (etwa die Verabreichung der Spritze mit dem Scheinmedikament).

20 Von einer **im Betroffeneninteresse legitimierten Maßnahme** kann man nur unter folgender Voraussetzung sprechen: Für den konkret Betroffenen müssen die Belastungen (Gefahren oder sonstige Nachteile) durch den ihm zugleich zukommenden (unmittelbaren oder mittelbaren) Nutzen überwogen werden, so dass die Einbeziehung bereits dadurch gerechtfertigt werden kann. Für weitergehende Belastungen gelten dieselben rechtlichen Regeln wie für (rein) fremdnützige Versuche.

---

[28] Dazu, dass hier tatsächlich die ernst zu nehmende Gefahr von Missverständnissen besteht und viele Forscher eine falsche Zuordnung vornehmen, s. *Freund* MedR 2001, 65 (67). – Zu beachten ist ganz generell, dass auch dann, wenn man von einem Heilversuch sprechen kann, weil die Maßnahme die Funktion der Heilung hat, über die Zulässigkeit noch nichts ausgesagt ist: Es gibt zulässige und unzulässige Heilversuche!

[29] Entsprechendes gilt für die Begriffe des *direkten* und des *indirekten* Nutzens.

[30] Sachlich übereinstimmend *Loose* S. 5 f., 13 f., 76, 152 et passim.

[31] Näher zur Bedeutung der Perspektivenbetrachtung (ex ante) für die Verhaltensbeurteilung → StGB Vor § 13 Rn. 179 ff.; s. auch *Freund* GA 1991, 387 (390 ff.); *ders.* AT § 2 Rn. 23 ff., § 3 Rn. 9 ff. mwN.

(Rein) **fremdnützige Versuche** werden als belastende Maßnahmen entscheidend durch **21** die **Einwilligung** der Betroffenen als freie Aufopferungsentscheidung legitimiert. Das bringt auch das immer wieder hervorgehobene Erfordernis des **informed consent** zum Ausdruck.[32] Soweit körperliche Eingriffe infrage stehen (und seien es auch nur Blutentnahmen), ist das grundlegende Erfordernis des informed consent sogar strafrechtlich abgesichert: Die Einbeziehung einer Person in eine die körperliche Integrität beeinträchtigende Studie ohne entsprechend wirksame Einwilligung ist eine grundsätzlich rechtswidrige und strafbare **Körperverletzung.**

b) Erfordernis des informed consent (§ 40 Abs. 1 S. 3 Nr. 3, Abs. 2, Abs. 4 Nr. 3, 22 Abs. 5, § 41 Abs. 1 S. 1 u. 3, Abs. 2 S. 1, Abs. 3 S. 1 Nr. 2). Nach dem → Rn. 4, 21 Dargelegten ist die **Einwilligung** nach vorheriger Aufklärung als Ausdruck der freien Aufopferungsentscheidung des Betroffenen das zentrale **Legitimationskriterium** für (rein) **fremdnützige Forschung** – hier in Gestalt von Arzneimittelprüfungen. Aber auch soweit es um im Rahmen einer Arzneimittelprüfung vorgenommene Maßnahmen geht, die zugleich dem Interesse des Betroffenen selbst dienen, also etwa gleichzeitig den Charakter eines **Heilungsunternehmens** besitzen,[33] ist – ebenso wie bei der normalen Heilbehandlung – die ausdrückliche oder doch jedenfalls die mutmaßliche Einwilligung des Betroffenen selbst nötig.[34] Mit Recht legt deshalb das Gesetz größten Wert auf eine umfassende und korrekte Aufklärung über alle entscheidungsrelevanten Details.

Die Aufklärung muss dem Probanden selbst die in → Rn. 12, 14 ff. skizzierte Nutzen- **23** Risiko-Abschätzung ermöglichen.[35] Das setzt insbesondere voraus, dass er über die Tatsache einer Arzneimittelprüfung informiert wird, also erfährt, dass es sich um ein noch nicht ausgetestetes und noch nicht zugelassenes Präparat handelt. Bei **Blindstudien** mit der Bildung von **Placebo-Gruppen** und der entsprechenden Zufallszuweisung muss auch darauf deutlich hingewiesen werden. Der Inhalt der notwendigen Aufklärung ist dem Prüfplan in schriftlicher Form beizufügen.

In der Praxis entsprechen die Formulierungen im Aufklärungsblatt und in der Einver- **24** ständniserklärung zunächst oft nicht dem Standard, der zur **Wahrung der freien Entscheidung** möglicher Teilnehmer an einer Arzneimittelprüfung einzuhalten ist. So fehlt nicht selten der Hinweis, dass die erteilte Einwilligung in die Teilnahme an der Studie jederzeit ohne Angabe von Gründen und ohne zu befürchtende Nachteile widerrufen werden kann. Auch kommt es nicht selten vor, dass über Risiken, die mit der Teilnahme verbunden sind, nicht hinreichend deutlich informiert wird. Bisweilen finden sich sogar Aussagen im Aufklärungsblatt, die allenfalls in eine Werbeanzeige der Sponsorfirma passen mögen. Hier greift regelmäßig die zuständige Ethik-Kommission ein und macht ein positives Votum davon abhängig, dass den Mängeln abgeholfen wird (vgl. → Rn. 65 ff.).

Selbst wenn entsprechende **Fehler der Aufklärung nicht zwangsläufig die 25 Unwirksamkeit der Einwilligung** zur Folge haben, beeinträchtigen sie immerhin in – auch rechtlich – anstößiger Weise die Freiheit der Entscheidung.[36] So dienen Formulierung wie *„Wir laden Sie ein…“, „Sie können durch Ihre Teilnahme dazu beitragen, dass…“* oder *„Sie können helfen…“* nicht der sachlichen Aufklärung des potentiellen Probanden, sondern sind eher versteckte Appelle mit emotionalem Einschlag. Derartige suggestivwerbende Aussagen haben zu unterbleiben. Einen geradezu **irreführenden Charakter** hat eine Formulierung, welche in der vom **Arbeitskreis Medizinischer Ethik-Kom-**

---

[32] Zum Erfordernis der Einwilligung nach erfolgter Aufklärung vgl. etwa *Deutsch/Spickhoff*, Medizinrecht, 6. Aufl. 2008, Kap. XX Rn. 940; *Laufs/Katzenmeier/Lipp*, Arztrecht, 6. Aufl. 2009, XIII Rn. 49.
[33] Zur Möglichkeit der gleichzeitigen Erfüllung der Kriterien einer klinischen Prüfung und eines „Heilversuchs" iwS s. bereits → Rn. 8, 16.
[34] Näher zur Legitimationsfunktion der Einwilligung *Loose* S. 149 f., 151 ff.; *Wölk* RPG 2004, 59 (66 ff.).
[35] So etwa auch *Georgy*, Die strafrechtliche Verantwortlichkeit von Amtsträgern (Fn. 10) S. 86; *Rehmann* § 40 Rn. 5.
[36] S. dazu *Georgy*, Die strafrechtliche Verantwortlichkeit von Amtsträgern (Fn. 10) S. 91 f.

missionen im Jahr 2008 beschlossenen Muster-Probandeninformation enthalten ist.[37] Dort heißt es *„Klinische Prüfungen sind notwendig, um Erkenntnisse über die Wirksamkeit und Verträglichkeit*[38] *von Arzneimitteln zu gewinnen oder zu erweitern."* Jene Ausdrucksweise deckt sich nicht mit der Legaldefinition in § 4 Abs. 23 und verschleiert (dem insoweit nicht Sachkundigen), dass klinische Studien – je nach Untersuchungsgegenstand – ernsthafte Gefahren für die Körperintegrität beinhalten können. Nicht ohne Grund hat die Arzneimittel*sicherheit* (als über die bloße Verträglichkeit hinausgehender Aspekt) für die nach den gesetzlichen Vorgaben zu prüfende „Unbedenklichkeit" einen besonderen Stellenwert. Die bagatellisierende Vernachlässigung der **Sicherheit** im Verhältnis zur Verträglichkeit ist daher durchaus geeignet, im Einzelfall Zweifel an der Wirksamkeit einer auf dieser Basis erteilten Einwilligung zu begründen.[39]

26   Arzneimittelprüfungen mit **Mängeln in der Versuchsplanung** sind nicht nur unethisch,[40] sondern – was bisweilen nicht bedacht wird – regelmäßig auch rechtlich im Hinblick auf das Erfordernis des informed consent zu beanstanden, weil die Aufklärung der potentiellen Teilnehmer an solchen Prüfungen irreführend ist. Auf dieser Basis kann eine rechtlich wirksame Einwilligung nicht erteilt werden.

27   Aufklärung und Einwilligung haben sich auch auf die datenschutzrechtlichen Aspekte zu beziehen (§ 40 Abs. 2a; vgl. auch schon § 40 Abs. 1 S. 1 Nr. 2 aF).

28   Eine wirksame Einwilligung setzt selbstverständlich die **Einwilligungsfähigkeit** voraus. § 2 Abs. 1 der **Marburger Richtlinien** zur Forschung mit einwilligungsunfähigen und beschränkt einwilligungsfähigen Personen[41] formuliert: „Einwilligungsfähig ist, wer die ihm durch den Eingriff im Verhältnis zu seinem Nutzen drohenden Risiken und sonstigen Nachteile (zu denen nicht nur Art und Umfang körperlicher Eingriffe, sondern etwa auch zeitlicher und finanzieller Aufwand sowie Speichern oder Übermitteln personenbezogener Daten gehören) angemessen einzuschätzen und diese Einschätzung zu äußern vermag. Hierbei ist insbesondere das Lebensalter zu berücksichtigen. Psychische Störungen können die Einwilligungsfähigkeit einschränken oder ausschließen."

29   § 2 Abs. 2 dieser Richtlinien definiert die **beschränkte Einwilligungsfähigkeit**: „Beschränkt einwilligungsfähig ist, wer nach Abs. 1 nicht unbeschränkt einwilligungsfähig ist, aber dennoch einen Willen bilden und diesen kundgeben kann." – In § 2 Abs. 3 wird klargestellt, dass die Einwilligungsfähigkeit nicht allgemein, sondern immer nur bezogen auf den konkreten Eingriff festzustellen ist.[42]

30   Bei der **Konkretisierung der Einwilligungsfähigkeit** ist vor voreiligen Verallgemeinerungen zu warnen. Es kommt immer auf den speziellen Zusammenhang an, in dem zu entscheiden ist, ob und inwieweit eine rechtlich beachtliche – sein **Selbstbestimmungsrecht** wahrende – Disposition des Betroffenen vorliegt, so dass eine bestimmte Maßnahme dadurch legitimiert werden kann. Die sachbedingt notwendigen Differenzierungen dürfen nicht durch eine vordergründige Orientierung an zufällig identischen gesetzlichen Formulierungen verschüttet werden:

31   Diese Gefahr besteht aber zB bei oberflächlicher Lektüre der gesetzlichen Anforderungen an die Einwilligung von Personen, die in eine Arzneimittelprüfung einbezogen werden

---

[37] Vgl. http://www.ak-med-ethik-komm.de/index.php?option=com_content&view=article&id=144& Itemid=151&lang=de (Stand: 24.3.2017). Die folgenden Ausführungen gelten gleichermaßen für den an gleicher Stelle beschlossenen und insoweit wortgleichen Mustertext zur Patienteninformation. – Zur Vermeidung von Missverständnissen: Der Arbeitskreis ist nur ein informelles Gremium; seine Beschlüsse haben keinerlei bindenden Charakter, sondern sind bloße Empfehlungen.

[38] Hervorhebung durch den Verf.

[39] Näher dazu *Georgy*, Die strafrechtliche Verantwortlichkeit von Amtsträgern (Fn. 10) S. 92 ff.

[40] S. dazu etwa *Deutsch* VersR 1999, 1 (5).

[41] Es handelt sich dabei um die Richtlinien der Kommission für Ethik in der ärztlichen Forschung am Fachbericht Humanmedizin der Philipps-Universität Marburg (abgedruckt mit Erläuterungen bei *Freund/Heubel* MedR 1997, 347 [348 ff.]). Sie sind zwar keine Rechtsquelle im technischen Sinne, sollen aber die Rechtsregeln verdeutlichen und konkretisieren, um zu ihrer Beachtung in einem Bereich beizutragen, in dem ihre faktische Geltung besonders gefährdet ist.

[42] Zu den Schwierigkeiten einer Definition der Einwilligungsfähigkeit vgl. etwa *Amelung* S. 8 ff.; näher zu dieser Problematik auch *Damm* MedR 2015, 775 ff.

sollen. Daran hat sich durch die 12. AMG-Novelle nichts geändert. § 40 Abs. 2 Nr. 1 aF gebrauchte mit Blick auf den geschäftsfähigen Probanden dieselbe Formulierung wie § 41 Nr. 3 aF mit Blick auf den geschäftsunfähigen oder in der Geschäftsfähigkeit beschränkten Probanden. Nunmehr spricht § 40 Abs. 1 S. 3 Nr. 3a mit Blick auf den volljährigen Probanden genauso wie § 40 Abs. 4 Nr. 3 S. 4 vom minderjährigen Probanden. Beide Male – so scheint es auf den ersten Blick – muss die Person gleichermaßen in der Lage sein, „Wesen, Bedeutung und Tragweite der klinischen Prüfung einzusehen und ihren Willen hiernach zu bestimmen". Eine vollkommen identische Konkretisierung der Einwilligungsfähigkeit kann indessen trotz des identischen Wortlauts nicht gemeint sein. Vielmehr müssen im Hinblick auf die Besonderheiten **bei nicht unbeschränkt Einwilligungsfähigen** gewisse **Modifikationen** vorgenommen werden. Wenn man an die Wirksamkeit ihrer Einwilligung mit denselben strengen Maßstäben heranginge wie bei Personen ohne gesetzlichen Vertreter, so dass deren Einwilligung genauso sicher ihr Selbstbestimmungsrecht wahrte, bedürfte es keiner zusätzlichen Einwilligung eines gesetzlichen Vertreters.

Ein solches Zusatzerfordernis wäre schon im Verhältnis zu dem Betroffenen gar nicht **32** legitimierbar, weil es zu einer **unzulässigen Bevormundung** führte. Der gesetzliche Vertreter hat im hier interessierenden Zusammenhang nur die Funktion, dazu beizutragen, dass das Selbstbestimmungsrecht des Geschäftsunfähigen gewahrt und er nicht entgegen seinem wahren Willen missbraucht wird. Auf den **Co-Consent eines gesetzlichen Vertreters** kann es deshalb nur ankommen, wenn dafür wegen gewisser verbliebener Restunsicherheiten bei dem zu Vertretenden überhaupt noch ein Bedürfnis besteht. Die Einwilligung einer Person, die einen gesetzlichen Vertreter nötig hat, ist damit sachbedingt in gewisser Weise immer **defizitär**. Sie muss **dennoch wirksam** iS des § 40 Abs. 4 Nr. 3 S. 4 (bzw. des § 41 Nr. 3 aF) erteilt werden können, wenn das gesetzliche Konzept einen Sinn ergeben soll.[43] – Vgl. dazu auch → Rn. 47 (mit Blick auf Minderjährige). Bei der Reform hat man wohl das Co-Consenterfordernis im Rahmen der klinischen Prüfung an nicht unbeschränkt einwilligungsfähigen Volljährigen vergessen (vgl. § 41 Abs. 3). Dennoch muss es beim verständigen Umgang mit dem Gesetz nach dem soeben Dargelegten – gleichsam als ungeschriebene Voraussetzung der klinischen Prüfung – beachtet werden. Dieses positiv zu erfüllende Erfordernis des Co-Consents nicht unbeschränkt einwilligungsfähiger Minderjähriger *und* Volljähriger (!) schützt deren zu wahrende Autonomie, die zwar beschränkt, aber immerhin vorhanden ist, wesentlich besser als das oft herangezogene **bloße Vetorecht**. Denn es geht in seiner Gewährleistungsfunktion weit darüber hinaus: Bei einem vorhandenen Veto liegt selbstverständlich *auch* der nötige Co-Consent nicht vor. Ein solcher verlangt indessen wesentlich mehr als ein nur nicht ausgeübtes Vetorecht. Nötig ist weitergehend die positiv erteilte **Zustimmung des beschränkt Einwilligungsfähigen.**

Die Einwilligung muss im Interesse der Rechtssicherheit grundsätzlich **schriftlich** erteilt **33** werden (§ 40 Abs. 1 S. 3 Nr. 3b bzw. c). Nach § 40 Abs. 1 S. 4 ist eine – restriktiv zu handhabende – Ausnahme möglich, wenn die betroffene Person nicht schreiben kann. An die Stelle der schriftlichen tritt dann eine mündliche Einwilligung in Anwesenheit von mindestens einem Zeugen, der auch bei der Information der betroffenen Person einbezogen war. Der Zeuge darf nicht bei der Prüfstelle beschäftigt und kein Mitglied der Prüfgruppe sein. Die mündlich erteilte Einwilligung muss schriftlich dokumentiert, datiert und von dem Zeugen unterschrieben werden. § 40 Abs. 2 S. 3 stellt klar, dass eine schriftlich erteilte Einwilligung in die Teilnahme jederzeit gegenüber dem Prüfer nicht nur schriftlich, sondern auch mündlich widerrufen werden kann, ohne dass der betreffenden Person daraus Nachteile entstehen dürfen.

Das Erfordernis, dass die Person, bei der die klinische Prüfung durchgeführt werden soll, **34** **nicht** auf behördliche Anordnung **in einer Anstalt untergebracht** ist (§ 40 Abs. 1 S. 3 Nr. 4; vgl. auch schon § 40 Abs. 1 S. 1 Nr. 3 aF), rechtfertigt sich durch die abstrakte Gefahr

---

[43] Zu undifferenziert daher etwa Kügel/Müller/Hofmann/*Wachenhausen* § 40 Rn. 112. – Zu den sanktionenrechtlichen Konsequenzen bei Mängeln in Bezug auf das Zusammenspiel der Einwilligung des beschränkt Einwilligungsfähigen und der Einwilligung seines gesetzlichen Vertreters → Rn. 90 ff.

„unfreiwillig" erteilter Einwilligungen.[44] In manchen Fällen kann es gute Gründe für eine Einschränkung geben.[45]

35   **2. Modifikationen bei klinischen Prüfungen mit Einwilligungsunfähigen und beschränkt Einwilligungsfähigen. a) Allgemeine Grundlagen.** Die Problematik der Forschung – auch der Arzneimittelprüfungen – mit Einwilligungsunfähigen und beschränkt Einwilligungsfähigen stellt sich in der Praxis recht häufig. Es würde der komplexen Problemlage nicht gerecht, sie dadurch lösen zu wollen, dass solche Forschung von vornherein als ethisch anstößig oder gar rechtlich unzulässig abgestempelt wird. Eine solche pauschale Ablehnung würde nicht zuletzt den berechtigten Interessen dieses besonders schutzbedürftigen Personenkreises schaden. Insoweit gilt es **sachgerecht** zu **differenzieren** und zu erkennen, dass zB eine gut geplante Therapiestudie lediglich solche belastenden Maßnahmen erfordern kann, die durch den zu erzielenden Nutzen für den Einwilligungsunfähigen aufgewogen oder sogar überwogen werden.[46] In solchen Fällen würde ein **generelles Verbot** dem Einwilligungsunfähigen nicht nützen, im zuletzt genannten Fall sogar **schaden.**

36   Nicht zu rechtfertigen sind freilich belastende **Eingriffe** in Rechtspositionen des Einzelnen **zu (rein) fremdem Nutzen:** Praktisch geht es etwa um die Heranziehung von gesunden Säuglingen zu regelmäßigen Blutentnahmen, um gewisse Normalwerte für den Vergleich mit krankhaften Befunden bei spezifischen Neugeborenenerkrankungen zu gewinnen. Die reine Fremdnützigkeit geht in einem solchen Fall nicht etwa dadurch verloren, dass man begrifflich verunklarend von einem gruppenspezifischen Nutzen spricht (und diesen dem rein fremden Nutzen gegenüberstellt).[47] Auch der **gruppenspezifische Nutzen** ist und bleibt für den gesunden Säugling ein **rein fremder Nutzen!**

37   Wer hier auf die große Wohltat abstellt, die vielen kranken Kindern (vielleicht) erwiesen wird, und damit die (geringe) Belastung des gesunden Säuglings als hinnehmbar ausweisen möchte, verlässt vorschnell die insoweit verfügbaren gesicherten Bahnen des Rechts: Das Vorhaben ist strafrechtlich gesehen eine tatbestandsmäßige **Körperverletzung** nach § 223 StGB (bzw. auch nach § 96 Nr. 10 mit einem strafbewehrten Verbot versehen) und kann nur erlaubt sein, wenn ein anerkannter **Rechtfertigungsgrund** eingreift.[48]

38   Die Einwilligung des **Personensorgeberechtigten** deckt nur Maßnahmen, die dem **Wohle des Kindes** dienen.[49] Selbst wenn man insofern aus guten Gründen eine gewisse Einschätzungsprärogative des Personensorgeberechtigten anerkennt,[50] werden hier die

---

[44] IdS zB auch Deutsch/Lippert/*Deutsch* § 40 Rn. 20; *Rehmann* § 40 Rn. 6.

[45] Näher zu den notwendigen Einschränkungen *Loose* S. 69 ff. mwN. – Zur Möglichkeit einer Notstandsrechtfertigung bzw. einer teleologischen Reduktion vgl. auch Deutsch/Lippert/*Deutsch* § 40 Rn. 20 mwN zu dieser Problematik. – S. ergänzend *Jary*, Medizinische Forschung an Strafgefangenen – Eine Gratwanderung zwischen historisch geprägtem Paternalismus und der Achtung der Grundrechte Strafgefangener unter besonderer Berücksichtigung weitestgehender Äquivalenzherstellung im Strafvollzug, 2010; *Oswald* FS Schroth, 2010, 94 ff.; *dies.*, Die strafrechtlichen Beschränkungen der klinischen Prüfung von Arzneimitteln und ihr Verhältnis zu § 228 StGB, 2014, S. 247 ff.

[46] An den relevanten Differenzierungskriterien orientieren sich die „Marburger Richtlinien zur Forschung mit einwilligungsunfähigen und beschränkt einwilligungsfähigen Personen", abgedruckt bei *Freund/Heubel* MedR 1997, 347 (348 ff.).

[47] So aber etwa die Richtlinien der Zentralen Ethikkommission bei der Bundesärztekammer (abgedruckt in DÄBl. 94 [1997], C – 759); s. ferner *Fröhlich* S. 19 et passim; *Taupitz/Fröhlich* VersR 1997, 914 f. – Verunklarend ist es auch, wenn *Fröhlich* S. 148 bei der Behandlung der Fallgruppe nichttherapeutischer Forschung mit Einwilligungsunfähigen in unzulässiger Weise argumentiert, man werde „in den meisten Fällen nicht ausschließen können, dass dem teilnehmenden Patienten die gewonnenen Forschungsergebnisse zumindest mittelbar zugute kommen können" (ähnlich verunklarend *Taupitz* JZ 2003, 109 [115]: Forschung mit „möglichen Eigennutzen"). Denn wenn bereits dieser mittelbare Nutzen des Betroffenen selbst seine Belastung rechtfertigt, stellt sich das in diesem Abschnitt diskutierte Problem nicht. Sachlich geht es dabei ausschließlich um die Belastung im Drittinteresse. Die „Gruppennützigkeit" bringt noch keinen eigenen Behandlungsnutzen (zutr. dazu etwa auch Laufs/Katzenmeier/*Lipp*, Arztrecht, 6. Aufl. 2009, XIII Rn. 84 Fn. 284).

[48] Zutreffend insoweit *Fröhlich* S. 24 f., 78.

[49] Zur Kindeswohlorientierung der elterlichen Sorge vgl. § 1627 S. 1 BGB; s. dazu etwa *Fröhlich* S. 200 f.; *Georgy*, Die strafrechtliche Verantwortlichkeit von Amtsträgern (Fn. 10) S. 67.

[50] Vgl. dazu etwa *Coester* FamRZ 1996, 1181 (1183) (der von einem Interpretations- und Konkretisierungsprimat der Eltern spricht). Zu den Grenzen der Konkretisierungsbefugnis treffend *Staak/Uhlenbruck* MedR 1984, 177 (183).

Grenzen zulässiger Konkretisierung dessen, was dem Wohl des Kindes(!) dient, überschritten.[51] Entsprechendes gilt für **Betreuer,** die sich bei fehlenden rechtlich relevanten Willensäußerungen des zu Betreuenden ebenfalls ausschließlich an dessen Wohl (und nicht am Wohl der „Forschung") zu orientieren haben.[52]

Auch die Entscheidung einer unabhängigen **Ethik-Kommission** vermag keine in der **39** entscheidenden Hinsicht legitimierende Kraft zu entfalten. Vom Zuschnitt auf die spezielle Problemlage her gesehen käme am ehesten noch der **rechtfertigende Notstand** nach § 34 StGB als Rechtfertigungsgrund in Betracht. Dessen – aus gutem Grund – enge Voraussetzungen sind jedoch regelmäßig nicht erfüllt.[53] Damit gibt es im geltenden Recht der Bundesrepublik Deutschland keinen Rechtfertigungsgrund für solche fremdnützige Forschung.[54]

Die **Richtlinie 2001/20/EG** vom 4.4.2001[55] (bzw. deren Umsetzung durch die **40** 12. AMG-Novelle) bildet gleichfalls keinen Rechtfertigungsgrund für nach deutschem Recht schon immer rechtswidrige und strafbare Körperverletzungen. Diese Richtlinie begründet zum einen nur **Mindestschutzstandards,** ist also auch nach ihrer Umsetzung[56] als Rechtsgrundlage für Eingriffe in die körperliche Integrität nicht tragfähig. Zum anderen aber – und das ist hervorhebenswert – orientiert sich die neue Richtlinie letztlich am **Kriterium des überwiegenden Eigeninteresses des Einwilligungsunfähigen** an der Einbeziehung in eine Studie.[57] Sie entspricht damit sachlich den strengen Positionen von *Köhler*[58] und der **„Marburger Richtlinien".**[59]

---

[51] Sachlich übereinstimmend etwa *Staak/Uhlenbruck* MedR 1984, 177 (183); s. dazu auch *Loose* S. 182 ff.; *Szutowska-Simon,* Wille und Einwilligung im Probandenschutzsystem – Eine Untersuchung zur Richtlinie 2001/20/EG, zur Biomedizinischen Menschenrechtskonvention sowie zum polnischen und deutschen Zivil- und Arzneimittelrecht und ein alternativer Regelungsvorschlag zur Verordnung (EU) Nr. 536/2014 über Arzneimittelprüfungen mit Menschen, 2015, S. 431 ff. – Wohl anders, aber nicht überzeugend *Fröhlich* S. 200; *Weber,* „Off-label use" – Arzneimittel- und strafrechtliche Aspekte am Beispiel der Kinderheilkunde, 2009, S. 75 f. – Minderjährige zu schwach schützend auch *Laufs/Katzenmeier/Lipp,* Arztrecht, 6. Aufl. 2009, XIII Rn. 105 (nur vor gravierenden Gefährdungen oder Beeinträchtigungen).

[52] Vgl. § 1901 Abs. 1 S. 1 BGB; s. dazu etwa *Fröhlich* S. 166 ff.; knapp und instruktiv dazu *Kern* MedR 1991, 66 (70); vgl. auch *Köhler* NJW 2002, 853 (854 f.). – Auf derselben Linie liegt die – leider nur unzureichend umgesetzte – Richtlinie 2001/20/EG vom 4.4.2001, ABl. 2001 L 121, 34 ff. Nach deren Art. 5 Lit. a muss die Einwilligung des gesetzlichen Vertreters „dem mutmaßlichen Willen des Prüfungsteilnehmers entsprechen"! Danach sind jedenfalls dem Wohl des Einwilligungsunfähigen widersprechende Maßnahmen unzulässig, wenn keine rechtlich beachtliche eigene Aufopferungsentscheidung des Einwilligungsunfähigen selbst vorliegt – etwa in Gestalt einer Vorab-Verfügung in einwilligungsfähigem Zustand (näher zur Möglichkeit einer solchen „Forschungsverfügung" etwa *Eck,* Die Zulässigkeit medizinischer Forschung mit einwilligungsunfähigen Personen und ihre verfassungsrechtlichen Grenzen, 2005, S. 259 ff.).

[53] Zutreffend insoweit *Fröhlich* S. 25 mwN.

[54] Näher dazu *Georgy,* Die strafrechtliche Verantwortlichkeit von Amtsträgern (Fn. 10) S. 64 ff.; *Loose* S. 180 ff.; s. auch *Freund* MedR 2001, 65 (69 f.); instruktiv zur Problematik ferner *Köhler* NJW 2002, 853 ff. – Abwegig ist in diesem Zusammenhang die Überlegung, man unterstelle demjenigen, den man nicht zur fremdnützigen Forschung heranziehe, ein Egoist zu sein, was dem Menschenbild des Grundgesetzes widerspreche (vgl. etwa *Taupitz/ Fröhlich* VersR 1997, 911 [914]; *Rosenau* RPG 2002, 94 [101]; *Weber,* „Off-label use" – Arzneimittel- und strafrechtliche Aspekte am Beispiel der Kinderheilkunde, 2009, S. 75 f.). Da die Nichtheranziehung dessen, der nicht helfen *kann,* dem Instrumentalisierungsverbot entspricht, liegt der Quasi-Vorwurf des unterstellten Egoismus neben der Sache. Im Übrigen muss insofern die Frage erlaubt sein, warum die entsprechende „fürsorgliche sittliche Hebung" nicht auch unbeschränkt Einwilligungsfähigen zuteil werden soll (so mit Recht *Picker* JZ 2000, 693 [696]). – Zur Möglichkeit einer Vorabverfügung in einwilligungsfähigem Zustand vgl. *Freund/Heubel* MedR 1997, 347; *Jansen,* Forschung an Einwilligungsunfähigen – Insbesondere strafrechtliche und verfassungsrechtliche Aspekte der fremdnützigen Forschung, 2015, S. 176 ff., 215 f., 289 ff.

[55] ABl. 2001 L 121, 34 ff. Die Richtlinie stellt zT auf einen gruppenspezifischen Nutzen ab (s. Art. 4 Lit. e und Art. 5 Lit. e); vgl. dazu *Deutsch* NJW 2001, 3361 (3363). – S. freilich sogleich noch im Text!

[56] Art. 22 der Richtlinie sagt zur Umsetzung: Die Mitgliedstaaten erlassen und veröffentlichen vor dem 1.5.2003 die erforderlichen Rechts- und Verwaltungsvorschriften und wenden diese spätestens ab dem 1.4.2004 an. Diese Vorgabe wurde nicht erfüllt.

[57] Vgl. Art. 4 Lit. a, i und Art. 5 Lit. a, h, i.

[58] *Köhler* NJW 2002, 853 ff.

[59] Auf den ersten Blick scheint die EG-Richtlinie mit dem Kriterium des überwiegenden Eigeninteresses sogar strenger als die „Marburger Richtlinien" (abgedruckt mit Erläuterungen bei *Freund/Heubel* MedR 1997, 347 [348 ff.]). Nach § 6 Abs. 2 der „Marburger Richtlinien" sind nur solche Studien absolut ausgeschlossen, bei denen *per saldo ein Nachteil* für den Einwilligungsunfähigen festzustellen ist. Fehlen Vor- oder Nachteile für den Einwilligungsunfähigen oder halten sich Nachteile und unmittelbarer oder mittelbarer Nutzen für diesen die

41   Bei der Umsetzung der Richtlinie 2001/20/EG sind allerdings gravierende Mängel unterlaufen: Beispielsweise findet sich in der Richtlinie die klare rechtliche Hürde, dass die Einbeziehung in die Arzneimittelprüfung dem **mutmaßlichen Willen des Minderjährigen entsprechen** muss. Diese Schranke versucht man durch den einschränkenden Zusatz zu unterlaufen, dass dieses Erfordernis nur gelten solle, soweit ein solcher mutmaßlicher Wille feststellbar ist. Dieser Versuch ist jedoch ein untauglicher. Denn sowohl nach allgemeinen Rechtsgrundsätzen als auch dem Gebot richtlinienkonformer Interpretation des nationalen Rechts muss dem entsprechenden Erfordernis des mutmaßlichen Willens des Betroffenen Rechnung getragen werden.

42   Letztlich ist es in jedem Einzelfall möglich, nach klaren Regeln zu entscheiden, ob die Einbeziehung in die klinische Prüfung eines Arzneimittels dem mutmaßlichen Willen entspricht. Auf ein realpsychologisches Wollen des betroffenen Subjekts kommt es dabei nicht an. Vielmehr geht es – wie beim Rechtfertigungsgrund der mutmaßlichen Einwilligung – um Folgendes: Nach Sachlage muss die Annahme begründet sein, der Betroffene stimmte – seine Einwilligungsfähigkeit unterstellt – bei Kenntnis aller relevanten Umstände der Maßnahme zu.

43   Dieses hypothetische Urteil ist auch bei Personen nötig und möglich, die niemals einwilligungsfähig waren.[60] Denn es ist auf der Basis einer Güter- und Interessenabwägung zu treffen, welche zwar das Subjekt in seinem konkreten So-Sein zum Dreh- und Angelpunkt hat, aber gerade das Fehlen einer aktuell verbindlichen Willensäußerung dieses Subjekts kompensieren soll. Deshalb muss von der Unfähigkeit, einen verbindlichen Willen zu bilden, selbstverständlich abstrahiert werden. Wenn die Annahme, der Betroffene stimmte – seine Einwilligungsfähigkeit unterstellt – bei Kenntnis aller relevanten Umstände der Maßnahme zu, sachlich nicht begründet werden kann, entspricht die Maßnahme auch nicht seinem mutmaßlichen Willen. Eine dennoch erfolgende Arzneimittelprüfung an dem Betroffenen wäre eindeutig rechtswidrig. Sie verstieße nicht nur gegen allgemeine Rechtsgrundsätze, sondern auch gegen den insoweit klaren Wortlaut der Richtlinie 2001/20/EG.

44   **b) Spezielle gesetzliche Regelungen mit Blick auf gesunde Minderjährige (§ 40 Abs. 4).** Die Regelungen des § 40 Abs. 4 dienen dem Minderjährigenschutz. Nach diesen Vorschriften muss das zu prüfende Arzneimittel zum Erkennen oder Verhüten von Krankheiten bei Minderjährigen bestimmt sein (Nr. 1). Damit sind nur **Diagnostika** und **Vorbeugemittel** mögliche Gegenstände der klinischen Prüfung. Außerdem muss die Anwendung des Mittels angezeigt sein, um bei dem in die Prüfung einzubeziehenden Minderjährigen selbst Krankheiten zu erkennen oder ihn davor zu schützen. Die Arzneimittelprüfung muss also dem eigenen Interesse des minderjährigen Probanden dienen – zumindest insofern als nach erfolgreichem Abschluss der Prüfung ein entsprechender Vorteil des Betroffenen selbst zu erwarten ist.[61] Die Neufassung der Vorschrift im Zuge der 12. AMG-Novelle bringt eine klarstellende Legaldefinition des „Angezeigtseins". Nach dieser Definition ist das Arzneimittel angezeigt, wenn seine Anwendung bei dem Minderjährigen medizinisch indiziert ist. Damit soll nochmals verdeutlicht werden, dass fremdnützige Forschung an gesunden Minderjährigen ausgeschlossen ist. Das verdient grundsätzlich Zustimmung. Freilich ist man mit dem „Krankheitsverdacht", der in der Begründung der Beschlussempfehlung des Gesundheitsausschusses als

---

Waage, kommt – bei Erfüllung gewisser Zusatzbedingungen – die Studienteilnahme eines Einwilligungsunfähigen in Betracht (s. § 6 Abs. 3). Freilich spricht einiges dafür, in solchen eng begrenzten Fällen wegen des vollständig fehlenden Interesses an der Nichtteilnahme eine *mutmaßliche Einwilligung* des Einwilligungsunfähigen anzunehmen. Denn unter dieser Voraussetzung kann für den Einwilligungsunfähigen die Möglichkeit, anderen zu helfen, zu einem beachtlichen *Eigeninteresse* werden. Bei solchem Verständnis entspricht die neue Richtlinie der EG sachlich genau den schon seit längerer Zeit ausgearbeiteten „Marburger Richtlinien".

   [60] Sachlich übereinstimmend insofern etwa *Szutowska-Simon,* Wille und Einwilligung (Fn. 51) S. 299 f.

   [61] Zutreffend dazu *Loose* S. 79 ff. (dort auch mit Kritik an abwegigen abweichenden Positionen, die contra legem zur fremdnützigen Forschung an Einwilligungsunfähigen führen). – Sachlich wie hier etwa auch *Rehmann* § 40 Rn. 17 mwN; weitgehend übereinstimmend wohl auch *Eck,* Die Zulässigkeit medizinischer Forschung mit einwilligungsunfähigen Personen und ihre verfassungsrechtlichen Grenzen, 2005, S. 84 ff., 175 ff. (Wahrung der körperlichen Unversehrtheit als *absolute* Grenze).

Kriterium der medizinischen Indikation genannt wird (vgl. BT-Drs. 15/2849, 72 [zu Art. 1 Nr. 26 (§ 40) Abs. 4 Nr. 1]), möglicherweise zu eng, wenn es darum geht, bestimmte Arzneimittelprüfungen als im Betroffeneninteresse liegend zu legitimieren. Denn ein solches ausreichendes Betroffeneninteresse ist durchaus auch ohne konkreten Krankheitsverdacht denkbar.

Nach den oben in → Rn. 20, 35 ff. dargelegten Kriterien muss bei Einwilligungsunfä- **45** higkeit des Minderjährigen – etwa bei einem Säugling – dieser Eigennutzen so groß sein, dass die Belastungen, die die Einbeziehung in die Prüfung mit sich bringt, zumindest aufgewogen werden.[62] Ein etwaiger fremder – auch ein gruppenspezifischer – Nutzen darf nicht berücksichtigt werden.[63]

Nach der Nr. 2 des Abs. 4 (vgl. auch § 40 Abs. 4 Nr. 3 aF) darf überdies die **klinische** **46** **Prüfung an Erwachsenen** keine ausreichenden Ergebnisse erwarten lassen. Entsprechendes gilt für andere Forschungsmethoden. Die **Heranziehung gesunder Minderjähriger** ist also **ultima ratio.** Ob etwa rein faktisch Probleme bestehen, Erwachsene für die in Frage stehende Prüfung zu rekrutieren, ist nach der Gesetzeslage irrelevant. Vielmehr reicht es für ein Verbot der Heranziehung gesunder Minderjähriger aus, dass bei einer Prüfung an Erwachsenen ausreichende Prüfergebnisse zu erwarten wären. Nur eine solche strenge Position ist auch geeignet, Missbräuchen einen klaren Riegel vorzuschieben. Etwaige Einschränkungen bedürfen jedenfalls besonderer Legitimation – etwa wenn die Einbeziehung gerade des konkreten Minderjährigen in dessen überwiegendem Interesse liegt.

Bei Minderjährigen hat jedenfalls der **gesetzliche Vertreter** nach ordnungsgemäßer **47** Aufklärung seine **schriftliche Einwilligung** zu erteilen. Er ist in diesem Zusammenhang dem **Wohle des Minderjährigen** verpflichtet.[64]

Ist der Minderjährige bereits selbst in der Lage zu erfassen, worum es bei der Arzneimittel- **48** prüfung geht und was sie für ihn bedeutet, muss auch er einwilligen. Da bei einem solchen **Co-Consent** des Minderjährigen die Einwilligung des gesetzlichen Vertreters nicht ersetzt, sondern im Interesse des Minderjährigen nur ergänzt wird, wäre es verfehlt, die Anforderungen beim Minderjährigen an die Einsichtsfähigkeit allzu hoch anzusetzen.[65] Sachlich geht es insoweit *auch* um die Frage, wann dem Minderjährigen ein **Vetorecht** zuzugestehen ist.[66] Indessen geht das Erfordernis des Co-Consents über die Gewährung eines bloßen Vetorechts hinaus: Es bedarf weitergehend der positiv erteilten **Zustimmung des beschränkt Einwilligungsfähigen.** Berücksichtigt man die Möglichkeiten kindgemäßer Aufklärung, kann eine solche Zustimmung uU schon sehr früh angebracht sein. Jedenfalls kann man selbst bei unter 10-Jährigen nicht generell auf einen Co-Consent verzichten. Bei Kindern ab einem Alter von 12–14 Jahren führt daran kein Weg mehr vorbei.[67] Insoweit bringen die Regelungen des § 40 Abs. 4 Nr. 3 sachlich keine Neuerung im Verhältnis zur Rechtslage vor der 12. AMG-Novelle. Auch dass jedenfalls ein ausdrücklicher oder konkludenter – also überhaupt nur irgendwie zum Ausdruck gebrachter – Widerspruch eines gesunden Minderjährigen die Einbeziehung in eine nicht in seinem Interesse liegende

---

[62] IdS etwa auch die Marburger Richtlinien zur Forschung mit einwilligungsunfähigen und beschränkt einwilligungsfähigen Personen in § 6 Abs. 3, abgedruckt bei *Freund/Heubel* MedR 1997, 347 (349). – S. dazu auch *Loose* S. 81 f., 178 f.

[63] Zu den Gründen näher → Rn. 20 f., 35 ff.

[64] Zutreffend dazu *Loose* S. 84 f., 180 ff. – Auch die Richtlinie 2001/20/EG vom 4.4.2001, ABl. 2001 L 121, 34 ff., liegt auf derselben Linie. Nach deren Art. 4 Lit. a muss die Einwilligung der Eltern oder des gesetzlichen Vertreters „dem mutmaßlichen Willen des Minderjährigen entsprechen"! Danach sind jedenfalls dem Wohl des Minderjährigen widersprechende Maßnahmen eindeutig ausgeschlossen, wenn keine rechtlich beachtliche eigene Aufopferungsentscheidung des Minderjährigen vorliegt. (Zur Klarstellung: Eine solche rechtlich beachtliche Aufopferungsentscheidung des Minderjährigen selbst kann vorliegen, wenn dieser trotz seiner Minderjährigkeit die dafür erforderliche Entscheidungsreife besitzt und entsprechend entschieden hat.).

[65] Zur notwendigen Differenzierung bei den Anforderungen an die Fähigkeiten des Einwilligenden nach dem jeweiligen Kontext s. bereits → Rn. 28 ff. – Vgl. dazu auch *Pawlowski* JZ 2003, 66 (70 ff.). – Zu undifferenziert hingegen etwa Kügel/Müller/Hofmann/*Wachenhausen* § 40 Rn. 112.

[66] Näher zum möglichen Hintergrund solcher Vetorechte *Amelung* S. 12 ff., 19 ff.

[67] Vgl. zu dieser Altersgrenze etwa Deutsch/Lippert/*Deutsch*, 1. Aufl. 2001, § 40 Rn. 21 (12 Jahre); *Rehmann* § 40 Rn. 17 (14 Jahre).

Arzneimittelprüfung ausschließt, hätte eigentlich schon immer eine Selbstverständlichkeit sein sollen. Jedoch ist auch das Fehlen eines solchen Widerspruchs keine ausreichende Legitimationsgrundlage für die in Frage stehende Maßnahme. Dafür ist vielmehr sein **Co-Consent** erforderlich. Nur dann lässt sich sagen, dass diese Maßnahme der zwar beschränkten, aber immerhin vorhandenen Autonomie *seines* Willens entspricht.

49   In hohem Maße bedenklich ist es vor diesem Hintergrund, wenn § 40 Abs. 4 Nr. 3 die klare und als Mindestschutzstandard verbindliche Vorgabe der **EG-Richtlinie 2001/20/ EG** im Hinblick auf das Erfordernis untergräbt, dass die Einbeziehung in die Arzneimittelprüfung dem **mutmaßlichen Willen des Minderjährigen entsprechen muss (Art. 4 lit. a).** Bemerkenswert ist in diesem Zusammenhang, dass man im Gesetzgebungsverfahren zunächst die Aufnahme des in der EG-Richtlinie genannten Kriteriums in das Gesetz mit dem taktischen Argument abgelehnt hatte, dieses Erfordernis sei ohnehin eine Selbstverständlichkeit, weil die Eltern als gesetzliche Vertreter dem Wohle des Minderjährigen verpflichtet seien und deshalb nur bei entsprechend anzunehmendem mutmaßlichem Willen ihre Zustimmung erteilen dürften. Wenn es in der Richtlinie hieße, die Einwilligung müsse dem mutmaßlichen Willen des Minderjährigen entsprechen, sei damit gemeint, dass sich die Entscheidung daran auszurichten habe, was unter den gegebenen Umständen den **Interessen** bzw. dem **Wohl des Kindes entspreche.** Dieser Gedanke gelte allgemein und brauche deshalb im AMG nicht besonders niedergelegt zu werden (vgl. die Gegenäußerung der Bundesregierung zur Stellungnahme des Bundesrates BT-Drs. 15/2360, 15).

50   Im Hinblick auf die detaillierte Umsetzung der anderen Teile der Richtlinie, durch die viele Selbstverständlichkeiten ausdrücklich normiert wurden, ist es indessen nicht überzeugend, die ausdrückliche Aufnahme dieses Erfordernisses in das Gesetz mit dem Argument zurückzuweisen, es handle sich dabei um eine Selbstverständlichkeit. Vielmehr drängt sich der Verdacht auf, dass hier ein materiellrechtlich wichtiger Aspekt zunächst bewusst weggelassen wurde, um Forschungshindernisse zu beseitigen, die manche als störend empfinden. Ein solches Vorgehen ist aber nicht richtlinienkonform. Erst auf Drängen von verschiedenen Seiten – ua des Bundesrates und der Enquete-Kommission des Deutschen Bundestages „Ethik und Recht der modernen Medizin" – hat man sich bereit gefunden, das Kriterium des mutmaßlichen Willens im Gesetz immerhin zu erwähnen. Allerdings hat man das nach der EG-Richtlinie positiv und ohne jede Einschränkung gefasste Kriterium letztlich durch den Zusatz konterkariert, dass es nur gelten solle, wenn ein mutmaßlicher Wille feststellbar sei. Wenn ein solcher mutmaßlicher Wille in die Einbeziehung in eine Arzneimittelprüfung nicht festgestellt werden kann, ist jedoch das in der EG-Richtlinie genannte Schutzkriterium gerade nicht erfüllt. Danach ist die positive Feststellung erforderlich, dass die Einbeziehung dem mutmaßlichen Willen entspricht. Soweit § 40 Abs. 4 Nr. 3 dahinter zurückbleibt, ist die Vorschrift richtlinienkonform zu konkretisieren. Praktisch führt das dazu, dass der **EU-rechtswidrige Halbsatz „soweit ein solcher feststellbar ist",** bei der Gesetzesanwendung **ignoriert werden** muss.

51   Von erheblicher Bedeutung ist dies nicht nur für die in § 40 Abs. 4 unmittelbar erfassten gesunden Minderjährigen, sondern insbesondere auch für die einschlägig kranken Minderjährigen (s. zu diesen sogleich sub c), bei denen ein etwa vorhandener gruppenspezifischer Nutzen nicht über die rechtliche Hürde hinweghilft, dass die Einbeziehung in die Arzneimittelprüfung dem **mutmaßlichen Willen des Minderjährigen** ohne jeden Abstrich in positiv festzustellender Form **entsprechen** muss! Das bedeutet: Nach Sachlage muss die Annahme begründet sein, der Betroffene stimmte – seine Einwilligungsfähigkeit unterstellt – bei Kenntnis aller relevanten Umstände der Maßnahme zu.

52   **c) Spezielle Regelungen mit Blick auf einschlägig kranke Personen, die als Volljährige (§ 41 Abs. 3) oder wegen Minderjährigkeit (§ 41 Abs. 2) nicht unbeschränkt einwilligungsfähig sind.** § 41 idF durch die 12. AMG-Novelle hält an dem problematischen Grundkonzept des § 41 aF fest: Nach dem Wortlaut ist Anknüpfungspunkt der Umstand, dass die klinische Prüfung bei einer Person durchgeführt werden soll, die an

einer Krankheit leidet, zu deren Behandlung das zu prüfende Arzneimittel angewendet werden soll. § 41 befasst sich also prima facie mit der klinischen Prüfung am einschlägig Kranken. Dabei werden die in → Rn. 12 ff., 21, 22 ff. behandelten grundsätzlichen Anforderungen zT modifiziert. Allerdings kommt der entscheidende Leitgedanke erst auf den zweiten Blick zum Vorschein. Tatsächlich geht es nicht um besondere Schutzregelungen für kranke Personen – wie es zunächst scheint[68] –, sondern um besondere Schutznormen für Einwilligungsunfähige und beschränkt Einwilligungsfähige.

Nicht jede Krankheit begründet Einwilligungsunfähigkeit. Das gilt auch für Personen, **53** die an einer Krankheit leiden, zu deren Behebung das zu prüfende Arzneimittel angewendet werden soll. Viele **Erkrankungen** lassen die **Fähigkeit,** in die Teilnahme an einer rein fremdnützigen Arzneimittelprüfung **wirksam einzuwilligen,** ebenso **unberührt** wie die Fähigkeit zur Einwilligung in eine normale Heilbehandlung. Nach der Gesetzeslage ist es ohne Weiteres möglich, dass ein uneingeschränkt Einwilligungsfähiger, der an irgendeiner Krankheit – wie etwa Neurodermitis oder Haarausfall – leidet, zB an der Prüfung eines neuen Narkosemittels teilnimmt und dabei zu fremdem Nutzen erhebliche Belastungen auf sich nimmt: Sein **informed consent rechtfertigt** das allemal.

Nicht anders verhält es sich, wenn diese Belastungen zu fremdem Nutzen bei der **Prü- 54 fung eines Arzneimittels** „ertragen" werden, das eine **einschlägige Eigenerkrankung** betrifft. Auf die besondere „Indikation" des § 41 Abs. 1 Nr. 1 (vgl. auch schon § 41 Nr. 1 aF) oder der neuen Nr. 2 kann es – entgegen dem insoweit irreführenden Wortlaut – nicht ankommen. Nach diesem Wortlaut darf die klinische Prüfung bei dem einschlägig Erkrankten nur durchgeführt werden, wenn die Anwendung des zu prüfenden Arzneimittels entweder nach den Erkenntnissen der medizinischen Wissenschaft angezeigt ist, um das Leben des Kranken zu retten, seine Gesundheit wiederherzustellen oder sein Leiden zu erleichtern (Nr. 1) oder aber für die Gruppe der Patienten, die an der gleichen Krankheit leiden wie diese Person, einen direkten Nutzen bringt (Nr. 2).

Diese gesetzliche Restriktion ist im Ansatz sachgerecht für Personen, die – aus welchen **55** Gründen auch immer – nicht uneingeschränkt einwilligungsfähig sind. Die Gründe für die eingeschränkte oder fehlende Einwilligungsfähigkeit können zB auf dem zu geringen Lebensalter, auf Abbauerscheinungen im Rahmen des normalen Alterungsprozesses oder aber auf irgendwelchen heilbaren oder unheilbaren Erkrankungen beruhen. Nur für solche Personen, die nicht uneingeschränkt einwilligungsfähig sind, ergeben gewisse Regelungen des § 41 einen guten Sinn. Bei Einwilligungsfähigen liefe ein Verbot auf einen nicht zu rechtfertigenden Eingriff in die grundrechtlich verbürgte Freiheit auch kranker Personen hinaus. Zur Wahrung des **Selbstbestimmungsrechts Einwilligungsfähiger** muss deshalb der **Erfassungsbereich des § 41** verfassungskonform **teleologisch** auf nicht unbeschränkt einwilligungsfähige Personen **reduziert** werden.[69]

Fehlt die **Einwilligungsfähigkeit,** muss nach den in → Rn. 20, 35 ff. dargelegten **56** Grundsätzen und der Gesetzeslage nach § 41 Nr. 1 die Teilnahme des Betreffenden an der Arzneimittelprüfung **in seinem eigenen (Gesundheits-)Interesse** liegen. Über den Wortlaut hinausgehend kann das zB auch bei der Prüfung von Diagnostika und Impfstoffen der Fall sein.[70] Davon, dass die Teilnahme des nicht uneingeschränkt Einwilligungsfähigen an der Arzneimittelprüfung in seinem eigenen Interesse liegt, kann allenfalls gesprochen werden, wenn die Risiken und sonstigen Belastungen durch den ihm selbst daraus erwachsenden Nutzen zumindest aufgewogen – besser noch: überwogen – werden. Der alternative Gruppennutzen, von dem § 41 Abs. 1 Nr. 2 spricht, ist in diesem Kontext ein systemwidriger und als Legitimationsgesichtspunkt nicht tragfähiger Fremdkörper, den die 12. AMG-

---

[68] Das entsprechende Missverständnis klingt etwa an bei *Rehmann* § 41 Rn. 1; vgl. auch Kügel/Müller/ Hofmann/*Wachenhausen* AMG § 40 Rn. 6: Für Patienten gelte der „Vorbehalt des Gruppennutzens", um ihnen „zumindest mittelbar" einen eigenen „Nutzen aus ihrer Teilnahme" zu ermöglichen. Dem ist entgegenzuhalten: Bei uneingeschränkt einwilligungsfähigen Personen ist das illegitimer Paternalismus.

[69] S. dazu auch *Loose* S. 78 (mit dem Vorschlag, den Wortlaut des § 41 aF entsprechend zu ändern).

[70] Sachlich übereinstimmend etwa Deutsch/Lippert/*Deutsch* § 41 Rn. 3.

Novelle geschaffen hat (s. dazu bereits → Rn. 40, 47). Im Hinblick auf materielle Legitimationserwägungen zählen in diesem Zusammenhang nur eigene (Gesundheits-)Interessen des Betroffenen selbst.

57   Je nach Fallgestaltung kann auf diesem Wege zB auch die Einbeziehung in eine **doppelblinde placebokontrollierte Studie** mit dem so zu erzielenden Nutzen für den Einwilligungsunfähigen selbst legitimiert werden.[71] Dem Umstand, dass die Teilnahme an einer Arzneimittelprüfung im (Gesundheits-)Interesse des Einwilligungsunfähigen oder beschränkt Einwilligungsfähigen selbst liegen kann, trägt § 41 Abs. 2 Nr. 1 (für Minderjährige) bzw. § 41 Abs. 3 Nr. 1 (für Volljährige; vgl. auch bereits § 41 Nr. 2 aF) klarstellend Rechnung. Die Beschränkung auf die Prüfung von Diagnostika und Vorbeugemitteln, wie man sie bei Prüfungen mit gesunden Minderjährigen findet (§ 40 Abs. 4 Nr. 1; vgl. auch schon § 40 Abs. 4 Nr. 1, 2 aF), ergibt beim einschlägig Kranken keinen Sinn. Sie wäre verfehlt, weil sie den Kranken ungerechtfertigt benachteiligen würde.

58   Bei geschäftsunfähigen oder in der Geschäftsfähigkeit beschränkten Personen ist grundsätzlich die schriftliche und jederzeit widerrufliche Einwilligung des **gesetzlichen Vertreters** erforderlich (§§ 41 Abs. 2, 40 Abs. 4 Nr. 3 [für Minderjährige], § 41 Abs. 3 Nr. 2 [für Volljährige]; vgl. auch schon § 41 Nr. 3–5 aF), der bei seiner Entscheidung dem Wohle des zu Vertretenden verpflichtet ist. Es gilt, das rechtverstandene **Selbstbestimmungsrecht des zu Vertretenden** zu wahren, und nicht, es zu hintertreiben. Deshalb sind – innerhalb gewisser Grenzen – auch an sich unvernünftige subjektive Präferenzen des zu Vertretenden beachtlich. Die zu treffende Stellvertreter-Entscheidung über die Teilnahme an der klinischen Prüfung des Arzneimittels ist sachlich nicht wesentlich anders beschaffen als die über eine normale Heilbehandlung des zu Vertretenden. Rein fremdnützige Forschung – auch zu gruppenspezifischem Nutzen – vermag sie nicht zu legitimieren, wenn eine rechtlich ausreichende Aufopferungsentscheidung des zu Vertretenden in dieser Hinsicht fehlt.[72]

59   In diesem Zusammenhang erweist sich die Konzeption der EG-Richtlinie 2001/20/EG insofern als konsequent und sachgerecht, als für alle Fälle der Arzneimittelprüfung an nicht uneingeschränkt Einwilligungsfähigen das positiv formulierte Erfordernis genannt wird, dass die Einbeziehung in die Prüfung dem mutmaßlichen Willen des Betroffenen entsprechen muss. Für Minderjährige steht das in Art. 4 lit. a; für nicht uneingeschränkt einwilligungsfähige erwachsene Prüfungsteilnehmer ist Art. 5 lit. a einschlägig. Dieser Gedanke ist jedoch in der 12. AMG-Novelle nicht konsequent umgesetzt worden. Auf die Versuche, das Erfordernis der Übereinstimmung mit dem positiv festzustellenden mutmaßlichen Willen zu untergraben, wurde bereits in → Rn. 40, 47 hingewiesen. Dennoch ist im Bereich der Arzneimittelprüfungen an **nicht uneingeschränkt einwilligungsfähigen Volljährigen** durch den unmissverständlichen **Ausschluss fremdnütziger Forschungseingriffe** dem Sachkriterium im Wesentlichen Rechnung getragen worden: Nach § 41 Abs. 3 Nr. 1 darf die klinische Prüfung unter anderem nur durchgeführt werden, wenn die begründete Erwartung besteht, dass der Nutzen der Anwendung des Prüfpräparates für die betroffene Person die Risiken überwiegt oder keine Risiken mit sich bringt.

60   Unter diesen Umständen dürfte es jedenfalls in der Regel möglich sein, die im Gesetz unerwähnt gebliebene – aber nach Art. 5 lit. a der einschlägigen EG-Richtlinie und deutschem Betreuungsrecht selbstverständlich zu beachtende – mutmaßliche Einwilligung des Betroffenen positiv zu begründen. Der eigentliche Bruch mit der Konsequenz innerer Unstimmigkeit ergibt sich aus der dem Wortlaut nach prima facie zugelassenen fremdnützigen Forschung (mit gruppenspezifischem Nutzen) an **einwilligungsunfähigen kranken Minderjährigen** (§ 41 Abs. 2 Nr. 2a). Wenn man das dem Schutz der Autonomie der Person dienende Erfordernis der mutmaßlichen Einwilligung dadurch untergräbt, dass man etwa bei Säuglingen, die keinen realen Willen bilden können, davon ausgeht, die Einbeziehung in eine fremdnützige Arzneimittelprüfung mit gruppenspezifischem Nutzen müsse

---

[71] IdS wohl auch Deutsch/Lippert/*Deutsch* § 41 Rn. 5; *Rehmann* § 41 Rn. 1; vgl. ferner etwa *Fischer* FS Deutsch, 1999, 545 (559). – Näher zu dieser Problematik *Loose* S. 81 ff., 178 f.
[72] S. dazu bereits → Rn. 35 ff., 47.

nicht dem mutmaßlichen Willen des Betroffenen entsprechen, könnte § 41 Abs. 2 Nr. 2a als Ermächtigung missverstanden werden, die in Nr. 2d näher definierten Eingriffe und Belastungen vorzunehmen. Indessen ist diese Regelung sachlich nicht als entsprechende Ermächtigungsgrundlage aufzufassen. Sie genügt im Hinblick auf die hier in Frage stehenden Eingriffe in Rechte der Person schon formal und auch inhaltlich nicht den zu stellenden Anforderungen. § 41 Abs. 2 Nr. 1 kann deshalb nur als **zusätzlich einschränkende Schutznorm** begriffen werden.

Daneben sind selbstverständlich die sonstigen allgemeinen und besonderen Zulässigkeitsvo- **61** raussetzungen zu beachten. Und dazu zählt nicht zuletzt – EU-rechtlich abgesichert – das Erfordernis, dass die Einbeziehung in die Arzneimittelprüfung in allen Fällen dem mutmaßlichen Willen des Betroffenen entsprechen (!) muss. Kann ein solcher mutmaßlicher Wille nicht festgestellt werden, ist die Einbeziehung rechtswidrig. Dabei kommt es auf die Gründe, weshalb ein entsprechender mutmaßlicher Wille nicht festgestellt werden kann, nicht an. Dass auch die im Gesetz angelegte Differenzierung zwischen „einfachen" Minderjährigen und solchen, die auch noch im Falle ihrer Volljährigkeit nicht uneingeschränkt einwilligungsfähig wären (vgl. § 41 Abs. 2 letzter Satz), keinen guten Sinn ergibt, sei bei diesem Befund nur beiläufig erwähnt. Auch insoweit gilt es, die nicht zu legitimierende Ungleichbehandlung von wesentlich Gleichem zu vermeiden und dem Kriterium der mutmaßlichen Einwilligung zur Wahrung der Autonomie der Person durchweg Rechnung zu tragen.

Bezeichnend für die vielfältigen Versuche, die inneren Unstimmigkeiten zu übertünchen, **62** ist unter anderem die in sich widersprüchliche Präsentation der 12. AMG-Novelle zum hier interessierenden Punkt der fremdnützigen Forschung mit gruppenspezifischem Nutzen durch die Berichterstatterin *Vollmer* in den abschließenden 2. und 3. Beratungen des Bundestages (vgl. Plenarprotokoll 15/103 v. 2.4.2004, S. 9365 [9366]), in der es wörtlich heißt: „Ein Hindernis bei der Entwicklung spezifischer für Kinder und Jugendliche zugelassener Arzneimittel soll mit der Einführung des Kriteriums der **Gruppennützigkeit** beseitigt werden. Danach ist nicht nur der unmittelbare individuelle Nutzen für eine klinische Prüfung notwendig, sondern auch ein direkter Nutzen für die Gruppe der Patienten, die an derselben Krankheit leidet wie die Versuchsperson." Der im zweiten Satz kumulativ neben dem Gruppennutzen genannte individuelle Nutzen verschleiert den *rein* fremdnützigen Charakter des Gemeinten. Nimmt man den zweiten Satz dagegen wörtlich, wird das im ersten Satz zum Ausdruck Gebrachte wieder zurückgenommen. Denn das Erfordernis eines kumulativen Gruppennutzens neben dem vorausgesetzten individuellen Nutzen beseitigt keine Forschungshindernisse, sondern schafft allenfalls bisher nicht vorhandene. Mit Recht übt deshalb *Lötzsch* deutliche Kritik an den mehrfach anzutreffenden Verschleierungsmanövern in ihrer zu Protokoll gegebenen Rede (vgl. Plenarprotokoll 15/103 v. 2.4.2004, S. 9365 [9373]). Schließlich machen *Hüppe* und *Lötzsch* zutreffend darauf aufmerksam, dass ein entscheidender Grund für das Fehlen von speziell für Kinder zugelassenen Medikamenten nicht etwa in rechtlich unangemessenen Forschungshindernissen zu erblicken ist; vielmehr spielt nicht zuletzt der Gesichtspunkt der mangelnden Rentabilität wegen der zu kleinen Personengruppe eine gewichtige Rolle (vgl. Plenarprotokoll 15/103 v. 2.4.2004, S. 9365 [9370, 9374]).[73] Abhilfe ist insofern auf andere Weise als durch – zugegebenermaßen begrenzte – Zulassung des Missbrauchs einer bestimmten Gruppe Einwilligungsunfähiger möglich und geboten.

Soweit die Einsichtsfähigkeit des Minderjährigen bzw. des nicht unbeschränkt einwilli- **63** gungsfähigen Volljährigen reicht, muss jedenfalls sein **Co-Consent** neben der Einwilligung des gesetzlichen Vertreters eingeholt werden (vgl. dazu bereits § 41 Nr. 3 aF).[74] Im Rahmen

---

[73] Deshalb möchte zB die Verordnung (EG) 1901/2006 die Entwicklung von Kinderarzneimitteln durch spezielle Pflichten und bestimmte Anreize fördern.

[74] Zum möglichen Hintergrund eines solchen Co-Consents, dem sachlich mindestens ein Vetorecht entspricht, der allerdings deutlich über ein bloßes Vetorecht hinausgeht, vgl. *Amelung* S. 12 ff., 19 ff. – Die Problematik des Co-Consents bei nicht unbeschränkt einwilligungsfähige Volljähren wird vollkommen verkannt etwa von Kügel/Müller/Hofmann/*Wachenhausen* § 41 Rn. 22. Dort findet sich das in Bezug auf die Frage der Einwilligung verbreitete „Schwarz-Weiß-Denken", das die zur Gewährleistung der Autonomie des Betroffenen notwendigen Abstufungen missachtet. Die praktisch bedeutsame Kategorie der beschränkten Einwilligungsfähigkeit wird nicht erfasst.

der 12. AMG-Novelle hat man allerdings diesen wichtigen Aspekt des Co-Consents nur bei Minderjährigen gesetzlich verankert (vgl. § 40 Abs. 4 Nr. 3, § 41 Abs. 2). Dagegen wurde er bei Volljährigen wohl „vergessen" oder im Hinblick auf Formulierungsprobleme verdrängt. Sachlich muss nach dem in → Rn. 32 Gesagten dem Co-Consent-Erfordernis selbstverständlich auch bei solchen Volljährigen Rechnung getragen werden, die immerhin über eine beschränkte Einwilligungsfähigkeit verfügen. – Bei Gefahr im Verzug kann selbstverständlich nach den allgemeinen Regeln der **mutmaßlichen Einwilligung** verfahren werden. Das stellte § 41 Nr. 5 aF aE für die Einwilligung des gesetzlichen Vertreters klar, gilt aber allgemein (vgl. etwa § 41 Abs. 1 S. 3). Die notwendigen ausdrücklichen Einwilligungen sind unverzüglich einzuholen.

64   Im Zuge der 12. AMG-Novelle weggefallen ist die problematische Sonderregelung zur **Prüfung ohne Aufklärung und ohne Einwilligung des Kranken** (§ 41 Nr. 7 aF) in besonders schweren Fällen der Gefährdung des Behandlungserfolgs durch die Aufklärung des Kranken. Die Vorschrift sollte verhindern, dass dem Kranken Schaden zugefügt wird, den *er* gerade nicht will. Sie griff dementsprechend schon nach ihrem Wortlaut nicht ein, wenn es Anhaltspunkte dafür gab, dass der Kranke mit dem Vorgehen nicht einverstanden war. Gleichwohl war die Vorschrift als Einfallstor für problematische, wenngleich gut gemeinte, **Fremdbestimmung** gefährlich und jedenfalls äußerst **restriktiv** zu handhaben.[75]

65   **3. Zustimmende Bewertung der zuständigen Ethik-Kommission (§ 40 Abs. 1 S. 2).** Für den Beginn der Arzneimittelprüfung ist immer eine zustimmende Bewertung der vorgesehenen Prüfung durch die zuständige Ethik-Kommission notwendig (§ 40 Abs. 1 S. 2, § 42 Abs. 1). § 40 Abs. 1 S. 2 aF sah dies nur grundsätzlich vor und kannte in S. 3 gewisse Ausnahmen. Auch wenn das positive Votum durch die 12. AMG-Novelle stärker den Charakter einer Genehmigung angenommen hat, ist es kein Freibrief und keine Garantie für eine Unbedenklichkeit in jeder Hinsicht. Ethik-Kommissionen legen mit Recht immer Wert auf die Feststellung, dass die ärztliche, wissenschaftliche und rechtliche Verantwortlichkeit nach wie vor beim Projektleiter bzw. beim Prüfarzt liegt.[76] Und das muss auch schon wegen der zwar etwas erweiterten, aber nach wie vor äußerst begrenzten Beurteilungsmöglichkeiten der Kommissionen so bleiben. Nicht zuletzt Zeit- und Kapazitätsgründe stehen einer verantwortung*ersetzenden* Funktion der Ethik-Kommission entgegen. Auch bringt die Prüfung durch die Ethik-Kommission nur dann eine deutliche Steigerung in der Qualitätssicherung im Verhältnis zur alleinigen Prüfung und Entscheidung durch den Forscher, wenn sie lediglich als **flankierende Maßnahme** aufgefasst wird und die vollständige Verantwortlichkeit insbesondere des Leiters der klinischen Prüfung daneben erhalten bleibt.

66   Jedenfalls die universitäre Ethik-Kommission ist ein Instrument zur **Qualitätssicherung** im Interesse aller Beteiligten und Betroffenen, ein Instrument zur Erfüllung der rechtlichen **Verkehrssicherungspflicht** der Universität und des Fachbereichs als **Forschungsstätten mit spezifischen Risiken**.[77] Innerhalb des durch das Recht gesteckten Rahmens gibt sie dem Forscher überdies Entscheidungshilfen bei der Lösung spezifisch ethischer Probleme.

67   Die Ethik-Kommission vertritt keine einzelne Gruppe, sondern handelt im Interesse aller Beteiligten und Betroffenen. Sie handelt zum einen im Interesse der in eine Studie einzubeziehenden Patienten oder Probanden,[78] zum anderen aber auch im Interesse der jeweiligen Forscher[79] und nicht zuletzt im Allgemeininteresse des Ansehens der medizini-

---

[75] Ebenso etwa *Rehmann*, 2. Aufl. 2003, § 41 Rn. 4.

[76] IdS auch das Muster-Statut bei *Deutsch/Lippert*, Ethikkommissionen und klinische Prüfung, 1998, S. 9 (11) (in § 7); s. ergänzend dazu etwa *Jung*, in Bioethik und Menschenrechte, hrsg. v. *Furkel* u. *Jung*, 1994, S. 145 (150 ff.); *Staake/Uhlenbruck* MedR 1984, 177 (183 f.).

[77] S. zu dieser Funktion etwa *Deutsch* MedR 1995, 483 ff., 485 f.; *Freund* KHuR 2005, 111 ff., *Grupp*, in Bioethik und Menschenrechte, hrsg. v. *Furkel* u. *Jung*, 1994, S. 125 (138). – Das Gesagte gilt sinngemäß auch für die bei den Ärztekammern gebildeten öffentlich-rechtlichen Ethikkommissionen.

[78] Zu diesem Schutzaspekt s. etwa *Deutsch/Lippert*, Ethikkommissionen und klinische Prüfung, 1998, S. 31 f.; *Deutsch* VersR 1999, 1 (4 f., 7); *Stamer*, Die Ethik-Kommissionen in Baden-Württemberg: Verfassung und Verfahren, 1998, S. 38 ff.

[79] S. auch zu diesem Schutzaspekt etwa *Deutsch/Lippert*, Ethikkommissionen und klinische Prüfung, 1998, S. 32; *Stamer*, Die Ethik-Kommissionen in Baden-Württemberg: Verfassung und Verfahren, 1998, S. 39.

schen Forschung überhaupt – also im Interesse der Wahrung des guten Rufes der Institution.[80]

Bei ihrer Beurteilung ist die Ethik-Kommission auf die korrekte Unterrichtung über die **68** dafür wesentlichen Umstände im **Projektplan** angewiesen. Sie muss – schon aus Zeit- und Kapazitätsgründen – grundsätzlich auf eine entsprechend ordnungsgemäße Unterrichtung vertrauen (dürfen). Die beschränkten Prüfungsmöglichkeiten relativieren die Bedeutung eines positiven Votums erheblich und führen auch zu einer entsprechenden Beschränkung der Verantwortlichkeit der Ethik-Kommission: Mehr als eine **„pflichtgemäße" Prüfung** im Rahmen des Möglichen und Angemessenen kann redlicherweise nicht erwartet werden.

Die **Ethik-Kommission prüft** mit dieser Maßgabe insbesondere, ob die zu erwartenden **69** Ergebnisse des Projekts nicht bereits bekannt sind (dh, ob die Belastung von Menschen und der Aufwand an Mitteln nicht absehbar nutzlos sind), ob der Versuchsplan in sich stimmig ist und wissenschaftlichen Standards entspricht, ob die Belastung und das Risiko für Menschen in einem vertretbaren Verhältnis zum erwarteten Ergebnis des Projekts stehen, ob die Betroffenen über die Tatsache des Versuchs sowie über mögliche Belastungen und Risiken hinreichend aufgeklärt werden und die erforderliche Zustimmung frei geben können, ob der Datenschutz hinreichend gewahrt ist und ob die Ergebnisse des Projekts ungehindert veröffentlicht werden können.[81] Der zuletzt genannte Prüfungspunkt hat vor allem die Funktion sicherzustellen, dass etwa auch der für die Firma ungünstige Ausgang einer Arzneimittelprüfung publiziert werden kann, damit der entsprechende Erkenntnisgewinn langfristig gesichert wird. Unnötige Folgestudien mit identischem Inhalt lassen sich so mitunter vermeiden. Die Ethik-Kommission ist hier auch eine wichtige Rückendeckung für den Forscher im Verhältnis zu (finanzstarken) Dritten.[82]

Durch die mit Art. 7 des Gesetzes vom 22.12.2010, BGBl. I S. 2262, eingeführte **Ver- 70 pflichtung des Pharmazeutischen Unternehmers** zur **Veröffentlichung der Ergebnisse klinischer Prüfungen (§ 42b)** erübrigt sich die im Vorstehenden angesprochene Funktion der Ethik-Kommission keineswegs. Denn diese Verpflichtung deckt nicht alle relevanten Konstellationen ab. Beispielsweise wird eine negativ ausgegangene Prüfung mit einem deshalb gar nicht in Verkehr gebrachten Arzneimittel nicht erfasst.

Eine spezielle **Ausnahme** vom Erfordernis eines zustimmenden Votums der Ethik-Kom- **71** mission sah bis zur 12. AMG-Novelle lediglich § 40 Abs. 1 S. 3 aF vor: Bei ablehnendem Votum der Ethik-Kommission durfte mit der klinischen Prüfung erst begonnen werden, wenn die zuständige Bundesoberbehörde nicht innerhalb von 60 Tagen nach Eingang der Unterlagen nach § 40 Abs. 1 S. 1 Nr. 6 aF widersprochen hatte. Diese Ausnahme hing damit zusammen, dass das negative Votum der Ethik-Kommission ursprünglich auch auf rein **ethischen Bedenken** beruhen konnte, die für ein **rechtliches Verbot,** das nicht zuletzt die grundgesetzlich verbürgte **Forschungsfreiheit** einschränkt, nicht ausreichen.[83] Nach gegenwärtiger Rechtslage darf dagegen die Versagung einer zustimmenden Bewertung iS des AMG ausschließlich auf rechtliche Versagungsgründe gestützt werden.[84] Dies ergibt sich nunmehr aus

---

[80] S. zu diesem selbstständigen Schutzaspekt etwa auch *Deutsch/Lippert,* Ethikkommissionen und klinische Prüfung, 1998, S. 32; *Stamer,* Die Ethik-Kommissionen in Baden-Württemberg: Verfassung und Verfahren, 1998, S. 74 mit Fn. 342 mwN.

[81] Angesichts der zum Teil komplexen Rechtsfragen und der funktionalen Arbeitsteilung innerhalb der Ethik-Kommission sprechen gewichtige Gründe dafür, dem kommissionsangehörigen Juristen trotz des geltenden Mehrheitsprinzips insoweit ein „Vetorecht" bei der Entscheidung zuzuerkennen (vgl. dazu *Georgy,* Die strafrechtliche Verantwortlichkeit von Amtsträgern [Fn. 10] S. 208 f.).

[82] Zu dem wichtigen Aspekt der ungehinderten Veröffentlichungsmöglichkeit s. auch *Deutsch* NJW 2001, 3361 (3364) (zur Richtlinie 2001/20/EG vom 4.4.2001).

[83] S. dazu *Freund* MedR 2001, 65 (70 f.).

[84] Diese Einschätzung widerspricht nicht etwa dem Erfordernis der „ärztlichen Vertretbarkeit" der Arzneimittelprüfung, welches gemäß §§ 42 Abs. 1 S. 7, 40 Abs. 1 S. 3 Nr. 2 der Prüfung durch die Ethik-Kommission unterliegt. Jener Passus kann nur im Sinne einer Orientierung an den Interessen der in concreto Betroffenen gedeutet werden. Ein paternalistischer ärztlicher Standpunkt ist für die Entscheidung dagegen mit Rücksicht auf den Stellenwert des Selbstbestimmungsrechts der Betroffenen nicht von Bedeutung. S. dazu *Freund/Georgy* JZ 2009, 504 (505 f.); *Georgy,* Die strafrechtliche Verantwortlichkeit von Amtsträgern (Fn. 10) S. 57.

der enumerativen Aufzählung der (rechtlichen) Versagungsgründe in § 42 Abs. 1 S. 7 in Verbindung mit dem zwingenden Erfordernis des Vorliegens einer „zustimmenden Bewertung" der Ethik-Kommission bei jeder Arzneimittelprüfung. Davon unabhängig ist freilich nach wie vor die ethisch motivierte Beratung seitens der Ethik-Kommission, die auch Bedenken geltend machen kann, welche für ein rechtliches Forschungshindernis vor verfassungsrechtlichem Hintergrund nicht ausreichen würden. Lediglich eine Versagung der arzneimittelrechtlich vorgesehenen „zustimmenden Bewertung" darf auf solche Gesichtspunkte nicht mehr gestützt werden.

72   In Anbetracht dessen ist der in mancher Probandeninformation anzutreffende Hinweis auf eine *„zustimmende Bewertung"* durch die Ethik-Kommission rechtlich bedenklich – weil für viele Adressaten irreführend. Daran ändert auch der Umstand nichts, dass dieser irreführende Hinweis vom Arbeitskreis Medizinischer Ethik-Kommissionen in der im Jahr 2008 beschlossenen Muster-Probandeninformation ausdrücklich empfohlen wird.[85] Die Ethik-Kommission prüft die in Rede stehende klinische Prüfung zum einen nur anhand der vorgelegten Unterlagen, zum anderen ist ihr die Versagung des positiven Votums aufgrund ethischer Bedenken nach vorstehend Gesagtem verwehrt. Sie erteilt demnach gerade **kein positives „Ethik-Votum".** Vielmehr geht es in der Sache um eine rein rechtliche Genehmigung, die auf sehr beschränkter Beurteilungsbasis erteilt wird und die ggf. – trotz vorhandener ethischer Bedenken(!) – nach den zwingenden rechtlichen Vorgaben erteilt werden muss. Da der nicht spezifisch arzneimittelrechtlich vorgebildete – also der „normale" – Proband davon aber regelmäßig nichts weiß, wird ihm mit dem Hinweis auf eine „zustimmende Bewertung" einer Ethik-Kommission ein **Gütesiegel suggeriert,** welches de facto nicht erteilt wird. Wer sich als Proband auf dieses angeblich erteilte Prädikat verlässt, weist ein gewichtiges und zudem ggf. strafrechtlich relevantes Autonomiedefizit auf.[86]

73   **4. Sonstige Erfordernisse und relevante Regelungen.** Das AMG sieht in § 40 Abs. 1 S. 3 Nr. 8, Abs. 3 (vgl. auch schon § 40 Abs. 1 Nr. 8, Abs. 3 aF) bei Arzneimittelprüfungen – ebenso wie das MPG bei Medizinprodukteprüfungen – eine **Versicherungspflicht** vor. Diese Verpflichtung zum Abschluss einer verschuldensunabhängigen Probandenversicherung gilt ohne Rücksicht auf die konkrete Gefahrenlage. Deshalb ist es möglich, dass zB eine wesentlich riskantere Erprobung einer neuen Operationsmethode keiner gesetzlich vorgesehenen Versicherungspflicht unterliegt,[87] während eine nach aller Erfahrung wesentlich weniger gefährliche Arzneimittelprüfung zwingend zu versichern ist.[88]

74   Der Gesetzgeber hat vorgesehen, dass für jede von der Prüfung betroffene Person für den Fall des Todes und der dauernden Erwerbsunfähigkeit eine Probandenversicherung mit einer **Mindest**versicherungssumme von 500.000 Euro abzuschließen ist. Nach meinen Erfahrungen entspricht derzeit keine der abgeschlossenen Probandenversicherungen diesen gesetzlichen Anforderungen. In den Versicherungsbedingungen wird die gesetzlich vorgesehene Mindestversicherungssumme durchweg zu einer Höchstsumme, die sich je nach der Zahl der Studienteilnehmer drastisch reduzieren kann, so dass schlimmstenfalls noch einige Tausend Euro für jeden Einzelnen übrigbleiben.[89] Gesetzlich nicht vorgesehen sind auch

---

[85] S. bereits → Rn. 25. Das hier Monierte gilt ebenso für den ebenfalls beschlossenen und insoweit wortgleichen Mustertext zur Patienteninformation. – Nochmals zur Klarstellung: Beschlüsse des Arbeitskreises, der nur einen informellen Zusammenschluss darstellt, haben keinerlei bindenden Charakter, sondern sind bloße Empfehlungen.

[86] Näher dazu *Freund/Georgy* JZ 2009, 504 ff.; *Georgy,* Die strafrechtliche Verantwortlichkeit von Amtsträgern (Fn. 10) S. 94 ff.; s. auch *Oswald,* Die strafrechtlichen Beschränkungen der klinischen Prüfung von Arzneimitteln und ihr Verhältnis zu § 228 StGB, 2014, S. 272; ferner → Rn. 87.

[87] Dazu, dass deren Erprobung nicht unter das AMG fällt, vgl. → Rn. 7 Fn. 10.

[88] Zu problematischen Effekten der mitunter recht willkürlich erscheinenden Versicherungspflicht unter dem Aspekt sinnvoller Forschung vgl. *Freund* MedR 2001, 65 (71). – Zu den Problemen des angemessenen Umfangs der Probandenversicherung näher *Voit* PatR 2004, 69 ff.; *ders.* PharmR 2005, 345 ff.

[89] Näher zur Kritik an dieser Praxis der „Höchstsummenbegrenzung" *Freund/Reus* PharmR 2009, 205 ff.; *Georgy,* Die strafrechtliche Verantwortlichkeit von Amtsträgern (Fn. 10) S. 104 ff.

anzutreffende Haftungsausschlüsse – etwa für generationsübergreifende genetische Schäden.[90]

Die Problematik war dem Gesetzgeber lange vor der 12. AMG-Novelle bekannt. Er hat **75** auch versucht, ihr durch den „Einbau" der Variablen einer Risikoabschätzung abzuhelfen. Dieser Versuch ist indessen trotz rechtzeitiger Hinweise in diesem Punkt gründlich misslungen. Denn wie soll etwa die Ethik-Kommission „auf der Grundlage der Risikoabschätzung" entscheiden, ob tatsächlich „für jeden Fall des Todes oder der dauernden Erwerbsunfähigkeit einer von der klinischen Prüfung betroffenen Person mindestens 500 000 Euro zur Verfügung stehen"? Eine entsprechende Garantie kann auch bei ex ante harmlos erscheinenden Arzneimittelprüfungen nur gegeben werden, wenn auch der Versicherungsvertrag diese Garantie gibt. Deshalb sind die Ethik-Kommissionen bei sorgfältigem Vorgehen gut beraten, auch in Zukunft auf die Diskrepanz zwischen den wörtlichen gesetzlichen Anforderungen an die Probandenversicherung und der tatsächlich abgeschlossenen Versicherung hinzuweisen. Dass der Gesetzgeber meinte, das Problem gelöst zu haben, dürfte im Ernstfall die Haftung der Mitglieder der Ethik-Kommission, die auf die Gesetzwidrigkeit nicht hinweisen, kaum ausschließen. Eine Glanzleistung ist dem Gesetzgeber also auch in diesem Bereich nicht gelungen. Missglückt ist auch die nach § 40 Abs. 1b vorgesehene Ausnahme von der Versicherungspflicht bei klinischen Prüfungen mit zugelassenen Arzneimitteln, wenn die Anwendung gemäß den in der Zulassung festgelegten Angaben erfolgt und Risiken und Belastungen durch zusätzliche Untersuchungen oder durch den Therapievergleich gering sind und soweit eine anderweitige Versicherung für Prüfer und Sponsor besteht. Insofern bringt nicht nur die geforderte Risikoabschätzung schwer lösbare Probleme mit sich. Auch der Stellenwert der „anderweitigen Versicherung" bleibt im Dunkeln.

Während des Verlaufs klinischer Prüfungen besteht eine Verpflichtung der Bundes- **76** oberbehörde zu **Rücknahme, Widerruf oder Anordnung des Ruhens** der Genehmigung gemäß **§ 42a** beim nachträglichen Eintritt oder Bekanntwerden bestimmter Versagungsgründe. Durch Einfügung des § 42a Abs. 4a wurde mit der 15. AMG-Novelle auch eine prinzipiell vergleichbare Eingriffsbefugnis der Ethik-Kommission geschaffen.[91] Diese Vorschrift regelt indes nur einen **Teilbereich der praktisch relevanten Fälle.** In Fällen des durch Tatsachen begründeten Zweifels an der fortbestehenden Berechtigung der zustimmenden Bewertung ist die Ethik-Kommission (noch) nicht befugt, die zustimmende Bewertung zurückzunehmen. Mit Rücksicht auf den Vorbehalt des Gesetzes besteht aber auch keine Möglichkeit, das Ruhen der zustimmenden Bewertung oder bestimmte Abhilfemaßnahmen anzuordnen. Entsprechende Befugnisse weist das AMG gemäß § 42a Abs. 1, 2, 5 nur der Bundesoberbehörde zu. Rechtlich legitimierbar gegenüber den Kommissionsmitgliedern ist in diesen Fällen jedoch eine Pflicht zur Information der Bundesoberbehörde über die vorliegenden Erkenntnisse sowie eine Kontrolle des Fortgangs der Studie in Bezug auf Gesichtspunkte, welche die Anordnung einer Maßnahme nach § 42a Abs. 4a ermöglichen.[92]

Bei der Erprobung von Radiopharmaka sind außerhalb des AMG die Vorschriften der **77** **Strahlenschutzverordnung** zu beachten (vgl. → § 7 Rn. 1).

Für die Durchführung der klinischen Prüfung im Einzelnen siehe außerdem die Verord- **78** nung über die Anwendung der Guten Klinischen Praxis bei der Durchführung von klini-

---

[90] Vgl. dazu etwa Kügel/Müller/Hofmann/*Wachenhausen* AMG § 40 Rn. 64. – Mit Recht kritisch gegenüber dem gegenwärtigen unbefriedigenden gesetzwidrigen Zustand Deutsch/Lippert/*Deutsch* § 40 Rn. 47 ff.; vgl. auch *Listl* in Medizinrecht, hrsg. v. *Spickhoff*, 2011, AMG § 40 Rn. 31 ff. – Zu weiteren problematischen Haftungsausschlüssen vgl. *Freund/Reus* PharmR 2009, 205 ff.; *Georgy*, Die strafrechtliche Verantwortlichkeit von Amtsträgern (Fn. 10) S. 106 ff.

[91] Zur insoweit problematischen Rechtslage vor Normierung des § 42a Abs. 4a vgl. *Classen* MedR 1995, 148 (149); *Lippert* FS Laufs, 2006, 973 (981 f.); *Georgy*, Die strafrechtliche Verantwortlichkeit von Amtsträgern (Fn. 10) S. 112.

[92] Näher zur Legitimation und den normativen Grenzen einer entsprechenden Rechtspflicht der Mitglieder von Ethik-Kommissionen im Rahmen der „Verlaufskontrolle" *Georgy*, Die strafrechtliche Verantwortlichkeit von Amtsträgern (Fn. 10) S. 112 ff.

schen Prüfungen mit Arzneimitteln zur Anwendung am Menschen vom 9.8.2004.[93] Siehe ergänzend die Gemeinsame Bekanntmachung des Bundesinstituts für Arzneimittel und Medizinprodukte und des Paul-Ehrlich-Instituts zur klinischen Prüfung von Arzneimitteln am Menschen vom 10.8.2006.

79   International relevant ist die revidierte **Deklaration von Helsinki** des Weltärztebundes über biomedizinische Forschung am Menschen idF von Seoul (2008).[94]

80   Von erheblicher Bedeutung ist auch nach der (unvollkommenen) Umsetzung durch die 12. AMG-Novelle die **Richtlinie 2001/20/EG** des Europäischen Parlaments und des Rates vom 4.4.2001 zur Angleichung der Rechts- und Verwaltungsvorschriften der Mitgliedstaaten über die Anwendung der guten klinischen Praxis bei der Durchführung von klinischen Prüfungen mit Humanarzneimitteln (ABl. 2001 L 121, 34 ff.). Insoweit ist insbesondere das uneingeschränkte und für alle Fälle geltende Kriterium des mutmaßlichen Willens des Betroffenen bei der richtlinienkonformen Interpretation des AMG zu beachten. – Die genannte Richtlinie erfasst allerdings keine Prüfungen von Medizinprodukten, für die es eine besondere Regelung gibt (**Richtlinie 1993/42** idF der **Richtlinie 2007/47/EG**). – Mit erheblichen Änderungen ist aufgrund der **VO (EU) Nr. 536/2014** des Europäischen Parlaments und des Rates vom 16.4.2014 über klinische Prüfungen mit Humanarzneimitteln und zur Aufhebung der Richtlinie 2001/20/EG zu rechnen.[95]

81   Mit der in → Rn. 35 ff. näher behandelten Problematik befassen sich die „**Marburger Richtlinien** zur Forschung mit einwilligungsunfähigen und beschränkt einwilligungsfähigen Personen".[96]

82   Die **Verordnung (EG) 1901/2006** des Europäischen Parlaments und des Rates vom 12.12.2006 über Kinderarzneimittel möchte die **Entwicklung von Kinderarzneimitteln** durch spezielle **Pflichten** und bestimmte **Anreize** fördern.[97] In der Sache beschränkt diese Verordnung unternehmerische Freiheiten im europäischen Raum im Hinblick auf die Hilfsbedürftigkeit potentieller – sonst eben nicht angemessen mit Arzneimitteln versorgter – Konsumenten. Sie verpflichtet dazu, spezifische **Angebote** zur Verfügung zu stellen. Mit klassischem **Gefahrenabwehrrecht** oder **Marktfreiheitssicherungsrecht** hat das nichts mehr zu tun. Es geht dabei nicht mehr (negativ) um den Schutz (der Gesundheit) von Verbrauchern vor gefährlichen bzw. bedenklichen Arzneimitteln durch Verbote ihres Inverkehrbringens bzw. ihrer Anwendung, sondern vielmehr (positiv) um den Schutz des durchaus nachvollziehbaren Interesses an Versorgung mit nicht vorhandenen, aber gewünschten Präparaten – also um Zuwendung und Leistung.

83   Indessen sind auch pharmazeutische Unternehmer keineswegs von „Berufs wegen" verpflichtet, überhaupt und speziell mit Blick auf Kinderarzneimittel zu forschen und entsprechende Projekte zu initiieren. Sie sind auch nicht etwa für den verbreiteten „**Off-Label-Einsatz**" der Medikamente durch die **behandelnden Ärzte** rechtlich verantwortlich zu machen (moralisch mag man das anders sehen). Daran ändert sich nichts durch den Umstand,

[93] Zur GCP-Verordnung s. BGBl. I 2004 S. 2081 (FNA 2121-51-40).

[94] WMA Declaration of Helsinki – Ethical Principles for Medical Research Involving Human Subjects; abrufbar unter www.wma.net (Stand: 24.3.2017).

[95] Näher zur Richtlinie 2001/20/EG → Rn. 40; vgl. auch *Deutsch* NJW 2001, 3361 ff.; *Fischer* FS Schreiber, 2003, 685 ff. – Näheres zur VO (EU) Nr. 536/2014 und ihren Konsequenzen bei *Kügel/Müller/Hofmann/Wachenhausen* Vor § 40 Rn. 1 ff.; s. auch *Szutowska-Simon,* Wille und Einwilligung im Probandenschutzsystem – Eine Untersuchung zur Richtlinie 2001/20/EG, zur Biomedizinischen Menschenrechtskonvention sowie zum polnischen und deutschen Zivil- und Arzneimittelrecht und ein alternativer Regelungsvorschlag zur Verordnung (EU) Nr. 536/2014 über Arzneimittelprüfungen mit Menschen, 2015.

[96] Es handelt sich dabei um die Richtlinien der Kommission für Ethik in der ärztlichen Forschung am Fachbereich Humanmedizin der Philipps-Universität Marburg (abgedruckt mit Erläuterungen bei *Freund/ Heubel* MedR 1997, 347 [348 ff.]). Sie sind zwar keine Rechtsquelle im technischen Sinne, sollen aber die Rechtsregeln verdeutlichen und konkretisieren, um zu ihrer Beachtung in einem Bereich beizutragen, in dem ihre faktische Geltung besonders gefährdet ist.

[97] Näher zu dieser Verordnung *Kant,* Rechtliche Instrumente zur Verbesserung der Arzneimittelversorgung in der Pädiatrie – Eine Untersuchung der Verordnung (EG) Nr. 1901/2006, 2012; Fuhrmann/Klein/Fleischfresser/*Lehmann* § 7 Rn. 24 ff.

dass bestimmte Arzneimittel bereichsspezifisch für Erwachsene zugelassen werden (sollen).
Diese beschränkten Zulassungen sind gewissermaßen nur der Aufhänger, um das in Bezug
auf Kinder **wünschenswerte pädiatrische Prüfkonzept** zwangsweise durchzusetzen: Die
für sich genommen rechtlich nicht zu beanstandende Prüfung an Erwachsenen wird unterbunden, wenn und solange der Antragsteller nicht das verlangte Zugeständnis macht.

Die Abmilderung des Eingriffs durch ein ergänzendes **Bonus- und Anreizsystem** 84
erscheint in diesem Zusammenhang als Feigenblatt, mit dem der tatsächliche Befund verdeckt und beschönigt werden soll. Denn es ist keineswegs gesichert, dass die mit dem
aufgezwungenen pädiatrischen Prüfkonzept verbundenen Zusatzkosten durch das Anreiz-
und Bonussystem tatsächlich auch nur annähernd kompensiert werden. Dabei spielen zu
viele Unwägbarkeiten und Zufälligkeiten eine Rolle. Eine **angemessene Entschädigung**
für die statuierte **Zwangsverpflichtung** müsste anders aussehen.

Zu bedenken ist auch eine mögliche **unerwünschte Nebenwirkung** der problemati- 85
schen Verknüpfung einer Rechtspflicht zur Erforschung von Kinderarzneimitteln mit dem
Vorhaben, eine entsprechende Forschung an Erwachsenen durchzuführen: Wenn der Aufwand bei den Kindern zu groß zu werden droht, wird der **ökonomisch denkende pharmazeutische Unternehmer** das ganze Projekt tendenziell eher sein lassen. Damit ist dann
keinem geholfen. Diese Steuerbarkeit des Eintritts der Forschungsverpflichtung ist dem
Unternehmer nach dem Regelungskonzept der Verordnung ausdrücklich unbenommen.
Wenn es sich für den pharmazeutischen Unternehmer dagegen wirtschaftlich gesehen lohnt,
wird er das Projekt auch ohne Rechtspflicht möglichst unter Einbeziehung des Bereichs
der Kinderarzneimittel realisieren. Deshalb ist zu fragen, was die rechtliche **Verpflichtung**
dann noch an **Zusatznutzen** und **auf wessen Kosten** bewirken soll.

IV. Sanktionenrechtliche Bedeutung der Vorschriften im 6. Abschnitt

Nach **§ 96 Nr. 10** in der Fassung der Neubekanntmachung des AMG vom 12.12.2005 86
werden folgende Verstöße als **Straftat** erfasst: Die Durchführung der klinischen Prüfung
eines Arzneimittels entgegen § 40 Abs. 1 S. 3 Nr. 2 (unvertretbares Risiko), Nr. 2a Buchstabe a (zu erwartende schädliche Auswirkungen durch gentechnisch veränderte Organismen), Nr. 3 (Fehlen der erforderlichen Einwilligung), Nr. 4 (klinische Prüfung an Untergebrachten), Nr. 5 (ungeeignete Einrichtung oder nicht angemessen qualifizierter Leiter),
Nr. 6 (fehlende pharmakologisch-toxikologische Prüfung) oder Nr. 8 (fehlende Probandenversicherung), jeweils auch in Verbindung mit Abs. 4 (Prüfung an Minderjährigen) oder
§ 41 (Prüfung an einschlägig Kranken). Dabei sind viele Änderungen der letzten Jahre
redaktioneller Art. Allerdings ergeben sich auch Änderungen im sachlichen Erfassungsbereich (vgl. dazu noch → Rn. 97 f.). Relativ neu ist in diesem Zusammenhang etwa die
durch die 12. AMG-Novelle eingefügte Nr. 11 des § 96, die den Beginn der klinischen
Prüfung eines Arzneimittels durch den Sponsor entgegen § 40 Abs. 1 S. 2 als Straftat erfasst. –
Zu den Anforderungen an **vorsätzliches Handeln** (unter Einschluss des Unterlassens) s.
in grundsätzlichem Zusammenhang → Vor § 95 Rn. 31 ff., → § 95 Rn. 3 ff.

Hinsichtlich der strafrechtlichen Würdigung der Durchführung einer klinischen Prüfung 87
unter Verstoß gegen das Erfordernis der Einwilligung nach ordnungsgemäßer Aufklärung
gemäß § 96 Nr. 10 iVm § 40 Abs. 1 S. 3 Nr. 3b ist auch der in → Rn. 72 problematisierte
Hinweis auf eine **„zustimmende Bewertung"** der klinischen Prüfung durch die Ethik-
Kommission in der Probandeninformation von Bedeutung. Die Verwendung der **irreführenden Formulierung** begründet bereits für sich genommen eine **Strafbarkeit nach
§ 96 Nr. 10 iVm § 40 Abs. 1 S. 3 Nr. 3b.** Ob der Verfahrensfehler im Einzelfall einen
wesentlichen, die Unwirksamkeit der Einwilligung begründenden, Willensmangel eines
Studienteilnehmers hervorgerufen hat, ist lediglich für die Frage nach einer ggf. hinzutreten-
den Strafbarkeit wegen **vorsätzlicher** oder fahrlässiger **Körperverletzung** relevant. Von
§ 96 Nr. 10 iVm § 40 Abs. 1 S. 3 Nr. 3b erfasst ist in diesem Kontext nicht nur das Fehlverhalten der die klinische Prüfung Durchführenden, sondern auch der Personen, welche für

die Verwendung der Passage verantwortlich sind. So können sich die Mitglieder von Ethik-Kommissionen wegen Anstiftung oder Beihilfe zur fremden Vorsatztat strafbar machen.[98]

88   Bei **Fahrlässigkeit** liegt immerhin noch eine **Ordnungswidrigkeit** nach § 97 Abs. 1 vor. Zu den Anforderungen an die **Fahrlässigkeit** näher → Vor § 95 Rn. 20 f., 27 ff., → § 95 Rn. 30 ff. Eine Ordnungswidrigkeit ist nach **§ 97 Abs. 2 Nr. 9** auch gegeben, wenn eine klinische Prüfung unter Verstoß gegen die Verpflichtung des § 40 Abs. 1 S. 3 Nr. 7 durchgeführt wird, nach der jeder Prüfer durch einen für die pharmakologisch-toxikologische Prüfung verantwortlichen Wissenschaftler über deren Ergebnisse und die voraussichtlich mit der klinischen Prüfung verbundenen Risiken zu informieren ist. Als Ordnungswidrigkeit wird auch erfasst, die Durchführung einer klinischen Prüfung, ohne einen Stellvertreter nach § 40 Abs. 1a S. 3 benannt zu haben **(§ 97 Abs. 2 Nr. 9a),** und der Verstoß gegen die Pflichten des § 42b Abs. 1 oder Abs. 2, bestimmte Berichte richtig, vollständig und rechtzeitig zur Verfügung zu stellen **(§ 97 Abs. 2 Nr. 9b [9a aF]).** Bestimmte Verstöße gegen die GCP-Verordnung sollen nach **§ 97 Abs. 2 Nr. 31** über eine problematische Rückverweisungsklausel eine Ordnungswidrigkeit darstellen.

89   Bemerkenswert ist, dass nach § 41 Nr. 4 iVm § 20 Abs. 1 S. 1 MPG die Missachtung des Erfordernisses eines zustimmenden Votums der Ethik-Kommission schon lange als **Straftat** erfasst wird, wohingegen im Arzneimittelbereich nach dem Rechtszustand vor der 12. AMG-Novelle **derselbe Verhaltensfehler** nur eine **Ordnungswidrigkeit** darstellte (§ 97 Abs. 2 Nr. 9 aF iVm § 40 Abs. 1 Nr. 6 aF).[99] Nunmehr erfasst § 96 Nr. 11 zwar den Beginn der klinischen Prüfung durch den Sponsor als entsprechende Straftat. Allerdings unterscheidet sich der Erfassungsbereich wegen der Eingrenzung auf den **Sponsor** nicht unerheblich. Deshalb bleiben gewisse **Wertungswidersprüche** auch nach neuem Recht erhalten.

90   Aufgrund der durchaus unglücklichen gesetzestechnischen Aufteilung der sich stellenden sachlichen Probleme auf die Vorschriften der §§ 40, 41 aF und der speziellen strafrechtlichen Verweisungstechnik ergab sich vor der 12. AMG-Novelle auch noch eine weitere **gravierende strafrechtliche Unstimmigkeit:** § 96 Nr. 10 aF verwies ausdrücklich nur auf die Einwilligungsregel des § 40 Abs. 1 Nr. 2 aF, nicht aber auf die modifizierten Einwilligungsregeln des § 41 Nr. 3–5 aF. Fehlte also die Einwilligung der Versuchsperson, lag ein Verstoß gegen § 96 Nr. 10 aF iVm § 40 Abs. 1 Nr. 2 aF vor. § 41 Nr. 3 aF verlangte jedoch bei einer geschäftsunfähigen oder beschränkt geschäftsfähigen Person die Einwilligung des gesetzlichen Vertreters. Nur wenn die geschäftsunfähige Person in der Lage war, Wesen, Bedeutung und Tragweite der klinischen Prüfung einzusehen und ihren Willen hiernach zu bestimmen, sah § 41 Nr. 3 aF neben der Einwilligung des gesetzlichen Vertreters die Einwilligung des zu Vertretenden vor. **Fehlte die Einwilligung des gesetzlichen Vertreters,** stellte sich die Frage, ob ein solcher Verstoß gegen § 41 Nr. 3 aF – trotz der fehlenden Verweisung in § 96 Nr. 10 aF – strafbewehrt war.

91   Zu dieser Problematik hatte das BayObLG folgenden Sachverhalt zu entscheiden: Der Chefarzt einer psychiatrischen Klinik hatte mehrfach **Arzneimittelprüfungen an geschäftsunfähigen Patienten** durchgeführt, **ohne** zuvor die **Einwilligung ihres gesetzlichen Vertreters** einzuholen. Allerdings lag die den Anforderungen des § 41 Nr. 3 aF genügende Einwilligung der Patienten vor. Diese konnten jedenfalls in dem speziellen Sinn der Nr. 3 des § 41 aF Wesen, Bedeutung und Tragweite der klinischen Prüfung einsehen und ihren Willen hiernach bestimmen.[100]

92   Das BayObLG[101] war der Meinung, die Annahme des LG, ein Verstoß gegen § 41 Nr. 3 aF sei wegen der fehlenden Verweisung in § 96 Nr. 10 aF nicht strafbewehrt, widerspreche

---

[98] Näher dazu *Freund/Georgy* JZ 2009, 504 (507 ff.); *Georgy,* Die strafrechtliche Verantwortlichkeit von Amtsträgern (Fn. 10) S. 94 ff.

[99] Auf diese Unstimmigkeit weist mit Recht auch Deutsch/Lippert/*Deutsch*, 1. Aufl. 2001, § 40 Rn. 25 hin. – Zu den Übergängen zwischen Straftat und Ordnungswidrigkeit vgl. noch unten zu § 97; zur rechtspolitischen Kritik am Arzneimittelstrafrecht näher → Vor § 95 Rn. 78 ff.

[100] Zu den modifizierten Anforderungen an die wirksame Einwilligung bei Personen, die einen gesetzlichen Vertreter haben, s. → Rn. 30 ff.

[101] BayObLG 12.12.1989 – RReg. 4 St 222/89, NJW 1990, 1552 f.

Wortlaut und Sinn des § 40 Abs. 1 Nr. 2 und Abs. 2 aF. Die Tatbestandsmerkmale der anzuwendenden Normen seien hinreichend konkret umrissen und bestimmt. Demzufolge verstoße eine entsprechende Auslegung nicht gegen den verfassungsrechtlichen Bestimmtheitsgrundsatz und wegen der unmittelbaren Anwendung auch nicht gegen das Analogieverbot. Vielmehr ergebe sich die Strafbarkeit unmittelbar aus der Strafnorm des § 96 Nr. 10 aF iVm § 40 Abs. 1 Nr. 2 aF. § 40 aF enthalte die allgemeinen Grundsätze und Voraussetzungen für die klinische Arzneimittelprüfung. § 41 aF modifiziere lediglich diese Grundsätze des § 40 aF und lasse sowohl Einschränkungen als auch Erweiterungen zu. Deshalb gelte auch für klinische Arzneimittelprüfungen nach den Maßgaben des § 41 aF das **Einwilligungserfordernis des § 40 Abs. 1 Nr. 2 aF** unmittelbar. Im Gegensatz zur klinischen Prüfung nach § 40 aF dürfe die Arzneimittelprüfung nach den Maßgaben des § 41 Nr. 2 aF auch an geschäftsunfähigen oder beschränkt geschäftsfähigen Personen durchgeführt werden. In solchen Fällen sei die Einwilligung nach § 40 Abs. 1 Nr. 2 aF jedoch nur wirksam, wenn die Voraussetzungen des § 41 Nr. 3 oder 4 aF vorlägen, denn in § 41 aF sei ausdrücklich normiert, dass die Grundsätze des § 40 Abs. 1–3 aF mit den in § 41 aF angeführten Maßgaben anwendbar seien. Daher stehe der unmittelbaren Anwendung des § 40 Abs. 1 Nr. 2 aF auch nicht der Umstand entgegen, dass in § 40 Abs. 1 Nr. 2 aF nur von der Einwilligung der Versuchsperson die Rede ist, in § 41 Nr. 3 aF dagegen neben dieser zusätzlich die des gesetzlichen Vertreters vorausgesetzt wird. Damit geht das BayObLG der Sache nach davon aus, die Einwilligung der Versuchspersonen sei in concreto unwirksam gewesen. Denn nur dann kommt ein Verstoß gegen die „Generalnorm" des § 40 Abs. 1 Nr. 2 aF in Betracht. Gestützt wird diese Annahme auf das Fehlen der Einwilligung des gesetzlichen Vertreters bei Geschäftsunfähigkeit (§ 40 Abs. 2 Nr. 1 aF).

Die Argumentation des BayObLG vermag nicht zu überzeugen:[102] Auch wenn § 40 Abs. 1   **93** Nr. 2 und Abs. 2 Nr. 1 aF ein grundsätzliches Verbot enthält, klinische Prüfungen von Arzneimitteln bei Geschäftsunfähigen durchzuführen, folgt daraus noch keine Strafbarkeit.[103] Vielmehr muss im Hinblick auf den **nullum crimen-Satz** eine Strafvorschrift existieren, die dieses grundsätzliche Verbot auch mit einer Strafbewehrung versieht.[104] Wenn nun aber in der Strafvorschrift des § 96 Nr. 10 aF ausdrücklich nur auf § 41 Nr. 1 aF verwiesen wird, die übrigen Nummern des § 41 aF dagegen unerwähnt bleiben, ist ein Verstoß gegen die nicht genannten Nummern auch nicht von § 96 Nr. 10 aF erfasst. Nach der Argumentation des BayObLG wäre in § 96 Nr. 10 aF selbst der Verweis auf § 41 Nr. 1 aF überflüssig und ließe sich aus § 96 Nr. 10 aF iVm § 40 Abs. 1 Nr. 1 aF herleiten. Zwar regelt der Gesetzgeber des Öfteren Überflüssiges. Wenn aber ausdrücklich auf bestimmte Paragraphennummern verwiesen wird, auf andere dagegen nicht, lässt sich die bestehende Gesetzeslücke hinsichtlich der nicht erwähnten Paragraphen nur mit einer Analogie schließen.

Dass es sich letztlich um eine **analoge Anwendung in malam partem** handelt, lässt   **94** sich auch nicht dadurch wegdiskutieren, dass man sagt, § 40 aF regle die allgemeinen Grundsätze und Voraussetzungen der klinischen Arzneimittelprüfung, während § 41 aF diese lediglich einschränke oder erweitere. Um eine unmittelbare Anwendung des Einwilligungserfordernisses des § 40 Abs. 1 Nr. 2 aF handelt es sich nämlich nur, soweit es um die Einwilligung des Betroffenen geht.[105] Daneben setzt § 41 aF jedoch bei geschäftsunfähigen oder

---

[102] S. dazu die eingehende und zutreffende Kritik bei *Loose* S. 87 f; ferner Laufs/Kern/*Ulsenheimer*, Handbuch des Arztrechts, 4. Aufl. 2010, § 148 Rn. 26 ff.; *Deutsch/Spickhoff*, Medizinrecht, 6. Aufl. 2008, Kap. XXVII Rn. 1363 und Kap. XXXIII Rn. 1537 f.; vgl. auch *Ulsenheimer*, Arztstrafrecht in der Praxis, 4. Aufl. 2008, Rn. 397a f.

[103] Ebenso: Laufs/Kern/*Ulsenheimer*, Handbuch des Arztrechts, 4. Aufl. 2010, § 148 Rn. 28; *Ulsenheimer*, Arztstrafrecht in der Praxis, 4. Aufl. 2008, Rn. 397a f.

[104] Zu den formellen Begrenzungen der Strafbarkeit vgl. etwa → StGB Vor § 13 Rn. 31 f. mwN.

[105] Insoweit dem BayObLG durchaus noch folgend etwa *Loose* S. 87. – Klärungsbedürftig ist freilich, wie die Anforderungen an eine wirksame Einwilligung der Versuchsperson selbst zu konkretisieren sind. Insoweit können – ja müssen – gewisse Modifikationen im Hinblick auf die Besonderheiten bei Geschäftsunfähigen vorgenommen werden. Wenn man an die Wirksamkeit ihrer Einwilligung mit denselben strengen Maßstäben herangeht wie bei Personen ohne gesetzlichen Vertreter, so dass deren Einwilligung genauso sicher ihr Selbstbestimmungsrecht wahrte, bedürfte es keiner zusätzlichen Einwilligung eines gesetzlichen Vertreters. S. dazu bereits → Rn. 28 ff.

beschränkt geschäftsfähigen Personen die Einwilligung des gesetzlichen Vertreters voraus. Fehlt bei einer klinischen Prüfung iS des § 41 aF also die Einwilligung des gesetzlichen Vertreters nach § 41 Nr. 3 aF, ist dieser Verstoß wegen der fehlenden Verweisung nicht von § 96 Nr. 10 aF erfasst. Es mag gute Gründe dafür geben, die Gesetzeslücke schließen zu wollen. Diese Lückenschließung, würde jedoch gegen den Gesetzlichkeitsgrundsatz verstoßen.

95   Der Verstoß gegen den nullum crimen-Satz liegt offen zu Tage, wenn man sich Folgendes klar macht: Bei Geschäftsunfähigen kann die mangelnde Wirksamkeit ihrer eigenen Einwilligung nicht darauf gestützt werden, dass die Einwilligung des gesetzlichen Vertreters fehlt, wenn die **Einwilligung des Geschäftsunfähigen** genau den **Anforderungen entspricht,** die das Gesetz insoweit aufstellt. Im konkret zu entscheidenden Fall entsprachen die Einwilligungen der Versuchspersonen aber gerade den gesetzlichen Erfordernissen des § 41 Nr. 3 aF. Es fehlte nur die in der Nr. 3 **kumulativ geforderte Einwilligung des gesetzlichen Vertreters.** Die gesetzlich in der Nr. 3 vorgenommene Modifikation der Anforderungen an eine wirksame Einwilligung der Versuchsperson selbst kann nicht mit Blick darauf wieder zurückgenommen werden, dass eine Einwilligung des gesetzlichen Vertreters fehlt. Das Fehlen der Einwilligung des gesetzlichen Vertreters lässt die Wirksamkeit der Einwilligung der Versuchsperson unberührt. Andernfalls ergibt die kumulative Aufzählung keinen Sinn. Damit lässt sich die Strafbarkeit einer ohne Einwilligung des gesetzlichen Vertreters durchgeführten Arzneimittelprüfung nicht auf den Gedanken stützen, die Versuchsperson habe keine wirksame Einwilligung erteilt, sondern nur auf das Fehlen der Einwilligung des gesetzlichen Vertreters. Davon steht in § 40 Abs. 1 Nr. 2 aF, der die anzuwendende Strafvorschrift mitkonstituieren soll, nichts.

96   Noch deutlicher wird die **missratene Gesetzestechnik,** wenn es um Fälle geht, bei denen die in die klinische Prüfung einbezogene Person Wesen, Bedeutung und Tragweite der klinischen Prüfung schon im Ansatz nicht zu erfassen vermag. Dann genügt nämlich – sofern die sonstigen Voraussetzungen gegeben sind – nach § 41 Nr. 4 aF die Einwilligung des gesetzlichen Vertreters. Wird dessen Einwilligung nicht eingeholt, liegt der Mangel, an dem die klinische Prüfung leidet, unleugbar nicht mehr im Fehlen einer wirksamen Einwilligung des Geschäftsunfähigen selbst, weil dessen Einwilligung nach § 41 Nr. 4 aF vollkommen entbehrlich ist. Der im Grunde noch schlimmere Fall: die Durchführung einer **Arzneimittelprüfung an absolut einwilligungsunfähigen Personen** ohne die nach § 41 Nr. 4 aF erforderliche, aber auch ausreichende Einwilligung des gesetzlichen Vertreters, fällt also aus dem Anwendungsbereich der Strafvorschrift des § 96 Nr. 10 aF iVm § 40 Abs. 1 Nr. 2 aF schon deshalb heraus, weil von Rechts wegen das dort normierte Einwilligungserfordernis gar nicht gilt.

97   Im Hinblick auf die **beispielhaft gerügten Mängel** im strafrechtlichen Erfassungsbereich war dringend Abhilfe erforderlich. Die 12. AMG-Novelle hat diese Abhilfe nur teilweise gebracht. Immerhin ist nunmehr der Verstoß gegen das Einwilligungserfordernis umfassend als Straftat nach § 96 Nr. 10 erfasst. Allerdings ist es nicht damit getan, die punktuell erkannten Fehler nach Flickschuster-Art zu beheben. Denn die Wurzel des Übels würde damit nicht beseitigt. Dem unbefriedigenden Zustand kann nur eine grundsätzliche **Neuorientierung in der Strafgesetzgebung** abhelfen.[106] Andernfalls werden nur neue Wertungswidersprüche produziert, wie das aktuelle Beispiel der sachwidrigen Eingrenzung des strafbewehrten Verbots nach § 96 Nr. 11 auf den Sponsor zeigt (vgl. → Rn. 89).

98   **Ordnungswidrig** gem. **§ 97 Abs. 2 Nr. 9a** handelt, wer ohne einen Stellvertreter nach § 40 Abs. 1a S. 3 benannt zu haben, eine klinische Prüfung durchführt. Wer entgegen § 42b Abs. 1 oder Abs. 2 die Berichte nicht, nicht richtig, nicht vollständig oder nicht rechtzeitig zur Verfügung stellt, begeht eine Ordnungswidrigkeit nach **§ 97 Abs. 2 Nr. 9b.**

---

[106] Näher zur grundsätzlichen Kritik → Vor § 95 Rn. 78 ff.

Siebter Abschnitt. Abgabe von Arzneimitteln

§ 43 Apothekenpflicht, Inverkehrbringen durch Tierärzte

(1) [1]Arzneimittel im Sinne des § 2 Abs. 1 oder Abs. 2 Nr. 1, die nicht durch die Vorschriften des § 44 oder der nach § 45 Abs. 1 erlassenen Rechtsverordnung für den Verkehr außerhalb der Apotheken freigegeben sind, dürfen außer in den Fällen des § 47 berufs- oder gewerbsmäßig für den Endverbrauch nur in Apotheken und ohne behördliche Erlaubnis nicht im Wege des Versandes in den Verkehr gebracht werden; das Nähere regelt das Apothekengesetz.[1] [2]Außerhalb der Apotheken darf außer in den Fällen des Absatzes 4 und des § 47 Abs. 1 mit den nach Satz 1 den Apotheken vorbehaltenen Arzneimitteln kein Handel getrieben werden. [3]Die Angaben über die Ausstellung oder Änderung einer Erlaubnis zum Versand von Arzneimitteln nach Satz 1 sind in die Datenbank nach § 67a einzugeben.

(2) Die nach Absatz 1 Satz 1 den Apotheken vorbehaltenen Arzneimittel dürfen von juristischen Personen, nicht rechtsfähigen Vereinen und Gesellschaften des bürgerlichen Rechts und des Handelsrechts an ihre Mitglieder nicht abgegeben werden, es sei denn, dass es sich bei den Mitgliedern um Apotheken oder um die in § 47 Abs. 1 genannten Personen und Einrichtungen handelt und die Abgabe unter den dort bezeichneten Voraussetzungen erfolgt.

(3) [1]Auf Verschreibung dürfen Arzneimittel im Sinne des § 2 Abs. 1 oder Abs. 2 Nr. 1 nur von Apotheken abgegeben werden. [2]§ 56 Abs. 1 bleibt unberührt.

(4) [1]Arzneimittel im Sinne des § 2 Abs. 1 oder Abs. 2 Nr. 1 dürfen ferner im Rahmen des Betriebes einer tierärztlichen Hausapotheke durch Tierärzte an Halter der von ihnen behandelten Tiere abgegeben und zu diesem Zweck vorrätig gehalten werden. [2]Dies gilt auch für die Abgabe von Arzneimitteln zur Durchführung tierärztlich gebotener und tierärztlich kontrollierter krankheitsvorbeugender Maßnahmen bei Tieren, wobei der Umfang der Abgabe den auf Grund tierärztlicher Indikation festgestellten Bedarf nicht überschreiten darf. [3]Weiterhin dürfen Arzneimittel im Sinne des § 2 Abs. 1 oder Abs. 2 Nr. 1, die zur Durchführung tierseuchenrechtlicher Maßnahmen bestimmt und nicht verschreibungspflichtig sind, in der jeweils erforderlichen Menge durch Veterinärbehörden an Tierhalter abgegeben werden. [4]Mit der Abgabe ist dem Tierhalter eine schriftliche Anweisung über Art, Zeitpunkt und Dauer der Anwendung auszuhändigen.

(5) [1]Zur Anwendung bei Tieren bestimmte Arzneimittel, die nicht für den Verkehr außerhalb der Apotheken freigegeben sind, dürfen an den Tierhalter oder an andere in § 47 Abs. 1 nicht genannte Personen nur in der Apotheke oder tierärztlichen Hausapotheke oder durch den Tierarzt ausgehändigt werden. [2]Dies gilt nicht für Fütterungsarzneimittel und für Arzneimittel im Sinne des Absatzes 4 Satz 3. [3]Abweichend von Satz 1 dürfen Arzneimittel, die ausschließlich zur Anwendung bei Tieren, die nicht der Gewinnung von Lebensmitteln dienen, zugelassen sind, von Apotheken, die eine behördliche Erlaubnis nach Absatz 1 haben, im Wege des Versandes abgegeben werden. [4]Ferner dürfen in Satz 3 bezeichnete Arzneimittel im Rahmen des Betriebs einer tierärztlichen Hausapotheke im Einzelfall in einer für eine kurzfristige Weiterbehandlung notwendigen Menge für vom Tierarzt behandelte Einzeltiere im Wege des Versandes abgegeben werden. [5]Sonstige Vorschriften über die Abgabe von Arzneimitteln durch Tierärzte nach diesem Gesetz und der Verordnung über tierärztliche Hausapotheken bleiben unberührt.

---

[1] Siehe zum Versand von Arzneimitteln §§ 11a und 11b ApothekenG.

(6) Arzneimittel dürfen im Rahmen der Übergabe einer tierärztlichen Praxis an den Nachfolger im Betrieb der tierärztlichen Hausapotheke abgegeben werden.

§ 44 Ausnahme von der Apothekenpflicht

(1) Arzneimittel, die von dem pharmazeutischen Unternehmer ausschließlich zu anderen Zwecken als zur Beseitigung oder Linderung von Krankheiten, Leiden, Körperschäden oder krankhaften Beschwerden zu dienen bestimmt sind, sind für den Verkehr außerhalb der Apotheken freigegeben.

(2) Ferner sind für den Verkehr außerhalb der Apotheken freigegeben:
1. a) natürliche Heilwässer sowie deren Salze, auch als Tabletten oder Pastillen,
   b) künstliche Heilwässer sowie deren Salze, auch als Tabletten oder Pastillen, jedoch nur, wenn sie in ihrer Zusammensetzung natürlichen Heilwässern entsprechen,
2. Heilerde, Bademoore und andere Peloide, Zubereitungen zur Herstellung von Bädern, Seifen zum äußeren Gebrauch,
3. mit ihren verkehrsüblichen deutschen Namen bezeichnete
   a) Pflanzen und Pflanzenteile, auch zerkleinert,
   b) Mischungen aus ganzen oder geschnittenen Pflanzen oder Pflanzenteilen als Fertigarzneimittel,
   c) Destillate aus Pflanzen und Pflanzenteilen,
   d) Presssäfte aus frischen Pflanzen und Pflanzenteilen, sofern sie ohne Lösungsmittel mit Ausnahme von Wasser hergestellt sind,
4. Pflaster,
5. ausschließlich oder überwiegend zum äußeren Gebrauch bestimmte Desinfektionsmittel sowie Mund- und Rachendesinfektionsmittel.

(3) Die Absätze 1 und 2 gelten nicht für Arzneimittel, die
1. nur auf ärztliche, zahnärztliche oder tierärztliche Verschreibung abgegeben werden dürfen oder
2. durch Rechtsverordnung nach § 46 vom Verkehr außerhalb der Apotheken ausgeschlossen sind.

§ 45 Ermächtigung zu weiteren Ausnahmen von der Apothekenpflicht

(1) [1]Das Bundesministerium wird ermächtigt, im Einvernehmen mit dem Bundesministerium für Wirtschaft und Energie nach Anhörung von Sachverständigen durch Rechtsverordnung mit Zustimmung des Bundesrates Stoffe, Zubereitungen aus Stoffen oder Gegenstände, die dazu bestimmt sind, teilweise oder ausschließlich zur Beseitigung oder Linderung von Krankheiten, Leiden, Körperschäden oder krankhaften Beschwerden zu dienen, für den Verkehr außerhalb der Apotheken freizugeben,
1. soweit sie nicht nur auf ärztliche, zahnärztliche oder tierärztliche Verschreibung abgegeben werden dürfen,
2. soweit sie nicht wegen ihrer Zusammensetzung oder Wirkung die Prüfung, Aufbewahrung und Abgabe durch eine Apotheke erfordern,
3. soweit nicht durch ihre Freigabe eine unmittelbare oder mittelbare Gefährdung der Gesundheit von Mensch oder Tier, insbesondere durch unsachgemäße Behandlung, zu befürchten ist oder
4. soweit nicht durch ihre Freigabe die ordnungsgemäße Arzneimittelversorgung gefährdet wird.
[2]Die Rechtsverordnung wird vom Bundesministerium für Ernährung und Landwirtschaft im Einvernehmen mit dem Bundesministerium und dem Bundesminis-

terium für Wirtschaft und Energie erlassen, soweit es sich um Arzneimittel handelt, die zur Anwendung bei Tieren bestimmt sind.

(2) Die Freigabe kann auf Fertigarzneimittel, auf bestimmte Dosierungen, Anwendungsgebiete oder Darreichungsformen beschränkt werden.

(3) Die Rechtsverordnung ergeht im Einvernehmen mit dem Bundesministerium für Umwelt, Naturschutz, Bau und Reaktorsicherheit, soweit es sich um radioaktive Arzneimittel und um Arzneimittel handelt, bei deren Herstellung ionisierende Strahlen verwendet werden.

§ 46 Ermächtigung zur Ausweitung der Apothekenpflicht

(1) [1]Das Bundesministerium wird ermächtigt, im Einvernehmen mit dem Bundesministerium für Wirtschaft und Energie nach Anhörung von Sachverständigen durch Rechtsverordnung mit Zustimmung des Bundesrates Arzneimittel im Sinne des § 44 vom Verkehr außerhalb der Apotheken auszuschließen, soweit auch bei bestimmungsgemäßem oder bei gewohnheitsmäßigem Gebrauch eine unmittelbare oder mittelbare Gefährdung der Gesundheit von Mensch oder Tier zu befürchten ist. [2]Die Rechtsverordnung wird vom Bundesministerium für Ernährung und Landwirtschaft im Einvernehmen mit dem Bundesministerium und dem Bundesministerium für Wirtschaft und Energie erlassen, soweit es sich um Arzneimittel handelt, die zur Anwendung bei Tieren bestimmt sind.

(2) Die Rechtsverordnung nach Absatz 1 kann auf bestimmte Dosierungen, Anwendungsgebiete oder Darreichungsformen beschränkt werden.

(3) Die Rechtsverordnung ergeht im Einvernehmen mit dem Bundesministerium für Umwelt, Naturschutz, Bau und Reaktorsicherheit, soweit es sich um radioaktive Arzneimittel und um Arzneimittel handelt, bei deren Herstellung ionisierende Strahlen verwendet werden.

§ 47 Vertriebsweg

(1) [1]Pharmazeutische Unternehmer und Großhändler dürfen Arzneimittel, deren Abgabe den Apotheken vorbehalten ist, außer an Apotheken nur abgeben an
1. andere pharmazeutische Unternehmer und Großhändler,
2. Krankenhäuser und Ärzte, soweit es sich handelt um
   a) aus menschlichem Blut gewonnene Blutzubereitungen oder gentechnologisch hergestellte Blutbestandteile, die, soweit es sich um Gerinnungsfaktorenzubereitungen handelt, von dem hämostaseologisch qualifizierten Arzt im Rahmen der ärztlich kontrollierten Selbstbehandlung von Blutern an seine Patienten abgegeben werden dürfen,
   b) Gewebezubereitungen oder tierisches Gewebe,
   c) Infusionslösungen in Behältnissen mit mindestens 500 ml, die zum Ersatz oder zur Korrektur von Körperflüssigkeit bestimmt sind, sowie Lösungen zur Hämodialyse und Peritonealdialyse, die, soweit es sich um Lösungen zur Peritonealdialyse handelt, auf Verschreibung des nephrologisch qualifizierten Arztes im Rahmen der ärztlich kontrollierten Selbstbehandlung seiner Dialysepatienten an diese abgegeben werden dürfen,
   d) Zubereitungen, die ausschließlich dazu bestimmt sind, die Beschaffenheit, den Zustand oder die Funktion des Körpers oder seelische Zustände erkennen zu lassen,
   e) medizinische Gase, bei denen auch die Abgabe an Heilpraktiker zulässig ist,

f) radioaktive Arzneimittel,

g) Arzneimittel, die mit dem Hinweis „Zur klinischen Prüfung bestimmt" versehen sind, sofern sie kostenlos zur Verfügung gestellt werden,

h) Blutegel und Fliegenlarven, bei denen auch die Abgabe an Heilpraktiker zulässig ist, oder

i) Arzneimittel, die im Falle des § 21 Absatz 2 Nummer 6 zur Verfügung gestellt werden,

3. Krankenhäuser, Gesundheitsämter und Ärzte, soweit es sich um Impfstoffe handelt, die dazu bestimmt sind, bei einer unentgeltlichen auf Grund des § 20 Abs. 5, 6 oder 7 des Infektionsschutzgesetzes vom 20. Juli 2000 (BGBl. I S. 1045) durchgeführten Schutzimpfung angewendet zu werden oder soweit eine Abgabe von Impfstoffen zur Abwendung einer Seuchen- oder Lebensgefahr erforderlich ist,

3a. spezielle Gelbfieber-Impfstellen gemäß § 7 des Gesetzes zur Durchführung der Internationalen Gesundheitsvorschriften (2005), soweit es sich um Gelbfieberimpfstoff handelt,

3b. Krankenhäuser und Gesundheitsämter, soweit es sich um Arzneimittel mit antibakterieller oder antiviraler Wirkung handelt, die dazu bestimmt sind, auf Grund des § 20 Abs. 5, 6 oder 7 des Infektionsschutzgesetzes zur spezifischen Prophylaxe gegen übertragbare Krankheiten angewendet zu werden,

3c. Gesundheitsbehörden des Bundes oder der Länder oder von diesen im Einzelfall benannte Stellen, soweit es sich um Arzneimittel handelt, die für den Fall einer bedrohlichen übertragbaren Krankheit, deren Ausbreitung eine sofortige und das übliche Maß erheblich überschreitende Bereitstellung von spezifischen Arzneimitteln erforderlich macht, bevorratet werden,

4. Veterinärbehörden, soweit es sich um Arzneimittel handelt, die zur Durchführung öffentlich-rechtlicher Maßnahmen bestimmt sind,

5. auf gesetzlicher Grundlage eingerichtete oder im Benehmen mit dem Bundesministerium von der zuständigen Behörde anerkannte zentrale Beschaffungsstellen für Arzneimittel,

6. Tierärzte im Rahmen des Betriebes einer tierärztlichen Hausapotheke, soweit es sich um Fertigarzneimittel handelt, zur Anwendung an den von ihnen behandelten Tieren und zur Abgabe an deren Halter,

7. zur Ausübung der Zahnheilkunde berechtigte Personen, soweit es sich um Fertigarzneimittel handelt, die ausschließlich in der Zahnheilkunde verwendet und bei der Behandlung am Patienten angewendet werden,

8. Einrichtungen von Forschung und Wissenschaft, denen eine Erlaubnis nach § 3 des Betäubungsmittelgesetzes erteilt worden ist, die zum Erwerb des betreffenden Arzneimittels berechtigt,

9. Hochschulen, soweit es sich um Arzneimittel handelt, die für die Ausbildung der Studierenden der Pharmazie und der Veterinärmedizin benötigt werden. ²Die Anerkennung der zentralen Beschaffungsstelle nach Satz 1 Nr. 5 erfolgt, soweit es sich um zur Anwendung bei Tieren bestimmte Arzneimittel handelt, im Benehmen mit dem Bundesministerium für Ernährung und Landwirtschaft.

(1a) Pharmazeutische Unternehmer und Großhändler dürfen Arzneimittel, die zur Anwendung bei Tieren bestimmt sind, an die in Absatz 1 Nr. 1 oder 6 bezeichneten Empfänger erst abgeben, wenn diese ihnen eine Bescheinigung der zuständigen Behörde vorgelegt haben, dass sie ihrer Anzeigepflicht nach § 67 nachgekommen sind.

(1b) Pharmazeutische Unternehmer und Großhändler haben über den Bezug und die Abgabe zur Anwendung bei Tieren bestimmter verschreibungspflichtiger Arzneimittel, die nicht ausschließlich zur Anwendung bei anderen Tieren als solchen, die der Gewinnung von Lebensmitteln dienen, bestimmt sind, Nachweise zu führen, aus denen gesondert für jedes dieser Arzneimittel zeitlich geordnet die Menge des Bezugs unter Angabe des oder der Lieferanten und die Menge der Abgabe unter Angabe des oder der Bezieher nachgewiesen werden kann, und diese Nachweise der zuständigen Behörde auf Verlangen vorzulegen.

(1c) ¹Pharmazeutische Unternehmer und Großhändler haben bis zum 31. März jedes Kalenderjahres nach Maßgabe einer Rechtsverordnung nach Satz 2 elektronisch Mitteilung an das zentrale Informationssystem über Arzneimittel nach § 67a Absatz 1 zu machen über Art und Menge der von ihnen im vorangegangenen Kalenderjahr an Tierärzte abgegebenen Arzneimittel, die
1. Stoffe mit antimikrobieller Wirkung,
2. in Tabelle 2 des Anhangs der Verordnung (EU) Nr. 37/2010 aufgeführte Stoffe oder
3. in einer der Anlagen der Verordnung über Stoffe mit pharmakologischer Wirkung aufgeführte Stoffe
enthalten. ²Das Bundesministerium für Ernährung und Landwirtschaft wird ermächtigt, im Einvernehmen mit dem Bundesministerium, durch Rechtsverordnung mit Zustimmung des Bundesrates
1. Näheres über Inhalt und Form der Mitteilungen nach Satz 1 zu regeln und
2. vorzuschreiben, dass
   a) in den Mitteilungen die Zulassungsnummer des jeweils abgegebenen Arzneimittels anzugeben ist,
   b) die Mitteilung der Menge des abgegebenen Arzneimittels nach den ersten beiden Ziffern der Postleitzahl der Anschrift der Tierärzte aufzuschlüsseln ist.
³In Rechtsverordnungen nach Satz 2 können ferner Regelungen in entsprechender Anwendung des § 67a Absatz 3 und 3a getroffen werden.

(2) ¹Die in Absatz 1 Nr. 5 bis 9 bezeichneten Empfänger dürfen die Arzneimittel nur für den eigenen Bedarf im Rahmen der Erfüllung ihrer Aufgaben beziehen. ²Die in Absatz 1 Nr. 5 bezeichneten zentralen Beschaffungsstellen dürfen nur anerkannt werden, wenn nachgewiesen wird, dass sie unter fachlicher Leitung eines Apothekers oder, soweit es sich um zur Anwendung bei Tieren bestimmte Arzneimittel handelt, eines Tierarztes stehen und geeignete Räume und Einrichtungen zur Prüfung, Kontrolle und Lagerung der Arzneimittel vorhanden sind.

(3) ¹Pharmazeutische Unternehmer dürfen Muster eines Fertigarzneimittels abgeben oder abgeben lassen an
1. Ärzte, Zahnärzte oder Tierärzte,
2. andere Personen, die die Heilkunde oder Zahnheilkunde berufsmäßig ausüben, soweit es sich nicht um verschreibungspflichtige Arzneimittel handelt,
3. Ausbildungsstätten für die Heilberufe.
²Pharmazeutische Unternehmer dürfen Muster eines Fertigarzneimittels an Ausbildungsstätten für die Heilberufe nur in einem dem Zweck der Ausbildung angemessenen Umfang abgeben oder abgeben lassen. ³Muster dürfen keine Stoffe oder Zubereitungen
1. im Sinne des § 2 des Betäubungsmittelgesetzes, die als solche in Anlage II oder III des Betäubungsmittelgesetzes aufgeführt sind, oder
2. die nach § 48 Absatz 2 Satz 3 nur auf Sonderrezept verschrieben werden dürfen, enthalten.

(4) ¹Pharmazeutische Unternehmer dürfen Muster eines Fertigarzneimittels an Personen nach Absatz 3 Satz 1 nur auf jeweilige schriftliche oder elektronische Anforderungen, in der kleinsten Packungsgröße und in einem Jahr von einem Fertigarzneimittel nicht mehr als zwei Muster abgeben oder abgeben lassen. ²Mit

den Mustern ist die Fachinformation, soweit diese nach § 11a vorgeschrieben ist, zu übersenden. [3]Das Muster dient insbesondere der Information des Arztes über den Gegenstand des Arzneimittels. [4]Über die Empfänger von Mustern sowie über Art, Umfang und Zeitpunkt der Abgabe von Mustern sind gesondert für jeden Empfänger Nachweise zu führen und auf Verlangen der zuständigen Behörde vorzulegen.

§ 47a Sondervertriebsweg, Nachweispflichten

(1) [1]Pharmazeutische Unternehmer dürfen ein Arzneimittel, das zur Vornahme eines Schwangerschaftsabbruchs zugelassen ist, nur an Einrichtungen im Sinne des § 13 des Schwangerschaftskonfliktgesetzes vom 27. Juli 1992 (BGBl. I S. 1398), geändert durch Artikel 1 des Gesetzes vom 21. August 1995 (BGBl. I S. 1050), und nur auf Verschreibung eines dort behandelnden Arztes abgeben. [2]Andere Personen dürfen die in Satz 1 genannten Arzneimittel nicht in den Verkehr bringen.

(2) [1]Pharmazeutische Unternehmer haben die zur Abgabe bestimmten Packungen der in Absatz 1 Satz 1 genannten Arzneimittel fortlaufend zu nummerieren; ohne diese Kennzeichnung darf das Arzneimittel nicht abgegeben werden. [2]Über die Abgabe haben pharmazeutische Unternehmer, über den Erhalt und die Anwendung haben die Einrichtung und der behandelnde Arzt Nachweise zu führen und diese Nachweise auf Verlangen der zuständigen Behörde zur Einsichtnahme vorzulegen.

(2a) Pharmazeutische Unternehmer sowie die Einrichtung haben die in Absatz 1 Satz 1 genannten Arzneimittel, die sich in ihrem Besitz befinden, gesondert aufzubewahren und gegen unbefugte Entnahme zu sichern.

(3) Die §§ 43 und 47 finden auf die in Absatz 1 Satz 1 genannten Arzneimittel keine Anwendung.

§ 47b Sondervertriebsweg Diamorphin

(1) [1]Pharmazeutische Unternehmer dürfen ein diamorphinhaltiges Fertigarzneimittel, das zur substitutionsgestützten Behandlung zugelassen ist, nur an anerkannte Einrichtungen im Sinne des § 13 Absatz 3 Satz 2 Nummer 2a des Betäubungsmittelgesetzes und nur auf Verschreibung eines dort behandelnden Arztes abgeben. [2]Andere Personen dürfen die in Satz 1 genannten Arzneimittel nicht in Verkehr bringen.

(2) Die §§ 43 und 47 finden auf die in Absatz 1 Satz 1 genannten Arzneimittel keine Anwendung.

§ 48 Verschreibungspflicht

(1) [1]Arzneimittel, die
1. durch Rechtsverordnung nach Absatz 2, auch in Verbindung mit den Absätzen 4 und 5, bestimmte Stoffe, Zubereitungen aus Stoffen oder Gegenstände sind oder denen solche Stoffe oder Zubereitungen aus Stoffen zugesetzt sind,
2. nicht unter Nummer 1 fallen und zur Anwendung bei Tieren, die der Gewinnung von Lebensmitteln dienen, bestimmt sind oder
3. Arzneimittel im Sinne des § 2 Absatz 1 oder Absatz 2 Nummer 1 sind, die Stoffe mit in der medizinischen Wissenschaft nicht allgemein bekannten Wirkungen oder Zubereitungen solcher Stoffe enthalten,
dürfen nur bei Vorliegen einer ärztlichen, zahnärztlichen oder tierärztlichen Verschreibung an Verbraucher abgegeben werden. [2]Eine Abgabe von Arzneimitteln,

die zur Anwendung bei Menschen bestimmt sind, darf nicht erfolgen, wenn vor der ärztlichen oder zahnärztlichen Verschreibung offenkundig kein direkter Kontakt zwischen dem Arzt oder Zahnarzt und der Person, für die das Arzneimittel verschrieben wird, stattgefunden hat. [3]Hiervon darf nur in begründeten Ausnahmefällen abgewichen werden, insbesondere, wenn die Person dem Arzt oder Zahnarzt aus einem vorangegangenen direkten Kontakt hinreichend bekannt ist und es sich lediglich um die Wiederholung oder die Fortsetzung der Behandlung handelt. [4]Satz 1 Nummer 1 und Satz 2 gelten nicht für die Abgabe durch Apotheken zur Ausstattung der Kauffahrteischiffe im Hinblick auf die Arzneimittel, die auf Grund seearbeitsrechtlicher Vorschriften für den Schutz der Gesundheit der Personen an Bord und deren unverzügliche angemessene medizinische Betreuung an Bord erforderlich sind. [5]Satz 1 Nummer 3 gilt auch für Arzneimittel, die Zubereitungen aus in ihren Wirkungen allgemein bekannten Stoffen sind, wenn die Wirkungen dieser Zubereitungen in der medizinischen Wissenschaft nicht allgemein bekannt sind, es sei denn, dass die Wirkungen nach Zusammensetzung, Dosierung, Darreichungsform oder Anwendungsgebiet der Zubereitung bestimmbar sind. [6]Satz 1 Nummer 3 gilt nicht für Arzneimittel, die Zubereitungen aus Stoffen bekannter Wirkungen sind, soweit diese außerhalb der Apotheken abgegeben werden dürfen. [7]An die Stelle der Verschreibungspflicht nach Satz 1 Nummer 3 tritt mit der Aufnahme des betreffenden Stoffes oder der betreffenden Zubereitung in die Rechtsverordnung nach Absatz 2 Nummer 1 die Verschreibungspflicht nach der Rechtsverordnung.

(2) [1]Das Bundesministerium wird ermächtigt, im Einvernehmen mit dem Bundesministerium für Wirtschaft und Energie durch Rechtsverordnung[2] mit Zustimmung des Bundesrates

1. Stoffe oder Zubereitungen aus Stoffen zu bestimmen, bei denen die Voraussetzungen nach Absatz 1 Satz 1 Nummer 3 auch in Verbindung mit Absatz 1 Satz 5 vorliegen,

2. Stoffe, Zubereitungen aus Stoffen oder Gegenstände zu bestimmen,

   a) die die Gesundheit des Menschen oder, sofern sie zur Anwendung bei Tieren bestimmt sind die Gesundheit des Tieres, des Anwenders oder die Umwelt auch bei bestimmungsgemäßem Gebrauch unmittelbar oder mittelbar gefährden können, wenn sie ohne ärztliche, zahnärztliche oder tierärztliche Überwachung angewendet werden,

   b) die häufig in erheblichem Umfang nicht bestimmungsgemäß gebraucht werden, wenn dadurch die Gesundheit von Mensch oder Tier unmittelbar oder mittelbar gefährdet werden kann, oder

   c) sofern sie zur Anwendung bei Tieren bestimmt sind, deren Anwendung eine vorherige tierärztliche Diagnose erfordert oder Auswirkungen haben kann, die die späteren diagnostischen oder therapeutischen Maßnahmen erschweren oder überlagern,

3. die Verschreibungspflicht für Arzneimittel aufzuheben, wenn auf Grund der bei der Anwendung des Arzneimittels gemachten Erfahrungen die Voraussetzungen nach Nummer 2 nicht oder nicht mehr vorliegen, bei Arzneimitteln nach Nummer 1 kann frühestens drei Jahre nach Inkrafttreten der zugrunde liegenden Rechtsverordnung die Verschreibungspflicht aufgehoben werden,

4. für Stoffe oder Zubereitungen aus Stoffen vorzuschreiben, dass sie nur abgegeben werden dürfen, wenn in der Verschreibung bestimmte Höchstmengen für den Einzel- und Tagesgebrauch nicht überschritten werden oder wenn die Überschreitung vom Verschreibenden ausdrücklich kenntlich gemacht worden ist,

---

[2] Siehe die ArzneimittelverschreibungsVO.

5. zu bestimmen, dass ein Arzneimittel auf eine Verschreibung nicht wiederholt abgegeben werden darf,

6. vorzuschreiben, dass ein Arzneimittel nur auf eine Verschreibung von Ärzten eines bestimmten Fachgebietes oder zur Anwendung in für die Behandlung mit dem Arzneimittel zugelassenen Einrichtungen abgegeben werden darf oder über die Verschreibung, Abgabe und Anwendung Nachweise geführt werden müssen,

7. Vorschriften über die Form und den Inhalt der Verschreibung, einschließlich der Verschreibung in elektronischer Form, zu erlassen,

8. zu bestimmen, in welchen Fällen Ausnahmen von der Vorgabe nach Absatz 1 Satz 2 bestehen.

[2]Die Rechtsverordnungen nach Satz 1 Nummer 2 bis 7 werden nach Anhörungen von Sachverständigen erlassen, es sei denn, es handelt sich um Arzneimittel, die nach Artikel 3 Absatz 1 oder 2 der Verordnung (EG) Nr. 726/2004 zugelassen sind oder die solchen Arzneimitteln im Hinblick auf Wirkstoff, Indikation, Wirkstärke und Darreichungsform entsprechen. [3]In der Rechtsverordnung nach Satz 1 Nummer 7 kann für Arzneimittel, deren Verschreibung die Beachtung besonderer Sicherheitsanforderungen erfordert, vorgeschrieben werden, dass

1. die Verschreibung nur auf einem amtlichen Formblatt (Sonderrezept), das von der zuständigen Bundesoberbehörde auf Anforderung eines Arztes ausgegeben wird, erfolgen darf,

2. das Formblatt Angaben zur Anwendung sowie Bestätigungen enthalten muss, insbesondere zu Aufklärungspflichten über Anwendung und Risiken des Arzneimittels, und

3. eine Durchschrift der Verschreibung durch die Apotheke an die zuständige Bundesoberbehörde zurückzugeben ist.

(3) [1]Die Rechtsverordnung nach Absatz 2, auch in Verbindung mit den Absätzen 4 und 5, kann auf bestimmte Dosierungen, Potenzierungen, Darreichungsformen, Fertigarzneimittel oder Anwendungsbereiche beschränkt werden. [2]Ebenso kann eine Ausnahme von der Verschreibungspflicht für die Abgabe an Hebammen und Entbindungspfleger vorgesehen werden, soweit dies für eine ordnungsgemäße Berufsausübung erforderlich ist. [3]Die Beschränkung auf bestimmte Fertigarzneimittel zur Anwendung am Menschen nach Satz 1 erfolgt, wenn gemäß Artikel 74a der Richtlinie 2001/83/EG die Aufhebung der Verschreibungspflicht auf Grund signifikanter vorklinischer oder klinischer Versuche erfolgt ist; dabei ist der nach Artikel 74a vorgesehene Zeitraum von einem Jahr zu beachten.

(4) Die Rechtsverordnung wird vom Bundesministerium für Ernährung und Landwirtschaft im Einvernehmen mit dem Bundesministerium und dem Bundesministerium für Wirtschaft und Energie erlassen, soweit es sich um Arzneimittel handelt, die zur Anwendung bei Tieren bestimmt sind.

(5) Die Rechtsverordnung ergeht im Einvernehmen mit dem Bundesministerium für Umwelt, Naturschutz, Bau und Reaktorsicherheit, soweit es sich um radioaktive Arzneimittel und um Arzneimittel handelt, bei deren Herstellung ionisierende Strahlen verwendet werden.

(6) Das Bundesministerium für Ernährung und Landwirtschaft wird ermächtigt, im Einvernehmen mit dem Bundesministerium durch Rechtsverordnung mit Zustimmung des Bundesrates im Falle des Absatzes 1 Satz 1 Nr. 2 Arzneimittel von der Verschreibungspflicht auszunehmen, soweit die auf Grund des Artikels 67 Doppelbuchstabe aa der Richtlinie 2001/82/EG festgelegten Anforderungen eingehalten sind.

§ 49 *(weggefallen)*

§ 50 Einzelhandel mit freiverkäuflichen Arzneimitteln

(1) [1]Einzelhandel außerhalb von Apotheken mit Arzneimitteln im Sinne des § 2 Abs. 1 oder Abs. 2 Nr. 1, die zum Verkehr außerhalb der Apotheken freigegeben sind, darf nur betrieben werden, wenn der Unternehmer, eine zur Vertretung des Unternehmens gesetzlich berufene oder eine von dem Unternehmer mit der Leitung des Unternehmens oder mit dem Verkauf beauftragte Person die erforderliche Sachkenntnis besitzt. [2]Bei Unternehmen mit mehreren Betriebsstellen muss für jede Betriebsstelle eine Person vorhanden sein, die die erforderliche Sachkenntnis besitzt.

(2) [1]Die erforderliche Sachkenntnis besitzt, wer Kenntnisse und Fertigkeiten über das ordnungsgemäße Abfüllen, Abpacken, Kennzeichnen, Lagern und Inverkehrbringen von Arzneimitteln, die zum Verkehr außerhalb der Apotheken freigegeben sind, sowie Kenntnisse über die für diese Arzneimittel geltenden Vorschriften nachweist. [2]Das Bundesministerium wird ermächtigt, im Einvernehmen mit dem Bundesministerium für Wirtschaft und Energie und dem Bundesministerium für Bildung und Forschung durch Rechtsverordnung mit Zustimmung des Bundesrates Vorschriften darüber zu erlassen, wie der Nachweis der erforderlichen Sachkenntnis zu erbringen ist, um einen ordnungsgemäßen Verkehr mit Arzneimitteln zu gewährleisten. [3]Es kann dabei Prüfungszeugnisse über eine abgeleistete berufliche Aus- oder Fortbildung als Nachweis anerkennen. [4]Es kann ferner bestimmen, dass die Sachkenntnis durch eine Prüfung vor der zuständigen Behörde oder einer von ihr bestimmten Stelle nachgewiesen wird und das Nähere über die Prüfungsanforderungen und das Prüfungsverfahren regeln. [5]Die Rechtsverordnung wird, soweit es sich um Arzneimittel handelt, die zur Anwendung bei Tieren bestimmt sind, vom Bundesministerium für Ernährung und Landwirtschaft im Einvernehmen mit dem Bundesministerium, dem Bundesministerium für Wirtschaft und Energie und dem Bundesministerium für Bildung und Forschung erlassen.

(3) Einer Sachkenntnis nach Absatz 1 bedarf nicht, wer Fertigarzneimittel im Einzelhandel in den Verkehr bringt, die

1. im Reisegewerbe abgegeben werden dürfen,
2. zur Verhütung der Schwangerschaft oder von Geschlechtskrankheiten beim Menschen bestimmt sind,
3. *(weggefallen)*
4. ausschließlich zum äußeren Gebrauch bestimmte Desinfektionsmittel oder
5. Sauerstoff sind.

§ 51 Abgabe im Reisegewerbe

(1) Das Feilbieten von Arzneimitteln und das Aufsuchen von Bestellungen auf Arzneimittel im Reisegewerbe sind verboten; ausgenommen von dem Verbot sind für den Verkehr außerhalb der Apotheken freigegebene Fertigarzneimittel, die

1. mit ihren verkehrsüblichen deutschen Namen bezeichnete, in ihren Wirkungen allgemein bekannte Pflanzen oder Pflanzenteile oder Presssäfte aus frischen Pflanzen oder Pflanzenteilen sind, sofern diese mit keinem anderen Lösungsmittel als Wasser hergestellt wurden, oder
2. Heilwässer und deren Salze in ihrem natürlichen Mischungsverhältnis oder ihre Nachbildungen sind.

(2) [1]Das Verbot des Absatzes 1 erster Halbsatz findet keine Anwendung, soweit der Gewerbetreibende andere Personen im Rahmen ihres Geschäftsbetriebes aufsucht, es sei denn, dass es sich um Arzneimittel handelt, die für die Anwendung bei Tieren in land- und forstwirtschaftlichen Betrieben, in gewerblichen Tierhaltungen sowie in Betrieben des Gemüse-, Obst-, Garten- und Weinbaus, der Imkerei und der Fischerei feilgeboten oder dass bei diesen Betrieben Bestellungen auf

Arzneimittel, deren Abgabe den Apotheken vorbehalten ist, aufgesucht werden. [2]Dies gilt auch für Handlungsreisende und andere Personen, die im Auftrag und im Namen eines Gewerbetreibenden tätig werden.

§ 52 Verbot der Selbstbedienung

(1) Arzneimittel im Sinne des § 2 Abs. 1 oder Abs. 2 Nr. 1 dürfen
1. nicht durch Automaten und
2. nicht durch andere Formen der Selbstbedienung in den Verkehr gebracht werden.

(2) Absatz 1 gilt nicht für Fertigarzneimittel, die
1. im Reisegewerbe abgegeben werden dürfen,
2. zur Verhütung der Schwangerschaft oder von Geschlechtskrankheiten beim Menschen bestimmt und zum Verkehr außerhalb der Apotheken freigegeben sind,
3. *(weggefallen)*
4. ausschließlich zum äußeren Gebrauch bestimmte Desinfektionsmittel oder
5. Sauerstoff sind.

(3) Absatz 1 Nr. 2 gilt ferner nicht für Arzneimittel, die für den Verkehr außerhalb der Apotheken freigegeben sind, wenn eine Person, die die Sachkenntnis nach § 50 besitzt, zur Verfügung steht.

§ 52a Großhandel mit Arzneimitteln

(1) [1]Wer Großhandel mit Arzneimitteln im Sinne des § 2 Abs. 1 oder Abs. 2 Nr. 1, Testsera oder Testantigenen betreibt, bedarf einer Erlaubnis. [2]Ausgenommen von dieser Erlaubnispflicht sind die in § 51 Absatz 1 Nummer 2 genannten und für den Verkehr außerhalb von Apotheken freigegebenen Fertigarzneimittel.

(2) Mit dem Antrag hat der Antragsteller
1. die bestimmte Betriebsstätte sowie die Tätigkeiten und die Arzneimittel zu benennen, für die die Erlaubnis erteilt werden soll,
2. Nachweise darüber vorzulegen, dass er über geeignete und ausreichende Räumlichkeiten, Anlagen und Einrichtungen verfügt, um eine ordnungsgemäße Lagerung und einen ordnungsgemäßen Vertrieb und, soweit vorgesehen, ein ordnungsgemäßes Umfüllen, Abpacken und Kennzeichnen von Arzneimitteln zu gewährleisten,
3. eine verantwortliche Person zu benennen, die die zur Ausübung der Tätigkeit erforderliche Sachkenntnis besitzt, und
4. eine Erklärung beizufügen, in der er sich schriftlich verpflichtet, die für den ordnungsgemäßen Betrieb eines Großhandels geltenden Regelungen einzuhalten.

(3) [1]Die Entscheidung über die Erteilung der Erlaubnis trifft die zuständige Behörde des Landes, in dem die Betriebsstätte liegt oder liegen soll. [2]Die zuständige Behörde hat eine Entscheidung über den Antrag auf Erteilung der Erlaubnis innerhalb einer Frist von drei Monaten zu treffen. [3]Verlangt die zuständige Behörde vom Antragsteller weitere Angaben zu den Voraussetzungen nach Absatz 2, so wird die in Satz 2 genannte Frist so lange ausgesetzt, bis die erforderlichen ergänzenden Angaben der zuständigen Behörde vorliegen.

(4) Die Erlaubnis darf nur versagt werden, wenn
1. die Voraussetzungen nach Absatz 2 nicht vorliegen,
2. Tatsachen die Annahme rechtfertigen, dass der Antragsteller oder die verantwortliche Person nach Absatz 2 Nr. 3 die zur Ausübung ihrer Tätigkeit erforderliche Zuverlässigkeit nicht besitzt oder

3. der Großhändler nicht in der Lage ist, zu gewährleisten, dass die für den ordnungsgemäßen Betrieb geltenden Regelungen eingehalten werden.

(5) ¹Die Erlaubnis ist zurückzunehmen, wenn nachträglich bekannt wird, dass einer der Versagungsgründe nach Absatz 4 bei der Erteilung vorgelegen hat. ²Die Erlaubnis ist zu widerrufen, wenn die Voraussetzungen für die Erteilung der Erlaubnis nicht mehr vorliegen; anstelle des Widerrufs kann auch das Ruhen der Erlaubnis angeordnet werden.

(6) Eine Erlaubnis nach § 13 oder § 72 umfasst auch die Erlaubnis zum Großhandel mit den Arzneimitteln, auf die sich die Erlaubnis nach § 13 oder § 72 erstreckt.

(7) Die Absätze 1 bis 5 gelten nicht für die Tätigkeit der Apotheken im Rahmen des üblichen Apothekenbetriebes.

(8) ¹Der Inhaber der Erlaubnis hat jede Änderung der in Absatz 2 genannten Angaben sowie jede wesentliche Änderung der Großhandelstätigkeit unter Vorlage der Nachweise der zuständigen Behörde vorher anzuzeigen. ²Bei einem unvorhergesehenen Wechsel der verantwortlichen Person nach Absatz 2 Nr. 3 hat die Anzeige unverzüglich zu erfolgen.

§ 52b Bereitstellung von Arzneimitteln

(1) Pharmazeutische Unternehmer und Betreiber von Arzneimittelgroßhandlungen, die im Geltungsbereich dieses Gesetzes ein tatsächlich in Verkehr gebrachtes und zur Anwendung im oder am Menschen bestimmtes Arzneimittel vertreiben, das durch die zuständige Bundesoberbehörde zugelassen worden ist oder für das durch die Europäische Gemeinschaft oder durch die Europäische Union eine Genehmigung für das Inverkehrbringen gemäß Artikel 3 Absatz 1 oder 2 der Verordnung (EG) Nr. 726/2004 erteilt worden ist, stellen eine angemessene und kontinuierliche Bereitstellung des Arzneimittels sicher, damit der Bedarf von Patienten im Geltungsbereich dieses Gesetzes gedeckt ist.

(2) ¹Pharmazeutische Unternehmer müssen im Rahmen ihrer Verantwortlichkeit eine bedarfsgerechte und kontinuierliche Belieferung vollversorgender Arzneimittelgroßhandlungen gewährleisten. ²Vollversorgende Arzneimittelgroßhandlungen sind Großhandlungen, die ein vollständiges, herstellerneutral gestaltetes Sortiment an apothekenpflichtigen Arzneimitteln unterhalten, das nach Breite und Tiefe so beschaffen ist, dass damit der Bedarf von Patienten von den mit der Großhandlung in Geschäftsbeziehung stehenden Apotheken werktäglich innerhalb angemessener Zeit gedeckt werden kann; die vorzuhaltenden Arzneimittel müssen dabei mindestens dem durchschnittlichen Bedarf für zwei Wochen entsprechen. ³Satz 1 gilt nicht für Arzneimittel, die dem Vertriebsweg des § 47 Absatz 1 Satz 1 Nummer 2 bis 9 oder des § 47a unterliegen oder die aus anderen rechtlichen oder tatsächlichen Gründen nicht über den Großhandel ausgeliefert werden können.

(3) ¹Vollversorgende Arzneimittelgroßhandlungen müssen im Rahmen ihrer Verantwortlichkeit eine bedarfsgerechte und kontinuierliche Belieferung der mit ihnen in Geschäftsbeziehung stehenden Apotheken gewährleisten. ²Satz 1 gilt entsprechend für andere Arzneimittelgroßhandlungen im Umfang der von ihnen jeweils vorgehaltenen Arzneimittel.

(3a) Pharmazeutische Unternehmer müssen im Rahmen ihrer Verantwortlichkeit Krankenhäuser im Falle ihnen bekannt gewordener Lieferengpässe bei verschreibungspflichtigen Arzneimitteln zur stationären Versorgung umgehend informieren.

(4) Die Vorschriften des Gesetzes gegen Wettbewerbsbeschränkungen bleiben unberührt.

§ 52c Arzneimittelvermittlung

(1) Ein Arzneimittelvermittler darf im Geltungsbereich dieses Gesetzes nur tätig werden, wenn er seinen Sitz im Geltungsbereich dieses Gesetzes, in einem anderen Mitgliedstaat der Europäischen Union oder in einem anderen Vertragsstaat des Abkommens über den Europäischen Wirtschaftsraum hat.

(2) [1]Der Arzneimittelvermittler darf seine Tätigkeit erst nach Anzeige gemäß § 67 Absatz 1 Satz 1 bei der zuständigen Behörde und Registrierung durch die Behörde in eine öffentliche Datenbank nach § 67a oder einer Datenbank eines anderen Mitgliedstaates der Europäischen Union oder eines anderen Vertragsstaates des Abkommens über den Europäischen Wirtschaftsraum aufnehmen. [2]In der Anzeige sind vom Arzneimittelvermittler die Art der Tätigkeit, der Name und die Adresse anzugeben. [3]Zuständige Behörde nach Satz 1 ist die Behörde, in deren Zuständigkeitsbereich der Arzneimittelvermittler seinen Sitz hat.

(3) Erfüllt der Arzneimittelvermittler nicht die nach diesem Gesetz oder die nach einer auf Grund dieses Gesetzes erlassenen Verordnung vorgegebenen Anforderungen, kann die zuständige Behörde die Registrierung in der Datenbank versagen oder löschen.

§ 53 Anhörung von Sachverständigen

(1) [1]Soweit nach § 36 Abs. 1, § 45 Abs. 1 und § 46 Abs. 1 vor Erlass von Rechtsverordnungen Sachverständige anzuhören sind, errichtet hierzu das Bundesministerium durch Rechtsverordnung ohne Zustimmung des Bundesrates einen Sachverständigen-Ausschuss. [2]Dem Ausschuss sollen Sachverständige aus der medizinischen und pharmazeutischen Wissenschaft, den Krankenhäusern, den Heilberufen, den beteiligten Wirtschaftskreisen und den Sozialversicherungsträgern angehören. [3]In der Rechtsverordnung kann das Nähere über die Zusammensetzung, die Berufung der Mitglieder und das Verfahren des Ausschusses bestimmt werden. [4]Die Rechtsverordnung wird vom Bundesministerium für Ernährung und Landwirtschaft im Einvernehmen mit dem Bundesministerium erlassen, soweit es sich um Arzneimittel handelt, die zur Anwendung bei Tieren bestimmt sind.

(2) [1]Soweit nach § 48 Abs. 2 vor Erlass der Rechtsverordnung Sachverständige anzuhören sind, gilt Absatz 1 entsprechend mit der Maßgabe, dass dem Ausschuss Sachverständige aus der medizinischen und pharmazeutischen Wissenschaft sowie Sachverständige der Arzneimittelkommissionen der Ärzte, Tierärzte und Apotheker angehören sollen. [2]Die Vertreter der medizinischen und pharmazeutischen Praxis und der pharmazeutischen Industrie nehmen ohne Stimmrecht an den Sitzungen teil.

Kommentierung des 7. Abschnitts (§§ 43–53)

Schrifttum: *Ahrens,* UWG § 1 und der Verstoß gegen wertbezogene Normen, EWiR 2000, 101; *Anders,* Internetapotheke und private Krankenversicherung, PharmR 2002, 39; *Backmann,* Versand frei für Tierarzneimittel, PharmR 2010, 377; *Blasius,* in *Blasius/Müller-Römer/Fischer* (Hrsg.), Arzneimittel und Recht in Deutschland, 1998, S. 188; *Bowitz,* Zur Strafbarkeit der Abgabe von Medikamenten an den Patienten durch einen in eigener Praxis tätigen Arzt nach § 95 Abs. 1 Nr. 4 AMG, MedR 2016, 168; *Collatz,* Die Verschreibungspflicht nach § 49 AMG als Voraussetzung des Unterlagenschutzes nach § 24a AMG – ordnungsgemäße Umsetzung des Art. 4 Abs. 2 Nr. 8a) iii) der Richtlinie 65/65/EWG – Besprechung der Beschlüsse des VG Berlin (22.11.1995 – VG 14 A 284.95) und des OVG Berlin (18.4.1996 – 5 S 219.95), PharmR 1997, 2; *Deutsch,* Ein Arzneimittel außerhalb der Apotheke, NJW 1999, 3393; *Deutsch/Spickhoff,* Medizinrecht – Arztrecht, Arzneimittelrecht, Medizinprodukterecht und Transfusionsrecht, 6. Aufl. 2008, Kap. XXXV; *Eichler,* Arzneimittel im Internet, K & R 2001, 144; *Ernst,* Arzneimittelverkauf im Internet, WRP 2001, 893; *Guttau/Winnands,* Verschreibungspflicht zentral zugelassener Arzneimittel, PharmR 2009, 274; *Haage,* Impfstoffversand an Ärzte, MedR 2001, 562; *Helios/Eckstein,* Grundsätze der Abgabe von verschreibungspflichtigen Arzneimitteln in Notfällen, PharmR 2002, 130; *Hoeren,* Zum Versandhandel mit Arzneimitteln über das Internet –

Anm. zu LG Frankfurt v. 9.11.2000 – 2–03 O 365/00, EWiR 2001, 39; *Hofman,* Der Sondervertriebsweg für zur Vornahme eines Schwangerschaftsabbruchs zugelassene Arzneimittel, DVBl. 2000, 682; *Hoffmann,* Pharmarechtliche Aspekte des Einzelhandels außerhalb der Apotheke. PharmR 1998, 202; *Huber,* Die Zweitanmelderfrage nach der 3. AMG-Novelle, PharmR 1988, 182; *Hufnagel/Rädler,* Multimedia und Telekommunikation, AfP 2001, 35; *Just,* Zum grenzüberschreitenden Versand von Arzneimitteln durch Internet-Apotheken – Anm. zu LG Frankfurt, (9.11.2000 – 2–03 O 366/00), ZIP 2000, 2080, EWiR 2001, 41; *Kaeding,* Auswirkungen des § 52b AMG-E auf den Parallelhandel mit Arzneimitteln, PharmR 2009, 269; *Koenig,* Stand der Wissenschaft und Technik im Hinblick auf NAT/PCR-Testungen im Herstellungsprozess von Blutplasmapräparaten – Eine rechtswissenschaftliche Untersuchung, 2000; *ders.,* Zum Internetauftritt einer niederländischen Online-Apotheke, 2000; *Koenig/Engelmann,* Vorwirkungen des EG-Rechtsschutzes durch ein anhängiges Vorabentscheidungsverfahren – Neues vom Binnenmarktdrama um eine niederländische Versandapotheke, EWS 2002, 353; *dies.,* E-Commerce mit Arzneimitteln im Europäischen Binnenmarkt und die Freiheit des Warenverkehrs, ZUM 2001, 19; *Koenig/Müller,* Die EG-rechtliche Zulässigkeit digitaler Bestellformulare einer E-Pharmacy – die Heilmittelwerbeverbote der § 8 Abs. 1 und § 8 Abs. 2 Alt. 2 HWG auf dem Prüfstand des Europäischen Gemeinschaftsrechts, PharmR 2002, 5; *dies.,* Memorandum „E-Commerce mit Arzneimitteln im Europäischen Binnenmarkt", EA 2/2001, 1 (Beil. PharmR 7/2001); *Mahlberg,* Rechtliche Grenzen unentgeltlicher Zuwendungen an Ärzte, MedR 1999, 299; *Meyer-Hentschel,* Zweifelsfragen beim Vollzug der neuen Verordnung über den Einzelhandel mit freiverkäuflichen Arzneimitteln, GewArch 1978, 287; *Meyer-Lüerßen,* In-vitro-Diagnostica-Regelung durch das novellierte Arzneimittelgesetz, PharmR 1986, 180; *Meyer-Lüerßen/Will,* Gesetzliche Regelung für Diagnostica in Deutschland – 1. Teil, PharmR 1991, 98; *Müller,* Anmerkung zum Urteil des VG Köln (27.11.1998 – 9 K 8674/95) zum Versand von Impfstoffen, PharmR 1999, 81; *Naser/Zrenner,* Illegaler Tierarzneimittelverkehr, NJW 1982, 2098; *Pabel,* Die Verschreibungspflicht von Arzneimitteln nach dem Änderungsgesetz 2009, PharmR 2009, 499; *Ramsauer/Seiler,* Die Zweitanmeldung nach der Übergangsregelung der 3. AMG-Novelle, PharmR 1989, 90; *Renzikowski,* Apothekenpflicht und freier Binnenmarkt, PharmR 1989, 139; *Schmidt,* Die Musterregelung in der 2. AMG-Novelle, PharmR 1987, 47; *Schütz,* Tierarzneimittelrecht – ein Leitfaden für die Praxis, 2015; *Stallberg/Burk,* Zur Zulässigkeit des Tierarzneimittelversandhandels in Deutschland – Eine Bestandsaufnahme unter Berücksichtigung des BGH-Urteils „mycar.de" und des Referentenentwurfs zur Änderung von § 43 Abs. 5 AMG, WRP 2010, 829; *Starck,* Die notwendige gesetzliche Neujustierung des Versandhandels mit apothekenpflichtigen Medikamenten, DÖV 2008, 389; *Steib,* § 50 Abs. 2 Arzneimittelgesetz verfassungswidrig?, GewArch 1977, 299; *Wartensleben,* Musterabgabeverbot für „ausgenommene Zubereitungen" (psychotrope Stoffe) nach der Fünften AMG-Novelle?, PharmR 1993, 325; *Wesch,* Abgabe zurückgenommener Arzneimittel durch Ärzte, MedR 2001, 191; *Wigge,* Einzelhandel mit freiverkäuflichen Arzneimitteln, PharmR 1997, 41; *Will,* 4. AMG-Novelle – Inhalt und Konsequenzen, PharmR 1990, 94; *Ziller,* Versandhandel mit Arzneimitteln, PharmR 1999, 186; *Zscherpe/Bohn,* Arzneimittelhandel im Internet, K&R 2008, 233.

Übersicht

I. Allgemeines

Die im 7. Abschnitt geregelten Voraussetzungen der **Abgabe von Arzneimitteln** an **1** Verbraucher erklären sich durch das Bestreben des Gesetzgebers, das Risikopotential zu minimieren, das sich durch die Einnahme oder Anwendung von Arzneimitteln für den Verbraucher ergibt. Gerade für den Kreis der Verbraucher soll – soweit das mit vertretbarem Aufwand geschehen kann – eine möglichst große Arzneimittelsicherheit gewährleistet werden. Dabei bedeutet **Arzneimittelsicherheit** nicht nur Sicherheit in Bezug auf die Qualität der Produkte, sondern sie bezieht sich auch auf die fachgerechte Beratung bzw. Sicherstellung einer medizinisch indizierten Anwendung und Einnahme der Präparate. Um diese Sicherheitsstandards erfüllen zu können, unterliegen die meisten Medikamente einer Apothekenpflicht; zT ist auch eine Verschreibungspflicht gesetzlich vorgesehen.

II. Grundsätzliche Apothekenpflicht für Arzneimittel und gesetzlich zugelassene Ausnahmen (§§ 43–46)

2   **1. Grundsätzliche Apothekenpflicht für Fertigarzneimittel.** Nach der Regelung des § 43 dürfen Fertigarzneimittel iS des § 2 Abs. 1 und Abs. 2 Nr. 1 grundsätzlich nur in Apotheken abgegeben werden, es sei denn, es liegt eine Ausnahme nach § 44 vor oder ihr Inverkehrbringen außerhalb von Apotheken wurde ausdrücklich durch Rechtsverordnung gestattet. Kehrseite dieser grundsätzlich geltenden Apothekenpflicht ist das derzeit bestehende **Apothekenmonopol**, dessen Zulässigkeit vom BVerfG bestätigt und auch auf EU-Ebene anerkannt wurde.[1] Die Apothekenpflicht bezieht sich auf den **Einzelhandel** mit Fertigarzneimitteln.[2] Darunter ist jede berufs- oder gewerbsmäßige Tätigkeit zu verstehen, die unmittelbar auf die Versorgung des Endverbrauchers gerichtet ist.[3] Die Lieferung des pharmazeutischen Unternehmers an Großhändler und Apotheken fällt ebenso wenig unter diese Definition wie die Verabreichung apothekenpflichtiger Arzneimittel in Arztpraxen.[4] Werden Arzneimittel in **Krankenhausapotheken** abgegeben, greifen die Sondervorschriften des Apothekengesetzes ein.

3   Im Wege der 8. AMG-Novelle wurde zur Klarstellung § 43 Abs. 1 dahingehend ergänzt, dass eine Abgabe von Arzneimitteln den Apotheken vorbehalten ist. Sie dürfen grundsätzlich nicht durch **Versandhandel** in den Verkehr gebracht werden. Inwieweit dieses nationale Versandhandelsverbot mit europäischem Recht vereinbar ist und ob eine Freigabe des Arzneimittelversandhandels auch in Deutschland zu erfolgen hat, wurde sodann durch Urteil des EuGH 11.12.2003 (C-322/01, NJW 2004, 131 – Doc Morris) dahingehend entschieden, dass Art. 28, 30 EG ein nationales Versandhandelsverbot als Maßnahme gleicher Wirkung wie eine mengenmäßige Einfuhrbeschränkung nur für verschreibungspflichtige Arzneimittel, nicht aber absolut rechtfertigen können.[5]

4   In den Grenzen des § 43 Abs. 4 besteht für **Tierärzte** die Erlaubnis, dem Tierhalter der von ihnen behandelten Tiere Arzneimittel abzugeben (sog **Dispensierrecht**). Dabei ist darauf zu achten, dass sich die Abgabe auf die für die Behandlung des Tierbestandes erforder-

---

[1] S. hierzu die grundlegenden Entscheidungen des BVerfG aus den Jahren 1958 und 1959: BVerfG 11.6.1958 – 1 BvR 596/56, BVerfGE 7, 377 ff.; 7.1.1959 – 1 BvR 100/57, BVerfGE 9, 73 ff. In europarechtlicher Hinsicht ist zu beachten, dass der von der Apothekenpflicht ausgehende Sicherheitsstandard auch bei der Abgabe von Arzneimitteln in einer Apotheke eines EU-Mitgliedstaates gewährleistet wird, vgl. hierzu EuGH 7.3.1989 – 215/87, NJW 1989, 2185 – Schumacher; *Koenig/Engelmann* EWS 2002, 353 (356 f.).
[2] Zum Begriff des Fertigarzneimittels näher → § 4 Rn. 2 f.
[3] BayObLG 30.7.1974 – 4 St 68/74, NJW 1974, 2060; 31.3.1977 – 4 St 45/76, NJW 1977, 1501.
[4] *Rehmann* § 43 Rn. 2 mit weiteren Beispielen.
[5] Zu den Vorlagebeschlüssen im Ausgangsverfahren vor dem LG Frankfurt s. NJW 2001, 2824. – An dieser Stelle ist keine ausführliche Erörterung des Problemkreises möglich; für weitere Nachweise sei auf die Angaben im Literaturverzeichnis verwiesen. – S. auch BVerfG 11.2.2003 – 1 BvR 1972/00, 1 BvR 70/01, BGBl. I S. 455: „§ 43 Absatz 1 des Gesetzes über den Verkehr mit Arzneimitteln (Arzneimittelgesetz) in der Fassung der Bekanntmachung vom 11.12.1998, BGBl. I S. 3586, § 17 Abs. 1 Satz 1 und Abs. 2 Satz 1 der Verordnung über den Betrieb von Apotheken (Apothekenbetriebsordnung – ApBetrO) in der Fassung der Bekanntmachung vom 26.9.1995, BGBl. I S. 1195 (FNA 2121-2-2) sowie § 8 Abs. 1 Satz 1 Gesetz über die Werbung auf dem Gebiete des Heilwesens in der Fassung der Bekanntmachung vom 19.10.1994, BGBl. I S. 3068, sind mit Art. 12 Abs. 1 Grundgesetz unvereinbar und nichtig, soweit die genannten Normen dem Apotheker verbieten, Impfstoffe an Ärzte zu versenden und hierfür zu werben."

liche Menge beschränkt und nicht zu einer Vorratshaltung beim Tierhalter führt.[6] Auch für Tierarzneimittel besteht nach § 43 Abs. 5 ein grundsätzliches **Versandverbot.** Die Abgabe von Tierarzneimitteln an den Tierhalter hat durch den Tierarzt vor Ort, in der tierärztlichen Praxis durch den Tierarzt oder sein Personal oder in der Apotheke zu erfolgen. § 43 Abs. 6 erlaubt die Abgabe von Arzneimitteln im Rahmen der Übergabe einer tierärztlichen Praxis an den Nachfolger im Betrieb der tierärztlichen Hausapotheke.

2. Ausnahmen von der Apothekenpflicht. Von der Apothekenpflicht ausgenommen   **5** sind nach § 44 solche Arzneimittel, die nach Zwecksetzung durch den pharmazeutischen Unternehmer nicht der Beseitigung oder Linderung von Krankheiten, Leiden, Körperschäden oder krankhaften Beschwerden dienen (Abs. 1) oder dem in Abs. 2 genannten Katalog unterfallen. Über die Apothekenpflichtigkeit entscheidet hier also letztlich – zumindest was die Ausnahmen nach Abs. 1 anbelangt – die subjektive Zwecksetzung des pharmazeutischen Unternehmers. Diese Zweckbestimmung muss immerhin ausschließlich sein. Unter die Ausnahmen nach Abs. 1 können demnach insbesondere die sog (ausschließlichen) **Vorbeugemittel** fallen. Daneben dürften auch reine Diagnostika jedenfalls dem Wortlaut nach von der Ausnahme erfasst sein, sofern keine der Gegenausnahmen des § 44 Abs. 3 vorliegt. Gibt der Unternehmer allerdings auch eine Heilindikation an oder wirbt er zumindest auch mit heilender oder lindernder Wirkung seines Präparats, greift die Ausnahmeregelung des § 44 Abs. 1 nicht ein.[7] Der hohe Stellenwert der subjektiven Zwecksetzung des pharmazeutischen Unternehmers ist im Hinblick auf eine möglicherweise anders gerichtete Verkehrsauffassung, die sich im Laufe der Zeit herausbildet, durchaus problematisch.[8] – **Verschreibungspflichtige Arzneimittel** unterliegen stets der Apothekenpflicht, für sie greift nach § 44 Abs. 3 Nr. 1 der Ausnahmetatbestand nicht ein.

Weitere **Ausnahmen** von der Apothekenpflicht können aufgrund der Ermächtigungs-   **6** norm des § 45 vom Bundesgesundheitsministerium im Einvernehmen mit dem Bundesministerium für Wirtschaft und Energie nach Anhörung von Sachverständigen mit Zustimmung des Bundesrates durch Rechtsverordnung vorgesehen werden. Genauso kann aber auch mittels Rechtsverordnung entsprechend der Regelung des § 46 eine **Ausdehnung der Apothekenpflicht** vorgenommen werden.

III. Vertriebsweg und Sondervertriebswege (§§ 47, 47a, 47b)

1. Allgemeiner Vertriebsweg. § 47 steht in Zusammenhang mit der Regelung des   **7** § 43, die grundsätzlich eine Apothekenpflicht für Arzneimittel vorsieht und damit zu gewährleisten versucht, dass die Abgabe an den Endverbraucher nur in Apotheken erfolgt.[9] Regelungsinhalt des § 47 ist es, den **Vertriebsweg** für apothekenpflichtige Arzneimittel sicherzustellen und eine Belieferung anderer Empfänger durch pharmazeutische Unternehmer oder Großhändler unter Umgehung der Apotheke nur in gesetzlich geregelten Ausnahmefällen zu gestatten. Der Kreis derjenigen Personen und Institutionen, an die eine **Direktbelieferung** ohne Einschaltung einer Apotheke zulässig ist, wird in § 47 Abs. 1 näher bestimmt. Bei den in Abs. 1 Nr. 5–9 genannten Institutionen und Stellen hat die Direktbelieferung **bedarfsabhängig** zu erfolgen (Abs. 2), wobei gesetzlich nicht ausgeschlossen wird, dass die entsprechenden Stellen einen Vorrat anlegen bzw. aufrechterhalten.[10] Insofern enthält § 47 Abs. 2 auch keine Mengenbeschränkung im eigentlichen Sinn.

---

[6] *Rehmann* § 43 Rn. 6; vgl. auch Fuhrmann/Klein/Fleischfresser/*Kluge* § 38 Rn. 1 ff. Tierheilpraktiker haben kein Dispensierrecht; vgl. hierzu Erbs/Kohlhaas/*Pelchen/Anders,* A 188, AMG § 43 Rn. 9; *Kloesel/Cyran* 129. Lfg. 2015, § 43 Anm. 58; *Sander* 39. Lfg. 2002, § 43 Anm. 11 mwN.

[7] BVerwG 21.3.1972 – I C 45.65, PharmZtg 1972, 804; *Kloesel/Cyran* 80. Lfg., § 44 Anm. 2 mwN. Näher zur Unterscheidung Heilmittel – Vorbeugemittel *Rehmann* § 44 Rn. 1 mwN aus der Rspr.

[8] Zum Verhältnis von subjektiver Zwecksetzung und objektiver Funktion s. auch (wenngleich in anderem Kontext) → § 2 Rn. 5 f.

[9] Zu den Ausnahmen von der Apothekenpflicht s. §§ 44, 45.

[10] *Rehmann* § 47 Rn. 15.

8   Für **Tierarzneimittel** gilt zwar grundsätzlich auch die Vorschrift des § 47, allerdings modifiziert durch die speziellen Anforderungen der Absätze 1a ff.[11] Das **Anzeigeerfordernis** des Abs. 1a soll sicherstellen, dass Tierarzneimittel nicht an unberechtigte Empfänger ausgeliefert und abgegeben werden. Bei verschreibungspflichtigen Tierarzneimitteln, die auch bei solchen Tieren zum Einsatz kommen können, die der Lebensmittelgewinnung dienen, ordnet Abs. 1b eine **Dokumentationspflicht** hinsichtlich Bezug und Abgabe der entsprechenden Medikamente an. Abs. 1c betrifft **Pflichten** zur **Mitteilung an das zentrale datenbankgestützte Informationssystem** nach § 67a Abs. 1.

9   Die Abgabe von **Ärztemustern** (bzw. Mustern für Ausbildungsstätten)[12] ist an die in Abs. 3 und 4 genannten Voraussetzungen geknüpft.[13] Die Muster sind mit dem in § 10 Abs. 1 Nr. 11 vorgeschriebenen Hinweis zu versehen und – soweit nach § 11a vorgeschrieben – zusammen mit der Fachinformation zu versenden. Zudem setzt die Abgabe eine schriftliche Anforderung voraus und darf nur in einem Umfang von maximal zwei Musterpackungen pro Jahr in der kleinsten Packungseinheit erfolgen.

10   **2. Sondervertriebswege.** § 47a, der durch die 9. Novelle zum Arzneimittelgesetz in das AMG aufgenommen wurde, schreibt für **Arzneimittel,** die zur Vornahme eines straflosen **Schwangerschaftsabbruchs** iS des § 218a StGB eingesetzt werden sollen, einen vom Vertriebsweg des § 47 abweichenden Sondervertriebsweg vor.[14] Im Hinblick darauf, dass nach den gesetzlichen Vorgaben Schwangerschaftsabbrüche nur von einem Arzt in einer Einrichtung zur Vornahme von Schwangerschaftsabbrüchen durchgeführt werden dürfen, ist dieser Sondervertriebsweg vom pharmazeutischen Unternehmer direkt zum Arzt als sinnvoll zu bewerten. Aufgrund dieses direkten, unmittelbaren Vertriebswegs lassen sich Verbleib und Abgabe der Arzneimittel besonders gut nachvollziehen. Hinzu kommt, dass die Packungen, in denen derartige Arzneimittel abgegeben werden, nach den Vorgaben des Abs. 2 zu nummerieren sind und Abgabe sowie Erhalt schriftlich dokumentiert werden müssen. Ein Inverkehrbringen dieser Arzneimittel über Apotheken (§ 43) oder auf dem allgemeinen Vertriebsweg (§ 47) ist verboten.

11   Gemäß § 47b gilt ein Sondervertriebsweg für **diamorphinhaltige Fertigarzneimittel,** die zur **substitutionsgestützten Behandlung** zugelassen sind. Diese dürfen nur vom pharmazeutischen Unternehmer und nur an anerkannte Einrichtungen im Sinne des § 13 Abs. 3 S. 2 Nr. 2a des Betäubungsmittelgesetzes und nur auf Verschreibung eines dort behandelnden Arztes abgegeben werden.[15] Ein Inverkehrbringen durch andere Personen ist untersagt.

IV. Verschreibungspflicht bei Arzneimitteln (§ 48)

12   **Verschreibungspflichtige Arzneimittel** dürfen durch den Apotheker oder seine Angestellten nur nach Vorlage einer ärztlichen, zahnärztlichen oder tierärztlichen Verordnung abgegeben werden. Die Verschreibungspflicht erstreckt sich demnach nur auf apothekenpflichtige Arzneimittel. Bei der Ausstellung des Rezepts ist der verschreibende Arzt an die Bestimmungen über die Verordnung verschreibungspflichtiger Arzneimittel gebunden.[16] Verschreibungspflichtige Arzneimittel sind nach der Bestimmung des § 10 Abs. 1 Nr. 10 als solche zu kennzeichnen. Wird ein Arzneimittel nachträglich (zB durch entsprechende Verordnung) verschreibungspflichtig, muss die Kennzeichnung umgehend geändert und den Anforderungen des § 10 Abs. 1 angepasst werden.

---

[11] S. auch *Rehmann* § 47 Rn. 12 f.; Deutsch/Lippert/*Lippert* § 47 Rn. 2 mit weiteren Ausführungen.

[12] Krit. zur unterschiedlichen Terminologie in den Abs. 1 und 3 des § 47 Deutsch/Lippert/*Lippert* § 47 Rn. 10.

[13] Zur Abgrenzung von Ärztemuster und Arzneimittelprobe *Rehmann* § 47 Rn. 16 mwN.

[14] Näher zum Sondervertriebsweg für die og Arzneimittel *Deutsch* NJW 1999, 3393 ff.; *Hofman* DVBl 2000, 682 ff.

[15] Näher zum Sondervertriebsweg Diamorphin etwa Fuhrmann/Klein/Fleischfresser/*Lietz* § 21 Rn. 24; Fuhrmann/Klein/Fleischfresser/*v. Czettritz* § 24 Rn. 57.

[16] Die Verordnung ist abgedruckt bei *Kloesel/Cyran* 118. Lfg. 2011, Anhang A 1.0.1.

Das AMG unterscheidet zwischen der durch Rechtsverordnung angeordneten (§ 48 Abs. 1   **13**
S. 1 Nr. 1) und der (früher in § 49 aF und nunmehr in § 48 Abs. 1 S. 1 Nr. 2 und Nr. 3
geregelten) automatischen Verschreibungspflicht. Der durch **Rechtsverordnung angeord-**
neten Verschreibungspflicht des § 48 Abs. 1 S. 1 Nr. 1 unterliegen all diejenigen Arzneimittel, die Stoffe, Zubereitungen aus Stoffen oder Gegenstände sind, welche in einer nach Abs. 2
erlassenen Rechtsverordnung genannt werden. Darüber hinaus fallen auch solche Arzneimittel
unter die Verschreibungspflicht, denen entsprechende Stoffe oder Zubereitungen aus solchen
Stoffen zugesetzt wurden. Der **automatischen Verschreibungspflicht** des § 48 Abs. 1 S. 1
Nr. 2 unterliegen hingegen nicht unter Nr. 1 fallende und zur Anwendung bei Tieren, die
der Gewinnung von Lebensmitteln dienen, bestimmte Arzneimittel.

Nach einer – im Hinblick auf das **Gefährdungspotential innovativer Stoffe** und neuer   **14**
Zubereitungen problematischen – Interimsphase, in der die Verschreibungspflicht von einer
diese anordnenden Rechtsverordnung abhängig war,[17] wurde die automatische Verschreibungspflicht durch Gesetz v. 17.7.2009, BGBl. I S. 1990, mit § 48 Abs. 1 S. 1 Nr. 3 wieder
ausgedehnt: Diese erstreckt sich nunmehr erneut auf Arzneimittel iS des § 2 Abs. 1 oder
Abs. 2 Nr. 1, die Stoffe mit in der medizinischen Wissenschaft nicht allgemein bekannten
Wirkungen oder Zubereitungen solcher Stoffe enthalten; spezielle Zubereitungen werden
durch § 48 Abs. 1 S. 5 einbezogen. Mehr als zweifelhaft ist, ob von der automatischen
Verschreibungspflicht des Satzes 1 Nr. 3 ein Arzneimittel erfasst wird, das nur aus einem
einzigen der genannten Stoffe besteht – mit diesem also identisch ist (und deshalb gerade
keinen solchen Stoff „enthält"[18]). Dessen Nichterfassung wäre evident sachwidrig.

V. Einzelhandel mit freiverkäuflichen Arzneimitteln, Großhandel mit Arzneimitteln, Bereitstellung von Arzneimitteln und Besonderheiten im Reisegewerbe (§§ 50–53)

1. Einzelhandel und Großhandel mit Arzneimitteln, Bereitstellung von Arznei-   **15**
mitteln, Arzneimittelvermittlung (§§ 50, 52a, § 52b, § 52c). Freiverkäufliche Arz-
neimittel (§§ 44, 45), die nicht apothekenpflichtig (§ 43) sind, können vom **Einzelhandel**
auch außerhalb von Apotheken vertrieben werden, sofern der Unternehmer – bei Kapital-
oder Personengesellschaften der jeweilige gesetzliche bzw. rechtsgeschäftlich bestimmte Vertreter oder die mit der Leitung bzw. mit dem Verkauf beauftragte Person – die **erforderliche**
Sachkenntnis besitzt und ggf. auch nachweist. In jedem Betrieb bzw. Betriebsteil muss
eine – entsprechend den gesetzlichen Vorgaben – sachkundige Person vorhanden und auch
während der üblichen Verkaufszeiten anwesend sein, da nur so eine sachgerechte Beratung
und ein sachgerechter Verkauf gewährleistet werden können.[19] Die Einzelheiten zu Umfang
und Nachweis der Sachkunde sind in § 50 Abs. 2 näher geregelt.[20] Eine **Befreiung vom**
Sachkundenachweis ist nur in den § 50 Abs. 3 geregelten Fällen möglich. – Die durch
die 12. AMG-Novelle neu eingeführte Vorschrift des § 52a regelt die Erlaubnispflicht beim
Großhandel mit Arzneimitteln. Durch Gesetz v. 17.7.2009, BGBl. I S. 1990, wurde § 52b
eingeführt, der bestimmte Pflichten zur **Bereitstellung** von Arzneimitteln vorsieht. § 52c
regelt die **Arzneimittelvermittlung** (vgl. dazu auch die Legaldefinition in § 4 Abs. 22a).

2. Abgabe von Arzneimitteln im Reisegewerbe (§ 51). § 51 enthält ein grundsätzli-   **16**
ches Verbot des Anbietens und Inverkehrbringens von Arzneimitteln im Wege des **Reisege-**

---

[17] Zur Kritik am unbefriedigenden gesetzlichen Zustand s. MüKoStGB, 1. Aufl. 2007, AMG §§ 43–53
Rn. 12.
[18] Wortlaut und Systematik (vgl. etwa § 2 Abs. 1) stehen der Annahme entgegen, ein aus einem Stoff
bestehendes Arzneimittel *enthalte* diesen Stoff. Die in der Sache naheliegende Analogie ist zumindest für den
Bereich des belastenden Strafrechts nicht gestattet (Art. 103 Abs. 2 GG).
[19] IdS *Kloesel/Cyran* 129. Lfg. 2015, § 50 Anm. 3 f.; *Rehmann* § 50 Rn. 1; abgeschwächt auch *Sander* 38. Lfg.
2001, § 50 Anm. 3.
[20] S. auch die Verordnung über den Nachweis der Sachkenntnis im Einzelhandel mit freiverkäuflichen
Arzneimitteln vom 20.6.1978, BGBl. I S. 753 (FNA 2121-51-6).

werbes.[21] Nur in dem engen Rahmen des § 51 Abs. 1 Hs. 2 werden Ausnahmen zugelassen. Der Gesetzgeber hat dieses Verbot erlassen, um einen nicht sachgerechten Umgang mit Arzneimitteln zu verhindern und die Zielsetzung, eine angemessene Arzneimittelsicherheit für den Verbraucher zu gewährleisten, effektiv umzusetzen.[22] Keinesfalls können apothekenpflichtige Arzneimittel im Reisegewerbe angeboten und in den Verkehr gebracht werden. Das in Abs. 1 geregelte Verbot des Inverkehrbringens von Arzneimitteln im Reisegewerbe erstreckt sich ausschließlich auf das Verhältnis Gewerbetreibender und Endverbraucher. Nicht erfasst werden hingegen die Kontaktaufnahme und der Vertrieb von Gewerbetreibenden untereinander, wie Abs. 2 noch einmal ausdrücklich klarstellt.

17   **3. Verbot der Selbstbedienung (§ 52) und weitere Regelungen (§§ 52a, 52b, 52c, 53).** Um die als geboten erachtete Arzneimittelsicherheit zu garantieren, normiert § 52 ein umfassendes **Selbstbedienungsverbot** für Arzneimittel iS des § 2 Abs. 1 und Abs. 2 Nr. 1.[23] Untersagt ist damit das Inverkehrbringen von Arzneimitteln mittels Automaten oder anderen Formen der Selbstbedienung. Ausnahmen von diesem Verbot werden in relativ engem Umfang in Abs. 2 zugelassen. Eine weitere Ausnahmeregelung bringt Abs. 3. Freiverkäufliche Arzneimittel (§§ 44, 45), für deren Vertrieb ein besonderer Sachkundenachweis verlangt wird, dürfen im Wege der Selbstbedienung, nicht aber mittels Automaten, an den Verbraucher abgegeben werden, sofern eine sachkundige Person zur Beratung zur Verfügung steht (vgl. § 50 Abs. 1). §§ 52a, 52b, 52c, 53 enthalten Regelungen zum Großhandel mit und zur Bereitstellung von Arzneimitteln, zur Arzneimittelvermittlung und zur Anhörung von Sachverständigen.

VI. Sanktionenrechtliche Bedeutung der Vorschriften im 7. Abschnitt

18   **1. Verstoß gegen § 43.** Beim Handeltreiben mit oder Abgeben von verschreibungspflichtigen Arzneimitteln außerhalb von Apotheken liegt eine **Strafbarkeit** nach § 95 Abs. 1 Nr. 4 vor (näher dazu → § 95 Rn. 46 ff.). Werden apothekenpflichtige Arzneimittel außerhalb von Apotheken abgegeben, greift die **ordnungswidrigkeitenrechtliche Vorschrift** des § 97 Abs. 2 Nr. 10, 11 ein.

19   **2. Verstoß gegen § 47.** Wird der Vertriebsweg des § 47 nicht eingehalten, kommt bei verschreibungspflichtigen Arzneimitteln eine **Strafbarkeit** nach § 95 Abs. 1 Nr. 5 in Betracht. Zudem kann bei nicht verschreibungspflichtigen Arzneimitteln oder bei nicht zulässiger Musterabgabe oder bei Verletzung der Nachweispflichten des § 47 Abs. 1b oder Abs. 4 S. 3 das Verhalten auch als **Ordnungswidrigkeit** nach § 97 Abs. 2 Nr. 12, 12a, 13 geahndet werden.

20   **3. Verstoß gegen § 47a oder § 47b.** Werden **Arzneimittel zum Schwangerschaftsabbruch** außerhalb des Sondervertriebswegs abgegeben oder in den Verkehr gebracht – also bei einem **Verstoß gegen § 47a** –, kommt zunächst im **kernstrafrechtlichen Bereich** eine **Strafbarkeit nach § 219b StGB** in Betracht. Diese Vorschrift sanktioniert das Inverkehrbringen von Mitteln oder Gegenständen, die zum Schwangerschaftsabbruch geeignet sind, sofern dies in der „Absicht" geschieht, „rechtswidrige Taten nach § 218 StGB zu fördern". Zwar ist der Täterkreis des § 219b StGB nicht eingeschränkt, eine Begrenzung der Strafbarkeit wird aber durch die in der Vorschrift geforderte „Absicht" erzeugt, die auf die Förderung rechtswidriger Taten nach § 218 StGB bezogen sein muss.[24]

---

[21] Zum Begriff des Reisegewerbes, der § 55 GewO entnommen ist, näher *Rehmann* § 51 Rn. 1; Deutsch/Lippert/*Lippert* § 51 Rn. 2.

[22] Näher zur gesetzgeberischen Intention *Rehmann* § 51 Rn. 1; Deutsch/Lippert/*Lippert* § 51 Rn. 1.

[23] Vgl. hierzu die Parallelvorschrift des § 10 Abs. 2 ApothekenbetriebsVO, die nach Rspr. des BVerfG allerdings nur auf apothekenpflichtige Arzneimittel angewendet werden konnte, so dass für nicht apothekenpflichtige Produkte insofern Handlungsbedarf bestand. S. auch *Rehmann* § 52 Rn. 1 mwN.

[24] Zu dieser – in ihrer Bedeutung umstrittenen – „Absicht" des § 219b StGB s. etwa Lackner/Kühl/*Kühl* StGB § 219b Rn. 5.

Darüber hinaus wird das Verhalten des Abgebens oder Inverkehrbringens solcher Arznei- **21** mittel, wenn es zu einer geförderten Haupttat gekommen ist, in der Regel auch eine Strafbarkeit wegen **Beihilfe zum Schwangerschaftsabbruch** nach §§ 218, 27 StGB begründen. Daneben ist auch eine Strafbarkeit nach §§ 218b, 27 StGB wegen Beihilfe zum Schwangerschaftsabbruch ohne ärztliche Feststellung denkbar, die allerdings aufgrund der Subsidiaritätsklausel hinter die Beihilfe zum Schwangerschaftsabbruch nach §§ 218, 27 StGB zurücktritt.

Im **arzneimittelstrafrechtlichen Bereich** stellt das Abgeben oder Inverkehrbringen **22** solcher Arzneimittel durch den pharmazeutischen Unternehmer an andere als die in § 47a genannten Institutionen eine **Straftat nach § 95 Abs. 1 Nr. 5a** dar. Im Gegensatz zur Strafbarkeit nach § 219b StGB genügt hier aber das allgemeine Vorsatzerfordernis, dafür ist der Täterkreis auf „pharmazeutische Unternehmer" beschränkt (zum Problem des illegalen pharmazeutischen Unternehmers als Täter vgl. → § 95 Rn. 53). Subsidiär zu § 95 Abs. 1 Nr. 5a kann auch eine **Strafbarkeit** nach **§ 96 Nr. 12** (Nr. 10a aF) eingreifen. Schließlich kommt bei einer Verletzung von Nachweis- oder Kennzeichnungspflichten eine **Ordnungswidrigkeit** nach § 97 Abs. 2 Nr. 13 oder Nr. 13a in Betracht.

Bei einem **Verstoß gegen § 47b (Sondervertriebsweg Diamorphin)** gilt Folgendes: **23** Eine § 95 Abs. 1 Nr. 5a entsprechende Strafvorschrift gibt es nicht. Allerdings sieht § 29 Abs. 1 S. 1 Nr. 7 BtMG die Strafbarkeit dessen vor, der entgegen § 13 Abs. 2 BtMG Betäubungsmittel in einer Apotheke oder tierärztlichen Hausapotheke oder Diamorphin als pharmazeutischer Unternehmer abgibt.[25]

4. Verstoß gegen § 48. Wer vorsätzlich Arzneimittel, die nach § 48 Abs. 1 S. 1 Nr. 1 **24** der **durch Rechtsverordnung angeordneten Verschreibungspflicht** unterliegen, ohne Vorlage eines Rezeptes abgibt, macht sich **strafbar nach § 96 Nr. 13** (Nr. 11 aF). Aufgrund des Vierten Gesetzes zur Änderung arzneimittelrechtlicher und anderer Vorschriften wird auch der Verstoß gegen § 48 Abs. 1 S. 1 Nr. 3 von § 96 Nr. 13 erfasst. Mit der im Laufe der Zeit erweiterten Strafvorschrift soll unter anderem auch ein Zuwiderhandeln gegen die in der Arzneimittelverschreibungsverordnung vorgesehenen Anforderungen an die Verschreibung von Arzneimitteln mit den Wirkstoffen Thalidomid und Lenalidomid strafrechtlich sanktioniert werden. Die Gesetzesbegründung macht insofern geltend, dass im Hinblick auf das erhebliche teratogene Gefahrenpotential, das von diesen Wirkstoffen ausgehe, eine Strafbewehrung der Vorgaben der Arzneimittelverschreibungsverordnung an dieser Stelle notwendig sei.[26] Handelt es sich bei den Arzneimitteln um Tierarzneimittel, die bei Tieren zum Einsatz kommen, die der Lebensmittelgewinnung dienen, greift als Strafvorschrift **§ 95 Abs. 1 Nr. 6** ein (krit. zu dieser Differenzierung → § 96 Rn. 20). In Fällen der automatischen Verschreibungspflicht greift die entsprechende Strafbarkeit sachwidrig nicht ein. Werden die Arzneimittel außerhalb von Apotheken abgegeben, kommt eine Strafbarkeit nach § 95 Abs. 1 Nr. 4 auch bei automatischer Verschreibungspflicht[27] in Betracht. Im Falle fahrlässigen Verhaltens sind als Sanktionsnormen § 95 Abs. 4 bzw. § 97 Abs. 1 einschlägig. Bei wiederholten Verstößen gegen die Verschreibungspflicht kann die Apothekenbetriebserlaubnis widerrufen werden.[28] – Zur Problematik der strafrechtlichen Erfassung nicht gewerbs- oder berufsmäßigen Handelns näher → § 95 Rn. 47 f.

5. Verstoß gegen § 50. Der Einzelhandel mit Arzneimitteln ohne die entsprechende **25** Sachkenntnis wird als **Ordnungswidrigkeit** nach § 97 Abs. 2 Nr. 14 geahndet.

---

[25] *Kloesel/Cyran* 117. Lfg. 2011, § 47b Anm. 6.

[26] So ausdrücklich BT-Drs. 17/9341, 67.

[27] Die von *Kloesel/Cyran* 115. Lfg. 2010, § 48 Anm. 36 vorgebrachten Bedenken unter dem Aspekt des Bestimmtheitsgrundsatzes (Art. 103 Abs. 2 GG) sind unspezifisch. Entsprechende Probleme der Konkretisierung des (straf-)rechtlich missbilligten Verhaltens sind mit dem richtigen dogmatischen Instrumentarium ohne Weiteres lösbar.

[28] VG Frankfurt 11.2.1981 – V/2 – H – 232/81, DAZ 1981, 711; Hess. VG 1.4.1981 – VIII TH 15/81, DAZ 1981, 1218.

26   **6. Verstoß gegen § 51.** Wer Arzneimittel im Reisegewerbe feilbietet oder Bestellungen annimmt, handelt **ordnungswidrig** nach § 97 Abs. 2 Nr. 15. Über die Sanktionierung hinaus ist eine **Einziehung** der unter Verstoß gegen § 51 Abs. 1 verkauften oder beschafften Arzneimittel über § 98 möglich.

27   **7. Verstoß gegen § 52.** Das Inverkehrbringen von Arzneimitteln im Wege der Selbstbedienung stellt eine **Ordnungswidrigkeit** nach § 97 Abs. 2 Nr. 16 dar.

28   **8. Verstoß gegen § 52a.** Wer ohne Erlaubnis nach § 52a Abs. 1 S. 1 Großhandel betreibt, begeht eine Straftat nach § 96 Nr. 14. Bei fahrlässigem Handeln ist eine Ordnungswidrigkeit nach § 97 Abs. 1 gegeben. Eine Ordnungswidrigkeit gemäß § 97 Abs. 2 Nr. 7 (Buchstabe a) liegt vor, wenn jemand seinen Anzeigepflichten nach § 52a Abs. 8 nicht angemessen nachkommt.

29   **9. Verstoß gegen § 52b.** Ein Verstoß gegen die Bereitstellungspflichten des § 52b ist als solcher – soweit ersichtlich – weder straf- noch bußgeldbewehrt.

30   **10. Verstoß gegen § 52c.** Der Verstoß gegen § 52c Abs. 2 S. 1 (Aufnahme der Tätigkeit als Arzneimittelvermittler ohne Anzeige und Registrierung) ist eine Straftat nach § 96 Nr. 14a. Bei fahrlässigem Handeln ist eine Ordnungswidrigkeit nach § 97 Abs. 1 gegeben.

Achter Abschnitt. Sicherung und Kontrolle der Qualität

§ 54 Betriebsverordnungen

(1) [1]Das Bundesministerium wird ermächtigt, im Einvernehmen mit dem Bundesministerium für Wirtschaft und Energie durch Rechtsverordnung[1] mit Zustimmung des Bundesrates Betriebsverordnungen für Betriebe oder Einrichtungen zu erlassen, die Arzneimittel in den Geltungsbereich dieses Gesetzes verbringen oder in denen Arzneimittel entwickelt, hergestellt, geprüft, gelagert, verpackt oder in den Verkehr gebracht werden oder in denen sonst mit Arzneimitteln Handel getrieben wird, soweit es geboten ist, um einen ordnungsgemäßen Betrieb und die erforderliche Qualität der Arzneimittel sowie die Pharmakovigilanz sicherzustellen; dies gilt entsprechend für Wirkstoffe und andere zur Arzneimittelherstellung bestimmte Stoffe sowie für Gewebe. [2]Die Rechtsverordnung wird vom Bundesministerium für Ernährung und Landwirtschaft im Einvernehmen mit dem Bundesministerium und dem Bundesministerium für Wirtschaft und Energie erlassen, soweit es sich um Arzneimittel handelt, die zur Anwendung bei Tieren bestimmt sind. [3]Die Rechtsverordnung ergeht jeweils im Einvernehmen mit dem Bundesministerium für Umwelt, Naturschutz, Bau und Reaktorsicherheit, soweit es sich um radioaktive Arzneimittel oder um Arzneimittel handelt, bei deren Herstellung ionisierende Strahlen verwendet werden.

(2) In der Rechtsverordnung nach Absatz 1 können insbesondere Regelungen getroffen werden über die
1. Entwicklung, Herstellung, Prüfung, Lagerung, Verpackung, Qualitätssicherung, den Erwerb, die Bereitstellung, die Bevorratung und das Inverkehrbringen,
2. Führung und Aufbewahrung von Nachweisen über die in der Nummer 1 genannten Betriebsvorgänge,
3. Haltung und Kontrolle der bei der Herstellung und Prüfung der Arzneimittel verwendeten Tiere und die Nachweise darüber,
4. Anforderungen an das Personal,

---

[1] Siehe die Arzneimittel- und WirkstoffherstellungsVO.

5. Beschaffenheit, Größe und Einrichtung der Räume,
6. Anforderungen an die Hygiene,
7. Beschaffenheit der Behältnisse,
8. Kennzeichnung der Behältnisse, in denen Arzneimittel und deren Ausgangsstoffe vorrätig gehalten werden,
9. Dienstbereitschaft für Arzneimittelgroßhandelsbetriebe,
10. Zurückstellung von Chargenproben sowie deren Umfang und Lagerungsdauer,
11. Kennzeichnung, Absonderung oder Vernichtung nicht verkehrsfähiger Arzneimittel,
12. Voraussetzungen für und die Anforderungen an die in Nummer 1 bezeichneten Tätigkeiten durch den Tierarzt (Betrieb einer tierärztlichen Hausapotheke) sowie die Anforderungen an die Anwendung von Arzneimitteln durch den Tierarzt an den von ihm behandelten Tieren.

(2a) *(weggefallen)*

(3) Die in den Absätzen 1 und 2 getroffenen Regelungen gelten auch für Personen, die die in Absatz 1 genannten Tätigkeiten berufsmäßig ausüben.

(4) Die Absätze 1 und 2 gelten für Apotheken im Sinne des Gesetzes über das Apothekenwesen, soweit diese einer Erlaubnis nach § 13, § 52a oder § 72 bedürfen.

§ 55 Arzneibuch

(1) ¹Das Arzneibuch ist eine vom Bundesinstitut für Arzneimittel und Medizinprodukte im Einvernehmen mit dem Paul-Ehrlich-Institut und dem Bundesamt für Verbraucherschutz und Lebensmittelsicherheit bekannt gemachte Sammlung anerkannter pharmazeutischer Regeln über die Qualität, Prüfung, Lagerung, Abgabe und Bezeichnung von Arzneimitteln und den bei ihrer Herstellung verwendeten Stoffen. ²Das Arzneibuch enthält auch Regeln für die Beschaffenheit von Behältnissen und Umhüllungen.

(2) ¹Die Regeln des Arzneibuches werden von der Deutschen Arzneibuch-Kommission oder der Europäischen Arzneibuch-Kommission beschlossen. ²Die Bekanntmachung der Regeln kann aus rechtlichen oder fachlichen Gründen abgelehnt oder rückgängig gemacht werden.

(3) Die Deutsche Arzneibuch-Kommission hat die Aufgabe, über die Regeln des Arzneibuches zu beschließen und die zuständige Bundesoberbehörde bei den Arbeiten im Rahmen des Übereinkommens über die Ausarbeitung eines Europäischen Arzneibuches zu unterstützen.

(4) ¹Die Deutsche Arzneibuch-Kommission wird beim Bundesinstitut für Arzneimittel und Medizinprodukte gebildet. ²Das Bundesinstitut für Arzneimittel und Medizinprodukte beruft im Einvernehmen mit dem Paul-Ehrlich-Institut und dem Bundesamt für Verbraucherschutz und Lebensmittelsicherheit die Mitglieder der Deutschen Arzneibuch-Kommission aus Sachverständigen der medizinischen und pharmazeutischen Wissenschaft, der Heilberufe, der beteiligten Wirtschaftskreise und der Arzneimittelüberwachung im zahlenmäßig gleichen Verhältnis, stellt den Vorsitz und erlässt eine Geschäftsordnung.² ³Die Geschäftsordnung bedarf der Zustimmung des Bundesministeriums im Einvernehmen mit dem Bundesministerium für Ernährung und Landwirtschaft. ⁴Die Mitglieder sind zur Verschwiegenheit verpflichtet.

---

² Siehe hierzu ua: Deutsche Arzneibuch-Kommission-Geschäftsordnung, Deutsche Homöopathische Arzneibuch-Kommission-Geschäftsordnung.

(5) ¹Die Deutsche Arzneibuch-Kommission soll über die Regeln des Arzneibuches grundsätzlich einstimmig beschließen. ²Beschlüsse, denen nicht mehr als drei Viertel der Mitglieder der Kommission zugestimmt haben, sind unwirksam. ³Das Nähere regelt die Geschäftsordnung.

(6) Die Absätze 2 bis 5 finden auf die Tätigkeit der Deutschen Homöopathischen Arzneibuch-Kommission entsprechende Anwendung.

(7) ¹Die Bekanntmachung erfolgt im Bundesanzeiger. ²Sie kann sich darauf beschränken, auf die Bezugsquelle der Fassung des Arzneibuches und den Beginn der Geltung der Neufassung hinzuweisen.

(8) ¹Bei der Herstellung von Arzneimitteln dürfen nur Stoffe und die Behältnisse und Umhüllungen, soweit sie mit den Arzneimitteln in Berührung kommen, verwendet werden und nur Darreichungsformen angefertigt werden, die den anerkannten pharmazeutischen Regeln entsprechen. ²Satz 1 findet bei Arzneimitteln, die ausschließlich für den Export hergestellt werden, mit der Maßgabe Anwendung, dass die im Empfängerland geltenden Regelungen berücksichtigt werden können.

(9) Abweichend von Absatz 1 Satz 1 erfolgt die Bekanntmachung durch das Bundesamt für Verbraucherschutz und Lebensmittelsicherheit im Einvernehmen mit dem Bundesinstitut für Arzneimittel und Medizinprodukte und dem Paul-Ehrlich-Institut, soweit es sich um Arzneimittel handelt, die zur Anwendung bei Tieren bestimmt sind.

§ 55a Amtliche Sammlung von Untersuchungsverfahren

¹Die zuständige Bundesoberbehörde veröffentlicht eine amtliche Sammlung von Verfahren zur Probenahme und Untersuchung von Arzneimitteln und ihren Ausgangsstoffen. ²Die Verfahren werden unter Mitwirkung von Sachkennern aus den Bereichen der Überwachung, der Wissenschaft und der pharmazeutischen Unternehmer festgelegt. ³Die Sammlung ist laufend auf dem neuesten Stand zu halten.

Kommentierung des 8. Abschnitts (§§ 54–55a)

1   Strafrechtlich bzw. ordnungswidrigkeitenrechtlich relevant ist aus dem 8. Abschnitt nur die Vorschrift des § 55, die die näheren Anforderungen an das **Arzneibuch** zum Gegenstand hat. Das Arzneibuch ist eine vom Bundesinstitut für Arzneimittel und Medizinprodukte im Einvernehmen mit dem Paul-Ehrlich-Institut und dem Bundesamt für Verbraucherschutz und Lebensmittelsicherheit bekannt gemachte Sammlung anerkannter pharmazeutischer Regeln über die Qualität, Prüfung, Lagerung, Abgabe und Bezeichnung von Arzneimitteln und den bei ihrer Herstellung verwendeten Stoffen. Es enthält nach der Legaldefinition ferner Regeln über die Beschaffenheit von Behältnissen und Umhüllungen (Abs. 1). In seiner derzeitigen Ausgestaltung ähnelt das Arzneibuch einem Sachverständigengutachten,[1] das den jeweils aktuellen Stand der Erkenntnisse über die pharmazeutischen Grundregeln zusammenfasst und von der deutschen bzw. europäischen Arzneibuch-Kommission laufend fortgeschrieben wird. Beim Herstellen müssen diese im Arzneibuch festgelegten anerkannten pharmazeutischen Regeln Beachtung finden, wie Abs. 8 ausdrücklich normiert. Derzeit existieren zwei Arzneibücher, das **Deutsche Arzneibuch,** in welches das Europäische Arzneibuch integriert wurde, und das **Homöopathische Arzneibuch.**

2   Sanktionenrechtlich von unmittelbarer Bedeutung ist § 55 Abs. 8: Nach § 97 Abs. 2 Nr. 17 handelt **ordnungswidrig,** wer entgegen § 55 Abs. 8 S. 1 (auch in Verbindung mit S. 2) einen Stoff, ein Behältnis oder eine Umhüllung verwendet oder eine Darreichungsform anfertigt. Wird von den Arzneibuchbestimmungen mit der Folge nicht unerheblicher Quali-

---

[1]   *Rehmann* § 55 Rn. 1; Deutsch/Lippert/*Lippert* § 55 Rn. 1 („präfabrizierte Sachverständigen-Gutachten").

tätsminderung abgewichen, kommt freilich auch eine Strafbarkeit nach § 95 Abs. 1 Nr. 3a in Betracht (vgl. dazu § 8).

Neunter Abschnitt. Sondervorschriften für Arzneimittel, die bei Tieren angewendet werden

§ 56 Fütterungsarzneimittel

(1) [1]Fütterungsarzneimittel dürfen abweichend von § 47 Abs. 1, jedoch nur auf Verschreibung eines Tierarztes, vom Hersteller nur unmittelbar an Tierhalter abgegeben werden; dies gilt auch, wenn die Fütterungsarzneimittel in einem anderen Mitgliedstaat der Europäischen Union oder in einem anderen Vertragsstaat des Abkommens über den Europäischen Wirtschaftsraum unter Verwendung im Geltungsbereich dieses Gesetzes zugelassener Arzneimittel-Vormischungen oder solcher Arzneimittel-Vormischungen, die die gleiche qualitative und eine vergleichbare quantitative Zusammensetzung haben wie im Geltungsbereich dieses Gesetzes zugelassene Arzneimittel-Vormischungen, hergestellt werden, die sonstigen im Geltungsbereich dieses Gesetzes geltenden arzneimittelrechtlichen Vorschriften beachtet werden und den Fütterungsarzneimitteln eine Begleitbescheinigung nach dem vom Bundesministerium für Ernährung und Landwirtschaft bekannt gemachten Muster beigegeben ist. [2]Im Falle des Satzes 1 zweiter Halbsatz hat der verschreibende Tierarzt der nach § 64 Abs. 1 für die Überwachung der Einhaltung der arzneimittelrechtlichen Vorschriften durch den Tierhalter zuständigen Behörde unverzüglich eine Kopie der Verschreibung zu übersenden. [3]Die wiederholte Abgabe auf eine Verschreibung ist nicht zulässig. [4]Das Bundesministerium für Ernährung und Landwirtschaft wird ermächtigt, im Einvernehmen mit dem Bundesministerium und dem Bundesministerium für Wirtschaft und Energie durch Rechtsverordnung Vorschriften über Form und Inhalt der Verschreibung zu erlassen.

(2) [1]Zur Herstellung eines Fütterungsarzneimittels darf nur eine nach § 25 Abs. 1 zugelassene oder auf Grund des § 36 Abs. 1 von der Pflicht zur Zulassung freigestellte Arzneimittel-Vormischung verwendet werden. [2]Auf Verschreibung darf abweichend von Satz 1 ein Fütterungsarzneimittel aus höchstens drei Arzneimittel-Vormischungen, die jeweils zur Anwendung bei der zu behandelnden Tierart zugelassen sind, hergestellt werden, sofern

1. für das betreffende Anwendungsgebiet eine zugelassene Arzneimittel-Vormischung nicht zur Verfügung steht,
2. im Einzelfall im Fütterungsarzneimittel nicht mehr als zwei Arzneimittel-Vormischungen mit jeweils einem antimikrobiell wirksamen Stoff enthalten sind oder höchstens eine Arzneimittel-Vormischung mit mehreren solcher Stoffe enthalten ist und
3. eine homogene und stabile Verteilung der wirksamen Bestandteile in dem Fütterungsarzneimittel gewährleistet ist.

(3) Werden Fütterungsarzneimittel hergestellt, so muss das verwendete Mischfuttermittel vor und nach der Vermischung den futtermittelrechtlichen Vorschriften entsprechen und es darf kein Antibiotikum oder Kokzidiostatikum als Futtermittelzusatzstoff enthalten.

(4) [1]Der Hersteller des Fütterungsarzneimittels hat sicherzustellen, dass die Arzneimitteltagesdosis in einer Menge in dem Mischfuttermittel enthalten ist, die die tägliche Futterration der behandelten Tiere, bei Wiederkäuern den täglichen Bedarf an Ergänzungsfuttermitteln, ausgenommen Mineralfutter, mindestens zur

Hälfte deckt. [2]Der Hersteller des Fütterungsarzneimittels hat die verfütterungsfertige Mischung vor der Abgabe so zu kennzeichnen, dass auf dem Etikett das Wort „Fütterungsarzneimittel" und die Angabe darüber, zu welchem Prozentsatz sie den Futterbedarf nach Satz 1 zu decken bestimmt ist, deutlich sichtbar sind.

(5) [1]Der Tierarzt darf Fütterungsarzneimittel nur verschreiben,
1. wenn sie zur Anwendung an den von ihm behandelten Tieren bestimmt sind,
2. wenn sie für die in den Packungsbeilagen der Arzneimittel-Vormischungen bezeichneten Tierarten und Anwendungsgebiete bestimmt sind,
3. wenn ihre Anwendung nach Anwendungsgebiet und Menge nach dem Stand der veterinärmedizinischen Wissenschaft gerechtfertigt ist, um das Behandlungsziel zu erreichen, und
4. wenn die zur Anwendung bei Tieren, die der Gewinnung von Lebensmitteln dienen, verschriebene Menge von Fütterungsarzneimitteln, die
   a) , vorbehaltlich des Buchstaben b, verschreibungspflichtige Arzneimittel-Vormischungen enthalten, zur Anwendung innerhalb der auf die Abgabe folgenden 31 Tage bestimmt ist, oder
   b) antimikrobiell wirksame Stoffe enthalten, zur Anwendung innerhalb der auf die Abgabe folgenden sieben Tage bestimmt ist,
   sofern die Zulassungsbedingungen der Arzneimittel-Vormischung nicht eine längere Anwendungsdauer vorsehen.
[2]§ 56a Abs. 2 gilt für die Verschreibung von Fütterungsarzneimitteln entsprechend. [3]Im Falle der Verschreibung von Fütterungsarzneimitteln nach Satz 1 Nr. 4 gilt zusätzlich § 56a Abs. 1 Satz 2 entsprechend.

§ 56a Verschreibung, Abgabe und Anwendung von Arzneimitteln durch Tierärzte

(1) [1]Der Tierarzt darf für den Verkehr außerhalb der Apotheken nicht freigegebene Arzneimittel dem Tierhalter vorbehaltlich besonderer Bestimmungen auf Grund des Absatzes 3 nur verschreiben oder an diesen nur abgeben, wenn
1. sie für die von ihm behandelten Tiere bestimmt sind,
2. sie zugelassen sind oder sie auf Grund des § 21 Abs. 2 Nr. 4 in Verbindung mit Abs. 1 in Verkehr gebracht werden dürfen oder in den Anwendungsbereich einer Rechtsverordnung nach § 36 oder § 39 Abs. 3 Satz 1 Nr. 2 fallen oder sie nach § 38 Abs. 1 in den Verkehr gebracht werden dürfen,
3. sie nach der Zulassung für das Anwendungsgebiet bei der behandelten Tierart bestimmt sind,
4. ihre Anwendung nach Anwendungsgebiet und Menge nach dem Stand der veterinärmedizinischen Wissenschaft gerechtfertigt ist, um das Behandlungsziel in dem betreffenden Fall zu erreichen, und
5. die zur Anwendung bei Tieren, die der Gewinnung von Lebensmitteln dienen,
   a) vorbehaltlich des Buchstaben b, verschriebene oder abgegebene Menge verschreibungspflichtiger Arzneimittel zur Anwendung innerhalb der auf die Abgabe folgenden 31 Tage bestimmt ist, oder
   b) verschriebene oder abgegebene Menge von Arzneimitteln, die antimikrobiell wirksame Stoffe enthalten und nach den Zulassungsbedingungen nicht ausschließlich zur lokalen Anwendung vorgesehen sind, zur Anwendung innerhalb der auf die Abgabe folgenden sieben Tage bestimmt ist,
   sofern die Zulassungsbedingungen nicht eine längere Anwendungsdauer vorsehen.
[2]Der Tierarzt darf verschreibungspflichtige Arzneimittel zur Anwendung bei Tieren, die der Gewinnung von Lebensmitteln dienen, für den jeweiligen Behandlungsfall erneut nur abgeben oder verschreiben, sofern er in einem Zeitraum von

31 Tagen vor dem Tag der entsprechend seiner Behandlungsanweisung vorgesehenen letzten Anwendung der abzugebenden oder zu verschreibenden Arzneimittel die behandelten Tiere oder den behandelten Tierbestand untersucht hat. ³Satz 1 Nr. 2 bis 4 gilt für die Anwendung durch den Tierarzt entsprechend. ⁴Abweichend von Satz 1 darf der Tierarzt dem Tierhalter Arzneimittel-Vormischungen weder verschreiben noch an diesen abgeben.

(1a) Absatz 1 Satz 3 gilt nicht, soweit ein Tierarzt Arzneimittel bei einem von ihm behandelten Tier anwendet und die Arzneimittel ausschließlich zu diesem Zweck von ihm hergestellt worden sind.

(2) ¹Soweit die notwendige arzneiliche Versorgung der Tiere ansonsten ernstlich gefährdet wäre und eine unmittelbare oder mittelbare Gefährdung der Gesundheit von Mensch und Tier nicht zu befürchten ist, darf der Tierarzt bei Einzeltieren oder Tieren eines bestimmten Bestandes abweichend von Absatz 1 Satz 1 Nr. 3, auch in Verbindung mit Absatz 1 Satz 3, nachfolgend bezeichnete zugelassene oder von der Zulassung freigestellte Arzneimittel verschreiben, anwenden oder abgeben:

1. soweit für die Behandlung ein zugelassenes Arzneimittel für die betreffende Tierart und das betreffende Anwendungsgebiet nicht zur Verfügung steht, ein Arzneimittel mit der Zulassung für die betreffende Tierart und ein anderes Anwendungsgebiet;
2. soweit ein nach Nummer 1 geeignetes Arzneimittel für die betreffende Tierart nicht zur Verfügung steht, ein für eine andere Tierart zugelassenes Arzneimittel;
3. soweit ein nach Nummer 2 geeignetes Arzneimittel nicht zur Verfügung steht, ein zur Anwendung beim Menschen zugelassenes Arzneimittel oder, auch abweichend von Absatz 1 Satz 1 Nr. 2, auch in Verbindung mit Absatz 1 Satz 3, ein Arzneimittel, das in einem Mitgliedstaat der Europäischen Union oder einem anderen Vertragsstaat des Abkommens über den Europäischen Wirtschaftsraum zur Anwendung bei Tieren zugelassen ist; im Falle von Tieren, die der Gewinnung von Lebensmitteln dienen, jedoch nur solche Arzneimittel aus anderen Mitgliedstaaten der Europäischen Union oder anderen Vertragsstaaten des Abkommens über den Europäischen Wirtschaftsraum, die zur Anwendung bei Tieren, die der Gewinnung von Lebensmitteln dienen, zugelassen sind;
4. soweit ein nach Nummer 3 geeignetes Arzneimittel nicht zur Verfügung steht, ein in einer Apotheke oder durch den Tierarzt nach § 13 Abs. 2 Satz 1 Nr. 3 Buchstabe d hergestelltes Arzneimittel.

²Bei Tieren, die der Gewinnung von Lebensmitteln dienen, darf das Arzneimittel jedoch nur durch den Tierarzt angewendet oder unter seiner Aufsicht verabreicht werden und nur pharmakologisch wirksame Stoffe enthalten, die in Tabelle 1 des Anhangs der Verordnung (EU) Nr. 37/2010 aufgeführt sind. ³Der Tierarzt hat die Wartezeit anzugeben; das Nähere regelt die Verordnung über tierärztliche Hausapotheken. ⁴Die Sätze 1 bis 3 gelten entsprechend für Arzneimittel, die nach § 21 Abs. 2 Nr. 4 in Verbindung mit Abs. 2a hergestellt werden. ⁵Registrierte oder von der Registrierung freigestellte homöopathische Arzneimittel dürfen abweichend von Absatz 1 Satz 1 Nr. 3 verschrieben, abgegeben und angewendet werden; dies gilt für Arzneimittel, die zur Anwendung bei Tieren bestimmt sind, die der Gewinnung von Lebensmitteln dienen, nur dann wenn sie ausschließlich Wirkstoffe enthalten, die im Anhang der Verordnung (EU) Nr. 37/2010 als Stoffe aufgeführt sind, für die eine Festlegung von Höchstmengen nicht erforderlich ist.

(2a) Abweichend von Absatz 2 Satz 2 dürfen Arzneimittel für Einhufer, die der Gewinnung von Lebensmitteln dienen und für die nichts anderes in Abschnitt IX

Teil II des Equidenpasses im Sinne der Verordnung (EG) Nr. 504/2008 der Kommission vom 6. Juni 2008 zur Umsetzung der Richtlinie 90/426/EWG des Rates in Bezug auf Methoden zur Identifizierung von Equiden (ABl. L 149 vom 7.6.2008, S. 3) in der jeweils geltenden Fassung festgelegt ist, auch verschrieben, abgegeben oder angewendet werden, wenn sie Stoffe, die in der Verordnung (EG) Nr. 1950/2006 der Kommission vom 13. Dezember 2006 zur Erstellung eines Verzeichnisses von für die Behandlung von Equiden wesentlichen Stoffen gemäß der Richtlinie 2001/82/EG des Europäischen Parlaments und des Rates zur Schaffung eines Gemeinschaftskodexes für Tierarzneimittel (ABl. L 367 vom 22.12.2006, S. 33) aufgeführt sind, enthalten.

(3) [1]Das Bundesministerium für Ernährung und Landwirtschaft wird ermächtigt, im Einvernehmen mit dem Bundesministerium durch Rechtsverordnung mit Zustimmung des Bundesrates

1. Anforderungen an die Abgabe und die Verschreibung von Arzneimitteln zur Anwendung an Tieren, auch im Hinblick auf die Behandlung, festzulegen,
2. vorbehaltlich einer Rechtsverordnung nach Nummer 5 zu verbieten, bei der Verschreibung, der Abgabe oder der Anwendung von zur Anwendung bei Tieren bestimmten Arzneimitteln, die antimikrobiell wirksame Stoffe enthalten, von den in § 11 Absatz 4 Satz 1 Nummer 3 und 5 genannten Angaben der Gebrauchsinformation abzuweichen, soweit dies zur Verhütung einer unmittelbaren oder mittelbaren Gefährdung der Gesundheit von Mensch oder Tier durch die Anwendung dieser Arzneimittel erforderlich ist,
3. vorzuschreiben, dass der Tierarzt im Rahmen der Behandlung bestimmter Tiere in bestimmten Fällen eine Bestimmung der Empfindlichkeit der eine Erkrankung verursachenden Erreger gegenüber bestimmten antimikrobiell wirksamen Stoffen zu erstellen oder erstellen zu lassen hat,
4. vorzuschreiben, dass
   a) Tierärzte über die Abgabe, Verschreibung und Anwendung, auch im Hinblick auf die Behandlung, von für den Verkehr außerhalb der Apotheken nicht freigegebenen Arzneimitteln Nachweise führen müssen,
   b) bestimmte Arzneimittel nur durch den Tierarzt selbst angewendet werden dürfen, wenn diese Arzneimittel
      aa) die Gesundheit von Mensch oder Tier auch bei bestimmungsgemäßem Gebrauch unmittelbar oder mittelbar gefährden können, sofern sie nicht fachgerecht angewendet werden,
      bb) wiederholt in erheblichem Umfang nicht bestimmungsgemäß gebraucht werden und dadurch die Gesundheit von Mensch oder Tier unmittelbar oder mittelbar gefährdet werden kann,
5. vorzuschreiben, dass der Tierarzt abweichend von Absatz 2 bestimmte Arzneimittel, die bestimmte antimikrobiell wirksame Stoffe enthalten, nur
   a) für die bei der Zulassung vorgesehenen Tierarten oder Anwendungsgebiete abgeben oder verschreiben oder
   b) bei den bei der Zulassung vorgesehenen Tierarten oder in den dort vorgesehenen Anwendungsgebieten anwenden
   darf, soweit dies erforderlich ist, um die Wirksamkeit der antimikrobiell wirksamen Stoffe für die Behandlung von Mensch und Tier zu erhalten.

[2]In Rechtsverordnungen nach Satz 1 können ferner

1. im Fall des Satzes 1 Nummer 3 Anforderungen an die Probenahme, die zu nehmenden Proben, das Verfahren der Untersuchung sowie an die Nachweisführung festgelegt werden,
2. im Fall des Satzes 1 Nummer 4 Buchstabe a
   a) Art, Form und Inhalt der Nachweise sowie die Dauer der Aufbewahrung geregelt werden,

b) vorgeschrieben werden, dass Nachweise auf Anordnung der zuständigen Behörde nach deren Vorgaben vom Tierarzt zusammengefasst und ihr zur Verfügung gestellt werden, soweit dies zur Sicherung einer ausreichenden Überwachung der Anwendung von Arzneimitteln bei Tieren, die der Gewinnung von Lebensmitteln dienen, erforderlich ist.

[3]In Rechtsverordnungen nach Satz 1 Nummer 2, 3 und 5 ist Vorsorge dafür zu treffen, dass die Tiere jederzeit die notwendige arzneiliche Versorgung erhalten. [4]Die Nachweispflicht kann auf bestimmte Arzneimittel, Anwendungsbereiche oder Darreichungsformen beschränkt werden.

(4) Der Tierarzt darf durch Rechtsverordnung nach Absatz 3 Satz 1 Nummer 4 Buchstabe b bestimmte Arzneimittel dem Tierhalter weder verschreiben noch an diesen abgeben.

(5) [1]Das Bundesministerium für Ernährung und Landwirtschaft wird ermächtigt, im Einvernehmen mit dem Bundesministerium durch Rechtsverordnung mit Zustimmung des Bundesrates eine Tierarzneimittelanwendungskommission zu errichten. [2]Die Tierarzneimittelanwendungskommission beschreibt in Leitlinien den Stand der veterinärmedizinischen Wissenschaft, insbesondere für die Anwendung von Arzneimitteln, die antimikrobiell wirksame Stoffe enthalten. [3]In der Rechtsverordnung ist das Nähere über die Zusammensetzung, die Berufung der Mitglieder und das Verfahren der Tierarzneimittelanwendungskommission zu bestimmen. [4]Ferner können der Tierarzneimittelanwendungskommission durch Rechtsverordnung weitere Aufgaben übertragen werden.

(6) Es wird vermutet, dass eine Rechtfertigung nach dem Stand der veterinärmedizinischen Wissenschaft im Sinne des Absatzes 1 Satz 1 Nr. 4 oder des § 56 Abs. 5 Satz 1 Nr. 3 gegeben ist, sofern die Leitlinien der Tierarzneimittelanwendungskommission nach Absatz 5 Satz 2 beachtet worden sind.

§ 56b Ausnahmen

Das Bundesministerium für Ernährung und Landwirtschaft wird ermächtigt, im Einvernehmen mit dem Bundesministerium durch Rechtsverordnung mit Zustimmung des Bundesrates Ausnahmen von § 56a zuzulassen, soweit die notwendige arzneiliche Versorgung der Tiere sonst ernstlich gefährdet wäre.

§ 57 Erwerb und Besitz durch Tierhalter, Nachweise

(1) [1]Der Tierhalter darf Arzneimittel, die zum Verkehr außerhalb der Apotheken nicht freigegeben sind, zur Anwendung bei Tieren nur in Apotheken, bei dem den Tierbestand behandelnden Tierarzt oder in den Fällen des § 56 Abs. 1 bei Herstellern erwerben. [2]Andere Personen, die in § 47 Abs. 1 nicht genannt sind, dürfen solche Arzneimittel nur in Apotheken erwerben. [3]Satz 1 gilt nicht für Arzneimittel im Sinne des § 43 Abs. 4 Satz 3. [4]Die Sätze 1 und 2 gelten nicht, soweit Arzneimittel, die ausschließlich zur Anwendung bei Tieren, die nicht der Gewinnung von Lebensmitteln dienen, zugelassen sind,
a) vom Tierhalter im Wege des Versandes nach § 43 Absatz 5 Satz 3 oder 4 oder
b) von anderen Personen, die in § 47 Absatz 1 nicht genannt sind, im Wege des Versandes nach § 43 Absatz 5 Satz 3
oder nach § 73 Absatz 1 Nummer 1a erworben werden. [5]Abweichend von Satz 1 darf der Tierhalter Arzneimittel-Vormischungen nicht erwerben.

(1a) [1]Tierhalter dürfen Arzneimittel, bei denen durch Rechtsverordnung vorgeschrieben ist, dass sie nur durch den Tierarzt selbst angewendet werden dürfen, nicht im Besitz haben. [2]Dies gilt nicht, wenn die Arzneimittel für einen anderen

Zweck als zur Anwendung bei Tieren bestimmt sind oder der Besitz nach der Richtlinie 96/22/EG des Rates vom 29. April 1996 über das Verbot der Verwendung bestimmter Stoffe mit hormonaler beziehungsweise thyreostatischer Wirkung und von β-Agonisten in der tierischen Erzeugung und zur Aufhebung der Richtlinien 81/602/EWG, 88/146/EWG und 88/299/EWG (ABl. EG Nr. L 125 S. 3) erlaubt ist.

(2) [1]Das Bundesministerium für Ernährung und Landwirtschaft wird ermächtigt, im Einvernehmen mit dem Bundesministerium durch Rechtsverordnung mit Zustimmung des Bundesrates vorzuschreiben, dass

1. Betriebe oder Personen, die Tiere halten, die der Gewinnung von Lebensmitteln dienen, und diese oder von diesen stammende Erzeugnisse in Verkehr bringen, und

2. andere Personen, die in § 47 Absatz 1 nicht genannt sind,

Nachweise über den Erwerb, die Aufbewahrung und den Verbleib der Arzneimittel und Register oder Nachweise über die Anwendung der Arzneimittel zu führen haben, soweit es geboten ist, um eine ordnungsgemäße Anwendung von Arzneimitteln zu gewährleisten und sofern es sich um Betriebe oder Personen nach Nummer 1 handelt, dies zur Durchführung von Rechtsakten der Europäischen Gemeinschaft oder der Europäischen Union auf diesem Gebiet erforderlich ist. [2]In der Rechtsverordnung können Art, Form und Inhalt der Register und Nachweise sowie die Dauer ihrer Aufbewahrung geregelt werden. [3]In der Rechtsverordnung kann ferner vorgeschrieben werden, dass Nachweise auf Anordnung der zuständigen Behörde nach deren Vorgaben vom Tierhalter zusammenzufassen sind und ihr zur Verfügung gestellt werden, soweit dies zur Sicherung einer ausreichenden Überwachung im Zusammenhang mit der Anwendung von Arzneimitteln bei Tieren, die der Gewinnung von Lebensmitteln dienen, erforderlich ist.

(3) [1]Das Bundesministerium für Ernährung und Landwirtschaft wird ermächtigt, im Einvernehmen mit dem Bundesministerium durch Rechtsverordnung mit Zustimmung des Bundesrates vorzuschreiben, dass Betriebe oder Personen, die

1. Tiere in einem Tierheim oder in einer ähnlichen Einrichtung halten oder

2. gewerbsmäßig Wirbeltiere, ausgenommen Tiere, die der Gewinnung von Lebensmitteln dienen, züchten oder halten oder vorübergehend für andere Betriebe oder Personen betreuen,

[2]Nachweise über den Erwerb verschreibungspflichtiger Arzneimittel zu führen haben, die für die Behandlung der in den Nummern 1 und 2 bezeichneten Tiere erworben worden sind. [3]In der Rechtsverordnung können Art, Form und Inhalt der Nachweise sowie die Dauer ihrer Aufbewahrung geregelt werden.

§ 57a Anwendung durch Tierhalter

Tierhalter und andere Personen, die nicht Tierärzte sind, dürfen verschreibungspflichtige Arzneimittel bei Tieren nur anwenden, soweit die Arzneimittel von dem Tierarzt verschrieben oder abgegeben worden sind, bei dem sich die Tiere in Behandlung befinden.

§ 58 Anwendung bei Tieren, die der Gewinnung von Lebensmitteln dienen

(1) [1]Zusätzlich zu der Anforderung des § 57a dürfen Tierhalter und andere Personen, die nicht Tierärzte sind, verschreibungspflichtige Arzneimittel oder andere vom Tierarzt verschriebene oder erworbene Arzneimittel bei Tieren, die der Gewinnung von Lebensmitteln dienen vorbehaltlich einer Maßnahme der zuständigen Behörde nach § 58d Absatz 3 Satz 2 Nummer 2, nur nach einer tierärztlichen

Behandlungsanweisung für den betreffenden Fall anwenden. [2]Nicht verschreibungspflichtige Arzneimittel, die nicht für den Verkehr außerhalb der Apotheken freigegeben sind und deren Anwendung nicht auf Grund einer tierärztlichen Behandlungsanweisung erfolgt, dürfen nur angewendet werden,

1. wenn sie zugelassen sind oder in den Anwendungsbereich einer Rechtsverordnung nach § 36 oder § 39 Abs. 3 Satz 1 Nr. 2 fallen oder sie nach § 38 Abs. 1 in den Verkehr gebracht werden dürfen,
2. für die in der Kennzeichnung oder Packungsbeilage der Arzneimittel bezeichneten Tierarten und Anwendungsgebiete und
3. in einer Menge, die nach Dosierung und Anwendungsdauer der Kennzeichnung des Arzneimittels entspricht.

[3]Abweichend von Satz 2 dürfen Arzneimittel im Sinne des § 43 Abs. 4 Satz 3 nur nach der veterinärbehördlichen Anweisung nach § 43 Abs. 4 Satz 4 angewendet werden.

(2) Das Bundesministerium für Ernährung und Landwirtschaft wird ermächtigt, im Einvernehmen mit dem Bundesministerium durch Rechtsverordnung mit Zustimmung des Bundesrates zu verbieten, dass Arzneimittel, die zur Anwendung bei Tieren bestimmt sind, die der Gewinnung von Lebensmitteln dienen, für bestimmte Anwendungsgebiete oder -bereiche in den Verkehr gebracht oder zu diesen Zwecken angewendet werden, soweit es geboten ist, um eine mittelbare Gefährdung der Gesundheit des Menschen zu verhüten.

(3) Das Bundesministerium für Ernährung und Landwirtschaft wird ferner ermächtigt, im Einvernehmen mit dem Bundesministerium durch Rechtsverordnung mit Zustimmung des Bundesrates Einzelheiten zu technischen Anlagen für die orale Anwendung von Arzneimitteln bei Tieren, die Instandhaltung und Reinigung dieser Anlagen und zu Sorgfaltspflichten des Tierhalters festzulegen, um eine Verschleppung antimikrobiell wirksamer Stoffe zu verringern.

§ 58a Mitteilungen über Tierhaltungen

(1) [1]Wer Rinder (Bos taurus), Schweine (Sus scrofa domestica), Hühner (Gallus gallus) oder Puten (Meleagris gallopavo) berufs- oder gewerbsmäßig hält, hat der zuständigen Behörde nach Maßgabe des Absatzes 2 das Halten dieser Tiere bezogen auf die jeweilige Tierart und den Betrieb, in dem die Tiere gehalten werden (Tierhaltungsbetrieb), spätestens 14 Tage nach Beginn der Haltung mitzuteilen. [2]Die Mitteilung hat ferner folgende Angaben zu enthalten:

1. den Namen des Tierhalters,
2. die Anschrift des Tierhaltungsbetriebes und die nach Maßgabe tierseuchenrechtlicher Vorschriften über den Verkehr mit Vieh für den Tierhaltungsbetrieb erteilte Registriernummer,
3. bei der Haltung
   a) von Rindern ergänzt durch die Angabe, ob es sich um Mastkälber bis zu einem Alter von acht Monaten oder um Mastrinder ab einem Alter von acht Monaten,
   b) von Schweinen ergänzt durch die Angabe, ob es sich um Ferkel bis einschließlich 30 kg oder um Mastschweine über 30 kg
   (Nutzungsart) handelt.

(2) Die Mitteilungspflicht nach Absatz 1 Satz 1 gilt

1. für zum Zweck der Fleischerzeugung (Mast) bestimmte Hühner oder Puten und ab dem Zeitpunkt des jeweiligen Schlüpfens dieser Tiere und
2. für zum Zweck der Mast bestimmte Rinder oder Schweine und ab dem Zeitpunkt, ab dem die jeweiligen Tiere vom Muttertier abgesetzt sind.

(3) Derjenige, der am 1. April 2014 Tiere im Sinne des Absatzes 1 Satz 1 hält, hat die Mitteilung nach Absatz 1 Satz 1 und 2 spätestens bis zum 1. Juli 2014 zu machen.

(4) [1]Wer nach Absatz 1 oder 3 zur Mitteilung verpflichtet ist, hat Änderungen hinsichtlich der mitteilungspflichtigen Angaben innerhalb von 14 Werktagen mitzuteilen. [2]Die Mitteilung nach Absatz 1 oder 3, jeweils auch in Verbindung mit Satz 1, hat elektronisch oder schriftlich zu erfolgen. [3]Die vorgeschriebenen Mitteilungen können durch Dritte vorgenommen werden, soweit der Tierhalter dies unter Nennung des Dritten der zuständigen Behörde angezeigt hat. [4]Die Absätze 1 und 3 sowie Satz 1 gelten nicht, soweit die verlangten Angaben nach tierseuchenrechtlichen Vorschriften über den Verkehr mit Vieh mitgeteilt worden sind. [5]In diesen Fällen übermittelt die für die Durchführung der tierseuchenrechtlichen Vorschriften über den Verkehr mit Vieh zuständige Behörde der für die Durchführung der Absätze 1 und 3 sowie des Satzes 1 zuständigen Behörde die verlangten Angaben. [6]Die Übermittlung nach Satz 5 kann nach Maßgabe des § 10 des Datenschutzgesetzes im automatisierten Abrufverfahren erfolgen.

§ 58b Mitteilungen über Arzneimittelverwendung

(1) [1]Wer Tiere, für die nach § 58a Mitteilungen über deren Haltung zu machen sind, hält, hat der zuständigen Behörde im Hinblick auf Arzneimittel, die antibakteriell wirksame Stoffe enthalten und bei den von ihm gehaltenen Tieren angewendet worden sind, für jeden Tierhaltungsbetrieb, für den ihm nach den tierseuchenrechtlichen Vorschriften über den Verkehr mit Vieh eine Registriernummer zugeteilt worden ist, unter Berücksichtigung der Nutzungsart halbjährlich für jede Behandlung mitzuteilen
1. die Bezeichnung des angewendeten Arzneimittels,
2. die Anzahl und die Art der behandelten Tiere,
3. vorbehaltlich des Absatzes 3 die Anzahl der Behandlungstage,
4. die insgesamt angewendete Menge von Arzneimitteln, die antibakteriell wirksame Stoffe enthalten,
5. für jedes Halbjahr die Anzahl der Tiere der jeweiligen Tierart, die
   a) in jedem Halbjahr zu Beginn im Betrieb gehalten,
   b) im Verlauf eines jeden Halbjahres in den Betrieb aufgenommen,
   c) im Verlauf eines jeden Halbjahres aus dem Betrieb abgegeben
   worden sind.
[2]Die Mitteilungen nach Satz 1 Nummer 5 Buchstabe b und c sind unter Angabe des Datums der jeweiligen Handlung zu machen. [3]Die Mitteilung ist jeweils spätestens am 14. Tag desjenigen Monats zu machen, der auf den letzten Monat des Halbjahres folgt, in dem die Behandlung erfolgt ist. [4]§ 58a Absatz 4 Satz 2 und 3 gilt entsprechend.

(2) [1]Abweichend von Absatz 1 Satz 1 können die in Absatz 1 Satz 1 Nummer 1 bis 4 genannten Angaben durch nachfolgende Angaben ersetzt werden:
1. die Bezeichnung des für die Behandlung vom Tierarzt erworbenen oder verschriebenen Arzneimittels,
2. die Anzahl und Art der Tiere, für die eine Behandlungsanweisung des Tierarztes ausgestellt worden ist,
3. die Identität der Tiere, für die eine Behandlungsanweisung des Tierarztes ausgestellt worden ist, sofern sich aus der Angabe die Nutzungsart ergibt,
4. vorbehaltlich des Absatzes 3 die Dauer der verordneten Behandlung in Tagen,

5. die vom Tierarzt insgesamt angewendete oder abgegebene Menge des Arzneimittels.

[2]Satz 1 gilt nur, wenn derjenige, der Tiere hält,

1. gegenüber dem Tierarzt zum Zeitpunkt des Erwerbs oder der Verschreibung der Arzneimittel schriftlich versichert hat, von der Behandlungsanweisung nicht ohne Rücksprache mit dem Tierarzt abzuweichen, und
2. bei der Abgabe der Mitteilung nach Absatz 1 Satz 1 an die zuständige Behörde schriftlich versichert, dass bei der Behandlung nicht von der Behandlungsanweisung des Tierarztes abgewichen worden ist.

[3]§ 58a Absatz 4 Satz 2 und 3 gilt hinsichtlich des Satzes 1 entsprechend.

(3) [1]Bei Arzneimitteln, die antibakterielle Stoffe enthalten und einen therapeutischen Wirkstoffspiegel von mehr als 24 Stunden aufweisen, teilt der Tierarzt dem Tierhalter die Anzahl der Behandlungstage im Sinne des Absatzes 1 Satz 1 Nummer 3, ergänzt um die Anzahl der Tage, in denen das betroffene Arzneimittel seinen therapeutischen Wirkstoffspiegel behält, mit. [2]Ergänzend zu Absatz 1 Satz 1 Nummer 3 teilt der Tierhalter diese Tage auch als Behandlungstage mit.

§ 58c Ermittlung der Therapiehäufigkeit

(1) [1]Die zuständige Behörde ermittelt für jedes Halbjahr die durchschnittliche Anzahl der Behandlungen mit antibakteriell wirksamen Stoffen, bezogen auf den jeweiligen Betrieb, für den nach den tierseuchenrechtlichen Vorschriften über den Verkehr mit Vieh eine Registriernummer zugeteilt worden ist, und die jeweilige Art der gehaltenen Tiere unter Berücksichtigung der Nutzungsart, in dem sie nach Maßgabe des Berechnungsverfahrens zur Ermittlung der Therapiehäufigkeit vom 21. Februar 2013 (BAnz AT 22.2.2013 B2)

1. für jeden angewendeten Wirkstoff die Anzahl der behandelten Tiere mit der Anzahl der Behandlungstage multipliziert und die so errechnete Zahl jeweils für alle verabreichten Wirkstoffe des Halbjahres addiert und
2. die nach Nummer 1 ermittelte Zahl anschließend durch die Anzahl der Tiere der betroffenen Tierart, die durchschnittlich in dem Halbjahr gehalten worden sind, dividiert

(betriebliche halbjährliche Therapiehäufigkeit).

(2) [1]Spätestens bis zum Ende des zweiten Monats des Halbjahres, das auf die Mitteilungen des vorangehenden Halbjahres nach § 58b Absatz 1 Satz 1 folgt, teilt die zuständige Behörde dem Bundesamt für Verbraucherschutz und Lebensmittelsicherheit für die Zwecke des Absatzes 4 und des § 77 Absatz 3 Satz 2 in anonymisierter Form die nach Absatz 1 jeweils ermittelte halbjährliche betriebliche Therapiehäufigkeit mit. [2]Darüber hinaus teilt die zuständige Behörde dem Bundesinstitut für Risikobewertung jeweils auf dessen Verlangen in anonymisierter Form die nach Absatz 1 jeweils ermittelte halbjährliche Therapiehäufigkeit sowie die in § 58b Absatz 1 Satz 1 Nummer 4 genannten Angaben mit, soweit dies für die Durchführung einer Risikobewertung des Bundesinstitutes für Risikobewertung auf dem Gebiet der Antibiotikaresistenz erforderlich ist. [3]Die Mitteilungen nach den Sätzen 1 und 2 können nach Maßgabe des § 10 des Bundesdatenschutzgesetzes im automatisierten Abrufverfahren erfolgen.

(3) [1]Soweit die Länder für die Zwecke des Absatzes 1 eine gemeinsame Stelle einrichten, sind die in den §§ 58a und 58b genannten Angaben dieser Stelle zu übermitteln; diese ermittelt die halbjährliche betriebliche Therapiehäufigkeit nach Maßgabe des in Absatz 1 genannten Berechnungsverfahrens zur Ermittlung der Therapiehäufigkeit und teilt sie den in Absatz 2 Satz 1 und 2 genannten Behörden mit. [2]Absatz 2 Satz 3 gilt entsprechend.

(4) [1]Das Bundesamt für Verbraucherschutz und Lebensmittelsicherheit ermittelt aus den ihm mitgeteilten Angaben zur jeweiligen halbjährlichen betrieblichen Therapiehäufigkeit

1. als Kennzahl 1 den Median (Wert, unter dem 50 Prozent aller erfassten halbjährlichen Therapiehäufigkeiten liegen) und

2. als Kennzahl 2 das dritte Quartil (Wert, unter dem 75 Prozent aller erfassten halbjährlichen betrieblichen Therapiehäufigkeiten liegen)

der bundesweiten halbjährlichen Therapiehäufigkeit für jede in § 58a Absatz 1 bezeichnete Tierart. [2]Das Bundesamt für Verbraucherschutz und Lebensmittelsicherheit macht diese Kennzahlen bis zum Ende des dritten Monats des Halbjahres, das auf die Mitteilungen des vorangehenden Halbjahres nach § 58b Absatz 1 folgt, für das jeweilige abgelaufene Halbjahr im Bundesanzeiger bekannt und schlüsselt diese unter Berücksichtigung der Nutzungsart auf.[1]

(5) [1]Die zuständige Behörde oder die gemeinsame Stelle nach Absatz 3 teilt dem Tierhalter die nach Absatz 1 ermittelte betriebliche halbjährliche Therapiehäufigkeit für die jeweilige Tierart der von ihm gehaltenen Tiere im Sinne des § 58a Absatz 1 unter Berücksichtigung der Nutzungsart mit. [2]Der Tierhalter kann ferner Auskunft über die nach den §§ 58a und 58b erhobenen, gespeicherten oder sonst verarbeiteten Daten verlangen, soweit sie seinen Betrieb betreffen.

(6) [1]Die nach den §§ 58a und 58b erhobenen oder nach Absatz 5 mitgeteilten und jeweils bei der zuständigen Behörde oder der gemeinsamen Stelle nach Absatz 3 gespeicherten Daten sind für die Dauer von sechs Jahren aufzubewahren. [2]Die Frist beginnt mit Ablauf des 30. Juni oder 31. Dezember desjenigen Halbjahres, in dem die bundesweite halbjährliche Therapiehäufigkeit nach Absatz 4 bekannt gegeben worden ist. [3]Nach Ablauf dieser Frist sind die Daten zu löschen.

§ 58d Verringerung der Behandlung mit antibakteriell wirksamen Stoffen

(1) Um zur wirksamen Verringerung der Anwendung von Arzneimitteln, die antibakteriell wirksame Stoffe enthalten, beizutragen, hat derjenige, der Tiere im Sinne des § 58a Absatz 1 Satz 1 berufs- oder gewerbsmäßig hält,

1. jeweils zwei Monate nach einer Bekanntmachung der Kennzahlen der bundesweiten halbjährlichen Therapiehäufigkeit nach § 58c Absatz 4 Satz 2 festzustellen, ob im abgelaufenen Zeitraum seine betriebliche halbjährliche Therapiehäufigkeit bei der jeweiligen Tierart der von ihm gehaltenen Tiere unter Berücksichtigung der Nutzungsart bezogen auf den Tierhaltungsbetrieb, für den ihm nach den tierseuchenrechtlichen Vorschriften über den Verkehr mit Vieh eine Registriernummer zugeteilt worden ist, oberhalb der Kennzahl 1 oder der Kennzahl 2 der bundesweiten halbjährlichen Therapiehäufigkeit liegt,

2. die Feststellung nach Nummer 1 unverzüglich nach ihrer Feststellung in seinen betrieblichen Unterlagen aufzuzeichnen.

(2) [1]Liegt die betriebliche halbjährliche Therapiehäufigkeit eines Tierhalters bezogen auf den Tierhaltungsbetrieb, für den ihm nach den tierseuchenrechtlichen Vorschriften über den Verkehr mit Vieh eine Registriernummer zugeteilt worden ist,

1. oberhalb der Kennzahl 1 der bundesweiten halbjährlichen Therapiehäufigkeit, hat der Tierhalter unter Hinzuziehung eines Tierarztes zu prüfen, welche Gründe zu dieser Überschreitung geführt haben können und wie die Behand-

---

[1] Siehe hierzu ua:
Bek. des Medians und des dritten Quartils der vom 1. Januar 2016 bis 30. Juni 2016 erfassten bundesweiten betrieblichen Therapiehäufigkeiten für Mastrinder, Mastschweine, Masthühner und Mastputen nach § 58c Abs. 4 ArzneimittelG.

lung der von ihm gehaltenen Tiere im Sinne des § 58a Absatz 1 mit Arzneimitteln, die antibakteriell wirksame Stoffe enthalten, verringert werden kann, oder

2. oberhalb der Kennzahl 2 der bundesweiten halbjährlichen Therapiehäufigkeit, hat der Tierhalter auf der Grundlage einer tierärztlichen Beratung innerhalb von zwei Monaten nach dem sich aus Absatz 1 Nummer 1 ergebenden Datum einen schriftlichen Plan zu erstellen, der Maßnahmen enthält, die eine Verringerung der Behandlung mit Arzneimitteln, die antibakteriell wirksame Stoffe enthalten, zum Ziel haben. ²Ergibt die Prüfung des Tierhalters nach Satz 1 Nummer 1, dass die Behandlung mit den betroffenen Arzneimitteln verringert werden kann, hat der Tierhalter Schritte zu ergreifen, die zu einer Verringerung führen können. ³Der Tierhalter hat dafür Sorge zu tragen, dass die Maßnahme nach Satz 1 Nummer 1 und die in dem Plan nach Satz 1 Nummer 2 aufgeführten Schritte unter Gewährleistung der notwendigen arzneilichen Versorgung der Tiere durchgeführt werden. ⁴Der Plan nach Satz 1 Nummer 2 ist um einen Zeitplan zu ergänzen, wenn die nach dem Plan zu ergreifenden Maßnahmen nicht innerhalb von sechs Monaten erfüllt werden können.

(3) ¹Der Plan nach Absatz 2 Satz 1 Nummer 2 ist der zuständigen Behörde unaufgefordert spätestens zwei Monate nach dem sich aus Absatz 1 Nummer 1 ergebenden Datum zu übermitteln. ²Soweit es zur wirksamen Verringerung der Behandlung mit Arzneimitteln, die antibakteriell wirksame Stoffe enthalten, erforderlich ist, kann die zuständige Behörde gegenüber dem Tierhalter

1. anordnen, dass der Plan zu ändern oder zu ergänzen ist,
2. unter Berücksichtigung des Standes der veterinärmedizinischen Wissenschaft zur Verringerung der Behandlung mit Arzneimitteln, die antibakteriell wirksame Stoffe enthalten, Anordnungen treffen, insbesondere hinsichtlich
   a) der Beachtung von allgemein anerkannten Leitlinien über die Anwendung von Arzneimitteln, die antibakteriell wirksame Mittel enthalten, oder Teilen davon sowie
   b) einer Impfung der Tiere,
3. im Hinblick auf die Vorbeugung vor Erkrankungen unter Berücksichtigung des Standes der guten fachlichen Praxis in der Landwirtschaft oder der guten hygienischen Praxis in der Tierhaltung Anforderungen an die Haltung der Tiere anordnen, insbesondere hinsichtlich der Fütterung, der Hygiene, der Art und Weise der Mast einschließlich der Mastdauer, der Ausstattung der Ställe sowie deren Einrichtung und der Besatzdichte,
4. anordnen, dass Arzneimittel, die antibakteriell wirksame Stoffe enthalten, für einen bestimmten Zeitraum in einem Tierhaltungsbetrieb nur durch den Tierarzt angewendet werden dürfen, wenn die für die jeweilige von einem Tierhalter gehaltene Tierart, unter Berücksichtigung der Nutzungsart, festgestellte halbjährliche Therapiehäufigkeit zweimal in Folge erheblich oberhalb der Kennzahl 2 der bundesweiten Therapiehäufigkeit liegt.

³In der Anordnung nach Satz 2 Nummer 1 ist das Ziel der Änderung oder Ergänzung des Planes anzugeben. ⁴In Anordnungen nach Satz 2 Nummer 2, 3 und 4 ist Vorsorge dafür zu treffen, dass die Tiere jederzeit die notwendige arzneiliche Versorgung erhalten. ⁵Die zuständige Behörde kann dem Tierhalter gegenüber Maßnahmen nach Satz 2 Nummer 3 auch dann anordnen, wenn diese Rechte des Tierhalters aus Verwaltungsakten widerrufen oder aus anderen Rechtsvorschriften einschränken, sofern die erforderliche Verringerung der Behandlung mit Arzneimitteln, die antibakteriell wirksame Stoffe enthalten, nicht durch andere wirksame Maßnahmen erreicht werden kann und der zuständigen Behörde tatsächliche Erkenntnisse über die Wirksamkeit der weitergehenden Maßnahmen vorliegen.

[6]Satz 5 gilt nicht, soweit unmittelbar geltende Rechtsvorschriften der Europäischen Gemeinschaft oder der Europäischen Union entgegenstehen.

(4) [1]Hat der Tierhalter Anordnungen nach Absatz 3 Satz 2 Nummer 1 bis 4, im Fall der Nummer 3 auch in Verbindung mit Satz 5, nicht befolgt und liegt die für die jeweilige von einem Tierhalter gehaltene Tierart unter Berücksichtigung der Nutzungsart festgestellte halbjährliche Therapiehäufigkeit deshalb wiederholt oberhalb der Kennzahl 2 der bundesweiten Therapiehäufigkeit, kann die zuständige Behörde das Ruhen der Tierhaltung im Betrieb des Tierhalters für einen bestimmten Zeitraum, längstens für drei Jahre, anordnen. [2]Die Anordnung des Ruhens der Tierhaltung ist aufzuheben, sobald sichergestellt ist, dass die in Satz 1 bezeichneten Anordnungen befolgt werden.

§ 58e Verordnungsermächtigungen

(1) [1]Das Bundesministerium für Ernährung und Landwirtschaft wird ermächtigt, im Einvernehmen mit dem Bundesministerium durch Rechtsverordnung mit Zustimmung des Bundesrates das Nähere über Art, Form und Inhalt der Mitteilungen des Tierhalters nach § 58a Absatz 1 oder § 58b zu regeln. [2]In der Rechtsverordnung nach Satz 1 kann vorgesehen werden, dass

1. die Mitteilungen nach § 58b Absatz 1 oder 3 durch die Übermittlung von Angaben oder Aufzeichnungen ersetzt werden können, die auf Grund anderer arzneimittelrechtlicher Vorschriften, insbesondere auf Grund einer Verordnung nach § 57 Absatz 2, vorzunehmen sind,

2. Betriebe bis zu einer bestimmten Bestandsgröße von den Anforderungen nach § 58a und § 58b ausgenommen werden.

[3]Eine Rechtsverordnung nach Satz 2 Nummer 2 darf nur erlassen werden, soweit

1. durch die Ausnahme der Betriebe das Erreichen des Zieles der Verringerung der Behandlung mit Arzneimitteln, die antibakteriell wirksame Stoffe enthalten, nicht gefährdet wird und

2. die Repräsentativität der Ermittlung der Kennzahlen der bundesweiten halbjährlichen Therapiehäufigkeit erhalten bleibt.

(2) Das Bundesministerium für Ernährung und Landwirtschaft wird ermächtigt, im Einvernehmen mit dem Bundesministerium durch Rechtsverordnung mit Zustimmung des Bundesrates

1. zum Zweck der Ermittlung des Medians und der Quartile der bundesweiten halbjährlichen Therapiehäufigkeit Anforderungen und Einzelheiten der Berechnung der Kennzahlen festzulegen,

2. die näheren Einzelheiten einschließlich des Verfahrens zur
   a) Auskunftserteilung nach § 58c Absatz 5,
   b) Löschung der Daten nach § 58c Absatz 6

zu regeln.

(3) Das Bundesministerium für Ernährung und Landwirtschaft wird ermächtigt, im Einvernehmen mit dem Bundesministerium durch Rechtsverordnung mit Zustimmung des Bundesrates die näheren Einzelheiten über

1. die Aufzeichnung nach § 58d Absatz 1 Nummer 2,

2. Inhalt und Umfang des in § 58d Absatz 2 Satz 1 Nummer 2 genannten Planes zur Verringerung der Behandlung mit Arzneimitteln, die antibakteriell wirksame Stoffe enthalten, sowie

3. die Anforderung an die Übermittlung einschließlich des Verfahrens nach § 58d Absatz 3 Satz 1

zu regeln.

(4) [1]Das Bundesministerium für Ernährung und Landwirtschaft wird ermächtigt, im Einvernehmen mit dem Bundesministerium durch Rechtsverordnung mit Zustimmung des Bundesrates Fische, die der Gewinnung von Lebensmitteln dienen, in den Anwendungsbereich der §§ 58a bis 58f und der zur Durchführung dieser Vorschriften erlassenen Rechtsverordnungen einzubeziehen, soweit dies für das Erreichen des Zieles der Verringerung der Behandlung mit Arzneimitteln, die antibakteriell wirksame Stoffe enthalten, erforderlich ist. [2]Eine Rechtsverordnung nach Satz 1 darf erstmals erlassen werden, wenn die Ergebnisse eines bundesweit durchgeführten behördlichen oder im Auftrag einer Behörde bundesweit durchgeführten Forschungsvorhabens über die Behandlung mit Arzneimitteln, die antibakteriell wirksame Stoffe enthalten, bei Fischen, die der Gewinnung von Lebensmitteln dienen, im Bundesanzeiger veröffentlicht worden sind.

§ 58f Verwendung von Daten

[1]Die Daten nach den §§ 58a bis 58d dürfen ausschließlich zum Zweck der Ermittlung und der Berechnung der Therapiehäufigkeit, der Überwachung der Einhaltung der §§ 58a bis 58d und zur Verfolgung und Ahndung von Verstößen gegen arzneimittelrechtliche Vorschriften verarbeitet und genutzt werden. [2]Abweichend von Satz 1 darf die zuständige Behörde, soweit

1. sie Grund zu der Annahme hat, dass ein Verstoß gegen das Lebensmittel- und Futtermittelrecht, das Tierschutzrecht oder das Tierseuchenrecht vorliegt, die Daten nach den §§ 58a bis 58d an die für die Verfolgung von Verstößen zuständigen Behörden übermitteln, soweit diese Daten für die Verfolgung des Verstoßes erforderlich sind,
2. die Daten nach den §§ 58a bis 58d für die Evaluierung nach § 58g erforderlich sind, diese Daten in anonymisierter Form nach Maßgabe des Satzes 3 über die zuständige oberste Landesbehörde an das Bundesministerium für Ernährung und Landwirtschaft übermitteln.

[3]Das Bundesministerium für Ernährung und Landwirtschaft gibt im Bundesanzeiger die Art der für den Zweck der Evaluierung zu übermittelnden Daten und den Zeitpunkt der Übermittlung bekannt. [4]Das Bundesministerium für Ernährung und Landwirtschaft und die zuständigen obersten Landesbehörden dürfen die ihnen nach Satz 2 Nummer 2 übermittelten Daten ausschließlich für den Zweck der Evaluierung nach § 58g verarbeiten und nutzen. [5]Die nach Satz 2 Nummer 2 übermittelten Daten sind mit Abschluss der Wahlperiode des Deutschen Bundestages, in der diesem der Bericht nach § 58g übermittelt worden ist, zu löschen, soweit die Daten nicht in den Bericht aufgenommen worden sind.

§ 58g Evaluierung

Das Bundesministerium für Ernährung und Landwirtschaft berichtet dem Deutschen Bundestag fünf Jahre nach Inkrafttreten dieses Gesetzes über die Wirksamkeit der nach den §§ 58a bis 58d getroffenen Maßnahmen.

§ 59 Klinische Prüfung und Rückstandsprüfung bei Tieren, die der Lebensmittelgewinnung dienen

(1) Ein Arzneimittel im Sinne des § 2 Abs. 1 oder Abs. 2 Nr. 1 darf abweichend von § 56a Abs. 1 vom Hersteller oder in dessen Auftrag zum Zweck der klinischen Prüfung und der Rückstandsprüfung angewendet werden, wenn sich die Anwen-

dung auf eine Prüfung beschränkt, die nach Art und Umfang nach dem jeweiligen Stand der wissenschaftlichen Erkenntnisse erforderlich ist.

(2) [1]Von den Tieren, bei denen diese Prüfungen durchgeführt werden, dürfen Lebensmittel nicht gewonnen werden. [2]Satz 1 gilt nicht, wenn die zuständige Bundesoberbehörde eine angemessene Wartezeit festgelegt hat. [3]Die Wartezeit muss

1. mindestens der Wartezeit nach der Verordnung über tierärztliche Hausapotheken entsprechen und gegebenenfalls einen Sicherheitsfaktor einschließen, mit dem die Art des Arzneimittels berücksichtigt wird, oder,

2. wenn Höchstmengen für Rückstände im Anhang der Verordnung (EU) Nr. 37/2010 festgelegt wurden, sicherstellen, dass diese Höchstmengen in den Lebensmitteln, die von den Tieren gewonnen werden, nicht überschritten werden.

[4]Der Hersteller hat der zuständigen Bundesoberbehörde Prüfungsergebnisse über Rückstände der angewendeten Arzneimittel und ihrer Umwandlungsprodukte in Lebensmitteln unter Angabe der angewandten Nachweisverfahren vorzulegen.

(3) Wird eine klinische Prüfung oder Rückstandsprüfung bei Tieren durchgeführt, die der Gewinnung von Lebensmitteln dienen, muss die Anzeige nach § 67 Abs. 1 Satz 1 zusätzlich folgende Angaben enthalten:

1. Name und Anschrift des Herstellers und der Personen, die in seinem Auftrag Prüfungen durchführen,

2. Art und Zweck der Prüfung,

3. Art und Zahl der für die Prüfung vorgesehenen Tiere,

4. Ort, Beginn und voraussichtliche Dauer der Prüfung,

5. Angaben zur vorgesehenen Verwendung der tierischen Erzeugnisse, die während oder nach Abschluss der Prüfung gewonnen werden.

(4) Über die durchgeführten Prüfungen sind Aufzeichnungen zu führen, die der zuständigen Behörde auf Verlangen vorzulegen sind.

§ 59a Verkehr mit Stoffen und Zubereitungen aus Stoffen

(1) [1]Personen, Betriebe und Einrichtungen, die in § 47 Abs. 1 aufgeführt sind, dürfen Stoffe oder Zubereitungen aus Stoffen, die auf Grund einer Rechtsverordnung nach § 6 bei der Herstellung von Arzneimitteln für Tiere nicht verwendet werden dürfen, zur Herstellung solcher Arzneimittel oder zur Anwendung bei Tieren nicht erwerben und für eine solche Herstellung oder Anwendung nicht anbieten, lagern, verpacken, mit sich führen oder in den Verkehr bringen. [2]Tierhalter sowie andere Personen, Betriebe und Einrichtungen, die in § 47 Abs. 1 nicht aufgeführt sind, dürfen solche Stoffe oder Zubereitungen nicht erwerben, lagern, verpacken oder mit sich führen, es sei denn, dass sie für eine durch Rechtsverordnung nach § 6 nicht verbotene Herstellung oder Anwendung bestimmt sind.

(2) [1]Tierärzte dürfen Stoffe oder Zubereitungen aus Stoffen, die nicht für den Verkehr außerhalb der Apotheken freigegeben sind, zur Anwendung bei Tieren nur beziehen und solche Stoffe oder Zubereitungen dürfen an Tierärzte nur abgegeben werden, wenn sie als Arzneimittel zugelassen sind oder sie auf Grund des § 21 Abs. 2 Nr. 3 oder 5 oder auf Grund einer Rechtsverordnung nach § 36 ohne Zulassung in den Verkehr gebracht werden dürfen. [2]Tierhalter dürfen sie für eine Anwendung bei Tieren nur erwerben oder lagern, wenn sie von einem Tierarzt als Arzneimittel verschrieben oder durch einen Tierarzt abgegeben worden sind. [3]Andere Personen, Betriebe und Einrichtungen, die in § 47 Abs. 1 nicht aufgeführt sind, dürfen durch Rechtsverordnung nach § 48 bestimmte Stoffe oder Zubereitungen aus Stoffen nicht erwerben, lagern, verpacken, mit sich führen oder in den

Verkehr bringen, es sei denn, dass die Stoffe oder Zubereitungen für einen anderen Zweck als zur Anwendung bei Tieren bestimmt sind.

(3) Die futtermittelrechtlichen Vorschriften bleiben unberührt.

§ 59b Stoffe zur Durchführung von Rückstandskontrollen

[1]Der pharmazeutische Unternehmer hat für Arzneimittel, die zur Anwendung bei Tieren bestimmt sind, die der Gewinnung von Lebensmitteln dienen, der zuständigen Behörde die zur Durchführung von Rückstandskontrollen erforderlichen Stoffe auf Verlangen in ausreichender Menge gegen eine angemessene Entschädigung zu überlassen. [2]Für Arzneimittel, die von dem pharmazeutischen Unternehmer nicht mehr in den Verkehr gebracht werden, gelten die Verpflichtungen nach Satz 1 bis zum Ablauf von drei Jahren nach dem Zeitpunkt des letztmaligen Inverkehrbringens durch den pharmazeutischen Unternehmer, höchstens jedoch bis zu dem nach § 10 Abs. 7 angegebenen Verfalldatum der zuletzt in Verkehr gebrachten Charge.

§ 59c Nachweispflichten für Stoffe, die als Tierarzneimittel verwendet werden können

[1]Betriebe und Einrichtungen, die Stoffe oder Zubereitungen aus Stoffen, die als Tierarzneimittel oder zur Herstellung von Tierarzneimitteln verwendet werden können und anabole, infektionshemmende, parasitenabwehrende, entzündungshemmende, hormonale oder psychotrope Eigenschaften aufweisen, herstellen, lagern, einführen oder in den Verkehr bringen, haben Nachweise über den Bezug oder die Abgabe dieser Stoffe oder Zubereitungen aus Stoffen zu führen, aus denen sich Vorlieferant oder Empfänger sowie die jeweils erhaltene oder abgegebene Menge ergeben, diese Nachweise mindestens drei Jahre aufzubewahren und auf Verlangen der zuständigen Behörde vorzulegen. [2]Satz 1 gilt auch für Personen, die diese Tätigkeiten berufsmäßig ausüben. [3]Soweit es sich um Stoffe oder Zubereitungen aus Stoffen mit thyreostatischer, östrogener, androgener oder gestagener Wirkung oder β-Agonisten mit anaboler Wirkung handelt, sind diese Nachweise in Form eines Registers zu führen, in dem die hergestellten oder erworbenen Mengen sowie die zur Herstellung von Arzneimitteln veräußerten oder verwendeten Mengen chronologisch unter Angabe des Vorlieferanten und Empfängers erfasst werden.

§ 59d Verabreichung pharmakologisch wirksamer Stoffe an Tiere, die der Lebensmittelgewinnung dienen

[1]Pharmakologisch wirksame Stoffe, die
1. als verbotene Stoffe in Tabelle 2 des Anhangs der Verordnung (EU) Nr. 37/2010 der Kommission vom 22. Dezember 2009 über pharmakologisch wirksame Stoffe und ihre Einstufung hinsichtlich der Rückstandshöchstmengen in Lebensmitteln tierischen Ursprungs (ABl. L 15 vom 20.1.2010, S. 1), die zuletzt durch die Durchführungsverordnung (EU) 2016/2074 (ABl. L 320 vom 26.11.2016, S. 29) geändert worden ist, oder
2. nicht im Anhang der Verordnung (EU) Nr. 37/2010
aufgeführt sind, dürfen einem der Lebensmittelgewinnung dienenden Tier nicht verabreicht werden. [2]Satz 1 gilt nicht in den Fällen des § 56a Absatz 2a und des Artikels 16 Absatz 2 der Verordnung (EG) Nr. 470/2009 sowie für die Verabreichung von Futtermitteln, die zugelassene Futtermittelzusatzstoffe enthalten.

§ 60 Heimtiere

(1) Auf Arzneimittel, die ausschließlich zur Anwendung bei Zierfischen, Zier- oder Singvögeln, Brieftauben, Terrarientieren, Kleinnagern, Frettchen oder nicht der Gewinnung von Lebensmitteln dienenden Kaninchen bestimmt und für den Verkehr außerhalb der Apotheken zugelassen sind, finden die Vorschriften der §§ 21 bis 39d und 50 keine Anwendung.

(2) Die Vorschriften über die Herstellung von Arzneimitteln finden mit der Maßgabe Anwendung, dass der Nachweis einer zweijährigen praktischen Tätigkeit nach § 15 Abs. 1 entfällt.

(3) Das Bundesministerium für Ernährung und Landwirtschaft wird ermächtigt, im Einvernehmen mit dem Bundesministerium für Wirtschaft und Energie und dem Bundesministerium durch Rechtsverordnung mit Zustimmung des Bundesrates die Vorschriften über die Zulassung auf Arzneimittel für die in Absatz 1 genannten Tiere auszudehnen, soweit es geboten ist, um eine unmittelbare oder mittelbare Gefährdung der Gesundheit von Mensch oder Tier zu verhüten.

(4) Die zuständige Behörde kann Ausnahmen von § 43 Abs. 5 Satz 1 zulassen, soweit es sich um die Arzneimittelversorgung der in Absatz 1 genannten Tiere handelt.

§ 61 Befugnisse tierärztlicher Bildungsstätten

Einrichtungen der tierärztlichen Bildungsstätten im Hochschulbereich, die der Arzneimittelversorgung der dort behandelten Tiere dienen und von einem Tierarzt oder Apotheker geleitet werden, haben die Rechte und Pflichten, die ein Tierarzt nach den Vorschriften dieses Gesetzes hat.

Kommentierung des 9. Abschnitts (§§ 56–61)

Schrifttum: *Lippert,* Die klinische Prüfung von Tierarzneimitteln, MedR 2003, 451; *Müller-Römer/Fischer,* in *Blasius/Müller-Römer/Fischer* (Hrsg.), Arzneimittel und Recht in Deutschland, 1998, S. 250.

Übersicht

I. Allgemeines

Der 9. Abschnitt beinhaltet **Sondervorschriften für Tierarzneimittel.** Viele dieser **1** Sondervorschriften haben ihren Ursprung in europarechtlichen Vorschriften. Die Folgen hormoneller Mastzucht und BSE haben in Europa nicht nur zu einer spürbaren Sensibilisierung im Bereich des **Lebensmittelrechts**[1] geführt, sondern sich auch im Bereich des Arzneimittelrechts niedergeschlagen. Diese Sensibilisierung in Bezug auf Nahrungsmittel – insbesondere tierischer Herkunft – hat dazu geführt, dass in den letzten Jahren gehäuft Skandale in das Blickfeld der Öffentlichkeit gelangten, die im Hinblick auf das Schädigungspotential ein immer größeres und so nicht vorhergesehenes Ausmaß erkennen ließen.

Die große **Verunsicherung beim Verbraucher** hat sich auch auf den Absatz landwirt- **2** schaftlicher Produkte ausgewirkt – einen Sektor, der von der EU stark subventioniert wird. Das hat schließlich den Gesetzgeber auf den Plan gerufen und ihn veranlasst, gerade in diesem für den Verbraucher empfindlichen Bereich der Nahrungsmittel verstärkt Regelungen zu erlassen, um das Vertrauen des Verbrauchers wiederherzustellen. Dementsprechend wurde bei den Regelungen des 9. Abschnitts besonderes Augenmerk auf Arzneimittel gerichtet, die bei Tieren zum Einsatz kommen, die der Lebensmittelgewinnung dienen. Insoweit soll der Forderung nach einem angemessenen Schutzkonzept für den Verbraucher Rechnung getragen werden. Daher wurden auch verhältnismäßig viele **Verhaltensnormen** aus dem 9. Abschnitt mit einer **selbstständigen Strafbewehrung** ausgestattet.

Das Vorgehen des Gesetzgebers, punktuell immer dann besonders aktiv zu werden, wenn **3** Skandale einzelne Bereiche in den Blickpunkt der Öffentlichkeit gerückt haben, erscheint nicht sachgerecht. Letztlich ist der Verbraucher – mehr oder weniger bewusst – in nahezu allen Bereichen des täglichen Lebens mehr oder weniger großen Gefahren (iSv Schädigungsmöglichkeiten) ausgesetzt. Ungeachtet der selbstverständlich zu beachtenden bereichsspezifischen Unterschiede wäre es verfehlt, hier bestimmte Bereiche nur deshalb zu vernachlässigen, weil statistisch gesehen noch keine Häufung von Schadensfällen eingetreten ist oder sich noch keine **medienwirksamen Skandale** ereignet haben. Tatsächlich kann das **Schädigungspotential praktisch aller Produktgruppen** genauso hoch sein wie das von Lebensmitteln oder Arzneimitteln.[2] Ob zB ein bestimmter Giftstoff über ein Nahrungsmittel, ein Arzneimittel, über ein Holzschutzmittel oder über die Ausdünstungen einer neu entwickelten Tapete in den menschlichen Körper zu gelangen droht, macht sachlich unter dem Gesichtspunkt des notwendigen und angemessenen Schutzes der Körperintegrität durch **Verhaltensnormen** keinen Unterschied.

Aber auch die **strafrechtliche Reaktion** auf entsprechende Verhaltensnormverstöße **4** (nebst Folgen) darf nicht – wie zurzeit immer noch – von solchen Zufälligkeiten abhängen. Insoweit bedarf es dringend eines einheitlichen Konzepts der strafrechtlichen Reaktion auf Verhaltensnormverstöße (nebst Folgen), das gleichermaßen für alle „Produkte" gilt, mit denen der Verbraucher in Berührung kommen kann. Alles andere muss Flickwerk bleiben.[3]

II. Fütterungsarzneimittel (§ 56)

Fütterungsarzneimittel setzen sich zusammen aus Mischfuttermitteln und Arzneimit- **5** tel-Vormischungen.[4] Das (Misch-)Futtermittel allein stellt noch kein Arzneimittel im Sinne des AMG dar, wie § 2 Abs. 3 Nr. 6 ausdrücklich klarstellt. Ein Arzneimittel entsteht vielmehr erst dann, wenn die Kombination von (Misch-)Futtermittel und Arzneimittel-Vormischung

---

[1] Näher zu den Grundlagen und Problemen des Lebensmittelstrafrechts *Freund* ZLR 1994, 261 ff.; s. auch *Domeier,* Gesundheitsschutz und Lebensmittelstrafrecht – Zur Konkretisierung der Verkehrspflichten und ihrer Strafbewehrung, insbesondere mit Blick auf §§ 8 ff. LMBG, 1999.
[2] S. dazu *Freund* ZLR 1994, 261 (291).
[3] Näher zur notwendigen Reform im Bereich des Kernstrafrechts → Vor § 95 Rn. 78 ff.
[4] Zum Begriff der Arzneimittel-Vormischung → § 4 Rn. 14, → § 10 Rn. 7, → § 11 Rn. 9.

in einer an Tiere verfütterungsfähigen Form vorliegt.[5] Dabei dürfen nur zugelassene oder von der Zulassung freigestellte Arzneimittel-Vormischungen verwendet werden (Abs. 2 S. 1). Das Fütterungsarzneimittel – als ein Kombinationsprodukt – bedarf dann allerdings selbst keiner (eigenen) Zulassung mehr.[6] Betriebe, die Fütterungsarzneimittel herstellen, bedürfen grundsätzlich einer Herstellungserlaubnis (vgl. hierzu die Vorschriften des 3. Abschnitts). Ausnahmen von diesem Erfordernis sind nur unter den Voraussetzungen des § 13 Abs. 2 Nr. 3 möglich.

6   Hinsichtlich der **Abgabe von Tierarzneimitteln** bringt § 56 Abs. 1 gegenüber den allgemeinen Vorschriften des 7. Abschnitts, die die Abgabe von Arzneimitteln zum Gegenstand haben, gewisse Erleichterungen: Fütterungsarzneimittel unterliegen keiner Apothekenpflicht, was bereits aus § 43 Abs. 3 und 5 hervorgeht, und können daher im **Direktvertrieb** an den Tierhalter unmittelbar abgegeben werden.[7] Bei Fütterungsarzneimitteln, die in einem anderen Mitgliedstaat des Abkommens über den Europäischen Wirtschaftsraum hergestellt werden, ist vom behandelnden Tierarzt eine Kopie der Verschreibung unverzüglich an die zuständige Behörde zu senden (§ 56 Abs. 1 S. 2).

7   § 56 Abs. 1 S. 4 enthält eine Ermächtigung an das Bundesministerium für Ernährung und Landwirtschaft im Einvernehmen mit dem Bundesministerium und dem Bundesministerium für Wirtschaft und Energie, die näheren Anforderungen an die tierärztliche Verschreibung durch Rechtsverordnung zu regeln. Aufgrund dieser **Ermächtigungsnorm** hat das Bundesgesundheitsministerium die **Verordnung über verschreibungspflichtige Arzneimittel** erlassen, die sich auch an Tierärzte richtet und eine Konkretisierung der Anforderungen beinhaltet.[8]

III. Verschreibung, Abgabe und Anwendung von Arzneimitteln durch Tierärzte (§ 56a)

8   Wie § 56 sieht auch § 56a gewisse **Lockerungen beim Vertriebsweg** von Tierarzneimitteln vor. Tierarzneimittel können unter den Voraussetzungen des § 56a Abs. 1 vom Tierarzt verschrieben und direkt an den Tierhalter abgegeben werden. Dementsprechend ist der Tierarzt auch befugt, gewisse Tierarzneimittel vorrätig zu halten. Das Verschreiben oder die Abgabe eines bestimmten Medikaments setzt grundsätzlich voraus, dass dieses zur Anwendung bei der zu behandelnden Tierart bestimmt ist. § 56a Abs. 1a enthält eine Sonderregelung für den Tierarzt, der Arzneimittel bei einem von ihm behandelten Tier anwendet, sofern die Arzneimittel ausschließlich zu diesem Zweck von ihm hergestellt worden sind.

9   In Sonderfällen kann unter den engen Voraussetzungen des Abs. 2 auch ein Arzneimittel verschrieben, abgegeben oder angewendet werden, das eigentlich für eine andere als die zu behandelnde Tierart bestimmt ist. Letztlich besteht damit die Möglichkeit für den Tierarzt, eine **„Umwidmung"**[9] des Arzneimittels vorzunehmen. Damit sollen für den behandelnden Tierarzt Therapielücken geschlossen werden.[10] Diese Möglichkeit ist jedoch – abgese-

---

[5] In dieser Hinsicht zumindest ungenau Deutsch/Lippert/*Anker* § 56 Rn. 2, bei dem eine subjektive Zwecksetzung anklingt. Zur Problematik der subjektiven Zwecksetzung bei der Bestimmung einzelner Tatbestandsmerkmale vgl. auch → § 2 Rn. 5 f.

[6] *Rehmann* § 56 Rn. 2; vgl. auch Fuhrmann/Klein/Fleischfresser/*Kluge* § 38 Rn. 32.

[7] Vgl. dazu auch Deutsch/Lippert/*Anker* § 56 Rn. 5.

[8] Siehe hierzu bereits die frühere Verordnung über verschreibungspflichtige Arzneimittel vom 30.8.1990, BGBl. I S. 1866, abgedruckt bei Deutsch/Lippert/*Lippert*, 1. Aufl. 2001, im Rahmen der Kommentierung des § 48; nunmehr ist relevant die Verordnung zur Neuordnung der Verschreibungspflicht von Arzneimitteln v. 21.12.2005, BGBl. I S. 3632 (FNA 2121-51-44), abgedruckt bei Deutsch/Lippert/*Lippert*, 2. Aufl. 2007.

[9] So die Formulierung bei Deutsch/Lippert/*Anker* § 56a Rn. 7 f.; vgl. auch Fuhrmann/Klein/Fleischfresser/*Kluge* § 38 Rn. 19.

[10] Dass es sich bei den einzelnen Voraussetzungen des § 56a Abs. 2 weitgehend um ausfüllungsbedürftige Begriffe handelt, die Wertungen erfordern (darauf weist Deutsch/Lippert/*Anker* § 56a Rn. 11 hin), kommt auch in vielen anderen Zusammenhängen vor (vgl. etwa die Problematik der Konkretisierung der „Bedenklichkeit" eines Arzneimittels oben § 5). Den entsprechenden Schwierigkeiten, die das jeweilige Subjekt bei der „Erkenntnis des Richtigen" zu bewältigen hat, muss selbstverständlich bei der Frage der (strafrechtlichen)

hen von den ohnehin sehr engen Voraussetzungen des Abs. 2 – noch weiter eingeschränkt für Tiere, die der Gewinnung von Lebensmitteln dienen. Für bestimmte Einhufer, die der Gewinnung von Lebensmitteln dienen, ist die Spezialregelung des § 56a Abs. 2a zu beachten.

Von der in Abs. 3 enthaltenen **Verordnungsermächtigung** wurde mit dem Erlass der **10** TÄHAV[11] Gebrauch gemacht, durch die dem Tierarzt gewisse **Nachweispflichten** über die Verschreibung und Anwendung von Arzneimitteln nach § 56a auferlegt wurden. Darüber hinaus wurde ein **Anwendungsvorbehalt** für Tierärzte bei solchen Arzneimitteln vorgesehen, die ein hohes Missbrauchspotential in sich bergen oder als besonders gefährlich einzustufen sind. Solche Arzneimittel dürfen weder vom Tierarzt verschrieben noch an den Tierhalter abgegeben werden. – § 56b enthält eine **Verordnungsermächtigung,** durch die **Ausnahmen von § 56a** ermöglicht werden, soweit sonst die notwendige arzneiliche Versorgung der Tiere ernstlich gefährdet wäre.

IV. Erwerb und Besitz von Arzneimitteln durch den Tierhalter, Nachweispflichten (§ 57)

§ 57 Abs. 1 sieht für den **Tierhalter** drei Wege vor, auf denen er Arzneimittel beziehen **11** kann. Insofern korrespondiert die Vorschrift des § 57 mit den Regelungen, die in den §§ 56, 56a Abweichungen vom allgemeinen Vertriebsweg vorsehen. Tierhalter haben die Möglichkeit, Tierarzneimittel, die nicht zum Verkehr außerhalb von Apotheken freigegeben wurden, entweder über Apotheken, über den behandelnden Tierarzt oder – sofern es sich um Fütterungsarzneimittel handelt – direkt vom Hersteller zu beziehen. Als Tierhalter wird angesehen, wer an der Haltung des Tieres ein eigenes Interesse, eine grundsätzlich nicht nur vorübergehende – auch nur mittelbare – Besitzstellung und die Befugnis hat, über die Betreuung und Existenz des Tieres zu entscheiden.[12]

Die Frage, ob sich die Verhaltenspflichten des § 57 auch an einen **minderjährigen** **12** **Tierhalter** richten können, ist von den „zivilrechtlichen Verantwortlichkeiten" in Bezug auf das „Erwerbsgeschäft" zu trennen: Was den Kaufvertrag über das entsprechende Arzneimittel angeht, gilt selbstverständlich der in den §§ 104 ff. BGB normierte Schutzstandard für Minderjährige. Das heißt, der entsprechende schuldrechtliche Vertrag ist erst wirksam, wenn der/die gesetzliche(n) Vertreter zugestimmt hat/haben. Davon zu unterscheiden ist aber die ganz andere Frage nach der sonstigen – auch strafrechtlichen – Verantwortlichkeit. Mit Vollendung des 14. Lebensjahres ist der Jugendliche unter den Voraussetzungen des § 3 JGG strafrechtlich für sein Tun und Unterlassen verantwortlich. Dementsprechend muss er mit diesen Maßgaben auch Adressat entsprechender strafbewehrter Verhaltensnormen sein können.[13]

Arzneimittel, die nur durch den Tierarzt selbst angewendet werden dürfen, darf der **13** Tierhalter **nicht in seinem Besitz haben** (Abs. 1a). Die Regelung dient der Umsetzung des Art. 4 Abs. 2 der Richtlinie 96/22/EG.

Aufgrund der **Verordnungsermächtigung** des Abs. 2 wurde eine Verordnung erlassen, **14** die dem Tierhalter Nachweispflichten in Bezug auf den Erwerb, die Aufbewahrung und den sonstigen Verbleib von Arzneimitteln auferlegen.[14] Damit soll eine Überwachung und

---

Verhaltensmissbilligung Rechnung getragen werden. – Zur Rechtskonkretisierung als einer dem Subjekt abverlangten Leistung vgl. in grundsätzlichem Zusammenhang *Freund* GA 1991, 387 (396 ff.); zur angemessenen individualisierenden Bestimmung der Fahrlässigkeit s. noch → Vor § 95 Rn. 20 f., 27 ff., → § 95 Rn. 30 ff.

[11] VO über tierärztliche Hausapotheken (TÄHAV) idF der Bekanntmachung vom 8.7.2009, BGBl. I S. 1760 (FNA 2121-50-1-15).

[12] So etwa Deutsch/Lippert/*Anker* § 57 Rn. 2, der sich insofern an der zivilrechtlichen Definition zu § 833 BGB orientiert.

[13] Insofern nicht überzeugend Deutsch/Lippert/*Anker* § 57 Rn. 2, der nicht genau genug zwischen Zivil- und Strafrecht unterscheidet, sondern allein auf die (zivilrechtliche) Geschäftsfähigkeit abstellt.

[14] VO über Nachweispflichten der Tierhalter für Arzneimittel, die zur Anwendung bei Tieren bestimmt sind vom 20.12.2006, BGBl. I S. 3450, 3453; die VO ist abgedruckt bei *Kloesel/Cyran* A 2.0.1. und Deutsch/ Lippert/*Anker*, 2. Aufl. 2007, mit Stand vom 10.8.2001 im Rahmen der Kommentierung des § 57.

Kontrolle des Bezuges und der Verwendung von Arzneimitteln ermöglicht werden.[15] Die entsprechenden Nachweise sind – gerechnet vom Zeitpunkt des Bezuges des jeweiligen Arzneimittels an – drei Jahre lang aufzubewahren.

V. Anwendung durch Tierhalter (§ 57a)

15   Der neu in das AMG eingeführte § 57a regelt nunmehr die **Anwendung** von verschreibungspflichtigen Arzneimitteln **durch Tierhalter** und **andere Personen, die nicht Tierärzte sind:** Nur soweit die Arzneimittel von einem Tierarzt verschrieben oder abgegeben worden sind, bei dem die Tiere in Behandlung sind, dürfen Tierhalter und andere Nichttierärzte diese anwenden.

VI. Anwendung von Arzneimitteln bei Tieren, die der Lebensmittelgewinnung dienen (§ 58) und ergänzende Vorschriften (§§ 58a bis 58g)

16   § 58 bringt für den Halter von **Tieren, die der Lebensmittelgewinnung dienen,** neben den in § 57 normierten Pflichten noch weitere Verpflichtungen. Vor dem Hintergrund, dass solche Tierarzneimittel in die Nahrungskette des Menschen gelangen können und damit für die **menschliche Gesundheit** gefährlich sind, sah sich der Gesetzgeber veranlasst, die an den Tierhalter zu stellenden Verhaltensanforderungen näher zu regeln.

17   Fraglich ist aber, wann man davon sprechen kann, dass ein Tier der Lebensmittelgewinnung dient: Kommt es auf eine entsprechende Zwecksetzung des Tierhalters an? Oder ist darauf abzustellen, ob das Fleisch oder die Produkte der Tierart generell zum Verzehr beim Menschen eingesetzt werden? Dabei mag man – in gewisser Hinsicht individualisierend – auf die Verhältnisse in Deutschland rekurrieren und Tiere ausklammern, die – wie Hunde, Katzen und Meerschweinchen – jedenfalls „normalerweise" hierzulande nicht verzehrt zu werden pflegen. Im Hinblick auf die zu erfüllende Funktion des Schutzes der bedrohten menschlichen Gesundheit kann es letztlich weder allein auf gewisse Üblichkeiten noch ausschließlich auf subjektive Zwecksetzungen ankommen. Entscheidend muss allemal das in concreto **relevante Bedrohungspotential** mit seinen ggf. unterschiedlich zu bewertenden Schädigungsmöglichkeiten sein (vgl. dazu auch die Heimtierregelung des § 60).

18   Vor diesem Hintergrund wird man sich im Grundsatz an der allgemeinen **Verkehrsanschauung** orientieren können und jedenfalls solche Tiere erfassen, die bei uns üblicherweise in die menschliche Nahrungskette gelangen. Dabei ist die kontextabhängig ermittelte Verkehrsanschauung durchaus so flexibel, zB den im Zoogeschäft erworbenen Hasen oder das Reitpferd auszuklammern, wenn nach Sachlage nicht ernsthaft damit zu rechnen ist, dass die beiden konkreten Tiere jemals von einem Menschen verzehrt werden. Die entsprechende Gefahr muss zumindest von einem gewissen Gewicht sein, wenn die in Frage stehenden Verhaltensreglementierungen legitimierbar sein sollen. Allerdings kann die relevante Gefahr ohne Weiteres auch bei Tieren gegeben sein, die hierzulande üblicherweise nicht auf dem Speiseplan stehen. Sollen diese etwa in Restaurants unter falscher Bezeichnung ahnungslosen Gästen angeboten werden, muss die entsprechende (subjektive) Zweckbestimmung für die Eigenschaft ausreichen, ein der Lebensmittelgewinnung dienendes Tier zu sein. Insoweit zeigt sich, dass die maßgebliche Verkehrsanschauung letztlich **kontextabhängig** zu ermitteln ist (vgl. dazu auch → § 2 Rn. 5 f. zum Arzneimittelbegriff).

19   Bei **verschreibungspflichtigen Arzneimitteln** hat sich der Tierhalter (bzw. eine andere Person, die nicht Tierarzt ist) strikt an die vom Veterinärmediziner vorgeschriebene Dosierung und an dessen sonstige Anweisungen zu halten (Abs. 1 S. 1). Mit dieser gesetzlichen Klarstellung soll **Selbstmedikationen von Tierhaltern entgegengewirkt** werden. Selbst bei **nichtverschreibungspflichtigen Arzneimitteln** hat der Gesetzgeber für den Tierhalter hinsichtlich der Anwendung und Dosierung gewisse **Verhaltenspflichten** nor-

---

[15] S. auch *Rehmann* § 57 Rn. 2 mit einer Darstellung der einzelnen Nachweispflichten, wie sie sich aus §§ 4 und 5 der VO über Nachweispflichten für Arzneimittel, die zur Anwendung bei Tieren bestimmt sind, ergeben.

miert (§ 58 Abs. 1 S. 2). Sofern keine tierärztliche Behandlungsanweisung vorliegt, darf der Tierhalter diese Arzneimittel nur an sein Tier oder seinen Tierbestand verabreichen, wenn das Arzneimittel zugelassen und entsprechend der Kennzeichnung oder Packungsbeilage zur Anwendung bei der entsprechenden Tierart und für den konkreten Anwendungsbereich bestimmt ist oder in den Anwendungsbereich einer Rechtsverordnung nach § 36 oder § 39 Abs. 3 Satz 1 Nr. 2 fällt oder sie nach § 38 Abs. 1 in den Verkehr gebracht werden durfte. Darüber hinaus hat er sich bei der Dosierung und der Anwendungsdauer an die Vorgaben der Kennzeichnung oder Packungsbeilage zu halten. In welchem Umfang der Tierhalter allerdings überprüfen muss, ob für ein Arzneimittel tatsächlich eine Zulassung besteht oder ob es in den Anwendungsbereich einer bestimmten Rechtsverordnung fällt oder nach § 38 Abs. 1 in Verkehr gebracht werden darf – so die Vorgaben in Abs. 1 S. 2 Nr. 1 –, erscheint fraglich. Erwirbt er das Arzneimittel in einer Apotheke, muss er sich darauf verlassen können, dass ihm dort nur zugelassene oder von der Zulassung befreite Arzneimittel angeboten werden. Insofern liegt hier die Verantwortung bei dem Apotheker.[16]

§ 58a normiert Mitteilungspflichten über die Haltung bestimmter Nutztiere; § 58b enthält **20** solche über die Anwendung von Arzneimitteln bei diesen Tieren. § 58c sieht die Ermittlung der Therapiehäufigkeit vor. § 58d soll der Verringerung der Behandlung mit antibakteriell wirksamen Stoffen dienen. Ergänzend enthält § 58e Ermächtigungen zum Erlass von Rechtsverordnungen. § 58f und § 58g befassen sich mit der Verwendung von Daten und der Evaluierung.

VII. Klinische Prüfung und Rückstandsprüfung bei Tieren, die der Lebensmittelgewinnung dienen (§ 59)

Arzneimittel, die zur **klinischen Prüfung** oder zur **Rückstandsprüfung bei Tieren** **21** bestimmt sind, dürfen abweichend von der Regelung des § 56a Abs. 1 zu diesem Zweck angewendet werden. Diese Ausnahme ist allerdings auf Prüfzwecke beschränkt und unterliegt zudem einer Erforderlichkeitsprüfung: Art und Umfang der Prüfung haben sich am jeweiligen Stand der Wissenschaft unter Beachtung tierschutzrechtlicher Erwägungen zu orientieren. § 59 ist sachlich als Pendant zu den Vorschriften über die klinische Prüfung am Menschen (§§ 40, 41) zu sehen.[17] Arzneimittel, die zu den in § 59 genannten Zwecken eingesetzt werden, unterliegen keiner Zulassungspflicht, wie § 21 Abs. 2 Nr. 5 ausdrücklich bestimmt.

Auch wenn in Abs. 1 ausdrücklich der Hersteller als **Normadressat** genannt wird, richtet **22** sich die Vorschrift doch in erster Linie an den pharmazeutischen Unternehmer, der die Zulassung eines Arzneimittels beantragt und dafür entsprechende Nachweise aus einer klinischen Prüfung bzw. einer Rückstandsprüfung benötigt.[18]

Um Gefahren für den Verbraucher auszuschließen, ordnete Abs. 2 aF an, dass Tiere, an **23** denen entsprechende Prüfungen mit Arzneimitteln vorgenommen wurden, *generell* nicht der **Lebensmittelgewinnung** zugeführt werden durften. Ausgenommen davon waren nur Fälle, in denen mit Arzneimittelrückständen oder Umwandlungsprodukten aufgrund der Prüfergebnisse nicht zu rechnen war. Nunmehr genügt die Einhaltung einer bestimmten Wartefrist, die im Hinblick auf bestimmte als zulässig angesehene Höchstmengen festgelegt wird (§ 59 Abs. 2 S. 3). Ob mit dieser Änderung ein Fortschritt für den Verbraucherschutz verbunden ist, erscheint mehr als zweifelhaft. Denn während nach der alten Gesetzeslage mit Rückständen nicht zu rechnen sein durfte, werden jetzt Rückstände gewissen Ausmaßes

---

[16] IdS etwa auch Deutsch/Lippert/*Anker* § 58 Rn. 4. – Zur notwendigen Bildung von Verantwortungsbereichen vgl. auch → § 5 Rn. 7 ff., → § 8 Rn. 18, 3. Abschnitt → §§ 13–20d Rn. 7 ff. – Zur Verantwortlichkeit des Apothekers im Verhältnis zu der des Arztes, der bei seinem Patienten einen „Off-Label-Use" praktiziert s. Kügel/Müller/Hofmann/*Hofmann* § 5 Rn. 9.

[17] Deutsch/Lippert/*Anker* § 59 Rn. 1. – Näher zur klinischen Prüfung von Tierarzneimitteln *Lippert* MedR 2003, 451 ff.

[18] Dementsprechend sieht Deutsch/Lippert/*Anker* § 59 Rn. 2 die Formulierung als Redaktionsversehen an.

hingenommen. Immerhin sind zur Arzneimittelsicherheit in den Abs. 3 und 4 **Anzeige-und Vorlagepflichten** vorgesehen, die insbesondere die Regelung des § 67 Abs. 1 noch weiter ergänzen, um den Weg der Tiere und der aus ihnen gefertigten Erzeugnisse schneller und einfacher nachvollziehen zu können und ggf. zum Schutz der Verbraucher früher reagieren zu können.[19]

VIII. Verkehr mit Stoffen und Zubereitungen aus Stoffen (§ 59a)

24   § 59a nimmt Bezug auf eine nach § 6 zu erlassende Rechtsverordnung, die die Verwendung bestimmter Stoffe und Zubereitungen aus Stoffen bei der Herstellung von Tierarzneimitteln untersagen kann. Das Bundesgesundheitsministerium hat nach § 6 und auf der Grundlage des § 83 von seiner Verordnungsermächtigung Gebrauch gemacht und am 21.10.1981 eine entsprechende VerbotsVO erlassen.[20] § 59a Abs. 1 normiert ein **umfassendes Handelsverbot** für die in § 47 Abs. 1 genannten Personen und Einrichtungen.[21] Neben den klassischen Handelstätigkeiten – wie Anbieten, Erwerben oder Inverkehrbringen – wurden aber auch Vorfeldtätigkeiten, also eigentliche Vorbereitungsmaßnahmen untersagt. Bereits das Lagern, Verpacken oder Mitsichführen derartiger Stoffe oder Zubereitungen ist verboten. Für Tierhalter und andere in § 47 Abs. 1 nicht genannte Personen oder Einrichtungen gilt nach § 59a Abs. 1 S. 2 ein entsprechendes Verbot, es sei denn, dass die Stoffe oder Zubereitungen für eine zulässige Herstellung oder Anwendung bestimmt sind.

25   Abs. 2 regelt die Abgabe von **apothekenpflichtigen Stoffen oder von Zubereitungen aus Stoffen** an **Tierärzte** bzw. den Bezug solcher Stoffe oder Zubereitungen durch Tierärzte. Der Bezug und die Abgabe unterliegen den dort genannten Reglementierungen. Im Grundsatz wollte der Gesetzgeber sicherstellen, dass Ausgangsstoffe in den Besitz des Tierarztes gelangen, mit deren Hilfe er selbst verschreibungspflichtige Arzneimittel herstellen kann.[22] **Tierhalter** dürfen die entsprechenden Stoffe nur erwerben und lagern, sofern sie vom Tierarzt erworben oder direkt von ihm abgegeben wurden. Ebenso wie in Abs. 1 dürfen andere als die in § 47 Abs. 1 bezeichneten Personen und Einrichtungen derartige Stoffe und Zubereitungen generell nicht erwerben, lagern, verpacken oder mit sich führen, es sei denn, sie sind nicht zur Anwendung bei Tieren bestimmt. Von den Regelungen des § 59a unberührt bleiben futtermittelrechtliche Bestimmungen (Abs. 3).

IX. Stoffe zur Durchführung von Rückstandskontrollen (§ 59b)

26   Um die Überwachung durch die zuständigen Behörden zu ermöglichen, normiert § 59b für den pharmazeutischen Unternehmer die Verpflichtung, Stoffe, die zum Nachweis von Rückständen benötigt werden, **vorrätig zu halten** und der Behörde gegen Erstattung der Kosten für das Nachweisverfahren **zu überlassen** (§ 59b S. 1). Diese Verpflichtung ist für Arzneimittel, die nicht mehr in den Verkehr gebracht werden, auf maximal 3 Jahre zeitlich **befristet**, sofern nicht aufgrund des Verfalldatums der zuletzt in Verkehr gebrachten Charge ein früherer Zeitpunkt gilt (§ 59b S. 2).

X. Nachweispflichten für Stoffe, die als Tierarzneimittel verwendet werden können (§ 59c)

27   Ratio der Norm ist es, dem missbräuchlichen Einsatz von Mitteln zur Förderung des Wachstums oder der Produktivität in der Tierhaltung entgegenzuwirken.[23] Die Auferlegung der **Verpflichtung zum Führen lückenloser Nachweise** über den Erwerb und die

---

[19] Deutsch/Lippert/*Anker* § 59 Rn. 15 f.
[20] VO vom 21.10.1981, BGBl. I S. 1135 (FNA 2121-51-2), abgedruckt mit Stand vom 24.10.2004 bei Deutsch/Lippert/*Deutsch/Lippert,* 2. Aufl. 2007, im Rahmen der Kommentierung des § 6 und *Kloesel/Cyran* A 2.0.15.
[21] *Rehmann* § 59a Rn. 1.
[22] *Rehmann* § 59a Rn. 2; krit. dazu Deutsch/Lippert/*Anker* § 59a Rn. 6.
[23] Sie dient insofern der Umsetzung der Richtlinie 96/22 EG vom 29.4.1996, ABl. 1996 125, S. 7 ff.

Abgabe von Stoffen, die wachstums- oder produktivitätsfördernde Eigenschaften aufweisen, soll die Kontrolle einer zweckentsprechenden Verwendung und zugleich eine Aufdeckung von zweckwidrigem Einsatz möglich machen.[24] Normadressat der Nachweispflichten sind Hersteller, Händler und Importeure. Veterinärmediziner und Apotheker fallen nicht in den Adressatenkreis. Für den Veterinärmediziner ergeben sich entsprechende Nachweispflichten aus der VO über tierärztliche Hausapotheken (TÄHAV).[25]

XI. Verabreichung pharmakologisch wirksamer Stoffe an Tiere, die der Lebensmittelgewinnung dienen (§ 59d)

§ 59d regelt, dass pharmakologisch wirksame Stoffe, die als verbotene Stoffe in Tabelle 2 **28** des Anhangs der Verordnung (EU) Nr. 37/2010 der Kommission vom 22.12.2009 oder nicht im Anhang der Verordnung (EU) Nr. 37/2010 aufgeführt sind, einem der Lebensmittelgewinnung dienenden Tier nicht verabreicht werden dürfen. Gemäß S. 2 soll diese Regelung allerdings nicht in den Fällen des § 59a Abs. 2a des Artikels 16 Abs. 2 der Verordnung (EG) Nr. 470/2009 sowie für die Verabreichung von Futtermitteln, die zugelassene Futtermittelzusatzstoffe enthalten, gelten.

XII. Sonderregelungen für Heimtiere (§ 60)

Für Arzneimittel, die ausschließlich zur Anwendung bei den in Abs. 1 genannten **Heim-** **29** **tieren** bestimmt sind und die darüber hinaus nicht apothekenpflichtig sind, gelten die **Zulassungs- und Registrierungsvorschriften** der §§ 21–39d und die Regelung des § 50 nicht. Der Katalog der in Abs. 1 bestimmten Tierarten ist abschließend. Dementsprechend fallen Arzneimittel, die auch bei anderen als den in Abs. 1 genannten Tieren eingesetzt werden, nicht unter § 60. Darüber hinaus sieht Abs. 2 noch **geringere Anforderungen an die praktische Qualifikation** der sachkundigen Person (§ 15) für diejenigen pharmazeutischen Unternehmen vor, die ausschließlich Arzneimittel im Sinne des Abs. 1 herstellen.

XIII. Sanktionenrechtliche Bedeutung der Vorschriften im 9. Abschnitt

1. Verstoß gegen § 56. Auf sanktionenrechtlicher Ebene werden Verstöße gegen die **30** in § 56 normierten Verhaltenspflichten entweder als **Straftat** nach § 95 Abs. 1 Nr. 7 (ggf. iVm Abs. 4) oder als **Ordnungswidrigkeit** nach § 97 Abs. 2 Nr. 17a–20 geahndet.

2. Verstoß gegen § 56a. Werden verschreibungspflichtige Arzneimittel, die zur Anwen- **31** dung bei Tieren bestimmt sind, die der Lebensmittelgewinnung dienen, entgegen der Vorschrift des § 56a verschrieben, abgegeben oder angewendet, greift als **strafrechtliche Sanktionsnorm** § 95 Abs. 1 Nr. 8 (ggf. iVm Abs. 4) bzw. § 96 Nr. 15 (Nr. 11a aF) ein. Liegt im Falle des § 96 Nr. 15 (Nr. 11a aF) lediglich fahrlässiges Fehlverhalten vor, greift als Sanktionsnorm § 97 Abs. 1 ein. Bei verschreibungspflichtigen Arzneimitteln, die zur Anwendung bei Tieren bestimmt sind, die *nicht* der Lebensmittelgewinnung dienen, oder bei nichtverschreibungspflichtigen Tierarzneimitteln ist die **ordnungswidrigkeitenrechtliche Vorschrift** des § 97 Abs. 2 Nr. 21 einschlägig. Für Arzneimittel-Vormischungen, die entgegen § 56a Abs. 1 S. 4 verschrieben oder abgegeben werden, ist die Ordnungswidrigkeit nach § 97 Abs. 2 Nr. 21a relevant.

3. Verstoß gegen § 57 und § 57a. Tierhalter, die gegen die Vorschriften des § 57 hin- **32** sichtlich des Erwerbs von verschreibungspflichtigen Tierarzneimitteln verstoßen, machen sich **strafbar** nach § 95 Abs. 1 Nr. 9 (ggf. iVm Abs. 4). Bei Besitz eines in einer Rechtsverordnung nach § 56a Abs. 3 S. 1 Nr. 2 genannten Arzneimittels greift die **Strafvorschrift** des § 96 Nr. 16 (Nr. 11b aF) ein; im Falle fahrlässigen Handelns liegt eine **Ordnungswidrigkeit** nach § 97 Abs. 1 vor. Der Erwerb von nichtverschreibungspflichtigen Arzneimitteln entgegen § 57

---

[24] *Rehmann* § 59c Rn. 1; Deutsch/Lippert/*Anker* § 59c Rn. 1 ff.
[25] S. auch → Rn. 10.

wird als **Ordnungswidrigkeit** nach § 97 Abs. 2 Nr. 22 geahndet. Wer entgegen **§ 57a** ein Arzneimittel anwendet, begeht eine **Ordnungswidrigkeit** gem. § 97 Abs. 2 Nr. 22a.

33   **4. Verstoß gegen § 58 bzw. gegen ergänzende Vorschriften (§ 58a, § 58b, § 58d).** Wer verschreibungspflichtige Tierarzneimittel bei Tieren anwendet, die der Lebensmittelgewinnung dienen, ohne sich an die tierärztlichen Behandlungsanweisungen zu halten, macht sich **strafbar** nach § 95 Abs. 1 Nr. 10. Die Anwendung von nichtverschreibungspflichtigen Arzneimitteln bei Tieren, die der Lebensmittelgewinnung dienen, entgegen der Vorschrift des § 58 Abs. 1 S. 2 oder 3 wird als **Ordnungswidrigkeit** nach § 97 Abs. 2 Nr. 23 sanktioniert. Verstöße gegen die ergänzenden Vorschriften (§ 58a, § 58b, § 58d) werden von § 97 Abs. 2 Nr. 23a bis 23d als Ordnungswidrigkeiten erfasst.

34   **5. Verstoß gegen § 59.** Nach § 96 Nr. 17 aF beging eine **Straftat,** wer aus Tieren, bei denen Arzneimittel zur klinischen Prüfung oder Rückstandsprüfung eingesetzt wurden, Lebensmittel gewann, obwohl mit Rückständen oder Umwandlungsprodukten zu rechnen war. Wurde dieses Risiko fahrlässig verkannt, war eine **Ordnungswidrigkeit** nach § 97 Abs. 1 aF gegeben. Nunmehr greift die entsprechende Strafnorm des § 96 Nr. 17 bzw. die korrespondierende Bußgeldvorschrift des § 97 Abs. 1 nur ein, wenn die vorgeschriebene Wartezeit noch nicht abgelaufen ist. Im Klartext heißt das: Dem Verbraucher werden gewisse Restmengen der geprüften Arzneimittel zugemutet. **Ordnungswidrig** handelt auch, wer seinen Aufzeichnungs- oder Vorlageverpflichtungen nach § 59 Abs. 4 nicht nachkommt (§ 97 Abs. 2 Nr. 24).

35   **6. Verstoß gegen § 59a.** Werden Stoffe oder Zubereitungen aus Stoffen entgegen § 59a Abs. 1 oder 2 vorsätzlich erworben, abgegeben, gelagert, verpackt, mit sich geführt oder in den Verkehr gebracht, greift die **strafrechtliche Sanktionsnorm** des § 96 Nr. 18 (Nr. 13 aF) ein. Im Falle fahrlässigen Verhaltens liegt eine **Ordnungswidrigkeit** nach § 97 Abs. 1 vor.

36   **7. Verstoß gegen § 59b.** Wer die nach § 59b S. 1 geforderten Stoffe der zuständigen Behörde nicht, nicht richtig oder nicht rechtzeitig überlässt, handelt **ordnungswidrig** gem. § 97 Abs. 2 Nr. 24a.

37   **8. Verstoß gegen § 59c.** Wer seinen nach § 59c S. 1, auch iVm S. 2, obliegenden Nachweispflichten nicht, nicht richtig oder nicht vollständig nachkommt, handelt **ordnungswidrig** nach § 97 Abs. 2 Nr. 24b.

38   **9. Verstoß gegen § 59d.** Strafbar nach § 95 Abs. 1 Nr. 11 ist ein Verstoß gegen § 59d S. 1 Nr. 1. Wer entgegen § 59d S. 1 Nr. 2 einen Stoff einem dort genannten Tier verabreicht, macht sich strafbar gemäß § 96 Nr. 18a.

39   **10. Verstoß gegen § 60.** Liegen die Voraussetzungen des § 60 nicht vor, stellt das Inverkehrbringen von Arzneimitteln eine **Straftat** nach § 96 Nr. 5 dar, da in diesem Fall das Arzneimittel ohne erforderliche Zulassung in den Verkehr gelangt. Erfolgt dies fahrlässig, ist immerhin noch eine **Ordnungswidrigkeit** nach § 97 Abs. 1 gegeben. Wird gegen eine nach § 60 Abs. 3 erlassene Rechtsverordnung verstoßen, kommen als **Sanktionsnormen** ebenfalls §§ 96 Nr. 5, 97 Abs. 1 in Betracht.

Zehnter Abschnitt. Pharmakovigilanz

§ 62 Organisation des Pharmakovigilanz-Systems der zuständigen Bundesoberbehörde

(1) ¹Die zuständige Bundesoberbehörde hat zur Verhütung einer unmittelbaren oder mittelbaren Gefährdung der Gesundheit von Mensch oder Tier die bei der Anwendung von Arzneimitteln auftretenden Risiken, insbesondere Nebenwirkun-

gen, Wechselwirkungen mit anderen Mitteln, Risiken durch gefälschte Arzneimittel oder gefälschte Wirkstoffe sowie potenzielle Risiken für die Umwelt auf Grund der Anwendung eines Tierarzneimittels, zentral zu erfassen, auszuwerten und die nach diesem Gesetz zu ergreifenden Maßnahmen zu koordinieren. [2]Sie wirkt dabei mit den Dienststellen der Weltgesundheitsorganisation, der Europäischen Arzneimittel-Agentur, den Arzneimittelbehörden anderer Länder, den Gesundheits- und Veterinärbehörden der Bundesländer, den Arzneimittelkommissionen der Kammern der Heilberufe, nationalen Pharmakovigilanzzentren sowie mit anderen Stellen zusammen, die bei der Durchführung ihrer Aufgaben Arzneimittelrisiken erfassen. [3]Die zuständige Bundesoberbehörde kann die Öffentlichkeit über Arzneimittelrisiken und beabsichtigte Maßnahmen informieren. [4]Die Bundesoberbehörde betreibt ein Pharmakovigilanz-System. [5]Soweit sie für Arzneimittel, die zur Anwendung bei Menschen bestimmt sind, zuständig ist, führt sie regelmäßig Audits ihres Pharmakovigilanz-Systems durch und erstattet der Europäischen Kommission alle zwei Jahre Bericht, erstmals zum 21. September 2013.

(2) [1]Die zuständige Bundesoberbehörde erfasst alle Verdachtsfälle von Nebenwirkungen, von denen sie Kenntnis erlangt. [2]Meldungen von Patienten und Angehörigen der Gesundheitsberufe können in jeder Form, insbesondere auch elektronisch, erfolgen. [3]Meldungen von Inhabern der Zulassung nach § 63c erfolgen elektronisch. [4]Die zuständige Bundesoberbehörde stellt durch Sammeln von Informationen und erforderlichenfalls durch Nachverfolgung von Berichten über vermutete Nebenwirkungen sicher, dass alle geeigneten Maßnahmen getroffen werden, um sämtliche biologische Arzneimittel, die im Geltungsbereich dieses Gesetzes verschrieben, abgegeben oder verkauft werden und über die Verdachtsfälle von Nebenwirkungen berichtet wurden, klar zu identifizieren, wobei der Name des Arzneimittels und die Nummer der Herstellungscharge genau angegeben werden sollen.

(3) [1]Die zuständige Bundesoberbehörde hat bei Arzneimitteln, die zur Anwendung bei Menschen bestimmt sind, jeden ihr gemeldeten und im Inland aufgetretenen Verdachtsfall einer schwerwiegenden Nebenwirkung innerhalb von 15 Tagen und jeden ihr gemeldeten und im Inland aufgetretenen Verdachtsfall einer nicht schwerwiegenden Nebenwirkung innerhalb von 90 Tagen elektronisch an die Datenbank nach Artikel 24 der Verordnung (EG) Nr. 726/2004 (EudraVigilance-Datenbank) *und erforderlichenfalls an den Inhaber der Zulassung* [ab 22.11.2017 gelöscht] zu übermitteln. [2]Die zuständige Bundesoberbehörde hat bei Arzneimitteln, die zur Anwendung bei Tieren bestimmt sind, jeden ihr gemeldeten und im Inland aufgetretenen Verdachtsfall einer schwerwiegenden Nebenwirkung unverzüglich, spätestens aber innerhalb von 15 Tagen nach Bekanntwerden, an die Europäische Arzneimittel-Agentur und an den Inhaber der Zulassung, wenn dieser noch keine Kenntnis hat, zu übermitteln. [3]Die zuständige Bundesoberbehörde arbeitet mit der Europäischen Arzneimittel-Agentur und dem Inhaber der Zulassung zusammen, um insbesondere Doppelerfassungen von Verdachtsmeldungen festzustellen. [4]Die zuständige Bundesoberbehörde beteiligt, soweit erforderlich, auch Patienten, Angehörige der Gesundheitsberufe oder den Inhaber der Zulassung an der Nachverfolgung der erhaltenen Meldungen.

[Abs. 3 ab unbestimmtem Zeitpunkt, siehe Gesetzeskopf Fn. 2:]

(3) *(aufgehoben)*

(4) Die zuständige Bundesoberbehörde kontrolliert die Verwaltung der Mittel für die Tätigkeiten im Zusammenhang mit der Pharmakovigilanz, dem Betrieb der Kommunikationsnetze und der Marktüberwachung, damit ihre Unabhängigkeit bei der Durchführung dieser Pharmakovigilanz-Tätigkeiten gewahrt bleibt.

(5) Bei Arzneimitteln, die zur Anwendung bei Menschen bestimmt sind, trifft die zuständige Bundesoberbehörde in Zusammenarbeit mit der Europäischen Arzneimittel-Agentur insbesondere folgende Maßnahmen:

1. sie überwacht die Ergebnisse von Maßnahmen zur Risikominimierung, die Teil von Risikomanagement-Plänen sind, und die Auflagen nach § 28 Absatz 3, 3a und 3b,
2. sie beurteilt Aktualisierungen des Risikomanagement-Systems,
3. sie wertet Daten in der EudraVigilance-Datenbank aus, um zu ermitteln, ob es neue oder veränderte Risiken gibt und ob das Nutzen-Risiko-Verhältnis von Arzneimitteln davon beeinflusst wird.

(6) ¹Die zuständige Bundesoberbehörde kann in Betrieben und Einrichtungen, die Arzneimittel herstellen oder in den Verkehr bringen oder klinisch prüfen, die Sammlung und Auswertung von Arzneimittelrisiken und die Koordinierung notwendiger Maßnahmen überprüfen. ²Zu diesem Zweck können Beauftragte der zuständigen Bundesoberbehörde im Benehmen mit der zuständigen Behörde Betriebs- und Geschäftsräume zu den üblichen Geschäftszeiten betreten, Unterlagen einschließlich der Pharmakovigilanz-Stammdokumentation einsehen sowie Auskünfte verlangen. ³Satz 1 gilt auch für von Betrieben und Einrichtungen nach Satz 1 beauftragte Unternehmen. ⁴Über die Inspektion ist ein Bericht zu erstellen. ⁵Der Bericht ist den Betrieben und Einrichtungen nach Satz 1 zur Stellungnahme zu geben. ⁶Führt eine Inspektion zu dem Ergebnis, dass der Zulassungsinhaber die Anforderungen des Pharmakovigilanz-Systems, wie in der Pharmakovigilanz-Stammdokumentation beschrieben, und insbesondere die Anforderungen des Zehnten Abschnitts nicht erfüllt, so weist die zuständige Bundesoberbehörde den Zulassungsinhaber auf die festgestellten Mängel hin und gibt ihm Gelegenheit zur Stellungnahme. ⁷Die zuständige Bundesoberbehörde informiert in solchen Fällen, sofern es sich um Betriebe und Einrichtungen handelt, die Arzneimittel zur Anwendung beim Menschen herstellen, in Verkehr bringen oder prüfen, die zuständigen Behörden anderer Mitgliedstaaten, die Europäische Arzneimittel-Agentur und die Europäische Kommission.

§ 63 Stufenplan

¹Die Bundesregierung erstellt durch allgemeine Verwaltungsvorschrift mit Zustimmung des Bundesrates zur Durchführung der Aufgaben nach § 62 einen Stufenplan. ²In diesem werden die Zusammenarbeit der beteiligten Behörden und Stellen auf den verschiedenen Gefahrenstufen, die Einschaltung der pharmazeutischen Unternehmer sowie die Beteiligung der oder des Beauftragten der Bundesregierung für die Belange der Patientinnen und Patienten näher geregelt und die jeweils nach den Vorschriften dieses Gesetzes zu ergreifenden Maßnahmen bestimmt. ³In dem Stufenplan können ferner Informationsmittel und -wege bestimmt werden.

§ 63a Stufenplanbeauftragter

(1) ¹Wer als pharmazeutischer Unternehmer Fertigarzneimittel, die Arzneimittel im Sinne des § 2 Abs. 1 oder Abs. 2 Nr. 1 sind, in den Verkehr bringt, hat eine in einem Mitgliedstaat der Europäischen Union ansässige qualifizierte Person mit der erforderlichen Sachkenntnis und der zur Ausübung ihrer Tätigkeit erforderlichen Zuverlässigkeit (Stufenplanbeauftragter) zu beauftragen, ein Pharmakovigilanzsystem einzurichten, zu führen und bekannt gewordene Meldungen über Arzneimittelrisiken zu sammeln, zu bewerten und die notwendigen Maßnahmen zu koordinieren. ²Satz 1 gilt nicht für Personen, soweit sie nach § 13 Absatz 2 Satz 1 Nummer 1, 2, 3, 5 oder Absatz 2b keiner Herstellungserlaubnis bedürfen. ³Der Stufenplanbeauftragte ist für die Erfüllung von Anzeigepflichten verantwortlich, soweit sie Arzneimittelrisiken betreffen. ⁴Er hat ferner sicherzustellen, dass auf Verlangen der zuständigen Bundesoberbehörde weitere Informationen für die Beurteilung des Nutzen-

Risiko-Verhältnisses eines Arzneimittels, einschließlich eigener Bewertungen, unverzüglich und vollständig übermittelt werden. [5]Das Nähere regelt die Arzneimittel- und Wirkstoffherstellungsverordnung. [6]Andere Personen als in Satz 1 bezeichnet dürfen eine Tätigkeit als Stufenplanbeauftragter nicht ausüben.

(2) Der Stufenplanbeauftragte kann gleichzeitig sachkundige Person nach § 14 oder verantwortliche Person nach § 20c sein.

(3) [1]Der pharmazeutische Unternehmer hat der zuständigen Behörde und der zuständigen Bundesoberbehörde den Stufenplanbeauftragten und jeden Wechsel vorher mitzuteilen. [2]Bei einem unvorhergesehenen Wechsel des Stufenplanbeauftragten hat die Mitteilung unverzüglich zu erfolgen.

§ 63b Allgemeine Pharmakovigilanz-Pflichten des Inhabers der Zulassung

(1) Der Inhaber der Zulassung ist verpflichtet, ein Pharmakovigilanz-System einzurichten und zu betreiben.

(2) Der Inhaber der Zulassung ist verpflichtet, bei Arzneimitteln, die zur Anwendung bei Menschen bestimmt sind,
1. anhand seines Pharmakovigilanz-Systems sämtliche Informationen wissenschaftlich auszuwerten, Möglichkeiten der Risikominimierung und -vermeidung zu prüfen und erforderlichenfalls unverzüglich Maßnahmen zur Risikominimierung und -vermeidung zu ergreifen,
2. sein Pharmakovigilanz-System regelmäßig in angemessenen Intervallen Audits zu unterziehen; dabei hat er die wichtigsten Ergebnisse in seiner Pharmakovigilanz-Stammdokumentation zu vermerken und sicherzustellen, dass Maßnahmen zur Mängelbeseitigung ergriffen werden; wenn die Maßnahmen zur Mängelbeseitigung vollständig durchgeführt sind, kann der Vermerk gelöscht werden,
3. eine Pharmakovigilanz-Stammdokumentation zu führen und diese auf Anfrage zur Verfügung zu stellen,
4. ein Risikomanagement-System für jedes einzelne Arzneimittel zu betreiben, das nach dem 26. Oktober 2012 zugelassen worden ist oder für das eine Auflage nach § 28 Absatz 3b Satz 1 Nummer 1 erteilt worden ist,
5. die Ergebnisse von Maßnahmen zur Risikominimierung zu überwachen, die Teil des Risikomanagement-Plans sind oder die als Auflagen nach § 28 Absatz 3, 3a bis 3c genannt worden sind, und
6. das Risikomanagement-System zu aktualisieren und Pharmakovigilanz-Daten zu überwachen, um zu ermitteln, ob es neue Risiken gibt, sich bestehende Risiken verändert haben oder sich das Nutzen-Risiko-Verhältnis von Arzneimitteln geändert hat.

(3) [1]Der Inhaber der Zulassung darf im Zusammenhang mit dem zugelassenen Arzneimittel keine die Pharmakovigilanz betreffenden Informationen ohne vorherige oder gleichzeitige Mitteilung an die zuständige Bundesoberbehörde sowie bei Arzneimitteln, die zur Anwendung bei Menschen bestimmt sind, auch an die Europäische Arzneimittel-Agentur und die Europäische Kommission öffentlich bekannt machen. [2]Er stellt sicher, dass solche Informationen in objektiver und nicht irreführender Weise dargelegt werden.

§ 63c Dokumentations- und Meldepflichten des Inhabers der Zulassung für Arzneimittel, die zur Anwendung bei Menschen bestimmt sind, für Verdachtsfälle von Nebenwirkungen

(1) Der Inhaber der Zulassung hat Unterlagen über alle Verdachtsfälle von Nebenwirkungen sowie Angaben über abgegebene Mengen zu führen.

(2) ¹Der Inhaber der Zulassung hat ferner

1. jeden ihm bekannt gewordenen Verdachtsfall einer schwerwiegenden Nebenwirkung, der im Inland aufgetreten ist, zu erfassen und der zuständigen Bundesoberbehörde unverzüglich, spätestens aber innerhalb von 15 Tagen nach
Bekanntwerden,

2. jeden ihm bekannt gewordenen Verdachtsfall einer schwerwiegenden Nebenwirkung, der in einem Drittland aufgetreten ist, zu erfassen und der zuständigen Bundesoberbehörde sowie der Europäischen Arzneimittel-Agentur unverzüglich, spätestens aber innerhalb von 15 Tagen nach Bekanntwerden

elektronisch anzuzeigen. ²Die zuständige Bundesoberbehörde kann vom Inhaber der
Zulassung verlangen, auch Verdachtsfälle von nicht schwerwiegenden Nebenwirkungen, die im Inland aufgetreten sind, zu erfassen und ihr unverzüglich, spätestens
aber innerhalb von 90 Tagen nach Bekanntwerden, elektronisch anzuzeigen.

[Abs. 2 ab unbestimmtem Zeitpunkt, siehe Gesetzeskopf Fn. 2:]

*(2) ¹Der Inhaber der Zulassung übermittelt alle Informationen über sämtliche Verdachts-
fälle von*

1. *schwerwiegenden Nebenwirkungen, die im In- oder Ausland auftreten, innerhalb von
15 Tagen,*

2. *nicht schwerwiegenden Nebenwirkungen, die im Inland oder einem Mitgliedstaat der Europäischen Union auftreten, innerhalb von 90 Tagen*

*nach Bekanntwerden elektronisch an die EudraVigilance-Datenbank nach Artikel 24 der
Verordnung (EG) Nr. 726/2004. ²Bei Arzneimitteln mit Wirkstoffen, auf die sich die Liste
von Veröffentlichungen bezieht, die die Europäische Arzneimittel-Agentur gemäß Artikel 27
der Verordnung (EG) Nr. 726/2004 auswertet, muss der Inhaber der Zulassung die in der
angeführten medizinischen Fachliteratur verzeichneten Verdachtsfälle von Nebenwirkungen
nicht an die EudraVigilance-Datenbank übermitteln; er muss aber die anderweitige medizinische Fachliteratur auswerten und alle Verdachtsfälle über Nebenwirkungen entsprechend Satz 1
melden. ³Inhaber der Registrierung nach § 38 oder § 39a oder pharmazeutische Unternehmer,
die nicht Inhaber der Registrierung nach § 38 oder nach § 39a sind und die ein von der
Pflicht zur Registrierung freigestelltes homöopathisches Arzneimittel oder ein traditionell
pflanzliches Arzneimittel in den Verkehr bringen, übermitteln Informationen nach Satz 1 an
die zuständige Bundesoberbehörde.*

(3) Der Inhaber der Zulassung muss gewährleisten, dass alle Verdachtsmeldungen von Nebenwirkungen bei Arzneimitteln, die zur Anwendung bei Menschen
bestimmt sind, bei einer zentralen Stelle im Unternehmen in der Europäischen
Union verfügbar sind.

(4) ¹Die Absätze 1 bis 3, § 62 Absatz 6 und § 63b gelten entsprechend

1. für den Inhaber der Registrierung nach § 39a,

2. für einen pharmazeutischen Unternehmer, der nicht Inhaber der Zulassung
oder Inhaber der Registrierung nach § 39a ist und der ein zulassungspflichtiges
oder ein von der Pflicht zur Zulassung freigestelltes oder ein traditionelles
pflanzliches Arzneimittel in den Verkehr bringt.

²Die Absätze 1 bis 3 gelten entsprechend

1. für den Inhaber der Registrierung nach § 38,

2. für einen pharmazeutischen Unternehmer, der nicht Inhaber der Registrierung
nach § 38 ist und ein registrierungspflichtiges oder von der Pflicht zur Registrierung freigestelltes homöopathisches Arzneimittel in den Verkehr bringt,

3. für den Antragsteller vor Erteilung der Zulassung.

³Die Absätze 1 bis 3 gelten unabhängig davon, ob sich das Arzneimittel noch im
Verkehr befindet oder die Zulassung oder die Registrierung noch besteht. ⁴Die
Erfüllung der Verpflichtungen nach den Absätzen 1 bis 3 kann durch schriftliche
Vereinbarung zwischen dem Inhaber der Zulassung und dem pharmazeutischen

Unternehmer, der nicht Inhaber der Zulassung ist, ganz oder teilweise auf den Inhaber der Zulassung übertragen werden.

(5) ¹Die Absätze 1 bis 4 finden keine Anwendung auf Arzneimittel, für die von der Europäischen Gemeinschaft oder der Europäischen Union eine Genehmigung für das Inverkehrbringen erteilt worden ist. ²Für diese Arzneimittel gelten die Verpflichtungen des pharmazeutischen Unternehmers nach der Verordnung (EG) Nr. 726/2004 in der jeweils geltenden Fassung [ab unbestimmtem Zeitpunkt, siehe Gesetzeskopf Fn. 2: *mit der Maßgabe, dass im Geltungsbereich des Gesetzes die Verpflichtung zur Mitteilung an die Mitgliedstaaten oder zur Unterrichtung der Mitgliedstaaten gegenüber der jeweils zuständigen Bundesoberbehörde besteht*]. ³Bei Arzneimitteln, bei denen eine Zulassung der zuständigen Bundesoberbehörde Grundlage der gegenseitigen Anerkennung ist oder bei denen eine Bundesoberbehörde Berichterstatter in einem Schiedsverfahren nach Artikel 32 der Richtlinie 2001/83/EG ist, übernimmt die zuständige Bundesoberbehörde die Verantwortung für die Analyse und Überwachung aller Verdachtsfälle schwerwiegender Nebenwirkungen, die in der Europäischen Union auftreten; dies gilt auch für Arzneimittel, die im dezentralisierten Verfahren zugelassen worden sind.

§ 63d Regelmäßige aktualisierte Unbedenklichkeitsberichte

(1) Der Inhaber der Zulassung übermittelt regelmäßige aktualisierte Unbedenklichkeitsberichte, die Folgendes enthalten:

1. Zusammenfassungen von Daten, die für die Beurteilung des Nutzens und der Risiken eines Arzneimittels von Interesse sind, einschließlich der Ergebnisse aller Prüfungen, die Auswirkungen auf die Zulassung haben können,
2. eine wissenschaftliche Bewertung des Nutzen-Risiko-Verhältnisses des Arzneimittels, die auf sämtlichen verfügbaren Daten beruht, auch auf Daten aus klinischen Prüfungen für Indikationen und Bevölkerungsgruppen, die nicht der Zulassung entsprechen,
3. alle Daten im Zusammenhang mit der Absatzmenge des Arzneimittels sowie alle ihm vorliegenden Daten im Zusammenhang mit dem Verschreibungsvolumen, einschließlich einer Schätzung der Anzahl der Personen, die das Arzneimittel anwenden.

(2) Die Unbedenklichkeitsberichte sind elektronisch an die zuständige Bundesoberbehörde zu übermitteln.

[Abs. 2 ab unbestimmtem Zeitpunkt, siehe Gesetzeskopf Fn. 2:]
(2) Die Übermittlung der regelmäßigen aktualisierten Unbedenklichkeitsberichte hat elektronisch zu erfolgen

1. *bei Arzneimitteln, bei denen Vorlageintervall und -termine in der Zulassung oder gemäß dem Verfahren nach Artikel 107c Absatz 4, 5 und 6 der Richtlinie 2001/83/EG festgelegt sind, an die Europäische Arzneimittel-Agentur,*
2. *bei Arzneimitteln, die vor dem 26. Oktober 2012 zugelassen wurden und bei denen Vorlageintervall und -termine nicht in der Zulassung festgelegt sind, an die zuständige Bundesoberbehörde,*
3. *bei Arzneimitteln, die nur im Inland zugelassen wurden und bei denen nicht nach Artikel 107c Absatz 4 der Richtlinie 2001/83/EG Vorlageintervall und -termine in der Zulassung festgelegt sind, an die zuständige Bundesoberbehörde.*

(3) ¹Das Vorlageintervall für regelmäßige aktualisierte Unbedenklichkeitsberichte nach Absatz 1 wird in der Zulassung angegeben. ²Der Termin für die Vorlage wird ab dem Datum der Erteilung der Zulassung berechnet. ³Vorlageintervall und -termine können in der Europäischen Union nach dem Verfahren nach Artikel 107c Absatz 4 der Richtlinie 2001/83/EG festgelegt werden. ⁴Der Inhaber der

Zulassung kann beim Ausschuss für Humanarzneimittel oder bei der Koordinierungsgruppe nach Artikel 27 der Richtlinie 2001/83/EG beantragen, dass ein einheitlicher Stichtag nach Artikel 107c Absatz 6 der Richtlinie 2001/83/EG in der Europäischen Union festgelegt oder das Vorlageintervall regelmäßiger aktualisierter Unbedenklichkeitsberichte geändert wird. [5]Für Arzneimittel, die vor dem 26. Oktober 2012 oder die nur im Inland zugelassen sind und für die Vorlageintervall und -termine nicht in der Zulassung oder nach Artikel 107c Absatz 4, 5 oder 6 der Richtlinie 2001/83/EG festgelegt sind, übermittelt der Inhaber der Zulassung regelmäßige aktualisierte Unbedenklichkeitsberichte nach Absatz 1 unverzüglich nach Aufforderung oder in folgenden Fällen:

1. wenn ein Arzneimittel noch nicht in den Verkehr gebracht worden ist: mindestens alle sechs Monate nach der Zulassung und bis zum Inverkehrbringen,

2. wenn ein Arzneimittel in den Verkehr gebracht worden ist: mindestens alle sechs Monate während der ersten beiden Jahre nach dem ersten Inverkehrbringen, einmal jährlich in den folgenden zwei Jahren und danach im Abstand von drei Jahren.

(4) [1]Abweichend von Absatz 1 werden für Arzneimittel, die nach § 22 Absatz 3 oder nach § 24b Absatz 2 zugelassen sind, regelmäßige aktualisierte Unbedenklichkeitsberichte nur in folgenden Fällen übermittelt,

1. wenn eine Auflage nach § 28 Absatz 3 oder 3a erteilt worden ist,

2. wenn sie von der zuständigen Bundesoberbehörde für einen Wirkstoff nach Erteilung der Zulassung wegen Bedenken im Zusammenhang mit Pharmakovigilanz-Daten oder wegen Bedenken auf Grund nicht ausreichend vorliegender regelmäßiger aktualisierter Unbedenklichkeitsberichte angefordert werden oder

3. wenn Intervall und Termine für die Vorlage regelmäßiger aktualisierter Unbedenklichkeitsberichte gemäß Artikel 107c Absatz 4 der Richtlinie 2001/83/EG in der Zulassung bestimmt worden sind.

[2]Die zuständige Bundesoberbehörde übermittelt die Beurteilungsberichte zu den angeforderten regelmäßigen aktualisierten Unbedenklichkeitsberichten nach Satz 1 Nummer 2 dem Ausschuss für Risikobewertung im Bereich der Pharmakovigilanz, der prüft, ob die Einleitung des Verfahrens nach Artikel 107c Absatz 4 der Richtlinie 2001/83/EG notwendig ist. [3]Satz 1 Nummer 2 und 3 gilt entsprechend für den Inhaber von Registrierungen nach § 38 oder § 39a sowie für den pharmazeutischen Unternehmer, der nicht Inhaber der Zulassung oder Inhaber der Registrierung nach § 38 oder § 39a ist und der ein zulassungs- oder registrierungspflichtiges oder ein von der Pflicht zur Zulassung oder der Registrierung freigestelltes oder ein traditionelles pflanzliches Arzneimittel in den Verkehr bringt.

(5) [1]Die zuständige Bundesoberbehörde beurteilt die regelmäßigen aktualisierten Unbedenklichkeitsberichte daraufhin, ob es neue oder veränderte Risiken gibt oder sich das Nutzen-Risiko-Verhältnis von Arzneimitteln geändert hat, und ergreift die erforderlichen Maßnahmen. [2]Für Arzneimittel, für die ein einheitlicher Stichtag oder ein einheitliches Vorlageintervall nach Artikel 107c Absatz 4 der Richtlinie 2001/83/EG festgelegt worden ist, sowie für Arzneimittel, die in mehreren Mitgliedstaaten zugelassen sind und für die regelmäßige aktualisierte Unbedenklichkeitsberichte in der Zulassung festgelegt sind, gilt für die Beurteilung das Verfahren nach den Artikeln 107e und 107g.

(6) [1]Die Erfüllung der Verpflichtungen nach den Absätzen 1 bis 4 kann durch schriftliche Vereinbarung zwischen dem Inhaber der Zulassung und dem pharmazeutischen Unternehmer, der nicht Inhaber der Zulassung ist, ganz oder teilweise auf den Inhaber der Zulassung übertragen werden. [2]Die Absätze 1 bis 5 gelten nicht für einen Parallelimporteur.

§ 63e Europäisches Verfahren

¹In den Fällen von Artikel 107i der Richtlinie 2001/83/EG ergreift die zuständige Bundesoberbehörde die dort vorgesehenen Maßnahmen. ²Für das Verfahren gelten die Artikel 107i bis 107k der Richtlinie 2001/83/EG.

§ 63f Allgemeine Voraussetzungen für nichtinterventionelle Unbedenklichkeitsprüfungen [ab unbestimmtem Zeitpunkt, siehe Gesetzeskopf Fn. 4: *Unbedenklichkeitsstudien*]

(1) ¹Nichtinterventionelle Unbedenklichkeitsprüfungen [ab unbestimmtem Zeitpunkt, siehe Gesetzeskopf Fn. 4: *Unbedenklichkeitsstudien*], die vom Inhaber der Zulassung auf eigene Veranlassung durchgeführt werden, sind der zuständigen Bundesoberbehörde anzuzeigen. ²Die zuständige Bundesoberbehörde kann vom Inhaber der Zulassung das Protokoll und die Fortschrittsberichte anfordern. ³Innerhalb eines Jahres nach Abschluss der Datenerfassung hat der Inhaber der Zulassung der zuständigen Bundesoberbehörde den Abschlussbericht zu übermitteln.

(2) Für nichtinterventionelle Unbedenklichkeitsprüfungen [ab unbestimmtem Zeitpunkt, siehe Gesetzeskopf Fn. 4: *Unbedenklichkeitsstudien*], die vom Inhaber der Zulassung auf Grund einer Auflage nach § 28 Absatz 3, 3a oder 3b durchgeführt werden, gilt das Verfahren nach § 63g.

(3) Die Durchführung von [ab unbestimmtem Zeitpunkt, siehe Gesetzeskopf Fn. 4: *Unbedenklichkeitsstudien*] nach den Absätzen 1 und 2 ist nicht zulässig, wenn
1. durch sie die Anwendung eines Arzneimittels gefördert werden soll,
2. sich Vergütungen für die Beteiligung von Angehörigen der Gesundheitsberufe an solchen Prüfungen [ab unbestimmtem Zeitpunkt, siehe Gesetzeskopf Fn. 4: *Studien*] nach ihrer Art und Höhe nicht auf den Zeitaufwand und die angefallenen Kosten beschränken oder
3. ein Anreiz für eine bevorzugte Verschreibung oder Empfehlung bestimmter Arzneimittel entsteht.

(4) ¹Der Inhaber der Zulassung hat Unbedenklichkeitsprüfungen [ab unbestimmtem Zeitpunkt, siehe Gesetzeskopf Fn. 4: *Unbedenklichkeitsstudien*] nach den Absätzen 1 und 2 auch der Kassenärztlichen Bundesvereinigung, dem Spitzenverband Bund der Krankenkassen und dem Verband der Privaten Krankenversicherung e.V. unverzüglich anzuzeigen. ²Dabei sind Ort, Zeit, Ziel und Protokoll der Prüfung [ab unbestimmtem Zeitpunkt, siehe Gesetzeskopf Fn. 4: *Studie*] sowie Name und lebenslange Arztnummer der beteiligten Ärzte anzugeben. ³Sofern beteiligte Ärzte Leistungen zu Lasten der gesetzlichen Krankenversicherung erbringen, sind bei Anzeigen nach Satz 1 auch die Art und die Höhe der jeweils an sie tatsächlich geleisteten Entschädigungen anzugeben sowie jeweils eine Ausfertigung der mit ihnen geschlossenen Verträge und jeweils eine Darstellung des Aufwandes für die beteiligten Ärzte und eine Begründung für die Angemessenheit der Entschädigung zu übermitteln. ⁴Sofern sich bei den in Satz 3 genannten Informationen Änderungen ergeben, sind die jeweiligen Informationen nach Satz 3 vollständig in der geänderten, aktualisierten Form innerhalb von vier Wochen nach jedem Quartalsende zu übermitteln; die tatsächlich geleisteten Entschädigungen sind mit Zuordnung zu beteiligten Ärzten namentlich mit Angabe der lebenslangen Arztnummer zu übermitteln. ⁵Innerhalb eines Jahres nach Abschluss der Datenerfassung sind unter Angabe der insgesamt beteiligten Ärzte die Anzahl der jeweils und insgesamt beteiligten Patienten und Art und Höhe der jeweils und insgesamt geleisteten Entschädigungen zu übermitteln. ⁶Die Angaben nach diesem Absatz sind entsprechend den Formatvorgaben nach § 67 Absatz 6 Satz 13 elektronisch zu übermitteln.

§ 63g Besondere Voraussetzungen für angeordnete nichtinterventionelle Unbedenklichkeitsprüfungen [ab unbestimmtem Zeitpunkt, siehe Gesetzeskopf Fn. 4: *Unbedenklichkeitsstudien*]

(1) **Der Inhaber der Zulassung hat bei nichtinterventionellen Unbedenklichkeitsprüfungen** [ab unbestimmtem Zeitpunkt, siehe Gesetzeskopf Fn. 4: *Unbedenklichkeitsstudien*]**, die nach § 28 Absatz 3, 3a oder 3b angeordnet wurden, den Entwurf des Prüfungsprotokolls** [ab unbestimmtem Zeitpunkt, siehe Gesetzeskopf Fn. 4: *Studienprotokolls*] **vor Durchführung**
1. **der zuständigen Bundesoberbehörde, wenn es sich um eine Prüfung** [ab unbestimmtem Zeitpunkt, siehe Gesetzeskopf Fn. 4: *Studie*] **handelt, die nur im Inland durchgeführt wird,**
2. **dem Ausschuss für Risikobewertung im Bereich der Pharmakovigilanz, wenn es sich um eine Prüfung** [ab unbestimmtem Zeitpunkt, siehe Gesetzeskopf Fn. 4: *Studie*] **handelt, die in mehreren Mitgliedstaaten der Europäischen Union durchgeführt wird,**
vorzulegen.

(2) [1]**Eine nichtinterventionelle Unbedenklichkeitsprüfung]** [ab unbestimmtem Zeitpunkt, siehe Gesetzeskopf Fn. 4: *Unbedenklichkeitsstudie*] **nach Absatz 1 darf nur begonnen werden, wenn der Protokollentwurf bei Prüfungen** [ab unbestimmtem Zeitpunkt, siehe Gesetzeskopf Fn. 4: *Studien*] **nach Absatz 1 Nummer 1 durch die zuständige Bundesoberbehörde genehmigt wurde oder bei Prüfungen** [ab unbestimmtem Zeitpunkt, siehe Gesetzeskopf Fn. 4: *Studien*] **nach Absatz 1 Nummer 2 durch den Ausschuss für Risikobewertung im Bereich der Pharmakovigilanz genehmigt wurde und der Protokollentwurf der zuständigen Bundesoberbehörde vorliegt.** [2]**Die zuständige Bundesoberbehörde hat nach Vorlage des Protokollentwurfs innerhalb von 60 Tagen über die Genehmigung der Prüfung** [ab unbestimmtem Zeitpunkt, siehe Gesetzeskopf Fn. 4: *Studie*] **zu entscheiden.** [3]**Eine Genehmigung ist zu versagen, wenn die Anwendung des Arzneimittels gefördert werden soll, die Ziele mit dem Prüfungsdesign** [ab unbestimmtem Zeitpunkt, siehe Gesetzeskopf Fn. 4: *Studiendesign*] **nicht erreicht werden können oder es sich um eine klinische Prüfung nach § 4 Absatz 23 Satz 1 handelt.**

(3) [1]**Nach Beginn einer Prüfung** [ab unbestimmtem Zeitpunkt, siehe Gesetzeskopf Fn. 4: *Studie*] **nach Absatz 1 sind wesentliche Änderungen des Protokolls vor deren Umsetzung,**
1. **wenn es sich um eine Prüfung** [ab unbestimmtem Zeitpunkt, siehe Gesetzeskopf Fn. 4: *Studie*] **handelt, die nur im Inland durchgeführt wird, von der zuständigen Bundesoberbehörde,**
2. **wenn es sich um eine Prüfung** [ab unbestimmtem Zeitpunkt, siehe Gesetzeskopf Fn. 4: *Studie*] **handelt, die in mehreren Mitgliedstaaten der Europäischen Union durchgeführt wird, von dem Ausschuss für Risikobewertung im Bereich der Pharmakovigilanz**
zu genehmigen. [2]**Wird Prüfung** [ab unbestimmtem Zeitpunkt, siehe Gesetzeskopf Fn. 4: *Studie*] **in den Fällen von Satz 1 Nummer 2 auch im Inland durchgeführt, unterrichtet der Inhaber der Zulassung die zuständige Bundesoberbehörde über die genehmigten Änderungen.**

(4) [1]**Nach Abschluss einer Prüfung** [ab unbestimmtem Zeitpunkt, siehe Gesetzeskopf Fn. 4: *Studie*] **nach Absatz 1 ist der abschließende Prüfungsbericht** [ab unbestimmtem Zeitpunkt, siehe Gesetzeskopf Fn. 4: *Studienbericht*]
1. **in den Fällen nach Absatz 1 Nummer 1 der zuständigen Bundesoberbehörde,**
2. **in den Fällen nach Absatz 1 Nummer 2 dem Ausschuss für Risikobewertung im Bereich der Pharmakovigilanz**

innerhalb von zwölf Monaten nach Abschluss der Datenerfassung vorzulegen, wenn nicht durch die nach Satz 1 Nummer 1 oder 2 zuständige Stelle auf die Vorlage verzichtet worden ist. [2]Der Abschlussbericht ist zusammen mit einer **Kurzdarstellung der Prüfungsergebnisse** [ab unbestimmtem Zeitpunkt, siehe Gesetzeskopf Fn. 4: *Studienergebnisse*] elektronisch zu übermitteln.

§ 63h Dokumentations- und Meldepflichten für Arzneimittel, die zur Anwendung bei Tieren bestimmt sind

(1) Der Inhaber der Zulassung hat für Arzneimittel, die zur Anwendung bei Tieren bestimmt sind, Unterlagen über alle Verdachtsfälle von Nebenwirkungen, die in der Europäischen Union oder einem Drittland auftreten, sowie Angaben über die abgegebenen Mengen zu führen.

(2) [1]Der Inhaber der Zulassung hat für Arzneimittel, die zur Anwendung bei Tieren bestimmt sind, ferner

1. jeden ihm bekannt gewordenen Verdachtsfall einer schwerwiegenden Nebenwirkung, der im Geltungsbereich dieses Gesetzes aufgetreten ist, zu erfassen und der zuständigen Bundesoberbehörde

2. a) jeden ihm durch einen Angehörigen eines Gesundheitsberufes bekannt gewordenen Verdachtsfall einer schwerwiegenden unerwarteten Nebenwirkung, der nicht in einem Mitgliedstaat der Europäischen Union aufgetreten ist,

   b) bei Arzneimitteln, die Bestandteile aus Ausgangsmaterial von Mensch oder Tier enthalten, jeden ihm bekannt gewordenen Verdachtsfall einer Infektion, die eine schwerwiegende Nebenwirkung ist und durch eine Kontamination dieser Arzneimittel mit Krankheitserregern verursacht wurde und nicht in einem Mitgliedstaat der Europäischen Union aufgetreten ist,

   unverzüglich, spätestens aber innerhalb von 15 Tagen nach Bekanntwerden, der zuständigen Bundesoberbehörde sowie der Europäischen Arzneimittel-Agentur, und

3. häufigen oder im Einzelfall in erheblichem Umfang beobachteten Missbrauch, wenn durch ihn die Gesundheit unmittelbar gefährdet werden kann, der zuständigen Bundesoberbehörde unverzüglich

anzuzeigen. [2]Die Anzeigepflicht nach Satz 1 Nummer 1 und 2 Buchstabe a gilt entsprechend für Nebenwirkungen bei Menschen auf Grund der Anwendung eines zur Anwendung bei Tieren bestimmten Arzneimittels.

(3) Der Inhaber der Zulassung, der die Zulassung im Wege der gegenseitigen Anerkennung oder im dezentralisierten Verfahren erhalten hat, stellt für Arzneimittel, die zur Anwendung bei Tieren bestimmt sind, ferner sicher, dass jeder Verdachtsfall

1. einer schwerwiegenden Nebenwirkung oder

2. einer Nebenwirkung bei Menschen auf Grund der Anwendung eines zur Anwendung bei Tieren bestimmten Arzneimittels,

der im Geltungsbereich dieses Gesetzes aufgetreten ist, auch der zuständigen Behörde des Mitgliedstaates zugänglich ist, dessen Zulassung Grundlage der Anerkennung war oder die im Rahmen eines Schiedsverfahrens nach Artikel 36 der Richtlinie 2001/82/EG Berichterstatter war.

(4) Der zuständigen Bundesoberbehörde sind für Arzneimittel, die zur Anwendung bei Tieren bestimmt sind, alle zur Beurteilung von Verdachtsfällen oder beobachteten Missbrauchs vorliegenden Unterlagen sowie eine wissenschaftliche Bewertung vorzulegen.

(5) [1]Der Inhaber der Zulassung hat für Arzneimittel, die zur Anwendung bei Tieren bestimmt sind, sofern nicht durch Auflage oder in Satz 5 oder 6 anderes bestimmt ist, auf der Grundlage der in Absatz 1 und in § 63a Absatz 1 genannten Verpflichtungen der zuständigen Bundesoberbehörde einen regelmäßigen aktualisierten Bericht über die Unbedenklichkeit des Arzneimittels unverzüglich nach Aufforderung oder mindestens alle sechs Monate nach der Zulassung bis zum Inverkehrbringen vorzulegen. [2]Ferner hat er solche Berichte unverzüglich nach Aufforderung oder mindestens alle sechs Monate während der ersten beiden Jahre nach dem ersten Inverkehrbringen und einmal jährlich in den folgenden zwei Jahren vorzulegen. [3]Danach hat er die Berichte in Abständen von drei Jahren oder unverzüglich nach Aufforderung vorzulegen. [4]Die regelmäßigen aktualisierten Berichte über die Unbedenklichkeit von Arzneimitteln umfassen auch eine wissenschaftliche Beurteilung des Nutzens und der Risiken des betreffenden Arzneimittels. [5]Die zuständige Bundesoberbehörde kann auf Antrag die Berichtsintervalle verlängern. [6]Bei Arzneimitteln, die nach § 36 Absatz 1 von der Zulassung freigestellt sind, bestimmt die zuständige Bundesoberbehörde den Zeitpunkt der Vorlage der regelmäßigen aktualisierten Berichte über die Unbedenklichkeit des Arzneimittels in einer Bekanntmachung, die im Bundesanzeiger veröffentlicht wird. [7]Die Sätze 1 bis 6 gelten nicht für den Parallelimporteur.

(6) [1]Die Absätze 1 bis 5, § 62 Absatz 6 und § 63b Absatz 3 gelten entsprechend
1. für den Inhaber der Registrierung nach § 39a,
2. für einen pharmazeutischen Unternehmer, der nicht Inhaber der Zulassung oder Inhaber der Registrierung nach § 39a ist und der ein zulassungspflichtiges oder ein von der Pflicht zur Zulassung freigestelltes oder ein traditionelles pflanzliches Arzneimittel in den Verkehr bringt.
[2]Die Absätze 1 bis 4 gelten entsprechend
1. für den Inhaber der Registrierung nach § 38,
2. für einen pharmazeutischen Unternehmer, der nicht Inhaber der Registrierung nach § 38 ist und ein registrierungspflichtiges oder von der Pflicht zur Registrierung freigestelltes homöopathisches Arzneimittel in den Verkehr bringt,
3. für den Antragsteller vor Erteilung der Zulassung.
[3]Die Absätze 1 bis 4 gelten unabhängig davon, ob sich das Arzneimittel noch im Verkehr befindet oder die Zulassung oder die Registrierung noch besteht. [4]Die Erfüllung der Verpflichtungen nach den Absätzen 1 bis 5 kann durch schriftliche Vereinbarung zwischen dem Inhaber der Zulassung und dem pharmazeutischen Unternehmer, der nicht Inhaber der Zulassung ist, ganz oder teilweise auf den Inhaber der Zulassung übertragen werden.

(7) [1]Die Absätze 1 bis 6 finden keine Anwendung auf Arzneimittel, für die von der Europäischen Gemeinschaft oder der Europäischen Union eine Genehmigung für das Inverkehrbringen erteilt worden ist. [2]Für diese Arzneimittel gelten die Verpflichtungen des pharmazeutischen Unternehmers nach der Verordnung (EG) Nr. 726/2004 und seine Verpflichtungen nach der Verordnung (EG) Nr. 540/95 in der jeweils geltenden Fassung mit der Maßgabe, dass im Geltungsbereich des Gesetzes die Verpflichtung zur Mitteilung an die Mitgliedstaaten oder zur Unterrichtung der Mitgliedstaaten gegenüber der jeweils zuständigen Bundesoberbehörde besteht. [3]Bei Arzneimitteln, bei denen eine Zulassung der zuständigen Bundesoberbehörde Grundlage der gegenseitigen Anerkennung ist oder bei denen eine Bundesoberbehörde Berichterstatter in einem Schiedsverfahren nach Artikel 36 der Richtlinie 2001/82/EG ist, übernimmt die zuständige Bundesoberbehörde die Verantwortung für die Analyse und Überwachung aller Verdachtsfälle schwerwiegender Nebenwirkungen, die in der Europäischen Union auftreten; dies gilt auch für Arzneimittel, die im dezentralisierten Verfahren zugelassen worden sind.

§ 63i Dokumentations- und Meldepflichten bei Blut- und Gewebezubereitungen und Gewebe

(1) Der Inhaber einer Zulassung für Blutzubereitungen im Sinne von Artikel 3 Nummer 6 der Richtlinie 2001/83/EG oder einer Zulassung oder Genehmigung für Gewebezubereitungen oder für hämatopoetische Stammzellzubereitungen im Sinne der Richtlinie 2004/23/EG des Europäischen Parlaments und des Rates vom 31. März 2004 zur Festlegung von Qualitäts- und Sicherheitsstandards für die Spende, Beschaffung, Testung, Verarbeitung, Konservierung, Lagerung und Verteilung von menschlichen Geweben und Zellen (ABl. L 102 vom 7.4.2004, S. 48), die zuletzt durch die Verordnung (EG) Nr. 596/2009 (ABl. L 188 vom 18.7.2009, S. 14) geändert worden ist, oder einer Zulassung für Gewebezubereitungen im Sinne von § 21 hat Unterlagen zu führen über Verdachtsfälle von schwerwiegenden Zwischenfällen oder schwerwiegenden unerwünschten Reaktionen, die in einem Mitgliedstaat der Europäischen Union oder in einem Vertragsstaat des Abkommens über den Europäischen Wirtschaftsraum oder in einem Drittstaat aufgetreten sind, und die Anzahl der Rückrufe.

(2) ¹Der Inhaber einer Zulassung oder Genehmigung für Blut- oder Gewebezubereitungen im Sinne von Absatz 1 hat ferner jeden Verdacht eines schwerwiegenden Zwischenfalls und jeden Verdacht einer schwerwiegenden unerwünschten Reaktion zu dokumentieren und unverzüglich, spätestens aber innerhalb von 15 Tagen nach Bekanntwerden, der zuständigen Bundesoberbehörde anzuzeigen. ²Die Anzeige muss alle erforderlichen Angaben enthalten, insbesondere Name oder Firma und Anschrift des pharmazeutischen Unternehmers, Bezeichnung und Nummer oder Kennzeichnungscode der Blut- oder Gewebezubereitung, Tag und Dokumentation des Auftretens des Verdachts des schwerwiegenden Zwischenfalls oder der schwerwiegenden unerwünschten Reaktion, Tag und Ort der Blutbestandteile- oder Gewebeentnahme, belieferte Betriebe oder Einrichtungen sowie Angaben zu der spendenden Person. ³Bei Gewebezubereitungen und hämatopoetischen Stammzellzubereitungen aus dem peripheren Blut oder aus dem Nabelschnurblut ist außerdem der EU-Gewebeeinrichtungs-Code, sofern vorhanden, und ist bei der Meldung eines Verdachts einer schwerwiegenden unerwünschten Reaktion ferner der Einheitliche Europäische Code, sofern vorhanden, anzugeben. ⁴Die nach Satz 1 angezeigten Zwischenfälle oder Reaktionen sind auf ihre Ursache und Auswirkung zu untersuchen und zu bewerten und die Ergebnisse der zuständigen Bundesoberbehörde unverzüglich mitzuteilen, ebenso die Maßnahmen zur Rückverfolgung und zum Schutz der Spender und Empfänger.

(3) ¹Die Blut- und Plasmaspendeeinrichtungen oder die Gewebeeinrichtungen haben bei nicht zulassungs- oder genehmigungspflichtigen Blut- oder Gewebezubereitungen sowie bei Blut und Blutbestandteilen und bei Gewebe jeden Verdacht eines schwerwiegenden Zwischenfalls und jeden Verdacht einer schwerwiegenden unerwünschten Reaktion zu dokumentieren und unverzüglich der zuständigen Behörde zu melden. ²Die Meldung muss alle notwendigen Angaben wie Name oder Firma und Anschrift der Spende- oder Gewebeeinrichtung, Bezeichnung und Nummer oder Kennzeichnungscode der Blut- oder Gewebezubereitung, Tag und Dokumentation des Auftretens des Verdachts des schwerwiegenden Zwischenfalls oder der schwerwiegenden unerwünschten Reaktion, Tag der Herstellung der Blut- oder Gewebezubereitung sowie Angaben zu der spendenden Person enthalten. ³Bei Geweben und Gewebezubereitungen sowie bei hämatopoetischen Stammzellen und Stammzellzubereitungen aus dem peripheren Blut oder aus dem Nabelschnurblut ist außerdem der EU-Gewebeeinrichtungs-Code, sofern vorhanden, und ist bei der Meldung eines Verdachts einer schwerwiegenden unerwünschten Reaktion ferner der Einheitliche Europäische Code, sofern vorhanden,

anzugeben. [4]Absatz 2 Satz 4 gilt entsprechend. [5]Die zuständige Behörde leitet die Meldungen nach den Sätzen 1 bis 3 sowie die Mitteilungen nach Satz 4 an die zuständige Bundesoberbehörde weiter.

(4) [1]Der Inhaber einer Zulassung oder Genehmigung für Blut- oder Gewebezubereitungen im Sinne von Absatz 1 hat auf der Grundlage der in Absatz 1 genannten Verpflichtungen der zuständigen Bundesoberbehörde einen aktualisierten Bericht über die Unbedenklichkeit der Arzneimittel unverzüglich nach Aufforderung oder, soweit Rückrufe oder Fälle oder Verdachtsfälle schwerwiegender Zwischenfälle oder schwerwiegender unerwünschter Reaktionen betroffen sind, mindestens einmal jährlich vorzulegen. [2]Satz 1 gilt nicht für den Parallelimporteur.

(5) [1]§ 62 Absatz 1, 2 Satz 1 und 2, Absatz 4 und 6 und § 63 gelten entsprechend. [2]Die §§ 63a und 63b Absatz 1 und 2 gelten für den Inhaber einer Zulassung für Blut- oder Gewebezubereitungen entsprechend. [3]Das Nähere regelt die Arzneimittel- und Wirkstoffherstellungsverordnung; die allgemeine Verwaltungsvorschrift nach § 63 Satz 1 findet Anwendung. [4]Im Übrigen finden die §§ 62 bis 63h keine Anwendung.

(6) [1]Schwerwiegender Zwischenfall im Sinne der vorstehenden Vorschriften ist jedes unerwünschte Ereignis im Zusammenhang mit der Gewinnung, Untersuchung, Aufbereitung, Be- oder Verarbeitung, Konservierung, Aufbewahrung oder Abgabe von Blut und Blutbestandteilen, Geweben, Gewebe- oder Blutzubereitungen, das die Übertragung einer ansteckenden Krankheit, den Tod oder einen lebensbedrohenden Zustand, eine Behinderung oder einen Fähigkeitsverlust von Patienten zur Folge haben könnte oder einen Krankenhausaufenthalt erforderlich machen oder verlängern könnte oder zu einer Erkrankung führen oder diese verlängern könnte. [2]Als schwerwiegender Zwischenfall gilt auch jede fehlerhafte Identifizierung oder Verwechslung von Keimzellen oder imprägnierten Eizellen im Rahmen von Maßnahmen einer medizinisch unterstützten Befruchtung.

(7) Schwerwiegende unerwünschte Reaktion im Sinne der vorstehenden Vorschriften ist eine unbeabsichtigte Reaktion, einschließlich einer übertragbaren Krankheit, beim Spender oder Empfänger im Zusammenhang mit der Gewinnung von Gewebe oder Blut oder der Übertragung von Gewebe- oder Blutzubereitungen, die tödlich oder lebensbedrohend verläuft, eine Behinderung oder einen Fähigkeitsverlust zur Folge hat oder einen Krankenhausaufenthalt erforderlich macht oder verlängert oder zu einer Erkrankung führt oder diese verlängert.

(8) [1]Der Inhaber einer Zulassung oder Genehmigung für Blut- oder Gewebezubereitungen im Sinne von Absatz 1 darf im Zusammenhang mit dem zugelassenen oder genehmigten Arzneimittel keine Informationen, die die Hämo- oder Gewebevigilanz betreffen, ohne vorherige oder gleichzeitige Mitteilung an die zuständige Bundesoberbehörde und an die Europäische Kommission öffentlich bekannt machen. [2]Er stellt sicher, dass solche Informationen in objektiver und nicht irreführender Weise öffentlich bekannt gemacht werden.

§ 63j Ausnahmen

(1) Die Regelungen des Zehnten Abschnitts finden keine Anwendung auf Arzneimittel, die im Rahmen einer klinischen Prüfung als Prüfpräparate eingesetzt werden.

(2) § 63b, mit Ausnahme der Absätze 1 und 3, die §§ 63c, 63d, 63e, 63f und 63g finden keine Anwendung auf Arzneimittel, die zur Anwendung bei Tieren bestimmt sind.

Kommentierung des 10. Abschnitts (§§ 62–63j)

Schrifttum: *Blasius,* in *Blasius/Müller-Römer/Fischer* (Hrsg.), Arzneimittel und Recht in Deutschland, 1998, S. 215; *Burgardt,* Veröffentlichungsbefugnis der Arzneimittelkommission der Deutschen Ärzteschaft – Anmerkung zum Beschluß des OVG für das Land Nordrhein-Westfalen vom 20.11.1995, PharmR 1996, 136; *Deutsch,* Arzneimittelkritik durch Ärztekommissionen, VersR 1997, 389; *Di Fabio,* Risikoentscheidungen im Rechtsstaat – Zum Wandel der Dogmatik im öffentlichen Recht, insbesondere am Beispiel der Arzneimittelüberwachung, 1994; *Dinnendahl,* Arzneimittelkommission der Deutschen Apotheker, PharmR 1980, 110; *Erdmann,* Gewebe als Arzneimittel? – Eine Untersuchung zur Neuordnung des Geweberechts in Deutschland, 2011; *Fresenius/Will,* Pharmabetriebsverordnung – Erste Änderungsverordnung, PharmR 1988, 190; *Georgy,* Die strafrechtliche Verantwortlichkeit von Amtsträgern für Arzneimittelrisiken – Am Beispiel öffentlich-rechtlicher Ethik-Kommissionen und des Bundesinstituts für Arzneimittel und Medizinprodukte, 2011; *Hasskarl,* Sicherheit durch Information im Arzneimittelrecht – Kongreß: Deutsche Gesellschaft zur Förderung der medizinischen Diagnostik, 1987, Düsseldorf, NJW 1988, 2265; *Helmstaedter,* Arzneimittelkommission der Heilmittelindustrie – Beitrag der Heilmittelindustrie zur Erfassung und Bewertung von Arzneimittelrisiken, PharmR 1980, 245, 248; *Hohm,* Der Stufenplanbeauftragte nach dem neuen AMG – eine vorläufige Standortbestimmung, MedR 1988, 15; *ders.,* Arzneimittelsicherheit und Nachmarktkontrolle – Eine arzneimittel-, verfassungs- und europarechtliche Untersuchung, 1990; *Mayer,* Strafrechtliche Produktverantwortung bei Arzneimittelschäden – Ein Beitrag zur Abgrenzung der Verantwortungsbereiche im Arzneiwesen aus strafrechtlicher Sicht, 2008; *Ramsauer,* Die staatliche Ordnung der Arzneimittelversorgung, 1988.

I. Allgemeines

Die im 10. Abschnitt geregelte **Arzneimittelüberwachung** dient der Arzneimittelsicherheit und ist unverzichtbarer Bestandteil eines Kontrollsystems, das Risiken, die im Zusammenhang mit der Herstellung und dem Gebrauch von Arzneimitteln auftreten können, erkennt, auswertet und schnelle und effektive Maßnahmen zur Eindämmung von Risiken ermöglicht. Denn auch nach erfolgter Zulassung bzw. Registrierung müssen Arzneimittel beobachtet werden, damit ihr Schädigungspotential und eventuelle Risiken entsprechend dem aktuellen Wissensstand bewertet werden können.[1] Nur so kann ein – den aktuellen Gegebenheiten und Standards entsprechender – Verbraucherschutz gewährleistet werden. Der in Art. 29a der Richtlinie 75/319/EWG verankerten Verpflichtung der Mitgliedstaaten, ein **Pharmakovigilanzsystem**[2] einzurichten, ist der deutsche Gesetzgeber mit den Bestimmungen des 10. Abschnitts (§§ 62–63j) nachgekommen. Mittels dieses Systems soll die zuverlässige Sammlung der für die Arzneimittelüberwachung nötigen Informationen – insbesondere über die Risiken – sowie eine wissenschaftliche Auswertung gewährleistet werden. Die Einzelheiten dieses Sammlungs- und Erfassungssystems sind in Deutschland in dem nach § 63 erlassenen **Stufenplan**[3] geregelt. Eine detaillierte Regelung zur Person des Stufenplanbeauftragten findet sich in § 63a. Die allgemeinen Pharmakovigilanzpflichten und die Dokumentations- und Meldepflichten des Zulassungs- bzw. des Registrierungsinhabers und des Antragstellers sind in §§ 63b ff. normiert. Dokumentations- und Meldepflichten bei Blut- und Gewebezubereitungen und bei Gewebe regelt § 63i.

II. Der Stufenplanbeauftragte (§ 63a), Dokumentations- und Meldepflichten (§ 63b ff.), Dokumentations- und Meldepflichten bei Blut- und Gewebezubereitungen und Gewebe (§ 63i) sowie Ausnahmen (§ 63j)

Zur konsequenten Umsetzung des Stufenplans hat jeder pharmazeutische Unternehmer, der zulassungspflichtige Fertigarzneimittel im Sinne des § 2 Abs. 1 bzw. Abs. 2 Nr. 1 in den Verkehr bringt, einen **Stufenplanbeauftragten** zu benennen, der über die in § 63a Abs. 1 geforderte Sachkenntnis verfügt.[4] Die Aufgabe des Stufenplanbeauftragten kann in Personalunion mit der einer „sachkundigen Person" iS des § 14 oder einer „verantwortlichen Person"

---

[1] Zur Produktbeobachtungspflicht und ihrer allgemeinen strafrechtlichen Bedeutung vgl. noch unten 11. Abschnitt → §§ 64–69b Rn. 4, → Vor § 95 Rn. 12, 17 f., 76, 83; ferner bereits → § 11 Rn. 10.

[2] Vom lateinischen „vigilia" = Wache, Wachehalten.

[3] Nähere Ausführungen zum Stufenplan finden sich bei Kügel/Müller/Hofmann/*Schickert* § 63 Rn. 5 ff.

[4] Zur Konkretisierung der Verantwortungsbereiche des Stufenplanbeauftragten s. auch die Arzneimittel- und Wirkstoffherstellungsverordnung vom 3.11.2006, BGBl. I S. 2523 (FNA 2121-51-46). Die AMWHV hat die PharmBetrVO vom 8.3.1985, BGBl. I S. 546 (FNA 2121-51-8) abgelöst.

nach § 20c ausgeübt werden (§ 63a Abs. 2). Zu den wesentlichen Aufgaben des Stufenplanbeauftragten gehört zum einen die Wahrnehmung der Anzeigepflichten nach § 29, zum anderen die Sammlung, Be- und Auswertung bekannt gewordener Arzneimittelrisiken, sowie die Einleitung und Koordinierung eventueller Maßnahmen zur Minimierung und Ausschaltung dieser Risiken. Die Stellung als Stufenplanbeauftragter erfordert ein aktives Vorgehen: Bei Verdachtsfällen muss diesen nachgegangen werden. Sofern sich der Verdacht erhärtet, sind entsprechende Maßnahmen einzuleiten, um Schäden zu verhindern bzw. möglichst gering zu halten. Die Einleitung und Koordination eventueller Maßnahmen kann sowohl ein innerbetriebliches als auch außerbetriebliches Vorgehen erfordern. So können neben innerbetrieblicher Qualitätskontrolle und -verbesserung auch ein Chargenrückruf oder Anzeigen nach § 29 notwendig sein.[5] Sowohl die Besetzung der Stelle des Stufenplanbeauftragten als auch jede Änderung sind vom pharmazeutischen Unternehmer der zuständigen Behörde und der zuständigen Bundesoberbehörde **anzuzeigen.**

3   § 63b normiert Grundpflichten der Pharmakovigilanz, die den Inhaber der Zulassung treffen. §§ 63c regelt bestimmte Dokumentations- und Meldepflichten über alle Verdachtsfälle von Nebenwirkungen sowie weitere Umstände, die für die **Pharmakovigilanz** – also die Überwachung auf dem Gebiet des Arzneimittelsektors – bedeutsam sind. §§ 63d ff. befassen sich mit Unbedenklichkeitsberichten und Unbedenklichkeitsprüfungen. § 63h sieht spezielle Dokumentations- und Meldepflichten für Arzneimittel vor, die zur Anwendung bei Tieren bestimmt sind. – Mit Dokumentations- und Meldepflichten bei Blut- und Gewebezubereitungen und bei Gewebe befasst sich § 63i. Ausnahmeregelungen enthält § 63j.

III. Sanktionenrechtliche Bedeutung der Vorschriften im 10. Abschnitt

4   Im Fall des Unterlassens der nach § 63a vorgeschriebenen Bestellung des Stufenplanbeauftragten bzw. unrichtiger, unvollständiger oder verspäteter Erstattung der Anzeige durch den pharmazeutischen Unternehmer liegt eine **Ordnungswidrigkeit** nach § 97 Abs. 2 Nr. 24c vor. Verfügt der Stufenplanbeauftragte nicht über die nach § 63a Abs. 1 vorgeschriebene Sachkunde und übt er dennoch diese Tätigkeit aus, handelt er seit der Beseitigung eines bedauerlichen Redaktionsversehens (s. dazu die 1. Aufl. [§§ 62–63b] Rn. 4) nunmehr ordnungswidrig gemäß § 97 Abs. 2 Nr. 24d. Ein Verstoß gegen die in §§ 63c Abs. 2, 63h Abs. 2, 63i Abs. 2 S. 1 normierten Anzeigepflichten ist eine Ordnungswidrigkeit nach § 97 Abs. 2 Nr. 7 (Buchstabe b). Dies gilt auch für den Stufenplanbeauftragten, soweit er seiner Anzeigepflicht hinsichtlich der Arzneimittelsicherheit nicht nachkommt (§ 63a Abs. 1 S. 3). Nach § 97 Abs. 2 Nr. 24e handelt ordnungswidrig, wer entgegen § 63b Abs. 1 ein Pharmakovigilanzsystem nicht betreibt. Weitere Ordnungswidrigkeiten, die für den 10. Abschnitt von Bedeutung sind, finden sich in § 97 Abs. 2 Nr. 24f ff. Neben den ordnungswidrigkeitenrechtlichen Sanktionsnormen des AMG können auch die sanktionenrechtlichen Vorschriften der Arzneimittel- und Wirkstoffherstellungsverordnung (AMWHV)[6] einschlägig sein.

5   Die der Bundesoberbehörde und dem Ministerium nach §§ 62 f. obliegenden Gefahrenabwendungsaufgaben haben Bedeutung für die strafrechtliche Verantwortlichkeit der jeweils zuständigen **Amtsträger:** Diese können sich nach den allgemeinen Grundsätzen wegen **begehungsgleichen Unterlassens** strafbar machen.[7] Kommt es zB infolge der Pflichtvergessenheit eines Amtsträgers zu von Rechts wegen zu vermeidenden körperlichen Beeinträchtigungen bei Arzneimittelkonsumenten, liegen die Voraussetzungen von Körperverletzungen nach § 229 StGB iVm § 13 StGB vor. Entsprechendes gilt selbstverständlich mit Blick auf die aus § 63a abzuleitenden Verkehrspflichten für den im pharmazeutischen Unter-

---

[5] *Rehmann* § 63a Rn. 2.
[6] Arzneimittel- und Wirkstoffherstellungsverordnung vom 3.11.2006, BGBl. I S. 2523 (FNA 2121-51-46). Die AMWHV hat die PharmBetrVO vom 8.3.1985, BGBl. I S. 546 (FNA 2121-51-8) abgelöst.
[7] S. dazu *Georgy,* Die strafrechtliche Verantwortlichkeit von Amtsträgern für Arzneimittelrisiken, 2011, S. 158 ff. Näher zur Amtsträgerverantwortlichkeit wegen begehungsgleichen Unterlassens *Freund,* Erfolgsdelikt und Unterlassen, 1992, S. 260 f., 291 ff., 305 ff.; *Putz,* Strafrechtliche Produktverantwortlichkeit, insbesondere bei Arzneimitteln, 2004, S. 24 ff. – Allg. zu den Anforderungen der Strafbarkeit → Vor § 95 Rn. 2 ff.

nehmen Zuständigen, der seinen Pflichten mit der Folge nicht genügt, dass andere Menschen Körperbeeinträchtigungen erleiden.

Elfter Abschnitt. Überwachung

§ 64 Durchführung der Überwachung

(1) ¹Betriebe und Einrichtungen, in denen Arzneimittel hergestellt, geprüft, gelagert, verpackt oder in den Verkehr gebracht werden, in denen sonst mit ihnen Handel getrieben wird oder die Arzneimittel einführen oder in denen mit den genannten Tätigkeiten im Zusammenhang stehende Aufzeichnungen aufbewahrt werden, unterliegen insoweit der Überwachung durch die zuständige Behörde; das Gleiche gilt für Betriebe und Einrichtungen, die Arzneimittel entwickeln, klinisch prüfen, einer Rückstandsprüfung unterziehen oder Arzneimittel nach § 47a Abs. 1 Satz 1 oder zur Anwendung bei Tieren bestimmte Arzneimittel erwerben oder anwenden oder in denen mit den genannten Tätigkeiten im Zusammenhang stehende Aufzeichnungen aufbewahrt werden. ²Die Entwicklung, Herstellung, Prüfung, Lagerung, Verpackung, Einfuhr und das Inverkehrbringen von Wirkstoffen und anderen zur Arzneimittelherstellung bestimmten Stoffen und von Gewebe, der sonstige Handel mit diesen Wirkstoffen und Stoffen sowie die mit den genannten Tätigkeiten im Zusammenhang stehende Aufbewahrung von Aufzeichnungen unterliegen der Überwachung, soweit sie durch eine Rechtsverordnung nach § 54, nach § 12 des Transfusionsgesetzes oder nach § 16a des Transplantationsgesetzes geregelt sind. ³Im Fall des § 14 Absatz 4 Nummer 4 und des § 20b Absatz 2 unterliegen die Entnahmeeinrichtungen und Labore der Überwachung durch die für sie örtlich zuständige Behörde; im Fall des § 20c Absatz 2 Satz 2 unterliegen die beauftragten Betriebe der Überwachung durch die für sie örtlich zuständige Behörde. ⁴Satz 1 gilt auch für Personen, die diese Tätigkeiten berufsmäßig ausüben oder Arzneimittel nicht ausschließlich für den Eigenbedarf mit sich führen, für den Sponsor einer klinischen Prüfung oder seinen Vertreter nach § 40 Abs. 1 Satz 3 Nr. 1 sowie für Personen oder Personenvereinigungen, die Arzneimittel für andere sammeln. ⁵Satz 1 findet keine Anwendung auf die Rekonstitution, soweit es sich nicht um Arzneimittel handelt, die zur klinischen Prüfung bestimmt sind.

(2) ¹Die mit der Überwachung beauftragten Personen müssen diese Tätigkeit hauptberuflich ausüben. ²Die zuständige Behörde kann Sachverständige beiziehen. ³Sie soll Angehörige der zuständigen Bundesoberbehörde als Sachverständige beteiligen, soweit es sich um Blutzubereitungen, Gewebe und Gewebezubereitungen, radioaktive Arzneimittel, gentechnisch hergestellte Arzneimittel, Sera, Impfstoffe, Allergene, Arzneimittel für neuartige Therapien, xenogene Arzneimittel oder um Wirkstoffe oder andere Stoffe, die menschlicher, tierischer oder mikrobieller Herkunft sind oder die auf gentechnischem Wege hergestellt werden, handelt. ⁴Bei Apotheken, die keine Krankenhausapotheken sind oder die einer Erlaubnis nach § 13 nicht bedürfen, kann die zuständige Behörde Sachverständige mit der Überwachung beauftragen.

(3) ¹Die zuständige Behörde hat sich davon zu überzeugen, dass die Vorschriften über Arzneimittel, Wirkstoffe und andere zur Arzneimittelherstellung bestimmte Stoffe sowie über Gewebe, über die Werbung auf dem Gebiete des Heilwesens, des Zweiten Abschnitts des Transfusionsgesetzes, der Abschnitte 2, 3 und 3a des Transplantationsgesetzes und über das Apothekenwesen beachtet werden. ²Sie hat dafür auf der Grundlage eines Überwachungssystems unter besonderer Berücksichtigung möglicher Risiken in angemessenen Zeitabständen und in angemessenem Umfang

sowie erforderlichenfalls auch unangemeldet Inspektionen vorzunehmen und wirksame Folgemaßnahmen festzulegen. [3]Sie hat auch Arzneimittelproben amtlich untersuchen zu lassen.

(3a) [1]Betriebe und Einrichtungen, die einer Erlaubnis nach den §§ 13, 20c, 72, 72b Absatz 1 oder § 72c bedürfen, sowie tierärztliche Hausapotheken sind in der Regel alle zwei Jahre nach Absatz 3 zu überprüfen. [2]Die zuständige Behörde erteilt die Erlaubnis nach den §§ 13, 20c, 52a, 72, 72b Absatz 1 oder § 72c erst, wenn sie sich durch eine Inspektion davon überzeugt hat, dass die Voraussetzungen für die Erlaubniserteilung vorliegen.

(3b) [1]Die zuständige Behörde führt die Inspektionen zur Überwachung der Vorschriften über den Verkehr mit Arzneimitteln, die zur Anwendung bei Menschen bestimmt sind, gemäß den Leitlinien der Europäischen Kommission nach Artikel 111a der Richtlinie 2001/83/EG durch, soweit es sich nicht um die Überwachung der Durchführung klinischer Prüfung handelt. [2]Sie arbeitet mit der Europäischen Arzneimittel-Agentur durch Austausch von Informationen über geplante und durchgeführte Inspektionen sowie bei der Koordinierung von Inspektionen von Betrieben und Einrichtungen in Ländern, die nicht Mitgliedstaaten der Europäischen Union oder andere Vertragsstaaten des Abkommens über den Europäischen Wirtschaftsraum sind, zusammen.

(3c) [1]Die Inspektionen können auch auf Ersuchen eines anderen Mitgliedstaates, der Europäischen Kommission oder der Europäischen Arzneimittel-Agentur durchgeführt werden. [2]Unbeschadet etwaiger Abkommen zwischen der Europäischen Union und Ländern, die nicht Mitgliedstaaten der Europäischen Union oder andere Vertragsstaaten des Abkommens über den Europäischen Wirtschaftsraum sind, kann die zuständige Behörde einen Hersteller in dem Land, das nicht Mitgliedstaat der Union oder Vertragsstaat des Abkommens über den Europäischen Wirtschaftsraum ist, auffordern, sich einer Inspektion nach den Vorgaben der Europäischen Union zu unterziehen.

(3d) [1]Über die Inspektion ist ein Bericht zu erstellen. [2]Die zuständige Behörde, die die Inspektion durchgeführt hat, teilt den überprüften Betrieben, Einrichtungen oder Personen den Inhalt des Berichtsentwurfs mit und gibt ihnen vor dessen endgültiger Fertigstellung Gelegenheit zur Stellungnahme.

(3e) Führt die Inspektion nach Auswertung der Stellungnahme nach Absatz 3d Satz 2 zu dem Ergebnis, dass die Betriebe, Einrichtungen oder Personen den gesetzlichen Vorschriften nicht entsprechen, so wird diese Information, soweit die Grundsätze und Leitlinien der Guten Herstellungspraxis oder der Guten Vertriebspraxis des Rechts der Europäischen Union für Arzneimittel zur Anwendung beim Menschen oder die Grundsätze und Leitlinien der Guten Herstellungspraxis des Rechts der Europäischen Union für Arzneimittel zur Anwendung bei Tieren betroffen sind, in die Datenbank nach § 67a eingegeben.

(3f) [1]Innerhalb von 90 Tagen nach einer Inspektion zur Überprüfung der Guten Herstellungspraxis oder der Guten Vertriebspraxis wird den überprüften Betrieben, Einrichtungen oder Personen ein Zertifikat ausgestellt, wenn die Inspektion zu dem Ergebnis geführt hat, dass die entsprechenden Grundsätze und Leitlinien eingehalten werden. [2]Die Gültigkeitsdauer des Zertifikates über die Einhaltung der Grundsätze und Leitlinien der Guten Herstellungspraxis soll drei Jahre, die des Zertifikates über die Einhaltung der Grundsätze und Leitlinien der Guten Vertriebspraxis fünf Jahre nicht überschreiten. [3]Das Zertifikat ist zurückzunehmen, wenn nachträglich bekannt wird, dass die Voraussetzungen nicht vorgelegen haben; es ist zu widerrufen, wenn die Voraussetzungen nicht mehr gegeben sind.

(3g) [1]Die Angaben über die Ausstellung, die Versagung, die Rücknahme oder den Widerruf eines Zertifikates über die Einhaltung der Grundsätze und Leitlinien der Guten Herstellungspraxis sind in eine Datenbank nach § 67a einzugeben. ²Das gilt auch für die Erteilung, die Rücknahme, den Widerruf oder das Ruhen einer Erlaubnis nach § 13 oder § 72 Absatz 1 und 2 sowie für die Registrierung und Löschung von Arzneimittelvermittlern oder von Betrieben und Einrichtungen, die Wirkstoffe herstellen, einführen oder sonst mit ihnen Handel treiben, ohne einer Erlaubnis zu bedürfen. ³Die Angaben über die Ausstellung, die Versagung, die Rücknahme oder den Widerruf einer Erlaubnis nach § 52a sowie eines Zertifikates über die Einhaltung der Grundsätze und Leitlinien der Guten Vertriebspraxis sind in eine Datenbank der Europäischen Arzneimittel-Agentur nach Artikel 111 Absatz 6 der Richtlinie 2001/83/EG einzugeben.

(3h) ¹Die Absätze 3b, 3c und 3e bis 3g finden keine Anwendung auf tierärztliche Hausapotheken sowie auf Betriebe und Einrichtungen, die ausschließlich Fütterungsarzneimittel herstellen. ²Darüber hinaus findet Absatz 3d Satz 2 auf tierärztliche Hausapotheken keine Anwendung.

(3i) ¹Abweichend von Absatz 3c hat die zuständige Behörde über ein begründetes Ersuchen eines anderen Mitgliedstaates der Europäischen Union zu entscheiden, in den Gewebe oder Gewebezubereitungen verbracht werden sollen, die zuvor in den Geltungsbereich dieses Gesetzes eingeführt wurden, eine einführende Gewebeeinrichtung, die der Erlaubnispflicht des § 72b Absatz 1 oder des § 72c Absatz 1 unterliegt, zu inspizieren oder sonstige Überwachungsmaßnahmen durchzuführen. ²Der andere Mitgliedstaat erhält zuvor Gelegenheit zur Stellungnahme. ³Die Sätze 1 und 2 gelten entsprechend für ein begründetes Ersuchen eines anderen Mitgliedstaates der Europäischen Union, in den hämatopoetische Stammzellen oder Stammzellzubereitungen aus dem peripheren Blut oder aus dem Nabelschnurblut verbracht werden sollen, die zuvor in den Geltungsbereich dieses Gesetzes eingeführt wurden, eine einführende Einrichtung, die der Erlaubnispflicht nach § 72 Absatz 4 oder § 72c Absatz 4 Satz 1 in Verbindung mit Absatz 1 unterliegt, zu inspizieren oder sonstige Überwachungsmaßnahmen durchzuführen.

(3j) ¹Im Fall einer Inspektion nach Absatz 3i kann die zuständige Behörde auf ein Ersuchen der zuständigen Behörde des anderen Mitgliedstaates der Europäischen Union gestatten, dass beauftragte Personen dieses Mitgliedstaates die Inspektion begleiten. ²Eine Ablehnung des Ersuchens muss die zuständige Behörde gegenüber der zuständigen Behörde des anderen Mitgliedstaates begründen. ³Die begleitenden Personen sind befugt, zusammen mit den mit der Überwachung beauftragten Personen Grundstücke, Geschäftsräume, Betriebsräume und Beförderungsmittel zu den üblichen Geschäftszeiten zu betreten und zu besichtigen.

(4) Die mit der Überwachung beauftragten Personen sind befugt
1. Grundstücke, Geschäftsräume, Betriebsräume, Beförderungsmittel und zur Verhütung dringender Gefahr für die öffentliche Sicherheit und Ordnung auch Wohnräume zu den üblichen Geschäftszeiten zu betreten, zu besichtigen sowie in Geschäftsräumen, Betriebsräumen und Beförderungsmitteln zur Dokumentation Bildaufzeichnungen anzufertigen, in denen eine Tätigkeit nach Absatz 1 ausgeübt wird; das Grundrecht des Artikels 13 des Grundgesetzes auf Unverletzlichkeit der Wohnung wird insoweit eingeschränkt,
2. Unterlagen über Entwicklung, Herstellung, Prüfung, klinische Prüfung oder Rückstandsprüfung, Erwerb, Einfuhr, Lagerung, Verpackung, Inverkehrbringen und sonstigen Verbleib der Arzneimittel sowie über das im Verkehr befindliche Werbematerial und über die nach § 94 erforderliche Deckungsvorsorge einzusehen,
2a. Abschriften oder Ablichtungen von Unterlagen nach Nummer 2 oder Ausdrucke oder Kopien von Datenträgern, auf denen Unterlagen nach Nummer 2

gespeichert sind, anzufertigen oder zu verlangen, soweit es sich nicht um personenbezogene Daten von Patienten handelt,

3. von natürlichen und juristischen Personen und nicht rechtsfähigen Personenvereinigungen alle erforderlichen Auskünfte, insbesondere über die in Nummer 2 genannten Betriebsvorgänge zu verlangen,

4. vorläufige Anordnungen, auch über die Schließung des Betriebes oder der Einrichtung zu treffen, soweit es zur Verhütung dringender Gefahren für die öffentliche Sicherheit und Ordnung geboten ist.

(4a) Soweit es zur Durchführung dieses Gesetzes oder der auf Grund dieses Gesetzes erlassenen Rechtsverordnungen oder der Verordnung (EG) Nr. 726/2004 erforderlich ist, dürfen auch die Sachverständigen der Mitgliedstaaten der Europäischen Union, soweit sie die mit der Überwachung beauftragten Personen begleiten, Befugnisse nach Absatz 4 Nr. 1 wahrnehmen.

(5) Der zur Auskunft Verpflichtete kann die Auskunft auf solche Fragen verweigern, deren Beantwortung ihn selbst oder einen seiner in § 383 Abs. 1 Nr. 1 bis 3 der Zivilprozessordnung bezeichneten Angehörigen der Gefahr strafrechtlicher Verfolgung oder eines Verfahrens nach dem Gesetz über Ordnungswidrigkeiten aussetzen würde.

(6) [1]Das Bundesministerium wird ermächtigt, durch Rechtsverordnung mit Zustimmung des Bundesrates Regelungen über die Wahrnehmung von Überwachungsaufgaben in den Fällen festzulegen, in denen Arzneimittel von einem pharmazeutischen Unternehmer im Geltungsbereich des Gesetzes in den Verkehr gebracht werden, der keinen Sitz im Geltungsbereich des Gesetzes hat, soweit es zur Durchführung der Vorschriften über den Verkehr mit Arzneimitteln sowie über die Werbung auf dem Gebiete des Heilwesens erforderlich ist. [2]Dabei kann die federführende Zuständigkeit für Überwachungsaufgaben, die sich auf Grund des Verbringens eines Arzneimittels aus einem bestimmten Mitgliedstaat der Europäischen Union ergeben, jeweils einem bestimmten Land oder einer von den Ländern getragenen Einrichtung zugeordnet werden. [3]Die Rechtsverordnung wird vom Bundesministerium für Ernährung und Landwirtschaft im Einvernehmen mit dem Bundesministerium erlassen, soweit es sich um Arzneimittel handelt, die zur Anwendung bei Tieren bestimmt sind.

§ 65 Probenahme

(1) [1]Soweit es zur Durchführung der Vorschriften über den Verkehr mit Arzneimitteln, über die Werbung auf dem Gebiete des Heilwesens, des Zweiten Abschnitts des Transfusionsgesetzes, der Abschnitte 2, 3 und 3a des Transplantationsgesetzes und über das Apothekenwesen erforderlich ist, sind die mit der Überwachung beauftragten Personen befugt, gegen Empfangsbescheinigung Proben nach ihrer Auswahl zum Zwecke der Untersuchung zu fordern oder zu entnehmen. [2]Diese Befugnis erstreckt sich insbesondere auf die Entnahme von Proben von Futtermitteln, Tränkwasser und bei lebenden Tieren, einschließlich der dabei erforderlichen Eingriffe an diesen Tieren. [3]Soweit der pharmazeutische Unternehmer nicht ausdrücklich darauf verzichtet, ist ein Teil der Probe oder, sofern die Probe nicht oder ohne Gefährdung des Untersuchungszwecks nicht in Teile von gleicher Qualität teilbar ist, ein zweites Stück der gleichen Art, wie das als Probe entnommene, zurückzulassen.

(2) [1]Zurückzulassende Proben sind amtlich zu verschließen oder zu versiegeln. [2]Sie sind mit dem Datum der Probenahme und dem Datum des Tages zu versehen, nach dessen Ablauf der Verschluss oder die Versiegelung als aufgehoben gelten.

(3) Für Proben, die nicht bei dem pharmazeutischen Unternehmer entnommen werden, ist durch den pharmazeutischen Unternehmer eine angemessene Entschädigung zu leisten, soweit nicht ausdrücklich darauf verzichtet wird.

(4) Als privater Sachverständiger zur Untersuchung von Proben, die nach Absatz 1 Satz 2 zurückgelassen sind, kann nur bestellt werden, wer
1. die Sachkenntnis nach § 15 besitzt. Anstelle der praktischen Tätigkeit nach § 15 Abs. 1 und 4 kann eine praktische Tätigkeit in der Untersuchung und Begutachtung von Arzneimitteln in Arzneimitteluntersuchungsstellen oder in anderen gleichartigen Arzneimittelinstituten treten,
2. die zur Ausübung der Tätigkeit als Sachverständiger zur Untersuchung von amtlichen Proben erforderliche Zuverlässigkeit besitzt und
3. über geeignete Räume und Einrichtungen für die beabsichtigte Untersuchung und Begutachtung von Arzneimitteln verfügt.

§ 66 Duldungs- und Mitwirkungspflicht

(1) ¹Wer der Überwachung nach § 64 Abs. 1 unterliegt, ist verpflichtet, die Maßnahmen nach den §§ 64 und 65 zu dulden und die in der Überwachung tätigen Personen bei der Erfüllung ihrer Aufgaben zu unterstützen, insbesondere ihnen auf Verlangen die Räume und Beförderungsmittel zu bezeichnen, Räume, Behälter und Behältnisse zu öffnen, Auskünfte zu erteilen und die Entnahme der Proben zu ermöglichen. ²Die gleiche Verpflichtung besteht für die sachkundige Person nach § 14, die verantwortliche Person nach § 20c, den Stufenplanbeauftragten, Informationsbeauftragten, die verantwortliche Person nach § 52a [bis unbestimmtem Zeitpunkt, siehe Gesetzeskopf Fn. 4:] und den Leiter der klinischen Prüfung sowie deren Vertreter [ab unbestimmtem Zeitpunkt, siehe Gesetzeskopf Fn. 4: *und den Hauptprüfer und den Prüfer*], auch im Hinblick auf Anfragen der zuständigen Bundesoberbehörde.

(2) Die Duldungs- und Mitwirkungspflicht nach Absatz 1 findet entsprechende Anwendung auf Maßnahmen der Bundesoberbehörden nach § 25 Absatz 5 Satz 4 oder Absatz 8 Satz 2 und 3 oder nach § 62 Absatz 6.

§ 67 Allgemeine Anzeigepflicht

(1) ¹Betriebe und Einrichtungen, die Arzneimittel entwickeln, herstellen, klinisch prüfen oder einer Rückstandsprüfung unterziehen, prüfen, lagern, verpacken, einführen, in den Verkehr bringen oder sonst mit ihnen Handel treiben, haben dies vor der Aufnahme der Tätigkeiten der zuständigen Behörde [bis unbestimmtem Zeitpunkt, siehe Gesetzeskopf Fn. 4:], *bei einer klinischen Prüfung bei Menschen auch der zuständigen Bundesoberbehörde, anzuzeigen.* ²Satz 1 gilt entsprechend für Einrichtungen, die Gewebe gewinnen, die die für die Gewinnung erforderliche Laboruntersuchung durchführen, Gewebe be- oder verarbeiten, konservieren, prüfen, lagern, einführen oder in Verkehr bringen. ³Die Entwicklung von Arzneimitteln ist anzuzeigen, soweit sie durch eine Rechtsverordnung nach § 54 geregelt ist. ⁴Das Gleiche gilt für Personen, die diese Tätigkeiten selbständig und berufsmäßig ausüben, sowie für Personen oder Personenvereinigungen, die Arzneimittel für andere sammeln. ⁵In der Anzeige sind die Art der Tätigkeit und die Betriebsstätte anzugeben; werden Arzneimittel gesammelt, so ist das Nähere über die Art der Sammlung und über die Lagerstätte anzugeben. [Satz 6 bis unbestimmtem Zeitpunkt, siehe Gesetzeskopf Fn. 4:] ⁶*Ist nach Satz 1 eine klinische Prüfung bei Menschen anzuzeigen, so sind der zuständigen Behörde auch deren Sponsor, sofern vorhanden dessen Vertreter nach § 40 Absatz 1 Satz 3 Nummer 1 sowie der Prüfer und sein*

Stellvertreter, soweit erforderlich auch mit Angabe der Stellung als Leiter der klinischen Prüfung, namentlich zu benennen. [7][ab unbestimmtem Zeitpunkt, siehe Gesetzeskopf Fn. 4: [6]] **Die** [bis unbestimmtem Zeitpunkt, siehe Gesetzeskopf Fn. 4:] **Sätze 1 bis 5** [ab unbestimmtem Zeitpunkt, siehe Gesetzeskopf Fn. 4: *Sätze 1 und 3 bis 5*] **gelten entsprechend für Betriebe und Einrichtungen, die Wirkstoffe oder andere zur Arzneimittelherstellung bestimmte Stoffe herstellen, prüfen, lagern, verpacken, einführen, in den Verkehr bringen oder sonst mit ihnen Handel treiben, soweit diese Tätigkeiten durch eine Rechtsverordnung nach § 54 geregelt sind.** [8][ab unbestimmtem Zeitpunkt, siehe Gesetzeskopf Fn. 4: [7]] **Satz 1 findet keine Anwendung auf die Rekonstitution, soweit es sich nicht um Arzneimittel handelt, die zur klinischen Prüfung bestimmt sind.** [9]**Die Sätze 1 bis 5 und 7 gelten auch für Betriebe und Einrichtungen, die mit den dort genannten Tätigkeiten im Zusammenhang stehende Aufzeichnungen aufbewahren.**

(2) Ist die Herstellung von Arzneimitteln beabsichtigt, für die es einer Erlaubnis nach § 13 nicht bedarf, so sind die Arzneimittel mit ihrer Bezeichnung und Zusammensetzung anzuzeigen.

(3) [1]**Nachträgliche Änderungen sind ebenfalls anzuzeigen.** [2]**Bei Betrieben und Einrichtungen, die Wirkstoffe herstellen, einführen oder sonst mit ihnen Handel treiben, genügt jährlich eine Anzeige, sofern die Änderungen keine Auswirkungen auf die Qualität oder Sicherheit der Wirkstoffe haben können.**

(3a) Ist nach Absatz 1 der Beginn einer klinischen Prüfung bei Menschen anzuzeigen, so sind deren Verlauf, Beendigung und Ergebnisse der zuständigen Bundesoberbehörde mitzuteilen; das Nähere wird in der Rechtsverordnung nach § 42 bestimmt.

(3b) Betriebe und Einrichtungen, die mit den in Absatz 1 Satz 1 bis 4 und 7 genannten Tätigkeiten im Zusammenhang stehende Aufzeichnungen außerhalb der von der Erlaubnis nach den §§ 13, 20b, 20c, 52a, 72b oder 72c erfassten Räume aufbewahren lassen, haben dies vor Aufnahme der Tätigkeit der zuständigen Behörde anzuzeigen; dies gilt auch für nachträgliche Änderungen.

(4) [1]**Die Absätze 1 bis 3 gelten nicht für diejenigen, die eine Erlaubnis nach § 13, § 20b, § 20c, § 52a, § 72, § 72b oder § 72c haben, für Apotheken nach dem Gesetz über das Apothekenwesen** [ab unbestimmtem Zeitpunkt, siehe Gesetzeskopf Fn. 2: *und für klinische Prüfungen bei Menschen mit Arzneimitteln, die in den Anwendungsbereich der Verordnung (EU) Nr. 536/2014 fallen*]. [2]**Absatz 2 gilt nicht für tierärztliche Hausapotheken.**

(5) [1]**Wer als pharmazeutischer Unternehmer ein Arzneimittel, das nach § 36 Absatz 1 von der Pflicht zur Zulassung freigestellt ist, in den Verkehr bringt, hat dies zuvor der zuständigen Bundesoberbehörde und der zuständigen Behörde anzuzeigen.** [2]**In der Anzeige sind der Hersteller, die verwendete Bezeichnung, die verwendeten nicht wirksamen Bestandteile, soweit sie nicht in der Verordnung nach § 36 Absatz 1 festgelegt sind, sowie die tatsächliche Zusammensetzung des Arzneimittels, soweit die Verordnung nach § 36 Absatz 1 diesbezügliche Unterschiede erlaubt, anzugeben.** [3]**Anzuzeigen sind auch jede Änderung der Angaben und die Beendigung des Inverkehrbringens.**

(6) [1]**Wer Untersuchungen durchführt, die dazu bestimmt sind, Erkenntnisse bei der Anwendung zugelassener oder registrierter Arzneimittel zu sammeln, hat dies der zuständigen Bundesoberbehörde, der Kassenärztlichen Bundesvereinigung, dem Spitzenverband Bund der Krankenkassen und dem Verband der Privaten Krankenversicherung e.V. unverzüglich anzuzeigen.** [2]**Dabei sind Ort, Zeit, Ziel und Beobachtungsplan der Anwendungsbeobachtung anzugeben sowie gegenüber der Kassenärztlichen Bundesvereinigung und dem Spitzenverband Bund der Krankenkassen die**

beteiligten Ärzte namentlich mit Angabe der lebenslangen Arztnummer zu benennen. [3]Entschädigungen, die an Ärzte für ihre Beteiligung an Untersuchungen nach Satz 1 geleistet werden, sind nach ihrer Art und Höhe so zu bemessen, dass kein Anreiz für eine bevorzugte Verschreibung oder Empfehlung bestimmter Arzneimittel entsteht. [4]Sofern beteiligte Ärzte Leistungen zu Lasten der gesetzlichen Krankenversicherung erbringen, sind bei Anzeigen nach Satz 1 auch die Art und die Höhe der jeweils an sie tatsächlich geleisteten Entschädigungen anzugeben sowie jeweils eine Ausfertigung der mit ihnen geschlossenen Verträge und jeweils eine Darstellung des Aufwandes für die beteiligten Ärzte und eine Begründung für die Angemessenheit der Entschädigung zu übermitteln. [5]Sofern sich bei den in Satz 4 genannten Informationen Änderungen ergeben, sind die jeweiligen Informationen nach Satz 4 vollständig in der geänderten, aktualisierten Form innerhalb von vier Wochen nach jedem Quartalsende zu übermitteln; die tatsächlich geleisteten Entschädigungen sind mit Zuordnung zu beteiligten Ärzten namentlich mit Angabe der lebenslangen Arztnummer zu übermitteln. [6]Innerhalb eines Jahres nach Abschluss der Datenerfassung sind unter Angabe der insgesamt beteiligten Ärzte die Anzahl der jeweils und insgesamt beteiligten Patienten und Art und Höhe der jeweils und insgesamt geleisteten Entschädigungen zu übermitteln. [7]Der zuständigen Bundesoberbehörde ist innerhalb eines Jahres nach Abschluss der Datenerfassung bei Untersuchungen mit Arzneimitteln, die zur Anwendung bei Menschen bestimmt sind, ein Abschlussbericht zu übermitteln. [8][bis unbestimmtem Zeitpunkt, siehe Gesetzeskopf Fn. 4:] § 42b Absatz 3 Satz 1 und 4 [ab unbestimmtem Zeitpunkt, siehe Gesetzeskopf Fn. 4: *§ 42b Absatz 2 Satz 1 und 4]* gilt entsprechend. [9]Die Angaben nach diesem Absatz sind bei Untersuchungen mit Arzneimitteln, die zur Anwendung bei Menschen bestimmt sind, elektronisch zu übermitteln. [10]Hierfür machen die zuständigen Bundesoberbehörden elektronische Formatvorgaben bekannt; die zuständige Bundesoberbehörde hat ihr übermittelte Anzeigen und Abschlussberichte der Öffentlichkeit über ein Internetportal zur Verfügung zu stellen. [11]Für die Veröffentlichung der Anzeigen gilt [bis unbestimmtem Zeitpunkt, siehe Gesetzeskopf Fn. 4:] § 42b Absatz 3 Satz 4 [ab unbestimmtem Zeitpunkt, siehe Gesetzeskopf Fn. 4: *§ 42b Absatz 2 Satz 4]* entsprechend. [12]Die Sätze 4 bis 6 gelten nicht für Anzeigen gegenüber der zuständigen Bundesoberbehörde. [13]Die Kassenärztliche Bundesvereinigung, der Spitzenverband Bund der Krankenkassen und der Verband der Privaten Krankenversicherung e. V. legen einvernehmlich Formatvorgaben für die elektronische Übermittlung der an sie zu richtenden Angaben fest und geben diese bekannt. [14]Für Arzneimittel, die zur Anwendung bei Tieren bestimmt sind, sind die Anzeigen nach Satz 1 nur gegenüber der zuständigen Bundesoberbehörde zu erstatten. [15]Die Sätze 1 bis 12 und 14 gelten nicht für [bis unbestimmtem Zeitpunkt, siehe Gesetzeskopf Fn. 4:] Unbedenklichkeitsprüfungen [ab unbestimmtem Zeitpunkt, siehe Gesetzeskopf Fn. 4: *Unbedenklichkeitsstudien]* nach § 63 f.

(7) [1]Wer beabsichtigt, gewerbs- oder berufsmäßig Arzneimittel, die in einem anderen Mitgliedstaat der Europäischen Union zum Inverkehrbringen durch einen anderen pharmazeutischen Unternehmer zugelassen sind, erstmalig aus diesem Mitgliedstaat in den Geltungsbereich des Gesetzes zum Zweck des Inverkehrbringens im Geltungsbereich des Gesetzes zu verbringen, hat dies dem Inhaber der Zulassung vor der Aufnahme der Tätigkeit anzuzeigen. [2]Für Arzneimittel, für die eine Genehmigung für das Inverkehrbringen gemäß der Verordnung (EG) Nr. 726/2004 erteilt worden ist, gilt Satz 1 mit der Maßgabe, dass die Anzeige dem Inhaber der Genehmigung und der Europäischen Arzneimittel-Agentur zu übermitteln ist. [3]An die Agentur ist eine Gebühr für die Überprüfung der Einhaltung der Bedingungen, die in den unionsrechtlichen Rechtsvorschriften über Arzneimittel und den Genehmigungen für das Inverkehrbringen festgelegt sind, zu entrichten; die Bemessung der Gebühr richtet sich nach den unionsrechtlichen Rechtsvorschriften.

[Abs. 8 ab unbestimmtem Zeitpunkt, siehe Gesetzeskopf Fn. 2:]

(8) ¹Wer zum Zweck des Einzelhandels Arzneimittel, die zur Anwendung bei Menschen bestimmt sind, im Wege des Versandhandels über das Internet anbieten will, hat dies vor Aufnahme der Tätigkeit der zuständigen Behörde unter Angabe des Namens oder der Firma und der Anschrift des Ortes, von dem aus die Arzneimittel geliefert werden sollen, und die Adresse jedes Internetportals einschließlich aller Angaben zu deren Identifizierung anzuzeigen. ²Nachträgliche Änderungen sind ebenfalls anzuzeigen. ³Die zuständige Behörde übermittelt diese Informationen an eine Datenbank nach § 67a. ⁴Das Internetportal nach Satz 1 muss den Namen und die Adresse der zuständigen Behörde und ihre sonstigen Kontaktdaten, das gemeinsame Versandhandelslogo nach Artikel 85c der Richtlinie 2001/83/EG aufweisen und eine Verbindung zum Internetportal des Deutschen Instituts für Medizinische Dokumentation und Information haben.

§ 67a Datenbankgestütztes Informationssystem

(1) ¹Die für den Vollzug dieses Gesetzes zuständigen Behörden des Bundes und der Länder wirken mit dem Deutschen Institut für Medizinische Dokumentation und Information (DIMDI) zusammen, um ein gemeinsam nutzbares zentrales Informationssystem über Arzneimittel und Wirkstoffe sowie deren Hersteller oder Einführer zu errichten. ²Dieses Informationssystem fasst die für die Erfüllung der jeweiligen Aufgaben behördenübergreifend notwendigen Informationen zusammen. ³Das Deutsche Institut für Medizinische Dokumentation und Information errichtet dieses Informationssystem auf der Grundlage der von den zuständigen Behörden oder Bundesoberbehörden nach der Rechtsverordnung nach Absatz 3 zur Verfügung gestellten Daten und stellt dessen laufenden Betrieb sicher. ⁴Daten aus dem Informationssystem werden an die zuständigen Behörden und Bundesoberbehörden zur Erfüllung ihrer im Gesetz geregelten Aufgaben sowie an die Europäische Arzneimittel-Agentur übermittelt. ⁵Die zuständigen Behörden und Bundesoberbehörden erhalten darüber hinaus für ihre im Gesetz geregelten Aufgaben Zugriff auf die aktuellen Daten aus dem Informationssystem. ⁶Eine Übermittlung an andere Stellen ist zulässig, soweit dies die Rechtsverordnung nach Absatz 3 vorsieht. ⁷Für seine Leistungen kann das Deutsche Institut für Medizinische Dokumentation und Information Entgelte verlangen. ⁸Diese werden in einem Entgeltkatalog festgelegt, der der Zustimmung des Bundesministeriums bedarf.

(2) ¹Das Deutsche Institut für Medizinische Dokumentation und Information stellt allgemein verfügbare Datenbanken mit Informationen zu Arzneimitteln über ein Internetportal bereit. ²Das Internetportal wird mit dem von der Europäischen Arzneimittel-Agentur eingerichteten europäischen Internetportal nach Artikel 26 der Verordnung (EG) Nr. 726/2004 für Arzneimittel verbunden. ³Darüber hinaus stellt das Deutsche Institut für Medizinische Dokumentation und Information Informationen zum Versandhandel mit Arzneimitteln, die zur Anwendung bei Menschen bestimmt sind, über ein allgemein zugängliches Internetportal zur Verfügung. ⁴Dieses Internetportal wird verbunden mit dem von der Europäischen Arzneimittel-Agentur betriebenen Internetportal, das Informationen zum Versandhandel und zum gemeinsamen Versandhandelslogo enthält. ⁵Das Deutsche Institut für Medizinische Dokumentation und Information gibt die Adressen der Internetportale im Bundesanzeiger bekannt.

(3) ¹Das Bundesministerium wird ermächtigt, Befugnisse zur Verarbeitung und Nutzung von Daten für die Zwecke der Absätze 1 und 2 und zur Erhebung von Daten für die Zwecke des Absatzes 2 im Einvernehmen mit dem Bundesministerium des Innern und dem Bundesministerium für Wirtschaft und Energie durch Rechtsverordnung¹ mit Zustimmung des Bundesrates einzuräumen und Regelun-

---

¹ Siehe die DIMDI-Arzneimittelverordnung.

gen zu treffen hinsichtlich der Übermittlung von Daten durch Behörden des Bundes und der Länder an das Deutsche Institut für Medizinische Dokumentation und Information, einschließlich der personenbezogenen und betriebsbezogenen Daten für die in diesem Gesetz geregelten Zwecke, und der Art, des Umfangs und der Anforderungen an die Daten. [2]In dieser Rechtsverordnung kann auch vorgeschrieben werden, dass Anzeigen auf elektronischen oder optischen Speichermedien erfolgen dürfen oder müssen, soweit dies für eine ordnungsgemäße Durchführung der Vorschriften über den Verkehr mit Arzneimitteln erforderlich ist. [3]Die Rechtsverordnung wird vom Bundesministerium für Ernährung und Landwirtschaft im Einvernehmen mit dem Bundesministerium, dem Bundesministerium des Innern und dem Bundesministerium für Wirtschaft und Energie erlassen, soweit es sich um Arzneimittel handelt, die zur Anwendung bei Tieren bestimmt sind.

(3a) [1]Das Bundesministerium für Ernährung und Landwirtschaft wird ermächtigt, im Einvernehmen mit dem Bundesministerium, dem Bundesministerium des Innern und dem Bundesministerium für Wirtschaft und Energie durch Rechtsverordnung mit Zustimmung des Bundesrates Regelungen zu treffen hinsichtlich der Übermittlung von Daten durch das Deutsche Institut für Medizinische Dokumentation und Information an Behörden des Bundes und der Länder, einschließlich der personenbezogenen und betriebsbezogenen Daten, zum Zweck wiederholter Beobachtungen, Untersuchungen und Bewertungen zur Erkennung von Risiken für die Gesundheit von Mensch und Tier durch die Anwendung bestimmter Arzneimittel, die zur Anwendung bei Tieren bestimmt sind, (Tierarzneimittel-Monitoring) sowie hinsichtlich der Art und des Umfangs der Daten sowie der Anforderungen an die Daten. [2]Absatz 3 Satz 2 gilt entsprechend.

(4) Die Rechtsverordnung nach den Absätzen 3 und 3a ergeht im Einvernehmen mit dem Bundesministerium für Umwelt, Naturschutz, Bau und Reaktorsicherheit, soweit es sich um radioaktive Arzneimittel oder um Arzneimittel handelt, bei deren Herstellung ionisierende Strahlen verwendet werden.

(5) Das Deutsche Institut für Medizinische Dokumentation und Information ergreift die notwendigen Maßnahmen, damit Daten nur den dazu befugten Personen übermittelt werden und nur diese Zugang zu diesen Daten erhalten.

§ 67b EU-Kompendium der Gewebeeinrichtungen, EU-Kompendium der Gewebe- und Zellprodukte, Unterrichtungspflichten

(1) [1]Die zuständigen Behörden der Länder geben die in Anhang VIII der Richtlinie 2006/86/EG in der jeweils geltenden Fassung genannten Angaben in das EU-Kompendium der Gewebeeinrichtungen ein. [2]Sie stellen sicher, dass jeder Einrichtung eine EU-Gewebeeinrichtungsnummer eindeutig zugeordnet wird.

(2) [1]Bei notwendigen Änderungen aktualisieren die zuständigen Behörden unverzüglich, spätestens nach zehn Werktagen, das EU-Kompendium der Gewebeeinrichtungen. [2]Als Änderungen nach Satz 1 gelten insbesondere
1. die erstmalige Erteilung einer Erlaubnis für Einrichtungen, die erlaubnispflichtige Tätigkeiten mit Geweben, Gewebezubereitungen, hämatopoetischen Stammzellen oder Stammzellzubereitungen aus dem peripheren Blut oder aus dem Nabelschnurblut durchführen,
2. Änderungen der Erlaubnis, einschließlich Änderungen im Hinblick auf
   a) eine neue Art von Geweben, Gewebezubereitungen, hämatopoetischen Stammzellen oder Stammzellzubereitungen aus dem peripheren Blut oder aus dem Nabelschnurblut,

b) eine neue Tätigkeit mit Geweben, Gewebezubereitungen, hämatopoetischen Stammzellen oder Stammzellzubereitungen aus dem peripheren Blut oder aus dem Nabelschnurblut oder

c) neue Nebenbestimmungen zur Erlaubnis,

3. jede Rücknahme oder jeder Widerruf der Erlaubnis,

4. eine freiwillige, auch teilweise Einstellung der Tätigkeit einer Einrichtung,

5. Änderungen der Angaben über eine Einrichtung im Sinne des Anhangs VIII der Richtlinie 2006/86/EG in der jeweils geltenden Fassung sowie

6. Änderungen wegen falscher Angaben im EU-Kompendium der Gewebeeinrichtungen.

(3) Die zuständigen Behörden unterrichten die zuständigen Behörden eines anderen Mitgliedstaates der Europäischen Union, wenn sie

1. im EU-Kompendium der Gewebeeinrichtungen falsche Angaben feststellen, die diesen Mitgliedstaat betreffen, oder

2. einen erheblichen Verstoß gegen die Bestimmungen über den Einheitlichen Europäischen Code im Zusammenhang mit diesem Mitgliedstaat feststellen.

(4) Die zuständigen Behörden unterrichten die Europäische Kommission und die zuständigen Behörden der anderen Mitgliedstaaten der Europäischen Union, wenn das EU-Kompendium der Gewebe- und Zellprodukte einer Aktualisierung bedarf.

§ 68 Mitteilungs- und Unterrichtungspflichten

(1) Die für die Durchführung dieses Gesetzes zuständigen Behörden und Stellen des Bundes und der Länder haben sich

1. die für den Vollzug des Gesetzes zuständigen Behörden, Stellen und Sachverständigen mitzuteilen und

2. bei Zuwiderhandlungen und bei Verdacht auf Zuwiderhandlungen gegen Vorschriften des Arzneimittelrechts, Heilmittelwerberechts oder Apothekenrechts für den jeweiligen Zuständigkeitsbereich unverzüglich zu unterrichten und bei der Ermittlungstätigkeit gegenseitig zu unterstützen.

(2) Die Behörden nach Absatz 1

1. erteilen der zuständigen Behörde eines anderen Mitgliedstaates der Europäischen Union oder bei Arzneimitteln, die zur Anwendung bei Menschen bestimmt sind, der Europäischen Arzneimittel-Agentur auf begründetes Ersuchen Auskünfte und übermitteln die erforderlichen Urkunden und Schriftstücke, soweit dies für die Überwachung der Einhaltung der arzneimittelrechtlichen, heilmittelwerberechtlichen und apothekenrechtlichen Vorschriften oder zur Verhütung oder zur Abwehr von Arzneimittelrisiken erforderlich ist,

2. überprüfen alle von der ersuchenden Behörde eines anderen Mitgliedstaates mitgeteilten Sachverhalte und teilen ihr das Ergebnis der Prüfung mit.

(3) [1]Die Behörden nach Absatz 1 teilen den zuständigen Behörden eines anderen Mitgliedstaates und der Europäischen Arzneimittel-Agentur oder der Europäischen Kommission alle Informationen mit, die für die Überwachung der Einhaltung der arzneimittelrechtlichen, heilmittelwerberechtlichen und apothekenrechtlichen Vorschriften in diesem Mitgliedstaat oder zur Verhütung oder zur Abwehr von Arzneimittelrisiken erforderlich sind. [2]In Fällen von Zuwiderhandlungen oder des Verdachts von Zuwiderhandlungen können auch die zuständigen Behörden anderer Mitgliedstaaten, das Bundesministerium, soweit es sich um Arzneimittel handelt, die zur Anwendung bei Tieren bestimmt sind, auch das Bundesministerium für Ernährung und Landwirtschaft, sowie die Europäische Arzneimittel-Agentur und die Europäische Kommission unterrichtet werden.

(4) ¹Die Behörden nach Absatz 1 können, soweit dies zur Einhaltung der arznei-mittelrechtlichen, heilmittelwerberechtlichen und apothekenrechtlichen Anforde-rungen oder zur Verhütung oder zur Abwehr von Arzneimittelrisiken erforderlich ist, auch die zuständigen Behörden anderer Staaten und die zuständigen Stellen des Europarates unterrichten. ²Absatz 2 Nummer 1 findet entsprechende Anwen-dung. ³Bei der Unterrichtung von Vertragsstaaten des Abkommens über den Euro-päischen Wirtschaftsraum, die nicht Mitgliedstaaten der Europäischen Union sind, erfolgt diese über die Europäische Kommission.

(5) ¹Der Verkehr mit den zuständigen Behörden anderer Staaten, Stellen des Europarates, der Europäischen Arzneimittel-Agentur und der Europäischen Kom-mission obliegt dem Bundesministerium. ²Das Bundesministerium kann diese Befugnis auf die zuständigen Bundesoberbehörden oder durch Rechtsverordnung mit Zustimmung des Bundesrates auf die zuständigen obersten Landesbehörden übertragen. ³Ferner kann das Bundesministerium im Einzelfall der zuständigen obersten Landesbehörde die Befugnis übertragen, sofern diese ihr Einverständnis damit erklärt. ⁴Die obersten Landesbehörden können die Befugnisse nach den Sätzen 2 und 3 auf andere Behörden übertragen. ⁵Soweit es sich um Arzneimittel handelt, die zur Anwendung bei Tieren bestimmt sind, tritt an die Stelle des Bundesministeriums das Bundesministerium für Ernährung und Landwirtschaft. ⁶Die Rechtsverordnung nach Satz 2 ergeht in diesem Fall im Einvernehmen mit dem Bundesministerium.

(5a) Im Fall der Überwachung der Werbung für Arzneimittel, die zur Anwen-dung bei Menschen bestimmt sind, obliegt dem Bundesamt für Verbraucherschutz und Lebensmittelsicherheit der Verkehr mit den zuständigen Behörden anderer Mitgliedstaaten der Europäischen Union und der Europäischen Kommission zur Durchführung der Verordnung (EG) Nr. 2006/2004 des Europäischen Parlaments und des Rates vom 27. Oktober 2004 über die Zusammenarbeit zwischen den für die Durchsetzung der Verbraucherschutzgesetze zuständigen nationalen Behörden (ABl. EU Nr. L 364 S. 1), geändert durch Artikel 16 Nr. 2 der Richtlinie 2005/29/ EG des Europäischen Parlaments und des Rates vom 11. Mai 2005 (ABl. EU Nr. L 149 S. 22) als zentraler Verbindungsstelle.

(6) ¹In den Fällen des Absatzes 3 Satz 2 und des Absatzes 4 unterbleibt die Über-mittlung personenbezogener Daten, soweit durch sie schutzwürdige Interessen der Betroffenen beeinträchtigt würden, insbesondere wenn beim Empfänger kein angemessener Datenschutzstandard gewährleistet ist. ²Personenbezogene Daten dürfen auch dann übermittelt werden, wenn beim Empfänger kein angemessener Datenschutzstandard gewährleistet ist, soweit dies aus Gründen des Gesundheits-schutzes erforderlich ist.

§ 69 Maßnahmen der zuständigen Behörden

(1) ¹Die zuständigen Behörden treffen die zur Beseitigung festgestellter Ver-stöße und die zur Verhütung künftiger Verstöße notwendigen Anordnungen. ²Sie können insbesondere das Inverkehrbringen von Arzneimitteln oder Wirkstoffen untersagen, deren Rückruf anordnen und diese sicherstellen, wenn

1. die erforderliche Zulassung oder Registrierung für das Arzneimittel nicht vor-liegt oder deren Ruhen angeordnet ist,

2. das Arzneimittel oder der Wirkstoff nicht nach den anerkannten pharmazeuti-schen Regeln hergestellt ist oder nicht die nach den anerkannten pharmazeuti-schen Regeln angemessene Qualität aufweist,

2a. der begründete Verdacht besteht, dass es sich um ein gefälschtes Arzneimittel oder einen gefälschten Wirkstoff handelt,

3. dem Arzneimittel die therapeutische Wirksamkeit fehlt,
4. der begründete Verdacht besteht, dass das Arzneimittel schädliche Wirkungen hat, die über ein nach den Erkenntnissen der medizinischen Wissenschaft vertretbares Maß hinausgehen,
5. die vorgeschriebenen Qualitätskontrollen nicht durchgeführt sind,
6. die erforderliche Erlaubnis für das Herstellen des Arzneimittels oder des Wirkstoffes oder das Verbringen in den Geltungsbereich des Gesetzes nicht vorliegt oder ein Grund zur Rücknahme oder zum Widerruf der Erlaubnis nach § 18 Abs. 1 gegeben ist oder
7. die erforderliche Erlaubnis zum Betreiben eines Großhandels nach § 52a nicht vorliegt oder ein Grund für die Rücknahme oder den Widerruf der Erlaubnis nach § 52a Abs. 5 gegeben ist.

[3]Im Falle des Satzes 2 Nummer 2 und 4 kann die zuständige Bundesoberbehörde den Rückruf eines Arzneimittels anordnen, sofern ihr Tätigwerden im Zusammenhang mit Maßnahmen nach § 28, § 30, § 31 Abs. 4 Satz 2 oder § 32 Abs. 5 zur Abwehr von Gefahren für die Gesundheit von Mensch oder Tier durch Arzneimittel geboten ist. [4]Die Entscheidung der zuständigen Bundesoberbehörde nach Satz 3 ist sofort vollziehbar. [5]Soweit es sich bei Arzneimitteln nach Satz 2 Nummer 4 um solche handelt, die für die Anwendung bei Tieren bestimmt sind, beschränkt sich die Anwendung auf den bestimmungsgemäßen Gebrauch.

(1a) [1]Bei Arzneimitteln, für die eine Genehmigung für das Inverkehrbringen oder Zulassung
1. gemäß der Verordnung (EG) Nr. 726/2004 oder
2. im Verfahren der Anerkennung gemäß Kapitel 4 der Richtlinie 2001/83/EG oder Kapitel 4 der Richtlinie 2001/82/EG oder
3. auf Grund eines Gutachtens des Ausschusses gemäß Artikel 4 der Richtlinie 87/22/EWG vom 22. Dezember 1986 vor dem 1. Januar 1995

erteilt worden ist, unterrichtet die zuständige Bundesoberbehörde den Ausschuss für Humanarzneimittel oder den Ausschuss für Tierarzneimittel über festgestellte Verstöße gegen arzneimittelrechtliche Vorschriften nach Maßgabe der in den genannten Rechtsakten vorgesehenen Verfahren unter Angabe einer eingehenden Begründung und des vorgeschlagenen Vorgehens. [2]Bei diesen Arzneimitteln können die zuständigen Behörden vor der Unterrichtung des Ausschusses nach Satz 1 die zur Beseitigung festgestellter und zur Verhütung künftiger Verstöße notwendigen Anordnungen treffen, sofern diese zum Schutz der Gesundheit von Mensch oder Tier oder zum Schutz der Umwelt dringend erforderlich sind. [3]In den Fällen des Satzes 1 Nr. 2 und 3 unterrichten die zuständigen Behörden die Europäische Kommission und die anderen Mitgliedstaaten, in den Fällen des Satzes 1 Nr. 1 die Europäische Kommission und die Europäische Arzneimittel-Agentur über die zuständige Bundesoberbehörde spätestens am folgenden Arbeitstag über die Gründe dieser Maßnahmen. [4]Im Fall des Absatzes 1 Satz 2 Nummer 2a und 4 kann auch die zuständige Bundesoberbehörde das Ruhen der Zulassung anordnen oder den Rückruf eines Arzneimittels anordnen, sofern ihr Tätigwerden zum Schutz der in Satz 2 genannten Rechtsgüter dringend erforderlich ist; in diesem Fall gilt Satz 3 entsprechend.

(2) [1]Die zuständigen Behörden können das Sammeln von Arzneimitteln untersagen, wenn eine sachgerechte Lagerung der Arzneimittel nicht gewährleistet ist oder wenn der begründete Verdacht besteht, dass die gesammelten Arzneimittel missbräuchlich verwendet werden. [2]Gesammelte Arzneimittel können sichergestellt werden, wenn durch unzureichende Lagerung oder durch ihre Abgabe die Gesundheit von Mensch und Tier gefährdet wird.

(2a) Die zuständigen Behörden können ferner zur Anwendung bei Tieren bestimmte Arzneimittel sowie Stoffe und Zubereitungen aus Stoffen im Sinne des

§ 59a sicherstellen, wenn Tatsachen die Annahme rechtfertigen, dass Vorschriften über den Verkehr mit Arzneimitteln nicht beachtet worden sind.

(3) Die zuständigen Behörden können Werbematerial sicherstellen, das den Vorschriften über den Verkehr mit Arzneimitteln und über die Werbung auf dem Gebiete des Heilwesens nicht entspricht.

(4) Im Falle des Absatzes 1 Satz 3 kann auch eine öffentliche Warnung durch die zuständige Bundesoberbehörde erfolgen.

(5) Die zuständige Behörde kann im Benehmen mit der zuständigen Bundesoberbehörde bei einem Arzneimittel, das zur Anwendung bei Menschen bestimmt ist und dessen Abgabe untersagt wurde oder das aus dem Verkehr gezogen wurde, weil

1. die Voraussetzungen für das Inverkehrbringen nicht oder nicht mehr vorliegen,
2. das Arzneimittel nicht die angegebene Zusammensetzung nach Art und Menge aufweist oder
3. die Kontrollen der Arzneimittel oder der Bestandteile und der Zwischenprodukte nicht durchgeführt worden sind oder ein anderes Erfordernis oder eine andere Voraussetzung für die Erteilung der Herstellungserlaubnis nicht erfüllt worden ist,

in Ausnahmefällen seine Abgabe an Patienten, die bereits mit diesem Arzneimittel behandelt werden, während einer Übergangszeit gestatten, wenn dies medizinisch vertretbar und für die betroffene Person angezeigt ist.

§ 69a Überwachung von Stoffen, die als Tierarzneimittel verwendet werden können

Die §§ 64 bis 69 gelten entsprechend für die in § 59c genannten Betriebe, Einrichtungen und Personen sowie für solche Betriebe, Einrichtungen und Personen, die Stoffe, die in Tabelle 2 des Anhangs der Verordnung (EU) Nr. 37/2010 der Kommission vom 22. Dezember 2009 über pharmakologisch wirksame Stoffe und ihre Einstufung hinsichtlich der Rückstandshöchstmengen in Lebensmitteln tierischen Ursprungs (ABl. L 15 vom 20.1.2010, S. 1) in der jeweils geltenden Fassung aufgeführt sind, herstellen, lagern, einführen oder in den Verkehr bringen.

§ 69b Verwendung bestimmter Daten

(1) Die für das Lebensmittel-, Futtermittel-, Tierschutz- und Tierseuchenrecht für die Erhebung der Daten für die Anzeige und die Registrierung Vieh haltender Betriebe zuständigen Behörden übermitteln der für die Überwachung nach § 64 Abs. 1 Satz 1 zweiter Halbsatz zuständigen Behörde auf Ersuchen die zu deren Aufgabenerfüllung erforderlichen Daten.

(2) ¹Die Daten dürfen für die Dauer von drei Jahren aufbewahrt werden. ²Die Frist beginnt mit Ablauf desjenigen Jahres, in dem die Daten übermittelt worden sind. ³Nach Ablauf der Frist sind die Daten zu löschen, sofern sie nicht auf Grund anderer Vorschriften länger aufbewahrt werden dürfen.

Kommentierung des 11. Abschnitts (§§ 64–69b)

Schrifttum: *Albrecht/Wronka,* Das neue Heilmittelwerberecht, GRUR 1977, 83; *Burgardt,* Veröffentlichungsbefugnis der Arzneimittelkommission der Deutschen Ärzteschaft – Anmerkung zum Beschluss des OVG für das Land Nordrhein-Westfalen vom 20.11.1995, PharmR 1996, 136; *Di Fabio,* Risikoentscheidungen im Rechtsstaat – Zum Wandel der Dogmatik im öffentlichen Recht, insbesondere am Beispiel der Arzneimittelüberwachung, 1994; *Deutsch/Spickhoff,* Medizinrecht – Arztrecht, Arzneimittelrecht, Medizinprodukterecht und Transfusionsrecht, 6. Aufl. 2008, Kap. XXVI; *Diener/Klümper,* Neufassung der gemeinsamen Empfehlungen von BfArM und PEI zu Anwendungsbeobachtungen veröffentlicht – Was müssen Pharmaunternehmen in der Praxis Neues beachten?, PharmR 2010, 433; *Francke/Grühn/Mühlenbruch,* Länderaufgaben bei der Arzneimittelüberwachung – Zentrale Koordinierung der Länder und Akkreditierung von Arzneimitteluntersuchungsstellen, 1997; *Glaeske/Greiser/Hart,* Arzneimittelsicherheit und Länderüberwachung, 1993; *Gloggengießer,* Aufgaben der Arzneimittelüberwachung in der Bundesrepublik Deutschland, ZLR 1982, 411; *Granitza/ Kleist,* Die klinische Prüfung der Phase IV nach der Zweiten AMG-Novelle, PharmR 1987, 95; *Hart,* Arzneimitteltherapie und ärztliche Verantwortung, 1990; *ders.,* Arzneimittelsicherheit und Länderüberwachung, MedR 1993, 207; *Hart/Hilken/Merkel,* u. a., Das Recht des Arzneimittelmarktes, 1988; *Hauke/Kremer,* Der bestimmungsgemäße Gebrauch eines Arzneimittels, PharmR 1992, 162; *Heitz,* Behördliche Überwachungsbefugnisse bei der Arzneimittelherstellung durch Ärzte (§§ 64 ff. AMG), MedR 2004, 375; *dies.,* Überwachungsbefugnisse gem. § 64 AMG und ihre Konkretisierung durch ermessenslenkende Verwaltungsvorschriften, MedR 2005, 107; *Hohm,* Arzneimittelsicherheit und Nachmarktkontrolle – Eine arzneimittel-, verfassungs- und europarechtliche Untersuchung, 1990; *Klein,* Vorläufiger Rechtsschutz bei arzneimittelsicherheitsrechtlichen Maßnahmen der Überwachungsbehörden gegen vermeintliche Nahrungsergänzungsmittel – Zur „summarischen" Abgrenzung von Arzneimitteln und Nahrungsergänzungsmitteln im Verfahren nach § 80 Abs. 5 VwGO, ZLR 1997, 391; *Koyuncu,* Compliance und Vertragsgestaltung bei Nichtinterventionellen Studien – unter besonderer Berücksichtigung der Ärztevergütung bei Anwendungsbeobachtungen, PharmR 2009, 211; *Lippert,* Achtes Gesetz zur Änderung des Arzneimittelgesetzes, NJW 1999, 837; *Lippert/Strobel,* Die Überwachung klinischer Prüfungen nach dem AMG, VersR 1995, 637; *Meyer-Lüerßen,* In-vitro-Diagnostica-Regelung durch das novellierte Arzneimittelgesetz, PharmR 1986, 180; *Müller-Römer/Fischer* (Hrsg.), Arzneimittel und Recht in Deutschland, 1998, S. 230; *Mursswieck,* Die staatliche Kontrolle der Arzneimittelsicherheit in der Bundesrepublik und den USA, 1983; *Naser,* Illegaler Tierarzneimittelverkehr, NJW 1982, 2098; *Ramsauer,* Die staatliche Ordnung der Arzneimittelversorgung, 1988; *Reuter,* Arzneimittel im Einzelhandel – Ein Leitfaden für den Handel mit freiverkäuflichen Arzneimitteln, 7. Aufl. 1995; *Schnieders,* Zulassung und Nachzulassung von Arzneimitteln – Verfahren und Entscheidungskriterien nach dem Arzneimittelgesetz – Internationale Vereinbarungen, 1987; *Sommerlad,* Konflikt zwischen Datenschutz, ärztlicher Schweigepflicht und Datenvalidierung?, RDV 1991, 226; *Wesch,* Abgabe zurückgenommener Arzneimittel durch Ärzte, PharmR 2001, 191; *Wigge,* Einzelhandel mit freiverkäuflichen Arzneimitteln, PharmR 1997, 41; *Will,* 4. AMG-Novelle – Inhalt und Konsequenzen, PharmR 1990, 94.

Übersicht

I. Allgemeines

1   Arzneimittel können nicht nur segensreich wirken. Solche **Produkte** stellen ebenso wie zB neuartige Lebensmittel oder technische Gerätschaften auch ein gewisses **Schädigungspotential** dar:[1] Gewichtige Rechtsgüter – wie insbesondere Leib und Leben des Verbrauchers – sind bedroht. Deshalb hat der Gesetzgeber versucht, mit den Verhaltensregeln des AMG ein System zu schaffen, das Arzneimittelrisiken in einem möglichst frühen Zeitpunkt erkennt und effektive Gegenmaßnahmen zulässt. So lassen sich immerhin **bestimmte Schädigungsmöglichkeiten vermeiden.**

2   Allerdings wäre es Illusion zu glauben, durch noch bessere Risikovorsorge ließen sich *alle* Schädigungsmöglichkeiten ausschließen. Alle Risiken könnten nur durch den indiskutablen vollständigen Verzicht auf das gefährliche Produkt vermieden werden. Die Frage lautet also immer: Welches ist der angemessene Aufwand zur Gefahrenabwendung? Oder anders formuliert: Welche Anstrengungen sind angemessen, um jedenfalls einige der in ihrer

---

[1] Zur Notwendigkeit einer Reform der allgemeinen strafrechtlichen Produktverantwortlichkeit → Vor § 95 Rn. 86 ff.

Gesamtheit niemals vollständig erfassbaren Schädigungsmöglichkeiten auszuschließen? Dabei handelt es sich im Grunde um eine Frage des **Preises,** den alle Beteiligten für die **Risikoreduktion** zu zahlen bereit sind.

Neben den Erfordernissen der Herstellererlaubnis und der Zulassung bzw. Registrie-   **3** rung für Arzneimittel, die in Deutschland in den Verkehr gebracht werden sollen, ist im 11. Abschnitt ein relativ umfangreiches „**Überwachungssystem**" durch die Behörden geregelt. Es umfasst eine persönliche und sachliche Kontrolle der Entwicklung, der Herstellung und des Vertriebs von Arzneimitteln. Damit soll auch nach Erteilung der Herstellererlaubnis bzw. Zulassung oder Registrierung eines Arzneimittels gewährleistet werden, dass es – auf der Basis aktualisierter Erkenntnisse – allenfalls mit noch tolerierbaren Risiken für den Verbraucher behaftet ist. Das gilt, solange sich das Arzneimittel (noch) im Verkehr befindet. Nach unerlaubten Schädigungsmöglichkeiten soll mit dem Ziel ihres Ausschlusses fortlaufend geforscht werden. Für einen möglichst effektiven Verbraucherschutz bedeutet die Überwachung ein nicht wegzudenkendes Instrumentarium. Nur durch eine Anpassung an die aktuellen Gegebenheiten ist eine optimale Erfüllung der Schutzfunktion zu erwarten.[2]

Freilich obliegt die Überwachung des gefährlichen Produkts Arzneimittel zuvörderst dem   **4** **Produzenten** bzw. dem **Inverkehrbringer.**[3] Insoweit trifft ihn zunächst eine Produktbeobachtungspflicht, die – wenn es die Sachlage erfordert – durch die Verpflichtung zum Ergreifen bestimmter Gefahrenabwehrmaßnahmen ergänzt wird. So können sich Warnungs- und Rückrufpflichten ergeben, deren Verletzung ggf. unter gewissen weiteren Voraussetzungen zu einer strafrechtlichen Verantwortlichkeit führt.[4]

Im Rahmen der für einen effektiven Verbraucherschutz unverzichtbaren fortlaufenden   **5** Überwachung kommt freilich auch den **Überwachungsbehörden** eine wichtige Schutzfunktion zu. In deren Verantwortungsbereich liegt es, ggf. gefahrabwendend tätig zu werden. Den gesetzlich eingeräumten Befugnissen entspricht – jedenfalls unter gewissen Voraussetzungen – eine **Amtspflicht** zum Einschreiten, deren Verletzung zu einer strafrechtlichen Verantwortlichkeit nach den Grundsätzen **begehungsgleichen Unterlassens** führt.[5] Etwas irritierend ist in diesem Zusammenhang freilich, dass der Strafgesetzgeber des AMG, der ansonsten sehr darum bemüht war, akribisch alle erdenklichen Fehlverhaltensweisen mit einer selbständigen Strafdrohung zu versehen, ausgerechnet die für die Arzneimittelsicherheit verantwortlichen Amtsträger „vergessen" hat.[6]

Wie jede verwaltungsrechtliche Maßnahme mit eingreifendem Charakter haben sich   **6** auch die aufgrund der §§ 64 ff. erfolgenden Überwachungsmaßnahmen am **Verhältnismäßigkeitsgrundsatz** zu orientieren, damit sie als staatlicher Eingriff in die Rechte Dritter legitimiert werden können. Demnach muss die jeweilige Maßnahme geeignet, erforderlich und angemessen sein, um den mit ihr verfolgten Zweck zu erreichen. Zweck der hier interessierenden Maßnahmen kann immer nur der Schutz des Verbrauchers sein. Je nach der Gefahr, die für ein Rechtsgut des Verbrauchers besteht, können Maßnahmen unterschiedlicher Eingriffsintensität angezeigt und dementsprechend auch verhältnismäßig sein: Dabei reicht die Palette vom bloßen Sichten von Unterlagen und Besichtigen der Betriebs-

---

[2] Ähnlich auch Deutsch/Lippert/*Lippert* Vor §§ 64 ff. Rn. 1; näher zur Bedeutung sog „Nachmarktkontrolle" etwa *Di Fabio,* Risikoentscheidungen im Rechtsstaat – Zum Wandel der Dogmatik im öffentlichen Recht, insbesondere am Beispiel der Arzneimittelüberwachung, 1994, S. 237 ff.

[3] Primär ist insoweit der pharmazeutische Unternehmer zur Überwachung aufgerufen. Innerhalb gewisser Grenzen ist eine Delegation der Pflichten auf den Stufenplanbeauftragten möglich (vgl. zum Stufenplanbeauftragten § 63a). Freilich bleibt daneben die Primärverantwortlichkeit des pharmazeutischen Unternehmers in gewissem Umfang bestehen.

[4] Vgl. dazu noch → Vor § 95 Rn. 17 f., 74, 82 f.

[5] Näher zur Amtsträgerverantwortlichkeit (insbesondere wegen begehungsgleichen Unterlassens) *Freund,* Erfolgsdelikt und Unterlassen, 1992, S. 260 f., 291 ff., 305 ff.; *Georgy,* Die strafrechtliche Verantwortlichkeit von Amtsträgern für Arzneimittelrisiken, 2011, S. 30 f.; *Putz,* Strafrechtliche Produktverantwortlichkeit, insbesondere bei Arzneimitteln, 2004, S. 24 ff. – Allg. zu den Anforderungen der Strafbarkeit → Vor § 95 Rn. 2 ff.

[6] Zur Kritik an der unberechtigten „Amtsträgerbegünstigung" noch → Vor § 95 Rn. 78 Fn. 102, Rn. 82.

stätten über öffentliche Warnung vor bestimmten Arzneimitteln bis hin zur (endgültigen oder vorübergehenden) Betriebsschließung.[7] **Gesetzestechnisch misslungen** ist in diesem Kontext die Regelung des **§ 69 Abs. 2 S. 2** (vgl. etwa auch §§ 21 Abs. 2a, 56a Abs. 2), nach der gesammelte Arzneimittel (nur) sichergestellt werden können, wenn durch unzureichende Lagerung oder durch ihre Abgabe die Gesundheit von **Mensch *und* Tier** gefährdet wird. Ob man hier eine mehr oder weniger abstrakte oder konkrete Gefahr verlangt, spielt keine Rolle. Jedenfalls kann es nicht ernsthaft gewollt sein, dass die Sicherstellung nur bei der genannten *kumulativen* Gesundheitsgefährdung zulässig sein soll. Am eindeutigen Wortlaut kommt man indessen nicht ohne Weiteres vorbei.

7   Umso bedauerlicher ist es, dass der Gesetzgeber den schon in der ersten Auflage dieser Kommentierung (2007) gerügten Fehler im Zuge des Zweiten Gesetzes zur Änderung arzneimittelrechtlicher und anderer Vorschriften nicht beseitigt, sondern sogar noch weitergetragen hat. **Fehlerhaft geworden** ist dadurch auch der bis dahin in der hier interessierenden Hinsicht einwandfreie **§ 35 Abs. 1 Nr. 2:** Durch diese Regelung wird das Bundesministerium ermächtigt, durch Rechtsverordnung die Vorschriften über die Zulassung auf bestimmte Arzneimittel auszudehnen, „soweit es geboten ist, um eine unmittelbare oder mittelbare Gefährdung der Gesundheit von **Mensch und Tier** zu verhüten". Das frühere **„oder"** wurde **durch** das **„und" ersetzt.**

8   Das ist ein **peinlicher faux pas:** Die Konjunktion „und" ist nach allgemein **anerkannten Sprachregeln** ausschließlich dann zu verwenden, wenn *beide* damit verknüpften Elemente zutreffen. Werden also in einer Aussage zwei Bedingungen durch „und" miteinander verbunden, dann müssen auch beide nebeneinander (gleichzeitig) erfüllt sein. Dagegen wird die Konjunktion „oder" in dem Sinne gebraucht, dass von mehreren Möglichkeiten mindestens(!) eine erfüllt ist. Beispiel: Jemand mag blaue oder rote Pullover – aber auf gar keinen Fall schwarze.[8]

9   Nicht ohne Grund verlangt das Gesetz etwa in **§ 315c StGB,** dass durch die Tathandlung „Leib *oder* Leben eines anderen Menschen *oder* fremde Sachen von bedeutendem Wert gefährdet" werden müssen. Denn nur bei dieser Form der Verknüpfung kommt zum Ausdruck, dass es für die Tatbestandsverwirklichung genügt, wenn *mindestens* eine Gefahr für *eines* der genannten Rechtsgüter bzw. Gefährdungsobjekte eingetreten ist. Hätte der Gesetzgeber die unterschiedlichen Gefahren durch „und" verbunden, müssten sie alle kumulativ vorliegen. Andernfalls verstieße eine Verurteilung gegen das Erfordernis einer entsprechenden **gesetzlichen Ermächtigungsgrundlage (Art. 103 Abs. 2 GG).** Dass man bei einer **gesetzlichen Verordnungsermächtigung** nicht genauso streng an den eindeutigen Wortlaut gebunden sein sollte wie bei einer Strafvorschrift, erscheint zumindest zweifelhaft. Immerhin *können* auch Verordnungsermächtigungen sprachlich und sachlich zutreffend verfasst werden; das zeigt sogar das AMG nur eine Nr. weiter in **§ 35 Abs. 1 Nr. 3** und auch sonst an mehreren Stellen. In der Formulierung alternativer Gefährdung von **Mensch oder Tier** sind außerdem zutreffend etwa §§ 46 Abs. 1, 48 Abs. 2 Nr. 2b, 60 Abs. 3.

II. Durchführung der Überwachung (§ 64)

10   Die staatliche Einflussnahme im Wege einer Überwachung des Arzneimittelsektors erfolgt sowohl **personen-** als auch **sachbezogen.** Überwachungsmaßnahmen sind zum einen durchzuführen in Betrieben und Einrichtungen, in denen Arzneimittel hergestellt, geprüft, gelagert oder verpackt werden oder aus denen heraus sie in den Verkehr gelangen oder in denen entsprechende Aufzeichnungen aufbewahrt werden; zum anderen fallen aber auch rein personenbezogene Überwachungsmaßnahmen darunter. Zweck der Überwachungsmaßnahmen kann es immer nur sein, die Sicherheit im Verkehr mit Arzneimitteln auf einem möglichst hohen Niveau zu gewährleisten und damit eine ordnungsgemäße Versorgung der

---

[7] Deutsch/Lippert/*Lippert* Vor §§ 64 ff. Rn. 5.
[8] Vgl. dazu Duden, Die Grammatik, 9. Aufl. 2016 Rn. 934 ff. (Die Konjunktion).

Bevölkerung mit Arzneimitteln sicherzustellen. Letztlich geht es hierbei um den Versuch, einen angemessenen **Verbraucherschutz** mit den Mitteln der Verwaltung zu verwirklichen. Dabei haben die zuständigen Behörden vor allem darauf zu achten, dass die Vorschriften des AMG eingehalten werden.[9] Mitunter müssen die Behörden lenkend eingreifen.

Um ihrer Überwachungsverpflichtung nachkommen zu können, räumt der Gesetzgeber **11** in § 64 Abs. 4 den mit der Überwachung beauftragten Personen die dafür erforderlichen **Befugnisse** ein: Diese setzen sich zusammen aus **Betretungs- und Besichtigungsrechten** unter Einschluss des Rechts, dabei **Bildaufnahmen zur Dokumentation** anzufertigen (Nr. 1), **Einsichtsrechten** (Nr. 2), dem **Recht** Abschriften oder Ablichtungen bestimmter Unterlagen oder Ausdrucke oder Kopien von Trägern bestimmter Daten anzufertigen oder zu verlangen (Nr. 2a), **Auskünfte** von natürlichen und juristischen Personen **einzuholen** (Nr. 3), und dem **Recht, vorläufige Anordnungen** – die bis zur Schließung des Betriebes reichen können – **zu erlassen** (Nr. 4).[10] Die in § 66 genannten Mitwirkungs- und Duldungsverpflichtungen der auf dem Arzneimittelsektor tätigen Personen sind letztlich nur das Spiegelbild der in § 64 normierten Befugnisse der Behörden.

Nach dem strafrechtlichen **„Nemo-tenetur-Grundsatz"**[11] ist niemand verpflichtet, **12** sich selbst zu belasten und sich damit strafrechtlicher Verfolgung oder einer Ahndung im Bereich des Ordnungswidrigkeitenrechts auszusetzen. Dementsprechend sieht § 64 Abs. 5 vor, dass den nach Abs. 4 Nr. 3 zur Auskunft Verpflichteten ein **Auskunftsverweigerungsrecht** zusteht. Davon unberührt bleiben aber etwaige Betretungs-, Besichtigungs- und Einsichtsrechte gem. Abs. 4 Nr. 1 und 2. Insoweit gelten grundsätzlich auch die vollen Mitwirkungs- und Duldungspflichten des § 66.

Ergänzt werden die Befugnisse des § 64 um die in § 65 geregelten Befugnisse zur **Probe-** **13** **nahme.** Diese sollen es der Behörde ermöglichen, die Qualität der Arzneimittel zu überprüfen und bei Verdachtsfällen Gewissheit über das Bestehen oder Nichtbestehen eines Risikos zu erlangen. Insofern unterscheidet man auch die Ziehung von planmäßigen Proben **(Planproben)** von der Ziehung außerplanmäßiger Proben **(Verdachtsproben).**[12]

III. Mitwirkungs- und Duldungspflichten (§ 66)

Die in § 66 normierten **Mitwirkungs- und Duldungspflichten** korrelieren mit den **14** Überwachungsbefugnissen der Behörden, wie sie in den §§ 64 und 65 geregelt sind. Um die Überwachungstätigkeit der Behörden möglichst einfach und effektiv zu gestalten, hat der Gesetzgeber den jeweils von den Maßnahmen Betroffenen per Gesetz Duldungs- und Mitwirkungspflichten auferlegt. Über die bloße (Er-)Duldung der Maßnahmen hinaus werden die Betroffenen also verpflichtet, aktiv bei der Überwachung mitzuwirken.

IV. Allgemeine Anzeigepflicht (§ 67)

Für ein effektives Überwachungssystem ist es erforderlich, dass die zuständige Behörde **15** zum frühestmöglichen Zeitpunkt Kenntnis von der Tätigkeit eines Betriebes, der auf dem Arzneimittelsektor angesiedelt ist, erlangt. Dementsprechend ordnet § 67 an, dass vor Aufnahme einer Tätigkeit aus diesem Bereich eine **Anzeigeverpflichtung** seitens der Ausübenden besteht. Denn so ist die Überwachungsbehörde in der Lage, noch vor Aufnahme der eigentlichen Tätigkeit einzelne Überwachungsmaßnahmen vorzunehmen und damit von Beginn an eventuelle Risiken so gering wie möglich zu halten. Diese Anzeigeverpflichtung richtet sich im Grundsatz an diejenigen Personen, Einrichtungen oder

---

[9] So auch explizit festgehalten in § 64 Abs. 3. – Zu den Kriterien für die inzwischen flexiblen Inspektionsfristen s. etwa Deutsch/Lippert/*Lippert* § 64 Rn. 15.

[10] Zu den Befugnissen im Einzelnen näher *Rehmann* § 64 Rn. 6 ff.; Deutsch/Lippert/*Lippert* § 64 Rn. 17 ff.

[11] Näher zum Grundsatz des „nemo tenetur se ipsum accusare" Meyer-Goßner/Schmitt/*Meyer-Goßner* StPO Einl. Rn. 29a mwN.

[12] S. auch *Rehmann* § 65 Rn. 1; Deutsch/Lippert/*Lippert* § 65 Rn. 1 ff. mit näheren Ausführungen zur Probennahme.

Betriebe, die eine der in § 67 Abs. 1 S. 1 aufgeführten Tätigkeiten selbstständig und berufsmäßig ausüben. Trifft diese Verpflichtung eine Einrichtung oder einen Betrieb, so sind grundsätzlich diejenigen natürlichen Personen für die Anzeige verantwortlich, die das Unternehmen nach außen vertreten.

V. Datenbankgestütztes Informationssystem, EU-Kompendium der Gewebeeinrichtungen, EU-Kompendium der Gewebe- und Zellprodukte, Unterrichtungspflichten, Mitteilungs- und Unterrichtungspflichten, Maßnahmen der zuständigen Behörden, Überwachung von Stoffen, die als Tierarzneimittel verwendet werden können, Verwendung bestimmter Daten (§§ 67a–69b)

16   § 67a Abs. 1 S. 1 bestimmt, dass die für den Vollzug dieses Gesetzes zuständigen Behörden des Bundes und der Länder mit dem Deutschen Institut für Medizinische Dokumentation und Information (DIMDI) zusammenwirken, um ein gemeinsam nutzbares zentrales Informationssystem zu errichten. § 67b betrifft das EU-Kompendium der Gewebeeinrichtungen, das EU-Kompendium der Gewebe- und Zellprodukte und normiert bestimmte behördliche Unterrichtungspflichten. § 68 regelt Mitteilungs- und Unterrichtungspflichten der für die Durchführung dieses Gesetzes zuständigen Behörden und Stellen des Bundes und der Länder: Gemäß Abs. 1 haben sich diese die jeweils zuständigen Behörden, Stellen und Sachverständigen mitzuteilen und bei Zuwiderhandlungen bzw. bei Verdacht auf Zuwiderhandlungen gegen Vorschriften des Arzneimittelrechts oder Heilmittelwerberechts für den jeweiligen Zuständigkeitsbereich unverzüglich zu unterrichten und bei der Ermittlungstätigkeit gegenseitig zu unterstützen. Die Mitteilungs- und Unterrichtungspflichten im Zusammenhang mit anderen zuständigen Behörden der Mitgliedstaaten der Europäischen Union sind in § 68 Abs. 2 bis Abs. 5a geregelt. In § 69 sind die Maßnahmen der zuständigen Behörden festgelegt. Demnach dürfen die Behörden die zur Beseitigung festgestellter Verstöße und die zur Verhütung künftiger Verstöße notwendigen Anordnungen treffen (Abs. 1 S. 1). Unter den Voraussetzungen von § 69 Abs. 1 S. 1 Nr. 1–7 können sie insbesondere das Inverkehrbringen von Arzneimitteln oder Wirkstoffen untersagen, deren Rückruf anordnen und diese sicherstellen. § 69a regelt, dass die §§ 64–69 entsprechend für die Überwachung von Stoffen gelten, die als Tierarzneimittel verwendet werden können. Schließlich muss nach § 69b Abs. 1 die für die Erhebung der Daten für die Anzeige und die Registrierung Vieh haltender Betriebe zuständige Behörde der für die Überwachung nach § 64 Abs. 1 Satz 1 zweiter Halbsatz zuständigen Behörde auf Ersuchen die zur Erfüllung ihrer Aufgaben erforderlichen Daten übermitteln. Allerdings dürfen diese Daten gemäß Abs. 2 S. 1 nur für eine Dauer von 3 Jahren gespeichert werden. Die Frist beginnt mit Ablauf des Jahres zu laufen, in dem die Daten übermittelt worden sind (Abs. 2 S. 2).

VI. Sanktionenrechtliche Bedeutung der Vorschriften im 11. Abschnitt

17   **1. Verstoß gegen § 64.** Wer einer vollziehbaren Anordnung nach § 64 Abs. 4 Nr. 4, auch iVm § 69a, zuwiderhandelt, begeht eine **Ordnungswidrigkeit** nach § 97 Abs. 2 Nr. 25.

18   **2. Verstoß gegen § 66.** Wer seinen Duldungs- und Mitwirkungspflichten nach § 66, auch iVm § 69a, nicht nachkommt, handelt **ordnungswidrig** gem. § 97 Abs. 2 Nr. 26. Eine Zuwiderhandlung setzt allerdings voraus, dass die entsprechenden Pflichten durch die Behörde hinreichend konkretisiert wurden.[13]

19   **3. Verstoß gegen § 67.** § 67 betreffende **Ordnungswidrigkeiten** finden sich in § 97 Abs. 2 Nr. 7 (a und c). – Bemerkenswert erscheint Folgendes: § 67 Abs. 6 S. 3 sieht vor, dass bei bestimmten Anwendungsbeobachtungen die an die Ärzte zu leistenden Entschädigungen nach Art und Höhe keinen Anreiz für eine bevorzugte Verschreibung oder Empfehlung bestimmter

---

[13] *Rehmann* § 66 Rn. 3. – Allgemein zum verwaltungsrechtlichen Bestimmtheitsgebot etwa *Detterbeck*, Allgemeines Verwaltungsrecht mit Verwaltungsprozessrecht, 13. Aufl. 2015, Rn. 227 f., 607.

Arzneimittel schaffen dürfen. Obwohl insofern immerhin der Gesundheitsschutz des Patienten Verbotsgrund ist, gibt es im AMG – soweit ersichtlich – keine Sanktion für entsprechendes Fehlverhalten. Vor dem Hintergrund, dass ansonsten der schlichte Verwaltungsungehorsam in unzähligen Fällen zumindest als Ordnungswidrigkeit erfasst wird, ist das inkonsequent. Es zeigt freilich nur erneut, die grundlegende Reformbedürftigkeit des gesamten Sanktionskonzepts. Eine Korrektur nur im Detail wäre Flickwerk (näher → Vor § 95 Rn. 78 ff.).

Zur möglichen strafrechtlichen Verantwortlichkeit auch der zuständigen **Amtsträger** **20** nach allgemeinem Strafrecht vgl. etwa den 4. Abschnitt → §§ 21–37 Rn. 23 und den 10. Abschnitt → §§ 62–63j Rn. 5.[14]

Zwölfter Abschnitt. Sondervorschriften für Bundeswehr, Bundespolizei, Bereitschaftspolizei, Zivilschutz

§ 70 Anwendung und Vollzug des Gesetzes

(1) Die Vorschriften dieses Gesetzes finden auf Einrichtungen, die der Arzneimittelversorgung der Bundeswehr, der Bundespolizei und der Bereitschaftspolizeien der Länder dienen, sowie auf die Arzneimittelbevorratung für den Zivilschutz entsprechende Anwendung.

(2) ¹Im Bereich der Bundeswehr obliegt der Vollzug dieses Gesetzes bei der Überwachung des Verkehrs mit Arzneimitteln den zuständigen Stellen und Sachverständigen der Bundeswehr. ²Im Bereich der Bundespolizei obliegt er den zuständigen Stellen und Sachverständigen der Bundespolizei. ³Im Bereich der Arzneimittelbevorratung für den Zivilschutz obliegt er den vom Bundesministerium des Innern bestimmten Stellen; soweit Landesstellen bestimmt werden, bedarf es hierzu der Zustimmung des Bundesrates.

§ 71 Ausnahmen

(1) ¹Die in § 10 Abs. 1 Nr. 9 vorgeschriebene Angabe des Verfalldatums kann entfallen bei Arzneimitteln, die an die Bundeswehr, die Bundespolizei sowie für Zwecke des Zivil- und Katastrophenschutzes an Bund oder Länder abgegeben werden. ²Die zuständigen Bundesministerien oder, soweit Arzneimittel an Länder abgegeben werden, die zuständigen Behörden der Länder stellen sicher, dass Qualität, Wirksamkeit und Unbedenklichkeit auch bei solchen Arzneimitteln gewährleistet sind.

(2) ¹Das Bundesministerium wird ermächtigt, durch Rechtsverordnung Ausnahmen von den Vorschriften dieses Gesetzes und der auf Grund dieses Gesetzes erlassenen Rechtsverordnungen für den Bereich der Bundeswehr, der Bundespolizei, der Bereitschaftspolizeien der Länder und des Zivil- und Katastrophenschutzes zuzulassen, soweit dies zur Durchführung der besonderen Aufgaben einschließlich der Teilnahme an internationalen Hilfsaktionen in diesen Bereichen gerechtfertigt ist und der Schutz der Gesundheit von Mensch oder Tier gewahrt bleibt. ²Die Rechtsverordnung wird vom Bundesministerium für Ernährung und Landwirtschaft im Einvernehmen mit dem Bundesministerium erlassen, soweit es sich um Arzneimittel handelt, die zur Anwendung bei Tieren bestimmt sind.

(3) Die Rechtsverordnung ergeht, soweit sie den Bereich der Bundeswehr berührt, im Einvernehmen mit dem Bundesministerium der Verteidigung, und,

---

[14] Zur Amtsträgerverantwortlichkeit wegen begehungsgleichen Unterlassens s. auch *Freund*, Erfolgsdelikt und Unterlassen, 1992, S. 260 f., 291 ff., 305 ff.; *Georgy*, Die strafrechtliche Verantwortlichkeit von Amtsträgern für Arzneimittelrisiken, 2011, S. 30 ff.; *Putz*, Strafrechtliche Produktverantwortlichkeit, insbesondere bei Arzneimitteln, 2004, S. 24 ff. – Vgl. auch → Vor § 95 Rn. 78 Fn. 102, Rn. 82 zur Lückenhaftigkeit des speziellen Arzneimittelstrafrechts.

soweit sie den Bereich der Bundespolizei und des Zivilschutzes berührt, im Einvernehmen mit dem Bundesministerium des Innern, jeweils ohne Zustimmung des Bundesrates; soweit die Rechtsverordnung den Bereich der Bereitschaftspolizeien der Länder oder des Katastrophenschutzes berührt, ergeht sie im Einvernehmen mit dem Bundesministerium des Innern mit Zustimmung des Bundesrates.

Kommentierung des 12. Abschnitts (§§ 70, 71)

1   Die Vorschriften im 12. Abschnitt stellen klar, dass die Regelungen des AMG grundsätzlich auch für die **Bundeswehr**, die **Bundespolizei**, die **Bereitschaftspolizei** der Länder und für den **Zivilschutz** unter Berücksichtigung ihres Schutzcharakters entsprechend gelten (§ 70). Die Arzneimittelüberwachung obliegt in Abweichung von den allgemeinen Regelungen nicht den Landesüberwachungsbehörden, sondern es sind stattdessen die in § 70 Abs. 2 genannten Stellen zuständig. Diese haben die alleinige Überwachungskompetenz, sodass Maßnahmen der Landesbehörden in diesem Bereich ausgeschlossen sind.[1] Dementsprechend geht auch die strafrechtliche Verantwortlichkeit auf die nunmehr jeweils zuständigen Amtsträger über.[2]

2   Im Hinblick auf die Besonderheiten, die sich aus dem Charakter der oben genannten Institutionen ergeben, normiert § 71 **Ausnahmen** von den allgemeinen Regelungen des AMG. So ist die Angabe eines Verfalldatums auf Arzneimitteln nicht erforderlich, wenn diese an die in Abs. 1 bezeichneten Stellen abgegeben werden. Diese Ausnahmeregelung richtet sich dementsprechend auch an Hersteller und pharmazeutische Unternehmer, die Arzneimittel an diese Stellen liefern. Der mögliche Verzicht auf die Angabe des Verfalldatums soll dem Umstand Rechnung tragen, dass Arzneimittel bei den oben bezeichneten Stellen unter kontrollierten Bedingungen gelagert werden, was ihre Haltbarkeit verlängere.[3] Auch wenn auf eine solche Angabe verzichtet werden kann, ist sicherzustellen, dass Qualität, Wirksamkeit und Unbedenklichkeit dieser Arzneimittel nicht darunter leiden. Insofern gelten hier die allgemeinen Maßstäbe.[4]

3   Abs. 2 enthält eine **Verordnungsermächtigung** für das Bundesgesundheitsministerium, noch weitergehende Ausnahmeregelungen von den Vorschriften des AMG für die Bereiche Bundeswehr, Bundespolizei, Bereitschaftspolizei der Länder und Zivilschutz zu erlassen.[5] Das gilt jedoch nur unter der Voraussetzung, dass aufgrund der besonderen Aufgabenstellung dieser Institutionen abweichende Regelungen erforderlich und sinnvoll sind. Die Arzneimittelsicherheit muss auch hier gewahrt bleiben. Bei Verstößen können sich die fehlerhaft handelnden oder unterlassenden Amtsträger nach allgemeinem Strafrecht strafbar machen.[6]

Dreizehnter Abschnitt. Einfuhr und Ausfuhr

§ 72 Einfuhrerlaubnis

(1) [1]Wer

1. Arzneimittel im Sinne des § 2 Absatz 1 oder Absatz 2 Nummer 1,

---

[1] *Rehmann* § 70 Rn. 2.

[2] Zur Amtsträgerverantwortlichkeit (insbesondere wegen begehungsgleichen Unterlassens) s. *Freund*, Erfolgsdelikt und Unterlassen, 1992, S. 260 f., 291 ff., 305 ff.; *Georgy*, Die strafrechtliche Verantwortlichkeit von Amtsträgern für Arzneimittelrisiken, 2011, S. 30 ff.; *Putz*, Strafrechtliche Produktverantwortlichkeit, insbesondere bei Arzneimitteln, 2004, S. 24 ff.

[3] *Deutsch/Lippert/Ratzel* § 71 Rn. 1, der auf die in der amtlichen Begründung genannten wirtschaftlichen Argumente verweist.

[4] Ausführlicher *Rehmann* § 71 Rn. 1.

[5] S. *Sander* 37. Lfg. 2000, § 71 Anm. 1 mit einem Nachweis der aufgrund dieser Ermächtigungsnorm erlassenen Verordnungen.

[6] Näher zur Amtsträgerverantwortlichkeit *Freund*, Erfolgsdelikt und Unterlassen, 1992, S. 260 f., 291 ff., 305 ff.; *Georgy* Die strafrechtliche Verantwortlichkeit von Amtsträgern (Fn. 2) S. 30 ff.; *Putz*, Strafrechtliche Produktverantwortlichkeit (Fn. 2) S. 24 ff. – Allg. zu den Anforderungen der Strafbarkeit → Vor § 95 Rn. 2 ff.

2. Wirkstoffe, die menschlicher, tierischer oder mikrobieller Herkunft sind oder die auf gentechnischem Wege hergestellt werden, oder
3. andere zur Arzneimittelherstellung bestimmte Stoffe menschlicher Herkunft gewerbs- oder berufsmäßig aus Ländern, die nicht Mitgliedstaaten der Europäischen Union oder andere Vertragsstaaten des Abkommens über den Europäischen Wirtschaftsraum sind, in den Geltungsbereich dieses Gesetzes einführen will, bedarf einer Erlaubnis der zuständigen Behörde. ²§ 13 Absatz 4 und die §§ 14 bis 20a sind entsprechend anzuwenden.

(2) Auf Personen und Einrichtungen, die berufs- oder gewerbsmäßig Arzneimittel menschlicher Herkunft zur unmittelbaren Anwendung bei Menschen einführen wollen, findet Absatz 1 mit der Maßgabe Anwendung, dass die Erlaubnis nur versagt werden darf, wenn der Antragsteller nicht nachweist, dass für die Beurteilung der Qualität und Sicherheit der Arzneimittel und für die gegebenenfalls erforderliche Überführung der Arzneimittel in ihre anwendungsfähige Form nach dem Stand von Wissenschaft und Technik qualifiziertes Personal und geeignete Räume vorhanden sind.

[Abs. 2a ab unbestimmtem Zeitpunkt, siehe Gesetzeskopf Fn. 4:]
(2a) ¹Die zuständige Behörde erteilt die Erlaubnis zur Einfuhr von Prüf- oder Hilfspräparaten im Sinne des Artikels 2 Absatz 2 Nummer 5 und 8 der Verordnung (EU) Nr. 536/2014 nach Artikel 61 Absatz 1 bis 3 der Verordnung (EU) Nr. 536/2014. ²§ 13 Absatz 5 Satz 2 und Absatz 6 gilt entsprechend.

(3) Die Absätze 1 und 2 finden keine Anwendung auf
1. Gewebe im Sinne von § 1a Nummer 4 des Transplantationsgesetzes,
2. autologes Blut zur Herstellung von biotechnologisch bearbeiteten Gewebeprodukten,
3. Gewebezubereitungen im Sinne von § 20c und
4. Wirkstoffe, die für die Herstellung von nach einer im Homöopathischen Teil des Arzneibuches beschriebenen Verfahrenstechnik herzustellenden Arzneimitteln bestimmt sind.

(4) ¹Abweichend von Absatz 1 dürfen hämatopoetische Stammzellen oder Stammzellzubereitungen aus dem peripheren Blut oder aus dem Nabelschnurblut nur von einer einführenden Einrichtung im Sinne des § 72b Absatz 1 Satz 1 aus Staaten eingeführt werden, die weder Mitgliedstaaten der Europäischen Union noch andere Vertragsstaaten des Abkommens über den Europäischen Wirtschaftsraum sind. ²Die einführende Einrichtung bedarf einer Erlaubnis der zuständigen Behörde. ³Die Entscheidung über die Erteilung der Erlaubnis trifft die zuständige Behörde des Landes, in dem die Betriebsstätte der einführenden Einrichtung liegt oder liegen soll, im Benehmen mit der zuständigen Bundesoberbehörde. ⁴Für die Einfuhr zur unmittelbaren Anwendung gilt Absatz 2 entsprechend.

(5) ¹Dem Antrag auf Erlaubnis nach Absatz 4 Satz 2 sind die in den Anhängen I und III Teil A der Richtlinie (EU) 2015/566 der Kommission vom 8. April 2015 zur Durchführung der Richtlinie 2004/23/EG hinsichtlich der Verfahren zur Prüfung der Gleichwertigkeit von Qualitäts- und Sicherheitsstandards bei eingeführten Geweben und Zellen (ABl. L 93 vom 9.4.2015, S. 56) in der jeweils geltenden Fassung genannten Informationen und Unterlagen beizufügen. ²Abweichend von Satz 1 sind einem Antrag auf Erteilung einer Erlaubnis, hämatopoetische Stammzellen oder Stammzellzubereitungen aus dem peripheren Blut oder aus dem Nabelschnurblut zur unmittelbaren Anwendung beim Menschen einzuführen, nur die in Anhang I Teil A, B und C Nummer 1 bis 3 und in Anhang III Teil A Nummer 1 und 3 der Richtlinie (EU) 2015/566 genannten Informationen und Unterlagen beizufügen. ³Die §§ 14 bis 19 und 72b Absatz 2c und 2d gelten entsprechend.

§ 72a Zertifikate

(1) ¹Der Einführer darf Arzneimittel im Sinne des § 2 Abs. 1 und 2 Nr. 1, 1a, 2 und 4 oder Wirkstoffe nur einführen, wenn

1. die zuständige Behörde des Herstellungslandes durch ein Zertifikat bestätigt hat, dass die Arzneimittel oder Wirkstoffe entsprechend anerkannten Grundregeln für die Herstellung und die Sicherung ihrer Qualität der Europäischen Union oder nach Standards, die diesen gleichwertig sind, hergestellt werden, die Herstellungsstätte regelmäßig überwacht wird, die Überwachung durch ausreichende Maßnahmen, einschließlich wiederholter und unangekündigter Inspektionen, erfolgt und im Falle wesentlicher Abweichungen von den anerkannten Grundregeln die zuständige Behörde informiert wird, und solche Zertifikate für Arzneimittel im Sinne des § 2 Abs. 1 und 2 Nr. 1, die zur Anwendung bei Menschen bestimmt sind, und Wirkstoffe, die menschlicher, tierischer oder mikrobieller Herkunft sind, oder Wirkstoffe, die auf gentechnischem Wege hergestellt werden, gegenseitig anerkannt sind,
2. die zuständige Behörde bescheinigt hat, dass die genannten Grundregeln bei der Herstellung und der Sicherung der Qualität der Arzneimittel sowie der dafür eingesetzten Wirkstoffe, soweit sie menschlicher, tierischer oder mikrobieller Herkunft sind, oder Wirkstoffe, die auf gentechnischem Wege hergestellt werden, oder bei der Herstellung der Wirkstoffe eingehalten werden oder
3. die zuständige Behörde bescheinigt hat, dass die Einfuhr im öffentlichen Interesse liegt.

²Bei hämatopoetischen Stammzellen oder Stammzellzubereitungen aus dem peripheren Blut oder aus dem Nabelschnurblut mit Ausnahme solcher zur unmittelbaren Anwendung und solcher, die zur gerichteten, für eine bestimmte Person vorgesehenen Anwendung bestimmt sind, hat die einführende Einrichtung die in Anhang III Teil B der Richtlinie (EU) 2015/566 genannte Dokumentation bereitzuhalten und auf Verlangen der zuständigen Behörde zu übermitteln. ³Die zuständige Behörde darf eine Bescheinigung nach

1. Satz 1 Nummer 2 nur ausstellen, wenn ein Zertifikat nach Satz 1 Nummer 1 nicht vorliegt und sie oder eine zuständige Behörde eines Mitgliedstaates der Europäischen Union oder eines anderen Vertragsstaates des Abkommens über den Europäischen Wirtschaftsraum sich regelmäßig im Herstellungsland vergewissert hat, dass die genannten Grundregeln bei der Herstellung der Arzneimittel oder Wirkstoffe eingehalten werden,
2. Satz 1 Nummer 3 nur erteilen, wenn ein Zertifikat nach Satz 1 Nummer 1 nicht vorliegt und eine Bescheinigung nach Satz 1 Nummer 2 nicht vorgesehen oder nicht möglich ist.

(1a) Absatz 1 Satz 1 gilt nicht für

1. Arzneimittel, die zur klinischen Prüfung beim Menschen oder zur Anwendung im Rahmen eines Härtefallprogramms bestimmt sind,

[Nr. 1 ab unbestimmtem Zeitpunkt, siehe Gesetzeskopf Fn. 4:]

1. *Arzneimittel, die zur klinischen Prüfung bei Menschen bestimmt sind, Hilfspräparate im Sinne des Artikels 2 Absatz 2 Nummer 8 und 10 der Verordnung (EU) Nr. 536/2014 oder Arzneimittel, die zur Anwendung im Rahmen eines Härtefallprogramms bestimmt sind,*
2. Arzneimittel menschlicher Herkunft zur unmittelbaren Anwendung oder hämatopoetische Stammzellzubereitungen aus dem peripheren Blut oder aus dem Nabelschnurblut, die zur gerichteten, für eine bestimmte Person vorgesehenen Anwendung bestimmt sind,
3. Wirkstoffe, die menschlicher, tierischer oder mikrobieller Herkunft sind und für die Herstellung von nach einer im Homöopathischen Teil des Arzneibuches beschriebenen Verfahrenstechnik herzustellenden Arzneimitteln bestimmt sind,

4. Wirkstoffe, die Stoffe nach § 3 Nummer 1 bis 3 sind, soweit sie den Anforderungen der Guten Herstellungspraxis gemäß den Grundsätzen und Leitlinien der Europäischen Kommission nicht unterliegen,

5. Gewebe im Sinne von § 1a Nummer 4 des Transplantationsgesetzes,

6. autologes Blut zur Herstellung von biotechnologisch bearbeiteten Gewebeprodukten,

7. Gewebezubereitungen im Sinne von § 20c und

8. Wirkstoffe, die in einem Staat hergestellt und aus diesem eingeführt werden, der nicht Mitgliedstaat der Europäischen Union oder ein anderer Vertragsstaat des Abkommens über den Europäischen Wirtschaftsraum ist und der in der von der Europäischen Kommission veröffentlichten Liste nach Artikel 111b der Richtlinie 2001/83/EG aufgeführt ist.

(1b) Die in Absatz 1 Satz 1 Nr. 1 und 2 für Wirkstoffe, die menschlicher, tierischer oder mikrobieller Herkunft sind, oder für Wirkstoffe, die auf gentechnischem Wege hergestellt werden, enthaltenen Regelungen gelten entsprechend für andere zur Arzneimittelherstellung bestimmte Stoffe menschlicher Herkunft.

(1c) Arzneimittel und Wirkstoffe, die menschlicher, tierischer oder mikrobieller Herkunft sind oder Wirkstoffe, die auf gentechnischem Wege hergestellt werden, sowie andere zur Arzneimittelherstellung bestimmte Stoffe menschlicher Herkunft, ausgenommen die in Absatz 1a Nr. 1 und 2 genannten Arzneimittel, dürfen nicht auf Grund einer Bescheinigung nach Absatz 1 Satz 1 Nr. 3 eingeführt werden.

(1d) Absatz 1 Satz 1 findet auf die Einfuhr von Wirkstoffen sowie anderen zur Arzneimittelherstellung bestimmten Stoffen menschlicher Herkunft Anwendung, soweit ihre Überwachung durch eine Rechtsverordnung nach § 54 geregelt ist.

(1e) Die zuständige Behörde stellt dem Inhaber der Erlaubnis nach § 72 Absatz 4 Satz 2 eine Bescheinigung nach Maßgabe des Anhangs II der Richtlinie (EU) 2015/566 aus, wenn ein Zertifikat nach Absatz 1 Satz 1 Nummer 1 vorliegt oder die Voraussetzungen für eine Bescheinigung nach Absatz 1 Satz 1 Nummer 2 in Verbindung mit Absatz 1 Satz 3 Nummer 1 erfüllt sind.

(2) Das Bundesministerium wird ermächtigt, durch Rechtsverordnung mit Zustimmung des Bundesrates zu bestimmen, dass Stoffe und Zubereitungen aus Stoffen, die als Arzneimittel oder zur Herstellung von Arzneimitteln verwendet werden können, nicht eingeführt werden dürfen, sofern dies zur Abwehr von Gefahren für die Gesundheit des Menschen oder zur Risikovorsorge erforderlich ist.

(3) [1]Das Bundesministerium wird ferner ermächtigt, durch Rechtsverordnung mit Zustimmung des Bundesrates die weiteren Voraussetzungen für die Einfuhr von den unter Absatz 1a Nr. 1 und 2 genannten Arzneimitteln, zu bestimmen, sofern dies erforderlich ist, um eine ordnungsgemäße Qualität der Arzneimittel zu gewährleisten. [2]Es kann dabei insbesondere Regelungen zu den von der sachkundigen Person nach § 14 durchzuführenden Prüfungen und der Möglichkeit einer Überwachung im Herstellungsland durch die zuständige Behörde treffen.

§ 72b Einfuhrerlaubnis und Zertifikate für Gewebe und bestimmte Gewebezubereitungen

(1) [1]Gewebe im Sinne von § 1a Nummer 4 des Transplantationsgesetzes oder Gewebezubereitungen im Sinne von § 20c Absatz 1 Satz 1 oder Satz 2 dürfen nur von einer einführenden Gewebeeinrichtung eingeführt werden, die diese Tätigkeit gewerbs- oder berufsmäßig ausübt und die über die Einfuhr einen Vertrag mit einem Drittstaatlieferanten geschlossen hat. [2]Drittstaatlieferant ist eine Gewebeeinrichtung

oder eine andere Stelle in einem Staat, der weder Mitgliedstaat der Europäischen Union noch anderer Vertragsstaat des Abkommens über den Europäischen Wirtschaftsraum ist, die für die Ausfuhr von Geweben oder Gewebezubereitungen, die sie an die einführende Gewebeeinrichtung liefert, verantwortlich ist. ³Die einführende Gewebeeinrichtung bedarf einer Erlaubnis der zuständigen Behörde. ⁴Die Entscheidung über die Erteilung der Erlaubnis trifft die zuständige Behörde des Landes, in dem die Betriebsstätte der einführenden Gewebeeinrichtung liegt oder liegen soll, im Benehmen mit der zuständigen Bundesoberbehörde. ⁵Für die Einfuhr von Gewebezubereitungen zur unmittelbaren Anwendung gilt § 72 Absatz 2 entsprechend.

(1a) ¹Dem Antrag auf Erlaubnis nach Absatz 1 Satz 3 sind die in den Anhängen I und III Teil A der Richtlinie (EU) 2015/566 genannten Informationen und Unterlagen beizufügen. ²Abweichend von Satz 1 sind einem Antrag auf Erteilung einer Erlaubnis, Gewebezubereitungen zur unmittelbaren Anwendung bei Menschen einzuführen, nur die in Anhang I Teil A, B und C Nummer 1 bis 3 und in Anhang III Teil A Nummer 1 und 3 der Richtlinie (EU) 2015/566 genannten Informationen und Unterlagen beizufügen. ³§ 20c Absatz 2 bis 5 und 7 gilt entsprechend.

(2) ¹Die einführende Gewebeeinrichtung nach Absatz 1 darf die Gewebe oder Gewebezubereitungen nur einführen, wenn
1. die Behörde des Herkunftslandes durch ein Zertifikat bestätigt hat, dass die Gewinnung, Laboruntersuchung, Be- oder Verarbeitung, Konservierung, Lagerung oder Prüfung nach Standards durchgeführt wurden, die den von der Europäischen Union festgelegten Standards der Guten fachlichen Praxis mindestens gleichwertig sind, und solche Zertifikate gegenseitig anerkannt sind, oder
2. die für die einführende Gewebeeinrichtung zuständige Behörde bescheinigt hat, dass die Standards der Guten fachlichen Praxis bei der Gewinnung, Laboruntersuchung, Be- oder Verarbeitung, Konservierung, Lagerung oder Prüfung eingehalten werden, nachdem sie oder eine zuständige Behörde eines anderen Mitgliedstaates der Europäischen Union oder eines anderen Vertragsstaates des Abkommens über den Europäischen Wirtschaftsraum sich darüber im Herstellungsland vergewissert hat, oder
3. die für die einführende Gewebeeinrichtung zuständige Behörde bescheinigt hat, dass die Einfuhr im öffentlichen Interesse ist, wenn ein Zertifikat nach Nummer 1 nicht vorliegt und eine Bescheinigung nach Nummer 2 nicht möglich ist.
²Die einführende Gewebeeinrichtung hat die in Anhang III Teil B der Richtlinie (EU) 2015/566 genannte Dokumentation bereitzuhalten und auf Verlangen der zuständigen Behörde vorzulegen. ³Abweichend von Satz 1 Nr. 2 kann die zuständige Behörde von einer Besichtigung der Entnahmeeinrichtungen im Herkunftsland absehen, wenn die von der einführenden Gewebeeinrichtung eingereichten Unterlagen zu keinen Beanstandungen Anlass geben oder ihr Einrichtungen oder Betriebsstätten sowie das Qualitätssicherungssystem desjenigen, der im Herkunftsland das Gewebe gewinnt, bereits bekannt sind.

(2a) Die zuständige Behörde stellt dem Inhaber der Erlaubnis nach Absatz 1 eine Bescheinigung nach Maßgabe des Anhangs II der Richtlinie (EU) 2015/566 aus, wenn ein Zertifikat nach Absatz 2 Satz 1 Nummer 1 vorliegt oder die Voraussetzungen für eine Bescheinigung nach Absatz 2 Satz 1 Nummer 2, auch in Verbindung mit Absatz 2 Satz 3, erfüllt sind.

(2b) Die Absätze 2 und 2a gelten nicht für hämatopoetische Stammzellzubereitungen aus dem Knochenmark, die zur gerichteten, für eine bestimmte Person vorgesehenen Anwendung bestimmt sind.

(2c) ¹Der Inhaber der Erlaubnis nach Absatz 1 Satz 3 hat jede Veränderung der in § 20c Absatz 2 genannten Voraussetzungen und jede wesentliche Änderung seiner Einfuhrtätigkeiten unter Vorlage von Nachweisen der zuständigen Behörde im Voraus anzuzeigen. ²Der Inhaber der Erlaubnis darf die Änderung erst vornehmen, wenn die zuständige Behörde eine schriftliche Erlaubnis erteilt hat. ³Als wesentliche Änderung der Einfuhrtätigkeiten gelten insbesondere Änderungen im Hinblick auf

1. die Art der eingeführten Gewebe oder Gewebezubereitungen,
2. die in einem Drittstaat, der weder Mitgliedstaat der Europäischen Union noch anderer Vertragsstaat des Abkommens über den Europäischen Wirtschaftsraum ist, ausgeübten Tätigkeiten, die sich auf die Qualität und die Sicherheit der eingeführten Gewebe oder Gewebezubereitungen auswirken können, oder
3. die eingesetzten Drittstaatlieferanten.

⁴Nimmt der Inhaber der Erlaubnis eine einmalige Einfuhr im Sinne des § 72c Absatz 2 von Geweben oder Gewebezubereitungen vor, die von einem Drittstaatlieferanten stammen, der nicht Gegenstand dieser Erlaubnis ist, so gilt eine solche einmalige Einfuhr nicht als wesentliche Änderung, sofern die Erlaubnis der einführenden Gewebeeinrichtung die Einfuhr derselben Art von Geweben oder Gewebezubereitungen von einem anderen Drittstaatlieferanten umfasst.

(2d) Der Inhaber der Erlaubnis hat der zuständigen Behörde unverzüglich Folgendes mitzuteilen:

1. den Widerruf, die Rücknahme oder die Anordnung des Ruhens der Genehmigung, Erlaubnis oder Bescheinigung eines Drittstaatlieferanten für die Ausfuhr von Geweben oder Gewebezubereitungen durch die zuständige Behörde des Staates, in dem der Drittstaatlieferant ansässig ist,
2. jede sonstige Entscheidung, die
   a) wegen Nichteinhaltung der Bestimmungen von der zuständigen Behörde des Staates, in dem der Drittstaatlieferant ansässig ist, getroffen wurde und
   b) für die Qualität und die Sicherheit der eingeführten Gewebe oder Gewebezubereitungen relevant sein kann,
3. die vollständige oder teilweise Einstellung seiner Einfuhrtätigkeit und
4. einen unvorhergesehenen Wechsel der verantwortlichen Person nach § 20c.

(3) ¹Das Bundesministerium wird ermächtigt, durch Rechtsverordnung mit Zustimmung des Bundesrates die weiteren Voraussetzungen für die Einfuhr von Geweben oder Gewebezubereitungen nach Absatz 2 zu bestimmen, um eine ordnungsgemäße Qualität der Gewebe oder Gewebezubereitungen zu gewährleisten. ²Es kann dabei insbesondere Regelungen zu den von der verantwortlichen Person nach § 20c durchzuführenden Prüfungen und der Durchführung der Überwachung im Herkunftsland durch die zuständige Behörde treffen.

(4) Absatz 2 Satz 1 findet auf die Einfuhr von Gewebe und Gewebezubereitungen im Sinne von Absatz 1 Anwendung, soweit ihre Überwachung durch eine Rechtsverordnung nach § 54, nach § 12 des Transfusionsgesetzes oder nach § 16a des Transplantationsgesetzes geregelt ist.

§ 72c Einmalige Einfuhr von Gewebe oder Gewebezubereitungen

(1) ¹Gewebe im Sinne von § 1a Nummer 4 des Transplantationsgesetzes oder Gewebezubereitungen im Sinne von § 20c Absatz 1 Satz 1 oder Satz 2, die Gegenstand einer einmaligen Einfuhr sind, dürfen nur von einer einführenden Gewebeeinrichtung im Sinne des § 72b Absatz 1 Satz 1 eingeführt werden. ²Die einführende Gewebeeinrichtung bedarf für die einmalige Einfuhr einer Erlaubnis der zuständigen Behörde. ³Die Entscheidung über die Erteilung der Erlaubnis trifft die zuständige Behörde des Landes, in dem die Betriebsstätte der einführenden Gewebeeinrichtung liegt oder liegen soll.

(2) [1]Eine einmalige Einfuhr ist die Einfuhr eines Gewebes oder einer Gewebezubereitung im Auftrag einer bestimmten Person, die dieses Gewebe oder diese Gewebezubereitung bei einem Drittstaatlieferanten für die zukünftige Verwendung für sich oder Verwandte ersten oder zweiten Grades gelagert hat. [2]Es ist erlaubt, das Gewebe oder die Gewebezubereitung an eine Person abzugeben, die Ärztin oder Arzt ist und die das Gewebe oder die Gewebezubereitung bei der bestimmten Person oder der nahe verwandten Person anwenden soll. [3]Die Abgabe des Gewebes oder der Gewebezubereitung an andere als die vorgenannten Personen ist ausgeschlossen.

(3) [1]Dem Antrag auf Erlaubnis nach Absatz 1 Satz 2 sind die in Anhang I mit Ausnahme des Teils F der Richtlinie (EU) 2015/566 genannten Informationen und Unterlagen beizufügen. [2]§ 20c Absatz 2 bis 5 und 7 ist entsprechend anzuwenden. [3]Die zuständige Behörde stellt dem Inhaber der Erlaubnis nach Absatz 1 Satz 2 eine Bescheinigung nach Maßgabe des Anhangs II der Richtlinie (EU) 2015/566 aus. [4]§ 72b Absatz 2c Satz 1 und 2 und Absatz 2d ist entsprechend anzuwenden.

(4) [1]Die Absätze 1 bis 3 gelten entsprechend für hämatopoetische Stammzellen und Stammzellzubereitungen aus dem peripheren Blut oder aus dem Nabelschnurblut. [2]Abweichend von Absatz 3 Satz 2 sind die Vorgaben der §§ 14 bis 19 entsprechend anzuwenden.

§ 73 Verbringungsverbot

(1) [1]Arzneimittel, die der Pflicht zur Zulassung oder Genehmigung nach § 21a oder zur Registrierung unterliegen, dürfen in den Geltungsbereich dieses Gesetzes nur verbracht werden, wenn sie zum Verkehr im Geltungsbereich dieses Gesetzes zugelassen, nach § 21a genehmigt, registriert oder von der Zulassung oder der Registrierung freigestellt sind und

1. der Empfänger in dem Fall des Verbringens aus einem Mitgliedstaat der Europäischen Union oder einem anderen Vertragsstaat des Abkommens über den Europäischen Wirtschaftsraum pharmazeutischer Unternehmer, Großhändler oder Tierarzt ist, eine Apotheke betreibt oder als Träger eines Krankenhauses nach dem Apothekengesetz von einer Apotheke eines Mitgliedstaates der Europäischen Union oder eines anderen Vertragsstaates des Abkommens über den Europäischen Wirtschaftsraum mit Arzneimitteln versorgt wird,

1a. im Falle des Versandes an den Endverbraucher das Arzneimittel von einer Apotheke eines Mitgliedstaates der Europäischen Union oder eines anderen Vertragsstaates des Abkommens über den Europäischen Wirtschaftsraum, welche für den Versandhandel nach ihrem nationalen Recht, soweit es dem deutschen Apothekenrecht im Hinblick auf die Vorschriften zum Versandhandel entspricht, oder nach dem deutschen Apothekengesetz befugt ist, entsprechend den deutschen Vorschriften zum Versandhandel oder zum elektronischen Handel versandt wird oder

2. der Empfänger in dem Fall des Verbringens aus einem Staat, das[1] nicht Mitgliedstaat der Europäischen Union oder ein anderer Vertragsstaat des Abkommens über den Europäischen Wirtschaftsraum ist, eine Erlaubnis nach § 72, § 72b oder § 72c besitzt.

[2]Die in § 47a Abs. 1 Satz 1 genannten Arzneimittel dürfen nur in den Geltungsbereich dieses Gesetzes verbracht werden, wenn der Empfänger eine der dort genannten Einrichtungen ist. [3]Das Bundesministerium veröffentlicht in regelmäßigen Abständen eine aktualisierte Übersicht über die Mitgliedstaaten der Europäischen Union und die anderen Vertragsstaaten des Europäischen Wirtschaftsraums,

---

[1] Richtig wohl: „der".

in denen für den Versandhandel und den elektronischen Handel mit Arzneimitteln dem deutschen Recht vergleichbare Sicherheitsstandards bestehen.

(1a) Fütterungsarzneimittel dürfen in den Geltungsbereich dieses Gesetzes nur verbracht werden, wenn sie

1. den im Geltungsbereich dieses Gesetzes geltenden arzneimittelrechtlichen Vorschriften entsprechen und
2. der Empfänger zu den in Absatz 1 genannten Personen gehört oder im Falle des § 56 Abs. 1 Satz 1 Tierhalter ist.

(1b) ¹Es ist verboten, gefälschte Arzneimittel oder gefälschte Wirkstoffe in den Geltungsbereich dieses Gesetzes zu verbringen. ²Die zuständige Behörde kann in begründeten Fällen, insbesondere zum Zwecke der Untersuchung oder Strafverfolgung, Ausnahmen zulassen.

(2) Absatz 1 Satz 1 gilt nicht für Arzneimittel, die

1. im Einzelfall in geringen Mengen für die Arzneimittelversorgung bestimmter Tiere bei Tierschauen, Turnieren oder ähnlichen Veranstaltungen bestimmt sind,
2. für den Eigenbedarf der Einrichtungen von Forschung und Wissenschaft bestimmt sind und zu wissenschaftlichen Zwecken benötigt werden, mit Ausnahme von Arzneimitteln, die zur klinischen Prüfung bei Menschen bestimmt sind [ab unbestimmtem Zeitpunkt, siehe Gesetzeskopf Fn. 4: *oder die vom Sponsor einer klinischen Prüfung bei Menschen oder einer von diesem beauftragten Person als Hilfspräparate gemäß Artikel 59 der Verordnung (EU) Nr. 536/2014 für eine klinische Prüfung bei Menschen gemäß den Angaben des Prüfplans verwendet werden sollen*],
2a. in geringen Mengen von einem pharmazeutischen Unternehmer, einem Betrieb mit einer Erlaubnis nach § 13 oder von einem Prüflabor als Anschauungsmuster oder zu analytischen Zwecken benötigt werden,
2b. von einem Betrieb mit Erlaubnis nach § 13 entweder zum Zweck der Be- oder Verarbeitung und des anschließenden Weiter- oder Zurückverbringens oder zum Zweck der Herstellung eines zum Inverkehrbringen im Geltungsbereich zugelassenen oder genehmigten Arzneimittels aus einem Mitgliedstaat der Europäischen Union oder einem anderen Vertragsstaat des Abkommens über den Europäischen Wirtschaftsraum verbracht werden,
3. unter zollamtlicher Überwachung durch den Geltungsbereich des Gesetzes befördert oder in ein Zolllagerverfahren oder eine Freizone des Kontrolltyps II übergeführt oder in eine Freizone des Kontrolltyps I oder ein Freilager verbracht werden,
3a. in einem Mitgliedstaat der Europäischen Union oder einem anderen Vertragsstaat des Abkommens über den Europäischen Wirtschaftsraum zugelassen sind und auch nach Zwischenlagerung bei einem pharmazeutischen Unternehmer, Hersteller oder Großhändler wiederausgeführt oder weiterverbracht oder zurückverbracht werden,
4. für das Oberhaupt eines auswärtigen Staates oder seine Begleitung eingebracht werden und zum Gebrauch während seines Aufenthalts im Geltungsbereich dieses Gesetzes bestimmt sind,
5. zum persönlichen Gebrauch oder Verbrauch durch die Mitglieder einer diplomatischen Mission oder konsularischen Vertretung im Geltungsbereich dieses Gesetzes oder Beamte internationaler Organisationen, die dort ihren Sitz haben, sowie deren Familienangehörige bestimmt sind, soweit diese Personen weder Deutsche noch im Geltungsbereich dieses Gesetzes ständig ansässig sind,
6. bei der Einreise in den Geltungsbereich dieses Gesetzes in einer dem üblichen persönlichen Bedarf oder dem üblichen Bedarf der bei der Einreise mitgeführten nicht der Gewinnung von Lebensmitteln dienenden Tiere entsprechenden Menge eingebracht werden,

6a. im Herkunftsland in Verkehr gebracht werden dürfen und ohne gewerbs- oder berufsmäßige Vermittlung in einer dem üblichen persönlichen Bedarf entsprechenden Menge aus einem Mitgliedstaat der Europäischen Union oder einem anderen Vertragsstaat des Abkommens über den Europäischen Wirtschaftsraum bezogen werden,

7. in Verkehrsmitteln mitgeführt werden und ausschließlich zum Gebrauch oder Verbrauch der durch diese Verkehrsmittel beförderten Personen bestimmt sind,

8. zum Gebrauch oder Verbrauch auf Seeschiffen bestimmt sind und an Bord der Schiffe verbraucht werden,

9. als Proben der zuständigen Bundesoberbehörde zum Zwecke der Zulassung oder der staatlichen Chargenprüfung übersandt werden,

9a. als Proben zu analytischen Zwecken von der zuständigen Behörde im Rahmen der Arzneimittelüberwachung benötigt werden,

10. durch Bundes- oder Landesbehörden im zwischenstaatlichen Verkehr bezogen werden.

(3) ¹Abweichend von Absatz 1 Satz 1 dürfen Fertigarzneimittel, die zur Anwendung bei Menschen bestimmt sind und nicht zum Verkehr im Geltungsbereich dieses Gesetzes zugelassen, registriert oder von der Zulassung oder Registrierung freigestellt sind, in den Geltungsbereich dieses Gesetzes verbracht werden, wenn

1. sie von Apotheken auf vorliegende Bestellung einzelner Personen in geringer Menge bestellt und von diesen Apotheken im Rahmen der bestehenden Apothekenbetriebserlaubnis abgegeben werden,

2. sie in dem Staat rechtmäßig in Verkehr gebracht werden dürfen, aus dem sie in den Geltungsbereich dieses Gesetzes verbracht werden, und

3. für sie hinsichtlich des Wirkstoffs identische und hinsichtlich der Wirkstärke vergleichbare Arzneimittel für das betreffende Anwendungsgebiet im Geltungsbereich des Gesetzes nicht zur Verfügung stehen

oder wenn sie in angemessenem Umfang, der zur Sicherstellung einer ordnungsgemäßen Versorgung der Patienten des Krankenhauses notwendig ist, zum Zwecke der vorübergehenden Bevorratung von einer Krankenhausapotheke oder krankenhausversorgenden Apotheke unter den Voraussetzungen der Nummer 2 bestellt und von dieser Krankenhausapotheke oder krankenhausversorgenden Apotheke unter den Voraussetzungen der Nummer 3 im Rahmen der bestehenden Apothekenbetriebserlaubnis zum Zwecke der Verabreichung an einen Patienten des Krankenhauses unter der unmittelbaren persönlichen Verantwortung einer ärztlichen Person abgegeben werden oder sie nach den apothekenrechtlichen Vorschriften oder berufsgenossenschaftlichen Vorgaben oder im Geschäftsbereich des Bundesministeriums der Verteidigung für Notfälle vorrätig zu halten sind oder kurzfristig beschafft werden müssen, wenn im Geltungsbereich dieses Gesetzes Arzneimittel für das betreffende Anwendungsgebiet nicht zur Verfügung stehen. ²Die Bestellung nach Satz 1 Nummer 1 und die Abgabe der nach Satz 1 in den Geltungsbereich dieses Gesetzes verbrachten Arzneimittel bedürfen der ärztlichen oder zahnärztlichen Verschreibung für Arzneimittel, die nicht aus Mitgliedstaaten der Europäischen Union oder anderen Vertragsstaaten des Abkommens über den Europäischen Wirtschaftsraum bezogen worden sind. ³Das Nähere regelt die Apothekenbetriebsordnung.

(3a) Abweichend von Absatz 1 Satz 1 dürfen Gewebezubereitungen, die nicht zum Verkehr im Geltungsbereich dieses Gesetzes nach § 21a Absatz 1 genehmigt sind, und hämatopoetische Stammzellzubereitungen aus dem peripheren Blut oder aus dem Nabelschnurblut, die nicht zum Verkehr im Geltungsbereich dieses Gesetzes nach § 21 zugelassen oder nach § 21a Absatz 1 genehmigt sind, in den Geltungsbereich dieses Gesetzes verbracht werden, wenn

1. sie von einer Einrichtung, die Inhaber einer Erlaubnis nach den §§ 13, 20c, 72, 72b oder nach § 72c für Tätigkeiten mit diesen Gewebezubereitungen oder hämatopoetischen Stammzellzubereitungen aus dem peripheren Blut oder aus dem Nabelschnurblut ist, auf vorliegende Bestellung einer einzelnen Person in geringer Menge bestellt werden und von dieser Einrichtung an das anwendende Krankenhaus oder den anwendenden Arzt abgegeben werden,
2. sie in dem Staat, aus dem sie in den Geltungsbereich dieses Gesetzes verbracht werden, rechtmäßig in Verkehr gebracht werden dürfen,
3. für sie hinsichtlich der Funktionalität vergleichbare Arzneimittel für das betreffende Anwendungsgebiet im Geltungsbereich dieses Gesetzes nicht zur Verfügung stehen und
4. im Fall des Verbringens aus einem Staat, der weder Mitgliedstaat der Europäischen Union noch anderer Vertragsstaat des Abkommens über den Europäischen Wirtschaftsraum ist, die Bestellung und Abgabe auf Grund einer ärztlichen Verschreibung erfolgt.

(3b) ¹Abweichend von Absatz 1 Satz 1 dürfen Fertigarzneimittel, die nicht zum Verkehr im Geltungsbereich dieses Gesetzes zugelassen oder registriert oder von der Zulassung oder Registrierung freigestellt sind zum Zwecke der Anwendung bei Tieren, in den Geltungsbereich dieses Gesetzes nur verbracht werden, wenn
1. sie von Apotheken für Tierärzte oder Tierhalter bestellt und von diesen Apotheken im Rahmen der bestehenden Apothekenbetriebserlaubnis abgegeben werden oder vom Tierarzt im Rahmen des Betriebs einer tierärztlichen Hausapotheke für die von ihm behandelten Tiere bestellt werden,
2. sie in einem Mitgliedstaat der Europäischen Union oder einem anderen Vertragsstaat des Abkommens über den Europäischen Wirtschaftsraum zur Anwendung bei Tieren zugelassen sind und
3. im Geltungsbereich dieses Gesetzes kein zur Erreichung des Behandlungsziels geeignetes zugelassenes Arzneimittel, das zur Anwendung bei Tieren bestimmt ist, zur Verfügung steht.
²Die Bestellung und Abgabe in Apotheken dürfen nur bei Vorliegen einer tierärztlichen Verschreibung erfolgen. ³Absatz 3 Satz 3 gilt entsprechend. ⁴Tierärzte, die Arzneimittel nach Satz 1 bestellen oder von Apotheken beziehen oder verschreiben, haben dies unverzüglich der zuständigen Behörde anzuzeigen. ⁵In der Anzeige ist anzugeben, für welche Tierart und welches Anwendungsgebiet die Anwendung des Arzneimittels vorgesehen ist, der Staat, aus dem das Arzneimittel in den Geltungsbereich dieses Gesetzes verbracht wird, die Bezeichnung und die bestellte Menge des Arzneimittels sowie seine Wirkstoffe nach Art und Menge.

(4) ¹Auf Arzneimittel nach Absatz 2 Nummer 4 und 5 finden die Vorschriften dieses Gesetzes keine Anwendung. ²Auf Arzneimittel nach Absatz 2 Nummer 1 bis 3 und 6 bis 10 und den Absätzen 3 und 3a finden die Vorschriften dieses Gesetzes keine Anwendung mit Ausnahme der §§ 5, 8, 13 bis 20a, 52a, 64 bis 69a und 78, ferner in den Fällen des Absatzes 2 Nummer 2 und der Absätze 3 und 3a auch mit Ausnahme der §§ 48, 95 Absatz 1 Nummer 1 und 3a, Absatz 2 bis 4, § 96 Nummer 3, 10 und 11 sowie [bis unbestimmtem Zeitpunkt, siehe Gesetzeskopf Fn. 4:] § 97 Absatz 1, 2 Nummer 1 und 9 sowie Absatz 3 [ab unbestimmtem Zeitpunkt, siehe Gesetzeskopf Fn. 4: *§ 97 Absatz 1, 2 Nummer 1 sowie Absatz 3*], ferner in den Fällen des Absatzes 3a auch mit Ausnahme der §§ 20b bis 20d, 72, 72b, 72c, 96 Nummer 18b und 18d und des § 97 Absatz 2 Nummer 7a. ³Auf Arzneimittel nach Absatz 3b finden die Vorschriften dieses Gesetzes keine Anwendung mit Ausnahme der §§ 5, 8, 48, 52a, 56a, 57, 58 Absatz 1 Satz 1, der §§ 59, 64 bis 69a, 78, 95 Absatz 1 Nummer 1, 3a, 6, 8, 9 und 10, Absatz 2 bis 4, § 96 Nummer 3, 13, 14 und 15 bis 17, § 97 Absatz 1, 2 Nummer 1, 21 bis 24 sowie 31 und Absatz 3

sowie der Vorschriften der auf Grund des § 12 Absatz 1 Nummer 1 und 2 sowie Absatz 2, des § 48 Absatz 2 Nummer 4 und Absatz 4, des § 54 Absatz 1, 2 und 3 sowie des § 56a Absatz 3 erlassenen Verordnung über tierärztliche Hausapotheken und der auf Grund der §§ 12, 54 und 57 erlassenen Verordnung über Nachweispflichten für Arzneimittel, die zur Anwendung bei Tieren bestimmt sind.

(5) [1]Ärzte und Tierärzte dürfen bei der Ausübung ihres Berufes im kleinen Grenzverkehr im Sinne der Verordnung (EG) Nr. 1931/2006 des Europäischen Parlaments und des Rates vom 20. Dezember 2006 zur Festlegung von Vorschriften über den kleinen Grenzverkehr an den Landaußengrenzen der Mitgliedstaaten sowie zur Änderung der Bestimmungen des Übereinkommens von Schengen (ABl. L 405 vom 30.12.2006, S. 1) nur Arzneimittel mitführen, die zum Verkehr im Geltungsbereich dieses Gesetzes zugelassen oder registriert sind oder von der Zulassung oder Registrierung freigestellt sind. [2]Abweichend von Absatz 1 Satz 1 dürfen Ärzte, die eine Gesundheitsdienstleistung im Sinne der Richtlinie 2011/24/EU des Europäischen Parlaments und des Rates vom 9. März 2011 über die Ausübung der Patientenrechte in der grenzüberschreitenden Gesundheitsversorgung (ABl. L 88 vom 4.4.2011, S. 45) erbringen, am Ort ihrer Niederlassung zugelassene Arzneimittel in kleinen Mengen in einem für das Erbringen der grenzüberschreitenden Gesundheitsversorgung unerlässlichen Umfang in der Originalverpackung mit sich führen, wenn und soweit Arzneimittel gleicher Zusammensetzung und für gleiche Anwendungsgebiete auch im Geltungsbereich dieses Gesetzes zugelassen sind; der Arzt darf diese Arzneimittel nur selbst anwenden. [3]Ferner dürfen abweichend von Absatz 1 Satz 1 Tierärzte, die als Staatsangehörige eines Mitgliedstaates der Europäischen Union oder eines anderen Vertragsstaates des Abkommens über den Europäischen Wirtschaftsraum eine Dienstleistung im Sinne der Richtlinie 2006/123/EG des Europäischen Parlaments und des Rates vom 12. Dezember 2006 über Dienstleistungen im Binnenmarkt (ABl. L 376 vom 27.12.2006, S. 36) erbringen, am Ort ihrer Niederlassung zugelassene Arzneimittel in kleinen Mengen in einem für das Erbringen der Dienstleistung unerlässlichen Umfang in der Originalverpackung mit sich führen, wenn und soweit Arzneimittel gleicher Zusammensetzung und für gleiche Anwendungsgebiete auch im Geltungsbereich dieses Gesetzes zugelassen sind; der Tierarzt darf diese Arzneimittel nur selbst anwenden. [4]Er hat den Tierhalter auf die für das entsprechende, im Geltungsbereich dieses Gesetzes zugelassene Arzneimittel festgesetzte Wartezeit hinzuweisen.

(6) [1]Für die zollamtliche Abfertigung zum freien Verkehr im Falle des Absatzes 1 Satz 1 Nr. 2 sowie des Absatzes 1a Nr. 2 in Verbindung mit Absatz 1 Satz 1 Nr. 2 ist die Vorlage einer Bescheinigung der für den Empfänger zuständigen Behörde erforderlich, in der die Arzneimittel bezeichnet sind und bestätigt wird, dass die Voraussetzungen nach Absatz 1 oder Absatz 1a erfüllt sind. [2]Die Zolldienststelle übersendet auf Kosten des Zollbeteiligten die Bescheinigung der Behörde, die diese Bescheinigung ausgestellt hat.

(7) Im Falle des Absatzes 1 Nr. 1 hat ein Empfänger, der Großhändler ist oder eine Apotheke betreibt, das Bestehen der Deckungsvorsorge nach § 94 nachzuweisen.

§ 73a Ausfuhr

(1) [1]Abweichend von den §§ 5 und 8 Absatz 1 und 2 dürfen die dort bezeichneten Arzneimittel ausgeführt oder aus dem Geltungsbereich des Gesetzes verbracht werden, wenn die zuständige Behörde des Bestimmungslandes die Einfuhr oder das Verbringen genehmigt hat. [2]Aus der Genehmigung nach Satz 1 muss hervorgehen, dass der zuständigen Behörde des Bestimmungslandes die Versagungsgründe

bekannt sind, die dem Inverkehrbringen im Geltungsbereich dieses Gesetzes entgegenstehen.

(2) [1]Auf Antrag des pharmazeutischen Unternehmers, des Herstellers, des Ausführers oder der zuständigen Behörde des Bestimmungslandes stellt die zuständige Behörde oder die zuständige Bundesoberbehörde, soweit es sich um zulassungsbezogene Angaben handelt oder der Zulassungsinhaber seinen Sitz außerhalb des Geltungsbereiches des Arzneimittelgesetzes hat, ein Zertifikat entsprechend dem Zertifikatsystem der Weltgesundheitsorganisation aus. [2]Wird der Antrag von der zuständigen Behörde des Bestimmungslandes gestellt, ist vor Erteilung des Zertifikats die Zustimmung des Herstellers einzuholen.

§ 74 Mitwirkung von Zolldienststellen

(1) [1]Das Bundesministerium der Finanzen und die von ihm bestimmten Zolldienststellen wirken bei der Überwachung des Verbringens von Arzneimitteln und Wirkstoffen in den Geltungsbereich dieses Gesetzes und der Ausfuhr mit. [2]Die genannten Behörden können

1. Sendungen der in Satz 1 genannten Art sowie deren Beförderungsmittel, Behälter, Lade- und Verpackungsmittel zur Überwachung anhalten,
2. den Verdacht von Verstößen gegen Verbote und Beschränkungen dieses Gesetzes oder der nach diesem Gesetz erlassenen Rechtsverordnungen, der sich bei der Wahrnehmung ihrer Aufgaben ergibt, den zuständigen Verwaltungsbehörden mitteilen,
3. in den Fällen der Nummer 2 anordnen, dass die Sendungen der in Satz 1 genannten Art auf Kosten und Gefahr des Verfügungsberechtigten einer für die Arzneimittelüberwachung zuständigen Behörde vorgeführt werden.

[3]Das Brief- und Postgeheimnis nach Artikel 10 des Grundgesetzes wird nach Maßgabe der Sätze 1 und 2 eingeschränkt.

(2) [1]Das Bundesministerium der Finanzen regelt im Einvernehmen mit dem Bundesministerium durch Rechtsverordnung, die nicht der Zustimmung des Bundesrates bedarf, die Einzelheiten des Verfahrens nach Absatz 1. [2]Es kann dabei insbesondere Pflichten zu Anzeigen, Anmeldungen, Auskünften und zur Leistung von Hilfsdiensten sowie zur Duldung der Einsichtnahme in Geschäftspapiere und sonstige Unterlagen und zur Duldung von Besichtigungen und von Entnahmen unentgeltlicher Proben vorsehen. [3]Die Rechtsverordnung ergeht im Einvernehmen mit dem Bundesministerium für Umwelt, Naturschutz, Bau und Reaktorsicherheit, soweit es sich um radioaktive Arzneimittel und Wirkstoffe oder um Arzneimittel und Wirkstoffe handelt, bei deren Herstellung ionisierende Strahlen verwendet werden, und im Einvernehmen mit dem Bundesministerium für Ernährung und Landwirtschaft, soweit es sich um Arzneimittel und Wirkstoffe handelt, die zur Anwendung bei Tieren bestimmt sind.

Kommentierung des 13. Abschnitts (§§ 72–74)

Schrifttum: *Anders,* Internetapotheke und private Krankenversicherung, PharmR 2002, 39; *Blankenberg,* Quo vadis Arzneimittelversorgung – Konsequenzen einer Legalisierung des Arzneimittelversandhandels, PharmR 2001, 244; *Dwerhagen,* Parallelimport von Arzneimitteln und Importe nach § 73 Abs. 3 AMG – Überblick über die neueste Rechtsprechung, PharmR 1996, 171; *Ernst,* Arzneimittelverkauf im Internet, WRP 2001, 893; *Grams,* Zum Betrieb von Filialapotheken und Apotheken-Einkaufsgemeinschaften, MedR 1997, 406; *Harney,* Die Haftung des Pharmaherstellers beim Einzelimport und beim Compassionate Use, PharmR 2010, 18; *Heber,* Zum Import von Vitamin-C-Präparaten aus der Schweiz, PharmR 1992, 130; *Henke,* Verbote und Beschränkungen bei Ein- und Ausfuhr, 2000, Rn. 617 ff.; *Hiltl,* EuGH (10.11.1994 – C-320/93): Werbeverbot für Einzelimporte europarechtskonform, PharmR 1995, 116; *Hiltl/Schroeder,* Arzneimitteleinfuhr durch Private – Anm. zum EuGH-Urteil (8.4.1992 – C-62/90) Kommission/Bundesrepublik Deutschland, PharmR 1992, 291; *Hoeren,* Zum Versandhandel mit Arzneimitteln über das Internet – Anm.

zu LG Frankfurt v. 9.11.2000 – 2–03 O 365/00, EWiR 2001, 39; *Hofman,* Der Sondervertriebsweg für zur Vornahme eines Schwangerschaftsabbruchs zugelassene Arzneimittel, DVBl. 2000, 682; *Klados,* Verwendung in Deutschland nicht zugelassener Arzneimittel – Import und Verwendung nach § 73 Abs. 3 AMG importierter Arzneimittel, WRP 2001, 1058; *Koenig/Engelmann,* E-Commerce mit Arzneimitteln im Europäischen Binnenmarkt und die Freiheit des Warenverkehrs, ZUM 2001, 19; *Koenig/Engelmann/Sander,* Parallelhandelsbeschränkungen im Arzneimittelbereich und die Freiheit des Warenverkehrs, GRUR Int. 2001, 919; *Lüder,* Zur Frage der Zulässigkeit eines nationalen Werbeverbots für importierte, im Einfuhrstaat nicht zugelassene Arzneimittel, EuZW 1995, 87; *Meyer-Lüerßen,* In-vitro-Diagnostica-Regelung durch das novellierte Arzneimittelgesetz, PharmR 1986, 180; *ders.,* Inkrafttreten und Anwendungsbereich des § 72a AMG, PharmR 1988, 7; *ders.,* Inkrafttreten und Anwendungsbereich des § 72a AMG (Teil II), PharmR 1988, 50; *Meyer-Lüerßen/ Will,* Gesetzliche Regelung für Diagnostica in Deutschland – 1. Teil, PharmR 1991, 98; *Müller-Römer/Fischer,* in *Blasius/Müller-Römer/Fischer* (Hrsg.), Arzneimittel und Recht in Deutschland, 1998, S. 241; *Oppermann,* Ausfuhr von Arzneimitteln aus der EG – Neue Bestimmungen, PharmR 1990, 2; *Paefgen,* Unausgeschöpfte Integrationsreserven im Gemeinsamen Markt für Arzneimittel, EuZW 1991, 331; *Saalfrank/Wesser,* Anspruch der GKV auf Rückerstattung von Zahlungen für aus importierten Arzneimitteln anwendungsfertig hergestellte Zytostatika? (Teil 1), A&R 2009, 253; *Schroeder,* Parallelimport von Arzneimitteln und freier Warenverkehr, EuZW 1994, 78; *Tillmanns,* Die Änderung des § 73 Abs. 3 AMG durch die 15. AMG-Novelle: Ein Fall für den EuGH?, PharmR 2009, 616; *Wegmann,* Zur Vereinbarkeit des deutschen Importverbots für menschliche und embryonale Stammzellen mit den Vorgaben des europäischen Gemeinschaftsrechts; *Will,* 4. AMG-Novelle – Inhalt und Konsequenzen, PharmR 1990, 94; *Willhöft/Dienemann,* Die Arzneimittel-Härtefall-Verordnung als Konkretisierung des Compassionate use, A&R 2010, 201; *zur Bonsen,* Die 5. AMG-Novelle – Ein Beitrag des Gesetzgebers zur Sicherheit von Blutprodukten?, PharmR 1994, 337.

Übersicht

I. Allgemeines

1   Die Vorschriften des 13. Abschnitts konkretisieren die Verhaltensanforderungen, die für die **Ein- bzw. Ausfuhr** – also das Verbringen bzw. Versenden – von Arzneimitteln in bzw. aus dem Geltungsbereich dieses Gesetzes zu beachten sind. Dabei wird unterschieden zwischen sog EU-Mitgliedstaaten und Ländern, die nicht Mitglied der EU oder des EWR sind (sog Drittländer). Diese Differenzierung stellt die konsequente Umsetzung der innerhalb der EU zu garantierenden Warenverkehrsfreiheit dar, mit der eine Beschränkung von Ein- bzw. Ausfuhr zwischen EU-Mitgliedstaaten nicht vereinbar wäre.[1]

II. Einfuhrerlaubnis (§ 72)

2   Gemäß § 72 Abs. 1 S. 1 Nr. 1–3 bedarf einer Erlaubnis der zuständigen Behörde, wer Arzneimittel iS des § 2 Abs. 1 oder Abs. 2 Nr. 1, Wirkstoffe, die menschlicher, tierischer oder mikrobieller Herkunft sind oder die auf gentechnischem Wege hergestellt werden oder andere zur Arzneimittelherstellung bestimmte Stoffe menschlicher Herkunft gewerbs- oder berufsmäßig aus einem sog Drittland in den Geltungsbereich dieses Gesetzes einführen will.[2] Die Einfuhr von Medikamenten, Stoffen und Präparaten aus dem EU-Ausland ist zwar nicht an eine Einfuhrerlaubnis geknüpft, setzt aber das Bestehen einer Zulassung im Inland voraus.

---

[1] So stellt zB die derzeitige Regelung des § 72 die Umsetzung von entsprechenden EU-Bestimmungen – Art. 16 Abs. 3, 29 der Richtlinie 75/319/EWG vom 20.5.1975, ABl. 1975 L 147, 13 – dar.

[2] Näher zu den einzelnen Begriffen oben § 4.

Im Unterschied zur Durchfuhr[3] kann man von **Einfuhr** nur dann sprechen, wenn ein   **3**
endgültiges Verbringen in den Geltungsbereich dieses Gesetzes stattfinden soll. Ausreichend
ist hierbei die Einfuhr zur Weiterverarbeitung im Inland. Nach Abs. 2 bedarf es bei Arzneimitteln menschlicher Herkunft, die zur unmittelbaren Anwendung beim Menschen dienen,
ebenfalls einer Einfuhrerlaubnis.[4] Die Erlaubnis darf jedoch nur versagt werden, wenn der
Antragsteller nicht nachweist, dass für die Beurteilung der Qualität und Sicherheit der
Arzneimittel und für die gegebenenfalls erforderliche Überführung der Arzneimittel in
ihre anwendungsfähige Form nach dem Stand von Wissenschaft und Technik qualifiziertes
Personal und geeignete Räume vorhanden sind.

Die **Einfuhrerlaubnis** entspricht der Herstellungserlaubnis; dementsprechend verweist   **4**
§ 72 auch weitgehend auf die Bestimmungen im 3. Abschnitt, der gesetzliche Vorgaben für
die Herstellung von Arzneimitteln enthält. Die Einfuhrerlaubnis wird wie die Herstellungserlaubnis stets **produkt- und betriebsstättenbezogen** erteilt.[5]

III. Zertifikate (§ 72a)

Für eine Einfuhr im Sinne des § 72 benötigt der Einführende ein **Einfuhrzertifikat.**   **5**
Ausnahmen gelten zB für Arzneimittel, die zur klinischen Prüfung beim Menschen oder
zur Anwendung im Rahmen eines Härtefallprogramms bestimmt sind (§ 72a Abs. 1a Nr. 1).
Das Erfordernis eines Einfuhrzertifikats gilt nicht nur für Fertigarzneimittel,[6] sondern für
alle Arzneimittel iS des § 2 – also zB auch für noch nicht endgültig konfektionierte Arzneimittel und Bulkware.[7] Durch das Zertifikat soll gewährleistet werden, dass die Arzneimittel
nach allgemein anerkannten Herstellungsstandards gefertigt wurden.[8] Diese Standards sind
nach den hier geltenden arzneimittelrechtlichen Bestimmungen auch von den Produzenten
innerhalb der EU bzw. des EWR zu beachten.

IV. Einfuhrerlaubnis und Zertifikate für Gewebe und bestimmte Gewebezubereitungen (§§ 72b, 72c)

§ 72b bestimmt, dass nur die gewerbs- oder berufsmäßige Einfuhr von Geweben iSv § 1a   **6**
Nr. 4 des Transplantationsgesetzes oder Gewebezubereitungen iSv § 20c Abs. 1 S. 1 oder
S. 2 zulässig ist und einer Erlaubnis der zuständigen Behörde bedarf. Voraussetzung ist auch
der Abschluss eines entsprechenden Vertrages mit einem Drittstaatlieferanten. § 72c regelt
die einmalige Einfuhr von Gewebe oder Gewebezubereitungen. Dessen Abs. 4 sieht die
entsprechende Anwendung der Abs. 1 bis 3 auf hämatopoetische Stammzellen und Stammzellzubereitungen aus dem peripheren Blut oder aus dem Nabelschnurblut vor.

V. Verbringungsverbot (§ 73)

§ 73 schreibt vor, dass Arzneimittel, die in Deutschland der Registrierungs- bzw. Zulas-   **7**
sungspflicht unterliegen, nur dann in den Geltungsbereich dieses Gesetzes verbracht werden
dürfen, wenn sie in Deutschland zugelassen, registriert oder nach § 21a genehmigt sind.[9]
Für nicht zugelassene bzw. nicht registrierte Arzneimittel gilt demnach – sofern nicht eine
Freistellung von diesen Erfordernissen vorliegt – ein **Verbringungsverbot.** Des Weiteren
schränkt § 73 den Kreis derjenigen Personen ein, die Arzneimittel nach Deutschland verbringen dürfen: **Einfuhrberechtigt** sind beim Import aus einem Staat der EU bzw. des

---

[3] Durchfuhr setzt den Transit der Ware unter zollamtlicher Überwachung voraus.
[4] *Rehmann* § 72 Rn. 2, 5.
[5] Zu den Einzelheiten sei an dieser Stelle auf die Kommentierung im Rahmen des 3. Abschnitts (§§ 13–20d) verwiesen; näher zum Ganzen auch *Rehmann* § 72 Rn. 6 f.
[6] Zum Begriff des Fertigarzneimittels → § 4 Rn. 2 f.
[7] Zum Begriff der Bulkware → § 4 Rn. 3; vgl. auch → § 9 Rn. 1.
[8] Näher zum Erfordernis des Einfuhrzertifikats *Rehmann* § 72a Rn. 1 f.; Deutsch/Lippert/*Ratzel* § 72a Rn. 1 ff.
[9] Zum Zulassungsverfahren näher oben 4. Abschnitt (§§ 21–37); zum Registrierungsverfahren für homöopathische Arzneimittel und traditionelle pflanzliche Arzneimittel näher oben 5. Abschnitt (§§ 38–39d).

EWR pharmazeutische Unternehmer, Großhändler, Tierärzte, Apotheken und der Träger eines Krankenhauses, der nach dem Apothekengesetz von einer Apotheke eines Mitgliedstaates der Europäischen Union oder eines anderen Vertragsstaates des Abkommens über den Wirtschaftsraum mit Arzneimitteln versorgt wird (Abs. 1 Nr. 1); für den Import aus einem Drittstaat erstreckt sich die Berechtigung nur auf den Inhaber einer Einfuhrerlaubnis nach §§ 72, 72b, 72c (vgl. § 73 Abs. 1 S. 1 Nr. 2). Nach der 12. AMG-Novelle findet sich in § 73 Abs. 1 Nr. 1a eine Regelung zum zulässigen Versandhandel von Apotheken mit Sitz in der EU an Endverbraucher. Für **Fütterungsarzneimittel** gelten die Besonderheiten, die in § 73 Abs. 1a geregelt sind. Mittlerweile ist es nach § 73 Abs. 1b verboten, gefälschte Arzneimittel oder gefälschte Wirkstoffe in den Geltungsbereich dieses Gesetzes zu verbringen.

8   Von der Reglementierung des § 73 Abs. 1 **ausgenommen** wurden die in Abs. 2 enumerativ aufgezählten Fälle. Im Wesentlichen unterfallen diesen Ausnahmetatbeständen Arzneimittel, bei denen nicht anzunehmen ist, dass diese außerhalb des persönlichen Einsatzes in den allgemeinen Verkehr gelangen. Dementsprechend werden auch Reiseapotheken in Verkehrsmitteln vom Verbringungsverbot freigestellt. Ebenso unterliegen Arzneimittel, die lediglich zur Durchfuhr bestimmt sind, nicht den oben genannten Einfuhrbeschränkungen.

9   Für die **Apothekeneinfuhr** gelten wiederum noch weitergehende Lockerungen: Unter den Voraussetzungen des § 73 Abs. 3 S. 1 Nr. 1–3 dürfen abweichend von Abs. 1 S. 1 Fertigarzneimittel, die zur Anwendung bei Menschen bestimmt sind und nicht zum Verkehr im Geltungsbereich dieses Gesetztes zugelassen, registriert oder von der Zulassung oder Registrierung freigestellt sind, in den Geltungsbereich dieses Gesetzes verbracht werden. Der durch Gesetz vom 21. November 2016 neu eingefügte Abs. 3a normiert unter bestimmten Voraussetzungen Ausnahmen vom Verbringungsverbot für hämatopoetische Stammzellzubereitungen aus dem peripheren Blut oder aus dem Nabelschnurblut. Abs. 3b betrifft Fertigarzneimittel, die zur Anwendung bei Tieren bestimmt sind.

VI. Ausfuhr bedenklicher oder minderwertiger Arzneimittel (§ 73a)

10   Obwohl **bedenkliche** und **minderwertige Arzneimittel** nach den Bestimmungen der §§ 5 bzw. 8 Abs. 1 im Inland nicht in den Verkehr gebracht werden dürfen,[10] sieht § 73a vor, dass eine **Ausfuhr** oder eine Verbringung aus dem Geltungsbereich des Gesetzes unter gewissen Umständen zulässig sein kann. Eine Ausfuhr ist immer dann möglich, wenn eine Einfuhrgenehmigung des Bestimmungslandes vorliegt, aus der hervorgeht, dass der für die Einfuhr zuständigen Behörde die Gründe bekannt sind, die einem Inverkehrbringen in Deutschland entgegenstehen. Damit soll sichergestellt werden, dass die Länder, in die exportiert werden soll, sich des **Gefährdungspotentials** der Arzneimittel bewusst sind und die Einfuhrgenehmigung nicht unter Verschweigen der das Risikopotential begründenden Umstände „erschlichen" wurde, um sich kostengünstig der Entsorgungsfrage zu entledigen. Unbedenklich ist das gesetzliche Konzept gleichwohl nicht, und zwar gerade dann nicht, wenn man berücksichtigt, dass typische Fälle der Ausfuhr bedenklicher oder minderwertiger Arzneimittel Hilfssendungen staatlicher und/oder karitativer Einrichtungen insbesondere in Länder der Dritten Welt und Krisengebiete darstellen sollen.[11] Aufgrund einer Änderung durch das Vierte Gesetz zur Änderung arzneimittelrechtlicher und anderer Vorschriften ist nunmehr auch die Ausfuhr von Arzneimitteln, deren Verfalldatum abgelaufen ist (§ 8 Abs. 2), mit entsprechender Genehmigung erlaubt; zuvor war das ausnahmslos unzulässig. **In sanktionenrechtlicher Hinsicht** ist § 73a bisweilen als Norm, auf die verwiesen wird, von mittelbarer Bedeutung; das gilt etwa für § 95 Abs. 1 Nr. 3a und § 96 Nr. 3.

---

[10] Näher zum Verbot des Inverkehrbringens bedenklicher oder minderwertiger Arzneimittel oben § 5; vgl. auch § 8.
[11] Vgl. dazu etwa Deutsch/Lippert/*Ratzel* § 73a Rn. 1 f.

VII. Mitwirkung von Zolldienststellen (§ 74)

Gerade in den Bereichen der Ein-, Aus- und Durchfuhr von Arzneimitteln kommt den **Zolldienststellen** bei der **Arzneimittelüberwachung** eine zentrale Aufgabe zu. Dementsprechend wurden sie in § 74 Abs. 1 mit **Befugnissen** ausgestattet, die ihnen die Überwachung von Arzneimittelsendungen ermöglichen und sie auch in die Lage versetzen, eingreifend tätig zu werden, sofern die Arzneimittelsicherheit dies erfordert. Neben klassischen Überwachungs- und Mitteilungsbefugnissen steht ihnen insbesondere gem. § 74 Abs. 1 Nr. 3 das Recht zu, in Verdachtsfällen eine Vorführung der jeweiligen Sendung bei der zuständigen Überwachungsbehörde anzuordnen. Die Ausübung der einzelnen Befugnisse steht im **pflichtgemäßen Ermessen** der Zollbehörde, sie ist aber an Vorgaben der Überwachungsbehörden gebunden und insofern nicht berechtigt, abweichende Entscheidungen zu treffen.[12] **11**

VIII. Sanktionenrechtliche Bedeutung der Vorschriften im 13. Abschnitt

1. Verstoß gegen § 72. Wird ohne Einfuhrerlaubnis einer der in § 72 Abs. 1 S. 1 genannten Stoffe bzw. eines der dort genannten Präparate oder Arzneimittel aus einem Drittland nach Deutschland verbracht, so greift das Verbot des § 73 Abs. 1 Nr. 2 ein, und der Importeur macht sich **strafbar** nach § 96 Nr. 4, sofern er vorsätzlich agiert. Bei fahrlässiger Begehungsweise greift die **ordnungswidrigkeitenrechtliche** Sanktionsnorm des § 97 Abs. 1 ein. Strafbar nach § 96 Nr. 18b ist, wer vorsätzlich ohne Erlaubnis nach § 72 Abs. 4 S. 2 dort genannte hämatopoetische Stammzellen, Stammzellzubereitungen, Gewebe oder Gewebezubereitungen einführt. **12**

2. Verstoß gegen § 72a. Wer Arzneimittel oder Wirkstoffe vorsätzlich ohne Einfuhrzertifikat nach Deutschland verbringt, macht sich **strafbar** nach § 96 Nr. 18c. Im Falle fahrlässigen Fehlverhaltens liegt eine **Ordnungswidrigkeit** nach § 97 Abs. 1 vor. **13**

3. Verstoß gegen § 72b und § 72c. Strafbar nach § 96 Nr. 18b macht sich, wer vorsätzlich ohne Erlaubnis nach § 72b Abs. 1 S. 3 oder § 72c Abs. 1 S. 2, auch in Verbindung mit § 72c Abs. 4 S. 1, dort genannte hämatopoetische Stammzellen, Stammzellzubereitungen, Gewebe- oder Gewebezubereitungen einführt. Wer entgegen § 72b Abs. 2 S. 1 Gewebe- oder Gewebezubereitungen vorsätzlich einführt, macht sich gemäß § 96 Nr. 18d strafbar. **14**

4. Verstoß gegen § 73. Das Verbringen gefälschter Arzneimittel oder gefälschter Wirkstoffe in den Geltungsbereich des AMG unter Verstoß gegen § 73 Abs. 1b S. 1 ist eine Straftat nach § 96 Nr. 18e. Fahrlässige Zuwiderhandlungen gegen dieses Verbringungsverbot stellen **Ordnungswidrigkeiten** nach § 97 Abs. 1 dar. Die Einfuhr von nicht zugelassenen bzw. nicht registrierten Arzneimitteln unter Missachtung der Bestimmungen des § 73 Abs. 1 oder 1a stellt eine **Ordnungswidrigkeit** nach § 97 Abs. 2 Nr. 8 dar. Wird darüber hinaus ein Arzneimittel ohne die nach § 94 geforderte Deckungsvorsorge[13] in den Verkehr gebracht, liegt eine **Straftat** nach § 96 Nr. 19 vor, sofern dies vorsätzlich geschieht; bei fahrlässigem Fehlverhalten ist eine **Ordnungswidrigkeit** nach § 97 Abs. 1 gegeben. – Im Übrigen taucht § 73 auch als Bezugsnorm in der Strafvorschrift des § 95 Abs. 1 Nr. 3a und der Bußgeldvorschrift des § 97 Abs. 2 Nr. 7 auf. **15**

5. Verstoß gegen § 74. Bei Nichtbeachtung einer vollziehbaren Anordnung der Zolldienststellen nach § 74 Abs. 1 S. 2 Nr. 3 liegt eine **Ordnungswidrigkeit** nach § 97 Abs. 2 Nr. 27 vor. **16**

Zur möglichen strafrechtlichen Verantwortlichkeit auch der zuständigen **Amtsträger** nach allgemeinem Strafrecht (insbesondere wegen begehungsgleichen Unterlassens) s. *Freund*, Erfolgsdelikt und Unterlassen, 1992, S. 260 f., 291 ff., 305 ff.; vgl. etwa auch bereits oben 4. Abschnitt → §§ 21–37 Rn. 23. **17**

---

[12] *Rehmann* § 74 Rn. 1; Deutsch/Lippert/*Ratzel* § 74 Rn. 2.
[13] Näher zur erforderlichen Deckungsvorsorge durch den pharmazeutischen Unternehmer unten § 94.

Vierzehnter Abschnitt. Informationsbeauftragter, Pharmaberater

§ 74a Informationsbeauftragter

(1) ¹Wer als pharmazeutischer Unternehmer Fertigarzneimittel, die Arzneimittel im Sinne des § 2 Abs. 1 oder Abs. 2 Nr. 1 sind, in den Verkehr bringt, hat eine Person mit der erforderlichen Sachkenntnis und der zur Ausübung ihrer Tätigkeit erforderlichen Zuverlässigkeit zu beauftragen, die Aufgabe der wissenschaftlichen Information über die Arzneimittel verantwortlich wahrzunehmen (Informationsbeauftragter). ²Der Informationsbeauftragte ist insbesondere dafür verantwortlich, dass das Verbot des § 8 Abs. 1 Nr. 2 beachtet wird und die Kennzeichnung, die Packungsbeilage, die Fachinformation und die Werbung mit dem Inhalt der Zulassung oder der Registrierung oder, sofern das Arzneimittel von der Zulassung oder Registrierung freigestellt ist, mit den Inhalten der Verordnungen über die Freistellung von der Zulassung oder von der Registrierung nach § 36 oder § 39 Abs. 3 übereinstimmen. ³Satz 1 gilt nicht für Personen, soweit sie nach § 13 Abs. 2 Satz 1 Nr. 1, 2, 3 oder 5 keiner Herstellungserlaubnis bedürfen. ⁴Andere Personen als in Satz 1 bezeichnet dürfen eine Tätigkeit als Informationsbeauftragter nicht ausüben.

(2) Der Informationsbeauftragte kann gleichzeitig Stufenplanbeauftragter sein.

(3) ¹Der pharmazeutische Unternehmer hat der zuständigen Behörde den Informationsbeauftragten und jeden Wechsel vorher mitzuteilen. ²Bei einem unvorhergesehenen Wechsel des Informationsbeauftragten hat die Mitteilung unverzüglich zu erfolgen.

§ 75 Sachkenntnis

(1) ¹Pharmazeutische Unternehmer dürfen nur Personen, die die in Absatz 2 bezeichnete Sachkenntnis besitzen, beauftragen, hauptberuflich Angehörige von Heilberufen aufzusuchen, um diese über Arzneimittel im Sinne des § 2 Abs. 1 oder Abs. 2 Nr. 1 fachlich zu informieren (Pharmaberater). ²Satz 1 gilt auch für eine fernmündliche Information. ³Andere Personen als in Satz 1 bezeichnet dürfen eine Tätigkeit als Pharmaberater nicht ausüben.

(2) Die Sachkenntnis besitzen

1. Apotheker oder Personen mit einem Zeugnis über eine nach abgeschlossenem Hochschulstudium der Pharmazie, der Chemie, der Biologie, der Human- oder der Veterinärmedizin abgelegte Prüfung,
2. Apothekerassistenten sowie Personen mit einer abgeschlossenen Ausbildung als technische Assistenten in der Pharmazie, der Chemie, der Biologie, der Human- oder Veterinärmedizin,
3. Pharmareferenten.

(3) Die zuständige Behörde kann eine abgelegte Prüfung oder abgeschlossene Ausbildung als ausreichend anerkennen, die einer der Ausbildungen der in Absatz 2 genannten Personen mindestens gleichwertig ist.

§ 76 Pflichten

(1) ¹Der Pharmaberater hat, soweit er Angehörige der Heilberufe über einzelne Arzneimittel fachlich informiert, die Fachinformation nach § 11a vorzulegen. ²Er hat Mitteilungen von Angehörigen der Heilberufe über Nebenwirkungen und Gegenanzeigen oder sonstige Risiken bei Arzneimitteln schriftlich oder elektronisch aufzuzeichnen und dem Auftraggeber schriftlich oder elektronisch mitzuteilen.

(2) Soweit der Pharmaberater vom pharmazeutischen Unternehmer beauftragt wird, Muster von Fertigarzneimitteln an die nach § 47 Abs. 3 berechtigten Personen abzugeben, hat er über die Empfänger von Mustern sowie über Art, Umfang und Zeitpunkt der Abgabe von Mustern Nachweise zu führen und auf Verlangen der zuständigen Behörde vorzulegen.

Kommentierung des 14. Abschnitts (§§ 74a–76)

Schrifttum: *Blasius,* in *Blasius/Müller-Römer/Fischer* (Hrsg.), Arzneimittel und Recht in Deutschland, 1998, S. 172, 188; *Knauer/Sander/Zumdick,* Die Qualifikation des Informationsbeauftragten gemäß § 74a AMG – Wertungswiderspruch zu den Anforderungen an die Sachkunde des Stufenbeauftragten, PharmR 2010, 276; *v. Loeper/Schmidt,* Arzt und Pharmaberater – Konflikt oder Konsens, PharmR 1986, 154; *Westphal,* Arzneimittelmarkt und Verbraucherinteresse – Zur Strategie des Verbraucherschutzes im Gesundheitsbereich, 1982. S. ergänzend die Literatur zum 3. Abschnitt (§§ 13–20d).

I. Allgemeines

Die Regelungen des 14. Abschnitts (§§ 74a–76) treten ergänzend neben die Vorschriften **1** des 3. Abschnitts (§§ 13–20d), insbesondere die §§ 14, 15 und 19. Abgesehen von den Positionen der „sachkundigen Person" bzw. des Leiters der Herstellung und des Leiters der Qualitätskontrolle hat jeder pharmazeutische Unternehmer, der Fertigarzneimittel in den Verkehr bringt, in seinem Betrieb auch die Stelle eines **Informationsbeauftragten** zu installieren (§ 74a Abs. 1) und die Besetzung der zuständigen Behörde unter Vorlage der notwendigen Unterlagen anzuzeigen (§ 74a Abs. 3).

Bestellt der pharmazeutische Unternehmer eine Person, die hauptberuflich Angehörige **2** von Heilberufen aufsucht, um sie fachlich über Arzneimittel zu beraten (einen sog **Pharmaberater**), so muss dieser über die nötige Sachkenntnis verfügen. Darüber hinaus hat der Pharmaberater bei seiner Informationstätigkeit die Vorgaben des § 76 zu beachten.

II. Verantwortungsbereich des Informationsbeauftragten (§ 74a)

Der **Informationsbeauftragte** ist dafür verantwortlich, eine wissenschaftliche Information **3** über die Arzneimittel zu gewährleisten. Er hat demnach insbesondere dafür Sorge zu tragen, dass Arzneimittel nicht mit irreführenden Aufmachungen und Kennzeichnungen in den Verkehr gelangen. Außerdem ist er dafür zuständig, dass Kennzeichnung, Packungsbeilage und Fachinformation sowie Werbung der Zulassung oder der Registrierung entsprechen. Um diese Aufgabe verantwortlich wahrnehmen zu können, muss er über entsprechende **Sachkenntnisse** verfügen (§ 74a Abs. 1 S. 1). Die Sachkundenachweise und die Bestellung der Person bzw. personelle Änderungen sind der zuständigen Behörde bekannt zu geben. Die Aufgabe des Informationsbeauftragten kann gemäß § 74a Abs. 2 in Personalunion mit den Verantwortungsbereichen des Stufenplanbeauftragten (§ 63a), der zugleich sachkundige Person nach § 14 sein kann, wahrgenommen werden (vgl. dazu auch → §§ 62–63j Rn. 2).

III. Aufgaben und Pflichten des Pharmaberaters (§§ 75, 76)

Pharmaberatern obliegt nach Beauftragung durch den pharmazeutischen Unternehmer **4** die fachliche Information über Arzneimittel gegenüber hauptberuflich tätigen Angehörigen von Heilberufen. Ihre **Aufgabe** ist demnach die Sachaufklärung des Arztes; eine Werbetätigkeit im eigentlichen Sinne soll nicht erfolgen. Ein Werbeeffekt darf allenfalls mittelbar im Zusammenhang mit der Informationstätigkeit eintreten. Die Vermittlung von Geschäftsabschlüssen wird nach der Intention der Vorschrift nicht vom Aufgabenbereich des Pharmaberaters umfasst.[1] Der Pharmaberater ist daher auch **kein Handelsvertreter** und hat dement-

---

[1] Ausführlicher zum Aufgabenbereich des Pharmaberaters *Rehmann* § 75 Rn. 1; *Deutsch/Lippert/Koyuncu* § 75 Rn. 7 ff.

sprechend nach Beendigung seiner Tätigkeit auch keinen Anspruch auf Bezahlung von Handelsvertreterausgleich.[2]

5 Für die Ausübung der Tätigkeit als Pharmaberater ist es erforderlich, dass die als Pharmaberater beauftragte Person über die in § 75 Abs. 2 beschriebene **Sachkenntnis** verfügt. Ist eine entsprechende Qualifikation nicht gegeben, untersagt § 75 Abs. 1 S. 3 ausdrücklich die Tätigkeit als Pharmaberater. Das **Verbot** richtet sich nicht nur an den beauftragenden pharmazeutischen Unternehmer, sondern auch an die Person, die beauftragt wird, die Aufgaben eines Pharmaberaters wahrzunehmen.

6 Die **Pflichten** des Pharmaberaters, die ihn während seiner Informationstätigkeit treffen, sind in § 76 geregelt. Insbesondere hat er den von ihm aufgesuchten Personen die Fachinformation nach § 11a vorzulegen, die insofern alle notwendigen Informationen enthält. Werden ihm gegenüber Angaben zu Nebenwirkungen, Risiken oder Gegenanzeigen gemacht, so hat er diese schriftlich zu **dokumentieren** und auch in schriftlicher Form an seinen Auftraggeber **weiterzuleiten**.[3] Es obliegt dann dem pharmazeutischen Unternehmer zu entscheiden, ob und ggf. welche Maßnahmen zu veranlassen sind, um den bekannt gewordenen Arzneimittelrisiken entgegenzuwirken bzw. über den Stufenplanbeauftragen Abhilfe zu schaffen. Bei der Abgabe von Arzneimittelmustern, die nach § 47 Abs. 3, 4 nur in beschränktem Umfang zulässig ist, trifft den Pharmaberater ebenfalls gem. Abs. 2 eine Dokumentationspflicht. In diesem Zusammenhang hat der pharmazeutische Unternehmer den von ihm beauftragten Pharmaberater zu überwachen, um seinerseits ordnungsgemäß seinen Dokumentationspflichten aus § 47 Abs. 4 S. 4 nachzukommen.

IV. Sanktionenrechtliche Bedeutung der Vorschriften im 14. Abschnitt

7 **1. Verstöße gegen § 74a.** Unterlässt der pharmazeutische Unternehmer die Bestellung eines Informationsbeauftragten oder kommt er seinen Anzeigepflichten nicht ordnungsgemäß nach, liegt eine Ordnungswidrigkeit nach § 97 Abs. 2 Nr. 27a vor. Wer entgegen § 74a Abs. 1 S. 4 eine Tätigkeit als Informationsbeauftragter ausübt, handelt nach § 97 Abs. 2 Nr. 27b ordnungswidrig.

8 **2. Verstöße gegen § 75.** Wird ein nicht hinreichend qualifizierter Pharmaberater beauftragt, so handelt der pharmazeutische Unternehmer ordnungswidrig nach § 97 Abs. 2 Nr. 28. Wer als Pharmaberater tätig wird, ohne entsprechende Sachkenntnisse zu besitzen, begeht ebenfalls eine Ordnungswidrigkeit nach § 97 Abs. 2 Nr. 29.

9 **3. Verstöße gegen § 76.** Bei Nichtbeachtung der Aufzeichnungs-, Mitteilungs- und Nachweispflichten begeht der Pharmaberater eine Ordnungswidrigkeit nach § 97 Abs. 2 Nr. 30. Werden die Vorschriften zur Abgabe von Arzneimitteln (insbes. die §§ 43, 47) bei der Weitergabe von Arzneimittelmustern nicht eingehalten, kommt darüber hinaus noch eine Strafbarkeit nach § 95 Abs. 1 Nr. 4 und 5 bzw. eine Ordnungswidrigkeit nach § 97 Abs. 2 Nr. 12a in Betracht (vgl. dazu auch → §§ 43–53 Rn. 18 f.).

Fünfzehnter Abschnitt. Bestimmung der zuständigen Bundesoberbehörden und sonstige Bestimmungen

Vom Abdruck der §§ 77–83a wurde abgesehen; die Vorschriften sind strafrechtlich und ordnungswidrigkeitenrechtlich ohne Relevanz.

---

[2] *Rehmann* § 75 Rn. 1. – AA Deutsch/Lippert/*Anker,* 2. Aufl. 2007, § 75 Rn. 3, der auf die Gegebenheiten in der Praxis abstellt, ohne dabei allerdings die gesetzliche Intention zu beachten. – In der Sache wie hier nunmehr Deutsch/Lippert/*Koyuncu* § 75 Rn. 13 f.

[3] Vgl. dazu auch die frühere Richtlinie 92/28/EWG vom 31.3.1992 über die Werbung für Humanarzneimittel, ABl. 1992 L 113, 13 ff. (16); nunmehr aufgegangen im Gemeinschaftskodex für Humanarzneimittel (Richtlinie 2001/83/EG vom 6.11.2001, ABl. 2001 L 311).

Sechzehnter Abschnitt. Haftung für Arzneimittelschäden

Vom Abdruck der §§ 84–93, 94a (zivilrechtliche Gefährdungshaftung) wurde abgesehen; die Vorschriften sind strafrechtlich und ordnungswidrigkeitenrechtlich ohne Relevanz.

§ 94 Deckungsvorsorge

(1) [1]Der pharmazeutische Unternehmer hat dafür Vorsorge zu treffen, dass er seinen gesetzlichen Verpflichtungen zum Ersatz von Schäden nachkommen kann, die durch die Anwendung eines von ihm in den Verkehr gebrachten, zum Gebrauch bei Menschen bestimmten Arzneimittels entstehen, das der Pflicht zur Zulassung unterliegt oder durch Rechtsverordnung von der Zulassung befreit worden ist (Deckungsvorsorge). [2]Die Deckungsvorsorge muss in Höhe der in § 88 Satz 1 genannten Beträge erbracht werden. [3]Sie kann nur

1. durch eine Haftpflichtversicherung bei einem im Geltungsbereich dieses Gesetzes zum Geschäftsbetrieb befugten unabhängigen Versicherungsunternehmen, für das im Falle einer Rückversicherung ein Rückversicherungsvertrag nur mit einem Rückversicherungsunternehmen, das seinen Sitz im Geltungsbereich dieses Gesetzes, in einem anderen Mitgliedstaat der Europäischen Union, in einem anderen Vertragsstaat des Abkommens über den Europäischen Wirtschaftsraum oder in einem von der Europäischen Kommission auf Grund von Artikel 172 der Richtlinie 2009/138/EG des Europäischen Parlaments und des Rates vom 25. November 2009 betreffend die Aufnahme und Ausübung der Versicherungs- und Rückversicherungstätigkeit (Solvabilität II) (ABl. L 335 vom 17.12.2009, S. 1) als gleichwertig anerkannten Staat hat, besteht, oder
2. durch eine Freistellungs- oder Gewährleistungsverpflichtung eines inländischen Kreditinstituts oder eines Kreditinstituts eines anderen Mitgliedstaates der Europäischen Union oder eines anderen Vertragsstaates des Abkommens über den Europäischen Wirtschaftsraum

erbracht werden.

(2) Wird die Deckungsvorsorge durch eine Haftpflichtversicherung erbracht, so gelten der § 113 Abs. 3 und die §§ 114 bis 124 des Versicherungsvertragsgesetzes sinngemäß.

(3) [1]Durch eine Freistellungs- oder Gewährleistungsverpflichtung eines Kreditinstituts kann die Deckungsvorsorge nur erbracht werden, wenn gewährleistet ist, dass das Kreditinstitut, solange mit seiner Inanspruchnahme gerechnet werden muss, in der Lage sein wird, seine Verpflichtungen im Rahmen der Deckungsvorsorge zu erfüllen. [2]Für die Freistellungs- oder Gewährleistungsverpflichtung gelten der § 113 Abs. 3 und die §§ 114 bis 124 des Versicherungsvertragsgesetzes sinngemäß.

(4) Zuständige Stelle im Sinne des § 117 Abs. 2 des Versicherungsvertragsgesetzes ist die für die Durchführung der Überwachung nach § 64 zuständige Behörde.

(5) Die Bundesrepublik Deutschland und die Länder sind zur Deckungsvorsorge gemäß Absatz 1 nicht verpflichtet.

Schrifttum: *Kunz,* Herstellung von Blutstammzellpräparaten – grundsätzliche Pflicht zur Deckungsvorsorge gem. § 94 AMG?, KHuR 2010, 11; *Swik,* Wird die Deckungsvorsorgepflicht des § 94 AMG in Deutschland von neuen Entwicklungen auf dem internationalen Versicherungsmarkt im Ausland überholt?, VersR 2011, 446.

Obwohl sich die Vorschrift des § 94 im Abschnitt über die zivilrechtliche (Gefähr- **1** dungs-)Haftung befindet, ist sie auch strafrechtlich von Bedeutung. Jeder **pharmazeutische**

Unternehmer[1] hat zu gewährleisten, dass er in der Lage ist, ihn treffende zivilrechtliche Schadensersatzansprüche nach § 84 zu erfüllen. Diese Verpflichtung zur Schaffung einer hinreichenden **Deckungsvorsorge** dient in erster Linie dem Verbraucherschutz: Für den Verbraucher soll sichergestellt werden, dass der pharmazeutische Unternehmer nur mit entsprechender Kapitalausstattung Arzneimittel in den Verkehr bringt und im Haftungsfall gegen ihn erhobene Schadensersatzansprüche begleichen kann. Damit geht es sachlich um den Schutz der Verbraucher vor der abstrakten Gefahr, auf einen insolventen Anspruchsgegner zu treffen und deshalb einen Vermögensnachteil zu erleiden.

2   Hinsichtlich der **Höhe** der zu gewährleistenden Deckungsvorsorge verweist § 94 auf die Regelung des § 88 S. 1, der – wie für die zivilrechtliche Gefährdungshaftung üblich – eine Haftungsbegrenzung für den pharmazeutischen Unternehmer vorsieht.[2]

3   Von dieser Verpflichtung zur Schaffung einer Deckungsvorsorge **freigestellt** werden nach Abs. 5 solche Einrichtungen, die sich in Trägerschaft von Bund oder Ländern befinden. Aufgrund der hoheitlichen Trägerschaft wird davon ausgegangen, dass bei diesen Einrichtungen eine Befriedigung der Ersatzansprüche garantiert werden kann.

4   Bringt ein pharmazeutischer Unternehmer Arzneimittel in den Verkehr, ohne zuvor eine ausreichende Deckungsvorsorge getroffen zu haben, macht er sich im Vorsatzfall **strafbar** nach § 96 Nr. 19 (Nr. 14 aF). Bei Fahrlässigkeit liegt eine Ordnungswidrigkeit nach § 97 Abs. 1 vor. Die Tat ist nach dem in → Rn. 1 Gesagten ein abstraktes Vermögensgefährdungsdelikt.

Siebzehnter Abschnitt. Straf- und Bußgeldvorschriften
Vorbemerkung vor § 95

Schrifttum: Siehe vor Rn. 51, vor Rn. 63.

Übersicht

I. Allgemeines

1   Die im siebzehnten Abschnitt in den §§ 95–97 enthaltenen Sanktionsvorschriften nehmen Bezug auf die im AMG in den vorangehenden Abschnitten geregelten Verhaltensnormen. Eine Kommentierung der jeweiligen Verhaltensnormen mit ihren Ver- und Geboten ist bereits bei diesen Vorschriften vorgenommen worden. Um unnötige Wiederholungen zu vermeiden, konzentriert sich die Kommentierung an dieser Stelle auf sanktionenrechtliche Aspekte. Für die maßgeblichen Einzelheiten der Verhaltensnormen sei daher an dieser Stelle

---

[1] Zum Begriff des pharmazeutischen Unternehmers → § 4 Rn. 39 f.
[2] Im Falle der Tötung oder Verletzung eines Menschen ist die Haftung auf einen Kapitalbetrag von 600.000 Euro oder auf einen Rentenbetrag von jährlich 36.000 Euro begrenzt. Im Falle der Tötung oder Verletzung mehrerer Menschen durch das gleiche Arzneimittel ist die Haftung begrenzt auf einen Kapitalbetrag von 120 Millionen Euro oder auf einen Rentenbetrag von jährlich 7,2 Millionen Euro.

generell auf die jeweils in Bezug genommenen verhaltensrelevanten Vorschriften verwiesen. Dort finden sich auch ergänzende Hinweise zur sanktionenrechtlichen Bedeutung der jeweiligen Vorschrift.

II. Strafe und ihre Legitimation

Wie jede Strafe, so stellen auch die in den §§ 95, 96 angeordneten Geld- oder Freiheits- **2** strafen staatliche Eingriffe in grundgesetzlich verbürgte Rechte des von ihnen Betroffenen dar. Sie bedürfen daher der **verfassungsrechtlichen Rechtfertigung** und müssen insbesondere zur Erreichung eines legitimen Zwecks geeignet, erforderlich sowie angemessen sein.[1] Der legitime Zweck, dem Strafe dient, ist der Schutz der Daseins- und Entfaltungsbedingungen des Einzelnen, anders formuliert: präventiver **Rechtsgüterschutz.** Dieser Schutz lässt sich durch die Verhängung von Strafen freilich nur in mittelbarer Weise erreichen. Denn das durch eine Straftat konkret geschädigte Gut, etwa die Gesundheit eines Arzneimittelkonsumenten, wird durch Strafe nicht wieder unversehrt. Insoweit kommt Strafe notwendig zu spät – das Kind ist bereits in den Brunnen gefallen. Es gibt aber stets noch ein anderes Rechtsgut, das weiterhin vorhanden und des Schutzes fähig und bedürftig ist: Dieses Rechtsgut liegt in der **Geltungskraft der Verhaltensnorm,** die durch die Begehung der Straftat gefährdet ist.[2]

Solche Verhaltensnormen finden sich im AMG zuhauf, und zwar sowohl in Form von **3** Geboten – wie zB den Angabepflichten des § 22 – als auch in Form von Verboten – wie zB dem Verbot des § 5 Abs. 1, bedenkliche Arzneimittel in den Verkehr zu bringen. Verstößt eine Person gegen solche Verhaltensnormen, so stellt sie deren Geltungskraft in Frage und gibt zu erkennen, dass anstatt der Sollensanforderungen des Rechts ihre eigenen gelten sollten. Bliebe ein solcher Angriff auf die Normgeltung sanktionslos, geriete die verletzte Verhaltensnorm langfristig in Gefahr, ihre Geltungskraft einzubüßen – mit der Folge, dass die Daseinsbedingungen des Einzelnen insoweit eben nicht mehr hinreichend geschützt wären. Um dies zu verhindern, muss es neben den Verhaltensnormen (oder genauer: akzessorisch zu ihnen) noch **Sanktionsnormen** geben, die den Verstoß gegen eine Verhaltensnorm mit einer angemessen missbilligenden Reaktion – der Strafe – belegen.[3] Dadurch wird dem verantwortlichen Täter wie der Rechtsgemeinschaft sinnfällig vor Augen geführt, dass die übertretene Verhaltensnorm einzuhalten ist: Das Recht behauptet sich gegenüber dem Unrecht.

Im AMG sind solche Sanktionsnormen die §§ 95, 96. Anders als im Kernstrafrecht (wo **4** etwa das § 212 Abs. 1 StGB zugrunde liegende grundsätzliche Tötungsverbot nicht eigens formuliert wird) ist damit im AMG die straftatsystematisch richtige Trennung zwischen Verhaltens- und Sanktionsnormen auch gesetzestechnisch nachvollzogen: Verhaltensnormen wie § 5 Abs. 1 schützen Rechtsgüter wie die Gesundheit; Sanktionsnormen wie § 95 Abs. 1 Nr. 1 schützen die Geltungskraft der in Bezug genommenen Verhaltensnormen.

Materielle Grundvoraussetzung jeder Straftat ist der Verstoß gegen eine **rechtlich legiti- 5 mierbare Verhaltensnorm.** Ohne Verhaltensnormverstoß wäre eine Bestrafung nicht nur ungerecht, sondern auch rein zweckrational nicht zu rechtfertigen: Ein Tadel wegen eines erlaubten Verhaltens ergibt keinen Sinn. Notwendige Bedingung der Strafe ist vielmehr immer ein rechtliches Fehlverhalten der Person, die bestraft werden soll.[4]

---

[1] Näher dazu → StGB Vor § 13 Rn. 27, 37.
[2] Weiterführend dazu → StGB Vor § 13 Rn. 65 ff.; *Freund* AT § 1 Rn. 6 ff.
[3] Zur spezifischen Aufgabe von Sanktionsnormen näher → StGB Vor § 13 Rn. 65 ff.
[4] S. dazu *Freund* AT § 2 Rn. 8. – Kaum erhellend und in der Sache nicht weiterführend zum Verhältnis von „Straftat und Verhaltensnormverstoß" *Herzberg*, GA 2016, 737 ff. *Herzberg* bestreitet ohne nachvollziehbare Begründung, dass der Verstoß gegen eine *als solche* legitimierbare Verhaltensnorm *Voraussetzung* einer jeden Straftat ist. Vielmehr geht er, ohne die Prüfung dieses Straftatkriteriums für notwendig zu erachten, schlicht davon aus, ein solcher Verstoß sei ohnehin selbstverständliches Kennzeichen einer angenommenen Straftat. Indessen sei dies ebenso wenig eine wissenschaftliche Erkenntnis wie die von der weißen Farbe eines Schimmels. Dem ist entgegenzuhalten: Wer mit *Herzbergs* „Methode" das Vorliegen einer Straftat annimmt, ist – um bei seinem eigenen Bild zu bleiben – demjenigen vergleichbar, der mit geschlossenen Augen vor einem Pferd steht und es nach einem bloßen Abtasten als Schimmel einordnet. Ohne die Farbe des Pferdes geprüft

6   Allerdings genügt nicht jeder Verhaltensnormverstoß. Im Hinblick auf die Schwere des in Frage stehenden Eingriffs der staatlichen Strafe muss der Verhaltensnormverstoß auch von einigem Gewicht sein. Nur **hinreichend gewichtiges personales Fehlverhalten** rechtfertigt gerade den *strafrechtlichen* Vorwurf.[5] Bei zu geringem Gewicht des Fehlverhaltens kommt allenfalls eine Ordnungswidrigkeit in Betracht.[6]

7   Vor diesem Hintergrund erlangen die **Legitimationsgründe der Verhaltensnormen** weichenstellende Bedeutung für die Konkretisierung der Reichweite strafrechtlicher Sanktionsnormen. Als Legitimationsdaten für Verhaltensnormen taugen prinzipiell nur zwei verschiedene Aspekte: Zunächst und grundlegend ist das der **Rechtsgüterschutz**.[7] Die Legitimation einer Verhaltensnorm ohne den Rückgriff auf berechtigte Belange des Güterschutzes ist in einem Rechtsstaat undenkbar. Ohne einen entsprechenden berechtigten Nutzen würde eine Verhaltensnorm einen Eingriff in grundgesetzlich verbürgte Freiheitsrechte ohne hinreichenden Grund bedeuten. Dieser Aspekt des Rechtsgüterschutzes ist immer und im Verhältnis zu jedermann zu beachten. Seine sachliche Notwendigkeit und Berechtigung sind unbestritten.

8   Eine Verhaltensnorm kann freilich oft nicht allein mit dem Güterschutz – also dem berechtigten Nutzen der Normeinhaltung – begründet werden. Als **zweite Säule der Verhaltensnormbegründung** fungiert uU die entsprechende Sonderverantwortlichkeit[8] der handelnden oder unterlassenden Person. Statistisch gesehen ist es sogar der „Normalfall", dass nicht nur berechtigte Belange des Güterschutzes eine Verhaltensnorm legitimieren; in der Regel hat auch die **Sonderverantwortlichkeit** des Normadressaten für das Vermeiden der in Frage stehenden Schädigungsmöglichkeit eine legitimierende Funktion: Wer einen anderen erschlägt oder bestiehlt oder sein Kind verhungern lässt, verstößt gegen eine dualistisch fundierte – dh auch auf den Gedanken der Sonderverantwortlichkeit gegründete – Verhaltensnorm. Ausnahmen bilden im Bereich des Kernstrafrechts die allgemeine Hilfspflicht, die durch die Sanktionsnorm des § 323c StGB erfasst wird, und die durch § 138 StGB strafbewehrte Pflicht zur Anzeige geplanter Straftaten. In beiden Fällen wird der sprichwörtliche „Jedermann" im Rechtsgüterschutzinteresse in die Pflicht genommen. Die entsprechende Verhaltensnorm setzt keine Sonderverantwortlichkeit voraus.

9   Bei den **Verhaltensnormen des AMG** ist es wie sonst auch der „Normalfall", dass sie von beiden Säulen getragen und dadurch jeweils in zweifacher Weise legitimiert werden. Eine entsprechende Sonderverantwortlichkeit ist damit auch bei den Sanktionsnormen vorausgesetzt, die auf diese dualistisch fundierten Verhaltensnormen Bezug nehmen. Praktisch bedeutsam ist das vor allem für die richtige Erfassung der gar nicht seltenen Fälle begehungsgleichen Unterlassens (§ 13 StGB).

10   Was die erste Säule – den **Rechtsgüterschutz** – betrifft, lässt sich dabei ein besonders wichtiger übergreifender Aspekt ausmachen: Im Vordergrund steht der Schutz vor Gefährdungen von Leib und Leben durch Arzneimittel – kurz: der **Gesundheitsschutz.** Dass jedenfalls bereits eine solche bloße Gefährdung des menschlichen[9] Lebens und der (menschlichen) Gesundheit ausreicht, um rechtliche Verhaltensnormen zu legitimieren,[10] ist zu Recht allgemein anerkannt. Die Einschränkung der allgemeinen Handlungsfreiheit der

---

zu haben, liegt eine solche Einordnung neben der Sache und ist töricht. Ebenso wie die zutreffende Qualifikation des Pferdes als Schimmel die vorgängige Prüfung seiner weißen Farbe erfordert, bedarf die Annahme einer Straftat stets der Prüfung des Verstoßes gegen eine bestimmte Verhaltensnorm, die als solche die Legitimationsbedingungen staatlicher Rechtseingriffe erfüllt.

[5] Näher dazu → StGB Vor § 13 Rn. 243 ff.; *Freund* AT § 2 Rn. 37 f., § 4 Rn. 6 ff.

[6] Im Anwendungsbereich des AMG etwa nach § 97; vgl. dazu die entsprechende Kommentierung.

[7] Näher dazu → StGB Vor § 13 Rn. 152 ff.; *Freund* AT § 2 Rn. 16 f.; zum grundlegenden Legitimationsdatum des berechtigten Nutzens der Normeinhaltung näher *Freund,* Erfolgsdelikt und Unterlassen, 1992, S. 52 ff. mwN.

[8] Näher dazu → StGB Vor § 13 Rn. 152, 171 ff.; *Freund* AT § 2 Rn. 18; *ders.,* Erfolgsdelikt und Unterlassen, 1992, S. 68 ff.

[9] Zur Problematik der gleichrangigen Einbeziehung des Tierschutzes vgl. bereits oben §§ 1, 5, 6, 56–61 sowie → Rn. 85.

[10] Vgl. dazu → StGB Vor § 13 Rn. 57 f.

durch die Verhaltensnorm Betroffenen ist unter dem Gesichtspunkt der Verhältnismäßigkeit in vielen Fällen offensichtlich gerechtfertigt, weil die von Arzneimitteln drohenden Schäden qualitativ und quantitativ sehr schwerwiegend sind, während die kollidierenden Interessen vergleichsweise geringes Gewicht besitzen.[11]

Neben dem Schutz der Gesundheit spielen als verhaltensnormfundierende Aspekte auch **11** im Bereich des AMG der **Vermögensschutz** und der Schutz der (sonstigen) **Dispositions-freiheit** eine gewisse Rolle.[12] Schließlich ist hier der **Tierschutz** zu nennen.[13]

Bei den Verhaltensnormen des AMG ist freilich neben dem Gedanken des Rechtsgüter- **12** schutzes regelmäßig auch die **Sonderverantwortlichkeit** des Normadressaten für die in Frage stehende Gefahrenvermeidung als Legitimationsgrund gegeben: Wer zB über Gebühr gefährliche Arzneimittel in Verkehr bringt, ist gerade für deren Gefährlichkeit sonderverant-wortlich. Diese Sonderverantwortlichkeit ist lediglich die selbstverständliche Kehrseite der eingeräumten Freiheit, Vorteile aus einer qualifiziert riskanten Tätigkeit ziehen zu können und begründet das Verbot des Inverkehrbringens mit.[14] Entsprechendes gilt für die Verpflichtung zur Überwachung bzw. zum Rückruf bei nachträglich erlangter Kenntnis von Umständen, die auf eine zu große Gefährlichkeit des Produkts hinweisen. Das Gebot, bestimmte Schädigungs-möglichkeiten abzuwenden, wird hier keiner beliebigen Person auferlegt, sondern demjeni-gen, dessen Organisationskreis die in Frage stehende Schädigungsmöglichkeit bei wertender Betrachtung zuzuordnen ist. Der zur **Produktbeobachtung** und zum **Rückruf** Verpflichtete ist damit als Sonderverantwortlicher bzw. als sog **Garantenverantwortlicher** – also qualifi-ziert – in die Pflicht genommen. Darauf wird zurückzukommen sein.[15]

Vielfach wird in diesem Kontext die **spezifische Pflichtenstellung von Amtsträgern** **13** nicht hinreichend herausgestrichen. Indessen sind die Amtsträger des BfArM sowie die Mitglieder öffentlich-rechtlicher Ethik-Kommissionen in bestimmter Hinsicht durchaus sonderverantwortlich. Diese meist sog Garantenverantwortlichkeit ergibt sich zum einen aus der gesetzlichen Zuordnung der **Gefahrenquelle Arzneimittel** zu ihrem Organisati-onskreis sowie zum anderen auch aus der normativen Zuordnung des **Schutzes bedrohter Rechtsgüter** – etwa von Probanden bei der Arzneimittelprüfung oder von Arzneimittel-konsumenten.[16] Dies betrifft zB die zustimmende Bewertung bzw. Genehmigung von Arz-neimittelprüfungen trotz rechtlich relevanter Mängel der Aufklärung der Probanden oder trotz Fehlens einer gesetzeskonformen Probandenversicherung, bestimmte fehlerhafte Zulassungsentscheidungen sowie die Verletzung von Rechtspflichten im Rahmen der Arz-neimittelüberwachung.[17] Derartiges Fehlverhalten kann schließlich strafrechtliche Konse-quenzen nach sich ziehen. Die unzureichende Erfassung spezifischen Amtsträgerunrechts durch das *Arzneimittel*strafrecht ist – wenngleich sachlich verfehlt – diesbezüglich irrele-vant.[18] Denn entsprechende Verhaltensnormverstöße sind jedenfalls durch die Tatbestände der **Körperverletzungs-** und **Tötungsdelikte des Kernstrafrechts** strafbewehrt.

---

[11] Selbstverständlich ergeben sich auch Probleme bei der insoweit unverzichtbaren Güter- und Interessenab-wägung; näher zu dieser nicht arzneimittelspezifischen allgemeinen Problematik bei der Konturierung der rechtlichen Verhaltensordnung *Freund,* Erfolgsdelikt und Unterlassen, 1992, S. 51 ff. et passim; *Frisch,* Tatbe-standsmäßiges Verhalten und Zurechnung des Erfolgs, 1988, S. 69 ff.

[12] Näher dazu zB oben §§ 1, 8.

[13] Vgl. dazu bereits oben §§ 1, 5, 6, 56–61 sowie → Rn. 85.

[14] Zu diesem Kehrseitengedanken vgl. *Freund* AT § 6 Rn. 26, 69, 71 mwN.

[15] S. dazu noch → Rn. 17 f., 74, 82 f.; vgl. etwa auch bereits → § 4 Rn. 37 f., → § 5 Rn. 20, → § 11 Rn. 10.

[16] Näher zur Begründung besonderer Rechtspflichten in diesem Kontext unter Auseinandersetzung mit der Gegenauffassung *Georgy,* Die strafrechtliche Verantwortlichkeit von Amtsträgern für Arzneimittelrisiken, 2011, S. 30 ff.

[17] Rechtlich zu missbilligen ist in diesem Kontext zudem die Durchführung bzw. Ermöglichung fremdnüt-ziger Forschung an Einwilligungsunfähigen (vgl. dazu → §§ 40–42b Rn. 35 ff.). Als Verstoß gegen eine im Interesse der betroffenen Patienten legitimierbare Verhaltensnorm kommt schließlich auch die fehlerhafte Nichtzulassung eines Arzneimittels in Betracht. – Vgl. zum Ganzen *Georgy,* Die strafrechtliche Verantwortlich-keit von Amtsträgern (Fn. 16) S. 51 ff., 123 ff., 220 ff.

[18] Zur begrenzten Reichweite des auf „Inverkehrbringer" zugeschnittenen § 95 Abs. 1 Nr. 1 AMG in Bezug auf das Fehlverhalten von Amtsträgern → Rn. 82 f. S. dazu auch *Georgy,* Die strafrechtliche Verantwort-lichkeit von Amtsträgern (Fn. 16) S. 198 ff.

14   Neben den skizzierten materiellen Bedingungen der Bestrafung sind nach geltendem Verfassungsrecht auch noch **formale Voraussetzungen** zu beachten.[19] Art. 103 Abs. 2 GG statuiert einen strengen Gesetzlichkeitsgrundsatz, nach dem eine Tat nur bestraft werden darf, wenn sie zuvor gesetzlich als strafbar bestimmt wurde („nullum crimen, nulla poena sine lege"). Art. 103 Abs. 3 GG verbietet die mehrfache Bestrafung wegen derselben Tat. Die sich daraus ergebenden Konsequenzen gelten selbstverständlich auch im Bereich des Arzneimittelstrafrechts. Als höchst bedenklich erweist sich vor dem Hintergrund des nullum crimen-Satzes die im AMG geläufige Regelungstechnik des Gesetzgebers, mittels sog **„qualifizierter Blankettnormen"** eine strafrechtliche Sanktionierung vorzusehen.[20]

III. Allgemeine Voraussetzungen der Strafbarkeit

15   Ein Straftatkonzept, das die oben dargestellten Erkenntnisse angemessen berücksichtigt, lässt sich in zwei Stufen gliedern. Zunächst bedarf es als Grundvoraussetzung jeder Straftat eines hinreichend gewichtigen personalen Fehlverhaltens. Darüber hinaus bestehen meist zusätzliche Sanktionserfordernisse, oft in Gestalt spezifischer Fehlverhaltensfolgen. Das ist im Folgenden – in gebotener Kürze – näher zu erläutern.[21]

16   **1. Hinreichend gewichtiges personales Fehlverhalten. a) Tatbestandsspezifisches personales Fehlverhalten.** Strafe als Sanktionsmittel lässt sich – wie gezeigt – nur rechtfertigen, wenn jemand gegen eine rechtlich legitimierte Verhaltensnorm verstoßen hat. Der nullum crimen-Satz gebietet dabei, dass die betreffende Verhaltensnorm von einem Straftatbestand in Bezug genommen worden ist. Eine Straftat setzt also immer den Verstoß gegen eine tatbestandsspezifische Verhaltensnorm voraus.

17   Solch ein Verstoß kann entweder durch (aktives) **Tun** oder durch **Unterlassen** erfolgen. Dabei ist die Verhaltens*form* (Tun oder Unterlassen) als solche entgegen verbreiteter Annahme für die Tatbestandsverwirklichung irrelevant. Denn die Sanktionsnormen erfassen bei richtigem Verständnis Verhaltensnormverstöße, die eine bestimmte Qualität aufweisen: Begehen und begehungsgleiches Unterlassen sind lediglich unterschiedliche Phänotypen desselben tatbestandlichen Unrechts in Gestalt des Verstoßes gegen eine neben dem **Güterschutz** auch durch die entsprechende **Sonderverantwortlichkeit** des Normadressaten legitimierte Verhaltensnorm. Liegt ein Verstoß gegen eine solchermaßen dualistisch fundierte Verhaltensnorm vor, spielt es für das tatbestandsmäßige Verhaltensunrecht keine Rolle, ob er in der Verhaltensform des Tuns oder des Unterlassens erfolgt.

18   Beispielsweise bleibt es für die Frage der Körperverletzung nach § 223 Abs. 1 StGB unerheblich, ob der Körperschaden, der auf der Anwendung eines den Sicherheitsanforderungen nicht genügenden Medikaments beruht, schon durch das **Unterlassen des Inverkehrbringens** oder aber erst durch einen **rechtzeitigen Rückruf** des entsprechend Verantwortlichen zu vermeiden gewesen wäre.[22] In beiden Fallgestaltungen haben wir es mit dem Verstoß gegen eine dualistisch fundierte – auch durch den Gedanken der Sonderverantwortlichkeit legitimierte – Verhaltensnorm zu tun. Beide Male liegt ein tatbestandliches Körperverletzungsverhalten (nebst spezifischen Folgen) vor. Im ersten Fall liegt eine Körperverletzung durch Begehen – im zweiten eine solche durch begehungsgleiches Unterlassen vor. Die Heranziehung des § 13 StGB im zweiten Fall hat sachlich für die Strafbarkeit wegen **Körperverletzung** keine konstituierende, sondern lediglich klarstellende Bedeutung.[23]

---

[19] Näheres → StGB Vor § 13 Rn. 31 ff. mwN.

[20] S. hierzu die nähere Erörterung der Blankettnormproblematik → Rn. 53 ff.

[21] Ausführlich zu diesem Konzept → StGB Vor § 13 Rn. 127 ff.; *Freund* AT § 2 Rn. 4 ff.

[22] Zur Problematik der Rückrufpflichten bei gefährlichen bzw. bedenklichen Produkten vgl. etwa → Rn. 12, 76, 82 f.; ferner zB → § 4 Rn. 23, 36 ff.

[23] Zur Klarstellungsfunktion des § 13 StGB vgl. → StGB § 13 Rn. 52 f., 65 ff., 299 f. (→ StGB § 13 Rn. 29 auch zu einem Reformvorschlag, der alle wesentlichen Fallgruppen präziser erfasst als die gegenwärtige Regelung).

Wenn die Sonderverantwortlichkeit als zusätzliches Legitimationsdatum fehlt, aber **19** immerhin ein Verstoß gegen eine durch die Belange des Güterschutzes legitimierte Verhaltensnorm vorliegt, kommt eine Strafbarkeit nur nach einer der wenigen Sanktionsnormen in Betracht, die keine Sonderverantwortlichkeit voraussetzen. Auch insoweit ist die Verhaltensform normativ gesehen irrelevant. Beispielsweise kann der Tatbestand der **unterlassenen Hilfeleistung** (§ 323c StGB) sowohl durch (aktives) Tun als auch durch (schlichtes) Unterlassen verwirklicht werden. Die Tatbestandsverwirklichung durch aktives Tun kommt nur statistisch gesehen seltener vor: Ein solcher Fall ist etwa das deliktsermöglichende Weggehen von dem Ort, an dem das Opfer einer Köperverletzung von einem Dritten misshandelt wird, wenn bereits das bloße Dableiben dem Tatopfer die Misshandlungen erspart hätte.[24]

Ob ein Tun oder ein Unterlassen als tatbestandsspezifischer Verhaltensnormverstoß zu **20** qualifizieren ist, entscheidet sich vor dem soeben skizzierten Hintergrund nach Maßgabe der beiden genannten Legitimationsdaten: Rechtsgüterschutz und (ggf. zusätzlich) Sonderverantwortlichkeit. Entscheidende Bedeutung kommt in diesem Zusammenhang der Frage nach der **Perspektive** zu, aus der es zu beurteilen gilt, ob ein Verhalten unter dem Aspekt des Rechtsgüterschutzes (und ggf. der Sonderverantwortlichkeit) zu missbilligen ist. In einem Konzept personalen Verhaltensunrechts kann das nicht die Perspektive ex post oder die des allwissenden *Laplaceschen* Weltgeistes sein. Denn von einem Verhaltensnormverstoß einer Person lässt sich sinnvoll nur sprechen, wenn diese Person die normbegründenden Umstände kennt oder doch zumindest kennen muss.

Maßgeblich für das **Missbilligungsurteil** ist deshalb die **Sachlage,** wie sie sich dem **21** Betreffenden in der konkreten Situation seines Verhaltens **darbietet.**[25] Beispielhaft: Wer trotz gewissenhafter Prüfungen keine Anhaltspunkte für die Gefährlichkeit eines Arzneimittels findet, ist auch dann nicht wegen (fahrlässigen) Inverkehrbringens bedenklicher Arzneimittel strafbar – genauer: verstößt durch das Inverkehrbringen schon nicht gegen eine tatbestandsspezifische Verhaltensnorm –, wenn sich eine solche Gefährlichkeit nachträglich herausstellt. Anders verhält es sich dagegen, wenn dem Betreffenden entsprechende Anhaltspunkte vorliegen und er sie nur infolge fehlerhafter persönlicher Einschätzung (subjektiv) für irrelevant *hält.* Hier ist das tatbestandsmäßige Verhalten des Fahrlässigkeitsdelikts bei **individueller Vermeidbarkeit der Fehleinschätzung** ohne Weiteres gegeben.[26]

Wenn über ein Verhalten ein grundsätzliches tatbestandsspezifisches Missbilligungsurteil **22** gefällt werden kann, reicht das noch nicht für eine Bestrafung. Das Verhalten darf auch nicht etwa gerechtfertigt sein.[27] Für die massive Rechtsfolge der Bestrafung muss das Fehlverhalten überdies hinreichend schuldhaft sein.[28]

b) Fehlende Rechtfertigung. Die Rechtswidrigkeit eines Verhaltens ist ausgeschlossen, **23** wenn dem Handelnden oder Unterlassenden ein Rechtfertigungsgrund zur Seite steht. Solche Rechtfertigungsgründe müssen nicht unbedingt gesetzlich vertypt sein (wie die Notwehr nach § 32 StGB oder die verschiedenen Fälle des Notstands [§ 34 StGB, §§ 228, 904 BGB]). Sachlich entscheidend für jegliche Rechtfertigung ist vielmehr, dass das grundsätzlich missbilligte Verhalten im konkreten Fall einem **überwiegenden (höherrangigen) Interesse** dient[29] – dazu zählt uU auch der (Unter-)Fall, dass es an einem zu schützenden

---

[24] Näher dazu → StGB Vor § 13 Rn. 168 f., → StGB § 13 Rn. 85.

[25] S. näher → StGB Vor § 13 Rn. 182 f., 194, 199 ff.; *Freund* AT § 2 Rn. 23 ff., jew. mwN; zu entsprechenden Subsumtionsbeispielen im Kontext des AMG vgl. *Birkenstock,* Die Bestimmtheit von Straftatbeständen mit unbestimmten Gesetzesbegriffen – Am Beispiel der Verletzung des Verkehrsverbots bedenklicher Arzneimittel unter besonderer Berücksichtigung der Tatbestandslehre und der Rechtsprechung des Bundesverfassungsgerichts, 2004, S. 61 ff.

[26] Insofern geht der gelegentlich erhobene Vorwurf (vgl. etwa *Schünemann* FS Schaffstein, 1975, 159 [165]) fehl, die Perspektivenbetrachtung führe zu subjektiv beliebigen Verhaltensnormen.

[27] Das Urteil im Rahmen der Beurteilung eines Verhaltens als tatbestandsmäßig ist also ein bloßes Vorbehaltsurteil; vgl. dazu *Freund* AT § 2 Rn. 6, § 3 Rn. 1.

[28] Näher dazu → StGB Vor § 13 Rn. 243 ff.

[29] S. dazu näher *Freund* AT § 3 Rn. 4 ff.

Interesse ganz mangelt, etwa aufgrund einer wirksamen Einwilligung. Je nachdem, welche Momente des konkreten Falls bereits im Tatbestandsbereich berücksichtigt werden, kann sich freilich ergeben, dass eine Verhaltensnorm schon grundsätzlich nicht zu legitimieren ist. Dann bedarf es keines Rechtfertigungsgrundes. So kann etwa das Einverstandensein des von dem Verhalten Betroffenen bereits das tatbestandliche Unrecht ausschließen.

24 Ob eine Rechtfertigungslage besteht, ist – ebenso wie die Frage der grundsätzlichen tatbestandlichen Verhaltensmissbilligung – aus der **ex ante-Perspektive** des Handelnden oder Unterlassenden zu entscheiden, also auf der Basis der ihm sich darbietenden Sachlage.[30] Liegt danach kein Rechtfertigungsgrund vor – und das dürfte im Kontext der sanktionsrelevanten Verhaltensnormen des AMG meistens so sein –, bleibt das grundsätzliche Missbilligungsurteil über das tatbestandsspezifische Verhalten bestehen.

25 **c) Hinreichende Schuldhaftigkeit.** Auch wenn ein Verhalten (grundsätzlich) tatbestandsspezifisch missbilligt und nicht gerechtfertigt ist, kann es sein, dass es gleichwohl kein hinreichendes Gewicht besitzt, um das schwere Geschütz der Bestrafung zu rechtfertigen.[31] Vor einem voreiligen Rekurs auf diesen Gesichtspunkt ist freilich zu warnen: In vielen Fällen, in denen bei oberflächlicher Betrachtung ein Rechtswidrigkeitsurteil gefällt und nur ein Problem individueller Schuld gesehen wird, liegt überhaupt kein rechtswidriges personales Fehlverhalten vor.[32] Eine Bestrafung kommt dann (ebenso wie eine Ordnungswidrigkeit) schon deshalb nicht in Betracht, weil die Sanktionierung nicht zu beanstandenden Verhaltens keinen Sinn ergibt.

26 Nur wenn mit Fug und Recht von einem rechtlichen Fehlverhalten der handelnden oder unterlassenden Person gesprochen werden kann, stellt sich überhaupt die weitere Frage nach dem für eine Bestrafung hinreichenden Gewicht dieses Fehlverhaltens. Zu denken ist dabei insbesondere an Fälle der „Beinahe-Rechtfertigung"; minimaler Fahrlässigkeit oder ähnlichen **Bagatellunrechts.** In solchen Fällen dient nach zutreffender Auffassung das Straftaterfordernis des hinreichend gewichtigen Fehlverhaltens als Regulativ schon auf materiellstrafrechtlicher Ebene.[33]

27 Nach dem bisher Dargelegten kann folgende **Definition** der allgemeinen Straftatkriterien gegeben werden:[34]

> **Definition der allgemeinen Kriterien einer Straftat:**
>
> *Eine Straftat begeht, wer durch hinreichend gewichtiges[35] personales Fehlverhalten den Tatbestand eines Strafgesetzes rechtswidrig verwirklicht.*
>
> *Personales Fehlverhalten liegt nur vor, wenn der Täter nach seinen individuellen Verhältnissen in der Lage war, zu erkennen und zu vermeiden, dass er möglicherweise den Tatbestand eines Strafgesetzes verwirklicht, ohne gerechtfertigt zu sein, und wenn genau dies von ihm rechtlich erwartet werden konnte.*

28 Mit diesen Bestimmungen sind die Einsichten der **personalen Unrechtslehre konsequent umgesetzt.**[36] Wenn deren Kriterien nicht erfüllt sind, verstößt eine Bestrafung

---

[30] → StGB Vor § 13 Rn. 217 ff.; *Freund* AT § 3 Rn. 9 ff.; vgl. auch → Rn. 20 f.

[31] Näher zu diesem oft vernachlässigten allgemeinen (materiell-rechtlichen) Erfordernis jeder Straftat im materiellen Sinne → StGB Vor § 13 Rn. 243 ff.; *Freund* AT § 2 Rn. 37 f., § 4 Rn. 1, 6 ff. mwN auch zu den noch weit verbreiteten prozessualen Lösungsversuchen.

[32] Zu nennen sind hier etwa manche Fälle des sog Nötigungsnotstandes, in denen nach zutreffender Auffassung schon kein rechtswidriges Verhalten des Genötigten angenommen werden kann; vgl. dazu *Freund* AT § 3 Rn. 34 ff., § 4 Rn. 14, 50 f., § 10 Rn. 16 mwN.

[33] Näher dazu → StGB Vor § 13 Rn. 243 ff.; *Freund* AT § 2 Rn. 37 f., § 4 Rn. 1, 6 ff. mwN.

[34] S. dazu bereits *Freund* FS Küper, 2007, 63 (78).

[35] Das Erfordernis des hinreichenden Gewichts des Fehlverhaltens trägt dem verfassungsrechtlichen Verhältnismäßigkeitsgrundsatz Rechnung. Mit diesem materiellrechtlich relevanten Erfordernis ist nicht zuletzt eine angemessene Bewältigung des allgemeinen Problems der Untergrenze des Strafrechts möglich – man denke etwa an die schon seit Langem diskutierte Problematik der minimalen Fahrlässigkeit.

[36] Die Lösung des Problems der Anlasstat bei den Maßregeln der Besserung und Sicherung ist relativ einfach: Aus Anlass einer Straftat oder einer Tat, die bei vorhandener Einsichts- und Steuerungsfähigkeit eine Straftat *wäre,* können in den gesetzlich bestimmten Fällen Maßregeln der Besserung und Sicherung angeordnet werden. – Zur *im Strafrecht* verfehlten Trennung von Unrecht und Schuld s. auch *Lesch* JA 2002, 602 ff., 609; *Pawlik* FS Otto, 2007, 133 ff. mwN (148 ff. auch zur Lösbarkeit des Maßregelproblems).

gegen das **Schuldprinzip**. Außerdem ist sie auch schon **zweckrational** nicht zu rechtfertigen, weil der mit der Bestrafung erhobene **Vorwurf** nicht zutrifft. Auf dieser Basis ist fahrlässiges Verhalten folgendermaßen zu **definieren:**[37]

> *Definition fahrlässigen Verhaltens (Handelns und Unterlassens):*
> *Fahrlässig verhält sich, wer angesichts der vorgefundenen Sachlage die nach seinen individuellen Verhältnissen vorhersehbare, vermeidbare und von Rechts wegen zu vermeidende Möglichkeit der nicht gerechtfertigten Tatbestandsverwirklichung schafft oder nicht abwendet.*
>
> *Vorhersehbarkeit bedeutet: Der Täter muss individuell in der Lage sein, die drohende nicht gerechtfertigte Tatbestandsverwirklichung zu erkennen – bei Erfolgsdelikten insbesondere den drohenden Schaden.*
>
> *Vermeidbarkeit bedeutet: Dem Täter muss es durch seine individuellen Fähigkeiten und Kenntnisse möglich sein, die Gefahr nicht zu schaffen oder diese abzuwenden.*
>
> *Vermeidenmüssen bedeutet: Im Rahmen einer Gesamtabwägung muss das zu schützende Interesse das Täterinteresse überwiegen (Güter- und Interessenabwägung).*

Diese Definition fahrlässigen Verhaltens reformuliert zwangsläufig die zuvor bereits definierten Grundkriterien jeder Straftat. Das hängt damit zusammen, dass das **fahrlässige Verhalten** der **Grundtyp personalen Fehlverhaltens** ist. Mit der hier vorgeschlagenen Definition fahrlässigen Verhaltens wird ein für die Rechtskonkretisierung hilfreiches Prüfungsverfahren an die Hand gegeben. Die gängigen Begriffe der Vorhersehbarkeit und der Vermeidbarkeit werden in den erforderlichen Zusammenhang mit dem normativen Kriterium des rechtlichen Vermeiden-Müssens gebracht. Ihr beschränkter Stellenwert und die zutreffende Prüfungsreihenfolge kommen klar zum Ausdruck: Die **Vorhersehbarkeit** ist Grundvoraussetzung dafür, dass etwas überhaupt vermieden werden *kann*; und die **Vermeidbarkeit** ist wiederum Grundvoraussetzung dafür, dass erforderlichenfalls etwas vermieden werden *muss* **(Vermeiden-Müssen)**. Andererseits ist nicht alles, was vorhersehbar ist, auch vermeidbar, und keineswegs alles, was vermeidbar ist, *muss* von Rechts wegen vermieden werden. Mit dieser Einsicht lässt sich die bei jeder Straftat zu beachtende – nicht zuletzt rechtsstaatlich bedeutsame – Problematik der rechtlichen **Verhaltensmissbilligung** strafrechtsdogmatisch überzeugend bewältigen.[38] Dabei ist die in der vorgeschlagenen Definition angelegte[39] **individualisierende Vorgehensweise** bei der Prüfung des fahrlässigen Fehlverhaltens – nicht nur in strafrechtsdogmatischer Hinsicht, sondern auch strafprozessual gesehen – einem **„gespaltenen" Fahrlässigkeitsbegriff** überlegen. Ich verweise insofern nur auf die Probleme des Sonderwissens und der Sonderfähigkeiten.[40] Diese entpuppen sich als Scheinprobleme, wenn man das Verhalten des konkret Handelnden oder Unterlassenden auf der Basis der sich ihm (im verhaltensrelevanten Zeitpunkt ex ante) darbietenden Sachlage rechtlich bewertet, wozu spätestens das rechtsstaatlich unverzichtbare **Schuldprinzip** ohnehin zwingt. **29**

Das für jede Straftat unverzichtbare **personale Verhaltensunrecht** ist – wie gezeigt – etwa nach dem Ausmaß der Vermeidemacht (mit Blick auf vorhandene Erleichterungen oder Erschwernisse, die Tat zu vermeiden) **quantifizierbar.** In bestimmter Hinsicht ist aber auch eine **qualitative Abschichtung** möglich. Das entsprechende qualitative Moment bildet ein wichtiges weiteres Spezifizierungskriterium *innerhalb* der Fälle des tatbestandsmä- **30**

---

[37] S. zu dieser Definition bereits *Freund* FS Küper, 2007, 63, (78).

[38] Bei dem bisher verbreiteten Prüfungsvorgehen wird die „Sorgfaltspflichtverletzung" meist zu oberflächlich bejaht – oft sogar ohne Begründung einfach nur behauptet. Merkwürdig mutet es an, wenn erst nach bejahter „Sorgfaltspflichtverletzung" Überlegungen zur Vorhersehbarkeit bzw. Vermeidbarkeit angestellt werden. War zB eine bestimmte Schädigungsmöglichkeit nicht vorhersehbar oder nicht vermeidbar, durfte in dieser Hinsicht auch keine spezifische „Sorgfaltspflichtverletzung" bejaht werden. Entsprechendes gilt mit Blick auf das rechtliche Vermeiden-Müssen: Oft wird erst im Kontext der spezifischen Fehlverhaltens*folgen* gefragt, ob in Bezug auf das konkrete erfolgsverursachende Geschehen eine spezifische „Sorgfalts-" bzw. „Vermeidepflichtverletzung" vorliegt, obwohl es sich bereits um ein Problem des Schutzbereichs einer übertretenen Verhaltensnorm handelt – also das spezifische *Verhaltensunrecht* der Fahrlässigkeitstat betroffen ist.

[39] In eine ähnliche Richtung gehen etwa § 18 Abs. 3 schwStGB und § 6 öStGB.

[40] S. zu diesen Problemen etwa *Freund* AT § 5 Rn. 29 ff.

ßigen, nicht gerechtfertigten und hinreichend schuldhaften Verhaltens. Sachlich geht es um die Abschichtung des (bloß) **fahrlässigen** Verhaltensunrechts vom weitergehenden **vorsätzlichen.**

31   **d) Spezifisches Verhaltensunrecht der Vorsatztat.** Übertritt jemand eine rechtlich legitimierte Verhaltensnorm gleichsam sehenden Auges, also vorsätzlich, stellt er ihre Geltungskraft in besonderem Maße in Frage – stärker jedenfalls als der Fahrlässigkeitstäter, der stets in einer tatbestandsrelevanten Hinsicht irrt. Dieser Unterschied rechtfertigt eine höhere, ja rechtfertigt – wegen des sonst zu geringen Gewichts des Fehlverhaltens[41] – oft *überhaupt* erst eine Bestrafung. Deshalb sieht § 15 StGB vor, dass grundsätzlich vorsätzliches Handeln oder Unterlassen für die Strafbarkeit erforderlich ist. Fahrlässiges Verhalten wird dagegen nur bei entsprechender gesetzlicher Anordnung – und regelmäßig erst bei Erfüllung weiterer Sanktionserfordernisse in Gestalt spezifischer Fehlverhaltensfolgen – als Straftat erfasst. Jedenfalls im Bereich des Kernstrafrechts ist die strafrechtliche Erfassung folgenloser Fahrlässigkeit die große Ausnahme.[42]

32   Eine der wenigen Ausnahmen im StGB bildet etwa die Trunkenheit im Straßenverkehr (§ 316 Abs. 1 und 2 StGB), bei der sachlich **fahrlässiges Fehlverhalten** erfasst wird, das insbesondere im Hinblick auf die unerlaubte Gefährdung von Leib und Leben anderer Verkehrsteilnehmer begründet ist. Auf einen entsprechenden Verletzungserfolg kommt es dabei nicht an.

33   Bemerkenswert – und insbesondere auch für das Verständnis der Strafvorschriften des AMG bedeutsam – ist die **Relativierung des Vorsatzerfordernisses** durch den in einer Strafvorschrift normierten **Vorsatzbezugspunkt:** Je nachdem, wie das tatbestandsmäßige Verhalten gefasst wird, verändern sich auch die Anforderungen an den Vorsatz. Bei § 316 Abs. 1 StGB gilt zwar das allgemeine Vorsatzerfordernis des § 15 StGB. Wegen des durch diese Sanktionsnorm erfassten tatbestandsmäßigen Verhaltens des Führens eines Fahrzeugs in einem bestimmten Zustand muss sich jedoch der entsprechende Vorsatz auch nur darauf beziehen. Obwohl es sachlich insbesondere um Gefahren für Leib und Leben anderer Verkehrsteilnehmer geht, muss sich der spezielle Vorsatz des § 316 Abs. 1 StGB darauf nicht iS eines Verletzungsvorsatzes erstrecken. In dieser Hinsicht liegt sogar typischerweise nur Fahrlässigkeit vor. Durch die spezielle Tatbestandskonstruktion des § 316 Abs. 1 StGB werden also Verhaltensweisen unter Wahrung des gesetzlichen Vorsatzerfordernisses als Straftat erfasst, die unter dem Blickwinkel der letztlich relevanten materiellen Rechtsgutsbeeinträchtigung nur Fahrlässigkeitstaten sind. Auf diesen Gesichtspunkt wird zurückzukommen sein.[43]

34   § 316 Abs. 2 StGB geht noch einen Schritt weiter und lässt auch noch mit Blick auf das spezifisch definierte tatbestandsmäßige Verhalten des § 316 Abs. 1 StGB ieS einen **Fahrlässigkeitsbezug** ausreichen.

35   Im **Bereich des AMG** ist rein gesetzestechnisch gesehen **fahrlässiges Handeln** (unter Einschluss des fahrlässigen Unterlassens) lediglich bei Verstößen gegen die § 95 Abs. 1 zugrunde liegenden Verhaltensnormen strafbar (§ 95 Abs. 4). Immerhin noch ordnungswidrig ist es in den Fällen des § 97 Abs. 1 und 2. Im Übrigen setzt jede Sanktion vorsätzliches Verhaltensunrecht voraus. Vorsätzlich verhält sich, wer bei Vornahme seines tatbestandsmäßigen und nicht gerechtfertigten Verhaltens dessen spezifische Unwertdimension erfasst.[44] Nur dann lässt sich von einem Verhaltensnormverstoß sprechen, der die **qualifizierte personale Fehlleistung der Vorsatztat** beinhaltet und der deshalb eine gegenüber dem fahrlässigen Fehlverhalten härtere strafrechtliche Sanktion rechtfertigt. Eine prägnante Definition vorsätzlichen Verhaltens könnte folgendermaßen lauten:

---

[41] S. zu diesem Gesichtspunkt → Rn. 25 f.
[42] Vgl. dazu *Freund* AT § 5 Rn. 61 mwN.
[43] S. dazu → Rn. 37 ff.
[44] S. dazu und zur folgenden Definition vorsätzlichen Verhaltens → StGB Vor § 13 Rn. 205 f., 295 ff., 305; vgl. auch *Freund* AT § 7 Rn. 46, Rn. 108a.

Definition vorsätzlichen Verhaltens: **36**
Vorsätzlich handelt oder unterlässt, wer die Umstände kennt, welche die nicht gerechtfertigte Tatbestandsverwirklichung begründen.

Zu beachten ist bei alledem die in → Rn. 33 angesprochene erhebliche Relativierung **37** des Vorsatzerfordernisses durch die gesetzestechnische Erfassung bestimmter Verhaltensweisen als tatbestandsmäßig. Wegen der gesetzlichen Beschränkung der Umstände, welche die (nicht gerechtfertigte) Tatbestandsverwirklichung begründen, ist dem Vorsatzerfordernis entsprechend rasch und einfach Genüge getan.

Bei oberflächlicher Orientierung an der bloßen **phänomenologischen Umschreibung 38** der tatbestandserfüllenden Verhaltensweisen besteht freilich die **Gefahr voreiliger Annahme des Vorsatzes.** Insoweit bedarf es der Einschränkung wenigstens durch einen Fahrlässigkeitsbezug im Hinblick auf die hinter den naturalistisch umschriebenen Verhaltensnormen stehenden – diese legitimierenden – Rechtsgüterschutzinteressen. Andernfalls ufert der Bereich des Strafbaren unangemessen aus und formale Ordnungsverstöße werden als vorsätzliche Straftaten überbewertet.

Im Gegensatz etwa zu § 316 StGB, wo es einigermaßen klar ist, welche Güterschutzbe- **39** lange durch richtiges Verhalten gewahrt werden sollen, fehlt dieser naheliegende Zusammenhang zumindest in manchen Fällen des Verstoßes gegen Verhaltensanforderungen des AMG, bei denen die hinter den einzelnen Verhaltensnormen stehenden Güterschutzinteressen nicht deutlich genug zum Ausdruck gelangen. Man denke hier etwa an einen nach § 96 Nr. 2 strafbaren Verstoß gegen eine Rechtsverordnung nach § 6, die die Verwendung bestimmter Stoffe beschränkt, oder an einen nach § 96 Nr. 5 strafbaren Verstoß gegen die Zulassungspflicht des § 21 Abs. 1, der durch eine geringfügige Mengenüberschreitung der erlaubten hundert abgabefertigen Packungen begründet ist (vgl. den Ausnahmetatbestand des § 21 Abs. 2 Nr. 1). In solchen Fällen besteht jedenfalls die Gefahr, dass der das Verbot legitimierende Hintergrund aus dem Blick gerät und das schneidige Strafrecht zur **(Über-)Reaktion auf** eher **formale Ordnungsverstöße** wird.

Für die angemessene strafrechtliche Reaktion auf ein Fehlverhalten kommt es gerade **40** entscheidend darauf an, welche Belange des Rechtsgüterschutzes legitimierend hinter einer übertretenen Verhaltensnorm stehen. Wie bereits in → Rn. 10 f. dargelegt wurde, sind solche Rechtsgüter, die Verhaltensnormen legitimieren können, insbesondere das (menschliche) Leben, die Gesundheit und das Vermögen, aber etwa auch die (Dispositions-)Freiheit. Nur ein solches schutzbedürftiges und schutzwürdiges Gut verschafft einer Verhaltensnorm (einem Ver- oder Gebot) die unverzichtbare **Legitimationsbasis.** Diese muss auch für die Bestimmung der **angemessenen strafrechtlichen Reaktion** auf den Verhaltensnormverstoß richtig erfasst werden. Die entsprechende Strafzumessung iwS kann nur richtig gelingen, wenn sie sich an den Legitimationsgründen der übertretenen Verhaltensnorm orientiert: Je gewichtiger die Legitimationsgründe der übertretenen Verhaltensnorm sind, desto schärfer muss die strafrechtliche Reaktion ausfallen.[45]

2. Sanktionserfordernisse neben dem spezifischen Verhaltensnormverstoß. Die **41** bislang dargelegten Bedingungen der Strafbarkeit reichen zur Verhängung einer Sanktion nur dann aus, wenn eine passende Sanktionsnorm vorhanden ist, die keine weiteren Voraussetzungen aufstellt. So verhält es sich in den Fällen des strafbaren Versuchs. Meist aber enthalten Sanktionsnormen zusätzliche Erfordernisse: Letztere lassen sich systematisch einteilen in tatbestandsmäßige Fehlverhaltensfolgen und gleichwertige Tatumstände einerseits und sonstige materiellrechtliche und prozessuale Strafbarkeitsbedingungen andererseits.[46]

a) Tatbestandsmäßige Fehlverhaltensfolgen und gleichwertige Tatumstände. 42 Die meisten Tatbestände auch des AMG setzen neben einem spezifischen Fehlverhalten noch

---

[45] Näher dazu *Freund* GA 1999, 509 (526 ff.). – Zur notwendigen Differenzierung bei den Legitimationsgründen einer Verhaltensnorm vgl. zB auch → § 5 Rn. 29, → § 6 Rn. 5, → § 8 Rn. 17.
[46] Vgl. zu dieser Einteilung *Freund* AT § 2 Rn. 45 ff., 84 ff.

spezifische Fehlverhaltensfolgen[47] voraus: Beispielsweise müssen für eine Bestrafung nach
§ 95 Abs. 1 Nr. 1 die iSv § 5 Abs. 2 bedenklichen Arzneimittel tatsächlich in den Verkehr
gelangt sein. Allgemein gesprochen bezeichnen Fehlverhaltensfolgen stets einen gütergefähr-
denden oder -schädigenden Außenwelterfolg. Spezifisch im Sinne eines bestimmten Tatbestands sind diese Folgen, wenn gerade *ihre* Vermeidung Legitimationsgrund der übertretenen
Verhaltensnorm war. Man kann auch sagen: Das Vermeiden der Verhaltensfolge muss vom
Schutzzweck der Verhaltensnorm, die übertreten wurde, umfasst sein.

43   In diesem Kriterium der spezifischen Fehlverhaltensfolgen ist als selbstverständliche
Untervoraussetzung das Erfordernis der **Kausalität** bzw. der Quasi-Kausalität zwischen dem
Fehlverhalten und den in Frage stehenden Folgen eingeschlossen. Das normverletzende
Verhalten muss in jedem Fall (quasi-)ursächlich für die schädigenden Folgen gewesen sein.
Denn das Vermeiden von Folgen, die auf ein bestimmtes Verhalten noch nicht einmal in
diesem weiten Sinne zurückzuführen sind, kann offensichtlich niemals Legitimationsgrund
für das Verbot dieses Verhaltens sein.

44   Der danach erforderliche **Nachweis der Kausalität** bzw. der Quasi-Kausalität zwischen
Fehlverhalten und Fehlverhaltensfolgen bereitet vor allem im Bereich der Verletzungsdelikte
mitunter große Probleme. Das verdeutlicht nicht nur der klassische Fall zur strafrechtlichen
Produktverantwortlichkeit: der **Contergan-Fall.**[48] Auch in den Folgejahren bis heute gab
und gibt es immer wieder Fälle, in denen zwar ein tatbestandsmäßiges Fehlverhalten auf
der Hand liegt und auch der (dringende) Verdacht besteht, dass eingetretene Schäden auf
dem Fehlverhalten beruhen, jedoch in diesem Punkt sichere Aussagen zur Schadensursächlichkeit nicht möglich sind.[49] Das Contergan-Verfahren vor dem Landgericht Aachen als
der „leading case" der strafrechtlichen Produktverantwortlichkeit im Bereich der Arzneimittel hat viel Aufsehen erregt und nicht zuletzt zu speziellen Normen im Arzneimittelstrafrecht
geführt. Inzwischen haben aber auch Bereiche jenseits des Arzneimittelsektors – traurige –
Berühmtheit erlangt. Die **Lederspray-Entscheidung** des BGH[50] und der **Holzschutz-
mittelprozess**[51] haben gezeigt: Sachlich haben wir es nicht mit einem spezifischen Arznei-
mittelproblem zu tun, sondern mit einem Problem, das sektorübergreifend auftritt und
dementsprechend auch sektorübergreifend anzugehen ist.[52]

45   Das Problem der „Schadensursächlichkeit" spielte bereits im Contergan-Verfahren eine
große Rolle und dürfte wohl mit ein Grund für die Einstellung des Verfahrens wegen
„Geringfügigkeit" (§ 153a StPO)[53] gewesen sein. Vor dem Hintergrund dieses Problems ist
auch die spezielle Vorschrift des § 5 Abs. 1 zu sehen, nach der es verboten ist, bedenkliche
Arzneimittel in den Verkehr zu bringen.[54] Dabei sollte es sich eigentlich von selbst verstehen,

---

[47] Zu den spezifischen Fehlverhaltensfolgen als Sanktionserfordernis neben dem Fehlverhalten s. näher
→ StGB Vor § 13 Rn. 310 ff.; *Freund* AT § 2 Rn. 45 ff.; vgl. dazu etwa auch → § 8 Rn. 7 (zum minderwertigen Arzneimittel).
[48] LG Aachen 18.12.1970 – 4 KMs 1768, 15–115/67, JZ 1971, 507 ff.; s. dazu etwa *Armin Kaufmann* JZ
1971, 569 ff.; *Bock* S. 59 ff.; *Reus,* Das Recht in der Risikogesellschaft – Der Beitrag des Strafrechts zum
Schutz vor modernen Produktgefahren, 2010, S. 106 ff.
[49] Die im Zivilrecht bestehende Möglichkeit von Beweiserleichterungen bis hin zur Umkehr der Beweislast
(vgl. dazu etwa die „Vermutung" der Kausalität des § 84 Abs. 2) ist im Strafrecht wegen der unterschiedlichen
Funktionen der beiden Rechtsgebiete und der je verschiedenen Legitimationsbedingungen ausgeschlossen.
Sachlich würde es sich um eine unzulässige Verdachtsstrafe handeln.
[50] BGH 6.7.1990 – 2 StR 549/89, BGHSt 37, 106; s. dazu etwa *Kuhlen* NStZ 1990, 566 ff.; *Samson* StV
1991, 182; *Puppe* JR 1992, 30; *Freund,* Erfolgsdelikt und Unterlassen, 1992, S. 182 Fn. 82, 219 Fn. 84.
[51] Vgl. BGH 2.8.1995 – StR 221/94, BGHSt 41, 206 ff.; s. dazu etwa *Schulz* JA 1996, 185 ff.; s. auch
ders. ZUR 1994, 26 ff.; *Bock* S. 64 ff.
[52] Wie man insofern die BSE-Seuche, bei der man einen Zusammenhang mit der Kreutzfeld-Jakob-
Krankheit vermutet, in den Griff bekommt, wird die Zukunft zeigen.
[53] Zur Verfahrenseinstellung unter Auflagen nach § 153a StPO als auch einer Art von strafrechtlicher
Reaktion auf ein Fehlverhalten und zu den Voraussetzungen dafür näher *Freund* GA 1995, 4 (16 f.).
[54] Vgl. dazu etwa *Räpple,* Das Verbot bedenklicher Arzneimittel, 1991, S. 77 f.; *Göben* S. 58 ff. – Seit
geraumer Zeit gibt es eine entsprechende Vorschrift in § 4 Abs. 1 Nr. 1 MPG (s. dazu etwa *Ratajczak* in
Arzneimittel und Medizinprodukte, hrsg. von der Arbeitsgemeinschaft Rechtsanwälte im Medizinrecht eV,
Schriftleitung *T. Ratajczak ua,* 1997, S. 75 ff.).

dass § 5 im Wesentlichen nur das klarstellend wiederholt, was auch sonst im Interesse des Rechtsgüterschutzes gelten würde. Für die Annahme eines rechtlichen **Fehlverhaltens** ist die Vorschrift insoweit nicht konstitutiv.[55]

Strafrechtlich bedeutsam wird die Sonderregelung des § 5 erst wegen der daran anknüp- **46** fenden Sanktionsnorm des § 95 Abs. 1 Nr. 1, nach der entsprechende Verhaltensnormverstöße auch ohne weitergehende Fehlverhaltensfolgen selbstständig als Straftat erfasst werden. Die Strafdrohung lautet (wie bei der vollendeten fahrlässigen Körperverletzung nach § 229 StGB) auf Freiheitsstrafe bis zu drei Jahren oder Geldstrafe. Für den Fahrlässigkeitsfall droht § 95 Abs. 1 Nr. 1, Abs. 4 immerhin noch Freiheitsstrafe bis zu einem Jahr oder Geldstrafe an. Freilich gilt diese **Sonderstrafnorm** nur bei Arzneimitteln – nicht dagegen bei sonstigen Produkten, insbesondere auch nicht bei Lebensmitteln. Lediglich Medizinprodukte werden über §§ 4 Abs. 1 Nr. 1, 40 Abs. 1 Nr. 1 MPG von einer entsprechenden Strafvorschrift erfasst.[56] Deshalb sei die kritische – oder vielleicht auch schon rhetorische – Anfrage an die für die Gesetze Verantwortlichen erlaubt: Was soll eigentlich ein aus Bestandteilen einer BSE-verdächtigen Kuh gewonnenes und deshalb bedenkliches Arzneimittel von einem aus derselben Kuh gewonnenen Stück Fleisch unterscheiden und die unterschiedliche strafrechtliche Behandlung rechtfertigen?[57]

Im Bereich der Sanktionsnormen des AMG stellt sich nach dem bisher Gesagten das **47** Problem der Ursächlichkeit eines Fehlverhaltens für eingetretene Verletzungen nicht mit derselben Schärfe wie im Kernstrafrecht. Denn soweit etwa eine Sanktionsnorm bereits das Inverkehrbringen eines bedenklichen Arzneimittels erfasst (vgl. §§ 5, 95 Abs. 1 Nr. 1), kommt es ja gerade nicht darauf an, dass das Arzneimittel tatsächlich zu Schäden geführt hat. Diese **Vorfeldnorm** ist nicht zuletzt als Reaktion auf die im Bereich der Verletzungsdelikte drohende Strafbarkeitslücke zu begreifen. Sie ist jedoch unbefriedigend, weil sie das allgemeine Problem strafrechtlicher Produktverantwortlichkeit nicht löst, sondern nur eine viel zu punktuelle Abhilfe schafft und zu willkürlichen Differenzierungen führt.

Die Problematik der spezifischen Fehlverhaltensfolgen bleibt freilich auch im Erfassungs- **48** bereich des AMG teilweise erhalten: Dies gilt zum einen für die allgemeine Problematik der Fehlverhaltensfolgen bei Unterlassungen – zum anderen aber auch für Fehlverhaltensweisen im Zusammenhang mit Kollegialentscheidungen.[58]

Neben den tatbestandsmäßigen Fehlverhaltensfolgen sind für eine Bestrafung teils noch **49** andere **gleichwertige Tatumstände**[59] erforderlich. Gleichwertig sind diese Tatumstände insofern, als auch sie eine Art „Erfolgssachverhalt" darstellen, der von dem personalen Verhaltensunrecht strikt zu trennen ist. Man denke hier an besondere tatbestandliche Erfordernisse, welche die Tauglichkeit eines Tatmittels oder Tatobjekts betreffen. Die Sanktionsnormen des AMG setzen zB fast durchgängig ein auf „Arzneimittel" bezogenes Verhalten voraus. Außerdem ist insofern zB an das Erfordernis der vorsätzlichen rechtswidrigen Haupttat bei der Teilnahme zu denken.

b) Sonstige Strafbarkeitsbedingungen. Zu beachten bleiben schließlich noch etwa- **50** ige Sonderregelungen über das „Ob" und „Wie" der Strafbarkeit. Von allgemeiner Bedeutung auch für das Arzneimittelstrafrecht sind in diesem Zusammenhang der (fehlende) Rücktritt vom Versuch nach § 24 StGB (vgl. dazu noch → § 95 Rn. 17 ff.) sowie die vor allem prozessual bedeutsamen Regelungen über die Verjährung und über den Nachweis der Tat.[60]

---

[55] Dass sich das aufgrund des AMG zu erzielende Ergebnis für den hier interessierenden Bereich auch bereits aufgrund des allgemeinen Polizeirechts ergäbe, betont mit Recht *Räpple*, Das Verbot bedenklicher Arzneimittel (Fn. 54) S. 71 f.

[56] Vgl. dazu etwa *Deutsch/Spickhoff*, Medizinrecht, 6. Aufl. 2008, Kap. XXXVIII Rn. 1677.

[57] Näher zur Kritik an der gegenwärtigen Gesetzeslage noch → Rn. 78 ff.; vgl. etwa auch bereits oben 9. Abschnitt → §§ 56–61 Rn. 1 ff.

[58] Ausführlich zu diesen Problemen → Rn. 64 ff.

[59] Näher dazu → StGB Vor § 13 Rn. 377 ff.; *Freund* AT § 2 Rn. 80 ff.

[60] Zu alledem → StGB Vor § 13 Rn. 381 ff.; *Freund* AT § 2 Rn. 84 ff.

IV. Verfassungsrechtliche Bedenken gegen sog „Blankettnormen" im AMG

Schrifttum zur Blankettnormproblematik (allgemein): *Birkenstock,* Die Bestimmtheit von Straftatbeständen mit unbestimmten Gesetzesbegriffen – Am Beispiel der Verletzung des Verkehrsverbots bedenklicher Arzneimittel unter besonderer Berücksichtigung der Tatbestandslehre und der Rechtsprechung des Bundesverfassungsgerichts, 2004; *Clemens,* Die Verweisung von einer Rechtsnorm auf andere Vorschriften – insbesondere ihre Verfassungsmäßigkeit, AöR 111 (1986), 63; *Dannecker,* Die Dynamik des materiellen Strafrechts unter dem Einfluss europäischer und internationaler Entwicklungen, ZStW 117 (2005), 697 (737 ff.); *Debus,* Verweisungen in deutschen Rechtsnormen, 2008; *Dietmeier,* Blankettstrafrecht – Ein Beitrag zur Lehre vom Tatbestand, 2002; *Doepner,* Strafrechtliche Sanktionierung des Vertriebs von Grenzprodukten als Lebensmittel, die gerichtlicherseits als Arzneimittel eingestuft werden?, ZLR 2005, 679; *Domeier,* Gesundheitsschutz und Lebensmittelstrafrecht – Zur Konkretisierung der Verkehrspflichten und ihrer Strafbewehrung, insbesondere mit Blick auf §§ 8 ff. LMBG, 1999; *Enderle,* Blankettstrafgesetze: verfassungs- und strafrechtliche Probleme von Wirtschaftsstraftatbeständen, 2000; *Freund,* Täuschungsschutz und Lebensmittelstrafrecht – Grundlagen und Perspektiven, ZLR 1994, 261; *Heghmanns,* Grundzüge einer Dogmatik der Straftatbestände zum Schutz von Verwaltungsrecht oder Verwaltungshandeln, 2000; *Karpen,* Die Verweisung als Mittel der Gesetzgebung, 1970; *Krey,* Zur Verweisung auf EWG-Verordnungen in Blankettstrafgesetzen am Beispiel der Entwürfe eines Dritten und Vierten Gesetzes zur Änderung des Weingesetzes – Verfassungsprobleme der Verweisung auf Gemeinschaftsrecht. Schranken für Blankettstrafgesetze aus Art. 103 Abs. 2, Art. 104 Abs. 1 GG, EWR 1981, 109; *Kühl,* Probleme der Verwaltungsakzessorietät des Strafrechts, insbesondere im Umweltstrafrecht, FS Lackner, 1987, S. 815; *Laaths,* Das Zeitgesetz gem. § 2 Abs. 4 StGB unter Berücksichtigung des Blankettgesetzes, 1991; *Lenzen,* Zuständigkeit für das Strafrecht kraft Sachzusammenhangs, JR 1980, 133; *Lohberger,* Blankettstrafrecht und Grundgesetz, 1968; *Moll,* Europäisches Strafrecht durch nationale Blankettstrafgesetze? – Eine Untersuchung zur strafrechtskonstituierenden Wirkung des EG-Rechts unter besonderer Berücksichtigung der allgemeinen verfassungsrechtlichen Anforderungen an Blankettverweisungen, 1998; *Ossenbühl,* Die verfassungsrechtliche Zulässigkeit der Verweisung als Mittel der Gesetzgebungstechnik, DVBl 1967, 401; *Papier/Möller,* Das Bestimmtheitsgebot und seine Durchsetzung, AöR 122 (1997), 177; *Reus,* Das Recht in der Risikogesellschaft – Der Beitrag des Strafrechts zum Schutz vor modernen Produktgefahren, 2010, S. 156 ff.; *Schenke,* Die verfassungsrechtliche Problematik dynamischer Verweisungen, NJW 1980, 743; *ders.,* Verfassungsrechtliche Grenzen gesetzlicher Verweisungen, FS Fröhler, 1980, S. 87; *Schmidhäuser,* Strafrechtliche Bestimmtheit: eine rechtsstaatliche Utopie?, GS Martens, 1987, S. 231; *Schünemann,* Nulla poena sine lege? Rechtstheoretische und verfassungsrechtliche Implikationen der Rechtsgewinnung im Strafrecht, 1978; *Schützendübel,* Die Bezugnahme auf EU-Verordnungen in Blankettstrafgesetzen – Eine Untersuchung zum Phänomen anpassungsbedingter Sanktionslücken bei unionsakzessorischen Blankettstrafgesetzen, 2012; *Volkmann,* Qualifizierte Blankettnormen – Zur Problematik einer legislativen Verweisungstechnik, ZRP 1995, 220.

Blankettnormen und Irrtümer: *Backes,* Zur Problematik der Abgrenzung von Tatbestands- und Verbotsirrtum im Steuerrecht, 1981; *Fakhouri Gómez,* Vorsatztheorie vs. Schuldtheorie – Zum Umgang mit der Irrtumsproblematik bei normativen Tatbestandsmerkmalen und Blankettstrafgesetzen, GA 2010, 259; *von der Heide,* Tatbestands- und Vorsatzprobleme bei der Steuerhinterziehung nach § 370 AO – Zugleich ein Beitrag zur Abgrenzung der Blankettstrafgesetze von Strafgesetzen mit normativen Tatbestandsmerkmalen, 1986; *Kuhlen,* Die Unterscheidung von vorsatzausschließendem und nichtvorsatzausschließendem Irrtum, 1987; *Lauer,* Der Irrtum über Blankettstrafgesetze am Beispiel des § 106 UrhG, 1997; *Müller-Magdeburg,* Die Abgrenzung von Tatbestandsirrtum und Verbotsirrtum bei Blankettnormen, Diss. iur. Berlin, 1998; *Tiedemann,* Zur legislatorischen Behandlung des Verbotsirrtums im Ordnungswidrigkeiten- und Steuerstrafrecht, ZStW 81 (1969), 869; *ders.,* Straftatbestand und Normambivalenz – am Beispiel der Geschäftsberichtsfälschung, FS Schaffstein, 1975, S. 195; *ders.,* Zum Stand der Irrtumslehre, insbesondere im Wirtschafts- und Nebenstrafrecht – Rechtsvergleichende Überlegungen und Folgerungen, in Kriminalistik und Strafrecht, FS Geerds, 1995, S. 95; *Weber,* Konzeption und Grundsätze des Wirtschaftsstrafrechts (einschließlich Verbraucherschutz), ZStW 96 (1984), 376.

51 Die Neigung und Bereitschaft, vom herkömmlichen Gesetzgebungsverfahren und von der herkömmlichen Gesetzgebungstechnik abzurücken und neue Wege zu beschreiten, ist insbesondere im Bereich des Nebenstrafrechts erheblich gestiegen. Das hängt vor allem mit Folgendem zusammen: Das staatliche System der Sanktionsnormen soll möglichst so flexibel gestaltet sein, dass kurzfristig und schnell auf Änderungen und Umbrüche in der Gesellschaft reagiert werden kann. Angestrebt wird eine effiziente Anpassung der strafrechtlichen Verhaltens- und Sanktionsnormen an das, was aktuell in einer Gesellschaft als strafwürdig angesehen wird. Die wohl bekannteste Form dieses Versuchs, flexible und effiziente Regelungstypen zu schaffen, ist die der ausfüllungsbedürftigen **„Blankettnorm".**[61]

---

[61] Näher zur Problematik der Blankettnormen etwa *Dietmeier,* Blankettstrafrecht – Ein Beitrag zur Lehre vom Tatbestand, 2002, mwN.

Sog „**einfache Blankettnormen**" beschreiben das von der Sanktionsnorm jeweils 52
gemeinte rechtlich missbilligte Verhalten durch einen Verweis auf andernorts auffindbare
Verhaltensregelungen als „Ausfüllungsnormen". Dabei sind sog statische Verweisungen, aber
grundsätzlich auch sog dynamische Verweisungen bei Wahrung der Regelungskompetenzen
möglich.[62] Sie dienen im Wesentlichen der Vereinfachung in der Gesetzestechnik. So verhält
es sich etwa, wenn – wie im AMG[63] – die Strafdrohung am Schluss eines Gesetzes zusammengefasst und darin auf die vorangehenden Tatbestände desselben Gesetzes verwiesen
wird.[64]

Besondere Beachtung verdienen sog „**qualifizierte Blankettnormen**":[65] Nach ihnen 53
wird bestraft, wer einer Rechtsverordnung zuwiderhandelt, sofern die entsprechende
Rechtsverordnung für einen konkreten Tatbestand ausdrücklich auf die Straf- bzw. Bußgeldvorschrift, also auf das „Blankett"; zurückverweist. Dabei ist die Ermächtigung zum Erlass
einer entsprechenden Rechtsverordnung typischerweise im selben Gesetz wie die Blankettnorm – allerdings in einer anderen Vorschrift – geregelt. Beispiele für solche qualifizierten
Blankettnormen bilden im AMG etwa § 95 Abs. 1 Nr. 2 und § 96 Nr. 2, die beide auf
die Verordnungsermächtigung des § 6 Bezug nehmen. Nach § 95 Abs. 1 Nr. 2 wird mit
Freiheitsstrafe bis zu drei Jahren oder mit Geldstrafe bestraft, wer einer Rechtsverordnung
nach § 6, die das Inverkehrbringen von Arzneimitteln untersagt, zuwiderhandelt, soweit
diese Rechtsverordnung für einen bestimmten Tatbestand auf die Strafvorschrift zurückverweist. § 96 Nr. 2 betrifft Zuwiderhandlungen gegen Rechtsverordnungen, welche die Verwendung bestimmter Stoffe vorschreiben, beschränken oder verbieten, die gleichfalls (nur)
dann strafbar sind, wenn in der Rechtsverordnung eine Rückverweisung auf die Strafvorschrift vorgenommen worden ist.

Eigentlich war die inzwischen fast inflationär verwendete[66] **Rückverweisungsklausel** 54
gut gemeint: Sie sollte dem verfassungsrechtlichen Bestimmtheitsgebot durch den expliziten
Hinweis auf die Strafbarkeit bzw. Ordnungswidrigkeit in der Verordnung selbst Rechnung
tragen.[67] Indessen hat man verkannt, dass die Rückverweisungstechnik sachlich dem Verordnungsgeber eine eigene Entscheidungsbefugnis über das „Ob" der Sanktionierung einräumt.
Letztlich ist es der Verordnungsgeber, der darüber entscheidet, welcher Tatbestand überhaupt
strafbar sein soll, genauer: ob für einen Tatbestand eine Sanktionierung vorgesehen ist
oder nicht.[68] Dieser Kompetenzzuwachs beim Verordnungsgeber ist aber gerade vor dem
Hintergrund des in Art. 103 Abs. 2 GG normierten Gesetzlichkeitsprinzips **verfassungswidrig.**[69] Bei angedrohten Freiheitsstrafen folgt das auch bereits aus Art. 104 Abs. 1
S. 1 GG.

---

[62] Näher zu dieser Unterscheidung und gewissen Problemen – insbesondere dynamischer Verweisungen –
Schenke NJW 1980, 743 ff.; vgl. auch *Debus*, Verweisungen in deutschen Rechtsnormen, 2008, S. 59 ff.;
Dietmeier, Blankettstrafrecht (Fn. 61) S. 138 ff.; *Heghmanns*, Grundzüge einer Dogmatik der Straftatbestände
zum Schutz von Verwaltungsrecht oder Verwaltungshandeln, 2000; *Karpen*, Die Verweisung als Mittel der
Gesetzgebung, 1970, S. 98 ff.; *Reus*, Das Recht in der Risikogesellschaft (Fn. 48) S. 156 ff.

[63] S. beispielhaft § 95 Abs. 1 Nr. 1 iVm § 5 und § 96 Nr. 3 iVm § 8.

[64] IdS etwa BGH 9.3.1954 – 3 StR 12/54, BGHSt 6, 30 (41). – Dabei geht der BGH davon aus, es
handle sich insoweit gar nicht um echte Blankettstrafgesetze, weil diese eine Trennung von Tatbestand und
Strafdrohung dergestalt voraussetzten, dass die Ergänzung der Strafdrohung durch einen zugehörigen Tatbestand von einer anderen Stelle und zu einer anderen Zeit selbstständig vorgenommen werde (S. 40 f. mwN).
Indessen ist damit genau die besondere Problematik der qualifizierten Blankettgesetze berührt (s. dazu sogleich
im Text).

[65] Zu diesem Begriff näher *Volkmann* ZRP 1995, 220 (221).

[66] Beispiele außerhalb des AMG sind § 58 Abs. 1 Nr. 18 LFGB, § 29 Abs. 1 Nr. 14 BtMG und § 53 Abs. 3
Nr. 3 WaffG. – Zu weiteren Beispielen s. *Dietmeier*, Blankettstrafrecht (Fn. 61) S. 62 (S. 132 f. mit Fn. 437
auch krit. zu den „Empfehlungen" des BMJ, diese Form der Gesetzgebungstechnik zu gebrauchen).

[67] Und damit ein „Mehr" an Rechtssicherheit zu erreichen versuchte.

[68] *Freund* ZLR 1994, 261 (286 f.) (für den Bereich des Lebensmittelstrafrechts); *Volkmann* ZRP 1995, 220
(221).

[69] Grundlegend zur Verfassungswidrigkeit der Rückverweisungstechnik im Hinblick auf die dabei missach-
tete ausschließliche Kompetenz des Parlamentsgesetzgebers zur Schaffung von Strafvorschriften *Freund* ZLR
1994, 261, 286 f. (im Kontext des Lebensmittelstrafrechts); diese Kritik weiterführend *Volkmann* ZRP 1995,
220 ff.; zu den kritischen Stimmen zählen ferner etwa *Dietmeier*, Blankettstrafrecht (Fn. 61) S. 129 ff.; *Domeier*,

55   Nimmt man das in Art. 103 Abs. 2 GG verbürgte Gesetzlichkeitsprinzip ernst, nach dem es „keine Strafe ohne Gesetz" geben darf, so ist evident, dass die gesetzlichen Vorschriften, die eine **Bestrafung** des Einzelnen **anordnen,** auch von dem für die Strafgesetzgebung zuständigen „Organ" erlassen werden müssen.[70] Somit drängt sich bei den „qualifizierten Blankettnormen" die Frage auf, inwieweit sich dieser Regelungstypus mit den **verfassungsrechtlichen Kompetenzzuweisungen** der Art. 103 Abs. 2, 104 Abs. 1 S. 1 GG vereinbaren lässt. Denn hier entscheidet über das „Ob" der Strafbarkeit nicht die Legislative, sondern die Exekutive, die mittels einer Vorschrift zum Erlass von strafbarkeitsanordnenden Rechtsverordnungen ermächtigt wird. Insofern kommt der Rückverweisungsklausel in der Verordnung *stets* ein für die Anordnung der Strafbarkeit *konstitutiver* Charakter zu.[71] Auffällig ist, dass viele Befürworter von Strafvorschriften mit Rückverweisungsklauseln – zu denen erklärtermaßen auch der BGH zählt – ein recht eigenwilliges Verständnis der Begriffe „**deklaratorisch**" und „**konstitutiv**" entwickelt haben: Eine Vorschrift ist bekanntlich deklaratorisch, wenn das, was sie regelt, auch ohne die Vorschrift gilt. Die Vorschrift stellt dann nur etwas fest, bezeugt etwas oder stellt etwas klar.[72] Konstitutiv ist demgegenüber eine Vorschrift, deren es bedarf, um eine bestimmte **Rechtswirkung** zu erzeugen.[73] Eine Blankettvorschrift mit einer Rückverweisungsklausel enthält ohne die vom Verordnungsgeber vorgenommene Rückverweisung keine Strafbarkeitsanordnung. Diese Rechtswirkung wird erst durch die Rückverweisung geschaffen, der mithin eine für die angeordnete Strafbarkeit konstitutive Bedeutung zukommt. Daher ist es nur als Ausfluss einer merkwürdigen Begriffsverwirrung zu erklären, wenn etwa *Schützendübel*[74] – wie

---

Gesundheitsschutz und Lebensmittelstrafrecht – Zur Konkretisierung der Verkehrspflichten und ihrer Strafbewehrung, insbesondere mit Blick auf §§ 8 ff. LMBG, 1999, S. 266 ff.; *Moll,* Europäisches Strafrecht durch nationale Blankettstrafgesetze? – Eine Untersuchung zur strafrechtskonstituierenden Wirkung des EG-Rechts unter besonderer Berücksichtigung der allgemeinen verfassungsrechtlichen Anforderungen an Blankettverweisungen, 1998, S. 38 ff., 59 f., 174 ff., 197 ff.; *Reus,* Das Recht in der Risikogesellschaft (Fn. 48) S. 157 ff. – Im Ansatz richtig, jedoch ohne die gebotene Konsequenz zu ziehen, bereits *Lenzen* JR 1980, 133, 136 Fn. 27 „Das im Hinblick auf Art. 20 und 104 Abs. 1 GG Bedenkliche an dieser Gesetzgebungstechnik ist, daß der Verordnungsgeber der Exekutive dadurch in die Lage versetzt wird, die Frage der Strafwürdigkeit (negativ) zu beurteilen, indem er für bestimmte strafwürdige Verhaltensweisen eben nicht auf das Blankett zurückverweist."

[70] Auf diese Doppelfunktion des Art. 103 Abs. 2 GG weist auch die neuere Rechtsprechung des BVerfG immer wieder hin, so zB in BVerfG 6.5.1987 – 2 BvL 11/85, BVerfGE 75, 329, (341); 22.6.1988 – 2 BvR 234/87, 1154/86, NJW 1989, 1663 und BVerfG 10.9.1992 – 2 BvR 869/92, NJW 1993, 1909 (1910). – Dass es bei der Blankettnormproblematik nicht (nur) um die Frage der Bestimmtheit, sondern in erster Linie um die Frage der Kompetenz zur Festlegung der Reichweite des zu Sanktionierenden geht, betont mit Recht *Tiedemann* S. 248 f., 253.

[71] Zutreffend die oben Fn. 69 Genannten und der Vorlagebeschluss des LG Berlin 16.4.2015 – (572) 242 AR 27/12 NS (82/12), BeckRS 2015, 19579, mit dem das LG Berlin die Sache dem Bundesverfassungsgericht zur Entscheidung vorgelegt hat. – S. dazu bereits *Freund/Rostalski* GA 2016, 443 ff. – Aufgrund des Vorlagebeschlusses des LG Berlin hat das BVerfG § 10 Abs. 1 und 3 des Rindfleischetikettierungsgesetzes für mit Art. 103 Abs. 2 iVm Art. 104 Abs. 1 S. 1 sowie mit Art. 80 Abs. 1 S. 2 GG unvereinbar und nichtig erklärt (BVerfG 21.9.2016 – 2 BvL 1/15). Das BVerfG betont in dieser Entscheidung, dass sich jedenfalls bei angedrohter Freiheitsstrafe die Voraussetzungen der Strafbarkeit schon aufgrund des Gesetzes und nicht erst aufgrund der hierauf gestützten Rechtsverordnung ergeben und der Bürger erkennbar sein müssen. Um den Grundsatz der Gewaltenteilung zu wahren, darf dem Verordnungsgeber nicht „die Entscheidung darüber [eingeräumt werden], welches Verhalten als Straftat geahndet werden soll".

[72] Beispielsweise sagt § 25 Abs. 1 Fall 1 StGB nur deklaratorisch, dass Täter einer Straftat ist, wer die Straftat selbst begeht. Das ist trivial und gilt auch ohne § 25 Abs. 1 Fall 1 StGB.

[73] Beispiel: § 212 StGB ist als Sanktionsnorm für die Strafbarkeit wegen Totschlags konstitutiv, weil ohne diese niemand entsprechend bestraft werden darf.

[74] *Schützendübel,* Die Bezugnahme auf EU-Verordnungen in Blankettstrafgesetzen – Eine Untersuchung zum Phänomen anpassungsbedingter Sanktionslücken bei unionsakzessorischen Blankettstrafgesetzen, 2012, S. 313 ff., 320; s. auch BGH 23.12.2015 – 2 StR 525/13, BeckRS 2016, 02553 Rn. 64 f.; fehlerhaft ferner *Enderle,* Blankettstrafgesetze: verfassungs- und strafrechtliche Probleme von Wirtschaftsstraftatbeständen, 2000, S. 187: „nur deklatorischer Charakter"; *Kügel/Müller/Hofmann/Raum* Vor § 95 Rn. 7; vgl. auch *Fuhrmann/Klein/Fleischfresser/Mayer* § 45 Rn. 5, der – nicht überzeugend – davon ausgeht, das Gesetzlichkeitsprinzip werde schon dann gewahrt, wenn der Gesetzgeber Inhalt, Zweck und Ausmaß der von der Exekutive zu schaffenden Rechtsverordnung abstrakt vorgebe. Indessen gilt: Auch bei noch so klaren Vorgaben liegt nur ein Auftrag an die Exekutive zur Schaffung von *Straf*vorschriften vor. Eine solche Delegation ist aber absolut untersagt. Vielmehr muss der parlamentarische Gesetzgeber *Straf*vorschriften gefälligst selbst in Gesetzesform erlassen. Zumindest bei angedrohten Freiheitsstrafen folgt das auch bereits aus Art. 104 Abs. 1 S. 1 GG.

wohl auch der BGH[75] – meint, bloß deklaratorisch sei eine Rückverweisung schon dann, wenn der Auftrag der Legislative an die Exekutive zum Erlass der Strafvorschrift durch Verordnungsrecht hinreichend bestimmt sei – also insbes. den Anforderungen des Art. 80 GG entspreche. Demgegenüber ist festzuhalten: Eine *gesetzlich bestimmte* Strafbarkeit liegt ohne die Rückverweisung durch den Verordnungsgeber nicht vor. Erst durch die Rückverweisung entsteht die Rechtswirkung einer definitiven Strafbarkeitsanordnung. Für diese genügt der auch noch so präzise gefasste Auftrag an die Exekutive eindeutig nicht.

In diesem Zusammenhang zeigt sich besonders deutlich die Notwendigkeit, strikt **zwischen** **56** **Verhaltens- und Sanktionsnormen** zu **differenzieren,** denn nur so lassen sich die jeweiligen **Zuständigkeiten** sachgerecht zuordnen: Wenn es darum geht, eine Konkretisierung hinsichtlich gewisser Verhaltensweisen zu treffen – befindet man sich also im Bereich von Verhaltensnormen – so ist es nicht nur gängige Praxis, sondern auch durchaus zulässig, dass eine nähere Bestimmung von ge- bzw. verbotenem Verhalten durch die Verwaltung ausgeführt wird. Das gilt zB für die Festlegung von Geschwindigkeitsbegrenzungen für bestimmte Streckenabschnitte, um der Gefahr von Schädigungsmöglichkeiten für Leib und Leben der Straßenverkehrsteilnehmer wirksam entgegenzutreten. Entscheidet sich also die zuständige Straßenverkehrsbehörde wegen der Häufung von Unfällen dafür, auf einem bestimmten Streckenabschnitt ein Tempolimit von 80 km/h aufzustellen, so untersagt sie innerhalb ihrer Entscheidungskompetenz allen Straßenverkehrsteilnehmern das Fahren mit einer höheren Geschwindigkeit. Sie wirkt insoweit bei der Konstituierung einer **Verhaltensnorm** mit, die insbesondere dem Schutz von Leib und Leben anderer Verkehrsteilnehmer dient.

Ob hingegen eine Überschreitung der Geschwindigkeit mit Verletzungsfolgen für andere **57** zu einer **strafrechtlichen Sanktionierung** nach § 229 StGB führt, kann die Behörde nicht festlegen. Dies fällt nicht in ihren Kompetenzbereich, sondern ist vielmehr von anderer Stelle, nämlich vom dazu berufenen Strafgesetzgeber, zu entscheiden. Wie auch das BVerfG[76] immer wieder in seinen Entscheidungen betont, ist es der Gesetzgeber, der abstrakt-generell über die Strafbarkeit zu entscheiden hat. Nur ihm allein obliegt es, Sanktionsnormen aufzustellen, und damit einen Verstoß gegen Verhaltensnormen zum Zwecke der Erhaltung der Normgeltungskraft strafrechtlich zu ahnden.[77]

An dieser klaren und strikten Aufgabenteilung ändert sich nichts, wenn man in dem **58** soeben genannten Beispiel eine Strafbarkeitsanordnung ohne eingetretene Fehlverhaltensfolgen in den Blick nimmt: Die Frage, ob ein in Richtung auf Leib und Leben anderer Verkehrsteilnehmer unerlaubt riskantes (fahrlässiges) Fehlverhalten als solches mit Strafe bedroht werden soll, hat nicht der Verordnungsgeber, sondern allein und abschließend der Strafgesetzgeber zu entscheiden. Der Verordnungsgeber hat nur die Rechtsmacht, durch die Geschwindigkeitsbegrenzung bei der **Konkretisierung der Verhaltensweisen** mitzuwirken, die wegen ihrer zu großen Gefährlichkeit eine in Richtung auf Leib und Leben anderer Verkehrsteilnehmer rechtlich missbilligte Schädigungsmöglichkeit schaffen. Insoweit geht es nicht etwa um die Schaffung einer Strafvorschrift, sondern lediglich um die Konkretisierung der Verhaltensweisen, die von einer solchen vorausgesetzt werden. Auch der Babysitter, der für sich durch die Übernahme seiner Tätigkeit bestimmte qualifizierte Gefahrenabwendungspflichten erzeugt, **schafft** damit **keine Sanktionsnorm.** Er erzeugt durch sein Verhalten nur – aber auch immerhin – die Verhaltensnorm, deren Übertretung zum Eingreifen der vom Strafgesetzgeber für solche Fälle geschaffenen Sanktionsnorm führt.[78] Diese wichtige Aufgabenverteilung kann und muss auch im Zusammenspiel zwischen Strafgesetzgeber und Exekutive beachtet werden.

---

[75] Jedenfalls auf dieser Line liegend BGH 23.12.2015 – 2 StR 525/13, BeckRS 2016, 02553 Rn. 64 f.

[76] So zB ausdrücklich BVerfG 6.5.1987 – 2 BvL 11/85, BVerfGE 75, 329, 341 und BVerfG 22.6.1988 – 2 BvR 234/87, 1154/86, BVerfGE 78, 374, 382.

[77] Zu dieser spezifischen Aufgabe der Strafe näher → Rn. 2 ff.

[78] Vgl. dazu das entsprechende Babysitter-Beispiel bei *Domeier,* Gesundheitsschutz und Lebensmittelstrafrecht (Fn. 69) S. 269 Fn. 924. – Näher zur Problematik des Verhältnisses von außertatbestandlicher Norm und Strafrechtssatz auch *Heghmanns,* Grundzüge einer Dogmatik (Fn. 62) S. 79 ff.

59   Die sich aus den Art. 103 Abs. 2, 104 Abs. 1 Satz 1 GG abzuleitende **Alleinzuständigkeit der Legislative** bezüglich der Entscheidung, ob und welche Sanktionsnormen aufgestellt werden sollen, stellt letztlich nichts anderes dar als eine positivierte, auf die Erfordernisse des Straf- und Ordnungswidrigkeitenrechts zugeschnittene Variante der **Wesentlichkeitstheorie,**[79] die besonders bedeutsame und grundrechtsrelevante Entscheidungen dem Parlament vorbehält und einer Delegation solcher Entscheidungen auf eine der beiden anderen Gewalten entgegensteht.[80]

60   Über diesen Befund einer unzulässigen Delegation der Kompetenz zur Strafgesetzgebung hilft auch nicht der Gedanke hinweg, aus den Sanktionsnormen des AMG lasse sich in der Regel bereits entnehmen, welche Fälle sie erfassen sollen. Qualifizierte Blankettnormen können ihrem insofern eindeutigen Wortlaut nach nur solche Fälle erfassen, die ihnen der Verordnungsgeber zuweist. Der angesprochene Gedanke erlaubt es allenfalls, im Wege der teleologischen Reduktion solche Fälle aus dem Erfassungsbereich einer Sanktionsnorm auszufiltern, die der Verordnungsgeber fehlerhaft zugewiesen hat. Er führt aber in all den Fällen nicht weiter, in denen der Verordnungsgeber keine entsprechende Zuweisung vorgenommen hat. Genau diese Rechtsmacht des Verordnungsgebers, über das „Ob" einer Zuweisung zu entscheiden, steht im eindeutigen Widerspruch zu den oben aufgezeigten verfassungsrechtlichen Grundsätzen. Nach alledem sind **qualifizierte Blankettnormen** ein **verfassungswidriges Regelungsinstrument.**

61   Mit den sog „**einfachen Blankettstrafnormen**"[81] – verhält es sich dagegen anders: Gegen sie wird oft vorgebracht, der Strafgesetzgeber müsse Verhaltens- und Sanktionsnorm selbst umfassend und abschließend regeln. Das strafbare Verhalten sei möglichst deskriptiv vom Strafgesetzgeber festzulegen. Indessen kann es nicht Aufgabe des Strafgesetzgebers sein, das **Verhaltensnormproblem** umfassend und abschließend zu regeln. Einer derartigen Forderung könnte – was oft verkannt wird – keine einzige Strafnorm in jeder Hinsicht entsprechen. Denn in gewissem Sinne gibt es überhaupt nur Blankettnormen und kann es überhaupt nur Blankettnormen geben.

62   Beispielsweise regelt **§ 222 StGB** aus gutem Grund nicht, was eine fahrlässige Tötung *ist,* sondern nur, *dass* eine solche bestraft werden soll. § 222 StGB ist so gesehen der anpassungsfähigste und flexibelste Typ einer blankettartigen Sanktionsnorm, die der fortschreitenden Entwicklung – anders als zB ein Verordnungsgeber – nicht hinterherhinkt, sondern mit ihr Schritt hält! Eine solche Vorschrift ist nicht etwa im Hinblick auf den nullum crimen-Satz bedenklich,[82] sondern wahrt denselben optimal, wenn die klare **Aufgabenverteilung** zwischen **Verhaltensnormgeber** einerseits und **Sanktionsnormgeber** andererseits strikt beachtet wird.[83] Eine Missachtung dieser grundgesetzlich vorgeschriebenen Aufgabenverteilung findet sich lediglich bei den „qualifizierten Blankettgesetzen", die dem Verordnungsgeber mit der Rückverweisungsklausel in unzulässiger Weise die Kompetenz zur Strafgesetzgebung einräumen.

V. Kausalität, Quasi-Kausalität und Zurechnung im AMG

Schrifttum: *Besch,* Produkthaftung für fehlerhafte Arzneimittel – Eine Untersuchung über die materiell- und verfahrens-, insbesondere beweisrechtlichen Probleme des Arzneimittelhaftungsrechts, 2000; *Bock,* Pro-

---

[79] Zur Wesentlichkeitstheorie s. etwa *Detterbeck,* Allgemeines Verwaltungsrecht mit Verwaltungsprozessrecht, 13. Aufl. 2015, Rn. 264 ff.; *Maurer* AllgVerwR, 18. Aufl. 2011, § 6 Rn. 12 ff.; *Kloepfer* JZ 1984, 685 (689 ff.).

[80] *Völkmann* ZRP 1995, 220 (223 f.). – Vgl. zur entsprechenden Problematik des Verweises von Strafgesetzen auf Gemeinschaftsrechtsnormen *Dannecker* ZStW 117 (2005), 697 (737 ff.). Die Verfassungsmäßigkeit solcher Verweisungstechnik hängt auch hier insbesondere davon ab, ob die ausschließliche Zuständigkeit der Legislative zum Erlass einer spezifischen Sanktionsnorm gewahrt wird.

[81] Ein Beispiel aus dem Bereich des AMG bildet § 95 Abs. 1 Nr. 1 iVm § 5. Danach wird mit Freiheitsstrafe bis zu drei Jahren oder mit Geldstrafe bestraft, wer entgegen § 5 Abs. 1 ein Arzneimittel, bei dem begründeter Verdacht auf schädliche Wirkungen besteht, in den Verkehr bringt oder bei anderen anwendet. – Eingehend zur entsprechenden Bestimmtheitsproblematik *Birkenstock,* Bestimmtheit von Straftatbeständen (Fn. 25).

[82] Wie manche zu Unrecht meinen; vgl. dazu *Freund* ZStW 112 (2000), 665 (676 ff.); zutreffend etwa *Knauer in* Medizinrecht, hrsg. v. *Spickhoff,* 2011, AMG § 95 Rn. 8.

[83] Zu dieser Aufgabenverteilung s. nochmals → Rn. 56 ff.

duktkriminalität und Unterlassen, 1997; *Dannecker,* Entsanktionierung der Straf- und Bußgeldvorschriften des Lebensmittelrechts, 1996, *Dencker,* Kausalität und Gesamttat, 1996; *Eichinger,* Die strafrechtliche Produkthaftung im deutschen im Vergleich zum anglo-amerikanischen Recht, 1997, S. 189; *Engisch,* Die Kausalität als Merkmal der strafrechtlichen Tatbestände, 1931; *Freund,* Zur strafrechtlichen Verantwortlichkeit in pharmazeutischen Unternehmen, in *Meurer* (Hrsg. im Auftrag der Forschungsstelle für Pharmarecht der Philipps-Universität Marburg), Die Haftung der Unternehmensleitung – Risiken und ihre Vermeidung (Marburger Gespräche zum Pharmarecht, 1. Symposion), 1999, S. 67; *Frisch,* Tatbestandsmäßiges Verhalten und Zurechnung des Erfolgs, 1988; *ders.,* Die Conditio-Formel: Anweisung zur Tatsachenfeststellung oder normative Aussage?, FS Gössel, 2002, S. 51; *Georgy,* Die strafrechtliche Verantwortlichkeit von Amtsträgern für Arzneimittelrisiken – Am Beispiel öffentlich-rechtlicher Ethik-Kommissionen und des Bundesinstituts für Arzneimittel und Medizinprodukte, 2011, S. 189 ff.; *Gerst,* Dosis sola venenum facit – Aber welche Dosis?, NStZ 2011, 136; *Göben,* Arzneimittelhaftung und Gentechnikhaftung als Beispiele modernen Risikoausgleichs, 1995; *Hilgendorf,* Fragen der Kausalität bei Gremienentscheidungen am Beispiel des Lederspray-Urteils, NStZ 1994, 561; *ders.,* Zur Kausalität im Arzneimittelstrafrecht, PharmR 1994, 303; *ders.,* Strafprozessuale Probleme im Licht der modernen Kausallehre am Beispiel der jüngsten Produkthaftungsfälle, FS Lenckner, 1998, S. 699; *Jakobs,* Strafrechtliche Haftung durch Mitwirkung an Abstimmungen, FS Miyazawa, 1995, S. 419; *Armin Kaufmann,* Tatbestandsmäßigkeit und Verursachung im Contergan-Verfahren, JZ 1971, 569; *Kuhlen,* Strafrechtliche Produkthaftung, FS BGH, Festgabe aus der Wissenschaft IV, 2000, S. 647; *Maiwald,* Kausalität und Strafrecht, 1980; *M. L. Müller,* Die Bedeutung des Kausalzusammenhanges im Straf- und Schadensersatzrecht, 1912; *Neudecker,* Die strafrechtliche Verantwortlichkeit der Mitglieder von Kollegialorganen, 1995; *Putz,* Strafrechtliche Produktverantwortlichkeit, insbesondere bei Arzneimitteln, 2004; *Räpple,* Das Verbot bedenklicher Arzneimittel, 1991; *Reus,* Das Recht in der Risikogesellschaft – Der Beitrag des Strafrechts zum Schutz vor modernen Produktgefahren, 2010, S. 104 ff.; *Röckrath,* Kollegialentscheidungen und Kausalitätsdogmatik, NStZ 2003, 641; *Sammer,* Die Sorgfaltspflichten im Lebensmittelstraf- und Ordnungswidrigkeitenrecht unter besonderer Berücksichtigung der europarechtlichen Überlagerung, 1998; *Lorenz Schulz,* Perspektiven der Normativierung des objektiven Tatbestands (Erfolg, Handlung, Kausalität) am Beispiel der strafrechtlichen Produkthaftung, in *Lüderssen* (Hrsg.), Aufgeklärte Kriminalpolitik oder Kampf gegen das Böse?, Band III, 1998, S. 43; *Volk,* Kausalität im Strafrecht – Zur Holzschutzmittelentscheidung des BGH vom 2.8.1995 – NStZ 1995, 590, NStZ 1996, 105; *Weißer,* Kausalitäts- und Täterschaftsprobleme bei der strafrechtlichen Würdigung pflichtwidriger Kollegialentscheidungen, 1996; s. ergänzend die Literatur Vor § 13 StGB vor Rn. 333.

Eine Strafbarkeit wegen vollendeten Delikts setzt – wie oben bereits dargelegt[84] – als **63** Mindestbedingung voraus, dass zwischen dem tatbestandsmäßigen Verhalten und dessen spezifischen Folgen ein Kausalzusammenhang (bzw. ein Quasi-Kausalzusammenhang) besteht. Noch immer bedient man sich zur Beschreibung eines solchen Kausalverlaufs häufig der sog **Äquivalenz-** oder **condicio sine qua non-Formel.** Danach ist jede Handlung (iSe. aktiven Tuns) kausal für einen Erfolg, wenn sie nicht hinweggedacht werden kann, ohne dass der Erfolg entfiele.[85] Entsprechend soll ein Unterlassen für einen Erfolg quasikausal sein, wenn das gebotene Handeln nicht hinzu gedacht werden kann, ohne dass der Erfolg „mit an Sicherheit grenzender Wahrscheinlichkeit" entfiele.[86] Mit diesen Formeln lassen sich zwar vielfach richtige Ergebnisse erzielen. Sie leiden aber – und das ist seit langem bekannt – an grundlegenden Mängeln: Sie helfen nicht weiter, wenn es darum geht, einen noch unbekannten Ursachenzusammenhang erst zu ermitteln.[87] Darüber hinaus versagen sie auch bei gewissen Sachverhalten, bei denen mehrere Personen (unabhängig voneinander oder gemeinschaftlich) die Möglichkeit eines schadensträchtigen Verlaufs schaffen.[88]

Um einen derartigen Fall handelt es sich etwa bei der **unternehmerischen Kollegial-** **64** **entscheidung,** einer Konstellation also, die im Bereich des Arzneimittelverkehrs geradezu alltäglich ist.[89] Wörtlich verstanden, würde die condicio-Formel hier regelmäßig zu problematischen Ergebnissen führen. Stimmten beispielsweise alle Geschäftsführer eines Pharmaunternehmens dafür, ein bedenkliches Arzneimittel auf den Markt zu bringen, so könnte sich jeder Einzelne seiner strafrechtlichen Verantwortlichkeit mit dem Argument entziehen:

---

[84] S. dazu → Rn. 41 ff.
[85] BGH 24.4.1951 – 1 StR 130/51, BGHSt 1, 131 (133).
[86] Vgl. zu dieser – missverständlichen – Formel → StGB Vor § 13 Rn. 335 mit Fn. 419.
[87] S. näher → StGB Vor § 13 Rn. 333 mwN.
[88] Näher dazu → StGB Vor § 13 Rn. 337 f. mwN.
[89] Zu der in diesem Zusammenhang nicht selten auftretenden Frage nach den Bestrafungsmöglichkeiten des Kollektivs im Sinne einer Verbandsstrafe s. bereits → StGB Vor § 13 Rn. 146 ff.

Selbst wenn man seine einzelne Stimme hinweg dächte, wäre doch das Arzneimittel mit den anderen Ja-Stimmen genauso in den Verkehr gebracht worden. Demnach wäre kein einziger Geschäftsführer für das Inverkehrbringen des Mittels ursächlich geworden!

65   Eine Möglichkeit, solche intuitiv als evident unsachgemäß empfundenen Ergebnisse zu vermeiden, besteht darin, die Mitglieder des entscheidenden Gremiums als **Mittäter** anzusehen und jeden Einzelnen für das „gemeinschaftliche" Verhalten verantwortlich zu machen. Diesen Weg hat der BGH in dem bekannten **„Lederspray"-Fall** im Kontext der gefährlichen Körperverletzung durch Unterlassen beschritten.[90] Zur Begründung der fahrlässigen Körperverletzung durch Unterlassen, über die ebenfalls zu entscheiden war, rekurrierte das Gericht dagegen auf die Grundsätze zur sog kumulativen Kausalität mehrerer (aktiver) Handlungen: Danach ist in Fällen, in denen mehrere Beteiligte unabhängig voneinander, aber erst durch das Zusammenspiel ihrer Beiträge einen Erfolg herbeiführen, jeder ursächlich für diesen Erfolg.[91]

66   In der Sache bedeuten beide Lösungswege die Abkehr von der Äquivalenzformel und eine Hinwendung zur **Lehre von der gesetzmäßigen Bedingung.**[92] Nach ihr ist ein aktives Tun für einen bestimmten Erfolg ursächlich, wenn es aufgrund einer gesetzmäßigen Beziehung im konkreten Erfolg tatsächlich wirksam geworden ist.[93] Umgekehrt steht ein Unterlassen immer dann in einem gesetzmäßigen Zusammenhang mit dem eingetretenen tatbestandlichen Erfolg, wenn die ausgebliebene Handlung – ggf. auch erst im Zusammenspiel mit anderen Umständen – den Erfolg abgewendet hätte.[94] Unerheblich ist dabei jeweils die Überlegung, ob auch weitere (hypothetische) Bedingungen denselben Erfolg hätten bewirken können.

67   Angenommen also, in einem Unternehmen kämen Geschäftsentscheidungen stets durch einfachen Mehrheitsbeschluss dreier gleichberechtigter Geschäftsführer A, B und C zustande, so sind kombinatorisch vier „gesetzmäßige" Beschlussformen denkbar. Wenn etwa A und B mit ihren Stimmen den Beschluss herbeiführen, sind sie für ihn ursächlich im Sinne einer gesetzmäßigen Bedingung. Entsprechend verhält es sich, wenn A und C oder B und C oder alle drei mit „Ja" stimmen.[95] Dass im zuletzt genannten Fall ein entsprechender Beschluss auch ohne einzelne Stimmen gefasst worden *wäre,* ist nichts weiter als ein hypothetischer Verlauf, der an der konkreten Mit-Wirksamkeit der „eigentlich" überflüssigen Stimmen nichts ändert.[96] Auf diese Weise lässt sich die Kausalität kollektiver Entscheidungen und der diesen zugrunde liegenden Einzelentscheidungen regelmäßig sachgerecht beschreiben (nicht jedoch: ermitteln). Wenn insoweit Probleme auftauchen, so sind es hausgemachte – sie rühren daher, dass verbreitet noch immer die vermeintlich griffige Formel von der condicio sine qua non verwendet wird.

68   Die entscheidende Frage stellt sich gar nicht auf der Kausalitätsebene, sondern bereits vorher im **Verhaltensnormbereich.**[97] Primär klärungsbedürftig ist nämlich, ob eine bestimmte Form der Abstimmung gegen eine im Interesse des Güterschutzes legitimierbare Verhaltensnorm verstößt, oder anders formuliert: ob sich in Bezug auf einen ganz bestimmten drohenden schadensträchtigen Verlauf eine spezifische Vermeidepflicht begründen lässt.

---

[90] BGH 6.7.1990 – 2 StR 549/89, BGHSt 37, 106 (129 f.).

[91] BGH 6.7.1990 – 2 StR 549/89, BGHSt 37, 106 (130 ff.) mwN. – *Brammsen* Jura 1991, 533 (537 f.) möchte wohl auch Fahrlässigkeitsfälle über das Institut der Mittäterschaft lösen; *Hilgendorf* PharmR 1994, 303 (306 f.) hält dies für konstruktiv möglich, aber nicht in allen Fällen für Erfolg versprechend.

[92] So, allerdings einschränkend, auch *Hilgendorf* PharmR 1994, 303 (307).

[93] Vgl. → StGB Vor § 13 Rn. 334 mwN. Instruktiv zur Anwendung der Lehre auf Kollektiventscheidungen *Hilgendorf* PharmR 1994, 303 (307).

[94] S. dazu → StGB Vor § 13 Rn. 335 mwN. – Vgl. auch BGH 6.11.2002 – 5 StR 281/01, NStZ 2003, 113 (143) zur Problematik, ob bei der (mittelbaren) Unterlassungstäterschaft durch Nichtaufhebung des Schießbefehls rechtmäßiges Verhalten anderer ohne Weiteres unterstellt werden kann.

[95] Beispiel nach *Hilgendorf* PharmR 1994, 303 (307).

[96] Anders wohl LK-StGB/*Walter* Vor § 13 Rn. 82 ff., der davon ausgeht, eine Ja-Stimme könne für den Beschluss ohne Belang geblieben sein, dabei aber verkennt, dass der Beschluss ohne diese Ja-Stimme ein so nicht gefasster anderer Beschluss gewesen wäre. – Zur Kritik am Konzept *Walters* vgl. auch NK-StGB/*Puppe,* Vor § 13 Rn. 108.

[97] Sachlich übereinstimmend etwa *Frisch* S. 562 ff.; *Jakobs* FS Miyazawa, 1995, 419 (421 ff.) (unter dem Gesichtspunkt der „Zurechnung"); *Putz,* Strafrechtliche Produktverantwortlichkeit, insbesondere bei Arzneimitteln, 2004, S. 18 ff.; vgl. auch → StGB Vor § 13 Rn. 346.

In dem in → Rn. 65 genannten Beispiel geht es mithin zunächst darum, ob es im Interesse **69** des Güterschutzes auch dann noch missbilligt ist, mit „Ja" zu stimmen, wenn eine Nein-Stimme den anstößigen Beschluss und dessen Umsetzung nicht vermeiden würde. In diesem Zusammenhang wäre es verfehlt, den Blick vordergründig auf das (hypothetische) Endresultat zu verengen. Denn so bliebe der Güterschutz auf der Strecke. Nach zutreffender Auffassung gilt ein rechtliches **Verbot der zustimmenden Mitwirkung** auch dann, wenn die anderen Gesellschafter sonst unabhängig von dieser Mitwirkung zu einem entsprechenden Beschluss kämen.

Die Sachlage ist vergleichbar der Anstiftung eines anderen zu einem Totschlag. Diese ist **70** anerkanntermaßen und mit Recht auch dann im Interesse des **Güterschutzes** verboten, wenn zB ein Dritter bereit stünde, um bei einem „Ausfall" die Anstifterfunktion zu übernehmen oder wenn sich der Haupttäter, dessen Tatentschluss bereits geweckt worden ist, ansonsten später durch sonstige Umstände zur Tat hätte hinreißen lassen. In beiden Fällen wäre der Tatentschluss, dessen Umsetzung die Tat dargestellt hätte, eben nicht derselbe gewesen, auf dem sie tatsächlich beruht. Und für das im Rechtsgüterschutzinteresse legitimierbare Verbot des Bestimmens zur Haupttat kommt es auf die rein hypothetischen Verläufe nicht an.

Indessen lässt sich in solchen Fällen nicht nur ein entsprechendes Verbot – also ein **71** spezifischer Verhaltensnormverstoß – im Rechtsgüterschutzinteresse begründen. Auch die **spezifischen Fehlverhaltensfolgen** werden durch rein **hypothetische Kausalverläufe** nicht berührt: Der konkrete schadensträchtige Verlauf zum Erfolg hin kann ein von Rechts wegen zu vermeidender auch dann sein, wenn auf anderen Wegen oder auf andere Art und Weise derselbe Enderfolg – vielleicht sogar zur selben Zeit – eingetreten wäre.[98]

Vorrangig klärungsbedürftig ist die **Verhaltensnormfrage** auch dann, wenn es um die **72** Verantwortlichkeit einer Person geht, die sich in der Abstimmung enthält oder vielleicht sogar mit „Nein" stimmt. Eine **Stimmenthaltung** scheint – vordergründig betrachtet – die Neutralität des Betreffenden zum Ausdruck zu bringen und nur zu zeigen, dass er nicht auf der „falschen Seite" steht. Indessen kann uU genau das ein Zurückbleiben hinter dem rechtlich zu Erwartenden sein. Immerhin könnte genau diese Stimmenthaltung der „falschen Seite" zum Abstimmungserfolg verhelfen. Insofern muss im Interesse des Rechtsgüterschutzes jede auch noch so geringe Chance der Vereitelung des falschen Beschlusses (bei dessen hinreichender Gefährlichkeit) genutzt werden. Da nun aber erst die vollzogene Abstimmung absolute Sicherheit über ihr Ergebnis liefert, sonst bedürfte es ihrer nicht, ist **für Neutralität kein legitimer Platz.** Das Recht darf vor dem zu erwartenden unrechtmäßigen Beschluss nicht kapitulieren, sondern muss Wert darauf legen, dass durch die Abgabe der richtigen Stimme dem Unrecht der anderen klar und eindeutig widersprochen wird. Da hypothetische Beschlüsse außer Betracht bleiben und der rechtswidrige Beschluss auf der konkreten Abstimmung beruht, begründet die falsche Enthaltung auch eine rechtliche Mitverantwortung für diese Fehlentscheidung des Gremiums und deren Konsequenzen.

Im Falle einer in der gebotenen Weise abgegebenen **Nein-Stimme** kann in diesem **73** negativen Votum kein Verhaltensnormverstoß erblickt werden – sieht man von dem schwierigen Sonderfall ab, dass diese Form der Mitwirkung für die wirksame Beschlussfassung erforderlich und ausreichend ist.[99] Aus einem korrekten Abstimmungsverhalten kann aber

---

[98] Eingehend dazu *Frisch* S. 562 ff.; vgl. auch *Freund* AT § 5 Rn. 84. – Dass es nicht um das Verursachen bestimmter Ereignisse, sondern um (Mit-)Verantwortlichkeiten für dahin führende Kausalverläufe geht, betont mit Recht *Jakobs* FS Miyazawa, 1995, 419 (421 ff.). Dementsprechend ist es irrelevant, ob eine nicht geführte Widerrede vielleicht im Ergebnis nutzlos geblieben wäre, solange nur wahren potentiellem Adressaten bei seiner Entscheidung dadurch die entsprechende Auseinandersetzung mit den Gegenargumenten erspart worden ist (*Jakobs* FS Miyazawa, 1995, 419 [432]).

[99] Die Verantwortlichkeit auch für diesen Sonderfall ablehnend etwa *Jakobs* FS Miyazawa, 1995, 419 (429 f.). – Dem ist nur im Grundsatz zuzustimmen. Zu beachten ist die mögliche Pflichtwidrigkeit der Mitwirkung als solcher im Hinblick auf die dadurch garantenpflichtwidrig versäumte Chance der Verhinderung des schadensträchtigen Verlaufs. Ein zugegebenermaßen konstruiertes Beispiel: Ist für das evident sachwidrige, aber sogleich zu vollstreckende Todesurteil formal eine bestimmte Mindestbeteiligung der Abstimmenden erforderlich, muss diese Mitwirkung notfalls verweigert werden. Die Gegenstimme ist in einem solchen Fall nicht nur nutzlos, sondern vielmehr tödlich.

konsequenterweise auch keine Mitverantwortlichkeit für die falsche Entscheidung der anderen resultieren. Wenn nicht fehlerhaft abgestimmt worden ist, muss allerdings regelmäßig geklärt werden, ob von dem Betreffenden über das richtige Stimmverhalten hinaus von Rechts wegen **weitere Maßnahmen zu ergreifen** sind, welche die Fassung und/oder Umsetzung des rechtlich fehlerhaften Beschlusses der anderen Gesellschafter verhindern.

74   Dabei ist uU auch die Frage zu beantworten, ob von dem überstimmten Gesellschafter notfalls verlangt werden kann, die zuständigen Behörden über das drohende rechtswidrige gütergefährdende Gebaren der anderen zu informieren. Die Reichweite der legitimierbaren **Pflichten zur Gefahrenabwendung** richtet sich nach den Umständen des Einzelfalls – insbesondere spielen das Gewicht der bedrohten Güter und die Intensität der Bedrohung eine wesentliche Rolle.[100] Für die hier regelmäßig in Frage stehende Verantwortlichkeit wegen begehungsgleichen Unterlassens kommt es selbstverständlich auch noch darauf an, ob eine entsprechende **Sonderverantwortlichkeit** zur Gefahrenvermeidung vorliegt.[101]

75   Wenn die vorrangige Verhaltensnormfrage geklärt ist, geht es beim **vollendeten Delikt** allein noch darum, ob sich der von Rechts wegen zu vermeidende Verlauf tatsächlich ereignet hat. Und insoweit gelten für Kausalität und Quasikausalität sowie für das Erfordernis spezifischer Fehlverhaltensfolgen keinerlei Besonderheiten. Ist die Verhaltensnormproblematik geklärt, hat man also exakt bestimmt, welche schadensträchtigen Verläufe von Rechts wegen durch richtiges Verhalten zu vermeiden sind, kann allenfalls noch ein Problem beim **prozessualen Nachweis** spezifischer Fehlverhaltensfolgen auftreten. Insoweit verbleibende Zweifel, ob zB ein Tätigwerden als „Einzelgänger" den anzulastenden Schadenserfolg verhindert hätte, sind nach der in dubio pro reo-Regel zu behandeln.

76   Das ist hier nicht anders als in allen übrigen Fällen des Unterlassens, bei denen sich entsprechende Nachweisprobleme ergeben können. Man denke etwa an den Nichtrückruf eines bedenklichen Arzneimittels, bei dem unsicher bleiben kann, ob er das verletzte Opfer noch rechtzeitig vor der Verletzung erreicht hätte; oder man denke – außerhalb des AMG-Bereichs – an die durch den Vater versäumte Pflicht, einen Rettungsversuch zugunsten des vom Ertrinkungstod bedrohten Kindes zu unternehmen, wenn sich später nicht klären lässt, ob das Rettungsunternehmen Erfolg gehabt hätte. In all diesen Fällen liefe eine Bestrafung wegen vollendeten Erfolgsdelikts auf eine unzulässige **Verdachtsstrafe** hinaus. Ein Rekurs auf die sog **„Risikoerhöhungslehren"** ggf. in der besonderen Form der Lehren von der unterlassenen Gefahrminderung ist verfehlt.[102]

77   Bei alledem ist allerdings Folgendes zu beachten: Die Straftatbestände des AMG setzen (im Gegensatz zu den kernstrafrechtlichen Tötungs- oder Körperverletzungsdelikten) in aller Regel keinen Verletzungserfolg voraus. Vielmehr reicht weithin der **Gefährdungserfolg** des „Inverkehrbringens" aus. Da sich der erhobene Vorwurf nur auf diese Gefährdung bezieht, muss prozessual auch nur eine entsprechende Verantwortlichkeit nachgewiesen werden.[103]

VI. Rechtspolitische Bewertung des AMG – Zur Reform der strafrechtlichen Produktverantwortlichkeit

78   Ist das AMG ein gutes Gesetz? Zumindest ist es ein gut gemeintes: Ersichtlich ist das AMG von dem Bestreben geprägt, die Unzulänglichkeiten seiner Vorgänger zu vermeiden[104] und einen sehr weitgehenden Schutz gegen arzneimittelimmanente Gefahren zu schaffen. Die Verfasser des Gesetzes glaubten, dieses Ziel am besten durch **möglichst viele Straf- und**

---

[100] S. dazu auch *Georgy*, Die strafrechtliche Verantwortlichkeit von Amtsträgern (Fn. 16) S. 206 ff.

[101] Näher zur Sonderverantwortlichkeit als spezifischem Erfordernis des Begehens und des begehungsgleichen Unterlassens → Rn. 8 f., 12, 17 ff.; s. dazu auch → StGB Vor § 13 Rn. 171 ff., → StGB § 13 Rn. 76 ff., 106 ff., 168 ff.

[102] Näher zur Problematik der Risikoerhöhungslehren → StGB Vor § 13 Rn. 311 ff. mwN.

[103] Vgl. zum Hintergrund bereits → Rn. 44 ff., 63 (mit Blick auf den „Contergan-Fall" und seine arzneimittelstrafrechtlichen Folgen).

[104] Zur Geschichte des AMG s. oben Vor § 1.

Bußvorschriften erreichen zu können. Dementsprechend ist nahezu jede Verhaltensnorm des AMG auch mit einer Sanktion bewehrt.[105] Der daraus resultierende Umfang der Straf- und Ordnungswidrigkeitstatbestände ist enorm und macht das Arzneimittelstraf- und das entsprechende Ordnungswidrigkeitenrecht nur schwer überschaubar.

Insoweit stellt sich die Frage, ob es für einen derartigen Umfang gute Gründe gibt oder   **79** ob nicht weniger letztlich mehr wäre. Tatsächlich könnte man sich ohne Weiteres ein deutlich **knapper gefasstes** Arzneimittelstraf- und Arzneimittel-Ordnungswidrigkeiten- recht vorstellen, ohne dass substanziell notwendige straf- und ordnungswidrigkeitenrechtli- che Möglichkeiten der Reaktion auf Fehlverhaltensweisen verloren gingen.[106]

Indessen handelt es sich nicht nur um ein Problem des Umfangs der relevanten Sankti-   **80** onsnormen. Die Tatbestände des AMG sind so **formalistisch und unübersichtlich** kon- zipiert, dass sich sehr häufig nur mit Mühe erkennen lässt, welche Verhaltensweisen sie eigentlich fördern oder verhindern sollen. Dabei bleiben die Legitimationsgründe der Verhaltensnormen oft im Dunkeln.[107] Etliche der Sanktionsnormen sind aus sich selbst heraus kaum zu verstehen, sondern nur im Zusammenhang mit den jeweils in Bezug genommenen weiteren Gesetzesbestimmungen und Verordnungen. Man lese einmal § 96 Nr. 2 und versuche zu erfassen, was danach strafbar sein soll. Rechtsstaatlich gesehen ist das sicher ein Mangel – und teilweise, nämlich was die qualifizierte Blankettgesetzgebung angeht, sogar **verfassungswidrig.**[108]

Der ausgeuferte Bestand des AMG an Sanktionsregelungen erschiene womöglich noch   **81** hinnehmbar, wenn das Gesetz damit wenigstens alle gravierenden Normverstöße erfasste. Indessen ist das gerade nicht der Fall. Um die **Lückenhaftigkeit des AMG** zu demonstrie- ren, muss man nicht einmal an die theoretischen Fälle denken, in denen der Verordnungsge- ber aus Unachtsamkeit den Rückverweis auf die Sanktionsnorm des AMG unterlässt – obwohl eine solche „Panne" ohne Weiteres vorstellbar wäre. Es genügt vielmehr schon ein näherer Blick auf die Sanktionsnorm des § 95 Abs. 1 Nr. 1, die das Inverkehrbringen bedenklicher Arzneimittel bestraft. Obwohl scheinbar umfassend formuliert, vermag diese Norm keineswegs alle relevanten Unrechtssachverhalte zu erfassen.

Ein **externer Arzneimittelchemiker** etwa, der von einem Pharmaunternehmen mit   **82** der Prüfung eines neuen Produkts betraut wird und dabei festgestellte bedenkliche Inhalts- stoffe vorsätzlich nicht meldet, geht (was das Inverkehrbringen eines bedenklichen Arznei- mittels betrifft) ebenso straflos aus wie der **Saboteur,** der ein Arzneimittel unbemerkt kontaminiert, oder wie der **Amtsträger,** der durch Verletzung seiner Überwachungspflicht ein bedenkliches Arzneimittel in den Verkehr gelangen lässt.[109] Keiner von ihnen „bringt" das Mittel in den Verkehr. Zwar kommt wegen der besonderen **Verantwortlichkeit für das Inverkehrgelangen** grundsätzlich die Strafbarkeitsfigur der mittelbaren Täterschaft (uU in Verbindung mit den Grundsätzen begehungsgleichen Unterlassens) in Betracht. Einer Erfassung auf diesem Wege steht jedoch der Wortlaut der Strafvorschrift entgegen:

---

[105] Eine nachdenklich stimmende Ausnahme bilden die Normen, die das Verhalten der für die Zulassung und Überwachung von Arzneimitteln verantwortlichen Amtsträger betreffen. Hier kann man sich des Ein- drucks kaum erwehren, dass die jeweilige Verantwortlichkeit der auf Produzentenseite Tätigen und der auf der Seite der Arzneimittelbehörden Tätigen mit zweierlei Maß gemessen werden. – Vgl. dazu etwa bereits oben 11. Abschnitt → §§ 64–69b Rn. 5; ferner → Rn. 82.

[106] Zu der ganz entsprechenden Problematik im Kontext des Lebensmittelstrafrechts s. *Freund* ZLR 1994, 261 (282 ff.); vgl. auch *Domeier,* Gesundheitsschutz und Lebensmittelstrafrecht (Fn. 69) S. 229 ff.

[107] Kritisch etwa auch Deutsch/Lippert/*Lippert,* 1. Aufl. 2001, § 96 Rn. 5 f. („Quantität statt Qualität"); vgl. ergänzend Deutsch/Lippert/*Tag* §§ 95/96 Rn. 5; *Reus,* Das Recht in der Risikogesellschaft (Fn. 48) S. 145 f.

[108] Näher dazu → Rn. 53 ff.

[109] Zu diesen Beispielen vgl. *Freund* in Die Haftung der Unternehmensleitung – Risiken und ihre Vermei- dung, hrsg. v. *Meurer,* 1999, S. 67 (80 f., 85); zum auf die Inverkehrbringer beschränkten Adressatenkreis des strafbewehrten Verkehrsverbots des § 5 AMG vgl. ferner *Georgy,* Die strafrechtliche Verantwortlichkeit von Amtsträgern (Fn. 16) S. 198 ff.; *Räpple,* Das Verbot bedenklicher Arzneimittel (Fn. 54) S. 34 ff.; *Reus,* Das Recht in der Risikogesellschaft (Fn. 48) S. 151 f., sowie → § 4 Rn. 38. – S. ergänzend → Rn. 2 ff. zu den verschiedenen Verantwortlichkeiten und ihrer Strafbewehrung.

Auch bei weitestem Verständnis können nicht alle Personen, die für das Inverkehr*gelangen* sonderverantwortlich sind, automatisch auch als „Inverkehr*bringer*" (durch andere) aufgefasst werden.

83   Ein weiteres allgemeines Problem der **begrenzten Reichweite des Wortlauts** der Sanktionsnorm stellt sich, wenn ein Arzneimittel erst nach seinem Inverkehrbringen als bedenklich erkennbar geworden ist. Für diesen Fall greift zwar nach den Kriterien strafrechtlicher Produktverantwortlichkeit eine qualifizierte Rückrufpflicht ein. Die entsprechende Sonderverantwortlichkeit für das Vermeiden des **Inverkehrbleibens** des bedenklichen Arzneimittels ergibt sich aus dem Gedanken der bedingten Gestattung einer qualifiziert riskanten Tätigkeit. Indessen ist das Inverkehr*bleiben* eines bedenklichen Arzneimittels vom Wortlaut her gesehen auch dann kein Inverkehr*bringen* durch begehungsgleiches Unterlassen, wenn eine **qualifizierte Vermeidepflicht** besteht.[110]

84   Weitere Beispiele für die **Lückenhaftigkeit des AMG** ließen sich anführen[111] – sie sind die geradezu zwangsläufige Folge einer Gesetzgebungstechnik, die nur einzelne Phänotypen eines allgemein zu begreifenden Verhaltensunrechts erfasst und in Verordnungen zu konkretisieren sucht. Angesichts der Vielgestaltigkeit des Lebens und des rasanten wissenschaftlichen Fortschritts läuft der Gesetzgeber mit dieser Methode Gefahr, das Schicksal des Hasen im Wettlauf mit dem Igel zu teilen.

85   Eine weitere eklatant sachwidrige Konsequenz der kurzsichtigen Gesetzgebungstechnik im AMG ist die mangelnde Unterscheidung zwischen dem Inverkehrbringen solcher Arzneimittel einerseits, die **dem Menschen gefährlich** werden können, und solcher andererseits, die **Gefahren für Tiere** bergen. Beide Konstellationen werden gleichermaßen von § 95 Abs. 1 Nr. 1 erfasst – eine eklatant **sachwidrige Gleichbehandlung** grundverschiedener sanktionsrelevanter Sachverhalte.[112] Gewiss ist der Tierschutz ein berechtigtes Anliegen der Rechtsgemeinschaft.[113] Dennoch käme wohl niemand auf die Idee, die Tötung eines Menschen und die (grundlose) Tötung eines Tiers in ein und derselben Sanktionsnorm zu erfassen. Genau das aber geschieht in § 95 Abs. 1 Nr. 1 iVm § 5 auf Gefährdungsebene. Indessen entscheidet der Gesetzgeber nicht nur sachlich fehlerhaft, sondern ist in diesem Zusammenhang auch noch inkonsequent. Diese Inkonsequenz zeigt sich ganz deutlich, wenn man die Vorschrift des § 84 AMG in die Betrachtung einbezieht: In der „nur" zivilrechtlichen Anspruchsnorm für Schadensersatz wird die Haftung auf Humanarzneimittel begrenzt. Dabei ließe sich wohl in zivilrechtlicher Hinsicht sogar eher eine Gleichbehandlung rechtfertigen. Denn der Schaden, der durch Tierarzneimittel in finanzieller Hinsicht entstehen kann, ist nicht zu unterschätzen. Dass die unter dem finanziellen Blickwinkel des Zivilrechts naheliegende Gleichbehandlung nicht erfolgt, muss zwar als gesetzgeberische Entscheidung hingenommen werden. Auf deren Basis mutet es jedoch sehr befremdlich an, dass der strafrechtliche Schutz bei Tierarzneimitteln weiter gehen soll.

86   Zur „Ehrenrettung" des AMG muss man freilich sagen, dass es keineswegs das einzige Nebenstrafgesetz ist, dem solche oder ähnliche Mängel anhaften. Vielmehr zieht sich die kritisierte Regelungstechnik geradezu wie ein roter Faden durch das Recht der strafrechtlichen **Produktverantwortlichkeit.**[114] Es handelt sich also um ein allgemeines Problem,

---

[110] Vgl. dazu bereits → § 4 Rn. 37. – Abhilfe kann insofern die von mir vorgeschlagene allg. Norm zur strafrechtlichen Produktverantwortlichkeit schaffen; näher dazu → Rn. 87 ff. Zu einer punktuellen – die Reformbereitschaft des Gesetzgebers in Rechnung stellenden – arzneimittelspezifischen Lösung durch Änderung der §§ 95 Abs. 1 Nr. 1, 5 Abs. 1 AMG s. *Georgy,* Die strafrechtliche Verantwortlichkeit von Amtsträgern (Fn. 16) S. 228 ff.

[111] S. etwa *Freund* in Die Haftung der Unternehmensleitung – Risiken und ihre Vermeidung, hrsg. v. *Meurer,* 1999, S. 67 (85 mit Fn. 49); vgl. auch die Kritik von KPV/*Volkmer* BtMG Vor AMG Rn. 35 f.; ferner zB bereits → Rn. 46 f., 9. Abschnitt → §§ 56–61 Rn. 1 ff.

[112] So schon *Freund* in Die Haftung der Unternehmensleitung – Risiken und ihre Vermeidung, hrsg. v. *Meurer,* 1999, S. 67 (82 ff.); s. auch *Putz,* Strafrechtliche Produktverantwortlichkeit (Fn. 97) S. 42 f.

[113] Vgl. dazu in grundsätzlichem Zusammenhang → StGB Vor § 13 Rn. 52 f.

[114] Vgl. etwa die Kritik zum Lebensmittelstrafrecht bei *Freund* ZLR 1994, 261 (281 ff.); s. außerdem *Reus,* Das Recht in der Risikogesellschaft (Fn. 48), insbes. S. 142 ff.

und entsprechend ist Abhilfe auch nur von einem **allgemeinen Lösungsansatz** zu erhoffen.

Dieser Lösungsansatz liegt – de lege ferenda – in der **Rückführung** der allzu punktuellen,   87
eklektischen Tatbestände des geltenden Nebenstrafrechts in einige wenige allgemeine **kernstrafrechtliche Tatbestände** der Produktverantwortlichkeit. Entsprechende Formulie-
rungsvorschläge stehen bereits zur Diskussion.[115] Im Hinblick auf produktbedingte Leibes-
und Lebensgefahren schlage ich folgende Strafvorschrift vor, die nach der gegenwärtigen
Paragraphenzählung des StGB als neuer § 231a in das StGB integriert werden könnte:

§ 231a Lebens- und Gesundheitsgefährdung durch Produkte   88
*(1) Wer zu verantworten hat, dass ein Gegenstand in Verkehr gelangt oder bleibt oder zum Inver-
kehrbringen bereitgehalten wird, obwohl dieser geeignet oder dringend verdächtig ist, andere widerrechtlich[116] an Leib oder Leben zu schädigen, wird mit Freiheitsstrafe bis zu fünf Jahren oder mit Geldstrafe
bestraft.*
*(2) Wer in den Fällen des Absatzes 1 fahrlässig handelt, wird mit Freiheitsstrafe bis zu drei Jahren
oder mit Geldstrafe bestraft.*

Die vorgeschlagene Strafnorm erfasst sachlich die Lebens- und Gesundheitsgefährdung   89
durch **„bedenkliche" Produkte.** Sie erfordert keinen Nachweis, dass ein bestimmter
Gegenstand tatsächlich geeignet ist, bestimmte Schäden hervorzurufen. Vielmehr genügt
es, wenn er in dieser Hinsicht als bedenklicher Gegenstand anzusehen ist. Auf diese Weise
kann der Fall erfasst werden, dass jemand trotz zahlreicher und massiver Schadensmeldungen
weiterhin ein bestimmtes Produkt (man denke nur an bestimmte Ledersprays oder Holzschutzmittel) in Verkehr bringt. Zu nennen ist aber etwa auch der Fall des Metzgers, der
eine BSE-verdächtige Kuh „verarbeitet".[117] Lassen sich – um bei dem zuletzt genannten
Beispiel zu bleiben – nachträglich keine Untersuchungen mehr durchführen, weil die Kuh
von den nichtsahnenden Kunden verzehrt ist, versagt das geltende Kernstrafrecht. Und auch
das „Nebenstrafrecht" hält insoweit jedenfalls keine dem Unrechtsgehalt entsprechende
Sanktionsnorm bereit.[118]

Im Bereich des Arzneimittelrechts findet gegenwärtig eine punktuelle Erfassung derarti-   90
ger Fälle statt. Nach § 95 Abs. 1 Nr. 1 wird bestraft, „wer … Arzneimittel, bei denen
begründeter Verdacht auf schädliche Wirkungen besteht, in den Verkehr bringt".[119] Wenn
derselbe Verdacht bei anderen Produkten besteht, ist der Unrechtsgehalt der Tat indessen
nicht geringer. Deshalb ist die **Sonderbehandlung von Arzneimitteln historisch zufällig** bedingt und nicht etwa sachlich begründet.

Die vorgeschlagene Strafvorschrift könnte die Problematik der **strafrechtlichen Pro-**   91
duktverantwortlichkeit ganz allgemein auf eine tragfähige gesetzliche Grundlage stellen
und so die gegenwärtig anzutreffenden „Notbehelfe" (bis hin zu einem inakzeptablen Missbrauch der Verletzungsdelikte bei nicht nachweisbarem Ursachenzusammenhang zwischen
bedenklichem Produkt und eingetretenem Schaden)[120] entbehrlich machen. Ganz nebenbei

---

[115] S. *Freund* ZStW 109 (1997), 455 (478 ff.); *ders.* in Die Haftung der Unternehmensleitung – Risiken
und ihre Vermeidung, hrsg. v. *Meurer*, 1999, S. 67 (86 ff.); zuvor schon *ders.* ZLR 1994, 261 (297 ff.). – Kritisch
zum dort (auch) vorgeschlagenen Täuschungsschutz *Dannecker* S. 59 ff.; *Sammer*, S. 95 ff. – Näher zum Ganzen
auch *Domeier*, Gesundheitsschutz und Lebensmittelstrafrecht (Fn. 69) S. 275 ff.; *Putz*, Strafrechtliche Produktverantwortlichkeit (Fn. 97) S. 46 ff.; *Reus*, Das Recht in der Risikogesellschaft (Fn. 48) S. 171 ff.; s. ferner die
Besprechung der Arbeit von *Reus* durch *Hilgendorf* JZ 2011, 465 f.
[116] Die Erwähnung der Widerrechtlichkeit (der Schädigung anderer) ist als klarstellender Hinweis auf das
Erfordernis der Schaffung oder Nichtvermeidung rechtlich zu missbilligender Schädigungsmöglichkeiten zu
verstehen. Der Hinweis soll dem Missverständnis vorbeugen, etwa der Hersteller von bekanntermaßen für
Leben und Gesundheit anderer schädlichen Zigaretten oder der Verkäufer eines – kaum minder gefährlichen –
Gleitschirms werde vom Unrechtstatbestand erfasst.
[117] Vgl. zu diesem Fall bereits *Freund* ZLR 1994, 261, 287 Fn. 76.
[118] Näher dazu bereits *Freund* ZLR 1994, 261 ff., 281 ff.
[119] S. dazu die Kommentierung zu § 5 und zu § 95 Abs. 1 Nr. 1.
[120] Die Fälle, die die Praxis bisher bereits beschäftigt haben, sprechen für sich. Was in Fällen geschieht,
die uns vielleicht noch bevorstehen, bleibt abzuwarten.

würden nicht wenige – wegen ihrer Regelungstechnik der Rückverweisungsklauseln verfassungswidrige[121] – Strafnormen des Nebenstrafrechts überflüssig. Der gegenwärtige Wildwuchs an unüberschaubaren Sanktionsnormen könnte weitgehend bereinigt werden. Unangemessene Strafbarkeitslücken würden dabei nicht entstehen. Ganz im Gegenteil würden etwa die gegenwärtigen Probleme beim Inverkehrbleiben eines bedenklichen Produkts[122] und der strafrechtlichen Amtsträgerverantwortlichkeit[123] angemessen bewältigt. Die vorgeschlagene Sanktionsnorm wäre insbesondere auch im Stande, sämtliche rechtlich zu missbilligenden Gefährdungen durch Produkte kontextunabhängig zu erfassen.

92   Eine solche **kontextunabhängige Erfassung sämtlicher unerlaubter Produktgefahren** ist dringend notwendig: Es ist nicht einsichtig, weshalb nur bedenkliche Arzneimittel (und Medizinprodukte) bei Strafe nicht in den Verkehr gebracht werden dürfen. Denn auch Lebensmittel, Kosmetika, Kleidung, Farben, Lacke, ja nahezu alle Utensilien, mit denen der Mensch im Alltag in Berührung kommt, können vergleichbare Gefahren für Leib und Leben in sich bergen. Zugespitzt: Was unterscheidet ein aus einer BSE-verdächtigen Kuh gewonnenes und daher bedenkliches Arzneimittel von einem aus derselben Kuh gewonnenen Stück Fleisch? – Die Differenzierung des geltenden Rechts ergibt sachlich keinen Sinn. Sie ist allenfalls historisch zu erklären und sollte deshalb aufgegeben werden. Schließlich käme durch die Verortung der vorgeschlagenen Vorschrift im **Kernstrafrecht** die übergreifende Bedeutung der strafrechtlichen Produktverantwortlichkeit angemessen zum Ausdruck, und diese Materie erhielte auch formal den ihr gebührenden Rang.

§ 95 Strafvorschriften

(1) **Mit Freiheitsstrafe bis zu drei Jahren oder mit Geldstrafe wird bestraft, wer**
1.   **entgegen § 5 Absatz 1 ein Arzneimittel in den Verkehr bringt oder bei anderen anwendet,**
2.   **eine Rechtsverordnung nach § 6, die das Inverkehrbringen von Arzneimitteln untersagt, zuwiderhandelt, soweit sie für einen bestimmten Tatbestand auf diese Strafvorschrift verweist,**
3.   **entgegen § 7 Abs. 1 radioaktive Arzneimittel oder Arzneimittel, bei deren Herstellung ionisierende Strahlen verwendet worden sind, in den Verkehr bringt,**
3a. **entgegen § 8 Abs. 1 Nr. 1 oder Absatz 2, auch in Verbindung mit § 73 Abs. 4 oder § 73a, Arzneimittel oder Wirkstoffe herstellt, in den Verkehr bringt oder sonst mit ihnen Handel treibt,**
4.   **entgegen § 43 Abs. 1 Satz 2, Abs. 2 oder 3 Satz 1 mit Arzneimitteln, die nur auf Verschreibung an Verbraucher abgegeben werden dürfen, Handel treibt oder diese Arzneimittel abgibt,**
5.   **Arzneimittel, die nur auf Verschreibung an Verbraucher abgegeben werden dürfen, entgegen § 47 Abs. 1 an andere als dort bezeichnete Personen oder Stellen oder entgegen § 47 Abs. 1a abgibt oder entgegen § 47 Abs. 2 Satz 1 bezieht,**
5a. **entgegen § 47a Abs. 1 ein dort bezeichnetes Arzneimittel an andere als die dort bezeichneten Einrichtungen abgibt oder in den Verkehr bringt,**
6.   **entgegen § 48 Abs. 1 Satz 1 in Verbindung mit einer Rechtsverordnung nach § 48 Abs. 2 Nr. 1 oder 2 Arzneimittel, die zur Anwendung bei Tieren bestimmt sind, die der Gewinnung von Lebensmitteln dienen, abgibt,**
7.   **Fütterungsarzneimittel entgegen § 56 Abs. 1 ohne die erforderliche Verschreibung an Tierhalter abgibt,**

---

[121]   Zur Verfassungswidrigkeit der seitens des Gesetzgebers in jüngerer Zeit vermehrt angewandten Rückverweisungstechnik (nach der der Verordnungsgeber in verfassungswidriger Weise die Reichweite der Strafnorm bestimmt) → Rn. 53 ff.
[122]   Vgl. dazu etwa → Rn. 83; ferner bereits → § 4 Rn. 37.
[123]   Vgl. → Rn. 82; ferner bereits → § 4 Rn. 38.

8. entgegen § 56a Abs. 1 Satz 1, auch in Verbindung mit Satz 3, oder Satz 2 Arzneimittel verschreibt, abgibt oder anwendet, die zur Anwendung bei Tieren bestimmt sind, die der Gewinnung von Lebensmitteln dienen, und nur auf Verschreibung an Verbraucher abgegeben werden dürfen,

9. Arzneimittel, die nur auf Verschreibung an Verbraucher abgegeben werden dürfen, entgegen § 57 Abs. 1 erwirbt,

10. entgegen § 58 Abs. 1 Satz 1 Arzneimittel, die nur auf Verschreibung an Verbraucher abgegeben werden dürfen, bei Tieren anwendet, die der Gewinnung von Lebensmitteln dienen oder

11. entgegen § 59d Satz 1 Nummer 1 einen verbotenen Stoff einem dort genannten Tier verabreicht.

(2) Der Versuch ist strafbar.

(3) ¹In besonders schweren Fällen ist die Strafe Freiheitsstrafe von einem Jahr bis zu zehn Jahren. ²Ein besonders schwerer Fall liegt in der Regel vor, wenn der Täter

1. durch eine der in Absatz 1 bezeichneten Handlungen
   a) die Gesundheit einer großen Zahl von Menschen gefährdet,
   b) einen anderen der Gefahr des Todes oder einer schweren Schädigung an Körper oder Gesundheit aussetzt oder
   c) aus grobem Eigennutz für sich oder einen anderen Vermögensvorteile großen Ausmaßes erlangt oder

2. in den Fällen des Absatzes 1 Nr. 3a gefälschte Arzneimittel oder Wirkstoffe herstellt oder in den Verkehr bringt und dabei gewerbsmäßig oder als Mitglied einer Bande handelt, die sich zur fortgesetzten Begehung solcher Taten verbunden hat.

(4) Handelt der Täter in den Fällen des Absatzes 1 fahrlässig, so ist die Strafe Freiheitsstrafe bis zu einem Jahr oder Geldstrafe.

Schrifttum: Siehe Vor § 95 vor Rn. 51, vor Rn. 63.

Übersicht

I. Allgemeines

Die §§ 95, 96 enthalten **Sanktionsvorschriften,** die auf die jeweils zitierten Verhaltens- **1** normen der vorangehenden Abschnitte Bezug nehmen und für Verstöße gegen die Verbote und Gebote (ggf. unter bestimmten weiteren Voraussetzungen)¹ Kriminalstrafe vorsehen. Dabei liegt die Regelhöchststrafe bei 3 Jahren und kann in besonders schweren Fällen bis zu 10 Jahre betragen. Um eine unnötige Wiederholung zu vermeiden, findet sich hier ausschließlich eine Kommentierung sanktionenrechtlicher Einzelheiten und Erfordernisse. Eine Kommentierung der in Bezug genommenen Verhaltensnormen findet sich vorne im Zusammenhang mit den einzelnen Bestimmungen. Dort finden sich auch ergänzende Hinweise zur sanktionenrechtlichen Bedeutung der jeweiligen Vorschrift. Zur Klarstellung sei hier nochmals darauf hingewiesen, dass die Strafvorschriften, die sich der **Rückverwei-**

---

¹ Zu den Sanktionsvoraussetzungen neben dem tatbestandlich missbilligten Verhalten (insbes. den spezifischen Fehlverhaltensfolgen und gleichwertigen Tatumständen – also dem „Erfolgssachverhalt") s. in grundsätzlichem Zusammenhang → StGB Vor § 13 Rn. 310 ff., 377 ff.; ferner → Vor § 95 Rn. 15 ff., 41 ff.

sungstechnik bedienen (also die qualifizierten Blankettnormen), wegen dieser Gesetzgebungstechnik **verfassungswidrig** sind.[2]

II. Vorsätzlich begangene Straftaten (Abs. 1)

2   Abs. 1 zählt im Hinblick auf den verfassungsrechtlich gebotenen Bestimmtheitsgrundsatz („nulla poena sine lege") enumerativ in den Nummern 1–11 diejenigen Vorschriften auf, bei denen ein Verstoß gegen die jeweilige Verhaltensnorm zu einer Strafbarkeit führt, sofern auch der jeweils relevante Erfolgssachverhalt vorliegt.[3] Von Abs. 1 werden zunächst nur **vorsätzliche Verstöße** erfasst (vgl. § 15 Hs. 1 StGB),[4] eine Ausdehnung der Strafbarkeit auch auf fahrlässiges Fehlverhalten erfolgt jedoch durch die Regelung des Abs. 4.[5] – Zu einigen Einzelheiten und zur strafrechtlichen Rechtsprechung → Rn. 38 ff.

3   Nach **verbreiteter Definition** ist **Vorsatz** als psychischer Sachverhalt der Wille zur Verwirklichung eines Straftatbestandes in Kenntnis aller seiner objektiven Tatumstände – in Kurzform: Wissen und Wollen der Tatbestandsverwirklichung.[6] Unabhängig davon, ob es sachlich überzeugend ist, für den Vorsatz ein voluntatives Element zu fordern,[7] ist die vorangehende Definition als zu **unpräzise** und sachlich schief zu kritisieren: „Will" derjenige, der einer Verhaltensnorm zuwiderhandelt, wirklich einen Straftatbestand erfüllen? Die Verwirklichung eines Straftatbestandes ist weder Motiv noch Ziel des Verhaltens, sondern wird allenfalls als (regelmäßig unerwünschte) Nebenfolge in Kauf genommen, um das eigentlich gesetzte Ziel erreichen zu können. Verschweigt also zB der pharmazeutische Unternehmer, dass bei der Herstellung eines seiner Präparate ionisierende Strahlen verwendet wurden, um den Verbraucher „in Sicherheit zu wiegen" und das Präparat mit größerem Erfolg auf dem Markt absetzen zu können, so geht es ihm um einen erfolgreichen Absatz des Arzneimittels und einen damit korrespondierenden höheren Profit – *nicht* darum, gegen die Verhaltensnorm des § 7 Abs. 1 zu verstoßen und sich darüber hinaus nach § 95 Abs. 1 Nr. 3 iVm § 7 Abs. 1 strafbar zu machen.

4   **Nicht ernst gemeint** sein kann auch das in der obigen Definition aufgestellte Erfordernis der **Kenntnis** *aller* **objektiven Tatumstände.** Denn zum Tatbestand eines vollendeten Erfolgsdelikts gehört (auch), dass der entsprechende Erfolg eingetreten *ist*. Im für das vorsätzliche Handeln oder Unterlassen allein maßgeblichen Zeitpunkt der Vornahme des tatbestandsmäßigen Verhaltens kann niemand wissen, dass der Erfolg eingetreten ist, sondern allenfalls mit einem späteren Erfolgseintritt (als sicher oder zumindest möglich) rechnen.

5   **Gegenstand des Vorsatzes** kann demnach niemals – wie aber häufig proklamiert – der gesamte „objektive Tatbestand"[8] sein, sondern lediglich ein Teilstück des Tatbestandes: das tatbestandsmäßige Verhalten mit seinen maßgeblichen Unwertdimensionen. Vorsätzlich handelt derjenige, der bei seinem tatbestandlich missbilligten Handeln oder Unterlassen die **spezifische Unwertdimension** seines Verhaltens erfasst und sich dennoch nicht von der Umsetzung seines Entschlusses abbringen lässt.[9] Anders formuliert: Der Vorsatztäter muss bei seinem (willentlichen) Handeln oder Unterlassen **die Umstände kennen, welche die nicht gerechtfertigte Tatbestandsverwirklichung begründen.**[10] Wie die tatspezifische Unwertdimension im Detail aussieht und was genau der Täter erfassen muss, hängt von der einzelnen Verhaltensnorm ab.

---

[2] Näher dazu → Vor § 95 Rn. 53 ff.
[3] Zur wichtigen Differenzierung zwischen dem Verhaltensnormverstoß und dem Erfolgssachverhalt näher → Vor § 95 Rn. 15 ff., 41 ff.
[4] Grundsätzlich zum Vorsatzerfordernis → Vor § 95 Rn. 31 ff.
[5] Zur Fahrlässigkeit → Vor § 95 Rn. 20 f., 27 ff. und → Rn. 30 ff.
[6] Vgl. statt vieler *Wessels/Beulke/Satzger,* 46. Aufl. 2016, Rn. 306; BGH 5.5.1964 – 1 StR 26/64, BGHSt 19, 295 (298).
[7] Ablehnend etwa *Freund* AT § 7 Rn. 54 ff.; *Grünewald,* Das vorsätzliche Tötungsdelikt, 2010, S. 153.
[8] Zur Kritik an der verbreiteten Einteilung des strafrelevanten „Stoffs" in einen „objektiven" und in einen „subjektiven Tatbestand" → StGB Vor § 13 Rn. 184 ff. mwN.
[9] Ausführlich dazu *Freund* AT § 7 Rn. 40 ff. mwN.
[10] S. zu dieser Definition bereits → Vor § 95 Rn. 36.

Im obigen Beispiel muss der Täter für die Verwirklichung des Vorsatzunrechts und einen **6** entsprechenden Schuldspruch zumindest (vgl. noch → Rn. 9 ff.) in sein Bewusstsein aufgenommen haben, dass das von ihm in den Verkehr gebrachte Arzneimittel mit ionisierenden Strahlen behandelt wurde und dies nicht ausnahmsweise durch Rechtsverordnung gestattet war. Fehlt ihm dieses Bewusstsein, scheidet er als Täter einer vorsätzlichen Straftat aus. Freilich kommt eine Fahrlässigkeitstat iSv Abs. 4 in Betracht.[1]

Untrennbar mit den Anforderungen an vorsätzliches Verhalten verbunden sind all die **7** Fragen, die im Rahmen der Irrtumslehre auftreten: Letztlich stellen die Vorsatzlehre und die Lehre vom **vorsatzausschließenden Irrtum** nur zwei Seiten ein und derselben Medaille dar. In welchen Fällen ein Irrtum geeignet ist, eine Bestrafung wegen vorsätzlichen tatbestandsmäßigen Verhaltens auszuschließen, bestimmt sich nach den genauen Anforderungen, die an eine Strafbarkeit wegen vorsätzlicher Tatbestandsverwirklichung gestellt werden müssen. Irrt der Täter über einen Umstand, der den spezifischen Unwert der entsprechenden Verhaltensnorm trägt, erfasst er also einen (Teil-)Aspekt des jeweiligen Verhaltensunrechts nicht, so kann gegen ihn der Vorwurf vorsätzlicher Tatbestandsverwirklichung nicht erhoben werden. Es kommt allenfalls eine Strafbarkeit wegen fahrlässigen (Fehl-)Verhaltens in Betracht. Diese die Tatbestandsmäßigkeit des Verhaltens im engeren Sinne tangierenden sog **Tatumstandsirrtümer** schließen – wie auch § 16 Abs. 1 S. 1 StGB noch einmal ausdrücklich klarstellt – die Vorsätzlichkeit des Verhaltens in jedem Fall aus.

Nichts anderes gilt der Sache nach für die Fälle des sog **Erlaubnistatbestandsirrtums**. **8** Die qualifizierte personale Fehlleistung des Vorsatztäters erfordert, dass er die Umstände kennt, welche die nicht gerechtfertigte Tatbestandsverwirklichung begründen. Geht er dagegen vorwerfbar irrig von einer Sachlage aus, bei deren wirklichem Gegebensein sein Verhalten gerechtfertigt wäre, ist nur ein Fahrlässigkeitsvorwurf berechtigt.[12]

Davon grundsätzlich zu unterscheiden ist der Fall des bloß fehlenden Unrechtsbewusstseins beim sog **Verbotsirrtum** (vgl. § 17 StGB). Der lapidare Hinweis auf die Regelung **9** des § 17 StGB und der daraus gezogene Schluss, Verbotsirrtümer stellten kein Problem des Vorsatzes und der Vorsatzbestrafung dar, sondern beträfen Fälle der möglicherweise geminderten oder ausgeschlossenen Schuld, greifen allerdings zu kurz. Denn die sachliche Legitimation der Vorsatzbestrafung und der Schlechterstellung der „Rechtsfahrlässigkeit" in den Fällen der Verbotsirrtümer im Verhältnis zur „Tatfahrlässigkeit" bei den Tatumstandsirrtümern in den entsprechenden Fällen ist damit allein nicht geleistet.

Zwar ist es dem Gesetzgeber grundsätzlich unbenommen, bestimmte unterschiedliche **10** Sachverhalte in den Rechtsfolgen gleichzustellen oder aber bestimmte ähnliche Sachverhalte unterschiedlich zu behandeln – hier: die **„Tatfahrlässigkeit"** gegenüber der **„Rechtsfahrlässigkeit"** zu privilegieren. Der Gesetzgeber darf dabei aber nicht willkürlich verfahren.[13] Eine sachliche Begründung für die vorgenommene Gleichschaltung bzw. Differenzierung mag zwar für die Fälle qualifiziert fehlerhafter Vorentscheidungen gegeben werden können,[14] so dass die Vorschrift des § 17 S. 2 StGB bei entsprechend restriktivem Verständnis verfassungsrechtlich nicht beanstandet werden muss.[15] Im Übrigen ist eine Vorsatzbestrafung aber verfehlt.[16]

---

[11] Näher zum Plus-Minus-Verhältnis von Vorsatz- und Fahrlässigkeitstat → StGB Vor § 13 Rn. 295 ff.; *Freund* AT § 7 Rn. 35 ff. mwN.

[12] Das ist im Ergebnis weithin unbestritten; lediglich die genauen Begründungen differieren (näher zur Behandlung der Fälle des sog Erlaubnistatbestandsirrtums etwa *Freund* AT § 7 Rn. 92 ff. mwN).

[13] Näher zur Problematik des Verbotsirrtums *Freund* AT § 4 Rn. 75 ff., § 7 Rn. 89 ff.

[14] Zu entsprechend gelagerten Fällen s. *Freund* AT § 7 Rn. 47 ff.

[15] Zur Vereinbarkeit der Vorschrift mit dem Verfassungsrecht s. BVerfG 17.12.1975 – 1 BvL 24/75, BVerfGE 41, 121 ff.; näher dazu etwa *Kramer/Trittel* JZ 1980, 393 ff.; krit. insbes. *Schmidhäuser* JZ 1979, 361 ff.; *ders.* JZ 1980, 396; *Langer* GA 1976, 193 ff.

[16] Dass sich Gegenteiliges auch nicht etwa aus einer entsprechenden Bindungswirkung der Entscheidung des BVerfG zur Vereinbarkeit des § 17 mit der Verfassung ergibt, zeigt *Langer* GA 1976, 193 (205 f.). – Die inhaltliche Ausfüllung der strafgesetzlichen Irrtumsregelung war und ist originäre Aufgabe der Strafrechtswissenschaft bzw. des Gesetzesanwenders im Einzelfall. – Treffend in diesem Zusammenhang auch *Arthur Kaufmann* FS Lackner, 1987, 185 (186 f.): Die Frage, *was* Verbotsirrtum und *was* Tatbestandsirrtum ist, wird durch die gesetzlichen Irrtumsregelungen nicht entschieden und ist durch sie auch nicht zu entscheiden.

11   Während im Bereich des **Kernstrafrechts** überwiegend an dem Unterschied – auch hinsichtlich der Rechtsfolgen – zwischen Tatumstands- und Verbotsirrtum festgehalten wird, ist für den Bereich des **Nebenstrafrechts** eher die Bereitschaft zu erkennen, dem sachlichen Zusammenhang zwischen Unrechtsbewusstsein und Vorsatzbestrafung Rechnung zu tragen.[17]

12   Im Bereich des vorsätzlichen Handelns werden in der Regel drei Erscheinungsformen des Vorsatzes unterschieden:[18] Die erste Form ist das Handeln oder Unterlassen bei mindestens erkannter Möglichkeit der Tatbestandsverwirklichung mit entsprechender Verwirklichungsabsicht als Zielvorstellung (**Absichtlichkeit** als Vorsatzform), auch als „dolus directus 1. Grades" bezeichnet. Daneben wird als zweite Erscheinungsform das Handeln oder Unterlassen bei sicherem Wissen um die Tatbestandsverwirklichung oder deren sicherer Voraussicht (**Wissentlichkeit** als Vorsatzform) – sog „dolus directus 2. Grades" – gestellt. Die dritte Form vorsätzlichen Verhaltens ist gekennzeichnet durch das Handeln oder Unterlassen bei (bloß) erkannter Möglichkeit der Tatbestandsverwirklichung einschließlich etwaiger Erfolgsherbeiführung und entsprechender Inkaufnahme als Konsequenz oder Begleitmoment des Verhaltens (**Eventualvorsatz,** auch „dolus eventualis" genannt). Eventualvorsatz ist immer dann gegeben, wenn der Täter es ernstlich und konkret für möglich hält (sich damit abfindet, es in Kauf nimmt), dass sein Verhalten zur Tatbestandsverwirklichung (einschließlich der Erfolgsherbeiführung) führt, er sich aber dennoch zur Erreichung des von ihm gesetzten Zieles zur Vornahme der entsprechenden Verhaltensweise entscheidet.[19]

13   Sieht man von gewissen Sonderfällen ab,[20] genügt für vorsätzliches Verhalten nicht schon das Vorhandensein einer „Kenntnis" der tatbestandsspezifischen Unwertdimension in irgendwelchen tieferen Bewusstseinsschichten. Vielmehr setzt die qualifizierte personale Fehlleistung des Vorsatztäters voraus, dass er im konkret verhaltensrelevanten Bewusstsein die Umstände erfasst, welche die nicht gerechtfertigte Tatbestandsverwirklichung begründen. Beispielsweise muss er die tatbestandlich gemeinte Schädigungsmöglichkeit für sich als in concreto gegeben annehmen; er darf sie nicht etwa verdrängen und auf den guten Ausgang vertrauen. Dabei spielt es keine Rolle, dass die Verdrängung irrational und das Vertrauen sachlich nicht berechtigt ist. Diese Art von Entscheidungsfehler reicht nur für den Vorwurf fehlerhaften Verhaltens überhaupt – also (höchstens) für den Vorwurf der (groben) Fahrlässigkeit (Leichtfertigkeit).

14   Nicht wenige Vorsatztaten sind auch im Bereich des AMG der Sache nach Erfolgsdelikte. Diese setzen neben dem tatbestandlich missbilligten Verhalten einen **Erfolgssachverhalt** in Gestalt spezifischer Fehlverhaltensfolgen oder gleichwertiger Tatumstände voraus.[21] Dabei kann der Erfolgssachverhalt nicht nur in einem „klassischen" Verletzungserfolg, sondern zB auch in einer mehr oder weniger abstrakten oder konkreten Gefährdung bestehen. Typisches Beispiel für einen Erfolgssachverhalt, der im Rahmen der Taten des Abs. 1 oft vorausgesetzt wird, ist das **gelungene Inverkehrbringen.** Wenn das Strafgesetz von dem Inverkehrbringen eines Arzneimittels spricht, ist damit nicht nur das entsprechende Fehlverhalten ieS gemeint, sondern zudem die spezifische Fehlverhaltensfolge als Erfolgssachverhalt. Insoweit verhält es

---

[17] Darauf macht zu Recht *Langer* GA 1976, 193 (209) (unter Hinweis auf *Tiedemann* ZStW 81 [1969], 869 [876 f.]) aufmerksam; s. auch *Tiedemann* FS Geerds, 1995, 95 ff. – Bemerkenswert in diesem Zusammenhang (zur Ordnungswidrigkeit) auch die Entscheidung des BayObLG 23.8.1996 – 3 ObOWiG 106/96, NJW 1997, 1319 f.: Die Unkenntnis der Erforderlichkeit einer Erlaubnis zum Halten eines Kampfhundes stellt einen Tatumstandsirrtum dar. – Zur Problematik des vorsätzlichen Verstoßes gegen eine Erlaubnis- oder Anzeigepflicht vgl. etwa oben zum 3. Abschnitt → §§ 13–20d Rn. 15. – Zur neueren Tendenz im Sinne einer Abkehr der Differenzierung von Tatumstands- und Verbotsirrtum vgl. nur *Herzberg* FS Otto, 2007, 265 (268 ff.) sowie den Überblick bei *Freund* AT § 4 Rn. 81 ff.
[18] Näher dazu *Freund* AT § 7 Rn. 64 ff.
[19] Instruktiv dazu *Frisch* GS Karlheinz Meyer, 1990, 533 (536 ff.).
[20] Zu den Sonderfällen der qualifiziert unwertigen Vorentscheidungen, in denen der gesteigerte Vorwurf vorsätzlichen Verhaltens berechtigt sein kann, vgl. *Freund* AT § 7 Rn. 47 ff., 90.
[21] Näher zum Erfolgssachverhalt als Sanktionserfordernis neben dem Fehlverhalten schon → Vor § 95 Rn. 41 ff.; s. ferner in grundsätzlichem Zusammenhang → StGB Vor § 13 Rn. 310 ff., 377 ff.

sich nicht anders als etwa bei der körperlichen Misshandlung iS der Körperverletzung nach § 223 Abs. 1 StGB als Vollendungstat: Wenn der Steinwurf sein menschliches Ziel verfehlt, liegt zwar ein körperliches Misshandlungsverhalten ieS, aber kein entsprechender Misshandlungserfolg vor. Deshalb kann nur wegen Versuchsdelikts bestraft werden (§§ 223 Abs. 1, 2, 22, 23 StGB). Wenn also zB das auf den entsprechenden Weg gebrachte bedenkliche Arzneimittel vor dem Inverkehrgelangen zufällig untergeht, scheidet dementsprechend eine Vollendungstat nach Abs. 1 Nr. 1 aus. In Frage kommt nur eine Strafbarkeit wegen Versuchs (vgl. dazu → Rn. 17 ff.). – Zu einer interessanten Konstellation fehlender Vollendung bei hinreichend gebannter abstrakter Gefährlichkeit s. den „Testkäuferfall" → § 96 Rn. 18 f.

Auch im Kontext der Sanktionsnormen des AMG können nach dem bisher Gesagten die **15** im Kernstrafrecht geläufigen allgemeinen Probleme der sog **Erfolgszurechnung** – genauer der Konkretisierung der spezifischen Fehlverhaltensfolgen – auftreten. Sachlich geht es jeweils zunächst darum zu klären, welche schadensträchtigen Verläufe durch richtiges Verhalten von Rechts wegen zu vermeiden waren – also in Bezug auf welche Kausalverläufe eine spezifische Vermeidepflicht als Verhaltensnorm legitimiert werden kann. Ist diese Vorfrage im Verhaltensnormbereich geklärt, erschöpft sich die Restproblematik in der Tatsachenfeststellung, ob sich ein von Rechts wegen zu vermeidender Verlauf wirklich zugetragen hat. Bei relevanten Zweifeln in dieser Hinsicht kann eine Vollendungstat nicht angenommen werden.[22]

Selbstverständlich müssen für eine Bestrafung wegen **vorsätzlichen vollendeten Delikts** **16** auch im Rahmen des AMG überdies dessen spezifische Erfordernisse beachtet werden: Die zurechenbare Folgenherbeiführung *gelegentlich* eines vorsätzlichen Fehlverhaltens reicht nicht für die vollendete Vorsatztat. Vielmehr muss es sich um eine spezifische Folge gerade des vorsätzlichen Fehlverhaltens handeln, damit eine vollendete Vorsatztat vorliegt.[23]

III. Strafbarkeit des Versuchs (Abs. 2)

Bei den in Abs. 1 Nr. 1–11 geregelten Straftatbeständen handelt es sich um Vergehen im **17** Sinne des § 12 Abs. 2 StGB, bei denen die Versuchsstrafbarkeit einer expliziten Regelung bedarf (§ 23 StGB). Diese Anordnung der **Versuchsstrafbarkeit** findet sich in Abs. 2.

Wie auch im Kernstrafrecht stellt sich bei den jeweiligen Straftatbeständen des AMG die **18** Frage, von welchem (Zeit-)Punkt an die Versuchsschwelle überschritten wird bzw. wann man noch von bloßen straflosen Vorbereitungshandlungen sprechen kann. Allgemein lässt sich für das AMG eine (zum Teil sehr weitgehende) Vorverlagerung der Vollendungsstrafbarkeit feststellen. Durch die Normierung der Strafbarkeit des Versuchs wird der Bereich des Strafbaren noch zusätzlich ausgedehnt.[24] Wo genau die Grenze zwischen (noch) **strafloser Vorbereitungshandlung** und **strafbarem Versuch** verläuft, lässt sich abstrakt nicht präziser festlegen, als dies bereits durch die gesetzliche Formulierung des § 22 StGB geschieht: Danach muss der Versuchstäter nach seiner Vorstellung von der Tat zur Verwirklichung des Tatbestandes unmittelbar ansetzen.

Die Überlegungen zur weiteren Konkretisierung müssen auch hier von der wichtigen **19** Differenzierung zwischen dem Rechtsgüterschutz durch eine Verhaltensnorm einerseits und dem Rechtsgüterschutz durch die Sanktionierung eines Verhaltensnormverstoßes andererseits ausgehen. Auf der Basis dieser Differenzierung ergibt sich die Legitimation staatlichen Strafens – wie oben → Vor § 95 Rn. 2 ff. herausgearbeitet – aus Folgendem: In dem Verhalten des „Normbrüchigen" ist ein Angriff auf die Normgeltungskraft der jeweils übertretenen Verhaltensnorm zu sehen. Diese soll durch die staatliche Reaktion und den mit dem Schuldspruch verbundenen staatlichen Tadel für die Zukunft stabilisiert und wiederhergestellt werden. Aus dieser legitimierenden Funktion der Strafe ergeben sich auch die für die

---

[22] Näher dazu bereits → Vor § 95 Rn. 42 ff., 75 f.; s. zu den abzulehnenden „Risikoerhöhungslehren" auch in grundsätzlichem Zusammenhang → StGB Vor § 13 Rn. 311 ff.

[23] Näher zu den entsprechenden spezifischen Problemen der vollendeten Vorsatztat im Bereich des Kernstrafrechts *Freund* AT § 7 Rn. 109 ff., 115 ff.; eingehend dazu *Frisch,* Tatbestandsmäßiges Verhalten und Zurechnung des Erfolgs, 1988, S. 569 ff.; s. auch *Freund* FS Maiwald, 2010, 211 ff.

[24] Vgl. hierzu noch → Rn. 21.

Bestimmung des Versuchsunrechts maßgeblichen Kriterien.[25] Zu fragen ist, wann eine Verhaltensweise qualitativ schon als ein **Angriff auf die Normgeltungskraft** einer bestimmten Verhaltensnorm gewertet werden kann:

20   Der **bloße (innere) Entschluss,** ein deliktisches Vorhaben zu verwirklichen, ist strafrechtlich ohne jede Relevanz. Als bloßes Internum beinhaltet die Entschlussfassung noch keine Infragestellung der Verhaltensnormgeltung durch eine Straf*tat*. Zu Gunsten der jeweiligen Person wird, solange dem Entschluss noch keine „Taten" folgen, bis zum Beweis des Gegenteils von Rechts wegen angenommen, dass sich der Betreffende noch eines Besseren besinnt.[26] Das Verhalten des Versuchstäters muss demnach bei wertender Betrachtung zumindest bereits als Teilverwirklichung des tatbestandsmäßigen Verhaltens aufzufassen sein. Nur dann ist in formaler und materialer Hinsicht der nullum crimen-Satz gewahrt.[27]

21   Bei den durch Abs. 2 konstituierten Versuchstaten ist zu beachten, dass die formell vollendeten Delikte des Abs. 1 unter dem Aspekt materieller Rechtsgutsbeeinträchtigung sachlich bereits Fälle der bloß versuchten oder gar nur vorbereiteten Beeinträchtigung darstellen. Mehr als eine mit der Vornahme eines bestimmten Verhaltens verbundene abstrakte oder allenfalls noch konkrete Gefährdung – etwa von Leib und Leben anderer – wird für die formelle Vollendungstat nicht vorausgesetzt. Wenn nun durch Abs. 2 zusätzlich der Versuch solcher sachlichen Versuchs- oder gar nur Vorbereitungsfälle als Straftat normiert wird, führt das zu einer sehr weitgehenden **Vorfeldkriminalisierung**.[28]

22   Nach der Regelung des § 24 StGB ist der Versuch bei rechtzeitigem Rücktritt straffrei.[29] Die Regelung des strafbefreienden Rücktritts vom Versuch ist auf Straftaten zugeschnitten, die formell als Versuchstaten konzipiert sind. § 24 StGB betrifft also nur solche Taten, die als Straftaten über §§ 22, 23 Abs. 1 StGB normiert werden. Indessen gibt es jenseits dieser formellen Versuchstaten – wie erwähnt[30] – im AMG viele Straftaten, bei denen die Vollendungsstrafbarkeit sehr weit vorverlagert ist, die aber unter dem materialen Aspekt der Verwirklichungsstufen der Güterbeeinträchtigung sachlich Versuchsfälle oder gar nur Vorbereitungshandlungen darstellen.[31] Auf solche Fälle ist die Vorschrift des § 24 StGB über den **strafbefreienden Rücktritt** jedenfalls nicht unmittelbar anwendbar. Auch ist im AMG eine Vorschrift der rücktrittsähnlichen **„tätigen Reue"**[32] nicht vorgesehen, so dass in solchen Fällen lediglich an eine **analoge Anwendung** solcher Vorschriften zu denken ist, notfalls auch an eine „prozessuale" Lösung über eine Verfahrenseinstellung nach §§ 153, 153a StPO.

---

[25] Der zu Unrecht oft als problematisch angesehene Strafgrund des Versuchs ist mit dem des vollendeten Delikts identisch; näher dazu *Freund* AT § 8 Rn. 9 ff. mwN.

[26] Ob § 30 Abs. 2 StGB, der das schlichte Sich-bereit-Erklären zur Begehung eines Verbrechens für strafbar erklärt, als Ausnahme von diesem Grundsatz aufzufassen ist, erscheint zweifelhaft. Denn bei dieser Strafvorschrift geht es um ein tatbestandlich missbilligtes Verhalten, das in vollständiger Form vorgenommen wird. Damit wird der *spezifische* Verhaltensnormverstoß nicht etwa nur versucht. Dass es sich etwa bei einem zugesagten Mord noch nicht um *dessen* Versuch handelt und ein Verhaltensnormverstoß iSe Tötungsdelikts fehlt, ist im Kontext der Verbrechensverabredung als selbstständiger Straftat unspezifisch. – Fragen mag man lediglich, ob sich hinreichende Gründe für ein entsprechendes Verbot des Sich-bereit-Erklärens zur Begehung eines Verbrechens finden lassen oder ob dessen Gefährlichkeit für bestimmte Rechtsgüter nicht vielleicht doch zu gering ist. Diese Problematik kann hier nicht vertieft werden.

[27] Näher dazu *Freund* AT § 8 Rn. 28 ff., 53 ff. (iVm § 1 Rn. 28).

[28] Vgl. dazu etwa bereits → § 4 Rn. 26, 31 (zum vollendeten Inverkehrbringen durch Vorrätighalten). – Zur problematischen Differenzierung in der Reichweite der Versuchsbestrafung bei §§ 95, 96 vgl. noch → § 96 Rn. 20. – Zur Problematik der Vorfeldkriminalisierung s. auch Fuhrmann/Klein/Fleischfresser/*Mayer* § 45 Rn. 8; allg. dazu *Reus,* Das Recht in der Risikogesellschaft – Der Beitrag des Strafrechts zum Schutz vor modernen Produktgefahren, 2010, S. 104 ff.

[29] Zur straftatsystematischen Einordnung des Rücktritts vom Versuch näher *Freund* AT § 9 Rn. 6 ff.

[30] → Rn. 21.

[31] Dass die sog „formelle Vollendung" einer Straftat noch nichts über den materiellen Unwertgehalt aussagt, betont mit Recht etwa auch OLG Oldenburg 4.3.1999 – Ss 40/99, NJW 1999, 2751; vgl. dazu noch → § 96 Rn. 18 ff.

[32] Im Bereich des Kernstrafrechts findet sich die „tätige Reue" in den §§ 83a, 142 Abs. 4, 149 Abs. 2, Abs. 3 StGB und in § 158 StGB: Berichtigung einer falschen Angabe – wobei solche Regelungen zur „tätigen Reue" regelmäßig nicht zur Straffreiheit, sondern nur zu einer Strafmilderung führen.

IV. Regelbeispiele für besonders schwere Fälle (Abs. 3)

Eine Erhöhung der Strafobergrenze von drei auf bis zu 10 Jahre und eine Strafuntergrenze **23**
von einem Jahr sieht Abs. 3 für **besonders schwere Fälle** vor. Nach § 12 Abs. 3 StGB
ändert diese Verschiebung des Strafrahmens aber nichts an der Einstufung der Taten als
Vergehen. Abs. 3 stellt keinen Qualifikationstatbestand zu Abs. 1 dar, sondern ist vielmehr
in der **Regelbeispielstechnik** verfasst.

Diese Regelbeispielstechnik wird oft im Hinblick auf die **relative Unbestimmtheit** als **24**
nicht zuletzt verfassungsrechtlich bedenklich angesehen. Insbesondere die Möglichkeit einer
Strafrahmenschärfung in unbenannten besonders schweren Fällen stößt wegen der darin
erblickten Ermächtigung des entscheidenden Gerichts, gleichsam selbst „Gesetzgeber zu spielen", auf massiven Widerstand. Die rechtstechnische Einordnung als bloße Strafzumessungsregel statt als echter Qualifikationstatbestand könne nichts daran ändern, dass es sich sachlich
um einen Qualifikationstatbestand handle, bei dem die verfassungsrechtlichen Anforderungen
an Straftatbestände zu beachten seien.[33] Vor diesem Hintergrund wird beispielsweise von
Calliess bei Verwendung der Regelbeispielstechnik eine **verfassungskonforme Interpretation** dahingehend gefordert, dass zwar „nicht immer, aber nur dann", wenn ein Regelbeispiel
erfüllt ist, ein besonders schwerer Fall anzunehmen sei.[34] Die Bejahung eines unbenannten
besonders schweren Falls wäre nach diesem Konzept verfassungswidrig.

Ohne die komplexe Problematik abschließend behandeln zu können, sei hier Folgendes **25**
angemerkt: Tatsächlich sollte der Gesetzgeber die **Regelbeispielstechnik nach Möglichkeit
vermeiden**,[35] also nur dann wählen, wenn es dafür gute Gründe gibt – etwa weil ernsthaft damit
zu rechnen ist, dass die abschließende Aufzählung der Qualifikationsgründe zu große Lücken bei
der angemessenen strafrechtlichen Ahndung hinterließe. Wenn der Gesetzgeber bei der Normierung von Qualifikationsgründen die Möglichkeit nutzt, die Sachgesichtspunkte in abstrakter
Form zu umschreiben – statt **Kasuistik in Gesetzesform** zu gießen –, dürfte die Gefahr zu
großer Lücken eher selten auftreten. Freilich wäre angesichts des gegenwärtigen Zustandes der
extrem weiten Strafrahmen (bei den Grunddelikten und den Qualifikationstatbeständen) und
des gegenwärtigen Standes der Strafzumessungsdogmatik mit einer bloßen Umstellung der
Gesetzgebungstechnik nur wenig gewonnen. Denn diese **Strafrahmen** sind nicht nur wenig
hilfreich, wenn es um die Bestimmung der richtigen Strafe geht. Sie engen auch dann so gut wie
nicht ein, wenn eine klare **Schranke für richterliche Willkür** angebracht wäre.

Wirkliche Abhilfe können nicht etwa – wie manche meinen – engere Strafrahmen **26**
bieten. Engere Strafrahmen packen das Übel nicht an der Wurzel, sondern erlauben nur die
Eindämmung von echten Exzessen. Sie führen jedoch zwangsläufig zu Ungerechtigkeiten
in vielen Einzelfällen. Im Interesse der Einzelfallgerechtigkeit gibt es keine Alternative zu
angemessen weiten Strafrahmen. Vor diesem Hintergrund kann nur eine Dogmatik der
Straftatfolgenbestimmung, die nicht nur auf den einzelnen Strafrahmen schaut, sondern den
Gesamtzusammenhang beachtet, langfristig zu einer gleichmäßigen und damit **relativ
gerechten Rechtsfolgenbestimmung** führen.[36]

Das geltende Recht enthält in Abs. 3 S. 2 nach einer Ergänzung des ursprünglichen **27**
Regelbeispielskatalogs und der Herausnahme der dopingrelevanten Fälle[37] nunmehr **vier**

---

[33] Näher dazu die eingehende Untersuchung von *Krahl,* Tatbestand und Rechtsfolge – Untersuchungen
zu ihrem strafrechtsdogmatisch-methodologischen Verhältnis, 1999 mwN. – S. freilich auch die ausführliche
und kritische Rezension von *Freund* ZStW 112 (2000), 665 ff.
[34] S. dazu *Calliess* NJW 1998, 929 ff.
[35] IdS auch die Empfehlung eines Arbeitskreises von Strafrechtslehrern; s. dazu *Freund* ZStW 109 (1997),
455 (470 f.); ferner *Hirsch* FS Gössel, 2002, 287 ff.
[36] Näher dazu *Freund* GA 1999, 509 ff., 524 ff.; s. auch → StGB Vor § 13 Rn. 74 ff. – Weiterführend mit
einem neuen Regelungsmodell der ratio-gerechten Strafschärfung *Julia Heinrich,* Die gesetzliche Bestimmung
von Strafschärfungen – Ein Beitrag zur Gesetzgebungslehre, 2016. Mit diesem Modell gelingt der „goldene
Mittelweg" zwischen der (relativ rechtssicheren, aber viel zu starren) traditionellen Technik der Normierung
von Qualifikationstatbeständen einerseits und der (flexiblen und daher sachgerechte Einzelfallergebnisse
ermöglichenden) Technik der Regelbeispielsnormen andererseits.
[37] Diese wurden ebenso wie andere Regelbeispiele des Abs. 3 vom AntiDopG ohne sonstige inhaltliche
Veränderung in Qualifikationsmerkmale „umgewandelt" (§ 4 Abs. 4 AntiDopG).

Regelbeispiele für besonders schwere Fälle: Nach der Nr. 1a soll in der Regel ein besonders schwerer Fall angenommen werden, wenn durch die Tathandlung die Gesundheit einer großen Zahl von Menschen gefährdet worden ist. Entsprechendes gilt nach der Nr. 1b, wenn der Täter einen anderen Menschen in die Gefahr des Todes oder einer schweren Schädigung an Körper oder Gesundheit gebracht hat; Nr. 1c erfasst die Erlangung eines Vermögensvorteils großen Ausmaßes für sich oder einen anderen aus grobem Eigennutz. In Nr. 2 (Nr. 3 aF) kodifiziert ist die gewerbs- oder bandenmäßige Begehung von Taten des Herstellens oder Inverkehrbringens gefälschter Arzneimittel oder Wirkstoffe nach Abs. 1 Nr. 3a.[38]

28   Ein **Vorsatzerfordernis** wird bei den Regelbeispielen jedenfalls nicht unmittelbar in § 15 StGB normiert, denn rein rechtstechnisch sind besonders schwere Fälle keine Straftatbestände. Das Erfordernis vorsätzlichen Handelns oder Unterlassens kann sich aber uU mit Blick auf die Ratio einer bestimmten strengeren Bestrafung ergeben. Verlangt man für die Erfüllung des Regelbeispiels den Vorsatz des Täters, so ist zu beachten, dass dieser durch den jeweiligen Vorsatzgegenstand deutlich relativiert ist: Beispielsweise genügt für die Nr. 1a und 1b der Vorsatz der Gefährdung der genannten Güter; das Vertrauen auf den guten Ausgang, das beim Verletzungsdelikt den Vorsatz ausschließt, bewahrt nicht vor dem Vorwurf des Gefährdungsvorsatzes.

V. Fahrlässigkeitsunrecht (Abs. 4)

29   Nicht nur vorsätzliche, sondern auch **fahrlässige Verstöße** gegen die in § 95 Abs. 1 Nr. 1–11 zitierten Verhaltensnormen sind strafbewehrt, wie Abs. 4 im Hinblick auf § 15 Hs. 2 StGB ausdrücklich klarstellt.[39] Die geläufige Unterscheidung fahrlässigen Verhaltens in Fällen **bewusster Fahrlässigkeit** einerseits und **unbewusster Fahrlässigkeit** andererseits ist grundsätzlich nur für die Strafzumessung von Bedeutung. Für die Tatbestandsmäßigkeit des Fehlverhaltens spielt sie dagegen regelmäßig keine Rolle.[40] Allerdings kann insbesondere die unbewusste Fahrlässigkeit so gering ausgeprägt sein, dass wegen des zu geringen Unrechtsgehalts des personalen Verhaltensunrechts – ungeachtet eventuell eingetretener gravierender Fehlverhaltensfolgen – eine strafrechtlich relevante Fahrlässigkeit abzulehnen ist.[41] Dann schlägt (ausnahmsweise) Quantität in Qualität um. Diese Problematik der Untergrenze des Strafrechts stellt sich in allen Fällen der im unteren Grenzbereich strafrechtlich relevanten Fehlverhaltens anzusiedelnden **leichten** und **besonders leichten** (leichtesten) **Fahrlässigkeit.**[42]

30   Eine nähere **Definition,** was genau unter dem Begriff des fahrlässigen Verhaltens zu verstehen ist, lässt sich weder im Kernstrafrecht noch in nebenstrafrechtlichen Gesetzen finden. Der Gesetzgeber hatte sich bewusst gegen eine nähere Festlegung entschieden, um eine Erstarrung der weiteren dogmatischen Entwicklung zu vermeiden.[43] Aufgrund der unterschiedlichen Zielsetzungen von Zivilrecht und Strafrecht lässt sich auch die zivilrechtliche Definition des § 276 Abs. 1 BGB, nach der Fahrlässigkeit das Außer-Acht-Lassen der im Verkehr erforderlichen Sorgfalt ist, nicht zur Konkretisierung des strafrechtlichen Fahrlässigkeitsbegriffs heranziehen.

---

[38] Zu einigen Einzelheiten und zur strafrechtlichen Rechtsprechung → Rn. 62 ff.

[39] Zur Bedeutung eines Erfolgssachverhalts auch und gerade in den Fahrlässigkeitsfällen s. noch → Rn. 37.

[40] IdS *Wessels/Beulke/Satzger* Rn. 932; *Roxin* AT/I § 24 Rn. 68. – Zur demgegenüber wichtigen Unterscheidung der (bewussten) Fahrlässigkeit vom (Eventual-)Vorsatz näher *Freund* AT § 7 Rn. 7, 35 ff.

[41] Zutreffend plädiert *Frisch* FS Stree/Wessels, 1993, 69 (97 f.) für eine *materiellstrafrechtliche* Entkriminalisierung gewisser Fälle unbewusster Fahrlässigkeit; die prozessuale Lösung setzt zu spät an. – Zu einer sachgerechten Bewertung von Geringfügigkeitssachverhalten unter dem Blickwinkel der Vermeidung von Arzneimittelrisiken s. *Georgy,* Die strafrechtliche Verantwortlichkeit von Amtsträgern für Arzneimittelrisiken, 2011, S. 216 ff.

[42] Der AE von 1966 strebte in § 16 Abs. 2 StGB eine generelle Entkriminalisierung für leichte Fahrlässigkeit an; vgl. auch *Stratenwerth/Kuhlen* AT/I § 15 Rn. 53 ff. – IS eines allgemeinen Straftaterfordernisses des hinreichend *gewichtigen* Fehlverhaltens *Freund* AT § 2 Rn. 37 f., § 4 Rn. 8, 21 ff.

[43] Vgl. dazu BT-Drs. V/4095, 8 f. – Dass der Gesetzgeber gut daran getan hat, solche Festlegungen nicht zu treffen, zeigen die Überlegungen → Vor § 95 Rn. 61 f. (im Kontext der Problematik der Blankettnormen).

Wie bei jeder Straftat müssen auch beim Fahrlässigkeitsdelikt die allgemeinen Kriterien **31** tatbestandsmäßigen Verhaltens erfüllt sein.[44] Demnach muss ein spezifisches Fehlverhalten – eine **spezifische Sorgfaltspflichtverletzung** – festzustellen sein. Zur näheren Spezifizierung dienen in diesem Zusammenhang die Legitimationsgründe der übertretenen Verhaltensnorm: Legitimationsgründe sind sowohl der Nutzen der Normeinhaltung für berechtigte Güterschutzbelange (also das Vermeiden von Schädigungsmöglichkeiten) als auch daneben besondere Verantwortlichkeiten für die in Frage stehende Gefahrenvermeidung. Wie allgemein im Strafrecht konkretisieren hier also Güterschutzaspekt und Sonderverantwortlichkeit das tatbestandsmäßige (Fehl-)Verhalten.[45]

Bei der Bestimmung des personalen Verhaltensunrechts, also des individuellen Fehlverhal- **32** tens einer Person, soll nach einem weit verbreiteten Konzept der Fahrlässigkeitstat **zweistufig** vorgegangen werden: Während zunächst eine „objektive Sorgfaltspflichtverletzung bei objektiver Erkennbarkeit der Tatbestandsverwirklichung" bzw. „Voraussehbarkeit des Erfolges" (bei Erfolgsdelikten) geprüft wird, kommt man zu einer Prüfung der individuellen Sorgfaltspflichtverletzung bzw. individuellen Vorhersehbarkeit und Vermeidbarkeit erst auf der sog Schuldebene.[46] Für die Ermittlung der objektiven Sorgfaltspflichtverletzung wird eine sog **„Maßstabsperson"** herangezogen: Art und Maß der anzuwendenden Sorgfalt sollen sich aus den Anforderungen ergeben, die an einen besonnenen, gewissenhaften Menschen in der konkreten Lage und der sozialen Rolle des Betreffenden zu stellen sind, und zwar bei einer Betrachtung ex ante.[47] Besondere individuelle Merkmale und Verhältnisse des Betreffenden sollen allenfalls die individuelle Schuld ausschließen. Das Unrecht der Fahrlässigkeitstat soll davon nach dem zweistufigen Konzept unberührt bleiben.

Dieses zweistufige Vorgehen der herkömmlichen Fahrlässigkeitslehre ist weder erforder- **33** lich noch für die Lösung konkreter Problemfälle wirklich hilfreich: Auch beim gestuften Vorgehen kann auf eine **Beurteilung des Verhaltens der individuellen Person** nicht verzichtet werden. Schließlich soll diese individuelle Person zur Verantwortung gezogen werden. Ihr gegenüber wird ein Vorwurf fahrlässigen Fehlverhaltens erhoben, der dementsprechend auch gerade ihr gegenüber gerechtfertigt sein muss. Dafür kann es nur darauf ankommen, was von dieser individuellen Person – und nicht von einer Kunstfigur – in der konkreten Situation erwartet werden konnte.[48] Wer zunächst eine Maßstabsperson heranzieht, stellt gleichsam gedanklich zwei Personen vor Gericht: eine „aus Fleisch und Blut" und einen Homunkulus. Bei der Feststellung der „objektiven Sorgfaltspflichtverletzung bei objektiver Erkennbarkeit der Tatbestandsverwirklichung" wird gar nicht der konkrete Lebenssachverhalt bewertet, sondern ein hypothetischer Fall: *Wenn* der konkret Handelnde oder Unterlassende eine Person mit Eigenschaften der Kunstfigur *wäre, hätte* er sich fahrlässig verhalten. Dennoch soll mit diesem Urteil der konkret betroffenen individuellen Person bescheinigt werden, sie habe Unrecht getan.[49] Zwar mag es durchaus informativ sein zu erfahren, ob sich eine Person mit bestimmten Eigenschaften fahrlässig verhalten hätte. Für die Entscheidung des konkreten Falls ist dies jedoch bedeutungslos, solange nicht das zu beurteilende Individuum eine Person mit genau diesen Eigenschaften *ist*. Trifft letzteres zu, wird aber das zweistufige Prüfungsvorgehen zu einem einstufigen.

---

[44] Näher dazu *Freund* AT § 2 Rn. 8 ff.; ferner → Vor § 95 Rn. 27.

[45] Näher dazu → Vor § 95 Rn. 5 ff., 15 ff.; *Freund* AT § 2 Rn. 10 ff., 16 ff. – Zum Zusammenhang zwischen Normentheorie und Fahrlässigkeit sowie zur Fahrlässigkeit als Grundform des Verhaltensnormverstoßes eingehend *Rostalski* GA 2016, 73 ff.

[46] Siehe dazu etwa *Jescheck/Weigend* AT § 54 I (S. 563 ff.); Schönke/Schröder/*Sternberg-Lieben/Schuster* StGB § 15 Rn. 118; zur „objektiven Sorgfaltspflichtverletzung" im Einzelnen *Kühl* AT, 8. Aufl. 2017, § 17 Rn. 22 ff.; zur „subjektiven" Sorgfaltspflichtverletzung *ders.* § 17 Rn. 89 ff.

[47] Siehe dazu statt vieler *Wessels/Beulke/Satzger* Rn. 943 mwN.

[48] Zur Kritik der „objektiven" Fahrlässigkeit s. etwa *Jakobs* AT 9/8 ff.; *Gropp* AT, 4. Aufl. 2015, § 12 Rn. 135 ff.; iS einer konsequenten Individualisierung des Kriminalunrechts auch *Frisch* in Straftat, Strafzumessung und Strafprozess im gesamten Strafrechtssystem, hrsg. v. *Wolter* u. *Freund*, 1996, S. 135 (193 f.); *Rostalski* GA 2016, 73 ff. – Mit Recht bei der Fahrlässigkeit sogleich individualisierend etwa auch KPV/*Volkmer* Rn. 60; Erbs/Kohlhaas/*Pelchen/Anders*, A 188, AMG, 187. Lfg. 2011, § 95 Rn. 52; s. ergänzend *Weigend* FS Gössel, 2002, 129 ff.

[49] Dass dabei unzulässigerweise der Normadressat vertauscht wird, rügt zu Recht *Otto* AT § 10 Rn. 14.

34 Die vermeintlich objektivierende – tatsächlich aber in zweifacher Hinsicht individualisierende – Vorgehensweise erweist sich damit als überflüssig. Zudem tauchen gerade bei der Bestimmung der Kriterien, mit denen die Maßstabsperson ausgestattet werden soll, häufig Probleme auf. Außer in den Standardfällen, in denen die konkret zu beurteilende Person typischerweise überhaupt keine individuellen Besonderheiten aufweist, die das Missbilligungsurteil über ihr Verhalten tangieren könnten, sind die Kriterien zur Bildung der „Maßstabsperson" alles andere als klar. Auch der Versuch, die Maßfigur an dem Leitbild eines umsichtigen Teilnehmers des betroffenen **Verkehrskreises** zu orientieren,[50] muss mangels eines akzeptablen Kriteriums zur Umgrenzung des maßgeblichen Verkehrskreises scheitern.

35 Wesentlich einfacher und direkter als das verbreitete zweistufige Vorgehen gestaltet sich die einstufige und sogleich angemessen individualisierende **Bestimmung des fahrlässigen Fehlverhaltens** auch im AMG-relevanten Bereich. Auch hier ist ohne unnötige Umwege direkt zu fragen, ob von einer bestimmten Person in ihrer Position von Rechts wegen ein bestimmtes Verhalten zu erwarten war (zur entsprechenden **Definition** des fahrlässigen Verhaltens → Vor § 95 Rn. 28). Dabei kommt als **Fehlverhaltenszeitpunkt** selbstverständlich nur der Zeitpunkt des entsprechenden Verhaltens in Betracht. Beim Vorwurf, sich fehlerhaft verhalten zu haben, ist Folgendes entscheidend: Das entsprechende Verhalten muss auf der Basis der für den Handelnden oder Unterlassenden verfügbaren Fakten und unter Berücksichtigung seiner individuellen Verhältnisse[51] von Rechts wegen zu beanstanden sein. Kann ein solches Missbilligungsurteil nicht gefällt werden, weil der Betreffende „sein Bestes" gegeben hat – er also an die Grenzen seiner Leistungsfähigkeit gestoßen ist –, kommt als vorzuwerfendes Fehlverhalten immerhin noch die Übernahme der Tätigkeit in Betracht. Vorgeworfen wird ihm dann, eine Tätigkeit übernommen zu haben, deren angemessene Bewältigung sein Leistungsvermögen übersteigt (sog **Übernahmefahrlässigkeit**),[52] bzw. allgemein das Verhalten, das ihn in eine bestimmte Situation gebracht hat.[53]

36 Man denke hier etwa an denjenigen, der innerhalb eines pharmazeutischen Unternehmens eine bestimmte Leitungsfunktion übernimmt, obwohl er erkennen musste, dieser Aufgabe nicht gewachsen zu sein. Kommt es deshalb dazu, dass er kraft seiner verantwortlichen Stellung ein bedenkliches Arzneimittel in Verkehr bringt, mag er bei der Ausfüllung der übernommenen Aufgabe sein Bestes gegeben haben und ein Fahrlässigkeitsvorwurf *insoweit* nicht möglich sein. Er ist dennoch als Fahrlässigkeitstäter nach Abs. 1 Nr. 1, Abs. 4 iVm § 5 verantwortlich. Denn er hat, wenn er seine persönlichen Defizite rechtzeitig erkennen konnte und musste, **schon durch die Übernahme der Aufgabe** fahrlässig gehandelt. Dabei hält nicht etwa ein objektiver Maßstab Einzug in die individuelle Fahrlässigkeitsbestimmung.[54] Vielmehr wird insofern konsequent individualisiert, indem danach gefragt wird, ob von dem Betreffenden nach seinen individuellen Verhältnissen von Rechts wegen zu erwarten war, dass er das spätere Geschehen vermeidet.

37 Zur Klarstellung: Für die Anwendbarkeit einer bestimmten Sanktionsnorm muss auch und gerade in Fahrlässigkeitsfällen mitunter noch der erforderliche **Erfolgssachverhalt** vorliegen – also etwa als spezifische Fehlverhaltensfolge infolge des fahrlässigen Fehlverhaltens ein bedenkliches Arzneimittel tatsächlich in den Verkehr gelangt sein.[55] Daran fehlt es, wenn zB die zuständige Behörde diesen „Erfolg" durch ein Aufhalten der bereits auf den

---

[50] IdS etwa *Jescheck/Weigend* AT § 55 I 2b (S. 578 f.); Schönke/Schröder/*Sternberg-Lieben/Schuster* StGB § 15 Rn. 135; *Kaminski,* Der objektive Maßstab im Tatbestand des Fahrlässigkeitsdelikts, 1992, S. 121 ff., 335 ff.

[51] Zur Relevanz etwaigen Sonderwissens bzw. etwaiger Sonderfähigkeiten s. *Freund* AT § 5 Rn. 29 ff.

[52] Setzt sich zB ein Autofahrer ans Steuer, obwohl er weiß, dass er wegen körperlicher Defizite, zB einer Epilepsie, Sehschwäche oder Übermüdung den Anforderungen des Straßenverkehrs nicht gewachsen ist, handelt er *schon dadurch* fahrlässig; vgl. zu dem Fall eines Epileptikers BGH 17.11.1994 – 4 StR 441/94, BGHSt 40, 341 ff.

[53] Auf den Zusammenhang mit der – inzwischen freilich zunehmend ins Kreuzfeuer der Kritik geratenen – Rechtsfigur der „actio libera in causa" macht etwa *Roxin* AT/I § 24 Rn. 118 aufmerksam.

[54] So aber der Vorwurf von LK-StGB/*Schroeder,* 11. Aufl. 2003, StGB § 16 Rn. 146.

[55] Näher dazu → Rn. 14 f.; s. zum Erfolgssachverhalt ferner in grundsätzlichem Zusammenhang → StGB Vor § 13 Rn. 310 ff., 377 ff.

Weg gebrachten Ware verhindert. Während bei vorsätzlichem Handeln immerhin ein Versuch in Betracht käme, scheidet ein solcher bei fahrlässigem Fehlverhalten nach der Gesetzeslage aus.[56]

VI. Einzelheiten und strafrechtliche Rechtsprechung

- **Abs. 1 Nr. 1 Fall 1 (Inverkehrbringen bedenklicher Arzneimittel):** Die Strafvor- **38** schrift zum Inverkehrbringen bedenklicher Arzneimittel (s. dazu § 5)[57] ist in gewissem Sinne die Grundnorm der arzneimittelstrafrechtlichen Produktverantwortlichkeit. Sie könnte Vorbild für einen in das Kernstrafrecht zu integrierenden allgemeinen Tatbestand der Lebens- und Gesundheitsgefährdung durch Produkte sein (näher zu dieser rechtspolitischen Problematik → Vor § 95 Rn. 78 ff.).
- Zur entgeltlichen Abgabe nicht zugelassener Schlankheitskapseln als bedenklichem Arz- **39** neimittel s. BGH 11.8.1999 – 2 StR 44/99, NStZ 1999, 625. Näher zu dieser Entscheidung sowie zum auf Verfassungsbeschwerde gegen sie ergangenen Kammerbeschluss des Bundesverfassungsgerichts 26.4.2000 – 2 BvR 1881 u. 1882/99, *Birkenstock,* Die Bestimmtheit von Straftatbeständen mit unbestimmten Gesetzesbegriffen – Am Beispiel der Verletzung des Verkehrsverbots bedenklicher Arzneimittel unter besonderer Berücksichtigung der Tatbestandslehre und der Rechtsprechung des Bundesverfassungsgerichts, 2004, S. 328 ff., 331 ff.
- Zur wegen der Bedenklichkeit als Arzneimittel nach Abs. 1 Nr. 1 strafbaren Lieferung **40** von Anabolika als Dopingmittel vgl. BGH 10.6.1998 – 5 StR 72/98, StV 1998, 663.
- Zum unerlaubten Inverkehrbringen von „Designer-Drogen" als möglicherweise bedenk- **41** lichen Arzneimitteln (Abs. 1 Nr. 1) s. BGH 3.12.1997 – 2 StR 270/97, BGHSt 43, 336 (344). – S. auch BGH 8.12.2009 – 1 StR 277/09, BGHSt 54, 243 ff. (Gamma-Butyrolacton; „liquid ecstasy"); näher dazu → § 2 Rn. 16 ff.
- Die Entscheidung des AG Tiergarten 11.9.1986 – 1 Wi Js 260/83, LRE 20, 319 f. **42** betrifft unter anderem[58] das Inverkehrbringen bedenklicher Arzneimittel (Abs. 1 Nr. 1; Vitaminpräparate mit den Wirkstoffen Nikotinsäure und Amygdalin wurden importiert, in Zellglastütchen, Kapseln und ähnlichem abgepackt und veräußert).
- Während das bloße Verschreiben eines bedenklichen Fertigarzneimittels jedenfalls nicht **43** ohne Weiteres als dessen Inverkehrbringen aufgefasst werden kann,[59] reicht dafür der Zusammenschluss mit einem Apotheker, wenn durch Rezeptur und Rezeptausstellung ein entscheidender (mittäterschaftlicher) Beitrag zum Inverkehrbringen geleistet wird.[60]
- **Abs. 1 Nr. 1 Fall 2 (Anwenden bedenklicher Arzneimittel bei anderen):** Die im **44** Zusammenhang mit der Föderalismusreform (vgl. → § 5 Rn. 3) zu sehende Regelung erfasst nur das Anwenden eines bedenklichen Arzneimittels bei anderen Menschen. Anders als beim Inverkehrbringen, das auch für reine Tierarzneimittel gilt, genügt also das Anwenden bei einem Tier nicht.
- Zu **Abs. 1 Nr. 2** s. oben § 6;[61] zu **Abs. 1 Nr. 3** s. oben § 7. **Abs. 1 Nr. 3a** entspricht **45** § 96 Nr. 2 aF, führt jedoch zu einer strengeren Ahndung und zur Strafbarkeit des Versuchs

---

[56] Zu den Gründen vgl. *Freund* AT § 8 Rn. 2 f.

[57] S. dort auch zur Kritik an der unterschiedslosen Einbeziehung bedenklicher einfacher Tierarzneimittel in den Sanktionsnormenbereich. Allg. zur Bestimmtheitsproblematik der §§ 5, 95 Abs. 1 Nr. 1 *Birkenstock,* Die Bestimmtheit von Straftatbeständen mit unbestimmten Gesetzesbegriffen – Am Beispiel der Verletzung des Verkehrsverbots bedenklicher Arzneimittel unter besonderer Berücksichtigung der Tatbestandslehre und der Rechtsprechung des Bundesverfassungsgerichts, 2004.

[58] Betroffen ist auch § 96 Nr. 4.

[59] Andernfalls wäre die Nennung des Verschreibens *neben* dem Inverkehrbringen in verschiedenen Vorschriften überflüssig (vgl. etwa § 95 Abs. 1 Nr. 2a aF, § 2 Abs. 1 Nr. 3 und Nr. 4 AntiDopG). – Die so entstehende Lücke im Strafrechtsschutz ist nicht sachgerecht. Sie wird angemessen geschlossen durch die von mir für das Kernstrafrecht vorgeschlagene Strafvorschrift (s. dazu → Vor § 95 Rn. 86 ff.).

[60] Vgl. dazu OVG Münster 21.5.1996 – 13 B 350/96, NJW 1997, 2470 (2471).

[61] S. dazu auch KPV/*Volkmer* Rn. 71 ff.

(Abs. 2). Erfasst wird auch das Herstellen, das Inverkehrbringen oder sonstige Handeltreiben mit gefälschten Arzneimitteln oder Wirkstoffen.

46 – **Abs. 1 Nr. 4 (unerlaubtes Handeltreiben bzw. berufs- oder gewerbsmäßiges
Abgeben verschreibungspflichtiger Arzneimittel unter Verstoß gegen die Apothekenpflicht – uU bei zusätzlichem Verstoß gegen die Rezeptpflicht):** Der Straftatbestand erfasst nach der Streichung des einschränkenden Einzelhandelsmerkmals im
Jahre 1998 neben dem illegalen Einzelhandel auch den illegalen Zwischen- und Großhandel mit verschreibungspflichtigen Arzneimitteln, soweit er nicht von § 95 Abs. 1 Nr. 5
iVm § 47 sanktioniert wird.[62]

47 – Nach wie vor aktuell ist aber die **Problematik berufs- oder gewerbsmäßigen Handelns bzw. des Handeltreibens.** Bei entgeltlicher Abgabe im Einzelfall oder wiederholter Abgabe ohne Entgelt kann wohl kaum ein Verstoß gegen die Apothekenpflicht angenommen werden. Denn diese ist nach dem systematischen Zusammenhang und klaren
Wortlaut der Abs. 1 und 3 des § 43 auf die Fälle berufs- oder gewerbsmäßiger Abgabe
an den Endverbraucher beschränkt.[63] Zwar spricht Abs. 3 nicht direkt von einem Erfordernis der Berufs- oder Gewerbsmäßigkeit; und auch § 95 Abs. 1 Nr. 4 nennt neben dem
Handeltreiben prima facie auch das „schlichte" Abgeben. Tatsächlich kann jedoch über
§ 43 Abs. 3 keine sinnvolle Ausdehnung der Reichweite der in Frage stehenden Sanktionsnorm des § 95 Abs. 1 Nr. 4 über den bereits durch § 43 Abs. 1 begründeten Bereich
hinaus stattfinden. Denn wegen der klaren Begrenzung des § 95 Abs. 1 Nr. 4 auf *verschreibungspflichtige* Arzneimittel, für die ja schon die Apothekenpflicht des § 43 Abs. 1 gilt,
dehnt die durch Abs. 3 begründete Apothekenpflicht bei Vorliegen einer Verschreibung
ohne entsprechende Pflicht den sanktionsnormrelevanten Bereich nicht mehr aus.

48 – Freilich wäre es theoretisch denkbar, einen Verstoß nach § 95 Abs. 1 Nr. 4 über § 43
Abs. 3 bei Vorliegen einer Verschreibung eines verschreibungspflichtigen Arzneimittels
zu begründen und so das Erfordernis der Berufs- oder Gewerbsmäßigkeit bzw. des Handeltreibens „auszuhebeln". Das führte jedoch zu dem nur schwer verständlichen Ergebnis,
dass dieses Erfordernis ausgerechnet bei Personen verzichtbar sein soll, die verschreibungspflichtige Arzneimittel **auf Verschreibung**[64] – wenngleich unter Verstoß gegen die
Apothekenpflicht – abgeben. Dabei wird es sich typischerweise um an sich befugte Personen wie den Apotheker handeln. Dagegen kann nach dem klaren Wortlaut des § 43 Abs. 3
der absolut Unbefugte, der **ohne Verschreibung** verschreibungspflichtige Arzneimittel
abgibt, nicht erfasst werden. Bei ihm ist vielmehr über § 43 Abs. 1 das Erfordernis der

---

[62] Das einschränkende Einzelhandelsmerkmal wurde durch das 8. ÄndG zum AMG vo 7.9.1998, BGBl. I
S. 2649 (2655) gestrichen, um Lücken in der Erfassung des illegalen Zwischen- und Großhandels zu schließen. – Nach wie vor zweifelhaft ist aber die Erfassung von Fällen unentgeltlicher Abgabe oder der entgeltlichen
Abgabe im Einzelfall; vgl. dazu KPV/*Volkmer* Rn. 206 sowie sogleich im Text und → § 96 Rn. 23. – Das
(vollendete) Handeltreiben als solches wird von der Rechtsprechung nicht nur im Bereich des Betäubungsmittelstrafrechts, sondern auch im Bereich des Arzneimittelstrafrechts extrem weit verstanden, so dass etwa bereits
ernsthafte Verhandlungen mit einem möglichen Verkäufer ausreichen (BGH 26.10.2005 – GSSt 1/05, NJW
2005, 3790 ff. mwN auch zu den Gegenstimmen).
[63] Zur deshalb wichtigen Funktion der strafrechtlichen Erfassung des Verstoßes gegen die Verschreibungspflicht → § 96 Rn. 23. – Nach der nicht unproblematischen Rechtsprechung des BGH (BGH 3.7.2003 – 1
StR 453/02, NStZ 2004, 457 [458]) soll auch ein Handeltreiben nicht schon bei Entgeltlichkeit der Geschäfte
vorliegen. Vielmehr müsse sich – wie im Betäubungsmittelrecht – aus dem Umsatzgeschäft selbst ein unmittelbarer eigener Nutzen für den Täter ergeben. Die Abgabe zum Selbstkostenpreis (um durch Umsatzsteigerung
Rabatte bei den Pharmafirmen zu erzielen) genüge nicht. Nach dem Wortlaut ist ein derart enges Verständnis
nicht zwingend und nach der Ratio kaum überzeugend. Wer zunächst vorhat, Konkurrenten mit Dumping-
Preisen vom Markt zu verdrängen, fällt nach dem engen Verständnis des BGH sachwidrig aus dem Anwendungsbereich der strafbewehrten Verbotsnorm heraus.
[64] Zwar ist der kumulative Verstoß gegen die Verschreibungspflicht – wie die erfassten Fälle des illegalen
Zwischen- und Großhandels mit verschreibungspflichtigen Arzneimitteln zeigen – nicht zwingend. Vielmehr
wird die Verschreibungspflicht nur regelmäßig bei Abgabe an den Verbraucher verletzt. Bei fehlender Verlet-
zung der Verschreibungspflicht müssen aber besondere Umstände hinzutreten, um das Verhalten auf das
Unrechtsniveau zu bringen, das für die im Verhältnis zu § 96 strengere Bestrafung nach § 95 erforderlich ist.
Daran fehlt es jedenfalls bei einem Apotheker, der ein verschreibungspflichtiges Arzneimittel außerhalb seiner
Apotheke im Einzelfall auf Verschreibung abgibt.

49–56 § 95 AMG

Berufs- oder Gewerbsmäßigkeit unverzichtbar. Für ein einigermaßen stimmiges Strafkonzept muss deshalb dieses Erfordernis durchgängig erfüllt sein.

– Mit Abs. 1 Nr. 4 befasst sich auch BayObLG 29.4.1998 – 4 St RR 12/98, NJW 1998, **49** 3430 (3433) (zur Frage der Verschreibungspflicht für Eigenblut- und Eigenurinzubereitungen – vgl. dazu auch § 48).

– Auch BayObLG 25.1.1993 – 4 St 4/93, PharmR 1993, 216 f. setzt sich mit Abs. 1 Nr. 4 **50** (Verkauf apothekenpflichtiger Arzneimittel außerhalb einer Apotheke; Verhältnis von § 43 Abs. 1 und Abs. 3 Satz 1) auseinander – vgl. dazu bei § 43.

– Abs. 1 Nr. 4 und 5 werden durch die Entscheidung des BGH 10.6.1998 – 5 StR 72/98, **51** StV 1998, 663 f. (zum Verstoß gegen das Apothekenmonopol durch Abgabe von Anabolika-Tabletten bzw. zum Inverkehrbringen und Vorrätighalten von Arzneimitteln) berührt.

– Zur Problematik der Strafbarkeit nach § 95 Abs. 1 Nr. 4, wenn ein in eigener Praxis **52** tätiger Arzt Medikamente an den Patienten abgibt, näher *Bowitz* MedR 2016, 168 ff. – Zu weiteren Einzelfällen des Abs. 1 Nr. 4 s. KPV/*Volkmer* Rn. 185 ff., 213 ff. mit Nachweisen einschlägiger Rechtsprechung.

– **Abs. 1 Nr. 5 (unerlaubte Abgabe von verschreibungspflichtigen und apotheken-** **53** **pflichtigen Arzneimitteln durch Pharmaunternehmer und Großhändler an Nichtberechtigte sowie unerlaubter Bezug verschreibungspflichtiger Arzneimittel von Nichtberechtigten):** Nach teilweise vertretener Auffassung sollen nur befugte Personen als taugliche Täter in Betracht kommen. Illegale Großhändler seien ausschließlich nach Abs. 1 Nr. 4 strafbar.[65] Da der Wortlaut des Abs. 1 Nr. 5 iVm § 47 dazu jedenfalls nicht durchweg zwingt, erscheint eine Konkurrenzlösung, die Überschneidungsbereiche der Tatbestände zulässt, vorzugswürdig. Zwar mag die Konstruktion eines Exklusivitätsverhältnisses der beiden Tatbestände der Nr. 4 und der Nr. 5 gewisse ästhetische Bedürfnisse befriedigen; sie birgt jedoch generell die Gefahr, Strafbarkeitslücken zu produzieren, die sich gar nicht aus dem Gesetz selbst ergeben, sondern erst künstlich hineingelesen werden.[66]

– Das soeben Gesagte wird bestätigt von BGH 12.4.2011 – 5 StR 463/10, NStZ 2011, **54** 583 f. Nach dieser Entscheidung kann zB auch ein Apotheker durchaus illegaler Großhändler von Arzneimitteln iS des § 95 Abs. 1 Nr. 5 iVm § 47 Abs. 1 sein. Zum Verstoß nach § 96 Nr. 14 nimmt der BGH mit Recht das (Konkurrenz-)Verhältnis der Tateinheit an.

– Zur illegalen Lieferung großer Mengen an Tierarzneimitteln an einen Unbefugten durch **55** einen Arzneimittelgroßhändler s. BGH 22.4.1987 – 3 StR 13/87, wistra 1987, 295 f. = NStZ 1987, 514 f. (besonders schwerer Fall nach § 95 Abs. 1 Nr. 5, Abs. 3 Nr. 1: Gefährdung der Gesundheit einer großen Zahl von Menschen).[67]

– S. auch OLG Düsseldorf 17.5.1990 – 2 U 93/89 m. Bespr. *Schaub* PharmZtg 1990, 1753; **56** LG Krefeld 18.7.1991 – 12 O 49/91, PharmZtg 1991, 3108 (Lieferung apothekenpflichti-

---

[65] KPV/*Volkmer* Rn. 242 (zur vorzugswürdigen Gegenauffassung s. LG Deggendorf 19.1.1999 – 1 KLs 12 Js 11 074/97 und 20.12.1999 – 1 KLs 12 Js 11 074/97 [beide Entscheidungen allerdings ohne nähere Begründung – Urteilsgründe abgekürzt gem. § 267 Abs. 4 StPO]; Kügel/Müller/Hofmann/*Raum* AMG § 95 Rn. 35 möchte immerhin den Apotheker erfassen, der illegalen Großhandel betreibt). – In der 6. Aufl. 2007, § 95 Rn. 130 berief sich *Körner* übrigens zu Unrecht auf BGH 10.6.1998 – 5 StR 72/98, StV 1998, 663: Dort wird zunächst wegen des damals noch gültigen Erfordernisses des Handelns „im Einzelhandel" außerhalb einer Apotheke ein Verstoß nach § 95 Abs. 1 Nr. 4 aF deshalb verneint, weil der illegale Händler mit Anabolika möglicherweise „nur" ein Zwischenhändler war. Nach heutigem Recht wäre das kein Hinderungsgrund für einen Verstoß nach Abs. 1 Nr. 4. Der BGH verneint nun zwar iE auch einen Verstoß nach § 95 Abs. 1 Nr. 5. Allerdings stützt er diese Entscheidung ausschließlich darauf, dass die Tathandlung des Abgebens iS des § 47 Abs. 1 noch nicht – auch nicht in versuchter Form – vorlag. Zu der hier interessierenden Rechtsfrage nimmt er keine Stellung.

[66] Zu ähnlichen Phänomenen vgl. die Verstöße gegen die Verschreibungspflicht bei ohnehin Unbefugten → § 96 Rn. 23.

[67] S. dazu auch KPV/*Volkmer* Rn. 259, 333 ff. – Zur Problematik des besonders schweren Falls → Rn. 23 ff. und → Rn. 62 ff.

ger Arzneimittel an Ärzte zu Werbezwecken durch einen pharmazeutischen Unternehmer über Apotheken).

57 – Zu **Abs. 1 Nr. 5a** s. oben § 47a.[68] – Zum Problem des illegalen pharmazeutischen Unternehmers als Täter vgl. → Rn. 53.

58 – **Abs. 1 Nr. 6 (unerlaubte Abgabe verschreibungspflichtiger Tierarzneimittel ohne Vorlage einer Verschreibung):** Die Vorschrift wird zT nur beim Handeln von an sich Befugten für anwendbar gehalten.[69] Eine solche Einschränkung wird durch den Wortlaut nicht erzwungen[70] und ist in der Sache verfehlt, weil die Verstöße gegen die Apothekenpflicht und die Verschreibungspflicht unterschiedlicher Natur sind – mag es auch oft Überschneidungen geben. Das Fehlen eines Verstoßes gegen die Apothekenpflicht ist kein sinnvolles Kriterium für die Bestimmung der grundsätzlichen Reichweite einer Strafbestimmung, die Verstöße gegen die Verschreibungspflicht im Auge hat. Beim Handeln eines Unbefugten ist auch der Verstoß gegen die Verschreibungspflicht nicht weniger ernst zu nehmen. Eher trifft das Gegenteil zu. Die regelmäßige Mitverwirklichung des Verstoßes gegen die Verschreibungspflicht in den Fällen des Verstoßes gegen die Apothekenpflicht beim Handeln Unbefugter kann deshalb allenfalls Grund für eine Konkurrenzregel sein. Andernfalls besteht wiederum die Gefahr der unnötigen Produktion von Strafbarkeitslücken.[71] – Unter dem Aspekt sachwidriger Strafbarkeitslücken problematisch ist auch die derzeitige Fassung der hier in Frage stehenden Regelung. Denn danach werden im Gegensatz zur früheren Gesetzeslage Fälle der automatischen Verschreibungspflicht nicht mehr erfasst, sondern nur noch solche, in denen die Verschreibungspflicht durch Rechtsverordnung angeordnet wird.

59 – Zur Kritik am gesetzlichen Differenzierungskonzept zwischen Human- und „einfachen" Tierarzneimitteln einerseits und Arzneimitteln, die zur Anwendung bei Tieren, die der Lebensmittelgewinnung dienen, bestimmt sind, → § 96 Rn. 20.

60 – Zu einzelnen Fallgruppen des **Abs. 1 Nr. 7 ff.** s. KPV/*Volkmer* Rn. 278 ff.; vgl. dazu auch oben §§ 56–61.

61 – Zum nach Abs. 2 strafbaren **Versuch** → Rn. 17 ff.; zum **Vorsatz** näher → Vor § 95 Rn. 31 ff.; → Rn. 3 ff.; zur **Fahrlässigkeit** näher → Vor § 95 Rn. 20 f., 27 ff.; → Rn. 30 ff.

62 – **Abs. 3 S. 2** nennt **vier Regelbeispiele für besonders schwere Fälle:**[72] Nach der **Nr. 1a** ist in der Regel ein besonders schwerer Fall anzunehmen, wenn die Tathandlung die **Gesundheit einer großen Zahl von Menschen gefährdet** hat. Die Schwere des dem Einzelnen drohenden Gesundheitsschadens scheint zunächst für die Annahme des besonders schweren Falls irrelevant zu sein; vielmehr scheint es allein auf die **Zahl der Personen** anzukommen, denen überhaupt Schaden an der Gesundheit droht.[73] Desgleichen scheint zunächst eine Abschichtung nach der mehr oder weniger großen Nähe der Gefahr dafür keine Rolle zu spielen. Indessen ist letztlich doch das **Gewicht der Gefahr** für die Unwertsteigerung, die den strengeren Strafrahmen rechtfertigen soll, von entscheidender Bedeutung.

63 – Vor diesem Hintergrund wäre es im Ansatz verfehlt, eine mathematisch-zahlenmäßige Fixierung der sachlich gemeinten Unwertsachverhalte vorzunehmen. Eine solche Zahl hätte auch der Gesetzgeber nennen können. Deren Festlegung führte jedoch zwangläufig zu **willkürlichen Differenzierungen:** Würde die genannte Zahl knapp unterschritten, wäre der mildere Strafrahmen jedenfalls zunächst[74] auch maßgeblich, wenn das Ausmaß der Gefährdung per Saldo größer wäre als im Falle einer knappen Erreichung der gefor-

---

[68] Vgl. auch KPV/*Volkmer* Rn. 267 ff.
[69] S. etwa KPV/*Volkmer* Rn. 277.
[70] So auch *Knauer* in Medizinrecht, hrsg. v. *Spickhoff*, 2011, Rn. 40.
[71] Vgl. dazu → Rn. 53 und → § 96 Rn. 23; ferner (zur rechtspolitischen Kritik) → Vor § 95 Rn. 78 ff.
[72] S. dazu auch schon → Rn. 23 ff.
[73] Vgl. dazu etwa *Kloesel/Cyran* 23. Lfg., § 95 Anm. 10; KPV/*Volkmer* Rn. 334.
[74] Freilich bliebe als „Korrekturmöglichkeit" die Annahme eines unbenannten besonders schweren Falls.

derten Personenzahl, sofern es bei jedem Einzelnen nur um eine geringfügige Gesundheitsgefährdung geht. Sinnvollerweise wird man deshalb die „große Zahl von Menschen" iS der Nr. 1 nicht absolut bestimmen, sondern – selbstverständlich unter Beachtung des Wortlauts des benannten Regelbeispiels[75] – nur relativ mit Blick auf das sachlich für die Unwertsteigerung entscheidende Gefährdungspotential konkretisieren können. Die sachgerechte **Zahl variiert** also je nach dem Ausmaß und der Nähe des jedem Einzelnen drohenden Schadens.

– Dementsprechend finden sich auch allenfalls vage Angaben zur erforderlichen Zahl. Bisweilen wird davon gesprochen, es müsse sich mindestens um eine 3-stellige Zahl gefährdeter Personen handeln.[76] Zwingend ist das jedenfalls nach dem Wortlaut nicht. Immerhin tauchen in anderem Zusammenhang bei gleicher Formulierung sehr viel niedrigere Zahlen auf.[77] Eine unbedachte Übernahme solcher Zahlenangaben wäre freilich nicht angemessen. Vielmehr muss dem Erfordernis des kontextspezifischen oder „tatbestandsspezifischen" Verständnisses einer bestimmten gesetzlichen Formulierung Rechnung getragen werden.[78]   64

– Zur Frage des besonders schweren Falls nach Abs. 3 S. 2 Nr. 1 s. auch BGH 22.4.1987 –   65
3 StR 13/87, wistra 1987, 295 f. = NStZ 1987, 514 f. (Gefährdung der Gesundheit einer großen Zahl von Menschen bei Abgabe von Tierarzneimitteln an einen Nichtberechtigten).[79]

– **Abs. 3 S. 2 Nr. 1b:** Ein besonders schwerer Fall nach Abs. 3 S. 2 Nr. **1b** liegt in der   66
Regel vor, wenn der Täter einen anderen Menschen der **Gefahr des Todes** oder **einer schweren Schädigung an Körper oder Gesundheit** aussetzt.[80] Eine drohende schwere Gesundheitsschädigung setzt keine zu erwartende schwere Körperverletzung iS des § 226 StGB voraus, sondern liegt etwa auch vor, wenn die Gefahr besteht, dass eine langwierige ernsthafte Erkrankung eintritt oder die Arbeitskraft lange und erheblich beeinträchtigt wird.[81]

– **Abs. 3 S. 2 Nr. 1c:** Die Nr. **1c** erfasst die **Erlangung** eines **Vermögensvorteils großen**   67
Ausmaßes für sich oder einen anderen **aus grobem Eigennutz**.[82] Der besonders schwere Fall nach der Nr. **1c** stellt im Gegensatz zu den Nr. **1a** und **1b** auf ein schon im Grundsätzlichen nicht unproblematisches unwertsteigerndes Kriterium ab und ist überdies nicht konsequent in der Umsetzung des eigenen Gedankens. Zunächst erinnert der grobe Eigennutz als unverhältnismäßig hohes übersteigertes Gewinnstreben auf Kosten (insbesondere der Gesundheit) anderer stark an das Mordmerkmal der Habgier. Das Kriterium führt aber – anders als das der Habgier im Kontext der Tötungsdelikte – im Rahmen des § 95 ständig in die kaum lösbare Schwierigkeit, innerhalb der Fälle des Profitstrebens eine Zäsur schlagen zu müssen.

– Vor diesem Hintergrund hätte es näher gelegen, die berufs- oder gewerbsmäßige Bege-   68
hungsweise allgemein als besonders schweren Fall zu normieren, um zumindest annähernd das für einen gesteigerten Unwertgehalt indizielle Kriterium gesetzlich zu erfassen. Kaum sachlich zu rechtfertigen ist das gegenwärtige Erfordernis, dass der **Vermögensvorteil großen Ausmaßes** von dem Täter selbst oder einem Dritten **tatsächlich**

---

[75] Praktische Bedeutung kommt diesem Wortlautaspekt allerdings nur dann zu, wenn man mit einem Teil des Schrifttums die Annahme unbenannter besonders schwerer Fälle als Verstoß gegen den nullum crimen-Satz auffasst (vgl. dazu → Rn. 24).

[76] Erbs/Kohlhaas/*Pelchen/Anders*, A 188, AMG, 187. Lfg. 2011, § 95 Rn. 47.

[77] Vgl. etwa Schönke/Schröder/*Heine/Hecker* StGB § 330 Rn. 9a; BGH 11.8.1998 – 1 StR 326/98, BGHSt 44, 175 (178) (mindestens 14).

[78] Das betont mit Recht etwa BGH 11.8.1998 – 1 StR 326/98, BGHSt 44, 175 (177); s. auch Kügel/Müller/Hofmann/*Raum* Rn. 49.

[79] Näher zu diesem Fall KPV/*Volkmer* Rn. 341 ff.

[80] Vgl. dazu KPV/*Volkmer* Rn. 338 f.

[81] Vgl. dazu – jeweils im Kontext des § 330 StGB – Schönke/Schröder/*Heine/Hecker* StGB § 330 Rn. 9a; Lackner/Kühl/*Heger* StGB § 330 Rn. 6.

[82] S. dazu – auch mit Nachweisen einschlägiger Rechtsprechung – KPV/*Volkmer* Rn. 343 ff.

erlangt worden sein muss.[83] Dieses Merkmal wird der für die Unwertsteigerung allenfalls bedeutsamen Schädigungs- oder Gefährdungsdimension nicht gerecht. Es ist auch dann nicht stimmig, wenn man die eigen- oder fremdnützige Triebfeder des Handelns grundsätzlich als im Rahmen des § 95 relevantes unwertsteigerndes Moment begreifen wollte. Denn dann könnte es nur auf den *erstrebten* Vorteil großen Ausmaßes ankommen.

69 – Abs. 3 S. 2 Nr. 2a aF (Inverkehrbringen, Verschreiben und Anwenden [bei anderen] von Arzneimitteln zu Dopingzwecken im Sport): S. dazu nunmehr das AntiDopG (§ 4 Abs. 2 Nr. 2a).

70 – Abs. 3 S. 2 Nr. 2b aF: Gewerbs- oder bandenmäßige Verstöße gegen § 95 Abs. 1 Nr. 2a aF werden nunmehr vom AntiDopG erfasst (§ 4 Abs. 2 Nr. 2b).

71 – **Abs. 3 S. 2 Nr. 2** (Nr. 3 aF): Im Katalog des Abs. 3 erfasst die Nr. 2 die gewerbs- oder bandenmäßige Begehung von Taten des Herstellens oder Inverkehrbringens gefälschter Arzneimittel oder Wirkstoffe nach Abs. 1 Nr. 3a. Zu der punktuellen Bezugnahme auf Abs. 1 Nr. 3a gelten vorstehende Ausführungen entsprechend. Eine generelle Strafschärfung für die gewerbs- oder bandenmäßige Begehung der Verwirklichungsformen des Abs. 1 hätte insofern nicht lediglich eine klare Diktion des Gesetzes gewährleistet, sondern vor allem eine sachgemäße Behandlung gleichgearteter Fälle garantiert.

72 – Als **unbenannte besonders schwere Fälle** werden unter anderem folgende Konstellationen diskutiert:[84] Der illegale Handel mit nicht geringen Mengen oder das Mitführen von Waffen und das gewaltsame Vorgehen bei solchen Taten sowie der bandenmäßige unerlaubte Handel mit Arzneimitteln.[85] Gesetzessystematische Gründe sprechen nach der Neufassung des Abs. 3 allerdings dafür, in der punktuellen Kodifizierung der gewerbs- oder bandenmäßigen Begehung als besonders schwerer Fall in Abs. 3 Nr. 2 eine abschließende Regelung zu sehen – und zwar unabhängig davon, ob ein entsprechender Gestaltungswille des Gesetzgebers tatsächlich unterstellt werden kann. Die Annahme eines unbenannten besonders schweren Falls über die normierten Konstellationen hinaus ist hiernach gesperrt.

VII. Konkurrenzen

73   Werden **verschiedene Formen des Inverkehrbringens** sukzessive vorgenommen – findet also etwa nach dem Vorrätighalten zum Verkauf eine Abgabe seitens desselben Täters statt –, liegt eine den Tatbestand nur einmal verwirklichende **Bewertungseinheit** vor.[86] Zu den **Körperverletzungs-** und **Tötungsdelikten** des StGB steht der Verstoß des Abs. 1 Nr. 1 – auch als besonders schwerer Fall nach Abs. 3 – im Verhältnis der **Tateinheit** (§ 52 StGB).[87]

74   Auch ein Verstoß nach Abs. 1 Nr. 4 steht zu einem solchen nach Nr. 1 in Tateinheit. Entsprechendes gilt für einen Verstoß nach Abs. 1 Nr. 3a. Zur möglichen Tateinheit zwischen § 95 Abs. 1 Nr. 1 und § 96 Nr. 1, 4 u. 5 vgl. KPV/*Volkmer* Rn. 66 mwN; zur möglichen Tateinheit zwischen § 95 Abs. 1 Nr. 1 und § 96 Nr. 5 (Inverkehrbringen nicht zugelassener Fertigarzneimittel) vgl. auch BGH 11.8.1999 – 2 StR 44/99, NStZ 1999, 625 aE.

75   Zwischen § 95 Abs. 1 Nr. 4 und § 95 Abs. 1 Nr. 2a aF (Inverkehrbringen, Verschreiben und Anwenden [bei anderen] von Arzneimitteln zu Dopingzwecken im Sport) konnte Tateinheit bestehen. Entsprechendes gilt nunmehr für die Dopingstraftat nach dem Anti-DopG.

---

[83] Die Anlehnung an den besonders schweren Fall des Subventionsbetrugs nach § 264 Abs. 1, Abs. 2 Nr. 1 StGB ist sachlich verfehlt. Denn dort mag man immerhin davon ausgehen, dass der erlangte Vorteil regelmäßig die Kehrseite des für die angemessene Rechtsfolge relevanten Schadens bildet.

[84] Die Annahme solcher unbenannten besonders schweren Fälle wird zT als verfassungswidrig angesehen; vgl. dazu → Rn. 24.

[85] Vgl. dazu etwa KPV/*Volkmer* Rn. 350 ff.

[86] KPV/*Volkmer* Rn. 65.

[87] KPV/*Volkmer* Rn. 69. – Zum Verhältnis der speziellen Vorschriften des AMG zu den Straftaten des Kernstrafrechts näher etwa *Oswald*, Die strafrechtlichen Beschränkungen der klinischen Prüfung von Arzneimitteln und ihr Verhältnis zu § 228 StGB, 2014, S. 293 ff.

Verstoßen an sich befugte Personen – etwa bestimmte Arzneimittelgroßhändler – gegen **76** § 47, verdrängt die verwirklichte Sondernorm des § 95 Abs. 1 Nr. 5 eine etwaige Strafbarkeit nach der Nr. 4.[88] Handeln unbefugte Großhändler, geht § 95 Abs. 1 Nr. 4 der Nr. 5 vor.[89]

Bei **schlichtem Verstoß gegen die Verschreibungspflicht** (ohne gleichzeitigen Ver- **77** stoß gegen die Apothekenpflicht) liegt im Falle eines Humanarzneimittels und eines „einfachen" Tierarzneimittels nur ein Verstoß gegen § 96 Nr. 13 (Nr. 11 aF) vor. Ein Problem der Konkurrenz mit § 95 Abs. 1 Nr. 4 stellt sich nicht.[90] Bei verschreibungspflichtigen Arzneimitteln, die zur Anwendung bei Tieren, die der Lebensmittelgewinnung dienen, bestimmt sind, geht der Verstoß nach § 95 Abs. 1 Nr. 6 aufgrund der formellen Subsidiaritätsklausel des § 96 Nr. 13 (Nr. 11 aF) vor.

Zu weiteren Einzelheiten bei den Konkurrenzen s. etwa *Kloesel/Cyran* 26. Lfg., § 95 **78** Anm. 15; KPV/*Volkmer* Rn. 65 ff., 184, 235 ff.

VIII. Verjährung

Für Straftaten nach § 95 gilt die allgemeine Verjährungsfrist des § 78 Abs. 3 Nr. 4 StGB, **79** die sich auf 5 Jahre beläuft.

§ 96 Strafvorschriften

Mit Freiheitsstrafe bis zu einem Jahr oder mit Geldstrafe wird bestraft, wer
1. **entgegen § 4b Absatz 3 Satz 1 ein Arzneimittel abgibt,**
2. **einer Rechtsverordnung nach § 6, die die Verwendung bestimmter Stoffe, Zubereitungen aus Stoffen oder Gegenständen bei der Herstellung von Arzneimitteln vorschreibt, beschränkt oder verbietet, zuwiderhandelt, soweit sie für einen bestimmten Tatbestand auf diese Strafvorschrift verweist,**
3. **entgegen § 8 Abs. 1 Nr. 2, auch in Verbindung mit § 73a, Arzneimittel oder Wirkstoffe herstellt oder in den Verkehr bringt,**
4. **ohne Erlaubnis nach § 13 Absatz 1 Satz 1 oder § 72 Absatz 1 Satz 1 ein Arzneimittel, einen Wirkstoff oder einen dort genannten Stoff herstellt oder einführt,**
4a. **ohne Erlaubnis nach § 20b Abs. 1 Satz 1 oder Abs. 2 Satz 7 Gewebe gewinnt oder Laboruntersuchungen durchführt oder ohne Erlaubnis nach § 20c Abs. 1 Satz 1 Gewebe oder Gewebezubereitungen be- oder verarbeitet, konserviert, prüft, lagert oder in den Verkehr bringt,**
5. **entgegen § 21 Abs. 1 Fertigarzneimittel oder Arzneimittel, die zur Anwendung bei Tieren bestimmt sind, oder in einer Rechtsverordnung nach § 35 Abs. 1 Nr. 2 oder § 60 Abs. 3 bezeichnete Arzneimittel ohne Zulassung oder ohne Genehmigung der Europäischen Gemeinschaft oder der Europäischen Union in den Verkehr bringt,**
5a. **ohne Genehmigung nach § 21a Abs. 1 Satz 1 Gewebezubereitungen in den Verkehr bringt,**
5b. **ohne Bescheinigung nach § 21a Absatz 9 Satz 1 eine Gewebezubereitung erstmalig verbringt,**
6. **eine nach § 22 Abs. 1 Nr. 3, 5 bis 9, 11, 12, 14 oder 15, Abs. 3b oder 3c Satz 1 oder § 23 Abs. 2 Satz 2 oder 3 erforderliche Angabe nicht vollständig oder nicht richtig macht oder eine nach § 22 Abs. 2 oder 3, § 23 Abs. 1, Abs. 2 Satz 2 oder 3, Abs. 3, auch in Verbindung mit § 38 Abs. 2, erforderliche Unterlage oder durch vollziehbare Anordnung nach § 28 Absatz 3, 3a, 3b**

---

[88] KPV/*Volkmer* Rn. 237.
[89] Nach zutreffender Auffassung ist die Nr. 5 nicht von vornherein auf an sich befugte Personen beschränkt; vgl. dazu → Rn. 53.
[90] Im Ergebnis zutreffend KPV/*Volkmer* Rn. 237.

oder Absatz 3c Satz 1 Nummer 2 geforderte Unterlage nicht vollständig oder mit nicht richtigem Inhalt vorlegt,

7.   entgegen § 30 Abs. 4 Satz 1 Nr. 1, auch in Verbindung mit einer Rechtsverordnung nach § 35 Abs. 1 Nr. 2, ein Arzneimittel in den Verkehr bringt,

8.   entgegen § 32 Abs. 1 Satz 1, auch in Verbindung mit einer Rechtsverordnung nach § 35 Abs. 1 Nr. 3, eine Charge ohne Freigabe in den Verkehr bringt,

9.   entgegen § 38 Abs. 1 Satz 1 oder § 39a Satz 1 Fertigarzneimittel als homöopathische oder als traditionelle pflanzliche Arzneimittel ohne Registrierung in den Verkehr bringt,

10.   entgegen § 40 Abs. 1 Satz 3 Nr. 2, 2a Buchstabe a, Nr. 3, 4, 5, 6 oder 8, jeweils auch in Verbindung mit Abs. 4 oder § 41 die klinische Prüfung eines Arzneimittels durchführt,

[Nr. 10 ab unbestimmtem Zeitpunkt, siehe Gesetzeskopf Fn. 4:

10.   *entgegen § 40 Absatz 1 die klinische Prüfung beginnt,]*

11.   entgegen § 40 Abs. 1 Satz 2 die klinische Prüfung eines Arzneimittels beginnt,

[Nr. 11 ab unbestimmtem Zeitpunkt, siehe Gesetzeskopf Fn. 4:

11.   *entgegen § 40a Satz 1 Nummer 2 oder Nummer 3, auch in Verbindung mit Satz 2, entgegen § 40a Satz 1 Nummer 4 Buchstabe a oder Nummer 5 oder § 40b Absatz 3, Absatz 4 Satz 1 Nummer 1, Satz 2, Satz 3 oder Satz 9 oder Absatz 5 eine klinische Prüfung durchführt,]*

12.   entgegen § 47a Abs. 1 Satz 1 ein dort bezeichnetes Arzneimittel ohne Verschreibung abgibt, wenn die Tat nicht nach § 95 Abs. 1 Nr. 5a mit Strafe bedroht ist,

13.   entgegen § 48 Abs. 1 Satz 1 Nr. 1 in Verbindung mit einer Rechtsverordnung nach § 48 Abs. 2 Nr. 1, 2 oder Nummer 7 oder entgegen § 48 Absatz 1 Satz 1 Nummer 3, auch in Verbindung mit einer Rechtsverordnung nach § 48 Absatz 2 Satz 1 Nummer 1, Arzneimittel abgibt, wenn die Tat nicht in § 95 Abs. 1 Nr. 6 mit Strafe bedroht ist,

14.   ohne Erlaubnis nach § 52a Abs. 1 Satz 1 Großhandel betreibt,

14a.   entgegen § 52c Absatz 2 Satz 1 eine Tätigkeit als Arzneimittelvermittler aufnimmt,

15.   entgegen § 56a Abs. 4 Arzneimittel verschreibt oder abgibt,

16.   entgegen § 57 Abs. 1a Satz 1 in Verbindung mit einer Rechtsverordnung nach § 56a Abs. 3 Satz 1 Nr. 2 ein dort bezeichnetes Arzneimittel in Besitz hat,

17.   entgegen § 59 Abs. 2 Satz 1 Lebensmittel gewinnt,

18.   entgegen § 59a Abs. 1 oder 2 Stoffe oder Zubereitungen aus Stoffen erwirbt, anbietet, lagert, verpackt, mit sich führt oder in den Verkehr bringt,

18a.   entgegen § 59d Satz 1 Nummer 2 einen Stoff einem dort genannten Tier verabreicht,

18b.   ohne Erlaubnis nach § 72 Absatz 4 Satz 2, § 72b Absatz 1 Satz 3 oder § 72c Absatz 1 Satz 2, auch in Verbindung mit § 72c Absatz 4 Satz 1, dort genannte hämatopoetische Stammzellen, Stammzellzubereitungen, Gewebe oder Gewebezubereitungen einführt,

18c.   entgegen § 72a Absatz 1 Satz 1, auch in Verbindung mit Absatz 1b oder Absatz 1d, oder entgegen § 72a Absatz 1c ein Arzneimittel, einen Wirkstoff oder einen in den genannten Absätzen anderen Stoff einführt,

18d.   entgegen § 72b Abs. 2 Satz 1 Gewebe oder Gewebezubereitungen einführt,

18e.   entgegen § 73 Absatz 1b Satz 1 ein gefälschtes Arzneimittel oder einen gefälschten Wirkstoff in den Geltungsbereich dieses Gesetzes verbringt,

19.   ein zum Gebrauch bei Menschen bestimmtes Arzneimittel in den Verkehr bringt, obwohl die nach § 94 erforderliche Haftpflichtversicherung oder Frei-

stellungs- oder Gewährleistungsverpflichtung nicht oder nicht mehr besteht
oder [ab unbestimmtem Zeitpunkt, siehe Gesetzeskopf Fn. 4: ,]

20. **gegen die Verordnung (EG) Nr. 726/2004 des Europäischen Parlaments und
des Rates vom 31.** März 2004 **zur Festlegung von Gemeinschaftsverfahren
für die Genehmigung und Überwachung von Human- und Tierarzneimitteln
und zur Errichtung einer Europäischen Arzneimittel-Agentur (ABl. L 136
vom 30.4.2004, S. 1), die zuletzt durch die Verordnung (EU) Nr. 1027/2012
(ABl. L 316 vom 14.11.2012, S. 38) geändert worden ist, verstößt, indem er**

a) **entgegen Artikel 6 Absatz 1 Satz 1 der Verordnung in Verbindung mit
Artikel 8 Absatz 3 Unterabsatz 1 Buchstabe c bis e, h bis iaa oder Buchstabe ib der Richtlinie 2001/83/EG des Europäischen Parlaments und des
Rates vom 6.** November 2001 **zur Schaffung eines Gemeinschaftskodexes
für Humanarzneimittel (ABl. L 311 vom 28.11.2001, S. 67), die zuletzt
durch die Richtlinie 2012/26/EU (ABl. L 299 vom 27.10.2012, S. 1) geändert worden ist, eine Angabe oder eine Unterlage nicht richtig oder nicht
vollständig beifügt oder**

b) **entgegen Artikel 31 Abs. 1 Satz 1 der Verordnung in Verbindung mit Artikel 12 Abs. 3 Unterabsatz 1 Satz 2 Buchstabe c bis e, h bis j oder k der
Richtlinie 2001/82/EG des Europäischen Parlaments und des Rates vom
6.** November 2001 **zur Schaffung eines Gemeinschaftskodexes für Tierarzneimittel (ABl. EG Nr. L 311 S. 1), geändert durch die Richtlinie 2004/
28/EG des Europäischen Parlaments und des Rates vom 31.** März 2004
**(ABl. EU Nr. L 136 S. 58), eine Angabe nicht richtig oder nicht vollständig
beifügt.** [ab unbestimmtem Zeitpunkt, siehe Gesetzeskopf Fn. 4: *oder*]

[Nr. 21 ab unbestimmtem Zeitpunkt, siehe Gesetzeskopf Fn. 4:]

21. *gegen die Verordnung (EU) Nr. 536/2014 des Europäischen Parlaments und des Rates
vom 16. April 2014 über klinische Prüfungen mit Humanarzneimitteln und zur Aufhebung der Richtlinie 2001/20/EG (ABl. L 158 vom 27.5.2014, S. 1) verstößt, indem
er*

a) *entgegen Artikel 5 Absatz 1 Unterabsatz 1 in Verbindung mit Artikel 25 Absatz 1
Satz 1 Buchstabe c oder Anhang I Nummer 41 Satz 1 ein Antragsdossier nicht richtig oder nicht vollständig übermittelt oder*

b) *entgegen Artikel 28 Absatz 1 Buchstabe a, c oder Buchstabe e in Verbindung mit
Artikel 29 Absatz 1 Satz 1 oder Satz 3, entgegen Artikel 32 Absatz 1 oder Artikel 33 eine klinische Prüfung durchführt.*

Übersicht

I. Grundsätzliches

Ebenso wie § 95 enthält auch § 96 **Sanktionsvorschriften,** die unter Bezugnahme auf **1**
die jeweils zitierten Verhaltensnormen der vorangehenden Abschnitte Verstöße gegen die
Verhaltensge- bzw. -verbote mit Kriminalstrafe bedrohen, wobei die Regelhöchststrafe bei
einem Jahr liegt. Eine Kommentierung der in Bezug genommenen Verhaltensnormen (nebst
etwaigem Erfolgssachverhalt) findet sich vorne im Zusammenhang mit den einzelnen
Bestimmungen. Für die Sanktionierung ist neben dem tatbestandsspezifischen Verhaltensnormverstoß ggf. ein etwa vorausgesetzter Erfolgssachverhalt zu beachten.[1]

---

[1] Vgl. dazu → Vor § 95 Rn. 15 ff., 41 ff. und → § 95 Rn. 14 f.

2   An dieser Stelle ist zur Klarstellung nochmals darauf hinzuweisen, dass die Strafvorschriften mit **Rückverweisungstechnik** – also qualifizierte Blankettnormen – **verfassungswidrig** sind. Davon betroffen ist die Regelung des § 96 Nr. 2, nach der eine Straftat begeht,
wer einer Rechtsverordnung nach § 6 zuwiderhandelt, die die Verwendung bestimmter
Stoffe, Zubereitungen aus Stoffen oder Gegenständen bei der Herstellung von Arzneimitteln
vorschreibt, beschränkt oder verbietet, soweit sie (die Verordnung) auf die Strafvorschrift
verweist. Hier hat der Gesetzgeber die Kompetenz zur Normierung einer Strafvorschrift
in unzulässiger Weise an den Verordnungsgeber delegiert.[2]

II. Vorsätzlich begangene Straftaten

3   § 96 ergänzt den Katalog des § 95 Abs. 1, der Verstöße gegen Verhaltensnormen bei
vorsätzlicher Begehung als Straftaten (Vergehen iS des § 12 Abs. 2 StGB) erfasst.[3] Fahrlässige Verstöße werden im Gegensatz zu § 95 nicht als Straftat, sondern lediglich gem. § 97
Abs. 1 als Ordnungswidrigkeit geahndet.

4   Die im Verhältnis zu § 95 Abs. 1 geringere Strafdrohung des § 96 kann grundsätzlich als
Indiz für typischerweise **gemindertes Strafunrecht** – iS eines geringeren Gewichts des
Fehlverhaltens bzw. des Erfolgssachverhalts – gedeutet werden. Allerdings sind hier wie sonst
auch Schlussfolgerungen aus dem einzelnen Strafrahmen für die konkrete Rechtsfolgenbestimmung nur mit größter Vorsicht und bei Berücksichtigung des gesamten Kontexts möglich.[4]
Entscheidend geht es allemal darum, strafrechtlich auf das Fehlverhalten (insbes. nebst etwaigen
Folgen) angemessen zu reagieren, und dh auch: mit den Reaktionen bei anderen Straftaten
sachgerecht abzustimmen.[5] Zu einer durchaus problematischen Differenzierung in der Strafhöhe s. beispielhaft) → Rn. 20. – Die Abschichtung der Ordnungswidrigkeiten bei fahrlässigem Fehlverhalten von den Vorsatztaten des § 96 trägt dem generellen Unwertunterschied
zwischen vorsätzlichem und fahrlässigem Fehlverhalten Rechnung. Zur Konkretisierung fahrlässigen Fehlverhaltens siehe näher → Vor § 95 Rn. 20 f., 27 ff., → § 95 Rn. 30 ff.

III. Einzelheiten und strafrechtliche Rechtsprechung

5 – **Nr. 1 (Abgabe eines Arzneimittels entgegen § 4b Abs. 3 S. 1):** Die Strafvorschrift
betrifft die Abgabe von Arzneimitteln für neuartige Therapien bei fehlender Genehmigung durch die zuständige Bundesoberbehörde.

6 – **Nr. 2 (Missachtung einer Rechtverordnung nach § 6 bei der Arzneimittelherstellung):** Das über die Nr. 2 iVm einer rückverweisenden Rechtsverordnung (zur Verfassungswidrigkeit dieser Gesetzgebungstechnik → Vor § 95 Rn. 53 ff.) sanktionierte „Her-
stellungsverbot" korrespondiert mit dem „Verkehrsverbot" des § 95 Abs. 1 Nr. 2. Zu den
relevanten Verordnungen s. oben § 6.

7 – Zum Rechtszustand **vor der 12. AMG-Novelle** s. § 96 Nr. 2 aF (unerlaubte Herstellung
und unerlaubtes Inverkehrbringen qualitätsgeminderter Arzneimittel). § 96 Nr. 2 aF entspricht nach der 12. AMG-Novelle die strengere Strafvorschrift des § 95 Abs. 1 Nr. 3a.

8 – **Nr. 3 (Herstellen und Inverkehrbringen von Arzneimitteln mit irreführender
Bezeichnung, Angabe oder Aufmachung entgegen § 8 Abs. 1 Nr. 2, auch in
Verbindung mit § 73a):** Für Nr. 3 von Bedeutung ist die Entscheidung BGH
16.8.1972 – 2 StR 280/72, BGHSt 25, 1 (3 f.): Ein verbotenes thyreostatisches Tiermast-
mittel wird unter der „irreführenden Bezeichnung" als „Beruhigungsmittel" in den Verkehr gebracht. Der BGH sieht es als irrelevant an, dass die konkreten Abnehmer nicht

---

[2] Näher dazu → Vor § 95 Rn. 53 ff.
[3] Näher zu den Anforderungen an Vorsatztaten → Vor § 95 Rn. 31 ff. und → § 95 Rn. 3 ff.; zu einem
mitunter zu beachtenden Erfolgssachverhalt → Vor § 95 Rn. 41 ff. und → § 95 Rn. 14 f.
[4] Zur beschränkten Relevanz der Strafrahmen einzelner Delikte für die Rechtsfolgenbestimmung näher
Freund GA 1999, 509 (513 ff.).
[5] Näher zu diesem Konzept der strafrechtlichen Rechtsfolgenkonkretisierung *Freund* GA 1999, 509
(524 ff.).

getäuscht wurden, sondern „eingeweiht" waren. Es reiche, dass überhaupt irgendwelche Abnehmer irregeführt werden konnten; ob auch die mögliche Irreführung der Überwachungsbehörden ausreicht, lässt der BGH offen.

– **Nr. 4 (unerlaubte Herstellung oder unerlaubte Einfuhr von Arzneimitteln aus** 9 **nicht der EWG angehörenden Ländern):** Zum nach Nr. 4 strafbaren unerlaubten Herstellen von „Designer-Drogen" als (möglicherweise bedenkliche) Arzneimittel entgegen § 13 Abs. 1 S. 1 oder § 72 Abs. 1 S. 1 s. BGH 3.12.1997 – 2 StR 270/97, BGHSt 43, 336 ff.

– Mit Nr. 4 befasst sich auch das BayObLG 29.4.1998 – 4 St RR 12/98, NJW 1998, 3430 10 (3431 f.): Danach sind Eigenblut- und Eigenurinzubereitungen, die der Behandlung von Neurodermitispatienten dienen, Arzneimittel iS des § 2 Abs. 1 Nr. 1. Wer solche Zubereitungen berufsmäßig herstellt, um sie dem Spender zur oralen Selbstanwendung oder subkutanen Injektion zu überlassen, bedarf einer Herstellungserlaubnis nach § 13 Abs. 1 S. 1 (vgl. auch die Kommentierung zum 3. Abschnitt [§§ 13–20d]).

– Ebenfalls mit Nr. 4 befasst sich AG Tiergarten 11.9.1986 – 1 Wi Js 260/83, LRE 20, 11 319 f.[6] (Vitaminpräparate mit den Wirkstoffen Nikotinsäure und Amygdalin wurden importiert, in Zellglastütchen, Kapseln und Ähnlichem abgepackt und veräußert).

– **Nr. 4a (Gewinnung, Laboruntersuchung, Be- oder Verarbeitung, Konservie-** 12 **rung, Prüfung, Lagerung oder in den Verkehr Bringen von Gewebe oder Gewe-bezubereitungen ohne Erlaubnis):** Erfasst werden Verstöße gegen § 20b Abs. 1 Satz 1 oder Abs. 2 Satz 7 und gegen § 20c Abs. 1 Satz 1.

– Zu **Nr. 5 (unerlaubtes Inverkehrbringen nicht zugelassener Fertigarzneimittel)** 13 s. § 21.[7] Außerordentlich umstritten ist die Strafbarkeit des Arztes nach § 96 Nr. 5 beim „Off-Label-Use".[8] Beispielsweise geht *Weber* auch im Arzt-Patientenverhältnis von der Möglichkeit eines tatbestandsmäßigen Inverkehrbringens durch Verschreibung oder Überlassung eines für die konkrete Behandlung nicht zugelassenen Arzneimittels aus. De lege lata nicht erfassen lässt sich allerdings – wie *Weber* einräumt – der Fall der Anwendung des für diese Behandlung nicht zugelassenen Arzneimittels. Das entsprechende Anwenden ist nur dann eine Straftat – und zwar nach § 95 Abs. 1 Nr. 1 –, wenn es sich um ein mit Blick auf die konkrete Anwendung „bedenkliches" Arzneimittel handelt.

– Die angesprochene Problematik kann hier nicht umfassend diskutiert werden. In der 14 gebotenen Kürze ist Folgendes anzumerken: Die Beschränkung eines (strafbewehrten) Verbots gegenüber dem Arzt auf Fälle der Anwendung eines bedenklichen Arzneimittels erscheint sachgerecht, um nicht über Gebühr reglementierend in das konkrete Behandlungsverhältnis einzugreifen. Zumindest wenn die in Frage stehende Off-Label-Behandlung nicht im Interesse des Schutzes des konkreten Patienten rechtlich zu missbilligen ist, darf auch die Verschreibung oder Überlassung des Arzneimittels nicht als rechtlich missbilligtes Inverkehrbringen iS des § 96 Nr. 5 aufgefasst werden.[9] Denn die für eine entsprechende tatbestandsspezifische Missbilligung zu verlangende (abstrakte) Gefährlichkeit des nur in formeller Hinsicht gegebenen Fertigarzneimittels liegt in der konkreten Behandlungssituation nicht vor. Insofern verhält es sich nicht anders, als wenn ein Arzt,

---

[6] Betroffen ist auch § 95 Abs. 1 Nr. 1 (Inverkehrbringen bedenklicher Arzneimittel).

[7] S. auch *Kloesel/Cyran* 120. Lfg. 2012, § 96 Anm. 24 ff. – Krit. gegenüber der „Blankettstrafnorm" des § 96 Nr. 5 AMG mit Blick auf Grenzprodukte, die als Lebensmittel vertrieben, aber gerichtlicherseits als Arzneimittel eingestuft werden, *Doepner* ZLR 2005, 679 ff. – Zur umstrittenen arzneimittelrechtlichen Bewertung des Herstellens von Zytostatika-Lösungen und deren Einstufung als zulassungspflichtige Fertigarzneimittel s. BGH 4.9.2012 – 1 StR 534/11, BGHSt 57, 312 ff. (= JZ 2013, 846 ff. m. krit. Anm. *Kölbel*); BGH 10.12.2014 – 5 StR 405/13, MedR 2015, 671 ff.

[8] Eingehend zu dieser Problematik *Weber*, „Off-label use" – Arzneimittel- und strafrechtliche Aspekte am Beispiel der Kinderheilkunde, 2009, S. 91 ff.; s. auch *Ulsenheimer* FS Rissing-van Saan, 2011, 701 ff.

[9] Zur ggf. notwendigen teleologischen Reduktion des zu weit geratenen Wortlauttatbestandes s. etwa *Ulsenheimer* FS Rissing-van Saan, 2011, 701 (705 f.); vgl. auch *Loose*, Strafrechtliche Grenzen ärztlicher Behandlung und Forschung, 2003, S. 102 mwN. – Allg. zum „Aushöhlen des ärztlichen Berufsrechts durch die Bundesgesetzgebung" *Kern* MedR 2015, 787 ff.

der pharmazeutische Kenntnisse besitzt, im Einzelfall ein auf seinen Patienten individuell zugeschnittenes Arzneimittel produziert und es diesem verabreicht oder überlässt.

15 – Zu **Nr. 5a (Inverkehrbringen von Gewebezubereitungen ohne Genehmigung)** s. § 21a Abs. 1 S. 1. **Nr. 5b** erfasst das erstmalige Verbringen einer Gewebezubereitung ohne Bescheinigung nach § 21a Abs. 9 S. 1; der Gesetzgeber hat es versäumt, auch die hämatopoetischen Stammzellzubereitungen einzubeziehen, die seit dem Gesetz vom 18.7.2017 von § 21a Abs. 9 S. 1 erfasst werden. Zu **Nr. 6 (Vorlegen unrichtiger Zulassungsunterlagen)** s. §§ 22 f., 28;[10] zu **Nr. 7 (unerlaubtes Inverkehrbringen zulassungspflichtiger Arzneimittel bei ruhender, zurückgenommener oder widerrufener Zulassung)** s. § 30; zu **Nr. 8 (unerlaubtes Inverkehrbringen einer Charge ohne Freigabe durch die zuständige Bundesoberbehörde)** s. § 32; zu **Nr. 9 (unerlaubtes Inverkehrbringen nicht registrierter homöopathischer oder traditioneller pflanzlicher Arzneimittel)** s. § 38 ff.

16 – **Nr. 10 und 11 (Pflichtverletzungen bei der klinischen Prüfung eines Arzneimittels; vgl. auch schon Nr. 10 aF):** S. dazu oben §§ 40–42b.[11] Bemerkenswert ist in diesem Zusammenhang die Entscheidung des BayObLG 12.12.1989 – RReg 4 St 222/89, NJW 1990, 1552 f. (Klinische Prüfung an Geschäftsunfähigen ohne Einwilligung des gesetzlichen Vertreters als Vergehen nach § 40 Abs. 1 Nr. 2, § 96 Nr. 10 aF – eingehend dazu → §§ 40–42b Rn. 90 ff.).

17 – Zu **Nr. 12 (Nr. 10a aF) (Abgabe von Schwangerschaftsabbruchmitteln ohne ärztliche Verschreibung)** s. § 47a.

18 – **Nr. 13 (Nr. 11 aF) (unerlaubtes Abgeben unter Verstoß gegen die Rezeptpflicht):** Mit § 96 Nr. 11 aF iVm **§ 48 Abs. 1** befasst sich OLG Oldenburg 4.3.1999 – Ss 40/99, NJW 1999, 2751 f.: Ein Apotheker (W) hatte jemanden beauftragt, in konkurrierenden Apotheken „**Testkäufe**" durchzuführen, um ua herauszufinden, ob diese Apotheker rezeptpflichtige Medikamente ohne Rezept abgäben. Tatsächlich gelang es, verschreibungspflichtige Arzneimittel ohne Vorlage der erforderlichen Verschreibung zu erhalten. Diese wurden später an den Apotheker (W) übergeben, der sie vernichtete und Strafanzeige gegen die betroffenen Kollegen erstattete. Das OLG Oldenburg verneint im Ergebnis mit Recht eine über § 26 StGB strafbare Anstiftung zu den von den abgebenden Kollegen begangenen Straftaten. In der Sache stellt das OLG zutreffend darauf ab, dass nach Sachlage eine materielle Rechtsgutsbeeinträchtigung in Form einer gesundheitlichen Beeinträchtigung von Verbrauchern praktisch so gut wie ausgeschlossen war. Von einem mit dem abstrakten Gefährdungstatbestand gemeinten unkontrollierten Gelangen in die Hände eines potentiellen Verbrauchers bzw. einer Person, die das verschreibungspflichtige Medikament an einen solchen weitergeben könnte, konnte nicht mehr überzeugend ausgegangen werden. Daran ändert auch die – im Grunde nur scheinbar – formell vollendete Tatbestandsverwirklichung nichts.[12] Unter Berücksichtigung des allein legitimen **Strafgrundes der Teilnahme,** der in einem mittelbaren Angriff auf das auch durch die Haupttat angegriffene Rechtsgut zu erblicken ist,[13] muss eine strafbare (Ketten-)Anstiftung verneint werden.[14]

19 – Allerdings ist in dem konkreten Fall konsequenterweise auch **keine vollendete Haupttat** der die Medikamente ohne Verschreibung abgebenden Apothekerkollegen gegeben: Von einem „erfolgreichen" Abgeben mit dem tatbestandlich vorausgesetzten abstrakten Gefährdungspotential kann ja – wie festgestellt – gerade keine Rede sein. Es fehlt mithin auch

---

[10] S. auch *Kloesel/Cyran* 120. Lfg. 2012, § 96 Anm. 45.

[11] S. auch *Kloesel/Cyran* 120. Lfg. 2012, § 96 Anm. 55 ff., 65.

[12] Darauf macht mit Recht das OLG Oldenburg 4.3.1999 – Ss 40/99, NJW 1999, 2751, aufmerksam.

[13] Näher zur Problematik des Strafgrundes der Teilnahme etwa *Freund* AT § 10 Rn. 109 ff., 123 f.

[14] Freilich trifft die Argumentation des OLG Oldenburg nicht immer den Kern. Wenn es den äußeren Tatbestand einer Anstiftung zu einer Straftat bejaht, und nur den Vorsatz verneint, ist das nicht überzeugend. Denn da seitens des Apothekers (W) und des Testkäufers kein Irrtum im Spiel ist, muss der Strafbarkeitsmangel bereits im vorgelagerten Bereich liegen: Das Verhalten ist bereits kein tatbestandlich missbilligtes Anstiftungsverhalten (s. dazu *Freund* AT § 10 Rn. 124).

für die abgebenden Apotheker am **Erfolgssachverhalt,** der für die Vollendungstat nötig ist.[15] Hätten diese Apotheker Bescheid gewusst und sich dennoch auf das Geschäft eingelassen, wäre auch ihr Verhalten bei konsequenter Wertung trotz formaler Erfassung durch den Wortlauttatbestand materialiter nicht tatbestandsmäßig gewesen. Wegen des Irrtums in der entscheidenden Hinsicht lägen im konkreten Fall zwar an sich die Voraussetzungen eines **untauglichen Versuchs** vor. Ein solcher ist aber über § 96 nicht strafbewehrt.

– Ein strafbewehrter (auch untauglicher) Versuch der Abgabe ohne Vorlage der erforderlichen **20** Verschreibung ist nur bei Arzneimitteln möglich, die zur Anwendung bei Tieren bestimmt sind, die der Lebensmittelgewinnung dienen (vgl. § 95 Abs. 1 Nr. 6, Abs. 2). Dabei vermag die strengere Behandlung des entsprechenden Verhaltensnormverstoßes unter Unwertaspekten nicht zu überzeugen: Bei § 95 Abs. 1 Nr. 6 geht es sachlich ebenso wie bei § 96 Nr. 13 (Nr. 11 aF) insbesondere um die **abstrakte Gefährdung der menschlichen Gesundheit.** Daran ändert die Einbeziehung „einfacher" Tierarzneimittel bei § 96 Nr. 13 (Nr. 11 aF) nichts.[16] Ein Unterschied besteht lediglich insofern, als bei § 95 Abs. 1 Nr. 6 die abstrakte Gefährdung von Menschen über die Anwendung des Arzneimittels bei Tieren, die der Lebensmittelgewinnung dienen, vermittelt ist. Dass nun aber gerade diese mittelbare abstrakte Gefährdung von Menschen bei generalisierender Betrachtung ein gewichtigeres Gefährdungspotential darstellt, erscheint zumindest zweifelhaft. Denn auch Humanarzneimittel können durch den Verstoß des § 96 Nr. 13 (Nr. 11 aF) in solcher Form oder Menge unkontrolliert abgegeben werden, dass das direkte – nicht über die Nahrung vermittelte – Gefährdungspotential im Einzelfall durchaus gleichgewichtig sein *kann*.[17] Nur darauf kommt es aber für die angemessene strafrechtliche Reaktion auf das Fehlverhalten (nebst Folgen) an. Hinzu kommt Folgendes: Das über Tiere, die der Lebensmittelgewinnung dienen, vermittelte Gefährdungspotential ist keineswegs auf Arzneimittel beschränkt, die **zur Anwendung bei Tieren bestimmt** sind. Auch **Humanarzneimittel** können durchaus **zur Anwendung bei Tieren, die der Lebensmittelgewinnung dienen, missbraucht** werden. Deshalb ist der Unterschied in der Höhe der Strafdrohung, welche die Abgabe solcher Mittel ohne Rezept betrifft, ebenso wenig gerechtfertigt wie die unterschiedliche Reichweite der Versuchsbestrafung.

– Gleichfalls **Nr. 11 aF** betreffen die Entscheidungen LG Berlin 6.12.1996 – (572) 1 Wi **21** Js 187/92 Ls. Ns, StV 1997, 309 f., und BayObLG 12.12.1995 – 4 St RR 259/95, MedR 1996, 321 f. (Abgabe verschreibungspflichtiger Arzneimittel in dringenden Fällen **[Drogensüchtige]** nach telefonischer Unterrichtung durch einen Arzt, aber ohne Vorlage einer Verschreibung – vgl. dazu auch § 97 Abs. 1).

– Zu den für **Nr. 11 aF** relevanten **Anforderungen** an eine ärztliche **Verschreibung 22** (unleserlicher Name der Person, für die das Arzneimittel bestimmt ist) und der Konkretisierung der abgebenden Person bei **arbeitsteiligem Zusammenwirken** (Apotheker und pharmazeutisch-technischer Assistent) s. OLG Celle 14.2.1985 – 2 Ss (OWi) 15/85, NJW 1985, 2206 f. (mit nahezu mustergültiger Aufarbeitung der Problematik der Abgrenzung von Verantwortungsbereichen).[18]

– Nach OLG Köln 8.7.1981 – 3 Ss 1046/80, NStZ 1981, 444 ist die **nicht berufs- oder 23 gewerbsmäßige Abgabe rezeptpflichtiger Arzneimittel** an Endverbraucher außerhalb von Apotheken nach den Vorschriften des AMG (hier nach § 96 Nr. 11 aF) nicht strafbar.[19] Auch *Volkmer*[20] geht davon aus, dass nur der Befugte den Tatbestand des § 96 Nr. 13 (Nr. 11

[15] Zum bei der Vollendungstat nötigen Erfolgssachverhalt vgl. → Vor § 95 Rn. 41 ff. und → § 95 Rn. 14 f.
[16] Zur Kritik an der Gleichschaltung des Schutzes der menschlichen und der tierischen Gesundheit in einer Sanktionsnorm vgl. → § 5 Rn. 29 und → Vor § 95 Rn. 85.
[17] Dass es bisher eher im Bereich der Arzneimittel, die zur Anwendung bei Tieren, die der Lebensmittelgewinnung dienen, bestimmt sind, aufsehenerregende Fälle gegeben hat, vermag zwar die punktuelle gesetzgeberische Aktion zu erklären, ändert aber nichts an der sachwidrigen Ungleichbehandlung. – Zur Kritik am gegenwärtigen Konzept vgl. auch → Vor § 95 Rn. 78 ff.
[18] Zur Problematik der Abgrenzung von Verantwortungsbereichen s. auch 3. Abschnitt → §§ 13–20d Rn. 7 ff.
[19] Vgl. dazu auch BGH 25.8.1976 – 1 StR 641/66, BGHSt 21, 291 (293 ff.) (ohne definitive Entscheidung).
[20] KPV/*Volkmer* Rn. 221 mwN der einschlägigen Rechtsprechung; s. auch → § 95 Rn. 277.

aF) erfüllen könne, weil nur in Apotheken (§ 43 Abs. 3) eine Vorlage der erforderlichen Verschreibung vorgesehen sei. Unbefugte könnten nur den Tatbestand des § 95 Abs. 1 Nr. 4 verwirklichen. Insofern berücksichtigt *Volkmer* freilich nicht, dass Unbefugte verschreibungspflichtige Medikamente auch abgeben können, ohne die besonderen Voraussetzungen des Handeltreibens bzw. der Berufs- oder Gewerbsmäßigkeit zu erfüllen. Bei Abgabe im Einzelfall oder ohne Entgelt liegt kein Verstoß gegen die Apothekenpflicht vor, weil diese nach dem systematischen Zusammenhang und klaren Wortlaut der Abs. 1 und 3 des § 43 auf die Fälle berufs- oder gewerbsmäßiger Abgabe an den Endverbraucher beschränkt ist.[21] Unabhängig davon lässt sich bei ratio-orientierter Sicht ein Verstoß gegen das spezielle Erfordernis der Verschreibung begründen. Das Handeln des Unbefugten ist insoweit nicht weniger gefährlich, sondern eher noch gefährlicher als das eines grundsätzlich befugten Apothekers. Ein solcher **Verstoß des Unbefugten** ist auch nach dem Wortlaut der relevanten Sanktionsnorm des § 96 Nr. 13 (Nr. 11 aF) iVm § 48 ohne Weiteres zu erfassen. – Dennoch geht etwa das OLG Stuttgart 18.1.2012 – 4 Ss 664/11, NStZ-RR 2012, 154 ff. davon aus, Täter nach § 96 Nr. 13 AMG i.V. mit § 48 I AMG könne nur ein Apotheker oder eine sonst zur Abgabe von Arzneimitteln befugte Person sein.

24 – Zu **Nr. 11 aF** vgl. auch AG Solingen 9.2.1995 – OWi 12 Js 353/93, NJW 1996, 1607 f. (Abgabe verschreibungspflichtiger Arzneimittel an einen Heilpraktiker – vgl. dazu § 48 Abs. 1). – Ein (nach **Nr. 13** strafbarer) Verstoß gegen § 48 Abs. 1 Nr. 1 wird im Fall der Abgabe mehrer Packungen eines in der jeweiligen Packungsgröße verschreibungsfreien Arzneimittels vom OLG München verneint. Etwas anderes soll nur dann gelten, wenn in der Verordnung auch die Anzahl der verschreibungsfrei zu verkaufenden Packungseinheiten begrenzt ist.[22] Zur – nur in engen Grenzen gegebenen – Möglichkeit einer Rechtfertigung des Verstoßes gegen die Verschreibungspflicht (analog § 34 StGB) vgl. BGH 8.1.2015 – I ZR 123/13, BeckRS 2015, 12550 Rn. 25 ff.[23]

25 – Zu **Nr. 14 (Großhandel ohne Erlaubnis)** s. § 52a Abs. 1. S. 1. Die neue **Nr. 14a** erfasst die Aufnahme einer Tätigkeit als Arzneimittelvermittler entgegen § 52c Abs. 2 S. 1. Zu **Nr. 15 (Nr. 11a aF) (unerlaubtes Verschreiben und Abgeben von apothekenpflichtigen Tierarzneimitteln durch einen Tierarzt)** s. § 56a; zu **Nr. 16 (Nr. 11b aF) (Besitz von Arzneimitteln entgegen § 57 Abs. 1a S. 1 iVm einer Rechtsverordnung)** s. § 57; zu **Nr. 17 (Nr. 12 aF) (unerlaubtes Gewinnen von Lebensmitteln aus Tieren, bei denen mit Arzneimittelrückständen zu rechnen ist)** s. § 59; zu **Nr. 18 (Nr. 13 aF) (unerlaubter Verkehr mit Stoffen und Zubereitungen, die zur Herstellung von Arzneimitteln und zur Anwendung an Tieren verboten sind)** s. § 59a; nach **Nr. 18a** ist strafbar, wer entgegen § 59d S. 1 Nr. 2 einen Stoff einem dort genannten Tier verabreicht; **Nr. 18b bis Nr. 18d** erfassen Verstöße gegen §§ 72 bis 72c; **Nr. 18e** erfasst das Verbringen gefälschter Arzneimittel oder gefälschter Wirkstoffe in den Geltungsbereich des AMG unter Verstoß gegen § 73 Abs. 1b S. 1; zu **Nr. 19 (Nr. 14 aF) (Inverkehrbringen von Humanarzneimitteln ohne Deckungsvorsorge)** s. § 94; **Nr. 20 (vgl. Nr. 15 aF und 16 aF)** betrifft unrichtige und unvollständige Angaben bei Human- und Tierarzneimitteln entgegen einer EG- bzw. EU-Verordnung.

IV. Konkurrenzen

26   Die Verstöße des § 96 können zu den **Körperverletzungs-** und **Tötungsdelikten** des StGB im Verhältnis der **Tateinheit** (§ 52 StGB) stehen.[24] Vgl. ergänzend → § 95 Rn. 73 ff.

V. Verjährung

27   Straftaten nach § 96 verjähren nach der Regelung des § 78 Abs. 3 Nr. 5 StGB in drei Jahren.

---

[21] Näher dazu → § 95 Rn. 47 f.
[22] OLG München 25.4.2013 – 29 U 194/13, BeckRS 2013, 09323; s. dazu auch Kügel/Müller/Hofmann/*Hofmann* § 48 Rn. 55.
[23] S. dazu auch Kügel/Müller/Hofmann/*Hofmann* § 48 Rn. 56.
[24] KPV/*Volkmer* Rn. 355; Erbs/Kohlhaas/*Pelchen/Anders*, A 188, AMG, 187. Lfg. 2011, § 96 Rn. 45.

§ 97 Bußgeldvorschriften

(1) Ordnungswidrig handelt, wer eine in
1. **§ 96 Nummer 1 bis 5b, 7 bis 18e oder Nummer 19 oder**
2. **§ 96 Nummer 6 oder Nummer 20**
[Nr. 2 ab unbestimmtem Zeitpunkt, siehe Gesetzeskopf Fn. 4:]
2. *§ 96 Nummer 6, 20 oder Nummer 21*
bezeichnete Handlung fahrlässig begeht.

(2) Ordnungswidrig handelt auch, wer vorsätzlich oder fahrlässig
1. entgegen § 8 Absatz 3 ein Arzneimittel in den Verkehr bringt,
2. entgegen § 9 Abs. 1 Arzneimittel, die nicht den Namen oder die Firma des pharmazeutischen Unternehmers tragen, in den Verkehr bringt,
3. entgegen § 9 Abs. 2 Satz 1 Arzneimittel in den Verkehr bringt, ohne seinen Sitz im Geltungsbereich dieses Gesetzes oder in einem anderen Mitgliedstaat der Europäischen Union oder in einem anderen Vertragsstaat des Abkommens über den Europäischen Wirtschaftsraum zu haben,
4. entgegen § 10, auch in Verbindung mit § 109 Abs. 1 Satz 1 oder einer Rechtsverordnung nach § 12 Abs. 1 Nr. 1, Arzneimittel ohne die vorgeschriebene Kennzeichnung in den Verkehr bringt,
5. entgegen § 11 Abs. 1 Satz 1, auch in Verbindung mit Abs. 2a bis 3b oder 4, jeweils auch in Verbindung mit einer Rechtsverordnung nach § 12 Abs. 1 Nr. 1, Arzneimittel ohne die vorgeschriebene Packungsbeilage in den Verkehr bringt,
5a. entgegen § 11 Abs. 7 Satz 1 eine Teilmenge abgibt,
6. einer vollziehbaren Anordnung nach § 18 Abs. 2 zuwiderhandelt,
7. entgegen
   a) den §§ 20, 20b Absatz 5, § 20c Absatz 6, § 52a Absatz 8, § 67 Absatz 8 Satz 1, § 72b Absatz 2c Satz 1 oder § 73 Absatz 3b Satz 4,
   b) § 21a Absatz 7 Satz 1, § 29 Absatz 1 Satz 1, auch in Verbindung mit Satz 2, entgegen § 29 Absatz 1c Satz 1, § 63c Absatz 2, § 63h Absatz 2, § 63i Absatz 2 Satz 1 oder
   c) § 67 Absatz 1 Satz 1, auch in Verbindung mit Satz 2, jeweils auch in Verbindung mit § 69a, entgegen § 67 Absatz 5 Satz 1 oder Absatz 6 Satz 1
7. eine Anzeige nicht, nicht richtig, nicht vollständig oder nicht rechtzeitig erstattet,
7a. entgegen § 29 Abs. 1a Satz 1, Abs. 1b oder 1d eine Mitteilung nicht, nicht richtig, nicht vollständig oder nicht rechtzeitig macht,
8. entgegen § 30 Abs. 4 Satz 1 Nr. 2 oder § 73 Abs. 1 oder 1a Arzneimittel in den Geltungsbereich dieses Gesetzes verbringt,
[Nr. 9, 9a bis unbestimmtem Zeitpunkt, siehe Gesetzeskopf Fn. 4:]
9. entgegen § 40 Abs. 1 Satz 3 Nr. 7 die klinische Prüfung eines Arzneimittels durchführt,
9a. ohne einen Stellvertreter nach § 40 Absatz 1a Satz 3 benannt zu haben, eine klinische Prüfung durchführt,
9b. [ab unbestimmtem Zeitpunkt, siehe Gesetzeskopf Fn. 4: *9.*] entgegen [bis 31.12.3998: § 42b Absatz 1 oder Absatz 2 [ab unbestimmtem Zeitpunkt, siehe Gesetzeskopf Fn. 4: *§ 42b Absatz 1*] die Berichte nicht, nicht richtig, nicht vollständig oder nicht rechtzeitig zur Verfügung stellt,
10. entgegen § 43 Abs. 1, 2 oder 3 Satz 1 Arzneimittel berufs- oder gewerbsmäßig in den Verkehr bringt oder mit Arzneimitteln, die ohne Verschreibung an Verbraucher abgegeben werden dürfen, Handel treibt oder diese Arzneimittel abgibt,

11. entgegen § 43 Abs. 5 Satz 1 zur Anwendung bei Tieren bestimmte Arzneimittel, die für den Verkehr außerhalb der Apotheken nicht freigegeben sind, in nicht vorschriftsmäßiger Weise abgibt,

12. Arzneimittel, die ohne Verschreibung an Verbraucher abgegeben werden dürfen, entgegen § 47 Abs. 1 an andere als dort bezeichnete Personen oder Stellen oder entgegen § 47 Abs. 1a abgibt oder entgegen § 47 Abs. 2 Satz 1 bezieht,

12a. entgegen § 47 Abs. 4 Satz 1 Muster ohne schriftliche Anforderung, in einer anderen als der kleinsten Packungsgröße oder über die zulässige Menge hinaus abgibt oder abgeben lässt,

13. die in § 47 Abs. 1b oder Abs. 4 Satz 3 oder in § 47a Abs. 2 Satz 2 vorgeschriebenen Nachweise nicht oder nicht richtig führt, oder der zuständigen Behörde auf Verlangen nicht vorlegt,

13a. entgegen § 47a Abs. 2 Satz 1 ein dort bezeichnetes Arzneimittel ohne die vorgeschriebene Kennzeichnung abgibt,

14. entgegen § 50 Abs. 1 Einzelhandel mit Arzneimitteln betreibt,

15. entgegen § 51 Abs. 1 Arzneimittel im Reisegewerbe feilbietet oder Bestellungen darauf aufsucht,

16. entgegen § 52 Abs. 1 Arzneimittel im Wege der Selbstbedienung in den Verkehr bringt,

17. entgegen § 55 Absatz 8 Satz 1 auch in Verbindung mit Satz 2, einen Stoff, ein Behältnis oder eine Umhüllung verwendet oder eine Darreichungsform anfertigt,

17a. entgegen § 56 Abs. 1 Satz 2 eine Kopie einer Verschreibung nicht oder nicht rechtzeitig übersendet,

18. entgegen § 56 Abs. 2 Satz 1, Abs. 3 oder 4 Satz 1 oder 2 Fütterungsarzneimittel herstellt,

19. entgegen § 56 Absatz 4 Satz 2 eine verfütterungsfertige Mischung nicht, nicht richtig, nicht vollständig, nicht in der vorgeschriebenen Weise oder nicht rechtzeitig kennzeichnet,

20. entgegen § 56 Abs. 5 Satz 1 ein Fütterungsarzneimittel verschreibt,

21. entgegen § 56a Abs. 1 Satz 1 Nr. 1, 2, 3 oder 4, jeweils auch in Verbindung mit Satz 3, Arzneimittel,

    a) die zur Anwendung bei Tieren bestimmt sind, die nicht der Gewinnung von Lebensmitteln dienen, und nur auf Verschreibung an Verbraucher abgegeben werden dürfen,

    b) die ohne Verschreibung an Verbraucher abgegeben werden dürfen,

    verschreibt, abgibt oder anwendet,

21a. entgegen § 56a Abs. 1 Satz 4 Arzneimittel-Vormischungen verschreibt oder abgibt,

22. Arzneimittel, die ohne Verschreibung an Verbraucher abgegeben werden dürfen, entgegen § 57 Abs. 1 erwirbt,

22a. entgegen § 57a Arzneimittel anwendet,

23. entgegen § 58 Abs. 1 Satz 2 oder 3 Arzneimittel bei Tieren anwendet, die der Gewinnung von Lebensmitteln dienen,

23a. entgegen § 58a Absatz 1 Satz 1 oder 2 oder Absatz 3, Absatz 4 Satz 1, Satz 2 oder Satz 3 oder § 58b Absatz 1 Satz 1, 2 oder 3 oder Absatz 2 Satz 2 Nummer 2 oder Absatz 3 eine Mitteilung nicht, nicht richtig, nicht vollständig, nicht in der vorgeschriebenen Weise oder nicht rechtzeitig macht,

23b. entgegen § 58d Absatz 1 Nummer 2 eine dort genannte Feststellung nicht, nicht richtig oder nicht rechtzeitig aufzeichnet,

23c. entgegen § 58d Absatz 2 Satz 1 Nummer 2 einen dort genannten Plan nicht, nicht richtig, nicht vollständig, nicht in der vorgeschriebenen Weise oder nicht rechtzeitig erstellt,

23d. einer vollziehbaren Anordnung nach § 58d Absatz 3 oder Absatz 4 Satz 1 zuwiderhandelt,

24. einer Aufzeichnungs- oder Vorlagepflicht nach § 59 Abs. 4 zuwiderhandelt,

24a. entgegen § 59b Satz 1 Stoffe nicht, nicht richtig oder nicht rechtzeitig überlässt,

24b. entgegen § 59c Satz 1, auch in Verbindung mit Satz 2, einen dort bezeichneten Nachweis nicht, nicht richtig oder nicht vollständig führt, nicht oder nicht mindestens drei Jahre aufbewahrt oder nicht oder nicht rechtzeitig vorlegt,

24c. entgegen § 63a Abs. 1 Satz 1 einen Stufenplanbeauftragten nicht beauftragt oder entgegen § 63a Abs. 3 eine Mitteilung nicht, nicht vollständig oder nicht rechtzeitig erstattet,

24d. entgegen § 63a Abs. 1 Satz 6 eine Tätigkeit als Stufenplanbeauftragter ausübt,

24e. entgegen § 63b Absatz 1 ein Pharmakovigilanz-System nicht betreibt,

24f. entgegen § 63b Absatz 2 Nummer 1 eine dort genannte Maßnahme nicht oder nicht rechtzeitig ergreift,

24g. entgegen § 63b Absatz 2 Nummer 3 eine Pharmakovigilanz-Stammdokumentation nicht, nicht richtig oder nicht vollständig führt oder nicht, nicht richtig, nicht vollständig oder nicht rechtzeitig zur Verfügung stellt,

24h. entgegen § 63b Absatz 2 Nummer 4 ein Risikomanagement-System für jedes einzelne Arzneimittel nicht, nicht richtig oder nicht vollständig betreibt,

24i. entgegen § 63b Absatz 3 Satz 1 eine dort genannte Information ohne die dort genannte vorherige oder gleichzeitige Mitteilung veröffentlicht,

24j. entgegen § 63d Absatz 1, auch in Verbindung mit Absatz 3 Satz 1 oder Absatz 3 Satz 4, einen Unbedenklichkeitsbericht nicht, nicht richtig, nicht vollständig oder nicht rechtzeitig vorlegt,

24k. entgegen § 63f Absatz 1 Satz 3 einen Abschlussbericht nicht oder nicht rechtzeitig übermittelt,

24l. entgegen § 63g Absatz 1 einen Entwurf des Prüfungsprotokolls nicht, nicht richtig oder nicht rechtzeitig vorlegt,

24m. entgegen § 63g Absatz 2 Satz 1 mit einer Unbedenklichkeitsprüfung [ab unbestimmtem Zeitpunkt, siehe Gesetzeskopf Fn. 4: *Unbedenklichkeitsstudie*] beginnt,

24n. entgegen § 63g Absatz 4 Satz 1 einen Prüfungsbericht nicht, nicht richtig, nicht vollständig oder nicht rechtzeitig vorlegt,

24o. entgegen § 63h Absatz 5 Satz 1, 2 oder Satz 3 einen Bericht nicht, nicht richtig, nicht vollständig oder nicht rechtzeitig vorlegt,

24p. entgegen § 63i Absatz 3 Satz 1 eine Meldung nicht, nicht richtig oder nicht rechtzeitig macht,

24q. entgegen § 63i Absatz 4 Satz 1 einen Bericht nicht, nicht richtig oder nicht rechtzeitig vorlegt,

25. einer vollziehbaren Anordnung nach § 64 Abs. 4 Nr. 4, auch in Verbindung mit § 69a, zuwiderhandelt,

26. einer Duldungs- oder Mitwirkungspflicht nach § 66, auch in Verbindung mit § 69a, zuwiderhandelt,

27. entgegen einer vollziehbaren Anordnung nach § 74 Abs. 1 Satz 2 Nr. 3 eine Sendung nicht vorführt,

27a. entgegen § 74a Abs. 1 Satz 1 einen Informationsbeauftragten nicht beauftragt oder entgegen § 74a Abs. 3 eine Mitteilung nicht, nicht vollständig oder nicht rechtzeitig erstattet,

27b. entgegen § 74a Abs. 1 Satz 4 eine Tätigkeit als Informationsbeauftragter ausübt,

28. entgegen § 75 Abs. 1 Satz 1 eine Person als Pharmaberater beauftragt,

29. entgegen § 75 Abs. 1 Satz 3 eine Tätigkeit als Pharmaberater ausübt,

30.   einer Aufzeichnungs-, Mitteilungs- oder Nachweispflicht nach § 76 Abs. 1
        Satz 2 oder Abs. 2 zuwiderhandelt,
30a.   *(aufgehoben)*
31.   einer Rechtsverordnung nach § 7 Abs. 2 Satz 2, § 12 Abs. 1 Nr. 3 Buch-
        stabe a, § 12 Abs. 1b, [bis unbestimmtem Zeitpunkt, siehe Gesetzeskopf Fn. 4:]
        § 42 Abs. 3, § 54 Abs. 1, § 56a Abs. 3, § 57 Absatz 2 oder Absatz 3, § 58 Abs. 2
        oder § 74 Abs. 2 oder einer vollziehbaren Anordnung auf Grund einer sol-
        chen Rechtsverordnung zuwiderhandelt, soweit die Rechtsverordnung für
        einen bestimmten Tatbestand auf diese Bußgeldvorschrift verweist.
32.–36. *(aufgehoben)*

(2a) Ordnungswidrig handelt, wer vorsätzlich oder fahrlässig gegen Artikel 1
der Verordnung (EG) Nr. 540/95 der Kommission vom 10. März 1995 zur Festlegung der Bestimmungen für die Mitteilung von vermuteten unerwarteten, nicht
schwerwiegenden Nebenwirkungen, die innerhalb oder außerhalb der Gemeinschaft an gemäß der Verordnung (EWG) Nr. 2309/93 zugelassenen Human- oder
Tierarzneimitteln festgestellt werden (ABl. L 55 vom 11.3.1995, S. 5), in Verbindung mit § 63h Absatz 7 Satz 2 verstößt, indem er nicht sicherstellt, dass der Europäischen Arzneimittel-Agentur und der zuständigen Bundesoberbehörde eine
dort bezeichnete Nebenwirkung mitgeteilt wird.

(2b) Ordnungswidrig handelt, wer gegen die Verordnung (EG) Nr. 726/2004
verstößt, indem er vorsätzlich oder fahrlässig
1. entgegen Artikel 16 Absatz 2 Satz 1 oder Satz 2 in Verbindung mit Artikel 8
   Absatz 3 Unterabsatz 1 Buchstabe c bis e, h bis iaa oder Buchstabe ib der Richtlinie 2001/83/EG oder entgegen Artikel 41 Absatz 4 Satz 1 oder 2 in Verbindung mit Artikel 12 Absatz 3 Unterabsatz 1 Satz 2 Buchstabe c bis e, h bis j
   oder Buchstabe k der Richtlinie 2001/82/EG, jeweils in Verbindung mit § 29
   Absatz 4 Satz 2, der Europäischen Arzneimittel-Agentur oder der zuständigen
   Bundesoberbehörde eine dort genannte Mitteilung nicht, nicht richtig, nicht
   vollständig oder nicht rechtzeitig macht,
2. entgegen Artikel 28 Absatz 1 in Verbindung mit Artikel 107 Absatz 1 Unterabsatz 2 der Richtlinie 2001/83/EG nicht dafür sorgt, dass eine Meldung an einer
   dort genannten Stelle verfügbar ist,
3. entgegen Artikel 49 Absatz 1 Satz 1 oder Absatz 2 Satz 1, jeweils in Verbindung
   mit § 29 Absatz 4 Satz 2, nicht sicherstellt, dass der zuständigen Bundesoberbehörde oder der Europäischen Arzneimittel-Agentur eine dort bezeichnete
   Nebenwirkung mitgeteilt wird,
4. entgegen Artikel 49 Absatz 3 Satz 1 eine dort bezeichnete Unterlage nicht, nicht
   richtig oder nicht vollständig führt.

(2c) Ordnungswidrig handelt, wer gegen die Verordnung (EG) Nr. 1901/2006
des Europäischen Parlaments und des Rates vom 12. Dezember 2006 über Kinderarzneimittel und zur Änderung der Verordnung (EWG) Nr. 1768/92, der Richtlinien 2001/20/EG und 2001/83/EG sowie der Verordnung (EG) Nr. 726/2004 (ABl.
L 378 vom 27.12.2006, S. 1) verstößt, indem er vorsätzlich oder fahrlässig
1. entgegen Artikel 33 Satz 1 ein dort genanntes Arzneimittel nicht, nicht richtig
   oder nicht rechtzeitig in den Verkehr bringt,
2. einer vollziehbaren Anordnung nach Artikel 34 Absatz 2 Satz 4 zuwiderhandelt,
3. entgegen Artikel 34 Absatz 4 Satz 1 den dort genannten Bericht nicht oder
   nicht rechtzeitig vorlegt,
4. entgegen Artikel 35 Satz 1 die Genehmigung für das Inverkehrbringen nicht
   oder nicht rechtzeitig auf einen dort genannten Dritten überträgt und diesem
   einen Rückgriff auf die dort genannten Unterlagen nicht oder nicht rechtzeitig
   gestattet,

5. entgegen Artikel 35 Satz 2 eine Unterrichtung nicht, nicht richtig oder nicht rechtzeitig vornimmt, oder

6. entgegen Artikel 41 Absatz 2 Satz 2 ein Ergebnis der dort genannten Prüfung nicht, nicht richtig oder nicht rechtzeitig vorlegt.

[Abs. 2d ab unbestimmtem Zeitpunkt, siehe Gesetzeskopf Fn. 4:]

(2d) Ordnungswidrig handelt, wer gegen die Verordnung (EU) Nr. 536/2014 des Europäischen Parlaments und des Rates vom 16. April 2014 über klinische Prüfungen mit Humanarzneimitteln und zur Aufhebung der Richtlinie 2001/20/EG (ABl. L 158 vom 27.5.2014, S. 1) verstößt, indem er vorsätzlich oder fahrlässig

1. *entgegen den Artikeln 36, 37 Absatz 1, 2, 3 oder Absatz 5 oder Artikel 54 Absatz 2 die zuständige Bundesoberbehörde nicht oder nicht rechtzeitig unterrichtet,*

2. *entgegen Artikel 37 Absatz 4 Unterabsatz 1 Satz 1 in Verbindung mit Satz 2, Unterabsatz 2 oder Unterabsatz 3, entgegen Artikel 37 Absatz 4 Unterabsatz 4 oder Absatz 8 oder Artikel 43 Absatz 1 ein dort genanntes Dokument nicht, nicht richtig, nicht vollständig oder nicht rechtzeitig übermittelt,*

3. *entgegen Artikel 37 Absatz 6 die zuständige Bundesoberbehörde nicht oder nicht rechtzeitig in Kenntnis setzt,*

4. *entgegen Artikel 38 Absatz 1 eine Mitteilung nicht oder nicht rechtzeitig macht oder*

5. *entgegen*
   a) *Artikel 41 Absatz 1 oder Absatz 2 Unterabsatz 1 Satz 2 in Verbindung mit Unterabsatz 2 Satz 1 oder entgegen Artikel 41 Absatz 4 oder*
   b) *Artikel 42 Absatz 1 in Verbindung mit Absatz 2 Satz 1, entgegen Artikel 52 Absatz 1 oder Artikel 53 Absatz 1*

eine Meldung nicht, nicht richtig, nicht vollständig oder nicht rechtzeitig macht.

(3) Die Ordnungswidrigkeit kann mit einer Geldbuße bis zu 25 000 Euro geahndet werden.

(4) Verwaltungsbehörde im Sinne des § 36 Absatz 1 Nummer 1 des Gesetzes über Ordnungswidrigkeiten ist in den Fällen

1. **des Absatzes 1 Nummer 2, des Absatzes 2 Nummer 7 Buchstabe b, Nummer 7a,** [bis unbestimmtem Zeitpunkt, siehe Gesetzeskopf Fn. 4:] **9b** [ab unbestimmtem Zeitpunkt, siehe Gesetzeskopf Fn. 4: **9**] **und 24e bis 24q, der** [bis unbestimmtem Zeitpunkt, siehe Gesetzeskopf Fn. 4:] **Absätze 2a bis 2c** [ab unbestimmtem Zeitpunkt, siehe Gesetzeskopf Fn. 4: *Absätze 2a bis 2c und des Absatzes 2d Nummer 1 bis 5 und 6 Buchstabe b*] **und**

2. **des Absatzes 2 Nummer 7 Buchstabe c, soweit die Tat gegenüber der zuständigen Bundesoberbehörde begangen wird,**
die nach § 77 zuständige Bundesoberbehörde.

Ergänzt werden die strafrechtlichen Sanktionsnormen der §§ 95, 96 durch die ordnungswidrigkeitenrechtliche Sanktionsnorm des § 97. Ordnungswidrig handelt, wer entweder gem. § 97 Abs. 1 eine in Nr. 1 oder Nr. 2 in Bezug genommenen Handlung – die im Vorsatzfall von § 96 Nr. 1 bis 5b, 7 bis 18e oder Nr. 19 bzw. Nr. 6 oder Nr. 20 erfasst wird – fahrlässig begeht oder einen der in Abs. 2 genannten Tatbestände verwirklicht. Die ausdrückliche Bedrohung auch des **fahrlässigen Verstoßes** gegen eine Verhaltensnorm mit einem Bußgeld in § 97 ist nicht zuletzt im Hinblick auf § 10 OWiG erforderlich. Durch die Bezugnahme auf § 96 wird zugleich deutlich, dass es jedenfalls im Bereich der relevanten Verhaltensnormen **keinen qualitativen Unterschied zwischen Straftat und Ordnungswidrigkeit** gibt:[1]

1

---

[1] So auch *Mitsch,* Recht der Ordnungswidrigkeiten, 2. Aufl. 2005, § 3 Rn. 8 ff.; *Momsen-Pflanz,* Die sportethische und strafrechtliche Bedeutung des Dopings – Störung des wirtschaftlichen Wettbewerbs und Vermögensrelevanz, 2005, S. 259 ff., jew. mwN. – Die Ordnungswidrigkeit als „aliud" gegenüber der Straftat lässt sich aber noch finden bei *Thieß,* Ordnungswidrigkeitenrecht, 2002, Rn. 89; iS eines qualitativen Unterschieds zB *Klesczewski,* Ordnungswidrigkeitenrecht, 2010, Rn. 36 ff., 45 (Verstoß gegen ein Verletzungsverbot versus Beeinträchtigung eines bestimmten Gefahren- oder Daseinsvorsorgestandards). – Näher zur Problematik der Unterscheidung etwa auch *Stein,* Straftat und/oder Ordnungswidrigkeit? § 21 I S. 1 OWiG und das gleichzeitige Zusammentreffen zweier Sanktionsnormtypen, 2008, S. 124 ff.

Sowohl § 96 als auch § 97 Abs. 1 nehmen Bezug auf dieselben Verhaltensnormen und intendieren den (mittelbaren)[2] Schutz derselben Rechtsgüter; eine Unterscheidung hinsichtlich der Rechtsfolge – also Freiheitsstrafe und Geldstrafe auf der einen und Geldbuße auf der anderen Seite – wird lediglich davon abhängig gemacht, ob gegenüber dem „Normübertreter" der Vorwurf fahrlässigen oder vorsätzlichen Handelns erhoben werden kann.[3] – Zur verfassungsrechtlichen Problematik der qualifizierten Blankettnormen, mit denen der Gesetzgeber auch im Bereich der Ordnungswidrigkeiten arbeitet, näher → Vor § 95 Rn. 53 ff.

2   Die Entscheidung, Verhaltensnormübertretungen als Straftat bzw. als Ordnungswidrigkeit zu qualifizieren und dementsprechend zu sanktionieren, liegt in sehr weitgehendem Maße beim Gesetzgeber.[4] Dieser hat bei der Kategorisierung zwar darauf zu achten, dass eine **angemessene Reaktion auf den Verhaltensnormverstoß** nebst Folgen möglich bleibt. In Anbetracht der im Bereich des Strafrechts nach unten regelmäßig offenen Strafrahmen und der prozessualen Erledigungsmöglichkeiten in Bagatellfällen sowie der im Bereich der Ordnungswidrigkeiten durchaus möglichen empfindlichen Sanktionen dürfte es jedoch einen weiten Spielraum geben, innerhalb dessen der Gesetzgeber nicht gezwungen ist, das eine oder andere Reaktionsmittel zu wählen. Vielmehr ist ihm insoweit ein gewisser Gestaltungsspielraum zuzugestehen. Der Gesetzgeber kann nur aus einem Bagatellverstoß keine schlimme Straftat und aus einem gravierenden Fehlverhalten keine Bagatelle machen. Insofern ist die Konkretisierung der richtigen Rechtsfolge(n) zwar in concreto – schon wegen des nullum crimen-Satzes – auf das gesetzlich vorgesehene Reaktionsinstrumentarium angewiesen; es folgt jedoch ansonsten weitgehend eigenständigen Regeln, die selbst der Gesetzgeber nicht einfach punktuell außer Kraft setzen kann: Die **Rangordnung der Verhaltensnormverstöße nebst Folgen** ergibt sich aus dem Gesamtkontext des Straf- und Ordnungswidrigkeitenrechts und folgt gerade nicht aus dem einzelnen zur Verfügung gestellten Straf- oder sonstigen Reaktionsrahmen.[5]

3   Eine Ordnungswidrigkeit kann nur derjenige begehen, der **Adressat** der zugrunde gelegten Verhaltensnorm ist. Schließlich ist die Verhängung einer Sanktion – gleich ob in straf- oder ordnungswidrigkeitenrechtlicher Hinsicht – immer ein vom Staat ausgesprochener rechtlicher Tadel, der dem Einzelnen das von ihm begangene Unrecht vor Augen führen und, durch angemessene Reaktion darauf, die Normgeltungskraft der übertretenen Vorschrift für die Zukunft wiederherstellen und stabilisieren soll. Adressat der Verhaltensnorm kann daher immer nur eine **natürliche Person** sein, die für ihr Verhalten verantwortlich ist und ggf. auch dafür einzustehen hat.

4   **Juristische Personen** können per se keine Ordnungswidrigkeiten begehen, daran ändert auch die Regelung des § 9 OWiG nichts: Dieser erweitert den Kreis derjenigen Personen, gegen die eine Geldbuße im Sinne von § 1 OWiG verhängt werden kann, zwar auf solche, die für einen anderen handeln – wie zB Organe von juristischen Personen oder gesetzliche Vertreter – und gestattet in diesem Rahmen auch die Zurechnung von besonderen persönlichen Merkmalen. Das bedeutet aber nicht, dass die juristische Person selbst eine Ordnungswidrigkeit begehen und dafür unmittelbar mit Geldbuße belegt werden kann.[6] Eine Zurechnung des Vertreterhandelns, wie es für die zivilrechtliche Stellvertretung im Rahmen der §§ 164 ff. BGB charakteristisch ist, tritt im Ordnungswidrigkeitenrecht nicht ein.[7] § 9 OWiG ist nicht in der Lage, die fehlende Handlungsfähigkeit der juristischen Person zu ersetzen. Zwar ist die in § 30 OWiG zugelassene **Verbandsgeldbuße** Folge und Resultat des Vertreterhandelns und steht somit auch im Zusammenhang mit der Regelung des § 9 OWiG.

---

[2] Näher zur Differenzierung zwischen einer Verhaltensnorm und einer Sanktionsnorm und zum bloß mittelbaren Güterschutz durch eine Sanktionsnorm → StGB Vor § 13 Rn. 65 ff.

[3] Zum Vorsatz → Vor § 95 Rn. 31 ff., → § 95 Rn. 3 ff.; zur Fahrlässigkeit → Vor § 95 Rn. 20 f., 27 ff., → § 95 Rn. 30 ff.

[4] BVerfG 16.1.1969 – 2 BvL 2/69, BVerfGE 27, 18 (29 f.); 21.6.1977 – 2 BvR 70, 361/75, BVerfGE 45, 272 (289).

[5] Näher dazu *Freund* GA 1999, 509 ff., 524 ff.; s. auch → StGB Vor § 13 Rn. 74 ff.

[6] *Mitsch,* Recht der Ordnungswidrigkeiten, 2. Aufl. 2005, § 7 Rn. 24.

[7] *Bruns* GA 1982, 1 (10).

Gleichwohl wird durch die Vorschrift des § 30 OWiG nicht fingiert, die juristische Person habe selbst die Sanktionsvoraussetzungen erfüllt.[8]

Zur Verantwortlichkeit bei **arbeitsteiligem Handeln** bzw. innerbetrieblichen **Verant-** 5 **wortungsbereichen** vgl. etwa §§ 19, 62, 63a; näher zur Problematik von **Kollegialent-scheidungen** → Vor § 95 Rn. 64 ff.

Hinsichtlich der **Höhe des zu verhängenden Bußgeldes** legt Abs. 3 eine Obergrenze 6 von 25.000 Euro fest. Für die Festsetzung und Vollstreckung des Bußgeldes gelten die allgemeinen Vorschriften der §§ 17, 89 ff. OWiG. Gemäß § 31 Abs. 2 Nr. 1 OWiG gilt für Ordnungswidrigkeiten des § 97 AMG eine **Verjährungsfrist** von drei Jahren.

– Zu **Abs. 1** (iVm § 96 Nr. 11 aF = Nr. 13 nF) s. LG Berlin 6.12.1996 – (572) 1 Wi Js 7 187/92 Ls. Ns, StV 1997, 309 f. und BayObLG 12.12.1995 – 4 St RR 259/95, MedR 1996, 321 f. (Abgabe verschreibungspflichtiger Arzneimittel in dringenden Fällen [Drogensüchtige] nach telefonischer Unterrichtung durch einen Arzt, aber ohne Vorlage einer Verschreibung). Zu den für § 96 Nr. 11 aF (Nr. 13 nF) relevanten Anforderungen an eine ärztliche Verschreibung und der Konkretisierung der abgebenden Person bei arbeitsteiligem Zusammenwirken s. OLG Celle 14.2.1985 – 2 Ss (OWi) 15/85, NJW 1985, 2206 f.[9]

– Zu weiteren Einzelheiten des Abs. 1 s. oben § 96; zur Fahrlässigkeit → Vor § 95 Rn. 20 f., 8 27 ff., → § 95 Rn. 30 ff.

– **Abs. 2:** Zum Verbot, Arzneimittel in Apotheken zur *Selbstbedienung* feilzuhalten **(Abs. 2** 9 **Nr. 16),** s. OLG Köln 27.3.1984 – 3 Ss 18/84 B (53), GewArch 1984, 269 f. – Zum Inverkehrbringen von freiverkäuflichen Arzneimitteln außerhalb von Apotheken und dem Erfordernis der Sachkunde vgl. OLG Düsseldorf 30.1.1984 – 5 Ss (OWi) 20/84–21/84 I, JMBlNW 1984, 140 ff. = GewArch 1984, 270 ff.

– **Abs. 2 Nr. 22** betrifft die Entscheidung BayObLG 14.10.1986 – 3 Ob OWi 133/86, 10 BayObLGSt 1986, 110 ff. (Voraussetzungen des Erwerbs – vgl. dazu auch § 57 Abs. 1). Gemäß **Abs. 2 Nr. 22a** wird mit Strafe bedroht, wer entgegen § 57 Arzneimittel anwendet.

– **Abs. 2 Nr. 31** erfasst Verstöße gegen bestimmte, auf der Grundlage des AMG erlassene, 11 Rechtsverordnungen als Ordnungswidrigkeiten, soweit diese für einen bestimmten Tatbestand auf die Bußgeldvorschrift zurückverweisen. **Abs. 2c** (Abs. 2 Nr. 36 aF) bedroht mit Strafe, wer in bestimmter Weise gegen die Kinderarzneimittel betreffende Verordnung (EG) Nr. 1901/2006 verstößt. – Vgl. ferner *Weber*, 15. AMG-Novelle – Die Erweiterung des arzneimittelrechtlichen Ordnungswidrigkeitsrechts auf der Grundlage der europäischen „Kinderarzneimittel-Verordnung", PharmR 2009, 442 ff.

§ 98 Einziehung

[1]**Gegenstände, auf die sich eine Straftat nach § 95 oder § 96 oder eine Ordnungswidrigkeit nach § 97 bezieht, können eingezogen werden.** [2]**§ 74a des Strafgesetzbuches und § 23 des Gesetzes über Ordnungswidrigkeiten sind anzuwenden.**

Die Vorschrift des § 98 ermöglicht in Ergänzung des § 74 StGB eine **Einziehung** von 1 Gegenständen auch bei **fahrlässiger Begehungsweise.** Insofern greift die Regelung weiter als die kernstrafrechtliche des § 74 StGB, der lediglich eine Einziehung von Gegenständen bei vorsätzlich begangenen Straftaten vorsieht. Die Einziehungsvorschriften der §§ 74, 74a StGB, §§ 22, 23 OWiG gelten ergänzend. Hinsichtlich des Verfahrens ist zu beachten: Die Einziehung muss gerichtlich angeordnet werden und setzt voraus, dass die Straftat vom Gericht rechtskräftig festgestellt wurde. Bis zur rechtskräftigen Verurteilung des Täters schei-

---

[8] *Achenbach* FS Stree/Wessels, 1993, 545 (547); ausführlich *Mitsch,* Recht der Ordnungswidrigkeiten, 2. Aufl. 2005, § 7 Rn. 24, Teil III § 16 Rn. 1 ff. – Zur Problematik der strafrechtlichen Verantwortlichkeit von juristischen Personen und Personenvereinigungen vgl. → StGB Vor § 13 Rn. 146 f. mwN. – Weiterführend *Mulch,* Strafe und andere staatliche Maßnahmen gegenüber juristischen Personen – Zu den Legitimationsbedingungen entsprechender Rechtseingriffe, 2017.

[9] S. ergänzend → § 96 Rn. 21.

det eine Einziehung aus. Davon unberührt bleibt aber die Möglichkeit einer **Beschlagnahme** der entsprechenden Gegenstände im Zusammenhang mit der staatsanwaltlichen oder polizeilichen Ermittlung (§§ 111b ff. StPO).

2   Die Einziehung von Gegenständen nach § 98 ist nur dann rechtmäßig, wenn sie dem verfassungsrechtlichen **Verhältnismäßigkeitsgrundsatz** Rechnung trägt. Die Einziehung muss also zur Erreichung des angestrebten Erfolgs geeignet, erforderlich und angemessen sein. Nicht erforderlich ist die Einziehung, wenn eine weniger einschneidende Maßnahme denselben Erfolg verspricht.[1]

3   Eine Einziehung nach § 98 ist nur hinsichtlich solcher Gegenstände möglich, die in bestimmter Beziehung zu einer Straftat nach §§ 95, 96 bzw. einer Ordnungswidrigkeit nach § 97 stehen. Dies ist allgemein dann der Fall, wenn der Gegenstand durch die Tat geschaffen (hergestellt) wurde oder zur Begehung der Tat gebraucht bzw. bestimmt war.[2] In Bezug auf das AMG kommen somit als **einziehungsfähige Gegenstände** insbesondere solche Arzneimittel in Betracht, die verbotswidrig nach Deutschland verbracht oder in Deutschland unerlaubt hergestellt wurden bzw. als nicht verkehrsfähig im Sinne dieses Gesetzes einzustufen sind.[3]

4   Grundsätzlich müssen eingezogene Gegenstände im Eigentum des unmittelbar an der Tat Beteiligten stehen.[4] Satz 2 des § 98 verweist auf die Vorschriften des § 74a StGB bzw. § 23 OWiG und lässt damit auch eine sog **Dritteinziehung** zu, sofern der Dritte wenigstens leichtfertig dazu beigetragen hat, dass der der Einziehung unterliegende Gegenstand zur Tat verwendet wurde oder aus ihr hervorging, bzw. er ihn in Kenntnis der die Einziehung rechtfertigenden Umstände in verwerflicher Weise erworben hat. Ein solcher rechtlich zu missbilligender Erwerb wird in der Regel dann anzunehmen sein, wenn der Erwerb des Gegenstandes zum Zwecke der Vereitelung oder Erschwerung der Einziehung stattgefunden hat.

5   Eine **Verwertung** der eingezogenen Gegenstände durch die Landesjustizbehörden auf der Grundlage des § 63 der Strafvollstreckungsordnung wird im Hinblick auf die Gefährdung der Sicherheit im Umgang mit Arzneimitteln regelmäßig nicht in Betracht kommen.[5]

§ 98a *(aufgehoben)*

Achtzehnter Abschnitt. Überleitungs- und Übergangsvorschriften

Vom Abdruck der §§ 99–131 wurde abgesehen.

Vierter Unterabschnitt. Übergangsvorschriften aus Anlass des Fünften Gesetzes zur Änderung des Arzneimittelgesetzes

§ 132 [Übergangsvorschriften aus Anlass des Fünften Gesetzes zur Änderung des Arzneimittelgesetzes]

(1) [1]**Arzneimittel, die sich am 17. August 1994 im Verkehr befinden und den Vorschriften der §§ 10 und 11 unterliegen, müssen ein Jahr nach der ersten auf den 17. August 1994 erfolgenden Verlängerung der Zulassung oder, soweit sie von der Zulassung freigestellt sind, zu dem in der Rechtsverordnung nach § 36 genannten Zeitpunkt oder, soweit sie homöopathische Arzneimittel sind, fünf Jahre nach**

---

[1] Näher zum verfassungsrechtlichen Verhältnismäßigkeitsgrundsatz etwa *Detterbeck,* Allgemeines Verwaltungsrecht mit Verwaltungsprozessrecht, 13. Aufl. 2015, Rn. 229 ff.; *Maurer,* Staatsrecht I, 6. Aufl. 2010, § 8 Rn. 55 ff. mwN.
[2] Zur Konkretisierung s. etwa Schönke/Schröder/*Eser* StGB § 74 Rn. 8 ff.
[3] *Rehmann* § 98 Rn. 2.
[4] Vgl. hierzu die Vorschriften der § 74 StGB und § 22 OWiG.
[5] *Rehmann* § 98 Rn. 6.

dem 17. August 1994 vom pharmazeutischen Unternehmer entsprechend den Vorschriften der §§ 10 und 11 in den Verkehr gebracht werden. [2]Bis zu diesem Zeitpunkt dürfen Arzneimittel nach Satz 1 vom pharmazeutischen Unternehmer, nach diesem Zeitpunkt weiterhin von Groß- und Einzelhändlern mit einer Kennzeichnung und Packungsbeilage in den Verkehr gebracht werden, die den bis zum 17. August 1994 geltenden Vorschriften entspricht. [3]§ 109 bleibt unberührt.

(2) [1]Der pharmazeutische Unternehmer hat für Fertigarzneimittel, die sich am 17. August 1994 in Verkehr befinden, mit dem ersten auf den 17. August 1994 gestellten Antrag auf Verlängerung der Zulassung der zuständigen Bundesoberbehörde den Wortlaut der Fachinformation vorzulegen, die § 11a in der Fassung dieses Gesetzes entspricht. [2]§ 128 Abs. 1 Satz 2 bleibt unberührt.

(2a) [1]Eine Herstellungserlaubnis, die nicht dem § 16 entspricht, ist bis zum 17. August 1996 an § 16 anzupassen. [2]Satz 1 gilt für § 72 entsprechend.

(2b) Wer am 17. August 1994 die Tätigkeit als Herstellungsleiter für die Herstellung oder als Kontrollleiter für die Prüfung von Blutzubereitungen ausübt und die Voraussetzungen des § 15 Abs. 3 in der bis zum 17. August 1994 geltenden Fassung erfüllt, darf diese Tätigkeit weiter ausüben.

(3) *(aufgehoben)*

(4) [1]§ 39 Abs. 2 Nr. 4a und 5a findet keine Anwendung auf Arzneimittel, die bis zum 31. Dezember 1993 registriert worden sind, oder deren Registrierung bis zu diesem Zeitpunkt beantragt worden ist oder die nach § 105 Abs. 2 angezeigt worden sind und nach § 38 Abs. 1 Satz 3 in der vor dem 11. September 1998 geltenden Fassung in den Verkehr gebracht worden sind. [2]§ 39 Abs. 2 Nr. 4a findet ferner keine Anwendung auf Arzneimittel nach Satz 1, für die eine neue Registrierung beantragt wird, weil ein Bestandteil entfernt werden soll oder mehrere Bestandteile entfernt werden sollen oder der Verdünnungsgrad von Bestandteilen erhöht werden soll. [3]§ 39 Abs. 2 Nr. 4a und 5a findet ferner bei Entscheidungen über die Registrierung oder über ihre Verlängerung keine Anwendung auf Arzneimittel, die nach Art und Menge der Bestandteile und hinsichtlich der Darreichungsform mit den in Satz 1 genannten Arzneimitteln identisch sind. [4]§ 21 Abs. 2a Satz 5 und § 56a Abs. 2 Satz 5 gelten auch für zur Anwendung bei Tieren bestimmte Arzneimittel, deren Verdünnungsgrad die sechste Dezimalpotenz unterschreitet, sofern sie gemäß Satz 1 oder 2 registriert worden oder sie von der Registrierung freigestellt sind.

Fünfter Unterabschnitt. Übergangsvorschrift aus Anlass des Siebten Gesetzes zur Änderung des Arzneimittelgesetzes

§ 133 [Übergangsvorschrift aus Anlass des Siebten Gesetzes zur Änderung des Arzneimittelgesetzes]

Die Anzeigepflicht nach § 67 in Verbindung mit § 69a gilt für die in § 59c genannten Betriebe, Einrichtungen und Personen, die bereits am 4. März 1998 eine Tätigkeit im Sinne des § 59c ausüben mit der Maßgabe, dass die Anzeige spätestens bis zum 1. April 1998 zu erfolgen hat.

Sechster Unterabschnitt. Übergangsvorschriften aus Anlass des Transfusionsgesetzes

§ 134 [Übergangsvorschriften aus Anlass des Transfusionsgesetzes]

[1]Wer bei Inkrafttreten des Transfusionsgesetzes vom 1. Juli 1998 (BGBl. I S. 1752) die Tätigkeit als Herstellungsleiter für die Herstellung oder als Kontrolllei-

ter für die Prüfung von Blutzubereitungen oder Sera aus menschlichem Blut ausübt und die Voraussetzungen des § 15 Abs. 3 in der bis zu dem genannten Zeitpunkt geltenden Fassung erfüllt, darf diese Tätigkeit weiter ausüben. ²Wer zu dem
in Satz 1 genannten Zeitpunkt die Tätigkeit der Vorbehandlung von Personen zur
Separation von hämatopoetischen Stammzellen aus dem peripheren Blut oder
von anderen Blutbestandteilen nach dem Stand von Wissenschaft und Technik
ausübt, darf diese Tätigkeit weiter ausüben.

Siebter Unterabschnitt. Übergangsvorschriften aus Anlass des Achten Gesetzes zur Änderung des Arzneimittelgesetzes

§ 135 [Übergangsvorschriften aus Anlass des Achten Gesetzes zur Änderung des Arzneimittelgesetzes]

(1) ¹Arzneimittel, die sich am 11. September 1998 im Verkehr befinden und den
Vorschriften der §§ 10 und 11 unterliegen, müssen ein Jahr nach der ersten auf
den 11. September 1998 erfolgenden Verlängerung der Zulassung oder, soweit sie
von der Zulassung freigestellt sind, zu dem in der Rechtsverordnung nach § 36
genannten Zeitpunkt oder, soweit sie homöopathische Arzneimittel sind, am
1. Oktober 2003 vom pharmazeutischen Unternehmer entsprechend den Vorschriften der §§ 10 und 11 in den Verkehr gebracht werden. ²Bis zu diesem Zeitpunkt dürfen Arzneimittel nach Satz 1 vom pharmazeutischen Unternehmer,
nach diesem Zeitpunkt weiterhin von Groß- und Einzelhändlern mit einer Kennzeichnung und Packungsbeilage in den Verkehr gebracht werden, die den bis zum
11. September 1998 geltenden Vorschriften entspricht. ³§ 109 bleibt unberührt.

(2) ¹Wer am 11. September 1998 die Tätigkeit als Herstellungs- oder Kontrollleiter für die in § 15 Abs. 3a genannten Arzneimittel oder Wirkstoffe befugt ausübt,
darf diese Tätigkeit im bisherigen Umfang weiter ausüben. ²§ 15 Abs. 4 findet
bis zum 1. Oktober 2001 keine Anwendung auf die praktische Tätigkeit für die
Herstellung von Arzneimitteln und Wirkstoffen nach § 15 Abs. 3a.

(3) Homöopathische Arzneimittel, die sich am 11. September 1998 im Verkehr
befinden und für die bis zum 1. Oktober 1999 ein Antrag auf Registrierung gestellt
worden ist, dürfen abweichend von § 38 Abs. 1 Satz 3 bis zur Entscheidung über
die Registrierung in den Verkehr gebracht werden, sofern sie den bis zum 11. September 1998 geltenden Vorschriften entsprechen.

(4) § 41 Nr. 6 findet in der geänderten Fassung keine Anwendung auf Einwilligungserklärungen, die vor dem 11. September 1998 abgegeben worden sind.

Achter Unterabschnitt. Übergangsvorschriften aus Anlass des Zehnten Gesetzes zur Änderung des Arzneimittelgesetzes

§ 136 [Übergangsvorschriften aus Anlass des Zehnten Gesetzes zur Änderung des Arzneimittelgesetzes]

(1) ¹Für Arzneimittel, bei denen die nach § 105 Abs. 3 Satz 1 beantragte Verlängerung bereits erteilt worden ist, sind die in § 105 Abs. 4a Satz 1 bezeichneten
Unterlagen spätestens mit dem Antrag nach § 31 Abs. 1 Nr. 3 vorzulegen. ²Bei
diesen Arzneimitteln ist die Zulassung zu verlängern, wenn kein Versagungsgrund
nach § 25 Abs. 2 vorliegt; für weitere Verlängerungen findet § 31 Anwendung.

(1a) Auf Arzneimittel nach § 105 Abs. 3 Satz 1, die nach einer nicht im
Homöopathischen Teil des Arzneibuchs beschriebenen Verfahrenstechnik herge-

stellt sind, findet § 105 Abs. 3 Satz 2 in der bis zum 12. Juli 2000 geltenden Fassung bis zu einer Entscheidung der Kommission nach § 55 Abs. 6 über die Aufnahme dieser Verfahrenstechnik Anwendung, sofern bis zum 1. Oktober 2000 ein Antrag auf Aufnahme in den Homöopathischen Teil des Arzneibuchs gestellt wurde.

(2) Für Arzneimittel, bei denen dem Antragsteller vor dem 12. Juli 2000 Mängel bei der Wirksamkeit oder Unbedenklichkeit mitgeteilt worden sind, findet § 105 Abs. 3a in der bis zum 12. Juli 2000 geltenden Fassung Anwendung.

(2a) § 105 Abs. 3a Satz 2 findet in der bis zum 12. Juli 2000 geltenden Fassung bis zum 31. Januar 2001 mit der Maßgabe Anwendung, dass es eines Mängelbescheides nicht bedarf und eine Änderung nur dann zulässig ist, sofern sie sich darauf beschränkt, dass ein oder mehrere bislang enthaltene arzneilich wirksame Bestandteile nach der Änderung nicht mehr enthalten sind.

(3) Für Arzneimittel, die nach einer im Homöopathischen Teil des Arzneibuches beschriebenen Verfahrenstechnik hergestellt worden sind, gilt § 105 Abs. 5c weiter in der vor dem 12. Juli 2000 geltenden Fassung.

Neunter Unterabschnitt. Übergangsvorschriften aus Anlass des Elften Gesetzes zur Änderung des Arzneimittelgesetzes

§ 137 [Übergangsvorschriften aus Anlass des Elften Gesetzes zur Änderung des Arzneimittelgesetzes]

[1]Abweichend von § 13 Abs. 2, § 47 Abs. 1 Nr. 6, § 56 Abs. 2 Satz 2 und Abs. 5 Satz 1 dürfen Fütterungsarzneimittel noch bis zum 31. Dezember 2005 nach den bis zum 1. November 2002 geltenden Regelungen hergestellt, in Verkehr gebracht und angewendet werden. [2]Bis zum 31. Dezember 2005 darf die Herstellung eines Fütterungsarzneimittels dabei abweichend von § 56 Abs. 2 Satz 1 aus höchstens drei Arzneimittel-Vormischungen, die jeweils zur Anwendung bei der zu behandelnden Tierart zugelassen sind, erfolgen, sofern
1. für das betreffende Anwendungsgebiet eine zugelassene Arzneimittel-Vormischung nicht zur Verfügung steht,
2. im Einzelfall im Fütterungsarzneimittel nicht mehr als zwei antibiotikahaltige Arzneimittel-Vormischungen enthalten sind und
3. eine homogene und stabile Verteilung der wirksamen Bestandteile in dem Fütterungsarzneimittel gewährleistet ist.
[3]Abweichend von Satz 2 Nr. 2 darf im Fütterungsarzneimittel nur eine antibiotikahaltige Arzneimittel-Vormischung enthalten sein, sofern diese zwei oder mehr antibiotisch wirksame Stoffe enthält.

Zehnter Unterabschnitt. Übergangsvorschriften aus Anlass des Zwölften Gesetzes zur Änderung des Arzneimittelgesetzes

§ 138 [Übergangsvorschriften aus Anlass des Zwölften Gesetzes zur Änderung des Arzneimittelgesetzes]

(1) [1]Für die Herstellung und Einfuhr von Wirkstoffen, die mikrobieller Herkunft sind, sowie von anderen zur Arzneimittelherstellung bestimmten Stoffen menschlicher Herkunft, die gewerbs- oder berufsmäßig zum Zwecke der Abgabe an andere hergestellt oder in den Geltungsbereich dieses Gesetzes verbracht werden, finden die §§ 13, 72 und 72a in der bis zum 5. August 2004 geltenden Fassung bis zum 1. September 2006 Anwendung, es sei denn, es handelt sich um zur Arznei-

mittelherstellung bestimmtes Blut und Blutbestandteile menschlicher Herkunft. [2]Wird Blut zur Aufbereitung oder Vermehrung von autologen Körperzellen im Rahmen der Gewebezüchtung zur Geweberegeneration entnommen und ist dafür noch keine Herstellungserlaubnis beantragt worden, findet § 13 bis zum 1. September 2006 keine Anwendung.

(2) Wer am 5. August 2004 befugt ist, die Tätigkeit des Herstellungs- oder Kontrollleiters auszuüben, darf diese Tätigkeit abweichend von § 15 Abs. 1 weiter ausüben.

(3) Für klinische Prüfungen von Arzneimitteln bei Menschen, für die vor dem 6. August 2004 die nach § 40 Abs. 1 Satz 2 in der bis zum 6. August 2004 geltenden Fassung erforderlichen Unterlagen der für den Leiter der klinischen Prüfung zuständigen Ethik-Kommission vorgelegt worden sind, finden die §§ 40 bis 42, 96 Nr. 10 und § 97 Abs. 2 Nr. 9 in der bis zum 6. August 2004 geltenden Fassung Anwendung.

(4) Wer die Tätigkeit des Großhandels mit Arzneimitteln am 6. August 2004 befugt ausübt und bis zum 1. Dezember 2004 nach § 52a Abs. 1 einen Antrag auf Erteilung einer Erlaubnis zum Betrieb eines Großhandels mit Arzneimitteln gestellt hat, darf abweichend von § 52a Abs. 1 bis zur Entscheidung über den gestellten Antrag die Tätigkeit des Großhandels mit Arzneimitteln ausüben; § 52a Abs. 3 Satz 2 bis 3 findet keine Anwendung.

(5) [1]Eine amtliche Anerkennung, die auf Grund der Rechtsverordnung nach § 54 Abs. 2a für den Großhandel mit zur Anwendung bei Tieren bestimmten Arzneimitteln erteilt wurde, gilt als Erlaubnis im Sinne des § 52a für den Großhandel mit zur Anwendung bei Tieren bestimmten Arzneimitteln. [2]Der Inhaber der Anerkennung hat bis zum 1. März 2005 der zuständigen Behörde dem § 52a Abs. 2 entsprechende Unterlagen und Erklärungen vorzulegen.

(6) Wer andere Stoffe als Wirkstoffe, die menschlicher oder tierischer Herkunft sind oder auf gentechnischem Wege hergestellt werden, am 6. August 2004 befugt ohne Einfuhrerlaubnis nach § 72 in den Geltungsbereich dieses Gesetzes verbracht hat, darf diese Tätigkeit bis zum 1. September 2005 weiter ausüben.

(7) [1]Arzneimittel, die vor dem 30. Oktober 2005 von der zuständigen Bundesoberbehörde zugelassen worden sind, dürfen abweichend von § 10 Abs. 1b von pharmazeutischen Unternehmern bis zur nächsten Verlängerung der Zulassung, jedoch nicht länger als bis zum 30. Oktober 2007, weiterhin in den Verkehr gebracht werden. [2]Arzneimittel, die von pharmazeutischen Unternehmern gemäß Satz 1 in den Verkehr gebracht worden sind, dürfen abweichend von § 10 Abs. 1b von Groß- und Einzelhändlern weiterhin in den Verkehr gebracht werden.

Elfter Unterabschnitt. Übergangsvorschriften aus Anlass des Ersten Gesetzes zur Änderung des Transfusionsgesetzes und arzneimittelrechtlicher Vorschriften

§ 139 [Übergangsvorschriften aus Anlass des Ersten Gesetzes zur Änderung des Transfusionsgesetzes und arzneimittelrechtlicher Vorschriften]

Wer bei Inkrafttreten von Artikel 2 Nr. 3 des Ersten Gesetzes zur Änderung des Transfusionsgesetzes und arzneimittelrechtlicher Vorschriften vom 10. Februar 2005 (BGBl. I S. 234) die Tätigkeit als Herstellungsleiter oder als Kontrollleiter für die Prüfung von hämatopoetischen Stammzellzubereitungen aus dem peripheren Blut oder aus dem Nabelschnurblut ausübt und die Voraussetzungen des § 15

Abs. 3 in der bis zu diesem Zeitpunkt geltenden Fassung erfüllt, darf diese Tätigkeit weiter ausüben.

Zwölfter Unterabschnitt. Übergangsvorschriften aus Anlass des Dreizehnten Gesetzes zur Änderung des Arzneimittelgesetzes

§ 140 [Übergangsvorschriften aus Anlass des Dreizehnten Gesetzes zur Änderung des Arzneimittelgesetzes]

Abweichend von § 56a Abs. 2 und § 73 Abs. 3 dürfen Arzneimittel bei Tieren, die nicht der Gewinnung von Lebensmitteln dienen, noch bis zum 29. Oktober 2005 nach den bis zum 1. September 2005 geltenden Regelungen in den Geltungsbereich dieses Gesetzes verbracht, verschrieben, abgegeben und angewandt werden.

Dreizehnter Unterabschnitt. Übergangsvorschriften aus Anlass des Vierzehnten Gesetzes zur Änderung des Arzneimittelgesetzes

§ 141 [Übergangsvorschriften aus Anlass des Vierzehnten Gesetzes zur Änderung des Arzneimittelgesetzes]

(1) [1]Arzneimittel, die sich am 5. September 2005 im Verkehr befinden und den Vorschriften der §§ 10 und 11 unterliegen, müssen zwei Jahre nach der ersten auf den 6. September 2005 folgenden Verlängerung der Zulassung oder Registrierung oder, soweit sie von der Zulassung oder Registrierung freigestellt sind, zu dem in der Rechtsverordnung nach § 36 oder § 39 genannten Zeitpunkt oder, soweit sie keiner Verlängerung bedürfen, am 1. Januar 2009 vom pharmazeutischen Unternehmer entsprechend den Vorschriften der §§ 10 und 11 in den Verkehr gebracht werden. [2]Bis zu den jeweiligen Zeitpunkten nach Satz 1 dürfen Arzneimittel vom pharmazeutischen Unternehmer, nach diesen Zeitpunkten weiter von Groß- und Einzelhändlern mit einer Kennzeichnung und Packungsbeilage in den Verkehr gebracht werden, die den bis zum 5. September 2005 geltenden Vorschriften entsprechen. [3]§ 109 bleibt unberührt.

(2) Der pharmazeutische Unternehmer hat für Fertigarzneimittel, die sich am 5. September 2005 im Verkehr befinden, mit dem ersten nach dem 6. September 2005 gestellten Antrag auf Verlängerung der Zulassung der zuständigen Bundesoberbehörde den Wortlaut der Fachinformation vorzulegen, die § 11a entspricht; soweit diese Arzneimittel keiner Verlängerung bedürfen, gilt die Verpflichtung vom 1. Januar 2009 an.

(3) Eine Person, die die Sachkenntnis nach § 15 nicht hat, aber am 5. September 2005 befugt ist, die in § 19 beschriebenen Tätigkeiten einer sachkundigen Person auszuüben, gilt als sachkundige Person nach § 14.

(4) Fertigarzneimittel, die sich am 5. September 2005 im Verkehr befinden und nach dem 6. September 2005 nach § 4 Abs. 1 erstmalig der Zulassungspflicht nach § 21 unterliegen, dürfen weiter in den Verkehr gebracht werden, wenn für sie bis zum 1. September 2008 ein Antrag auf Zulassung gestellt worden ist.

(5) Die Zeiträume für den Unterlagenschutz nach § 24b Abs. 1, 4, 7 und 8 gelten nicht für Referenzarzneimittel, deren Zulassung vor dem 30. Oktober 2005 beantragt wurde; für diese Arzneimittel gelten die Schutzfristen nach § 24a in der bis zum Ablauf des 5. September 2005 geltenden Fassung und beträgt der Zeitraum in § 24b Abs. 4 zehn Jahre.

(6) [1]Für Arzneimittel, deren Zulassung vor dem 1. Januar 2001 verlängert wurde, findet § 31 Abs. 1 Nr. 3 in der bis zum 5. September 2005 geltenden Fassung Anwendung; § 31 Abs. 1a gilt für diese Arzneimittel erst dann, wenn sie nach dem 6. September 2005 verlängert worden sind. [2]Für Zulassungen, deren fünfjährige Geltungsdauer bis zum 1. Juli 2006 endet, gilt weiterhin die Frist des § 31 Abs. 1 Nr. 3 in der vor dem 6. September 2005 geltenden Fassung. [3]Die zuständige Bundesoberbehörde kann für Arzneimittel, deren Zulassung nach dem 1. Januar 2001 und vor dem 6. September 2005 verlängert wurde, das Erfordernis einer weiteren Verlängerung anordnen, sofern dies erforderlich ist, um das sichere Inverkehrbringen des Arzneimittels weiterhin zu gewährleisten. [4]Vor dem 6. September 2005 gestellte Anträge auf Verlängerung von Zulassungen, die nach diesem Absatz keiner Verlängerung mehr bedürfen, gelten als erledigt. [5]Die Sätze 1 und 4 gelten entsprechend für Registrierungen. [6]Zulassungsverlängerungen oder Registrierungen von Arzneimitteln, die nach § 105 Abs. 1 als zugelassen galten, gelten als Verlängerung im Sinne dieses Absatzes. [7]§ 136 Abs. 1 bleibt unberührt.

(7) Der Inhaber der Zulassung hat für ein Arzneimittel, das am 5. September 2005 zugelassen ist, sich aber zu diesem Zeitpunkt nicht im Verkehr befindet, der zuständigen Bundesoberbehörde unverzüglich anzuzeigen, dass das betreffende Arzneimittel nicht in den Verkehr gebracht wird.

(8) Für Widersprüche, die vor dem 5. September 2005 erhoben wurden, findet § 33 in der bis zum 5. September 2005 geltenden Fassung Anwendung.

(9) § 25 Abs. 9 und § 34 Abs. 1a sind nicht auf Arzneimittel anzuwenden, deren Zulassung vor dem 6. September 2005 beantragt wurde.

(10) [1]Auf Arzneimittel, die bis zum 6. September 2005 als homöopathische Arzneimittel registriert worden sind oder deren Registrierung vor dem 30. April 2005 beantragt wurde, sind die bis dahin geltenden Vorschriften weiter anzuwenden. [2]Das Gleiche gilt für Arzneimittel, die nach § 105 Abs. 2 angezeigt worden sind und nach § 38 Abs. 1 Satz 3 in der vor dem 11. September 1998 geltenden Fassung in den Verkehr gebracht worden sind. [3]§ 39 Abs. 2 Nr. 5b findet ferner bei Entscheidungen über die Registrierung oder über ihre Verlängerung keine Anwendung auf Arzneimittel, die nach Art und Menge der Bestandteile und hinsichtlich der Darreichungsform mit den in Satz 1 genannten Arzneimitteln identisch sind.

(11) [1]§ 48 Abs. 1 Satz 1 Nr. 2 ist erst ab dem Tag anzuwenden, an dem eine Rechtsverordnung nach § 48 Abs. 6 Satz 1 in Kraft getreten ist, spätestens jedoch am 1. Januar 2008. [2]Das Bundesministerium für Ernährung und Landwirtschaft gibt den Tag nach Satz 1 im Bundesgesetzblatt bekannt.

(12) § 56a Abs. 2a ist erst anzuwenden, nachdem die dort genannte Liste erstellt und vom Bundesministerium für Ernährung und Landwirtschaft im Bundesanzeiger bekannt gemacht oder, sofern sie Teil eines unmittelbar geltenden Rechtsaktes der Europäischen Gemeinschaft oder der Europäischen Union ist, im Amtsblatt der Europäischen Union veröffentlicht worden ist.

(13) Für Arzneimittel, die sich am 5. September 2005 im Verkehr befinden und für die zu diesem Zeitpunkt die Berichtspflicht nach § 63b Abs. 5 Satz 2 in der bis zum 5. September 2005 geltenden Fassung besteht, findet § 63b Abs. 5 Satz 3 nach dem nächsten auf den 6. September 2005 vorzulegenden Bericht Anwendung.

(14) [1]Die Zulassung eines traditionellen pflanzlichen Arzneimittels, die nach § 105 in Verbindung mit § 109a verlängert wurde, erlischt am 30. April 2011, es sei denn, dass vor dem 1. Januar 2009 ein Antrag auf Zulassung oder Registrierung nach § 39a gestellt wurde. [2]Die Zulassung nach § 105 in Verbindung mit § 109a erlischt ferner nach Entscheidung über den Antrag auf Zulassung oder Registrie-

rung nach § 39a. [3]Nach der Entscheidung darf das Arzneimittel noch zwölf Monate in der bisherigen Form in den Verkehr gebracht werden.

Vierzehnter Unterabschnitt. [Übergangsvorschriften aus Anlass des Gewebegesetzes]

§ 142 Übergangsvorschriften aus Anlass des Gewebegesetzes

(1) Eine Person, die am 1. August 2007 als sachkundige Person die Sachkenntnis nach § 15 Abs. 3a in der bis zu diesem Zeitpunkt geltenden Fassung besitzt, darf die Tätigkeit als sachkundige Person weiter ausüben.

(2) Wer für Gewebe oder Gewebezubereitungen bis zum 1. Oktober 2007 eine Erlaubnis nach § 20b Abs. 1 oder Abs. 2 oder § 20c Abs. 1 oder eine Herstellungserlaubnis nach § 13 Abs. 1 oder bis zum 1. Februar 2008 eine Genehmigung nach § 21a Abs. 1 oder bis zum 30. September 2008 eine Zulassung nach § 21 Abs. 1 beantragt hat, darf diese Gewebe oder Gewebezubereitungen weiter gewinnen, im Labor untersuchen, be- oder verarbeiten, konservieren, lagern oder in den Verkehr bringen, bis über den Antrag entschieden worden ist.

(3) Wer am 1. August 2007 für Gewebe oder Gewebezubereitungen im Sinne von § 20b Abs. 1 oder § 20c Abs. 1 eine Herstellungserlaubnis nach § 13 Abs. 1 oder für Gewebezubereitungen im Sinne von § 21a Abs. 1 eine Zulassung nach § 21 Abs. 1 besitzt, muss keinen neuen Antrag nach § 20b Abs. 1, § 20c Abs. 1 oder § 21a Abs. 1 stellen.

§ 142a Übergangs- und Bestandsschutzvorschrift aus Anlass des Gesetzes zur Umsetzung der Richtlinien (EU) 2015/566 und (EU) 2015/565 zur Einfuhr und zur Kodierung menschlicher Gewebe und Gewebezubereitungen

(1) Für autologes Blut für die Herstellung von biotechnologisch bearbeiteten Gewebeprodukten ist § 72b in der bis einschließlich 25. November 2016 geltenden Fassung anzuwenden.

(2) Wer am 26. November 2016 eine Erlaubnis nach der bis einschließlich 25. November 2016 geltenden Fassung des § 72 Absatz 1 für die Einfuhr von hämatopoetischen Stammzellen und Stammzellzubereitungen aus dem peripheren Blut oder aus dem Nabelschnurblut oder eine Erlaubnis nach der bis einschließlich 25. November 2016 geltenden Fassung des § 72b Absatz 1 besitzt, muss ab dem 29. April 2017 die Anforderungen des § 72 Absatz 4 und 5, § 72a Absatz 1 Satz 2 und Absatz 1e, § 72b Absatz 1, 1a, 2 Satz 2, Absatz 2a, 2c, 2d und des § 72c erfüllen.

(3) Die Verpflichtung zur Kennzeichnung hämatopoetischer Stammzellzubereitungen aus dem peripheren Blut oder aus dem Nabelschnurblut mit dem Einheitlichen Europäischen Code mit der Abkürzung „SEC" nach § 10 Absatz 8a Satz 3 und die Verpflichtung zur Kennzeichnung von Gewebezubereitungen mit dem Einheitlichen Europäischen Code mit der Abkürzung „SEC" nach § 10 Absatz 8b Satz 1 sind ab dem 29. April 2017 zu erfüllen.

§ 142b Übergangsvorschrift aus Anlass des Gesetzes zur Fortschreibung der Vorschriften für Blut- und Gewebezubereitungen und zur Änderung anderer Vorschriften

(1) Wer für Arzneimittel für neuartige Therapien am 29. Juli 2017 eine Genehmigung nach § 4b Absatz 3 in der bis zum 28. Juli 2017 geltenden Fassung besitzt,

muss die Anforderungen des § 4b Absatz 3 Satz 3 und 4 und Absatz 4 ab dem 29. Juli 2019 erfüllen.

(2) Wer am 29. Juli 2017 eine Genehmigung nach § 21a Absatz 1 besitzt, muss die Anforderungen des § 21a Absatz 2 und 3 ab dem 29. Juli 2019 erfüllen.

Fünfzehnter Unterabschnitt. Übergangsvorschriften aus Anlass des Gesetzes zur Verbesserung der Bekämpfung des Dopings im Sport

§ 143 *(weggefallen)*

Sechzehnter Unterabschnitt. Übergangsvorschriften aus Anlass des Gesetzes zur Änderung arzneimittelrechtlicher und anderer Vorschriften

§ 144 [Übergangsvorschriften aus Anlass des Gesetzes zur Änderung arzneimittelrechtlicher und anderer Vorschriften]

(1) Wer die in § 4b Absatz 1 genannten Arzneimittel für neuartige Therapien am 23. Juli 2009 befugt herstellt und bis zum 1. Januar 2010 eine Herstellungserlaubnis beantragt, darf diese Arzneimittel bis zur Entscheidung über den gestellten Antrag weiter herstellen.

(2) Wer die in § 4b Absatz 1 genannten Arzneimittel für neuartige Therapien mit Ausnahme von biotechnologisch bearbeiteten Gewebeprodukten am 23. Juli 2009 befugt in den Verkehr bringt und bis zum 1. August 2010 eine Genehmigung nach§ 4b Absatz 3 Satz 1 beantragt, darf diese Arzneimittel bis zur Entscheidung über den gestellten Antrag weiter in den Verkehr bringen.

(3) Wer biotechnologisch bearbeitete Gewebeprodukte im Sinne von § 4b Absatz 1 am 23. Juli 2009 befugt in den Verkehr bringt und bis zum 1. Januar 2011 eine Genehmigung nach § 4b Absatz 3 Satz 1 beantragt, darf diese Arzneimittel bis zur Entscheidung über den gestellten Antrag weiter in den Verkehr bringen.

(4) Eine Person, die am 23. Juli 2009 als sachkundige Person die Sachkenntnis nach § 15 Absatz 3a in der bis zu diesem Zeitpunkt geltenden Fassung besitzt, darf die Tätigkeit als sachkundige Person weiter ausüben.

(4a) [1]Eine Person, die vor dem 23. Juli 2009 als sachkundige Person die Sachkenntnis nach § 15 Absatz 1 und 2 für Arzneimittel besaß, die durch die Neufassung von § 4 Absatz 3 in der ab dem 23. Juli 2009 geltenden Fassung Sera sind und einer Sachkenntnis nach § 15 Absatz 3 bedürfen, durfte die Tätigkeit als sachkundige Person vom 23. Juli 2009 bis zum 26. Oktober 2012 weiter ausüben. [2]Dies gilt auch für eine Person, die ab dem 23. Juli 2009 als sachkundige Person die Sachkenntnis nach § 15 Absatz 1 und 2 für diese Arzneimittel besaß.

(5) Wer am 23. Juli 2009 für die Gewinnung oder die Laboruntersuchung von autologem Blut zur Herstellung von biotechnologisch bearbeiteten Gewebeprodukten eine Herstellungserlaubnis nach § 13 Absatz 1 besitzt, bedarf keiner neuen Erlaubnis nach § 20b Absatz 1 oder 2.

(6) Die Anzeigepflicht nach § 67 Absatz 5 besteht ab dem 1. Januar 2010 für Arzneimittel, die am 23. Juli 2009 bereits in den Verkehr gebracht werden.

(7) [1]Wer am 23. Juli 2009 Arzneimittel nach § 4a Satz 1 Nummer 3 in der bis zum 23. Juli 2009 geltenden Fassung herstellt, muss dies der zuständigen Behörde nach § 67 bis zum 1. Februar 2010 anzeigen. [2]Wer am 23. Juli 2009 eine Tätigkeit nach § 4a Satz 1 Nummer 3 in der bis zum 23. Juli 2009 geltenden Fassung ausübt, für die es einer Erlaubnis nach den §§ 13, 20b oder § 20c bedarf, und bis zum

1. August 2011 die Erlaubnis beantragt hat, darf diese Tätigkeit bis zur Entscheidung über den Antrag weiter ausüben.

Siebzehnter Unterabschnitt. [Übergangsvorschriften aus Anlass des Gesetzes zur Neuordnung des Arzneimittelmarktes]

§ 145 Übergangsvorschriften aus Anlass des Gesetzes zur Neuordnung des Arzneimittelmarktes

[1]Für Arzneimittel, die zum Zeitpunkt des Inkrafttretens bereits zugelassen sind, haben der pharmazeutische Unternehmer und der Sponsor die nach § 42b Absatz 1 und 2 geforderten Berichte erstmals spätestens 18 Monate nach Inkrafttreten des Gesetzes der zuständigen Bundesoberbehörde zur Verfügung zu stellen. [2]Satz 1 findet Anwendung für klinische Prüfungen, für die die §§ 40 bis 42 in der ab dem 6. August 2004 geltenden Fassung Anwendung gefunden haben.

Achtzehnter Unterabschnitt. Übergangsvorschrift

§ 146 Übergangsvorschriften aus Anlass des Zweiten Gesetzes zur Änderung arzneimittelrechtlicher und anderer Vorschriften

(1) [1]Arzneimittel, die sich am 26. Oktober 2012 im Verkehr befinden und der Vorschrift des § 10 Absatz 1 Nummer 2 unterliegen, müssen zwei Jahre nach der ersten auf den 26. Oktober 2012 folgenden Verlängerung der Zulassung oder Registrierung oder soweit sie von der Zulassung oder Registrierung freigestellt sind oder soweit sie keiner Verlängerung bedürfen, am 26. Oktober 2014 vom pharmazeutischen Unternehmer entsprechend der Vorschrift des § 10 Absatz 1 Nummer 2 in den Verkehr gebracht werden. [2]Bis zu den jeweiligen Zeitpunkten nach Satz 1 dürfen Arzneimittel vom pharmazeutischen Unternehmer, nach diesen Zeitpunkten weiter von Groß- und Einzelhändlern mit einer Kennzeichnung in den Verkehr gebracht werden, die der bis zum 26. Oktober 2012 geltenden Vorschrift entspricht.

(2) [1]Arzneimittel, die sich am 26. Oktober 2012 im Verkehr befinden und der Vorschrift des § 11 unterliegen, müssen hinsichtlich der Aufnahme des Standardtextes nach § 11 Absatz 1 Satz 1 Nummer 5 zwei Jahre nach der ersten auf die Bekanntmachung nach § 11 Absatz 1b zu dem Standardtext nach § 11 Absatz 1 Satz 1 Nummer 5 folgenden Verlängerung der Zulassung oder Registrierung oder, soweit sie von der Zulassung freigestellt sind, oder, soweit sie keiner Verlängerung bedürfen, zwei Jahre, oder, soweit sie nach § 38 registrierte oder nach § 38 oder § 39 Absatz 3 von der Registrierung freigestellte Arzneimittel sind, fünf Jahre nach der Bekanntmachung nach § 11 Absatz 1b zu dem Standardtext nach § 11 Absatz 1 Satz 1 Nummer 5 vom pharmazeutischen Unternehmer entsprechend der Vorschrift des § 11 in den Verkehr gebracht werden. [2]Bis zu den jeweiligen Zeitpunkten nach Satz 1 dürfen Arzneimittel vom pharmazeutischen Unternehmer, nach diesen Zeitpunkten weiter von Groß- und Einzelhändlern mit einer Packungsbeilage in den Verkehr gebracht werden, die der bis zum 26. Oktober 2012 geltenden Vorschrift entspricht.

(2a) Wer am 26. Oktober 2012 Arzneimittel nach § 13 Absatz 2a Satz 2 Nummer 1 oder 3 herstellt, hat dies der zuständigen Behörde nach § 13 Absatz 2a Satz 3 bis zum 26. Februar 2013 anzuzeigen.

(3) Der pharmazeutische Unternehmer hat hinsichtlich der Aufnahme des Standardtextes nach § 11a Absatz 1 Satz 3 für Fertigarzneimittel, die sich am 26. Okto-

ber 2012 im Verkehr befinden, mit dem ersten nach der Bekanntmachung nach § 11a Absatz 1 Satz 9 zu dem Standardtext nach § 11a Absatz 1 Satz 3 gestellten Antrag auf Verlängerung der Zulassung der zuständigen Bundesoberbehörde den Wortlaut der Fachinformation vorzulegen, die § 11a entspricht; soweit diese Arzneimittel keiner Verlängerung bedürfen, gilt die Verpflichtung zwei Jahre nach der Bekanntmachung.

(4) Für Zulassungen oder Registrierungen, deren fünfjährige Geltungsdauer bis zum 26. Oktober 2013 endet, gilt weiterhin die Frist des § 31 Absatz 1 Satz 1 Nummer 3, des § 39 Absatz 2c und des § 39c Absatz 3 Satz 1 in der bis zum 26. Oktober 2012 geltenden Fassung.

(5) Die Verpflichtung nach § 22 Absatz 2 Satz 1 Nummer 5a gilt nicht für Arzneimittel, die vor dem 26. Oktober 2012 zugelassen worden sind oder für die ein ordnungsgemäßer Zulassungsantrag bereits vor dem 26. Oktober 2012 gestellt worden ist.

(6) Wer die Tätigkeit des Großhandels bis zum 26. Oktober 2012 befugt ausübt und bis zum 26. Februar 2013 einen Antrag auf Erteilung einer Erlaubnis zum Betrieb eines Großhandels mit Arzneimitteln gestellt hat, darf abweichend von § 52a Absatz 1 bis zur Entscheidung über den gestellten Antrag die Tätigkeit des Großhandels mit Arzneimitteln ausüben; § 52a Absatz 3 Satz 2 bis 3 findet keine Anwendung.

(7) [1]Die Verpflichtung nach § 63b Absatz 2 Nummer 3 gilt für Arzneimittel, die vor dem 26. Oktober 2012 zugelassen wurden, ab dem 21. Juli 2015 oder, falls dies früher eintritt, ab dem Datum, an dem die Zulassung verlängert wird. [2]Die Verpflichtung nach § 63b Absatz 2 Nummer 3 gilt für Arzneimittel, für die vor dem 26. Oktober 2012 ein ordnungsgemäßer Zulassungsantrag gestellt worden ist, ab dem 21. Juli 2015.

(8) Die §§ 63f und 63g finden Anwendung auf Prüfungen, die nach dem 26. Oktober 2012 begonnen wurden.

(9) Wer am 2. Januar 2013 eine Tätigkeit als Arzneimittelvermittler befugt ausübt und seine Tätigkeit bei der zuständigen Behörde bis zum 2. Mai 2013 anzeigt, darf diese Tätigkeit bis zur Entscheidung über die Registrierung nach § 52c weiter ausüben.

(10) Betriebe und Einrichtungen, die sonst mit Wirkstoffen Handel treiben, müssen ihre Tätigkeit bis zum 26. April 2013 bei der zuständigen Behörde anzeigen.

(11) Wer zum Zweck des Einzelhandels Arzneimittel, die zur Anwendung bei Menschen bestimmt sind, im Wege des Versandhandels über das Internet anbietet, muss seine Tätigkeit unter Angabe der in § 67 Absatz 8 erforderlichen Angaben bis zum 24. März 2017 bei der zuständigen Behörde anzeigen.

(12) Die in § 94 Absatz 1 Satz 3 Nummer 1 genannten Anforderungen finden für Rückversicherungsverträge ab dem 1. Januar 2014 Anwendung.

Neunzehnter Unterabschnitt. Übergangsvorschrift

§ 147 Übergangsvorschrift aus Anlass des Dritten Gesetzes zur Änderung arzneimittelrechtlicher und anderer Vorschriften

Für nichtinterventionelle Unbedenklichkeitsprüfungen nach § 63f und Untersuchungen nach § 67 Absatz 6, die vor dem 13. August 2013 begonnen wurden, finden § 63f Absatz 4 und § 67 Absatz 6 bis zum 31. Dezember 2013 in der bis zum 12. August 2013 geltenden Fassung Anwendung.

[Zwanzigster Unterabschnitt ab unbestimmtem Zeitpunkt, siehe Gesetzeskopf Fn. 4:]

Zwanzigster Unterabschnitt. Übergangsvorschrift

§ 148 Übergangsvorschrift aus Anlass des Vierten Gesetzes zur Änderung arzneimittelrecht-licher und anderer Vorschriften

(1) Für klinische Prüfungen bei Menschen, für die der Antrag auf Genehmigung vor dem Tag des Inkrafttretens dieser Vorschrift nach Artikel 13 Absatz 2 und 3 des Vierten Gesetzes zur Änderung arzneimittelrechtlicher und anderer Vorschriften vom 20. Dezember 2016 (BGBl. I S. 3048) gemäß dem Sechsten Abschnitt des Arzneimittelgesetzes eingereicht wurde, ist das Arzneimittelgesetz und ist die GCP-Verordnung vom 9. August 2004 (BGBl. I S. 2081), die durch Artikel 13 Absatz 4 des Vierten Gesetzes zur Änderung arzneimittelrecht-licher und anderer Vorschriften vom 20. Dezember 2016 (BGBl. I S. 3048) aufgehoben worden ist, in der jeweils bis zum Tag vor dem Inkrafttreten dieser Vorschrift nach Artikel 13 Absatz 2 und 3 des Vierten Gesetzes zur Änderung arzneimittelrechtlicher und anderer Vorschriften vom 20. Dezember 2016 (BGBl. I S. 3048) geltenden Fassung für drei Jahre ab dem Tag des Inkrafttretens dieser Vorschrift nach Artikel 13 Absatz 2 und 3 des Vierten Gesetzes zur Änderung arzneimittelrechtlicher und anderer Vorschriften vom 20. Dezember 2016 (BGBl. I S. 3048) weiter anzuwenden.

(2) ¹Eine klinische Prüfung bei Menschen, für die der Antrag auf Genehmigung innerhalb von zwölf Monaten nach dem Tag des Inkrafttretens dieser Vorschrift nach Artikel 13 Absatz 2 und 3 des Vierten Gesetzes zur Änderung arzneimittelrechtlicher und anderer Vorschriften vom 20. Dezember 2016 (BGBl. I S. 3048) eingereicht wurde, darf nach dem Arzneimittelge-setz sowie der GCP-Verordnung in der jeweils bis zu dem Tag vor dem Inkrafttreten dieser Vorschrift nach Artikel 13 Absatz 2 und 3 des Vierten Gesetzes zur Änderung arzneimittel-rechtlicher und anderer Vorschriften vom 20. Dezember 2016 (BGBl. I S. 3048) geltenden Fassung begonnen werden. ²Für die betreffende klinische Prüfung sind das Arzneimittelgesetz und die GCP-Verordnung in der jeweils bis zu dem Tag vor dem Inkrafttreten dieser Vorschrift nach Artikel 13 Absatz 2 und 3 des Vierten Gesetzes zur Änderung arzneimittelrechtlicher und anderer Vorschriften vom 20. Dezember 2016 (BGBl. I S. 3048) geltenden Fassung für drei Jahre ab dem Tag des Inkrafttretens dieser Vorschrift nach Artikel 13 Absatz 2 und 3 des Vierten Gesetzes zur Änderung arzneimittelrechtlicher und anderer Vorschriften vom 20. Dezember 2016 (BGBl. I S. 3048) weiter anzuwenden.

(3) Für klinische Prüfungen mit Humanarzneimitteln, die nicht in den Anwendungsbereich der Verordnung (EU) Nr. 536/2014 fallen, sind das Arzneimittelgesetz und die GCP-Verord-nung in der jeweils an dem Tag vor dem Inkrafttreten dieser Vorschrift nach Artikel 13 Absatz 2 und 3 des Vierten Gesetzes zur Änderung arzneimittelrechtlicher und anderer Vor-schriften vom 20. Dezember 2016 (BGBl. I S. 3048) geltenden Fassung bis zum 23. Dezem-ber 2024 weiter anzuwenden.

(4) Die Anträge auf Registrierung nach § 41 Absatz 1, die bis zum 31. Juli 2017 gestellt werden, sind bis zum 30. September 2017 zu bearbeiten.

II. Gesetz gegen Doping im Sport
(Anti-Doping-Gesetz – AntiDopG)

Vom 10.12.2015, BGBl. I S. 2210
Zuletzt geändert durch Gesetz vom 13.4.2017, BGBl. I S. 872

FNA 212-4

§ 1 Zweck des Gesetzes

Dieses Gesetz dient der Bekämpfung des Einsatzes von Dopingmitteln und Dopingmethoden im Sport, um die Gesundheit der Sportlerinnen und Sportler zu schützen, die Fairness und Chancengleichheit bei Sportwettbewerben zu sichern und damit zur Erhaltung der Integrität des Sports beizutragen.

§ 2 Unerlaubter Umgang mit Dopingmitteln, unerlaubte Anwendung von Dopingmethoden

(1) Es ist verboten, ein Dopingmittel, das ein in der Anlage I des Internationalen Übereinkommens vom 19. Oktober 2005 gegen Doping im Sport (BGBl. 2007 II S. 354, 355) in der vom Bundesministerium des Innern jeweils im Bundesgesetzblatt Teil II bekannt gemachten Fassung (Internationales Übereinkommen gegen Doping) aufgeführter Stoff ist oder einen solchen enthält, zum Zwecke des Dopings beim Menschen im Sport

1. herzustellen,
2. mit ihm Handel zu treiben,
3. es, ohne mit ihm Handel zu treiben, zu veräußern, abzugeben oder sonst in den Verkehr zu bringen oder
4. zu verschreiben.

(2) Es ist verboten,
1. ein Dopingmittel, das ein in der Anlage I des Internationalen Übereinkommens gegen Doping aufgeführter Stoff ist oder einen solchen enthält, oder
2. eine Dopingmethode, die in der Anlage I des Internationalen Übereinkommens gegen Doping aufgeführt ist,

zum Zwecke des Dopings im Sport bei einer anderen Person anzuwenden.

(3) Es ist verboten, ein Dopingmittel, das ein in der Anlage zu diesem Gesetz aufgeführter Stoff ist oder einen solchen enthält, in nicht geringer Menge zum Zwecke des Dopings beim Menschen im Sport zu erwerben, zu besitzen oder in oder durch den Geltungsbereich dieses Gesetzes zu verbringen.

§ 3 Selbstdoping

(1) [1]Es ist verboten,
1. ein Dopingmittel, das ein in der Anlage I des Internationalen Übereinkommens gegen Doping aufgeführter Stoff ist oder einen solchen enthält, sofern dieser Stoff nach der Anlage I des Internationalen Übereinkommens gegen Doping nicht nur in bestimmten Sportarten verboten ist, oder
2. eine Dopingmethode, die in der Anlage I des Internationalen Übereinkommens gegen Doping aufgeführt ist,

ohne medizinische Indikation bei sich in der Absicht, sich in einem Wettbewerb des organisierten Sports einen Vorteil zu verschaffen, anzuwenden oder anwenden zu lassen. [2]Das Verbot nach Satz 1 gilt nicht, wenn das Dopingmittel außerhalb eines Wettbewerbs des organisierten Sports angewendet wird und das Dopingmittel ein Stoff ist oder einen solchen enthält, der nach der Anlage I des Internationalen Übereinkommens gegen Doping nur im Wettbewerb verboten ist.

(2) Ebenso ist es verboten, an einem Wettbewerb des organisierten Sports unter Anwendung eines Dopingmittels nach Absatz 1 Satz 1 Nummer 1 oder einer Dopingmethode nach Absatz 1 Satz 1 Nummer 2 teilzunehmen, wenn diese Anwendung ohne medizinische Indikation und in der Absicht erfolgt, sich in dem Wettbewerb einen Vorteil zu verschaffen.

(3) Ein Wettbewerb des organisierten Sports im Sinne dieser Vorschrift ist jede Sportveranstaltung, die
1. von einer nationalen oder internationalen Sportorganisation oder in deren Auftrag oder mit deren Anerkennung organisiert wird und
2. bei der Regeln einzuhalten sind, die von einer nationalen oder internationalen Sportorganisation mit verpflichtender Wirkung für ihre Mitgliedsorganisationen verabschiedet wurden.

(4) [1]Es ist verboten, ein Dopingmittel nach Absatz 1 Satz 1 Nummer 1 zu erwerben oder zu besitzen, um es ohne medizinische Indikation bei sich anzuwenden oder anwenden zu lassen und um sich dadurch in einem Wettbewerb des organisierten Sports einen Vorteil zu verschaffen. [2]Absatz 1 Satz 2 gilt entsprechend.

§ 4 Strafvorschriften

(1) Mit Freiheitsstrafe bis zu drei Jahren oder mit Geldstrafe wird bestraft, wer
1. entgegen § 2 Absatz 1, auch in Verbindung mit einer Rechtsverordnung nach § 6 Absatz 2, ein Dopingmittel herstellt, mit ihm Handel treibt, es, ohne mit ihm Handel zu treiben, veräußert, abgibt, sonst in den Verkehr bringt oder verschreibt,
2. entgegen § 2 Absatz 2, auch in Verbindung mit einer Rechtsverordnung nach § 6 Absatz 2, ein Dopingmittel oder eine Dopingmethode bei einer anderen Person anwendet,
3. entgegen § 2 Absatz 3 in Verbindung mit einer Rechtsverordnung nach § 6 Absatz 1 Satz 1 Nummer 1, jeweils auch in Verbindung mit einer Rechtsverordnung nach § 6 Absatz 1 Satz 1 Nummer 2 oder Satz 2, ein Dopingmittel erwirbt, besitzt oder verbringt,
4. entgegen § 3 Absatz 1 Satz 1 ein Dopingmittel oder eine Dopingmethode bei sich anwendet oder anwenden lässt oder
5. entgegen § 3 Absatz 2 an einem Wettbewerb des organisierten Sports teilnimmt.

(2) Mit Freiheitsstrafe bis zu zwei Jahren oder mit Geldstrafe wird bestraft, wer entgegen § 3 Absatz 4 ein Dopingmittel erwirbt oder besitzt.

(3) Der Versuch ist in den Fällen des Absatzes 1 strafbar.

(4) Mit Freiheitsstrafe von einem Jahr bis zu zehn Jahren wird bestraft, wer
1. durch eine der in Absatz 1 Nummer 1, 2 oder Nummer 3 bezeichneten Handlungen
   a) die Gesundheit einer großen Zahl von Menschen gefährdet,
   b) einen anderen der Gefahr des Todes oder einer schweren Schädigung an Körper oder Gesundheit aussetzt oder
   c) aus grobem Eigennutz für sich oder einen anderen Vermögensvorteile großen Ausmaßes erlangt oder

2. in den Fällen des Absatzes 1 Nummer 1 oder Nummer 2

a) ein Dopingmittel an eine Person unter 18 Jahren veräußert oder abgibt, einer solchen Person verschreibt oder ein Dopingmittel oder eine Dopingmethode bei einer solchen Person anwendet oder

b) gewerbsmäßig oder als Mitglied einer Bande handelt, die sich zur fortgesetzten Begehung solcher Taten verbunden hat.

(5) In minder schweren Fällen des Absatzes 4 ist die Strafe Freiheitsstrafe von drei Monaten bis zu fünf Jahren.

(6) Handelt der Täter in den Fällen des Absatzes 1 Nummer 1, 2 oder Nummer 3 fahrlässig, so ist die Strafe Freiheitsstrafe bis zu einem Jahr oder Geldstrafe.

(7) Nach Absatz 1 Nummer 4, 5 und Absatz 2 wird nur bestraft, wer

1. Spitzensportlerin oder Spitzensportler des organisierten Sports ist; als Spitzensportlerin oder Spitzensportler des organisierten Sports im Sinne dieses Gesetzes gilt, wer als Mitglied eines Testpools im Rahmen des Dopingkontrollsystems Trainingskontrollen unterliegt, oder

2. aus der sportlichen Betätigung unmittelbar oder mittelbar Einnahmen von erheblichem Umfang erzielt.

(8) Nach Absatz 2 wird nicht bestraft, wer freiwillig die tatsächliche Verfügungsgewalt über das Dopingmittel aufgibt, bevor er es anwendet oder anwenden lässt.

Kommentierung der §§ 1–4

Schrifttum (Doping allgemein): *Adolphsen,* Internationale Dopingstrafen, 2003; *Ahlers,* Doping und strafrechtliche Verantwortlichkeit – Zum strafrechtlichen Schutz des Sportlers vor Körperschäden durch Doping, 1994; *Bannenberg,* Das neue „Anti-Doping-Gesetz" hilft dem Sport nicht, SpuRt 2007, 155; *Beukelmann,* Das Strafrecht und die Lauterkeit des sportlichen Wettbewerbs, NJW-Spezial 2010, 56; *Bette* (Hrsg.), Doping im Leistungssport – sozialwissenschaftlich beobachtet, 1994; *Bette/Schimank,* Doping im Hochleistungssport – Anpassung durch Abweichung, 1995; *Bottke,* Doping als Straftat?, FS Kohlmann, 2003, 85; *Bruggmann/Grau,* Das schmutzige Herz des Sports: Doping und die Haftungsrisiken der Pharmaunternehmen, PharmR 2008, 101; *Cherkeh,* Betrug (§ 263 StGB), verübt durch Doping im Sport, 2000; *Cherkeh/Momsen,* Doping als Wettbewerbsverzerrung?, NJW 2001, 1745; *Derleder/Deppe,* Die Verantwortung des Sportarztes gegenüber Doping, JZ 1992, 116; *Deutsch,* Doping als pharmarechtliches und zivilrechtliches Problem, VersR 2008, 145; *Dury,* Kann das Strafrecht die Doping-Seuche ausrotten?, SpuRt 2005, 137; *Feiden/Hofmann,* Verbot von Doping-Arzneimitteln, DAZ 1998, 3626; *Fiedler,* Das Doping minderjähriger Sportler – Eine straf- und verbandsrechtliche Untersuchung, 2014; *Fischer,* Unlauterer Wettbewerb durch Doping im europäischen Profisport?, EuZW 2002, 297; *Franz/Hartl,* „Doping" durch den Arzt als „ärztliche Tätigkeit", NJW 1988, 2277; *Freund,* Anm. zu BGH 18.9.2013 – 2 StR 365/12: Zur Blankettstrafnorm des § 95 Abs. 1 Nr. 2a i.V. mit § 6a Abs. 1 und Abs. 2 Satz 1 AMG (strafbewehrtes Dopingverbot) (= BGHSt 59, 11), JZ 2014, 362; *ders.,* Verfassungswidrige Dopingstrafbarkeit nach § 95 Abs. 1 Nr. 2a AMG – Ein Beitrag zum Gesetzlichkeitsgrundsatz (Art. 103 Abs. 2 GG), FS Rössner, 2015, 579; *Fritzweiler* (Hrsg.), Doping – Sanktionen, Beweise, Ansprüche, 2000; *Glockner,* Die strafrechtliche Bedeutung von Doping – de lege lata und de lege ferenda, 2009; *Greco,* Zur Strafwürdigkeit des Selbstdopings im Leistungssport, GA 2010, 622; *Grotz,* Zur Betrugsstrafbarkeit des gesponserten und gedopten Sportlers, SpuRt 2005, 93; *ders.,* Die Grenzen der staatlichen Strafgewalt exemplifiziert am neuen Anti-Doping-Tatbestand, Zeitschrift für das Juristische Studium (ZJS) 2008, 243; *Hauptmann/Rübenstahl,* Zur Doping-Besitzstrafbarkeit des Sportlers de lege lata und de lege ferenda, MedR 2007, 271; *ders./ders.,* Zur verfassungsrechtlichen Unbedenklichkeit einer Doping-Besitzstrafbarkeit de lege ferenda – insbesondere gemessen am „Cannabis-Urteil" des BVerfG, HRRS 2007, 143 ff.; *Heger,* Die Strafbarkeit von Doping nach dem Arzneimittelgesetz, SpuRt 2001, 92; *ders.,* Zur Strafbarkeit von Doping im Sport, JA 2003, 76; *ders.,* Zum Rechtsgut einer Strafnorm gegen Selbst-Doping, SpuRt 2007, 153; *Höfling/Horst* (Hrsg.), Doping – warum nicht? – Ein interdisziplinäres Gespräch, 2010; *Hofmann,* Verbesserung der Bekämpfung des Dopings im Sport durch Fortentwicklung des Arzneimittelrechts, PharmR 2008, 11; *Jahn,* Ein neuer Straftatbestand gegen eigenverantwortliches Doping?, SpuRt 2005, 141; *ders.,* Doping zwischen Selbstgefährdung, Sittenwidrigkeit und staatlicher Schutzpflicht – Materiell-strafrechtliche Fragen an einen Straftatbestand zur Bekämpfung des eigenverantwortlichen Dopings, ZIS 2006, 57; *ders.,* Die Strafbarkeit des Besitzes nicht geringer Mengen von Dopingmitteln, GA 2007, 579; *ders.,* Die Praxis der Sanktionierung von Dopingvergehen zwischen Strafrecht, Arzneimittelrecht und Wettbewerbsrecht, in: Doping – warum nicht? – Ein interdisziplinäres Gespräch, hrsg. v. *Höfling u. a.,* 2010, S. 69; *ders.,* Schutzpflichtenlehre revisited: Der Beitrag des Verfassungsrechts zur Legitimation eines Straftatbestandes der Wettbewerbsverfälschung im Sport, FS Rössner, 2015, 599; *Karakaya,* Doping und Unterlassen als strafbare Körperverletzung?, 2004; *Kargl,* Probleme der Strafbegründung bei Einwilligung des Geschädigten am Beispiel des Doping, JZ 2002, 389;

ders., Begründungsprobleme des Dopingstrafrechts, NStZ 2007, 489; *Klug,* Doping als strafbare Verletzung der Rechtsgüter Leben und Gesundheit, Diss. Würzburg, 1996; *Körner,* Doping: Der Drogenmissbrauch im Sport und im Stall, ZRP 1989, 418; *Kühl,* Zur strafrechtlichen Relevanz sportethischer Beurteilung des Dopings, in: *Vieweg* (Hrsg.), Doping – Realität und Recht, 1998, S. 77; *Kunz,* Gehirndoping: Unheil oder Segen? – Diskussions- und ggf. Regelungsbedarf auf dem Gebiet des „Neuro-Enhancements", MedR 2010, 471; *Lenz,* Die Verfassungsmäßigkeit von Anti-Doping-Bestimmungen, 2000; *Linck,* Doping und staatliches Recht, NJW 1987, 2545; *ders.,* Doping aus juristischer Sicht, MedR 1993, 55; *Lindner,* „Neuro-Enhancement" als Grundrechtsproblem, MedR 2010, 463; *Lippert,* Achtes Gesetz zur Änderung des Arzneimittelgesetzes, NJW 1999, 837; *Merkel,* Neuartige Eingriffe ins Gehirn – Verbesserung der mentalen condicio humana und strafrechtliche Grenzen, ZStW 121 (2009), 919; *Michel,* Doping – Voraussetzungen und Möglichkeiten einer Strafgesetzgebung in Deutschland, 2010; *Momsen-Pflanz,* Die sportethische und strafrechtliche Bedeutung des Dopings – Störung des wirtschaftlichen Wettbewerbs und Vermögensrelevanz, 2005; *Müller,* Doping im Sport als strafbare Gesundheitsbeschädigung (§§ 223 Abs. 1, 230 StGB), 1993; *Ott,* Strafwürdigkeit und Strafbedürftigkeit des Selbstdopings im Leistungssport, 2013; *Otto,* Zur Strafbarkeit des Dopings – Sportler als Täter und Opfer, SpuRt 1994, 10; *Parzeller/Rüdiger,* Blutdoping: Unbestimmte Regelungen im Arzneimittelgesetz, ZRP 2007, 137; *Prittwitz,* Straftat Doping, FS Wolf Schiller, 2014, 512; *Prokop,* Die Grenzen der Dopingverbote, 2000; *Rain,* Die Einwilligung des Sportlers beim Doping, 1998; *Röhricht/Vieweg* (Hrsg.), Doping-Forum, 2000; *Rössner,* Doping-Sanktionen ... können eigenen sportrechtlichen Normen folgen, in: Gibt es eine eigene Ethik des olympischen Sports – DOI Symposium am 26. und 27. Januar 2000, *Deutsches Olympisches Institut – Bundesinstitut für Sportwissenschaft* (Hrsg.), 2001, S. 179; *ders.,* Doping aus kriminologischer Sicht – Brauchen wir ein Anti-Dopinggesetz?, in: *Digel/Dickhuth* (Hrsg.), Doping im Sport, 2002, S. 118; *ders.,* „Sportbetrug" und Strafrecht – Notwendige Differenzierungen und kriminalpolitische Überlegungen, FS Mehle, 2009, 567; *Roxin,* Strafrecht und Doping, FS Samson, 2010, S. 445; *Schild,* Sportstrafrecht, 2002; *Schneider-Grohe,* Doping – Eine kriminologische und kriminalistische Untersuchung zur Problematik der künstlichen Leistungssteigerung im Sport und zur rechtlichen Handhabung dieser Fälle, 1979; *Schöch,* Defizite bei der strafrechtlichen Dopingbekämpfung, FS Rössner, 2015, 669; *ders.,* Hypothetische Einwilligung bei ärztlichen Dopingmaßnahmen?, GA 2016, 294; *Spitzer/Franke* (Hrsg.), Sport, Doping und Enhancement – Transdisziplinäre Perspektiven, 2010; *Steiner,* Verfassungsfragen des Sports, NJW 1991, 2729; *ders.,* Doping aus verfassungsrechtlicher Sicht, in: *Röhricht/Vieweg* (Hrsg.), Doping-Forum, 2000, S. 125; *Sternberg-Lieben,* Einwilligungsschranken und Rechtsgutsvertauschung am Beispiel des Fremddopings im Sport, ZIS 2011, 583; *Striegel,* Doping im Fitness-Sport – Eine Analyse zwischen Dunkelfeld und sozialer Kontrolle, 2008; *Striegel/Vollkommer,* Doping – Die Verantwortung des Sportarztes als Ansprechpartner für junge Leistungssportler, MedR 2001, 112; *Tauschwitz,* Die Dopingverfolgung in Deutschland und Spanien – Eine strafrechtliche und kriminologische Untersuchung, 2015; *Timm,* Die Legitimation des strafbewehrten Dopingverbots, GA 2012, 732; *Trüg,* Umrisse eines Sportsanktionenrechts – Gedanken zur Subsidiarität des Strafrechts, FS Rössner, 2015, 686 (694); *Turner,* Rechtsprobleme beim Doping im Sport, MDR 1991, 569; *ders.,* Die Einwilligung des Sportlers zum Doping, NJW 1991, 2943; *ders.,* Ist ein Anti-Doping-Gesetz erforderlich?, ZRP 1992, 121; *Ulmen,* Pharmakologische Manipulationen (Doping) im Leistungssport der DDR, 2000; *Valerius,* Zur Strafbarkeit des Dopings de lege lata und de lege ferenda, FS Rissing-van Saan, 2011, S. 717; *Vieweg* (Hrsg.), Doping – Realität und Recht, internationales Symposium am 4. und 5.7.1992 in Erlangen, 1998; *ders.,* Grundinformationen zur Dopingproblematik, in: *Vieweg* (Hrsg.), Doping – Realität und Recht, 1998, S. 21; *ders.,* Staatliches Anti-Doping-Gesetz oder Selbstregulierung des Sports?, SpuRt 2004, 194; *Wolf,* Zur Frage des Dopings – Die Problematik einer medikamentösen Leistungssteigerung im Sport, 1974; *Zuck,* Doping, NJW 1999, 831.

Schrifttum (Anti-Doping-Gesetz): *Brill,* Das „neue Anti-Doping-Gesetz" und die ungerechtfertigte Privilegierung von Bodybuildingwettkämpfen, SpuRt, 2015, 153; *Finken,* Die neue Anti-Doping-Gesetzgebung: Gesetz zur Bekämpfung von Doping im Sport, PharmR 2016, 445; *Jahn,* Noch mehr Risiken als Nebenwirkungen – der Anti-Doping-Gesetzentwurf der Bundesregierung und das Strafverfassungsrecht, SpuRt 2015, 149; *Lehner,* Projekt Deutsches Anti-Doping-Gesetz – Feinschliff auf der Zielgeraden, FS Rössner, 2015, 646; *Lehner/Nolte/Putzke* (Hrsg.), Anti-Doping-Gesetz, Handkommentar, 2017; *Lutz,* Die Kriminalisierung des Sports – Anti-Doping-Maßnahmen des Strafrechts und der Sportverbände im Vergleich, HRRS 2016, 21; *Maas,* Wann darf der Staat strafen?, NJW 2015, 305 (307); *Mortsiefer,* Entwurf eines Gesetzes zur Bekämpfung von Doping im Sport – eine Erläuterung der Vorschriften, SpuRt 2015, 2; *Norouzi/Summerer,* DAV-Stellungnahme zum Anti-Doping-Gesetz, SpuRt 2015, 63; *Steiner,* Deutschland als Antidopingstaat, ZRP 2015, 51; *Zuck,* Wider die Kriminalisierung des Sports – Zu den verfassungsrechtlichen Rahmenbedingungen einer Antidoping-Gesetzgebung, NJW 2014, 276; *Zurawski/Scharf,* Das Anti-Doping-Gesetz – Doping, Sport und Überwachung aus AthletInnen-Sicht, Neue Kriminalpolitik (NK), 2015, 399.

Schrifttum (Doping-Gesetzgebung im Ausland): *Fritzweiler,* Gesetzliche Bestimmungen zur Ahndung von Doping, in: *Fritzweiler* (Hrsg.), Doping – Sanktionen, Beweise, Ansprüche, 2000, S. 155; *Hauptmann/Rübenstahl,* Zur Doping-Besitzstrafbarkeit des Sportlers de lege lata und de lege ferenda, MedR 2007, 271 (274 f.); *Irlinger/Augustini/Durer/Louveau,* Dopingbekämpfung in Frankreich: Ansätze zur Untersuchung sozialer Vorstellungen über Doping, in: *Bette* (Hrsg.), Doping im Leistungssport – sozialwissenschaftlich betrachtet, 1994, S. 177; *Koch,* Straf- und arzneimittelrechtliche Probleme des Dopings aus rechtsvergleichender Sicht, in: *Röhricht/Vieweg* (Hrsg.), Doping-Forum, 2000, S. 53; *Krogmann,* Zur Dopinggesetzgebung im Ausland – Teil 1, SpuRt 1999, 19; *ders.,* Zur Dopinggesetzgebung im Ausland – Teil 2, SpuRt 1999, 61; *ders.,* Zur

Dopinggesetzgebung im Ausland – Teil 3, SpuRt 1999, 148; *ders.*, Zur Dopinggesetzgebung im Ausland – Teil 4, SpuRt 2000, 13; *Lüschen/Lüschen*, Die Struktur des Dopings im Sport, seine rechtliche und soziale Kontrolle – eine rechtsvergleichende Untersuchung über Frankreich und die USA, in: *Vieweg* (Hrsg.), Doping – Realität und Recht, 1998, S. 249; *Maiwald*, Probleme der Strafbarkeit des Doping im Sport – am Beispiel des italienischen Antidoping-Gesetzes, FS Gössel, 2002, S. 399; *Röthel*, Neues Doping-Gesetz für Frankreich, SpuRt 1999, 20; *Schmidt*, Doping im Spiegel des schweizerischen Strafrechts, SpuRt 2006, 19; *Silance*, Dopingkontrolle in Belgien, in: *Vieweg* (Hrsg.), Doping – Realität und Recht, 1998, S. 219; *Vrijman*, Auf dem Weg zur Harmonisierung: Ein Kommentar zu aktuellen Aspekten und Problemen, in: *Vieweg* (Hrsg.), Doping – Realität und Recht, 1998, S. 177.

Übersicht

I. Entstehungsgeschichtlicher Hintergrund des Dopingverbots und seiner Strafbewehrung

Die Geltung eines **sportrechtlichen Dopingverbots** wird von den Beteiligten und **1** auch vom staatlichen Gesetzgeber jedenfalls im Ergebnis nicht ernsthaft in Frage gestellt. Sportler, die (heimlich[1]) dopen, um sich dadurch beim sportlichen Wettkampf Vorteile zu verschaffen, missachten Regeln, deren Einhaltung für sie rechtlich verbindlich ist. Entsprechendes gilt für Personen, die ein solches Verhalten veranlassen oder fördern. Umstritten ist lediglich, welche Gründe das sportrechtliche Dopingverbot tatsächlich legitimieren können.[2] Im Zuge des Achten Gesetzes zur Änderung des Arzneimittelgesetzes, das am 11.9.1998 in Kraft getreten ist, hat der staatliche Gesetzgeber erstmals ein *strafbewehrtes*

---

[1] Offenes Dopen würde problemlos zum rechtlich einwandfreien Ausschluss von der Teilnahme am sportlichen Wettkampf führen. Dabei ist selbstverständlich vorausgesetzt, dass das Doping nach den einschlägigen sportrechtlichen Regeln tatsächlich einen Regelverstoß darstellt. Nach diesen Regeln für alle Teilnehmer gleichermaßen erlaubte leistungssteigernde Maßnahmen wären kein (unerlaubtes) Doping, sondern integrierter Bestandteil des veranstalteten Wettkampfs. Dementsprechend wäre es rechtlich nicht ausgeschlossen, einen sportlichen Wettkampf der offen „dopenden" Sportler zu veranstalten. Im Folgenden geht es daher immer nur um das heimliche Dopen und dessen Vorbereitung.

[2] Näher dazu → Rn. 15 ff.

Dopingverbot im Arzneimittelgesetz (AMG) geregelt.[3] § 6a Abs. 1 AMG aF untersagte bis zum Inkrafttreten des AntiDopG, Arzneimittel zu Dopingzwecken im Sport in den Verkehr zu bringen, zu verschreiben oder bei anderen anzuwenden. § 6a Abs. 2a AMG aF sah aufgrund des Gesetzes zur Verbesserung der Bekämpfung des Dopings im Sport vom 24.10.2007 überdies ein Verbot des Besitzes von Dopingmitteln in nicht geringer Menge zu Dopingzwecken im Sport vor, sofern das Doping beim Menschen erfolgen sollte. Bei § 6a Abs. 1 AMG handelte es sich um eine strafbewehrte **Verhaltensnorm,** die nach der Intention des historischen Gesetzgebers und verbreiteter Ansicht im Schrifttum darauf abzielte, das Zugänglichmachen von Dopingmitteln rechtlich zu verbieten und damit bereits im Vorfeld möglichen **Gesundheitsschäden beim dopenden Athleten** wirksam entgegenzutreten. Ein Zuwiderhandeln gegen dieses Verbot des § 6a Abs. 1 AMG aF wurde gem. § 95 Abs. 1 Nr. 2a AMG aF mit Freiheitsstrafe bis zu drei Jahren oder mit Geldstrafe bestraft. Entsprechend geahndet wurde der Verstoß gegen das Besitzverbot des § 6a Abs. 2a AMG aF nach § 95 Abs. 1 Nr. 2b AMG aF.[4]

2   Unter **Doping**[5] versteht man meist jeden Versuch, eine „unphysiologische" Steigerung der Leistungsfähigkeit des Sportlers durch Einnahme oder Anwendung von pharmazeutischen Substanzen oder auf sonstige Weise vorzunehmen. Da jede Leistungssteigerung immer auch physiologische Ursachen und Wirkungen hat, kann es sachlich nur um die Erfassung **unerlaubter Verhaltensweisen** mit entspechender Wirkung gehen. Das bedeutet, dass zur Einordnung einer bestimmten Substanz als Dopingsubstanz oder zur Klassifizierung einer bestimmten Methode der Leistungssteigerung als Dopingmethode nicht allein der empirische Befund ausreicht, sondern überdies eine normative Bewertung anhand sportrechtlicher Maßstäbe nötig ist.

3   Problematisch war allerdings bereits die rechtliche Legitimation der Verhaltensnorm des § 6a Abs. 1 AMG aF unter Rekurs auf das **Rechtsgut** der **„Gesundheit des sich dopenden Sportlers".**[6] Entsprechendes galt für das Besitzverbot des § 6a Abs. 2a AMG aF, das mit der abstrakten Gefahr der Weitergabe von Dopingmitteln an andere und der dadurch bedingten Gefahr für *deren* Gesundheit begründet wurde und für das die Gefahr der Wettbewerbsverfälschung durch Eigendoping des Besitzenden keine Rolle spielen sollte. Nimmt man die in Art. 2 Abs. 1 GG verbürgte Grundrechtsposition der allgemeinen Handlungsfreiheit ernst, so ist evident, dass selbstgefährdende und selbstverletzende Verhaltensweisen eines freiverantwortlich handelnden Menschen, der die Tragweite seiner Entscheidung überblickt, als solche nicht verboten oder gar strafrechtlich sanktioniert werden dürfen.[7] Eine **Bevormundung** durch den Staat in dem Sinne, dass dem – freiverantwortlich agierenden – Einzelnen vorgeschrieben wird, wie er mit sich und seinem Körper umgehen soll, entspräche nicht dem Menschenbild des Grundgesetzes und wäre mit der derzeitigen Verfassungslage nicht in Einklang zu bringen.

4   Auch andere für die Gesundheit des Einzelnen gefährliche oder sogar sicher schädliche Verhaltensweisen wie starker Zigarettenkonsum, eine **„ungesunde Lebensweise"** oder die

---

[3] Zur Entstehungsgeschichte des AntiDopG vgl. auch Lehner/Nolte/Putzke/*Rössner* Vor § 1 Rn. 1 ff.; Lehner/Nolte/Putzke/*Nolte* § 1 Rn. 11 ff.

[4] Näher zum Besitzverbot des AMG aF *meine* Kommentierung MüKoStGB, 2. Aufl. 2013, AMG § 6a Rn. 26 f.; vgl. dazu auch → Rn. 41, 58, 74 ff.

[5] Zum Ursprung und der Geschichte des Dopings vgl. *Court/Hollmann* in: Lexikon der Ethik im Sport, Stichwort: „Doping", 3. Aufl. 2001, S. 98; *Vieweg* in: *Vieweg* (Hrsg.), Doping – Realität und Recht, 1998, S. 21 ff.

[6] So wohl die überwiegende Anzahl der Stimmen in Lit. und Rspr.; vgl. BT-Drs. 13/9996, 13; BGH 14.12.2011 – 5 StR 425/11, NStZ 2012, 218 (219) m. zust. Anm. *Krüger* PharmR 2012, 160 ff.; *Heger* SpuRt 2001, 92 (93); *Kloesel/Cyran* 110. Lfg. 2008, AMG § 6a Anm. 2 (Gesundheit der Sportlerinnen und Sportler); Körner/Patzak/Volkmer BtMG, 8. Aufl. 2016, AMG § 95 Rn. 84 (Gesundheitsschutz); Kügel/Müller/Hofmann/*Nickel* AMG, 2. Aufl. 2016, § 6a Rn. 2 (Gesundheit des Sportlers). – Zur berechtigten Kritik an dieser Position s. etwa *Greco* GA 2010, 622 (624 ff.); *Jahn* ZIS 2006, 57 (58 ff.); *Rössner* FS Mehle, 2009, 567 (570 f.). – Zu den einzelnen Dopingmitteln unter der Geltung des § 6a AMG aF s. Kügel/Müller/Hofmann/*Nickel* AMG § 6a Rn. 20 ff.

[7] IdS etwa auch die Begründung zum Entwurf des AntiDopG, BT-Drs. 18/4898, 26.

Ausübung von besonders riskanten sportlichen Betätigungen haben den Gesetzgeber nicht auf den Plan gerufen und ihn auch nicht dazu animiert, hier einschreitend im Sinne eines – gar strafbewehrten – Verbots tätig zu werden. Umso mehr verwundert es, wenn der Versuch unternommen wird, diese **grundrechtlich garantierte Handlungsfreiheit** dadurch zu konterkarieren, dass das Zugänglichmachen bestimmter Mittel und sogar schon die entsprechende abstrakte Gefährdung (in Gestalt des mit der Möglichkeit der Weitergabe verbundenen Besitzes) untersagt sein soll, um den Einzelnen davor zu bewahren, diese Mittel **selbstgefährdend** oder **selbstschädigend** zu konsumieren oder sonst anzuwenden.

Unbestritten ist die in der **Anwendung durch den freiverantwortlich handelnden 5 Athleten** zu erblickende Selbstgefährdung oder Selbstschädigung weder kern- noch nebenstrafrechtlich relevant. Das widerspräche dem allgemeinen Freiheitsrecht. Konsequent weitergedacht bedeutet dieser Befund aber auch, dass Teilnehmerverhalten, also Anstiftung oder Beihilfe im Sinne der §§ 26, 27 StGB, mangels Haupttat keine strafrechtliche Bedeutung erlangen kann.[8] Letztlich stellte die in § 6a AMG aF verbotene Ermöglichung des Eigendopings nichts anderes dar als eine Beihilfehandlung zum später geplanten oder vollzogenen Doping durch den Sportler selbst. Dabei ging es gerade um das Zugänglichmachen von Dopingsubstanzen, um dem Sportler das Doping erst zu ermöglichen. Argumentierte man nun ausschließlich damit, dass hinter § 6a AMG aF als **geschütztes Rechtsgut** die Gesundheit des sich dopenden Athleten stehe, so verstrickte man sich in Widersprüche zu der allgemein anerkannten Aussage, selbstgefährdende bzw. -verletzende Verhaltensweisen könnten nach geltendem Strafrecht im Hinblick auf die Bindung an die Verfassung nicht sanktionierbar sein. Soweit in § 6a AMG aF Fälle der direkten Verabreichung von Dopingmitteln gegenüber einem Sportler erfasst wurden, der damit kraft freiverantwortlicher Entscheidung einverstanden ist, konnte sachlich nichts anderes gelten. Denn auch insoweit steht der Schutz der eigenen Körperintegrität zur Disposition des Athleten.[9]

Nicht leicht nachvollziehbar ist in diesem Zusammenhang die Annahme von *Sternberg-* 6 *Lieben,* im Falle des Verstoßes gegen eine **Drittinteressen schützende** *strafbewehrte* **Verhaltensnorm** (die er sachlich richtig in § 95 Abs. 1 Nr. 2a iVm § 6a Abs. 1 AMG aF normiert sah) sei eine *zusätzliche* Strafbarkeit wegen Körperverletzung gegeben.[10] Denn in einem solchen Fall fehlt gerade das Körperverletzungsunrecht, dessen es für einen entsprechenden Schuldspruch bedarf. Konkret: Nicht jede zu einer Wehrpflichtentziehung führende Beeinträchtigung der Körperintegrität (§ 109 StGB) ist automatisch eine rechtswidrige Körperverletzung gemäß § 223 Abs. 1 StGB. Entsprechendes gilt für die Gesichtsoperation beim flüchtenden Straftäter, die zwar Unrecht iS der Strafvereitelung darstellen mag, aber nicht schon dadurch den Unrechtsgehalt einer Körperverletzung verwirklicht. Nichts anderes gilt, falls Doping gegen eine strafbewehrte Verhaltensnorm verstößt, die **im Interesse der übrigen (nichtdopenden) Sportler** zu legitimieren ist. Eine Verurteilung (des das Dopingmittel bei einem anderen Anwendenden) nicht nur wegen des Verstoßes gegen das Dopingverbot, sondern obendrein wegen (rechtswidriger) Körperverletzung würde genau das von *Sternberg-Lieben* an sich zutreffend erfasste Erfordernis der **Adäquität des richterlichen Schuldspruchs**[11] missachten. Das Unrecht einer bestimmten Straftat ist jeweils *spezifisch* zu begründen. So wird – um ein weiteres Beispiel zu nennen – die Zerstörung einer fremden Sache mit Einwilligung des Eigentümers nicht allein dadurch zu einer rechtswidrigen Sachbeschädigung, weil die Aktion Unrecht iS des Versicherungsmissbrauchs (§ 265 StGB) verwirklicht. Ein Verstoß gegen ein von *Sternberg-Lieben* rekla-

---

[8] S. dazu im Kontext der Veranlassung oder Förderung einer freiverantwortlichen Selbsttötung statt vieler BGH 16.5.1972 – 5 StR 56/72, BGHSt 24, 342 (343 f.); Schönke/Schröder/*Eser/Sternberg-Lieben* StGB Vor § 211 Rn. 35. – Speziell für den Dopingbereich s. etwa *Jahn* GA 2007, 579 (581 f.).

[9] Aus § 228 StGB ergibt sich nichts anderes. Diese Norm darf nicht dazu missbraucht werden, rechtsgutsfremde Aspekte sachwidrig zur Strafbarkeitsbegründung heranzuziehen. Näher zu dieser Problematik die in Fn. 8 Genannten.

[10] *Sternberg-Lieben* ZIS 2011, 583 (599 ff.); vgl. auch schon *ders.,* Die objektiven Schranken der Einwilligung im Strafrecht, 1997, S. 199 ff., 492 ff.

[11] *Sternberg-Lieben* ZIS 2011, 583 (597 ff.).

miertes „Gebot der Widerspruchsfreiheit der Binnenordnung des Strafrechts"[12] ist mit einer solchen angemessen differenzierenden Bewertung nicht verbunden: Das **Unerlaubte** besteht eben **nur relativ** und ist nicht etwa pauschal gegeben. Dementsprechend ist etwa auch die gerechtfertigte Verletzung eines Angreifers in Notwehr durchaus kompatibel mit der Bewertung derselben Körperbewegung als einer (straf-)rechtswidrigen Verletzungshandlung gegenüber einem harmlosen Passanten.

7   § 6a iVm § 95 Abs. 1 Nr. 2a AMG aF war als **abstraktes Gefährdungsdelikt** konzipiert.[13] Ob die zu Dopingzwecken zugänglich gemachte Substanz geeignet war, im konkreten Fall eine Leistungssteigerung zu bewirken, hatte für die Strafbarkeit keine Bedeutung. Relevant war allein die abstrakte Gefährlichkeit, die von Dopingmitteln ausgeht. Nach verbreiteter Auffassung kam es dabei auf die abstrakte **Gefährlichkeit für die Gesundheit des zu dopenden Athleten** selbst an,[14] wobei diese bereits angenommen wurde, wenn der entsprechende Stoff im Anhang des Übereinkommens gegen Doping (§ 6a Abs. 2 AMG aF) aufgeführt war oder in einer Rechtsverordnung iS des § 6a Abs. 3 AMG aF genannt wurde.

8   Auf der Basis des vorzugswürdigen Gegenkonzepts konnte es dagegen im Erfassungsbereich des strafbewehrten Dopingverbots des AMG aF in erster Linie allein um die mehr oder weniger abstrakte oder konkrete Gefährdung der (Dispositions-)**Freiheit der „sauberen" Sportler** gehen, an einem dopingfreien sportlichen Wettkampf teilzunehmen.[15] Allerdings war letztlich die **Verfassungswidrigkeit der Sanktionsnormen des AMG zum strafbewehrten Dopingverbot** festzustellen.[16]

9   Ein **legitimes Rechtsgut** des strafbewehrten Dopingverbots nach § 95 Abs. 1 Nr. 2a iVm § 6a Abs. 1 und Abs. 2 S. 1 AMG aF war **nicht bestimmbar:** Bei dieser Sanktionsnorm ließ sich auch im Wege der Rechtskonkretisierung schon der Art nach keine Verhaltensnorm „dingfest machen", wie sie für eine eindeutige strafrechtliche Weichenstellung nötig ist. Vielmehr blieb das vom strafbewehrten Dopingverbot geschützte Rechtsgut auch bei genauem Hinsehen vollkommen im Dunkeln, sodass sich die Sanktionsnorm auf eine illegitime Verhaltensnorm bezog und damit ihrerseits nicht den Anforderungen an eine rechtmäßige Strafvorschrift entsprach.

10   Eine dem **Bestimmtheitsgrundsatz** genügende **Sanktionsnorm muss** in der entscheidenden materiellen Hinsicht Farbe bekennen.[17] Sie muss **materiell-inhaltlich aussagekräftig** sein und darf sich nicht in einer bloß formalistischen Aufzählung oder Inbezugnahme von „Ver- oder Geboten" erschöpfen, deren sachlicher Legitimationsgrund im Dunkeln bleibt. Das heißt konkret: Die Sanktionsnorm muss klar und eindeutig festlegen, welches Rechtsgut die Verhaltensnorm schützt, deren Geltungskraft durch die Strafvorschrift stabilisiert werden soll. Genau das wurde jedoch bei der Verweisung missachtet, die § 95 Abs. 1 Nr. 2a iVm § 6a Abs. 1 und Abs. 2 S. 1 AMG aF enthielt. Dieses Manko wurde auch nicht durch die Annahme geheilt, der Gesetzgeber des AMG habe (auch als Strafgesetzgeber) die in den Listen genannten Stoffe bei seinen strafbewehrten Verbotsanordnungen „in seinen Willen aufgenommen".[18] Zunächst entpuppt sich diese Annahme als blanke Fiktion: Tatsächlich konnte der Gesetzgeber bei den einzelnen Stoffen allenfalls punktuell beurteilen, ob deren Aufnahme in die Liste sachgerecht ist. Indessen kommt es darauf letztlich unter dem Blickwinkel des strafrechtlichen Gesetzlichkeitsgrundsatzes gar nicht an. Denn bei näherer Betrachtung des Hintergrundes der gelisteten Stoffe konnte durch den vorgenommenen Verweis kein akzeptables Strafgesetz entstehen.

---

[12] S. dazu *Sternberg-Lieben* ZIS 2011, 583 (599).
[13] S. dazu und zum Folgenden bereits *meine* Kommentierung 2. Aufl. 2013, AMG § 6a Rn. 18.
[14] S. dazu 2. Aufl. 2013, AMG § 6a Rn. 2.
[15] Nur untergeordnete Bedeutung konnte die (abstrakte) Gefährdung von *deren* Vermögen oder Gesundheit haben. Näher dazu 2. Aufl. 2013, AMG § 6a Rn. 6 ff., 19.
[16] S. dazu und zum Folgenden bereits *Freund* FS Rössner, 2015, 579 (587 ff.).
[17] S. auch dazu und zum Folgenden bereits *Freund* FS Rössner, 2015, 579 (587 ff.).
[18] Diese Annahme findet sich aber etwa in BGH 18.9.2013 – 2 StR 365/12, JZ 2014, 360 (361 f.) m. insofern krit. Anm. *Freund.* – Zur Problematik statischer und dynamischer Verweisungen vgl. etwa auch *Ott,* Strafwürdigkeit und Strafbedürftigkeit des Selbstdopings im Leistungssport (Selbstdoping), 2013, S. 59 ff.

Rein formal gesehen könnte man zwar annehmen, alle in Bezug genommenen Stoffe **11** seien ohne Rücksicht auf den genauen Grund ihrer „Anstößigkeit" von dem Verbot erfasst.[19] Bei diesem Vorgehen bliebe indessen offen, ob der vorausgesetzte **Verbotsgrund** unter Legitimationsaspekten tatsächlich ausreicht.[20] Genau diese Frage muss aber bei der strafrechtlichen Ahndung eines Verhaltensnormverstoßes positiv beantwortet werden. Jedenfalls die strafrechtliche Sanktionierung darf sich nicht in einem vagen Vorwurf des **„Verwaltungsungehorsams"** erschöpfen, sondern muss mit einem sachlich begründeten Schuldspruch ein rechtliches Fehlverhalten vorwerfen können. Dieses wird indessen allein durch die Legitimationsgründe einer übertretenen Verhaltensnorm konstituiert und ist ausschließlich durch diese eindeutig identifizierbar. Nur auf diese Weise erhält auch die an den Schuldspruch anknüpfende Strafzumessungsentscheidung ein tragfähiges Fundament.[21]

Bei einem Blick auf das strafbewehrte Dopingverbot des AMG aF wurde schnell klar, **12** dass die Grundvoraussetzung einer strafrechtlichen Sanktionsnorm nicht erfüllt war. Es konnte keine Rede davon sein, dass eine legitimierbare Verhaltensnorm in Bezug genommen worden ist. Insofern gilt bei materieller Betrachtung der relevanten Verbotsgründe: Was der Strafgesetzgeber mit der fraglichen Regelung wollte, ließ sich nicht legitimieren – und was sich legitimieren ließ, wollte er offensichtlich nicht! Die Verbotsgründe des Schutzes der Gesundheit des dopenden Sportlers einerseits und der wettbewerbsbezogenen – für die Siegchancen relevanten – Täuschung durch den dopenden Sportler andererseits – waren aus jeweils unterschiedlichen Gründen nicht in der Lage, die Strafvorschrift in ihrer gegenwärtigen Gestalt zu legitimieren. Entweder fehlte bereits ein tragfähiger Legitimationsgrund für ein Dopingverbot (wie beim reklamierten Schutz des Rechtsguts der Gesundheit des sich dopenden Sportlers) oder aber die strafrechtliche Erfassung von Verstößen gegen an sich legitimierbare Verhaltensnormen erfolgte so willkürlich, dass dies ebenfalls kein legitimes Konzept sein konnte (wie beim Schutz der Freiheit und vielleicht auch der Gesundheit und des Vermögens der anderen Sportler). Ein **legitimes Rechtsgut** des **strafbewehrten Dopingverbots nach § 95 Abs. 1 Nr. 2a AMG aF** war also **nicht bestimmbar.** In seiner Fassung durch das AMG aF war das strafbewehrte Dopingverbot daher weder Fisch noch Fleisch[22] und damit als *strafrechtliche* Sanktionsnorm vollkommen unbestimmt.

Genau diese Problematik der **Legitimationsgründe des (strafbewehrten) Doping-** **13** **verbots** stellt sich auch noch nach dem **Inkrafttreten des Gesetzes gegen Doping im Sport (AntiDopG).** Zwar ergibt sich durch das AntiDopG in einem Teilbereich eine Entschärfung, weil der (Straf-)Gesetzgeber nunmehr klar zum Ausdruck bringt, dass es ihm immerhin auch entscheidend darum geht, Verstöße gegen Verhaltensnormen zu erfassen, die dem rechtlichen(!) Schutz des sportlichen Wettbewerbs dienen. Im AntiDopG findet sich aber eine problematische sanktionenrechtliche Überakzentuierung des finanziellen Aspekts und nach wie vor des Schutzes der Gesundheit des sich selbst dopenden Sportlers ohne Rücksicht auf dessen Eigenverantwortlichkeit bei der (zu erwartenden) Selbstgefährdung oder Selbstschädigung.[23] Legitimierbaren Gesundheitsschutz kann es in einer freiheitlichen Rechtsordnung auch bei Dopingmitteln nur im Hinblick auf die Gesundheitsgefahren für nichtfreiverantwortlich handelnde Personen geben. Damit bleibt die Grundsatzproblematik nach wie vor bestehen. Diese hat erhebliche Konsequenzen für den angemessenen Umgang mit dem neuen Recht. Das AntiDopG stellt zwar einen **Schritt in die richtige Richtung** der Erfassung des wettbewerbsverzerrenden Eigendopings und entsprechender

---

[19] S. auch zu dieser Überlegung und zum Folgenden bereits *Freund* FS Rössner, 2015, 579 (588 f.).

[20] An diesem Manko leidet unter anderem die Entscheidung BGH 18.9.2013 – 2 StR 365/12, JZ 2014, 360 ff.; zur Kritik s. bereits *Freund* JZ 2014, 362 ff.

[21] Zur Bedeutung des legitimierten(!) Norminhalts für den Verhaltensnormverstoß und die daran anknüpfenden Rechtsfolgen des Schuldspruchs und der Strafe näher *Freund*, Erfolgsdelikt und Unterlassen – Zu den Legitimationsbedingungen von Schuldspruch und Strafe, 1992, S. 88 f., 92 ff.; *ders.*, GA 1999, 509 (526 ff.).

[22] Vgl. zu diesem Vorwurf bereits *Freund* JZ 2014, 362 (363).

[23] Zum untergeordneten Vermögensschutz → Rn. 60. Zur Problematik des legitimen Schutzes der Gesundheit nichtfreiverantwortlich handelnder Personen vor entsprechender abstrakter Gefährdung näher → Rn. 19 ff., 59, 61.

Unterstützungshandlungen dar,[24] bleibt dann jedoch abrupt stehen und geht den eingeschlagenen richtigen Weg nicht konsequent zu Ende.

14   Zum besseren Verständnis des durch das AntiDopG geschaffenen neuen Rechts gilt es zunächst, sich Klarheit über die wirklich tragfähigen **Legitimationsgründe für Verhaltensnormen** zur Unterbindung von Doping zu verschaffen. Erst auf dieser soliden Basis kann zu den eigentlichen **Sanktionsnormen des AntiDopG** Stellung genommen werden. Dieses gestufte Vorgehen mit seiner klaren Trennung zwischen den Problemen der Verhaltensnormlegitimation einerseits und den spezifischen Problemen der Sanktionierung von Verhaltensnormverstößen andererseits hat sich bewährt.[25] Es dient dazu, die jeweiligen Sachprobleme exakt auf den Punkt zu bringen und anhand der nicht zuletzt verfassungsrechtlichen Vorgaben des Verhältnismäßigkeitsgrundsatzes mit seinen Kriterien des legitimen Zwecks, der Eignung, der Erforderlichkeit und der Angemessenheit eines ganz bestimmten Eingriffs, einer Lösung zuzuführen.

II. Legitimation von Verhaltensnormen zur Unterbindung von Doping

15   **1. Schutz der Gesundheit des dopenden Sportlers als Verbotsgrund?** Der Rekurs auf den Schutz der Gesundheit des dopenden Sportlers ist weit verbreitet.[26] Auch der BGH orientierte sich daran unter der Geltung des AMG aF in Anlehnung an Äußerungen im Gesetzgebungsverfahren.[27] Nunmehr findet sich dieser Gesichtspunkt sogar ausdrücklich und an erster Stelle genannt in § 1 des AntiDopG: „Dieses Gesetz dient der Bekämpfung des Einsatzes von Dopingmitteln und Dopingmethoden im Sport, um die Gesundheit der Sportlerinnen und Sportler zu schützen, [...]".[28]

16   **a) Illegitimer Schutz freiverantwortlich handelnder Sportler.** Indessen vermag dieser Schutzaspekt mit Blick auf freiverantwortlich handelnde Sportler schon deshalb immer noch kein taugliches Legitimationskonzept zu liefern, weil die Förderung einer entsprechenden *freiverantwortlichen* **Selbstgefährdung oder Selbstschädigung** in einer freiheitlichen

---

[24] IdS die Einschätzung von *Freund* FS Rössner, 2015, 579 (597 f.) (mit einem eigenen Vorschlag de lege ferenda).

[25] Näher zur genauen Unterscheidung der Verhaltensnorm von der Sanktionsnorm *Burkhardt,* Der „Rücktritt" als Rechtsfolgebestimmung, 1975, S. 157 f.; *Frisch,* Vorsatz und Risiko – Grundfragen des tatbestandsmäßigen Verhaltens und des Vorsatzes – Zugleich ein Beitrag zur Behandlung außertatbestandlicher Möglichkeitsvorstellungen, 1983, S. 59 f., 77, 348, 356 f., 502 ff.; *Jakobs,* Studien zum fahrlässigen Erfolgsdelikt, 1972, S. 9 ff.; s. auch *Freund,* Erfolgsdelikt und Unterlassen, S. 51 ff., 85 ff., 112 ff.; ferner etwa Lackner/Kühl/*Kühl* StGB Vor § 13 Rn. 6; näher zur Entwicklung dieser dualistischen Normentheorie *Renzikowski* FS Gössel, 2002, 3 ff. – Allerdings meint etwa *Goeckenjan* in: *Jestaedt/Lepsius* (Hrsg.), Verhältnismäßigkeit – Zur Tragfähigkeit eines verfassungsrechtlichen Schlüsselkonzepts, 2015, S. 184 , 192 ff. auf die Differenzierung zwischen der Verhaltensnorm und der Sanktionsnorm verzichten zu können (vgl. auch *Kaspar,* Verhältnismäßigkeit und Grundrechtsschutz im Präventionsstrafrecht, 2013, S. 224 ff., 365 ff., 866 f.). Indessen lässt sich bei undifferenziertem Vorgehen die Einhaltung der Legitimationsbedingungen staatlicher Eingriffe schon im Hinblick auf die vollkommen unterschiedlichen Zwecksetzungen von Verhaltensnormen einerseits und Sanktionsnormen andererseits nicht angemessen überprüfen. – Neben der Sache daher auch der den Zusammenhang von Straftat und Verhaltensnormverstoß verunklarende Beitrag von *Herzberg* GA 2016, 737 ff. Aufgrund seines unkritisch-positivistischen Rechtsverständnisses meint *Herzberg,* die strafrechtlich relevanten Verhaltensnormen ohne Weiteres aus den vorhandenen strafrechtlichen Sanktionsnormen ableiten zu können. Er übergeht mit einer bemerkenswerten Unbekümmertheit die nicht zuletzt verfassungsrechtlich bedeutsamen Legitimationsprobleme im Bereich beider Normtypen.

[26] S. dazu und zum Folgenden bereits *Freund* FS Rössner, 2015, 579 (589 ff.).

[27] Vgl. BT-Drs. 13/9996, 13; BGH 14.12.2011 – 5 StR 425/11, NStZ 2012, 218 (219) m. zust. Anm. *Krüger* PharmR 2012, 160 ff. – Zur Kritik an dieser Position s. etwa *Rössner* FS Mehle, 2009, 567 (570 f.); vgl. auch *Bannenberg/Rössner* FS Schild, 2007, 59 (60); Lehner/Nolte/Putzke/*Rössner* Vor § 1 Rn. 25 f.; Lehner/Nolte/Putzke/*Nolte* § 1 Rn. 71, 75; näher dazu bereits *meine* Kommentierung 2. Aufl. 2013, AMG § 6a Rn. 2 ff.; vgl. ferner *Ott,* Selbstdoping (Fn. 18), S. 128 ff.

[28] S. dazu auch die Begründung zum Entwurf des AntiDopG, BT-Drs. 18/4898, 1, 17, 22, 23. – Dort (S. 1, 17) wird auch auf die der Allgemeinheit entstehenden Folgekosten für die Behandlung über die Krankenkassen hingewiesen. Indessen ist dieser Aspekt schon für die Frage der Legitimation von Verboten problematisch und jedenfalls nicht geeignet, strafrechtliche Reaktionen auf den Plan zu rufen. – Dass der Schutz der Gesundheit des sich aus freien Stücken dopenden Sportlers „kein legitimer Schutzzweck" ist, betonen mit Recht etwa auch *Norouzi/Summerer* SpuRt 2015, 63 (64); s. ferner *Jahn* SpuRt 2015, 149 (150 f.).

Gesellschaft überhaupt nicht rechtlich missbilligt werden kann. Bei fehlender Freiverantwortlichkeit greift die allgemeine Körperverletzungs- und Tötungsstrafbarkeit ein. Da die Körperintegrität ein disponibles Rechtsgut ist, gilt Folgendes: Wer den dispositionsbefugten Rechtsgutinhaber bei seinem selbstgefährdenden oder selbstschädigenden Tun unterstützt, verstößt gegen keine Verhaltensnorm, die den Schutz der Körperintegrität als legitimen Zweck verfolgt. Beachtet man die in Art. 2 Abs. 1 GG grundrechtlich geschützte und verbürgte Grundrechtsposition der allgemeinen Handlungsfreiheit, ergibt sich, dass selbstgefährdende und selbstverletzende Verhaltensweisen eines freiverantwortlich handelnden Menschen, der die Tragweite seiner Entscheidung überblickt, als solche nicht verboten oder gar strafrechtlich geahndet werden dürfen.[29]

Dem Konsum des **freiverantwortlich handelnden Athleten** kommt im Hinblick auf **17** das allgemeine Freiheitsrecht strafrechtlich keine Bedeutung zu.[30] Daher gibt es auch keine strafbare Teilnahme. Die früher in § 6a AMG aF und nunmehr in § 2 des AntiDopG hauptsächlich verbotene Ermöglichung des Eigendopings ist nichts anderes als eine Beihilfehandlung zum später geplanten oder vollzogenen Doping des Athleten selbst. Bei freiverantwortlicher Entscheidung steht aber der Schutz der eigenen **Körperintegrität** zur **Disposition des Sportlers.** Entsprechendes gilt für die vom Sportler konsentierte Anwendung von Dopingmitteln und Dopingmethoden etwa durch einen Arzt.

Dass im Hinblick auf bestimmte Rechte anderer Sportler eine Missbilligung möglich ist, **18** ändert an diesem Befund nichts.[31] Nicht weiterführend ist in diesem Zusammenhang auch der Rekurs auf ein vermeintlich „überindividuelles Rechtsgut" der **„Volksgesundheit".**[32] In einer freiheitlichen Rechtsgemeinschaft kann die „Gesundheit des Volkes" immer nur die Summe der Gesundheit der einzelnen Mitglieder sein. Soweit diese freiverantwortlich disponieren, ist der Gesundheitsschutz im angeblichen Interesse des gesamten Volkes ein illegitimerweise aufgezwungener.

b) Legitimer Schutz vor (abstrakten) Gefahren für nichtfreiverantwortlich Han- 19 delnde – Defizite des § 2. Auf einem anderen Blatt steht die Unterbindung bestimmter Verhaltensweisen zum **Schutz von nichtfreiverantwortlich handelnden Personen** – etwa von Kindern oder auch solchen, die zB keine ausreichenden Informationen über die für sie bestehenden Gesundheitsgefahren haben.[33] Im Hinblick auf solche Personen ist es etwa auch legitimierbar, bestimmte qualifiziert gefährliche Stoffe dem allgemeinen Zugang zu entziehen. Zumindest wenn es kein rechtlich anzuerkennendes Interesse Dritter gibt, solche frei verfügbar zu machen oder zu haben (was bei Dopingmitteln, die sportrechtswidrig eingesetzt werden sollen, zutrifft), kann auch die bloß abstrakte Gesundheitsgefährlichkeit für Nichtverantwortliche entsprechende Verhaltensnormen legitimieren. Insofern liegt die Schutzrichtung auf derselben Linie wie etwa die des BtMG. In der Sache handelt es sich um **Vorfeldverhaltensweisen,** die von einem missbilligungswürdigen Körperverletzungsverhalten mitunter noch sehr weit entfernt sind. Insbesondere beim bloßen **Erwerb** oder **Besitz** kann daher im Einzelfall die relevante **abstrakte Gefährlichkeit** für Nichtfrei-

---

[29] Eine Bevormundung durch den Staat in dem Sinne, dass dem Einzelnen vorgeschrieben wird, wie er mit sich und seinem Körper umgehen soll, entspräche nicht dem Menschenbild des Grundgesetzes! – S. dazu bereits 2. Aufl. 2013, AMG § 6a Rn. 2 ff.; *Timm* GA 2012, 732 ff. (737 ff.).

[30] S. auch dazu und zum Folgenden bereits 2. Aufl. 2013, AMG § 6a Rn. 4; *Timm* GA 2012, 732 ff. (737 ff.); vgl. auch → Rn. 5.

[31] Näher dazu bereits 2. Aufl. 2013, AMG § 6a Rn. 2 ff.; *Timm* GA 2012, 732 ff. (737 ff.).

[32] Vgl. zu diesem bisweilen reklamierten Aspekt etwa *Prittwitz* FS Wolf Schiller, 2014, 512 (520 f.); *Weber,* Kommentar zum Betäubungsmittelgesetz und zum Arzneimittelgesetz, 4. Aufl. 2013, AMG § 6a Rn. 11 f.; ferner *Hauptmann/Rübenstahl* HRRS 2007, 143 (145). – Zutr. krit. gegenüber dem Stellenwert der „Volksgesundheit" etwa auch *Ott,* Selbstdoping (Fn. 18), S. 155 ff.

[33] In der Begründung zum Entwurf des AntiDopG, BT-Drs. 18/4898, 17 werden die Gesundheitsgefahren für Minderjährige zwar angesprochen. Indessen wird der Aspekt des Schutzes der Gesundheit nichtfreiverantwortlich handelnder Personen im AntiDopG nicht konsequent umgesetzt. Lediglich ansatzweise findet sich dieser Gesichtspunkt nur noch in § 4 Abs. 4 Nr. 2a. Dieser Verbrechenstatbestand ist erfüllt, wenn jemand ein Dopingmittel an eine Person unter 18 Jahren veräußert oder abgibt, einer solchen Person verschreibt oder ein Dopingmittel oder eine Dopingmethode bei einer solchen Person anwendet.

verantwortliche zu einer nicht mehr überzeugend begründbaren blanken Fiktion werden, sodass unter diesem Gesichtspunkt einschlägiges Verhaltensunrecht ebenfalls nicht mehr aufweisbar ist.

20 Sollen Dopingmittel gar nicht sportrechtswidrig – also **ohne jedweden Wettkampfbezug** – eingesetzt werden, sodass die Legitimation von Verhaltensnormen allein im Hinblick auf die abstrakte Gesundheitsgefährlichkeit erfolgen kann, stellen sich die Legitimationsprobleme in verschärfter Form. Zwar darf der intendierte – sportrechtlich ohnehin unerlaubte – Einsatz eines Dopingmittels auch aus Gründen der abstrakten Gesundheitsgefährlichkeit für Nichtfreiverantwortliche frühzeitig unterbunden werden, weil es keinerlei legitime Gegeninteressen gibt. Demgegenüber werden bei sportrechtlicher Unbedenklichkeit der intendierten Verwendung eines Dopingmittels berechtigte Interessen an dieser Verwendung durch freiverantwortlich handelnde Personen massiv beeinträchtigt. Der bloße **Bezug zum Sport** ist nicht geeignet, die **Missbilligungswürdigkeit** mit Blick auf die hier interessierende abstrakte Gesundheitsgefährlichkeit zu begründen.

21 Wenn es tatsächlich zureichende Gründe für eine Art „Verkehrsverbot" für bestimmte Mittel – und seien es Dopingmittel – aus Gründen der **abstrakten Gesundheitsgefährlichkeit** für nichtfreiverantwortlich handelnde Personen geben sollte, sind diese etwa für **arzneimittelrechtliche** oder **betäubungsmittelrechtliche Beschränkungen** relevant, nicht jedoch für solche im Bereich des „Sports" ganz allgemein. Wird Sport ohne Wettkampfbezug ausgeübt, ist er für diese Person eine reine Privatangelegenheit, bei der keinerlei sportrechtliche Regeln einzuhalten sind. Konkret: Wer **ohne jeden Wettkampfbezug** in einem **Fitnessstudio** ein muskelaufbauendes Dopingmittel erwirbt und willensmangelfrei bei sich anwendet oder anwenden lässt, verstößt gegen keine mit Blick auf das Gesetz gegen Doping im Sport legitimierbare Verhaltensnorm. Sportrechtlich ist an dem Verhalten nichts auszusetzen, weil der Wettkampfbezug fehlt und daher *insofern* Rechte anderer nicht nachteilig tangiert sind. Auch der Rekurs auf die abstrakte Gefährlichkeit für die Gesundheit nichtfreiverantwortlich handelnder Anderer – etwa im Hinblick auf die mögliche Weitergabe im Falle der Verschreibung – führt nicht weiter. Denn diese unterscheidet sich nicht wesentlich von den Fällen der Verschreibung eines Medikaments, das von nichtfreiverantwortlich handelnden anderen Personen ebenfalls bestimmungswidrig eingesetzt werden kann.

22 An dieser Beurteilung ändert sich nichts Entscheidendes, wenn es nicht um die Bewertung des Verhaltens dessen geht, der seinen Körper ohne Wettkampfbezug dopt oder dopen lässt, sondern das Verhalten von Personen in Frage steht, die Derartiges ermöglichen oder fördern. Allein die abstrakte Gesundheitsgefährlichkeit für nichtfreiverantwortlich Handelnde, an die die Mittel gelangen könnten, genügt für eine **dopingspezifische sportrechtliche Missbilligung** nicht. Nicht zu entscheiden ist hier etwa über eine spezifisch arzneimittelrechtliche Missbilligung, für die ein sportrechtlicher Bezug ohne Bedeutung wäre.

23 Die hier angestellten Überlegungen zu den tragfähigen Legitimationsgründen für Verhaltensnormen zum Schutz vor **abstrakten Gesundheitsgefahren** im Hinblick auf **nichtfreiverantwortlich Handelnde** sind von praktischer Relevanz für den sachgerechten Erfassungsbereich der Verbote des § 2: **Ohne Wettkampfbezug** gibt es auch **keinen legitimierbaren Schutz** in Bezug auf abstrakte Gesundheitsgefahren für nichtfreiverantwortlich Handelnde. Das kommt im Wortlaut des § 2 und unter Berücksichtigung des systematischen Verhältnisses zu § 3, der einen klaren Wettkampfbezug voraussetzt, nicht angemessen zum Ausdruck. Vielmehr besteht die ernstzunehmende Gefahr, dass fehlerhaft der bloße „Sport" (ohne Wettkampfbezug) für die Erfassung als ausreichend angesehen wird. In der Sache ist es dagegen angemessen, den zu weit geratenen Wortlaut des **§ 2 teleologisch** zu **reduzieren.** „Technisch" lässt sich das ganz einfach mit einem **ungeschriebenen Tatbestandsmerkmal** des wenigstens entfernten Wettkampfbezugs bewerkstelligen.[34]

---

[34] Mit Blick auf § 2 Abs. 1 und 2 sachlich übereinstimmend etwa Lehner/Nolte/Putzke/*Putzke* § 4 Rn. 54.

2. Schutz vor wettbewerbsverzerrenden Eingriffen – Richtiger Ansatz des § 3. 24
a) Grundsätzliches. Ein **sportrechtliches Dopingverbot** lässt sich unabhängig von
irgendwelchen Gesundheitsgefahren legitimieren.[35] Das wird nunmehr durch das Anti-
DopG auch vom staatlichen Gesetzgeber im Wesentlichen zutreffend in § 3 positivrechtlich
bestätigt: Andere Sportler haben ein Recht auf einen dopingfreien sportlichen Wettkampf.[36]
Durch Doping wird in wettbewerbsverzerrender Weise in dieses Recht eingegriffen. Auch
soweit es nicht um Gesundheitsrisiken (für andere) geht, gibt es berechtigte Belange des
Güterschutzes, die ein generelles Dopingverbot legitimieren können: Immerhin ermöglicht
das Dopingverbot im Hinblick auf jeden sportlichen Wettstreit überhaupt erst eine Teilnahme unter den als selbstverständlich vorausgesetzten Bedingungen – Es geht dabei also
um die Wahrung der entsprechenden **Dispositionsfreiheit** und damit um ein geradezu
klassisches Individualrechtsgut.

Auch Dopingmittel, die ohne jedes Gesundheitsrisiko sind, beeinträchtigen daher bei 25
sportrechtlich wirksam vereinbarter Unzulässigkeit das Recht der anderen, an einem regel-
gerechten Wettbewerb teilnehmen zu können. Sie werden von dem heimlich dopenden
Sportler um dieses Recht „betrogen". Würde dieser sich offen zu seinem Doping bekennen,
könnte er ohne Weiteres vom Wettbewerb ausgeschlossen werden. Beim heimlich Dopenden ist die Teilnahme im Verhältnis zu den anderen Sportlern rechtlich unerlaubt. Die
freiheitsrechtlich garantierte Möglichkeit der anderen Sportler, an einem **dopingfreien
Wettbewerb** teilnehmen zu können, ist nicht etwa eine zu vernachlässigende Größe. Insofern gilt es zu bedenken, dass jedenfalls die in den Wettkampf investierte Zeit ihren legitimen
Zweck, einen Wettkampf unter den – ausdrücklich oder konkludent – vereinbarten Regeln
durchführen zu können, zwangsläufig verfehlt. Sie ist nutzlos vertan und unwiederbringlich
verloren. Hinzu kommt die Mühsal der Vorbereitung als vergebliche Investition. Dementsprechend formuliert § 1 zutreffend einen **legitimen Zweck staatlicher Maßnahmen,**
wenn es darin heißt: Dieses Gesetz dient der Bekämpfung des Einsatzes von Dopingmitteln
und Dopingmethoden im Sport, […], um die Fairness und Chancengleichheit bei Sportwettbewerben zu sichern.

Vor diesem Hintergrund wird der **Sportler** vom sportrechtlichen Dopingverbot mit 26
Recht sogar **primär erfasst.**[37] Diese Dopingregeln sind nicht etwa zugeschnitten auf den
Schutz des Sportlers, der vorhat, sich zu dopen. Jedenfalls ist es ihre Hauptfunktion, den
sportlichen Wettkampf von täuschenden Manipulationen freizuhalten. Die Gesundheits-
schädlichkeit eines Dopingmittels ist aus gutem Grund keine zwingende Voraussetzung für
die Aufnahme in die Verbotsliste der World-Anti-Doping-Agency (WADA). An dieser
WADA-Verbotsliste orientierte sich schon bisher die durch Art. 10 des Europaratsüberein-
kommens eingerichtete „beobachtende Begleitgruppe" (Monitoring Group) (vgl. Art. 2
des Übereinkommens) und damit auch § 6a Abs. 2 des AMG aF. Nunmehr ergeben sich
die erfassten Dopingmittel aus der Anlage I des Internationalen Übereinkommens (der
UNESCO) gegen Doping im Sport vom 19.10.2005 in der vom Bundesministerium des
Innern im Bundesgesetzblatt Teil II jeweils bekannt gemachten Fassung.[38] Diese Anlage
orientiert sich aber ihrerseits an der WADA-Verbotsliste. Durch die neue Verweisungstechnik wird lediglich erreicht, dass künftige Änderungen der Anlage I erst aufgrund einer
Entscheidung des deutschen Ministeriums nach deutschem Recht (straf-)rechtliche Relevanz erlangen.

Für die Aufnahme in die WADA-Verbotsliste[39] sind grundsätzlich drei Kriterien relevant: 27
1. Die Leistungssteigerung oder das Potenzial dazu; 2. Ein gesundheitliches Risiko für den

---

[35] S. dazu und zum Folgenden bereits *meine* Kommentierung 2. Aufl. 2013, AMG § 6a Rn. 12 ff.; *Timm*
GA 2012, 732 (739 f.); ferner *Freund* FS Rössner, 2015, 579 (591 ff.).

[36] Sachlich übereinstimmend etwa Lehner/Nolte/Putzke/*Putzke* § 3 Rn. 47, § 4 Rn. 1 (unter Berufung
auf MüKoStGB/*Freund* AMG § 6a aF Rn. 13); *Rössner* FS Mehle, 2009, 567 (570 ff.); vgl. auch *Bannenberg/
Rössner* FS Schild, 2007, 59 (63 ff.).

[37] S. dazu und zum Folgenden bereits *Freund* JZ 2014, 362 (364); *ders.* FS Rössner, 2015, 579 (592 f.).

[38] S. dazu und zum Folgenden die Begründung zum Entwurf des AntiDopG, BT-Drs. 18/4898, 24.

[39] Ausführlich zu den relevanten Dopingmitteln und Dopingmethoden Lehner/Nolte/Putzke/*Striegel* § 2
Rn. 22 ff., 25 ff.

Athleten; 3. Ein Verstoß gegen den Sportsgeist. Von diesen drei Kriterien müssen jedoch für die Aufnahme nur zwei tatsächlich erfüllt sein. Dabei lässt sich sachlich der Aspekt der unerlaubten Leistungssteigerung als Unterfall eines Verstoßes gegen den Sportsgeist begreifen, der auch die sportliche Fairness umfasst. Dann zeigt sich noch deutlicher die primäre Orientierung des sportrechtlichen Dopingverbots am Schutz der Teilnehmer eines sportlichen Wettbewerbs vor wettbewerbsverzerrenden Eingriffen. Geld spielt insofern keine entscheidende Rolle. Auch eines gesundheitlichen Risikos bei der Anwendung des in Frage stehenden Mittels bedarf es mit Recht nicht unbedingt, weil es für die allein entscheidende **Wettbewerbsverzerrung** unspezifisch ist. Seine Nennung im Kriterienkatalog der WADA-Verbotsliste hat letztlich gar nicht die Funktion, den unerlaubt heimlich Dopenden zu schützen. Vielmehr geht es auch insofern entscheidend darum, *alle Wettbewerbsteilnehmer* vor der Drucksituation zu bewahren, die entstünde, wenn ein gesundheitsschädliches Dopingmittel erlaubt wäre.[40]

28   Nochmals zur Klarstellung: Nach dem Gesagten kann es ohne einen wenigstens entfernten **Wettkampfbezug** von vornherein kein **sportrechtlich legitimiertes Dopingverbot** geben. Indessen meinte der BGH unter der Geltung des AMG aF mit einem Hinweis auf die Gesetzesbegründung, auf jeglichen Wettkampfbezug verzichten zu können.[41] Darin zeigt sich, dass nicht nur der BGH, sondern auch der Gesetzgeber des AMG aF dem strafbewehrten Dopingverbot nach § 95 Abs. 1 Nr. 2a iVm § 6a Abs. 1 und Abs. 2 S. 1 AMG aF gerade keine spezifisch sportrechtliche Schutzfunktion zuweisen wollte. Beide hatten vielmehr den unter Legitimationsaspekten nicht tragfähigen **Schutz der Gesundheit des sich dopenden Sportlers** im Auge, ohne dass es auf die Freiverantwortlichkeit seines Handelns ankam. Dieser Gesichtspunkt stand einer verfassungskonformen Auslegung der fraglichen Strafvorschrift des AMG aF entgegen.[42] Unter der Geltung des AntiDopG haben sich die Probleme zwar etwas verschoben. Sie sind jedoch keineswegs gelöst. Vielmehr ist zu erwarten, dass die Nennung des Gesundheitsschutzes durch den Gesetzgeber an exponierter Stelle in § 1 iVm der speziellen Normierung des Wettbewerbsschutzes in § 3 zu einer **Perpetuierung** der bisherigen **verfehlten Konzeption** führen wird. Es ist anzunehmen, dass der Erfassungsbereich des § 2 und damit der darauf Bezug nehmenden Sanktionsnormen des § 4 Abs. 1 Nr. 1–3 fehlerhaft ohne Rücksicht auf das Kriterium des Wettkampfbezugs bzw. ohne Rücksicht auf den Aspekt der Freiverantwortlichkeit des (potentiell) dopenden Sportlers erfolgt. Dem ist entgegenzutreten. Durchaus legitimierbarer Schutz nichtfreiverantwortlich Handelnder vor abstrakter Gefährlichkeit bestimmter Mittel für ihre Gesundheit ist im Kontext sportlichen Dopings nur als Ergänzung zu einem per se sportrechtlich – und das heißt auch: wettkampfrechtlich – legitimierbaren Verbot möglich.

29   Bei der Legitimation eines wettkampfrechtlichen Verbots ist Folgendes zu beachten: Da die Bevormundung mündiger Sportler nach zutreffender Auffassung keine verbotslegitimierende Kraft entfalten kann, muss es immer jedenfalls auch darum gehen, die Freiheit der anderen („sauberen") Sportler zu gewährleisten und insbesondere **Wettbewerbsverzerrungen** durch Täuschung über Doping zu verhindern.[43] Daher bedarf es zunächst der Ermittlung dessen, was die tatsächlich oder angeblich „sauberen" Sportler untereinander als erlaubt ausgehandelt haben und was sie als unerlaubt ablehnen. Bei entsprechender **Dispositionsbefugnis der beteiligten Athleten** und fehlenden Willensmängeln geht es nicht an, seitens des Staates einzelne Spielregeln zu oktroyieren. Solange alle Sportler unter den vereinbarten – allseits bekannten – gleichen Bedingungen antreten, gibt es unter Dopingaspekten keinen Grund einzugreifen. Die Beteiligten können also grundsätzlich frei aushandeln,

---

[40] Vgl. zu diesem Schutzaspekt noch → Rn. 59.
[41] Vgl. etwa BGH 18.9.2013 – 2 StR 365/12, JZ 2014, 360 (361); BGH 5.8.2009 – 5 StR 248/09, NStZ 2010, 170 (171); BT-Drs. 13/9996, 13; auf der Linie des BGH etwa *Weber*, Kommentar zum Betäubungsmittelgesetz und zum Arzneimittelgesetz, 4. Aufl. 2013, § 6a AMG Rn. 40. – Zur Gegenposition s. *meine* Kommentierung 2. Aufl. 2013, AMG § 6a Rn. 35 ff.
[42] S. dazu bereits *Freund* FS Rössner, 2015, 579 (594 ff.).
[43] Zur Begründung → Rn. 16 ff., 24 ff.

welche Mittel erlaubt sein sollen. Der Staat hat nur einzugreifen, wenn das notwendig ist, um den Schutz des zu Schwachen vor Wettbewerbsverzerrungen zu gewährleisten.

b) Zu den Verhaltensnormen des § 3 (Selbstdoping) im Einzelnen. Immerhin 30 bringt das AntiDopG mit seinem § 3 den erheblichen Fortschritt der **positivrechtlichen Bestätigung** des sportrechtlich als Instrument des Wettbewerbsschutzes anzuerkennenden Dopingverbots. Gegen die Legitimierbarkeit der aufgezählten Verbote bestehen jedenfalls keine grundsätzlichen Bedenken. Im Hinblick auf den nach der eindeutigen Gesetzesfassung in diesem Zusammenhang (anders als bei dem zu offen formulierten § 2: „Doping beim Menschen im Sport") zwingend erforderlichen Wettkampfbezug (erstrebter Vorteil „in einem Wettbewerb des organisierten Sports") und die im Raum stehende Gefahr der Wettbewerbsverfälschung besteht eine ausreichende Grundlage für ein grundsätzliches Verbot entsprechender Verhaltensweisen. Der auf diese Weise zu erreichende legitime Zweck des Eingriffs rechtfertigt regelmäßig die damit verbundene Freiheitsbeschränkung. Im Einzelnen nennt § 3 (Selbstdoping) folgende **Verbote:**[44]

Nach **§ 3 Abs. 1 Satz 1 Nr. 1** ist es verboten, „ein **Dopingmittel,** das ein in der 31 Anlage I des Internationalen Übereinkommens gegen Doping aufgeführter Stoff ist oder einen solchen enthält, sofern dieser Stoff nach der Anlage I des Internationalen Übereinkommens gegen Doping nicht nur in bestimmten Sportarten verboten ist" […], „ohne medizinische Indikation bei sich in der Absicht, sich in einem Wettbewerb des organisierten Sports einen Vorteil zu verschaffen, anzuwenden oder anwenden zu lassen." Gemeint ist die Anlage I des Internationalen Übereinkommens vom 19. Oktober 2005 gegen Doping im Sport (BGBl. 2007 II S. 354, 355) in der vom Bundesministerium des Innern jeweils im Bundesgesetzblatt Teil II bekannt gemachten Fassung.

Entsprechendes gilt nach **§ 3 Abs. 1 Satz 1 Nr. 2** mit Blick auf „eine **Dopingmethode,** 32 die in der Anlage I des Internationalen Übereinkommens gegen Doping aufgeführt ist". Verboten verhält sich auch, wer eine solche Methode „ohne medizinische Indikation bei sich in der Absicht, sich in einem Wettbewerb des organisierten Sports einen Vorteil zu verschaffen," anwendet oder anwenden lässt.

Da das von Nrn. 1 und 2 erfasste Dopingverhalten des **„Anwendens"** oder **„Anwen-** 33 **denlassens"** des Dopingmittels oder der Dopingmethode keine Täuschung bei dem eigentlichen sportlichen Wettkampf voraussetzt, werden der Sache nach bereits gezielte **Vorbereitungshandlungen** für die spätere Täuschung beim sportlichen Wettkampf rechtlich missbilligt. Ein vergleichbares Phänomen findet man etwa bei der Urkundenfälschung, bei der bereits das Herstellen einer unechten Urkunde rechtlich missbilligt wird, wenn mit dem Falsifikat eine spätere Täuschung im Rechtsverkehr erfolgen soll (§ 267 Abs. 1 Fall 1 StGB).

Die Verbote des Satzes 1 Nrn. 1 und 2 gelten nach **§ 3 Abs. 1 Satz 2** nicht, „wenn das 34 Dopingmittel außerhalb eines Wettbewerbs des organisierten Sports angewendet wird und das Dopingmittel ein Stoff ist oder einen solchen enthält, der nach der Anlage I des Internationalen Übereinkommens gegen Doping nur im Wettbewerb verboten ist."

Bemerkenswert ist, dass nach dem ursprünglichen Gesetzentwurf nur das Anwenden 35 oder Anwendenlassen von dem ausdrücklichen gesetzlichen Verbot erfasst war. **Nicht genannt** war das **gedopte Teilnehmen** an einem sportlichen Wettkampf, obwohl es dem unerlaubten Gebrauch des Falsifikats bei den Urkundenstraftaten gleichsteht und selbstverständlich seinerseits gegen ein sportrechtlich legitimiertes Verbot verstößt.

Die ursprüngliche Lücke des Entwurfs hätte wegen der beschränkten Bezugnahme der 36 Strafandrohung aufgrund des strafrechtlichen Gesetzlichkeitsgrundsatzes des Art. 103 Abs. 2 GG zu einer **unangemessenen Strafbarkeitslücke** geführt, die der Bundesrat schon im Gesetzgebungsverfahren zutreffend moniert hat:[45] Zu denken ist etwa an die Anwendung oder das Anwendenlassen einer Dopingmethode im Ausland bei gedopter Wettkampfteil-

---

[44] Näher zu diesen Verboten auch Lehner/Nolte/Putzke/*Putzke* § 3 Rn. 4 ff.
[45] S. dazu die Stellungnahme des Bundesrates zum Entwurf des AntiDopG, BT-Drs. 18/4898, 48 (Anlage 4).

nahme im Inland. Um dem Rechnung zu tragen, findet sich nunmehr in **§ 3 Abs. 2** das Verbot, „an einem Wettbewerb des organisierten Sports unter Anwendung eines Doping-mittels nach Abs. 1 Satz 1 Nr. 1 oder einer Dopingmethode nach Abs. 1 Satz 1 Nr. 2 teilzu-nehmen, wenn diese Anwendung ohne medizinische Indikation und in der Absicht erfolgt, sich in dem Wettbewerb einen Vorteil zu verschaffen." Die Erfassung der **gedopten Wett-bewerbsteilnahme** ist sachlich berechtigt. Denn es kann nicht ernstlich gewollt sein, die Vorbereitungshandlung einer rechtswidrigen Wettbewerbsverfälschung unter Strafe zu stel-len und die Wettbewerbsverfälschung als die verletzungsnähere Tat straflos zu lassen.

37   Problematisch ist in diesem Zusammenhang freilich das Kriterium der fehlenden **medizi-nischen Indikation** für die Reichweite der erfassten strafbewehrten Verbote: Bei gegebener medizinischer Indikation ist die **Teilnahme am sportlichen Wettkampf** in gedoptem Zustand durchaus **sportrechtlich zu missbilligen** und keineswegs aus Gründen der medi-zinischen Indikation erlaubt. Entsprechendes gilt, wenn für die nötige medizinische Behand-lung ein Alternativmedikament zur Verfügung steht, das kein Dopingmittel ist. Auch wenn beide Mittel medizinisch gleichermaßen „indiziert" sein mögen, ist dann die Anwendung oder das Anwendenlassen des Dopingmittels und erst recht die Wettbewerbsteilnahme in gedoptem Zustand sportrechtlich keineswegs korrekt (vgl. dazu auch noch → Rn. 116 f. im Kontext der Rechtfertigung). – Wenn das Gesetz von der **„Absicht"** spricht, sich in dem Wettbewerb einen Vorteil zu verschaffen, so kann damit bei Ernstnahme des Gesetzes-wortlauts nur ein zumindest auf das entsprechende **Zwischenziel gerichtetes Wollen** im Sinne eines tatsächlichen **Erstrebens** gemeint sein. Bei korrekter Sprachverwendung ist es nicht möglich zu sagen, jemand habe gewusst, welche Folgen sein Handeln hat und *daher* habe er diese Folgen auch „erstrebt". Selbst das sichere Wissen um die Nebenfolge des anderen Zielen dienenden Handelns führt nicht automatisch dazu, dass diese Nebenfolge „beabsichtig" ist. Auch ratio-orientierte Überlegungen vermögen an diesem klaren Befund nichts zu ändern.[46] Wenn der Gesetzgeber etwas anderes will, muss er das auch so regeln (etwa: „ Wer in der Absicht, sich in dem Wettbewerb einen Vorteil zu verschaffen, oder wer in dem Wissen um einen solchen Vorteil …"). Wissen allein ist jedenfalls noch keine Absicht. Praktische Relevanz erlangt diese Frage etwa im Fall des gedopten Sportlers, der mit dem Dopen aufhören möchte und an dem nächsten Wettbewerb nicht um des (wegen der Weiterwirkung der Mittel vorhandenen) Wettbewerbsvorteils willen, sondern allein deshalb teilnimmt, weil er kein Misstrauen erregen möchte.

38   **§ 3 Abs. 3** enthält eine – auch für die daran anknüpfenden Sanktionsnormen des § 4 Abs. 1 Nr. 4 und 5 sowie Abs. 2 – verbindliche **Legaldefinition** für den **„Wettbewerb des organisierten Sports":** Es muss sich um eine Sportveranstaltung handeln, die „1. Von einer nationalen oder internationalen Sportorganisation oder in deren Auftrag oder mit deren Anerkennung organisiert wird und 2. bei der Regeln einzuhalten sind, die von einer nationalen oder internationalen Sportorganisation mit verpflichtender Wirkung für ihre Mitgliedsorganisationen verabschiedet wurden." Dadurch wird sogar der Kreis der relevanten sportlichen Wettkämpfe auf solche des „organisierten Sports" eingegrenzt: Um einen solchen handelt es sich etwa bei Olympischen und Paralympischen Spielen, bei natio-nalen und internationalen Meisterschaften, Pokalwettbewerben und Freundschaftsspielen.[47] Erfasst werden aber zB auch größere Laufveranstaltungen sowie regionale Ligen, Sportfeste und Sportveranstaltungen privater Veranstalter, sofern diese von den jeweils zuständigen Sportorganisationen im Vorfeld anerkannt sind. Ausgeschlossen sollen rein private Sportver-anstaltungen sein, die dem Freizeitbereich zuzuordnen sind und die ohne unmittelbare oder mittelbare Einbindung einer Sportorganisation und ohne deren Anerkennung durchgeführt

---

[46] Anders aber etwa Lehner/Nolte/Putzke/*Putzke* § 3 Rn. 15 ff. mwN; zur Parallelproblematik bei der Urkundenunterdrückung nach § 274 Abs. 1 Nr. 1 StGB betreffend die „Nachteilszufügungsabsicht" s. *Freund,* Urkundenstraftaten, 2. Aufl. 2010, Rn. 294 ff.

[47] S. dazu und zum Folgenden die Begründung zum Entwurf des AntiDopG, BT-Drs. 18/4898, 28. – Zu den Problemen der „Teilnahme" vgl. etwa Lehner/Nolte/Putzke/*Putzke* § 3 Rn. 21 ff.

werden. Als Beispiele werden genannt: reine Firmenläufe, Freizeitkickerturniere, rein privates Sporttreiben (Jogging im Park) oder Wettbewerbe im Rahmen des Schulsports.

Umstritten ist die Einbeziehung von **Wettkampfbodybuilding,** dessen Charakter als **39**
„sportlicher Wettkampf" im Hinblick auf die zu vermissende sportliche Bewegungsleistung – anders als etwa beim Gewichtheben – nicht uneingeschränkt anerkannt wird.[48]

Schließlich normiert **§ 3 Abs. 4 Satz 1** das Verbot, „ein Dopingmittel nach Abs. 1 Satz 1 **40**
Nr. 1 zu erwerben oder zu besitzen, um es ohne medizinische Indikation bei sich anzuwenden oder anwenden zu lassen und um sich dadurch in einem Wettbewerb des organisierten
Sports einen Vorteil zu verschaffen." Nach **§ 3 Abs. 4 Satz 2** gilt Abs. 1 Satz 2 entsprechend.

Auch dieses **Erwerbs- und Besitzverbot**[49] dient – wie alle anderen Verbote des § 3 – **41**
dem **Wettbewerbsschutz.** Es soll Verhaltensweisen unterbinden, die der eigentlichen Wettbewerbsverfälschung vorgelagert sind. Im Hinblick auf die geforderte spezifizierte Verwendungsabsicht handelt es sich bei Verhaltensweisen in der Sache um gezielte **Vorbereitungs-**
handlungen für die zu einem späteren Zeitpunkt vorgesehene Täuschung beim sportlichen
Wettkampf. Das Erwerbs- und Besitzverbot des § 3 Abs. 4 ist **mengenmäßig nicht**
beschränkt. Zum Besitzbegriff vgl. noch → Rn. 57, 109 (zu § 2 Abs. 3).

Der erforderliche Wettkampfbezug wird hergestellt durch das Erfordernis des Handelns, **42**
„um sich dadurch in einem Wettbewerb des organisierten Sports einen Vorteil zu
verschaffen". Der „Vorteil" soll nach der Begründung des Gesetzentwurfs in der mittels
Doping erfolgenden unlauteren Besserstellung im sportlichen Wettbewerb bestehen.[50]

c) Zu den Verhaltensnormen des § 2 im Einzelnen. Im Einzelnen nennt § 2 (Uner- **43**
laubter Umgang mit Dopingmitteln, unerlaubte Anwendung von Dopingmethoden)
bestimmte **Verbote.** Diese beziehen sich allesamt auf Verhaltensweisen, die **„zum Zwecke**
des Dopings beim Menschen im Sport" erfolgen. **Tierdoping** – etwa beim Pferde-
oder Hunderennen – wird **nicht erfasst.**[51]

Es spielt keine Rolle, ob Doping vor oder während eines Wettkampfes bzw. im Training **44**
geschieht.[52] Der **Bereich des Sports** beschränkt sich nicht nur auf sportliche Wettkämpfe,
sondern umfasst ebenso die Phase des vorbereitenden Trainings. Selbst Aktivitäten im
Bereich des Freizeitsports ohne jeglichen Wettkampfbezug, wie zB Bodybuilding im Fitnessstudio, sollen darunter fallen.[53] Nicht erfasst wird allerdings „Doping" außerhalb des Sports,
zB von Schülern und Studenten vor Prüfungen.[54]

Gewisse Probleme werfen **Schach-, Musik-, Mathematik- oder Vorlesewettbe- 45**
werbe auf. Entsprechendes gilt zB für **Ratespiele,** bei denen Kandidaten gegeneinander
um einen Gewinn kämpfen. Während Schachwettbewerbe wohl überwiegend auch als
Sportveranstaltungen eingestuft werden,[55] fehlen im Übrigen – soweit ersichtlich – jedenfalls
dezidierte Stellungnahmen.

---

[48] Näher zu dieser Problematik etwa *Brill* SpuRt 2015, 153 (154). – Vgl. auch die entsprechende Problematik beim „Denksport" und beim Schach → Rn. 45.

[49] Näher dazu auch Lehner/Nolte/Putzke/*Putzke* § 3 Rn. 31 ff., der Rn. 48 von der Verfassungswidrigkeit
dieser Regelung ausgeht; vgl. auch Lehner/Nolte/Putzke/*Putzke* § 4 Rn. 3.

[50] Begründung zum Entwurf des AntiDopG, BT-Drs. 18/4898, 27.

[51] Eine Vorschrift zum verbotenen Tierdoping bei Wettkämpfen und anderen vergleichbaren Veranstaltungen findet sich freilich in § 3 S. 1 Nr. 1b TierSchG; vgl. dazu etwa Lehner/Nolte/Putzke/*Striegel* § 2 Rn. 21.

[52] *Deutsch*/Lippert § 6a Rn. 2.

[53] In diesem bedenklichen Sinne BT-Drs. 13/9996, 13; ferner etwa BGH 5.8.2009 – 5 StR 248/09, NStZ
2010, 170 (171); Kügel/Müller/Hofmann/*Nickel* AMG § 6a Rn. 10.

[54] *Kloesel/Cyran* 112. Lfg. 2009, AMG § 6a Anm. 17; Körner/Patzak/Volkmer/*Volkmer* AMG § 95
Rn. 103. – Zu einer Erfassung käme man nur, wenn man auch solchen Prüfungen sportlichen Charakter
zuschreiben könnte, was wohl nicht mehr vertretbar erscheint.

[55] In Deutschland erkennt der Deutsche Sportbund als Dachorganisation aller Sportverbände Schach als
Sportart an. – Vgl. auch Kügel/Müller/Hofmann/*Nickel* § 6a Rn. 10, der zwar Schach als Sport akzeptiert,
anderem „Denksport" jedoch inkonsequenterweise die entsprechende Anerkennung versagt. Im Hinblick
auf die vermisste „motorische Aktivität" etwa Schach als Sport ablehnend Lehner/Nolte/Putzke/*Putzke* § 4
Rn. 55.

46   Auch bei solchen Wettbewerben findet immerhin ein **sporttypischer Wettstreit** statt, so dass auch das spezifische Interesse der „sauberen" Teilnehmer an der Unterbindung von dopingbedingten Wettbewerbsverzerrungen gegeben und nicht minder schutzwürdig ist als in den „klassischen" Bereichen des Sports. Im Falle des Mathematikwettbewerbs geht es beispielsweise um eine Art „Denksport". Einer strafrechtlichen Erfassung einschlägiger Dopingfälle könnte vor diesem Hintergrund allenfalls der Wortlaut der Sanktionsnorm entgegenstehen. Das dürfte jedoch zu verneinen sein. Denn es handelt sich dabei zumindest um sportliche Betätigungen iwS – also eben auch um eine Art Sport.

47   Bei **sämtlichen Verboten des § 2** ist wegen des zu weit geratenen Wortlauts, der nur auf den Zweck des „Dopings beim Menschen im Sport" abstellt, „rechtstechnisch" durch das ungeschriebene Tatbestandsmerkmal des wenigstens entfernten **Wettkampfbezugs** deren Erfassungsbereich und damit auch die Reichweite der darauf Bezug nehmenden Sanktionsnorm des § 4 Abs. 1 (iS einer **teleologischen Reduktion**) zu beschränken.[56] Demnach liegt kein relevantes Doping vor, wenn sich ein nicht an sportlichen Wettkämpfen teilnehmender Besucher eines Fitnessstudios nur zu seinem Privatvergnügen in freiverantwortlicher Entscheidung dopt. Anders verhält es sich nur, wenn ein Wettkampfbezug gegeben ist.[57] Nur dann geht es darum, die **unrechtsrelevante Täuschungs- bzw. Drucksituation** für andere zu vermeiden und so deren allgemeine Dispositionsfreiheit bzw. deren Gesundheit oder Vermögen durch eine (strafbewehrte) Verhaltensnorm zu schützen.[58]

48   Nach **§ 2 Abs. 1 Nr. 1** ist es verboten, „ein **Dopingmittel,** das ein in der Anlage I des Internationalen Übereinkommens vom 19. Oktober 2005 gegen Doping im Sport[59] in der vom Bundesministerium des Innern jeweils im Bundesgesetzblatt Teil II bekannt gemachten Fassung (Internationales Übereinkommen gegen Doping) aufgeführter Stoff ist oder einen solchen enthält, zum Zwecke des Dopings beim Menschen im Sport **herzustellen"**. Zur Konkretisierung des Begriffs des „Herstellens" möchte manche sachlich auf die Legaldefinition des § 4 Abs. 14 AMG zurückgreifen.[60] Das ist so nicht akzeptabel. Im strafrechtlichen Kontext kann ein solches Vorgehen nur allzu leicht zu einer Missachtung der Wortlautgrenze und damit zu einem Verstoß gegen Art. 103 Abs. 2 GG führen. Beispielsweise dürfte ein – die Legaldefinition des AMG durchaus erfüllendes – bloßes „Umfüllen" oder „Freigeben" vom Wortlaut des im AntiDopG verwendeten Begriffs des „Herstellens" (eines Dopingmittels) wohl kaum mehr erfasst sein.

49   Verboten ist nach **§ 2 Abs. 1 Nr. 2** auch das **Handeltreiben** mit einem der genannten Dopingmittel. Der Begriff des Handeltreibens soll sich an der Begrifflichkeit des Betäubungsmittelrechts orientieren und vom Nachweis eines Besitzes unabhängig sein.[61]

50   Wenn die Voraussetzungen des Handeltreibens nicht erfüllt sind, ist es nach **§ 2 Abs. 1 Nr. 3** dennoch verboten, ein Dopingmittel, das ein in der Anlage I des Internationalen

---

[56] Näher dazu → Rn. 20 ff.

[57] Zum Erfordernis der Wettkampforientierung beim Bodybuilding vgl. etwa BezirksberufsG für Ärzte in Stuttgart 3.3.1999 – BBG 16/98, MedR 2000, 105 (106).

[58] Zumindest nicht unbedenklich ist vor diesem Hintergrund die berufsrechtliche Entscheidung des BezirksberufsG für Ärzte in Stuttgart 3.3.1999 – BBG 16/98, MedR 2000, 105 f.: Eine Ärztin hatte einem Bodybuilding betreibenden Patienten ohne Vorliegen einer medizinischen Indikation, aber nach ordnungsgemäßer Aufklärung, auf Privatrezept Anabolika verschrieben. Zu Gunsten der Ärztin ging das Gericht davon aus, dass ihr der Wettkampfbezug nicht klar war (obwohl sich der Patient einer wettkampforientierten Bodybuildinggruppe angeschlossen hatte). Der Patient trug sich mit dem Gedanken, ein eigenes Fitnessstudio zu eröffnen, und sollte in diesem Zusammenhang die körperlich notwendige Unterstützung erfahren. An die Ärztin hatte er sich gewandt, weil Anabolika auf dem Schwarzmarkt wesentlich teurer als beim Einkauf in einer (internationalen) Apotheke sind. Die berufsrechtliche Entscheidung stellt lediglich auf die fehlende medizinische Indikation und die gewichtigen gesundheitsschädlichen Wirkungen ab. Dabei werden das Selbstbestimmungsrecht des Patienten und damit letztlich auch das Recht der Ärztin nicht angemessen berücksichtigt.

[59] BGBl. 2007 II S. 354, 355.

[60] Vgl. dazu etwa den Versuch einer Begriffsbestimmung des „Herstellens" bei Lehner/Nolte/Putzke/Striegel § 2 Rn. 14.

[61] So die Begründung zum Entwurf des AntiDopG, BT-Drs. 18/4898, 24. – Zum Begriff des „Handeltreibens" vgl. auch Lehner/Nolte/Putzke/Striegel § 2 Rn. 16.

Übereinkommens aufgeführter Stoff ist oder einen solchen enthält, zu dem genannten Zweck zu **veräußern, abzugeben oder sonst in den Verkehr zu bringen.** Mit dem Veräußern sollen Fallgruppen erfasst werden, in denen zwar entgeltlich, aber uneigennützig Dopingmittel abgegeben werden, wohingegen die eigennützige Weitergabe bereits vom Handeltreiben erfasst sein soll.[62] Der Abgabetatbestand soll Fälle der Übertragung der Verfügungsgewalt an eine andere Person ohne rechtsgeschäftliche Grundlage und ohne Gegenleistung abdecken. Zur Schließung von Lücken bei nicht konkret nachweisbaren Entäußerungshandlungen soll das Verbot des sonstigen Inverkehrbringens als Auffangtatbestand dienen. Allerdings stellt sich beim Inverkehrbringen iS des AntiDopG die Frage, ob die im Anwendungsbereich des AMG gegebene extrem weite Erfassung auch des „Vorrätighaltens zum Verkauf oder zu sonstiger Abgabe" noch als „Inverkehrbringen" aufgefasst werden kann. Da die ihrerseits nicht unproblematische **Legaldefinition des § 4 Abs. 17 AMG nicht in das AntiDopG „hineingelesen"** werden kann, dürfte darin ein Verstoß gegen die Wortlautgarantie des Art. 103 Abs. 2 GG liegen.[63]

Verboten ist nach **§ 2 Abs. 1 Nr. 4** bei entsprechender Zweckbestimmung auch das 51 **„Verschreiben"** eines erfassten Dopingmittels. Soweit ein solches Dopingmittel auch ein im Einzelfall medizinisch indiziertes Arzneimittel ist, erfolgt das Verschreiben nicht zu Dopingzwecken im Sport und wird nicht erfasst. Auch verbietet es das AntiDopG dem so **medizinisch indiziert „gedopten" Sportler** nicht, am sportlichen Wettkampf in diesem Zustand teilzunehmen. Daraus ergibt sich eine sachwidrige Strafbarkeitslücke.[64] Zwar ist die Teilnahme des gedopten Athleten selbstverständlich **sportrechtlich unerlaubt,**[65] jedoch wird diese von dem speziellen **Verbot des § 3 Abs. 2** gerade nicht erfasst. Denn dieses Verbot hat zur Voraussetzung, dass die Anwendung des Dopingmittels „ohne medizinische Indikation" erfolgt. Das ist evident sachwidrig. Dabei dürfte der verfehlte Gedanke, die Gesundheit des sich dopenden Sportlers zu schützen, den Blick für die richtige Wertung in Bezug auf den angemessenen Wettbewerbsschutz verstellt haben.

Verschreiben setzt die Ausstellung eines Rezepts über das Arznei- bzw. Dopingmittel 52 voraus. Teilweise wird nur ein **Arzt** als tauglicher Täter angesehen.[66] Diese Beschränkung ist im Wortlaut nicht zwingend angelegt und in der Sache problematisch: Der **Rezeptfälscher,** der als Nichtarzt einem anderen ein Dopingmittel „verschreibt", schlüpft so durch die unnötig weit geknüpften Maschen des Gesetzes. Der unter Dopingaspekten spezifische Unwertgehalt wird durch die mögliche Bestrafung wegen eines Urkundendelikts nicht angemessen erfasst.

§ 2 Abs. 2 Nr. 1 verbietet es, ein erfasstes **Dopingmittel** „zum Zwecke des Dopings 53 im Sport bei einer anderen Person anzuwenden." Die **Anwendung** des Dopingmittels bei anderen meint die Verabreichung an den Sportler. Dabei ist es ohne Bedeutung, ob dies mit oder ohne sein Wissen geschieht.[67] Gegen das entsprechende Verbot verstößt etwa der Arzt, der dem Wettkampfsportler ein solches Dopingmittel per Spritze verabreicht.

Entsprechendes gilt nach **§ 2 Abs. 2 Nr. 2** für bestimmte **Dopingmethoden.** Dadurch 54 sollen Schutzlücken geschlossen werden, weil bestimmte Dopingmethoden für die Gesundheit genauso gefährlich seien wie Dopingmittel.[68] In der Begründung zum Gesetzentwurf wird ausdrücklich das Gendoping genannt.

---

[62] S. auch dazu und zum Folgenden die Begründung zum Entwurf des AntiDopG, BT-Drs. 18/4898, 24.

[63] Ohne entsprechendes Problembewusstsein von der Legaldefinition des AMG ausgehend Lehner/Nolte/Putzke/*Striegel* § 2 Rn. 18.

[64] S. zu dieser sachwidrigen Strafbarkeitslücke auch schon → Rn. 37 sowie noch → Rn. 73.

[65] Etwas anderes gilt nur, wenn keine unerlaubte Wettbewerbsverfälschung zu erwarten ist und daher bereits das spezifische Sportrecht die Wettbewerbsteilnahme ausnahmsweise zulässt.

[66] Vgl. Erbs/Kohlhaas/*Pelchen/Anders,* 187 Lfg. 2011, A 188, AMG § 6a Rn. 4; Lehner/Nolte/Putzke/*Striegel* § 2 Rn. 19.

[67] Die Kenntnis eines freiverantwortlich handelnden Sportlers ist aber für die Strafzumessung bzw. für etwa konkurrierende Körperverletzungsdelikte relevant.

[68] S. dazu und zum Folgenden die Begründung zum Entwurf des AntiDopG, BT-Drs. 18/4898, 25; ferner etwa Lehner/Nolte/Putzke/*Striegel* § 2 Rn. 77.

55   Geschieht das Doping mit Zustimmung des insofern freiverantwortlich handelnden Sportlers, greift der Gedanke der rechtfertigenden Einwilligung aufgrund der Ratio der Norm nicht ein. Ein derartiges Verhalten kann durch Einwilligung des Athleten **mangels Dispositionsbefugnis** über die tangierten *fremden* Rechtsgüter nicht gerechtfertigt sein.[69]

56   Bei Unkenntnis des Sportlers – also bei (intendierter) **heimlicher Verabreichung** – liegt freilich mit Blick auf die flankierenden Rationes des Schutzes der Gesundheit nichtfreiverantwortlich handelnder Personen (→ Rn. 19 ff., 61) letztlich ein Fall gesteigerten Unrechts vor. Allerdings ist das zusätzliche Unrecht regelmäßig über die Strafbarkeit wegen des tateinheitlich (§ 52 StGB) verwirklichten vorsätzlichen oder fahrlässigen Körperverletzungsdelikts zutreffend erfasst.

57   Schließlich ist es nach **§ 2 Abs. 3** verboten, bestimmte als besonders gesundheitsschädlich eingestufte Dopingmittel „in **nicht geringer Menge** zum Zwecke des Dopings beim Menschen im Sport **zu erwerben, zu besitzen** oder in oder durch den Geltungsbereich des AntiDopG **zu verbringen.**"[70] Besitz im hier interessierenden Sinne wird im Grundsatz verstanden als Ausübung tatsächlicher Sachherrschaft.[71] Erfassbar sind damit etwa auch Fälle des Mitbesitzes. Schwächt man die Anforderungen an die „Sachherrschaft" sehr weit ab, ließe es der Wortlaut auch zu, Fälle des mittelbaren Besitzes einzubeziehen.

58   Die relevanten Dopingmittel und deren nicht geringe Menge ergeben sich aus der – durch Rechtsverordnung nach § 6 Abs. 1 Satz 1 Nr. 2 oder Satz 2 änderbaren – Anlage zu § 2 Abs. 3 des AntiDopG. Die Begründung zum Gesetzentwurf sieht den Sinn und Zweck dieses Besitzverbots im Gesundheitsschutz im Hinblick auf die Gefahr der Weitergabe dieser Dopingmittel.[72] Dabei wird im Grundsatz richtig gesehen, dass der Gesichtspunkt des Gesundheitsschutzes im Verhältnis zu dem freiverantwortlich dopenden Sportler selbst kein gar strafbewehrtes Besitzverbot legitimieren könnte. Nicht konsequent weitergeführt wird dieser Gedanke indessen für die potentiellen Adressaten der Weitergabe: Ein Verbot des Besitzes aus Gründen des Gesundheitsschutzes könnte allenfalls bei zumindest abstrakt drohender **Gefahr für nichtfreiverantwortliche Personen** legitimiert werden.[73]

59   **3. Untergeordnete Funktionen des legitimierbaren Dopingverbots: Schutz der Gesundheit und des Vermögens anderer Sportler – Schutz der Gesundheit nichtfreiverantwortlich Handelnder vor abstrakter Gefährdung.** Das sportrechtliche Dopingverbot ist ein **wettbewerbsrechtlich legitimiertes Verbot,** bei dem es auf gesundheitliche oder finanzielle Aspekte nicht entscheidend ankommt.[74] Legitimationsgrund ist vielmehr der Schutz der freiheitsrechtlich zu gewährleistenden Möglichkeit der anderen Sportler, an einem dopingfreien Wettbewerb teilnehmen zu können. Demgegenüber kann der **Schutz der Gesundheit** der anderen Sportler lediglich eine das Verbot u.U. **unterstützende Funktion** haben.[75] Insofern ist festzustellen: Wer rechtlich garantiert davon ausgehen darf, dass bei einem Wettbewerb nicht gedopt wird, kommt auch nicht in die **Drucksituation,** seinerseits dopen zu müssen, wenn er gleiche Siegchancen haben will.[76] Die Schutzwürdigkeit des durch die Drucksituation Gefährdeten fehlt nicht etwa im Hinblick auf dessen „Freiverantwortlichkeit".[77] Wer als Sportler nicht nur rein faktisch, sondern mangels

---

[69] Zur bei unerlaubtem Doping stattfindenden Beeinträchtigung fremder Rechtsgüter durch den dopenden Sportler vgl. bereits → Rn. 24 ff.

[70] Zu den von Abs. 3 erfassten Fällen näher etwa Lehner/Nolte/Putzke/*Striegel* § 2 Rn. 80 ff.

[71] So die Begründung zum Entwurf des AntiDopG, BT-Drs. 18/4898, 25.

[72] S. dazu und zum Folgenden die Begründung zum Entwurf des AntiDopG, BT-Drs. 18/4898, 26.

[73] Krit. gegenüber der mit dem Erwerbs- und Besitzverbot des § 2 Abs. 3 iVm § 4 Abs. 1 Nr. 3 verbundenen Vorfeldkriminalisierung etwa *Norouzi/Summerer* SpuRt 2015, 63 (65).

[74] S. dazu und zum Folgenden bereits *Freund* FS Rössner, 2015, 579 (593 f.).

[75] S. dazu bereits *Freund* JZ 2014, 362 (364).

[76] Vgl. zu diesem Schutzaspekt auch *meine* Kommentierung 2. Aufl. 2013, AMG § 6a Rn. 8 ff.; *Maas* NJW 2015, 305 (307); *Rössner* FS Mehle, 2009, 567 (574); *Sternberg-Lieben* ZIS 2011, 583 (601 m. Fn. 150); *Timm* GA 2012, 732 (737 ff.).

[77] Näher dazu und zum Folgenden 2. Aufl. 2013, AMG § 6a Rn. 11. – Krit. gegenüber dem hier interessierenden Schutzaspekt freilich etwa *Ott,* Selbstdoping (Fn. 18), S. 141 ff., 155.

rechtlicher Gewährleistung der Dopingfreiheit des Wettkampfs auch von Rechts wegen mit Nachteilen rechnen müsste, weil andere dopen, wäre nicht wirklich frei in seiner Entscheidung. Erst durch die normative Garantie des dopingfreien Wettkampfs wird die entsprechende Freiheit hergestellt. Nur durch die rechtliche Absicherung wird erreicht, dass er nicht mehr nur vom guten Willen der Mitbewerber – von deren Moral – abhängig ist, sondern sich von Rechts wegen auf eine dopingfreie Teilnahme verlassen kann.

Ebenso wie der Schutz der Gesundheit der anderen Sportler kann der **Vermögensschutz** 60 allenfalls das bereits **sportrechtlich** hinreichend **legitimierte Dopingverbot zusätzlich stützen**.[78] Wird bei einem sportlichen Wettkampf etwa eine vermögenswerte Siegesprämie vereinbart, kommt unter diesem Blickwinkel sogar eine **Betrugsstrafbarkeit** nach § 263 StGB in Betracht.[79]

Soweit ein wettbewerbsrechtliches Dopingverbot legitimiert werden kann, besteht auch 61 die Möglichkeit, den legitimen Schutz der **Gesundheit nichtfreiverantwortlich Handelnder** vor entsprechender abstrakter Gefährdung in ein **angemessenes Gesamtschutzkonzept** zu **integrieren**. Das gilt freilich nur – aber immerhin dann – wenn die Möglichkeit des Dopens einer nichtfreiverantwortlich handelnden Person nach Sachlage mehr als nur eine blanke Fiktion darstellt. Ist diese Möglichkeit eine realistische, hängt der entsprechende Unwertgehalt entscheidend davon ab, wie fern- oder naheliegend sie ist.

4. Zwischenfazit. Nach allem Bisherigen gibt es nur *einen* Schutzaspekt, der geeignet 62 ist, ein sportrechtliches Dopingverbot *durchgängig* zu legitimieren: Es geht um den **Schutz der freiheitsrechtlichen Möglichkeit** der anderen Sportler, an einem **dopingfreien Wettbewerb** teilnehmen zu können. Dabei handelt es sich mitnichten um Fragen des Sportethos, der Fairness oder der Moral, sondern betroffen ist ein wichtiger Ausschnitt der allgemeinen Handlungsfreiheit als geradezu klassisches **Individualrechtsgut**.[80] Dessen Beeinträchtigung durch Doping war und ist *rechtlich* aus gutem Grund schon nach früher und auch nach heute geltendem Recht verboten. Der sich selbst dopende Sportler verhält sich im Wettkampf rechtswidrig und nicht nur unmoralisch.[81] Er verstößt gegen eine rechtlich legitimierte Verhaltensnorm. Ein solcher Verhaltensnormverstoß war allerdings unter der Geltung des AMG aF – von Sonderfällen abgesehen[82] – nicht mit einer Strafbewehrung versehen, weil das strafbewehrte Dopingverbot des AMG aF Eigendoping nach dem eindeutigen Wortlaut ausschloss. Nunmehr sind in § 3 bestimmte Verbote des Selbstdopings sogar ausdrücklich gesetzlich normiert und in § 4 Abs. 1 Nr. 4 und 5, Abs. 2, Abs. 7 unter bestimmten Bedingungen mit einer Strafbewehrung versehen.

Auch die das wettbewerbswidrige Verhalten des dopenden Sportlers **unterstützenden** 63 **Personen** verhalten sich **rechtswidrig.** Insofern hat das AntiDopG die schon bisher im AMG aF enthaltenen Verbote im Wesentlichen fortgeschrieben und sogar in verschiedener Hinsicht erheblich ausgeweitet. Während im AMG aF nur das Inverkehrbringen, das Verschreiben und das Anwenden bei anderen als verboten genannt waren, finden sich nunmehr im **AntiDopG** in § 2 auch **Verbote** des Herstellens (Nr. 1) und des Handeltreibens (Nr. 2). Lediglich beim Inverkehrbringen (Nr. 3), als dessen Unterfälle nur das Veräußern und das

---

[78] S. dazu und zum Folgenden 2. Aufl. 2013, AMG § 6a Rn. 14.

[79] Zur Problematik der Betrugsstrafbarkeit vgl. etwa *Cherkeh,* Betrug (§ 263 StGB), verübt durch Doping im Sport, 2000; *Kargl* NStZ 2007, 489 (491 ff.); *Momsen-Pflanz,* Die sportethische und strafrechtliche Bedeutung des Dopings – Störung des wirtschaftlichen Wettbewerbs und Vermögensrelevanz, 2005, S. 215 ff.; *Ott,* Selbstdoping (Fn. 18), S. 88 ff.; *Valerius* FS Rissing-van Saan, 2011, 717 (718 ff.); s. auch OLG Stuttgart 29.9.2011 – 2 Ws 33/11, BeckRS 2011, 27427 m. Bespr. *Jahn* JuS 2012, 181 ff. – Zum (wirtschaftlich relevanten) Wettbewerb bzw. Vermögen als Schutzgut des Dopingverbots s. auch *Greco* GA 2010, 622 (629 ff., 637); *Roxin* FS Samson, 2010, 445 (452 ff.). Mit dem Schutz „ökonomisch" relevanter Tätigkeiten wird indessen – wie gezeigt – nicht alles erfasst, was rechtlich schutzwürdig ist.

[80] Das wird verkannt etwa von *Jahn* SpuRt 2015, 149 (151).

[81] Die Straflosigkeit bedeutet nicht etwa, dass ein bestimmtes Verhalten erlaubt ist; vgl. dazu etwa *meine* Kommentierung 2. Aufl. 2013, AMG § 6a Rn. 17.

[82] Etwa wenn vermögenswerte Vorteile im Spiel und daher die Voraussetzungen der Betrugsstrafbarkeit erfüllt waren.

Abgeben ausdrücklich genannt werden, bleibt fraglich, ob die im Anwendungsbereich des AMG gegebene extrem weite Erfassung auch des „Vorrätighaltens zum Verkauf oder zu sonstiger Abgabe" noch angenommen werden kann, ohne gegen die Wortlautgarantie des Art. 103 Abs. 2 GG zu verstoßen. Denn die ihrerseits nicht unproblematische Legaldefinition des § 4 Abs. 17 AMG kann schwerlich in das AntiDopG „hineingelesen" werden.

64   Lediglich **untergeordnete Funktionen** eines legitimierbaren Dopingverbots iwS sind der **Schutz** der **Gesundheit** und des **Vermögens** anderer Sportler sowie der Schutz der Gesundheit nichtfreiverantwortlich Handelnder vor abstrakter Gefährdung. Allerdings ist bei sämtlichen **Verboten des § 2** wegen des zu weit geratenen Wortlauts, der nur auf den Zweck des „Dopings beim Menschen im Sport" abstellt, durch das **ungeschriebene Tatbestandsmerkmal** des wenigstens entfernten **Wettkampfbezugs** deren Erfassungsbereich und damit auch die Reichweite der darauf Bezug nehmenden Sanktionsnorm des § 4 Abs. 1 zu beschränken. Legitimierbaren Gesundheitsschutz kann es auch für nichtfreiverantwortlich Handelnde nur innerhalb eines bereits wettbewerbsrechtlich legitimierten Verbots der irgendwie gearteten Förderung von Doping geben. Insofern ist der Wortlaut des § 2 zu weit geraten, wenn er nur auf den Zweck des „Dopings beim Menschen im Sport" abstellt.

65   Nicht einwandfrei umgesetzt wurde der **Schutz vor gedopter Teilnahme** an einem sportlichen Wettkampf. Das vom Gesetzgeber eingeführte Kriterium der fehlenden medizinischen Indikation liegt neben der Sache. Auch bei medizinisch indizierter Anwendung von Dopingmitteln, gibt es keinen sachlichen Grund dafür, die wettbewerbsverzerrende gedopte Teilnahme an einem sportlichen Wettkampf zu tolerieren.[83] Aufgrund der fehlerhaften gesetzlichen Konzeption ergeben sich **sachwidrige Strafbarkeitslücken.**

III. Die Strafbewehrung von Verhaltensnormen zur Unterbindung von (heimlichem) Doping und zum (abstrakten) Gesundheitsschutz mit Blick auf nichtfreiverantwortlich Handelnde – Zu den Sanktionsnormen des AntiDopG

66   Das Gesetz gegen Doping im Sport enthält einen Schritt in die richtige Richtung der **Erfassung des wettbewerbsverzerrenden Eigendopings.**[84] Problematisch an diesem Gesetz ist freilich die nach wie vor anzutreffende Intention des Gesundheitsschutzes ohne Rücksicht auf die Freiverantwortlichkeit des sich selbst Gefährdenden oder Verletzenden sowie die Beibehaltung der schon bislang im AMG aF verwendeten formalistischen Verweisungstechnik. Schließlich wird nach dem AntiDopG der wettbewerbsverzerrende unerlaubte Eingriff durch Eigendoping in evident sachwidriger Weise nur dann für strafbar erklärt, wenn er von einer „Spitzensportlerin" oder einem „Spitzensportler" des „organisierten Sports" (§ 4 Abs. 7 Nr. 1) oder von jemandem vorgenommen wird, der „aus der sportlichen Betätigung unmittelbar oder mittelbar Einnahmen von erheblichem Umfang erzielt" (§ 4 Abs. 7 Nr. 2).[85] Für die Taten des § 4 gilt das **Vorsatzerfordernis** (§ 15 StGB).[86] Ausnahmsweise ist in § 4 Abs. 6 für die Fälle des § 4 Abs. 1 Nr. 1, 2 und 3 zusätzlich eine Fahrlässigkeitsstrafbarkeit vorgesehen.[87]

67   **1. Tatbestandskriterien des § 4. a) Kriterien der Sanktionsnorm des § 4 Abs. 1.** Als Adressat der Verhaltensnormen des § 2 Abs. 1 und somit als **Täter** im Sinne des § 4 Abs. 1 kommt grundsätzlich jeder in Betracht, der das genannte Verhalten vornimmt. Allerdings soll ein „Verschreiben" nach Auffassung vieler begriffstechnisch nur Ärzten möglich sein.[88]

---

[83] Etwas anderes gilt nur, wenn bereits das spezifische Sportrecht die Wettbewerbsteilnahme – etwa des Asthmatikers – unter Anwendung des Arzneimittels gestattet, weil keine unerlaubte Wettbewerbsverfälschung zu erwarten ist. – Zu weiteren Problemen der „medizinischen Indikation" vgl. Lehner/Nolte/Putzke/*Putzke* § 3 Rn. 9 ff.

[84] Zur Legitimierbarkeit entsprechender Verhaltensnormen näher → Rn. 24 ff.

[85] Zur Sachwidrigkeit des § 4 Abs. 7 näher → Rn. 110 ff.

[86] Allg. zum Vorsatz noch → Rn. 119 ff.

[87] Zur Fahrlässigkeitsstrafbarkeit → Rn. 97 ff.

[88] S. freilich → Rn. 52.

Neben Ärzten kommen vor allem pharmazeutische Unternehmer,[89] pharmazeutische Groß-
händler, Apotheker und Trainer als Täter in Betracht; möglich ist aber auch, dass die
Dopingmittel dem Athleten von anderen Sportlern oder sonstigen Personen aus seinem
Trainingsumfeld zugänglich gemacht werden. Eine strafbare Teilnahme **(Anstiftung bzw.
Beihilfe)** richtet sich im Grundsatz nach den allgemeinen Regeln der §§ 26, 27 StGB.
Während unter der Geltung des AMG aF der sich dopende Athlet konsequenterweise
auch als Teilnehmer vollkommen ausschied, ergibt sich eine Beschränkung auch seiner
Teilnehmerstrafbarkeit unter der Geltung des AntiDopG, sofern er weder „Spitzensportler"
(§ 4 Abs. 7 Nr. 1) ist noch unmittelbar oder mittelbar aus der sportlichen Betätigung Einnahmen von erheblichem Umfang erzielt (§ 4 Abs. 7 Nr. 2). Das ist zwar in der Sache verfehlt,
wird aber durch die Systematik erzwungen.[90]

Ansonsten ergibt sich die Reichweite der Sanktionsnorm aus dem → Rn. 17, 19 ff.,   **68**
43 ff. zu den in Bezug genommenen Verhaltensnormen Gesagten. Insbesondere ist der bei
allen **Verboten des § 2** erforderliche **Wettkampfbezug als ungeschriebenes Tatbestandsmerkmal** nötig, um den ansonsten zu weit geratenen Wortlauttatbestand verfassungskonform teleologisch zu reduzieren.

Abs. 1 Nr. 1: Zu den Tatbestandsverwirklichungsformen des **Herstellens,** des **Handel-**   **69**
treibens, des **Veräußerns,** des **Abgebens,** des **Inverkehrbringens** und des **Verschreibens** → Rn. 48 ff. (zu § 2 Abs. 1 Nrn. 1–4).

Abs. 1 Nr. 2: Zur Tatbestandsverwirklichungsform des **Anwendens** eines Dopingmit-   **70**
tels oder einer Dopingmethode (bei einer anderen Person) → Rn. 53 ff. (zu § 2 Abs. 2).

Abs. 1 Nr. 3: Zu den Tatbestandsverwirklichungsformen des **Erwerbens,** des **Besitzens**   **71**
und des **Verbringens** (entgegen § 2 Abs. 3) → Rn. 57 f. (zu § 2 Abs. 3).

Abs. 1 Nr. 4: Zu den Tatbestandsverwirklichungsformen des **Anwendens** oder   **72**
Anwendenlassens (eines Dopingmittels oder einer Dopingmethode bei sich → Rn. 31 ff.
(zu § 3 Abs. 1).

Abs. 1 Nr. 5: Erfasst wird die **Teilnahme** an einem Wettbewerb des organisierten Sports   **73**
entgegen § 3 Abs. 2. Ohne sachlichen Grund nicht strafbar ist der medizinisch indiziert
gedopte Sportler, der in diesem Zustand wettbewerbsverzerrend und daher sportrechtswi-
rig am Wettbewerb teilnimmt. S. auch schon → Rn. 37, 51 (zu § 3 Abs. 2). Anders verhält
es sich nur, wenn bereits das spezifische Sportrecht ausnahmsweise die Anwendung des
Mittels im Wettkampf zulässt, weil unter den gegebenen Umständen keine Wettbewerbsverzerrung anzunehmen ist.

b) Tatbestandskriterien der Sanktionsnorm des § 4 Abs. 2. Auch die von der   **74**
Sanktionsnorm des § 4 Abs. 2 in Bezug genommenen **Erwerbs- und Besitzverbote** werden nur erfasst, wenn diese zum Zwecke des **Dopings beim Menschen im Sport** vorgenommen werden. Bereits aus dem eindeutigen Wortlaut ergibt sich ein nötiger **Wettkampfbezug,** wenn es in § 3 Abs. 1 Satz 1 Nr. 1, auf den verwiesen wird, heißt: „in der Absicht,
sich in einem Wettbewerb des organisierten Sports einen Vorteil zu verschaffen". Dadurch
wird sogar der Kreis der relevanten sportlichen Wettkämpfe eingegrenzt.[91] Zu den Tatbestandsverwirklichungsformen des **Erwerbens** und des **Besitzens** (entgegen § 3 Abs. 4)
→ Rn. 40 ff. (zu § 3 Abs. 4). Zum Besitzbegriff vgl. auch → Rn. 57 (zu § 2 Abs. 3).

Nach § 4 Abs. 8 erlangt **Straffreiheit,** wer **in den Fällen des Abs. 2** „freiwillig die   **75**
tatsächliche Verfügungsgewalt über das Dopingmittel aufgibt, bevor er es anwendet oder
anwenden lässt." Die Vorschrift normiert eine Art strafbefreienden Rücktritt vom formell
vollendeten Delikt nach § 4 Abs. 2. Wegen der nicht unproblematischen „Vorfeldstrafbar-
keit" des Abs. 2 ist dies zu begrüßen.

---

[89] Näher zur Problematik der strafrechtlichen Verantwortlichkeit von in und für Pharmaunternehmen
tätigen Personen *Bruggmann/Grau* PharmR 2008, 101 (106 ff.).
[90] Zur verfehlten Strafbarkeitseinschränkung des § 4 Abs. 7 näher → Rn. 110 ff.
[91] Näher dazu → Rn. 38.

76   **c) Tatbestandskriterien der Sanktionsnorm des § 4 Abs. 3 (Versuchsstrafbarkeit).** § 4 Abs. 3 sieht eine Versuchsstrafbarkeit für die Fälle des Abs. 1 vor. Das Erwerbs- und Besitzverbot des § 4 Abs. 2 iVm § 3 Abs. 4 ist ausgenommen. Wie auch im Kernstrafrecht stellt sich bei den jeweiligen Straftatbeständen des AntiDopG die Frage, von welchem (Zeit-)Punkt an die Versuchsschwelle überschritten wird bzw. wann man noch von bloßen straflosen Vorbereitungshandlungen sprechen kann. Allgemein lässt sich für das AntiDopG eine (zum Teil sehr weitgehende) Vorverlagerung der Vollendungsstrafbarkeit feststellen. Durch die Normierung der Strafbarkeit des Versuchs wird der Bereich des Strafbaren noch zusätzlich ausgedehnt. Wo genau die Grenze zwischen (noch) **strafloser Vorbereitungshandlung** und **strafbarem Versuch** verläuft, lässt sich abstrakt nicht präziser festlegen, als dies bereits durch die gesetzliche Formulierung des § 22 StGB geschieht: Danach muss der Versuchstäter nach seiner Vorstellung von der Tat zur Verwirklichung des Tatbestandes unmittelbar ansetzen.

77   Die Überlegungen zur weiteren Konkretisierung müssen auch hier von der wichtigen Differenzierung zwischen dem Rechtsgüterschutz durch eine Verhaltensnorm einerseits und dem Rechtsgüterschutz durch die Sanktionierung eines Verhaltensnormverstoßes andererseits ausgehen. Auf der Basis dieser Differenzierung ergibt sich die Legitimation staatlichen Strafens aus Folgendem: In dem Verhalten des „Normbrüchigen" ist ein Angriff auf die Normgeltungskraft der jeweils übertretenen Verhaltensnorm zu sehen. Diese soll durch die staatliche Reaktion und den mit dem Schuldspruch verbundenen staatlichen Vorwurf für die Zukunft in ihrer uneingeschränkten Geltungskraft bewahrt werden. Dabei geht es darum, durch die angemessen missbilligende Reaktion auf das begangene Fehlverhalten und dessen Folgen den status ante delictum wiederherzustellen. Aus dieser legitimierenden Funktion der Strafe ergeben sich auch die für die Bestimmung des Versuchsunrechts maßgeblichen Kriterien.[92] Zu fragen ist, wann eine Verhaltensweise qualitativ schon als ein **Angriff auf die Normgeltungskraft** einer bestimmten Verhaltensnorm gewertet werden kann:

78   Der **bloße (innere) Entschluss,** ein deliktisches Vorhaben zu verwirklichen, ist strafrechtlich ohne jede Relevanz. Als bloßes Internum beinhaltet die Entschlussfassung noch keine Infragestellung der Verhaltensnormgeltung durch eine Straf*tat*. Zu Gunsten der jeweiligen Person wird, solange dem Entschluss noch keine „Taten" folgen, bis zum Beweis des Gegenteils von Rechts wegen angenommen, dass sich diese noch eines Besseren besinnt. Das Verhalten des Versuchstäters muss demnach bei wertender Betrachtung zumindest bereits als Teilverwirklichung des tatbestandsmäßigen Verhaltens aufzufassen sein. Nur dann ist in formaler und materialer Hinsicht der nullum crimen-Satz gewahrt.[93]

79   Bei den durch § 4 Abs. 3 konstituierten Versuchstaten ist zu beachten, dass die formell vollendeten Delikte des § 4 Abs. 1 unter dem Aspekt materieller Rechtsgutsbeeinträchtigung sachlich bereits Fälle der bloß versuchten oder gar nur vorbereiteten Beeinträchtigung darstellen. Mehr als eine mit der Vornahme eines bestimmten Verhaltens verbundene abstrakte oder allenfalls noch konkrete Gefährdung schutzwürdiger Interessen anderer – insbesondere an einem dopingfreien Wettbewerb – wird für die formelle Vollendungstat nicht vorausgesetzt. Wenn nun durch § 4 Abs. 3 zusätzlich der Versuch solcher sachlichen Versuchs- oder gar nur Vorbereitungsfälle als Straftat normiert wird, führt das zu einer sehr weitgehenden **Vorfeldkriminalisierung.**[94]

80   Nach der Regelung des § 24 StGB ist der Versuch bei rechtzeitigem Rücktritt straffrei.[95] Die Regelung des strafbefreienden Rücktritts vom Versuch ist auf Straftaten zugeschnitten, die formell als Versuchstaten konzipiert sind. § 24 StGB betrifft also nur solche Taten, die

---

[92] Der zu Unrecht oft als problematisch angesehene Strafgrund des Versuchs ist mit dem des vollendeten Delikts identisch; näher dazu *Freund* AT § 8 Rn. 9 ff. mwN.
[93] Näher dazu *Freund* AT § 8 Rn. 28 ff., 53 ff. (iVm § 1 Rn. 28).
[94] Zur Problematik der Vorfeldkriminalisierung s. allg. *Reus,* Das Recht in der Risikogesellschaft – Der Beitrag des Strafrechts zum Schutz vor modernen Produktgefahren, 2010, S. 104 ff.
[95] Zur straftatsystematischen Einordnung des Rücktritts vom Versuch näher *Freund* AT § 9 Rn. 6 ff.

als Straftaten über §§ 22, 23 Abs. 1 StGB normiert werden. Indessen gibt es jenseits dieser formellen Versuchstaten – wie erwähnt[96] – im AntiDopG viele Straftaten, bei denen die Vollendungsstrafbarkeit sehr weit vorverlagert ist, die aber unter dem materialen Aspekt der Verwirklichungsstufen der Güterbeeinträchtigung sachlich Versuchsfälle oder gar nur Vorbereitungshandlungen darstellen. Auf solche Fälle ist die Vorschrift des § 24 StGB über den **strafbefreienden Rücktritt** jedenfalls nicht unmittelbar anwendbar. Auch ist im Anti-DopG eine Vorschrift der rücktrittsähnlichen **„tätigen Reue"**[97] nicht vorgesehen, so dass in solchen Fällen lediglich an eine **analoge Anwendung** solcher Vorschriften zu denken ist, notfalls auch an eine „prozessuale" Lösung über eine Verfahrenseinstellung nach §§ 153, 153a StPO.

d) Tatbestandskriterien der Qualifikation nach § 4 Abs. 4. Die Absage an die noch **81** im AMG verwendete **Regelbeispielstechnik** und deren Ersetzung durch **Qualifikationstatbestände** beruht nach der Begründung des Gesetzentwurfs darauf, dass die „Regelbeispielstechnik veraltet" sei und dem verwirklichten Unrecht nicht in vollem Maße gerecht werde.[98] Einerseits seien keine Fälle denkbar, in denen trotz Vorliegens der jeweiligen Voraussetzungen eine Strafschärfung nicht angemessen erscheine. Andererseits erscheine eine Anwendung des hohen Strafrahmens durch das Gericht auf weitere Fälle nicht sachgerecht. Diese Einschätzung war und ist voreilig.[99]

Eine Erhöhung der Strafobergrenze von drei auf bis zu 10 Jahre und eine Strafuntergrenze **82** von einem Jahr führt zum **Verbrechenscharakter** der Qualifikation nach § 4 Abs. 4. Die **Qualifikationsgründe des § 4 Abs. 4 Nr. 1a–c** beziehen sich auf Taten nach **Abs. 1 Nrn. 1, 2 und 3 als Grunddelikt.** Dagegen beziehen sich die **Qualifikationsgründe des § 4 Abs. 4 Nr. 2a und b** nur auf Taten nach **Abs. 1 Nrn. 1 und 2 als Grunddelikt.**

Inhaltlich entsprechen die **Qualifikationsgründe** des AntiDopG den Regelbeispielen **83** für besonders schwere Fälle des **zuvor einschlägigen § 95 Abs. 3 S. 2 Nrn. 1 und 2 AMG aF.** Allerdings werden diese in Nr. 2a erweitert um die Veräußerung der Dopingmittel an eine Person unter 18 Jahren, die Verschreibung eines Dopingmittels für eine solche Person sowie die Anwendung einer Dopingmethode bei einer solchen.

Mit Blick auf die Qualifikationsgründe des § 4 Abs. 4 gilt das **Vorsatzerfordernis** (§ 15 **84** StGB). Allg. zum Vorsatz noch → Rn. 119 ff.

§ 4 Abs. 4 Nr. 1a entspricht dem früheren § 95 Abs. 3 Satz 2 Nr. 1a AMG. Nach der **85** **Nr. 1a** ist ein qualifizierter Fall anzunehmen, wenn die Tathandlung die **Gesundheit einer großen Zahl von Menschen gefährdet** hat.[100] Die Schwere des dem Einzelnen drohenden Gesundheitsschadens scheint zunächst für die Annahme des besonders schweren Falles irrelevant zu sein; vielmehr scheint es allein auf die **Zahl der Personen** anzukommen, denen überhaupt Schaden an der Gesundheit droht.[101] Desgleichen scheint zunächst eine Abschichtung nach der mehr oder weniger großen Nähe der Gefahr dafür keine Rolle zu spielen. Indessen ist letztlich doch das **Gewicht der Gefahr** für die Unwertsteigerung, die den strengeren Strafrahmen der Qualifikation rechtfertigen soll, von entscheidender Bedeutung.

Vor diesem Hintergrund wäre es im Ansatz verfehlt, eine mathematisch-zahlenmäßige **86** Fixierung der sachlich gemeinten Unwertsachverhalte vorzunehmen. Eine solche Zahl hätte auch der Gesetzgeber nennen können. Deren Festlegung führte jedoch zwangsläufig zu **willkürlichen Differenzierungen:** Würde die genannte Zahl knapp unterschritten, wäre

---

[96] → Rn. 21.
[97] Im Bereich des Kernstrafrechts findet sich die „tätige Reue" in den §§ 83a, 142 Abs. 4, 149 Abs. 2, Abs. 3 StGB und in § 158 StGB: Berichtigung einer falschen Angabe – wobei solche Regelungen zur „tätigen Reue" regelmäßig nicht zur Straffreiheit, sondern nur zu einer Strafmilderung führen.
[98] S. dazu und zum Folgenden die Begründung zum Entwurf des AntiDopG, BT-Drs. 18/4898, 30.
[99] Näher dazu → Rn. 91 ff.
[100] S. dazu und zum Folgenden bereits für das alte Recht des AMG *meine* Kommentierung 2. Aufl. 2013, AMG § 95 Rn. 62 ff.
[101] Zum alten Recht des AMG vgl. etwa *Kloesel/Cyran* 23. Lfg., AMG § 95 Anm. 10; *Körner/Patzak/Volkmer/Volkmer* AMG § 95 Rn. 334.

der mildere Strafrahmen des Grunddelikts zwingend auch dann maßgeblich, wenn das Ausmaß der Gefährdung per Saldo größer wäre als im Falle einer knappen Erreichung der geforderten Personenzahl, sofern es bei jedem Einzelnen nur um eine geringfügige Gesundheitsgefährdung geht. Sinnvollerweise wird man deshalb die „große Zahl von Menschen" iS der Nr. 1a nicht absolut bestimmen, sondern – selbstverständlich unter Beachtung des Wortlauts der Qualifikation – nur relativ mit Blick auf das sachlich für die Unwertsteigerung entscheidende Gefährdungspotential konkretisieren können. Die sachgerechte **Zahl variiert** also je nach dem Ausmaß und der Nähe des jedem Einzelnen drohenden Schadens.

87   Dementsprechend finden sich in vergleichbaren Zusammenhängen allenfalls vage Angaben zur erforderlichen Zahl. Bisweilen wird davon gesprochen, es müsse sich mindestens um eine 3-stellige Zahl gefährdeter Personen handeln.[102] Zwingend ist das jedenfalls nach dem Wortlaut nicht. Immerhin tauchen in anderem Zusammenhang bei gleicher Formulierung sehr viel niedrigere Zahlen auf.[103] Eine unbedachte Übernahme solcher Zahlenangaben wäre freilich nicht angemessen. Vielmehr muss dem Erfordernis des kontextspezifischen bzw. **ratio-orientierten „tatbestandsspezifischen" Verständnisses** einer bestimmten gesetzlichen Formulierung Rechnung getragen werden.[104]

88   **§ 4 Abs. 4 Nr. 1b** entspricht dem früheren § 95 Abs. 3 Satz 2 Nr. 1b AMG aF. Ein qualifizierter Fall nach Nr. 1b liegt vor, wenn der Täter einen anderen Menschen der **Gefahr des Todes** oder **einer schweren Schädigung an Körper oder Gesundheit** aussetzt.[105] Eine drohende schwere Gesundheitsschädigung setzt keine zu erwartende schwere Körperverletzung iS des § 226 StGB voraus, sondern liegt etwa auch vor, wenn die Gefahr besteht, dass eine langwierige ernsthafte Erkrankung eintritt oder die Arbeitskraft lange und erheblich beeinträchtigt wird.[106]

89   **§ 4 Abs. 4 Nr. 1c** entspricht dem früheren § 95 Abs. 3 Satz 2 Nr. 1c AMG. Die Nr. **1c** erfasst die **Erlangung** eines **Vermögensvorteils großen Ausmaßes** für sich oder einen anderen **aus grobem Eigennutz**.[107] Der qualifizierte Fall nach der Nr. **1c** stellt im Gegensatz zu den Nrn. **1a** und **1b** auf ein schon im Grundsätzlichen nicht unproblematisches unwertsteigerndes Kriterium ab und ist überdies nicht konsequent in der Umsetzung des eigenen Gedankens. Zunächst erinnert der grobe Eigennutz als unverhältnismäßig hohes übersteigertes Gewinnstreben auf Kosten (insbesondere der Gesundheit) anderer stark an das Mordmerkmal der Habgier. Das Kriterium führt aber – anders als das der Habgier im Kontext der Tötungsdelikte – im Rahmen des § 4 Abs. 1 Nrn. 1, 2 und 3 ständig zu der kaum lösbaren Schwierigkeit, innerhalb der Fälle des Profitstrebens eine Zäsur schlagen zu müssen.

90   Kaum sachlich zu rechtfertigen ist das Erfordernis, dass der **Vermögensvorteil großen Ausmaßes** von dem Täter selbst oder einem Dritten **tatsächlich erlangt** worden sein muss.[108] Dieses Merkmal wird der für die Unwertsteigerung allenfalls bedeutsamen Schädi-

---

[102] Körner/Patzak/*Volkmer* AMG § 95 Rn. 334; Erbs/Kohlhaas/*Pelchen/Anders,* 187 Lfg. 2011, A 188, AMG § 95 Rn. 47.

[103] Vgl. etwa Schönke/Schröder/*Heine/Hecker* StGB § 330 Rn. 9a (mindestens 20 Personen); BGH 11.8.1998 – 1 StR 326/98, BGHSt 44, 175 (178) (mindestens 14); Lehner/Nolte/Putzke/*Putzke* § 4 Rn. 38 (mindestens 30).

[104] Das betont mit Recht etwa auch BGH 11.8.1998 – 1 StR 326/98, BGHSt 44, 175 (177). – Zur Frage des besonders schweren Falls nach § 95 Abs. 3 S. 2 Nr. 1a s. auch BGH 22.4.1987 – 3 StR 13/87, wistra 1987, 295 f. = NStZ 1987, 514 f. (Gefährdung der Gesundheit einer großen Zahl von Menschen bei Abgabe von Tierarzneimitteln an einen Nichtberechtigten).

[105] Vgl. dazu im Kontext des Regelbeispiels nach § 95 Abs. 3 Satz 2 Nr. 1b AMG aF Körner/Patzak/Volkmer/*Volkmer* AMG § 95 Rn. 339; ferner Lehner/Nolte/Putzke/*Putzke* § 4 Rn. 40 ff.

[106] Vgl. dazu – jeweils im Kontext des § 330 StGB – Schönke/Schröder/*Heine/Hecker* StGB § 330 Rn. 9a; Lackner/Kühl/*Kühl* StGB § 330 Rn. 6.

[107] S. dazu im Kontext des Regelbeispiels nach § 95 Abs. 3 S. 2 Nr. 1c AMG – auch mit Nachweisen einschlägiger Rechtsprechung – Körner/Patzak/Volkmer/*Volkmer* AMG § 95 Rn. 341 ff.; ferner etwa Lehner/Nolte/Putzke/*Putzke* § 4 Rn. 43 ff.

[108] Die Anlehnung der Vorgängerregelung des § 95 Abs. 3 S. 2 Nr. 1c AMG an den besonders schweren Fall des Subventionsbetrugs nach § 264 Abs. 1, Abs. 2 Nr. 1 StGB ist sachlich verfehlt. Denn dort mag man immerhin davon ausgehen, dass der erlangte Vorteil regelmäßig die Kehrseite des für die angemessene Rechtsfolge relevanten Schadens bildet.

gungs- oder Gefährdungsdimension nicht gerecht. Es ist auch dann nicht stimmig, wenn man die eigen- oder fremdnützige Triebfeder des Handelns grundsätzlich als im Rahmen des § 4 Abs. 1 Nr. 1, 2 und 3 relevantes unwertsteigerndes Moment begreifen wollte. Denn dann könnte es nur auf den *erstrebten* Vorteil großen Ausmaßes ankommen. Wird ein solcher Vermögensvorteil großen Ausmaßes erstrebt, bleibt dunkel, in welchen Fällen es dann am Erfordernis der **„groben Eigennützigkeit"** des Handelns fehlen soll. Bestenfalls erweist sich das Kriterium als redundant – im schlimmsten Fall wird es zu einem Einfallstor für **rechtsstaatswidriges Gesinnungsstrafrecht.**

Abs. 4 Nr. 2a: Dieser Qualifikationstatbestand bezieht sich auf Taten nach Abs. 1 **91** Nrn. 1 und 2 als Grunddelikt. Er ist erfüllt, wenn jemand ein **Dopingmittel** an eine **Person unter 18 Jahren** veräußert oder abgibt, einer solchen Person verschreibt oder ein Dopingmittel oder eine **Dopingmethode** bei einer solchen Person anwendet. Die Verschärfung des Strafrahmens lässt sich in solchen Fällen uU mit Blick auf die Unwertsteigerung legitimieren, die in der höheren Gesundheitsgefährdung für minderjährige Sportler liegt. Denn diese befinden sich noch in der Wachstumsphase. Allerdings gilt das nur, wenn der Minderjährige zugleich als Nichtfreiverantwortlicher über seine Körperintegrität noch nicht uneingeschränkt verfügen kann. Unter dieser Voraussetzung liegt neben der für das Dopingverbot relevanten Beeinträchtigung der Rechtsgüter anderer Sportler auch der Unwertgehalt einer vorbereiteten, versuchten oder gar vollendeten Körperverletzung vor.[109]

Vom **Wortlaut** des § 4 Abs. 4 Nr. 2a wird allerdings **sachwidrig der Apotheker nicht 92 erfasst,** der an den Trainer ein Dopingmittel abgibt, das bei einem Minderjährigen angewendet werden soll. In einem solchen Fall drängte unter der Geltung des § 95 Abs. 3 Satz 2 Nr. 2a AMG die Ratio zur Annahme eines unbenannten besonders schweren Falles. Fraglich war allerdings, ob ein solcher ohne Verstoß gegen die gesetzliche Systematik angenommen werden konnte.[110] Durch die Umwandlung des Regelbeispiels in ein Qualifikationsmerkmal ist das unbefriedigende Ergebnis eindeutig: Der Apotheker hat den Qualifikationstatbestand nicht erfüllt, obwohl er den dafür nötigen Unwertgehalt durchaus verwirklicht. Insofern ist die Einschätzung der **Gesetzesbegründung,** solche Fälle seien nicht denkbar,[111] **offensichtlich fehlerhaft.**[112]

Ebenso fehlerhaft ist die in der Gesetzesbegründung zu findende Annahme, es seien **93** keine Konstellationen denkbar, in denen der Qualifikationstatbestand zwar erfüllt, aber dennoch eine mildere Beurteilung angebracht sei. Diese Fehleinschätzung hatte bereits der **Bundesrat** in seiner **Stellungnahme** mit Recht kritisiert:[113] Der Fall des jungen Sportlers, der einmalig an seinen 17 Jahre alten Sportkameraden ein gesundheitlich unbedenkliches, aber auf der Dopingmittelliste stehendes Mittel abgibt, zeige, dass eine Mindestfreiheitsstrafe von einem Jahr ohne Milderungsmöglichkeit in manchen Fällen eine **„offensichtliche staatliche Überreaktion"** wäre. Dem ist uneingeschränkt zuzustimmen.

Die erst auf das Monitum des Bundesrats hin mit dem Abs. 5 eingeführte Möglichkeit **94** der Annahme eines minder schweren Falles der Qualifikation löst das Problem nicht angemessen. Die nunmehr mögliche Annahme eines **minder schweren Falles** vermeidet zwar die in der Quantität unangemessen hohe Bestrafung. Sie ändert aber nichts daran, dass der

---

[109] Entsprechend verhält es sich – unabhängig vom Alter – bei heimlicher Verabreichung eines Dopingmittels gegenüber einem Sportler, der das gar nicht will. Auch in einem solchen Fall liegt Körperverletzungsunrecht als Zusatzunrecht neben dem spezifischen Dopingunrecht vor.
[110] Vgl. zu dieser Problematik *meine* Kommentierung 2. Aufl. 2013, AMG § 95 Rn. 72.
[111] S. dazu die Begründung zum Entwurf des AntiDopG, BT-Drs. 18/4898, 30.
[112] Weiterführend mit einem neuen Regelungsmodell der ratio-gerechten Strafschärfung *Julia Heinrich,* Die gesetzliche Bestimmung von Strafschärfungen – Ein Beitrag zur Gesetzgebungslehre, 2016. Mit diesem Modell gelingt der „goldene Mittelweg" zwischen der (relativ rechtssicheren, aber viel zu starren) traditionellen Technik der Normierung von Qualifikationstatbeständen einerseits und der (flexiblen und daher sachgerechte Einzelfallergebnisse ermöglichenden) Technik der Regelbeispielsnormen andererseits.
[113] S. dazu die Stellungnahme des Bundesrates zum Entwurf des AntiDopG, BT-Drs. 18/4898, 50 (Anl. 4).

Verbrechenscharakter der Tat und der **unangemessene Schuldspruch** bestehen bleiben. Gute Strafgesetzgebung sieht anders aus.[114]

95   **§ 4 Abs. 4 Nr. 2b** erfasst das gewerbsmäßige Handeln und das Handeln als Mitglied einer Bande, die sich zur fortgesetzten Begehung solcher Taten verbunden hat, als Qualifikationsgrund. Auch er bezieht sich auf Taten nach Abs. 1 Nrn. 1 und 2 als Grunddelikt.

96   Auch mit Blick auf die Qualifikationsgründe des § 4 Abs. 4 gilt das **Vorsatzerfordernis** (§ 15 StGB).[115]

97   **e) Fahrlässigkeitstatbestand des § 4 Abs. 6.** Nicht nur vorsätzliche, sondern auch **fahrlässige Verstöße** gegen die in § 4 Abs. 1 Nr. 1, 2 oder 3 zitierten Verhaltensnormen sind strafbewehrt, wie Abs. 6 im Hinblick auf § 15 Hs. 2 StGB ausdrücklich feststellt. Die geläufige Unterscheidung fahrlässigen Verhaltens in Fällen **bewusster Fahrlässigkeit** einerseits und **unbewusster Fahrlässigkeit** andererseits ist grundsätzlich nur für die Strafzumessung von Bedeutung. Für die Tatbestandsmäßigkeit des Fehlverhaltens spielt sie dagegen regelmäßig keine Rolle.[116] Allerdings kann insbesondere die unbewusste Fahrlässigkeit so gering ausgeprägt sein, dass wegen des zu geringen Unrechtsgehalts des personalen Verhaltensunrechts – ungeachtet eventuell eingetretener schwerwiegender Fehlverhaltensfolgen – eine strafrechtlich relevante Fahrlässigkeit abzulehnen ist.[117] Dann schlägt (ausnahmsweise) Quantität in Qualität um. Diese Problematik der Untergrenze des Strafrechts stellt sich in allen Fällen der im unteren Grenzbereich strafrechtlich relevanten Fehlverhaltens anzusiedelnden **leichten** und **besonders leichten** (leichtesten) **Fahrlässigkeit.**[118]

98   Eine nähere **Definition,** was genau unter dem Begriff des fahrlässigen Verhaltens zu verstehen ist, lässt sich weder im Kernstrafrecht noch in nebenstrafrechtlichen Gesetzen finden. Der Gesetzgeber hatte sich bewusst gegen eine nähere Festlegung entschieden, um eine Erstarrung der weiteren dogmatischen Entwicklung zu vermeiden.[119] Aufgrund der unterschiedlichen Zielsetzungen von Zivilrecht und Strafrecht lässt sich auch die zivilrechtliche Definition des § 276 Abs. 1 BGB, nach der Fahrlässigkeit das Außer-Acht-Lassen der im Verkehr erforderlichen Sorgfalt ist, nicht zur Konkretisierung des strafrechtlichen Fahrlässigkeitsbegriffs heranziehen.

99   Wie bei jeder Straftat müssen auch beim Fahrlässigkeitsdelikt die allgemeinen Kriterien tatbestandsmäßigen Verhaltens erfüllt sein.[120] Demnach muss ein spezifisches Fehlverhalten – eine **spezifische Sorgfaltspflichtverletzung** – festzustellen sein. Zur näheren Spezifizierung dienen in diesem Zusammenhang die Legitimationsgründe der übertretenen Verhaltensnorm: Legitimationsgründe sind sowohl der Nutzen der Normeinhaltung für berechtigte Güterschutzbelange (also das Vermeiden von Schädigungsmöglichkeiten) als auch besondere Verantwortlichkeiten für die in Frage stehende Gefahrenvermeidung. Wie allgemein im Strafrecht konkretisieren hier also Güterschutzaspekt und Sonderverantwortlichkeit das tatbestandsmäßige (Fehl-)Verhalten.[121]

100   Bei der Bestimmung des personalen Verhaltensunrechts, also des individuellen Fehlverhaltens einer Person, soll nach einem weit verbreiteten Konzept der Fahrlässigkeitstat **zweistufig** vorgegangen werden: Während zunächst eine „objektive Sorgfaltspflichtverletzung bei objektiver Erkennbarkeit der Tatbestandsverwirklichung" bzw. „Voraussehbarkeit des Erfol-

---

[114] Näher dazu das weiterführende neue Regelungsmodell der ratio-gerechten Strafschärfung bei *Julia Heinrich,* Die gesetzliche Bestimmung von Strafschärfungen – Ein Beitrag zur Gesetzgebungslehre, 2016.

[115] Allg. zum Vorsatz → Rn. 119 ff.

[116] IdS *Wessels/Beulke/Satzger* Rn. 932; *Roxin* AT/I § 24 Rn. 68. – Zur demgegenüber wichtigen Unterscheidung der (bewussten) Fahrlässigkeit vom (Eventual-)Vorsatz näher *Freund* AT § 7 Rn. 7, 35 ff.

[117] Zutreffend plädiert *Frisch* FS Stree/Wessels, 1993, 69 (97 f.) für eine *materiellstrafrechtliche* Entkriminalisierung gewisser Fälle unbewusster Fahrlässigkeit; die prozessuale Lösung setzt zu spät an.

[118] Der AE von 1966 strebte in § 16 Abs. 2 StGB eine generelle Entkriminalisierung für leichte Fahrlässigkeit an; vgl. auch *Stratenwerth/Kuhlen* AT/I, 6. Aufl. 2011, § 15 Rn. 53 ff. – IS eines allgemeinen Straftaterfordernisses des hinreichend *gewichtigen* Fehlverhaltens *Freund* AT § 2 Rn. 37 f., § 4 Rn. 8, 21 ff.

[119] Vgl. dazu BT-Drs. V/4095, 8 f.

[120] Näher dazu *Freund* AT § 2 Rn. 8 ff.

[121] Näher dazu *Freund* AT § 2 Rn. 10 ff., 16 ff.

ges" (bei Erfolgsdelikten) geprüft wird, kommt man zu einer Prüfung der individuellen Sorgfaltspflichtverletzung bzw. individuellen Vorhersehbarkeit und Vermeidbarkeit erst auf der „Schuldebene".[122] Für die Ermittlung der objektiven Sorgfaltspflichtverletzung wird eine **„Maßstabsperson"** herangezogen: Art und Maß der anzuwendenden Sorgfalt sollen sich aus den Anforderungen ergeben, die an einen besonnenen, gewissenhaften Menschen in der konkreten Lage und der sozialen Rolle des Betreffenden zu stellen sind, und zwar bei einer Betrachtung ex ante.[123] Besondere individuelle Merkmale und Verhältnisse des Betreffenden sollen allenfalls die individuelle Schuld ausschließen. Das Unrecht der Fahrlässigkeitstat soll davon nach dem zweistufigen Konzept unberührt bleiben.

Dieses zweistufige Vorgehen der herkömmlichen Fahrlässigkeitslehre ist weder erforderlich noch für die Lösung konkreter Problemfälle wirklich hilfreich: Auch beim gestuften Vorgehen kann auf eine **Beurteilung des Verhaltens der individuellen Person** nicht verzichtet werden. Schließlich soll diese individuelle Person zur Verantwortung gezogen werden. Ihr gegenüber wird ein Vorwurf fahrlässigen Fehlverhaltens erhoben, der dementsprechend auch gerade ihr gegenüber gerechtfertigt sein muss. Dafür kann es nur darauf ankommen, was von dieser individuellen Person – und nicht von einer Kunstfigur – in der konkreten Situation erwartet werden konnte.[124] Wer zunächst eine Maßstabsperson heranzieht, stellt gleichsam gedanklich zwei Personen vor Gericht: eine „aus Fleisch und Blut" und einen Homunkulus. Bei der Feststellung der „objektiven Sorgfaltspflichtverletzung bei objektiver Erkennbarkeit der Tatbestandsverwirklichung" wird gar nicht der konkrete Lebenssachverhalt bewertet, sondern ein hypothetischer Fall: *Wenn* der konkret Handelnde oder Unterlassende eine Person mit Eigenschaften der Kunstfigur *wäre, hätte* er sich fahrlässig verhalten. Dennoch soll mit diesem Urteil der konkret betroffenen individuellen Person bescheinigt werden, sie habe Unrecht getan.[125] Zwar mag es durchaus informativ sein zu erfahren, ob sich eine Person mit bestimmten Eigenschaften fahrlässig verhalten hätte. Für die Entscheidung des konkreten Falls ist dies jedoch bedeutungslos, solange nicht das zu beurteilende Individuum eine Person mit genau diesen Eigenschaften *ist*. Trifft letzteres zu, wird aber das zweistufige Prüfungsvorgehen zu einem einstufigen.

Die vermeintlich objektivierende – tatsächlich aber doppelt individualisierende – Vorgehensweise erweist sich damit als überflüssig. Zudem tauchen gerade bei der Bestimmung der Kriterien, mit denen die Maßstabsperson ausgestattet werden soll, häufig Probleme auf. Außer in den Standardfällen, in denen die konkret zu beurteilende Person typischerweise überhaupt keine individuellen Besonderheiten aufweist, die das Missbilligungsurteil über ihr Verhalten tangieren könnten, sind die Kriterien zur Bildung der „Maßstabsperson" alles andere als klar. Auch der Versuch, die Maßfigur an dem Leitbild eines umsichtigen Teilnehmers des betroffenen **Verkehrskreises** zu orientieren,[126] muss mangels eines akzeptablen Kriteriums zur Umgrenzung des maßgeblichen Verkehrskreises scheitern.

Wesentlich einfacher und direkter als das verbreitete zweistufige Vorgehen gestaltet sich die einstufige und sogleich angemessen individualisierende **Bestimmung des fahrlässigen**

101

102

103

---

[122] S. dazu etwa *Jescheck/Weigend* AT § 54 I (S. 563 ff.); weitere Nachw. bei Schönke/Schröder/*Sternberg-Lieben/Schuster* StGB § 15 Rn. 118; zur „objektiven Sorgfaltspflichtverletzung" im Einzelnen *Kühl* AT § 17 Rn. 22 ff.; zur „subjektiven" Sorgfaltspflichtverletzung *ders.* § 17 Rn. 89 ff.; iS eines zweistufigen Vorgehens ferner etwa NK-StGB/*Puppe* StGB Vor § 13 Rn. 160 f.

[123] Siehe dazu etwa *Wessels/Beulke/Satzger* Rn. 943 mwN; Maurach/Gössel/Zipf/*Gössel* AT/2 § 43 Rn. 34.

[124] Zur Kritik der „objektiven" Fahrlässigkeit s. etwa *Jakobs* AT 9/8 ff.; *Gropp* AT § 12 Rn. 135 ff.; iS einer konsequenten Individualisierung des Kriminalunrechts auch *Frisch* in: *Wolter/Freund* (Hrsg.), Straftat, Strafzumessung und Strafprozess im gesamten Strafrechtssystem, 1996, S. 135 (193 f.). – Mit Recht bei der Fahrlässigkeit sogleich individualisierend etwa auch *Körner/Patzak/Volkmer/Volkmer* AMG § 95 Rn. 60; Erbs/Kohlhaas/*Pelchen/Anders*, A 188, 187 Lfg. 2011, AMG § 95 Rn. 52; s. ergänzend *Weigend* FS Gössel, 2002, 129 ff.

[125] Dass dabei unzulässigerweise der Normadressat vertauscht wird, rügt zu Recht *Otto* AT § 10 Rn. 14.

[126] IdS etwa *Jescheck/Weigend* AT § 55 I 2b (S. 578 f.); Schönke/Schröder/*Sternberg-Lieben/Schuster* StGB § 15 Rn. 135; *Kaminski*, Der objektive Maßstab im Tatbestand des Fahrlässigkeitsdelikts, 1992, S. 121 ff., 335 ff.

Fehlverhaltens auch im Bereich des AntiDopG. Auch hier ist ohne unnötige Umwege direkt zu fragen, ob von einer bestimmten Person in ihrer Position von Rechts wegen ein bestimmtes Verhalten zu erwarten war. Dabei kommt als **Fehlverhaltenszeitpunkt** selbstverständlich nur der Zeitpunkt des entsprechenden Verhaltens in Betracht. Beim Vorwurf, sich fehlerhaft verhalten zu haben, ist Folgendes entscheidend: Das entsprechende Verhalten muss auf der Basis der für den Handelnden oder Unterlassenden verfügbaren Fakten und unter Berücksichtigung seiner individuellen Verhältnisse[127] von Rechts wegen zu beanstanden sein. Kann ein solches Missbilligungsurteil nicht gefällt werden, weil der Betreffende „sein Bestes" gegeben hat – er also an die Grenzen seiner Leistungsfähigkeit gestoßen ist –, kommt als vorzuwerfendes Fehlverhalten immerhin noch die Übernahme der Tätigkeit in Betracht. Vorgeworfen wird ihm dann, eine Tätigkeit übernommen zu haben, deren angemessene Bewältigung sein Leistungsvermögen übersteigt (**„Übernahmefahrlässigkeit"**),[128] bzw. allgemein das Verhalten, das ihn in eine bestimmte Situation gebracht hat. Nach dem Gesagten lässt sich eine präzise Definition fahrlässigen Verhaltens geben:[129]

104 *Definition fahrlässigen Verhaltens (Handelns und Unterlassens):*

Fahrlässig verhält sich, wer angesichts der von ihm vorgefundenen Sachlage die nach seinen individuellen Verhältnissen vorhersehbare, vermeidbare und von Rechts wegen zu vermeidende Möglichkeit der nicht gerechtfertigten Tatbestandsverwirklichung schafft oder nicht abwendet.

***Vorhersehbarkeit** bedeutet: Der Täter muss individuell in der Lage sein, die drohende nicht gerechtfertigte Tatbestandsverwirklichung zu erkennen – bei Erfolgsdelikten insbesondere den drohenden Schaden.*

***Vermeidbarkeit** bedeutet: Dem Täter muss es durch seine individuellen Fähigkeiten und Kenntnisse möglich sein, die Gefahr nicht zu schaffen oder diese abzuwenden.*

***Vermeidenmüssen** bedeutet: Im Rahmen einer Gesamtabwägung muss das zu schützende Interesse das Täterinteresse überwiegen (Güter- und Interessenabwägung).*

105 Zur Klarstellung: Für die Anwendbarkeit einer bestimmten Sanktionsnorm muss auch und gerade in Fahrlässigkeitsfällen mitunter noch der erforderliche **Erfolgssachverhalt** vorliegen – also etwa als spezifische Fehlverhaltensfolge infolge des fahrlässigen Fehlverhaltens ein bestimmtes Dopingmittel tatsächlich in den Verkehr gelangt sein.[130] Daran fehlt es, wenn zB die zuständige Behörde diesen „Erfolg" durch ein Aufhalten der bereits auf den Weg gebrachten Ware verhindert. Während bei vorsätzlichem Handeln immerhin ein Versuch in Betracht käme, scheidet ein solcher bei fahrlässigem Fehlverhalten nach der Gesetzeslage aus.[131]

106 Die gesetzlich vorgesehene Strafbarkeit **fahrlässiger Tatbegehung** wirft ein spezielles Problem im Hinblick auf den notwendigen Bestimmungszweck des Handelns auf: Denn gegen die Verbote des § 2 Abs. 1, 2 und 3 wird nur verstoßen, wenn **„zum Zwecke des Dopings beim Menschen im Sport"** gehandelt wird.[132]

107 Aus einer solchen Inbezugnahme wird bisweilen der Schluss gezogen, dass aufgrund des vorausgesetzten Bestimmungszwecks auch im Rahmen der Fahrlässigkeitsstrafbarkeit mindestens bedingter Vorsatz hinsichtlich eines Einsatzes des Mittels zur Leistungssteigerung

---

[127] Zur Relevanz etwaigen Sonderwissens bzw. etwaiger Sonderfähigkeiten s. *Freund* AT § 5 Rn. 29 ff.

[128] Setzt sich zB ein Autofahrer ans Steuer, obwohl er weiß, dass er wegen körperlicher Defizite, zB einer Epilepsie, Sehschwäche oder Übermüdung den Anforderungen des Straßenverkehrs nicht gewachsen ist, handelt er *schon dadurch* fahrlässig; vgl. zu dem Fall eines Epileptikers BGH 17.11.1994 – 4 StR 441/94, BGHSt 40, 341 ff.

[129] S. zu dieser Definition bereits *Freund* FS Küper, 2007, 63 (78); *ders.* AT § 5 Rn. 87c.

[130] Näher zum Erfolgssachverhalt in grundsätzlichem Zusammenhang *Freund* AT § 2 Rn. 45 ff., § 7 Rn. 109 ff.

[131] Zu den Gründen vgl. *Freund* AT § 8 Rn. 2 f.

[132] S. dazu und zum Folgenden – im Kontext des früheren Rechts des AMG – *meine* Kommentierung 2. Aufl. 2013, AMG § 95 Rn. 51 ff.

im Sport erforderlich sei.[133] Die Fahrlässigkeit könne sich nur auf Eigenschaften des Mittels selbst beziehen und nicht auf dessen beabsichtigten Verwendungszweck. Fahrlässig handele zB der Arzt, der dem Sportler ein Arzneimittel zur Leistungssteigerung verschreibe, dabei aber irrig davon ausgehe, dass es keine verbotenen Dopingsubstanzen enthalte.[134] Auch in diesem Beispiel müsse der Arzt aber **Vorsatz in Bezug auf den beabsichtigten Einsatz** des Arzneimittels zur Leistungssteigerung durch den Sportler haben; fehle ihm dieser, so sei seine Verschreibung selbst dann nicht als Fahrlässigkeitstat strafbar, wenn er den Zweck hätte erkennen können.

108 Diese Auffassung vermag nicht zu überzeugen: Für den vorsätzlichen Verhaltensnormverstoß iSd § 4 Abs. 1 Nrn. 1, 2 oder 3 reicht nach allgemeinen Regeln dolus eventualis in Bezug auf den vom Sportler gesetzten Verwendungszweck aus.[135] Der Täter muss die Möglichkeit sehen und ernst nehmen, dass das Mittel zu Dopingzwecken verwendet werden soll. Für den fahrlässigen Verstoß gegen die entsprechende Verhaltensnorm genügt dann aber ohne Weiteres auch das fahrlässige Verkennen – also das **Kennen-Müssen** – dieser **Zwecksetzung**.[136]

109 § 4 Abs. 1 Nr. 3 iVm § 2 Abs. 3 normiert Erwerbs-, Besitz- und Verbringungsverbote in Bezug auf bestimmte Dopingmittel in nicht geringer Menge, sofern das Verhalten „zum Zwecke des Dopings beim Menschen im Sport" erfolgt. Auch insofern ergeben sich Probleme bei der genauen Bestimmung der Reichweite der Fahrlässigkeitsstrafbarkeit. Relativ unproblematisch erfasst ist freilich der Fall, dass jemand fahrlässig in den Besitz von Dopingmitteln *in nicht geringer Menge* gekommen ist. Auch mag es durchaus als fahrlässiges Besitzen zu Dopingzwecken aufgefasst werden, wenn jemand **für einen anderen besitzt** und dabei fahrlässig *dessen* Zweckbestimmung verkennt. In den Fällen des ausschließlichen **Eigenbesitzes** ist dagegen die **subjektive Zweckbestimmung** nicht fahrlässig, sondern **vom Besitzer nur vorsätzlich möglich**. Insofern unterscheidet sich diese Form der Tatbestandsverwirklichung von den Fällen des Verschreibens, des Abgebens und des Anwendens, in denen ein Kennen-Müssen der fremden Zwecksetzung genügt. Im Fall des Eigenbesitzes muss sich der Besitzer eine etwaige **fremde Zweckbestimmung** zumindest **zueigen machen**. Genau das ist aber **in fahrlässiger Form nicht möglich**.[137]

110 **f) Einschränkung der nach § 4 Abs. 1 Nrn. 4 und 5 sowie Abs. 2 begründeten Strafbarkeit durch § 4 Abs. 7 auf bestimmte Personen.** Abs. 7 schränkt den **Täterkreis** des strafbaren **Selbstdopings** nach § 4 Abs. 1 Nrn. 4 und 5 sowie Abs. 2 auf Personen ein, die entweder „Spitzensportlerin" oder „Spitzensportler" des „organisierten Sports" sind (§ 4 Abs. 7 Nr. 1) **oder „aus der sportlichen Betätigung** unmittelbar oder mittelbar **Einnahmen von erheblichem Umfang"** erzielen (§ 4 Abs. 7 Nr. 2). Nach der in § 4 Abs. 7 Nr. 1 enthaltenen Legaldefinition ist Spitzensportlerin oder Spitzensportler, „wer als Mitglied eines **Testpools** im Rahmen des **Dopingkontrollsystems Trainingskontrollen** unterliegt". Die Nationale Anti Doping Agentur (NADA) hat in ihrem Trainingskontrollsystem drei unterschiedliche Testpools definiert (RTP, NTP und ATP).[138] In den drei Testpools befanden sich zB im Jahre 2014 ca. 7.000 Sportler. Über die Zuordnung zu einem Testpool und die damit verbundenen Rechte und Pflichten werden die Sportler informiert. Aufgrund der offenen Formulierung werden auch ausländische Sportler erfasst, die in ihren jeweiligen Herkunftsländern einem Dopingkontrollsystem unterliegen.

---

[133] Vgl. dazu im Kontext des früheren Arzneimittelrechts *Rehmann* 4. Aufl. 2014, AMG § 6a Rn. 1; *Heger* SpuRt 2001, 92 (93).
[134] Mit diesem Beispiel zum früheren Recht des § 95 Abs. 4 AMG aF *Heger* SpuRt 2001, 92 (93).
[135] Zur entsprechenden Problematik des Handelns „zur Täuschung im Rechtsverkehr" im Kontext der Urkundenfälschung vgl. *Freund* Urkundenstraftaten Rn. 212 ff. (auch dort reicht nach zutreffender Auffassung dolus eventualis in Bezug auf die Täuschung durch einen Dritten) – Vgl. auch 2. Aufl. 2013, AMG § 4 Rn. 25 (zum fahrlässigen Vorrätighalten zum Verkauf oder zu sonstiger Abgabe).
[136] Insofern sachlich übereinstimmend Lehner/Nolte/Putzke/*Putzke* § 4 Rn. 64.
[137] Auch insofern sachlich übereinstimmend Lehner/Nolte/Putzke/*Putzke* § 4 Rn. 64.
[138] S. dazu und zum Folgenden die Begründung zum Entwurf des AntiDopG, BT-Drs. 18/4898, 32; vgl. auch *Brill* SpuRt 2015, 153 (154); *Mortsiefer* SpuRt 2015, 2 (3); Lehner/Nolte/Putzke/*Putzke* § 4 Rn. 19 ff.

111   Das unmittelbare oder mittelbare Erzielen von Einnahmen erheblichen Umfangs aus der sportlichen Betätigung soll nach der Gesetzesbegründung nur das **wiederholte Erlangen wirtschaftlicher Vorteile** umfassen.[139] Eine einmalige finanzielle Zuwendung oder ein ausnahmsweise erzieltes Preisgeld genügten nicht. Erfasst seien dagegen neben mehrfach erlangten Start- und Preisgeldern auch Leistungen der Sportförderung und Sponsorengelder. Wird die sportliche Betätigung berufsmäßig ausgeübt (etwa als Polizist, beim Zoll oder der Bundeswehr), zähle auch die Arbeitsvergütung dazu. Der erhebliche Umfang der erzielten Einnahmen müsse deutlich über eine bloße Kostenerstattung hinausgehen.

112   Die durch **§ 4 Abs. 7** vorgenommene Beschränkung des Täterkreises ist nicht nur in hohem Maße **unbestimmt,** sondern bereits **im Ansatz verfehlt.**[140] Die Kriterien weisen keinen sachlichen Zusammenhang mit dem Unwertgehalt der begangenen Dopingtaten auf und führen daher zu einer vollkommen **willkürlichen Differenzierung** bei der strafrechtlichen Erfassung bestimmter Sachverhalte: Von zwei Sportlern, die sich im Vorfeld gedopt haben und daher sportrechtswidrig an demselben Wettkampf teilnehmen, wird nur derjenige bestraft, der vielleicht gerade erst in den Kreis der „Spitzensportler" aufgerückt ist, während sein gleichermaßen gedopter Konkurrent straffrei bleibt, wenn er nur ganz kurz davor steht, in diesen „erlauchten" Kreis aufgenommen zu werden. Entsprechendes gilt nach den gesetzlichen Vorgaben, wenn zwar beide dopenden Sportler weit davon entfernt sind, als „Spitzensportler" eingestuft zu werden, aber einer der beiden aufgrund seiner durchaus legalen Geschäftstüchtigkeit (ohne Doping) mit sportlicher Betätigung recht gut verdient, während der andere in finanziellen Angelegenheiten ein „Versager" ist. Es bleibt unerfindlich, worin der die Differenzierung bei der strafrechtlichen Erfassung rechtfertigende (straf-)unrechtsbegründende Gehalt der Eigenschaft liegen soll, „Spitzensportler" oder „Gutverdiener im Sport" zu sein. Für derartige „Kriterien" ist in einer Sanktionsnorm, die den verfassungsrechtlichen Anforderungen staatlichen Strafens entsprechen soll, kein Platz.

113   Vor diesem Hintergrund nimmt es nicht Wunder, dass auch die **strafrechtsdogmatische Einordnung** des **Abs. 7** mit seiner Einschränkung des Täterkreises des strafbaren Selbstdopings nicht wirklich gelingt: Die Formulierung „wird nur bestraft" könnte darauf hindeuten, dass es sich bei den genannten Kriterien um eine Art **objektive Strafbarkeitsbedingung** handelt. Gestützt würde diese Einordnung durch Überlegungen zum Unrechtsgehalt der Dopingtaten, der von diesen Kriterien gerade unabhängig ist. Ungeachtet dessen dürfte der Gesetzgeber aber wohl von einer Konkretisierung des Unrechtstatbestandes ausgegangen sein. Nur so ist der Hinweis in der Entwurfsbegründung zu verstehen, die betroffenen Sportler würden förmlich über den relevanten Status im Rahmen des Dopingkontrollsystems informiert.[141] Für die ebenfalls erfassten „Gutverdiener" gilt das zwar nicht. Dennoch deutet der Hinweis auf die vorgesehene Information auf ein als relevant angesehenes **Vorsatzerfordernis** hin.[142] Mangels materieller Unrechtsrelevanz fehlt dafür aber jede Berechtigung. Die **willkürliche Strafbarkeitseinschränkung** ist **umgehend zu streichen.**

114   **2. Rechtfertigung.** Von den allgemeinen Rechtfertigungsgründen kommt im Erfassungsbereich des AntiDopG am ehesten der **rechtfertigende Notstand** nach § 34 StGB in Betracht. Man denke etwa an den Arzt, der ein als Dopingmittel erfasstes Arzneimittel verschreibt oder anwendet, das zur Behandlung einer Erkrankung des Sportlers **medizi-**

---

[139] S. auch dazu und zum Folgenden die Begründung zum Entwurf des AntiDopG, BT-Drs. 18/4898, S. 32; ferner etwa Lehner/Nolte/Putzke/*Putzke* § 4 Rn. 30 ff.

[140] Krit. zur Einschränkung des Täterkreises etwa *Brill* SpuRt 2015, 153 (154 m. Fn. 9) (Schwierige Handhabung, wenn bei einem Marathon sowohl Spitzensportler als auch Freizeitsportler mitlaufen); s. auch *Norouzi/Summerer* SpuRt 2015, 63 (64) („Sonderstrafrecht für Leistungssportler"; „konturenlose Tatbestandsvoraussetzung" der finanziellen „Einnahmen von erheblichem Umfang"); außerdem die Stellungnahme der Bundesrechtsanwaltskammer von August 2015 zum Regierungsentwurf eines Gesetzes zur Bekämpfung von Doping im Sport (BT-Drs. 18/4898) unter 2 d („Zwei-Klassen-Justiz"; „völlig konturenlos"); vgl. zu solchen Bedenken im Hinblick auf die rechtsstaatlich nötige Bestimmtheit ferner *Steiner* ZRP 2015, 51 (53).

[141] S. dazu die Begründung zum Entwurf des AntiDopG, BT-Drs. 18/4898, 32.

[142] Gegen die Annahme einer bloßen objektiven Bedingung der Strafbarkeit und für eine vorsatzrelevante Konkretisierung des tauglichen Tatsubjekts etwa auch Lehner/Nolte/Putzke/*Putzke* § 4 Rn. 17 f.

nisch indiziert ist, obwohl er weiß oder damit rechnen muss, dass der betreffende Sportler es (auch) zur Leistungssteigerung einsetzen will. Sofern kein anderes, gleich wirksames Medikament, das keine Dopingsubstanzen enthält, verfügbar ist, kommt es unter dem Blickwinkel des § 34 StGB wie sonst auch auf das Ergebnis der geforderten Güter- und Interessenabwägung an. Dabei wird man jedenfalls bei einiger Erheblichkeit der konkret drohenden gesundheitlichen Beeinträchtigungen des Sportlers ein wesentliches Überwiegen des geschützten Interesses im Verhältnis zu den durch das grundsätzliche Dopingverbot zu wehrenden generell-abstrakten Gefahren annehmen können. Die krankheitsbedingt zufällige „Chance" des Dopens dürfte noch tolerabel sein. In diesem Zusammenhang sind dann auch entsprechende (böse) Hintergedanken nicht geeignet, ein Missbilligungsurteil aufrecht zu erhalten:[143] Ob der kranke und behandlungsbedürftige Sportler sich über die Dopingwirkung freut und mit dem einen Mittel zwei Wirkungen bezweckt oder die Dopingwirkung nur notgedrungen als unvermeidbare Nebenfolge in Kauf nimmt, spielt keine Rolle.

Anders stellt sich die Lage für den Arzt dar, wenn „dopingfreie" Alternativmedika- **115** mente zur Verfügung stehen: Dann hat er diese zu verschreiben oder anzuwenden. Dies folgt dann nämlich bereits zwingend aus dem nach wie vor greifenden Schutzzweck der Norm, nach dem Rechtsgüter anderer Sportler zu schützen sind. Wegen der zur Verfügung stehenden Alternativen ist das Dopingmittel nicht erforderlich, um die Gesundheit des Sportlers wiederherzustellen. Deshalb fehlt bereits das Bedürfnis, das grundsätzliche Verbot ausnahmsweise außer Kraft zu setzen. Auf eine etwaige komplizierte Güter- und Interessenabwägung kommt es nicht an.

Von der Frage der Bewertung des Verhaltens des Arztes als zu missbilligendes Dopingver- **116** halten iS des § 2 Abs. 1 Nr. 4 und Abs. 2 Nr. 1 streng zu unterscheiden ist die Frage einer Missbilligung der Teilnahme des gedopten Sportlers an einem sportlichen Wettkampf in dem auf erlaubte Weise zustande gekommenen gedopten Zustand. Selbstverständlich kommt die Rechtfertigung einer solchen Teilnahme nicht in Betracht. Etwas anderes kann nur dann gelten, wenn bereits das spezifische Sportrecht ausnahmsweise die Anwendung des Mittels im Wettkampf gestattet, weil keine Wettbewerbsverzerrung zu erwarten ist. In einem solchen Fall ist das Dopingverbot des § 3 Abs. 2 freilich ohnehin nicht einschlägig, weil es an der erforderlichen Absicht des Sportlers fehlt, sich einen (unerlaubten) Wettbewerbsvorteil zu verschaffen.

Vor diesem Hintergrund erweist sich der Verbotsbereich des § 3 Abs. 2 als zu eng: **117** Danach ist die Wettbewerbsteilnahme nur dann unerlaubt, wenn für die Anwendung des Dopingmittels keine medizinische Indikation vorliegt. Diese medizinische Indikation rechtfertigt für sich genommen jedoch noch nicht die gedopte Teilnahme an einem Wettkampf. Vielmehr hat das spezifische Sportrecht darüber zu befinden, ob die Teilnahme in diesem Zustand ausnahmsweise zu akzeptieren ist, weil keine Wettbewerbsverzerrung droht. Aufgrund der Anbindung der Strafvorschrift des § 4 Abs. 1 Nr. 5 an das positivierte Verbot des § 3 Abs. 2 entsteht daher eine unangemessene Strafbarkeitslücke.

Für eine Rechtfertigung des Verhaltens über das Instrument der rechtfertigenden Ein- **118** willigung ist bei zutreffendem Verständnis des Rechtsguts im legitimen Erfassungsbereich des AntiDopG kein Raum. Soweit die Rechte anderer Wettbewerbsteilnehmer betroffen sind, fehlt den Dopingtätern die Dispositionsbefugnis. Im Hinblick auf die untergeordnet relevanten Gefahren für die Gesundheit nichtfreiverantwortlich handelnder anderer, liegt jedenfalls keine willensmangelfreie Einwilligung vor.

3. Vorsatzerfordernis. Mit Ausnahme der Fahrlässigkeitstaten des § 4 Abs. 1 Nr. 1, 2 **119** und 3 gilt für die Taten des § 4 das **Vorsatzerfordernis** (§ 15 StGB). Nach **verbreiteter Definition** ist **Vorsatz** als psychischer Sachverhalt der Wille zur Verwirklichung eines

---

[143] Zur Irrelevanz bloßer böser Hintergedanken für die Verhaltensmissbilligung s. allgemein *Frisch,* Tatbestandsmäßiges Verhalten und Zurechnung des Erfolgs, 1988, S. 122 f., 283 f., 341 ff.; *Freund* JuS 2000, 754 (755).

Straftatbestandes in Kenntnis aller seiner objektiven Tatumstände – in Kurzform: Wissen und Wollen der Tatbestandsverwirklichung.[144] Unabhängig davon, ob es sachlich überzeugend ist, für den Vorsatz ein voluntatives Element zu fordern,[145] ist diese Definition **unpräzise** und sachlich schief: Wer einer Verhaltensnorm zuwiderhandelt, „will" keinen Straftatbestand erfüllen. Die Verwirklichung eines Straftatbestandes ist weder Motiv noch Ziel des Verhaltens, sondern wird allenfalls als (regelmäßig unerwünschte) Nebenfolge in Kauf genommen, um das eigentlich gesetzte Ziel erreichen zu können.

120   **Nicht ernst gemeint** sein kann auch das in der obigen Definition aufgestellte Erfordernis der **Kenntnis *aller* objektiven Tatumstände.** Denn zum Tatbestand eines vollendeten Erfolgsdelikts gehört (auch), dass der entsprechende Erfolg eingetreten *ist*. Im für das vorsätzliche Handeln oder Unterlassen allein maßgeblichen Zeitpunkt der Vornahme des tatbestandsmäßigen Verhaltens kann niemand wissen, dass der Erfolg eingetreten ist, sondern allenfalls mit einem späteren Erfolgseintritt (als sicher oder zumindest möglich) rechnen.

121   **Gegenstand des Vorsatzes** kann demnach niemals – wie aber häufig proklamiert – der gesamte „objektive Tatbestand"[146] sein, sondern lediglich ein Teilstück des Tatbestandes: das tatbestandsmäßige Verhalten mit seinen maßgeblichen Unwertdimensionen. Vorsätzlich handelt derjenige, der bei seinem tatbestandlich missbilligten Handeln oder Unterlassen die **spezifische Unwertdimension** seines Verhaltens erfasst und sich dennoch nicht von der Umsetzung seines Entschlusses abbringen lässt.[147] Anders formuliert: Der Vorsatztäter muss bei seinem (willentlichen) Handeln oder Unterlassen **die Umstände kennen, welche die nicht gerechtfertigte Tatbestandsverwirklichung begründen.** Wie die tatspezifische Unwertdimension im Detail aussieht und was genau der Täter erfassen muss, hängt von der einzelnen Verhaltensnorm ab.

122   Untrennbar mit den Anforderungen an vorsätzliches Verhalten verbunden sind all die Fragen, die im Rahmen der Irrtumslehre auftreten: Letztlich stellen die Vorsatzlehre und die Lehre vom **vorsatzausschließenden Irrtum** nur zwei Seiten ein und derselben Medaille dar. In welchen Fällen ein Irrtum geeignet ist, eine Bestrafung wegen vorsätzlichen tatbestandsmäßigen Verhaltens auszuschließen, bestimmt sich nach den genauen Anforderungen, die an eine Strafbarkeit wegen vorsätzlicher Tatbestandsverwirklichung gestellt werden müssen. Irrt der Täter über einen Umstand, der den spezifischen Unwert der entsprechenden Verhaltensnorm trägt, erfasst er also einen (Teil-)Aspekt des jeweiligen Verhaltensunrechts nicht, so kann gegen ihn der Vorwurf vorsätzlicher Tatbestandsverwirklichung nicht erhoben werden. Es kommt allenfalls eine Strafbarkeit wegen fahrlässigen (Fehl-)Verhaltens in Betracht. Diese die Tatbestandsmäßigkeit des Verhaltens im engeren Sinne tangierenden **Tatumstandsirrtümer** schließen – wie auch § 16 Abs. 1 S. 1 StGB noch einmal ausdrücklich klarstellt – die Vorsätzlichkeit des Verhaltens in jedem Fall aus.

123   Nichts anderes gilt der Sache nach für die Fälle des **Erlaubnistatbestandsirrtums.** Die qualifizierte personale Fehlleistung des Vorsatztäters erfordert, dass er die Umstände kennt, welche die nicht gerechtfertigte Tatbestandsverwirklichung begründen. Geht er dagegen vorwerfbar irrig von einer Sachlage aus, bei deren wirklichem Gegebensein sein Verhalten gerechtfertigt wäre, ist nur ein Fahrlässigkeitsvorwurf berechtigt.[148]

124   Davon grundsätzlich zu unterscheiden ist der Fall des bloß fehlenden Unrechtsbewusstseins beim **Verbotsirrtum** (vgl. § 17 StGB). Der lapidare Hinweis auf die Regelung des § 17 StGB und der daraus gezogene Schluss, Verbotsirrtümer stellten kein Problem des Vorsatzes und der Vorsatzbestrafung dar, sondern beträfen Fälle der möglicherweise geminderten oder ausgeschlossenen Schuld, greifen allerdings zu kurz. Denn die sachliche Legiti-

---

[144] Vgl. statt vieler *Wessels/Beulke/Satzger* Rn. 306; BGH 5.5.1964 – 1 StR 26/64, BGHSt 19, 295 (298).

[145] Ablehnend etwa *Freund* AT § 7 Rn. 54 ff.; *Grünewald*, Das vorsätzliche Tötungsdelikt, 2010, S. 153.

[146] Näher zur Kritik an der verbreiteten Einteilung des straftatrelevanten „Stoffs" in einen „objektiven" und in einen „subjektiven Tatbestand" *Freund* AT § 7 Rn. 22 ff. mwN.

[147] Ausführlich dazu *Freund* AT § 7 Rn. 40 ff. mwN.

[148] Das ist im Ergebnis weithin unbestritten; lediglich die genauen Begründungen differieren (näher zur Behandlung der Fälle des Erlaubnistatbestandsirrtums etwa *Freund* AT § 7 Rn. 92 ff. mwN).

mation der Vorsatzbestrafung und der Schlechterstellung der „Rechtsfahrlässigkeit" in den Fällen der Verbotsirrtümer im Verhältnis zur „Tatfahrlässigkeit" bei den Tatumstandsirrtümern in den entsprechenden Fällen ist damit allein nicht geleistet.

Zwar ist es dem Gesetzgeber grundsätzlich unbenommen, bestimmte unterschiedliche **125** Sachverhalte in den Rechtsfolgen gleichzustellen oder aber bestimmte ähnliche Sachverhalte unterschiedlich zu behandeln – hier: die **„Tatfahrlässigkeit"** gegenüber der **„Rechtsfahrlässigkeit"** zu privilegieren. Der Gesetzgeber darf dabei aber nicht willkürlich verfahren.[149] Eine sachliche Begründung für die vorgenommene Gleichschaltung bzw. Differenzierung mag zwar für die Fälle qualifiziert fehlerhafter Vorentscheidungen gegeben werden können,[150] so dass die Vorschrift des § 17 S. 2 StGB bei entsprechend restriktivem Verständnis verfassungsrechtlich nicht beanstandet werden muss.[151] Im Übrigen ist eine Vorsatzbestrafung aber verfehlt.

Während im Bereich des **Kernstrafrechts** überwiegend an dem Unterschied – auch **126** hinsichtlich der Rechtsfolgen – zwischen Tatumstands- und Verbotsirrtum festgehalten wird, ist für den Bereich des **Nebenstrafrechts** eher die Bereitschaft zu erkennen, dem sachlichen Zusammenhang zwischen Unrechtsbewusstsein und Vorsatzbestrafung Rechnung zu tragen.[152]

Im Bereich des vorsätzlichen Handelns werden in der Regel drei Erscheinungsformen des **127** Vorsatzes unterschieden:[153] Die erste Form ist das Handeln oder Unterlassen bei mindestens erkannter Möglichkeit der Tatbestandsverwirklichung mit entsprechender Verwirklichungsabsicht als Zielvorstellung (**Absichtlichkeit** als Vorsatzform), auch als „dolus directus 1. Grades" bezeichnet. Daneben wird als zweite Erscheinungsform das Handeln oder Unterlassen bei sicherem Wissen um die Tatbestandsverwirklichung oder deren sicherer Voraussicht (**Wissentlichkeit** als Vorsatzform) – „dolus directus 2. Grades" – gestellt. Die dritte Form vorsätzlichen Verhaltens ist gekennzeichnet durch das Handeln oder Unterlassen bei (bloß) erkannter Möglichkeit der Tatbestandsverwirklichung einschließlich etwaiger Erfolgsherbeiführung und entsprechender Inkaufnahme als Konsequenz oder Begleitmoment des Verhaltens (**Eventualvorsatz,** auch „dolus eventualis" genannt). Eventualvorsatz ist immer dann gegeben, wenn der Täter es ernstlich und konkret für möglich hält (sich damit abfindet, es in Kauf nimmt), dass sein Verhalten zur Tatbestandsverwirklichung (einschließlich der Erfolgsherbeiführung) führt, er sich aber dennoch zur Erreichung des von ihm gesetzten Zieles zur Vornahme der entsprechenden Verhaltensweise entscheidet.[154]

Sieht man von gewissen Sonderfällen ab,[155] genügt für vorsätzliches Verhalten nicht **128** schon das Vorhandensein einer „Kenntnis" der tatbestandsspezifischen Unwertdimension in irgendwelchen tieferen Bewusstseinsschichten. Vielmehr setzt die qualifizierte personale Fehlleistung des Vorsatztäters voraus, dass er im **konkret verhaltensrelevanten Bewusstsein** die Umstände erfasst, welche die nicht gerechtfertigte Tatbestandsverwirklichung begründen. Beispielsweise muss er die tatbestandlich gemeinte Schädigungsmöglichkeit für sich als in concreto gegeben annehmen; er darf sie nicht etwa verdrängen und auf den guten Ausgang vertrauen. Dabei spielt es keine Rolle, dass die Verdrängung irrational und das Vertrauen sachlich nicht berechtigt ist. Diese Art von Entscheidungsfehler reicht nur für

---

[149] Näher zur Problematik des Verbotsirrtums *Freund* AT § 4 Rn. 75 ff., § 7 Rn. 89 ff.
[150] Zu entsprechend gelagerten Fällen s. *Freund* AT § 7 Rn. 47 ff.
[151] Zur Vereinbarkeit der Vorschrift mit dem Verfassungsrecht s. BVerfG 17.12.1975 – 1 BvL 24/75, BVerfGE 41, 121 ff.; näher dazu etwa *Kramer/Trittel* JZ 1980, 393 ff.; krit. insbes. *Schmidhäuser* JZ 1979, 361 ff.; *ders.* JZ 1980, 396; *Langer* GA 1976, 193 ff.
[152] Darauf macht zu Recht *Langer* GA 1976, 193 (209) (unter Hinweis auf *Tiedemann* ZStW 81 [1969], 869 [876 f.]) aufmerksam; s. auch *Tiedemann* FS Geerds, 1995, 95 ff. – Zur neueren Tendenz im Sinne einer Abkehr der Differenzierung von Tatumstands- und Verbotsirrtum vgl. nur *Herzberg* FS Otto, 2007, 265 (268 ff.) sowie den Überblick bei *Freund* AT § 4 Rn. 81 ff.
[153] Näher dazu *Freund* AT § 7 Rn. 64 ff.
[154] Instruktiv dazu *Frisch* GS Karlheinz Meyer, 1990, 533 (536 ff.).
[155] Zu den Sonderfällen der qualifiziert unwertigen Vorentscheidungen, in denen der gesteigerte Vorwurf vorsätzlichen Verhaltens berechtigt sein kann, vgl. *Freund* AT § 7 Rn. 47 ff., 90.

den Vorwurf fehlerhaften Verhaltens überhaupt – also (höchstens) für den Vorwurf der (groben) Fahrlässigkeit (Leichtfertigkeit).

129 *Definition vorsätzlichen Verhaltens:*

> *Vorsätzlich handelt oder unterlässt, wer die Umstände kennt, welche die nicht gerechtfertigte Tatbestandsverwirklichung begründen.*[156]

130   Nicht wenige Vorsatztaten sind auch im Bereich des AntiDopG der Sache nach Erfolgsdelikte. Diese setzen neben dem tatbestandlich missbilligten Verhalten einen **Erfolgssachverhalt** in Gestalt spezifischer Fehlverhaltensfolgen oder gleichwertiger Tatumstände voraus.[157] Dabei kann der Erfolgssachverhalt nicht nur in einem „klassischen" Verletzungserfolg, sondern zB auch in einer mehr oder weniger abstrakten oder konkreten Gefährdung bestehen. Typisches Beispiel für einen Erfolgssachverhalt, der im Rahmen der Taten des § 4 Abs. 1 Nr. 1 mehrfach vorausgesetzt wird, ist das **gelungene Inverkehrbringen.** Wenn das Strafgesetz von dem Inverkehrbringen eines Dopingmittels spricht, ist damit nicht nur das entsprechende Fehlverhalten ieS gemeint, sondern zudem die spezifische Fehlverhaltensfolge als Erfolgssachverhalt. Insoweit verhält es sich nicht anders als etwa bei der körperlichen Misshandlung iS der Körperverletzung nach § 223 Abs. 1 StGB als Vollendungstat: Wenn der Steinwurf sein menschliches Ziel verfehlt, liegt zwar ein körperliches Misshandlungsverhalten ieS, aber kein entsprechender Misshandlungserfolg vor. Deshalb kann nur wegen Versuchsdelikts bestraft werden (§§ 223 Abs. 1, 2, 22, 23 StGB). Wenn also zB das auf den entsprechenden Weg gebrachte Dopingmittel vor dem Inverkehrgelangen zufällig untergeht, scheidet dementsprechend eine Vollendungstat nach § 4 Abs. 1 Nr. 1 aus. In Frage kommt nur eine Strafbarkeit wegen Versuchs nach § 4 Abs. 1 Nr. 1, Abs. 3.

131   Auch im Kontext der Sanktionsnormen des AntiDopG können nach dem bisher Gesagten die im Kernstrafrecht geläufigen allgemeinen Probleme der **„Erfolgszurechnung"** – genauer der Konkretisierung der spezifischen Fehlverhaltensfolgen – auftreten. Sachlich geht es jeweils zunächst darum zu klären, welche schadensträchtigen Verläufe durch richtiges Verhalten von Rechts wegen zu vermeiden waren – also in Bezug auf welche Kausalverläufe eine spezifische Vermeidepflicht als Verhaltensnorm legitimiert werden kann. Ist diese Vorfrage im Verhaltensnormbereich geklärt, erschöpft sich die Restproblematik in der Tatsachenfeststellung, ob sich ein von Rechts wegen zu vermeidender Verlauf wirklich zugetragen hat. Bei relevanten Zweifeln in dieser Hinsicht kann eine Vollendungstat nicht angenommen werden.

132   Selbstverständlich müssen für eine Bestrafung wegen **vorsätzlichen vollendeten Delikts** auch im Rahmen des AntiDopG überdies dessen spezifische Erfordernisse beachtet werden: Die zurechenbare Folgenherbeiführung *gelegentlich* eines vorsätzlichen Fehlverhaltens reicht nicht für die vollendete Vorsatztat. Vielmehr muss es sich um eine spezifische Folge gerade des vorsätzlichen Fehlverhaltens handeln, damit eine vollendete Vorsatztat vorliegt.[158]

133   **4. Konkurrenzen und Strafzumessung.** Liegt sowohl ein Verstoß gemäß § 4 Abs. 2 (Erwerb und Besitz von Dopingmitteln, um sich Wettbewerbsvorteile zu verschaffen) als auch ein solcher gemäß § 4 Abs. 1 Nr. 3 (Erwerb und Besitz von bestimmten Dopingmitteln in nicht geringer Menge) vor, ist zwischen diesen Straftaten **Tateinheit** (§ 52 StGB) anzunehmen.[159] Denn nur dadurch wird den **unterschiedlichen Akzenten in der Schutz-**

---

[156] S. zu dieser – auf ein spezielles voluntatives Vorsatzelement bewusst verzichtenden – Definition bereits *Freund* FS Küper, 2007, 63 (82); *ders.* AT § 7 Rn. 108a.

[157] Näher zum Erfolgssachverhalt als Sanktionserfordernis neben dem Fehlverhalten in grundsätzlichem Zusammenhang *Freund* AT § 2 Rn. 45 ff., § 7 Rn. 109 ff.

[158] Näher zu den entsprechenden spezifischen Problemen der vollendeten Vorsatztat im Bereich des Kernstrafrechts *Freund* AT § 7 Rn. 109 ff., 115 ff.; eingehend dazu *Frisch,* Tatbestandsmäßiges Verhalten und Zurechnung des Erfolgs, 1988, S. 569 ff.; s. auch *Freund* FS Maiwald, 2010, 211 ff.

[159] IdS auch die Begründung zum Entwurf des AntiDopG, BT-Drs. 18/4898, S. 30. Freilich ist zu beachten, dass die Entwurfsbegründung fehlerhaft davon ausgeht, für § 4 Abs. 1 Nr. 3 sei allein die Gesundheitsgefährlichkeit von Bedeutung und ein Wettkampfbezug entbehrlich (s. zur Kritik → Rn. 20 ff.).

richtung Rechnung getragen: Zwar ist bei beiden Tatbeständen sowohl der Wettkampfaspekt als auch der des Schutzes der Gesundheit Nichtfreiverantwortlicher vor den abstrakten Gefahren von Dopingmitteln von Bedeutung. Bei § 4 Abs. 2 liegt der Unwertakzent jedoch sehr stark auf dem der Wettbewerbsverfälschung durch den sich dopenden Sportler, wohingegen bei § 4 Abs. 1 Nr. 3 dieser Aspekt schwächer ausgeprägt ist und der Schutz Nichtfreiverantwortlicher vor Gesundheitsgefahren größere Bedeutung erlangt.

Werden an einen Minderjährigen Dopingmittel abgegeben oder bei diesem angewendet, **134** liegt ein qualifizierter Fall nach § 4 Abs. 4 Nr. 2a vor. Für diesen beträgt die Strafandrohung Freiheitsstrafe von einem Jahr bis zu zehn Jahren. Eine deutliche Verschärfung des Strafrahmens lässt sich dadurch legitimieren, dass die höhere **Gesundheitsgefährdung für minderjährige Sportler,** die sich noch in der Wachstumsphase befinden, jedenfalls dann eine Unrechtssteigerung darstellt, wenn der Minderjährige zugleich als Nichtfreiverantwortlicher über seine Körperintegrität noch nicht uneingeschränkt verfügen kann. Unter dieser Voraussetzung liegt neben der Beeinträchtigung der genannten Rechtsgüter anderer Sportler auch der Unwertgehalt einer vorbereiteten, versuchten oder gar vollendeten Körperverletzung vor.[160]

Ob in solchen Fällen allerdings die konkrete Strafobergrenze von 10 Jahren als angemes- **135** sen zu bewerten ist, erscheint zweifelhaft. Geht man davon aus, dass aus Klarstellungserwägungen selbst im Falle des Eintritts eines Körperverletzungserfolges **Tateinheit** iS des § 52 StGB zwischen den Verstößen nach §§ 223 ff. StGB und nach § 4 Abs. 1 Nr. 1 oder 2, Abs. 4 Nr. 2a anzunehmen ist, verwundert es doch, dass der **Strafrahmen des abstrakten Gefährdungsdelikts** mit dem **des Verletzungsdelikts** in qualifizierter Form nach § 224 Abs. 1 StGB **identisch** ist.

Noch deutlicher tritt der **Wertungswiderspruch** hervor, geht man von dem Fall aus, **136** dass einem Minderjährigen Dopingmittel zugänglich gemacht werden, die dieser dann freiverantwortlich, die Tragweite seiner Entscheidung überblickend, konsumiert. Die Voraussetzungen der Qualifikation nach § 4 Abs. 1 Nr. 1, Abs. 4 Nr. 2a liegen immerhin nach dem Wortlaut vor, so dass man theoretisch zu einer Strafobergrenze von zehn Jahren käme. Selbst die Annahme eines minder schweren Falls der Qualifikation wäre verfehlt. Denn es ist zu berücksichtigen, dass bei voller Einsichtsfähigkeit des Minderjährigen unter dem Aspekt des Schutzes der Körperintegrität des Minderjährigen nur eine als solche straflose Teilnahme an dessen Selbstverletzung gegeben ist. Der Wertungswiderspruch lässt sich nur dadurch ausräumen, dass man in Fällen freiverantwortlicher Selbstgefährdungen bzw. -verletzungen Minderjähriger trotz „formellen" Vorliegens des Qualifikationsmerkmals einen qualifizierten Fall im Wege der **teleologischen Reduktion** verneint.[161] Am besten wäre es freilich, wenn der Gesetzgeber sich dazu entschließen könnte, von vornherein nur **ratiogerechte Strafschärfungen** vorzusehen.[162]

Zu den **Körperverletzungs-** und **Tötungsdelikten** des StGB stehen die Straftaten des **137** AntiDopG im Verhältnis der **Tateinheit** (§ 52 StGB).

Der **Unwertgehalt** der Taten muss sich – wie sonst auch – in **Strafart und Strafhöhe 138** widerspiegeln. Konstituiert wird der Unwertgehalt durch die vom Täter im Vorsatzfall erkannten oder im Fahrlässigkeitsfall erkennbaren **Legitimationsgründe der übertretenen Verhaltensnorm** unter Berücksichtigung des Ausmaßes seiner Tatvermeidemacht sowie durch die vom Täter aufgrund seines Verhaltensnormverstoßes in bestimmtem Maße zu verantwortenden **spezifischen Fehlverhaltensfolgen** (bzw. gleichwertige Tatumstände). Zu den Einzelheiten näher → StGB Vor § 13 Rn. 74 ff.

---

[160] Entsprechend verhält es sich bei heimlicher Verabreichung eines Dopingmittels gegenüber einem Sportler, der das gar nicht will. Auch in einem solchen Fall liegt Körperverletzungsunrecht als Zusatzunrecht neben dem spezifischen Dopingunrecht vor und muss sich auf die Strafe schärfend auswirken. Und zwar gilt das unabhängig davon, ob ein Fall der Tateinheit nach § 52 StGB oder der Gesetzeskonkurrenz angenommen wird.

[161] Sachlich übereinstimmend – zur entsprechenden Problematik des Regelbeispiels unter der Geltung des AMG aF – *Heger* SpuRt 2001, 92 (94).

[162] S. dazu bereits → Rn. 93 f.

139   **5. Verjährung.** Für Straftaten nach § 4 Abs. 1 und 2 gilt die allgemeine Verjährungsfrist des **§ 78 Abs. 3 Nr. 4 StGB,** die sich auf 5 Jahre beläuft. Bei Erfüllung des Qualifikationstatbestandes des § 4 Abs. 4 beträgt die Verjährungsfrist nach **§ 78 Abs. 3 Nr. 3 StGB** zehn Jahre. Auch das Vorliegen eines minder schweren Falles nach § 4 Abs. 5 ändert daran nichts (§ 78 Abs. 4 StGB).[163] Fahrlässigkeitstaten nach § 4 Abs. 6 verjähren nach **§ 78 Abs. 3 Nr. 5 StGB** in drei Jahren.

IV. Fazit und rechtspolitischer Ausblick

140   Das AntiDopG ist als Schritt in die richtige Richtung im Grundsatz zu begrüßen. Tatsächlich lässt sich ein **sportrechtliches Dopingverbot** vollkommen unabhängig von irgendwelchen Gesundheitsgefahren legitimieren. Durch das AntiDopG wird das nunmehr auch vom staatlichen Gesetzgeber im Wesentlichen zutreffend positivrechtlich bestätigt **(§ 3):** Andere Sportler haben ein Recht auf einen dopingfreien sportlichen Wettkampf. Durch Doping wird in dieses Recht in wettbewerbsverzerrender Weise eingegriffen. Dabei handelt es sich mitnichten um Fragen des Sportethos, der Fairness oder der Moral. Betroffen ist vielmehr ein wichtiger Ausschnitt der **allgemeinen Handlungsfreiheit** als geradezu klassisches **Individualrechtsgut.** Dessen Beeinträchtigung durch Doping war und ist *rechtlich* aus gutem Grund schon nach früher und auch nach heute geltendem Recht verboten. Der sich selbst dopende Sportler verhält sich im Wettkampf rechtswidrig und nicht nur unmoralisch. Er verstößt gegen eine rechtlich legitimierte Verhaltensnorm.

141   Lediglich **untergeordnete Funktionen** eines legitimierbaren Dopingverbots iwS sind der **Schutz** der **Gesundheit** und des **Vermögens** anderer Sportler sowie der Schutz der Gesundheit nichtfreiverantwortlich Handelnder vor abstrakter Gefährdung. Allerdings ist bei sämtlichen **Verboten des § 2** wegen des zu weit geratenen Wortlauts, der nur auf den Zweck des „Dopings beim Menschen im Sport" abstellt, durch das **ungeschriebene Tatbestandsmerkmal** des wenigstens entfernten **Wettkampfbezugs** deren Erfassungsbereich und damit auch die Reichweite der darauf Bezug nehmenden Sanktionsnorm des § 4 Abs. 1 zu beschränken. Legitimierbaren Gesundheitsschutz kann es auch für nichtfreiverantwortlich Handelnde nur innerhalb eines bereits wettbewerbsrechtlich legitimierten Verbots der irgendwie gearteten Förderung von Doping geben.

142   Der zutreffende Grundgedanke des **Schutzes vor gedopter Teilnahme** an einem sportlichen Wettkampf wurde vom Gesetzgeber des AntiDopG nicht konsequent umgesetzt.[164]

143   Das von ihm eingeführte Kriterium der fehlenden medizinischen Indikation liegt neben der Sache. Auch bei medizinisch indizierter Anwendung von Dopingmitteln gibt es keinen sachlichen Grund dafür, die wettbewerbsverzerrende gedopte Teilnahme an einem sportlichen Wettkampf zu tolerieren. Etwas anderes gilt nur, wenn bereits das spezifische Sportrecht die Wettbewerbsteilnahme – etwa des Asthmatikers – unter Anwendung des Arzneimittels gestattet, weil keine unerlaubte Wettbewerbsverfälschung zu erwarten ist. Aufgrund des sachwidrigen gesetzlichen Kriteriums der fehlenden medizinischen Indikation bleibt die **strafrechtliche Erfassbarkeit** wettbewerbswidrigen Verhaltens **unzureichend.**

144   Von besonderem Gewicht ist freilich folgender Mangel: Die durch § 4 Abs. 7 vorgenommene Beschränkung des Täterkreises ist nicht nur in hohem Maße **unbestimmt,** sondern bereits **im Ansatz verfehlt.** Die Kriterien weisen keinen sachlichen Zusammenhang mit dem Unwertgehalt der begangenen Dopingtaten auf und führen daher zu einer vollkommen willkürlichen Differenzierung bei der strafrechtlichen Erfassung bestimmter Sachverhalte. Daher ist die **willkürliche Strafbarkeitseinschränkung umgehend zu streichen.**

---

[163] Zum inadäquaten Regelungskonzept des Gesetzgebers, in einem ersten Schritt den Qualifikationstatbestand des § 4 Abs. 4 falsch zuzuschneiden, um ihn sodann in einem zweiten Schritt durch minder schwere Fälle nach § 4 Abs. 5 wieder etwas zu entschärfen, bereits → Rn. 93 f.

[164] Zu einem diesen Gedanken konsequent umsetzenden Vorschlag de lege ferenda s. *Freund* FS Rössner, 2015, 579 (598).

§ 5 Einziehung

[1]Gegenstände, auf die sich eine Straftat nach § 4 bezieht, können eingezogen werden. [2]§ 74a des Strafgesetzbuchs ist anzuwenden.

§ 6 Verordnungsermächtigungen

(1) [1]Das Bundesministerium für Gesundheit wird ermächtigt, im Einvernehmen mit dem Bundesministerium des Innern nach Anhörung von Sachverständigen durch Rechtsverordnung mit Zustimmung des Bundesrates
1. die nicht geringe Menge der in der Anlage zu diesem Gesetz genannten Stoffe zu bestimmen,
2. weitere Stoffe in die Anlage zu diesem Gesetz aufzunehmen, die zu Dopingzwecken im Sport geeignet sind und deren Anwendung bei nicht therapeutischer Bestimmung gefährlich ist.
[2]Durch Rechtsverordnung nach Satz 1 können Stoffe aus der Anlage zu diesem Gesetz gestrichen werden, wenn die Voraussetzungen von Satz 1 Nummer 2 nicht mehr vorliegen.

(2) Das Bundesministerium für Gesundheit wird ermächtigt, im Einvernehmen mit dem Bundesministerium des Innern durch Rechtsverordnung mit Zustimmung des Bundesrates weitere Stoffe oder Dopingmethoden zu bestimmen, auf die § 2 Absatz 1 und 2 Anwendung findet, soweit dies geboten ist, um eine unmittelbare oder mittelbare Gefährdung der Gesundheit des Menschen durch Doping im Sport zu verhüten.

Zu den Problemen der Verordnungsermächtigungen des § 6 s. etwa Lehner/Nolte/ **1**
Putzke/*Putzke* Rn. 1 ff.

§ 7 Hinweispflichten

(1) [1]In der Packungsbeilage und in der Fachinformation von Arzneimitteln, die in Anlage I des Internationalen Übereinkommens gegen Doping aufgeführte Stoffe sind oder solche enthalten, ist folgender Warnhinweis anzugeben: „Die Anwendung des Arzneimittels [Bezeichnung des Arzneimittels einsetzen] kann bei Dopingkontrollen zu positiven Ergebnissen führen." [2]Kann aus dem Fehlgebrauch des Arzneimittels zu Zwecken des Dopings im Sport eine Gesundheitsgefährdung folgen, ist dies zusätzlich anzugeben. [3]Die Sätze 1 und 2 finden keine Anwendung auf Arzneimittel, die nach einem homöopathischen Zubereitungsverfahren hergestellt worden sind.

(2) Wird ein Stoff oder eine Gruppe von Stoffen in die Anlage I des Internationalen Übereinkommens gegen Doping aufgenommen, dürfen Arzneimittel, die zum Zeitpunkt der Bekanntmachung der geänderten Anlage I im Bundesgesetzblatt Teil II zugelassen sind und die einen dieser Stoffe enthalten, auch ohne die in Absatz 1 vorgeschriebenen Hinweise in der Packungsbeilage und in der Fachinformation von pharmazeutischen Unternehmern bis zur nächsten Verlängerung der Zulassung, jedoch nicht länger als bis zum Ablauf eines Jahres nach der Bekanntmachung der geänderten Anlage I im Bundesgesetzblatt Teil II, in den Verkehr gebracht werden.

Zu den Hinweispflichten des s. etwa Lehner/Nolte/Putzke/*Striegel* § 7 Rn. 1 ff. **1**

§ 8 Informationsaustausch

(1) Gerichte und Staatsanwaltschaften dürfen der Stiftung Nationale Anti Doping Agentur Deutschland personenbezogene Daten aus Strafverfahren von Amts wegen übermitteln, soweit dies aus Sicht der übermittelnden Stelle für disziplinarrechtliche Maßnahmen im Rahmen des Dopingkontrollsystems der Stiftung Nationale Anti Doping Agentur Deutschland erforderlich ist und ein schutzwürdiges Interesse der von der Übermittlung betroffenen Person nicht entgegensteht.

(2) [1]§ 477 Absatz 1, 2 und 5 sowie § 478 Absatz 1 und 2 der Strafprozessordnung gelten entsprechend. [2]Die Verantwortung für die Zulässigkeit der Übermittlung trägt die übermittelnde Stelle.

1   Zu den Problemen des von § 8 geregelten Informationsaustauschs s. etwa Lehner/Nolte/Putzke/*Mortsiefer* Rn. 1 ff.

§ 9 Umgang mit personenbezogenen Daten

Die Stiftung Nationale Anti Doping Agentur Deutschland ist berechtigt, folgende personenbezogene Daten zu erheben, zu verarbeiten und zu nutzen, soweit dies zur Durchführung ihres Dopingkontrollsystems erforderlich ist:
1. Vor- und Familienname der Sportlerin oder des Sportlers,
2. Geschlecht der Sportlerin oder des Sportlers,
3. Geburtsdatum der Sportlerin oder des Sportlers,
4. Nationalität der Sportlerin oder des Sportlers,
5. Sportart und Sportverband der Sportlerin oder des Sportlers einschließlich der Einstufung in einen Leistungskader,
6. Zugehörigkeit der Sportlerin oder des Sportlers zu einem Trainingsstützpunkt und einer Trainingsgruppe,
7. Vor- und Familienname der Athletenbetreuerinnen und Athletenbetreuer,
8. Regelverstöße nach dem Dopingkontrollsystem und
9. Angaben zur Erreichbarkeit und zum Aufenthaltsort, sofern die Sportlerin oder der Sportler zu dem von der Stiftung Nationale Anti Doping Agentur Deutschland vorab festgelegten Kreis gehört, der Trainingskontrollen unterzogen wird.

1   Zu den Problemen des § 9 s. etwa Lehner/Nolte/Putzke/*Mortsiefer* Rn. 1 ff.

§ 10 Umgang mit Gesundheitsdaten

(1) [1]Die Stiftung Nationale Anti Doping Agentur Deutschland ist berechtigt, im Rahmen des Dopingkontrollsystems folgende Gesundheitsdaten zu erheben, zu verarbeiten und zu nutzen, soweit dies zur Durchführung ihres Dopingkontrollsystems erforderlich ist:
1. Blut- und Urinwerte sowie aus anderen Körperflüssigkeiten und Gewebe gewonnene Werte, die erforderlich sind, um die Anwendung verbotener Dopingmittel oder Dopingmethoden nachzuweisen,
2. die für die Erteilung einer medizinischen Ausnahmegenehmigung für die erlaubte Anwendung verbotener Dopingmittel oder Dopingmethoden erforderlichen Angaben.
[2]Die Analyse der Dopingproben ist durch von der Welt Anti-Doping Agentur akkreditierte oder anerkannte Labore durchzuführen.

(2) [1]Die Stiftung Nationale Anti Doping Agentur Deutschland ist berechtigt, Ergebnisse von Dopingproben und Disziplinarverfahren im Rahmen des Doping-

kontrollsystems sowie eine erteilte medizinische Ausnahmegenehmigung gemäß Absatz 1 Satz 1 Nummer 2 an eine andere nationale Anti-Doping-Organisation, einen internationalen Sportfachverband, einen internationalen Veranstalter von Sportwettkämpfen oder die Welt Anti-Doping Agentur zu übermitteln, soweit dieser oder diese für die Dopingbekämpfung nach dem Dopingkontrollsystem der Stiftung Nationale Anti Doping Agentur Deutschland und der Welt Anti-Doping Agentur zuständig ist und die Übermittlung zur Durchführung dieses Dopingkontrollsystems erforderlich ist. [2]Die Gesundheitsdaten, die die Stiftung Nationale Anti Doping Agentur Deutschland bei der Beantragung von medizinischen Ausnahmegenehmigungen für eine erlaubte Anwendung verbotener Dopingmittel oder Dopingmethoden erhält, dürfen ausschließlich auf gesonderten Antrag der Welt Anti-Doping Agentur an diese übermittelt werden.

Zu den Problemen des § 10 s. etwa Lehner/Nolte/Putzke/*Mortsiefer* Rn. 1 ff.   **1**

§ 11 Schiedsgerichtsbarkeit

[1]Sportverbände und Sportlerinnen und Sportler können als Voraussetzung der Teilnahme von Sportlerinnen und Sportlern an der organisierten Sportausübung Schiedsvereinbarungen über die Beilegung von Rechtsstreitigkeiten mit Bezug auf diese Teilnahme schließen, wenn die Schiedsvereinbarungen die Sportverbände und Sportlerinnen und Sportler in die nationalen oder internationalen Sportorganisationen einbinden und die organisierte Sportausübung insgesamt ermöglichen, fördern oder sichern. [2]Das ist insbesondere der Fall, wenn mit den Schiedsvereinbarungen die Vorgaben des Welt Anti-Doping Codes der Welt Anti-Doping Agentur umgesetzt werden sollen.

Zur Problematik des § 11 vgl. etwa *Heermann,* Einführung einer gesetzlich vorgeschriebe **1** nen Sportschiedsgerichtsbarkeit durch die Hintertür?, SpuRt 2015, 4; *Norouzi/Summerer,* DAV-Stellungnahme zum Anti-Doping-Gesetz, SpuRt 2015, 63 (65); ferner Lehner/Nolte/ Putzke/*Lehner* § 11 Rn. 1 ff.

§ 12 Konzentration der Rechtsprechung in Dopingsachen; Verordnungsermächtigung

[1]Die Landesregierungen werden ermächtigt, durch Rechtsverordnung die strafrechtlichen Verfahren nach § 4 ganz oder teilweise für die Bezirke mehrerer Amts- oder Landgerichte einem dieser Amts- oder Landgerichte zuzuweisen, sofern dies der sachlichen Förderung oder der schnelleren Erledigung der Verfahren dient. [2]Die Landesregierungen können die Ermächtigung nach Satz 1 durch Rechtsverordnung auf die Landesjustizverwaltungen übertragen.

Zu den Fragen des § 12 s. etwa Lehner/Nolte/Putzke/*Putzke* Rn. 1 ff.   **1**

Anlage
(zu § 2 Absatz 3)

[Verbotsliste]

Stoffe gemäß § 2 Absatz 3 sind:

I. Anabole Stoffe

1. Anabol-androgene Steroide

a) Exogene anabol-androgene Steroide
1-Androstendiol
1-Androstendion
Bolandiol
Bolasteron
Boldenon
Boldion
Calusteron
Clostebol
Danazol
Dehydrochlormethyltestosteron
Desoxymethyltestosteron
Drostanolon
Ethylestrenol
Fluoxymesteron
Formebolon
Furazabol
Gestrinon
4-Hydroxytestosteron
Mestanolon
Mesterolon
Metandienon
Metenolon
Methandriol
Methasteron
Methyldienolon
Methyl-1-testosteron
Methylnortestosteron
Methyltestosteron
Metribolon, synonym Methyltrienolon
Miboleron
Nandrolon
19-Norandrostendion
Norboleton
Norclostebol
Norethandrolon
Oxabolon
Oxandrolon
Oxymesteron
Oxymetholon

Prostanozol
Quinbolon
Stanozolol
Stenbolon
1-Testosteron
Tetrahydrogestrinon
Trenbolon
andere mit anabol-androgenen Steroiden verwandte Stoffe

b) Endogene anabol-androgene Steroide
Androstendiol
Androstendion
Androstanolon, synonym Dihydrotestosteron
Prasteron, synonym Dehydroepiandrosteron (DHEA)
Testosteron

2. Andere anabole Stoffe

Clenbuterol
Selektive Androgen-Rezeptor-Modulatoren (SARMs)
Tibolon
Zeranol
Zilpaterol

II. Peptidhormone, Wachstumsfaktoren und verwandte Stoffe

1. Erythropoese stimulierende Stoffe

Erythropoetin human (EPO)
Epoetin alfa, beta, delta, omega, theta, zeta und analoge rekombinante humane Erythropoetine
Darbepoetin alfa (dEPO)
Methoxy-Polyethylenglycol-Epoetin beta, synonym PEG-Epoetin beta, Continuous Erythropoiesis Receptor Activator (CERA)
Peginesatid, synonym Hematid

2. Choriongonadotropin (CG) und Luteinisierendes Hormon (LH)

Choriongonadotropin (HCG)
Choriogonadotropin alfa
Lutropin alfa

3. Corticotropine

Corticotropin
Tetracosactid

4. Wachstumshormon, Releasingfaktoren, Releasingpeptide und Wachstumsfaktoren

Somatropin, synonym Wachstumshormon human, Growth Hormone (GH)
Somatrem, synonym Somatotropin (methionyl), human
Wachstumshormon-Releasingfaktoren, synonym Growth Hormone Releasing Hormones (GHRH)
Sermorelin

Somatorelin

Wachstumshormon-Releasingpeptide, synonym Growth Hormone Releasing Peptides (GHRP)

Mecasermin, synonym Insulin-ähnlicher Wachstumsfaktor 1, Insulin-like Growth Factor-1 (IGF-1)

IGF-1-Analoga

III. Hormone und Stoffwechsel-Modulatoren

1. Aromatasehemmer

Aminoglutethimid

Anastrozol

Androsta-1, 4, 6-trien-3, 17-dion, synonym Androstatriendion

4-Androsten-3, 6, 17-trion (6-oxo)

Exemestan

Formestan

Letrozol

Testolacton

2. Selektive Estrogen-Rezeptor-Modulatoren (SERMs)

Raloxifen

Tamoxifen

Toremifen

3. Andere antiestrogen wirkende Stoffe

Clomifen

Cyclofenil

Fulvestrant

4. Myostatinfunktionen verändernde Stoffe

Myostatinhemmer

Stamulumab

5. Stoffwechsel-Modulatoren

Insuline

PPARδ (Peroxisome Proliferator Activated Receptor Delta)-Agonisten, synonym PPAR-delta-Agonisten

GW051516, synonym GW 1516

AMPK (PPARδ-AMP-activated protein kinase)-Axis-Agonisten

AICAR

Meldonium.

Die Aufzählung schließt die verschiedenen Salze, Ester, Ether, Isomere, Mischungen von Isomeren, Komplexe oder Derivate mit ein.

III. Gesetz über den Verkehr mit Betäubungsmitteln (Betäubungsmittelgesetz – BtMG)

In der Fassung der Bekanntmachung vom 1.3.1994, BGBl. I S. 358,
zuletzt geändert durch ÄndVO vom 16.6.2017, BGBl. I S. 1670
FNA 2121-6-24

Vorbemerkung zu § 1.
Phänomenologie, Systematik und Gesetzgebungsgeschichte

Schrifttum: *Amrock/Gordon/Zelikoff/Weitzman,* Hookah use among adolescents in the United States: results of a national survey, Nicotine Tob Res 2014, 231; *Aslam/Saleem/German/Qureshi,* Harmful Effects of Shisha, Int Arch Med 2014, 7: 16; *Akl/Gaddam/Gunukula/Honeine/Jaoude/Irani,* The effects of waterpipe tobacco smoking on health outcomes: a systematic review. Int J Epidemiol 2010, 39, 834 ff.; *Auwärter/Dresen/ Weinmann/Ferreirós,* ‚Spice' and other herbal blends: harmless incense or cannabinoid designer drugs?, J Mass Spectrom, 2009 May; 44(5):832-7. 2008; *Auwärter/Kneisel/Hutter/Thierauf,* Synthetische Cannabinoide. Forensische Relevanz und Interpretation analytischer Befunde, Rechtsmedizin 2012, 259; *Baumgärtner/Kestler* (2013): Die Verbreitung des Suchtmittelgebrauchs unter Jugendlichen in Hamburg 2004 bis 2012. Basisauswertung der SCHULBUS-Daten im jahresübergreifenden Vergleich – Kurzbericht. Hamburg: Büro für Suchtprävention; *Berger/Schäffler,* Neue Drogen – Eine Betrachtung der aktuellen Substanzlandschaft, neuer Vermarktungsformen und Aufgaben für Drogenprävention und Soziale Arbeit, Akzeptanzorientierte Drogenarbeit 2014, S. 112; *Bernard/Werse/Schell-Mack* (2013): Jahresbericht MoSyD. Drogentrends in Frankfurt am Main 2011. Frankfurt a.M.: Goethe-Universität, Centre for Drug Research; *Böllinger* De-Americanizing Drug Policy. The Search for Alternatives for Failed Repression, Frankfurt a. M., 1994; *Böllinger* Das Scheitern strafrechtlicher Drogenprohibition, HFR 2015, 23; *Boullosa/Wallace,* Es reicht, Der Fall Mexiko, 2015; *Braun et al,* Deutsche Suchthilfestatistik 2013, Tabellenband für ambulante Beratungsstellen; *Bröckers,* Drogenlüge, 2010; *Bröckers,* Keine Angst vor Hanf, 2013; *Bühler/Thrul,* Expertise zur Suchtprävention. Aktualisierte und erweiterte Neuauflage der Expertise zur Prävention des Substanzmissbrauchs, BZgA, 2013; *BZgA* (2012): Die Drogenaffinität Jugendlicher in der Bundesrepublik Deutschland 2011; *Cobb/Ward/Maziak/Shihadeh/ Eissenberg,* Waterpipe tobacco smoking: an emerging health crisis in the United States, Am K Health Behav 34, 275; *De Ridder,* Heroin, 2000; *de Oliveira,* Gute Praxis: Wohnhilfen für chronifiziert erkrankte (und alternde) Drogenabhängige, ADS 2015, S. 77; *Degkwitz,* Schadensreduktion bei Alkohol und anderen Drogen als Interventionsbereich systematisch entwickeln, ADS 2015, S. 21; *Diehm/Pütz,* „Spice" und vergleichbare Produkte, Kriminalistik 2009, 131; *Domening/Cattacin,* ADS 2016, Die Gefährlichkeit von Drogen: ein multidimensionaler Ansatz, S. 128; *Duttge/Waschkewitz,* „Legal Highs" – Herausforderung für eine Kriminalpolitik von rechtsstaatlichem Maße, FS Rössner, 2015, 737; *Egger/Werse,* Neue psychoaktive Substanzen als Kollateralschaden der Prohibition, ADS 2015, S. 104; *Ewald/Völkmer* Neue psychoaktive Substanzen sind keine Funktionsarzneimittel, NStZ 2014, 461; *Fährmann/Harrach/Kohl/Ott/Schega/Schmolke/Werse,* Wie mit NpS zukünftig umgehen? Kritik an dem Referentenentwurf zum Neue-psychoaktive-Stoffe-Gesetz (NpSG), ADS 2016, 18; *Gaßmann/Bartsch,* Alkoholpolitik – Stillstand auf niedrigem Niveau, ADS 2014, 8; *German/Fleckenstein/ Hanson,* Bath salts and synthetic cathinones: an emerging designer drug phenomenonLife Sci 2013, 97 (1): 2; *Geschwinde,* Rauschdrogen, 6. Aufl. 2013; *Glaeske,* Ritalin und Co ohne Rezept – Gefahren aus dem Internet!, ADS 2015, 111; *ders.,* Medikamentenpolitik – Defizite in der Epidemiologie, ADS 2014, 14; *Grekin/ Ayna,* Waterpipe smoking among college students in the United States: a review of the literature.J Am Coll Health 60, 244; *Hari,* Drogen – Die Geschichte eines langen Krieges, 2015; *Holzer,* Die Geburt der Drogenpolitik aus dem Geist der Rassenhygiene, 2007; *Hoffmann/Glaeske* Benzodiazepinhypnotika, Zolpidem und Zopiclon auf Privatrezept, Der Nervenarzt 85 (11), 1402; *Iversen,* Drogen und Medikamente, 2004; *Jazbinsek,* Rauchen für die schwarze Null – Hochglanz und Elend der Tabakkontrolle in Deutschland, ADS 2016, 179; *Jesinghaus/Prümel-Philippsen,* Für eine konsequente Tabakprävention Forderungen des Aktionsbündnisses Nichtrauchen e.V. (ABNR), ADS 2014, 11; *Klee,* DRUCK-Studie (Drogen und chronische Infektionskrankheiten) des RKI offenbart Präventions- und Behandlungsdefizite – nicht nur in Frankfurt am Main, ADS 2016, 253; *Kleim,* Fünf Schritte zum Einstieg in eine rationale Drogenpolitik, ADS 2016, 88; *Köhler,* Rauschdrogen, 2008; *Kraus/Pabst/Piontek* (2012): Europäische Schülerstudie zu Alkohol und anderen Drogen 2011 (ESPAD). Befragung von Schülerinnen und Schülern der 9. und 10. Klasse in Bayern, Berlin, Brandenburg, Mecklenburg-Vorpommern und Thüringen. München: Institut für Therapieforschung; *Krumdiek* Rechtliche Bewertung von „Spices" und anderen sog. Räuchermischungen, StRR 2011, 213; *Kudlich/Christensen/Sokolwolski,* Zauberpilze und Cybernauten – oder: Macht Sprache aus Pilzen Pflanzen?, in *Müller* (Hrsg.), 2007; *Kuhlmann,* Der Einsatz von Substituten in der Entzugsbehandlung; in 20 Jahre Substitution in Deutschland. Zwischenbilanz und Aufgaben für die Zukunft (Hrsg. *Gerlach/Stöver),* 2005, S. 118 ff.; *Kuntz/Lampert,* Smoke on the water" – Wasserpfeifenkonsum bei Jugendlichen in Deutschland, UMID 2016, 18; *Kuntz/Lampert,*

Wasserpfeifenkonsum (Shisha-Rauchen) bei Jugendlichen in Deutschland Ergebnisse der KiGGS-Studie – Erste Folgebefragung (KiGGS Welle 1), Bundesgesundheitsblatt 2015, 58: 467; *Lang*, Betäubungsmittelstrafrecht, dogmatische Inkonsistenzen und Verfassungsfriktionen, 2011; *Wang*, Drogenstraftaten und abstrakte Gefährdungsdelikte, 2003; *Laticevschi/Leorda*, HIV-Prävention in Moldawien – Schwerpunkt Spritzenabgabe, in: Gesundheitsförderung für Drogen Gebrauchende im Strafvollzug (Hrsg. *Jacob/Keppler/Stöver*), 2001, S. 124 ff.; *Leune*, Jahrbuch Sucht 2014. Deutsche Hauptstelle für Suchtfragen, 181; *Steppan/Brand/Künzel/ Pfeiffer-Gerschel*, Jahresstatistik 2012 der professionellen Suchtkrankenhilfe, in: Jahrbuch Sucht 2014, 203; *Liebetrau et al.*, Substanzmissbrauch – Entwicklung des Vergiftungsgeschehens im Einzugsbereich des Giftnotrufes Erfurt 2002–2011, Das Gesundheitswesen 2014, 662; *Litau*, Alkoholkonsum im Jugendalter, ADS 2014, 1; *Löhner*, Synthetische Cannabinoide – Cannabisersatzstoffe mit hohem Risikopotenzial, ADS 2016, 161; *Meinecke/v. Harten*, Neue psychoaktive Substanzen und Arzneimittelstrafrecht – Hilfsstrafbarkeit oder konsequente Rechtsanwendung?, StraFo 2014, 9; *Morgenstern*, Neue psychoaktive Substanzen (NPS): Spezifische Risiken und Prävention, ASD 2014, 53; *Nobis*, „Legal-High"-Produkte – wirklich illegal? Oder: Wie ein Aufsatz sich verselbstständigt!, NStZ 2012, 422; *Nunes/Kuban/Grimm*, Gute Praxis: Suchtprävention und Gesundheitsförderung in der Partyszene, ADS 2015, 71; *Oğlakcıoğlu* Über die Bestrafung des Umgangs mit neuen (vielleicht – sicherlich – hoffentlich?) gefährlichen, psychoaktiven Substanzen, NK 2016, 19; *Ohler*, Der totale Rausch, 2015; *Ort et al.*, Challenges of surveying wastewater drug loads of small populations and generalizable aspects onoptimizing monitoring design, Addiction 109 (3), 472; *Pabst/Kraus/Gomes de Matos/Piontek* (2013): Substanzkonsum und substanzbezogene Störungen in Deutschland im Jahr 2012. Sucht, 59 (6): 321; *Pasedach*, Verantwortungsbereiche wider Volksgesundheit.: Zur Zurechnungs- und Rechtsgutslehre im Betäubungsmittelstrafrecht, 2012; *Patzak/Volkmer* „Legal-High"-Produkte – wirklich legal? Kräutermischungen, Badezusätze und Lufterfrischer aus betäubungs- und arzneimittelrechtlicher Sicht, NStZ 2011, 498; *Quensel*, Schulische Sucht-Prävention? Ein – leider – grundsätzlich verfehlter Ansatz, ADS 2014, 47; *Rennert*, Der Arzneimittelbegriff in der jüngeren Rechtsprechung des BverwG, NVwZ 2008, 1179; *Müller* Elektronische Zigaretten – Arzneimittel und Gegenstand des Nichtraucherschutzrechts?, PharmR 2012, 137; *Rensmann/Bietmann* Partizipative Gesundheitsförderung mit russischsprachigen Drogengebrauchern, ADS 2014, 101; *Rössner*, FS Streng, im Erscheinen 2017, 541; *Rössner/Voit*, Gutachten zur Machbarkeit der Einführung einer Stoffgruppenregelung im Betäubungsmittelgesetz, 2011, abrufbar unter http://www.drogenbeauftragte.de/fileadmin/dateiendba/DrogenundSucht/Illegale_Drogen/Heroin_andere/downloads/Endfassung_Gutachten_zur_Machbarkeit_der_Einfuehrung_einer_generischen_Klausel_im_BtMG.pdf (Stand: 18.4.2017); *Schäffler/Zimmermann*, Drogenabhängigkeit in bayerischen Haftanstalten – Darstellung und Diskussion ausgewählter Ergebnisse einer bayernweiten Umfrage bei ehemals inhaftierten, drogenkonsumierenden Menschen, Akzeptanzorientierte Drogenarbeit 2012, 9; *Schäper/Thiemt/Wende*, 2011, Assessment of supposedly legal designer drugs and ‚legal highs" according to the Medicinal Products Act (AMG), Act. Toxichem Krimtech, 78, 176; *Schlömer*, „Memorandum Evidenzbasierung in der Suchtprävention" – ein hilfreicher Beitrag zur Qualitätssicherung aus Sicht der Praxis?,ADS 2015, 14; *Schmidbauer/Scheidt*, Handbuch Rauschdrogen, 2004; *Schwabe/Paffrath*, Arzneiverordnungs-Report 2013; *Seely/Lapoint/Moran/Fattore*, Spice drugs are more than harmless herbal blends: a review of the pharmacology and toxicology of synthetic cannabinoids, 2012, Prog Neuropsychopharmacol Biol Psychiatry, 39 (2): 234 – 43; *Siegert*, Mexiko im Drogenkrieg, 2011; *Springer*, Konsumräume, 2003; *Steckhan*, Rauschkontrolleure und das Legalitätsprinzip – Polizeiliche Perspektiven zu Drogen und Drogenkriminalität, ADS 2016, 63; *Sting*, Jugendliche Rauschrituale als Beitrag zur peergroup-Bildung, in *Bogner/ Stipsits*, S. 139; *Stöver*, Abstinenz als Risiko; Rückfall als Normalfall – Drogenpolitik ratlos, Drogenexpert_ innen fassungslos ADS 2015, 30; *ders.* Elektronische (E-)Zigaretten und E-Shishas auf dem Vormarsch – wo bleibt der Verbraucherschutz?, ADS 2015, 57; *ders.*, Modelle für einen regulierten Umgang, 2012; *Tempel*, Die Polizei – Dein Freund und Helfer?, ADS 2014, 130; *Tzanetakis/v. Laufenberg*, Harm Reduction durch anonyme Drogenmärkte und Diskussionsforen im Internet?, ADS 2016, 189; *Uhl/Strizek*, Angsterzeugung und Übertreibung als bedenkliche Strategie der Suchtprävention und -forschung, ADS 2016, 100; *Ullmann*, Zur Strafverfolgung substituierender Ärzte, ADS 2014, 72; vom *Amsterdam/Nutt/v. den Brink*, Generic legislation of new psychoactive drugs, Psychopharmacol 2013, 317; *Van Hout/Bingham*, Surfing the Silk Road': a study of users' experiences, Journal of Drug Policy, 2013, 24 (6): 524; *Voit*, Zur arzneimittelrechtlichen Einordnung der „Genuss-E-Zigarette", PharmR 2012, 241; *Weidig*, Zur Strafbarkeit von „Legal Highs", Blutalkohol 2013, 57; *Werse*, Zum Sinn und Unsinn von Repräsentativbefragungen als Grundlage für Drogenpolitik, ADS 2016, 29; *ders.*, Zur Verbreitung von neuen psychoaktiven Substanzen, ASD 2014, 22; *ders./Morgenstern*, Abschlussbericht – Online-Befragung zum Thema „Legal Highs"; *ders./Morgenstern*, Abschlussbericht Online Befragung zum Thema „legal highs"; *ders./Morgenstern/Sarvari*, Jahresbericht MoSyD; *Werse/Müller* Abschlussbericht – Spice, Smoke, Sence & Co. – Cannabinoidhaltige Räuchermischungen; *Werse/Müller*, Pilotstudie 2009: Spice, Smoke, Sence & Co. – Cannabinoidhaltige Räuchermischungen: Konsum und Konsummotivation vor dem Hintergrund sich wandelnder Gesetzgebung.

Übersicht

A. Einführung

I. Das Betäubungsmittelgesetz und sein Gegenstand

1. Prohibition. Das Betäubungsmittelgesetz ist ein Verbotsgesetz. Es *reguliert* nicht nur **1** den Umgang mit Stoffen, indem es (wie bspw. das AMG, LFGB oder ChemG) Vorgaben für deren Inverkehrbringen, Aufbewahrung und Transport festsetzt, sondern *verbietet* diesen im Grundsatz dadurch, dass es zentrale Handlungsformen wie die Herstellung, den Verkauf (in Form des Handeltreibens) und auch den Erwerb bestimmter Substanzen unter einen präventiven Erlaubnisvorbehalt stellt. Die Stoffe werden auf diese Weise der Verfügung der Rechtsgemeinschaft vollständig entzogen, eine Missachtung dieses Verbots mit Strafe bedroht **(Prohibition)**. Welche Stoffe von dieser „Sonderbehandlung" betroffen sind, wird – nach dem Vorbild internationaler Suchtstoffübereinkommen – in einer abschließenden Liste festgelegt, auf die § 1 des Regelwerks verweist (zum Ganzen → Rn. 34 sowie → § 1 Rn. 2 ff.).

2. Was ist ein Rauschgift, ein Betäubungsmittel, eine Droge? Typischerweise han- **2** delt es sich bei den aufgelisteten Substanzen um Stoffe, die nicht toxisch genug sind, um sie als reines Gift bezeichnen zu können und daher auch als „Genussmittel" mit unterschiedlichen Wirkungen konsumiert werden, aber pharmakologisch gesehen – um die Terminologie des EuGH aufzugreifen – nicht ausschließlich „zuträglich" für den menschlichen Organismus sind. Ihr dauernder Konsum kann sich schädlich auswirken (physiologisch wie auch psychisch) und insb. eine Abhängigkeit hervorrufen, § 1 Abs. 1 Nr. 1. Diese Umschreibung kann ebenso wenig wie ein „materieller Betäubungsmittelbegriff" (→ Rn. 9) als Zuordnungskriterium herhalten, da sie auf tausende Substanzen zutrifft, mithin schlicht uferlos ist. Damit ist bereits das Grundleiden der Prohibition angesprochen. Es ist ihre Willkürlichkeit, die jedenfalls in Anbetracht der wesentlich schärferen Behandlung gegenüber den „restlichen" Stoffen unerträglich ist. Die Prohibition ist per se irrational, weil keine wirkstoffbezogenen bzw. pharmakologischen (der **evidenzbasierten** Forschung zugänglichen) Faktoren für die Einordnung einer Substanz als BtM maßgeblich sind, sondern der Zeitgeist, Ideologien, kulturelle Wertvorstellungen bzw. wirtschaftliche bzw. sonstige politische Motive.[1]

3 **a) Vom Wundermittel zur Teufelsdroge.** Zahlreiche derjenigen Stoffe, die heute in den Anlagen aufgeführt sind, sind lediglich „pharmazeutisch" überholt, als ihr therapeutisches Fenster u.U. kleiner ist bzw. sie von anderen Arzneien im Hinblick auf die „Kosten-Nutzen-Relation" übertrumpft werden. Die Arzneimittelforschung macht(e) es möglich, nicht mehr auf Stoffe angewiesen zu sein, die zugleich akute Rauschwirkungen mit sich bringen und aufgrund einer hohen Toleranzentwicklung zu physiologischer Abhängigkeit führen können. Die Einordnung entpuppt sich so als **dynamischer Prozess:** Das Inverkehrbringen eines Stoffes ist unter bestimmten Auflagen erlaubt, bis die nächste (effektivere und weniger schädliche) Substanz auf dem Markt ist. Deren **Abhängigkeitspotential** bzw. sonstigen schädlichen Nebenwirkungen müssen bis zur Entwicklung des nächsten „Wundermittels" hingenommen werden. Dies mag bereits die hohe Anzahl an Medikamentenabhängigen in der Bundesrepublik Deutschland und weltweit belegen, → Rn. 29 ff. Dieser Befund wird durch einen Blick zurück auf die Geschichte fast jeder einzelnen Rauschdroge bestätigt. Die meisten Betäubungsmittel galten früher als Wundermittel bzw. Arzneien und tun es zwischenzeitlich sogar wieder. Die klassischen Betäubungsmittel (ob Weckamine, Barbiturate, Sedativa oder sonstige aromatische Stoffe) fanden bereits in ihrer „Grundausführung" – als Naturprodukt – allesamt in der Medizin Anwendung oder sind Ergebnis der Arzneimittelforschung des 19. und 20. Jahrhunderts.

4 Das aus dem Opiumsaft entwickelte **Laudanum** wich dem besser dosierbaren Morphium,[2] welches wiederum durch das ursprünglich wegen seiner sechsfach höher schmerzstillenden Wirkung als heldenhaft angepriesene bzw. für Kriegshelden gemachte[3] Diacetylmorphin abgelöst wurde.[4] Als man im frühen 20. Jahrhundert dann die schädlichen Wirkungen des Heroins erkannte, vollzog sich der Imagewechsel des halbsynthetischen, stark analgetischen Opioids mit sehr hohem Abhängigkeitspotential zur Teufelsdroge.[5] Inzwischen ist eine Anwendung des **Diamorphins** im Bereich der Behandlung Drogenabhängiger zumindest rechtlich wieder möglich (wenn auch nicht faktisch allseits akzeptiert, hierzu → § 13 Rn. 35 f.). Ähnliche Entwicklungen lassen sich für fast jede Substanz nachzeichnen, die nun in den Anlagen des BtMG oder GÜG aufgeführt ist: **Methamphetamin** war unter dem Markennamen Pervitin während dem Dritten Reich zur „Volksdroge" und zum Blitzkriegshilfsmittel verkommen, während der Drogenkonsum im Übrigen auf das schärfste verurteilt und ein möglichst umfassender Schutz der *Volksgesundheit* propagiert wurde.[6] **Cannabis** verbreitete sich im 19. Jahrhundert zur Behandlung von Atemwegser-

[1] Hierzu *Domening/Cattacin* ADS 2016, 128; Vgl. auch *Holzer* Drogenpolitik S. 22, der in Fn. 14 auf die unterschiedlichen Drogen- und Abhängigkeitsdefinitionen der WHO von 1957 – 1970 aufmerksam macht. Eine Legaldefinition kannte hingegen das Suchtmittelgesetz der DDR (1973), der in § 1 den Begriff der Drogen bzw. Suchtmittel folgendermaßen definierte: „Suchtmittel im Sinne des Gesetzes sind Substanzen und Zubereitungen, die beim Menschen angewandt zur psychischen oder physischen Abhängigkeit von ihrer Wirkung führen können, die bei mißbräuchlicher Anwendung Gesundheit und Leistungsfähigkeit der Menschen sowie ihr gesellschaftliches Zusammenleben gefährden".
[2] *Köhler* Rauschdrogen S. 27.
[3] Dementsprechend auch der Markenname „*Heroin*", vgl. *Bröckers* Drogenlüge S. 25.
[4] *De Ridder* Heroin S. 35 ff.
[5] *De Ridder* Heroin S. 103 ff.
[6] *Holzer* Drogenpolitik S. 237. Zu Drogen im Dritten Reich vgl. auch *Ohler*, Der totale Rausch, 2015.

krankungen und zur Behandlung von Schlaflosigkeit.[7] Seine therapeutische Bedeutung geriet mit der Prohibition schlicht in den Hintergrund, durch die Liberalisierung der Drogenpolitik weltweit verbesserte sich die empirische Datenlage wiederum und führte zur Anerkennung des Stoffes als Alternative im Bereich der Behandlung von MS- und ALS-Patienten. Inzwischen steht wiederum eine Gesetzesänderung im Raum, welche die medizinische Verschreibung von Cannabis-Flos als Phytopharmakon ermöglichen soll (zum Ganzen → § 3 Rn. 28). Als weitere Beispiele seien die „Amphetamin-Alternative" Captagon (= Fenetyllin)[8] sowie Valeron[9] (=Tilidin) genannt. In gewissem Grade bilden die Entwicklungen auf dem **postmodernen Drogenmarkt** eine Antipode, als hier die Entwicklung einer perfekten Rauschwirkung im Vordergrund steht (mithin der mimetische Rausch nicht im Rahmen der Entwicklung einer Arznei als unerwünschte Nebenfolge hingenommen, sondern gerade angestrebt wird[10]); dies heißt allerdings nicht, dass auf diese Weise entwickelte Stoffe u.U. nicht ebenso eine therapeutische Wirkung entfalten können.

Ein Ende dieser **„periodischen" Betrachtung** von Stoffen als verbotswürdig oder nicht **5** ist nicht absehbar. Aktuelles Beispiel hierfür ist das **Ketamin** („Special K"), welches momentan noch nicht dem strengen Regime des BtMG unterliegt und als besonders wichtige Substanz in der Notfallmedizin Anwendung findet. Zugleich hat sich die bewusstseinsspaltende Substanz als neue Trenddroge fest in der Partyszene etabliert.[11] Zwar ist eine Ausweitung des Ketaminkonsums – wie von der MoSyD Studie Frankfurt 2012 bereits vermutet wurde – auf Szenen außerhalb des Bereichs elektronischer Musik ausgeblieben.[12] Dennoch gibt es erste Vorstöße, die Verfügbarkeit des Ketamins wegen seiner Missbrauchsgefahren durch eine supranationale Klassifizierung als verbotene Substanz einschränken zu wollen.[13] Es lässt sich nicht abschätzen, welchen Stoff es diesbezüglich als nächstes „treffen" kann, zumal bestimmte pharmakologische Wirkungsweisen, insb. potentielle Rauscheffekte, die zum Missbrauch verführen, im Hinblick auf Dosierung, Applikationsform etc. erst entdeckt und sich sodann etablieren müssen (an das in Lösungsmitteln enthaltene GBL, das im Körper zu GHB metaboliert und als „K.O.-Tropfen" missbraucht wird, sei an dieser Stelle beiläufig erinnert[14]).

b) Therapeutisch überholte Substanzen und Genusskonsummittel. So gesehen **6** entpuppt sich das BtMG als „Regulierung" in ihrer schärfsten Form. Bestimmte Substanzen werden zu Gunsten anderer Medikamente schlicht vom Markt genommen,[15] und der **Genusskonsum** therapeutisch „überholter" Substanzen (aus verschiedenen, insgesamt allerdings kaum haltbaren Gründen, → Vor § 29 Rn. 23 f.) verhindert. Im Übrigen fungiert es als verschärftes „Arzneimittelgesetz" (nämlich im Hinblick auf die verschreibungsfähigen Betäubungsarzneimittel der Anlage III). Weil die Arzneimittelforschung im Fluss ist, muss sich auch der Maßstab für die Prohibition (wann und inwiefern gilt eine Substanz als gefährlich für den Organismus?) stetig und unvorhersehbar verschieben, während nach wie

---

[7] → § 3 Rn. 17; vgl. hierzu *Geschwinde* Rauschdrogen Rn. 79 ff.

[8] 1961 erstmals auf dem deutschen Arzneimittelmarkt wurde das Mittel 25 Jahre lang zur medikamentösen Behandlung von ADHS oder teils auch als Antidepressivum eingesetzt (am 1.8.1986 wurde es dann dem BtMG unterstellt).

[9] *Schmidbauer/Scheidt*, Handbuch Rauschdrogen, S. 298.

[10] Vgl. NpSG Vor § 1 Rn. 1 ff.

[11] Reitox-Bericht 2015, Workbook Drogen, S. 48.

[12] Reitox-Bericht 2015, Neue Entwicklungen und Trends, S. 51.

[13] Ketamin hat wichtige Funktionen als Anästhesiemittel und ist in der WHO-Liste der unentbehrlichen Medikamente aufgeführt. Der ECDD hat wiederholt empfohlen, die Droge nicht in die Drogenabkommen aufzunehmen, da dadurch die medizinische Verfügbarkeit abnehmen könnte. (Global Commission on drug policy, Kontrolle übernehmen, Bericht 2014, S. 42). In Großbritannien hat der zunehmende Gebrauch die Regierung veranlasst, das Medikament seit Januar 2006 erst als Droge der Klasse C (vgl. http://news.bbc.co.uk/2/hi/uk_news/4564606.stm, Stand: 18.4.2017), dann sogar als Droge der Klasse B einzustufen, http://www.telegraph.co.uk/news/uknews/law-and-order/10633800/Party-drug-ketamine-to-be-upgraded-to-Class-B.html (Stand: 18.4.2017).

[14] Hierzu Reitox-Bericht 2015, Neue Entwicklungen und Trends, S. 191.

[15] Wobei nicht verkannt wird, dass die Verschreibung eines „überholten" Medikaments ab einem bestimmten Zeitpunkt nicht mehr nur „unzweckmäßig", sondern im Regelfall nicht mehr indiziert bzw. standesrechtlich nicht mehr verantwortbar wäre.

vor unklar bleibt, was ein Gift von einem Arzneimittel von einem Betäubungsmittel von einem Rauschmittel unterscheidet außer der Rechtslage. Um das in diesem Zusammenhang oftmals bemühte Paracelsus-Zitat zu modifizieren:[16] *Der Gesetzgeber macht das Gift.* Und er orientiert sich eben nicht an der Dosis.

7   **3. Fundamentalkritik und Paradigmenwechsel.** Es ist nicht nur die **Irrationalität** dieses Grundkonzepts, welche die supranationale (→ Rn. 66 ff.) Drogenbekämpfungsideologie so angreifbar gemacht hat. Es ist auch die **Bevormundung des Individuums** bzw. ganzer Kollektive, die man als „tickende Zeitbombe" (mithin als potentielle Problemkonsumenten) betrachtet und daher den Genuss bestimmter Mittel als „gefährliches Treiben" per se untersagt. Es ist die selbst heraufbeschworene **Drogenangst,**[17] die dort – wo sie wirklich existiert – nunmehr auch einen Nährboden hat, wenn man sich die unmenschlichen Gräueltaten mexikanischer Drogenkartelle oder eben überall dort, wo der Drogenkrieg tobt, vor Augen führt.[18] Es ist die Unmündigkeit des deutschen Gesetzgebers, die sich in blinder Gefolgschaft supranationaler Abkommen (die ihrerseits Ergebnis politischer bzw. marktwirtschaftlicher Entscheidungsprozesse sind) und einer weitgehend amerikanisierten Drogenpolitik äußert.[19] Es sind die zahlreichen **Folgeschäden** der Prohibition, die in einer inzwischen kaum mehr überschaubaren Fülle an empirischen Untersuchungen, Dokumentationen, Abhandlungen und Manifesten seit den Achtziger Jahren belegt und jetzt wieder vermehrt zum Ausdruck gebracht werden (noch ausführlich → Vor § 29 Rn. 23 ff.). Gebracht hat eine grundsätzlich repressiv ausgestaltete Drogenpolitik nur ein erhöhtes Angebot, erhöhte Prävalenzraten, zahlreiche Drogentote, Gewalt (geschätzt werden 60.000 bis 100.000 Opfer des war on drugs, hauptsächlich ausgefochten auf südamerikanischem Boden) und Instabilität in Entwicklungsländern.[20]

8   Ein ganzes Jahrhundert später nach den ersten Regulierungsbemühungen durch die Haager Opium-Konferenz 1912 und knapp 50 Jahren nach der Ratifizierung der Single Convention als Grundstein der strengen Prohibition (zur Geschichte des Betäubungsmittelrechts vgl. noch → Rn. 64), proklamiert (nicht nur) die Global Commission on Drug Policy 2012 einen **internationalen Paradigmenwechsel:**[21] „Der weltweite Krieg gegen die Drogen ist gescheitert, mit verheerenden Folgen für die Menschen und Gesellschaften rund um den Globus. 50 Jahre, nachdem die Vereinigten Nationen das Einheits-Übereinkommen über die Betäubungsmittel initiiert haben, und 40 Jahre, nachdem die US-Regierung unter Präsident Nixon den Krieg gegen die Drogen ausgerufen hat, besteht in der nationalen und weltweiten Drogenpolitik dringender Bedarf nach grundlegenden Reformen".[22] Oberste Priorität müssten gesundheits- und sozialpolitische Maßnahmen haben, insb. müsse der Zugang zu Medikamenten, speziell Opiaten als Schmerzmittel, sichergestellt werden. Ferner tritt die Kommission – wie hier (→ Vor § 29 Rn. 36) für eine Entkriminalisierung des Erwerbs und Besitzes von BtM zum Eigenkonsum ein und baut auf Alternativen zur Inhaftierung jener, die Teil des Drogenmarktes waren, dabei jedoch gewaltfrei geblieben sind.

---

[16] *Paracelsus:* „Alle Dinge sind Gift, und nichts ist ohne Gift; allein die Dosis machts, daß ein Ding kein Gift sei." in: Die dritte Defension wegen des Schreibens der neuen Rezepte. In: Septem Defensiones, 1538. Werke Bd. 2, Darmstadt 1965, S. 510.

[17] Hierzu auch *Uhl/Strizek* ADS 2016, 100.

[18] Siehe hierzu belletristisch *Hari,* Drogen – Die Geschichte eines langen Krieges, 2015 sowie *Boullosa/Wallace,* Es reicht, Der Fall Mexiko, 2015; sozialwissenschaftlich *Siegert,* Mexiko im Drogenkrieg, 2011.

[19] Vgl. *Böllinger* De-Americanizing Drug Policy. The Search for Alternatives for Failed Repression, Frankfurt a. M., 1994. Freilich wird nicht verkannt, dass die deutsche Drogenpolitik schlicht empfänglich für die repressive Drogenpolitik war, als sich das verschärfte Vorgehen bereits gut in das auch nach dem Zweiten Weltkrieg noch geltende OpiumG integrieren ließ, zumal 1971 (also zehn Jahre nach der Single Convention 1961) eine umfangreiche „Novellierung" anstand, zum Ganzen *Holzer,* Deutsche Drogenpolitik, S. 342 ff. sowie 450 ff.

[20] Global Commission on drug policy, Kontrolle übernehmen, Bericht 2014, S. 12 unter Verweis auf eine Studie, wonach Kokainhändler geschätzt 500 Mrd. $ jährlich für Bestechungsgelder ausgeben.

[21] Bereits 2009 rief die Lateinamerikanische Kommission für Drogen und Demokratie zu umfassenden Änderungen des geltenden Rechts auf und entfachte damit in der gesamten südlichen Halbkugel eine hochstehende Debatte über Gesetzesreformen im Drogenbereich.

[22] Bericht der Weltkommission für Drogenpolitik 2011, S. 2.

Angesprochen sind vornehmlich Bauern, Kuriere und andere, die an der Produktion, dem Transport und dem Handel mit illegalen Drogen beteiligt waren.

Seit dem Vorstoß sind fünf Jahre vergangen, die drogenpolitische Debatte allerdings **9** nicht verpufft. Die Veröffentlichung hat rund um den Globus Änderungen in nationalen Gesetzgebungen bewirkt und Zivilgesellschaften in ihrer Forderung nach Reformen bestärkt. Überwiegend spricht man sich für eine Liberalisierung des Drogenrechts aus, bewirbt Legalisierungskonzepte bzw. eine Regulierung des Marktes. Eine Umkehr des „vicious circle"[23] ist das Ziel. Es bleibt abzuwarten, ob es abermals nur bei Worten bleibt oder Taten folgen (insb. in Form einer Aktualisierung der anachronistischen Suchtstoffüber-einkommen, → Rn. 75). Auf der „Mikroebene" scheint dies der Fall zu sein. Zahlreiche (Bundes-)Staaten gehen drogenpolitisch bereits eigene Wege, wagen Entkriminalisierung- und Legalisierungskonzepte (partiell auch nur als Feldversuche). Zu nennen ist etwa die Volksabstimmung zur Regulierung des Cannabismarkts in Kalifornien,[24] die Legalisierung in Uruguay[25] als Vorläufer für viele südamerikanische Staaten, sowie etwa auch die europä-ischen Ansätze, die Cannabispolitik zu liberalisieren, in der Schweiz, in Kopenhagen, in der Tschechischen Republik[26] oder in Belgien/Spanien (durch die Einrichtung von Social-Clubs[27]). Eine gewisse Vorreiterstellung – jedenfalls was die Behandlung von Gelegenheits-konsumenten angeht – nehmen hier selbstverständlich die Niederlande mit dem coffee-shop System und Portugal ein, wo seit 2001 der Besitz jeglicher Drogen für den Eigenge-brauch nicht mehr strafrechtlich verfolgt und der Fokus auf schadensmindernde Maßnahmen gelegt wird. Der nicht selten zu hörende Einwand, man sei an die Suchtstoffübereinkommen gebunden, ist insofern kritisch zu sehen, da diese v.a. im Hinblick auf den Meinungsum-schwung auf internationaler Ebene hoffnungslos überholt sind. Ein „Update" (i.S.d. eines Übereinkommens 2020?) sollte durch einen in Betracht gezogenen Austritt forciert werden.

Die mit Spannung erwartete **UNGASS 2016** (Sondertagung der Generalversammlung **10** der Vereinten Nationen zum Thema Drogen) hat in ihrem Abschlussbericht indessen für Ernüchterung gesorgt, jedenfalls aus europäisch-drogenpolitischer Sicht. Lag der Fokus der Global Commission on drug policy ausweislich ihres September 2014 veröffentlichten Berichts zumindest auch[28] auf Verbesserungen im repressiven Bereich (Entkriminalisierung des Konsums und Besitzes,[29] gesetzlich garantierte Besserstellung der Kuriere[30] und eine damit erzwungene Verfolgung der Hintermänner[31]), stehen unter dem Strich – freilich gesamtdrogenpolitisch von höherer Bedeutung – die Notwendigkeit von Verbesserungen im präventiven und gesundheitspolitischen Bereich im Vordergrund. Vornehmlich wird eine Verbesserung der medizinischen Versorgung in den Entwicklungsländern[32] und die Einrichtung von Schadensreduzierungsmaßnahmen angestrebt.[33]

---

[23] World Drug Report 2015, Executive Summary, S. XVIII: Erhöhung der illegalen Drogenproduktion → Schwächung der Verbotsnorm → Geringerer Wirtschaftswachstum in legalen Sektoren → geringeres Interesse in die Investierung in legale Sektoren → Stärkung der Organisierten Kriminalität.

[24] Die Proposition 19 wurde mit 54 zu 46 % der Stimmen abgelehnt, vgl. https://web.archive.org/web/20101103121419/http://vote.sos.ca.gov/maps/ballot-measures/19/ (Stand: 18.4.2017).

[25] http://www.zeit.de/gesellschaft/zeitgeschehen/2013-12/uruguay-legalisiert-cannabis (Stand: 18.4.2017).

[26] Hierzu KPV/*Patzak* Vor § 29 Rn. 516.

[27] Unter http://cannabis-social-clubs.eu/csc-directory ist eine Liste aller social clubs in Europa abrufbar (Stand: 18.4.2017).

[28] Wenn auch nicht vorrangig, wenn man die von der Kommission verwendete Reihenfolge der Empfeh-lungen eine Auflistung nach „Wichtigkeit" unterstellt, vgl. Fußnoten im Folgenden.

[29] Global Commission on drug policy, Kontrolle übernehmen, Bericht 2014, S. 20 f. (Empfehlung Nr. 3).

[30] Global Commission on drug policy, Kontrolle übernehmen, Bericht 2014, S. 22 (Empfehlung Nr. 4).

[31] Global Commission on drug policy, Kontrolle übernehmen, Bericht 2014, S. 23 f. (Empfehlung Nr. 5).

[32] Global Commission on drug policy, Kontrolle übernehmen, Bericht 2014, S. 20 f. (Empfehlung Nr. 2). Weltweit haben geschätzte 5,5 Milliarden Menschen nur beschränkten oder keinen Zugang zu opiumhaltigen Schmerzmitteln wie Morphin, was rund um den Globus zu unnötigem Schmerz und Leid führt. Bei den letzten Schätzung wurden 92 Prozent der weltweiten Morphin-Versorgung von nur 17 Prozent der Weltbevölkerung verbraucht, hauptsächlich auf der nördlichen Halbkugel, vgl. Global Commission on drug policy, Vermeidbare Schmerzen, S. 5.

[33] Global Commission on drug policy, Kontrolle übernehmen, Bericht 2014, S. 19. (Empfehlung Nr. 1).

11   Aus deutscher Perspektive darf man dabei nicht aus den Augen verlieren, dass ein „weltweiter Paradigmenwechsel" und die damit verbundenen Forderungen nach Reformen auch stets im Lichte der Weltpolitik zu sehen sind. Wo für Drogendelinquenz **Todesstrafen** verhängt werden,[34] die Anzahl der Hektare zerstörter Opiumfelder die Erfolgsquote bildet,[35] der medizinische Gebrauch unmöglich gemacht wird, überwiegend Minoritäten von der Vollstreckung der Drogengesetze betroffen sind[36] und harm reduction Maßnahmen vollständig fehlen, mögen die (hier an vielen Stellen vorgebrachten) Kritikpunkte gegen das deutsche Betäubungsmittelstrafrecht – im wahrsten Sinne – als „first world problems" abgetan werden. Doch um in diesem Bild zu bleiben: Das Fehlen von Todes- oder Körperstrafen oder sonstiger drakonischer Sanktionsandrohungen, die grundsätzliche Implementierung von harm reduction Maßnahmen, niedrigere HIV-Infektionsraten und die bessere Versorgung der Bevölkerung mit Medizin (bzw. die Existenz von Substitutionsprogrammen) darf nicht die Messlatte sein, auf der man sich ausruht. Vielmehr sollten gerade die durch eine liberalere Drogenpolitik bewirkten Erfolge (vgl. den Überblick bei → Rn. 82) Grund genug sein, weiterhin eine (auch gesetzgeberische) Entwicklung zum Besseren anzustreben und damit neue Maßstäbe für Entwicklungsländer zu setzen. Da dies auch eine Frage der Finanzierung darstellt, ist es erfreulich zu sehen, dass Deutschland als Vertragsstaat die supranationale Entwicklung durch finanzielle Unterstützungen in Form des „Global Partnership on Drug Policies and Development"-Programms fördern will.[37]

12   Ausgehend von der Prämisse, dass der weltweite Paradigmenwechsel auch den repressiven Bereich betrifft und auch im deutschen Strafrecht diesbezüglich noch Verbesserungsbedarf besteht, sollte man es sich also trotz der relativ gesehen stabilen Situation in Deutschland nach wie vor herausnehmen, die grundsätzliche Ausgestaltung des Betäubungsmittelstrafrechts – mithin die Prohibition – kritisch zu hinterfragen.[38] Die verfassungsrechtliche Legitimität der derzeitigen gesetzlichen Ausgestaltung scheint (trotz erheblicher Bedenken, → Vor § 29 Rn. 22) in Stein gemeißelt, sodass die meisten Erwägungen von der Rechtmäßigkeitsebene auf die Zweckmäßigkeitsebene zu verlagern sind.

13   Entsprechend greift auch die Kommentierung diese an den entsprechenden Stellen auf, insb. die Frage einer Neukonzeption des Stoffrechts bzw. des Betäubungsmittelbegriffs (→ § 1 Rn. 31), die Zweckmäßigkeit einer Legalisierung bzw. Entkriminalisierung (→ Vor § 29 Rn. 31) sowie eine Neujustierung der Suchtstoffübereinkommen. Darüber hinaus werden an den entsprechenden Passagen auch Verbesserungsvorschläge aufgegriffen, die auch in das geltende Recht implementiert werden können.[39]

14   Hierzu zählen: u.a. die Entkoppelung der Betäubungsarzneimittelversorgung vom System der Prohibition,[40] eine Deregulierung der Substitution und Verringerung des Strafbarkeitsrisikos substituierender Ärzte,[41] eine Verbesserung der rechtlichen Rahmenbedingungen der Therapie von Betäubungsmittelabhängigen, nicht nur der Substitutionspatienten,[42] spezifische Vorschriften für Opiatabhängige in der Haft bzw. im Vollzug,[43] eine gesetzliche Regelung für das drug-checking,[44] rechtliche Rahmenbedingungen für die Durchführung und Erforschung neuer Präventionsmaßnahmen (neue Substitutionspräparate, weniger oder

---

[34] Nach wie vor in 33 Ländern; jährlich werden ca. 1000 Menschen wegen Drogenvergehen hingerichtet, Global Commission on drug policy, Kontrolle übernehmen, Bericht 2014, S. 12.

[35] Global Commission on drug policy, Kontrolle übernehmen, Bericht 2014, S. 7.

[36] Global Commission on drug policy, Kontrolle übernehmen, Bericht 2014, S. 12.

[37] http://www.drogenbeauftragte.de/fileadmin/dateien-dba/DrogenundSucht/Illegale_Drogen/UNGASS/16_05_11_Gesundheitsausschuss__UNGASS_.pdf (Stand: 18.4.2017).

[38] Aufhänger ist hierbei die Rechtsgutslehre und parallel hierzu das Verfassungsrecht vgl. jeweils → Vor § 29 Rn. 6 ff. und Rn. 22 ff.

[39] Vgl. auch die bei *Kleim* ADS 2016, 88 dargestellten „fünf Schritte zum Einstieg in eine rationale Drogenpolitik".

[40] → § 13 Rn. 1.

[41] → § 13 Rn. 26 sowie → § 29 Rn. 1208.

[42] → § 13 Rn. 32.

[43] → § 13 Rn. 37.

[44] → § 4 Rn. 16.

unschädliche Genussmittel, die das Rauschbedürfnis befriedigen, Verbesserung der empirischen Datenlage durch Ermöglichung von Feldprojekten,[45] eine Reform der Qualifikationstatbestände,[46] die Abschaffung der uferlosen Tathandlung des Handeltreibens,[47] die Beschränkung der Fahrlässigkeits- und Versuchshaftung,[48] die Einführung einer tätigen-Reue-Vorschrift[49] sowie eine Entkriminalisierung bzw. Verringerung des Verfolgungsrisikos der akzeptierenden Drogenhilfe.[50]

II. Drogenkonsum in der Gesellschaft

Um die Bedeutung von legalen und illegalen Drogen in der Gesellschaft abzubilden, **15** werden im Folgenden die wichtigsten Zahlen und Fakten unter Verweis auf zahlreiche Studien und Statistiken zusammengefasst.[51] Daten zur Konsumprävalenz, zu den gesundheitlichen Folgen und Kosten für das Gesundheitssystem liefern Vergleichsgrößen, die für eine rationale Drogengesetzgebung unerlässlich sind. Hingegen wird auf eine ausführliche Darstellung der **einzelnen Stoffe** hinsichtlich ihrer chemischen Zusammensetzung, Produktion (Anbau/Herstellung/Resynthetisierbarkeit), Anwendung, Geschichte, ihrem therapeutischen Nutzen und spezifisch stoffbezogener Rechtsprechung (bis auf die „Mengenlehre") in dieser Kommentierung verzichtet. Stattdessen wird hinsichtlich der chemischen Wirkweisen auf das Standardwerk von *Geschwinde* verwiesen, während man sich mit dem Sachbuch von *Schmidbauer/Scheid* einen guten Überblick über Rauschdrogen verschaffen kann (wobei der dort verwendete Begriff auch legale Substanzen umfasst). Eine Abarbeitung der Stoffe samt stoffbezogener Rechtsprechung findet sich außerdem im „Anhang" des *Körner/Patzak/Volkmer*. Als knappe Kompendien sind die Werke von *Iversen* (Drogen und Medikamente) sowie *Köhler* (Rauschdrogen) zu empfehlen. Inzwischen sind für jedes einzelne Betäubungsmittel gleich mehrere Sachbücher verfügbar.

1. Konsumverhalten. Laut Bericht der Weltdrogenkommission 2015 haben ca. 246 **16** Mio. Menschen zwischen dem Alter von 15 und 64 Jahren eine illegale Droge **konsumiert** (2008 waren es noch 203 Mio! Mithin lässt sich eine Zunahme von fast 20 % feststellen). Jeder zehnte Drogenkonsument gilt als **Problemkonsument** (ungefähr 26 Mio. Menschen).[52] Fast jeder vierte Europäer hat schätzungsweise irgendwann in seinem Leben eine illegale Droge konsumiert, wobei am häufigsten Cannabis genannt wird.[53] Ein ähnliches Bild zeichnet der ESA für das Bundesgebiet, wonach rund 25 % der Erwachsenen Bevölkerung Deutschlands Erfahrungen mit Drogen hat (die 12-Monats-Prävalenz liegt bei ca. 5 %, die 30-Tages-Prävalenz zwischen 2–3 %). Der Anteil an problematischem/riskantem Konsum nach DSM-IV Kriterien für Cannabismissbrauch liegt laut Reitox-Bericht 2015 bei 0,5 %.[54] Die verfügbaren Daten aus Bevölkerungsbefragungen deuten aber auf eine relative Stabilität des Drogenkonsums in Deutschland hin. Besondere regionale Entwicklungen sind Gegenstand zahlreicher empirischer Untersuchungen (man denke an die offene Crack-Szene in Frankfurt am Main oder das vermehrte Auftreten Methamphetamin-Handels und -Konsums an den Grenzbundesländern im Südosten Deutschlands).[55]

---

[45] → Vor § 29 Rn. 34.
[46] → Vor § 29a Rn. 19 ff.
[47] → § 29 Rn. 356.
[48] → Vor § 29 Rn. 39.
[49] → Vor § 29 Rn. 105.
[50] → § 29 Rn. 1422.
[51] Überblick auch im Dossier von statista zum Thema illegale Drogen abrufbar unter https://de.statista.com/statistik/studie/id/7189/dokument/illegale-drogen---statista-dossier-2012/ (Stand: 18.4.2017).
[52] World Drug Report 2015, Executive Summary, S. IX.; vgl. auch Global Commission on drug policy, Kontrolle übernehmen, Bericht 2014, S. 11.
[53] Europäischer Drogenbericht 2015, S. 40.
[54] Reitox-Bericht 2015, Workbook Drogen, S. 29 unter Verweis auf *Pabst/Kraus/Gomes de Matos/Piontek* Sucht 2012, 59 (6), 321.
[55] Reitox-Bericht 2015, Zusammenfassung, S. 19.

17   **a) Prävalenzraten im Überblick:** Die folgende Studientabelle zu den Konsumprävalenzraten[56] gibt einen Überblick über die wichtigsten Ergebnisse der Untersuchungen zum
Konsumverhalten junger Erwachsener und Jugendlicher (beachte: die Altersstufen
weichen ab, die Befragungsorte einzelner Studien sind zum Teil unterschiedlich, ggf. können
Unterschiede auf divergierende Erhebungskonzepte zurückzuführen sein; insofern wird auf
den jeweiligen Link verwiesen, unter dem die konkrete Studie abrufbar ist). Als weitere
Datenquelle scheinen auch **Abwasseranalysen** zu taugen, in denen die Variabilität der
täglichen Belastungen mit Substanzen in Abwässern untersucht wwerden.[57] Ferner hat eine
Studie Daten aus **Giftnotrufzentralen** ausgewertet, um Substanz Missbrauchsfälle und
deren Ursachen zu analysieren.[58]

18   Weltweite **Lebenszeitprävalenzschätzungen** finden sich im Bericht der Weltdrogen-
kommission, sie betragen bei Opium 0,7 %, bei Kokain 0,4 %, bei Cannabis 4,9 % und bei
Amphetaminen 1,2 %.[59] Die allgemeine weltweite Prävalenzrate des Konsums von illegalen
Drogen pendelt seit 1990 bis 2014 zwischen 4,8 % und 5,2 %, derjenige des problematischen
Konsums liegt seit 2004 konstant bei 0,6 %.

Studie/Bericht	30-Tages-Prävalenz	12-Monats-Prävalenz	Lebenszeit-prävalenz
Europäischer Drogen-bericht 2015[60]		Cannabis 5,7 % (15–64 J) 11,7 % (15–34 J)	Cannabis 23,3 % (15–64 J) 0,4–22,1 % (15–34 J)
Opioide[61] (1,3 Mio problematischer Konsum; 41 % der Drogentherapienach-fragen in Europa betreffend)		Kokain 1% (15–64 J) 1,9 % (15–64 J)	Kokain 4,6 % (15–64 J) 0,2–4,2 % (15–34 J)
		Amphetamine[62] 0,5 % (15–64 J) 1 % (15–34 J)	Amphetamine 3,5 % (15–64 J) 0–2,5 % (15–34 J)
Drogenaffinitätsstudie 2015[63] BZgA)	Cannabis 3,0 % (12–17 J) 6,3 % (18–25 J)	Cannabis 6,6 % (12–17 J) 16,3 % (18–25 J)	Cannabis 8,8 % (12–17 J) 35,5 % (18–25 J)
	Andere BtM 0,5 % (12–17 J) 1,2 % (18–25 J)	Andere BtM 0,8 % (12–17 J) 3,8 % (18–25 J)	Andere BtM 1,4 % (12–17 J) 7,8 % (18–25 J)
ESA 2012[64] (Epidemi-ologischer Suchtsur-vey)	Cannabis 2,3 % (18–64 J) Andere BtM 0,8 % (18–64 J)	Cannabis 4,5 % (18–64 J) Andere BtM 1,4 % (18–64 J)	Cannabis 23,2 (18–64 J) Andere BtM 6,3 % (18–64 J)
Alkoholsurvey 2014 (BZgA)[65]	Cannabis 3,7 % (12–17 J)	Cannabis 8,3 % (12–17 J)	Cannabis 10,0 % (12–17 J)

[56] Zusammenfassung samt Erläuterung der verwendeten Begrifflichkeiten Reitox-Bericht 2015, Workbook Drogen, S. 8 f.
[57] *Ort et al.* Addiction 109 (3), 472 ff.
[58] *Liebetrau et al.* Das Gesundheitswesen 2014, 662.
[59] Alternativ auch abrufbar unter http://de.statista.com/statistik/daten/studie/199720/umfrage/bevoelke-rungsanteil-von-konsumenten-illegaler-drogen-nach-substanz/ (Stand: 18.4.2017).
[60] Europäischer Drogenbericht 2015, S. 15.
[61] Überblick zum Opiatmissbrauch im Reitox-Bericht 2015, Workbook Drogen, S. 40 ff.
[62] Überblick zum Stimulanzienkonsum im Reitox-Bericht 2015, Workbook Drogen, S. 33 ff.
[63] Drogenaffinitätsstudie (BZgA) 2015, Zusammenfassung auf S. 12; krit. zur Erhebungsmethode und zur Aussagekräftigkeit *Werse* ADS 2016, 29.
[64] Abrufbar unter http://esa-survey.de/. Zusammenfassende Betrachtung im Reitox-Bericht 2015, Work-book Drogen, S. 22.
[65] Abrufbar unter http://www.slsev.de/fileadmin/user/Dokumente/Fachinformationen/Cannabis_Jugend liche_2014.pdf (Stand: 18.4.2017).

Studie/Bericht	30-Tages-Prävalenz	12-Monats-Prävalenz	Lebenszeit-prävalenz
BZgA 2011	Cannabis 7,7 % (18–25 J)	Cannabis **regelmäßig** 2,2 % (12–17 J) Cannabis 17,6 % (18–25 J) Cannabis **regelmäßig** 5,1 % (18–25 J)	Cannabis 37,2 % (18–25 J)
	Andere BtM 0,4 % (12–17 J) Andere BtM 1,0 % (18–25 J)	Andere BtM 1,0 % (12–17 J) Andere BtM 2,8 % (18–25 J)	Andere BtM 1,8 % (12–17 J) Andere BtM 9,1 % (18–25 J)
HBSC 2010		Cannabis 7,4 % (15 J)	
KiGGS (2006)		Cannabis 6,2 % (11–17 J)	
ESPAD 2011	Cannabis 8,1 % (15–16 J)	Cannabis 17,4 % (15–16 J)	Cannabis 22,2 % (15–16 J) Andere BtM 8,9 % (15–16 J)
MoSyD 2014 (Frankfurt)	Cannabis 21 % (15–18 J) Andere BtM 3 % (15–18 J)	Cannabis 33 % (15–18 J) Andere BtM 7 % (15–18 J)	Cannabis 41 % (15–18 J) Andere BtM 10 % (15–18 J)
Hamburger Schulbus 2012 (Hamburg)	Cannabis 16,9 % (14–17 J) Andere BtM 2,2 % (14–17 J)		Cannabis 29,3 % (14–17 J) Andere BtM 7,3 % (14–17 J)

Die Prävalenzrate von Cannabis liegt damit auf europäischer Ebene fünfmal höher als anderer **19** Drogen. Es fällt allerdings auf, dass die Zahlen zwischen den Repräsentativbefragungen gerade bei den Konsumprävalenzraten der Jugendlichen erheblich divergieren, insb. die Zahlen der BzgA-Studie wesentlich niedriger sind, als diejenigen der übrigen Studien und die berechtigte Vermutung in den Raum gestellt wird, niedrige Prävalenzraten würden als Argument für einen funktionierenden Jugendschutz und damit auch für eine Aufrechterhaltung repressiver Drogenpolitik instrumentalisiert.[66]

b) Problematischer Cannabiskonsum. Problematischer Cannabiskonsum (nach **20** Europäischem Drogenbericht bei 20 Tagen im Monat) betrifft nur 1% der Erwachsenen in Europa; die Anteile variieren von Land zu Land erheblich, doch lässt sich bei Staaten mit ausreichendem Datenmaterial für Trends feststellen, dass der Anteil problematischen Konsums unter allen Erwachsenen in den letzten zehn Jahren stabil geblieben ist.[67] Was akute gesundheitliche Schäden angeht, meldete das europäische Netzwerk für drogenbedingte Notfälle, dass Cannabis bei 10–48 % aller drogenbedingten Notfallaufnahmen eine Rolle spielte. Ebenso wie die Behandlung infolge Cannabiskonsums ist bei derartigen Statistiken

[66] *Werse* ADS 2016, 29 (34).
[67] Europäischer Drogenbericht 2015, S. 41.

zu berücksichtigen, dass auch der Konsum sonstiger Substanzen eine Rolle spielt (wobei im Hinblick auf die Drogenbehandlung bereits umstritten ist, wann speziell von einer Cannabiskonsumentenbehandlung auszugehen ist).

21   **2. Drogentote und gesundheitliche Risiken.** In Deutschland wurden (laut Bundeslagebild Rauschgift 2014) 1.032 Rauschgifttote registriert (zum Vergleich: bei zugleich 74.000 Todesfällen durch Alkoholkonsum).[68] 2015 ist die Anzahl der Drogentoten (alarmierend) auf 1.226 angestiegen und beträgt damit19% mehr als im Vorjahr. Dem deutschen Trend folgt (mehr oder weniger) der gesamteuropäische, aus dem sich nach wie vor ein Muster sinkender Zahlen von Todesfällen bei jüngeren und steigender Zahlen bei älteren Konsumenten entnehmen lässt. Die EU-Schätzung beläuft sich auf eine Mindestzahl von 6.100 Todesfällen (zu den Statistiken vgl. auch → § 30 Rn. 132).[69] Überwiegend wurden Heroin oder dessen Metaboliten festgestellt (fast 2/3 in Deutschland[70]), allerdings spielten in 9% aller drogenbedingten Notfälle NPS (neue psychoaktive Substanzen, insb. Cathinone, → NpSG Vor § 1 Rn. 5 f.) eine Rolle, ferner auch GHB bzw. GBL.[71] Freilich gestaltet sich die Feststellung der Kausalität einer konkreten Substanz für den Todesfall oftmals schwierig.[72] Weitere Statistiken zu den gesundheitlichen Auswirkungen des riskanten Drogengebrauchs (insb. zur Infektion mit übertragbaren Krankheiten wie HIV, Hepatitis B und C) finden sich in der **DRUCK-Studie** des RKI.[73] Besonders dramatisch scheint die Lage in Russland zu sein, wo 37 % der 1.8 Mio Personen, die Drogen spritzen, auch mit HIV infiziert sind.

III. „Legale" Drogen

22   Ganz im Sinne der „integrativen" Drogenpolitik dürfen das Konsumverhalten und sonstige Entwicklungen hinsichtlich der zwei großen „legalen Drogen" – Alkohol und Tabak – ebenso wenig aus dem Blick geraten wie der „kleine Bruder" des BtM, nämlich die Arznei bzw. das Medikament. Diese Substanzen liefern nicht nur Vergleichsgrößen, sondern lassen sich als langjährig praktizierte „Legalisierungsexperimente" klassifizieren, an denen sich nicht nur die Auswirkungen invasiver Regelungen betreffend den Vertrieb einer grundsätzlich freigegebenen Ware, sondern auch die Erfolgstauglichkeit präventiver Alternativkonzepte (besser) messen lassen.

23   **a) Tabakkonsum: Prävalenzen und Trends.** Laut der Drogenbeauftragten der Bundesregierung würden 121.000 Menschen jährlich an den direkten Folgen des Rauchens sterben.[74] 20,3 Prozent der Frauen ab 15 Jahre und 29 Prozent der gleichaltrigen Männer rauchen.[75] Der Anteil an Nie-Rauchern macht die Hälfte der 18- bis 79jährigen Frauen und ein Drittel der gleichaltrigen Männer aus. Laut Drogenaffinitätsstudie ist allerdings der Anteil Jugendlicher (12–17-jähriger) gegenüber dem letzten Höchstwert im Jahr 2001 innerhalb von 15 Jahren um über 2/3 verringert (9,6 % Raucheranteil). Auch bei den 18–25-jährigen geht das Rauchen zurück (29,7%).[76] Zurückgeführt wird dies auf Präventionsmaßnahmen wie Tabaksteuererhöhungen, Werbebeschränkungen, Nichtraucherschutz, Abgabeverbote und Rauchverbote in öffentlichen Einrichtungen und Gaststätten.[77] Doch auch ein leichterer Zugang zu Tabakentwöhnungsprodukten (Nikotinpflaster) und die Auf-

---

[68] Bundeslagebild Rauschgiftkriminalität 2014, S. 19. 2013 waren es 1002, mithin ist ein leichter Anstieg zu verzeichnen.

[69] Europäischer Drogenbericht 2015, S. 56; deutlicher Rückgang gegenüber noch 7100 Fällen im Jahre 2009, siehe Europäischer Drogenbericht 2014, S. 49 f.

[70] Bundeslagebild Rauschgiftkriminalität 2014, S. 19 (65 %).

[71] Bundeslagebild Rauschgiftkriminalität 2014, S. 19.

[72] Europäischer Drogenbericht 2015, S. 58.

[73] Zusf. Epidemiologisches Bulletin, RKI 2015, 191 ff.; vgl. hierzu auch *Klee* ADS 2016, 253.

[74] Drogen- und Suchtbericht 2016, S. 38; vgl. auch *Jesinghaus/Prümel-Philippsen* ADS 2014, 11.

[75] Zur Definition des Rauchstatus vgl. Drogen- und Suchtbericht 2016, S. 32.

[76] Drogenaffinitätsstudie 2015, S. 12, 68.

[77] Krit. hierzu *Jazbinsek* ADS 2016, 179.

klärung hinsichtlich weniger riskanter Konsumformen (orale Tabakprodukte, Dosieraerosole) sollten nicht unterschätzt werden.[78]

b) Wasserpfeifenkonsum: Prävalenzen und Trends. Noch relativ neu und weder   24
hinsichtlich seiner gesundheitlichen Auswirkungen noch soziokulturellen Bedeutung ausgiebig erforscht ist das Shisha-Phänomen,[79] auf das der Drogen- und Suchtbericht sowie
die Drogenaffinitätsstudie 2008 erstmals, und dann jeweils 2011 und 2015 Bezug nehmen.
Die Lebenszeitprävalenz liegt bei Jugendlichen zwischen 12–17-Jährigen bei 27,3 %, während die Anteile der älteren Erwachsenen (18–25-Jährigen) bei 68,4 % liegen.[80] Bei Jugendlichen liegt die 12-Monats-Prävalenz bei 19,8 %, die 30-Tages-Prävalenz bei 8,3 %. Während die Verbreitung in dieser Altersgruppe auch weiterhin zunimmt (um 8 % 30-Tages-Prävalenz, 7 % Lebenszeitprävalenz;[81] laut ESPAD-Studie 2015 dagegen bei 20, 1% und
48,9 % Lebenszeitprävalenz[82]), ist sie bei den Jugendlichen rückläufig.[83] Ähnlich wie bei
Zigaretten sind auch bei Shishas die TabakV sowie das JuSchG einschlägig, insb. ist das
Anbieten von Wasserpfeifen in entsprechenden Lokalen an Jugendliche ebenso verboten
wie der Verkauf von Tabak an Jugendliche. Der plötzliche Hype um die bereits seit Jahrhunderten v.a. im östlichen Mittelmeerraum und in den arabischen Ländern zum Tabakkonsum
verwendete „Nargile" auch in vielen westlichen Ländern[84] dürfte nicht nur auf die „popkulturelle Assimilation" der Wasserpfeife,[85] sondern auch auf das fruchtige Aroma zurückzuführen sein, welches selbst bei entschiedenen Nichtrauchern zu einer gewissen Akzeptanz des
Konsums führt. Zudem hat sie (anders als die Zigarette) per se geselligen Charakter, da eine
Wasserpfeife (wohl auch im Hinblick auf Preise zwischen 7–25 Euro bei durchschnittlich
50–100 Minuten Rauchzeit) nicht selten für mehrere Personen bestellt bzw. zubereitet wird.
Das Bundesamt für Risikobewertung weist bereits in einer Stellungnahme aus dem Jahre
2009 darauf hin, dass der regelmäßige Gebrauch von Wasserpfeifen kaum weniger schädlich
als der regelmäßige Konsum von Zigaretten sei.[86] Interessant zu sehen ist, dass das in vielen
Bundesländern auch für die Wasserpfeife geltende Rauchverbot schlicht nicht vollzogen
wird; insb. der „Umstieg" auf verdampfende Shiazo-Steine nicht überprüft wird. Dem
Verfasser wurde von mehreren – hier nicht namentlich genannt werden wollenden – Shisha-
Café Betreibern mitgeteilt, dass die Kommunen bzw. Aufsichtsämter sogar auf das Verbot
hinweisen, aber hinsichtlich deren Durchsetzung „Entwarnung" geben.

Was E-Zigaretten und E-Shishas angeht, wird deren Gefährlichkeit am unteren Ende der   25
Tabakprodukte (weit hinter Zigaretten) angesiedelt und partiell sogar als Alternativmaß-

---

[78] *Stöver*, Modelle für einen regulierten Umgang, 2012, S. 110.

[79] Zur Funktionsweise und zu den gesundheitlichen Risiken des Wasserpfeifenkonsums *Kuntz/Lampert*
UMID 2016, 18 ff.

[80] Drogenaffinitätsstudie 2015, S. 12.

[81] Drogenaffinitätsstudie 2015, S. 37.

[82] Abrufbar unter http://ift.de/fileadmin/user_upload/Literatur/Berichte/Bd_188_Espad-Bayern-2015.pdf
(Stand: 18.4.2017).

[83] Was auch durch ähnliche Ergebnisse in der KiGGS-Studie 2015 bestätigt wird (12–17-Jährige): Lebenszeitprävalenz 28,9%; 12-Monatsprävalenz 20,6% sowie 30-Tages-Prävalenz 10% dort auch zum sozioökonomi-
schen Status der Konsumenten, zusf. *Kuntz/Lampert*, Bundesgesundheitsblatt 2015, 58: 467 (472).

[84] Exemplarische Studien aus den USA: *Amrock/Gordon/Zelikoff/Weitzman*, Nicotine Tob Res 15: 29;
Grekin/Ayna, J Am Coll Health 60, 244; *Cobb/Ward/Maziak/Shihadeh/Eissenberg*, Am K Health Behav 34,
275.

[85] *Oğlakcıoğlu* NK 2016, 19.

[86] BfR 2009, Aktualisierte gesundheitliche Bewertung Nr. 011/2009 vom 26.3.2009. Das – freilich plasti-
sche und damit häufig bemühte – Bild, wonach der Genuss einer Shisha dem Konsum von 100 Zigaretten
entspräche (vgl. etwa http://www.focus.de/gesundheit/news/schaedlich-wie-100-zigaretten-so-gefaehrlich-
sind-wasserpfeifen-wirklich_id_3648797.html (Stand: 18.4.2017).; sowie nochmals Drogen- und Suchtbericht
2016, S. 43), trifft allenfalls im Hinblick auf das Rauchvolumen zu, nicht hingegen auf die Schädlichkeit;
hierfür greift das BfR auf den Cotiningehalt im Urin zurück (als Abbauprodukt des Nikotin), demnach führt
ein täglicher Wasserpfeifenkonsum zu einem Cotiningehalt, der dem Konsum von 10 Zigaretten am Tag
entspricht, während gelegentlicher Wasserpfeifenkonsum mit dem Konsum von 2–3 Zigaretten am Tag vergleichbar ist. Zu den schädlichen Wirkungen des Wasserpfeifenkonsums *Aslam/Saleem/German/Qureshi*, Int
Arch Med 2014, 7: 16; *Akl/Gaddam/Gunukula/Honeine/Jaoude/Irani*, Int J Epidemiol 2010, 39, 834 sowie
Kuntz/Lampert, Bundesgesundheitsblatt 2015, 58: 467 ff. mwN.

nahme zur Rauchentwöhnung empfohlen (freilich ohne diese zu überschätzen).[87] Kritisch ist zu sehen, dass dieser schon seit geraumer Zeit zu beobachtende Trend des Rückgangs des Zigarettenrauchens[88] unter Jugendlichen als „Umstieg" und damit als „Re-Normalisierung" der Rauchkultur tabuisiert wird,[89] statt dass man sich dieser Entwicklung anpasst und die Präventions- und Aufklärungsarbeit hierauf fokussiert.[90] Anzustreben sind transparente Regelungen zur E-Shisha nun umso mehr, nachdem die (zugegebenermaßen europarechtlich initiierte[91]) „Gleichschaltung" mit klassischen Zigaretten im Bereich der Werbung eher zu Verunsicherung in der Bevölkerung geführt haben dürfte (was das Gefährdungspotential bzw. die Vergleichbarkeit angeht) als zum angepeilten Abschreckungseffekt.

26   **c) Alkoholkonsum.** Alkohol tötet Schätzungen der WHO zufolge 3,3 Mio Menschen weltweit,[92] in Deutschland pro Jahr zwischen 42.000 und 74.000 Menschen, wobei allerdings nur ein Viertel dieser Todesfälle allein auf Alkoholkonsum zurückzuführen ist, während die übrigen ¾ auf den kombinierten Konsum von Alkohol und Tabak zurückgehen (überwiegend handelt es sich um Männer).[93] Zwar hat sich die Zahl der wegen akuter Alkoholintoxikationen stationär behandelten Jugendlichen zwischen 10 und 20 Jahren verdoppelt, doch trifft dies in erhöhtem Maße auch auf die Erwachsenen zu, ist also kein Phänomen, das Jugendliche in besonderer Weise betrifft.[94] Hingegen ist im Hinblick auf alkoholbedingte Krankenhauseinweisungen ein fast kontinuierlicher Abwärtstrend zu erkennen.[95] Geschätzt werden Kosten für das Gesundheitssystem in Höhe von 7,4 Mrd. EUR. Die Diagnose „Psychische und Verhaltensstörungen durch Alkohol" ist bei Männern die häufigste Diagnose vollstationär behandelter Patienten.[96]

27   Der Alkoholkonsum stagniert und insofern auch die Prävention. Derzeit liegt der Pro-Kopf-Konsum bei ca. 10 Litern jährlich, wobei ausgehend von einer risikoarmen Menge von 24g für Männer/12 g für Frauen täglich, ein durchschnittlicher Verbrauch von 7 Litern die Messlatte darstellt.[97] Weltweit liegt der pro Kopf Konsum lediglich bei 6,2 Litern.[98] Interessant ist, dass lediglich ein Viertel (24,8 %) des Gesamtkonsums nicht „dokumentiert" ist, mithin auf selbst gebrauten Alkoholkonsum bzw. auf den Genuss illegal produzierter bzw. vom Schwarzmarkt bezogener Spirituosen zurückgeht.[99]

28   Ca. 68 % der 12- bis 17-jährigen Jugendlichen haben schon einmal Alkohol getrunken. Regelmäßig – also mindestens einmal in der Woche – trinken 10,9 % dieser Altersgruppe. Bei etwa jedem siebten Jugendlichen (14,1 %) gibt es in den letzten 30 Tagen vor der Befragung mindestens einen Tag mit Rauschtrinken, also dem Konsum großer Mengen Alkohol. Von den jungen Erwachsenen im Alter von 18 bis 25 Jahren haben 95,3 % schon einmal im Leben Alkohol getrunken. Ein Drittel (33,7 %) trinkt regelmäßig Alkohol und 38,2 % haben in den letzten 30 Tagen vor der Befragung Rauschtrinken praktiziert.[100] Auch

---

[87] *Stöver* ADS 2015, 57 unter Verweis auf *McRobbie/Bullen/Hartmann-Boyce/Hajek*, Electronic cigarettes for smoking cessation and reduction, online verfügbar unter: http://onlinelibrary.wiley.com/doi/10.1002/14651858.CD010216.pub2/pdf; (letzter Zugriff: 18.4.2017).

[88] Drogenaffinitätsstudie 2015, S. 68.

[89] Wie abermals im aktuellen Drogen- und Suchtbericht 2016, S. 43.

[90] Zutr. *Stöver* ADS 2015, 57.

[91] Insb. hat der EuGH in einer Entscheidung vom 4.5.2016 – C-358/14, C-477/14 und C-547/14 klargestellt, dass die weitreichende Vereinheitlichung von Zigarettenpackungen, sowie die Vorgaben zu Warnhinweisen („Schockfotos"), als auch das zukünftige Verbot von Mentholzigaretten und die neuen Regelungen für E-Zigaretten rechtmäßig seien.

[92] WHO, Global status report on alcohol and health 2014, S. XIV.

[93] Drogen- und Suchtbericht 2016, S. 11.

[94] Gesundheitsberichterstattung des Bundes 2014, Tabelle: Aus dem Krankenhaus entlassene vollstationäre Patienten.

[95] Vgl. auch Statistisches Bundesamt (2013): Tabelle. Krankenhäuser- Aus dem Krankenhaus entlassene vollstationäre Patienten.

[96] *Gaßmann/Bartsch* ADS 2014, 8.

[97] *Gaßmann/Bartsch* ADS 2104, 8.

[98] WHO, Global status report on alcohol and health 2014, S. XIII.

[99] WHO, Global status report on alcohol and health 2014, S. XIII.

[100] Drogenaffinitätsstudie 2015, S. 13.

die jugendkulturelle Trinkkultur ist hierbei an gängige gesellschaftliche Konsummuster angelehnt, die in der peer-group re-ritualisiert werden.[101] Männliche und weibliche Jugendliche im Alter von zwölf bis 17 Jahren unterscheiden sich im Alkoholkonsum vor allem hinsichtlich der Intensität. Bei männlichen Jugendlichen sind der regelmäßige Konsum und das Rauschtrinken weiter verbreitet als bei weiblichen Jugendlichen.[102] In Anbetracht dieser Datenlage wird die **Skandalisierung** in der Medienberichterstattung einerseits kritisch gesehen, andererseits wird ihr aber insofern zumindest ein **Sensibilisierungseffekt** (in mehrere Richtungen) zugeschrieben.[103]

d) Medikamentenmissbrauch. Schätzungen zufolge sind 1,2–1,5 Mio Menschen von **29** Benzodiazepinen, weitere 400.000 von anderen starken Schmerzmitteln abhängig.[104] Insofern ist die Medikamentenabhängigkeit das zweitgrößte Suchtproblem (nach Tabak, aber vor Alkohol).[105] Die Verordnungsstruktur von Psychopharmaka verlagert sich allerdings zunehmend vom Hell- ins Dunkelfeld, als Verschreibungen von Beruhigungsmitteln und Hypnotika in den letzten 20 Jahren um mehr als 75 % gesunken sind, weil Ärzte derartige Mittel vermehrt auf **Privatrezepten** verschreiben. Insofern kann das Verordnungsverhalten der Ärzte auf eine Missbrauchsanfälligkeit von bestimmten Beruhigungsmitteln und Tabletten hindeuten (etwa im Verhältnis von Zolpidem und Zopiclon[106]).

Die am häufigsten missbrauchte Arzneimittelgruppe waren mit 51,2 % die Substitutions- **30** mittel, dicht gefolgt von Sedativa/Hypnotika mit 23,2 Prozent. Das Bundesministerium für Gesundheit hat in Anbetracht der besorgniserregenden Zahlen eine Studie in Auftrag gegeben, die sich mit Ursachen der Langzeiteinnahme von **Benzodiazepinen und Z-Substanzen** befassen und Konzepte zur Risikoreduktion bei älteren Patientinnen und Patienten entwickeln soll. Polymedikation und häufige Verordnungen von Beruhigungs- und Schlafmitteln sind zugleich Symptome einer alternden Gesellschaft, mithin Signale eines demographischen Wandels.[107] Die Gesundheitsausgaben steigen kontinuierlich an, sowohl diejenigen der GKV als auch der PKV. Nach Angaben des Statistischen Bundesamtes erreichten die Belastungen für die Gesellschaft im Jahr 2014 ca. 327 Mrd. Euro.[108]

Auch die **Verordnungszahlen** der gesetzlichen Krankenversicherung können Aufschluss **31** über etwaige Trends hinsichtlich des Arzneimittelmissbrauchs geben.[109] Verschreibungspflichtige Medikamente dürfen nur in der Apotheke abgegeben werden; eine Missachtung des Vertriebswegs ist gem. § 48 Abs. 1, § 95 Abs. 1 Nr. 6 AMG strafbewehrt. Dagegen führt lediglich die nicht indizierte Verschreibung von BtM der Anlage III (bzw. I, und II) zur Strafbarkeit nach § 29 I Nr. 6a, während die missbräuchliche Verschreibung von Humanarzneimitteln straflos ist. Der (über das Internet meist problemlos mögliche) Erwerb verschreibungspflichtiger Arzneien ist für den Erwerber straflos.

Ein mit Argusaugen beobachtetes Phänomen in diesem Zusammenhang ist die zuneh- **32** mende Verschreibung von **„mind-doping"-Substanzen** (genannt werden Ritalin, Methylphenidat sowie Modafinil),[110] dessen Bedeutung in der heutigen Leistungsgesellschaft wohl eher zunehmen als abnehmen wird und daher auf die wissenschaftliche wie auch rechtspolitische Tagesordnung gesetzt werden muss.

---

[101] *Sting*, Jugendliche Rauschrituale als Beitrag zur peergroup-Bildung, in *Bogner/Stipsits*, S. 139 ff.
[102] Drogenaffinitätsstudie 2015, S. 13.
[103] *Litau* ADS 2014, 1 (5).
[104] Drogen- und Suchtbericht 2016, S. 55; wo auch auf den ESA 2012 verwiesen wird, der von 2,3 Mio. Medikamentenabhängigen ausgeht.
[105] Vgl. hierzu *Schwabe/Paffrath*, Arzneiverordnungs-Report 2013; *Glaeske* ADS 2014, 14; *Hoffmann et al.*, Nervenarzt 2009, 578 ff.; *dies.* Benzodiazepinhypnotika, Zolpidem und Zopiclon auf Privatrezept, 2014.
[106] *Hoffmann/Glaeske* Der Nervenarzt 85 (11), 1402.
[107] *Glaeske* ADS 2014, 14 (16).
[108] http://www.gbe-bund.de/oowa921-install/servlet/oowa/aw92/dboowasys921.xwdevkit/xwd_init?gbe.isgbetol/xs_start_neu/&p_aid=i&p_aid=1706612&nummer=322&p_sprache=D&p_indsp=4049&p_aid=94807687 (Stand: 18.4.2017).
[109] Reitox-Bericht 2015, Workbook Drogen, S. 49.
[110] Zahlen und Fakten bei *Glaeske* ADS 2015, 111 mwN, der die Aufklärungskampagnen bzgl. der Probleme und Folgen eines Missbrauchs von Arzneimittelkonsum zum Zwecke der Leistungssteigerung fordert.

33   Dasselbe gilt für die **Arzneimittelzulassung** überhaupt, wenn man sich die steigende Anzahl (sowohl rezeptpflichtiger als auch rezeptfreier) Medikamente vor Augen führt (2007: 35.802; 2013: 50.016). In Anbetracht der bestehenden Gefahren und sich abzeichnenden Entwicklung (kontinuierlicher Anstieg der Umsätze in der Pharmaindustrie, **„disease mongering"** – also das Krankheitserfinden – zur Legitimation neuer Produkte) muss man sich fragen, ob nicht ein – freilich auf europäischer Ebene zu initiierender – Paradigmenwechsel in der Regulierung des Arzneimittelmarkts dringend von Nöten ist, insb. der stoffbezogene Ansatz nicht um weitere marktbezogene Regulierungen ergänzt werden müsste. Wo die Gesundheit des Verbrauchers im Mittelpunkt stehen muss, müssen Mechanismen, die dazu dienen, den Profit zu steigern, möglichst unterbunden werden. Das HWG wird auf die Pflicht des bekannten „Zu Risiken und Nebenwirkungen" reduziert, hier erscheint in Anbetracht des sonst um sich greifenden Regulierungswahns eine strengere Handhabe durchaus denkbar, auch wenn die derzeitigen Werbeverbote bereits kritisch gesehen werden.[111] Weiterhin erscheint auch in Anbetracht der Reichweite des materiellen Arzneimittelbegriffs auch eine klare gesetzgeberische Differenzierung zwischen seinen Erscheinungsformen von Nöten (man denke an die anerkannte Differenzierung zwischen Arzneimitteln im engeren Sinn und sog. **„Lifestyle-Präparaten"**).

IV. Rechtliche Rahmenbedingungen

34   **1. Rechtsquellen. a) Das Betäubungsmittelgesetz im Überblick.** Hauptrechtsquelle des Betäubungsmittelrechts ist das vorliegend kommentierte Betäubungsmittelgesetz. Es legt in § 1 die Substanzen, welche überhaupt als BtM gelten (und damit seinen Regelungsgegenstand) abschließend und konstitutiv fest, konkretisiert in § 2 die Reichweite des Betäubungsmittelbegriffs im Übrigen. Kernstück ist das in § 3 aufgestellte Umgangsverbot bzw. eine Erlaubnispflicht für fast alle denkbaren Umgangsformen bzgl. BtM im Sinne dieses Gesetzes. (vgl. noch → Rn. 5). In § 4 sind Ausnahmen von der Erlaubnispflicht festgelegt; im Anschluss wird das entsprechende Antragsverfahren genauer umschrieben, wobei die Versagungsgründe in § 5 auch Aufschluss über den Zweck des Gesetzes geben. Die §§ 11–18 haben diejenigen Pflichten zum Gegenstand, die für den ausnahmsweise erlaubten Verkehr gelten (insb. für den Bereich der Forschung, den Transport und die Aufbewahrung sichergestellter Drogen, aber v.a. die zu berücksichtigenden Vorschriften bei der Verschreibung von BtM, § 13). §§ 19–25 legen die zur Überwachung des BtM-Verkehrs zuständigen Behörden fest und ermächtigen diese zu etwaigen Sicherungsmaßnahmen. Ferner werden Vorschriften für Behörden (§§ 26–28) aufgestellt. Es folgen die §§ 29 ff., welche Verstöße gegen die Erlaubnispflicht und weitere Handlungen darüber hinaus unter Strafe stellen bzw. als Ordnungswidrigkeiten ahnden und als „Betäubungsmittelstrafrecht im engeren Sinne" bezeichnet werden können.

35   **b) Weitere Rechtsquellen.** Als weitere Rechtsquellen des Betäubungsmittelstrafrechts sind das **Grundstoffüberwachungsgesetz** (GÜG) sowie das **Arzneimittelgesetz** zu nennen (wobei § 81 AMG zwar anordnet, dass das Betäubungsmittelstrafrecht unberührt bleibt; echte Überschneidungen zwischen dem Arzneimittelbegriff und demjenigen des Betäubungsmittels dürften sich allerdings nur noch im Bereich der verschreibungsfähigen BtM der Anlage III ergeben, da der EuGH jedenfalls für Substanzen, die lediglich zu Rauschzwecken konsumiert werden eine Arzneimitteleigenschaft abgelehnt hat); insb. wenn das Betäubungsmittelgesetz bestimmte Zubereitungen aus seinem Anwendungsbereich herausnimmt (vgl. noch → § 2 Rn. 24 ff.), kommt das AMG zur Anwendung.

36   Das GÜG muss in Zeiten der Hochkonjunktur leicht resynthetisierbarer Drogen häufiger angepasst und erweitert werden. Die EU hat mit einer Erweiterung der Grundstoffliste reagiert und insb. **APAAN** (Alpha-Phenylacetoacetonitril) als Vorläuferstoff für die Herstellung von Methamphetamin/Amphetamin sowie PMK (3,4-Methylenedioxyphenyl-2-Pro-

---

[111] Vgl. etwa Dieners/*Reese*/*Holtorf* Hdb. Pharmarecht § 11 Rn. 279 f.

panon) in die Liste der Grundstoffe aufgenommen.[112]Am 30. Dezember 2013 und 30. Juni 2015 traten darüber hinaus weitere Änderungen im europäischen Grundstoffrecht in Kraft. Ihr Ziel ist es zu verhindern, dass besonders **Essigsäureanhydrid** – notwendig, um Heroin herzustellen – aus dem EU-Binnenhandel abgezweigt wird. Außerdem soll der Drittlandhandel von **ephedrin- und pseudoephedrinhaltigen** Arzneimitteln, die für die Herstellung von Methamphetamin missbraucht werden können, stärker kontrolliert werden zum Ganzen GuG Vor § 1 Rn. 1 ff. Um die Herstellung von Methamphetamin in Europa zu bekämpfen, hat die EU-Kommission im Frühjahr 2016 einen Vorschlag zur Unterstellung von Chlorephedrin und Chlorpseudoephedrin unter das europäische Grundstoffrecht vorgelegt.[113]

Neben weiteren stoffbezogenen Gesetzen (ChemG, LFGB), kann der Umgang mit **37** Betäubungsmitteln auch unmittelbar **kernstrafrechtliche Vorschriften** betreffen, sodass insb. die §§ 212, 223 ff. StGB von Relevanz sein können. Nach Art. 1 EGStGB findet auch der Allgemeine Teil des StGB auf die Strafvorschriften des BtMG als Nebenstrafrechtsmaterie Anwendung, doch lässt sich dies aufgrund der besonderen Tatbestandsfassungen im BtMG (bzw. ihrer Auslegung durch den Rechtsanwender) nicht durchweg umsetzen (vgl. noch → Vor § 29 Rn. 45 ff.).

2. Betäubungsmittelkriminalität (Statistik). a) Kriminalstatistik. Der Anteil der **38** Rauschgiftdelikte an der Gesamtkriminalität liegt bei 5 % und entspricht damit dem Wert der Vorjahre.[114] Laut Bundeslagebild ist die Rauschgiftkriminalität im Jahr 2014 um rund 9 % angestiegen.[115] Der Anteil männlicher Tatverdächtiger beträgt 87 %, der der nichtdeutschen 21 %.[116] Das Bundeslagebild unterscheidet hierbei zwischen „**konsumnahen**" Delikten (Besitz/Erwerb/Abgabe), **Handelsdelikten** (Handeltreiben und Schmuggel, mithin Einfuhr – auch in nicht geringen Mengen –, Durchfuhr, Ausfuhr) und **sonstigen** Delikten (wobei auch unter diese Kategorie **zahlreiche Formen des Handels** fallen, insb. auch die Bandendelikte und das Handeltreiben in nicht geringen Mengen). Die Betäubungsmitteldelikte betreffen größtenteils die Droge Cannabis, wobei deren Bedeutung weiterhin kontinuierlich ansteigt und mit 161.040 Straftaten (+8 %) den höchsten Wert seit knapp zehn Jahren erreicht (während bei Heroindelikten ein Rückgang zu verzeichnen ist).

Ähnlich sieht es in Europa aus: Bei 1,25 Mio Drogendelikten in ganz Europa beziehen **39** sich 781.000 auf den Konsum (also den Erwerb und Besitz von Cannabis zum Zwecke des Eigenverbrauchs); danach folgt mit 223.000 sonstiger Drogenkonsum; hingegen machen die Drogendelikte in Bezug auf den illegalen Handel nicht einmal 10 % der Gesamtkriminalität aus.[117] Die Gesamtzahl der Delikte der direkten Beschaffungskriminalität, die überwiegend von Medikamentenabhängigen zur Beschaffung von Drogen und Ersatzstoffen begangen werden, steigt im Jahr 2014 um 5 %. Insgesamt wird das häufig von Kritikern der Prohibition vorgebrachte Argument bestätigt, wonach das derzeitige System der Repression vornehmlich **Gelegenheitskonsumenten** treffe, die Nachfrage nicht reduziere und v.a. Großhändler und rücksichtslos agierende Rauschgiftbanden nicht erreicht werden könnten.

b) Strafverfolgungsstatistik. Die Strafverfolgungsstatistik weist im Jahr 2014 insg. **40** 55.793 **Verurteilte** wegen Rauschgiftdelikten auf (2013: 53.075), die Bedeutung der einzelnen Tatbestandsmodalitäten stellt sich wie folgt dar:

---

[112] Vgl. aber Europäischer Drogenbericht 2015, S. 36 sowie Global Commission on drug policy, Kontrolle übernehmen, Bericht 2014, S. 34.

[113] Drogen- und Suchtbericht 2016, S. 166.

[114] Bundeslagebild Rauschgift, S. 4.

[115] Bundeslagebild Rauschgift, S. 3.

[116] Bundeslagebild Rauschgift, S. 4.

[117] Kalte Entgiftung in 77,7% der Fälle, vgl. *Schäffler/Zimmermann*, Akzeptanzorientierte Drogenarbeit 2012, 9: 25 (31 f.), was besonders problematisch ist, da die Wahrnehmung der Entzugssymptome in Wechselwirkung zur somatischen/sozialen Situation des Patienten steht, vgl. *Kuhlmann,* in *Gerlach/Stöver*, 2005, S. 118 ff.; hierzu auch Europäischer Drogenbericht 2015, S. 12.

Modali-tät	§ 29 Abs. 1	HT in ngM (§ 29a Abs. 1 Nr. 2)	Bandenmä-ßige Bege-hung (§ 30 Abs. 1 Nr. 1; 30a Abs. 1	Einfuhr in ngM, § 30 Abs. 1 Nr. 4	Todes-folge § 30 Abs. 1 Nr. 3	Abgabe an Jugendli-che	§ 29 Abs. 3 Nr. 1	§ 29 Abs. 3 Nr. 2	Fahrlässig-keit § 29 IV
2010	44919	6040	548	2003	9	581	1229	13	1
2011	45250	5720	541	2081	7	568	1169	13	1
2012	43357	5490	678	2266	7	556	1124	10	4
2013	43567	5151	607	2082	5	550	1046	8	1
2014	46118	5434	634	1913	7	613	979	13	1

41 Trotz Erfassung einer Vielzahl von Statistiken auf verschiedenen Ebenen innerhalb des Justizsystems kann das Datenmaterial selten gebündelt bzw. vergleichend fruchtbar gemacht werden. Eine **Vernetzung** der verschiedenen Statistiken scheitert bereits an den unter-schiedlichen Methoden zur Datenerfassung (während die Polizeistatistik etwa Informationen zur Substanzart enthält, siehe oben, ist dieser Parameter in der Strafverfolgungsstatistik nicht zu finden).[118]

42   **c) Haft- und Freiheitsstrafen.** 15 % aller Gefangenen in Deutschland, dh ca. 9000 Menschen, sind wegen Verstößen gegen das BtMG **inhaftiert.** Die Zahl intravenös-drogen-konsumierender Menschen in Haft liegt nach einer (inzwischen etwas veralteten) Studie bundesweit bei 29,6 %.[119] In Anbetracht des Umstands, dass nach einer Befragung von *Schäffler/Zimmermann* 46,4 % der dort befragten Drogenabhängigen bis zur Inhaftierung in einer Substitutionsbehandlung waren und lediglich 5,7 % in der Haft substituiert wurden, muss davon ausgegangen werden, dass im Regelfall keine Fortführung der Behandlung ab Übergang in den **Strafvollzug** erfolgt.[120] Dies hängt damit zusammen, dass die Substitution in den wenigsten Haftanstalten institutionalisiert ist (nur 9 von 43 hauptamtlichen Anstalts-ärzten in Bayern verfügen über eine suchtmedizinische Zusatzqualifikation[121]), da es in den Länderstrafvollzuggesetzen an besonderen Vorschriften zur Behandlung des Drogenabhängi-gen im Vollzug und damit an einem normativen Fundament fehlt.[122]

43   **d) Sicherstellungen. Cannabis** ist mit 80 % die mit Abstand in Europa am häufigsten sichergestellte Droge (49 % Kraut, 3 % Pflanzen, 28 % Harz[123]); die Sicherstellung von Haschisch geht allerdings in Deutschland mehr und mehr zurück.[124] Es folgen Kokain und Crack (10 %) und Amphetamin sowie Heroin (jeweils 4 %). Der Wirkstoffgehalt schwankt zwischen 7–10 % THC bei Cannabiskraut, 10–15 % bei Cannabisharz (Preise 8–13 Euro/ g).[125] **Opioide,** vornehmlich Heroin, wurden im europäischen Raum 5,6 Tonnen sicherge-stellt,[126] bei einem durchschnittlichen Reinheitsgrad von 13–23 % (Preis 33–58 Euro/g);

---

[118] Reitox-Bericht, 2015, Rechtliche Rahmenbedingungen, S. 15.
[119] Akzeptanzorientierte Drogenarbeit 2012, 9: 25 ff. unter Verweis auf *Radun* D. et al., 2007: Cross-sectional study on seroprevalence regarding hep b, hep c and hiv, risk behaviour, knowledge and attitudes about blood-borne infections among adult prisoners in Germany – preliminary results. Abstract. Paper presented at the European Scientific Conference on Applied Infectious Disease Epidemiology – ESCAIDE 2007.
[120] Vgl. hierzu auch Europäischer Drogenbericht 2015, S. 71 f.
[121] *Schäffler/Zimmermann*, Akzeptanzorientierte Drogenarbeit 2012, 9: 25 (34).
[122] Zum Ganzen noch→ § 13 Rn. 37. Krit. *Schäffler/Zimmermann*, Akzeptanzorientierte Drogenarbeit 2012, 9: 25 ff. Welche katastrophalen Folgen ein „kalter Entzug" im Strafvollzug nach sich ziehen kann, belegt der vom Ersten Strafsenat entschiedene Fall (BGH vom 28.1.2014 – 1 StR 494/13, NJW 2014, 1680 m Anm *Kudlich* JA 2014, 392), indem der entlassene Patient zu Hause direkt angekommen an einer Überdosis verstarb, nachdem er Zugriff auf den von der Ehefrau gesammelten Vorrat an Substitutionsmitteln erhielt, hierzu noch → § 29 Rn. 1223.
[123] Dies entspricht etwa 460.000 Tonnen, vgl. Europäischer Drogenbericht 2015, S. 22.
[124] Bundeslagebild Rauschgiftkriminalität 2014, S. 8. Spiegelbildlich steigt der Anteil an sichergestelltem Marihuana, das überwiegend aus dem Hauptanbaugebiet Lazarat/Albanien stammt.
[125] Zu den steigenden Wirkstoffgehalten → Vor § 29 Rn. 243.
[126] Zu den sich ständig verschiebenden Schmuggelrouten vgl. Europäischer Drogenbericht 2015, S. 24 sowie World Drug Report 2015, Executive Summary, S. XII.

es zeichnet sich ein Wandel ab, als immer mehr neue synthetische Opioide auf dem Markt auftauchen, insb. starke **Fentanyle**. Weltweit scheint die illegale Opiumproduktion trotz fallender Prävalenzraten stetig zuzunehmen (von 1000 Tonnen im Jahre 1980 auf 4000 Tonnen heute[127]) Bei Kokain stagniert die Zahl an Sicherstellungen (62,6 Tonnen), während der Reinheitsgrad steigt (33–50 %, Preise zwischen 52–70 Euro/g). Der durchweg festzustellende Anstieg des Reinheitsgrads (der sich v.a. auch auf die Schätzungsgrundlage iRd Urteilsfeststellungen auswirkt) wird auf die technische Innovation und den Wettbewerb zurückgeführt.[128] Statistiken zu den jeweiligen Modalitäten (wie Anbau, Herstellung, Handel, Erwerb, Schmuggel), siehe jeweils bei entsprechender Tathandlung.

3. Drogenpolitik. Basis der nationalen Drogen- und Suchtpolitik bleiben die **vier Säu-** **44** **len** (1) Prävention, (2) Beratung und Behandlung, (3) Maßnahmen zur Schadensreduzierung (harm reduction) und (4) Repression, wobei man über die tatsächliche Bedeutung der Säulen streiten kann, auch wenn vorgeblich immer ein ausgewogenes Verhältnis zwischen den Maßnahmen angestrebt werde.[129] In den Drogen- und Suchtberichten wird stets betont, dass ein **integrativer Ansatz** verfolgt wird, mithin legale wie illegale Suchtstoffe einer gemeinsamen Betrachtung unterliegen.[130] Glaubhaft kann solch ein Ansatz kaum vermittelt werden, wenn derart auseinanderdriftende rechtliche Rahmenbedingungen (Prohibition einerseits, regulierter Markt andererseits) bestehen. Doch ist nicht von der Hand zu weisen, dass sich der Begriff Drogenpolitik im Laufe der letzten Jahre wesentlich erweitert hat, als man ursprünglich hiermit nur Maßnahmen einbezogen wissen wollte, die sich auf illegale Drogen beziehen. Inzwischen sind Maßnahmen der harm reduction und universellen Prävention einerseits, legale Suchtstoffe wie auch stoffungebundene Süchte (etwa **pathologisches Glücksspiel**) andererseits in den Fokus der Gesetzgebungspolitik gerückt.

a) Repression. Die Durchsetzung des staatlichen Strafanspruchs trifft – wie die Statisti- **45** ken belegen – meist den Konsumenten. Es wird daher überwiegend angeraten, die ohnehin knappen Ressourcen für den Bereich der Prävention zu verwenden und sich – was die Strafverfolgung angeht – auf die Verfolgung von Rauschgiftbanden zu konzentrieren. „Effektive", weil nachhaltige und entschiedene Polizeiarbeit hat lediglich zur Folge, dass sich Angebot und Nachfrage verlagern. Der Markt passt sich an, der Handel weicht auf das Internet aus und es wird mit anderen (ggf. sogar noch legalen, aber dafür umso gefährlicheren) Substanzen gedealt, bei denen das Entdeckungsrisiko – etwa wegen der Produktion vor Ort und dem Wegfall langer Transportwege – geringer ist. Polizeipräsenz und starker Druck kann allerdings das Phänomen „unsichtbar" machen[131] (und damit eine „Störung" der Allgemeinheit verhindern). Dies hat allerdings nichts mit der Ausgestaltung des Verbots zu tun, das sich ebenso – situativ – nur auf den Konsum auf öffentlichen Plätzen oder in der Öffentlichkeit beschränken könnte.

b) Prävention. Eine ausführliche Darstellung einzelner Präventionsprogramme findet **46** sich im Drogen und Suchtbericht 2015.[132] Hinsichtlich der Präventionsmaßnahmen ist zwischen dem riskanten Konsum (high **risk drug use**, Abwendung von Lebens- oder Leibesgefahr) und dem **problematischen Konsum** (Abwendung der Entstehung einer Sucht[133]) zu differenzieren. Von einem high risk drug use ist auch bei **wiederholtem**

---

[127] Global Commission on drug policy, Kontrolle übernehmen, Bericht 2014, S. 12.
[128] Europäischer Drogenbericht 2015, S. 12.
[129] Reitox-Bericht, 2015 Drogenpolitik S. 3.
[130] Reitox-Bericht, 2015 Drogenpolitik S. 4.
[131] *Tempel* ADS 2014, 130 (132). Zur Polizeiarbeit im Drogenmilieu (und zu den Ergebnissen eines Forschungsprojekts diesbezüglich) auch *Steckhan* ADS 2016, 63.
[132] Vgl. Reitox-Bericht, 2015, Prävention, S. 11 sowie das Gemeinschaftsprojekt der BZgA „dot.sys", in dem verschiedene Präventionsprogramme zusammengefasst und ausgewertet werden.
[133] Zu den Möglichkeiten und Grenzen einer evidenzbasierten Suchtprävention „analog zur Medizin", *Schlömer* ADS 2015, 14. Besondere Relevanz für die suchtpräventive Praxis habe hierbei die „Wirkfaktorenverdeckung" (durch antipräventive Einflüsse wie omnipräsente Alkoholwerbung); empfohlen wird die Einrichtung einer bundesweiten Agentur für Qualitätssicherung der Suchtprävention durch die BZgA.

Konsum auszugehen, bei dem Schäden für die Person entstehen bzw. die Wahrscheinlichkeit solche Schäden zu erleiden erheblich erhöht ist. Die Erhebung und Auswertung von Untersuchungen zur Bestimmung des riskanten Konsums bringt im Hinblick auf multiplen Substanzgebrauch weitere Schwierigkeiten mit sich. Konsumenten harter Drogen neigen nicht selten dazu, ihre Konsumgewohnheiten zu **verharmlosen**.[134]

47   Eine effektive Prävention wird den konkreten **Adressatenkreis** bzw. den Präventionsempfänger im Blick behalten und muss somit auch die Veränderung der **Altersstruktur** der Konsumenten berücksichtigen. In zahlreichen ausgewerteten Statistiken hat der Anteil der unter 25-jährigen Männer mit dem Konsum illegaler Drogen assoziierten Problem seit 2000 deutlich abgenommen, während der Anteil der über 24-jährigen mit Drogenproblemen deutlich angestiegen ist. Aus diesem Grund steht eine verstärkte Ausrichtung der Suchtprävention nach Altersgruppen auf der Tagesordnung. Außerdem sind die Maßnahmen auf etwaige **Subkulturen** (elektronische Musikszene), die sich durch höhere Prävalenzraten in Bezug auf bestimmte Substanzen hervortun, anzupassen.

48   **aa) Riskanter Konsum und harm reduction.** Als Teilpräventionsmaßnahmen können Reglementierungen der **Schadensminimierung** (harm-reduction) bezeichnet werden, da sie einerseits einen bereits eingetretenen Schaden rückgängig machen, andererseits aber auch darauf abzielen, den erneuten Eintritt eines Schadens bzw. eine Schadensvertiefung abzuwenden (Spritzentausch, Therapie, Drogenkonsumräume). Die wichtigsten Präventionsmaßnahmen im Hinblick auf drogenbezogene Todesfälle sind die Information und **Aufklärung** zu den Risiken einer Überdosis sowie die Bereitstellung effektiver Behandlungsmaßnahmen für Drogenkonsumenten (insbesondere Substitution, Notfallmedizin; zur Implementierung von **Naloxonprogrammen** → § 30 Rn. 135). Zahlreiche Todesfälle nach Haftentlassung belegen, dass auch das **Übergangsmanagement** in den Mittelpunkt gerückt, Konsumräume bereitgestellt und die Hilfsmöglichkeiten im Rahmen eines Drogennotfalls verbessert werden müssen.

49   Eine **systematische Übersicht** zur Implementierung von schadensreduzierenden Maßnahmen fehlt noch;[135] die Zersplitterung der Hilfssysteme erschwert eine Bestandsaufnahme hinsichtlich der Reichweite, Effekte und Qualität bestehender Angebote.[136] Dies betrifft nicht nur den (stagnierenden) Spritzentausch, den Zugang zur HCV-Prävention bzw. sonstiger Infektionsprophylaxe,[137] sondern gilt auch für die bestehenden niedrigschwelligen Drogeneinrichtungen (deren Anzahl bekannt ist, aber offen bleibt, ob sie den Bedarf decken[138]) und Drogenkonsumräume. Erforderlich ist es, die schadensreduzierenden Maßnahmen festzusetzen bzw. zu definieren, säulenübergreifende Verbundsysteme zu schaffen und damit auch eine Kooperation und (wechselseitige) Kontrolle zu ermöglichen.[139] Außerdem erscheint eine „Bündelung" der Daten der GKV und der Suchthilfestatistik zweckmäßig.[140] Ein erster Schritt könnte hierbei die „normative Bündelung" durch eine allgemeine Regelung im BtMG sein, welche nicht nur die Einrichtung von Schadensreduktionsmaßnahmen kraft Rechtsverordnung ermöglicht, sondern auch den Zugang zu den entsprechenden Maßnahmen festschreibt und damit justiziabel macht.

50   **bb) Verhältnispräventive Intervention.** Innerhalb der konsumbezogenen Präventionsmaßnahmen spielt die **verhältnispräventive Intervention** eine entscheidende Rolle.

---

[134] Reitox Bericht, 2015, Entwicklungen und Trends, S. 84.
[135] *Degkwitz* ADS 2015, 21 (22). Er plädiert für eine abstrakte Betrachtung – unabhängig von der Zersplitterung des Hilfesystems – suchtbezogener Interventionen, ähnlich wie im englischen System der „Models of Care".
[136] *Degkwitz* ADS 2015, 21 (26).
[137] Hierzu *Stöver/Schäffer/Leicht* ADS 2014, 57.
[138] Hierzu *Leune*, Jahrbuch Sucht 2014. Deutsche Hauptstelle für Suchtfragen, 181; *Steppan/Brand/Künzel/Pfeiffer-Gerschel*, Jahresstatistik 2012 der professionellen Suchtkrankenhilfe, in: Jahrbuch Sucht 2014, 203. Zum Institut der Wohnhilfe für chronifiziert erkrankte (und alternde) Drogenabhängige, *de Oliveira* ADS 2015, 77.
[139] *Degkwitz* ADS 2015, 21 (27 f.).
[140] *Degkwitz* ADS 2015, 21 (28).

Hierbei wird auf die sozial-ökologischen Faktoren eingewirkt, welche ihrerseits maßgeblichen Einfluss auf die individuelle Konsumentscheidung haben. In einem System der Prohibition können jedoch marktregulierende Maßnahmen (Steuererhöhungen, Alterskontrollen oder Werbeverbote) ohnehin nicht zur Anwendung gelangen,[141] sodass derartige Eingriffe nur legale Drogen wie Zigaretten, Alkohol oder die Wasserpfeife betreffen.

cc) Sonstige Präventionsmaßnahmen. De lege ferenda sollte darüber nachgedacht **51** werden, die zahlreichen sozialwissenschaftlich anerkannten und fortentwickelten Präventionsprogramme gesetzlich zu fundieren (eventuell auch im Sinne einer Umsetzungspflicht). In neuerer Zeit nimmt vor allem der Ansatz der **peer-education**[142] eine herausragende Rolle in der Präventionsforschung ein (im Rahmen der Cannabisprävention wird der Einsatz von Piers als erfolgversprechender angesehen als die Vermittlung durch Lehrkräfte in Schulen[143]). Als weitere wichtige Präventionsmaßnahme wird neben peer-groups der **Einsatz von Mediatoren** in der Drogenszene genannt.[144] Zum Drogeninfo-Projekt „Drug Scouts" vgl. *Graubaum/Kettner/Arndt* Information statt Vorurteile, ASD 2014, 63.

Ebenso ist man in neueren Präventionsprogrammen – wie etwa dem medienbasierten **52** Ansatz **Rebound**[145] – darum bemüht, den vermittelten Inhalten Glaubhaftigkeit zu verleihen, indem eine realistische Einschätzung des Risikos von Cannabiskonsum vermittelt wird. Der Gefahr einer überschwänglichen Verringerung der Risikowahrnehmung **(„switching risks")** ist durch eine Intervention zu begegnen.[146] Negativ attestiert hat die neuere Präventionsforschung **massenmediale Kampagnen** für die Allgemeinbevölkerung. Berichterstattung, die abschreckend wirken soll, hat nach mehreren ausgewerteten Studien häufig zum unerwünschten gegenteiligen Effekt geführt, da die irrtümlich zu hoch eingeschätzte Häufigkeit des Konsums einer illegalen Substanz einen erheblichen Einfluss auf das eigene Konsumverhalten hat.[147] Berichte, wonach immer mehr Jugendliche Cannabis rauchten, Deutschland von der „Crystal-Welle" überschwemmt werde und Designer Drogen in der Jugendszene wieder auf dem Vormarsch seien, führen zu einer **„deskriptiven Normalisierung"** des Phänomens und senken damit die Hemmschwelle des Einzelnen (vgl. bereits → Rn. 28). Effektiv, weil zeitgemäß kann die Nutzung moderner Medien und Kommunikationsmittel (Tabletts, Smartphones) sein, man denke an Aufklärungs-Apps[148] und webbasierte Interventionsangebote.[149]

c) Therapie, Beratung/Behandlung. aa) Zahlen und Fakten. In der ambulanten **53** Suchtbetreuung machten 2014 Cannabinoidkonsumenten mit 60,8 % das Gros der Erstbehandelten aus (zum Vergleich: Opioide mit 11,9 %, Stimulantien mit 19,1 %).[150] Bei der „erhöhten Behandlungsnachfrage" hinsichtlich Cannabiskonsumenten[151] darf allerdings nicht aus dem Blick geraten, dass bei der stationären wie auch ambulanten Behandlung die Hauptdiagnose Cannabis häufig noch mit einem problematischen Konsum von Tabak, Alkohol oder

---

[141] Reitox-Bericht, 2015, Prävention, S. 5.

[142] Vgl. auch *Nunes/Kuban/Grimm* ADS 2015, 74 zum peer to peer Ansatz im Rahmen des Mindzone-Projekts.

[143] *Bühler/Thrul*, Expertise zur Suchtprävention. Aktualisierte und erweiterte Neuauflage der Expertise zur Prävention des Substanzmissbrauchs, BZgA, 2013. Zu den Gefahren einer „Schul-Präventionsindustrie" und der mit dem Ziel einer umfassend angelegten Prävention einhergehenden sozialen Isolation und Stigmatisierung einzelner Schüler *Quensel* ADS 2014, 47 ff.

[144] Zum Konzept und zur Umsetzung vgl. *Rensmann/Bietmann* ADS 2014, 101.

[145] Vgl. my-rebound.de (zuletzt abgerufen am 18.4.2017).

[146] Vgl. Reitox-Bericht, 2015, Prävention, S. 12.

[147] *Bühler/Thrul*, Expertise zur Suchtprävention. Aktualisierte und erweiterte Neuauflage der Expertise zur Prävention des Substanzmissbrauchs, BZgA, 2013; Allara et al. Are mass-media-campaigns effective in preventing drug use? BMJ open 5 (9). Kritisch zu politischen „Null-Toleranz"-Strategien auch Global Commission on drug policy, Kontrolle übernehmen, Bericht 2014, S. 18 mwN.

[148] Zahlreiche Internetseiten klären über die Inhaltsstoffe von im Umgang befindlichen Pillen auf, vgl. nur http://www.drogen-info-berlin.de/htm/drugchecking/pillenwarnung.html.

[149] Reitox-Bericht, 2015, Prävention, S. 21.

[150] *Braun et al*, Deutsche Suchthilfestatistik 2013, Tabellenband für ambulante Beratungsstellen.

[151] Gemeinsame Stellungnahme DGKJP, BAG KJPP und BKJPP, S. 5; abrufbar unter http://www.dgkjp.de/aktuelles1/347-cannabiskonsum (Stand: 18.4.2017).

Amphetaminen **zusammenhängt.**[152] Zudem steckt das Institut der Cannabisberatung als solches noch in den Kinderschuhen, sodass ein explosionsartiger Anstieg nicht überrascht.[153] Schließlich wird die Inanspruchnahme wiederum durch die Verfolgung der Konsumenten forciert, wenn der Besuch der Beratungsstelle zur Auflage für ein Absehen von Strafe oder der Einstellung des Verfahrens durch die Strafverfolgungsbehörde gemacht wird.

54   Die Zahl der Bewilligungen von Entwöhnungsbehandlungen ist nach einem leichten Abwärtstrend wieder leicht angestiegen und pendelt sich auf ca. 80.000 ein.[154] Zahlen und Fakten zur Substitutionspraxis finden sich bei → § 13 Rn. 27. Zur Versorgungssituation älterer Suchtkranker *Deimel* ASD 2015, 60.

55   **bb) Sucht, Süchtigkeit und Abstinenzparadigma.** Im weiten Verständnis der Weltgesundheitsorganisation wird die Sucht als ein komplexes und umfassendes Krankheitsbild gesehen, dass mit Störungen auf der psychischen, somatischen und sozialen Ebene einhergeht (später wurde der Begriff der Sucht = addiction durch denjenigen der Abhängigkeit = dependancy ersetzt).[155] Dabei bereitet die Bestimmung des **physiologischen Abhängigkeitspotentials** weniger Probleme, als Toleranzentwicklung und bestimmte Entzugssymptome in Relation zur Wirkstofffration bzw. zum Konsumverhalten gestellt werden können. Schwieriger wird es, das Abhängigkeitspotential im Hinblick auf **psychosoziale** Faktoren zu bestimmen und zuzuweisen, zumal **individuelle Veranlagungen** (der psychische sowie physische Zustand) ebenso eine nicht unerhebliche Rolle spielen. Die Abwendung der Sucht somit zu einem Ziel zu erheben, welches das Betäubungsmittelstrafrecht legitimieren soll, erscheint unter diesem Blickwinkel besonders problematisch.

56   Überhaupt wird das Paradigma der **Abstinenz** (als anzustrebendes Ziel und damit auch Sinn und Zweck des BtMG) kritisch gesehen.[156] Ursprünglich in den Fachkreisen als Maß aller Dinge hochgepriesen und als alternativlos eingeordnet, wird man sich nunmehr nach und nach den Risiken („und Nebenwirkungen") eines „Zwangskorsetts" bewusst, insb. den tödlichen Überdosierungen infolge eines Toleranzbruchs.[157] Laut PREMOS-Studie ist lediglich in 4 % der behandelten Patienten eine Abstinenz zu erreichen,[158] wobei dies zT auch darauf zurückgeführt wird, dass die restriktive Handhabe der Substitution den Beurteilungs- und Behandlungsspielraum der Ärzte einengt, was sich v.a. in den gesetzlich festgeschriebenen Verschreibungshöchstdosierungen äußert. Außerdem hat sich parallel zu der Erkenntnis, dass das sogenannte Abstinenzparadigma zumindest angreifbar ist, auch die „Zielgruppe" erweitert, als nicht nur die Substanzabhängigkeit in den Blick genommen wird, sondern auch riskantes und schädliches Konsumverhalten.[159]

B. Gesetzgebungsgeschichte

I. Opium- und Kokainmissbrauch: Die entstandene Notwendigkeit der Regulierung des Drogenmarkts

57   Eine Chronologie der *Drogenpolitik* bedeutete die Abbildung politischer Zeitgeschichte ab dem 19. Jahrhundert. Dies würde hier ersichtlich den Rahmen sprengen, weswegen im

---

[152] DSHS 2014, 33; zur verzerrten Darstellung der Behandlungsdaten vgl. auch *Barsch*, Stellungnahme Ausschussdrs. 18(14)0162(17), S. 6 f.

[153] Vgl. auch *Bröckers* Hanf S. 39.

[154] Suchthilfestatistik 2014, abrufbar unter http://www.suchthilfestatistik.de/cms/images/dshs_jahresbericht_2014.pdf (Stand: 18.4.2017).

[155] WHO Expert Committee on addiction-producing drugs (1952): WHO Technical Series, 3. Report, Genf; sodann Expert Committee on addiction-producing drugs (1964):WHO Technical Series, 14. Report, Genf. Aus neuerer Zeit zum Krankheitsparadigma Seyer ADS 2016, 115 ff. mwN.

[156] *Körkel/Nanz* ADS 2016, 196 (für ein Paradigma „zieloffener Suchtarbeit"; vgl. auch *Ullmann* ADS 2014, 72).

[157] *Stöver* ADS 2015, 30 (32).

[158] Abrufbar unter http://www.premos-studie.de/index.html (Stand: 18.4.2017).

[159] Reitox-Bericht, 2015, Trends und Entwicklungen, S. 1 ff.

Folgenden lediglich die Eckpunkte der (deutschen sowie internationalen) Drogengesetzgebung nachgezeichnet und die wichtigsten Änderungsgesetze aufgelistet werden, → Rn. 82. Die Geschichte des Betäubungsmittel*rechts* ist (anders als etwa des Lebensmittelrechts, das bis in die Antike zurückgeht) nicht so alt wie diejenige des Drogenkonsums als soziokulturelles und gesellschaftliches Phänomen überhaupt. Das Regulierungsbedürfnis entstand wohl erst mit Fortschreitung der Arzneimittelforschung einerseits und der Verbreitung natürlicher Rauschgifte in Europa andererseits, die wiederum durch die Kolonialisierung und Verstärkung des transatlantischen Handels begünstigt wurde.

So hat etwa die Verwendung von Cannabis als Arzneimittel eine jahrtausendealte Tradi- **58** tion. Erstmals Erwähnung findet es im ältesten Heilpflanzenkompendium Shennong ben cao jing, in welchem der chinesische Kaiser Shen Nung 2737 vor Christus Cannabisharz gegen Verstopfung, Malaria und andere Beschwerden empfiehlt.[160] Der Begriff cannabis wird schließlich auf die Assyrer zurückgeführt, die gewisse Räucherungen 900 vor Christus „qunubu" und „qunabu" benannten.[161] Nach und nach dringt der Hanf nach Westen vor. Im 12. Jahrhundert empfiehlt die Äbtissin Hildegard von Bingen (1098–1179) Hanf zur lokalen Anwendung bei offenen Wunden und Geschwüren. Im Jahr 1830 wird die medizinische Verwendung von „indischem Hanf" in Europa zum ersten Mal von Theodor Friedrich Ludwig Nees von Esenbeck, Professor für Pharmazie und Botanik in Bonn, detailliert beschrieben. Es folgt die „goldene Ära" der Cannabismedizin, in der nahezu jede Ortsapotheke ihre eigene Cannabistinktur vorrätig hat.

Cannabis weckt als verhältnismäßig harmlose Naturdroge jedoch zunächst kein Regulie- **59** rungsbedürfnis. Hierfür ist das **Opium** verantwortlich. Der getrocknete Milchsaft unreifer Samenkapseln[162] des Schlafmohns breitet sich wohl ausgehend von der griechisch-kleinasiatischen Küste (im 6. und 7. Jahrhundert) im Mittelmeerraum aus. Das vom Alkoholverbot im Islam nicht umfasste Opium kann sich dann durch die Araber über Persien und Indien nach Ostasien verbreiten.[163] In China wird die Droge zum Massennarkotikum – möglicherweise, weil eine der Nebenwirkungen des Opiums darin liegt, das Hungergefühl zu unterdrücken. Dort wird der Gebrauch von Opium 1729 zur Eindämmung der Sucht verboten. Zwischenzeitlich haben aber große koloniale Handelsorganisationen wie zB die britische „East India Company" einen schwunghaften Opiumexport von Indien nach China aufgebaut, den sie unter Missachtung des Verbots fortsetzen. Nachdem die chinesische Regierung drastische Maßnahmen gegen die Opiumeinfuhren ergreift (1839 werden 1.000 Tonnen Opium der „East India Company" beschlagnahmt und verbrannt), nimmt die Britische Regierung diese Vorfälle zum Anlass, das chinesische Kaiserreich anzugreifen. Es kommt zu den **Opiumkriegen** von 1840 bis 1842 und 1856 bis 1858. Als Sieger hervorgehend zwingt Großbritannien China dazu, den Opiumhandel nicht weiter zu behindern.[164]

In Europa wird Opium als Heilmittel zunächst direkt oder in Zubereitungen eingesetzt: **60** Hervorzuheben sind das von *Paracelsus* (1493 bis 1541) entwickelte Rezept einer als „Laudanum" bezeichneten Opiumtinktur; ferner das Laudanum *Seydenham* (1624 bis 1689) sowie die Rezepte von *Jones* (1645 bis 1709) und *von Haller* (1708 bis 1777). Dem folgen die aus ihm gewonnenen Alkaloide Morphin (*Sertürner* 1805), Codein (*Robiquet* 1832), und sodann das halbsynthetische Morphin-Derivat Heroin (*Wright* 1874, *Dreser* 1898). Der unkritische Einsatz vor allem des Morphins als Schmerzmittel (insbesondere nach Konstruktion der Injektionsspritze durch *Gabriel Pravaz* 1853) in den Kriegen der zweiten Hälfte des 19. Jahrhunderts – Krimkrieg (1854 bis 1856), Amerikanischer Sezessionskrieg (1861 bis 1865) sowie Deutsch-Französischer Krieg (1870/71) – führt unter den Verwundeten und Überle-

---

[160] *Schmidbauer/Scheidt*, Handbuch Rauschdrogen, S. 81 ff.
[161] *Schmidbauer/Scheidt*, Handbuch Rauschdrogen, S. 83.
[162] Zur Etymologie *Köhler* Rauschdrogen S. 27 (aus dem Griechischen ópion = Säftlein oder dem Sanskritwort apena = Mohnsaft).
[163] *Schmidbauer/Scheidt*, Handbuch Rauschdrogen, S. 287.
[164] Und kann somit begehrte Waren wie Tee, Seide oder Porzellan nicht mit Sterling, sondern mit dem in den Kolonien abgebauten Opium zu bezahlen, vgl. *Bröckers* Drogenlüge S. 21.

benden zur Entstehung eines häufigen, iatrogenen **Morphinismus** (Parallelen zu späteren Kriegen sind nicht zu verkennen und sozialwissenschaftlich erklärbar; im Ersten Weltkrieg versorgt der Merck-Konzern die deutschen Soldaten mit Atropin und Amphetaminen, als die Ressourcen und die bis dahin importierten Rohstoffe knapp werden, müssen später Äther[165] und Alkohol herhalten. Im Zweiten Weltkrieg dient **Methamphematin** unter dem Markennamen „Pervitin" als Aufputschdroge, vgl. noch → Rn. 74).

61   **Opium** als Genussmittel beginnt im Laufe des 17. Jahrhunderts, sich in den europäischen Ländern auszubreiten. Portugiesische, niederländische und britische Kaufleute bringen Opium in zunehmendem Maße nach Europa. 1911 werden 104 Tonnen Opium legal nach Deutschland eingeführt. Vor allem unter französischen und englischen Arbeitern ist der Opium-Missbrauch weit verbreitet. Der Opium-Missbrauch führt zu massenhafter Opiatabhängigkeit gerade auch unter Kindern.[166] **Kokain** spielt hingegen zunächst eine untergeordnete Rolle. In den Ländern Südamerikas werden die Blätter des Coca-Strauches gekaut mit der Folge, dass auch bei stundenlangem Kauen nur eine geringe Wirkstoffmenge in den Organismus gelangen kann. Der Missbrauch in Europa beginnt erst mit der Entdeckung und Isolierung der Inhaltsstoffe der Coca-Blätter in der zweiten Hälfte des 19. Jahrhunderts, vor allem durch *Niemann* (1859/60) und *Lossen* (1862) in Göttingen. Nun erst ist durch die Möglichkeit hoher Dosierung der Einsatz zu medizinischen Zwecken, aber auch zur Rauscherzeugung möglich.

62   Ärzte gehen in der Folgezeit unkritisch mit der Substanz um, als sie teilweise als ein universell verwendbares Medikament gegen alle möglichen – auch internen – Leiden eingesetzt und propagiert wird. So empfiehlt auch *Sigmund Freud* („Über Coca", 1884) gegen die Kritik namhafter Sachkenner (*A. Erlenmeyer*, *Lewin*) Kokain als ungefährliches Mittel gegen viele Beschwerden (auch zur Entziehung von Morphinsüchtigen). Mit der Einführung von Kokain in die Lokalanästhesie durch *Koller* in Wien (884) tritt die Substanz ihren Siegeszug in der Medizin an und findet bald weite Verwendung als Lokalanästhetikum. Zugleich setzt der Missbrauch des Stoffes ein: immer häufiger macht man die Erfahrung, dass der Konsum von Kokain abhängig macht und dass die Substanz toxisch wirkt.[167] 1862 beginnt die Firma Merck mit der konventionellen Produktion von Kokain. Die Firma Coca-Cola, die ursprünglich ihrem koffeinhaltigen Mischgetränk Kokain beimischt, verwendet – nachdem sich die suchterzeugende Wirkung allmählich in den westlichen Ländern herumgesprochen hat – ausschließlich nicht alkaloide Extrakte aus den Kokablättern als Aromastoff.[168]

63   Um die Jahrhundertwende sind die gesundheitlichen Schäden durch den weltweiten Drogenmissbrauch (insb. Opium) nicht mehr zu übersehen. 1901 wird in Deutschland die Apothekenpflicht für das bis dahin frei verkäufliche Morphin eingeführt. Die Vereinigten Staaten verbieten auf den Philippinen im Jahre 1904 den Opiumhandel. Der dort weit verbreitete Opium-Missbrauch veranlasst Kirchenvertreter, internationale Maßnahmen gegen den Opiumhandel zu fordern. Die gesetzliche Intervention beschränkt sich bis zu diesem Zeitpunkt auf Regulierungsmaßnahmen. Eine echte staatliche Drogenpolitik existiert nicht. Auf Initiative der amerikanischen Regierung findet schließlich 1909 in Shanghai die Internationale Opiumkonferenz statt.

---

[165] Äther als Rauschmittel war bereits den Alchimisten bekannt und wurde schon in der zweiten Hälfte des 19. Jahrhunderts missbräuchlich verwendet. Zu Zeiten der Prohibition diente er auch als Alkoholersatz, *Köhler* Rauschdrogen S. 100.

[166] „Eins der schädlichsten von diesen Patentmitteln ist ein Trank, der von Opiaten, besonders Laudanum, bereitet und unter dem Namen „Godfrey's Cordial" verkauft wird. Frauen, die zu Hause arbeiten und eigene oder fremde Kinder zu verwahren haben, geben ihnen diesen Trank, damit sie ruhig seien und, wie viele meinen, kräftiger werden sollen. Sie fangen oft schon gleich nach der Geburt an zu medizinieren, ohne die schädlichen Folgen dieser „Herzstärkung" zu kennen, so lange bis die Kinder sterben (…). Die Anwendung dieser Medizin ist in allen großen Städten und Industriebezirken des Reichs sehr verbreitet", *Friedrich Engels*, Lage der arbeitenden Klasse in England, Leipzig 1845, MEW Bd. 2, S. 225, 333 f.

[167] *Täschner*, Cocain – kein "Schnee" von gestern, Deutsche Apothekerzeitung 1989, 1955.

[168] Zum Trennungsverfahren The legal impartation of Coca Leaf, University of Illinois, 1999.

II. Erste Schritte zur Regulierung des Drogenmarkts

An der ersten **Internationalen Opiumkonferenz vom 1. bis 26.2.1909 in Shanghai** 64
nehmen teil: China, Deutschland, England, Frankreich, Italien, Niederlande, Japan, Öster-
reich-Ungarn, Persien, Portugal, Russland, Siam und die USA. Die aus den Vertretern
dieser Länder zusammengesetzte Kommission ist zum Abschluss verbindlicher Regelungen
nicht befugt. Sie verabschiedet jedoch Empfehlungen an die Regierungen der Teilnehmer-
staaten, die darauf abzielen, den Missbrauch des Opiums allmählich zu unterdrücken, seinen
Gebrauch auf medizinische Zwecke zu beschränken, die Einschränkungen fortschreitend
zu verschärfen sowie eine Kontrolle der Herstellung, des Verkaufs und der Einfuhr des
Opiums, seiner Alkaloide, Zubereitungen und Derivate einzurichten.

Die Empfehlungen der Opiumkonferenz von Shanghai münden in das **Haager Interna-** 65
tionale Opiumabkommen vom 23.1.1912,[169] in dem sich die Vertragsstaaten China,
Deutschland, England, Frankreich, Italien, Japan, Niederlande, Persien, Portugal, Russland,
Siam, USA verpflichten, Maßnahmen zur allmählichen Unterdrückung des Missbrauchs
von Opium, Morphin, Kokain sowie solcher Zubereitungen und Abkömmlinge dieser
Stoffe, welche zu ähnlichen Missbräuchen Anlass geben oder Anlass geben können „zu
ergreifen, insbesondere auf internationaler Ebene den Handel mit Rohopium zu überwachen, bzw. Handel mit zubereitetem Opium zu verbieten und auf nationaler Ebene den
Verkehr mit Morphin, Kokain oder deren Zubereitungen und Abkömmlingen gesetzlich
zu regeln mit dem Ziel der Überwachung und Beschränkung auf medizinische Zwecke".

III. Der große Rahmen: Die Suchtstoffübereinkommen und ihre Umsetzung (OpiumG 1920, BtMG 1971 und BtMG 1982)

1. Opiumgesetz und Genfer Abkommen (1919–1932). Die deutsche Regierung 66
zögert eine Ratifizierung des Abkommens so lange wie möglich hinaus. Der einflussreichen
Pharmaindustrie (vertreten durch die Fachgruppe „Opium und Kokain") sind die plötzlich
im Raum stehenden Ausfuhr und Vertriebsbeschränkungen ein Dorn im Auge, da es sich
bei den halbsynthetischen Produkten um echte Exportschlager handelt.[170] Die allererste
Intervention stellt daher auch „nur" eine Verordnung betreffend den Handel mit Opium
und anderen Betäubungsmitteln vom 22.3.1917[171] dar. Sie bestimmt wegen der in den
ersten Kriegsjahren aufgetretenen verstärkten missbräuchlichen Verwendung insbesondere
des Morphins,[172] dass „Opium, Morphin und die übrigen Opiumalkaloide, Kokain und
analog zusammengesetzte Ecgoninverbindungen sowie die Verbindungen und Zubereitungen dieser Stoffe außerhalb des Großhandels nur in Apotheken und nur als Heilmittel
abgegeben werden" dürfen. In einer Ausführungsanweisung zu dieser Vorschrift wird die
Abgabe von einem „Erlaubnisschein" abhängig gemacht. Zuwiderhandlungen gegen die
Abgabevorschrift werden mit Gefängnis bis zu einem Jahr und mit Geldstrafe bis zu 10.000
Mark bedroht.

Keine wesentlichen Änderungen bringt die Verordnung über den Verkehr mit Opium 67
vom 15.12.1918 (OpiumV 1918).[173] Aus Bewirtschaftungsgründen wird die Erteilung von
Erlaubnisscheinen durch Verordnung über den Verkehr mit Opium vom 15.12.1918 nunmehr dem Reichsamt für die wirtschaftliche Demobilmachung, Gruppe Chemie, übertragen. Apotheken oder wissenschaftliche Institute dürfen die vorbezeichneten Stoffe nur aufgrund eines Bezugscheins erhalten und müssen ein Lagerbuch über den Bestand, den
Eingang und Ausgang jedes einzelnen Stoffes für jeden Tag führen. Zuwiderhandlungen
gegen die Abgabebestimmungen und unrichtige Angaben zur Erlangung eines Bezugschei-

---

[169] RGBl. 1921, S. 6.
[170] Vgl. auch *Holzer* Drogenpolitik S. 32.
[171] RGBl. S. 256.
[172] HJLW/*Lander/Winkler*, Einführung in das Recht des Verkehrs mit Suchtstoffen und Psychotropen
Stoffen, S. 7.
[173] RGBl. S. 1447.

nes werden mit Gefängnis bis zu sechs Monaten und mit Geldstrafe bis zu 10.000 Mark bedroht. Diese Regelungen werden mit der Verordnung über den Verkehr mit Opium und anderen Betäubungsmitteln vom 20.7.1920 (OpiumV 1920)[174] wiederum auf „Kokain und analog zusammengesetzte Ecgoninverbindungen" erstreckt.

68   Erst mit dem Ende des Ersten Weltkriegs und der Unterzeichnung des Versailler Vertrags (v. 26.6.1919, Art. 295) sieht sich die Regierung gezwungen, das Abkommen von 1912 zu ratifizieren (freilich ändert sich nichts an der kritischen Grundhaltung, was sich auch in der darauf folgenden, eher zögerlichen Umsetzung weiterer supranationaler Abkommen äußert). Das Gesetz vom 30.12.1920 zur Ausführung des internationalen Opiumabkommens vom 23.1.1912 **(OpiumG 1920)** wird verabschiedet.[175] Nunmehr wird „Rohopium, Opium für medizinische Zwecke, Morphin, Kokain und Diacetylmorphin (Heroin), desgleichen alle Salze des Morphins, des Kokains und des Diacetylmorphins (Heroins), sowie alle Zubereitungen, die mehr als 0,2 % Morphin oder mehr als 0,1 % Kokain oder mehr als 0,1 % Diacetylmorphin (Heroin) enthalten", hinsichtlich der Einfuhr und Ausfuhr, der Herstellung und Verarbeitung sowie des Verkehrs der behördlichen Aufsicht dem Reichsgesundheitsamt unterstellt. Die Abgabe an Einzelpersonen ist nur in Apotheken und nur als Heilmittel zulässig. Jeglicher Verkehr mit Rauchopium wird verboten. Der illegale Verkehr und Zuwiderhandlungen gegen die Vorschriften über den legalen Verkehr werden mit Gefängnis bis zu sechs Monaten und mit Geldstrafe bis zu 10.000 Mark bedroht.

69   Es folgt das Gesetz zur Abänderung des Opiumgesetzes vom 21.3.1924 (OpiumÄndG),[176] welches gesetzliche Möglichkeiten zum Erlass von Ausführungsbestimmungen schafft, die unmittelbar daraufhin (am 5.6.1924) erlassen werden und im Wesentlichen die Kompetenzen zur Überwachung des Gesetzes dem Opiumbüro und der Opiumstelle in der beim Reichsgesundheitsamt eingerichteten Opiumabteilung übertragen.

70   In der Zwischenzeit macht sich der 1919 gegründete Völkerbund, dem die internationale Zusammenarbeit in der weltweiten Suchtstoffkontrolle übertragen wurde (insbesondere die Einhaltung der Vereinbarungen „über den Handel mit Opium und anderen schädlichen Mitteln", vgl. Art. 23c der Satzung des Völkerbundes), daran die Suchtstoffkontrolle weiter auszubauen. Im Jahre 1920 tritt erstmals eine beratende Kommission des Völkerbundes zusammen, die das System der internationalen Kontrolle der Suchtstoffe festigen und ihren Ausbau fördern soll. So entstehen unter anderem die beiden Genfer Opiumabkommen von 1925. Im internationalen Opiumabkommen vom 11.2.1925 (Erstes Genfer Abkommen)[177] verpflichten sich die vertragsschließenden Staaten, den Verkehr mit Opium zum Staatsmonopol zu erklären und Maßnahmen zur Unterdrückung insbesondere des Rauchopiums (und hier vor allem der Verbreitung des Rauchopiums unter Minderjährigen) zu ergreifen.

71   Im Zweiten Genfer Abkommen vom 19.2.1925 (Übk. 1925/II)[178] beschließen Albanien, Deutschland, Österreich, Belgien, Brasilien, Großbritannien, Bulgarien, Chile, Kuba, Dänemark, Spanien, Frankreich, Griechenland, Ungarn, Japan, Lettland, Luxemburg, Nikaragua, Niederlande, Persien, Polen, Portugal, Serbokroatien, Siam, Sudan, Schweiz, Tschechoslowakei, Uruguay, Maßnahmen zur (gegenüber dem Haager Abkommen) wirksameren Bekämpfung des Schmuggels und des Missbrauchs von Rauschdrogen durch Einschränkung von Gewinnung und Herstellung, durch – im Vergleich zum Haager Abkommen – schärfere Kontrollen und Überwachung des Handels von Rohopium, Opium für medizinische Zwecke, Morphin, Heroin, Cocablättern, Rohkokain, Kokain, Ekgonin. USA und China verlassen die Konferenz unter Protest, weil die in Angriff genommen Beschränkungen im Hinblick auf die zahlreichen Ausnahmeregelungen, auf die sich die übrigen Teilnehmer verständigt haben, ihnen nicht rigoros genug sind.[179] Fast nur nebenbei wird in einer Abstimmung mit

---

[174] RGBl. S. 1464.
[175] RGBl. 1921 S. 2.
[176] RGBl. I S. 290.
[177] Deutsches Handelsarchiv 1927 S. 575.
[178] Deutsches Zustimmungsgesetz vom 26.6.1929, RGBl. II S. 407.
[179] *Bröckers* Drogenlüge S. 27.

zwei Enthaltungen **Cannabis in das Verbot einbezogen.** Das deutsche Reich stimmt ebenfalls für das Verbot, nachdem die Ägypter (ebenfalls für ein Cannabis-Verbot) zugesagt haben, keine Importbeschränkung für das deutsche Exportgut Heroin zu erlassen.[180]

So bezieht sich das Gesetz über den Verkehr mit Betäubungsmitteln **(OpiumG 1929)** 72 vom 10.12.1929[181] in Erfüllung der Verpflichtung zur Umsetzung des Genfer Opiumabkommens vom 19.2.1925 ausdrücklich auch auf den indischen Hanf, wenn es in § 1 heißt: BtM im Sinne dieses Gesetzes sind *„Rohopium, Opium für medizinische Zwecke, Morphin, Diazetylmorphin (Heroin), Cocablätter, Rohkokain, Kokain, Ekgonin, indischer Hanf sowie alle Salze des Morphins, Diazetylmorphins (Heroin), Kokains und Ekgonins“.* Es ist ein interessanter Zufall in der Geschichte der Drogengesetzgebung, dass just kurz darauf – 1930 – in den USA ein Konkurrenzkampf zwischen Firmen, die Kunstfasern und Firmen, die Naturfasern aus Cannabis herstellen vom Zaun bricht und dies Anlass für eine lobbyistische Hetzkampagne gegen das Cannabiskraut ist.[182] Sie mündet unter der Führung des Präsidenten des amerikanischen Drogenbüros Harry Anslinger letztlich in den US Marihuana tax act im Jahre 1937.[183]

Das OpiumG 1929, welches als sogenanntes vorkonstitutionelles Recht (Art. 125 GG) 73 bis 1972 in Kraft bleibt, unterstellt die Einfuhr, Durchfuhr und Ausfuhr, die Gewinnung, Herstellung und Verarbeitung der Stoffe und Zubereitungen sowie den Verkehr mit diesen der Aufsicht des Reichsgesundheitsamtes (später Bundesgesundheitsamtes). Der legale Verkehr wird derart geregelt, dass Einfuhr und Ausfuhr der Stoffe und Zubereitungen, ihre Gewinnung, ihre gewerbsmäßige Herstellung und Verarbeitung, der Handel mit ihnen, ihr Erwerb, ihre Abgabe und Veräußerung sowie jeder sonstige gleichartige Verkehr mit ihnen nur Personen gestattet ist, denen hierzu eine Erlaubnis erteilt wurde. Der präventive Erlaubnisvorbehalt ist geschaffen. Es sieht erstmals die Möglichkeit vor, durch Rechtsverordnung **neue Stoffe einzubeziehen** und Verschreibungsvoraussetzungen zu konkretisieren (was mit der ersten BtMVV vom 19.12.1930 auch geschieht, die auch **Morphingesetz** genannt werden soll). § 10 des Opiumgesetzes bestimmt die Strafbarkeit: Mit Gefängnis bis zu drei Jahren und mit Geldstrafe werden Zuwiderhandlungen gegen Bestimmungen des legalen Verkehrs sowie der illegale Umgang mit den vorbezeichneten BtM bedroht. Da im Wesentlichen die Umsetzung der supranationalen Abkommen im Vordergrund steht, fehlt es nach wie vor an einer echten Drogenpolitik (insb. macht man sich über etwaige Präventionsmaßnahmen keine Gedanken[184]).

2. Opiumgesetz und Nationalsozialismus (1933–1945). Erstmals im **Dritten Reich** 74
entwickelt sich – wohl aus dem allgemeinen Leitgedanken der Rassenhygiene heraus[185] – eine „Drogenpolitik", die eine radikale Rauschgiftbekämpfung im Sinne einer kompromisslosen Repression propagiert. Die mit dem Begriff „(Rausch)Gift" hervorgerufenen Assoziationen lassen sich bestens in das antisemitische Gedankengut der Reichsführung implemen-

---

[180] *Bröckers* Drogenlüge S. 29 mN.

[181] RGBl. I S. 215.

[182] In der Medienberichterstattung wird u.A. behauptet, dass Cannabis gewalttätig mache (die dies wiederlegende La Guardia-Studie wird zurückgewiesen und stattdessen bei zahlreichen Gewalttaten betont, dass der Täter „Marihuana" konsumiert habe; fortan wird die bis dahin nicht geläufige aus dem Mexikanischen stammende Begriffsbezeichnung verwendet, um den Stoff als fremd darzustellen und Ängste zu schüren). Der Film „Reefer Madness" (dt. etwa Haschzigarettenwahnsinn) aus dem Jahre 1936 ist ein bezeichnendes Beispiel für die in den USA betriebene Anti-Marihuana-Propaganda. Der Film erzählt die tragische Geschichte von braven High-School-Schülern, die nach dem Genuss von Cannabis vergewaltigen, unverantwortlich Auto fahren, sich umbringen und dem Wahnsinn verfallen. Vgl. http://www.imdb.com/title/tt0028346/ (Stand: 18.4.2017).

[183] *Anslinger* – später auch Leiter des Drogenbüros der neu gegründeten UNO – war seinerseits der Mann der Nichte des amerikanischen Ölmagnaten Mellon, der sich gemeinsam mit dem Chemieunternehmer DuPont für eine Zurückdrängung der Hanfpflanze auf dem US-amerikanischen Markt interessierte.

[184] *Holzer* Drogenpolitik S. 33.

[185] *Holzer* Drogenpolitik S. 66 ff. Dort auch zur Frage, inwiefern sich Drogenkonsum auf die Auslegung anderer rassenhygienischer Gesetze auswirken konnte (Erbkranke, Gewohnheitsverbrecher und Ehetauglichkeit, S. 131 ff.) und ob Drogenabhängige von den nationalsozialistischen Euthanasiemorden betroffen waren, S. 258 ff.

tieren. Drogen als reale Bedrohung und Metapher zugleich bilden so die Schnittstelle zwischen Drogenpolitik und Judenhetze.[186] Es werden selbstständige Institutionen eingerichtet (etwa die Reichszentrale zur Bekämpfung von Rauschgiftvergehen), und zahlreiche Verfahren (v.a. gegen missbräuchlich verschreibende Ärzte) eingeleitet.[187] Zugleich wird der Konsum bereits „etablierter" Suchtmittel wie Alkohol und Zigaretten geduldet.[188] Zu entscheidenden Änderungen des nach wie vor geltenden Opiumgesetzes kommt es nicht. Nachdem der Pharmakonzern Boehringer-Ingelheim das Opiumgesetz durch die Synthetisierung eines Morphin-Derivats zu umgehen bezweckt, ist der Gesetzgeber gehalten, die BtM-Definition um den konkreten Stoff (Benzylmorphin) bzw. um deren Derivate zu erweitern.[189] Die Reaktion auf die erste **Designerdroge** überhaupt durch das OpiumÄndG vom 22.5.1933[190] steht am Anfang eines sich bis heute wiederholenden Musters (→ § 1 Rn. 30). Bereits im Dritten Reich selbst wird ein Zweites Änderungsgesetz vom 9.1.1934[191] erforderlich, das weitere Stoffe dem OpiumG unterstellt.

74a   Das zwischen 1937–1938 entdeckte **Pervitin** (= Methamphetamin) findet als leistungssteigerndes (und bereits am 7.11.1939 der Rezeptpflicht unterstelltes[192]) Arzneimittel im ganzen Reich sowohl bei Zivilisten, als auch Soldaten und nicht zuletzt in der Führungsriege stetig Anwendung. Mit dem regelrechten „Boom" des in den Temmler-Werken hergestellten Pervitins 1939 werden auch erste kritische Stimmen laut, die auf die heftigen Nebenwirkungen und Abhängigkeitsgefahr hinweisen. Doch erst 1941 gelingt es dem Reichsgesundheitsführer Conti, das Pervitin dem OpiumG zu unterstellen.[193] Das Verbot wird aber überwiegend nicht ernst genommen bzw. vollzogen und der Stoff weiterhin bis zum Kriegsende produziert und konsumiert. Dies lässt sich nicht nur darauf zurückführen, dass die Wirkungen des Methamphetamin dieses zur perfekten „Kriegsdroge" machen – Entfallen von Müdigkeit und Hungergefühl – sondern, worauf *Holzer* hinweist, gerade das leistungssteigernde Moment der Substanz der rassenhygienischen Idee des überlegenen Wesens entspricht.[194]

75   **3. Single Convention, weitere Abkommen und war on drugs (1945–1981).** Nach dem Zweiten Weltkrieg übernehmen die Vereinten Nationen die internationale Suchtstoffkontrolle. Unter der Führung von *Anslinger*, der bereits in den Vereinigten Staaten die Drogenbekämpfung voranschreiten ließ, bereitet man ein neues internationales Suchtstoffübereinkommen vor, das die zahlreichen, internationalen Abkommen (zB das Abkommen über die Kontrolle des Opiumrauchens im Fernen Osten, unterzeichnet in Bangkok am 27.11.1931, das Genfer Abkommen zur Beschränkung der Herstellung und zur Regelung der Verteilung von BtM vom 13.7.1931, das Übereinkommen über die Bekämpfung des unerlaubten Handels mit gefährlichen Stoffen vom 26.6.1936) zusammenfassen und die Zuständigkeit des Völkerbundes auf dem Gebiet der Suchtstoffkontrolle auf die entsprechenden Institutionen der Vereinten Nationen übertragen soll. Die Single Convention wird in New York am 30.3.1961[195] unterzeichnet, während sich – je nach Strenge des jeweils lokal

---

[186] Vgl. auch *Ohler* Rausch S. 38.

[187] KPV/*Patzak* Einl. Rn. 22; vgl. auch *Holzer* Drogenpolitik S. 182 ff.

[188] *Holzer* Drogenpolitik S. 511.

[189] *Holzer* Drogenpolitik S. 58. Dies bedarf in Anbetracht der Tatsache, dass die Erweiterung um Stoffe im Übrigen durch Verordnungen erfolgt, insofern der Erläuterung: Gerade in Zeiten politischer Spannungen konnte die Legitimität des Handelns durch gesetzgeberisches Handeln (auch nach außen) besser vermittelt werden und wurde insofern auch als „angemessener" betrachtet.

[190] RGBl. I S. 215.

[191] RGBl. I S. 22.

[192] RGBl. I S. 2176.

[193] *Holzer* Drogenpolitik S. 237.

[194] *Holzer* Drogenpolitik S. 512.

[195] Einheits-Übereinkommen vom 30.3.1961 über Suchtstoffe, BGBl. 1973 II S. 1354, geändert durch das Protokoll zur Änderung des Einheits-Übereinkommens von 1961 über Suchtstoffe vom 25.3.1972, BGBl. 1975 II S. 3, ratifiziert durch das (Zustimmungs-) Gesetz zu dem Einheits-Übereinkommen vom 30.3.1961 vom 4.9.1973, BGBl. II S. 1353, und durch das (Zustimmungs-) Gesetz zu dem Protokoll vom 25.3.1972 zur Änderung des Einheits-Übereinkommen von 1961 vom 18.12.1974, BGBl. 1975 II S. 2, in der Bundesrepublik Deutschland in Kraft getreten am 2.1.1974 (Bekanntmachung vom 15.8.1974, BGBl. II S. 1211; abgedruckt bei *Körner* B 1; *Weber* A 1.

geltenden Suchtstoffrechts – die ersten Verbrechenssyndikate formieren (French Connection, sizilianische Mafia). Das allumfassende Verbot bestimmter Substanzen erfährt eine völkerrechtliche Fundierung. Die repressive Grundhaltung, die sich in den verschiedenen Ländern aus unterschiedlichen (wenn auch teils vergleichbaren) Gründen etabliert und die „Verteufelung" bestimmter Drogen wie Cannabis, erhebt sich zu einem supranationalen Konzept. US-Präsident Nixon ruft den „war on drugs" aus. Drogen werden nicht hinwegzudenkender Aspekt eines jeden Konfliktherdes auf der Welt (so etwa Vietnam-Krieg, am Gazastreifen und im Türken/Kurden-Konflikt). Der starke Einfluss von *Anslinger* auf die WHO und die Regierungen der Staatengemeinschaft hat zur Folge, dass Cannabis zu einem „Gefahrstoff" erster Klasse deklariert wird. Selbst dessen medizinische Verwendung (und damit auch die Forschung in diesem Bereich) werden somit verhindert und zahlreiche Cannabispräparate vom Markt genommen.[196]

4. Betäubungsmittelgesetz vom 22.12.1971 (BtMG 1972). Gerade als sich die Bun- **76** desrepublik noch in der Phase der Umsetzung der in der Single Convention vereinbarten Regelungen (der förmliche Beitritt erfolgt 1973 bzw. 1976) befindet, erfordert der mit der 68er-Bürgerrechtsbewegung einhergehende Anstieg des Konsums synthetischer bzw. halluzinogener Substanzen (als Protest gegen das „Establishment") eine Aktualisierung der Suchtstoffübereinkommen. Das Übereinkommen über Psychotrope Stoffe vom 21.2.1971 **(Übk. 1971)**[197] wird die internationale Kontrolle auf Halluzinogene, Amphetamine, Barbitursäure-Derivate, und eine Vielzahl von Psychopharmaka erweitert (sie lässt sich daher durchaus als „Flower-Power"-Convention bezeichnen).

Der Gesetzgeber fühlt sich ungeachtet der Arbeiten an der Reform des Suchtstoffrechts **77** zu einer Sofortmaßnahme gegen den ständig steigenden Rauschmittel-Missbrauch aufgerufen und novelliert das Opiumgesetz durch Art. 3 des Gesetzes zur Änderung des Gesetzes über den Verkehr mit Betäubungsmitteln (Opiumgesetz) vom 22.12.1971, BGBl. I S. 2092).[198] Mit der Novellierung wird der Strafrechtsteil neu geordnet. Im Hinblick auf den in Art. 74 Nr. 19 GG eingegangenen Begriff „Betäubungsmittel" wird das Gesetz nunmehr **„Betäubungsmittelgesetz"** genannt. Die Abgabe von Suchtstoffen an Minderjährige unter sechzehn Jahren durch Erwachsene, die Gewerbsmäßigkeit und die Bandenmäßigkeit von Tathandlungen werden unter einen deutlich höheren Strafrahmen (nunmehr 10 Jahre statt bisher 3 Jahre) gestellt und die **Möglichkeit des Absehens von Strafe** eröffnet, wenn der Täter die Suchtmittel lediglich zum Eigenverbrauch in geringen Mengen erwirbt. Freilich wird von dieser Möglichkeit kaum Gebrauch gemacht.

In der Zwischenzeit entkriminalisiert der **US-Bundesstaat Oregon 1973** als erster Staat **78** überhaupt Cannabis für nicht medizinische Zwecke und durchlebt seitdem – wie zahlreiche andere Bundesstaaten – eine wechselhafte Geschichte was die Legalisierung/Entkriminalisierung des Umgangs mit Cannabis angeht. Inzwischen besitzen bereits 23 Staaten legale Cannabismärkte für medizinische Zwecke.[199] Washington und Colorado führen 2012 die ersten geregelten Märkte für den nicht medizinischen Konsum von Cannabis ein.[200] Ebenso

---

[196] Erst mit der sehr zaghaften Lockerung der Prohibition in den verschiedenen Ländern einerseits, und der Erforschung des Endo-Cannabinoid-Systems andererseits rückt die therapeutische Bedeutung des Cannabis wieder ins Bewusstsein. Wegbereiter dieser „Renaissance" der Hanfmedizin sind Erfolge bei der Behandlung von Glaukomen (Grüner Star) oder etwa die Wiederentdeckung der herpesabtötenden Wirkung welche bereits die Römer kannten.

[197] Übereinkommen vom 21.2.1971 über psychotrope Stoffe, BGBl. 1976 II S. 1478, ratifiziert durch das (Zustimmungs-) Gesetz zu dem Übereinkommen vom 21.2.1971 über psychotrope Stoffe vom 30.8.1976, BGBl. II S. 1477, in der Bundesrepublik Deutschland in Kraft getreten am 2.3.1978 (Bekanntmachung vom 32.8.1978, BGBl. II S. 1239); abgedruckt bei *Körner* B 2; *Weber* A 2.

[198] Gesetz über den Verkehr mit Betäubungsmitteln (Betäubungsmittelgesetz) vom 22.12.1971, BGBl. I S. 2092, in der Fassung der Bekanntmachung vom 10.1.1972, BGBl. I S. 1, in Kraft getreten am 25.12.1971; abgedruckt bei KPV unter A 2.

[199] *Schlosser*, „The Politics Of Pot: A Government In Denial". Rolling Stone. Retrieved 2008-12-17.

[200] Man schätzt die Zahl der Konsumenten in den USA auf aktuell acht Millionen, es ist von Umsätzen von rund 4,4 Milliarden US-Dollar durch den Handel mit Cannabis-Pflanzen und -Produkten die Rede. Weil man davon ausgeht, dass bis 2029 das Marktvolumen auf 100 Milliarden US-Dollar steigt, beginnen

entkriminalisiert **Italien** 1975 den Besitz aller illegalen Drogen zum Eigengebrauch und sieht zugleich die Schaffung von Einrichtungen zur Behandlung Drogenabhängiger vor.[201]1976 wird in den **Niederlanden** für den Besitz weicher Drogen (Cannabis, Haschisch, nunmehr auch Khat-Pflanzen und psylocybinhaltige Pilze) eine Nichtverfolgung derartiger Straftaten garantiert und durch die Institutionalisierung der „coffee-shops" eine de facto-Legalisierung bewirkt (vgl. noch → Vor § 29 Rn. 156, insb. auch zur Strafbarkeit deutscher Staatsbürger).

79   **5. Betäubungsmittelgesetz vom 28.7.1981 (BtMG 1982).** Erst mit dem Betäubungsmittelgesetz vom 28.7.1981 (BtMG 1982)[202] werden die sich aus den Ratifizierungen der Suchtstoff-Übereinkommen von 1961 und 1971 ergebenden Konsequenzen für das nationale Recht umgesetzt. Während sich die bisherigen Gesetze im Wesentlichen als Fortschreibungen und Aktualisierungen der 1. Verordnung über den Verkehr mit Opium bezeichnen, bringt das Betäubungsmittelgesetz vom 28.7.1981, BGBl. I S. 681, ber. 1187, einige grundlegende **Neuerungen:** das Rechtsgebiet wird einer (retrospektiv kaum geglückten) Systematisierung zugeführt, aber jedenfalls vereinfacht (anstelle von 16 BetäubungsmittelVO sind nur noch vier VO und sechs Durchführungsvorschriften maßgeblich). Mit der Erweiterung des Strafrahmens von vorher 10 auf nunmehr 15 Jahre und durch die Einführung der Strafmilderungsmöglichkeit für Aufklärungsgehilfen („Kronzeugenregelung", § 31) bezweckt man den organisierten Drogenhandel zu bekämpfen. Die mittlere Kriminalität soll durch den **Vorrang von Rehabilitationsmaßnahmen** vor dem Strafvollzug (**„Therapie statt Strafe"**) zurückgedrängt werden; auf Strafverfolgung soll bei Bagatellkriminalität verzichtet werden (Absehen von Strafe bei Eigenverbrauch geringer Mengen).

80   Nachdem der internationale Drogenhandel trotz der verschärften Regelungen weiter zunimmt, beschließen die Vereinten Nationen die Maßnahmen nochmals zu verschärfen und unterzeichnen nach ihrer 6. Vollsitzung in Wien am 19.12.1988 das Wiener Abkommen 1988 (**Übk. 1988**).[203] Darin verpflichten sich die Vertragsstaaten zu wirksamen Maßnahmen gegen den unerlaubten Verkehr mit Suchtstoffen und psychotropen Stoffen auf nationaler Ebene, insbesondere zur Pönalisierung des illegalen Umgangs mit Suchtstoffen und psychotropen Stoffen, und zur internationalen Zusammenarbeit in Strafsachen, um die internationalen kriminellen Tätigkeiten des unerlaubten Verkehrs zu bekämpfen.

81   Der von diesen Maßnahmen unbeeindruckte, internationale Drogenhandel zwingt Politiker und Ökonome zu Beginn der Achtziger Jahre zu einem Umdenken. Während die Reagan- und im Anschluss die Bush-Regierung den Drogenkrieg in Kolumbien gegen Pablo Escobar und sein Medellín-Kartell führen, haben besorgniserregende Zahlen bzgl. der Verbreitung des HI-Virus einerseits und die kontinuierlich wachsende Anzahl von Problemkonsumenten andererseits zur Folge, dass erstmals ernsthaft über präventive Maßnahmen und Schadensreduzierungsmodelle wie Spritzentausch nachgedacht wird. Seitdem sind es vornehmlich bekannt gewordene Einzelfälle, Entscheidungen, Szenetrends, Skandale und Statistiken, welche die drogenpolitische Diskussion prägen und beeinflussen (u.a. der Cannabisbeschluss des BVerfG vom 9.3.1994[204]). Wegen der Angstmedienberichterstattung mag der repressive Einfluss immer noch größer sein als der präventive, doch ist sowohl im Hinblick auf die Sanktionsnorm als auch Praxis des Betäubungsmittelstrafrechts eine noch schärfere Ausgestaltung (bei rechtsstaatlichen Maßstäben) ohnehin nicht vorstellbar.

Investoren bereits in nicht börsennotierte Cannabis-Unternehmen zu investieren, https://de.statista.com/infografik/4983/der-cannabis-markt-in-den-usa/.

[201] Global Commission on drug policy, Kontrolle übernehmen, Bericht 2014, S. 14.

[202] Gesetz über den Verkehr mit Betäubungsmitteln (Betäubungsmittelgesetz – BtMG) vom 28.7.1981, BGBl. I S. 681, ber. 1187, in der Fassung der Bekanntmachung vom 1.3.1994, BGBl. I S. 358, in Kraft getreten am 1.1.1982.

[203] Übereinkommen der Vereinten Nationen gegen den unerlaubten Verkehr mit Suchtstoffen und psychotropen Stoffen („Suchtstoffübereinkommen") vom 20.12.1988, BGBl. 1993 II S. 1136, in Deutschland in Kraft getreten am 28.2.1994 (Bekanntmachung vom 23.2.1994, BGBl. I S. 342); abgedruckt bei KPV A3; *Weber* A 3.

[204] Hierzu noch ausführlich → Vor § 29 Rn. 10 ff.

IV. Änderungen des BtMG 1982 im Überblick und internationalen Vergleich

Das BtMG 1982 mit seinen Anlagen erfuhr seit dem Inkrafttreten Änderungen durch **82** folgende Gesetze und Verordnungen:

1. Übersicht

– 1. VO zur Änderung betäubungsmittelrechtlicher Vorschriften (1. Betäubungsmittel- **83** rechts-Änderungsverordnung) vom 6.8.1984, BGBl. I S. 1081,
– Art. 5 des 23. Strafrechtsänderungsgesetzes vom 13.4.1986, BGBl. I S. 393,
– 2. VO zur Änderung betäubungsmittelrechtlicher Vorschriften (2. Betäubungsmittel-rechts-Änderungsverordnung – 2. BtMÄndV) vom 23.7.1986, BGBl. I S. 1099,
– Art. 6 des 1. Gesetzes zur Verbesserung der Stellung des Verletzten im Strafverfahren (Opferschutzgesetz) vom 18.12.1986, BGBl. I S. 2496,
– Art. 8 des Strafverfahrensänderungsgesetzes 1987 vom 27.1.1987 – StVÄG 1987, BGBl. I S. 475,
– Einigungsvertrag vom 23.9.1990, BGBl. II S. 889, 1081,
– § 1 des Gesetzes zur Überleitung von Bundesrecht nach Berlin [West] (6. Überleitungsgesetz) vom 25.9.1990, BGBl. I S. 2106,
– 3. VO zur Änderung betäubungsmittelrechtlicher Vorschriften (3. Betäubungsmittel-rechts-Änderungsverordnung – 3. BtMÄndV) vom 28.2.1991, BGBl. I S. 712,
– Art. 2 des Gesetzes zur Bekämpfung des illegalen Rausgifthandels und anderer Erscheinungsformen der Organisierten Kriminalität **(OrgKG)** vom 15.7.1992, BGBl. I S. 1302,
– Gesetz zur Änderung des Betäubungsmittelgesetzes vom 9.9.1992 – **BtMGÄndG,** BGBl. I S. 1593,
– 4. VO zur Änderung betäubungsmittelrechtlicher Vorschriften (4. Betäubungsmittel-rechts-Änderungsverordnung – 4. BtMÄndV) vom 23.12.1992, BGBl. I S. 2483,
– Art. 7 der 5. Zuständigkeitsanpassungs-VO vom 26.2.1993, BGBl. I S. 278,
– Art. 3 des Gesetzes zur Ausführung des Übereinkommens der Vereinten Nationen vom 20.12.1988 gegen den unerlaubten Verkehr mit Suchtstoffen und psychotropen Stoffen (Ausführungsgesetz Suchtstoffübereinkommen 1988) vom 2.8.1993, BGBl. I S. 1407,
– 5. VO zur Änderung betäubungsmittelrechtlicher Vorschriften (5. Betäubungsmittel-rechts-Änderungsverordnung – 5. BtMÄndV) vom 18.1.1994, BGBl. I S. 99. Neubekanntmachung der Neufassung des Betäubungsmittelgesetzes vom 1.3.1994, BGBl. I S. 358,
– Art. 3 § 1 des Gesetzes über die Neuordnung zentraler Einrichtungen des Gesundheitswesens (Gesundheitseinrichtungen-Neuordnungs-Gesetz – GNG) vom 24.6.1994, BGBl. I S. 1416,
– § 34 des Gesetzes zur Überwachung des Verkehrs mit Grundstoffen, die für die unerlaubte Herstellung von BtM missbraucht werden können (**Grundstoffüberwachungsgesetz** – GÜG) vom 7.10.1994, BGBl. I S. 2835),
– Art. 2 § 4 des Gesetzes zur Neuregelung der Vorschriften über den Bundesgrenzschutz (Bundesgrenzschutzneuregelungsgesetz – BGSNeuRegG) vom 19.10.1994, BGBl. I S. 2978,
– Art. 9 des Gesetzes zur Änderung des Strafgesetzbuches, der Strafprozessordnung und anderer Gesetze **(Verbrechensbekämpfungsgesetz)** vom 28.10.1994, BGBl. I S. 3186),
– 6. VO zur Änderung betäubungsmittelrechtlicher Vorschriften vom 14.9.1995, BGBl. I S. 1161,
– 7. VO zur Änderung betäubungsmittelrechtlicher Vorschriften vom 29.3.1996 – 7. BtMÄndV, BGBl. I S. 562,
– 2. Gesetz zur Änderung des Betäubungsmittelgesetzes vom 4.4.1996 – 2. BtMG-ÄndG, BGBl. I S. 582,
– 8. VO zur Änderung betäubungsmittelrechtlicher Vorschriften vom 14.11.1996, BGBl. I S. 1728,

- 9. VO zur Änderung betäubungsmittelrechtlicher Vorschriften vom 28.1.1997, BGBl. I S. 65,
- Art. 7 des Justizmitteilungsgesetzes und Gesetzes zur Änderung kostenrechtlicher Vorschriften und anderer Gesetze (JuMiG) vom 18.6.1997, BGBl. I S. 1430,
- 10. VO zur Änderung betäubungsmittelrechtlicher Vorschriften vom 20.1.1998 – 10. BtMÄndV, BGBl. I S. 74,
- Art. 4 des Gesetzes zur Bekämpfung von Sexualdelikten und anderen gefährlichen Straftaten vom 26.1.1998, BGBl. I S. 160,
- 11. VO zur Änderung betäubungsmittelrechtlicher Vorschriften vom 23.6.1998 – 11. BtMÄndV, BGBl. I S. 1510,
- 12. VO zur Änderung betäubungsmittelrechtlicher Vorschriften vom 7.10.1998 – 12. BtMÄndV, BGBl. I S. 3126,
- Art. 23 des Gesetzes zur Stärkung der Solidarität in der gesetzlichen Krankenversicherung vom 19.12.1998 – GKV-SolG, BGBl. I S. 3853,
- 13. VO zur Änderung betäubungsmittelrechtlicher Vorschriften vom 24.9.1999 – 13. BtMÄndV, BGBl. I S. 1935,
- 3. Gesetz zur Änderung des Betäubungsmittelgesetzes vom 28.3.2000, BGBl. I S. 302,
- 14. VO zur Änderung betäubungsmittelrechtlicher Vorschriften vom 27.9.2000 – 14. BtMÄndV, BGBl. I S. 1414,
- 15. VO zur Änderung betäubungsmittelrechtlicher Vorschriften vom 19.6.2001 – 15. BtMÄndV, BGBl. I S. 1180,
- 16. VO zur Änderung betäubungsmittelrechtlicher Vorschriften vom 28.11.2001 – 16. BtMÄndV, BGBl. I S. 3338,
- 17. VO zur Änderung betäubungsmittelrechtlicher Vorschriften vom 12.2.2002 – 17. BtMÄndV, BGBl. I S. 612,
- Art. 2 des Gesetzes zur Änderung des Grundstoffüberwachungsgesetzes vom 26.6.2002, BGBl. I S. 2261,
- Art. 18 der 8. Zuständigkeitsanpassungsverordnung vom 25.11.2003, BGBl. I S. 2304,
- 18. VO zur Änderung betäubungsmittelrechtlicher Vorschriften vom 22.12.2003 – 18. BtMÄndV, BGBl. 2004 I S. 28,
- 19. VO zur Änderung betäubungsmittelrechtlicher Vorschriften vom 10.3.2005 – 19. BtMÄndV, BGBl. 2005 I S. 757,
- Art. 15 des Gesetzes zur Umbenennung des Bundesgrenzschutzes in Bundespolizei vom 21.6.2005, BGBl. I S. 1818,
- Art. 35 der 9. Zuständigkeitsanpassungsverordnung vom 31.10.2006, BGBl. I S. 2407, hier: 2411,
- 2. Gesetz zur Modernisierung der Justiz (2. Justizmodernisierungsgesetz) vom 22.12.2005, BGBl. I S. 3416,
- 20. VO zur Änderung betäubungsmittelrechtlicher Vorschriften vom 14.2.2007 – 20. BtMÄndV, BGBl. 2007 I S. 154,
- Gesetz zur Stärkung des Wettbewerbs in der gesetzlichen Krankenversicherung (GKV-Wettbewerbsstärkungsgesetz – GKV – WSG) vom 26.3.2007, BGBl. I S. 378,
- 21. VO zur Änderung betäubungsmittelrechtlicher Vorschriften (21. BtMÄndV) vom 18.2.2008 – 21. BtMÄndV, BGBl. I S. 246,
- 22. VO zur Änderung betäubungsmittelrechtlicher Vorschriften vom 19.1.2009 – 22. BtMÄndV, BGBl. I S. 49,
- 23. VO zur Änderung betäubungsmittelrechtlicher Vorschriften vom 19.3.2009 – 23. BtMÄndV, BGBl. I S. 560, – Begründung: http://dipbt.bundestag.de/dip21/brd/2009/0079-09.pdf,
- Gesetz zur diamorphingestützten Substitutionsbehandlung vom 15.7.2009, BGBl. I S. 1801, – Begründung: http://dipbt.bundestag.de/dip21/btd/16/115/1611515.pdf,
- Gesetz zur Änderung arzneimittelrechtlicher und anderer Vorschriften vom 17.7.2009, BGBl. I S. 1990, – Begründung: http://dipbt.bundestag.de/dip21/btd/16/122/1612256.pdf (ab S. 59),

- 43. Gesetz zur Änderung des Strafgesetzbuches – Strafzumessung bei Aufklärungs- und Präventionshilfe (43. StrÄndG) vom 29.7.2009, BGBl. I S. 2288,
- 24. VO zur Änderung betäubungsmittelrechtlicher Vorschriften vom 18.12.2009 – 24. BtMÄndV, BGBl. I S. 3944, – Begründung: http://dipbt.bundestag.de/dip21/brd/2009/0812-09.pdf,
- Art. 6 des Gesetzes zur Neuordnung des Arzneimittelmarktes in der Gesetzlichen Krankenversicherung (Arzneimittelmarktneuordnungsgesetz – AMNOG) vom 22.10.2010, BGBl. I S. 2262, hier: 2272 – Begründung: http://dipbt.bundestag.de/dip21/btd/17/024/1702413.pdf,
- 25. VO zur Änderung betäubungsmittelrechtlicher Vorschriften vom 11.5.2011 – 25. BtMÄndV, BGBl. I S. 821, – Begründung: http://dipbt.bundestag.de/dip21/brd/2011/0130-11.pdf,
- 26. VO zur Änderung betäubungsmittelrechtlicher Vorschriften vom 20.7.2012 – 26. BtMÄndV, BGBl. I S. 1639 – Begründung: http://dipbt.bundestag.de/dip21/brd/2012/0317-12.pdf,
- Zweites Gesetz zur Änderung arzneimittelrechtlicher und anderer Vorschriften vom 19.10.2012, BGBl. I S. 2192 – Begründung: http://dipbt.bundestag.de/dip21/btd/17/101/1710156.pdf (ab S. 91).
- Sechsundvierzigstes Strafrechtsänderungsgesetz – Beschränkung der Möglichkeit zur Strafmilderung bei Aufklärungs- und Präventionshilfe (46. StrÄndG) vom 10.6.2013, BGBl. I 2013 S. 1497 – Begründung: http://dipbt.bundestag.de/dip21/btd/17/127/1712732.pdf
- 27. VO zur Änderung betäubungsmittelrechtlicher Vorschriften vom 9.7.2013 – 27. BtMÄndV, BGBl. I S. 2274 – Begründung: http://dipbt.bundestag.de/dip21/brd/2013/0434-13.pdf
- Gesetz zur Strukturreform des Gebührenrechts des Bundes (BGebRStrRefG) vom 7.8.2013, BGBl. I S. 3154 – Begründung: http://dipbt.bundestag.de/dip21/brd/2012/0305-12.pdf
- 28. VO zur Änderung betäubungsmittelrechtlicher Vorschriften vom 5.12.2014 – 28. BtMÄndV, BGBl. I S. 1999 – Begründung: http://dipbt.bundestag.de/dip21/brd/2014/0490-14.pdf
- 29. VO zur Änderung betäubungsmittelrechtlicher Vorschriften vom 18.5.2015 – 29. BtMÄndV, BGBl. I S. 723 – Begründung: http://dipbt.bundestag.de/dip21/brd/2015/0135-15.pdf.
- Gesetz zur Änderung des Agrar- und Fischereifonds-Informationen-Gesetzes und des Betäubungsmittelgesetzes (AFIG/BtMG1981ÄndG) vom 20.5.2015, BGBl. I S. 725 – Begründung:
- 30. VO zur Änderung betäubungsmittelrechtlicher Vorschriften vom 11.11.2015 – 30. BtMÄndV, BGBl. I S. 1992 – Begründung: http://dipbt.bundestag.de/dip21/brd/2015/0399-15.pdf
- 31. VO zur Änderung betäubungsmittelrechtlicher Vorschriften vom 1.3.2016 – 31. BtMÄndV – BGBl. I, S. 1282 – Begründung: http://dipbt.bundestag.de/dip21/brd/2016/0147-16.pdf.
- Gesetz zur Bekämpfung der Verbreitung neuer psychoaktiver Stoffe vom 26.11.2016, BGBl. I, S. 2615 – Begründung: http://dipbt.bundestag.de/dip21/brd/2016/0231-16.pdf,
- Gesetz zur Änderung betäubungsmittelrechtlicher und anderer Vorschriften vom 6.3.2017, BGBl. I S. 403 (hierzu § 3 Rn. 28 ff.), http://dip21.bundestag.de/dip21/btd/18/089/1808965.pdf.
- Gesetz zur Reform der Strafrechtlichen Vermögensabschöpfung vom 13.4.2017, BGBl. I S. 872.

Die Liste macht deutlich, dass das Betäubungsmittelrecht stetig Änderungen unterworfen **84** ist und in fast jährlichen Abständen eine Verordnung ergeht. In neuerer Zeit haben sich die zeitlichen Abstände zwischen den einzelnen Verordnungen verkürzt (vom Jahresturnus in den Halbjahresturnus, vgl. 28. BtMÄndV vom 5.12.2014, 29. BtMÄndV vom

18.5.2015 und 30. BtMÄndV), was v.a. auf das Phänomen neuer psychoaktiver Substanzen („legal highs") zurückzuführen ist, die der Verordnungsgeber möglichst schnell in die Anlagen des BtMG überführen will (→ § 1 Rn. 13). Also gilt derzeit mehr denn je, dass es sich beim Betäubungsmittelstrafrecht um eine besonders dynamische Rechtsmaterie handelt und der Rechtsanwender stets darauf zu achten hat, dass die Vorschriften zur zeitlichen Geltung eines Strafgesetzes, § 2 StGB nicht missachtet werden (v.a. wenn die Aufnahme eines Stoffes in die Listen des BtMG dem vorgeworfenen Tatgeschehen zeitlich nachgelagert ist).

85   **2. Die wichtigsten Änderungen.** Zahlreiche Änderungsverordnungen hatten ausschließlich die Aufnahme neuer Designerdrogen oder verschreibungsfähiger Betäubungsmittel bzw. eine „Umstellung" der Listen zum Gegenstand (so etwa die 5.,6.,8.,12.,13.,14., 16., 18., 20., 21., 24., 26., 27., 29., 30. BtMÄndV). Zum Teil beinhalteten sie allerdings auch wichtige, inhaltliche Änderungen des BtMG, die neben zahlreichen Änderungsgesetzen dem Betäubungsmittelrecht ihre heutige Gestalt verliehen haben. Sie seien (in chronologischer Reihenfolge) folgendermaßen zusammengefasst:

86   – **OrgKG.** Die Zunahme der Rauschgiftdelikte, der Drogentoten, der Sicherstellungsmengen und der Erstkonsumenten in den 80iger Jahren und sich mehrende Anzeichen, dass international organisierte Drogensyndikate Organisationen zum Absatz von BtM aufbauen und Maßnahmen für das Waschen und den Rückfluss der Gelder aus dem Rauschgifthandel treffen, veranlassten den Gesetzgeber zur Schaffung des OrgKG. Die (später als verfassungswidrig eingeordnete) **Vermögensstrafe** (§ 30c) wurde eingeführt,[205] zudem wurde es dem Bundesminister für Gesundheit – im Zuge der ersten Designerdrogenwelle in den 90er Jahren – ermöglicht, vorläufig Stoffe und Zubereitungen in die Anlagen I bis III aufzunehmen. Einschneidend (und im Hinblick auf die repressive Grundhaltung der Strafverfolgungsbehörden prägend) waren die Erweiterungen im Bereich der Strafzumessung und Qualifikationen (im Hinblick auf das Verbrechensbekämpfungsgesetz zwei Jahre später allerdings nur ein Zwischenschritt).

87   Der **Strafrahmen** des § 29 Abs. 1 wurde von vier **auf fünf Jahre** ausgedehnt. Dies lässt sich auf die Verpflichtung des Gesetzgebers aus Art. 3 des Suchtstoffübereinkommens zurückführen, die Geldwäsche – auch iRd illegalen Betäubungsmittelverkehrs – unter Strafe zu stellen. Weil § 261 StGB einen Strafrahmen von bis zu fünf Jahren vorsieht, ging man davon aus, dass der Grundtatbestand als potentielle Vortat der Geldwäsche (zB § 29 Abs. 1 Satz 1 Nr. 1, 11 und 12) nicht mit geringerer Strafdrohung aufwarten darf, als die Geldwäsche selbst. Diese Überlegung ist – trotz der Eigenschaft des § 261 StGB als Anschlussdelikt freilich nicht zwingend – da man in der Perpetuierung „kleinen Unrechts" innerhalb eines „großen Systems" auch größeres Unrecht sehen kann, das ggf. mit einem höheren Strafrahmen versehen ist.

88   Mit der Einführung des § 30a hat man das ohnehin kritikwürdige System der Strafschärfungen im Betäubungsmittelstrafrecht „entsystematisiert", aber v.a. durch die erhöhte Mindeststrafe von fünf Jahren (!) eine vollkommen unangemessene Sanktionsnorm geschaffen, die per se Konstellationen erfasst, die diesem Strafrahmen niemals gerecht würden (und den Tatrichter zwingen, die Subsumtion durch die Annahme eines minder schweren Falles zu korrigieren, vgl. zum Ganzen → Vor § 29a Rn. 19).

89   – **BtMGÄndG.** Dem OrgKG stand das BtMÄndG inhaltlich diametral gegenüber, welches auf Initiative der Freien und der Hansestadt Hamburg vom Bundesrat vorgelegt wurde. Die Möglichkeit bei Konsumentendelikten, von Strafe abzusehen, wurde nunmehr auch den Staatsanwaltschaften eröffnet. Im Hinblick auf das eingeräumte Ermessen war der Weg zum berüchtigten „Nord-Süd-Gefälle" geebnet, aber ein wesentlicher Schritt für „informelle" und nicht stigmatisierende Erledigung einfacher Betäubungsmittelkriminalität genommen. Ferner wurde die Verschreibung zur ärztlichen Behandlung einer Betäu-

---

[205] Inzwischen obsolet geworden durch BVerfG 20.3.2002 – 2 BvR 794/95, BVerfGE 105, 135 = NJW 2002, 1779.

bungsmittelabhängigkeit ermöglicht und klargestellt, dass die Abgabe von sterilen Einmalspritzen als wichtige Maßnahme der „harm reduction" kein Verschaffen von Gelegenheit zum Verbrauchen i.S.d. § 29 Abs. 1 Satz 1 Nr. 10 darstellt. Ein im Hinblick auf die repressive Grundausrichtung des Gesetzes notwendiges Mittel, da man sich auf eine restriktive Auslegung im Bereich akzeptierender Drogenhilfe nicht verlassen kann, vgl. hierzu noch→ § 29 Rn. 1422 f.). Nach erster „Bewährung" versuchte man den praktischen Unzulänglichkeiten im Bereich der Therapievollstreckung durch ein Paket an Gesetzesänderungen zu begegnen (Möglichkeit der Beschwerde gegen die Verweigerung der Zustimmung durch das Gericht – Erleichterung der Therapieanrechnung nach § 36 Abs. 1 und des Absehens von der Verfolgung nach § 37).

Die Vorbildfunktion von Deutschland ist in Anbetracht des Umstands, dass zahlreiche **90** Länder inzwischen ebenfalls dazu übergegangen sind, Schadensminderungsmaßnahmen einzuführen, nicht zu unterschätzen: 2001 öffnete in Australien das Sydney MSIC, ein medizinisch überwachtes Injektionszentrum seine Türen.[206] Auch Kanada nimmt im selben Jahr den Betrieb von zwei medizinisch überwachten Injektionszentren auf, die einen risikoarmen Konsum gewährleisten sollen. Außerdem werden erstmals Versuche heroingestützter Behandlungen zugelassen. Seit 2004 hat die Ukraine die am besten ausgestattete Schadensminderung in ganz Osteuropa inne (erste Erfolge ließen sich erzielen, als die Zahl der neuen HIV-Infektionen 2011 zum ersten Mal seit 1999 abnahm). Erstmals 2004 gehen auch China und Vietnam dazu über, schadensmindernde Maßnahmen anzubieten. Tansania führt 2013 als erstes Land in der Sub-Sahara-Region ein nationales Methadonprogramm ein. **Moldawien** ist bereits seit **1999** versucht, die Haftbedingungen für Drogenabhängige zu verbessern, insb. Substitution und Spritzenaustauschprogramme auch während des Vollzugs zu gewährleisten[207] (vgl. zur Situation in Deutschland noch → § 13 Rn. 37).

– **4. BtMÄndV.** Mit der 4. BtMÄndV wurde die ärztliche Verschreibung von BtM wesent- **91** lich erleichtert und das Verschreiben zur Substitution mit der Einführung des § 2a BtMVVO auf eine etwas sicherere Grundlage gestellt.

– **Ausführungsgesetz Suchtstoffübereinkommen 1988.** Mit dem Ausführungsgesetz **92** zum Suchtstoffübereinkommen 1988 erfüllte die Bundesrepublik Deutschland die – mit der Unterzeichnung des Abkommens am 19.1.1980 übernommene – längst fällige Verpflichtung zur Umsetzung der Ziele des Abkommens in nationales Recht. Zu diesem Zweck wurden Vorschriften in das BtMG eingefügt, um den Verkehr mit Chemikalien, die für die unerlaubte Betäubungsmittelherstellung verwendet werden können, zu kontrollieren und Verstöße hiergegen unter Strafe zu stellen (§ 29 Abs. 1 Satz 1 Nr. 11). Auch das Auffordern zum Verbrauch von BtM, die nicht zulässigerweise verschrieben worden sind, wurde unter Strafe gestellt (§ 29 Abs. 1 Satz 1 Nr. 12). Im Hinblick auf das kurze Zeit später erlassene GÜG sollte es sich bei der Grundstoffüberwachung durch das BtMG allerdings nur um ein „Intermezzo" handeln.

– **GNG.** Das GNG hat das Bundesgesundheitsamt in Berlin aufgelöst und die Befugnisse **93** und Pflichten des BtMG zur Überwachung des Verkehrs mit BtM dem Bundesinstitut für Arzneimittel und Medizinprodukte in Bonn übertragen. Die Bezeichnung „Bundesopiumstelle" der für die Überwachung des Betäubungsmittelverkehrs zuständigen Abteilung nun des BfArM wurde beibehalten.

– **GÜG.** Das GÜG dient der Umsetzung der Richtlinie 92/109/EWG,[208] die wiederum **94** die Regelungen des Suchtstoffabkommens 1988 in Gemeinschaftsrecht umsetzen soll.

---

[206] Evaluationsberichte *Springer*, Konsumräume, 2003, bei S. 13 abrufbar unter http://www.indro-online.de/springer.pdf (Stand: 18.4.2017).
[207] *Laticevschi/Leorda*, in *Jacob/Keppler/Stöver*, 2001, S. 124 ff.; Global Commission on drug policy, Kontrolle übernehmen, Bericht 2014, S. 14.
[208] Richtlinie des Rates vom 14.12.1992 über die Herstellung und das Inverkehrbringen bestimmter Stoffe, die zur unerlaubten Herstellung von Suchtstoffen und psychotropen Stoffen verwendet werden, ABl. 1992 L 370 S. 76.

§ 29 GÜG enthält Strafbarkeitsbestimmungen bei Verstößen gegen das Verbot des Verkehrs mit Grundstoffen, die zur unerlaubten Herstellung von BtM verwendet werden sollen. Der (→ Rn. 62) eingefügte § 18a mit der Strafvorschrift des § 29 Abs. 1 Satz 1 Nr. 1 wurde daher aufgehoben. Zu den Strafvorschriften im Einzelnen vgl. die Kommentierung zum GÜG.

95 – **Verbrechensbekämpfungsgesetz.** Das Verbrechensbekämpfungsgesetz beinhaltete nochmals zwei wesentliche Änderungen: Die Strafdrohung für das Bestimmen einer Person unter 18 Jahren zu Betäubungsmittelhandel und -schmuggel wurde von bisher einem Jahr Mindeststrafe auf nunmehr fünf Jahre Mindeststrafe erhöht, indem man den ursprünglichen Qualifikationstatbestand (§ 29a Abs. 1) schlicht auf § 30a verlagerte. Weiterhin wurde der (sowohl in seiner konkreten Ausgestaltung als auch wegen der horrenden Strafandrohung) vollkommen missglückte Tatbestand des Betäubungsmittelhandels und -schmuggels sowie das Sichverschaffen (dh durch Straftaten) von BtM unter Mitführen von Schusswaffen eingeführt.

96 – **7. BtMÄndV und 2. BtMGÄndG.** Die 7. BtMÄndV ließ den kontrollierten Anbau von Nutzhanf aus zertifiziertem Saatgut durch landwirtschaftliche Betriebe einer näher bestimmten Größenordnung zu.

97 – **9. BtMÄndV.** Die 9. BtMÄndV bügelte eine gesetzgeberische Panne aus: Die mit der 6. BtMÄndV vorläufig per Eilverordnung gem. § 1 Abs. 3 für ein Jahr unterstellten Designerdrogen waren nicht rechtzeitig erneut begrenzt oder aber auf Dauer dem BtMG unterstellt worden. In der Zeit vom 28.9.1996 bis zum Inkrafttreten der 9. BtMÄndV am 1.2.1997 waren diese Substanzen also keine BtM im Sinne von Anlage I. Zusammen mit sechs weiteren neuen Designerdrogen wurden sie nun erneut gemäß § 1 Abs. 3 BtMG in Anlage I Teil A aufgenommen.

98 – **10. BtMÄndV.** Die 10. BtMÄndV brachte eine Vielzahl wichtiger Veränderungen: – die BtMVV wurde zur Regelung des „in begründeten Einzelfällen zulässige(n) Verschreiben(s) von Substitutionsmitteln für Betäubungsmittelabhängige"[209] nach einem einheitlichen Standard neu gefasst und weitere per Eilverordnung unterstellten Designerdrogen endgültig aufgenommen. Codein, Dihydrocodein und Oxycodon wurden umgestuft von Anlage II nach Anlage III, – Dronabinol, Levacetylmethadol, Modafinil und Remifentanil wurden verschreibungsfähig bzw. neu unterstellt. Die Teile A, B und C der Anlage III wurden zu einer einzigen alphabetisch geordneten Anlage III zusammengefasst. Zuletzt wurden die ausgenommenen Zubereitungen von Codein, Dihydrocodein und Flunitrazepam den Vorschriften über das Verschreiben und die Abgabe von BtM in den Fällen unterstellt, in denen sie für betäubungsmittelabhängige Personen verschrieben werden; damit wollte man die sog graue Substitution mit Codein und Dihydrocodein und die unter Missachtung der Fachinformation umfangreiche Verschreibung von Flunitrazepam für Betäubungsmittelabhängige ausschließen.

99 – **11. BtMÄndV und das GKV-SolG.** Die Übergangsfrist in § 18 Abs. 1 BtMVV wurde um ein Jahr bis zum 1.1.1999 durch die 11. BtMÄndV und ein zweites Mal, nunmehr bis 1.1.2000, durch das GKG-SolG 8 Mal verlängert, weil die Ärzte die Umstellung der Codein/Dihydrocodein-Substitution von Betäubungsmittelabhängigen auf Methadon nur sehr zögerlich angenommen hatten. Nachdem das Gesundheitsministerium sich nunmehr auf Untersuchungen des Zentralinstitutes für die Kassenärztliche Versorgung in der Bundesrepublik Deutschland (ZI) und des Institutes für interdisziplinäre Sucht- und Drogenforschung (ISD) berufen konnte, dass die Mehrzahl der Codeinpatienten bis Ende 1999 die Umstellung auf Methadon akzeptiert hätte, schien eine weitere Verlängerung nicht mehr nötig.

100 – **3. BtMÄndG.** Mit dem 3. BtMÄndG wurde Rechtsklarheit über die Zulässigkeit von sog. „Fixerstuben" (Drogenkonsumräumen) hergestellt. Das Gesetz brachte die Ermächtigung zur Einrichtung eines bundesweiten Registers über die Substitution opiatabhängiger

---

[209] BT-Drs. 881/97, 36.

Patienten und bestimmte die Anforderung einer besonderen Qualifikation für Ärzte, die Drogenabhängige behandeln. Bis heute haben nur wenige Länder von dieser Möglichkeit Gebrauch gemacht (vgl. noch → § 10a Rn. 2).

– **15. BtMÄndV.** Die 15. BtMÄndV brachte äußerst wichtige Veränderungen für die Substitutionsbehandlung von Betäubungsmittelabhängigen, führte den 3-spaltigen Aufbau der Anlagen I bis III zum BtMG ein und änderte die Betäubungsmittel-Außenhandelsverordnung in Hinblick auf die Anforderungen des grenzüberschreitenden Verkehrs zwischen den Mitgliedstaaten der Europäischen Union durch die Vollendung des Europäischen Binnenmarktes.   **101**

Die **Änderungen der BtMVV** durch die 15. BtMÄndV mit Inkrafttreten zum 1.7.2001   **102** betrafen **die Konsultation:** die bisher erforderliche wöchentliche Konsultation ist seitdem bei Patienten, die täglich zur Einnahme in der Vergabestelle erscheinen, nicht mehr erforderlich, Take-Home-Verordnung kann aber nach wie vor nur im Rahmen einer persönlichen ärztlichen Konsultation erfolgen; **die Substitutionsmittel:** Wirkstoffe können seitdem sowohl als Rezeptur als auch als für die Substitution zugelassene Fertigarzneimittel verordnet werden; Take-Home-Verordnung muss gemäß der Zulassung der Arzneimittel erfolgen, also als Rezeptur bei L-Polamidon Lösung zur Substitution; **die Injizierbarkeit:** die verschriebene Arzneiform darf nicht zur parenteralen Anwendung bestimmt sein – dh es darf keine Injektionslösung verordnet werden; der Arzt muss aber nicht deshalb auf das Verordnen eines Substitutionsmittels verzichten, weil durch unsachgemäße Manipulationen eine Injektion ermöglicht werden könnte; **das Rezept:** weiterhin darf das Rezept nur bei Take-Home-Verordnung dem Patienten direkt ausgehändigt werden, ansonsten ist nunmehr auch die Übersendung an die Apotheke möglich; **die Kriterien für Take-Home-Verschreibung:** sie darf erfolgen abhängig vom bisherigen Erfolg der Behandlung; sie darf nicht erfolgen, wenn Untersuchungen und Erhebungen des Arztes ergeben haben, dass der Patient Stoffe konsumiert, die ihn zusammen mit der Einnahme des Substitutionsmittels gefährden, wenn der Patient noch nicht auf eine stabile Dosis eingestellt wurde oder Stoffe missbräuchlich konsumiert; **die Auslandsreise des Patienten:** In begründeten Ausnahmefällen (mit unverzüglicher Anzeige an die Landesbehörde) darf der Arzt nun bei Auslandaufenthalten für länger als 7 Tage Take-Home verschreiben, insgesamt für maximal 30 Tage pro Jahr; **die Take-Home-Mittel:** nur noch in Einzeldosen und kindergesichert verpackt; **das Substitutionsregister:** Das BfArM richtet ein Substitutionsregister ein; Ziel ist ua die Vermeidung von Doppelverschreibungen; der Arzt darf dann Substitutionsmittel nur verschreiben, wenn er dies unverzüglich an das Substitutionsregister meldet; **die Qualifikation:** der Arzt darf Substitutionsmittel nur verschreiben, wenn er eine spezifische suchttherapeutische Qualifikation erworben hat; **Konsiliariusregelung:** höchstens drei Patienten kann ein Arzt auch ohne die im vorigen Punkt genannte Qualifikation behandeln, sofern er sich zu Beginn mit einem suchttherapeutisch qualifizierten Konsiliarius abstimmt und diesem den Patienten mindestens einmal im Quartal vorstellt.

– **17. BtMÄndV.** Mit der 17. BtMÄndV wurde die betäubungsmittelrechtliche Kontrolle   **103** der Verbindungen (Ester und Ether) der Gamma-Hydroxybuttersäure (GHB) aufgehoben, nachdem das Suchtstoffamt die Notwendigkeit einer Kontrolle auch der Verbindungen dieses Stoffes verneint hatte.

– **19. BtMÄndV.** Die 19. BtMÄndV brachte im Wesentlichen neben Änderungen der   **104** BtMVV (ua Änderung der Höchstmengenverschreibung für Buprenorphin und Fentanyl) vor allem eine Neufassung der Position des letzten Gedankenstrichs am Ende der Anlage I durch Ersetzung der Aufzählung „Pflanzen und Pflanzenteile, Tiere und tierische Körperteile …“ durch die allgemeinere Formulierung „Organismen und Teile von Organismen …“. Damit wurde dem Streit, ob Pilze unter die Missbrauchsregelung des letzten Gedankenstrichs am Ende der Anlage I fallen oder nicht, der Boden entzogen. Außerdem steht nunmehr fest, dass auch genveränderte Organismen mit pflanzlichen oder tierischen Ausgangsstrukturen und sogar völlig neuartige Organismen ohne Rückgriff auf bekannte

Biostrukturen unter die Missbrauchsregelung des letzten Gedankenstrichs am Ende der Anlage I fallen würden.

105 – **GKV-Wettbewerbsstärkungsgesetz.** Mit Art. 34 Gesetz zur Stärkung des Wettbewerbs in der gesetzlichen Krankenversicherung wurde ein neuer Abs. 4 in § 5b BtMVV eingefügt. Seitdem ist es möglich, die für einen Patienten eines Alten- und Pflegeheimes oder eines Hospizes bereits verschriebenen und nicht mehr benötigten Betäubungsmittel für einen anderen Patienten zu verschreiben oder an eine Apotheke zurückzugeben.

106 – **22. BtMÄndVO.** Diese Verordnung beinhaltete eigentlich nur die Aufnahme neuer Stoffe in die Anlagen des BtMG. Dennoch wird sie hier hervorgehoben, da sie die erste Reaktion auf die neue „legal high"-Welle darstellte: Sie unterstellte synthetische Cannabinoide, die Kräutermischungen beigesetzt und als „Spice" in den Verkehr gebracht wurden durch Eilverordnung in die Anlage II (später erfolgte eine dauerhafte Unterstellung durch die 24. BtMÄndVO). Es folgte die 26. BtMÄndVO, die neben synthetischen Cannabinoiden weitere neue Typen von Designerdrogen – Cathinonderivate, Piperazine, research chemicals – aufnahm.

107 – **Gesetz zur diamorphingestützten Substitutionsbehandlung.** Nach jahrelangen kontroversen Auseinandersetzungen wurde durch das „Gesetz zur diamorphingestützten Substitutionsbehandlung" die Möglichkeit zur Vergabe von Heroin zur Behandlung Schwerstabhängiger unter besonders geregelten Bedingungen geschaffen.

108 – **Gesetz zur Änderung arzneimittelrechtlicher und anderer Vorschriften.** Durch Art. 5 Gesetz zur Änderung arzneimittelrechtlicher und anderer Vorschriften wurde endlich eine neue, den wissenschaftlichen Erkenntnissen angepasste, Definition des betäubungsmittelrechtlichen Stoffbegriffs eingeführt. Außerdem wurden die Bedingungen des Faserhanfanbaus dem europäischen Recht angepasst und der Strafrahmen des § 30a Abs. 3 wurde zur Beseitigung von Wertungswidersprüchen in bestimmten Konstellationen[210] von fünf auf zehn Jahre erhöht.

109 – **43. StrÄndG – Strafzumessung bei Aufklärungs- und Präventionshilfe.** Durch das 43. StrÄndG wurde § 31 der allgemeinen Kronzeugenregelung angepasst, indem eine Vergünstigung ausgeschlossen wurde, wenn der Täter sein Wissen erst nach Erlass eines Eröffnungsbeschlusses offenbart.

110 – **AMNOG.** Durch das Arzneimittelmarktneuordnungsgesetz – AMNOG – wurden die notwendigen rechtlichen Voraussetzungen zur Einführung eines elektronischen Abgabebelegverfahrens in der Betäubungsmittelbinnenhandelsverordnung für die Meldepflichten aus § 12 Abs. 2 geschaffen; außerdem wurden die Verweisungen an die geltenden EU-Vorschriften zum Anbau von Nutzhanf aktualisiert.[211]

111 – **25. BtMÄndVO.** Durch die 25. BtMÄndVO wurden die Anlagen I bis III an den aktuellen Stand der wissenschaftlichen Erkenntnisse angepasst und die BtMVV geändert: die Vorschriften für das Weiterverwenden von Betäubungsmitteln in Alten- und Pflegeheimen und in Hospizen wurden auf die spezialisierte ambulante Palliativversorgung (SAPV) ausgedehnt und es wurden rechtliche Regelungen für einen Betäubungsmittel-Notfallvorrat in stationären Hospizen und in Einrichtungen der SAPV geschaffen. Weiterhin wurde Cannabis in die Liste verschreibungsfähiger Anlagen verschoben, soweit es sich um ein Fertigarzneimittel handelt (auf dem europäischen Binnenmarkt wurden cannabishaltige Arzneipräparate bereits zugelassen). An der prekären Situation der Patienten, welche auf Cannabispräparate angewiesen sind, hat diese „Reaktion" allerdings nicht viel verändert (zum Ganzen → § 3 Rn. 19).

112 – **Zweites Gesetz zur Änderung arzneimittelrechtlicher und anderer Vorschriften** (2. AMGuaÄndG). Art. 4 des Gesetzes enthält Regelungen zur Verbesserung der Betäubungsmittelversorgung mit in der Anlage III bezeichneten Opioiden in Form von Fertigarzneimitteln in transdermaler oder in transmucosaler Darreichungsform für ambulante Pallia-

[210] BT-Drs. 16/12256, 61.
[211] BT-Drs. 17/2413, 34, und BT-Drs. 17/3698, 81.

tivpatienten in Krisensituationen. Als Reaktion auf Versorgungsengpässe im Rahmen der Palliativmedizin erweitert es in § 4 die Erlaubnisfreiheit für Apotheken bei gegenseitiger Abgabe und lockert das Dispensierverbot für Ärzte in bestimmten Notfällen. Die Einhaltung des gesetzgeberisch vorgegebenen Wegs wird durch Straf- und Bußgeldvorschriften gesichert (§ 29 Nr. 6a), die einschlägig sind, wenn die Voraussetzungen des neuen § 13 Abs. 1a nicht eingehalten werden (zur Gesetzgebungsgeschichte → § 29 Rn. 1298)

– **28. BtMÄndV.** Die 28. BtMÄndV beinhaltete v.a. Regelungen zum Substitutionsregister **113** (Register mit Daten über das Verschreiben von Substitutionsmitteln) und brachte eine Änderung des § 5a BtMVV mit sich. Insbesondere wurden die Aufgaben des Bundesinstituts für Arzneimittel und Medizinprodukte konkretisiert und eine Verbesserung der Aktualität und Qualität der Daten durch ein geändertes Meldeverfahren in § 5a Absatz 5 BtMVV angestrebt. Außerdem wurde die Höchstverschreibungsmenge für Lisdexamfetamindimesilat (eingesetzt zur Behandlung von ADHS) auf 2.100 mg festgelegt.

– **AFIG/BtMG1981ÄndG.** Die Agrarreform brachte auch Änderungen im Bereich des **114** legalen Betäubungsmittelverkehrs mit sich (§ 19, 24a S. 3), wobei auch die Ausnahmeregelungen zu Nutzhanf den europarechtlichen Bestimmungen angepasst wurden.

– Die folgenden Änderungsverordnungen beinhalteten im Wesentlichen die Einfügung **115** neuer psychoaktiver Stoffe. Die letzte (31.) VO brachte 6 weitere NPS mit sich, daneben wurde die Betäubungsmittel-Verschreibungsverordnung auf Grund der arzneimittelrechtlichen Zulassung eines methadonhaltigen Tierarzneimittels verändert und die Möglichkeit eingeräumt, Methadon für den tierärztlichen Praxisbedarf zu verschreiben.

Mit dem aktuellen Betäubungsmitteländerungsgesetz vom 6.3.2017[212] hat der Gesetzgeber **115a** nach langem Ringen Cannabis zu medizinischen Zwecken freigegeben und durch eine Verschiebung (von kontrolliert angebautem Hanfblüten) in die Anlage III verschreibungsfähig gemacht (zum Ganzen umfassend § 3 Rn. 28 ff.). Dies erforderte auch eine Anpassung der gesetzgeberischen Rahmenvorschriften zum erlaubten, weil medizinisch indizierten Umgang, so etwa § 15 Abs. 1 S. 3 nF, der es Patienten gestattet, nunmehr auch Cannabisblüten im grenzüberschreitenden Verkehr „in angemessenen Mengen" für den eigenen Bedarf bei sich zu führen.[213] Außerdem wird eine Höchstverschreibungsmenge für Cannabisblüten in der BtMVV festgelegt.[214] Mit der Erweiterung des § 19 um einen Abs. 2a wird die Einrichtung eines überwachten Cannabisanbaus in Deutschland sichergestellt, welche nicht nur die staatliche Kontrolle über das Wirtschaftsgut Hanf auf Dauer gewährleisten soll, sondern auch dafür sorgen, dass der Stoff aus dem Inland bezogen wird. Die sozialrechtlich missliche Situation des Patienten soll durch einen neu eingefügten § 31 Abs. 6 SGB V erreicht werden, der zumindest Versicherte mit einer schwerwiegenden chronischen Erkrankung (§ 62 Abs. 1 Satz 8) dann Anspruch auf Versorgung mit Cannabis in Form von getrockneten Blüten oder Extrakten und auf Versorgung mit Arzneimitteln mit den Wirkstoffen Dronabinol oder Nabilon gewährleistet, „wenn eine allgemein anerkannte, dem medizinischen Standard entsprechende Leistung im Einzelfall nicht zur Verfügung steht".[215] Zudem wurde die statische Verweisung des § 19 Abs. 5 GÜG aktualisiert (zum Ganzen → GÜG Vor § 1 Rn. 11, § 1 GÜG Rn. 5).

---

[212] BGBl. S. 408.

[213] BT-Drs. 18/8965, 22.

[214] BT-Drs. 18/8965, 14, 23.

[215] Als weitere Voraussetzungen werden verlangt, dass „eine nicht ganz entfernt liegende Aussicht auf eine spürbare positive Einwirkung auf den Krankheitsverlauf oder auf schwerwiegende Symptome besteht und der Versicherte sich verpflichtet, an einer bis zum 31. Dezember 2018 laufenden Begleitforschung zum Einsatz dieser Arzneimittel teilzunehmen. Gerade letztere Voraussetzung wurde als verfassungsrechtlich problematisch eingestuft und in der Entstehung umstritten. Der Kabinettsentwurf hat diesen Punkt entsprechend entschärft, als sich die Pflicht nur auf nicht interventionelle Beobachtungsstudien bezieht, mithin über die in der Arztpraxis erforderlichen Maßnahmen keine weiteren Diagnoseverfahren angewendet werden. Im Übrigen bleibt mit Spannung abzuwarten, wie restriktiv bzw. extensiv die Sozialgerichte die Vorschrift anwenden, mithin wann von einer „schwerwiegenden Erkrankung" auszugehen ist, die eine Kostenübernahme durch die Krankenkassen gewährleistet. Die Unklarheiten werden durch eine weitere Maßstabsfigur potenziert, wo nach dem Ultima-ratio-Prinzip entsprechend eine allgemein anerkannte, die medizinischen Standard entsprechende Leistung im Einzelfall nicht zur Verfügung stehen dürfe. Damit kehren die Maßstäbe der Ausnahmeerlaubnis im Rahmen der sozialversicherungsrechtlichen Beurteilung wieder auf. Zum Ganzen auch BT-Drs. 18/8965, 24.

V. EU-Maßnahmen zur Bekämpfung des illegalen Drogenhandels

116   Bei dieser Gemengelage kommt der europäischen Drogenstrafgesetzgebung nur die Rolle eines „Nachzüglers" zu, wobei die Organe der EU diese Rolle – leider – „bestens" ausfüllen, was sich aus deren **Maßnahmen** zur „Bekämpfung des illegalen Drogenhandels" ergibt.

1. Verordnungen und Richtlinien

117 – **EG-Verordnung vom 13.12.1990 über Maßnahmen gegen die Abzweigung bestimmter Stoffe zur unerlaubten Herstellung von Suchtstoffen und psychotropen Substanzen (Verordnung (EWG) Nr. 3677/90).**[216] Kurz nach dem Wiener Übereinkommen 1988 erlassen die europäischen Institutionen aus denselben Motiven zunächst die Verordnung (EWG) Nr. 3677/90, in der Maßnahmen zur Überwachung des Handels mit häufig für die unerlaubte Herstellung von Suchtstoffen und psychotropen Substanzen verwendeten Stoffen zwischen der Gemeinschaft und Drittländern festgelegt wurden, um zu verhindern, dass derartige Stoffe abgezweigt werden. Zur Durchführung dieser Verordnung erlässt die Kommission die Verordnung (EWG) Nr. 3769/92,[217] in der die Erfassungserfordernisse und Ausfuhrerfordernisse für bestimmte Grundstoffe für die Überwachungsbehörden der Mitgliedstaaten vereinheitlicht wurden. Diese Verordnungen sind unmittelbar geltendes nationales Recht.

118 – **Richtlinie 92/109/EWG des Rates vom 14.12.1992 über die Herstellung und das Inverkehrbringen bestimmter Stoffe, die zur unerlaubten Herstellung von Suchtstoffen und psychotropen Substanzen verwendet werden (Richtlinie 92/109/EWG).**[218] Mit dieser Richtlinie des Rates vom 14.12.1992 über die Herstellung und das Inverkehrbringen bestimmter Stoffe, die zur unerlaubten Herstellung von Suchtstoffen und psychotropen Substanzen verwendet werden,[219] soll verhindert werden, dass im regulären innergemeinschaftlichen Handel befindliche Stoffe zur unerlaubten Herstellung von Suchtstoffen und psychotropen Substanzen abgezweigt werden. Die Richtlinie legt die Erfordernisse hinsichtlich der Unterlagen, der Aufzeichnungen und der Etikettierung fest. Sie garantiert den zuständigen Behörden den Zugang zu Unterlagen und Aufzeichnungen zu Prüfungszwecken. Die Mitgliedstaaten haben sich zur Benennung einer zuständigen Behörde verpflichtet, welche die ordnungsgemäße Anwendung der Richtlinie sicherstellen soll. Die Richtlinie schreibt ferner eine gemeinschaftsweite Zusammenarbeit zwischen den zuständigen Behörden vor. Die Mitgliedstaaten treffen geeignete Maßnahmen, um die Wirtschaftsbeteiligten zu veranlassen, den zuständigen Behörden alle ungewöhnlichen Bestellungen oder Transaktionen mit den erfassten Stoffen zu melden, die darauf hindeuten, dass diese für den Markt oder die Weiterverarbeitung bestimmten Stoffe zur unerlaubten Herstellung von Suchtstoffen oder psychotropen Substanzen abgezweigt werden sollen. Ebenso sollen die Mitgliedstaaten darauf hinwirken, dass alle Personen, die auf Grund ihrer Kenntnisse aus ihrer beruflichen Tätigkeit den Verdacht hegen, dass erfasste Stoffe, die in den Verkehr gebracht worden sind oder gebracht werden sollen oder für die Weiterverarbeitung bestimmt sind, zur unerlaubten Herstellung von Suchtstoffen abgezweigt werden sollen, die zuständigen Behörden hiervon unterrichten.

119 – **Entschließung des Rates vom 16.12.1996 zu den Maßnahmen zur Bekämpfung des illegalen Anbaus und der illegalen Herstellung von Drogen sowie zur Vernichtung illegaler Kulturen und Herstellungslaboratorien in der Europäischen Union (Anbau-Entschließung 1996).**[220] In der Entschließung des Rates vom

---

[216] ABl. L 357, 1.
[217] Verordnung (EWG) Nr. 3769/92 vom 21.12.1992 zur Durchführung und Änderung der Verordnung (EWG) Nr. 3677/90 des Rates vom 13.12.1990 über Maßnahmen gegen die Abzweigung bestimmter Stoffe zur unerlaubten Herstellung von Suchtstoffen und psychotropen Substanzen, ABl. 1990 L 383, 17, zuletzt geändert durch Verordnung (EG) Nr. 1116/2001 des Rates vom 5.6.2001, ABl. 2001 L 215, 58.
[218] ABl. 1992 L 370.
[219] ABl. 1992 L 370.
[220] ABl. 1996 C 389.

16. Dezember 1996 zu den Maßnahmen zur Bekämpfung des illegalen Anbaus und der illegalen Herstellung von Drogen sowie zur Vernichtung illegaler Kulturen und Herstellungslaboratorien in der Europäischen Union[221] werden die Mitgliedstaaten aufgefordert, (1) der Prävention des illegalen Anbaus und der illegalen Herstellung von Drogen sowie der Aufspürung illegaler Drogenkulturen und Herstellungslaboratorien besondere Aufmerksamkeit zu widmen; (2) je nach Lage in ihren Ländern zu erwägen, den Verkauf von Cannabis-Samen dann unter Strafe zu stellen, wenn jemand diesen wissentlich an eine Person verkauft, die den illegalen Anbau von Cannabis beabsichtigt; (3) sicherzustellen, dass der Anbau von Cannabis unter Glas, unter Polyäthylen und in Räumen verboten wird; hiervon ausgenommen sind Fälle, in denen dieser Anbau beispielsweise wissenschaftlichen Forschungszwecken dient und eine Sondergenehmigung erteilt worden ist, nachdem der Interessent gegenüber der für die Genehmigung zuständigen Stelle nachgewiesen hat, dass der beabsichtigte Anbau zu diesen Ausnahmefällen gehört; (4) im Benehmen mit der Europol-Drogenstelle (EDS) die Effizienz ihrer Einsatzkräfte beim Vorgehen gegen den illegalen Anbau und die illegale Herstellung von Drogen zu steigern.

– **Gemeinsame Maßnahme 96/750/JI vom 17. Dezember 1996 betreffend die** **120** **Angleichung der Rechtsvorschriften und der Verfahren der Mitgliedstaaten der Europäischen Union zur Bekämpfung der Drogenabhängigkeit und zur Verhütung und Bekämpfung des illegalen Drogenhandels (Rechtsangleichungs-Maßnahme 1996).**[222] Die Gemeinsame Maßnahme 96/750/JI vom 17.12.1996 wurde vom Rat auf Grund von Art. K.3 Vertrag über die Europäische Union angenommen.

– **Entschließung des Rates vom 20. Dezember 1996 über die Ahndung von schwe-** **121** **ren Straftaten im Bereich des unerlaubten Drogenhandels zur effizienteren Koordinierung und Verbesserung der Strategie der Europäischen Union zur Bekämpfung des unerlaubten Drogenhandels sowie insbesondere zur Verbesserung der Zusammenarbeit in diesbezüglichen Strafsachen (Drogenhandel-Entschließung 1996).**[223]

– **Gemeinsame Maßnahme 97/396/JI vom 16. Juni 1997 betreffend den Informati-** **122** **onsaustausch, die Risikobewertung und die Kontrolle bei neuen synthetischen Drogen (Maßnahme 97/396/JI).**[224] Gemeinsame Maßnahme 97/396/JI vom 16.6.1997 betreffend den Informationsaustausch, die Risikobewertung und die Kontrolle bei neuen synthetischen Drogen betrifft neue synthetische Drogen, die derzeit in keinem der Anhänge des UN-Übereinkommens über psychotrope Stoffe von 1971 aufgeführt sind, eine vergleichbar ernste Bedrohung der öffentlichen Gesundheit wie die in den Anhängen I und II dieses Übereinkommens aufgeführten Stoffe darstellen und nur einen begrenzten therapeutischen Wert haben. Es handelt sich um Endprodukte im Unterschied zu Grundstoffen, für welche die Verordnung (EWG) Nr. 3677/90 des Rates vom 13. Dezember 1990 über Maßnahmen gegen die Abzweigung bestimmter Stoffe zur unerlaubten Herstellung von Suchtstoffen und psychotropen Substanzen und die Richtlinie 92/109/EWG des Rates vom 14. Dezember 1992 über die Herstellung und das Inverkehrbringen bestimmter Stoffe, die zur unerlaubten Herstellung von Suchtstoffen und psychotropen Stoffen verwendet werden, eine Gemeinschaftsregelung enthält.

Zu dieser Maßnahme haben die Institutionen der EU folgende weitere Tätigkeiten entwi-　**123** ckelt: Beschluss des Rates vom 13.9.1999 über Kontrollmaßnahmen und strafrechtliche Sanktionen im Zusammenhang mit der neuen synthetischen Droge 4-MTA,[225] Beschluss des Rates vom 28. Februar 2002 über Kontrollmaßnahmen und strafrechtliche Sanktionen im Zusammenhang mit der neuen synthetischen Droge PMMA.[226] Bericht der Kommission

---

[221] ABl. 1996 C 389.
[222] ABl. 1996 L 342.
[223] ABl. 1997 C 10.
[224] ABl. 1997 L 167.
[225] ABl. 1999 L 244.
[226] ABl. L 63 vom 6.3.2002.

an den Rat über Ketamin gemäß der Gemeinsamen Maßnahme betreffend neue synthetische Drogen (97/396/JI),[227] 5X. Bericht der Kommission an den Rat über GHB gemäß der Gemeinsamen Maßnahme betreffend neue synthetische Drogen (97/396/JI).[228]

124 – **Einrichtung eines Europäischen Labornetzes zur Bestimmung des Profils synthetischer Drogen.** Initiative des Königreichs Schweden im Hinblick auf die Annahme eines Beschlusses des Rates über die Einführung eines Systems für die spezielle kriminaltechnische Profilanalyse synthetischer Drogen.[229]

125 – **Bekämpfung des illegalen Drogenhandels auf hoher See.** Initiative des Königreichs Spanien im Hinblick auf den Erlass eines Rechtsaktes des Rates betreffend der Erstellung – gemäß Art. 34 des Vertrags über die Europäische Union – des Übereinkommens über die Bekämpfung des illegalen Drogenhandels auf hoher See durch die Zollverwaltungen.[230]

126 – **Empfehlung des Rates vom 25.4.2002 über die Verbesserung der Ermittlungsmethoden bei der Bekämpfung der organisierten Kriminalität im Zusammenhang mit organisiertem Drogenhandel: zeitgleiche Ermittlungen gegen kriminelle Vereinigungen wegen Drogenhandels und Vermögensermittlungen (OK-Empfehlung 2002).**[231] Die Empfehlung dient der Bestimmung einer Methode zeitgleicher Ermittlungen, um nicht nur die mit dem Drogenhandel in Verbindung stehenden Aktivitäten, sondern auch die Vermögensstruktur aufzuspüren, von der die beteiligten Akteure profitieren.

127 – **Rahmenbeschluss 2004/757/JI des Rates zur Festlegung von Mindestvorschriften über die Tatbestandsmerkmale strafbarer Handlungen und die Strafen im Bereich des illegalen Drogenhandels vom 25.10.2004 (Rahmenbeschluss Mindestvorschriften 2004).**[232] Mit dem Rahmenbeschluss Mindestvorschriften 2004 hat der Rat der EU für Straftaten iVm illegalem Handel mit Drogen und Grundstoffen festgelegt, dass jeder Mitgliedstaat folgende vorsätzliche Handlungen unter Strafe stellt (Art. 2), wenn sie ohne entsprechende Berechtigung vorgenommen wurden:
– das Gewinnen, Herstellen, Ausziehen, Zubereiten, Anbieten, Feilhalten, Verteilen, Verkaufen, Liefern – gleichviel zu welchen Bedingungen –, Vermitteln, Versenden – auch im Transit –, Befördern, Einführen oder Ausführen von Drogen;
– das Anbauen des Opiummohns, des Kokastrauchs oder der Cannabispflanze;
– das Besitzen oder Kaufen von Drogen mit dem Ziel, eine der unter Buchstabe a) aufgeführten Handlungen vorzunehmen;
– das Herstellen, Befördern oder Verteilen von Grundstoffen in der Kenntnis, dass sie der illegalen Erzeugung oder der illegalen Herstellung von Drogen dienen.

128 Der persönliche Konsum fällt nicht in den Regelungsbereich des Rahmenbeschlusses (Art. 2 Abs. 2). Es sind detaillierte „Mindesthöchststrafen" vorgesehen (Art. 4), es sollen aber auch Strafmilderungsgründe ermöglicht werden beim „Lossagen" von kriminellen Aktivitäten im Bereich des illegalen Drogenhandels und bei Kronzeugen (Art. 5). Zwischenzeitlich wurde von der Kommission eine Änderung bzw. Erweiterung des Rahmenbeschlusses angeregt, der eine europaweite „Einbeziehung" sog. neuer psychoaktiver Substanzen ermöglichen soll (zum Ganzen noch → § 1 Rn. 30 sowie NpSG Vor § 1 Rn. 7.[233] Der deutsche Gesetzgeber hat allerdings noch vor Umsetzung des genannten Änderungsvorschlags auf

---

[227] KOM(2001)737 endg. – nicht im ABl. veröffentlicht.
[228] KOM(2001)737 endg. – nicht im ABl. veröffentlicht.
[229] ABl. 2001 C 10 – OJ C 10, 12.1.2001.
[230] ABl. 2002 C 45 – JO C 45, 19. 2. 202.
[231] ABl. 2002 C 114 – OJ C 114, 15. 5. 202.
[232] ABl. 2004 L 335, 8–11; http://eurlex.europa.eu/LexUriServ/LexUriServ.do?uri=OJ:L:2004:335:0008:0011:DE:PDF (Stand: 18.4.2017).
[233] Vorschlag für eine RL des Europäischen Parlaments und des Rates zur Änderung des Rahmenbeschlusses 2004/757/JI des Rates vom 25. Oktober 2004 zur Festlegung von Mindestvorschriften über die Tatbestandsmerkmale strafbarer Handlungen und die Strafen im Bereich des illegalen Drogenhandels hinsichtlich der Drogendefinition, COM(2013) 618 final, online abrufbar unter: http://eur-lex.europa.eu/LexUriServ/LexUriServ.do?uri=COM:2013:0618:FIN:DE:PDF (Stand: 18.4.2017).

das Phänomen „legal highs" reagiert (in Form eines eigenständigen Regelwerks, dem NpSG), sodass es auf die „europarechtliche Verpflichtung" nicht ankommen wird, ggf. aber nachjustiert werden muss.

Es fällt auf, dass sich das europäische Maßnahmenpaket drogenpolitisch im Wesentlichen **129** an den supranationalen (Katalog-)Modellen orientiert. In Anbetracht des Umstands, dass aber auch innerhalb der Europäischen Union erhebliche Divergenzen in der Umsetzung der Richtlinien und Verordnungen bestehen (Portugal, Niederlande, Tschechien, Frankreich, Deutschland), muss man die Zweckmäßigkeit der Verordnungen in Frage stellen. Umgekehrt bietet der europäische Weg echte Chancen, soweit es um die gemeinschaftliche Initiierung neuer drogenpolitischer Wege handelt, wenn man bedenkt, dass der supranationale Beteiligtenkreis eingeschränkt ist. Insofern hat die EU bis heute die Gelegenheit nicht genutzt, sich drogenpolitisch zu emanzipieren bzw. das Betäubungsmittelrecht zu „entamerikanisieren". Momentan erschöpft sich die Rolle der EU im Erlass gemeinsamer Aktionspläne, wobei zumindest aus Forschungs- und Präventionsgesichtspunkten die Arbeit insb. der Europäischen Drogenbeobachtungsstelle mit ihrem Monitoring-System eine wichtige Position einnimmt.

2. Aktionspläne und -programme der Europäischen Union zur Bekämpfung **130** **des Drogenmissbrauchs.** Die Zusammenarbeit der Mitgliedstaaten der EU auf dem Gebiet der Drogenpolitik nahm Mitte der Achtzigerjahre ihren Anfang. Seit 1990 hat der Europäische Rat mehrere Aktionspläne und -programme zur Bekämpfung des Drogenmissbrauchs und des illegalen Drogenhandels gebilligt:
– Vor dem Inkrafttreten des Vertrags über die Europäische Union (1.11.1993) gab es zwei erste europäische Drogenbekämpfungspläne, deren Verlängerung auf den Sitzungen des Europäischen Rates von Rom (Dezember 1990) und Edinburgh (Dezember 1992) gebilligt wurden.
– Aktionsplan im Bereich der Drogenbekämpfung (1995–1999),[234]
– Aktionsplan zur Drogenbekämpfung (2000–2004) vom 26.5.1999,[235]
– EU-Drogenaktionsplan (2005–2008) vom 8.7.2005,[236]
– EU-Drogenaktionsplan 2009–2012 vom 20.12.2008,[237]
– Drogenstrategie der Europäischen Union (2013–2020),[238]

---

[234] [KOM(1994) 234 endg. – nicht im Amtsblatt veröffentlicht] – http://eurlex.europa.eu/LexUriServ/LexUriServ.do?uri=COM:1994:0234:FIN:DE:PDF), vgl. Mitteilung an den Rat und an das Europäische Parlament zu einem Aktionsplan der Europäischen Union im Bereich der Drogenbekämpfung (1996–2000) – http://europa.eu/legislation_summaries/justice_freedom_security/combating_drugs/c11524_de.htm.
[235] [KOM(1999) 239 endg. – nicht im Amtsblatt veröffentlicht] – http://europa.eu/legislation_summaries/justice_freedom_security/combating_drugs/l33092_de.htm, vgl. Mitteilung der Kommission vom 26. Mai 1999 an den Rat, das Europäische Parlament, den Wirtschafts- und Sozialausschuss und den Ausschuss der Regionen vom 26. Mai 1999 betreffend einen Aktionsplan der Europäischen Union zur Drogenbekämpfung (2000–2004) [KOM(1999) 239 endg. – Nicht im Amtsblatt veröffentlicht], vgl. Mitteilung der Kommission an den Rat und das Europäische Parlament vom 22. Oktober 2004 über die Ergebnisse der Abschlussbewertung der EU-Drogenstrategie und des EU-Drogenaktionsplans (2000–2004) [nicht im Amtsblatt veröffentlicht]. [KOM(2004) 707 endg. – http://eur-lex.europa.eu/LexUriServ/LexUriServ.do?uri=COM:2004:0707:FIN:DE:PDF (Stand: 18.4.2017).
[236] ABl. 2005 C 168, http://eur-lex.europa.eu/LexUriServ/LexUriServ.do?uri=OJ:C:2005:168:0001:0018:DE:PDF, vgl. Arbeitsdokument der Dienststellen der Kommission – Begleitdokument zur Mitteilung der Kommission an den Rat und das Europäische Parlament zu einem EU-Drogenaktionsplan 2009–2012 – Bericht über die abschließende Bewertung des EU-Drogenaktionsplans 2005–2008 [SEK(2008) 2456 – Nicht im Amtsblatt veröffentlicht], nur in Englisch: http://eur-lex.europa.eu/LexUriServ/LexUriServ.do?uri=SEC:2008:2456:FIN:EN:PDF.
[237] ABl. 2008 C 326, http://eur-lex.europa.eu/LexUriServ/LexUriServ.do?uri=OJ:C:2008:326:0007:0025:DE:PDF, vgl. EU-Drogenstrategie (2005–2012) http://europa.eu/legislation_summaries/justice_freedom_security/combating_drugs/c22569_de.htm und Vermerk des Rates vom 22. November 2004 zur EU-Drogenstrategie (2005–2012) [15074/04 – Nicht im Amtsblatt veröffentlicht], http://register.consilium.europa.eu/pdf/de/04/st15/st15074.de4.pdf.
[238] Abrufbar unter: http://www.consilium.europa.eu/de/documents-publications/publications/2013/european-union-drugs-strategy-2013-2020/; vgl. hierzu Europäischer Drogenbericht 2015, S. 62.

– EU-Drogenaktionsplan 2013–2016 vom 30.11.2013.[239]

131 Allen Drogenaktionsplänen und -strategien sind zwei Ziele gemeinsam: einerseits der Gesundheitsschutz, das Wohlergehen und der soziale Zusammenhalt und andererseits die Sicherheit der Bevölkerung, die die europäischen Institutionen durch Drogenherstellung, den grenzüberschreitenden Dogenhandel und Drogenstraftaten bedroht sehen; dazu werden zwei Handlungsschwerpunkte – die Reduzierung der Nachfrage und des Angebots – und zwei bereichsübergreifende Maßnahmen – internationale Zusammenarbeit und Forschung sowie Information und Evaluierung – formuliert.

---

[239] ABl. 2013 C 351, http://eur-lex.europa.eu/legal-content/DE/TXT/?uri=CELEX:52013 XG1130(01).

Erster Abschnitt. Begriffsbestimmungen

§ 1 Betäubungsmittel

(1) Betäubungsmittel im Sinne dieses Gesetzes sind die in den Anlagen I bis III aufgeführten Stoffe und Zubereitungen.

(2) [1]Die Bundesregierung wird ermächtigt, nach Anhörung von Sachverständigen durch Rechtsverordnung mit Zustimmung des Bundesrates die Anlagen I bis III zu ändern oder zu ergänzen, wenn dies
1. nach wissenschaftlicher Erkenntnis wegen der Wirkungsweise eines Stoffes, vor allem im Hinblick auf das Hervorrufen einer Abhängigkeit,
2. wegen der Möglichkeit, aus einem Stoff oder unter Verwendung eines Stoffes Betäubungsmittel herstellen zu können, oder
3. zur Sicherheit oder zur Kontrolle des Verkehrs mit Betäubungsmitteln oder anderen Stoffen oder Zubereitungen wegen des Ausmaßes der mißbräuchlichen Verwendung und wegen der unmittelbaren oder mittelbaren Gefährdung der Gesundheit

erforderlich ist. [2]In der Rechtsverordnung nach Satz 1 können einzelne Stoffe oder Zubereitungen ganz oder teilweise von der Anwendung dieses Gesetzes oder einer auf Grund dieses Gesetzes erlassenen Rechtsverordnung ausgenommen werden, soweit die Sicherheit und die Kontrolle des Betäubungsmittelverkehrs gewährleistet bleiben.

(3) [1]Das Bundesministerium für Gesundheit wird ermächtigt, in dringenden Fällen zur Sicherheit oder zur Kontrolle des Betäubungsmittelverkehrs durch Rechtsverordnung ohne Zustimmung des Bundesrates Stoffe und Zubereitungen, die nicht Arzneimittel sind, in die Anlagen I bis III aufzunehmen, wenn dies wegen des Ausmaßes der missbräuchlichen Verwendung und wegen der unmittelbaren oder mittelbaren Gefährdung der Gesundheit erforderlich ist. [2]Eine auf der Grundlage dieser Vorschrift erlassene Verordnung tritt nach Ablauf eines Jahres außer Kraft.

(4) Das Bundesministerium für Gesundheit (Bundesministerium) wird ermächtigt, durch Rechtsverordnung ohne Zustimmung des Bundesrates die Anlagen I bis III oder die auf Grund dieses Gesetzes erlassenen Rechtsverordnungen zu ändern, soweit das auf Grund von Änderungen der Anhänge zu dem Einheits-Übereinkommen von 1961 über Suchtstoffe in der Fassung der Bekanntmachung vom 4. Februar 1977 (BGBl. II S. 111) und dem Übereinkommen von 1971 über psychotrope Stoffe (BGBl. 1976 II S. 1477) (Internationale Suchtstoffübereinkommen) in ihrer jeweils für die Bundesrepublik Deutschland verbindlichen Fassung erforderlich ist.

Übersicht

A. Bezeichnung „Betäubungsmittel" (BtM)

1   Bei den Vorarbeiten zum BtMG 1982 stand der Gesetzgeber vor der Wahl, die Bezeichnung „BtM" wie bisher beizubehalten oder nach dem Vorbild der internationalen Übk. (Übk. 1961: *„Suchtstoff"*, Übk. 1971: *„psychotroper Stoff"*) oder in der Nachfolge der neueren Spezialgesetze der Nachbarländer (Österreich: *„Suchtgift"*, DDR: *„Suchtmittel"*) eine andere Bezeichnung zu verwenden. Schon damals war offensichtlich, dass die Bezeichnung „BtM" unzureichend sein musste, weil neben narkotisierenden Stoffen auch Substanzen mit entgegengesetzten oder ganz anderen Wirkungen (Weckamine, Halluzinogene) der Verkehrskontrolle unterworfen waren oder werden sollten. Andererseits wäre auch die Wahl des Begriffs *„Suchtstoff"* oder *„Suchtmittel"* genauso unzutreffend gewesen, weil er zB den Alkohol, ebenfalls einen Suchtstoff, mitumfasst hätte, der aber dem BtMG weiterhin nicht unterfallen sollte. Aus diesem Grund hat es der Gesetzgeber für zweckmäßig[1] gehalten, die Bezeichnung „BtM" beizubehalten, die in Art. 74 Nr. 19 GG verwendet worden und inzwischen auch in andere Gesetze (§ 6 Nr. 5 StGB, § 81 AMG) eingegangen war. Da letztlich jede Substanz, bei der der Verordnungsgeber eine Gefährlichkeitsprognose bejaht (unabhängig von Stoffklassen oder Wirkweisen) dem BtMG unterstellt werden kann, sind die alternativen Begrifflichkeiten meist zu eng oder eben zu weit („Drogen", „Rauschdrogen", „Rauschgift", „psychotrope Substanz", „Narkotika" etc.). Denkbar wäre einen im Hinblick auf die Pharmakologie wie auch den Alltagsjargon neutralen, weil normativen Begriff zu verwenden, etwa „verbotene Stoffe". Aus der Unterschiedlichkeit des verwendeten Begriffs im Verhältnis zur Begriffsverwendung in den Übk. 1961 und 1971 ergeben sich indessen keine inhaltlichen Differenzen.

B. Erläuterung

I. System der Positivliste

2   In Ermangelung einer allgemein gültigen Begriffsbestimmung für BtM statuiert § 1 Abs. 1: „Betäubungsmittel im Sinne des BtMG sind die in Anlage I bis III aufgeführten Stoffe und Zubereitungen." Die Anlagen des BtMG legen somit konstitutiv und abschließend fest, welche Stoffe und Stoffverbindungen dem Gesetz unterliegen. Man spricht vom sog. System der **„Positivliste"**. Der Rechtsanwender muss also nicht von einem materiellen Betäubungsmittelbegriff ausgehend in jedem Einzelfall bestimmen, ob das Gesetz zur

---

[1] BT-Drs. 8/3551, 25.

Anwendung kommt (anders als im Arzneimittelrecht, wo als erstes danach gefragt wird, ob die gegenständliche Substanz unter eines der Arzneimittelbegriffe des § 2 AMG subsumiert werden kann) und *darf* dies auch nicht. Änderungen der Anlagen I bis III können von der Bundesregierung mit Zustimmung des Bundesrates im Verordnungswege vorgenommen werden (§ 1 Abs. 2). Die Regelungsbefugnis wurde dem Verordnungsgeber deshalb übertragen, damit auf Veränderungen des Drogenmarktes schneller reagiert werden kann.

– **Anlage I** enthält die nichtverkehrsfähigen Betäubungsmittel. Sie sind gesundheitsschäd-   **3** lich und für medizinische Zwecke nicht geeignet. Der Verkehr mit ihnen ist in der Bundesrepublik illegal. Die wichtigsten BtM der **Anlage I** sind Cannabis, Diamorphin (Heroin) und LSD.

– **Anlage II** enthält die verkehrsfähigen, aber nicht verschreibungsfähigen Betäubungsmit-   **4** tel. Sie dürfen nur in der Pharmaindustrie als Rohstoff und Zwischenprodukte verwendet werden. Hierzu gehören Cocablätter, Codein (außer bei einem ganz geringen Wirkstoff-anteil in Zubereitungen).

– **Anlage III** enthält die verkehrsfähigen und verschreibungsfähigen Betäubungsmittel.   **5** Hier sind die Stoffe aus der Single Convention on Narcotic Drugs von 1961 und dem Internationalen Abkommen von 1971 über psychotrope Stoffe nach der dortigen Syste-matik aufgenommen.

Der Begriff des „Stoffes" wird kurz darauf in § 2 Abs. 1 Nr. 1 und der Begriff der „Zuberei-   **6** tung" in § 2 Abs. 1 Nr. 2 definiert. Alle Stoffe und Zubereitungen, auf die das BtMG angewendet werden soll, werden enumerativ aufgezählt und in den Anlagen I bis III zum BtMG erfasst (teils werden auch die Organismen, in denen die Wirkstoffe enthalten sind unmittelbar in der Liste aufgeführt, sodass es eines „Rückgriffs" auf § 2 nicht bedarf).[2] Umgekehrt bedeutet dies: nur die in den Anlagen aufgeführten Stoffe und Zubereitungen sind BtM. Die Positivliste der Anlagen I bis III hat damit sowohl eine konstitutive als auch eine abschließende Regelungswirkung.

1. Konstitutive Funktion der Positivliste. Die BtM-Eigenschaft eines Stoffes wird   **7** gemäß Abs. 1 allein durch seine Aufnahme in die Positivliste der Anlagen I bis III begründet, **ohne dass es zusätzlich irgendwelcher Feststellungen** zu den spezifischen Eigenschaf-ten, der konkreten Berauschungsqualität oder der Konsumfähigkeit bedarf.[3] Das Gesetz enthält **keinerlei Einschränkungen hinsichtlich der Gewichtsmenge und des Wirk-stoffgehalts.** Mit der Ausnahme von bloßen Anhaftungen in so geringer Menge, dass sie für sich alleine zum menschlichen Konsum überhaupt oder zur Weitergabe nicht mehr geeignet sind, unterfällt jede als BtM klassifizierte Substanz – unabhängig von ihrer Gewichtsmenge und ihrem Wirkstoffgehalt – dem BtMG.[4] Die Aufnahme eines Stoffes in die Anlagen I bis III hat zur Folge, dass er damit zum BtM wird und das BtMG auf ihn anwendbar ist. **Einwendungen gegen die BtM-Eigenschaft** zB wegen mangelnder Gefährlichkeit oder fehlender psychotroper Wirkungen der Substanz können daher nur noch im Rahmen der verfassungsrechtlich ausgerichteten Rüge vorgetragen werden.[5]

2. Abschließende Funktion der Positivliste. Alle BtM sind entsprechend der gewähl-   **8** ten Gesetzessystematik nach Abs. 1 abschließend in den Anlagen I bis III des Gesetzes

---

[2] Vgl. BVerfG 4.5.1997 – 2 BvR 509/96 und 2 BvR 511/96, NJW 1998, 669.

[3] BayObLG 25.9.2002 – 4 St RR 80/02, BayObLGSt 2002, 135.

[4] OLG Düsseldorf 15.4.1992 – 5 Ss 127/92 – 38/92 I, NStZ 1992, 443; BayObLG 26.11.2002 – 4 St RR 113/02, NStZ-RR 2004, 129 *(Kotz/Rahlf)*. Aus neuerer Zeit OLG München 6.10.2009 – 4 St RR 143/09, NStZ-RR 2010, 23 (Tablettenbruchstück mit einem Gewicht von 39 mg, welches mindestens 2,5 mg Morphin-Sulfat enthält) sowie OLG Koblenz 19.11.2014 – 2 OLG 3 Ss 156/14, NStZ-RR 2015, 114 (zwei Nürburgring-Karten mit Anhaftungen von 70 mg Amphetamin, die – abgekratzt – einen Amphetamin-basegehalt von 21,6% aufweisen); OLG Frankfurt 5.3.2015 – 1 Ss 8/15, BeckRS 2015, 16299 = StV 2015, 643. Eine teleologische Reduktion – wie sie *Schallert/Sobota* StV 2013, 724 (727) berechtigterweise in derarti-gen Fällen vorschlagen – wird von der Rechtsprechung nicht einmal in Betracht gezogen.

[5] So auch *Weber* Rn. 14. Die Rüge ginge dahin, dass die Verordnung, mit der die Aufnahme in die Positivliste erfolgte, sich nicht mehr im Rahmen der gesetzlichen Ermächtigung halte oder sonst unwirksam sei (dies wird wohl vornehmlich die „Vorabfassung" von potentiell gefährlichen, neuen psychoaktiven Substanzen betreffen, vgl. noch → NpSG § 4 Rn. 6).

aufgeführt. Entsprechende oder gar analoge Anwendung scheidet – für den strafrechtlichen Teil schon nach allgemeinen strafrechtlichen Grundsätzen – aus.[6] Solange eine Substanz – mag ihre abhängigkeitsverursachende Wirkung noch so sehr nach einer Anwendung des BtMG verlangen – nicht in die Positivliste der Anlagen aufgenommen ist, ist sie kein BtM. Diese Funktion der Positivliste kommt vor allem bei den Designerdrogen zum Tragen, → Rn. 30. Für die Anwendung der Strafvorschriften des BtMG ist deshalb (nur) entscheidend, ob die tatbefangene Substanz zur Tatzeit in einer der Anlagen zum BtMG aufgenommen war.[7]

9   **3. Materieller Begriff der BtM.** Auch wenn sich der Gesetzgeber für eine enumerative Benennung der dem BtMG unterliegenden Substanzen entschlossen hat, macht es Sinn den Kreis der Stoffe, die für die Aufnahme in die Positivliste in Betracht kommen, durch den Inhalt des Gesetzes selbst zu begrenzen und materiell zu bestimmen. Hierbei stellt der Wortsinn des historisch zu verstehenden Begriffs (→ Rn. 1) „BtM" lediglich einen ersten Ansatzpunkt dar und wird durch die in Abs. 2 Nr. 1–3 näher definierten Voraussetzungen, unter denen die Aufnahme in die Anlagen in Betracht kommt, etwas näher konkretisiert. Schon wesentlich enger als die Definition der WHO („jede Substanz, die in einem lebenden Organismus Funktionen zu verändern vermag") erfasst der materielle Betäubungsmittelbegriff bei einer Zusammenschau der Vorschriften Stoffe, die nach wissenschaftlicher Erkenntnis wegen ihrer Wirkungsweise eine Abhängigkeit hervorrufen können oder deren betäubende Wirkungen wegen des Ausmaßes einer missbräuchlichen Verwendung unmittelbar oder mittelbar Gefahren für die Gesundheit begründen können.[8] Solch ein materieller Betäubungsmittelbegriff hat (wegen der abschließenden Funktion der Positivliste) sachlichrechtlich nur im Rahmen der Strafzumessung eine Bedeutung. Als Richtschnur für die Frage, ab welchem Zeitpunkt ein Stoff dem strengen Regime des BtMG unterfällt, taugt er kaum, zumal zahlreiche Stoffe, die unter diese Definition subsumierbar sind, nicht in den Anlagen aufgenommen worden sind (Arzneimittel, Schnüffelstoffe, Alkohol; damit ist eines der wesentlichen Unzulänglichkeiten des Positivlistensystems und der Drogengesetzgebung überhaupt angesprochen, → Rn. 31).

10   **4. Verfassungsmäßigkeit der BtM-Definition durch die Positivliste.** Es sei verfassungsrechtlich nicht zu beanstanden, dass der Gesetzgeber durch Abs. 2 die Bundesregierung und den Bundesminister für Gesundheit ermächtigt hat, im Wege der Rechtsverordnung Stoffe in die Anlagen zum BtMG mit der Folge aufzunehmen, dass der unerlaubte Umgang mit ihnen den Straftatbeständen des BtMG unterfällt. Mit dem aus dem Wortsinn „BtM" und dem Gesamtzusammenhang der Voraussetzungen des Abs. 2 sich ergebenden materiellen BtM-Begriff sind nicht nur **charakteristische Merkmale der BtM-Eigenschaft bereits im formellen Gesetz hinreichend bestimmt umschrieben,** auch die Zielsetzung des Gesetzes, die Bekämpfung missbräuchlicher Verwendung und der Schutz der Gesundheit der Bevölkerung, sind bereits in dem Gesetz im formellen Sinne enthalten. Die Aufgabe der Exekutive ist darauf beschränkt, durch Rechtsverordnung die Stoffe konkret zu benennen, die dem Begriff des BtM unterfallen und sie dadurch in den Anwendungsbereich des Gesetzes einzubeziehen.[9] Mit „benennen" ist jedoch nicht gemeint, dass die Anlagen einen geltenden materiellen Betäubungsmittelbegriff lediglich näher (und damit deklaratorisch – und gerade nicht konstitutiv) umschreiben.[10] Dies ist ersichtlich nicht gewollt, als dann auch Stoffe, die in den Listen nicht aufgeführt sind, grundsätzlich unter den Begriff des Betäubungsmittels subsumiert werden könnten. Vielmehr wird man davon ausgehen müssen, dass die parlamentarische Legitimität im Sinne einer äußerst einge-

---

[6] Franke/*Wienroeder* Rn. 4.
[7] BGH 3.12.1997 – 2 StR 270/97, BGHSt 43, 336 = NJW 1998, 836; OLG Frankfurt a. M. 22.5.1996 – 1 Ws 45/96, NJW 1996, 3090.
[8] BVerfG 4.5.1997 – 2 BvR 509/96 und 2 BvR 511/96, NJW 1998, 669.
[9] BVerfG 4.5.1997 – 2 BvR 509/96 und 2 BvR 511/96, NJW 1998, 669.
[10] Vgl. auch *Duttge/Waschkewitz* FS Rössner, 2015, 737 (746).

schränkten, aber v.a. auch notwendigen Delegation an „Fachleute" zu verstehen ist (wobei der Verordnungsgeber dieses Fachwissen lediglich mittelt).

Diese Delegation ist **einschränkend** auszulegen. Der Verordnungsgeber ist nicht befugt, **11** Zweckmäßigkeitserwägungen anzustellen, mithin den Normbefehl aus den Anlagen heraus zu modifizieren (indem das Verbot hinsichtlich bestimmter Substanzen eingeschränkt oder erweitert wird; angesprochen sind insb. die Rückausnahmen von sog. „ausgenommenen Zubereitungen", welche lediglich bestimmte Tathandlungen betreffen). Ein gegenteiliges Verständnis mag zwar im Hinblick auf den Sinn und Zweck des Verordnungssystems dienlich sein, als das Betäubungsmittelgesetz – insb. der legale BtM-Verkehr – insgesamt „flexibilisiert" wird. Dem Parlamentsvorbehalt wird solch ein extensives Kompetenzverständnis nicht gerecht, so lange keine explizite Ermächtigungsnorm existiert, welche auch derartige „Teil-Rückausnahmen" gestattet.[11] Nichtsdestotrotz enthalten die Anlagen derartige Rückausnahmen, die sich nur auf bestimmte Verhaltensweisen beziehen. Das Bundesverfassungsgericht hat eine dahingehende Verfassungsbeschwerde in dem vom Ersten Senat des BGH[12] behandelten Münchner GM-Pharma-Fall nicht zur Entscheidung angenommen.[13]

In ihrer ursprünglichen Fassung waren die Anlagen I bis III Bestandteil des Gesetzes,[14] **12** sie waren also vom Gesetzgeber selbst beschlossen worden.[15] In dieser Fassung waren Amfetamin, Cannabis, Heroin und Kokain als BtM in der Positivliste enthalten; sie sind es seitdem ununterbrochen. Jedenfalls in Bezug auf diese (und die anderen von Anbeginn in den Anlagen enthaltenen BtM) kann nicht gerügt werden, es verstoße gegen Art. 104 Abs. 1 S. 1 GG, die einzelnen als BtM geltenden Stoffe und Zubereitungen gemäß § 1 Abs. 1 in den Anlagen I bis III zusammenzufassen, weil der Inhalt dieser Anlagen durch Rechtsverordnung geändert oder ergänzt werden dürfe. Denn insoweit bestand, soweit es um den strafbewehrten Umgang mit diesen BtM geht, von vornherein eine hinreichend bestimmte und förmliche gesetzliche Regelung, die im Hinblick auf die genannten BtM durch eine Rechtsverordnung auch nicht ergänzt worden ist.[16] Die vom Gesetzgeber gewählte Systematik der Positivliste ist im Übrigen auch keineswegs außergewöhnlich: Blankettgesetze, die durch Rechtsverordnungen ausgefüllt werden, finden sich vor allem im Nebenstrafrecht nicht selten. Dem Bestimmtheitserfordernis entspricht die enumerative Aufzählung der dem Gesetz unterfallenden Substanzen sogar in besonderer Weise.[17] Die **Systematik dient der Rechtssicherheit und der Rechtsklarheit**,[18] weil sie Zweifel darüber, ob ein bestimmtes Handeln unter Strafe gestellt ist, gar nicht erst aufkommen lässt (vgl. aber noch → Rn. 31).[19]

II. Änderung der Anlagen (Abs. 2–4)

Der Kreis der BtM und ihre Einstufung sind ständig im Fluss, bedingt durch sich wan- **13** delnde Missbrauchsgewohnheiten, neue wissenschaftliche Erkenntnisse und neu gewonnene Stoffe. Der Gesetzgeber bedarf eines wirksamen Instrumentariums, um den veränderten Situationen schnell begegnen zu können. Eine Änderung der Anlagen im normalen Gesetzgebungsverfahren wäre zu zeitraubend und schwerfällig.[20] Aus diesem Grund hat der Gesetzgeber diese Aufgabe (wie übrigens bereits in § 1 Abs. 2, 3, 5 und 6 BtMG 1972) dem Verordnungsgeber unter Vorgabe des Rahmens, hier: der Zwecke und Voraussetzungen,

---

[11] *Oğlakcıoğlu* StV 2011, 545 zum Ganzen noch → § 2 Rn. 28 ff. sowie → § 29 Rn. 775, insb. auch zur Frage einer „Heilung" durch Gesetzesänderung.
[12] BGH 2.11.2010 – 1 StR 581/09, BGHSt 56, 52 = NJW 2011, 1462 m. abl. Anm. *Kotz*; NStZ 2011, 653.
[13] BVerfG 28.3.2012 – 2 BvR 367/11.
[14] → Vor § 1 Rn. 75 ff.
[15] BVerfG 29.5.1991 – 2 BvR 117/90, NJW 1992, 17.
[16] BVerfG 29.5.1991 – 2 BvR 117/90, NJW 1992, 17.
[17] Franke/*Wienroeder* Rn. 1.
[18] *Weber* Rn. 19.
[19] Krit. zum System der Positivliste *Lang*, Betäubungsmittelstrafrecht, S. 100 ff.; *Wang* Drogenstraftaten S. 24 ff.
[20] BT-Drs. 8/3551, 26.

übertragen. Die Verordnungsermächtigung soll die rasche Anpassung der Anlagen des BtMG an die wechselnden Konsumgewohnheiten, an den Vertrieb und den Konsum neuer Stoffe und Zubereitungen sowie an neue wissenschaftliche Erkenntnisse ermöglichen und sicherstellen.[21]

14   **1. Verordnungsermächtigung für die Bundesregierung (Abs. 2).** Abs. 2 enthält die Ermächtigungsgrundlage für die Bundesregierung zur Änderung oder Ergänzung der Anlagen durch Rechtsverordnung. Von dieser Ermächtigung wird die Bundesregierung nur dann Gebrauch machen, wenn die Substanz nicht den internationalen Übereinkommen von 1961 und von 1971 unterliegt (vgl. das vereinfachte Verfahren nach Abs. 4 für diese Fälle) und wenn dem Missbrauch einer solchen Substanz durch arzneimittelrechtliche Maßnahmen, zB nach dem Stufenplan bei der Auswertung von Arzneimittelrisiken, nicht beigekommen werden kann.[22]

15   **a) Bundesregierung.** Die Bundesregierung (in ihrer Gesamtheit) besteht aus dem Bundeskanzler und den Bundesministern (Art. 62 GG). Die Bundesregierung und nicht nur das zuständige Bundesministerium (jetzt) für Gesundheit und Soziales hat die Kompetenz zugewiesen erhalten, weil durch die Unterstellung eines Stoffes Interessen der pharmazeutischen Industrie und des pharmazeutischen Großhandels sowie auch Fragen der Überwachung des legalen und illegalen BtM-Verkehrs durch Polizei und Zollbehörden berührt werden.[23]

16   **b) Nach Anhörung von Sachverständigen.** Vor ihrer Entscheidung über den Erlass der Rechtsverordnung hat die Bundesregierung Sachverständige anzuhören, weil sich die Änderung der Anlagen auf den der Überwachung durch die Länder unterliegenden Arzneimittelmarkt, insbesondere in Bezug auf Ausnahmeregelungen für Zubereitungen, auswirkt. Den **Kreis der Sachverständigen** bestimmt die Bundesregierung. Sie hat unter dem Vorsitz des Präsidenten des damaligen Bundesgesundheitsamtes 1983 einen Sachverständigenausschuss eingerichtet, dem 12 bis 13 Mitglieder angehören, und zwar sechs bis sieben Sachverständige aus der medizinischen Wissenschaft, je ein Sachverständiger der Arzneimittelkommissionen der Ärzte, Zahnärzte, Tierärzte und Apotheker sowie je ein Sachverständiger des Bundesverbandes der Pharmazeutischen Industrie eV und des Bundesfachverbandes der Heilmittelindustrie eV. Die Sachverständigen werden vom Bundesministerium für Gesundheit und Soziales in der Regel für 3 Jahre berufen. Der Ausschuss tagt bei Bedarf, meistens zweimal pro Jahr.[24] Vorsitz und Geschäftsleitung obliegen dem BfArM.[25] Die Tatsache, dass der Verordnungsgeber die Identität der gemäß Abs. 2 angehörten Sachverständigen grundsätzlich nicht offen legt, ist rechtlich ohne jede Bedeutung. Für das Erfordernis der Anhörung durch Sachverständige ist nicht maßgeblich, ob das Ergebnis der Sachverständigen eine Zustimmung oder Ablehnung enthält. Kommt es schon hierauf nicht an, so fehlt jeder plausible Grund für die Annahme, die **fehlende Publizität der beteiligten Sachverständigen** könne die Rechtmäßigkeit einer Änderungsverordnung berühren.[26]

17   **c) Mit Zustimmung des Bundesrates.** Rechtsverordnungen nach Abs. 2 bedürfen der Zustimmung des Bundesrates.

18   **d) Materielle Voraussetzungen.** Die materiellen Voraussetzungen für die Änderung oder Ergänzung der Positivliste durch Rechtsverordnung der Bundesregierung sind in Abs. 2 Nr. 1–3 aufgeführt:

---

[21] BVerfG 4.5.1997 – 2 BvR 509/96 und 2 BvR 511/96, NJW 1998, 669.
[22] HJLW/*Winkler* Rn. 7.1.
[23] BT-Drs. 8/3551, 26.
[24] Vgl. auch *Meinecke/v. Harten* StraFo 2014, 9 (11).
[25] HJLW/*Winkler* Rn. 7.2; s. zB die Empfehlung des Ausschusses vom 6.12.2010: http://www.bfarm.de/DE/Bundesopiumstelle/BtM/sachverst/Protokolle/Ergebnisse_36.html.
[26] BayObLG 26.9.1994 – 4 St RR 136/94, BayObLGSt1994, 178.

aa) Wirkungsweise eines Stoffes (Abs. 2 S. 1 Nr. 1). Mit der Abhängigkeitsverursa- 19
chungspotenz einer Substanz kann die Verordnung dann begründet werden, wenn die Substanz nach wissenschaftlicher Erkenntnis eine derartige Folgewirkung hervorruft.

(1) Wissenschaftlich. Der Begriff „wissenschaftlich" nimmt Bezug auf das Erfordernis 20
der „Anhörung von Sachverständigen". Nach dem in der Besetzung des Sachverständigenausschusses zum Ausdruck kommenden Verständnis der Bundesregierung sind die **Disziplinen der Medizin und der Pharmakologie** berufen, über Fragen der Abhängigkeitsverursachung zu befinden. Das ist sicher kein Missbrauch des Auswahlermessens, obwohl durchaus vorstellbar wäre, auch Suchtstoffevaluationsforscher oder Soziologen zu beteiligen. Die ersten Warnhinweise auf mögliche Suchtgefahren einer neuen Substanz kommen regelmäßig ohnehin von der Polizei oder von Monitoring-Systemen.

(2) Erkenntnis. Eindeutige, unwidersprochene Erkenntnisse zur Abhängigkeitsverursa- 21
chung durch eine Substanz wird es kaum einmal geben. Das Merkmal der „Erkenntnis" ist im Hinblick auf den Gesetzeszweck auch nicht so zu verstehen, sondern als Übereinstimmung in der **Feststellung erheblicher Risiken für die Gesundheit von Mensch und Tier** auszulegen. In dem Passus „vor allem" kommt die gesetzgeberische Verunsicherung hinsichtlich des materiellen Betäubungsmittelbegriffs deutlich zum Ausdruck, als man sich andere Faktoren, die einen Stoff zum „BtM" machen, vorbehält.

bb) Grundstoff zur Herstellung eines BtM (Abs. 2 S. 1 Nr. 2). Die Regelung 22
wurde eingefügt durch Art. 2 Nr. 1 des OrgKG.[27] Danach kann die Verordnung auch damit begründet werden, dass aus einem Stoff oder unter Verwendung eines Stoffs BtM hergestellt werden können. Da diese Stoffe allerdings unter das zwischenzeitlich erlassene GÜG[28] fallen, ist die Begründung nach Nr. 2 inzwischen **gegenstandslos.** Sie gehört daher gestrichen.

cc) Sicherheit oder Kontrolle des BtM-Verkehrs (Abs. 2 S. 1 Nr. 3). Der Begriff 23
„Sicherheit oder Kontrolle des BtM-Verkehrs" ist ein dem BtM-Recht eigener Standardbegriff ähnlich dem Begriff der „öffentlichen Sicherheit und Ordnung" im Polizeirecht. Darunter ist die **Gesamtheit der Maßnahmen und Vorkehrungen zu verstehen, die der Sicherheit und Kontrolle des BtM-Verkehrs dienen.** Einerseits wird damit der Aspekt der Sicherung des legalen BtM-Verkehrs abgedeckt von der Herstellung bzw. der Einfuhr über den Handel bis zur Abgabe an den Verbraucher, also insbesondere die Verhinderung der Abzweigung für die illegale Verwendung, und zum anderen der Aspekt der Kontrolle des BtM-Verkehrs durch die Überwachungsbehörden.[29] In Anlehnung an eine Formulierung in § 48 Abs. 2 Nr. 1 AMG 1976[30] hielt der Gesetzgeber bereits die **„mittelbare" Gefährdung der Gesundheit** durch einen Stoff für ausreichend, um seine Aufnahme in die Positivliste auszulösen.

e) Möglichkeit der Ausnahme von der Anwendung des BtMG für einzelne 24
Substanzen. In Abs. 2 S. 2 wird dem Verordnungsgeber die Möglichkeit eingeräumt, einzelne Stoffe oder Zubereitungen von der Anwendung des BtMG oder einer auf dessen Grundlage ergangenen Rechtsverordnung auszunehmen. Diese Möglichkeit ist allerdings eng begrenzt durch die Einschränkung in Abs. 1 S. 2 Hs. 2, wonach auch dann die Sicherheit oder Kontrolle des BtM-Verkehrs gewährleistet bleiben muss.

2. Verordnungsermächtigung für das Gesundheitsministerium (Abs. 3). Die 25
Verordnungsermächtigung für den Bundesminister für Gesundheit, vorläufig Stoffe und Zubereitungen in den Anlagen I bis III aufzunehmen, wurde durch das OrgKG[31] eingeführt.

---

[27] → Vor § 1 Rn. 86 f.
[28] → Vor § 1 Rn. 94.
[29] BT-Drs. 8/3551, 26.
[30] Arzneimittelgesetz – AMG, neu gefasst durch Bek. vom 12.12.2005, BGBl. I S. 3394.
[31] → Vor § 1 Rn. 86 f.

Von 2003 bis 2006 war das Bundesministerium für Gesundheit und Soziale Sicherung der ermächtigte Verordnungsgeber, seitdem ist das Bundesministerium für Gesundheit als zuständiges Ressort in den Gesetzestext eingefügt.[32]

26 **a) Eilverordnung.** Mit dem Aufkommen der Designerdrogen („synthetische Drogen") in den achtziger Jahren wuchs die Erkenntnis, dass selbst das gegenüber dem formellen Gesetzgebungsverfahren wesentlich flexiblere Verfahren nach Abs. 2 noch immer eine zu lange Zeit in Anspruch nahm, um sofort und angemessen zu reagieren, wenn festgestellt wird, dass Stoffe oder Zubereitungen wie BtM missbraucht werden. Um zu verhindern, dass gegen diesen Missbrauch bis zur Änderung der Anlagen des BtMG im normalen Verordnungsverfahren nach § 1 Abs. 2 weiterhin nicht eingeschritten werden kann, wurde der Bundesgesundheitsminister durch die Einfügung des § 1 Abs. 3 nach dem Vorbild des § 7 Abs. 2 BSeuchenG[33] ermächtigt, **in dringenden Fällen ohne Zustimmung des Bundesrates und ohne förmliche Anhörung von Sachverständigen auf die Dauer eines Jahres** einen Stoff oder eine Zubereitung in die Anlagen I bis III des BtMG aufzunehmen, wenn dies zur Sicherheit und zur Kontrolle des BtM-Verkehrs erforderlich erscheint (sog **Eilverordnung**). Der Bundesminister für Gesundheit erhielt damit die Möglichkeit, einem Missbrauch von bisher nicht dem BtM-Recht unterstehenden Stoffen und Zubereitungen schnell entgegenzuwirken und gleichzeitig durch Einleiten des Unterstellungsverfahrens nach Abs. 2 eine sorgfältige Prüfung vorzunehmen, ob die Stoffe und Zubereitungen endgültig unter betäubungsmittelrechtliche Kontrolle genommen werden müssen.[34] Mit der 6. BtMÄndV[35] hat der Bundesminister erstmals von dieser Ermächtigung Gebrauch gemacht.

27 **b) Eilbedürftigkeit.** „In dringenden Fällen" bedeutet, dass die Aufnahme in die Positivliste aus Gründen des Gesundheitsschutzes keinen Aufschub duldet[36] und jedenfalls die Dauer des Normalverfahrens nach Abs. 2 als zu langwierig erscheint.

28 **c) Verhältnis zum Arzneimittelrecht.** Der Zusatz „die keine Arzneimittel sind" geht auf eine Stellungnahme der Bundesregierung im Gesetzgebungsverfahren zurück;[37] mit dem Zusatz sollte dafür Sorge getragen werden, dass nicht eine überraschende Rechtsänderung zu unüberschaubaren gesundheitlichen Beeinträchtigungen bei Patienten führt. Hieraus ergibt sich, dass **nur zugelassene Arzneimittel** im Interesse der Patienten von der Verordnungsermächtigung **ausgenommen** werden sollten. Dies erklärt sich – neben der Rücksicht auf die Medikation von Patienten – daraus, dass diese Arzneimittel bereits aufgrund des arzneimittelrechtlichen Zulassungsverfahrens einer hinreichenden Kontrolle unterliegen und eine Eilkompetenz insoweit entbehrlich ist. Aus Abs. 3 lässt sich aber nicht der Umkehrschluss ziehen, dass BtM, deren Einstufung auf dieser Verordnungsermächtigung beruht, nicht zugleich auch Arzneimittel sein können.[38] Es verbleibt vielmehr bei dem aus § 81 AMG folgenden Grundsatz, dass **das Arzneimittelrecht die Vorschriften des BtM-Rechts unberührt lässt.** Auf Arzneimittel, die zugleich auch BtM im Sinne des BtMG sind, finden daher neben den Vorschriften des Arzneimittelrechts auch diejenigen der BtM-Gesetzgebung Anwendung. Das BtM-Recht nämlich behandelt BtM teilweise ausdrücklich

---

[32] Art. 35 Neunten Zuständigkeitsanpassungsverordnung (9. ZustAnpV) vom 31.10.2006, BGBl. I S. 2407, in Kraft getreten am 8.11.2006.
[33] Gesetz zur Verhütung und Bekämpfung übertragbarer Krankheiten beim Menschen (Bundes-Seuchengesetz) vom 18.12.1979, BGBl. I S. 2262, 1980 I S. 151; die Vorschrift des § 15 Abs. 2 IfSG (Gesetz zur Verhütung und Bekämpfung von Infektionskrankheiten beim Menschen (Infektionsschutzgesetz – IfSG vom 20.7.2000, BGBl. I S. 1045) entspricht dem durch Art. 5 Abs. 1 Nr. 1 des Gesetzes zur Neuordnung seuchenrechtlicher Vorschriften (Seuchenrechtsneuordnungsgesetz – SeuchRNeuG) vom 20.7.2000, BGBl. I S. 1045, aufgehobenen § 7 Abs. 2 BSeuchenG.
[34] Vgl. BT-Drs. 12/989, 29.
[35] → Vor § 1 Rn. 83.
[36] *Weber* Rn. 560.
[37] BT-Drs. 12/989, 54.
[38] BGH 3.12.1997 – 2 StR 270/97, BGHSt 43, 336 = NJW 1998, 836 = NStZ 198, 258 = StV 1998, 136.

zugleich als Arzneimittel. Dies ergibt sich zB aus den Regelungen zu den verschreibungsfähigen BtM in § 13 iVm Anlage III zu § 1 und aus § 6 BtMVV, der die betäubungsmittelhaltigen Zubereitungen ausdrücklich als Arzneimittel bezeichnet.[39] Erst recht nicht kann der Zusatz „die nicht Arzneimittel sind" die noch weiter gehende Annahme rechtfertigen, BtM könnten ganz generell nicht zugleich Arzneimittel sein, die Begriffe „Arzneimittel" und „BtM" schlössen sich vielmehr gegenseitig aus.[40] Dies bedeutet allerdings nicht, dass jedes BtM zugleich als Arzneimittel bewertet werden könnte. Zahlreiche BtM (auch diejenigen der Anlage III) werden partiell nur konsumiert, um eine Rauschwirkung hervorzurufen. Fehlt es an einer ärztlichen Indikation, können sie dementsprechend auch keine heilende Wirkung entfalten. Der EuGH hat die Arzneimitteleigenschaft von BtM, die lediglich zu Rauschzwecken konsumiert werden, ohne zugleich dem Körper „zuträglich" zu sein in einer Grundsatzentscheidung abgelehnt (vgl. noch → NpSG Vor § 1 Rn. 8 f.). Die Rechtsprechung, welche die bei Designerdrogen entstehenden, zwischenzeitlichen Lücken durch einen Rückgriff auf das Arzneimittelrecht schloss[41] (etwa beim unerlaubten Inverkehrbringen von Gamma-Butyrolacton = GBL zu Konsumzwecken),[42] ist damit überholt.

3. Verordnungsermächtigung für das Gesundheitsministerium zur Umsetzung 29 von Änderungen in den Übk. 1961 und 1971 (Abs. 4). In der ursprünglichen Fassung des BtMG 1982 war die Verordnungsermächtigung dem Bundesminister für Jugend, Familie und Gesundheit gewährt; mit Organisationserlass des Bundeskanzlers vom 23.1.1991[43] wurde diese Zuständigkeit nach einer Neuordnung des Bundeskabinetts dem Bundesministerium für Gesundheit übertragen. Der Gesetzgeber ging davon aus, dass in den meisten Fällen künftiger Änderungen der Anlagen (durch Neuaufnahme oder Umstufung) lediglich die nach Art. 3 Übk. 1961 sowie Art. 2 Übk. 1971 von der Suchtstoffkommission der Vereinten Nationen beschlossenen Änderungen der Anhänge zu diesen Übk. in das deutsche BtM-Recht umzusetzen seien.[44] Da die Bundesrepublik Deutschland auf Grund ihres Beitritts zu diesen Übk. zur Umsetzung dieser Beschlüsse verpflichtet ist, hat der Gesetzgeber die Ermächtigung dem zuständigen Bundesminister übertragen, ohne dass es der Anhörung von Sachverständigen oder der Zustimmung des Bundesrates bedarf (sog **vereinfachtes Verfahren**). Mit dieser Ermächtigung wurden die gleichgerichteten Ermächtigungen in Art. 2 Abs. 1 des Gesetzes vom 18.12.1974[45] zu dem Protokoll vom 25.3.1972 zur Änderung des Übk. 1961 über Suchtstoffe und Art. 2 Abs. 2 des Gesetzes vom 30.8.1976[46] zu dem Übk. 1971 über psychotrope Stoffe abgelöst.

4. Neue psychoaktive Substanzen (sog. „legal highs"). Das System der Positivliste 30 stößt bei neu synthetisierten Wirkstoffen und -kombinationen, die noch nicht in der Anlage aufgeführt sind, an seine Grenzen. Soweit die allumfassende Bestrafung des Umgangs mit derartigen Stoffen für zweckmäßig erachtet wird (vgl. hierzu noch → Vor § 29 Rn. 36), entsteht eine kriminalpolitische Lücke, die nach neuerer Rechtsprechung auch nicht mit sonstigen strafrechtlichen Nebengesetzen, welche den Umgang mit Stoffen und Substanzen betreffen (AMG, ChemG, TabakG) geschlossen werden kann (zu diesen Entwicklungen, insbesondere zur Frage der Einordnung von neuen psychoaktiven Stoffen als Arzneimittel → NpSG Vor § 1 Rn. 8 f.). Inzwischen hat der Gesetzgeber mit dem Gesetze zur Bekämpfung der Verbreitung neuer psychoaktiver Stoffe vom vom 26.11.2016 **(NpSG)** reagiert.

---

[39] BGH 3.12.1997 – 2 StR 270/97, BGHSt 43, 336 = NJW 1998, 836 = NStZ 198, 258 = StV 1998, 136.
[40] Vgl. BGH 3.12.1997 – 2 StR 270/97, BGHSt 43, 336 = NJW 1998, 836 = NStZ 198, 258 = StV 1998, 136.
[41] Vgl. BGH 3.12.1997 – 2 StR 270/97, BGHSt 43, 336 = NJW 1998, 836 = NStZ 198, 258 = StV 1998, 136; *Franke/Wienroeder* Rn. 10; aA KPV/*Patzak* § 29 Teil 1, Rn. 11.
[42] BGH 8.12.2009 – 1 StR 277/09, BGHSt 54, 243 = NJW 2010, 2528 = StV 2010, 683 Ls.
[43] BGBl. I S. 530.
[44] BT-Drs. 8/3551, 27.
[45] BGBl. 1975 II S. 2.
[46] BGBl. II S. 1477.

Das Gesetz, das am Ende einer langwierigen Debatte steht, arbeitet ebenfalls mit einer Positivliste, die sich von derjenigen des BtMG nur dadurch unterscheidet, dass sie ganze Stoffgruppen (in Form kombinierbarer Ringe und Seitenketten) einem Verbot unterstellt. Das lediglich aus sieben Vorschriften bestehende Gesetz lehnt sich in seiner Struktur und den verwendeten Begrifflichkeiten teils dem Betäubungsmittelrecht, noch mehr aber – überraschenderweise – dem Arzneimittelrecht an. Die Zweckmäßigkeit des Vorgehens, den Unzulänglichkeiten einer Positivliste mit einer noch größeren Liste zu begegnen, erscheint per se zweifelhaft. Hinzu tritt aber, dass man damit das Listensystem auf seine konstitutive Wirkung reduziert, mithin das Verbot eines Stoffes nicht an bestimmte Voraussetzungen (Toxizität, Abhängigkeitsgefahr etc.) knüpft und somit jeglichen Mechanismus einer materiell-rechtlichen bzw. sonst rationalen Differenzierung betreffend die rechtliche Einordnung von Stoffen aufgibt. Freilich ist gerade bei einem Verbot von Stoffen „ins Blaue hinein" auch die verfassungsrechtliche Legitimität in Frage gestellt, was sich auch nicht – als fundamentaler Unterschied zum Betäubungsmittelstrafrecht – durch eine Straflosigkeit der Erwerberseite kompensieren lässt. Zur Entstehungsgeschichte, den verfassungsrechtlichen und dogmatischen Bedenken gegen das Gesetz sowie zu den Strafvorschriften im Einzelnen vgl. dort.

III. Fundamentalkritik

31   Das System der Positivliste ist nicht nur aufgrund des soeben beschriebenen Phänomens immer wieder neu auftretender Designerdrogen eines der zentralen Baustellen neuerer Drogengesetzgebungspolitik. Es ist zuzugeben, dass die konstitutive und abschließende Bestimmung einen Grad an Bestimmtheit mit sich bringt, der anderen Regelungswerken, die den Umgang mit Stoffen zum Gegenstand haben, fremd ist.[47] Problematisch ist allerdings, dass der Gesetzgeber dem Verordnungsgeber einen sehr weiten Spielraum hinsichtlich der Aufnahme der Stoffe überlassen hat, obwohl es sich bei der Bezugsmaterie um ein sehr weitläufiges Kompendium von Verbotsvorschriften handelt, die überdies an sehr hohe Sanktionen knüpfen. Die Gefährlichkeits- bzw. Abhängigkeitsprognose des Verordnungsgebers ist nicht justiziabel, was wiederum dazu führt, dass sich keine einschlägigen Kriterien für oder wider eine Aufnahme eines konkreten Stoffes herausbilden können. Dabei hat sich die Gefahr, dass man konkrete Stoffe aus (mehr oder weniger nachvollziehbaren) Zweckmäßigkeitserwägungen nicht aufnimmt, schon ex tunc realisiert (an das inzwischen schon fast ketzerisch anmutende Beispiel „Alkohol" muss nicht ständig, aber doch an dieser Stelle erinnert werden;[48] ebenso an die Genese des Cannabisverbots[49]). Dies ist wiederum auf eine anfangs unbesehene, im Anschluss auch nicht mehr revidierte Übernahme der internationalen Suchtstoffklassifizierungen zurückzuführen.[50]

---

[47] *Oğlakcıoğlu* NK 2016, 19 und die man sich mit eben jener entstehenden fehlenden Flexibilität erkaufen muss, vgl. *Duttge/Waschkewitz* FS Rössner, 2015, 737 (745).

[48] Vgl. auch *Fischer* StGB Vor § 52 Rn. 13a: „evident irrational".

[49] Vgl. bereits → Rn. 71 f.

[50] Und dass auf dieser Ebene bereits einiges im Argen liegt, wird im Anhang „Klassifizierung von Drogen" des Berichts der Weltdrogenkommission zur Drogenpolitik folgendermaßen auf den Punkt gebracht: „Die asymmetrische Anwendung der Abkommen zeigt sich in der historischen Marginalisierung der WHO und ihrer vertraglich festgeschriebenen Rolle, Empfehlungen über die Einstufung von Drogen abzugeben. Die WHO hatte lange Zeit keine ausreichenden finanziellen und technischen Ressourcen zur Verfügung, um ihre Aufgaben zu erfüllen. Der für Drogenabhängigkeit zuständige Expertenausschuss (ECDD) der WHO (…), war sogar gezwungen, seine (…) Zusammenkünfte in einem 6-Jahresrhythmus abzuhalten, anstatt sich wie üblich alle zwei Jahre zu treffen. Die letzte wissenschaftliche Untersuchung für eine Empfehlung für Cannabis stammt zum Beispiel aus dem Jahr 1935, aus der Zeit des vorhergehenden Völkerbundsystems (Anm. des Verfassers: zwischenzeitlich hat die WHO 2016 ein aktuelles Gutachten zur Gefährlichkeit und Wirkweise von Cannabis veröffentlicht, abrufbar unter http://who.int/substance_abuse/publications/cannabis/en/). Während das Expertenwissen der WHO zunehmend ins Abseits gedrängt wurde, haben andere UN-Behörden ihre repressiven Positionen verstärkt, so auch das Internationale Suchtstoffkontrollamt (INCB). Das INCB überschreitet seine Aufgabe wohl, indem es sich zunehmend in Entscheide der Einstufung einmischt. Die Suchtstoffkommission (CND) wurde auch schon von tendenziell repressiven Regierungen als Plattform benutzt, um die WHO zu kritisieren. Ein gutes Beispiel für die Spannungen zwischen der CND und des ECDD ist der andauernde Disput über die Einstufung von Ketamin. Ketamin hat wichtige Funktionen als

Das Konzept, im Hinblick auf die Toxizität, Wirkweise, Menge etc. vollkommen unter- **32**
schiedliche Stoffe einer einheitlichen Verbots- und somit auch Sanktionsnorm zu unterstellen, kann a priori nicht überzeugen.[51] Soll es auf die Gefährlichkeit des konkreten Stoffes
ankommen, müsste man nicht abstrakt-generalisierend, sondern konkret auf den Einzelfall
abstellend die Betäubungsmitteleigenschaft zuweisen (sodass die Gerichte sich nicht erst auf
der Ebene der Strafzumessung mit der Gefährlichkeit der Droge auseinandersetzen müssten)
oder die Einordnung schlicht nach dem **Toxizitätsgrad** vornehmen.[52] Dies würde allerdings auf einen materiellen Betäubungsmittelbegriff hinauslaufen und man hätte den konstitutiven Effekt der Positivliste aufgegeben. Zudem erscheint eine Festlegung im Einzelfall
problematisch, als man der Zuordnung eines Stoffs als Betäubungsmittel ihre demokratische
Legitimation nehmen und in die Hände Einzelner übertragen würde. Worüber allerdings
nachgedacht werden könnte, ist eine **negative Ausschlussklausel,** sei es in Form eines
Tatbestandsmerkmals, sei es in Form einer objektiven Bedingung der Strafbarkeit (die sich
dann selbstverständlich nur auf die Sanktionsnorm beziehen kann): Solch eine Klausel
könnte zum Ausschluss der Betäubungsmitteleigenschaft führen, wenn bei einer Gesamtschau von **„drug, set und setting"**[53] eine potentielle Gefahr im Einzelfall ausgeschlossen
ist.[54] Es wird nicht verkannt, dass die Anwendung des Betäubungsmittelrechts im heutigen
Sinne damit auf Fälle toxischer Schäden verknappt würde.[55] Doch zum einen ließe sich
diese Einschränkung auf bestimmte Handlungsmodalitäten beschränken, zum anderen
änderte sich schließlich nichts an der strengen Handhabung (und am Bestehen des verwaltungsrechtlichen Verbots) im Übrigen. Für alle Substanzen, die nicht unmittelbar gefährlich
wirken, ist schließlich über gesetzgeberische Alternativen (Regulierung/eigenständige Straftatbestände) nachzudenken.[56]

Zumindest muss der Gesetzgeber sich Gedanken darüber machen, wie man dieses „Alles- **33**
oder-Nichts-Prinzip" durch Differenzierungen in den Anlagen, in den verwaltungsrechtlichen Normen oder in den Strafvorschriften abmildern kann. Schließlich hat sich die Problematik durch den vom EuGH vorgenommenen „harten cut" zum Arzneimittelbegriff verschärft (dahingehend, dass Arzneimittel nicht zugleich Grundstoffe sein könnten und
andererseits Substanzen, die ausschließlich zu Rauschzwecken konsumiert würden, wieder
keine Arzneimittel darstellten).

Anästhesiemittel und ist in der WHO-Liste der unentbehrlichen Medikamente aufgeführt. Der ECDD hat
wiederholt empfohlen, die Droge nicht in die Drogenabkommen aufzunehmen, da dadurch die medizinische
Verfügbarkeit abnehmen könnte. (Global Commission on drug policy, Kontrolle übernehmen, Bericht 2014,
S. 42).
[51] Krit. hierzu allerdings im Gesamtkontext der Prohibition *Böllinger* HFR 2015, 23 (24).
[52] Zu den unterschiedlichen Formen der Gefährlichkeitsanalysen *Domening/Cattacin* ADS 2016, 128; Zur
Bewertung nach den sog. „Hazards" der Substanzen vgl. *Fährmann/Harrach/Kohl/Ott/Schega/Schmolke/Werse*
ADS 2016, 18 (24), die insofern auch eine Annäherung an die regulatorische Toxikologie anstreben, allerdings
speziell in Bezug auf NpS.
[53] Vgl. hierzu *Böllinger* HFR 2015, 23 (30): „Wissenschaftlich besteht Einigkeit darüber, dass die Wirkung
einer Droge auf das Individuum von drei in dynamischer Wechselwirkung stehenden und ständigem Wandel
unterworfenen Dimensionen abhängt: 1. Biochemische Substanz mit ihrem spezifischen Wirkungsspektrum;
2. Individuelle Disposition, Persönlichkeit; 3. Kontext, also Situation des Konsums, umgebendes soziales und
normatives System", unter Verweis auf *Zinberg*, Drug, Set and Setting. The Basis for Controlled Intoxicant
Use. Yale 1984; noch detaillierter und differenzierter *Domening/Cattacin* ADS 2016, 128 unter Verweis auf
Expertenstudien (u.a. von *Nutt* et al., 2007), Konsumierendenstudien (*Morgan* et al., 2010), Konsummusterstu-
dien (*Agrawal* et al., 2004) sowie Gesundheitsstudien (*Degenhardt* et al., 2013).
[54] Vgl. auch *Böllinger* HFR 2015, 23 (30). Gerade in den Fällen bloßer Betäubungsmittelanhaftungen oder
dem Anbau bzw. der Herstellung von BtM, bei denen es aufgrund des minimalen Wirkstoffgehalts nicht zu
Rauschzuständen kommen kann (vgl. *Schallert/Sobota* StV 2013, 724 [726] zu einem Fall, in der das Erreichen
des Rauschzustandes bei Verwendung des selbst angebauten Cannabis laut Sachverständigengutachten das
Rauchen zehn Marihuana-Zigaretten erforderte), wäre auf diese Weise eine wichtige Einschränkung erreicht.
[55] Vgl. hierzu *Stöver*, Modelle für einen regulierten Umgang, 2012, S. 76.
[56] Denkbar wäre schließlich auch, das Listensystem aufzugeben und sich auf den „problematischen Konsum" zu konzentrieren, indem man verlangt, dass ein spezifisches Risiko für den Konsumenten selbst oder
für Dritte in der Verhaltensnorm ihren Niederschlag findet (→ Vor § 29 Rn. 33); vgl. zur Ausrichtung des
Betäubungsmittelrechts auf den problematischen Konsum *Domening/Cattacin* ADS 2016, 128 (133).

34   Schließlich sind noch weitere Alternativen denkbar. Denn während sich das Anlagensystem heute praktisch nur auf die Frage der Verschreibungsfähigkeit auswirkt (im Übrigen aber die Stoffe alle „gleichmäßig" verboten werden), könnte man in Zukunft über ein Anlagensystem nachdenken, das die Stoffe bzw. bestimmte Mengen von Stoffen nach ihrem Gefahrpotenzial trennend und insofern auch stufenweise einem Verbot unterstellt, mithin nach verschiedenen Umgangsformen differenziert. Angesprochen ist insbesondere eine Trennung zwischen Abgabedelikten einerseits und den Konsumentendelikten (Erwerb und Besitz) andererseits.[57] Deutlich wird dies in Bezug auf die Stoffe der Anlage III, die überwiegend als Arzneimittel Verwendung finden (allerdings nur wenn sie in einer bestimmten Zubereitung verschrieben werden; zum Teil sind solche Zubereitungen dann sogar aus dem Anwendungsbereich des BtMG ausgenommen, vgl. noch → § 2 Rn. 24 ff.). Jedenfalls bei diesen Stoffen liegt eine **Annäherung an das Arzneimittelstrafrecht** nahe, das den potentiellen Missbrauch durch Erwerber bzw. Besitzern gerade nicht unter Strafe stellt. Es ist auch – gerade im Hinblick auf den „Boom" des Medikamentenmissbrauchs – überhaupt nicht nachvollziehbar, warum die massenhaft missbräuchliche Verschreibung von Arzneimitteln nach dem AMG straflos bleiben soll,[58] während eine einmalig nicht indizierte Verschreibung eines „Betäubungsarzneimittels" sanktioniert wird. Insofern dürfte spätestens an dieser Stelle deutlich geworden sein, dass die Bemühungen des Gesetzgebers, mit dem NpSG gleich mehrere in ihrer Wirkweise vollkommen noch nicht auserforschte Stoffe auf einmal, demselben extensiven Verbot zu unterstellen, nur als Rückschritt bewertet werden kann (vgl. auch → Vor § 29 Rn. 29).

IV. Anlagen I–III zu § 1[59]

35   BtM können Stoffe oder Zubereitungen sein (§ 2 Abs. 1 Nr. 1 und 2). Nicht nur die in den Anlagen einzeln aufgeführten chemischen Verbindungen, sondern auch deren Ester, Ether, Isomere, Molekülverbindungen und Salze sind Stoffe und somit BtM, soweit sie nicht ausdrücklich ausgenommen sind. Darauf wird jeweils am Ende der einzelnen Anlage besonders hingewiesen. (Bis zur Neufassung des Stoffbegriffs[60] war eine entsprechende Bestimmung in § 2 Abs. 1 Nr. 1 enthalten.)

36   **1. Dreispaltiger Aufbau der Anlagen.** Seit der 15. BtMÄndV[61] sind die BtM in den Anlagen I bis III in einem 3-spaltigen Aufbau aufgeführt:

Spalte 1 enthält die International Nonproprietary Names (INN) der Weltgesundheitsorganisation. Bei der Bezeichnung eines Stoffes hat der INN Vorrang vor allen anderen Bezeichnungen.	**Spalte 2** enthält andere nicht geschützte Stoffbezeichnungen (Kurzbezeichnungen oder Trivialnamen). Existiert für einen Stoff kein INN, kann zu seiner eindeutigen Bezeichnung die in dieser Spalte fett gedruckte Bezeichnung verwendet werden. Alle anderen nicht fett gedruckten Bezeichnungen sind wissenschaftlich nicht eindeutig und daher in Verbindung mit der Bezeichnung in Spalte 3 zu verwenden.	**Spalte 3** enthält die chemische Stoffbezeichnung nach der Nomenklatur der International Union of Pure and Applied Chemistry (IUPAC). Ist in Spalte 1 oder 2 keine Bezeichnung aufgeführt, ist die der Spalte 3 zu verwenden.

---

[57] Auf diese Differenzierung läuft wohl auch die Erwägung *Pasedachs*, Verantwortungsbereiche, S. 206 hinaus, vgl. noch → Vor § 29 Rn. 33.

[58] Absehen von der Abrechnung, die ggf. zu einer Strafbarkeit nach § 263 Abs. 1 StGB führen kann.

[59] Abgedruckt als Anlage I – III im Anschluss an § 1.

[60] Durch Art. 5 Gesetz zur Änderung arzneimittelrechtlicher und anderer Vorschriften vom 17.7.2009, BGBl. I S. 1990, mit Wirkung vom 23.7.2009.

[61] → Vor § 1 Rn. 101.

2. Stoffe in ihrer natürlich vorkommenden Form als BtM bei missbräuchlicher 37
Verwendung. Bis zum 1.2.1998, dem Inkrafttreten der 10. BtMÄndV,[62] galt der Grundsatz, dass bei Pflanzen, die psychotrope Substanzen ausbilden, **nur die Substanz durch ihre Aufnahme in eine der Anlagen I bis III ein BtM wurde, nicht aber die Pflanze selbst.** Wurde also in den Anlagen zum BtMG nur der Wirkstoff (zB „*Cathin*" in Anlage III bzw. „*Cathinon*" in Anlage I oder „*Psilocin*" bzw. „*Psilocybin*" jeweils in Anlage I), nicht aber auch die dazugehörige Pflanze (zB der Khat-Strauch bzw. der Pilz „Spitzkegeliger Kahlkopf" aus der Gattung *Psilocybe*) genannt, so war nur der Wirkstoff erfasst, während der Umgang mit der Pflanze erlaubnis- und straffrei war. Anders verhielt es sich selbstverständlich in den Fällen, in denen auch die Pflanze als solche (zB „*Erythroxylum coca*" mit dem Wirkstoff „*Cocain*") oder Teile von ihr eigens in eine der Anlagen aufgenommen worden war. Dieser Grundsatz ist seit dem Inkrafttreten der 10. BtMÄndV,[63] deren Neuregelung später durch die 15. BtMÄndV[64] und weiter durch die 19. BtMÄndV[65] vor allem in Bezug auf Pilze präzisiert wurde, in den Fällen der missbräuchlichen Verwendung von natürlich vorkommenden Suchtstoffen aufgegeben worden.

Die **Missbrauchsklausel** in ihrer derzeit geltenden Fassung lautet: „Stoffe nach § 2 38
Absatz 1 Nummer 1 Buchstabe b bis d mit in dieser oder einer anderen Anlage aufgeführten Stoffen sowie die zur Reproduktion oder Gewinnung von Stoffen nach § 2 Absatz 1 Nummer 1 Buchstabe b bis d geeigneten biologischen Materialien, wenn ein Missbrauch zu Rauschzwecken vorgesehen ist." Die 1998 am Ende der Anlage I (5. Gedankenstrich) eingefügte Missbrauchsklausel sollte „die in (scil. irgend) einer Anlage des BtMG aufgeführten Stoffe auch in ihrer natürlich vorkommenden Form (zB *Mescalin* in Kakteen, *Psilocybin* in Pilzen, *Cathinon* in Blättern des Kathstrauches) dem BtMG unterstellen, **wenn sie als BtM missbräuchlich verwendet werden** sollen".[66] Diese bedeutsame Einbeziehung der Rauschpflanzen in den Kreis der BtM ist zwar nur in Anlage I enthalten, sie gilt aber für alle Anlagen („Pflanzen und Pflanzenteile …"[67] bzw. Organismen und Teile von Organismen[68] „… mit in dieser **oder einer anderen Anlage** aufgeführten Stoffen"). Die Auswirkung der Erweiterung ist daher an dieser Stelle für jede der drei Anlagen zu erläutern.

Im Hinblick auf die verwirrende Systematik sei also nochmals klargestellt, dass die 39
„Gleichschaltung" von Pflanzen (die potentiell einen BtM-Wirkstoff enthalten) nicht unmittelbar über § 2 Abs. 1 Nr. 1b erfolgt. Diese Vorschrift stellt lediglich in einer Legaldefinition fest, welche Arten von Organismen – mithin Pflanzen, Pilze, Tierkörper etc. – „Stoffe" iSd § 1 sein können. Stoffe i.S.d. § 1 müssen aber in den Anlagen aufgeführt sein, wenn sie als BtM gelten sollen. Dies bedeutet, dass entweder die Pflanze bzw. der Pflanzenteil als solches in den Anlagen genannt sein muss (wie dies eben beim Kokastrauch der Fall ist), oder den in den Anlagen aufgelisteten Wirkstoff enthält; dann wird sie aber von den Anlagen nur berücksichtigt, wenn sie missbräuchlich verwendet wird.

a) Neufassung der Missbrauchsregelung. Die Neufassung der Missbrauchsregelung 40
am Ende der Anlage I durch die 19. BtMÄndV[69] hat die bisher dort enthaltenen Begriffe „Pflanzen und Pflanzenteile" ersetzt durch die Begriffe „Organismen und Teile von Organismen". Der Gesetzgeber wollte damit ersichtlich den Streit ausräumen,[70] der bei der Frage der Einordnung der Pilze unter den Begriff der „Pflanzen" entstanden war.[71] Durch die

---

[62] 10. VO zur Änderung betäubungsmittelrechtlicher Vorschriften vom 20.1.1998 – 10. BtMÄndV, BGBl. I S. 74.
[63] → Vor § 1 Rn. 98.
[64] → Vor § 1 Rn. 101.
[65] → Vor § 1 Rn. 104.
[66] BT-Drs. 881/97, 40.
[67] Fassung durch die 10. BtMÄndV.
[68] Fassung durch die 19. BtMÄndV.
[69] → Vor § 1 Rn. 104.
[70] So auch HJLW/*Winkler* Einf. S. 20.
[71] Vgl. BayObLG 21.2.2002 – 4 St RR 7/2002, BayObLGSt 2002, 33 einerseits und AG Hamburg 18.3.2004 – 147 Ds 6001 Js 680/02, StraFo 2004, 360 andererseits; vgl. aber OLG Koblenz 15.3.2006 – 1 Ss 341/05, NStZ-RR 2006, 218.

Textänderung hat sich **keine inhaltliche Änderung**[72] in Bezug auf die zuvor mit den Begriffen „Pflanzen und Pflanzenteile, Tiere und tierische Körperteile" und „Früchte, Pilzmycelien, Samen, Sporen und Zellkulturen" bezeichneten Regelungsbereiche ergeben (vgl. dazu → Rn. 49).

41 **b) Gesetz zur Änderung arzneimittelrechtlicher und anderer Vorschriften.** Durch die Neufassung des Stoffbegriffs des § 2 Abs. 1 Nr. 1 durch das Gesetzes zur Änderung arzneimittelrechtlicher und anderer Vorschriften[73] ist als Folgeänderung auch die Missbrauchsregelung am Ende der Anlage I neu gefasst worden: statt der bis dato dort enthaltenen Begriffe „Organismen und Teile von Organismen" heißt es nunmehr „Stoffe nach § 2 Absatz 1 Nummer 1 Buchstabe b bis d". In der Sache hat sich dadurch **keine Änderung** ergeben, der Gesetzgeber wollte lediglich eine Anpassung an den Stoffbegriff des AMG vornehmen (vgl. → § 2 Rn. 5 f.).

42 **c) Bedeutung der Missbrauchsklausel.** Die Missbrauchsklausel weitet im Zusammenspiel mit § 2 den Kreis der in den Anlagen genannten BtM über die reinen Substanzen auf Pflanzen und Tiere, die Rauschsubstanzen enthalten oder produzieren, aus.

43 **aa) Nichtorganische Stoffe.** Nichtorganische, dh vor allem nichtpflanzliche und nichttierische, Stoffe unterfallen nicht der Missbrauchsregelung am Ende der Anlage I, es bleibt bei dem Grundsatz der Beschränkung auf die Substanz: die Unterstellung unter das BtMG **beschränkt sich auf den Stoff,** der in den Anlagen I bis III genannt ist. Das ergibt sich daraus, dass nur „Stoffe nach § 2 Absatz 1 Nummer 1 Buchstabe b bis d", nicht nach Buchstabe a (also chemische Elemente und chemische Verbindungen sowie deren natürlich vorkommende Gemische und Lösungen), in der Missbrauchsklausel genannt sind.

44 **bb) In den Anlagen genannte Pflanzen und Pflanzenteile.** Die Missbrauchsregelung am Ende der Anlage I kommt nicht zur Anwendung, wenn eine Pflanze oder ein Pflanzenteil in einer der Anlagen I bis III ausdrücklich genannt und schon dadurch zu einem BtM geworden ist. In diesem Fall gilt der Spezialitätsgrundsatz: die Aufnahme der Pflanze als BtM in die Positivliste geht der allgemeinen Missbrauchsregelung der Anlage I aE 5. Gedankenstrich vor; der Umgang mit dieser Pflanze (oder diesen Pflanzenteilen) richtet sich dann nach den für die betreffende Anlage geltenden Beschränkungen, in der sie genannt ist[74] (Beispiel: *Papaver somniferum* und *Morphin*).

45 **d) Auswirkung der Missbrauchsklausel auf nicht in den Anlagen I bis III genannte Pflanzen und Pflanzenteile bzw. Organismen bzw. Stoffe.** Rauschpflanzen sind somit **dann BtM, wenn sie als BtM missbräuchlich verwendet werden** sollen. Dann handelt es sich bei der Pflanze oder dem Pflanzenteil (oder dem Tier usw) nach der Regelung der Anlage I aE 5. Gedankenstrich um ein BtM der Anlage I, das nicht verkehrsfähig und auch nicht verschreibungsfähig ist (Beispiel: *Peyote-Kaktus [Lophophora Williamsii]* oder Giftkröten, zB *Bufo avarius*). Folgende pflanzliche oder tierische Organismen **können als natürliche Suchtstoffe** bei missbräuchlicher Verwendung auf Grund der Missbrauchsregelung der Anlage I aE 5. Gedankenstrich als BtM in Betracht kommen:

46 Nach der derzeit geltenden Fassung der Missbrauchsklausel müssen die Stoffe nach § 2 Abs. 1 Nr. 1 Buchstabe b bis d (die sich in der Abgrenzung zu den Stoffen nach § 2 Abs. 1 Nr. 1 Buchstabe a als „Naturprodukte" bezeichnen lassen können) folgende Eigenschaften aufweisen:

– entweder sie **enthalten** Stoffe, die in den Anlagen I bis III (positiv) aufgeführt sind,
– oder sie sind biologische Materialien, die zur Reproduktion oder Gewinnung von Stoffen nach § 2 Abs. 1 Nr. 1 Buchstabe b bis d **geeignet** sind.

---

[72] Anders, wenn man der Auffassung des AG Hamburg 18.3.2004 – 147 Ds 6001 Js 680/02, StraFo 2004, 360, folgt; vgl. dazu aber *Kotz/Rahlf* NStZ-RR 2005, 194.
[73] Art. 5 Gesetz zur Änderung arzneimittelrechtlicher und anderer Vorschriften vom 17.7.2009, BGBl. I S. 1990.
[74] Pfeil/Hempel/*Schiedermair*/Slotty § 2 Rn. 21; *Weber* Rn. 165.

Die biologischen Materialien sind zB Samen, Sporen, Mycelien, Zellkulturen oder Kröten- **47**
eier bzw. -laich, die sämtlich noch keine der in den Anlagen genannten Substanzen ausgebildet haben (sonst fielen sie unter die erste Alternative) und zur Gewinnung von Organismen
mit einer der Anlagen genannten Substanzen **geeignet** sein müssen. Ausreichend ist die
prinzipielle Eignung, die konkrete Eignung kann nicht gefordert sein, weil sich diese
erst mit der Ausbildung der Substanz erwiese und dann schon Naturprodukte der ersten
Alternative vorlägen.

Als BtM der Anlage I kommen über die Missbrauchsklausel folgende Naturprodukte in **48**
Betracht, wenn sie zu Rauschzwecken missbräuchlich verwendet werden sollen:
– **Khat-Strauch** (Catha edufis), weil der Stoff „Cathinon" in Anlage I aufgeführt ist,
– **Mutterkornpilzkulturen,** weil der Stoff „Lysergid" in Anlage I aufgeführt ist,
– **Meskalinhaltige Kakteen,** weil der Stoff „Mescalin" in Anlage I aufgeführt ist (Peyote-
  Kaktus oder Peyotl-Kaktus [Lophophora Williamsii], San-Pedro-Kaktus). Die Samen (als
  Pflanzenbestandteil) der mexikanischen Zauberwinde (**Turbina corymbosa** = Ololiu-
  qui) sind keine BtM nach Anlage I aE 5. Gedankenstrich, weil sie **nicht** Lysergid (LSD-
  25), sondern Mutterkorn-Alkoloide, darunter hauptsächlich D-Lysergsäureamid (Ergin)
  enthalten, die als Substanz in den Anlagen I bis III nicht genannt sind.
– **Psilocybin- und psilocinhaltige Pilze,** weil die Stoffe „Psilocybin" bzw. „Psilocin" **49**
  in Anlage I aufgeführt sind. Streitig war für die Zeit vor dem Inkrafttreten der
  19. BtMÄndV, ob psilocin- und psilocybinhaltige Pilze von der Anlage I des Betäubungsmittelgesetzes erfasst wurden.[75] In der Botanik gibt es nämlich traditionell unterschiedliche Auffassungen zur Einordnung der Gattung Pilze: Pilze (Fungi) werden als sogenannte
  echte Pilze (im Gegensatz zu früher verwendeten Begriffen wie höhere und niedrige
  Pilze) wie Pflanzen und Tiere in einem eigenen Reich mit über 100.000 Arten zusammengefasst. Pflanzen lassen sich in sogenannte höhere und niedere Pflanzen unterteilen;
  zu letztgenannter Gruppe zählen ua auch Moose und Pilze.
Bereits der Gesetzgeber selbst hatte diese Frage eindeutig im Sinne der Auffassung gelöst, **50**
dass **Pilze als (niedere) Pflanzen anzusehen** sind, indem er in der Begründung zur
10. BtMÄndV ausdrücklich auch Pilze aufgezählt hat.[76] Er hat dadurch die Pilze den Pflanzen zurechnen wollen. Dieser weite, über spezifische naturwissenschaftliche Unterscheidun-
gen hinausgehende Pflanzenbegriff entspricht auch dem allgemeinen Sprachverständnis, auf
das bei der Auslegung des im Wortsinn zum Ausdruck gekommenen gesetzgeberischen
Willens abzustellen ist.

Zwischenzeitlich hatte der BGH klargestellt, dass Pilze vom Pflanzenbegriff der Anlage I **51**
aE 5. Gedankenstrich erfasst wurden.[77] Eine derartige Auslegung widerspreche nicht der
Verfassung, sie sei insbesondere mit dem im Wortlaut zum Ausdruck gekommenen Willen
des Gesetzgebers ebenso vereinbar wie – trotz eines zeitläufig eingetretenen Bedeutungswan-
dels – mit dem möglichen Wortsinn aus Sicht der Normadressaten.[78] Nach derzeit geltender
Fassung des § 2 Abs. 1 Nr. 1b (seit dem 23.7.2009) fallen Pilze und deren Sporen explizit
unter den Anwendungsbereich des BtMG, soweit sie von der Missbrauchsklausel erfasst
sind.

„Pilz" im botanischen Sinne ist das Pilzgeflecht (Mycel), das das Substrat, den Boden **52**
oder die Wirtspflanze, mit Zellfäden durchzieht. Was landläufig als „Pilz" angesehen (und
geerntet) wird, ist nicht das Mycel, sondern der Fruchtkörper. Der Fruchtkörper des Pilzes
ist ein Pflanzenteil; er unterliegt daher nur dann der Anlage Ia E 5. Gedankenstrich, wenn
er selbst in bearbeitetem oder unbearbeitetem Zustand einen in den Anlagen I bis III aufge-

---

[75] BayObLG 21.2.2002 – 4 St RR 7/2002, BayObLGSt 2002, 33; aA AG Hamburg 18.3.2004 – 147 Ds
6001 Js 680/02, StraFo 2004, 360 und OLG Koblenz 15.3.2006 – 1 Ss 341/05, NStZ-RR 2006, 218 (vgl.
dazu *Kotz/Rahlf* NStZ-RR 2005, 194).
[76] BR-Drs. 881/97, 40.
[77] BGH 25.10.2006 – 1 StR 384/06, NJW 2007, 524 = NStZ 2007, 286 = StV 2007, 300. Hierzu auch
Kudlich/Christensen/Sokolwolski, in *Müller* (Hrsg.), 2007, S. 119 ff.
[78] BVerfG 4.9.2009 – 2 BvR 338/09, BeckRS 2010, 45445.

führten Stoff enthält. Anderes gilt freilich für die evtl. in dem Fruchtkörper enthaltenen Sporen (→ Rn. 52 ff. und 65). Unter dieser Voraussetzung kommen folgende psilocybin- und psilocinhaltige Pilze als missbrauchsfähige BtM in Betracht (in Deutschland vorkommende Arten sind fettgedruckt):[79]

53   – Familie der Psilocybe (Kahlköpfe): Psilocybe azurescens, Psilocybe cubensis (Strophana cubensis/„Magic Mushroom"), **Psilocybe coprophila** (Mistkahlkopf), **Psilocybe cyanescens** (Blaufärbender Kahlkopf), Psilocybe fimetaria, Psilocybe mexicana (Teonanacatl oder Nanacatl = Gottesfleisch), **Psilocybe montana** (trockener Kahlkopf), Psilocybe pelliculosa, **Psilocybe semilanceata** (Spitzkegeliger Kahlkopf).

54   – Familie der Panaeolus (Düngerlinge): Panaeolus africanus (Afrikanischer Düngerling), **Panaeolus ater,** Panaeolus cambodginiensis, **Panaeolus cyanescens** (Falterdüngerling), **Panaeolus papilionaceus** (Glockendüngerling), **Panaeolus subbalteatus** (Dunkelrandiger Düngerling).

55   – Familie der Inocybe (Risspilze): **Inocybe aeruginascens** (Grünlichverfärbender Risspilz), **Inocybe coelestium** (Himmelblauer Risspilz), **Inocybe corydalina** (Grünscheiteliger Risspilz), **Inocybe haemacta** (Grünroter Risspilz).

56   – Familie der Gymnopilus (Flämmlinge): Gymnopilus aeruginosus, Gymnopilus braendlei, Gymnopilus intermedius, Gymnopilus leteoviridis, Gymnopilus liquiritae, Gymnopilus luteus, **Gymnopilus purpuratus** (Purpurflämmling).

57   – Familie der Conocybe (Samthäubchen): **Conocybe cyanopus** (Blaufüßiges Samthäubchen), Conocybe kuehneriana, Conocybe siligineoides, Conocybe smithii.

58   **e) Missbrauchsfähige Tiere und Teile von Tieren.** Als BtM der Anlage I kommen folgende Tiere oder Teile von Tieren – in bearbeitetem oder unbearbeitetem Zustand – in Betracht, wenn sie Stoffe enthalten, die in den Anlagen zum BtMG genannt sind, und wenn sie wie BtM missbräuchlich verwendet werden sollen: Von der Regelung erfasst werden vor allem amerikanische Giftkröten der dem Wirkstoff den Namen gebenden Arten Bufo (Bufo avarius, Bufo vulgaris und Bufo marinus = die große Meereskröte) sowie der „Dream Fish" (Kyphosus fuscus). Sekretabsonderungen dieser Tiere enthalten Bufotenin, ein Tryptamin-Derivat, dessen Hauptbestandteil DMT und in Anlage I aufgeführt ist. Die Drüsensekrete der in Deutschland lebenden Bufo-Arten (Bufo bufo = Erdkröte und Bufo calamita = Kreuzkröte) enthalten diesen Wirkstoff offenbar nicht.[80] Tiere und tierische Körperteile als BtM sind in Deutschland ohne jede praktische Bedeutung.

59   **f) Früchte, Pilzmycelien, Samen, Sporen und Zellkulturen.** Die Früchte, Pilzmycelien, Samen, Sporen und Zellkulturen sind ebenfalls BtM der Anlage I, wenn sie zur Gewinnung von Rauschorganismen oder Rauschstoffen auch nur geeignet sind.

60   **aa) Eignung.** Die Früchte, Pilzmycelien, Samen, Sporen und Zellkulturen müssen zur Gewinnung von Organismen geeignet sein, die einen in den Anlagen I bis III aufgeführten Stoff enthalten. Diese Eignung ist bereits dann vorhanden, wenn die Früchte, Pilzmycelien usw **generell aufgrund ihrer biologischen Beschaffenheit zur Gewinnung solcher Lebewesen in der Lage** sind; nicht erforderlich ist, dass diese Eignung auch im konkreten Fall nachgewiesen ist. Daher ist die Regelung auch auf verdorbene oder sonst nicht mehr keim- oder vermehrungsfähige Samen, Sporen oder Kulturen anwendbar. Ein solcher Umstand wäre dann freilich ein Strafmilderungsgrund.

61   **bb) Vorgesehene Verwendung der Organismen bzw. Stoffe zu Rauschzwecken.** Der vorgesehene Missbrauch muss sich auf die aus Früchten, Pilzmycelien, Samen, Sporen

---

[79] Die folgende Zusammenstellung geht zurück auf die verdienstvolle Zusammenstellung BKA-Rauschgiftkurier, Halluzinogene Pilze, Rauschgiftkurier 4/98.
[80] Vgl. aber *Körner* (VI), Anhang C 1 Rn. 149: zu wenig Wirkstoff, um halluzinogene Wirkung zu erzielen; das wäre kein Grund, diese Tiere vom Anwendungsbereich der Missbrauchsklausel der Anlage I aE 5. Gedankenstrich auszunehmen.

oder Zellkulturen zu gewinnenden Organismen bzw. Stoffe beziehen, nicht auf die Früchte, Pilzmycelien, Samen, Sporen und Zellkulturen selbst.

cc) Missbrauch. Zur missbräuchlichen Verwendung → Rn. 69 ff.   **62**

dd) Die Ausgangsorganismen bzw. Stoffe im Einzelnen. Früchte, Pilzmycelien **63** und Sporen sind Pflanzenteile, Samen sind entweder Pflanzenteile oder Körperteile von Tieren, Zellkulturen entstehen entweder aus Pflanzenteilen oder aus tierischen Körperteilen.

(1) Früchte. Früchte sind die aus dem Fruchtknoten einer Blüte während der Samenent- **64** wicklung entstehenden pflanzlichen Organe, die den oder die Samen enthalten. Zu den Früchten gehören zB die Mohnkapseln.

Keine Früchte (weil nicht aus einer Blüte hervorgehend), sondern Fruchtkörper (der **65** Pilzmycelien) sind die Pilze (→ Rn. 44). Pilze sind daher lediglich Pflanzenteile, die nur dann BtM sind, wenn sie selbst einen in den Anlagen I bis III aufgeführten Wirkstoff enthalten. Sind aber die in dem Fruchtkörper enthaltenen Pilzsporen bereits ausgebildet, so gilt die Regelung für Sporen, auch wenn sie mit dem Fruchtkörper noch verbunden sind. Insoweit und aus diesem Grunde könnte der Fruchtkörper dann doch wieder unter die letzte Alternative der Missbrauchsregelung der Anlage I aE 5. Gedankenstrich fallen, auch wenn noch kein Wirkstoff ausgebildet ist (→ Rn. 65).

(2) Pilzmycelien. Das Pilzmycel ist der eigentliche Pilz. Pilzmycelien enthalten oft **66** keinen der in den Anlagen I bis III aufgeführten Wirkstoff.[81] Darauf kommt es aber nach der Neufassung der Anlage I aE 5. Gedankenstrich nicht mehr an: sie sind BtM, sofern sie nur zur Wirkstoffgewinnung geeignet sind und Missbrauchsverwendung vorgesehen ist.

(3) Samen. Pflanzliche Samen sind nach der Befruchtung im Verlauf der Samenentwick- **67** lung aus einer Samenanlage entstehende Verbreitungsorgane der Samenpflanzen. Der Samen besteht aus einem vorübergehend ruhenden Embryo, der meist in Nährgewebe eingebettet ist oder selbst Reservestoffe speichert und stets von einer Samenschale umgeben ist. Die Samenruhe wird nach der Samenverbreitung bei geeigneten Außenbedingungen durch die Keimung beendet. Samen sind Stoffe usw iS der 1. Alternative („mit in dieser oder einen anderen Anlage aufgeführten Stoffen") mit der Folge, dass Wirkstoffentwicklung Vorausset-zung der BtM-Eigenschaft ist. Gegenüber dieser für alle Pflanzenteile (bzw. Organismen bzw. Stoffe) geltenden Regelung verdrängt die 2. Alternative, welche allein die Samen betrifft als lex specialis **die allgemeine Regelung für Pflanzenteile.** Das bedeutet grund-sätzlich für Samen, dass es auf eine Wirkstoffentwicklung nicht ankommt, wenn sie nur zur Wirkstoffgewinnung geeignet sind und Missbrauchsverwendung vorgesehen ist.

Für bestimmte Samen gibt es wiederum wegen Spezialität vorrangige Sonderregelungen: **68** **Cannabissamen:** Der Verkehr mit Cannabissamen ist nach Anlage I Position Cannabis Buchst. a vom allgemeinen Verkehrsverbot des BtMG ausgenommen mit der Rückaus-nahme: „sofern er nicht zum unerlaubten Anbau bestimmt ist." Die Herstellung von Lebensmitteln, Tierfutter und Heilsalben aus Cannabissamen ist somit zulässig,[82] da die Samen noch keinen Wirkstoffgehalt aufweisen (sofern die Samen hingegen zum unerlaubten Anbau bestimmt sind, bedarf keiner zusätzlichen Feststellung der Missbrauchsabsicht, auch wenn diese keine Probleme bereitete). **Samen von Papaver somniferum:** Der Verkehr mit Samen von Papaver somniferum ist nach Anlage III Position Papaver somniferum gene-rell von den Bestimmungen des BtMG ausgenommen; strafbarer Umgang beginnt mit ihnen erst mit dem Versuch des unerlaubten Anbaus. Selbiges gilt für **Samen von Papaver bracteatum:** Der Verkehr mit Samen von Papaver bracteatum ist nach Anlage III Position Papaver bracteatum generell von den Bestimmungen des BtMG ausgenommen; strafbarer Umgang beginnt mit ihnen erst mit dem Versuch des unerlaubten Anbaus.

---

[81] *Weber* Rn. 177.
[82] Detailliert KPV/*Patzak* § 2 Rn. 27 ff.

69   Die Formulierung „sofern er nicht zum unerlaubten Anbau bestimmt ist" bei Cannabissamen bedeutet, dass die allgemeine Strafbarkeitsgrenze, die bei den sonst ausdrücklich ausgenommenen Samen erst mit dem Versuch des Anbaus beginnt, für die Fälle, in denen
unerlaubter Anbau (von wem auch immer) beabsichtigt ist, vorgeschoben ist und **jede
Tätigkeit erfasst, die Cannabissamen auf dem Weg zum unerlaubten Anbau voran-
bringen soll** (Dreschen von Cannabispflanzen, Gewinnen, Aussortieren, Abwiegen, Aus-
zählen, Verpacken, Vorrätighalten, Frischhalten, Feilhalten, Anpreisen, Verkaufen, Versenden, Kaufen von Cannabissamen, zum Handeltreiben in diesen Fällen vgl. aber noch → § 29
Rn. 455). Gegenüber der allgemeinen Regelung bei Samen von Rauschpflanzen („wenn ein
Missbrauch zu Rauschzwecken vorgesehen ist") bedeutet die Regelung bei Cannabissamen
(„sofern er nicht zum unerlaubten Anbau bestimmt ist"), dass geringere Anforderungen an
den Nachweis gestellt sind. **Von unerlaubtem Anbau ist nämlich regelmäßig außerhalb landwirtschaftlicher Produktion auszugehen:** Erforderlich wäre eine Ausnahmeerlaubnis nach § 3 Abs. 2, von der ursprünglich kaum denkbar war, dass sie Privatpersonen
zum individuellen Anbau erteilt wird.[83] Die Sonderfälle, die in Anlage I Position Cannabis
Buchst. b–d genannt sind (Umgang mit zertifiziertem Saatgut, im Rahmen der Schädlings-
abwehr beim Rübenanbau oder zur Gewinnung von Nutzhanf), sind als solche klar umrissen
und sofort erkennbar. Die Orientierung am Erfordernis der Erlaubnis hat zur Folge, dass
bei Cannabissamen der Nachweis der Absicht zu missbräuchlicher Verwendung entfällt; der
Tatrichter braucht sich daher zB nicht mit dem Einwand zu befassen, dass der Anbau zu
Zierzwecken vorgesehen gewesen wäre, weil auch dazu eine Erlaubnis nötig gewesen wäre.

70   **Zum unerlaubten Anbau bestimmt** ist der Cannabissamen dann, wenn er hierfür
verwendet werden soll. Wer diese Bestimmung trifft, ist unerheblich. Dies kann auch der
Erwerber sein, der Samen bei einem Hanfladen einkauft.[84] Für den Betreiber eines solchen
Ladens liegt strafbares Handeltreiben mit zum unerlaubten Anbau bestimmten Cannabissamen vor, weil er – wie auf Grund der Tatumstände nachzuweisen wäre – damit rechnet
und billigend in Kauf nimmt, dass der Erwerber die Samen zum unerlaubten Anbau verwenden werde. Die Umstände, aus denen sich der Vorsatz in Bezug auf den beabsichtigten
unerlaubten Anbau ergibt, können sich zB ergeben aus dem Angebot von Samen in zählba-
rer Körnermenge,[85] häufig in Verbindung mit Beleuchtungssystemen für den Anbau in
Wohnräumen und Kellern und/oder mit Angaben des Tetrahydrocannabinol-Gehaltes der
zu ziehenden Pflanze,[86] häufig auch in Verbindung mit Rauchgeräten zum Genuss von
Cannabisprodukten. Cannabissamen sind THC-frei.[87] Daher kann auch der **Umgang mit
einer großen Menge von Samen** nicht zur Anwendung des § 29a Abs. 1 Nr. 2 (zB
Handeltreiben mit BtM in nicht geringer Menge) führen; werden Feststellungen zu einer
großen Samenmenge, einem hohen Verkaufswert, einem beträchtlichen Anbauvolumen
und zukünftigem THC-Potential getroffen, so liegt nahe zu prüfen, ob ein besonders schwerer Fall des Handeltreibens nach § 29 Abs. 3 S. 1 vorliegt.[88]

71   **Samen von Tieren:** Der Wortlaut der Regelung der Anlage I aE 5. Gedankenstrich
erfasst nicht nur den Samen von Pflanzen, sondern ganz allgemein den Samen von Organismen und damit auch Samen von Tieren. Tiersamen ist das Sperma männlicher Tiere. Die
Regelung ist bisher ohne praktische Bedeutung.

72   **(4) Sporen.** Sporen sind Keimzellen, die der ungeschlechtlichen Vermehrung dienen.
Für den Anwendungsbereich der Vorschrift (der Anlage I aE 5. Gedankenstrich[89]) kommen
nur die Sporen von Pilzen in Betracht. Auch bei den Pilzsporen kommt es nicht darauf an,

---

[83] Nunmehr wird sie bei medizinischer Indikation in Betracht gezogen, vgl. noch → § 3 Rn. 23 ff.
[84] Vgl. BayObLG 25.9.2002 – 4 St RR 80/02, BayObLGSt 2002, 135.
[85] So BT-Drs. 881/97, 39.
[86] BT-Drs. 881/97, 39.
[87] HJLW/*Winkler* Anlage I Rn. 1.
[88] OLG Düsseldorf 30.9.1998 – 2 Ss 298/98 – 56/98 II, NStZ 1999, 88; Anm. *Meurer* BA 1999, 180; LG
Stuttgart 26.3.1999 – 17 KLs 222 Js 31697/98, DRsp Nr. 2004/3014.
[89] In der Fassung der 15. BtMÄndV.

ob sie selbst einen der in den Anlagen I bis III genannten Wirkstoffe enthalten. Entscheidend ist allein, ob sie zur Gewinnung von Pilzen geeignet sind, die einen solchen Wirkstoff enthalten und ob eine missbräuchliche Verwendung dieser Pilze zu Rauschzwecken vorgesehen ist. Der Umgang mit Sporen von Rauschpilzen ist in jeder Verkehrsform strafbar. Die Strafbarkeit setzt daher bereits vor dem Versuch des Anbauens der aus den Sporen heranzuziehenden Pilze ein. Sind die ausgebildeten Sporen noch mit dem Fruchtkörper verbunden (→ Rn. 58), kommt es auf die Willensrichtung der Person an, die mit diesem Organismus Umgang hat oder ihn anstrebt: will der Täter den „Pilz" selbst, dh den Frucht-körper (→ Rn. 58), sammeln, kaufen, verkaufen usw (zB weil er selbst oder andere ihn zu Rauschzwecken genießen wollen), so ist für die Strafbarkeit einer solchen Handlung entscheidend, ob der „Pilz" einen der in den Anlagen I bis III aufgeführten Stoffe enthält oder nicht; will der Täter dagegen die in dem Fruchtkörper schon ausgebildeten Sporen erhalten, um durch deren Keimung wiederum Pilzkulturen zu gewinnen, so kommt es nur darauf an, ob diese Sporen zur Gewinnung von Pilzen (grundsätzlich) geeignet sind, die einen solchen Wirkstoff enthalten, und ob eine missbräuchliche Verwendung dieser Pilze zu Rauschzwecken vorgesehen ist.

(5) Zellkulturen. Anlage I 5. Gedankenstrich[90] erfasst auch Zellkulturen tierischer oder **73** pflanzlicher Herkunft (und somit auch Gewebekulturen, da sie aus pflanzlichen oder tieri-schen Zellen gezüchtet werden[91]).

(6) Biologische Materialien. „Zur Reproduktion oder Gewinnung" von Stoffen nach **74** § 2 Abs. 1 Nr. 1 Buchstabe b bis d geeignete biologische Materialien sind zB Nährböden für die Züchtung von Pilzen. **Diese Materialien sind damit BtM,** ohne dass sie einen in den Anlagen I bis III genannten Stoff enthalten müssten, sofern sie bei ihrer evtl. auch nur geplanten Verwendung der Produktion von Naturprodukten zu Rauschzwecken dienen (sollen). Diese Ausweitung des Regelungsbereichs auf rauschmittelfreies Biomaterial ist frei-lich keine Neuerung des geänderten Stoffbegriffs,[92] sondern sie war zuvor schon durch die 19. BtMV (biologische Materialien zur Gewinnung von Organismen) und davor durch die 15. BtMV (Zellkulturen geeignet zur Gewinnung von Organismen mit Stoffen der Anla-gen I bis III) vorgenommen worden.

g) Missbräuchliche Verwendung. Wichtigste Voraussetzung einer Subsumtion pflanz- **75** licher oder tierischer Organismen unter den erweiterten, aus Anlage I aE 5. Gedankenstrich sich ergebenden BtM-Begriff ist, dass ein **Missbrauch zu Rauschzwecken** vorgesehen ist. Diese Klausel wird im Allgemeinen unkritisch gesehen, obwohl die Betäubungsmittelei-genschaft damit von subjektiven Kriterien im Einzelfall abhängig gemacht wird. Zumindest idealtypisch stehen aber die Bezugspunkte der Absicht fest. Es sind nämlich diejenigen Kriterien, welche den Stoff missbrauchsanfällig machen, weil diese erst zur Einbeziehung des Wirkstoffs geführt haben. Ein Rückgriff auf den medizinischen Terminus „Missbrauch" bzw. auf DSM-IV-Kriterien nimmt man insofern nicht vor (vgl. noch die Vorauflage). Wesentlich konkreter und intrasystematisch stimmig wäre es, die Absicht schlicht auf die Entstehung des Wirkstoffs zu beziehen[93] oder objektiv erst ab Vorliegen eines Wirkstoffs eine Intervention zuzulassen. Etwaige Rückausnahmen müssten dann eben konkreter for-muliert werden.

Die missbräuchliche Verwendung muss nicht durch denjenigen erfolgen, der BtM in **76** ihrer natürlich vorkommenden Form anbaut, sammelt, züchtet usw. Anderenfalls wären nur die der Deckung des Eigenbedarfs dienenden Tathandlungen erfasst – und damit die prinzi-piell weniger strafwürdigen Fälle. Daher reicht zur Erfüllung des Tatbestandes aus, dass die missbräuchliche Verwendung durch andere stattfinden soll. Allerdings muss in solchen Fällen

---

[90] In der Fassung der 15. BtMÄndV.
[91] BT-Drs. 881/97, 40.
[92] Durch Art. 5 Gesetz zur Änderung arzneimittelrechtlicher und anderer Vorschriften vom 17.7.2009, BGBl. I S. 1990, mit Wirkung vom 23.7.2009.
[93] In diese Richtung wohl auch KPV/*Patzak* § 2 Rn. 6.

derjenige, der selber keinen Missbrauch betreiben will, jedenfalls mit der missbräuchlichen Verwendung durch andere rechnen und dies auch in Kauf nehmen. Handelt er in Bezug auf den Verwendungszweck fahrlässig, so kommt eine Anwendung des § 29 Abs. 4 in Betracht.

77   Die Missbrauchsklausel taucht nicht nur am Ende der Anlage I auf (betrifft also nicht nur die Einbeziehung der Stoffe und Organismen der Anlage I insgesamt), sondern entfaltet auch bei der Ausnahmeregelung betreffend zertifiziertem Cannabisanbau eine Bedeutung. Dort werden Cannabispflanzen aus dem Regelungsbereich des BtMG herausgenommen, wenn sie aus dem Anbau in Ländern der Europäischen Union mit zertifiziertem Saatgut von Sorten stammen, die am 15. März des Anbaujahres in dem in Artikel 9 der Delegierten Verordnung (EU) Nr. 639/2014 der Kommission vom 11. März 2014 zur Ergänzung der Verordnung (EU) Nr. 1307/2013 des Europäischen Parlaments und des Rates mit Vorschriften über Direktzahlungen an Inhaber landwirtschaftlicher Betriebe im Rahmen von Stützungsregelungen der Gemeinsamen Agrarpolitik und zur Änderung des Anhangs X der genannten Verordnung (ABl. L 181 vom 20.6.2014, S. 1) in der jeweils geltenden Fassung genannten gemeinsamen Sortenkatalog für landwirtschaftliche Pflanzenarten aufgeführt sind, oder ihr Gehalt an Tetrahydrocannabinol 0,2 Prozent nicht übersteigt und der Verkehr mit ihnen (ausgenommen der Anbau) ausschließlich gewerblichen oder wissenschaftlichen Zwecken dient, die einen Missbrauch zu Rauschzwecken ausschließen. Die Satzkonstruktion hat zur Frage geführt, ob sich die Missbrauchsklausel lediglich auf die zweite Alternative (0,2 %-Hürde) oder auf beide Alternativen der Ausnahme bezieht, mithin der Täter auch bei EU-zertifiziertem Saatgut nicht befreit ist, wenn eine Missbrauchsabsicht nachgewiesen werden kann. Das OLG Hamm hat sich hier – abweichend von der Auffassung der Vorinstanz – dem OLG Zweibrücken angeschlossen und verlangt in jedem Falle das Fehlen einer Missbrauchsabsicht.[94]

78   **3. Die BtM der Anlage I.** Anlage I umfasst **die nicht verkehrsfähigen BtM.** Diese Stoffe sind in Deutschland allenfalls illegal im Verkehr. Eine Erlaubnis für den Verkehr mit ihnen darf (durch das BfArM) nach § 3 Abs. 2 nur zu wissenschaftlichen oder anderen im öffentlichen Interesse liegenden Zwecken erteilt werden.[95] Sie dürfen nach § 13 Abs. 1 S. 3 nicht verschrieben, verabreicht oder einem anderen zum unmittelbaren Verbrauch überlassen werden. Diese BtM haben idealtypisch hohes Missbrauchpotential oder sie werden in Deutschland nicht zu therapeutischen Zwecken benötigt.[96] Die für die strafrechtliche Praxis wichtigsten BtM der Anlage I sind Cannabis, Heroin[97] und die Amfetaminderivate MDA, MDMA, MDE und MDBD. Eine Umstellung der Position Cannabis steht an, sie erfordert auch Änderungen hinsichtlich des legalen Verkehrs (→ § 3 Rn. 32).

79   **4. Die BtM der Anlage II.** In Anlage II sind die **verkehrsfähigen BtM** aufgeführt. Hierbei handelt es sich im Wesentlichen um Rohstoffe, Grundstoffe, Halbsynthetika und Zwischenprodukte,[98] die in der pharmazeutischen Industrie und zur Analytik verwendet werden. Der Umgang mit ihnen ist, wie sich aus § 3 Abs. 2 ergibt, erlaubnisfähig bzw. nach § 4 Abs. 1 unter den dort genannten Voraussetzungen von der Erlaubnispflicht ausgenommen. Sie dürfen jedoch nach § 13 Abs. 1 S. 3 – ebenso wie die BtM der Anlage I – nicht verschrieben, verabreicht oder einem anderen zum unmittelbaren Verbrauch überlassen werden. In Anlage II sind auch die zum Teil in großem Umfang zur Hustenstillung und Schmerzbekämpfung eingesetzten Stoffe[99] Ethylmorphin und Pholcodin aufgenommen worden. Die aus ihnen hergestellten Arzneimittel sind, sofern sie die Ausnahmevorausset-

---

[94] OLG Zweibrücken 25.5.2010 – 1 Ss 13/10; OLG Hamm 21.6.2016 – III-4 RVs 51/16, 4 RVs 51/16.

[95] Zum Begriff des öffentlichen Interesses in § 3 Abs. 2 vgl. BVerwG 21.12.2000 – 3 C 20/00, BVerwGE 112, 314 = NJW 2001, 1365 und BVerfG 20.1.2000 – 2 BvR 2382/99 ua, NJW 2000, 3126.

[96] BT-Drs. 8/3551, 25.

[97] Vom Verkehrsverbot der Anlage I ausgenommen ist seit dem Gesetz zur diamorphingestützten Substitutionsbehandlung vom 15.7.2009, BGBl. I S. 1801, in Kraft seit 21.7.2009, der Umgang mit Heroin zu den in den Anlagen II und III bei der Spezifikation „Diamorphin" bezeichneten Zwecken.

[98] BT-Drs. 8/3551, 25.

[99] HJLW/*Winkler* Rn. 4.

zungen erfüllen, als ausgenommene Zubereitungen (§ 2 Abs. 1 Nr. 3) von den betäubungsmittelrechtlichen Bestimmungen, insbesondere über das Verschreiben und den Handel, freigestellt. Das gleiche gilt für die als Antidiarrhoica Verwendung findenden Stoffe[100] Difenoxin und Diphenoxylat.

5. Die BtM der Anlage III. In Anlage III sind die **verkehrs- und verschreibungsfä-** 80 **higen BtM** aufgeführt. Die ursprüngliche weitere Aufteilung der Anlage III in Teil A bis C ist mit der 10. BtMÄndV aufgegeben worden, die Teile A, B und C der Anlage III wurden zu einer einzigen alphabetisch geordneten Anlage III zusammengefasst. Der Umgang mit den BtM der Anlage III ist, wie sich aus § 3 Abs. 2 ergibt, erlaubnisfähig bzw. nach § 4 Abs. 1 unter den dort genannten Voraussetzungen von der Erlaubnispflicht ausgenommen. Sie dürfen nach § 13 Abs. 1 S. 1 und 2 unter den dort genannten Voraussetzungen von Ärzten, Zahnärzten und Tierärzten verschrieben, verabreicht oder einem anderen zum unmittelbaren Verbrauch überlassen werden, von Apothekern auf eine Verschreibung hin abgegeben werden.

Für **ausgenommene Zubereitungen der Anlage III** gelten – wie auch für diejenigen 81 der Anlage II und (gäbe es solche) der Anlage I – die betäubungsmittelrechtlichen Vorschriften nicht. Diese Grundregel ist für die Bereiche der Einfuhr, Ausfuhr und Durchfuhr mit Rücksicht auf die Übereinkommen von 1961 und 1971 jedoch durchbrochen: insoweit gelten die Bestimmungen des BtMG, was im Hinblick auf die Kompetenzüberschreitung des Verordnungsgebers nicht unproblematisch ist (vgl. → § 2 Rn. 27 f. sowie → § 29 Rn. 775 f.). Hiervon gibt es jedoch zwei bedeutsame Rückausnahmen (Anlage III 2. Gedankenstrich Buchst. b, S. 2): Zubereitungen von **Codein oder Dihydrocodein** sind auch in Bezug auf die Einfuhr, Ausfuhr und Durchfuhr von den betäubungsmittelrechtlichen Vorschriften freigestellt, nach Buchst. b der Position **Barbital** ausgenommene Zubereitungen können jedoch ohne Genehmigung nach § 11 ein-, aus- oder durchgeführt werden, wenn nach den Umständen eine missbräuchliche Verwendung nicht zu befürchten ist. Die für die strafrechtliche Praxis wichtigsten BtM der Anlage III sind Amfetamin, Cocain, Levomethadon (Handelsname Polamidon) und Methadon.

Anlagen I–III zu § 1 Abs. 1

Anlage I
(nicht verkehrsfähige Betäubungsmittel)

INN	andere nicht geschützte oder Trivialnamen	chemische Namen (IUPAC)
Acetorphin	–	{4,5α-Epoxy-7α-[(R)-2-hydroxypentan-2-yl]-6-methoxy-17-methyl-6,14-ethenomorphinan-3-yl}acetat
–	Acetyldihydrocodein	(4,5α-Epoxy-3-methoxy-17-methylmorphinan-6α-yl)acetat
Acetylmethadol	–	(6-Dimethylamino-4,4-diphenylheptan-3-yl)acetat
–	Acetyl-α-methylfentanyl	N-Phenyl-N-[1-(1-phenylpropan-2-yl)-4-piperidyl]acetamid
		4-Allyloxy-3,5-dimethoxyphenethylazan
Allylprodin	–	(3-Allyl-1-methyl-4-phenyl-4-piperidyl)propionat
Alphacetylmethadol	–	[(3R,6R)-6-Dimethylamino-4,4-diphenylheptan-3-yl]acetat
Alphameprodin	–	[(3RS,4SR)-3-Ethyl-1-methyl-4-phenyl-4-piperidyl]propionat

[100] HJLW/*Winkler* Rn. 4.

INN	andere nicht geschützte oder Trivial-namen	chemische Namen (IUPAC)
Alphamethadol	–	(3R,6R)-6-Dimethylamino-4,4-diphenylheptan-3-ol
Alphaprodin	–	[(3RS,4SR)-1,3-Dimethyl-4-phenyl-4-piperidyl]propionat
–	5-(2-Aminopropyl)indol (5-IT)	1-(1H-Indol-5-yl)propan-2-amin
Anileridin	–	Ethyl[1-(4-aminophenethyl)-4-phenylpiperidin-4-carboxylat]
–	BDB	1-(1,3-Benzodioxol-5-yl)butan-2-ylazan
Benzethidin	–	Ethyl{1-[2-(benzyloxy)ethyl]-4-phenylpiperidin-4-carboxylat}
Benzfetamin	Benzphetamin	(Benzyl)(methyl)(1-phenylpropan-2-yl)azan
–	MDPPP	1-(1,3-Benzodioxol-5-yl)-2-(pyrrolidin-1-yl)propan-1-on
–	Benzylfentanyl	N-(1-Benzyl-4-piperidyl)-N-phenylpropanamid
–	Benzylmorphin	3-Benzyloxy-4,5α-epoxy-17-methylmorphin-7-en-6α-ol
Betacetylmethadol	–	[(3S,6R)-6-Dimethylamino-4,4-diphenylheptan-3-yl]acetat
Betameprodin	–	[(3RS,4RS)-3-Ethyl-1-methyl-4-phenyl-4-piperidyl]propionat
Betamethadol	–	(3S,6R)-6-Dimethylamino-4,4-diphenylheptan-3-ol
Betaprodin	–	[(3RS,4RS)-1,3-Dimethyl-4-phenyl-4-piperidyl]propionat
Bezitramid	–	4-[4-(2-Oxo-3-propionyl-2,3-dihydrobenzimidazol-1-yl)piperidino]-2,2-diphenylbutannitril
–	25B-NBOMe (2C-B-NBOMe)	2-(4-Brom-2,5-dimethoxyphenyl)-N-[(2-methoxyphenyl)methyl]ethanamin
Brolamfetamin	Dimethoxybromamfetamin (DOB)	(RS)-1-(4-Brom-2,5-dimethoxyphenyl)propan-2-ylazan
–	Bromdimethoxyphenethylamin (BDMPEA, 2C-B)	4-Brom-2,5-dimethoxyphenylazan
–	**Cannabis** (Marihuana, Pflanzen und Pflanzenteile der zur Gattung Cannabis gehörenden Pflanzen)	–

– ausgenommen

a) deren Samen, sofern er nicht zum unerlaubten Anbau bestimmt ist,
b) wenn sie aus dem Anbau in Ländern der Europäischen Union mit zertifiziertem Saatgut von Sorten stammen, die am 15. März des Anbaujahres in dem in Artikel 9 der Delegierten Verordnung (EU) Nr. 639/2014 der Kommission vom 11. März 2014 zur Ergänzung der Verordnung (EU) Nr. 1307/2013 des Europäischen Parlaments und des Rates mit Vorschriften über Direktzahlungen an Inhaber landwirtschaftlicher Betriebe im Rahmen von Stützungsregelungen der Gemeinsamen Agrarpolitik und zur Änderung des Anhangs X der genannten Verordnung (ABl. L 181 vom 20.6.2014, S. 1) in der jeweils geltenden Fassung genannten gemeinsamen Sortenkatalog für landwirtschaftliche Pflanzenarten aufgeführt sind, oder ihr Gehalt an Tetrahydrocannabinol 0,2 Prozent nicht übersteigt und der Verkehr mit ihnen (ausgenommen der Anbau) ausschließlich gewerblichen oder wissenschaftlichen Zwecken dient, die einen Missbrauch zu Rauschzwecken ausschließen,
c) wenn sie als Schutzstreifen bei der Rübenzüchtung gepflanzt und vor der Blüte vernichtet werden,
d) wenn sie von Unternehmen der Landwirtschaft angebaut werden, die die Voraussetzungen des § 1 Absatz 4 des Gesetzes über die Alterssicherung der Landwirte erfüllen, mit Ausnahme von Unternehmen der Forstwirtschaft, des Garten- und Weinbaus, der Fischzucht, der Teichwirtschaft, der Imkerei, der Binnenfischerei und der Wanderschäferei, oder die für eine Beihilfegewährung nach der Verordnung (EU) Nr. 1307/2013 des Europäischen Parlaments und des Rates vom 17. Dezember 2013 mit Vorschriften über Direktzahlungen an Inhaber landwirtschaftlicher Betriebe im Rahmen von Stützungsregelungen der Gemeinsamen Agrarpolitik und zur Aufhebung der Verordnung (EG) Nr. 637/2008 des Rates und der Verordnung (EG) Nr. 73/2009 des Rates (ABl. L 347 vom 20.12.2013, S. 608) in der jeweils geltenden Fassung in Betracht kommen und der Anbau ausschließlich aus zertifiziertem Saatgut von Sorten erfolgt, die am 15. März des Anbaujahres in dem in Artikel 9 der Delegierten Verordnung (EU)

INN	andere nicht geschützte oder Trivial-namen	chemische Namen (IUPAC)

Nr. 639/2014 genannten gemeinsamen Sortenkatalog für landwirtschaftliche Pflanzenarten aufgeführt sind (Nutzhanf) oder
e) zu den in III bezeichneten Zwecken –

INN	andere nicht geschützte oder Trivial-namen	chemische Namen (IUPAC)
–	**Cannabisharz** (Haschisch, das abgesonderte Harz der zur Gattung Cannabis gehörenden Pflanzen)	–
Carfentanil	–	Methyl[1-phenethyl-4-(*N*-phenylpropanamido)piperidin-4-carboxylat]
Cathinon	–	(*S*)-2-Amino-1-phenylpropan-1-on
–	2C-C	2-(4-Chlor-2,5-dimethoxyphenyl)ethanamin
–	2C-D (2C-M)	2-(2,5-Dimethoxy-4-methylphenyl)ethanamin
–	2C-E	2-(4-Ethyl-2,5-dimethoxyphenyl)ethanamin
–	2C-I	4-Iod-2,5-dimethoxyphenethylazan
–	Clephedron (4-CMC, 4-Chlormethcathinon)	1-(4-Chlorphenyl)-2-(methylamino)propan-1-on
–	6-Cl-MDMA	[1-(6-Chlor-1,3-benzodioxol-5-yl)propan-2-yl](methyl)azan
Clonitazen	–	{2-[2-(4-Chlorbenzyl)-5-nitrobenzimidazol-1-yl]ethyl}diethylazan
–	25C-NBOMe (2C-C-NBOMe)	2-(4-Chlor-2,5-dimethoxyphenyl)-*N*-[(2-methoxyphenyl)methyl]ethanamin
–	**Codein-N-oxid**	4,5α-Epoxy-3-methoxy-17-methylmorphin-7-en-6α-ol-17-oxid
Codoxim	–	(4,5α-Epoxy-3-methoxy-17-methylmorphinan-6-ylidenaminooxy)essigsäure
–	2C-P	2-(2,5-Dimethoxy-4-propylphenyl)ethanamin
–	2C-T-2	4-Ethylsulfanyl-2,5-dimethoxyphenethylazan
–	2C-T-7	2,5-Dimethoxy-4-(propylsulfanyl)phenethylazan
Desomorphin	Dihydrodesoxymorphin	4,5α-Epoxy-17-methylmorphinan-3-ol
Diampromid	–	*N*-{2-[(Methyl)(phenethyl)amino]propyl}-*N*-phenylpropanamid
–	Diethoxybromamfetamin	1-(4-Brom-2,5-diethoxyphenyl)propan-2-ylazan
Diethylthiambuten	–	Diethyl(1-methyl-3,3-di-2-thienylallyl)azan
–	*N,N*-Diethyltryptamin (Diethyltryptamin, DET)	Diethyl[2-(indol-3-yl)ethyl]azan
–	**Dihydroetorphin** (18,19-Dihydroetorphin)	(5*R*,6*R*,7*R*,14*R*)-4,5α-Epoxy-7α-[(*R*)-2-hydroxypentan-2-yl]-6-methoxy-17-methyl-6,14-ethanomorphinan-3-ol
Dimenoxadol	–	(2-Dimethylamino-ethyl)[(ethoxy)(diphenyl)acetat]
Dimepheptanol	Methadol	6-Dimethylamino-4,4-diphenylheptan-3-ol
–	Dimethoxyamfetamin (DMA)	1-(2,5-Dimethoxyphenyl)propan-2-ylazan

INN	andere nicht geschützte oder Trivial-namen	chemische Namen (IUPAC)
–	Dimethoxyethylamfetamin (DOET)	1-(4-Ethyl-2,5-dimethoxyphenyl)propan-2-ylazan
–	Dimethoxymethamfetamin (DMMA)	1-(3,4-Dimethoxyphenyl)-N-methylpropan-2-amin
–	Dimethoxymethylamfetamin (DOM, STP)	(RS)-1-(2,5-Dimethoxy-4-methylphenyl)propan-2-ylazan
–	Dimethylheptyltetrahydrocannabinol (DMHP)	6,6,9-Trimethyl-3-(3-methyloctan-2-yl)-7,8,9,10-tetrahydro-6H-benzo[c]chromen-1-ol
Dimethylthiambuten	–	Dimethyl(1-methyl-3,3-di-2-thienylallyl)azan
–	N,N-Dimethyltryptamin (Dimethyltryptamin, DMT)	[2-(Indol-3-yl)ethyl]dimethylazan
Dioxaphetylbutyrat	–	Ethyl(4-morpholino-2,2-diphenylbutanoat)
Dipipanon	–	4,4-Diphenyl-6-piperidinoheptan-3-on
–	DOC	1-(4-Chlor-2,5-dimethoxyphenyl)propan-2-ylazan
Drotebanol	–	3,4-Dimethoxy-17-methylmorphinan-6β,14-diol
–	N-Ethylbuphedron (NEB)	2-(Ethylamino)-1-phenylbutan-1-on
–	4-Ethylmethcathinon (4-EMC)	1-(4-Ethylphenyl)-2-(methylamino)propan-1-on
Ethylmethylthiambuten	–	(Ethyl)(methyl)(1-methyl-3,3-di-2-thienylallyl)azan
–	Ethylon (bk-MDEA, MDEC)	1-(1,3-Benzodioxol-5-yl)-2-(ethylamino)propan-1-on
–	Ethylpiperidylbenzilat	(1-Ethyl-3-piperidyl)benzilat
Eticyclidin	PCE	(Ethyl)(1-phenylcyclohexyl)azan
Etonitazen	–	{2-[2-(4-Ethoxybenzyl)-5-nitrobenzimidazol-1-yl]ethyl}diethylazan
Etoxeridin	–	Ethyl{1-[2-(2-hydroxyethoxy)ethyl]-4-phenylpiperidin-4-carboxylat}
Etryptamin	α-Ethyltryptamin	1-(Indol-3-yl)butan-2-ylazan
–	FLEA	N-[1-(1,3-Benzodioxol-5-yl)propan-2-yl]-N-methylhydroxylamin
–	4-Fluoramfetamin (4-FA, 4-FMP)	(RS)-1-(4-Fluorphenyl)propan-2-amin
–	p-Fluorfentanyl	N-(4-Fluorphenyl)-N-(1-phenethyl-4-piperidyl)propanamid
–	2-Fluormethamfetamin (2-FMA)	1-(2-Fluorphenyl)-N-methylpropan-2-amin
–	3-Fluormethamfetamin (3-FMA)	1-(3-Fluorphenyl)-N-methylpropan-2-amin
Furethidin	–	Ethyl{4-phenyl-1-[2-(tetrahydrofurfuryloxy)ethyl]piperidin-4-carboxylat}
–	**Heroin** (Diacetylmorphin, Diamorphin) – ausgenommen Diamorphin zu den in den Anlagen II und III bezeichneten Zwecken –	[(5R,6S)-4,5-Epoxy-17-methylmorphin-7-en-3,6-diyl]diacetat
Hydromorphinol	14-Hydroxydihydromorphin	4,5α-Epoxy-17-methylmorphinan-3,6α,14-triol
–	N-Hydroxyamfetamin (NOHA)	N-(1-Phenylpropan-2-yl)hydroxylamin
–	β-Hydroxyfentanyl	N-[1-(2-Hydroxy-2-phenylethyl)-4-piperidyl]-N-phenylpropanamid

INN	andere nicht geschützte oder Trivial-namen	chemische Namen (IUPAC)
–	Hydroxymethylendioxyamfetamin (*N*-Hydroxy-MDA, MDOH)	*N*-[1-(1,3-Benzodioxol-5-yl)propan-2-yl]hydroxylamin
–	*β*-Hydroxy-3-methylfentanyl (Ohmefentanyl)	*N*-[1-(2-Hydroxy-2-phenylethyl)-3-methyl-4-piperidyl]-*N*-phenylpropanamid
Hydroxypethidin	–	Ethyl[4-(3-hydroxyphenyl)-1-methylpiperidin-4-carboxylat]
–	25I-NBOMe (2C-I-NBOMe)	2-(4-Iod-2,5-dimethoxyphenyl)-*N*-[(2-methoxyphenyl)methyl]ethanamin
Lefetamin	SPA	[(*R*)-1,2-Diphenylethyl]dimethylazan
Levomethorphan	–	(9*R*,13*R*,14*R*)-3-Methoxy-17-methylmorphinan
Levophenacylmorphan	–	2-[(9*R*,13*R*,14*R*)-3-Hydroxymorphinan-17-yl]-1-phenylethanon
Lofentanil	–	Methyl[(3*R*,4*S*)-3-methyl-1-phenethyl-4-(*N*-phenylpropanamido)piperidin-4-carboxylat]
Lysergid	*N,N*-Diethyl-D-lysergamid (LSD, LSD-25)	*N,N*-Diethyl-6-methyl-9,10-didehydroergolin-8*β*-carboxamid
–	MAL	3,5-Dimethoxy-4-(2-methylallyloxy)phenethylazan
–	MBDB	[1-(1,3-Benzodioxol-5-yl)butan-2-yl](methyl)azan
–	Mebroqualon	3-(2-Bromphenyl)-2-methylchinazolin-4(3*H*)-on
Mecloqualon	–	3-(2-Chlorphenyl)-2-methylchinazolin-4(3*H*)-on
–	**Mescalin**	3,4,5-Trimethoxyphenethylazan
Metazocin	–	3,6,11-Trimethyl-1,2,3,4,5,6-hexahydro-2,6-methano-3-benzazocin-8-ol
–	Methcathinon (Ephedron)	2-Methylamino-1-phenylpropan-1-on
–	Methiopropamin (MPA)	*N*-Methyl-1-(thiophen-2-yl)propan-2-amin
–	Methoxetamin (MXE)	2-(Ethylamino)-2-(3-methoxyphenyl)cyclohexanon
–	Methoxyamfetamin (PMA)	1-(4-Methoxyphenyl)propan-2-ylazan
–	5-Methoxy-*N,N*-diisopropyltryptamin (5-MeO-DIPT)	Diisopropyl[2-(5-methoxyindol-3-yl)ethyl]azan
–	5-Methoxy-DMT (5-MeO-DMT)	[2-(5-Methoxyindol-3-yl)ethyl]dimethylazan
–	–	(2-Methoxyethyl)(1-phenylcyclohexyl)azan
–	Methoxymetamfetamin (PMMA)	[1-(4-Methoxyphenyl)propan-2-yl](methyl)azan
–	Methoxymethylendioxyamfetamin (MMDA)	1-(7-Methoxy-1,3-benzodioxol-5-yl)propan-2-ylazan
–	–	(3-Methoxypropyl)(1-phenylcyclohexyl)azan
–	Methylaminorex (4-Methylaminorex)	4-Methyl-5-phenyl-4,5-dihydro-1,3-oxazol-2-ylazan
–	4-Methylbuphedron (4-MeMABP)	2-(Methylamino)-1-(4-methylphenyl)butan-1-on
Methyldesorphin	–	4,5α-Epoxy-6,17-dimethylmorphin-6-en-3-ol
Methyldihydromorphin	–	4,5α-Epoxy-6,17-dimethylmorphinan-3,6α-diol

INN	andere nicht geschützte oder Trivial-namen	chemische Namen (IUPAC)
–	Methylendioxyethylamfetamin (N-Ethyl-MDA, MDE, MDEA)	[1-(1,3-Benzodioxol-5-yl)propan-2-yl](ethyl)azan
–	Methylendioxymetamfetamin (MDMA)	[1-(1,3-Benzodioxol-5-yl)propan-2-yl](methyl)azan
–	α-Methylfentanyl	N-Phenyl-N-[1-(1-phenylpropan-2-yl)-4-piperidyl]propanamid
–	3-Methylfentanyl (Mefentanyl)	N-(3-Methyl-1-phenethyl-4-piperidyl)-N-phenylpropanamid
–	Methylmethaqualon	3-(2,4-Dimethylphenyl)-2-methylchinazolin-4(3H)on
–	3-Methylmethcathinon (3-MMC)	2-(Methylamino)-1-(3-methylphenyl)propan-1-on
–	4-Methylmethcathinon (Mephedron)	1-(4-Methylphenyl)-2-methylaminopropan-1-on
–	Methylphenylpropionoxypiperidin (MPPP)	(1-Methyl-4-phenyl-4-piperidyl)propionat
–	Methyl-3-phenylpropylamin (1M-3PP)	(Methyl)(3-phenylpropyl)azan
–	Methylphenyltetrahydropyridin (MPTP)	1-Methyl-4-phenyl-1,2,3,6-tetrahydropyridin
–	Methylpiperidylbenzilat	(1-Methyl-3-piperidyl)benzilat
–	4-Methylthioamfetamin (4-MTA)	1-[4-(Methylsulfanyl)phenyl]propan-2-ylazan
–	α-Methylthiofentanyl	N-Phenyl-N-{1-[1-(2-thienyl)propan-2-yl]-4-piperidyl}propanamid
–	3-Methylthiofentanyl	N-{3-Methyl-1-[2-(2-thienyl)ethyl]-4-piperidyl}-N-phenylpropanamid
–	α-Methyltryptamin (α-MT, AMT)	1-(Indol-3-yl)propan-2-ylazan
Metopon	5-Methyldihydromorphinon	4,5α-Epoxy-3-hydroxy-5,17-dimethyl-morphinan-6-on
Morpheridin	–	Ethyl[1-(2-morpholinoethyl)-4-phenylpiperidin-4-carboxylat]
–	**Morphin-**N-oxid	(5R,6S)-4,5-Epoxy-3,6-dihydroxy-17-methylmorphin-7-en-17-oxid
Myrophin	Myristylbenzylmorphin	(3-Benzyloxy-4,5α-epoxy-17-methylmorphin-7-en-6-yl)tetradecanoat
Nicomorphin	3,6-Dinicotinoylmorphin	(4,5α-Epoxy-17-methylmorphin-7-en-3,6α-diyl)dinicotinat
–	25N-NBOMe (2C-N-NBOMe)	2-(2,5-Dimethoxy-4-nitrophenyl)-N-[(2-methoxyphenyl)methyl]ethanamin
Noracymethadol	–	(6-Methylamino-4,4-diphenylheptan-3-yl)acetat
Norcodein	N-Desmethylcodein	4,5α-Epoxy-3-methoxymorphin-7-en-6α-ol
Norlevorphanol	(–)-3-Hydroxymorphinan	(9R,13R,14R)-Morphinan-3-ol
Normorphin	Desmethylmorphin	4,5α-Epoxymorphin-7-en-3,6α-diol
Norpipanon	–	4,4-Diphenyl-6-piperidinohexan-3-on
–	Parahexyl	3-Hexyl-6,6,9-trimethyl-7,8,9,10-tetrahydro-6H-benzo[c]chromen-1-ol
–	PCPr	(1-Phenylcyclohexyl)(propyl)azan
–	Pentylon (bk-MBDP)	1-(1,3-Benzodioxol-5-yl)-2-(methylamino)pentan-1-on
Phenadoxon	–	6-Morpholino-4,4-diphenylheptan-3-on
Phenampromid	–	N-Phenyl-N-(1-piperidinopropan-2-yl)propanamid

INN	andere nicht geschützte oder Trivial-namen	chemische Namen (IUPAC)
Phenazocin	–	6,11-Dimethyl-3-phenethyl-1,2,3,4,5,6-hexahydro-2,6-methano-3-benzazocin-8-ol
Phencyclidin	PCP	1-(1-Phenylcyclohexyl)piperidin
–	Phenethylphenylacetoxypiperidin (PEPAP)	(1-Phenethyl-4-phenyl-4-piperidyl)acetat
–	Phenethylphenyltetrahydropyridin (PEPTP)	1-Phenethyl-4-phenyl-1,2,3,6-tetrahydropyridin
Phenpromethamin	1-Methylamino-2-phenylpropan (PPMA)	(Methyl)(2-phenylpropyl)azan
Phenomorphan	–	17-Phenethylmorphinan-3-ol
Phenoperidin	–	Ethyl[1-(3-hydroxy-3-phenylpropyl)-4-phenylpiperidin-4-carboxylat]
Piminodin	–	Ethyl[1-(3-anilinopropyl)-4-phenylpiperidin-4-carboxylat]
–	PPP	1-Phenyl-2-(pyrrolidin-1-yl)propan-1-on
Proheptazin	–	(1,3-Dimethyl-4-phenylazepan-4-yl)propionat
Properidin	–	Isopropyl(1-methyl-4-phenylpiperidin-4-carboxylat)
–	Psilocin (Psilotsin)	3-(2-Dimethylaminoethyl)indol-4-ol
–	Psilocin-(eth)	3-(2-Diethylaminoethyl)indol-4-ol
Psilocybin	–	[3-(2-Dimethylaminoethyl)indol-4-yl]dihydrogenphosphat
–	Psilocybin-(eth)	[3-(2-Diethylaminoethyl)indol-4-yl]dihydrogenphosphat
–	4-MePPP	2-(Pyrrolidin-1-yl)-1-(p-tolyl)propan-1-on
Racemethorphan	–	(9RS,13RS,14RS)-3-Methoxy-17-methylmorphinan
Rolicyclidin	PHP (PCPy)	1-(1-Phenylcyclohexyl)pyrrolidin
–	**Salvia divinorum** (Pflanzen und Pflanzenteile)	–
Tenamfetamin	Methylendioxyamfetamin (MDA)	(RS)-1-(1,3-Benzodioxol-5-yl)propan-2-ylazan
Tenocyclidin	TCP Tetrahydrocannabinole, folgende Isomeren und ihre stereochemischen Varianten:	1-[1-(2-Thienyl)cyclohexyl]piperidin
–	Δ 6a(10a)-Tetrahydrocannabinol (Δ 6a(10a)-THC)	6,6,9-Trimethyl-3-pentyl-7,8,9,10-tetrahydro-6H-benzo[c]chromen-1-ol
–	Δ 6a-Tetrahydrocannabinol (Δ 6a-THC)	(9R,10aR)-6,6,9-Trimethyl-3-pentyl-8,9,10,10a-tetrahydro-6H-benzo[c]chromen-1-ol
–	Δ 7-Tetrahydrocannabinol (Δ 7-THC)	(6aR,9R,10aR)-6,6,9-Trimethyl-3-pentyl-6a,9,10,10a-tetrahydro-6H-benzo[c]chromen-1-ol
–	Δ 8-Tetrahydrocannabinol(Δ 8-THC)	(6aR,10aR)-6,6,9-Trimethyl-3-pentyl-6a,7,10,10a-tetrahydro-6H-benzo[c]chromen-1-ol
–	Δ 10-Tetrahydrocannabinol (Δ 10-THC)	(6aR)-6,6,9-Trimethyl-3-pentyl-6a,7,8,9-tetrahydro-6H-benzo[c]chromen-1-ol
–	Δ 9(11)-Tetrahydrocannabinol (Δ 9(11)-THC)	(6aR,10aR)-6,6-Dimethyl-9-methylen-3-pentyl-6a,7,8,9,10,10a-hexahydro-6H-benzo[c]chromen-1-ol
–	Thenylfentanyl	N-Phenyl-N-(1-thenyl-4-piperidyl)propanamid
–	Thienoamfetamin (Thiopropamin)	1-(Thiophen-2-yl)propan-2-amin
–	Thiofentanyl	N-Phenyl-N-{1-[2-(2-

INN	andere nicht geschützte oder Trivialnamen	chemische Namen (IUPAC)
Trimeperidin	–	thienyl)ethyl]-4-piperidyl}propanamid (1,2,5-Trimethyl-4-phenyl-4-piperidyl)propionat
–	Trimethoxyamfetamin (TMA)	1-(3,4,5-Trimethoxyphenyl)propan-2-ylazan
–	2,4,5-Trimethoxyamfetamin (TMA-2)	1-(2,4,5-Trimethoxyphenyl)propan-2-ylazan

– die Ester, Ether und Molekülverbindungen der in dieser Anlage aufgeführten Stoffe, wenn sie nicht in einer anderen Anlage verzeichnet sind und das Bestehen solcher Ester, Ether und Molekülverbindungen möglich ist;
– die Salze der in dieser Anlage aufgeführten Stoffe, wenn das Bestehen solcher Salze möglich ist;
– die Zubereitungen der in dieser Anlage aufgeführten Stoffe, wenn sie nicht
  a) ohne am oder im menschlichen oder tierischen Körper angewendet zu werden, ausschließlich diagnostischen oder analytischen Zwecken dienen und ihr Gehalt an einem oder mehreren Betäubungsmitteln jeweils 0,001 vom Hundert nicht übersteigt oder die Stoffe in den Zubereitungen isotopenmodifiziert oder
  b) besonders ausgenommen sind;
– die Stereoisomere der in dieser oder einer anderen Anlage aufgeführten Stoffe, wenn sie als Betäubungsmittel missbräuchlich verwendet werden sollen;
– Stoffe nach § 2 Absatz 1 Nummer 1 Buchstabe b bis d mit in dieser oder einer anderen Anlage aufgeführten Stoffen sowie die zur Reproduktion oder Gewinnung von Stoffen nach § 2 Absatz 1 Nummer 1 Buchstabe b bis d geeigneten biologischen Materialien, wenn ein Missbrauch zu Rauschzwecken vorgesehen ist.

Anlage II
(verkehrsfähige, aber nicht verschreibungsfähige Betäubungsmittel)

INN	andere nicht geschützte oder Trivialnamen	chemische Namen (IUPAC)
–	AB-CHMINACA	N-(1-Amino-3-methyl-1-oxobutan-2-yl)-1-(cyclohexylmethyl)-1H-indazol-3-carboxamid
–	AB-FUBINACA	N-(1-Amino-3-methyl-1-oxobutan-2-yl)-1-[(4-fluorphenyl)methyl]-1H-indazol-3-carboxamid
–	AB-PINACA	N-(1-Amino-3-methyl-1-oxobutan-2-yl)-1-pentyl-1H-indazol-3-carboxamid
–	Acetylfentanyl (Desmethylfentanyl)	N-Phenyl-N-[1-(2-phenylethyl)piperidin-4-yl]acetamid
–	Acryloylfentanyl (Acrylfentanyl, ACF)	N-Phenyl-N-[1-(2-phenylethyl)piperidin-4-yl]prop-3-enamid
–	1-Adamantyl(1-pentyl-1H-indol-3-yl)methanon	(Adamantan-1-yl)(1-pentyl-1H-indol-3-yl)methanon
–	ADB-CHMINACA (MAB-CHMINACA)	N-(1-Amino-3,3-dimethyl-1-oxobutan-2-yl)-1-(cyclohexylmethyl)-1H-indazol-3-carboxamid
–	ADB-FUBINACA	N-(1-Amino-3,3-dimethyl-1-oxobutan-2-yl)-1-[(4-fluorphenyl)methyl]-1H-indazol-3-carboxamid
–	AH-7921 (Doxylam)	3,4-Dichlor-N-{[1-(dimethylamino)cyclohexyl]methyl}benzamid

INN	andere nicht geschützte oder Trivial-namen	chemische Namen (IUPAC)
–	AKB-48 (APINACA)	N-(Adamantan-1-yl)-1-pentyl-1H-indazol-3-carboxamid
–	AKB-48F	N-(Adamantan-1-yl)-1-(5-fluorpentyl)-1H-indazol-3-carboxamid
–	Alpha-PVT (α-PVT, alpha-Pyrrolidino-pentiothiophenon)	2-(Pyrrolidin-1-yl)-1-(thiophen-2-yl)pentan-1-on
–	AM-694	[1-(5-Fluorpentyl)-1H-indol-3-yl](2-iodphenyl)methanon
–	AM-1220	{1-[(1-Methylpiperidin-2-yl)methyl]-1H-indol-3-yl}(naphthalin-1-yl)methanon
–	AM-1220-Azepan	[1-(1-Methylazepan-3-yl)-1H-indol-3-yl](naphthalin-1-yl)methanon
–	AM-2201	[1-(5-Fluorpentyl)-1H-indol-3-yl](naphthalin-1-yl)methanon
–	AM-2232	5-[3-(Naphthalin-1-carbonyl)-1H-indol-1-yl]pentannitril
–	AM-2233	(2-Iodphenyl){1-[(1-methylpiperidin-2-yl)methyl]-1H-indol-3-yl}methanon
–	AMB-CHMICA (MMB-CHMICA)	Methyl{2-[1-(cyclohexylmethyl)-1H-indol-3-carboxamido]-3-methylbutanoat}
–	AMB-FUBINACA (FUB-AMB)	Methyl(2-{1-[(4-fluorphenyl)methyl]-1H-indazol-3-carboxamid}-3-methylbutanoat)
Amfetaminil	–	(Phenyl)[(1-phenylpropan-2-yl)amino]acetonitril
Amineptin	–	7-(10,11-Dihydro-5H-dibenzo[a,d][7]annulen-5-ylamino)heptansäure
Aminorex	–	5-Phenyl-4,5-dihydro-1,3-oxazol-2-ylazan
–	5-APB	1-(Benzofuran-5-yl)propan-2-amin
–	6-APB	1-(Benzofuran-6-yl)propan-2-amin
–	APICA (SDB-001, 2NE1)	N-(Adamantan-1-yl)-1-pentyl-1H-indol-3-carboxamid
–	BB-22 (QUCHIC)	Chinolin-8-yl[1-(cyclohexylmethyl)-1H-indol-3-carboxylat]
–	Benzylpiperazin (BZP)	1-Benzylpiperazin
–	Buphedron	2-(Methylamino)-1-phenylbutan-1-on
Butalbital	–	5-Allyl-5-isobutylbarbitursäure
–	**Butobarbital**	5-Butyl-5-ethylpyrimidin-2,4,6(1H,3H,5H)-trion
–	Butylon	1-(Benzo[d][1,3]dioxol-5-yl)-2-(methylamino)butan-1-on
–	Butyrfentanyl (Butyrylfentanyl)	N-Phenyl-N-[1-(2-phenylethyl)piperidin-4-yl]butanamid
Cetobemidon	Ketobemidon	1-[4-(3-Hydroxyphenyl)-1-methyl-4-piperidyl]propan-1-on
–	5Cl-AKB-48 (5C-AKB-48, AKB-48Cl, 5CI-APINACA, 5C-APINACA)	N-(Adamantan-1-yl)-1-(5-chlorpentyl)-1H-indazol-3-carboxamid
–	5Cl-JWH-018 (JWH-018 N-(5-Chlorpentyl)-Analogon)	[1-(5-Chlorpentyl)-1H-indol-3-yl](naphthalin-1-yl)methanon
–	meta-Chlorphenylpiperazin (m-CPP)	1-(3-Chlorphenyl)piperazin

INN	andere nicht geschützte oder Trivial-namen	chemische Namen (IUPAC)
–	**d-Cocain**	Methyl[3β-(benzoyloxy)tropan-2α-carboxylat]
–	CP 47,497 (cis-3-[4-(1,1-Dimethylheptyl)-2-hydroxyphenyl]-cyclohexanol)	5-(1,1-Dimethylheptyl)-2-[(1RS,3SR)-3-hydroxycyclohexyl]-phenol
–	CP 47,497-C6-Homolog (cis-3-[4-(1,1-Dimethylhexyl)-2-hydroxyphenyl]-cyclohexanol)	5-(1,1-Dimethylhexyl)-2-[(1RS,3SR)-3-hydroxycyclohexyl]-phenol
–	CP 47,497-C8-Homolog (cis-3-[4-(1,1-Dimethyloctyl)-2-hydroxyphenyl]-cyclohexanol)	5-(1,1-Dimethyloctyl)-2-[(1RS,3SR)-3-hydroxycyclohexyl]-phenol
–	CP 47,497-C9-Homolog (cis-3-[4-(1,1-Dimethylnonyl)-2-hydroxyphenyl]-cyclohexanol)	5-(1,1-Dimethylnonyl)-2-[(1RS,3SR)-3-hydroxycyclohexyl]-phenol
Cyclobarbital	–	5-(Cyclohex-1-en-1-yl)-5-ethylpyrimidin-2,4,6(1H,3H,5H)-trion
–	Desoxypipradrol (2-DPMP)	2-(Diphenylmethyl)piperidin
–	**Dextromethadon**	(S)-6-Dimethylamino-4,4-diphenylheptan-3-on
Dextromoramid	–	(S)-3-Methyl-4-morpholino-2,2-diphenyl-1-(pyrrolidin-1-yl)butan-1-on
Dextropropoxyphen	–	[(2S,3R)-4-Dimethylamino-3-methyl-1,2-diphenylbutan-2-yl]propionat
–	**Diamorphin**	[(5R,6S)-4,5-Epoxy-17- methyl-morphin-7-en-3,6- diyl]diacetat

– sofern es zur Herstellung von Zubereitungen zu medizinischen Zwecken bestimmt ist –

–	Diclazepam (2'-Chlordiazepam)	7-Chlor-5-(2-chlorphenyl)-1-methyl-1,3-dihydro-2H-1,4-benzodiazepin-2-on
Difenoxin	–	1-(3-Cyan-3,3-diphenylpropyl)-4-phenylpiperidin-4-carbonsäure

– ausgenommen in Zubereitungen, die ohne einen weiteren Stoff der Anlagen I bis III je abgeteilte Form bis zu 0,5 mg Difenoxin, berechnet als Base, und, bezogen auf diese Menge, mindestens 5 vom Hundert Atropinsulfat enthalten –

–	**Dihydromorphin**	4,5α-Epoxy-17-methylmorphinan-3,6α-diol
–	Dihydrothebain	4,5α-Epoxy-3,6-dimethoxy-17-methylmorphin-6-en
–	Dimethocain (DMC, Larocain)	(3-Diethylamino-2,2-dimethylpropyl)-4-aminobenzoat
–	2,5-Dimethoxy-4-iodamfetamin (DOI)	1-(4-Iod-2,5-dimethoxyphenyl)propan-2-amin
–	3,4-Dimethylmethcathinon (3,4-DMMC)	1-(3,4-Dimethylphenyl)-2-(methylamino)propan-1-on
Diphenoxylat	–	Ethyl[1-(3-cyan-3,3-diphenylpropyl)-4-phenylpiperidin-4-carboxylat]

– ausgenommen in Zubereitungen, die ohne einen weiteren Stoff der Anlagen I bis III bis zu 0,25 vom Hundert oder je abgeteilte Form bis zu 2,5 mg Diphenoxylat, berechnet als Base, und, bezogen auf diese Mengen, mindestens 1 vom Hundert Atropinsulfat enthalten –

–	4,4'-DMAR (para-Methyl-4-methyl-aminorex)	4-Methyl-5-(4-methylphenyl)-4,5-dihydro-1,3-oxazol-2-amin
–	EAM-2201 (5-Fluor-JWH-210)	(4-Ethylnaphthalin-1-yl)[1-(5-fluorpentyl)-1H-indol-3-yl]methanon
–	**Ecgonin**	3β-Hydroxytropan-2β-carbonsäure
–	**Erythroxylum coca** (Pflanzen und Pflanzenteile der zur Art Erythroxylum	–

INN	andere nicht geschützte oder Trivial-namen	chemische Namen (IUPAC)
	coca – einschließlich der Varietäten bolivianum, spruceanum und novogranatense – gehörenden Pflanzen)	
–	Ethcathinon	(*RS*)-2-(Ethylamino)-1-phenylpropan-1-on
Ethchlorvynol	–	1-Chlor-3-ethylpent-1-en-4-in-3-ol
Ethinamat	–	(1-Ethinylcyclohexyl)carbamat
–	**3-O-Ethylmorphin** (Ethylmorphin)	4,5α-Epoxy-3-ethoxy-17-methylmorphin-7-en-6α-ol

– ausgenommen in Zubereitungen, die ohne einen weiteren Stoff der Anlagen I bis III bis zu 2,5 vom Hundert oder je abgeteilte Form bis zu 100 mg Ethylmorphin, berechnet als Base, enthalten –

INN	andere nicht geschützte oder Trivialnamen	chemische Namen (IUPAC)
–	Ethylphenidat	Ethyl[2-(phenyl)-2-(piperidin-2-yl)acetat]
Etilamfetamin	*N*-Ethylamphetamin	(Ethyl)(1-phenylpropan-2-yl)azan
–	5F-ABICA (5F-AMBICA, 5-Fluor-ABICA, 5-Fluor-AMBICA)	*N*-(1-Amino-3-methyl-1-oxobutan-2-yl)-1-(5-fluorpentyl)-1*H*-indol-3-carboxamid
–	5F-AB-PINACA (5-Fluor-AB-PINACA)	*N*-(1-Amino-3-methyl-1-oxobutan-2-yl)-1-(5-fluorpentyl)-1*H*-indazol-3-carboxamid
–	5F-ADB (5F-MDMB-PINACA)	Methyl{2-[1-(5-fluorpentyl)-1*H*-indazol-3-carboxamid]-3,3-dimethylbutanoat}
–	5F-AMB (5-Fluor-AMB)	Methyl{2-[1-(5-fluorpentyl)-1*H*-indazol-3-carboxamido]-3-methylbutanoat}
–	FDU-PB-22	Naphthalin-1-yl{1[(4-fluorphenyl)methyl]-1*H*-indol-3-carboxylat}
Fencamfamin	–	N-Ethyl-3-phenylbicyclo[2.2.1]heptan-2-amin
–	Flephedron (4-Fluormethcathinon, 4-FMC)	1-(4-Fluorphenyl)-2-(methylamino)propan-1-on
–	Flubromazepam	7-Brom-5-(2-fluorphenyl)-1,3-dihydro-2*H*-1,4-benzodiazepin-2-on
–	4-Fluormethamfetamin (4-FMA)	1-(4-Fluorphenyl)-N-methylpropan-2-amin
–	3-Fluormethcathinon (3-FMC)	1-(3-Fluorphenyl)-2-(methylamino)propan-1-on
–	5-Fluorpentyl-JWH-122 (MAM-2201)	[1-(5-Fluorpentyl)-1*H*-indol-3-yl](4-methylnaphthalin-1-yl)methanon
–	p-Fluorphenylpiperazin (p-FPP)	1-(4-Fluorphenyl)piperazin
–	4-Fluortropacocain	3-(4-Fluorbenzoyloxy)tropan
–	5-Fluor-UR-144 (XLR-11)	[1-(5-Fluorpentyl)-1*H*-indol-3-yl](2,2,3,3-tetramethylcyclopropyl)methanon
–	5F-MN-18 (AM-2201 Indazolcarboxamid-Analogon)	1-(5-Fluorpentyl)-*N*-1-(naphthalin-1-yl)-1*H*-indazol-3-carboxamid
–	5F-PB-22 (5F-QUPIC)	Chinolin-8-yl[1-(5-fluorpentyl)indol-3-carboxylat]
–	5F-SDB-006	*N*-Benzyl-1-(5-fluorpentyl)-1*H*-indol-3-carboxamid
–	FUB-PB-22	Chinolin-8-yl{1-[(4-fluorphenyl)methyl]-1*H*-indol-3-carboxylat}
–	Furanylfentanyl (FU-F)	*N*-Phenyl-*N*-[1-(2-phenylethyl)piperidin-4-yl]furan-2-carboxamid
Glutethimid	–	3-Ethyl-3-phenylpiperidin-2,6-dion

INN	andere nicht geschützte oder Trivial-namen	chemische Namen (IUPAC)
–	**Isocodein**	4,5α-Epoxy-3-methoxy-17-methylmorphin-7-en-6β-ol
Isomethadon	–	6-Dimethylamino-5-methyl-4,4-diphenylhexan-3-on
–	JWH-007	(2-Methyl-1-pentyl-1*H*-indol-3-yl)(naphthalin-1-yl)methanon
–	JWH-015	(2-Methyl-1-propyl-1*H*-indol-3-yl)(naphthalin-1-yl)methanon
–	JWH-018 (1-Pentyl-3-(1-naph-thoyl)indol)	(Naphthalin-1-yl)(1-pentyl-1*H*-indol-3-yl)methanon
–	JWH-019 (1-Hexyl-3-(1-naph-thoyl)indol)	(Naphthalin-1-yl)(1-hexyl-1*H*-indol-3-yl)methanon
–	JWH-073 (1-Butyl-3-(1-naph-thoyl)indol)	(Naphthalin-1-yl)(1-butyl-1*H*-indol-3-yl)methanon
–	JWH-081	(4-Methoxynaphthalin-1-yl)(1-pentyl-1*H*-indol-3-yl)methanon
–	JWH-122	(4-Methylnaphthalin-1-yl)(1-pentyl-1*H*-indol-3-yl)methanon
–	JWH-200	[1-(2-Morpholinoethyl)-1*H*-indol-3-yl](naphthalin-1-yl)methanon
–	JWH-203	2-(2-Chlorphenyl)-1-(1-pentyl-1*H*-indol-3-yl)ethanon
–	JWH-210	(4-Ethylnaphthalin-1-yl)(1-pentyl-1*H*-indol-3-yl)methanon
–	JWH-250 (1-Pentyl-3-(2-methoxyphe-nylacetyl)indol)	2-(2-Methoxyphenyl)-1-(1-pentyl-1*H*-indol-3-yl)ethanon
–	JWH-251	2-(2-Methylphenyl)-1-(1-pentyl-1*H*-indol-3-yl)ethanon
–	JWH-307	[5-(2-Fluorphenyl)-1-pentyl-1*H*-pyrrol-3-yl](naphthalin-1-yl)methanon
Levamfetamin	Levamphetamin	(*R*)-1-Phenylpropan-2-ylazan
–	Levmetamfetamin (Levometamfetamin)	(*R*)-(Methyl)(1-phenylpropan-2-yl)azan
Levomoramid	–	(*R*)-3-Methyl-4-morpholino-2,2-diphenyl-1-(pyrrolidin-1-yl)butan-1-on
Levorphanol	–	(9*R*,13*R*,14*R*)-17-Methylmorphinan-3-ol
Mazindol	–	5-(4-Chlorphenyl)-2,5-dihydro-3*H*-imidazol[2,1-a]isoindol-5-ol
–	MDMB-CHMCZCA (EGMB-CHMI-NACA)	Methyl{2-[9-(cyclohexylmethyl)-9*H*-carbazol-3-carboxamido]-3,3-dimethylbutanoat}
–	MDMB-CHMICA	Methyl{2-[1-(cyclohexylmethyl)-1*H*-indol-3-carboxamido]-3,3-dimethylbutanoat}
Mefenorex	–	3-Chlor-N-(1-phenylpropan-2-yl)propan-1-amin
Meprobamat	–	(2-Methyl-2-propylpropan-1,3-diyl) dicarbamat
Mesocarb	–	(Phenylcarbamoyl)[3-(1-phenylpropan-2-yl)-1,2,3-oxadiazol-3-ium-5-yl]azanid
Metamfetamin	Methamphetamin	(2S)-*N*-Methyl-1-phenylpropan-2-amin
(*RS*)-Metamfetamin	Metamfetaminracemat	(*RS*)-(Methyl)(1-phenylpropan-2-yl)azan
–	Methadon-Zwischenprodukt (Premetha-don)	4-Dimethylamino-2,2-diphenylpentannitril
Methaqualon	–	2-Methyl-3-(2-methylphenyl) chinazolin-4(3*H*)-on

INN	andere nicht geschützte oder Trivial-namen	chemische Namen (IUPAC)
–	Methedron (4-Methoxymethcathinon, PMMC)	1-(4-Methoxyphenyl)-2-(methylamino)propan-1-on
–	p-Methoxyethylamfetamin (PMEA)	N-Ethyl-1-(4-methoxyphenyl)propan-2-amin
–	3-Methoxyphencyclidin (3-MeO-PCP)	1-[1-(3-Methoxyphenyl)cyclohexyl]piperi-din
–	4-Methylamfetamin	1-(4-Methylphenyl)propan-2-amin
–	Methylbenzylpiperazin (MBZP)	1-Benzyl-4-methylpiperazin
–	3,4-Methylendioxypyrovaleron (MDPV)	1-(Benzo[d][1,3]dioxol-5-yl)-2-(pyrrolidin-1-yl)pentan-1-on
–	4-Methylethcathinon (4-MEC)	2-(Ethylamino)-1-(4-methylphenyl)propan-1-on
–	Methylon (3,4-Methylendioxy-N-meth-cathinon, MDMC)	1-(Benzo[d][1,3]dioxol-5-yl)-2-(methylamino)propan-1-on
(RS;SR)-Methylphenidat	–	Methyl[(RS;SR)(phenyl)(2-piperidyl)acetat]
Methyprylon	–	3,3-Diethyl-5-methylpiperidin-2,4-dion
–	MMB-2201 (5F-AMB-PICA, 5F-MMB-PICA)	Methyl{2-[1-(5-fluorpentyl)-1H-indol-3-carboxamido]-3-methylbutanoat}
–	**Mohnstrohkonzentrat** (das bei der Ver-arbeitung von Pflanzen und Pflanzentei-len der Art Papaver somniferum zur Konzentrierung der Alkaloide anfallende Material)	–
–	Moramid-Zwischenprodukt (Premora-mid)	3-Methyl-4-morpholino-2,2-diphenylbutansäure
–	MT-45	1-Cyclohexyl-4-(1,2-diphenylethyl)piperazin
–	Naphyron (Naphthylpyrovaleron)	1-(Naphthalin-2-yl)-2-(pyrrolidin-1-yl)pentan-1-on
–	NE-CHMIMO (JWH-018 N-(Cyclohe-xylmethyl)-Analogon)	[1-(Cyclohexylmethyl)-1H-indol-3-yl](naphthalin-1-yl)methanon
Nicocodin	6-Nicotinoylcodein	(4,5α-Epoxy-3-methoxy-17-methylmorphin-7-en-6α-yl)nicotinat
Nicodicodin	6-Nicotinoyldihydrocodein	(4,5α-Epoxy-3-methoxy-17-methylmorphinan-6α-yl)nicotinat
–	NM-2201 (CBL-2201)	Naphthalin-1-yl[1-(5-fluorpentyl)-1H-indol-3-carboxylat]
–	Oripavin	4,5α-Epoxy-6-methoxy-17-methylmorphina-6,8-dien-3-ol
Oxymorphon	14-Hydroxydihydromorphinon	4,5α-Epoxy-3,14-dihydroxy-17-methylmorphinan-6-on
–	**Papaver bracteatum** (Pflanzen und Pflanzenteile, ausgenommen die Samen, der zur Art Papaver bracteatum gehören-den Pflanzen)	–
– ausgenommen zu Zierzwecken –		
–	PB-22 (QUPIC)	Chinolin-8-yl(1-pentylindol-3-carboxylat)
–	Pentedron	2-(Methylamino)-1-phenylpentan-1-on
–	Pethidin-Zwischenprodukt A (Prepethi-din)	1-Methyl-4-phenylpiperidin-4-carbonitril
–	Pethidin-Zwischenprodukt B (Norpethi-din)	Ethyl(4-phenylpiperidin-4-carboxylat)
–	Pethidin-Zwischenprodukt C (Pethidin-säure)	1-Methyl-4-phenylpiperidin-4-carbonsäure
Phendimetrazin	–	(2S,3S)-3,4-Dimethyl-2-phenylmorpholin

INN	andere nicht geschützte oder Trivial-namen	chemische Namen (IUPAC)
Phenmetrazin	–	3-Methyl-2-phenylmorpholin
Pholcodin	Morpholinylethylmorphin	4,5α-Epoxy-17-methyl-3-(2-morpholinoethoxy)morphin-7-en-6α-ol

– ausgenommen in Zubereitungen, die ohne einen weiteren Stoff der Anlagen I bis III als Lösung bis zu 0,15 vom Hundert, je Packungseinheit jedoch nicht mehr als 150 mg, oder je abgeteilte Form bis zu 20 mg Pholcodin, berechnet als Base, enthalten –

INN	andere nicht geschützte oder Trivialnamen	chemische Namen (IUPAC)
Propiram	–	N-(1-Piperidinopropan-2-yl)-N-(2-pyridyl)propanamid
Pyrovaleron	–	2-(Pyrrolidin-1-yl)-1-(p-tolyl)pentan-1-on
–	α-Pyrrolidinovalerophenon (α-PVP)	1-Phenyl-2-(pyrrolidin-1-yl)pentan-1-on
Racemoramid	–	(RS)-3-Methyl-4-morpholino-2,2-diphenyl-1-(pyrrolidin-1-yl)butan-1-on
Racemorphan	–	(9RS,13RS,14RS)-17-Methylmorphinan-3-ol
–	RCS-4	(4-Methoxyphenyl)(1-pentyl-1H-indol-3-yl)methanon
–	RCS-4 ortho-Isomer (o-RCS-4)	(2-Methoxyphenyl)(1-pentyl-1H-indol-3-yl)methanon
–	SDB-006	N-Benzyl-1-pentyl-1H-indol-3-carboxamid
Secbutabarbital	Butabarbital	5-(Butan-2-yl)-5-ethylpyrimidin-2,4,6(1H,3H,5H)-trion
–	STS-135 (5F-2NE1)	N-(Adamantan-1-yl)-1-(5-fluorpentyl)-1H-indol-3-carboxamid
–	Δ 9-Tetrahydrocannabinol (Δ 9-THC)	6,6,9-Trimethyl-3-pentyl-6a,7,8,10a-tetrahydro-6H-benzo[c]chromen-1-ol
–	Tetrahydrothebain	4,5α-Epoxy-3,6-dimethoxy-17-methylmorphinan
Thebacon	Acetyldihydrocodeinon	(4,5α-Epoxy-3-methoxy-17-methylmorphin-6-en-6-yl)acetat
–	Thebain	4,5α-Epoxy-3,6-dimethoxy-17-methylmorphina-6,8-dien
–	THJ-018 (JWH-018 Indazol-Analogon)	(Naphthalin-1-yl)(1-pentyl-1H-indazol-3-yl)methanon
–	THJ-2201 (AM-2201 Indazol-Analo-gon)	[1-(5-Fluorpentyl)-1H-indazol-3-yl](naphthalin-1-yl)methanon
cis-Tilidin	–	Ethyl[(1RS,2RS)-2-dimethylamino-1-phenylcyclohex-3-encarboxylat]
–	3-Trifluormethylphenylpiperazin (TFMPP)	1-[3-(Trifluormethyl)phenyl]piperazin
–	U-47700	3,4-Dichlor-N-[2-(dimethylamino)cyclohexyl]-N-methylbenzamid
–	UR-144	(1-Pentyl-1H-indol-3-yl)(2,2,3,3-tetramethylcyclopropyl)methanon
Vinylbital	–	5-Ethenyl-5-(pentan-2-yl) pyrimidin-2,4,6(1H,3H,5H)-trion
Zipeprol	–	1-Methoxy-3-[4-(2-methoxy-2-phenylethyl)piperazin-1-yl]-1-phenylpropan-2-ol

– die Ester, Ether und Molekülverbindungen der in dieser Anlage sowie die Ester und Ether der in Anlage III aufgeführten Stoffe, ausgenommen γ-Hydroxybuttersäure (GHB), wenn sie nicht in einer anderen Anlage verzeichnet sind und das Bestehen solcher Ester, Ether und Molekülverbindungen möglich ist;

– die Salze der in dieser Anlage aufgeführten Stoffe, wenn das Bestehen solcher Salze möglich ist, sowie die Salze und Molekülverbindungen der in Anlage III aufgeführten Stoffe, wenn das Bestehen solcher

INN	andere nicht geschützte oder Trivial-namen	chemische Namen (IUPAC)

Salze und Molekülverbindungen möglich ist und sie nicht ärztlich, zahnärztlich oder tierärztlich angewendet werden;

– die Zubereitungen der in dieser Anlage aufgeführten Stoffe, wenn s:e nicht

a) ohne am oder im menschlichen oder tierischen Körper angewendet zu werden, ausschließlich diagnostischen oder analytischen Zwecken dienen und ihr Gehalt an einem oder mehreren Betäubungsmitteln, bei Lyophilisaten und entsprechend zu verwendenden Stoffgemischen in der gebrauchsfertigen Lösung, jeweils 0,01 vom Hundert nicht übersteigt oder die Stoffe in den Zubereitungen isotopenmodifiziert oder

b) besonders ausgenommen sind.

Anlage III
(verkehrsfähige und verschreibungsfähige Betäubungsmittel)

INN	andere nicht geschützte oder Trivial-namen	chemische Namen (IUPAC)
Alfentanil	–	N-{1-[2-(4-Ethyl-5-oxo-4,5-dihydro-1H-tetrazol-1-yl)ethyl]-4-methoxymethyl-4-piperidyl}-N-phenylpropanamid
Allobarbital	–	5,5-Diallylbarbitursäure
Alprazolam	–	8-Chlor-1-methyl-6-phenyl-4H-[1,2,4]triazolo[4,3-a][1,4]benzodiazepin

– ausgenommen in Zubereitungen, die ohne einen weiteren Stoff der Anlagen I bis III je abgeteilte Form bis zu 1 mg Alprazolam enthalten –

Amfepramon	Diethylpropion	2-Diethylamino-1-phenylpropan-1-on

– ausgenommen in Zubereitungen ohne verzögerte Wirkstofffreigabe, die ohne einen weiteren Stoff der Anlagen I bis III je abgeteilte Form bis zu 22 mg, und in Zubereitungen mit verzögerter Wirkstofffreigabe, die ohne einen weiteren Stoff der Anlagen I bis III je abgeteilte Form bis zu 64 mg Amfepramon, berechnet als Base, enthalten –

Amfetamin	Amphetamin	(RS)-1-Phenylpropan-2-ylazan
Amobarbital	–	5-Ethyl-5-isopentylbarbitursäure
Barbital	–	5,5-Diethylbarbitursäure

– ausgenommen in Zubereitungen, die

a) ohne einen weiteren Stoff der Anlagen I bis III bis zu 10 vom Hundert oder

b) ohne am oder im menschlichen oder tierischen Körper angewendet zu werden, ausschließlich diagnostischen oder analytischen Zwecken dienen und ohne einen weiteren Stoff der Anlagen I bis III je Packungseinheit nicht mehr als 25 g Barbital, berechnet als Säure, enthalten –

Bromazepam	–	7-Brom-5-(2-pyridyl)-1,3-dihydro-2H-1,4-benzodiazepin-2-on

– ausgenommen in Zubereitungen, die ohne einen weiteren Stoff der Anlagen I bis III je abgeteilte Form bis zu 6 mg Bromazepam enthalten –

Brotizolam	–	2-Brom-4-(2-chlorphenyl)-9-methyl-6H-thieno[3,2-f][1,2,4]triazolo[4,3-a][1,4]diazepin

– ausgenommen in Zubereitungen, die ohne einen weiteren Stoff der Anlagen I bis III bis zu 0,02 vom Hundert oder je abgeteilte Form bis zu 0,25 mg Brotizolam enthalten –

Buprenorphin	–	(5R,6R,7R,14S)-17-Cyclopropylmethyl-4,5-epoxy-7-[(S)-2-hydroxy-3,3-dimethylbutan-2-yl]-6-methoxy-6,14-ethanomorphinan-3-ol
Camazepam	–	(7-Chlor-1-methyl-2-oxo-5-phenyl-2,3-dihydro-1H-1,4-benzodiazepin-3-yl)(dimethylcarbamat)

INN	andere nicht geschützte oder Trivial-namen	chemische Namen (IUPAC)
Cannabis	(Marihuana, Pflanzen und Pflanzenteile der zur Gattung Cannabis gehörenden Pflanzen)	

– nur aus einem Anbau, der zu medizinischen Zwecken unter staatlicher Kontrolle gemäß den Artikeln 23 und 28 Absatz 1 des Einheits-Übereinkommens von 1961 über Suchtstoffe erfolgt, sowie in Zubereitungen, die als Fertigarzneimittel zugelassen sind –

Cathin	(+)-Norpseudoephedrin (D-Norpseudo-ephedrin)	(1S,2S)-2-Amino-1-phenylpropan-1-ol

– ausgenommen in Zubereitungen, die ohne einen weiteren Stoff der Anlagen I bis III bis zu 5 vom Hundert als Lösung, jedoch nicht mehr als 1600 mg je Packungseinheit oder je abgeteilte Form bis zu 40 mg Cathin, berechnet als Base, enthalten –

Chlordiazepoxid	–	7-Chlor-2-methylamino-5-phenyl-3H-1,4-benzodiazepin-4-oxid

– ausgenommen in Zubereitungen, die ohne einen weiteren Stoff der Anlagen I bis III je abgeteilte Form bis zu 25 mg Chlordiazepoxid enthalten –

Clobazam	–	7-Chlor-1-methyl-5-phenyl-1,3-dihydro-2H-1,5-benzodiazepin-2,4(5H)-dion

– ausgenommen in Zubereitungen, die ohne einen weiteren Stoff der Anlagen I bis III je abgeteilte Form bis zu 30 mg Clobazam enthalten –

Clonazepam	–	5-(2-Chlorphenyl)-7-nitro-1,3-dihydro-2H-1,4-benzodiazepin-2-on

– ausgenommen in Zubereitungen, die ohne einen weiteren Stoff der Anlagen I bis III bis zu 0,25 vom Hundert als Tropflösung, jedoch nicht mehr als 250 mg je Packungseinheit oder je abgeteilte Form bis zu 2 mg Clonazepam enthalten –

Clorazepat	–	(RS)-7-Chlor-2-oxo-5-phenyl-2,3-dihydro-1H-1,4-benzodiazepin-3-carbonsäure

– ausgenommen in Zubereitungen, die ohne einen weiteren Stoff der Anlagen I bis III je abgeteilte Form bis zu 50 mg, als Trockensubstanz nur zur parenteralen Anwendung bis zu 100 mg, Clorazepat als Dikaliumsalz enthalten –

Clotiazepam	–	5-(2-Chlorphenyl)-7-ethyl-1-methyl-1,3-dihydro-2H-thieno[2,3-e][1,4]diazepin-2-on

– ausgenommen in Zubereitungen, die ohne einen weiteren Stoff der Anlagen I bis III je abgeteilte Form bis zu 20 mg Clotiazepam enthalten –

Cloxazolam	–	10-Chlor-11b-(2-chlorphenyl)-2,3,7,11b-tetrahydro[1,3]oxazolo[3,2-d][1,4]benzodiazepin-6(5H)-on
–	**Cocain** (Benzoylecgoninmethylester)	Methyl[3β-(benzoyloxy)tropan-2β-carboxylat]
–	**Codein** (3-Methylmorphin)	4,5α-Epoxy-3-methoxy-17-methylmorphin-7-en-6α-ol

– ausgenommen in Zubereitungen, die ohne einen weiteren Stoff der Anlagen I bis III bis zu 2,5 vom Hundert oder je abgeteilte Form bis zu 100 mg Codein, berechnet als Base, enthalten. Für ausgenommene Zubereitungen, die für betäubungsmittel- oder alkoholabhängige Personen verschrieben werden, gelten jedoch die Vorschriften über das Verschreiben und die Abgabe von Betäubungsmitteln. –

Dexamfetamin	Dexamphetamin	(S)-1-Phenylpropan-2-ylazan
Delorazepam	–	7-Chlor-5-(2-chlorphenyl)-1,3-dihydro-2H-1,4-benzodiazepin-2-on
Dexmethylphenidat	–	Methyl[(R,R)(phenyl)(2-piperidyl)acetat]
–	**Diamorphin**	[(5R,6S)-4,5-Epoxy-17-methylmorphin-7-en-3,6-diyl]diacetat

– nur in Zubereitungen, die zur Substitutionsbehandlung zugelassen sind –

INN	andere nicht geschützte oder Trivial-namen	chemische Namen (IUPAC)
Diazepam	–	7-Chlor-1-methyl-5-phenyl-1,3-dihydro-2*H*-1,4-benzodiazepin-2-on

– ausgenommen in Zubereitungen, die ohne einen weiteren Stoff der Anlagen I bis III bis zu 1 vom Hundert als Sirup oder Tropflösung, jedoch nicht mehr als 250 mg je Packungseinheit, oder je abgeteilte Form bis zu 10 mg Diazepam enthalten –

Dihydrocodein	–	4,5α-Epoxy-3-methoxy-17-methylmorphinan-6α-ol

– ausgenommen in Zubereitungen, die ohne einen weiteren Stoff der Anlagen I bis III bis zu 2,5 vom Hundert oder je abgeteilte Form bis zu 100 mg Dihydrocodein, berechnet als Base, enthalten. Für ausgenommene Zubereitungen, die für betäubungsmittel- oder alkoholabhängige Personen verschrieben werden, gelten jedoch die Vorschriften über das Verschreiben und die Abgabe von Betäubungsmitteln. –

Dronabinol	–	(6a*R*,10a*R*)-6,6,9-Trimethyl-3-pentyl-6a,7,8,10a-tetrahydro-6*H*-benzo[*c*]chromen-1-ol
Estazolam	–	8-Chlor-6-phenyl-4*H*-[1,2,4]triazolo [4,3-*a*]benzodiazepin

– ausgenommen in Zubereitungen, die ohne einen weiteren Stoff der Anlagen I bis III je abgeteilte Form bis zu 2 mg Estazolam enthalten –

Ethylloflazepat	–	4-(2-Chlorphenyl)-2-ethyl-9-methyl-6H-thieno[3,2-*f*][1,2,4]triazolo[4,3-*a*][1,4]diazepin
Etizolam	–	4-(2-Chlorphenyl)-2-ethyl-9-methyl-6*H*-thieno[3,2-*f*][1,2,4]triazolo[4,3-*a*][1,4]diazepin
Etorphin	–	(5*R*,6*R*,7*R*,14*R*)-4,5-Epoxy-7-[(*R*)-2-hydroxypentan-2-yl]-6-methoxy-17-methyl-6,14-ethenomorphinan-3-ol
Fenetyllin	–	1,3-Dimethyl-7-[2-(1-phenylpropan-2-ylamino)ethyl]-3,7-dihydro-2*H*-purin-2,6(1*H*)-dion
Fenproporex	–	(*RS*)-3-(1-Phenylpropan-2-ylamino)propannitril

– ausgenommen in Zubereitungen, die ohne einen weiteren Stoff der Anlagen I bis III je abgeteilte Form bis zu 11 mg Fenproporex, berechnet als Base, enthalten –

Fentanyl	–	*N*-(1-Phenethyl-4-piperidyl)-*N*-phenylpropanamid
Fludiazepam	–	7-Chlor-5-(2-fluorphenyl)-1-methyl-1,3-dihydro-2*H*-1,4-benzodiazepin-2-on
Flunitrazepam	–	5-(2-Fluorphenyl)-1-methyl-7-nitro-1,3-dihydro-2*H*-1,4-benzodiazepin-2-on
Flurazepam	–	7-Chlor-1-(2-diethylaminoethyl)-5-(2-fluorphenyl)-1,3-dihydro-2*H*-1,4-benzodiazepin-2-on

– ausgenommen in Zubereitungen, die ohne einen weiteren Stoff der Anlagen I bis III je abgeteilte Form bis zu 30 mg Flurazepam enthalten –

Halazepam	–	7-Chlor-5-phenyl-1-(2,2,2-trifluorethyl)-1,3-dihydro-2*H*-1,4-benzodiazepin-2-on

– ausgenommen in Zubereitungen, die ohne einen weiteren Stoff der Anlagen I bis III je abgeteilte Form bis zu 120 mg Halazepam enthalten –

Haloxazolam	–	10-Brom-11b-(2-fluorphenyl)-2,3,7,11b-

INN	andere nicht geschützte oder Trivial-namen	chemische Namen (IUPAC)
Hydrocodon	Dihydrocodeinon	tetrahydro[1,3]oxazolo[3,2-d][1,4]benzodiazepin-6(5H)-on 4,5α-Epoxy-3-methoxy-17-methylmorphinan-6-on
Hydromorphon	Dihydromorphinon	4,5α-Epoxy-3-hydroxy-17-methylmorphinan-6-on
–	γ-Hydroxybuttersäure (GHB)	4-Hydroxybutansäure

– ausgenommen in Zubereitungen zur Injektion, die ohne einen weiteren Stoff der Anlagen I bis III bis zu 20 vom Hundert und je abgeteilte Form bis zu 2 g γ-Hydroxybuttersäure, berechnet als Säure, enthalten –

Ketazolam	–	11-Chlor-2,8-dimethyl-12b-phenyl-8,12b-dihydro-4H-[1,3]oxazino[3,2-d][1,4]benzodiazepin-4,7(6H)-dion

– ausgenommen in Zubereitungen, die ohne einen weiteren Stoff der Anlagen I bis III je abgeteilte Form bis zu 45 mg Ketazolam enthalten –

Levacetylmethadol	Levomethadylacetat (LAAM)	[(3S,6S)-6-Dimethylamino-4,4-diphenylheptan-3-yl]acetat
Levomethadon	–	(R)-6-Dimethylamino-4,4-diphenylheptan-3-on
Lisdexamfetamin	–	(2S)-2,6-Diamino-N-[(2S)-1-phenylpropan-2-yl]hexanamid
Loprazolam	–	6-(2-Chlorphenyl)-2-[(Z)-4-methylpiperazin-1-ylmethylen]-8-nitro-2,4-dihydro-1H-imidazo[1,2-a][1,4]benzodiazepin-1-on

– ausgenommen in Zubereitungen, die ohne einen weiteren Stoff der Anlagen I bis III je abgeteilte Form bis zu 2,5 mg Loprazolam enthalten –

Lorazepam	–	(RS)-7-Chlor-5-(2-chlorphenyl)-3-hydroxy-1,3-dihydro-2H-1,4-benzodiazepin-2-on

– ausgenommen in Zubereitungen, die ohne einen weiteren Stoff der Anlagen I bis III je abgeteilte Form bis zu 2,5 mg Lorazepam enthalten –

Lormetazepam	–	7-Chlor-5-(2-chlorphenyl)-3-hydroxy-1-methyl-1,3-dihydro-2H-1,4-benzodiazepin-2-on

– ausgenommen in Zubereitungen, die ohne einen weiteren Stoff der Anlagen I bis III je abgeteilte Form bis zu 2 mg Lormetazepam enthalten –

Medazepam	–	7-Chlor-1-methyl-5-phenyl-2,3-dihydro-1H-1,4-benzodiazepin

– ausgenommen in Zubereitungen, die ohne einen weiteren Stoff der Anlagen I bis III je abgeteilte Form bis zu 10 mg Medazepam enthalten –

Methadon	–	(RS)-6-Dimethylamino-4,4-diphenylheptan-3-on
Methylphenidat	–	Methyl[(RS;RS)(phenyl)(2-piperidyl)acetat]
Methylphenobarbital	Mephobarbital	(RS)-5-Ethyl-1-methyl-5-phenylbarbitursäure

– ausgenommen in Zubereitungen, die ohne einen weiteren Stoff der Anlagen I bis III je abgeteilte Form bis zu 200 mg Methylphenobarbital, berechnet als Säure, enthalten –

Midazolam	–	8-Chlor-6-(2-fluorphenyl)-1-methyl-4H-imidazo[1,5-a][1,4]benzodiazepin

– ausgenommen in Zubereitungen, die ohne einen weiteren Stoff der Anlagen I bis III bis zu 0,2 vom Hundert oder je abgeteilte Form bis zu 15 mg Midazolam enthalten –

–	**Morphin**	(5R,6S)-4,5-Epoxy-17-methylmorphin-7-en-3,6-diol

INN	andere nicht geschützte oder Trivial-namen	chemische Namen (IUPAC)
Nabilon	–	(6aRS,10aRS)-1-Hydroxy-6,6-dimethyl-3-(2-methyloctan-2-yl)-6,6a,7,8,10,10a-hexahydro-9H-benzo[c]chromen-9-on
Nimetazepam	–	1-Methyl-7-nitro-5-phenyl-1,3-dihydro-2H-1,4-benzodiazepin-2-on
Nitrazepam	–	7-Nitro-5-phenyl-1,3-dihydro-2H-1,4-benzodiazepin-2-on

– ausgenommen in Zubereitungen, die ohne einen weiteren Stoff der Anlagen I bis III bis zu 0,5 vom Hundert als Tropflösung, jedoch nicht mehr als 250 mg je Packungseinheit, oder je abgeteilte Form bis zu 10 mg Nitrazepam enthalten –

Nordazepam	–	7-Chlor-5-phenyl-1,3-dihydro-2H-1,4-benzodiazepin-2-on

– ausgenommen in Zubereitungen, die ohne einen weiteren Stoff der Anlagen I bis III bis zu 0,5 vom Hundert als Tropflösung, jedoch nicht mehr als 150 mg je Packungseinheit, oder je abgeteilte Form bis zu 15 mg Nordazepam enthalten –

Normethadon	–	6-Dimethylamino-4,4-diphenylhexan-3-on
–	**Opium** (der geronnene Saft der zur Art Papaver somniferum gehörenden Pflanzen)	–

– ausgenommen in Zubereitungen, die nach einer im homöopathischen Teil des Arzneibuches beschriebenen Verfahrenstechnik hergestellt sind, wenn die Endkonzentration die sechste Dezimalpotenz nicht übersteigt –

Oxazepam	–	7-Chlor-3-hydroxy-5-phenyl-1,3-dihydro-2H-1,4-benzodiazepin-2-on

– ausgenommen in Zubereitungen, die ohne einen weiteren Stoff der Anlagen I bis III je abgeteilte Form bis zu 50 mg Oxazepam enthalten –

Oxazolam	–	(2RS,11bSR)-10-Chlor-2-methyl-11b-phenyl-2,3,7,11b-tetrahydro[1,3]oxazolo[3,2-d][1,4]benzodiazepin-6(5H)-on

– ausgenommen in Zubereitungen, die ohne einen weiteren Stoff der Anlagen I bis III je abgeteilte Form bis zu 20 mg Oxazolam enthalten –

Oxycodon	14-Hydroxydihydrocodeinon	4,5α-Epoxy-14-hydroxy-3-methoxy-17-methylmorphinan-6-on
–	**Papaver somniferum** (Pflanzen und Pflanzenteile, ausgenommen die Samen, der zur Art Papaver somniferum (einschließlich der Unterart setigerum) gehörenden Pflanzen)	–

– ausgenommen, wenn der Verkehr mit ihnen (ausgenommen der Anbau) Zierzwecken dient und wenn im getrockneten Zustand ihr Gehalt an Morphin 0,02 vom Hundert nicht übersteigt; in diesem Fall finden die betäubungsmittelrechtlichen Vorschriften nur Anwendung auf die Einfuhr, Ausfuhr und Durchfuhr –

– ausgenommen in Zubereitungen, die nach einer im homöopathischen Teil des Arzneibuches beschriebenen Verfahrenstechnik hergestellt sind, wenn die Endkonzentration die vierte Dezimalpotenz nicht übersteigt –

– ausgenommen in Zubereitungen, die ohne einen weiteren Stoff der Anlagen I bis III bis zu 0,015 vom Hundert Morphin, berechnet als Base, enthalten und die aus einem oder mehreren sonstigen Bestandteilen in der Weise zusammengesetzt sind, dass das Betäubungsmittel nicht durch leicht anwendbare Verfahren oder in einem die öffentliche Gesundheit gefährdenden Ausmaß zurückgewonnen werden kann –

Pemolin	–	2-Imino-5-phenyl-1,3-oxazolidin-4-on

– ausgenommen in Zubereitungen, die ohne einen weiteren Stoff der Anlagen I bis III je abgeteilte Form bis zu 20 mg Pemolin, berechnet als Base, enthalten –

INN	andere nicht geschützte oder Trivial-namen	chemische Namen (IUPAC)
Pentazocin	–	(2R,6R,11R)-6,11-Dimethyl-3-(3-methyl-but-2-en-1-yl)-1,2,3,4,5,6-hexahydro-2,6-methano-3-benzazocin-8-ol
Pentobarbital	–	(RS)-5-Ethyl-5-(pentan-2-yl)barbitursäure
Pethidin	–	Ethyl(1-methyl-4-phenylpiperidin-4-carboxylat)
–	Phenazepam	7-Brom-5-(2-chlorphenyl)-1,3-dihydro-2H-1,4-benzodiazepin-2-on
Phenobarbital	–	5-Ethyl-5-phenylbarbitursäure

– ausgenommen in Zubereitungen, die ohne einen weiteren Stoff der Anlagen I bis III bis zu 10 vom Hundert oder je abgeteilte Form bis zu 300 mg Phenobarbital, berechnet als Säure, enthalten –

Phentermin	–	2-Benzylpropan-2-ylazan

– ausgenommen in Zubereitungen, die ohne einen weiteren Stoff der Anlagen I bis III je abgeteilte Form bis zu 15 mg Phentermin, berechnet als Base, enthalten –

Pinazepam	–	7-Chlor-5-phenyl-1-(prop-2-in-1-yl)-1,3-dihydro-2H-1,4-benzodiazepin-2-on
Pipradrol	–	Diphenyl(2-piperidyl)methanol
Piritramid	–	1'-(3-Cyan-3,3-diphenylpropyl)[1,4'-bipiperidin]-4'-carboxamid
Prazepam	–	7-Chlor-1-cyclopropylmethyl-5-phenyl-1,3-dihydro-2H-1,4-benzodiazepin-2-on

– ausgenommen in Zubereitungen, die ohne einen weiteren Stoff der Anlagen I bis III je abgeteilte Form bis zu 20 mg Prazepam enthalten –

Remifentanil	–	Methyl{3-[4-methoxycarbonyl-4-(N-phenylpropanamido)piperidino]propanoat}
Secobarbital	–	5-Allyl-5-(pentan-2-yl)barbitursäure
Sufentanil	–	N-{4-Methoxymethyl-1-[2-(2-thienyl)ethyl]-4-piperidyl}-N-phenylpropanamid
Tapentadol[2]	–	3-[(2R,3R)-1-Dimethylamino-2-methylpentan-3-yl]phenol
Temazepam	–	(RS)-7-Chlor-3-hydroxy-1-methyl-5-phenyl-1,3-dihydro-2H-1,4-benzodiazepin-2-on

– ausgenommen in Zubereitungen, die ohne einen weiteren Stoff der Anlagen I bis III je abgeteilte Form bis zu 20 mg Temazepam enthalten –

Tetrazepam	–	7-Chlor-5-(cyclohex-1-enyl)-1-methyl-1,3-dihydro-2H-1,4-benzodiazepin-2-on

– ausgenommen in Zubereitungen, die ohne einen weiteren Stoff der Anlagen I bis III je abgeteilte Form bis zu 100 mg Tetrazepam enthalten –

Tilidin	trans-Tilidin	Ethyl[(1RS,2SR)-2-dimethylamino-1-phenylcyclohex-3-encarboxylat]

– ausgenommen in festen Zubereitungen mit verzögerter Wirkstofffreigabe, die ohne einen weiteren Stoff der Anlagen I bis III je abgeteilte Form bis zu 300 mg Tilidin, berechnet als Base, und, bezogen auf diese Menge, mindestens 7,5 vom Hundert Naloxonhydrochlorid enthalten –

Triazolam		8-Chlor-6-(2-chlorphenyl)-1-methyl-4H-[1,2,4]triazolo[4,3-a][1,4]benzodiazepin

– ausgenommen in Zubereitungen, die ohne einen weiteren Stoff der Anlagen I bis III je abgeteilte Form bis zu 0,25 mg Triazolam enthalten –

INN	andere nicht geschützte oder Trivial-namen	chemische Namen (IUPAC)
Zolpidem	–	N,N-Dimethyl-2-[6-methyl-2-(p-tolyl)imidazo[1,2-a]pyridin-3-yl]acetamid

– ausgenommen in Zubereitungen zur oralen Anwendung, die ohne einen weiteren Stoff der Anlagen I bis III je abgeteilte Form bis zu 8,5 mg Zolpidem, berechnet als Base, enthalten –
– die Salze und Molekülverbindungen der in dieser Anlage aufgeführten Stoffe, wenn sie nach den Erkenntnissen der medizinischen Wissenschaft ärztlich, zahnärztlich oder tierärztlich angewendet werden;
– die Zubereitungen der in dieser Anlage aufgeführten Stoffe, wenn sie nicht
  a) ohne am oder im menschlichen oder tierischen Körper angewendet zu werden, ausschließlich diagnostischen oder analytischen Zwecken dienen und ihr Gehalt an einem oder mehreren Betäubungsmitteln, bei Lyophilisaten und entsprechend zu verwendenden Stoffgemischen in der gebrauchsfertigen Lösung, jeweils 0,01 vom Hundert nicht übersteigt oder die Stoffe in den Zubereitungen isotopenmodifiziert oder
  b) besonders ausgenommen sind. Für ausgenommene Zubereitungen – außer solchen mit Codein oder Dihydrocodein – gelten jedoch die betäubungsmittelrechtlichen Vorschriften über die Einfuhr, Ausfuhr und Durchfuhr. Nach Buchstabe b der Position Barbital ausgenommene Zubereitungen können jedoch ohne Genehmigung nach § 11 des Betäubungsmittelgesetzes ein-, aus- oder durchgeführt werden, wenn nach den Umständen eine missbräuchliche Verwendung nicht zu befürchten ist.

§ 2 Sonstige Begriffe

(1) Im Sinne dieses Gesetzes ist
1. Stoff:
   a) chemische Elemente und chemische Verbindungen sowie deren natürlich vorkommende Gemische und Lösungen,
   b) Pflanzen, Algen, Pilze und Flechten sowie deren Teile und Bestandteile in bearbeitetem oder unbearbeitetem Zustand,
   c) Tierkörper, auch lebender Tiere, sowie Körperteile, -bestandteile und Stoffwechselprodukte von Mensch und Tier in bearbeitetem oder unbearbeitetem Zustand,
   d) Mikroorganismen einschließlich Viren sowie deren Bestandteile oder Stoffwechselprodukte;
2. Zubereitung:
   ohne Rücksicht auf ihren Aggregatzustand ein Stoffgemisch oder die Lösung eines oder mehrerer Stoffe außer den natürlich vorkommenden Gemischen und Lösungen;
3. ausgenommene Zubereitung:
   eine in den Anlagen I bis III bezeichnete Zubereitung, die von den betäubungsmittelrechtlichen Vorschriften ganz oder teilweise ausgenommen ist;
4. Herstellen:
   das Gewinnen, Anfertigen, Zubereiten, Be- oder Verarbeiten, Reinigen und Umwandeln.

(2) Der Einfuhr oder Ausfuhr eines Betäubungsmittels steht jedes sonstige Verbringen in den oder aus dem Geltungsbereich dieses Gesetzes gleich.

Schrifttum: *Hübner,* Anmerkung zu BGHSt 31, 252, JR 1984, 82; *Michalke,* Anmerkung zu BGH, StV 1982, 470; *Mösl,* Anmerkung zu BGHSt 31, 374, LM Nr. 1 zu § 29 Abs. 1 Ziff. 5 BtMG 1981; *Körner,* Anmerkung zu BGH, MDR 1986, 717; *Oğlakcıoğlu,* Verbotener Versand und strafbare Ausfuhr von Betäubungsmitteln, medstra 2016, 71; *ders.* Der Allgemeine Teil des Betäubungsmittelstrafrechts, 2013; *Prittwitz,* Anmerkung zu BGH NStZ 1983, 350; *Rebholz,* Einfuhr, Durchfuhr und Ausfuhr im Straf- und Ordnungswidrigkeitenrecht, 1991; *Strate,* Anmerkung zu BGHSt 31, 252, StV 1983, 151; *Wamser,* Der Geltungsbereich des deutschen Strafgesetzbuches auf See auf der Grundlage des § 3 StGB, StraFo 2010, 279;*Wiegmann,* Anmerkung zu BGH, JuS 1993, 1003; *Zaczyk,* Anmerkung zu BGH StV 1992, 376.

Übersicht

I. Überblick

1 **1. Norminhalt.** Die Vorschrift enthält grundlegende Begriffsbestimmungen, die für das gesamte BtMG gelten. Definiert werden aber in Abs. 1 nur vier Begriffe, während Abs. 2 eine Begriffsgleichstellung ohne Definition enthält. Andere im Gesetz verwendete Begriffe, wie zB der des Handeltreibens, sind dagegen nicht definiert; ihr Begriffsinhalt ist offenbar vom Gesetzgeber als bekannt vorausgesetzt und insoweit auf die Rechtsprechung zum BtMG 1972 oder zum früheren OpiumG verwiesen worden.[1] Dies ist gerade im Hinblick auf das Handeltreiben kritisch zu sehen, da es der Rechtsprechung bis heute nicht gelungen ist, dem Begriff Konturen zu verleihen (→ § 29 Rn. 356). Soweit das vom Dritten Senat vorgeschlagene Katalogmodell nochmals in Betracht gezogen werden sollte, könnten die entsprechenden Tathandlungen (ähnlich wie beim Herstellen) in dieser Vorschrift aufgezählt werden.

2 **2. Rechtliche Bedeutung.** Während die Begriffsbestimmungen des Abs. 1 nach wie vor von Bedeutung sind, hat Abs. 2 diese mit der Wiedervereinigung Deutschlands (3.10.1990) verloren,[2] da sie in das BtMG 1982[3] aufgenommen worden war, um auch das illegale Verbringen von BtM aus der ehemaligen DDR unter Strafe zu stellen.[4] (Für die Interpretation des Einfuhrbegriffs wird jedoch noch auf sie zurückgegriffen.[5])

II. Begriffsbestimmungen

3 Die Definitionen des Abs. 1 orientieren sich an Bestimmungen im AMG, zT auch im LMBG aF[6] und in den Übk. 1961[7] und 1971.[8] Wie in § 3 AMG wird in § 2 Abs. 1 Nr. 1 eine Aufteilung in chemische Substanzen (Nr. 1a) und in Naturprodukte (Nr. 1b bis d) vorgenommen.

---

[1] Vgl. *Franke/Wienroeder* Rn. 1.
[2] *Weber* Rn. 39.
[3] → Vor § 1 Rn. 79 ff.
[4] *Franke/Wienroeder* Rn. 4.
[5] BGH 22.11.1999 – 5 StR 493/99, NStZ 2000, 150 = StV 2000, 620.
[6] Viele der Bestimmungen des LMBG sind in das jetzt geltende LFGB übernommen.
[7] → Vor § 1 Rn. 75.
[8] → Vor § 1 Rn. 76.

1. Stoff (Abs. 1 Nr. 1). Der Stoffbegriff des Abs. 1 Nr. 1 ist neu gefasst durch Art. 5 **4** Gesetz zur Änderung arzneimittelrechtlicher und anderer Vorschriften vom 17.7.2009[9] mit Wirkung vom 23.7.2009. In der Sache hat sich dadurch aber nichts geändert. Weiterhin sind nämlich die dem BtMG unterfallenden **Stoffe durch die Positivlisten der Anlagen** I–III eindeutig festgelegt, und bereits zuvor hatte die Rechtsprechung (in dem in der Praxis am häufigsten vorkommenden Problemfall) den betäubungsmittelrechtlichen Pflanzenbegriff so ausgelegt, dass auch Pilze und Pilzfruchtkörper dem BtMG unterfielen.[10]

Die Neufassung passt den Stoffbegriff im BtMG der entsprechenden Begriffsdefinition **5** im AMG an, indem sie die Definition des § 3 AMG (nF) weitestgehend übernimmt. Durch die Anpassung an den Stoffbegriff des AMG wird klargestellt, dass auch chemische Elemente (Buchst. a), Algen, Pilze und Flechten (Buchst. b), Tierkörper sowie Körperteile etc von Mensch oder Tier (Buchst. c) und Mikroorganismen einschließlich Viren sowie deren Bestandteile oder Stoffwechselprodukte (Buchst. d) Stoffe im Sinne des BtMG sind und damit Betäubungsmittel sein können. Dies ist bereits nach bislang geltendem Recht der Fall, weil am Ende von Anlage I des BtMG (nicht verkehrsfähige BtMG), 5. Spiegelstrich, Organismen und Teile von Organismen genannt sind, die Betäubungsmittel sein können, wenn sie einen in den Anlagen I bis III aufgeführten Stoff enthalten. Gegenüber der arzneimittelrechtlichen Definition wird in Buchstabe b klargestellt, dass auch Teile und Bestandteile von Algen, Pilzen und Flechten Stoffe im Sinne des BtMG sind.[11]

a) Chemische Elemente usw (Nr. 1a). Die vom Gesetzgeber gewählten Bezeichnun- **6** gen „chemische Elemente" und „chemische Verbindungen" folgen der naturwissenschaftlichen Definition. Chemische Verbindungen sind Stoffe, die aus mehreren chemischen Elementen zusammengesetzt sind. Der Abgrenzung zu den „Zubereitungen" in § 2 Abs. 1 Nr. 2 dient die Formulierung „... und deren natürlich vorkommende Gemische und Lösungen"; denn nicht in der Natur vorkommende Gemische und Lösungen verschiedener chemischer Elemente sind Zubereitungen von Stoffen.[12] Chemische Elemente sind Stoffe, die mit chemischen Methoden nicht weiter zerlegt werden können (Ester, Ether, Isomere, Molekülverbindungen[13]). Diese Begriffe sind nicht eigens definiert, ihr Bedeutungsgehalt ergibt sich aus der Begrifflichkeit der wissenschaftlichen Chemie.

aa) Ester. Ester sind organische Verbindungen, die durch Vereinigung von Alkoholen mit **7** Säuren durch Wasseraustritt entstehen und den Salzen der Metalle entsprechen, zB Diamorphin (Heroin).[14] Morphin ist in Anl. III aufgeführt und ist somit ein verkehrs- und verschreibungsfähiges BtM. Heroin wird zwar auch durch die allgemeine Bestimmung des Begriffs „Stoff" in Abs. 1 Nr. 1 als Ester des Morphins erfasst, wird aber dadurch nicht zu einem verkehrs- und verschreibungsfähigen BtM der Anlage III; denn es ist in Anl. I ausdrücklich genannt und dementsprechend nicht verkehrsfähig (Vorrang der Spezialregelung).

bb) Ether. „Ether" ist die internationale Schreibweise für „Äther". Ether sind organische **8** Verbindungen, deren Moleküle aus zwei Molekülen eines Alkohols unter Abspaltung eines Moleküls Wasser entstehen, zB Codein = Morphin-O-Methylether.[15]

cc) Isomere. Isomere sind chemische Verbindungen, die sich bei gleicher qualitativer **9** und quantitativer Zusammensetzung infolge verschiedenartiger räumlicher Anordnung der Moleküle chemisch und physikalisch verschieden verhalten[16] und insbesondere auch unter-

---

[9] BGBl. I S. 1990.
[10] BGH 25.10.2006 – 1 StR 384/06, NJW 2007, 524 = StV 2007, 300; diese Rechtsauffassung ist verfassungsrechtlich unbedenklich, vgl. BVerfG 4.9.2009 – 2 BvR 338/09, BeckRS 2010, 45445.
[11] Vgl. BT-Drs. 16/12256, 59, http://dipbt.bundestag.de/dip21/btd/16/122/1612256.pdf (Stand: 18.4.2017).
[12] Vgl. *Rehmann* AMG § 3 Rn. 2.
[13] Hügel/Junge/Lander/*Winkler* Rn. 6.
[14] Pfeil/Hempel/Schiedermair/*Hempel/Schiedermair* Rn. 16.
[15] Pfeil/Hempel/Schiedermair/*Hempel/Schiedermair* Rn. 18.
[16] Pfeil/*Hempel/Schiedermair*/Slotty Rn. 20.

schiedliche pharmakologische und toxikologische Eigenschaften aufweisen,[17] wie zB die Stoffe Levamfetamin in Anlage II und Dexamfetamin in Anlage III. Auch hier gilt wieder der Grundsatz, dass die Aufnahme in die Positivliste der Ableitung aus einer generellen Bezeichnung vorgeht, wie zB bei Levamfetamin in Anlage II gegenüber Amfetamin in Anl. III.

10   Viele BtM sind optische Isomere **(Stereoisomere),** die sich wie Bild und Spiegelbild zueinander verhalten und die Schwingungsebene des polarisierten Lichts in verschiedene Richtungen drehen.[18] Auslegungsschwierigkeiten haben sich für die Zeit vor dem Inkrafttreten der 15. BtMÄndV[19] am 1.7.2001 bei der in den Anlagen verwendeten, aus dem Anhang I zum Übk. 1961 entnommenen Formulierung: „die Isomere der in dieser Anlage aufgeführten Stoffe, wenn sie (Fassung bis zum Inkrafttreten der 4. BtMÄndV[20] am 23.1.1993:) nicht besonders ausgenommen sind (Fassung nach dem Inkrafttreten der 4. BtMÄndV am 23.1.1993): wenn sie nicht in einer anderen Anlage verzeichnet sind und das Bestehen solcher Isomere in der bestimmten chemischen Bezeichnung möglich ist" für die Stereoisomeren ergeben. Das Internationale Suchtstoffkontrollamt hat – sachverständig beraten – empfohlen, dass mit dieser Formulierung unabhängig von der Bezeichnung des in den Anlagen aufgeführten Stereoisomers alle möglichen Stereoisomere erfasst werden.[21] Demzufolge ist zB rechtsdrehendes Morphin als Enantiomer des natürlichen linksdrehenden Stoffes ebenso BtM wie die Ester des Pseudoecgonins, eines Stereoisomers des natürlichen Ecgonins. Ebenso sind durch diese Formulierung alle sich in der Lage der Doppelbindung unterscheidenden Isomere des Tetrahydrocannabinols BtM der Anlage I mit Ausnahme des Delta-9-Tetrahydrocannabinols und dessen Isomere, die in Anlage II aufgeführt sind. Ausgenommen hiervon ist wiederum Dronabinol, das als verschreibungsfähiges BtM in Anlage III aufgeführt ist.[22]

11   **dd) Molekülverbindungen.** Moleküle sind die kleinsten, selbständigen Einheiten eines Stoffes. Molekülverbindungen sind dann BtM, wenn zu der Verbindung Moleküle eines Stoffes gehören, der von den Anlagen I bis III erfasst ist, wie zB Phenobarbital in Anlage III. Molekülverbindungen sind in § 1 Abs. 1 S. 2 und 3 BtMVV eigens genannt und den in Anlage III genannten verkehrs- und verschreibungsfähigen BtM in Bezug auf den Geltungsbereich der BtMVV ausdrücklich gleichgestellt.

12   **ee) Salze.** Salze sind Verbindungen, die durch Einwirkung von Säuren auf Basen unter Wasserabspaltung entstehen, zB Morphinhydrochlorid und enthalten stets einen geringeren Anteil des Stoffes im Verhältnis zu der vergleichbaren Menge seiner Reinsubstanz. So beträgt zB der Morphingehalt in Morphinhydrochlorid 75,9 %. Gleichwohl stellt das BtMG die Ausgangssubstanz und ihre Salze gleich. Das gilt auch für den Fall der Verschreibung. In § 1 Abs. 1 S. 2 BtMVV wird bestimmt, dass die BtMVV auch für die Salze der BtM gilt; in § 1 Abs. 1 S. 3 BtMVV wird bestimmt, dass die für ein BtM festgesetzte Höchstmenge auch für dessen Salze und Molekülverbindungen gilt. Entsprechendes galt bereits nach dem BtMG 1972 iVm § 2 BtMVV 1974. Der Wirkstoffgehalt von Salzen ist geringfügig höher als der von Basen; der Wert der Base ist mit dem Faktor 1,1 zu multiplizieren, damit man den Wert des Salzes erhält.

13   **ff) Gemische.** Gemische sind mechanische Vermengungen heterogener Substanzen.[23] Der Zusatz „sowie deren natürlich vorkommende Gemische und Lösungen" ist aus der Definition des Stoffbegriffs in § 3 Nr. 1 AMG übernommen. Entscheidend ist das Begriffsmerkmal „natürlich". Beispiel für ein Gemisch ist **Opium,** das ein Alkaloid-Gemisch aus Morphin (ca. 12 %), Narcotin (ca. 5 %), Codein (ca. 1 %) ua darstellt. Da Opiumkonzentrat, Opiumextrakt und Opiumtinktur nicht natürlich vorkommen, sind sie Opiumzubereitungen.

---

[17] *Rübsamen* NStZ 1991, 310 [311].
[18] Vgl. *Weber* Rn. 16.
[19] → Vor § 1 Rn. 101.
[20] → Vor § 1 Rn. 91.
[21] Vgl. auch WHO-Dokument MNH/PAD/86.13.
[22] HJLW/*Lander* Rn. 6.
[23] *Weber* Rn. 20.

Während gereinigtes Opium zur Herstellung von Opiumtinktur als Stoff gelten muss, ist das eingestellte Opium wieder als Zubereitung anzusehen, da zu seiner Herstellung dem gereinigten Opium Morphin oder Opiumextrakt zugesetzt wird, um es auf den im Arzneibuch vorgeschriebenen Morphingehalt zu bringen.[24] Gemische, die das Produkt eines Bearbeitungsvorgangs sind, fallen unter Zubereitungen.[25] Bei bestimmten Gemischen von Barbituraten mit Phenazonen oder Purinen, die einem festen Mischungsverhältnis folgen, bestehen zwischen den Komponenten Wechselwirkungen, ohne dass eine salzartige Bindungsstruktur vorliegt. Diese Gemische sind als Molekülverbindungen und damit als Stoffe anzusehen.[26]

gg) Lösungen. Eine Lösung ist ein homogenes Gemisch mehrerer Reinstoffe, das den **14** gelösten Stoff molekularverteilt enthält.[27] Die Lösung steht so im Gegensatz zu einem Gemisch. Wie bei den Gemischen sind nicht natürlich vorhandene, sondern hergestellte Lösungen Zubereitungen iS des Abs. 1 Nr. 2.

b) Restsubstanzen, Berauschungsfähigkeit. Der Stoffbegriff umfasst somit nicht nur **15** die reinen Substanzen, sondern auch rohe oder gereinigte Stoffe, sowie natürlich vorkommende Gemische und Lösungen, jeweils ohne Rücksicht auf den Reinheitsgrad und das Bearbeitungsstadium. Auch **bei geringsten Restsubstanzen** liegen noch Stoffe im Sinne des Abs. 1 vor;[28] handelt es sich allerdings um eine Zusammensetzung, die nicht verkehrsfähig ist, liegt ein Besitz- bzw. Umsatzwille fern.[29] Stets wird betont, dass das Gesetz keinerlei Einschränkungen hinsichtlich der Gewichtsmenge und des Wirkstoffgehalts enthält.[30] Damit bezweckt man zu verhindern, dass der Täter die Stoffe oder Zubereitungen durch Manipulationen (zB Streckung unter die Wirksamkeitsgrenze oder Einbringung in nicht konsumfähige Trägerstoffe) dem Anwendungsbereich des BtMG entzieht, um sie später nach Belieben wieder in konsum- und rauschfähige Darreichungsformen zurückzuführen.[31] Negative Feststellungen zur **Berauschungsfähigkeit** nehmen dem Stoff weder seine BtM-Eigenschaft iS von § 1 Abs. 1 noch entziehen sie ihn überhaupt der Strafbewehrung des BtMG. Solange die Gewichtsmenge und der Wirkstoffgehalt eines als BtM klassifizierten Stoffes feststellbar sind und hierüber verfügt werden kann, besteht daher an der grundsätzlichen Strafbarkeit des Besitzes einer solchen BtM-Menge kein Zweifel (vgl. aber oben, stets bedarf der subjektive Tatbestand bei „Restrückständen" genauerer Prüfung).[32]

2. Pflanzen (Nr. 1b). Pflanzen sind im Wesentlichen Lebewesen, die sich autotroph **16** ernähren, dh die zum Wachsen und Leben notwendigen organischen Substanzen mit Hilfe des Sonnenlichts durch Photosynthese selbst herstellen. In den Anlagen aufgeführte Pflanzen sind Cannabis, und zwar alle Varietäten der „Gattung Cannabis" (Anlage I), Erythroxylum coca, einschließlich der Varietäten bolivianum, spruceanum und novogranatense (Anlage II), Salvia divinorum („Azteken-Salbei")[33] sowie Papaver bracteatum (Anlage II) und Papaver somniferum, einschließlich der Unterart setigerum (Anlage III). Unerheblich ist, ob sich die Pflanze in bearbeitetem oder unbearbeitetem Zustand befindet.

---

[24] HJLW / *Lander* Rn. 8.
[25] Pfeil/*Hempel*/*Schiedermair*/Slotty Rn. 28.
[26] HJLW / *Lander* Rn. 11.
[27] Pfeil/*Hempel*/*Schiedermair*/Slotty Rn. 29.
[28] OLG Düsseldorf 15.4.1992 – 5 Ss 127/92 – 38/92 I, NStZ 1992, 443.
[29] BayObLG 3.9.1985 – RReg 4 St 176/85, StV 1986, 145; OLG Düsseldorf 15.4.1992 – 5 Ss 127/92 – 38/92 I, NStZ 1992, 443.
[30] BayObLG 26.11.2002 – 4 St RR 113/02, DRsp Nr. 1748/204.
[31] BayObLG 25.9.2002 – 4 St RR 80/02, DRsp Nr. 1749/204.
[32] BayObLG 25.9.2002 – 4 St RR 80/02, DRsp Nr. 1749/204. Aus neuerer Zeit OLG München 6.10.2009 – 4 St RR 143/09, NStZ-RR 2010, 23 (Tablettenbruchstück mit einem Gewicht von 39 mg, welches mindestens 2,5 mg Morphin-Sulfat enthält) sowie OLG Koblenz 19.11.2014 – 2 OLG 3 Ss 156/14, NStZ-RR 2015, 114 (zwei Nürburgring-Karten mit Anhaftungen von 70 mg Amphetamin, die – abgekratzt – einen Amphetaminbasegehalt von 21,6 % aufweisen); OLG Frankfurt 5.3.2015 – 1 Ss 8/15, BeckRS 2015, 16299 = StV 2015, 643.
[33] BtM der Anlage I seit dem 1.3.2008 mit dem Inkrafttreten der 21. BtMÄndV vom 18.2.2008, BGBl. I S. 246.

17   **3. Pflanzenteile (Nr. 1b).** Pflanzenteile sind abgetrennte Teile einer Pflanze, die nach der Abtrennung nicht selbst lebensfähig sind (zB Cocablätter, Stängel, Blüten, Fruchtstände der Cannabispflanze, Mohnstroh, Blätter von Salvia divinorum, Fruchtkapseln bei Papaver, Samen, Wurzeln, Fruchtkörper von Pilzen). Pflanzenteile, die – im Gegensatz zu den Mutterpflanzen, deren Teil sie sind – keine BtM sind, werden in den Anlagen jeweils als Ausnahme eigens benannt: Während zB bei Erythroxylum coca alle Pflanzenteile den betäubungsmittelrechtlichen Vorschriften unterliegen, sind die Samen bei Cannabis unter bestimmten Voraussetzungen und bei Papaver gänzlich ausgenommen. Unerheblich ist, ob sich der Pflanzenteil in bearbeitetem oder unbearbeitetem Zustand befindet.

18   **4. Pflanzenbestandteile (Nr. 1b).** Pflanzenbestandteile sind die natürlichen Stoffe, die in den Pflanzen enthalten sind, wie zB Alkaloide, Bitterstoffe, Farbstoffe, Fette, Glykoside, Harze, Milchsäfte, ätherische Öle, Peptide und Proteine, Toxine, Vitamine. Sie sind jedoch nur dann BtM, wenn sie in den Anlagen aufgeführt sind. In den Anlagen genannte Pflanzenbestandteile sind zB Cannabisharz (Anlage I), Mohnstrohkonzentrat (Anlage II) und Opium (Anlage III). Aber auch die Alkaloide Cocain (Anlage II), Psilocycbin (Anlage I) oder Morphin (Anlage III) fallen unter den Begriff Pflanzenbestandteile. Andere in Papaver somniferum enthaltene Alkaloide wie Narcotin und Papaverin sind dagegen nicht in den Anlagen aufgeführt und demzufolge keine BtM.[34] Unerheblich ist, ob sich der Pflanzenbestandteil in bearbeitetem oder unbearbeitetem Zustand befindet.

19   **5. Algen, Pilze und Flechten (Nr. 1b).** Neben den Pflanzen sind nunmehr ausdrücklich genannt Algen, Pilze und Flechten, über deren systematische Einordnung es in der Botanik Differenzen gibt.[35]

20   **6. Tierkörper und Tierkörperteile.** Durch die 19. BtMÄndVO[36] waren die Begriffe „Organismen und Teile von Organismen" in die Missbrauchsregelung am Ende der Anlage I (5. Spiegelstrich) eingefügt worden und hatten die hat die bisher dort enthaltenen Begriffe „Pflanzen und Pflanzenteile" ersetzt. Diese Begriffe wiederum sind nunmehr ersetzt worden durch die Benennung von **Tierkörpern** etc (Abs. 1 Nr. 1c) und von **Mikroorganismen** etc (Abs. 1 Nr. 1d). Anlage I aE (5. Spiegelstrich verweist nunmehr auf den neuen Stoffbegriff in Abs. 1 Nr. 1b bis d). Damit wollte der Gesetzgeber die Terminologie vereinheitlichen und klarstellen, welche Organismen bzw. Stoffe Betäubungsmittel sein können.[37]

21   **7. Stoffwechselprodukte (Nr. 1c).** Zu den Stoffwechselprodukten zählen insbesondere Blut, Blutplasma, Schlangengifte und Hormone, aber auch das psychotrop wirkende Sekret von Kröten.

22   **8. Mikroorganismen (Nr. 1d).** „Mikroorganismen" sind Bakterien, Pilze und Viren. Zu den Stoffwechselprodukten dieser Mikroorganismen gehören die Antibiotika und Toxine.

23   **9. Zubereitung (Abs. 1 Nr. 2).** Der Begriff „Zubereitung" lehnt sich an Art. 1 Abs. 1 Buchst. s. Übk. 1961 und Art. 1 Buchst. f Übk. 1971 an.[38] Zubereitungen sind danach – ohne Rücksicht auf den Aggregatzustand – Stoffgemische oder Lösungen, die einen oder mehrere Stoffe enthalten, mit Ausnahme der natürlich vorkommenden Gemische und Lösungen. Es versteht sich von selbst, dass das verarbeitete BtM seinen Suchstoffcharakter und damit seine Schädlichkeit behalten haben muss. Zu den Zubereitungen gehören auch die ein BtM enthaltenden Fertigarzneimittel, aber ebenso ein auf Rezept in der Apotheke unter Verwendung eines BtM hergestelltes Arzneimittel. Nicht erforderlich ist, dass der Stoff vor der Zubereitung isoliert vorhanden war und ohne rechtliche Bedeutung ist, wie der Stoff in

---

[34] HJLW/*Lander* Rn. 5.
[35] Vgl. für halluzinogene Pilze: BGH 25.10.2006 – 1 StR 384/06, NJW 2007, 524 = StV 2007, 300 und BVerfG 4.9.2009 – 2 BvR 338/09, BeckRS 2010, 45445 = StraFo 2009, 526.
[36] → Vor § 1 Rn. 104.
[37] Vgl. BT-Drs. 16/12256, 61, http://dipbt.bundestag.de/dip21/btd/16/122/1612256.pdf (Stand: 18.4.2017).
[38] BT-Drs. 8/3551, 27.

das Endprodukt gelangt ist. Entscheidend ist vielmehr, dass dieses Endprodukt als Zubereitung einen der in den Anlagen I, II oder III aufgeführten Stoffe enthält.[39] Für das Vorliegen einer Zubereitung iS des § 2 ist es ausreichend, wenn das Produkt ein einziges BtM enthält.

10. Ausgenommene Zubereitung (Abs. 1 Nr. 3). Der Begriff der „ausgenommenen **24** Zubereitung" wurde durch das BtMG 1982 neu in das deutsche BtM-Recht eingeführt. Mit ihm und den ihn betreffenden Regelungen, die vor allem für die Arzneimittelherstellung wichtig sind, wollte der Gesetzgeber den Verpflichtungen aus Art. 3 Abs. 3 Buchst. a–f Übk. 1971 nachkommen.[40] Gem. Art. 3 Abs. 2 Übk. 1971 kann eine Zubereitung von bestimmten Kontrollmaßnahmen ausgenommen werden, wenn der Stoff, aus dem sie hergestellt ist, nicht in Anhang I zu dem Übereinkommen aufgeführt ist, die Zubereitung so zusammengesetzt ist, dass keine oder nur eine geringfügige Gefahr des Missbrauchs besteht, der Stoff nicht durch unschwer anwendbare Mittel in einer zum Missbrauch geeigneten Menge zurückgewonnen werden kann und die Zubereitung deswegen nicht zu einem volksgesundheitlichen und sozialen Problem Anlass gibt. Der Begriff der **„ausgenommenen Zubereitung"** ist **wörtlich** zu nehmen: er bedeutet, dass eine ein BtM enthaltende Zubereitung iS des § 2 Abs. 1 Nr. 2 trotz ihrer Zusammensetzung ganz oder teilweise nicht den Bestimmungen des BtMG unterliegt, weil ihr Gehalt an Morphin oder anderen Suchtstoffen so gering ist, dass eine Gefahr für Leben und Gesundheit oder auch zur Suchtbildung ausgeschlossen erscheint.[41]

Ausgenommene Zubereitungen sind entsprechend der durch § 1 getroffenen Rege- **25** lung **keine BtM.** Dennoch sind die ausgenommenen Zubereitungen nicht vollständig von den Bestimmungen des BtMG freigestellt (weil Missbräuche bei ihrer Produktion, zB durch höhere Konzentrationen, leicht möglich wären). Selbst bei Zubereitungen, die iS des Abs. 1 Nr. 3 „ganz" ausgenommen sind, gelten folgende Vorbehalte: In allen Fällen ist eine **Herstellungserlaubnis** erforderlich (§ 3 Abs. 1 Nr. 2), im Falle des Herstellens ausgenommener Zubereitungen, die Arzneimittel sind, muss der Nachweis der Sachkenntnis als Herstellungsleiter oder als Kontrolleiter nach den Vorschriften des AMG geführt werden (§ 6 Abs. 1 Nr. 1). Von diesem Erfordernis kann das Bundesinstitut für Arzneimittel und Medizinprodukte auf Antrag abweichen, wenn die Sicherheit und Kontrolle der ausgenommenen Zubereitungen gewährleistet ist (§ 6 Abs. 2). Die Herstellung ausgenommener Zubereitungen unterliegt der gleichen Überwachung durch das Bundesinstitut für Arzneimittel und Medizinprodukte wie die Herstellung von BtM (§ 19 Abs. 1 S. 1).

a) Positivliste. Auch bei der **Bestimmung der ausgenommenen Zubereitungen** **26** hat sich der Gesetzgeber für das **System der Positivliste** entschieden: Unter welchen Bedingungen bestimmte Zubereitungen von Stoffen ganz oder teilweise von den betäubungsmittelrechtlichen Vorschriften ausgenommen sind, ist in den Anlagen bei den Stoffen jeweils ausgeführt. Unter dem im Zusammenhang mit den ausgenommenen Zubereitungen in den Anlagen genannten Begriff der **„abgeteilten Form"** sind die Formen zu verstehen, die als Arznei- oder Darreichungsformen zur Anwendung gelangen, zB als Ampullen, Dragees, Kapseln, Suppositorien, oder die als Analytika oder Diagnostika eingesetzt werden.[42] Sie sind bis zu der festgesetzten Grenzmenge ganz oder teilweise von den betäubungsmittelrechtlichen Vorschriften ausgenommen. Ebenfalls um abgeteilte Formen handelt es sich bei zur Abgabe an den Verbraucher bestimmten Behältnissen mit Injektions- oder Tropflösungen, Säften, Gemischen oÄ. Derartig abgeteilte Formen sind ausgenommene Zubereitungen, wenn ihr BtM-Gehalt entweder die festgesetzte Grenzmenge oder die angegebene Grenzkonzentration nicht übersteigt. Wenn bei einem Stoff nur eine Grenzmenge für eine abgeteilte Form festgesetzt ist, bedeutet dies, dass alle anderen Formen nicht ausgenommen, also BtM sind.[43] Für sie gilt allerdings das AMG, sie unterliegen durchweg der Verschreibungspflicht nach § 8 AMVV.

[39] Pfeil/*Hempel*/*Schiedermair*/Slotty Rn. 32.
[40] BT-Drs. 8/3551, 27.
[41] Pfeil/*Hempel*/*Schiedermair*/*Slotty* Rn. 35.
[42] HJLW/*Lander* Rn. 13.
[43] HJLW/*Lander* Rn. 13.

27   **b) Ausnahmen.** Fast alle der als „ausgenommene Zubereitungen" bezeichneten Substanzen sind seit der 4. BtMÄndV nach Anlage III zweiter Gedankenstrich Buchst. b Satz 2
dagegen nicht im Hinblick auf die Handlungen der Ein-, Aus- und Durchfuhr ausgenommen (man beachte die Rückausnahme für Codein und Dihydrocodein). Grenzüberschrei-
tungen sollen mit Rücksicht auf die Internationalen Suchtstoffübereinkommen (Art. 3
Abs. 2, 3 Satz 1 Übereink 1971) stets einer Erlaubnis bedürfen, so die Konsequenz, welche
die Rechtsprechung aus dieser Rückausnahme zieht. Dies erscheint problematisch, als schon
bei spontanem Zugriff viel dafür spricht, dass der Gesetzgeber dennoch von einem grundsätzlich legalen Verkehr ausgehen und lediglich die strengeren Kontrollvorschriften des
Betäubungsmittelrechts angewendet wissen wollte. Als Verhaltensregel ist sie in den Anlagen
auch falsch verortet: Nach § 1 Abs. 2 ist der Verordnungsgeber zwar dazu ermächtigt, durch
Aufnahme von Stoffen in die Anlagen I–III zu § 1 Abs. 1 faktisch die Strafbarkeit zu erweitern; mit Art. 103 GG ist dies jedoch nur deshalb vereinbar, weil der Begriff der BtM
selbst im Gesetz hinreichend bestimmt ist. Aufgrund der Stoffbezogenheit hält deshalb das
BVerfG[44] die Ermächtigungsgrundlage und die darauf gestützten Erweiterungen der Anlagen zu § 1 Abs. 1 mit Art. 103 GG für vereinbar. Da die 4. BtMÄndV in Bezug auf ausgenommene Zubereitungen aber **nicht auf Stoffe, sondern auf Handlungen** abstellt, kann
sich deren Unterstellung unter das Regime des BtM-Rechts nicht auf § 1 Abs. 2 stützen.
Verbleibt damit als alleinige Ermächtigungsgrundlage § 11 Abs. 2. Jedoch folgt bereits aus
dessen Stellung im Gesetz, dass die Vorschrift den Verordnungsgeber insoweit nur zur Regelung des legalen BtM-Verkehrs[45] ermächtigt. Dies belegt im Übrigen bereits der auf den
zur Strafbegründung herangezogenen Passus folgende Satz, wonach „...*ausgenommene Zubereitungen der Position Barbital jedoch ohne Genehmigung nach § 11 des Betäubungsmittelgesetzes
ein-, aus- oder durchgeführt werden...* (können).

28   **aa) Bestimmtheitsgebot, Art. 103 Abs. 2 GG / nulla poena sine lege.** Art. 103
Abs. 2 GG garantiert, dass die Strafbarkeit eines Verhaltens **gesetzlich** bestimmt ist, normiert mithin einen Gesetzesvorbehalt.[46] Die Voraussetzungen der Strafbarkeit und die Art
der Strafe müssen in Parlamentsgesetzen enthalten sein.[47] Um diesen verfassungsrechtlichen
Vorgaben gerecht zu werden, verhindert der Gesetzgeber, wenn er den Verordnungsgeber
in die Rechtsetzung einbeziehen will, in der Regel bereits das Entstehen einer verfassungsrechtlichen Konfliktlage durch die Schaffung einer Blankettstrafnorm (zB § 29 Abs. 1 S. 1
Nr. 14), worin dem Verordnungsgeber die Strafbewehrung bestimmter **Tathandlungen**
(zB nach § 16 BtMVV) überlassen werden kann. Das BtMG selbst belegt also, dass dem
Gesetzgeber dieses System bekannt ist. Bezüglich der Strafbarkeit der Ein-, Aus- und Durchfuhr ausgenommener Zubereitungen fehlt jedoch eine entsprechende Vorschrift. Bei einer
auf § 11 Abs. 2 gestützten Rechtsverordnung, zu der nicht einmal der Bundesrat seine
Zustimmung erteilen muss, würden deshalb gravierende Mängel im Rechtsetzungsverfah-
ren zu konstatieren sein, mit der Folge, dass die in Rede stehende Ausdehnung der Strafbarkeit vor Art. 103 Abs. 2 GG keinen Bestand haben könnte. Bereits aus der Gesetzgebungsgeschichte folgt, dass neue Strafvorschriften des BtMG sowohl vor der 4. BtMÄndV als auch
danach stets im parlamentarischen Gesetzgebungsverfahren eingeführt wurden;[48] 1994
wurde das BtMG neu bekannt gemacht.[49] Eine mehr oder weniger „versehentlich" erfolgte
Verortung von Strafvorschriften in den Anlagen zu § 1 Abs. 1 wäre spätestens zu diesem
Zeitpunkt vom Gesetzgeber richtig gestellt worden. Der Verordnungsgeber hat von der

---

[44] Vgl. BVerfG 4.5.1997 – 2 BvR 509/96, 2 BvR 511/96, NJW 1998, 669.
[45] *Weber* Rn. 1.
[46] BVerfG 23.10.1985 – 1 BvR 1053/82, BVerfG 71, 108 = NStZ 1986, 26; 6.5.1987 – 2 BvL 11/85,
BVerfGE 75, 329 = NStZ 1987, 450; 22.6.1988 – 2 BvR 1154/86; 2 BvR 234/87, BVerfGE 78, 374 =
NStZ 1989, 229.
[47] BVerfG 23.10.1991 – 1 BvR 850/88, BVerfGE 85, 69 = NStZ 1992, 188; 17.11.1992 – 1 BvR 168/
89, BVerfGE 87, 363 = NVwZ 1993, 878; 1.12.1992 – 1 BvR 88/91, NJW 1993, 581.
[48] → Vor § 1 Rn. 91 ff.
[49] BGBl. I S. 358.

Ermächtigung in Abs. 2 bislang ausschließlich durch Erlass der BtMAHV Gebrauch gemacht,[50] die aber **nur BtM,** nicht hingegen ausgenommene Zubereitungen betrifft.

bb) Regelungszweck. Der BGH sieht dies unproblematisch und lässt die Rückaus- 29 nahme auch im Hinblick auf die Strafvorschriften, insb. des § 30a Abs. 1 gelten (sodass die Ausfuhr ausgenommener Zubereitungen zu einem Strafrahmen von nicht unter fünf Jahren führt).[51] Ungeachtet der vorstehenden Ausführungen führt die vom BGH vertretene Auffassung dazu, dass der grenzüberschreitende Verkehr mit ausgenommenen Zubereitungen straf*bar*, der innerstaatliche Umgang mit ihnen – mit Ausnahme der Herstellung ausgenommener Zubereitungen – jedenfalls nach dem BtMG hingegen straf*los* ist.[52] Der teleologische Begründungsansatz des 1. Senats (weltweite Bekämpfung des illegalen Umgangs mit BtM als bestimmendes Anliegen kraft Eigenschaft Deutschlands als Konventionsstaat), führt im Ergebnis zu der Kuriosität, dass dieses Anliegen vom deutschen Verordnungsgeber offenbar ausschließlich in Bezug auf die (Volks-)Gesundheit in ausländischen Staaten verfolgt worden wäre, er hingegen die eigene Bevölkerung vor diesen Gefahren nicht hätte schützen wollen.

Das **BVerfG** hat die gegen die BGH-Entscheidungen eingelegte Verfassungsbe- 30 schwerde – ohne Begründung – nicht zur Entscheidung angenommen.[53] Nicht nur die Fragen im Zusammenhang mit dem Zustandekommen einer Strafnorm, die das Prinzip der Gewaltenteilung tangieren, sondern auch die Situation eines Normadressaten, der sich urplötzlich einer angeblichen Strafnorm gegenübersieht, die nun wahrlich an einer „schwer zugänglichen Stelle"[54] verortet ist und über die bislang weder in Rechtsprechung noch in der Literatur auch nur ein Wort verloren wurde, hätten Anlass geboten, hierzu aus verfassungsrechtlicher Sicht Stellung zu nehmen. Indessen befand die Kammer all diese Fragen offensichtlich nicht „der Rede wert". Akzeptiert man diesen Weg, lässt sich dieses Ergebnis auch nicht über eine extensive (und von der Standarddefinition abweichende) Auslegung der „Abgabe" aus Apotheken korrigieren.[55]

c) Herstellen (Abs. 1 Nr. 4). Das BtMG 1972 unterschied zwischen Gewinnung, Her- 31 stellung und Verarbeitung. Diese Unterscheidung wurde mit dem BtMG 1982 aufgegeben; das „Herstellen" wurde zu einem Oberbegriff erhoben, der die einzeln aufgezählten Tätigkeiten des Gewinnens, Anfertigens, Zubereitens, Be- und Verarbeitens, Reinigens und Umwandelns umfasst. Mit der **Erstreckung** des Begriffs **auf das Reinigen und Umwandeln** entsprach der Gesetzgeber Art. 1 Buchst. n des Übk. 1961 und Art. 1 Buchst. i des Übk. 1971. Im Unterschied zu Art. 1 Buchst. n und t Übk. 1961, jedoch entsprechend § 4 Abs. 14 LMG 1976 und § 7 Abs. 1 LMBG aF wurde aber auch das „Gewinnen" in den Herstellungsbegriff mit einbezogen, weil keine Notwendigkeit bestand, es gesondert herauszustellen. Dies wäre nur gerechtfertigt gewesen, wenn das „Gewinnen" in besonderen Rechtsvorschriften behandelt worden wäre oder wenn sich besondere Rechtsfolgen speziell an diesen Begriff geknüpft hätten,[56] was nicht der Fall war. Folgende Tätigkeiten sind nach der Legaldefinition des Herstellens in Abs. 1 Nr. 4 erfasst:

aa) Gewinnen. „Gewinnen" ist die **Entnahme** von Pflanzen oder Pflanzenteilen oder 32 Pflanzenerzeugnissen aus ihrer natürlichen oder künstlich angelegten Umgebung.[57] Das Gewinnen führt wiederum zu einem Naturprodukt,[58] das noch kein konsumfähiges BtM

---

[50] *Weber* Rn. 26.
[51] BGH 2.11.2010 – 1 StR 581/09, BGHSt 56, 52 = NJW 2011, 1462 m. abl. Anm. *Kotz* NStZ 2011, 653.
[52] Zum Ganzen *Oğlakcıoğlu* medstra 2016, 71 (77) sowie nochmals → § 2 Rn. 28 und → § 29 Rn. 775 f.
[53] BVerfG 28.3.2012 – 2 BvR 367/11.
[54] So ein in § 11 Abs. 4 Nr. 6 Buchst. b des BtMG 1972 umschriebener besonders schwerer Fall der Einfuhr.
[55] Insofern zutreffend OVG Nordrhein-Westfalen 29.12.2014 – 13 A 1203/14, BeckRS 2015, 40040.
[56] BT-Drs. 8/3551, 27.
[57] → § 29 Rn. 137 „Herstellen"; so auch HJLW/*Lander* Rn. 17.
[58] BayObLG 10.9.1959 – RReg 4 St 247/59, BayObLGSt 1959, 273.

sein muss, sondern auch ein Zwischenprodukt sein kann.[59] Beispielsfälle sind das Abschaben des Opiums von den Mohnkapseln oder des Cannabisharzes von den Cannabispflanzen, das Abpflücken der Coca- oder der Cannabis-Blätter von den Pflanzen, als deren Bestandteile sie entstanden sind, oder das Sammeln psilocybinhaltiger Pilze.

33   **bb) Anfertigen.** Anfertigen ist die Erzeugung von BtM mittels chemischer Synthese,[60] also „Fabrikation eines Kunstprodukts".[61] Sowohl manuelle als auch maschinelle Produktion ist möglich.[62] Beispielsfälle sind die Herstellung von Heroin und Cocain. Da die Begrifflichkeit des Abs. 1 Nr. 4 in bewusster **Anlehnung an das AMG** entwickelt wurde,[63] lohnt sich ein Blick auf den im Apothekenwesen üblichen Sprachgebrauch: „Ein Rezept wird angefertigt" nennt man dort die Tätigkeit, die zur Abgabefähigkeit eines Arzneimittels führt. Meist steht „anfertigen" für „herstellen", aber beschränkt auf ein einziges Arzneimittel oder zum mindesten auf eine kleine Menge eines Arzneimittels.[64]

34   **cc) Zubereiten.** Bei der Definition von „Zubereiten" iS von Abs. 1 Nr. 4 muss auf die Definition von „Zubereitung" zurückgegriffen werden, die das Gesetz selbst in Abs. 1 Nr. 2 unter Aufnahme der Definition aus Art. 1 Buchst. f Übk. 1971 vornimmt: Danach ist **Zubereiten die Erzeugung entweder** eines festen, flüssigen oder gasförmigen **Gemisches** aus Stoffen, von denen mindestens ein Stoff ein BtM ist, **oder** einer **Lösung** eines Stoffes oder mehrerer Stoffe, von denen mindestens ein Stoff ein BtM ist, in (oder mit) einem Lösungsmittel jeweils in einer Form, die in der Natur nicht vorkommt.[65] Dabei muss die BtM-Betäubungsmitteleigenschaft des vermischten oder gelösten Stoffes aufrechterhalten bleiben.[66] Die Erzeugung des Gemischs geschieht durch mechanische Vermengung,[67] die Erzeugung der Lösung durch Extrahieren oder Lösen in mechanischer oder chemischer Behandlung.[68] Beispielsfälle sind das Verschneiden (Strecken)[69] von Heroin, Kokain oder Amfetamin mit Streckmitteln. Unter das Zubereiten fällt auch die Erzeugung von „O-Tee" durch Auskochen von Mohnkapseln zu einem morphinhaltigen Sud.

35   **dd) Be- oder Verarbeiten.** Bearbeiten ist die Einwirkung auf einen Stoff mit physikalischen oder chemischen Verfahren, die die äußere Erscheinungsform verändert, aber die Substanz des Stoffes erhält (zB Schälen, Schneiden, Pressen oder Pulverisieren).[70] Verarbeiten ist die Einwirkung auf einen solchen Stoff und dessen dadurch bewirkte Veränderung der Substanz, ohne dass dessen chemische Zusammensetzung berührt wird.[71] Beispielsfälle sind das Pressen von Cannabisharz in Platten, das Trocknen von Pflanzen oder Pflanzenteilen, oder das Pressen von Tabletten mit Tablettierpressen oder -maschinen. **Nicht zum „Bearbeiten"** gehört „Umfüllen", „Abfüllen", „Abpacken" und „Kennzeichnen",[72] wie sich aus einem Vergleich mit § 4 Nr. 14 AMG ergibt. Diese Verhaltensweisen sind wegen

---

[59] OLG Karlsruhe 19.9.2001 – 3 Ss 80/01, NStZ-RR 2002, 85.
[60] BGH 3.12.1997 – 2 StR 270/97, BGHSt 43, 336 = NJW 1998, 836 = StV 1998, 136.
[61] Erbs/Kohlhaas/*Pelchen*/*Bruns* § 29 Rn. 4.
[62] → § 29 Rn. 142 ff. „Herstellen"; HJLW/*Lander* Rn. 17; *Weber* Rn. 31.
[63] BT-Drs. 8/3551, 27.
[64] Pfeil/*Hempel*/*Schiedermair*/Slotty Rn. 50.
[65] Vgl. Pfeil/*Hempel*/*Schiedermair*/Slotty Rn. 51; *Weber* Rn. 32.
[66] Vgl. HJLW/*Lander* Rn. 17; Pfeil/Hempel/Slotty/*Slotty* § 29 Rn. 46; *Weber* Rn. 32.
[67] Vgl. *Joachimski*/*Haumer* Rn. 7.
[68] → § 29 Rn. 146. „Herstellen".
[69] Vgl. *Franke*/*Wienroeder* § 29 Rn. 12; *Joachimski*/*Haumer* Rn. 7; Pfeil/Hempel/Slotty/*Slotty* § 29 Rn. 46; BGH 18.5.1973 – 3 StR 129/77, MDR 1978, 6 (*Holtz*) und 5.5.1976 – StR 111/76, DRsp Nr. 1999/4951 – in beiden Entscheidungen wird das Strecken als „Verarbeiten" angesehen, die Entscheidungen ergingen aber zum BtMG 1972, das nur „Gewinnen", „Herstellen" und „Verarbeiten" kannte.
[70] Vgl. Pfeil/*Hempel*/*Schiedermair*/Slotty Rn. 53; *Körner*, 6. Aufl., § 29 Rn. 132.
[71] → § 29 Rn. 150. „Herstellen"; gegen Pfeil/*Hempel*/*Schiedermair*/Slotty Rn. 54, die die Notwendigkeit der Abgrenzung zum „Umwandeln" nicht erkennen; wie hier *Franke*/*Wienroeder* § 29 Rn. 15 und *Weber* Rn. 34; anders auch, nämlich ohne jede Abgrenzung einerseits und zum „Umwandeln" andererseits Joachimski/Haumer/*Joachimski* Rn. 13, dagegen auch *Weber* Rn. 35.
[72] Vgl. Pfeil/*Hempel*/*Schiedermair*/Slotty § 2 Rn. 57; für das Ein- oder Abfüllen: OLG Koblenz 23.3.1992 – 1 Ss 379/91, DRsp Nr. 2001/6222 = OLGSt BtMG § 2 Nr. 1.

des Analogieverbots nicht als „Herstellen" strafbar, sie werden sich allerdings in der Regel als Erscheinungsform des Handeltreibens (Erleichterung der Veräußerung) darstellen und auf diese Weise vom Tatbestand des § 29 Abs. 1 S. 1 Nr. 1 erfasst.[73]

ee) Reinigen. Das Reinigen als Erscheinungsform des Herstellens ist erstmals in das **36** BtMG 1982 aufgenommen worden. Der Gesetzgeber erfüllte damit seine Verpflichtung aus Art. 1 Abs. 1 Buchst. n Übk. 1961 und Art. 1 Buchst. i Übk. 1971 zur Strafbewehrung auch des Reinigens. „Reinigen" ist die Entfernung von Fremdstoffen, die einem Stoff äußerlich anhaften.[74] Die Fremdstoffe können simpler Schmutz (zB Erdrückstände) oder Rückstände aus Zubereitungsvorgängen (zB Streckmittel) oder Tarnstoffe (zB Gewürze[75]) sein. Die Reinigung kann mit physikalischen Methoden (Sieben, Filtern, Versetzen mit Flüssigkeit) oder durch chemische Verfahren (Derivatisierung, Salzbildung[76]) erfolgen.[77]

ff) Umwandeln. Das Umwandeln als Erscheinungsform des Herstellens wurde erstmals **37** in das BtMG 1982 aufgenommen. Der Gesetzgeber erfüllte damit seine Verpflichtung aus Art. 1 Abs. 1 Buchst. n Übk. 1961 und Art. 1 Buchst. i Übk. 1971 zur Strafbewehrung auch des Umwandelns als eine Möglichkeit des Herstellens. „Umwandeln" ist die Veränderung eines BtM in ein anderes BtM.[78] Beispielsfälle sind die Umwandlung von Rohopium zu Morphin,[79] die Umwandlung von Morphin zu Heroin[80] oder die Umwandlung von Methadon zu Normethadon.[81] **Nicht zum „Umwandeln",** sondern zum „Zubereiten" gehören die Fermentierung von Rohopium zu Rauchopium (Chandu oder Chandoo),[82] die Verölung von Cannabisharz zu Cannabisöl (Haschischöl),[83] weil in beiden Fällen das Ausgangsmaterial nicht in ein anderes BtM nach der Auflistung in den Anlagen zum BtMG verändert wird.

III. BtM und Staatsgrenzen (Abs. 2)

Die Vorschrift enthält (entgegen systematischer Stellung und Überschrift) lediglich eine **38** Gleichstellungsklausel, die die noch im RegierungsE vorgesehenen Legaldefinitionen des Aus- und Einführens verdrängt hat: Als **Einfuhr** sollte das Verbringen eines BtM aus dem Ausland in den Geltungsbereich dieses Gesetzes, als **Ausfuhr** das Verbringen eines BtM aus dem Geltungsbereich dieses Gesetzes umschrieben werden. Nach übereinstimmender Auffassung werden die **Begriffe** der Ein- und Ausfuhr **als bekannt vorausgesetzt,**[84] was deshalb äußerst unbefriedigend ist, weil es an für das gesamte deutsche Recht allgemein gültigen Definitionen fehlt, vielmehr für jedes einzelne Gesetz schon wegen der unterschiedlichen Zielgebiete[85] zu prüfen ist, in welchem Sinn dieses die Begriffe der Ein- und Ausfuhr verwendet und welchen Zweck es damit verfolgt.[86] Im besonderen Teil des **StGB** finden sich Ein- und/oder Ausführen von Kennzeichen verfassungswidriger Organisationen (StGB § 86a Abs. 1 Nr. 2), von pornografischen Schriften im Wege des Versandhandels (§ 184 Abs. 1 Nr. 4 StGB), von Mitteln zur Fälschung amtlicher Ausweise (§ 275 Abs. 1 StGB) sowie falscher amtlicher Ausweise (§ 276

---

[73] *Körner* (VI) § 29 Rn. 132; *Weber* Rn. 34; OLG Koblenz 23.3.1992 – 1 Ss 379/91, DRsp Nr. 2001/6222 = OLGSt BtMG § 2 Nr. 1.

[74] Vgl. *Körner* (VI) § 29 Rn. 130; *Weber* Rn. 37; Pfeil/*Hempel/Schiedermair*/Slotty Rn. 59.

[75] Vgl. Neue Heroinschmuggeltechniken, BKA-Rauschgift-Kurier 3/00.

[76] HJLW//*Lander* Rn. 17.

[77] → § 29 Rn. 154 ff. „Herstellen".

[78] S. insbes. wegen eines hier bestehenden Meinungsstreits → § 29 Rn. 158 ff. „Herstellen".

[79] So auch Pfeil/Hempel/Schiedermair/*Slotty* § 29 Rn. 46.

[80] So auch Pfeil/Hempel/Schiedermair/*Slotty* § 29 Rn. 46, *Körner* (VI) § 29 Rn. 131; aA *Joachimski*/Haumer Rn. 13.

[81] Vgl. Pfeil/*Hempel/Schiedermair*/Slotty Rn. 61.

[82] KPV/*Patzak* Teil 3, Rn. 17.

[83] KPV/*Patzak* Teil 3, Rn. 17; wie hier auch Pfeil/Hempel/Schiedermair/*Slotty* § 29 Rn. 46.

[84] *Weber* Rn. 39.

[85] *Rebholz* S. 5.

[86] BayObLG 9.7.1970 – RReg 4 a St 231/79, BayObLGSt 1970, 78.

Abs. 1 StGB). Nur beispielhaft[87] wird auf folgende Vorschriften des **Nebenstrafrechts,** welche die Einfuhr (Ausfuhr) von Sachen oder Waren zum Gegenstand haben, hingewiesen: § 72 S. 1 AMG versteht unter der Einfuhr von Arzneimitteln deren Verbringen in den Geltungsbereich des Gesetzes. § 4 Abs. 2 Nr. 4 AWG umschreibt die Einfuhr als das Verbringen von Sachen aus fremden Wirtschaftsgebieten in das Wirtschaftsgebiet der Bundesrepublik Deutschland. Auch § 1 Abs. 3a S. 1 ZollVG stellt auf das Verbringen in den bzw. aus dem Geltungsbereich des Gesetzes ab. Nach Art. 1 Abs. 1 Buchst. m Übk. 1961 bezeichnen Einfuhr und Ausfuhr je nach dem Zusammenhang die körperliche Verbringung von Suchtstoffen aus einem Staat in einen anderen oder einem Hoheitsgebiet in ein anderes Hoheitsgebiet desselben Staates. Ähnlich definiert Art. 1 Buchst. h Übk. 1971 beide Begriffe. Zu den Besonderheiten im Zusammenhang mit Grundstoffen s. § 1 GÜG.

39   **1. Räumlicher Geltungsbereich.** Maßgebliches Zielgebiet der Einfuhr bzw. maßgeblicher Handlungsort bei der Ausfuhr ist infolge seiner Umschreibung durch den Geltungsbereich des Gesetzes sowohl nach dem staatsrechtlichen als auch nach dem funktionell-strafrechtlichen Begriff das **Inland (§ 3 StGB),** das sich mit dem (räumlichen) Geltungsbereich des Gesetzes deckt. Was nicht Inland ist, ist strafrechtlich Ausland.[88]

40   **a) Land.** Land ist in erster Linie das Festland, das aus den 16 Bundesländern besteht.[89] Bei Gebirgen bildet entweder der Gebirgskamm oder die Wasserscheide die Grenze.[90] Anlass zu Diskussionen und de facto zu einer räumlichen Erweiterung des Geltungsbereichs führen **zollrechtliche Vorschriften,** obwohl sich der Einfuhrbegriff selbst nicht (mehr[91]) am Zollrecht orientiert.

41   **aa) Zollgebiete.** So herrschen unterschiedliche Auffassungen darüber, ob Zollabfertigungsgebiete **außerhalb des Zollgebiets** dem Geltungsbereich des BtMG unterliegen. *Joachimski/Haumer*[92] bejahen dies unter Bezugnahme auf eine Entscheidung des BayObLG,[93] der zugrunde lag, dass ein Angeklagter auf der Rückkehr von einer Reise nach Nepal bei der Zollabfertigung in der Zollhalle des Deutschen Zollamts in Salzburg auf die Frage des deutschen Zollbeamten nach anzumeldenden Waren 397g in einer Schmuggelweste verstecktes Haschisch und eine Pistole mit Munition verschwiegen hatte. Das Gericht nahm vollendete Einfuhr an, da nach § 1 Abs. 2 S. 2 ZollG Einfuhr das Verbringen von Waren in das Zollgebiet sei. Diese Entscheidung, die die Einfuhr ausschließlich unter zollrechtlichen Gesichtspunkten erfasste und ersichtlich mit der Verletzung der Gestellungspflicht verknüpfte,[94] kann heute nicht mehr herangezogen werden, da es auf das Verbringen des BtM über die Grenze des Hoheitsgebiets der Bundesrepublik Deutschland und nicht etwa das Verbringen über die nicht notwendig damit zusammenfallenden Grenzen des Zollgebiets (§ 2 ZollG) oder des Wirtschaftsgebiets (§ 4 AWG) ankommt,[95] und die Vollendung des Tatbestands gerade nicht von der Verletzung der Gestellungspflicht abhängt.[96] Auch die zum Zollgebiet der Europäischen Gemeinschaft gehörenden vormaligen **Zollanschlüsse** wie die österreichischen Gemeinden *Jungholz* und *Mittelberg* fallen unter den Geltungsbereich des Gesetzes.[97] Dem BtMG unterliegen ferner **Zollausschlussgebiete** wie Büsingen/

---

[87] Vgl. im Übrigen die ausführliche Darstellung bei *Rebholz* S. 23 ff.
[88] Satzger/Schmitt/Widmaier/*Satzger* StGB § 3 Rn. 6.
[89] Vgl. Präambel zum GG.
[90] → StGB § 3 Rn. 18.
[91] *Joachimski/Haumer* § 3 Rn. 22; KPV/*Patzak* § 29 Teil 5 Rn. 25.
[92] § 3 Rn. 22.
[93] BayObLG 9.4.1970 – RReg 4 a St 231/69, BayObLGSt 1970, 78.
[94] Vgl. auch BGH 21.4.1982 – 2 StR 620/81, NStZ 1982, 291 mAnm *Prittwitz* NStZ 1983, 350, Anm. *Michalke* StV. 1982, 470.
[95] BGH 9.3.1983 – 3 StR 6/83, DRsp Nr. 1994/143.
[96] BGH 22.2.1983 – 5 StR 877/82, BGHSt 31, 252 = NJW 1983, 1275 mAnm *Hübner* JR 1984, 82, Anm. *Strate* StV 1983, 151; 3.12.1985 – 1 StR 345/85, NStZ 1986, 274 mAnm *Körner* MDR 1986, 717; 21.3.1991 – 1 StR 19/91, StV. 1992, 376 mAnm *Zaczyk.*
[97] *Weber* Rn. 58, 61.

Baden oder Helgoland.[98] Einfuhr ist auch gegeben, wenn das BtM in einen **Freihafen** (zB Bremen, Bremerhaven, Cuxhaven, Deggendorf, Duisburg, Emden, Hamburg, Kiel) oder in **sonstige Zollfreigebiete** (zB Helgoland) verbracht wird.[99] Ferner erstreckt sich der Geltungsbereich des Gesetzes auch auf **Zolllager.**[100] Zum deutschen Hoheitsgebiet zählen endlich auch **Transitbereiche,** so diejenigen in den Flughäfen.[101]

bb) Vorgeschobene Grenzabfertigungsstellen. Rechtlich problematisch sind die **42** Fälle, in denen Grenzkontrollen auf dem Territorium von Nachbarstaaten stattfinden, weil die deutschen Behörden hierzu infolge der **Vorverlagerung der Grenzabfertigung** durch bilaterale Abkommen befugt sind. Vorgeschobene Grenzdienststellen dienen nämlich ausschließlich der Erleichterung des Grenzübergangs und der Grenzabfertigung,[102] erweitern in aller Regel lediglich das deutsche Zollgebiet,[103] führen aber weder zur Erweiterung des Geltungsbereichs deutscher Gesetze noch zur Ausdehnung des Hoheitsgebiets.[104] Zwischen der Bundesrepublik Deutschland und ihren Nachbarstaaten bestehen hinsichtlich der Grenzabfertigung zwischenstaatliche Abkommen, die eine solche bereits auf dem Hoheitsgebiet des Nachbarstaats vorsehen: **Belgien,**[105] **Dänemark,**[106] **Frankreich,**[107] **Luxemburg,**[108] **Niederlande,**[109] **Österreich,**[110] **Polen,**[111] **Schweiz**[112] und **Tschechien.**[113] Uneinheitlich geregelt ist dabei, unter welchen Voraussetzungen die Vorverlagerung der Grenzabfertigung als **Sonderregelung bezüglich des Einfuhrbegriffs iS des** BtMG angesehen werden kann.[114] Grundsätzlich stehen einer faktischen **Ausdehnung des Einfuhrtatbestands** über das Hoheitsgebiet hinaus die internationalen Übereinkommen nicht entgegen, da sie an die Vertragsstaaten lediglich Minimalforderungen stellen und diesen jegliche Erweiterungsmöglichkeit freigestellt bleiben muss.[115] Jedoch kann aus der schlichten Existenz eines derartigen Abkommens nicht der Schluss gezogen werden, dass mit der Vorverlagerung der Grenzabfertigung zugleich der strafrechtliche Geltungsbereich der Einfuhrvorschrift erweitert worden ist; vielmehr setzt eine derartige Betrachtungsweise voraus, dass sich im Abkommen selbst hierfür zumindest Anhaltspunkte finden, die ggf. durch Auslegung zu ermitteln sind.[116]

Gemessen an diesem Maßstab kann nach dem **deutsch-schweizerischen Grenzabfer-** **43** **tigungsabkommen** von einer ergänzenden Sonderregelung im Hinblick auf den Geltungsbereich des BtMG ausgegangen werden; denn nach dessen Art. 4 gelten in der (Grenzabfertigungs-) Zone die Rechts- und Verwaltungsvorschriften des Nachbarstaates, die sich auf die Grenzabfertigung beziehen, wie in der Gemeinde des Nachbarstaates, der die Grenzabfertigungsstelle zugeordnet ist (Abs. 1). Wird in der Zone gegen die sich auf die Grenzabfertigung beziehenden Rechts- und Verwaltungsvorschriften des Nachbarstaates verstoßen, so üben die Gerichte und Behörden des Nachbarstaates die Strafgerichtsbarkeit aus, als ob die Zuwiderhandlungen in der Gemeinde begangen wären, der die Grenzabfertigungsstelle zugeordnet ist (Abs. 2).

---

[98] *Weber* Rn. 59; aA *Joachimski/Haumer* § 3 Rn. 22.
[99] BGH 22.2.1983 – 5 StR 877/82, BGHSt 31, 252 = NJW 1983, 1275 mAnm *Hübner* JR 1984, 82.
[100] *Joachimski/Haumer* § 3 Rn. 22.
[101] *Weber* Rn. 48.
[102] *Weber* Rn. 50.
[103] *Franke/Wienroeder* § 29 Rn. 89.
[104] BGH 6.3.1992 – 3 StR 398/91, NStZ 1992, 338.
[105] Vom 15.5.1956, BGBl. 1958 II S. 100, 358.
[106] Vom 9.6.1965, BGBl. 1967 II S. 1521.
[107] Vom 18.4.1958, BGBl. 1960 II S. 1533.
[108] Vom 16.2.1962, BGBl. 1963 II S. 141.
[109] Vom 30.5.1958, BGBl. 1960 II S. 2181.
[110] Vom 14.9.1955, BGBl. 1957 II S. 581.
[111] Vom 29.7.1992, BGBl. 1994 II S. 266.
[112] Vom 1.6.1961, BGBl. 1962 II S. 877; 1991 II S. 291.
[113] Vom 19.5.1995, BGBl. 1996 II S. 18.
[114] AA *Weber* Rn. 52 ff.
[115] *Joachimski/Haumer* § 3 Rn. 22.
[116] *Franke/Wienroeder* § 29 Rn. 89.

44   Auch das **deutsch-niederländische Grenzabfertigungsabkommen** genügt Anforderungen an eine Sonderregelung, die auch den strafrechtlichen Einfuhrbegriff nach deutschem Recht erweitert. Art. 4 legt fest, dass die Rechts- und Verwaltungsvorschriften des Nachbarstaates, die sich auf die Grenzabfertigung beziehen, in der Zone gelten, wie sie in der Gemeinde gelten, der die Grenzabfertigungsstelle des Nachbarstaates zugeordnet wird (Abs. 1) und dass im Sinne der in Abs. 1 genannten Vorschriften des Nachbarstaates innerhalb der Zone der Übergang über die Grenze stattfindet, wenn die Grenzabfertigung des Ausgangsstaates beendet ist.[117]

45   Weitaus undeutlicher sind diese Fragen im **deutsch-polnischen Grenzabfertigungsabkommen** abgehandelt. Art. 3 Abs. 3 bestimmt hierzu lediglich, dass die innerhalb der gemäß Art. 1 Abs. 2 bestimmten Zone (das ist der Bereich des Gebietsstaats, in dem die Bediensteten des Nachbarstaats berechtigt sind, die Grenzabfertigung vorzunehmen) von den Bediensteten des Nachbarstaats durchgeführten Amtshandlungen als in der Gemeinde des Nachbarstaats durchgeführt gelten, in dessen Hoheitgebiet sich der Grenzübergang befindet. Gleichwohl hat der BGH[118] auch in diesem Fall eine vollendete Einfuhr bereits bei Abfertigung des Kraftfahrzeugs durch den deutschen Zoll an der vorgeschobenen, wenngleich auf polnischem Hoheitsgebiet befindlichen Grenzübergangsstelle nach Beendigung der polnischen Grenzabfertigung angenommen. Dabei hat er eingeräumt, dass das Abkommen keine im Wortlaut gleichermaßen klare Regelung wie das deutsch-niederländische Grenzabfertigungsabkommen enthalte. Nach Sinn und Zweck solle indes für die Einfuhr über die polnisch-deutsche Grenze nichts anderes gelten. Dies lasse sich mit der gebotenen Eindeutigkeit aus den Regelungen des Abkommens, insbesondere aus Artikeln 1, 3 und 4, entnehmen. In der genannten Entscheidung stützt sich der BGH auf die Kommentierung *Webers,*[119] der die Forderung, das jeweilige Abkommen müsse expressis verbis die Aussage treffen, dass innerhalb der Zone der Übergang über die Grenze stattfinde, als zu eng ablehnt. Entscheidend sei nämlich nicht die eher zufällige ausdrückliche Regelung des Übergangs über die Grenze, sondern die Geltung des deutschen materiellen Einfuhrrechts, das auch die strafbewehrten Verbote und Beschränkungen umfasse. Die Geltung des materiellen deutschen Rechts für die „Zone" werde aber durch die – allen Abkommen gemeinsame – Regelung über die Grenzabfertigung bestimmt. Zu Recht weisen *Franke/Wienroeder*[120] auf die **Problematik der Erweiterung des Geltungsbereichs deutscher Strafgesetze** mittels einer den Einfuhrbegriff ergänzenden Sonderregelung aus dem Zollrecht hin. Zwar sei die im Anschluss an *Weber* vorgenommene Auslegung des deutsch-polnischen Abkommens zweifellos sachgemäß und widerspreche auch nicht den Interessen der vertragsschließenden Parteien; es könne jedoch, da es um die tatbestandsmäßige Voraussetzung einer Strafnorm gehe, auf eine hinreichend bestimmte Regelung, die auch im Wortlaut der Abkommen ihren Niederschlag gefunden haben müsse, nicht verzichtet werden.

46   Zum **deutsch-tschechischen Grenzabfertigungsabkommen** hat das BayObLG[121] in einer Entscheidung zum AWG festgestellt, das deutsche Strafrecht gelte auch für Verstöße, die auf vorgeschobenen deutschen Grenzdienststellen in Tschechien begangen werden. Dies ergebe sich aus dem Vertrag zwischen der Bundesrepublik Deutschland und der Tschechischen Republik über Erleichterungen der Grenzabfertigung im Eisenbahn-, Straßen- und Schiffsverkehr vom 19.5.1995. Gemäß Art. 3 Abs. 3 iVm Abs. 2 und Art. 2 Buchst. a dieses Vertrages gelten Verstöße gegen Vorschriften der Bundesrepublik Deutschland über die Ein-, Aus- und Durchfuhr von Waren, einschließlich der Transportmittel, oder von Werten, die den Devisenbestimmungen unterliegen, welche von Personen aus Anlass des Grenzübertritts auf dem Gebiet der vorgeschobenen Grenzdienststelle der Bundesrepublik Deutschland in Tschechien begangen werden, als in der Gemeinde Waidhaus begangen.

---

[117] BGH 6.3.1992 – 3 StR 398/91, NStZ 1992, 338; *Franke/Wienroeder* § 29 Rn. 89; *Joachimski/Haumer* § 3 Rn. 22.
[118] BGH 9.2.2000 – 5 StR 650/99, NStZ 2000, 321.
[119] *Weber* Rn. 52 ff.
[120] *Franke/Wienroeder* § 29 Rn. 77.
[121] BGH 8.2.2001 – 4St RR 9/01, BayObLGSt 2001, 8 = NJW 2001, 2735 (L).

Im Rahmen der BGH-Entscheidung zum **deutsch-belgischen Grenzabfertigungsab-**   47
kommen[122] kam es auf diese Frage deshalb nicht an, weil die Rechtsprechung zum damaligen Zeitpunkt die Verletzung der Gestellungspflicht als ausschlaggebend angesehen hatte.

b) Wasser. Das Hoheitsgebiet erstreckt sich auch auf Gewässer, sowohl auf Teile des   48
Meers als auch auf Binnengewässer.

aa) Maritime Eigengewässer. Darunter fallen Seehäfen und Reeden, Baien und Buch-   49
ten sowie geschlossene Meere, Flussmündungen, Förden, Haffe und Wattenmeere.[123]

bb) Küstenmeer. Darunter zu verstehen ist der Teil des Meeres, der sich seewärts an   50
das Territorium und die inneren Gewässer eines Küstenstaates anschließt und auf den sich
seine Souveränität erstreckt.[124] Jeder Staat hat das Recht, die Breite seines Küstenmeeres
bis zu einer Grenze festzulegen, die mindestens drei und höchstens 12 Seemeilen, gerechnet
von den in Art. 4 ff. SRÜ[125] festgelegten Basislinien beträgt (Art. 3 SRÜ). Für die **Nordsee**
hat Deutschland den ihm vom SRÜ eingeräumten Bereich in vollem Umfang ausgeschöpft,[126] dabei aber die seitliche Abgrenzung zu den Niederlanden und zu Dänemark
noch nicht geregelt.[127] Die Abgrenzung des deutschen Küstenmeeres in der **Ostsee** liegt
teilweise unter 12 Seemeilen; die Abgrenzung zu Polen folgt dem Vertrag vom 14.11.1990
zwischen der Deutschland und der Polen über die Bestätigung der zwischen ihnen bestehenden Grenzen (BGBl. 1991 II S. 1328).[128] Seerechtlich folgt in Richtung Hohe See die sog
Anschlusszone (Art. 33 Abs. 1 Buchst. a SRÜ) mit einer Breite bis zu 24 Seemeilen, die
dem Küstenstaat die Ausübung von Kontrollrechten einräumt, um Verstöße gegen seine
Gesundheitsgesetze zu verhindern. Diese gehört nicht mehr zum Inland.[129] Rechtsgut des
BtMG ist zwar die Volksgesundheit, so dass das Gesetz insoweit unter das SRÜ fällt;[130]
aus Sinn und Zweck der Vorschrift über die Anschlusszone wird man indessen nicht die
Ausdehnung deutscher Strafgewalt auf dieses Gebiet herleiten können. Ebenso wenig lässt
sich die deutsche Strafgewalt auf die **deutsche ausschließliche Wirtschaftszone** (Art. 57
SRÜ) erweitern, wie sich mittelbar auch aus § 5 Nr. 11 StGB ergibt.[131]

cc) Seen. Bei Seen, die zum Staatsgebiet mehrerer Staaten gehören, kann man idR von   51
einer Realteilung in der Mitte des Gewässers ausgehen. Der **Bodensee** besteht aus drei
„Seen", dem Überlinger, dem Unter- und dem Obersee. Der Überlinger See ist deutsches
Hoheitsgebiet; der Untersee ist real geteilt, so dass die Mittellinie die Grenze bildet.[132] Der
Status des Untersees ist umstritten.[133]

dd) Flüsse. Ist der Grenzverlauf bei grenzüberschreitenden Flüssen (zB Donau, Elbe,   52
Rhein) oder internationalen Wasserstraßen (zB Nord-Ostsee-Kanal) nicht bilateral geregelt
ist,[134] reicht das Inland grundsätzlich bis zur geografischen Mitte des Wasserlaufs, bei schiff-
baren Flüssen bis zur Mittellinie der Hauptschifffahrtsrinne (Talweg).[135]

c) Luft. Soweit das Hoheitsgebiet zu Lande und zu Wasser reicht zählt auch der darüber   53
liegende Luftraum zum Hoheitsgebiet, der sich kegelförmig über dem Staatsgebiet
erstreckt.[136]

---

[122] BGH 22.2.1983 – 5 StR 877/82, BGHSt 31, 252 = NStZ 1983, 371 mAnm *Prittwitz,* Anm. *Hübner*
JR 1984, 82, Anm. *Strate* StV 1983, 151.
[123] LK-StGB/*Werle/Jeßberger* StGB § 3 Rn. 32.
[124] LK-StGB/*Werle/Jeßberger* StGB § 3 Rn. 41.
[125] Seerechtsübereinkommen der Vereinten Nationen vom 10.12.1982, in Kraft getreten am 16.11.1994.
[126] Proklamation vom 19.10.1994, BGBl. I S. 3428.
[127] LK-StGB/*Werle/Jeßberger* StGB § 3 Rn. 44.
[128] LK-StGB/*Werle/Jeßberger* StGB § 3 Rn. 45.
[129] NK-StGB/*Böse* § 3 Rn. 7.
[130] *Weber* Vor §§ 29 ff. Rn. 64.
[131] *Weber* Vor §§ 29 ff. Rn. 65; aA wohl *Wamser* StraFo 2010, 279.
[132] *Fischer* Vor §§ 3–7 StGB Rn. 15.
[133] Kondominium: *Weber* Vor §§ 29 ff. Rn. 66; aA LK-StGB/*Werle/Jeßberger* StGB § 3 Rn. 37.
[134] Vgl. die Zusammenstellung bei LK-StGB/*Werle/Jeßberger* StGB § 3 Rn. 37.
[135] NK-StGB/*Böse* StGB § 3 Rn. 5.
[136] LK-StGB/*Werle/Jeßberger* StGB § 3 Rn. 51.

54   **2. Einfuhr. a) Begriff.** Nach **hM**[137] versteht man unter Einführen das **Verbringen eines BtM aus dem Ausland über die Grenze in das deutsche Hoheitsgebiet.** Damit deckt sich der Einfuhrbegriff ansatzweise mit demjenigen des Übk. 1961. Dieser Einfuhrbegriff ist allerdings in die **Kritik** geraten. So bemängelt insbesondere *Nestler* die **„Inkonsistenz"** des von der Rechtsprechung entwickelten Einfuhrbegriffs. Es handle sich in Wahrheit um drei unterschiedliche Auslegungen des Einfuhrbegriffs, die sich danach unterschieden, ab welchem Raum- und Zeitpunkt des BtM-Transports die Einfuhr vollendet sei (1),[138] welche Zugriffs-möglichkeiten der Transporteur auf die BtM während des Einfuhrvorganges habe (2)[139] und welche Absichten er mit den BtM verfolge (3).[140] Sofern sich der Gesetzgeber allerdings dafür entschieden hat, die Durchfuhr von der Feststellung abhängig zu machen, dass dem Täter während des Transportvorgangs die BtM nicht zur Verfügung stehen, ist dem eine „Dynami-sierung" des Vollendungszeitpunkts immanent. Insofern geht es zu weit, in der „unterschiedli-chen Auslegung" des Einfuhrbegriffs einen Verstoß gegen den Bestimmtheitsgrundsatz zu sehen;[141] schließlich steht bereits zum Zeitpunkt der Vornahme der Tathandlung fest, ob der Täter Verfügungsgewalt während des Transportvorgangs haben wird oder eben nicht; spätere (unerwartete) Abweichungen sind dann über den subjektiven Tatbestand aufzulösen. Freilich ändert dies nichts am Umstand, dass das Unterscheidungskriterium nicht überzeugt und somit erst Recht keine unterschiedliche Behandlung von Durch- und Einfuhr auf der Strafrahmen-ebene legitimiert (vgl. aber § 30 I Nr. 4). Außerdem ist *Kreuzer* darin beizupflichten, dass gerade in Fällen des organisierten Schmuggels sich nicht selten die Gefahr realisiert, je nach kriminalpolitischem Bedarf zwischen einer faktischen Betrachtungsweise (wer hat den Ein-fuhrvorgang in den Händen?) auf eine organisationsbezogene Betrachtungsweise (wer hat den Transport veranlasst bzw. wem ist der Transport normativ zurechenbar?) hin- und her zu wechseln, was sich v.a. auf die Beteiligtenstellung auswirken kann.[142]

55   **b) Verbringen.** Unter Verbringen versteht man die **menschlich gesteuerte, körperli-che Verlagerung eines BtM von außerhalb in den Geltungsbereich des BtMG,** also den Übertritt des Stoffes über die maßgebliche Grenze durch eine wie auch immer geartete Einwirkung eines Menschen.[143] Die **Art und Weise,** wie BtM in das Hoheitsgebiet geschafft werden, bzw. auf welchem Weg sie ins Inland gelangen, ist unerheblich.[144] Schließlich ist es nicht maßgebend, ob der Täter die BtM **eigenhändig** verbringt oder ob er sich hierzu menschlicher, tierischer oder technischer Hilfe bedient. Verbringen iS des Gesetzes kann auch derjenige, der während des Vorgangs der Einfuhr keine **tatsächliche Verfügungsgewalt** über das BtM hat.[145] Soweit allerdings betont wird, dass die Einfuhr auch das „Verbringenlas-sen" erfasse, handelt es sich nicht um eine erweiternde Tatbestandsumschreibung, vielmehr muss sich das Verbringenlassen als Fall einer mittelbaren Täterschaft darstellen.[146]

56   Damit ist zugleich gesagt, dass das „Verbringenlassen" auch nicht zu einer wirtschaftlich-betriebsbezogenen Betrachtung führen darf, wonach der „Organisator" der Einfuhr bzw. Ausfuhr als „Täter" zu betrachten ist, während der Fahrer als Gehilfe dieses Verbringenlas-sens nur als Gehilfe in Betracht käme. Sonst wäre auch der Besteller von BtM als Täter zu klassifizieren, während der „Kurier" nur als Gehilfe zu diesem Vorgang zu bewerten wäre (hiervon geht die hM gerade nicht aus, → Rn. 669). Soweit es auf die Organisation ankäme, wäre schließlich auch nicht der Grenzübertritt für die Vollendung maßgeblich, sondern der

---

[137] BGH 22.11.1999 – 5 StR 493/99, NStZ 2000, 150; *Joachimski/Haumer* § 3 Rn. 22; KPV/*Patzak* Rn. 56 f.; *Weber* Rn. 41 ff.; s. auch → § 29 Rn. 645.
[138] Kreuzer/*Nestler* § 11 Rn. 332.
[139] Kreuzer/*Nestler* § 11 Rn. 333.
[140] Kreuzer/*Nestler* § 11 Rn. 334 f.
[141] So aber *Rebholz* S. 81 ff.; ähnlich *Prittwitz* NStZ 1983, 350 (352).
[142] Hierzu → § 29 Rn. 657 ff. sowie *Oğlakcıoğlu*, BtMG AT, S. 605 ff.
[143] HM; BGH 22.7.1992 – 3 StR 35/92, BGHSt 38, 315 = JuS 1993, 1003 mAnm *Wiegmann* = NJW 1993, 74; *Joachimski/Haumer* § 3 Rn. 22; *Weber* Rn. 41 ff.
[144] *Weber* Rn. 43.
[145] BGH 1.10.1986 – 2 StR 335/86, BGHSt 34, 180 = NJW 1987, 721.
[146] *Oğlakcıoğlu*, BtMG AT, S. 405, 606 f.

Abschluss der Fahrt. Dies wäre mit Abs. 2 sowie der Überlegung, dass das Verbringen der Drogen in deutsches Hoheitsgebiet das prägende Unrechtselement darstellt, kaum haltbar.

c) Internationales Recht/Europarecht. Der btm-rechtliche Einfuhrbegriff wird **57** weder durch die Vollendung des Europäischen Binnenmarktes[147] noch durch das Überein-kommen von Schengen[148] beeinflusst.

3. Ausfuhr. a) Begriff. Nach hM[149] versteht man unter Ausführen das Verbringen eines **58** BtM aus dem Inland über die deutsche Hoheitsgrenze in das Ausland.

b) Verbringen. Siehe hierzu die Erläuterungen zur Einfuhr (→ Rn. 56). **59**

c) Räumlicher Geltungsbereich. Es gelten die Ausführungen zur Einfuhr (→ Rn. 40) **60** mit umgekehrter Zielrichtung. Das Verbringen der BtM in eine Freizone stellt ebenso wenig eine Ausfuhr dar wie deren Verbringen nach Helgoland oder Büsingen, die beide nicht zum Zollgebiet der Gemeinschaft gehören.[150]

4. Abgrenzung von Einfuhr, Ausfuhr und Durchfuhr. Während es weder beim Ein- **61** noch beim Ausführen rechtlich bedeutsam ist, ob der Einführende (Ausführende) tatsächliche Verfügungsmacht über das BtM ausübt, kommt Durchfuhr nur in Betracht, wenn der Stoff dem Durchführenden tatsächlich nicht zur Verfügung steht. Ohne ein solches Abgrenzungs-merkmal wäre die Durchfuhrmodalität niemals einschlägig bzw. würde immer von der Einfuhr verdrängt, da tatsächlich gesehen, jeder Täter, welcher durchführt, erst einmal einführen muss. Solch eine Konkurrenz bzw. Konsumtion sieht das BtMG allerdings nicht vor, was sich darin äußert, dass nur die Einfuhr in nicht geringen Mengen gem. § 30 Abs. 1 Nr. 4, nicht dagegen die Durchfuhr in nicht geringen Mengen als Verbrechen ausgestaltet ist.

Stehen dem Täter die Drogen tatsächlich zur Verfügung und weiß er hierum, spielt es keine Rolle, ob er einen Durchfuhrwillen hat (eine vollendete Einfuhr wäre lediglich abzulehnen, wenn der Täter gerade nicht um die Zugriffsmöglichkeit weiß[151]). Umgekehrt ist unproblematisch von einer Durchfuhr auszugehen, wenn der Täter während dem Trans-portvorgang selbst nicht „vor Ort" ist, etwa wenn er die BtM in einem Zug/Flugzeug/LKW/Schiff versteckt, aber in eigener Person anderweitig zum Zielort gelangt und sich dort die Drogen holt. Ist der Täter „vor Ort", nimmt aber der Zugriff auf die Betäubungs-mittel eine gewisse Zeit in Anspruch (so bei Transitfällen), bedarf es regelmäßig näherer Feststellungen zur Zugriffsmöglichkeit und den Vorstellungen des Täters diesbezüglich (→ § 11 Rn. 13 sowie → § 29 Rn. 721, 728, dort auch zu den Körperschmugglern).

---

[147] Vgl. *Weber* Rn. 57 ff.
[148] Vgl. *Weber* Rn. 63 ff.
[149] BGH 13.7.2006 – 4 StR 129/06, BeckRS 2006, 09255 = BGHR BtMG § 29 Abs. 1 Nr. 1 Ausfuhr 1; *Franke/Wienroeder* § 29 Rn. 108; *Joachimski/Haumer* § 3 Rn. 29; *Weber* Rn. 72 ff.
[150] *Weber* Rn. 72.
[151] BGH 18.3.2015 – 3 StR 634/14, NStZ 2015, 587.

Zweiter Abschnitt. Erlaubnis und Erlaubnisverfahren

§ 3 Erlaubnis zum Verkehr mit Betäubungsmitteln

(1) Einer Erlaubnis des Bundesinstitutes für Arzneimittel und Medizinprodukte bedarf, wer

1. Betäubungsmittel anbauen, herstellen, mit ihnen Handel treiben, sie, ohne mit ihnen Handel zu treiben, einführen, ausführen, abgeben, veräußern, sonst in den Verkehr bringen, erwerben oder

2. ausgenommene Zubereitungen (§ 2 Abs. 1 Nr. 3) herstellen

will.

(2) Eine Erlaubnis für die in Anlage I bezeichneten Betäubungsmittel kann das Bundesinstitut für Arzneimittel und Medizinprodukte nur ausnahmsweise zu wissenschaftlichen oder anderen im öffentlichen Interesse liegenden Zwecken erteilen.

Schrifttum: *Ambos/Böllinger/Schefold ua,* Entwurf eines Gesetzes zur Änderung des Betäubungsmittelgesetzes,RP 2016, 81; *Geschwinde,* Rauschdrogen, 7. Aufl. 2013; *Grotenhermen/Müller-Vahl,* Critical Reviews in Plant Sciences, 2016; *ders.,* Der Stand der medizinischen Versorgung mit Cannabis und Cannabinoiden in Deutschland, ADS 2014, 83; *ders.* 2015 – das Jahr, in dem Deutschland sich beim Thema Cannabis als Medizin bewegt, ASD 2015, 97; *ders./Reckendrees,* Behandlung mit Cannabis und THC, 3. Aufl. 2015; *Iversen,* Drogen und Medikamente; *Kalke/Verthein,* Kontrollierte Abgabe von Cannabis als wissenschaftlicher Modellversuch, ADS 2016, 48.; *Kamphausen,* Streckmittel, Verunreinigungen und „Drug-Checking" – vom Reinheitsgebot für Bier lernen, ASD 2015, 117; *Köhler,* Rauschdrogen, 2008; *Lang,* Betäubungsmittelstrafrecht, 2012; *Leicht,* Drugchecking und Substanzanalyse – Geht (es in) Berlin voran?, ADS 2016, 135; *Oğlakcıoğlu,* Die Anwendung der Vorschriften des Allgemeinen Teils auf die Straftatbestände des Betäubungsmittelgesetzes. Zugleich eine Analyse der höchstrichterlichen Rechtsprechung zum Betäubungsmittelstrafrecht seit 1982, Diss. Erlangen, 2013; *ders.* medstra 2016, 71; *Paeffgen,* Betäubungsmittel-Strafrecht und der Bundesgerichtshof, FS-BGH, 2000, 695; *Schemmel/Graf,* Legalisierung von unten Wie die Realität neue Wege in der Drogenpolitik aufzwingt, ASD 2014, 160; *Schmidtbauer/Scheidt,* Rauschdrogen, 1984; *Schmolke/Harrach,* Drug-Checking, ASD 2014, 67; *Tögel-Lins/Morgenstern,* Neue psychoaktive Substanzen und Userforen, 2015; *Wagner,* Die betäubungsmittelrechtliche Verkehrserlaubnis für Cannabis nach dem Nichtannahmebeschluss des BVerfG vom 20. Januar 2000, PharmR 2004, 20; *Winkelbauer,* behördliche Genehmigung im Strafrecht, NStZ 1988, 201; *Wiese/Verthein,* Drug-Checking für Drogenkonsumenten – Risiken und Potenziale, Sucht 60 (2014), 315.

Übersicht

I. Überblick

1. Gesetzessystematik. Das BtMG verfolgt die Zwecke, einerseits den zur Sicherstellung **1** der notwendigen medizinischen Versorgung der Bevölkerung erforderlichen BtM-Verkehr zu regeln, andererseits den Missbrauch von BtM (die missbräuchliche Herstellung ausgenommener Zubereitungen) sowie das Entstehen oder (Aufrecht-)Erhalten einer BtM-Abhängigkeit soweit wie möglich auszuschließen (§ 5 Abs. 1 Nr. 6). Entsprechend der gesetzlichen Zielsetzung bedient es sich der **generellen Zweiteilung des Umgangs mit BtM** in den legalen (§§ 4–28) und den illegalen BtM-Verkehr (§§ 29–38). Ausgehend von der Prämisse, dass jeglicher Umgang mit BtM grundsätzlich verboten[1] ist, können dabei zum einen bestimmte Verkehrsformen unter bestimmten Voraussetzungen erlaubt werden (§ 3; Erlaubnisvorbehalt); zum anderen sind bestimmte Personengruppen und/oder bestimmte Umfangsformen von der Erlaubnispflicht im Sinne eines Regel-Ausnahme-Verhältnisses befreit (§§ 4, § 10a Abs. 2 S. 2 Nr. 5, 11 Abs. 1 [Durchfuhr], 12 Abs. 3, 13). Dabei betrifft § 4 einerseits den therapeutischen BtM-Verkehr und andererseits den diesen erst ermöglichenden und daher vorausgehenden wissenschaftlichen oder wirtschaftlichen BtM-Verkehr, wobei sich therapeutischer und wirtschaftlicher Verkehrskreis im Bereich der Apotheken überschneiden.

2. Norminhalt. Vor dem genannten systematischen Hintergrund regelt die Vorschrift **2** unter welchen Voraussetzungen die Teilnahme am legalen BtM-Verkehr im wissenschaftlichen und wirtschaftlichen Bereich möglich ist. Sie ist damit eine der zentralen Vorschriften des BtMG.[2] Erlaubnisfähig sind nur bestimmte Formen des BtM-Verkehrs. Für den Umgang mit BtM der Anlage I kann das BfArM nur ausnahmsweise zu wissenschaftlichen oder anderen im öffentlichen Interesse liegenden Zwecken eine Erlaubnis erteilen.

3. Rechtsentwicklung. a) Innerstaatliches Recht. Bereits nach früherem Recht **3** wurde der legale Großverkehr mit Hilfe der Erlaubnis- und Bezugscheinpflicht, der Kleinverkehr mittels ärztlicher Rezeptpflicht und der Apothekenpflicht kontrolliert.[3] Nach § 3 Abs. 1 S. 1 OpiumG 1929[4] bedurften Ein- und Ausfuhr, die Gewinnung, die gewerbsmäßige Herstellung und Verarbeitung, Handel und Erwerb, Abgabe und Veräußerung sowie jeder sonstige gleichartige Verkehr mit den dem Gesetz unterfallenden Stoffen der Erlaubnis. § 3 Abs. 1 BtMG 1972[5] stellte zusätzlich noch den Anbau unter Erlaubniszwang. Durch § 3 BtMG 1982[6] erhielt die Vorschrift ihre heutige Fassung. Mit dem 3. BtMG-ÄndG[7] wurde in § 10a der Erlaubnistatbestand für das Betreiben von Drogenkonsumräumen eingeführt.

b) Einfluss internationale Übereinkommen. Im Übk. 1961[8] verpflichteten sich die **4** Vertragsparteien dazu, für die Herstellung (Art. 29) sowie für Handel und Verteilung (Art. 30) jeweils eine Genehmigungspflicht vorzuschreiben. In Art. 7 Buchst. b, Art. 8 Abs. 1 Übk. 1971[9] übernahmen die Vertragsparteien neuerlich diese Verpflichtung.

II. Erläuterung

1. Erlaubnisfähigkeit bestimmter Verkehrsformen. a) Katalog verbotener 5 Handlungen. Mit dem Katalog verbotener Handlungen wird zugleich deutlich, welche Verhaltensformen umgekehrt erlaubnisfähig sind. Handel mit und Herstellung von BtM (dort einschließlich ausgenommener Zubereitungen) bedürfen ebenso der Erlaubnis wie der Anbau, die Ein- und Ausfuhr, die Abgabe, die Veräußerung, das Sonstige-In-Verkehr-

---

[1] *Körner* (VI) Rn. 1.
[2] *Weber* Rn. 3.
[3] KPV/*Patzak* Rn. 1; vgl. bereits Vor § 1 Rn. 66.
[4] → Vor § 1 Rn. 72.
[5] → Vor § 1 Rn. 76.
[6] → Vor § 1 Rn. 79.
[7] → Vor § 1 Rn. 100.
[8] → Vor § 1 Rn. 75.
[9] → Vor § 1 Rn. 76.

bringen und der Erwerb von BtM. Mittelbar erlaubnisfähig ist der Besitz von BtM,[10] da er in der Regel als Folge anderer erlaubnisfähiger Verkehrsformen auftritt.[11] Für den Bereich des illegalen BtM-Verkehrs bestimmt einerseits § 10a Abs. 2 S. 2 Nr. 5, dass der Betreiber eines Drogenkonsumraums keine Maßnahmen zur Verhinderung von BtM-Straftaten treffen muss, wenn diese im unerlaubten Besitz einer geringen Menge zum Eigenverbrauch bestehen; aus § 29 Abs. 1 S. 1 Nr. 3 ergibt sich, dass nur der BtM-Besitz strafbar ist, der nicht durch eine schriftliche Erwerbserlaubnis legitimiert ist. Nicht erlaubnisfähig ist das **Sichverschaffen** von BtM **in sonstiger Weise,** da es von seiner Zielrichtung her die – illegale – Erlangung der Verfügungsmacht über BtM im Blick hat. Ebenso wenig erlaubnisfähig ist – weil er nicht verboten ist – der **Konsum** von BtM.

6 **b) § 3 als Verbot iSd § 134 BGB.** Das Umgangsverbot hat auch zur Folge, dass jegliche Rechtsgeschäfte, die ohne entsprechende Erlaubnis nach § 3 abgeschlossen werden, nichtig gem. § 134 BGB sind. Das Verbot des unerlaubten HT mit BtM erfasst hierbei nicht nur die dem Umsatzgeschäft zugrundeliegenden **obligatorischen Rechtsgeschäfte,** sondern auch die der Erfüllung eines solchen Vertrages dienenden **Verfügungen,**[12] Verpflichtungs- und Erfüllungsgeschäfte sind nach § 134 BGB nichtig (Fehleridentität). Aus diesem Grunde kann – bei inländischen dinglichen Erfüllungsgeschäften – Eigentum weder an dem BtM[13] noch an dem Kaufgeld[14] erworben werden. Dementsprechend erwirbt der Verkäufer von BtM auch **keinen Kaufpreisanspruch** (§ 433 Abs. 2 BGB); derartige Geschäfte verstoßen mangels Erlaubnis gegen ein gesetzliches Verbot (§ 3 Abs. 1 Nr. 1), die daran Beteiligten machen sich strafbar (§ 29 Abs. 1 S. 1 Nr. 1), und der Kaufvertrag ist daher nichtig (§ 134 BGB).[15] **Bereicherungsrechtliche Zahlungsansprüche** – etwa bei Lieferung ohne vorherige oder gleichzeitige Zahlung – entstehen ebenfalls nicht. Zwar erlangt der Erwerber wegen der Nichtigkeit des Kaufvertrages das BtM ohne Rechtsgrund (§ 812 Abs. 1 S. 1 Alt. 1 BGB), wodurch dieser wegen der Nichtigkeit auch des Verfügungsgeschäftes[16] zwar kein Eigentum, jedoch den Besitz erlangte. Diesen kann der Lieferant aber gemäß § 817 S. 2 BGB nicht zurückfordern. Durch den etwaigen Verbrauch des BtM entsteht daher auch kein Wertersatzanspruch nach § 818 Abs. 2 BGB. Dem Lieferanten steht auch **kein Schadensersatzanspruch** gemäß § 823 Abs. 2 BGB, § 263 Abs. 1 StGB zu. Selbst wenn der Verlust des Besitzes an den BtM als Schaden im Sinne des § 823 Abs. 2 BGB, § 263 Abs. 1 StGB zu bewerten wäre, steht dem Lieferanten nämlich kein Anspruch auf dessen Ersatz zu, weder im Wege der Naturalrestitution (§ 249 Abs. 1 BGB) noch – nach Verbrauch des BtM – in Form von Geldersatz (§ 251 Abs. 1 BGB). Die Durchsetzung eines derartigen Anspruchs ist wegen unzulässiger Rechtsausübung nach Treu und Glauben (§ 242 BGB) ausgeschlossen. Das Verlangen des Lieferanten auf Rückgabe der BtM (§ 249 Abs. 1 S. 1 BGB) wäre rechtsmissbräuchlich, da es auf die Herstellung eines strafrechtlich verbotenen Erfolges zielte. Dabei ist es ohne Belang, ob sich die Beteiligten durch die Rückabwicklung wegen Abgabe bzw. Erwerbs von BtM strafbar machen würden.[17] Jedenfalls würde der Lieferant mit der Wiederinbesitznahme des BtM den Straftatbestand des § 29 Abs. 1 S. 1 Nr. 3 – erneut – erfüllen. Die Geltendmachung eines Schadensersatzanspruchs zur Herbeiführung eines derartigen rechtswidrigen Zustands ist mit Treu und Glauben unvereinbar; denn ebenso, wie es rechtsmissbräuchlich ist, ein Recht, das durch ein gesetz-, sitten- oder vertragswidriges Verhalten erworben wurde,

---

[10] AA *Weber* Rn. 75.
[11] HJLW/*Winkler* Rn. 15.
[12] BGH 4.11.1982 – 4 StR 451/82, BGHSt 31, 145 (148) = NJW 1983, 636 = JR 1983, 431 mAnm *Schmid*; 11.7.2000 – 4 StR 232/00, BeckRS 2000, 30121784.
[13] BGH 11.6.1985 – 5 StR 275/85, BGHSt 33, 233 = NJW 1985, 2773.
[14] BGH 29.2.2000 – 1 StR 46/00, NStZ-RR 2000, 234.
[15] Vgl. – auch zum Folgenden – BGH 7.8.2003 – 3 StR 137/03, BGHSt 48, 322 = NJW 2003, 3283.
[16] Vgl. BGH 4.11.1982 – 4 StR 451/82, BGHSt 31, 145 (148) = NJW 1983, 636 = JR 1983, 431 mAnm *Schmid*.
[17] Ablehnend *Weber* Rn. 977 (und 1064) unter Berufung auf BGH 3.8.1990 – 3 StR 245/90, BGHSt 37, 147 (149) = NJW 1991, 306 = NStZ 1991, 89 mAnm *Schoreit/Bartner* und – unzutreffend – auf BGH 10.4.1984 – 4 StR 172/84, StV 1984, 248 (= BeckRS 1984, 31111562).

auszuüben,[18] ist es missbräuchlich, ein Recht geltend zu machen, um einen gesetzwidrigen, strafbaren Zustand herbeizuführen. Wenn danach kein Anspruch auf Rückgabe des BtM im Wege der Naturalrestitution besteht, kann aber auch ein Geldersatzanspruch nach § 251 Abs. 1 BGB nicht zur Entstehung gelangen. Dem steht im Übrigen auch entgegen, dass durch eine derartige Zahlung wirtschaftlich zumindest teilweise – nämlich in Höhe des negativen Interesses – die Rechtsfolge herbeigeführt würde, die der Gesetzgeber durch das Verbot des ungenehmigten BtM-Handels unterbinden wollte. Ebenso wäre eine gewaltsame Besitzkehr nicht durch § 859 BGB gerechtfertigt.[19]

2. Erlaubnisfreiheit bestimmter Verkehrsformen. Bestimmte Formen des Umgangs **7** mit BtM sind erlaubnisfrei, wobei das Gesetz entweder auf die Umgangsform selbst oder einen bestimmten Personenkreis abstellt. Keiner Erlaubnis bedarf die **Durchfuhr,** da sie ein im Verhältnis zu anderen Umgangsformen geringeres Gefährdungspotential aufweist und der Durchführende zumeist nicht einmal im Inland wohnt.[20] Auch für die **Vernichtung** von BtM besteht keine Erlaubnispflicht (es sei denn, man versteht unter Vernichtung das schlichte Wegwerfen der BtM ohne diese in ihrer Existenz ganz und gar zu vernichten; mit solch einer Handlung bringt man die Substanz nämlich u.U. wiederum in den Verkehr).[21] Die in § 4 genannten Personengruppen der Apotheker, Ärzte einschließlich Tier- und Zahnärzte, Patienten, Spediteure und Lagerhalter sowie Bedienstete von Bundes- und Landesbehörden sind in Bezug auf **bestimmte Umgangsformen von der Erlaubnispflicht befreit.**

3. Erlaubnisverfahren und Rechtsweg. Das Verfahren zur Erteilung einer Erlaubnis **8** richtet sich nach den allgemeinen Grundsätzen des VwVfG. Zuständig ist das BfArM.[22] Der **Antrag** auf Erteilung einer Erlaubnis muss einen bestimmten Mindestinhalt aufweisen (§ 7). Die **Entscheidung** über den Erlaubnisantrag soll innerhalb von drei Monaten ab Antragstellung ergehen (§ 8 Abs. 1 S. 1). Positiv beinhaltet sie die Erteilung der Erlaubnis, die allerdings mit Beschränkungen, Befristungen, Bedingungen oder Auflagen (§ 9) versehen sein kann, negativ deren Versagung (§ 5). Die erteilte Erlaubnis kann unter bestimmten Voraussetzungen zurückgenommen oder widerrufen (§ 10) werden. Im Falle des § 3 Abs. 2 hat der Antragsteller keinen Anspruch auf Erteilung der Erlaubnis, sondern nur auf eine fehlerfreie Ermessensausübung.[23] Erlangt der Antragsteller eine Erlaubnis oder ist er von der Erlaubnispflicht befreit, hat er die in §§ 12–18 statuierten Pflichten zu beachten, andernfalls handelt er ordnungswidrig, § 32.

Soweit gegen Erlaubnispflichten verstoßen wurde oder der Anwendungsbereich einer **9** Ausnahmevorschrift nicht eröffnet ist – mithin eine Person unerlaubt oder außerhalb des von § 4 abgesteckten Rahmens agiert – kommt nicht selten eine Strafbarkeit nach § 29 Abs. 1 S. 1 Nr. 1, 6 oder 7 in Betracht. Das Strafgericht entscheidet dann ggf. **inzident** über die Frage,[24] ob eine Erlaubnis von Nöten, die erteilte Erlaubnis rechtens war bzw. ob sich der Täter auf eine Ausnahme nach § 4 berufen kann. Einer nochmaligen Prüfung dieser Vorfrage im **Verwaltungsrechtswege** wird dann zwar nicht eine irgendwie geartete „Bindungswirkung" des Strafurteils, wohl aber ein fehlendes Rechtsschutzbedürfnis entgegenstehen,[25] es sei denn mit der verwaltungsrechtlichen Vorfrage (etwa ob ein Arzt sich

---

[18] Vgl. BGH 6.10.1971 – VIII ZR 165/69, BGHZ 57, 108 (111) = NJW 1971, 2226; BVerwG 23.11.1993 – 1 C 21/92, NJW 1994, 954 (955).
[19] BGH 21.4.2015 – 4 StR 92/15, NJW 2015, 2898 (mAnm *Kudlich*), NStZ 2015, 571 (mAnm *Oğlakcıoğlu*).
[20] BT-Drs. 8/3551, 27.
[21] *Weber* Rn. 75.
[22] KPV/*Patzak* Rn. 23.
[23] BVerfG NJW 2000, 3126; BVerwGE 123, 352; vgl. auch *Weber* Rn. 124 f.
[24] Zur Verwaltungsrechtsakzessorietät vgl. auch KPV/*Patzak* Rn. 3.
[25] So hat das OVG Nordrhein-Westfalen 29.12.2014 – 13 A 1203/14, BeckRS 2015, 40040 eine Feststellungsklage als unzulässig abgewiesen, welche klären sollte, ob man als Apotheker mit Versandhandelserlaubnis nach § 11a ApoG ausgenommene Zubereitungen aufgrund ärztlicher Verschreibung im Wege des Arzneimittelversands ausführen darf, ohne über eine Erlaubnis nach § 3 zu verfügen. Damit sollte die in BGH 2.11.2010 – 1 StR 581/09, BGHSt 56, 52 = NJW 2011, 1462 aufgeworfene Rechtsfrage nochmals verwaltungsrechtlich abgeklopft werden, was das OVG auch kritisiert, hierzu *Oğlakcıoğlu* medstra 2016, 71.

auch selbst oder seinen Angehörigen Ritalin verschreiben und daraufhin abgeben kann[26]) sind noch weitere Konsequenzen – berufsrechtlicher oder sicherheitsrechtlicher Art – verbunden.

10   **4. Erteilung der Erlaubnis nach Abs. 2.** Für den Umgang mit BtM der Anlage I kann das Bundesinstitut nur ausnahmsweise eine Erlaubnis erteilen, nämlich, wenn ein wissenschaftlicher oder anderer im öffentlichen Interesse liegender Zweck verfolgt wird. Die Vorschrift richtet sich damit vornehmlich an wissenschaftliche Einrichtungen, pharmazeutische Unternehmen, Länder und Kommunalbehörden sowie sonstige Forschungseinrichtungen (die verwaltungsrechtliche Judikatur lässt allerdings inzwischen auch Einzelgenehmigungen für Privatpersonen zu, vgl. noch → Rn. 25).

11   **a) Wissenschaftliche Zwecke.** Der wissenschaftliche Zweck ist ein Unterfall des öffentlichen Zwecks und umfasst in bundesverfassungsgerichtlicher Terminologie alles, was nach Inhalt und Form als ernsthafter, planmäßiger Versuch zur Ermittlung der Wahrheit anzusehen ist.[27] Das Projekt muss somit einen wissenschaftlichen Ansatz beinhalten und von fachlich kompetenten, wissenschaftlich erfahrenen Personen durchgeführt werden.[28] Diese Ausgestaltung ermöglicht vornehmlich die pharmazeutische Überprüfung von BtM hinsichtlich ihrer Zusammensetzung, „Gefährlichkeit" und ihres Abhängigkeitspotentials. Derartige Vorhaben sind jedoch wenig zielführend, da ein abweichendes Ergebnis die Einschätzungsprärogative des Verordnungs- und Gesetzgebers meist nicht überbrücken kann, jedenfalls was die grundsätzliche Einbeziehung des Stoffes in die Anlagen des BtMG angeht. Indessen haben medizinische Studien, welche anhand der Probanden den therapeutischen Nutzen einer bestimmten Substanz ausloten sollen, gute Aussichten auf Erfolg (man denke an das Diamorphinprojekt der Stadt Frankfurt am Main[29]) und können eine Umgestaltung der Anlagen bewirken (hinsichtlich Cannabis wird dies allerdings nicht mehr erforderlich sein, da dieses ohnehin in die Anlage III verschoben wird). Im Hinblick auf die engen Verschreibungsvoraussetzungen können auch Studien zu Wirkungsweisen und Gefahren von „Betäubungsarzneimitteln" zweckdienlich sein, indessen bedürfen derartige Forschungsprojekte meist keiner Erlaubnis nach § 3, soweit die Studie durch Ärzte durchgeführt wird.[30]

12   **b) andere im öffentlichen Interesse liegende Zwecke. aa) Definition.** Ein öffentliches Interesse liegt vor, wenn es die Allgemeinheit betrifft, d.h. wenn das Wohl der Allgemeinheit im Gegensatz zu den Rechten des Einzelnen gestellt wird.[31] Individualinteressen (bloßes Konsuminteresse[32]) oder Interessen einzelner Kollektive (religiöse Motive[33]) genügen nicht. Insofern sind über das wissenschaftliche Interesse hinaus kaum Konstellationen vorstellbar, in denen ein Antrag bewilligt werden kann, zumal der Spannungs- und Verteidigungsfall als Sonderkonstellation einer besonderen Regelung (§ 20) vorbehalten ist. Dadurch, dass das Bundesverfassungsgericht allerdings klargestellt hat, dass die Gesundheit des Einzelnen „auch" im öffentlichen Interesse liegen kann, kommt der zweiten Alternative des § 3 Abs. 2 praktisch erhebliche Bedeutung zu, als es als Anknüpfungspunkt für eine Ausnahmeerlaubnis für den Erwerb bzw. Anbau von Cannabis zur Selbstmedikation fungiert (→ Rn. 23).

13   **bb) Suizid.** Auf die Erteilung einer Erlaubnis nach § 3 zum Erwerb eines bestimmten BtM in einer tödlichen Dosis zum Zweck der Selbsttötung besteht grundsätzlich **kein**

---

[26] VGH München 10.9.2015 – 20 ZB 15.927, BeckRS 2015, 53909.
[27] BVerfG 29.5.1973 – 1 BvR 424/71 u. 325/72, BVerfGE 35, 79 (113) = NJW 1973, 1176.
[28] *Weber* Rn. 99.
[29] KPV/*Patzak* Rn. 61.
[30] KPV/*Patzak* Rn. 62 dort auch zum Erfordernis einer klinischen Prüfung und den Anzeigepflichten nach dem AMG (§ 40 Abs. 1 S. 3 Nr. 6) AMG.
[31] KPV/*Patzak* Rn. 56.
[32] Vgl. etwa VG Köln 23.3.2004 – 7 K 9695/01, BeckRS 2004, 27303.
[33] BVerfG 21.12.2000 – 3 C 20/00, BVerfGE 112, 314 = NJW 2001, 1365.

Anspruch. Dabei wird der zwingende Versagungsgrund des § 5 Abs. 1 Nr. 6 ins Spiel gebracht, der darin besteht, Leben und Gesundheit der Bevölkerung vor den schädlichen Auswirkungen von BtM zu schützen.[34] Diese (aus verfassungsrechtlicher Sicht kaum vertretbare, aber rechtspolitisch wie auch ethisch umstrittene) Position spiegelt auch die Haltung des Gesetzgebers wider, der mit der Einfügung des Straftatbestands der geschäftsmäßigen Förderung des Suizids, **§ 217 StGB,** zum Ausdruck brachte, dass er jeglicher „institutionalisierter" Suizidhilfe den Riegel vorgeschoben wissen will.[35] Nichtsdestotrotz hat das Bundesverwaltungsgericht in dem gegenständlichen Verfahren entschieden, dass der Zugang zu einem Betäubungsmittel, das eine würdige und schmerzlose Selbsttötung ermöglicht, vom Staat zumindest in **extremen Ausnahmesituationen** nicht verwehrt werden darf.[36] Zur Begründung verwies das Gericht auf das allgemeine Persönlichkeitsrecht aus Art. 2 Abs. 1 GG in Verbindung mit Art. 1 Abs. 1 GG: Dieses umfasse auch das Recht eines schwer und unheilbar kranken Patienten zu entscheiden, wie und zu welchem Zeitpunkt sein Leben beendet werden soll, vorausgesetzt, er könne seinen Willen frei bilden und entsprechend handeln (die schriftlichen Urteilsgründe lagen allerdings zum Zeitpunkt des Redaktionsschlusses nicht vor). Die Vorenthaltung von Substanzen, die einen schmerzfreien Tod zu gewährleisten versprechen, hat die unangenehme Nebenfolge des **Suizidtourismus,** dem man auch nicht dadurch begegnen kann, dass man den Sterbehilfeorganisationen das Tätigwerden auf deutschem Boden untersagt (zumal die Werbung im Inland für die Tätigkeit im Ausland nicht unter Strafe gestellt ist). Im Übrigen ist selbstverständlich auch die Verschreibung von BtM zu Suizidzwecken stets unbegründet iSd § 13[37] und die Einfuhr zum Zwecke der Überlassung an Schwerstkranke, die ihrem Leben ein Ende setzen wollen, strafbar nach § 29 Abs. 1 S. 1 Nr. 1. Eine Rechtfertigung nach § 34 StGB lässt sich in solch einem Fall nicht konstruieren; die Rechtsprechung verneint aber in derartigen Fällen – systematisch angreifbar – zumindest die Qualifikation in Form des § 30 Abs. 1 Nr. 3, als die BtM-Übergabe in derartigen Fällen nicht leichtfertig erfolge.[38]

    cc) Drug-checking, Feldversuche, Modellprojekte. § 3 betrifft stets nur die Ertei-   **14** lung von Einzelerlaubnissen hinsichtlich bestimmter Umgangsformen. Wissenschaftliche Projekte, die (als sozialwissenschaftliche Studien) insb. auf eine **Erprobung der Rechtslage** hinauslaufen oder flächendeckend ganze Umgangsformen freigeben sollen, ohne dass es spezifischer Anträge bedarf, sieht § 3 nicht vor. Somit besteht insb. nicht die Möglichkeit, die „Kompetenz" der Erlaubniserteilung auf Dritte (Private) zu übertragen, sodass auch eine Einrichtung des **drug-checking** über das Ausnahmegenehmigungsverfahren nicht möglich erscheint (vgl. aber → § 4 Rn. 16 im Folgenden). Aus diesem Grund musste insb. auch die Institutionalisierung der Drogenkonsumräume, die letztlich flächendeckend einen Fall der strafbaren Konsummöglichkeit gem. § 29 Abs. 1 Nr. 10 aF bedeuteten, durch die Einführung einer Sondervorschrift (§ 10a) ergänzt werden.[39] Es wäre wünschenswert, durch eine Modifikation des § 3 (insb. einer Erweiterung in einem weiteren

---

  [34] So jedenfalls VG Köln 13.5.2014 –7 K 254/13, BeckRS 2014, 52372. Im Anschluss OVG Münster 19.8.2015 – 13 A 1299/14, NWVBl 2016, 153 sowie VG Köln 1.12.2015 – 7 K 14/15 sowie OVG Münster 17.2.2017 – 13 A 3079/15, A&R 2017, 95.

  [35] Hierauf argumentativ nunmehr ebenso Bezug nehmend 1.12.2015 – 7 K 14/15.

  [36] BVerwG 2.3.2017 – 3 C 19/15. Die Neuüberprüfung wurde wiederum durch den EGMR (NJW 2013, 2953) ermöglicht, der mit Urteil vom 19.7.2012 feststellte, dass der Kläger (als Ehemann der verstorbenen Ehefrau) einen Anspruch auf eine Begründetheitsprüfung seiner Klage habe.

  [37] Vgl hierzu auch VG Köln 1.12.2015 – 7 K 14/15.

  [38] BGH 7.2.2001 – 5 StR 474/00, BGHSt 46, 279 = NJW 2011, 1802. Diesen Weg muss die Rechtsprechung einschreiten, da der BGH die Grundsätze der eigenverantwortlichen Selbstgefährdung (bzw. Straflosigkeit der Teilnahme an der Selbsttötung) nicht auf das Betäubungsmittelstrafrecht übertragen will. Dogmatisch korrekter wäre selbstverständlich, zumindest bei § 30 Abs. 1 Nr. 3 als erfolgsqualifiziertes Delikt einen Abbruch des Zurechnungszusammenhangs zuzulassen oder zumindest den tatbestandsspezifischen Gefahrverwirklichungszusammenhang zu verneinen, statt leichtfertiges Handeln zu verneinen, weil der Täter vorsätzlich handele, → § 30 Rn. 156 ff. mwN.

  [39] KPV/*Patzak* Rn. 2.

Absatz derartige Gesamtfreistellungen zu Forschungszwecken zu ermöglichen; im Übrigen sollten drogenpolitische Ausgestaltungen dem Gesetzgeber vorbehalten bleiben).

15   Somit können auch **Feldversuche,** welche das Konsumverhalten bei Erhältlichkeit einer im Übrigen verbotenen Substanz analysieren sollen (vornehmlich Cannabis-Social-Clubs bzw. sonstige Abgabeprojekte[40]) nicht über eine Ausnahmeerlaubnis nach § 3 Abs. 2 genehmigt werden: Diesbezüglich geht das BfArM (wohl zutreffend) davon aus, dass die Behörde nicht die Kompetenz besitzt, den Umlauf insgesamt (wenn auch nur beschränkt), also flächendeckend und nicht für den Einzelfall freizugeben. In Anlehnung an § 10a wollen *Schefold/Ambos/Böllinger* durch die Einführung eines § 10b (in Anlehnung an § 10a) eine eigenständige Norm einführen, welche wissenschaftlich begleitete **Versuchs-Projekte mit örtlicher kontrollierter Abgabe von Cannabis auf kommunaler Ebene** zulässt.[41]

16   **5. Medizinische Versorgung von Einzelpersonen durch Erwerbs- bzw. Anbauerlaubnis (insb. für Cannabis)?** Abs. 2 knüpft an besondere Voraussetzungen, weil man die Betäubungsmittel der Anlage I – zumindest in nicht präparierter Form – per se als „gesundheitsschädliche Stoffe" qualifiziert, die für medizinische Zwecke ungeeignet sind oder deren therapeutischer Wert außer Verhältnis zu den Gefahren steht, die aus der Schädlichkeit des Betäubungsmittels rühren.[42] Schließlich müsste man sie sonst der Anlage III zuordnen. Dementsprechend dürfte bereits aus systematischen Gründen eine Ausnahmegenehmigung für die **Behandlung des Individuums** mit einem Stoff der Anlage I nicht möglich sein, zumal nur ein Arzt und nicht die Behörde über die ärztliche Indikation entscheiden kann. Bei BtM mit therapeutischem Nutzen überträgt die Rechtsordnung die „Verschaffungs"- bzw. Umgangsgewalt den Ärzten als kompetentere Entscheidungsträger. Das ist prekär, wenn es sich in der in Anlage I gelisteten Substanz um eine solche handelt, die als Alternativmedizin (bzw. als letzte oder kostengünstigere und zugleich effektivere Arznei) Anwendung finden könnte.

17   **a) Therapeutischer Nutzen von Cannabis und Cannabispräparaten.** Dies trifft wohl auf die in der Anlage I gelistete Cannabispflanze zu, deren therapeutische Wirkung nicht mehr in Abrede gestellt wird. Freilich streitet man in Fachkreisen über die Anwendungsgebiete, die Kosten-Nutzen-Relation und v.a. über die Zweckmäßigkeit einer Therapierung mit einem Phytopharmakon. Doch gerade hinsichtlich der cannabisbasierten, synthetisch hergestellten Präparate wird nicht selten die Vermutung aufgestellt, dass diese bei wesentlich höheren Kosten weniger effektiv wirkten. Die **Kostenfrage** ist gerade bei nicht zugelassenen bzw. nicht erprobten Heilmitteln bei der medizinischen Versorgung der Bevölkerung von zentraler Bedeutung, da der „no-label-use" bzw. „off-label-use" von den Krankenkassen nicht erstattet wird (→ Rn. 20).

18   Hinsichtlich der therapeutischen Anwendung ist zwischen den unterschiedlichen Wirkungen des THC zu differenzieren. Zum einen zeigt es analgenetische Wirkung, so dass es ähnlich wie Opioide die Schmerzregulation beeinflusst[43] (denkbar ist insofern seine Anwendung im Rahmen einer Chemotherapie, doch wird zum Teil darauf hingewiesen, dass die relativ schwache Wirkung auch mit nicht unter das BtMG gestellten Opioiden wie Tramadol hervorgerufen werden kann). Zum anderen hat es antiepileptische und muskelrelaxierende Wirkung,[44] wovon v.a. MS-Patienten und Tourette-Erkrankte profitieren. Bei HIV-Patienten im AIDS-Stadium hilft Cannabis gegen Übelkeit und Appetit-

---

[40]   Etwa das Kieler Cannabisabgabeprojekt, vgl. hierzu KPV/*Patzak* Rn. 48 f. sowie BfArM, Beschl. vom 21.5.1997, 8–7650–4297770; zum Coffee-Shop-Projekt „Friedrichshain-Görlitzer-Park" vgl. *Schemmel/Graf* ASD 2014, 160.

[41]   Ausschussdrs. 18(14)0162(3); vgl. auch ZRP 2016, 81. Zu den Modellprojekten aus neuerer Zeit samt Bezugnahme auf die ablehnenden Bescheide des BfArM *Kalke/Verthein* ADS 2016, 48.

[42]   *Körner* (VI) § 1 Rn. 7.

[43]   *Schmidtbauer/Scheidt* S. 90 ff.; *Iversen*, Drogen und Medikamente, S. 114; *Köhler* Rauschdrogen S. 66; vgl. auch *Grotenhermen/Reckendrees*, Behandlung mit Cannabis und THC, S. 18 ff.

[44]   *Geschwinde* Rauschdrogen Rn. 158 mwN.

losigkeit. Die Anwendungsmöglichkeiten von Cannabis als Arznei sind vielfältig und die Liste behandelbarer Symptome entsprechend lang. Andererseits gibt es nur für wenige dieser Indikationen einen zuverlässigen Wirksamkeitsnachweis auf Basis randomisierter, kontrollierter klinischer Studien. Für die meisten möglichen medizinischen Einsatzgebiete ist die wissenschaftliche Datenlage schwach, weswegen auch der entsprechende Einsatz nicht unumstritten ist.[45]

b) Verschreibungsfähigkeit von Cannabis bzw. Cannabispräparaten. In Anbe- **19** tracht der (auch) heilsamen Wirkungen der zentralen Wirkstoffe des Cannabis THC und CBD sind einige Präparate mit synthetisch hergestellten oder vergleichbaren Stoffen erhältlich, der Markt ist allerdings noch überschaubar. Nabiximols ist ein Cannabisextrakt, dessen Handelsname **Sativex** ist: Es enthält den Wirkstoff Tetrahydrocannabinol (THC) und Cannabidiol und müsste damit eigentlich der Anlage I des Betäubungsmittelgesetzes unterliegen. Allerdings wurden mit der 25. BtMÄndV 2011 Cannabiszubereitungen, die als **Fertigarzneimittel** zugelassen sind, verschreibungsfähig gemacht (noch → Rn. 27). Da es sich bei Sativex um das einzige zugelassene Arzneimittel mit dem Wirkstoff THC handelt (der zur Anwendung spastischer Symptome bei Patienten mit Multipler Sklerose zugelassen ist), wurde diese Änderung der Anlagen auch abfällig als „lex sativex" bezeichnet.[46] Zumindest für den Bereich der Anwendung **innerhalb der Zulassung** kann man mit einer Übernahme der Kosten durch die Krankenkasse rechnen (anders beim sog. „off-label-use"; dann erfolgt die Verordnung auf Privatrezept und man wird sich das 30 ml Spray für ca. 300 EUR (bei einer Dosierung von 1ml pro Tag) selbst finanzieren müssen.[47]

Daneben ist **Dronabinol** zu nennen, ein teilsynthetisch hergestellter Stoff, der in **20** Deutschland verkehrs- und verschreibungsfähig im Sinne des Betäubungsmittelgesetzes ist. Er ist zu Δ9-Tetrahydrocannabinol (THC) absolut strukturidentisch.[48] Dies ändert aber nichts daran, dass das „Cannabis-THC" in der Anlage I aufgeführt ist, während Dronabinol in der Anlage III zu finden ist. In Deutschland ist Dronabinol nicht zugelassen, seine Verordnung als Rezepturarzneimittel ist somit auch stets „no-label-use" und auf eine Erstattung durch die Krankenkasse kann man allenfalls hoffen. In den USA ist ein dronabinolhaltiges Fertigpräparat (Handelsname Marinol) bei Anorexie sowie zur Behandlung von durch Zytostatika verursachte Übelkeit in der Krebstherapie zugelassen.[49] Die monatlichen Therapiekosten bei einem Bedarf von 10 mg am Tag liegen je nach verordneter Rezeptur bei 230 EUR–720 EUR.[50] **Nabilon** ist ebenso wie Dronabinol verkehrs- und verschreibungsfähig, aber seit 1991 nicht mehr als Fertigarzneimittel auf dem Markt.[51]

Cannabisblüten (lat. **„Cannabis flos"**) unterstehen als Teil der Cannabispflanze der **21** Anlage I des BtMG. In den Vereinigten Staaten haben bereits 19 Bundesstaaten die medizinische Verwendung von Marihuana zugelassen, wobei hier sogar die Möglichkeit besteht sich eine Verschreibung ausstellen zu lassen, die dann wiederum den Anbau durch den Patienten selbst oder einem Betreuer gestattet.

---

[45] Zum Ganzen *Grotenhermen/Müller-Vahl*, Critical Reviews in Plant Sciences, 2016. Zu den Wirkungen von Cannabis vgl. auch das WHO-Gutachten „The health and social effects of nonmedical cannabis use", S. 6 ff., 41 f.

[46] http://alternativer-drogenbericht.de/cannabis-als-medizin-probleme-und-handlungsbedarf-aus-patientensicht/.

[47] *Grotenhermen* ADS 2014, 83 (84).

[48] *Geschwinde* Rauschdrogen Rn. 167.

[49] Übersicht auch bei *Geschwinde* Rauschdrogen Rn. 160.

[50] Zusf. zu den in Deutschland erhältlichen Medikamenten auf THC-Basis *Grotenhermen*, ASD 2014, 83.

[51] Mit der Akzeptanz des Stoffs als Arzneimittel gewinnt auch die Forschung im pharmakologischen Bereich wieder an Bedeutung. In diesem Zusammenhang sei etwa auf die Brüder Stanley hingewiesen, die für ein Kleinkind, das an einer sehr seltenen, aber schweren Form der Epilepsie (dem Dravet-Syndrom) 2012 eine Cannabis Variante züchteten, die kaum THC (also den für die berauschende Wirkung zuständigen Wirkstoff) enthielt, dafür allerdings wesentlich mehr CBD (Cannabidiol); das Charlotte's Web (teilweise wegen des geringen THC-Gehalts „als hippies disappoinment" bezeichnet, ist zu einer begehrten Arznei avanciert, die alsbald auch us-gesetzlich abgesegnet werden soll.

22   Die Gramm-Preise für medizinischen Cannabis liegen in Apotheken zwischen 12 und 21 EUR;[52] bei einem Konsumbedarf mehrere Gramm täglich, gelangt man schnell zu Kosten über 1000 EUR pro Monat. Mangels „Zulassung" kommt selbstverständlich auch keine Erstattung durch die Krankenkassen in Betracht.

23   **c) Ausnahmegenehmigung für den Erwerb/Anbau von Cannabis als Medizin (Rechtsentwicklung).** Soweit eine Behandlung mit Cannabis-Blüten aus Sicht des behandelnden Arztes mehr Erfolg verspricht bzw. Therapiealternativen durch Arzneimittel und Ersatzpräparate ausscheiden und im Hinblick auf das Krankheitsbild ohnehin keine Ersatzpräparate durch die Krankenkasse erstattet werden, stellt sich die Frage, ob zumindest eine Ausnahmeerlaubnis für den **Erwerb** (aus der Apotheke, die ihrerseits de lege lata das Flos aus dem Ausland bezieht) erteilt werden kann. Prima vista erfolgt ärztliche Heilbehandlung nicht zu „Forschungszwecken", sondern betrifft ausschließlich das gesundheitliche Interesse des Patienten, sodass ein Antrag für die Erlaubnis zum Umgang mit Stoffen der Anlage I rein technisch keine Aussicht auf Erfolg haben kann. Auch das Bundesministerium hat die Therapierung des Einzelnen zunächst **„zur Privatsache"** erklärt. Das Wort „öffentlich" spreche dafür, dass der Antrag einer „unbestimmten Anzahl von Personen" zu Gute kommen muss.[53] Dementsprechend war es gängige Praxis beim Bundesinstitut, einschlägige Anträge auf Erteilung einer Erlaubnis gem. § 3 Abs. 2 mit der Begründung abzulehnen, die Therapie eines Einzelnen sei **kein öffentlicher Zweck.**[54]

24   Das **Bundesverfassungsgericht** ließ dieses „Totschlagargument" nicht gelten und betonte in seinem Kammerbeschluss vom 20.1.2000,[55] dass der Antrag auch einem gegenwärtigen Anliegen der Allgemeinheit entsprechen kann, wenn nur die Behandlung eines Einzelnen im Raume steht: „…Die Annahme, auch jeder andere Erwerb und jede andere Verwendung von Betäubungsmittel zu therapeutischen Zwecken könne grundsätzlich nicht Gegenstand einer Erlaubnis sein, findet im Wortlaut des Gesetzes keine Stütze. Ihr steht zudem § 5 Abs. 1 Nr. 6 entgegen. Danach besteht ein Versagungsgrund für die Erteilung einer Erlaubnis, wenn die Art und der Zweck des beantragten Betäubungsmittel-Verkehrs nicht mit dem Zweck des BtMG, die notwendige medizinische Versorgung der Bevölkerung sicherzustellen, daneben aber den Missbrauch von Betäubungsmittel – soweit wie möglich – auszuschließen, vereinbar sind. Ohne einen solchen Versagungsgrund ist die Erteilung einer Erlaubnis rechtlich möglich. Die medizinische Versorgung der Bevölkerung ist danach auch ein öffentlicher Zweck, der im Einzelfall die Erteilung einer Erlaubnis gemäß § 3 Abs. 2 BtMG rechtfertigen kann…"[56]

25   Trotz des Bundesverfassungsgerichtsbeschlusses hatte das VG Köln in vier Fällen[57] Klagen gegen die Ablehnung der Erlaubnis nach § 3 Abs. 2 durch das Bundesinstitut abgewiesen,[58] jeweils unter Bezugnahme auf die Argumentationsstruktur der Bewilligungsbehörde. Erst das **Bundesverwaltungsgericht** schien die mahnenden Worte des Bundesverfassungsgerichts ernst zu nehmen und hob eine dieser Entscheidungen mit Urteil vom 19.5.2005[59]

---

[52] Vgl. auch *Grotenhermen* ADS 2014, 83; *ders.* ADS 2016, 141.

[53] Vgl. die einzelnen Beschlüsse des BfArM u.a. Beschluss vom 19.7.2000 – 8-7650-44.41 089; zust. *Wagner* PharmR 2008, 18 (19); HJLW/*Winkler* Rn. 17.3.

[54] *Körner* (VI) § 3 Rn. 56.

[55] BVerfG 20.1.2000 – 2 BvR 2382/99, NJW 2000, 3126 sowie nochmals BVerfG 12.7.2005 – 2 BvR 1772/02.

[56] BVerfG 20.1.2000 – 2 BvR 2382/99, NJW 2000, 3126; Hügel/Junge/Lander/Winkler § 3 Rn. 17.3 sind der Auffassung, dass die Entscheidung der Kammer vielfach missverstanden und fehlzitiert werde, weil das Bundesverfassungsgericht in seinen Ausführungen keinesfalls die medizinische Anwendung von Cannabis zugelassen, sondern lediglich ausgesprochen habe, dass mangels Erschöpfung des Rechtswegs keine Sachentscheidung getroffen werden könne. Doch die weiteren zitierten Ausführungen des Bundesverfassungsgerichts deuten gerade darauf hin, dass die Annahme eines öffentlichen Zwecks bei der Therapierung Einzelner nicht von vornherein ausgeschlossen sein soll.

[57] VG Köln 17.2.2004 – 7 K 1979/01; 17.2.2004 – 7 K 8281/01; 17.2.2004 – 7 K 36/02; 17.2.2004 – 7 K 8135/02.

[58] Die Berufung zum OVG Nordrhein-Westfalen bzw. Sprungrevision wurde zugelassen.

[59] BVerwG 19.5.2005 – 3 C 17/04, NJW 2005, 3300.

auf. Auch das Bundesverwaltungsgericht wollte unter Bezugnahme auf § 5 Abs. 1 Nr. 6 nicht gelten lassen, dass die Behandlung eines Einzelnen keinem öffentlichen Zweck diene und ließ bei entsprechender Antragsbegründung und „Absicherung" durch den Arzt einen Erwerb von BtM zu.[60]

Dass es schlicht merkwürdig anmutet, den Erwerb zu therapeutischen Zwecken zu **26** erlauben, obwohl die Droge nicht verschreibungsfähig ist und somit auch nicht den Voraussetzungen des § 13 unterliegen soll,[61] blieb im Hinblick auf die gesetzgeberische Situation außer Betracht. Der Arzt wurde zum Mittler zwischen Patient und Erlaubnisbehörde. Die **Ausnahme- bzw. Verlegenheitsrechtsprechung** ist nachvollziehbar und ihr ist rechtspolitisch absolut beizupflichten, wenn man sich in die Situation des Patienten versetzt: Wollte man sich mit Cannabis therapieren lassen, bestand nach alter Rechtslage das Risiko, gleich dem Hauptmann von Köpenick von einer Behörde zur nächsten verwiesen zu werden.[62]

Mit der **25. BtMÄndV**[63] **vom 18.5.2011** beabsichtigte man, diese präkere Rechtslage **27** etwas zu entschärfen. Der Verordnungsgeber nahm Cannabis-Zubereitungen, die als Fertigarzneimittel zugelassen sind, in die Anlage III auf und ließ sie als verschreibungsfähig gelten. Auch die Verkehrsfähigkeit wurde durch die Aufnahme in die Anlage II gewährleistet, solange der „Verkehr" zum Zwecke der Schmerzlinderung erfolgt. Die **„lex sativex"** hat aber nicht die Problematik der Kosten und der Indikation außerhalb der MS-Fälle (zumal auch denkbar ist, dass auch bei MS-Patienten das Phytopharmakon besser anschlägt) beseitigen können, da bis heute noch nur dieses Fertigarzneimittel existiert und nur hinsichtlich MS zugelassen ist.[64] Es überrascht also nicht, dass das **Bundesverwaltungsgericht** in einer neueren Entscheidung vom 6.4.2016,[65] nochmals vier Entscheidungen des (nunmehr „geläuterten") VG Köln aufrechterhalten hat,[66] wonach das Bundesinstitut in Ausnahmefällen selbst für den **Eigenanbau** von Cannabis zu Therapiezwecken (als kostengünstigere Alternative) eine Erlaubnis erteilen müsse; es spricht explizit von einer **„Ermessensreduzierung auf Null"**. Da allerdings ein „erlaubter Verkehr" im privaten Bereich gesetzessystematisch nicht vorgesehen ist, mussten Sicherungsvorschriften im Wege der **Rechtsfortbildung** (und sich am § 15 orientierend) generiert werden: Der Anbau dürfe nicht in einem Zimmer durchgeführt werden, das zugleich zu Wohn- oder Schlafzwecken genutzt und daher ständig betreten wird.[67]

---

[60] BVerwG 19.5.2005 – 3 C 17/04, NJW 2005, 3300 (3301).

[61] In diese Richtung auch *Wagner* PharmR 2004, 18 (19).

[62] Anschaulich 2. Aufl., § 29 Rn. 965: „Vor dem Hintergrund der vormaligen Rechtswirklichkeit, die hier einem Billardspiel glich, in dem der Erkrankte als Kugel diente, die vom Bundesverfassungsgericht an die Bande der Verwaltungsgerichtsbarkeit gestoßen wurde, von dort aber mit der Begründung, ein öffentlichen Interessen dienender Zweck im Sinne des § 3 II BtMG könne schon nicht anerkannt werden, weil sich der Erkrankte nicht einmal einem Dronabinol-Forschungsversuch unterzogen habe, die Türe in Richtung Sozialgerichtsbarkeit gewiesen bekam, an der dortigen Bande mit dem Bemerken abprallte, die Krankenkassen bräuchten die verschreibungsfähigen Präparate nicht zu bezahlen, und zuletzt vor dem Strafrichter landet, erschien es in der Tat so, als hätte der Erkrankte keine andere Möglichkeit, als zum illegalen Umgang mit Cannabis zu greifen." (zum rechtfertigenden Notstand in derartigen Fällen vgl. noch → Vor § 29 Rn. 71).

[63] BGBl. I S. 821.

[64] Vgl. nur aus neuerer Zeit wiederum Bayerisches LSG 26.11.2015 – L 4 KR 419/15 B ER: Keine Versorgung zu Lasten der GKV mit dem Rezepturarzneimittel Dronabinol bei Fibromyalgie (Eilrechtsschutzverfahren).

[65] BVerwG 6.4.2016 – 3 C 10/14, BeckRS 2016, 49045.

[66] VG Köln 11.1.2011 – 7 K 3889/09, BeckRS 2011, 45840; dem folgend OVG Münster 11.6.2014 – 13 A 414/11, NWVBl 2014, 378.

[67] VG Köln 8.7.2014 – 7 K 5203/10, BeckRS 2014, 54013; 8.7.2014 – 7 K 4447/11, BeckRS 2014, 54304 = PharmR 2014, 426; 8.7.2014 – 7 K 4450/11, BeckRS 2014, 54305; 8.7.2014 – 7 K 4020/12, BeckRS 2014, 53449; 8.7.2014 – 7 K 5217/12, BeckRS 2014, 54306). Den Weg dorthin hatte das OVG Münster geebnet, vgl. 11.6.2014 –13 A 414/11, BeckRS 2014, 53296 = MedR 2015, 206 sowie 7.12.2012 – 13 A 414/11, BeckRS 2013, 46110 = GesR 2013, 288 mAnm *Wostry*. Das VG Köln entschied zwei Wochen zuvor in einem anderen Fall (v. 8.7.2014 – 7 K 4020/12 – BeckRS 2014, 534966): „Vielmehr kann der Anbau nur in einem separaten Raum stattfinden, der – bis auf den Zutritt des Erlaubnisinhabers zu Pflegezwecken – ständig abgeschlossen sein muss, zum Beispiel ein Abstellraum oder eine zweite Toilette."

28   d) Das Änderungsgesetz von 6.3.2017. Erst diese verwaltungsrechtlichen Entwicklungen (und nicht die kaum tragbare Situation aus Sicht der Patienten) haben den Gesetzgeber auf den Plan gerufen, der mit dem Gesetz zur Änderung betäubungsmittelrechtlicher Vorschriften die Ursache dieser Ausnahmerechtsprechung – nämlich die Verortung von Cannabis in der Anlage I – beseitigt, indem aus kontrolliertem Anbau stammendes Cannabis **in die Anlage III** verortet und somit verschreibungsfähig gemacht wird (Art. 3).[68] Die neue Position lautet wie folgt (Art. 1 Nr. 4 ÄndG):

INN	andere nicht geschützte oder Trivialnamen	chemische Namen (IUPAC)
	Cannabis (Marihuana, Pflanzen und Pflanzenteile der zur Gattung Cannabis gehörenden Pflanzen)	

- nur aus einem Anbau, der zu medizinischen Zwecken unter staatlicher Kontrolle gemäß den Artikeln 23 und 28 Absatz 1 des Einheitsübereinkommens von 1961 über Suchtstoffe erfolgt, sowie in Zubereitungen, die als Fertigarzneimittel zugelassen sind -

29   Der kontrollierte Anbau wird – wie dies die Single Convention vorsieht – einer staatlichen Stelle (**„Cannabis–Agentur"**) übertragen, was in einem neuen **§ 19 Abs. 2a** festgeschrieben wird (Art. 1 Nr. 1 ÄndG):

„(2a) ¹Der Anbau von Cannabis zu medizinischen Zwecken unterliegt der Kontrolle des Bundesinstituts für Arzneimittel und Medizinprodukte. ²Dieses nimmt die Aufgaben einer staatlichen Stelle nach Artikel 23 Absatz 2 Buchstabe d und Artikel 28 Absatz 1 des Einheits-Übereinkommens von 1961 über Suchtstoffe vom 30. März 1961 (BGBl. 1973 II S. 1354) wahr. ³Der Kauf von Cannabis zu medizinischen Zwecken durch das Bundesinstitut für Arzneimittel und Medizinprodukte nach Artikel 23 Absatz 2 Buchstabe d Satz 2 und Artikel 28 Absatz 1 des Einheitsübereinkommens von 1961 über Suchtstoffe erfolgt nach den Vorschriften des Vergaberechts. ⁴Das Bundesinstitut für Arzneimittel und Medizinprodukte legt unter Berücksichtigung der für die Erfüllung der Aufgaben nach Satz 2 entstehenden Kosten seinen Herstellerabgabepreis für den Verkauf des Cannabis zu medizinischen Zwecken fest."

30   Mit der Anerkennung des Cannabis als Arzneimittel und „Handelsware" geht auch eine Änderung der BtMVV und BtAHV einher. Da die Verschreibungsverordnung lediglich die Rezeptierung von Zubereitungen vorsieht, muss auch die **Verschreibung von „Stoffen"** ermöglicht werden.[69] Daneben wird eine **Höchstverschreibungsmenge** – 100 000 Milligramm innerhalb von 30 Tagen[70] – festgelegt (Art. 4 ÄndG). Durch die Änderung der Betäubungsmittel-Außenhandelsverordnung wird das bereits nach geltender Rechtslage erlaubte Mitführen von ärztlich verschriebenen Betäubungsmitteln im grenzüberschreitenden Verkehr auf ärztlich verschriebenen Cannabis der Anlage III erstreckt. Dies ist aus Gründen der **Patientenmobilität** gerechtfertigt.[71]

31   Entscheidend für die weitere Praxis des Verordnungsrechts ist die **Änderung des SGB V,** dessen § 31 um einen Absatz 6 erweitert werden soll:

---

[68] Vgl. bereits *Oğlakcıoğlu*, BtMG AT, S. 266. Dem Entwurf des Gesundheitsministeriums (abrufbar unter http://www.bmg.bund.de/fileadmin/dateien/Downloads/Gesetze_und_Verordnungen/GuV/C/GE_Cannabisarzneimittel_Kabinett.pdf (Stand: 18.4.2017) folgte ein Kabinettsentwurf, der etwas strenger ausgestaltet ist, als er den Bezug von staatlich kontrolliertem Cannabis explizit festschreibt, http://www.bmg.bund.de/fileadmin/dateien/Downloads/Gesetze_und_Verordnungen/GuV/C/GE_Cannabisarzneimittel_Kabinett.pdf (Stand: 18.4.2017).

[69] BT-Drs. 18/8965, 1.

[70] BT-Drs. 18/8965, 14, 23: „Dies ist aus Erfahrungswerten abgeleitet, die das BfArM im Rahmen dernach bisheriger betäubungsmittelrechtlicher Rechtslage erforderlichen Ausnahmeerlaubnisse für Patientinnen und Patienten zum Erwerb der monatlich benötigten Mengen an Cannabis zu medizinischen Zwecken in Form getrockneter Blüten aus Apotheken gewonnen hat. Da bei unterschiedlichen Krankheitsbildern und Indikationen verschiedene Sorten oder Varietäten von standardisiertem Cannabis zu medizinischen Zwecken zum therapeutischen Einsatz kommen können, die im THC-Gehalt differieren können, wird die Höchstverschreibungsmenge zwecks einfacherer Handhabbarkeit unabhängig vom THC-Gehalt festgelegt."

[71] BT-Drs. 18/8965, 22.

„¹Versicherte mit einer schwerwiegenden Erkrankung haben Anspruch auf Versorgung mit Cannabis in Form von getrockneten Blüten oder Extrakten in standardisierter Qualität und auf Versorgung mit Arzneimitteln mit den Wirkstoffen Dronabinol oder Nabilon, wenn

1. *eine allgemein anerkannte, dem medizinischen Standard entsprechende Leistung im Einzelfall nicht zur Verfügung steht,*
2. *eine nicht ganz entfernt liegende Aussicht auf eine spürbare positive Einwirkung auf den Krankheitsverlauf oder auf schwerwiegende Symptome besteht und*
3. *die oder der Versicherte sich verpflichtet, an einer bis zum [einsetzen: Datum des*
4. *letzten Tages des auf das Inkrafttreten folgenden 60. Monats] laufenden nicht-interventionellen Begleiterhebung zum Einsatz dieser Arzneimittel teilzunehmen.⁷²*

²Die Leistung bedarf bei der ersten Verordnung für eine Versicherte oder einen Versicherten der Genehmigung der Krankenkasse, die vor Beginn der Leistung zu erteilen ist. ³Mit der Begleiterhebung wird das Bundesinstitut für Arzneimittel und Medizinprodukte beauftragt. ⁴Die Vertragsärztin oder der Vertragsarzt, die oder der die Leistung nach Satz 1 verordnet, übermittelt die für die Begleiterhebung erforderlichen Daten dem Bundesinstitut für Arzneimittel und Medizinprodukte in anonymisierter Form. ⁵Das Bundesinstitut für Arzneimittel und Medizinprodukte darf die nach Satz 4 übermittelten Daten nur in anonymisierter Form und nur zum Zweck der wissenschaftlichen Begleiterhebung verarbeiten und nutzen. ⁶Das Bundesministerium für Gesundheit wird ermächtigt, durch Rechtsverordnung, die nicht der Zustimmung des Bundesrates bedarf, das Verfahren zur Durchführung der Begleiterhebung einschließlich der anonymisierten Datenübermittlung zu regeln. ⁷Das Bundesministerium für Gesundheit kann die Ermächtigung nach Satz 6 durch Rechtsverordnung auf das Bundesinstitut für Arzneimittel und Medizinprodukte übertragen. ⁸Auf der Grundlage der Ergebnisse der Begleiterhebung nach Satz 3 regelt der Gemeinsame Bundesausschuss innerhalb von sechs Monaten nach der Übermittlung der Ergebnisse der Begleiterhebung in Form eines Studienberichts das Nähere zur Leistungsgewährung in den Richtlinien nach § 92 Absatz 1 Satz 2 Nummer 6."

Dies bedeutet auch einen **Paradigmenwechsel** im Sozialrecht, als für bestimmte (freilich **32** eng begrenzte) Ausnahmefälle des no-label bzw. off-label-use ein Erstattungsanspruch gewährleistet wird.

e) Zusammenfassung und Bewertung des Änderungsgesetzes. Unter dem Strich **33** ermöglicht das Gesetz eine Verschreibungsfähigkeit von Cannabis in natürlicher Form. Es schafft damit das Antragsverfahren bei der Bundesopiumstelle ab und legt die Entscheidung richtigerweise allein in die Hände der behandelnden Ärzte, die nicht mehr als „verlängerter Arm" der Behörde agieren, sondern eigenständig über die Zweckmäßigkeit der Therapie entscheiden.

Kritiker des Vorhabens sahen in der Verschreibungsfähigkeit von Medizinalhanf einen **34** ersten weichen Schritt zur Legalisierung von Cannabis als Genussmittel. Zum Teil wird die Verschreibungsfähigkeit als **Legalisierung durch die Hintertür** bezeichnet. Die zum Ausdruck gebrachte Angst vor einem Dammbruch zeugt nicht gerade von Respekt und Vertrauen, welche man dem Berufsstand entgegenzubringen hat. Das Interesse des Einzelnen an medizinischer Versorgung überwiegt wesentlich gegenüber potentiellen (und diffus begründeten) Gefährdungen Dritter. Insofern ist dieses Argument schon per se nicht geeignet, die Verschreibungsfähigkeit von Cannabis in Frage zu stellen. Zur berüchtigten Signalwirkung nur so viel. Zweifellos spielt gerade bei Erst- und Gelegenheitskonsumenten die gesetzgeberische Einordnung des Stoffs eine entscheidende Rolle für das Konsumverhalten. Doch hat dies weniger mit der Androhung von Strafe als vielmehr mit einer Gefährlichkeitsprognose des Konsumenten zu tun.⁷³

Kritisch wird zudem die **Anwendungsart** gesehen (also die orale Anwendung bzw. **35** das Inhalieren über ein Vaporizer). Der Rückgriff auf Naturprodukte sei pharmakologisch gesehen als Rückschritt zu bewerten, das Erreichen eines bestimmten **Wirkspiegels** nicht gesichert. Freilich darf hierbei nicht übersehen werden, dass die Gefahr einer Fehldosierung

---

⁷² Dieses atypische Novum mutet weniger problematisch an, wenn man sich vor Augen führt, dass die Begleitforschung auch im Interesse der behandelten Patienten selbst erfolgt (der Kabinettsentwurf hat diesen Punkt entschärft, als sich die Pflicht nur auf nicht interventionelle-Beobachtungsstudien bezieht, mithin über die in der Arztpraxis erforderlichen Maßnahmen keine weiteren Diagnoseverfahren angewendet werden).

⁷³ Zur Signalwirkung noch ausführlich mwN → Vor § 29 Rn. 36.

und selbst die einer Fehlanwendung auch bei Fertigarzneimitteln nicht vollends beseitigt werden kann. Einwände auf der therapeutischen Ebene reichen ohnehin nicht aus, um die Arznei Ärzten als potentielle Alternative vollständig zu entziehen (allenfalls könnte man über konkretisierende Vorschriften bezüglich zulässiger Applikationswege und Zubereitungen einerseits, Untersuchungspflichten hinsichtlich eventueller Verunreinigungen andererseits nachdenken). Im Rahmen der eingeschränkten Überprüfung nach § 13 Abs. 1 kann schließlich noch „nachjustiert" und das medizinisch Vertretbare durch das Standesrecht konkretisiert werden.

36   Was die **Änderung des SGB V** angeht, lassen sich die Auswirkungen des gesetzgeberischen Eingriffs nur schwierig prognostizieren. Da es sich sozialrechtlich um einen Fremdkörper handelt, ist eine restriktive Auslegung – insb. des Begriffs der schwerwiegenden Erkrankung – zu erwarten, was zumindest an der Situation der Patienten in Bezug auf die Kostenerstattung zunächst nicht viel ändern würde.[74] Andererseits gäbe es auf verwaltungsrechtlicher Ebene keine sonstigen „Nebenkriegsschauplätze" mehr (der gesetzgeberische Wille dürfte dahin gehen, das Erlaubnisverfahren für derartige Fälle – insb. den Eigenanbau als „Risiko" – per se abzuschneiden; daher wurde das Änderungsgesetz auch abfällig als „Cannabisanbauverhinderungsgesetz"[75] bezeichnet), sodass sich die Problematik von nun im Sozialrecht allein abspielen wird, es sei denn die Anbauerlaubnis wird als kostengünstigere Alternative noch in Betracht gezogen.

37   Das Änderungsgesetz ist (gerade in Anbetracht der Entwicklungen im Substitutionsrecht) ein wichtiges Signal, da den Ärzten das notwendige Vertrauen für eine peu à peu „Regulierung" der Verschreibungspraxis entgegengebracht wird. Außerdem darf man nicht den mit solch einem Vorgehen ausgeübten **Druck auf die Pharmaindustrie** unterschätzen, bereits die Rechtsprechung der Verwaltungsgerichte ließ die Preise von Sativex um 50% fallen (siehe Screenshot: Quelle: http://www.alternative-drogenpolitik.de/2014/05/06/cannabinoide-als-medizin-in-deutschland-uebersicht-12/ (Stand: 18.4.2017)). Der Gesetzgeber hat „technisch" ein glückliches Händchen (denkbar wäre es schließlich auch gewesen, das derzeitige Konzept der unheiligen Allianz zwischen Bundesinstitut und begleitenden bzw. begleiteten Ärzten aufrechtzuerhalten und ein Sonderverschreibungsverfahren einzurichten). Die Genese des Entwurfs macht allerdings deutlich, dass er durch die Rechtsprechung der Obergerichte, erst herausgefordert werden musste (mithin das Gesetz letztlich durch die Betroffenen selbst „erstritten" wurde).

38   **6. Auswirkungen der Regelungstechnik auf die Straftatbestände.** Die im Nebenstrafrecht gängige Praxis, im Gesetz sowohl die verwaltungsrechtlichen wie auch die strafrechtlichen Voraussetzungen gleichermaßen zu regeln, hat für das BtM-Strafrecht folgende Auswirkungen:

39   **a) Dogmatische Einordnung der Erlaubnis.** Soweit in § 29 Abs. 1 darauf abgestellt wird, dass der Umgang mit BtM „unerlaubt", „ohne Erlaubnis" oder „ohne schriftliche Erlaubnis" strafbar ist, geht die h.M. davon aus, dass die Erlaubnis zu den Merkmalen des objektiven Tatbestands zählt.[76] Diese Auffassung stützt sich auf die Lehre von den normativen Tatbestandsmerkmalen. Das Merkmal „unerlaubt" sei ein Merkmal, das die (Gesamt-) Bewertung mit umfasst, die sonst dem allgemeinen Rechtswidrigkeitsurteil vorbehalten ist, woraus folgt, dass die erteilte Erlaubnis nicht nur rechtfertigende, sondern tatbestandsaus-

---

[74] Die Beschränkung der Kostenübernahme auf Ausnahmefälle, in denen keine Standardtherapien zur Verfügung stehen ist eine gesundheitspolitische Frage. Es ist allerdings ja auch keine Besonderheit innerhalb unseres Gesundheitssystems, dass die Therapiefreiheit vor allem dort gewährleistet ist, wo auch das hierfür notwendige Geld da ist. Eine Abschaffung der Zweiklassenmedizin erscheint insofern illusorisch und ist vor allem kein Problem, das das vorliegende Änderungsgesetz in Angriff nehmen könnte.

[75] So *Grotenhermen* ASD 2015, 97.

[76] BGH 7.3.1996 – 4 StR 742/85, NStZ 1996, 338; *Franke/Wienroeder* § 29 Rn. 36; KPV/*Patzak* § 29 Teil 4 Rn. 144; Pfeil/Hempel/Schiedermair/*Slotty* § 29 Rn. 35; *Weber* § 29 Rn. 21; *Winkelbauer* NStZ 1988, 201 (202); aA *Malek* Kap. 2 Rn. 47; *Oğlakcıoğlu* BtMG AT, S. 241.

schließende Wirkung hat.[77] Aus Gründen der Übersichtlichkeit und Einheitlichkeit der Rechtsordnung erscheint es daher sachgerecht, die von vielerlei Faktoren abhängige Unterscheidung zwischen Tatbestandsausschluss und Rechtfertigung zumindest bei Verwaltungsgesetzen aufzugeben und der behördlichen Erlaubnis durchgehend eine **rechtfertigende** Wirkung beizumessen.[78]

Dies lässt sich auf folgende Überlegung stützen: Auch in Fällen, in denen die Behörde **40** durch das Erfordernis nur die „Kontrolle" aufrechterhalten will (also „präventiv" agiert), bringt die Rechtsordnung damit zugleich zum Ausdruck, dass sie das Verhalten erst ohne jenes Kontrollverfahren nicht duldet. Erst das Erlaubnisverfahren macht das sozialadäquate Verhalten zu einem nicht erwünschten bzw. verbotenen Tun. Letztlich belegt auch die Existenz und Ausgestaltung des § 4 den hier vertretenen Ansatz. Diese Norm nimmt Sachverhalte aus dem Kreis der Erlaubnispflicht heraus, bei denen der Umgang rechtlich gerade nicht missbilligt ist. Es handelt sich um Fallgruppen der tatbestandsausschließenden Sozialadäquanz (§ 4 Abs. 1) oder „Risikoverringerung" (§ 4 Abs. 2) in Gesetzesform gegossen.[79] § 4 setzt positiv fest, dass in bestimmten Konstellationen keine Erlaubnis notwendig ist: Wortlaut und Systematik des § 4 sprechen dafür, die Vorschrift gerade nicht als besonderen „Rechtfertigungsgrund" für die dort genannten Sonderfälle zu sehen. Im Rahmen der **Tenorierung** von Betäubungsmittelstraftaten kann auf das Attribut „unerlaubt" verzichtet werden,[80] muss aber nicht.[81]

b) Unterschiedlicher Gesetzeswortlaut. Durch AusfG Übk. 1988[82] wurden in § 29 **41** Abs. 1 S. 1 Nr. 1 die Wörter „ohne Erlaubnis nach §§ 3 Abs. 1 Nr. 1" durch das Wort **„unerlaubt"** und in § 29 Abs. 1 S. 1 Nr. 3 die Wörter „ohne sie auf Grund einer Erlaubnis nach § 3 Abs. 1 erlangt zu haben" durch die Wörter **„ohne zugleich im Besitz einer schriftlichen Erlaubnis für den Erwerb zu sein"** ersetzt. Mit dieser Änderung der Formulierung hat sich in der Sache nichts geändert. Es sollte lediglich in Übereinstimmung mit der internationalen Geltung des deutschen Strafrechts gemäß § 6 Nr. 5 StGB klargestellt werden, dass auch Auslandstaten strafbar sind, wenn es an der Erlaubnis der dort zuständigen Behörden fehlt.[83]

c) Strafgerichtliche Wirksamkeitsprüfung. Ebenso wie beim Vorwurf einer BtM- **42** Straftat zu prüfen ist, ob es sich bei dem inkriminierten Stoff überhaupt um ein BtM handelt, muss der Tatrichter prüfen, ob der Straftatbestand wegen Bestehens einer Erlaubnis gar nicht erfüllt sein kann. Ihrer Rechtsnatur als begünstigender Verwaltungsakt nach ist die erteilte Erlaubnis ungeachtet einer materiell-rechtlichen Unrichtigkeit wirksam und daher vom Tatrichter auch zu beachten.[84] Nach überwiegender Auffassung gilt dies auch, sofern sie erschlichen wurde.[85]

d) Nachweis des Fehlens der Erlaubnis. Die Strafverfolgungsbehörden haben den **43** Nachweis zu erbringen, dass der Täter unerlaubt gehandelt hat, dh nicht im Besitz der erforderlichen Erlaubnis war. Diesem Umstand wird in der Praxis selten einmal Beachtung

---

[77] So auch *Weber* § 29 Rn. 25.

[78] Vertiefend *Oğlakcıoğlu*, BtMG AT, S. 241.

[79] Insofern weist *Weber* § 4 Rn. 1 richtigerweise darauf hin, dass es sich um zwei vollkommen verschiedene Fallgruppen handelt, die keinen Bezug zueinander haben. Während § 4 Abs. 1 den Umgang zu therapeutischen Zwecken regelt, greift § 4 Abs. 2 BtMG den Gedanken der „Risikoverringerung" auf und nimmt Personen aus dem Fadenkreuz der Strafbarkeit, welche den (il)legalen Betäubungsmittelmarkt zugunsten der Volksgesundheit kontrollieren wollen.

[80] Vgl. etwa BGH 20.5.2014 – 1 StR 90/14 NStZ-RR 2014, 213 (Ls.) = BeckRS 2014, 11008; BGH 4.2.2014 – 3 StR 447/13, NStZ-RR 2014, 111 (Ls.) = BeckRS 2014, 03661; BGH 25.11.2013 – 5 StR 475/13, BeckRS 2014, 00023.

[81] *Schmidt* NJW 2014, 2995 (3000) unter Bezugnahme auf BGH 20.5.2014 – 1 StR 90/14 NStZ-RR 2014, 213 (Ls) = BeckRS 2014, 11008.

[82] → Vor § 1 Rn. 92.

[83] BT-Drs. 12/3533 – Entw. AusfG Suchtstoffübereinkommen 1988 –, S. 16.

[84] *Weber* Rn. 5.

[85] Zur erschlichenen Erlaubnis *Oğlakcıoğlu* BtMG AT, S. 246.

geschenkt. Bei einem Angeklagten, der sich **zur Sache einlässt,** kann es dabei unter Umständen zum Nachweis der fehlenden Erlaubnis genügen, dass er selbst nicht behauptet, jemals eine derartige Erlaubnis besessen zu haben.[86] **Verteidigt er sich** aber generell oder dezidiert **durch Schweigen** oder behauptet er, mit Erlaubnis gehandelt zu haben, so bieten sich zwei Möglichkeiten der Nachweisführung: **Einholung einer Auskunft des BfArM,**[87] was sich in den Fällen empfehlen wird, in denen der Angeklagte sich auf das Vorhandensein einer Erlaubnis beruft bzw. – nach Entbindung von der Verschwiegenheitspflicht – **Rückfrage beim Arzt,** wenn er sich auf die Verschreibung eines BtM der Anlage III zu § 1 Abs. 1 beruft oder **Feststellung auf Grund der Tatumstände oder der Täterpersönlichkeit,** dass entweder infolge der Sozialschädlichkeit der Tathandlung oder aber bei diesem Täter die Voraussetzungen für die Erteilung einer Erlaubnis (§§ 5, 6) nicht vorgelegen haben (können).[88]

44   **e) Irrtumskonstellationen.** Im Zusammenhang mit der Erlaubnis können vielfältige Irrtumsfragen auftreten, die zu völlig unterschiedlichen Rechtsfolgen führen.

45   **aa) Bestehen einer Erlaubnis.** Dabei geht der Irrende davon aus, dass sein Handeln erlaubnispflichtig ist und ihm die erforderliche Erlaubnis erteilt wurde. Trifft dies tatsächlich nicht zu, ist der Vorsatz ausgeschlossen (§ 16 Abs. 1 S. 1 StGB). Strafbarkeit kommt allenfalls nach § 29 Abs. 4 in Betracht, wenn Unkenntnis oder Irrtum auf Fahrlässigkeit beruhen.

46   **bb) Erforderlichkeit einer Erlaubnis.** Am Vorsatz soll es auch fehlen, wenn der Irrende glaubt, einer Erlaubnis nicht zu bedürfen, weil es sich nicht um ein BtM der Anlagen I–III handelt.[89] Irrt der Angeklagte also über die rechtliche Notwendigkeit einer behördlichen Erlaubnis in Kenntnis der tatsächlichen Umstände, nimmt die h.M. einen unbeachtlichen Subsumtionsirrtum an.[90] Lediglich bei tatsächlich bedingten Irrtümern rund um die Erlaubnis bleibt ein Vorsatzausschluss denkbar (also bei der Vorstellung, eine Erlaubnis liege vor,[91] siehe oben). Auch hier kann es jedoch zu einer möglichen Fahrlässigkeitsstrafbarkeit kommen. Eine Fehlvorstellung über die Erlaubnisbedürftigkeit kann auch beim Anbau von Nutzhanf vorliegen, wenn der Anbauende irrtümlich das Vorliegen der Voraussetzungen der Buchstaben b bis d der Anlage I annimmt.[92]

47   **cc) Befreiung von der Erlaubnispflicht.** Auch bei einem Irrtum über tatsächliche Umstände, bei deren Vorliegen der Betroffene (ausnahmsweise) keiner Erlaubnis bedarf (irrige Annahme von Umständen, die von der Erlaubnispflicht befreien), entfällt der Vorsatz, weil der Betroffene insoweit einem Erlaubnistatbestandsirrtum[93] unterliegt. Dieser Irrtum kann zB darauf zurück zu führen sein, dass sich der Betroffene einer nach § 4 privilegierten Personengruppe zurechnet und sich im Umgang mit BtM von der Erlaubnispflicht für befreit hält.[94]

48   **dd) Unkenntnis der Erlaubnisbedürftigkeit oder Irrtum über die Erlaubnisbedürftigkeit.** Weiß der Irrende nicht, dass er einer Erlaubnis bedarf oder meint er irrtümlich,

---

[86] BGH 4.11.1980 – 1 StR 511/80, StV 1981, 72.

[87] Bundesinstitut für Arzneimittel und Medizinprodukte, Bonn.

[88] Vgl. *Pfeil/Hempel/Slotty* Rn. 36.

[89] *Franke/Wienroeder* § 29 Rn. 36; *Joachimski/Haumer* § 29 Rn. 275; KPV/*Patzak* § 29 Teil 2 Rn. 65; *Weber* § 29 Rn. 30.

[90] Unklar KPV/*Patzak* § 29 Teil 4 Rn. 218, der an dieser Stelle plötzlich vom „Rechtswidrigkeitsmerkmal" spricht.

[91] Hier wird erneut deutlich, wie wichtig eine klare Terminologie ist; denn auch dieser Täter stellt sich vor, dass eine „Erlaubnis nicht notwendig" sei, nur basiert diese Vorstellung nicht auf einer rechtlich irrelevanten Subsumtion, sondern auf dessen tatsächlicher Vorstellung, es liege ein Schriftstück vor, in dem ihm der Umgang mit Betäubungsmittel erlaubt werde.

[92] *Weber* § 29 Rn. 31. Zur Behandlung von Irrtümern vgl. noch → Vor § 29 Rn. 90.

[93] So auch *Weber* § 29 Rn. 30; vgl. zum Erlaubnistatbestandsirrtum *Joecks* StGB § 16 Rn. 29 ff.

[94] AA BGH 7.3.1996 – 4 StR 742/95, NStZ 1996, 338: idR Verbotsirrtum.

dass er keine Erlaubnis brauche, so liegt ein Verbotsirrtum (§ 17 StGB) vor. Hauptfall ist der Subsumtionsirrtum, in dem der Betroffene handelt, obwohl er die Tatumstände kennt, infolge unzutreffender Auslegung jedoch nicht weiß, dass er ein bestimmtes Tatbestandsmerkmal verwirklicht. *Weber*[95] nennt hierzu eine Reihe von Beispielen im Zusammenhang mit dem Anbau von Hanf. Ein solcher Fall soll auch vorliegen, wenn der Betroffene die **Grenzen der ihm erteilten Erlaubnis** irrtümlich überschreitet.[96]

ee) Umgekehrte Irrtumslagen. In diesen Konstellationen geht der Betroffene irrtüm- 49
lich davon aus, einer Erlaubnis zu bedürfen. Bei Verkennung der tatsächlichen Umstände kann ein untauglicher Versuch vorliegen. Wird irrtümlich das eigene Handeln für rechtswidrig gehalten, liegt in der Regel ein strafloses Wahndelikt vor.

§ 4 Ausnahmen von der Erlaubnispflicht

(1) Einer Erlaubnis nach § 3 bedarf nicht, wer
1. **im Rahmen des Betriebs einer öffentlichen Apotheke oder einer Krankenhausapotheke (Apotheke)**
   a) **in Anlage II oder III bezeichnete Betäubungsmittel oder dort ausgenommene Zubereitungen herstellt,**
   b) **in Anlage II oder III bezeichnete Betäubungsmittel erwirbt,**
   c) **in Anlage III bezeichnete Betäubungsmittel auf Grund ärztlicher, zahnärztlicher oder tierärztlicher Verschreibung abgibt,**
   d) **in Anlage II oder III bezeichnete Betäubungsmittel an Inhaber einer Erlaubnis zum Erwerb dieser Betäubungsmittel zurückgibt oder an den Nachfolger im Betrieb der Apotheke abgibt,**
   e) **in Anlage I, II oder III bezeichnete Betäubungsmittel zur Untersuchung, zur Weiterleitung an eine zur Untersuchung von Betäubungsmitteln berechtigte Stelle oder zur Vernichtung entgegennimmt oder**
   f) **in Anlage III bezeichnete Opioide in Form von Fertigarzneimitteln in transdermaler oder in transmucosaler Darreichungsform an eine Apotheke zur Deckung des nicht aufschiebbaren Betäubungsmittelbedarfs eines ambulant voersorgten Palliativpatienten abgibt, wenn die empfangende Apotheke die Betäubungsmittel nicht vorrätig hat,**
2. **im Rahmen des Betriebs einer tierärztlichen Hausapotheke in Anlage III bezeichnete Betäubungsmittel in Form von Fertigarzneimitteln**
   a) **für ein von ihm behandeltes Tier miteinander, mit anderen Fertigarzneimitteln oder arzneilich nicht wirksamen Bestandteilen zum Zwecke der Anwendung durch ihn oder für die Immobilisation eines von ihm behandelten Zoo-, Wild- und Gehegetieres mischt,**
   b) **erwirbt,**
   c) **für ein von ihm behandeltes Tier oder Mischungen nach Buchstabe a für die Immobilisation eines von ihm behandelten Zoo-, Wild- und Gehegetieres abgibt oder**
   d) **an Inhaber der Erlaubnis zum Erwerb dieser Betäubungsmittel zurückgibt oder an den Nachfolger im Betrieb der tierärztlichen Hausapotheke abgibt,**
3. **in Anlage III bezeichnete Betäubungsmittel**
   a) **auf Grund ärztlicher, zahnärztlicher oder tierärztlicher Verschreibung,**
   b) **zur Anwendung an einem Tier von einer Person, die dieses Tier behandelt und eine tierärztliche Hausapotheke betreibt, oder**
   c) **von einem Arzt nach § 13 Absatz 1a Satz 1**
   erwirbt,

---

[95] *Weber* § 29 Rn. 31 ff.
[96] BGH 7.3.1996 – 4 StR 742/95, NStZ 1996, 338; KPV/*Patzak* § 4 Rn. 37 f.

4. in Anlage III bezeichnete Betäubungsmittel
   a) als Arzt, Zahnarzt oder Tierarzt im Rahmen des grenzüberschreitenden Dienstleistungsverkehrs oder
   b) auf Grund ärztlicher, zahnärztlicher oder tierärztlicher Verschreibung erworben hat und sie als Reisebedarf
   ausführt oder einführt,
5. gewerbsmäßig
   a) an der Beförderung von Betäubungsmitteln zwischen befugten Teilnehmern am Betäubungsmittelverkehr beteiligt ist oder die Lagerung und Aufbewahrung von Betäubungsmitteln im Zusammenhang mit einer solchen Beförderung oder für einen befugten Teilnehmer am Betäubungsmittelverkehr übernimmt oder
   b) die Versendung von Betäubungsmitteln zwischen befugten Teilnehmern am Betäubungsmittelverkehr durch andere besorgt oder vermittelt oder
6. in Anlage I, II oder III bezeichnete Betäubungsmittel als Proband oder Patient im Rahmen einer klinischen Prüfung oder in Härtefällen nach § 21 Absatz 2 Nummer 6 des Arzneimittelgesetzes in Verbindung mit Artikel 83 der Verordnung (EG) Nr. 726/2004 des Europäischen Parlaments und des Rates vom 31. März 2004 zur Festlegung von Gemeinschaftsverfahren für die Genehmigung und Überwachung von Human- und Tierarzneimitteln und zur Errichtung einer Europäischen Arzneimittel-Agentur (ABl. L 136 vom 30.4.2004, S. 1) erwirbt.

(2) Einer Erlaubnis nach § 3 bedürfen nicht Bundes- und Landesbehörden für den Bereich ihrer dienstlichen Tätigkeit sowie die von ihnen mit der Untersuchung von Betäubungsmitteln beauftragten Behörden.

(3) [1]Wer nach Absatz 1 Nr. 1 und 2 keiner Erlaubnis bedarf und am Betäubungsmittelverkehr teilnehmen will, hat dies dem Bundesinstitut für Arzneimittel und Medizinprodukte zuvor anzuzeigen. [2]Die Anzeige muß enthalten:
1. den Namen und die Anschriften des Anzeigenden sowie der Apotheke oder der tierärztlichen Hausapotheke,
2. das Ausstellungsdatum und die ausstellende Behörde der apothekenrechtlichen Erlaubnis oder der Approbation als Tierarzt und
3. das Datum des Beginns der Teilnahme am Betäubungsmittelverkehr.
[3]Das Bundesinstitut für Arzneimittel und Medizinprodukte unterrichtet die zuständige oberste Landesbehörde unverzüglich über den Inhalt der Anzeigen, soweit sie tierärztliche Hausapotheken betreffen.

Übersicht

Ausnahmen von der Erlaubnispflicht

I. Allgemeines

1. Norminhalt. Nach § 3 Abs. 1 benötigt **jedermann** zu den dort näher umschriebenen 1 Umgangsmodalitäten mit BtM eine Erlaubnis des Bundesinstituts für Arzneimittel und Medizinprodukte (BfArM). Für den **Betrieb eines Drogenkonsumraumes** bedarf es einer entsprechenden Erlaubnis der Landesbehörden (§ 10a). § 4 **befreit selektiv** von der generellen Erlaubnispflicht bestimmte Berufsgruppen und bestimmte Verkehrsformen jeweils in Kombination mit bestimmten BtM. Zur Systematik der Freistellung der Beteiligten an der Arzneimittelversorgung vgl. auch → § 13 Rn. 5.

2. Rechtsentwicklung. Nach § 3 Abs. 4 OpiumG 1929[1] bedurften keiner Erlaubnis 2 *„… die Apotheken für den Erwerb der Stoffe und Zubereitungen, für ihre Verarbeitung sowie für ihre Abgabe aufgrund ärztlicher, zahnärztlicher oder tierärztlicher Verschreibung sowie die Personen, die die Stoffe und Zubereitungen aus den Apotheken aufgrund ärztlicher, zahnärztlicher oder tierärztlicher Verschreibung … erwarben."* § 3 Abs. 4 BtMG 1972[2] übernahm im Wesentlichen den Regelungsgehalt aus dem OpiumG 1929, erweiterte ihn aber um Abgabe und Erwerb der für die Ausrüstung der Kauffahrteischiffe vorgeschriebenen BtM. Hierfür entfiel jedoch wegen § 8 BtMVV in der Folgezeit das Erfordernis einer Ausnahmeregelung.[3] Durch § 4 BtMG 1982[4] erhielt die Vorschrift ihre ursprüngliche Fassung. Das BtMÄndG[5] erweiterte § 1 Nr. 1 um den Buchst. e. Durch das AMGuaÄndG[6] wurde in Abs. 1 S. 1 der Zusatz „Abs. 1" gestrichen, Abs. 1 Nr. 2 neu gefasst und Nr. 6 neu eingefügt. Das 2. AMGuaÄndG erweiterte Abs. 1 Nr. 1 um einen Buchst. f im Zusammenhang mit der Verbesserung der BtM-Versorgung von Palliativpatienten in Krisensituationen.

3. Rechtliche Bedeutung. Die Vorschrift dient der Vereinfachung des legalen BtM- 3 Verkehrs. Die darin enthaltenen Ausnahmetatbestände sind nicht etwa nur beispielhaft, sondern **abschließend**[7] geregelt. Die Erweiterung des Abs. 1 Nr. 1 durch den Buchst. e soll den Apotheker, an den sich Hilfesuchende wegen der Prüfung oder Vernichtung eines inkriminierten Stoffes wenden, von der Güterabwägung des § 34 StGB befreien (noch → Rn. 16).[8]

II. Medizinische Betäubungsmittelversorgung (Abs. 1)

1. Ausnahmen von der Erlaubnispflicht beim Betrieb einer Apotheke (Abs. 1 4 **Nr. 1).** Soweit Ausnahmen von der Erlaubnispflicht zugelassen sind, besteht für die Teilnehmer am BtM-Verkehr nach Abs. 3 eine Anzeigepflicht.

---

[1] → Vor § 1 Rn. 68 f.
[2] → Vor § 1 Rn. 72.
[3] HJLW/*Winkler* Rn. 1.
[4] → Vor § 1 Rn. 79.
[5] → Vor § 1 Rn. 89.
[6] → Vor § 1 Rn. 112.
[7] *Körner* (VI) Rn. 1.
[8] KPV/*Patzak* Rn. 12.

5   **a) Apotheke und Apothekenbetrieb.** Die Vorschrift richtet sich an die Betreiber von Apotheken sowie deren autorisiertes Hilfspersonal.

6   **aa) Begriff der Apotheke.** Abs. 1 Nr. 1 versteht unter Apotheke die **öffentliche Apotheke** (§§ 1, 9, 16, 17 ApoG[9]) und die **Krankenhausapotheke** (§ 14 ApoG). Apotheken der **Bundeswehr** (§ 15 ApoG), der **Bundespolizei** sowie der **Bereitschaftspolizeien der Länder** (§ 22 ApoG) fallen nicht unter § 4, sondern unter § 26.[10]

7   **bb) Betrieb der Apotheke.** Der Apothekenbetrieb findet **örtlich** ausschließlich in den dortigen Geschäftsräumen statt, für die die apothekenrechtliche Betriebserlaubnis erteilt ist (§ 1 Abs. 3 ApoG). In Verkehr gebracht dürfen die BtM nur in den **Apothekenbetriebsräumen** werden (§ 17 Abs. 1 S. 1 ApoBetrO). Eine mobile Apotheke **(drugmobil)** bedarf einer speziellen Erlaubnis.[11] **Sachlich umfasst der Betrieb** einer Apotheke die gewöhnlichen Handlungen, die in einer Apotheke anfallen, also die **pharmazeutischen Tätigkeiten,** insbesondere die Entwicklung, Herstellung, Prüfung und Abgabe von Arzneimitteln, die Information und Beratung über Arzneimittel sowie die Überprüfung der Arzneimittelvorräte in Krankenhäusern (§§ 3 Abs. 5, 28 Abs. 3 ApoBetrO), aber auch den Erwerb von Stoffen und Zubereitung zur Herstellung von Arzneimitteln. Im **Rahmen des Apothekenbetriebs** handelt nur, wer innerhalb seiner Zuständigkeit und unter den zwingenden Vorschriften der ApoBetrO tätig wird.[12]

8   **b) Berechtigter Personenkreis.** Handlungsberechtigt iS der ApBetrO ist das pharmazeutische Personal, das aus dem **Apothekenleiter,** dem Inhaber der apothekenrechtlichen Erlaubnis, im Falle der Verpachtung, dem Pächter (§ 2 Abs. 1 ApBetrO) und dem übrigen **pharmazeutischen Personal** (§ 1a Abs. 2 ApBetrO) besteht: Personen, die sich in der Ausbildung zum Apothekerberuf befinden, pharmazeutisch-technische Assistenten, Personen, die sich in der Ausbildung zum pharmazeutisch-technische Assistenten befinden, Apothekerassistenten, Pharmazieingenieure, Personen, die sich in der Ausbildung zum Pharmazieingenieur befinden, Apothekenassistenten und pharmazeutische Assistenten. **Nichtpharmazeutisches Personal** (§ 3 Abs. 5 ApBetrO) ist zur Vornahme pharmazeutischer Tätigkeiten nicht autorisiert. **Pharmazeutische Tätigkeiten** werden **eigenverantwortlich** nur durch den Apothekenleiter, den Apothekerassistenten und den Pharmazieingenieur vorgenommen. Durch den in Ausbildung zum Apotheker Befindlichen, den pharmazeutisch-technischen Assistenten und den hierzu sowie zum Pharmazieingenieur in Ausbildung Befindlichen dürfen sie nur **unter Aufsicht eines Apothekers** erfolgen. Pharmazeutische Assistenten dürfen keine Arzneimittel abgeben (§§ 3 Abs. 5 ApBetrO). Verstöße gegen das ApoG oder die ApoBetrO werden eigenständig als Straftaten bzw. Ordnungswidrigkeiten erfasst.

9   **c) Herstellen von BtM.** Herstellen bedeutet das **Gewinnen, Anfertigen, Zubereiten, Be- und Verarbeiten oder Umwandeln** einer Substanz (§ 2 Abs. 1 Nr. 4).[13] Die Befreiung von der Erlaubnispflicht besteht nur hinsichtlich der in den **Anlagen II und III bezeichneten Stoffe und Zubereitungen** einschließlich der dort genannten ausgenommenen Zubereitungen. Die Herstellung eines in Anlage I genannten BtM bedarf der Erlaubnis durch das BfArM.[14]

10   **d) Erwerben von BtM.** Erwerben ist das **Erlangen der eigenen tatsächlichen Gewalt** über ein BtM zur freien Verfügung im Einverständnis mit dem zuvor Verfügungsberechtigten. Die Befreiung von der Erlaubnispflicht besteht nur hinsichtlich der in den **Anlagen II und III bezeichneten Stoffe und Zubereitungen.** Für den Erwerb ausgenomme-

---

[9] Gesetz über das Apothekenwesen idF der Bek. vom 15.10.1980, BGBl. I S. 1993 (FNA 2121-2).
[10] *Weber* Rn. 77.
[11] *Körner* (VI) Rn. 13; *Weber* Rn. 4.
[12] Pfeil/Hempel/Schiedermair/*Slotty* § 29 Rn. 219.
[13] → § 29 Rn. 136 ff.
[14] KPV/*Patzak* Rn. 4.

ner Zubereitungen bedarf der Apotheker keiner Erlaubnis (§ 3 Abs. 1 Nr. 2). Da der Apotheker Stoffe und Zubereitung zur Herstellung btm-haltiger Medikamente oder BtM erwirbt, um sie nachfolgend in Gewinnerzielungsabsicht zu veräußern, **treibt er insoweit Handel,** so dass ein systematisch-begrifflicher Widerspruch zwischen § 3 Abs. 1 Nr. 1 („ohne Handel zu treiben … erwirbt") und § 4 Abs. 1 Nr. 1 Buchst. b zu bestehen scheint. Die Vorschrift befreit den Apotheker zwar nicht generell von der für das Handeltreiben bestehenden Erlaubnispflicht, aber doch hinsichtlich dessen **Teilakt des Erwerbens** von den in den Anlagen II und III genannten Stoffen und Zubereitungen.

e) Abgeben von BtM aufgrund einer Verschreibung. Die Befreiung von der Erlaub- **11** nispflicht besteht nur hinsichtlich der in Anlage III zu § 1 Abs. 1 bezeichneten Stoffe und Zubereitungen. Voraussetzung für die Befreiung von der Erlaubnispflicht ist im Bereich der Humanmedizin das **Vorliegen einer ärztlichen Verschreibung** (Abs. 1 Nr. 1 Buchst. c).

aa) Verschreibung. Unter Verschreibung versteht man die Anweisung an den Apothe- **12** ker, einer bestimmten Person für diese selbst oder für eine bestimmte Einrichtung (Praxis, Station) eine bestimmte Menge eines bestimmten BtM auszuhändigen.[15] BtM können (rechts-)wirksam nur durch einen **Arzt (Zahnarzt, Tierarzt)** verschrieben werden.[16] Zum Begriff der Verschreibung wird auf die Ausführungen zu § 13 verwiesen. Eine wirksame Verschreibung kann nur durch einen **Arzt (Zahnarzt, Tierarzt)** erfolgen. Die Verschreibung bedarf der **Schriftform**[17] und muss dem Apotheker **körperlich vorliegen,** wie sich aus dem Wortlaut von § 13 Abs. 2 S. 1 ergibt. Diesen trifft eine **Prüfungspflicht,** die zwar nicht die Frage umfasst, in wie weit sie ärztlich begründet ist, er sie aber daraufhin zu überprüfen hat, ob ihre formalen Voraussetzungen (§ 12 BtMVV) erfüllt sind (§ 17 Abs. 8 ApBetrO).[18]

bb) Abgeben. Unter Abgabe versteht man die Übertragung der tatsächlichen Verfü- **13** gungsmacht über das BtM auf eine andere Person zu deren freien Verfügung.[19] Der hier verwendete Begriff der Abgabe entspricht demjenigen des § 29a[20] und umfasst auch das Veräußern und das Handeltreiben. Eine Abgabe an Patienten im Ausland, die zugleich einen Versand erfordert, ist im Hinblick auf die Grenzüberschreitung nicht die reine Übertragung der Verfügungsmacht und bedarf somit einer Erlaubnis nach § 3, da der Versand zugleich eine Ausfuhr bedeutet. Der Begriff der Abgabe kann bei Vorliegen einer Apothekenversandhandelserlaubnis (§ 11a ApoG) nicht dahingehend ausgelegt werden, dass er auch den grenzüberschreitenden Verfügungswechsel erfasste.[21] Zum Versand von BtM und ausgenommenen Zubereitungen (auch im Inland) → § 29 Rn. 775 ff.

f) Rückgabe/Übergabe an den Betriebsnachfolger. Zurückgeben wie Übergeben **14** beinhaltet jeweils ebenfalls die Übertragung der tatsächlichen Verfügungsmacht über das BtM auf eine andere Person zu deren freier Verfügung. Adressat der Rückgabe ist die gleiche Person, von der der Inhaber der Verfügungsmacht diese zuvor erhalten hatte.[22] **Zurückgeben an den Inhaber einer Erwerbserlaubnis:** Die erste Alternative des § 4 Abs. 1 Nr. 1 Buchst. d betrifft den Fall der rechtsgeschäftlichen Rückabwicklung des Erwerbs, zB die Rückgabe des BtM durch den Apotheker an seinen Lieferanten. **Überge-**

---

[15] → § 13 Rn. 12.
[16] → § 13 Rn. 10.
[17] → § 13 Rn. 13.
[18] → § 13 Rn. 45.
[19] → § 29 Rn. 865.
[20] → § 29a Rn. 63.
[21] OVG Nordrhein-Westfalen 29.12.2014 – 13 A 1203/14, BeckRS 2015, 40040: „Es ist nichts dafür ersichtlich, dass die ansonsten normativ klare Trennung zwischen beiden Handlungen – vgl. § 4 Abs. 1 Nr. 1 und Nr. 4, § 11, § 12, Anlage 3, letzter Spiegelstrich lit. b BtMG sowie § 4 Abs. Absatz 17 und § Abs. 1 und 3 AMG – gerade im Fall des § 4 Abs. 1 Nr. 1 lit. c BtMG nicht gelten soll. Die Abgabe als Rechtsbegriff umfasst damit nur die Übertragung der Verfügungsmacht im Geltungsgebiet des Arzneimittel- und Betäubungsmittelgesetzes."
[22] *Körner* (VI) § 29 Rn. 1668.

ben an den Betriebsnachfolger (2. Alternative) liegt zB vor, wenn der Betreiber einer Apotheke seine Berufstätigkeit beendet und dem Übernehmer der Apotheke seinen Warenbestand überlässt. **BtM:** Die Befreiung von der Erlaubnispflicht besteht grundsätzlich nur hinsichtlich der in den Anlagen II und III bezeichneten Stoffe und Zubereitungen. Es ist jedoch denkbar, dass der Apotheker kurz vor Beendigung seiner Tätigkeit einen in Anlage I aufgeführten Stoff zur Vernichtung entgegengenommen hat, hierzu aber infolge der Aufgabe seiner Tätigkeit nicht mehr kommt. Er kann deshalb auch dieses BtM an seinen Betriebsnachfolger zur Vernichtung weitergeben.

15   **g) Entgegennahme zur Untersuchung, zur Weiterleitung an eine zur Untersuchung berechtigte Stelle oder zur Vernichtung.** Der Apotheker darf – wie etwa auch die Polizei – BtM zur **Vernichtung** entgegennehmen, wobei er § 16 zu beachten hat. **BtM:** Die Befreiung von der Erlaubnispflicht besteht hinsichtlich sämtlicher in den Anlagen I, II und III zu § 1 Abs. 1 bezeichneten Stoffe und Zubereitungen. Ferner nennt § 4 Abs. 1 Nr. 1e die „Entgegennahme" zur Untersuchung oder Weiterleitung an eine zur Untersuchung berechtigte Stelle. Der Wortlaut ist systematisch missglückt, als er eine Handlungsform nennt, die augenscheinlich ohnehin nicht erlaubnispflichtig ist (nicht unmittelbar; der Besitz erforderte eine Erlaubnis für den Erwerb). In erster Linie hat die Vorschrift im Auge, dem Apotheker die Entgegennahme „verdächtiger" Substanzen zu ermöglichen, damit dieser potentielle BtM (überreicht von „besorgten Eltern") aus dem Verkehr ziehen kann.

16   **aa) drug-checking de lege lata.** Das „echte" **drug checking** unterfällt der Vorschrift (vgl. im Folgenden) wohl nicht und muss – gerade im Zeitalter florierender NPS – als gesetzgeberische Baustelle betrachtet werden, die es alsbald anzugehen gilt. Konsumenten sind keine Feinde der Gesellschaft, die keinen „Verbraucherschutz" verdienen (weil sie Substanzen konsumieren, die keiner staatlichen Kontrolle unterliegen). Vielmehr muss man davon ausgehen, dass der Staat erst Recht in der Pflicht steht, wenn er den Umgang mit bestimmten Substanzen untersagt, diese aber trotzdem erhältlich sind. Insb. kann es nicht angehen, dass die **akzeptierende Drogenhilfe** (bzw. die Mitarbeiter deren Institutionen) mit einer Strafverfolgung rechnen müssen, wenn sie BtM zur „Inhaltskontrolle" in Besitz nehmen (man denke an das Programm des Vereins Eve&Rave) und § 10a Abs. 4 die Substanzanalyse explizit verbietet. Es ist geboten, das drug-checking einer gesetzlichen Grundlage zuzuführen, mithin in den erlaubten BtM-Verkehr zu implementieren. Dies hätte nicht nur den Vorteil, dass man nicht mehr auf rechtlich nicht abgesicherte Tatbestandsrestriktionen zurückgreifen müsste (ein „Notstand" des Konsumenten liegt schließlich in diesen Fällen fern, während umgekehrt keine altruistische Wegnahme erfolgt und somit keine Rechtfertigung des Verhaltens in Betracht kommt, vgl. → Vor § 29 Rn. 65), sondern würde als Flankierung bereits laufender Monitoring-Systeme auch die **empirische Datenlage** im Bereich der NPS, Konsum- und Suchtforschung wesentlich verbessern.[23]

17   Informell haben sich **Schnelltests** bereits in bestimmten Szenen etabliert, außerdem existieren Userforen, in denen man sich über die Stoffe austauscht;[24] diese Angebote sind jedoch – weil meist die finanziellen Mittel und Fachkompetenz fehlen – qualitativ minderwertig.[25] Ein entsprechender Antrag, ein wissenschaftlich begleitetes und multizentrisches Modellprojekt aufzulegen, das Wirkungen, geeignete Akteure und strukturelle Voraussetzungen der stationären und mobilen Substanzanalyse untersucht, wurde 2012 abgelehnt.[26] Die gesetzgeberischen Entwicklungen im Bereich der NPS (→ § 1 Rn. 30) sollten allerdings Anlass genug sein, alternative drug-checking-Konzepte vorzustellen bzw. in das derzeitige

---

[23] *Schmolke/Harrach* ASD 2014, 67 f.; zum gegenwärtigen Stand aus medizinischer Perspektive *Wiese/Verthein* Sucht 60 (2014), 315.

[24] *Tögel-Lins/Morgenstern* (2015): Neue psychoaktive Substanzen und Userforen, in *Happel*; siehe etwa www.legal-high-inhaltsstoffe.de; www.saferparty.ch; www.pillreports.net; www.legal-high-inhaltsstoffe.de (Stand: 18.4.2017).

[25] *Schmolke/Harrach* ASD 2014, 67; *Leicht* ADS 2016, 135.

[26] BT-Drs. 17/2050, abrufbar unter http://dip21.bundestag.de/dip21/btd/17/020/1702050.pdf (Stand: 18.4.2017).

System zu implementieren (man denke an die Einrichtung von Teststationen in Apotheken/ Krankenhäusern, aber auch in Drogenkonsumräumen[27]), insb. könnte darüber nachgedacht werden das drug-checking mit Präventionskonzepten zu verknüpfen (anschließende Kommunikation nach Bekanntgabe der Werte etc.).[28]

De lege lata ist es erforderlich, dass ein Hilfesuchender den Stoff zu Testzwecken in eine **18** Apotheke verbringt; nicht möglich ist es dagegen, dass sich der Apotheker „in die Szene" (etwa zu einem Techno-Konzert) begibt und vor Ort Substanzen analysiert.[29] Einzelne Landesapothekenkammern geben Hilfesuchenden die Möglichkeit zur anonymen Substanzanalyse, es besteht allerdings weder eine Verpflichtung noch ist dieses Angebot aus Sicht des Konsumenten attraktiv, da verdächtige Stoffe, die in einer Apotheke abgegeben werden, von dort an das Zentrallaboratorium deutscher Apotheker (ZLA) in Eschborn **zur Untersuchung weitergeleitet**[30] und anschließend dort vernichtet werden, wenn sich der Verdacht bestätigt. Durch die anstehende, nochmalige Erweiterung des Erlaubnisvorbehalts auf NPS würde es sich aus Sicht des Konsumenten nicht um „drug-checking", sondern um eine Abgabe zur Vernichtung handeln. Die Rückgabe nach der Überprüfung muss also gesichert sein. Rein rechtlich könnte man davon ausgehen (so noch die Vorauflage), dass das **Entgegennehmen** den Erhalt des BtM bedeutet, allerdings nicht zur freien Verfügung, sondern mit der in § 4 Abs. 1 Nr. 1e genannten spezifischen Zweckbindung, so dass mangels freier Verfügbarkeit kein Erwerb gegeben ist. Damit wäre auch die anschließende Rückgabe der „untersuchten" Substanz (auch wenn es sich um BtM oder NPS handelt) nicht erlaubnispflichtig, mithin bräuchte es keiner besonderen Vorschrift für das drug-checking (es sei denn man sieht in der Rückgabe eine Beihilfe zum Besitz). Da diese Auffassung allerdings nicht zwingend ist (insb. die Verortung bei § 4 dann keinen Sinn macht), wird kein Apotheker, als BtM oder NPS identifizierte Stoffe wieder herausgeben, soweit kein klarstellender Erlaubnistatbestand existiert, der das reine, auf den weniger riskanten Konsum ausgerichtete „drug-checking" erfasst.

bb) drug-checking de lege ferenda. Mithin braucht es eines weiteren Sondertatbe- **19** stands in § 4, der den Fall der Überprüfung der Droge auf „Konsumierbarkeit" aus dem Kreis erlaubnispflichtiger Tätigkeiten herausnimmt und damit auch deutlich gemacht wird, dass diese Art von Tätigkeit gesundheitspolitisch erwünscht ist.[31] Rechtsdogmatisch ließe sich dies zwanglos in das geltende Recht einfügen, wenn man sich vor Augen führt, dass es sich streng genommen um eine „Beihilfe" zum (ohnehin straflosen) Konsum handelt. Auch rechtspolitisch wäre dies kein falsches Signal, zumal diejenigen, welche die Droge bereits besitzen, diese wohl ohnehin zu konsumieren beabsichtigen. Parallel hierzu wäre auch eine Erweiterung des derzeitigen **NPSG-Entwurfs** mehr als wünschenswert. Besonders krasse Fälle wie denjenigen vor einigen Jahren in Leipzig, als mit Blei gestrecktes Marihuana in den Handel gebracht wurde und massenhaft zu Vergiftungen der Konsumenten führte, sehnt sich niemand nochmals herbei.[32] Da die versteckte und unkontrollierte Produktion im Ausland, auch zu Verunreinigungen bei neuen psychoaktiven Substanzen führt, wird die Thematik die Drogenlandschaft in den nächsten Jahren weiterhin beschäftigen.

h) BtM-Abgabe aus Apotheken im Rahmen palliativ-medizinischer Krisensitu- **20** **ation.** § 4 Abs. 1 Nr. 1 Buchst. f soll die Bewältigung von Krisensituationen bei der BtM-Versorgung in der Palliativmedizin erleichtern, wenn diese auf Versorgungsengpässen

---

[27] In Anbetracht des Umstands, dass diese nicht in jedem Bundesland existieren, erscheint die einheitliche Einrichtung in Apotheken naheliegender.

[28] Vgl. *Kamphausen* ASD 2015, S. 117 (118) dort auch zur Ausgestaltung des drug-checking in anderen Staaten.

[29] Vgl. KPV/*Patzak* Rn. 12.

[30] Vgl. KPV/*Patzak* Rn. 13.

[31] Hierzu auch Vgl. KPV/*Patzak* § 29 Teil 21 Rn. 54.

[32] Zu diesem Vorfall http://www.drugcom.de/aktuelles-aus-drogenforschung-und-drogenpolitik/archiv/archiv-jahr-2008/28-11-2008-symptome-einer-bleivergiftung-durch-verseuchtes-cannabis/ (Stand: 18.4.2017).

beruht. Nach bisheriger Rechtslage bedurfte die das BtM abgebende Apotheke hierzu einer Erlaubnis des BfArM nach § 3. Im Interesse einer schnellen BtM-Versorgung dieses Patientenkreises sind Apotheken, die in Anlage III bezeichnete Opioide in Form von Fertigarzneimitteln in transdermaler oder in transmucosaler Darreichungsform an eine andere Apotheke zur Deckung des nicht aufschiebbaren BtM-Bedarfs abgeben, von der Erlaubnispflicht befreit (zur Kritik vgl. → § 29 Rn. 1298).

21   **2. Ausnahmen von der Erlaubnispflicht beim Betrieb einer tierärztlichen Hausapotheke (Abs. 1 Nr. 2).** Die Vorschrift richtet sich an die eine tierärztliche Hausapotheke betreibenden Tierärztinnen und Tierärzte.

22   **a) Begriff und Betrieb der tierärztlichen Hausapotheke.** Unter einer tierärztlichen Hausapotheke versteht man eine Abgabestelle für tierärztliche Arzneimittel iS der TÄHAV,[33] deren Betrieb den Erwerb, die Herstellung, die Prüfung, die Aufbewahrung und die Abgabe von Arzneimitteln durch Tierärzte umfasst (§ 1 TÄHAV), ferner die Apotheken tierärztlicher Bildungseinrichtungen.[34]

23   **b) Berechtigte Person.** Berechtigte Person innerhalb des Betriebs einer **tierärztlichen Hausapotheke** ist ausschließlich der Tierarzt. Hilfskräfte dürfen betäubungsmittelhaltige Medikamente nur auf ausdrückliche Weisung des Tierarztes für den betreffenden Einzelfall an Tierhalter abgeben.

24   **c) Beschränkung auf BtM der Anlage III in Form von Fertigarzneimitteln.** Die Neufassung der Vorschrift stellt die btm-rechtliche Anpassung der Änderung arzneimittelrechtlicher Vorschriften nach dem 11. AMGÄndG[35] dar, das die tierärztliche Befugnis im Umgang mit btm-haltigen Arzneimitteln erheblich eingeschränkt hat. Nach § 59a Abs. 2 S. 1 AMG dürfen seither apothekenpflichtige Stoffe von Tierärzten nur noch als Fertigarzneimittel **erworben** bzw. von der pharmazeutischen Industrie nur noch als Fertigarzneimittel an diese **abgegeben** (§ 47 Abs. 1 S. 1 Nr. 6 AMG) werden. Auch der Tierarzt selbst darf nur Fertigarzneimittel abgeben. Nur für ein vom **Abgebenden behandeltes Tier** darf die Abgabe im Bereich der Tiermedizin erfolgen. Maßgeblich ist hier der Rahmen der tierärztlichen Behandlung (vgl. § 12 TÄHAV). Dies gilt auch für die Übergabe an den Betriebsnachfolger bzw. die Rückgabe an den Inhaber einer Erwerbserlaubnis. Die Beschränkung auf BtMG der Anlage III ist logische Folge des Umstands, dass die Anlage II keine Fertigarzneimittel enthält.

25   Eine weitere Einschränkung erfolgte auch hinsichtlich des **Herstellens,** da Tierärzte nach §§ 13 Abs. 2 S. 1 Nr. 3, 21 Abs. 2a AMG btm-haltige Fertigarzneimittel nur noch untereinander oder mit arzneilich nicht wirksamen Bestandteilen **mischen** dürfen, wenn dies für die von ihnen behandelten Tiere zur Immobilisation von Zoo-, Wild- und Gehegetieren erforderlich ist. Umfüllen, Abpacken oder Kennzeichnen fällt nicht unter den Begriff des Herstellens.

26   **3. Weitere Ausnahmen von der Erlaubnispflicht bei Erwerb (Abs. 1 Nr. 3).** Die Vorschrift richtet sich an den Endverbraucher, also an den Patienten (im Falle des Praxis- oder Stationsbedarfs an den Arzt) oder den Tierhalter. **Erwerben** bedeutet das Erlangen der eigenen tatsächlichen Gewalt über ein BtM zur freien Verfügung im Einverständnis mit dem zuvor Verfügungsberechtigten. Die Befreiung von der Erlaubnispflicht besteht nur hinsichtlich des Erwerbs der in der Anlage III bezeichneten Stoffe und Zubereitungen und im Regelfall nur bei Vorliegen einer **ärztlichen Verschreibung** (→ Rn. 12) oder **zur Anwendung an einem vom Betreiber einer tierärztlichen Hausapotheke behandelten Tier.** Kommt es in der Palliativmedizin zu Versorgungsengpässen mit in der Anlage III

---

[33] Verordnung über tierärztliche Hausapotheken idF der Neufassung vom 27.3.1996, BGBl. I S. 554 (FNA 2121-50-1-15).
[34] HJLW/*Winkler* Rn. 3.
[35] Vom 21.8.2001, BGBl. I S. 3348.

bezeichneten Opioiden in Form von Fertigarzneimitteln in transdermaler oder transmucosaler Darreichungsform, ist der Patient **ausnahmsweise** von der Erlaubnispflicht befreit, wenn der Arzt, dessen Verschreibung ins Leere ginge, weil sie aktuell nicht beliefert werden könnte, ihm solche BtM aus seinem Praxisbedarf überlässt.

4. Ausnahmen von der Erlaubnispflicht bei Ein- und Ausfuhr im Rahmen des 27 **grenzüberschreitenden Dienstleistungsverkehrs und von Reisebedarf (Abs. 1 Nr. 4).** Die Vorschrift richtet sich zum einen an Ärzte, Zahnärzte und Tierärzte, die im grenzüberschreitenden Dienstleistungsverkehr tätig sind, zum anderen an Patienten, denen BtM verschrieben wurden. Die Befreiung von der Erlaubnispflicht besteht nur hinsichtlich der in **Anlage III bezeichneten Stoffe und Zubereitungen. Einführen** bedeutet Verbringen eines BtM aus dem Ausland über die Grenze in den Geltungsbereich des BtMG.[36] Unter **Ausführen** versteht man das Verbringen eines BtM aus dem Hoheitsgebiet der Bundesrepublik Deutschland über die Grenze in das Ausland. § 4 regelt lediglich die Ausnahmen von der Erlaubnispflicht des § 3. Ausnahmen von der Genehmigungspflicht enthalten § 11 Abs. 2 BtMG, § 15. BtMAHV.

a) BtM für ärztliche Behandlungsmaßnahmen. Der **grenzüberschreitende** 28 **Dienstleistungsverkehr** ist zumeist bilateral geregelt; Übereinkommen bestehen mit Belgien, Luxemburg, Niederlande, Österreich und der Schweiz.[37] Bei deutschen **Ärzten, Zahnärzten, Tierärzten** setzt die Erlaubnisfreiheit das Bestehen einer Approbation voraus.[38] Die Approbation ausländischer Ärzte muss im Inland anerkannt sein.[39] Da die Vorschrift die Erlaubnisfreiheit bei Ein- und Ausfuhr von BtM regelt, mithin davon ausgeht, dass der Arzt BtM beim Grenzübertritt mit sich führt, steht nicht das Verschreiben von Stoffen und Zubereitungen der Anlage III zu § 1 Abs. 1 im Vordergrund, sondern deren **Verabreichen** bzw. **Überlassen zum unmittelbaren Verbrauch.** Auch diese Vorschrift berechtigt also nicht zum grenzüberschreitenden BtM-Versand zu medizinischen Zwecken.

b) BtM als Reisebedarf. Wem aufgrund einer ärztlichen Verschreibung BtM in zulässi- 29 ger Weise verordnet wurden, darf diese erlaubnisfrei auf eine Reise ins Ausland mitführen. Gleiches gilt für die Rückreise, wenn die Verordnung im Ausland erfolgt ist. Die Befreiung setzt eine **ärztliche Verschreibung**[40] voraus. Zur Bestimmung der **Bedarfsmenge** ist auf § 15 Abs. 1 Nr. 2 BtMAHV zurückzugreifen, der von „angemessenen Mengen" spricht. Somit lässt sich in der Regel die Bedarfsmenge durch Multiplikation der Tagesdosis mit der Anzahl der Reisetage errechnen. **Nachweisprobleme** können vermieden werden, wenn entweder die ärztliche Verschreibung selbst oder eine Bescheinigung (§ 15 Abs. 1 Nr. 2 BtMAHV) mit sich geführt wird. Für Reisen in oder aus Staaten des Schengener Übereinkommens schreibt Art. 75 SDÜ Form und Inhalt der Bescheinigung vor. Diesbezügliche Hinweise des BfArM können abgerufen werden unter http://www.bfarm.de/DE/Bundesopiumstelle/BtM/reisen/reisen-inhalt.html?nn=1010392 (Stand: 18.4.2017).

5. Ausnahmen von der Erlaubnispflicht bei gewerbsmäßiger Beteiligung am 30 **BtM-Verkehr (Abs. 1 Nr. 5).** Die Vorschrift betrifft gewerbsmäßige Teilnehmer am **legalen** BtM-Verkehr. Die Befreiung von der Erlaubnispflicht besteht hinsichtlich der Beteiligung am Verkehr mit sämtlichen der in den Anlagen I bis III bezeichneten Stoffe und Zubereitungen. **Gewerbsmäßigkeit** ist auch hier dahin zu verstehen, dass die Tätigkeit der Erzielung einer fortlaufenden Einnahmequelle von einiger Dauer und einigem Umfang dient.[41] Das Betreiben eines Gewerbes iS der GewO ist nicht erforderlich.[42] **Beteiligt** an der

---

[36] → § 2 Rn. 54 ff.
[37] Vgl. *Weber* Rn. 60.
[38] → § 13 Rn. 10.
[39] *Weber* Rn. 61.
[40] → § 13 Rn. 13.
[41] → § 29 Rn. 557, 1660.
[42] *Joachimski/Haumer* Rn. 17; *Weber* Rn. 65.

Beförderung von BtM zwischen befugten Teilnehmern am BtM-Verkehr sind Frachtführer (§§ 407 ff. HGB), Spediteure (§§ 453 ff. HGB) und sonstige Transportunternehmer, die Waren vom Lieferanten zum Abnehmer verbringen. Die **Lagerung und Aufbewahrung von BtM** übernehmen Lagerhalter (§§ 467 ff. HGB) entweder im Zusammenhang mit der Beförderung oder unabhängig hiervon für einen befugten Teilnehmer am BtM-Verkehr. **Die Versendung** von BtM zwischen befugten Teilnehmern am BtM-Verkehr besorgen bzw. vermitteln Transportdienste, zu denen auch die Deutsche Post AG gehört. Allen Transportmittlern obliegt die branchenübliche **Prüfungspflicht,** die sich im Zweifelsfall zu einer Erkundigungspflicht (zB hinsichtlich der Erlaubnis des Auftraggebers[43]) verdichten kann. Die Transportmittler haben die im Zusammenhang mit § 15 bestehenden **Sicherungsmaßnahmen** zu beachten und durchzuführen.

31   **6. Ausnahmen von der Erlaubnispflicht bei Probanden oder Patienten (Abs. 1 Nr. 6).** Die Vorschrift dient durch einen Verzicht auf die bislang für jeden Probanden oder Patienten im Rahmen einer klinischen Prüfung oder in Härtefällen[44] erforderliche Erwerbserlaubnis der Vereinfachung und der Reduzierung des Prüfungsaufwands auf Seiten des BfArM, gilt aber nicht für klinische Studien und Härtefallprogramme, bei den BtM lediglich verabreicht oder zum unmittelbaren Verbrauch überlassen werden (zB diamorphingestützte Substitutionsbehandlung), da dieser Personenkreis bereits nach bisheriger Rechtslage keine eigene btm-rechtliche Erlaubnis benötigte.[45]

III. Ausnahmen von der Erlaubnispflicht für Behörden (Abs. 2)

32   Einerseits bieten Bundes- und Landesbehörden die Gewähr, dass BtM, mit denen aus dienstlichen Gründen Kontakt entsteht, nicht dem illegalen Kreislauf zugeführt werden,[46] andererseits würde die Aufrechterhaltung der Erlaubnispflicht eine Vielzahl im Ergebnis unnötiger Verwaltungsvorgänge produzieren. Die Befreiung von der Erlaubnispflicht besteht hinsichtlich sämtlicher in den Anlagen I bis III zu § 1 Abs. 1 bezeichneten Stoffe und Zubereitungen.

33   **a) Behörden.** Einen **einheitlichen Begriff** der Behörde kennt die Rechtsordnung nicht; die Umschreibungen in § 11 Abs. 1 Nr. 7 StGB oder § 1 Abs. 4 VwVfG gehen von unterschiedlichen Voraussetzungen aus. Im allgemeinen versteht man darunter eine in den Organismus der Staatsverwaltung eingeordnete, organisatorische Einheit von Personen und sächlichen Mitteln, die mit einer gewissen Selbständigkeit ausgestattet dazu berufen ist, unter öffentlicher Autorität für die Erreichung der Zwecke des Staates oder von ihm geförderter Zwecke tätig zu sein.[47] Die Erlaubnisfreiheit ist auf **Bundes- und Landesbehörden** beschränkt, Kommunalbehörden sind ausgenommen. Auch Universitäten und deren (zB rechtsmedizinische) Institute fallen nicht unter den Behördenbegriff der Vorschrift.[48] Für den Bereich der **Bundeswehr,** der **Bundespolizei** und der **Bereitschaftspolizeien der Länden** gilt § 26. Eine abgeleitete Erlaubnisfreiheit besteht in Fällen, in denen Behörden, die selbst nicht Bundes- oder Landesbehörden sind, von solchen **zur Untersuchung von BtM beauftragt** werden. Die Untersuchung von Blut-, Haar- oder Urinproben selbst ist erlaubnisfrei.[49]

34   **aa) Überwachung des legalen BtM-Verkehrs.** Die Zuständigkeit liegt auf **Bundesebene** beim BrArM, in eigener Zuständigkeit bei der Bundeswehr und der Bundespolizei, dem Zivilschutz und den Zolldienststellen. Auf **Landesebene** ist die Überwachung bei den

---

[43] *Weber* Rn. 67.

[44] § 21 Abs. 2 S. 1 Nr. 6 AMG iVm Art. 83 Verordnung (EG) Nr. 726/2004.

[45] BT-Drs. 16/12256, 59 f.; s. auch: http://www.bfarm.de/cln_103/DE/Arzneimittel/1_vorDerZul/compUse/compUse-node.html (Stand: 18.4.2017).

[46] KPV/*Patzak* Rn. 23.

[47] BVerfG 14.7.1959 – 2 BvF 1/58, BVerfGE 10, 20 = NJW 1959, 1531.

[48] Weitere Beispiele bei *Körner* (VI) Rn. 23.

[49] *Weber* Rn. 75.

obersten Landesbehörden sowie bei der Bayerischen Grenzpolizei, den Bereitschaftspolizeien und Zolldienststellen der Länder angesiedelt.

bb) Überwachung des illegalen BtM-Verkehrs. Hiervon betroffen ist vor allem der **35** Bereich der Strafverfolgung. Auf **Bundesebene** zuständig sind neben dem Bundeskriminalamt der Generalbundesanwalt sowie die Bundesgerichte, auf **Länderebene** die Landeskriminalämter und Polizeidienststellen, die Staatsanwaltschaften, die Gerichte und die Justizvollzugsanstalten. Inwieweit bei den Justizbehörden angesiedelte Einrichtungen wie **Gerichtshilfe für Erwachsene** (Art. 294 S. 1 EGStGB, § 160 Abs. 3 StPO), **Bewährungshilfe** (§ 56d StGB) oder **Aufsichtsstellen der Führungsaufsicht** (§ 68 StGB) dazu zählen, erscheint fraglich,[50] weil ihr originärer Aufgabenbereich weder die Strafverfolgung noch die Strafvollstreckung umfasst. Die **Jugendgerichtshilfe** (§ 38 JGG), gehört **nicht** zu den privilegierten Behörden.[51] Gerade wenn sie dem Jugendamt der politischen Gemeinde untersteht, fehlt es mangels Eingliederung in die Justizbehörden an der Landesunmittelbarkeit. Zudem ist sie – anders als die Bewährungshilfe (§ 56d Abs. 3 S. 2 StGB) – nicht an Weisungen der Ermittlungsbehörde oder des Gerichts gebunden.[52]

b) Bedienstete der Behörden. Die Befreiung von der Erlaubnispflicht hängt zwar **36** nicht davon ab, ob der einzelne Behördenangehörige in einem Arbeits-, Angestellten oder Beamtenverhältnis[53] steht; es erscheint jedoch zu weit gefasst, schlechthin jeden Bediensteten der in Abs. 2 genannten Stellen[54] als privilegiert ansehen zu wollen, was zB auch den Hausmeister einschließen würde. Vielmehr fallen darunter nur solche Bedienstete, die infolge ihres Dienstverhältnisses berechtigt und befähigt sind, aufgrund eines ihnen zugewiesenen Aufgabenbereichs behördlich, also hoheitlich tätig zu werden.

c) Bereich der dienstlichen Tätigkeit. Der Bereich der dienstlichen Tätigkeit ergibt **37** sich bei allen Behörden aus den ihnen gesetzlich zugewiesenen Aufgaben, bei den Bediensteten aus der einzelnen Stellenbeschreibung. Werden insoweit bestehende Grenzen bei der einzelnen Handlung überschritten, kann das dienst- oder disziplinarrechtliche Konsequenzen nach sich ziehen, lässt aber die Befreiung von der Erlaubnispflicht nicht entfallen.[55] Für die **Kontrolle des legalen BtM-Verkehrs** geben insbesondere die §§ 16, 22, 23 und 26 den Tätigkeitsbereich vor. Die Hauptaufgaben im Bereich der **Kontrolle des illegalen BtM-Verkehrs** bestehen in der Verhütung und Verfolgung von Straftaten. **Polizeibeamte,** gleichgültig, ob sie offen oder verdeckt (VE,[56] NoeP) ermitteln, sind von der Erlaubnispflicht befreit.[57] Umstritten ist, **welche Handlungen** der Katalog des § 4 Abs. 2 aus dem Tatbestand herausnimmt. Wollte man § 4 Abs. 2 einschränken, müsste dies über den Begriff der dienstlichen Tätigkeit erfolgen, als bestimmte Handlungen gerade nicht als solche angesehen werden können.

aa) Inverkehrbringen von BtM als dienstliche Tätigkeit? *Malek*[58] hält nur den **38** Ankauf bzw. die Inbesitznahme von BtM, nicht aber deren „Weitergabe mit der Gefahr, dass der Abnehmer die BtM unkontrolliert in den Verkehr bringt" oder sie von ihm konsumiert werden, für von § 4 Abs. 2 gedeckt. *Hundt*[59] hält die Abgabe von BtM durch Polizeibeamte uneingeschränkt für unzulässig, KPV/*Patzak*[60] unter der Voraussetzung, dass das BtM unkontrolliert und unwiderruflich an Kaufinteressenten geliefert und verloren wird. *Weber*[61]

---

[50] So aber *Weber* Rn. 72.
[51] AA *Weber* Rn. 72.
[52] Kreuzer/*Gebhardt* § 19 Rn. 72.
[53] *Joachimski*/*Haumer* Rn. 21.
[54] *Weber* Rn. 82.
[55] *Joachimski*/*Haumer* Rn. 22; *Weber* Rn. 81.
[56] § 110a Abs. 2 StPO.
[57] BGH 5.7.1988 – 1 StR 212/88, NStZ 1988, 558.
[58] *Malek* Rn. 266.
[59] Kreuzer/*Hundt* § 12 Rn. 489.
[60] KPV/*Patzak* § 29 Teil 5 Rn. 91.
[61] *Weber* Rn. 124.

behandelt die Frage nicht isoliert als eine Frage der Erlaubnisfreiheit, sondern im Zusammenhang mit der Erörterung der Grenzen zulässiger Tatprovokation und hält den Verkauf, der mit einer Abgabe verbunden ist (um die Fälle des Verbalhandels auszuscheiden), und eine sonstige Abgabe für zulässig, wenn „absolut sichergestellt" sei, dass das BtM nicht außer Kontrolle gerate. Der BGH[62] hat die Frage bisher offengelassen: Zwar sei die staatliche Beteiligung an einem Drogengeschäft, die darauf abziele, BtM aus dem Verkehr zu ziehen, nicht missbilligenswert. Es sei bisher aber nicht anerkannt, dass auch ein Inverkehrbringen von Drogen durch Ermittlungsbehörden zur weiteren Sachaufklärung erlaubt wäre (in einem Fall des *Verkaufs* von BtM zum Zwecke der Gewinnung des Vertrauens). Auch der dritte Senat lässt anklingen: „Auf die Frage, ob es rechtlich zulässig ist, dass eine V-Person im Auftrag der Polizei Drogen einführt und in den Verkehr bringt, kommt es somit nicht an. Dies wäre im Übrigen durchaus zweifelhaft…".[63]

39   Dabei spricht bereits die systematische Stellung des Abs. 2 (und seine dogmatische Einordnung) dafür, diesen nicht als zugleich präventiv-polizeiliche wie auch strafprozessuale „Generalklausel" zu deuten, welche den Behörden (aufgrund einer im Wortlaut fehlenden Begrenzung) alle Umgangsformen, also auch das Handeltreiben oder das Veräußern von BtM gestattet. Denn § 4 bezieht sich auf die Erlaubnispflicht nach § 3 BtMG und somit auf das potentielle Tätigkeitsfeld des BfArM (iSv „wann braucht es schon keiner Erlaubnis durch das Bundesinstitut?"). Dieses könnte und dürfte aber nicht über den Einsatz von Verdeckten Ermittlern oder V-Personen im Einzelfall entscheiden und eine „Erlaubnis" für den konkreten Einsatz erteilen. Vielmehr spricht bei einer Gesamtbetrachtung der Vorschrift viel dafür, dass gerade derjenige Bereich des polizeirechtlich bzw. strafprozessual zulässigen Handelns abgesteckt wurde und in diesem Rahmen die Behörden nicht stets noch eine Einzelfallerlaubnis für den Umgang (etwa mit beschlagnahmten bzw. sichergestellten BtM) einzuholen haben.

40   **bb) V-Mann Einsatz über § 4 Abs. 2?** Dies ist praktisch von hoher Relevanz, als gerade der Einsatz von Verdeckten Ermittlern und V-Leuten im Einzelfall den Handel und den Umgang mit Drogen innerhalb des illegalen Verkehrs erfordert. Doch betrifft dieser Umstand **nicht** den Anwendungsbereich des Abs. 2, sondern die Reichweite der jeweiligen Ermächtigungsgrundlage, welche darüber entscheidet, ob die einzelne Umgangsform (Handeltreiben, Veräußern, Inverkehrbringen) strafprozessual rechtens ist und damit kraft Abs. 2 wiederum im Anschluss keiner weiteren Erlaubnis bedarf. Anders gewendet: Abs. 2 ist allenfalls als **Verweisungsnorm** zu verstehen, weil dienstliche Tätigkeit nur „strafprozessual rechtmäßige Tätigkeit" bedeuten kann. Freilich besteht auch im Rahmen eines V-Mann-Einsatzes u.U. das Interesse, das Strafbarkeitsrisiko der Beteiligten (auch der initiierenden Behörden), die im „Interesse der Volksgesundheit" tätig sind, einzuschränken. Es überrascht daher auch nicht, dass zahlreiche Differenzierungsbemühungen in den Begriff der dienstlichen Tätigkeit implementiert werden bzw. darüber gestritten wird, ob der V-Mann[64] überhaupt unter den Anwendungsbereich der Vorschrift fällt. Der **Informant**[65] bleibt Privatperson. Er soll von der Erlaubnispflicht des § 3 nicht befreit sein. Hingegen wurde die Einbeziehung des V-Mannes vom BGH[66] bislang stets offengelassen, aber auch nicht ausgeschlossen. Gegen eine Einbeziehung in den Anwendungsbereich des Abs. 2 spreche, dass auch der Gesetzgeber des OrgKG bewusst darauf verzichtet hat, ihn in die Nähe eines Ermittlungsorgans mit quasi-hoheitlichen Befugnissen zu rücken.[67] Daher wurde zum Teil auch danach differenziert, ob es sich bei dem V-Mann um einen für den öffentlichen

---

[62] BGH 25.11.1997 – 1 StR 465/97, NJW 1998, 767 = StV 1999, 79 = wistra 1998, 101 unter Hinweis auf BGH 3.6.1981 – 2 StR 235/81, StV 1981, 549.

[63] BGH 24.7.2007 – 3 StR 216/07.

[64] RiStBV Nr. 2.2 Anlage D zu den RiStBV, abgedruckt bei *Meyer-Goßner/Schmitt* Anh. 15; *Kreuzer/Hund* Rn. 530; *Kasecker* Rn. 334.

[65] Nr. 2.1 Anlage D zu den RiStBV, abgedruckt bei *Meyer-Goßner/Schmitt* Anh. 15.

[66] BGH 5.7.1988 – 1 StR 212/88, NStZ 1988, 558; 7.3.1996 – 4 StR 742/95, NStZ 1996, 338.

[67] *Weber* Rn. 89.

Dienst **besonders Verpflichteten** (§ 11 Abs. 1 Nr. 4a StGB) handelt[68] oder dieser nur im Auftrag[69] der Strafverfolgungsbehörden tätig wird.

Diese Kasuistik macht aber deutlich, dass die Diskussion am falschen Ort ausgetragen wird **41** und daher häufig auch Maßstäbe, Fallgruppen und Rechtsfolgen miteinander vermengt/vertauscht werden. Bevor über die „Einziehung des V-Mannes" diskutiert werden kann, muss über die Rechtsgrundlage für dessen Einsatz nachgedacht werden (und nichts anderes stellt die vermeintliche Diskussion um die „Einbeziehung" des V-Mannes in Abs. 2 dar). Die förmliche Verpflichtung indessen ist bei der Frage einer analogen Anwendung der §§ 110 ff. StPO zu verorten. Es bleibt also dabei, dass hoheitliches Handeln im Rechtsstaat (Art. 20 Abs. 3 GG) stets **gesetzesgebunden** ist. Die Annahme eines **Beweisverwertungsverbots** sagt nichts über die Ermächtigungsgrundlage aus. Können sich Ermittlungsbehörden nicht auf eine strafprozessuale Ermächtigungsgrundlage stützen, scheidet eine Anwendung des Abs. 2 aus. Damit ist auch der V-Mann-Einsatz von Abs. 2 nicht gedeckt und dieser handelt unerlaubt, wenn er BtM in den Verkehr bringt, verkauft, besitzt, abgibt etc.

cc) Exkurs: Strafbarkeit des V-Mannes? Dies bedeutet allerdings noch nicht, dass **42** sich der V-Mann (als potentieller agent provocateur) stets strafbar macht. Im Regelfall soll durch eine Tatprovokation der polizeiliche Zugriff im „Versuchsstadium" ermöglicht werden, jedenfalls ist keine materielle Rechtsgutsbeeinträchtigung gewünscht, als das Handeln auf die Sicherstellung von Drogen bzw. auf die Verhinderung weiterer Drogengeschäfte ausgerichtet ist. Wegen des allumfassenden Verbots nach § 3 sind V-Mann-Tätigkeiten dennoch nicht selten vollendete und *täterschaftlich* begangene Betäubungsmittelstraftaten, bevor es überhaupt zu einem „Aufklärungserfolg" kommen kann (Besitz von BtM, Vermitteln eines Geschäfts). Mithin hilft hier ein Rückgriff auf strafbarkeitseinschränkenden Lehren zum agent provocateur nicht weiter, da es auf ein „Teilnehmervollendungsvorsatz" (mithin auf die **Rechtsgutsverletzungsgrenze**) nicht ankommen kann, wenn der agent provocateur als Täter zu klassifizieren ist.

In **Vermittlungsfällen** kann man zu einer Straflosigkeit (hinsichtlich des Handeltreibens) **43** gelangen, indem man darauf abstellt, dass der V-Mann allenfalls Wissen um den Umsatzwillen und Eigennutz des gelockten Dealers hat, aber selbst gerade nicht mit Umsatzwillen handle (wenn er von der Sicherstellung der Betäubungsmittel ausgeht).[70] In allen anderen Fällen hilft nur eine einheitliche Betrachtungsweise, die den Tatbestand (unter Rückgriff auf den Gedanken der **Risikoverringerung**) eines Betäubungsmitteldelikts verneint, wenn sich die vom Gesetzgeber für die konkret beschriebene Handlung vorgenommene Gefährlichkeitsprognose umgekehrt hat und der Beteiligte tatsächlich zum Wohle der Volksgesundheit agiert.[71] Dies hängt von Art und Ausmaß des Risikos seiner Handlungen in Relation zum Minderungspotential ab: Hier wird vorgeschlagen, nur die Minderung ohnehin existenter Risiken eines illegalen Markts mit einem Tatbestandsausschluss zu „belohnen", der dann auch für alle Modalitäten gilt, welche die Abwicklung der Risikominimierung betreffen (Abwicklung von Kleingeschäften, da hier der Agent Provocateur ein möglicher Geschäftspartner von vielen ist und somit einer grundsätzlich tatgeneigten Person gegenübersteht). Steigt der Täter dagegen in ein größeres Geschäft ein bzw. ist er der Initiator eines innerhalb des Marktes von Größe sowie Umfang her atypischen Geschäfts und hat er per se weniger Kontrolle über die Folgen seines Tuns, schafft er ein neues Risiko für das Rechtsgut, das er allenfalls noch kompensieren kann.[72]

---

[68] BGH 21.8.1996 – 2 StR 234/96, BGHSt 42, 230 = NJW 1996, 3158 zu einem bei der Führerscheinprüfung herangezogenen Dolmetscher.
[69] *Körner* (VI) Rn. 30.
[70] BGH StV 1981, 549; krit. *Paeffgen* FS BGH, 2000, S. 695 (723); *Lang* Betäubungsmittelstrafrecht S. 207 Fn. 1130, die davon ausgehen, dass auch die Tätigkeit des Agent Provocateur unter ein täterschaftliches Handeltreiben subsumiert werden könne.
[71] *Oğlakcıoğlu* BtMG AT, S. 555.
[72] *Oğlakcıoğlu* BtMG AT, S. 559 f.

§ 5 Versagung der Erlaubnis

(1) Die Erlaubnis nach § 3 ist zu versagen, wenn

1. nicht gewährleistet ist, daß in der Betriebsstätte und, sofern weitere Betriebsstätten in nicht benachbarten Gemeinden bestehen, in jeder dieser Betriebsstätten eine Person bestellt wird, die verantwortlich ist für die Einhaltung der betäubungsmittelrechtlichen Vorschriften und der Anordnungen der Überwachungsbehörden (Verantwortlicher); der Antragsteller kann selbst die Stelle eines Verantwortlichen einnehmen,

2. der vorgesehene Verantwortliche nicht die erforderliche Sachkenntnis hat oder die ihm obliegenden Verpflichtungen nicht ständig erfüllen kann,

3. Tatsachen vorliegen, aus denen sich Bedenken gegen die Zuverlässigkeit des Verantwortlichen, des Antragstellers, seines gesetzlichen Vertreters oder bei juristischen Personen oder nicht rechtsfähigen Personenvereinigungen der nach Gesetz, Satzung oder Gesellschaftsvertrag zur Vertretung oder Geschäftsführung Berechtigten ergeben,

4. geeignete Räume, Einrichtungen und Sicherungen für die Teilnahme am Betäubungsmittelverkehr oder die Herstellung ausgenommener Zubereitungen nicht vorhanden sind,

5. die Sicherheit oder Kontrolle des Betäubungsmittelverkehrs oder der Herstellung ausgenommener Zubereitungen aus anderen als den in den Nummern 1 bis 4 genannten Gründen nicht gewährleistet ist,

6. die Art und der Zweck des beantragten Verkehrs nicht mit dem Zweck dieses Gesetzes, die notwendige medizinische Versorgung der Bevölkerung sicherzustellen, daneben aber den Mißbrauch von Betäubungsmitteln oder die mißbräuchliche Herstellung ausgenommener Zubereitungen sowie das Entstehen oder Erhalten einer Betäubungsmittelabhängigkeit soweit wie möglich auszuschließen, vereinbar ist oder

7. bei Beanstandung der vorgelegten Antragsunterlagen einem Mangel nicht innerhalb der gesetzten Frist (§ 8 Abs. 2) abgeholfen wird.

(2) Die Erlaubnis kann versagt werden, wenn sie der Durchführung der internationalen Suchtstoffübereinkommen oder Beschlüssen, Anordnungen oder Empfehlungen zwischenstaatlicher Einrichtungen der Suchtstoffkontrolle entgegensteht oder dies wegen Rechtsakten der Organe der Europäischen Union geboten ist.

§ 6 Sachkenntnis

(1) Der Nachweis der erforderlichen Sachkenntnis (§ 5 Abs. 1 Nr. 2) wird erbracht

1. im Falle des Herstellers von Betäubungsmitteln oder ausgenommenen Zubereitungen, die Arzneimittel sind, durch den Nachweis der Sachkenntnis nach § 15 Absatz 1 des Arzneimittelgesetzes,

2. im Falle des Herstellens von Betäubungsmitteln, die keine Arzneimittel sind, durch das Zeugnis über eine nach abgeschlossenem wissenschaftlichem Hochschulstudium der Biologie, der Chemie, der Pharmazie, der Human- oder der Veterinärmedizin abgelegte Prüfung und durch die Bestätigung einer mindestens einjährigen praktischen Tätigkeit in der Herstellung oder Prüfung von Betäubungsmitteln,

3. im Falle des Verwendens für wissenschaftliche Zwecke durch das Zeugnis über eine nach abgeschlossenem wissenschaftlichem Hochschulstudium der Biologie, der Chemie, der Pharmazie, der Human- oder der Veterinärmedizin abgelegte Prüfung und

4. in allen anderen Fällen durch das Zeugnis über eine abgeschlossene Berufsausbildung als Kaufmann im Groß- und Außenhandel in den Fachbereichen Chemie oder Pharma und durch die Bestätigung einer mindestens einjährigen praktischen Tätigkeit im Betäubungsmittelverkehr.

(2) Das Bundesinstitut für Arzneimittel und Medizinprodukte kann im Einzelfall von den im Absatz 1 genannten Anforderungen an die Sachkenntnis abweichen, wenn die Sicherheit und Kontrolle des Betäubungsmittelverkehrs oder der Herstellung ausgenommener Zubereitungen gewährleistet sind.

§ 7 Antrag

[1]Der Antrag auf Erteilung einer Erlaubnis nach § 3 ist in doppelter Ausfertigung beim Bundesinstitut für Arzneimittel und Medizinprodukte zu stellen, das eine Ausfertigung der zuständigen obersten Landesbehörde übersendet. [2]Dem Antrag müssen folgende Angaben und Unterlagen beigefügt werden:
1. die Namen, Vornamen oder die Firma und die Anschriften des Antragstellers und der Verantwortlichen,
2. für die Verantwortlichen die Nachweise über die erforderliche Sachkenntnis und Erklärungen darüber, ob und auf Grund welcher Umstände sie die ihnen obliegenden Verpflichtungen ständig erfüllen können,
3. eine Beschreibung der Lage der Betriebsstätten nach Ort (gegebenenfalls Flurbezeichnung), Straße, Hausnummer, Gebäude und Gebäudeteil sowie der Bauweise des Gebäudes,
4. eine Beschreibung der vorhandenen Sicherungen gegen die Entnahme von Betäubungsmitteln durch unbefugte Personen,
5. die Art des Betäubungsmittelverkehrs (§ 3 Abs. 1),
6. die Art und die voraussichtliche Jahresmenge der herzustellenden oder benötigten Betäubungsmittel,
7. im Falle des Herstellens (§ 2 Abs. 1 Nr. 4) von Betäubungsmitteln oder ausgenommenen Zubereitungen eine kurzgefaßte Beschreibung des Herstellungsganges unter Angabe von Art und Menge der Ausgangsstoffe oder -zubereitungen, der Zwischen- und Endprodukte, auch wenn Ausgangsstoffe oder -zubereitungen, Zwischen- oder Endprodukte keine Betäubungsmittel sind; bei nicht abgeteilten Zubereitungen zusätzlich die Gewichtsvomhundertsätze, bei abgeteilten Zubereitungen die Gewichtsmengen der je abgeteilte Form enthaltenen Betäubungsmittel und
8. im Falle des Verwendens zu wissenschaftlichen oder anderen im öffentlichen Interesse liegenden Zwecken eine Erläuterung des verfolgten Zwecks unter Bezugnahme auf einschlägige wissenschaftliche Literatur.

§ 8 Entscheidung

(1) [1]Das Bundesinstitut für Arzneimittel und Medizinprodukte soll innerhalb von drei Monaten nach Eingang des Antrages über die Erteilung der Erlaubnis entscheiden. [2]Es unterrichtet die zuständige oberste Landesbehörde unverzüglich über die Entscheidung.

(2) [1]Gibt das Bundesinstitut für Arzneimittel und Medizinprodukte dem Antragsteller Gelegenheit, Mängeln des Antrages abzuhelfen, so wird die in Absatz 1 bezeichnete Frist bis zur Behebung der Mängel oder bis zum Ablauf der zur Behebung der Mängel gesetzten Frist gehemmt. [2]Die Hemmung beginnt mit dem Tage, an dem dem Antragsteller die Aufforderung zur Behebung der Mängel zugestellt wird.

(3) [1]Der Inhaber der Erlaubnis hat jede Änderung der in § 7 bezeichneten Angaben dem Bundesinstitut für Arzneimittel und Medizinprodukte unverzüglich mitzuteilen. [2]Bei einer Erweiterung hinsichtlich der Art der Betäubungsmittel oder des Betäubungsmittelverkehrs sowie bei Änderungen in der Person des Erlaubnisinhabers oder der Lage der Betriebsstätten, ausgenommen innerhalb eines Gebäudes, ist eine neue Erlaubnis zu beantragen. [3]In den anderen Fällen wird die Erlaubnis geändert. [4]Die zuständige oberste Landesbehörde wird über die Änderung der Erlaubnis unverzüglich unterrichtet.

§ 9 Beschränkungen, Befristung, Bedingungen und Auflagen

(1) [1]Die Erlaubnis ist zur Sicherheit und Kontrolle des Betäubungsmittelverkehrs oder der Herstellung ausgenommener Zubereitungen auf den jeweils notwendigen Umfang zu beschränken. [2]Sie muß insbesondere regeln:
1. die Art der Betäubungsmittel und des Betäubungsmittelverkehrs,
2. die voraussichtliche Jahresmenge und den Bestand an Betäubungsmitteln,
3. die Lage der Betriebsstätten und
4. den Herstellungsgang und die dabei anfallenden Ausgangs-, Zwischen- und Endprodukte, auch wenn sie keine Betäubungsmittel sind.

(2) Die Erlaubnis kann
1. befristet, mit Bedingungen erlassen oder mit Auflagen verbunden werden oder
2. nach ihrer Erteilung hinsichtlich des Absatzes 1 Satz 2 geändert oder mit sonstigen Beschränkungen oder Auflagen versehen werden,

wenn dies zur Sicherheit oder Kontrolle des Betäubungsmittelverkehrs oder der Herstellung ausgenommener Zubereitungen erforderlich ist oder die Erlaubnis der Durchführung der internationalen Suchtstoffübereinkommen oder von Beschlüssen, Anordnungen oder Empfehlungen zwischenstaatlicher Einrichtungen der Suchtstoffkontrolle entgegensteht oder dies wegen Rechtsakten der Organe der Europäischen Union geboten ist.

§ 10 Rücknahme und Widerruf

(1) [1]Die Erlaubnis kann auch widerrufen werden, wenn von ihr innerhalb eines Zeitraumes von zwei Kalenderjahren kein Gebrauch gemacht worden ist. [2]Die Frist kann verlängert werden, wenn ein berechtigtes Interesse glaubhaft gemacht wird.

(2) Die zuständige oberste Landesbehörde wird über die Rücknahme oder den Widerruf der Erlaubnis unverzüglich unterrichtet.

§ 10a Erlaubnis für den Betrieb von Drogenkonsumräumen

(1) [1]Einer Erlaubnis der zuständigen obersten Landesbehörde bedarf, wer eine Einrichtung betreiben will, in deren Räumlichkeiten Betäubungsmittelabhängigen eine Gelegenheit zum Verbrauch von mitgeführten, ärztlich nicht verschriebenen Betäubungsmitteln verschafft oder gewährt wird (Drogenkonsumraum). [2]Eine Erlaubnis kann nur erteilt werden, wenn die Landesregierung die Voraussetzungen für die Erteilung in einer Rechtsverordnung nach Maßgabe des Absatzes 2 geregelt hat.

(2) [1]Die Landesregierungen werden ermächtigt, durch Rechtsverordnung die Voraussetzungen für die Erteilung einer Erlaubnis nach Absatz 1 zu regeln. [2]Die Regelungen müssen insbesondere folgende Mindeststandards für die Sicherheit und Kontrolle beim Verbrauch von Betäubungsmitteln in Drogenkonsumräumen festlegen:

1. **Zweckdienliche sachliche Ausstattung der Räumlichkeiten, die als Drogenkonsumraum dienen sollen;**
2. **Gewährleistung einer sofort einsatzfähigen medizinischen Notfallversorgung;**
3. **medizinische Beratung und Hilfe zum Zwecke der Risikominderung beim Verbrauch der von Abhängigen mitgeführten Betäubungsmittel;**
4. **Vermittlung von weiterführenden und ausstiegsorientierten Angeboten der Beratung und Therapie;**
5. **Maßnahmen zur Verhinderung von Straftaten nach diesem Gesetz in Drogenkonsumräumen, abgesehen vom Besitz von Betäubungsmitteln nach § 29 Abs. 1 Satz 1 Nr. 3 zum Eigenverbrauch in geringer Menge;**
6. **erforderliche Formen der Zusammenarbeit mit den für die öffentliche Sicherheit und Ordnung zuständigen örtlichen Behörden, um Straftaten im unmittelbaren Umfeld der Drogenkonsumräume soweit wie möglich zu verhindern;**
7. **genaue Festlegung des Kreises der berechtigten Benutzer von Drogenkonsumräumen, insbesondere im Hinblick auf deren Alter, die Art der mitgeführten Betäubungsmittel sowie die geduldeten Konsummuster; offenkundige Erst- oder Gelegenheitskonsumenten sind von der Benutzung auszuschließen;**
8. **eine Dokumentation und Evaluation der Arbeit in den Drogenkonsumräumen;**
9. **ständige Anwesenheit von persönlich zuverlässigem Personal in ausreichender Zahl, das für die Erfüllung der in den Nummern 1 bis 7 genannten Anforderungen fachlich ausgebildet ist;**
10. **Benennung einer sachkundigen Person, die für die Einhaltung der in den Nummern 1 bis 9 genannten Anforderungen, der Auflagen der Erlaubnisbehörde sowie der Anordnungen der Überwachungsbehörde verantwortlich ist (Verantwortlicher) und die ihm obliegenden Verpflichtungen ständig erfüllen kann.**

(3) Für das Erlaubnisverfahren gelten § 7 Satz 1 und 2 Nr. 1 bis 4 und 8, §§ 8, 9 Abs. 2 und § 10 entsprechend; dabei tritt an die Stelle des Bundesinstituts für Arzneimittel und Medizinprodukte jeweils die zuständige oberste Landesbehörde, an die Stelle der obersten Landesbehörde jeweils das Bundesinstitut für Arzneimittel und Medizinprodukte.

(4) Eine Erlaubnis nach Absatz 1 berechtigt das in einem Drogenkonsumraum tätige Personal nicht, eine Substanzanalyse der mitgeführten Betäubungsmittel durchzuführen oder beim unmittelbaren Verbrauch der mitgeführten Betäubungsmittel aktive Hilfe zu leisten.

Schrifttum: *Dettmer/Schneider*, Drogenkonsumräume ... und der rechtliche Rahmen, ADS 2016, 56; *Katholnigg* Die Zulassung von Drogenkonsumräumen und strengere Kriterien bei der Substitution – das Dritte Gesetz zur Änderung des Betäubungsmittelgesetzes, NJW 2000, 1217; *Körner* Soll Drogenhilfe strafbar sein?, ZRP 1995, 456; *Schäffer/Köthner*, Drogenkonsumräume retten Menschenleben, ASD 2014, 94; *Stöver/Schäffer*, SMOKE-IT! – Unterstützung zur Veränderung der Drogenapplikationsform (von intravenös zu inhalativ), ASD 2014, 108.

Übersicht

I. Überblick

1   **1. Bedeutung der Vorschrift.** § 10a schafft die rechtliche Grundlage für Einrichtung von sog **Drogenkonsumräumen.**[1] Solche waren vor dem 1.4.2000 in manchen Städten bereits – illegal[2] – betrieben worden. Mit der Einführung der Vorschrift wurde eine bis dahin bestehende Rechtsunsicherheit insbesondere in Ansehung der strafrechtlichen Risiken der Betreiber[3] beseitigt. Es handelt sich um eine Maßnahme der **harm reduction,** welche der zunehmenden Ausweitung und Verschärfung des Betäubungsmittelstrafrechts diametral gegenübersteht und seit ihrer Einführung vor über 20 Jahren unbestritten das Risiko von Drogentodesfällen und das HIV-Infektionsrisiko erheblich gemindert hat[4] (insb. durch hygienische Konsumbedingungen, Vermittlung von Safer-Use-Regeln und der Einrichtung von Erste-Hilfe-Maßnahmen).[5] Zudem werden neue Präventionsstrategien und Konsumentenschutzmaßnahmen meist zuallererst in Drogenkonsumräumen eingeführt und erprobt.[6]

2   Von der in § 10a enthaltenen Ermächtigung haben bislang die Länder **Berlin, Hamburg, Hessen, Niedersachsen, Nordrhein-Westfalen** und das **Saarland** (Konsumraumländer) Gebrauch gemacht.[7] Inzwischen existieren 24 Drogenkonsumräume in 15 Städten. Einzelne Kommunen sind um die Einrichtung eines Drogenkonsumraums bestrebt, bleiben aber ohne den politischen Willen des Landes ohne Erfolg (wie das Beispiel Nürnberg belegt).[8] Bemerkenswert ist hierbei, dass der Verstoß gegen § 10a (also das Betreiben eines Konsumraums ohne Erlaubnis) strafbewehrt ist, den Risiken der strafrechtlichen Verfolgung aber vornehmlich die beobachteten (weil offen bzw. grundsätzlich mit Erlaubnis nach § 10a betriebenen) Konsumräume – jedenfalls was § 29 Abs. 1 Nr. 11 angeht – ausgesetzt sind. Eine bundesgesetzlich initiierte Vereinheitlichung des Angebots (und damit einhergehend eine Verringerung des „Problemkonsumenten-Tourismus" erscheint erstrebenswert.

2a   Laut Jahresbericht der Drogentherapeutischen Ambulanz fanden 2015 in Nordrhein-Westfalen 12.839 Konsumvorgänge (Verhältnis Männer – Frauen 11:1) statt, im Durchschnitt also 50 Konsumvorgänge täglich.[9] Die Zahl der Drogennotfälle hat seit 2010 in Relation zum Zeitraum 2006 – 2009 erheblich abgenommen, die kraft Verordnung vorgese-

---

[1]   Zur Terminologie vgl. *Weber* Rn. 2 f.

[2]   Vgl. *Franke/Wienroeder* Rn. 2 ff.

[3]   *Körner* ZRP 1995, 456 f.

[4]   Drogen- und Suchtbericht 2016, S. 62.

[5]   *Schäffer/Köthner* ASD 2014, 94.

[6]   So etwa das Projekt „Smoke-it", das darauf ausgerichtet ist, die Drogenapplikationsform von intravenös zu inhalativ umzustellen, vgl. hierzu zusf. *Stöver/Schäffer* ASD 2014, 108; *dies.,* Akzeptanzorientierte Drogenarbeit 2014; 11: 65 ff. Inzwischen ist ein Anstieg der inhalativen Konsumvorgänge zu verzeichnen, vgl. Jahresbericht der DTA 2015, S. 35, mag auch die Möglichkeit des Rauchens in einem Drogenkonsumraum von logistischen Gegebenheiten wie der Installation einer Lüftungsanlage bedingt sein, Reitox-Bericht, Trends und Entwicklungen, S. 150.

[7]   Überblick bei Deutsche Aids-Hilfe: Drogenkonsumräume in Deutschland – Eine Bestandsaufnahme des AK Konsumraum, abrufbar unter: http://www.akzept.org/pdf/aktuel_pdf/DKR07web.pdf (Stand: 18.4.2017). Vgl. auch Drogen- und Suchtbericht 2016, S. 62; Berlin: VO vom 10.12.2002, GVBl. S. 366; Hamburg: VO vom 25.4.2000, GVBl. S. 83; Hessen: VO vom 10.9.2001, GVBl. S. 287; Niedersachsen: VO vom 6.3.2002, GVBl. S. 82; Nordrhein-Westfalen: VO vom 26.9.2000, GVBl. S: 646; Saarland: VO vom 4.5.2001, ABl. S. 1034.

[8]   Es geht m.E. nicht zu weit, wenn der Vorstand der DGS von einem „Boykott" spricht, vgl. ASD 2015, 149 (150).

[9]   Jahresbericht der DTA 2015, S. 26.

hene „Notfallcompliance" scheint zu fruchten, auch wenn seit 2014 ein leichter Anstieg zu beobachten ist.[10]

2. Rechtsentwicklung und Vereinbarkeit mit internationalem Recht. Die durch **3** das 3. BtMG-ÄndG[11] eingeführte Vorschrift geht auf Entwürfe der Bundesregierung[12] und der Fraktionen von SPD und BÜNDNIS 90/DIE GRÜNEN[13] zurück. Die Diskussion über die Legalisierung von Drogenkonsumräumen beinhaltete stets auch die Frage nach deren Vereinbarkeit mit den internationalen Abkommen.

a) Verpflichtung zur Strafbewehrung des unerlaubten Besitzes. Während es die **4** Abkommen den Vertragsparteien überlassen, über die Strafbarkeit des bloßen Konsums im Rahmen der jeweiligen Rechtsordnung selbst zu entscheiden, verpflichtete bereits das Übk. 1925/II[14] die Vertragsstaaten in Art. 7 iVm Art. 28 dazu, den **unerlaubten Besitz** bestimmter BtM zu ahnden. Diese Verpflichtung wurde im Übk. 1961[15] dahingehend präzisiert, dass die Vertragsstaaten keinen Besitz von Suchtstoffen ohne gesetzliche Ermächtigung gestatten (Art. 33) und jede Vertragspartei die erforderlichen Maßnahmen [trifft], um jedes gegen dieses Übereinkommen verstoßende ... Besitzen ..., wenn es vorsätzlich begangen, mit Strafe zu bedrohen sowie schwere Verstöße angemessen zu ahnden, insbesondere mit Gefängnis oder sonstigen Arten des Freiheitsentzuges (Art. 36 Abs. 1 Buchst. a).[16] Das Übk. 1971[17] äußerte die Erwartung, dass die Vertragsparteien keinen Besitz der in den Anlagen II, III und IV aufgeführten Stoffe ohne gesetzliche Ermächtigung gestatten (Art. 5 Abs. 3), in Bezug auf die in Anhang I aufgeführten Stoffe für ... Besitz eine besondere Genehmigung oder vorherige Ermächtigung vorschreiben (Art. 7 Buchst. b) und Verstöße gegen diese Regelungen unter Strafe stellen (Art. 22). Im Übk. 1988[18] enthält Art. 3 Abs. 1 Buchst. a Ziffer iii, Abs. 2 die Verpflichtung für jede Vertragspartei, nach ihrem innerstaatlichen Recht den Besitz ... von Suchtstoffen oder psychotropen Stoffen für den persönlichen Gebrauch entgegen Übk. 1961 und Übk. 1971, wenn vorsätzlich begangen, als Straftat zu umschreiben.[19]

Die Nutzung eines Drogenkonsumraumes in Abs. 1 S. 1 setzt aber gerade den Verbrauch **5** **mitgeführter, ärztlich nicht verschriebener BtM,** *qua definitionem* also den unerlaubten Besitz (§ 29 Abs. 1 Nr. 3) solcher Stoffe und Zubereitungen voraus.

b) Absehen von der Verfolgung. Der scheinbare Widerspruch zwischen internationa- **6** lem und deutschem Recht lässt sich jedoch dadurch lösen, dass § 10a nicht etwa zur Straflosigkeit des unerlaubten Besitzes führt, wie dies bei Vorliegen einer schriftlichen Erlaubnis zum Erwerb der Fall ist. Vielmehr ergibt eine Zusammenschau mit dem gleichzeitig durch das 3. BtMG-ÄndG eingefügten § 31a Abs. 1 S. 2, dass bei der Mitführung ärztlich nicht verschriebener BtM lediglich **von der Verfolgung abgesehen werden soll** (im Umkehrschluss unter bestimmten Umständen durchaus verfolgt werden kann), was voraussetzt, dass das Besitzverhalten nach wie vor strafbar ist. Ähnlich wie in den Niederlanden hat der deutsche Gesetzgeber ein von den internationalen Abkommen zugelassenes **Auseinanderfallen von Strafbarkeit und Strafverfolgung** bei BtM genutzt (zu dieser „Umgehung" vgl. noch → Vor § 29 Rn. 36).[20] Spätestens seit dem *Cannabis*-Beschluss des BVerfG[21] steht dabei außer Zweifel, dass die Anwendung des Opportunitätsprinzips in bestimmten Fällen

---

[10] Jahresbericht der DTA 2015, S. 32 f.
[11] → Vor § 1 Rn. 100.
[12] BT-Drs. 14/1830.
[13] BT-Drs. 14/1515.
[14] → Vor § 1 Rn. 72.
[15] → Vor § 1 Rn. 75.
[16] S. auch Kreuzer/*Albrecht* § 10 Rn. 13.
[17] → Vor § 1 Rn. 76.
[18] → Vor § 1 Rn. 80.
[19] S. auch Kreuzer/*Albrecht* § 10 Rn. 26.
[20] Vgl. insbesondere *Katholnigg* NJW 2000, 1217 (1223 f.).
[21] BVerfG 9.3.1994 – 2 BvL 43/92 ua, BVerfGE 90, 145.

des BtM-Strafrechts von der Verfassung gedeckt, ja sogar gefordert ist. Im Übrigen betrifft § 10a in erster Linie die „Teilnehmer", die allenfalls „Beihilfe" zum straflosen Konsum (wohl kaum zum Besitz) begehen, sodass die völkerrechtliche (iÜ fragwürdige) Verpflichtung zur Strafbarkeit des Besitzes ohnehin nicht ernsthaft tangiert ist, vgl. im Folgenden.

7   **c) Betreiber und Bedienstete eines Drogenkonsumraumes.** Unterschiedliche Auffassungen bestehen darüber, ob Betreiber oder Bedienstete eines Drogenkonsumraumes **Beihilfe zum unerlaubten Besitz** begehen, wie die rechtliche Freistellung von der Strafbarkeit einzuordnen ist und ob sich letztere mit den internationalen Übereinkommen vereinbaren lässt.

8   Nach der **Gesetzesbegründung** wurde „auf eine explizite Klarstellung, dass sich die Betreiber und das Personal auch nicht der Beihilfe zum Besitz von BtM nach § 29 Abs. 1 S. 1 Nr. 3 iVm. § 27 StGB strafbar machen, verzichtet ... In der Regel wird es bereits am objektiven Fördern des Besitzes fehlen, da das Bereitstellen von Räumlichkeiten zum hygienischen Konsum von BtM den diesen Konsum unmittelbar begleitenden – in der Regel kurzzeitigen – Besitz keineswegs erst ermöglicht und auch nicht erleichtern wird. Dies ergibt sich bereits aus der Systematik des § 10a Abs. 4, der die „aktive Mitwirkung" am Verbrauch (!) verbietet. Dass dem Täter eine Räumlichkeit gewährt wird, in der der Strafverfolgungsdruck etwas zurückgenommen wird, kann dabei nicht die Strafbarkeit von Betreiber und Personal begründen, da diese Zurücknahme vom Gesetzgeber ausdrücklich gewollt ist (vgl. Nr. 5, § 31a Abs. 1 S. 2). Schließlich wird das Dulden des den Drogenkonsum begleitenden Besitzes auch von der Erlaubnis nach § 10a erfasst. "[22]

9   *Katholnigg*[23] hält dies nicht für überzeugend und vertritt dazu die Auffassung, mit der Zurverfügungstellung von Drogenkonsumräumen **werde der Besitz dort ermöglicht,** auch wenn er ohne Drogenkonsumraum an anderer Stelle stattgefunden hätte, da es ja gerade gewollt sei, dass in den Drogenkonsumräumen dem Täter eine Räumlichkeit gewährt werde, in der der Strafverfolgungsdruck etwas zurückgenommen werde. Hierin liege gleichzeitig eine – wenn auch gut gemeinte – Förderung des in diesen Räumen dem Drogenkonsum vorausgehenden Drogenbesitzes. Folgt man den Auffassungen von *Katholnigg* und *Weber,* machen sich Betreiber oder Bedienstete eines Drogenkonsumraumes **grundsätzlich** wegen Beihilfe zum unerlaubten Besitz **strafbar.** Dem steht jedoch nicht der ausdrückliche Wille des Gesetzgebers entgegen; dieser hat durch die in § 10a enthaltene **Erlaubnis** das Dulden des den Drogenkonsum begleitenden **Besitzes mit erfasst.**

10   Darin liegt kein **Widerspruch zu** Art. 3 Abs. 1 Buchst. a iii, Buchst. c iv, Abs. 2 Übk. 1988. Denn ob der Vertragsstaat neben der Strafbarkeit des Besitzes an allgemeinen Akzessorietätsgrundsätzen festhaltend die Strafbarkeit der Teilnahme aufrechterhalten will oder **für bestimmte Fälle** wie eben für das Personal in Drogenkonsumräumen ausschließt, bleibt diesem vorbehalten.[24]

II. Erläuterung

11   **1. Voraussetzungen für die Erlaubnis zum Betreiben eines Drogenkonsumraumes.** Die Erteilung einer Erlaubnis zum Betreiben eines Drogenkonsumraumes setzt zweierlei voraus: Zum einen muss die Landesregierung von der ihr eingeräumten **Regelungsermächtigung Gebrauch gemacht haben** (→ Rn. 12 ff.). Zum anderen müssen die **objektiven Voraussetzungen für eine Betriebserlaubnis** vorliegen (→ Rn. 27 ff.).

12   **2. Landesrechtliche Regelungsvoraussetzungen (Abs. 2).** Die Landesregierungen können die Voraussetzungen zur Erteilung einer Betriebserlaubnis durch Rechtsverordnung regeln, sind hierzu aber nicht verpflichtet.[25]

---

[22] BT-Drs. 14/1838, 8.
[23] NJW 2000, 1224.
[24] Vgl. auch *Katholnigg* NJW 2000, 1224 m. umfangreicher Begründung.
[25] *Franke/Wienroeder* Rn. 4; *Joachimski/Haumer* Rn. 3; *Körner* (VI) Rn. 13; *Weber* Rn. 62.

a) Rechtsverordnung. Von der gesetzlichen Ermächtigung kann nur im Rahmen einer **13** Rechtsverordnung Gebrauch gemacht werden.

b) Regelungsinhalt. Der Landesgesetzgeber bewegt sich nur dann auf der Ermächti- **14** gungsgrundlage, wenn er in der Verordnung die zehn Mindeststandards für den Betrieb eines Drogenkonsumraumes nach Maßgabe von Abs. 2 S. 2 im Sinne einer Konkretisie-rung[26] festlegt. Die floskelhafte Wiederholung des Gesetzestextes reich nicht aus.[27]

aa) Ausstattung der Räumlichkeiten (Nr. 1). Der Bundesgesetzgeber hat insoweit **15** lediglich eine zweckdienliche sachliche Ausstattung der Räumlichkeiten vorgegeben. Im Zusammenhang mit der **örtlichen Errichtung** haben die Konsumraumländer übereinstim-mend geregelt, dass die Konsumräume von den übrigen Einrichtungen der Drogenhilfe **räumlich abgegrenzt bzw. getrennt** sein müssen.[28] Alle Verordnungen enthalten eine eigene den **Zugang für Rettungsdienste** betreffende Vorschrift.[29] In Hessen müssen ausrei-chend **sanitäre Anlagen** für die Benutzer,[30] in Berlin, Niedersachsen und Nordrhein-Westfa-len solche getrennt nach den Geschlechtern[31] vorhanden sein. Die Räumlichkeiten müssen **ausreichend beleuchtet,**[32] **be-**[33] und **entlüftet**[34] sein und täglich,[35] zumindest regelmäßig[36] **gereinigt und desinfiziert** werden. Zur Überwachung der Konsumvorgänge schreiben Ber-lin, Hessen, Niedersachsen und Nordrhein-Westfalen eine ausreichende Möglichkeit zur **Sichtkontrolle** vor.[37] In Nordrhein-Westfalen ist der Konsumraum mit einem **Wartebereich** zu versehen und mit **Tischen und Stühlen** auszustatten.[38] Niedersachsen sieht für die dorti-gen Konsumräume **verstellbare Trennwände** vor.[39] Mobiliar und sämtliche Flächen müssen **leicht abwaschbar und desinfizierbar** sein.[40] In ausreichender Zahl müssen sterile Einmal-spritzen[41] und Kanülen,[42] Tupfer und Ascorbinsäure,[43] weiteres Injektionszubehör[44] sowie Haut- und Flächendesdesinfektionsmittel[45] vorhanden sein. Für eine sachgerechte Entsor-gung[46] durch Entsorgungsbehältnisse[47] ist Vorsorge zutreffen, in Hamburg und Niedersachsen dürfen nur durchstichsichere Entsorgungsbehälter[48] verwendet werden.

---

[26] BT-Drs. 14/1515, 6; BT-Drs. 14/1830, 6.

[27] *Katholnigg* NJW 2000, 1219.

[28] § 4 S. 1 VO Hamburg, § 3 Abs. 1 S. 1 VO Berlin, VO Hessen, VO Niedersachsen, §§ 3 Abs. 1 VO Nordrhein-Westfalen, VO Saarland.

[29] § 3 Abs. 6 VO Berlin, § 5 S. 3 VO Hamburg, § 4 Abs. 2 VO Hessen, VO Niedersachsen, § 3 Abs. 2 VO Nordrhein-Westfalen, § 3 Abs. 4 VO Saarland.

[30] § 3 Abs. 1 S. 5 VO.

[31] § 3 Abs. 4 S. 3 VO Berlin, § 3 Abs. 2 S. 3 VO Niedersachsen, § 3 Abs. 1 S. 7 VO Nordrhein-Westfalen.

[32] § 3 Abs. 4 S. 1 VO Berlin, § 4 S. 2 Nr. 2 VO Hamburg, § 3 Abs. 1 S. 2 Nr. 3 VO Niedersachsen, § 3 Abs. 1 S. 5 VO Nordrhein-Westfalen.

[33] § 3 Abs. 4 S. 1 VO Berlin, § 4 S. 2 Nr. 2 VO Hamburg, § 3 Abs. 1 S. 2 Nr. 3 VO Niedersachsen, § 3 Abs. 1 S. 5 VO Nordrhein-Westfalen.

[34] § 3 Abs. 1 S. 5 VO Nordrhein-Westfalen.

[35] § 3 Abs. 4 S. 1 VO Berlin, § 3 Abs. 1 S. 2 Nr. 3, Nr. 4 VO Niedersachsen.

[36] § 4 S. 2 Nr. 3 VO Hamburg, § 3 Abs. 1 S. 5 VO Nordrhein-Westfalen.

[37] § 3 Abs. 5 VO Berlin, §§ 3 Abs. 1 S. 1 VO Hessen, VO Nordrhein-Westfalen, § 3 Abs. 2 S. 1 VO Niedersachsen.

[38] § 3 Abs. 1 Sätze 1, 2 VO.

[39] § 3 Abs. 2 VO.

[40] § 3 Abs. 2 S. 2 VO Berlin, § 4 S. 1 VO Hamburg, §§ 3 Abs. 1 S. 3 VO Hessen, VO Nordrhein-Westfalen, § 3 Abs. 1 S. 2 VO Niedersachsen.

[41] § 3 Abs. 1 S. 1 VO Berlin, § 4 S. 2 Nr. 1 VO Hamburg, § 3 Abs. 2 S. 1 VO Hessen, § 3 Abs. 1 S. 3 VO Niedersachsen, § 3 Abs. 1 S. 6 VO Nordrhein-Westfalen, § 3 Abs. 2 VO Saarland.

[42] § 3 Abs. 2 S. 1 VO Hessen, § 3 Abs. 1 S. 3 VO Niedersachsen, § 3 Abs. 1 S. 6 Nordrhein-Westfalen.

[43] § 4 S. 2 Nr. 1 VO Hamburg, § 3 Abs. 2 S. 1 VO Hessen, § 3 Abs. 1 S. 6 Nordrhein-Westfalen, § 3 Abs. 2 VO Saarland.

[44] § 4 S. 2 Nr. 1 VO Hamburg, § 3 Abs. 2 S. 1 VO Hessen, § 3 Abs. 1 S. 3 VO Niedersachsen, § 3 Abs. 1 S. 6 Nordrhein-Westfalen.

[45] § 3 Abs. 1 S. 1 VO Berlin, § 3 Abs. 1 S. 3 VO Niedersachsen, § 3 Abs. 2 VO Saarland.

[46] § 3 Abs. 2 S. 2 VO Hessen, § 3 Abs. 1 S. 6 VO NRW.

[47] § 3 Abs. 3 S. 2 VO Berlin.

[48] § 4 S. 2 Nr. 1 VO Hamburg, § 3 Abs. 1 S. 2 Nr. 1 VO Niedersachsen.

16   **bb) Medizinische Notfallversorgung (Nr. 2).** Als Mindeststandard hat der Gesetzgeber eine sofort einsatzfähige medizinische Notfallversorgung vorgeschrieben. Sämtliche Konsumraumländer schreiben die Erstellung und Aktualisierung von **Notfallplänen** vor.[49] Die Möglichkeit zum sofortigen Eingreifen im Notfall soll dadurch gewährleistet werden, dass die Konsumvorgänge durch **in Maßnahmen der Ersten Hilfe** (Reanimation, akute Wundversorgung) **geschultes Personal** ständig überwacht werden.[50] Im Saarland muss im Drogenkonsumraum mindestens eine **Krankenpflegekraft**[51] beschäftigt sein. Technische Notfall-Vorrichtungen[52] sind vorzuhalten, in jedem Drogenkonsumraum muss ein medizinischer Notfallkoffer[53] vorhanden sein.

17   **cc) Medizinische Beratung und Hilfe beim BtM-Verbrauch (Nr. 3).** Die medizinische Beratung betrifft ausschließlich den Konsumvorgang und soll das Gesundheitsrisiko diesbezüglich vermindern. Wie sich aus Abs. 4 ergibt, darf das Personal des Drogenkonsumraumes weder eine Substanzanalyse durchführen (→ § 4 Rn. 16) noch beim Verbrauch des BtM aktive Hilfe[54] leisten. Die Beratung erfolgt durch **medizinisch geschultes Personal**[55] oder eine Krankenpflegekraft.[56] Ärztliches Handeln ist nicht erforderlich.[57] **Beratungsgegenstand** sind insbesondere alle mit dem Konsum[58] zusammenhängenden Fragen, so der Risikozusammenhang zwischen der Konstitution des Konsumwilligen und der Toxizität des BtM,[59] Fragen zur Gefährlichkeit des BtM,[60] namentlich zu Gefahren durch unbekannte Beimischungen,[61] zum Risiko der vorgesehenen Konsumform[62] und zum Infektionsrisiko.[63] Es muss gewährleistet sein, dass **Beratung und Hilfe unverzüglich** erfolgen können.[64]

18   **dd) Ausstiegshilfe (Nr. 4).** Die Landesverordnung muss mindestens die Vermittlung von weiterführenden und ausstiegsorientierten Angeboten der Therapie und Beratung vorschreiben. Der Anstoß und die Beratung zum Ausstieg und zu Behandlungsmaßnahmen erfolgt durch **Fachpersonal**[65] bzw. **qualifiziertes Personal** wie Diplom-, Sozialpädagogen, Sozialarbeiter oder Personal mit gleichwertiger Qualifikation.[66] Der Auftrag umfasst die **Initiierung ausstiegsorientierter Beratungs- und Behandlungsmaßnahmen,**[67] jedenfalls eine über die suchtspezifische Erstberatung hinausgehende Beratung,[68] die Informationen über ausstiegsorientierte Beratungs- und Behandlungsangebote enthalten muss.[69] **Minderjährige** haben einen Anspruch auf Beratung im Rahmen eines

---

[49] § 4 Abs. 2 VO Berlin, § 5 S. 4 VO Hamburg, §§ 4 Abs. 3 VO Hessen, VO Niedersachsen, § 4 S. 1 VO Nordrhein-Westfalen, § 4 Abs. 2 S. 1 VO Saarland; vgl. die Übersicht zum Drogennotfallmanagement im Jahresbericht der DTA 2015, S. 7 f.

[50] § 4 Abs. 1 S. 1 VO Berlin, § 5 S. 1 VO Hamburg, § 4 Abs. 1 VO Hessen, § 4 S. 2 Nordrhein-Westfalen, § 4 Abs. 1 S. 1 Saarland.

[51] § 5 Abs. 2 S. 1 VO.

[52] § 4 Abs. 1 S. 2 VO Berlin, § 5 S. 2 VO Hamburg, § 4 Abs. 1 S. 2 Saarland.

[53] § 4 S. 3 VO Nordrhein-Westfalen.

[54] So auch § 5 Abs. 1 S. 4 VO Berlin.

[55] § 6 Abs. 3 VO Hamburg, § 5 Abs. 2 VO Hessen.

[56] §§ 5 S. 2 VO Berlin, VO Saarland.

[57] § 6 S. 3 VO Hamburg.

[58] Krit. *Weber* Rn. 65 zu der in § 5 Abs. 1 S. 1 VO Hessen gewählten Formulierung „verabreichungsrelevanten Fragen".

[59] § 6 S. 2 VO Hamburg.

[60] § 5 S. 2 VO Berlin, § 6 Abs. 1 VO Niedersachsen, § 5 Abs. 1 VO Saarland.

[61] § 5 Abs. 1 S. 3 VO Hessen.

[62] § 5 S. 2 VO Berlin, § 5 Abs. 1 S. 3 VO Hessen, § 6 Abs. 1 VO Niedersachsen.

[63] § 5 S. 2 VO Berlin, § 5 Abs. 1 S. 3 VO Hessen, § 6 Abs. 1 VO Niedersachsen.

[64] § 5 S. 3 VO Berlin.

[65] § 7 VO Niedersachsen.

[66] § 6 Abs. 1 VO Berlin.

[67] § 7 S. 1 VO Hamburg.

[68] § 6 Abs. 1 VO Berlin.

[69] §§ 6 Abs. 1 VO Berlin, VO Hessen, § 7 Nr. 1 VO Niedersachsen, § 5 Abs. 2 VO Nordrhein-Westfalen, § 6 Abs. 1 VO Saarland.

Einzelgesprächs.[70] Bei der **Kontaktaufnahme zu geeigneten Einrichtungen** ist Hilfestellung zu gewähren.[71]

ee) Verhinderung von Betäubungsmittel-Straftaten in Konsumräumen (Nr. 5). **19**
Der Verordnungsgeber hat rechtliche Vorkehrungen dafür zu treffen, dass es mit Ausnahme des als Konsumbegleittat geduldeten unerlaubten Besitzes einer geringen Menge von BtM zum Eigenverbrauch nicht zu anderen Straftaten nach dem BtMG kommt. Darauf, dass mit Ausnahme des Besitzes von geringen Mengen zum Eigenverbrauch keine BtM-Straftaten im Konsumraum geduldet werden, weisen **Aushänge**[72] oder die **Hausordnung**[73] hin. Das Personal des Konsumraumes ist angewiesen, die Nutzer auch hinsichtlich der Vorbereitung bzw. Begehung von BtM-Straftaten zu **überwachen**. Im Einzelfall sollen verdächtige Nutzer **persönlich darauf angesprochen werden**, BtM-Straftaten – außer den zwingenden Besitz zum Zwecke des Eigenkonsums – zu unterlassen.[74] BtM-Straftaten sind möglichst **zu unterbinden**,[75] ggf. ist die **Polizei zu benachrichtigen**.[76] Bei nachhaltigen Verstößen ist der Nutzer – zeitweise – von der Nutzungsmöglichkeit des Drogenkonsumraumes **auszuschließen**.[77]

ff) Verhinderung von Straftaten im Umfeld von Drogenkonsumräumen (Nr. 6). **20**
Zu diesem Zweck sind landesrechtlich die erforderlichen Formen der Zusammenarbeit zwischen dem Betreiber des Konsumraumes und den für die öffentliche Sicherheit und Ordnung zuständigen örtlichen Behörden vorzugeben. **Behörden,** mit denen der Betreiber des Konsumraumes zur Zweckerreichung **zusammenzuarbeiten** hat, sind die politische Gemeinde[78] sowie die Gesundheits-[79] und Strafverfolgungsbehörden.[80] Die Art und Weise der Zusammenarbeit ist **schriftlich festzuhalten**. Insbesondere ist zwischen der Leitung des Drogenkonsumraumes und der zuständigen Polizeibehörde **ständig Kontakt**[81] zu halten. Maßnahmen sind abzustimmen.[82] Im Einzelfall ist die Polizei zu benachrichtigen.[83] Der Betreiber des Konsumraumes hat **Vorkommnisse,** die darauf hindeuten, dass sich die Einrichtung des Drogenkonsumraumes auf die öffentliche Sicherheit und Ordnung störend auswirkt, **zu dokumentieren**.[84] Auf **verdächtige Nutzer** ist mit dem Ziel einer Verhaltensänderung einzuwirken.[85]

gg) Bestimmung des Benutzerkreises (Nr. 7). Der Benutzerkreis von Drogenkon- **21**
sumräumen ist im Hinblick auf das Alter, die Art der mitgeführten BtM sowie die geduldeten Konsummuster genau festzulegen.
Zu den **persönlichen Voraussetzungen für die Benutzung von Drogenkonsum-** **22**
räumen zählen vor allem das Alter der Nutzungswilligen, BtM-Abhängigkeit, Konsumwilligkeit und -erfahrung sowie – negativ – ihre persönliche und drogenspezifische Befindlich-

---

[70] § 6 Abs. 3 VO Berlin, § 7 Nr. 2 VO Niedersachsen.
[71] §§ 6 Abs. 2 VO Berlin, VO Hessen, § 7 S. 3 VO Hamburg, § 5 Abs. 2 VO Nordrhein-Westfalen, § 6 Abs. 2 VO Saarland.
[72] § 8 Abs. 1 VO Berlin, § 8 S. 2 VO Hamburg, § 8 Abs. 1 VO Saarland.
[73] § 7 Abs. 1 VO Hessen, § 6 Abs. 1 VO Nordrhein-Westfalen.
[74] § 8 Abs. 1 VO Berlin, § 8 S. 3 VO Hamburg, § 8 Abs. 2 Nr. 1 VO Niedersachsen.
[75] § 8 S. 3 VO Hamburg, § 8 Abs. 2 Nr. 1 VO Niedersachsen, § 8 Abs. 2 VO Saarland.
[76] § 8 Abs. 2 VO Berlin.
[77] § 7 Abs. 3 VO Hessen, § 6 Abs. 3 S. 1 VO Nordrhein-Westfalen. Überblick zu solch einer „Konsumraum-Compliance" bei DTA Jahresbericht 2015, S. 11.
[78] § 9 Abs. 1 VO Niedersachsen.
[79] § 9 Abs. 1 VO Berlin, § 8 S. 1 VO Hessen, § 9 Abs. 1 VO Niedersachsen, § 7 S. 1 VO Nordrhein-Westfalen, § 9 S. 1 VO Saarland.
[80] § 9 Abs. 1 VO Berlin, § 9 S. 2 VO Hamburg, § 8 S. 1 VO Hessen, § 9 Abs. 1 VO Niedersachsen, § 7 S. 1 VO Nordrhein-Westfalen, § 9 S. 1 VO Saarland.
[81] § 9 Abs. 2 Nr. 1 VO Berlin, § 9 S. 3 VO Hamburg, § 8 S. 3 VO Hessen, § 9 Abs. 2 Nr. 1 VO Niedersachsen, § 7 S. 1 VO Nordrhein-Westfalen, § 9 S. 2 VO Saarland.
[82] § 9 Abs. 2 Nr. 1 VO Berlin, § 9 S. 2 VO Hamburg.
[83] § 9 Abs. 2 Nr. 2 VO Berlin.
[84] § 9 S. 1 VO Hamburg, § 8 S. 2 VO Hessen, § 7 S. 2 VO Nordrhein-Westfalen, § 9 S. 3 VO Saarland.
[85] § 9 S. 2 VO Hamburg.

keit: Die Landesverordnungen regeln übereinstimmend, dass der Besuch eines Drogenkonsumraumes **grundsätzlich nur Volljährigen** gestattet ist. Minderjährige[86] bzw. Jugendliche dürfen nur **mit Einwilligung der Erziehungsberechtigten** oder im **Einzelfall nach besonderer Prüfung** zugelassen werden,[87] wobei dann das örtliche **Jugendamt** einzuschalten ist.[88] **Jugendliche unter 16 Jahren** sind von der Benutzung des Konsumraumes ausgeschlossen.[89] Bei den danach zuzulassenden Benutzern muss sowohl **BtM-Abhängigkeit** wie auch ein aktueller **Konsumentschluss** vorliegen.[90] Sie müssen über **Konsumerfahrung** verfügen.[91] Von der Benutzung **ausgeschlossen** sind offenkundige Erst- und Gelegenheitskonsumenten,[92] Alkoholisierte und durch andere Suchtmittel Beeinträchtigte,[93] Opiatabhängige, die in einer Substitutionsbehandlung stehen,[94] Personen mit fehlender Einsichtsfähigkeit in die durch den Konsum erfolgende Gesundheitsbeschädigung[95] sowie Personen, die sich nicht ausweisen können.[96]

23   **Art der mitgeführten BtM** und **Konsumformen.** Nach den Landesverordnungen von Berlin,[97] Niedersachsen[98] und Nordrhein-Westfalen[99] sind die im Drogenkonsumraum zugelassenen BtM auf Opiate, Kokain, Amfetamin und ihre Derivate **beschränkt.** In Hamburg[100] und im Saarland[101] **kann** der Konsum Opiate, Kokain, Amfetamin und ihre Derivate betreffen. In Hessen[102] kann der Konsum **ua** Opiate, Kokain, Amfetamin und ihre Derivate betreffen. Der Konsum kann mit Ausnahme von Nordrhein-Westfalen überall intravenös, oral, nasal oder inhalativ erfolgen.[103] Die Verordnung Nordrhein-Westfalens[104] sieht keinen nasalen Konsum vor.

24   **hh) Dokumentation und Evaluation (Nr. 8).** Der Verordnungsgeber hat die Dokumentation und Evaluation zu regeln. Zu dokumentieren ist nach den landesrechtlichen Vorschriften übereinstimmend **der Betrieb** der Einrichtung. Es sind Tagesprotokolle zu fertigen, die über Umfang und Ablauf der Nutzerkontakte unter datenschutzrechtlichen Gesichtspunkten Auskunft geben. In Berlin[105] sind dabei Altersangaben, Geschlechtszugehörigkeit, Nationalität, Konsumverhalten und Drogenpräferenz festzuhalten. Tagesberichte sind zu Monatsberichten zusammenzufassen und **auszuwerten.**[106]

25   **ii) Personal des Drogenkonsumraumes (Nr. 9).** Es muss gewährleistet sein, dass ständig zuverlässiges Personal in ausreichender Zahl zur Erfüllung der in Nr. 1 bis Nr. 7 genann-

---

[86] § 10 Abs. 1 S. 4 VO Hamburg.
[87] § 10 Abs. 2 S. 2 VO Berlin, § 9 Abs. 1 S. 2 VO Hessen, § 8 Abs. 1 S. 2 VO Nordrhein-Westfalen, § 10 Abs. 1 S. 3 VO Saarland.
[88] § 10 Abs. 2 S. 2 VO Berlin, § 9 Abs. 1 S. 2 VO Hessen.
[89] § 10 Abs. 2 S. 3 VO Berlin, § 5 Abs. 2 S. 2 Nr. 1 VO Niedersachsen.
[90] § 10 Abs. 1 VO Berlin, § 10 Abs. 1 S. 1 VO Hamburg, § 9 Abs. 1 S. 1 VO Hessen, § 5 Abs. 2 S. 1 VO Niedersachsen, § 8 Abs. 1 S. 1 VO Nordrhein-Westfalen, § 10 Abs. 1 S. 2 VO Saarland.
[91] § 10 Abs. 1 S. 2 VO Hamburg, § 9 Abs. 1 S. 1 VO Hessen, § 8 Abs. 1 S. 1 VO Nordrhein-Westfalen.
[92] § 10 Abs. 3 Nr. 1 VO Berlin, § 9 Abs. 2 Nr. 1 VO Hessen, § 5 Abs. 2 S. 2 Nr. 2 VO Niedersachsen, § 8 Abs. 2 VO Nordrhein-Westfalen, § 10 Abs. 2 Nr. 1 VO Saarland.
[93] § 10 Abs. 3 Nr. 2 VO Berlin, § 10 Abs. 1 S. 5 VO Hamburg, § 9 Abs. 2 Nr. 2 VO Hessen, § 5 Abs. 2 S. 2 Nr. 3 VO Niedersachsen, § 8 Abs. 2 VO Nordrhein-Westfalen, § 10 Abs. 2 Nr. 2 VO Saarland.
[94] § 10 Abs. 3 Nr. 3 VO Berlin, § 9 Abs. 2 Nr. 3 VO Hessen, § 5 Abs. 2 S. 2 Nr. 4 VO Niedersachsen, § 8 Abs. 2 VO Nordrhein-Westfalen, § 10 Abs. 2 Nr. 3 VO Saarland.
[95] § 10 Abs. 3 Nr. 4 VO Berlin, § 10 Abs. 1 S. 6 VO Hamburg, § 5 Abs. 2 S. 2 Nr. 5 VO Niedersachsen, § 8 Abs. 2 VO Nordrhein-Westfalen, § 10 Abs. 2 Nr. 1 VO Saarland.
[96] § 10 Abs. 3 Nr. 5 VO Berlin, § 5 Abs. 2 S. 2 Nr. 6 VO Niedersachsen.
[97] § 7 Abs. 3 Nr. 2 VO.
[98] § 5 Abs. 3 Nr. 3 VO.
[99] § 8 Abs. 3 S. 3 VO.
[100] § 10 Abs. 2 S. 1 VO.
[101] § 11 Abs. 2 VO.
[102] § 9 Abs. 4 VO.
[103] § 7 Abs. 3 Nr. 4 VO Berlin, § 10 Abs. 2 S. 1 VO Hamburg, § 9 Abs. 4 VO Hessen, § 5 Abs. 3 Nr. 3 VO Niedersachsen, § 11 Abs. 2 VO Saarland.
[104] § 8 Abs. 3 S. 3 VO.
[105] § 11 VO.
[106] § 11 Abs. 3 AVO Berlin.

ten Anforderungen fachlich ausgebildet ist. Die Landesverordnungen beschränken sich für die Öffnungszeiten des Konsumraumes insoweit auf die Wiederholung des Gesetzeswortlauts.

jj) Bestimmung eines Verantwortlichen (Nr. 10). Nach Landesrecht ist eine sachkundige Person zu bestimmen, die für die Einhaltung der in den Nummern 1 bis 9 genannten Anforderungen, der Auflagen der Erlaubnisbehörde sowie der Anordnungen der Überwachungsbehörde verantwortlich ist. Die Verordnungen übertragen diese Aufgabe übereinstimmend dem Leiter des Drogenkonsumraumes. 25a

3. Anpassungen der Rechtsverordnungen. Auch wenn in der überwiegenden Zahl 26 der Bundesländer noch überhaupt keine Drogenkonsumräume existieren, sei der Hinweis auf die Notwendigkeit etwaiger **Anpassungen** der gegenständlichen Rechtsverordnungen erlaubt: Beklagt wird u.a., dass der Bedarf an Konsumräumen nicht gedeckt werde (was womöglich auch auf einen durch die unterschiedliche Handhabung in den Ländern verursachten „Drogenkonsumraum-Tourismus" zurückzuführen sein könnte, dem man wiederum – ebenso bedenklich – durch eine Untersagung „Auswärtiger" begegnen will), der inhalative (und ggf. weniger schädliche) Konsum untersagt bzw. nicht umsetzbar sei sowie bestimmte Substanzen verboten seien, um einen „Risikokonsum" auszuschließen.[107] Niemand will ernsthaft bestreiten, dass ein Risikokonsum unter der Aufsicht bzw. Anwesenheit von Dritten eher wünschenswert ist, als derjenige alleine zu Hause. In Nordrhein-Westfalen wurde zum 1.12.2015 erstmals eine Anpassung der Verordnungen umgesetzt, wobei etwa der Ausschluss erkennbar Substituierter gestrichen, der inhalative Konsum als zulässig erklärt wurde und vorgegeben wurde, dass die hierfür notwendigen Vorkehrungen getroffen werden.[108] In Berlin stehen derartige Verbesserungen ebenfalls schon auf der Tagesordnung.

4. Voraussetzungen für die Erteilung einer Betriebserlaubnis im Einzelfall. Erst 27 wenn das Landesrecht die gesetzlichen Mindestvoraussetzungen in Form einer Verordnung konkretisiert hat, kann eine Betriebserlaubnis erteilt werden.

a) Genehmigungsbehörde. Wer einen Drogenkonsumraum betreiben will, bedarf der 28 Erlaubnis der zuständigen Landesbehörde.[109] Damit weicht das Gesetz erstmals von der ausschließlichen Kompetenz des BfArM zur Erlaubniserteilung (§ 3) ab, was aber seinen Sinn darin hat, dass gerade die örtlichen Bedarfsverhältnisse für die Einrichtung solcher Räume ausschlaggebend sind.[110]

b) Drogenkonsumraum, Einrichtung, Räumlichkeit. Unter Drogenkonsumraum 29 sind Räumlichkeiten einer Einrichtung zu verstehen, in denen BtM-Abhängigen eine Gelegenheit zum Verbrauch von mitgeführten, ärztlich nicht verschriebenen BtM verschafft oder gewährt wird (S. 1). Ein Drogenkonsumraum kann nur von einer **Einrichtung** betrieben werden. Damit ist klargestellt, dass Einzelpersonen oder lose Zusammenschlüsse als Betreiber nicht in Betracht kommen.[111] Bei den Einrichtungen wird es sich idR um solche der Drogenhilfe handeln.[112] Der Betrieb setzt das Vorhandensein einer **Räumlichkeit**[113] voraus; eine Örtlichkeit, ggf. sogar noch im Freien, erfüllt die Anforderungen nicht.[114]

c) Benutzungsberechtigung. Klientel eines Drogenkonsumraumes können nach dem 30 Gesetzeswortlaut nur **BtM-Abhängige** sein. Das Gesetz definiert den – an sich zentra-

---

[107] *Schäffer/Köthner* ASD 2014, 94.
[108] Hierzu *Dettmer/Schneider* ADS 2016, 56 (60 f.).
[109] → § 4 Rn. 15.
[110] *Körner* (VI) Rn. 2.
[111] *Weber* Rn. 25.
[112] Vgl. § 1 S. 1 Nr. 2 VO Berlin, § 2 S. 1 VO Hamburg, § 13 Abs. 2 Nr. 1 VO Hessen, § 1 Nr. 1 VO Niedersachsen, § 12 Abs. 2 VO Nordrhein-Westfalen, § 3 Abs. 1 VO Saarland.
[113] Vgl. § 3 VO Berlin, § 4 VO Hamburg, § 3 VO Hessen, § 3 VO Niedersachsen, § 3 VO Nordrhein-Westfalen, § 3 VO Saarland.
[114] *Weber* Rn. 26.

len[115] – Begriff der BtM-Abhängigkeit an **keiner** Stelle. Die im allgemeinen Strafrecht verwendeten Begriffe[116] führen hier ebenso wenig weiter.

31   Nach der von der World Health Organisation (WHO) vorgenommenen Umschreibung versteht man unter Abhängigkeit einen „psychischen und zuweilen auch physischen Zustand, der sich aus der Wechselwirkung zwischen einem lebenden Organismus und einer Droge ergibt und sich im Verhalten und in anderen Reaktionen, die stets den Zwang einschließen, die Droge dauernd oder in Abständen zu nehmen, um deren psychische Wirkungen zu erleben und das durch ihr Fehlen mitunter auftretende Unbehagen zu vermeiden, äußert. Toleranz kann, muss aber nicht vorliegen. Eine Person kann von mehr als einer Droge abhängig sein.[117]

32   Da nach der Art des Stoffes unterschiedliche pharmakologische Wirkungen auftreten, wird zwischen verschiedenen Abhängigkeitstypen differenziert. Die wichtigsten sind: Morphin-Typ, Cocain-Typ, Cannabis-Typ, Amfetamin-Typ, Halluzinogenen-Typ und Barbiturat-Typ".[118]

33   **d) Zugang zum Drogenkonsumraum.** Da der Zugang nur BtM-Abhängigen eröffnet ist, bedarf es der diesbezüglichen – positiven – Feststellung durch das Betreiberpersonal. Maßgeblich ist dabei der Zeitpunkt, in dem der Konsumraum benutzt werden soll.[119] Da mit der Beschränkung auf BtM-Abhängige nicht die Einführung eines „diplomierten" Drogenabhängigen[120] beabsichtigt war und zuverlässige Feststellungen hierzu überaus schwierig sind, kommt der Überprüfung der Abhängigkeit in der Praxis ein relativ geringer Stellenwert zu. Kontrollen hierzu werden sich darauf beschränken, dass offenkundige Erst- oder Gelegenheitskonsumenten von der Benutzung ausgeschlossen (Abs. 2 S. 2 Nr. 7) bleiben.[121]

34   **e) Gelegenheit zum Verbrauch von mitgeführten, ärztlich nicht verschriebenen BtM.** Der Kreis der BtM ist gesetzlich nicht eingeschränkt und umfasst daher sämtliche Stoffe und Zubereitungen der Anlagen I–III zu § 1 Abs. 1.[122]

35   **aa) Nicht ärztlich verschrieben.** Die BtM dürfen ärztlich nicht verschrieben, müssen also illegal erworben oder sich in sonstiger Weise verschafft worden sein. Der Gesetzgeber hat hier eine andere als die in § 29 Abs. 1 S. 1 Nr. 12 gebrauchte Formulierung[123] verwendet und damit zum Ausdruck gebracht, dass die Benutzung eines Drogenkonsumraumes in keinem Fall, in dem der BtM-Erwerb **auf einer ärztlichen Verschreibung beruht,** in Betracht kommt. Auch wenn der Arzt bei der Verschreibung gegen § 29 Abs. 1 S. 1 Nr. 6a verstoßen hat, etwa weil er die Grenzen seines Fachgebiets überschritten hat, die Verschreibung medizinisch nicht indiziert war oder unter Verstoß gegen Substitutionsvorschriften erfolgte, ist die Nutzung des Drogenkonsumraumes für solche BtM ausgeschlossen. Dies gilt auch für BtM, deren Verschreibung durch falsche oder unvollständige Angaben erlangt (erschlichen) wurde, da sie ebenfalls ärztlich verschrieben wurden.[124]

36   **bb) Selbst mitgeführt.** Im Drogenkonsumraum darf der einzelne Nutzer nur solche BtM verbrauchen, die dort zugelassen sind (→ Rn. 23) und die er selbst mitgeführt hat, was besagt, dass die Raumnutzung ausgeschlossen ist, wenn der Konsumwillige dort BtM erwirbt (vgl. auch Abs. 2 S. 2 Nr. 5).

[115] *Weber* § 1 Rn. 27.
[116] Vgl. §§ 108, 174, 180a, 181a StGB.
[117] WHO Technical Report Series, No 407, p. 6, 1969, zit. nach *Joachimski/Haumer* § 1 Rn. 42.
[118] WHO Technical Report Series, No 273, p. 13, 1964, zit. nach HJLW/*Winkler* Einf. S. 4; vgl. auch OLG Stuttgart 7.9.1988 – 3 Ws 211/88, DRsp Nr. 1998/19 589.
[119] *Weber* Rn. 27.
[120] *Joachimski/Haumer* Rn. 12.
[121] *Weber* Rn. 27.
[122] *Katholnigg* NJW 2000, 1218; *Weber* Rn. 36.
[123] „…nicht zulässigerweise verschrieben", → § 29 Rn. 1542.
[124] AA iErg *Weber* Rn. 35, § 29 Rn. 1554 ff., der die Begriffsinhalte der zulässigen Verschreibung und der medizinisch begründeten Verschreibung gleichsetzt.

cc) Mengenbeschränkung. Aus dem Zweck der Regelung, nur den sofortigen Ver- **37** brauch im Drogenkonsumraum zu ermöglichen, folgt zugleich eine Beschränkung hinsichtlich der mitgeführten Menge. Die Festlegung auf den unbestimmten Rechtsbegriff einer **geringen Menge** folgt aus Abs. 2 S. 2 Nr. 5, § 31a Abs. 1 S. 2, da die im Gesetz verwendeten Begriffe einheitlich verstanden werden müssen.[125] Allerdings enthält sie einen **gesetzlichen Wertungswiderspruch,** da sie – wie in § 29 Abs. 5 – auf den Augenblicks-[126] oder Tagesbedarf eines nicht abhängigen Konsumenten abstellt, der sich auf zwei bis drei Konsumeinheiten[127] beläuft, während die Benutzung eines Drogenkonsumraumes gerade BtM-Abhängigkeit, Dauerkonsum und damit eine **höhere Tagesdosis** voraussetzt. Soweit es in der Praxis hierauf ankommen sollte, muss der Wert entsprechend den Konsumgewohnheiten des Individuums angepasst werden, damit der Nutzungswillige im Hinblick auf den Wortlaut des § 31a Abs. 1 S. 2 nicht mit der Durchführung eines gegen ihn gerichteten Strafverfahrens rechnen muss und v.a. auch dem **Personal des Drogenkonsumraumes** nicht der Vorwurf gemacht werden kann, dieses hätte seinen Erlaubnisrahmen überschritten, wenn es den Besitz einer darüber hinaus gehenden Menge duldet. Das Personal ist zwar dazu verpflichtet, **Sichtkontrollen** durchzuführen. Die Überprüfung der mitgeführten Menge würde aber zumindest Feststellungen zur **Gewichtsmenge** erfordern, wozu das Personal jedoch gerade nicht autorisiert ist. Der Wirkstoffgehalt könnte ohnehin nur im Rahmen einer **Substanzanalyse** ermittelt werden, die aber nach Abs. 4 ausdrücklich untersagt ist.

5. Erlaubnisverfahren. Für das Erlaubnisverfahren gelten § 7 S. 1 und 2 Nr. 1–4 und **38** 8, §§ 8, 9 Abs. 2 und 10 entsprechend mit der Maßgabe, dass anstelle des BfArM jeweils die zuständige oberste Landesbehörde, an die Stelle dieser jeweils das BfArM tritt.

---

[125] *Weber* Rn. 30 ff.
[126] OLG Koblenz 11.9.2000 – 2 Ss 225/00, BeckRS 2000, 30130791.
[127] BGH 12.8.1993 – 1 StR 379/93, DRsp-ROM Nr. 1995/7386; BayObLG 14.2.1995 – 4St RR 170/94, StV 1995, 529 mAnm *Körner.*

Dritter Abschnitt. Pflichten im Betäubungsmittelverkehr

§ 11 Einfuhr, Ausfuhr und Durchfuhr

(1) [1]Wer Betäubungsmittel im Einzelfall einführen oder ausführen will, bedarf dazu neben der erforderlichen Erlaubnis nach § 3 einer Genehmigung des Bundesinstitutes für Arzneimittel und Medizinprodukte. [2]Betäubungsmittel dürfen durch den Geltungsbereich dieses Gesetzes nur unter zollamtlicher Überwachung ohne weiteren als den durch die Beförderung oder den Umschlag bedingten Aufenthalt und ohne daß das Betäubungsmittel zu irgendeinem Zeitpunkt während des Verbringens dem Durchführenden oder einer dritten Person tatsächlich zur Verfügung steht, durchgeführt werden. [3]Ausgenommene Zubereitungen dürfen nicht in Länder ausgeführt werden, die die Einfuhr verboten haben.

(2) [1]Die Bundesregierung wird ermächtigt, durch Rechtsverordnung ohne Zustimmung des Bundesrates das Verfahren über die Erteilung der Genehmigung zu regeln und Vorschriften über die Einfuhr, Ausfuhr und Durchfuhr zu erlassen, soweit es zur Sicherheit oder Kontrolle des Betäubungsmittelverkehrs, zur Durchführung der internationalen Suchtstoffübereinkommen oder von Rechtsakten der Organe der Europäischen Union erforderlich ist. [2]Insbesondere können
1. die Einfuhr, Ausfuhr oder Durchfuhr auf bestimmte Betäubungsmittel und Mengen beschränkt sowie in oder durch bestimmte Länder oder aus bestimmten Ländern verboten,
2. Ausnahmen von Absatz 1 für den Reiseverkehr und die Versendung von Proben im Rahmen der internationalen Zusammenarbeit zugelassen,
3. Regelungen über das Mitführen von Betäubungsmitteln durch Ärzte, Zahnärzte und Tierärzte im Rahmen des grenzüberschreitenden Dienstleistungsverkehrs getroffen und
4. Form, Inhalt, Anfertigung, Ausgabe und Aufbewahrung der zu verwendenden amtlichen Formblätter festgelegt
werden.

Schrifttum: *Nestler,* Grundlagen und Kritik des Betäubungsmittelstrafrechts, in: *Kreuzer,* Handbuch des Betäubungsmittelrechts, 1998, § 11 (S. 702 ff.); *Oğlakcıoğlu/Henne-Bruns/Wittau,* Unerlaubte Einfuhr von Betäubungsmitteln durch „Bodypacking" – Rechtliche und medizinische Grundlagen, NStZ 2011, 73; *Rebholz,* Einfuhr, Durchfuhr und Ausfuhr im Straf- und Ordnungswidrigkeitenrecht, 1991.

Übersicht

I. Überblick

1   **1. Norminhalt. Abs. 1 Satz 1** (Ein- und Ausfuhr) regelt die **Genehmigungspflicht des grenzüberschreitenden legalen BtM-Verkehrs. Abs. 1 Satz 2** betrifft die Durch-

fuhr, enthält aber keine Legaldefinition.[1] **Abs. 2** bildet die **Ermächtigungsgrundlage für die BtMAHV.**[2] Neben der Kontrolle des BtM-Verkehrs dient das Genehmigungserfordernis bei der Ein- und Ausfuhr auch **statistischen Zwecken.**[3]

2. Rechtsentwicklung. a) Einfluss internationaler Übereinkommen. Im Übk. **2** 1961[4] verpflichteten sich die Vertragsstaaten in Art. 31 Abs. 1 Nr. 4 Buchst. a, für jeden Ein- oder Ausfuhrvorgang eine besondere Genehmigung vorzuschreiben. Eine gleichartige Verpflichtung wurde in Art. 12 Abs. 1 Buchst. a Übk. 1971[5] wiederholt.

b) Innerstaatliches Recht. In § 6 Abs. 1 BtMG 1972[6] wurden bereits Ein- und Ausfuhr **3** von BtM von der Genehmigung durch das Bundesgesundheitsamt abhängig gemacht. § 11 Abs. 1 S. 2 BtMG 1972 enthielt eine Legaldefinition der Durchfuhr.[7] Durch das BtMG 1982[8] erhielt die Vorschrift ihre heutige Fassung. Seit Inkrafttreten der 4. BtMÄndV[9] gelten auch für ausgenommene Zubereitungen die btm-rechtlichen Vorschriften über die Ein-, Aus- und Durchfuhr, woraus der BGH[10] gefolgert hat, dass dies auch die Anwendbarkeit der §§ 29 ff. umfasst.[11]

II. Erläuterung

1. Teilnehmer am BtM-Verkehr. a) Erlaubnispflicht. aa) Ein- und Ausfuhr. 4 Generell benötigt jedermann, der am BtM-Verkehr in Form des **Ein- und Ausführens** teilnimmt, eine diesbezügliche Erlaubnis (§ 3 Abs. 1 Nr. 1). Ausgenommen hiervon sind lediglich **Ärzte, Zahnärzte** und **Tierärzte** im Rahmen eines **grenzüberschreitenden Dienstleistungsverkehrs** (§ 3 Abs. 1 Nr. 4a; vgl. auch § 15 Abs. 1 Nr. 1 BtMAHV) sowie andere Personen, die BtM aufgrund ärztlicher (zahn-, tierärztlicher) Verschreibung erworben haben und sie als **Reisebedarf** mit sich führen (§ 3 Abs. 1 Nr. 4b). Dies gilt insbesondere auch für Substitutionspatienten und deren im Ausland aufgrund ärztlicher Verschreibung erworbenen Substitutionsmittel (vgl. § 15 Abs. 1 Nr. 2 BtMAHV).

bb) Durchfuhr. Das Durchführen von BtM hingegen bedarf keiner Erlaubnis, was **5** darauf zurückgeführt wird, dass diese Verkehrsform für das Rechtsgut der Volksgesundheit weniger gefährlich ist als zB die Einfuhr.[12] Auch fließen Art und Menge der durchgeführten BtM nicht in die Statistik des Bundesinstituts für Arzneimittel und Medizinprodukte (BfArM) ein.

b) Einzelfallgenehmigung. Soweit der Teilnehmer am BtM-Verkehr nicht gem. § 4 **6** privilegiert ist, bedarf er gem. Abs. 1 neben der Erlaubnis nach § 3 noch **in jedem Einzelfall der Ein- oder Ausfuhr** einer Genehmigung durch das BfArM. Der Genehmigung (§§ 3, 9 BtMAHV) geht der jeweilige **Antrag** (§§ 1 Abs. 1, 7 Abs. 1 BtMAHV) voraus. Einem **vereinfachten Genehmigungsverfahren** sind Bundes- oder Landesbehörden im grenzüberschreitenden Bereich (§§ 4 Abs. 2, 26) unterworfen (§ 14 BtMAHV). Ähnliches gilt für Transportunternehmen, die im internationalen Reiseverkehr tätig sind und BtM in angemessenem Umfang als Ausrüstung für Erste-Hilfe-Leistungen[13] mit sich führen (§ 15

---

[1] *Rebholz* S. 94.
[2] Vom 16.12.1981, BGBl. I S. 1420 (FNA 2121-624-2).
[3] KPV/*Patzak* Rn. 1.
[4] → Vor § 1 Rn. 75.
[5] → Vor § 1 Rn. 76.
[6] → Vor § 1 Rn. 76.
[7] *Körner* (VI) Rn. 9.
[8] → Vor § 1 Rn. 79.
[9] → Vor § 1 Rn. 91.
[10] BGH 2.10.2010 – 1 StR 581/09, BGHSt 56, 52 = NJW 2011, 1462 m. abl. Anm. *Kotz* NStZ 2011, 463; die ua auf Verletzung von Art. 103 Abs. 2 GG gestützte Verfassungsbeschwerde hat das BVerfG durch Beschluss vom 28.3.2012 – 2 BvR 367/11, ua ohne Begründung nicht zur Entscheidung angenommen.
[11] Zur Kritik → § 29 Rn. 776 f.
[12] *Weber* § 3 Rn. 71.
[13] KPV/*Patzak* Rn. 6.

Abs. 2 BtMAHV). Die Genehmigung muss **vor der Ein- bzw. Ausfuhr vorliegen,** wie sich aus dem Gesetzeswortlaut („will") ergibt.[14] Für die **Durchfuhr** unter den Voraussetzungen des § 13 BtMAHV ist keine Genehmigung erforderlich.

7 **2. BtM.** In Betracht kommen sämtliche in den Anlagen I–III aufgeführten Stoffe und Zubereitungen, da das BfArM zur Verfolgung wissenschaftlicher oder sonst im öffentlichen Interesse liegender Zwecke auch hinsichtlich der in Anlage I genannten Betäubungsmittel eine Erlaubnis erteilen kann (§ 3 Abs. 2). Von der in Abs. 2 Satz 2 Nr. 1 enthaltenen Möglichkeit, **Einfuhr, Ausfuhr und Durchfuhr** auf bestimmte BtM oder BtM-Mengen zu **beschränken** sowie Ein- oder Ausfuhrverbote zu erlassen, hat der Verordnungsgeber bislang keinen Gebrauch gemacht.

8 **3. Ein- und Ausführen. Einführen** bedeutet Verbringen eines BtM aus dem Ausland über die Grenze in das Hoheitsgebiet der Bundesrepublik Deutschland.[15] Unter **Ausführen** versteht man das Verbringen eines BtM aus dem Hoheitsgebiet der Bundesrepublik Deutschland über die Grenze in das Ausland. **Ausgenommene Zubereitungen** dürfen nicht in Länder ausgeführt werden, die deren Einfuhr verboten haben (Abs. 1 Satz 3).

9 **4. Durchfuhr.** Die Vorschrift enthält, wie sich schon aus ihrer systematischen Stellung im Dritten Abschnitt über die Pflichten im BtM-Verkehr ergibt, lediglich eine gesetzliche Umschreibung des Begriffs, welche die noch im Regierungsentwurf[16] vorgesehenen Legaldefinitionen verdrängt hat: Dort wurde als **Durchfuhr** „das Verbringen eines BtM durch den Geltungsbereich dieses Gesetzes ohne weiteren als den durch die Beförderung oder den Umschlag bedingten Aufenthalt und ohne, dass das BtM zu irgendeinem Zeitpunkt während des Verbringens dem Durchführenden oder einer dritten Person tatsächlich zur Verfügung steht," umschrieben. Eine **gesetzestechnische Fehlleistung** sehen *Pfeil/Hempel/Slotty*[17] darin, dass Abs. 1 Satz 2 innerhalb der Verbotsnorm die Definition der verbotenen Handlung selbst enthalte, so dass derjenige tatbestandsmäßig handeln könne, der gegen die Definition verstoße, mithin gar nicht durchführe. § 11 ist also dahingehend zu verstehen, dass er die Durchfuhr als neutralen Oberbegriff verwendet und hierbei die verbotene Form der Durchfuhr im Abs. 1 S. 2 beschreibt.

10 **a) Begriff der Durchfuhr.** BtM dürfen durch den Geltungsbereich dieses Gesetzes nur unter zollamtlicher Überwachung ohne weiteren als den durch die Beförderung oder den Umschlag bedingten Aufenthalt und ohne dass das BtM zu irgendeinem Zeitpunkt während des Verbringens dem Durchführenden oder einer dritten Person tatsächlich zur Verfügung steht, durchgeführt werden. Die Durchfuhr besteht demzufolge – anders als im GÜG[18] – aus den **drei Akten** der Verbringung ins Inland, der Beförderung (des Umschlags) im Inland und der Verbringung ins Ausland[19] und ist nicht lediglich eine Kombination aus Ein- und Ausfuhr.[20] Für das **Verbringen** gelten dieselben Kriterien wie bei der Einfuhr.[21] **Geltungsbereich des Gesetzes** ist das Hoheitsgebiet der Bundesrepublik Deutschland. Im Zusammenhang mit der Maßgeblichkeit der Hoheitsgrenze kann ebenfalls auf die Ausführungen zum räumlichen Geltungsbereich des Gesetzes[22] verwiesen werden. Als Besonderheit der Durchfuhr gilt bei einer solchen aus Nichtmitgliedstaaten der EU, dass sie nur an vom Bundesfinanzministerium **bestimmten Zollstellen** ins Inland verbracht und von dort ausgeführt werden dürfen (§ 13 Abs. 3 Satz 3 BtMAHV).

---

[14] *Weber* Rn. 2.
[15] → § 29 Rn. 645.
[16] KPV/*Patzak* Rn. 9.
[17] *Pfeil/Hempel/Slotty* § 29 Rn. 187.
[18] → GÜG § 19 Rn. 15.
[19] BGH 4.5.1983 – 2 StR 661/82, BGHSt 31, 374 = NJW 1983, 1985.
[20] *Weber* Rn. 6.
[21] → § 2 Rn. 54.
[22] → § 2 Rn. 39 ff.

b) Zollamtliche Überwachung. Darunter fallen sämtliche Handlungen der Zollver- **11** waltung, die zur Sicherung der zollrechtlichen Belange erforderlich sind (Art. 4 Nr. 13 Zollkodex[23]). Sie stellt aber noch keine zollamtliche Kontrolle dar.[24] Die Pflicht zur zollamtlichen Überwachung entfällt beim BtM-Verkehr mit einem **Mitgliedstaat der Europäischen Union** (§ 13 Abs. 1 Satz 3 BtMAHV), also wenn entweder der Einfuhr- oder der Ausfuhrstaat der EU angehört.[25]

c) Unnötiger Aufenthalt. Einen Verstoß gegen Abs. 1 Satz 2 stellt es dar, wenn sich **12** die Transitware eine längere Zeitspanne, als für die Beförderung oder den Umschlag benötigt wird, im Inland befindet, zumal jegliche Manipulation an den BtM – allerdings ohne Strafbewehrung – verboten ist (vgl. § 13 Abs. 1 Satz 2 BtMAHV), eine solche Gefahr aber mit zunehmender Aufenthaltsdauer wächst. Die Transitware darf während des Durchfuhrvorganges im Inland nicht zur Ruhe kommen.[26] Sie muss in einem einheitlichen Zuge unter Benutzung des inländischen Weges in einer Art und Weise befördert werden, dass sie auf diesem Wege in steter Bewegung auf das Ziel zu, nie im Stillstand befangen ist.[27]

d) Tatsächliches Zur-Verfügung-Stehen. Die – insbesondere auch für die strafrechtli- **13** che Betrachtungsweise – bedeutsamste Voraussetzung für die Durchfuhr liegt im Fehlen eines tatsächlichen Zur-Verfügung-Stehens der BtM, da sie die Durchfuhr von der Einfuhr abgrenzt. Sie ist **Tatbestandsmerkmal** des § 29 Abs. 1 S. 1 Nr. 5.[28]

aa) Begriff. Der Gesetzgeber hat insoweit uneingeschränkt und weitgehend wörtlich **14** die Formulierungen übernommen, die von der Rechtsprechung auf der Grundlage des BtMG 1972 erarbeitet worden waren.[29] Die Feststellung, dass *Durch-* und nicht *Ein*fuhr vorliegt, erfordert deshalb, dass jegliche **tatsächliche Einwirkungsmöglichkeit** des Durchführenden (oder einer dritten Person) auf das BtM, welche die Gefahr der Erweiterung des inländischen BtM-Kreislaufs und damit der Verletzung des Schutzgutes der Volksgesundheit hervorruft oder erhöht, ausgeschlossen ist. Die Betonung liegt dabei aber auf einer in diesem Sinne **tatsächlich gegebenen** Einwirkungsmöglichkeit, weshalb die Grenzüberschreitung auf dem Landweg mittels eines Pkw, in dessen Scheinwerferhohlräumen BtM versteckt sind,[30] für eine Verfügungsmacht und damit für eine Einfuhr ebenso ausreicht wie das Mitführen von BtM als Reisegepäck[31] bei einer Bahnfahrt bzw. als Handgepäck[32] bei einer Flugreise. Der „Durchführende" (oder eine dritte Person) muss das BtM aber nicht zwingend „in Händen" haben, um rechtlich eine Einfuhr bejahen zu können. Vereinzelt erkannte zwar bereits die Rechtsprechung in den frühen 1980er Jahren, dass beim eingecheckten Reisegepäck[33] oder zur Luftfracht aufgegebene Transportbehältnisse[34] auf Flugreisen organisatorische Umstände gegen ein tatsächliches Zur-Verfügung-Stehen sprechen konnten, so wenn wegen der kurzen Dauer des Zwischenaufenthalts in einer Spitzenverkehrszeit die Herausgabe des Reisegepäcks noch vor der Weiterbeförderung mit dem Anschlussflugzeug objektiv unmöglich war oder das Gepäck schon ab dem Zeitpunkt des Ausladens aus dem ankommenden Flugzeug unter der Kontrolle der Zollbehörde stand. Generell ging die Rechtsprechung jedoch davon aus, dass Flugreisende bei einem Transitaufenthalt ihr Flugreisegepäck ohne Schwierigkeiten ausgehändigt bekommen könnten, wenn

---

[23] VO (EWG) Nr. 2913/92 des Rates, ABl. 1992 L 302.
[24] Zu den Einzelheiten s. *Weber* Rn. 11.
[25] *Weber* Rn. 12 ff.
[26] *Rebholz* S. 97.
[27] Vgl. RG 16.6.1906 – I 389/06, RGSt 39, 66 (70) zur Durchfuhr von Süßstoff.
[28] BGH 4.5.1983 – 2 StR 661/82, BGHSt 31, 374 = NJW 1983, 1985.
[29] BGH 28.11.1973 – 3 StR 225/73, NJW 1974, 429 mAnm *Hübner* NJW 1974, 913.
[30] BGH 28.11.1973 – 3 StR 225/73, NJW 1974, 429 mAnm *Hübner* NJW 1974, 913.
[31] BGH 21.11.1972 – 1 StR 511/72, DRsp Nr. 1998/19533.
[32] BGH 16.1.1974 – 2 StR 514/73, BGHSt 15, 385 = BeckRS 1974, 30382411.
[33] BGH 4.5.1983 – 2 StR 661/82, BGHSt 31, 374 = NJW 1983, 1985.
[34] BGH 16.1.1974 – 2 StR 514/73, BGHSt 15, 385 = BeckRS 1974, 30382411.

sie bei einer Umladung des Gepäcks am Ort der Zwischenlandung vor der Weiterbeförderung den Wunsch äußerten und den Gepäckschein vorwiesen, es ihnen mithin tatsächlich zur Verfügung stand.[35]

15 Mitte der 1980er Jahre waren bei dem für den Frankfurter Rhein-Main-Flughafen zuständigen 2. Strafsenat des BGH nicht behebbare Zweifel daran aufgekommen, ob einem Transitreisenden einerseits wegen der Kürze des Aufenthalts, andererseits wegen technischer Undurchführbarkeit im Zusammenhang mit dem Umladen des Gepäcks das darin enthaltene Betäubungsmittel tatsächlich zur Verfügung steht.[36] Seither fordert die Rechtsprechung in jedem Einzelfall tatsächliche Feststellungen darüber, ob aufgrund der vorgesehenen Dauer des Zwischenaufenthalts, der Durchführung einer zollamtlichen Kontrolle und der von der Fluglinie bei Transitaufenthalten an den Tag gelegten Usancen ein tatsächliches Zur-Verfügung-Stehen objektiv überhaupt möglich ist.[37] Im nächsten Schritt ist dann der Frage nachzugehen, ob auch dem Angeklagten bekannt war, dass ihm bei einem Zwischenstopp in der Bundesrepublik sein Gepäck ausgehändigt wird (in dem sich Kokain befindet). Ist dies nicht der Fall, geht er also davon aus, dass der Koffer „durchgecheckt" sei und von ihm also erst an seinem endgültigen Reiseziel in Izmir abgeholt werden müsse, kommt lediglich eine fahrlässige Einfuhr in Betracht (die im Falle eines vorsätzlichen Handeltreibens in nicht geringen Mengen selbstverständlich keine Rolle spielt).[38]

16 **bb) Tatsächliches Zur-Verfügung-Stehen in Körperschmuggelfällen.** Siehe hierzu die Erläuterungen zum Einführen.[39]

17 **5. Verstöße gegen § 11.** Verstöße werden unterschiedlich als Straftaten oder Ordnungswidrigkeiten sanktioniert.

18 **a) Durchfuhr.** Wer bei der Durchfuhr von BtM vorsätzlich oder fahrlässig gegen § 11 verstößt, macht sich nach § 29 Abs. 1 Satz 1 Nr. 5 (ggf. iVm Abs. 4) strafbar. Der Verstoß gegen **§ 13 Abs. 1 Satz 2 BtMAHV,** wonach BtM während der Durchfuhr keiner Behandlung unterzogen werden dürfen, die geeignet ist, die Beschaffenheit, die Kennzeichnung, die Verpackung oder die Markierungen zu verändern, ist nicht strafbewehrt.

19 **b) Ein- oder Ausfuhr.** Wer im Rahmen einer Ein- oder Ausfuhr vorsätzlich oder fahrlässig die Erlaubnispflicht verletzt, macht sich nach § 29 Abs. 1 Satz 1 Nr. 1 (ggf. iVm Abs. 4) strafbar. Wer lediglich gegen die Genehmigungspflicht nach § 11 verstößt, handelt nach § 32 Abs. 1 Nr. 5 ordnungswidrig. Der Verstoß gegen § 13 Abs. 1 Satz 2 **BtMAHV** stellt ebenfalls eine Ordnungswidrigkeit (§ 32 Abs. 1 Nr. 6) dar.

20 **c) Ausgenommene Zubereitungen.** Wer ausgenommene Zubereitungen in ein Land **ausführt,** das ein Einfuhrverbot erlassen hat, macht sich seit der mit der 4. BtMÄndV erfolgten Unterstellung ausgenommener Zubereitungen unter die btm-rechtlichen Vorschriften nach Auffassung des BGH wegen unerlaubter Ausfuhr von BtM strafbar, ggf. auch gem. § 30a Abs. 1.[40]

21 **6. Rechtsverordnung (Abs. 2).** Die Bundesregierung ist ermächtigt, mit Hilfe zusätzlicher Vorschriften das Genehmigungsverfahren bezüglich der Ein-, Aus- und Durchfuhr zu regeln.

---

[35] BGH 4.5.1983 – 2 StR 661/82, BGHSt 31, 374 = NJW 1983, 1985.
[36] BGH 30.1.1986 – 2 StR 4/86, NStZ 1986, 273.
[37] BGH 16.6.2004 – 2 StR 187/04, NStZ 2004, 693; 25.7.2002 – 2 StR 259/02, NStZ 2003, 92.
[38] BGH 18.3.2015 – 3 StR 634/14, NStZ 2015, 587.
[39] → § 29 Rn. 743 ff.
[40] BGH 2.11.2010 – 1 StR 581/09, BGHSt 56, 52 = NJW 2011, 1462 m. abl. Anm. *Kotz*; NStZ 2011, 653; 2.11.2010 – 1 StR 579/09, BeckRS 2011, 01481 mAnm *Kotz* StRR 2011, 109. Kritik hierzu bei → § 29 Rn. 775 (Ausfuhr) und → § 30a Rn. 13.

§ 12 Abgabe und Erwerb

(1) Betäubungsmittel dürfen nur abgegeben werden an

1. Personen oder Personenvereinigungen, die im Besitz einer Erlaubnis nach § 3 zum Erwerb sind oder eine Apotheke oder tierärztliche Hausapotheke betreiben,

2. die in § 4 Abs. 2 oder § 26 genannten Behörden oder Einrichtungen.

3. (weggefallen)

(2) ¹Der Abgebende hat dem Bundesinstitut für Arzneimittel und Medizinprodukte außer in den Fällen des § 4 Abs. 1 Nr. 1 Buchstabe e unverzüglich jede einzelne Abgabe unter Angabe des Erwerbers und der Art und Menge des Betäubungsmittels zu melden. ²Der Erwerber hat dem Abgebenden den Empfang der Betäubungsmittel zu bestätigen.

(3) Die Absätze 1 und 2 gelten nicht bei

1. Abgabe von in Anlage III bezeichneten Betäubungsmitteln
   a) auf Grund ärztlicher, zahnärztlicher oder tierärztlicher Verschreibung im Rahmen des Betriebes einer Apotheke,
   b) im Rahmen des Betriebes einer tierärztlichen Hausapotheke für ein vom Betreiber dieser Hausapotheke behandeltes Tier,
   c) durch den Arzt nach § 13 Absatz 1a Satz 1,

2. der Ausfuhr von Betäubungsmitteln und

3. Abgabe und Erwerb von Betäubungsmitteln zwischen den in § 4 Abs. 2 oder § 26 genannten Behörden oder Einrichtungen.

(4) ¹Das Bundesministerium für Gesundheit wird ermächtigt, durch Rechtsverordnung ohne Zustimmung des Bundesrates das Verfahren der Meldung und der Empfangsbestätigung zu regeln. ²Es kann dabei insbesondere deren Form, Inhalt und Aufbewahrung sowie eine elektronische Übermittlung regeln.

I. Überblick

1. Bedeutung der Vorschrift. Die Vorschrift ist im Kontext zu § 3 zu lesen. Während **1** dort generell die Abgabe- und Erwerbserlaubnis geregelt ist, betrifft § 12 **Abgabe und Erwerb im Einzelfall.** Die Regelung von Abgabe und Erwerb aufgrund ärztlicher (zahnärztlicher, tierärztlicher) Verschreibung beinhaltet § 13. § 12 Abs. 4 der Vorschrift bildet die Ermächtigungsgrundlage für die BtMBinHV.

2. Rechtsentwicklung. Bis zum Inkrafttreten des BtMG 1982 war im Einzelfall ein **2** sog Bezugschein erforderlich, um BtM legal erwerben zu können (§ 4 BtMG 1972); diese Regelung wurde durch § 12 ersetzt. Das AMNOG[1] hat die Ermächtigungsgrundlage in Abs. 4 neu gefasst. Das 2. AMGuaÄndG[2] nimmt nunmehr auch den in der Palliativmedizin tätigen Arzt unter bestimmten Voraussetzung von der Erlaubnispflicht bei der Abgabe aus.

II. Erläuterung

1. Abgabe und Erwerb im Einzelfall. a) Erwerbsberechtigte. Nach Abs. 1 dürfen **3** BtM im Einzelfall nur an fünf Gruppen von Erwerbsberechtigten abgegeben werden. Die erste Gruppe betrifft Teilnehmer am BtM-Verkehr, die eine **Erwerbserlaubnis (§ 3)** erhalten haben.[3] Abgabe von BtM darf auch erfolgen an **Betreiber einer Apotheke,** an Betreiber einer **tierärztlichen Hausapotheke** darf allerdings nur noch in Form von Fertigarzneimitteln abgegeben werden.[4] An die in § 4 Abs. 2 und § 26 genannten **Behörden** darf im

---

[1] → Vor § 1 Rn. 110.
[2] → Vor § 1 Rn. 112.
[3] → § 3 Rn. 5.
[4] → § 4 Rn. 5 ff.

Einzelfall ebenfalls abgegeben werden.[5] Schließlich bedürfen nunmehr **Probanden** und **Patienten** im Einzelfall keiner Erwerbserlaubnis mehr.[6]

4   **b) Pflichtenkreis.** Werden im Einzelfall BtM **abgegeben,** ist dieser Vorgang dem BfArM zu melden (Abs. 2). Zuvor hat der Abgebende jedoch auch zu prüfen, ob der Erwerber über die erforderliche Erlaubnis verfügt.[7] Dem **Erwerber** obliegt es, dem Abgebenden den Empfang des BtM zu bestätigen.

5   **c) Ausnahmen.** Die **ärztliche Verschreibung** und die BtM-Abgabe bei Verschreibung regelt § 13. Einerseits zur Klarstellung anderseits bezüglich der in § 12 statuierten Meldepflicht nimmt Abs. 3 Nr. 1 diesen Bereich von der Erlaubnispflicht im Einzelfall nochmals aus. Von der Verpflichtung nach § 12 ist ebenfalls die **Ausfuhr** ausgenommen. Werden BtM **zwischen** den in § 4 Abs. 2 oder § 26 genannten **Behörden** abgegeben, besteht ebenso wenig eine Meldepflicht.

6   **2. Meldeverfahren.** Das Verfahren zur Meldung der Abgabe bzw. zur Bestätigung des Empfangs ist in der BtMBinHV geregelt.

7   **3. Ordnungswidrigkeit.** Ordnungswidrig handelt, wer gegen die Meldepflicht verstößt (§ 32 Abs. 1 Nr. 7).[8]

§ 13 Verschreibung und Abgabe auf Verschreibung

(1) [1]**Die in Anlage III bezeichneten Betäubungsmittel dürfen nur von Ärzten, Zahnärzten und Tierärzten und nur dann verschrieben oder im Rahmen einer ärztlichen, zahnärztlichen oder tierärztlichen Behandlung einschließlich der ärztlichen Behandlung einer Betäubungsmittelabhängigkeit verabreicht oder einem anderen zum unmittelbaren Verbrauch oder nach Absatz 1a Satz 1 überlassen werden, wenn ihre Anwendung am oder im menschlichen oder tierischen Körper begründet ist. [2]Die Anwendung ist insbesondere dann nicht begründet, wenn der beabsichtigte Zweck auf andere Weise erreicht werden kann. [3]Die in Anlagen I und II bezeichneten Betäubungsmittel dürfen nicht verschrieben, verabreicht oder einem anderen zum unmittelbaren Verbrauch oder nach Absatz 1a Satz 1 überlassen werden.**

(1a) [1]**Zur Deckung des nicht aufschiebbaren Betäubungsmittelbedarfs eines ambulant versorgten Palliativpatienten darf der Arzt diesem die hierfür erforderlichen, in Anlage III bezeichneten Betäubungsmittel in Form von Fertigarzneimitteln nur dann überlassen, soweit und solange der Bedarf des Patienten durch eine Verschreibung nicht rechtzeitig gedeckt werden kann; die Höchstüberlassungsmenge darf den Dreitagesbedarf nicht überschreiten. [2]Der Bedarf des Patienten kann durch eine Verschreibung nicht rechtzeitig gedeckt werden, wenn das erforderliche Betäubungsmittel**
1. bei einer dienstbereiten Apotheke innerhalb desselben Kreises oder derselben kreisfreien Stadt oder in einander benachbarten Kreisen oder kreisfreien Städten nicht vorrätig ist oder nicht rechtzeitig zur Abgabe bereitsteht oder
2. obwohl es in einer Apotheke nach Nummer 1 vorrätig ist oder rechtzeitig zur Abgabe bereitstünde, von dem Patienten oder den Patienten versorgenden Personen nicht rechtzeitig beschafft werden kann, weil
    a) diese Personen den Patienten vor Ort versorgen müssen oder auf Grund ihrer eingeschränkten Leistungsfähigkeit nicht in der Lage sind, das Betäubungsmittel zu beschaffen, oder

---

[5] → § 4 Rn. 11.
[6] → § 4 Rn. 31.
[7] *Weber* Rn. 8.
[8] → § 32 Rn. 18 ff.

b) der Patient auf Grund der Art und des Ausmaßes seiner Erkrankung dazu nicht selbst in der Lage ist und keine Personen vorhanden sind, die den Patienten versorgen.

[3]Der Arzt muss unter Hinweis darauf, dass eine Situation nach Satz 1 vorliegt, bei einer dienstbereiten Apotheke nach Satz 2 Nummer 1 vor Überlassung anfragen, ob das erforderliche Betäubungsmittel dort vorrätig ist oder bis wann es zu Abgabe bereitsteht. [4]Über das Vorliegen der Voraussetzungen nach den Sätzen 1 und 2 und die Anfrage nach Satz 3 muss der Arzt mindestens folgende Aufzeichnungen führen und diese drei Jahre, vom Überlassen der Betäubungsmittel an gerechnet, aufbewahren:

1. den Namen des Patienten sowie den Ort, das Datum und die Uhrzeit der Behandlung,
2. den Namen der Apotheke und des kontaktierten Apothekers oder der zu seiner Vertretung berechtigten Person,
3. die Bezeichnung des angefragten Betäubungsmittels,
4. die Angabe der Apotheke, ob das Betäubungsmittel zum Zeitpunkt der Anfrage vorrätig ist oder bis wann es zur Abgabe bereitsteht,
5. die Angaben über diejenigen Tatsachen, aus denen sich das Vorliegen der Voraussetzung nach den Sätzen 1 und 2 ergibt.

[5]Über die Anfrage eines nach Satz 1 behandelnden Arztes, ob ein bestimmtes Betäubungsmittel vorrätig ist oder bis wann es zur Abgabe bereitsteht, muss der Apotheker oder die zu seiner Vertretung berechtigte Person mindestens folgende Aufzeichnungen führen und diese drei Jahre, vom Tag der Anfrage an gerechnet, aufbewahren:

1. das Datum und die Uhrzeit der Anfrage,
2. den Namen des Arztes,
3. die Bezeichnung des angefragten Betäubungsmittels,
4. die Angabe gegenüber dem Arzt, ob das Betäubungsmittel zum Zeitpunkt der Anfrage vorrätig ist oder bis wann es zur Abgabe bereitsteht.

[6]Im Falle des Überlassens nach Satz 1 hat der Arzt den ambulant versorgten Palliativpatienten ober zu dessen Pflege anwesende Dritte über die ordnungsgemäße Anwendung der überlassenen Betäubungsmittel aufzuklären und eine schriftliche Gebrauchsanweisung mit Angaben zur Einzel- und Tagesgabe auszuhändigen.

(2) [1]Die nach Absatz 1 verschriebenen Betäubungsmittel dürfen nur im Rahmen des Betriebs einer Apotheke und gegen Vorlage der Verschreibung abgegeben werden. [2]Diamorphin darf nur vom pharmazeutischen Unternehmer und nur an anerkannte Einrichtungen nach Absatz 3 Satz 2 Nummer 2a gegen Vorlage der Verschreibung abgegeben werden. [3]Im Rahmen des Betriebs einer tierärztlichen Hausapotheke dürfen nur die in Anlage III bezeichneten Betäubungsmittel und nur zur Anwendung bei einem vom Betreiber der Hausapotheke behandelten Tier abgegeben werden.

(3) [1]Die Bundesregierung wird ermächtigt, durch Rechtsverordnung mit Zustimmung des Bundesrates das Verschreiben von den in Anlage III bezeichneten Betäubungsmitteln, ihre Abgabe auf Grund einer Verschreibung und das Aufzeichnen ihres Verbleibs und des Bestandes bei Ärzten, Zahnärzten, Tierärzten, in Apotheken, tierärztlichen Hausapotheken, Krankenhäusern, Tierkliniken, Alten- und Pflegeheimen, Hospizen, Einrichtungen der spezialisierten ambulanten Pallistivversorgung, Einrichtungen der Rettungsdienste, Einrichtungen, in denen eine Behandlung mit dem Substitutionsmittel Diamorphin stattfindet, und auf Kauffahrteischiffen zu regeln, soweit es zur Sicherheit oder Kontrolle des Betäubungsmittelverkehrs erforderlich ist. [2]Insbesondere können

1. das Verschreiben auf bestimmte Zubereitungen, Bestimmungszwecke oder Mengen beschränkt,

2. das Verschreiben von Substitutionsmitteln für Drogenabhängige von der Erfüllung von Mindestanforderungen an die Qualifikation der verschreibenden Ärzte abhängig gemacht und die Festlegung der Mindestanforderungen den Ärztekammern übertragen,

2a. das Verschreiben von Diamorphin nur in Einrichtungen, denen eine Erlaubnis von der zuständigen Landesbehörde erteilt wurde, zugelassen,

2b. die Mindestanforderungen an die Ausstattung der Einrichtungen, in denen die Behandlung mit dem Substitutionsmittel Diamorphin stattfindet, festgelegt,

3. Meldungen

   a) der verschreibenden Ärzte an das Bundesinstitut für Arzneimittel und Medizinprodukte über das Verschreiben eines Substitutionsmittels für einen Patienten in anonymisierter Form,

   b) der Ärztekammern an das Bundesinstitut für Arzneimittel und Medizinprodukte über die Ärzte, die die Mindestanforderungen nach Nummer 2 erfüllen und

   Mitteilungen

   c) des Bundesinstituts für Arzneimittel und Medizinprodukte an die zuständigen Überwachungsbehörden und an die verschreibenden Ärzte über die Patienten, denen bereits ein anderer Arzt ein Substitutionsmittel verschrieben hat, in anonymisierter Form,

   d) des Bundesinstituts für Arzneimittel und Medizinprodukte an die zuständigen Überwachungsbehörden der Länder über die Ärzte, die die Mindestanforderungen nach Nummer 2 erfüllen,

   e) des Bundesinstituts für Arzneimittel und Medizinprodukte an die obersten Landesgesundheitsbehörden über die Anzahl der Patienten, denen ein Substitutionsmittel verschrieben wurde, die Anzahl der Ärzte, die zum Verschreiben eines Substitutionsmittels berechtigt sind, die Anzahl der Ärzte, die ein Substitutionsmittel verschrieben haben, die verschriebenen Substitutionsmittel und die Art der Verschreibung

   sowie Art der Anonymisierung, Form und Inhalt der Meldungen und Mitteilungen vorgeschrieben,

4. Form, Inhalt, Anfertigung, Ausgabe, Aufbewahrung und Rückgabe des zu verwendenden amtlichen Formblattes für die Verschreibung sowie der Aufzeichnungen über den Verbleib und den Bestand festgelegt und

5. Ausnahmen von § 4 Abs. 1 Nr. 1 Buchstabe c für die Ausrüstung von Kauffahrteischiffen erlassen werden. [3]Für das Verfahren zur Erteilung einer Erlaubnis nach Satz 2 Nummer 2a gelten § 7 Satz 2 Nummer 1 bis 4, § 8 Absatz 1 Satz 1, Absatz 2 und 3 Satz 1 bis 3, § 9 Absatz 2 und § 10 entsprechend. [4]Dabei tritt an die Stelle des Bundesinstitutes für Arzneimittel und Medizinprodukte jeweils die zuständige Landesbehörde, an die Stelle der zuständigen obersten Landesbehörde jeweils das Bundesinstitut für Arzneimittel und Medizinprodukte. [5]Die Empfänger nach Satz 2 Nr. 3 dürfen die übermittelten Daten nicht für einen anderen als den in Satz 1 genannten Zweck verwenden. [6]Das Bundesinstitut für Arzneimittel und Medizinprodukte handelt bei der Wahrnehmung der ihm durch Rechtsverordnung nach Satz 2 zugewiesenen Aufgaben als vom Bund entliehenes Organ des jeweils zuständigen Landes; Einzelheiten einschließlich der Kostenerstattung an den Bund werden durch Vereinbarung geregelt.

Schrifttum: *Degkwitz/Verthein,* 10 Jahre heroingestützte Behandlung in Deutschland – der lange Weg zur Normalisierung. Suchtmedizin 15 (2013), 286; *Gerlach* Take-Home-Regularien für Patient_innen in Opioid-Substitutionstherapie (OST) – Problemskizzierung und Änderungsvorschläge zur aktuellen Rechtslage aus Sicht der Internationalen Koordinations- und Informationsstelle für Auslandsreisen von Substitutionspatienten, ADS 2016, 173; *Gerlach/Stöver,* „Psychosoziale Betreuung" in der Opioid-Substitutionsbehandlung, ADS

2014, 97; *Haasen/Verthein/Degkwitz/Kuhn/Hartwig/Reimer*, Eine multizentrische, randomisierte, kontrollierte Therapiestudie zur diamorphingestützten Behandlung Opiatabhängiger – Zielgruppenspezifische Ergebnisse Sucht 2007, 53: 268; *Hölzmann*, Ärztliche Verschreibung von Heroin und die sozialpädagogische Begleitung – Studien zur qualitative Drogenforschung und akzeptierenden Drogenarbeit, Bd. 28, 2000; *Kotz*, „Betäubungsmittelrecht" in: *Rieger/Dahm/Steinhilper*, Heidelberger Kommentar Arztrecht – Krankenhausrecht – Medizinrecht (HK-AKM), Loseblatt, 2012; *Kotz* Ein neuer Straftatbestand im BtMG, StRR 2012, 451; *Musshoff/Dettmeyer/Banaschak/Madea*, Rechtsmedizinische Erfahrungen zum Verschreibungsverhalten von Methadon – Eine Mitteilung von arztstrafrechtlichen Ermittlungsverfahren, RMed 12, 164; *Nestler*, Anm. zu BGHSt 52, 271, MedR 2009, 211; *K.-R. Schäffer*, Die diamorphingestützte Behandlung in Deutschland – oder was unterscheidet Diamorphin und Methadon eigentlich?, ASD 2014, 69; *ders.*, Die diamorphingestützte Behandlung in Deutschland – oder was unterscheidet Diamorphin und Methadon eigentlich?, ADS 2014, 69; *ders./Foot*, Vier Jahre Diamorphinvergabe in der Regelversorgung – Bestandsaufnahme aus Konsumenten- und Expertenperspektive: Eine qualitativ-heuristische Studie Akzeptanzorientierte Drogenarbeit 2014; 11: 131 ff.; *Schäffler/Zimmermann*, Drogenabhängigkeit in bayerischen Haftanstalten – Darstellung und Diskussion ausgewählter Ergebnisse einer bayernweiten Umfrage bei ehemals inhaftierten, drogenkonsumierenden Menschen, Akzeptanzorientierte Drogenarbeit 2012, 9: 25 ff.; *Schieren/Kramer/Jesse*, Patient_innenrechte in der substitutionsgestützten Behandlung, ADS 2015, 53; *Schieren/Heinze/Jesse/Häde/Lenz/Schäffer*, Das Arzt-Patienten-Verhältnis in der Opioid-Substitutionsbehandlung, Akzeptanzorientierte Drogenarbeit 2013; 10, 1; *Stöver* Abstinenz als Risiko; Rückfall als Normalfall – Drogenpolitik ratlos, Drogenexpert_innen fassungslos, ADS 2015, 30; *Thiele/Popper/Baumgartner/Haag-Dawoud* Untersuchung zur Einhaltung einer Abstinenz bei Methadonsubstituierten, Blutalkohol 2014, 257; *Uchtenhagen*, 2011, Heroin maintenance treatment: from idea to research to practice, in: Drug Alcohol Rev., 30 (2): 130, 7; *Ullmann*, Zur Strafverfolgung substituierender Ärzte, ADS 2014, 72.

Übersicht

A. Überblick

I. Norminhalt

Die Vorschrift regelt, welche BtM auf welche Weise zu therapeutischen Zwecken in den **1** Verkehr gelangen dürfen. Sie bildet die Schnittstelle zwischen den beiden Gesetzeszwecken der Sicherstellung der medizinischen Versorgung der Bevölkerung mit BtM einerseits und der Verhinderung des Missbrauchs von BtM im Zusammenhang mit dem Entstehen oder dem (Aufrecht-)Erhalten einer BtM-Abhängigkeit andererseits (§ 5 Abs. 1 Nr. 6). Die repressive Grundausrichtung des BtMG hat eine relativ strenge Handhabe der Verschreibungsvoraussetzungen zur Folge, gerade im Bereich der „Substitution". Dies ist kritisch zu sehen und man muss darüber nachdenken, ob nicht eine „Entkoppelung" der medizinischen Versorgung aus dem Regelwerk angezeigt ist (und damit auch ein weiterer Schritt zur Trennung von medizinisch indiziertem, funktionalem sowie reinem Genusskonsum erreicht werden kann[1]). Nichtsdestotrotz muss auch gesehen werden, dass Europa und die USA trotz der erhöhten Verschreibungsvoraussetzungen weltgesundheitspolitisch zu den bestversorgten Kontinenten zählen, mithin die Opiate und sonstige Schmerzmittel die Patienten im Regelfall erreichen.[2] Die Situation ist insofern mit anderen Ländern, in denen die „Verschreibung" bzw. Verabreichung a priori verfolgt wird, nicht vergleichbar.[3]

II. Rechtsentwicklung

2   Bereits nach der aufgrund § 8 OpiumG 1929[4] erlassenen Verordnung der Reichsregierung (dort § 6) durften betäubungsmittelhaltige Medikamente nur bei entsprechender medizinischer Indikation verschrieben werden. In § 4 BtMVV 1974[5] verordnete die Bundesregierung auf der Grundlage des BtMG 1972,[6] dass BtM von Ärzten, Zahnärzten und Tierärzten nur mit den in dieser Verordnung vorgeschriebenen Beschränkungen und nur dann verschrieben werden dürfen, wenn ihre Anwendung am oder im menschlichen oder tierischen Körper begründet ist, was insbesondere dann nicht der Fall sein sollte, wenn der beabsichtigte Zweck auf andere Weise zu erreichen war. Aus gesetzessystematischen Gründen und zur Klarstellung wurde mit § 4 BtMVV 1974 die grundlegende Vorschrift für das Verschreiben in § 13 Abs. 1 Sätze 1 und 2 BtMG 1982[7] übernommen.[8] Das BtMGÄndG[9] erweiterte Abs. 1 S. 1 um den Passus „*einschließlich der ärztlichen Behandlung einer BtM-Abhängigkeit*". Die durch das 3. BtMGÄndG[10] erfolgten Änderungen betreffen die Verordnungsermächtigung des Abs. 3. Das BtMuaÄndG[11] hat die Voraussetzungen für eine diamorphingestützte Substitutionsbehandlung normiert. Im Rahmen des 2. AMGuaÄndG[12] wurde die Vorschrift um Abs. 1a im Zusammenhang mit der Verbesserung der BtM-Versorgung von Palliativpatienten in Krisensituationen erweitert.

III. Therapiefreiheit

3   Jeder Arzt entscheidet im Rahmen der verfassungsrechtlich verbürgten (Art. 12 Abs. 1 GG) Berufsausübungsfreiheit im Einzelfall darüber,
– ob eine ärztliche Behandlung überhaupt stattfinden soll,
– welche Behandlungsmaßnahme und
– welche Behandlungsmethode zur Anwendung kommt.[13]
Art. 12 Abs. 1 S. 2 GG lässt jedoch die Regelung der Berufsausübung durch Gesetz zu. Eine derartige – einschränkende – Regelung enthalten

---

[1] Krit. zur „Verschmelzung" von Arzneimitteln mit illegalen Substanzen (v.a. im Hinblick auf die „Stigmatisierungswirkung" einer Klassifizierung als Droge, Global Commission on drug policy, Vermeidbare Schmerzen, S. 15.

[2] Vgl. den Überblick bei Global Commission on drug policy, Vermeidbare Schmerzen, S. 20, wonach in Südamerika, in weiten Teilen Afrikas und Russland Opioid-Substitutionstherapien vollständig fehlen.

[3] Global Commission on drug policy, Vermeidbare Schmerzen, S. 14.

[4] → Vor § 1 Rn. 72 f.

[5] Vom 24.1.1974, BGBl. I S. 110.

[6] → Vor § 1 Rn. 76.

[7] → Vor § 1 Rn. 79.

[8] BT-Drs. 8/3551, 31.

[9] → Vor § 1 Rn. 89.

[10] → Vor § 1 Rn. 100.

[11] → Vor § 1 Rn. 107.

[12] → Vor § 1 Rn. 112.

[13] *Laufs* in *Laufs/Kern* ArztR-HdB § 3 Rn. 14.

Der zwischenzeitlich aufgekommene Streit, ob sich Ärzte nur dann im Rahmen des § 13   **4**
Abs. 1 bewegen, wenn sie sich nach den Kriterien der **Schulmedizin** richten, hat der
BGH zwar bereits 1991[14] verneint und damit eine Lanze für die Therapiefreiheit gebrochen
(freilich nicht ohne klarzustellen, dass eine sog. „**Außenseitermethode**" nur gewählt oder
aufrechterhalten werden darf, wenn die Behandlungsmethode nach Auffassung des Arztes
nach Abwägung des Für und Wider dem erstrebten Heilerfolg dient).[15] Doch lassen sich
derartige Fragen schlicht durch eine umfassende Regulierung „überlagern", als ein
bestimmtes Vorgehen schlicht durch die Vorschriften der BtMVV vorgegeben wird und
hierbei Selbstverwaltungsgremien der Ärzteschaft[16] in das Regelwerk und durch Zuweisung
einer Feststellungskompetenz einbezogen werden (vgl. auch → BtMVV § 16 Rn. 1).
– § 13 Abs. 1, der die Verordnung von BtM
    – nur im Rahmen einer ärztlichen Behandlung, wenn
    – ihre Anwendung am oder im menschlichen … Körper begründet ist und
    – der beabsichtigte Zweck nicht auf andere Weise erreicht werden kann, zulässt,
    – wobei die in Anlagen I und II bezeichneten BtM nicht verschrieben, verabreicht oder
      einem anderen zum unmittelbaren Verbrauch überlassen werden dürfen;
– die §§ 1–5 BtMVV, weil sie die ärztliche Verordnung von BtM von bestimmten Voraussetzungen abhängig machen und
– § 5 Abs. 11 S. 1 BtMVV, in welchem der nach § 13 Abs. 3 dazu berufene Verordnungsgeber seinerseits die Bundesärztekammer „ermächtigt",
– im Rahmen von Richtlinien den allgemein anerkannten Stand der medizinischen Wissenschaft bezüglich bestimmter Aspekte der Substitutionsbehandlung festzustellen[17] und
– Richtlinien zu der in § 5 Abs. 10 BtMVV normierten Dokumentationsverpflichtung zu
  erlassen.

B. Erläuterung

I. Verkehr mit BtM zu therapeutischen Zwecken

Auch der Verkehr mit BtM zu therapeutischen Zwecken ist nicht erlaubnisfrei. Anders   **5**
als im Bereich des wirtschaftlichen oder wissenschaftlichen Verkehrs mit BtM ist jedoch
keine Erlaubnis des BfArM nach § 3 erforderlich; vielmehr wird die Erlaubnis für das Verabreichen und das Überlassen zum unmittelbaren Verbrauch sowie für die Abgabe im Rahmen
eines Apothekenbetriebs **durch die ärztliche Verschreibung ersetzt.** Insofern erfolgt
eine „Annäherung" zum Arzneimittelrecht. Die arztspezifischen Handlungsformen sind in
§ 3 nicht genannt, sondern nehmen ausschließlich auf § 13 Bezug. Insofern ist der „Vertriebsweg" bzw. die Versorgung des Patienten dennoch streng reglementiert; schließlich
überträgt das Bundesinstitut im Falle § 13 seine Kompetenz auf den Arzt, soweit es um die
medizinische Versorgung, also um die medizinisch indizierte Verordnung eines Betäubungsmittels geht. Die Pflichten des Arztes sind dabei in 13 Abs. 1 festgelegt und werden durch
die Vorschriften der BtMVV konkretisiert. Schon aus dem System der Anlagen, aber spätestens aus § 13 ergibt sich eindeutig, dass solch eine (erlaubnisfreie, weil „erlaubende") Verschreibung nur in Bezug auf Betäubungsmittel der Anlage III möglich ist.

Erfolgt eine (indizierte oder auch nicht indizierte, aber nicht zugleich nichtige[18]), Ver-   **6**
schreibung, so darf der Apotheker auf die Vorlage des Rezepts abgeben, § 4 Abs. 1 Nr. 1c.
Im Übrigen gewährt ihm der Katalog des § 4 Abs. 1 Nr. 1 alle „Vorbereitungshandlungen",

---

[14] BGH 17.5.1991 – 3 StR 8/91, BGHSt 37, 383 = NJW 1991, 2359.
[15] *Weber* Rn. 31.
[16] Vgl. BR-Drs. 881/97, 49.
[17] Abrufbar unter http://www.bundesaerztekammer.de/fileadmin/user_upload/downloads/RL-Substitu-
tion_19-Februar-2010.pdf (Stand: 18.4.2017).
[18] Dass nicht jede kontraindizierte Verschreibung nichtig ist, ergibt sich daraus, dass der Gesetzgeber ein
„Erschleichen" von Verschreibungen nicht nur für möglich hält, sondern kriminalisiert hat, § 29 Abs. 1 Nr. 9.

welche dem Betrieb einer Apotheke immanent und zur Sicherstellung des Vertriebs von Nöten sind (Herstellungsprozesse von Betäubungsmitteln der Anlage II und III, Erwerb und Abgabe von/an sonstige berechtigte Stellen); der Patient selbst hat das Recht, die Betäubungsmittel zu erwerben gem. § 4 Nr. 3. Das Rezept hat also eine „legalisierende" Wirkung bzgl. der Abgabe des Betäubungsmittels bis zum Erwerb des Patienten. Welche Anforderungen an die Herbeiführung solch einer Legalisierung zu stellen sind, greife ich am Schluss nochmals auf.

7   Jeglicher **BtM-Missbrauch** soll auf dreifache Weise dadurch **verhindert** werden, dass BtM zu therapeutischen Zwecken nur herangezogen werden dürfen, wenn der beabsichtigte Heilerfolg nicht auf andere Weise erreicht werden kann, hierzu nur die in Anlage III zu § 1 Abs. 1 aufgeführten BtM im Rahmen der Heilbehandlung Verwendung finden dürfen und der damit befasste (anwendungsbefugte) Personenkreis auf Ärzte, Apotheker und deren Hilfspersonal beschränkt ist.

II. Verkehrsfähige und verschreibungsfähige BtM

8   Allein die in Anlage III aufgeführten Stoffe und Zubereitungen dürfen von Ärzten, Zahnärzten oder Tierärzten verschrieben und von diesen oder ihrem medizinischen Hilfspersonal verabreicht oder zum unmittelbaren Verbrauch überlassen werden. Im Rahmen des Apothekenbetriebs dürfen Betäubungsmittel der Anlage III nur aufgrund ärztlicher Verschreibung abgegeben werden. Bei den Stoffen und Zubereitungen der Anlagen I und II bedürfen **auch Ärzte einer Erlaubnis** (§ 3 Abs. 1, Abs. 2) durch das BfArM, die nur erteilt werden kann, sofern der erlaubnisbedürftige Umgang wissenschaftlichen oder anderen im öffentlichen Interesse liegenden Zwecken dienen. Die verwaltungsgerichtliche Rechtsprechung hat im Rahmen seiner Entscheidungen zum Cannabiserwerb zur Selbstmedikation festgelegt, dass Erwerb bzw. Abgabe von BtM der Anlagen I und II zu **therapeutischen Zwecken** grundsätzlich erlaubnisfähig ist. Dies ergebe sich bereits aus § 5 Abs. 1 Nr. 6. Danach besteht ein Versagungsgrund für die Erteilung einer Erlaubnis, wenn die Art und der Zweck des beantragten BtM-Verkehrs nicht mit dem Zweck des BtMG, die notwendige medizinische Versorgung der Bevölkerung sicherzustellen, daneben aber den Missbrauch von BtM – soweit wie möglich – auszuschließen, vereinbar sind. Die medizinische Versorgung der Bevölkerung ist danach auch ein öffentlicher Zweck, der im Einzelfall die Erteilung einer Erlaubnis gemäß § 3 Abs. 2 rechtfertigen kann (zum Ganzen → § 3 Rn. 27).[19]

III. Verschreiben, Verabreichen und zum unmittelbaren Verbrauch überlassen

9   **1. Kreis der Berechtigten.** Abs. 1 richtet sich ersichtlich an Ärzte und deren Hilfspersonal, soll hinsichtlich der Verschreibung aber auch für Nichtärzte gelten.[20]

10   **a) Ärzte, Zahnärzte, Tierärzte.** BtM der Anlage III dürfen ausschließlich durch den genannten Personenkreis verschrieben werden. Voraussetzung für die Verschreibungsbefugnis ist die Approbation (§ 2 BÄO, §§ 1, 8, 13 f. ZHG, § 2 BTÄO), die weder ruhen noch erloschen sein darf.[21] Verschreibungsbefugt ist auch der **Arzt im Praktikum** (AiP).[22] **Ausländische Ärzte** dürfen, soweit sie nicht Angehörige eines Mitgliedstaates der Europäischen Union sind, BtM nur verschreiben, wenn sie im Inland approbiert oder zur Berufsausübung vorübergehend zugelassen sind.[23] Einem **Dentisten,** der als Zahnarzt approbiert ist (§ 8 ZHG), steht die Verschreibungsbefugnis ebenfalls zu. Nicht verschreibungsbefugt ist der Arzt, soweit er **außerhalb seines Fachgebiets** tätig wird, da die Verschreibung von BtM nur im Rahmen einer ärztlichen Behandlung erfolgen darf, zu der er mangels medizinischer

---

[19] BVerfG 20.1.2000 – 2 BvR 2382/99 ua, NJW 2000, 3126; 30.6.2005 – 2 BvR 1772/02, BA 43, 37 = PharmR 2005, 374; vgl. auch BVerwG 19.5.2005 – 3 C 17, 04, NJW 2005, 3300.
[20] BT-Drs. 8/3551, 52.
[21] Zu den Dienstleistungserbringern nach Art. 60 EWG-Vertrag vgl. *Weber* § 4 Rn. 14.
[22] *Körner* (VI) § 29 Rn. 1673.
[23] *Körner* (VI) § 29 Rn. 1517.

Fachkompetenz nicht in der Lage ist.[24] An der Verschreibungsbefugnis eines Arztes kann es bei der Substitutionsbehandlung fehlen, wenn er nicht die **Mindestanforderungen an eine suchttherapeutische Qualifikation** erfüllt, die von den Ärztekammern festgelegt werden und für mehr als drei Personen gleichzeitig ein Substitutionsmittel verschreibt (§ 5 Abs. 2 Nr. 6, Abs. 3 S. 1 BtMVV).[25]

b) Nichtärzte. Weshalb der Gesetzgeber ein Regelungsbedürfnis gesehen hat soweit **11** Nichtärzte BtM verschreiben, wird auch bei Heranziehung der Gesetzesmaterialien nicht deutlich, da bereits allein eine am Wortlaut orientierte Auslegung der Vorschrift ergibt, dass weder **Heilpraktiker** oder Tierheilpraktiker noch **medizinisches Hilfspersonal** verschreibungsbefugt sind. Die im Zusammenhang mit der Neuordnung des BtM-Rechts durch das **BtMG 1982** erfolgte Erweiterung des Kreises der Normadressaten lässt sich auch historisch nicht erklären. Nach § 11 Abs. 1 Nr. 9 Buchst. a BtMG 1972 wie auch schon davor war die medizinisch nicht indizierte Verschreibung von BtM unter Strafe gestellt, wobei darüber Einigkeit bestand, dass der Tatbestand nur von Ärzten (Zahnärzten, Tierärzten) verwirklicht werden konnte.[26] In § 29 Abs. 1 S. 1 Nr. 6 Buchst. a BtMG 1982 sollte „im Wesentlichen der Regelungsgehalt des § 11 Abs. 1 Nr. 9 Buchst. a BtMG 1972,[27] in die Sätze 1 und 2 von § 13 derjenige des § 4 BtMVV 1974 übernommen" werden. Der Nichtarzt darf jedoch, sofern er speziell ausgebildet, eingewiesen und kontrolliert ist (§ 5 Abs. 5, Abs. 6 S. 1 BtMVV), auf ärztliche Weisung hin verschriebene BtM **zum unmittelbaren Verbrauch überlassen** (§ 5 Abs. 6 S. 1 BtMVV). Dies gilt auch für **pharmazeutisches Personal** der Apotheke bei entsprechender Qualifikation (§ 5 Abs. 7 S. 1 BtMVV).

2. Ärztliche Behandlungsmaßnahmen. a) Verschreiben von BtM. Unter Ver- **12** schreibung versteht man die persönlich vom Arzt (Zahnarzt, Tierarzt) stammende schriftliche, auf dem (BtM-) Rezept ausgeführte Anweisung an einen Apotheker, einer bestimmten Person für diese selbst oder für eine bestimmte Einrichtung (Praxis, Station) bzw. für ein bestimmtes Tier eine bestimmte Menge eines bestimmten Betäubungsmittels auszuhändigen (vgl. § 1 Abs. 2 BtMVV). Verschreibungen können zur Behandlung eines Patienten im **Einzelfall** (§§ 2 Abs. 1, 3 Abs. 1, 4 Abs. 1, 5 Abs. 1 BtMVV) oder für den **Praxis-** (§§ 2 Abs. 3, 3 Abs. 2, 4 Abs. 3 BtMVV) bzw. **Stationsbedarf** (§§ 2 Abs. 4, 3 Abs. 3, 4 Abs. 4 BtMVV) erfolgen.

aa) Schriftform. Die Verschreibung erfolgt in schriftlicher Form (§§ 8, 9 BtMVV).[28] **13** Dabei stellt sich die Frage, ob und ggf. in wieweit die Schriftform durch einen mündlichen oder persönlichen Kontakt zwischen Apotheker und verordnendem Arzt ersetzt werden kann. Dies hatte das OLG Stuttgart[29] in einem Fall bejaht, in dem nach der früheren Rechtslage für bestimmte btm-haltige Arzneimittel eine erleichterte Verschreibungspraxis galt. So durfte nach einer Entscheidung des BayObLG[30] der Apotheker ohne Verstoß gegen § 96 Nr. 11 oder § 97 Abs. 1 AMG einem BtM-Abhängigen in dringenden Fällen Codeinsaft auch ohne Rezeptvorlage abgeben, solange er durch den Arzt zuvor telefonisch über die verordnete Menge unterrichtet worden war, die Rezepte dem Apotheker direkt vom Arzt zugeleitet wurden, um Rezeptfälschungen zu verhindern, und zwischen dem Arzt und dem Apotheker eine diesbezügliche Vereinbarung bestanden hatte.[31] Beide Entscheidungen ergingen allerdings, bevor *Codein* durch die 10. BtMÄndV[32] den btm-rechtlichen Vorschriften unterstellt wurde. Infolge des klaren Wortlauts, wie er sich nunmehr

---

[24] → § 29 Rn. 1219.
[25] KPV/*Patzak* § 29 Teil 15 Rn. 10.
[26] *Joachimski*, 2. Aufl. 1978, Anm. 20a.
[27] BT-Drs. 8/3551, 36.
[28] Vgl. auch *Weber* § 4 Rn. 12.
[29] OLG Stuttgart 15.10.1965 – 1 Ss 257/65, DRsp Nr. 1998/790 = NJW 1966, 412.
[30] BayObLG 2.12.1995 – 4 St RR 259/95, BayObLGSt 1995, 210 mAnm *Körner* MedR 1996, 321.
[31] Ähnlich LG Berlin 6.12.1996 – (572) 1 Wi Js 187/92 Ls Ns, StV 1997, 309.
[32] Vom 20.1.1998, BGBl. I S. 74.

insbesondere aus § 8 BtMVV ergibt, ist die Übertragung von – erleichterten – Verschreibungsgrundsätzen aus dem Arzneimittelrecht auf die Verschreibung von BtM nicht mehr möglich.[33]

14   **bb) BtM-Rezept.** Bei ihm handelt es sich um ein dreiteiliges amtliches Formblatt (§ 8 Abs. 1 S. 1 BtMVV). Als Mindestinhalt muss es folgende Angaben enthalten (§ 9 Abs. 1 BtMVV):
– Angaben zum Patienten (Name, Vorname, Anschrift),
– Ausstellungsdatum,
– Arzneimittelbezeichnung, soweit dadurch eine der nachstehenden Angaben nicht eindeutig bestimmt ist, jeweils zusätzlich Bezeichnung und Gewichtsmenge des enthaltenen Betäubungsmittels je Packungseinheit, bei abgeteilten Zubereitungen je abgeteilter Form, Darreichungsform,
– Menge des verschriebenen Arzneimittels in Gramm oder Milliliter, Stückzahl der abgeteilten Form,
– Gebrauchsanweisung mit Einzel- und Tagesgabe oder im Falle, dass dem Patienten eine schriftliche Gebrauchsanweisung übergeben wurde, der Vermerk „Gemäß schriftlicher Anweisung"; im Falle des § 5 Abs. 8 zusätzlich die Reichdauer des Substitutionsmittels in Tagen,
– Name des verschreibenden Arztes, Zahnarztes oder Tierarztes, seine Berufsbezeichnung und Anschrift einschließlich Telefonnummer,
– Unterschrift des verschreibenden Arztes.
Das Bundesinstitut hat die aus einem dreifachen Belegsatz bestehenden Betäubungsmittelrezepte zur Erschwerung der Fälschbarkeit mit neuen Sicherungsmechanismen versehen.[34] Die drei Blätter der ab März 2013 ausgegebenen Belegsätze sind am linken Rand durch einen 15 mm breiten Klebestreifen verbunden. Der Druck ist rotviolett auf weißem Papier; unter UV-A-Licht zeigt das Muster einen fluoreszierenden Farbverlauf von orangegelb – über gelbgrünlich – wieder nach orangegelb. Im rechten unteren Quadranten ist auf Teil II eine schwarze, fortlaufende, neunstellige Rezeptnummer eingedruckt, die sich unter UV-A-Licht grünlich fluoreszierend darstellt. In die rotviolette Umrandung der Felder „Zuzahlung" und „Gesamt-Brutto" ist in Mikroschrift auf allen drei Teilen fortlaufend „BTM-REZEPTVORDRUCK" eingedruckt.

15   **b) Verabreichen und Überlassen zum unmittelbaren Verbrauch.** Zu den Begriffen des Verabreichens und unmittelbaren Überlassens zum Verbrauch von BtM wird auf die Erläuterungen zu § 29 Abs. 1 Nr. 6b[35] verwiesen.

16   **3. Medizinische Kriterien für die ärztliche Behandlung mit BtM.** BtM dürfen nur verschrieben, verabreicht oder zum unmittelbaren Verbrauch überlassen werden, **wenn ihre Anwendung** am oder im menschlichen (tierischen) Körper (medizinisch) **begründet ist.** Dadurch postuliert das Gesetz im Zusammenhang mit der Verordnung von BtM eine **ultima-ratio-Regel,**[36] wonach der beabsichtigte Behandlungserfolg auf andere Weise nicht erreicht werden darf. Die zulässige Verordnung von BtM setzt mithin voraus, dass der Arzt (Tierarzt, Zahnarzt) im Rahmen der Behandlung, wozu auch diejenige einer BtM-Abhängigkeit zählt, zunächst eine konkrete **Diagnose** und sodann eine entsprechende **Indikation** zu stellen hat.

17   Der **Umfang** einer den Anforderungen des Abs. 1 genügenden **ärztlichen Behandlung mit BtM** lässt sich nach *Körner*[37] wie folgt bestimmen:

---

[33] IErg ebenso *Joachimski/Haumer* § 29 Rn. 191; *Pfeil/Hempel/Slotty* § 29 Rn. 220.
[34] Abrufbar unter http://www.bfarm.de/DE/Bundesopiumstelle/Betaeubungsmittel/btm-rezept/btm-rezept-inhalt.html (Stand: 18.4.2017).
[35] → § 29 Rn. 1217 ff.
[36] BGH 2.2.2012 – 3 StR 321/11, NStZ 2012, 337 zur Substitutionsbehandlung; 6.7.1956 – 2 StR 87/55, NJW 1957, 30; BayObLG 30.10.1969 – RReg 4a St 150/69, BayObLGSt 1969, 148.
[37] *Körner* Rn. 1541 unter Bezugnahme auf OLG Frankfurt a. M. 30.11.1990 – 1 Ss 466/89, NJW 1991, 763.

– Vornahme von Untersuchungen und Anamnesen,
– Stellung von Diagnosen, Indikationen und Kontraindikationen,
– Aufstellung eines Behandlungsplans und Risikoaufklärung des Patienten,
– Behandlungsüberwachung,
– Behandlungsdokumentation,
– Bemühungen um eine psycho- und/oder sozialtherapeutische Betreuung,
– Vorkehrungen gegen Missbrauch und Mehrfachbehandlung
– Verlaufskontrollen und
– Korrektur der Therapie bei Risiken.

Für eine Substitutionsbehandlung bedarf der Arzt dabei des Fachwissens und der Erfahrung in der Behandlung von Suchtkrankheiten.

a) Anamnese. Der Arzt erfährt durch Gespräche mit seinem Patienten, woran dieser 18 leidet, ob er sich bislang bereits in medizinischer Behandlung befunden hat, welche Behandlungsmaßnahmen ihm bisher zuteil geworden sind und weshalb er eine (weitere) ärztliche Behandlung anstrebt **(Eigenanamnese).** Der Arzt selbst wird weitere Einzelheiten erheben, was in vielen Fällen zu einer sog **Vollanamnese,** einschließlich der Sozialanamnese führt.[38]

b) Untersuchung. Die Verfolgung des ärztlichen Heilauftrags[39] hat ihrerseits zur 19 Voraussetzung, dass der Arzt den Patienten vor der Verschreibung **umfassend untersucht,** da er andernfalls weder eine Diagnose stellen noch zur medizinischen Behandlung ansetzen kann. Es fehlt daher stets an der medizinischen Begründetheit der BtM-Verordnung, wenn ihr keine oder keine ausreichende ärztliche Untersuchung vorausgegangen ist.[40] Dies gilt auch in jenen Fällen, in denen der Patient subjektiv über Beschwerden klagt, die sich nicht durch eine körperliche Untersuchung objektivieren lassen, da die Behandlungssorgfalt eine entsprechende Überzeugungsbildung auf Seiten Arztes[41] voraussetzt.

c) Diagnose. Dem Arzt zeigt sich aufgrund von Anamnese und Untersuchung ein 20 Krankheitsbild, das es ihm ermöglicht, seine Befunde einem Krankheitsbegriff bzw. einer Symptomatik iS eines Syndroms zuzuordnen. Unter Berücksichtigung von Krankheitsursache und -entstehung vermag er, ggf. gestützt auf weitergehende (zB labordiagnostische) Untersuchungen, die Diagnose zu stellen, wozu er nach dem zwischen ihm und dem Patienten geschlossenen Behandlungsvertrag verpflichtet ist.[42]

d) Erforderlichkeit der Verordnung von BtM. Hierzu gelangt der Arzt erst, wenn 21 nach Ausschöpfung aller medizinischen Erkenntnisse und Grundsätze eine Indikation für die Auswahl und Durchführung einer bestimmten Behandlungsmethode zum Wohl des Patienten besteht.[43] Ob es neben rein medizinisch-naturwissenschaftlichen Gründen auch andere Gründe geben kann, die die Verordnung von BtM rechtfertigen oder gebieten **(„Sozialmedizin")** ist umstritten.[44]

e) Indikation und Kontraindikation. Zur **Heilung, Stabilisierung des gesund-** 22 **heitlichen Status** oder zur **Linderung der Beschwerden** kann es angezeigt ([medizinisch] „begründet") sein, btm-haltige Medikamente zu verordnen, wenn sich **aus Sicht des Arztes** keine andere Erfolg versprechende Heilmaßnahme („ultima ratio") anbietet. Vor der Verordnung muss sich der Arzt mit eventuellen **Risiken,** die sich aus ihr ergeben können, auseinandersetzen. Ein Verbot, die an sich indizierte Behandlungsmaßnahme zu beginnen, besteht bei **absoluten Kontraindikationen.** Abzuklärende Risikofaktoren sind aber auch

---

[38] Vgl. *Kern* in *Laufs/Kern* ArztR-HdB § 46 Rn. 3 ff.
[39] Vgl. *Weber* Rn. 14 ff.
[40] BGH 2.2.2012 – 3 StR 321/11, NStZ 2012, 337.
[41] *Weber* Rn. 19.
[42] *Kern* in *Laufs/Kern* ArztR-HdB § 48 Rn. 1.
[43] *Körner,* (VI) § 29 Rn. 1541.
[44] *Weber* Rn. 25.

Vorschädigungen und andere Erkrankungen des Patienten wie Epilepsie, Diabetes oder Leberzirrhose.[45]

23 **f) Risikoaufklärung.** Über sämtliche für ihn erkennbaren **Risiken** der intendierten Behandlung muss der Arzt den Patienten **aufklären.**

24 **g) Behandlungsüberwachung und Korrektureingriffe.** Auch ein zu Beginn der Behandlung als schlüssig erscheinendes Konzept kann sich im Behandlungsverlauf als nicht (mehr) zutreffend erweisen. Stellt der Arzt dies im Rahmen der Beobachtung des Behandlungsverlaufs fest, muss er korrigierend eingreifen und die Behandlungsmaßnahmen umstellen.

25 **h) Behandlungsdokumentation.** Dem Arzt obliegt nach absolut hM die **Pflicht,** aus Gründen der **Therapiesicherung,** der **Beweissicherung,** aber auch der **Rechenschaftslegung** zumindest
- Anamnese,
- Diagnose und
- Therapie sowie deren Verlauf
schriftlich (elektronisch) zu dokumentieren.[46]

26 **4. Substitutionsbehandlung.** Durch die Aufnahme des Passus *„einschließlich der ärztlichen Behandlung einer BtM-Abhängigkeit"* in Abs. 1 S. 1 wurde die rechtliche Grundlage für die Substitutionsbehandlung geschaffen. Eine Erweiterung erfuhr das Recht der Substitution durch das BtMuaÄndG,[47] das die Voraussetzungen für eine kontrollierte Abgabe von Heroin an Schwerstabhängige (diamorphingestützte Substitutionsbehandlung) zum Gegenstand hat.[48] Konkretisiert werden die Voraussetzungen der Substition in den §§ 5 ff. BtMVV. Die Bundesregierung hat mit Erlass der Dritten Verordnung zur Änderung der Betäubungsmittel-Verschreibungsverordnung vom 22.5.2017, BGBl. I S. 1275, die Vorschriften zur Substitution vollständig neu gefasst. Regelungen zu Sachverhalten, „die unmittelbar ärztlichtherapeutische Bewertungen betreffen", wurden aus dem Rahmen unmittelbar bundesrechtlicher Regelungen der BtMVV in die Richtlinienkompetenz der BÄK überführt (insb. Feststellungen zu den Voraussetzungen für die Einleitung der Substitution, zum Beikonsum und zur Einbeziehung psychosozialer Betreeuungsmaßnahmen). Mit der Neufassung sollte die Struktur der Substitutionsregelungen in der BtMVV mit dem Ziel der Rechtsklarheit und eines besseren Normenvollzugs fortentwickelt werden (vgl. bereits → § 13 Rn. 4).

27 **a) Substitutionspraxis.** Im europäischen Raum wurden 2013 schätzungsweise 700.000 Personen substituiert, ein leichter Abwärtstrend ist zu beobachten.[49] Laut Bericht zum Substitutionsregister 2015 des BfArM (das eben dieses Register gem. § 5b BtMVV führt) liegt die Anzahl der gemeldeten Substitutionspatienten in Deutschland bei 77.200 (wobei sich diese Zahl seit 2010 um diesen Bereich herum eingependelt hat).[50] Die Anzahl substituierender Ärzte geht seit 2012 wieder kontinuierlich zurück (derzeit 2.613 und nähert sich damit dem Tief im Jahre 2002 (2.436).[51] Die Hälfte der substituierenden Ärzte behandelt zwischen 4– 50 Patienten, während immerhin fast ein Drittel lediglich bis zu drei Patienten behandeln.[52] Bemerkenswerterweise ist auch im Bereich der Substitution sowohl hinsichtlich der rechtlichen „Strenge" als auch der tatsächlichen Anzahl von Substitutionspatienten pro Arzt ein starkes Gefälle zwischen den Bundesländern zu beobachten.[53] Die Bedeutung von Methadon als Substitutionsmittel nimmt zugunsten von Levomethadon und Buprenorphin ab.[54]

---

[45] Körner/*Patzak* § 29 Teil 15 Rn. 43; *Weber* in *Roxin/Schroth,* II. 5.
[46] *Schlund* in *Laufs/Kern* ArztR-HdB § 55 Rn. 9 mwN.
[47] → Vor § 1 Rn. 89.
[48] → Vor § 1 Rn. 107.
[49] Europäischer Drogenbericht, S. 66.
[50] BfArM, Bericht Substitutionsregister 2015, S. 2.
[51] BfArM, Bericht Substitutionsregister 2015, S. 2.
[52] BfArM, Bericht Substitutionsregister 2015, S. 3.
[53] Reitox-Bericht 2015, Trends und Entwicklungen, S. 120, BfArM, Bericht Substitutionsregister 2015, S. 5.
[54] Reitox-Bericht 2015, Trends und Entwicklungen, S. 120; BfArM, Bericht Substitutionsregister 2015, S. 4.

b) Voraussetzungen der Substitution. Unter Substitution (vgl. auch § 5 Abs. 1 S. 1　**28**
BtMVV) versteht man die Anwendung eines Substitutionsmittels.

Substitutionsmittel im Sinne dieser Verordnung sind ärztlich verschriebene Betäubungs-　**29**
mittel, die bei einem opioidabhängigen Patienten im Rahmen eines Therapiekonzeptes
zur medizinischen Behandlung einer Abhängigkeit, die durch den Missbrauch von erlaubt
erworbenen oder durch den Missbrauch von unerlaubt erworbenen oder erlangten Opioiden
begründet ist, angewendet werden. Ihr dürfen **keine** medizinisch allgemein anerkannten
Ausschlussgründe entgegenstehen. Solche bestehen bei Gegenanzeigen und Anwen-
dungsbeschränkungen sowie Neben- und Wechselwirkungen der verwendeten Substitutionsmittel,[55] weil die Verordnung von Substitutionsmitteln in solchen Fällen eine weitere
Gefahr für den Patienten darstellen würde.[56] Die Substitution hat die **Abstinenz** des Patienten **als Heilerfolg** zum Ziel (5 Abs. 2 BtMVV), obwohl das Abstinenzparadigma suchtmedizinisch als überholt gilt.[57] Dabei ist allgemein anerkannt, dass sich dieses (End-)Ziel idR
nicht problemlos erreichen lässt, was sich in der Neufassung des § 5 Abs. 2 auch darin
manifestiert, dass die Abstinenz „angestrebt" werden soll, aber die vormaligen Zwischenziele
nunmehr als (End)Ziele de Substitution in § 5 Abs. Nr. 1–5 formuliert werden. Deshalb
darf das Therapiekonzept schrittweise zu erreichende Zwischenziele einbeziehen.

Der substituierende **Arzt** muss über eine **besondere suchttherapeutische Qualifika-**　**30**
tion verfügen,[58] die in der Regel durch den Erwerb der Fachkunde „Suchtmedizinische
Grundversorgung" entsprechend dem Beschluss der Bundesärztekammer vom 11.9.1999
(nach ca. 50-stündiger Fortbildung) nachgewiesen wird (vgl. auch Nr. 16 BÄK-Richtlinien,
vgl. nunmehr auch § 5 Abs. 3, 5b Abs. 2 BtMVV).[59] **Ohne ausreichende Qualifikation**
für eine Substitutionsbehandlung darf der Arzt nur unter strengen Voraussetzungen und
unter Zusammenarbeit mit einem Konsiliarius höchstens (nunmehr) bis zu zehn (nach
alter Rechtslage 3) Patienten mit Substitutionsmitteln behandeln, § 5 Abs. 4 S. 2 BtMVV,
allerdings keine Diamorphinbehandlung nach § 5a durchführen, § 5 Abs. 4 S. 3 BtMVV.[60]

Grundsätzlich erfolgt die Substitution vor den Augen des Arztes (§ 5 Abs. 6 S. 2–4　**31**
BtMVV), der sich mittels Vorlage des mit dem Buchstaben S gekennzeichneten Rezepts
mit Substitutionsmitteln von der Apotheke beliefern lässt. Unter engen Voraussetzungen lässt
§ 5 Abs. 7 S. 2 BtMVV eine Ausnahme von diesem Grundsatz zu, wonach dem stabilisierten
Patienten ein Wochenendrezept bzw. eine sog. „take-home-Verschreibung" über die bis zu
sieben Tagen benötigte Menge des Substitutionsmittels zur Mitnahme ermöglicht wird.[61]

c) Unzulänglichkeiten in der Praxis und Substitution de lege ferenda. Die sehr　**32**
detailliert geregelte Substitution hat auch negative Auswirkungen auf das **Arzt-Patienten-**
Verhältnis.[62] Der Substitutionskandidat wird (nachvollziehbarerweise) als „**Strafbarkeits-**
risiko" und weniger als behandlungsbedürftiges Individuum gesehen, was in Anbetracht
des Umstands, dass das Substitutionsangebot ohnehin eingeschränkt ist, die Position des
Patienten noch verschlechtert. Eine freie Arztwahl wird zur Illusion, es entsteht ein faktischer **Kontrahierungszwang,** der sich auch in der Ausgestaltung der Behandlungsverträge
niederschlagen kann[63] (Festschreiben der Verpflichtungen des Patienten, umfassende

---

[55] Vgl. BR-Drs. 252/01, 48.
[56] *Malek* in *Spickhoff,* Medizinrecht, BtMVV § 5 Rn. 5.
[57] Krit. *Ullmann* ADS 2014, 72; Untersuchung zur Einhaltung einer Abstinenz bei Methadonsubstituierten
bei *Thiele/Popper/Baumgartner/Haag-Dawoud* Blutalkohol 2014, 257 mit dem Ergebnis, dass sich eine Kontrolle
der Abstinenz bei Methadonkonsumenten „als sehr sinnvoll und notwendig erweist" und mit „zunehmender
Anzahl der Abstinenzkontrollen die Rückfälle in den Konsum abnehmen".
[58] § 5 Abs. 2 S. 1 Nr. 6 BtMVV.
[59] *Körner/Patzak* Rn. 59; *Weber* BtMVV § 5 Rn. 58.
[60] § 5 Abs. 3 BtMVV.
[61] Zu den denkbaren Pflichtverstößen des Arztes im Rahmen einer take-home-Verschreibung ausführlich
KPV/*Patzak* § 13 Rn. 104 f.; zur Notwendigkeit einer Generalüberholung der Take-Home-Regelungen (v.a.
im Hinblick auf die soziale Reintegration des Patienten) *Gerlach* ADS 2016, 173.
[62] *Schieren/Heinze/Jesse/Häde/Lenz/Schäffer,* Akzeptanzorientierte Drogenarbeit 2013; 10, 1 ff.; vgl. auch
Schäffer ADS 2016, 226.
[63] *Schieren/Kramer/Jesse* ADS 2015, 53 (54).

Schweigepflichtentbindung über Gebühr, Sanktionierung des Patienten durch den Arzt[64]). Auch um den Datenschutz scheint es nicht gut bestellt, wenn darüber berichtet wird, dass die Einnahme des Medikaments am **„Substitutionstresen"** erfolgt, der sich in Sicht- und Hörweite anderer Patientinnen befindet.[65]

33   Die restriktive Handhabe der Substitution äußert sich auch in den gesetzlich festgeschriebenen **Verschreibungshöchstmengen,** die den Beurteilungs- und Behandlungsspielraum der Ärzte ebenfalls einengt; ein Arzt, der die Therapie auf eine Art und Weise durchführen muss, die nach seiner Einschätzung nicht erfolgsversprechend ist, wird – zum Nachteil des Patienten – u.U. ganz von ihr absehen. Die Erweiterung des Verschreibungsspektrums ist daher dringend angezeigt, zumal laut PREMOS-Studie nur knapp 2/3 aller Patienten die empfohlene Dosis erhalten.[66]

34   Zudem könnte darüber nachgedacht werden, den **Sichtbezug** von Substitutionsmittel in Apotheken gesetzlich festzuschreiben, da bis dato selten auf diese Möglichkeit zurückgegriffen wird. Als freiwillige Leistung ist sie für Apotheker unattraktiv (in Anbetracht des erheblichen Aufwands, die nicht einmal durch eine Aufwandsentschädigung kompensiert wird); in Baden-Württemberg hat man daraufhin mit einer Vereinbarung zwischen den gesetzlichen Krankenkassen und dem Landesapothekerverband reagiert, welche die Vergütung dieses Angebots ermöglichen soll. Gesetzessystematisch ist die Verbrauchsüberlassung vor Ort kein Problem, als dem Apotheker im Falle der Verschreibung ja sogar die Abgabe (mithin die Übertragung der Verfügungsmacht) der Substitutionsmittel gestattet wäre.

35   Faktische Probleme hindern trotz rechtlicher Institutionalisierung die **Diamorphin-Behandlung,** was auch eine vierjährige Studie von *Schäffler/Foot* belegt.[67] Es ist eine Binsenweisheit, dass die Verschreibung von BtM der Anlage III nicht vom Betäubungsmittelrecht, sondern vom **Sozialversicherungsrecht** reguliert wird, als hohe Hürden an die Erstattungsfähigkeit geknüpft werden[68] (was den gesetzgeberischen Eingriff letztlich wertlos macht; das mag der Grund dafür sein, dass man nunmehr bei Änderungen der Anlage III auch gleich das Sozialversicherungsrecht modifiziert, um derartigen Entwicklungen keinen Boden zu bereiten).[69]

36   Zudem hat die gesetzgeberische Intervention die Grundsatzdiskussion um die **Diamorphinbehandlung** als solche nicht von der Welt geschafft,[70] die sich letztlich in erheblichen Abweichungen der Diamorphin-Behandlung im Hinblick auf die zu berücksichtigenden Sicherheitsvorschriften in Relation zur Methadon-Behandlung niederschlug. Die damit verbundene Kostenexplosion[71] macht die Behandlung für Ärzte in Ansehung der nochmaligen Verschärfung des strafrechtlichen Risikos nicht attraktiver, mögen zahlreiche Studien bereits erwiesen haben, dass die Diamorphinvergabe gerade im Bereich der sog. Schwerstabhängigen der Methadonbehandlung überlegen ist.[72] Es überrascht somit auch nicht, dass nur 0,5 %–0,8 %[73] der Substituierten überhaupt mit Heroin behandelt werden (weniger als 400 Patienten), eine Modifikation der gesetzlichen Grundlagen samt Umgestaltung des Diamorphinangebots (schadensärmere orale Vergabe, Abgabe von Diamorphintabletten, Zurückhaltung bei den Indikationsvorgaben) erscheint ratsam.[74]

---

[64] *Schieren/Heinze/Jesse/Häde/Lenz/Schäffer,* Akzeptanzorientierte Drogenarbeit 2013; 10, 1 ff.
[65] *Schieren/Kramer/Jesse* ADS 2015, 53 (55).
[66] PREMOS-Studie, abrufbar unter http://www.premos-studie.de/.
[67] *Schäffler/Foot,* Akzeptanzorientierte Drogenarbeit 2014; 11: 131 ff.
[68] *Schäffer* ADS 2014, 69.
[69] Man denke an das anstehende Änderungsgesetz, das die Verschreibung von Cannabis-Blüten ermöglichen soll, die der Gesetzgeber durch eine Fixierung des off-label-use im neuen § 31 SGB V auch sozialversicherungsrechtlich abgesichert wissen will, zu diesem Konstrukt aber bereits § 3 Rn. 32 ff.
[70] Vgl. auch *Degkwitz/Verthein* Suchtmedizin 15 (2013), 286.
[71] Vgl. Vorstand DGS ADS 2015, 149 (150).
[72] *Schäffler/Foot,* Akzeptanzorientierte Drogenarbeit 2014; 11: 131 unter Verweis auf *Uchtenhagen,* 2011, Heroin maintenance treatment: from idea to research to practice, in: Drug Alcohol Rev., 30 (2): 130, 7 sowie *Haasen/Verthein/Degkwitz/Kuhn/Hartwig/Reimer,* Sucht 2007, 53: 268.
[73] BfArM, Bericht Substitutionsregister 2015, S. 4.
[74] *Schäffler/Foot,* Akzeptanzorientierte Drogenarbeit 2014; 11: 131 (142).

Kritisiert wird auch die heterogene Versorgungslage im Bereich der (gesetzlich vorgesehe- **37** nen) **psychosozialen Betreuung,** die ggf. den Therapiezugang erschweren kann, soweit man den Erfolg der Substitutionstherapie an die Betreuung koppelt.[75] Ein weiteres Problem stellt der plötzliche Abbruch der Substitutionsbehandlung durch den Übergang in den **Strafvollzug** dar.[76] Die Substitution ist in den wenigsten Haftanstalten institutionalisiert, was darauf zurückzuführen ist, dass es in den Länderstrafvollzuggesetzen an besonderen Vorschriften zur Behandlung des Drogenabhängigen im Vollzug und damit an einem norma- tiven Fundament fehlt.[77] Stützt man seinen „Anspruch" auf Substitution auf die allgemeinen Behandlungsvorschriften der **Landesstrafvollzugsgesetze** (etwa Art. 60 Abs. 1 BaySt- VollzG) lässt sich dieser wegen dem Ermessensspielraum der Behörde nur schwerlich durch- setzen. Immerhin soll Art. 60 Abs. 1 BayStVollZG verletzt sein, wenn durch entsprechende Beweisanträge dargetan werden kann, dass diese Art der Behandlung die medizinisch einzig mögliche ist.[78] Hier ist gesetzgeberische Nachjustierung dringend angezeigt; nur auf diese Weise lassen sich riskante Rückfälle, illegaler und riskanter[79] Konsum während der Haft[80] und tödliche Überdosierungen – va. in den ersten 14 Tagen der Freiheit – vermeiden.[81]

Der Gesetzgeber hat auf diese Einwendungen mit Erlass der Dritten Verordnung zur **37a** **Änderung der Betäubungsmittel-Verschreibungsverordnung vom 22.5.2017,** BGBl. I S. 1275, zumindest partiell reagiert und mit dem Ziel eines flexibleren Versorgungs- zuganges der Substitutionspatienten den Katalog der Einrichtungen, in denen Substitutions- patienten ihr Mittel erhalten können, ebenso erweitert wie den Kreis der zur Verbrauchs- überlassung berechtigten Personen, § 5 Abs. 10 BtMVV. Außerdem wurde die Zahl der Substitutionspatienten, die unter konsiliarischer Beratung von suchtmedizinisch nicht quali- fizierten Ärzten behandelt werden dürfen, von bisher drei auf zehn angehoben. Die Inten- tion des Verordnungsgebers ist angesichts der dargelegten Kritik absolut zu begrüßen und bereits der Begründung der Novellierung dürfte eine nicht zu unterschätzende Signalwir- kung für die Substitutionspraxis zukommen: Schließlich wurden nicht nur verwaltungstech- nische Fallstricke der Substition abgeschafft, sondern auch das Strafbarkeitsrisiko nach § 29 Abs. 1 Nr. 14 iVm § 16 BtMVV, durch eine Einschränkung der Bezugsnormen wesentlich verringert. Da aber nach wie vor das Strafbarkeitsrisiko nach § 29 Abs. 1 Nr. 6a bestehen bleibt und freilich nicht alle Fallstricke der Substitionspraxis beseitigt sind, wird sich noch zeigen müssen, inwiefern die gesetzgeberische Intervention die rechtstatsächliche Situation der Substitutionspatienten verbessern wird. Zu den Änderungen im Einzelnen vgl. BR- Drs. 222/17, 15 ff.

IV. Versorgung mit BtM im Bereich der Palliativmedizin[82]

Gem. § 13 Abs. 1a erfolgt im Rahmen einer ambulanten palliativmedizinischen Behand- **38** lung die Verordnung des btm-haltigen Medikaments grundsätzlich dadurch, dass dieses ärztlich verschrieben und die Verschreibung durch die Apotheke beliefert wird. Daraus folgt für den Regelfall, dass der Patient für die Beschaffung des Medikaments selbst zuständig ist.

[75] Vgl. hierzu *Gerlach/Stöver* ADS 2014, 97; nochmals *Stöver* ADS 2015, 30 (32).
[76] Vgl. hierzu auch Europäischer Drogenbericht 2015, S. 71 f.
[77] *Schäffler/Zimmermann*, Akzeptanzorientierte Drogenarbeit 2012, 9: 25 ff. Welche katastrophalen Folgen ein „kalter Entzug" im Strafvollzug nach sich ziehen kann, belegt der vom Ersten Strafsenat entschiedene Fall (BGH 28.1.2014 – 1 StR 494/13, NJW 2014, 1680 mAnm *Kudlich* JA 2014, 392), indem der entlassene Patient zu Hause direkt angekommen an einer Überdosis verstarb, nachdem er Zugriff auf den von der Ehefrau gesammelten Vorrat an Substitutionsmitteln erhielt, hierzu noch → § 29 Rn. 1222.
[78] OLG München 5.6.2012 – 4 Ws 103/12, BeckRS 2012, 14564.
[79] Vgl. Vorstand der DGS ADS 2015, 149 (150).
[80] Vgl. *Stöver* ADS 2015, 30 (31) unter Verweis auf die DRUCK-Studie des RKI, wonach 30% der jemals inhaftierten Drogenkonsumenten auch in Haft Drogen spritzten und 11 % mit intravenösem Konsum überhaupt begonnen haben (!), wobei den Haftbedingungen die typischen Risiken des intravenösen Konsums erst Recht immanent sind.
[81] Vgl. so eben zitiert den in BGH 28.1.2014 – 1 StR 494/13, NJW 2014, 1680 entschiedenen Sachverhalt.
[82] Vgl. zum Begriff: http://www.baek.de/downloads/114BAEKgroundPalliativmedizin.pdf; http://www.ethikrat.org/themen/medizin-und-pflege/palliativmedizin/ (Stand: 18.4.2017).

Immer wieder festzustellende Versorgungsengpässe mit btm-haltigen Medikamenten haben den Gesetzgeber veranlasst, in Ansehung des § 5 Abs. 1 Nr. 6 die Versorgung dieses Patientenkreises zu erleichtern, gleichzeitig die Erleichterung von engen Voraussetzungen abhängig zu machen. Dazu steckt die Vorschrift – über § 13 Abs. 1 hinausgehend – einen **gesonderten Handlungsrahmen** ab.

39   **1. Überlassen btm-haltiger Medikamente.** Überlassen der BtM iSd Abs. 1a bedeutet der Sache nach **Abgabe** in unentgeltlicher, entgeltlicher oder in Gewinnerzielungsabsicht erfolgender Übertragung der tatsächlichen Verfügungsgewalt über das BtM auf den Patienten. Es stellt damit – sieht man von den Sonderfällen der Abgabe von Codein und Hydrocodein im Rahmen der Substitutionsbehandlung ab – eine **Ausnahme** von den einem Arzt zu therapeutischen Zwecken erlaubten Verordnungsformen von BtM dar, für die im Übrigen die allgemeinen Kriterien einer btm-gestützten ärztlichen Behandlung (→ Rn. 9 ff.) gelten.[83]

40   Der Arzt darf seinem Patienten ausschließlich die in Anlage III bezeichneten **Opioide** in Form von **Fertigarzneimitteln** in transdermaler oder in transmucosaler Darreichungsform überlassen.[84] Höchstmenge ist der Dreitagesbedarf.

41   **2. Nicht aufschiebbarer BtM-Bedarf.** Wird die Verordnung von BtM bereits durch die allgemeine ultima-ratio-Regel des § 13 Abs. 1 eingeschränkt (→ Rn. 9 ff.), besteht die Erlaubnisfreiheit vorliegend in noch engeren Grenzen, nämlich nur dann, wenn die Versorgung mit BtM im Interesse des Patienten keinen Aufschub duldet, eine Frage, die nur der Arzt beantworten kann.[85] Speziell im Bereich der Palliativmedizin dient die Gabe btm-haltiger Medikamente in erster Linie der Linderung von Schmerzen, sodass man von Unaufschiebbarkeit auszugehen haben wird, wenn mit anderen Medikamenten nicht der nämliche Grad an Schmerzlinderung erzielt werden kann.

42   **3. Fehlende Bedarfsdeckung durch Apotheken.** Dem Arzt ist die Überlassung des Medikaments an den Patienten nur dann erlaubt, wenn eine Verschreibung mangels aktueller Belieferungsmöglichkeit (*„nicht rechtzeitig"*) durch Apotheken ins Leere ginge. Diesbezüglich trifft den Arzt eine umfangreiche Nachforschungspflicht (S. 3). Er muss sich unter Bezugnahme auf die akute Bedarfslage in einer dienstbereiten Apotheke desselben Kreises oder derselben kreisfreien Stadt oder in einander benachbarten Kreisen oder kreisfreien Städten danach erkundigen, ob das BtM vorrätig ist oder rechtzeitig zur Abgabe bereitgestellt werden kann (S. 2 Nr. 1). Ist dies der Fall, darf er das BtM **nur dann überlassen,** wenn es vom Patienten oder den Patienten versorgenden Personen aus den in S. 2 Nr. 2 genannten Gründen nicht rechtzeitig beschafft werden kann.

43   **4. Dokumentationspflicht.** Die Voraussetzungen dafür, dass er seinem Patienten BtM überlassen durfte, muss der Arzt im Einzelnen dokumentieren (S. 4 Nr. 1–5). Ein Verstoß gegen die Dokumentationsverpflichtung ist mit Bußgeld bewehrt (§ 32 Abs. 1 Nr. 7a, 7b).[86]

44   **5. Aufklärungspflicht.** Überlässt der Arzt einem Patienten unter den genannten Voraussetzungen BtM, hat er seinen Patienten oder zu dessen Pflege anwesende Dritte über die ordnungsgemäße Anwendung der überlassenen BtM aufzuklären und eine **schriftliche Gebrauchsanweisung** mit Angaben zur Einzel- und Tagesgabe auszuhändigen (S. 6).

V. Abgabe von BtM im Rahmen des Apothekenbetriebs

45   Die Abgabe von BtM steht unter dem Erlaubnisvorbehalt des § 3 Abs. 1; Apotheker und Betreiber tierärztlicher Hausapotheken sind bei Vorliegen einer ärztlichen Verschreibung (§ 4 Abs. 1 Nr. 1c) bzw. im Rahmen der tierärztlichen Behandlung mit Einschränkungen

---

[83] BT-Drs. 17/10156, 91.
[84] *Kotz* StRR 2012, 451.
[85] *Kotz* StRR 2012, 451.
[86] *Kotz* StRR 2012, 451 (452).

(§ 4 Abs. 1 Nr. 2c, d) von dieser Erlaubnispflicht befreit. Damit **ersetzt die ärztliche Verschreibung die Abgabeerlaubnis** im Einzelfall.

VI. Abgabe von Diamorphin

Diamorphinhaltige Fertigarzneimittel werden in pharmazeutischen Unternehmen synthetisch hergestellt. Für sie besteht gem. § 47b AMG ein **Sondervertriebsweg:** Der pharmazeutische Unternehmer darf Diamorphin **nur auf Verschreibung** eines in einer nach § 13 Abs. 3 S. 2 Nr. 2a anerkannten Einrichtung behandelnden Arztes **und nur dorthin** abgeben. **46**

VII. Ermächtigung zum Erlass von Rechtsverordnungen

Abs. 3 ermächtigt die Bundesregierung in ihrer Gesamtheit, mit Zustimmung des Bundesrats das Verschreiben der dazu zugelassenen BtM (so nunmehr auch Diamorphin), ihre Abgabe auf Grund einer Verschreibung und das Aufzeichnen ihres Verbleibs durch Rechtsverordnung zu regeln. Dies ist in der BtMVV geschehen. **47**

§ 14 Kennzeichnung und Werbung

(1) [1]Im Betäubungsmittelverkehr sind die Betäubungsmittel unter Verwendung der in den Anlagen aufgeführten Kurzbezeichnungen zu kennzeichnen. [2]Die Kennzeichnung hat in deutlich lesbarer Schrift, in deutscher Sprache und auf dauerhafte Weise zu erfolgen.

(2) Die Kennzeichnung muß außerdem enthalten

1. bei rohen, ungereinigten und nicht abgeteilten Betäubungsmitteln den Gewichtsvomhundertsatz und bei abgeteilten Betäubungsmitteln das Gewicht des enthaltenen reinen Stoffes,
2. auf Betäubungsmittelbehältnissen und – soweit verwendet – auf den äußeren Umhüllungen bei Stoffen und nicht abgeteilten Zubereitungen die enthaltene Gewichtsmenge, bei abgeteilten Zubereitungen die enthaltene Stückzahl; dies gilt nicht für Vorratsbehältnisse in wissenschaftlichen Laboratorien sowie für zur Abgabe bestimmte kleine Behältnisse und Ampullen.

(3) Die Absätze 1 und 2 gelten nicht für Vorratsbehältnisse in Apotheken und tierärztlichen Hausapotheken.

(4) Die Absätze 1 und 2 gelten sinngemäß auch für die Bezeichnung von Betäubungsmitteln in Katalogen, Preislisten, Werbeanzeigen oder ähnlichen Druckerzeugnissen, die für die am Betäubungsmittelverkehr beteiligten Fachkreise bestimmt sind.

(5) [1]Für in Anlage I bezeichnete Betäubungsmittel darf nicht geworben werden. [2]Für in den Anlagen II und III bezeichnete Betäubungsmittel darf nur in Fachkreisen der Industrie und des Handels sowie bei Personen und Personenvereinigungen, die eine Apotheke oder eine tierärztliche Hausapotheke betreiben, geworben werden, für in Anlage III bezeichnete Betäubungsmittel auch bei Ärzten, Zahnärzten und Tierärzten.

§ 15 Sicherungsmaßnahmen

[1]Wer am Betäubungsmittelverkehr teilnimmt, hat die Betäubungsmittel, die sich in seinem Besitz befinden, gesondert aufzubewahren und gegen unbefugte Entnahme zu sichern. [2]Das Bundesinstitut für Arzneimittel und Medizinprodukte kann Sicherungsmaßnahmen anordnen, soweit es nach Art oder Umfang des

Betäubungsmittelverkehrs, dem Gefährdungsgrad oder der Menge der Betäubungsmittel erforderlich ist.

§ 16 Vernichtung

(1) [1]Der Eigentümer von nicht mehr verkehrsfähigen Betäubungsmitteln hat diese auf seine Kosten in Gegenwart von zwei Zeugen in einer Weise zu vernichten, die eine auch nur teilweise Wiedergewinnung der Betäubungsmittel ausschließt sowie den Schutz von Mensch und Umwelt vor schädlichen Einwirkungen sicherstellt. [2]Über die Vernichtung ist eine Niederschrift zu fertigen und diese drei Jahre aufzubewahren.

(2) [1]Das Bundesinstitut für Arzneimittel und Medizinprodukte, in den Fällen des § 19 Abs. 1 Satz 3 die zuständige Behörde des Landes, kann den Eigentümer auffordern, die Betäubungsmittel auf seine Kosten an diese Behörden zur Vernichtung einzusenden. [2]Ist ein Eigentümer der Betäubungsmittel nicht vorhanden oder nicht zu ermitteln, oder kommt der Eigentümer seiner Verpflichtung zur Vernichtung oder der Aufforderung zur Einsendung der Betäubungsmittel gemäß Satz 1 nicht innerhalb einer zuvor gesetzten Frist von drei Monaten nach, so treffen die in Satz 1 genannten Behörden die zur Vernichtung erforderlichen Maßnahmen. [3]Der Eigentümer oder Besitzer der Betäubungsmittel ist verpflichtet, die Betäubungsmittel den mit der Vernichtung beauftragten Personen herauszugeben oder die Wegnahme zu dulden.

(3) Absatz 1 und Absatz 2 Satz 1 und 3 gelten entsprechend, wenn der Eigentümer nicht mehr benötigte Betäubungsmittel beseitigen will.

§ 17 Aufzeichnungen

(1) [1]Der Inhaber einer Erlaubnis nach § 3 ist verpflichtet, getrennt für jede Betriebsstätte und jedes Betäubungsmittel fortlaufend folgende Aufzeichnungen über jeden Zugang und jeden Abgang zu führen:
1. das Datum,
2. den Namen oder die Firma und die Anschrift des Lieferers oder des Empfängers oder die sonstige Herkunft oder den sonstigen Verbleib,
3. die zugegangene oder abgegangene Menge und den sich daraus ergebenden Bestand,
4. im Falle des Anbaues zusätzlich die Anbaufläche nach Lage und Größe sowie das Datum der Aussaat,
5. im Falle des Herstellens zusätzlich die Angabe der eingesetzten oder hergestellten Betäubungsmittel, der nicht dem Gesetz unterliegenden Stoffe oder der ausgenommenen Zubereitungen nach Art und Menge und
6. im Falle der Abgabe ausgenommener Zubereitungen durch deren Hersteller zusätzlich den Namen oder die Firma und die Anschrift des Empfängers.
[2]Anstelle der in Nummer 6 bezeichneten Aufzeichnungen können die Durchschriften der Ausgangsrechnungen, in denen die ausgenommenen Zubereitungen kenntlich gemacht sind, fortlaufend nach dem Rechnungsdatum abgeheftet werden.

(2) Die in den Aufzeichnungen oder Rechnungen anzugebenden Mengen sind
1. bei Stoffen und nicht abgeteilten Zubereitungen die Gewichtsmenge und
2. bei abgeteilten Zubereitungen die Stückzahl.

(3) Die Aufzeichnungen oder Rechnungsdurchschriften sind drei Jahre, von der letzten Aufzeichnung oder vom letzten Rechnungsdatum an gerechnet, gesondert aufzubewahren.

§ 18 Meldungen

(1) Der Inhaber einer Erlaubnis nach § 3 ist verpflichtet, dem Bundesinstitut für Arzneimittel und Medizinprodukte getrennt für jede Betriebsstätte und für jedes Betäubungsmittel die jeweilige Menge zu melden, die

1. beim Anbau gewonnen wurde, unter Angabe der Anbaufläche nach Lage und Größe,
2. hergestellt wurde, aufgeschlüsselt nach Ausgangsstoffen,
3. zur Herstellung anderer Betäubungsmittel verwendet wurde, aufgeschlüsselt nach diesen Betäubungsmitteln,
4. zur Herstellung von nicht unter dieses Gesetz fallenden Stoffen verwendet wurde, aufgeschlüsselt nach diesen Stoffen,
5. zur Herstellung ausgenommener Zubereitungen verwendet wurde, aufgeschlüsselt nach diesen Zubereitungen,
6. eingeführt wurde, aufgeschlüsselt nach Ausfuhrländern,
7. ausgeführt wurde, aufgeschlüsselt nach Einfuhrländern,
8. erworben wurde,
9. abgegeben wurde,
10. vernichtet wurde,
11. zu anderen als den nach den Nummern 1 bis 10 angegebenen Zwecken verwendet wurde, aufgeschlüsselt nach den jeweiligen Verwendungszwecken und
12. am Ende des jeweiligen Kalenderhalbjahres als Bestand vorhanden war.

(2) Die in den Meldungen anzugebenden Mengen sind
1. bei Stoffen und nicht abgeteilten Zubereitungen die Gewichtsmenge und
2. bei abgeteilten Zubereitungen die Stückzahl.

(3) Die Meldungen nach Absatz 1 Nr. 2 bis 12 sind dem Bundesinstitut für Arzneimittel und Medizinprodukte jeweils bis zum 31. Januar und 31. Juli für das vergangene Kalenderhalbjahr und die Meldung nach Absatz 1 Nr. 1 bis zum 31. Januar für das vergangene Kalenderjahr einzusenden.

(4) Für die in Absatz 1 bezeichneten Meldungen sind die vom Bundesinstitut für Arzneimittel und Medizinprodukte herausgegebenen amtlichen Formblätter zu verwenden.

§ 18a *(aufgehoben)*

Vierter Abschnitt. Überwachung

§ 19 Durchführende Behörde

(1) [1]Der Betäubungsmittelverkehr sowie die Herstellung ausgenommener Zubereitungen unterliegt der Überwachung durch das Bundesinstitut für Arzneimittel und Medizinprodukte. [2]Diese Stelle ist auch zuständig für die Anfertigung, Ausgabe und Auswertung der zur Verschreibung von Betäubungsmitteln vorgeschriebenen amtlichen Formblätter. [3]Der Betäubungsmittelverkehr bei Ärzten, Zahnärzten und Tierärzten, pharmazeutischen Unternehmern im Falle der Abgabe von Diamorphin und in Apotheken sowie im Falle von § 4 Absatz 1 Nummer 1 Buchstabe f zwischen Apotheken, tierärztlichen Hausapotheken, Krankenhäusern und Tierkliniken unterliegt der Überwachung durch die zuständigen Behörden der Länder. [4]Diese überwachen auch die Einhaltung der in § 10a Abs. 2 aufgeführten Mindeststandards; den mit der Überwachung beauftragten Personen stehen die in den §§ 22 und 24 geregelten Befugnisse zu.

(2) Das Bundesinstitut für Arzneimittel und Medizinprodukte ist zugleich die besondere Verwaltungsdienststelle im Sinne der internationalen Suchtstoffübereinkommen.

(3) Der Anbau von Nutzhanf im Sinne des Buchstabens d der Ausnahmeregelung zu Cannabis (Marihuana) in Anlage I unterliegt der Überwachung durch die Bundesanstalt für Landwirtschaft und Ernährung. Artikel 45 Absatz 4 Unterabsatz 1 und der Anhang der Durchführungsverordnung (EU) Nr. 809/2014 der Kommission vom 17. Juli 2014 mit Durchführungsbestimmungen zur Verordnung (EU) Nr. 1306/2013 des Europäischen Parlaments und des Rates hinsichtlich des integrierten Verwaltungs- und Kontrollsystems, der Maßnahmen zur Entwicklung des ländlichen Raums und der Cross-Compliance (ABl. L 227 vom 31.7.2014, S. 69) in der jeweils geltenden Fassung gelten entsprechend. Im Übrigen gelten die Vorschriften des Integrierten Verwaltungs- und Kontrollsystems über den Anbau von Hanf entsprechend. Die Bundesanstalt für Landwirtschaft und Ernährung darf die ihr nach den Vorschriften des Integrierten Verwaltungs- und Kontrollsystems über den Anbau von Hanf von den zuständigen Landesstellen übermittelten Daten sowie die Ergebnisse von im Rahmen der Regelungen über die Basisprämie durchgeführten THC-Kontrollen zum Zweck der Überwachung nach diesem Gesetz verwenden.

§ 20 Besondere Ermächtigung für den Spannungs- oder Verteidigungsfall

(1) [1]Die Bundesregierung wird ermächtigt, durch Rechtsverordnung ohne Zustimmung des Bundesrates dieses Gesetz oder die auf Grund dieses Gesetzes erlassenen Rechtsverordnungen für Verteidigungszwecke zu ändern, um die medizinische Versorgung der Bevölkerung mit Betäubungsmitteln sicherzustellen, wenn die Sicherheit und Kontrolle des Betäubungsmittelverkehrs oder der Herstellung ausgenommener Zubereitungen gewährleistet bleiben. [2]Insbesondere können
1. Aufgaben des Bundesinstitutes für Arzneimittel und Medizinprodukte nach diesem Gesetz und auf Grund dieses Gesetzes erlassenen Rechtsverordnungen auf das Bundesministerium übertragen,
2. der Betäubungsmittelverkehr und die Herstellung ausgenommener Zubereitungen an die in Satz 1 bezeichneten besonderen Anforderungen angepaßt und
3. Meldungen über Bestände an
a) Betäubungsmitteln,

b) ausgenommenen Zubereitungen und

c) zur Herstellung von Betäubungsmitteln erforderlichen Ausgangsstoffen oder Zubereitungen, auch wenn diese keine Betäubungsmittel sind,

angeordnet werden. [3]In der Rechtsverordnung kann ferner der über die in Satz 2 Nr. 3 bezeichneten Bestände Verfügungsberechtigte zu deren Abgabe an bestimmte Personen oder Stellen verpflichtet werden.

(2) Die Rechtsverordnung nach Absatz 1 darf nur nach Maßgabe des Artikels 80a Abs. 1 des Grundgesetzes angewandt werden.

(3) (weggefallen)

§ 21 Mitwirkung anderer Behörden

(1) Das Bundesministerium der Finanzen und die von ihm bestimmten Zollstellen wirken bei der Überwachung der Einfuhr, Ausfuhr und Durchfuhr von Betäubungsmitteln mit.

(2) [1]Das Bundesministerium der Finanzen kann im Einvernehmen mit dem Bundesministerium des Innern die Beamten der Bundespolizei, die mit Aufgaben des Grenzschutzes nach § 2 des Bundespolizeigesetzes betraut sind, und im Einvernehmen mit dem Bayerischen Staatsminister des Innern die Beamten der Bayerischen Grenzpolizei mit der Wahrnehmung von Aufgaben betrauen, die den Zolldienststellen nach Absatz 1 obliegen. [2]Nehmen die im Satz 1 bezeichneten Beamten diese Aufgaben wahr, gilt § 67 Abs. 2 des Bundespolizeigesetzes entsprechend.

(3) Bei Verdacht von Verstößen gegen Verbote und Beschränkungen dieses Gesetzes, die sich bei der Abfertigung ergeben, unterrichten die mitwirkenden Behörden das Bundesinstitut für Arzneimittel und Medizinprodukte unverzüglich.

§ 22 Überwachungsmaßnahmen

(1) Die mit der Überwachung beauftragten Personen sind befugt,

1. Unterlagen über den Betäubungsmittelverkehr oder die Herstellung oder das der Herstellung folgende Inverkehrbringen ausgenommener Zubereitungen einzusehen und hieraus Abschriften oder Ablichtungen anzufertigen, soweit sie für die Sicherheit oder Kontrolle des Betäubungsmittelverkehrs oder der Herstellung ausgenommener Zubereitungen von Bedeutung sein können,

2. von natürlichen und juristischen Personen und nicht rechtsfähigen Personenvereinigungen alle erforderlichen Auskünfte zu verlangen,

3. Grundstücke, Gebäude, Gebäudeteile, Einrichtungen und Beförderungsmittel, in denen der Betäubungsmittelverkehr oder die Herstellung ausgenommener Zubereitungen durchgeführt wird, zu betreten und zu besichtigen, wobei sich die beauftragten Personen davon zu überzeugen haben, daß die Vorschriften über den Betäubungsmittelverkehr oder die Herstellung ausgenommener Zubereitungen beachtet werden. Zur Verhütung dringender Gefahren für die öffentliche Sicherheit und Ordnung, insbesondere wenn eine Vereitelung der Kontrolle des Betäubungsmittelverkehrs oder der Herstellung ausgenommener Zubereitungen zu besorgen ist, dürfen diese Räumlichkeiten auch außerhalb der Betriebs- und Geschäftszeit sowie Wohnzwecken dienende Räume betreten werden; insoweit wird das Grundrecht auf Unverletzlichkeit der Wohnung (Artikel 13 des Grundgesetzes) eingeschränkt. Soweit es sich um industrielle Herstellungsbetriebe und Großhandelsbetriebe handelt, sind die Besichtigungen in der Regel alle zwei Jahre durchzuführen,

4. vorläufige Anordnungen zu treffen, soweit es zur Verhütung dringender Gefahren für die Sicherheit oder Kontrolle des Betäubungsmittelverkehrs oder der Herstellung ausgenommener Zubereitungen geboten ist. Zum gleichen Zweck dürfen sie auch die weitere Teilnahme am Betäubungsmittelverkehr oder die weitere Herstellung ausgenommener Zubereitungen ganz oder teilweise untersagen und die Betäubungsmittelbestände oder die Bestände ausgenommener Zubereitungen unter amtlichen Verschluß nehmen. Die zuständige Behörde (§ 19 Abs. 1) hat innerhalb von einem Monat nach Erlaß der vorläufigen Anordnungen über diese endgültig zu entscheiden.

(2) Die zuständige Behörde kann Maßnahmen gemäß Absatz 1 Nr. 1 und 2 auch auf schriftlichem Wege anordnen.

§ 23 Probenahme

(1) [1]Soweit es zur Durchführung der Vorschriften über den Betäubungsmittelverkehr oder die Herstellung ausgenommener Zubereitungen erforderlich ist, sind die mit der Überwachung beauftragten Personen befugt, gegen Empfangsbescheinigung Proben nach ihrer Auswahl zum Zwecke der Untersuchung zu fordern oder zu entnehmen. [2]Soweit nicht ausdrücklich darauf verzichtet wird, ist ein Teil der Probe oder, sofern die Probe nicht oder ohne Gefährdung des Untersuchungszwecks nicht in Teile von gleicher Qualität teilbar ist, ein zweites Stück der gleichen Art wie das als Probe entnommene zurückzulassen.

(2) [1]Zurückzulassende Proben sind amtlich zu verschließen oder zu versiegeln. [2]Sie sind mit dem Datum der Probenahme und dem Datum des Tages zu versehen, nach dessen Ablauf der Verschluß oder die Versiegelung als aufgehoben gelten.

(3) Für entnommene Proben ist eine angemessene Entschädigung zu leisten, soweit nicht ausdrücklich darauf verzichtet wird.

§ 24 Duldungs- und Mitwirkungspflicht

(1) Jeder Teilnehmer am Betäubungsmittelverkehr oder jeder Hersteller ausgenommener Zubereitungen ist verpflichtet, die Maßnahmen nach den §§ 22 und 23 zu dulden und die mit der Überwachung beauftragten Personen bei der Erfüllung ihrer Aufgaben zu unterstützen, insbesondere ihnen auf Verlangen die Stellen zu bezeichnen, in denen der Betäubungsmittelverkehr oder die Herstellung ausgenommener Zubereitungen stattfindet, umfriedete Grundstücke, Gebäude, Räume, Behälter und Behältnisse zu öffnen, Auskünfte zu erteilen sowie Einsicht in Unterlagen und die Entnahme der Proben zu ermöglichen.

(2) Der zur Auskunft Verpflichtete kann die Auskunft auf solche Fragen verweigern, deren Beantwortung ihn selbst oder einen seiner in § 383 Abs. 1 Nr. 1 bis 3 der Zivilprozeßordnung bezeichneten Angehörigen der Gefahr strafgerichtlicher Verfolgung oder eines Verfahrens nach dem Gesetz über Ordnungswidrigkeiten aussetzen würde.

§ 24a Anzeige des Anbaus von Nutzhanf

[1]Der Anbau von Nutzhanf im Sinne des Buchstabens d der Ausnahmeregelung zu Cannabis (Marihuana) in Anlage I ist bis zum 1. Juli des Anbaujahres in dreifacher Ausfertigung der Bundesanstalt für Landwirtschaft und Ernährung zur Erfüllung ihrer Aufgaben nach § 19 Abs. 3 anzuzeigen. [2]Für die Anzeige ist das von der Bundesanstalt für Landwirtschaft und Ernährung herausgegebene amtliche Formblatt zu verwenden. [3]Die Anzeige muß enthalten:

1. den Namen, den Vornamen und die Anschrift des Landwirtes, bei juristischen Personen den Namen des Unternehmens der Landwirtschaft sowie des gesetzlichen Vertreters,

2. die dem Unternehmen der Landwirtschaft von der zuständigen Berufsgenossenschaft zugeteilte Mitglieds-/Katasternummer,

3. die ausgesäte Sorte unter Beifügung der amtlichen Etiketten, soweit diese nicht im Rahmen der Regelungen über die Basisprämie der zuständigen Landesbehörde vorgelegt worden sind,

4. die Aussaatfläche in Hektar und Ar unter Angabe der Flächenidentifikationsnummer; ist diese nicht vorhanden, können die Katasternummer oder sonstige die Aussaatfläche kennzeichnende Angaben, die von der Bundesanstalt für Landwirtschaft und Ernährung anerkannt worden sind, wie zum Beispiel Gemarkung, Flur und Flurstück, angegeben werden.

[4]Die Bundesanstalt für Landwirtschaft und Ernährung übersendet eine von ihr abgezeichnete Ausfertigung der Anzeige unverzüglich dem Antragsteller. [5]Sie hat ferner eine Ausfertigung der Anzeige den zuständigen Polizeibehörden und Staatsanwaltschaften auf deren Ersuchen zu übersenden, wenn dies zur Verfolgung von Straftaten nach diesem Gesetz erforderlich ist. [6]Liegen der Bundesanstalt für Landwirtschaft und Ernährung Anhaltspunkte vor, daß der Anbau von Nutzhanf nicht den Voraussetzungen des Buchstabens d der Ausnahmeregelung zu Cannabis (Marihuana) in Anlage I entspricht, teilt sie dies der örtlich zuständigen Staatsanwaltschaft mit.

§ 25 Gebühren und Auslagen

(1) Das Bundesinstitut für Arzneimittel und Medizinprodukte erhebt für seine individuell zurechenbaren öffentlichen Leistungen nach diesem Gesetz und den auf Grund dieses Gesetzes erlassenen Rechtsverordnungen Gebühren und Auslagen.

(2) Das Bundesministerium wird ermächtigt, durch Rechtsverordnung ohne Zustimmung des Bundesrates die gebührenpflichtigen Tatbestände näher zu bestimmen und dabei feste Sätze oder Rahmensätze vorzusehen.

Fünfter Abschnitt. Vorschriften für Behörden

§ 26 Bundeswehr, Bundespolizei, Bereitschaftspolizei und Zivilschutz

(1) Dieses Gesetz findet mit Ausnahme der Vorschriften über die Erlaubnis nach § 3 auf Einrichtungen, die der Betäubungsmittelversorgung der Bundeswehr und der Bundespolizei dienen, sowie auf die Bevorratung mit in Anlage II oder III bezeichneten Betäubungsmitteln für den Zivilschutz entsprechende Anwendung.

(2) ¹In den Bereichen der Bundeswehr und der Bundespolizei obliegt der Vollzug dieses Gesetzes und die Überwachung des Betäubungsmittelverkehrs den jeweils zuständigen Stellen und Sachverständigen der Bundeswehr und der Bundespolizei. ²Im Bereich des Zivilschutzes obliegt der Vollzug dieses Gesetzes den für die Sanitätsmaterialbevorratung zuständigen Bundes- und Landesbehörden.

(3) Das Bundesministerium der Verteidigung kann für seinen Geschäftsbereich im Einvernehmen mit dem Bundesministerium in Einzelfällen Ausnahmen von diesem Gesetz und den auf Grund dieses Gesetzes erlassenen Rechtsverordnungen zulassen, soweit die internationalen Suchtstoffübereinkommen dem nicht entgegenstehen und dies zwingende Gründe der Verteidigung erfordern.

(4) Dieses Gesetz findet mit Ausnahme der Vorschriften über die Erlaubnis nach § 3 auf Einrichtungen, die der Betäubungsmittelversorgung der Bereitschaftspolizeien der Länder dienen, entsprechende Anwendung.

(5) (weggefallen)

§ 27 Meldungen und Auskünfte

(1) ¹Das Bundeskriminalamt meldet dem Bundesinstitut für Arzneimittel und Medizinprodukte jährlich bis zum 31. März für das vergangene Kalenderjahr die ihm bekanntgewordenen Sicherstellungen von Betäubungsmitteln nach Art und Menge sowie gegebenenfalls die weitere Verwendung der Betäubungsmittel. ²Im Falle der Verwertung sind der Name oder die Firma und die Anschrift des Erwerbers anzugeben.

(2) Die in § 26 bezeichneten Behörden haben dem Bundesinstitut für Arzneimittel und Medizinprodukte auf Verlangen über den Verkehr mit Betäubungsmitteln in ihren Bereichen Auskunft zu geben, soweit es zur Durchführung der internationalen Suchtstoffübereinkommen erforderlich ist.

(3) ¹In Strafverfahren, die Straftaten nach diesem Gesetz zum Gegenstand haben, sind zu übermitteln

1. zur Überwachung und Kontrolle des Verkehrs mit Betäubungsmitteln bei den in § 19 Abs. 1 Satz 3 genannten Personen und Einrichtungen der zuständigen Landesbehörde die rechtskräftige Entscheidung mit Begründung, wenn auf eine Strafe oder eine Maßregel der Besserung und Sicherung erkannt oder der Angeklagte wegen Schuldunfähigkeit freigesprochen worden ist,

2. zur Wahrnehmung der in § 19 Abs. 1 Satz 2 genannten Aufgaben dem Bundesinstitut für Arzneimittel und Medizinprodukte im Falle der Erhebung der öffentlichen Klage gegen Ärzte, Zahnärzte und Tierärzte
    a) die Anklageschrift oder eine an ihre Stelle tretende Antragsschrift,
    b) der Antrag auf Erlaß eines Strafbefehls und
    c) die das Verfahren abschließende Entscheidung mit Begründung; ist mit dieser Entscheidung ein Rechtsmittel verworfen worden oder wird darin auf die angefochtene Entscheidung Bezug genommen, so ist auch diese zu übermitteln.

[2]Die Übermittlung veranlaßt die Strafvollstreckungs- oder die Strafverfolgungsbehörde.

(4) Die das Verfahren abschließende Entscheidung mit Begründung in sonstigen Strafsachen darf der zuständigen Landesbehörde übermittelt werden, wenn ein Zusammenhang der Straftat mit dem Betäubungsmittelverkehr besteht und die Kenntnis der Entscheidung aus der Sicht der übermittelnden Stelle für die Überwachung des Betäubungsmittelverkehrs erforderlich ist; Absatz 3 Satz 1 Nr. 2 Buchstabe c zweiter Halbsatz gilt entsprechend.

§ 28 Jahresbericht an die Vereinten Nationen

(1) [1]Die Bundesregierung erstattet jährlich bis zum 30. Juni für das vergangene Kalenderjahr dem Generalsekretär der Vereinten Nationen einen Jahresbericht über die Durchführung der internationalen Suchtstoffübereinkommen nach einem von der Suchtstoffkommission der Vereinten Nationen beschlossenen Formblatt. [2]Die zuständigen Behörden der Länder wirken bei der Erstellung des Berichtes mit und reichen ihre Beiträge bis zum 31. März für das vergangene Kalenderjahr dem Bundesinstitut für Arzneimittel und Medizinprodukte ein. [3]Soweit die im Formblatt geforderten Angaben nicht ermittelt werden können, sind sie zu schätzen.

(2) [1]Die Bundesregierung wird ermächtigt, durch Rechtsverordnung mit Zustimmung des Bundesrates zu bestimmen, welche Personen und welche Stellen Meldungen, nämlich statistische Aufstellungen, sonstige Angaben und Auskünfte, zu erstatten haben, die zur Durchführung der internationalen Suchtstoffübereinkommen erforderlich sind. [2]In der Verordnung können Bestimmungen über die Art und Weise, die Form, den Zeitpunkt und den Empfänger der Meldungen getroffen werden.

Sechster Abschnitt. Straftaten und Ordnungswidrigkeiten

Vorbemerkung zu § 29

Übersicht

A. Rechtsgutsdiskussion und Verfassungsmäßigkeit der Strafvorschriften

Schrifttum: *Albrecht,* Drogenpolitik und Drogenstrafrecht, BewHi 1993, 5; *Ambos, Recht auf Rausch?,* MschrKrim 1995, 47; *Anastasopoulou,* Deliktstypen zum Schutz kollektiver Rechtsgüter, 2005; *Aulinger,* § 31a BtMG – Der Auftrag des BVerfG und die Rechtswirksamkeit, NStZ 1999, 111; *Barsch/Leicht,* Die Schwierig-keiten des Themas „Drogen und Flüchtlinge": Zwischen wohlmeinender Tabuisierung und fremdenfeindli-cher Dramatisierung, ADS 2016, 205; *Bensch,* Der Begriff des „Handeltreibens" im Betäubungsmittelgesetz, 2005; *Böllinger* HFR 2015, 23, Das Scheitern strafrechtlicher Drogenprohibition; *ders.* Strafrechtsprofessoren fordern Reform des Drogenstrafrechts, ADS 2014, 116; *ders.* Drogenprohibition: Verfassungswidrige Verirrung des Strafrechts, vorgänge 2015, 95; *ders.,* Die Funktionalität der kollektiven Drogenphobie, in: Sinnprovinz der Kriminalität (*Hess/Henner* et al. Hrsg.), 2014, 95; *ders.,* Grenzenloses, symbolisches Strafrecht: Zum Cannabis-Beschluß des Bundesverfassungsgerichts, KJ 1994, 405; *Bröckers,* Drogenlüge, 2010; *Büttner,* Eine verfassungs-rechtliche Bewertung des Betäubungsmittelstrafrechts. Der Cannabis-Beschluß des Bundesverfassungsgerichts, 1997; *Duttge/Steuer,* Legalisierung von Cannabis: Verkommt Deutschland zu einer berauschten Gesellschaft?, ZRP 2014, 181; *Ebert,* Das Handeltreiben mit Betäubungsmitteln im Sinne von § 29 I 1 Nr. 1 BtMG – Die Auslegung des Begriffs „Handeltreiben" mit Betäubungsmitteln, dargestellt an der Strafbarkeit des Versuches, 1997; *Endriß/Kinzig,* Tatprovokation ohne Tatverdacht – Grenzenlos möglich?, StraFo 1998, 299; *Engländer,* Revitalisierung der materiellen Rechtsgutslehre durch das Verfassungsrecht?, ZStW 127 (2015), 616; *Eul/ Stöver,* Konsumerfahrung, Konsumbereitschaft, Risikoeinschätzung und gewünschte Rechtslage und deren Wechselbeziehungen untereinander zu Cannabis und anderen Drogen in der Bevölkerung Deutschlands, Akzeptanzorientierte Drogenarbeit 2014, 11: 1 (50); *Fincke,* Das Verhältnis des Allgemeinen zum Besonderen Teil des Strafrechts, 1975; *Freudenthal,* Die nothwendige Theilnahme am Verbrechen, 1901; *Frisch,* An den Grenzen des Strafrechts, FS Stree/Wessels, 1993, 69; *Gaede,* Die Strafbarkeit der geschäftsmäßigen Förderung des Suizids – § 217 StGB, JuS 2016, 385; *Gimbernat Ordeig,* Gedanken zum Täterbegriff und zur Teilnahme-lehre, ZStW 80 (1968) 932; *Gropp,* Deliktstypen mit Sonderbeteiligung: Untersuchungen zur Lehre der „notwendigen Teilnahme", 1992; *Haberl,* Die Strafbarkeit des Umgangs mit nicht geringen Mengen im Betäubungsmittelstrafrecht, 1998; *Habschick,* Cannabis: „Legalize it" – not!, Kriminalistik 2014, 705; *Hassemer,* Prävention im Strafrecht, JuS 1987, 257; *ders.,* Symbolisches Strafrecht und Rechtsgüterschutz, NStZ 1989,

553; *ders.,* Kennzeichen und Krisen des modernen Strafrechts, ZRP 1992, 378; *ders.* Rauschgiftbekämpfung durch Rauschgift?, JuS 1992, 110 (113); *Haffke,* Drogenstrafrecht, ZStW 107 (1995), 761; *Hefendehl* u. a., Das Rechtsgut als materialer Angelpunkt einer Strafnorm, Die Rechtsgutstheorie, 2003, S. 119 ff.; *Herzberg,* Anstiftung und Beihilfe als Straftatbestände, GA 1971, 1; *Hesel,* Untersuchungen zur Dogmatik und den Erscheinungsformen „modernen" Strafrechts, 2004; *Hoch/Bonnet/Thomasius/Ganzer/Havemann-Reinecke/Preuss,* Risiken bei nichtmedizinischem Gebrauch von Cannabis, Deutsches Ärzteblatt 2015, 271; *Hohmann,* Das Rechtsgut der Umweltdelikte. Grenzen des strafrechtlichen Umweltschutzes, 1991; *Holzer,* Die Geburt der Drogenpolitik aus dem Geist der Rassenhygiene, 2007; *Iversen,* Drogen und Medikamente, 2004; *Jazbinsek,* Rauchen für die schwarze Null – Hochglanz und Elend der Tabakkontrolle in Deutschland, ADS 2016, 179; ADS 2016, 179; *Jesse/Köthner,* Was wäre, wenn man Drogen nicht verbieten würde?, ADS 2015, 86; *Kamphausen,* Ist das Drogenverbot geeignet, erforderlich und verhältnismäßig? Rechtsstaatliche Aspekte des Drogenverbots ADS 2014, 145; *Kerner,* Rauschgiftkriminalität, Kriminalistik 1993, 19; *Kinzig,* Auf dem Weg zu einer Entkriminalisierung des Umgangs mit geringen Mengen von Cannabis?, FS Kargl, 2015, 273; *Kleim,* Drogenphobie, Drogenfreiheit und die kulturelle Seite des Phänomens, ADS 2016, 185; *Kniesel,* Nach der Entscheidung des BVerfG zur Strafbarkeit weicher Drogen – Anfang vom Ende der Drogenpolitik durch Strafrecht, ZRP 1994, 352; *Köhler,* Freiheitliches Rechtsprinzip und Betäubungsmittelstrafrecht, ZStW 104 (1992), 3; *Köhler,* Rechtsgut, Tatbestandsstruktur und Rechtswidrigkeitszusammenhang, MDR 1992, 739; *Koriath,* Zum Streit um den Begriff des Rechtsguts, GA 1999, 561; *Kreuzer,* Betäubungsmittelstrafrecht – Gedanken, Befunde, Kritik, FS Miyazawa, 1995; *Kreuzer,* Die Haschisch-Entscheidung des BVerfG, NJW 1994, 2400; *Krumdiek,* Cannabis sativa L. und das Aufleben alter Vorurteile, NStZ 2008, 437; *Krumdiek,* Rechtliche Bewertung von „Spice" und anderen Räuchermischungen (Legal high-Produkten), StRR 2011, 213; *Kubiciel,* Die Wissenschaft vom Besonderen Teil des Strafrechts, 2013; *Kudlich,* Die Abstiftung, JuS 2005, 592; *ders.,* Die Relevanz der Rechtsgutstheorie im modernen Verfassungsstaat, ZStW 127 (2015), 635; *ders.,* Die Unterstützung fremder Straftaten durch berufsbedingtes Verhalten, 2004; *ders./Hoven,* Muss am deutschen Strafrechtswesen denn unbedingt die Welt genesen?, ZIS 2016, 345; *Kühl,* Beteiligung an Selbsttötung und verlangte Fremdtötung, Jura 2010, 81; *Lang,* Betäubungsmittelstrafrecht – dogmatische Inkonsistenzen und Verfassungsfriktionen, 2011; *Magata,* Die Entwicklung der Lehre von der notwendigen Teilnahme, Jura 1999, 246; *Marx,* Zur Definition des Begriffs „Rechtsgut". Prolegomena einer materialen Verbrechenslehre, 1972; *Meyer-Mews,* Das Dilemma des Betäubungsmittelstrafrechts, StraFo 2013, 147; *Möller,* Paternalismus und Persönlichkeitsrecht, 2005; *Morris,* 2014 „Liability under ‚Good Samaritan' Laws", American Academy of Orthopaedic Surgeons; *Mostardt/Flöter/Neumann/Wasem/Pfeiffer-Gerschel,* Schätzung der Ausgaben der öffentlichen Hand durch den Konsum illegaler Drogen in Deutschland, Gesundheitswesen 2010, 72:12, 886; *Nadelmann,* „Thinking Seriously About Alternatives to Drug Prohibition", Daedalus 1994, 212, 87; *Naucke,* Der Aufbau des § 330c StGB. Zum Verhältnis zwischen Allgemeinem und Besonderem Teil; des Strafrechts, FS Welzel, 1974, 761; *Naucke,* Gesetzlichkeit und Kriminalpolitik, 1999; *Nestler,* Geeignetheit und das strafrechtliche Verbot des Umgangs mit Cannabis – eine Projektskizze, FS Hassemer, 2010, 971; *Nestler,* Grundlagen und Kritik des BtM-Strafrechts, in *Kreuzer* (Hrsg.), Handbuch des BtM-Strafrechts, 1998; *Nobis,* Legal-high-Produkte – wirklich illegal?, NStZ 2012, 422; *Oğlakcıoğlu,* Der Allgemeine Teil des Betäubungsmittelstrafrechts, 2013; *ders.,* Die Anwendung der Vorschriften des Allgemeinen Teils auf die Straftatbestände des Betäubungsmittelgesetzes. Zugleich eine Analyse der höchstrichterlichen Rechtsprechung zum Betäubungsmittelstrafrecht seit 1982, Diss. Erlangen, 2013; *Paeffgen,* Betäubungsmittelstrafrecht und der Bundesgerichtshof, in FS BGH, 2000; *Pasedach,* Verantwortungsbereiche wider Volksgesundheit.: Zur Zurechnungs- und Rechtsgutslehre im Betäubungsmittelstrafrecht, 2012; *Patzak/Goldhausen,* Cannabis – wirklich eine harmlose Droge?, NStZ 2006, 259; *Pawlik,* Das Unrecht des Bürgers, 2012; *Plenert,* Zum Primat der Repression in der Drogenpolitik, ADS 2014, 153; *Plenert/Werse,* Für eine verantwortungsvolle Regulierung von Cannabis, ADS 2014, 119; *Reuband,* Prävention durch Abschreckung? Drogenpolitik und Cannabisverbreitung im innerdeutschen Vergleich, in: Jugendliche und Suchtmittelkonsum (*Mann/Havemann-Reinecke/Gaßmann,* Hrsg.), 2007, 209; *Rudolphi,* Die verschiedenen Aspekte des Rechtsgutsbegriffs, FS Honig, 1970; *Sax,* Dogmatische Streifzüge durch den Entwurf des Allgemeinen Teils eines Strafgesetzbuches nach den Beschlüssen der Großen Strafrechtskommission, ZStW 69 (1957), 412; *Scheimann,* Forcierte Strafverfolgung gegen DrogenkonsumentInnen von 1985 bis 1991 und aktuelle Relevanz, Akzeptanzorientierte Drogenarbeit 2012; 9, 65 ff.; *Schemmel/Graf,* Legalisierung von unten Wie die Realität neue Wege in der Drogenpolitik aufzwingt, ADS 2014, 160; *Schnürer,* Das Gesamtgeschäft beim Handeltreiben mit Betäubungsmitteln, 2015; *Schroth,* Legitimität und Inhalt einer paternalistischen Strafrechtsnorm, FS Roxin, 2001, 869; *Schünemann,* Das Rechtsgüterschutzprinzip als Fluchtpunkt der verfassungsrechtlichen Grenzen der Straftatbestande und ihrer Interpretation, in: Rechtsgutstheorie, 2003, S. 133; *Schünemann,* Kritische Anmerkungen zur geistigen Situation der deutschen Strafrechtswissenschaft, GA 1995, 208; *Schwabe,* Der Schutz des Menschen vor sich selbst, JZ 1998, 67; *Schwitters,* Die Vorverlagerung der Strafbarkeit beim unerlaubten Handeltreiben im Betäubungsmittelstrafrecht, 1998; *Steiner,* Das Bundesverfassungsgericht und die Volksgesundheit, MedR 2003, 1; *Stöver,* Modelle für einen regulierten Umgang, 2012; *Stuckenberg* Grundrechtsdogmatik statt Rechtsgutslehre, GA 2011, 653; *T. Walter,* Der Kern des Strafrechts, 2006; *Tempel,* Die Polizei – Dein Freund und Helfer?, ADS 2014, 130; *Ternig,* Das Cannabiskontrollgesetz aus verkehrsrechtlicher Sicht, NZV 2014, 105; *Teuter,* „Augen zu und durch" geht nicht mehr. Eine Reform des BtMG ist mehr als überfällig, ADS 2015, 170; *Tiedemann,* Die Fortentwicklung der Methoden und Mittel des Strafrechts, ZStW 86 (1974), 303; *Ullmann,* Die Zahlen des BKA zeigen das Scheitern der Prohibition – dient sie wirklich dem Jugendschutz?, ADS 2016. 10; *v. Danwitz* Anmerkungen zu einem Irrweg in der Bekämpfung der Drogenkriminalität, StV 1995, 431; *v. Hirsch/Neumann,* „Indirekter" Paternalismus im Strafrecht am Beispiel der Tötung auf Verlangen, GA 2007, 671; *Vogel,* Strafrechtsgüter und Rechtsgüterschutz durch Strafrecht im Spiegel der Rechtsprechung des Bundesverfassungsgerichts, StV 1996, 110; *Wang,* Drogenstraftaten und abstrakte Gefährdungsdelikte, 2003; *Weber,* Der Begriff des Handeltreibens, 2008; *Werse,* Das falsche Signal – Anmerkungen zu einem häufig genannten „Argument", ADS 2014, 147; *ders.,* Wie kriminell sind ‚Social Supplier' – Ergebnisse zum Drogenkleinsthandel aus zwei empirischen Studien, Rausch 2014, 3 (2), 98 ff.; *der.,* Zu neueren Argumenten gegen die Legalisierung von Cannabis, ADS 2016, 44; *Wohlers,* Delikttypen des Präventionsstrafrechts – zur Dogmatik „moderner" Gefährdungsdelikte; *Ziemann/ Ziethen,* Was tun mit „verbotenen Gegenständen"?, JR 2011, 65.

I. Zwecke des BtMG

1   Erklärter Zweck des BtMG ist es, die medizinische Versorgung der Bevölkerung sicherzustellen, daneben aber auch den Missbrauch von BtM sowie das Entstehen oder Erhalten einer BtM-Abhängigkeit soweit wie möglich auszuschließen (§ 5 Abs. 1 Nr. 6). Diese Bestimmung einander widersprechender Zwecke entspricht dem Janus-Charakter eines BtM, das als **Arzneimittel** vor allem zur Linderung von Schmerzen und Leiden weiterhin unentbehrlich,[1] zugleich aber als **Suchtstoff** bei missbräuchlicher Verwendung für den Einzelnen schädlich sein kann.[2] Hinzu tritt der Wille, soziale bzw. gesellschaftspolitische Schäden zu verhindern, die finanzstarke kriminelle Vereinigungen hervorrufen.[3]

II. Rechtsgutslehre und Verfassungsrecht als Prüfsteine des Betäubungsmittelstrafrechts

2   Orientiert an diesen gesetzgeberischen Intentionen erfasst das BtMG nach hM dementsprechend mehrere Schutzgüter: Die **Gesundheit des Einzelnen** und diejenige der Bevölkerung im Ganzen **(Volksgesundheit)**.[4] Ausgehend von der grundsätzlichen Notwendigkeit eines Rechtsguts zur Legitimation einer Strafvorschrift[5] bilden diese in ihrer Ausprägung unterschiedlich beurteilten Rechtsgüter den Anknüpfungspunkt für eine **Legitimitätskontrolle** der Strafvorschriften (§§ 29 ff.). Diese mündet wegen der Eigenschaft von Rechtsgütern als hinter einer Strafnorm stehende, nicht justiziable „Werte" meist in eine **kriminalpolitische Diskussion** rund um die staatliche Drogenpolitik, deren Plausibilität, Rationalität und Zweckmäßigkeit. Mit der fehlenden Justiziabilität ist zugleich ein Manko der Rechtsgutslehre angesprochen, der ihr nicht selten zum Vorwurf gemacht wird: nämlich auf einer abstrakten, nicht fassbaren Metaebene Grundannahmen aufstellen zu wollen,[6] obwohl allein die Verfassung den Maßstab für den Strafgesetzgeber bilden dürfe. Schließlich bietet auch allein das Grundgesetz samt BVerfGG die Möglichkeit, das Betäubungsmittelstrafrecht auf seine Legitimität überprüfen zu lassen.

3   Der hierbei angedeutete Grundsatzstreit um die Berechtigung und Funktion der Rechtsgutslehre neben einem Strafgesetzgebungsverfassungsrecht darf nicht überbewertet werden, da zahlreiche Erwägungen, die im Rahmen der Rechtsgutslehre für oder wider eine Legitimität der Strafnorm sprechen, in die verfassungsrechtliche Prüfung der Verhältnismäßigkeit einer Sanktionsnorm (legitimer Zweck – Geeignetheit – Erforderlichkeit – Angemessenheit) implementiert werden können und auch tatsächlich werden. Und gerade im Rahmen dieser Prüfung wird schnell deutlich, dass sich die Probleme der Rechtsgutslehre lediglich verlagern, man mithin mit ähnlichen Hürden zu kämpfen hat, die sich unter Zugrundelegung

---

[1] Präambel des Übk. 1961, vgl. → Vor § 1 Rn. 75.
[2] Präambel des Übk. 1961. Siehe hierzu auch BGHSt 1, 130; 9, 370.
[3] Vgl. die Gesetzesunterlagen, RGBl 1917 S. 256; RT-Dr. IV/1386, 6; BT-Drs. VI/1877, 5; BT-Drs. VIII/ 3551, 23; IX/27 S. 25.; BGBl. 1976 I S. 1477; BGBl. 1977 II S. 111.
[4] Ständige Rechtsprechung: RGSt 60, 365; RGSt 61, 161; BGH NJW 1979, 1259; BGHSt 31, 168; BGHSt 37, 179; BGH StV 1983, 202; BGHSt 34, 180; BGH NStZ 1991, 392;BGH NStZ 1994, 496; NStZ 1996, 139; krit. hierzu *Lang,* Betäubungsmittelstrafrecht, S. 55 ff.; erstmals wird das Schutzgut der Volksgesundheit im Rahmen der Strafzumessung genannt, BGH 29.10.1975 – 3 StR 373/75; vgl. auch BGHSt 27, 30, ein Urteil, das sich mit dem Weltrechtsprinzip befasst und auf die verfolgten Zwecke zumindest mittelbar unter Bezugnahme auf das Einheitsübereinkommen eingeht.
[5] Zum Ganzen *Kudlich* ZStW 127 (2015), 635 einerseits, *Engländer* ZStW 127 (2015), 616 andererseits.
[6] Hierzu *Kudlich* ZStW 127 (2015), 635 (650).

eines Rechtsguts als Legitimationspfeiler einer Strafnorm ergeben. Die Parallelen werden deutlich, wenn dem Rechtsgutbegriff die Leistungsfähigkeit abgesprochen wird, da sich letztlich jeder Strafvorschrift ein Rechtsgut zuordnen lasse[7] (mithin der unscharfe Rechtsgutsbegriff jederzeit **„funktionalisiert"** werden könne – diese Gefahr hat sich i.Ü. im Betäubungsmittelstrafrecht realisiert, vgl. noch im Folgenden), zugleich aber keine hohen Anforderungen an den Begriff des **legitimen Zwecks** gestellt werden. Schließlich kann grundsätzlich erst einmal jeder **Gemeinschaftsbelang** dazu herangezogen werden, eine Strafnorm zu erlassen.

Wenn zum anderen die **normative Verbindlichkeit** des Rechtsgüterschutzprinzips **4** bestritten wird,[8] so steht dem die auf der Ebene der Geeignetheit über die Erforderlichkeit hin zur Angemessenheit der Strafvorschrift eingeräumte **Einschätzungsprärogative** des Gesetzgebers gegenüber,[9] die als „maßstabsabschwächende Sonderdogmatik"[10] fast jedes Strafgesetz gegen verfassungsrechtliche Gegenerwägungen (und innerhalb des Tatsachenvorbringens empirisch und sozialwissenschaftlich abgesegnete Thesen) weitgehend immunisiert, soweit man von diesen nicht „überzeugt" ist. Wie auch bei der Rechtsgutsdiskussion wird so aus einer „materiellen Legitimitätsprüfung" eine **Plausibilitätskontrolle,** bei der andere Auffassungen hinsichtlich der Rechtmäßigkeit sich kaum durchsetzen können, sondern auf der Ebene der Zweckmäßigkeit, also politisch (nämlich durch tragende und überzeugende Sachargumente) erkämpft werden müssen.

Schwächen des Rechtsgutkonzepts sind insofern meistens auch Schwächen der verfas- **5** sungsrechtlichen Argumentation, die aber erst auf der kriminalpolitischen Ebene Gehör finden. Das hat die jüngere Rechtsprechung zur Verfassungsmäßigkeit von Strafgesetzen, aber auch der Cannabis-Beschluss des BVerfG im Jahre 1994 deutlich gemacht, der – durch und durch pragmatisch – eine „Verfassungswidrigkeit" der Praxis der Einstellung nach § 31a andeuten ließ,[11] aber das BtMG für verfassungsgemäß erklärte trotz (damals bereits, aber heute umso mehr) **berechtigter Einwände** gegen die strenge Prohibition. Dies geschah u.A. unter Rückgriff auf den Schutz von Gemeinschaftsbelangen, die sich in der Terminologie des Rechtsgutslehre als „hypostasiert",[12] mithin ohne Gehalt bezeichnen lassen, vgl. im Folgenden.

III. Die Rechtsgüter des Betäubungsmittelstrafrechts

Die Rechtsgutsbestimmung im BtMG erlebte von seinen Ursprüngen bis heute eine **6** wechselhafte Entwicklung.[13]

1. Gesetzgeber. Während in der Begründung der Regierungsvorlage zum BtMG **7** 1972[14] vornehmlich das Individuum und sein unmittelbares Umfeld (Familie) in den Vordergrund gerückt und nur beiläufig auf die **Funktionsfähigkeit der Gesellschaft** abgestellt wird, ist die Begründung zum BtMG 1982 hinsichtlich der überindividuellen Interessen etwas konkreter, wenn es heißt, dass der „ständige Anstieg der Rauschgiftdelikte" zwinge, **„zum Schutze der Volksgesundheit und der sozialen Interessen der Gesellschaft** als äußerste Maßnahme auch verschärfte strafrechtliche Vorschriften (...) zu erlassen".[15] Die

---

[7] *Frisch* FS Stree/Wessels, 1993, 69 (72); *Stuckenberg* GA 2011, 653 (656 f.).

[8] *Kubiciel*, Die Wissenschaft vom Besonderen Teil des Strafrechts, 2013, S. 51 (53); *Pawlik*, Das Unrecht des Bürgers, 2012, S. 127 ff. (139); *Vogel* StV 1996, 110 (114). Hierzu *Engländer* ZStW 127 (2015), 616 (618 ff.).

[9] vgl. BVerfGE 50, 205 (212) = NJW 1979, 1039; 77, 170 (215) = NJW 1988, 1651; 88, 203 (262) = NJW 1993, 1751; 90, 145 (183) = NJW 1994, 1577; BVerfG 29.6.2004 – 2 BvL 8/02, NJW 2004, 3620.

[10] Zu § 217 StGB *Gaede* JuS 2016, 385 (387).

[11] BVerfGE 90, 145 (183) = NJW 1994, 1577, vgl. noch ausführlich → Rn. 10.

[12] *Pasedach*, Verantwortungsbereiche, S. 153 spricht von einem „Hyper-Rechtsgut".

[13] Umfassend bei *Weber*, Handeltreiben, S. 315 ff.; vgl. auch *Oğlakcıoğlu*, BtMG AT, S. 72 ff.

[14] BR-Drs. 665/70 (neu), 2.

[15] BT-Drs. 8/3551, 35. Vgl. *Holzer*, Drogenpolitik, S. 512, der darauf hinweist, dass infolge der Kontinuität in den drogenpolitischen Subsystemen nach 1945 allenfalls von einer semantischen Substitution des Begriffs „Rassenhygiene" durch „Volksgesundheit" ausgegangen werden könne. *Böllinger* (KJ 1994, 405 [411]) bezeichnet den Begriff als „faschistoid".

Einführung der Verbrechenstatbestände des § 30 mit folgender Erwägung begründet: „Die Verbrechenstatbestände des § 29 Abs. 1[16] sollen eine an der Tatschwere, dem Unrechtsgehalt und der Schuld ausgerichtete Einstufung bestimmter Arten von Rauschgiftdelikten als besonders gefährliche und verabscheuungswürdige Angriffe gegen **das Schutzgut Volks- gesundheit** ermöglichen".[17]

8   Im OrgKG werden die vorgesehenen Änderungen des BtMG im Wesentlichen mit dem Schutz von **Kindern und Jugendlichen** begründet.[18] Das Verbrechensbekämpfungsgesetz stellt – wenig überraschend – auf die Gefährdung von Staat und Gesellschaft durch die **Organisierte Kriminalität** ab. Im Bereich der „bandenmäßigen BtM-Kriminalität, dem Kern der Organisierten Kriminalität",[19] sei eine Anhebung der Mindeststrafen zum Schutz der „Wahrung der **öffentlichen Sicherheit** und der staatlichen Ordnung in der Bundesre- publik Deutschland"[20] erforderlich.

9   **2. Rechtsprechung.** Die Rechtsprechung, insb. der BGH, konkretisiert den Begriff der „Volksgesundheit" erstmals im Jahre 1990 etwas näher und merkt an, dass dessen Schutz Schäden vorbeugen soll, die sich für die Allgemeinheit aus dem verbreiteten Konsum „har- ter" Drogen und den daraus resultierenden **Gesundheitsschäden** des Individuums erge- ben.[21] Der Senat stellt damit klar, dass das Rechtsgut „Volksgesundheit" jedenfalls nicht „nur" die Summe der Gesundheit von Individuen darstellt, sondern ein normatives „Mehr" enthält.[22] Jene „Schäden" erläutert der BGH zumindest exemplarisch in einem Urteil vom 25.8.1992[23] etwas genauer, wenn von drogenbedingten Leistungsausfällen in Schule, Ausbil- dung und Beruf die Rede ist, die auch mit beträchtlichen Kosten und Mühen für Dritte verbunden sein sollen. Die nachfolgenden Urteile bzw. Beschlüsse, die sich mit dem Rechts- gut „Volksgesundheit" befassen,[24] sind vom viel diskutierten „Cannabis-Beschluss" des Bundesverfassungsgerichts geprägt, in denen sich der BGH im Wesentlichen den Ausfüh- rungen des Bundesverfassungsgerichts anschließt. Nur ausnahmsweise sind **modifizierende bzw. tatbestandsspezifische Rechtsgutsbestimmungen** zu finden: etwa „die Gefahren, die mit dem Verbreiten von Rauschgift verbunden sind", beim Handeltreiben,[25] ein „ver- stärkter Schutz der inländischen Bevölkerung vor den Gefahren der Drogensucht" bzgl. der Einfuhr[26] oder die „Sicherheitsinteressen des Staates und die Volksgesundheit".[27]

10   **3. Der Cannabis-Beschluss des Bundesverfassungsgerichts 1994.** Mit der Inter- vention des Bundesverfassungsgerichts findet die Rechtsgutsdiskussion ihren vorläufigen Höhepunkt:[28] In seinem Beschluss vom 9.3.1994[29] wird eine umfassende Stellungnahme zum Rechtsgut des BtMG abgegeben und die Verfassungsmäßigkeit der betäubungsmittel- rechtlichen Vorschriften festgestellt. Das Gericht bestätigt seine Auffassung mit mehreren weiteren Kammerbeschlüssen (hauptsächlich im Bereich des illegalen Umgangs mit Canna- bis).[30] Die Besonderheit am Cannabis-Beschluss des Bundesverfassungsgerichts liegt darin,

---

[16] So die ursprüngliche Bezeichnung des Entwurfs; daraus wurde im Laufe des Gesetzgebungsverfahrens § 30 Abs. 1.
[17] BT-Drs. 8/3551, 37.
[18] BT-Drs. 12/6853, 41.
[19] BR-Drs. 12/989, 1.
[20] BR-Drs. 12/989, 31.
[21] BGHSt 37, 179.
[22] Wobei auf dieses „Mehr" nochmals genauer einzugehen sein wird; krit. *Büttner*, Verfassungsrechtliche Bewertung, S. 89 ff.; *Haas*, Volksgesundheit, S. 86.
[23] BGH 25.8.1992 – 1 StR 362/92, BGHSt 38, 339.
[24] BGH 20.12.1995 – 3 StR 245/95, BGHSt 42, 1 = NJW 1996, 794.
[25] BGH 11.2.1999 – 4 StR 657/98, BGHSt 44, 361, NJW 1999, 1724 = StV 1999, 529 unter Bezugnahme auf BGH 26.3.1985 – 1 StR 118/85.
[26] BGH 1.10.1986 – 2 StR 335/86, BGHSt 34, 180.
[27] OLG Düsseldorf 4.12.1987 – 1 Ws 958/87, DRsp Nr. 1994/175; OLG Düsseldorf 5.9.1989 – 3 Ws 719/88, JMBlNW 1989, 261.
[28] Vgl. hierzu auch *Wang*, Drogenstraftaten, S. 31 ff.
[29] BVerfGE 90, 145, NJW 1994, 1577.
[30] BVerfG NJW 2004, 3620 und BVerfG 30.6.2005 – 2 BvR 1772/02.

dass das Gericht nicht nur auf das bereits bekannte zweigliedrige Schutzkonzept eingeht, sondern auch neue (Universal-) Rechtsgüter als Legitimationsbasis für die Strafvorschriften des BtMG einbezieht.[31]

a) Die klassischen Schutzgüter „körperliche Unversehrtheit" und „Volksge- 11 **sundheit".** Auch das Bundesverfassungsgericht greift das zweispurige System auf, wobei es aber die Gesundheit des Einzelnen als Individualrechtsgut an erster Stelle nennt und deutlich macht, dass die Bewahrung der körperlichen Unversehrtheit des Individuums ein vollständig autonomes Rechtsgut darstellt.[32] Erst nach der Gesundheit des Einzelnen führt das Bundesverfassungsgericht den Schutz der „Bevölkerung im Ganzen" an:[33] Hierbei knüpft das Gericht an die Erwägungen des BGH und stellt nochmals klar, dass das Interesse gemeint ist, welches die Allgemeinheit an der Gesundheit der Bürger hat. Auffallend ist, dass das Bundesverfassungsgericht den Begriff der „Volksgesundheit" vermeidet und keine weiteren Ausführungen diesbezüglich mehr macht,[34] also nicht – wie der BGH – nun die Schäden der Volksgesundheit im Leistungsabfall und Sozialschäden sieht; diese Aspekte verortet das Bundesverfassungsgericht in neu konzipierte „Sonderrechtsgüter".

b) Weitere „Rechtsgüter". Hierzu zählt zum einen das Rechtsgut des von **Rauschgift** 12 **nicht beeinträchtigten sozialen Zusammenlebens.** Das Bundesverfassungsgericht trennt also gesundheitliche und sonstige Belastungen voneinander und gibt letzterer Gruppe einen eigenen Namen.[35] Hieraus ergibt sich zumindest mittelbar der Unterschied zwischen dem Schutzgut der Volksgesundheit und dem des von Rauschgift nicht beeinträchtigten Zusammenlebens: Während die Volksgesundheit die sozialen und wirtschaftlichen Schäden erfasst, die aufgrund der *Gesundheits*schädigung durch den Konsum entstehen,[36] berücksichtigt das Rechtsgut des nicht von Rauschgift beeinträchtigten Zusammenlebens Schäden, die sich nicht aus der Gesundheitsbeeinträchtigung ergeben. Als wichtigen Teilaspekt nennt das Bundesverfassungsgericht hier den **Jugendschutz:** Der illegale Umgang mit Betäubungsmitteln berge stets die Gefahr in sich, Jugendliche in eine Kriminalitätsspirale zu ziehen und ein Heranwachsen in einem sozial stabilen Umfeld zu verhindern.[37] Ferner müsse man an die materiellen, sowie immateriellen Schäden denken, die durch die Folgekriminalität entstehen (wobei dem häufig entgegengebracht wird, dass die Folgekriminalität eben erst Resultat der Prohibition sei). Dabei hebt das Bundesverfassungsgericht den Belang der Nichtbeeinträchtigung der Gesellschaft durch die Organisierte Kriminalität eigenständig hervor. Hierbei verweist das Gericht auf das Suchtstoffübereinkommen von 1988, wonach die Organisierte Kriminalität die rechtmäßige Wirtschaft untergräbt, die Stabilität, Sicherheit und Souveränität der Staaten gefährdet und durch rechtswidrige (Drogen-)Geschäfte hohe finanzielle Gewinne macht, die es ihr wiederum ermöglichen, rechtmäßige Handels- und Finanzgeschäfte und die Gesellschaft zu durchdringen und zu korrumpieren.[38]

---

[31] Was zugleich Auslöser für eine erneute Rechtsgutdiskussion war.

[32] BVerfGE 90, 145 (174); insofern zustimmend *Weber* § 1 Rn. 5; *Hardtung* NStZ 2001, 206 (208).

[33] *Oğlakcıoğlu*, BtMG AT, S. 74 f. mwN.

[34] Als Grund hierfür wird der „nationalsozialistische Beiklang" im Begriff „Volksgesundheit" gesehen, vgl. etwa *Schwitters*, Handeltreiben, S. 67 sowie auch *Lang*, Betäubungsmittelstrafrecht, S. 55, Fn. 317 („historisch vorbelastet", heute „mindestens ein irreführender Anachronismus, weil unstreitig nicht nur Deutsche hierdurch geschützt werden sollen, *Nestler* HdBBtMStR § 11 Rn. 28 [Fn. 55]). Zu derartigen Spekulationen auch Kniesel ZRP 1994, 352.

[35] BVerfG NJW 1994, 1577 (1579).

[36] U.a. die Belastung der sozialen Sicherungssysteme durch Abhängige, die psychische Belastung bzw. Erschütterung der Familien durch lebenszerstörerische Sucht, eine HIV-Infektion und der dadurch eintretenen Verlust der Zukunftschancen.

[37] Da der Jugendschutz als eigenständiges Rechtsgut anerkannt ist, muss man ihn nicht als „Untergruppe" des Rechtsguts des von Rauschgift nicht beeinträchtigten sozialen Zusammenlebens qualifizieren. Allerdings bringt ein „alleine stehendes" Jugendschutzrechtsgut das methodologische Problem mit sich, dass er nur schwerlich als Rechtsgut für das gesamte Betäubungsmittelstrafrech: herangezogen werden kann.

[38] BVerfGE 90, 145 (174).

13   **4. Rezeption in der Kommentarliteratur.** Die Kommentarliteratur nimmt das vom Bundesverfassungsgericht aufgestellte Konzept überwiegend hin. Dementsprechend bestehen weder verfassungsrechtliche Einwände, noch wird – hinsichtlich der Grundkonzeption – ein rechtspolitischer Handlungsbedarf gesehen. Während ein Teil der Kommentarliteratur das Rechtsgut der §§ 29 ff. allein im Schutz der nicht näher bestimmten Volksgesundheit sieht,[39] erkennt ein anderer Teil mehrere Schutzgüter oder schiebt dem als solchen aufrechterhaltenen Rechtsgut „Volksgesundheit" mehrere Schutzgüter unter. So sieht *Wienroeder*[40] in Anlehnung an den *Cannabis*-Beschluss des BVerfG[41] das Rechtsgut im Schutz der menschlichen Gesundheit sowohl des Einzelnen wie der Bevölkerung im Ganzen vor den von BtM ausgehenden Gefahren und der Bewahrung der Bevölkerung, vor allem Jugendlicher, vor Abhängigkeit. Nach *Körner/Patzak/Volkmer*[42] ist das Schutzgut der betäubungsmittelrechtlichen Strafnormen nicht allein und nicht in erster Linie das Leben und die Gesundheit des Einzelnen, sondern die Prävention von Schäden, „die sich für die Allgemeinheit aus dem verbreiteten Konsum vor allem harter Drogen und den daraus herrührenden Gesundheitsbeeinträchtigungen der Einzelnen ergeben." *Weber*[43] schließlich hält die Gesundheit des Einzelnen und der Bevölkerung im Ganzen sowie die Gestaltung des sozialen Zusammenlebens in einer Weise, die dieses von sozialschädlichen Wirkungen des Umgangs mit Drogen freihält, für die durch die Strafvorschriften des BtMG geschützten Rechtsgüter.

14   **5. Kritik gegen die Rechtsgutbestimmung.** In der Lehre wird das zweispurige Konzept der Rechtsprechung – Individual- und Universalrechtsgüterschutz – überwiegend scharf und ebenso „zweispurig" kritisiert.[44] Bei den Universalrechtsgütern der „Volksgesundheit" bzw. „des nicht von Drogen beeinträchtigten, sozialen Zusammenlebens" wird bereits deren **Existenzberechtigung** angezweifelt und diskutiert, ob sie dem (systemtranszendenten) Rechtsgutsbegriff überhaupt gerecht bzw. als Legitimationsbasis für die Strafbarkeitsvorverlagerung herangezogen werden können.[45] Anders bei den Rechtsgütern Leben und körperliche Unversehrtheit: Als solches unbestritten anerkannt,[46] geht es hier nur um die Frage, ob das BtMG die körperliche Unversehrtheit des Einzelnen schützen *darf*.

15   Dabei sollte – wie eingangs angedeutet – nicht aus dem Blick geraten, dass die Kritik am Rechtsgutkonzept meist unterschiedliche Ebenen (**Verfassungsmäßigkeit** einerseits, **Kriminalpolitik** andererseits, vgl. bereits Rn. 2) und teils das Gesamtkonzept, teils einzelne Tathandlungen und ihre Auslegung betrifft und dementsprechend auch in einen argumentativen Kontext gestellt werden muss. Soweit etwa der Schutz vor Organisierter Kriminalität als „Rechtsgut" im Raume steht, kann man bereits über die Reichweite und die Bestimmtheit dieses Begriffes diskutieren,[47] doch wird der Schwerpunkt der Kritik

[39] *Eberth/Müller/Schütrumpf* Rn. 38; *Malek* Rn. 2; HJLW/*Winkler* Vor § 29 S. 3, § 29 Rn. 5.3., § 29 Rn. 9.1.; Erbs/Kohlhaas/*Pelchen/Bruns* Vorbemerkung zum BtMG Rn. 1; Pfeil/Hempel/Schiedermair/*Slotty* Vor § 29 Rn. 27.

[40] *Franke/Wienroeder* § 1 Rn. 6.

[41] BVerfG 9.3.1994 – 2 BvL 43/92 ua, BVerfGE 90, 145 = NJW 1994, 1577 = StV 1994, 295.

[42] § 29 Teil 4, Rn. 4 unter Verwendung einer Formulierung aus BGH 25.9.1990 – 4 StR 359/90, BGHSt 37, 179 = NStZ 1991, 392.

[43] § 1 Rn. 3.

[44] *Oğlakcıoğlu*, BtMG AT, S. 76 ff.; vgl. auch die Stellungnahme von *Lang*, Betäubungsmittelstrafrecht, der ebenfalls zweispurig vorgeht und in seinem Resümee die wichtigsten Einwände gegen das bestehende Konzept prägnant zusammenfasst, vgl. 58 ff.

[45] Aus dem umfangreichen Schrifttum exemplarisch *Hassemer* NStZ 1989, 553 (557); *ders.* ZRP 1992, 378 (381); *ders.* JuS 1992, 110 (113); *Nestler-Tremel* StV 1992, 273 (275); *Hohmann/Matt* JuS 1993, 370 (373); *Hoyer* StV 1993, 128 (129); *Kniesel* ZRP 1994, 352 (355); *Ebert*, Handeltreiben, S. 73; *Böllinger* KJ 1994, 405; *Schwitters*, Handeltreiben, S. 76; *Kreuzer* FS Miyazawa, 1995, 184 ff.; *Büttner*, Verfassungsrechtliche Bewertung, S. 119; *Wohlers*, Deliktstypen, S. 43 (44).

[46] Vgl. nur NK/*Hassemer/Neumann* Vorb 127 vor § 1; *Rudolphi* FS Honig, 1970, 151 (163); *Marx*, Definition des Begriffs Rechtsgut, S. 65 f.

[47] *Wohlers* Deliktstypen, 197; *Ebert* Handeltreiben, 77 f.; *Gusy* JZ 1994, 863 (864); *Anastasopoulou*, Deliktstypen, S. 273; zum Schutz vor Organisierter Kriminalität als verfassungsrechtlicher Belang *Ambos* MschrKrim 1995, 47 (50 f.); *Paeffgen* FS BGH, 2000, 695 (712); *Maunz/Dürig/Di Fabio* GG Art. 2 Rn. 51; *Nestler* in HdbBtMStrR § 11 Rn. 222; *Hassemer* KritV 1993, 198 (211); *Roxin* AT I § 2 Rn. 19; *Haffke* ZStW 107 (1995), 761 (782); *Schünemann*, Rechtsgutstheorie, S. 133 (152); *Bensch*, Handeltreiben, S. 50 f.

v.a. die Frage betreffen, ob die Prohibition für die Bekämpfung bzw. Schwächung des Schwarzmarktes erforderlich und geeignet ist (→ Rn. 23). Während beim Erwerb von BtM die grundsätzliche Berechtigung der Kriminalisierung in Abrede gestellt werden kann (fehlende Verhältnismäßigkeit), wird beim Handeltreiben eher die Rechtsanwendung bzw. die ausufernde Auslegung als problematisch erachtet (fehlende Bestimmtheit, Art. 103 Abs. 2, → § 29 Rn. 356).

a) Gesundheitsschutz und Paternalismus. Das Interesse des Einzelnen an seiner kör- **16** perlichen Unversehrtheit gehört geradezu den „klassischen" Rechtsgütern an, die das Strafrecht schützt und mit jeder zugrundegelegten Rechtsgutstheorie funktioniert. Unbestritten ist allerdings auch, dass der Inhaber des Rechtsguts als Ausprägung seiner im Grundgesetz verankerten Freiheitsrechte frei über seine körperliche Integrität verfügen kann.[48] Der strafrechtliche Schutz endet dort, wo der eigene Verantwortungsbereich des Betroffenen beginnt, so genanntes Autonomieprinzip.[49] Will also der Inhaber des Rechtsguts die Beeinträchtigung seiner körperlichen Unversehrtheit oder ist er damit einverstanden, darf das Strafrecht nicht zum Einsatz kommen und das grundsätzlich nicht nur, wenn der Rechtsgutsträger sich selbst schädigt, sondern auch wenn er sich von einem Dritten schädigen lässt.[50]

Geht es der Strafvorschrift dagegen ausschließlich darum, den Adressaten vor sich selbst **17** zu schützen, könnte dies als „aufgedrängter, staatlicher Schutz vor Selbstschädigung" illegitim sein, sog. Paternalismus.[51] Von einem „harten" Paternalismus ist das Betäubungsmittelstrafrecht nicht weit entfernt, auch wenn es die konkrete Selbstschädigungshandlung – den Konsum – als solches nicht verbietet.[52] Schließlich könnte man als unmittelbar paternalistische und somit illegitime Regelung die Strafbarkeit des Erwerbens und Besitzens von Drogen gem. § 29 Abs. 1 S. 1 Nr. 1 ansehen. Das Verbot einer konsumorientierten Verhaltensweise führt letztlich dazu, dass man dem Bürger den Verbrauch (allein schon im Hinblick auf die schwierige Verfügbarkeit) erschwert, und dieser sich überdies strafbar macht, auch wenn er keinerlei Fremdschädigung bzw. Einbeziehung eines Dritten bezweckt.[53] Dagegen könnte man einwenden, dass selbst in dieser Konstellation der „Erwerb" und Besitz auch zum Zweck des Verschenkens bzw. Mitkonsum durch Dritte erfolgen *kann*; die Absicht zum Eigenkonsum ist (zumindest in § 29 Abs. 1 S. 1 Nr. 1 und Nr. 3) kein Tatbestandsmerkmal. Der Straftatbestand lässt sich also auch auf Interessen Dritter stützen, was einem „harten Paternalismus" entgegenstünde. Andererseits wäre der Aspekt der Drittgefährdung alleinstehend mehr als fragwürdig:[54] Schließlich ist es nur selbstverständlich, dass der Kauf bzw. Erwerb von gefährlichen Gegenständen nicht schon strafbar ist, weil sie in die falschen Hände gelangen können (etwa das Küchenmesser in die Hände des Kleinkinds). Erst wenn

---

[48] *Roxin* AT/I § 2 Rn. 33.
[49] LK-StGB/*Walter* Vor § 13 Rn. 113 ff.
[50] Soweit es um eine gewollte Verletzung durch einen Dritten geht, verortet man diese Problematik in die rechtfertigende Einwilligung; steht dagegen eine Gefährdung des Rechtsguts im Raum, diskutiert man diese Fälle im Rahmen der objektiven Zurechnung (Fälle der einverständlichen Fremdgefährdung), vgl. *Oğlakcıoğlu* ZJS 2010, 340; *Kühl* Jura 2010, 81.
[51] Übersicht bei *Möller*, Paternalismus, S. 31 bis 43; 158 bis 176; zur Debatte *Schroth*, FS Roxin, 2001, S. 869 (875 ff.); v. *Hirsch/Neumann* GA 2007, 671; *Schwabe* JZ 1998, 67.
[52] Zum Paternalismus im Betäubungsmittelstrafrecht *Weber*, Handeltreiben S. 362; vgl. auch *Wang*, Drogenstraftaten, S. 37 ff. Die Diskussion kann betrifft nur Fälle, in denen der Endkonsument als Person, die sich u.U. selbst schädigt, auch tatsächlich eigenverantwortlich handelt. Konstellationen, in denen jemand einem Dritten gegen dessen Willen Drogen verabreicht oder ihn bei der Abgabe über die Drogeneigenschaft des Stoffes täuscht, fallen nicht unter die Fallgruppe der Eigenverantwortlichkeit.
[53] Hiermit soll zum Ausdruck kommen, dass der Paternalismus unmittelbar bleibt, auch wenn der Bürger letztlich die Drogen konsumieren *kann*; denkbar wäre es auch, gerade hierin den Unterschied zu *tatsächlich* unmittelbar paternalistischen Regelungen zu sehen, also nur dann von unmittelbar paternalistischen Regelungen auszugehen, wenn der „Erfolg" (Verletzung, Konsum etc.) sanktioniert wird. Dann müsste auch der Erwerb bzw. Besitz von Drogen als Straftat lediglich als mittelbarer Paternalismus qualifiziert werden. Die Frage kann – wie sich im Folgenden zeigen wird – dahinstehen, da die Anforderungen an die Rechtfertigung solcher paternalistischer Regelungen im Ergebnis nicht gravierend divergieren dürften.
[54] *Köhler* ZStW 104 (1992), 3 (39 ff.); *Haffke* ZStW 107 (1995). 781; *Hefendehl*, Kollektive Rechtsgüter, S. 143; *Paeffgen* FS BGH, 2000, S. 695 (705); *Anastasopoulou*, Deliktstypen, S. 265 f.

dies unter Verletzung einer Sorgfaltspflicht geschieht und dadurch Rechtsgüter verletzt werden, existieren spezielle Fahrlässigkeitsdelikte (§§ 222, 229 StGB), welche genau diese Gefahrrealisierung erfassen.

18   **b) Volksgesundheit.** Noch kritischer werden die Universalrechtsgüter gesehen,[55] wobei etwaige Bedenken bereits vor dem kontroversen Cannabis-Beschluss geäußert wurden.[56] Diese verschärften sich allerdings nach der Stellungnahme des Bundesverfassungsgerichts.[57] Die Kritik ist hierbei vielschichtig: Während die personalen Rechtsgutlehren eine grundsätzlich ablehnende Haltung gegenüber Universalrechtsgütern einnehmen,[58] bemängeln andere den nach ihrer Ansicht kaum konkretisierbaren Inhalt jener benannten Schutzgüter.[59] Ein **unscharfer Begriff** wie derjenige der Volksgesundheit habe keinen „kriminalpolitischen Biss".[60] Schüler *Hassemers* und andere Vertreter des Frankfurter Kreises greifen die Konturenlosigkeit des Rechtsguts auf[61] und mahnen an, dass unter Zugrundelegung solch unbestimmter Schutzgüter **moralische Imperative** mit dem Strafrecht bekämpft würden,[62] was unter Zugrundelegung eines systemkritischen Rechtsgutsbegriff unzulässig ist. *Böllinger* wirft dem Gesetzgeber sowie der Rechtsprechung vor, dass solche „nicht operationalisierbare" Rechtsgüter dazu instrumentalisiert würden, kriminalpolitische Schwierigkeiten des Kausalitäts- und Schadensnachweises zu umgehen.[63]

19   Aber auch die Kritik derjenigen, die der personalen Rechtsgutlehre grundsätzlich skeptisch gegenüberstehen,[64] geht in eine ähnliche Richtung: So wird dem Rechtsgut der Volksgesundheit vorgeworfen, dass es keinen eigenständigen Gehalt habe.[65] Im Betäubungsmittelstrafrecht werde die Summe der einzelnen Individualrechtsgüter zu einem Kollektivrechtsgut zusammengefasst[66] und sei daher als „Scheinrechtsgut zu entlarven". Dies stelle eine unzulässige „Hypostasierung"[67] dar, da man ein konkretes Gut allgemein gehaltenen, undurchsichtigen Universalrechtsgütern unterstelle, obwohl der Tatbestand ihn als real existierender Bezugspunkt – „klassenlogisch näher"[68] – benennen könnte. Teilweise wird auch die Legitimität, Belastungen der Allgemeinheit überhaupt zu berücksichtigen, angezweifelt.[69] Der personale Lebensentwurf des Einzelnen überwiege bei einer Abwägung gegen-

---

[55] Selbst die Vertreter einer funktionalistischen Strafrechtslegitimation stehen – außerhalb der „Rechtsgutsdiskussion" – den Begrifflichkeiten der Volksgesundheit kritisch gegenüber; die einzelnen Auffassung können hier allerdings nicht dargestellt werden, eine kleine Zusammenfassung findet sich bei *Haberl*, Nicht geringe Mengen im Betäubungsmittelgesetz, S. 72 ff.

[56] *Hassemer* NStZ 1989, 553 (557).

[57] *Nestler-Tremel* StV 1992, 273 (275, 276); *Hohmann/Matt* JuS 1993, 370 (373); *Hoyer* StV 1993, 128 (129); *Hassemer* ZRP 1992, 378 (381); *ders.* JuS 1992, 110 (113).

[58] *Hassemer* JuS 1992, 113.

[59] Vgl. *Haberl*, Nicht geringe Mengen im Betäubungsmittelgesetz, S. 80; *Köhler* ZStW 104 (1992), 4 (38); *Schünemann* GA 1995, 208; *ders.*, Rechtsgutstheorie, S. 133 (152, 153); *Roxin* AT/I § 9 Rn. 46 f.; *Anastasopoulou*, Deliktstypen, S. 270 f.; *Hefendehl*, Kollektive Rechtsgüter, S. 143; *Haffke* ZStW 107 (1995), 761 (780); *Schwitters*, Handeltreiben, S. 75; *Kreuzer* FS Miyazawa, 1995, 184.

[60] *Hassemer* JuS 1992, 113.

[61] *Hohmann*, Umweltschutz, S. 150.

[62] *Albrecht* BewHi 1993, 5 (7).

[63] *Böllinger* KJ 1994, 405. Vgl. auch *Haberl*, Nicht geringe Mengen im Betäubungsmittelgesetz, S. 77 sowie *Köhler* MDR 1992, 739; *Hesel*, Moderne Strafrecht, S. 273.

[64] Insbesondere *Schünemann*, welcher der Auffassung ist, dass es ein Schritt in die falsche Richtung sei, den „Pseudo-Individualismus" zum höchsten Schutzgut zu erheben (wobei diese Kritik sich seinerzeit auf die Ablehnung des Umweltstrafrechts durch die personalen Rechtsgutlehren bezog), GA 1995, 208.

[65] *Köhler* ZStW 104 (1992), 38; *Wang*, Drogenstraftaten, S. 81; *Schneider* StV 1994, 86.

[66] So auch *Schünemann*, Rechtsgutstheorie, S. 133 (152, 153); so auch *Roxin* AT/I § 2 Rn. 76, 79: Da das Volk keinen physischen Körper habe, könne die Volksgesundheit lediglich als Gesundheit der Einzelnen betrachtet werden; weitere terminologische Abwandlungen bei *Weber*, Handeltreiben, S. 374, der diese Umschreibungen aber im Rahmen der personalen Rechtsgutlehren aufzählt. Da hier allerdings gewisse Überschneidungen mit dem Begriff des Scheinrechtsguts bzw. der Hypostasierung bestehen, ist dies insofern nachvollziehbar.

[67] *Schünemann*, Rechtsgutstheorie, S. 133 (149); *Hefendehl*, Kollektive Rechtsgüter, S. 139 ff.

[68] *Hefendehl*, Kollektive Rechtsgüter, S. 139, *ders.* in Rechtsgutstheorie S. 119 (128); zust. *Wohlers*, Deliktstypen, S. 190 (191).

[69] *Haffke* ZStW 107 (1995), 761 (780).

über den Versicherungsinteressen. Die Funktionalisierung der sozialen Folgekosten als Strafgrund hebe die „bewundernswerte, äußerst feinfühlige Balance zwischen individueller
Selbstbestimmung und sozialer Risikoabsicherung auf".[70] Denn das öffentlich-rechtliche
Sozialversicherungssystem habe gerade auch die individuelle Bereitschaft, riskante bzw.
selbstgefährdende Handlungen vorzunehmen im Auge.[71]

c) Vom Rauschgift nicht beeinträchtigtes Zusammenleben. Mit dem Rechtsgut   **20**
des von Rauschgift nicht beeinträchtigten sozialen Zusammenlebens gehen die Kritiker
wesentlich strenger ins Gericht. Das benannte Rechtsgut gleiche mehr einer Beschreibung des Gesetzeszwecks. Auf diese Weise verliere das Rechtsgut seine Funktion und
gerate zu einem allgemeinen Wertbegriff.[72] Das Strafrecht hätte bei solch zugrunde
gelegten Rechtsgütern nur noch eine symbolische Funktion,[73] was sich in den Vollzugsdefiziten der Betäubungsmittelstrafrechtspraxis[74] (Steckenbleiben im Ermittlungssta-
dium,[75] weites Dunkelfeld[76] und fehlende Ausschöpfung der Strafrahmen[77]) deutlich
niederschlage.

d) Organisierte Kriminalität und Jugendschutz. Hingegen lassen sich die bei   **21**
spontanem Zugriff per se „konkreteren" Universalrechtsgüter des Schutzes vor Organisierter Kriminalität und der Jugendschutz verselbstständigen. Verwirft man im Übrigen
die hypostasierten Rechtsgüter der „Volksgesundheit" bzw. „des nicht von Drogen
beeinträchtigten sozialen Zusammenlebens", wird deutlich, wie sehr das Gesetz über das
Ziel hinausschießt. Es ist wie wenn man als kleines Kind die Zuckerwatte (das wolkige
Rechtsgut der Volksgesundheit) in den Händen zerdrückt. Dann wird sichtbar, dass sich
die gesamte Watte auf einen kleinen Kern minimieren lässt und das entstandene Kon-
zentrat auch bei weitem nicht mehr so gut „schmeckt".[78] Denn nimmt man solch ein
„vertretbares", weil „konkretisiertes Rechtsgutkonzept", ernst, macht es grundlegende
Modifikationen de lege ferenda erforderlich: Im Hinblick auf die Individualrechtsgüter
würde dies beispielsweise die Konzeption der Eigenkonsumabsicht als unrechtsausschlie-
ßendes Tatbestandsmerkmal notwendig machen.[79] Darüber hinaus müsste man sehen,
dass nicht jede „Berührung" mit Betäubungsmitteln bereits eine Beeinträchtigung der
Jugend bzw. eine Förderung der Organisierten Kriminalität bedeutet und insofern zahlreiche Modalitäten eingeschränkt bzw. vollständig gestrichen werden müssten. Beim
Handeltreiben wäre beispielsweise eine merkliche Veränderung des Markts (durch Angebot und Nachfrage bzw. durch einen Umsatz) zu fordern; das Verschreiben und die
unmittelbare Verbrauchsüberlassung als „ärztliche Fehlgriffe" müsste man als Sonderrecht neu verorten, und ein echtes Jugendschutzrecht würde stets eine Altersgrenze als
Tatbestandsmerkmal voraussetzen.

IV. Verfassungswidrigkeit der Strafvorschriften

1. Prüfungsmaßstab. Das Problem ist allerdings auch weniger der Rückgriff auf derar-   **22**
tige Belange überhaupt (mithin das Zugrundelegen hypostasierter Rechtsgüter). Vielmehr
wird durch ein sehr ausferndes Verständnis der verfolgten Belange der Maßstab für die
verfassungsrechtliche **Verhältnismäßigkeitsprüfung**, insb. derjenigen der **Geeignetheit**
und **Erforderlichkeit** verzerrt. Das Bundesverfassungsgericht hält sich im Cannabis-

---

[70] *Haffke* ZStW 107 (1995), 761 (780).
[71] Ähnlich auch *Anastasopoulou*, Deliktstypen, S. 270 f.; *Hefendehl*, Kollektive Rechtsgüter, S. 143.
[72] *Schwitters*, Handeltreiben, S. 75.
[73] *Kreuzer* FS Miyazawa, 1995, 184–186.
[74] *Büttner*, Verfassungsrechtliche Bewertung, S. 119; *Wohlers*, Deliktstypen, S. 43 f.; *Hassemer* ZRP 1992,
378 (382); *ders.* JuS 1992, 110 (113).
[75] *Hassemer* StV 1995, 483 (486).
[76] *Hassemer* StV 1995, 483 (486); *ders.* ZRP 1992, 378 (382); *ders.* FS Roxin, 2001, 1001 (1008).
[77] *Hassemer* ZRP 1992, 378 (383); *ders.* FS Roxin, 2001, 1001 (1008).
[78] *Oğlakcıoğlu*, BtMG AT, S. 85.
[79] *Oğlakcıoğlu*, BtMG AT, S. 86.

Beschluss (und auch in den späteren Entscheidungen) nicht lange mit dieser Prüfung auf, sondern nimmt an den oben genannten Funktionseinheiten als „gemeinschaftliche Belange" festhaltend schlicht an, dass die Kriminalisierung dazu geeignet und erforderlich sei, um diese Belange zu schützen bzw. die gesteckten Ziele zu erreichen.[80] Es fällt auf, dass sich der Beschluss überwiegend damit aufhält, die legitimen Zwecke aufzuzählen und bis zu einem gewissen Grad zu konkretisieren (indem die ungewollten Zustände – Verelendung des Konsumenten, Beeinträchtigung der Gesellschaft, Verbreitung des Konsums – beim Namen genannt werden), um im Anschluss in einem einzigen Absatz festzustellen, dass die Strafvorschriften „geeignet" seien, „den Gesetzeszweck zu fördern".[81]

23   **2. Einwände.** Spätestens an dieser Stelle perlen nun all die Einwände ab, welche in die Kritik gegen jene unscharfen Rechtsgüter eingebettet sind (wobei hier abermals der Wert einer Rechtsgutstheorie als „Grundannahme"[82] deutlich wird). Freilich sprechen die besseren Gründe dafür, zumindest die allumfassende Kriminalisierung (insb. auch des Erwerbs zum Eigenkonsum, allerdings auch die Reichweite der Modalität des Handeltreibens im Kontext der zu erwartenden Sanktion) als **verfassungswidrig** zu bewerten.[83] Die Argumente sind weitgehend bekannt.[84] Das Gesetz basiert auf überholten **völkerrechtlichen Verträgen** (vgl. → Vor § 1 Rn. 75),[85] das **System der Positivliste** ist undifferenziert und unterstellt in ihren Wirkweisen und Gefährlichkeitspotentialen vollkommen divergierende Substanzen einem einheitlichen Verbot, ohne auf den konkreten Konsumenten abzustellen (vgl. § 1 Rn. 30), während vergleichbare Substanzen – insb. Alkohol und Nikotin[86] – nicht erfasst sind.[87] Die Strafandrohung hat zwar abschreckende Wirkung, kann aber das grundsätzliche **Bedürfnis,** Drogen zu konsumieren, nicht eliminieren.[88] Der damit angelegte Verstoß führt in erster Linie zur Stigmatisierung von Ersttätern oder zu Verfolgung von Menschen mit problematischem Konsum,[89] die somit in die **Illegalität getrieben** werden und verelenden, weil sie keine Hilfe vom Staat erhalten.[90]

24   Mit der Strafverfolgung gehen enorme **Kosten** einher,[91] die in die Prävention investiert werden könnten. Weiter fördert bzw. generiert das Verbot erst den **Schwarzmarkt** und

---

[80] BVerfG 9.3.1994 – 2 BvL 43/92, NJW 1994, 1577 (1579 ff.).

[81] BVerfG 9.3.1994 – 2 BvL 43/92, NJW 1994, 1577 (1581).

[82] *Kudlich* ZStW 127 (2015), 635 (650).

[83] Die verfassungsrechtliche Legitimität verneinen *Kamphausen* ADS 2014, 145; *Böllinger* HFR 2015, 23; *ders.* vorgänge 2015, 95; *ders.* KJ 1991, 393 (408); *Hanssen* ZRP 2000, 199 (201); *Meyer-Mews* StraFo 2013, 147.

[84] Zusf. *Böllinger* HFR 2015, 23 *ders.* ADS 2014, 116.

[85] Vgl. Global Commission on drug policy, Kontrolle übernehmen, Bericht 2014, S. 34 (Empfehlung Nr. 7).

[86] Die Vergleichbarkeit hängt selbstverständlich vom Vergleichsfaktor ab (Suchtpotential, Toxizität, Konsumalter etc.).

[87] *Kinzig* FS Kargl, 2015, 273 (274, 278) unter Bezugnahme auf *Nutt*, Drugs – without the hot air: minimising the harms of legal and illegal drugs, 2012.

[88] Wobei gerade einfache Argumentationsmechanismen (Alkohol erlaubt, Cannabis nicht) das Unrechtsbewusstsein in der Bevölkerung mindern, als die unterschiedliche Behandlung (und damit die Verhaltensnorm) nicht ernst genommen wird, vgl. hierzu auch Stellungnahme akzept e.V. 14.3.2016 – Ausschussdrs. 18 (14)0162(11); *Stöver*, Ausschussdrs. 18(14)0067(8), S. 3 („massive Glaubwürdigkeitsverlust") sowie *Fischer* vor § 52 Rn. 13a: „evident irrational".

[89] Siehe die teils grotesken Fallbeispiele aus gelebter Praxis bei *Teuter* ADS 2015, 170 (174 f.).

[90] *Böllinger* HFR 2015, 23 (33); zur These, dass die Strafverfolgung ursächlich für den Anstieg von Drogentoten sei, *Scheimann* Akzeptanzorientierte Drogenarbeit 2012; 9, 65 ff. (insb. für den Zeitraum von 1985 – 1991, den ein erheblicher Anstieg von Drogentoten bei gleichzeitigem Anstieg der Erstkonsumenten aber konstanter Anzahl an Heroinkonsumenten auszeichnet, liegt solch eine Vermutung nahe). Vgl. auch Global Commission on drug policy, Kontrolle übernehmen, Bericht 2014, S. 21.

[91] Vgl. zu den Auswirkungen der Sparpolitik und den drogenbedingten öffentlichen Ausgaben auf europäischer Ebene, Europäischer Drogenbericht 2015, S. 62. Studien zu den Ausgaben der öffentlichen Hand sind rar, hervorgetan hat sich diejenige von *Mostardt* et al., wonach von ca. 8 Mrd. Euro 60–70% in den Bereich der Repression fließen (was wiederum im Lichte der Tatsache zu sehen ist, dass die Repression überwiegend Konsumentendelikte betrifft, → Vor § 1 Rn. 38), vgl. *Mostardt/Flöter/Neumann/Wasem/Pfeiffer-Gerschel*, Schätzung der Ausgaben der öffentlichen Hand durch den Konsum illegaler Drogen in Deutschland, in Gesundheitswesen 2010, 72:12, 886.

Oğlakcıoğlu

damit die **Organisierte Kriminalität.**[92] Damit existiert auch kein **Verbraucher- und Jugendschutz.**[93] Was den **Jugendschutz** angeht, dürfte eine grundsätzliche Verfügbarkeit der BtM (ähnlich wie bei Zigaretten, Alkohol und Pornos) den Konsum bzw. das Herankommen an das Verbotene zwar erleichtern (Vorschieben des volljährigen besten Freundes). Doch mit einer Freigabe gehen auch eine Kontrolle der Substanz auf den Staat über und ggf. auch eine Fokussierung auf die tatsächliche Umsetzung des Jugendschutzes einher.[94] Im Übrigen wird beim **Tabakkonsum** seit Jahren auf zurückgehende Prävalenzraten aufmerksam gemacht. Unabhängig von der Frage, ob der Umstand, dass es sich um eine freigegebene Substanz handelt, tatsächlich zu einem kontinuierlichen Anstieg des Konsums führen muss:[95] Die Entwicklungen beim Tabakkonsum ausschließlich auf die eingeführten Verbote (Nichtraucherschutz, Werbung) zurückführen zu wollen,[96] andererseits allerdings implizit zu behaupten, dass dieselben **(weniger einschneidenden)** Mechanismen bei Cannabis nicht erfolgversprechend seien, mutet schlicht widersprüchlich an.[97]

Es ist klar, dass diese Argumente aufeinander aufbauen und für sich gesehen damit wenig **25** Aussagegehalt haben, soweit die Prämisse wegbricht. Freilich kann man sich auf den Standpunkt stellen, dass dies alles **Folgen der Prohibition** sind, die man eben in Kauf nimmt, gerade weil man die Drogen verbieten will. Dies ist allerdings keine Erklärung für den Standpunkt selbst, während die Vermeidbarkeit der Folgen durchaus als Argument für die Haltung, man wolle das Verbot lockern, herhalten kann. Die in Relation zu anderen (auch erlaubten) Stoffen geringere Gefährlichkeit von Cannabis,[98] weist das BVerfG wie alle anderen genannten Erwägungen aber schlicht zurück, indem es auf die Einschätzungsprärogative des Gesetzgebers hinweist, der zwischen mehreren ihm zur Verfügung stehenden Mitteln auswählen dürfe.[99] Wenn dann darauf aufmerksam gemacht wird, dass „wissenschaftlich fundierte Erkenntnisse, die zwingend für die Richtigkeit des einen oder anderen Weges sprächen", nicht vorlägen, wird deutlich, dass sich nicht der Eingriff, sondern das potentiell weniger einschneidende Modell bewähren muss, was es nicht tun kann, da das Verbot aufrechterhalten bleibt. Diese Bewertung gipfelt in einer knappen Angemessenheitsprüfung, die letztlich zirkelschlüssig ist, wenn sie im Hinblick auf die „erstrebten Zwecke" positiv verbeschieden und damit gerade nicht in Relation potentieller Alternativen gestellt wird.

3. Verfassungsrechtliche Neuüberprüfung? (Enquête-Kommission). Wie das **26** BVerfG bereits 1994 konstatiert, können erst **gesicherte kriminologische Erkenntnisse** im Rahmen der Normenkontrolle Beachtung finden, „als sie geeignet sind, den Gesetzgeber zu einer bestimmten Behandlung einer von Verfassungs wegen gesetzlich zu regelnden Frage zu zwingen oder doch die getroffene Regelung als mögliche Lösung auszuschließen". 1994 soll die Forschung zur Prohibition bzw. zur Gefährlichkeit des Cannabis noch keinen derarti-

---

[92] *Böllinger* HFR 2015, 23; *ders.* KJ 1994, 391; *Stöver*, Modelle für einen regulierten Umgang, 2012, S. 99; zu den denkbaren Reaktionsmöglichkeiten des Schwarzmarkts infolge der Aufhebung einer Prohibition ausführlich *Nadelmann*, Daedalus 1994, 87 ff.

[93] Global Commission on drug policy, Kontrolle übernehmen, Bericht 2014, S. 26 mwN; zuletzt krit. *Ullmann* ADS 2016, 10 (14 ff.).

[94] Zur Frage der berüchtigten „Signalwirkung" eines Verbots bzw. einer Freigabe vgl. noch → Vor § 29 Rn. 36.

[95] Zur Verbesserungsfähigkeit allerdings in diesem Bereich im Allgemeinen, ADS 2016, 3.

[96] Krit. zu diesen Erfolgen *Jazbinsek* ADS 2016, 179.

[97] Insb. kann es nicht angehen, die Ineffektivität des JuSchG mit einem allumfassenden Totalverbot „aufwiegen" zu wollen, statt am Konzept des Jugendschutzes weiter zu arbeiten bzw. zu dessen Durchsetzung zu verhelfen, in diese Richtung aber *Thomasius* Ausschussdrs. 18(14)0067(9), S. 3. Unter Zugrundelegung solch eines Ansatzes müsste jedes Verhalten, von dem man Jugendliche abhalten will, auch Erwachsenen verboten werden. Vgl. auch Global Commission on drug policy, Kontrolle übernehmen, Bericht 2014, S. 30.

[98] Zusf. *Kinzig* FS Kargl, 2015, 273 (276 f.) mwN.; *Hoch/Bonnet/Thomasius/Ganzer/Havemann-Reinecke/Preuss* Deutsches Ärzteblatt 2015, 271; siehe hierzu auch die Stellungnahme des BPtK, 14.3.2016 Ausschussdrs. 18 (14)0162(12); *Iversen*, Drogen und Medikamente, S. 118; *Köhler*, Rauschdrogen, S. 74; bei der „Auswertung" der Studien ist man sich nicht immer einig und es wird deutlich, dass es sich um eine Frage des zugrundelegten Maßstabs handelt, vgl. etwa *Habschick* Kriminalistik 2014, 705 (708); *Patzak/Marcus/Goldhausen* NStZ 2006, 259 einerseits, *Krumdiek* NStZ 2008, 437 andererseits.

[99] BVerfG 9.3.1994 – 2 BvL 43/92, BVerfGE 90, 145 = NJW 1994, 1577 (1581).

gen Festigkeitsgrad aufgewiesen haben und auch zehn Jahre später (2004) wiederholt das Bundesverfassungsgericht seine Überzeugung von Geeignetheit und Erforderlichkeit des Regelwerks.[100] Dieser Vorbehalt fungiert heute als Anknüpfungspunkt für ein Überdenken des geltenden Rechts: Mit dem Verstreichen eines Zeitraums ist ggf. eine verbesserte empirische Datenlage, der Ablauf einer weiteren „Bewährungsfrist" des geltenden Rechts und Veränderungen in der Gesellschaft verbunden.[101] Der Schildower Kreis hat – auch im Hinblick auf den sich weltweit abzeichnenden (und von der Weltdrogenkommission angeregten) Paradigmenwechsel[102] von 122 deutschen Strafrechtsprofessoren eine Resolution unterzeichnen lassen, welches die Einrichtung einer **Enquête-Kommission** des Bundestages zum Thema „erwünschte und unbeabsichtigte Folgen des geltenden Drogenstrafrechts" zum Gegenstand hat.[103] Vornehmlich wird auch hier darauf abgestellt, dass die **Entscheidungsgrundlage** des Bundesverfassungsgerichts weggebrochen sei. Es wäre aber gerade in Zeiten, in denen fast jedes aktionistische bzw. symbolische Strafgesetz vom Bundesverfassungsgericht abgesegnet wird, vermessen davon auszugehen, dass das Bundesverfassungsgericht nunmehr zu einer anderen Entscheidung tendieren würde, jedenfalls was das Gesetz als solches angeht.

27 Auch wenn die eingekehrte Sachlichkeit in der Diskussion rund um das **Gefährlichkeitspotential** von Cannabis zumindest deren Eigenschaft als *besonders gefährliche Droge* inzwischen aus der Welt geschafft haben dürfte, kann man nach wie vor behaupten, dass die Droge „gefährlich" sein kann,[104] da solch eine Aussage ohne jegliche Relation letztlich nichtssagend ist. Ebenso kann man schließlich immer noch darüber uneins sein, ob bzw. inwiefern das Scheitern des Drogenkriegs *„empirisch gesichert"* ist. Mithin entpuppt sich die vermeintliche Einschränkung der Einschätzungsprärogative als bloße Leerformel, deren Auslegung vom Zeitgeist abhängig ist. Die Relation zwischen Verhältnismäßigkeit des Eingriffs und dem Gemeinschaftsbelang als legitimen Zweck bleibt beliebig wandelbar, und so die Überzeugung des Gesetzgebers kaum antastbar. Es erscheint – trotz des frischen Winds („es liegt ein Hauch Reform in der Luft"[105]) – daher zweifelhaft, dass sich das Bundesverfassungsgericht inzwischen von der Verfassungswidrigkeit der Prohibition überzeugen lässt.

28 Etwas anderes könnte nur hinsichtlich des Umstands gelten, dass sich an dem vom Bundesverfassungsgericht monierten **Nord-Süd-Gefälle** bis heute nur wenig verändert hat (und sich nicht nur in divergierenden Einstellungspraktiken, sondern auch in unterschiedlichen Strafhöhen, Sanktionsformen, Haftbedingungen, harm-reduction-Maßnahmen äußert). Diesbezüglich wäre es durchaus vorstellbar, dass eine „Verfassungswidrigkeit der Praxis des § 31a bzw. der §§ 29 ff."[106] ausjudiziert wird.[107] Daher sollte man sich nicht davon abhalten lassen, die Unverhältnismäßigkeit des geltenden Rechts im Allgemeinen zu proklamieren,[108] dies gilt jedenfalls hinsichtlich der Kriminalisierung der Konsumen-

---

[100] BVerfG 29.6.2004 – 2 BvL 8/02, NJW 2004, 3620.
[101] *Böllinger* HFR 2015, 23 (24).
[102] Vgl. bereits → Vor § 1 Rn. 8.
[103] *Böllinger* HFR 2015, 23; vgl. auch *Kinzig* FS Kargl, 2015, 273 ff.
[104] Mit dem Gefährlichkeitsargument wird man also niemals beim BVerfG durchdringen, vgl. auch BVerfG 29.6.2004 – 2 BvL 8/02, NJW 2004, 3620, wo die Kammer betont, dass auch das vorlegende Gericht eine „Gefährlichkeit" von Cannabis nicht in Abrede stellt. Zur insofern jedenfalls in Bezug auf die Prohibition kaum weiterführenden Diskussion rund um die Wirkungen und der Gefährlichkeit von Cannabis zusf. *Kinzig* FS Kargl, 2015, 273 (276 f.) mwN; *Nutt/King* Lancet, Vol. 369, 2007, S. 1047 ff. Solange man Assoziationen genügen lässt, bleibt die Gefährlichkeitseinschätzung unantastbar, vgl. auch das WHO-Gutachten „The health and social effects of nonmedical cannabis use", S. 6 ff., 41 f.
[105] *Costa* (Executive Director of UN Office on Drugs and Crime), Making drug control 'fit for purpose': Building on the UNGASS decade, S. 13.
[106] Ähnlich wie dies in der Entscheidung zu den Urteilsabsprachen nach § 257c StPO gehandhabt wurde, vgl. BVerfG 29.6.2004 – 2 BvL 8/02, NJW 2004, 3620.
[107] (Auch) hierauf zielte zwar die Vorlage des AG Bernau ab, doch genügten die Darstellungen des Gerichts nicht, als sich die Kammer mit dieser Frage hätte befassen müssen, vgl. BVerfG 29.6.2004 – 2 BvL 8/02, NJW 2004, 3620.
[108] Wie etwa *Böllinger* HFR 2015, 23 (24).

ten, wohl aber auch wegen der drakonischen Strafandrohungen im Bereich des Handels, soweit man an solch einer reichweitenden Verhaltensnorm – unerlaubtes Handeltreiben – festhält.

B. Betäubungsmittelstrafrecht de lege ferenda: Legalisierung, Entkriminalisierung, harm-reduction

I. Reformüberlegungen

Bei solch einer verfassungsrechtlichen Ausgangssituation überrascht es nicht, dass man **29** die Lösung im **drogenpolitischen Diskurs** sucht. Auf die Enquête-Kommission wurde bereits hingewiesen, doch auch im Übrigen ist die Reform des Betäubungsmittelstrafrechts wieder en vogue. Dem Phänomen der psychoaktiven Substanzen wurde bereits durch den Erlass des **N**eue**P**sychoaktive**S**toffe**G**esetzes, NpSG (vgl. dort) begegnet, ein Gesetz, das der Liberalisierungsdebatte zum Trotz die Prohibition weiter auf Stoffe ausdehnt, deren Wirkweise noch nicht erforscht ist (hierzu noch → NpSG Vor § 1 Rn. 1 ff.; → NpSG § 4 Rn. 6).[109] Mit dem aktuellsten Betäubungsmittel-Änderungsgesetz, wurde nach langer Wartezeit die **Verschreibung von Cannabis** zu medizinischen Zwecken ermöglicht (hierzu → § 3 Rn. 28),[110] wobei die Genese des Gesetzes die Cannabis-Debatte als solches neu entfachte. Als weitere Reformvorschläge sind das Änderungsgesetz betreffend die Einführung eines neuen § 10b,[111] das wissenschaftlich begleitete **Versuchs-Projekte** mit örtlicher kontrollierter Abgabe von Cannabis vorsieht (→ Rn. 34) und der von den Grünen initiierte Entwurf eines **Cannabiskontrollgesetzes** (→ Rn. 32) zu nennen.[112]

Freilich setzt sich die „Umkehr der Darlegungslast" im Verfassungsrecht auf der politi- **30** schen Ebene fort. Die meisten Argumente gegen eine Prohibition werden zurückgewiesen, ohne dass damit der eigene Standpunkt bekräftigt werden würde (bestes Beispiel: „auch bei einer Legalisierung würde weiterhin ein Schwarzmarkt existieren"[113]). Umgekehrt müssen sich Befürworter der geltenden Ausgestaltung nicht mit dem Umstand auseinandersetzen, dass andere, vergleichbar schädigende Substanzen freigegeben sind, da es den Gegnern einer Prohibition gerade nicht um ein Verbot (auch des Alkohols) geht. Dennoch: So reaktionär der Rückgriff auf das Argument „Alkohol ist ein Kulturgut"[114] anmutet, so verfehlt wäre es, im Sinne eines liberalen Strafrechts zu vertreten, dies gelte auch für weiche Drogen wie Cannabis, nur um damit eine Vergleichbarkeit herstellen zu wollen.

II. Alternativen

Das **Spektrum der legislativen Alternativen** kann hier nicht abschließend dargestellt **31** werden, bewusst sollte man sich jedoch über die gesetzgeberischen Stellschrauben sein: Zunächst ist selbstverständlich zwischen Entkriminalisierungsmodellen (die sich meist auf die Erwerberseite beziehen, aber auch im Bereich des Handels denkbar erscheinen) und Legalisierungskonzepten zu unterscheiden.[115]

1. Legalisierung, Cannabiskontrollgesetz. Eine „**Legalisierung**", welche – auch **32** nur bestimmte, „weiche" Drogen, insb. Cannabis – als Konsumgut freigeben und in seiner

---

[109] Siehe BT-Drs. 18/8964; 18/8579.
[110] BT-Drs. 18/8965.
[111] Ausschussdrs. 18(14)0162(3); vgl. auch ZRP 2016, 81.
[112] Bt-Drs. 18/4204, ausführliche Begründung ab S. 40.
[113] *Patzak* Ausschussdrs. 18(14)0162(6), S. 2; hierzu krit. *Werse* ADS 2016, 44 (45), dort auch zur „schlichtweg falschen" Behauptung, der Schwarzmarkt könne durch einen Anstieg der Preise auf dem legalen Markt gefördert werden.
[114] BVerfG NJW 1994, 1577 (1584). Vgl. auch die Stellungnahme des Richterbundes Ausschussdrs. 18(14)0162(16) v. 15.3.2016, S. 2.
[115] Ausführlich *Stöver*, Modelle für einen regulierten Umgang, 2012, S. 19 ff., zum Lizenzmodell S. 62 ff.; vgl. auch *Plenert/Werse* ADS 2014, 119.

Ausgestaltung strengeren Lebensmittelgesetzen ähneln würde,[116] wird derzeit nicht ernsthaft in Erwägung gezogen.[117] Man hat das Gefühl, dass der zwischenzeitlich von den Grünen eingebrachte Entwurf eines **Cannabiskontrollgesetzes**[118] im Überschwang der neu entflammten Drogenstrafrechtsdebatte eingebracht wurde,[119] aber im Bundestag nicht wirklich angekommen ist (aber im Hinblick auf die Entwicklungen in den USA noch ankommen wird[120]). Auf eine ausführliche Darstellung und Analyse des Entwurfs an dieser Stelle wird daher verzichtet.[121]

33   Stünde allein das abzuwendende gesundheitliche Risiko für den Konsumenten im Mittelpunkt, erforderte dies – wenn überhaupt – ein **differenziertes Verbotsgesetz,** das v.a. situativ und nicht abstrakt-generalisierend ausgestaltet ist. Das Risiko für den Konsumenten selbst oder für Dritte müsste in der Verhaltensnorm ihren Niederschlag finden (das Risiko für den Konsumenten etwa dadurch, als der „unverantwortliche" Erwerb Tatbestandsmerkmal ist,[122] das Risiko für den Dritten dadurch, dass ein situativer Kontext mit Drittbezug zur Voraussetzung für die Tatbestandsverwirklichung gemacht wird).[123] Nur so ist gewährleistet, dass das Gesetz die zwingende Unterscheidung zwischen direkten Schäden für den Konsumenten und den mittelbaren Schäden (gesellschaftlicher oder lediglich rechtspolitischer Art) vornimmt.[124] Freilich würde solch ein Ansatz – der i.Ü. auf die bei → § 1 Rn. 31 f. gemachten Überlegungen zum Betäubungsmittelbegriff aufbaut – auf den Kopf stellen, als lediglich besonders riskante Formen der Selbstschädigung untersagt werden, bei

---

[116] Kein seriöser Prohibitionsgegner dürfte unter einer Legalisierung die Abschaffung des BtMG meinen, welche es ermöglichte mit Heroin ähnlich wie mit Salatköpfen umzugehen, „wobei selbst diese der Lebensmittelkontrolle unterliegen", vgl. *Teuter* ADS 2015, 170 (171).

[117] Zumal man den Markt in solch einem Fall dann wieder „ausbeuterischen Profitmachern" überließe, *Stöver*, Modelle für einen regulierten Umgang, 2012, S. 22; Vgl. hierzu die bei *Plenert* ADS 2014, 153 (156) abgedruckte Prohibitions-/Legalisierungsparabel.

[118] Bt-Drs. 18/4204, ausführliche Begründung ab S. 40. Der Entwurf sieht ein eigenständiges „Kontrollgesetz", das Erwachsenen den rechtmäßigen Zugang zu Cannabis als Genussmittel ermöglichen soll (mithin enthält es auch Jugendschutzmaßnahmen; neben einem selbstverständlichen Abgabeverbot auch Verbote, Cannabisfachgeschäfte in der Nähe von Einrichtungen für Kinder zu betreiben, vgl. § 21 CannKG-E). Erlaubt soll der Erwerb und Besitz von 30g sein, der Vertrieb im Übrigen streng reglementiert; zudem wird ein Cannabissteuergesetz eingeführt, während das Cannabis durch eine Änderung des BtMG aus dessen Anwendungsbereich herausgenommen werden soll.

[119] Die auf den ersten Blick vollkommen abwegige Initiative, ein bayrisches Cannabiskontrollgesetz einführen zu wollen, wurde vom BayVGH 21.1.2016 – Vf. 66-IX-15, NVwZ-RR 2016, 321 zurückgewiesen mit der naheliegenden Überlegung, dass es für den zugrunde liegenden Gesetzentwurf an der Gesetzgebungskompetenz des Landes fehlt. Bereits vorhandene, der konkurrierenden Gesetzgebung gem. Art. 74 Nr. 1, 19, 22 GG zuzuordnende bundesgesetzliche Normierungen zum Betäubungsmittel-, Arzneimittel-, Straf- und Straßenverkehrsrecht versperrten die Möglichkeit einer landesrechtlichen Regelung. Aus dem Sondervotum ergibt sich, dass dies auch den Initiatoren bewusst gewesen sein dürfte und das Gericht das zentrale Anliegen des Vorstoßes – nämlich das Herausbeschwören einer Vorlage nach Art. 100 GG – wohl bewusst ignorierte. Geht man nämlich von einer Verfassungswidrigkeit des BtMG aus, kann es auch keine Sperrwirkung geben. Das Sondervotum schließt sich der Auffassung an, wonach der Erwerb, Besitz, die Einfuhr und Durchfuhr zum Eigenverbrauch verfassungswidrig sei, rekurrierend auf der abweichende Meinung des Bundesverfassungsrichters Sommer zur Entscheidung des BVerfG vom 9.3.1994 (BVerfGE 90, 145 [212 ff.] = NJW 1994, 1577).

[120] Zu den Legalisierungsmodellen in Colorado, Washington und Uruguay *Plenert/Werse* ADS 2014, 119 (121).

[121] Vgl. *Ternig* NZV 2016, 105 aus verkehrsrechtlicher Sicht.

[122] Vgl. auch *Böllinger* HFR 2015, 23 (24).

[123] Jede Trunkenheitsfahrt ist gefährlich für die Teilnehmer am Straßenverkehr. Nicht jeder Drogenkonsum ist allerdings gefährlich für die Teilnehmer – „von was?" könnte man sich jetzt fragen und dies würde den fehlenden Kontext bereits deutlich machen – der Rechtsordnung.

[124] Dies ist im Übrigen auch das Problem der verfassungsrechtlichen Legitimität, wenn mangels Systematisierung der verursachten Schäden auch der Bezugspunkt der Geeignetheit der Maßnahme unklar bleibt und man den legitimen Zweck dem Eingriff wechselseitig anpasst (parallel dazu äußert sich dies im Rahmen der Rechtsgutslehre in der stets kritisierten „Hypostasierung" des Rechtsgutsbegriffs, wenn die Reichweite der Sanktionsnorm mit einem „Superrechtsgut" erläutert wird, das alle Maßnahmen/Verbote für sich beansprucht). Bei einer systematischen Vorgehensweise hingegen würde schnell deutlich werden, dass nicht jeder im Zusammenhang mit Drogenkonsum in Verbindung gebrachte Schaden am besten mit einem Strafgesetz verhindert/rückgängig gemacht werden kann. Eine „Aufschlüsselung" der durch Drogen verursachten Schäden findet sich bei *Stöver*, Modelle für einen regulierten Umgang, 2012, S. 75 ff.

der die „fehlende Eigenverantwortlichkeit" aus den objektiven Umständen heraus indiziert ist.[125] Doch müsste man dann eben für die Substanzen im Übrigen über einen **regulierten,** also staatlich kontrollierten Markt nachdenken. Hier wäre dann – ähnlich wie im Arzneimittelstrafrecht – die Absicherung des staatlichen Vertriebswegs durch „Schwarzmarkttatbestände" denkbar, im Vergleich zum AMG weitergehender, als auch der Erwerb und Besitz nicht lizenzierter Ware (freilich mit herabgesenkten Strafrahmen) sanktioniert werden könnte. Von derartigen Ansätzen ist die deutsche Drogenpolitik (noch) entfernt.

2. Verbesserung der Datenlage, Feldversuche (10b BtMG-E). Der repressiven **34** Grundhaltung, die aus einer merkwürdigen Mischung aus **„Drogenparanoia",**[126] „Rauschgiftbekämpfungs-Tradition" und religiös bzw. politisch aufoktroyierten Motiven herrührt, kann man allenfalls schrittweise begegnen, wenn man nicht auf taube Ohren stoßen will. Es überrascht daher auch nicht, dass entschiedene Gegner der Prohibition (denen – wie dies für ideologisch geprägte Diskussionen typisch ist – unterstellt wird, sie seien zugleich Befürworter einer Totalfreigabe[127]) Überzeugungsarbeit durch eine **Verbesserung der empirischen Datenlage** leisten wollen.[128]

Einer Erwähnung bedarf insofern der Vorstoß von u.a. *Schefold/Ambos/Böllinger* durch **35** die Einführung eines § 10b (in Anlehnung an § 10a) wissenschaftlich begleitete **Versuchs-Projekte mit örtlich kontrollierter Abgabe von Cannabis auf kommunaler Ebene** zuzulassen.[129] Soweit die Legalisierung als „Wagnis" bzw. „Experiment" zurückgewiesen wird, drängt es sich geradezu auf, die Legalisierung dann eben als „Experiment" zuzulassen und hiermit auch die empirische Datenlage zu verbessern.[130] Vornehmlich das Argument eines befürchteten Anstiegs des Drogenkonsums bzw. das Verkommen zu einer „berauschten Gesellschaft"[131] (das sich in anderen Ländern, in denen von heute auf morgen die Prohibition gelockert bzw. aufgehoben worden ist, bis dato nicht bewahrheitet zu haben scheint[132]),

---

[125] Die Kontexte fehlender Eigenverantwortlichkeit gesetzlich „festschreiben" bzw. das Verbot danach ausrichten zu wollen, gestaltet sich über den Fall der indizierten Unverantwortlichkeit bei Jugendlichen allerdings als besonders schwierig. *Pasedach* will diesbezüglich zwischen illegalisierungsbedingter und substanzbedingter mangelnder Risikokenntnis differenzieren, doch lässt sich eine trennscharfe Abgrenzung kaum vornehmen, geschweige denn gesetzlich implementieren (was bereits daran erkennbar ist, dass der abstrahierte Ansatz letztlich nur auf eine Unterscheidung von harten und weichen Drogen hinausläuft und die Problematik auf die Ebene verlagert wird, welche Drogen als „hart", welche als „weich" zu gelten haben), vgl. *Pasedach,* Verantwortungsbereiche, S. 206; Zuzugeben ist *Pasedach* allerdings, dass eine weitere Stellschraube de lege ferenda der situative Kontext sein kann, an dem die Reichweite des Erlaubnisvorbehalts festgemacht wird (wie es das Verwaltungsrecht und partiell auch das Strafrecht, vgl. § 323a, 316 StGB bereits kennt, man denke an das Nichtraucherschutzgesetz).

[126] Zur Herkunft und Funktionalität der Drogenphobie *Böllinger,* Sinnprovinz der Kriminalität, 2014, S. 95 ff.; *Kleim* ADS 2016, 185 ff.; nicht selten wird sie für Stigmatisierung und Ausgrenzung (v.a. aus rassistischen Motiven) funktionalisiert: das Dritte Reich ist nur ein Beispiel von vielen (zur „Rassenhygiene" als Leitidee und den drogenpolitischen Bezügen vgl. *Holzer,* Drogenpolitik, S. 71, 131, 258), auch in den USA wurde partiell (so etwa in San Francisco) das Rauchopium als Signal gegen chinesische Gastarbeiter verboten, vgl. *Bröckers,* Drogenlüge, S. 23 f. Heute begegnet uns dieses Phänomen in Form der Assoziation von Drogenkonsum mit Flüchtlingen, vgl. etwa *Barsch/Leicht* ADS 2016, 205 ff.; krit. zur Bedrohungsterminologie auch Global Commission on drug policy, Kontrolle übernehmen, Bericht 2014, S. 11.

[127] Global Commission on drug policy, Kontrolle übernehmen, Bericht 2014, S. 6, 11; *Teuter* ADS 2015, 170 (171). Vgl. *Eul/Stöver* Akzeptanzorientierte Drogenarbeit 2014, 11: 1 (50): „Dass ein Mehrheitsvotum in der Bevölkerung gegen eine Legalisierung zu Cannabis, nicht automatisch gleich bedeutend damit ist, dass diese Mehrheit auch meint, der Status Quo der Kriminalisierung müsse aufrecht erhalten werden, zeigte zum Beispiel auch eine ähnlich wie bei uns strukturierte Umfrage in Australien im Jahre 2010" (unter Verweis auf *Ritter/Matthew-Simmons* DPMP Bulletin 2012, 21, 1).

[128] Global Commission on drug policy, Kontrolle übernehmen, Bericht 2014, S. 31 (Empfehlung Nr. 6).

[129] Ausschussdrs. 18(14)0162(3); vgl. auch ZRP 2016, 81.

[130] Es soll sich per se um eine Übergangsregelung handeln, an deren Ende – nach Ablauf einer 6-Jahres-Forschungsfrist – über die weitere Ausgestaltung nachgedacht werden soll. Freilich sollte man sich möglichst früh dahingehend festlegen, welche Parameter bzw. welche Ergebnisse zu welchen gesetzgeberischen Umgestaltungen führen sollen.

[131] *Duttge/Steuer* ZRP 2014, 181.

[132] *Nestler* FS Hassemer, 2010, 971 (978); *Jesse/Köthner* ADS 2015, S. 86 (88); weitere Studien im Bericht der Weltdrogenkommission 2011 (Gegen die Drogen), S. 10.

könnte auf diese Weise einer Überprüfung zugeführt werden. De lege lata sind derartige Feldversuche, insb. über die Erteilung einer Ausnahmeerlaubnis nach § 3 Abs. 2 nicht möglich: Diesbezüglich geht das BfArM (wohl zutreffend) davon aus, dass diese[133] auf die **Erprobung der Rechtslage** hinauslaufen und die Behörde nicht die Kompetenz besitzt, den Umlauf insgesamt (wenn auch nur beschränkt), also flächendeckend und nicht für den Einzelfall freizugeben (→ § 3 Rn. 14). Diskutieren kann man aber darüber, ob man die Umsetzung den Ländern (als sicherheitsrechtliche Frage) überlässt oder ob nicht davon ausgegangen werden müsste, dass die nach § 10b genehmigten Projektversuche letztlich die Ausgestaltung des *Bundes*gesetzes de lege ferenda betreffen und damit gesetzgeberisch eine bundeseinheitliche Forschung initiiert werden müsste (etwa durch eine Erweiterung des § 3 Abs. 2). Eine Erweiterung ist auch im Hinblick auf die Forschung von potentiell medizinischem Nutzen verbotener Substanzen (insb. der Anlage I) angezeigt.[134] Die einmalige Zuordnung einer Substanz als nicht verschreibungsfähig (bzw. das Absprechen jeden therapeutischen Nutzens durch eine Instanz) darf nicht irreversibel sein, zumal es sich bei den meisten frühen synthetischen Substanzen um solche handelt, die Produkte medizinischer Forschung sind (vgl. bereits → Vor § 1 Rn. 3). Insofern sollte die „Kosten-Nutzen"-Prüfung auch bzgl. BtM der Anlage I und II institutionalisiert, vereinfacht und ggf. auch unterstützt werden.

36   **3. Entkriminalisierung.** Im Übrigen bleibt erst einmal nur das Modell der Entkriminalisierung, die freilich auch nur auf Seiten der konsumierenden Erwerber in Betracht gezogen wird. Das gesetzgeberisch vorgesehene Opportunitätssystem (§§ 31a ff.) hat versagt. Die Entkriminalisierung muss – durch eine **negative Ausschlussklausel** – materiell-rechtlich (etwa in einem neu gefassten § 29 Abs. 5) festgeschrieben und somit auch justiziabel gemacht werden.[135] Insofern ist undurchsichtigen bzw. halbgaren Mischkonzepten (etwa die Umgestaltung der Opportunitätsvorschrift des § 31a in eine **„Soll-Vorschrift"** bei 6g Marihuana Gewichtsmenge[136]) oder die Herabstufung zu einer **Ordnungswidrigkeit**[137] eine Absage zu erteilen.[138] Dass eine „garantierte Straflosigkeit" in bestimmten Fällen das **falsche rechtspolitische Signal** vermittelt,[139] erscheint fraglich, da die Strafbewehrung nur der erste Faktor ist, der für das Konsumverhalten eine Rolle spielt (hier vgl. bereits → § 3 Rn. 34).[140] Nach dem Jahresbericht 2011 der EBDD ist bei der Untersuchung der Gesetzgebung von acht Ländern über einen Zeitraum von zehn Jahren „kein deutlicher Zusammenhang zwischen den gesetzlichen Änderungen und den Prävalenzraten des Cannabiskonsums ermittelt" worden.[141] Es sei nur nebenbei angemerkt, dass sich dieser Befund zumindest auf der Sanktionsebene auch im Inland machen lässt, als die Bundesländer – Stichwort „Nord-Süd-Gefälle" – zum Teil etwas liberaler, zum Teil auch äußerst repressiv gegen „Drogensünder" vorgehen und dies im Gesamtvergleich nichts an der Nachfrage bzw. am

---

[133] Etwa das Kieler Cannabisabgabeprojekt, vgl. hierzu KPV/*Patzak* § 3 Rn. 48 f. sowie BfArM, Beschl. v. 21.5.1997, 8–7650–4297770; zum Coffee-Shop-Projekt „Friedrichshain-Görlitzer-Park" vgl. *Schemmel/ Graf* ADS 2014, S. 160 ff.

[134] Global Commission on drug policy, Vermeidbare Schmerzen, S. 24. Cannabis ist ein herausragendes Beispiel für den Aufwand, den es braucht, um eine einmal erfolgte Zuordnung in die Anlage I umzukehren. Inzwischen ist die Zeit für die Einordnung als verschreibungsfähig gekommen, → § 3 Rn. 28.

[135] *Pasedach*, Verantwortungsbereiche, S. 52, die zutreffend auch darauf hinweist, das auch kein Schuldspruch vorliegt.

[136] So *Patzak* Ausschussdrs. 18(14)0067(4), Ziffer 4; zust. *Thomasius* Ausschussdrs. 18(14)0067(9), S. 3. Solch ein gebundenes Ermessen (vgl. *Weber* § 31a Rn. 141) kennt das BtMG zwar bereits im § 31a Abs. 1 S. 2, doch ändert dies nichts daran, dass solch eine Ausgestaltung den Opportunitätsvorschriften der StPO im Übrigen fremd ist.

[137] Hierzu *Eul/Stöver* Akzeptanzorientierte Drogenarbeit 2014, 11: 1 (48 ff).

[138] Opportunitätsvorschriften an das Unrecht der Tat (und nicht an Zweckmäßigkeitserwägungen zu knüpfen ist bereits ein Widerspruch in sich; gebundene Opportunität treibt dies auf die Spitze.

[139] Vgl. auch *Werse* ADS 2014, 147 ff.; zur Frage, inwiefern sich die Legalisierungsdebatte auf die Risikobewertung und Akzeptanz von Cannabis in der Bevölkerung auswirkt *Eul/Stöver* Akzeptanzorientierte Drogenarbeit 2014, 11: 1 (48 ff)

[140] *Eul/Stöver* Akzeptanzorientierte Drogenarbeit 2014, 11: 1 ff.; hierzu auch *Tempel* ADS 2014, 130 ff.

[141] Stand der Drogenproblematik in Europa, Jahresbericht 2011, S. 53.

Konsumverhalten ändert.[142] Schließlich entfällt mit einer nicht mehr drohenden Kriminalisierung der „Unrechtspakt" zwischen Erwerber und Verkäufer, mithin wird das Vertrauensverhältnis aufgelöst[143] (kriminaltechnisch ausgedrückt: das Dunkelfelddelikt wird etwas aufgehellt, als lediglich nur noch eine Partei Interesse an der Nichtaufdeckung der Tat hat).[144]

4. Weitere (in das geltende System implementierbare) Verbesserungen. 37
a) Drug-checking/Drogennotfälle. Der Konsument ist nicht nur aus dem Visier der Strafverfolgung zu nehmen, sondern durch eine Reglementierung weiterer harm-reduction Maßnahmen zu schützen (zu denken ist an eine Klarstellung, wonach das **drug-checking** nicht zum Kreis erlaubnisbedürftiger Handlungen zähle,[145] ein garantierter Zugang zur **Notfallmedizin,** insb. Naloxon-Kitts,[146] und verbesserte Bedingungen für Drogenabhängige in der Haft[147]). In **Drogennotfällen** sollte sich die Strafandrohung auf diejenige, die aus der Verletzung der Hilfspflicht resultiert (§ 323c StGB, ggf. §§ 212, 13 StGB) beschränken, mithin sollte der gemeinsame Konsument nicht aus Angst vor Aufdeckung des eigenen Drogenbesitzes davon absehen, Menschenleben zu retten.[148] Schließlich muss darüber nachgedacht werden, wie der im § 35 verankerte Grundsatz „Therapie statt Strafe" optimiert werden kann. Gerade bei Gelegenheitskonsumenten besteht durch die Betrachtung der Therapie als „Sanktionssurrogat" stets die Gefahr, die Behandlung des Täters zum Verhandlungsstoff zu machen;[149] während sich die kooperierenden Einrichtungen zum verlängerten Arm der Strafvollstreckung zu entwickeln drohen,[150] sind u.U. Nicht-Problemkonsumenten bereit, die Sanktion durch eine Therapie zu umgehen und damit das System unnötig zu belasten.

b) Betäubungsmittelbegriff, Harmonisierung der Strafrahmen/Qualifikatio- 38
nen. Darüber hinaus muss es gelingen, die differenzierte Betrachtung von der Strafzumessungsebene auf die Unrechtsebene zurückzuholen. Dies kann nur durch eine **Neukonzeption des Betäubungsmittelbegriffs** (in dem Gefährlichkeit der Drogen, Konsument und Applikationsarten Berücksichtigung finden – drug, set, setting –, sei es in Form einer Ausschlussklausel in den Anlagen, sei es durch eine objektive Bedingung der Strafbarkeit, welche voraussetzt, dass das gegenständliche BtM dazu geeignet war, erhebliche Gesundheitsgefahren und/oder akute Rauschzustände hervorzurufen, vgl. hierzu → § 1 Rn. 32) sowie durch eine **Herabsetzung und Harmonisierung der Strafrahmen** bzw. einer **Reform des Strafschärfungssystems** überhaupt gelingen (vgl. hierzu → Vor § 29 Rn. 19 ff.).

c) Händlerseite. Diesseits wurde bereits mehrfach darauf aufmerksam gemacht, dass 39
allerdings auch auf der „Händlerseite" dringender Handlungsbedarf besteht, was sich bereits daraus ergibt, dass der Handel mit den Substanzen selbst im Falle einer Legalisierung strafbewehrt bleiben wird, soweit der Handel an der staatlichen Kontrolle vorbei erfolgt. Die mit der **ausufernden Auslegung des Handeltreibens** einhergehenden dogmatischen Friktio-

---

[142] Hierzu *Reuband*, in *Mann/Havemann-Reinecke/Gaßmann*, S. 209 ff.
[143] Auch wenn man davon ausginge, dass der „erwischte" Erwerber nicht seine Bezugsquelle preis geben wollen wird, wäre dies weniger schädlich, als ihm mangels Strafbarkeit seiner Handlung auch prozessual kein Auskunftsverweigerungsrecht zustünde, § 55 StPO.
[144] Vgl. *Tempel* ADS 2014, 130 ff.
[145] Hierzu → § 13 Rn. 37. Ausführlich → § 4 Rn. 16.
[146] Vgl. → § 30 Rn. 135.
[147] Hierzu → § 13 Rn. 37.
[148] Wo die Aufdeckung einer Betäubungsmitteltat zum Zwecke der Unterstützung der Strafverfolgung eine Strafmilderung bewirkt, sollte die Aufdeckung der eigenen Tat zum Zwecke der Rettung eines Menschenlebens selbstverständlich auch zu einem Absehen von Strafe führen. In den USA existieren derlei „Gute-Samariter"-Gesetze, die den Delinquenten ermutigen sollen, die Sanität trotzdem zu rufen, vgl. *Morris*, 2014 „Liability under ‚Good Samaritan' Laws", American Academy of Orthopaedic Surgeons http://www.aaos.org/news/aaosnow/jan14/managing3.asp Accessed 08.07.14 bei Global Commission on drug policy, Kontrolle übernehmen, Bericht 2014, S. 21.
[149] Global Commission on drug policy, Kontrolle übernehmen, Bericht 2014, S. 22.
[150] In diese Richtung etwa *Jesse/Köthner* ADS 2015, 88 (92).

nen erfordern – nachdem sich die Rechtsprechung einer Konkretisierung weiterhin verschließt (zum Ganzen → § 29 Rn. 356) – dringend eine gesetzgeberische Klarstellung (in Form einer **Legaldefinition?** Dies würde dem Nebenstrafrecht im Allgemeinen gut tun, als die Tathandlung „ubiquitär" ist bzw. fast überall ihr Unwesen treibt, in der es um ein eingeschränktes Verbot von Gegenständen geht). Die **Versuchsstrafbarkeit** gehört gestrichen, das **Fahrlässigkeitsunrecht** sollte auf die Fälle des (ungewollten) Inverkehrbringens beschränkt werden.[151] Darüber hinaus überrascht es, warum die Ursprungsstätte der konspirativen Begehung auf der einen, ihrer Zerschlagung durch V-Leute und Aufklärungsgehilfen auf der anderen Seite, prozessual keine besonderen Ermächtigungs- und materiellrechtlich keine **spezifischen Strafzumessungsvorschriften** bereithält (i.S.v. Strafrahmenverschiebungen oder „negativen Regelbeispielen", welche in der Rechtsprechung bereits anerkannte Konstellationen explizit benennen, etwa die Kuriereigenschaft, einen geringen Gewinn, das Handeln als „social supplier"[152] etc.). Den Anfang könnte man mit der Einfügung einer **tätigen Reue Vorschrift** (in einem neuen § 30c) machen,[153] der insb. den „Rücktritt" vom HT ohne Aufklärungshilfe einerseits, die besondere Situation des agent provocateur bzw. Lockspitzels andererseits angemessen erfasst.

40   Die „sukzessive" bzw. schrittweise Liberalisierung[154] ist nicht nur leichter umkehrbar (soweit die Erwartungen enttäuscht werden), sondern erscheint auch in Anbetracht der gesetzgeberischen Schritte in den letzten Jahren auch politisch besser vermittelbar. Zu denken ist hierbei nicht nur an die Verankerung des Prinzips Therapie statt Strafe (§§ 35, 37), sondern auch an die – ebenfalls erst in den 90er Jahren eingefügten – Opportunitätsvorschriften (§ 31a), denen weitere harm reduction Maßnahmen (Abgabe steriler Einmalspritzen, Einrichtung von Drogenkonsumräumen) und die Einrichtung sowie Ausweitung der Drogensubstitution (mit dem Gesetz zur diamorphingestützten Substitutionsbehandlung) folgten. Zuletzt ist die durch den Gesetzgeber endlich anerkannte Verschreibungsfähigkeit von Cannabis zu nennen (zum Ganzen → § 3 Rn. 28). Zuversichtlich darf man also sein.

C. Entwicklung der zentralen Strafvorschriften

41   In dem Vorläufer des heutigen § 29, dem § 11 BtMG 1972,[155] hatte der Gesetzgeber eine einzige zentrale Strafvorschrift geschaffen, in der alle strafwürdigen Verstöße gegen die Regelungen des legalen BtM-Verkehrs zusammengefasst waren; bestimmte schwerwiegend erscheinende Verstöße waren als Regelbeispiele eines besonders schweren Falles mit erhöhter Strafe bedroht (§ 11 Abs. 4 BtMG 1972). Mit dieser Strafvorschrift wollte der Gesetzgeber einen möglichst vollständigen Katalog aller Begehungsformen aufstellen, die dazu geeignet sind, BtM unkontrolliert in einer die Allgemeinheit gefährdenden Weise in den Verkehr zu bringen; er hat es dabei in Kauf genommen, dass sich im Einzelfall mehrere dieser Begehungsformen decken oder überschneiden.[156] An diesem Prinzip hat er auch zunächst bei der Schaffung des § 29 des jetzt geltenden BtMG als der **zentralen Strafvorschrift** festgehalten, allerdings **bestimmte schwerwiegend erscheinende Begehungsweisen** (in § 30 aF) zu Verbrechenstatbeständen aufgestuft. Im weiteren Verlauf der gesellschaftlichen Entwicklung, insbesondere wegen der Zunahme der BtM-Kriminalität und der so empfundenen Bedrohung durch Erscheinungsformen der Organisierten Kriminalität, wurden weitere Begehungsweisen und Tatmodalitäten aus der Grundnorm des § 29 herausgelöst und zu eigenen Verbrechenstatbeständen mit zum Teil erheblich höheren Strafrahmen ausgestal-

---

[151]   → § 29 Rn. 1695.
[152]   Hierzu bereits → § 29 Rn. 333 sowie *Werse* Rausch 2014, 3 (2), 98 ff.
[153]   Formulierungsvorschlag bei *Oğlakcıoğlu*, BtMG AT, S. 518 ff.
[154]   Vgl. auch *Kinzig* FS Kargl, 2015, 273 (278); *Stöver*, Ausschussdrs. 18(14)0067(8), S. 4; *Kleim* ADS 2016, 88 ff.
[155]   → Vor § 1 Rn. 79.
[156]   BGH 21.2.1974 – 1 StR 588/73, BGHSt 25, 290 (292); vgl. auch Erbs/Kohlhaas/*Pelchen*/*Bruns* § 29 Rn. 2.

tet. An der Bedeutung des § 29 hat sich dadurch nichts geändert. Er enthält nach wie vor alle **Grundtatbestände** des geltenden deutschen BtM-Strafrechts; die anderen Strafvorschriften des 6. Abschnitts des BtMG bauen darauf auf.

I. Vergehenstatbestände des § 29

Nach der Herauslösung schwerwiegender Verstöße gegen die Ziele und Zwecke des **42** BtMG und der internationalen Suchtstoffübereinkommen aus der Grundnorm des § 29 und nach ihrer Ausgestaltung zu eigenständigen Verbrechenstatbeständen verbleibt als Regelungsbereich des § 29 der **Bereich der kleineren und mittleren BtM-Kriminalität.** Nach wie vor gilt aber, dass mit dieser zentralen Vorschrift ein möglichst **lückenloser Katalog aller Tatbegehungsweisen** zur wirkungsvollen Bekämpfung des illegalen Umgangs mit BtM bereitgestellt werden soll. Überdeckungen und Überschneidungen mehrerer Begehungsformen werden dabei in Kauf genommen, wie sich insbesondere bei der Tatmodalität des Handeltreibens und ihrem Verhältnis zu ihren einzelnen Erscheinungsformen zeigt.

Von den Tatbeständen des § 29 Abs. 1 enthält S. 1 Nr. 1 Strafbewehrungen für die in **43** der Praxis bedeutsamsten Begehungsweisen; an Bedeutung in diesem Sinne kommt dieser Vorschrift nur noch S. 1 Nr. 3 (unerlaubter Besitz) gleich. **§ 29 Abs. 1 S. 1 Nr. 1** stellt die Strafbewehrung des § 3 Abs. 1 Nr. 1 dar und ist das „**Kernstück**"[157] des BtM-Strafrechts. Folgende **Vergehenstatbestände** des § 29 hat der Gesetzgeber in seinem Bemühen um einen vollständigen Katalog von Begehungsformen der Verstöße gegen die Kontrolle des BtM-Verkehrs formuliert: **Anbauen, Herstellen, Handeltreiben, Einführen, Ausführen, Veräußern, Abgeben, Sonstiges In-Verkehr-Bringen, Erwerben, Sichverschaffen in sonstiger Weise** (jeweils § 29 Abs. 1 S. 1 Nr. 1), **Herstellen ausgenommener Zubereitungen** (§ 29 Abs. 1 S. 1 Nr. 2), **Besitzen** (§ 29 Abs. 1 S. 1 Nr. 3), **Durchführen** (§ 29 Abs. 1 S. 1 Nr. 5), **Verschreiben** (§ 29 Abs. 1 S. 1 Nr. 6a), **Verabreichen/Verbrauchsüberlassung** (§ 29 Abs. 1 S. 1 Nr. 6b), **Apothekenabgabe** (§ 29 Abs. 1 S. 1 Nr. 7), **Werbung** (§ 29 Abs. 1 S. 1 Nr. 8), **Verschreibungserlangung** (§ 29 Abs. 1 S. 1 Nr. 9), **Gelegenheit verschaffen usw/Verbrauchsverleitung** (§ 29 Abs. 1 S. 1 Nr. 10), **Gelegenheit verschaffen usw bzw. Drogenkonsumräumen** (§ 29 Abs. 1 S. 1 Nr. 11), **Verbrauchsaufforderung** (§ 29 Abs. 1 S. 1 Nr. 12), **Geldmittel bereitstellen** (§ 29 Abs. 1 S. 1 Nr. 13), **Verordnungsverstoß** (§ 29 Abs. 1 S. 1 Nr. 14).

II. Verbrechenstatbestände der §§ 29a ff.

Der Gesetzgeber hat als Reaktion auf die Zunahme der BtM-Delikte und der Drogento- **44** ten, aber auch in Umsetzung der Verpflichtung aus den Übereinkommen der Vereinten Nationen zur angemessenen Sanktionierung bestimmter besonders strafwürdiger Verhaltensweise, im Verlaufe der Zeit immer weitere Diversifizierungen der Tatbestände mit immer höheren Mindeststrafen vorgenommen. So sind nach und nach aus der zentralen Strafvorschrift des § 29 aF BtMG 1982[158] (bzw. seines Vorläufers, des § 11 BtMG 1972[159]) die folgenden Tathandlungen herausgelöst und zu **Verbrechenstatbeständen hochgestuft** worden: **Abgeben, Verabreichen, Überlassen** von BtM an Jugendliche (§ 29a Abs. 1 Nr. 1), **Handeltreiben** mit, **Herstellen, Abgeben, Besitzen** von BtM in nicht geringer Menge (§ 29a Abs. 1 Nr. 2), **Bandenmäßiges Anbauen, Herstellen, Handeltreiben** (§ 30 Abs. 1 Nr. 1), **Gewerbsmäßiges Abgeben, Verabreichen, Überlassen zum unmittelbaren Verbrauch** an Jugendliche (§ 30 Abs. 1 Nr. 2), **Abgeben, Verabreichen, Überlassen mit Todesfolge** (§ 30 Abs. 1 Nr. 3), **Einführen** von BtM **in nicht geringer Menge** (§ 30 Abs. 1 Nr. 4), **Bandenmäßiges Anbauen, Herstellen, Handeltreiben, Ein- und Ausführen** von BtM **in nicht geringer Menge** (§ 30a Abs. 1), **Bestimmen**

---

[157] *Weber* § 29 Rn. 19.
[158] → Vor § 1 Rn. 76 ff.
[159] → Vor § 1 Rn. 79.

von Jugendlichen zum unerlaubten Umgang mit BtM (§ 30a Abs. 2 Nr. 1), **Bewaffnetes Handeltreiben, Einführen, Ausführen, Sichverschaffen** von BtM **in nicht geringer Menge** (§ 30a Abs. 2 Nr. 2). Die Qualifikationstatbestände sind in ihrer Reichweite und Ausgestaltung missglückt, was Richter und Staatsanwälte häufig zur Annahme minder schwerer Fälle führt (wobei dies wiederum zu Friktionen hinsichtlich des Strafrahmens führen kann). Eine Überarbeitung der Strafrahmenverschiebungen ist dringend angezeigt (→ Vor § 29a Rn. 19 ff.).

D. Betäubungsmittelstrafrecht und Allgemeiner Teil

I. Anwendung der Vorschriften des Allgemeinen Teils

45   Als Strafvorschriften außerhalb des StGB (Nebenstrafrecht) finden auf die §§ 29 ff. BtMG die Vorschriften des Allgemeinen Teil des StGB gem. **Art. 1 EGStGB** Anwendung. Unproblematisch ist dies v.a. hinsichtlich derjenigen Vorschriften, die nicht an die Tat (§§ 13 ff. StGB) knüpfen, man denke an die Verjährung gem. §§ 78 ff. StGB, an das spezifische Strafzumessungsrecht (Sanktionsformen, Bewährung) oder an das Strafanwendungsrecht (→ Rn. 115 ff.), wobei sich auch bzgl. dieser Normen partiell eine „betäubungsmittelrechtsspezifische" Rechtsprechung herausgebildet hat.[160] Schwieriger scheint sich die Anwendung der Allgemeinen Verbrechenslehren zu gestalten, deren Anknüpfungspunkte die Vorschriften über die Tat (§§ 13–35 StGB) bilden.

46   Dies ist allerdings ein ubiquitäres Phänomen des Nebenstrafrechts, das an verwaltungsrechtliche Verbote knüpfend meist **„präventiv"** ausgestaltet ist und bereits die bloße Vornahme „gefährlich" erachteter Handlungen sanktioniert, der Eintritt eines darüberhinausgehenden Erfolgsunrechts nicht erforderlich ist. Dies gilt unabhängig davon, ob es sich um Erfolgs- oder schlichte Tätigkeitsdelikte handelt[161] und wie man überhaupt zu dieser Zweiteilung (neben der Gegenüberstellung von Gefährungs- und Verletzungsdelikten) steht.[162] Denn auch wenn die „klassische Verbrechenslehre" auf Verletzungstatbestände zugeschnitten ist, hat man dogmatisch auch bei Gefährdungsdelikten weniger Probleme, diesen einen **Versuchsbereich** (unter Rückgriff auf die Teilaktstheorie) zu entnehmen.[163] Die Rechtsprechung greift – jedenfalls bei Erfolgsdelikten wie der Abgabe, dem Erwerb und insb. die Einfuhr – ständig auf bewährte und aus dem Kernstrafrecht bekannte Abgrenzungsformeln zurück.[164] Die Abgrenzung von **Täterschaft und Teilnahme** ist bei schlichten Tätigkeitsdelikten u.U. sogar noch einfacher als bei Erfolgsdelikten, da der Verhaltensbefehl bei verwaltungsrechtlichen Verboten meist nicht besonders komplex ist und damit auch die Tatherrschaft über die verbotene Handlung leicht ermittelt werden kann. Ob die Strafbarkeitsextension (also Sanktionierung konstruierter Versuchsfälle von Vorfelddelikten) **kriminalpolitisch** Sinn macht, steht auf einem anderen Blatt geschrieben.[165]

47   An die Grenzen stößt die Allgemeine Verbrechenslehre hingegen jedenfalls, wenn dem Tatbestand jegliche Kontur fehlt, wie dies beim **Handeltreiben** der Fall ist. Wenn der Verhaltensnorm ein konkreter Unrechtskern fehlt, an welche die im Rahmen der §§ 13 ff. entwickelten Lehren knüpfen könnten, kann die Vorgabe des Art. 1 EGStGB nicht umgesetzt werden;[166] ein unhaltbarer Zustand, da der Allgemeine Teil ohne Einschränkung Anwendung finden muss, soweit die formellen Straftatbestände einer Ergänzung bzw. einer

---

[160] Hierzu etwa KPV/*Patzak* Vor § 29 ff. Rn. 4 ff. sowie 35 ff.
[161] *Oğlakcıoğlu*, BtMG AT, S. 334 ff.
[162] Krit. *T. Walter*, Kern des Strafrechts, S. 16 ff.; zust. → StGB § 13 Rn. 228. Nach hier vertretener Ansicht hat die Unterscheidung als Umschreibung der Reichweite des Verhaltensbefehls, die im Deutungs- bzw. Auslegungspotential angelegt ist, durchaus Berechtigung, vgl. *Oğlakcıoğlu*, BtMG AT, S. 336 f.
[163] Zu den einzelnen Versuchskonstellationen der einzelnen Modalitäten des § 29 vgl. jeweils dort.
[164] *Oğlakcıoğlu*, BtMG AT, S. 422 ff., 426 ff. und 599 ff.
[165] Vgl. noch → § 29 Rn. 1625 f.
[166] → § 29 Rn. 358.

systematischen Erläuterung bedürfen. Wenn sich der Allgemeine Teil nicht zu einem „Bedarfskatalog" entwickeln soll, auf das man nur zurückgreift, wenn die Vorschriften auf den formellen Straftatbestand passen, muss seine Anwendung ohne Einschränkungen erfolgen.[167] Ist dies nicht möglich, muss der Verhaltensbefehl entsprechend angepasst werden. Jede andere Auffassung würde schlicht dem Zweck von AT und BT zuwiderlaufen, was seinerseits kaum mit dem verfassungsrechtlichen Bestimmtheitsgebot gem. Art. 103 Abs. 2 GG vereinbar wäre.[168]

II. Tatbestandszurechnung

1. Strafrechtlich relevante Handlung. Die Frage der Zurechnung zum Tatbestand   **48** ist – gerade bei Delikten mit einer knappen Handlungsumschreibung – meist diejenige der Auslegung der konkreten Handlungsmodalität, sodass sich nur wenige, allgemeine Tatbestandsfragen ergeben, die sich „vor die Klammer ziehen lassen". Zunächst gilt das Erfordernis einer strafrechtlich relevanten **Handlung,** wobei diesem Begriff auch im Betäubungsmittelstrafrecht „als kleinster gemeinsamer Nenner" der strafrechtlichen Haftung allenfalls eine begrenzende Funktion zukommt (zur Frage der Vereinbarkeit des strafbaren Besitzes mit dem Handlungsdogma vgl. noch → § 29 Rn. 1094).[169]

2. Zurechnung im engeren Sinn. a) Kausalität und objektive Zurechnung. Die   **49**
Kausalität als Bindeglied zwischen tatbestandsmäßiger Handlung und rechtlichem Erfolg spielt nur bei Delikten eine Rolle, bei denen die Verhaltensnorm von einem Außenwelterfolg (und nicht aus der exakt umschriebenen Verhaltensform) begrenzt wird, im Betäubungsmittelstrafrecht also bei den Verfügungswechseldelikten (Abgabe, Erwerb), bei den Transportdelikten (Einfuhr, Ausfuhr) sowie dem Sonderfall der leichtfertigen Todesverursachung als qualifizierender Umstand gem. § 30 Abs. 1 Nr. 3. Es gelten dann die allgemeinen Zurechnungsregeln; mithin muss die durch die Äquivalenzformel[170] – mehr oder weniger – ermittelbare Kausalität[171] meist um eine normative Prüfung (in Form der **objektiven Zurechnung,** von der Rechtsprechung meist in die Tatbestandsverwirklichung integriert) ergänzt werden.[172] Auch hier sind aus dem Kernstrafrecht bekannte Muster wiederzuerkennen. Zurechnungsfragen können sich v.a. beim Transport ergeben – wenn die Drogen auf eine atypische Art und Weise bzw. unter zwischenzeitlicher Kontrolle der Behörden die Grenze überschreiten – sodass fraglich sein kann, ob die konkrete Art der Grenzüberschreitung dem Täter zugerechnet werden kann (→ § 29 Rn. 651). Die Rechtsprechung behan-

---

[167] Zum Ganzen *Tiedemann* ZStW 86 (1974), 303; *Naucke*, Gesetzlichkeit und Kriminalpolitik (1999), S. 241 ff.; *ders.* FS Welzel, 1974, 761 ff. sowie *Fincke*, Verhältnis, S. 33 ff.

[168] Solch einem Ansatz wird häufig entgegengehalten, dass die Dogmatik des Strafrechts nicht „unverrückbar" ist und der Gesetzgeber sich folglich nicht an der bestehenden Dogmatik zu orientieren hat, sondern – demokratisch legitimiert – allein an grund- und verfassungsrechtliche Schranken gebunden ist, Art. 103 Abs. 2 GG (vgl. etwa *Vogel* StV 2012, 427). Ebenso wie man einen systemkritische Leistungsfähigkeit des Rechtsgutsbegriffs anzweifeln kann, gibt es auch „dogmatikkritische" Haltungen, welche die hier gewonnenen Ergebnisse keinesfalls für zwingend halten dürften. Doch soweit der Gesetzgeber implizit behauptet, dass der Allgemeine Teil Anwendung findet (insb. keine spezifischen Normen für eine Abweichung bereitgestellt bzw. Art. 1 EGStGB außer Vollzug gesetzt hat) verfängt solch eine Überlegung nicht.

[169] Satzger/Schickebier/Widmaier/*Kudlich* StGB Vor § 13 Rn. 12. Man denke etwa an den Fall, in dem jemandem während dem Schlaf oder während Bewusstlosigkeit BtM zugesteckt werden. Natürlich kann in diesen Konstellationen schon mangels relevanter Handlung objektiv kein Erwerb angenommen werden. Vorübergehende Bewusstseinsstörungen durch Drogenkonsum bzw. Abhängigkeit ändern aber nichts daran, dass das Verhalten grundsätzlich steuerbar ist, vgl. *Oğlakcıoğlu*, BtMG AT, S. 92 ff.

[170] Schönke/Schröder/*Lenckner/Eisele* StGB Vor § 13 Rn. 73; Zu den einzelnen Kausalitätstheorien umfassend Lackner/Kühl/*Kühl* Vor § 13, Rn. 10; SSW/*Kudlich* StGB Vor § 13, Rn. 2; *ders.* PdW AT S. 27 ff.; *Roxin* AT § 8 Rn. 1 ff.; *Kühl* AT § 2 Rn. 1 ff.; LK/*Walter* StGB vor § 13 Rn. 29 ff.; *Wessels/Beulke* Rn. 156 f.; *Fischer* Vor 13 Rn. 16 bis 20a.

[171] Vgl. hierzu noch → § 30 Rn. 146. Gerade bei Misch- und Beikonsum kann der Kausalitätsnachweis Schwierigkeiten bereiten.

[172] Zur Kausalität und objektiven Zurechnung im Betäubungsmittelstrafrecht *Oğlakcıoğlu*, BtMG AT, S. 119 ff.

delt derartige Abweichungen vom Kausalverlauf erst auf der Ebene subjektiver Zurechnung (wo ein vorsatzausschließender Irrtum entweder bejaht oder eben verneint wird).[173]

50   **b) Eigenverantwortliche Selbstgefährdung.** Eine eigenverantwortliche Selbstgefährdung des Opfers führt nach ständiger Rechtsprechung iRd §§ 29 ff. **nicht** zu einem Zurechnungsausschluss (bzw. tatbestandslosem Handeln).[174] Die Weichen werden mit dem Legitimationskonzept – nämlich durch die Zugrundelegung überindividueller Interessen – gestellt, sodass dem Teilnehmer an der Rechtsgutsgefährdung bereits die Dispositionsbefugnis fehlt. Dass darüber hinaus jeder betäubungsmittelstrafrechtliche Tatbestand ohnehin eine eigenverantwortliche Selbstgefährdung voraussetze und eine Anwendung der sonst anerkannten Dogmatik die §§ 29 ff. sinnentleere, trifft indessen nicht zu. Dennoch ist dem BGH intrasystematisch Recht zu geben, da die Frage der Sanktionierung des Erwerbs bzw. der Abgabe die Existenz der Verhaltensnorm überhaupt betrifft, die nicht durch die objektive Zurechenbarkeit im Einzelfall in Frage gestellt werden kann.[175] Soweit sich der Tatbestandsfassung kein irgendwie gearteter „Erfolg" mit Bezug zu einem „Individualrechtsgut" entnehmen lässt, kann von einer Verschiebung der Verantwortung für den entsprechenden Eintritt des Erfolgs ohnehin keine Rede sein.

51   Umso schwerer wiegt es umgekehrt, dass die Rechtsprechung den so eben genannten Grundsatz auf § 30 Abs. 1 Nr. 3 überträgt.[176] Bei der leichtfertigen Todesverursachung bezieht sich die Strafschärfung eindeutig ausschließlich auf individuelle Interessen, mithin unterliegt dieses **„Teilunrecht" der Disposition** des Einzelnen. Daher muss entgegen der h.M. eine freiverantwortliche Mitwirkung des Opfers iRd § 30 Abs. 1 Nr. 3 einen Zurechnungsausschluss – hinsichtlich der Qualifikation – bewirken.[177] So werden auch Widersprüchlichkeiten im Bezug auf § 222 StGB vermieden. Die Rechtsprechung stellt stattdessen höhere Anforderungen an den Begriff der Leichtfertigkeit, die zum Teil nicht mehr vertretbar erscheinen (wie bspw. im Sterbehilfe-Fall, bei dem ein Gemeindepfarrer BtM der Anlage III nach Deutschland einführte und diese einer todkranken und suizidwilligen Patientin überließ: Der BGH verneint hier eine Leichtfertigkeit, weil der Täter vorsätzlich und emphatisch gehandelt hat, vgl. noch → § 30 Rn. 160).[178]

52   **c) Risikoverringerung.** Im Übrigen kann die objektive Zurechnung zur Tatbestandsrestriktion herangezogen werden, wenn die extensive Grundausgestaltung des Betäubungsmittelstrafrechts zu unangenmessenen Ergebnissen führt. Vor allem der Aspekt der **Risikoverringerung**[179] könnte in den Fällen altruistischer Drogenwegnahme durch Eltern, Lehrer oder Pfleger ebenso herangezogen werden wie für die Strafbarkeit des V-Mannes, der durch sein tatbestandsmäßiges Verhalten zur Aufdeckung eines Drogengeschäfts beiträgt.[180] Die Rechtsprechung greift in derartigen Fällen allerdings auf konkrete Tatbestandsrestriktionen,[181] im Falle der Drogenverschaffung bzw. des Besitzens, nur um den Jugendlichen am Konsum oder Handel zu hindern, auf § 34 StGB zurück (→ Rn. 68).[182]

---

[173] *Oğlakcıoğlu,* BtMG AT, S. 150 ff.; vgl. insb. nochmals → § 29 Rn. 651.

[174] BGH 25.9.1990 – 4 StR 259/90, BGHSt 37, 179 = StV 1992, 273.

[175] *Oğlakcıoğlu,* BtMG AT, S. 133 ff. mit umfassender Rechtsprechungsanalyse.

[176] *Oğlakcıoğlu,* BtMG AT, S. 143 ff.

[177] So auch im Ergebnis *Renzikowski* JR 2001, 248 (250).

[178] BGH 7.2.2001 – 5 StR 474/00, BGHSt 46, 279 mAnm *Rigizahn* JR 2002, 426; mAnm *Sternberg-Lieben* JZ 2002, 150; NJW 2001, 1802; mAnm *Duttge* NStZ 2001, 324; NStZ 2001, 546; StV 2001, 684.

[179] Allgemein zum Aspekt der Risikoverringerung *Roxin* AT I § 11 Rn. 47 f.; Schönke/Schröder/*Lenckner/ Eisele* Vor § 13 ff. Rn. 94; sowie *Kudlich* JuS 2005, 592 im Zusammenhang mit der Abstiftung. Im Kontext zum Betäubungsmittelstrafrecht *Oğlakcıoğlu,* BtMG AT, S. 158 ff.

[180] Dagegen sind erlaubtes Risiko und sozialadäquates Verhalten im praktisch bedeutsamsten Bereich des Betäubungsmittelstrafrechts, dem Grundtatbestand des § 29 Abs. 1 Nr. 1 BtMG als Einschränkungsfallgruppen unergiebig, da diese Handlungsmodalitäten ein „unerlaubtes" Verhalten voraussetzen, *Oğlakcıoğlu,* BtMG AT, S. 155 ff.; vgl. aber zu Einschränkungen im subjektiven Tatbestand bei berufsbedingter Beihilfe → Rn. 114.

[181] Vgl. hierzu BGH 5.7.1988 – 1 StR 212/88, StV 1988, 432; OLG Hamm 10.7.2000 – 2 Ss 547/2000, NStZ 2000, 600; OLG Frankfurt 23.7.1987 – 63 Qs 223/87, StV 1987, 443.

[182] *Malek,* 2. Kap., Rn. 220; HJLW/*Winkler* § 29 Rn. 10.4.

oder unvollständiger Angaben[200]) erfüllt den subjektiven Tatbestand einer BtM-Straftat bereits, wer mit sog **bedingtem Vorsatz** handelt, die Tatbestandsverwirklichung also nur billigend in Kauf nimmt[201] oder sich zumindest mit ihr abfindet, selbst wenn Ziel seines Handelns nicht der tatbestandliche Erfolg ist oder er den Eintritt des Erfolgs nicht wünscht.[202] Sind dem Täter einzelne Tatumstände **gleichgültig,** wird er so behandelt, als hätte er ihre Verwirklichung billigend in Kauf genommen.[203]

d) Abgrenzung bedingter Vorsatz/bewusste Fahrlässigkeit. Rechtstechnisch gese- **61** hen handelt es sich bei einem Fall bewusster Fahrlässigkeit um die Fehlvorstellung des Täters über die sich aus seinem Handeln ergebende Gefahr der Tatbestandsverwirklichung, nach der hM, die vom Wissen **und Wollen** beim Vorsatz ausgeht, um ein voluntatives Minus gegenüber dem Vorsatz. Nach der stRspr des BGH[204] zur Abgrenzung von bedingtem Vorsatz und bewusster Fahrlässigkeit handelt der Täter **vorsätzlich,** wenn er den Eintritt des tatbestandlichen Erfolges als möglich und nicht ganz fernliegend erkennt und damit in der Weise einverstanden ist, dass er die Tatbestandsverwirklichung billigend in Kauf nimmt oder sich um des erstrebten Zieles willen wenigstens mit ihr abfindet, mag ihm auch der Erfolgseintritt an sich unerwünscht sein. **Bewusste Fahrlässigkeit** liegt hingegen dann vor, wenn der Täter mit der als möglich erkannten Tatbestandsverwirklichung nicht einverstanden ist und ernsthaft – nicht nur vage – darauf vertraut, der tatbestandliche Erfolg werde nicht eintreten.[205]

Der BGH überträgt diese Grundsätze auf das Betäubungsmittelstrafrecht und erteilt einem **62** strengeren Maßstab (der im Hinblick auf das extensive Rechtsgutskonzept durchaus vorstellbar wäre) insofern eine Absage.[206] Die Abgrenzung betrifft die Fälle der **Instrumentalisierung** des Täters durch einen Dritten für den Drogentransport. Meist handelt es sich um Konstellationen, in denen jemand innerhalb eines bereits existenten Drogengeschäfts von anderen Personen für bestimmte Handlungen missbraucht wird, etwa BtM in der Wohnung aufbewahren soll, oder den Drogen mit sich führenden Haupttäter an einen bestimmten Ort fahren soll. Denkbar ist auch die Übernahme von Gepäck am Flughafen. Die Abgrenzung spielt mithin vornehmlich bei den Tathandlungen der unerlaubten Einfuhr, des Besitzes ohne Erlaubnis sowie des unerlaubten Erwerbs (ggf. als Teilakte des Handeltreibens) eine Rolle. Meist besteht zwischen den Beteiligten ein **Näheverhältnis,** sodass der „Kurier"/ Verwahrer von den illegalen Handlungen seines Gegenübers weiß bzw. vermutet, dass das von ihm zu transportierende/aufzubewahrende Päckchen Drogen enthält, er aber auf das Gegenteil hofft bzw. sich schlicht der Wahrheit verschließt.

Diesbezüglich ergeben sich aus der Rechtsprechung einige **Kriterien,** anhand denen **63** eine „Zuschreibung"[207] i.S. eines „Billigens" im Rechtssinne erfolgen kann.[208] Während die emotionale Nähe bzw. ein Vertrauensverhältnis zum Haupttäter dafür sprechen kann, dass der Beteiligte sich bestimmten Indizien verschließt[209] (mithin kein positives Wissen aufweist), kann gerade diese Nähe umgekehrt auch zu Unterhaltungen über Rauschgift, besonderen Erlebnissen oder sonst geartetem Sonderwissen (etwa, dass der Täter immer an bestimmten Tagen Drogen ankauft) führen, so dass sich ein bestimmter Verdacht geradezu aufdrängt. Weitere Indizien, die für einen dolus eventualis sprechen, sind ein heimliches, bedeckt gehaltenes, erregtes Verhalten des Täters oder ein besonders auffälliges Aussehen

---

[200] → § 29 Rn. 1387.
[201] ZB BayObLG 30.12.1992 – 4St RR 170/92, StV 1993, 641 mAnm *Dannecker/Stoffers.*
[202] ZB BGH 8.5.2001 – 1 StR 137/03, NStZ 2001, 475.
[203] BGH 31.3.1999 – 2 StR 82/99, NStZ 1999, 467 bei einem Drogenkurier hinsichtlich der Mehrmenge.
[204] BGH 25.3.1999 – 1 StR 26/99, NJW 1999, 2533 mAnm *Ingelfinger* JR 2000, 297 zum polizeilichen Schusswaffengebrauch bei Festnahme.
[205] BGH 5.3.2008 – 2 StR 50/08, NStZ 2008, 451 zur Körperverletzung.
[206] *Oğlakcıoğlu,* BtMG AT, S. 183 ff.
[207] Zu diesem Zuschreibungsakt BeckOK StGB/*Kudlich* § 15 Rn. 22.
[208] *Oğlakcıoğlu,* BtMG AT, S. 191 ff.
[209] Vgl. aber zu einem „bewussten Unwissenhalten durch den Kurier" BGH 24.2.1995 – 2 StR 668/94, StV 1995, 524.

bzw. eine merkwürdige Beschaffenheit des Gegenstands (im Hinblick auf Geruch, Volumen, Verpackung, Schwere, Größe), wohingegen ein eher unbefangener Umgang mit Päckchen gegen einen Vorsatz spricht. Weitere Indizien für einen dolus eventualis sind: Entgeltlichkeit der Handlung,[210] Erfahrung des Täters und einschlägige Vorstrafen.[211] Ein häufiges Nachfragen bzw. das Zusichernlassen durch den Täter, es sei alles in Ordnung genügen nicht, um einen Vorsatz auszuschließen, da hierin ein erhebliches Misstrauen zu Tage tritt, anderseits man einem etwaigen Verdacht auch nachgegangen ist. Die Bewertung, bedingter Vorsatz sei insbesondere aufgrund der offenen Vertriebsstruktur nicht erwiesen, ist nicht rechtsfehlerhaft.[212]

64   **2. Fahrlässigkeit im BtM-Strafrecht.** Zu den Voraussetzungen, unter denen im BtMStrafrecht Fahrlässigkeit angenommen werden kann, wird allgemein auf die Ausführungen zu § 29 Abs. 4[213] sowie auf die Erläuterungen zu den einzelnen Begehungsweisen verwiesen. De lege ferenda erscheint eine Einschränkung der Fahrlässigkeitsstrafbarkeit angezeigt (→ § 29 Rn. 1695).

IV. Rechtswidrigkeit

65   Auf der Rechtswidrigkeitsebene hat von den allgemeinen Rechtfertigungsgründen lediglich § 34 StGB praktische Bedeutung. Dabei stellt sich v.a. die Frage des Verhältnisses von § 3 und § 34 StGB. Die verwaltungsrechtliche Erlaubnis schließt nach h.M. bereits den Tatbestand aus (vgl. → § 3 Rn. 39 f.), nach hier vertretener Ansicht handelt es sich hingegen um einen Rechtfertigungsgrund. In jedem Fall stellt sich die Frage, ob der „Erlaubnistatbestand" der Anwendung allgemeiner Notstandsregeln entgegensteht. Dieser Gedanke findet im Allgemeinen Notstandsparagraphen Berücksichtigung, als im Rahmen der Interessensabwägung bzw. der **Angemessenheit** zu überprüfen ist, ob dem Täter die Einholung einer Erlaubnis faktisch möglich und zumutbar war. Aspekte der Interessensabwägung, die bereits durch die verwaltungsinstanzielle Entscheidung berücksichtigt wurden bzw. *werden könnten*, dürfen nicht mehr mit einbezogen werden.[214] Der Tatrichter darf keine „neue oder eigene Entscheidung" fällen, die in den Kompetenzbereich der Verwaltungsbehörde fallen würde; dies beruht auf der Überlegung, dass bereits eine „kompetentere" Behörde über die Zweckmäßigkeit der Erlaubnis in diesem speziellen Einzelfall entschieden oder zu entscheiden hat.

66   Somit kann das Erlaubnisverfahren als behördliche Vorentscheidung einer Rechtfertigung ex post nur entgegenstehen (bzw. § 34 StGB verdrängen), wenn es sich bei der Handlung um solch eine handelt, für die überhaupt ein Erlaubnisverfahren vorgesehen ist. Ist die Einholung einer Erlaubnis aufgrund einer **„exorbitanten und atypischen"** Gefahr, die nicht in die gesetzliche Abwägung eingegangen ist, schon tatsächlich nicht möglich,[215] oder erfolgt das Handeln des Notstandstäters zugunsten des von dem Verwaltungsgesetz bewirteten Rechtsguts, steht einer Anwendung des § 34 StGB nichts entge-

---

[210] Wobei es nach einem Urteil des BGH vom 30.6.1993 – 2 StR137/93 keinen sachlich-rechtlichen Mangel des Urteils darstellt, wenn der Tatrichter in Ansehung des vereinbarten Entgelts für eine Fahrt (1.000 DM für eine Fahrtstrecke von 1.300 km) und des Umstands, dass die Mitangeklagten darauf bestanden, einen Rucksack im Kofferraum zu verstauen, nicht geprüft hat, ob dem Angeklagten nicht wenigstens fahrlässiges Handeltreiben mit Betäubungsmitteln anzulasten sei; Derartige Umstände mussten den Angeklagten nicht zu der Annahme drängen, er beteilige sich an einem Rauschgifttransport, da 1000 DM aufgrund der langen Fahrtstrecke und sonstigen Aufwendungen angemessen seien.
[211] BGH 11.12.1996 – 3 StR 383/96; BGH 3.1.1997 – 3 StR 451/96, NStZ-RR 1997, 197; Freilich würde sich dies im konkrete Fall nur auf die Strafzumessung beziehen, aber ersetzt man das Amphetamin durch „Goldstaub" o.Ä. dürften die gleichen Überlegungen gelten.
[212] BGH 5.11.2015 – 4 StR 124/14, NStZ-RR 2016, 50 (Ls.) = BeckRS 2015, 19909.
[213] → § 29 Rn. 1694.
[214] *Oğlakcıoğlu* BtMG AT, S. 278 ff.
[215] *Roxin* AT/I § 17 Rn. 65, § 14 Rn. 48 ff.

gen.[216] Problematischer sieht die hM den Drogenerwerb, um auf **Missstände** in einer Institution hinzuweisen (Lehrer, der in der Schule Drogen ankauft, um dies öffentlich anzuprangern;[217] Häftling, der Drogen erwirbt, um auf die Kriminalität in der Anstalt aufmerksam zu machen[218]); hierbei handelt es sich um Fälle, in denen der Täter ein neues Risiko schafft und das Verhalten zumindest nicht unmittelbar auf die Beendigung des Drogenumlaufs gerichtet ist. Regelmäßig dürfte ein milderes Mittel zur Verfügung stehen, derartige Situationen zu lösen.

Nicht von § 34 StGB gedeckt sind sog. **„sell-bust-Operationen"**, bei denen die Polizei   **67** Drogen verkauft und in den Verkehr bringt, um professionell agierende Dealer zu ertappen. Es scheint schon fraglich, ob Hoheitsträger überhaupt auf § 34 StGB zurückgreifen dürfen. Jedenfalls existiert mit § 4 II eine speziellere Befugnisnorm, die derartige Handlungen nicht erfasst.[219] Ähnliche Erwägungen stehen einer Rechtfertigung von Straftaten des V-Mannes entgegen, es sei denn er schafft kein neues Risiko (dann kann bereits Tatbestandsmäßigkeit des Verhaltens verneint werden, zum Ganzen → § 4 Rn. 37 ff.).

1. Fürsorglicher Erwerb/Besitz von BtM. Beim Erwerb/Besitz von BtM aus Grün-   **68** den der Fürsorglichkeit gegenüber dem Konsumenten, wie sie im Verhältnis zwischen Eltern[220] und ihren Kindern vorkommt, die aber auch durch Verwandte, Verlobte,[221] Freunde, Lehrer, Priester, Drogenberater, Trainer, ja sogar Rechtsanwälte[222] erfolgen kann, besteht seit jeher das Bestreben in Rechtsprechung und Literatur, diesem Personenkreis, dem nicht unterstellt werden kann, er wolle den illegalen BtM-Kreislauf erweitern, eine Verurteilung wegen Verstoßes gegen Vorschriften des BtMG zu ersparen, weil sie nach dem Zweck des Gesetzes von diesem eigentlich nicht getroffen werden sollen, nach dessen Wortlaut aber gleichwohl den Tatbeständen des BtMG unterfallen.

Welcher Tatbestand verwirklicht wurde, wird sich nicht selten ergeben, weil dieser   **69** „Täterkreis" die Umstände, wie man an den Stoff gekommen ist und was ihn dazu bewogen hat, offen legt. Im Übrigen ist zumindest der Besitztatbestand verwirklicht. Die Bandbreite planvoller Überlegungen desjenigen, der BtM an sich nimmt, kann von der eigenhändigen **Vernichtung** (zB Verbrennen, Herunterspülen in der Toilette) bis zum **Abliefern bei der Polizei** oder in einer Apotheke reichen. In jeder Verwirklichung einer dieser Erwägungen manifestiert sich zugleich aber auch die tatsächliche Möglichkeit der freien Verfügung über das BtM, so dass die Verschaffungstatbestände auch von der inneren Tatseite her erfüllt sind. Umgekehrt hat man keine Schwierigkeiten iRd Anwendung des § 34 StGB ein überwiegendes Interesse gegenüber der kurzen und weniger intensiven Beeinträchtigung der „Volksgesundheit" festzustellen. Da derartige Fälle also auf den Ebenen der Rechtfertigung oder Entschuldigung einer angemessenen Lösung zugeführt werden können,[223] sind **Tatbestandsrestriktionen** in Form einer teleologischen Reduktion[224] bzw. erhöhten Anforderungen im subjektiven Tatbestand dogmatisch überflüssig (auch wenn nach hier vertretener Ansicht das Betäubungsmittelstrafrecht eingeschränkt werden sollte, wo dies möglich ist,

---

[216] So etwa bei der Wegnahme von Drogen durch Familienangehörige, Streetworkern oder sonst dem Täter nahe stehenden Personen zum Zwecke der Beendigung des Drogenumlaufs bzw. zum Wohl des Betäubungsmittelkonsumenten (→ Rn. 71).

[217] Beispiel nach *Körner* § 29 Rn. 1297, freilich die Strafbarkeit wegen unerlaubten Erwerbs gem. § 29 Abs. 1 Nr. 1 BtMG bejahend.

[218] Nach LG Berlin 7.10.1980 – (524) 64 Js 262/86 Ns (74/86), NStZ 1987, 233.

[219] BGH 11.12.1997 – 4 StR 323/97, NJW 1998, 767; StV 1998, 416; BGH 24.7.2007 – 3 StR 216/07; im Ergebnis auch *Malek*, 2. Kap. Rn. 53; LK-StGB/*Roxin* StGB § 26 Rn. 75 f.; *Endriß/Kinzig* StraFo 1998, 299 (301); *v. Danwitz* StV 1995, 431 (434); lediglich einschränkend *Weber* § 4 Rn. 124 (möglich, „wenn absolut sichergestellt ist, dass das Rauschgift nicht außer Kontrolle gerät").

[220] LG Freiburg 29.8.1983 – III AK 19/83, StV 1984, 250.

[221] OLG Stuttgart 31.3.1978 – 3 Ss (7) 146/78, DRsp Nr. 1994/270.

[222] Vgl. OLG Zweibrücken 16.7.1982 – 1 Ss 171/81, DRsp Nr. 1994/291.

[223] In diese Richterung bereits der Gesetzgeber, vgl. BT-Drs. VI/2673, 4.

[224] Vgl. etwa *Weber* § 4 Rn. 35 f., der in den Erwerbsfällen die Verfügungsmacht der Eltern verneinen und im Hinblick das Sichverschaffen am geheimen Vorbehalt, die BtM an die Behörden übergeben zu wollen scheitern lassen will.

heißt dies nicht, dass derartige Einschränkungen keinen Regeln folgen müssen. Gerade im Betäubungsmittelstrafrecht, wo sich die zahlreichen Tathandlungen nur in Nuancen unterscheiden, sollte man von „modifizierbaren" Definitionen für den Einzelfall absehen, wenn das gewünschte Ergebnis – wie hier – einheitlich über einen Rechtfertigungstatbestand gelöst werden kann).

70 Bei **Strafverteidigern** verändern sich lediglich die Abwägungsparameter als diese nicht im Interesse der körperlichen Integrität bzw. Volksgesundheit, sondern im Interesse der Rechtspflege und des Mandanten an einer angemessenen Verteidigung agieren. Soweit eine Rechtfertigung nach § 34 StGB in diesen Fällen kritisch betrachtet wird, muss gesehen werden, dass sich Verteidiger nicht selten in einer **Pflichtenkollision** befinden, als die Ablieferung der Drogen (eine Vernichtung wäre uU gem. § 258 StGB strafbar) einen strafbaren Geheimnis- bzw. Parteiverrat darstellen kann, §§ 203, 356 StGB. Somit ist jedenfalls das Verhalten als Strafverteidiger, überlassenes Kokain bis zum Gespräch mit dem Mandanten zwei Tage im Besitz zu halten und sodann nach Rücksprache mit der Staatsanwaltschaft einer Polizeidienststelle zu übergeben, gerechtfertigt.[225] Im Übrigen gilt: Soweit die Behörde unverzüglich informiert wird und die BtM dort abgegeben werden bzw. man diese abholen lässt, ist bereits ein tatbestandsmäßiger Besitz (im Hinblick auf den Besitzwillen) fraglich, im Hinblick auf den Verfügungswechsel wird man wegen der Risikoverringerung bereits ein tatbestandsmäßiges Handeln in Zweifel ziehen können (→ Rn. 52).[226]

71 **2. Sonderfall: Cannabisanbau/-erwerb zur Selbstmedikation.** Bei der „**Notfallversorgung**" mit Medikamenten in Form des illegalen Erwerbs einer Arznei ist zu sehen, dass das System der medizinischen Versorgung festgeschrieben ist und das Individuum nicht nach Gutdünken hiervon abweichen kann. Auch hier gilt aber, dass der Diebstahl bzw. die Abgabe von BtM außerhalb des „Vertriebswegs" im Einzelfall gerechtfertigt sein kann, wenn ärztliche Hilfe nicht einzuholen ist (eher selten). Noch interessanter wird es, wenn das Versorgungssystem versagt bzw. bestimmte Medikamente dem Patienten per se vorenthalten werden. Damit ist der Erwerb von **Cannabisblüten zur Schmerzlinderung** bzw. Selbstmedikation durch schwerkranke Patienten angesprochen. Der Schmerz kann als „schleichende" Dauergefahr charakterisiert werden, bei der eine „Reaktion" in Form des Erlaubnisantrags jedenfalls möglich erscheint (und nach baldiger Rechtslage die Verfügbarkeit durch eine Verschreibungsfähigkeit sogar abgesichert wird).

72 Nach bisheriger Rechtslage konnte aber die sozialrechtliche Situation wie auch die rigorose Haltung des BfArM dazu führen, dass sich der notleidende Patient dazu genötigt sieht, Cannabis illegal zu erwerben, um seine Schmerzen zu lindern (zur verwaltungsrechtlichen Situation und zum geplanten Änderungsgesetz → § 3 Rn. 28 ff.). Hat der Täter das Erlaubnisverfahren beim Bundesinstitut schon gar **nicht angestrengt,** wird man davon ausgehen können, dass ihm § 34 StGB nicht zugute kommt, weil er vorwerfbar die Möglichkeit einer Erlaubniserteilung nicht wahrnimmt.[227] Gerade im Hinblick auf die inzwischen **gefestigte Rechtsprechung** des BVerwG muss man als Schmerzpatient davon ausgehen, dass eine Versorgung mit Cannabis durch Erteilung einer Ausnahmeerlaubnis für den Anbau/Erwerb nicht per se ausgeschlossen ist. Diese Überlegungen bestätigt der Erste Senat in einer neueren Leitsatzentscheidung, indem er die Rechtfertigung eines bewaffneten Sichverschaffens von BtM kraft Notstands gem. § 34 StGB bereits an der **Erforderlichkeit** scheitern lässt, wenn der Täter die Möglichkeit einer ärztlichen Verschreibung bzw. einer Ausnahmeerlaubnis nicht einmal in Betracht gezogen hat.[228]

---

[225] OLG Jena 18.5.2010 – 1 Ss 36/10, BeckRS 2012, 24537.
[226] So auch *Ziemann/Ziethen* JR 2011, 65 (67 f.).
[227] So im Ergebnis auch *Kühl* AT § 9 Rdn. 135; Schönke/Schröder/*Perron* StGB § 34 Rn. 41.
[228] BGH 28.6.2016 – 1 StR 613/15, NJW 2016, 2818, mAnm *Kudlich* JA 2017, 71. Freilich war der entschiedene Fall bereits im Hinblick auf die vom Täter beschafften Drogen – nämlich Kokain und Heroin – nicht mit dem klassischen Fall des Erwerbs von Cannabis zur Schmerzlinderung vergleichbar.

Bleibt der Versuch des Einholens einer Erlaubnis **erfolglos,** könnte man mit Blick auf **73** die oben gemachten Erwägungen den Schluss ziehen, den Rückgriff auf § 34 StGB erst recht zu versagen.[229] Schließlich hat die Behörde nunmehr eine Einzelfallentscheidung getroffen, über die sich der Täter wissentlich hinwegsetzt, wenn er dennoch die angestrebte Handlung vornimmt. Die Strafgerichte haben – soweit nicht von den **Einstellungsmöglichkeiten nach §§ 153 Abs. 2, 153a Abs. 2 StPO** Gebrauch gemacht wird bzw. werden kann (weil der Täter einen „Vorrat" angekauft hat und somit ein Verbrechen im Raum steht) – gehen in solch einer Konstellation unterschiedlich mit der Anwendung des § 34 StGB um. Teils wird der Faktor des rechtlich geordneten Verfahrens gesehen und einschränkend gewertet,[230] während andere Gerichte es sogar als rechtsfehlerhaft ansehen, wenn die Nichtanwendung des § 34 StGB allein wegen der Möglichkeit abgelehnt wird, eine Erlaubnis einzuholen.[231]

Die OLG-Rechtsprechungspraxis hat dagegen nur gemeinsam, dass sie eine Anwendung **74** des § 34 StGB nicht ausschließt und grundsätzlich **„hohe Anforderungen"** an eine Rechtfertigung stellen will, wobei jedes Gericht andere Vorstellungen davon hat, was „hohe Anforderungen" i.R.d. Interessensabwägung sind. Das Schutzgut „Volksgesundheit" ist ein außerordentlich unbestimmter Abwägungsparameter, sodass es nicht überrascht, dass es auch in der Anwendung des § 34 StGB zu dem von den §§ 31a ff. bekannten **„Lokalgefälle"** kam.[232] Während das LG Mannheim beispielsweise den Notstand allein schon mit der Begründung ablehnen will, dass rezeptierfähige THC-Medikamente zur Verfügung stehen,[233] will das OLG Karlsruhe auch den Gesichtspunkt der „nicht geringen Menge" einbeziehen.[234] Dabei handelt es sich auch um einen Aspekt, welcher die „ärztliche Indikation" beträfe. Das AG Berlin-Tiergarten spricht einen Schwerkranken (AIDS, Hepatitis, Leberzirrhose etc.), der keine Ersatzpräparate einnehmen kann (die im Übrigen die Krankenkasse auch nicht gezahlt hätte), trotz einer nicht geringen Menge von 962 g Cannabis (mit 23 g THC) frei.[235]

Noch pragmatischer sind die Erwägungen des OLG Naumburg, wonach im Falle des **75** Anbaus von Cannabis lediglich für den Eigenbedarf zum Zwecke der Schmerzlinderung „eine strafrechtliche Ahndung nicht geboten" sei, zumal die Bundesregierung Schmerzpatienten den legalen Zugang zu Cannabis demnächst erleichtern wolle.[236] Die weitere Entwicklung bleibt diesbezüglich abzuwarten, zumal auch nach der **Gesetzesänderung** (→ § 3 Rn. 28) Konstellationen denkbar bleiben, in denen der Patient sich persönlich dazu gezwungen sieht, Cannabis zu erwerben, das er sich leisten kann (v.a. wenn die Voraussetzungen des geplanten § 31 Abs. 6 SGB V nicht bejaht werden können). Gerade die neueren Entwicklungen sprechen allerdings dafür, den § 34 StGB nur denjenigen Patienten zu gewähren, die den rechtlich vorgesehenen Weg einschlagen. Hierfür spricht vornehmlich der gesetzgeberische Wille, Eigenmedikationen des Patienten (insb. auch

[229] Vgl. *Kühl* § 8 Rn. 177 im Bezug auf versagte Genehmigungen im Umwelt- und Immissionsschutzrecht.
[230] Vgl. etwa OLG Köln StraFo 1999, 314; AG Mannheim 15.5.2003 – 1 Ls 310 Js 5518/02 – AK 64/02 einerseits. In einem Fall des Erwerbs von BtM zur Selbstmedikation prüft das OLG Braunschweig vor Anwendung des § 34 StGB, ob der Angeklagte einen Genehmigungsantrag gestellt hat, ob er sich dieser Möglichkeit bewusst war, ob die Cannabisbehandlung bei der Erkrankung des Angeklagten aus medizinischer Sicht Erfolg verspricht, ob im Fall des Angeklagten durch eine behördliche Genehmigung angesichts der konkreten Erkrankung rechtzeitig Abhilfe geschaffen werden konnte und wie – sollte eventuell vom Angeklagten ein Genehmigungsantrag gestellt worden sein – über diesen entschieden wurde, OLG Braunschweig 16.5.2013 – 1 Ss 20/13, BeckRS 2013, 18047 = StV 2013, 708. Weitere Beispiele aus der Rechtsprechung bei *Oğlakcıoğlu*, BtMG AT, S. 278 ff.
[231] KG StV 2003, 167.
[232] Zu diesem Problem zusammenfassend *Aulinger* NStZ 1999, 111; *Kreuzer* NJW 1994, 2400; *Körner* (VI) § 31 Rn. 27 („Rechtsbruch in Hamburg oder Frankfurt am Main in einem anderen Licht als die vordergründig gleiche Tat in Chiemgau oder Rupertiwinkel").
[233] LG Mannheim 20.3.2002 – 6 Qs 14/02. Unabhängig davon, dass die Krankenkasse die Kosten nicht übernimmt, → § 3 Rn. 22.
[234] OLG Karlsruhe NJW 2004, 3645.
[235] AG Berlin-Tiergarten NStZ-RR 2004, 281.
[236] OLG Naumburg 10.2.2015 – 2 Rv 16/15, BeckRS 2015, 16297 = StV 2015, 642.

den kostengünstigeren Anbau) zu verhindern. Die hier vertretene streng formale Betrachtung iRd § 34 kann aber durch eine umso umsichtigere (und im Hinblick auf dessen Charakter als Schuldausschließungsgrund auch bessere vertretbare) Auslegung des **§ 35 StGB** kompensiert werden.

V. Schuld und Irrtumslehre

76   Neben einem entschuldigenden Notstand[237] kann v.a. ein Irrtum des Täters einer persönlichen Vorwerfbarkeit der Tat entgegenstehen, mithin die Schuld gem. § 17 StGB ausschließen, wenn der Irrtum unvermeidbar war. Hingegen schließt ein Tatbestandsirrtum gem. § 16 StGB bereits den Vorsatz aus.

77   **1. Abgrenzung von Tatbestands- und Verbotsirrtum.** Da Vorsatz die Kenntnis aller objektiven Tatbestandsmerkmale voraussetzt, handelt gem. § 16 Abs. 1 S. 1 StGB ohne Vorsatz, wer bei Tatbegehung einen Umstand, der zum gesetzlichen Tatbestand gehört, nicht kennt oder einer Fehlvorstellung darüber unterliegt.[238] Da Tatbestandskenntnis jedenfalls Tatsachenkenntnis voraussetzt, führen Irrtümer des Täters im Bezug auf tatsächlich wahrnehmbare Umstände stets zum Vorsatzausschluss. Da sich aber § 16 StGB auf den gesetzlich umschriebenen Tatbestand bezieht, können auch rechtliche Fehleinschätzungen (die dem Täter im Hinblick auf die „Bewertung" des Merkmals unterlaufen) zu einem Vorsatzausschluss führen. Dies erschwert die Abgrenzung zum bloß schuldrelevanten Verbotsirrtum. Gerade bei komplexeren Normbefehlen (Blanketten, Rückausnahmen in den Anlagen) sollte man, auch wenn diese wiederum meist nur den „professionellen" Adressaten betreffen, zu einer „weichen Schuldtheorie" bzw. großzügigen Anwendung des § 16 StGB tendieren.[239]

78   **2. Tatbestandsirrtum (Fallgruppen). a) Irrtum über die BtM-Eigenschaft.** Im Zusammenhang mit der Eigenschaft eines Stoffes als BtM iSv § 1 Abs. 1 iVm Anlagen I–III können nahezu sämtliche **Arten von Irrtümern** auftreten:

Tatbestandsirrtum: Der Irrende kennt einen Stoff/eine Zubereitung nicht oder hält sie für etwas anderes als BtM

Subsumtionsirrtum: Der Irrende erkennt die Hanfpflanze als solche, weiß um die BtM-Eigenschaft von Cannabis, geht aber davon aus, dass die Pflanze infolge ihres geringen Alters kein TCH enthält.

Untauglicher Versuch (unbeachtlich bei Handeltreiben): Der Irrende hält das erworbene Haarfärbemittel Henna für Haschisch.

Wahndelikt: Der Irrende kennt die chemische Zusammensetzung eines Stoffes, glaubt dabei aber, dieser Stoff falle unter eine der Anlagen I–III

79   Relativ eindeutig handelt es sich um einen Tatsachenirrtum, wenn der Täter schlicht eine konkrete Vorstellung von der tatsächlichen Zusammensetzung eines Stoffes hat. Denkt er, es handele sich bei dem vor ihm befindlichen Kokain um Mehl bzw. Paracetamol, liegt ein Tatsachenirrtum vor, § 16 StGB.[240] Denkt der Täter dagegen, der Verkauf von Heroin an Erwachsene sei erlaubt, ist von einem Rechtsirrtum auszugehen, der nach § 17 StGB behandelt wird (vgl. noch → Rn. 91). Insofern geht die Rechtsprechung auch bei der Abgrenzung von Tatbestandsirrtum gem. § 16 StGB und Verbotsirrtum betreffend die BtM-Eigenschaft nach der reichsgerichtlichen Unterscheidung zwischen Tatsachenirrtümern und Rechtsirrtümern vor.[241] Dieses Vorgehen ist intuitiv und eingängig, doch liegt der Fall

---

[237] Nur nebenbei sei angemerkt, dass die Rechtsprechung die Grundsätze der actio libera in causa auch im Betäubungsmittelstrafrecht an wendet. Soweit man eine Strafbarkeitsbegründung über die Grundsätze der a.l.i.c. nicht grundsätzlich ablehnt, bleibt sie auf die Erfolgsdelikte beschränkt, hierzu *Oğlakcıoğlu* BtMG AT, S. 283 ff.

[238] *Weber* Rn. 339.

[239] Zum Abgrenzung von Tatbestands- und Verbotsirrtum als typisches Problem des Wirtschafts- und Nebenstrafrechts *Kudlich/Oğlakcıoğlu* Wirtschaftsstrafrecht Rn. 78.

[240] Vgl. nur *Weber* Vor § 29 Rn. 338.

[241] Zum Ganzen *Oğlakcıoğlu*, BtMG AT, S. 292 ff.

selten so klar (was sich bereits aus der nichtssagenden Wendung: „Ich wusste nicht, dass es sich um ein BtM handelt" ergibt; diese Aussage kann sowohl eine Tatsachenfehlvorstellung als auch eine rechtliche Fehlbewertung beinhalten).

Gerade in Zeiten von legal highs macht sich der Täter selten „ein" konkretes Bild vom **80** Wirkstoff. Entscheidend ist für ihn, „dass es ballert" bzw. „high macht".[242] Die Anlagen legen allerdings abschließend fest, welcher Stoff in welcher chemischen Zusammensetzung als Betäubungsmittel zu klassifizieren ist. Tatsache wäre somit nur die konkrete, chemische Zusammensetzung des jeweiligen Stoffes, von der praktisch nur die allerwenigsten Täter umfassend Kenntnis haben. Man müsste wissen oder zumindest davon ausgehen, dass der vorliegende Stoff die tatsächlichen Eigenschaften aufweist, die ihn zu Heroin, Kokain oder LSD machen. Die zwei unterschiedlichen „Varianten" im vorhergehenden Satz (wissen oder zumindest davon ausgehen) dürfen nicht unterschätzt werden. Denn bei einem Täter, der eine konkrete Vorstellung hat, d.h. fest von einer bestimmten Substanz ausgeht, ergeben sich keine Probleme, da seine konkrete Vorstellung („dies ist Mehl") der Wirklichkeit („nein, dies ist Kokain") gegenübergestellt werden kann.[243]

Geht der Täter dagegen nur davon aus, dass dieser Stoff zu einem „High"-Zustand **81** führt, er sich aber im Übrigen keine Gedanken darüber macht, welcher Stoff der Anlage es sein könnte (bzw. dies nicht weiß), kommt es darauf an, ob er i.S.e. „dolus alternativus" jedenfalls eine Beschaffenheit in Kauf genommen hat, die den Stoff zu einem macht, der von seiner chemischen Zusammensetzung her einer der in den Anlagen des BtMG genannten Substanzen entspricht.[244] Dabei kann das Wissen des Täters um die psychoaktiven, sedativen oder stimulierenden Wirkungen einen Eventualvorsatz indizieren. Doch wird solch eine Betrachtung nach Einfügung des NpSG zu einem alternativen Vorsatz hinsichtlich des Vorliegens eines BtM oder eben eines neuen psychoaktiven Stoffs führen. Weil sich die beiden Regelwerke allerdings ausschließen, kommt dann nur dasjenige Gesetz zur Anwendung, das den Umgang mit dem tatsächlich im Raum stehenden Stoff (NpS oder BtM) betrifft.

Zwingend ist dieser Ansatz selbstverständlich nicht. Gerade die Willkürlichkeit des **82** Anlagensystems (→ Vor § 1 Rn. 6; → § 1 Rn. 30) könnte auch dafür sprechen, eine Bedeutungskenntnis von den unrechtsbegründenden Umständen nicht allen deswegen annehmen zu dürfen, weil der Täter um die psychoaktive Wirkung wisse. Dann könnte man auch von einem Vorsatzausschluss (und ggf. einer bloßen Fahrlässigkeitshaftung) ausgehen, wenn der Täter – ohne um die konkrete Zusammensetzung zu wissen – davon ausgeht, dass der Wirkstoff nicht in den Anlagen aufgelistet ist.[245] Konsequentermaßen müsste man dann allerdings auch in allen anderen Fällen (in denen der Täter um den konkreten Stoff weiß) von einem Vorsatzausschluss ausgehen, wenn dieser sich darauf beruft, dass er nicht um die Aufnahme des Stoffes in die Anlagen wusste. Gerade bei NpS ist solch eine Einlassung nicht vollkommen fernliegend, die Behandlung derartiger Fälle auch uneinheitlich.

b) Irrtum über BtM-Art oder –Menge. Irrt sich der Kurier über die **BtM-Art,** zB **83** darüber dass er tatsächlich Kokain einführt, während er von der Einfuhr von Amfetamin ausgegangen war, handelt es sich dabei um einen unbeachtlichen *error in objecto,* mithin um einen **unbeachtlichen Motivirrtum.**[246] Freilich können sich die bei → Rn. 62 f. aufgezeigten Probleme auch hier ergeben, wenn der Kurier irgendwelche Stoffe transportiert, die „anrüchig" sind (bzw. high machen sollen). Grundsätzlich berührt aber eine Fehl-

---

[242] Vgl. *Oğlakcıoğlu* StV 2011, 545.
[243] Beispiel aus *Franke/Wienroeder* § 29 Rn. 36.
[244] *Oğlakcıoğlu,* BtMG AT, S. 292 ff.
[245] Vgl. etwa BGH 12.11.1991 – 1 StR 328/91: Zwei US-Staatsbürger trieben Handel mit Extasy-Tabletten, wobei sie davon ausgingen, dass der Umgang mit MDMA in der Bundesrepublik noch nicht strafbar sei. Der Senat nimmt hierbei ohne Weiteres hin, dass die Vorinstanz die Sorgfaltspflichtverletzung prüfend bereits einen vorsatzausschließenden Irrtum zugrunde legt.
[246] SSW-StGB/*Momsen* StGB §§ 15, 14 Rn. 102.

vorstellung, die sich auf ein konkretes BtM (Kokain statt Heroin) bezieht, den Vorsatz nicht,[247] ist aber bei der Strafzumessung im engeren Sinn (bei geringerer Gefährlichkeit[248] des vermeintlich eingeführten BtM) zu berücksichtigen. Einem Kurier wird stets jedenfalls die **BtM-Menge** zugerechnet, die von seinem direkten Vorsatz umfasst war. Ergeben die Feststellungen, dass die transportierte Mehrmenge nicht vom Vorsatz umfasst war, kommt diesbezüglich eine Bestrafung wegen Fahrlässigkeit in Betracht.[249]

84   **c) Sonstige Tatsachenirrtümer.** Weitere Tatsachenirrtümer beziehen sich meist auf die tatsächlichen Umstände, welche die konkrete Tatmodalität (Anbau, Einfuhr, Erwerb) voraussetzt. Wer nicht weiß, dass sich in dem Koffer, der ihm im Ausland zur Mitnahme nach Deutschland gefälligkeitshalber übergeben wurde, BtM befinden, kennt nicht die Umstände, wonach er **BtM einführt,** handelt mithin zumindest nicht vorsätzlich. *Weber*[250] ist letztlich zwar nicht zu widerlegen, wenn er die Auffassung vertritt, bei den Begehungsweisen des Anbauens, Herstellens, Einführens, Ausführens oder öffentlichen Aufforderns handle es sich infolge ihrer sinnlichen Wahrnehmbarkeit um deskriptive Merkmale. Uneingeschränkt trifft diese Auffassung jedoch nur dort zu, wo sich – nicht zuletzt vor dem Hintergrund der erforderlichen Parallelwertung in der Laiensphäre – die Bedeutung des Tatbestandsmerkmals (auch) aus dem natürlichen Sprachgebrauch erschließen lässt und nicht künstlich – zB durch juristische Auslegung – erweitert ist.

85   Deshalb wird man im Rahmen einer natürlichen Betrachtungsweise „Einführen" noch als das Verbringen vom Ausland nach Deutschland verstehen können. Die umfassende Darstellung, wo im Einzelfall der Geltungsbereich deutschen Rechts bei der Einfuhr örtlich beginnt, bedarf indessen bereits einer juristischen Abhandlung.[251] Deshalb wirkt es mitunter nahezu zynisch, wenn die an klare Dogmatik gewöhnten Vertreter des allgemeinen Strafrechts postulieren, die Annahme vorsätzlichen Handelns setze beim Täter hinreichendes Wissen zur gezielten Vermeidung der Tatbestandsverwirklichung voraus oder verlange von ihm hinsichtlich der Tatbestandsverwirklichung in subjektiver Hinsicht eine Prognoseentscheidung. Weiß etwa der Reisende, der sich von Polen aus auf Deutschland zu bewegt gerade noch, dass er eine Einfuhrtat begehen würde, wenn er sich mit seinem Joint auf deutsches Hoheitsgebiet begäbe, und vermag er die Hoheitsgrenze zwischen den beiden Ländern aufgrund von Schlagbaum oder Beschilderung noch sinnlich wahrzunehmen, scheidet jede tatbestandsbezogene Wahrnehmungsmöglichkeit in den Fällen aus, in denen die Einfuhrtat rechtlich dadurch bereits als vollendet gilt, dass eine vorgeschobene Grenzabfertigungsstelle existiert, weshalb das Einführen hier im Ergebnis ein rein normatives Tatbestandsmerkmal darstellt. Kenntnisse und Vorstellungen des Reisenden bleiben entgegen § 16 Abs. 1 S. 1 StGB faktisch außer Betracht.[252]

86   Als Tatsachenirrtum und damit vorsatzausschließend ist auch eine Fehlvorstellung des Täters iRd § 29 Abs. 1 Nr. 9 über die Unrichtigkeit bzw. Vollständigkeit seiner Angaben anzunehmen (bspw. wenn dieser schlicht vergisst, die für die Verschreibung maßgeblichen Tatsachen mitzuteilen); ferner bei einem tatsächlichen Irrtum des Arztes über die Verschreibungsvoraussetzungen gem. § 29 Abs. 1 Nr. 6a (dadurch, dass der Patient vor der Untersuchung seinen Gesundheitszustand manipuliert hat).[253]

87   **d) Irrtum über privilegierende Tatumstände.** § 16 Abs. 2 StGB sieht vor, dass nach dem jeweils milderen Gesetz zu bestrafen ist, wer bei Tatbegehung irrtümlich Umstände

---

[247] *Weber* § 29 Rn. 135.

[248] Zur Gefährlichkeit von Amfetamin (-derivaten) vertreten BGH und BayObLG die Auffassung, das BtM sei von nur „mittlerer" Gefährlichkeit: BGH 28.6.1990 – 2 StR 275/90, StV 1990, 494; BayObLG 18.10.2001 – 4St RR 115/01, StV 2002, 261; *aA* BVerfG 4.5.1997 – 2 BvR 509/96, 2 BvR 509/96, NJW 1998, 669, das Amfetamin zu den harten Drogen rechnet. Vgl. nunmehr BGH 22.8.2012 – 2 StR 235/12, NStZ-RR 2013, 150 sowie BGH 23.3.2014 – 2 StR 202/13, BeckRS 2014, 12009.

[249] BGH 21.4.2004 – 1 StR 522/03, NStZ 2004, 281.

[250] → Vor § 29 Rn. 310.

[251] *Rebholz*, Einfuhr, Durchfuhr und Ausfuhr im Straf- und Ordnungswidrigkeitenrecht, 1991.

[252] → § 2 Rn. 54.

[253] BGH 17.5.1991 – 3 StR 8/91, BGHSt 37, 383; *Körner* (VI) § 29 Rn. 1563.

annimmt, die den Tatbestand des milderen Gesetzes verwirklichen würden.[254] Geht der
Täter irrtümlich von Umständen aus, die zur Annahme eines **minder schweren Falles**
(§§ 29a Abs. 2, 30 Abs. 2, 30a Abs. 2) führen würden, ist § 16 Abs. 2 StGB entsprechend
anzuwenden.[255]

e) Irrtum bzgl. straferschwerender Tatumstände. Irrt der Täter bei objektiver Tat- **88**
bestandsverwirklichung des § 29a über das Merkmal der nicht **geringen Menge** oder bei
§ 30 über die Bandenmäßigkeit, wird er aus dem Rahmen des Grundtatbestands bestraft.
Dasselbe gilt, wenn der Täter nicht weiß, dass in seinem Handschuhfach eine **Waffe** deponiert ist, § 30a Abs. 1 Nr. 2 hat.[256] Ein Vorsatz hinsichtlich der nicht geringen Mengen ist
zu verneinen, wenn der Täter fest von einer bestimmten Wirkstoffmenge unterhalb der
Grenze ausgeht (dies dürfte eher selten vorkommen; glaubhaft kann sich der Täter auf einen
fehlenden Vorsatz hinsichtlich der nicht geringen Menge dagegen berufen, wenn mit einer
äußerst niedrigen Gewichtsmenge dealt und aufgrund der geläufigen Wirkstoffmengen nicht
von einer 100%-igen Reinheit der Droge ausgehen muss). Da die Regelbeispiele des § 29
Abs. 3 tatbestandsähnlich ausgestaltet sind, gilt für sie § 16 Abs. 1 StGB entsprechend.[257]
Irrt der Täter über Umstände, die das Regelbeispiel der Gewerbsmäßigkeit begründen, ist
er aus dem Rahmen des § 29 Abs. 1 S. 1 zu bestrafen.

Will der Täter hingegen BtM an einen Minderjährigen abgeben, der jedoch nur so **89**
jugendlich aussieht, in Wirklichkeit aber bereits volljährig ist, erfolgt Bestrafung wegen
Vollendung des Grunddelikt in Tateinheit mit (untauglichem) Versuch des Abgabeverbre-
chens. Umgekehrt handelt der Täter ohne Vorsatz, wenn er den Jugendlichen fälschlicherweise für älter einschätzt, als dies tatsächlich der Fall ist.[258]

f) Irrtümer im Zusammenhang mit verwaltungsrechtlicher Erlaubnis. Zu den **90**
Irrtumskonstellationen im Zusammenhang mit der Erlaubnis wird auf die Erläuterung zu
§ 3 Bezug genommen.[259] Da die Erlaubnis als Tatbestandsmerkmal angesehen wird, scheint
man auch im Hinblick auf rechtliche Fehldeutungen einen „weichen" Maßstab in der
Rechtsprechung rund um Irrtümer bzgl. §§ 3, 4 anzulegen. So liegt ein Tatbestandsirrtum
nahe, wenn der Täter glaubt, selbst zum Zwecke des Zuspielens von BtM an Behörden
solche in Besitz nehmen zu dürfen[260] oder der Empfänger des von ihm übergebenen BtM
sei – zB als Behördenangehöriger (§ 4) – zur Empfangnahme berechtigt.[261] Grundsätzlich
sind allerdings „Überdehnungen" von Erlaubnissätzen, mithin eine Auslegung zugunsten
meist als „Erlaubnisirrtümer" nach § 17 StGB zu behandeln.

3. Verbotsirrtum. Die Frage der Schuld wird berührt, wenn dem Täter bei der Tatbege- **91**
hung die Einsicht, Unrecht zu tun, gefehlt hat (§ 17 StGB). Die Rechtsfigur beruht auf der
zwischen Unrecht und Schuld differenzierenden sog Schuldtheorie, nach der der Vorsatz
als subjektives Unrechtselement vom Unrechtsbewusstsein zu trennen ist.[262] Zur Frage
des Verbotsirrtums kann man daher erst nach Bejahung des objektiven und subjektiven
Tatbestandes gelangen.[263] Beim Verbotsirrtum hat sich der Tatrichter im Zusammenhang
mit der Prüfung der Vermeidbarkeit mit der Frage auseinander zu setzen, ob die Einsicht
gefehlt hat, Unrecht zu tun. Der Täter braucht die Strafbarkeit seines Vorgehens nicht zu

---

[254] SSW-StGB/*Momsen* StGB §§ 15, 16 Rn. 107.
[255] *Weber* Rn. 324.
[256] BGH 18.10.2002 – 4 StR 330/02, NStZ-RR 2003, 12; *Weber* § 30a Rn. 128.
[257] *Weber* Rn. 342.
[258] Zu den Anforderungen an die Urteilsbegründung bei Jugendlichen im Alter zwischen 16 ¾ und 17 ½
vgl. *OLG Köln* NJW 1999, 1492.
[259] → § 3 Rn. 41 ff.
[260] BGH 7.3.1996 – 4 StR 742/95, NStZ 1996, 338.
[261] BGH 5.7.1988 – 1 StR 212/88, NStZ 1988, 558. Im Übrigen unklar: „...Zudem könnte ein allgemeiner Irrtum, sein Vorgehen sei erlaubt, nur als Verbotsirrtum eingestuft werden..." (im Bezug auf § 4 II BtMG);
vgl. auch BGH 7.3.1996 – 4 StR 742/95, NStZ 1996, 338, StV 1996, 424.
[262] Schönke/Schröder/*Sternberg-Lieben* StGB § 15 Rn. 3.
[263] *Weber* Rn. 353.

kennen; es genügt, dass er wusste oder hätte erkennen können, Unrecht zu tun, wobei sich das Unrechtsbewusstsein auf die spezifische Rechtsgutverletzung des in Betracht kommenden Tatbestandes beziehen muss. Auch wenn er nur für möglich hält, Unrecht zu tun, hat er das Unrechtsbewusstsein, wenn er diese Möglichkeit in derselben Weise wie beim bedingten Vorsatz in seinen Willen aufnimmt.[264]

92   **a) Fallgruppen.** Nimmt man den geradezu klassischen Fall des „Rechtsirrtums" – die Vorstellung eine bestimmte Substanz sei noch nicht in den Anlagen des BtMG aufgeführt – aus dem Anwendungsbereich des § 17, bleiben lediglich Konstellationen, in denen der Täter, in Kenntnis aller tatsächlichen Umstände, die Verbotsnorm bzw. Anlagen fehlinterpretiert. Zu nennen ist der Fall, in welchem der Täter denkt, dass nur ältere oder weibliche Cannabispflanzen dem BtMG unterfallen, nur Stoffe mit konsumierbarem Wirkstoff vom Verbot umfasst seien. Dasselbe gilt, wenn der Täter meint, nur der Abschluss des Rechtsgeschäfts (ohne dass es zur Lieferung von BtM kommt) sei noch kein Handeltreiben oder er einen fehlerhaften Grenzwert für ausgenommene Zubereitungen bzw. nicht geringe Mengen von BtM zugrundelegt.

93   Letztlich wurde aber die Vorstellung, das Bundesverfassungsgericht habe speziell den Umgang mit Cannabis gestattet (weil man die Berichterstattung zu einem medienwirksam bekanntgegebenen Urteil missversteht[265]) als Verbotsirrtum bewertet.

94   **b) Vermeidbarkeit des Irrtums.** War ein derartiger Irrtum **nicht vermeidbar,** liegt schuldloses Handeln vor (§ 17 S. 1 StGB).[266] Als **vermeidbar** gilt ein Verbotsirrtum dann, wenn das Unrecht für den Täter erkennbar war, ihm also sein Vorhaben unter Berücksichtigung seiner Fähigkeiten und Kenntnisse hätte Anlass geben müssen, über dessen mögliche Rechtswidrigkeit nachzudenken oder Erkundigungen einzuziehen, er auf diesem Weg zur Unrechtseinsicht gekommen wäre.[267] Wer im Dunstkreis des BtM-Handels tätig wird, unterliegt dabei einer gesteigerten Erkundigungspflicht.[268] Zwar wird die Vermeidbarkeit durch die Rechtsauskunft einer verlässlichen Person in der Regel ausgeschlossen. Verlässlich in diesem Sinne ist aber nur eine zuständige, sachkundige, unvoreingenommene Person, die mit der Erteilung der Auskunft kein Eigeninteresse verfolgt und die Gewähr für eine objektive, sorgfältige, pflichtgemäße und verantwortungsbewusste Auskunftserteilung bietet;[269] bei einem Tatbeteiligten fehlt es an einer derartigen Verlässlichkeit.[270] Dies gilt auch für die Angaben des Herstellers zur Legalität sog **„Legal-High"-Produkte.**[271] Will der Tatrichter der Einlassung eines Angeklagten folgen, er habe eine Internet-Recherche durchgeführt, im Rahmen derer er auf mehrere (amts-) gerichtliche Entscheidungen gestoßen sei, wonach sein Verhalten straflos sei, hat er zum einen darzulegen, dass die Sachverhalte der vom Angeklagten zu Rate gezogenen Entscheidungen dem zu entscheidenden Sachverhalt gleichen und dass die in Bezug genommenen Entscheidungen in Rechtskraft erwachsen sind. Ferner ist darzulegen, dass eine solche Internet-Recherche keine Hinweise auf anderslautende Entscheidungen ergeben hat.[272] Kann die Unvermeidbarkeit nicht belegt werden, darf die Strafe allenfalls **gemildert** werden.

95   Exemplarisch hat das LG Nürnberg-Fürth eine Vermeidbarkeit des Irrtums bejaht,[273] weil der Angeklagte sich im Hinblick auf die geltenden Ausnahmen vom Cannabis-

---

[264] BGH 13.12.1995 – 3 StR 514/95, NStZ 1996, 236.
[265] BGH 22.7.1993 – 4 StR 322/93, NStZ 1993, 594.
[266] *Weber* Rn. 358.
[267] *Weber* Rn. 357.
[268] Eine häufiger auftretende Wendung, vgl. BayObLG 25.9.2002 – 4 St RR 80/02, NStZ 2003, 270. OLG Zweibrücken 25.5.2010 – 1 Ss 13/10 sowie OLG Hamm 21.6.2016 – III-4 RVs 51/16, 4 RVs 51/16 zum Fall des Umgangs mit zertifiziertem Saatgut (wonach zustimmungswürdig die tatsächliche Kontrolle des Saatguts den Täter nicht von einer rechtlichen Überprüfung entlastet).
[269] BGH 13.9.1994 – 1 StR 357/94, BGHSt 40, 257 (264) = NJW 1995, 204.
[270] BGH 2.11.2010 – 1 StR 581/09, BGHSt 56, 52 = NJW 2011, 1462 mAnm *Kotz* NStZ 2011, 463.
[271] AG Prüm 18.8.2011 – 831 Js 5084/11 Ds (218/11); vgl. auch KPV/*Patzak* Stoffe Rn. 512 ff.
[272] BayObLG 18.5.2004 – 4 St RR 47/04; OLG Koblenz 25.5.2010 – 1 Ss 13/10, OLGSt BtMG § 29 Nr. 18.
[273] LG Nürnberg-Fürth 10.2.1997, DRspr. 2009/9338.

Anbau-Verbot selbst bei Behörden **erkundigen** hätte können und müssen. Zudem hätte ein ihm zugesandtes Fax des Vertreibers „Canna-Farm" den Wortlaut, der den Angeklagten betreffenden Ausnahmeregelung enthalten und zwar unter dem ausdrücklichen Hinweis auf die Ausführungen der Bundesopiumstelle. Ähnlich streng geht das LG Lübeck mit einem Arzt ins Gericht, der die Voraussetzungen einer ärztlichen Indikation nach § 13 überdehnt:[274] Vor allem ein Arzt, der seine Unerfahrenheit auf diesem Sachgebiet kennt, müsse derartige Irrtümer vermeiden, indem er beim **zuständigen Amtsarzt nachfragt oder** Einsicht in die **einschlägige Fachliteratur** nimmt. Behauptet der Täter im **Internet recherchiert** und gelesen zu haben, dass das von ihm vertriebene Knasterhanf mit weniger als 0,3 % THC-Gehalt nicht dem BtMG unterfiele,[275] erscheint es möglich, dass das Unrechtsbewusstsein des Täters durch die Kenntnis **einschlägiger Gerichtsurteile** ausgeschlossen ist.

Die Rechtsprechung orientiert sich – soweit ein Verbotsirrtum angenommen wird – **96** also eindeutig an der allgemeinen, als streng geltenden Vermeidbarkeitskasuistik.[276] Doch erscheint die Heranziehung der Irrtumsdogmatik zu § 17 als allzu starr, da die Rechtsirrtümer im Betäubungsmittelstrafrecht eine heterogene Gruppe von potentiellen Straftätern betreffen und eine einheitliche Behandlung dieser kaum sachgerecht erscheint. Vielmehr sollte man versucht sein, dass die Vermeidbarkeitskasuistik den unterschiedlichen Adressaten (grundsätzlich legal agierender Kreis, Teilnehmer am illegalen Markt und Gelegenheitskonsumenten) Rechnung trägt.[277]

4. Sonstige Irrtümer. a) Irrtum über das Bestehen eines Rechtfertigungsgrun- 97 des. Über die Rechtswidrigkeit des Tuns kann sich der Täter irren, indem er glaubt, ihm stünde ein Rechtfertigungsgrund für sein Handeln zur Seite. Je nachdem, ob dieser Irrtum sich auf die tatsächlichen Voraussetzungen des Erlaubnissatzes bezieht, liegt ein sog. **Erlaubnistatbestandsirrtum**[278] vor, auf den die Rechtsfolgen des § 16 StGB Anwendung finden oder ein bloßer „Erlaubnisirrtum", der nach § 17 StGB zu behandeln ist. Ein (freilich konstruierter Fall) wäre etwa die Verabreichung eine *Narcanti*-Injektion durch einen Rettungssanitäter an einen komatösen Abhängigen, da der alsbaldige Todeseintritt befürchtet wird, tatsächlich solch eine Gefahr nicht mehr besteht, weil der ebenfalls anwesende Notarzt bereits eine solche Injektion vorbereitet hat.

b) Irrtum über einen persönlichen Strafausschließungs- oder Strafaufhebungs- 98 grund. Wer sich „als mit einer Sondermission" eines anderen Staates Beauftragter irrtümlich als von der deutschen Gerichtsbarkeit befreit glaubt, irrt über den Strafausschließungsgrund der Nichtverfolgbarkeit Exterritorialer (§§ 18 f. GVG). Ein derartiger Irrtum ist in der Regel unbeachtlich.[279]

c) Umgekehrter Tatbestandsirrtum (untauglicher Versuch). Stellt sich der Täter **99** vor, dass der Stoff, mit dem er umgeht, tatsächlich die Eigenschaften eines BtM aufweise, der Stoff aber in Wirklichkeit vollkommen ungefährlicher Stoff ist, kommt ein untauglicher Versuch eines BtM-Delikts in Betracht. Soweit der Tatbestand nicht an das tatsächliche Vorliegen von BtM knüpft, sondern an die Vornahme anderer Handlungen genügt diese Vorstellung u.U. bereits für eine Vollendungsstrafbarkeit. Dies gilt insb. für das Handeltreiben, vgl. noch → § 29 Rn. 276, es werde mit Kokain gedealt, obwohl rein tatsächlich nur Mehl übergeben wird zur Vollendung). Hier werden die Unzulänglichkeiten der Irrtumslehre im Bezug auf die Positivliste besonders deutlich, was sich am Beispiel des kurzzeitig zur Modedroge avancierten „Spice" erläutern lässt. In Deutschland war der Erwerb dieser Marihuana ähnlichen Droge bis vor kurzem noch legal, da der psychotrope Wirkstoff

---

[274] LG Lübeck 20.10.1978 – 6 Ns 78/78.
[275] BayObLG 18.5.2004 – St RR 47/04, DRsp. Nr. 2006/25004.
[276] *Oğlakcıoğlu*, BtMG AT, S. 313 ff.
[277] *Oğlakcıoğlu*, BtMG AT, S. 323 f.
[278] *Weber* Rn. 345.
[279] Fall *Tabatabai* vgl. LG Düsseldorf 10.3.1983 – XII 10/83, DRsp. Nr. 1998/821.

erst in die Positivliste aufgenommen werden musste.[280] Ging der Täter also nach früherer Rechtslage positiv davon aus, dass es sich bei dem gehandelten Stoff um Spice (JWH-018, CP-47) handelte, obwohl es sich tatsächlich um Cannabis handelt, fehlte ihm die Bedeutungskenntnis und eine Strafbarkeit schied aus. Würde er sich dagegen keine Gedanken machen und davon ausgehen, irgendetwas zu kaufen, was „high" macht, würde man den Vorsatz nicht in Abrede stellen. Dies setzt sich auf Ebene des umgekehrten Irrtums fort: Erwarb der Täter nach früherer Rechtslage Spice in der Vorstellung, es handele sich um Cannabis, macht er sich jedenfalls eines untauglichen Versuchs strafbar. Zum gleichen Ergebnis gelangt man aber, wenn der Täter irgendetwas kaufen will, das ihn „high" macht. Dies führt im Einzelfall zu einer Bevorzugung derjenigen, die sich mit den Stoffen auskennen bzw. diesen einen konkreten Namen geben können.

100   **d) Wahndelikt.** Geht der Täter von der Existenz einer Strafnorm aus, die es tatsächlich nicht gibt, liegt ein **(strafloses) Wahndelikt** vor.[281] Entsprechend kann man also uneins über die Frage sein, ob sich die Vorstellung, ein Stoff sei bereits in die Liste aufgenommen worden als „Vorsatz" bzgl. des Umgangs mit BtM qualifizieren lässt (mithin auch in solch einem Falle ein untauglicher Versuch anzunehmen ist) oder – im Hinblick auf die Reichweite des Verbots die zustimmungswürdige Lösung – von einem straflosen Verhalten auszugehen ist.

VI. Unterlassungsstrafbarkeit

101   Die Unterlassungsstrafbarkeit hat im Betäubungsmittelstrafrecht eine eher **untergeordnete Bedeutung.** Bei den sehr schlichten Handlungsumschreibungen (Verschreiben, Herstellen, Gewähren), welche das strafbare Verhalten nicht an einen zurechenbaren Außenwelterfolg knüpfen, erscheint es per se fraglich, ob bestimmte Formen des Nichttätigwerdens mit diesen gleichgestellt werden können. Ob man dies aus einem allgemeinen Dogma heraus begründen will, wonach § 13 StGB auf schlichte Tätigkeitsdelikte **nicht anwendbar** ist,[282] spielt zumindest praktisch keine Rolle. Denn das Verwaltungsstrafrecht lässt mit seinen allumfassenden „Umgangsverboten" keinen Raum mehr für einen Normbefehl i.S.e. „Nicht-Umgangs-Gebots". Das einzige Gebot („Wenn du Verfügungsmacht über Drogen hast, dann gebe diese auf") wird eigenständig und somit als echtes Unterlassungsdelikt sanktioniert, namentlich in Form des Besitzes von BtM ohne zugleich im Besitz einer Erlaubnis für den Erwerb zu sein, § 29 Abs. 1 Nr. 3 BtMG. Sofern es also um eine „haftungsbegründende" Unterlassungsstrafbarkeit geht, sollte diese insgesamt auf den Besitztatbestand beschränkt bleiben.[283]

102   Davon zu unterscheiden sind Fälle der **Beteiligung** an fremden Betäubungsmitteldelikten durch Unterlassen, die – wenn man eine strenge Gehilfentheorie befürwortet stets, im Übrigen auch so – meist in Form der Beihilfe durch Unterlassen erfolgen und daher auch als „Fallgruppen des § 13 StGB im Betäubungsmittelstrafrecht" klassifiziert werden.[284] Hier geht es allerdings nicht um eine Gleichstellung vom Nichttätigwerden in Relation zu einer aktiven „Tätigkeit", sondern um die Gleichstellung gegenüber aktiven Beihilfehandlungen, die sich ihrerseits auf andere – regelmäßig durch aktives Tun begangene – Straftaten beziehen (wobei die kausale Unterstützung auch eines Tätigkeitsdelikts als „Erfolg" der hiervon trennbaren Beihilfehandlung bezeichnet werden kann. Im Regelfall wird die Beteiligung am Unterlassungsdelikt mangels Garantenstellung abgelehnt, was auch Resultat einer grundsätzlich zurückhaltenden Annahme von strafrechtlicher Haftung für Deliktsbegehung durch Dritte sein dürfte.[285] Meist handelt es sich um Konstellationen, in denen der potentielle

---

[280] Geschehen durch die 22. BtMÄndV vom 22.1.2009, vgl. BGBl. 2009 I S. 49 ff.
[281] *Weber* Rn. 361.
[282] *Oğlakcıoğlu,* BtMG AT, S. 292 ff.
[283] *Oğlakcıoğlu,* BtMG AT, S. 355 ff.
[284] *Oğlakcıoğlu,* BtMG AT, S. 376 ff.
[285] *Oğlakcıoğlu,* BtMG AT, S. 383 ff.

„Unterlassungsbeteiligte" um die Begehung von Straftaten (in derselben **Wohnung,** auf einer **gemeinsamen Fahrt**) weiß, aber sich nicht einmischt bzw. still hält. Soweit sich das Verhalten auf das bloße Dulden der fremden Straftat beschränkt, wird man eine Unterlassungsstrafbarkeit mangels Garantenstellung kaum begründen können.[286]

VII. Deliktsverwirklichungsstufen (Grundlagen)

1. Praktische Bedeutung. Die Deliktsverwirklichungsstufen spielen im Betäubungsmittelstrafrecht im Regelfall nur eine Rolle, soweit es um die Abgrenzung strafloser Vorbereitung und strafbarem Verhalten geht. Der gem. § 29 Abs. 2 generell unter Strafe gestellte Versuch hat praktisch kaum eine Bedeutung und sollte daher **gestrichen** werden.[287] Das BtMG erfasst chronologisch – zumindest idealtypisch – aufeinander folgende Tathandlungen eines Gesamt-„Prozesses". Die Vollendungsstrafbarkeit reicht vom Umgang mit Samen und Grundstoffen[288] und endet mit dem Erwerb erst kurz vor dem Konsum. Sieht man etwa im Abpacken von Cannabis ein Herstellen, kann es auf den Versuch des Herstellens nicht ankommen, wenn der Anbau des Cannabis bereits eigenständig pönalisiert wird. Versuchshandlungen betreffen daher auch meist nur Verhaltensweisen, bei denen noch überhaupt keine BtM im Raume stehen und selbst hier kommt eine Strafbarkeit wegen vollendeten Handeltreibens in Betracht. 103

Damit ist der zweite Grund für eine praktisch geringe Bedeutung der Versuchsstrafbarkeit angesprochen. Nach h.M. kann es nur selten zu einer „isolierten" Betrachtung der Handlungsvarianten kommen, weil sie alle **Teilakte des Handeltreibens** darstellen, wenn der Täter die jeweilige Handlung umsatzbezogen vornimmt, wobei das Handeltreiben selbst keinen – systematisch ableitbaren – Versuchsbereich durchläuft. Es werden einzelne Handlungen, die „potentiell" Versuchshandlungen anderer Handlungen darstellen könnten, unter einen Tatkomplex verklammert, der in seiner „Gesamtheit" zur Vollendung der Tat führen soll.[289] Erst wenn eine bestimmte Tathandlung „isoliert" vom Handeltreiben zu einer Strafschärfung führt, spielt der Versuch (einer Qualifikation) strukturell und somit auch in der Praxis eine Rolle. Dies gilt u.a. für § 29a Abs. 1 Nr. 1, aber in erster Linie für § 30 Abs. 1 Nr. 4, der einen bestimmten Teilakt des Handeltreibens „isoliert" und die Mindeststrafe nochmals um ein Jahr anhebt, wenn der Täter Betäubungsmittel in nicht geringen Mengen einführt.[290] Die Rechtsprechung hat dennoch einige Fallgruppen des versuchten Handeltreibens (systematisch kaum nachvollziehbar) herausgearbeitet, → § 29 Rn. 457, die denkbaren Versuchshandlungen bei den übrigen Modalitäten werden jeweils im Kontext der entsprechenden Modalität dargestellt. 104

2. Rücktritt/tätige Reue. Sollte im seltenen Fall ein Versuch und somit auch ein Rücktritt gem. § 24 StGB in Betracht kommen, kann die hierzu in Rechtsprechung und Lehre entwickelte Dogmatik übertragen werden.[291] Im Hinblick auf die frühe Tatbestandsvollendung überrascht es allerdings, dass der Gesetzgeber keine eigenständige tätige Reue Vorschrift in das Betäubungsmittelstrafrecht eingepflegt hat und eine Strafmilderung nur Aufklärungsgehilfen gewährt, statt ggf. auch den „Rücktritt" von einem bestimmten Deal (also dessen Abwicklung) oder die Aufgabe einer Cannabis-Plantage mit Strafmilderung zu belohnen.[292] 105

3. Verbrechensverabredung. Soweit ein Rücktritt vom Versuch eines Betäubungsmitteldelikts bejaht wurde, bleibt die Frage zu erörtern, ob eine Verbrechensverabredung nach 106

---

[286] *Oğlakcıoğlu*, BtMG AT, S. 429 ff. Zum Ganzen noch → § 29 Rn. 441 ff.

[287] Vgl. noch → § 29 Rn. 1625 f.; Spiegelbildlich ist somit auch die Bedeutung des „Beendigungsstadiums" geschmälert, als viele Beteiligungshandlungen noch eigenständig erfasst werden und noch „sukzessiv" vor einer beliebig nach hinten verschiebbaren Tatbestandsvollendung erfolgen können. Zur damit verbundenen Problematik des nie endenden Handeltreibens (und damit auch dessen Verjährung) vgl. KPV/*Patzak* Teil 4 Rn. 460 sowie LG Bremen StV 2001, 113, hierzu auch *Oğlakcıoğlu*, BtMG AT, S. 473 ff.

[288] Wobei selbst der Umgang mit Grundstoffen eine Stufe davor eigenständig pönalisiert wird, §§ 29 ff. GÜG.

[289] Dass im Bereich des versuchten Umgangs zum Eigenverbrauch nicht viele Urteile publik werden, dürfte im Bezug auf den geringen Unwert der Tat (vgl. §§ 31a BtMG, 153 ff. StPO) nicht überraschen.

[290] *Oğlakcıoğlu*, BtMG AT, S. 404.

[291] *Oğlakcıoğlu*, BtMG AT, S. 521.

[292] *Oğlakcıoğlu*, BtMG AT, S. 516.

§ 30 Abs. 2 StGB in Betracht kommt. Da viele Tatmodalitäten des BtMG (auch die nicht „umsatzbezogenen") unter bestimmten Voraussetzungen als Verbrechen ausgestaltet sind, könnte man meinen, dass der Anwendungsbereich des § 30 Abs. 2 StGB häufiger eröffnet ist. Doch praktisch hat die Vorschrift genauso wenig Bedeutung, wie im Kernbereich des StGB.[293] Die geringe Relevanz der Verbrechensverabredung ist aber weniger auf die im Einzelfall strengen Voraussetzungen, welche die h.M. zu Recht an den § 30 Abs. 2 StGB als Vorfeldtatbestand stellt, zurückzuführen, als vielmehr darauf, dass die extensive Auslegung des Handeltreibens als Hauptanknüpfungspunkt für die §§ 29a ff. BtMG keinen Rückgriff auf § 30 Abs. 2 StGB erforderlich macht.[294]

VIII. Täterschaft und Teilnahme (Grundlagen)

107   **1. Abgrenzung von Täterschaft und Teilnahme.** Wie auch bei den Deliktsverwirklichungsstufen erfolgt die Abgrenzung von Täterschaft und Teilnahme nach den allgemeinen Regeln, soweit die tatbestandliche Handlung diesen Regeln zugänglich ist (vgl. jeweils die Ausführungen zu Täterschaft und Teilnahme iRd konkreten Tathandlung). Grundstein einer eingeschränkt-subjektiven Theorie der Rechtsprechung ist – ebenso wie derjenige der Tatherrschaftslehre – die sog. **„Eigenhändigkeitsformel"**, wonach jedenfalls derjenige als Täter zu klassifizieren ist, der den Tatbestand in eigener Person verwirklicht.[295] Im Übrigen erfolgt die Abgrenzung nach der eingeschränkt-subjektiven Theorie bzw. nach dem Kriterium der Tatherrschaft (der in diesem Zusammenhang aufgeworfene Streit rund um die Abgrenzung darf nicht überbewertet werden, als die ursprünglichen Extrempositionen nicht mehr ernsthaft vertreten werden): Die von der Rechtsprechung vertretene „eingeschränkt subjektive Theorie" beinhaltet in ihrer „Eingeschränktheit" letztlich nur strengere Anforderungen, die an die Feststellung für einen Täterwillen („animus auctoris") gestellt werden. Es wird deutlich, dass sie sich nicht fernab von der Tatherrschaftslehre befindet, wenn sie für die Zuschreibung eines Täterwillen gerade diejenigen Indizien heranzieht, die für einen Tatherrschaftswillen bzw. für eine objektive Tatherrschaft sprechen.

108   Mit in die „wertende Gesamtbetrachtung",[296] aus der sich die Täter- oder Teilnehmerstellung ergeben soll, fließen hierbei ein: Die Art des **Tatbeitrags**,[297] die **Stellung des Beteiligten** innerhalb des Tatplans und seine Mitwirkungsrechte,[298] dessen Potenzial, jederzeit auf den Ablauf eines ggf. komplexen Tatgeschehens **einzuwirken**, aber eben auch der **Grad des Interesses am „Taterfolg"**[299] (dabei nehmen **finanzielle Interessen** eine Sonderstellung ein, wobei die Relation zwischen Vorteil und Beteiligung maßgeblich sein soll[300]).

---

[293] Ein propyhlaktischer Rückgriff erfolgt bei schwerwiegenderen Delikten meist klarstellungshalber. Man denke an die Verabredung einer Einfuhr nicht geringer Mengen (neben dem u.U. bereits vollendeten Handeltreiben in nicht geringen Mengen), siehe hierzu etwa BGHSt 36, 249; BGH StV 1996, 548 sowie BGH StV 2003, 217.

[294] *Oğlakcıoğlu*, BtMG AT, S. 523 f.

[295] BeckOK StGB/*Kudlich* § 25 Rn. 18; *Gimbernat Ordeig* ZStW 80 (1968) 932; *Herzberg* GA 1971, 1 (2); *Kühl* AT § 20 Rn. 22 f.; *Sax* ZStW 69 (1957), 412 (432).

[296] Zu diesem Begriff, der die Abgrenzung bereits für sich „unkalkulierbar" macht, krit. *Rotsch*, Einheitstäterschaft, S. 481: „...scheint das Bestreben zu wachsen, täterschaftliche Strafbarkeit zu begründen, wo dies kriminalpolitisch für notwendig gehalten wird, dogmatisch aber nicht mehr wirklich überzeugend zu begründen ist. Während damit in vielen Bereichen der Einheitstäter längst etabliert ist, resultiert daraus dann insgesamt ein Beteiligungssystem, das sich auf völlig heterogene Kriterien gründet und in dem sich in eklektizistischer Weise nach Belieben bedient werden kann. In diesem ‚autopoietischen Mischsystem' lässt sich dann nahezu jedes kriminalpolitisch gewünschte Ergebnis begründen. Vom ‚sonnigen Gipfel der Dogmatik' sind wir damit jedenfalls weit entfernt."

[297] BGH NStZ-RR 2002, 74; fehlende Handlungen oder ganz untergeordnete Tätigkeiten im Ausführungsstadium sollen auf eine Gehilfenstellung hindeuten, es sei denn das »Minus« bei der Tatausführung wird durch ein »Plus« im Planungsstadium kompensiert.

[298] Weswegen eine Mittäterschaft regelmäßig dann angenommen wird, wenn der Beteiligte die Stellung eines gleichberechtigten Partners hat, vgl. BGH StV 1994, 15.

[299] BGH StV 1998, 540.

[300] Dieses Abgrenzungskriterium ist kritisch zu sehen, weil die Fremdnützigkeit des Tuns keinen Aussagegehalt über die täterschaftliche Stellung haben muss; man kann diesen Vorwurf allerdings als „Zirkelschluss"

Auch im Betäubungsmittelstrafrecht greift die Rechtsprechung auf diese Abgrenzungskri- **109** terien zurück und somit auch die „Eigenhändigkeitsformel" als formal-objektives Minimum der subjektiven Theorie. Beim Handeltreiben führt dies zu einer **faktischen Einheitstäterschaft,** die der BGH mit einer Rechtsfolgenlösung (die er als Gesamtgeschäftslösung bezeichnet) beseitigen will. Dies kann allerdings aufgrund der Unbestimmtheit des Begriffs „Gesamtgeschäft" nicht gelingen.[301] Erst wenn die Rechtsprechung dem Begriff des Handeltreibens nähere Konturen verliehen bzw. diesen abschließend definiert, erscheint auch hier eine Abgrenzung nach den allgemeinen Regeln möglich. Soweit ein erhebliches, kriminalpolitisches Bedürfnis besteht, die „Hintermänner" zu erfassen, bietet bereits die Allgemeine Verbrechenslehre ausreichende Mechanismen, mit denen die Zurechnung über die Mittäterschaft und Beihilfe hinaus erweitert werden kann, man denke an das Modell der normativen Tatherrschaft (kraft Organisationsherrschaft).[302]

Freilich führt die extensive Auslegung des Handeltreibens auch zu einer geringeren **110** Bedeutung der Mittäterschaft, soweit es um die wechselseitige Zurechnung von „Tatbeiträgen" betreffend die Tatbestandsmäßigkeit überhaupt geht. Hingegen muss häufiger auf sie zurückgegriffen werden, wenn strafschärfende Merkmale (BtM-Mengen, Mitsichführen von Waffen) zugerechnet werden sollen.[303]

2. Teilnahme. Nach Vornahme der Abgrenzung sind die übrigen Voraussetzungen der **111** jeweiligen Beteiligungsform nicht aus den Augen zu verlieren. Zwar hat die Anstiftung im Betäubungsmittelstrafrecht gerade wegen der umfassenden Kriminalisierung und Aufwertung typischer Teilnahmehandlungen zu eigenständigen Tatbeständen selten eine Bedeutung (vgl. etwa § 29 Abs. 1 Nr. 13, § 30a Abs. 2 Nr. 1).[304] Gerade im Bereich der Einfuhr ist allerdings eine gegenläufige Tendenz zu erkennen (Stichwort „Bestellerfälle"),[305] sodass unter u.U. dem Merkmal des **Bestimmens** und des **doppelten Teilnehmervorsatzes** besonderes Augenmerk zu widmen ist.

Ähnliches gilt auch für die Beihilfe, die jedenfalls bei einer Strafbarkeit wegen Handeltrei- **112** bens weniger als Extension, sondern vielmehr Kompensation für die weitreichende Strafbarkeit beim Handeltreiben dient. Dementsprechend prüft man – soweit die Handlung des Beteiligten als untergeordnet klassifiziert wurde (und man lediglich die Rechtsfolgen des § 27 Abs. 2 anwenden will) – in Ausnahmefällen die übrigen Beihilfevoraussetzungen.[306] Hierbei tut sich die Rechtsprechung schwer, den Bezugspunkt der Hilfeleistung herauszufiltern. Für das Modell der hM wird hier vorgeschlagen, dass die Gehilfenhandlung speziell im Bezug auf den konkreten Teilakt (Kurierfahrt, Einfuhr, Deponieren, Strecken, Kontakt herstellen, Übergeben etc.), welchen die Handlung fördern soll, „erfolgreich" durchgeführt werden muss.[307]

Die Betäubungsmittelkriminalität als Absatzkriminalität ist auf die Begegnung von Ver- **113** käufer und Erwerber angelegt, sodass ggf. die Regeln und Lehren zur **notwendigen Teilnahme**[308] heranzuziehen sind. Die Einschränkung der Teilnehmerstrafbarkeit diesbezüglich ist auch in der betäubungsmittelrechtlichen Judikatur und Kommentarliteratur anerkannt.[309]

3. Berufsbedingte Beihilfe. Das umfassende Umgangsverbot im Betäubungsmittelstraf- **114** recht führt dazu, dass auch im Bereich berufsbedingter Verhaltensweisen die Tätigkeit losgelöst

---

entlarven, da der Gesetzgeber eben den restriktiven Täterbegriff durchbricht, indem er trotz Fremdnützigkeit eine täterschaftliche Stellung annehmen wollte, mithin die Möglichkeit einer Bestrafung trotz Fremdnützigkeit eine Tatbestandsfrage ist.

[301] *Oğlakcıoğlu,* BtMG AT, S. 591 f.; *Schnürer,* Gesamtgeschäft, S. 92 ff.
[302] *Oğlakcıoğlu,* BtMG AT, S. 537 f.
[303] *Oğlakcıoğlu,* BtMG AT, S. 545 ff.
[304] *Oğlakcıoğlu,* BtMG AT, S. 550.
[305] § 29 Rn. 669, 676.
[306] *Oğlakcıoğlu,* BtMG AT, S. 560 f.
[307] *Oğlakcıoğlu,* BtMG AT, S. 562 ff.
[308] Zurückgehend auf *Freudenthal,* Die nothwendige Theilnahme am Verbrechen, 1901; zusammenfassend *Magata* Jura 1999, 246; zum Ganzen auch *Gropp,* Deliktstypen mit Sonderbeteiligung, S. 9 ff.
[309] *Oğlakcıoğlu,* BtMG AT, S. 547 ff.

von der Beihilfe betrachtet werden muss.[310] Da im Unterschied zur Risikoverringerung eine Gefahr geschaffen wird, muss die Einschränkung auf subjektiver Ebene erfolgen. Soweit der Berufsträger bereits gegen die Vorschriften des Betäubungsmittelgesetzes verstößt, ist seinem Verhalten die „Neutralität" genommen und eine Einschränkung kommt nicht in Betracht. Bewegt sich der Berufsträger (Arzt oder Apotheker) innerhalb der vom BtMG vorgegebenen Grenzen, so ist bei unbedingtem Vorsatz eine Einschränkung per se abzulehnen, während bei dolus eventualis vorauszusetzen ist, dass dann zusätzlich „triftige Anhaltspunkte" für die deliktische Verwendung „gerade der erbrachten Leistung selbst" gegeben sein müssen.[311]

E. Strafbarkeit von Auslandstaten

Schrifttum: *Arendt*, Die Anwendung des Weltrechtsprinzips auf unbefugten Betäubungsmittelvertrieb, ZfZ 1979, 268; *Herzog*, Anm. zu BGHSt 34, 1, StV 1986, 474; *Knauth*, Die Behandlung der im Ausland begangenen Rauschgiftdelikte nach deutschem Strafrecht, NJW 1979, 1084; *Körner*, Betäubungsmitteldelikte im Ausland, NStZ 1986, 306, *Küpper*, Anm. zu BGHSt 39, 88 JR 1993, 292; *Kunig*, Die Bedeutung des Nichteinmischungsprinzips für das Internationale Strafrecht der Bundesrepublik Deutschland, JuS 1978, 594, *Mayer*, Anm. zu BGH NJW 1977, 507, LM Nr. 1 zu § 6 StGB 1975; *Oehler*, Anm. zu BGHSt 27, 30, JR 1977, 422; *Rüter/Vogler*, Ein Grenzfall – Die Bekämpfung der internationalen Drogenkriminalität Spannungsfeld zwischen den Niederlanden und der Bundesrepublik Deutschland, JR 1988, 136; *Schrader*, Der Begriff "Vertrieb von Betäubungsmitteln" und das Bestimmtheitsgebot, NJW 1986, 2874.

I. Anwendungsbereich des StGB

115   Der Geltungsbereich der Strafvorschriften erstreckt sich grundsätzlich auf das Staatsgebiet der Bundesrepublik Deutschland (§ 3 StGB) sowie auf Schiffe oder Luftfahrzeuge, die berechtigt sind, die Bundesflagge oder das Staatszugehörigkeitskennzeichen der Bundesrepublik Deutschland zu führen (§ 4 StGB).

116   Die Frage, unter welchen Voraussetzungen ein Handeln im Ausland zur Strafbarkeit nach deutschem Recht führt, betrifft den Bereich des **transnationalen Strafanwendungsrechts** im Sinne grenzüberschreitender Erstreckung nationaler Strafgewalt auf Auslandstaten.[312] Grundvoraussetzung deutscher Strafgewalt soll (nach freilich nicht unumstrittener Ansicht) das Bestehen eines völkerrechtlichen Anknüpfungspunkts sein.[313] Kernvorschrift für die Verfolgung von Handlungen, die den unerlaubten Umgang mit BtM außerhalb des deutschen Hoheitsgebiets betreffen, ist § 6 Nr. 5 StGB, sofern sich die Handlungen auf den Vertrieb von BtM beziehen. Deutsches Strafrecht findet darüber hinaus Anwendung
– auf im Ausland täterschaftlich begangene Tathandlungen, die einen inländischen Tatort begründen (§ 9 Abs. 1 StGB),
– auf im Ausland begangene Handlungen von Tatteilnehmern, wenn sich der Taterfolg in Deutschland einstellt (§ 9 Abs. 2 StGB),
– auf Taten, wenn ihre Begehung am Tatort mit Strafe bedroht ist oder dieser keiner Strafgewalt unterliegt (§ 7 StGB), sofern
  – sie zum Nachteil eines deutschen Staatsbürgers begangen werden (Abs. 1),
  – sie durch deutsche Staatsbürger begangen werden, auch wenn die deutsche Staatsbürgerschaft erst nach der Tat erworben wurde (Abs. 2 Nr. 1) oder
  – durch ausländische Staatsbürger begangen werden, die sodann im Inland betroffen werden und, obwohl sie nach dem Recht ihres Heimatstaats ausgeliefert werden könnten, nicht ausgeliefert werden, weil das Auslieferungsverfahren gescheitert ist (Abs. 2 Nr. 2).

117   Lässt sich die Anwendung des deutschen Strafrechts nicht begründen (weil das BtM mit Eigenverbrauchsabsicht auch im Ausland erworben worden sein könnte), kann der Schuld-

---

[310]   Zur Frage, in welchen Konstellationen eine Einschränkung überhaupt in Betracht zu ziehen ist (und zur Abgrenzung berufsspezifisch untersagten und strafbaren Verhaltens) *Oğlakcıoğlu*, BtMG AT, S. 547 ff.
[311]   Zum Ganzen *Kudlich*, Berufsbedingtes Verhalten, S. 534 ff.
[312]   Schönke/Schröder/*Eser* Vor §§ 3 ff. Rn. 9.
[313]   Rechtfertigung/Erlaubnis: LK-StGB/*Werle/Jeßberger* StGB § 5 Rn. 11; sinnvoller Anknüpfungspunkt: SSW-StGB/*Satzger* StGB Vor §§ 3–7 Rn. 4; vermittelnd: Schönke/Schröder/*Eser* StGB Vor §§ 3 ff. Rn. 8.

spruch umgestellt werden, wenn auf eine andere Modalität das deutsche Recht nach dem Territorialitätsprinzip Anwendung findet (Besitz zum Eigenkonsum).[314]

II. Vertrieb von BtM (§ 6 Nr. 5 StGB)

1. Völkerrecht. § 6 Nr. 5 StGB verstößt nicht gegen einen allgemeinen Grundsatz des **118** Völkerrechts im Sinne des Art. 25 GG, insbesondere nicht gegen das Nichteinmischungsprinzip, das es jedem Staat verbietet, sich in Angelegenheiten einzumischen, die der inneren Jurisdiktion eines anderen Staates unterstehen.[315] Vielmehr übt Deutschland insoweit abgeleitete Strafgewalt aus, indem die Tat „treuhänderisch" für die gesamte Staatengemeinschaft verfolgt wird.[316] Zur Ausdehnung der deutschen staatlichen Strafgewalt auf Auslandstaten ausländischer Straftäter bedarf es allerdings – über den Wortlaut des § 6 StGB hinaus – eines **legitimierenden Anknüpfungsgrundes.**[317] Anders gewendet: Selbst im Falle eines eindeutigen Vertriebs iSd § 6 Nr. 5 StGB (entgeltliche Übergabe von BtM, zu den strittigen Konstellation vgl. im Folgenden), muss ein hinreichender Inlandsbezug festgestellt werden.

Ein solcher besteht immer dann, wenn die Handlung oder die Lebensumstände des Täters **119** Inlandsberührung aufweisen. So, wenn das BtM anschließend (evtl. auch erst durch andere) nach Deutschland gelangt,[318] der Täter in der Bundesrepublik, in der er sich freiwillig aufhielt, festgenommen wurde,[319] wenn zugleich eine in der Bundesrepublik begangene Tat angelastet wird, die mit der im Ausland begangenen Tat eng verknüpft ist,[320] wenn ein Mittäter auch eine Inlandstat begangen hat,[321] wenn der Täter sich (früher) in der Bundesrepublik aufgehalten hat,[322] oder er in der Bundesrepublik (zeitweise) seinen Lebensmittelpunkt hatte.[323] Auch **ohne Inlandsberührung** kann ein legitimierender Anknüpfungspunkt darin bestehen, dass die Unterzeichnerstaaten des Übk. 1961 im Interesse der Gesundheit und des Wohls der Menschheit eine weltweite internationale Zusammenarbeit bei der Bekämpfung der BtM-Kriminalität für erforderlich halten, weshalb dieses schon in der Präambel hervorgehobene Ziel die in § 6 Nr. 5 StGB vorgesehene Anwendung des Weltrechtsprinzips im Allgemeinen jedenfalls nicht als willkürliche Vindikation deutscher Strafbefugnisse erscheinen lässt.[324] Weitere Anknüpfungstatsachen können sich daraus ergeben, dass im Ausland vertriebenes Rauschgift anschließend in die Bundesrepublik Deutschland eingeführt wurde, dass bei den Auslandstaten eingesetzte Rauschgiftkuriere in Deutschland angeworben wurden, dass sie ihren Kurierlohn in Deutschland erhielten und schließlich daraus, dass Erlöse aus den ausländischen Rauschgiftgeschäften auch in Deutschland gewaschen wurden.[325]

Strittig ist, ob die Festnahme des ausländischen Beschuldigten im Inland nach **Ausliefe-** **120** **rung** einen legitimierenden Anknüpfungspunkt zu begründen vermag.[326] Während der 3.

---

[314] BGH 15.5.2012 – 3 StR 138/12, BeckRS 2012, 11532.
[315] BGH 20.10.1976 – 3 StR 298/76, BGHSt 27, 30 mAnm *Oehler* JR 1977, 422.
[316] NK-StGB/*Böse* StGB § 6 Rn. 1.
[317] Str., BVerfG 12.12.2000 – 2 BvR 1290/99, NJW 2001, 1848; BGH 20.10.1976 – 3 StR 298/76, BGHSt 27, 30 (32) = NJW 1977, 507; 8.4.1987 – 3 StR 11/87, BGHSt 34, 334 = NJW 1987, 2168 mAnm *Rüter/Vogler* JR 1988, 136; 12.11.1991 – 1 StR 328/91, StV 1992, 155; 11.2.1999 – 2 ARs 51/99, BeckRS 1999, 30046552 = StV 1999, 240; OLG Celle 15.9.2010 – 31 HEs 10/10, NStZ-RR 2011, 54; Leipold/Tsambikakis/*Zöller* StGB, 2. Aufl. 2015, § 6 Rn. 13; NK-StGB/*Böse* StGB § 6 Rn. 8; LK-StGB/*Werle/Jeßberger* StGB § 6 Rn. 77 ff. mwN; SSW-StGB/*Satzger* StGB § 6 Rn. 8 ff.; *Weber* Rn. 110; aA – legitimierende Anknüpfungstatsachen – „jedenfalls bei § 6 Nr. 5 StGB" – nicht erforderlich" – BGH 21.2.2001 – 3 StR 372/00, BGHSt 46, 292 = NJW 2001, 2728, = NStZ 2001, 658.
[318] BGH 8.4.1987 – 3 StR 11/87, BGHSt 34, 334 = NJW 1987, 2168 mAnm *Rüter/Vogler* JR 1988, 136.
[319] BGH 12.11.1991 – 1 StR 328/91, StV 1992, 155.
[320] BGH 12.11.1991 – 1 StR 328/91, StV 1992, 155.
[321] BGH 12.11.1991 – 1 StR 328/91, StV 1992, 155.
[322] BGH 11.2.1999 – 2 ARs 51/99, BeckRS 1999, 30046552 = StV 1999, 240.
[323] BGH 21.2.2001 – 3 StR 372/00, BGHSt 46, 292 = NJW 2001, 2728 = NStZ 2001, 658; 30.4.1999 – 3 StR 215/98, BGHSt 45, 64 (68); 11.12.1998 – 2 ARs 499/98, NStZ 1999, 236; 18.8.1994 – AK 12/94, BeckRS 1994, 12804.
[324] BGH 8.4.1987 – 3 StR 11/87, BGHSt 34, 334; Anm. *Rüter/Vogler* JR 1988, 136.
[325] OLG Celle 15.9.2010 – 31 HEs 10/10, NStZ-RR 2011, 54 (Ls.), BeckRS 2010, 27514.
[326] OLG Celle 15.9.2010 – 31 HEs 10/10, NStZ-RR 2011, 54 (Ls.), BeckRS 2010, 27514.

Strafsenat diese Frage offen ließ,[327] hatte der Erste Senat (nunmehr überholt, da noch in Frage stellend, ob es überhaupt eines Anknüpfungspunkts bedarf) die rechtmäßige Auslieferung eines ausländischen Beschuldigten durch seinen Heimatstaat genügen lassen.[328] Nach einer neueren Entscheidung desselben Senats soll sich eine Inlandsberührung der Tat im Rahmen des § 6 Nr. 5 StGB ungeachtet der Bestimmungsorte der dort verfahrensgegenständlichen Rauschgiftlieferungen jedenfalls aus der Auslieferung des – allerdings deutschen (vgl. 7 § Abs. 2 Nr. 1 StGB!) – Angeklagten an Deutschland ergeben können.[329] Beim ausländischen Beschuldigten führt dies zur widersinnigen Konsequenz, dass die Strafgewalt mit einem Mechanismus begründet wird, welcher seinerseits die Strafbarkeit, mithin die Anwendbarkeit deutschen Strafrechts voraussetzt (nämlich das Auslieferungsersuchen). Der Zweite Senat hat (im Hinblick auf die womöglich entgegenstehende Rechtsprechung des Ersten Senats in einem Anfragebeschluss) daher mit Recht[330] solch eine Begründung des Weltrechtsprinzips abgelehnt und darauf hingewiesen, dass die der Auslieferung nachfolgende Festnahme im Inland nur deren unmittelbare Folge sei und daher für sich ebenfalls keinen hinreichenden Inlandsbezug begründen könne.[331]

121   **Kein hinreichender** (inländischer) **Anknüpfungspunkt** liegt vor, wenn der Anzeigeerstatter in der Bundesrepublik wohnt[332] oder sich hier aufhält,[333] auch wenn es sich bei diesem um eine von der Tat betroffene oder gar geschädigte Person handelt.[334]

122   **2. Vertriebsbegriff.** „Vertrieb" iS des § 6 Nr. 5 StGB ist jede Tätigkeit, mit welcher der **entgeltliche** Absatz von BtM gefördert wird,[335] zT wird etwas enger gefordert, dass Vertriebstätigkeiten nur angenommen werden können, wenn BtM in den Besitz eines anderen gebracht werden sollen.[336]

123   **a) Tatobjekte.** Nach dem Wortlaut der Vorschrift unterliegt lediglich der Vertrieb von **BtM** (§ 1 Abs. 1) dem Weltrechtsprinzip. Damit scheidet die Anwendung der Vorschrift aus, wenn mit BtM-**Imitaten** Handel getrieben wird. § 29 Abs. 6 enthält keine Legaldefinition dahin, dass als BtM ausgegebene Stoffe ebenfalls als solche gelten. Vielmehr handelt es sich bei § 29 Abs. 6 um einen eigenen Tatbestand, der ausschließlich hinsichtlich des Strafrahmens auf § 29 Abs. 1 S. 1 Nr. 1 verweist und nur in dem beschränkten Umfang seines Wortlauts den Verkehr mit als BtM ausgegebenen Stoffen demjenigen mit echten BtM gleichstellt.[337]

124   **b) Tathandlungen.** Die Umschreibung des Vertriebsbegriffs umfasst zweifelsfrei das **Handeltreiben** und somit auch den **Erwerb** und die **Veräußerung** von BtM, soweit diese unselbstständige Teilakte des Handeltreibens sind. Insofern würde sogar auch der – ausnahmsweise denkbare – unentgeltliche Erwerb von BtM für Zwecke entgeltlicher Weiterveräußerung unter den so umschriebenen Vertriebsbegriff fallen, wenn dieser Erwerb als unselbstständiger Teilakt einer eigennützigen, auf Umsatz gerichteten Tätigkeit der entgeltli-

---

[327] BGH 8.4.1987 – 3 StR 11/87, BGHSt 34, 334 (338).

[328] BGH 12.11.1991 – 1 StR 328/91, BeckRS 1991, 05195.

[329] BGH 5.11.2014 – 1 StR 299/14, BeckRS 2014, 23680 (mit einer Bezugnahme auf die Entscheidung des Dritten Senats, in der diese Frage gerade offen gelassen wurde).

[330] Krit. zu derartigen Einschränkungen des Weltrechtsprinzips vgl. Schönke/Schröder/*Eser* StGB § 6 Rn. 1; SSW-StGB/*Satzger* StGB § 6 Rn. 3; vgl. auch *Schiemann* NStZ 2015, 570 im Hinblick auf die Möglichkeit, das Verfahren nach § 153c StPO einzustellen.

[331] BGH 18.3.2015 – 2 StR 96/14, NStZ 2015, 568: Anders läge der Fall dann, wenn vor dem Auslieferungsersuchen ein diesem zu Grunde liegender tragfähiger Inlandsbezug vorgelegen hätte, der auch nach Durchführung des Strafverfahrens noch anzunehmen wäre.

[332] BGH 11.12.1998 – 2 ARs 499/98, NStZ 1999, 236.

[333] Franke/*Wienroeder* Rn. 9.

[334] Franke/*Wienroeder* Rn. 9.

[335] BGH 22.1.1986 – 3 StR 472/85, BGHSt 34, 1 (2) = NStZ 1986, 320.

[336] S. o. § 6 StGB; *Fischer* StGB § 6 Rn. 5; zusf. *Weber* Rn. 125; OLG Düsseldorf 10.4.1984 – 2 Ss 42/84 – 23/84 III, NStZ 1985, 268.

[337] OLG Hamm 11.2.2010 – 2 (6) Ss 511/09 (190/09), NStZ 2011, 101; offen gelassen: BGH 14.4.1999 – 3 StR 22/99, NJW 1999, 2683; für Strafbarkeit: *Weber* § 29 Rn. 1884.

chen Verbringung des BtM in den Besitz eines anderen dient.[338] Erfasst werden auch **Versuchshandlungen.**[339] Strafbarkeit über § 6 Nr. 5 StGB ist schließlich auch gegeben, wenn der Handelnde im Ausland **Beihilfe zum unerlaubten Handeltreiben** leistet; denn das Gesetz bezeichnet in § 8 StGB nicht nur die Täterschaft, sondern auch die Teilnahme als „Tat" im Sinne der §§ 3–9 StGB.[340]

Gebraucht man den Begriff des Vertriebs und des HT synonym, könnte selbst die eigen-   **125** nützige **Mitteilung einer Gelegenheit** unter BtM-Absatz oder -Erwerb fallen,[341] wobei umstritten ist, ob die Tathandlung des § 29 Abs. 1 S. 1 Nr. 10 selbst bereits als Vertriebshandlung anzusehen ist.[342] Würde man die sehr extensive Auslegung des HT auf den Begriff des Vertriebs übertragen, müsste auch der einfache Verbalhandel oder eben auch der Besitz zum Zwecke des HT (als dessen Teilakt) vom Begriff des „Vertriebs" umfasst sein. Der Dritte Senat schien dazu zu tendieren, den Besitz als Vertriebshandlung deuten zu wollen, wenn dieser einen Teilakt des Handeltreibens darstellt.[343] Solch einem Verständnis ist der Zweite Senat zu Recht (und unmissverständlich) entgegengetreten.[344] Der Begriff des „Vertriebs" sei autonom dahingehend auszulegen, als nur solche Tätigkeiten erfasst werden, die unmittelbar auf die Weitergabe von BtM gerichtet sind.[345]

Jedenfalls kein Vertrieb liegt vor bei **Einfuhr**[346] von BtM aus einem ausländischen   **126** Staatsgebiet in ein anderes, beim **Erwerb zum Eigenverbrauch**[347] (bei Deutschen kann sich aber eine Strafbarkeit über § 7 Abs. 2 Nr. 1 StGB ergeben),[348] **Herstellen**[349] und **Besitz.**[350] Wegen des Analogieverbots[351] gilt dies auch für den Fall, dass der Besitz zu einer Vertriebshandlung in Tateinheit steht.[352]

c) **„Internethandel".** Auch der Handel mit BtM im Internet fällt unter den Vertriebs-   **127** begriff des § 6 Nr. 5 StGB, wobei allerdings zu beachten ist, dass es sich bei auf Webseiten „angebotenen" BtM lediglich um eine *invitatio ad offerendum* handelt.[353]

3. **„Unbefugt".** Ist der Täter für seine Auslandsbetätigung im Besitz einer für den **Bege-**   **128** **hungsort maßgeblichen Erlaubnis,** handelt er nicht unbefugt iS des § 6 Nr. 5 StGB.

[338] OLG Düsseldorf 10.4.1984 – 2 Ss 42/84 – 23/84 III, NStZ 1985, 268.

[339] NK-StGB/*Böse* StGB § 6 Rn. 1 § 6 Rn. 13.

[340] BGH 14.12.2006 – 4 StR 421/06, NStZ 2007, 288.

[341] *Weber* § 29 Rn. 1520.

[342] So *Fischer* StGB § 6 Rn. 5; aA *Weber* § 29 Rn. 1507.

[343] BGH 22.9.2009 – 3 StR 383/09, NStZ 2010, 521; so v.a. *Patzak* NStZ 2012, 335 (336), der die Gefahr einer „Strafbarkeitslücke" in Bezug auf den Verbrechenstatbestand nach § 29a Abs. 1 Nr. 2 BtMG sieht, wenn der Täter die Betäubungsmittel zwar weiterverkauft, aber keinen Gewinn erzielt. Krit. *Ambos* NStZ 2013, 46 (es stehen ja allenfalls „Strafgewaltslücken" zu befürchten). *Ambos* weist zu Recht darauf hin, dass § 6 Nr. 5 schon deswegen „höchst bedenklich" ist (und damit restriktiv angewendet werden muss), weil sich bei BtM-Taten um transnationale Verbrechen handelt, die „nicht weltrechtlich, sondern bestenfalls stellvertretend-alternativ i.S.d. aut dedere aut iudicare Grundsatzes verfolgt werden dürfen."

[344] BGH 3.11.2011 – 2 StR 201/11, NStZ 2012, 335.

[345] BGH 3.11.2011 – 2 StR 201/11, NStZ 2012, 335.

[346] Vgl. BGH 22.11.1999 – 5 StR 493/99, NStZ 2000, 150.

[347] BGH 22.1.1986 – 3 StR 472/85, BGHSt 34, 1 = NStZ 1986, 320 mAnm *Herzog* StV 1986, 473; 23.5.1990 – 2 StR 151/90, DRsp Nr. 1994/401 = StV 1990, 550 (L); 9.1.1991 – 2 StR 359/90, StV 1992, 65; OLG Düsseldorf 10.4.1984 – 2 Ss 42/84 – 23/84 III, NStZ 1985, 268; 15.5.2012 – 3 StR 138/12, BeckRS 2012, 11532; zuletzt BGH 9.7.2013 – 1 StR 236/13 (unerlaubter Erwerb von Betäubungsmitteln durch türkische Staatsangehörige in den Niederlanden nicht gemäß § 6 Nr. 5 StGB von der deutschen Gerichtsbarkeit erfasst).

[348] → Rn. 142.

[349] Vgl. *Fischer* StGB § 6 Rn. 5; offengelassen von 18.1.1983 – 3 StR 415/82 (S), NStZ 1983, 277 für die im Inland geleistete Beihilfe zu der von Ausländern in den USA betriebenen unerlaubten gewerbsmäßigen Herstellung von BtM, da sich die Geltung des deutschen Rechts für die Beihilfe jedenfalls aus § 9 Abs. 2 S. 2 StGB ergab.

[350] BGH 23.3.1984 – 2 StR 107/84, BeckRS 1984, 31109418 = StV 1984, 286; LG Krefeld 7.6.1984 – 21 Ns 27 Ls 2 Js 877/83 Hw, StV 1984, 517; SSW-StGB/*Satzger* StGB § 5 Rn. 8.

[351] BGH 22.4.1999 – 4 StR 19/99, BGHSt 45, 64 = NJW 1999, 2604; *Weber* Rn. 114.

[352] BGH 3.11.2011 – 2 StR 201/11, NStZ 2012, 335; zweifelnd: BGH 22.9.2009 – 3 StR 383/09, NStZ 2010, 521.

[353] KPV/*Patzak* § 29 Teil 4 Rn. 164.

Entscheidend für die Frage nach der Strafbarkeit der Auslandstat ist daher nicht, ob der Täter eine deutsche Erlaubnis nach § 3 besitzt, sondern ob die Erlaubnis der zuständigen ausländischen Behörde den konkreten Umgang mit BtM deckt. Nach diesen Grundsätzen ist auch der Fall zu beurteilen, wenn jemand **von Deutschland aus** (nur) im Ausland Handeltreibenstätigkeiten entfaltet; denn mit Hilfe einer ihm erteilten ausländischen Erlaubnis handelt er legal.

129   Gleiches gilt für **Mittäter und mittelbare Täter.** Beschränken sich die Umsatzgeschäfte auf das ausländische Hoheitsgebiet, für das insofern eine wirksame ausländische Erlaubnis vorliegt, sind Tathandlungen von Deutschland aus (zB durch Anweisungen im Telekommunikationsverkehr) nicht „unbefugt". Für **Teilnehmer** gilt nicht etwa § 9 Abs. 2 S. 2 StGB, da §§ 26, 27 Abs. 1 StGB eine rechtswidrige Haupttat voraussetzen, die bei einer erlaubten Handlung fehlt. Handelt der Täter dagegen **grenzüberschreitend,** hat er aber nicht für alle Staaten, in denen seine Handlung wirksam wird, eine Erlaubnis, handelt er dagegen unbefugt.

130   **4. Tatortstrafbarkeit.** Anders als § 7 StGB setzt die Verfolgung von Vertriebshandlungen nicht voraus, dass diese am Tatort mit Strafe bedroht sind oder der Tatort keiner Strafgewalt unterliegt.[354]

III. Tat- und Erfolgsort bei Distanzdelikten (§ 9 StGB)

131   **1. Verhältnis zu § 6 Nr. 5 StGB.** Darauf, ob eine Tathandlung (nur) im Ausland begangen wurde, der Tätigkeitsort mithin (auch) im Ausland liegt, und/oder ob der Taterfolg in Deutschland eingetreten ist, wird es idR weder in Bezug auf **§ 9 Abs. 1** noch auf **Abs. 2 StGB** ankommen, wenn die Tathandlung „**Vertrieb**" iSd § 6 Nr. 5 StGB darstellt.[355]

132   **2. Handlungen durch den Täter (§ 9 Abs. 1 Var. 1, 2 StGB). a) Handlungsort.** Die Vorschrift stellt – anknüpfend an das Ubiquitätsprinzip – bezüglich des Täters auf den Handlungsort ab. Ort der Tat ist dabei jeder Ort, an dem der Täter gehandelt hat (Var. 1) oder bei Unterlassungsdelikten hätte handeln müssen (Var. 2), an dem der tatbestandsmäßige Erfolg eingetreten ist (Var. 3) bzw. nach den Vorstellungen des Täters hätte eintreten sollen (Var. 4). Bei den erfolgsunabhängigen Tätigkeitsdelikten Anbauen, Auffordern, Bereitstellen von Geldmitteln, Besitzen, Bieten von Gelegenheiten, Erlangen einer Verschreibung, Handeltreiben, Herstellen von BtM und von ausgenommenen Zubereitungen, Überlassen zum unmittelbaren Verbrauch, Verabreichen, Verschreiben, Werben) ist dies **jeder Ort,** an dem der Täter eine **auf die Tatbestandsverwirklichung gerichtete Tätigkeit entfaltet** hat.[356] Trifft den Täter eine Garantenpflicht, gilt dies auch für sein Unterlassen.[357]

133   **b) Mehrheit von Tatorten.** Mehrere Tätigkeitsorte sind möglich, falls mehrere Tätigkeitsakte vorliegen.[358] Derartige Fallgestaltungen sind im BtM-Recht, speziell beim Handeltreiben, besonders häufig, weil im Rahmen der Bewertungseinheit mehrere an sich selbstständige Handlungen zu einer einheitlichen Tat (hier des Handeltreibens) zusammengefasst werden.[359] Erstrecken sich die Bewegungen über eine weite Strecke, so gelten grundsätzlich alle berührten Orte als Tatort.[360] Liegt auch nur einer dieser Orte im Inland, so ist auch dort die Tat begangen,[361] was insbesondere auf sog **Transitstraftaten**[362] zutrifft.

134   **c) Mehrheit von Tätern.** Bei **Mittäterschaft** handeln alle Mittäter im Inland, wenn nur einer von ihnen im Inland tätig wird.[363] Das gilt auch dann, wenn sich das **Handeln**

---

[354] SSW-StGB/*Satzger* StGB § 6 Rn. 7.
[355] *Weber* Rn. 72.
[356] LK-StGB/*Werle/Jeßberger* StGB § 9 Rn. 10.
[357] SSW-StGB/*Satzger* StGB § 9 Rn. 3.
[358] RG 15.1.1917 – III 1/17, RGSt 50, 218 (221); Franke/*Wienroeder* Einf. Rn. 5.
[359] Vgl. BGH 13.5.1986 – 5 StR 143/86, NStZ 1986, 415.
[360] RG 12./19.5.1884 – C 2/83, RGSt 10, 420.
[361] RG 4.1.1908 – I 878/07, RGSt 41, 35.
[362] *Weber* Rn. 91.
[363] BGH 29.5.1991 – 3 StE 4/91 – StB 11/91, NJW 1991, 2498; OLG Karlsruhe 12.8.1997 – 1 Ws 229/97, NStZ-RR 1998, 314.

eines Mittäters auf Tatbeiträge beschränkt, die für sich gesehen nur Vorbereitungshandlungen sind,[364] insbesondere bei eigenständiger Strafbarkeit nach § 30 Abs. 2 StGB, auch wenn sie gegenüber dem verwirklichten Tatbestand als subsidiär zurücktritt.[365] Die Entgegennahme eines Angebots in Deutschland, gegen Kurierlohn Herointransporte aus Rumänien nach Holland durchzuführen bzw. zu organisieren, begründet zB einen deutschen Tatort für das mittäterschaftliche Handeltreiben.[366] Haben bei **mittelbarer Täterschaft** der Täter oder der Tatmittler auch im Inland gehandelt, so liegt eine Inlandstat vor. Dem mittelbaren Täter wird die Handlung des Tatmittlers zugerechnet; sein Tätigkeitsort ist sowohl der Ort des eigenen Tätigwerdens wie auch der Tatort, an dem der Tatmittler handelt und zur Tatbestandsverwirklichung beiträgt.[367]

d) Handlungszeitpunkt. Bei einer Mehrheit von Tätern (zB bei sukzessiver Mittäter- **135** schaft) können einzelne Handlungen den inländischen Tatort auch dann noch begründen, wenn die Tat als solche bereits vollendet ist; sie darf allerdings noch nicht beendet sein.[368]

3. Auf den Täter zurückgehender bzw. von ihm beabsichtigter Taterfolg (§ 9 **136** **Abs. 1 Var. 3, 4 StGB). a) Deliktsvollendung.** Über § 9 Abs. 1 Var. 3 StGB begründet eine täterschaftliche Handlung den inländischen Tatort auch dann, wenn sich – unabhängig von der Örtlichkeit der Tathandlung – der Taterfolg im Inland einstellt. Dies gilt für alle vollendeten sog **Erfolgsdelikte** (Abgeben, Apothekenabgabe, Ausfuhr, Durchfuhr, Einfuhr, Erwerben, Sich verschaffen, Sonstiges Inverkehrbringen, Veräußern, Verleiten), nicht hingegen für Begehungs- oder Tätigkeitsdelikte,[369] da diese keinen Taterfolg voraussetzen. Bei den Erfolgsdelikten des § 29 handelt es fast ausschließlich um **abstrakte Gefährdungsdelikte.**[370] Daraus ergibt sich, dass der Taterfolg dort eintritt, wo die Tathandlung ihre das Rechtsgut gefährdende Wirkung entfalten kann.[371] Im Fall der **Gesundheitsgefährdung Mehrerer** (§ 29 Abs. 3 S. 1 Nr. 2) ist Erfolgsort dort, wo sich diese Personen aufhalten.

b) Deliktsversuch. Kommt es nicht zur Tatvollendung, liegt eine Inlandstat nach § 9 **137** Abs. 1 StGB dann vor, wenn der Taterfolg im Inland **hätte eintreten sollen** (Var. 4). Ihrem Wortlaut nach erfasst sie aber auch den Fall, dass der Erfolg im Inland eintreten sollte, tatsächlich aber im Ausland eingetreten ist, sodass eine nach deutschem Recht strafbare vollendete Tat vorliegt.[372]

4. Tat- und Erfolgsort bei Teilnahme (§ 9 Abs. 1, Abs. 2 StGB). Auch für den **138** **Teilnehmer** liegt eine Inlandstat vor, wenn dieser zwar ausschließlich im Ausland tätig war, die Haupttat jedoch im Inland begangen wurde.[373] Dasselbe gilt, wenn der Teilnehmer an einer ausländischen Tat im Inland tätig geworden ist.[374]

5. Tatort Internet. Die Bekämpfung der auch in Bezug auf den unerlaubten Umgang **139** mit BtM nicht mehr zu übersehenden Internetkriminalität[375] stößt bei der Anwendung von § 9 Abs. 1 StGB auf erhebliche Schwierigkeiten, wenn nicht gar an ihre Grenzen,[376]

---

[364] BGH 4.12.1992 – 2 StR 442/92, BGHSt 39, 88 = NStZ 1993, 189; 3.4.1996 – 2 ARs 105/96, NStZ 1996, 502; 14.4.1999 – 3 StR 22/99, NJW 1999, 2683 mAnm *Körner* NStZ 2000, 95; *Weber* Rn. 77.

[365] BGH 4.12.1992 – 2 StR 442/92, BGHSt 39, 88 = NStZ 1993, 189 mAnm *Küpper* JR 1993, 292; *Weber* Rn. 78.

[366] OLG Karlsruhe 26.2.1998 – 1 Ws 51/98, NStZ-RR 1998, 348.

[367] BGH 15.1.1991 – 1 StR 617/90, BeckRS 1991, 31084935 = wistra 1991, 135; *Weber* Rn. 76.

[368] BGH 5.2.1997 – 2 StR 551/96, NStZ 1997, 286; *Weber* Rn. 88.

[369] *Weber* Rn. 88.

[370] Zum Streitstand über das Vorhandensein/Fehlen eines Erfolgsortes bei abstrakten Gefährdungsdelikten: SSW-StGB/*Satzger* StGB § 9 Rn. 7; *Weber* Rn. 98.

[371] *Weber* Rn. 85.

[372] NK-StGB/*Böse* StGB § 9 Rn. 16.

[373] BGH 22.1.1986 – 3 StR 472/85, BGHSt 34, 1 = NStZ 1986, 320 mAnm *Herzog* StV 1986, 473; *Weber* Rn. 100.

[374] BGH 25.10.2001 – 4 StR 208/01, BGHSt 47, 134 = NStZ 2002, 210.

[375] Vgl. KPV/*Patzak* § 29 Teil 4 Rn. 163 ff.

[376] SSW-StGB/*Satzger* StGB § 9 Rn. 24.

wie sich nicht zuletzt aus den vielfältigen Lösungsansätzen ergibt, die in der Literatur hierzu angeboten werden.[377]

140   **a) Handlungsort.** Bei einem ausländischen **Standort des Servers**[378] verbleibt es jedenfalls beim inländischen Tatort, wenn die strafrechtlich relevanten Inhalte von Deutschland aus bereitgestellt werden[379] oder bei der Datenübermittlung auf inländische Server geladen werden.[380] Anknüpfungspunkt für den Handlungsort kann auch der **Sitz des Providers** sein, wenn es dieser unterlässt, dagegen Vorkehrungen zu treffen, dass Dritte ihn mit Daten strafbewehrten Inhalts speisen.[381]

141   **b) Erfolgsort.** Unabhängig davon, auf welchem Weg der strafbare Inhalt zum Internet-Nutzer gelangt,[382] ist Taterfolg stets zu bejahen, wenn der Inhalt auf dem in Deutschland verwendeten PC, Laptop, I-Pad oder Handy erscheint.[383]

IV. Prinzipien des Individualschutzes, der Personalität und der stellvertretenden Strafrechtspflege (§ 7 StGB)

142   Anders als die §§ 5, 6 StGB, die Straftaten(-gruppen) betreffen, erstreckt § 7 StGB die Anwendung deutschen Strafrechts auf Straftaten, die von bestimmten Personen oder zu deren Nachteil begangen wurden, und zwar rechtsgutneutral im Wege einer Kombination verschiedener Ziele.[384] § 6 Nr. 5 StGB behält insoweit „Vorrang", als es bei Vertriebshandlungen auf die Staatsangehörigkeit des Täters/Teilnehmers nicht ankommt.[385]

143   **1. Gemeinsame Anwendungsvoraussetzungen. a) Tatortstrafbarkeit.** Die in § 7 StGB umgesetzten Prinzipien vermögen die Anwendung deutschen materiellen Strafrechts nur in den Fällen auf Auslandtaten zu erstrecken, in denen eine Tat zur Tatzeit (§ 8 StGB) am Tatort mit Strafe bedroht war oder der Tatort keiner Strafe unterliegt. Dieser Einschränkung liegt die Überlegung zu Grunde, dass sich das deutsche Strafrecht nicht auch für solche Gebiete Geltung anmaßt, in denen der territorial primär zuständige Auslandsstaat strafrechtlichen Schutz für nicht geboten hält,[386] maW die Welt am deutschen Strafrecht nicht genesen[387] muss.

144   **aa) Tat(-bestand).** Erforderlich ist die Existenz eines **Straf**atbestands[388] iS einer „identischen Norm", unter dessen Deliktsvoraussetzungen die konkrete Tat iS des § 264 StPO[389] subsumiert werden kann, in concreto etwa eine Norm, die nicht nur den Vertrieb von BtM, sondern auch deren unerlaubten Besitz erfasst.[390] „Deckungsgleichheit" ist nicht erforderlich.[391]

145   **bb) Fehlen materiell-rechtlicher Straffreistellungsgründe.** Mit Strafe bedroht ist die Tat nur dann, wenn nach Tatortrecht keine materiell-rechtlichen Straffreistellungsgründe vorliegen. Ob dies auch für prozessuale Gründe zB Verjährung oder Amnestie gilt, ist umstritten;[392] zur ausländischen Verfolgungspraxis → Rn. 159.

---

[377] Schönke/Schröder/*Eser* StGB § 9 Rn. 7 ff. mwN.
[378] Schönke/Schröder/*Eser* StGB § 9 Rn. 7b.
[379] *Weber* Rn. 96.
[380] SSW-StGB/*Satzger* StGB § 9 Rn. 16.
[381] Schönke/Schröder/*Eser* StGB § 9 Rn. 7b.
[382] Zur „Pull"- und „Push"-Technologie s. SSW-StGB/*Satzger* StGB § 9 Rn. 18.
[383] → § 29 Rn. 1367 (Werben); → § 29 Rn. 1427 (Gelegenheit bieten); → § 29 Rn. 1547 (Auffordern zum unbefugten Verbrauch).
[384] Schönke/Schröder/*Eser* StGB § 7 Rn. 1.
[385] *Weber* Rn. 117.
[386] Schönke/Schröder/*Eser* StGB § 7 Rn. 7.
[387] SSW-StGB/*Satzger* StGB § 9 Rn. 14; vgl. hierzu auch *Kudlich/Hoven* ZIS 2016, 345.
[388] BGH 30.9.1976 – 4 StR 683/75, BGHSt 27, 5 = NJW 1976, 2354; SSW-StGB/*Satzger* StGB § 9 Rn. 17.
[389] *Weber* Rn. 119.
[390] LG Krefeld 7.6.1984 – 21 Ns 27 Ls 2 Js 877/83 Hw, StV 1984, 517.
[391] *Weber* Rn. 119.
[392] Für eine Gleichbehandlung mit materiellen Freistellungsgründen: SSW-StGB/*Satzger* StGB § 7 Rn. 22; dagegen: Schönke/Schröder/*Eser* StGB § 7 Rn. 11, *Weber* Rn. 122 jew. mwN.

b) Deutsche und Ausländer. Die in § 7 StGB vorausgesetzte **deutsche Staatsangehö-** 146
rigkeit richtet sich nach Art. 116 GG, § 1 StAG. Mehrfache Staatsangehörigkeit ist ebenso
ohne Belang wie Aufgabe oder Verlust der deutschen Staatsangehörigkeit nach Tatbegehung.[393] Im Umkehrschluss ist **Ausländer,** wer nicht die deutsche Staatsangehörigkeit
besitzt, also auch der Staatenlose.

2. Schutz Deutscher im Ausland (§ 7 Abs. 1 StGB). Wer einem Deutschen gegen 147
dessen Willen iS des § 29 Abs. 1 S. 1 Nr. 6b zuführt, macht sich unabhängig von seiner
Staatsangehörigkeit nach deutschem Recht strafbar.

3. Strafbarkeit Deutscher bei Auslandstaten (§ 7 Abs. 2 Nr. 1 StGB). Der zur 148
Tatzeit Deutsche (Var. 1) unterliegt deutscher Strafgewalt ohne Wenn und Aber. Bei dem
nach der Tat zum Deutschen gewordenen Neubürger[394] (Var. 2) bestand dagegen zur Tatzeit
noch keine Bindungen an das deutsche Recht, was Art. 103 Abs. 2 GG tangieren soll.
Diesem ist jedoch in seiner Ausprägung *nulla poena sine lege* dadurch Rechnung getragen,
dass das hier einschlägige Prinzip der stellvertretenden Strafrechtspflege Tatortstrafbarkeit
voraussetzt, das Handeln des Neubürgers also auch bereits zur Tatzeit in seinem ehemaligen
Heimatstaat mit Kriminalstrafe bedroht gewesen sein muss. Versteht man Art. 103 Abs. GG
auch als eine Vertrauensschutz gewährleistende Norm,[395] kann sich die Frage stellen, welche
Folgerungen aus dem Umstand zu ziehen sind, dass sich die in beiden Staaten für die Tat
angedrohten Sanktionen erheblich unterscheiden. Ob der Neubürger insoweit Vertrauensschutz genießt, ist umstritten.[396] Allerdings sind sich Rechtsprechung und Literatur jedenfalls insoweit einig, dass das Tatortrecht bei der Beurteilung von nach dem Strafrecht der
Bundesrepublik Deutschland verfolgbaren Taten grundsätzlich zugunsten des Täters berücksichtigt werden, insbesondere der Tatrichter bei der Strafzumessung regelmäßig Rücksicht
auf Art und Maß des Tatortrechts nehmen muss,[397] so dass im Ergebnis die Auffassung am
meisten überzeugt, dass der Neubürger jedenfalls nicht härter bestraft werden darf als es das
zur Tatzeit geltende Tatortrecht zugelassen hätte.[398]

4. Strafbarkeit von Ausländern bei Auslandstaten (§ 7 Abs. 2 Nr. 2 StGB). Die 149
Vorschrift dehnt die Anwendung deutschen Strafrechts auf sich im Inland aufhaltende Ausländer aus, die nicht ausgeliefert werden. Dies hat zur Folge, dass Deutschland die Verfolgung
der Straftat für den Heimatstaat des Ausländers übernimmt.

a) Im Inland betroffen. Der Ausländer muss sich einschließlich der letzten Tatsachen- 150
instanz im Inland aufhalten.

b) Auslieferbarkeit. Die vorgeworfene Tat muss „auslieferungsfähig" sein, eine Voraus- 151
setzung (§ 3 Abs. 1, Abs. 2 IRG), die sämtliche Straftatbestände des BtMG erfüllen. Auszuliefern ist auch nach Art. 2 Abs. 2 RB-EuHB (§§ 81, 83 IRG) bei illegalem Handel mit Drogen
und psychotropen Stoffen, im Übrigen unter den Voraussetzungen des Art. 2 Abs. 1, Abs. 2
EuAlÜbk.

c) Ersuchen nicht gestellt/abgelehnt. Wurde ein Auslieferungsersuchen nicht – 152
innerhalb angemessener Frist – gestellt, von der zuständigen Stelle (§ 74 IRG)[399] abgelehnt[400] oder kann dem Auslieferungsbegehren aus tatsächlichen Gründen nicht entsprochen

---

[393] LK-StGB/*Werle/Jeßberger* StGB § 7 Rn. 80.
[394] LK-StGB/*Werle/Jeßberger* StGB § 7 Rn. 84: Alle vor Annahme der deutschen Staatsbürgerschaft als
Ausländer geltende Personen, einschließlich solcher deutscher Volkszugehörigkeit, nicht aber ehemalige Bürger der DDR.
[395] SSW-StGB/*Satzger* StGB § 7 Rn. 10.
[396] Für Vertrauensschutz: SSW-StGB/*Satzger* StGB § 7 Rn. 10; Schönke/Schröder/*Eser* StGB § 7 Rn. 21;
dagegen: LK-StGB/*Werle/Jeßberger* StGB § 7 Rn. 87.
[397] BGH 23.10.1996 – 5 StR 183/95, BGHSt 42, 275 = NJW 1997, 951; LK-StGB/*Werle/Jeßberger* § 7
Rn. 76.
[398] SSW-StGB/*Satzger* StGB § 7 Rn. 10; SK-StGB/*Hoyer* StGB § 7 Rn. 11.
[399] *Weber* Rn. 131 f.
[400] SSW-StGB/*Satzger* StGB § 7 Rn. 13.

werden, weil der Betroffene schwer erkrankt ist, führt auch dies zur Anwendbarkeit deutschen Strafrechts.

153   **d) Tatortstrafbarkeit und Tatortrecht.** Ist Tatortstrafbarkeit gegeben, kann der Ausländer in Deutschland abgeurteilt werden, wobei auch hier auf Art und Maß des Tatortrechts Rücksicht zu nehmen ist (→ Rn. 150).

154   **5. Tatortrecht und Verfolgungspraxis.** Ist lediglich auf Art und Maß des Tatortrechts Rücksicht zu nehmen, impliziert dies für sich genommen noch nicht, dass deutsche Gerichte bei der Aburteilung auch auf die am Tatort übliche Verfolgungspraxis einzugehen haben, zumal für sie unstreitig die Verpflichtung besteht, das inländische Recht anzuwenden.[401] Deshalb stellt sich die Frage, wie in Fällen zu verfahren ist, in denen der Tatortstaat im Hinblick auf die Strafverfolgung des Umgangs mit (bestimmten) BtM eine liberalere Haltung einnimmt als Deutschland. Als Beispiel kann die nach belgischem und niederländischem Recht mögliche Verfahrensbeendigung durch eine *transactie* herangezogen werden, die in ihrem verfahrensrechtlichen Ansatzpunkt § 31a vergleichbar erscheint, inhaltlich allerdings über dessen Anwendungsbereich hinausgeht, weil sie nicht nur auf Konsumvergehen, sondern auch auf Vertriebshandlungen angewendet werden kann.[402] Gerade im Bereich der stellvertretenden Strafrechtspflege ist neben dem unstreitig geltenden Prinzip der Nichteinmischung auch **Respekt vor der Rechtspraxis eines anderen Mitgliedstaats** der Staatengemeinschaft erforderlich, ohne die letztlich auch keine justizielle Zusammenarbeit ungestört vonstatten gehen kann. Dies erfordert zwingend, dass ein gegenseitiges Vertrauen der Mitgliedstaaten in ihre jeweiligen Strafjustizsysteme besteht und dass jeder Mitgliedstaat die Anwendung des in den anderen Mitgliedstaaten geltenden Strafrechts akzeptiert, auch wenn die Anwendung seines eigenen nationales Rechts zu einem anderen Ergebnis führen würde.[403] Daran fehlt es, wenn im Ergebnis – wie (zu) häufig – die Welt doch am deutschen Strafrecht genesen[404] soll. Ein Gedanke, der – **außerhalb des Bereichs des § 7 StGB** – etwa darin zum Ausdruck kommt, dass Fluchtgefahr deshalb angenommen wird,

– weil sich ein Niederländer anderenfalls durch Rückkehr in die Niederlande dadurch einen „Vollstreckungsvorteil" verschaffen könnte,

– dass der Heimatstaat an seine Auslieferung nach Deutschland die Bedingung knüpft, die in Deutschland verhängte Strafe umwandeln zu dürfen[405]

– oder trotz der ursprünglichen Zusage, nach Aburteilung in Deutschland ein Überstellungsverfahren einzuleiten, das eine Strafumwandlung zulässt,

– von der Zusage mit der Begründung abzurücken, bei dem abgeurteilten Tatvorwurf komme hinsichtlich der Art des BtM und seiner Menge eine Strafvollstreckung im Heimatstaat grundsätzlich nicht in Betracht und die Strafe müsse in jedem Fall bis zum 2/3-Zeitpunkt vollstreckt werden.[406]

155 Im **Rahmen der stellvertretenden Strafrechtspflege** fehlt es am Respekt vor der und am vom EuGH zu Recht angemahnten Vertrauen in die Rechtspraxis des Nachbarstaats, wenn in Deutschland eine Verurteilung wegen unerlaubten Handeltreibens angestrebt wird, obwohl die für den Tatort zuständige ausländische Staatsanwaltschaft das Verfahren gegen Zahlung einer Geldauflage bereist eingestellt hat.[407] Die Einbindung Deutschlands in transnationales und internationales Strafrecht macht es deshalb unabdingbar, bei „Art und Maß" des Tatortrechts auch auf die Verfolgungspraxis im Tatortstaat Rücksicht zu nehmen.[408]

---

[401] *Weber* Rn. 28.
[402] Vgl. EuGH 11.2.2003 – C-187/01; C-385/01, NJW 2003, 1173 – Gözütok und Brügge; 9.3.2006 – C-436/04, NJW 2006, 1781 – Van Esbroeck.
[403] EuGH 11.2.2003 – C-187/01; C-385/01, NJW 2003, 1173 – Gözütok und Brügge.
[404] SSW-StGB/*Satzger* StGB § 9 Rn. 14.
[405] OLG Oldenburg 8.2.2010 – 1 Ws 67/10, BeckRS 2010, 03812 = NStZ 2010, 177 (L) = StV 2010, 255 mAnm *Kirsch.*
[406] EGMR 1.4.2010 – 27801/05, StRR 2011, 58 – Smith/Deutschland mAnm *Kotz;* 1.4.2010 – 27804/05, BeckRS 2011, 01465 – Bijen/Deutschland = NStZ-RR 2011, 113.
[407] EuGH 11.2.2003 – C-187/01; C-385/01, NJW 2003, 1173– Gözütok und Brügge.
[408] → StGB § 7 Rn. 14.

V. Exkurs: Der niederländische Coffeeshop

1. Tatortstrafrecht. Nach dem Gesetz über BtM von 1976 (Opiumwet 1976) sind der 156 Besitz, der Vertrieb, der Anbau, der Transport, die Herstellung, die Einfuhr und die Ausfuhr von BtM einschließlich von Cannabis und seiner Derivate verboten. Diese Handlungen sind strafbar, außer bei Gebrauch des betreffenden Stoffs oder Erzeugnisses zu medizinischen, wissenschaftlichen oder erzieherischen Zwecken und unter der Voraussetzung einer vorherigen Genehmigung.

2. Coffeeshops. In Coffeeshops, die unter die Kategorie der Bewirtungsbetriebe fallen, 157 werden Cannabis sowie Esswaren und alkoholfreie Getränke verkauft und konsumiert. Der Verkauf alkoholischer Getränke ist dagegen verboten. Die örtlichen Behörden können Coffeeshops unter bestimmten Voraussetzungen genehmigen. Diese Einrichtungen unterliegen einer Betriebsgenehmigung und müssen denselben Anforderungen an Geschäftsführung und Hygiene genügen wie andere Bewirtungsbetriebe.

Die Voraussetzungen, unter denen der Verkauf von Cannabis in Coffeeshops geduldet 158 wird, sind auf nationaler Ebene durch die Richtlinien des Openbaar Ministerie festgelegt. Es handelt sich um folgende, allgemein als „AHOJG-Kriterien" bezeichnete Voraussetzungen:
– A („affichering"): Drogen dürfen nicht beworben werden;
– H („harddrugs"): harte Drogen dürfen nicht verkauft werden;
– O („overlast"): der Coffeeshop darf keine Belästigungen verursachen;
– J („jeugdigen"): Drogen dürfen nicht an Jugendliche (unter 18 Jahren) verkauft werden, und diesen darf kein Zutritt gewährt werden;
– G („grote hoeveelheden"): bei jedem Verkauf dürfen nicht mehr als 5 g Cannabis pro Person abgegeben werden. Darüber hinaus darf der Handelsvorrat („handelsvoorraad") eines tolerierten Coffeeshops 500 g nicht überschreiten.[409] Bei Einhaltung der Voraussetzungen wird der Umgang mit Cannabis toleriert und nach den Richtlinien des College van procureurs-generaal (Kollegium der Generalstaatsanwälte) auch nicht verfolgt. Die generelle Strafbarkeit von Umgang mit kleinen Mengen Cannabis (außer zu – erlaubten – medizinischen, wissenschaftlichen oder erzieherischen Zwecken) bleibt davon unberührt (Art. 2, 3 Opiumwet).

3. Betreiber von Coffeeshops. Wer einen Coffeeshop betreibt, setzt sich demzufolge 159 nach **niederländischem** Recht nur dann einer Strafverfolgung aus, wenn er gegen die „AHOJG-Kriterien" verstößt.[410] Nach **deutschem** Recht sind sie hingegen auch bei Einhaltung der Kriterien strafbar, weil die schlichte Duldung von Verstößen gegen das *Opiumwet* nicht zu einer Vertriebsbefugnis iS von § 6 Nr. 5 führt. Der in den Niederlanden geduldete Umgang mit Cannabis stellt jedoch einen Straffreistellungsgrund eigener Art (→ Rn. 150, 159) dar, der von den deutschen Behörden zu respektieren ist. Bei Nichteinhaltung der Kriterien besteht Strafbarkeit nach deutschem Recht; wurde sie jedoch bereits nach niederländischem Recht geahndet (→ Rn. 175), steht dies einer (neuerlichen) Strafverfolgung in Deutschland entgegen.

4. Erwerber in Coffeeshops. Besitz von Cannabis bis zu einer Menge von 30 g wird 160 in den **Niederlanden** mit Freiheitsstrafe von 1 Monat und 2.300 EUR Geldstrafe geahndet, für andere Drogen werden Freiheitsstrafen von 1 Jahr und/oder Geldstrafen von 4.500 EUR erhoben. Beachte: Auch der Besitz von weniger als 30 Gramm in den Niederlanden ist grundsätzlich strafbar, und damit auch der entsprechende Auslandsbesitz eines Deutschen in den Niederlanden somit über § 7 Abs. 2 Nr. 1 StGB in Deutschland verfolgbar. Zwar ergeben sich nach der von den Leitenden Staatsanwälten bei den fünf Gerichtshöfen der Niederlande erlassenen Richtlinie zur Vereinheitlichung der Rechtsanwendung (Richtlijnen opsporings

---

[409] http://www.uni-muenster.de/NiederlandeNet/nl-wissen/rechtjustiz/vertiefung/drogenpolitik/drogenpolitik.html.
[410] Vgl. EuGH 16.12.2010 – C-137/09, BeckRS 2010, 91439 = JZ 2011, 625.

en strafvorderingsbeleid strafbare feiten Opiumwet) vom 1.1.2002[411] bei Cannabis*besitz* **Verfolgungsbeschränkungen** in der Weise, dass die **Polizei** das Verfahren bei Eigenbesitz von bis zu fünf Gramm (vgl. Buchstabe G der „AHOJG-Kriterien") regelmäßig einstellt, wenn der Betroffene die Sicherstellung/Einziehung („Beschlagnahme ohne Widerspruch") zulässt, und unter der letztgenannten Voraussetzung bei Besitz zwischen fünf und 30 Gramm zusätzlich eine Geldauflage zwischen 25 und 70 EUR verhängt wird. Auch die **Staatsanwaltschaft** kann nach Art. 74 Abs. 1 Wetboek van Strafrecht zur Vermeidung der Strafverfolgung wegen Verbrechen – sofern die Tat nach dem gesetzlichen Straftatbestand nicht mit Freiheitsstrafe von mehr als sechs Jahren bestraft wird – und wegen Vergehen jeweils bis zum Beginn der Hauptverhandlung das Verfahren einstellen und dabei eine oder mehrere Auflagen *erteilen (transactie)*. Ob die Verfolgung aus Opportunitätsgründen unterblieb, ist aber für § 7 Abs. 2 ohne Bedeutung. Bei lediglich 6 g Gewichtsmenge Cannabis zum Eigenkonsum wird der Täter aber auch nach den mittlerweile überwiegend übereinstimmenden Verfolgungsrichtlinien[412] in Deutschland idR mit einer Verfahrenseinstellung rechnen können. Anders als noch in der Vorauflage ist allerdings streng zwischen dem Besitz (als in den Niederlanden grundsätzlich strafbares, aber geduldetes Verhalten) und dem in der Niederlande straflosen (weil nicht genannten) Erwerb zum unmittelbaren Konsum – ohne zwischenzeitiger Sachherrschaft – zu unterscheiden.[413] Gerade bei einem Konsumakt im Coffeeshop kann bei einer unmittelbaren Verbrauchsüberlassung (also bei einem bereits gedrehten Joint) der Herrschaftswille in Frage stehen,[414] sodass sich das Urteil – will es eine Strafgewalt nach § 7 Abs. 2 Nr. 1 StGB begründen – mit dem konkreten Erwerbsakt beschäftigen muss.[415]

F. Grenzüberschreitende Mehrfachverfolgung

I. Ne bis in idem

161   **1. Der Grundsatz *ne bis in idem*.** In Deutschland hat der Grundsatz Verfassungsrang (Art. 103 Abs. 3 GG), betrifft nach dem GG unmittelbar aber nur die Aburteilung derselben Tat durch deutsche Gerichte. Als Folge der Globalisierung der Kriminalität einerseits und der Intensivierung der justiziellen und polizeilichen Zusammenarbeit in Europa andererseits, geraten indessen vermehrt Fälle in das Blickfeld, in denen ein strafbares Verhalten in zwei Staaten zur Aburteilung ansteht oder in einem der beiden Staaten bereits abgeurteilt wurde und in einem anderen Staat nunmehr (neuerlich) verfolgt werden soll. Innerstaatlich umgesetztes oder unmittelbar geltendes europäisches Recht machen deshalb eine Auseinandersetzung mit der Frage der grenzüberschreitenden Mehrfachverfolgung und ihrer Vereinbarkeit mit *ne bis in idem* erforderlich.

162   **2. Rechtsentwicklung in Europa.** Zum ersten Mal wurde der Gedanke des *ne bis in idem* in Art. 4 7. ZP zur EMRK[416] aufgegriffen, der sich allerdings nur auf das jeweilige innerstaatliche Recht der Konventionsstaaten, nicht dagegen auf die Frage nach der Zulässigkeit grenzüberschreitender Mehrfachverfolgung bezieht. Auf der europäischen Ebene wurde der Grundsatz erstmals durch das SDÜ[417] verankert und durch das Ne-bis-in-

---

[411] www.legalizewiesbaden.de.

[412] → § 31a Rn. 26.

[413] Nunmehr auch KPV/*Patzak* Vor § 29 ff. Rn. 305, der diese Unterscheidung allerdings in Rdn. 491 wiederum relativiert als er anmerkt, der Erwerb sei in Form des Besitzes erfasst, obwohl die als Referenz herangezogene Entscheidung des OLG Düsseldorf 29.4.2013, III – 3 RVs 45/13, BeckRS 2013, 18044 gerade dazu anmahnt, die eigenständigen Voraussetzungen des Besitzes zu prüfen.

[414] OLG Düsseldorf 29.4.2013 – III – 3 RVs 45/13, BeckRS 2013, 18044 (hierzu *Kotz* NStZ 2014, 265).

[415] Zur Anwendung des in dubio pro reo Grundsatzes in diesen Fällen OLG Nürnberg 5.8.2008 – 2 St OLG Ss 101/08.

[416] Protokoll Nr. 7 zur Konvention zum Schutze der Menschenrechte und Grundfreiheiten vom 22.11.1984.

[417] Übereinkommen zur Durchführung des Übereinkommens von Schengen vom 14.6.1985 19.6.1990, BGBl. II S. 1010, für Deutschland in Kraft getreten am 1.9.1993, Bek. 20.4.1994, BGBl. II S. 631; abgedruckt bei *Weber* unter B.5.1; Erläuterungen bei *Schomburg/Lagodny/Gleß/Hackner* unter IV.

idem-Übk.[418] fortgeschrieben. Im RB-EuHb[419] wird im Falle der (zu befürchtenden) Verletzung des Grundsatzes ein Auslieferungshindernis statuiert (vgl. hierzu auch Art. 9 EuAlÜbK[420]). Die GrCh[421] schreibt den Grundsatz im Unionsrecht als europäisches Grundrecht fest.

3. Anwendung Europäischen Rechts. *Webers*[422] These, das Verbot der Doppelbestra- **163** fung gelte bei der Konkurrenz von Rechtsordnungen nicht, muss bereits aufgrund der dort zitierten Rechtsprechung,[423] aber auch wegen der ihr folgenden Ausführungen auf das Verhältnis zu Staaten beschränkt bleiben, die weder Vertragsparteien des SDÜ sind noch dem Unionsrecht unterliegen. Haben deutsche Gerichte über Sachverhalte zu befinden, die europäische Übereinkommen oder das Unionsrecht tangieren, sind sie zwar zu dessen Auslegung selbst nicht befugt, da die Auslegung von Unionsrecht nach Art. 267 AEUV allein dem EuGH obliegt, nach deutschem Recht aber verpflichtet, hierzu den EuGH im Wege eines Vorabentscheidungsersuchens um verbindliche Auslegung der verfahrensentscheidenden Norm zu bitten,[424] was im Falle des Unterlassens eine Verletzung des Anspruchs auf den gesetzlichen Richter (Art. 101 Abs. 1 S. 2 GG) darstellen kann.[425]

4. Tat und/oder Handlung. Die im Zusammenhang mit dem Grundsatz *ne bis in idem* **164** verwendeten Begriffe gehen auseinander. So sprechen – wie Art. 103 Abs. 3 GG – Art. 54 SDÜ und Art. 1 Ne-bis-in-idem-Übk. von „derselben Tat", Art. 50 GrCh von der „Straftat", Art. 3 Nr. 2 RB-EuHb dagegen von „derselben Handlung". Zu Art. 54 SDÜ hat der EuGH mehrfach entschieden, dass für seine Anwendung das **Kriterium der Identität der materiellen Tat,** verstanden als das Vorhandensein eines Komplexes unlösbar miteinander verbundener Tatsachen, unabhängig von der rechtlichen Qualifizierung dieser Tatsachen oder von dem geschützten rechtlichen Interesse **maßgeblich** ist.[426] Was **BtM-Straftaten** betrifft, ist es nicht erforderlich, dass die in den beiden betreffenden Vertragsstaaten in Rede stehenden BtM-Mengen oder die Personen, die angeblich an der Tat in den beiden Staaten beteiligt waren, identisch sind.[427] Zu Art. 3 Nr. 2 RB-EuHB hat er in der Sache *Mantello*[428] zunächst hervorgehoben, dass derartige Begriffe autonom nach Unionsrecht ausgelegt werden müssen und

---

[418] Übereinkommen vom 25.5.1987 zwischen den Mitgliedstaaten der Europäischen Gemeinschaften über das Verbot der doppelten Strafverfolgung, BGBl. 1998 II S. 2226, 2002, II S. 600; auszugsweise abgedruckt bei *Weber* 5.2, Erläuterungen bei *Schomburg/Lagodny/Gleß/Hackner* unter III E.

[419] Rahmenbeschluss des Rates vom 13.6.2002 über den Europäischen Haftbefehl und die Übergabeverfahren zwischen den Mitgliedstaaten (2002/584/JI), ABl. 2002 L 190, S 1; Erläuterungen bei *Schomburg/Lagodny/Gleß/Hackner* unter III Ad.

[420] Von der Zulässigkeit der Auslieferung ist die Gewährung von Rechtshilfe zu unterscheiden. Die Leistung von Rechtshilfe in Form der Vernehmung eines in der Türkei angeklagten, in Deutschland lebenden deutschen Staatsangehörigen ist auch dann zulässig, wenn dieser wegen Taten, denen derselbe Sachverhalt zugrunde liegt, in Deutschland bereits rechtskräftig verurteilt wurde, so OLG Stuttgart, 30.7.2015 – 1 Ausl. 218/15, NStZ-RR 2015, 387.

[421] Charta der Grundrechte der Europäischen Union vom 12.12.2007, ABl. C 303, S. 1.

[422] So §§ 29 ff. Rn. 29.

[423] So geht der BGH in seiner aus der Vor-Schengen-Zeit stammenden Entscheidung 8.4.1987 – 3 StR 11/87, BGHSt 34, 334 = NJW 1987, 2168 unter I. 2. aa ausdrücklich davon aus, es gebe keinen allgemeinen Grundsatz des Völkerrechts, dass die in den Niederlanden in derselben Sache erfolgte Verurteilung respektiert werden müsse und einer erneuten Verfolgung des Täters im Inland entgegenstehen würde.

[424] Vgl. Gesetz betreffend die Anrufung des Gerichtshofes der Europäischen Gemeinschaften im Wege des Vorabentscheidungsverfahrens auf dem Gebiet der polizeilichen Zusammenarbeit und der justitiellen Zusammenarbeit in Strafsachen nach Artikel 35 des EU-Vertrages (EuGH-Gesetz – EuGHG) vom 6.8.1998, BGBl. I S. 2035.

[425] Streng genommen hätte deshalb der BGH vor seiner Entscheidung vom 2.2.1999 – 5 StR 596/96, NJW 1999, 1270 = NStZ 1999, 250 mAnm *Schomburg* StV 1999, 246, in der es um die belgische *transactie* – s. dazu: Rn. 179 – ging, diese Frage in einem Vorabentscheidungsverfahren durch den EuGH klären lassen müssen.

[426] EuGH 11.2.2003 – C-187/01 – C-385/01, NJW 2003, 1173 – Gözütok und Brügge; 9.3.2006 – C-436/04 [Van Esbroeck], NJW 2006, 1781; 18.7.2007 – C-367/05, NStZ 2008, 164 – Kraaijenbrink.

[427] EuGH 28.9.2006 – C-150/05, BeckRS 2006, 70756 – van Straaten = NJW 2006, 3406 (L) = JZ 2007, 245 mAnm *Kühne*.

[428] EuGH 16.11.2010 – C-261/09, BeckRS 2010, 91316 – Mantello = NJW-Spezial 2010, 61.

sodann auf die von ihm vorgenommene Auslegung des Begriffs in Art. 54 SDÜ Bezug genommen. Infolge des Beitritts der EU zur EMRK (Art. 6 Abs. 2 EUV) ist nunmehr auch eine Kohärenz wischen Grundrechts-Charta und der EMRK herzustellen (Art. 52 Abs. 3 GrCh), weshalb auch die Auslegungsgrundsätze des EGMR zu Art. 4 7. ZP zur EMRK heranzuziehen sind, einer Vorgabe, die der EuGH in der Sache *Mantello* dadurch nachgekommen ist, dass er sich auf die einschlägige EGMR-Rechtsprechung[429] bezog.

165   Abzustellen ist deshalb allein auf die maßgebliche Tat im materiellen Sinn, **weder** auf **ihre rechtliche Qualifizierung** (Straftat, Ordnungswidrigkeit[430]) noch auf die **Einordnung** (Verbrechen, Vergehen, Übertretung) oder **Unterschiede des von einzelnen Straftatbeständen geschützten Rechtsguts** (Ausfuhr im einen, Einfuhr im anderen Staat), da weder eine Bestimmung des AEUV, soweit er die polizeiliche und justizielle Zusammenarbeit in Strafsachen betrifft, noch eine Bestimmung des Schengener Übereinkommens[431] selbst oder des SDÜ die Anwendung (hier: von Art. 54 SDÜ) von der Harmonisierung oder zumindest von der Angleichung der Strafvorschriften der Mitgliedstaaten abhängig machen.[432]

II. Schengener Durchführungsübereinkommen

Schrifttum: *Endriß/Kinzig*, Eine Straftat – zwei Strafen – Nachdenken über ein erweitertes „ne bis in idem", StV 1997, 665; *Heger*, Die Auswirkungen des europäischen Doppelbestrafungsverbots auf die deutsche Strafrechtsprechung, HRRS 2008, 413; *Kühne*, Anmerkung zu EuGH BeckRS 2006, 70756, JZ 2007, 245; *Radtke/Busch*, Transnationaler Strafklageverbrauch in den sog Schengen-Staaten?, EuGRZ 2000, 421; *dies.*, Transnationaler Strafklageverbrauch in der Europäischen Union – EuGH, Urt. v. 11.2.2003, NStZ 2003, 284; *Rübenstahl*, Verbot der Doppelbestrafung im Rahmen des Art. 54 SDÜ, NJW 2008, 2934; *Rübenstahl/Bastian*, Unanwendbarkeit des europarechtlichen Verbots der Doppelbestrafung auf nicht rechtskraftfähige polizeiliche Verfahrenseinstellungen, ELR 2009, 71; *Schomburg*, Anm. zu OLG Saarbrücken NStZ 1997, 245, StV 1997, 383.

Art. 54 Schengener Durchführungsübereinkommen
Wer durch eine Vertragspartei rechtskräftig abgeurteilt worden ist, darf durch eine andere Vertragspartei wegen derselben Tat nicht verfolgt werden, vorausgesetzt, dass im Fall einer Verurteilung die Sanktion bereits vollstreckt worden ist, gerade vollstreckt wird oder nach dem Recht des Urteilsstaats nicht mehr vollstreckt werden kann.

166   **1. Rechtsgrundlage und Vorbehalt.** Das SDÜ hatte seine rechtliche Grundlage in Art. 31 und Art. 34 (EUV), nunmehr ersetzt durch Art. 82, 83 und 85 AEUV, über die polizeiliche und justizielle Zusammenarbeit, in denen die Voraussetzungen für das Durchführungsübereinkommens festgelegt wurden.

167   Die Bundesrepublik Deutschland hat sich anlässlich der Ratifizierung des Abkommens[433] **vorbehalten,** an Art. 54 SDÜ dann nicht gebunden zu sein, wenn die Straftat ganz oder teilweise auf deutschem Hoheitsgebiet begangen wurde.[434] Nach Art. 55 Abs. 1a Hs. 2 SDÜ kann dieser Vorbehalt jedoch dann nicht geltend gemacht werden, wenn die Tat zum Teil auch im Urteilsstaat begangen wurde. Vorbehalt und Rückausnahme werden durch den BGH[435] im Zusammenhang gelesen, wodurch der Vorbehalt, der ohne die Rückausnahme erklärt wurde, teilweise ins Leere läuft.

168   **2. Schengen-Raum.** Bis zum 1.1.2011 hatten folgende Staaten das Übereinkommen ratifiziert: Belgien, Bulgarien, Dänemark, Deutschland, Estland, Finnland, Frankreich, Griechenland, Irland, Island, Italien, Lettland, Litauen, Luxemburg, Malta, Niederlande, Norwegen, Österreich, Polen, Portugal, Schweden, Schweiz, Slowakei, Slowenien, Spanien,

---

[429] EGMR 10.2.2009 – 14939/03, BeckRS 2010, 21072 – Sergey Zolotukhin/Russland.
[430] EGMR 10.2.2009 – 14939/03, BeckRS 2010, 21072 – Sergey Zolotukhin/Russland.
[431] Übereinkommen von Schengen vom 14.6.1985 zwischen den Regierungen der Staaten der Benelux-Wirtschaftsunion, der Bundesrepublik Deutschland und der Französischen Republik betreffend den schrittweisen Abbau der Kontrollen an den gemeinsamen Grenzen („Schengen I").
[432] EuGH 11.2.2003 – C-187/01 – C-385/01, NJW 2003, 1173 – Gözütok und Brügge; 9.3.2006 – C-436/04, NJW 2006, 1781 – Van Esbroeck.
[433] Vgl. BGBl. 1994 II S. 631.
[434] *Weber* § 29 Rn. 55.
[435] BGH 13.5.1997 – 5 StR 596/96, NStZ 1998, 149; krit.: *Weber* Rn. 55 ff.

Tschechien, Ungarn, Vereinigtes Königreich. Die Einschränkungen in Bezug auf Irland und das Vereinigte Königreich betreffen vorwiegend die Grenzkontrollen, nicht hingegen die Zusammenarbeit im justiziellen und polizeilichen Bereich.

3. Vertragspartei. Da sich der Schengen-Raum sukzessive erweitert hat und noch **169** erweitern wird, kommt dem **Beitrittszeitpunkt,** also der Frage, wann in welchem Staat das SDÜ ratifiziert wurde bzw. in Kraft getreten ist, und der betreffende Staat damit zur „Vertragspartei" wurde, Bedeutung zu. Der in Art. 54 SDÜ niedergelegte Grundsatz *ne bis in idem* ist danach auf ein Strafverfahren anzuwenden, das in einem Vertragsstaat wegen einer Tat eingeleitet worden ist, die in einem anderen Vertragsstaat bereits zur Verurteilung des Betroffenen geführt hat, auch wenn das SDÜ in diesem letztgenannten Staat zum Zeitpunkt der Verkündung dieser Verurteilung noch nicht in Kraft war, sofern es in den betreffenden Vertragsstaaten zu dem Zeitpunkt, zu dem das mit einem zweiten Verfahren befasste Gericht die Voraussetzungen für die Anwendung des Grundsatzes ne bis in idem geprüft hat, in Kraft war.[436]

4. Dieselbe (materielle) Tat. In den Fällen mit BtM-Bezug wurde das Vorliegen „der- **170** selben Tat" **bejaht** in Hinblick
– auf den in Deutschland gegen einen niederländischen Coffeeshop-Betreiber (Gözütok) erhobenen Vorwurf des unerlaubten Handeltreibens, bei dem die niederländische Staatsanwaltschaft aufgrund von Durchsuchung und Beschlagnahmen ein Verfahren eingeleitet und abgeschlossen hatte,
– auf den in Belgien gegen einen belgischen Staatsbürger (van Esbroeck) erhobenen Vorwurf der unerlaubten Ausfuhr, nachdem dieser wegen Einfuhr desselben BtM bereits in Norwegen verurteilt worden war,
– auf den in Italien gegen einen niederländischen Staatsbürger (van Straaten) durch Abwesenheitsurteil erhobenen Vorwurf des Besitzes und der Ausfuhr, nachdem dieser in den Niederlanden vom Vorwurf der Einfuhr mangels Beweises freigesprochen worden war,
hingegen **verneint** in Hinblick
– auf den in Belgien gegen eine niederländische Staatsbürgerin (Kraaijenbrink) erhobenen Vorwurf der Geldwäsche, begangen dadurch, dass sie aus BtM-Handel in den Niederlanden stammende Geldbeträge in belgischen Wechselstuben in Umlauf gebracht hatte, obwohl sie in den Niederlanden wegen Erwerbs, Besitzes oder Übertragens von Einnahmen aus dem Drogenhandel wegen vorsätzlicher Hehlerei (opzetheling) bereits verurteilt worden war,
– auf den in Italien gegen einen italienischen Staatsbürger (Mantello) erhobenen Vorwurf der Mitgliedschaft in einer kriminellen Vereinigung, der in Italien zuvor wegen unerlaubten BtM-Besitzes verurteilt worden war.

5. Rechtskräftige Aburteilung. Während nach deutschem Verständnis zwischen einer **171** Ab- und einer Verurteilung unterschieden wird, wobei die Aburteilungen alle gerichtlich entschiedenen Fälle umfassen, von denen die Verurteilungen wiederum nur eine Teilmenge bilden, ist der in Art. 54 verwendete Begriff ebenfalls autonom nach EU-Recht auszulegen. Danach muss bereits die Aburteilung **nicht zwingend durch ein Gericht** erfolgt sein; auch Entscheidungen von in die Strafrechtspflege eingebundenen anderen Instanzen, vorwiegend Entscheidungen von Staatsanwaltschaften, können die Anwendung der Vorschrift rechtfertigen, wenn sie im Übrigen die Anforderungen an eine Aburteilung erfüllen; denn das in Art. 54 aufgestellte Verbot der Doppelbestrafung impliziert unabhängig davon, ob es auf zum Strafklageverbrauch führende Verfahren unter oder ohne Mitwirkung eines Gerichts oder auf Urteile angewandt wird, zwingend, dass ein gegenseitiges Vertrauen der Mitgliedstaaten in ihre jeweiligen Strafjustizsysteme besteht und dass jeder Mitgliedstaat die Anwendung des in den anderen Mitgliedstaaten geltenden Strafrechts akzeptiert, auch wenn die Anwendung seines eigenen nationales Rechts zu einem anderen Ergebnis führen würde.[437]

---

[436] EuGH 9.3.2006 – C-436/04, NJW 2006, 1781 – Van Esbroeck.
[437] EuGH 11.2.2003 – C-187/01 – C-385/01, NJW 2003, 1173 – Gözütok und Brügge.

172   **a) Auslegung.** Bei der Interpretation stehen für den EuGH[438] dabei folgende Gesichtspunkte im Vordergrund: Im Aburteilungsstaat muss
– ein Strafverfahren stattgefunden haben,
– in dessen Verlauf es zu einer sachlichen Überprüfung des Tatvorwurfs gekommen ist,
– das Verfahren endgültig zum Abschluss gebracht wurde und zwar
– zusammen mit der Verhängung und Vollstreckung einer Sanktion
– in der Weise, dass es vom Aburteilungsstaat nach dessen Rechtsordnung wegen Strafklageverbrauchs[439] nicht mehr wieder aufgenommen werden kann. Deshalb fehlt es an einer „Aburteilung", wenn die Staatsanwaltschaft eines Vertragsstaats nach sachlicher Prüfung des ihr unterbreiteten Sachverhalts in einem Stadium, zu dem gegen einen einer Straftat Verdächtigen noch keine Beschuldigung erhoben worden ist, die Strafverfolgung einstellt, wenn diese Einstellungsentscheidung nach dem nationalen Recht dieses Staates die Strafklage nicht endgültig verbraucht und damit in diesem Staat kein Hindernis für eine erneute Strafverfolgung wegen derselben Tat bildet.[440]

173   Ausgehend von diesem Verständnis besteht Deckungsgleichheit mit deutschem Recht lediglich in den Fällen der Verurteilung und des Freispruchs,[441] auch für einen aus Mangel an Beweisen.[442] Eine Diskrepanz zwischen den Rechtsordnungen ergibt sich bereits dann, wenn wie in Deutschland bei Vorliegen von Verfahrenshindernissen (Strafklageverbrauch, Verjährung) nicht Freispruch, sondern eine Verfahrenseinstellung durch Urteil (§ 260 Abs. 3 StPO) erfolgt, die im Hinblick auf Art. 54 keine Sperrwirkung entfalten soll,[443] obwohl der Angeklagte wegen der Aburteilungstat auch in Deutschland nicht mehr verfolgt werden kann. Derartige Unterschiede in Dogmatik und Verfahrensgestaltung machen eine **Differenzierung** danach notwendig, unter welchen Voraussetzungen sich jemand in Deutschland auf die bereits im Ausland erfolgte Aburteilung, und wann sich jemand vor einem ausländischen Gericht infolge der Aburteilung in Deutschland auf Art. 54 berufen kann.

174   **b) Berufung auf eine Aburteilung in Deutschland.** Im Sinne des europarechtlichen Begriffs der Aburteilung kann ein im Ausland Angeklagter das Verbot des Art. 54 sehr wohl mit der Begründung geltend machen, dass er in Deutschland wegen der Aburteilungstat nur deshalb nicht verurteilt wurde, weil die Strafverfolgung bereits verjährt war, und das Verfahren daher nach § 260 Abs. 3 StPO eingestellt werden musste.[444] Auch nach deutschem Recht gilt eine Verfahrenseinstellung jedenfalls dann als endgültige Aburteilung, wenn sie zu einem Verfahrenshindernis führt. Im Fall der Einstellung nach **§ 154 Abs. 2 StPO** ist dies jedenfalls dann der Fall, wenn die Wiederaufnahmefrist des § 154 Abs. 4 StPO abgelaufen ist; gleiches gilt für die Verfahrenseinstellung nach **§ 153a Abs. 1, Abs. 2 StPO**, da auch sie nach Erfüllung der Auflagen ein – beschränktes[445] – Verfahrenshindernis erzeugt. Erfolglos würde die Berufung auf Art. 54 allerdings in dem Fall sein, in dem die in Deutschland verfolgte Aburteilungstat ein Verbrechen oder dessen Teilakt wäre, weil nach der Rechtsordnung des Aburteilungsstaats[446] das Verfahren unter diesem neuen rechtlichen Gesichtspunkt wieder aufgenommen werden könnte. Eine durch die Staatsanwaltschaft nach **§ 154 Abs. 1 StPO** erfolgte Verfahrenseinstellung stellt ebenso wenig eine Aburteilung iS von Art. 54 dar.[447]

175   **c) Berufung auf eine Aburteilung im Ausland.** Wer in Deutschland vor Gericht steht, kann sich zunächst ebenfalls unter den vorgenannten Voraussetzungen auf Art. 54

---

[438] EuGH 11.2.2003 – C-187/01 – C-385/01, NJW 2003, 1173 – Gözütok und Brügge; 9.3.2006 – C-436/04, NJW 2006, 1781 – Van Esbroeck.
[439] EuGH 11.2.2003 – C-187/01 – C-385/01, NJW 2003, 1173 – Gözütok und Brügge.
[440] EuGH 22.12.2008 – C-491/07, NStZ-RR 2009, 109 – Turanský.
[441] *Weber* Vor §§ 29 ff. Rn. 33 f. mwN.
[442] EuGH 28.9.2006 – C-150/05, BeckRS 2006, 70756 – van Straaten = NJW 2006, 3406 (L) = JZ 2007, 245 mAnm *Kühne.*
[443] Zu pauschal: *Weber* Vor §§ 29 ff. Rn. 34.
[444] EuGH 28.9.2006 – C-467/04, NJW 2006, 3403 – Gasparini ua.
[445] Vgl. Meyer-Goßner/Schmitt/*Schmitt* StPO § 153a Rn. 45.
[446] EuGH 16.11.2010 – C-261/09, BeckRS 2010, 91316 – Mantello = NJW-Spezial 2010, 61.
[447] OLG Nürnberg 23.6.2009 – 1 OLG Ausl. 130/07, BeckRS 2009, 20924 = StV 2010, 233.

berufen. Dies gilt insbesondere hinsichtlich der § 153a StPO vergleichbaren Ahndungen im Ausland, namentlich der nach belgischem und niederländischem Recht dort vorhandenen Möglichkeit der Verfahrensbeendigung durch transactie. Anders als das nach § 153a StPO entstehende – beschränkte – Verfahrenshindernis, würde eine solche Verfahrensbehandlung wegen Art. 25 S. 2 GG auch das Wiederaufgreifen des Verfahrens unter dem rechtlichen Gesichtspunkt eines Verbrechens (zB §§ 29a, 30, 30a) hindern. Auch die Verurteilung durch **Abwesenheitsurteil** kann eine Aburteilung darstellen.[448] Erfolglos muss hingegen die Berufung auf Art. 54 bleiben, wenn das ausländische Verfahren – und sei es auch durch das Gericht – ohne Sachprüfung und nur deshalb eingestellt wird, weil die ausländische Staatsanwaltschaft beschlossen hat, die Strafverfolgung nicht fortzusetzen, da in einem anderen Mitgliedstaat Strafverfolgungsmaßnahmen gegen denselben Beschuldigten wegen derselben Tat eingeleitet worden sind.[449]

6. Vollstreckte Sanktion. Anders als in Art. 50 GrCha machen Art. 54 SDÜ, Art. 1 **176** Ne-bis-in-idem-Übk. und auch Art. 3 Nr. 2 RB-EuHB das Verbot der Mehrfachverfolgung davon abhängig, dass im Aburteilungsstaat eine Sanktion verhängt und auch vollstreckt wurde, gerade vollstreckt wird oder jedenfalls noch vollstreckbar ist. Hinsichtlich verhängter Freiheitsstrafen gilt dies auch, wenn deren Vollstreckung zur Bewährung ausgesetzt wurde,[450] weshalb die allenthalben zitierte Entscheidung des OLG Saarbrücken[451] das geforderte Vollstreckungselement schon im Ansatzpunkt verkennt. Wird die Vollstreckung einer Freiheitsstrafe durch die Ausweisung des Verurteilten „ersetzt", die sodann vollzogen wird, liegt auch darin eine vollstreckte Sanktion.[452] Bei Geldstrafen und Geldauflagen gilt dies nicht nur, wenn diese vollständig bezahlt sind,[453] sondern auch im Fall von eingeräumten Ratenzahlungen („gerade vollstreckt wird"). Eine vollstreckte Sanktion liegt dagegen bei einem (lediglich kurzfristigen) Vollzug von Polizei- oder Untersuchungshaft nicht vor, selbst wenn die Haft später auf die Freiheitsstrafe angerechnet wird.[454]

7. Nicht mehr vollstreckbare Sanktion. Hierzu zählen die Fälle, in denen im Abwurteilungsstaat Strafvollstreckungsverjährung eingetreten ist. Geltung kann diese Anwendungsvoraussetzung aber auch beanspruchen, wenn eine Aburteilung infolge einer allgemeinen Amnestie oder wegen eines persönlichen Gnadenerweises im Ergebnis sanktionslos bleibt. **177**

III. Ne-bis-in-idem-Übereinkommen

Art. 1 Ne-bis-in-idem-Übereinkommen
Wer in einem Mitgliedstaat rechtskräftig abgeurteilt worden ist, darf in einem anderen Mitgliedstaat wegen derselben Tat nicht verfolgt werden, vorausgesetzt, dass im Fall einer Verurteilung die Sanktion bereits vollstreckt worden ist, gerade vollstreckt wird oder nach dem Recht des Urteilsstaats nicht mehr vollstreckt werden kann.

Seinem materiellen Inhalt nach ist die Vorschrift mit Art. 54 SDÜ deckungsgleich, wes- **178** halb auf die Ausführungen zu Art. 54 SDÜ verwiesen werden kann.

IV. Rahmenbeschluss Europäischer Haftbefehl (RB-EuHB)[455]

Art. 3 RB-EuHB
Die Justizbehörde des Vollstreckungsstaats (nachstehend „vollstreckende Justizbehörde" genannt) lehnt die Vollstreckung des Europäischen Haftbefehls ab,

---

[448] EuGH 11.12.2008 – C-297/07, NStZ 2009, 454 – Bourquain; dazu aber: BGH 25.10.2010 – 1 StR 57/10, BeckRS 2010, 27838, insoweit in NStZ-RR 2011, 7 nicht abgedruckt.
[449] EuGH 10.3.2005 – C-469/03, NJW 2005, 1337 – Miraglia; vgl. auch Meyer-Goßner/Schmitt/*Meyer-Goßner* Einl. 176.
[450] EuGH 18.7.2007 – C-288/05, NJW 2007, 3412 – Kretzinger.
[451] OLG Saarbrücken 16.12.1996 – Ss 90/95, NStZ 1997, 245 mAnm *Schomburg* StV 1997, 383.
[452] OLG München 27.6.2001 – 2 Ws 491/01, NStZ 2001, 614.
[453] EuGH 11.2.2003 – C-187/01 – C-385/01, NJW 2003, 1173 – Gözütok und Brügge.
[454] EuGH 18.7.2007 – C-288/05, NJW 2007, 3412 – Kretzinger.
[455] Vgl. auch §§ 78 ff. IRG.

1. ...

2. wenn sich aus den der vollstreckenden Justizbehörde vorliegenden Informationen ergibt, dass die gesuchte Person wegen derselben Handlung von einem Mitgliedstaat rechtskräftig verurteilt, worden ist, vorausgesetzt, dass im Fall einer Verurteilung die Sanktion bereits vollstreckt worden ist, gerade vollstreckt wird oder nach dem Recht des Urteilsstaats nicht mehr vollstreckt werden kann.

3. ...

179   **1. Anwendungsbereich.** Nach Art. 2 Abs. 2 erfolgt die Übergabe der gesuchten Person ua bei illegalem Handel mit Drogen und psychotropen Stoffen.

180   **2. Anwendungsvoraussetzungen.** Seinem materiellen Inhalt nach ist die Vorschrift mit Art. 54 SDÜ deckungsgleich, weshalb auf die Ausführungen zu Art. 54 SDÜ verwiesen werden kann. In concreto handelt es sich nicht um „dieselbe Tat", wenn jemand in einem Fall wegen unerlaubte BtM-Besitzes rechtskräftig verurteilt wurde und nunmehr wegen der Mitgliedschaft in einer kriminellen Vereinigung zur Rechenschaft gezogen werden soll, wenn nach dem Recht des Ausstellungsmitgliedstaats die Verurteilung wegen Besitzes zu keinem Strafklageverbrauch bezüglich des Organisationsdelikts geführt hat.[456]

181   **3. Verfahren.** Die in Nr. 2 angesprochenen Informationen betreffen den Inhalt des Europäischen Haftbefehls und die dazu vom Ausstellungsmitgliedstaat vorgelegten Dokumente. Reichen diese der vollstreckenden Justizbehörde zur Beurteilung der Frage, ob eine Mehrfachverfolgung vorliegt, nicht aus, kann sie vom Ausstellungsmitgliedstaat weitere Informationen erbitten.

V. Charta der Grundrechte der Europäischen Union (GrCh)

Art. 50 GrCh
Niemand darf wegen einer Straftat, derentwegen er bereits in der Union nach dem Gesetz rechtskräftig verurteilt oder freigesprochen worden ist, in einem Strafverfahren erneut verfolgt oder bestraft werden.

Schrifttum: *Burchard/Brodowski,* Art. 50 Charta der Grundrechte der Europäischen Union und das europäische ne bis in idem nach dem Vertrag von Lissabon, StraFo 2010, 179; *Esser,* Garantien in der EU, in *Sieber/Brüner/Satzger/v. Heintschel-Heinegg,* Europäisches Strafrecht, 2011, § 53; *Heger,* Die Auswirkungen des europäischen Doppelbestrafungsverbots auf die deutsche Strafrechtsprechung, HRRS 2008, 413; *Merkel/Scheinfeld,* Ne bis in idem in der Europäischen Union – zum Streit um das „Vollstreckungselement", FS Imme Roxin, 2012, 765; *Rudolf,* Die neue europäische Grundrechtsarchitektur – Auftrag für Anwälte, AnwBl 2011, 253.

182   **1. Rechtsgrundlage.** Nach Art. 6 Abs. 1 EUV erkennt die Union die in der Charta niedergelegten Rechte ... an, wobei die Charta und die Verträge rechtlich gleichrangig sind. Nach Abs. 3 sind die Grundrechte, wie sie in der EMRK, der die Union beigetreten ist (Abs. 2), gewährleistet sind und wie sie sich aus den allgemeinen Verfassungsüberlieferungen der Mitgliedstaaten ergeben, als allgemeine Grundsätze Teil des Unionsrechts, wobei sie auch einen über die EMRK hinausgehenden Schutz gewähren kann (Art. 52 Abs. 3 S. 2 GrCh), dessen Umfang seinerseits jedoch wieder in den Verträgen seine Grenzen findet (Art. 52 Abs. 2 GrCh).

183   **2. Inkrafttreten.** Die im Vertrag von Lissabon enthaltene GrCh ist am 1.12.2009 in Kraft getreten.[457]

184   **3. Anwendung und Auslegung.** Die in der Charta niedergelegten Rechte werden gem. den allgemeinen Bestimmungen des Titels VII der Charta, die ihre Auslegung und Anwendung regelt, und unter gebührender Berücksichtigung der in der Charta angeführten Erläuterungen,[458] in denen die Quellen dieser Bestimmungen angegeben sind, ausgelegt (Art. 6 Abs. 1 S. 3 EUV).

---

[456] EuGH 16.11.2010 – C-261/09, BeckRS 2010, 91316 – Mantello = NJW-Spezial 2010, 61.
[457] BGBl. II S. 1223.
[458] ABl. C 2007/303, 17 ff.

a) Anwendungsbereich. Die Charta gilt für ua Organe, Einrichtungen und sonstige　185
Stellen der Union und für die Mitgliedstaaten ausschließlich bei der Durchführung des
Rechts der Union (Art. 51 Abs. 1 S. 1), woraus folgt: Die Mitgliedstaaten müssen bei der
Durchführung der gemeinschaftsrechtlichen Regelungen auch die Erfordernisse in der
Gemeinschaftsrechtsordnung beachten.[459]

b) Auslegung. Soweit die Charta Rechte enthält, die durch die EMRK garantierten　186
Rechten entsprechen, haben sie die gleiche Bedeutung und Tragweite, wie sie ihnen durch
die EMRK verliehen wird (Art. 52 Abs. 3 S. 1).

4. Verbot der Mehrfachverfolgung. a) Grundrecht. Art. 50 GrCh gewährleistet ein　187
Grundrecht, dessen Anwendungsvoraussetzungen und Auslegung im Unterschied zur Ver-
fassungstradition eines Mitgliedstaats autonom nach europäischem Recht[460] zu bestimmen
sind.

b) Regelungsgehalt. Die Vorschrift verbietet vor dem Hintergrund von *ne bis in idem*　188
die zwei- oder mehrmalige Verfolgung einer Straftat, wenn diese in der Union bereits zu
einer rechtskräftigen Verurteilung geführt hat oder der Angeklagte ihretwegen rechtskräftig
freigesprochen wurde.

c) Geltungsbereich. Art. 50 GrCh setzt voraus, dass die einer neuerlichen Verfolgung　189
entgegenstehende Verurteilung **in der Union** erfolgt ist. Im Vergleich zum Schengen-
Raum scheidet nach dem Stand vom 1.1.2011 einerseits Island aus, andererseits kommen
Rumänien und Zypern hinzu, die nicht Vertragsparteien des SDÜ sind.

d) Straftat. Vorab ist anzumerken, dass auch zu Art. 50 GrCh eine amtliche Erläuterung　190
existiert; ihr Manko besteht aber darin, dass sie zu einem vor der Annahme der Charta
liegenden Zeitpunkt formuliert wurde, weshalb sie lediglich das Urteil des EuGH in Sachen
Gözitok und Brügge[461] berücksichtigen konnte. Da der EuGH die dort vorgenommene
Auslegung in seinen späteren Entscheidung aber bestätigt und auch mit der durch den EGMR
erfolgten Auslegung von Art. 4 7. ZP zur EMRK in Übereinstimmung befunden hat, kann
wegen des Begriffs der „Straftat" auf die Auslegung zu Art. 54 SDÜ verwiesen werden.

e) Verurteilung. Zwar unterscheidet sich der hier verwendete Begriff der Verurteilung　191
von dem der Aburteilung in Art. 54 SDÜ. Die Inbezugnahme des Urteils Gözitok und
Brügge[462] in der amtlichen Erläuterung macht aber auch hier deutlich, dass die Annahme der
Charta nicht zu einer nachträglichen Einschränkung der durch den EuGH vorgenommenen
Auslegung führen sollte.

f) Verfolgung/Bestrafung. Während Art. 54 SDÜ lediglich die neuerliche Verfolgung　192
verbietet, spricht Art. 50 ausdrücklich auch das Verbot der nochmaligen Bestrafung an.

g) Fehlen einer Sanktion. Der Hauptunterschied zu den Mehrfachverfolgungsverbo-　193
ten in Art. 54 SDÜ, Art. 1 Ne-bis-in-idem-Übk. und Art. 3 RB-EuHB besteht darin, dass
das Verbot in Art. 50 **nicht an eine vollstreckte Sanktion** anknüpft. Dies wirft die Frage
auf, wie das daraus zu den genannten Übereinkommen und dem RBEuHB entstehende
Konkurrenzverhältnis zu lösen ist. Im „Rang" steht die GrCh den Verträgen gleich (Art. 6
Abs. 1 Hs. 2 EUV), ist also im Verhältnis zu den Übereinkommen und zum Rahmenbeschluss als höherrangiges Recht einzuordnen. Hierzu liegt bislang lediglich eine Entscheidung des BGH[463] vor, die den Fall des Kommandeurs eines Gebirgspionierbataillons betrifft,
auf dessen Befehl hin am 27.6.1944 als Vergeltung auf einen Partisanenüberfall in *Falzone*

---

[459] EuGH 14.3.2000 – C-292/97.
[460] EGMR 10.2.2009 – 14939/03, BeckRS 2010, 21072 – Sergey Zolotukhin/Russland.
[461] EuGH 11.2.2003 – C-187/01 – C-385/01, NJW 2003, 1173 – Gözütök und Brügge.
[462] EuGH 11.2.2003 – C-187/01 – C-385/01, NJW 2003, 1173 – Gözütök und Brügge.
[463] BGH 25.10.2010 – 1 StR 57/10, BGHSt 56, 11, insoweit in NStZ-RR 2011, 7 nicht abgedruckt;
ähnlich schon LG Aachen 8.12.2009 – 52 Ks 9/08, StV 2010, 237 m. abl. Anm. *Reichling*.

di Cortona (Toskana) 10 Männer aus der Gegend umgebracht worden waren und der in Italien in Abwesenheit wegen Mordes zu lebenslanger Haft verurteilt wurde, ohne dass das Urteil vollstreckt oder der Versuch hierzu unternommen worden wäre, die Haft in Italien aber heute noch vollstreckt werden könnte. Der EuGH konnte hierzu nicht Stellung nehmen, weil der BGH in Überschreitung seiner Kompetenz und unter Verletzung von § 1 EuGHG Art. 50 Charta selbst dem Regime des Art. 54 SDÜ unterstellt hatte, was – ebenso wenig verständlich – vom BVerfG[464] mit der Begründung gebilligt wurde, es verletze das Grundrecht auf den gesetzlichen Richter nicht, wenn das nationale Gericht Europäisches Recht „auf vertretbare Weise" auslege. Zu Recht wird die BGH-Entscheidung mit massiver Kritik bedacht.[465] In der Sache ist die BGH-Entscheidung schon deshalb nicht überzeugend, weil hier unter Zuhilfenahme von ursprünglichem Sekundärrecht jüngeres Primärrecht eingeschränkt wird und zudem unberücksichtigt bleibt, dass die Charta insgesamt zum Ziel hat, das Schutzniveau nicht nur zu stärken, sondern es im Einzelfall auch fortzuschreiben. Daneben wirft sie die Frage auf, wann es einem Strafsenat angemessen erscheint, § 1 EuGHG anzuwenden und die Auslegung Europäischen Rechts dem EuGH zu überlassen.

194 Anhängig ist beim EuGH unter Rs. C–617/10 ein Vorabentscheidungsverfahren, in dessen Rahmen der Haparanda tingsrätt (Schweden) anfragt, ob wegen einer Steuerstraftat Anklage erhoben werden darf, wenn in einem früheren Verwaltungsverfahren gegen den Angeklagten wegen derselben von ihm gemachten unrichtigen Angaben eine wirtschaftliche Sanktion (Steuerzuschlag) verhängt wurde.

G. Die Mengenbegriffe des BtMG

Schrifttum: *Aulinger,* Rechtsgleichheit und Rechtswirklichkeit bei der Strafverfolgung von Drogenkonsumenten. Schriftenreihe des Bundesministeriums für Gesundheit, Bd. 89, 1997; *Cassardt,* Zur Feststellung der nicht geringen Menge im BtM-Strafrecht, NStZ 1995, 257; *Endriß,* Das Problem der nicht geringen Menge im Betäubungsmittelrecht, StV 1984, 258; *Ewald/Jacobsen-Bauer/Klein/Uhl,* Gemeinsamer Vorschlag des Arbeitskreises Analytik der Suchtstoffe der GTFCh zur besseren analytischen Bewältigung der großen Anzahl und Vielfalt von „Kräutermischungen", NStZ 2013, 265; *Fritschi/Megges/Rübsamen,* Empfehlungen zur „nicht geringen Menge" einiger BtM und Cannabisharz, NStZ 1991, 470; *Hill,* Unter Brüdern – Die Vier-Kilo-Haschisch-Entscheidung des LG Lübeck, DRiZ 1995, 62; *Kirmse,* Betäubungsmittelstrafrecht – Ein Überblick für Referendare, JA 2011, 613; *Kotz,* Feststellungen zum Wirkstoffgehalt von Betäubungsmitteln im tatrichterlichen Urteil, StRR 2008, 367; *Krumdiek,* Cannabis sativa L. und das Aufleben alter Vorurteile, NStZ 2008, 437; *Leipold/Beukelmann,* Alter schützt vor Torheit nicht: Opa reüssiert als Cannabisbauer, NJW-Spezial 2014, 312, NJW-Spezial 2015, 185; *Lizermann,* Der Cannabis-Anbau, 2014; *Martens,* Die Festlegung der nicht geringen Menge von Methamphetamin, Die Kriminalpolizei 2002, 10; *Megges/Rübsamen/Steinke,* Die nicht geringe Menge Cannabis – Problematik der THC-Bestimmung, MDR 1986, 457; *Megges/Steinke/Wasilewski,* Zur Präzisierung des Begriffes „nicht geringe Menge" im Sinne des BtMG, NStZ 1985, 163; *Patzak/Goldhausen,* Cannabis – wirklich eine harmlose Droge?, NStZ 2006, 259; *dies.,* Die aktuellen Wirkstoffgehalte von Cannabis, NStZ 2007, 195; *dies.,* Die aktuellen Wirkstoffgehalte von Cannabis, NStZ 2011, 76; *Schmidt,* Die Entwicklung des Betäubungsmittelstrafrechts bis Mitte 2015, NJW 2015, 3008; *Schmidt* Die Entwicklung des Betäubungsmittelstrafrechts bis Mitte 2014, NJW 2014, 2995; *Schreiber,* Das Urteil des BGH zu Ecstasy, NJW 1997, 777; *Schulz/Wasilewski,* Nicht geringe Menge, das Vielfache einer Konsumeinheit, Kriminalistik 1979, 11 ff.; *Wechsung/Hund,* „Geringe" und „nicht geringe Menge" BtM i.S. des BetäubMG, NJW 1973, 1729; *W. Winkler,* Nicht geringe Menge bei Amfetamin nach wie vor bei 10 g Amfetaminbase, NStZ 2005, 493.

195 Im deutschen BtM-Recht finden **drei Mengenbegriffe** Verwendung, nämlich **die geringe Menge** (§§ 10a Abs. 2 S. 2 Nr. 5, 29 Abs. 5, 31a), und **die nicht geringe Menge** (§ 29a Abs. 1, Nr. 2, 30 Abs. 1 Nr. 4, 30a Abs. 1 und Abs. 2 Nr. 2). Dazwischen liegt das weite Feld der **normalen Menge,** die § 29 Abs. 1 S. 1 Nr. 1 betrifft. Gelegentlich wird auch noch der Begriff der „ungewöhnlich großen Menge" oder der „außerordentlich großen Menge" verwendet. Unabhängig davon, wie man zur nicht geringen Menge als Strafschärfungsmerkmal steht (wie hier etwa kritisch, → Vor § 29a Rn. 24), wird die Feststellung des Wirkstoffgehalts Ermittlungsbehörden bzw. Tatrichtern nicht erspart bleiben. Auch

---

[464] BVerfG 15.12.2011 – 2 BvR 148/11, NJW 2012, 1202.
[465] *Schomburg/Lagodny/Gleß/Hackner* III E 1 SDÜ Art. 54 Rn. 11; *Merkel/Scheinfeld* S. 770 ff.

wenn viel dafür spricht, jedenfalls im Hinblick auf den Unrechtsgehalt mehr auf die Schäd-lichkeit/Toxizität der Stoffe und auf den ins Auge gefassten Umsatz abzustellen, wird man um das Merkmal der geringen Menge nicht umhin kommen. Streng genommen handelt es sich bei der geringen Menge um ein **Indizmerkmal,** das für oder wider eine potentielle Eigenverbrauchsabsicht spricht. § 31a nennt aber die geringe Menge als Tatbestandsmerkmal und legt damit den Grundstein für eine Katalogisierung, die letztlich wie eine **Beweisregel** wirkt, aber positiv festgeschrieben ist (bis zu welcher Menge besitzt ein Täter BtM, um diese lediglich zu konsumieren?). Kommt also ein Tatrichter zur Überzeugung, dass der Täter 1kg Marihuana zum Eigenverbrauch besitzt, kann er zwar einen Umsatzwillen vernei-nen, nicht jedoch das Verfahren gem. § 31a einstellen.

I. Geringe Menge (gem. §§ 10a Abs. 2 S. 2 Nr. 5, 29 Abs. 5, 31a)

1. Geschichtliche Entwicklung. In den Beratungen zum **BtMG 1972** wurde auf **196** Legaldefinitionen zu den im Gesetz verwendeten Mengenbegriffen überhaupt verzichtet. Der federführende Ausschuss für Jugend, Familie und Gesundheit legte in seinem Schriftli-chen Bericht über den von der Bundesregierung eingebrachten Entwurf eines Gesetzes zur Änderung des Opiumgesetzes in Übereinstimmung mit dem Rechtsausschuss, jedoch entgegen der Auffassung des Innenausschusses, der Bundesregierung und des Bundesrates besonderen Wert auf die Einfügung einer Klausel „für die passiven Täter".[466] So wurde § 11 Abs. 5 BtMG 1972 eingefügt: „Das Gericht kann von einer Bestrafung nach den Absätzen 1 bis 3 absehen, wenn der Täter die BtM lediglich zum Eigenverbrauch in geringen Mengen besitzt oder erwirbt". In den Beratungen kam zum Ausdruck, dass eine geringe Menge vorliege, wenn jemand eine Dosis BtM oder zwei bis drei Haschischzigaretten besitze, während ein Vorrat, der für mehrere Fälle ausreiche, keine geringe Menge mehr sei.[467] Damit war der mögliche Begriffsinhalt noch nicht einmal hinreichend umschrie-ben und dessen Festlegung der Rechtsprechung überlassen. Bei den Beratungen des Entwurfs zum BtMG 1982 hat der Gesetzgeber mit dem (damals unrichtigen) Hinweis darauf, dass der Begriff der geringen Menge von der Rechtsprechung ausreichend geklärt sei,[468] davon Abstand genommen, die geringe Menge definitorisch festzulegen. Nachdem die **Recht-sprechung der** aus Strafgewaltsgründen nahezu ausschließlich mit den Rechtsfragen der geringen Menge befassten **Oberlandesgerichte** zunächst sehr uneinheitlich war, hat sich inzwischen unter Orientierung an den zum Mundraub der Übertretungsvorschrift des § 370 Nr. 5 StGB aF entwickelten Grundsätzen die Auffassung durchgesetzt, dass eine Menge dann als gering anzusehen ist, **wenn sie bei wenigen Gelegenheiten verbraucht werden kann, also zum einmaligen bis höchstens dreimaligen Gebrauch geeignet ist.**[469]

2. Verfassungsmäßigkeit. Das BVerfG hat im *Cannabis-Beschluss*[470] entschieden, dass **197** die Strafvorschriften des BtMG, soweit sie Verhaltensweisen mit Strafe bedrohen, die aus-schließlich den gelegentlichen Eigenverbrauch geringer Mengen von Cannabis-Produkten vorbereiten und nicht mit einer Fremdgefährdung verbunden sind, deshalb nicht gegen das Übermaßverbot verstoßen, weil der Gesetzgeber es den Strafverfolgungsorganen ermöglicht, durch das Absehen von Strafe (§ 29 Abs. 5) oder Strafverfolgung (§§ 153 ff. StPO, § 31a) einem

---

[466] Bericht v. 11.10.1971 zu BT-Drs. VI/2673, 5.

[467] 54. Sitzung des Deutschen Bundestages v. 22.9.1971, S. 30.

[468] Kurzprotokoll über die 71. Sitzung des Bundestagsausschusses für Jugend, Familie und Gesundheit v. 5.3.1980, S. 46.

[469] BayObLG 26.5.1982 – RReg 4 St 69/82, BayObLGSt 1982, 62; 30.6.1998 – 4 St RR 91/98, NStZ-RR 1999, 59; 18.5.1999 – 4 St RR 104/99, BayObLGSt 1999, 99 mAnm *Kreuzer/Hoffmann* StV 2000, 83; 23.12.1999 – 4 St RR 253/99, BayObLGSt 1999, 178; OLG Hamm 22.7.1986 – 2 Ss 856/86 (173), StV 1987, 251; OLG Karlsruhe 25.7.1972 – 3 Ws 74/72, DRsp Nr. 1998/19 571; OLG Koblenz 19.12.1974 – 1 Ss 280/74, NJW 1975, 1471; 26.6.1978 – 2 Ss 260/78, DRsp Nr. 1998/19 572; 11.9.2000 – 2 Ss 225/00, BeckRS 2000 30130791.

[470] BVerfG 9.3.1994 – 2 BvL 43/92 ua, BVerfGE 90, 145 = NJW 1994, 1577 = StV 1994, 295; mAnm *Gusy* JZ 1994, 863; mAnm *Kreuzer* NJW 1994, 2400; mAnm *Nelles/Velten* NStZ 1994, 366; mAnm *Schneider* StV 1994, 390.

geringeren individuellen Unrechts- und Schuldgehalt der Tat Rechnung zu tragen. (Es hat allerdings die stark unterschiedliche Einstellungspraxis in den verschiedenen Bundesländern gerügt und einen im Wesentlichen einheitlichen Gesetzesvollzug angemahnt.) Die durch die Rechtsprechung aufgestellten **Grenzwerte** hat es jedoch für **verfassungsrechtlich unbedenklich** angesehen.[471] Es können somit weder gegen die Grenzwerte als solche (allenfalls gegen die unterschiedliche Handhabung der Einstellungspraxis in den einzelnen Bundesländern[472]) noch gegen das Verfahren der Festsetzung durch Gerichte und Verwaltungsvorschriften der Exekutive verfassungsrechtliche Bedenken erhoben werden.

198   **3. Begriff der geringen Menge.** Das BtMG verwendet den Begriff der geringen Menge im Zusammenhang mit dem Absehen von Strafe (§ 29 Abs. 5) und dem Absehen von Strafverfolgung (§§ 10a Abs. 2 S. 2 Nr. 5, 31a). Der Gesetzgeber hat den Begriff der geringen Menge **nicht definiert.**

199   Die Rechtsprechung zu § 29 Abs. 5 versteht unter einer geringen Menge den **Augenblicks-**[473] oder der **Tagesbedarf** eines **nicht abhängigen Konsumenten,** der sich auf **zwei bis drei Konsumeinheiten**[474] beläuft. Auszugehen ist von einer **Konsumeinheit,** dh derjenigen Menge, die erforderlich ist, um einen Rauschzustand herbeizuführen.[475] Zur Ermittlung der Konsumeinheit ist die für das jeweilige BtM übliche **Konsumform** zugrunde zu legen.[476]

200   Die Konsumeinheit ist bei einem Abhängigen, bei dem bereits eine hohe Toleranz eingetreten ist, größer als bei einem Durchschnittskonsumenten, der bei den unterschiedlichen BtM unterschiedlich und immer angreifbar zu typisieren wäre, und bei diesem wiederum größer als beim Probierer oder Gelegenheitskonsumenten. Entsprechend der von der Rechtsprechung erkannten Zielrichtung der Privilegierungsvorschrift des § 29 Abs. 5 ist nicht auf den individuell jeweils Betroffenen[477] (der im Falle einer bestehenden Abhängigkeit hohe Dosen zur Erzielung eines Rauschzustandes benötigte) oder auf den Durchschnittskonsumenten,[478] sondern auf den drogenunerfahrenen Probierer,[479] also den **Erstkonsumenten** abzustellen. Im Falle der §§ 10a Abs. 2 S. 2 Nr. 5, 31a Abs. 1 S. 2 ergibt sich daraus ein gesetzlicher Wertungswiderspruch, weil dort gerade Drogenerfahrung faktisch vorausgesetzt wird.[480] Die Bestimmung der geringen Menge aus der Anzahl der Konsumeinheiten ist fehlerträchtig.[481]

201   **4. Grenzwerte der geringen Menge bei den einzelnen BtM.** Nach diesen Grundsätzen kann bei den nachgenannten BtM von folgenden Grenzwerten der geringen Menge ausgegangen werden:

202   **a) Die von der Rechtsprechung bestimmte geringe Menge.** Bei **Amfetamin** beträgt die Konsumeinheit 50 mg Base;[482] die geringe Menge reicht bis zu 150 mg. Wird eine Gewichtsmenge von 1 g erworben, sind §§ 29 Abs. 5, 31a zu prüfen.[483] Bei **Cannabis-**

---

[471] BVerfG 9.3.1994 – 2 BvL 43/92 ua, BVerfGE 90, 145 = NJW 1994, 1577 = StV 1994, 295; mAnm *Gusy* JZ 1994, 863; mAnm *Kreuzer* NJW 1994, 2400; mAnm *Nelles/Velten* NStZ 1994, 366; mAnm *Schneider* StV 1994, 390; 1.9.1994 – 2 BvQ 33/94, NJW 1995, 3112.

[472] Vom BVerfG allerdings bislang nicht zur Kenntnis genommen, vgl. BVerfG 29.6.2004 – 2 BvL 8/02, NJW 2004, 3620 mAnm *Endriß* StraFo 2004, 312.

[473] OLG Koblenz 11.9.2000 – 2 Ss 225/00, BeckRS 2000 30130791.

[474] BGH 12.8.1993 – 1 StR 379/93, DRsp Nr. 1995/7386; BayObLG 14.2.1995 – 4 St RR 170/94, BayObLGSt 1995, 27 mAnm *Körner* StV 1995, 531.

[475] OLG Hamburg 14.1.1975 – 2 Ss 132/74, JR 1976, 166 mAnm *Fuhrmann.*

[476] AA OLG Hamburg 14.1.1975 – 2 Ss 132/74, JR 1976, 166 mAnm *Fuhrmann:* die dem Konsumenten zugängliche wirksamste Anwendungsmöglichkeit.

[477] So aber Pfeil/Hempel/Schiedermair/*Slotty* § 29 Rn. 320.

[478] So aber *Wechsung/Hund* NJW 1973, 1729 (1731).

[479] BayObLG 26.5.1982 – RReg 4 St 69/82, BayObLGSt 1982, 62; inzwischen allg. Meinung.

[480] → § 10a Rn. 6.

[481] ZB BayObLG 30.6.1998 – 4St RR 91/98, NStZ-RR 1999, 59.

[482] BayObLG 23.12.1999 – 4St RR 253/99, BayObLGSt 1999, 178; OLG Koblenz 11.9.2000 – 2 Ss 225/00, DRsp Nr. 2001/6296.

[483] OLG Koblenz 9.3.2009 – 2 Ss 230/08, BeckRS 2009, 08967.

produkten hat der BGH[484] – ausgehend von nicht ausschließbar besonders schlechter Qualität – eine geringe Menge noch bei **10 g** angenommen. Nach der obergerichtlichen Rechtsprechung reicht die geringe Menge bis zu **6 g** Haschisch und/oder Marihuana.[485] Bei **Heroin** beträgt die Höchstwirkstoffmenge nach der Rechtsprechung **0,03 g** Heroinhydrochlorid.[486] Bei **Kokain** beträgt die Höchstwirkstoffmenge nach der Rechtsprechung 0,3 g Kokainhydrochlorid;[487] dies gilt nach dem BayObLG[488] aber nur, wenn keine konkreten Feststellungen zum Wirkstoffgehalt getroffen werden (konnten). Wird dagegen der Mindestwirkstoffgehalt durch Untersuchung festgestellt, so ist die geringe Menge ausschließlich nach diesem zu bestimmen; die Konsumeinheit ist dann mit 33 mg Kokainhydrochlorid anzusetzen, so dass die Obergrenze der geringen Menge bei maximal **100 mg** KHCl (3 Konsumeinheiten zu je 33 mg) liegt.

b) Die aus der Rechtsprechung zur nicht geringen Menge rechnerisch 203 bestimmte geringe Menge. Alprazolam: Die Konsumeinheit (KE) beträgt 4 mg;[489] die geringe Menge reicht bis zu 12 mg. **Buprenorhin:** Eine KE beträgt 30 mg; die geringe Menge reicht bis 9 mg.[490] Bei **Cathinon** (Khat-Pflanze) umfasst eine KE 150 mg,[491] so dass eine geringe Menge bis zu 450 mg Cathinon angenommen werden kann. **Clonazepam:** Die KE beträgt 8 mg;[492] die geringe Menge reicht bis zu 24 mg. Bei **JWH-018** liegen zwei unterschiedliche Grenzwertbestimmungen vor. Während das LG Ulm[493] die KE auf 5 mg festlegt, wodurch die geringe Menge bis 15 mg reicht, setzt das LG Kleve[494] die KE bei 3 mg an, wonach die geringe Menge höchstens 9 mg beträgt. **Lorazepam:** Die KE beträgt 8 mg;[495] die geringe Menge reicht bis zu 24 mg. **Lormetazepam:** Die KE beträgt 6 mg;[496] die geringe Menge reicht bis zu 18 mg. Für **LSD** (Lysergsäurediäthylamid) hat der BGH[497] die nicht geringe Menge auf 6 mg (120 KE zu je 50 mg) festgelegt. Eine KE umfasst danach 50 mg oder 0,05 g. Eine geringe Menge kann daher bis zu **0,15 g** des reinen Wirkstoffs angenommen werden. Bei **mccP** (Meta-Chlorphenylpiperazin) beträgt die KE 120 mg,[498] die geringe Menge folglich bis zu 360 mg. Für **MDA** (Methyldioxyamfetamin), **MDE** (Methylendioxyethylamfetamin), **MDEA** (3,4-Methylendioxy-N-ethylamphetamin) und **MDMA** (Methylendioxymetamfetamin) beträgt die KE 120 mg Base bzw. 140 mg HCl,[499] die geringe Menge

[484] BGH 20.12.1995 – 3 StR 245/95, BGHSt 42, 1 (dort insoweit nicht abgedruckt) = NJW 1996, 794 mAnm *Rahlf* DRsp Nr. 1996/5; Anm. *Körner* NStZ 1996, 195.

[485] BayObLG 14.2.1995 – 4St RR 170/94, StV 1995, 529 mAnm *Körner*; 12.8.1993 – 4St RR 131/93, DRsp Nr. 1995/7387; 23.3.1993 – 4St RR 36/93, DRsp Nr. 1995/7372; 25.11.1991 – RReg 4 St 191/91, DRsp Nr. 2001/6187; OLG Hamm 24.6.1998 – 2 Ss 666/98, NStZ-RR 1998, 374; OLG Düsseldorf 29.5.1996 – 5 Ss 135/96 – 43/96 I, MDR 1996, 1174; OLG Koblenz 9.10.1997 – 1 Ss 271/97, NJW 1998, 2756; OLG Oldenburg 16.12.1992 – Ss 443/92, StV 1993, 251.

[486] BayObLG 18.5.1999 – 4St RR 104/99, NStZ 1999, 514 unter Aufgabe der bisherigen Rechtsprechung.

[487] BayObLG 26.5.1982 – RReg 4 St 69/82, BayObLGSt 1982, 62; 11.3.2003 – 4St RR 24/03, StV 2003, 625; OLG Stuttgart 19.6.1998 – 1 Ss 331/98, NJW 1998, 3134.

[488] BayObLG 11.3.2003 – 4St RR 24/03, StV 2003, 625.

[489] BGH 2.11.2010 – 1 StR 581/09, BGHSt 56, 52 = NJW 2011, 1462 mAnm *Kotz* NStZ 2011, 463.

[490] BGH 24.4.2007 – 1 StR 52/07, BGHSt 51, 318 = NJW 2007, 2054 mAnm *Kotz* StRR 2007, 271.

[491] BGH 28.10.2004 – 4 StR 59/04, NJW 2005, 163 mAnm *Weber* NStZ 2005, 452.

[492] BGH 2.11.2010 – 1 StR 581/09, BGHSt 56, 52 = NJW 2011, 1462 mAnm *Kotz* NStZ 2011, 463.

[493] LG Ulm 24.3.2011 – 1 KLs 22 Js 15896/09.

[494] LG Kleve 6.2.2012 – 120 KLs 40/11, BeckRS 2012, 07133.

[495] BGH 2.11.2010 – 1 StR 581/09, BGHSt 56, 52 = NJW 2011, 1462 mAnm *Kotz* NStZ 2011, 463.

[496] BGH 2.11.2010 – 1 StR 581/09, BGHSt 56, 52 = NJW 2011, 1462 mAnm *Kotz* NStZ 2011, 463.

[497] BGH 1.9.1987 – 1 StR 191/87, BGHSt 35, 43 = NJW 1988, 2960 mAnm *Nestler-Tremel* EzSt BtMG § 30 Nr. 22; Anm. *Winkler* NStZ 1988, 28.

[498] LG Dresden 29.4.2008 – 4 KLs 422 Js 40176/07, BeckRS 2008, 12528; LG Freiburg 18.1.2010 – 7 Ns 610 Js 13070/09 – AK 113/09, BeckRS 2010, 02687 = NStZ-RR 2011, 131 (bei *Kotz/Rahlf*) = StV 2010, 236.

[499] BGH 9.10.1996 – 3 StR 220/96, BGHSt 42, 255 = NJW 1997, 810 mAnm *Cassardt* NStZ 1997, 135; Anm. *Schreiber* NJW 1997, 777 für MDE/MDEA; 15.3.2001 – 3 StR 21/01, NJW 2001, 1805 für MDA und MDMA; 17.11.2004 – 3 StR 417/04, BeckRS 2004, 11565 für MDMA-Base, „den in sog. Ecstasy-Tabletten enthaltenen Wirkstoff"; sa KPV/*Patzak* § 29a Rn. 87 ff.

bis zu 360 mg Base bzw. 420 mg HCl. Bei **Metamfetamin** beträgt die KE 25 mg,[500] die geringe Menge endet bei 75 mg. Eine KE **Metamfetaminracemat** ([RS]-[methyl][1-phenyl-propan-2-yl]azan) beträgt 50 mg, die geringe Menge folglich 150 mg.[501] Bei **Methadon** ist zwischen Levomethadon und dem razemischen Methadon zu unterscheiden. Die KE beträgt bei **Levomethadon** 25 mg (Methadon-HCl), die geringe Menge daher 75 mg; bei **razemischem Methadon** reicht die geringe Menge bis 150 mg Methadon-HCl (3 KE je 50 mg).[502] Bei **Methaqualon** ist nach der divergierenden Rechtsprechung des LG Frankfurt a. M. entweder von einer KE von 1,25 g[503] oder von einer KE von 2 g[504] auszugehen; die geringe Menge beträgt daher 3,75 g bzw. 6 g. Bei **Methylaminorex** umfasst eine KE 50 mg oder 0,05 g;[505] eine geringe Menge kann daher bis zu **0,15 g** Methylaminorex-Base (ICE) angenommen werden. **Midazolam:** Die KE beträgt 30 mg;[506] die geringe Menge reicht bis zu 90 mg. Für **Morphin** hat der BGH die nicht geringe Menge auf 4,5 g Morphin-Hydrochlorid (150 Konsumeinheiten zu je 30 mg) festgelegt. Eine Konsumeinheit umfasst danach 30 mg oder 0,03 g MorphinHCl.[507] Eine geringe Menge kann daher bis 0,09 g Morphin-HCl angenommen werden. Bei **Opium** beträgt die KE 25 mg oder 0,025 g MorphinHCl;[508] die geringe Menge reicht bis 75 mg Morphin-HCl. **Oxazepam:** Die KE beträgt 120 mg;[509] die geringe Menge reicht bis zu 360 mg. Bei **Psilocin** umfasst eine KE 10 mg oder 0,01 g;[510] die geringe Menge reicht bis zu 3 mg. Bei **Psilocybin** hat das BayObLG die nicht geringe Menge auf 1,7 Gramm (120 Konsumeinheiten zu je 14 mg[511]), so dass eine geringe Menge bis 42 mg angenommen werden kann. **Temazepam:** Die KE beträgt 80 mg;[512] die geringe Menge reicht bis zu 240 mg. **Tetrazepam:** Die KE beträgt 80 mg;[513] die geringe Menge reicht bis zu 240 mg. **Triazolam:** Die KE beträgt 2 mg;[514] die geringe Menge reicht bis zu 6 mg. **Zolpidem:** Die KE beträgt 80 mg;[515] die geringe Menge reicht bis zu 240 mg.

204   **c) Angaben zur geringen Menge in Verwaltungsvorschriften.** Soweit einzelne Bundesländer Verwaltungsvorschriften zum Absehen von der Verfolgung von Straftaten im Zusammenhang mit dem Eigenkonsum einer geringen Menge von BtM erlassen haben, sind diese in die Kommentierung zu dieser Vorschrift eingearbeitet.

205   **5. Die geringe Menge bei unterschiedlichen BtM.** Prinzipiell besteht durchaus die theoretische Möglichkeit, insgesamt auf nur eine geringe Menge zu kommen, auch wenn mehrere verschiedene BtM vorliegen. Die Menge darf dann zusammengenommen drei Konsumeinheiten nicht übersteigen. Zur Berechnung in derartigen Fällen wird auf die Erläuterungen zu § 29 Abs. 5[516] verwiesen.

---

[500] BGH 3.12.2008 – 2 StR 86/08, BGHSt 53, 89 = NJW 2009, 863 mAnm *Winkler* A&R 2009, 83 *unter Aufgabe der Rechtsprechung* in BGH 25.7.2001 – 5 StR 183/01, NStZ 2002, 267 und 23.8.2001 – 5 StR 334/01, NStZ-RR 2001, 379.

[501] BGH 17.11.2011 – 3 StR 315/10, BGHSt 57, 60 = NJW 2012, 400 mAnm *Kotz* StRR 2012, 70.

[502] LG Freiburg 22.11.2004 – 7 Ns 61 Js 31 637/02 – AK 20/04, NStZ-RR 2005, 323 = NStZ-RR 2006, 226 *(bei Kotz/Rahlf)*; vgl. OLG Karlsruhe 25.5.1994 – 1 Ss 103/93, NStZ 1994, 589 mAnm *Endriß/Logemann* NStZ 1995, 195.

[503] LG Frankfurt 26.5.1987 – 90 Js 13 394/86, StV 1988, 110.

[504] LG Frankfurt 8.12.1987 – 5/29 KLs 90 Js 11004/86, StV 1988, 344.

[505] LG Braunschweig 19.2.1993 – 38 KLs 806 Js 42 026/92, NStZ 1993, 444; zustimmend *Cassardt* NStZ 1995, 257 (261).

[506] BGH 2.11.2010 – 1 StR 581/09, BGHSt 56, 52 = NJW 2011, 1462 mAnm *Kotz* NStZ 2011, 463.

[507] BGH 22.12.1987 – 1 StR 612/87, BGHSt 35, 179 = NJW 1988, 2962 mAnm *Rübsamen/Steinke* NStZ 1988, 462.

[508] LG Köln 17.3.1993 – 108 – 86/92, StV 1993, 529; bestätigt durch OLG Köln 15.3.1994 – Ss 83/94, StV 1995, 306.

[509] BGH 2.11.2010 – 1 StR 581/09, BGHSt 56, 52 = NJW 2011, 1462 mAnm *Kotz* NStZ 2011, 463.

[510] BayObLG 21.2.2002 – 4St RR 7/2002, BayObLGSt 2002, 33 = OLGSt BtMG § 29a Nr. 4.

[511] BayObLG 21.2.2002 – 4St RR 7/2002, BayObLGSt 2002, 33 = OLGSt BtMG § 29a Nr. 4.

[512] BGH 2.11.2010 – 1 StR 581/09, BGHSt 56, 52 = NJW 2011, 1462 mAnm *Kotz* NStZ 2011, 463.

[513] BGH 2.11.2010 – 1 StR 581/09, BGHSt 56, 52 = NJW 2011, 1462 mAnm *Kotz* NStZ 2011, 463.

[514] BGH 2.11.2010 – 1 StR 581/09, BGHSt 56, 52 = NJW 2011, 1462 mAnm *Kotz* NStZ 2011, 463.

[515] BGH 2.11.2010 – 1 StR 581/09, BGHSt 56, 52 = NJW 2011, 1462 mAnm *Kotz* NStZ 2011, 463.

[516] → § 29 Rn. 1726 ff.

6. Die geringe Menge bei verschiedenen Verwendungszwecken. Das Problem, 206
das bei größeren Mengen mit verschiedenen Verwendungszwecken insbesondere bei der
Feststellung des Schuldumfangs (bei Handelsmengen wegen Fremdgefährdung größerer
Schuldumfang mit der Möglichkeit der Strafschärfung, bei Eigenverbrauchsmengen wegen
ausschließlicher Selbstgefährdung keine Strafschärfung oder sogar Strafmilderung), aber auch
bei der rechtlichen Einordnung besteht, stellt sich bei geringen Mengen insofern auch, als
nur Eigenverbrauchsmengen privilegiert sind. Nur in Bezug auf diese Kleinmengen zum
Eigenverbrauch sind Urteilsfeststellungen unerlässlich, weil davon die tatrichterliche Entscheidung nach § 29 Abs. 5 abhängt. In Bezug auf Kleinmengen, die zu anderen Zwecken
tatbefangen sind (Abgabe, Verkauf), verbleibt es bei der Strafe mit Strafmilderungsmöglichkeit, ohne dass es auf die genaue Feststellung von Grenzmengen (hier der Obergrenze der
geringen Menge) ankäme. Kann nicht geklärt werden, zu welchem Zweck Rauschmittel
besessen werden, ist nach dem Zweifelsgrundsatz davon auszugehen, dass der Besitz zum
Eigenverbrauch erfolgt ist.[517]

7. Die Feststellung der geringen Menge. Da die Grenze der geringen Menge bei 207
drei Konsumeinheiten liegt und die einzelne Konsumeinheit nach ihrer Wirkstoffmenge
bestimmt wird, richtet sich die Bestimmung der geringen Menge – soweit sie durch
Gerichtsentscheidungen vorgenommen wurde und wird – nach dem Wirkstoffgehalt und
nicht nach der Gewichtsmenge des BtM.[518] Eine genauere Festlegung des Mindestwirkstoff-
gehalts wie auch der genauen Gewichtsmenge ist lediglich **ausnahmsweise entbehrlich,**
namentlich wenn feststeht, dass nur eine geringe Menge iSv § 29 Abs. 5 Verfahrensgegenstand ist.[519] Unschädlich ist das Fehlen von Feststellungen zum Wirkstoffgehalt aber auch
nur dann, wenn die **Vorschrift angewendet wird.** Ist lediglich ihr Anwendungsbereich
eröffnet, wird aber von den möglichen Rechtsfolgen kein Gebrauch gemacht, bedarf es
auch in diesem Fall der Feststellung des Wirkstoffgehalts.[520] Zieht das Gericht aber die
Anwendung des § 29 Abs. 5 in Betracht, deutet dies darauf hin, dass es von einer geringen
Menge ausgeht, wenn es die Anwendung der Vorschrift an anderen Voraussetzungen scheitern lässt (zahlreiche Vorstrafen etc.).[521] Wird der Wirkstoff nicht festgestellt, kann das Urteil
nur dann Bestand haben, wenn auszuschließen ist, dass sich die fehlende Feststellung zum
Nachteil des Angeklagten ausgewirkt hat.[522] Dies ist anzunehmen, wenn das Urteil von
„**schlechtester Qualität**" ausgeht.[523]

a) Untersuchung möglich. Ist das BtM oder sind die BtM noch nicht verbraucht, 208
sondern sichergestellt, so ist eine chemisch-toxikologische Untersuchung auf den Wirk-
stoffgehalt möglich. Immer wenn nach den Umständen des Falles eine geringe Menge in
Betracht kommt, sollte die **Wirkstoffuntersuchung** in Auftrag gegeben werden.[524] Diese
Auffassung ist nicht unumstritten: Nach Ansicht des BayObLG sind Feststellungen zum
Mindestwirkstoffgehalt der BtM-Zubereitung im Bereich der geringen Menge entbehr-

---

[517] BayObLG 8.7.1994 – 4 St RR 75/94, DRsp Nr. 1998/11 379.
[518] Vgl. die Argumentation zur Grenzwertbestimmung durch das BayObLG: für *Heroin* BayObLG
18.5.1999 – 4St RR 104/99, BayObLGSt 1999, 99 = NStZ 1999, 514 mAnm *Kreuzer/Hoffmann* StV 2000,
83; für *Amfetamin* BayObLG 23.12.1999 – 4St RR 253/99, BayObLGSt 1999, 178 = NStZ 2000, 210.
[519] *Amfetamin*: OLG Nürnberg 19.2.2008 – 2St OLG Ss 256/07; *Haschisch*: BayObLG 17.9.2004 – 4St
RR 110/04, DRsp Nr. 2006/12062 = NStZ-RR 2006, 227 (bei *Kotz/Rahlf*); *Crack*: OLG Hamburg
15.10.2004 – II-121/04; 1 Ss 167/04, DRsp Nr. 2009/9356; *Heroin*: BayObLG 18.5.1999 – 4St RR 104/
99, NStZ 1999, 514 = StV 2000, 83; *Kokain*: BayObLG 11.3.2003 – 4St RR 24/03, BayObLGSt 2003, 28 =
NJW 2003, 2110; *Marihuana*: OLG Hamburg 12.6.2002 – II – 19/02; 1 Ss 25/02, OLGSt BtMG § 29 Nr. 10;
sa *Kotz* StRR 2008, 367 (369).
[520] OLG München 18.4.2006 – 4St RR 59/06, DRsp Nr. 2009/9244; 20.6.2007 – 4St RR 103/07,
DRsp Nr. 2009/9271.
[521] OLG Hamm 20.8.2015 – III-1 RVs 51/15, 1 RVs 51/15.
[522] OLG Nürnberg 19.2.2008 – 2St OLG Ss 256/07.
[523] OLG Frankfurt 5.3.2015 – 1 Ss 8/15, BeckRS 2015, 16299 = StV 2015, 643.
[524] OLG Köln 12.1.1999 – Ss 2/99, StV 1999, 440.

lich.[525] Insoweit soll der Grundsatz, dass die Anzahl möglicher Konsumeinheiten und damit der Schuldgehalt der Tat nur auf der Grundlage konkreter Feststellungen zum Wirkstoffgehalt ausreichend sicher zu bestimmen ist,[526] eine Ausnahme sein.[527] Im Interesse einer Verfahrensvereinfachung und -beschleunigung werde, so das BayObLG, in Kauf genommen, dass im Einzelfall bei überdurchschnittlich hohen Wirkstoffanteilen eine Menge noch dann als gering iSv § 29 Abs. 5 angesehen wird, wenn sie drei Konsumeinheiten eines Probierers übersteigt. Diese Ungenauigkeit sei rechtlich unbedenklich, da sie sich ausschließlich zugunsten des Angeklagten auswirken könne.

209   **Anzeichen für eine geringe Menge** können sein: nicht sehr große Gewichtsmengen (Faustregel auf Grund von Erfahrungswerten in Bezug auf Wirkstoffkonzentrationen: bei 2 g Amfetaminzubereitung, 1,5 g Heroinzubereitung oder 3 g Kokainzubereitung), schwache Reaktion bei Schnelltestverfahren, geringer Preis und berichtete schwache Wirkung. Wird in einem solchen Fall auf die Untersuchung des BtM oder der BtM aus Zeit- oder Kostengründen verzichtet, so muss nach dem Zweifelsgrundsatz eine geringe Menge angenommen werden.[528] Dem kann nicht entgegengehalten werden, dass damit der Gesetzeszweck (Verfahrensentlastung im Bereich der Bagatellkriminalität) ins Gegenteil verkehrt wird,[529] denn § 29 Abs. 5 ist nicht nur Strafzumessungsregel, sondern dient auch Entpönalisierung des Probierers[530] und der Verwirklichung des Übermaßverbots.[531]

210   **b) Untersuchung nicht möglich.** Ist das BtM verbraucht oder vernichtet oder steht es aus sonstigen Gründen nicht für eine chemisch-toxikologische Untersuchung auf den Wirkstoffgehalt zur Verfügung, so muss der Tatrichter den Wirkstoffgehalt auf der Grundlage vorhandener Beweisanzeichen **schätzen**.[532]

211   Anknüpfungspunkte für die **Schätzung des Wirkstoffgehalts** können dabei sein:[533] der vom Täter bezahlte Kaufpreis, Herkunft des BtM, Beurteilung durch andere Tatbeteiligte, der Umstand, dass die Qualität des BtM nicht beanstandet wurde, – letztlich gilt allerdings **der Grundsatz „in dubio pro reo".**

212   **Ziel der Schätzung** ist die Feststellung, von welcher Mindestqualität und von welchem Mindestwirkstoffgehalt letztlich auszugehen ist,[534] damit bewertet werden kann, welche Anzahl von Konsumeinheiten aus der dem Täter anzulastenden Menge hergestellt werden konnten.

213   **c) Heranziehung weiterer Kriterien zur Feststellung der geringen Menge.** Die Auffassung, neben dem Wirkstoffgehalt müssten weitere Kriterien wie Wirkungsweise, Beschaffenheit, Gefährlichkeitsgrad und Konsumgewohnheiten zur Bestimmung des Begriffs der geringen Menge herangezogen werden,[535] geht fehl: diesen Umständen wird bereits bei der Ermittlung der Konsumeinheit Rechnung getragen.[536] Die genannten weiteren Umstände können zwar bei der im Rahmen der Rechtsfolgenentscheidung nach § 29 Abs. 5 berücksichtigt werden, für die Grenzwertbestimmung dürfen sie aber nicht nochmals Bedeutung erhalten.

[525] Vgl. BayObLG 18.5.1999 – 4 St RR 104/99, BayObLGSt 1999, 99 (100) mAnm *Kreuzer/Hoffmann* StV 2000, 83; 20.1.2003 – 4 St RR 133/2002, NJW 2003, 1681; 17.9.2004 – 4 StRR 110/04, DRsp Nr. 2006/12062.
[526] Vgl. BayObLG 18.5.1999 – 4 St RR 104/99, BayObLGSt 1999, 99.
[527] BayObLG 11.3.2003 – 4 St RR 24/03, StV 2003, 625.
[528] OLG Frankfurt a. M. 29.4.1993 – 1 Ss 121/93, DRsp Nr. 1998/17 886; vgl. auch BGH 15.9.1983 – 4 StR 454/83, BeckRS 1983, 31111512 zu einem aus Mohnkapseln zubereiteten Tee; LG Hamburg 29.10.1996 – 715 Ns 14/96, StV 1997, 307 zum Anbau von 14 noch nicht ausgewachsenen Cannabispflanzen.
[529] KPV/*Patzak/Volkner* § 29 Teil 28, Rn. 34.
[530] BayObLG 26.5.1982 – RReg 4 St 69/82, BayObLGSt 1982, 62.
[531] BVerfG 9.3.1994 – 2 BvL 43/92 ua, BVerfGE 90, 145 = NJW 1994, 1577.
[532] BGH 17.8.2000 – 4 StR 233/00, NStZ 2001, 41.
[533] BayObLG 25.4.1994 – 4 St RR 31/94, NJW 1994, 2164; BGH 24.1.2001 – 3 StR 562/00, BeckRS 2001 3015726.
[534] BayObLG 14.2.1995 – 4 St RR 170/94, BayObLGSt 1995, 27 mAnm *Körner* StV 1995, 531.
[535] *Endriß* StV 1984, 258 (262); *Körner* § 29 Rn. 2063.
[536] *Franke*/Wienroeder § 29 Rn. 233a.

**II. Die nicht geringe Menge (§§ 29a Abs. 1 Nr. 2, 30 Abs. 1 Nr. 4,
30a Abs. 1, Abs. 2 Nr. 2)**

Der die Qualifizierungen des § 29a Abs. 1 Nr. 2, 30 Abs. 1 Nr. 4, 30a Abs. 1 und Abs. 2 **214**
Nr. 2 begründende Begriff der nicht geringen Menge ist einer der zentralen Begriffe des
deutschen BtM-Strafrechts.

1. Keine Legaldefinition. Für den Begriff der „nicht geringen Menge" gibt es keine **215**
Legaldefinition. Der Gesetzgeber hat ganz bewusst die Abgrenzung und Definition dieses
unbestimmten Rechtsbegriffs der Rechtsentwicklung überlassen und von authentischen
Begriffsbestimmungen abgesehen.

2. Geschichtliche Entwicklung. Der Begriff der „nicht geringen Menge" hatte **216**
ursprünglich nur die Bedeutung eines Strafzumessungsmerkmals, seit dem BtMG 1982 ist
er Tatbestandsmerkmal. § 29 Abs. 3 S. 2 Nr. 4 BtMG aF wurde durch das OrgKG zum
Verbrechenstatbestand heraufgestuft, so dass der Begriff der nicht geringen Menge nun
einheitlich im gesamten BtMG **Verbrechenstatbestandsmerkmal** ist.

3. Wirkstoffmenge als Maßstab. Bei der Bestimmung des Grenzwerts stellte der BGH **217**
nicht auf die Gewichtsmenge des zu beurteilenden BtM-Gemischs ab, sondern auf die
Wirkstoffmenge.[537] Dieser Maßstab ist (ungeachtet der grundsätzlichen Bedenken gegen
das Merkmal) sachgerecht, weil die in der Wirklichkeit des illegalen BtM-Handels vorkommenden Gemische unterschiedliche Beimengungen und unterschiedliche Konzentrationen
der BtM-Wirkstoffe aufweisen (die tatsächlich vorkommende Menge behält ihre Bedeutung
im Rahmen der Strafzumessung). Auch im illegalen BtM-Handel kommt es entscheidend
nicht auf das Gewicht einer Menge an, sondern darauf, wie viele Konsumeinheiten sich
daraus gewinnen lassen. Wegen der unterschiedlichen Beschaffenheit, Wirkungsweise und
Gefährlichkeit der BtM ist es **nicht möglich,** einen einheitlichen, für alle BtM **gleichermaßen gültigen Grenzwert der nicht geringen Menge** zu bestimmen. Vielmehr muss
für die einzelnen BtM je nach ihren besonderen Eigenschaften und unter Berücksichtigung
der anzutreffenden Konsumgewohnheiten differenziert werden.

4. Die klassische Methode der Grenzwertbestimmung und ihre Grenzen im **218
heutigen Drogenmarkt.** In einem zweistufigen Verfahren wird zunächst die äußerst gefährliche Dosis des betreffenden BtM oder, wenn eine solche nicht feststellbar ist, die durchschnittliche Konsumeinheit bestimmt, die dann mit einer an der Rauschwirkung und der Gefährlichkeit des BtM orientierten Maßzahl (als Konsumeinheit bezeichnet, zB 150 bei Heroin und
500 bei Cannabis) zu multiplizieren ist.[538] Soweit der BGH die Grenzmengen höchstrichterlich und damit verbindlich festlegt, kommt es zum seltenen Fall einer „Beweisaufnahme"
(zumindest im weiteren Sinne) vor dem Revisionsgericht, da die Senate bei der Bestimmung
der Maßzahlen und für die Einschätzung der Gefährlichkeit der jeweiligen Droge Sachverstän-
digenrat (von Toxikologen aus kriminaltechnischen Instituten) einholen.[539]

Dabei haben v.a. die neueren Entscheidungen gezeigt, dass die Veränderungen auf dem **219**
illegalen Drogenmarkt, insb. die Abkehr von klassischen Rauschgiften hin zu **Medikamenten als „Ersatzdrogen"** einerseits und das Auftauchen **neuer psychotroper Substanzen**
andererseits die klassische Methode schnell an ihre Grenzen stoßen lässt. Während bei
Benzodiazepinen als Arzneimittel überhaupt keine Gefährlichkeit im weiteren Sinne festgestellt werden kann (jedenfalls keine, die über die „Überdosis-Gebrauchsgefahr" jeglicher
Medikamente hinausgeht), bestand und besteht nach wie vor bei neuen psychoaktiven

---

[537] BGH 18.7.1984 – 3 StR 183/84, BGHSt 33, 8 (9) = NJW 1985, 1404 = StV 1984, 468 mAnm
Endriß StV 1984, 466; 9.10.1996 – 3 StR 220/96, BGHSt 42, 255 = NJW 1997, 810 = StV 1996, 665
mAnm *Schreiber* NJW 1997, 777 mAnm *Cassardt* NStZ 1997, 132.
[538] Vgl. BtMPrax/*Uhl* Kap. 1 Rn. 284 ff.; s.a. *Cassardt* NStZ 1995, 257 (262); *ders.* NStZ 1997, 135.
[539] So etwa zuletzt bei der Bestimmung von Grenzwerten für synthetische Cannabinoide BGH 14.1.2015 –
1 StR 302/13, NJW 2015, 969 = BGHSt 60, 134, oder etwa im Rahmen der Festlegung der nicht geringen
Menge beim unerlaubten Umgang mit Benzodiazepinen BGH 2.11.2010 – 1 StR 581/09, BGHSt 56, 52.

Substanzen das Problem, dass sich meist noch keine Konsumgewohnheiten entwickelt haben, an denen man die Maßzahl ausmachen könnte.[540] Außerdem lässt sich „aufgrund der sehr unterschiedlichen Rezeptor-Bindungsstärken keine einheitliche Dosis-Wirkungs-beziehung" prognostizieren.[541] Die Unklarheiten im Hinblick auf die Frage, ob das Verhalten überhaupt strafbar ist (dies galt nach alter Rechtslage nicht nur im Hinblick auf NpS, sondern trotz BGHSt 56, 52 auch bzgl. des Umgangs mit Benzodiazepinen) gehen damit auf der Ebene der Qualifikationsvorschriften weiter. Dies führt zu einer erheblichen Rechts-unsicherheit,[542] als sich auch die Sachverständigen selten einig über das Gefahrpotential derartiger Stoffe sind[543] (zur Kritik am Mengenbegriff im Übrigen → Vor § 29a Rn. 24).

220 **5. Verfassungsmäßigkeit.** Das BVerfG hat die Auslegung des Begriffs der „nicht geringen Menge" im *Cannabis*-Beschluss[544] ausdrücklich (nach wie vor) den Strafgerichten überlassen und gegen deren bisherige Rechtsprechung keine verfassungsrechtlichen Bedenken geäußert.

221 **6. Grenzwerte der nicht geringen Menge.** Der BGH hat bisher die Grenzwerte der nicht geringen Menge erstmals zu folgenden **dreiundzwanzig BtM** – nicht immer unter Einhaltung der soeben beschriebenen Methode – und bei Metamfetamin zum zweiten Mal neu – festgelegt (in zeitlicher Reihenfolge): **Heroin,**[545]**Cannabis,**[546] **Kokain,**[547] **Amfeta-min,**[548] **LSD,**[549] **Morphin,**[550] **MDE/MDEA,**[551] **MDMA,**[552] **Metamfetamin** (Crystal-Speed), 1. Festlegung,[553] **Cathinon** (Khat-Pflanzen),[554] **Buprenorphin,**[555] **Metamfetamin,** 2. Festlegung,[556] **Alprazolam, Clonazepam, Diazepam, Lorazepam, Lormetazepam, Midazolam, Oxazepam, Temazepam, Tetrazepam, Triazolam, Zolpidem**[557] und **Metamfetaminracemat,**[558] **CP 497–C8-Homologes, CP 47, 497, JWH-018, JWH-073.**[559]

---

[540] Vgl. hierzu *Ewald/Jacobsen-Bauer/Klein/Uhl* NStZ 2013, 265 (267), die eine Unterscheidung nach einzelnen Cannabinoiden für „wenig sinnvoll" erachten und stattdessen einheitlich die Anzahl der Tütchen (300 Konsumeinheiten) als Maßzahl zur Bestimmung des Grenzwerts heranzuziehen (dies kommt dem hier gemachten Vorschlag näher, überhaupt von der wirkstoffbezogenen Betrachtung Abstand zu nehmen und auf die verkaufte Masse, mithin auf den „Gewinn" abzustellen).

[541] *Ewald/Jacobsen-Bauer/Klein/Uhl* NStZ 2013, 265 (267).

[542] *Leipold/Beukelmann* NJW-Spezial 2015, 185.

[543] *Kotz* StRR 2015, 134.

[544] BVerfG 9.3.1994 – 2 BvL 43/92 ua, BVerfGE 90, 145 = NJW 1994, 1577 = StV 1994, 295.

[545] BGH 7.11.1983 – 1 StR 721/83, BGHSt 32, 162 = NJW 1984, 675 mAnm *Endriß* StV 1984, 155; Anm. *Körner* NStZ 1984, 221; Anm. *Pelchen* LM Nr. 5 zu § 30 BtMG.

[546] BGH 18.7.1984 – 3 StR 183/84, BGHSt 33, 8 = NStZ 1984, 556 mAnm *Endriß* StV 1984, 466; bestätigt durch BGH 20.12.1995 – 3 StR 245/95, BGHSt 42, 1 = NJW 1996, 794 mAnm *Böllinger* StV 1996, 317; Anm. *Körner* NStZ 1996, 195; Anm. *Kreuzer* JZ 1996, 81.

[547] BGH 1.2.1985 – 2 StR 685/84, BGHSt 33, 133 = NJW 1985, 2771.

[548] BGH 11.4.1985 – 1 StR 507/84, BGHSt 33, 169 = NJW 1985, 2773 mAnm *Eberth* NStZ 1986, 33.

[549] BGH 1.9.1987 – 1 StR 191/87, BGHSt 35, 43 = NJW 1988, 2960 mAnm *Nestler-Tremel* EzSt BtMG § 30 Nr. 22; Anm. *K.-R. Winkler* NStZ 1988, 28.

[550] BGH 22.12.1987 – 1 StR 612/87, BGHSt 35, 179 = NJW 1988, 2962 mAnm *Rübsamen/Steinke* NStZ 1988, 463.

[551] BGH 9.10.1996 – 3 StR 220/96, BGHSt 42, 255 = = NJW 1997, 810 = StV 1996, 665 mAnm *Schreiber* NJW 1997, 777; Anm. *Cassardt* NStZ 1997, 132.

[552] BGH 15.3.2001 – 3 StR 21/01, NJW 2001, 185.

[553] BGH 25.7.2001 – 5 StR 183/01, NStZ 2002, 267 mAnm *Molketin*; 23.8.2001 – 5 StR 334/01, NStZ-RR 2001, 379; vgl. die abl. Stellungnahme von *Martens* Kriminalpolizei 2002, 10.

[554] BGH 28.10.2004 – 4 StR 59/04, BGHSt 49, 306 = NStZ 2005, 229 mAnm *Weber* 452.

[555] BGH 24.4.2007 – 1 StR 52/07, BGHSt 51, 318 = NJW 2007, 2054 mAnm *Kotz* StRR 2007, 271; Anm. *K.-R. Winkler* Sucht 2007, 238.

[556] BGH 3.12.2008 – 2 StR 86/08, BGHSt 53, 89 = NJW 2009, 863 mAnm *K.-R Winkler* A&R 2009, 86 (und zuvor Anfragebeschluss 6.8.2008 – 2 StR 86/08, BeckRS 2008, 19820) unter Aufgabe der Rechtsprechung in BGH 25.7.2001 – 5 StR 183/01, NStZ 2002, 267 und 23.8.2001 – 5 StR 334/01, NStZ-RR 2001, 379; vgl. zur Diskussion 1. Aufl., Vor §§ 29 ff. Rn. 154.

[557] BGH 2.11.2010 – 1 StR 581/09, BGHSt 56, 52 = NJW 2011, 1462 mAnm *Kotz* NStZ 2011, 463.

[558] BGH 17.11.2011 – 3 StR 315/10, BGHSt 57, 60 = BGH BtMG § 29a Abs. 1 Nr. 2 Menge 20 = NJW 2012, 400 mAnm *Kotz* StRR 2012, 70.

[559] Gemeinsam in BGH 14.1.2015 – 1 StR 302/13, NJW 2015, 969 = BGHSt 60, 134.

Soweit der BGH noch keine Grenzwertbestimmung zu einzelnen BtM vorgenommen **222** hat, sind in der nachfolgenden Aufstellung Entscheidungen anderer Gerichte enthalten. Wo auch solche Entscheidungen noch nicht vorliegen, wird auf Empfehlungen von Toxikologen der kriminaltechnischen Institute des Bundes und der Länder zurückgegriffen.[560]

Stoff	Nicht geringe Menge	Anzahl Konsumein-heiten[561]	Konsumeinheit
AKB-48 F[562]	2g		
Amfetamin[563, 564]	10 g Base	200	50 mg
Alprazolam[565]	240 mg	60	4 mg
Buprenorphin[566]	450 mg Bupre-norphin-HCl	45	10 mg
Cannabisprodukte: Cannabis-kraut (= Marihuana), Cannabis-pflanzen, Cannabisharz (= Haschisch), Cannabisöl[567]	7,5 g THC	500	15 mg
	Später ergänzt: *auch die latent im Cannabisharz enthalte-nen, psychotrop zunächst unwirksamen THCA sind in die Bestimmung des Wirkstoffgehalts einzubeziehen*[568] (Grenzwerte bleiben dadurch unverändert).		
Cathinon (Khat)[569]	30 g	600	150 mg
Clonazepam[570]	480 mg	60	8 mg
Codein[571]	15 g Phosphat	500 mg (oral)	300 mg (oral)
CP 497-C8-Homologes[572]	2 g	150	5 mg
CP 47, 497[573]	6 g	150	5 mg
Crack[574]	5 g KHCl	150	33 mg
Dimethyltryptamin **(DMT)**[575]	3,6 g DMT-Base	120	30 mg
Diazepam[576]	2.400 mg	60	40 mg
Dimeth-Oxy-Bromamphetamin **(DOB)**[577]	300 mg Base	120	2,5 mg

---

[560] *Megges/Steinke/Wasilewski* NStZ 1985, 163; *Fritschi/Megges/Rübsamen* NStZ 1991, 470.
[561] Höchstdosis (letale Dosis/äußerst gefährliche Dosis/im Rahmen der Medikation höchstzulässige Dosis).
[562] LG Ravensburg 6.3.2015 – 2 KLs 23 Js 21719/13, BeckRS 2015, 16089 = NStZ-RR 2015, 312.
[563] BGH 11.4.1985 – 1 StR 507/84, BGHSt 33, 169 = NJW 1985, 2773 mAnm *Eberth* NStZ 1986, 33.
[564] Spätere Präzisierung durch BGH 1.9.1987 – 1 StR 191/87, BGHSt 35, 43 = NJW 1988, 2960 mAnm *Nestler-Tremel* EzSt BtMG § 30 Nr. 22; Anm. *K.-R. Winkler* NStZ 1988, 28.
[565] BGH 2.11.2010 – 1 StR 581/09, BGHSt 56, 52 = NJW 2011, 1462 mAnm *Kotz* NStZ 2011, 463.
[566] 416,67 mg reines Buprenorphin: BGH 24.4.2007 – 1 StR 52/07, BGHSt 51, 318 = NJW 2007, 2054 mAnm *Kotz* StRR 2007, 271; Anm. *K.-R. Winkler* Sucht 2007, 238.
[567] BGH 18.7.1984 – 3 StR 183/84, BGHSt 33, 8 = NStZ 1984, 556 mAnm *Endriß* StV 1984, 466; bestätigt durch BGH 20.12.1995 – 3 StR 245/95, BGHSt 42, 1 = NJW 1996, 794 mAnm *Kreuzer* JZ 1996, 801; Anm. *Böllinger* StV 96, 31.
[568] BGH 13.5.1987 – 3 StR 123/87, BGHSt 34, 372 = NStZ 1987, 465.
[569] BGH 28.10.2004 – 4 StR 59/04, BGHSt 49, 306 = NStZ 2005, 452 mAnm *Weber*; so auch AG Lörrach 22.2.2000 – 36 Ls 11 266/99, StV 2000, 625 mAnm *Endriß/Logemann*; zuvor hatte das AG Würzburg 12.4.1999 – 303 Ls 232 Js 23 124/98 den Grenzwert auf 18 g festgelegt.
[570] BGH 2.11.2010 – 1 StR 581/09, BGHSt 56, 52 = NJW 2011, 1462 mAnm *Kotz* NStZ 2011, 463.
[571] *Megges/Steinke/Wasilewski* NStZ 1985, 163 (164).
[572] BGH 14.1.2015 – 1 StR 302/13, NJW 2015, 969 = BGHSt 60, 134.
[573] BGH 14.1.2015 – 1 StR 302/13, NJW 2015, 969 = BGHSt 60, 134.
[574] OLG Frankfurt a. M. 27.9.2002 – 1 Ss 49/02, NStZ-RR 2003, 23.
[575] LG Frankenthal 7.12.2012 – 5127 Js 10022/09. 2 KLs.
[576] BGH 2.11.2010 – 1 StR 581/09, BGHSt 56, 52 = NJW 2011, 1462 mAnm *Kotz* NStZ 2011, 463.
[577] *Fritschi/Megges/Rübsamen* NStZ 1991, 470.

Stoff	Nicht geringe Menge	Anzahl Konsumein-heiten[561]	Konsumeinheit
Dimeth-Oxy-Methylamfetamin **(DOM)**[578]	600 mg Base	120	5 mg
„Ecstasy" (Tabletten)	s. Methylen-Dioxy-Amfetamin (MDA) s. Methylen-Dioxy-Ethyl-Amfetamin (MDE) s. Methylen-Dioxy-Metamfetamin (MDMA)		
Fentanyl[579]	75 mg		
Fenetyllin[580]	40 g Base	200	200 mg
4-Fluoramphetamin[581]	15 g 4-Fluoram-phetamin-base	200	70 mg
GHB (Gamma-Hydroxybutter-säure) *Liquid Ecstasy*[582]	200 g Natrium-γ-Hydroxy-Buterat	200	1 g
Heroin (Diamorphin)[583]	1,5 g HHCl	30	50 mg
Heroinbase	Heroinbase muss zur Umrechnung in HHCl mit dem Faktor 1,1 multipliziert werden.		
JWH-018[584]	2 g	250 350	3 mg 5 mg
JWH-019[585]	6 g		
JWH-073[586]	6 g		
JWH-122[587, 588] **JWH-203** **JWH-210**	0,75 g (über-holt) 2 g		
Kokain[589]	5 g KHCl	150	33 mg
Kokainhydrochlorid Kokainbase	Kokainbase muss zur Umrechnung in KHCl mit dem Faktor 1,1 multipliziert werden.		
Levomethadon[590]	3 g Levometha-don-hydrochlo-rid		

[578] *Fritschi/Megges/Rübsamen* NStZ 1991, 470.
[579] LG Nürnberg-Fürth 13.12.2011 – 1 KLs 359 Js 19763/10; BGH 10.3.2015 – 1 StR 64/15; OLG Nürnberg 29.4.2013 – 1 St OLG Ss 259/12, StV 2013, 708 (L).
[580] *Fritschi/Megges/Rübsamen* NStZ 1991, 470.
[581] LG Kleve 7.11.2014 – 120 KLs – 103 Js 29/14.
[582] KG 29.9.2011 – (3) 1 Ss 374/11 (123/11), NStZ-RR 2012, 123; LG Würzburg 13.1.2004 – 5 KLs 232 Js 1185/03.
[583] BGH 7.11.1983 – 1 StR 721/83, BGHSt 32, 162 = NJW 1984, 675 mAnm *Endriß* StV 1984, 155; Anm. *Körner* NStZ 1984, 221; Anm. *Pelchen* LM Nr. 5 zu § 30 BtMG.
[584] BGH 14.1.2015 – 1 StR 302/13, NJW 2015, 969 = BGHSt 60, 134; ursprünglich LG Kleve 6.2.2012 – 120 KLs 40/11, StRR 2012, 275 bei 0,75g sowie LG Ulm 24.3.2011 – 1 KLs 22 Js 15896/09 bei 1,75g; zu den überholten und divergierenden Grenzwerten bei den Tatgerichten *Schmidt* NJW 2012 (3072).
[585] BGH 5.11.2015 – 4 StR 124/14, NStZ-RR 2016, 50 (Ls.), BeckRS 2015, 19909.
[586] BGH 14.1.2015 – 1 StR 302/13, NJW 2015, 969 = BGHSt 60, 134.
[587] LG Kleve 7.11.2014 – 120 KLs 29/14, nach BGH 14.1.2015 – 1 StR 302/13, NJW 2015, 969 = BGHSt 60, 134, der sich auf die gleichlautende Festlegung für JWH-018 bezog wohl überholt ist.
[588] OLG Nürnberg 4.4.2016 – 2 OLG 8 Ss 173/15, BeckRS 2016, 09469 im Anschluss an BGH 14.1.2015 – 1 StR 302/13, NJW 2015, 969 = BGHSt 60, 134.
[589] BGH 1.2.1985 – 2 StR 685/84, BGHSt 33, 133 = NJW 1985, 2771.
[590] LG Freiburg 22.11.2004 – 7 Ns 61 Js 31637/02 – AK 20/04, NStZ-RR 2005, 323.

Stoff	Nicht geringe Menge	Anzahl Konsumein- heiten[561]	Konsumeinheit
Lorazepam[591]	480 mg	60	8 mg
Lormetazepam[592]	360 mg	60	6 mg
Lyserg-Säure-Diäthylamid (LSD)[593]	6 mg	120	50 Mikrogramm
MPA (Methiopropamin)[594]	10g MPA-Base	250	
Methylen-Dioxy-Amfetamin (MDA)[595]	30 g Base (35 g HCl)	250 (Base) 250 (HCl)	120 mg (Base) 140 mg (HCl)
Methylen-Dioxy-Ethyl- Amfetamin (MDE)[596]	30 g Base (35 g HCl)	250 (Base) 250 (HCl)	120 mg (Base) 140 mg (HCl)
Methylen-Dioxy-Metamfetamin (MDMA)[597]	30 g Base (35 g HCl)	250 (Base) 250 (HCl)	120 mg (Base) 140 mg (HCl)
Meta-Chlorphenylpiperazin (mccP)[598]	30 g mccP-Base	250	120 mg
Methadon Levomethadon[599]	3 g HCl	120	25 mg
Razem. Metha- don[600]	6 g HCl	120	50 mg
Metamfetamin (Crystal- Speed)[601]	5 g Metamfe- tamin-Base 6,2 g Metam- fetamin-HCl	200	25 mg

[591] BGH 2.11.2010 – 1 StR 581/09, BGHSt 56, 52 = NJW 2011, 1462 mAnm *Kotz* NStZ 2011, 463.

[592] BGH 2.11.2010 – 1 StR 581/09, BGHSt 56, 52 = NJW 2011, 1462 mAnm *Kotz* NStZ 2011, 463.

[593] BGH 1.9.1987 – 1 StR 191/87, BGHSt 35, 43 mAnm *Nestler-Tremel* EzSt BtMG § 30 Nr. 22; Anm. *W. Winkler* NStZ 1988, 28.

[594] LG Ravensburg 6.3.2015 – 2 KLs 23 Js 21719/13, BeckRS 2015, 16089 = NStZ-RR 2015, 312.

[595] BGH 9.10.1996 – 3 StR 220/96, BGHSt 42, 255 = NJW 1997, 810 mAnm *Cassardt* NStZ 1997, 135; Anm. *Schreiber* NJW 1997, 777 für MDE/MDEA; 15.3.2001 – 3 StR 21/01, NJW 2001, 1805 für MDA und MDMA; 17.11.2004 – 3 StR 417/04, BeckRS 2004, 11565 für MDMA-Base, „den in sog. Ecstasy-Tabletten enthaltenen Wirkstoff".

[596] BGH 9.10.1996 – 3 StR 220/96, BGHSt 42, 255 = NJW 1997, 810 mAnm *Cassardt* NStZ 1997, 135; Anm. *Schreiber* NJW 1997, 777 für MDE/MDEA; 15.3.2001 – 3 StR 21/01 = NJW 2001, 1805 für MDA und MDMA; 17.11.2004 – 3 StR 417/04, BeckRS 2004, 11565 für MDMA-Base, „den in sog. Ecstasy-Tabletten enthaltenen Wirkstoff".

[597] BGH 9.10.1996 – 3 StR 220/96, BGHSt 42, 255 = NJW 1997, 810 mAnm *Cassardt* NStZ 1997, 135; Anm. *Schreiber* NJW 1997, 777 für MDE/MDEA; 15.3.2001 – 3 StR 21/01, NJW 2001, 1805 für MDA und MDMA; 17.11.2004 – 3 StR 417/04, BeckRS 2004, 11565 für MDMA-Base, „den in sog. Ecstasy-Tabletten enthaltenen Wirkstoff".

[598] LG Dresden 29.4.2008 – 4 KLs 422 Js 40176/07, BeckRS 2008, 12528; LG Freiburg 18.1.2010 – 7 Ns 610 Js 13070/09 – AK 113/09, BeckRS 2010, 02687.

[599] LG Freiburg 22.11.2004 – 7 Ns 61 Js 31 637/02-AK 20/04, NStZ-RR 2005, 323 = (bei *Kotz/Rahlf* NStZ-RR 2006, 226); vgl. OLG Karlsruhe 25.5.1994 – 1 Ss 103/93, NStZ 1994, 589 mAnm *Endriß/ Logemann* NStZ 1995, 195.

[600] LG Freiburg 22.11.2004 – 7 Ns 61 Js 31 637/02-AK 20/04, NStZ-RR 2005, 323 = (bei *Kotz/Rahlf* NStZ-RR 2006, 226); vgl. OLG Karlsruhe 25.5.1994 – 1 Ss 103/93, NStZ 1994, 589 mAnm *Endriß/ Logemann* NStZ 1995, 195.

[601] BGH 3.12.2008 – 2 StR 86/08, BGHSt 53, 89 = NJW 2009, 863 mAnm *K.-R Winkler*, A&R 2009, 86 unter *Aufgabe der Rechtsprechung* in BGH 25.7.2001 – 5 StR 183/01, NStZ 2002, 267 und 23.8.2001 – 5 StR 334/01, NStZ-RR 2001, 379: 18.12.2002 – 1 StR 340/02, NStZ-RR 2003, 124; Der Erste Senat schließt sich dem niedrigeren Grenzwert in BGH 8.10.2014 –1 StR 350/14, NStZ-RR 2015, 14 (Ls) an und setzt sich mit der deutlichen Kritik des Dritten Senats in der Methamphetamin-Racemat-Entscheidung zur Herabsetzung des Grenzwerts (BGH 17.11.2011 – 3 StR 315/10, BGHSt 57, 60) nicht auseinander, krit. *Schmidt* NJW 2015, 3008 (3010).

Stoff	Nicht geringe Menge	Anzahl Konsumein- heiten[561]	Konsumeinheit
Metamfetaminracemat[602]	10 g Base	200	50 mg
Methaqualon[603, 604, 605]	500 g HCl	400 250	1,25 g 2 g
Methylaminorex[606]	10 g	200	50 mg
Methylendioxypyrovaleron (MDPV)[607]	10 g		
Midazolam[608]	1.800 mg	60	30 mg
Morphin[609]	4,5 g HCl	45 150	100 mg 30 mg
Opiumprodukte[610]	6 g Morphin-HCl	250	25 mg
Oxazepam[611]	7.200 mg	60	120 mg
Psilocin (Pilze)[612]	1,2 g	120	10 mg
Psilocybin (Pilze)[613]	1,7 g	120	14 mg
Temazepam[614]	4.800 mg	60	80 mg
Tetrazepam[615]	4.800 mg	60	80 mg
Triazolam[616]	120 mg	60	2 mg
Zolpidem[617]	4.800 mg	60	80 mg

223   **7. Die nicht geringe Menge bei unterschiedlichen BtM.** Bezieht sich die Tat auf verschiedene BtM, so kann nicht allein auf die Wirkstoffmengen der einzelnen BtM je für sich abgestellt werden. Vielmehr sind diese (auch sonst zur Feststellung des Schuldumfangs, aber insbesondere) zur Prüfung des Tatbestandsmerkmals der „nicht geringen Menge" **zusammenzuzählen.** Es kommt also auf die Gesamtmenge der Wirkstoffe an.[618] Die **Berücksichtigung der Gesamtmenge der Wirkstoffe** rechtfertigt sich aus dem Grad der Gefahr für das geschützte Rechtsgut und steht im Einklang mit dem Wortlaut der

[602] BGH 17.11.2011 – 3 StR 315/10, BGHSt 57, 60 = BGH BtMG § 29a Abs. 1 Nr. 2 Menge 20 = NJW 2012, 400 mAnm *Kotz* StRR 2012, 70.
[603] LG Frankfurt a. M. 26.5.1987 – 90 Js 13 394/86, StV 1988, 110, dazu *Cassardt* NStZ 1995, 257 (261).
[604] LG Frankfurt a. M. 26.5.1987 – 90 Js 13 394/86, StV 1988, 110.
[605] *Cassardt* NStZ 1995, 257 (261).
[606] LG Braunschweig 19.2.1993 – 38 KLs 806 Js 42 026/92, NStZ 1993, 444; zustimmend *Cassardt* NStZ 1995, 257 (261).
[607] OLG Nürnberg 4.4.2016 – 2 OLG 8 Ss 173/15, BeckRS 2016, 09469; LG Kleve 7.11.2014 – 120 KLs 29/14, BeckRS 2014, 22676.
[608] BGH 2.11.2010 – 1 StR 581/09, BGHSt 56, 52 = NJW 2011, 1462 mAnm *Kotz* NStZ 2011, 463.
[609] BGH 22.12.1987 – 1 StR 612/87, BGHSt 35, 179; Anm. *Rübsamen/Steinke* NStZ 1988, 462.
[610] LG Köln 17.3.1993 – 108 – 86/92, StV 1993, 529; bestätigt durch OLG Köln 15.3.1994 – Ss 83/94, StV 1995, 36.
[611] BGH 2.11.2010 – 1 StR 581/09, BGHSt 56, 52 = NJW 2011, 1462 mAnm *Kotz* NStZ 2011, 463.
[612] BayObLG 21.2.2002 – 4 St RR 7/2002, BayObLGSt 2002, 33 = OLGSt BtMG § 29a Nr. 4.
[613] BayObLG 21.2.2002 – 4 St RR 7/2002, BayObLGSt 2002, 33 = OLGSt BtMG § 29a Nr. 4.
[614] BGH 2.11.2010 – 1 StR 581/09, BGHSt 56, 52 = NJW 2011, 1462 mAnm *Kotz* NStZ 2011, 463.
[615] BGH 2.11.2010 – 1 StR 581/09, BGHSt 56, 52 = NJW 2011, 1462 mAnm *Kotz* NStZ 2011, 463.
[616] BGH 2.11.2010 – 1 StR 581/09, BGHSt 56, 52 = NJW 2011, 1462 mAnm *Kotz* NStZ 2011, 463.
[617] BGH 2.11.2010 – 1 StR 581/09, BGHSt 56, 52 = NJW 2011, 1462 mAnm *Kotz* NStZ 2011, 463.
[618] BayObLG 20.1.1987 – RReg 4 St 271/86, BayObLGSt 1987, 5; BGH 16.1.2003 – 1 StR 473/02, NStZ 2003, 434 = StV 2003, 280; 27.4.2004 – 3 StR 116/04, BeckRS 2004, 05918 = StV 2004, 602; Franke/*Wienroeder* § 29a Rn. 38; *Cassardt* NStZ 1997, 135 (136); *Joachimski*/Haumer § 29a Rn. 26; KPV/ *Patzak* § 29a Rn. 97; *Weber* § 29a Rn. 126.

Strafvorschriften der §§ 29a Abs. 1 Nr. 2, 30 Abs. 1 Nr. 4, 30a Abs. 1 bzw. 30a Abs. 2 Nr. 2, die entweder wörtlich – in der Mehrzahl – das Handeltreiben „mit BtM" in nicht geringer Menge voraussetzen oder aber bei grammatikalisch neutraler Fassung dem Sinn nach auch eine Kombination mehrerer BtM erfassen und damit zulassen, dass erst mehrere BtM zusammen die „nicht geringe Menge" ergeben, die dann aber nach dem unterschiedlichen Grad ihrer Gefährlichkeit zu berücksichtigen sind.[619]

Die geläufigste **Methode zur Berechnung der Gesamtmenge** ist folgende: Es wird **224** festgestellt, welchen Bruchteil oder Prozentsatz die festgestellten Einzelwirkstoffmengen in Bezug auf die jeweilige nicht geringe Menge ergeben. Die Bruchteile oder Prozentsätze werden sodann addiert. Überschreitet die Summe 1 (bei Addition der Bruchteile) oder 100 (bei Addition der Prozentsätze), so liegt eine nicht geringe Menge vor.[620] Möglich ist auch **folgende Verfahrensweise:** die Einzelwirkstoffmengen der verschiedenen BtM werden im Verhältnis ihrer Grenzwerte zur nicht geringen Menge („im Verhältnis ihrer Gefährlichkeit") fiktiv so umgerechnet, dass die Einzelmengen mit dem sich aus dem Verhältnis der Grenzwerte für die nicht geringe Menge ergebenden Gewicht addiert werden. Beispiel:[621] „Heroinhydrochlorid (ist) im Verhältnis zum Kokain 3,33 mal gefährlicher (Verhältnis 5 zu 1,5). Rechnet man die (tatsächlich festgestellten) 2,2 g Kokainhydrochlorid deshalb auf die Werte des Heroinhydrochlorids um, ergibt dies eine (fiktive) Menge von 0,66 g. Zählt man diesen Wert zu den (tatsächlich eingeführten) 1,29 g Heroinhydrochlorid hinzu, erhält man einen (fiktiven) Wert von 1,95 g, der über der vom BGH gezogenen Grenze von 1,5 g liegt".

8. Die nicht geringe Menge bei verschiedenen Verwendungszwecken. Sind BtM **225** teils zum Eigenverbrauch, teils zum Handeltreiben bestimmt und erreichen oder übersteigen die Teilmengen zwar nicht jeweils für sich, jedoch insgesamt die Grenze der „nicht geringen Menge", so ist die Gesamtmenge für den Tatbestand entscheidend, der beide Zwecke noch gemeinsam erfasst (zB Besitz oder Einfuhr).[622]

Zurechnung bei Einkaufsgemeinschaft: Haben mehrere Personen als Mittäter eine **226** größere Menge eines BtM erworben, das sie nach Aufteilung in eigener Verantwortung und in eigener Planung selbständig verkaufen wollten, ist umstritten, ob die **gesamte Handelsmenge** jedem Mittäter zugerechnet werden kann (dies hätte zur Folge, dass auch dann bei jedem Mittäter HT mit BtM in nicht geringer Menge vorliegt, wenn erst durch die Zurechnung der Gesamtmenge die Grenzmenge überschritten wird).[623] Der Erste Senat bejaht dies und nimmt auf Grund des arbeitsteiligen Vorgehens auch eine **Zurechnung der gesamten für den jeweiligen Eigenverbrauch bestimmten Einkaufsmenge** vor (Besitz), die möglicherweise erst dadurch die Grenzmenge der nicht geringen Menge übersteigt. Hieran sollte auch der Umstand nichts ändern, dass bei dem Ankauf und beim Transport nicht sämtliche Beteiligte unmittelbar mitgewirkt haben.[624] Dem tritt der Zweite Senat entgegen, jedenfalls in der Konstellation, in der die Beteiligten nicht zumindest zwischenzeitlich Besitz an der Gesamtmenge haben. Nach zustimmungswürdiger Auffassung kann allein der **gemeinsame Bezug zur Erzielung eines günstigeren Preises** demnach noch nicht zur Mittäterschaft hinsichtlich der zusammengerechneten Mengen führen, wenn es an jeglichen Anhaltspunkten, dass der jeweilige Mittäter hinsichtlich der vom anderen Mittäter bezogenen Menge Einfluss auf den Umfang der Entnahme zum Eigenverbrauch oder auf das in Aussicht genommene Umsatzgeschäft hatte.[625]

---

[619] Vgl. BGH 16.1.2003 – 1 StR 473/02, NStZ-RR 2003, 434.
[620] BGH 16.1.2003 – 1 StR 473/02, NStZ-RR 2003, 434; BayObLG 20.1.1987 – RReg 4 St 271/86, BayObLGSt 1987, 5; Franke/*Wienroeder* § 29a Rn. 38.
[621] Nach dem Sachverhalt aus BayObLG 20.1.1987 – RReg 4 St 271/86, BayObLGSt 1987, 5.
[622] Vgl. BGH 10.4.1996 – 3 StR 5/96, BGHSt 42, 123 = NJW 1996, 2804 = StV 1996, 670; Anm. *Kessler* NStZ 1996, 500; Anm. *Seelmann* StV 1996, 672.
[623] BGH 9.10.2002 – 1 StR 137/02, NStZ-RR 2003, 57.
[624] BGH 9.10.2002 – 1 StR 137/02, NStZ-RR 2003, 57.
[625] BGH 17.4.2012 – 3 StR 131/12, BeckRS 2012, 11531.

227   **9. Die Feststellung der nicht geringen Menge.** Feststellungen zum Wirkstoffgehalt eines BtM sind immer zur Bestimmung des Schuldumfanges erforderlich.[626] Unerlässlich sind sie bei der Prüfung der Frage, ob das Tatbestandsmerkmal der nicht geringen Menge erfüllt ist, weil dieses über die Wirkstoffmenge definiert ist. Bei Verfahren der mittleren BtM-Kriminalität ist dies auch im Hinblick auf die Beschränkung eines Rechtsmittels (Berufung oder Revision) auf den Rechtsfolgenausspruch von Relevanz, welche regelmäßig unwirksam ist, wenn im angefochtenen Urteil entweder konkrete Feststellungen zur Mindestqualität des eingeführten Rauschgifts, nämlich zu Wirkstoffmenge und Reinheitsgehalt, fehlen.[627] Eine Rechtsmittelbeschränkung auf den Rechtsfolgenausspruch kann gleichwohl ausnahmsweise wirksam sein, wenn nach den Feststellungen sicher ist, dass es sich tatsächlich um Betäubungsmittel handelt und angesichts des festgestellten Bruttogewichts einerseits die Grenze zur nicht geringen Menge selbst unter Zugrundelegung eines Wirkstoffgehalts von 100% nicht überschritten und andererseits ein Fall des § 29 Abs. 5 auszuschließen ist.[628]

228   **a) Untersuchung möglich.** Feststellungen bereiten dann keine Schwierigkeiten, wenn das Betäubungsmittel **sichergestellt** wurde und untersucht werden kann. Auf eine den Umständen nach mögliche Untersuchung darf dann nicht verzichtet werden.[629] Da das Unrecht einer BtM-Straftat und die Schuld des Täters maßgeblich durch die Wirkstoffkonzentration und die Wirkstoffmenge bestimmt werden,[630] bedarf es deshalb konkreter Feststellungen, wobei es in der Regel erforderlich ist, den Wirkstoffgehalt in Gewichtsprozenten anzugeben oder als Gewichtsmenge zu bezeichnen.[631] **Stichproben-Untersuchung:** Bei größeren Mengen eines BtM reicht es aus, dass es sich bei den analysierten Stichproben um einen repräsentativen Anteil der Gesamtmenge handelt (ggf. können Sicherheitsabschläge erforderlich sein, um die Feststellungen „abzuklopfen".[632] Bei einer Cannabisplantage kann die Bestimmung des Wirkstoffgehalts der Cannabispflanzen zur Ermittlung der ngM durch Auswahl von repräsentativen Pflanzen aus der **Plantage** erfolgen (vgl. noch → § 29a Rn. 70 f.). Wenn das Tatgericht die Auswahl-Maßstäbe darlegt und dann feststellt, die Pflanzen seien repräsentativ nach Größe ausgewählt worden, so sind diese Feststellungen für das Revisionsgericht bindend.[633] Stellt sich nach einer Sicherstellung von mehreren Cannabispflanzen in der Wohnung und auf dem Hof des vom potenziellen Täter bewohnten Grundstücks heraus, dass ihm die Pflanzen auf dem Hof nicht zuzurechnen sind, genügt bei der Berechnung des durchschnittlichen THC-Gehalts und der Schätzung des auf den Täter entfallenden Anteils die Feststellung, auf den Täter entfalle der **„deutlich überwiegende Teil"** nicht, da man darunter 60 % der Gesamtmasse oder auch 95 % verstehen kann.[634]

229   **b) Untersuchung nicht möglich.** Stehen die tatgegenständlichen Betäubungsmittel für eine Untersuchung nicht mehr zur Verfügung, muss das Tatgericht unter Berücksichtigung der anderen ausreichend sicher festgestellten Umstände (Herkunft, Preis, Handelsstufe, Beurteilung durch die Tatbeteiligten, Begutachtungen in Parallelverfahren etc.) die Wirk-

---

[626] BGH 25.4.1990 – 3 StR 57/90, NStZ 1990, 395; 5.9.1991 – 4 StR 386/91, NJW 1992, 380; 5.7.1995 – 3 StR 213/95, BeckRS 1995, 31079891; 14.6.1996 – 3 StR 233/96, NStZ 1996, 498; 15.1.2001 – 3 StR 550/00, StV 2001, 406; 15.12.2005 – 5 StR 439/05, BeckRS 2006, 00175 = StV 2006, 184; OLG Hamm 29.1.2013 – III-3 RVs 4/13, 3 RVs 4/13; BGH 12.5.2016 – 1 StR 43/16, NStZ-RR 2016, 247; OLG Bamberg 21.3.2017 – 3 OLG 8 Ss 28/17.

[627] OLG München 28.7.2008 – 4St RR 90/08, NStZ-RR 2011, 89.

[628] OLG Celle, 19.5.2011 – 32 Ws 32/11, NStZ-RR 2012, 59; KG Berlin 4.1.2012 – (4) 1 Ss 446/11 (322/11), NStZ-RR 2012, 289; OLG Bamberg 5.3.2013 – 2 Ss 135/12.

[629] BGH 28.4.1994 – 4 StR 185/94, DRsp Nr. 1994/702; 5.12.1995 – 4 StR 698/95, StV 1996, 214; 18.3.1992 – 3 StR 40/92, BeckRS 1992, 3108073.

[630] BGH 9.11.2010 – 4 StR 521/10, NStZ-RR 2011, 90; 29.6.2000 – 4 StR 202/00, StV 2000, 613.

[631] BGH 7.12.2011 – 4 StR 517/11, NStZ 2012, 339.

[632] BGH 19.9.2007 – 3 StR 354/07, BeckRS 2007, 17094 = StV 2008, 9 (10 % einer Gesamtmenge von 17,5 kg Heroin); 3.9.2013 – 5 StR 340/13, NStZ-RR 2013, 377.

[633] OLG München 14.9.2009 – 4St RR 129/09, BeckRS 2010, 30554 = NStZ-RR 2011, 133 (bei *Kotz/Rahlf*).

[634] OLG Naumburg 17.11.2015 – 2 Rv 121/15.

stoffkonzentration – notfalls unter Anwendung des Zweifelssatzes – durch eine „Schätzung" festlegen (→ Rn. 48 f.).[635] Schätzen bedeutet **nicht frei schöpfen,** dh die Schätzungsgrundlagen müssen im Urteil nachvollziehbar und lückenlos dargestellt werden. Die bloße Angabe, für den Transport von Marihuana genutzte Behältnisse (in concreto zwei Koffer) hätten den Kofferraum eines bestimmten Pkw „fast gänzlich ausgefüllt", ist zumal bei Fehlen weiterer Angaben zum Ausmaß der Verdichtung des Pflanzenmaterials als hinreichend zuverlässige Schätzungsgrundlage für die Bestimmung größerer Rauschgiftmengen (5 kg) nicht genügend.[636] Auf ausreichende Feststellungen darf im Übrigen auch dann nicht verzichtet werden, wenn das Urteil auf einer **Verständigung** beruht.[637] Lassen sich auch auf dieser Grundlage keine hinreichend sicheren Feststellungen treffen, so ist (unter Anwendung des Grundsatzes „*in dubio pro reo*") von dem für den Angeklagten günstigsten Verhältnis auszugehen, das nach den Umständen in Betracht kommt.[638]

c) Ausnahmsweise keine Untersuchung nötig. Von genaueren Feststellungen darf 230 ausnahmsweise aber dann abgesehen werden, wenn es ausgeschlossen ist, dass eine genaue Angabe des Wirkstoffgehaltes das Strafmaß zugunsten des Angeklagten beeinflussen kann.[639]

d) Wirkstoffschätzung auf Grund von Erfahrungswerten. Für einige BtM gibt es 231 bestimmte Erfahrungswerte, die für die Schätzung von Wirkstoffgehaltsanteilen herangezogen werden können.

aa) Cannabisharz. Bei Cannabisharz hat es der BGH für zulässig gehalten, auf Grund 232 der statistischen Verteilung des THC-Gehalts untersuchter Proben Schlüsse auf den Wirkstoffgehalt an Hand der Qualitätsangaben der Verbraucher zu ziehen:[640]

„Seit 1993 werden die Ergebnisse der von den Landeskriminalämtern und dem Bundes- 233 kriminalamt auf ihren Wirkstoffgehalt untersuchten Proben von Cannabisharz (Haschisch) zentral gesammelt und (auch) unter dem Gesichtspunkt der prozentualen Verteilung des Gehalts an Tetrahydrocannabinol (THC) in Gewichtsprozent statistisch ausgewertet. Von den Proben der Jahre 1993 und 1994 hatten

THC-Gehalt in %	bis 1	1–2	2–3	3–4	4–5	5–6	6–7	7–8	8–9	9–10	10–11	11–12	12–13	< 13
1993 in %	2,0	3,2	5,0	5,6	8,0	10,9	16,6	19,3	15,5	7,4	3,0	0,6	0,8	2,1
1994 in %	2,0	2,1	4,0	5,4	9,4	18,0	23,4	17,1	8,8	3,9	2,0	1,2	1,2	1,7

Es bestehen keine Bedenken daraus zu folgern, dass – unter Berücksichtigung der Besonder- 234 heiten des Einzelfalls – bei Cannabisharz (Haschisch) der THC-Gehalt in Gewichtsprozen-

[635] BGH 21.4.2005 – 3 StR 112/05, NStZ 2006, 173; 17.8.2000 – 4 StR 233/00, NStZ 2001, 41; vgl. BGH, 7.12.2011 – 4 StR 517/11, NStZ 2012, 339; BGH 6.8.2013 – 3 StR 212/13, BeckRS 2013, 14776; KG 4.1.2012 – (4) 1 Ss 466/11 (322/11), 4 Ws 107/11, NStZ-RR 2012, 289 (Ls.) = BeckRS 2012, 12416; instruktiv OLG Hamm 5.1.2016 – III-1 RVs 96/15, 1 RVs 96/15; KPV/Patzak § 29a Rn. 194 f.
[636] So zu Recht OLG Hamm 5.1.2016 – III-1 RVs 96/15, 1 RVs 96/15.
[637] BGH 6.8.2013 – 3 StR 212/13, BeckRS 2013, 14776: im Hinblick auf § 244 Abs. 2 muss das Tatgericht erkennen lassen, dass es nicht schlicht auf das Geständnis rekurrierend einen „Mindestwirkstoffgehalt" angenommen hat, mit dem gerade noch die Voraussetzungen einer Verurteilung nach § 30 Abs. 1 Nr. 4 bejaht werden können. Insofern gilt bei Verständigungen die Ausnahme nicht, wonach Feststellungen entbehrlich sind, wenn es ausgeschlossen ist, dass das Strafmaß zugunsten des Angeklagten beeinflusst werden kann. *Schmidt* NJW 2014, 2995 (2998) weist zu Recht darauf hin, dass der Angeklagte ohnehin keinen Wirkstoffgehalt „gestehen" können wird, sondern seine Qualitätseinschätzungen sonstigen Erfahrungswerten gegenübergestellt werden müssen.
[638] BGH 24.2.1994 – 4 StR 708/93, BGHSt 40, 73 = NJW 1994, 1885 = StV 1994, 375; BayObLG 9.6.1997 – 4St RR 137/97, BayObLGSt 1997, 95 = NStZ-RR 1998, 55; OLG München 28.7.2008 – 4St RR 90/08, NStZ-RR 2011, 89.
[639] BGH 16.8.1989 – 3 StR 225/89; 25.4.1990 – 3 StR 57/90, NStZ 1990, 395: jedenfalls das 100fache der nicht geringen Menge; 5.9.1991 – 4 StR 386/91, NJW 1992, 380; 8.1.1992 – 5 StR 628/91, DRsp Nr. 1994/776; 15.5.2001 – 3 StR 142/01, BeckRS 2001, 30180453; KG 12.1.2017 – (5) 121 Ss 197/16 (56/16).
[640] BGH 20.12.1995 – 3 StR 245/95, BGHSt 42, 1 = NJW 1996, 794 = StV 1996, 317; Anm. *Kreuzer* JZ 1996, 801; Anm. *Böllinger* StV 1996, 317.

ten aufgrund von Qualitätsangaben der Verbraucher im Zweifel für den Angeklagten wie
folgt **geschätzt** werden kann:

Nicht wirkende Qualität (gegebenenfalls Imitat) (1993: 2 % / 1994: 2 % der Proben bis zu 1 % THC)	0 % THC
sehr schlechte Qualität (1993: 8,2 % / 1994: 6,1 % der Proben mehr als 1 bis zu 3 % THC)	bis zu 1 % THC
schlechte Qualität (1993: 13,6 % / 1994:14, 8 % der Proben mehr als 3 bis zu 5 % THC)	bis zu 3 % THC
Durchschnittsqualität (1993: 46,8 % / 1994: 58, 5 % der Proben mehr als 5 bis zu 8 % THC)	bis zu 5 % THC
gute Qualität (1993: 22,9 % / 1994:12, 7 % der Proben mehr als 8 bis zu 10 % THC)	bis zu 8 % THC
sehr gute Qualität (1993: 6,5 % / 1994: 5,9 % der Proben mehr als 10 % THC).	bis zu 10 % THC"

235   Die vom **BGH angelegte Tabelle**[641] wurde auf Grund der zentralen Auswertung der
Landeskriminalämter und des Bundeskriminalamtes (ZAR) **fortgeschrieben** und in das
Qualitätsabstufungsraster des BGH übertragen.[642]

236   *Patzak/Goldhausen*[643] haben die Wirkstoffgehalte von in Deutschland sichergestelltem
Haschisch und Marihuana für die Jahre 1993 bis 2009 ausgewertet und dabei festgestellt,
dass sich der Tetrahydrocannabinol-Anteil von Marihuana – insbesondere aufgrund neuer
Zuchttechniken – in der jüngeren Vergangenheit ständig erhöht hat und lokalen Schwankungen unterliegt.[644] Sie haben auf Grund dieser Daten einen Vorschlag zur Schätzung
der Wirkstoffgehalte bei fehlenden Sicherstellungen unterbreitet. Diese Zusammenstellung
bezieht sich auf das arithmetische Mittel der gesamten in Deutschland auf den Wirkstoffgehalt untersuchten Haschisch- und Marihuanamengen.[645]

237   Für Haschisch (Cannabisharz) wurden dabei folgende durchschnittliche Wirkstoffgehalte
ermittelt:

Jahr	Haschisch	Jahr	Haschisch
1993	6,5 %	2004	9,1 %
1994	5,3 %	2005	9,0 %
1995	5,9 %	2006	7,5 %
1996	5,3 %	2007	7,4 %
1997	7,1 %	2008	7,8 %
1998	8,0 %	2009[646]	8,4 %
1999	8,7 %	2010	8,1 %
2000	8,3 %	2011	7,9 %
2001	7,2 %	2012	9,2 %
2002	8,0 %		
2003	8,8 %		

238   *Patzak/Goldhausen* schlagen auf der Grundlage dieser Daten vor, bei fehlenden Sicherstellungen die nötige **Schätzung des Wirkstoffgehaltes** bei Haschisch dem gerundeten Durch-

[641]   Vgl. hierzu 1. Aufl., Vor §§ 29 ff. Rn. 71.
[642]   Vgl. hierzu 1. Aufl., Vor §§ 29 ff. Rn. 72.
[643]   BGH NStZ 2011, 76; NStZ 2007, 195.
[644]   Vgl. BGH 7.12.2011 – 4 StR 517/11, NStZ 2012, 339.
[645]   Quelle: Statistisches Auswerteprogramm Rauschgift des BKA. Soweit in anderen Publikationen, zB im
Bundeslagebericht Rauschgift des BKA aus dem Jahr 2004 geringere Durchschnittswerte für Cannabis angegeben sind, liegt dies an einer anderen Art der statistischen Auswertung: um den Einfluss von Extremwerten zu
verhindern, berücksichtigt zB das BKA den sog Median- oder Zentralwert, einen Zahlenwert aus der Hälfte
(50 %) aller Ergebnisse.
[646]   KPV/*Patzak* § 29a Rn. 203.

schnittswert aus den Jahren 1993 bis 2008 zu entnehmen und ihn für **durchschnittliche Qualität bei 7,5 %** anzusetzen.[647]

Unter Zugrundelegung dieser Schätzmaßstäbe (BGH-Tabellen und Daten von *Patzak/* **239** *Goldhausen)* ergeben sich **folgende Grenzwerte für die nicht geringe Menge von Cannabisharz** bei folgenden Gewichtsmengen:
– schlechte Qualität: jedenfalls bei ca. 250 g,
– Durchschnittsqualität: jedenfalls bei ca. 150 g,
– gute Qualität: jedenfalls bei ca. 100 g.

bb) Marihuana. Für Cannabiskraut (Marihuana) hat der BGH ausgeführt,[648] dass dessen **240** THC-Gehalt in den 1993 und 1994 untersuchten Proben so erheblich geschwankt hätte, dass keine signifikanten Häufungen zu erkennen gewesen wären. Die Einteilung des BVerfG im *Cannabis*-Beschluss[649] hatte wohl eher beschreibenden Charakter:
– schlechte Qualität: unter 2 %,
– mittlere Qualität: 2 bis 4 %,
– gute Qualität: 5 % und mehr.

Eine **Schätzungsgrundlage** herauszuarbeiten erschien angesichts der Streubreite der **241** Befunde **zunächst nicht möglich.** Nach einer mehrfach bestätigten Rechtsprechung des BGH[650] sollte der **Wirkstoffgehalt** von Marihuana durchschnittlicher Qualität nach allgemeiner Erfahrung bei 2 % bis allenfalls 5 % liegen. Es kann dahinstehen, ob dies jemals so zugetroffen hat. Jedenfalls ist spätestens seit 2004 zu verzeichnen, dass Marihuana-Wirkstoffgehalte denen von Haschisch in nichts nachstehen müssen. Es handelt sich um Erzeugnisse aus speziell gezüchteten und optimal angebauten Hochleistungssorten.[651]

Auch für **Marihuana** haben *Patzak/Goldhausen*[652] die durchschnittlichen Wirkstoffge- **242** halte aus den Jahren 1993 bis 2009 ermittelt. Im Untersuchungszeitraum hat sich die statistische Erfassung durch die Polizei geändert: seit 2005 wird nur noch das Blattmaterial und Gemische aus Blättern und Blüten statistisch als „Marihuana" ausgewertet; die reinen Cannabisblüten werden seitdem gesondert erfasst. Der Grund hierfür ist die seit Mitte der 90-er Jahre zu beobachtende Steigerung der Fallzahlen in Bezug auf reine Cannabisblüten.[653] Als Folge dieser Aufteilung von „Marihuana" in „Blätter und Blütengemische" einerseits und „Cannabisblüten" andererseits seit 2005, sinken natürlich die Wirkstoffgehalte von „Blättern und Blütengemischen". Das arithmetische Mittel der gesamten in Deutschland auf den Wirkstoffgehalt untersuchten Marihuanamengen[654] betrug in den Jahren 1993 bis 2008:

Jahr	Marihuana	
	ab 2005: Blätter und Blütengemische	Ab 2005: Cannabisblüten
1993	3,6 %	
1994	3,1 %	

---

[647] KPV/*Patzak* Vor § 29 Rn. 345.
[648] BGH 20.12.1995 – 3 StR 245/95, BGHSt 42, 1 = NJW 1996, 794 = StV 1996, 317; Anm. *Kreuzer* JZ 1996, 801; Anm. *Böllinger* StV 1996, 317.
[649] BVerfG 9.3.1994 – 2 BvL 43/92 ua, BVerfGE 90, 145 = NJW 1994, 1577 = StV 1994, 295.
[650] BGH 16.2.2000 – 2 StR 532/99, StV 2000, 318; 20.3.2001 – 1 StR 12/01, BeckRS 2001, 30168508; 9.6.2004 – 3 StR 166/04, BeckRS 2004, 06824 = StV 2004, 602 Ls.
[651] *Thomasius* MschrKrim 89 (2006), 106 (108): „Hightech-Produkte".
[652] NStZ 2011, 76; 2007, 195.
[653] Cannabisblüten sind in der Betäubungsmittelszene deshalb besonders begehrt, weil sie besonders hohe Wirkstoffgehalte aufweisen und damit stärkere Rauschzustände zu erzeugen vermögen. Die Verteilung der Wirkstoffgehalte in den verschiedenen Teilen der Cannabispflanze machen die Beliebtheit der Blüten deutlich: Bei den Wurzeln und Stängeln wurden (in einer Analyse des Hess. LKA) durchschnittliche THC-Gehalte von 0,2 % festgestellt, bei den Blättern der gleichen Pflanzen Wirkstoffgehalte zwischen 1,6 und 3,4 % und bei den Blütenständen Wirkstoffgehalte zwischen 10 und 12 % (vgl. *Patzak/Goldhausen* NStZ 2011, 76 [77]).
[654] Quelle: Statistisches Auswerteprogramm Rauschgift des BKA. Vgl. im Übrigen → Rn. 72.

Jahr	Marihuana	Ab 2005: Cannabisblüten
	ab 2005: Blätter und Blütengemische	
1995	4,8 %	
1996	5,8 %	
1997	5,8 %	
1998	6,0 %	
1999	6,2 %	
2000	6,5 %	
2001	7,0 %	
2002	8,2 %	
2003	8,3 %	
2004	9,9 %	
2005	6,0 %	12,0 %
2006	3,5 %	10,5 %
2007	3,5 %	10,3 %
2008	3,2 %	10,5 %
2009[655]	3,4 %	11 %
2010	3,1 %	11,1 %
2011	3,3 %	10,8 %
2012	3,4 %	11,3 %

243 *Patzak/Goldhausen* schlagen auf der Grundlage dieser Daten vor, bei fehlenden Sicherstellungen die nötige **Schätzung des Wirkstoffgehaltes** bei Marihuana (Blätter- und Blütengemisch) für die Jahre 1993 bis (ursprünglich 2008, nunmehr 2012) und bei der Spezifikation Cannabisblüten für die Jahre 2005 bis 2012 dem gerundeten Durchschnittswert zu entnehmen und ihn für **durchschnittliche Qualität von Marihuana (Blätter- und Blütengemisch) bei 3,5 %** und **bei Cannabisblüten bei 11 %,** anzusetzen.[656] Der Zweite Senat hat unter Bezugnahme auf diese Vorgehensweise klargestellt, dass es grundsätzlich nicht rechtsfehlerhaft ist, wenn Tatgerichte die örtlichen Gegebenheiten bei der Schätzung von Wirkstoffmengen (für eine „durchschnittliche Qualität") berücksichtigen und hierbei etwa von einem durchschnittlichen THC-Gehalt von 6 % ausgehen. Voraussetzung sei jedoch, dass die Gerichte ihre entsprechenden Erfahrungen im eigenen Bezirk in einer für das Revisionsgericht nachvollziehbaren Weise in den Urteilsgründen darlegen.[657] Es muss sich den Gründen sozusagen ein hinreichender Bezugsrahmen entnehmen lassen, der eine hinreichende Konkretisierung des Wirkstoffgehalts ermöglicht.[658] Jedenfalls könne man nicht mehr der Annahme folgen, der Wirkstoffgehalt von Marihuana durchschnittlicher Qualität liege ausnahmslos zwischen 2 bis allenfalls 5 % THC und die Zugrundelegung eines höheren Wirkstoffgehalts sei stets rechtsfehlerhaft.[659] Umgekehrt muss das Tatgericht trotz der womöglich „allgemeinkundigen" Vorschläge aus der Kommentarliteratur darlegen, warum es davon ausgeht, das örtlich gehandelte Marihuana weise einen THC-Gehalt von 10% auf.[660] Etwas anderes gilt für Marihuana *sehr schlechter Qualität* jedenfalls dann, wenn es aus

---

[655] KPV/*Patzak* § 29a Rn. 203.
[656] KPV/*Patzak* Vor § 29 Rn. 345.
[657] BGH 27.11.2014 – 2 StR 311/14, NStZ-RR 2015, 77.
[658] BGH 7.12.2011 – 4 StR 517/11, NStZ 2012, 339; OLG Hamm 20.8.2015 – III-1 RVs 51/15, 1 RVs 51/15.
[659] BGH 27.11.2014 – 2 StR 311/14, NStZ-RR 2015, 77; vgl. noch OLG München 12.6.2012 – 5 St RR (I) 16/12, BeckRS 2013, 03389.
[660] So zu Recht OLG Hamm 5.1.2016 – III-1 RVs 96/15, 1 RVs 96/15.

Blättern gewonnen wird, wo von einem Wirkstoffgehalt von unter 2 % ausgegangen werden kann.[661]

Zweifellos kann ein leichter Anstieg durch Hochzüchtung nicht in Abrede gestellt werden **244** und muss im Hinblick auf die technische Innovation bzw. Fortentwicklung und dem Wettbewerb auf dem illegalen Markt sogar als normale Entwicklung betrachtet werden.[662] Eine andere Frage ist es, ob der Konsument nur noch an Pflanzen mit hohem Wirkstoffgehalt interessiert ist, was wohl nicht per se angenommen werden kann. Die Zufassstatistiken unterscheiden allerdings nicht zwischen dem Groß- und Klein- bzw. Straßenhandel[663] und werden überdies stark von der „Erfolgsquote" der Sicherstellung beeinflusst.[664] Zudem handelt es sich um ein typisches Phänomen, soweit das Anbauen bzw. die Aufzucht von Pflanzen selbst für den Hobbygärtner eine Herausforderung darstellen kann.[665] Eine gewisse Experimentierfreudigkeit in Bezug auf Wachstum und Ertrag und eine damit verbundene „Fortentwicklung" des Produkts und der Herstellungsutensilien muss nicht auf kriminelle bzw. marktorientierte Motive zurückzuführen sein und kann als „Forschung und Entwicklung" auf dem Schwarzmarkt auch positive Rückkopplungseffekte entfalten, nicht nur über den betroffenen Stoff selbst, sondern hinsichtlich der Konsumgewohnheiten auf dem Markt.

cc) Cannabisöl. Cannabisöl (Haschischöl) guter Qualität hat einen Wirkstoffgehalt von **245** 40 % THC,[666] so dass ab 19 g Cannabisöl, von den Beteiligten als von guter Qualität eingeschätzt, die nicht geringe Menge beginnt.

dd) Kokain. Ein Kokaingemisch kann bei einem Wirkstoffgehalt ab 40 % als gut einge- **246** schätzt werden,[667] so dass 12,5 g Kokainzubereitung, die von den Beteiligten als von guter Qualität eingeschätzt werden, eine nicht geringe Menge sind. Das OLG Naumburg hat (u.a. auch basierend auf diesem Wert) gefolgert, dass „durchschnittliche Qualität" keinen höheren Wirkstoffgehalt als 30 % Kokainhydrochlorid bedeuten kann.[668]

ee) Andere BtM. Für andere BtM, insbesondere für Heroin, stehen vergleichbare **247** Schätzgrundlagen nicht zur Verfügung.

e) Wirkstoffschätzung auf Grund von statistischen Daten. Die Landeskriminaläm- **248** ter der Bundesländer führen die von ihnen ermittelten Daten über die Wirkstoffgehalte und Beimengungen der ihnen zur Untersuchung vorgelegten Betäubungsmittel in einer zentralen Datei zusammen und werten die Analyseergebnisse statistisch aus.

Der BGH hat sich in seiner zweiten großen Entscheidung zur Grenzwertbestimmung **249** von Cannabisprodukten[669] argumentativ auch auf die Analyseauswertung der Landeskriminalämter gestützt und es im Ergebnis für zulässig gehalten, dass daraus – „unter Berücksichtigung der Besonderheiten des Einzelfalles" – allgemein gültige **Schlüsse auf den prozentualen Wirkstoffgehalt von Haschisch** im konkreten zu entscheidenden Fall gezogen werden, wenn Qualitätsangaben der Verbraucher vorliegen („schlechte Qualität" usw).

In einer Entscheidung zu Ecstasy-Tabletten, deren Wirkstoffgehalt nicht zu ermitteln **250** war, hat der BGH nunmehr[670] die Übernahme des Durchschnittswerts (hier von MDA)

[661] BGH 9.11.2011 – 4 StR 390/11, BeckRS 2011, 27552.
[662] Vgl. auch Europäischer Drogenbericht 2015, S. 12, 22; World Drug Report 2015, Executive Summary, S. X. Bundeslagebild Rauschgift 2015, S. 6: „durchschnittlicher THC-Gehalt des sichergestellten Marihuana 12,6 %".
[663] Laut Reitox-Bericht 2014, Entwicklungen und Trends, S. 200 weist der Wirkstoffgehalt von Cannabiskraut seit 2008 keine wesentlichen Veränderungen auf.
[664] Vgl. auch *Krumdiek* NStZ 2008, 437 (439).
[665] Vgl. *Lizermann*, Der Cannabis-Anbau, S. 24 f., der in diesem Zusammenhang auf den Cannabis-Cup in den Niederlanden hinweist.
[666] BGH 28.10.1983 – 3 StR 418/83, BeckRS 1983, 31110532 = StV 1984, 26.
[667] BGH 5.12.1995 – 4 StR 698/95, StV 1996, 214; 23.4.1996 – 4 StR 132/96, NStZ-RR 1996, 281.
[668] OLG Naumburg 11.11.2013 – 2 Ss 125/13, BeckRS 2013, 22085.
[669] BGH 20.12.1995 – 3 StR 245/95, BGHSt 42, 1 = NJW 1996, 794 = NStZ 1996, 139 mAnm *Körner* S. 195 = StV 1996, 317; Anm. *Kreuzer* JZ 1996, 801; Anm. *Böllinger* StV 1996, 317.
[670] BGH 28.7.2004 – 2 StR 189/04, BeckRS 2004, 08122; gegen die Überzeugungsbildung vom Wirkstoffgehalt ausschließlich auf Grund statistischer Erwägungen BayObLG 16.7.2004 – 4 St RR 70/04, BayObLGSt 204, 86.

aus allen von den Landeskriminalämtern untersuchten Proben aus dem Tatzeitraum zur Grundlage seiner Wirkstoffbestimmung bei grobsinnlicher Beurteilung („gute Qualität") gemacht: bei einem festgestellten durchschnittlichen Wirkstoffgehalt von 26 mg MDA-Base pro Tablette im Jahre 2001 sei es nicht verfehlt, eine gute Qualität mit einem Wert von jedenfalls 30 mg je Tablette anzusetzen.[671]

251   Damit gewinnen die Wirkstoffgehalts-Statistiken der Landeskriminalämter immer mehr an Bedeutung für die Grenzwertbestimmung im Wege der Schätzung (und natürlich auch für die Bestimmung des Schuldgehalts der Tat). Der **BGH** greift bei der Überprüfung von Schätzungen immer wieder auf statistische Daten über Wirkstoffe bei untersuchten BtM zurück.[672]

252   Die Deutsche Beobachtungsstelle für Drogen und Drogensucht (DBDD) teilt in ihrem „Bericht 2010 des nationalen REITOX-Knotenpunkts an die EBDD"[673] (Europäische Beobachtungsstelle für Drogen und Drogensucht)[674] über die Drogensituation 2009/2010 die folgenden statistischen Daten über die Entwicklung der Wirkstoffgehalte der wichtigsten Drogen mit:[675] Die mit dem Bericht 2013 – 2015[676] bekannt gewordenen Zahlen wurden nachträglich ergänzt. Einen erheblichen „Sprung" machte zum einen das Amphetamin (das inzwischen einen doppelt so hohen Wirkstoffgehalt aufweist), zum anderen das auf der Straße gehandelte Kokain. Derartige Trends können sich natürlich auch – sollte es darauf ankommen – auf die Schätzung auswirken, sollte es sich (was kaum vorstellbar ist) nur um einen „Ausreißer" handeln.

253   **Wirkstoffgehalt von Amphetamin, Kokain und Heroin 1998 bis 2009 (Median) in Prozent**

	2004	2005	2006	2007	2008	2009	2010	2012	2014
Amphetamine	7,9	7,7	7,1	6,2	5,4	4,8	6,6	6,6	12,2
Kokain Straßenhandel	34,5	34,2	24,6	32,0	40,4	33,8	37,8	56,8	70,6
Kokain Großhandel	75,0	68,8	72,2	75,3	70,6	66,7	72,4	71,1	69,1
Heroin Straßenhandel	19,9	15,0	15,6	20,3	18,2	21,7	24,6	11,3%	16,5
Heroin Großhandel	48,8	36,5	38,1	46,5	51,1	60,3	34,1	38,8	32,6

254   **Wirkstoffgehalt von Ecstasy in mg/KE (berechnet als Base)**

Wirkstoff	Menge					Median				
	2009	2010	2011	2012	2013	2009	2010	2011	2012	2013
MDMA	0,6–170	0,1–140	6–242	1–216	0,3–243	50	58	73	83	91
Amfetamine	0,2–37	0,3–21	0,4–54	2–11	0,5–92	2	3	5	5	9,6
Methamfetamin	0,1–15	1,7–33	7–14	11–21	–	0,5	5	12	12	–
m-CPP (1[-3-Chlorphenyl]-piperazin)	2,7–53	0,1–100	0,2–39	5–46	0,7–33	27	30	29	21	8,5

---

[671] Zuletzt hierzu BGH 31.5.2016 – 3 StR 138/16, NStZ-RR 2016, 315.
[672] Vgl. zB BGH 1.8.2006 – 4 StR 261/06, NStZ-RR 2006, 350.
[673] http://www.dbdd.de/images/2011_Pressekonferenz/reitox_report_2011_dt.pdf (zuletzt abgerufen am 16.5.2017).
[674] http://www.emcdda.europa.eu/html.cfm/index373DE.html (zuletzt abgerufen am 16.5.2017).
[675] Die Zahlen stammen nach einer Referenzangabe im Bericht aus persönlichen Mitteilungen der Kriminaltechnik des BKA (KT 34) an Mitarbeiter der DBDD über die Ergebnisse kriminaltechnischer Untersuchungen an sichergestellten BtM.
[676] Abrufbar unter http://www.dbdd.de (zuletzt abgerufen am 16.5.2017).

Insbesondere bei Ecstasy-Tabletten ist darauf hinzuweisen, dass die Erfassung in der FDR (Falldatei Rauschgift) eine Erfassung des Wirkstoffes nicht zwingend vorsieht (Eine Recherche nach Wirkstoffen ist daher nur über ein nicht als Pflichtfeld ausfüllbares Suchbegriffsfeld möglich). Ferner ist zu berücksichtigen, dass kriminaltechnische Untersuchungsergebnisse oftmals erst spät oder aber gar nicht (nach-)erfasst werden. Aufgrund dessen ist nicht auszuschließen, dass die in der Tabelle angegebenen Daten zu sichergestellten Tabletten nur Teile der tatsächlichen Fallzahlen abbilden.

III. Die Normalmenge (§ 29 Abs. 1 S. 1)

Zwischen der geringen Menge (§§ 10a, 29 Abs. 5, 31a) und der nicht geringen Menge **255** (§ 29a Abs. 1 Nr. 2, 30 Abs. 1 Nr. 4, 30a Abs. 1 und Abs. 2 Nr. 2) befindet sich der **weite Bereich der Normalmenge** (§ 29 Abs. 1 S. 1 Nr. 1). Dabei stellt die Rechtsprechung an die Darlegungen im Urteil bezüglich Anzahl, Gewicht und Wirkstoff an den Tatrichter sehr hohe Anforderungen, die sich allerdings gerade in den häufig vorkommenden Fällen als unverzichtbar erweisen, in denen BtM teils zum Handeltreiben und teils zum Eigenverbrauch erworben werden.[677] Der **Schuldspruch** hat bei einer Verurteilung wegen des Grunddelikts jedoch auch Bestand, wenn das Gericht keine Feststellungen zum Wirkstoffgehalt des tatgegenständlichen Haschischgemischs getroffen hat, jedoch wird das Urteil regelmäßig im Rechtsfolgenausspruch aufzuheben sein.[678]

Die **Gewichts-,** vor allem aber die **Wirkstoffmenge** eines BtM ist **wesentlicher 256 Umstand zur Beurteilung der Schwere der Tat** und zur **Bestimmung des Schuldumfangs.**[679] Für die Bewertung des Unrechts eines Weitergabedelikts im Verhältnis zur bloßen Selbstschädigung folgt dies bereits daraus, dass die Schuld eines Angeklagten in dem Maße geringer ist, in dem andere Personen durch das BtM nicht gefährdet sind.[680] Eine **„circa“- Angabe** reicht in keinem Fall aus, weil sie offen lässt, welche Menge der Tatrichter tatsächlich seiner Bewertung zugrunde gelegt hat.[681] Den Feststellungen muss sich entnehmen lassen, welche betäubungsmittelrelevanten Wirkstoffmengen sich **mindestens** in den verfahrensgegenständlichen BtM-Mengen befunden haben. Solche Feststellungen bilden die Grundlage jeglicher Strafbemessung.[682] Hierzu hat der Tatrichter entweder konkrete Feststellungen zum Wirkstoffgehalt zu treffen[683] oder aber er muss von der für den Angeklagten jeweils günstigsten Qualität ausgehen, die nach den Umständen in Betracht kommt.[684]

Ist eine Wirkstoffbestimmung nicht mehr möglich, so muss er unter Berücksichtigung **257** anderer hinreichend sicher feststellbarer Tatumstände wie Herkunft, Preis und Beurteilung der BtM durch Tatbeteiligte und letztlich in Anwendung des Grundsatzes *in dubio pro reo* feststellen, von welcher Menge an betäubungsmittelrelevanten Wirkstoffen auszugehen ist. Wurde das BtM immer vom **gleichen Verkäufer** zum annähernd gleichen Preis erworben, so kann der Tatrichter allerdings unter Umständen aus dem Wirkstoffgehalt einer sichergestellten BtM-Menge auf die Qualität der bereits veräußerten oder verbrauchten Menge Rückschlüsse ziehen, falls keine Anhaltspunkte für eine unterschiedliche Konzentration vorliegen.[685] Es genügt allerdings nicht, von einer anderen, nicht tatbefangenen beim Ange-

---

[677] BayObLG 22.3.2003 – 4St RR 92/03, DRsp Nr. 2006/25003; OLG Bamberg 25.6.2015 – 3 OLG 6 Ss 44/15, BeckRS 2015, 12780.

[678] KG 29.7.2013 – (4) 161 Ss 127/13 (138/13), BeckRS 2013, 17689; vgl. Auch KG 21.2.2012 – (4) 121 Ss 32/12 (45/12).

[679] BGH 9.11.2010 – 4 StR 521/10, NStZ-RR 2011, 90; 29.6.2000 – 4 StR 202/00, StV 2000, 613; *Widmaier/Weider* § 45 Rn. 5.

[680] BayObLG 22.3.2003 – 4St RR 92/03, DRsp Nr. 2006/25003.

[681] BayObLG 26.2.2002 – 4St RR 5/02, DRsp Nr. 2006/25055; 17.9.2004 – 4St RR 110/04, NStZ-RR 2006, 230 (bei *Kotz/Rahlf*).

[682] BayObLG 9.6.1997 – 4St RR 137/97, BayObLGSt 1997, 95; 18.5.1999 – 4St RR 104/99, BayObLGSt 1999, 99 mAnm *Kreuzer/Hoffmann* StV 2000, 83.

[683] BGH 7.12.2011 – 4 StR 517/11, NStZ 2012, 339.

[684] OLG München 31.7.2012 – 5 St RR (I) 28/12, NStZ-RR 2013, 133; OLG Naumburg 21.5.2013 – 1Ss 19/13.

[685] BayObLG 8.10.2002 – 4St RR 92/02, DRsp Nr. 2006/25074.

klagten aufgefundenen Menge und dessen Wirkstoffgehalt nach Ansatz eines Sicherheitsabschlags, der auf in der (veralteter) Kommentarliteratur angegebene Durchschnittswerte
zurückgeht, auf den konkreten Wirkstoffgehalt der tatbefangenen Menge zu schließen.[686]
Es muss nicht notwendiger Weise eine sachverständige Bestimmung des Wirkstoffgehalts
erfolgen; wohl aber sind grundsätzlich tatrichterliche Feststellungen zur Qualität des Betäubungsmittels zu treffen, bei deren Fehlen das Revisionsgericht den Sachverhalt nicht ohne
Weiteres durch eigene Annahmen – etwa aufgrund dessen, was nach den (tatsächlichen
oder vermeintlichen) Erfahrungen des Gerichtsalltags im Betäubungsmittelhandel üblich
ist – ergänzen kann.[687] Ausgehend von der Stückzahl kann bei **Ecstasy-Tabletten** keine
ausreichend sichere Feststellung des Wirkstoffgehalts, geschweige denn der Überschreitung
des Grenzwerts der nicht geringen Menge getroffen werden, da die in der Praxis als Ecstasy
vertriebenen Tabletten von unterschiedlichem Gewicht sind.[688] Gerichte sind allerdings
nicht verpflichtet, grundsätzlich von der denkbar schlechtesten Qualität auszugehen.[689] Der
Grundsatz „*in dubio pro reo*" ist nicht verletzt, wenn das Gericht keinen Zweifel hat, dass
die fraglichen Drogen wenigstens den geschätzten Wirkstoffgehalt aufwiesen. Die Schätzung
muss aber nachprüfbar belegt sein.

258 **Pauschale Einschätzungen** der BtM-Qualität sind nur in den seltensten Fällen ausreichend.[690] Jedenfalls muss der Tatrichter grundsätzlich Angaben dazu machen, von welchem
Wirkstoffgehalt er konkret ausgeht, wenn er schlechte, durchschnittliche oder gute Qualität
zu Grunde legt.[691] Jeder Tatrichter sei vor folgenden Pauschalurteilen gewarnt:

gute Qualität:	Nicht ausreichend, da mit Ausnahme von Cannabis bezüglich der übrigen BtM-Arten keine gesicherten Erkenntnisse zur Qualität und zur Häufigkeit einzelner Qualitätsstufen vorliegen, die auch bei pauschalen Qualitätsmerkmalen Rückschlüsse auf die vorhandenen Wirkstoffgehalte zulassen.[692] Selbst bei Marihuana, bei dem ausreichend gesicherte Erkenntnisse zur Qualität und zur Häufigkeit einzelner Qualitätsstufen vorliegen, reicht eine Qualitätsfeststellung als „**gut**" nicht aus.[693]
durchschnittliche Qualität:	Die Feststellung, die BtM seien von „durchschnittlicher Qualität" lässt keinen Schluss auf den Mindestwirkstoffgehalt des erworbenen BtM zu.[694]
unterdurchschnittlich; „nicht mehr so gut":	Dieser Bezeichnung fehlt jegliche Aussagekraft. Es bleibt unklar, welche Wirkstoffmengen der Tatrichter tatsächlich seiner Bewertung zugrunde gelegt hat, zumal er sich nicht mit vagen Qualitätsangaben begnügen darf.[695]
mindere Qualität bis mittlere Qualität:	Auch diese Aussage ist untauglich, weil sie offen lässt, welche Wirkstoffmenge der Tatrichter tatsächlich seiner Bewertung zugrunde gelegt hat.[696]

---

[686] OLG München 17.2.2012 – 5 StRR (I) 3/12.
[687] KG 4.1.2012 – (4) 1 Ss 466/11 (322/11); 29.7.2013 – (4) 161 Ss 127/13 (138/13), BeckRS 2013,
17689.
[688] BGH 5.8.2010 – 2 StR 296/10, BeckRS 2010, 21362 = StraFo 2010, 472.
[689] BGH 21.12.2006 – 3 StR 427/06, BeckRS 2007, 0159.
[690] Vgl. *Kotz* StRR 2008, 367 (370).
[691] BGH 14.5.2008 – 2 StR 167/08, NStZ-RR 2008, 319; 8.8.2008 – 2 StR 277/08, BeckRS 2008,
19678; 1.10.2008 – 2 StR 360/08, BeckRS 2008, 22570.
[692] BayObLG 25.11.2003 – 4St RR 131/03, DRsp Nr. 2006/25024; OLG München 27.9.2007 – 4St
RR 165/07, DRsp Nr. 2007/22672.
[693] OLG München 27.9.2007 – 4St RR 165/07, DRsp Nr. 2009/9275.
[694] *Ecstasy:* BayObLG 4.8.2000 – 4St RR 99/00, DRsp Nr. 2006/28630; *Heroin:* OLG Koblenz 2.7.2001 –
1 Ss 195/01, DRsp Nr. 2001/15763; *Kokain:* BayObLG 4.8.2000 – 4St RR 99/00, DRsp Nr. 2006/28630;
Metamfetamin: BayObLG 8.7.2003 – 4St RR 66/03, BayObLGSt 2003, 83 = StV 2003, 627.
[695] OLG Nürnberg 1.6.2006 – 2 St OLG Ss 72/06, DRsp Nr. 2006/28573.
[696] OLG Nürnberg 19.6.2006 – 2 St OLG Ss 77/06, DRsp Nr. 2006/28575 = NStZ-RR 2007, 264 (bei
Kotz/Rahlf).

schlechte Qualität:	Für die Bestimmung des Schuldumfangs reicht es nicht aus, wenn der Tatrichter davon ausgeht, die BtM seien von schlechter Qualität gewesen.[697]
denkbar schlechte Qualität:	Diese pauschale Qualifizierung ist schon begrifflich unklar, denn sie lässt nicht mehr erkennen, ob auf eine „so gute" Qualität abgestellt werden soll oder auf eine zwar schlechte, aber noch handelsübliche Qualität.[698] Dies gilt auch für Ecstasy-Tabletten, da diese Rauschgifte als Monopräparate oder Kombinationspräparate auf dem Markt sind und ganz unterschiedliche Wirkstoffmengen, in erster Linie aus den Wirkstoffen MDMA und MDE enthalten.[699]
geringe Wirkstoffmenge:	Die allgemeine Qualifizierung des Wirkstoffgehalts als „gering" reicht idR nicht aus, da sie auch nicht annäherungsweise einen Schluss auf die tatsächlich vorhandene Wirkstoffmenge und damit auf die Mindestanzahl der daraus zu gewinnenden Konsumportionen zulässt.[700]

Erfahrungssätze zum Wirkstoffgehalt von BtM **gibt es** – von Cannabis abgesehen – **idR**   **259** **nicht. Heroin** wird weder mit einem bestimmten Wirkstoffgehalt gehandelt, da es in unterschiedlicher Qualität mit Reinheitsgraden zwischen 1 % und 100 % in der Rauschgiftszene angeboten wird[701] noch existiert ein Erfahrungssatz, welchen Wirkstoffgehalt Heroin „durchschnittlicher Qualität" aufweist.[702] Will der Tatrichter der Verurteilung zugrunde legen, dass sog „Straßenheroin" erfahrungsgemäß nur einen Heroinhydrochloridanteil von lediglich 3 % aufweist, hat er darzulegen, worauf seine Erfahrungen beruhen und warum diese auf den vorliegenden Einzelfall anzuwenden sind.[703] Der Tatrichter kann seine Überzeugung vom Wirkstoffgehalt der BtM auch **nicht auf statistische Erwägungen** stützen. Er darf nicht davon ausgehen, der Wirkstoffgehalt des Heroins betrage 15 %, weil aus den Niederlanden eingeführtes Heroin statistisch gesehen einen höheren Wirkstoffgehalt als das in Deutschland angebotene Straßengramm habe.[704] Gleiches gilt für das Qualitätsurteil, der Wirkstoffgehalt habe „deutlich unter 18 %" gelegen.[705] Bei der **Schätzung des Mindestschuldumfangs** kann sich der Tatrichter auf die Qualitätsbeurteilung Dritter und die festgestellten Verkaufspreise stützen.[706] Im Rahmen der **Strafzumessung** kommt der **Art des BtM** und seiner **Gefährlichkeit** eine eigenständige Bedeutung zu. Nichts anderes gilt für die BtM-Menge als solche. Unabhängig von dem Wirkstoffgehalt lassen sich der Gesamtmenge wesentliche Anhaltspunkte für den Umfang der dem Täter zuzurechnenden BtM-Geschäfte und das Maß der von ihm entfalteten kriminellen Energie entnehmen, die regelmäßig für die Zumessung der wegen BtM-Straftaten zu verhängenden Strafen bestimmend sind (§ 267 Abs. 3 S. 1 StPO). Deshalb verlangt die Rechtsprechung außer Feststellungen zum Wirkstoffgehalt grundsätzlich auch Angaben zur Gesamtmenge in den Urteilsgründen.[707] IdR macht das Fehlen einer korrekten Feststellung des Wirkstoffgehalts auch die **Beschränkung des Rechtsmittels** auf den Rechtsfolgenausspruch **zunichte.** Denn auch ohne eine entsprechende Verfahrensrüge und unabhängig von einer sachlichen Beschwer des die Sachrüge erhebenden Angeklagten ist zu prüfen, ob ein mit der Revision

---

[697] BayObLG 28.8.2001 – 4St RR 104/01, DRsp Nr. 2006/24998.

[698] BayObLG 2.4.2001 – 4St RR 40/2001, DRsp Nr. 2006/28628 für Heroin.

[699] BayObLG 7.8.2001 – 4St RR 92/01, DRsp Nr. 2006/28573.

[700] BayObLG 4.10.2001 – 4St RR 108/01, DRsp Nr. 2096/24997.

[701] OLG München 22.2.2008 – 4St RR 23/08, DRsp Nr. 2009/9282.

[702] OLG München 18.2.2008 – 4St RR 16/08, DRsp Nr. 2009/9281; nochmals OLG München 11.11.2011 – 5St RR (I) 066/11, BeckRS 2012, 03257.

[703] OLG München 26.5.2008 – 4St RR 77/08, DRsp Nr. 2009/9283.

[704] BayObLG 16.7.2004 – 4St RR 70/04, BayObLGSt 2004, 86 = NStZ-RR 2006, 230 (bei *Kotz/ Rahlf*) = StV 2004, 603.

[705] BayObLG 8.7.2003 – 4St RR 66/03, BayObLGSt 2003, 83 = StV 2003, 627.

[706] BayObLG 19.4.2004 – 4St RR 42/04, DRsp Nr. 2006/24994.

[707] BGH 7.12.2011 – 4 StR 517/11, NStZ 2012, 339; vgl. auch BGH 27.4.1988 – 2 StR 214/88, DRsp Nr. 1994/759; 5.9.1991 – 4 StR 386/91, NJW 1992, 380; BayObLG 17.9.2004 – 4St RR 110/04, NStZ-RR 2006, 230 *(Kotz/Rahlf)*.

angefochtenes Berufungsurteil über alle Entscheidungsbestandteile des vorangegangenen amtsgerichtlichen Urteils entschieden hat. Aus diesem Grund ist vom Revisionsgericht, falls sich das Berufungsgericht wegen der vom Berufungsführer erklärten Berufungsbeschränkung nur mit einzelnen Teilen des Ersturteils befasst hat, auch nachzuprüfen, ob und inwieweit die Berufung rechtswirksam auf diese Teile beschränkt ist.[708] Dies folgt daraus, dass der Rechtsfolgenausspruch allein nämlich nur dann anfechtbar ist, wenn die Schuldfeststellung eine ausreichende Grundlage für die Strafzumessung bildet.[709]

IV. Die ungewöhnlich große oder die besonders große Menge

260   Neben der geringen Menge, der Normalmenge und der nicht geringen Menge findet sich gelegentlich in Entscheidungen die besonders **große Menge,** die ungewöhnlich große Menge oÄ. Eine derartige Bezeichnung hat keine Entsprechung im Gesetzestext oder in der Systematik des BtMG, sie soll der Feststellung dienen, dass es um eine überdurchschnittliche, das übliche Maß der sonst vorkommenden Mengen deutlich übersteigende konkrete Fallmenge handelt. In folgenden Fällen ist von solchen überdurchschnittlichen Mengen die Rede gewesen:

261 – **Haschisch:** „Ungewöhnlich große Menge" von 47 kg Haschisch,[710] „besonders große Menge" (1,5 Tonnen Haschisch),[711] die Menge von 16,95 g THC übersteigt die Grenzmenge von 7,5 g THC nur geringfügig mehr als um das Doppelte und kann daher „noch als nicht besonders große Menge" angesehen werden,[712] „sehr große Menge": 290 kg (THC-Gehalt: 7.600 g) und 183 kg (THC-Gehalt: 5.460 g).[713]

262 – **Heroin:** „Große Menge" (988 g Heroin, Wert 296.400 DM),[714] „recht große Menge" von Heroin guter Qualität (494,5 g mit 60,5 % reiner Heroinbase),[715] „außerordentlich große Menge" (hier: 110 kg Heroingemisch tatsächlich eingeführt, 40 kg mit einem Wirkstoffanteil von 20 kg vom Vorsatz umfasst),[716] „außerordentlich große Heroinmenge" (mehr als 20 kg Heroinzubereitung),[717] „große Menge" (184,7 g Heroin).[718]

263 – **Kokain:** „Besonders große Menge" (136 Kapseln mit mindestens „brutto 800 g" Kokaingemisch).[719]

§ 29 Straftaten

(1) [1]Mit Freiheitsstrafe bis zu fünf Jahren oder mit Geldstrafe wird bestraft, wer
1. **Betäubungsmittel unerlaubt anbaut, herstellt, mit ihnen Handel treibt, sie, ohne Handel zu treiben, einführt, ausführt, veräußert, abgibt, sonst in den Verkehr bringt, erwirbt oder sich in sonstiger Weise verschafft,**
2. **eine ausgenommene Zubereitung (§ 2 Abs. 1 Nr. 3) ohne Erlaubnis nach § 3 Abs. 1 Nr. 2 herstellt,**
3. **Betäubungsmittel besitzt, ohne zugleich im Besitz einer schriftlichen Erlaubnis für den Erwerb zu sein,**
4. **(weggefallen)**
5. **entgegen § 11 Abs. 1 Satz 2 Betäubungsmittel durchführt,**

---

[708] BayObLG 27.5.1999 – 4St RR 111/99, BayObLGSt 1999, 105 = StV 2001, 335; OLG München 20.6.2007 – 4St RR 103/07, DRsp Nr. 2009/9271.
[709] Meyer-Goßner/Schmitt/*Meyer-Goßner* StPO § 318 Rn. 17.
[710] BGH 17.8.1976 – 1 StR 355/76, DRsp Nr. 1994/10.
[711] BGH 23.8.1989 – 3 StR 120/89, DRsp Nr. 1994/64.
[712] BGH 13.2.1990 – 1 StR 708/89, NStZ 1990, 285.
[713] BGH 2.3.1994 – 2 StR 644/93, DRsp Nr. 1995/7398.
[714] BGH 4.4.1978 – 1 StR 48/87, DRsp Nr. 1995/7027.
[715] BGH 26.3.1987 – 1 StR 60/87, StV 1987, 344.
[716] BGH 21.1.1992 – 1 StR 598/91, DRsp Nr. 1993/847.
[717] BGH 25.2.1993 – 1 StR 808/92, StV 1994, 22.
[718] BGH 1.10.1996 – 1 StR 559/96, NStZ-RR 1997, 50.
[719] BGH 8.1.1992 – 5 StR 628/91, DRsp Nr. 1994/776.

6. entgegen § 13 Abs. 1 Betäubungsmittel
   a) verschreibt,
   b) verabreicht oder zum unmittelbaren Verbrauch überläßt,
6a. entgegen § 13 Absatz 1a Satz 1 und 2 ein dort genanntes Betäubungsmittel überlässt,
7. entgegen § 13 Absatz 2
   a) Betäubungsmittel in einer Apotheke oder tierärztlichen Hausapotheke,
   b) Diamorphin als pharmazeutischer Unternehmer
   abgibt,
8. entgegen § 14 Abs. 5 für Betäubungsmittel wirbt,
9. unrichtige oder unvollständige Angaben macht, um für sich oder einen anderen oder für ein Tier die Verschreibung eines Betäubungsmittels zu erlangen,
10. einem anderen eine Gelegenheit zum unbefugten Erwerb oder zur unbefugten Abgabe von Betäubungsmitteln verschafft oder gewährt, eine solche Gelegenheit öffentlich oder eigennützig mitteilt oder einen anderen zum unbefugten Verbrauch von Betäubungsmitteln verleitet,
11. ohne Erlaubnis nach § 10a einem anderen eine Gelegenheit zum unbefugten Verbrauch von Betäubungsmitteln verschafft oder gewährt, oder wer eine außerhalb einer Einrichtung nach § 10a bestehende Gelegenheit zu einem solchen Verbrauch eigennützig oder öffentlich mitteilt,
12. öffentlich, in einer Versammlung oder durch Verbreiten von Schriften (§ 11 Abs. 3 des Strafgesetzbuches) dazu auffordert, Betäubungsmittel zu verbrauchen, die nicht zulässigerweise verschrieben worden sind,
13. Geldmittel oder andere Vermögensgegenstände einem anderen für eine rechtswidrige Tat nach Nummern 1, 5, 6, 7, 10, 11 oder 12 bereitstellt,
14. einer Rechtsverordnung nach § 11 Abs. 2 Satz 2 Nr. 1 oder § 13 Abs. 3 Satz 2 Nr. 1, 2a oder 5 zuwiderhandelt, soweit sie für einen bestimmten Tatbestand auf diese Strafvorschrift verweist.
[2]Die Abgabe von sterilen Einmalspritzen an Betäubungsmittelabhängige und die öffentliche Information darüber sind kein Verschaffen und kein öffentliches Mitteilen einer Gelegenheit zum Verbrauch nach Satz 1 Nr. 11.

(2) In den Fällen des Absatzes 1 Satz 1 Nr. 1, 2, 5 oder 6 Buchstabe b ist der Versuch strafbar.

(3) [1]In besonders schweren Fällen ist die Strafe Freiheitsstrafe nicht unter einem Jahr. [2]Ein besonders schwerer Fall liegt in der Regel vor, wenn der Täter
1. in den Fällen des Absatzes 1 Satz 1 Nr. 1, 5, 6, 10, 11 oder 13 gewerbsmäßig handelt,
2. durch eine der in Absatz 1 Satz 1 Nr. 1, 6 oder 7 bezeichneten Handlungen die Gesundheit mehrerer Menschen gefährdet.

(4) Handelt der Täter in den Fällen des Absatzes 1 Satz 1 Nr. 1, 2, 5, 6 Buchstabe b, Nr. 10 oder 11 fahrlässig, so ist die Strafe Freiheitsstrafe bis zu einem Jahr oder Geldstrafe.

(5) Das Gericht kann von einer Bestrafung nach den Absätzen 1, 2 und 4 absehen, wenn der Täter die Betäubungsmittel lediglich zum Eigenverbrauch in geringer Menge anbaut, herstellt, einführt, ausführt, durchführt, erwirbt, sich in sonstiger Weise verschafft oder besitzt.

(6) Die Vorschriften des Absatzes 1 Satz 1 Nr. 1 sind, soweit sie das Handeltreiben, Abgeben oder Veräußern betreffen, auch anzuwenden, wenn sich die Handlung auf Stoffe oder Zubereitungen bezieht, die nicht Betäubungsmittel sind, aber als solche ausgegeben werden.

Übersicht

1. Kapitel. Anbauen (Abs. 1 S. 1 Nr. 1)

Schrifttum: *Anger/Wesemann* Verteidigung gegen den Vorwurf des Betriebs einer Cannabisplantage, StV 2013, 178; *Lizermann*, Der Cannabis-Anbau, 2012; *Meurer,* Cannabispflanzen im Gewächshaus, BA 36, 183–185 (1999); *Oğlakcıoğlu,* Der Allgemeine Teil des Betäubungsmittelstrafrechts, 2013; *Patzak/Goldhausen* Der Täter mit dem grünen Daumen – aktuelle Rechtsprobleme im Zusammenhang mit Cannabis-Plantagen, NStZ 2014, 384; *dies./Kleine*, Züchtung von Hochleistungscannabis in Indoor-Plantagen, Der Kriminalist 2007, 159 u. 228; *Sachs,* Religionsfreiheit und Anbau von Cannabis, JuS 2001, 719; *Schröder*, Die Unternehmensdelikte, FS Kern, 1968, 457; *Sowada,* Das „unechte Unternehmensdelikt" – eine überflüssige Rechtsfigur, GA 1988, 195.

Übersicht

A. Überblick

I. Rechtliche Einordnung

Das Anbauen ist die Grundlage für jedweden Umgang mit BtM pflanzlichen Ursprungs. **1**
Die Vorschrift sanktioniert den chronologisch denkbar frühesten Zeitpunkt des tatsächlichen
Umgangs mit BtM. Er steht unter Erlaubnisvorbehalt, hat allerdings nur eigenständige
Bedeutung, sofern BtM **zum Eigenverbrauch** angebaut werden. Zumeist dient er jedoch
der **Gewinnung von BtM zum gewinnbringenden Verkauf** und geht im Wege der
Bewertungseinheit im unerlaubten **Handeltreiben** auf.[1] Rechtsanwender müssen sich seit

---

[1] Der Anbautatbestand entfaltet immerhin insoweit eine Begrenzungsfunktion für das unerlaubte Handeltreiben, als er als Anfangs- oder Durchgangsstadium für Handeltreibenstätigkeiten einen Fixpunkt für die
Versuchsstrafbarkeit bildet. Mithin kann eine Versuch des HT erst mit dem unmittelbaren Ansetzen zur Aussaat

der stetig wachsenden Bedeutung des Anbaus im Inland mehr und mehr auch mit den tatsächlichen bzw. „botanischen" Grundlagen des Anbaus auseinandersetzen, zumal gerade bei größeren Plantagen oder sichergestellten, aber noch nicht ausgereiften Pflanzen Wirkstoff- und Pflanzenmengen ggf. geschätzt werden müssen (hierzu noch → § 29a Rn. 70) und der Tatrichter rekurrierend auf sachverständig ermittelte Fakten seine Schätzungsgrundlagen darlegen muss.

2 **1. Deliktsnatur. a) Unternehmensdelikt, schlichtes Tätigkeitsdelikt.** Das Anbauen von BtM wird den (unechten) Unternehmensdelikten zugeordnet.[2] Diese Deliktsklassifizierung erscheint überflüssig, da den Tatbeständen der (unechten) Unternehmensdelikte[3] gemeinsam ist, dass der Täter zwar einen (tatbestandsmäßig nicht umschriebenen) Erfolg anstrebt (nämlich die Entstehung von BtM), dass das Gesetz aber für die Vollendung des Delikts ein Verhalten genügen lässt, das auf diesen Erfolg gerichtet ist.[4] Dies trifft allerdings auch auf schlichte Tätigkeitsdelikte zu. Streiten kann man lediglich darüber, ob es tatsächlich angemessen ist, für den Anbau tatsächlich keinen Erfolg in Form einer „Wirkstoffentstehung" zu fordern, sondern jede Handlung hierunter zu fassen, die zum Anbauprozess zählt (so die h.M.). Eine einschränkende Auslegung wäre im Hinblick auf die enorme Vorverlagerung der Strafbarkeit angezeigt. Außerdem würde solch ein tatbestandlicher Fixpunkt den Verhaltensbefehl konkretisieren. Insofern lässt sich auch der Anbau als „multiples Tätigkeitsdelikt" bezeichnen, da der Sprachgebrauch die Subsumtion unter gänzlich verschiedene Verhaltensweisen zulässt (einmaliges Begießen der Pflanze einerseits, professionelles Sähen, Pflanzen, Umtopfen, Belichten etc. andererseits, vgl. noch → Rn. 20). Die hM hat freilich das systematische Argument auf ihrer Seite, als das Pendant für synthetische BtM jedenfalls keinen Erfolg (in Form eines BtM-haltigen Produkts) erfordert, wie sich aus der Legaldefinition in § 2 ergibt.

3 **b) Kein Dauerdelikt.** Die Tathandlungen der unechten Unternehmensdelikte sollen nach *Gribbohm*[5] dadurch gekennzeichnet sein, dass das tatbestandsmäßige Verhalten auf eine gewisse Dauer angelegt ist. In der Literatur zum BtMG wird die Dauer der Tathandlung am deutlichsten von *Slotty*[6] gefordert, der nur ein „auf Dauer angelegtes, auf Ernte oder sonstige Zwecke ausgerichtetes Ingangsetzen und/oder Unterhalten von Maßnahmen zur Wachstumsförderung von Pflanzen" als unerlaubten Anbau anerkennen will. Damit wäre eine zeitliche Dimension in die Begriffsbestimmung eingeführt und die Tat nur als Dauerdelikt denkbar, „so dass einmaliges Bewässern ohne eine über den einmaligen Bewässerungserfolg hinausreichende Zielsetzung keine Anbautätigkeit darstellt".[7] Ähnliche Überlegungen hatten wohl auch *Körner*[8] bewogen, zur Vollendung des Tatbestands des Anbaus nicht nur die Aussaat von (Cannabis-) Samen, sondern (weitergehende) Pflege zu fordern. Auch derartige Einschränkungsversuche werden von der hM allerdings abgelehnt (vgl. noch *Rahlf*

oder zum Anpflanzen und nicht schon mit dem Beschaffen des Saatguts oder der Setzlinge (insofern wäre ggf. Erwerb möglich) oder gar der Anbaufläche angenommen werden, → Rn. 454.

[2] *Eberth/Müller/Schütrumpf* Rn. 128; *Malek* Rn. 242; *Franke/Wienroeder* § 29 Rn. 4; HJLW/*Winkler* § 29 Rn. 2.3.1; *Weber* Vor §§ 29 ff. Rn. 136; in der Sache genauso, wenn auch ohne die ausdrückliche Bezeichnung „Unternehmensdelikt" *Joachimski/Haumer* § 3 Rn. 4.

[3] Grundlegend: *Schröder*, Die Unternehmensdelikte, FS Kern, 1968, 457 (464 ff.); vgl. aber *Sowada* GA 1988, 195. Zur (hier weiter erörterten) Einordnung des Tatbestands als „Tendenzdelikt" Pfeil/Hempel/Schiedermair/*Slotty* Rn. 37 sowie *Jescheck*, Lehrbuch des Strafrechts, AT, 3. Aufl. 1978, S. 256.

[4] → StGB § 11 Rn. 117; vgl. auch *Rahlf* in der Vorauflage: Tatsächlich erbringt – wie das auch beim Begriff des HT der Fall ist – die Kategorisierung des Anbauens als unechtes Unternehmensdelikt keinen Gewinn für die Auslegung des Begriffs, sie ist vielmehr das Ergebnis einer bestimmten Auslegungspraxis. So gesehen stellt die Bezeichnung des Anbauens als unechtes Unternehmensdelikt nichts anderes dar als die plakative Kurzumschreibung des Umstands, dass das Gesetz es für die Erfüllung des Tatbestandes ausreichen lässt, wenn der Täter Handlungen vornimmt, die auf einen Erfolg gerichtet sind.

[5] LK-StGB/*Gribbohm* StGB § 11 Rn. 95.

[6] In *Pfeil/Hempel/Schiedermair* § 29 Rn. 37.

[7] Pfeil/Hempel/Schiedermair/*Slotty* § 29 Rn. 37; vgl. aber andererseits *ders.* Rn. 40: „Vollendet ist die Tat, wenn das Einsetzen der Pflanzen oder die Aussaat beendet ist."

[8] 4. Aufl. 1995, Rn. 39; seit der 5. Aufl. aufgegeben (jetzt KPV/*Patzak* § 29 Teil 2 Rn. 20).

in der Vorauflage: „Alle jene Fälle nämlich, in denen jemand Cannabissamen in abgelegenen Waldlichtungen oder einsamen Flussauen einsät und sie dann ihrem weiteren Wachstum überlässt, um sie später bei geglückter Heranreifung abzuernten, wären nicht mehr als unerlaubter Anbau verfolgbar, obwohl diese kurze und einmalige Tätigkeit zweifellos einen Anbau darstellt und zu einer Rechtsgutsgefährdung führt"). Den Tatbestand erfüllt demnach bereits eine Handlung, durch den ein Samenkorn oder ein Setzling so in den Boden oder einen Nährstoffträger eingebracht wird, dass pflanzliches Wachstum ermöglicht wird.

Wird das Anbauen allerdings durch mehrere Handlungen, mithin **dauerdeliktsmäßig** 4 verwirklicht, (der Täter unternimmt nach der Aussaat weitere Maßnahmen zur Wachstumsförderung, wie Bewässern, Jäten, Stützen), liegt nur eine Tat des Anbaus vor, mithin betrifft die dauerhafte Begehung lediglich Konkurrenzfragen, → Rn. 89 f.

2. Phänomenologie. Der Anbau von BtM nimmt in der Bundesrepublik Deutschland 5 immer mehr zu. Der homegrow ist auch wegen verstärkter Grenzkontrollen an der deutsch-niederländischen Grenze attraktiver geworden;[9] er ist aber wegen den besonderen Anforderungen der Pflanze meist allzu aufwendig, als ihn ein „Hobbyzüchter" beherrschen könnte. Dies gilt insb. für die cannabis sativa, die sehr hoch wächst und dem Züchter aufwendige Techniken abverlangt.[10] Profizüchter als potentielle Händler können allerdings Qualität und Wirkstoffgehalt des von ihnen vertriebenen Produkts besser kontrollieren. Die Utensilien sind leicht erhältlich, Cannabissamen werden über Internetshops vertrieben;[11] der Anbau wird in Foren und Fachbüchern detailliert erläutert.[12] Mithin ist zu erwarten, dass sowohl der Indoor- als auch der Outdoor-Anbau in Deutschland weiterhin an Bedeutung zunehmen wird, mag **Deutschland bis heute noch nicht als Ursprungsland von BtM** bezeichnet werden können.

Dies belegen nicht nur die aktuellen Zahlen zur Sicherstellung von Cannabis und der 6 stetige Anstieg aufgedeckter Indoor-Plantagen nach dem Bundeslagebild Rauschgift,[13] sondern auch zahlreiche Urteile aus neuerer Zeit, in der ein Anbau von Cannabis (meist als Teilakt des HT) im Raume stand.[14]

3. Tatsächliche Grundlagen. Da nur die weiblichen Pflanzen in der Blüte ausreichende 7 THC-Werte beinhalten, verwenden Züchter feminisierte Samen oder züchten Stecklinge aus weiblichen Mutterpflanzen an (**Klonzucht**).[15] Nach Anzucht der Stecklinge (Halten der Mutterpflanze unter Verhinderung der Blüte), werden die Stecklinge zunächst bis zur Ausbildung von Wurzeln (ca. 1–3 Wochen) angezüchtet, um sie danach umzusetzen und auf die Blühphase überzugehen (die Belichtungsgrade und Zeiten divergieren von Phase zu Phase; hauptsächlich sind die Belichtung und Bewässerung der Pflanzen für das Wachstum maßgeblich, sodass durch Variationen in diesem Bereich die **Wirkstoffmenge** beeinflusst werden kann).[16] Hobbyzüchter machen es sich hier zur Aufgabe, das optimale Verhältnis von Beleuchtung, Bewässerung, verwendeter Erde und Lufttemperatur je nach hochgezüchteter Sorte auszuloten; die Kontrollierbarkeit des Lichteinfalls, Luftfeuchtigkeit und Temperatur

[9] *Anger/Wesemann* StV 2013, 178.
[10] *Lizermann*, Der Cannabis-Anbau, S. 26.
[11] *Patzak/Goldhausen* NStZ 2014, 384.
[12] Vgl. etwa *Lizermann*, Der Cannabis-Anbau, S. 1 ff. Zur Strafbarkeit der Anleitung vgl. noch → Rn. 73.
[13] Bundeslagebild Rauschgift 2015, S. 5: 523 Kleinplantagen, 203 Großplantagen, 29 Profiplantagen; bei 755 sichergestellten Indoor-Plantagen ist ein Gesamtanstieg von 9% zu verzeichnen, während 871 Plantagen insgesamt sichergestellt worden sind (und damit ein Anstieg um 12% festzustellen ist). Die Anzahl sichergestellter Cannabisplantagen ging 2015 leicht zurück, während die Gesamtzahl der in Cannabis Plantagen sichergestellter Pflanzen um 10% deutlich zunahm. Freilich ist dabei zu berücksichtigen, dass die Statistiken durch einzelne Großrazzien bzw. Beschlagnahmungen in die eine oder andere Richtung „ausschlagen" können.
[14] BGH 23.9.2014 – 4 StR 375/14, NStZ 2014, 716; BGH 16.10.2014 – 3 StR 268/14, NStZ-RR 2015, 14; BGH 6.11.2013 – 5 StR 302/13, NStZ-RR 2014, 48; vorab bereits BGH 20.12.2012 – 3 StR 407/12, BGHSt 58, 99 = NJW 2013, 1318; OLG Celle 21.1.2013 – 32 Ss 160/12, NStZ-RR 2013, 181.
[15] *Patzak/Goldhausen* NStZ 2014, 384 (385); siehe bereits *Patzak/Goldhausen/Kleine* Der Kriminalist 2007, 159, 228.
[16] *Patzak/Goldhausen* NStZ 2014, 384.

ist nur in Indoor-Plantagen gegeben, sodass der v.a. der professionelle Anbau auch meist nur auf diese Weise erfolgt.[17] Nach Abschluss der Blühphase (6–8 Wochen), geht es auf die Ernte und Trocknung der Ernte über.[18]

8 Die künstliche Herstellung und Aufrechterhaltung des botanisch-optimalen Zustands ist aufwendig und damit „fehleranfällig", nicht nur im Hinblick auf die Produktion selbst, sondern auch was ihre Geheimhaltung angeht. Die **Entdeckung** von Großindoor-Plantagen geht meist auf banale Dinge wie Kabelbrände, Wasserschäden, extrem hohen Stromverbrauch, süßliche Abluft oder hohe Temperaturen zurück[19] (wobei sich strafprozessual die Frage stellen kann, ob allein der Geruch oder der Umstand, dass bestimmte Stellen eines Hausdachs nicht mit Schnee bedeckt sind,[20] für einen Anfangsverdacht des Betriebs einer Cannabisplantage ausreicht und so erst eine Hausdurchsuchung gem. § 102 StPO rechtfertigt[21]). Der Schutz der Plantage durch **Selbstschussanlagen** führt nicht zur Qualifikation des § 30a Abs. 2 Nr. 2, da das Mitsichführen die Beweglichkeit des Tatmittels voraussetzt.[22]

9 **4. Verfassungsmäßigkeit.** Für die Strafvorschrift des unerlaubten Anbaus von BtM gelten dieselben verfassungsrechtlichen Einwände, die dem Betäubungsmittelrecht im Allgemeinen entgegengehalten werden, mag man bei einer „stufenweisen" bzw. „isolierten" Betrachtung sie zu den verfassungsrechtlich weniger problematischen Handlungsmodalitäten zählen.[23] Ihre Legitimität speist sie aus dem Umstand, dass national wie auch international ein besonders Interesse daran bestehe, den legalen Anbau unter Kontrolle und den illegalen Anbau „als Ursprung allen Übels" unter Strafe zu stellen.

II. Kriminalpolitische Bedeutung

10 **1. Vorstellungen des Gesetzgebers.** Der Bundesrat hatte in seiner Begründung seines am 11.7.1975 beschlossenen Entwurfs eines Gesetzes zur Änderung des BtMG ein „praktisches Bedürfnis" für die Kriminalisierung von Anbauhandlungen festgestellt.[24] Die Aufnahme der Tathandlung des Anbauens in das BtMG 1982[25] hat der Gesetzgeber knapp damit begründet, dass „dies erforderlich (war), nachdem wiederholt Fälle des illegalen Anbaus festgestellt worden sind".[26] In dem Bericht der Bundesregierung (vom 11.4.1989) über die Rechtsprechung nach den strafrechtlichen Vorschriften des BtMG in den Jahren

---

[17] Insgesamt stehen im Jahre 2011 in Deutschland aufgedeckte 619 Indoor-Plantagen, 98 Outdoor-Plantagen gegenüber; vgl. auch *Patzak/Goldhausen* NStZ 2014, 384.

[18] Zusf. zum Cannabisanbau vgl. auch KPV/*Patzak* Stoffe Cannabis Rn. 27.

[19] *Anger/Wesemann* StV 2013, 178 (180); dort auch zum Einsatz von Wärmekameras und der Überwachung von Internetplattformen, welche Anbauutensilien anbieten.

[20] Vgl. hierzu http://www.welt.de/vermischtes/article137162429/Dach-ohne-Schnee-verraet-Cannabis-Plantage.html (zuletzt abgerufen am 18.4.2017).

[21] Das Bundesverfassungsgericht muss immer wieder betonen, dass gerade bei Betäubungsmitteldelikten zum Eigenkonsum (Anbau, Besitz, Erwerb), eine Wohnungsdurchsuchung im Hinblick auf den Grundsatz der Verhältnismäßigkeit stets kritisch zu begutachten ist. In einer neueren Entscheidung des Bundesverfassungsgerichts stand der Beschwerdeführer einerseits im Verdacht Cannabis (trotz Erlaubnis zum Erwerb) zur Selbstmedikation zu Hause angebaut zu haben, andererseits darüber hinaus Cannabis zum gewinnbringenden Verkauf außerhalb der Wohnung in einer Lagerhalle anzubauen. Die Kammer kritisiert die pauschale Haltung der Vorinstanzen, welche im Hinblick auf den vermuteten, gewinnbringenden Verkauf von BtM eine Angemessenheit auch der Wohnungsdurchsuchung angenommen hatten. Während das *AG* bereits nicht auf die Umstände des Einzelfalles (gesundheitliche Situation, Mittellosigkeit, Selbstanzeige des Anbaus zum Eigenverbrauch) einginge, differenziere das *LG* nicht hinreichend zwischen dem Verdacht auf Eigenanbau und jenem auf Anbau für Dritte in einer Lagerhalle. „Von einer Auseinandersetzung mit der Erforderlichkeit und Angemessenheit durften die Gerichte nicht deswegen absehen, weil ein Anfangsverdacht auf Anbau in einer Lagerhalle – also über den medizinisch indizierten Eigenbedarf des Beschwerdeführers hinaus – vorlag. Insofern hätte es sich aufgedrängt, den Durchsuchungsbeschluss auf solche Beweismittel zu beschränken, die für diesen Tatvorwurf relevant sind", vgl. BVerfG 11.2.2015 – 2 BvR 1694/14, NJW 2015, 1585, BeckRS 2015, 43450.

[22] BGH 15.11.2007 – 4 StR 435/07, BeckRS 2007, 65265 = NJW 2008, 386.

[23] BVerfG 9.3.1994 – 2 BvL 43/92 ua, BVerfGE 90, 145 = NJW 1994, 1577 = JZ 1994, 863 = StV 1994, 295.

[24] BR-Drs. 227/75 = BT-Drs. 7/4141 – Anlage 1 – Zu Nr. 2.

[25] → Vor § 1 Rn. 79 ff.

[26] BT-Drs. 8/3551, 36.

1985 bis 1987[27] wurde der unerlaubte Anbau von BtM als relativ unbedeutend (1,27 % [1985], 1,12 % [1986], 0,97 % [1987] jeweils im Verhältnis zu den Verstößen gegen das BtMG insgesamt) dargestellt.[28] Dem „verbreiteten Vertrieb von Cannabissamen für den individuellen Anbau von Hanf zu Rauschzwecken"[29] hat der Gesetzgeber des Jahres 1998 dadurch entgegenzuwirken versucht, dass er in der 10. BtMÄndV[30] die Ausnahmeregelung der Position Cannabis neu fasste und den zum unerlaubten Anbau bestimmten Samen unter das Verkehrsverbot stellte.

2. Polizeiliche Kriminalstatistik, Statistisches Bundesamt. Die Polizeiliche Krimi- **11** nalstatistik weist eine überproportionale Zunahme der Anbaudelikte bis 1998, einen Einbruch in der Zeit von 1999–2001 und seitdem wieder eine kontinuierliche Zunahme auf (Anbau-Delikte 1999–2015 nach der Polizeilichen Kriminalstatistik (PKS) und ihr Verhältnis zu den BtM-Delikten insgesamt). Der Anbau wird in der PKS als „ausgewählte Straftatgruppe mit einem niedrigen Anteil nichtdeutscher Tatverdächtiger" aufgeführt. Erstmals stagniert die Anzahl wieder 2015.

Straftaten(gruppen)	2002	2005	2009	2010	2011	2013	2014	2015
Rauschgiftdelikte BtMG	250.969	276.740	235.842	231.007	236.478	253.525	276.734	282.604
Allgemeine Verstöße nach § 29	170.629	194.444	169.689	165.880	170.297	189.783	209.514	213.850
Illegaler Anbau nach § 29 Abs. 1 Nr. 1	2.199	2.534	3.108	3.475	3.720	4.734	5.491	5.410

In der Strafverfolgungsstatistik des **Statistischen Bundesamts** wird das Grunddelikt des **12** Anbauens nicht erfasst.

III. Rechtsentwicklung

1. Einfluss internationalen Rechts. a) Internationale Übereinkommen. Die völ- **13** kerrechtlichen Verpflichtungen zur Strafbewehrung des unerlaubten Anbaus von BtM ergeben sich aus Art. 36 Abs. 1 Buchst. a Übk. 1961,[31] bezogen auf den Anbau des Opiummohns, des Cocastrauchs oder der Cannabispflanze[32] und Art. 3 Abs. 1 Buchst. a Ziff. ii Übk. 1988,[33] bezogen auf „das Anbauen des Opiummohns, des Cocastrauchs oder der Cannabispflanze zum Zwecke der Gewinnung von Suchtstoffen". Der deutsche Gesetzgeber ist über diese Verpflichtungen hinausgegangen und hat den Anbau weiterer Pflanzen verboten.[34]

b) EU-Maßnahmen zur Bekämpfung des illegalen Anbaus von Drogenpflanzen. **14** In der Entschließung des Rates vom 16.12.1996 zu den Maßnahmen zur Bekämpfung des illegalen Anbaus und der illegalen Herstellung von Drogen sowie zur Vernichtung illegaler Kulturen und Herstellungslaboratorien in der Europäischen Union[35] werden die Mitgliedstaaten aufgefordert, (1) der Prävention des illegalen Anbaus und der illegalen Herstellung von Drogen sowie der Aufspürung illegaler Drogenkulturen und Herstellungslaboratorien besondere Aufmerksamkeit zu widmen; (2) je nach Lage in ihren Ländern zu erwägen, den Verkauf von Cannabis-Samen dann unter Strafe zu stellen, wenn jemand diesen wissentlich an eine Person verkauft, die den illegalen Anbau von Cannabis beabsichtigt; (3) sicherzustel-

---

[27] BT-Drs. 11/4329.
[28] BT-Drs. 11/4329, 12, 13 und 14.
[29] BR-Drs. 881/97, 39.
[30] → Vor § 1 Rn. 98.
[31] → Vor § 1 Rn. 75.
[32] Vgl. Art. 1 Abs. 1 Ziff. i Übk. 1961.
[33] → Vor § 1 Rn. 80.
[34] Unterstellung von Pflanzen mit Stoffen, die in den Anlagen I bis III aufgeführt sind, wenn sie als BtM missbraucht werden sollen, durch die Anfügung des 5. Gedankenstrichs in Anlage I in der 10. BtMÄndV, → Vor § 1 Rn. 98.
[35] ABl. 1996 C 389.

len, dass der Anbau von Cannabis unter Glas, unter Polyäthylen und in Räumen verboten wird; hiervon ausgenommen sind Fälle, in denen dieser Anbau beispielsweise wissenschaftlichen Forschungszwecken dient und eine Sondergenehmigung erteilt worden ist, nachdem der Interessent gegenüber der für die Genehmigung zuständigen Stelle nachgewiesen hat, dass der beabsichtigte Anbau zu diesen Ausnahmefällen gehört; (4) im Benehmen mit der Europol-Drogenstelle (EDS) die Effizienz ihrer Einsatzkräfte beim Vorgehen gegen den illegalen Anbau und die illegale Herstellung von Drogen zu steigern.

15 **2. Innerstaatliches Recht.** Nach dem BtMG 1972[36] war der Anbau von BtM zwar erlaubnispflichtig, ein Verstoß gegen den Erlaubnisvorbehalt jedoch straflos. Insbesondere war der Anbau von Cannabispflanzen weder als Gewinnung oder versuchte Gewinnung von Cannabis(-harz) noch als Besitz von BtM strafbar.[37] Zur Bereinigung dieser als gravierend empfundenen Strafbarkeitslücke[38] wurde der Bundesratsgesetzentwurf in den 7. Bundestag eingebracht, dort aber nicht mehr abschließend beraten. Mit dem Inkrafttreten des BtMG 1982[39] wurde der Straftatbestand des unerlaubten Anbaus in die Vergehenstatbestände des BtM-Rechts aufgenommen und seither nicht mehr geändert. Das OrgKG[40] erweiterte den Strafrahmen des Absatzes 1 auf „bis zu fünf Jahre".

B. Erläuterung

I. Geltungsbereich (Besonderheiten beim unerlaubten Anbau)

16 Zum Geltungsbereich des Straftatbestandes vgl. die Ausführungen bei → Vor § 29 Rn. 115 ff.

17 **1. Inland-/Auslandstaten.** Das Anbauen von BtM durch einen Ausländer[41] im Ausland ist nach deutschem Strafrecht nicht strafbar, es sei denn, es wäre schon als Tathandlung des umfassenden Begriffs des Handeltreibens zu bewerten und damit als Vertrieb nach dem Weltrechtsprinzip (§ 6 Nr. 5 StGB) auch nach deutschem Recht strafbar.[42] In einem solchen Fall soll die Anwendung des § 6 Nr. 5 StGB auch dann nicht rechtsmissbräuchlich sein, wenn der durch die Auslandstat unmittelbar und konkret betroffene Staat bereit wäre, die Strafverfolgung zu übernehmen, was zwar für die Entscheidung der Staatsanwaltschaft über ein Absehen von der Verfolgung gemäß § 153c Abs. 1 Nr. 1 StPO Bedeutung hätte, die Geltung des deutschen Strafrechts aber nicht in Frage stellt.[43]

18 Erlangt ein Ausländer nach einer Tat, die nicht schon als Vertrieb nach dem Weltrechtsprinzip nach deutschem Recht strafbar ist, die **deutsche Staatsbürgerschaft,** ist er nach § 7 Abs. 2 Nr. 1 Alt. 2 StGB strafbar, wenn die Tat am Tatort mit Strafe bedroht ist oder der Tatort keiner Strafgewalt unterliegt. Auch hier ist ein originärer Strafanspruch entstanden, der mit der freiwilligen nachträglichen Unterwerfung unter deutsches Strafrecht begründet wird.[44]

19 **2. Grenzüberschreitende Mehrfachverfolgung.** Zur Frage der Strafbarkeit von Auslandstaten und der damit einhergehenden Frage der Mehrfachverfolgung vgl. → Vor § 29 Rn. 165 ff.

---

[36] → Vor § 1 Rn. 76.
[37] OLG Hamburg 14.2.1978 – 2 Ss 301/77, JR 1978, 349 mAnm *Pelchen* (diese Entscheidung ist durch das BtMG 1982 gegenstandslos geworden!).
[38] Vgl. HJLW/*Winkler* Rn. 2.2.1.
[39] → Vor § 1 Rn. 79 ff.
[40] → Vor § 1 Rn. 86.
[41] → StGB § 7 Rn. 27.
[42] Zum „unbefugten Vertrieb" iSv § 6 Nr. 5 StGB → Rn. 234.
[43] BGH 12.11.1991 – 1 StR 328/91, StV 1992, 155.
[44] Krit zu Problematik hinsichtlich des Nullum-Crimen-Grundsatzes und des Rückwirkungsverbots → StGB § 7 Rn. 26.

II. Objektiver Tatbestand

1. Begriff des Anbauens. a) Fehlende Legaldefinition. Der Begriff „Anbau" wird 20
in den Begriffsbestimmungen des BtMG (§§ 1, 2) nicht genannt. Andere im Gesetz verwendete, im Ersten Abschnitt nicht genannte Begriffe werden dagegen vom Gesetzgeber offenbar als bekannt vorausgesetzt,[45] so auch der Begriff des Anbauens. Die genaue Definition
des Anbaus ist in der Literatur im Detail umstritten, ist aber hier schon zur Sprache gekommen, als die jeweilige Auslegung die Reichweite der Verhaltensnorm und damit auch den
„Deliktstyp" bestimmt (→ Rn. 2 f.). So laufen die entsprechenden Umschreibungen letztlich auf eine mehr oder weniger restriktive Auslegung des Normbefehls hinaus.

b) Definitionsvorschläge. Nach *Franke/Wienroeder*[46] erfasst der Begriff „Anbau" die 21
Aussaat und die Aufzucht von Pflanzen. *Pfeil/Hempel/Schiedermair/Slotty*[47] sehen im
Anbau ein auf Dauer angelegtes, auf Ernte oder sonstige Zwecke ausgerichtetes Ingangsetzen
und/oder Unterhalten von Maßnahmen zur Wachstumsförderung von Pflanzen. Dies ist
per se abzulehnen, da damit eine nochmalige Vorverlagerung der Strafbarkeit verbunden
wäre, als auch das Umgraben und Harken vor Ausbringen der Saat oder das Einbringen
des Setzlings Maßnahmen zur Wachstumsförderung wären, die noch vor der Aussaat erfolgen. *Weber*[48] definiert den Anbau als das Aussäen von Samen und die Aufzucht von Pflanzen
Für *Eberth/Müller/Schütrumpf*[49] ist Anbau die Aufzucht von Pflanzen, … wobei es nicht 22
darauf ankommt, ob der erwartete Wirkstoff sich überhaupt entwickelt oder entwickeln
kann. Nach *Malek*[50] stellt Anbau das von menschlichem Willen getragene Aussäen von
Samen und die Aufzucht der Pflanze dar, sofern die ausgereifte Pflanze einen erlaubnispflichtigen Wirkstoff auch nur bei der Reife enthält; diese muss noch nicht eingetreten sein.
Joachimski/Haumer[51] sehen im Anbau die Aufzucht von pflanzlichen Ausgangsstoffen der
BtM mit landwirtschaftlichen Mitteln, soweit diese Ausgangsstoffe selbst bereits BtM sind
oder enthalten. *Körner*[52] versteht unter Anbau von BtM das Erzielen pflanzlichen Wachstums
durch gärtnerische Bemühungen: wie a) Aussaat von BtM-Samen, b) die Pflege oder c) die
Aufzucht von in den Anlagen I–III zum BtMG genannten BtM-Pflanzen. Nach[53] liegt
vollendeter Anbau vor, wenn durch vorbereitende landwirtschaftliche oder gärtnerische
Maßnahmen pflanzliches Wachstum ohne weiteres entstehen kann, so dass mit der Reife
verwendbare BtM gewonnen werden können. Auch wenn man nicht die Entstehung eines
Wirkstoffes verlangen mag und der Wortlaut den „Prozess" des Anbaus erfasst, macht es
doch dogmatisch Sinn, den Anbau erst mit Entstehung des Pflanzenguts, mithin erst ab der
Blütephase als vollendet zu betrachten. Dies hätte den Vorteil, dass die unterschiedlichen
Formen der Aufzucht durch einen Außenwelterfolg begrenzt würden (und insb. für den
Anbau vollkommen untaugliche Handlungen nicht zur Vollendungsstrafbarkeit führen[54]).

c) Herrschendes Begriffsverständnis. Die wohl hM geht diesen Weg freilich nicht. 23
Überwiegend hat man sich darauf geeinigt, das Anbauen einerseits als das **Aussäen von
Samen**, andererseits auch die **Aufzucht von Pflanzen** auszulegen.[55] Das Entstehen eines
Wirkstoffs ist nicht erforderlich und auch der Wortlaut setzt dies nicht voraus, als ohnehin
niemals der Wirkstoff „angebaut" wird, sondern die Pflanze bzw. der Organismus, der
diesen Wirkstoff enthält. Damit umfasst der Anbau **zwei Tätigkeitsformen**,[56] die ihrerseits

---

[45] *Franke/Wienroeder* § 2 Rn. 1.
[46] *Franke/Wienroeder* Rn. 4.
[47] Pfeil/Hempel/Schiedermair/*Slotty* Rn. 37.
[48] *Weber* Rn. 45.
[49] *Eberth/Müller/Schütrumpf* Rn. 128.
[50] *Malek* Rn. 240.
[51] *Joachimski/Haumer* § 3 Rn. 3.
[52] *Körner* Rn. 57.
[53] HJLW/*Winkler* Rn. 2.3.1.
[54] *Oğlakcıoğlu*, BtMG AT, S. 427.
[55] So auch *Weber* Rn. 45 und – für die Tathandlung – *Malek* Rn. 240.
[56] Vgl. aber *Franke/Wienroeder* Rn. 4: Aussaat und Aufzucht von Pflanzen.

unterschiedlich ausgeprägt sein können und nicht zwingend kumulativ festgestellt sein müssen.

24   Sofern Definitionen oder Umschreibungen auf den Einsatz landwirtschaftlicher Mittel abstellen,[57] geht dies auf eine Entscheidung des OLG Hamburg[58] zurück und lässt an Produktionsmethoden eines Agrarunternehmens denken; ähnlich verhält es sich bei Begriffsbestimmungen, die, den Mitteleinsatz auf den Hausgarten verkürzt, gärtnerischen Bemühungen Beachtung geben. Der „Einsatz landwirtschaftlicher oder gärtnerischer Mittel" ist durch die Wörter „Aussäen" und „Aufzucht" erfasst und daher überflüssig.

25   **2. BtM als Tatobjekte. a) Anbau von pflanzlichen BtM.** Da das BtMG in Abs. 1 S. 1 Nr. 1 aufzählt: „... wer BtM unerlaubt anbaut, herstellt ...", läge es nahe, den Begriff des „Anbauens" auf pflanzliche und den Begriff des „Herstellens" auf synthetische BtM zu beziehen. Diese Begriffszuordnung lässt sich aber nicht aufrecht erhalten, wie ein Blick auf die Legaldefinition des „Herstellens" in § 2 Abs. 1 Nr. 4 zeigt, weil unter diesen Tatbestand zB auch das Gewinnen, Anfertigen oder Zubereiten fallen, so dass zB richtigerweise auch die Ernte von Blüten der Cannabispflanze als Herstellen[59] ebenso wie die Zubereitung eines morphinhaltigen Suds („O-Tee") durch Auskochen von Mohnkapseln angesehen wurde.[60] Die Tathandlungen des „Herstellens" können daher sowohl pflanzliche wie auch synthetische BtM betreffen, während sich die Tathandlungen des „Anbaus" denknotwendig nur auf pflanzliche BtM beziehen können.

26   **b) Taugliche Tatobjekte.** Nach derzeitiger Rechtslage kommen als taugliche Tatobjekte des Anbau-Tatbestandes in Betracht:

27   **aa) Pflanzen, die BtM sind:.** In den Anlagen I–III sind Pflanzen als BtM genannt, die allein wegen ihrer dortigen Aufnahme BtM sind, ohne dass es darauf ankäme, ob sie psychotrope Wirkstoffe enthalten.[61] Die Aufnahme in die Positivliste[62] der Stoffe und Zubereitungen, zu denen Pflanzen zwar nach dem naturwissenschaftlichen,[63] nicht aber unbedingt nach dem natürlichen Sprachgebrauch zählen, wird durch die Legaldefinition des § 2 Abs. 1 Nr. 1 möglich, wonach ein Stoff „im Sinne dieses Gesetzes" auch „... eine Pflanze, ein Pflanzenteil oder ein Pflanzenbestandteil in bearbeitetem oder unbearbeitetem Zustand ..." ist. Als solche Pflanzen, Pflanzenteile bzw. Pflanzenbestandteile sind genannt:[64]

Pflanzen	**Cannabis** (Anlage I), **Erythroxylum coca** (Anlage II), **Papaver bracteatum** (Anlage II), **Papaver somniferum** (Anlage III), Salvia divinorum („Azteken-Salbei") (Anlage I[65]
Pflanzenteile	bei **Erythroxylum coca** alle Pflanzenteile, bei **Cannabis** alle Pflanzenteile, ausgenommen die Samen unter bestimmten Voraussetzungen, bei **Papaver** alle Pflanzenteile, ausgenommen die Samen
Pflanzenbestandteile	**Cannabisharz** (Anlage I), **Mohnstrohkonzentrat** (Anlage II), **Opium** (Anlage III), das Alkaloid **Cocain** (Anlage II), das Alkaloid **Psilocybin** (Anlage I), das Alkaloid **Morphin** (Anlage III)[66]

---

[57] *Franke/Wienroeder* Rn. 4; *Joachimski/Haumer* § 3 Rn. 3.

[58] OLG Hamburg 14.2.1978 – 2 Ss 301/77, JR 1978, 349 mAnm *Pelchen*: Anbau ist Produktion von BtM mit landwirtschaftlichen Mitteln.

[59] OLG Düsseldorf 5.7.1984 – 5 Ss 209/84 – 168/84 I, NStZ 1985, 30.

[60] BGH 15.9.1983 – 4 StR 454/83, StV 1987, 250.

[61] Zu den Einzelheiten der Legaldefinition der BtM in § 1 Abs. 1 und ihrem Verweis auf die Positivliste der Anlagen I–III vgl. → § 1 Rn. 3 ff.

[62] Vgl. dazu Pfeil/Hempel/*Schiedermair*/Slotty § 1 Rn. 50–52; BVerfG 4.5.1997 – 2 BvR 509/96 und 2 BvR 511/96, NJW 1998, 669.

[63] Pfeil/Hempel/*Schiedermair*/Slotty § 2 Rn. 12.

[64] HJLW/*Winkler* § 2 Rn. 3–5.

[65] Eingefügt durch Art. 1 Nr. 1 21. BtMÄndVO vom 18.2.2008, BGBl. I S. 246, in Kraft ab 1.3.2008.

[66] Andere in *Papaver somniferum* enthaltene Alkaloide wie *Narcotin* und *Papaverin* sind dagegen nicht in den Anlagen aufgeführt und demzufolge keine BtM.

Begrifflich ist nur der Anbau von Pflanzen, nicht der Anbau von Pflanzenteilen oder Pflan- **28** zenbestandteilen möglich, so dass als Pflanzen, die wegen ihrer Unterstellung unter die Positivliste der Anlagen I–III von vornherein BtM sind, nur in Betracht kommen **Cannabis** (Anlage I), **Erythroxylum coca** (Anlage II), **Papaver bracteatum** (Anlage II) und **Papaver somniferum** (Anlage III).

bb) Pflanzen, die btm-haltige Stoffe enthalten (können):. Bis zum Inkrafttreten **29** der 10. BtMÄndVO[67] galt **ausschließlich die Beschränkung auf die Substanz:**[68] Wurde in den Anlagen zum BtMG nur der Wirkstoff, nicht aber auch die dazugehörige Pflanze (zB der Stoff *Cathinon* einerseits und der Khat-Strauch andererseits oder die Stoffe *Psilocybin* und *Psilocin* einerseits und der Pilz *Spitzkegeliger Kahlkopf* aus der Gattung Psilocybe andererseits) genannt, so war nur der Wirkstoff erfasst, während der Umgang mit der Pflanze erlaubnis- und straffrei war. Seit dem Inkrafttreten der 10. BtMÄndVO gilt der Grundsatz der Beschränkung auf die Substanz **nur noch in den missbrauchsfreien Fällen:** Anlage I aE – fünfter Gedankenstrich lässt seitdem auch Pflanzen und Pflanzenteile (und sogar Tiere und tierische Körperteile, im Wesentlichen auf Gewebekulturen gerichtet) als BtM der Anlage I unterfallen, wenn einer der in den Anlagen I–III aufgeführten Stoffe enthalten ist und zu Rauschzwecken missbräuchlich verwendet werden soll.[69]

Damit ergeben sich zwei für die btm-rechtliche Beurteilung bedeutsame Konstellationen: **30** (1) Sowohl die Pflanze oder der Pflanzenteil als auch der darin enthaltene Stoff, der zu Rauschzwecken missbräuchlich verwendet werden soll, sind in den Anlagen I – III genannt. In diesem Fall geht die Aufnahme der Pflanze als BtM in die Positivliste vor; der Umgang mit ihr richtet sich nach den für die Anlage geltenden Beschränkungen, in der sie genannt ist (zB Papaver somniferum und Morphin).[70] (2) Die Pflanze oder der Pflanzenteil ist in den Anlagen I–III nicht genannt, wohl aber der darin enthaltene Stoff, der zu Rauschzwecken missbräuchlich verwendet werden soll. Dann handelt es sich bei der Pflanze (oder dem Pflanzenteil) nach der Regelung der Anlage I aE 5. Gedankenstrich um ein BtM der Anlage I, das nicht verkehrsfähig und auch nicht verschreibungsfähig ist (zB *Peyotl*-Kaktus (*Lophophora Williamsii*) und *Meskalin*).

– **Missbrauchsfähige Pflanzen:** Für den Anbautatbestand kommen als BtM der Anlage I **31** Pflanzen – in bearbeitetem oder unbearbeitetem Zustand – in Betracht, wenn sie Stoffe enthalten, die in den Anlagen zum BtMG genannt sind, und **wenn sie wie BtM missbräuchlich verwendet werden** sollen [71]

– **Missbräuchliche Verwendung:** Das Anbauen anderer Pflanzen als derjenigen, die aus- **32** drücklich in einzelnen Positionen der Anlagen I bis III genannt sind, muss nach der Bestimmung der 10. BtMÄndV[72] **zum Zwecke missbräuchlicher Verwendung** erfolgen.[73]

– **Wirkstoffentwicklung:** Mit der Aufgabe der Beschränkung auf die Substanz lebt die **33** Bedeutung der Frage wieder auf, ob die angebauten einzelnen Pflanzen entweder überhaupt geeignet sein müssen, Wirkstoffe zu entwickeln, die BtM sind, oder zum Zeitpunkt des Beginns der Tathandlung oder später im Verlauf des Wachstums (schon) Wirkstoffe entwickelt haben müssen. Diese Frage war mit der Unterstellung der Pflanzen unter die Anlagen durch den Gesetzgeber zunächst entschieden worden: weil die Pflanzen selbst

---

[67] → Vor § 1 Rn. 98.

[68] → § 1 Rn. 6, 37 ff.

[69] Daran hat die Neudefinition des btm-rechtlichen Stoffbegriffs in § 2 Abs. 1 Nr. 1 und die entsprechende Änderung von Anlage I am Ende 5. Spiegelstrich durch das Gesetz zur Änderung arzneimittelrechtlicher und anderer Vorschriften (AMGuaÄndG) vom 17.7.2009, BGBl. I S. 1990, nichts geändert.

[70] *Pfeil/Hempel/Schiedermair/*Slotty § 2 Rn. 21; *Weber* § 1 Rn. 165.

[71] Dazu näher → § 1 Rn. 75.

[72] Am Ende der Anlage I 5. Gedankenstrich: „– Pflanzen und Pflanzenteile, Tiere und tierische Körperteile in bearbeitetem oder unbearbeitetem Zustand mit in dieser oder einer anderen Anlage aufgeführten Stoffen, wenn sie als BtM missbräuchlich verwendet werden sollen."

[73] Dazu näher → § 1 Rn. 75 ff.

als BtM definiert waren, brauchte der Wirkstoff noch nicht entwickelt zu sein,[74] und selbst Pflanzen, die gar keine Wirkstoffe ausbilden können (zB männliche Cannabispflanzen) waren infolge dieser Unterstellung BtM.[75] Mit der durch die 10. BtMÄndV[76] eingeführten Unterstellung der missbrauchsfähigen Pflanzen (dh Pflanzen mit Stoffen der Anlagen I bis III, wenn ein Missbrauch zu Rauschzwecken vorgesehen ist), ist die Frage nach der Wirkstoffentwicklung (bzw. deren Möglichkeit) wieder aktuell geworden.

34   – In der Literatur finden sich hierzu zwei gegensätzliche Positionen: **Wirkstoffentwicklung verlangen** *Endriß/Malek:*[77] „Anbau (ist) das vom menschlichen Willen getragene Aussäen von Samen und die Aufzucht der Pflanzen, sofern die ausgereifte Pflanze einen erlaubnispflichtigen Wirkstoffgehalt auch nur bei der Reife enthält"; *Joachimski/Haumer:*[78] Anbau (ist) „die Aufzucht von pflanzlichen Ausgangsstoffen der BtM mit landwirtschaftlichen Mitteln, soweit diese Ausgangsstoffe selbst bereits BtM sind oder enthalten;" Hügel/Junge/Lander/Winkler/*Winkler:*[79] Anbau liegt vor, „wenn durch vorbereitende landwirtschaftliche oder gärtnerische Maßnahmen pflanzliches Wachstum ohne weiteres entstehen kann, so dass mit der Reife verwendbare BtM gewonnen werden können". Dagegen halten die Frage nach der **Wirkstoffentwicklung für unerheblich:** *Eberth/Müller/Schütrumpf:*[80] „Es kommt nicht darauf an, ob der erwartete Wirkstoff sich überhaupt entwickelt oder entwickeln kann." *Franke/Wienroeder:*[81] „Dass ein Wirkstoff oder gar schon ein bestimmter Wirkstoffgehalt entstanden ist, wird für die Erfüllung des Tatbestand „Anbau" jedoch nicht vorausgesetzt." *Körner:*[82] „keine bestimmte Größe, kein Wirkstoffgehalt, keine Reife" vorausgesetzt.

35   – Dabei werden Frage der Definition des Anbaus bzw. des Unrechtstatbestands mit der gesetzlichen Gleichstellungsklausel vermengt. Auf eine Wirkstoffentwicklung kann es bei der Gleichstellung von Pflanzen als „BtM" bereits systematisch nicht ankommen, da bei Vorliegen eines extrahierbaren Wirkstoffs die BtM-Eigenschaft unmittelbar bejaht werden könnte. Freilich ändert dies nichts an der Angreifbarkeit der Klausel selbst, doch müsste das derzeitige System der Einbeziehung von Pflanzen und Pflanzenteilen über die Anlagen und das misslungene Wechselspiel zwischen §§ 1, 2 Abs. 1 und den Anlagen vollständig neu geregelt werden, um solch einer Auslegung den Boden zu bereiten. Damit kommt es für die Verwirklichung des Tatbestandes nicht darauf an, welche Menge oder Qualität (Wirkstoff) von BtM geerntet werden kann oder welchen Wirkstoff die sichergestellten Pflanzen aufweisen[83] oder ob sie überhaupt Wirkstoff aufweisen (können) – für die Strafzumessung allerdings schon, wobei es eine Frage des Einzelfalles ist, ob man davon ausgehen darf, dass der Vorsatz auf eine möglichst ertragreiche Ernte mit einem möglichst hohen Wirkstoff gerichtet ist.

36   **3. Erscheinungsformen des Anbauens. a) Tathandlungen.** Unter den als das „Aussäen von Samen und die Aufzucht von Pflanzen" verstandenen Begriff des Anbauens fallen zB folgende Tathandlungen:

37   – **Samen.** Das Vorkeimen der Samen in Erde oder sonstigen Nährstoffträgern bis zum Wurzelaustritt, das „Vorkultivieren von Marihuanpflanzen aus Hanfsamen",[84] das Aussäen.[85]

---

[74] Pfeil/Hempel/*Schiedermair*/Slotty Rn. 37 aE.
[75] Kotz/*Rahlf* BtMR Anbau Rn. 20.
[76] → Vor § 1 Rn. 98.
[77] *Endriß/Malek* Rn. 239.
[78] *Joachimski/Haumer* § 3 Rn. 3.
[79] HJLW/*Winkler* Rn. 2.3.1.
[80] *Eberth/Müller/Schütrumpf* Rn. 128.
[81] *Franke/Wienroeder* Rn. 6.
[82] *Körner* (VI) Rn. 75.
[83] OLG München 23.4.2009 – 4 St RR 27/09, BeckRS 2009 11744.
[84] OLG Frankfurt a. M. 22.4.1988 – 2 Ss 51/88.
[85] OLG Hamburg 14.2.1978 – 2 Ss 301/77, JR 1978, 349 mAnm *Pelchen*; OLG Düsseldorf 30.9.1998 – 2 Ss 298/98, NStZ 1999, 88; Anm. *Meurer* BA 1999, 180.

– **Pflanzen (-teilen).** Das Einschlagen abgeschnittener Pflanzenteile in Erde oder Nährlö- **38** sung zum Austrieb, das Einsetzen von Pflanzen (Setzlingen), das Eintopfen, das Einpflanzen einer Hanfpflanze in einen Blumentopf[86] oder Balkonkasten.

– **Umgang mit Anpflanzungen.** „Heranziehen" einer Hanfpflanze in einem Blumen- **39** topf,[87] „Züchten" von Cannabispflanzen in Blumentöpfen,[88] „regelmäßiges Wässern und Aufziehen" von zwei Cannabispflanzen,[89] Aufzucht von Cannabispflanzen in Blumentöpfen als eine Art „Zimmerschmuck", in Zimmern der Wohnung verteilt, sowie in einem eigens für die Aufzucht hergerichteten Zimmer der Wohnung, dessen Tür mit einem Handtuch abgedichtet und das mit einer speziellen Beleuchtungs- und Abluftablage versehen war,[90] Heranziehen von 84 Hanfpflanzen in einer Nährlösung und Einsetzen in eine Indoor-Anlage,[91] Bewässerung und Beleuchtung von 20 Cannabispflanzen,[92] das Gießen, das Bewässern, das Anhäufeln, das Furchen, das Düngen, das Aufbringen oder Aussprühen von Schädlingsschutz, das Belichten oder das Besonnen in sog „Indoor-Anlagen", das Kreuzen von Pflanzen, das Aufbinden und Stützen, das Ausschneiden und das Zurückschneiden zur Wachstumsförderung, das Einzäunen oder das Schützen der Anbaufläche nach dem Einbringen von Samen oder Pflanzen. Hingegen geht es zu weit, allein in der Feststellung des Erwerbs einer lebenden Cannabis-Topfpflanze auch einen Anbau zu sehen.[93]

Nicht mehr zum Anbau gehören das Abschneiden, Ernten, Trocknen, Einweichen und **40** sonstige Bearbeiten des abgetrennten Pflanzenmaterials, das bereits der Herstellung dient und daher dem Tatbestand des Herstellens unterfällt.[94]

   b) Eigentümerstellung hinsichtlich der Samen oder Pflanzen. Täter oder Teilneh- **41** mer des Anbaus ist derjenige, der eigenhändig anbaut, durch andere anbauen lässt oder in irgendeiner Weise am Anbau mitwirkt – unabhängig von der Frage, wer Eigentümer der Samen oder der Pflanzen ist, die angebaut werden (sollen) oder wer Eigentümer der Früchte ist (werden soll).[95]

   c) Anbau durch Unterlassen. Die strafrechtliche Zurechnung von Anbaudelikten **42** Dritter auf den Eigentümer oder Mieter des betreffenden Grundstücks oder der betreffenden Wohnung richtet sich nach denjenigen Grundsätzen, die für den Anbau als Teilakt des Handeltreibens ebenso gelten. Daher wird auf die Ausführungen bei → Rn. 67, 440 f. verwiesen. In den allermeisten Fällen wird ohnehin nur eine Gehilfenstrafbarkeit in Betracht gezogen, diese wiederum scheitert meist an der Feststellung entweder an einer Garantenstellung oder an einer aktiven Teilnahmehandlung (zum bloßen „Dabeisein" vgl. nochmals → Rn. 440).

   d) Umfang des Anbaus. Schon der Anbau einer einzigen Pflanze erfüllt den Tatbe- **43** stand. Diese früher heftig umstrittene Frage[96] ist spätestens durch die Aufnahme des Anbautatbestandes in die Privilegierungsvorschrift des Abs. 5 in diesem Sinne entschieden. Mit dieser Vorschrift wird beim Anbau von BtM in geringer Menge zum Eigenverbrauch Absehen von Strafe ermöglicht, Tatbestandsmäßigkeit derartigen Verhaltens also vorausgesetzt.[97]

---

[86] OLG Hamburg 14.2.1978 – 2 Ss 301/77, JR 1978, 349 mAnm *Pelchen.*
[87] OLG Düsseldorf 5.7.1984 – 5 Ss 209/84, NStZ 1985, 30.
[88] OLG Zweibrücken 3.7.1985 – 1 Ss 123/85.
[89] BayObLG 20.6.1994 – 4 St RR 66/94, BayObLGSt 1994, 16.
[90] OLG Karlsruhe 24.7.1997 – 3 Ss 116/97, NStZ-RR 1998, 27.
[91] LG Halle 22.12.1999 – 29 Ns 208/99.
[92] LG Nürnberg-Fürth 10.2.1997 – 6 Ns 353 Js 17 901/96.
[93] Auskunft des BfArM – Bundesopiumstelle – vom 25.6.1996 im Verfahren 1 Ls 112 Js 12 019/96 AG Obernburg am Main: „derjenige, der lebende Cannabis-Topfpflanzen erwirbt, baut damit auch zwangsläufig an".
[94] OLG Dresden 5.8.1999 – 1 Ss 60/99, NStZ-RR 1999, 372; BayObLG 6.12.2001 – 4St RR 131/01, BayObLGSt 2001, 166 = NStZ-RR 2002, 181.
[95] *Franke/Wienroeder* Rn. 6; KPV/*Patzak* Teil 2 Rn. 27; *Weber* Rn. 67.
[96] Vgl. Pfeil/Hempel/Schiedermair/*Slotty* Rn. 38.
[97] *Franke/Wienroeder* Rn. 5.

44 **4. Erlaubnis. a) Allgemeines.** Zur Erlaubnis als Merkmal des objektiven Tatbestands,[98] zur strafgerichtlichen Wirksamkeitsprüfung einer Erlaubnis[99] sowie zum Nachweis des Fehlens einer Erlaubnis[100] wird auf die Erläuterungen zu § 3 verwiesen.

45 **b) Erlaubnisfreier Anbau.** Keiner Erlaubnis bedarf der Anbau von Pflanzen zu ausgenommenen Zwecken, also bei **Cannabis:** der Anbau als Schutzstreifen bei der Rübenzüchtung, wenn sie vor der Blüte vernichtet werden (Anlage I Position Cannabis Ausnahme unter Buchst. c) sowie der Anbau von Nutzhanf durch landwirtschaftliche Betriebe (Anlage I Position Cannabis Ausnahme unter Buchst. d) – **aber:** Es ist die Anzeigepflicht nach zu § 24a beachten, deren Verletzung nach § 32 Abs. 1 Nr. 14 eine Ordnungswidrigkeit darstellt; bei **Papaver bracteatum** der Anbau zu Zierzwecken (Anlage II).

46 Nicht in diesem Zusammenhang gehört der **gewerbliche oder wissenschaftliche Umgang mit Pflanzen oder Pflanzenteilen aus zertifiziertem Saatgut** oder mit einem Wirkstoffgehalt von nicht mehr als 0,3 % THC (Anlage I Position Cannabis Ausnahme unter Buchst. b). Mit der Änderung der Anlage I durch die 7. BtMÄndV[101] sind Pflanzen und Pflanzenteile der Gattung Cannabis von den betäubungsmittelrechtlichen Vorschriften ausgenommen, wenn ihr Gehalt an THC 0,3 % nicht übersteigt und der Verkehr mit ihnen (ausgenommen der Anbau) ausschließlich gewerblichen Zwecken dient, die einen Missbrauch zu Rauschzwecken ausschließen. Mit dieser Formulierung wird jedoch der Anbau **nicht** von den betäubungsmittelrechtlichen Vorschriften ausgenommen („ausgenommen der Anbau"). Daher bedarf jeder, wenn er nicht unter die für landwirtschaftliche Betriebe geschaffene Regelung fällt, einer btm-rechtlichen Erlaubnis zum Anbau von Cannabis.[102] In der Strafrechtspraxis käme meistens hinzu, dass die persönliche Verwendung der Pflanzen, insbesondere ein Missbrauch zu Rauschzwecken auf der Hand liegt.[103]

47 **c) „Normale" Erlaubnis für Pflanzen der Anlagen II und III.** Der Anbau von Pflanzen, die BtM im Sinne der Anlagen II und III zum BtMG sind, also Kokastrauch, Papaver bracteatum (sofern der Anbau nicht zu Zierzwecken erfolgt und bereits deshalb erlaubnisfrei ist) oder Papaver somniferum, bedarf der Erlaubnis des BfArM in Bonn. Zum Erlaubnisverfahren wird auf die Erläuterungen zu § 3[104] verwiesen.

48 **d) „Ausnahme-"Erlaubnis für Pflanzen der Anlage I.** Der Anbau von Pflanzen, die BtM der Anlage I sind, also Cannabis, bedarf der Erlaubnis des BfArM, auch wenn der Anbau im Auftrag einer Landesbehörde erfolgen soll.[105] Eine derartige Erlaubnis für die dem absoluten Verkehrsverbot der Anlage I unterfallenden BtM darf nur ausnahmsweise zu wissenschaftlichen oder anderen im öffentlichen Interesse liegenden Zwecken erteilt werden (§ 3 Abs. 2). Dieses Ergebnis befremdet allerdings, da der Anbau von Pflanzen, aus denen „weiche Drogen" gewonnen werden könnten, im Verhältnis zum Anbau von Pflanzen, aus denen wesentlich gefährlichere Substanzen gewonnen werden könnten, rechtlich unter strengere Voraussetzungen gestellt wird. Von diesen strengeren Voraussetzungen ist allerdings – zumindest was den Anbau von Cannabis zur Selbstmedikation angeht – nicht mehr viel übrig, als das BVerwG nunmehr auch Ausnahmeerlaubnisse für den Anbau für möglich erachtet, wenn dem Patienten keine andere Wahl bleibt (zugleich hat diese Rechtsprechung eine Gesetzesänderung auf den Plan gebracht, wonach der kontrollierte Anbau von Cannabis und die Verschreibung von Medizinalhanf ermöglicht werden soll (ausführlich → § 3 Rn. 16 ff.).

---

[98] → § 3 Rn. 39.

[99] → § 3 Rn. 42.

[100] → § 3 Rn. 43.

[101] → Vor § 1 Rn. 96.

[102] Vgl. Schreiben des BfArM Bundesopiumstelle – vom 25.6.1996 (G VI 4–7650–4262 926) im Verfahren 1 Ls 112 Js 12 019/96 AG Obernburg am Main.

[103] Vgl. BayObLG 9.7.1997 – 4 St RR 139/97.

[104] → § 3 Rn. 8 f.

[105] Vgl. den kuriosen, bei KPV/*Patzak* Teil 2 Rn. 32, mitgeteilten Fall, in dem 16 hessische Landwirte im Auftrag des Hessischen Landwirtschaftsministeriums 1990 auf 24 ha Schlafmohn angebaut hatten.

III. Subjektiver Tatbestand

Das unerlaubte Anbauen von BtM ist sowohl in vorsätzlicher als auch in fahrlässiger 49
Begehungsweise (Abs. 4)[106] strafbar.

1. Vorsatz. Der Vorsatz umfasst die die Kenntnis der Tatumstände (vgl. § 16 Abs. 1 50
StGB), den Willen zur Tatbestandverwirklichung und die Vorstellung von der Beherrschung
der Tathandlung.[107] Der Vorsatz als Wissenselement setzt voraus, dass der Täter zumindest
für möglich hält, dass er mit seinem Verhalten BtM anbaut, hierzu einer Erlaubnis bedarf,
von der er weiß, dass er sie nicht hat. Im Übrigen wird auf die Ausführungen bei → Vor
§ 29 Rn. 54 ff. verwiesen.

a) Kenntnis von der BtM-Eigenschaft. Der Täter muss wissen oder zumindest mit 51
der Möglichkeit rechnen, dass er zB Cannabissamen aussät oder Cannabispflanzen setzt.
Wer aus einem Napf Vogelfutterreste, unter denen sich unbemerkt auch Cannabissamen
befinden, auf ein Beet im Garten schüttet, baut vorsatzlos, Cannabis an. Ebenfalls vorsatzlo-
ses Handeln liegt vor, wenn der Grundstückseigentümer Beete wässert, auf denen der „böse
Nachbar" Cannabissamen ausgestreut hat, ohne zu erkennen, dass er seine gärtnerischen
Bemühungen unerwünschten Eindringlingen angedeihen lässt. Der Täter braucht keine
rechtlich zutreffende Einordnung des BtM (entsprechend den Anlagen zum BtMG) vorzunehmen. Entscheidend ist, dass er weiß oder für möglich hält, dass die von ihm angebauten
Pflanzen unter den von ihm gesetzten Bedingungen unter das BtMG fallen.

Beim Anbau von **missbrauchsfähigen Pflanzen** (zB Khat-Strauch, Mutterkornpilzkul- 52
turen, meskalinhaltige Kakteen oder psilocybin- und psilocinhaltigen Pilzen) muss der Täter
wissen oder wenigstens für möglich halten, dass diese Pflanzen in bearbeitetem oder unbearbeitetem Zustand zu Rauschzwecken (durch ihn oder andere) missbraucht werden sollen.

b) Kenntnis von der Tathandlung des Anbauens. Der Täter muss die nach Gegen- 53
stand, Zeit und Ort bestimmte Zuwiderhandlung gegen ein Gesetz wenigstens in allen
wesentlichen Beziehungen, wenn auch nicht mit sämtlichen Einzelheiten der Ausführung,
in seine Vorstellung (und seinen Willen) aufgenommen haben.[108]

c) Kenntnis vom Fehlen der Erlaubnis. Zum Vorsatz gehört auch die Kenntnis vom 54
Fehlen der Erlaubnis.

d) Zweck des Anbaus. Auf den mit dem Anbau verfolgten Zweck kommt es grundsätz- 55
lich nicht an. Gleichgültig ist demzufolge, ob jemand zur Gewinnung von Rauschmitteln,
zu Zierzwecken, zu Forschungszwecken, aus botanischem Interesse, zur späteren Verarbeitung zu Textilien, Arzneimitteln, Kosmetika, Papier, Seilen oder Baumaterialien oder aus
sonstigen Gründen, die in keinem Zusammenhang mit der BtM-Eigenschaft der Pflanze
oder gar einem späteren Konsum stehen,[109] anbaut – die Tat ist jedenfalls strafbar.

Anderes gilt nur bei **Papaver bracteatum**[110] beim Anbau zu Zierzwecken, oder bei 56
der Pflanzung von Cannabis als Schutzstreifen bei der Rübenzüchtung mit dem Ziel der
Vernichtung vor der Blüte; diese Zwecke führen zum Tatbestandsausschluss.

Ein Anbauzweck, der nicht in der Gewinnung eines Rauschmittels besteht, wird in der 57
Regel jedoch bei der Strafzumessung strafmildernd zu berücksichtigen sein.

2. Irrtumskonstellationen. Zu den möglichen Irrtumskonstellationen in Bezug auf 58
Art und Eigenschaft des BtM[111] bzw. über die Erlaubnis[112] wird auf → Vor § 29 Rn. 78 ff.
verwiesen.

---

[106] → Rn. 1694 ff.
[107] AllgM, wenn auch mit vielfältig unterschiedlicher Nomenklatur, vgl. → StGB § 16 Rn. 12 f.; Begrifflichkeit hier nach *Fischer* StGB § 15 Rn. 2; auch → Vor § 29 Rn. 54 ff.
[108] BGH 2.2.1994 – 2 StR 682/93, BeckRS 1994, 31090431 (zu einem Fall des § 211 StGB).
[109] *Franke/Wienroeder* Rn. 5.
[110] Dies übersieht HJLW/*Winkler* Rn. 2.2.3.
[111] → Vor § 29 Rn. 105 ff.
[112] → Vor § 29 Rn. 113.

59 **3. Fahrlässigkeit.** Lässt sich vorsätzliche Handlungsweise nicht feststellen, so muss der Tatrichter aufgrund seiner Kognitionspflicht zur erschöpfenden Aburteilung der Tat aber auch prüfen, ob nicht jedenfalls fahrlässige Tatbegehung vorliegt.[113] Zur Annahme fahrlässiger Begehungsweise wird man wegen der vom Tatbestand vorausgesetzten Zielgerichtetheit der Tathandlung, die für pflichtwidriges Verhalten wenig denkbaren Raum lässt, wohl nur über den (vermeidbaren) Tatbestandsirrtum (§ 16 Abs. 1 S. 2 StGB) kommen. So wird als Beispiel für einen fahrlässigen Anbau von Betäubungsmitteln das Auswerfen von Cannabissamen als Vogelfutter aufgeführt, wenn der Samenhändler beim Auswerfen unachtsam ist und einen Wildwuchs von THC-haltigen Pflanzen verursacht.[114] Hat der Täter zB eine unrichtige Vorstellung über die BtM-Eigenschaft eines Stoffes[115] (zB in den Fällen der BtM der Anlage I aE 5. Gedankenstrich) oder irrt er über das Bestehen oder den Inhalt der Erlaubnis, kommt fahrlässige Tatbegehung in Betracht. Die nähere Prüfung von darauf abzielenden Einlassungen wird anhand der festzustellenden Begleitumstände der Handlung zumeist allerdings ergeben, dass es sich dabei um unzutreffende Schutzbehauptungen handelt.

IV. Rechtfertigung/Entschuldigung

60 Zu einer möglichen Rechtfertigung des Anbaus von Cannabis zum Zwecke der Schmerzlinderung wird auf die Ausführungen zu § 3 sowie → Vor § 29 Rn. 71 verwiesen. Kulturelle bzw. religiöse Motive können den Anbau nicht rechtfertigen.[116]

V. Täterschaft und Teilnahme

61 Die Abgrenzung zwischen (Mit-)Täterschaft und Teilnahme erfolgt nach allgemeinen Grundsätzen; Teilnahmeformen beim Anbau kommen in der Praxis allerdings selten vor. Steht die **Beteiligung** an der Anbautat eines anderen fest, so ist die Frage, ob der Teilnehmer als Mittäter oder als Gehilfe zu betrachten ist, nach den gesamten Umständen, die von der Vorstellung des Teilnehmers umfasst werden, in wertender Betrachtung zu beurteilen.[117]

62 **1. Abgrenzung von Täterschaft und Teilnahme.** Beim Anbau ist in erster Linie derjenige Täter, der **selbst anbaut**.[118] Auf die Eigentümerstellung bzgl. der Nutzfläche bzw. der „Anbau- bzw. Herstellungszutaten" kommt es nicht an.[119] Soweit der Beteiligte durch andere Tätigkeiten (Bereitstellen der Anbaufläche, Besorgen der Anbauutensilien) mitgewirkt hat, können ihm unter den Voraussetzungen des § 25 Abs. 2 StGB, also bei einem gemeinsamen Tatplan und Tatherrschaft, die Anbauhandlungen eines Dritten zugerechnet werden (zur Frage inwiefern der Nutzungsberechtigte als nicht unmittelbar Anbauender zur Verantwortung gezogen werden darf, mithin ein Anbau durch Unterlassen angenommen werden kann → Rn. 42, 67 f.).[120]

63 Die Rechtsprechung zum Handeltreiben könnte dazu verleiten, bei ganz **untergeordneten Tatbeiträgen** nur Beihilfe zum Anbau anzunehmen (etwa beim einmaligen Begießen der Pflanzen über das Wochenende für einen anderen).[121] Dies kann – soweit man keine tatbestandslosgelöste Betrachtung etablieren will – nicht richtig sein. Denn soweit der Anbau ein schlichtes Tätigkeitsdelikt darstellen soll und es nicht einmal auf die Entstehung eines

---

[113] Vgl. BGH 16.12.1982 – 4 StR 644/82, NStZ 1983, 174 (175); 11.2.1998 – 3 StR 546/97, BeckRS 1999, 30070917.

[114] KPV/*Patzak* Teil 2 Rn. 52.

[115] BGH 15.4.1975 – 5 StR 36/75 in einem Fall, in dem es sich Rohopium handelte und der Täter das nach seiner Meinung vermittelte Haschisch für „so etwas Ähnliches wie Tabak" hielt.

[116] Hierzu *Sachs* JuS 2001, 719.

[117] BGH 15.1.1980 – 1 StR 730/79, MDR 1980, 455 (bei *Holtz*) unter Berufung auf BGH 10.1.1956 – 5 StR 529/55, BGHSt 8, 393 (396) und BGH 10.3.1961 – 4 StR 30/61, BGHSt 16, 12 (13).

[118] KPV/*Patzak* Teil 2 Rn. 72.

[119] *Malek* Kap. 2 Rn. 251.

[120] *Oğlakcıoğlu*, BtMG AT, S. 620 ff.

[121] So ist sowohl bei *Weber* Rn. 127 als auch bei *Franke/Wienroeder* Rn. 19 zu lesen, dass Personen in arbeitnehmerähnlicher Stellung nicht per se als Täter der Herstellungsmodalität bewertet werden dürften.

Wirkstoffs ankommt, mutet es systematisch verfehlt an, denjenigen, der die Pflanze nur ein einziges Mal begießt, gegenüber der Person zu bevorzugen, die sie aufzüchtet.[122] Freilich ließen sich derartige Ungereimtheiten vermeiden, wenn man dem Tatbestand durch ein Außenwelterfolg (also ein Ergebnis, der letztlich einer Person zugeschrieben werden soll) Konturen verliehe.

2. Mittäterschaftliches Handeln. Mittäterschaft setzt voraus, dass der Beteiligte nicht **64** lediglich fremdes Tun fördern will, sondern mit Täterwillen einen die Tatbestandsverwirklichung fördernden Beitrag leistet. Sein Tatbeitrag muss ein Teil der Tätigkeit aller und dementsprechend das Handeln der anderen eine Ergänzung seines Tatbeitrags darstellen. Dies erfordert die Beteiligung des Mittäters an der Tatherrschaft oder wenigstens dessen Willen zur Tatherrschaft, so dass Durchführung und Ausgang der Tat maßgeblich auch von seinem Willen abhängen. Wesentliche Anhaltspunkte für eine Mittäterschaft sind nach ständiger Rechtsprechung des BGH der Grad des eigenen Interesses am Erfolg der Tat, der Umfang der Tatbeteiligung und die Tatherrschaft.[123]

3. Anstiftung. Die Frage der Anstiftung beurteilt sich nach allgemein-strafrechtlichen **65** Grundsätzen.[124]

4. Das „bloße Dabeisein" (Beihilfe). Auch eine Beihilfe zum Anbau ist grundsätzlich **66** vorstellbar. Das bloße Dabeisein genügt für die Annahme strafbarer Beteiligung nicht. Vielmehr muss festgestellt sein, dass und in welcher Weise der Angeklagte durch seine Beteiligungshandlung die Haupttat in ihrer konkreten Gestalt objektiv gefördert oder erleichtert hat.[125] In der Rechtsprechung des BGH ist zwar die rechtliche Möglichkeit, dass der Tatgehilfe die Tatbegehung durch ein bloßes „Dabeisein" im Sinne aktiven Tuns bewusst fördert und erleichtert, für den Fall bejaht worden, dass durch sein Zugegensein der Haupttäter in seinem schon gefassten Tatentschluss gestärkt und ihm ein erhöhtes Gefühl der Sicherheit vermittelt wird.[126] Um der Gefahr zu begegnen, dass dabei der Bereich der Beihilfe durch sogenanntes unechtes Unterlassen eines Garanten der Sache nach auf Fälle der bloßen Kenntnisnahme von der Tat und deren Billigung unter Umgehung der Anforderungen einer Garantenpflicht ausgedehnt wird, bedarf es jedoch bei solchen Fallgestaltungen sorgfältiger und genauer Feststellungen darüber, dass das bloße Dabeisein die Tatbegehung in ihrer konkreten Gestalt objektiv gefördert oder erleichtert hat und dass der Gehilfe sich dessen bewusst war (zum Ganzen → § 29 Rn. 440).[127]

5. Einzelfälle. In den folgenden, am häufigsten vorkommenden Fällen hat die Recht- **67** sprechung zu Fragen der Beihilfe oder der Abgrenzung von **(Unterlassungs-)**Täterschaft und Beihilfe Stellung genommen:[128]

a) Wohnungsfälle. Keine Mittäterschaft durch Dulden des Anpflanzens von Cannabis- **68** pflanzen in einer gemeinsamen Wohnung, wohl aber **mögliche** (zumindest psychische) **Beihilfe** hat das OLG Karlsruhe[129] in einem Fall gesehen, in dem der Haupttäter mit Wissen und Einverständnis seiner angeklagten Lebensgefährtin in der gemeinsamen Wohnung 26 Cannabispflanzen mit einer Höhe von bis zu 40 cm hauptsächlich in einem eigens für die Aufzucht hergerichteten Zimmer der Wohnung, dessen Tür mit einem Handtuch abgedich-

---

[122] Wird das Verhalten also als Beihilfe zum Handeltreiben in nicht geringen Mengen bewertet, müsste man dann jedenfalls der Klarstellung halber einen täterschaftlichen Anbau (in nicht geringen Mengen?) bejahen.

[123] BGH 6.10.1998 – 1 StR 485/98, StV 1999, 435 (zum Handeltreiben).

[124] → StGB § 26 Rn. 6 ff. sowie → Vor § 29 Rn. 111.

[125] BGH 21.4.1998 – 4 StR 107/98, NStZ 1998, 517 (zu einer Mitfahrt bei einer Einfuhrhandlung) unter Berufung auf BGH 13.1.1993 – 3 StR 516/92, NStZ 1993, 233.

[126] Vgl. BGH 9.5.1990 – 3 StR 112/90; 10.2.1982 – 3 StR 398/81, StV 1982, 517 mAnm *Rudolphi*; 25.8.1982 – 1 StR 78/82, StV 1982, 516; vgl. ferner BGH 23.4.1976 – 2 StR 144/76; 26.6.1980 – 4 StR 129/80, VRS 59, 158.

[127] BGH 13.1.1993 – 3 StR 516/92, NStZ 1993, 233.

[128] *Oğlakcıoğlu*, BtMG AT, S. 378 ff.

[129] OLG Karlsruhe 24.7.1997 – 3 Ss 116/97, NStZ-RR 1998, 27.

tet und das mit einer speziellen Beleuchtungs- und Abluftablage versehen war, aufgezogen hat.[130] Doch stellen die gemeinsame Anmietung der Wohnung und die gemeinsame Mietzahlung für die Wohnung noch keine objektive Förderung der Tatbegehung in ihrer konkreten Gestalt dar.[131] In einem vergleichbaren Fall (einziger Unterschied zum Karlsruher Fall: die Angeklagte hatte den Anbau der von ihrem Ehemann in der ehelichen Wohnung gezüchteten Cannabispflanzen nicht gutgeheißen) hat das OLG Celle[132] die als Täterin angeklagte Ehefrau freigesprochen, ohne allerdings auf die Frage der Beihilfe einzugehen. Nunmehr hat das OLG Karlsruhe klargestellt, dass auch Beihilfe durch Duldung des Anbaus in der gemeinsamen Wohnung – und Abbuchung der (durch die Anbauvorrichtung erhöhten) – Stromkosten ausscheidet, da eine Garantenpflicht zur Verhinderung von Straftaten sich weder aus der persönlichen Beziehung der Mitbewohner der gemeinsamen noch aus der Wohnungs(mit)inhaberschaft ableiten lässt.[133]

69 **b) Grundstücksfälle.** Die Angeklagte war alleinige Mieterin eines Anwesens mit Wohngebäude und stark verwildertem, teilweise mit Hecken bewachsenen Gartengelände. Nachdem sie den Mitangeklagten in Lebensgemeinschaft bei sich aufgenommen hatte, wurde das Anwesen von beiden bewohnt, wobei der Mitangeklagte sich hälftig an den Mietkosten beteiligte. Der Mitangeklagte baute 19 Cannabispflanzen in einem eigens gerodeten und zum Schutz mit Maschendraht versehenen Gartenteil an. Dies geschah „über den Kopf der Angeklagten hinweg", die damit nicht einverstanden war, den Anbau jedoch im Hinblick auf die bestehende Lebensgemeinschaft duldete. Die in erster Instanz wegen Beihilfe zum Anbau zu einer Geldstrafe verurteilte Angeklagte wurde vom OLG Zweibrücken[134] mit der Begründung freigesprochen, dass sich aus der Inhaberschaft eines Grundstückes oder einer Wohnung nur unter besonderen Umständen die Verpflichtung ergebe, Straftaten Dritter in den Räumen oder auf dem Gelände zu verhindern, und außenstehende Drittperson sei der mitangeklagte Lebensgefährte nicht gewesen, da er – wenn auch abgeleitet – Mitbesitz an dem Anwesen hatte.

70 In einem vom LG Konstanz[135] zu entscheidenden Fall wusste die Verlobte eines anderweitig Verfolgten von dessen Cannabis-Anbau in einem Gewächshaus. Weitergehende Feststellungen konnten nicht getroffen werden, insbesondere nicht, ob die Angeklagte das Gewächshaus zur Verfügung gestellt hatte. Das LG hat zu Recht das bloße Dulden des Anbaus nicht als Beihilfe zu einem Vergehen nach Abs. 1 S. 1 Nr. 1 gewertet und auch eine Strafbarkeit wegen Mitbesitzes von Betäubungsmitteln nach § 29a Abs. 1 Nr. 2 ausgeschlossen, weil „das Wissen und Tolerieren, dass ein Lebensgefährte Betäubungsmittel aufbewahrt und konsumiert, noch keine Sachherrschaft und keinen Besitz begründet".

71 **c) Zusammenfassung.** Sowohl in den Wohnungs- als auch in den Grundstücksfällen gilt: Beschränkt sich das Verhalten des Nutzungsberechtigten auf ein bloßes Hinnehmen oder Dulden des Anbaus durch einen anderen, so leistet er zu der Tat keinen positiven Beitrag. Die bloße Kenntnis vom illegalen Anbau der Betäubungsmittel und die tatsächliche Möglichkeit der Einwirkung reichen zur positiven Tatbestandsverwirklichung nicht aus,[136] nicht einmal die Billigung von BtM-Geschäften aus der Wohnung bzw. dem Grundstück heraus.[137] Auch ein strafrechtlich relevantes Unterlassen ist in aller Regel nicht gegeben, da der Nutzungsberechtigte (eines Grundstücks oder einer Wohnung) für rechtswidrige Handlungen, die auf dem Grundstück oder in der Wohnung von Mitbewohnern oder

---

[130] Zur Wohnung als „Gefahrenherd" vgl. noch → Rn. 442 sowie *Oğlakcıoğlu*, BtMG AT, S. 380.
[131] Vgl. BGH 13.1.1993 – 3 StR 516/92, NStZ 1993, 233.
[132] OLG Celle 28.6.2000 – 33 Ss 28/00, StV 2000, 624.
[133] OLG Karlsruhe 19.1.2007 – 2 Ss 96/06, BeckRS 2007, 04342 = StV 2007, 36.
[134] OLG Zweibrücken 14.1.1999 – 1 Ss 3/99, NStZ-RR 2000, 119.
[135] LG Konstanz 17.5.2004 – 5 Ns 61 Js 20678/02, StraFo 2004, 326.
[136] So auch *Weber* Rn. 85; vgl. auch BGH 9.9.1998 – 3 StR 413/98, BeckRS 1998 30023635 = StV 1999, 212; BGH 2.8.2006 – 2 StR 251/06, BtMG § 29 Abs. 1 Nr. 1 Handeltreiben 67 = BeckRS 2006, 10285 = StV 2007, 81; OLG Karlsruhe 19.1.2007 – 2 Ss 96/06, BeckRS 2007, 04342 = StV 2007, 36.
[137] BGH 7.1.2003 – 3 StR 414/02, NStZ-RR 2003, 153 = StV 2003, 280.

Dritten begangen werden, strafrechtlich grundsätzlich nicht einzustehen hat. Eine Rechtspflicht (§ 13 Abs. 1 StGB) zum Einschreiten gegen einen auf seinem Grundstück oder in
seiner Wohnung betriebenen Verstoß gegen das BtMG ist grundsätzlich nicht gegeben (zum
Ganzen nochmals → Rn. 441 „Handeltreiben").[138]

6. Gewerblicher Handel mit Gerätschaften und Zubehör. Der gewerbliche Handel **72**
mit Gerätschaften und Zubehör zum Anbau von BtM (Beleuchtungsanlagen, Aufzuchts-
chränke, Nährlösungen, Nährlösungsträger, etc) ist – wegen der theoretischen Möglichkeit,
dass diese Gegenstände auch für den legalen Anbau bestimmt sein und verwendet werden
könnten – straflos,[139] entsprechend auch die Werbung hierfür. Nahezu jeder Katalog von
Versandhändlern der Headshop-Branche enthält aber neben Anbauzubehör auch Konsum-
zubehör (Shillums, Pfeifchen, die eindeutig nur zum Konsum von Haschisch taugen), so
dass die Möglichkeit der Verwendung für den legalen Anbau weit entfernt scheint. Art. 3
Abs. 1a iv des Übk. 1988[140] legt der Bundesrepublik die Verpflichtung auf, „das Herstellen,
Befördern oder Verteilen von Gerät … in der Kenntnis, dass dieses Gerät … bei dem
unerlaubten Anbau … verwendet werden" (soll), durch Strafvorschriften wirksam zu unterbinden. Steht allerdings fest, dass durch die Belieferung mit Anbauzubehör konkret
bestimmte unerlaubte Anbaubemühungen unterstützt werden sollten, so liegt eine strafbare
Beihilfehandlung vor. Entsprechendes gilt für den Verkauf oder die Weitergabe von Anbauzubehör durch Private.

7. Ratschläge und Anleitungen. Ähnliche Erwägungen gelten für technische Rat- **73**
schläge und Anleitungen für den **homegrow.** Die Publikation von Anleitungen auf Internetseiten oder in Buchform für den Anbau von Cannabis, welche die Aufzucht Schritt für
Schritt beschreiben, Adressen für die Bestellung etwaiger Samen und Utensilien enthalten,
Einkaufslisten aufstellen und die technischen Grundlagen für den Anbau detailliert beschreiben,[141] wären als technische Ratgeber unter den Begriff des Hilfeleistens gem. § 27 StGB
zu subsumieren.[142] Grundsätzlich würde der in solchen Ratgebern häufig zu findende,
lapidare Hinweis, wonach der Umgang der beschriebenen Handlungen strafbar sei bzw.
sein könne die Strafbarkeit nicht ausschließen (schließlich wird keiner an der Beihilfe zum
Totschlag zweifeln, wenn der um die Tötungsabsichten wissende Waffenhändler den Täter
bei der Übergabe der Waffe darauf hinweist, dass das Töten von Menschen strafbar sei).
Zur Straflosigkeit gelangt man erst durch die Überlegung, dass die Informationen auch legal
genutzt werden könnten (etwa in Ländern, in denen kein Anbauverbot besteht oder im Falle
des erlaubten Anbaus zur Selbstmedikation). Das macht die Veröffentlichung des Buches zu
einer **berufsmäßig-neutralen Handlung,** auf welche die Grundsätze der berufsbedingten
Beihilfe Anwendung finden (→ Vor § 29 Rn. 114).[143] Da man dem Verleger bzw. dem
Autor mangels Kontakt zu einzelnen Individuen kein sicheres Wissen hinsichtlich der illegalen Verwendung der technischen Ratschläge unterstellen kann, ist auch bis dato niemand
auf die Idee gekommen, eine strafrechtliche Verfolgung einzuleiten.

---

[138] Vgl. BGH 7.1.2003 – 3 StR 414/02, NStZ-RR 2003, 153 = StV 2003, 280; 2.8.2006 – 2 StR 251/
06, BtMG § 29 Abs. 1 Nr. 1 Handeltreiben 67 = BeckRS 2006, 10285 = StV 2007, 81.

[139] Möglicherweise aber, falls darin ein Vorschubleisten zum Genuss von BtM zu sehen wäre, ein Grund
für eine Gewerbeuntersagung, vgl. VG Berlin 10.12.1980 – VG 4A 362/80 und VG München 26.1.1996 –
M 16 S. 95.5935; übungsmittelstrafrechtlich handelt es sich allerdings meist um straflose Vorbereitungshandlungen (→ Rn. 453), zum Ganzen auch *Oğlakcıoğlu,* BtMG AT, S. 378.

[140] → Vor § 1 Rn. 21.

[141] So etwa das Buch von *Lizermann,* der den „einfachen Weg zum eigenen homegrow" beschreibt. Ferner
ist an Rausch-Kochbücher (*Gebhardt,* Backen mit Hanf) zu denken; Das gesamte Lebenswerk von *A. Shulgin,*
der in seinen Werken „PiHKAL" und TiHKAL die Synthese von Halluzinogenen anhand der Phenethylamine
und Tryptamine beschreibt und damit die Bibel aller research-chemical-Hersteller abgefasst hat, wäre insofern
als Straftat einzustufen. Zur Frage, ob Publikationen und Liedtexte als strafbar qualifiziert werden können,
vgl. noch → Rn. 1543.

[142] Zusf. BeckOK StGB/*Kudlich* StGB § 27 Rn. 3, 9 f.

[143] Ob man die Voraussetzungen im Einzelfall im Hinblick auf die Wissenschaftsfreiheit (Art. 5 Abs. 3
GG) nicht sogar verschärfen müsste, steht auf einem anderen Blatt geschrieben.

VI. Deliktsverwirklichungsstufen

74 **1. Versuch und straflose Vorbereitung.** Die Abgrenzung zwischen Vorbereitungs- und Versuchshandlungen folgt allgemeinen Grundsätzen des Strafrechts. Aus dem Umstand, dass der Anbautatbestand als Tätigkeitsdelikt ausgestaltet ist und kein Eintritt eines (erstrebten) Außenwelterfolgs vorausgesetzt wird, folgt, dass die Tat bereits mit Ausführung der (ersten) tatbestandsmäßigen Handlung, der Aussaat oder der Anpflanzung, vollendet ist.[144] Eine rechtsgutsorientierte Abgrenzung von strafloser Vorbereitung und strafbarem Versuch ist bei Wegfall eines „abzuwendenden Fixpunkts" (Erfolg) und einer derart umfassenden Pönalisierung, wie sie im Betäubungsmittelstrafrecht erfolgt, kaum möglich. Bei den schlichten Tätigkeitsdelikten ist der Versuchsbereich also stets mit dem Unmittelbarkeitskriterium bzw. mit der (chronologisch angelegten) Teilaktstheorie herzuleiten.

75 Der BGH äußerte sich nur mittelbar zum Versuchsbereich des Anbaus und stellt in einem Beschluss vom 15.2.2011 fest, dass das Anmieten eines Hauses zum späteren Anbau von Cannabispflanzen „auch" keinen Versuch des Anbaus darstellt (→ Rn. 454 f.), sodass es erst recht nicht als Versuch des Handeltreibens bewertet werden könne. Weil nach neuerer Rechtsprechung dem Anbau als „Anfang allen Übels" zumindest in den Fällen eines fehlenden konkretisierten Geschäfts eine Abgrenzungsfunktion i.S.d. „frühesten Zeitpunkts" für das unmittelbare Ansetzen zum Handeltreiben zukommt, darf die Abgrenzung zwischen strafloser Vorbereitung und strafbarer Deliktsverwirklichung beim Anbau nicht unterschätzt werden.[145]

76 **a) Strafbarkeit des Versuchs.** Die Versuchsstrafbarkeit für den Vergehenstatbestand des Anbaus ergibt sich aus Abs. 2.

77 **b) straflose Vorbereitungshandlungen.** Als Tathandlungen, die nicht unmittelbar in die denkbaren Erscheinungsformen des Anbaus münden und damit als straflose Vorbereitungshandlungen bewertet werden können, zählen Ankauf bzw. Bereitstellung[146] des Saatguts/der Setzlinge, Übernahme der Setzlinge und deren Transport noch fernab der Plantage,[147] Lagern des Saatguts/der Setzlinge, Vorbereitungen des Ackerbodens für die Aussaat[148] oder das Anpflanzen, die Vorbereitung der Erde in Pflanzschalen oder Blumentöpfen für die Aussaat oder das Anpflanzen, die Herbeischaffung und die begonnene Installation der für die Plantage erforderlichen Gerätschaften[149] sowie das Anmieten eines Hauses, in dem der Anbau stattfinden soll.[150]

78 **c) Versuchshandlungen.** Darunter fallen Tätigkeiten, mit denen nach dem Tatplan unmittelbar zur Tatbestandsverwirklichung angesetzt werden soll. Es kommt also nicht darauf an, ob eine Handlung sich objektiv als Beginn der Ausführungshandlung darstellt (das ist im Übrigen bei ausschließlicher Betrachtung des äußeren Geschehensablaufs schwer festzustellen), sondern ob im Einzelfall ausnahmsweise noch weitere vorbereitende Handlungen als erforderlich angesehen werden und nach dem Tatplan deshalb auch erst noch vorzunehmen sind.[151] Als solche sind das Einfüllen von Samen in eine Schürze oder ein Streugerät,[152] Mischen von Samen mit Sand oder Dünger für die Aussaat,[153] der Transport der

---

[144] Wobei die Ernte selbst bereits Teilakt der Herstellung ist, folglich beim Anbau Beendigung des Anbaus und Vollendung des Herstellens zusammenfallen; dies sieht KPV/*Patzak* Teil 2 Rn. 71 und verlagert (wohl um der Systematisierung willen) den Zeitpunkt der Beendigung beim Anbau auf den Moment der Erntevorbereitung vor.

[145] BGH 15.3.2012 – 5 StR 559/11, NStZ 2012, 514 mAnm *Patzak*.

[146] *Franke/Wienroeder* Rn. 7; *Weber* Rn. 61; aA *Joachimski/Haumer* Rn. 10.

[147] BGH 15.3.2012 – 5 StR 559/11, BeckRS 2012, 08371.

[148] *Franke/Wienroeder* Rn. 7; *Weber* Rn. 614; jetzt auch KPV/*Patzak* Teil 2 Rn. 69 (anders – Versuchshandlung – bis zur 4. Aufl., dort Rn. 38).

[149] BGH 3.8.2011 – 2 StR 228/11, NStZ 2012, 43.

[150] BGH 15.2.2011 – 3 StR 491/10, BeckRS 2011, 06581 = NJW 2011, 1461 = JR 2011, 453 = StV 2011, 540.

[151] *Franke/Wienroeder* Rn. 7.

[152] KPV/*Patzak* Teil 2 Rn. 69.

[153] KPV/*Patzak* Teil 2 Rn. 69.

Samentüten zum vorbereiteten Saatbeet[154] bzw. des Saatguts auf eine vorbereitete Ackerfläche,[155] Die Anbaufläche muss allerdings im Übrigen vorbereitet sein (Indoor-Halle, Garten, etc.) und es dürfen nicht weitere Handlungen bis zur Aussaat vorgenommen werden müssen.[156]

Bis zu diesen Zeitpunkten ist der **Umgang mit Samen** – unter dem Gesichtspunkt des **79** Straftatbestandes des Anbauens – nur eine Vorbereitungshandlung und deswegen insoweit nicht strafbar. Dies gilt auch, wenn der Erwerber der Samen diese von Anfang an zum unerlaubten Anbau verwenden will.[157] Unabhängig hiervon kann der Umgang mit dem Samen jedoch selbst eine Straftat sein (Erwerb, Besitz, Handeltreiben, etc). Samen von *Papaver bracteatum* und *Papaver somniferum* sind allerdings in den Anlagen II und III zum BtMG ausdrücklich von der Erlaubnispflicht ausgenommen. Diese Samensorten sind in jeder Samenhandlung frei käuflich und verkäuflich. Auch ihr Besitz ist nicht verboten. Anders verhält es sich mit Samen von Cannabis, sofern er zum unerlaubten Anbau bestimmt ist:[158] hier ist der Erwerb, der Besitz und jede Form von Abgabe der Cannabissamen strafbar (vgl. hierzu noch → Rn. 455, wonach der strafbare Umgang mit Samen nach neuerer Rechtsprechung nicht den Versuchsbereich des HT mit den aus diesen Samen zu gewinnenden Cannabispflanzen beeinflusst).

Versuch kommt auch bei **Aussaat nicht keimfähigen Saatguts** in Betracht.[159] Dann **80** läge Untauglichkeit des Tatmittels (§ 23 Abs. 3 StGB) vor; bei völlig abwegigen Vorstellungen[160] von der Keimfähigkeit mit der Möglichkeit des Absehens von Strafe oder der Strafmilderung.

d) Rücktritt. Für den strafbefreienden Rücktritt vom Versuch des Anbaus bleibt ange- **81** sichts der durch die Deliktsnatur bedingten raschen Vollendung der Tat wenig Raum. Denkbar sind zB Fallgestaltungen, bei denen der Täter, vor dem vorbereiteten Beet oÄ kniend, die Samentüte aufreißt, sich dann aber anders besinnt und den Samen in der Tüte belässt.

2. Vollendung. Der Anbau ist **vollendet,** wenn der Samen oder der Setzling in die **82** Erde gebracht ist, so dass aus ihm eine Pflanze selbständig keimen und heranwachsen kann. Weitere gärtnerische Tätigkeit zur Pflege der Pflanze (zB Gießen oder Jäten) ist zur Vollendung des Tatbestandes nicht erforderlich.[161]

Selbst wenn der Samen nicht aufgeht (anders, wenn sie mangels Keimfähigkeit gar nicht **83** aufgehen kann, → Rn. 82) oder die Pflanze kurz nach dem Anpflanzen verkümmert oder sonst nicht zur Reife gelangt (und daher keinen Wirkstoff ausbildet), liegt Anbau vor. Ob die Pflanze an sich oder unter den gegebenen Verhältnissen gar nicht in der Lage war, Wirkstoff auszubilden, ist ohne Bedeutung.

Nimmt derjenige, der ausgesät oder angepflanzt hat, nachfolgend weitere Tätigkeiten zur **84** Pflege der Pflanze (Gießen, Düngen, Jäten usw) vor, so sind dies Anbauhandlungen, die zu der ersten tatbestandsmäßigen Handlung, dem Aussäen oder dem Anpflanzen, im Verhältnis der Gesetzeseinheit stehen bzw. zu einer Handlung verklammert werden.[162]

Nimmt ein anderer als derjenige, der ausgesät oder angepflanzt hat, nachfolgend Tätigkei- **85** ten zur Pflege der Pflanze (Gießen, Düngen, Jäten, usw) vor, so sind dies für ihn Anbauhandlungen, die vollendet sind, sobald diese einzelne Tätigkeit in Bezug auf die einzelne Pflanze (nicht etwa in Bezug auf das ganze Beet oder Feld oÄ) nach wertender Betrachtung als sinnvoll zu Ende geführt erscheint; es kommt also auf die eine ausreichende Bewässerung

---

[154] KPV/*Patzak* Teil 2 Rn. 69.
[155] *Franke/Wienroeder* Rn. 7; HJLW/*Winkler* Rn. 2.3.2; *Weber* Rn. 60.
[156] Etwa die Montage von Wärmeleuchten in der Indoor-Plantage.
[157] *Weber* Rn. 61.
[158] Anlage I Position Cannabis Ausnahme a, eingefügt durch die 10. BtMÄndV, → Vor § 1 Rn. 71.
[159] *Joachimski/Haumer* Rn. 10.
[160] Vgl. BGH 14.3.1995 – 1 StR 846/94, BGHSt 41, 94; Anm. *Radtke* JuS 1995, 1042.
[161] *Franke/Wienroeder* Rn. 7; *Joachimski/Haumer* Rn. 11; *Weber* Rn. 64.
[162] Dazu → Rn. 94.

an einem bestimmten Morgen oder Abend an, nicht auf die Bewässerung über einen längeren Zeitraum oder gar die Gesamtheit der Pflegemaßnahmen. Weitere nachfolgende Anbauhandlungen in Bezug auf dieselben Pflanzen stehen zur ersten Tatbestandsverwirklichung im Verhältnis der Gesetzeseinheit.[163]

86   **3. Beendigung.** Beendet ist die Tat, wenn der Täter alle nach seinem Tatplan erforderlichen Handlungen zur Erreichung des von ihm beabsichtigten Herstellungsziels vollbracht hat. Der unerlaubte Anbau ist insbesondere mit dem Ansetzen zur Ernte (durch den Anbauenden selbst oder durch einen Dritten) beendet; mit dem Ansetzen zur Ernte beginnt der Tatbestand des Herstellens.[164] Beim Anbau und beim Herstellen von BtM handelt es sich um zwei Taten, deren Ausführungshandlungen in keinem Einzelakt auch nur teilweise zusammentreffen.[165]

87   Das **Ernten** kann bestehen im Abschneiden oder Mähen der Pflanze, Abschneiden, Abbrechen oder Abstreifen der Blätter, Blüten oder Fruchtstände, Herausdrehen von Pilzen, Einsammeln abgefallener Pflanzenteile, Anritzen von Mohnkapseln, Anbohren von Kakteen oder im Abstreifen und Abschaben von selbständig ausgetretenen Pflanzensäften.

VII. Qualifikationen

88   Verbrechenstatbestände liegen vor beim bandenmäßigen Anbau (§ 30 Abs. 1 Nr. 1) sowie beim bandenmäßigen Anbau von BtM in nicht geringer Menge (§ 30a Abs. 1).

VIII. Konkurrenzen

89   **1. Anbau.** Im Falle **mehrerer auf denselben Taterfolg gerichteter Handlungen** (Aussäen und nachfolgendes Wässern oder Anpflanzen und nachfolgendes Wässern, Jäten usw) liegt eine einzige Gesetzesverletzung (Gesetzeseinheit) vor.

90   **Bei mehreren Ernten** aus jeweils gesonderten Anbauvorgängen liegen jeweils selbständige Taten vor.[166]

91   **2. Handeltreiben.** Dient das unerlaubte Anbauen von BtM nach dem Tatplan dem übergeordneten Ziel der späteren gewinnbringenden Weitergabe, ist es im Sinne einer Bewertungseinheit unselbständiges Teilstück des umfasenderen Handeltreibens mit BtM, ohne dass vorher die Frage nach Tateinheit, Tatmehrheit oder Gesetzeskonkurrenz beantwortet werden müsste.[167] Schon vor der Einführung der Rechtsfigur der Bewertungseinheit hatte der BGH[168] entschieden, dass „Vorstufen" des Handeltreibens dann, wenn sie bereits auf den Verkauf gerichtet sind, hinter das Handeltreiben mit BtM zurücktreten.

92   Zielt also der Anbau der Pflanzen auf die spätere gewinnbringende Veräußerung der dadurch zu gewinnenden Betäubungsmittel ab, so ist er bereits **Teil des Handeltreibens** und geht als unselbstständiger Teilakt darin auf.[169] Diese Aussage gilt in dieser generellen Form allerdings nur für den Fall, dass der Anbau ausschließlich der späteren (eigennützigen) Veräußerung dienen soll; ist er teilweise auch auf die Gewinnung von Drogen zum Eigenverbrauch gerichtet, so besteht Tateinheit zwischen Anbau und Handeltreiben.[170] Besonderheiten gelten beim Anbau als Teilakt des HT, wenn der Täter mehrere der durch die einzelnen Anbauvorgänge erzielten Erträge **in einem einheitlichen Umsatzgeschäft veräußert.**

---

[163] Dazu → Rn. 94.

[164] Vgl. BayObLG 6.12.2001 – 4 St RR 131/01, BayObLGSt 2001, 166; 14.2.2002 – 4St RR 18/02.

[165] Vgl. BayObLG 6.12.2001 – 4 St RR 131/01, BayObLGSt 2001, 166; 14.2.2002 – 4St RR 18/02.

[166] BGH 20.4.2005 – 3 StR 106/05, NStZ 2005, 650 = StraFo 2005, 470; 15.10.2008 – 2 StR 352/08, BeckRS 2008, 22659; 28.6.2011 – 3 StR 485/10, BeckRS 2011, 19180.

[167] So – für den Tatbestand des Herstellens – BGH 2.11.1988 – 2 StR 571/88, NStE Nr. 51 zu § 29 BtMG; 27.7.2005 – 2 StR 192/05, NStZ 2006, 578.

[168] BGH 21.2.1974 – 1 StR 588/73, BGHSt 25, 290.

[169] Vgl. BGH 12.1.2005 – 1 StR 476/04, BeckRS 2005, 01226; 27.7.2005 – 2 StR 192/05, NStZ 2006, 578; 28.10.2008 – 3 StR 409/08, StraFo 2009, 81; OLG Hamm 8.6.2010 – 3 RVs 6/10, BeckRS 2010, 16652; *Weber* Rn. 19.

[170] So auch *Weber* Rn. 109 aE.

Dies führt jedenfalls zu einer Teilidentität der jeweiligen tatbestandlichen Ausführungshandlungen und verknüpft so die einzelnen Fälle des Handeltreibens zur Tateinheit (dazu noch ausführlich → Rn. 498, 536).[171]

Es ist anerkannt, dass der – auf spätere gewinnbringende Veräußerung gerichtete – Anbau **93** von Pflanzen, deren Wirkstoffgehalt zum Zeitpunkt der Durchsuchung den Grenzwert für die nicht geringe Menge überschritten haben, als **Handeltreiben mit BtM in nicht geringer Menge** zu beurteilen ist.[172]

Beim **Anbau von Pflanzen vor Erreichen der nicht geringen Menge** hat der **94** BGH zunächst offengelassen, ob es ausreicht, dass der Täter den Anbau einer nicht geringen Menge in Aussicht nimmt, jedoch angedeutet, dass er dazu neigt, Handeltreiben mit BtM in nicht geringer Menge auch in einem solchen Fall anzunehmen, weil bereits die Tätigkeiten zu der Zeit, zu der ein entsprechender Wirkstoffgehalt aufgrund des Aufzuchtstadiums der Pflanzen noch nicht erreicht war, letztlich auf die gewinnbringende Veräußerung einer nicht geringen Menge der Rauschmittel gerichtet waren.[173] Der Dritte Senat hat sich diesbezüglich nun festgelegt und sieht diejenige Menge als maßgeblich an, die mit der bereits begonnenen Aufzucht der Pflanzen letztlich erzielt und gewinnbringend veräußert werden soll.[174] Dem hat sich der Fünfte Senat angeschlossen (detailliert hierzu und zur Schätzung des Ertrags in diesen Fällen vgl. → § 29a Rn. 61 sowie → § 29a Rn. 70).[175]

3. Besitz. Wer BtM anbaut, kann an diesen zugleich Besitz haben,[176] jedoch tritt der **95** Besitz als Auffangtatbestand hinter dem Anbau zurück; denn der Besitz hat gegenüber den anderen Tatbestandsalternativen des Abs. 1 S. 1 Nr. 1 keinen eigenen Unrechtsgehalt und wird deshalb von den spezielleren Erscheinungsformen der Nr. 1 verdrängt; er entfaltet als Auffangtatbestand nur in denjenigen Fälle Wirkung, in denen dem Täter zwar die Verfügungsmacht über das BtM nachgewiesen werden kann, nicht aber, auf welchem Weg er diese erlangt hat.[177]

Der Besitz tritt als Auffangtatbestand hinter den Anbau aber nur solange zurück, wie die **96** Wirkstoffmenge der besessenen BtM-Pflanzen die **Grenzwerte zur nicht geringen Menge** noch nicht erreicht hat.[178] Ist diese Grenze erreicht oder überschritten, so wird das Vergehen des Anbaus gemäß § 29 Abs. 1 S. 1 Nr. 1 von dem Verbrechenstatbestand des Besitzes nicht geringer Mengen von BtM gem. § 29a Abs. 1 Nr. 2 verdrängt (Subsidiarität).[179]

4. Herstellen. Bei der Frage, in welchem Konkurrenzverhältnis Anbau und Herstellen **97** stehen, besteht Streit: Während sich (wohl auf Grund von Gesetzeskonkurrenz, unklar)

---

[171] BGH 2.5.2003 – 4 StR 130/03, BeckRS 2003, 05110; 28.6.2011 – 3 StR 485/10, BeckRS 2011, 19180.
[172] BGH 12.1.2005 – 1 StR 476/04, BeckRS 2005, 01226; 27.7.2005 – 2 StR 192/05, NStZ 2006, 578.
[173] BGH 28.10.2008 – 3 StR 409/08, BeckRS 2008, 2568.
[174] BGH 20.12.2012 – 3 StR 407/12, BGHSt 58, 99 = NJW 2013, 1318.
[175] BGH 6.11.2013 – 5 StR 302/13, NStZ-RR 2014, 48.
[176] BGH 13.2.1990 – 1 StR 708/89, NStZ 1990, 285.
[177] OLG Düsseldorf 30.9.1998 – 2 Ss 298/98, NStZ 1999, 88; Anm. *Meurer* BA 1999, 180 unter Berufung auf BGH 16.1.1974 – 2 StR 514/73, BGHSt 25, 385; 3.3.1978 – 2 StR 717/77, BGHSt 27, 380 (381/382); 6.7.1987 – 3 StR 115/87; 6.9.1988 – 1 StR 466/88; 13.2.1990 – 1 StR 708/89, NStZ 1990, 285; 18.3.1981 – 3 StR 68/81, NStZ 1981, 263 (passt nicht so recht in den Begründungszusammenhang); 29.4.1981 – 5 StR 187/81, NStZ 1981, 352 und OLG Düsseldorf 5.7.1984 – 5 Ss 209/84 – 168/84 I, NJW 1985, 693.
[178] BayObLG 2.10.1997 – 4 St RR 214/97, NJW 1998, 769.
[179] So wohl auch – wie sich aus der Bezugnahme auf die nachfolgend genannte Entscheidung des OLG Dresden ergibt – *Franke/Wienroeder* Rn. 10; BayObLG 2.10.1997 – 4 St RR 214/97, NJW 1998, 769; OLG Dresden 5.8.1999 – 1 Ss 60/99, NStZ-RR 1999, 372; OLG Karlsruhe 19.9.2001 – 3 Ss 80/01, NStZ-RR 2002, 85; KG 25.7.2001 – [4] 1 Ss 12/01 [35/01], BeckRS 2001, 16738; vgl. BGH 5.7.1994 – 1 StR 304/94, NStZ 1994, 548 (zum Verhältnis von einfachem Erwerb zum Besitz nicht geringer Mengen); 21.12.1995 – 1 StR 697/95, StV 1996, 267 (zum Verhältnis von einfachem Handeltreiben zum Besitz nicht geringer Mengen); BGH 4.9.1996 – 3 StR 355/96, NStZ-RR 1997, 49 (zum Verhältnis von einfachem Erwerb und Veräußern zum Besitz nicht geringer Mengen).

Franke/Wienroeder[180] und *Joachimski/Haumer*[181] für Handlungseinheit aussprechen, geht *Weber*[182] von Tatmehrheit aus.

98   Letztere Auffassung hat sich auch in der Rechtsprechung durchgesetzt.[183] Das Bay-ObLG[184] hat hierzu ausgeführt: Tateinheit liegt vor, wenn dieselbe Handlung mehrere Strafgesetze verletzt (§ 52 Abs. 1 StGB). Das setzt voraus, dass ein und dieselbe Handlung mehrere Strafgesetze in der Weise verletzt, dass sich die Ausführungshandlungen mehrerer Straftaten mindestens teilweise decken. Tateinheit kann nicht schon aufgrund eines einheitlichen Motivs, der Verfolgung eines Endzwecks oder einer Grund-Folge-Beziehung angenommen werden.[185] In Anwendung dieser Grundsätze treffen die Tatbestände des unerlaubten Anbaus und des unerlaubten Herstellens nicht tateinheitlich, sondern tatmehrheitlich zusammen. Der Tatbestand des Anbaus ist mit dem Ansetzen zur Ernte beendet, und der Tatbestand des Herstellens beginnt mit der Ernte, dh mit dem Abschneiden der Blätter. Beim Anbau und beim Herstellen von BtM handelt es sich somit um zwei Taten, deren Ausführungshandlungen in keinem Einzelakt auch nur teilweise zusammentreffen.[186] Damit stehen beide Straftatbestände untereinander in Tatmehrheit.[187]

99   Die entgegenstehende Meinung,[188] wonach Tateinheit anzunehmen sei, gründet darauf, dass der Anbau eine Vorstufe des Herstellens darstelle. Für die Bewertung, ob Tateinheit oder Tatmehrheit anzunehmen ist, kommt es aber ausschließlich darauf an, ob sich die Ausführungshandlungen beider Tatbestandsvarianten zumindest teilweise decken. Es erscheint tatsächlich naheliegend, danach zu differenzieren, ob der Täter zum Zeitpunkt des unmittelbaren Ansetzens die Ernte bereits in seinen Vorsatz aufgenommen hat (was im Regelfall anzunehmen sein wird). Eine Tatmehrheit ist somit anzunehmen, wenn die Herstellung keinen Folgeakt des Anbaus darstellt (mithin bei der Produktion von synthetischen BtM bzw. der Resynthetisierung des abgeernteten Ertragsmaterials).

100   Da der sowohl beim Anbau als auch beim Herstellen gegebene unerlaubte **Besitz** von BtM verdrängt wird, kann er mangels Wertgleichheit Anbau und Herstellen nicht zu einer Tat **verklammern**.[189]

101   **5. Geldwäsche.** Konkurrenz mit Geldwäsche ist prinzipiell möglich, und zwar auch in Bezug auf die angebauten BtM (diese sind taugliche Tatobjekte, weil nicht nur Geld, sondern jeder Gegenstand, der einen Vermögenswert darstellt, in Betracht kommt[190]). In der Praxis werden derartige Fallgestaltungen wohl nicht häufig vorkommen, weil die meisten Tathandlungen des § 261 StGB voraussetzen, dass die BtM geerntet und somit beweglich sind – dann geht es immer nur um die Konkurrenz von Herstellen zur Geldwäsche –, doch ist eine Tatbestandsverwirklichung immerhin denkbar jedenfalls bei der Vereitelung oder der Gefährdung des Auffindens oder der Sicherstellung der noch nicht geernteten BtM. Konkurrenz mit Geldwäsche wird häufiger vorkommen, wenn jemand als Gehilfe vom Anbauenden oder als Täter, der für einen anderen anbaut, Geld oder geldwerte Gegenstände für das Anbauen erhalten hat.

102   Der unerlaubte Anbau von BtM ist als eine der Tatbestandsalternativen des Abs. 1 S. 1 Nr. 1 im Katalog der Vortaten, an welche die Tathandlung des § 261 StGB anknüpft, genannt

---

[180] *Franke/Wienroeder* Rn. 10 und Rn. 21.
[181] *Joachimski/Haumer* Rn. 17.
[182] *Weber* Rn. 16.
[183] OLG Dresden 5.8.1999 – 1 Ss 60–99, NStZ-RR 1999, 372 (373); BayObLG 6.12.2001 – 4 St RR 131/01, BayObLGSt 2001, 166 (167); OLG München 23.4.2009 – 4St RR 27/09, BeckRS 2009, 11744.
[184] BayObLG 6.12.2001 – 4 St RR 131/01, BayObLGSt 2001, 166; vgl. auch BayObLG 14.2.2002 – 4St RR 18/02.
[185] BGH 16.7.1968 – 1 StR 25/68, BGHSt 22, 206 (208).
[186] AA *Franke/Wienroeder* Rn. 21.
[187] So ausdrücklich *Weber* Rn. 16.
[188] So bis zur 5. Aufl. *Körner* Rn. 96 unter 2.
[189] Vgl. BGH 17.5.1996 – 3 StR 631/95, BGHSt 42, 162 (164); *Weber* Rn. 1251.
[190] *Fischer* StGB § 261 Rn. 6.

(§ 261 Abs. 1 Nr. 2b StGB), so dass die Frage des Verhältnisses der Vortat des Anbaus zur „Nachfolgetat" der Geldwäsche zu klären ist.

a) Identität von Anbau- und Geldwäschehandlungen. Gelangt der Tatrichter zu **103** der Überzeugung, dass Anbau- und Geldwäschehandlungen identisch sind, so geht das BtM-Delikt dem Geldwäschedelikt vor (Gesetzeskonkurrenz).[191]

b) Fehlende Identität von Anbau- und Geldwäschehandlungen. Gelangt der Tat- **104** richter zu der Überzeugung, dass Anbau- und Geldwäschehandlungen nicht identisch sind, so wird der Täter der Anbauhandlung oder der Teilnehmer an einer solchen Handlung nicht wegen Geldwäsche bestraft (persönlicher Strafausschließungsgrund[192]). § 261 Abs. 9 S. 2 StGB (eingefügt durch das OrgKG[193]) schließt die Doppelbestrafung des Täters aus[194] (Grundsatz der Straflosigkeit von Selbstbegünstigungshandlungen). Ein nicht an der Anbauhandlung beteiligter Teilnehmer der Geldwäschehandlung kann nach Akzessorietätsgrundsätzen bestraft werden, wenn zugunsten des Täters § 261 Abs. 9 S. 2 StGB eingreift.[195]

c) Fehlender Nachweis bei möglicher Verwirklichung des Anbautatbestands **105** **und Nachweis der Geldwäsche.** Gelangt der Tatrichter zu der Überzeugung, dass die Anbauhandlung nicht nachgewiesen, aber auch nicht ausgeschlossen ist, während die Geldwäschehandlung feststeht, so erfolgt eine Verurteilung wegen Geldwäsche.[196]

d) Straflosigkeit des Anbaus. Gelangt der Tatrichter dazu, dass Anbau zB wegen feh- **106** lender Schuldfähigkeit oder dem Vorliegen eines Schuldausschließungsgrundes straflos ist, ist die Strafbarkeit wegen Geldwäsche entsprechend der zu § 257 Abs. 3 S. 1 StGB allgemein anerkannten Auslegung[197] nicht ausgeschlossen.[198]

IX. Strafklageverbrauch

1. Verurteilung wegen BtM-Tatbeständen. Der Begriff der Tat im verfahrensrechtli- **107** chen Sinne umfasst den von der zugelassenen Anklage betroffenen geschichtlichen Vorgang, innerhalb dessen der Angeklagte einen Straftatbestand verwirklicht haben soll. Zur Tat als Prozessgegenstand gehört dabei nicht nur der Geschehensablauf, der dem Angeklagten in der Anklage zur Last gelegt worden ist, sondern darüber hinaus dessen gesamtes Verhalten, soweit dies mit dem durch die Anklage bezeichneten Vorkommnis nach der Auffassung des Lebens **einen einheitlichen Vorgang** bildet. Ist nach diesen Maßstäben ein einheitlicher Vorgang gegeben, so sind die Einzelgeschehnisse, aus denen er sich zusammensetzt, auch insoweit Bestandteil der angeklagten Tat, als sie keine Erwähnung in der Anklage finden.[199] Andererseits müssen die Taten auch innerlich derart miteinander verknüpft sein, dass der Unrechts- und Schuldgehalt der einen nicht ohne die Umstände, die zu der anderen Handlung geführt haben, richtig gewürdigt werden kann und ihre getrennte Würdigung und Aburteilung als unnatürliche Aufspaltung eines einheitlichen Lebensvorganges empfunden werden würde.[200]

Dabei besteht ein Verfahrenshindernis immer schon dann, wenn es nur möglicherweise **108** vorliegt. Insofern reichen indes bloß theoretische, nur denkgesetzlich mögliche Zweifel

---

[191] BGH 17.7.1997 – 1 StR 791/96, BGHSt 43, 158: geht der „Anschlusstat nach §§ 261 StGB" vor, also wohl straflose Nachtat; BGH 17.7.1997 – 1 StR 753/96, NStZ-RR 1998, 25: „Auffangtatbestand" des § 261 StGB tritt zurück, also wohl Subsidiarität; *Weber*, 2. Aufl., Vor § 29 ff. Rn. 532: „eine Art straflose Nachtat".
[192] Lackner/Kühl/*Kühl* StGB § 261 Rn. 10.
[193] → Vor § 1 Rn. 86.
[194] BT-Drs. 13/8651, 11.
[195] Lackner/Kühl/*Kühl* StGB § 261 Rn. 10.
[196] BT-Drs. 13/8651, 11 und *Weber* Vor §§ 29 ff. Rn. 532.
[197] Schönke/Schröder/*Stree/Hecker* StGB § 257 Rn. 31; BGH 24.1.2006 – 1 StR 357/05, BGHSt 50, 347 = NJW 2006, 1297.
[198] BT-Drs. 13/8651, 11.
[199] BGH 21.12.1983 – 2 StR 578/83, BGHSt 32, 215 = NJW 1984, 88.
[200] BGH 24.2.1959 – 1 StR 29/59, BGHSt 31, 21 = NJW 1959, 823.

nicht aus; sie müssen sich vielmehr auf konkrete tatsächliche Umstände gründen und nach Ausschöpfung aller Erkenntnismöglichkeiten unüberwindbar sein. Verbleiben daher Zweifel daran, ob die den Gegenstand des Verfahrens bildende (prozessuale) Tat anderweitig rechtskräftig abgeurteilt worden ist, so bildet der (möglicherweise) hierdurch eingetretene Strafklageverbrauch, soweit er reicht, ein von Amts wegen zu berücksichtigendes und **zur Verfahrenseinstellung führendes Verfahrenshindernis.**[201]

109 Soweit es um eine Verurteilung wegen BtM-Besitzes und deren Auswirkungen auf eine zeitnah aus Anbauhandlungen gewonnene Gesamtmenge geht, vgl. → Rn. 503 zum Handeltreiben.

110 **2. Verurteilung wegen allgemeiner Tatbestände.** Sollte jemand zur Pflege einer Cannabis-Plantage in ein fremdes Anwesen eingedrungen sein und daher wegen Hausfriedensbruchs (und nicht wegen des – vielleicht damals nicht entdeckten – Anbaus) verurteilt worden sein, so liegt Strafklageverbrauch bezüglich des unerlaubten Anbaus vor.

X. Rechtsfolgen

111 **1. Strafzumessung. a) Strafrahmenwahl.** Der **(Normal-)Strafrahmen** reicht von Geldstrafe bis zu fünf Jahren Freiheitsstrafe. In **besonders schweren Fällen** (Abs. 3) reicht der Strafrahmen von einem Jahr Mindeststrafe bis zu 15 Jahren Freiheitsstrafe (§ 38 Abs. 2 StGB).[202] Neben der Strafe kann gem. § 34 Führungsaufsicht (§ 68 Abs. 1 StGB) angeordnet werden. Das Gesetz nennt als besonders schwere Fälle den gewerbsmäßigen Anbau (Abs. 3 S. 2 Nr. 1) und die Gesundheitsgefährdung mehrerer Menschen durch den Anbau (Abs. 3 S. 2 Nr. 2) wobei aus dieser Verknüpfung deutlich wird, dass man sich über die Reichweite der Verweisung keine Gedanken gemacht hat; die Regelbeispiele passen nicht auf die Modalität des Anbaus. Zur **Bestimmung des Schuldumfangs,** dh um zu einer schuldangemessenen Strafe gelangen zu können, sind generell Feststellungen zur **Art** des BtM, seiner Mindest**menge** und seiner nach dem Wirkstoffgehalt zu bestimmenden **Qualität** unentbehrlich.[203] Stellt sich nach einer Sicherstellung von mehreren Cannabispflanzen in der Wohnung und auf dem Hof des vom potentiellen Täter bewohnten Grundstücks heraus, dass ihm die Pflanzen auf dem Hof nicht zuzurechnen sind, genügt bei der Berechnung des durchschnittlichen THC-Gehalts und der Schätzung des auf den Täter entfallenden Anteils die Feststellung, auf den Täter entfalle der „deutlich überwiegende Teil" nicht, da man darunter 60 % der Gesamtmasse oder auch 95 % verstehen kann.[204]

112 **aa) Gewerbsmäßiger Anbau.** Gewerbsmäßiger Anbau[205] ist, soweit man sich die in Frage kommenden Fallgestaltungen vorstellen kann, ausgeschlossen, weil die Tat dann bereits als unselbständiges Teilstück des umfassenderen Handeltreibens mit BtM zu bewerten ist mit der Folge, dass (gewerbsmäßiges) Handeltreiben in Betracht kommt.

113 **bb) Gesundheitsgefährdung mehrerer Menschen.** Die Gefährdung der Gesundheit mehrerer Menschen durch den Anbau wird im Normalfall deswegen nicht vorkommen, weil der Anbau selbst nicht zur Gesundheitsgefährdung führt, sondern erst die angebauten BtM, dh nach ihrer Ernte, und damit geht die (ggf. gewerbsmäßige) Herstellung vor.

114 **cc) Unbenannter besonders schwerer Fall.** In den bisher zum Anbautatbestand veröffentlichten Entscheidungen ist kein einziges Mal ein unbenannter besonders schwerer Fall

[201] BGH 30.7.2009 – 3 StR 273/09, NStZ 2010, 160.
[202] Hierzu im Allgemeinen → Rn. 1648.
[203] BGH 20.3.2001 – 1 StR 12/01, BeckRS 2001, 30168508; 9.5.2001 – 3 StR 36/01, BeckRS 2001, 30179486; 15.5.2001 – 3 StR 142/01, BeckRS 2001, 30180453.
[204] OLG Naumburg 17.11.2015 – 2 Rv 121/15.
[205] So lautete aber der Anklagevorwurf im Verfahren vor dem AG Obernburg am Main (1 Ls 112 Js 12 019/96), in dem dem Angeklagten gewerbsmäßiger unerlaubter Anbau von BtM gem. Abs. 1 Nr. 1, Abs. 3 S. 2 Nr. 1 zur Last lag, weil er beabsichtigte, Cannabis-Topfpflanzen, die er offenbar in seiner Eigenschaft als anzeigepflichtiger landwirtschaftlicher Betrieb anbaute, zu vertreiben.

gem. Abs. 3 S. 1 angenommen worden. Der naheliegende Gedanke, in den Fällen, in denen der Anbau zur Produktion von BtM in nicht geringer Menge geführt hat, einen unbenannten besonders schweren Fall anzunehmen, verfängt nicht, weil der Vergehenstatbestand des Anbaus dann hinter dem Verbrechenstatbestand des Besitzes von BtM in nicht geringer Menge zurücktritt.[206] *Patzak*[207] hält die besondere Dauer und den besonderen Umfang des BtM-Anbaus im Rahmen einer Gesamtschau für einen möglichen Anwendungsfall des unbenannten besonders schweren Falls gemäß Abs. 3.

dd) Innere Tatseite bei Regelbeispielen. In Bezug auf die subjektive Tatseite werden **115** die Merkmale eines Regelbeispiels wie Tatbestandsmerkmale behandelt. Der (zumindest bedingte) Vorsatz des Täters muss sich daher nicht nur auf die Merkmale des Grunddelikts, sondern auch auf die das Regelbeispiel kennzeichnenden Merkmale beziehen. Bei dem Regelbeispiel der **Gesundheitsgefährdung** mehrerer kommt hinzu, dass sich der (zumindest bedingte) Vorsatz des Täters auf den Eintritt einer konkreten Todesgefahr für mindestens zwei andere Menschen als Folge seiner Handlung beziehen muss.[208] Das setzt die Kenntnis der gesundheitlichen Verfassung der Abnehmer der BtM jedenfalls in ihren wesentlichen Grundzügen voraus.[209] Wegen der daraus resultierenden Beweisschwierigkeiten ist die praktische Bedeutung der Vorschrift gering.

b) Strafzumessung im engeren Sinn. aa) Strafmilderungserwägungen. Was die **116** Strafzumessung angeht hat sich vornehmlich zum Handeltreiben eine besondere Kasuistik entwickelt, die – soweit es sich um tatbestandslosgelöste Aspekte handelt – auf alle weiteren Modalitäten des BtMG übertragen werden können. Insofern wird auf die Ausführungen bei → Rn. 584 ff., → § 29a Rn. 130 ff. verwiesen. Im Übrigen gilt: Bereits der Anbau der „weichen" Droge Cannabis kann einen Strafmilderungsgrund darstellen. Strafmildernd kann der **Zweck des Anbaus** berücksichtigt werden, so wenn er aus botanischen, religiösen,[210] medizinischen[211] oder wissenschaftlichen Gründen, zu Dekorationszwecken[212] oder um das „Loskommen von der Heroinabhängigkeit zu erleichtern",[213] erfolgt (dann darf die rein abstrakte Möglichkeit der Weitergabe an Dritte nicht straferschwerend berücksichtigt werden[214]). Zur Strafmilderung kann auch ein relativ **geringer Erfolg** führen etwa bei geringem Wirkstoffgehalt der herangewachsenen Pflanzen,[215] geringem Umfang des Anbaus (einzelne Blumentöpfe und Pilzkulturschalen), geringer Gewichtsmenge oder geringe Wirkstoffmenge der BtM-Pflanzen, laienhaftem Anbau, geringem Ertrag bei hohen Aufwendungen an Zeit und Geld oder Vertrocknen, Verderben der Pflanzen durch falsche Pflege oder Wettereinflüsse sowie die geringe Menge (wenn nicht sogar von Strafe abgesehen wird, Abs. 5). Strafmildernd zu berücksichtigen ist auch das **Nachtatverhalten,** so zB die eigenhändige Vernichtung der Pflanzen (ein Rücktritt ist nicht mehr möglich) oder die Leistung von Aufklärungshilfe beim Auffinden weiterer BtM-Kulturen und bei der Ermittlung von Auftraggebern (§ 31).

bb) Strafschärfungserwägungen. Strafschärfend kann berücksichtigt werden die beson- **117** dere **Gefährlichkeit der BtM-Pflanze** (zB Schlafmohnpflanzen), Pflanzen mit hohem Wirk-

---

→ Rn. 101; BayObLG 2.10.1997 – 4 St RR 214/97, NJW 1998, 769; OLG Dresden 5.8.1999 – 1 Ss 60/99, NStZ-RR 1999, 372.
[207] *Patzak* Rn. 87.
[208] BGH 26.11.1975 – 3 StR 422/75, BGHSt 26, 344 = NJW 1976, 381.
[209] So auch *Franke/Wienroeder* § 29 Rn. 227.
[210] Vgl. BVerwG 21.12.2000 – 3 C 20/00, NJW 2001, 1365.
[211] Vgl. BVerfG 20.1.2000 – 2 BvR 2382–2389/99, NJW 2000, 3126.
[212] Pfeil/Hempel/Schiedermair/*Slotty* Rn. 45 schlägt hierfür die Anwendung des § 153 StPO vor.
[213] LG Hamburg 29.10.1996 – 715 Ns 14/96, StV 1997, 307; vgl. aber andererseits – allerdings unter Nichtbeachtung der Rechtsprechung zu Cannabis als Droge von minderer Gefährlichkeit – LG Zweibrücken 18.1.1996 – 412 Js 8316/93–2 KLs: „dass der Angeklagte mit der Absicht gehandelt haben will, seine Abnehmer durch den Genuss von seiner Ansicht nach unschädlichen Cannabisprodukten von dem Konsum harter Drogen abzuhalten, entlastet ihn nicht. Auch wenn Haschisch und Marihuana nicht zu den harten Drogen zählen, gehören sie zu den verbotenen Betäubungsmitteln."
[214] BayObLG 2.10.1997 – 4 St RR 214/97, NJW 1998, 769.
[215] THC-Gehalt mit weit unter 0,3 %: LG Nürnberg-Fürth 10.2.1997 – 6 Ns 353 Js 17 901/96.

Oğlakcıoğlu   985 stoffgehalt oder große Mengen, **große Anzahl an Cannabispflanzen,** die aus der Cannabis-plantage gewonnen wurde bzw. zu erzielen war,[216] die **Möglichkeit der Weitergabe an Dritte** (allerdings nicht, wenn strafmildernd festgestellt ist, dass zum Eigenkonsum angebaut wurde und keinerlei Anhaltspunkte für einen Sinneswandel des Täters erkennbar sind[217]), der Anbau in **außergewöhnlich professioneller Weise** (dann darf der hohe Ertrag des Anbaus nicht strafschärfend berücksichtigt werden[218]), wie zB Ausstattung mit Beleuchtungs-, Bewäs-serungs- und Belichtungsanlagen oder der besonderer Umfang des Anbaues (Felderwirtschaft von Rauschpflanzen, umfangreiche Gewächshäuser mit BtM-Kulturen),[219] die **lange Dauer des Anbauprogramms** und damit Ausmaß der Tatintensität, die **Örtlichkeit** des Anbaus, wie Anbau von Rauschpflanzen in der Nähe von Schulen oder im Strafvollzug.[220]

118   Der Anbau zur unerlaubten gewerblichen Gewinnung, Verarbeitung bzw. Vertrieb von BtM tritt zwar hinter der Herstellung bzw. dem Handeltreiben zurück; das Aufeinanderfol-gen mehrerer Akte eines Tatgeschehens kann sich aber als straferhöhend auswirken.[221]

118a   **c) Strafmaßbeispiele**

Anbau und Verkauf von 600 bis 700 Cannabispflan-zen mit einer Erntemenge von 10 kg Cannabis (Marihuana) mit einem THC-Gehalt von 8 bis 9 %	**LG Meiningen:**[222] 4 J, Verfall von 25.000 EUR
Beihilfe zu 3 Ernten à 100 kg und 3 Ernten à 320 kg (TH-Gehalt von 11 %	**LG Arnsberg:**[223] 3 x 1 J 3 M und 3 x 1 J 9 M, Gesamtfreiheitsstrafe: 2 J m. Bew.
Plantage von Cannabispflanzen in einer Einzimmer-wohnung (Wirkstoffgehalt von insgesamt über 50 Gramm THC), ¼ zum gewinnbringenden Wei-terverkauf, den Rest zum Eigenverbrauch bestimmt; nach Aussetzung der Hauptverhandlung eine weitere Cannabis-Kleinplantage in der Woh-nung (über 8,5 Gramm THC), zum Eigenkonsum bestimmt	**LG Berlin:**[224] Verurteilung wegen unerlaubten Besitzes von Betäu-bungsmitteln in nicht geringer Menge in zwei Fällen, einmal in Tateinheit mit unerlaubtem Handel-treiben mit Betäubungsmitteln in nicht geringer Menge: 2 x 1 J, Gesamtstrafe 1 J 6 M m. Bew., Ver-fall von 1.755 Euro[225]

119   **2. Absehen von Strafe bzw. Absehen von Strafverfolgung.** Zum Absehen von Strafe oder Strafverfolgung bei Anbau einer geringen Menge zum Eigenverbrauch wird auf die Erläuterungen zu § 29 Abs. 5 bzw. § 31a verwiesen. Beim Anbau nur einer einzigen oder von nur wenigen (Cannabis-) Pflanzen zum Eigenverbrauch ist regelmäßig eine Einstellung angezeigt,[226] wenn es sich um Pflanzen in frühem Wachstumsstadium vor der Ausbildung des Wirkstoffs handelt.

120   Von **Strafe abgesehen** wurde zB beim Anbau von 14 Cannabispflanzen in einem kleinen Treibhaus, deren Blätter 700 g wogen und deren Blütenspitzen und Kopfblätter sich noch nicht zur Marihuana-Herstellung eigneten[227] sowie bei 5,4 g Cannabis zum Eigenverbrauch und 4 Hanfpflanzen von nur 30 – 40 cm Höhe.[228] **Kein Absehen von Strafe** kam infolge

---

[216]   BGH 15.10.2008 – 2 StR 352/08, BeckRS 2008, 22659.
[217]   BayObLG 14.2.1995 – 4 St RR 26/95; 21.5.1997 – 4 St RR 114/97; 2.10.1997 – 4 St RR 214/97, NJW 1998, 769.
[218]   BayObLG 2.10.1997 – 4 St RR 214/97, NJW 1998, 769.
[219]   LG Nürnberg-Fürth 10.2.1997 – 6 Ns 353 Js 17 901/96.
[220]   OLG Hamburg 14.2.1978 – 2 Ss 301/77, JR 1978, 349 mAnm *Pelchen.*
[221]   KPV/*Patzak* Teil 2 Rn. 85.
[222]   BGH 19.1.2005 – 2 StR 402/04, NStZ 2005, 455.
[223]   LG Arnsberg 15.1.2010 – 2 KLs 262 Js 850/07, BeckRS 2010, 10788.
[224]   BGH 28.1.2009 – 5 StR 465/08, BeckRS 2009, 09314: Strafausspruch rechtsfehlerfrei, durchgreifenden Bedenken unterliegt indes die Begründung der Entscheidung über die Strafaussetzung zur Bewährung.
[225]   Weitere Strafmaßbeispiele bei KPV/*Patzak* § 29 Teil 2 Rn. 86.
[226]   So auch KPV/*Patzak* Teil 2 Rn. 77 f.
[227]   LG Hamburg 29.10.1996 – 715 Ns 14/96, StV 1997, 37.
[228]   OLG Koblenz 9.10.1997 – 1 Ss 271/97, NJW 1998, 2756.

Überschreitens der geringen Menge in Betracht bei 25 Cannabis-Pflanzen, die kurz vor der Blüte standen und überwiegend zwischen 1 Meter und 1,50 Meter hoch waren[229] und bei 120 Pflanzen THC-armen Hanfes „zwecks Dekoration" eines Hanfladens.[230] Beim Anbau von zwei Cannabispflanzen, der gelegentlichen Beschaffung von Cannabisprodukten und des Besitzes anderer BtM hat das BayObLG[231] Absehen von der Strafverfolgung ua deshalb versagt, weil der Angeklagte zur Tatzeit polytoxikoman war.

3. Einziehung und Verfall. Siehe hierzu die Erläuterungen zu § 33, insb. → § 33 **121** Rn. 6–7.

4. Entziehung der Fahrerlaubnis. Die Tatbestandsverwirklichung unter Zuhilfe- **122** nahme eines Pkw rechtfertigt im Allgemeinen nicht die Entziehung der Fahrerlaubnis, da diese voraussetzt, dass der Täter für die Sicherheit des Straßenverkehrs eine Gefahr darstellt und bereit ist, die Verkehrssicherheit seinen kriminellen Zielen unterzuordnen. Hingegen hat die Maßregel nicht das Ziel der allgemeinen Verbrechensvorbeugung. Will der Tatrichter die Beeinträchtigung der Sicherheit des Straßenverkehrs daraus herleiten, dass der Täter BtM konsumiert oder sogar abhängig ist, muss er Feststellungen zu einem etwaigen den Fahrten vorausgegangenen Drogenkonsum und zum täglichen Konsumverhalten des Angeklagten treffen, die zumindest einen Schluss hierauf zulassen. Diesbezügliche Vermutungen allein genügen nicht.[232]

2. Kapitel. Herstellen (Abs. 1 S. 1 Nr. 1)

Übersicht

---

[229] BVerfG 1.9.1994 – 2 BvQ 33/94, NJW 1995, 3112.
[230] OLG Koblenz 1.10.1997 – 2 Ss 244/97.
[231] BayObLG 20.6.1994 – 4 St RR 66/94, BayObLGSt 1994, 16.
[232] BGH 23.5.2012 – 5 StR 185/12, StraFo 2012, 282.

A. Überblick

I. Rechtliche Einordnung

123   Die illegale Herstellung von BtM ist – neben dem illegalen Anbau von BtM – die Grundlage des illegalen Handels mit BtM. Die Vorschrift sanktioniert den chronologisch denkbar frühesten Zeitpunkt des tatsächlichen Umgangs mit synthetischen BtM, erfasst darüber hinaus allerdings auch die Ernte bzw. Herbeiführung der „Konsumfähigkeit" von pflanzlichen Drogen. National und international bestehe ein besonderes Interesse, die legale Herstellung unter Kontrolle und die illegale Herstellung unter Strafe zu stellen. Auch beim Herstellen gilt: Nur sofern BtM **zum Eigenverbrauch** hergestellt werden, hat der Tatbestand des Herstellens eigenständige Bedeutung. Zumeist dient das **Herstellen aber der Gewinnung von BtM zum gewinnbringenden Verkauf** – dann geht der Tatbestand im umfassenden Tatbestand des unerlaubten Handeltreibens auf. Der Herstellungstatbestand entfaltet immerhin insoweit eine Begrenzungsfunktion für das unerlaubte Handeltreiben, als er als Anfangs- oder Durchgangsstadium für Handeltreibenstätigkeiten den Versuch erst mit dem unmittelbaren Ansetzen zum Produktionsprozess und nicht schon mit dem Beschaffen der Gerätschaften oder der Grundsubstanzen (insofern ist ggf. Strafbarkeit nach dem GÜG[1] möglich) beginnen lässt.

124   **1. Deliktsnatur.** Das Herstellen von BtM ist ein (multiples **Tätigkeitsdelikt**),[2] es gelten die zum Anbau angestellten Erwägungen (→ Rn. 2).[3] Insofern würde auch hier ein Außenwelterfolg in Form eines (nicht notwendig konsumfähigen) Produkts dem Tatbestand die im Hinblick auf die Reichweite der erfassten Verhaltensformen notwendigen Konturen verleihen. Die hM lehnt solch eine Einschränkung allerdings ab.

125   **2. Phänomenologie.** Das Herstellen von BtM nimmt in der Bundesrepublik Deutschland mehr und mehr zu. Die Aufdeckungsrate scheint bei 16 sichergestellten Rauschgiftlaboren im Jahr 2014 gering zu sein, zumal es sich nicht selten um Zufallsfunde handelt (nur selten erfolgt die Aufdeckung durch das Monitoring-System).[4] Diesbezüglich lassen sich allenfalls Vermutungen anstellen. Die Resynthetisierung neuer psychoaktiver Substanzen

---

[1]   Vgl. § 19 Abs. 1 Nr. 1 GÜG.

[2]   In: Pfeil/Hempel/Schiedermair/*Slotty* Rn. 48.

[3]   Zur Eigenschaft als unechtes Unternehmensdelikt *Malek* Rn. 248; *Franke/Wienroeder* Rn. 11; HJLW/ *Winkler* Rn. 3.1.3; *Joachimski/Haumer* Rn. 20 („reines" (?) Unternehmensdelikt); KPV/*Patzak* Teil 3, Rn. 60; *Weber* Rn. 124; BGH 3.12.1997 – 2 StR 270/97, BGHSt 43, 336 = NJW 1998, 836 = StV 1998, 136 = wistra 1998, 109 zum „Herstellen" nach § 96 Nr. 4 AMG, aber mit ausdrücklichem Hinweis, dass auch im BtM-Recht nichts anderes gilt.

[4]   Bundeslagebild Rauschgift 2014, S. 6.

ist derzeit dem asiatischen Markt vorbehalten, „klassische" künstlich hergestellte Drogen (Amphetamin, Crystal) bleiben aber dennoch interessant und so überrascht es nicht, dass die Anzahl bemerkenswerter Zugriffe im **Grundstoffbereich** zunimmt. Dies betrifft insb. das Methylamin, allerdings auch (in 2014 erstmals festgestellt) die Beschaffung von Chlorwasserstoff mittels Einbruchsdiebstahl bei Chemiefirmen.[5] Während der Schmuggel von APAAN (vgl. bereits → Vor § 29 Rn. 36) seit ihrer Unterstellung unter das GÜG zurückgegangen ist, wurden zahlreiche neue Grundstoffe in Tonnenmengen (Chlorephedrin) registriert. Rein tatsächlich dürfte das Phänomen der Drogenherstellung hinter verschlossenen Türen auch des Internets als perfekte Informationsplattform zugenommen haben, zumal zahlreiche „Grundstoffe" (die ggf. noch nicht unter das GÜG fallen oder wegen ihrer Eigenschaft als Arzneimittel nach neuerer Rechtsprechung nicht mehr als Grundstoff eingeordnet werden können), dort ohne Weiteres bezogen werden können.

3. Verfassungsmäßigkeit. Es gelten die Überlegungen zum Anbau entsprechend; zur 126 Verfassungsmäßigkeit der §§ 29 ff. → Vor § 29 Rn. 22 ff.

II. Kriminalpolitische Bedeutung

1. Vorstellungen des Gesetzgebers. Eigene Äußerungen des ursprünglichen Gesetz- 127 gebers zur kriminalpolitischen Bedeutung der Strafbarkeitsvorschriften gegen das Herstellen von BtM liegen nicht vor. In dem Bericht der Bundesregierung (vom 11.4.1989) über die Rechtsprechung nach den strafrechtlichen Vorschriften des BtMG in den Jahren 1985 bis 1987[6] wurde die unerlaubte Herstellung von BtM als relativ unbedeutend (0,22 % [1985], 0,19 % [1986], 0,127 % [1987] jeweils im Verhältnis zu den Verstößen gegen das BtMG insgesamt) dargestellt.[7] Inzwischen wird betont,[8] dass die zunehmende Verlagerung der illegalen BtM-Produktion in das Inland, insbesondere die Herstellung von Amphetamin, die Tatalternative des „Herstellens" mehr und mehr in den Vordergrund rücken lässt.

2. PKS/Falldatei. a) PKS. In der PKS werden Verstöße gegen den Grundtatbestand 128 der unerlaubten Herstellung nicht gesondert ausgewiesen.

b) Falldatei Rauschgift. Illegale Herstellung/Labore:[9] 129

2000	2001	2002	2003	2005	2006	2008	2010	2012	2013	2014
13	7	6	14	8	7	25	16	24	20	16

Laut BKA-Bericht verfügten die sichergestellten Labore fast ausschließlich über geringe Kapazitäten zur Deckung des Eigenbedarfs oder zur Versorgung eines lokal begrenzten Abnehmerkreises.[10] Meist erfolgt die Aufdeckung zufällig, nur in einem Fall konnte ein Labor aufgrund von Meldungen im Rahmen grundstoffrechtlicher Bestimmungen bzw. Hinweisen im so genannten Monitoring-System aufgedeckt werden.[11]

III. Rechtsentwicklung

1. Einfluss internationalen Rechts. a) Internationale Übereinkommen. Die völ- 130 kerrechtlichen Verpflichtungen zur Strafbewehrung des unerlaubten Gewinnens und Herstellens von BtM ergeben sich aus Art. 36 Abs. 1a Übk. 1961,[12] Art. 5, 7 Buchst. b, 22

---

[5] Bundeslagebild Rauschgift 2014, S. 7.
[6] BT-Drs. 11/4329.
[7] BT-Drs. 11/4329, 12, 13 und 14.
[8] HJLW/*Winkler* Rn. 3.1.1 und *Malek* Rn. 300.
[9] Zahlen nach BKA: Bundeslagebild Rauschgift 2014 – Tabellenanhang, http://www.bka.de/nn_193360/DE/Publikationen/JahresberichteUndLagebilder/Rauschgiftkriminalitaet/rauschgiftkriminalitaet__node.html?__nnn=true (zuletzt abgerufen 18.4.2017).
[10] Bundeslagebild Rauschgift 2014, S. 6.
[11] Bundeslagebild Rauschgift 2014, S. 6.
[12] → Vor § 1 Rn. 75.

Abs. 1 Buchst. a Übk. 1971[13] sowie Art. 3 Abs. 1 Buchst. a i Übk. 1988,[14] wobei sich bereits aus der im Übereinkommen eigenständig genannten Modalität des Gewinnens (hierzu im Folgenden → Rn. 137) ergibt, dass über die konkrete Auslegung und (ausufernde) Reichweite der jeweiligen Handlungsform nichts gesagt ist.

131   **b) EU-Maßnahmen zur Bekämpfung des unerlaubten Herstellens von BtM.** Die Maßnahmen der Organe der EU zur Bekämpfung der illegalen Drogenherstellung sind in den Erläuterungen Vor §§ 1 ff.[15] aufgeführt.

132   **2. Innerstaatliches Recht.** Das BtMG 1972[16] unterschied noch zwischen Gewinnung, Herstellung und Verarbeitung von BtM. Während jede Form der Gewinnung von BtM strafbar war, waren Herstellung und Verarbeitung nur dann unter Strafe gestellt, wenn sie gewerbsmäßig erfolgten (§§ 3 Abs. 1, 11 Abs. 1 Nr. 1);[17] es sei denn, es handelte sich um Gewinnung, Herstellung und Verarbeitung von Rückständen des Rauchopiums oder um Cannabis-Harz und seine Zubereitungen – hier bestand immer Strafbarkeit ohne Rücksicht auf die Frage der Gewerbsmäßigkeit (§§ 9, 11 Abs. 1 Nr. 6a). Nach Ratifizierung der Übk. 1961 und Übk. 1972 bestand für die Bundesrepublik Deutschland die übernommene Verpflichtung, diese Übereinkommen in deutsches Recht umzusetzen und durchzuführen.[18] Im Übk. 1961 ist **„Herstellung"** dahingehend definiert, dass der Ausdruck „alle zur Erzeugung von Suchtstoffen geeigneten Verfahren mit Ausnahme der Gewinnung" bezeichnet und sowohl das Reinigen von Suchtstoffen als auch deren Umwandlung in andere Suchtstoffe umfasst.[19] Mit **„Gewinnung"** wurde die Trennung des Opiums, der Kokablätter, der Cannabis und des Cannabisharzes von den Pflanzen, aus denen sie gewonnen werden", bezeichnet.[20] Eine ähnliche Definition enthält das Übk. 1971, wobei allerdings – es ging ja ausschließlich um synthetische Produkte – im Verhältnis zur Definition im Übk. 1961 die Ausnahme für die „Gewinnung" weggefallen ist: „der Ausdruck ‚Herstellung' bezeichnet alle zur Erzeugung psychotroper Stoffe geeigneten Verfahren; er umfasst sowohl das Reinigen psychotroper Stoffe als auch deren Umwandlung in andere psychotrope Stoffe. Der Ausdruck umfasst ferner die Anfertigung aller nicht aufgrund ärztlicher Verordnung in Apotheken angefertigten Zubereitungen."[21]

133   Ihrer Verpflichtung zur Umsetzung der Übk. 1961 und 1971 ist die Bundesrepublik Deutschland mit dem BtMG 1982[22] nachgekommen. Für den Tatbestand des „Herstellens" bedeutete dies, dass die Beschränkung der Strafbarkeit auf gewerbsmäßige Begehungsweise zu entfallen hatte; seitdem ist jedes Herstellen von BtM strafbar, auch dann, wenn es nicht gewerbsmäßig erfolgt. Gleichzeitig wurden die Tatbestände der Gewinnung, der Herstellung und der Verarbeitung zu einem einheitlichen Tatbestand des „Herstellens" zusammengefasst, „Herstellen" also zum Oberbegriff erhoben, der die bisher gleichrangigen Begriffe „Gewinnung" und „Verarbeitung" unterstellt bekam und unter dem noch weitere Tätigkeitsbeschreibungen versammelt wurden. In der Begründung des Gesetzesentwurfs der Bundesregierung zu § 2 Abs. 1 Nr. 4 heißt es: „Das ‚Herstellen' ist in Anlehnung an § 4 Abs. 14 AMG 1976 und § 7 Abs. 1 LMBG aF (insoweit aber im LFBG unverändert geblieben) definiert (Nummer 4). Zum Herstellen gehört allerdings auch das Reinigen und Umwandeln wie in Art. 1 Buchst. n des Übk. 1961 und Art. 1 Buchst. i des Übk. 1971. Im Unterschied zum Übk. 1961 (Art. 1 Buchst. n und t und entsprechend § 4 Abs. 14 AMG 1976 und

---

[13] → Vor § 1 Rn. 76.
[14] → Vor § 1 Rn. 80.
[15] → Vor § 1 Rn. 79.
[16] → Vor § 1 Rn. 76.
[17] BGH 18.5.1977 – 3 StR 129/77, MDR 1978, 6 (bei *Holtz*); 17.8.1981 – 3 StR 197/81, BeckRS 1981, 05167.
[18] Begründung zum Gesetzentwurf der Bundesregierung vom 9.1.1980, BT-Drs. 8/3551, 23.
[19] Art. 1 Abs. 1 Buchst. n Übk. 1961.
[20] Art. 1 Abs. 1 Buchst. t Übk. 1961.
[21] Art. 1 Buchst. i Übk. 1971.
[22] → Vor § 1 Rn. 79 ff.

§ 7 Abs. 1 LMBG aF (insoweit aber im LFBG unverändert geblieben) wird das ‚Gewinnen‘ in den Herstellungs-Begriff einbezogen, weil kein Anlass besteht, das ‚Gewinnen‘ begriffsmäßig gesondert herauszustellen. Dies wäre nur gerechtfertigt, wenn das ‚Gewinnen‘ in besonderen Rechtsvorschriften behandelt würde oder sich besondere Rechtsfolgen an den Begriff knüpfen würden."[23] Der Tatbestand des Herstellens wurde seither nicht mehr geändert. Wenn der Umfang des tatbestandsmäßigen Verhaltens dennoch seit 1982 mehrfach verändert worden ist, so liegt dies daran, dass sich über die Änderungen der Anlagen I bis III der BtM-Begriff mehrfach änderte (Erweiterung des Katalogs der Stoffe bzw. Ausnahmen davon). Das OrgKG[24] erweiterte den Strafrahmen des Abs. 1 auf „bis zu fünf Jahre".

B. Erläuterung

I. Geltungsbereich

1. Inlands-/Auslandstaten.[25] Inlandstaten unterliegen dem BtM-Strafrecht unabhän- **134** gig davon, ob die Tat durch einen Ausländer oder einen Deutschen begangen wurde. Zum Herstellen von BtM durch einen Ausländer im Ausland siehe hierzu die Ausführungen zum Anbauen Rn. 17 f. Zum Herstellen von BtM durch einen Deutschen im Ausland siehe die Ausführungen zum Anbauen Rn. 20.

2. Grenzüberschreitende Mehrfachverfolgung. Zur Frage der Strafbarkeit von Aus- **135** landstaten und der damit einhergehenden Frage der Mehrfachverfolgung → Vor § 29, Rn. 165 ff.

II. Objektiver Tatbestand

1. Begriff des Herstellens. Das BtMG enthält in § 2 Nr. 4 eine **Legaldefinition** des **136** Begriffs „Herstellen". Danach ist „Herstellen" das **Gewinnen, Anfertigen, Zubereiten, Be- oder Verarbeiten, Reinigen und Umwandeln** von BtM. Diese Begriffe bedürfen ihrerseits wiederum einer Konkretisierung, wobei die geringe (rechts)praktische Bedeutung meist auf einen Rückgriff auf die Gesetzgebungsunterlagen erfordert.

a) Gewinnen. Übereinstimmung in Literatur und Rechtsprechung besteht darüber, dass **137** „Gewinnen" die auf die **Erzielung von Naturerzeugnissen** gerichtete Tätigkeit ist.[26] Damit ist eine Abgrenzung zur Produktion synthetischer BtM vorgenommen, die unter „Anfertigen" fällt. Streit besteht über die Art der Tätigkeit: teilweise wird darunter allein die **mechanische Trennung** von Pflanzenteilen von den (BtM-) Pflanzen, die sie hervorgebracht haben, verstanden;[27] andere[28] führen auch die chemische Analyse bzw. die **Trennung auf chemische Weise** in ihrer Begriffsbestimmung an. Beispiele für eine chemische Trennung werden nicht genannt. Falls damit Herstellungsprozesse ins Auge gefasst sein sollten, bei denen Pflanzen durch chemische Einwirkung ihre Wirkstoffe entzogen und so BtM „gewonnen" werden (Heroin, Kokain, Cannabisöl), so ist darauf zu verweisen, dass derartige Vorgänge ein „Umwandeln" darstellen (freilich ohne damit andeuten zu wollen, dass dies praktische Auswirkungen hätte).[29] Entscheidend ist, dass diese Pflanzen oder Pflanzenteile

---

[23] BT-Drs. 8/3551, 27.
[24] → Vor § 1 Rn. 86.
[25] S. *Weber* Rn. 80 ff.
[26] Vgl. BayObLG 10.9.1959 – RReg 4 St 247/59, BayObLGSt 1959, 273.
[27] *Franke/Wienroeder* § 29 Rn. 12; HJLW/*Winkler* § 2 Rn. 17; Pfeil/Hempel/Schiedermair/*Slotty* Rn. 46.
[28] *Joachimski/Haumer* § 2 Rn. 10: „chemische Analyse" –, KPV/*Patzak* Teil 3, Rn. 10 „chemische Trennung"; *Weber* § 2 Rn. 29 und ihm folgend OLG Karlsruhe 19.9.2001 – 3 Ss 80/01, NStZ-RR 2002, 85 (86); OLG Schleswig 4.8.2004 – 2 Ss 103/04 (89/04), BeckRS 2004, 18725.
[29] Ein besseres Bild kann man sich von den unterschiedlichen Prozessen, welcher der Herstellungsbegriff erfassen soll machen, wenn man sich kursorisch mit der Herstellung verschiedener BtM befasst; informativ zusf. KPV/*Patzak* Teil 3 Rn. 27 ff.

zuvor selbst schon BtM darstellten. Die Trennung der Pflanzenprodukte von den Ursprungs-
pflanzen auf chemischem Wege gibt es nicht; sie werden zuvor mechanisch getrennt (abge-
pflückt, abgestreift, abgeschnitten usw), und hierin liegt bereits die Gewinnung. Diese
Auffassung entspricht den Definitionen auf den Gebieten des Arzneimittel-[30] und Lebensmittelrechts.[31] Nach Art. 1 Abs. 1 Buchst. t Übk. 1961[32] bezeichnet der Ausdruck „Gewinnung" die Trennung des Opiums, der Kokablätter, der Cannabis und des Cannabisharzes
von den Pflanzen, von denen sie gewonnen werden. Die Beschränkung der geläufigen
Definitionen auf die **Trennung** des pflanzlichen Erzeugnisses von der Erzeugerpflanze
erscheint unzulänglich: es macht keinen Unterschied, ob jemand eine Pflanze knapp oberhalb ihrer Wurzel abschneidet („trennt") oder ausreißt, und die Fälle des Sammelns von
Psilo-Pilzen durch Herausdrehen oder Ausgraben würden gar nicht erfasst.

138   **aa) Definition.** Daher erscheint folgende Definition sachgerecht: „Gewinnen" ist die
Entnahme von Pflanzen oder Pflanzenteilen oder Pflanzenerzeugnissen aus ihrer natürlichen
oder künstlich angelegten Umgebung.[33]

139   **bb) Konsumfähigkeit.** Vom Tatbestand nicht vorausgesetzt ist, dass das so gewonnene
Naturprodukt bereits ein konsumfähiges BtM ist.[34] Es reicht aus, wenn die Handlung auf
die Gewinnung eines Zwischenprodukts gerichtet ist.[35] So ist das Herausreißen oder Abmä-
hen von Cannabispflanzen bereits Gewinnen, obwohl das Dreschen und Sieben in der
Großproduktion oder das Abzupfen von Blütenständen oder blütennahen Blättern in der
Kleinproduktion noch aussteht.

140   **cc) Züchtung/Wildwuchs.** Unerheblich für die Frage des Gewinnens ist auch, ob die
Pflanzen (selbst) **angebaut** wurden oder **wild** wuchsen (zB Pilze).

141   **dd) Erscheinungsformen des Gewinnens.** „Gewinnen" liegt ua im **Abmähen** von
Cannabis- oder Schlafmohnpflanzen,[36] **Abnahme** der Cannabisblätter,[37] **Pressen** von Blüten der Cannabispflanze,[38] **Abschaben** des geronnenen Safts der zuvor angeritzten oder
eingeschnittenen Schlafmohnkapsel,[39] **Abschneiden** der „Hanf-",[40] Cannabisblätter[41] bzw.
der Kopfblätter der Cannabispflanze,[42] **Abstreifen** des ausgetretenen Cannabisharzes,[43]
Abzupfen der Cocablätter vom Cocastrauch,[44] **Anritzen** oder Anbohren von Kakteen,
Anritzen oder Einschneiden von Mohnkapseln, **Auffangen** von Saft aus Kakteen, die zuvor
angeritzt oder angebohrt wurden, **Einsammeln** abgefallener Pflanzenteile, **Ernten** von
Cannabisblüten und -fruchtständen,[45] **Herausdrehen** oder Ausgraben von Psilo-Pilzen
aus dem Boden oder dem Nährlösungsträger[46] und **Herausreißen** von Cannabis- oder

---

[30] Kloesel/*Cyran*, Arzneimittelrecht, AMG § 4 Anm. 50.
[31] Zipfel/*Rathke*, Lebensmittelrecht, C 100 § 7 Rn. 4.
[32] → Vor § 1 Rn. 75.
[33] So auch HJLW/*Winkler* § 2 Rn. 17.
[34] *Joachimski*/*Haumer* § 2 Rn. 10; BGH 3.12.1997 – 2 StR 270/97, BGHSt 43, 336 = NJW 1998, 836 =
StV 1998, 136 = wistra 1998, 109 in einer Entscheidung zum AMG, aber mit ausdrücklichem Hinweis, dass
die dortigen Ausführungen auch für das Herstellen nach dem BtMG gelten.
[35] *Franke*/*Wienroeder* Rn. 12.
[36] HJLW/*Lander* § 2 Rn. 17.
[37] OLG Dresden 5.8.1999 – 1 Ss 60/99, NStZ-RR 1999, 372.
[38] BayObLG 11.3.2004 – 4 St RR 23/04.
[39] HJLW/*Winkler* § 2 Rn. 17.
[40] OLG Karlsruhe 19.9.2001 – 3 Ss 80/01, NStZ-RR 2002, 85 (86).
[41] BayObLG 6.12.2001 – 4 St RR 131/2001, BayObLGSt 2001, 166; 14.2.2002 – 4 St RR 18/02, NStZ-
RR 2003, 161 (*Kotz/Rahlf*).
[42] OLG Düsseldorf 5.7.1984 – 5 Ss 209/84 – 168/84 I, NJW 1985, 693 – entgegen der Auffassung des
OLG Düsseldorf gehört aber das Trocknen der Blätter nicht mehr zum Gewinnen, sondern schon zum
Bearbeiten, zweifelnd *Weber* § 2 Rn. 30.
[43] OLG Hamburg 14.2.1978 – 2 Ss 301/77, NJW 1978, 2349; Pfeil/Hempel/Schiedermair/*Slotty* Rn. 46.
[44] HJLW/*Winkler* § 2 Rn. 17.
[45] OLG Karlsruhe 19.9.2001 – 3 Ss 80/01, NStZ-RR 2002, 85 (86).
[46] KPV/*Patzak* Teil 3, Rn. Teil 3, Rn. 10; *Weber* § 2 Rn. 30.

Schlafmohnpflanzen. **Nicht zum „Gewinnen"** gehört der Anbau von BtM-Pflanzen[47] als Vorgang, der der Ernte vorausgeht. Anbau und Gewinnen sind zwei deutlich voneinander abgegrenzte Tätigkeiten.[48] Unerlaubtes Herstellen (durch Gewinnen) von BtM ist erst in Betracht zu ziehen, wenn mit der Ernte begonnen wird.[49]

b) Anfertigen. Im Gegensatz zum „Gewinnen", das auf das Erlangen von Naturprodukten gerichtet ist, hat das „Anfertigen" die Produktion synthetischer BtM zum Inhalt.[50]   142

aa) Definition. Anfertigen ist die Erzeugung von BtM mittels chemischer Synthese,[51]   143 also „Fabrikation eines Kunstprodukts".[52] Sowohl manuelle als auch maschinelle Produktion ist möglich.[53]

bb) Konsumfähigkeit. Vom Tatbestand nicht vorausgesetzt ist, dass das so erzeugte   144 Produkt bereits ein konsumfähiges BtM ist.[54] Es reicht aus, wenn die Handlung auf die Gewinnung eines möglicherweise noch gar nicht gebrauchsfähigen Zwischenprodukts gerichtet ist[55] oder ein Zwischenprodukt hervorbringt.

cc) Erscheinungsformen des Anfertigens. Als Anfertigung gilt die Herstellung von   145 LSD durch (im konkreten Fall: mittäterschaftliches) Ankaufen der Grundsubstanz,[56] synthetische Erzeugung von Mescalin,[57] Produktion von MDMA-Tabletten,[58] Synthese von Amphetamin,[59] das Verrühren von Azetylanthranil mit O-Toludin, Dioxan und Phosphattrichlorid zur Herstellung von Methaqualon,[60] Vermischen von Stoffen und Zubereitungen[61] und die Produktion von Amphetamin in einem Kellerlabor.[62] **Nicht zum „Anfertigen"** gehört die Produktion von Heroin oder Kokain, sofern dabei auf pflanzliches Ausgangsmaterial durch chemische Prozesse eingewirkt wird.[63] Diese Herstellungsweise ist „Umwandeln",[64] weil dabei auf einen Stoff eingewirkt wird, der bereits als solcher vom BtMG erfasst wird. Sofern allerdings Heroin und Kokain auf rein synthetische Weise ohne Rückgriff auf Pflanzenmaterialien produziert werden, liegt Anfertigen vor.

c) Zubereiten. Bei der Definition von „Zubereiten" iS von § 2 Abs. 1 Nr. 4 muss auf   146 die Definition von „Zubereitung" zurückgegriffen werden, die das Gesetz selbst in § 2 Abs. 1 Nr. 2 unter Aufnahme der Definition aus Art. 1 Buchst. f Übk. 1971 vornimmt.

aa) Definition. Zubereiten ist die Erzeugung **entweder** eines festen, flüssigen oder   147 gasförmigen **Gemisches** aus Stoffen, von denen mindestens ein Stoff ein BtM ist, **oder** einer **Lösung** eines Stoffes oder mehrerer Stoffe, von denen mindestens ein Stoff ein BtM ist, in (oder mit) einem Lösungsmittel jeweils in einer Form, die in der Natur nicht vorkommt.[65] Dabei muss die BtM-Eigenschaft des vermischten oder gelösten Stoffes aufrecht-

---

[47] OLG Hamburg 14.2.1978 – 2 Ss 301/77, NJW 1978, 2349.
[48] BayObLG 6.12.2001 – 4 St RR 131/2001; 14.2.2002 – 4 St RR 18/02.
[49] BayObLG 13.11.2002 – 4 St RR 114/02.
[50] *Franke/Wienroeder* Rn. 13.
[51] BGH 3.12.1997 – 2 StR 270/97, BGHSt 43, 336 = NJW 1998, 836.
[52] Erbs/Kohlhaas/*Pelchen* Rn. 4.
[53] HJLW/*Winkler* § 2 Rn. 17; *Weber* § 2 Rn. 31.
[54] *Joachimski/Haumer* § 2 Rn. 11; BGH 3.12.1997 – 2 StR 270/97 Rn. 49 in einer Entscheidung zum AMG, aber mit ausdrücklichem Hinweis, dass die dortigen Ausführungen auch für das Herstellen nach dem BtMG gelten.
[55] *Franke/Wienroeder* Rn. 13, *Joachimski/Haumer* § 2 Rn. 11; KPV/*Patzak* Teil 3, Rn. 11.
[56] OLG Frankfurt a. M. 24.11.1977 – 4 HEs 252/77.
[57] BGH 17.8.1981 – 3 StR 197/81, BeckRS 1981, 05167.
[58] LG Offenburg 18.12.1990 – 7 KLs 3/90, und nachfolgend BGH 12.11.1991 – 1 StR 328/91, StV 1992, 155.
[59] LG Frankfurt a. M. 13.2.1991 – 5/15 KLs 89 Js 27 988/88.
[60] LG Köln 11.9.1991 – 11323/91.
[61] HJLW/*Winkler* § 2 Rn. 17.
[62] LG Gießen 1.11.1991 – 9 Js 171 431/90 7 KLs; LG Augsburg 2.10.1992 – 8 KLs 102 Js 1930/91.
[63] Teilweise aA *Joachimski/Haumer* § 2 Rn. 11; *Weber* § 2 Rn. 25.
[64] So auch Pfeil/Hempel/Schiedermair/*Slotty* § Rn. 46.
[65] Vgl. Pfeil/Hempel/Schiedermair/*Slotty* § 2 Rn. 51; *Weber* § 2 Rn. 32.

erhalten bleiben.[66] Die Erzeugung des Gemischs geschieht durch mechanische Vermengung,[67] die Erzeugung der Lösung durch Extrahieren oder Lösen in mechanischer oder chemischer Behandlung.

148 **bb) Konsumfähigkeit.** Auch hier reicht es aus, dass die Handlung auf die Gewinnung eines möglicherweise noch gar nicht gebrauchsfähigen Zwischenprodukts gerichtet ist oder ein Zwischenprodukt hervorbringt. Dies folgt aus der Rechtsnatur des Delikts als Unternehmensdelikt. Der Täter wird zumeist anstreben, was vom Tatbestand aber nicht vorausgesetzt ist, dass das so erzeugte Produkt bereits ein konsumfähiges BtM ist.

149 **cc) Erscheinungsformen des Zubereitens.** Unter den Begriff des Zubereitens fallen das Verschneiden (Strecken)[68] von Heroin, Kokain oder Amphetamin mit Streckmitteln wie Chinin, Lactose, Manitol, Lidocain oder Ephedrin, die Aufbesserung von minderwertigem oder durchschnittlichem Haschisch mit aromatischem Haschisch (zB aus dem Libanon) durch Vermischung,[69] die Erzeugung von „O-Tee" durch Auskochen von Mohnkapseln zu einem morphinhaltigen Sud,[70] die Auflösung von Heroin oder Kokain in Alkohol, um es in Whiskyflaschen zu schmuggeln,[71] das Herstellen von Teeaufgüssen oder durch das Backen von Plätzchen zu der im Geltungsbereich des BtMG seltenen enteralen Applikation von Cannabis-Produkten[72] sowie die Verölung von Cannabisharz in Haschischöl.[73]

150 **d) Be- oder Verarbeiten.** Im BtMG 1972 war nur das „Verarbeiten" erfasst, in den Übk. 1961 und 1971 werden die Begriffe „bearbeiten" und „verarbeiten" nicht definiert. Es ist nicht möglich, „bearbeiten" und „verarbeiten" in allen Fällen scharf zu trennen,[74] aber auch nicht erforderlich; der Gesetzgeber hat sie auch als Begriffspaar mit der „oder"-Verbindung nebeneinander gestellt[75] und damit zum Ausdruck gebracht, dass er beide Herstellungstätigkeiten als eine einzige Tatbestandsvariante ansieht und in Kauf nimmt, dass die beiden Begriffe ineinander übergehen oder sich überschneiden können.[76]

151 **aa) Definition.** Bearbeiten ist die Einwirkung auf einen Stoff mit physikalischen oder chemischen Verfahren, die die äußere Erscheinungsform verändert, aber die Substanz des Stoffes erhält (zB Schälen, Schneiden, Pressen oder Pulverisieren).[77] Verarbeiten ist die Einwirkung auf einen solchen Stoff und dessen dadurch bewirkte Veränderung der Substanz, ohne dass dessen chemische Zusammensetzung berührt wird.[78]

152 **bb) Konsumfähigkeit.** Auch hier ist vom Tatbestand nicht vorausgesetzt, dass das so erzeugte Produkt ein konsumfähiges BtM ist. Es reicht aus, wenn die Handlung auf die Gewinnung eines möglicherweise noch gar nicht gebrauchsfähigen Zwischenprodukts gerichtet ist oder ein Zwischenprodukt hervorbringt.

---

[66] Vgl. HJLW/*Winkler* § 2 Rn. 17; Pfeil/Hempel/Schiedermair/*Slotty* Rn. 46; *Weber* § 2 Rn. 26.

[67] Vgl. *Joachimski*/*Haumer* § 2 Rn. 7.

[68] Vgl. *Franke*/*Wienroeder* Rn. 14; *Joachimski*/*Haumer* § 2 Rn. 7; Pfeil/Hempel/Schiedermair/*Slotty* Rn. 46; BGH 18.5.1977 – 3 StR 129/77, MDR 1978, 6 (bei *Holtz*) und BGH 5.5.1976 – 3 StR 111/76, BeckRS 1976, 00262, – in beiden Entscheidungen wird das Strecken als „Verarbeiten" angesehen, die Entscheidungen ergingen aber zum BtMG 1972, das nur „Gewinnen", „Herstellen" und „Verarbeiten" kannte.

[69] KPV/*Patzak* Teil 3, Rn. 12.

[70] BGH 15.9.1983 – 4 StR 454/83, BeckRS 1983, 31111512 = StV 1987, 250.

[71] KPV/*Patzak* Teil 3, Rn. 13; BKA-Rauschgift-Kurier 3/00.

[72] BGH 13.5.1987 – 3 StR 123/87, BGHSt 34, 372 = NJW 1987, 2881 = StV 1987, 535 mAnm *Logemann*.

[73] AA KPV/*Patzak* Teil 3, Rn. 17, der die Verölung als Umwandlung auffasst, obwohl dabei kein anderer Stoff iS des BtMG entsteht; wie hier Pfeil/Hempel/Schiedermair/*Slotty* Rn. 46.

[74] Vgl. Pfeil/*Hempel/Schiedermair*/Slotty § 2 Rn. 56.

[75] So jetzt auch in § 3 Nr. 2 LFBG (FNA 2125-44), anders als in § 7 Abs. 1 LFBG aF: „Be- *und* Verarbeiten".

[76] Vgl. HJLW/*Winkler* § 2 Rn. 17.

[77] Vgl. Pfeil/*Hempel/Schiedermair*/Slotty § 2 Rn. 53; KPV/*Patzak* Teil 3, Rn. 18.

[78] Gegen Pfeil/*Hempel/Schiedermair*/Slotty § 2 Rn. 54, der die Notwendigkeit der Abgrenzung zum „Umwandeln" nicht erkennt; wie hier *Franke*/*Wienroeder* Rn. 15 und *Weber* § 2 Rn. 36; anders auch, nämlich ohne jede Abgrenzung zum „Anfertigen" einerseits und zum „Umwandeln" andererseits, *Joachimski*/*Haumer* § 2 Rn. 13, dagegen auch *Weber* aaO.

cc) Erscheinungsformen des Be- oder Verarbeitens. Als „Be- oder Verarbeiten" **153**
sind das Formen von Rohopium in Kugeln,[79] Pressen von Cannabisharz in Platten,[80] Trocknen von Pflanzen oder Pflanzenteilen,[81] Pressen von Tabletten mit Tablettierpressen oder
-maschinen[82] und Stampfen von Cocablättern[83] anzusehen. **Nicht zum „Be- oder Verarbeiten"** gehört „Umfüllen", „Abfüllen", „Abpacken" und „Kennzeichnen",[84] wie sich
aus einem Vergleich mit § 4 Nr. 14 AMG ergibt. Diese Verhaltensweisen sind wegen des
Analogieverbots nicht als „Herstellen" strafbar, sie werden sich allerdings in der Regel als
Erscheinungsform des Handeltreibens (Erleichterung der Veräußerung) darstellen und auf
diese Weise vom Tatbestand des Abs. 1 S. 1 Nr. 1 erfasst;[85] meist werden sie sich als untergeordnete Tätigkeiten lediglich als Beihilfe klassifizieren lassen. Nicht zum „Bearbeiten"
gehört auch das Einsetzen eines Stoffes im Rahmen eines chemischen Verfahrens, zB durch
Umsetzen von Amphetamin zu Fenproporex[86] – dies ist „Umwandeln".

e) Reinigen. Das Reinigen als Erscheinungsform des Herstellens ist erstmals in das **154**
BtMG 1982 aufgenommen. Der Gesetzgeber erfüllte damit seine Verpflichtung aus Art. 1
Abs. 1 Buchst. n Übk. 1961 und Art. 1 Buchst. i Übk. 1971 zur Strafbewehrung auch des
Reinigens.

aa) Definition. „Reinigen" ist die Entfernung von Fremdstoffen, die einem Stoff äußer- **155**
lich anhaften.[87] Die Fremdstoffe können simpler Schmutz (zB Erdrückstände) oder Rückstände aus Zubereitungsvorgängen (zB Streckmittel) oder Tarnstoffe (zB Gewürze[88]) sein.
Die Reinigung kann mit physikalischen Methoden (Sieben, Filtern, Versetzen mit Flüssigkeit) oder durch chemische Verfahren (Derivatisierung, Salzbildung[89]) erfolgen.

bb) Konsumfähigkeit. Auch hier ist vom Tatbestand nicht vorausgesetzt, dass das gerei- **156**
nigte Produkt ein konsumfähiges BtM ist. Es reicht aus, wenn die Handlung auf die Gewinnung eines möglicherweise noch gar nicht gebrauchsfähigen Zwischenprodukts gerichtet
ist.

cc) Erscheinungsformen des Reinigens. Zum Reinigen zählen das **Auskochen** von **157**
als Heroinfilter gebrauchten Wattebäuschchen,[90] **Aussieben** von Fremdstoffen, **Aussortieren** THC-armer Pflanzenteile (Stängel, blütenferne Blätter) zur Veredelung von Marihuana,
obwohl die aussortierten Teile selbst Marihuana wären,[91] **Destillieren**,[92] **Entfernen** von
Erdrückständen bei Pflanzen,[93] **Herausfiltern** von MDE-Rückständen aus Azeton-Fässern
mit Stofflappen,[94] **Kristallisieren**,[95] Reinigen von Heroin auf der Herstellungsstufe Nr. 4[96]
oder von Kokain[97] und das Zentrifugieren.[98] **Nicht zum Reinigen,** sondern zum Zuberei-

---

[79] KPV/*Patzak* Teil 3, Rn. , Rn. 19.
[80] KPV/*Patzak* Teil 3, Rn. , Rn. 19.
[81] KPV/*Patzak* Teil 3, Rn. 15 zählt das Trocknen zum „Reinigen", dies widerspricht aber bereits dem
natürlichen Wortsinn.
[82] KPV/*Patzak* Teil 3, Rn. 19; *Weber* § 2 Rn. 34.
[83] KPV/*Patzak* Teil 3, Rn. 19.
[84] Vgl. Pfeil/*Hempel*/*Schiedermair*/Slotty § 2 Rn. 57; für das Ein- oder Abfüllen: OLG Koblenz 23.3.1991 –
1 Ss 379/91.
[85] KPV/*Patzak* Teil 3, Rn. 19; *Weber* § 2 Rn. 34; OLG Koblenz 23.3.1991 – 1 Ss 379/91.
[86] So aber HJLW/*Winkler* Rn. 3.1.1.
[87] KPV/*Patzak* Teil 3, Rn. 14; *Weber* § 2 Rn. 37; Pfeil/*Hempel*/*Schiedermair*/Slotty § 2 Rn. 59.
[88] Vgl. Neue Heroinschmuggeltechniken, BKA-Rauschgift-Kurier 3/00.
[89] HJLW/*Winkler* § 2 Rn. 17.
[90] LG Berlin 9.1.1991 – 6 Op Js 485/89 Ls (Ns), StV 1992, 77, dort aber unter dem Gesichtspunkt des
Besitzes behandelt.
[91] So Pfeil/Hempel/Schiedermair/*Slotty* Rn. 46.
[92] HJLW/*Winkler* § 2 Rn. 17.
[93] Pfeil/*Hempel*/*Schiedermair*/Slotty § 2 Rn. 59.
[94] LG Essen 22.5.1997 – 25 (1/97) 56 Js 574/96.
[95] HJLW/*Winkler* § 2 Rn. 17.
[96] KPV/*Patzak* Teil 3, Rn. 15.
[97] BGH 24.3.1993 – 2 StR 103/93, NStZ 1993, 391 = StV 1994, 22 Ls.
[98] *Joachimski*/*Haumer* § 2 Rn. 14.

ten gehört nach Pfeil/*Hempel*/*Schiedermair*/Slotty[99] die Trennung flüssiger Mittel auf chemischem Weg. Die Anwendung chemischer Mittel soll nach dieser Meinung nur dann Reinigen sein, wenn sie bei der mechanischen Einwirkung zur Entfernung von Fremdkörpern zum Einsatz kommen, wie zB beim Abwaschen.

158   **f) Umwandeln.** Das Umwandeln als Erscheinungsform des Herstellens wurde erstmals in das BtMG 1982 aufgenommen. Der Gesetzgeber erfüllte damit seine Verpflichtung aus Art. 1 Abs. 1 Buchst. n Übereinkommen von 1961 und Art. 1 Buchst. i Übereinkommen von 1971 zur Strafbewehrung auch des Umwandelns als eine Möglichkeit des Herstellens.

159   **aa) Definition.** „Umwandeln" ist die Veränderung eines BtM in ein anderes BtM. Diese im Kern unumstrittene Definition[100] erfährt in der Kommentarliteratur zwei Zusätze in unterschiedliche Richtung. Einige Autoren[101] verlangen für die Bewirkung der Veränderung den **Einsatz mechanischer oder chemischer Mittel.** Diese Definitionsanreicherung ist aber unzutreffend, weil kein mechanisches Mittel bekannt ist, das eine solche Veränderung herbeiführen könnte. Wenn man denn das Mittel der Veränderung in die Definition aufnehmen will, sollte man mit HJLW/*Lander*[102] als „Umwandeln" jedes **auf chemischem Wege** bewirkte Verändern eines Stoffes bezeichnen. Dagegen verlangen einige Autoren Veränderung in ein anderes BtM **mit „anderen Eigenschaften",**[103] „neuartigen Eigenschaften"[104] oder „anderen Wirkungen und Eigenschaften".[105] Diese Zusätze sind überflüssig. Dass das neu gewonnene Produkt andere Wirkungen und Eigenschaften aufweist als der Ausgangsstoff, liegt daran, dass durch die Veränderung ein anderes BtM hervorgebracht wurde, das sich gerade durch seine anderen Wirkungen und Eigenschaften von dem Ursprungs-BtM unterscheidet (sonst hätte es einer gesonderten Aufnahme in die Positivliste nicht bedurft).

160   **bb) Konsumfähigkeit.** Auch hier ist vom Tatbestand nicht vorausgesetzt, dass das umgewandelte Produkt ein konsumfähiges BtM ist. Es reicht aus, wenn die Handlung auf die Umwandlung eines möglicherweise noch gar nicht gebrauchsfähigen Zwischenprodukts gerichtet ist.

161   **cc) Erscheinungsformen des Umwandelns.** Rechtsprechungsbeispiele für Umwandlungsfälle gibt es bisher nicht. Als Erscheinungsformen kommen in Betracht: die Umwandlung von Rohopium in Morphin,[106] von Morphin in Heroin[107] und von Methadon in Normethadon.[108] **Nicht zum „Umwandeln",** sondern zum „Zubereiten" gehören die Fermentierung von Rohopium zu Rauchopium (Chandu oder Chandoo)[109] und die Verölung von Cannabisharz zu Cannabisöl (Haschischöl),[110] weil in beiden Fällen das Ausgangsmaterial nicht in ein anderes BtM nach der Auflistung in den Anlagen zum BtMG verändert wird.

162   **2. BtM als Tatobjekte.** BtM sind die in der Positivliste der Anlagen I bis III aufgeführten Stoffe und Zubereitungen. Bei **Designerdrogen bzw. neuen psychoaktiven Substanzen** sind die Hersteller gerade darauf aus, eine ähnliche chemische Struktur zu erreichen,

---

[99] § 2 Rn. 60.
[100] *Franke/Wienroeder* Rn. 17; *Joachimski/Haumer* § 2 Rn. 15; Pfeil/Hempel/Schiedermair/*Slotty* Rn. 62; *Weber* § 2 Rn. 38.
[101] *Franke/Wienroeder* Rn. 17.
[102] HJLW/*Lander* § 2 Rn. 17.
[103] *Franke/Wienroeder* Rn. 17.
[104] KPV/*Patzak* Teil 3, Rn. 16.
[105] *Weber* § 2 Rn. 38.
[106] So auch Pfeil/Hempel/Schiedermair/*Slotty* Rn. 46.
[107] So auch Pfeil/Hempel/Schiedermair/*Slotty* Rn. 46, *Körner* (VI) Rn. 131; aA *Joachimski/Haumer* § 2 Rn. 13.
[108] Vgl. Pfeil/*Hempel/Schiedermair*/Slotty § 2 Rn. 61.
[109] KPV/*Patzak* Teil 3, Rn. 17.
[110] KPV/*Patzak* Teil 3, Rn. 17; wie hier auch Pfeil/Hempel/Schiedermair/*Slotty* Rn. 46.

die aber gerade nicht von den Anlagen I bis III erfasst ist. In vielen Fällen reagiert der Gesetzgeber einige Zeit nach dem Auftauchen dieser Substanzen mit ihrer Aufnahme in die Positivliste der Anlagen I bis III. Bis zu ihrer Unterstellung unter das BtMG ist der Umgang mit diesen Substanzen nach dem BtMG straflos. Zu den (erfolglosen) Bemühungen, den Umgang und die Herstellung von Designerdrogen über andere Nebengesetze zu erfassen und zu Überlegungen de lege ferenda → § 1 Rn. 30.

3. Erlaubnis. Zur Erlaubnis als Merkmal des objektiven Tatbestands,[111] zum uneinheitli- **163** chen Gesetzeswortlaut im Zusammenhang mit der Erlaubnis,[112] zur strafgerichtlichen Wirksamkeitsprüfung einer Erlaubnis[113] sowie zum Nachweis des Fehlens einer Erlaubnis[114] wird auf die Erläuterungen zu § 3 verwiesen.

III. Subjektiver Tatbestand

Das unerlaubte Herstellen von BtM ist sowohl in **vorsätzlicher** wie auch in **fahrlässiger** **164** (Abs. 4)[115] Begehungsweise strafbar, wobei bedingter Vorsatz ausreicht (→ Vor § 29 Rn. 61).

1. Vorsatz. a) Kenntnis von der Betäubungsmittel-Eigenschaft. Hierzu wird auf **165** die Erläuterungen beim Anbau[116] sowie → Vor § 29 Rn. 54 ff. verwiesen.

Falls der Täter – wie dies oft in Fällen der **Herstellung von Designerdrogen** vor- **166** kommt – unwiderlegt nicht weiß, dass er mit einem BtM iS des BtMG umgeht, so führt dies dennoch nicht automatisch zum Vorsatzausschluss: der Täter muss nicht exakt wissen, dass dieser Stoff gerade ein BtM im Sinne des BtMG ist. Vielmehr wird man wohl davon ausgehen müssen, dass die zutreffende Vorstellung von den psychotropen und abhängigkeitserzeugenden Eigenschaften zumindest für einen dolus eventualis hinsichtlich der Aufnahme des Stoffes in die Anlagen genügt (hierzu aber → Vor § 29 Rn. 83 mwN).[117]

Bei der **Gewinnung von missbrauchsfähigen Organismen**[118] (Khat-Strauch, Mutter- **167** kornpilzkulturen, meskalinhaltige Kakteen oder psilocybin- und psilocinhaltigen Pilzen) muss der Täter wissen oder wenigstens für möglich halten, dass diese Pflanzen in bearbeitetem oder unbearbeitetem Zustand zu Rauschzwecken (durch ihn oder andere) missbraucht werden sollen. Das **Urteil** muss zur inneren Tatseite **Feststellungen** darüber enthalten, ob der Angeklagte die BtM-Art, die BtM-Menge und die BtM-Qualität kannte, sofern sich diese Feststellungen nicht von selbst aus der Schilderung des äußeren Sachverhalts ergeben.[119]

b) Kenntnis von der Tathandlung des Herstellens bzw. Fehlen der Erlaubnis. **168** Hierzu wird auf die Erläuterungen zum Anbau[120] verwiesen.

c) Der Zweck des Herstellens. Auf den mit dem Herstellen (beim Gewinnen, Bear- **169** beiten, Umwandeln usw) **pflanzlicher BtM** verfolgten Zweck kommt es – außer bei Papaver bracteatum – nicht an. Gleichgültig ist demzufolge, ob jemand BtM zur Gewinnung von Rauschmitteln, zu Zierzwecken, zu Forschungszwecken, aus botanischem Interesse, zur späteren Verarbeitung zu Textilien, Arzneimitteln, Kosmetika, Papier, Seilen oder Baumaterialien oder aus sonstigen Gründen, die in keinem Zusammenhang mit der BtM-Eigenschaft der Pflanze oder gar einem späteren Konsum stehen,[121] Pflanzen oder Pflanzenteile gewinnt, bearbeitet, umwandelt usw und damit herstellt – die Tat ist jedenfalls strafbar.

---

[111] → § 3 Rn. 39.
[112] → § 3 Rn. 40.
[113] → § 3 Rn. 42.
[114] → § 3 Rn. 43.
[115] → Rn. 1694.
[116] → Rn. 50 (Anbauen).
[117] Schönke/Schröder/*Cramer/Sternberg-Lieben* StGB § 16 Rn. 4; vgl. auch BGH 3.12.1997 – 2 StR 270/97, BGHSt 43, 336 = NJW 1998, 836 = StV 1998, 136 = wistra 1998, 19.
[118] → § 1 Rn. 42.
[119] BayObLG 30.6.1998 – 4 St RR 91/98, NStZ-RR 1999, 59.
[120] → Rn. 44 (Anbauen).
[121] *Franke/Wienroeder* Rn. 5.

170   Anderes gilt nur bei **Papaver bracteatum** bei der dem Anbau zu Zierzwecken nachfolgenden Gewinnung oder Bearbeitung zu Zierzwecken, oder bei der der Pflanzung von **Cannabis** als Schutzstreifen bei der Rübenzüchtung nachfolgenden Abtrennung der Pflanzen von der Wurzel oder der Entwurzelung mit dem Ziel der Vernichtung vor der Blüte; diese Zwecke führen zum Tatbestandsausschluss.

171   Gleiches gilt für das Herstellen (durch Anfertigen, Umwandeln usw) von **synthetischen BtM;** auch hier kommt es auf den Herstellungszweck nicht an. Gleichgültig ist demzufolge, ob jemand zur Gewinnung von Rauschmitteln, zu Forschungszwecken, aus Interesse am drug-design, zu medizinischen Zwecken, oder aus sonstigen Gründen, die in keinem Zusammenhang mit der BtM-Eigenschaft der Substanz oder gar einem späteren Konsum stehen, synthetische BtM anfertigt, bearbeitet, umwandelt usw und damit herstellt – die Tat ist strafbar.

172   Ein Herstellzweck, der **nicht in der Gewinnung zu Rauschzwecken** besteht, wird in der Regel jedoch bei der Strafzumessung strafmildernd zu berücksichtigen sein.

173   **2. Irrtumskonstellationen.** Zu den möglichen Irrtumskonstellationen in Bezug auf Art und Eigenschaft des BtM bzw. über die Erlaubnis wird auf → Vor § 29 Rn. 76 ff. verwiesen.

174   **3. Fahrlässigkeit.** Lässt sich vorsätzliche Handlungsweise nicht feststellen, so muss der Tatrichter aufgrund seiner **Pflicht zur erschöpfenden Aburteilung der Tat** prüfen, ob nicht jedenfalls fahrlässige Tatbegehung vorliegt.[122] Insoweit wird auf die Darstellung bei § 29 Abs. 4 Bezug genommen.

IV. Rechtfertigung, Entschuldigung

174a   Hinsichtlich der Rechtfertigung/Entschuldigung des Herstellens wird auf die Ausführungen zur Rechtswidrigkeit (→ Vor § 29 Rn. 60) verwiesen.

V. Täterschaft und Teilnahme

175   Die Abgrenzung zwischen (Mit-)Täterschaft und Teilnahme erfolgt nach allgemeinen Grundsätzen, es wird auf die Ausführungen zu → Vor § 29 Rn. 107 sowie zum Anbau Rn. 61 verwiesen. Steht die **Beteiligung** an der Herstellungstat eines anderen fest, so ist die Frage, ob der Beteiligte als Mittäter oder als Gehilfe zu betrachten ist, nach den gesamten Umständen, die von der Vorstellung des Teilnehmers umfasst werden, in wertender Betrachtung zu beurteilen.[123]

176   **1. Mittäterschaft.** Zum mittäterschaftlichen Handeln siehe bereits die Ausführungen zur → Vor § 29 Rn. 108 sowie zum → Rn. 64 (Anbauen).

177   **2. Beihilfe. a) Allgemeines.** Zur Annahme von Beihilfe („bloßes **Dabeisein**") wird auf die diesbezüglichen Erläuterungen beim Anbau[124] verwiesen.

178   **b) Einzelfälle. aa) Eigentümerstellung.** Der Tatbestand der illegalen BtM-Herstellung setzt nicht voraus, dass die Ausgangsstoffe oder die Produktionsmittel dem Täter gehören oder die herzustellenden BtM ihm wirtschaftlich zustehen (sollen). Nicht nur Arbeitgeber und Auftraggeber, sondern auch Arbeitnehmer und Auftragnehmer können sich prinzipiell als Mittäter strafbar machen. Auch den am Herstellungsprozess in arbeitnehmerähnlicher Position oder in untergeordneter Funktion Beteiligten wird man bei eigenhändiger Verwirklichung konkreter Herstellungsakte als Täter klassifizieren müssen, auch wenn

---

[122] Vgl. BGH 16.12.1982 – 4 StR 644/82, NStZ 1983, 174 (175); 11.2.1998 – 3 StR 546/97, 1998/4511.

[123] BGH 15.1.1980 – 1 StR 730/79, MDR 1980, 455 (bei *Holtz*) unter Berufung auf BGH 10.1.1956 – 5 StR 529/55, BGHSt 8, 393 (396) = NJW 1956, 475, und BGH 10.3.1961 – 4 StR 30/61, BGHSt 16, 12 [13] = NJW 1961, 1541.

[124] → Rn. 66.

wertungsmäßig eine Beihilfe naheliegt (etwas anderes gilt bei der Herstellung als Teilakt des HT):[125] In solchen Fällen bedarf es jedenfalls besonders gründlicher Prüfung und Begründung der Willensrichtung.

bb) Beschaffung und Lieferung von Grundstoffen. Bis zum 28.2.1994 war strafbare **179** Beihilfe zur illegalen Herstellung von BtM durch Beschaffung oder Lieferung von Stoffen, die für den Herstellungsprozess benötigt werden (zB Ergotamintartrat für LSD oder Essigsäureanhydrid für Heroin), möglich. Der illegale Umgang mit Grundstoffen für die Herstellung von BtM entgegen der Verordnung (EWG) Nr. 3677/90 vom 13.12.1990 des Rates[126] war dann aber durch §§ 18a, 29 Abs. 1 Nr. 11 BtMG idF des AusfG Übk. 1988[127] als eigene Haupttat strafbewehrt. Diese Bestimmung wurde mit Wirkung vom 1.3.1995 durch das GÜG aufgehoben; nunmehr ist die Beschaffung oder Lieferung von Grundstoffen zur BtM-Herstellung nach den Vorschriften des GÜG, ggf. allerdings auch als (Beihilfe zum) Handeltreiben nach § 29 Abs. 1 S. 1 Nr. 1 strafbar.

VI. Deliktsverwirklichungsstufen

1. Versuch und straflose Vorbereitung. Die Abgrenzung zwischen Vorbereitungs- **180** und Versuchshandlungen folgt allgemeinen Grundsätzen des Strafrechts. Aus dem Umstand, dass der Tatbestand des Herstellens als schlichtes Tätigkeitsdelikt ausgestaltet ist, folgt, dass die Tat bereits mit Ausführung der (ersten) tatbestandsmäßigen Herstellungshandlung vollendet ist. Für Versuchsstrafbarkeit bleibt daher wenig Raum. Die Ermittlung des Versuchsbereichs erfolgt über die Teilaktstheorie.

a) Strafbarkeit des Versuchs. Die Versuchsstrafbarkeit für die Vergehenstatbestände **181** des Herstellens ergibt sich aus Abs. 2.

b) straflose Vorbereitungshandlungen. Vorbereitungshandlungen sind Tätigkeiten, **182** die auf die Verwirklichung des Tatbestandes gerichtet sind, aber noch vor der Handlung liegen, mit der nach dem Tatplan unmittelbar zur Tatbestandsverwirklichung angesetzt werden soll. Dabei handelt es sich zB um die Annäherung an eine Bergwiese, auf der Psilo-Pilze wachsen, Anschaffung, Anmietung, Einrichtung oder Bereitstellung von Fahrzeugen zum Transport von Grundstoffen, Produktionsgeräten oder fertigen Produkten,[128] Laborgeräten,[129] Laborräumen,[130] Auftragserteilung an einen Chemiker zur Produktion von synthetischen BtM,[131] Beschaffung oder das Bereitlegen von Geräten für die Ernte von pflanzlichen BtM, Beschaffung oder Übergabe von Herstellungsanleitungen für die Produktion von synthetischen BtM[132] sowie den Erwerb, die Weitergabe und den Besitz von Grundstoffen zur Herstellung von BtM[133] (aber Strafbarkeit[134] nach § 19 Abs. 1 Nr. 1 GÜG aF[135] bzw. ab 19.3.2008 § 19 Abs. 1 GÜG[136]).

---

[125] *Franke/Wienroeder* Rn. 19; *Weber* Rn. 127; vgl. BGH 29.33.1990 – 1 StR 103/90: relativ. geringfügige Tatbeiträge durch Bestellung von frei erhältlichen Chemikalien und Besichtigung eines Hauses, in dem das Labor eingerichtet werden sollte, und BGH 21.7.1993 – 2 StR 331/93, NStZ 1993, 584 = StV 1994, 15: Lieferung von Chemikalien und der Herstellungsgeräten.

[126] ABl. L 357, 1.

[127] → Vor § 1 Rn. 80.

[128] Vgl. *Weber* Rn. 122.

[129] *Franke/Wienroeder* Rn. 18; *Weber* Rn. 122; *Joachimski/Haumer* Rn. 19; HJLW/*Winkler* Rn. 3.2.

[130] *Franke/Wienroeder* Rn. 18; *Weber* Rn. 122.

[131] KPV/*Patzak* Teil 3, Rn. 49; Rn. 153; *Weber* Rn. 122.

[132] KPV/*Patzak* Teil 3, Rn. 49.

[133] OLG Frankfurt a. M. 13.12.1990 – 1 Ws 183/90 und 1 Ws 240/90.

[134] LG Kleve 3.2.1997 – 1 KLs 69/96, NStZ-RR 1997, 211.

[135] Grundstoffüberwachungsgesetz – GÜG vom 7.10.1994, BGBl. I S. 2835; aufgehoben durch Art. 4 Gesetz vom 11.3.2008, BGBl. I S. 306; Geltung ab 1.3.1995.

[136] Gesetz zur Überwachung des Verkehrs mit Grundstoffen, die für die unerlaubte Herstellung von Betäubungsmitteln missbraucht werden können (Grundstoffüberwachungsgesetz) vom 11.3.2008, BGBl. I S. 306; in Kraft seit 19.3.2008.

183   Verbleibt es bei diesen Handlungen, so liegt noch kein Verstoß gegen das BtMG vor. Das Vorbereitungsstadium ist durch solche Handlungen noch nicht überschritten. Wenn der Täter dann selber weitere Handlungen ausführt, die eine nähere Beziehung zur unmittelbaren Tatbestandsverwirklichung schaffen, so liegt (erst) in diesen Handlungen der Versuchsbeginn. Anders verhält es sich mit Tatbeiträgen, die Teil einer Herstellungshandlung sind, bei der das Zusammenwirken verschiedener Tatbeiträge zur Verwirklichung des gesetzlichen Tatbestandes führt. In diesen Fällen können auch Tatbeiträge, die nach den obigen Ausführungen für sich genommen straflose Vorbereitungshandlungen wären, durchaus als strafbare Teilnahme an einer Herstellungshandlung sein.[137] Voraussetzung ist aber dann, dass ein anderer Tatbeteiligter den Fortgang der Tat vorantreibt und zur näheren Verwirklichung ansetzt.[138]

184   **c) Versuchshandlungen.** Versuchshandlungen sind Tätigkeiten, mit denen nach dem Tatplan unmittelbar zur Tatbestandsverwirklichung angesetzt werden soll. Strafbare Versuchshandlungen liegen vor, wenn Handlungen vorgenommen werden, die zwar noch nicht den Tatbestand des Herstellens erfüllen, aber nach dem Tatplan unmittelbar, dh ohne weitere Zwischenakte, in die Herstellung einmünden können,[139] zB das Heranschaffen der nötigen Werkzeuge in die unmittelbare Nähe der abzuerntenden Pflanzen durch den tatentschlossenen Täter,[140] die Anlieferung von Grundstoffen in ein produktionsbereites Labor, sofern nach dem Tatplan nicht noch weitere Zwischenakte nötig sind[141] oder der Beginn des Arbeitsprozesses (Starten der Maschinen,[142] Anschließen der Schläuche der Kühlanlage, Öffnung von Ventilen[143]). Die Aufstellung der einzelnen „Zutaten" für Designerdrogen nebeneinander,[144] oder das erste Einfüllen, sind Verhaltensweisen, die unmittelbar in den Herstellungsprozess einmünden und somit als (praktisch kaum relevante) Versuchshandlungen charakterisiert werden können.

185   Versuch kommt auch bei Verwendung von Substanzen oder Methoden in Betracht, die völlig ungeeignet zur Herstellung von BtM sind. Dann liegt Untauglichkeit des Tatmittels (§ 23 Abs. 3 StGB) vor; bei völlig abwegigen Vorstellungen mit der Möglichkeit des Absehens von Strafe oder der Strafmilderung.

186   **Nicht mehr Versuch,** sondern schon Vollendung liegt vor beim Mähen eines Cannabisfeldes oder aber beim Beginn der Arbeit mit den Ausgangsstoffen zur BtM-Herstellung.[145]

187   **d) Rücktritt.** Für den strafbefreienden Rücktritt vom Versuch des Herstellens bleibt angesichts der durch die Deliktsnatur bedingten raschen Vollendung der Tat wenig Raum.

188   **2. Vollendung.** Aus der Deliktsnatur folgt, dass ein Erfolgseintritt nicht erforderlich ist. Das Herstellen ist daher mit dem Beginn der Ernte[146] bei pflanzlichen BtM bzw. dem Beginn des Anfertigungsprozesses[147] bei synthetischen BtM **vollendet** (Entsprechendes gilt für die Handlungsvarianten des Zubereitens, des Be- oder Verarbeitens, des Reinigens und des Umwandelns von pflanzlichen oder synthetischen BtM).

---

[137] BGH 24.3.1993 – 2 StR 103/93, NStZ 1993, 391 = StV 1994, 22 Ls.: Bestellung von frei erhältlichen Chemikalien und Besichtigung eines Hauses, in dem das Labor eingerichtet werden sollte; BGH 21.7.1993 – 2 StR 331/93, NStZ 1993, 584 = StV 1994, 15: Lieferung von Chemikalien und Herstellungsgeräten.

[138] BGH 21.7.1993 – 2 StR 331/93, NStZ 1993, 584 = StV 1994, 15.

[139] Vgl. *Weber* Rn. 123.

[140] *Pfeil/Hempel/Schiedermair/Slotty* Rn. 49; vgl. auch *Joachimski/Haumer* Rn. 19: Schaffung einer engen räumlichen Beziehung zwischen den Herstellungshilfsmitteln und den BtM.

[141] HJLW/*Winkler* Rn. 3.2; *Weber* Rn. 123.

[142] Vgl. KPV/*Patzak* Teil 3, Rn. 52; *Weber* Rn. 123.

[143] Beispiele von KPV/*Patzak* Teil 3, Rn. 52.

[144] *Joachimski/Haumer* Rn. 19.

[145] Vgl. aber KPV/*Patzak* Teil 3, Rn. 52.

[146] BayObLG 6.12.2001 – 4 St RR 131/01, BayObLGSt 2001, 166; 14.2.2002 – 4 St RR 18/02, NStZ-RR 2003, 161 (*Kotz/Rahlf*) („Ansetzen zur Ernte"); vgl. auch *Joachimski/Haumer* Rn. 20 („Anfang der Ernte"); *Weber* Rn. 124.

[147] *Franke/Wienroeder* Rn. 18; *Joachimski/Haumer* Rn. 20; *Weber* Rn. 124; BGH 21.7.1993 – 2 StR 331/93, NStZ 1993, 584 = StV 1994, 15 („Aufnahme der Drogenherstellung").

Hingegen erscheint es durchaus sachgerecht, zumindest ein „fertiges Produkt" am Ende **189** des Herstellungsprozesses zu verlangen (bereits → Rn. 124). Von einer Vollendung der Tat selbst dann auszugehen, wenn die geplante Herstellung misslingt oder noch nicht zu Ende geführt ist, zB weil die Polizei eingreift, die Mohnkapsel zu früh oder zu tief eingeschnitten wird,[148] die gesammelten Pilze verfault sind, eine Unachtsamkeit oder ein anderer Fehler zum Scheitern chemischen Reaktion führt (anders wenn die verwendeten Substanzen oder angewandten Verfahren vollkommen ungeeignet für den angestrebten Herstellungserfolg waren: untauglicher Versuch), erscheint zu weitgehend. Ebenso dürften Fehler beim Bearbeitungs- oder Reinigungsvorgang, welche die BtM verderben lassen (zB infolge Verpuffung[149]), oder die Heroinzubereitung durch anteilsmäßig zu starkes Verschneiden mit Streckmitteln verdorben wird[150] oder die Herstellung erst eines Zwischenprodukts im Gesamtfertigungsvorgangs darstellt, lediglich als versuchte Herstellung bewertet werden.

Hält man hingegen an der Eigenschaft als schlichtes Tätigkeitsdelikt (so wohl die hM) **190** fest, tritt Vollendung bereits ein mit Abmähen oder Herausreißen der ersten Cannabispflanze eines Cannabisfeldes bzw. der ersten Schlafmohnpflanze eines Mohnfeldes, Abschneiden oder dem Abzupfen des ersten Blattes bei der Cannabisernte, Anwärmen von Rohopium, um es in Kugeln zu formen, Aufhängen von Pflanzen oder Pflanzenteilen zum Trocknen. Einfüllen der Ausgangsstoffe in die zur Fertigung vorbereiteten Geräte[151] oder dem Zusammenführen von Stoffen und Zubereitungen.[152]

3. Beendigung. Beendet ist die Tat, wenn der Täter alle nach seinem Tatplan erforderli- **191** chen Handlungen zur Erreichung des von ihm beabsichtigten Herstellungsziels vollbracht hat. Wenn das Endziel des Täters also versandfertige Haschischplatten waren, so ist die Tat erst beendet, wenn diese Platten wie beabsichtigt vorliegen, auch wenn der Täter auf dem Weg dahin die Herstellungshandlungen des Gewinnens, möglicherweise des Reinigens, jedenfalls aber auch des Be- oder Verarbeitens jede für sich bereits vollendet hat. Für die Beendigung entscheidend ist, dass keine weitere Veränderung des hergestellten Produkts mehr beabsichtigt ist.[153] Hierzu können auch das Verwiegen, Verpacken, Einblistern, Stempeln oder Beschriften zählen, wenn dies nach dem Tatplan zur Herstellung des BtM gehört.[154] Beendet kann die Tat auch mit der Fertigung eines Zwischenprodukts sein, wenn der Tatplan dies vorsieht. Nicht nötig in diesem Zusammenhang ist, dass das vom planmäßig fertig gestellte Produkt ein konsumfähiges BtM ist.[155]

VII. Qualifikationen

Verbrechenstatbestände sind das Herstellen von BtM in nicht geringer Menge (§ 29a **192** Abs. 1 Nr. 2), bandenmäßiges Herstellen (§ 30 Abs. 1 Nr. 1) und das bandenmäßige Herstellen von BtM in nicht geringer Menge (§ 30a Abs. 1).

VIII. Konkurrenzen

Das Herstellen steht zu anderen Delikten des BtM-Strafrechts, aber auch zu Tatbeständen **193** des allgemeinen Strafrechts in verschiedenartigen Konkurrenzverhältnissen:

---

[148] Einschränkend auch KPV/*Patzak* Teil 3, Rn. 52; gegen die Wertung der misslungenen Opiumgewinnung als Versuch dagegen Pfeil/Hempel/Schiedermair/*Slotty* Rn. 48.

[149] LG Essen 22.5.1997 – 25 (1/97) 56 Js 574/96.

[150] KPV/*Patzak* Teil 3, Rn. 52.

[151] AA (Versuch) *Weber* Rn. 115; die dort in Bezug genommene, zur Heizöldieselung ergangene Entscheidung des OLG Karlsruhe 16.2.1973 – 1 Ws 36/73, ZfZ 1973, 155 betrifft eine andere Fallgestaltung.

[152] Nicht nötig ist, dass es sich dabei bereits um BtM handelt; zumindest missverständlich daher *Joachimski/Haumer* Rn. 20 („die erste körperliche Einwirkung auf die BtM") und *Körner* (V) Rn. 156 (Arbeit mit Grundstoffen: versuchte Herstellung – Arbeit mit BtM: vollendete Herstellung).

[153] Vgl. *Weber* Rn. 125.

[154] *Joachimski/Haumer* Rn. 21; *Weber* Rn. 125; aA Pfeil/Hempel/Schiedermair/*Slotty* Rn. 50 mit dem Argument, dass Verpacken, Beschriften oder Ausweigen nicht mehr zum gesetzlichen Tatbestand gehören; dabei wird aber übersehen, dass „Beendigung" der tatsächliche Abschluss des Tatgeschehens über die eigentliche Tatbestandserfüllung hinaus ist, vgl. Schönke/Schröder/*Eser* StGB § 22 Rn. 4.

[155] So auch *Joachimski/Haumer* Rn. 21; *Weber* Rn. 125.

194   **1. Herstellen.** Im Falle mehrerer auf denselben Taterfolg gerichteter Herstellungshandlungen (zB Anfertigen und Be- oder Verarbeiten, Gewinnen und Umwandeln) liegt eine einzige Gesetzesverletzung (Gesetzeseinheit) vor.

195   **2. Handeltreiben.** Dient das unerlaubte Herstellen von BtM nach dem Tatplan dem übergeordneten Ziel der späteren gewinnbringenden Weitergabe, so ist es im Sinne einer Bewertungseinheit **unselbständiger Teilakt** des umfassenderen Handeltreibens mit BtM, ohne dass vorher die Frage nach Tateinheit, Tatmehrheit oder Gesetzeskonkurrenz beantwortet werden müsste.[156] Schon vor der Einführung der Rechtsfigur der Bewertungseinheit hatte der BGH[157] entschieden, dass „Vorstufen" des Handeltreibens dann, wenn sie bereits auf den Verkauf gerichtet sind, hinter das Handeltreiben mit BtM zurücktreten. Bei einer dieser Entscheidungen musste sich der BGH mit der Folge einer ungenauen Bewertung der Konkurrenzverhältnisse befassen: das Tatgericht hatte die versuchte Herstellung von Kokain als Handeltreiben bewertet, Tateinheit zwischen beiden Begehungsformen angenommen und die tateinheitliche Verwirklichung des Tatbestandes der versuchten Herstellung von BtM ausdrücklich strafschärfend berücksichtigt. Wegen Verstoßes gegen § 46 Abs. 3 StGB wurde das Urteil im Strafausspruch aufgehoben.[158]

196   Wird ein Teil der BtM zum Eigenkonsum und ein anderer Teil zum (gewinnbringenden) Verkauf hergestellt, so liegt Tateinheit zwischen Herstellen und Handeltreiben vor.[159]

197   **3. Abgabe.** Wird ein Teil der BtM zum Eigenkonsum und ein anderer Teil zur (unentgeltlichen) Abgabe hergestellt, so liegt Tateinheit zwischen Herstellen und Abgabe vor.[160]

198   **4. Veräußerung.** Wird ein Teil der BtM zum Eigenkonsum und ein anderer Teil zum Verkauf ohne – nachweisbaren – Gewinn hergestellt, so liegt Tateinheit zwischen Herstellen und Veräußerung vor.[161]

199   **5. Besitz.** Wer BtM herstellt, kann an diesen zugleich Besitz haben,[162] jedoch tritt der Besitz als Auffangtatbestand hinter dem Herstellen zurück.[163] Denn der Besitz iSd Abs. 1 S. 1 Nr. 3 hat gegenüber den anderen Tatbestandsalternativen des Abs. 1 S. 1 Nr. 1 keinen eigenen Unrechtsgehalt und wird deshalb von den spezielleren Erscheinungsformen der Nr. 1 verdrängt; der Besitz kommt nur als Auffangtatbestand in Betracht und soll diejenigen Fälle erfassen, in denen dem Täter zwar die Verfügungsmacht über das BtM nachgewiesen werden kann, nicht aber, auf welchem Weg er diese erlangt hat.[164]

200   Die Herstellung von BtM **in nicht geringer Menge** ist – anders als beim Anbau – Verbrechen (§ 29a Abs. 1 Nr. 2). Daher gilt die Besonderheit für die Verdrängung des Anbaus durch den gleichzeitigen Besitz von BtM in nicht geringer Menge hier nicht.[165] Der Besitz von BtM in nicht geringer Menge tritt hinter dem Herstellen von BtM in nicht geringer Menge zurück.

[156] BGH 2.11.1988 – 2 StR 571/88.
[157] BGH 24.3.1993 – 2 StR 103/93, NStZ 1993, 391 = StV 1994, 22 Ls.; 21.7.1993 – 2 StR 331/93, NStZ 1993, 584 = StV 1994, 15.
[158] BGH 24.3.1993 – 2 StR 103/93, NStZ 1993, 391 = StV 1994, 22 Ls.
[159] Vgl. *Franke/Wienroeder* Rn. 21; KPV/*Patzak* Teil 3, Rn. 97; *Weber* Rn. 142.
[160] Vgl. *Franke/Wienroeder* Rn. 21.
[161] Vgl. *Franke/Wienroeder* Rn. 21.
[162] BGH 13.2.1990 – 1 StR 708/89, NStZ 1990, 285 in einer Entscheidung zum Verhältnis von Anbau und Besitz; insoweit zutreffend auch OLG Düsseldorf 5.7.1984 – 5 Ss 209/84, NJW 1985, 693.
[163] BayObLG 6.12.2001 – 4 St RR 131/01, BayObLGSt 2001, 166; OLG Frankfurt a. M. 22.4.1988 – 2 Ss 51/88.
[164] OLG Düsseldorf 30.9.1998 – 2 Ss 298/98, NStZ 1999, 88; Anm. *Meurer* BA 1999, 180 unter Berufung auf BGH 16.1.1974 – 2 StR 514/73, BGHSt 25, 385 = BeckRS 1974 30382411; 3.3.1978 – 2 StR 717/77, BGHSt 27, 380 (381/382) = NJW 1978, 1696; 6.7.1987 – 3 StR 115/87; 6.9.1988 – 1 StR 466/88; 13.2.1990 – 1 StR 708/89, NStZ 1990, 285; 18.3.1981 – 3 StR 68/81, NStZ 1981, 263 (passt nicht so recht in den Begründungszusammenhang); 29.4.1981 – 5 StR 187/81, NStZ 1981, 352 und OLG Düsseldorf 5.7.1984 – 5 Ss 209/84 – 168/84 I, NJW 1985, 693.
[165] Anders zum Anbauen → Rn. 89.

6. Anbau. Zum Streit, in welchem Konkurrenzverhältnis Anbau und Herstellen stehen **201** wird auf die Erläuterungen zum Anbau verwiesen.[166]

7. Erwerb. Werden BtM zu Herstellungszwecken erworben (zB zum Umwandeln oder **202** Zubereiten), so liegt eine einzige Handlung des Herstellens vor (Bewertungseinheit).[167] Wird dagegen der Herstellungsvorsatz nach vorangegangenem Erwerb gefasst (zB weil der Täter feststellt, dass das Haschisch von sehr schlechter Qualität ist, und er es deshalb verölen möchte), so liegt Tatmehrheit vor.[168]

8. Geldwäsche. Konkurrenz mit Geldwäsche ist möglich in Bezug auf hergestellte BtM **203** oder Stoffe, die aus BtM hergestellt sind (alles taugliche Tatobjekte, weil nicht nur Geld, sondern jeder Gegenstand, der einen Vermögenswert darstellt, in Betracht kommt[169]). Das unerlaubte Herstellen von BtM ist als eine der Tatbestandsalternativen des § 29 Abs. 1 S. 1 Nr. 1 im Katalog der Vortaten, an welche die Tathandlung des § 261 StGB anknüpft, genannt (§ 261 Abs. 1 S. 2 Nr. 2b StGB). Zum Verhältnis der Vortat des Herstellens zur „Nachtat" der Geldwäsche gelten die Ausführungen zu den Konkurrenzen beim Anbau entsprechend.[170]

IX. Strafklageverbrauch

1. Verurteilung wegen BtM-Tatbeständen. Vgl. hierzu die Ausführungen bei **204** Rn. 161. Soweit es um eine Verurteilung wegen BtM-Besitzes und deren Auswirkungen auf eine zeitnah aus Herstellungshandlungen gewonnene Gesamtmenge geht, vgl. → Rn. 535 ff. zum Handeltreiben.

2. Verurteilung wegen allgemeiner Tatbestände. Sollte jemand zur Einrichtung **205** eines Labors in ein fremdes, leerstehendes Anwesen eingedrungen sein und daher wegen Hausfriedensbruchs (und nicht wegen der – vielleicht damals nicht entdeckten – Herstellung) oder wegen eines Verstoßes gegen das GÜG verurteilt worden sein, so liegt Strafklageverbrauch bezüglich der unerlaubten Herstellung vor.

Eine Verurteilung wegen fahrlässiger Tötung (§ 222 StGB) oder fahrlässiger Körperverlet- **206** zung (§ 230 StGB) hinderte eine Anklageerhebung oder eine erneute Verurteilung wegen Inverkehrbringens, wenn der Todesfall oder der Körperschaden auf den Wechsel in der Verfügungsgewalt über ein BtM zurückzuführen ist.

X. Rechtsfolgen

1. Strafzumessung. a) Strafrahmenwahl. Der (Normal-) Strafrahmen reicht von **207** Geldstrafe bis zu fünf Jahren Freiheitsstrafe. In **besonders schweren Fällen** (Abs. 3) reicht der Strafrahmen von einem Jahr Mindeststrafe bis zu 15 Jahren Freiheitsstrafe (§ 38 Abs. 2 StGB). Neben der Strafe kann gem. § 34 Führungsaufsicht (§ 68 Abs. 1 StGB) angeordnet werden. Zur **Bestimmung des Schuldumfangs,** dh um zu einer schuldangemessenen Strafe gelangen zu können, sind generell Feststellungen zur **Art** des BtM, seiner Mindest- **menge** und seiner nach dem Wirkstoffgehalt zu bestimmenden **Qualität** unentbehrlich.[171]

---

[166] → Rn. 102 ff. (Anbauen).
[167] Ähnlich („tritt zurück") Pfeil/Hempel/Schiedermair/*Slotty* Rn. 53.
[168] So auch Pfeil/Hempel/Schiedermair/*Slotty* Rn. 53.
[169] *Fischer* StGB § 261 Rn. 6.
[170] → Rn. 90.
[171] BGH 30.3.1990 – 2 StR 70/90; 5.9.1991 – 4 StR 386/91, NJW 1992, 380; 8.1.1992 – 5 StR 628/ 91; 11.2.1992 – 5 StR 18/92; 18.3.1992 – 3 StR 40/92, BeckRS 1992, 31080703; 12.8.1992 – 3 StR 335/ 92, StV 1992, 555; 22.10.1992 – 1 StR 694/92; 4.11.1992 – 3 StR 510/92; 9.2.1993 – 1 StR 922/92, StV 1993, 473; 23.4.1993 – 3 StR 130/93; 21.7.1993 – 2 StR 257/93; 1.9.1993 – 3 StR 440/93; 28.4.1994 – 4 StR 185/94; 1.11.1995 – 5 StR 518/95; 19.12.1995 – 4 StR 699/95; 16.7.1998 – 4 StR 174/98; 9.3.1999 – 1 StR 4/99; 14.4.1999 – 3 StR 22/99, NStZ 2000, 95 mAnm *Körner*; 16.2.2000 – 2 StR 532/99, BeckRS 2000, 31357964 = StV 2000, 318; 18.7.2000 – 4 StR 258/00, BeckRS 2000 30122900; 20.3.2001 – 1 StR 12/01, BeckRS 2001 30168508; 9.5.2001 – 3 StR 36/01, BeckRS 2001 30179486; 15.5.2001 – 3 StR 142/ 01, BeckRS 2001 30180453.

208 Das Gesetz nennt als besonders schwere Fälle die gewerbsmäßige Herstellung (Abs. 3 S. 2 Nr. 1) und die Gesundheitsgefährdung mehrerer Menschen durch die Herstellung (Abs. 3 S. 2 Nr. 2). Diesbezüglich gelten die beim Anbau gemachten Erwägungen (und Einwände), → Rn. 111. Im Hinblick auf das Regelbeispiel der Gefährdung der Gesundheit mehrerer Menschen **durch die Herstellung von BtM** kann die Gefahr nicht nur von den produzierten BtM, sondern vom Herstellungsprozess selber ausgehen. Ersteres ist anzunehmen, wenn der Täter bei der Einrichtung des Labors oder beim Aufbau oder dem Anschluss der Geräte die hierfür einzuhaltenden Regeln (Vorsatzproblem) nicht beachtet oder (leichtfertig)[172] naheliegende Schutzmaßnahmen unterlässt und es hierdurch beim Herstellungsprozess zur (konkreten) Gefährdung mehrerer Menschen kommt (zB Brand- oder Explosionsgefahr oder Emissionen giftiger Gase und Dämpfe[173]).

209 **aa) Gesundheitsgefährdung mehrerer Menschen (§ 29 Abs. 3 S. 2 Nr. 2)?** Hingegen kommt eine Gesundheitsgefährdung durch die Herstellung von BtM nicht allein durch die Herstellung selbst bzw. allein in Betracht (da eine gewisse „Mindestgefahr" der Herstellung selbst immanent ist). Anders gewendet: die Gefahren, welche die Substanz überhaupt verbotswürdig machen, können nicht zur Strafschärfung herangezogen werden. Dann verbleibt allerdings als praktischer Anwendungsbereich der Strafschärfungsnorm für gesundheitsgefährdende Herstellung von BtM die Fälle der Beimengung anderer **toxischer Stoffe** zu BtM, dh im Wesentlichen zu den „Pulvergiften" Heroin und Kokain. Die Fälle des Verschneidens oder „Streckens" von Heroin mit Arsen oder Strychnin werden dann auch als typische Beispielsfälle für die gesundheitsgefährdende Herstellung genannt.[174]

210 Zu beachten sind dabei zwei Umstände: Nicht schon die Beimengung giftiger Stoffe wie Arsen oder Strychnin an sich führt zu einer konkreten Gesundheitsgefährdung, sondern erst eine **Zubereitung,** die durch „Beimengung zu großer Mengen"[175] bzw. „größere Konzentrationen"[176] Arsen oder Strychnin selber **hochtoxisch** geworden ist.

211 Die Herstellung einer derartigen Zubereitung muss zur Gesundheitsgefährdung **mehrerer Menschen,** also zumindest **zweier** anderer Personen führen. Die Gefährdung wird sich in aller Regel erst bei dem der Herstellung nachfolgenden Übertragungsakt konkretisieren. Für hochgiftige Zubereitungen gilt allerdings, dass auch schon bei der Abgabe kleinerer Mengen die Möglichkeit des Eintritts eines Gesundheitsschadens nahe liegt, so dass in diesem Fall auch eine einmalige Handlung schon den Strafschärfungstatbestand erfüllen kann. Der Abgebende muss aber in diesem Augenblick schon wissen, dass hinter dem Übernehmenden mindestens eine weitere Person steht (als jemand, dem ein Teil der Zubereitung zum unmittelbaren Verbrauch überlassen wird, als Käufer einer Teilmenge, als Mitglied eines „Einkaufspools", die ebenfalls gefährdet wird). Dieses Wissen wird der Herstellende bei seiner vorhergehenden Tätigkeit in aller Regel nicht besitzen. Falls sich die Gefährdung mehrerer nicht nachweisen lässt, besteht die Möglichkeit, einen ungeschriebenen besonders schweren Fall zu prüfen, der sich bei Hochgiftigkeit begründen ließe.[177] Dann wäre allerdings zu beachten: Die Beimengung von Streckmitteln (hier toxischer Stoffe) dient der Gewinnerzielung. Damit ist die Herstellung solcher Zubereitungen immer auch schon Vorstufe oder Teilstück des Handeltreibens,[178] so dass eine Verurteilung wegen Handeltreibens in einem besonders schweren Fall gem. Abs. 1 S. 1 Nr. 1, Abs. 3 S. 1 erfolgen müsste.

212 **bb) Unbenannter besonders schwerer Fall.** In den bisher zum Herstellungstatbestand veröffentlichten Entscheidungen ist in keinem einzigen Fall ein unbenannter besonders

---

[172] Dies soll nach *Körner* (V) Rn. 208 ausreichen.
[173] Nach KPV/*Patzak* Teil 3, Rn. 71 auch „Verseuchung" von Boden und Gewässern, „Vernichtung" von Pflanzen und Fischen – jedenfalls die letztgenannte Folge wird vom Tatbestand nicht mehr erfasst.
[174] KPV/*Patzak* Teil 3, Rn. 71; Pfeil/Hempel/Schiedermair/*Slotty* Rn. 291.
[175] KPV/*Patzak* Teil 3, Rn. 71.
[176] Pfeil/Hempel/Schiedermair/*Slotty* Rn. 291.
[177] So auch KPV/*Patzak* Teil 3, Rn. 71.
[178] BGH 2.11.1988 – 2 StR 571/88; 24.3.1993 – 2 StR 103/93, NStZ 1993, 391 = StV 1994, 22 Ls.

schwerer Fall gem. Abs. 3 S. 1 angenommen worden. Zum Begriff des unbenannten besonders schweren Falles,[179] seiner Feststellung[180] und seines Ausschlusses[181] wird zunächst auf
die Erläuterungen zu Abs. 3[182] verwiesen.

Bedeutsame **Anhaltspunkte für die Wahl des Sonderstrafrahmens** ergeben sich aus   213
einem Vergleich mit den durch den Gesetzgeber benannten Regelbeispielen[183] und aus dem
Rekurs auf den (beispielhaften) Katalog des Art. 3 Abs. 5 Übk. 1988.[184] Damit kommen
für den unbenannten besonders schweren Fall des Herstellens in Betracht die Herstellung
von BtM in einer JVA,[185] in einer Schule oder Hochschule,[186] durch Inanspruchnahme
von Diensten Minderjähriger[187] oder durch einen Chemielehrer oder -professor (aber nur,
wenn die Straftat mit seinem öffentlichen Amt im Zusammenhang steht).[188]

cc) Innere Tatseite bei Regelbeispielen. Zu den subjektiven Komponenten bei der   214
Verwirklichung von Regelbeispielen wird auf die Erläuterungen zu Abs. 3[189] verwiesen.

b) Strafzumessung im engeren Sinn. Was die Strafzumessung angeht, hat sich vor-   215
nehmlich zum Handeltreiben eine besondere Kasuistik entwickelt, die – soweit es sich um
tatbestandslosgelöste Aspekte handelt – auf alle weiteren Modalitäten des BtMG übertragen
werden können. Insofern wird auf die Ausführungen bei → § 29 Rn. 584 ff. verwiesen.
Im Übrigen sind Entscheidungen mit Strafzumessungserwägungen zu Herstellungsfällen
relativ selten. Es finden sich aber dennoch gelegentlich reine Herstellungsfälle oder Zumes-
sungserwägungen zur Herstellung in Handeltreibensfällen oder Parallelen in Anbaufällen.

aa) Strafmilderungserwägungen. Strafmildernd kann ua die Gefahr der erneuten   216
Strafverfolgung oder Bestrafung eines Ausländers im Heimatland wegen derselben Tat
berücksichtigt werden,[190] Orientierung an der **Gefährlichkeit des Produkts** bei Ernte
oder labormäßige Herstellung[191] einer „weichen" Droge, weiterem Strecken einer Heroinzubereitung, sofern dies zur Verringerung der Gefährlichkeit der Substanz führt[192]
oder Fehlen einer objektiven Rechtsgutsgefährdung infolge polizeilicher Beschlagnahme
der hergestellten BtM.[193] Von Relevanz kann auch sein, dass die Tatbestandserfüllung
dem Täter leicht gemacht wurde, weil Grundstoffe und die Gerätschaften im Handel
frei erhältlich waren, die Herstellungsanleitung im Buchhandel bezogen werden
konnte.[194] Dem **Nachtatverhalten** kommt besondere Bedeutung zu, so wenn er Aufklärungshilfe beim Auffinden bis dahin nicht entdeckter BtM und Grundstoffe, unbekannter
Laboratorien und bei der Ermittlung von Auftraggebern (§ 31) geleistet hat, die geernteten Pflanzen (Rücktritt nicht mehr möglich!) eigenhändig vernichtet hat oder „Schadenswiedergutmachung" durch freiwillige Herausgabe des Nettoerlöses aus dem Verkauf hergestellter BtM geleistet hat.[195] Zur Strafmilderung kann auch die **Nebenfolge** der

---

[179] → Rn. 1663.
[180] → Rn. 1667.
[181] → Rn. 1668.
[182] → Rn. 1648 ff.
[183] *Franke/Wienroeder* Rn. 219.
[184] → Vor § 1 Rn. 80.
[185] Vgl. Art. 3 Abs. 5 Buchst. g Übk. 1988.
[186] Vgl. Art. 3 Abs. 5 Buchst. g Übk. 1988.
[187] Vgl. Art. 3 Abs. 5 Buchst. f Übk. 1988.
[188] Vgl. Art. 3 Abs. 5 Buchst. e Übk. 1988.
[189] → Rn. 1683 ff.
[190] LG Offenburg 18.12.1990 – 7 KLs 3/90, und nachgehend BGH 12.11.1991 – 1 StR 328/91, StV
1992, 155.
[191] LG Offenburg 18.12.1990 – 7 KLs 3/90.
[192] Pfeil/Hempel/Schiedermair/*Slotty* § 29 Rn. 54.
[193] LG Augsburg 2.10.1992, – 8 KLs 102 Js 1930/91; LG Frankfurt a. M. 13.2.1991 – 5/15 KLs 89 Js
27 988/88; LG Köln 22.11.1990 – 108–84/90.
[194] LG Frankfurt a. M. 13.2.1991 – 5/15 KLs 89 Js 27 988/88, dagegen *Körner* (V) Rn. 185: „Das ist der
Regelfall".
[195] LG Gießen 1.11.1991 – 9 Js 171 431/90–7 KLs.

Einziehung der Laboreinrichtung bei hohen Investitionskosten führen.[196] **Eigenschaden** wie erhebliche Brandverletzungen bei einer Explosion beim Herstellen[197] oder Verderben der geernteten Pflanzen durch falsche Lagerung oder Behandlung bzw. durch Wettereinflüsse ist ebenso zu berücksichtigen wie **staatliche Einflussnahme** durch verdeckte Ermittler und V-Leute.[198] Positive Strafzumessungserwägungen lassen sich insbesondere aus einem **geringen Unrechtsgehalt der Tat** herleiten etwa bei geringer Menge (wenn nicht sogar von Strafe abgesehen wird, Abs. 5), geringem Ertrag bei hohen Aufwendungen an Zeit und Geld, geringer Gewichtsmenge der BtM-Pflanzen, geringem Umfang der Pflanzenernte, geringem Wirkstoffgehalt der geernteten Pflanzen[199] oder Zubereitung,[200] Herstellung in einem Kleinlabor,[201] laienhafter Herstellung oder der Zubereitung (von O-Tee)[202] oder dem Reinigen oder Bearbeiten haben einen deutlich niedrigeren Unwertgehalt als Produktionsvorgänge, die erst zur Entstehung eines BtM oder dessen Umwandlung in die gebräuchliche Anwendungsform führen.[203] Schließlich kann sich auch der **Zweck der Herstellung** strafmildernd auswirken.

217   **bb) Strafschärfungserwägungen.** Strafschärfend kann berücksichtigt werden, dass es sich beim Angeklagten um den **Organisator des verzweigten Herstellungsprozesses** handelte,[204] die Herstellung in außergewöhnlich professioneller Weise erfolgte (dann darf der hohe Ertrag nicht strafschärfend berücksichtigt werden[205]), wie zB organisierte industrielle Fertigung auf internationaler Ebene,[206] die kostspielige Errichtung des Labors,[207] der besonderer Umfang (Tatzeitraum, Höhe des erzielten Gesamtumsatzes)[208] oder der lange Tatzeitraum,[209] die besondere Gefährlichkeit der geernteten BtM-Pflanze (zB Schlafmohnpflanzen) oder des hergestellten BtM,[210] Pflanzen oder synthetische BtM[211] mit hohem Wirkstoffgehalt, die große Menge hergestellter BtM[212] sowie die Möglichkeit der Weitergabe an Dritte (allerdings nicht, wenn strafmildernd festgestellt ist, dass zum Eigenkonsum hergestellt wurde und wenn keinerlei Anhaltspunkte für einen Sinneswandel des Täters erkennbar sind[213]). **Unzulässig** sind **Strafschärfungserwägungen,** wenn sich die Einwirkung eines verdeckten Ermittlers auf die Menge der hergestellten BtM ausgewirkt[214] oder der Täter Maßnahmen zur Verringerung des Entdeckungsrisikos getroffen hat.[215]

---

[196] LG Augsburg 2.10.1992 – 8 KLs 102 Js 1930/91.

[197] LG Essen 22.5.1997 – 25 (1/97) 56 Js 574/96.

[198] BGH 21.7.1993 – 2 StR 331/93, NStZ 1993, 584 = StV 1994, 15; vgl. grundsätzlich zur Zulässigkeit des Einsatzes von V-Leuten in einem Herstellungsfall: BVerfG 10.3.1987 – 2 BvR 186/87, NJW 1987, 1874.

[199] THC-Gehalt mit weit unter 0,3 %: LG Nürnberg-Fürth 10.2.1997 – 6 Ns 353 Js 17 901/96.

[200] BGH 15.9.1983 – 4 StR 454/83, StV 1987, 250.

[201] LG Frankfurt am Main 13.2.1991 – 5/15 KLs 89 Js 27 988/88, dagegen *Körner* (V) Rn. 185: „Das funktionstüchtige Kleinlabor ist kein Strafmilderungsgrund, sondern der Normalfall".

[202] BGH 15.9.1983 – 4 StR 454/83, StV 1987, 250.

[203] Pfeil/Hempel/Schiedermair/*Slotty* Rn. 54.

[204] LG Offenburg 18.12.1990 – 7 KLs 3/90.

[205] BayObLG 14.2.1995 – 4 St RR 26/95, in einem Anbaufall; 21.5.1997 – 4 St RR 114/97; 2.10.1997 – 4 St RR 214/97, NJW 1998, 769.

[206] LG Offenburg 18.12.1990 – 7 KLs 3/90, (nachgehend BGH 12.11.1991 – 1 StR 328/91, StV 1992, 155); LG Gießen 1.11.1991 – 9 Js 171 431/90 – 7 KLs.

[207] LG Augsburg 2.10.1992, – 8 KLs 102 Js 1930/91.

[208] LG Gießen 1.11.1991 – 9 Js 171 431/90 – 7 KLs.

[209] LG Köln 22.11.1990 – 108–84/90.

[210] LG Frankfurt a. M. 13.2.1991 – 5/15 KLs 89 Js 27 988/88; LG Augsburg 2.10.1992, – 8 KLs 102 Js 1930/91.

[211] LG Frankfurt a. M. 13.2.1991 – 5/15 KLs 89 Js 27 988/88.

[212] BGH 29.3.1990 – 1 StR 103/90; LG Frankfurt a. M. 13.2.1991 – 5/15 KLs 89 Js 27 988/88; LG Offenburg 18.12.1990 – 7 KLs 3/90; LG Essen 22.5.1997 – 25 (1/97) 56 Js 574/96; LG Köln 22.11.1990 – 108–84/90.

[213] BayObLG 14.2.1995 – 4 St RR 26/95, in einem Anbaufall; 21.5.1997 – 4 St RR 114/97; 2.10.1997 – 4 St RR 214/97, NJW 1998, 769.

[214] BGH 21.7.1993 – 2 StR 331/93, NStZ 1993, 584 = StV 1994, 15.

[215] So aber LG Gießen 1.11.1991 – 9 Js 171 431/90 – 7 KLs; dagegen steht die Rspr. des BGH zur Beseitigung von Tatspuren, vgl. zB BGH 2.2.2002 – 1 StR 195/02, BeckRS 2002 30269639.

cc) Strafmaßbeispiele.

– Gewinnung von 5,4 Kilogramm rauchbarem Marihuana mit einem THC-Gehalt von durchschnittlich 1,5 %, insgesamt damit eine THC-Menge von 81 Gramm zum Eigenverbrauch	**BayObLG:** 1 J 6 M m. B.[216]	217a
– 3 Marihuanapflanzen abgeerntet, Gewinnung von 62,5 Gramm (0,37 g THC)	**LG Traunstein:** 3 M o. B.; nicht rechtskräftig[217] **AG Karlsruhe:** 1 J m. B.[218]	
– Cannabisernte, 4916 g frische Cannabispflanzen mit einem Trockengewicht des rauchbaren Anteils von 939,5 Gramm und einem Wirkstoffgehalt von 34,2 Gramm THC		

2. Absehen von Strafe bzw. von Strafverfolgung. Zum Absehen von Strafe oder 218 Strafverfolgung bei Anbau einer geringen Menge zum Eigenverbrauch wird auf die Erläuterungen zu § 29 Abs. 5 bzw. § 31a verwiesen. Beim Einkochen von Mohnkapsel-Sud („O-Tee" in unbekannt gebliebener Menge mit wohl sehr schwacher Wirkstoffkonzentration) ist Absehen wegen geringer Menge naheliegend.[219]

3. Einziehung und Verfall; Fahrerlaubnis. Siehe hierzu die Erläuterungen zu § 33 219 → § 33 Rn. 6–7 bzw. die Ausführungen zum Anbauen.[220]

3. Kapitel. Handeltreiben (Abs. 1 S. 1 Nr. 1)

Schrifttum: *Arendt,* Der Begriff „HT" im Falle des Diebstahls von BtM, ZfZ 1982, 318; *Bensch,* Der Begriff des HT im BtMG, 2005; *Ebert,* Das HT mit BtM im Sinne von § 29 Abs. 1 S. 1 Nr. 1 BtMG, 1977; *Egbert/Schmidt-Semisch/Thane/Urban,* Drogentests, ASD 2014, 141; *El Ghazi/Zerbes* Geschichten von staatlicher Komplizenschaft und evidenten Rechtsbrüchen, HRRS 2014, 209; *Erb,* Bewertungseinheit, materiell-rechtlicher und prozessualer Tatbegriff, NStZ 1998, 253; *Endriß/Kinzig,* Eine Straftat – zwei Strafen – Nachdenken über ein erweitertes „ne bis in idem", StV 1997, 665; *dies.,* Neuralgische Punkte des BtM-Strafrechts, NJW 2001, 3217; *Eschelbach* Staatliche Selbstbelastungs-, Fremdbelastungs- und Tatprovokationen, GA 2015, 562; *Gaede,* Gesetzesorientierte Auslegung des HTs oder Verzicht auf staatliche Strafansprüche nach richterlichem Ermessen, HRRS 2004, 165; *Gubitz,* Zum Verhältnis von Fortsetzungszusammenhang und prozessualem Tatbegriff im Rahmen des HT mit BtM, JR 1998, 491; *Holthausen,* Zum Tatbestand des Förderns in den neuen Strafvorschriften des Kriegswaffenkontrollgesetzes (§§ 16–21 KrWaffG), NJW 1991, 203; *Jäger* Beweiserhebungs- und Beweisverwertungsverbote als prozessuale Regelungsinstrumente im strafverfolgenden Rechtsstaat, GA 2008, 481; *Jahn/Kudlich* Rechtsstaatswidrige Tatprovokation als Verfahrenshindernis: Spaltprozesse in Strafsachen beim Bundesgerichtshof, JR 2016, 54; *Kreuzer,* Betäubungsmittelstrafrecht – Gedanken, Befunde, Kritik, FS Miyazawa, 1995, 177; *Krumdiek,* Beihilfe oder (Mit-) Täterschaft?! – Abgrenzungskriterien im Betäubungsmittelrecht, StRR 2007, 244; *dies.,* Unerlaubtes HT mit Betäubungsmitteln – Abgrenzung der vollendeten zur versuchten (straflosen) Beihilfehandlung, StV 2009, 385; *Lang,* Betäubungsmittelstrafrecht – dogmatische Inkonsistenzen und Verfassungsfriktionen, 2011; *Liemersdorf/Miebach,* Beihilfe zum „HT" nach § 11 Abs. 1 des BtMG, MDR 1979, 981; *Meyer,* BtM-Strafrecht in Westeuropa, 1987; *Meyer/Wohlers* Tatprovokation quo vadis – zur Verbindlichkeit der Rechtsprechung des EGMR (auch) für das deutsche Strafprozessrecht, JZ 2015, 761; *Morozinis,* Dogmatik der Organisationsdelikte, 2010; *Oğlakcıoğlu,* Der Allgemeine Teil des Betäubungsmittelstrafrechts, 2013; *ders.* Aus aktuellem Anlass: Das strafbare HT mit Organen, HRRS 2012, 381; *Nestler,* Grundlagen und Kritik des BtM-Strafrechts, in: Handbuch des BtM-Strafrechts, *Kreuzer* (Hrsg.), 1998; *Paeffgen,* Betäubungsmittel-Strafrecht und der Bundesgerichtshof, FS 50 Jahre BGH Bd. 4, 2000, 695; *Paul,* Der Begriff des „HT" nach dem BtMG – Zu fragwürdigen Tendenzen strafrechtlicher Entgrenzungen in Gesetzgebung und Rechtsprechung, StV 1998, 623; *Patzak/Goldhausen* Der Täter mit dem grünen Daumen – aktuelle Rechtsprobleme im Zusammenhang mit Cannabis-Plantagen, NStZ 2014, 384; *Rahlf,* Der strafrechtliche Begriff des HT, FS Strauda, 2006, 243; *Schmidt* Die Entwicklung des Betäubungsmittelstrafrechts bis Mitte 2012 NJW 2012, 3072; *ders.* Die Entwicklung des Betäubungsmittelstrafrechts bis Mitte 2013, NJW 2013, 2865; *Schnürer,* Das Gesamtgeschäft beim HT mit Betäubungsmitteln, 2015; *Schwarzburg,* Tatbestandsmäßigkeit und Rechtswidrigkeit der polizeilichen Tatprovokation, 1991; *Schwitters,* Das HT mit

---

[216] BayObLG 2.10.1997 – 4 St RR 214/97, NJW 1998, 769.
[217] BayObLG 6.12.2001 – 4 St RR 131/01, NStZ-RR 2002, 181.
[218] Vgl. OLG Karlsruhe 19.9.2001 – 3 Ss 80/01, NStZ-RR 2002, 85.
[219] BGH 15.9.1983 – 4 StR 454/83, StV 1987, 250.
[220] → Rn. 121 f.

BtM im Sinne von § 29 Abs. 1 S. 1 Nr. 1 BtMG, 1998; *Seelmann* Zur materiell-rechtlichen Problematik des V-Mannes, ZStW 95 (1983), 797; *Sinn/Maly* Zu den strafprozessualen Folgen einer rechtsstaatswidrigen Tatprovokation – Zugleich Besprechung von EGMR, Urt. v. 23.10.2014 – 54648/09 (Furcht v. Germany), NStZ 2015, 382; *Skoupil*, HT mit Betäubungsmitteln – Strafbarkeitsvorverlagerungen vor und nach der Entscheidung des Großen Senats für Strafsachen vom 26.10.2005, 2012; *Strate,* Mit Taktik zur Wahrheitsfindung – Probleme der Verteidigung in Betäubungsmittelverfahren, ZRP 1987, 314; *Weber,* Was lässt der Beschluss des 3. Strafsenats des BGH vom 10.7.2003 vom HT übrig?, NStZ 2004, 66; *Weber,* Nichts Neues zum HT? – Zum Beschluss des Großen Strafsenats für Strafsachen des BGH vom 26.10.2005, JR 2006, 139; *Weber,* Der Begriff des HTs, Baden-Baden, 2008; *Weider,* Vom Dealen mit Drogen und Gerechtigkeit, Strafwissenschaftliche Analyse und Kritik der Verteidigung in Betäubungsmittelsachen, 2000; *Werse,* Wie kriminell sind 'Social Supplier' – Ergebnisse zum Drogenkleinsthandel aus zwei empirischen Studien, Rausch 2014, 3 (2), 98; *W. Winkler*, Die Entwicklung der Rechtsprechung nach der Entscheidung des Großen Senats zum HT, in Strafverteidigung im Rechtsstaat, 2009, S. 394 ff.

Übersicht

A. Überblick

I. Normzweck

Der Begriff des Handeltreiben (im Folgenden: HT) ist der wirkmächtigste des gesamten **220** BtM-Strafrechts und der problematischste zugleich. Er greift in nahezu alle Definitionen der anderen Tatbestandsvarianten ein und überlässt ihnen nur den Raum, den er selbst nicht einnimmt. Dies geht auf die extensive Auslegung der Rechtsprechung zurück, welche die Tathandlung zur „Allzweckwaffe" gegen den unerlaubten Betäubungsmittelverkehr erklärt und ihn damit zum **zentralen Begriff des BtM-Strafrechts** gemacht hat.[1] Sie wähnt hierbei den Gesetzgeber hinter sich, der mit den Strafvorschriften des BtMG einen möglichst umfassenden Katalog zur Erfassung (und Bekämpfung) des BtM-Missbrauchs schaffen wollte, dessen Begehungsformen sich im Einzelfall decken oder überschneiden könnten.[2] Ob man in dieser gesetzgeberischen Absicht zugleich einen Auftrag an den Rechtsanwender sehen kann, einzelne Tathandlungen möglichst umfassend und weit – insb. das HT so auszulegen, dass faktisch jede Handlung erfasst wird, soweit sie auf den Umsatz von BtM gerichtet ist (vgl. noch → Rn. 242 ff.) erscheint methodisch nicht zwingend. Schließlich könnte man sich auf den Standpunkt stellen, dass gerade bei solch einer detaillierten, umfassenden Kriminalisierung der Gesetzgeber den Bereich strafbaren Verhaltens abschließend abstecken wollte.

---

[1] KPV/*Patzak* Teil 4 Rn. 1.
[2] BGH 21.2.1974 – 1 StR 588/73, BGHSt 25, 290 = NJW 1974, 959.

221   **1. Deliktsnatur.** Das HT mit BtM wird allgemein für ein (unechtes) **Unternehmens-delikt** gehalten.[3] Der Rückgriff auf diese Deliktsklassifizierung erscheint überflüssig und darüber hinaus verwirrend[4] (vgl. zum Anbau bereits → Rn. 2), wenn damit lediglich zum Ausdruck gebracht werden soll, dass der erstrebte Umsatz nicht tatsächlich gefördert zu werden braucht. Tatsächlich erbringt die Kategorisierung des HT als unechtes Unter-nehmensdelikt keinen Gewinn für die Auslegung des Begriffs, sie ist vielmehr das Ergebnis einer bestimmten – der herrschenden – Auslegungspraxis.[5] Die Rechtsprechung bringt mit dieser Zuordnung damit also nur zum Ausdruck, dass das **HT kein Erfolgsdelikt"** ist.[6] Es handelt sich allerdings auch nicht um ein typisches Tätigkeitsdelikt, da die Tathand-lung „Handel treiben" kein konkretes (auf Anhieb fassbares) Verhalten umschreibt. Die Rechtsprechung hat diesen Umstand nicht durch eine konkretisierende – und insofern auch verfassungskonforme – Auslegung beseitigt, sondern subsumiert gleich mehrere (phänomenologisch nicht einmal im Ansatz vergleichbare) Handlungen unter das HT, deren einziger gemeinsamer Bezugspunkt der Umsatzwille des Täters ist. Daher lässt sich von einem **multiplen Tätigkeitsdelikt** sprechen, das im Strafrecht im Übrigen nur selten auftaucht (etwa bei den Staatsschutzdelikten und Straftatbeständen gegen die öffentliche Sicherheit, man denke an das Sich-Beteiligen an einer terroristischen Vereinigung).[7]

222   **2. Rechtliche Bedeutung.** Die rechtliche Bedeutung der Strafvorschrift gegen das unerlaubte HT kann gar nicht hoch genug eingeschätzt werden. Es handelt sich um die **zentrale Norm des BtM-Strafrechts zur Bekämpfung des illegalen BtM-Ver-kehrs.** Dies zeigt sich bereits in der Fassung des Abs. 1 S. 1 Nr. 1 selbst, die die Tatmodali-täten des Einführens, des Ausführens, des Veräußerns, des Abgebens, des Inverkehrbrin-gens, des Erwerbens und des Sichverschaffens als Unterfälle des HT ansieht und ihnen nur dort Eigenständigkeit verleiht, wo sie nicht ein Mittel zum Zweck des HT sind („ohne Handel zu treiben"). Sie führt sich auch in der konkurrenzrechtlichen Einzelfall-bewertung fort, wo andere Tatmodalitäten als unselbstständige Teilakte im umfassenden Begriff des HT aufgehen, sobald Anhaltspunkte für eine umsatzbezogene Tätigkeit gege-ben sind. Als zentrale Tathandlung des Betäubungsmittelstrafrechts ist das HT Aufhänger für alle geführten Diskussionen rund um das BtMG bzw. Nebenstrafrecht überhaupt, beginnend bei der staatlichen Drogenpolitik, über die partiell schon dargestellte system-transzendente Rechtsgutsdiskussion (→ Vor § 29 Rn. 14) bis hin zur „Isolation des Nebenstrafrechts".

---

[3] *Eberth/Müller* Rn. 29; *Endriß/Malek* Rn. 127; *Endriß* in *Cramer/Cramer*, Anwaltshandbuch, Kap. L Rn. 25; *Franke/Wienroeder* Rn. 64 und 83; *HJLW/Winkler* Rn. 4.1.1; *Joachimski/Haumer* Rn. 5; KPV/ *Patzak* Teil 4 Rn. 5; Pfeil/Hempel/Schiedermair/*Slotty* Rn. 69; *Weber* Rn. 280; BGH 11.6.2001 – 1 StR 111/01; 21.5.1999 – 2 StR 154/99, NStZ 1999, 467; 17.5.1996 – 5 StR 119/96, NStZ-RR 1997, 85; 6.11.1991 – 3 StR 406/91, NJW 1992, 1467; 8.10.1991 – 1 StR 520/91, NJW 1992, 381; 20.8.1991 – 1 StR 273/91, NJW 1992, 380; 25.10.1989 – 3 StR 313/89; 23.8.1989 – 3 StR 120/89; 24.11.1982 – 3 StR 382/82, NStZ 1983, 124; 4.12.1981 – 3 StR 408/81, BGHSt 30, 277; 2.9.1981 – 3 StR 225/81, StV 1981, 602; 25.3.1981 – 3 StR 61/81, NStZ 1981, 257; 24.10.2006 – 3 StR 392/06, NStZ 2007, 531; OLG Karlsruhe 12.8.1997 – 1 Ws 229/97, NStZ-RR 1998, 314; OLG Köln 22.12.1998 – Hes 233/ 98 – 275, StV 1999, 156.

[4] *Roxin* StV 2003, 501 hält die Einordnung schlichtweg für falsch, weil ein Unternehmensdelikt Versuch und Vollendung zusammenfasse, was § 29 ausdrücklich nicht tue. In seiner Fundamentalkritik an der überkommenen Auslegungspraxis hatte der 3. Strafsenat des BGH sich von dieser Einordnung distanziert, indem er sie als wenig ergiebig für die Begriffsbestimmung bezeichnete, vgl. Anfragebeschl. 10.7.2003 – 3 StR 61/02 und 3 StR 243/02, NStZ 2004, 105 m. Bespr. *Weber* (66); StraFo 2003, 392 mAnm *Gaede* = StV 2003, 501 mAnm *Roxin* 619; vgl. dazu BGH, B 22.1.2004 – 5 ARs 46/03; BGH 27.1.2004 – 4 ARs 23/03; BGH 6.2.2004 – 2 ARs 276/03, NStZ-RR 2004, 183 und BGH 25.3.2004 – 1 ARs 21/03; s. (nunmehr) BGH, Vorlagebeschl. 13.1.2005 – 3 StR 61/02 und 3 StR 243/02. Der Große Strafsenat des BGH ist in seiner Entscheidung zum Handeltreibensbegriff auf die Frage der Deliktsnatur nicht eingegan-gen.

[5] Zum Ganzen *Oğlakcıoğlu*, BtMG AT, S. 432 f.; vgl. auch BGH 10.7.2003 – 3 StR 61/02 und 3 StR 243/02, NStZ 2004, 106.

[6] BGH 25.10.1989 – 3 StR 313/89, BeckRS 1989, 31106614 unter Berufung auf BGH 4.12.1981 – 3 StR 408/81, BGHSt 30, 277 = NJW 1982, 78.

[7] *Oğlakcıoğlu*, BtMG AT, S. 432.

II. Verfassungsmäßigkeit

Bei der Strafvorschrift des unerlaubten HTs hat man bereits „intuitiv" weniger Schwierig- **223** keiten, die Verfassungsmäßigkeit der Kriminalisierung derjenigen zu bejahen, die nicht nur gegen das Umgangsverbot verstoßen, sondern hierbei sogar **profitorientiert** agieren.[8] So weist auch das Bundesverfassungsgericht in seinem Cannabis-Beschluss darauf hin,[9] dass das HT unmittelbarer als konsumorientierte Begehungsweisen „*primär* und *typischerweise* eine Gefährdung fremder Rechtsgüter begründet" und „schon von daher die gefahrintensivste Form des unerlaubten Umgangs mit Betäubungsmitteln" darstellt. Der Handel weckt und unterhält die Nachfrage nach Cannabisprodukten, beutet die Schwäche und Abhängigkeit anderer aus und führt zu einer unkontrollierten Verbreitung der Droge auch in den besonders gefährdeten Personenkreisen. Er liegt zudem weitgehend in den Händen des international organisierten Verbrechens.[10] Im Blick darauf erscheint nicht nur das Verbot des HTs, sondern auch die es bewehrende Strafandrohung als verhältnismäßig im engeren Sinne. Schließlich würde auch niemand im Rahmen eines Legalisierungskonzeptes die Verfassungsmäßigkeit einer Kriminalstrafe für den illegalen Handel außerhalb des legalen Marktes in Frage stellen (gemeint sind „Schwarzmarkttatbestände"). So bleiben die Bedenken gegen die Verhältnismä-ßigkeitsprüfung nur insofern bestehen, als die Geeignetheit der Kriminalisierung zur Errei-chung des Gesetzeszwecks im Gesamtkonzept der Prohibition fraglich erscheint.

Echte verfassungsrechtliche Bedenken ergeben sich im Hinblick auf die **Auslegungspra-** **224** **xis** der Gerichte, die eine vorhersehbare Rechtsanwendung unmöglich machen, was v.a. bei potentiellen Strafrahmen von nicht unter zwei bzw. fünf Jahren unhaltbar erscheint. Freilich hat das Bundesverfassungsgericht in einem Fall des Anbaus zu Umsatzzwecken (der Täter hatte sich mit einer elektrischen Waage und Abpackfolien ausgestattet) die weite Auslegung des HTs durch die Obergerichte abgesegnet und einen Verstoß gegen das Bestimmtheitsgebot, Art. 103 Abs. 2 GG verneint. Es hat zwar mit einigen Formulierungen („Begriffsverständnis ist zwar weit [...]"; „sachlich missglückte Strafbestimmung") andeuten lassen, dass er die ausufernde Auslegung für bedenklich hält, aber im Übrigen konstatiert, dass insb. die vom Beschwerdeführer aufgegriffene frühe Tatvollendung kein Problem der Bestimmtheit, sondern Ergebnis der Normintention sei.

Dies ist für sich gesehen zutreffend, trifft aber nicht den Kern der gegen die Handhabung **225** geübten Kritik. Diese betrifft schließlich nicht (allein) die Strafbarkeitsvorverlagerung (wel-che zweifellos eine Frage der Kriminalpolitik ist), sondern die Vorhersehbarkeit des Ausle-gungsergebnisses, vornehmlich im Hinblick auf die Anwendung der Vorschriften des Allge-meinen Teils. Insb. die Rechtsprechung zum versuchten HT folgt neben der nunmehr etablierten Kurierrechtsprechung kaum dogmatisch stringenten Regeln und mutet daher auch zufällig an. Man mag also davon ausgehen, dass die von der Rechtsprechung aufgestellte „Definition" den Anforderungen des Art. 103 Abs. 2 GG genügt. Die damit verbundene Rechtsanwendung tut dies nicht, wenn in einem Fall eine auf Umsatz gerichtete Tätigkeit als straflose Vorbereitungshandlung, in einem anderen als Versuch und im dritten Fall als vollendet betrachtet wird, nur um eine irgendwie geartete „Einzelfallgerechtigkeit" herzu-stellen. Solange sich das Bundesverfassungsgericht also nicht mit der von der Rechtspre-chung aufgestellten „Einzelfallkasuistik" befassen – mithin über die ungemütlichen Fälle nicht nur weit im Vorfeld der Strafbarkeit, sondern auch weit außerhalb des Strafbedürfnisses entscheiden – muss, wird man auch nicht annehmen können, dass hinsichtlich Art. 103 Abs. 2 GG das letzte Wort gesprochen ist.[11] Dass der Zustand – unabhängig vom Prüfungs-

---

[8] KPV/*Patzak* Teil 4 Rn. 6.

[9] BVerfG 9.3.1994 – 2 BvL 43/92, BVerfGE 90, 145; 18.9.2006 – 2 BvR 2126/05, NJW 2007, 1193.

[10] BVerfG 9.3.1994 – 2 BvL 43/92 ua, BVerfGE 90, 145 = NJW 1994, 1577 = JZ 1994, 863 = StV 1994, 295.

[11] Freilich betreffen die meisten „Ausnahmeentscheidungen" solche zugunsten des Täters, sodass es unwahrscheinlich ist, dass diese unmittelbar Gegenstand einer Verfassungsbeschwerde sein werden. Doch werden sich durch das „Konkretisierungsbemühen" der Rechtsprechung in den Senaten die Fallgruppen des Versuchs – damit auch die Widersprüchlichkeiten mehren – und den Nährboden für die Rüge bereiten, ein

maßstab des Bundesverfassungsgerichts – untragbar ist, steht ohnehin außer Frage. Zur Kritik und den Möglichkeiten, die dogmatischen (und nach hier vertretener Ansicht auch verfassungsrechtlichen) „Friktionen"[12] aufzulösen, vgl. noch → Rn. 365 ff.

226 Nur nebenbei sei angemerkt, dass die genannte Entscheidung darauf reduziert wird, dass das BVerfG die weite Auslegung durch die Rechtsprechung abgesegnet hat. Dabei gehen die maßgeblichen Kriterien für die Entscheidung unter (das Bundesverfassungsgericht stellt auf die *Verfügungsmacht* über die Drogen ab), aber viel wichtiger: Es wird unterschlagen, dass die vom BGH abweichende Definition des HTs (als verfassungskonforme Lesart?) verwendet wird, was sich auch darin äußert, dass sie im Folgenden auch nicht mehr berücksichtigt wird, mithin in keiner einzigen BGH-Entscheidung auftaucht. So heißt es in der entsprechenden Entscheidung, dass das HT als Oberbegriff für alle Bestrebungen fungiere, „die entfaltet werden, um den Umsatz von Betäubungsmitteln zu ermöglichen oder zu fördern. Vom Wortsinn (‚Treiben' als auf Handel gerichtetes Tun) ist ebenfalls umfasst, dass ein Täter subjektiv das Ziel verfolgt, solche Geschäfte abzuschließen, und dazu Handlungen vornimmt, in denen dieser Wille *seinen Niederschlag findet*."[13] Damit wird zumindest ein Beziehungsverhältnis zwischen dem Umsatzwillen des Täters und der konkreten Tathandlung hergestellt (wobei das restriktive Potential geringer ist, je niedrigere Anforderungen an den „Niederschlag" gestellt werden).

III. Kriminalpolitische Bedeutung

227 Rechtsprechung und der überwiegende Teil der Literatur sind der Auffassung, dass die HT-Vorschrift den **aus kriminalpolitischer Sicht wichtigsten Tatbestand des deutschen BtM-Strafrechts** darstellt; explizite Äußerungen des Gesetzgebers dazu finden sich nicht. Dies trifft nur insofern zu, als der Tatbestand im Bereich des unerlaubten Handels alle sonstigen Begehungsweisen konsumiert und diesbezüglich auch als Allzweckwaffe dient, indem bestimmte Indizien, die auf eine Verkaufsabsicht hindeuten (große Menge an BtM, Verkaufsutensilien, Gespräche mit potentiellen Abnehmern) als „Tathandlung" klassifiziert werden können. Tatsächlich macht der Handel mit BtM als solches nur knapp ein Drittel in der PKS aus; der Hauptteil der Polizeiarbeit betrifft die Konsumentendelikte (vgl. bereits → Vor § 1 Rn. 39).

228 **1. Polizeiliche Kriminalstatistik.** Die Zahl der in der PKS erfassten Rauschgift-Handelsdelikte (vgl. bereits → Vor § 1 Rn. 38 f.) stieg 2014 wieder erstmals (um 4 %) an, wobei beim Anteil der Einfuhr in nicht geringen Mengen eine Verringerung des Anteils (- 14 %) festgestellt ist. Im Folgenden wird die Statistik zu den Handelsdelikten von 1997–2011 nach der Polizeilichen Kriminalstatistik (PKS), ihr Verhältnis zu den BtM-Delikten insgesamt und ihre Veränderungen jeweils im Verhältnis zum Vorjahr aufgeführt:

	2005	2006	2007	2008	2009	2010	2011	2013	2014	2015
Delikte nach dem BtMG insgesamt	276.740	255.019	248.355	239.951	194.075	231.007	236.478	253.525	276.734	282.604
Allgemeine Verstöße nach § 29 BtMG	194.444	178.841	171.496	169.386	143.293	165.880	170.297	189.783	209.514	213.850
Unerlaubter Handel mit und Schmuggel von BtM nach § 29 BtMG	67.320	60.914	60.112	52.867	44.430	47.034	48.291	44.555	46.909	48.168

229 **2. Statistisches Bundesamt: Strafverfolgungsstatistik Tabelle 3.7 Verurteilte 1982 bis 2014 wegen Rauschgiftkriminalität.** Die Strafverfolgungsstatistik erfasst die Anzahl der Verurteilten wegen HT-Delikten nach § 29 nicht gesondert, sondern alle Verur-

---

Versuch könne trotz Vergleichbarkeit des konkreten Einzelfalles mit einer anerkannten Versuchskonstellation nicht angenommen worden.

[12] So auch *Lang*, etäubungsmittelstrafrecht – dogmatische Inkonsistenzen und Verfassungsfriktionen, 2011.
[13] BVerfG 18.9.2006 – 2 BvR 2126/05, NJW 2007, 1193.

teilten wegen vorsätzlicher Vergehen nach Abs. 1 zusammengefasst. Es wäre nicht zulässig, den Anteil der Verurteilten wegen HT-Delikten nach Abs. 1 an der Gesamtzahl der Verurteilten wegen aller vorsätzlichen Vergehen auf Grund des Anteils, der sich aus der voranstehenden PKS-Tabelle ergibt, auf ca. ein Drittel zu schätzen. Denn die Einstellungspraxis der Staatsanwaltschaften und Gerichte ist wesentlich größer bei Eigenverbrauchsdelikten (Besitz, Erwerb und evtl. auch noch Einfuhr) als bei Fremdgefährdungsdelikten, insbesondere beim HT. Allerdings muss auch gesehen werden, dass der Anteil oftmals bei Handelsdelikten mitverwirklichter Qualifikationen (Handel mit nicht geringen Mengen, bandenmäßige Begehung) relativ gering ist.

	2010	2011	2012	2013	2014
Straftaten nach dem BtMG insgesamt	44.919	45.250	43.357	43.567	46.118
HT in ngM (§ 29a Abs. 1 Nr. 2)	6.040	5.720	5.490	5.151	5.434
Bandenmäßige Begehung (§ 30 Abs. 1 Nr. 1; 30a Abs. 1	548	541	678	607	634
Einfuhr in ngM, § 30 Abs. 1 Nr. 4	2.003	2.081	2.266	2.082	1.913

IV. Rechtsentwicklung

1. Einfluss internationalen Rechts. a) Internationale Übereinkommen. Die völ- **230** kerrechtlichen Verpflichtungen zur Strafbewehrung des unerlaubten HT mit BtM ergeben sich aus Art. 36 Abs. 1a Übk. 1961[14] (dort in der Form folgender Begehungsweisen: „Anbietung, Feilhalten, Verteilen, Kaufen, Verkaufen, Liefern – gleichviel zu welchen Bedingungen –, Vermitteln, Versenden – auch im Durchfuhrverkehr –, Befördern"), Art. 5, 7 Buchst. b, 22 Abs. 1 Buchst. a Übk. 1971[15] und Art. 3 Abs. 1 Buchst. a Ziffer i und iii Übk. 1988[16] (dort in Ziffer i) in der Form folgender Begehungsweisen: „Anbieten, Feilhalten, Verteilen, Verkaufen, Liefern – gleichviel zu welchen Bedingungen –, Vermitteln, Versenden – auch im Transit –, Befördern" und in Ziffer iii in Form des „Besitzens oder Kaufens" zu einer der in Ziffer i aufgeführten Tätigkeiten.

b) EU-Maßnahmen zur Bekämpfung des illegalen Drogenhandels. Die Maßnah- **231** men der Organe der EU zur Bekämpfung des illegalen Drogenhandels sind in den Erläuterungen → Vor § 1 [17] aufgeführt. Die völkerrechtliche Verpflichtung zur Strafbewehrung des unerlaubten HTs ergibt sich aus Art. 36 Abs. 1a ÜK 1961, Art. 5, 7 lit. b, Art. 22 Abs. 1a ÜK 1971, Art. 3 Abs. 1a Ziffer i, iii ÜK 1988. Von besonderer Bedeutung für den Begriff des HTs ist der Rahmenbeschluss 2004/757/JI des Rates der Europäischen Union v. 25.10.2004 zur Festlegung von Mindestvorschriften über die Tatbestandsmerkmale strafbarer Handlungen und die Strafen im Bereich des illegalen Drogenhandels.[18]

2. Innerstaatliches Recht. § 2 OpiumV 1918[19] hatte den Handel mit enumerativ auf- **232** gezählten BtM (im Wesentlichen mit Opiaten und Opiatzubereitungen) nur Personen gestattet, denen hierzu die Erlaubnis erteilt worden war; Zuwiderhandlungen waren mit Strafe bedroht. In bewusster Abkehr[20] von dieser Regelung stellte § 8 Nr. 1 OpiumG 1920[21] denjenigen unter Strafe, der enumerativ aufgezählte Stoffe und Zubereitungen (im Wesentlichen Opiate und Opiatzubereitungen und Kokain) „ohne (…) Erlaubnis einführt, ausführt,

---

[14] → Vor § 1 Rn. 75.
[15] → Vor § 1 Rn. 76.
[16] → Vor § 1 Rn. 80.
[17] → Vor § 1 Rn. 116.
[18] ABl. 2004 L 335, S. 8; http://eur-lex.europa.eu/LexUriServ/LexUriServ.do?uri=CELEX: 32004F07 57: DE:HTML (Stand: 18.4.2017).
[19] → Vor § 1 Rn. 67.
[20] So KG 6.12.1926 – 3 S. 308/26 und RG 9.5.1929 – II 1158/28, RGSt 63, 161.
[21] → Vor § 1 Rn. 68.

herstellt, verarbeitet, erwirbt, veräußert oder **sonst in den Verkehr bringt** oder sie in nicht genehmigten Örtlichkeiten herstellt, verarbeitet, aufbewahrt, feilhält oder abgibt". HT fehlte in dieser Aufzählung von strafbaren Handlungsweisen. Im Entwurf eines Gesetzes über den Verkehr mit BtM (OpiumG),[22] mit dem die durch die Ratifizierung des Übk. 1925/II übernommenen internationalen Verpflichtungen umgesetzt werden sollten, wurde vorgesehen, zusätzlich das „HT" mit solchen Stoffen und Zubereitungen unter Strafe zu stellen.[23] Zur Begründung wurde darauf hingewiesen, dass in mehreren Strafprozessen Angeklagte freigesprochen worden waren,[24] weil in den geltenden Strafbestimmungen zwar eine Reihe von strafbaren Betätigungen aufgeführt, das erlaubnislose Vermitteln aber straffrei sei. Nach der Fassung des Entwurfs sollte auch diese Tätigkeit unter das Verbot des (erlaubnislosen) Handelns fallen.[25] Entsprechend diesem Entwurf wurde das OpiumG 1929[26] beschlossen. Seither ist das HT mit BtM (wieder) strafbar: Nach § 10 Abs. 1 Nr. 1 wurde bestraft, „wer die Stoffe und Zubereitungen ohne (…) Erlaubnis einführt (…) **Handel mit ihnen treibt,** (…)". Diese Rechtslage hat sich ist in der Folgezeit inhaltlich nicht mehr geändert. § 11 Abs. 1 Nr. 1 BtMG 1972[27] übernahm die Strafbestimmungen des OpiumG 1929 nahezu und insoweit vollkommen unverändert. Bei den Beratungen dieses Gesetzes,[28] bei dem die Schaffung der besonders schweren Fälle und damit verbunden eine Anhebung der Höchststrafe im Mittelpunkt stand, spielte der Tatbestand des Absatzes 1 Nr. 1 – namentlich das „HT" – keine Rolle mehr.[29] Auch bei der Abfassung des BtMG 1982[30] war der HT-Tatbestand fern der Erörterung. Lediglich zur Einführung des Anbautatbestandes und zur Änderung des Herstellungstatbestandes finden sich Ausführungen in der Begründung des Gesetzentwurfes.[31]

B. Erläuterung

I. Geltungsbereich

233 **1. Inlandstaten.** Inlandstaten unterliegen dem BtM-Strafrecht unabhängig davon, ob die Tat durch einen Ausländer oder einen Deutschen begangen wurde.

234 **2. HT mit BtM im Ausland.** Unerlaubtes HT mit BtM ist unbefugter Vertrieb von BtM nach § 6 Nr. 5 StGB, so dass das deutsche Strafrecht, unabhängig vom Recht des Tatorts, auch für im Ausland begangene Taten – gleichgültig, ob von einem Ausländer[32] oder einem Deutschen begangen – gilt („Weltrechtsprinzip"). Zur Auslegung des Vertriebsbegriffs und zur Vereinbarkeit des § 6 Nr. 5 StGB mit dem Völkerrecht → Vor § 29 Rn. 118 ff.

235 **3. Zusammentreffen ausländischer und inländischer Tatorte.** Keine Auslandstat, sondern eine Inlandstat liegt vor, wenn auch nur Teile der Tat im Inland begangen wurden.[33] Ort der Tat ist nach § 9 Abs. 1 StGB jeder Ort, an dem der Täter gehandelt hat oder bei Unterlassungsdelikten hätte handeln müssen (Tätigkeitsort) oder an dem der tatbestandsmäßige Erfolg eingetreten ist oder hätte eintreten sollen (Erfolgsort).

---

[22] RT-Drs. IV Wahlperiode Nr. 1386 21.10.1929.
[23] Vgl. *Liemersdorf/Miebach* MDR 1979, 981 (983).
[24] ZB RG 9.5.1929 – II 1158/28, RGSt 63, 161.
[25] RT-Drs. IV Wahlperiode Nr. 1386 21.10.1929, Begr. zu § 10.
[26] → Vor § 1 Rn. 72.
[27] → Vor § 1 Rn. 76.
[28] Vgl. BT-Drs. VI/1414; VI/1877; 111/2673; zu VI 2673; 1. Lesung 18. Sitzung des BT v. 12.3.1971, S. 6355 ff.; 2. und 3. Lesung 142. Sitzung des BT v. 15.10.1971, S. 8163 ff.
[29] Vgl. *Liemersdorf/Miebach* MDR 1979, 981 (983/984).
[30] → Vor § 1 Rn. 79 ff.
[31] BT-Drs. 8/3551, 27.
[32] → StGB § 7 Rn. 27.
[33] Vgl. RG 24.4.1917 – C 60/16, RGSt 50, 423 (425); 16.4.1937 – 1 D 1051/36, DJ 1937, 1004; 12.7.1937 – 2 D 52/37, RGSt 71, 286 (288).

a) Tätigkeitsort. Tätigkeitsort ist bei Begehungsdelikten jeder Ort, an dem der Täter 236 eine auf die Tatbestandsverwirklichung gerichtete Tätigkeit entfaltet hat.[34] Mehrere Tätigkeitsorte sind möglich, falls mehrere Tätigkeitsakte vorliegen.[35] Derartige Fallgestaltungen sind im BtM-Recht, speziell beim HT, besonders häufig, weil im Rahmen der Bewertungseinheit mehrere an sich selbstständige Handlungen zu einer einheitlichen Tat (hier des HT) zusammengefasst werden.[36]

Bei **Mittäterschaft** handeln alle Mittäter im Inland, wenn nur einer von ihnen im Inland 237 tätig wird.[37] Das gilt auch dann, wenn sich das **Handeln eines Mittäters** auf Tatbeiträge beschränkt, die für sich gesehen nur Vorbereitungshandlungen sind.[38] Die Entgegennahme eines Angebots in Deutschland, gegen Kurierlohn Herointransporte aus Rumänien nach Holland durchzuführen bzw. zu organisieren, begründet zB einen deutschen Tatort für das mittäterschaftliche HT.[39] Haben bei **mittelbarer Täterschaft** der Täter oder das Werkzeug auch im Inland gehandelt, so liegt eine Inlandstat vor. Dem mittelbaren Täter wird die Handlung des Werkzeugs zugerechnet; sein Tätigkeitsort ist sowohl der Ort des eigenen Tätigwerdens wie auch Tatort, an dem der Tatmittler handelt und zur Tatbestandsverwirklichung beiträgt.[40] Erstrecken sich die Bewegungen über eine weite Strecke, so gelten grundsätzlich alle berührten Orte als Tatort.[41] Liegt auch nur einer dieser Orte im Inland, so ist auch dort die Tat begangen.[42] Nach § 9 Abs. 2 S. 1 StGB liegt auch für den **Teilnehmer** eine Inlandstat vor, wenn dieser zwar ausschließlich im Ausland tätig war, die Haupttat jedoch im Inland begangen wurde.[43] Dasselbe gilt (§ 9 Abs. 2 S. 2 StGB), wenn der Teilnehmer an einer ausländischen Tat im Inland tätig geworden ist.[44]

b) Erfolgsort. HT ist ein multiples Tätigkeits- und kein Erfolgsdelikt, so dass es **zur** 238 **Tatbestandsverwirklichung** nicht auf den Eintritt des tatbestandsmäßigen Erfolgs, sondern allein auf den Handlungsort ankommt.[45] Liegt dieser ausschließlich im Ausland, weil die Tat dort beendet und vollendet ist (so zB für den Haschischverkäufer in den Niederlanden), so ist in Deutschland kein Tatort iS des § 9 Abs. 1 StGB (Erfolgsort) begründet.[46] In einem solchen Fall muss der Bundesgerichtshof nach § 13a StPO eine Gerichtsstandbestimmung treffen; deutsches Strafrecht kommt über das Weltrechtsprinzip (§ 6 Nr. 5 StGB) zur Anwendung. **Anders verhält es sich,** wenn die im Ausland ohne Vorkasse übergebenen BtM im Inland verkauft werden sollen, wobei der Verkaufserlös dann zur Begleichung des Kaufpreises verwendet werden soll – in einem solchen Fall ist die Tat im Ausland nicht beendet und ein Erfolgsort im Inland gegeben.[47] Für den Verkäufer, der ausschließlich im Ausland tätig wird, lässt sich die früher vertretene Auffassung nicht aufrechterhalten, dass Deutschland als Erfolgsort dann inländischer Tatort ist, wenn es **im Inland zur Schädigung oder zu Gefährdung von Rechtsgütern** kommt, deren Vermeidung Zweck der jeweiligen Strafvorschrift ist,[48]

---

[34] LK-StGB/*Gribbohm* StGB § 9 Rn. 7.

[35] RG 15.1.1917 – III 1/17, RGSt 50, 218 (221).

[36] Vgl. BGH 13.5.1986 – 5 StR 143/86, NStZ 1986, 415.

[37] LK-StGB/*Gribbohm* StGB § 9 Rn. 7; BGH 29.5.1991 – 3 StE 4/91 – StB 11/91, NJW 1991, 2498; OLG Karlsruhe 12.8.1997 – 1 Ws 229/97, NStZ-RR 1998, 314.

[38] BGH 4.12.1992 – 2 StR 442/92, BGHSt 39, 88 = NJW 1993, 1405 = StV 1993, 239 = wistra 1993, 142; Anm. *Küpper* JR 1993, 291; 3.4.1996 – 2 ARs 105/96, NStZ 1996, 502; 14.4.1999 – 3 StR 22/99, NStZ 2000, 95 mAnm *Körner*; LK-StGB/*Gribbohm* StGB § 9 Rn. 8; *Weber* Vor §§ 29 ff. Rn. 77.

[39] OLG Karlsruhe 26.2.1998 – 1 Ws 51/98, NStZ-RR 1998, 348.

[40] BGH 15.1.1991 – 1 StR 617/90, BeckRS 1991, 31084935 = wistra 1991, 135; LK-StGB/*Gribbohm* StGB § 9 Rn. 10.

[41] RG v. 12./19.5.1884 – C 2/83, RGSt 10, 420.

[42] RG 4.1.1908 – I 878/07, RGSt 41, 35.

[43] Vgl. *Weber* Rn. 72.

[44] BGH 25.10.2001 – 4 StR 208/01, BGHSt 47, 134 = NJW 2002, 452 = StV 2002, 256.

[45] Vgl. etwa aus neuerer Zeit BGH 10.2.2016 – 2 StR 413/15, NStZ 2016, 414.

[46] BGH 17.7.2002 – 2 ARs 164/02, NJW 2002, 3486.

[47] So der Sachverhalt, der BGH 5.2.1997 – 2 StR 551/96, NStZ 1997, 286 zugrunde liegt.

[48] So aber BGH 12.12.2000 – 1 StR 184/00, BGHSt 46, 212 NJW 2001, 624 = NStZ 2001, 305 Anm. *Hörnle* = JR 2001, 429 mAnm *Jeßberger* = JZ 2001, 1194 m. krit. Anm. *Lagodny* 1198 = StV 2001, 395 mAnm *Kudlich*.

zB weil BtM im Ausland übergeben werden, damit sie nach Deutschland eingeschmuggelt und hier verkauft werden.[49] Verfolgt der ausländische Verkäufer im Ausland bei der Übergabe von BtM allein seine eigenen Interessen, ist für ihn das tatbestandliche Endziel des HT bereits am ausländischen Tatort erreicht. Weitergehende Tatwirkungen, die für die Verwirklichung des Tatbestands nicht oder nicht mehr relevant sind, können keinen Tatort begründen.[50]

239 **c) Rechtslage in anderen europäischen Staaten.** Der Handel als Unrechtsmerkmal hat zwar universellen Charakter, da sämtliche europäischen Staaten den internationalen Übereinkommen beigetreten sind; insofern kann man davon ausgehen, dass in allen Ländern der unerlaubte BtM-Handel strafbar ist.[51] Die konkrete Ausgestaltung des Verbots dürfte aber nicht dem deutschen Recht entsprechen, da oftmals ein Katalogmodell (auch im Hinblick auf umsatzbezogene Tathandlungen) präferiert wird.

240 **4. Grenzüberschreitende Mehrfachverfolgung.** Zur Frage der Strafbarkeit von Auslandstaten und der damit einhergehenden Frage der Mehrfachverfolgung → Vor § 29 Rn. 165 ff.

241 Ein zum Zigarettenschmuggel ergangenes Urteil hat auch für das HT mit BtM Bedeutung: Ein Händler hatte die Zigaretten in Griechenland übernommen, um sie über Italien und Deutschland nach Großbritannien zu bringen. In Italien war er gestellt und verurteilt worden. Anschließend hat ihn ein deutsches Gericht zusätzlich wegen der zuvor in Griechenland erfolgten Übernahme der Waren verurteilt. Dieses Urteil hat der BGH nach Einholung einer Vorabentscheidung des EuGH[52] aufgehoben und das Verfahren eingestellt, da nach § 54 SDÜ Strafklageverbrauch eingetreten sei. Bei einer solchen von vornherein als einheitlich geplanten Schmuggelfahrt durch mehrere Mitgliedsländer handele es sich nur um eine Tat iSd § 54 SDÜ.[53]

II. Objektiver Tatbestand

242 **1. Begriff des HTs. a) Fehlende Legaldefinition.** Der Begriff „HT" (HT) wird in den Begriffsbestimmungen des BtMG (§§ 1, 2) nicht genannt. Der Gesetzgeber hat die anderen im Gesetz verwendeten und in §§ 1, 2 nicht eigens definierten Begriffe offenbar als bekannt vorausgesetzt,[54] so auch den Begriff des HT.

243 **b) Definitionen des HTs in benachbarten Rechtsgebieten[55].** Da sich der Begriff des HT weitestgehend im Betäubungsmittelstrafrecht fortentwickelt hat, orientiert man sich hinsichtlich des im Nebenstrafrecht häufiger verwendeten Begriffs an dessen Auslegung im BtMG. Exemplarisch ist etwa das HT mit Atomwaffen, biologischen und chemischen Waffen und Antipersonenminen und Streumunition, das in §§ 19, 20 und 20a **KrWaffKontrG** unter Strafe gestellt ist. Die Tatbestandsvariante des § 19 KrWaffG bzw. die Tatbestände der §§ 20 und 20a KrWaffG sind nachträglich eingefügt.[56] „HT" iS dieser Vorschriften „lehnt sich an § 29 Abs. 1 Nr. 1 BtMG" an, das dort durch die Rechtsprechung „klare Konturen"

---

[49] So aber BGH 5.2.1997 – 2 StR 551/96, NStZ 1997, 286.

[50] BGH 17.7.2002 – 2 ARs 164/02, NJW 2002, 3486.

[51] S. Nachweise bei *Meyer*, BtM-Strafrecht in Westeuropa; *Sagel-Grande* in *Kreuzer*, HdB des BtM-Strafrechts, § 23.

[52] EuGH 18.7.2007 – C-288/05, NJW 2007, 3412 = ZfZ 2007, 302 – Kretzinger.

[53] BGH 9.6.2008 – 5 StR 342/04, BGHSt 52, 275 = NJW 2008, 2931 = StV 2008, 506 = wistra 2008, 470; vgl. *W. Winkler* NStZ 2009, 436.

[54] *Franke/Wienroeder* § 2 Rn. 1.

[55] Auf die „Begriffsanleihen" beim BtMG, die der Gesetzgeber in der Weise vorgenommen hat, dass er das seit langem dem BtM-Strafrecht eigene und vom Bundesgerichtshof kontinuierlich ausgelegte Tatbestandsmerkmal „HT" in den neuen Regelungen des KrWaffG, AMG und TPG verwendet hat, weist auch der Große Strafsenat des BGH 26.10.2005 – GSSt 1/05, BGHSt 50, 252 = NJW 2005, 3790 = StV 2006, 19 hin.

[56] Durch das Gesetz zur Verbesserung der Überwachung des Außenwirtschaftsverkehrs und zum Verbot von Atomwaffen, biologischen und chemischen Waffen vom 5.11.1990, BGBl. I S. 2428, bzw. durch das Ausführungsgesetz vom 6.7.1998, BGBl. I S. 1778, zum Übereinkommen über das Verbot des Einsatzes, der Lagerung, der Herstellung und der Weitergabe von Antipersonenminen.

erhalten habe.[57] Das **AMG** enthält in § 95 Abs. 1 Nr. 4 eine Strafbestimmung gegen das HT mit verschreibungspflichtigen Arzneimitteln im Einzelhandel außerhalb der Apotheke und in § 97 Abs. 2 Nr. 10 eine entsprechende Bußgeldvorschrift für nicht rezeptpflichtige Arzneimittel. In der Kommentarliteratur wird auf die Begriffsbestimmung bei § 29 verwiesen.[58] Das im Arzneimittelrecht enthaltene Tatbestandsmerkmal des HT ist als deckungsgleich mit dem entsprechenden Begriff des Betäubungsmittelrechts zu verstehen.[59] Nach § 18 Abs. 1 **TPG** macht sich strafbar, wer entgegen dem Verbot des § 17 TPG mit einem Organ oder Gewebe Handel treibt. Selbst hier soll zur Bestimmung des Begriffs „HT" nach der Intention des Gesetzgebers auf die Grundsätze desselben Begriffs im BtMG zurückgegriffen werden.[60] Die fahrlässige Hehlerei von Edelmetallen oder Edelsteinen (§ 148b **GewO**) ist nur strafbar, wenn jemand gewerbsmäßig mit diesen Gegenständen Handel treibt oder sie schmilzt, probiert oder scheidet. Mit dem Begriff des HT ist hier das ständig betriebene Handelsgeschäft gemeint. § 19 Abs. 1 Nr. 1 **GÜG** stellt das HT mit Grundstoffen entgegen § 3 GÜG unter Strafe. Unter dem Begriff des HT ist, „wie im BtMG", jede eigennützige, auf Umsatz gerichtete Tätigkeit zu verstehen.[61]

Freilich ist solch eine „einheitliche Auslegung" kritisch zu sehen, je weitreichender **244** das Begriffsverständnis ist. Die Einheitlichkeit der Rechtsordnung darf nicht vorgeschoben werden, um eine allseits extensive Auslegung des HTs zu legitimieren. Zum einen könnte man dagegen bereits einwenden, dass man dann eben alle Vorschriften „einheitlich restriktiv" auszulegen hat; darüber hinaus erfolgt aber die Auslegung von strafrechtlichen Tathandlungen „**kontextrelativ**",[62] dh derselbe Wortlaut impliziert nicht notwendig die gleiche begriffliche Bedeutung.[63]

c) Einfluss völker- und europarechtlicher Bestimmungen auf die Auslegung. **245** Die Bundesrepublik Deutschland ist auf Grund des Übk. 1988[64] der Vereinten Nationen zur Strafbewehrung von Formen des unerlaubten Handels völkerrechtlich verpflichtet.[65] Von Bedeutung für die Auslegung des Begriffs des HT ist der Rahmenbeschluss 2004/757/JI des Rates der Europäischen Union vom 25.10.2004 zur Festlegung von Mindestvorschriften über die Tatbestandsmerkmale strafbarer Handlungen und die Strafen im Bereich des illegalen Drogenhandels (**Rahmenbeschluss Mindestvorschriften 2004**)[66] aus folgenden Gründen:

aa) Umsetzung in Deutschland nicht nötig. Der Rahmenbeschluss Mindestvor- **246** schriften 2004 hat die Ermächtigung in Art. 31 Abs. 1 lit. e EUV zur Schaffung von „Mindestvorschriften über die Tatbestandsmerkmale" nicht in vollem Umfang ausgeschöpft und keine ausdrückliche Definition des illegalen Drogenhandels festgelegt. Aus seiner Begründung in der Erwägung, aus seiner Überschrift und aus der Ermächtigungs-

---

[57] Erbs/Kohlhaas/*Lampe* Rn. 3 zu § 19 (178. Ergänzungslieferung 2010); ähnlich auch *Holthausen*, Zum Tatbestand des Förderns in den neuen Strafvorschriften des Kriegswaffenkontrollgesetzes (§§ 16–21 KrWaffG), NJW 1991, 203 (204).
[58] KPV/*Volkmer* AMG Vorb. Rn. 141 ff.; Erbs/Kohlhaas/*Pelchen/Anders* AMG § 95 Rn. 13 (178. Ergänzungslieferung 2010).
[59] BGH Großer Senat für Strafsachen 26.10.2005 – GSSt 1/05, BGHSt 50, 252 = NJW 2005, 3790.
[60] BT-Drs. 13/4355, 29; vgl. Erbs/Kohlhaas/*Pelchen* § 18 Rn. 2 (178. Ergänzungslieferung 2010). Freilich sind die beiden Rechtsmaterien nicht einmal im Ansatz vergleichbar, sodass eine unbesehene Übertragung kritisch zu sehen (und unabhängig von den Einwänden gegen die Begriffsbestimmung im Betäubungsmittelstrafrecht) eine eigene Definition anzustreben ist, vgl. *Oğlakcıoğlu* HRRS 2012, 381.
[61] Erbs/Kohlhaas/*Pelchen* GÜG § 29 aF Rn. 5 (Stand: Januar 2003); Erbs/Kohlhaas/*Anders* GÜG § 19 Rn. 2 (Stand: 178. Ergänzungslieferung 2010): „orientiert sich am BtMG".
[62] Vgl. *Gaede* StraFo 2003, 392 (395).
[63] Dass zwei vollkommen gleichlautende Tathandlungen selbst im gleichen Gesetz aufgrund ihrer divergierenden Zweckrichtungen unterschiedlich ausgelegt werden können, belegt der Wegnahmebegriff im StGB, siehe SSW-StGB/*Kudlich* StGB § 242 Rn. 17 ff. sowie StGB § 289 Rn. 4.
[64] → Vor § 1 Rn. 80.
[65] Art. 36 Abs. 1a Übk. 1961, Art. 5, 7 lit. b, Art. 22 Abs. 1a Übk. 1971, Art. 3 Abs. 1a i, iii Übk. 1988.
[66] ABl. 2004 L 335, S. 8–11; http://eur-lex.europa.eu/LexUriServ/LexUriServ.do?uri=OJ:L:2004:335:0008:0011:DE:PDF (Stand: 18.4.2017); vgl. → Vor § 1 Rn. 127.

norm ergibt sich aber, dass die in dem Rahmenbeschluss genannten Handlungen (das Gewinnen, Herstellen, Ausziehen, Zubereiten, Anbieten, Feilhalten, Verteilen, Verkaufen, Liefern, Vermitteln, Versenden, Befördern, Einführen oder Ausführen von Drogen ua[67]) in ihrer Gesamtheit den Begriffsinhalt des „illegalen Drogenhandels" iS der Norm ergeben sollen. Auf welche Weise die Mitgliedsstaaten den Rahmenbeschluss umsetzen, steht ihnen frei (Art. 34 Abs. 2 Satz 2 lit. b Satz 2 EUV). Sie können ihrer Umsetzungsverpflichtung auch dadurch nachkommen, dass sie statt der Katalogisierung der Einzelhandlungen im Bereich des illegalen Drogenhandels auch (weiterhin) einen generellen Begriff – wie in Deutschland den des HTs – verwenden, wenn er nur alle Katalogtaten des Rahmenbeschlusses umfasst. Fiele ein mitgliedsstaatlicher Gesetzgeber mit einer Generalklausel dahinter zurück, so wäre er unionsrechtlich (Art. 34 Abs. 2 Satz 2 lit. b Satz 2 EUV) dazu verpflichtet, die Strafbarkeit gesondert um den zurückbleibenden Teil wieder auf den Umfang des Rahmenbeschlusses zu erweitern. Der deutsche Gesetzgeber brauchte **keinen Rechtsakt** zur Umsetzung des Rahmenbeschlusses vorzunehmen, weil der Begriff des HT in der seit jeher durch die Rechtsprechung vorgenommenen Auslegung jedenfalls alle Elemente des Rahmenbeschlusses enthält.[68]

247   **bb) Rahmenbeschlusskonforme Auslegung.** Rahmenbeschlüsse sind für deutsche Gerichte zwar nicht unmittelbar wirksames Recht (Art. 34 Abs. 2 Satz 2 lit. b Satz 3 EUV), die nationalen Gerichte sind aber unionsrechtlich verpflichtet, das nationale Recht im Rahmen der Auslegung soweit wie möglich an Wortlaut und Zweck des Rahmenbeschlusses auszurichten, um das mit ihm angestrebte Ergebnis zu erreichen (rahmenbeschlusskonforme Auslegung nationalen Rechts in Strafverfahren).[69] Eine Auslegung, die hinter den Rahmenbeschluss zurückginge, wäre damit nicht vereinbar.

248   **d) Definition des HTs durch die Rechtsprechung.** Nach der durch die Rechtsprechung des RG[70] vorgenommenen und vom BGH[71] übernommenen und fortentwickelten Begriffsbestimmung ist HT **jede eigennützige auf die Förderung des Umsatzes von BtM gerichtete Tätigkeit.** Ausreichend dafür ist eine einmalige, gelegentliche, vermittelnde[72] oder bloß unterstützende[73] Tätigkeit. Jede umsatzfördernde Handlung ist ausreichend, ohne dass es bereits zur Anbahnung bestimmter Geschäfte gekommen sein muss. Die Förderung muss sich nicht auf eine bestimmte, tatsächlich vorhandene BtM-Menge beziehen. Es kommt auch nicht darauf an, ob das BtM, das der Täter anbietet oder erwerben will, überhaupt zur Verfügung steht. Vielmehr genügt es, wenn die entfaltete Tätigkeit auf die Übertragung von BtM von einer Person auf eine andere abzielt. Auf die tatsächliche Förderung des erstrebten Umsatzes kommt es nicht an; HT ist kein Erfolgsdelikt.[74]

---

[67] Vgl. näher → Vor § 1 Rn. 127.

[68] So auch *Weber* Rn. 169.

[69] EuGH (Große Kammer) 16.6.2005 – C-105/03, NJW 2005, 2839 – Maria Pupino m. Bspr. *Wehnert* NJW 2005, 3760 = StV 2006, 1 m. krit. Anm. *Tinkl* StV 2006, 36 = EuZW 2005, 433 mAnm *Herrmann* 436 = JZ 2005, 838 m. abl. Anm. *Hillgruber*; vgl. auch Bspr. *Gärditz/Gusy* GA 2006, 225.

[70] Vgl. zB RG 18.1.1918 – IV 701/17, RGSt 51, 379 (380); 25.4.1932 – 3 D 234/32.

[71] BGH 1.7.1954 – 3 StR 657/53, BGHSt 6, 246 = LM Nr. 3 zu § 10 OpiumG = NJW 1954, 1537; 21.2.1974 – 1 StR 588/74, BGHSt 25, 290 = NJW 1974, 959; 21.2.1979 – 2 StR 663/78, BGHSt 28, 308 = NJW 1979, 1260; 15.4.1980 – 5 StR 135/80, BGHSt 29, 239 = NJW 1980, 2204; Anm. *Heldenberg* LM Nr. 5 zu § 11 Abs. 1 Nr. 1 BtMG; 4.12.1981 – 3 StR 408/81, BGHSt 30, 277 = NJW 1982, 708; 20.1.1982 – 2 StR 593/81, BGHSt 30, 359 = NJW 1982, 1337; 4.11.1982 – 4 StR 451/82, BGHSt 31, 145 (148) = NJW 1983, 636 = JR 1983, 431 mAnm *Schmid*; 20.8.1991 – 1 StR 273/91, NJW 1992, 380; 20.8.1991 – 1 StR 321/91, NJW 1992, 382; 15.1.1992 – 2 StR 267/91, StV 1992, 517 mAnm *Roxin*; 24.2.1994 – 4 StR 44/94, NStZ 1994, 398; 17.5.1996 – 5 StR 119/96, NStZ-RR 1997, 85 = StV 1996, 662; 2.12.1999 – 3 StR 479/99, NStZ 2000, 27; vgl. auch KPV/*Patzak* Teil 4 Rn. 23.

[72] BGH 24.6.1986 – 5 StR 153/86, BGHSt 34, 124 = NJW 1986, 2584 = StV 1986, 434; 23.11.1988 – 3 StR 503/88, StV 1989, 201; 9.10.1991 – 1 StR 520/91, NJW 1992, 381 = NStZ 1992, 86 = StV 1993, 248.

[73] BGH 1.7.1988 – 2 StR 330/88, NStZ 1988, 507; 4.3.1993 – 4 StR 69/93, StV 1993, 474; 24.3.1999 – 1 StR 84/99, BeckRS 1999, 30052935 = StV 1999, 429.

[74] BGH 11.6.2001 – 1 StR 111/01, BeckRS 2001, 30185445 = wistra 2001, 379.

Dabei ist der Begriff des HT nach der ganz hM **weit** auszulegen.[75] Dies soll der **Absicht** **249** **des Gesetzgebers** entsprechen, der einen möglichst umfassenden Katalog zur Erfassung des BtM-Missbrauchs hat schaffen wollen, dessen Begehungsformen sich im Einzelfall decken oder überschneiden können. Eine solche Auslegung ermögliche es, den Besonderheiten des BtM-Handels Rechnung zu tragen, der durch Arbeitsteilung, Delegation und Tarnung gekennzeichnet sei.[76] Nach der Auffassung von *Weber*[77] liegt die besondere Leistungsfähigkeit des deutschen Begriffs des HT in Gestalt seiner weiten Auslegung durch die Rechtsprechung darin, dass er im Unterschied zu anderen Rechtsordnungen auch die Mächtigen und Drahtzieher des internationalen Drogenhandels zu erfassen vermag, „die es selbst nicht (mehr) nötig haben, BtM anzufassen oder gar bei sich zu führen, und die ihre Geschäfte lediglich mit der Erteilung von Aufträgen, vielfach mit den modernen Mitteln der Telekommunikation, durchführen".[78] Die dogmatischen Schwierigkeiten (bei der Abgrenzung von Täterschaft und Teilnahme sowie zwischen Vorbereitungshandlung, Versuch und Vollendung) müssten demgegenüber zurücktreten. Eine einschränkende Auslegung, so *Weber*,[79] würde „zu empfindlichen Strafbarkeitslücken führen, die auch mit der neueren Figur des Täters hinter dem Täter (BGHSt 40, 218[80]) kaum aufgefangen werden könnten".

aa) Historische Entwicklung. Bei einer Analyse der Ursprünge des HTs als Tathand- **250** lung[81] fällt auf, dass das OpiumG von 1920[82] den Begriff des HTs nicht als *deliktstatbestandsmäßiges* Verhalten enthielt, obwohl die Handlung im Kreis der erlaubnispflichtigen Tätigkeiten genannt wurde. Das HT wurde erst mit dem OpiumG von 1929 als Tathandlung in die Strafvorschrift aufgenommen, um damit die Lücken zu schließen, die im Bereich bloßer Vermittlungshandlungen (also beim Fördern fremden Umsatzes) entstanden waren.[83] Im Gegensatz zum Inverkehrbringen war das HT ursprünglich keine Tatmodalität und wurde auch nicht im Zusammenhang mit Rauschmittelumgang definiert, sondern mit Notverordnungen nach dem Ersten Weltkrieg. In der Folgezeit blieb dieser Aspekt unberücksichtigt, und das Reichsgericht definierte das HT in seiner ersten Entscheidung zu § 10 Abs. 1 Nr. 1 OpiumG als das „eigensüchtige Entfalten einer auf Umsatz von Betäubungsmitteln gerichteten Tätigkeit."[84]

Die hM bringt ausgerechnet diese Rechtsprechung als „historischen Beleg" für die von **251** Anfang an extensive Auslegung.[85] Der BGH folgte 1954 der Definition des RG; dies war der Beginn der nach und nach folgenden Katalogisierung des HTs durch zahlreiche Entscheidungen. Mit ihr entwickelte sich die oben dargestellte Grunddefinition und nahm

---

[75] BGH 4.10.1978 – 3 StR 232/78, NJW 1979, 1259; 15.1.1980 – 1 StR 730/79; B 1.7.1988 – 2 StR 330/88, NStZ 1988, 507; 4.3.1993 – 4 StR 69/93, StV 1993, 474; 4.5.1999 – 4 StR 153/99, BeckRS 1999, 30057993 = StV 1999, 428; 24.3.1999 – 1 StR 84/99, BeckRS 1999, 30052935 = StV 1999, 429; OLG Frankfurt a. M. 24.11.1976 – 3 Ws 637/7; OLG Hamm 31.10.1996 – 2 Ss 971/96; HJLW/*Winkler* Rn. 4.1; *Joachimski*/*Haumer* § 3 Rn. 7; KPV/*Patzak* Teil 4, Rn. 32 ff.; *Weber*, 2. Aufl., Rn. 144; so schon („weitest auszulegen") RG 25.4.1932 – 3 D 234/32.

[76] BGH 4.10.1978 – 3 StR 232/78, NJW 1979, 1259; 18.9.1979 – 1 StR 384/79; OLG Frankfurt a. M. 20.8.1992 – 2 Ausl. I 2/92.

[77] Rn. 174 und Anm. zu BGH 7.5.2002 – 3 StR 369/01, NStZ 2002, 61.

[78] *Weber*, 2. Aufl., Rn. 145.

[79] NStZ 2002, 62.

[80] BGH 26.7.1994 – 5 StR 98/94, BGHSt 40, 218 = NJW 1994, 2703 = StV 1994, 534.

[81] *Weber* HT S. 131–152; *Schwitters* HT S. 18 ff.; *Ebert* HT S, 44; *Skoupil* HT S. 23 ff.; *Lang*, Betäubungsmittelstrafrecht, S. 189 ff.; hierzu auch KPV/*Patzak* Teil 4 Rn. 27 ff.

[82] RGBl. I 215.

[83] Die Vermittlung stellt eine Beteiligungshandlung dar, die dementsprechend nicht eigenständig kriminalisiert werden müsste (zuzugeben ist, dass zu diesem frühen Zeitpunkt der Entstehung des Gesetzes, die v.a. von *Roxin* entwickelten Lehren von Täterschaft und Tatherrschaft noch nicht existierten; dies könnte der Kritik *Langs*, vgl. S. 192 entgegengehalten werden).

[84] RG DJZ 1932, Sp. 808.

[85] Damit soll aber nicht suggeriert werden, dass dieser Gesichtspunkt vollkommen unter den Tisch gekehrt werden würde, vgl. nur KPV/*Patzak* Teil 4 Rn. 29; vgl. hierzu auch *Oğlakcıoğlu*, BtMG AT, S. 433.

Gestalt an bis zur vorübergehenden „Schlussfassung" in BGHSt 25, 290.[86] **Kritik** gegen diese „von Anfang an beständige Rechtsprechung" formierte sich erst Anfang der 80er Jahre gemeinsam mit der neu aufgeflammten Rechtsgutsdiskussion, als immer mehr Fälle „intuitiven Versuchsunrechts" als vollendetes HT bewertet wurden (etwa der „untaugliche Versuch" des Verkaufs von Schokolade statt Haschisch, entgegen der Vorstellung des Täters). Es mehrten sich die Stimmen, wonach das HT eingeschränkt werden müsste und die Fälle mangelnder Gefährlichkeit für das Rechtsgut grundsätzlich aus dem Tatbestand zu nehmen, also nicht nur (wenn überhaupt) strafzumessungstechnisch zu berücksichtigen seien (zur Kritik noch ausführlich → Rn. 356).

252   **bb) Zäsur: Anfragebeschluss des Dritten Senats.** Der 3. Strafsenat des BGH[87] wollte eine Neuorientierung bei der Auslegung des Begriffs des HT und jedenfalls eine Entscheidung des Großen Senats wegen grundsätzlicher Bedeutung in dieser Frage herbeiführen. Er hielt die weite Auslegung für systemwidrig, weil sie die Versuchsregelung des § 29 Abs. 2 ins Leere laufen lasse und weil sie „in uferloser Ausdehnung des Tatbestandes" dem Grundsatz der Bestimmtheit eines Strafgesetzes nur unzureichend entspreche. Andererseits hat der Senat die Aufrechterhaltung der Verfolgbarkeit von Drahtziehern und Hintermännern des Drogenhandels durchaus als berechtigte kriminalpolitische Ziele einer am Schutzweck des BtMG orientierten Auslegung anerkannt. Er hatte die Schaffung eines Katalogs von handelstypischen Tätigkeiten zur **Neubestimmung des Begriffs des HT** vorgeschlagen, der Handlungen im Vorfeld, ausgesprochene Hilfstätigkeiten und nachfolgende Geldtransaktionen aussparen und wie folgt lauten sollte: „Mit BtM treibt Handel, wer diese eigennützig und in der Absicht, ihren Umsatz zu ermöglichen oder zu fördern, ankauft, erwirbt, sich in sonstiger Weise verschafft, einführt, ausführt, feilhält, Bestellungen entgegennimmt oder aufsucht, veräußert, anderen überlässt, sonst in den Verkehr bringt oder den Erwerb, den Vertrieb oder das Überlassen vermittelt."[88]

253   Insbesondere war der Senat der Auffassung, dass erfolglose Ankaufbemühungen nicht als vollendetes HT gewertet werden könnten, wohl aber die auf den Verkauf gerichtete Händlertätigkeit (Feilhalten, Bestellungen entgegennehmen und aufsuchen) auch schon vor der schuldrechtlichen Einigung. Mit einer solchen „asymmetrischen Differenzierung der Tatvollendung" wollte der Senat der unterschiedlichen Gefährlichkeit von Ankaufs- und Verkaufsbemühungen für das geschützte Rechtsgut Rechnung tragen. Nur der Vierte Senat stand dem Begehren des Dritten Senats positiv gegenüber,[89] während alle anderen Senate an der extensiven Auslegung festhalten wollten.[90] In seinem Vorlagebeschluss[91] hatte der 3. Strafsenat daher wegen Aussichtslosigkeit[92] auf eine Neubestimmung des Begriffs „HT" verzichtet und dem Großen Senat nur noch die Frage vorgelegt, *„ob für die Annahme vollendeten HTs ernsthafte Verhandlungen über einen Ankauf auch dann ausreichen, wenn keine Einigung über die Lieferung von BtM erzielt wird."* Mit dieser Vorlage wollte der 3. Strafsenat jedenfalls erreichen, dass typische Vorbereitungs- und Versuchshandlungen nicht mehr als vollendetes HT angesehen werden.

254   **cc) Entscheidung des Großen Senats in Strafsachen.** Mit seiner Entscheidung vom 26.10.2005[93] hat der Große Strafsenat des BGH den Änderungsbestrebungen des 3. Strafse-

---

[86] Schon in BGH NJW 1979, 1259 wird diese Extension mit den besonderen Strukturen des Betäubungsmittelmarkts begründet; diese Fragen betreffen aber wieder mehr die grundsätzliche Drogenkriminalpolitik und somit die systemtranszendente Rechtsgutsdiskussion, zur Marktsituation und zur Rolle des Strafrechts, insbesondere der weiten Auslegung des HTs vgl. *Weber* HT S. 195–202, S. 212–236.
[87] S. Anfragebeschluss; vgl. dazu BGH 22.1.2004 – 5 ARs 46/03; BGH 27.1.2004 – 4 ARs 23/03; BGH 6.2.2004 – 2 ARs 276/03, NStZ-RR 2004, 183 und BGH 25.3.2004 – 1 ARs 21/3.
[88] BGH 10.7.2003 – 3 StR 61/02 und 3 StR 243/02, NStZ 2004, 105.
[89] BGH 27.1.2004 – 4 ARs 23/03.
[90] BGH NStZ-RR 2004, 183 (2. Senat); 25.3.2004 – 1 ARs 21/03 (1. Senat); 22.1.2005 – 5 ARs 46/03 (5. Senat).
[91] BGH 13.1.2005 – 3 StR 61/02, NJW 2005, 1589 und 30.1.2003 – 3 StR 243/02.
[92] Der 1., 2. und 5. Strafsenat hatten auf Anfrage erklärt, an der bisherigen Definition festhalten zu wollen, der 4. Strafsenat hatte eine vermittelnde Lösung vorgeschlagen.
[93] BGH 26.10.2005 – GSSt 1/05, BGHSt 50, 252 = NJW 2005, 3790 = NStZ 2006, 171.

nats ebenso wie etwaigen Einschränkungsansätzen der Literatur eine Absage erteilt und die tradierte Begriffsbestimmung bestätigt. Während er im amtlichen Leitsatz nur den Anfrage-beschluss des Dritten Senats beantwortet („Für die Annahme vollendeten HTs reicht es aus, dass der Täter bei einem beabsichtigten Ankauf von zum gewinnbringenden Weiterverkauf bestimmten Betäubungsmitteln in ernsthafte Verhandlungen mit dem potentiellen Verkäufer eintritt"),[94] ergibt sich aus dem Beschluss selbst, dass er an der Grunddefinition des HTs sowie an dessen extensiver Auslegung festhält. Dabei rekurriert er auf die über sieben Jahrzehnte von der Rechtsprechung kontinuierlich praktizierte Auslegung des Tatbestands-merkmals HT, die vom Gesetzgeber vorgenommenen Änderungen im BtM-Strafrecht im Bewusstsein dieser Auslegung und die Rezeption des Begriffs HT, die in anderen Materien des Nebenstrafrechts (KrWaffG, AMG, TPG) stattgefunden hat. Allen diesen Entwicklungen lägen gewichtige kriminalpolitische Gesichtspunkte zugrunde, und das Verfassungsrecht[95] gebiete keine restriktive Auslegung des Begriffs.

dd) Folgen der Entscheidung des Großen Senats in Strafsachen. Trotz dieser **255** Zurückweisung wurde der Vorstoß des Dritten Senats als „bahnbrechende"[96] Zäsur mit wichtigen Folgen für den Diskussionsstand angesehen. Entscheidend dürfte hierbei die Klar-stellung des Großen Strafsenats am Ende der Entscheidung sein, wonach es nicht ausreiche, eine Tathandlung nur anhand der weit gefassten Definition („Jede eigennützige auf den Umsatz von Betäubungsmitteln gerichtete Tätigkeit") zu prüfen. Vielmehr sei bei unterge-ordneten Tätigkeiten zusätzlich die Abgrenzung zwischen Täterschaft und Beihilfe nach allgemeinen Regeln vorzunehmen. Darüber hinaus hat man für die Abgrenzung des Ver-suchs zur Seite der Vorbereitungshandlungen hin klargestellt, dass viele Handlungen lediglich typische Vorbereitungen darstellen, weil sie weit im Vorfeld des beabsichtigten Güterumsat-zes liegen. Die Abgrenzung zwischen strafloser Vorbereitung einerseits und strafbarem Ver-such des HTs andererseits sei bislang nur kasuistisch erfolgt, tatsächlich liege ihr häufig als wesentliches Abgrenzungskriterium zugrunde, dass in den Fällen der Vorbereitung noch jede **Konkretisierung der in Aussicht genommenen Tat** fehle (was de facto eine Erhö-hung der Darstellungsanforderungen bedeutet, → Rn. 452).

Zweifellos haben diese Ausführungen bis heute noch **sensibilisierende** Wirkung[97] auf **256** die Praxis der Instanzgerichte, welche eine straflose Vorbereitung auch im Bereich des HTs zumindest in Betracht ziehen müssen. Außerdem ist dieser Passus Ausgangspunkt für die – inzwischen etablierte – **„Kurierrechtsprechung",** die man streng genommen auch als **„Rechtsfolgenlösung"** bezeichnen könnte (wobei es dogmatisch kritisch zu sehen ist, einen unangemessenen Tenor durch eine bedarfsweise Anwendung des § 27 Abs. 2 StGB abzufedern, zum Ganzen noch → Rn. 393 ff.) und die nunmehr das gesamte Betäubungsmittelstrafrecht – jedenfalls im Bereich der Handelsdelikte – durchdringt. Ob hingegen das Kriterium des „konkretisierten Geschäfts" die Abgrenzung zwischen strafloser Vorbereitung und strafbarer Vollendung vereinfacht, bleibt zweifelhaft, wenn bereits der Besitz mit Umsatzwillen HT darstellen soll (mithin scheint das Kriterium der Konkretisierung des Geschäfts nur eine Rolle zu spielen, wenn man noch nicht mit BtM in Berührung gelangt ist).

ee) Bundesverfassungsgerichtlicher Schlusspunkt? Das BVerfG hat in einem Nicht- **257** annahmebeschluss[98] in Kenntnis der Entscheidung des Großen Strafsenats und unter Beru-fung darauf ausgeführt, dass die Vorschrift des Abs. 1 Satz 1 Nr. 1 und die von der Rspr.

---

[94] BGH 26.10.2005 – GSSt 1/05, BGHSt 50, 252 = NJW 2005, 3790 = NStZ 2006, 171 = StV 2006.

[95] Unter Hinweis auf zwei Entscheidungen der 2. Kammer des Zweiten Senats (B. 25.2.1993 – 2 BvR 2229/92 und 24.10.1999 – 2 BvR 1906/99) zu Verfassungsbeschwerden, mit denen geltend gemacht worden war, dass die tradierte Auslegung des Begriffs HT gegen den Bestimmtheitsgrundsatz verstoße, diese Beschwer-den hat das BVerfG mangels Aussicht auf Erfolg nicht zur Entscheidung angenommen.

[96] Vgl. *Roxin* StV 2003, 619.

[97] *Gaede* HRRS 2004, 165 (167); der dies als zweiten Aspekt dem Gedanken folgen lässt, wonach bereits der Anstoß zum Diskurs hoch angerechnet werden muss, der alle (Lehre und Rechtsprechung) zum Nachden-ken anregt.

[98] BVerfG 18.9.2006 – 2 BvR 2126/05, NJW 2007, 1193.

dazu entwickelte Auslegung des HT-Begriffs dem Bestimmtheitsgrundsatz entspricht. Das Begriffsverständnis, dass HT „jede eigennützige, auf den Umsatz von Betäubungsmitteln gerichtete Tätigkeit" sei, sei zwar weit, halte sich aber noch im Rahmen des möglichen Wortsinns des Begriffs „HT". Dass diese Definition des HTs zu einer ausgedehnten Vollendungsstrafbarkeit gemäß dieser Strafvorschrift – auch im Verhältnis zu den anderen Tatbestandsalternativen des Abs. 1 Satz 1 Nr. 1 und gleichfalls in Beziehung auf den Allgemeinen Teil des Strafgesetzbuchs (§§ 22, 23; §§ 25 ff. StGB) – führe, sei kein Problem der Normbestimmtheit, sondern **Ergebnis der Normintention.** Denn Abs. 1 Satz 1 Nr. 1 müsse im Zusammenhang einer Gesetzgebung gesehen werden, die auf eine möglichst umfassende „Bekämpfung der Drogenkriminalität" gerichtet ist (bereits → Rn. 249). Entgegen der noch in der Vorauflage vertretenen Ansicht steht nach dieser Entscheidung[99] allerdings keinesfalls „ein für alle Mal"[100] fest, „dass die vom Großen Strafsenat bestätigte, in ständiger Rechtsprechung vertretene Definition des HTs weder gegen das Gebot der Tatbestandsbestimmtheit verstößt noch die Wortlautgrenze überschreitet und somit **von Verfassungs wegen unbedenklich** ist."[101] Bestes Beispiel hierfür ist der Tatbestand der Untreue und der in diesem Zusammenhang fortentwickelte, etablierte Begriff des Vermögensnachteils, der erst durch die fortschreitend extensive Auslegung durch die Fachgerichte eine Wandelung in der verfassungsrechtlichen Bewertung erfahren musste.[102] Freilich hat solch eine verfassungsrechtliche Entscheidung Signalwirkung und affirmativen Charakter und wird dafür sorgen, dass die in ständiger Rechtsprechung praktizierte weite Auslegung des Begriffs „auf unabsehbare Zeit"[103] unverändert bleibt.

258　　Doch kann solch eine obergerichtliche „gerade-noch-Absegnung" einer tradierten Auslegung bzw. von bestimmten Fallgruppen (bei der Untreue etwa Sachverhalte „schadensgleicher Vermögensgefährdungen") mit sich bringen, dass die Fachgerichte bzw. Instanzgerichte die Grenzen bestimmter Rechtsanwendung immer weiter herausfordern, bis die Praxis der Aburteilung für verfassungswidrig erklärt wird. Anders gewendet: Solange die Bestimmtheit einer Norm von Einzelfällen ihrer Auslegung durch die Fachgerichte abhängig gemacht wird, besteht stets die Möglichkeit, dass sich das Bundesverfassungsgericht ab einem bestimmten Punkt der Rechtsanwendung gezwungen sieht, konkretisierend zu intervenieren. Dieser Punkt ist nach hier vertretener Ansicht zwar schon längst erreicht (und hieran kann auch eine Kontinuität der Rechtsprechung nichts ändern, wenn sie „kontinuierlich" inkonsequent ist). Dies bedeutet allerdings nicht, dass das Bundesverfassungsgericht u.U. erst später die Grenze zur unbestimmten Rechtsanwendung für überschritten erachten wird (wahrscheinlich mit der Klarstellung verknüpft, dass der Tatbestand als solches und auch dessen Auslegung den Anforderungend des Art. 103 Abs. 2 GG genüge[104]), zumal die stetige Fortentwicklung der Kasuistik – insb. die Kreierung von Versuchsfallgruppen in der fachgerichtlichen Rechtsprechung – die Unsicherheiten potenziert und eine Klarstellung herausfordert.

259　　**2. Definitionsbestandteile des HTs im Einzelnen.** Nach der oben wiedergegebenen Definition der hM ist die Erfüllung dreier Merkmale erforderlich, nämlich die Ausübung

---

[99] So auch schon BVerfG 25.2.1993 – 2 BvR 2229/92, BeckRS 1993, 08467 und 24.10.1999 – 2 BvR 1906/99, BeckRS 1999, 15446.

[100] *Rahlf* FS Strauda, 2006, 257.

[101] Krit. auch *Krumdiek/Wesemann* StV 2006, 634 (635).

[102] BVerfG 130, 1= NJW 2012, 907; zur Entwicklung des Begriffs des Vermögensnachteils zusf. *Kudlich/Oğlakcıoğlu* Wirtschaftsstrafrecht Rn. 228a, 330.

[103] *W. Winkler*, Die Entwicklung der Rspr. nach der Entscheidung des Großen Senats zum HT, in: Festschrift der Arbeitsgemeinschaft Strafrecht im DAV, S. 396; differenzierend: HJLW/*Winkler* Rn. 4.1: „Für die Rechtsanwendung ist klar festgelegt, dass die tradierte Rspr. nach wie vor verbindlich ist; ob damit die breite Diskussion in der Literatur beendet wird, erscheint allerdings fraglich."

[104] Insofern sollte man davon absehen, die „Unbestimmtheit" der Norm bzw. der gesetzlichen Formulierung iSd Art. 103 Abs. 2 GG anzuprangern. Dies ist im Hinblick darauf, dass auch im Kernstrafrecht zahlreiche weitere Vorschriften existieren, die in hohem Maße auslegungsbedürftig sind (§§ 246, 240 StGB), nicht zielführend und kaschiert, dass es letztlich um eine Frage der Auslegung positiven Rechts geht, die mit der strafrechtlichen Dogmatik der Deliktsverwirklichungsstufen und Beteiligungsformen vereinbar sein muss, so auch *Niehaus* JR 2005, 193 (194).

einer **Tätigkeit** („Treiben" als auf Handel gerichtetes Tun[105]), die auf einen BtM-**Umsatz gerichtet** und von **Eigennützigkeit getragen** ist.

a) Tätigkeit. Ausreichend ist jede auf einen Güterumsatz gerichtete Tätigkeit,[106] auch **260** jedes „Bemühen",[107] gleich welcher Art und Intensität. Nicht erforderlich ist, dass die Tätigkeit **nach außen** als auf die Veräußerung der Ware gerichtet erkennbar ist.[108] Mithin braucht es nicht einmal einer für Dritte erkennbaren Manifestation des Umsatzwillens. Die auf einen BtM-Umsatz gerichtete Absicht als solche reicht, wenn diese anhand objektiver Indizien ex post zugeschrieben werden kann, sich insofern „niederschlägt".

Das HT umfasst damit sowohl **tatsächliche** Handlungen als auch (nach §§ 134, 138 **261** BGB unwirksame, vgl. → § 3 Rn. 6) **Rechtsgeschäfte.** Die tatsächlichen Handlungen müssen sich nicht auf ein BtM beziehen; soweit Bezugspunkt der Tathandlung ein Gegenstand ist, der seinerseits einen Bezug zu einem Umsatzgeschäft hat, kann dies ausreichen (vgl. noch → Rn. 276). Erfasst sind alle Stadien des Betäubungsmittelumsatzes,[109] wobei der Täter nicht alle diese Stadien durchlaufen muss und die Feststellung einer einzigen Handlung innerhalb dieses „Kreislaufs" ausreicht. Was rechtsgeschäftliche Handlungen angeht, ist nicht nur der Abschluss eines schuldrechtlichen Vertrages erfasst, sondern auch alle sonstigen eigennützig begangenen Handlungen, die der Ermöglichung oder der Förderung des verbotenen BtM-Umsatzes dienen. Hierzu gehören auch die Handlungen, welche auf die Erfüllung eines solchen schuldrechtlichen Vertrages gerichtet sind, einschließlich der – mit Übereignungswillen vorgenommenen – Entrichtung des Kaufpreises, die Voraussetzung für den verbotenen BtM-Umsatz ist und damit diesen erst ermöglicht.[110]

Legt man den Tathandlungskatalog zugrunde und ordnet diesen (wie Abs. 1 Nr. 1 selbst) **262** chronologisch, drängt sich der Anbau bzw. die Herstellung des BtM als „frühstmögliche", tatsächliche Handlung auf. Besorgt sich allerdings der Täter die Drogen bei Dritten (Großhändlern), ist dieses Verhalten maßgeblich, sodass deutlich wird, dass eine Betrachtung orientiert an der zeitlichen Abfolge des BtM-Kreislaufs nur für den ersten Überblick von Bedeutung ist, aber nichts über die Vollendung des Tatbestands im konkreten Einzelfall aussagt. Im Übrigen ist die – hier im Folgenden freilich verknappte – Wiedergabe von Leitsätzen stets mit Vorsicht zu genießen, da hinter der knappen Feststellung, dass ein bestimmtes Verhalten Teilakt des HTs sein kann, nicht selten ein gesamter Umsatz von BtM unter Beteiligung zahlreicher Beschuldigter steht.[111] Schließlich ist es auch denkbar, dass die Entscheidung im Kontext der Mittäterschaft erfolgte bzw. mehrere Umsatzhandlungen festgestellt wurden und nur eine hiervon als maßgeblich (weil offensichtlich) erachtet wurde, während sie alleinstehend u.U. nur als Gehilfenhandlung bewertet werden könnte.

Basierend auf diesen Vorüberlegungen lassen sich die Vielzahl theoretisch möglicher, aber **263** auch in der Praxis real vorkommender tatbestandsmäßiger Handlungen einteilen, in:
– einseitige tatsächliche Handlungen (noch) ohne Bezug zu einem konkreten Rechtsgeschäft (→ Rn. 264 f.),
– Verbalhandelstätigkeiten, die auf den Abschluss eines konkreten Rechtsgeschäfts gerichtet sind (→ Rn. 274 ff.), und

---

[105] BVerfG 18.9.2006 – 2 BvR 2126/05, NJW 2007, 1193.
[106] BGH 21.2.1974 – 1 StR 588/73, BGHSt 25, 290 = NJW 1974, 959; 20.1.1982 – 2 StR 593/81, BGHSt 30, 359 = NJW 1982, 1337; 4.3.1993 – 4 StR 69/93, StV 1993, 474; sehr ausführliche Kasuistik bei KPV/*Patzak* Teil 4 Rn. 45 ff.
[107] BGH 17.5.1996 – 5 StR 119/96, NStZ-RR 1997, 85.
[108] BGH 12.8.1986 – 1 StR 360/86, NJW 1986, 2869.
[109] Beginnend bei der Produktion bis zur letzten Finanztransaktion.
[110] BGH 4.11.1982 – 4 StR 451/82, BGHSt 31, 145 (148) = NJW 1983, 636 = JR 1983, 431 mAnm *Schmid.*
[111] Dies kommt iRd Diskussion zur „Asymmetrie" von „Ankaufs- und Verkaufsbemühungen" zum Vorschein: Bei beiden Handlungen ist noch nichts darüber gesagt, ob der Täter bereits im Besitz von Betäubungsmitteln ist, wobei man dies beim Verkauf eher vermutet, als beim Ankauf. Wenn man aber beispielsweise anmerkt, dass bloße Verkaufsbemühungen für ein vollendetes HT ausreichen, bleibt gerade aufgrund der vergleichenden Betrachtung offen, ob unter den Begriff der Verkaufsbemühungen auch solche Situationen fallen, in denen der Täter sich potentiell noch bemühen müsste, Drogen zwischenzeitlich anzukaufen.

– Handlungen im Zusammenhang mit tatsächlich erfolgten BtM-Umsätzen zur Erfüllung eines Verpflichtungsgeschäfts (→ Rn. 293 ff.), meist unter Einbeziehung Dritter.

264 **aa) Einseitige tatsächliche Handlungen.** Da die Begehungsform des HTs alle Handlungen umfasst, die einen BtM-Umsatz ermöglichen oder fördern (sollen),[112] kann jeder tatsächliche Umgang mit BtM daher HT sein, sofern er nur aus eigennützigen Motiven mit dem Ziel eines BtM-Umsatzes vorgenommen wird.

265 **(1) Anbau, Herstellung.** Wenn jemand BtM in der Absicht **anbaut, herstellt** oder **gewinnt,** sie gewinnbringend zu veräußern, entfaltet er damit zugleich auch Umsatzförderungsaktivitäten.[113] Der Tatbestand des HT ist dann mit der Aufnahme der Anbau- oder Herstellungstätigkeit erfüllt; die Feststellung, welche Menge nach der Tätervorstellung umgesetzt werden sollte, kann hierbei Probleme bereiten, vgl. hierzu → § 29a Rn. 70 (das Anpflanzen der Cannabissetzlinge mit dem Ziel einer späteren Ernte und des gewinnbringenden Weiterverkaufs genügt, auch wenn es dazu letztlich nicht mehr kommt[114]).[115] Die Einbeziehung des Anbaus und der Herstellung ist systematisch gesehen keine Selbstverständlichkeit, da Anbau und Herstellung vor dem Klammerzusatz des Abs. 1 Nr. 1 „ohne Handel zu treiben" stehen. Bereits dieser Aspekt sollte Grund genug sein, etwas näher zu begründen, warum eine zeitlich derart vor dem eigentlichen Umsatzgeschäft liegende Handlung eine (unmittelbar) auf den Umsatz gerichtete Tätigkeit sein soll.[116] Derartige Einwendungen werden aber schlicht unter teleologischen Aspekten (Verfügungsmacht über BtM oder Anbau als Ursprung des BtM-Umsatzes) zurückgewiesen.[117]

266 **(2) Vorbereitung der BtM zum Verkauf.** Logische Konsequenz der Rechtsprechung zum Anbau bzw. zur Herstellung sowie zum Besitz als Teilakte des HTs ist, dass auch das „Aufbereiten" der Droge als Verkaufsprodukt wie etwa das Abfüllen, Portionieren, Mischen,[118] Strecken,[119] Wiegen, Reinigen,[120] Portionieren,[121] Verpacken, Testen,[122] Kennzeichnen, Rühren von Paste und Trocknen mit Hilfe von Zentrifugen[123] als Tathandlungen, bei denen man bereits Verfügungsmacht über Betäubungsmittel hat, Teilakte des HTs darstellen.[124] Damit führen zumindest für den Großhandel typische „Ameisentätigkeiten",[125] zu einem täterschaftlichen HT. Auch dieses Ergebnis korrigiert die Rechtsprechung meist über eine exzessive Anwendung des § 27 Abs. 2 StGB (vgl. noch → Rn. 406, 413 ff.).[126]

267 **(3) Diebstahl, Aberpressung von Drogen.** Auch das **Inbesitznehmen von BtM in Umsatzförderungsabsicht** ist als HT zu werten.[127] Der Täter muss die BtM, mit denen

---

[112] BGH 4.11.1982 – 4 StR 451/82, BGHSt 31, 145 (148) = NJW 1983, 636.
[113] KPV/*Patzak* Teil 4 Rn. 95 f.
[114] BGH 19.2.2015 – 3 StR 546/14, BeckRS 2015, 08389.
[115] BayObLG 14.2.2002 – 4St RR 18/02, NStZ-RR 2003, 161 (*Kotz/Rahlf*) (für den Anbau); BGH 21.7.1993 – 2 StR 331/93, NStZ 1993, 584 (für das Herstellen).
[116] *Oğlakcıoğlu*, BtMG AT, S. 440. Zugegebenermaßen widerspricht man sich augenscheinlich selbst, wenn man einerseits die fehlende Systematik des Gesetzes anprangert, um andererseits systematische Argumente für eine einschränkende Lesart zu verwenden. Doch kann gerade die einschränkende Lesart zur Systematisierung beitragen.
[117] *Oğlakcıoğlu*, BtMG AT, S. 439 ff.
[118] BGH 11.4.1973 – 2 StR 49/73, NJW 1973, 1420.
[119] BGH 28.2.1997 – 2 StR 556/96, BGHSt 43, 8 = NJW 1997, 1717 = NStZ 1998, 257.
[120] BGH 24.3.1993 – 2 StR 103/93, NStZ 1993, 391.
[121] BGH 12.3.1985 – 5 StR 109/85.
[122] Vgl. hierzu LG Trier 2.11.2010 – 8031 Js 3193/10 jug. (KPV/*Patzak* Teil 4 Rn. 107).
[123] LG Köln 29.3.1990 (KPV/*Patzak* Teil 4 Rn. 99).
[124] *Weber* HT S. 94; KPV/*Patzak* Teil 4 Rn. 96.
[125] Also Handlungen von Personen, die nicht in das Gesamtgeschäft einbezogen sind, sondern innerhalb eines arbeitsvertragsähnlichen Geschäftsverhältnisses agieren.
[126] Vgl. nur BGH 14.12.2006 – 4 StR 421/06, NStZ 2007, 288.
[127] BGH 20.1.1982 – 2 StR 593/81, BGHSt 30, 359 = NJW 1982, 1337; vgl. auch BGH 23.9.1992 – 3 StR 275/92, NStZ 1993, 44; BayObLG 14.2.1995 – 4 St RR 198/94, BayObLGSt 1995, 27; zust. KPV/*Patzak* Teil 4 Rn. 126 ff.; hierzu auch *Arendt* ZfZ 1982, 318.

er ein Umsatzgeschäft beabsichtigt, nicht auf abgeleitetem Wege erlangt haben. Schon die bloße Inbesitznahme von BtM, auf welchem Wege sie auch immer erfolgt, ist als unerlaubtes HT anzusehen, wenn der Täter in der Absicht handelt, das BtM gewinnbringend zu verwerten oder auf sonstige Weise für sich einen persönlichen Vorteil zu erlangen.[128] Demgemäß liegt auch insbesondere in der **Inbesitznahme durch eine strafbare Handlung** (= Sichverschaffen), zB Diebstahl, (Fund-)Unterschlagung, Raub, Erpressung und Betrug, tatbestandsmäßiges HT.

Die Formulierung „HT" darf nicht dazu verleiten, dass an **„Handelsgeschäfte"** oder einen „Handelsbe-   **268** trieb" iS der Bestimmungen über die Geschäfte eines Kaufmanns zu denken ist, die zum Betrieb seines Handelsgewerbes gehören (vgl. zB § 343 HGB). Die Bindung an den auf Handel gerichteten Gewerbebetrieb hat schon das RG gelöst.[129] Seitdem wird jede eigennützige, den Umsatz fördernde Tätigkeit vom Begriff des HT erfasst, selbst wenn es sich nur um eine gelegentliche, einmalige oder vermittelnde Tätigkeit handelt.[130] Die Assoziation des gewerblich tätigen Händlers, die beim Begriff des „HT" aufkommt, hat restriktives Potential. Der 3. Strafsenat[131] hatte in der Inbesitznahme von BtM im Wege des Diebstahls in der Absicht, sie gewinnbringend zu veräußern, kein HT gesehen und zur Begründung darauf abgestellt, dass HT schon nach seinem Wortsinn ein Verhalten voraussetze, das dem **Tätigkeitsbereich eines Händlers** zugerechnet werden kann (daran fehle es beim bloßen Akt der Gewahrsamsbegründung durch Diebstahl). Dieser Auffassung hat der 2. Strafsenat wenig später widersprochen.[132] Der 3. Strafsenat hat seine Rechtsansicht inzwischen zwar wieder aufgegeben: auch für ihn stellt sich jetzt die Inbesitznahme eines BtM, auf welchem Wege auch immer, mit der Absicht, es gewinnbringend zu verwerten, als unerlaubtes HT dar.[133] Dabei ist dem Dritten Senat zuzustimmen, dass auch im Ganovenmilieu ein (freilich verbotener und zivilrechtlich unwirksamer, vgl. § 134 BGB) Handel denkbar bleibt. An dem Bild lässt sich jedoch nicht festhalten, wenn selbst Handlungen, die nicht einvernehmlich im Ganovenmilieu erfolgen, unter das Tätigkeitsfeld des „Händlers" subsumiert werden.

Nach neuerer Rechtsprechung ist insofern auch hier ein besonderes Augenmerk auf   **269** die Abgrenzung von Täterschaft und Teilnahme zu legen.[134] Bei gleichgerichteter Absicht kann es nicht darauf ankommen, ob der Besitz als rein tatsächliches Herrschaftsverhältnis durch Rechtsgeschäft oder durch verbotene Eigenmacht (§ 858 BGB) erworben worden ist. Andernfalls – so die Rechtsprechung – würde die ungleiche Behandlung trotz gleicher Motivation des Täters darauf hinauslaufen, dass ein Dieb (= kein HT) besser gestellt werden würde als der „ehrliche" Erwerber von BtM (= HT).[135] Dies trifft allerdings nicht zu: Zum einen ist auch das Sich-Verschaffen unter Strafe gestellt. Zum anderen kann der Täter ebenso wegen HT (in nicht geringen Mengen) verurteilt werden. Ist sich der Täter bei der Inbesitznahme des BtM unschlüssig, ob er es behalten soll, und entschließt er sich, es wieder zurückzugeben, so stellt sich die Inbesitznahme nicht als Teil eines etwaigen HTs dar,[136] weil es an der Umsatzförderungsabsicht bei Inbesitznahme gefehlt hat und diese später auch nicht mehr dazukam. Zudem erfährt diese äußerst extensive Auslegung des HTs nach neuerer Rechtsprechung des Dritten Senats dahingehend eine Einschränkung, als die Vollendung der Tat verneint werden muss, wenn der Dieb von Betäubungsmitteln unmittelbar nach der Inbesitznahme festgenommen wird und die Betäubungsmittel sichergestellt werden (allenfalls komme Versuch in Betracht).[137] Kein HT stellt die bloße Entsorgung von BtM-Abfällen (Cannabispflanzenresten) dar.[138]

(4) Reiner Besitz als Teilakt des HT. Unklar ist hingegen die Rechtsprechung zum   **270** Besitz als „Zustand" bzw. zum **reinen Besitz** als Unterlassungshandlung.[139] Zwar hat der

---

[128] BGH 20.1.1982 – 2 StR 593/81, BGHSt 30, 359 = NJW 1982, 1337 und 9.10.1991 – 1 StR 520/91, NJW 1992, 381 (382); 18.6.1993 – 4 StR 318/93, StV 1993, 570.

[129] RG 18.1.1918 – IV 701/17, RGSt 51, 379 (380).

[130] BGH 24.6.1986 – 5 StR 153/86, BGHSt 34, 124.

[131] BGH 4.12.1981 – 3 StR 408/81, BGHSt 30, 277.

[132] BGH 20.1.1982 – 2 StR 593/81, BGHSt 30, 359.

[133] BGH 23.9.1992 – 3 StR 275/92, NStZ 1993, 44.

[134] BGH 11.6.2015 – 3 StR 182/15, NStZ-RR 2015, 280.

[135] Vgl. BGH 20.1.1982 – 2 StR 593/81, BGHSt 30, 359 = NJW 1982, 1337.

[136] BGH 18.3.1981 – 3 StR 68/81, NStZ 1981, 263; 5.7.1988 – 1 StR 212/88, NStZ 1988, 558.

[137] BGH 11.6.2015 – 3 StR 182/15, NStZ-RR 2015, 280.

[138] BGH 28.11.2013 – 5 StR 576/13, NStZ 2014, 166.

[139] Zum Ganzen *Oğlakcıoğlu*, BtMG AT, S. 442 ff.; KPV/*Patzak* Teil 4 Rn. 63.

BGH den amtlichen Leitsatz „der Besitz mit Umsatzwillen ist Teilakt des HTs" ständig wiederholt und somit prima vista keine weiteren „objektiv sichtbaren" Handlungen für ein HT verlangt.[140] Jedoch wurden in den entsprechenden Einzelfällen weitere Handlungen, die für einen Umsatzwillen sprechen, festgestellt und unbefriedigende Ergebnisse durch eventuell höhere Anforderungen an die subjektive Tatseite, spätestens aber mit der Zuweisung als Gehilfentätigkeit korrigiert.[141] Nimmt man hingegen den Tenor „Besitz als Teilakt des HT" ernst, müsste bereits der Besitz für sich genügen, soweit objektive Indizien für den Umsatzwillen (Verpackung, Menge, Mischsubstanzen) hinzutreten. Entsprechendermaßen heißt es in den Entscheidungen und auch in der Kommentarliteratur, dass das **Vorrätighalten**,[142] **Lagern**,[143] oder **für einen anderen Aufbewahren**,[144] von BtM als HT bewertet werden könne.

271   Dies ist **kritisch** zu sehen, da die Auffangfunktion des Besitzes hier in einen anderen Tatbestand hineingelesen wird, obwohl der Gesetzgeber für derartige Beweisschwierigkeiten gerade den § 29 Abs. 1 Nr. 3 geschaffen hat.[145] Zumindest kann man festhalten, dass alleine die Menge (als wichtigster sonstiger Umstand, der außerhalb des „Täterverhaltens" liegt) für sich gerade noch nicht als Indiz für einen Umsatzwillen herangezogen werden kann, was sich bereits aus der Existenz des Tatbestands der nicht geringen Menge (gem. § 29a I Nr. 2 BtMG) ergibt.[146]

272   **(5) Transporttätigkeiten.** Als weitere „tatsächliche" Handlung ist der Transport der Betäubungsmittel von einem Ort zum anderen zu nennen.[147] Hierbei kann der Transport verschiedene Ziele betreffen, das neue Depot nach der Produktion (im Ausland), das Quartier des Zwischenhändlers[148] oder der Briefkasten des Endabnehmers. Die Einfuhr bzw. Durchfuhr[149] stellen gegenüber dem einfachen Besitz ein „Mehr" dar bzw. setzen diesen zwingend voraus.[150] Das hat zur Konsequenz, dass die Verbringungsdelikte im Rahmen des HTs nicht mehr als Erfolgsdelikte klassifiziert werden können, da bereits die Fahrt an sich vollendetes HTs bedeutet. Auch die Vorbereitung des Transports kann Teilakt des HTs sein, so etwa der „Einbau" von Rauschgift in den präparierten Tank des geführten Fahrzeugs.[151]

273   **(6) Sonstige tatsächliche Handlungen.** Als weitere tatsächliche Handlungen kommen noch organisatorische Tätigkeiten während der Abwicklung des Rechtsgeschäfts in Frage:

---

[140] BGH 18.3.1981 – 3 StR 68/81, NStZ 1981, 263; BGH 2.1.1990 – 1 StR 642/89; 29.7.1992 – 3 StR 61/92, BGH NStZ 1992, 546; 18.6.1993 – 4 StR 318/93, StV 1993, 570; 26.8.1993 – 4 StR 326/93, BeckRS 1993, 31086157; BGH 4.8.1999 – 2 StR 100/99, NStZ 1999, 572.

[141] Soweit sich das Verhalten eben im Lagern, Deponieren für einen anderen erschöpft.

[142] BGH 12.3.1985 – 5 StR 109/85.

[143] BGH 15.1.1980 – 1 StR 730/79; 29.8.1990 – 3 StR 184/90, NJW 1991, 435; 29.7.1992 – 3 StR 61/92, NStZ 1992, 546; 28.4.1994 – 4 StR 196/94, StV 1994, 658; 15.12.1997 – 4 StR 196/94, StV 1998, 587 (588).

[144] BGH 25.5.1994 – 2 StR 203/94; 29.11.1994 – 4 StR 637/94, StV 1995, 197.

[145] *Oğlakcıoğlu*, BtMG AT, S. 440.

[146] Die konsequente Anwendung der „Besitz als Teilakt"-Rechtsprechung hat auch die abstruse Folge, dass ein HT mit Waffen gem. § 30a Abs. 2 Nr. 2 BtMG auch dann in Betracht kommt, wenn der Täter die Waffe bei sich zu Hause aufbewahrt und überhaupt nicht in (physischen) Kontakt mit Dritten gelangt, vgl. noch → § 30a Rn. 109, 118, 123.

[147] BGH 10.2.2016 – 2 StR 413/15, NStZ 2016, 414; BGH 13.10.1977 – 4 StR 408/77 (Transportieren einer Plastiktüte von einem Fahrzeug zu einem anderen im Auftrag eines Dritten, wenn eine gewisse Verfügungsgewalt über Ware besteht); vgl. auch BGH 23.4.1993 – 3 StR 145/93, NJW 1993, 2389 (Transport eines nicht dem BtMG unterfallenden Paracetamol-Coffein-Gemisches, das als Heroin-Streckmittel verwendet werden soll); vgl. auch KPV/*Patzak* Teil 4 Rn. 117 ff.

[148] Das Quartier kann sich im Gegensatz zur Produktionsstätte in Deutschland befinden, dh die Betäubungsmittel müssen eingeführt werden.

[149] BGH NStZ 1984, 171.

[150] Für die Einfuhr hatte dies der BGH iRd Konkretisierung des Begriffs der Bewertungseinheit mehrmals festgestellt. In den jeweiligen Grundsatzentscheidungen war allerdings auch der anschließende Verkauf bzw. der vorhergehende Erwerb der Betäubungsmittel nachgewiesen worden. So in BGHSt 30, 28; vgl. auch BGHSt 31, 163; zur Ausfuhr BGH NStZ 1099, 496; zum Fall eines fehlgeschlagenen Schifftransports BGH 23.8.1989 – 3 StR 120/89, BeckRS 1989, 31106397; vgl. hierzu auch BGH NStZ 1986, 274.

[151] BGH 15.5.1984 – 5 StR 257/84.

Überwachung von Betäubungsmittelgeschäften[152] oder Rauschgifttransporten (bzw. die Warnung vor Polizeikontrollen);[153] **Überlassen der Wohnung,** des Kellers oder des PKW als „Drogenbunker" sowie typische Handlungen zur Abwicklung des Geschäfts, etwa die Drogenübergabe, schlichte Bezahlung des Kaufpreises,[154] Übergabe eines „Probeschusses" Heroin oder einer Probelieferung,[155] das **Verschenken** von Heroin an Personen, die Handelsgeschäfte mit Rauschgift vermittelt hatten oder noch vermitteln sollten, als Belohnung oder als Lockmittel für künftige gewinnbringende Heroinhandelsgeschäfte,[156] das **Eintreiben des Kaufgelds** und **Geldtransfers** zählen ebenfalls zu den rein tatsächlichen Handlungen.[157] Soweit derartige Handlungen von den unmittelbar das Rauschgiftgeschäft abschließenden und profitierenden Personen durchgeführt werden (und dies auch nachgewiesen ist), haben sie keine praktische Relevanz. Meist handelt es sich um Handlungen von Hilfspersonen, die dementsprechend auch als Gehilfen eingeordnet werden, obwohl im ersten Schritt ein täterschaftliches HT bejaht wird, da eben diese Handlungen dem weiten Begriff unterfielen (zum bloßen Dulden bzw. Dabeisein vgl. bereits → Vor § 29 Rn. 107 sowie noch → Rn. 440).[158] Bei Handlungen, die zeitlich nach dem Umsatzgeschäft liegen, stellt sich darüber hinaus die Frage, ob einer Beteiligung nicht die Beendigung des HTs entgegensteht bzw. derartige Tätigkeiten nicht unter die **Anschlussstraftaten** (man denke an die Geldwäsche gem. § 261 StGB und Begünstigung gem. § 257 StGB) zu subsumieren sind.[159]

bb) Verbalhandelstätigkeiten (Abschluss von Rechtsgeschäften). Mit dem Begriff **274** des „Verbalhandels"[160] sollen – im Gegensatz zu den Fällen, in denen es um tatsächlich erfolgte BtM-Umsätze („Realhandel") geht – die Fälle erfasst werden, die den **Abschluss von Verträgen** (bzw. die darauf gerichteten Bemühungen) **über BtM-Umsätze** betreffen. Jedes ernsthafte und konkrete Gespräch (auch von Seiten des Kaufinteressenten, der später gewinnbringend weiterveräußern will) über ein auf den Umsatz eines BtM gerichtetes Geschäft wird bereits als (vollendetes) HT bewertet. In der Praxis sind dies im Wesentlichen die Fälle, in denen die Beteiligten sich nicht auf einen Vertragsabschluss einigen konnten oder die Erfüllung des eingegangenen Vertrags unmöglich war bzw. wurde oder aber in denen Beteiligte nur während dieses Abschnitts eines länger andauernden Handlungsablaufs tätig wurden. Dass die Verträge gem. §§ 134, 138 BGB nichtig sind, spielt keine Rolle (→ § 3 Rn. 6).

In all diesen Fällen kommt es für die rechtliche Subsumtion auch vorrangig auf die Abreden **275** und nicht erst auf die spätere Lieferung an.[161] Dies gilt sowohl für die Frage des Vorliegens einer **nicht geringen Menge** wie auch für den **Schuldumfang.**[162] Wer also zum gewinnbringenden Weiterverkauf vier bzw. fünf Kilo Marihuana zu einem Kilopreis von 3.300 EUR bestellt, hat – mangels anderweitiger Abreden – bereits dadurch jeweils vollendetes HT mit Marihuana von zumindest mittlerer Qualität in dieser Menge begangen. Der voraussichtliche

---

[152] Zur Überwachung BGH NStZ 1994, 449.

[153] BGH 27.7.1994 – 3 StR 149/94; BGH 9.7.1987 – 4 StR 229/87. Für den Schiffstransport LG München I 5.3.1991 – 9 Kls 338 Js 13 742/90, und nachg BGH 31.3.1992 – 1 StR 794/91 (Zahlungsversprechen einer erhöhten Heuer bei einem Schiffstransport (weil sonst das Schiff nicht über den Atlantik gebracht werden könnte), Überwachen des Ausladens, Notieren der Anzahl der umgeladenen Säcke auf einem Zettel).

[154] BGH 4.11.1982 – 4 StR 451/82, BGHSt 31, 145 (148) = NJW 1983, 636 = JR 1983, 431 mAnm Schmid; 20.3.1985 – 2 StR 861/84; 30.1.1986 – 2 StR 513/85.

[155] BGH 16.4.2004 – 2 StR 69/04, BeckRS 2004, 04890; 30.9.2004 – 4 StR 297/04, BeckRS 2004, 10172.

[156] LG Würzburg 12.5.1978 – 6 KLs 119 Js 18 286/77.

[157] BGHSt 31, 145 (Kaufpreiszahlung); BGH StV 1995, 641 (Beitreiben des Kaufpreises).

[158] BGH StV 2000, 67.

[159] Zur Beendigung des HTs → Rn. 469.

[160] „Besitzloser Betäubungsmittelhandel", so BGH 10.5.2007 – 5 StR 74/07, BeckRS 2007, 09032 = NStZ 2007, 529.

[161] BGH 14.4.1999 – 3 StR 22/99, NJW 1999, 2683 = StV 1999, 432; 6.11.1991 – 3 StR 406/91, NStZ 1992, 191; 9.12.2004 – 4 StR 164/04, BeckRS 2005, 00712; 23.5.2006 – 3 StR 142/06, BeckRS 2006, 07347 = NStZ 2006, 577.

[162] BGH 23.5.2006 – 3 StR 142/06, BeckRS 2006, 07347.

und auch vom Vorsatz des Auftraggebers umfasste Wirkstoffgehalt der Bestellmenge ist dabei maßgeblich sowohl für die Annahme einer nicht geringen Menge als auch für die Bestimmung des Schuldumfangs. Wird nachträglich nicht die bestellte, zumindest durchschnittliche Qualität, sondern schlechtere Ware geliefert, kann dies an dem bereits vorher verwirklichten Tatunrecht nichts mehr ändern. Die mangelhafte Qualität kann lediglich ähnlich wie eine nachträgliche Sicherstellung der Ware bei der **Strafzumessung** berücksichtigt werden.[163]

276 Dabei legt der BGH bereits 1954 fest: Der Gegenstand, mit dem gehandelt wird, braucht nicht zur Stelle zu sein. Handel treibt auch, wer eine Sache zum Kauf anbietet, **ohne sie zu besitzen**. Da es demnach nicht einmal darauf ankommt, ob das Betäubungsmittel, das der Täter anbietet, überhaupt zu seiner Verfügung steht, so muss es auch gleichgültig sein, ob der Stoff, zu dessen Lieferung er sich erbietet, ein echtes Betäubungsmittel ist, oder ob er es nur für ein solches hält oder ob er plant, ein unechtes Betäubungsmittel zu liefern."[164] Basierend auf dieser Entscheidung hat die Rechtsprechung in weiteren Entscheidungen diese Position weiter bekräftigt und betont, dass es für ein vollendetes HT sowohl auf Seiten des Ankäufers als auch Seiten des Verkäufers unerheblich ist, ob[165]
– der Verkäufer nach ernsthaften Verkaufsgesprächen **seinerseits keinen Lieferanten** findet,[166]
– der Verkäufer **trotz fehlender Lieferquelle** die Vereinbarung abschließt,[167]
– die Drogen noch vor Abwicklung des Geschäfts durch die Polizei **sichergestellt** wurden,[168]
– der Verkäufer **nur einen Teil der vereinbarten** Menge liefern kann,[169]
– der Verkäufer **irrtümlich eine andere Substanz** als Heroin verkauft,[170]
– der Verkäufer ein ernsthaftes und verbindliches Verkaufsangebot abgibt,[171]
– der Vertragspartner in **Wirklichkeit ein V-Mann der Polizei** bzw. ein Verdeckter Ermittler ist,[172]
– der Vertragspartner nur ein „**Ripp-Dealer**" ist, der keinerlei Betäubungsmittel kaufen, sondern sich die Drogen in einem geeigneten Augenblick mit Gewalt aneignen will,[173] oder
– die **Ankaufbemühungen** zum Zwecke des Weiterverkaufs **erfolglos** bleiben.[174]

277 All diesen Entscheidungen sind die subjektiven Komponenten der Ernsthaftigkeit und Verbindlichkeit des Vertragsangebots gemeinsam (sowohl auf Seiten des Käufers als auch auf Seiten des Verkäufers).

278 **(1) Kaufbemühungen.** Nicht nur der Verkäufer, sondern auch der Kaufinteressent kann sich wegen vollendeten HTs strafbar machen, wenn seine Aktivitäten auf den Erwerb zum Zwecke des gewinnbringenden Weiterverkaufs gerichtet sind.[175] Jeder Einkauf stellt naturgemäß immer auch eine Förderung eines BtM-Umsatzes dar. Für den Käufer kommt es aber

---

[163] BGH 23.5.2006 – 3 StR 142/06, BeckRS 2006, 07347.
[164] BGHSt 6, 246; hierzu *Endriss/Kinzig* NJW 2001, 3217 (3218): „Damit war der Damm gebrochen".
[165] Diese Fallgruppen fasst bereits *Weider* Deal S. 16 f. zusammen.
[166] BGH NStZ 1986, 557.
[167] Allerdings die reelle Chance sieht, liefern zu können, vgl. BGH StV 1992, 517 m. Anm. *Roxin*.
[168] BGH 15.4.1980 – 5 StR 135/80, BGHSt 29, 239; BGH 5.9.1991 – 4 StR 386/91, NJW 1992, 380; die Sicherstellungsfälle sind bei *Skoupil* HT S. 118 ff. ausführlicher dargestellt.
[169] Dass hier vollendetes HT anzunehmen ist, dürfte im Vergleich zu den anderen Entscheidungen selbstverständlich sein; allerdings geht der BGH konsequenterweise davon aus, dass die vereinbarte Menge und eben nicht nur die gelieferte, entscheidend für den Schuldspruch ist, BGH 12.4.1995 – 3 StR 31/95.
[170] BGH 6.11.1991 – 3 StR 406/91, NStZ 1992, 191; BGH 14.4.1999 – 3 StR 22/99, NJW 1999, 2683; zur „Scheindrogen-Fallgruppe" vgl. auch *Skoupil* HT S. 124.
[171] BGH 15.3.1995 – 3 StR 15/95, NStZ-RR 1996, 48; 26.10.2005 – GSSt 1/05, BGHSt 50, 252.
[172] BGH 2.12.1999 – 3 StR 479/99, NStZ 2000, 207.
[173] KPV/*Patzak* Teil 4 Rn. 87.
[174] Diese Fallgruppe war Gegenstand des Anfragebeschlusses durch den Dritten Senat, BGH 10.7.2003 – 3 StR 61/02, NStZ 2004, 105, → Rn. 252.
[175] BGH 23.9.1992 – 3 StR 275/92, NStZ 1993, 44; 15.3.1995 – 2 StR 15/95, NStZ-RR 1996, 48; KPV/*Patzak* Teil 4 Rn. 50.

auf seine Willensrichtung an: kauft der Täter BtM nur zum Eigenverbrauch, liegt darin noch nicht ein HT; erwirbt er das BtM zum Zwecke des (gewinnbringenden) Weiterverkaufs, treibt er bereits dadurch Handel.[176] Selbst der misslungene Versuch, BtM zum Weiterverkauf zu erwerben, stellt vollendetes HT dar.[177] Für die Vollendung des Tatbestandes reicht es aus, dass der Täter das Stadium allgemeiner Anfragen verlässt und sich mit dem – von der Absicht zur gewinnbringenden Weiterveräußerung getragenen – ernsthaften Willen, BtM zu erwerben, an eine Person wendet, die nach seiner Vorstellung als Verkäufer oder Vermittler in Betracht kommt,[178] auch wenn das Geschäft letztlich nicht zustande kommt, weil der prospektive Veräußerer trotz ernsthafter Bemühungen seinerseits keinen Lieferanten findet.

Erkundigungen nach einem Lieferanten **„weit im Vorfeld des beabsichtigten, noch** **279** **nicht näher konkretisierten Drogenumsatzes"** sind allerdings noch keine Ankaufbemühungen;[179] auch dann, wenn die Beteiligten auf der (potentiellen) Käuferseite sich erst intern abstimmen, bevor sie die Verhandlungen mit der (potentiellen) Verkäuferseite über den Erwerb von BtM aufnehmen,[180] liegt noch keine nach außen verwirklichte Handlung über eine Ankaufbemühung vor (allerdings kommt eine Strafbarkeit nach § 30 StGB in Betracht). Ebenso stellen sich **Voranfragen** zumeist als typische Vorbereitungshandlungen dar, weil sie weit im Vorfeld des beabsichtigten Güterumsatzes liegen; sie erfüllen noch nicht einmal die Voraussetzungen eines Versuchs des HT. Schließlich fehlt es in diesen Fällen noch an einer irgendwie gearteten **Konkretisierung der in Aussicht genommenen Tat.** Allgemein gehaltene Anfragen und Anerbieten („Hast du was?", „Geht was?", „Ich hab was!", etc) genügen somit nicht für ein HT, somit auch nicht die bloße Erklärung, man könne Heroin beschaffen.[181] „Verbindliche Gespräche" lassen sich erst bei ernsthaften Verkaufsverhandlungen, die über allgemein gehaltene Anfragen hinausgehen,[182] oder sich bereits auf ein konkret umzusetzendes BtM-Geschäft beziehen,[183] annehmen.

(2) Ankauf. Wenn bereits die Ankaufbemühung (zum Zwecke des Weiterverkaufs) **280** genügt, muss der endgültige Kauf erst Recht HT darstellen.[184] Der Tatbestand ist bereits erfüllt, wenn der Täter mit einem Dritten die ernsthafte Vereinbarung getroffen, dass ihm zur Veräußerung bestimmte Betäubungsmittel geliefert werden.[185] Die zur Zeit des Abkaufs schon bestehende Absicht späteren (gewinnbringenden) Weiterverkaufs kann sich aus Äußerungen des Käufers beim Ankauf oder aus der größeren Menge des erworbenen BtM[186] ergeben, die eine normale Bevorratung für Eigenverbrauchszwecke übersteigt.

(3) Verkaufsbemühungen. Ein weitergehender Erst Recht Schluss lässt sich im Hin- **281** blick auf verbindliche und ernsthafte (wenn auch nur einseitige) Verkaufsangebote ziehen,[187]

---

[176] BGH 18.4.1979 – 2 StR 84/79.

[177] BGH 26.10.2005 – GSSt 1/05, BGHSt 50, 252 = NJW 2005, 3790 = StV 2006, 19.

[178] BGH 12.8.1986 – 1 StR 360/86, NJW 1986, 2869; OLG Stuttgart 29.4.2003 – 4 Ss 76/03, Justiz 2003, 594.

[179] BGH 15.12.2005 – 3 StR 61/02, BeckRS 2005, 30366546.

[180] BGH 10.10.2006 – 1 StR 377/06, NStZ 2007, 287 = StraFo 2007, 73.

[181] BGH 30.3.1988 – 2 StR 63/88.

[182] BGH 12.8.1986 – 1 StR 360/86, NJW 1986, 2869; 15.1.1992 – 2 StR 267/91, StV 1992, 517 mAnm *Roxin*; 15.3.1995 – 2 StR 15/95, NStZ-RR 1996, 48.

[183] BGH 6.2.2004 – 2 ARs 276/03, NStZ-RR 2004, 183; 15.9.2004 – 2 StR 232/04, StV 2005, 271; 9.2.2005 – 2 StR 421/04, NStR-RR 2005, 348; OLG Karlsruhe 26.2.2008 – 1 Ws 51/98, NStZ-RR 1998, 348.

[184] BGH 18.4.1979 – 2 StR 84/79; 29.7.1982 – 4 StR 355/82; 16.8.1991 – 3 StR 254/91, StV 1993, 308; 12.4.1995 – 3 StR 31/95; 26.10.2005 – GSSt 1/05, BGHSt 50, 252 = NJW 2005, 3790 = StV 2006, 19; KPV/*Patzak* Teil 4 Rn. 46 ff.

[185] BGH 13.8.2009 – 3 StR 224/09, BeckRS 2009, 25653 = NStZ 2010, 142 (*Detter* [94]) = NStZ 2010, 144 (*Detter* [114]) = StRR 2010, 209 (*Apfel/Strittmatter*) = StRR 2010, 211 (*Apfel/Strittmatter*).

[186] BGH 26.8.1993 – 4 StR 326/93; vgl. aber B 13.5.1992 – 2 StR 139/92, StV 1992, 469; 6.10.1992 – 1 StR 665/92.

[187] BGH in stRspr, vgl. zuletzt BGH 15.9.2004 – 2 StR 232/04, StV 2005, 271; hieran hätte sich auch nach der vom 3. Strafsenat des BGH (B 10.7.2003 – 3 StR 61/02 und 243/02, NStZ 2004, 105 m. Bespr. *Weber* NStZ 2004, 66 = StraFo 2003, 392 mAnm *Gaede* = StV 2003, 501 mAnm *Roxin* StV 2003, 619) vorgeschlagenen Neudefinition des HT-Begriffs nichts geändert; denn danach sollten nur erfolglose *Ankauf*bemühungen nicht mehr als HT angesehen werden; vgl. auch KPV/*Patzak* Teil 4 Rn. 88.

die dem Kaufinteressenten zugegangen sind. Eine invitatio ad offerendum genügt, man denke an einen „Headshop" (Laden mit Vertrieb von legalem Zubehör für die Cannabis-Szene), wo „Räucherhanf" angeboten wird.[188] Da die Initialzündung vom „Verkäufer" ausgeht, dürfte zumindest in denjenigen Fällen des Endverkaufs die etwas extensivere Haltung, wonach keine „Verkaufsgespräche" erforderlich sind,[189] sondern nur der Zugang einer ernst gemeinten Abgabe einleuchten. Ob dem wirklich so ist (ob also zwischen dem Verkauf an Zwischenhändler und dem Endkonsumenten unterschieden wird bzw. es eine Rolle spielt, dass es zu „Gesprächen" gekommen ist), lässt sich den Entscheidungen nicht entnehmen. Zumindest wurde in früherer Rechtsprechung HT bei Verhandlungen über die Lieferzeit und Angebot einer sofortigen Ersatzlieferung[190] aber auch beim Führen erfolgloser Kaufverhandlungen[191] in Betracht gezogen.

282   Ist der Verkauf abgeschlossen, kommt es auf die Erfüllung nicht an. Ebenso muss kein konkreter Akt des Vertragsschlusses (Datum sowie „Brief und Siegel") nachgewiesen sein. Der BGH[192] hat hierzu ausgeführt: „Bei der Auslegung des Begriffs des HT können die Besonderheiten, die sich im BtM-Handel herausgebildet haben, nicht außer Betracht bleiben. Zu ihnen gehört die Eigenart der Geschäftsabwicklung, wie sie vor allem unter den internationalen BtM-Händlern zu beobachten ist. Der Übergabe des ‚Stoffes' gehen, sofern es sich nicht um die Belieferung aufgrund von Dauerkontakten handelt, in der Regel wiederholte Verhandlungen voraus. Diese dienen vor allem dazu, die Zuverlässigkeit des Partners abzuklären, werden aber auch dazu benutzt, die Qualität der Ware zu prüfen. Oft lässt sich, selbst durch die unmittelbar Beteiligten, nicht eindeutig sagen, bei welcher der Besprechungen ein Kaufvertrag zustande gekommen ist, zumal auf diesem Gebiet förmliche Vertragsabschlüsse nicht üblich sind. Wollte man trotz derartiger Gegebenheiten den Nachweis des Abschlusses eines schuldrechtlichen Vertrages zur Erfüllung des Tatbestands fordern, so wäre dies lebensfremd und würde dem Sinn des Gesetzes widersprechen.

283   Auch im Bereich der Verkaufsbemühungen ist allerdings zu beachten, dass diese sich häufig als typische Vorbereitungshandlungen darstellen, weil (insbesondere, wenn die Betäubungsmittel noch nicht verfügbar sind) ihnen der Bezug zu einer konkret geplanten Tat fehlt; sie erfüllen dann noch nicht einmal die Voraussetzungen eines Versuchs des HTs. Nach dem Beschluss des Großen Strafsenats zum HT[193] ist das wesentliche Abgrenzungskriterium, dass in den Fällen der Vorbereitung noch **jede Konkretisierung der in Aussicht genommenen Tat fehlt.** Bietet zB jemand 50 kg Amphetamin zum Verkauf an, das erst hergestellt werden soll und bei dem die Herstellung wegen fehlender Geldmittel ungewiss und überdies zweifelhaft ist, ob es gelingt, die erforderlichen Geldmittel zu beschaffen, so soll die Offerte **„weit im Vorfeld des beabsichtigten Güterumsatzes"** liegen und dürfe nicht als HT beurteilt werden.[194] Freilich hat die subjektive Vorstellung des Täters gar nichts bzw. die Wahrscheinlichkeit der Umsetzung des Geschäfts nur bedingt mit dem zeitlichen Kriterium „Vorfeld des beabsichtigten Güterumsatzes" zu tun.

284   Nach älterer Rechtsprechung genügte bereits **das Verhandeln über den Abschluss eines schuldrechtlichen Vertrages,** das nach der Absicht des Täters zum Vertragsschluss führen soll. Dabei sollte es nicht einmal darauf ankommen, ob das BtM, das der Täter anbietet, überhaupt zu seiner Verfügung steht[195] oder dass der Täter bereits über eine

---

[188]   OLG Zweibrücken 25.5.2010 – 1 Ss 13/10, BeckRS 2010, 13810.
[189]   Zum „Verhandeln" BGH 11.6.1975 – 2 StR 88/75; 10.1.1978 – 2 StR 716/77, GA 1978, 242; 26.1.1978 – 3 StR 537/77; 22.1.1981 – 1 StR 728/80, StV 1981, 181.
[190]   BGH 11.6.1985 – 5 StR 245/85.
[191]   BGH 12.8.1986 – 1 StR 360/86, NJW 1986, 2869.
[192]   BGH 11.6.1975 – 2 StR 88/75; vgl. auch BGH 26.1.1978 – 3 StR 537/77; 20.12.1978 – 2 StR 191/78; 22.1.1981 – 1 StR 728/80, StV 1981, 181; 12.8.1986 – 1 StR 360/86, NJW 1986, 2869; 15.3.1995 – 2 StR 15/95, NStZ-RR 1996, 48.
[193]   BGH Großer Senat für Strafsachen 26.10.2005 – GSSt 1/05, BGHSt 50, 252 = NJW 2005, 3790 = NStZ 2006, 171 = JR 2006, 171 = StV 2006, 19 = StraFo 2005, 517.
[194]   BGH 7.7.2006 – 2 StR 184/06, NJW 2007, 1221 = StV 2006, 639.
[195]   BGH 1.7.1954 – 3 StR 657/53, BGHSt 6, 246; 21.2.1974 – 1 StR 588/74, BGHSt 25, 290; 15.4.1980 – 5 StR 135/80, BGHSt 29, 239; 12.8.1986 – 1 StR 360/86, NJW 1986, 2869; 15.1.1992 – 2 StR 267/91,

gesicherte Bezugsquelle für das angebotene BtM verfügt; es sollte genügen, dass er eine reelle Chance sieht, sich eine solche Bezugsquelle mit Hilfe seiner bereits bestehenden Kontakte erschließen und vereinbarungsgemäß liefern zu können.[196] Misslingt dann wider Erwarten die Beschaffung der BtM, ändert dies (aus nachträglicher Sicht) nichts an dem Vorliegen des bereits mit der Behauptung der Liefermöglichkeit vollendeten HT.[197] Daran hat sich nach dem **Beschluss des Großen Strafsenats** zum HT[198] nur bedingt etwas geändert, da der Tatrichter einen Bezug zu einer konkret beabsichtigten Tat feststellen muss, die nach Ort, Zeit und Umfang und Preis der Lieferung mit einer aus Sicht der Beteiligten realistischen Realisierungsmöglichkeit verhandelt wird. In der Sache handelt es sich lediglich um eine Erhöhung der Darstellungsanforderungen im Falle bloßer Verkaufsbemühungen im Hinblick auf den Umsatzwillen bzw. die Ernstlichkeit des Angebots.

Denn zweifelsohne muss ein Umsatzwille bzw. der Vorsatz bzgl. des HTs verneint wer- **285** den, wenn sich der Täter der Unmöglichkeit der Beschaffung von BtM von Anfang an bewusst ist. In diesem Fall handelt es sich nicht um ein ernsthaftes, in Gewinnabsicht unterbreitetes Verkaufsangebot, sondern lediglich um ein **Scheinangebot.** Ein solches Angebot kann je nach Sachlage zwar den Tatbestand des Betrugs, nicht aber den des HT mit BtM – auch nicht den des § 29 Abs. 6 BtMG – erfüllen (hierzu → Rn. 1767).[199]

Auf eine tatsächliche Förderung des erstrebten Umsatzes kommt es nicht an,[200] deshalb **286** liegt (vollendetes) HT vor, wenn die Anbahnung (konkret) bestimmter Geschäfte nicht gelingt oder wenn die konkret bestimmten Verkaufsbemühungen nicht zum Abschluss eines Vertrags führen.[201]

(4) Verkauf. Als Umsatztathandlung schlechthin liegt (vollendetes) HT vor, wenn der **287** Verkäufer eine ernsthafte Lieferverpflichtung eingegangen ist.[202] Allein der Abschluss des Verpflichtungsgeschäfts ist entscheidend, sodass es auf das etwaige Scheitern des vereinbarten Erfüllungsgeschäfts, insbesondere die Übergabe des BtM gar nicht ankommt, zB weil dem Verkäufer die Beschaffung des BtM misslingt[203] oder polizeiliche Sicherstellung des BtM erfolgt, auf das sich das Verpflichtungsgeschäft bezieht. Ebenso unerheblich ist, dass das Verpflichtungsgeschäft unter Umständen eine Umsatzförderung tatsächlich gar nicht bewirken kann, zB wenn auf der Käuferseite zum Schein ein V-Mann der Polizei (als Vermittler) und ein Polizeibeamter (als Kaufinteressent) mitgewirkt haben.[204]

(5) Tauschbemühungen. Tauschverträge sind im Drogenmilieu von großer Bedeu- **288** tung (zB Haschisch gegen Heroin, Pkw gegen Kokain,[205] Hehlerware gegen BtM, sexuelle Handlungen gegen BtM). Bereits die Erlangung einer Zusage, dass ein Angeklagter am Ende einer Transportfahrt zur Einfuhr von Betäubungsmitteln 500 g Amphetamin als Ent-

StV 1992, 517 mAnm *Roxin;* 14.4.1999 – 3 StR 22/99, NStZ 2000, 95 mAnm *Körner;* LG Koblenz 16.12.1983 – 102 Js 6968/81–9 KLs, NStZ 1984, 272.

[196] BGH 15.1.1992 – 2 StR 267/91, StV 1992, 517 mAnm *Roxin;* diese Auslegung hat das BVerfG mit dem bei *Franke/Wienroeder* Rn. 75 zitierten unveröffentlicht gebliebenen NichtannahmeB 24.10.1999 – 2 BvR 1906/99, für verfassungsrechtlich unbedenklich angesehen.

[197] BGH 15.1.1992 – 2 StR 367/91, vgl. vorhergehende Fn. unter Bezugnahme auf BGH 12.8.1986 – 1 StR 360/86, NJW 1986, 2869.

[198] BGH Großer Senat für Strafsachen 26.10.2005 – GSSt 1/05, BGHSt 50, 252 = NJW 2005, 3790 = NStZ 2006, 171 = JR 2006, 171 = StV 2006, 19 = StraFo 2005, 517.

[199] BGH 5.5.1976 – 3 StR 111/76; 9.10.1987 – 2 StR 437/87; 20.2.2003 – 4 StR 4/03; 25.3.2003 – 4 StR 9/03, NStZ-RR 2003, 185; 30.9.2004 – 4 StR 297/04, BeckRS 2004, 10172.

[200] BGH 27.6.1978 – 2 StR 702/77; 4.10.1978 – 3 StR 232/78, NJW 1979, 1259; 4.12.1981 – 3 StR 408/81, BGHSt 30, 277; 20.1.1982 – 2 Str 593/81, BGHSt 30, 359; 20.8.1991 – 1 StR 273/91, NJW 1992, 380; 26.4.1994 – 1 StR 87/94, NJW 1994, 2162; Anm. *Krack* JuS 1995, 585; 11.6.2001 – 1 StR 111/01, wistra 2001, 379; BayObLG 14.2.1995 – 4 St RR 198/94, BayObLGSt 1995, 27.

[201] BGH 21.2.1974 – 1 StR 588/73, BGHSt 25, 290 (zu 1. und 2.) = NJW 1974, 959.

[202] KPV/*Patzak* Teil 4 Rn. 71 ff.

[203] Vgl. BGH 15.1.1992 – 2 StR 267/91, StV 1992, 517 mAnm *Roxin.*

[204] BGH 25.3.1981 – 3 StR 61/81, NStZ 1981, 257 = StV 1981, 276; 4.12.1981 – 3 StR 408/81, BGHSt 30, 277 = NJW 1982, 708; 2.12.1999 – 3 StR 479/99, NStZ 2000, 27.

[205] BGH 1.6.1983 – 3 StR 193/83, NStZ 1983, 560.

lohnung von einem Dritten erhält, die der Angeklagte gewinnbringend weiterverkaufen will, erfüllt den Tatbestand des HTs mit Betäubungsmitteln.[206] Grundsätzlich gilt, dass alle in Gewinnerzielungsabsicht[207] entfalteten ernsthaften Bemühungen, die auf den Abschluss eines Tauschvertrages gerichtet sind, bei dem wenigstens auf einer Seite BtM stehen, als (vollendetes) HT zu bewerten sind. Freilich ist im Falle eines Tauschgeschäfts der Nachweis des Umsatzwillens bzw. der Eigennützigkeit etwas erschwert, als das Mehr des Wertes der empfangenen oder in Aussicht gestellten Gegenleistung im Verhältnis zur gelieferten oder versprochenen Ware oder Dienstleistung ermittelt werden muss (ggf. ist ein Wertgutachten einzuholen). Im Übrigen gilt das für die Kauf- und Verkaufsbemühungen zuvor Dargelegte entsprechend.

289   **(6) Tauschverträge.** Können bereits Tauschbemühungen (vollendetes) HT sein, gilt dies umso mehr für abgeschlossene Tauschverträge. Auch hier ist dem Merkmal der Gewinnerzielungsabsicht[208] besondere Aufmerksamkeit zu widmen. Eine Besonderheit gilt für die **Umtauschvereinbarung** (meistens: schlechter Stoff gegen Geld oder schlechter Stoff gegen guten Stoff): War bereits der Ausgangsvertrag als HT zu bewerten, so liegt keine neue Tat des HT vor, weil eine weitergehende Umsatzförderung nicht stattfindet.[209]

290   **(7) Vermittlungsbemühungen.** Da unter HT jede eigennützige, auf Güterumsatz gerichtete Tätigkeit fällt, ist es nicht erforderlich, dass **eigene Umsatzgeschäfte** getätigt werden; auch die eigennützige Förderung fremder Verkäufe erfüllt den Tatbestand des HTs.[210] Hierunter fallen auch vermittelnde Tätigkeiten[211] für einen Kaufinteressenten, einen Verkäufer oder für beide. Zumeist wird der Vermittler – schon, damit er nicht um seine Provision geprellt wird – sich persönlich und eigenhändig in die Vertragsanbahnung und nach Möglichkeit auch in die Vertragserfüllung einschalten. Für die Erfüllung des Tatbestandes ist dies aber nicht nötig. Bereits die Benennung oder Zuführung eines Drogenlieferanten gegenüber einem Kaufinteressenten oder eines Kaufinteressenten gegenüber einem Lieferanten ist (vollendetes) HT, sofern Eigennützigkeit gegeben ist. Wie bei den Kauf- und Verkaufsbemühungen, so kommt es auch bei Vermittlungsbemühungen nicht darauf an, ob das zu vermittelnde Geschäft zustande kommt oder nicht: allein das ernsthafte (eigennützige) Bemühen um die Vermittlung eines BtM-Umsatzes ist (vollendetes) HT.[212] Die ernsthafte Erklärung, beim Absatz von BtM durch Vermittlung von Kaufinteressenten behilflich sein zu wollen, ist bereits (vollendetes) HT.[213] Wer sich durch die Vermittlung eines Kuriers für BtM-Transporte gegen Entgelt unmittelbar in ein BtM-Geschäft einschaltet, entfaltet dadurch eine eigene, als HT einzuordnende Tätigkeit.[214] Entsprechendes gilt für die eigennützige Vermittlung anderer Personen zur Förderung eines BtM-Umsatzes (Chemiker, Transporteure, Bewacher, Geldgeber, Lagerhalter usw). Vermittlung des Kontakts zwischen den Partnern eines BtM-Geschäfts kann Förderung eines Umsatzes sein.[215]

291   **(8) Vermittlungen.** Können bereits Vermittlungsbemühungen (vollendetes) HT sein, so gilt dies umso mehr dann, wenn es zum Abschluss der zu vermittelnden Verträge gekommen ist. Dem Merkmal der Gewinnerzielungsabsicht kommt bei Vermittlungsgeschäften besondere Bedeutung zu. Vermittlungshandlungen sind ihrer Natur nach **Beihilfehandlungen.** Wegen des weitgefassten Begriffs des HT (jede Umsatzförderung) werden sie zu

---

[206] BGH 17.4.2014 – 3 StR 84/14, BeckRS 2014, 15081 = NStZ-RR 2014, 344 (345).
[207] BGH 16.11.1989 – 1 StR 623/89.
[208] BGH 16.11.1989 – 1 StR 623/89; 15.11.2000 – 2 StR 431/00, NStZ-RR 2001, 118.
[209] BGH 31.1.1979 – 2 StR 526/78; BGH 11.9.1981 – 2 StR 489/81, StV 1982, 23; 14.11.1985 – 4 StR 588/85, StV 1986, 342; 30.9.2009 – 2 StR 323/09, BeckRS 2009, 28662 (insoweit in NStZ-RR 2010, 26 nicht abgedruckt).
[210] BGH 31.8.1983 – 2 StR 342/83; 27.6.1984 – 2 StR 143/84.
[211] BGH 25.10.1989 – 3 StR 313/89.
[212] BGH 25.10.1989 – 3 StR 313/89.
[213] BGH 27.6.1978 – 2 StR 702/77; 25.10.1989 – 3 StR 313/89.
[214] BGH 13.11.1985 – 3 StR 354/85, NStZ 1986, 232.
[215] BGH 31.7.2012 – 4 StR 229/12, BeckRS 2012, 17200.

täterschaftlichen Handlungen, allerdings erst bei Hinzutreten eigennütziger Motive. Fehlt es hieran, so verbleibt es bei der Beurteilung als Beihilfehandlung, und zwar je nachdem, auf welcher Seite der Vermittler tätig geworden ist, wobei in Betracht kommen Beihilfe zum Erwerb, wenn er sich für einen Kaufinteressenten um Kontakt zu einem Lieferanten bemüht, Beihilfe zum HT, wenn er einem Verkäufer die benötigten Kaufinteressenten zuführt oder benennt, tateinheitlich Beihilfe zum Erwerb und als Beihilfe zum HT, wenn er für beide Seiten zugleich tätig wird. Die neuere Rechtsprechung tendiert allerdings dazu, auch reine (eigennützige) Vermittlungstätigkeiten und -bemühungen **als Beihilfe** zu klassifizieren, wenn der Mittelsmann keinen Einfluss auf die gedealten Mengen und Preise hat, sein Mitspracherecht ebenso wie ein finanzielles Eigeninteresse gering ist (vgl. noch → Rn. 423).[216]

Folgende **Besonderheiten** sind erwähnenswert: Erklärt sich der Täter zur **Vermittlung** 292 **eines mengenmäßig begrenzten Geschäfts** (zB einen kg Haschisch) bereit, kann ihm eine – abredewidrig – bestellte größere Menge (zB sieben kg Haschisch, zwei kg Amphetamin) unter dem Gesichtspunkt täterschaftlichen HTs nicht zugerechnet werden. Führt der Täter die Vermittlung in Kenntnis der größeren Menge zu Ende, ist er bezüglich der überschießenden Menge zumindest dann nur Gehilfe des Händlers, wenn er hierfür kein zusätzliches Entgelt erhält.[217] Sind auf einer Seite oder auf beiden Seiten[218] des zu vermittelnden Geschäfts **verdeckte Ermittler** eingesetzt und kann der vom Vermittler nach seiner Vorstellung geförderte BtM-Umsatz tatsächlich gar nicht zustande kommen, so liegt dennoch vollendetes und nicht nur versuchtes HT des Vermittlers vor.

cc) Einbeziehung Dritter. Schaltet eine Partei, die an einem auf einen BtM-Umsatz 293 gerichteten Vertrag beteiligt ist, eine weitere Person zur Erfüllung ihrer vertraglichen Verpflichtungen ein, so kann seinerseits der Abschluss dieses Vertrages wie auch seine Erfüllung für den Auftraggeber eine weitere Einzeltat des umfassenden HT-Delikts und für den Auftragnehmer je nach den Umständen des Einzelfalls unerlaubtes HT durch eigennützige Förderung fremder Umsatzgeschäfte sein. Gerade bei diesem bunten Strauß an Handlungen (vgl. im Folgenden 1–6) kommen die mit einem extensiven Tatbestandsverständnis einhergehenden Probleme deutlich zum Vorschein, vgl. nochmals → Rn. 386. Ganz untergeordnete Tätigkeiten werden zumeist als Beihilfehandlungen bewertet, wobei deren Prüfung im Einzelfall wiederum nicht den allgemeinen Regeln folgt. Statt davon auszugehen, dass unmittelbar am Geschäft Nichtbeteiligte (Überwacher, Vermitter, Transporteure)[219] nicht als Handeltreibende angesehen werden können, wird die Tatbestandsmäßigkeit im ersten Schritt bejaht, um darauffolgend von einer Teilnahmehandlung auszugehen. Typische Teilnahmehandlungen sind allerdings keine tatbestandlichen Handlungen. Dementsprechend hat bereits *Paul* den Vorschlag gemacht, für das HT stets die Förderung *eigener* Umsatzgeschäfte zu fordern.[220] Dies hätte die einleuchtende Konsequenz, dass man typische Hilfstätigkeiten von vornherein ausklammert und nicht erst nach einer „wertenden Gesamtbetrachtung" zur Gehilfenstellung gelangt.

Folgende **Fallgestaltungen** sind angesprochen: 294

(1) Beförderung („Kuriertätigkeit"). Die Tätigkeit des Kuriers, der gegen Entlohnung 295 selbstständig BtM transportiert, ohne selbst Käufer oder Verkäufer zu sein, kann HT darstellen[221] (zur Abgrenzung von Täterschaft und Teilnahme bei Kurieren vgl. → Rn. 451).

---

[216] BGH 14.8.2012 – 3 StR 274/12, BeckRS 2012, 18740; BGH 4.9.2012 – 3 StR 337/12, BeckRS 2012, 20347; 5.10.2010 – 3 StR 339/10, NStZ-RR 2011, 57; BGH 27.3.2014 – 4 StR 20/14, BeckRS 2014, 09613.
[217] BGH 3.8.1990 – 2 StR 320/90.
[218] BGH 5.8.1993 – 4 StR 439/93, NStZ 1994, 39.
[219] Gemeint sind solche, die entweder zur Abwicklung oder aber auch zur Vorbereitung eines konkreten Umsatzgeschäfts dienen.
[220] *Paul* StV 1998, 623.
[221] BGH 4.3.1993 – 4 StR 69/93, StV 93, 474; BGH 16.9.1997 – 1 StR 472/97, BeckRS 1997, 31357150 = StV 1997, 638 (Anreise zum Umladen von BtM und die Übergabe einer Waffe an einen Tatbeteiligten).

Gegenstand der Kuriertätigkeit können aber auch andere Gegenstände (Geld zum Ankauf von BtM, Erlöse,[222] Grundstoffe, Streckmittel,[223] Geräte zur BtM-Herstellung,[224] Schließfachschlüssel,[225] Informationen[226]) sein; der Begriff wird häufig vorschnell auf den „Drogenkurier" eingeengt. Der **Drogenkurier** ist in aller Regel als Mittäter oder Gehilfe im Rahmen eines BtM-Umsatzes tätig – mit einer Ausnahme: wenn der Transport sich auf BtM bezieht, die nur für den Eigenverbrauch oder für sonstige nicht der gewinnbringenden Weiterveräußerung dienende Zwecke bestimmt sind;[227] dann liegt mangels Förderung eines von seinem Auftraggeber beabsichtigten Umsatzgeschäftes kein HT, sondern Beihilfe (gegebenenfalls auch täterschaftliche Beteiligung) zum Erwerb, zum Verabreichen oÄ vor. Für den **Geldkurier** gelten die Ausführungen unten zum Geldtransport;[228] für den **Grundstoff-, Streckmittel- oder Gerätekurier** kommt es darauf an, ob seine Tätigkeit auf die Ermöglichung oder Förderung **eines bestimmten Umsatzgeschäfts** mit BtM zumindest in dem Sinne abzielt, dass ein konkretes Geschäft „angebahnt" ist oder „läuft".[229] Ist das nicht der Fall, so liegt regelmäßig eine Beteiligung an einer Herstellungshandlung vor. Bereits das **Anwerben** eines Transportmittlers bzw. Drogenkuriers ist dem HT zuzuordnen, wenn dieses Bemühen dem späteren (konkretisierten[230]) Absatz von BtM dienen soll.[231] Dies mag prima vista erst recht für den **Kurierüberwacher** gelten.[232] Doch könnte man solch einem „Erst-Recht"-Schluss auf entgegenhalten, dass Überwacher per se hierarchisch über den Kurieren stehen und insofern eine wichtigere Rolle einnehmen, als die Kuriere selbst.[233] Auch an dieser Stelle wird die Schwäche der Gesamtbetrachtung wieder deutlich.

296 Nicht selten werden „Chauffeure" und „Kuriere" als Spezialisten erst zum Zeitpunkt, in dem sie gebraucht werden, in das Handelsgeschäft einbezogen und mit dem Transport der Drogen beauftragt. Weil das Umsatzgeschäft u.U. läuft, dieses aber nicht der Kurier abwickelt, ist weder die Anbahnung des Geschäfts noch der Besitz von Betäubungsmitteln ein taugliches Kriterium für die Konkretisierung des Vollendungsbereichs. Scheitern die Betäubungsmittelgeschäfte bzw. macht der Auftraggeber einen Rückzug,[234] ohne dass der Kurier eine „auf Umsatz gerichtete Tätigkeit" entfaltet – sprich überhaupt mit dem Transport beginnt und somit noch nicht mit Betäubungsmitteln in Kontakt kommt[235] –, lehnt die Rechtsprechung

---

[222] BGH 30.1.2001 – 1 StR 423/00, NJW 2001, 1289; 17.7.1997 – 1 StR 791/96, BGHSt 43, 158 = NJW 1997, 3323 = StV 1997, 589.
[223] BGH 23.4.1993 – 3 StR 145/93, NJW 1993, 2389.
[224] BGH 25.10.2001 – 4 StR 208/01, BGHSt 47, 134 = NJW 2002, 452.
[225] BGH 9.11.1989 – 3 StR 377/89, NStZ 90, 130.
[226] So *Weber* Rn. 54.
[227] BGH 14.9.1988 – 3 StR 333/88, BeckRS 1988, 31105294.
[228] → Rn. 299.
[229] BGH 1.8.1990 – 2 StR 147/90, NJW 1991, 305 (Vorbereitung einer geplanten Kuriertätigkeit); 23.4.1993 – 3 StR 145/93, NJW 1993, 2389 (Transport eines Streckmittels); 15.6.1994 – 3 StR 54/94, StV 94, 429 (Beschaffen von Streckmitteln); 20.6.1994 – 3 StR 150/94, NStZ 1994, 501 (Transport von Streckmitteln); 6.4.1995 – 5 StR 72/95, StV 1995, 524 (Transport von Streckmitteln); 14.5.1996 – 1 StR 245/96, NStZ 1996, 507 (Fahrt nach Amsterdam, um dort BtM zu erwerben); 30.1.2001 – 1 StR 423/00, NStZ 2001, 323 (324) (Beschaffung eines Tatfahrzeugs); 25.10.2001 – 4 StR 208/01, BGHSt 47, 134 = NJW 2002, 452.
[230] OLG Karlsruhe 26.2.1998 – 1 Ws 51/98, NStZ-RR 1998, 348.
[231] BGH 30.1.1986 – 2 StR 574/85; 11.7.1995 – 1 StR 189/95, StV 1995, 641.
[232] BGH 26.4.2000 – 3 StR 573/99, NStZ-RR 2000, 278; BGH NStZ 2007, 531; 13. 4.2011 – 3 StR 53/11, BeckRS 2011, 11759; BGH 22.8.2012 – 4 StR 272/12, NStZ-RR 2012, 375; 1.10.2015 – 3 StR 287/15, NStZ-RR 2015, 378.
[233] *Oğlakcıoğlu*, BtMG AT, S. 595 ff.
[234] Dies ist deswegen so erwähnenswert, weil das Scheitern des Umsatzes gerade keine Rolle für die Beteiligten am Betäubungsmittelabsatz spielt.
[235] Wobei man teils aber auch schon die konkrete Zusage des Kuriers unter das HTs subsumiert, so in BGH 3 StR 120/89, in der bereits die feste Zusage des Kapitäns mehrere Tonnen Haschisch für ein bestimmtes Entgelt zu transportieren als vollendetes HT zu bewerten sei. Allerdings hatten die Angeklagten im konkreten Fall unmittelbar zum Transport angesetzt: „Zur Übernahme der zwei weiteren Tonnen Haschisch vor der marokkanischen Küste kam es nur deshalb nicht, weil das Lieferfahrzeug trotz bestehenden Lichtkontaktes nicht herankam und die Angeklagten dann verabredungsgemäß den Treffpunkt mit ihrem Schiff verließen.

eine Vollendung u.U. ab. Die Bemühungen des Kuriers stellen entweder einen strafbaren Versuch (auf dem Weg zur Verfügungsmacht[236]) oder eine straflose Vorbereitung dar (noch zu Hause, bloße Zusage[237]). Soweit dem Kurier nicht die Entstehung des Geschäfts nach § 25 Abs. 2 StGB zuzurechnen ist, bleibt die Transporttätigkeit alleiniger Anknüpfungspunkt. So geht die Rechtsprechung in einschlägigen Fällen vor, und die Verfügungsmacht über Betäubungsmittel kristallisiert sich hier als maßgebliches Abgrenzungskriterium für den Versuch des HTs heraus. Auch hier sind Durchbrechungen dieser herausgearbeiteten Prinzipien zu entdecken.[238] Beim HT besteht stets die Möglichkeit, das täterschaftliche Versuchsunrecht über eine vollendete Beihilfe zu erfassen; so hat der Erste Senat bei einem Kurier, der sich auf den Weg nach Deutschland machte, um dort Betäubungsmittel entgegenzunehmen, vollendete Beihilfe zum HT angenommen, obwohl diese bereits von der Polizei **sichergestellt** worden waren (da aus Sicht des Haupttäters die Sicherstellung nichts an der Vollendung der Tat ändert, vgl. im Folgenden).[239] Solch ein Vorgehen führt zu merkwürdigen Konsequenzen, weil man den Kurier auch bei einem erfolgreichen Transport wegen dessen untergeordneter Stellung nur als Gehilfen eingeordnet hätte.[240]

(2) Eintreibung des Kaufpreises. Auch das Eintreiben des Kaufpreises kann vollendetes **297** HT darstellen.[241] Allerdings gelten Besonderheiten dann, wenn das BtM **bereits sichergestellt** worden ist. In solchen Fällen kann die Einforderung des Entgeltes den BtM-Umsatz meist nicht mehr objektiv fördern (wobei hierin die Schwäche einer „rechtsfolgenorientierten" Annahme einer Beihilfe deutlich wird; obwohl das Verhalten auf den Umsatz von BtM gerichtet ist, müsste man – nachdem aufgrund der untergeordneten Stellung des Eintreibenden nur eine Gehilfenstrafbarkeit anzunehmen ist – dazu übergehen, die „Erfolgstauglichkeit" der Beihilfehandlung zu prüfen). Hiervon sieht die Rechtsprechung (zum Teil, → Rn. 466) allerdings ab, als es genügen soll, dass dem Täter die Sicherstellung nicht bekannt ist, er also davon ausgeht, den BtM-Umsatz fördern zu können (mithin werden die Grundsätze täterschaftlichen HTs auf den Gehilfen übertragen).[242] Zum anderen können Einforderung, Kassierung und Weiterleitung des Entgeltes für eine bereits erfolgte, aber sichergestellte BtM-Lieferung insofern dem BtM-Umsatz dienen, als sie im Rahmen eines eingespielten Bezugs- und Vertriebssystems stattfinden und damit der nächsten BtM-Lieferung den Boden berei-

---

Von der Durchführung des Transports der halben Tonne Haschisch für die englische Gruppe nahm der Angeklagte H deswegen Abstand, weil ihm unter Drohungen (auch gegen seine Familie) von dem Amerikaner R. das Versprechen abgenötigt wurde, nur dessen Ladung zu transportieren." Wenn in derartigen Fällen auf die „Selbstständigkeit der Kurierzusage" abgestellt wird (vgl. *Weber* HT S. 97), verträgt sich dies nicht mit den übrigen Fällen der bloßen Kurierzusage ohne erfolgreichen Transport, vgl. Fn. 68, 69.

[236] BGH StV 1985, 14; StV 1986, 527; BGH NStZ-RR 2003, 137 (hier im Zusammenhang eines Rücktritts von der Kuriertätigkeit iRd § 30 Abs. 1 Nr. 4, die über § 30 Abs. 2 StGB gelöst wurde).

[237] BGH StV 1990, 549 („Der Angekl. hat hier aber noch keine Kuriertätigkeit entfaltet. Er hat lediglich versucht, ein Transitvisum für Frankreich zu erlangen. Als er dafür eine Hotelbuchung in Spanien vorlegen sollte, sah man davon ab, den Angekl. als Kurier einzusetzen. Diese Tätigkeiten des Angekl. sind nicht als tatbestandsmäßige Ausführungshandlungen des HTs mit Betäubungsmittel zu bewerten; mit ihnen hat er nicht einmal zu einer solchen Handlung im Sinne des Versuchs angesetzt [...]). Hierzu auch *Skoupil* HT S. 113 ff.

[238] BGH 25.8.1992 – 1 StR 362/92, StV 1992, 516; BGH 28.5.2008 – 1 StR 196/08, NStZ 2008, 573.

[239] BGH 28.5.2008 – 1 StR 196/08, NStZ 2008, 573; in eine ähnliche Richtung bereits BGH 20.8.1991 – 1 StR 273/91, NStZ 1992, 38.

[240] Vgl. nur 28.2.2007 – 2 StR 516/06, BGHSt 51, 219 = NJW 2007, 1220; BGH 30.3.2007 – 2 StR 81/07, NStZ-RR 2007, 246; BGH 30.10.2008 – 3 StR 397/08, NStZ-RR 2009, 93; BGH 19.3.2009 – 4 StR 20/09, NStZ-RR 2009, 254; BGH 2.2.2010 – 3 StR 4/10, NStZ-RR 2010, 318. Umgekehrt müsste man über eine vollendete Beihilfe bereits dann diskutieren, wenn die Betäubungsmittel nicht sichergestellt worden wären. Die unmittelbaren, als Gehilfentätigkeit zu qualifizierenden Handlungen (nämlich der Transport) wurden schließlich noch gar nicht vorgenommen. Zu Recht daher krit. der Fünfte Senat, vgl. BGH 7.2.2008 – 5 StR 242/07, BGH NJW 2008, 1460.

[241] BGH 29.6.1995 – 1 StR 345/95, NJW 1995, 3264; 28.11.1995 – 5 StR 569/95; 17.5.1996 – 5 StR 119/96, NStZ-RR 1997, 85; 17.7.1997 – 1 StR 791/96, BGHSt 43, 158 = NJW 1997, 3323 = StV 1997, 589; 21.5.1999 – 2 StR 154/99, NStZ 1999, 467; 1.6.2006 – 1 StR 32/06, NStZ 2006, 578 = StraFo 2006, 388.

[242] BGH 20.8.1991 – 1 StR 273/91, NJW 1992, 380; 26.4.1994 – 1 StR 87/94, NJW 1994, 2162.

ten.[243] Dies alles lässt sich auch dahin umschreiben, dass ein HT dann nicht mehr möglich ist, wenn nach der Vorstellung des Beteiligten jedweder BtM-Umsatz, zu dem die auf den Erlös gerichteten Bemühungen Bezug haben können, beendet ist.[244] Entsprechendermaßen hat der Zweite Senat ein HT in Zweifel gezogen, wenn sich die Handlung des Beteiligten in der **bloßen Weiterbeförderung von Rauschgifterlösen** an Hintermänner erschöpfte, mögen diese auch – als Lieferanten der Letztverkäufer – ihrerseits Ansprüche gegen diese haben.[245] Sofern sich HT mit BtM nach diesen Grundsätzen nicht feststellen lässt, kommt eine **Begünstigungshandlung** nach § 257 StGB in Betracht.[246]

298   **(3) Unterstützende Finanztransaktionen.** Die Finanzierung fremden HT mit BtM, zB durch Hingabe von Darlehen oder durch finanzielle Beteiligungen, kann dann HT sein, wenn **das in Aussicht genommene Geschäft zum Zeitpunkt der Hingabe konkret individualisierbar** ist.[247] In einem solchen Fall ist dann für einen Schuldspruch (nur) wegen Bereitstellens von Geldmitteln zum unerlaubten HT mit BtM nach Abs. 1 Nr. 4 kein Raum. Durch diese Vorschrift ist eine Beihilfehandlung – eben das Bereitstellen von Geldmitteln zum unerlaubten HT mit BtM – zu einer selbstständigen strafbaren Handlung erhoben.[248] Dabei handelt es sich um einen Auffangtatbestand,[249] der sicherstellen soll, dass die Versorgung des illegalen BtM-Verkehrs mit zusätzlichen Geldmitteln auch dann strafrechtlich geahndet werden kann, wenn die Haupttat nicht begangen oder nicht versucht wird[250] oder sonst die Voraussetzungen eines Schuldspruchs wegen täterschaftlichen HTs oder wegen Beihilfe zum unerlaubten HT mit BtM nicht nachgewiesen werden können. Weisen die Feststellungen sämtliche Voraussetzungen eines Schuldspruchs wegen Beihilfe zum unerlaubten HT mit BtM aus, so besteht Gesetzeskonkurrenz; die Vorschrift tritt als subsidiär zurück.[251] Sie erfordert in Fällen der vorliegenden Art Beachtung nur insofern, als durch sie die obligatorische Strafmilderung nach § 27 Abs. 2 S. 2 StGB ausgeschlossen wird.[252] Für eine **hinreichende Individualisierbarkeit** der in Aussicht genommenen Tat soll es zB genügen, wenn dem Finanzier bekannt ist, dass das Geld zum Ankauf einer großen Menge hochwertigen Heroins in Thailand bestimmt ist, welches in die Schweiz und nach Deutschland verbracht und dort gewinnbringend verkauft wird.[253] Die bloße **Finanzierung fremden HTs** mit BtM durch Hingabe von Darlehen ist schon für sich allein nicht ohne Weiteres als (täterschaftliches) HT mit BtM zu werten: es ist zu prüfen, ob sich der Geldgeber durch die Darlehensgewährung als Mittäter oder nur wegen Beihilfe zum HT durch andere strafbar gemacht hat.[254] Wenn nicht sicher festgestellt werden kann, dass der Darlehensnehmer oder Finanzierungsbeteiligte das Geld zum Erwerb von BtM verwenden wollte (sondern den Geldgeber wohl betrügen wollte), so scheidet vollendetes HT aus.[255]

299   **(4) Geldtransport.** Die Übermittlung des Erlöses vom Abnehmer zum Lieferanten kann HT sein;[256] denn derartige Handlungen tragen zur Erfüllung der Verpflichtung des Drogen-

---

[243] BGH 5.11.1991 – 1 StR 301/91, NStZ 1992, 495 mAnm *Schoreit;* 2.6.1995 – 2 StR 198/95; 11.7.1995 – 1 StR 189/95, StV 1995, 641 (642).

[244] BGH 11.7.1995 – 1 StR 189/95, StV 1995, 641 (642).

[245] BGH 5.11.2014 – 2 StR 186/14, BGH NStZ-RR 2015, 113.

[246] BGH 30.1.1985 – 2 StR 704/84, StV 1985, 55.

[247] Vgl. BGH 14.1.1986 – 1 StR 610/85; BGH 19.9.1988 – 5 StR 382/88, BeckRS 1988, 31103755; 14.1.1986 – 1 StR 610/85, BeckRS 1986, 31092700; 1.8.1990 – 2 StR 147/90, NJW 1991, 305; 5.11.1991 – 1 StR 361/91, NStZ 1992, 495 mAnm *Schoreit;* 25.6.1993 – 3 StR 304/93, NJW 1993, 3338.

[248] BGH 1.8.1990 – 2 StR 147/90, NJW 1991, 305; 13.9.1988 – 5 StR 382/88, BeckRS 1988, 31103755; 5.11.1991 – 1 StR 361/91, NStZ 1992, 495 mAnm *Schoreit.*

[249] Vgl. *Slotty* NStZ 1981, 323.

[250] Vgl. BT-Drs. 8/3551, 36.

[251] Vgl. BGH 5.11.1991 – 1 StR 361/91, NStZ 1992, 495 mAnm *Schoreit.*

[252] BGH 7.7.1994 – 1 StR 313/94, BGHSt 40, 208 = NJW 1994, 3019.

[253] BGH 7.7.1994 – 1 StR 313/94, BGHSt 40, 208 = NJW 1994, 3019.

[254] BGH 14.1.1986 – 1 StR 610/85, BeckRS 1986, 31092700.

[255] BGH 1.8.1990 – 2 StR 147/90, NJW 1991, 35.

[256] BGH 20.3.1985 – 2 StR 861/84; 5.11.1991 – 1 StR 361/91, NStZ 1992, 495 mAnm *Schoreit;* 11.7.1995 – 1 StR 189/95, StV 1995, 641; 17.5.1996 – 5 StR 119/96, NStZ-RR 1997, 85; 17.7.1997 – 1 StR 791/96, BGHSt 43, 158 = NJW 1997, 3323; 21.5.1999 – 2 StR 154/99, NStZ 1999, 467.

käufers bei.[257] Die Abwicklung des Zahlungsverkehrs[258] sowie die Entgegennahme und Weiterleitung des Entgeltes an den Absender der Ware[259] können somit als HT bewertet werden. Da strafbare Beteiligung an einer Straftat nur bis zu deren Beendigung möglich ist, kommt eine solche Beteiligung am unerlaubten HT mit BtM durch Finanzgeschäfte nur so lange in Betracht, bis der Lieferant den Kaufpreis erhalten hat und auch der **Geldfluss** als Entgelt der Drogenlieferung **„zur Ruhe gekommen"** ist (zur Beendigung des HT je nach Fallgestaltung und der hiervon abhängigen Beurteilung sukzessiver Beteiligung vgl. noch → Rn. 469).[260]

(5) Produktion. Produktionsbemühungen im Rahmen einer übernommenen Ver- **300** pflichtung zur Herstellung von BtM sind als vollendetes HT zu bewerten, wenn dem Auftragnehmer bewusst ist, dass die anzubauenden oder herzustellenden BtM zur gewinnbringenden Weiterveräußerung bestimmt sind. Auch die Mitwirkung durch Beschaffung von Geräten und Chemikalien sowie Kontrolle der Produktion kann HT darstellen.[261] Ein darauf gerichteter Arbeits-, Dienst- oder Werkvertrag ist für den Auftragnehmer (zunächst verbales) HT. Spätestens mit der Aufnahme der Drogenproduktion ist der Tatbestand des HTs erfüllt.[262] Ob der Auftragnehmer Gehilfe oder Mittäter des handeltreibenden Auftraggebers ist, richtet sich nach allgemeinen Grundsätzen. Anhaltspunkte für die Beantwortung dieser Frage können sich aus der Entlohnung (zumeist Beihilfe) oder des Anteils am Erlös (zumeist Mittäterschaft) ergeben.

(6) Verwahrung, Aufbewahrung. Ferner ist auch an die Verwahrung und Aufbewah- **301** rung von BtM durch Dritte zu denken,[263] die unter das HT subsumiert werden können, wenn dem Verwahrer bewusst ist, dass die zu verwahrenden BtM zur gewinnbringenden Weiterveräußerung bestimmt sind. Dabei ist die Feststellung der Eigennützigkeit hier von besonderer Bedeutung; es sind dazu konkrete Feststellungen zu treffen, weil das „Entgelt" für das Aufbewahren keine zusätzliche Einnahmequelle darstellt, sondern der Befriedigung eines dem Betroffenen faktisch ohnehin zustehenden Anspruchs – zB Mietanspruchs – dient. Dies gilt jedenfalls für Fälle, in denen es sich um feststehende Summen handelt, die von der Höhe der jeweiligen Erlöse aus dem Rauschgifthandel unabhängig und im Verhältnis hierzu eher als geringfügig einzustufen sind.[264] Wird das BtM nur zum Eigenkonsum oder, um es dem Zugriff der Polizei zu entziehen verwahrt, so macht sich der Täter nur wegen Besitzes nach Abs. 1 S. 1 Nr. 3 strafbar. Stellt der **Wohnungsinhaber** seine Wohnung zur Aufbewahrung (und im gegebenen Fall: zur Portionierung) von Kokain zur Verfügung in der Erwartung, dafür Kokain zum Eigenverbrauch und einen Anteil am Gewinn zu erhalten, so kann darin HT zu sehen sein.[265] Anders ist die Rechtslage, wenn der Wohnungsinhaber BtM-Geschäfte in der Wohnung lediglich duldet (vgl. hierzu → Rn. 440).[266]

---

[257] BGH 17.7.1997 – 1 StR 791/96, BGHSt 43, 158 = NJW 1997, 3323 = StV 1997, 589 = wistra 1998, 22.

[258] BGH 21.2.2001 – 2 StR 524/00.

[259] OLG Frankfurt a. M. 24.11.1976 – 3 Ws 637/76 und nachfolgend LG Frankfurt a. M. 31.5.1977 – R 2 KLs 35/76.

[260] BGH 11.7.1995 – 1 StR 189/95, StV 1995, 641 (642); 17.7.1997 – 1 StR 753/96, NStZ-RR 1998, 25; 17.7.1997 – 1 StR 791/96, BGHSt 43, 158 = NJW 1997, 3323; 21.5.1999 – 2 StR 154/99, NStZ 1999, 467; 15.6.1999 – 1 StR 56/99.

[261] LG Köln 22.11.1990 – 108–84/90.

[262] BGH 21.7.1993 – 2 StR 331/93, NStZ 1993, 584.

[263] BGH 6.5.1980 – 1 StR 103/80; BGH 13.7.1984 – 2 StR 346/84; 25.5.1994 – 2 StR 203/94; 29.11.1994 – 4 StR 637/94, StV 1995, 197; 15.12.1997 – 5 StR 475/97, StV 1998, 587; 10.5.2005 – 5 StR 66/05, BeckRS 2005, 06261; BGH. 15.7.2005 – 2 StR 226/05, BeckRS 2005, 09692 = StV 2005, 555; BGH 25.5.1994 – 2 StR 203/94; 29.11.1994 – 4 StR 637/94, StV 1995, 197; 13.2.2004 – 2 StR 517/03 für Ecstasy.

[264] BGH 15.12.1997 – 5 StR 475/97, StV 1998, 587.

[265] BGH 29.9.1993 – 2 StR 397/93, NStZ 1994, 92.

[266] Zur Duldung von Btm-Geschäften durch einen Gastwirt gegen Provision OLG Frankfurt a. M. 16.10.1989 – 1 Ws 115/89; zum Ganzen auch → § 29 Rn. 1442, 1448.

302   **(7) Organisieren/Anwerben eines Kuriers.** Soweit Drahtzieher bestimmte Kuriere für ein verbindliches Betäubungsmittelgeschäft anwerben, handelt es sich hierbei um Tätigkeiten, die weit im Vorfeld eines bestimmten Betäubungsmittelumsatzes liegen (und somit straflos sind). Das Anwerben kann auch unmittelbar der Abwicklung eines bestimmten Geschäfts dienen. Meist handelt es sich um Fälle, in denen der Anwerbende im Besitz von Betäubungsmitteln ist oder ein konkretes Geschäft mit einem Dritten abgeschlossen hat, sodass man sich auf den ersten Blick fragt, warum das OLG Karlsruhe bereits das Anwerben ohne Betäubungsmittelbesitz als vollendetes HT bzw. als Teilakt des HTs bewertet wissen will.[267]

303   **dd) Handlungen im Zusammenhang mit tatsächlich erfolgten BtM-Umsätzen zur Erfüllung eines Verpflichtungsgeschäfts (Darstellungsanforderungen).** Verpflichtungsgeschäft und Erfüllungsgeschäft bilden einen einheitlichen Lebensvorgang und damit eine Tat des HTs.[268] Lässt sich daher das angeklagte Erfüllungsgeschäft nicht nachweisen, so darf hinsichtlich der nicht angeklagten, aber festgestellten Anbahnungsbemühungen kein Freispruch mit der Begründung erfolgen, dass der insoweit festgestellte Sachverhalt von der zugelassenen Anklage nicht umfasst ist. In Anklageschriften und Urteilen wird ganz überwiegend ausschließlich auf den nach außen mehr oder weniger offen zutage tretenden Übergabeakt, also auf das Erfüllungsgeschäft, abgestellt. Ein derartiges Vorgehen (Beschränkung auf beweiskräftigere Tatabschnitte) ist in aller Regel aus verfahrensökonomischen Gründen nicht zu beanstanden. Es gibt aber Fallkonstellationen, bei denen es auf eine **genauere Darstellung des Sachverhalts** durchaus ankommt, so etwa
– bei großem zeitlichen Auseinanderklaffen zwischen Verpflichtungs- und Erfüllungsgeschäft (zB Folgen für eine bei Beginn der Handlung noch laufende, bei endlich erfolgter Lieferung aber schon abgelaufene Bewährungsfrist; oder: Beginn der Handlung schon verjährt, Ende noch nicht)
– bei unterschiedlichen Tatorten mit unterschiedlichem Tatortrecht,
– bei Diskrepanzen zwischen Vereinbarung und Lieferung (größerer Schuldumfang bei Vereinbarung größerer Mengen als später tatsächlich geliefert, andere rechtliche Beurteilung, zB als Verbrechen, bei größerer Lieferung als ursprünglich vereinbart), bei unvorhergesehenen Zwischenfällen (Sicherstellungen, Austausch).

304 Jedenfalls aber stellt das Erfüllungsgeschäft im Verhältnis zum Verpflichtungsgeschäft den Handlungsabschnitt mit **größerem Unrechtsgehalt** und höherer Strafwürdigkeit dar, weil die Gefährdung des Rechtsguts des BtMG größer ist.

305   **(1) Bedeutung zugrundeliegender Schuldverhältnisse.** Es ist zwar grundsätzlich unerheblich, welchem bürgerlich-rechtlichen Schuldverhältnis bestimmte vom Täter angestrebte oder tatsächlich eingegangene vertragliche Beziehungen zuzuordnen sind, weil zum einen unabhängig vom Abschluss eines schuldrechtlichen Vertrages alle auf einen BtM-Umsatz gerichteten Tätigkeiten unter den Begriff des HTs fallen und zum anderen alle darauf gerichteten Verträge nichtig sind. Dennoch kann es sich im Einzelfall für die tatsächliche und rechtliche Beurteilung eines Tatverhaltens durchaus empfehlen, getroffene Vereinbarungen und erbrachte Tatbeiträge ungeachtet der Nichtigkeit des obligatorischen und dinglichen Rechtsgeschäfts auch unter dem Gesichtspunkt zu prüfen und zu würdigen, welchem Schuldverhältnis sie gegebenenfalls zugeordnet werden können und welche Verpflichtungen und Rechte aus diesem regelmäßig erwachsen.[269] Eine solche Zuordnung kann – in Bezug auf das subjektive Merkmal „Eigennützigkeit" speziell bei einem jegliche Gewinnerzielungsabsicht bestreitenden Angeklagten – ein **wichtiges Beweisanzeichen**

---

[267] OLG Karlsruhe 26.2.1998 – 1 Ws 51/98, NStZ-RR 1998, 348; auch in BGH 23.4.2009 – 3 StR 83/09 wird das Anwerben als potentieller Teilakt des HTs genannt, doch erfordere es alleinstehend regelmäßig eine Abgrenzung zwischen Mittäterschaft und Teilnahme, ähnlich bereits BGH 7.8.2007 – 3 StR 326/07, NStZ 2008, 40.
[268] BGH 6.8.1991 – 1 StR 405/91.
[269] *Franke/Wienroeder* Rn. 82; *Weber* Rn. 329.

sein, weil sie Aufschluss darüber zu geben vermag, ob bestimmte Leistungen üblicherweise nur entgeltlich oder durchaus auch unentgeltlich erbracht werden.[270] Mehr als ein – in die Gesamtbetrachtung einzubringendes – Indiz wird dabei allerdings wegen der Dispositions-befugnis der Beteiligten kaum zu gewinnen sein. Bei den hohen Anforderungen an die Darlegung und Begründung des Vorhandenseins oder Fehlens einer Gewinnerwartung im schriftlichen Urteil, kann gleichwohl schon eine solche Zuordnung von nicht unerheblicher Bedeutung sein.

(2) Prüfung des Schuldumfangs. Die Prüfung des Schuldumfangs erfordert gerade **306** bei der Einbeziehung Dritter die Gewichtung nach Größenordnungen, in welchem Maß die Tat am bisherigen BtM-Umsatz orientiert war oder wieweit sie der Förderung künftigen Umsatzes diente.[271] Personen, denen BtM-Umsatzerlöse übermittelt werden und die von der wahren Herkunft des Geldes nichts wissen und die es für Projekte verwenden, die mit BtM-Umsatz nicht das geringste zu tun haben, können sich nicht wegen Beihilfe zum unerlaubten HT mit BtM strafbar machen. Scheidet HT oder eine Teilnahme am HT nach den angeführten Grundsätzen wegen der vorangegangenen Beendigung der Tat aus, so ist zu prüfen, ob Begünstigung gemäß § 257 StGB oder Geldwäsche gemäß § 261 StGB – gegebenenfalls in Tateinheit mit Begünstigung – (zB durch Verbergen von BtM-Umsatzer-lösen) vorliegt.[272] Ist die Beteiligung am HT lediglich nicht (mehr) nachweisbar, kommt eine Postpendenzfeststellung[273] in Betracht.[274]

b) Umsatz. Auf die eigennützige Förderung des Umsatzes eines BtM haben die Tat- **307** handlungen abzuzielen, damit der Tatbestand des HTs erfüllt ist.

aa) Begriff des Umsatzes im Steuerrecht. Unter Rekurs auf die Regelungen des **308** Umsatzsteuerrechts[275] lässt sich daher sagen: *Umsatz ist die Lieferung von Gegenständen gegen Entgelt, Lieferung ist die Verschaffung der Verfügungsmacht über einen Gegenstand an den Abnehmer.*

bb) Begriff des Umsatzes im BtM-Recht. Umsatz iS des HT-Begriffs im BtMG ist **309** nach der Rechtsprechung des BGH[276] *die einverständliche Übertragung von BtM von einer Person auf eine andere.*

cc) „Einverständlich". Einverständnis soll dabei wohl die dingliche Einigung bei der **310** Besitzübertragung bedeuten. Sollte damit die dingliche Einigung bei der Besitzübertragung gemeint sein, so wäre ein solcher Zusatz zum Begriff der Übertragung überflüssig, weil bei dieser Form des Besitzübergangs der „Übertragende", wie sich aus dem Wortsinn ergibt, dies wollen und auch der den Besitz Übernehmende ebenfalls einverstanden sein muss. (Sollte in Ausnahmefällen der Übernehmende zunächst auch einen entgegenstehenden Wil-len, zB bei der Aufdrängung, haben, so muss er schließlich doch einverstanden sein, weil sonst die Besitzübertragung scheiterte.) Sollte damit gemeint sein, dass die Besitzübertragung „auf rechtsgeschäftliche Grundlage" erfolgt, so wäre damit eine der beiden Abgrenzungsli-nien zur „Abgabe" bezeichnet (die andere wäre die „Gegenleistung", die bei der Abgabe fehlt). Die Tathandlung der Abgabe ist nämlich gekennzeichnet als Übertragung der eigenen tatsächlichen Verfügungsgewalt ohne rechtsgeschäftliche Grundlage und ohne Gegenleis-tung an einen Dritten.[277] Bei genauerer Betrachtung liegt aber auch der Abgabe ein Rechts-geschäft zugrunde, nämlich das der Schenkung. Unverständlich ist, dass bei den geläufigen btM-rechtlichen Umsatzdefinitionen auf das aus dem Vergleich mit dem Steuerrecht zu

---

[270] So *Franke/Wienroeder* Rn. 82.
[271] BGH 17.5.1996 – 5 StR 119/96, NStZ-RR 1997, 85.
[272] BGH 17.7.1997 – 1 StR 230/97, NStZ-RR 1997, 359.
[273] Vgl. dazu BGH 21.6.1995 – 2 StR 157/95, NStZ 1995, 500.
[274] BGH 11.7.1995 – 1 StR 189/95, StV 1995, 641; vgl. auch *Franke/Wienroeder* Fn. 81 aE.
[275] § 1 Abs. 1 Nr. 1, 3 Abs. 1 Umsatzsteuergesetz idF der Bekanntmachung vom 21.2.2005, BGBl. I S. 386 (FNA 611–10–14).
[276] BGH 12.5.1993 – 3 StR 2/93, BGHSt 39, 216 = NJW 1993, 2818.
[277] StRspr, vgl. zB BGH 11.12.1990 – 1 StR 571/90, StV 1991, 28.

gewinnende Merkmal der „Entgeltlichkeit" verzichtet wird. Es böte nämlich eine sichere Abgrenzungsmöglichkeit zur Abgabe. Eine derart detaillierte Definition ist freilich überflüssig, als es sich beim Umsatzwillen nur um ein subjektives Merkmal handelt; mithin das tatsächliche Einverständnis des Abnehmers ohnehin kaum eine Rolle spielt. Maßgeblich dürfte sein, dass das BtM entgeltlich in den Besitz eines anderen gelangen soll. *Umsatz iS des BtMG ist somit die Verschaffung der Verfügungsmacht über ein BtM an den Abnehmer gegen Entgelt.* Aus dem Vergleich mit dem Abgabebegriff folgt aber, dass diese Definition um eine Komponente erweitert werden muss: Die Abgabe setzt die tatsächliche eigene Verfügungsgewalt des Abgebenden voraus,[278] während beim HT das BtM, mit dem Handel getrieben werden soll, nicht zur Verfügung des Handeltreibenden stehen muss.[279] Aus diesem Grunde lautet die **BtM-rechtliche Definition** des Umsatzes: *Umsatz iS des BtMG ist die Verschaffung der Verfügungsmacht über ein BtM an den Abnehmer gegen Entgelt, ohne dass der Lieferant tatsächliche eigene Verfügungsgewalt haben muss.*

311   **dd) Umsatz als Endziel.** Der BtM-Umsatz muss das Endziel[280] der Tathandlung sein. Bei den unmittelbar auf die Lieferung von BtM bezogenen Handlungen (Tausch, Verkauf, Vermittlung) ergibt sich dies aus der Art der Handlung wie von selbst. Bei anderen Handlungen, die erst Zwischenschritte auf dem Weg vom Lieferanten zum Abnehmer darstellen (Ankauf zum Verkauf, Aufbewahrung, Lagerung, Transport oÄ), muss das übergeordnete Ziel der Handlung über den die Handlung selbst betreffenden Vorsatz hinaus festgestellt werden. Entscheidend ist, dass der Täter **nach seiner Vorstellung** eine umsatzfördernde Handlung vorgenommen hat.[281] Wenn eine entsprechende Erklärung des Täters nicht vorliegt, so kann sich sein auf Umsatzförderung gerichteter Wille aus den Umständen der Tat, insbesondere der Menge der BtM, der Art der Verpackung und der Art und dem Ort der Aufbewahrung, ergeben.[282] Es ist jedoch verfehlt, wenn im Einzelfall eindeutige und sichere Feststellungen hierzu nicht getroffen werden können, sie durch bloße Vermutungen oder Schlussfolgerungen, die nur in so loser Beziehung zur Tat stehen, dass sie sich in Wirklichkeit als bloße Vermutungen erweisen, zu ersetzen.[283]

312   **ee) Fehlschlagen der Umsatzförderungsabsicht.** Es genügt, wenn die entfaltete Tätigkeit auf die Übertragung von BtM von einer Person auf eine andere abzielt. Auf die tatsächliche Förderung des erstrebten Umsatzes kommt es nicht an (vgl. bereits → Rn. 276, 307 ff.).[284] Soweit zum Teil auf eine tatsächliche Förderung des erstrebten Umsatzes abgestellt worden ist,[285] war damit keine abweichende Position gemeint,[286] sondern ließ sich als „Erst-Recht-Schluss" verstehen. Dass die Ware den „Markt" tatsächlich erreicht, ist für das Vollenden des HTs nicht erforderlich.[287] HT liegt daher trotz

---

[278] BGH 29.11.1977 – 5 StR 700/77; 25.11.1980 – 1 StR 508/80, StV 1981, 127; 11.12.1990 – 1 StR 571/90, StV 1991, 208; 28.4.1992 – 4 StR 69/92.

[279] StRspr, vgl. zB BGH 15.4.1980 – 5 StR 135/80, BGHSt 29, 239 = NJW 1980, 2204; Anm. *Heldenberg* LM Nr. 5 zu § 11 Abs. 1 Nr. 1 BtMG; 21.2.1974 – 1 StR 588/74, BGHSt 25, 290 = NJW 1974, 959; 12.8.1986 – 1 StR 360/86, NJW 1986, 2869; 11.6.2001 – 1 StR 111/01, BeckRS 2001 30185445 = wistra 2001, 379.

[280] BGH 4.12.1981 – 3 StR 408/81, BGHSt 30, 277 = NJW 1982, 708; 24.11.1982 – 3 StR 382/82, NStZ 1983, 124; 23.8.1989 – 3 StR 120/89; 25.10.1989 – 3 StR 313/89; 12.5.1993 – 3 StR 2/93, BGHSt 39, 216 = NJW 1993, 2818.

[281] BGH 21.2.1974 – 1 StR 588/74, BGHSt 25, 290 = NJW 1974, 959; 18.3.1981 – 3 StR 68/81, NStZ 1981, 263; 31.10.1984 – 1 StR 576/84; 20.8.1991 – 1 StR 273/91, NJW 1992, 380; 23.9.1992 – 3 StR 275/92, NStZ 1993, 44.

[282] KPV/*Patzak* Teil 4 Rn. 143 sowie 369 f. mit Beispielen zur Beweiswürdigung.

[283] BGH 18.1.1989 – 2 StR 614/88, StV 1989, 21.

[284] BGH 27.6.1978 – 2 StR 702/77; 4.10.1978 – 3 StR 232/78; 4.12.1981 – 3 StR 408/81, BGHSt 30, 277 (278) = NJW 1982, 708; 20.1.1982 – 2 StR 593/81, BGHSt 30, 359 (361) = NJW 1982, 1337; 25.10.1989 – 3 StR 313/89; 20.8.1991 – 1 StR 273/91, NJW 1992, 380; BGH 11.6.2001 – 1 StR 111/01, BeckRS 2001 30185445.

[285] BGH 15.4.1980 – 5 StR 135/80, BGHSt 29, 239 = NJW 1980, 224.

[286] Klarstellung durch BGH 4.12.1981 – 3 StR 408/81, BGHSt 30, 277 = NJW 1982, 78.

[287] BGH 17.3.1981 – 5 StR 56/81, StV 1981, 238.

Fehlschlagens der Umsatzförderungsabsicht vor, wenn das BtM zum Zeitpunkt der in Umsatzförderungsabsicht vorgenommenen Tätigkeit schon unter polizeilicher Überwachung stand,[288] das BtM zum Zeitpunkt der Betätigung der Umsatzförderungsabsicht schon polizeilich sichergestellt war,[289] auf der Käuferseite zum Schein ein V-Mann der Polizei (als Vermittler) und ein Polizeibeamter (als Kaufinteressent) mitgewirkt haben,[290] auf beiden Seiten des Umsatzgeschäftes, das der Angeklagte vermitteln wollte, verdeckte Ermittler tätig geworden sind[291] oder dem Verkäufer die Beschaffung des BtM misslingt.[292] In diesen Fällen wird der Gesichtspunkt, dass keine tatsächliche Gefahr für das durch das Verbot des unerlaubten HTs geschützte Rechtsgut bestand, bei der Strafzumessung zu berücksichtigen sein.[293]

ff) Aufgeben der Umsatzförderungsabsicht. Steht fest, dass der Täter in der Absicht **313** einer Umsatzförderung gehandelt hat, so kommt es nicht darauf an, ob der Täter sie später auch in die Tat umsetzt, noch umsetzen will oder umsetzen kann. Die Tathandlung ist mit der ersten Betätigung der (eigennützigen) Umsatzförderungsabsicht vollendet. Wenn sich der Täter später anders entschließt, so ändert dies nichts mehr an der Vollendung des HT-Tatbestandes (wird allerdings selten so nachweisbar sein). Auch wenn dem Täter ein Teil des BtM gestohlen wird und er einen anderen Teil wegwirft, bleibt es bei der Vollendung des Tatbestandes.[294] Eine tätige Reue des Täters wird allenfalls im Rahmen der Strafzumessung bzw. im Sonderfall der Aufklärungshilfe gem. § 31 honoriert.

gg) Fehlen der Umsatzförderungsabsicht. Missbilligter Erfolg im Sinne des Straftat- **314** bestandes des HTs mit BtM ist nur ein Vorgang, der das Rauschgift auf dem Weg zum Konsumenten weiterbringt.[295] Einem Vorgang, durch den es der Polizei in die Hände gespielt und damit aus dem Verkehr gezogen werden soll,[296] fehlt es an der Umsatzförderungsabsicht. Gleiches gilt für den Fall, dass ein Angeklagter sich auf eigene Faust und ohne Kenntnis der Polizei bei der Bekämpfung der Rauschgiftkriminalität betätigt.[297] Am Umsatzwillen fehlt es auch, wenn der Täter ohne jegliches Zutun in ein Rauschgiftgeschäft verwickelt wird und hierbei deutlich zum Ausdruck bringt, dass er die Förderung des Umsatzes von Betäubungsmitteln nicht will.[298] Ebenso liegt ein Umsatzwille bei einem ernsthaften Bemühen um das Verständigen der Polizei fern, das lediglich daran scheitert, dass der Täter wegen sprachlicher Schwierigkeiten nicht ernst genommen wird.[299]Ergibt sich aus den Umständen des Einzelfalls, dass der Täter ein offensichtlich übertriebenes Angebot macht, nur um zu prahlen[300]bzw. den potentiellen Vertragspartner betrügen will, fehlt es ebenso an einem Umsatzwillen[301](im letzteren Fall kommt allerdings die Verwirkli-

---

[288] Vgl. BGH 6.8.1982 – 2 StR 430/82; 4.12.1981 – 3 StR 408/81, BGHSt 30, 277 = NJW 1982, 78.

[289] BGH 20.8.1991 – 1 StR 273/91, NJW 1992, 380; 26.4.1994 – 1 StR 87/94, NJW 1994, 2162 mAnm *Krack* JuS 1995, 585.

[290] BGH 25.3.1981 – 3 StR 61/81, NStZ 1981, 257.

[291] BGH 5.8.1993 – 4 StR 439/93, NStZ 1994, 39.

[292] BGH 15.1.1992 – 2 StR 267/91, StV 1992, 517 mAnm *Roxin*.

[293] BGH 6.8.1982 – 2 StR 430/82; 20.3.1985 – 2 StR 596/84, NStZ 1985, 361; 6.4.1988 – 2 StR 58/88; 6.4.1988 – 2 StR 60/88, StV 1988, 296; 6.3.1992 – 2 StR 559/91, NStZ 1992, 275.

[294] BGH 31.10.1995 – 3 StR 405/95.

[295] BGH 3.6.1981 – 2 StR 235/81, StV 1981, 549.

[296] BGH 3.6.1981 – 2 StR 235/81, StV 1981, 549; 5.7.1988 – 1 StR 212/88, NStZ 1988, 58 = StV 1988, 432; 7.3.1996 – 4 StR 742/95, NStZ 1996, 338 mwN; 9.6.2011 – 1 StR 13/11, BeckRS 2011, 17886.

[297] BGH 5.7.1988 – 1 StR 212/88, NStZ 1988, 58.

[298] BGH StV 1981, 72.

[299] BGH 3.7.1981 – 2 StR 668/81, StV 1981, 549; siehe hierzu auch BGH MDR 1973, 454; BGH MDR 1981, 208; BGH 5.7.1988 – 1 StR 212/88, NStZ 1988, 558, StV 1988, 432; LG Heilbronn 22.12.1987 – 6 KLs 90/87, StV 1988, 304; BGH 7.3.1996 – 4 StR 742/95, NStZ 1996, 338 mAnm *Sonnen* JA 1996, 744, StV 1996, 424.

[300] *Malek* 2.Kap Rn. 104.

[301] Das hierbei verwirklichte Unrecht wird über § 263 StGB erfasst, vgl. BGH 5.5.1976 – 3 StR 111/76; BGH 25.3.2003 – 1 StR 9/03, NStZ-RR 2003, 185, StV 2003, 618; BGH 12.3.2002 – 3 StR 4/02, NJW 2002, 2117 mAnm *Kindhäuser/Rochus* StV 2002, 425.

chung des § 263 Abs. 1 StGB in Betracht[302]). U.U. kann es auch an der Umsatzbezogenheit der Eigennützigkeit fehlen, vgl. noch → Rn. 331.

315   **hh) Eigenumsatz und Fremdumsatz.** Nicht erforderlich ist, dass der Täter ein eigenes Umsatzgeschäft betreibt. Weil jede auf einen BtM-Umsatz gerichtete Tätigkeit genügt, kann eine auf die Förderung fremder Umsatzgeschäfte gerichtete Tätigkeit ebenfalls den Tatbestand erfüllen.[303] Die Förderung von Fremdumsätzen kommt vor allem bei der Vermittlung von Umsatzgeschäften oder bei diesbezüglichen Hilfstätigkeiten in Betracht, wie zB bei Kurierdiensten, Transportleistungen, Lagerung und Verwahrung.

316   **c) Eigennützigkeit.** Nur eigennützige Umsatzförderung erfüllt den Begriff des HTs. Tätigkeiten, die BtM-Umsätze ermöglichen oder fördern sollen, sind nicht als HT zu werten, wenn andere als eigennützige Motive dahinterstehen. Die Eigennützigkeit dient als weiteres Regulativ für den weitgefassten Bereich von Bemühungen, die den Begriff des HTs kennzeichnen.[304] Fehlt das Merkmal des Eigennutzes bei einem Beteiligten, so scheidet deshalb jedenfalls in seiner Person die Annahme täterschaftlich begangenen HTs von vornherein aus.[305] Die bloße Förderung fremden Eigennutzes genügt nicht.[306] Für ihn kommen – möglicherweise neben einer tateinheitlich zusätzlich (täterschaftlich) erfüllten weiteren Begehungsweise des Abs. 1 (beispielsweise Erwerb oder Besitz) – nur andere Beteiligungsformen (Beihilfe, Anstiftung) in Betracht.[307]

317   **aa) „Eigennutz" und „Eigennützigkeit".** Die Begriffe „Eigennutz" oder „Eigennützigkeit" werden synonym gebraucht,[308] ohne dass damit Bedeutungsunterschiede verbunden wären. Statt „Eigennützigkeit" werden auch die Begriffe Bereicherungsabsicht, Vorteilserwartung, Gewinnerwartung oder Gewinnstreben verwendet. „Eigennützig" handelt der Täter, dem es auf seinen *persönlichen Vorteil, insbesondere die Erzielung von Gewinn* ankommt.[309] Soweit in Entscheidungen des Bundesgerichtshofs gelegentlich statt von „Eigennutz" von „Eigensucht" die Rede ist, bedeutet dies, wie der unterschiedslose Gebrauch der Worte zeigt, kein inhaltliches Abweichen vom Begriff des Eigennutzes.[310] Verkürzt wird diese Definition üblicherweise auf die knappe Formulierung: „Eigennützig handelt, wer in Gewinnerzielungsabsicht handelt."

318   **bb) Eigennützigkeit als Bestandteil des Tatbestandsmerkmals HT.** Das Merkmal der Eigennützigkeit ist in den Tatbeständen der §§ 29 Abs. 1 S. 1 Nr. 1, 29a Abs. 1 Nr. 2, 30 Abs. 1 Nr. 1 und 30a Abs. 1, 2 nicht erwähnt. Sie ist somit lediglich eine von der Rechtsprechung entwickelte Umschreibung für eine Tätigkeit, die auf das Ankaufen und

---

[302] Vgl. aber nunmehr BGH 1.6.2016 – 2 StR 335/15 mAnm *Jäger* JA 2016, 790.

[303] BGH 4.10.1978 – 3 StR 232/78, NJW 1979, 1259; 9.1.1979 – 5 StR 755/78; 15.4.1980 – 5 StR 135/80, BGHSt 29, 239 = NJW 1980, 2204; Anm. *Heldenberg* LM Nr. 5 zu § 11 Abs. 1 Nr. 1 BtMG; 15.5.1984 – 1 StR 169/84, NStZ 1984, 413; 24.6.1986 – 5 StR 153/86, BGHSt 34, 124 = NJW 1986, 2584 = StV 1986, 434.

[304] BayObLG 24.8.1999 – 4 St RR 139/99, NStZ-RR 2001, 68, 76; *Weber* Rn. 286 mwN.

[305] BGH 24.6.1986 – 5 StR 153/86, BGHSt 34, 124; BGH 20.2.2014 – 2 StR 563/13, NStZ-RR 2014, 213.

[306] BGH 19.3.2013 – 3 StR 7/13, BeckRS 2013, 06994.

[307] Vgl. BGH 22.7.2010 – 4 StR 286/10, BeckRS 2010, 19559.

[308] Vgl. etwa *Franke/Wienroeder* Rn. 68; KPV/*Patzak* Teil 4, Rn. 150; *Joachimski/Haumer* § 3 Rn. 18; HJLW/*Winkler* Rn. 4.1.2; *Weber* Rn. 286; BGH 28.6.2001 – 3 StR 392/00; 2.5.2000 – 1 StR 146/00, NStZ-RR 2000, 312; 26.4.2000 – 3 StR 573/99, NStZ-RR 2000, 278; 8.3.2000 – 3 StR 41/00, NStZ 2000, 432 – Eigennützigkeit einerseits und Pfeil/Hempel/Schiedermair/*Slotty* Rn. 63; 20.3.02001 – 1 StR 12/01; 15.11.2000 – 2 StR 431/00; 19.11.1997 – 2 StR 359/97; 22.4.01997 – 4 StR 133/97, StV 1998, 597 – Eigennutz andererseits.

[309] BGH 21.2.1979 – 2 StR 663/78, BGHSt 28, 308 (309); 17.3.1981 – 5 StR 56/81, StV 1981, 238; 10.4.1984 – 4 StR 172/84, StV 1984, 248; 24.6.1986 – 5 StR 153/86, BGHSt 34, 124 (126) = StV 1986, 434; 12.8.1988 – 2 StR 345/88, StV 1989, 202; 9.1.1991 – 2 StR 359/90, StV 1992, 65; 26.3.1992 – 4 StR 98/92, StV 1992, 420 Ls.; 26.8.1992 – 3 StR 299/92, NJW 1993, 76; 24.2.1994 – 4 StR 44/94, NStZ 1994, 397; 11.8.1995 – 2 StR 329/95; 27.4.2010 – 3 StR 75/10, BeckRS 2010, 12558; KPV/*Patzak* Teil 4 Rn. 150 ff.

[310] Dies stellt auch BGH 4.11.1982 – 4 StR 451/82, BGHSt 31, 145 (148) = NJW 1983, 636 klar.

Verkaufen mit Gewinn oder auf einen sonstigen objektiv messbaren Vorteil gerichtet ist.[311] *Rahlf* sieht (siehe Vorauflage) in der Eigennützigkeit einen Bestandteil der Definition des Tatbestandsmerkmals „HT" und somit eine **tatbestandsmäßige Voraussetzung** des HTs.[312] Dies folge auch daraus, dass dieses Merkmal von der Schuldform unabhängig ist. Mithin wird diese auch bei fahrlässigem HT zu geprüft.[313] Da es sich allerdings um ein von der Rechtsprechung entwickeltes Merkmal handelt, kann die Fahrlässigkeitsstrafbarkeit nicht als Argument herangezogen werden. (vgl. zum fahrlässigen HT noch → Rn. 379, 1695). Dennoch kann die Frage dahinstehen. Denn jedenfalls hat das Fehlen der Eigennützigkeit bei einem Beteiligten zur Folge, dass dieser lediglich als Gehilfe der Tat in Betracht kommt. Eine zusätzliche Verschiebung des Strafrahmens nach § 28 Abs. 1 neben § 27 Abs. 2 StGB käme – soweit man dann in der Eigennützigkeit ein die Strafbarkeit begründendes **besonderes persönliches Merkmal** im Sinne des § 28 Abs. 1 StGB sieht[314] – nach allgemeinen Grundsätzen – nur in Betracht, wenn sich die Beteiligungshandlung bei „Hinzudenken" der Eigennützigkeit nach wie vor als Gehilfentätigkeit darstellen würde.[315]

cc) Definition der Eigennützigkeit. Eigennützig handelt, wem es auf seinen persönli-   **319** chen Vorteil, insbesondere auf die Erzielung von Gewinn ankommt.[316] Die Handlung des Täters muss vom Streben nach Gewinn geleitet sein oder er muss sich sonst irgendeinen persönlichen Vorteil davon versprechen,[317] durch den er materiell oder immateriell besser gestellt wird.[318]

dd) Streben nach Gewinn oder Vorteil. Das handlungsleitende Gewinnstreben muss   **320** nicht etwa ganz ungewöhnlich oder übersteigert sein, wie es etwa der „Gewinnsucht" im Sinne der §§ 236 Abs. 4 Nr. 1, 283a S. 2 Nr. 1, 283d Abs. 3 S. 2 Nr. 1, 330 Abs. 1 S. 2 Nr. 1 StGB eigen ist. Bei Verkaufsgeschäften genügt es deshalb, dass der Täter das BtM mit Gewinn veräußern will.[319] Nicht erforderlich hierbei ist, dass der Täter „einen höheren Preis als den Marktpreis verlangt"[320] oder dass der verlangte Preis den Marktpreis überhaupt erreicht. Der vom Täter beabsichtigte Gewinn ist mit einer einfachen Überschussrechnung, dh aus einem Vergleich zwischen dem Entgelt, das er für den Erwerb geleistet hat, und dem Entgelt, das er von seinem Abnehmer verlangt, zu ermitteln. Die Entgeltlichkeit des Geschäfts allein begründet noch keinen Eigennutz.[321]

(1) Motiv des Strebens nach Gewinn oder Vorteil. Ohne Bedeutung für das Merk-   **321** mal des Eigennutzes ist es, aus welchem Grund der Täter den Gewinn erzielen will. Die Eigennützigkeit braucht **nicht das einzige Handlungsmotiv** zu sein. Neben der Gewinnerwartung kann für den Tatentschluss zB auch bestimmend gewesen sein, dass er bedroht worden ist.[322]

Unscharf ist die Rechtsprechung in den Fällen der von Anfang an **geplanten Weiter-**   **322** **gabe von Gewinnen** an Dritte. Entscheidend ist hier, dass der Gewinn dem Täter

---

[311] BGH 8.3.2000 – 3 StR 41/00, NStZ 2000, 432.

[312] So auch (ausdrücklich) *Franke/Wienroeder* Rn. 68 und (aus der Gliederung sich ergebend) *Weber* Rn. 212; BGH 15.11.2000 – 2 StR 431/00, NStZ-RR 2001, 118.

[313] BGH 9.9.1987 – 3 StR 254/87, BGHSt 35, 57; 28.2.1992 – 2 StR 501/91.

[314] BGH 8.3.2000 – 3 StR 41/00, NStZ 2000, 432.

[315] Vgl. hierzu BeckOK StGB/*Kudlich* StGB § 28 Rn. 20.

[316] StRspr; BGH 21.2.1979 – 2 StR 663/78, BGHSt 28, 308 (309); 24.6.1986 – 5 StR 153/86, BGHSt 34, 124 (126) = StV 1986, 434; und jüngst 22.5.2012 – StR 117/12, BeckRS 2012, 12394; allgM in der Lit., statt aller: *Weber* Rn. 290.

[317] BGH 17.3.1981 – 5 StR 56/81, StV 1981, 238; 24.6.1986 – 5 StR 153/86, BGHSt 34, 124 (126) = StV 1986, 434; 27.4.2010 – 3 StR 75/10, BeckRS 2010, 12558.

[318] BGH 26.3.1992 – 4 StR 98/92, StV 1992, 420 Ls.; 26.8.1992 – 3 StR 299/92, NJW 1993, 76 = NStZ 1992, 594 = StV 1993, 75; 29.2.2000 – 1 StR 46/00, NStZ-RR 2000, 234 = StV 2000, 619; 30.11.2004 – 3 StR 424/04, NStZ-RR 2005, 88; 1.6.2006 – 1 StR 32/06, NStZ 2006, 578; 27.4.2010 – 3 StR 75/10, BeckRS 2010, 12558.

[319] BGH 21.2.1979 – 2 StR 663/78, BGHSt 28, 38.

[320] BGH 27.11.1980 – 4 StR 550/80.

[321] OLG Koblenz 30.11.2015 – 2 OLG 4 Ss 186/15.

[322] BGH 28.11.1990 – 3 StR 395/90.

zunächst selbst zufließen soll; dann ist bedeutungslos, wenn er ihn später an Dritte weitergeben oder ihn sonst für diese verwenden will,[323] wie zB wenn der Täter im ausschließlichen Interesse seines Bruders handelte, an den er den gesamten Erlös abführen wollte, um ihm die Mittel für eine Ausbildung in Deutschland[324] oder um ihm Mittel zur Vertuschung eines Diebstahls[325] zu verschaffen. Anderes gilt allerdings, wenn der Täter bei der Entgegennahme des Erlöses (darin enthalten auch der Gewinn) aus einem BtM-Geschäft lediglich die Funktion einer Zahlstelle für ein zuvor von einem anderen Beteiligten abgeschlossenes Heroingeschäft hat und wenn ihm auch sonst kein anderer (persönlicher) Vorteil zufließen sollte;[326] mangels Eigennutzes ist er nicht Täter des HTs. Die Fälle der von Anfang an geplanten Weitergabe von Gewinnen an Dritte sind als atypisch zu bezeichnen.[327] Die Regel ist, dass der Täter den Gewinn für sich verwenden will. Man sollte daher die Bedeutung der Rechtsprechung des BGH[328] zu diesen seltenen Fällen nicht überbewerten.[329] Unterscheidungskriterium in diesen Fällen ist, ob es sich um einen **eigenen Vorteil** (oder Gewinn) handelt, mit dem der Täter nach Belieben verfahren kann, oder ob ein fremder Vorteil (oder Gewinn) vorliegt, den der Täter weiterzuleiten hat.

323   **(2) Gewinn oder anderer persönlicher Vorteil.** Eigennutz liegt, wie ausgeführt, vor, wenn das Handeln des Täters vom Streben nach Gewinn geleitet wird, oder wenn er sich irgendeinen anderen persönlichen Vorteil davon verspricht. Die Begriffe „Gewinn" und „persönlicher Vorteil" werden in der Praxis nicht scharf voneinander getrennt, zudem wird beim Vorteil zwischen „materiellem Vorteil" und „immateriellem Vorteil" unterschieden[330] und andererseits ausgeführt, dass der Gewinn nicht in Geld bestehen muss.[331] Damit bietet sich als eine Unterscheidung an, „Gewinn" mit „materiellem Vorteil" gleichzusetzen und von dem „sonstigen" – „immateriellen" – Vorteil abzugrenzen. Dies entspricht durchaus der Verknüpfung der Begriffe in den geläufigen Definitionen („Streben nach Gewinn geleitet wird oder irgendeinen **anderen** persönlichen Vorteil",[332] „Verkaufen mit Gewinn oder zu einem **sonstigen** Vorteil",[333] „dem es auf seinen persönlichen Vorteil, **insbesondere** die Erzielung von Gewinn ankommt"[334]), aus denen sich ergibt, dass „Vorteil" der Oberbegriff und „Gewinn" ein beispielhaft genannter Unterfall sein soll. „Vorteil" ist jede unentgeltliche Leistung, auf die der Täter keinen Anspruch hat und die ihn materiell oder immateriell besser stellt.[335]

324   **(a) Materieller Vorteil.** Der materielle Vorteil kann in einem finanziellen Gewinn oder in sonstigen geldwerten Leistungen bestehen.

325   Der vom Täter beabsichtigte **finanzielle Gewinn** ergibt sich bei Verkaufsgeschäften auf Grund einer Überschussrechnung, dh aus einem Vergleich zwischen dem Entgelt, das er für den Erwerb geleistet hat, und dem Entgelt, das er von seinem Abnehmer verlangt: liegt der Verkaufspreis höher als der Einkaufspreis, so strebt der Täter einen Gewinn an. Besteht der Kaufpreis für BtM nicht in Geld, bedarf es einer Umrechnung der Gegenleistung für das BtM in den Geldwert, um eine gemeinsame Bezugsgröße zu finden. Beim Erlass einer (Finanz-)Darlehnsschuld[336] ergibt sich dies aus der Höhe des Darlehens, ggf. unter Einbezie-

[323] BGH 28.4.1992 – 4 StR 69/92.
[324] BGH 21.2.1979 – 2 StR 663/78, BGHSt 28, 308 (309).
[325] BGH 1.6.2006 – 1 StR 32/06, NStZ 2006, 578 = StraFo 2006, 388.
[326] BGH 24.6.1986 – 5 StR 153/86, BGHSt 34, 124 = StV 1986, 434 29.1.1992 – 5 StR 670/91, StV 1992, 232.
[327] BGH 30.1.1980 – 3 StR 471/79, NJW 1980, 1344.
[328] BGH 28.4.1992 – 4 StR 69/92.
[329] So auch BGH 30.1.1980 – 3 StR 471/79, NJW 1980, 1344.
[330] BGH 26.8.1992 – 3 StR 299/92, NJW 1993, 76.
[331] *Weber* Rn. 299.
[332] BGH 29.2.2000 – 1 StR 46/00, NStZ-RR 2000, 234; 4.5.1999 – 4 StR 153/99, StV 1999, 428; 27.4.1999 – 4 StR 94/99, NStZ 1999, 451; 11.8.1995 – 2 StR 329/95.
[333] BGH 8.3.2000 – 3 StR 41/00, NStZ 2000, 432.
[334] BGH 21.2.1979 – 2 StR 663/78, BGHSt 28, 308 (309).
[335] BGH 17.3.1981 – 5 StR 56/81, StV 1981, 238.
[336] Vgl. zB BGH 25.4.2007 – 1 StR 159/07, BGHSt 51, 324 = JR 2007, 298 = NJW 2007, 2274 = NStZ 2007, 529 = StRR 2007, 163.

hung des vereinbarten Darlehenszinses. Gleiches gilt beim Erlass von Spielschulden.[337] Bei Tauschgeschäften (BtM gegen Diebesgut oder Hehlerware, auf höherer Stufe der Handelskette Falschgeld, Pkws) muss auf den zwischen den Parteien vereinbarten oder vorausgesetzten Warenwert abgestellt werden. (Hier wird es häufig zu Beweisproblemen wegen der subjektiven Einschätzung des Gegenwertes kommen, der ja nach Meinung des Handeltreibenden höher sein muss als seine Gegenleistung.) Falls der materielle Vorteil nicht in einem finanziellen Gewinn, sondern **in sonstigen geldwerten Leistungen** besteht, gilt folgendes: der Erbringer einer solchen Leistung will diese Leistung dem BtM-Lieferanten nicht „kostenlos" zur Verfügung stellen, sondern stattdessen BtM erlangen. Seine Leistung muss in irgendeiner Weise auf eine Verrechnungsbasis zurückgeführt werden, die einen Abgleich mit der BtM-Lieferung erlaubt; erst dann kann man feststellen, ob der Lieferant bei Gegenüberstellung der beiderseitigen Leistungen einen Überschuss erzielt oder erstrebt hat. Wenn die BtM-Lieferung „der Befriedigung eines dem Abnehmer faktisch ohnehin zustehenden Anspruchs"[338] wegen einer erbrachten oder zu erbringenden Leistung dient, so muss der Geldwert dieser Leistung ermittelt und mit dem Geldwert der BtM-Lieferung abgeglichen werden, um festzustellen, ob ein finanzieller Gewinn des Lieferanten existiert. Damit kann grundsätzlich ein relevanter Vorteil darin liegen, durch Hingabe von Betäubungsmitteln im Rahmen einer bestimmten **wertmäßigen Anrechnung** von einer bestehenden Geldverbindlichkeit befreit zu werden, doch ist auch insoweit die Feststellung einer Gewinnerzielungsabsicht erforderlich.[339]

Allein das **Erlangen von Auskünften, Hinweisen oder Tipps** (zB auf weitere Abnehmer **326** oder Bezugsquellen[340] bzw. auf Unterstützung beim Erwerb, Verwahrung, Transport oder Absatz von BtM[341]) oder das **Interesse an der Aufrechterhaltung einer gewinnbringenden Geschäftsbeziehung**[342] reichen unter diesem Gesichtspunkt nicht aus, einen materiellen Vorteil als festgestellt anzusehen; es fehlt die zugegebenermaßen oft schwierige Umrechnung in einen dem Wert der gelieferten BtM gegenüberzustellenden Geldwert. Anders verhält es sich bei **Heroinlieferungen des Zuhälters an die für ihn tätigen opiatabhängigen Prostituierten,** damit sie weiterhin für ihn tätig sind: hier liegt der finanzielle Vorteil in dem Anteil des Zuhälters an den Prostitutionserlösen.[343] Ähnlich liegt der Fall, wenn ein Gastwirt BtM an seine Gäste zwar zum Einkaufspreis, aber in der Erwartung verkauft, die Gäste dadurch an sein Lokal zu binden.[344] Dann liegt der erstrebte Vorteil in dem erwarteten Gewinn aus Gastwirtstätigkeit, den er seiner Vorstellung nach ohne diese Zielgruppe nicht gehabt hätte. Noch schwieriger wird diese Beurteilung, wenn die erbrachte oder zu erbringende Leistung nicht einen Gegenwert für eine BtM-Lieferung darstellt, sondern der Vorteil selber die Gegenleistung für die Tätigkeit ist, die zur Förderung des BtM-Umsatzes vorgenommen wird oder werden soll. Bei dem **„kostenlosen" Benutzen einer Wohnung**[345] als Gegenleistung für die Aufbewahrung von BtM kann man immerhin auf einen üblichen Mietzins rekurrieren und ihn mit dem Wert der Dienstleistung, evtl. auch dem Wert der Übernahme des Entdeckungsrisikos, abgleichen. Derartige Überlegungen sind aber zB nicht möglich, wenn der angestrebte Vorteil in der **Arbeitsplatzsicherung**[346] liegen sollte. Hier wären sehr sorgfältige und gründliche Feststellungen und Erörterungen in der Urteilsbegründung nötig.

---

[337] BGH 28.11.1990 – 3 StR 395/90; 20.6.2007 – 2 StR 223/07, BeckRS 2007, 11858.

[338] So für den Fall seines Mietanspruchs in einem Verwahrverhältnis BGH 15.12.1997 – 4 StR 196/94, StV 1998, 587 (588); vgl. auch BGH 14.5.1985 – 4 StR 165/85: der Vorteil wurde in einer Übernachtungsmöglichkeit in Amsterdam gesehen, die einer Kokainlieferung gegenüberstand.

[339] BGH 6.11.2012 – 2 StR 410/12, BeckRS 2012, 25324.

[340] HJLW/*Winkler* Rn. 4.1.2.

[341] BGH 30.1.1980 – 3 StR 471/79, NJW 1980, 1344.

[342] AA *Franke/Wienroeder* Rn. 32; *Weber* Rn. 301; wie hier *Joachimski/Haumer* § 3 Rn. 19.

[343] LG Augsburg 25.7.2001 – 3 KLs 103 Js 124 858/99; unbeanstandet durch BGH 2.12.2003 – 1 StR 102/03; für zutreffend gehalten vom GBA in seiner Zuschrift 23.4.2003 an den BGH.

[344] BGH 13.1.2004 – 1 StR 517/3.

[345] BGH 25.5.1994 – 2 StR 203/94.

[346] BGH 9.7.1996 – 1 StR 728/95, NStZ-RR 1996, 374; vgl. aber BGH 20.7.1995 – 4 StR 112/95, NStZ-RR 1996, 20: Es genügt für die Annahme von Eigennützigkeit, wenn der Angeklagte im Rahmen des Arbeitsverhältnisses für seine Dienstleistungen insgesamt entlohnt wird.

327   Kein Problem, den Vorteil festzustellen, besteht dagegen in den meisten der in der Praxis
vorkommenden Fälle, wenn nämlich der Täter eine größere Menge von BtM einkauft oder
sonst erhält, sich zum Eigenverbrauch einen Teil davon „abzwackt", bei Heroin oder Kokain
mit Milchpulver oÄ auf die ursprüngliche Menge streckt und diese dann weiterleitet, abgibt,
(zum selben Preis oder mit Aufschlag) weiterverkauft. Dasselbe gilt in allen Fällen, in denen
BtM zur Entlohnung übergeben oder in Aussicht gestellt werden. In diesem **Eigenverbrauchsanteil** liegt dann der Vorteil. (Formulierungen wie „zum Selbstkostenpreis"[347]
oder „zum Einstandspreis"[348] sollten wegen ihrer Missverständlichkeit aber unterbleiben;[349]
sie suggerieren, dass kein Gewinn erzielt wurde oder werden sollte – während der Gewinn
tatsächlich in dem zurückbehaltenen Eigenverbrauchsanteil liegt.) Handelt der Täter lediglich mit dem Motiv, einem Mitbeteiligten, den er bei einem früheren Rauschgiftgeschäft
um 2.750 € betrogen hatte, die Möglichkeit zu geben, durch den Weiterverkauf des Rauschgifts diesen Verlust wieder auszugleichen, lässt sich ein eigennütziges Handeln nicht bejahen.[350]

328   **(b) Immaterieller Vorteil.** Ein immaterieller Vorteil kommt bei der gebotenen zurückhaltenden Auslegung nur in Betracht, wenn er einen **objektiv messbaren Inhalt** hat und
den Empfänger in irgendeiner Weise **tatsächlich besser stellt.**[351] Einen nicht in einem
Vermögensvorteil bestehenden Vorteil hatte der Gesetzgeber in der Begründung zu § 10
Abs. 1 Nr. 8 OpiumG in der Fassung des Entwurfs eines Gesetzes zur Änderung des Opiumgesetzes,[352] der dem § 29 Abs. 1 Nr. 11 des BtMG 1982 entspricht. Nach jener Vorschrift
war mit Strafe bedroht, wer öffentlich oder eigennützig eine Gelegenheit zum Genuss, zum
Erwerb oder zur Abgabe von BtM mitteilt, verschafft oder gewährt. Der Vorschrift lag der
Gedanke zugrunde, dass der von ihr betroffene Täterkreis – insbesondere Gastwirte und
Halter von Imbissstuben und Trinkhallen, die ihre Betriebe zu einträglichen Umschlagplät-
zen für Rauschgifte machen – die gleiche Strafe verdient wie derjenige, der selbst illegalen
Handel betreibt. In der Begründung zu dem Entwurf heißt es: „Eigennützig handelt derje-
nige, der sich bei seinem Verhalten von dem Streben nach eigenem Vorteil leiten lässt. Der
Vorteil braucht nicht in einer vermögenswerten Zuwendung zu bestehen; es kommen
Vorteile jeder Art in Betracht."[353] Die Weite der sich daraus ergebenden Subsumtions-
möglichkeiten hat der BGH[354] einzuschränken versucht mit dem Abstellen auf einen objektiv messbaren Inhalt des Vorteils, der den Empfänger in irgendeiner Weise tatsächlich besser
stellt. Danach sollen folgende immaterielle Vorteile die positive Feststellung von Eigennutz
zulassen: „Bezahlung" der gelieferten BtM durch **sexuelle Leistungen** einer heroinsüchti-
gen Frau,[355] Tilgung der Darlehensschuld eines Angehörigen, die vom Täter als **familiäre
„Pflicht"** angesehen wird,[356] Beschaffung von Geld für den Bruder zum Ausgleich eines
von diesem begangenen Diebstahls bei der Großmutter („familiäre Pflicht"),[357] die Herstel-

---

[347] BGH 4.9.1996 – 3 StR 355/96, NStZ-RR 1997, 49.
[348] BGH 26.5.1987 – 1 StR 110/87.
[349] BGH 26.5.1987 – 1 StR 110/87.
[350] BGH 19.3.2013 – 3 StR 7/13, BeckRS 2013, 06994.
[351] BGH 17.3.1981 – 5 StR 56/81, StV 1981, 238; 2.6.1982 – 2 StR 84/82, NStZ 1982, 384; 26.8.1992 –
3 StR 299/92, NJW 1993, 76; 24.2.1994 – 4 StR 44/94, NStZ 1994, 398; 11.8.1995 – 2 StR 329/95;
10.1.1996 – 3 StR 583/95; 27.4.1999 – 4 StR 94/99, NStZ 1999, 451; 4.5.1999 – 4 StR 153/99, StV 1999,
428; 29.2.2000 – 1 StR 46/00, NStZ-RR 2000, 234.
[352] BT-Drs. VI/1877, 9 (vom 25.2.1971).
[353] BT-Drs. VI/1877, 9.
[354] BGH 26.8.1992 – 3 StR 299/92, NJW 1993, 76; 24.2.1994 – 4 StR 44/94, NStZ 1994, 398;
29.2.2000 – 1 StR 46/00, NStZ-RR 2000, 234.
[355] Vgl. BGH 17.2.1982 – 2 StR 602/81, NStZ 1982, 519; 17.12.1996 – 1 StR 695/96; LG Augsburg
25.7.2001 – 3 KLs 103 Js 124 858/99; unbeanstandet durch BGH 2.12.2003 – 1 StR 102/03; für zutreffend
gehalten vom GBA in seiner Zuschrift 23.4.2003 an den BGH, wobei insgesamt übersehen wurde, dass hier
nicht der „Normalfall: Stoff gegen Sex" abgeurteilt worden war, sondern ein Zuhälter dafür verurteilt wurde,
dass er „seine" Prostituierte mit BtM versorgte, damit sie für ihn weiter „anschaffen" ging.
[356] BGH 11.8.1995 – 2 StR 329/95.
[357] BGH 27.4.2010 – 3 StR 75/10, BeckRS 2010.

lung der Zahlungsfähigkeit eines Schuldners bei erfolgreicher Durchführung eines Betäubungsmittel-Geschäftes, dies hätte zum Ausgleich eines sonst nicht realisierbaren Zahlungsanspruchs geführt.[358] Ob ein **mittelbarer** Vorteil genügt, lässt sich nicht pauschal beantworten, sondern hängt schlicht davon ab, ob die Handlungen des Täters noch einen ausreichenden Umsatzbezug aufweisen. Bejaht wurde dies beim Täter, der sich durch die Handlungen eine Sanierung der Firma und die Aufrechterhaltung seines Arbeitsverhältnisses aus der Tat verspricht, wobei aber der Abgrenzung von Täterschaft und Beihilfe dann besondere Bedeutung zukommt.[359] Ebenso genügt das von einem finanziellen Eigeninteresse getragene Bestreben, als Informant der Polizei gegen Entgelt verwertbare Informationen über seinen Lieferanten zu erhalten; auch hier zielt das Handeln des Täters jeweils auf die Erlangung eines materiellen Vorteils, der nach den Vorstellungen des Angeklagten auch an seine auf den Umsatz von Betäubungsmitteln gerichtete Tätigkeit anknüpft und damit einen hinreichenden Umsatzbezug aufweist.[360]

Kein Vorteil im Sinne eines Eigennutzes kann nach diesen Maßstäben in der bloßen **329 Aufrechterhaltung einer Liebesbeziehung** gesehen werden. Ob eine solche Beziehung für einen der beteiligten Partner einen „Vorteil" darstellt, entzieht sich einer objektiven Bewertung.[361] Gleiches gilt nach der Rechtsprechung für das Bestreben, einen den Täter bedrängenden Lieferanten loszuwerden,[362] den Argwohn, ein „Polizeispitzel" zu sein, zu entkräften,[363] die Sorge um die Sicherheit der Familie und seiner eigenen Person,[364] das Hoffen auf das „Wohlwollen" des Rauschgiftabnehmers,[365] das Gefühl der Anerkennung, von anderen bei der Beschaffung von Drogen um Hilfe gebeten zu werden,[366] die Erlangung von „Hilfe und Wohlwollen, welcher Art auch immer, als Gegenleistung" für den Transport von BtM[367] oder die Vermeidung angedrohter Repressalien.[368] Insb. kann nicht von Eigennutz ausgegangen werden, wenn die „Gegenleistung" für die Beschaffung von Betäubungsmitteln im „Schutz" vor vom Vertragspartner sonst drohender Gewalt besteht.[369] Das als Leistung im Rahmen einer Schutzgelderpressung übergebene Rauschgift ist für das Tatopfer der Erpressung nicht Gegenstand des Handels im Sinne von § 29 Abs. 1 S. 1 Nr. 1.

(3) Erwartung eines Gewinns oder persönlichen Vorteils. Es kommt nicht darauf **330** an, dass der Täter aus dem Umsatzgeschäft tatsächlich einen Gewinn oder einen sonstigen Vorteil erlangt; es genügt die Gewinn- oder Vorteilserwartung.[370]

ee) Umsatzbezogenheit der Eigennützigkeit. Das Merkmal der Eigennützigkeit **331** bezieht sich dabei auf den BtM-Umsatz. Nur wenn der Täter die Absicht verfolgt, BtM ganz oder teilweise mit Gewinn oder gegen einen sonstigen Vorteil weiter zu veräußern, treibt er Handel. Außerhalb des Umsatzes liegende Vorteile reichen nicht.[371] Wenn ein gewinnbringender Umsatz des BtM nicht beabsichtigt ist, fehlt es an einem **umsatzbezogenen Vorteil**. So ist der Kurier, der gegen Entlohnung selbstständig Rauschgift transportiert

---

[358] BGH 4.12.2007 – 5 StR 404/07, BeckRS 2008, 00702 = NStZ 2008, 354 = StV 2008, 123 (insb. nicht abgedruckt) = StraFo 2008, 252.
[359] BGH 10.10.1988 – 2 StR 539/88.
[360] BGH 16.3.2016 – 4 StR 42/16, NStZ-RR 2016, 212 (213); um eine bloße Gefälligkeit handelt es sich auch nicht, wenn der Täter mit dem Ziel handelt, „die Abnehmer zu binden und mit ihnen später lukrativere Geschäfte abzuschließen", vgl. BGH 26.10.2015 – 1 StR 317/15, BeckRS 2015, 19172.
[361] BGH 26.8.1992 – 3 StR 299/92, NJW 1993, 76.
[362] BGH 13.11.1985 – 2 StR 519/85.
[363] BGH 24.2.1994 – 4 StR 44/94.
[364] BGH 28.4.1992 – 4 StR 69/92.
[365] BGH 23.10.1996 – 4 StR 469/96, NStZ-RR 1997, 86.
[366] BGH 6.3.2008 – 4 StR 33/08, BeckRS 2008, 04795.
[367] BGH 7.4.1992 – 5 StR 120/92.
[368] BGH 29.2.2000 – 1 StR 46/00, NStZ-RR 2000, 234.
[369] BGH 14.1.2015 – 2 StR 352/14, BeckRS 2015, 03998 = StV 2015, 632.
[370] BGH 10.4.1984 – 4 StR 172/84, StV 1984, 248; 13.11.1985 – 3 StR 354/85, NStZ 1986, 232; 21.7.1992 – 5 StR 325/92.
[371] BGH 22.2.1985 – 2 StR 62/85, StV 1985, 235; vgl. auch BGH 10.4.1984 – 4 StR 172/84, StV 1984, 248; 25.9.1985 – 2 StR 521/85, NJW 1986, 794; 9.1.1991 – 2 StR 359/90, StV 1992, 65.

und einführt, ohne selbst Käufer oder Verkäufer zu sein, trotz vorliegenden Eigennutzes nicht wegen HTs strafbar, wenn **beim Auftraggeber lediglich Erwerb zum Eigenverbrauch** beabsichtigt war – der eigennützig handelnde Kurier hat kein fremdes Umsatzgeschäft gefördert.[372] Waren die erworbenen Betäubungsmittel teils zum Weiterverkauf und teils zum Eigenverbrauch bestimmt, darf nicht offen bleiben, welcher Anteil für den späteren Verkauf vorgesehen war (dies gilt auch im Rahmen des § 29a Abs. 1 Nr. 2,[373] obwohl dort auch der Besitz zum Eigenverbrauch gleichmäßig erfasst ist und damit grundsätzlich derselbe Strafrahmen zur Anwendung gelangt, vgl. noch → § 29a Rn. 65). Der Tatrichter muss dies konkret, notfalls unter Beachtung des Zweifelssatzes feststellen.[374] Hat der Tatrichter weder festgestellt, dass die Erwerbsmengen insgesamt zum Handel bestimmt waren noch dass der Angeklagte hinsichtlich der Eigenbedarfsmengen einen die Eigennützigkeit begründenden Vorteil erlangt hat, ist der Eigenbedarfsanteil ggf. zu schätzen und von den Handelsmengen in Abzug zu bringen.[375]

332   **(1) Einkaufspool.** Beim gemeinsamen Einkauf größerer Mengen für den Eigenbedarf durch mehrere Drogenkonsumenten wird dadurch oft ein besonders günstiger Einkaufspreis erzielt (**„Einkaufspool"**). Trotz dieser **beim Erwerb erzielten Vorteile** liegt kein HT vor, weil der Gewinn beim Weiterveräußerungsvorgang erzielt werden muss.[376] An dieser Betrachtung ändert sich auch nichts, wenn der Täter sich durch die Einkäufe für Bekannte einen höheren Rabatt für die eigenen Geschäfte erhoffte, da solch ein erstrebter Nutzen nicht aus dem Erwerbsgeschäft selbst floss.[377]

333   **(2) Social supply.** Damit gilt, dass gerade beim sog. **„social supply"** – also dem Kleinsthandel im Bekanntenkreis – das Merkmal eingehender Überprüfung bedarf.[378] Wegen der eingeschränkten Verfügbarkeit der Substanzen sind Konsumenten bereit, sich gegenseitig unter die Arme zu greifen, indem man sich Drogen schenkt, Sammelbestellungen vornimmt oder beim Ankauf „durchwechselt". Dabei genügen bereits geringste Risikozuschläge bzw. Profite zwecks Eigenbedarfsdeckung („minimally profit supply"[379]) für die Annahme eines Eigennutzes; der Umstand, dass altruistische Motive bei derartigen Handelstätigkeiten beherrschend sind, muss aber spätestens im Rahmen der Strafzumessung Berücksichtigung finden, bei Überschreitung einer geringen Menge ggf. auch durch die Annahme eines minder schweren Falls.

334   **ff) Urteilsfeststellungen (Eigennutz und Verkaufsabsicht).** Das Urteil muss konkrete Feststellungen zur Eigennützigkeit enthalten.[380] Wenn sich zur Eigennützigkeit des Angeklagten keine Feststellungen finden und dem Urteil auch nicht wenigstens mittelbar zu entnehmen ist, welchen Vorteil der Angeklagte haben sollte oder sich versprach, so kann eine Verurteilung wegen täterschaftlichen HTs keinen Bestand haben. Ausführungen hierzu sind umso mehr geboten, wenn die Möglichkeit nicht ausgeschlossen werden kann, dass der Angeklagte das BtM nur weiterleiten, nicht selbst verkaufen wollte,[381] dass es sich möglicherweise um Verwandte des Angeklagten handelt, denen er behilflich war,[382] dass der Entschluss, in die Niederlande mitzufahren und dabei Aufgaben zu übernehmen, in der Hoffnung begründet gewesen sein kann, bei Gelegenheit dieser Fahrt selbst Rauschgift

---

[372] BGH 14.9.1988 – 3 StR 333/88.
[373] BGH 17.4.2014 – 3 StR 84/14, BeckRS 2014, 15081 = NStZ-RR 2014, 344 (345); BGH 17.7.2013 – 2 StR 259/13, BeckRS 2013, 15321.
[374] OLG Koblenz 30.11.2015 – 2 OLG 4 Ss 186/15.
[375] BGH 13.9.2016 – 4 StR 304/16, BeckRS 2016, 17119.
[376] BGH 22.2.1985 – 2 StR 62/85, StV 1985, 235; 25.9.1985 – 2 StR 521/85, NJW 1986, 794; 14.9.1988 – 3 StR 333/88; 9.1.1991 – 2 StR 359/90, StV 1992, 65; 26.3.1992 – 4 StR 98/92.
[377] BGH 27.3.2012 – 3 StR 64/12, NStZ 2012, 516.
[378] Zur Einordnung *Werse*, Rausch 2014, 3 (2), 98.
[379] *Werse*, Rausch 2014, 3 (2), 98 (105 f.).
[380] BVerfG 15.2.1995 – 2 BvR 383/94, NJW 1996, 116 (117).
[381] BGH 29.9.1992 – 1 StR 601/92.
[382] BGH 15.12.1992 – 1 StR 617/92, NStZ 1993, 295.

für den eigenen Konsum zu erwerben[383] oder dass die Angeklagte ausschließlich aus altruistischen Motiven, um ihrem Freund einen bloßen Gefallen zu erweisen, mitgewirkt hat (in einem solchen Fall kann die bei einem gewöhnlichen Kurier meist zutreffende Annahme, er werde sich nicht ohne Lohn dem Risiko aussetzen, nicht herangezogen werden).[384]

Allgemeine Erfahrungssätze, dass „Umsatzgeschäfte ab einer bestimmten Größenordnung auch unter Freunden bzw. guten Bekannten nicht uneigennützig gemacht zu werden pflegen", vermögen die erforderlichen konkreten Feststellungen nicht zu ersetzen.[385] Eigennutz ist ein inneres Motiv, auf das zumeist aus äußeren Umständen geschlossen werden muss. In der Beweiswürdigung dieser äußeren Umstände ist der Tatrichter frei (§ 261 StPO). Seine Überzeugung muss aber eine **Grundlage in den von ihm getroffenen Feststellungen** haben. Seine Feststellungen müssen auch dann ausreichend mit Tatsachen abgesichert sein, wenn sie aus äußeren Umständen des Geschehensablaufs abgeleitet werden und dürfen sich nicht so sehr von einer festen Tatsachengrundlage entfernen, dass sie letztlich bloße Vermutungen sind, die nicht mehr als einen, sei es auch schwerwiegenden, Verdacht begründen.[386]   **335**

In den sog **Evidenzfällen**[387] reicht für die Annahme von Eigennützigkeit die Feststellung aus, dass nach Art und Umfang der auf Umsatz gerichteten Tätigkeit **andere als eigennützige Motive nach Lage des Falles ausscheiden.**[388] Dabei kommt es insbesondere auf Art und Umfang der Tätigkeit, den Aufwand des Täters und seine (fehlenden) Beziehungen zu dem Lieferanten und dem Erwerber an,[389] sowie uU auch auf die große Menge des BtM, das Entdeckungs- und strafrechtliche Verfolgungsrisiko, evtl. die Länge der Fahrtstrecke sowie den damit verbundenen zeitlichen und finanziellen Aufwand.[390] Der Fünfte Senat hat den Ausführungen des GBA, wonach bei **arbeitsteiligem Vorgehen** ebenso ein Evidenzfall angenommen werden könne, stillschweigend zugestimmt.[391] Ähnliche Erwägungen gelten für die Feststellung der Verkaufsabsicht (als eigenständiges Merkmal des HTs) bzw. der Verneinung einer Eigenverbrauchsabsicht: allein die desolate Einkommenssituation und eine hohe Gewinnspanne reichen für die Annahme einer Verkaufsabsicht nicht aus, wenn der Angeklagte selbst das eingeführte BtM konsumiert und die Menge seinem Monatsbedarf entspricht.[392]   **336**

gg) Beachtung des Doppelverwertungsverbots. HT ist seinem Wesen nach eigennütziges Verhalten. Dass sich der Täter von Gewinnstreben oder Gewinnsucht leiten lässt, ist demnach **subjektives Merkmal des HTs,** das im Hinblick auf das Verbot der Doppelverwertung von Tatbestandsmerkmalen (§ 46 Abs. 3 StGB) nicht zusätzlich zur Strafschärfung herangezogen werden darf.[393] Strafschärfend berücksichtigt werden darf aber ein besonders verwerfliches, den Rahmen des Tatbestandsmäßigen deutlich übersteigendes Gewinnstreben.[394]   **337**

---

[383] BGH 2.10.1992 – 2 StR 466/92.

[384] BGH 26.8.1992 – 3 StR 299/92, NJW 1993, 76.

[385] BGH 13.5.1992 – 2 StR 139/92, StV 1992, 469; 12.3.2013 – 2 StR 16/13, NStZ 2013, 550; 20.2.2014 – 2 StR 563/13, NStZ-RR 2014, 213; 24.9.2014 – 2 StR 276/14, NStZ-RR 2014, 375.

[386] BGH 9.7.1996 – 1 StR 728/95.

[387] BGH 14.4.2010 – 5 StR 122/10, BeckRS 2010, 11336 = NStZ-RR 2010, 254 Ls.

[388] BGH 2.10.1992 – 2 StR 466/92; 18.6.1993 – 4 StR 318/93, StV 1993, 570; 20.7.1995 – 4 StR 112/95, NStZ-RR 1996, 20; 12.3.2001 – 1 StR 12/01; 13.1.2004 – 1 StR 517/03, BeckRS 2004, 01933 = StraFo 2004; 10.10.2006 – 1 StR 377/06, NStZ 2007, 287 = StraFo 2007.

[389] BGH 13.5.1992 – 2 StR 139/92, StV 1992, 469; 30.4.1996 – 1 StR 1/96, NStZ 1996, 498; 18.6.1993 – 4 StR 318/93, StV 1993, 570; OLG München 12.6.2012 – 5 St RR (I) 16/12, BeckRS 2013, 03389.

[390] BGH v. 24.3.1998 – 1 StR 84/99, StV 1999, 429.

[391] BGH 14.4.2010 – 5 StR 122/10, NStZ-RR 2010, 254; vgl. auch *Schmidt* NJW 2014, 2995 („Hintertür").

[392] BGH 22.8.2013 – BGH 1 StR 378/13, NStZ-RR 2013, 387.

[393] BGH 30.1.1980 – 3 StR 471/79, NJW 1980, 1344; 11.5.1989 – 1 StR 154/89; 13.5.1997 – 4 StR 206/97; 26.4.1996 – 3 StR 117/96; 4.3.2008 – 3 StR 13/08, BeckRS 2008, 05461.

[394] BGH 28.3.2000 – 4 StR 69/00; 1.10.1996 – 1 StR 559/96, NStZ-RR 1997, 50; 12.8.1994 – 2 StR 348/94, StV 1994, 69.

338   **3. BtM als Bezugspunkt der Tathandlung.** Bezugspunkt des HTs sind die in den Anlagen I bis III aufgeführten BtM.[395] Der Drogenmarkt setzt aber nicht nur den Umsatz von Rauschgift, sondern auch Kauf bzw. Verkauf anderer Gegenstände voraus (welche beispielsweise den Umlauf vereinfachen sollen). Soweit der Wortlaut des § 29 Abs. 1 S. 1 Nr. 1 vom HT mit Betäubungsmitteln spricht, bedeutet dies nach hM weder, dass einer der Beteiligten bereits im Besitz von Betäubungsmitteln sein müsste noch, dass direkter Bezugspunkt der Handlung ein Betäubungsmittel ist. Demnach kann sich die Tätigkeit auf **alle Gegenstände** beziehen, die der Herstellung oder dem Transport von Betäubungsmitteln dienen, wie etwa Grundstoffe,[396] Streckmittel,[397] Laborgeräte,[398] Tablettiermaschinen,[399] oder Schmuggelfahrzeuge.[400] Ebenso können Erlöse Bezugspunkt der Tathandlung sein. Bei Designerdrogen ist maßgeblich, ob der Täter konkret darum weiß, dass die Bezugssubstanz keinen in den Anlagen aufgeführten Wirkstoff aufweist. Ist dies der Fall, kommt keine Strafbarkeit nach den Vorschriften des BtMG, es sei denn der Täter verwendet die Designerdrogen als BtM-Imitate (Abs. 6). Hält der Täter die Designerdroge für ein bereits unterstellten Stoff (Amphetamin), bezieht sich sein Umsatzwille wiederum auf ein BtM, was für eine Strafbarkeit wegen HTs genügt.

339   Gerade der Umgang mit Nicht-BtM betrifft phänomenologisch nicht selten die Vorbereitung eines BtM-Geschäfts. Mithin liegen derartige Tätigkeiten häufig **weit vor dem eigentlichen Umsatzgeschäft,** weswegen die Rechtsprechung hier etwas strenger verfährt und diese Tätigkeiten (mögen sie auch auf Umsatz gerichtet sein) nicht per se für ein vollendetes HT genügen lässt. Insb. reicht es nicht aus, wenn das Tatgericht beim Angeklagten geringfügige Vorfeldhandlungen festgestellt hat, etwa die Bestellung von zwei im Handel frei erhältlichen Chemikalien oder den Besuch eines Hauses, in dem das Labor eingerichtet werden sollte.[401] Vielmehr muss die Tätigkeit auf die Ermöglichung bzw. Förderung eines bestimmten Umsatzgeschäftes zielen, das bereits Konkretisierung erfahren hat bzw. bereits läuft. Da der Vertragsschluss aber bereits vollendetes HT darstellt, verkürzt sich die Bedeutung dieser Rechtsprechung somit erneut auf außenstehende (als „Finanziers" nicht stets untergeordnete) Personen, die bestimmte Gegenstände für die bzw. während der Geschäftsabwicklung organisieren sollen. Soweit diese „Organisation" durch den potentiellen Vertragspartner selbst erfolgt, aber im Vorfeld eines noch nicht konkretisierten Umsatzgeschäftes liegt, sprechen bereits systematische Gründe gegen eine Subsumtion unter das HT. Dies hat die Rechtsprechung teils schon anerkannt, wenn sie beispielsweise die Gewährung eines Darlehens bzw. von Bargeld nicht als HT bewertet,[402] soweit kein konkretes Geschäft am Laufen sei. Die Geldmittelbereitstellung ist bereits für sich gem. Abs. 1 S. 1 Nr. 13 unter Strafe gestellt.[403]

340   Im Zusammenhang mit Streckmitteln führt der Dritte Senat aus:[404] „Die eigennützige Förderung fremder Umsatzgeschäfte mit Betäubungsmitteln – also ohne mittäterschaftliche Beteiligung – kann zwar den Begriff des unerlaubten HTs mit den Betäubungsmitteln erfüllen […] setzt aber regelmäßig voraus, daß *der Täter mit dem Betäubungsmittel selbst befaßt*

---

[395] KPV/*Patzak* Teil 4 Rn. 7 ff.
[396] BGH NStZ 1991, 327 („Bestellung von zwei im Handel frei erhältlichen Waren"); BGH StV 2005, 666 (Beschaffen von ESA als Morphinbase zur Herstellung von Heroin).
[397] BGH NJW 1993, 2389; StV 1994, 429.
[398] Vgl. *Weber* HT S. 89.
[399] Im konkreten Fall diente aber das Tablettiergerät zur Herstellung von „Fake-Ecstasy"-Tabletten (echter Wirkstoff Ketamin), wobei das HT mit Imitaten ja ebenfalls strafbar gem. § 29 Abs. 6 ist, vgl. § 29 Abs. 6 (→ Rn. 1767 ff.).
[400] BGH NJW 2001, 1289; OLG Hamm StV 2005, 271.
[401] BGH NStZ 1991, 327 (bei *Schoreit*).
[402] BGH StV 1986, 300; vgl. auch BGH NStZ 1992, 495.
[403] Vgl. BGH StV 1990, 549; (Beihilfe zum) HT durch Bereitstellen von Geldmitteln ist bejaht worden in BGH 2 StR 739/94 sowie BGH StV 1995, 25; vgl. auch BGH NJW 1993, 3338. Den gleichen Schluss zieht der BGH auch beim Umgang (insbesondere dem Verkauf) von Grundstoffen, die ggf. bereits für sich nach § 19 GÜG strafbar ist, vgl. BGH StV 2005, 666.
[404] BGH NJW 1993, 2389.

[...] oder, wie etwa bei dem Einsammeln oder der Übermittlung des Geldbetrages für das Betäubungsmittel an die Lieferanten, unmittelbar in das Rauschgiftgeschäft eingebunden ist." Im konkreten Fall erschöpfte sich die Handlung des Kuriers in der Lieferung einer großen Menge eines Paracetamol-Koffein-Gemischs, das als typisches Streckmittel für Heroin fungiert. Da das Tatgericht weder eine Mittäterschaft noch ein konkretes Betäubungsmittelgeschäft nachzuweisen vermochte, muss das Verhalten des Angeklagten als straflose Vorbereitungshandlung bewertet werden.[405] Die Rechtsprechung sieht auch in der – allein nachgewiesenen – Beschaffung und Überführung von Schmuggelfahrzeugen nur eine Vorbereitungshandlung, die keine Verurteilung wegen mittäterschaftlichen HTs tragen kann, auch wenn sich aus den objektiven Umständen (doppelter Boden, Spezialhohlräume) ergibt, dass das Fahrzeug zum Transport von Betäubungsmitteln bestimmt ist.[406]

a) Grundstoffe, Ausgangsstoffe.[407] Seit dem 1.3.1995 ist nach Aufhebung der §§ 18a, **341** 29 Abs. 1 Nr. 11 (alt) der unerlaubte Handel mit Grundstoffen für die BtM-Herstellung (zB Ergotamin als Vorläuferstoff für das daraus synthetisierbare LSD, Essigsäureanhydrid als Reagenz für die Herstellung von Heroin, Methylethylketon als Lösungsmittel bei der Herstellung von Amphetaminen) nicht mehr nach dem BtMG, sondern nach dem Grundstoffüberwachungsgesetzes (GÜG) strafbar. Vor dem 1.3.1995 konnte sich ein Täter, wenn ihm der Verwendungszweck bekannt war, mit der Beschaffung, Lieferung etc von BtM-Grundstoffen wegen Beihilfe zur unerlaubten BtM-Herstellung bzw. wegen Beihilfe zum HT strafbar machen. Nach dem Inkrafttreten des GÜG am 1.3.1995 gilt: Die Lieferung von Grundstoffen stellt für sich allein gesehen noch **keinen Verstoß gegen das BtMG** dar. Wer also solche Stoffe liefert und nur allgemein weiß, dass sie zur Herstellung von Betäubungsmitteln dienen sollen, verwirklicht dadurch noch nicht den Tatbestand des HTs mit BtM,[408] sondern den des § 19 Abs. 1 Nr. 1 GÜG. Mit dem Verkauf der Drogen ist der Grundstoffhändler in der Regel nicht befasst; sein Geschäft ist abgeschlossen, wenn der Grundstoff geliefert und bezahlt ist.[409] Eine Strafbarkeit nach dem BtMG kommt jedoch dann in Frage, wenn der Täter zu dem vom Empfänger der Lieferung konkret beabsichtigten BtM-Geschäft eine solche Beziehung hat, dass er sich daran als Mittäter oder Gehilfe beteiligt.[410] (Alleintäterschaftliches HT durch Lieferung von Grundstoffen an andere ohne mittäterschaftliche Beteiligung ist kaum denkbar,[411] seine Annahme wird regelmäßig an dem Fehlen der Einbindung in ein konkret angebahntes oder laufendes Geschäft scheitern.) Dieser Grundsatz hat durch die mit dem Einfluss des Arzneimittelrechts verbundene „Einengung des Grundstoffrechts" an Bedeutung zugenommen.[412] Soweit der unerlaubte Umgang mit Grundstoffen aufgrund der Arzneimitteleigenschaft einer Substanz nicht bejaht werden kann, kann die Lieferung von „Grundstoffen" (im untechnischen Sinn) eine Beihilfe zum HT darstellen (vgl. noch → Rn. 438).

In den genannten Fällen muss ein BtM-Geschäft beabsichtigt sein, das örtlich und zeitlich **342** und seinem Umfang nach **konkret bestimmt** ist und im nahen Zusammenhang mit der vorgelagerten Beschaffung, Lieferung etc des Grundstoffes steht; auf dieses konkret beabsichtigte HT-Geschäft muss sich Tatherrschaft und Tatinteresse des Grundstoff-Lieferanten etc beziehen. Die allgemeine Feststellung, dass der Grundstoff letztlich zum unerlaubten Handel mit Betäubungsmitteln bestimmt ist, besagt nichts in Bezug auf die nötige konkrete Haupt-

---

[405] Oder eben als Beihilfehandlung, bei der die Haupttat nicht nachgewiesen werden konnte, vgl. auch BGH StV 1994, 429.
[406] BGH NJW 2001, 1289; OLG Hamm StV 2005, 271.
[407] KPV/*Patzak* Teil 4 Rn. 20.
[408] BGH 3.8.2005 – 2 StR 360/04, StV 2005, 666.
[409] BGH 3.8.2005 – 2 StR 360/04, StV 2005, 666.
[410] BGH 3.8.2005 – 2 StR 360/04, StV 2005, 666; 25.10.2001 – 4 StR 208/01, BGHSt 47, 134 = NJW 2002, 452.
[411] *Weber* Rn. 229: wenn der Beteiligte unmittelbar in das Rauschgiftgeschäft in der Weise eingebunden ist, dass seine Handlung einen Teilakt des HTs darstellt; das bloße Wissen, wozu der Grundstoff diente, genügt dazu nicht.
[412] BGH 27.10.2015 – 3 StR 124/13, BeckRS 2015, 19540 = PharmR 2016, 40.

tat;[413] auch das Wissen, dass der Haupttäter bisher aus Grundstoffen Betäubungsmittel herge-stellt hat und zu erwarten ist, dass er dies wieder tun wird, genügt nicht.[414] Soll der Handel mit Grundstoffen als **mittäterschaftlicher Tatförderungsbeitrag** eingeordnet werden, muss ein tatbestandliches HT anderer festgestellt werden, in das der Beteiligte in der Weise als Mittäter eingebunden ist, dass er auf Grund eines gemeinsamen Tatplans seinen Tatbeitrag zum HT mit Betäubungsmitteln durch die Beschaffung des Grundstoffs erbringt.[415] Ähnli-ches gilt für die Einordnung der Tat als **Beihilfehandlung**.[416] Der Gehilfe braucht die Einzelheiten der Haupttat nicht zu kennen,[417] muss aber wissen, dass er eine bestimmte fremde Tat unterstützt.

343   Die Einzelheiten der (konkret angebahnten, laufenden oder durchgeführten) Tat braucht der Grundstoffhändler, -beschaffer etc nicht zu kennen,[418] wenn nur feststeht, dass aus den von ihm nach dem gemeinsamen Tatplan gelieferten Grundstoffen BtM hergestellt wurden, die dann verkauft wurden[419] oder zum Verkauf bestimmt waren oder zum Verkauf hätten hergestellt werden sollen. Lässt sich die Zahl dieser geplanten Umsatzgeschäfte nicht feststellen, so ist jedenfalls für den Grundstofflieferanten von einer einzigen Tat auszugehen.[420] Mehrere Tatbeiträge zu diesem nachfolgenden Verkaufsgeschäft sind als eine Tat anzusehen.[421] Das HT mit Grundstoffen (§ 19 Abs. 1 Nr. 1 GÜG) steht mit einer solchen Tat in Tateinheit.[422]

344   Lässt sich die Zahl der geplanten Umsatzgeschäfte nicht feststellen, so ist jedenfalls für den Grundstofflieferanten von einer einzigen Tat auszugehen.[423] Mehrere Tatbeiträge zu diesem nachfolgenden Verkaufsgeschäft sind als eine Tat anzusehen.[424] Das HT mit Grund-stoffen (§ 19 Abs. 1 Nr. 1 GÜG) steht mit einer solchen Tat in Tateinheit;[425] zu den Konkur-renzen und zur Bildung von Bewertungseinheiten bei der Beihilfe → Rn. 507 f.

345   **b) Streckmittel.**[426] Der unerlaubte Handel mit Arzneimitteln wie Coffein, Paracetamol, Phenacetin[427] oder Lidocain ohne Bezug zu einem BtM-Geschäft oder zu einer BtM-Produktion stellt **keinen Verstoß gegen das BtMG,** sondern ggf. einen Verstoß gegen das AMG[428] dar und kann nach § 95 Abs. 1 Nr. 4 AMG strafbar sein. Wenn allerdings eine Beziehung zu einem konkret beabsichtigten BtM-Geschäft in der Weise besteht, dass der Lieferant etc der Streckmittel sich daran als Mittäter oder Gehilfe beteiligt,[429] gilt das oben zu den Grundstoffen Gesagte, → Rn. 341.

---

[413] BGH 26.4.1994 – 1 StR 87/94, NJW 1994, 2162; 15.6.1994 – 3 StR 54/94, StV 1994, 429; 4.4.2006 – 3 StR 91/06, NStZ 2007, 102 = StV 2007, 80; 20.6.1994 – 5 StR 150/9, NStZ 1994, 501.
[414] *Weber* Rn. 227.
[415] BGH 3.8.2005 – 2 StR 360/04, StV 2005, 666; 30.1.2001 – 1 StR 423/00, NJW 2001, 1289.
[416] BGH 15.6.1994 – 3 StR 54/94, StV 1994, 429; 4.4.2006 – 3 StR 91/06, NStZ 2007, 102; 20.6.1994 – 5 StR 150/9, NStZ 1994, 501.
[417] BGH 4.4.2006 – 3 StR 91/06, NStZ 2007, 102.
[418] BGH 25.10.2001 – 4 StR 208/01, BGHSt 47, 134 = NJW 2002, 452; 21.7.1993 – 2 StR 331/93, NStZ 1993, 584.
[419] BGH 25.10.2001 – 4 StR 208/01, BGHSt 47, 134 = NJW 2002, 452; 3.8.2005 – 2 StR 360/04, StV 2005, 666.
[420] Vgl. BGH 25.10.2001 – 4 StR 208/01, BGHSt 47, 134 = NJW 2002, 452.
[421] BGH 25.10.2001 – 4 StR 208/01, BGHSt 47, 134 = NJW 2002, 452; BGH 28.10.2004 – 4 StR 59/04, BGHSt 49, 306 = NJW 2005, 163.
[422] BGH 3.8.2005 – 2 StR 360/04, StV 2005, 666.
[423] Vgl. BGH 25.10.2001 – 4 StR 208/01, BGHSt 47, 134 = NJW 2002, 452.
[424] BGH 25.10.2001 – 4 StR 208/01, BGHSt 47, 134 = NJW 2002, 452; 28.10.2004 – 4 StR 59/04, BGHSt 49, 306 = NJW 2005, 163.
[425] BGH 3.8.2005 – 2 StR 360/04, StV 2005, 666.
[426] BGH 23.4.1993 – 3 StR 145/93, NJW 1993, 2389 = NStZ 1993, 444; 15.6.1994 – 3 StR 54/94, StV 1994, 429; 20.6.1994 – 3 StR 150/94, NStZ 1994, 501; 24.2.1994 – 2 StR 668/94, StV 1995, 524; 26.4.1995 – 1 StR 87/94, NJW 1994, 2162 = NStZ 1994, 441 = StV 1995, 524; 6.4.1995 – 5 StR 72/95, StV 1995, 424 (L); 20.6.1995 – 4 StR 273/95; KPV/*Patzak* Teil 4 Rn. 21.
[427] Vgl. BGH 11.5.2011 – 2 StR 590/10, NJW 2011, 2377.
[428] Gesetz über den Verkehr mit Arzneimitteln in der Fassung der Bekanntmachung vom 12.12.2005, BGBl. I S. 3394, s. o. 1. Kap. I.
[429] BGH 3.8.2005 – 2 StR 360/04, StV 2005, 666; 25.10.2001 – 4 StR 208/01, BGHSt 47, 134 = NJW 2002, 452 = NStZ 2002, 210 = StV 2002, 256.

Durch den Transport eines nicht dem BtMG unterfallenden Streckmittels, wie zB eines **346**
Paracetamol-Coffein-Gemischs, mit dem hochwertiges Heroin gestreckt werden soll, kann
ein Kurier ein unerlaubtes HT mit BtM als Mittäter oder Gehilfe fördern, je nachdem, ob
der Angeklagte nach seiner Vorstellung ein so enges Verhältnis zu dem BtM-Geschäft des
ihn beauftragenden Großdealers oder der Organisation hatte, dass man davon ausgehen
muss, er habe mit Täterwillen im Zusammenwirken mit anderen am gemeinsamen Tatplan
mitgewirkt. Der Transport von Paracetamol, das zum Strecken von Heroin dienen soll, ist
aber nur dann Beihilfe zum HT mit BtM, wenn eine konkrete Haupttat zumindest in dem
Sinne festgestellt werden kann, dass ein konkretes BtM-Geschäft angebahnt werden soll.[430]

Hat ein Angeklagter den Verkauf von mehreren Kilogramm Streckmittel vermittelt, so **347**
scheitert eine Verurteilung wegen HTs nach Abs. 1 Nr. 1 und Abs. 6, **wenn nicht festgestellt
werden kann, dass er entweder die Streckmittel als BtM oder die Streckmittel als
BtM-Imitate ausgab.** Es scheitert auch eine Verurteilung wegen Beihilfe zum HT mit nicht
geringen Mengen von BtM, wenn nicht festgestellt werden kann, welche Heroingeschäfte
durch die vom Angeklagten vermittelten Streckmittelmengen gefördert wurden.[431]

c) Imitate, Scheindrogen. BtM-Imitate sind Substanzen, die keine BtM nach den **348**
Anlagen I–III zu § 1 sind, aber als solche ausgegeben werden (→ Rn. 1767 ff.). Hier ist zu
unterscheiden:[432] Will zB der Verkäufer echte BtM verkaufen, ohne zu wissen, dass es
Imitate sind, so macht er sich gemäß Abs. 1 Nr. 1 strafbar, verkauft er aber Stoffe oder
Zubereitungen, von denen er weiß, dass sie keine BtM sind, und gibt er sie trotzdem als
solche aus, so ist er wegen HTs mit BtM-Imitaten gemäß Abs. 6 strafbar.[433]

Gegenüber der generellen Beurteilung der erstgenannten Konstellation als vollendetes **349**
HT hat der 3. Strafsenat des BGH **Bedenken** geäußert und angekündigt, die „bisherige
Rechtsprechung zu Scheindrogen" nicht mehr fortführen zu wollen. Es war die Tätigkeit
eines Bunkerhalters zu beurteilen, der für einen anderen Drogenhändler in einem Versteck
500 g einer weißen Substanz gegen ein Entgelt von 200 Euro aufbewahrt hatte, die er
fälschlich für Kokain mittlerer Qualität gehalten hatte, die tatsächlich jedoch nur Stoffe
enthielt, die Streckmittel waren.[434] Der 3. Strafsenat hat die Frage im Grundsatz jedoch
zunächst offen gelassen, da im Ausgangsfall wegen der untergeordneten Tätigkeit des Bunkerhalters ohnehin allenfalls Beihilfe in Betracht gekommen wäre und das Ausgangsgericht
die nötige Abgrenzung nicht vorgenommen hatte. Diese Kritik übersieht aber, dass es nicht
auf das Erfüllungsgeschäft (hier die Übergabe der Substanz) ankommt, sondern auf das
Verpflichtungsgeschäft (hier die Abrede über das Aufbewahren). War in der zugrundeliegenden Depotvereinbarung von BtM (hier Kokain) die Rede, ist damit das HT (oder, falls
bereits die Abrede für das Hauptdelikt förderlich war) die Beihilfe dazu vollendet.

Zu Recht hat daher der 1. Strafsenat des BGH vollendetes HT angenommen im Falle **350**
eines Händlers, der mit seinem Lieferanten eine Vereinbarung über eine bestimmte Lieferung von Betäubungsmitteln getroffen hatte, dem tatsächlich aber nur Scheindrogen geliefert
worden waren. Entscheidend sei die Liefervereinbarung, die sich auf echte Drogen bezog.
Damit war bereits durch die Bestellabrede das HT vollendet. Darauf konnte eine abweichende Lieferung keinen Einfluss mehr haben.[435]

d) Werkzeuge (Laborgeräte, Schmuggelfahrzeuge etc). Auch solche Stoffe oder **351**
Gegenstände können geeignete Tatobjekte sein, die selbst keine Betäubungsmittel sind, aber

---

[430] BGH 23.4.1993 – 3 StR 145/93, NJW 1993, 2389 = NStZ 1993, 444; 15.6.1994 – 3 StR 54/94,
StV 1994, 429; 20.6.1994 – 5 StR 150/9, NStZ 1994, 501; 6.4.1995 – 5 StR 72/95, StV 1995, 524 (L);
20.6.1996 – 4 StR 273/95.
[431] BGH 13.5.1998 – 2 StR 491/97; LG Freiburg 16.10.2005 – 2 Qs 53/05, NStZ-RR 2006, 225, 226
(*Kotz/Rahlf*) = StV 2006, 138.
[432] Vgl. auch KPV/*Patzak* Teil 4 Rn. 18.
[433] BGH 20.8.1991 – 1 StR 321/91, BGHSt 38, 58; 25.10.2001 – 4 StR 208/01, BGHSt 47, 134 =
NJW 2002, 452 = NStZ 2002, 210.
[434] BGH 4.4.2006 – 3 StR 91/06, NStZ 2007, 102.
[435] BGH 25.7.2006 – 1 StR 297/06, NStZ-RR 2006, 350; vgl. auch *W. Winkler* NStZ 2007, 317 (318).

bei der Herstellung, dem Transport, dem Handel, dem Verbrauch oder dem sonstigen Umgang mit zum Umsatz bestimmten Drogen verwendet werden sollen, wie zB:[436]
- Drogenkonsumwerkzeuge (Spritzen [die Abgabe von sterilen Einmalspritzen an Abhängige ist gesetzlich ausgenommen, vgl. Abs. 1 S. 2], Rauchgeräte, Inhalator, Zigarettenpapier),
- Drogenhandelswerkzeuge (Waagen, Verpackungsmaterial, Folienschweißgeräte),
- Schmuggelbehältnisse, Schmuggelfahrzeuge[437] und Schmugglerausstattung (Koffer und Kisten mit doppeltem Boden, Fahrzeuge mit Spezialhohlräumen, Schmugglerbauchbinden und Schmugglerbüstenhalter, Plastikhandschuhe, Abführmittel, Reiseunterlagen und Flugtickets,
- Laborgeräte[438] (Glaskolben, Reagenzgläser, Chemikalien, Licht- und Elektroausstattung, Tablettiermaschinen[439]),
- Anbauzubehör (Samen, Düngemittel, Pflanzgefäße, Gewächshäuser, Beleuchtungs- und Heizungsanlagen).

352 Ihr Verkauf, ihre Beschaffung etc stellt aber im Hinblick auf das HT regelmäßig nur eine **Vorbereitungshandlung** dar. Dies gilt insb. für den Ankauf von Cannabissamen, die ihrerseits zwar BtM darstellen, mit denen Handel getrieben werden kann; doch fehlt es dem Täter am Umsatzwillen hinsichtlich des Verkaufs von BtM-Samen, wenn diese der Aufzucht von Pflanzen dienen, die ihrerseits verkauft werden sollen (dann stellt aber der Ankauf der Samen lediglich eine straflose Vorbereitungshandlung dar).[440] Im Übrigen gilt, dass auch mittäterschaftliches HT oder Beihilfe zum HT vorliegen kann, wenn der Beschaffer etc von Ausrüstungsgegenständen konkret in ein bereits laufendes oder unmittelbar bevorstehendes BtM-Geschäft eingebunden ist (vgl. das in → Rn. 303 ff. zu den Grundstoffen Gesagte).

353 Gemäß Art. 3 Abs. 1 Wiener Abkommen vom 20.12.1988 (Übk. 1988)[441] hat sich Deutschland verpflichtet, Strafbestimmungen gegen das vorsätzliche Herstellen, Befördern, Besitzen und Verteilen von Geräten, Material und Grundstoffen zum unerlaubten BtM-Anbau und zur unerlaubten BtM-Herstellung zu schaffen. Der deutsche Gesetzgeber brauchte keinen eigenen Rechtsakt zur Umsetzung diese Verpflichtung vorzunehmen, weil der Begriff des HT in der seit jeher durch die Rechtsprechung vorgenommenen Auslegung jedenfalls alle Elemente dieser enthält (freilich mit der Einschränkung, dass der Anbau umsatzbezogen erfolgen muss).

354 **e) Kaufgeld.** Das Einsammeln von Geld zur Bezahlung von BtM (Kaufgeld) kann HT sein,[442] ebenso wie auch der Transport des Kaufgelds zum Abholungsort der BtM[443] (→ Rn. 438).

355 **4. Erlaubnis.** Zur Erlaubnis als Merkmal des objektiven Tatbestands wird auf die Erläuterungen zu § 3 verwiesen. Dass ein Angeklagter „unerlaubt" mit Betäubungsmitteln gehandelt hat, ist ein Umstand, der sich nach den Gesamtumständen zumeist ohne weiteres ergibt. Dieses Merkmal bedarf daher, sofern nicht ausnahmsweise Anhaltspunkte für eine

---

[436] Die Auflistung folgt im wesentlichen *Körner* (VI) Rn. 278.
[437] BGH 26.10.2005 – GSSt 1/05, BGHSt 50, 252 = NJW 2005, 3790 = NStZ 2005, 171 = StV 2006, 19; 30.1.2001 – 1 StR 423/00, NJW 2001, 1289 = NStZ 2001, 323 = StV 2001, 459; aA BGH, Anfragebeschluss 10.7.2003 – 3 StR 61/02 und StR 243/02, NStZ 2004, 105 = StV 2003, 501.
[438] BGH 25.10.2001 – 4 StR 208/01, BGHSt 47, 134 = NJW 2002, 452 = NStZ 2002, 210; 29.3.1990 – 1 StR 103/90; 21.7.1993 – 2 StR 331/93, NStZ 1993, 584.
[439] BGH 25.10.2001 – 4 StR 208/01, BGHSt 47, 134 = NJW 2002, 452 = NStZ 2002, 210.
[440] BGH 15.3.2012 – 5 StR 559/11 m. abl. Anm. *Patzak* NStZ 2012, 514.
[441] Übereinkommen der Vereinten Nationen gegen den unerlaubten Verkehr mit Suchtstoffen und psychotropen Stoffen („Suchtstoffübereinkommen") vom 20.12.1988, BGBl. 1993 II S. 1136, in Deutschland in Kraft getreten am 28.2.1994 (Bekanntmachung vom 23.2.1994, BGBl. I S. 342), mit Vertragsgesetz Suchtstoffübereinkommen 1988 vom 22.7.1993, BGBl. II S. 1136 ff.; Suchtstoffübereinkommen abgedruckt bei KPV/ *Patzak* A 1–3; *Weber* A 3.
[442] BGH 20.8.1991 – 1 StR 273/91, NJW 1992, 380; *Weber* Rn. 526.
[443] BGH 20.8.1991 – 1 StR 273/91, NJW 1992, 380.

behördliche Erlaubnis vorliegen, weder der ausdrücklichen Feststellung, noch muss dies gar im Rahmen der Beweiswürdigung belegt werden.[444]

5. Fundamentalkritik. Gegen die dargestellte Auslegung des Begriffs des HT sind in **356** der Literatur und vereinzelt auch in der Rspr. vielfältige Bedenken erhoben worden, die auch Anlass für den Anfragebeschluss des Dritten Senats waren und letztlich zur Entscheidung des Großen Senats geführt haben (vgl. bereits → Rn. 250). Nachdem das Bundesverfassungsgericht in einem Fall die Tathandlung des HTs mit Art. 103 Abs. 2 GG für vereinbar erklärte, ist die Diskussion rund um die extensive Auslegung zweifelsohne in ruhigeres Fahrwasser geraten, sie wird aber die Fachgerichte auch in Zukunft weiter beschäftigen, zumal die sich aus der extensiven Auslegung ergebenden Folgeprobleme den Rechtsanwender immer wieder aufs Neue auf die Probe stellen. Dies belegt nicht nur die aktuelle Rechtsprechung zur Abgrenzung von Täterschaft und Teilnahme sondern auch eine neuere Entscheidung des Dritten Senats zum versuchten HT (vgl. noch → Rn. 458).

a) Kritik in der Literatur. In der Literatur ist im Wesentlichen eingewandt worden, **357** die Auslegung durch die Rechtsprechung überschreite aus kriminalpolitischen Erwägungen die Grenzen des Wortlauts der Vorschrift, begrenze den Kreis tatbestandsmäßiger Handlungen unzureichend und behandele den Tatbestand des HT zu Unrecht als unechtes Unternehmensdelikt (wobei auf diese Deliktsklassifizierung verzichtet werden kann, → Rn. 221).[445] Hierdurch verschwimme die an sich vom Gesetz vorgesehene Differenzierung von Vorbereitung, Versuch und Vollendung und die Möglichkeit eines Rücktritts für den Täter werde beseitigt.[446] Lässt man die kriminalpolitischen Bedenken außen vor, könnte man derartige Erwägungen tatsächlich mit der Überlegung zurückweisen, dass die Strafbarkeitsvorverlagerung eine Frage der Kriminalpolitik sei (vgl. bereits → Rn. 224 f.). Nichtsdestotrotz wird die kritische Haltung hier geteilt.[447] Es mag dem Gesetzgeber bis zu einem gewissen Grade tatsächlich freistehen, Vorfelddelikte zu kreieren, Maßstab für deren Zulässigkeit bleibt die Verfassung, genauer der Grundsatz der Verhältnismäßigkeit. Im Übrigen haben aber auch Vorfelddelikte zumindest **klaren Regeln** zu folgen, um den Rechtsanwender nicht im Unklaren darüber zu lassen, welches Verhalten (nicht nur verboten, sondern auch) mit Kriminalstrafe bewehrt ist. Tatsächlich hat eine umfassende Rechtsprechungsanalyse der höchstrichterlichen Rechtsprechung ergeben, dass die derzeitige Auslegung der hM des unerlaubten HTs eine Anwendung der Regelungen des Allgemeinen Teils (insbesondere der §§ 22–27 StGB) unmöglich macht und damit zu einer unbestimmten Rechtsanwendung führt.[448]

Dies gilt vornehmlich für die Bestimmung des Versuchsbereichs[449] und der Abgrenzung **358** von Täterschaft und Teilnahme, wobei sich dieses Ergebnis maßgeblich auf die Eigenschaft des HT als **multiples Tätigkeitsdelikt** zurückführen lässt. Eine Anwendung der Vorschriften des Allgemeinen Teils, insb. der §§ 22–27 erscheint nicht möglich.[450]
– Es muss je nach Fallgestaltung danach differenziert werden, ob der Täter Betäubungsmittel besitzt, ein konkretisiertes Betäubungsmittelgeschäft oder ein ernstliches Angebot abgegeben wurde (vgl. jeweils → Rn. 279, 452 sowie → Rn. 454).

[444] BGH 17.2.2009 – 3 StR 490/08, BeckRS 2009, 07188 = NStZ 2009, 43.
[445] Zusf. mwN KPV/*Patzak* Teil 4 Rn. 31 ff.
[446] Vgl. die Übersicht bei BGH 10.7.2003 – 3 StR 61/02 und 3 StR 243/02, NStZ 2004, 105 m. Bespr. *Weber* 66; StraFo 2003, 392 mAnm *Gaede* = StV 2003, 501 mAnm *Roxin* 619 mit Hinweisen ua auf *Kreuzer/Nestler* § 11 Rn. 357; *Liemersdorf/Miebach* MDR 1979, 981; *Strate* ZRP 1987, 314 (316); *Roxin* StV 1992, 517 (518); *Krack* JuS 1995, 585 (586); *Harzer* StV 1996, 336; *Paul* StV 1998, 623 (625); *Endriß/Kinzig* NJW 2001, 3217 (3219); *Paeffgen* FS 50 Jahre BGH Bd. 4, 2000, 726.
[447] Anders noch die 2. Aufl.
[448] Vgl. ausführlich *Oğlakcıoğlu*, BtMG AT, S. 479 ff.
[449] Dem lässt sich nicht entgegen, dass ein Delikt nicht zwingend einen Versuchsbereich durchlaufen müsse. Damit vermengt man die Frage, ob das Vorfeld einer bestimmten Deliktsbegehung auch zwingend kriminalisiert werden muss. Unentbehrlich ist schließlich die Abgrenzung zur jedenfalls straflosen Vorbereitung.
[450] *Oğlakcıoğlu*, BtMG AT, S. 480.

- Es wird nur in bestimmten Fällen auf das Kriterium „Verfügungsmacht über Betäubungsmittel" abgestellt, was sich darin äußert, dass bereits der Anbauprozess samt Umsatzwillen (allerdings ohne konkretisiertes Umsatzgeschäft) Teilakt des HTs sein soll, vgl. → Rn. 265.
- Es ist nicht immer ganz klar, nach welchen Kriterien der Umsatzwille zu bestimmen ist, in welchem Verhältnis er zu einzelnen Erscheinungsformen des HT steht (→ Rn. 312 f.), welche Vorsatzelemente zwingend vorliegen müssen und welche Anforderungen an die tatrichterliche Begründung des kognitiven sowie voluntativen Elements zu stellen sind.
- Es ist nicht eindeutig geklärt, ob der Besitz alleine wirklich Teilakt des HTs sein kann oder ob man für ein vollendetes HT darüber hinaus eine Manifestation des Umsatzwillens verlangt → (Rn. 270).
- Es ergibt sich nicht immer eindeutig, ob eine bestimmte Handlung unter das HT subsumiert und erst im Anschluss die Rechtsfolgen des § 27 Abs. 2 StGB angewendet oder direkt „nur" eine Beihilfe zur Haupttat angenommen wird (→ Rn. 254 f. sowie → Rn. 393 f.).
- Es führt die weite Tatbestandsauslegung zu einer faktischen Einheitstäterschaft, die der BGH mit einer Rechtsfolgenlösung (die er als Gesamtgeschäftslösung bezeichnet) beseitigen will, dies allerdings aufgrund der Unbestimmtheit des Begriffs „Gesamtgeschäft" nicht gelingen kann.

359 Rechtsprechung und betäubungsmittelrechtliches Schrifttum haben versucht, bestimmte Fallgruppen des Versuchs herauszustanzen (vgl. noch → Rn. 458 f.), doch folgt dieser Fallgruppenkatalog keinem nachvollziehbaren Muster. Schließlich könnte – die Definition der Rechtsprechung zugrundegelegt – jede Vorbereitungshandlung eine auf Umsatz gerichtete Tätigkeit darstellen, was zu der berüchtigten „Verschmelzung von Vorbereitung, Versuch und Vollendung" führt.[451] Auch im Bereich der Abgrenzung von Täterschaft und Teilnahme hat der BGH zwar die plakative „Kurierrechtsprechung" kreiert, die in ihren Folgen, aber nicht in ihrer dogmatischen Herleitung zu begrüßen ist. Sie gelangt außerdem nur in einer (praktisch freilich wichtigen) Fallgruppe zur Anwendung und führt hier auch nur zu einer Änderung des „Vorzeichens", trägt aber nicht zu einer konkreteren Abgrenzung im Allgemeinen bei, siehe noch ausführlich → Rn. 394.

360 Mitnichten hat also das HT (wie von der hM behauptet) „ausreichende Konturen"[452] erfahren, es sei denn man versteht unter „Konturen" ein „Repetitorium" von 25 Seiten Rechtsprechung, dem kein gemeinsamer Nenner zu entnehmen ist.[453] Konturen können sich erst bilden, wenn die Tathandlung nicht in jedem Fall erneut auf den Prüfstand gestellt und einer umfassenden „**Gesamtbetrachtung**" unterzogen werden muss. Im Anfragebeschluss formulierte der Dritte Senat sehr treffend: „*Gerade der Umstand, dass eine zu weit gefasste Definition im Einzelfall nur eingeschränkt angewandt wird, ohne dass hierfür klare Kriterien erkennbar sind, erschwert die Kalkulierbarkeit der Normanwendung aus der Sicht des Normadressaten und begründet Bedenken unter dem Gesichtspunkt einer an dem Bestimmtheitsgebot strafrechtlicher Normen orientierten Auslegung.*"[454]

361 Dem kann man nicht durch eine **Verlagerung der Probleme** auf Bereiche begegnen, in denen keine festen – sprich „unflexiblen" – Grenzen zwischen Vorbereitung, Versuch und Vollendung existieren, sondern „**normative Gesamtbetrachtungen**" (auch von der h.L.) akzeptiert werden, nämlich auf den Topos „Abgrenzung von Täterschaft und Teilnahme".[455]

---

[451] *Kreuzer* FS Miyazawa, 1995, 177 (189); *Roxin* StV 1992, 517 (518); *Endriß/Kinzig* NJW 2001, 3217.

[452] So *Weber* Rn. 210; so auch noch KPV/*Patzak* Teil 4 Rn. 31 (allerdings relativierend: „kann nicht bestritten werden, dass der weite Begriff des HT in Einzelfällen zu strafrechtlichen Problemen führte").

[453] Jedenfalls kein gemeinsamer Nenner, der konsequent durchgehalten wird. Die „Konturen des HTs" nehmen bei *Weber*, HT ganze 44 Seiten in Anspruch, S. 491–535. Es ist bezeichnend, dass ausgerechnet zu diesem Abschnitt ein Zwischenfazit fehlt (weil es wahrscheinlich nicht über eine Kürzung der Fallgruppen hinausgehen würde).

[454] BGH StV 2003, 501.

[455] Zumal solche eine „Gesamtbetrachtung" bei Instanzgerichten das falsche Signal ausgelöst hat, bei allen Tathandlungen (selbst bei konkret beschriebenen wie der Einfuhr) sei solch eine Gesamtbetrachtung zulässig. Wenn selbst im Kernstrafrecht solche „Gesamtbetrachtungen" für bedenklich, aber zulässig gehalten werden, so ist damit keine Rückkehr zum „Badewannenfall" akzeptiert; vielmehr scheidet bei eigenhändiger Begehung eine Teilnahme von vornherein aus, vgl. hierzu auch → Rn. 386.

Sowohl in der Rechtsprechung als auch in der Kommentarliteratur werden massenhaft viele Handlungsformen als „Teilakte" des HTs genannt und auch in den entsprechenden Urteilsgründen unter den Begriff des HTs subsumiert, um im nächsten Schritt eine Beihilfe anzunehmen.[456] Das ist besonders prekär, weil diese Gesamtbetrachtung nicht zur Konkretisierung führt, sondern zu einer weiteren „Verwässerung" des HTs beiträgt.

b) Einwendungen gegen die extensive Auslegung im Einzelnen. Die hM verweist **362** hinsichtlich der allumfassenden Auslegung auf den **Klammerzusatz** des § 29 Abs. 1 S. 1 Nr. 1. Aus der Wendung „ohne Handel zu treiben" ergebe sich, dass zahlreiche Handlungen im Vorfeld des Umsatzgeschäftes (so etwa die Einfuhr) als Teilakt des HTs angesehen werden. Diese Argumentation hält man aber weder konsequent durch,[457] noch ist sie zwingend. Denn der Klammerzusatz könnte auch schlicht nur als reine Konkurrenzregel eingeordnet werden, wonach sonstige Handlungen nur Bedeutung entfalten, wenn der Täter nicht Handel treibt. Dies bedeutet jedoch nicht, dass sich die Handlungen inhaltlich überschneiden müssten.[458]

Eng damit zusammen hängt der nächste Aspekt. Die gesamte Konkurrenzlehre basiert **363** auf dem extensiven Verständnis des HTs und ist die Geburtsstätte der „Bewertungseinheit" als besondere Form der Handlungseinheit (bzw. geheime Fortführung der fortgesetzten Handlung kraft tatbestandlicher Ausgestaltung). Aber diese „Eigendynamik" bzw. der „lieb gewonnene" Begriff der Bewertungseinheit[459] kann kein Grund sein, an der Extension festzuhalten. Vielmehr würde ein klarer Unrechtskern einen Anknüpfungspunkt darstellen, der eine Anwendung der allgemeinen Konkurrenzregeln bzw. eine noch klarere Bildung von Bewertungseinheiten ermöglichte (indem etwa auf das Rechtsgeschäft bzw. auf den Umsatz abgestellt wird).

Soweit die extensive Auslegung auf kriminalpolitische Erwägungen gestützt wird und **364** ein möglichst **weitgehender Anwendungsbereich des § 6 Nr. 5 StGB** (dort über den Begriff des „Vertriebs") erreicht werden soll, ist dies schon im Hinblick auf § 3 StGB nicht unbedenklich. **Materiell-rechtlich** sind (im Hinblick darauf, dass der Handlungskatalog des Abs. 1 bestehen bleibt und auch alternativ wesentlich bestimmtere Lösungen nichtsdestotrotz eine umfassende Kriminalisierung umsatzbezogener Handlungen gewährleisten) kaum erhebliche Lücken zu befürchten. **Strafprozessual** ist ein umfassendes Verständnis ebenso wenig zwingend, da das HT (in nicht geringen Mengen) nicht einziger Bezugspunkt bzw. alleinstehende „Katalogmodalität" ist, sondern bspw. auch an die Herstellung bzw. den Besitz (in nicht geringen Mengen), die Abgabe (an Minderjährige), den (bandenmäßigen) Anbau oder die Einfuhr (nicht geringer Mengen) geknüpft werden kann.[460] Gleiches gilt für die Anordnung des **erweiterten Verfalls** (aF) gem. § 33, der in wenigen Ausnahmefällen dann eventuell nicht mehr angeordnet werden kann. Siehe insb. → § 33 Rn. 6–7. Ein strengerer Umgang mit dem HT kann eine „disziplinierende" Wirkung haben, als dadurch

---

[456] Dieses Vorgehen wurde ganz offen vom Großen Senat in BGHSt 50, 252 initiiert (vgl. auch *Skoupil* HT S. 297 f.), was im Hinblick darauf, dass diese Entscheidung eigentlich dafür prädestiniert war, alle dogmatischen Friktionen zu beseitigen, kritisch zu sehen ist. So heißt es in der entsprechenden Passage unmissverständlich: „Ein großer Teil derjenigen Fälle, die im vorliegenden Zusammenhang als problematisch diskutiert werden, findet seine Lösung eher an der Grenzlinie zwischen Beihilfe und (Mit-)Täterschaft als in der Differenzierung zwischen versuchtem und vollendetem HT. So führt die Anwendung der Regelungen über die Beihilfe – einschließlich der obligatorischen Strafrahmenverschiebung (§ 27 II StGB) – zur Herauslösung zahlreicher Fälle aus dem mit Skepsis betrachteten Feld täterschaftlichen vollendeten HTs…" Krit. auch *Gaede* HRRS 2004, 165 (169), Fn. 45: „Auch hier sei aber angemerkt, dass eine wohlmeinende Abkehr von dem Grundsatz, allgemeine Täterschaftskriterien auch beim Betäubungsmittelstrafrecht anzuwenden, letztlich zu einer vor den §§ 25 ff. StGB nicht zu begründenden Sonderrechtsprechung führen würde, die der BGH etwa bei den §§ 244 ff. StGB gerade hinter sich gelassen hat. Auch hier spricht alles dafür, das Problem in erster Linie über die Anreicherung des HTs durch ein echtes objektives Unrechtselement zu lösen, da das Problem genau hier durch die bisherige Unterbestimmung des HTs entsteht."
[457] Denn dann dürfte man den Anbau und die Produktion gerade nicht einbeziehen, da diese vor dem Klammerzusatz aufgeführt werden; dies tut die hM allerdings, → Rn. 265.
[458] *Oğlakcıoğlu*, BtMG AT, S. 502.
[459] *Oğlakcıoğlu*, BtMG AT, S. 503.
[460] *Oğlakcıoğlu*, BtMG AT, S. 505.

eine umfassendere Tataufklärung gem. § 244 Abs. 2 StPO notwendig ist und man nicht
einzelne Bruchstücke eines nur fragmentarisch ermittelten Geschehens aburteilt.

365   **c) Alternativen.** Eine einschränkende Auslegung des HT ist somit verfassungsrechtlich
geboten und kriminalpolitisch verkraftbar (v.a. in Anbetracht des Umstands, dass der Anteil
an Handelsdelikten nur knapp 1/3 der Gesamtbetäubungsmittelkriminalität ausmacht). Die
von der Literatur eingebrachten Alternativen haben vorrangig eine Einschränkung der enor-
men Strafbarkeitsvorverlagerung im Auge und entwickelten sich aus den beschriebenen
Problemfällen heraus. Die verschiedenen Lösungsmodelle (im Folgenden → Rn. 366 ff.)
sind (dem allgemeinen Unrechtsbegriff entsprechend) allesamt versucht, einen Erfolgsunwert des HTs bzw. einen **objektiven Anknüpfungspunkt** für die Tatbestandsverwirklichung auszumachen. Ein tatbestandlicher Fixpunkt hat per se das Potential einer auf Anhieb
besser durchführbaren Versuchsdogmatik und das eines restriktiven Täterbegriffs. Soweit
die alternativen Modelle zugleich auf einen „Systemwandel" abzielen, ist dies eine Frage
der Kriminalpolitik und keine Frage der Dogmatik bzw. bestimmten Rechtsanwendung (zu
den Bedenken gegen die Totalprohibition und der Drogenkriminalpolitik im Allgemeinen
vgl. bereits → Vor § 29 Rn. 23 ff.).

366   **aa) Roxins Lehre vom Umsatzerfolg (HT als Erfolgsdelikt).** Der zeitlich früheste
Einschränkungsansatz[461] stellt zugleich den weitestgehenden dar. Schon 1982 forderte
Roxin[462] unter Bezugnahme auf eine Entscheidung des Zweiten Senats vom 3.6.1981 die
Feststellung eines **Umsatzerfolgs.** Was bei der Einfuhr die Überschreitung des Grenzübertritts ist, soll beim HT die Übertragung des Betäubungsmittels von einer Person auf die
andere sein. *Roxin* knüpft hierbei an eine Formulierung des Zweiten Senats,[463] wonach der
„missbilligte Erfolg" des HTs ein Vorgang sei, der das Rauschgift auf dem Weg zum Konsumenten weiterbringt.[464] Nach dieser Auffassung scheidet ein vollendetes HT aus, solange
keine Betäubungsmittel „umgesetzt" worden sind. Auf diesem Wege werden die ursprünglich
„intuitiven" Versuchs- in echte Versuchsfälle umgewandelt und eine Referenzlösung geschaffen, indem rechtsgutsorientierte Überlegungen mit einer Systematisierung des Tatbestands
verknüpft werden. Einzuwenden bliebe nur, dass ein derart restriktiver Ansatz nicht notwendig
ist, um die – von *Roxin* ebenso – bemängelten systematischen Friktionen zu vermeiden (es
sich also – zumindest auch – um eine kriminalpolitische Korrektur handelt).[465]

367   **bb) Handeltreiben als konkretes Gefährdungs- oder Eignungsdelikt?** Den gleichen Anknüpfungspunkt, wie *Roxin*, *Harzer* und *Strate*, also den Umsatz von Betäubungsmitteln zieht *Gaede* bei seiner „**Gefährdungslösung**" heran.[466] Es handelt sich um eine
qualitative Abstufung der Umsatzerfolgstheorie, da er zwar nicht den Erfolg eines Umsatzes
voraussetzt, aber Handlungen fordert, welche die Gefahr schaffen, dass ein nach dem Hand-
lungskontext erwartbarer konkreter Betäubungsmittelumsatz alsbald erfolgt.[467] Evidente

---

[461] Mit dieser Entwicklung in der Literatur setzt sich auch *Skoupil* HT S. 152 ff. auseinander.
[462] StV 1992, 517 (519). Vgl. auch *Harzer* StV 1996, 336 (337). Zu den Konsequenzen einer Umsatzerfolg-
theorie im Einzelnen *Oğlakcıoğlu*, BtMG AT, S. 486.
[463] Vgl. aber bereits *Strate* ZRP 1987, 314 (316): „Beginnende Konkretisierung einer Gefahr für das
Rechtsgut".
[464] BGH StV 1981, 649.
[465] *Gaede* StraFo 2003, 392 (396). Insbesondere das Vermittlungsbeispiel macht deutlich, dass *Roxins* Ansatz
letztlich nicht das „Vermittlungsunrecht" für sich bestraft, sondern den Umsatz; falls es zu diesem kommt,
bleibt eine Zurechnung des Umsatzerfolgs möglich und häufig wird sich auch aus den Abreden ergeben,
wann nach Tätervorstellung unmittelbar zum Umsatz angesetzt wird. Doch dies ändert nichts daran, dass
man nur „Erfolgsunrecht" statt „Handlungsunrecht" sanktioniert und damit den gesetzgeberischen Willen
unterläuft. Jedenfalls kann man dem Ansatz von *Roxin* keine systematischen Widersprüchlichkeiten vorwerfen,
wonach selbst der „kleine Fisch" als Täter einzustufen wäre, dem im Gesamtgeschäft nur untergeordnete
Rolle zukommt, vgl. *Weber* HT S. 464.
[466] *Gaede* StraFo 2003, 392 (396). Zu den Konsequenzen der Gefährdungslösung im Detail *Oğlakcıoğlu*,
BtMG AT, S. 488 (dort auch zur Einordnung als konkretes Gefährdungs- oder Eignungsdelikt).
[467] Vgl. auch *Schwarzburg*, Tatbestandsmäßigkeit und Rechtswidrigkeit der polizeilichen Tatprovokation,
S. 59 f.; *Seelmann* ZStW 95 (1983), 797 (807 f.).

Vorfeldhandlungen fallen dementsprechend heraus (Anbau, Produktion, Einfuhr). Soweit die Tat von Anfang an nicht geeignet ist, eine Umsatzgefahr herbeizuführen (Agent-Provocateur-Fälle, Scheindrogen, Sicherstellung), kommt nur ein untauglicher Versuch in Betracht.

cc) Vertragstheorien. Die Vertrags- und Einigungstheorien[468] entfernen sich dagegen **368** vom Umsatzerfolg und stellen auf die objektive Manifestation des Verkaufswillens gegenüber einer konkreten Bezugsperson ab, was im Hinblick darauf, dass bereits der Vertragsschluss den „Marktkreislauf in Gang bringt" sowie reguliert, prima vista legitim sein dürfte. Die Vertragstheorie hat verschiedene Spielarten erfahren,[469] welche sich in den Parametern „Abwicklung", „Vermittlung" und der Frage, ob bereits das bloße Angebot ausreicht, unterscheiden.[470] Zumindest wird auch hier ein tatbestandlicher Fixpunkt geschaffen, der die Anwendung der Allgemeinen Verbrechenslehre bzw. der §§ 22–27 StGB wieder ermöglicht.

dd) Die „umfassende Neubestimmung" durch einen abgeschlossenen Hand- **369** **lungskatalog.** Direkt im Anschluss an diese Kritik an der Vertragstheorie hat der Dritte Strafsenat in seinem Anfragebeschluss vom 10.7.2003 seine Kataloglösung vorgestellt, wonach das HT durch eine abgeschlossene Aufzählung **„handelstypischer Tätigkeiten"** bestimmter gemacht werden sollte. Demnach treibt Handel mit Betäubungsmitteln, wer diese eigennützig und in der Absicht, ihren Umsatz zu ermöglichen oder zu fördern, ankauft, erwirbt, sich in sonstiger Weise verschafft, einführt, ausführt, feilhält, Bestellungen entgegennimmt oder aufsucht, veräußert, anderen überlässt, sonst in den Verkehr bringt oder den Erwerb, den Vertrieb oder das Überlassen vermittelt.[471] Die Umwandlung von unbegrenzten Tätigkeiten in „einige handelstypische" Tätigkeiten ändert allerdings nichts an den zeitlich unterschiedlichen Anknüpfungspunkten für den Versuchsbereich, der somit auch im Modell der Rechtsprechung zwar vorhersehbarer, aber nach wie vor weder einheitlich ist, noch in sich stimmig systematisiert werden kann.[472] Wie *Gaede* richtig herausarbeitet, überzeugt aber auch der strukturelle Ansatz nicht, sich im Tatstrafrecht an einem bestimmten **Tätertyp** („Dealer") zu orientieren und dann auch noch inkonsequent Tathandlungen aufzuzählen, die gerade nicht zu diesem Tätertyp passen (etwa das sonstige Inverkehrbringen).[473]

ee) Erklärungslösung. Als kriminalpolitisch „zuvorkommende" Lösung hat der Verfas- **370** ser anderweitig den Vorschlag gemacht, die Strafbarkeitsvorverlagerung unangetastet lassend schlicht auf die objektive Manifestation des Verkaufswillens gegenüber Dritten (als potentielle Vertragspartner) abzustellen. Ausgehen von der Prämisse, dass alle im Abs. 1 Nr. 1 genannten Handlungen mit Umsatzwillen verwirklicht werden können (mithin partiell bereits ein „Katalogmodell" existiert), sollte Mindestvoraussetzung für ein HT das (nachgewiesene) Auftreten des Täters auf dem Betäubungsmittelmarkt als Person sein, der „Betäubungsmittel zu Geld machen", sie eben umsetzen will. Wegen des Erklärungsdeliktscharakters muss dieses Auftreten sich bei einem Dritten bemerkbar gemacht haben, indem die Erklärung mit Umsatzwillen dieser Person zugegangen ist.[474] HT wäre dann als jede (ausdrückliche oder konkludente) Erklärung mit Umsatzwillen, die ernsthaft auf den Abschluss

---

[468] Zu den Vertragstheorien im Einzelnen *Oğlakcıoğlu*, BtMG AT, S. 491 f.
[469] BGH StV 2003, 619.
[470] Allerdings hat *Weber* HT S. 454 ff. den einzelnen Ansätzen mehr oder weniger passende Namen verliehen und differenziert zwischen Vertragstheorien, Einigungslösungen und erweiterter Einigungslösung.
[471] Zum Katalogmodell *Oğlakcıoğlu*, BtMG AT, S. 493 mit einem Vergleich zum türkischen Betäubungsmittelstrafrecht.
[472] *Gaede* StraFo 2003, 392.
[473] *Gaede* StraFo 2003, 392 (395).
[474] Zu diesem Aspekt vgl. bereits KPV/*Patzak* Teil 4 Rn. 80; *Weber* Rn. 364; in der Sache ähnelt der hier gemachte Vorschlag dem Ansatz *Zaczyks* JR 1998, 256, der im Zusammenhang mit § 30a Abs. 2 Nr. 2 zustimmungswürdig einen Kontakt mit anderen Personen verlangt. Dies müsste jedenfalls an dieser Stelle als „geschäftsmäßiger" Kontakt verstanden werden, sodass der Einwand von *Skoupil* HT S. 151 f. – bei der Kontaktlösung werde auch der Diebstahl miteinbezogen – nicht greift.

eines Rechtsgeschäfts mit Betäubungsmitteln gerichtet ist oder dieses tatsächlich herbeiführt zu verstehen.[475]

371 Unter diese Definition ließen sich im ersten Schritt nicht nur die klassischen Verkaufsgeschäfte subsumieren, sondern auch Ankaufsgeschäfte, da nicht die „Lieferung" von Betäubungsmitteln durch den Verkäufer erforderlich ist, sondern lediglich ein Vertrag. Unerheblich wäre auch, ob es tatsächlich zu einer Lieferung von Betäubungsmitteln kommt, diese beispielsweise sichergestellt sind. Einbezogen wären auch die unmittelbare Vermittlung und damit auch die Herbeiführung fremder Betäubungsmittelgeschäfte, da die Definition kein eigenes Umsatzgeschäft verlangt. Die reine Vermittlungstätigkeit fiele aus dem Tatbestand heraus, doch kann sie eine Handlung im Ausführungsstadium des Gesamtgeschäfts darstellen, welche letztlich zur Mittäterschaft bzw. Beihilfe führt (zumal inzwischen die meisten Fälle des Vermittelns von der Rechtsprechung ohnehin der Teilnahme zugeschlagen werden, vgl. → Rn. 291, 423).[476] Problematisch bleibt hingegen die Einbeziehung von „Abwicklern" bzw. „Läufern", die letztlich den Abschluss des Geschäfts bestätigen.[477] Soweit bereits ein Geschäft abgeschlossen ist bzw. eindeutig eine andere Person sich für die Erklärung verantwortlich zeichnet, wäre die Handlung des Läufers ohnehin nicht als eigenständige Erklärung zu bewerten. Vielmehr müsste man davon ausgehen, dass dieser lediglich eine fremde Erklärung übermittelt.

372 **ff) Organisationsmacht.** Zuletzt hat *Schnürer* vorgeschlagen, eine (unter Rückgriff auf die Lehre vom Organisationsdelikt[478]) tatherrschaftsbezogene Betrachtungsweise zugrundezulegen, welche die Definition unberührt lässt und hinsichtlich der Täterstellung auf die Organisationsmacht abstellt. Diese sei ab Vornahme mehrerer Teilakte indiziert (wobei er eine Verbindung mindestens zwischen zwei Teilakten fordert).[479]

III. Subjektiver Tatbestand

373 Das unerlaubte HT mit BtM ist sowohl in vorsätzlicher wie auch in fahrlässiger[480] (Abs. 4) Begehungsweise strafbar. Hinsichtlich der einzelnen Elemente des Vorsatzes und der Abgrenzung von dolus eventualis und bewusster Fahrlässigkeit wird auf die Ausführungen bei → Vor § 29 Rn. 54 ff. verwiesen.

374 **1. Vorsatz. a) Kenntnis der Tatumstände.** Der Vorsatz als Wissenselement setzt voraus, dass der Täter es zumindest für möglich halten muss, dass er mit seinem Verhalten eigennützig einen BtM-Umsatz fördert oder ermöglicht, hierzu einer Erlaubnis bedarf, von der er weiß, dass er sie nicht hat.

375 **aa) Umsatzförderungsabsicht.** Der Täter muss mit seiner Handlung auf den Umsatz eines BtM als Endzweck abzielen oder zumindest mit der Möglichkeit rechnen, dass seine Handlung einen solchen Umsatz (mit-)bewirken wird. Richtet sich der Vorsatz des Täters darauf, dass das BtM der Polizei in die Hände gespielt und damit aus dem Verkehr gezogen wird, so fehlt es an der **Umsatzförderungsabsicht.** Wenn also der bei einem Rauschgiftgeschäft Mitwirkende ernsthaft mit der Anwesenheit und dem Eingreifen der Polizei gerechnet und nur im Vertrauen darauf das Geschäft gefördert hat, so kann ihm auch dann nicht Vorsatz im Sinne des HT mit BtM zur Last gelegt werden, wenn er zugleich die Gefahr gesehen hat, dass es entgegen seinen Erwartungen und Hoffnungen doch zur Vollendung der von den Haupttätern geplanten Tat kommen könne.[481]

---

[475] *Oğlakcıoğlu*, BtMG AT, S. 495. Dort auch zu den dogmatischen Konsequenzen und „kriminalpolitischen Lücken".
[476] Zust. *Schnürer*, Das Gesamtgeschäft, S. 71.
[477] Zust. *Schnürer*, Das Gesamtgeschäft, S. 71.
[478] Hierzu LK-StGB/*Schünemann* Vor § 25 Rn. 16; *Morozinis*, Organisationsdelikte, S. 558 ff., 583.
[479] Zust. *Schnürer*, Das Gesamtgeschäft, S. 159 ff.
[480] → Rn. 379 ff.
[481] BGH 3.6.1981 – 2 StR 235/81, StV 1981, 549.

bb) Umsatz eines BtM. Des Weiteren muss er eine ungefähre **Vorstellung von der**   376
BtM-Eigenschaft des umzusetzenden Stoffes haben. Der Täter braucht allerdings keine rechtlich zutreffende Einordnung des BtM (entsprechend den Anlagen zum BtMG) vorzunehmen.
Falls der Täter – wie dies oft in Fällen der Herstellung von Designerdrogen vorkommt –
unwiderlegt nicht weiß, dass sich seine Tat auf ein BtM iS des BtMG bezieht, so führt dies
dennoch nicht automatisch zum Vorsatzausschluss: der Täter muss nicht exakt wissen, dass
dieser Stoff gerade ein BtM im Sinne des BtMG ist. Entscheidend ist nur, dass er eine zutreffende **Vorstellung von den psychotropen und abhängigkeitserzeugenden Eigenschaften und Wirkungsweisen** der Substanzen hat, hinsichtlich derer er umsatzfördernde Maßnahmen vornimmt. In diesen Fällen liegt lediglich eine Ungewissheit des Täters über die mögliche
Einordnung der Substanz (AMG, BtMG oder GÜG) vor, die noch keine Unkenntnis bedeutet
(vgl. bereits → Vor § 29 Rn. 80 f.).[482] Bei der Gewinnung von missbrauchsfähigen Pflanzen
(Khat-Strauch, Mutterkornpilzkulturen, meskalinhaltige Kakteen oder psilocybin- und psilocinhaltigen Pilzen) mit Umsatzwillen muss der Täter wissen oder wenigstens für möglich
halten, dass diese Pflanzen in bearbeitetem oder unbearbeitetem Zustand zu Rauschzwecken
(durch ihn oder andere) missbraucht werden sollen. In einem Sonderfall hat der BGH[483]
allerdings das Unrechtsbewusstsein in Frage gestellt: Der Täter hatte zweimal ohne Erfolg
versucht, von einem Unternehmen fernmündlich nähere Einzelheiten über die Bedeutung
des Ausdrucks „unverarbeitete Drogen" („crude drugs") zu erfahren und daraufhin an diese
ihm völlig fremde Firma, deren Namen er durch Vermittlung der deutschen Botschaft kennengelernt hatte, 4,5 kg Marihuana geschickt, brieflich für die Zukunft 300 kg pro Monat angeboten und war ohne jede Sicherheitsvorkehrung zweimal nach Deutschland eingereist, weil er
davon ausgegangen war, das Marihuana sei „für Hersteller pharmazeutischer und kosmetischer
Produkte bestimmt". Die **Urteilsfeststellungen** müssen zur inneren Tatseite eine Aussage
darüber enthalten, ob der Angeklagte die BtM-Art, die BtM-Menge und die BtM-Qualität
kannte, sofern sich diese Feststellungen nicht von selbst aus der Schilderung des äußeren
Sachverhalts ergeben.[484] Die Bewertung, bedingter Vorsatz sei insbesondere aufgrund der
offenen Vertriebsstruktur nicht erwiesen, ist nicht rechtsfehlerhaft.[485]

b) Wille zur Tatbestandverwirklichung (Vorsatzformen). Das unerlaubte HT mit   377
BtM erfordert Vorsatz, wobei **bedingter Vorsatz** genügt.

2. Irrtumskonstellationen. Zu den möglichen Irrtumskonstellationen in Bezug auf   378
Art und Eigenschaft des BtM[486] bzw. über die Erlaubnis[487] wird auf die Erläuterung bei
→ Vor § 29 Rn. 78 ff. verwiesen. Eine unrichtige Vorstellung über die Tatsache, dass die
Handlung einen BtM-Umsatz fördert, begründet einen Tatbestandsirrtum. Wer glaubt, es
sei straflos, Knasterhanf zu verkaufen, kann sich nicht auf einen Verbotsirrtum berufen.[488]

3. Fahrlässigkeit. Gem. Abs. 4 ist die fahrlässige Tatbegehung strafbar. Lässt sich vorsätz-   379
liche Handlungsweise nicht feststellen, so muss der Tatrichter aufgrund seiner **Pflicht zur
erschöpfenden Aburteilung der Tat** prüfen, ob nicht jedenfalls fahrlässige Tatbegehung
vorliegt.[489] Das vom BGH ausdrücklich anerkannte und nochmals bestätigte[490] Konstrukt
eines **fahrlässigen HTs ist dogmatisch unhaltbar.**[491] Fahrlässige Delikte mit überschie-

---

[482] Schönke/Schröder/*Cramer/Sternberg-Lieben* StGB § 16 Rn. 4; vgl. auch BGH 3.12.1997 – 2 StR 270/97, BGHSt 43, 336 = NJW 1998, 836 = StV 1998, 136 = wistra 1998, 19.

[483] BGH 29.12.1988 – 1 StR 716/88.

[484] BayObLG 30.6.1998 – 4 St RR 91/98, NStZ-RR 1999, 59.

[485] BGH 5.11.2015 – 4 StR 124/14, NStZ-RR 2016, 50 (Ls.), BeckRS 2015, 19909.

[486] → Vor § 29 Rn. 79.

[487] → Vor § 29 Rn. 90.

[488] BayObLG 18.4.2004 – 4 St RR 47/04; KPV/*Patzak* Teil 4 Rn. 177 ff.; dazu auch → Vor § 29
Rn. 91 ff.

[489] Vgl. BGH 16.12.1982 – 4 StR 644/82, NStZ 1983, 174 (175); 11.2.1998 – 3 StR 546/97.

[490] BGH 5.11.2015 – 4 StR 124/14, NStZ-RR 2016, 50; BGH 10.2.2011 – 4 StR 576/10, NJW 2011, 2067.

[491] AA KPV/*Patzak* Rn. 174 ff.

ßender Innentendenz bzw. sonstigen subjektiven Merkmalen existieren nicht und sind vom Gesetzgeber auch nicht vorgesehen. Die Kombination ist auch nicht dem Gesetzgeber geschuldet, da die Rechtsprechung die Eigennützigkeit in den Tatbestand „hineinlas", um im Vorsatzbereich Einschränkungen zu erreichen. Die Möglichkeit der fahrlässigen Begehbarkeit des HTs ist somit abzulehnen; nicht selten kommt in Fällen, in denen der Handeltreibende einem tatbestandsausschließenden Irrtum unterliegt, ein fahrlässiges Inverkehrbringen in Betracht, soweit er Verfügungsmacht über etwaige BtM hat. In allen anderen Konstellationen erscheint es unangemessen, den ohnehin allzu extensiven Begriff des HTs auf den Fahrlässigkeitsbereich zu übertragen.[492]

380   **a) Eigennützigkeit.** Auch fahrlässiges unerlaubtes HT setzt nach hM eine **eigennützige** auf Güterumsatz gerichtete Tätigkeit voraus.[493] Der Täter muss also für die Tätigkeit, die eine BtM-Umsatzförderung darstellt oder bewirken soll, ein Entgelt (mit Gewinn!) oder einen sonstigen Vorteil erlangt oder angestrebt haben,[494] ohne zu erkennen, dass damit ein **BtM-Umsatz** gefördert werden soll. Es reicht daher nicht aus, wenn jemand mit einer umsatzfördernden Handlung jemand anderem ohne Gegenleistung[495] oder ohne feststellbaren Zusammenhang zu einer anderweitig erbrachten Leistung (zB einer Darlehenszusage)[496] einen Gefallen erweist.

381   **b) (Objektive) Sorgfaltspflichtverletzung.** Art und Maß der anzuwendenden Sorgfalt ergeben sich aus den Anforderungen, die bei einer Betrachtung der Gefahrenlage „ex ante" an einen besonnenen und gewissenhaften Menschen in der konkreten Lage und der sozialen Rolle des Handelnden zu stellen sind.[497] Der Fahrlässigkeitsvorwurf kann zB auch darin liegen, dass sich der Täter beim Handel um die BtM-Eigenschaft der Stoffe nicht oder unzureichend kümmerte und diese Eigenschaft deshalb pflichtwidrig nicht erkannte.[498] Zu den einzelnen Anhaltspunkten für eine Sorgfaltspflichtverletzung im Allgemeinen vgl. → Vor § 29 Rn. 1703 ff.

382   **c) Einzelfälle.** Zur Annahme fahrlässiger Begehungsweise wird man wegen der vom Tatbestand vorausgesetzten Zielgerichtetheit der Tathandlung, die für pflichtwidriges Verhalten wenig denkbaren Raum lässt, hauptsächlich über den (vermeidbaren) Tatbestandsirrtum (§ 16 Abs. 1 S. 2 StGB) kommen, so beim Irrtum über die BtM-Eigenschaft, der irrigen Annahme einer Erlaubnis oder dem Erlaubnistatbestandsirrtum. Folgende Fälle waren Gegenstand von Strafverfahren: Vorwerfbare Unkenntnis vom Vorhandensein von BtM in Kartons, die aus einem Lkw umgeladen wurden,[499] in einem in den Kofferraum gelegten Rucksack (hier war das vereinbarte Entgelt für den Transport nicht wesentlich übersetzt, keinesfalls lag der Schluss auf einen BtM-Transport nahe)[500] oder eines auf dem Flugwege eingeschmuggelten BtM in einem präparierten Koffer[501] bzw. in einem Koffer, der aus Gefälligkeit von einer fremden Person einem Land, in dem erfahrungsgemäß Rauschgift produziert und auf den Markt gebracht wird, zur Mitnahme in die Bundesrepublik Deutschland übergeben wurde.[502]

IV. Rechtfertigung/Entschuldigung

383   Anders als bei möglichen Argumentationen beim Anbau oder beim Erwerb zum Zwecke der Schmerzlinderung (insoweit wird auf die Ausführungen zum Besitzen[503] verwiesen)

---

[492]   Zum Ganzen *Oğlakcıoğlu*, BtMG AT, S. 222 ff.
[493]   BGH 30.6.1993 – 2 StR 137/93.
[494]   BGH 9.9.1987 – 3 StR 254/87, BGHSt 35, 57 = NJW 1988, 1333; 28.2.1992 – 2 StR 501/91.
[495]   BGH 30.6.1993 – 2 StR 137/93.
[496]   BGH 28.2.1992 – 2 StR 501/91.
[497]   *Wessels/Beulke* Rn. 669.
[498]   BGH 20.8.1991 – 1 StR 321/91, BGHSt 38, 58 = NJW 1992, 382.
[499]   BGH 4.3.1986 – 1 StR 26/86, NStZ 1986, 462.
[500]   BGH 30.6.1993 – 2 StR 137/93.
[501]   BGH 16.12.1982 – 4 StR 644/82, NStZ 1983, 174.
[502]   BGH 4.3.1986 – 1 StR 26/86, NStZ 1986, 462.
[503]   → Rn. 1140.

wird sich der Täter des HT schon wegen der dieser Tatbestandsvariante innewohnenden Gewinnerzielungsabsicht mit derartigem Vorbringen nicht rechtfertigen/entschuldigen können.[504]

V. Täterschaft und Teilnahme

Nach der weiten Bestimmung des Begriffs des HT liegt HT vor bei „jeder eigennützigen **384** auf den Umsatz von Betäubungsmitteln gerichteten Tätigkeit" (vgl. → Rn. 283). Danach kann HT auch die Förderung eines fremden Umsatzgeschäftes sein. Nicht von vornherein folgt aus dem Umstand, dass es sich um ein fremdes Geschäft handelt, auch gleichsam automatisch, dass lediglich Beihilfe anzunehmen wäre. Täter des HT kann nämlich auch sein, wer einen fremden Umsatz fördert.[505] Ob die **Beteiligung an einer fremden Tat** im Einzelfall als Täterschaft oder als Teilnahme zu beurteilen ist, ist nach den Grundsätzen des allgemeinen Strafrechts auf Grund einer wertenden Betrachtung aller von der Vorstellung des Täters umfassten Umstände zu entscheiden.[506]

1. Eigennützigkeit als Abgrenzungskriterium. Dabei hat das besondere subjektive **385** Merkmal der Eigennützigkeit zumindest eine erste Filterfunktion, da lediglich fremdnützige Handlungen niemals als täterschaftliches HT bewertet werden können.[507] Es genügt also nicht, dass der Beteiligte nur den Eigennutz eines anderen mit seinem Tatbeitrag unterstützen will.[508] Die Prüfung des Eigennutzes kann somit (zumindest gedanklich) vorgezogen werden, wenn die Beteiligungsformen der einzelnen Beschuldigten/Angeklagten einer Klärung zugeführt werden müssen. Steht dagegen der Eigennutz des Tatbeteiligten fest, so muss unter Anwendung der nachfolgend dargestellten Abgrenzungsgrundsätze festgestellt, gewertet und im Urteil dargelegt werden, ob Mittäterschaft oder Beihilfe gegeben ist. Die Feststellung der Eigennützigkeit des Tatbeteiligten genügt für sich genommen noch nicht für die Annahme (mit)täterschaftlichen HTs.[509]

2. Eigenhändigkeit als ungeeignetes Abgrenzungskriterium bei faktischer Ein- **386** **heitstäterschaft.** Gem. § 25 Abs. 1 1.Alt. StGB ist als Täter einzustufen, wer die Tat „selbst" begeht, dh wer allein sämtliche (objektiven oder subjektiven) Tatbestandsmerkmale in seiner Person verwirklicht. Als „Überbleibsel" einer gemischt objektiv-subjektiven Abgrenzungstheorie geht man überwiegend davon aus, dass die eigenhändige Begehung der Tat (mithin die Verwirklichung aller Tatbestandsmerkmale in einer Person) stets zur Täterschaft führen müsse. Umgekehrt wird eine von der früheren Rechtsprechung für möglich gehaltene bloße teilnehmerschaftliche Beteiligung trotz eigenhändiger Erfüllung aller Tatbestandsmerkmale[510] fast ausnahmslos als besonders bedenklich erachtet. Dieses Konzept basiert auf einem restriktiven Täterverständnis und geht somit nicht mehr auf, wenn der Gesetzgeber bzw. der Rechtsanwender einen sehr extensiven Tatbestand geschaffen hat.[511] Anders als bei den sonstigen Tatmodalitäten kann beim HT eine Täterschaft nicht schon aufgrund der eigenhändigen Verwirklichung angenommen werden, da

---

[504] KPV/*Patzak* Rn. 207 f.

[505] BGH 14.12.2005 – 2 StR 466/05, NStZ-RR 2006, 88 = StV 2006, 184; 21.12.2005 – 2 StR 539/05, NStZ 2006, 455; 2.6.2006 – 2 StR 150/06, NStZ 2006, 577 = StV 2007, 83; *Weber* Rn. 276.

[506] BGH 20.12.2000 – 2 StR 468/00; 26.10.2005 – GSSt 1/05, BGHSt 50, 252 = NJW 2005, 3790 = NStZ 2005, 171; 21.12.2005 – 2 StR 539/05, NStZ 2006, 455; 2.6.2006 – 2 StR 150/06, NStZ 2006, 577 = NStZ-RR 2006, 277; 28.2.2007 – 2 StR 516/06, BGHSt 51, 219 = NJW 2007, 1220 = NStZ 2007, 338; *Weber* Rn. 575.

[507] StRspr, vgl. zB BGH 20.12.2001 – 3 StR 295/01, BeckRS 2001 30228811; 26.11.1997 – 2 StR 577/97; 17.7.1997 – 1 StR 753/96, NStZ-RR 1998, 25.

[508] BGH 24.6.1986 – 5 StR 153/86, BGHSt 34, 124 (125 f.) = NJW 1986, 2584.

[509] BGH 3.5.2005 – 3 StR 83/05, BeckRS 2005, 07305; 15.7.2005 – 2 StR 226/05, BeckRS 2005, 9092; 27.7.2005 – 2 StR 192/05, BeckRS 2005, 10129 = NStZ 2006, 578; 3.8.2005 – 2 StR 360/04, StV 2005, 666; 21.12.2005 – 2 StR 539/05, NStZ 2006, 455.

[510] BGH NJW 1963, 355.

[511] *Oğlakcıoğlu*, BtMG AT, S. 577 f.

dann jede „auf (Fremd-)Umsatz gerichtete Tätigkeit" eine Täterschaft begründete,[512] mithin eine Gehilfenstellung nur noch bei Personen in Betracht käme, die selbst nicht eigennützig agieren (→ Rn. 385).

387 Prinzipiell würden somit auch **ganz untergeordnete** Tätigkeiten und auch eine eigennützige Förderung **fremder** Umsatzgeschäfte zu einem täterschaftlichen HT führen, weswegen sich die Rechtsprechung bereits früh von diesem Kriterium lösen musste.[513] Dass man durchweg betonte, die Abgrenzung folge **im Übrigen** den „allgemeinen Grundsätzen" der Abgrenzung von Täterschaft und Teilnahme, mag darauf zurückzuführen sein, dass die Rechtsprechung stets schwerpunktmäßig subjektive Aspekte heranzieht. Dies aber nicht darüber hinwegtäuschen, dass die Abgrenzungsparameter bzw. der Bezugspunkt der Abgrenzung bei solch einem extensiven Tatbestand beliebig austauschbar ist. Denn auch diese Kriterien müssen einen Tatbestandsbezug aufweisen, mithin basiert ihre Heranziehung auf der Prämisse, dass der Tatbestand durch die Handlung nicht eigenhändig verwirklicht wurde. Mit einem derart lapidaren Verweis auf die „allgemeinen Regeln"[514] kaschiert man die Besonderheit, dass man sich bei der Abgrenzung vom gesetzlichen Tatbestand (zwingend) lösen muss. Dies führt zur Frage, worauf sich die genannten „allgemeinen Kriterien" beziehen, wenn der Tatbestand als typischer Anknüpfungspunkt weggefallen ist. Und hier haben sich bis dato zwei grundlegend unterschiedliche Möglichkeiten in der betäubungsmittelrechtlichen Judikatur herauskristallisiert, wobei ein Mechanismus den anderen ablöste.[515]

388 **3. Abgrenzung in der Rechtsprechung des BGH im Wandel. a) Einzelaktbezogene Betrachtung.**[516] Ursprünglich betrachtete die Rechtsprechung die Handlung des (potentiellen) Gehilfen isoliert vom Gesamtgeschäft, orientierte sich also bei der Zuweisung der konkreten Beteiligtenform am jeweiligen Teilakt[517] und bewertete dessen Tatherrschaft bzw. Täterwillen innerhalb dieses Teilakts. Dieser Modus stößt allerdings an seine Grenzen, wenn jemand an mehreren Einzelakten – „untergeordnet" – beteiligt ist, eine Gesamtbetrachtung allerdings eine „täterschaftliche" Bewertung des Verhaltens legitimiert. Die Einzelaktsbetrachtung scheint insofern dem „dauerdeliktsähnlichen" Charakter des HTs nicht gerecht zu werden. Schließlich könnte man anbringen, dass es verfehlt anmutet, den Beteiligten als „Mitorganisator" anzusehen, nur weil er bei einem einzigen Teilakt Tatherrschaft innehatte bzw. mit „animus auctoris" agierte.[518]

389 Der Vorteil an einer einzelaktsbezogenen Betrachtung ist die „Normalisierung" des Zurechnungsprozesses und damit auch der Abgrenzung von Täterschaft und Teilnahme. Sie ist per se extensiver, da auf den Einfluss und das Tatinteresse beim „Teilakt" des Transports selbst abgestellt werden und dieser ggf. als Mittäter klassifiziert werden

---

[512] Erstmals wohl *Liemersdorf/Miebach* MDR 1979, 981; vgl. auch *Lang*, Betäubungsmittelstrafrecht, S. 204 f.; das Problem spricht *Skoupil* in einer Fußnote an, bemerkt allerdings, dass deren Darstellung den Rahmen sprengen würde, vgl. HT, S. 112 Fn. 661. Mittelbar setzt er sich durch die Darstellung der Vollendungsstrafbarkeit bei Fremdumsatzgeschäften dann doch mit der Problematik ausführlicher auseinander, vgl. S. 111 ff.

[513] Vgl. nur BGH NStZ 1988, 507: „Daß das festgestellte Tatgeschehen, an dem der Beschwerdeführer beteiligt war, als HT mit Betäubungsmitteln gewertet wurde, entspricht der Rechtslage" (sodann hebt der Zweite Senat das Urteil auf, weil trotz dieser „Rechtslage" eine Gehilfenstellung hätte angenommen werden müssen). In BGHSt 34, 124 heißt es: „Die Frage, ob die Beteiligung an der Tat Mittäterschaft oder Beihilfe ist, beurteilt sich auch bei dem unerlaubten HT mit Betäubungsmitteln nach den allgemeinen Grundsätzen über die Abgrenzung zwischen diesen Beteiligungsformen. Das kann mitunter schwierig sein, weil der Begriff des HTs weit ausgelegt wird und jede eigennützige, den Umsatz fördernde Tätigkeit erfaßt, selbst wenn es sich nur um eine gelegentliche, einmalige oder vermittelnde Tätigkeit handelt."

[514] BGH NStZ 1982, 243.

[515] Vgl. *Oğlakcıoğlu*, BtMG AT, S. 578 ff.

[516] Zusf. *Oğlakcıoğlu*, BtMG AT, S. 584 ff.

[517] Zu dieser isolierten Betrachtung hat man sich bis zum Rechtsprechungswandel zwar nicht ausdrücklich bekannt. Der Zweite Senat betont in seiner „Kurierentscheidung" BGHSt 51, 219 aber, dass es nicht mehr auf den Einzelakt ankommen dürfte und suggeriert zumindest, dass dies bis dato der Fall war.

[518] Weswegen *Schnürer* darauf abstellt, dass eine Organisationsmacht des Täters mindestens bei zwei miteinander verbundenen Teilakten angenommen werden könne, *Schnürer*, Das Gesamtgeschäft, S. 159 ff.

kann.[519] Kurierfahrer sollen als Mittäter zu bewerten sein, wenn sie wussten, dass die von ihnen transportierten Betäubungsmittel für den gewinnbringenden Absatz bestimmt sind, und *ihre Rolle nicht nur von ganz untergeordneter Bedeutung war* (was freilich partiell bereits angenommen wurde, wenn der Täter faktischen Zugriff auf die Betäubungsmittel hatte und/oder eine Entlohnung für seine Kuriertätigkeit erhielt; mithin Aspekte, die mit der Einbindung des Kuriers in das Gesamtgeschäft nichts zu tun haben). Noch im Jahre 2004 bemängelt der Zweite Senat die Nichterörterung einer mittäterschaftlichen Begehung, obwohl der Kurier „Alleingewahrsam an den Betäubungsmitteln" während der Fahrt hat.[520] Umgekehrt werden schon zu diesem Zeitpunkt Entscheidungen aufgehoben, die eine Beihilfe bei bloßen Kurierfahrten nicht zumindest in Betracht ziehen.[521]

b) Gesamtgeschäftslösung und Kurierrechtsprechung.[522] Eine Wende deutete sich **390** in der grundlegenden Entscheidung vom 26.10.2005 zum Begriff des HTs an. Hier hat der *Große Senat in Strafsachen* ausdrücklich darauf hingewiesen, dass es nicht ausreicht, eine Tathandlung nur an Hand der weit gefassten Definition („Jede eigennützige auf den Umsatz von Betäubungsmitteln gerichtete Tätigkeit") zu prüfen, sondern dass vielmehr bei arbeitsteiligen, insbesondere bei untergeordneten Tätigkeiten zusätzlich die Abgrenzung zwischen Täterschaft und Beihilfe nach den allgemeinen Grundsätzen des Strafrechts über die Abgrenzung zwischen diesen Beteiligungsformen zu erfolgen hat.[523] Der Große Senat in Strafsachen hatte am Ende seiner Entscheidung angekündigt, dass **die Anwendung der Regelungen über die Beihilfe** – einschließlich der obligatorischen Strafrahmenverschiebung – zur Herauslösung zahlreicher Fälle aus dem mit Skepsis betrachteten täterschaftlichen vollendeten HT und damit in der Praxis zu einer **deutlichen Einschränkung des Anwendungsbereichs dieses Merkmals** (des HT) führen werde.[524]

Die von diesem Hinweis angestoßene Entwicklung der Rechtsprechung[525] mündete in **391** die Entscheidung des Zweiten Senats, die als Wendepunkt hinsichtlich der Abgrenzung von Täterschaft und Teilnahme ein breites Echo fand und kurz daraufhin mit dem Etikett „Kurierrechtsprechung" versehen wurde.[526] Im Fall eines ghanaischen Körperschmugglers bringt man die „Abkehr" von einer (zumindest suggerierten) Einzelaktsbetrachtung folgendermaßen zum Ausdruck: „[…] Nach Ansicht des Senats muss vielmehr für eine zutreffende Einordnung der Beteiligung des Kuriers der jeweils konkrete Tatbeitrag für das **Umsatzgeschäft insgesamt** und nicht allein für den Teilbereich des Transports (von Betäubungsmitteln oder Geld) bewertet werden. Strafbar ist nach § 29 Abs. 1 Nr. 1 BtMG das HT mit Betäubungsmitteln, nicht – isoliert – das Transportieren derselben. Daher kommt es für die Annahme täterschaftlicher Verwirklichung dieses Tatbestands jedenfalls nicht allein oder entscheidend darauf an, welches Maß an Selbständigkeit und Tatherrschaft der Beteiligte hinsichtlich eines isolierten Teilakts des Umsatzgeschäfts innehat. Abzustellen ist vielmehr darauf, welche Bedeutung der konkreten Beteiligungshandlung im Rahmen des Gesamtgeschäfts zukommt."[527]

---

[519] BGH NStZ 1984, 413; BGH NJW 1987, 720; BGH NJW 1979, 1259. Für den Ankauf BGHSt 28, 308; 25.3.1982 – 1 StR 534/81 (bloße Anwesenheit beim Kauf keine Mittäterschaft), für den Anbau LG Köln 12.11.1990 – 108 – 84/90; für die Produktion BGH NStZ 1993, 584.

[520] BGH NStZ 2004, 696.

[521] BGH 2.7.1998 – 1 StR 280/98, StV 1998, 596; BGH 4.3.1993 – 4 StR 69/93, StV 1993, 474.

[522] *Oğlakcıoğlu*, BtMG AT, S. 588 ff.

[523] BGH 26.10.2005 – GSSt 1/05, BGHSt 50, 252 = NJW 2005, 3790 = NStZ 2005, 171 = StraFo 2005, 517 = StV 2006, 19; vgl. zB auch die zuvor schon stRspr: BGH 8.8.2001 – 3 StR 262/01, BeckRS 2001, 30198171; 21.11.2000 – 1 StR 433/00, NStZ-RR 2001, 148; 20.12.2000 – 2 StR 468/00; 10.5.2000 – 3 StR 21/00, NStZ 2000, 482; und nach der Entscheidung des Großen Senats: zB BGH 28.2.2007 – 2 StR 516/06, BGHSt 51, 219 = NJW 2007, 1220 = NStZ 2007, 338.

[524] BGH 26.10.2005 – GSSt 1/05, BGHSt 50, 252 = NJW 2005, 3790 = NStZ 2005, 171.

[525] Vgl. zB BGH 28.2.2007 – 2 StR 516/06, BGHSt 51, 219 = NJW 2007, 1220 = NStZ 2007; 30.3.2007 – 2 StR 81/07, NStZ-RR 2007, 246 = StraFo 2007, 300 = StV 2008, 19; 10.10.2007 – 2 StR 392/07 und 21.11.2007 – 2 StR 468/07, NStZ-RR 2008, 152.

[526] *Skoupil* greift diesen Wendepunkt isoliert auf, vgl. HT, S. 228 ff.

[527] Ähnlich der Dritte Senat in einer aktuellen Entscheidung vom 5.5.2011, BGH StV 2012, 287: „Beschränkt sich die Beteiligung des Täters am HT auf einen Teilakt des Umsatzgeschäfts wie hier auf den

392   Da man allerdings davon ausgeht, dass der Tätigkeit des Kuriers im Hinblick auf das Gesamtgeschehen des BtM-Umsatzes lediglich eine untergeordnete Bedeutung zukommt, führt dies in der neueren Rechtsprechung des BGH[528] zur **Tendenz der prinzipiellen Annahme von Beihilfe,**[529] wenn lediglich eine Kuriertätigkeit festgestellt ist. Ob diese Betrachtung dem konstitutiven Stellenwert der Kuriertätigkeit für das spätere Umsatzgeschäft gerecht wird, sei an dieser Stelle dahingestellt (vgl. noch die Kritik im Folgenden→ Rn. 393). Die Grundsätze der Rechtsprechung zur Beurteilung der Kuriertätigkeit gelten inzwischen als „gefestigt"[530] und sind auf andere Varianten von Beteiligten-Handlungen ausgedehnt worden: auf Verwahrungsfälle,[531] auf Kuriervermittler,[532] auf Kurierbeschaffer,[533] auf Kurierbetreuer,[534] auf Transportsicherer,[535] einfache „Läufer"[536] und auf Vermittler eines Umsatzgeschäftes.[537] V.a. bei größeren BtM-Geschäften ist insofern auch zu erwarten, dass die Abgeurteilten, die überhaupt in das Visier der Strafverfolgung geraten meist nur eine untergeordnete Rolle im Gesamtgeschäft einnehmen und ihre Handlungen (sonstiger Art) daher nur als Gehilfentätigkeit eingeordnet werden können.

393   **c) Kritik an dieser Entwicklung.** Das derzeitige Vorgehen der Rechtsprechung ist dogmatisch unbefriedigend (und auch mit einem Tatstrafrecht schwerlich vereinbar). Insofern mag die „Kurierrechtsprechung" tatsächlich eine auf Anhieb bessere Zuordnung ermöglichen, doch entpuppt sie sich bei genauerem Hinsehen als plakativ-kasuistische Hülle, die im Einzelfall das „Schlupfloch" der **unvorhersehbaren** Gesamtbewertung nicht beseitigt.[538]

394   Daher geht es zu weit, die neue Rechtsprechung des BGH als „Wendepunkt für eine differenzierte Betrachtung" zu bezeichnen.[539] Umgekehrt ist es irreführend, die Neubewer-

---

Transport, so kommt es nach der neueren Rechtsprechung des Bundesgerichtshofs jedenfalls nicht allein oder entscheidend darauf an, welches Maß an Selbständigkeit und Tatherrschaft der Beteiligte hinsichtlich dieses isolierten Teilakts innehat. Abzustellen sei vielmehr darauf, welche Bedeutung der konkreten Beteiligungshandlung im Rahmen des Gesamtgeschäfts zukommt.

[528] „Im Lichte neuerer Rspr des BGH" oder „nach der neueren Rspr des BGH" heißt es zB in BGH 6.4.2006 – 3 StR 87/06, BeckRS 2006, 05441 = NStZ 2006, 454; 9.5.2006 – 3 StR 105/06, BeckRS 2006, 06533; 15.8.2006 – 4 StR 284/06, NStZ-RR 2006, 350; 24.10.2006 – 3 StR 388/06, NStZ-RR 2007, 58 = StraFo 2007, 84 = StV 2007, 83; 5.12.2006 – 3 StR 456/06, BeckRS 2007, 00013; 17.1.2007 – 2 StR 568/06, BeckRS 2007, 02722; 31.1.2007 – 2 StR 506/06, BeckRS 2007, 03970; 22.2.2007 – 4 StR 49/07, BeckRS 2007, 04058; 27.2.2007 – 4 StR 50/07, BeckRS 2007, 04620; 25.4.2007 – 1 StR 159/07, BGHSt 51, 324 = JR 2007, 298 = NJW 2007, 2274 = NStZ 2007, 529; 6.6.2007 – 2 StR 196/07, BeckRS 2007, 10876; 20.6.2007 – 2 StR 221/07, NStZ-RR 2007, 321; 4.7.2007 – 2 StR 267/07, NStZ-RR 2007, 320; 7.8.2007 – 3 StR 326/07, NStZ 2008, 40; 15.8.2007 – 2 StR 342/07, BeckRS 2007, 14650; 4.10.2007 – 2 StR 401/07, BeckRS 2007, 16630; 17.10.2007 – 2 StR 369/07, NStZ-RR 2008, 54; 21.11.2007 – 2 StR 468/07, NStZ 2008, 285 = NStZ-RR 2008, 152; 22.11.2007 – 3 StR 348/07, BeckRS 2008, 02276; 15.4.2008 – 4 StR 94/08, BeckRS 2008, 07936; 25.6.2008 – 4 StR 230/08, BeckRS 2008, 14106; 30.10.2008 – 5 StR 345/08, NStZ 2009, 392 = StraFo 2009, 38; 19.3.2009 – 4 StR 20/09, NStZ-RR 2009, 254; 21.4.2009 – 3 StR 107/09, BeckRS 2009, 13788; 9.11.2011 – 2 StR 450/11, BeckRS 2011, 28846; 10.7.2012 – 2 StR 85/12, BeckRS 2012, 18228; nach der „neuesten Rspr des BGH" heißt es in BGH 30.3.2007 – 4 StR 81/07, NStZ-RR 2007, 246 = StraFo 2007, 300 = StV 2008, 19; 23.5.2007 – 2 StR 138/07, BeckRS 2007, 10122.

[529] So auch *Weber* Rn. 624.

[530] BGH 12.8.2014 – 4 StR 174/14, NStZ 2015, 225; vgl. auch *Schmidt* NJW 2015, 3008.

[531] BGH 24.10.2006 – 3 StR 388/06, NStZ-RR 2007, 58 = StraFo 2007, 84 = StV 2007, 83; 13.8.2009 – 3 StR 224/09, BeckRS 2009, 25653 = StRR 2010, 209 *(Apfel/Strittmatter)* = StRR 2010, 211 *(Apfel/Strittmatter)*: „Seine Stellung kam der eines reinen Kuriers gleich."

[532] BGH 25.4.2007 – 1 StR 156/07, NStZ 2007, 531 = StV 2008, 20.

[533] BGH 30.8.2011 – 3 StR 270/11, NStZ 2012, 40.

[534] BGH 13.4.2011 – 3 StR 53/11, BeckRS 2011, 11759.

[535] BGH 27.3.2012 – 2 StR 573/11, BeckRS 2012, 17298.

[536] BGH 24.4.2013 – 5 StR 135/13.

[537] BGH 5.10.2010 – 3 StR 339/10, BeckRS 2010, 27748; BGH 14.8.2012 – 3 StR 274/12, BeckRS 2012, 18740; BGH 4.9.2012 – 3 StR 337/12, BeckRS 2012, 20347.

[538] *Oğlakcıoğlu*, BtMG AT, S. 591 f.

[539] So aber Schönke/Schröder/*Heine* Vor § 25 ff. Rn. 94; so auch *Puppe* JR 2007, 299, die allerdings darauf aufmerksam macht, dass der Zweite Senat selbst seine Ausführungen als solche kenntlich macht. Zu den kritischen Punkten der „neuen Kurierrechtsprechung" wie hier auch *Skoupil* HT S. 240 ff.

tung als „undifferenzierte Tendenz zur Beihilfe" zu bewerten,[540] da die Rechtsprechung – und hiermit ist in erster Linie die instanzgerichtliche gemeint – aus diesem Blickwinkel schon immer „undifferenziert" (jedenfalls unklar) war.[541] BGHSt 51, 219 kann als forcierte Vorzeichenumkehr i.S.e. „Beihilfe- statt Täterressentiments" bei Kuriertätigkeiten bezeichnet werden, mehr aber auch nicht.[542] Denn verbindliche oder besser „dogmatisch nachvollziehbare" Regeln für die Abgrenzung können nicht existieren, solange der Bezugspunkt der Abgrenzung nicht feststeht. Blickt man auf das Gesamtgeschäft als maßgeblichen Anküpfungspunkt für die Abgrenzung, so muss man sich die Frage stellen, was überhaupt mit „Gesamtgeschäft" gemeint ist.[543] Bezieht man sich auf den Gesamtumsatz, auf den Geschäftsabschluss oder auf das „Geschäft" als Tätigkeit? Die Rechtsprechung lässt den Normadressaten über Inhalt und Konsequenzen der einzelnen Parameter im Unklaren, etwa bzgl. den Fragen, welche Rolle

– die tatsächliche Dimension des Geschäfts selbst in Bezug auf
  – die gehandelte Menge,
  – die beteiligten Personen insgesamt,
  – die räumliche Reichweite (internationale Bezüge),
– die Beziehung der Beteiligten untereinander, Stichwort „Gruppenstruktur" bzw. „Täterhierarchie" (als „Betrieb", Bande, als laufende Geschäftsbeziehung oder als Tätigkeitsschwerpunkt einer kriminellen Vereinigung),
– die Bedeutung der konkret vorgeworfenen Tathandlung(en) für das Gesamtgeschäft (wobei man teils nach betäubungsmittelbezogenen, geld- und sonstigen sachbezogenen Tätigkeiten differenziert) und
– die Stellung des Beteiligten innerhalb des Geschäfts in Bezug auf
  – Einbindung in das Geschäft (Mitspracherechte, Einfluss) bzw. in die Geschäftsstrukturen,
  – Art und Anzahl der vorgenommenen Tätigkeiten,
  – subjektive Vorstellungen des Beteiligten (eingegangenes Risiko, Grad der Eigennützigkeit, Grad des Eigenumsatzwillens neben dem ggf. gegebenen Fremdumsatzwillen) spielen.[544]

Es ist nicht zu erwarten, dass man sich von diesen diffusen Abgrenzungsmechanismen löst, **395** solange man nicht das HT selbst einschränkend auslegt. Man muss anerkennen, dass die Abgrenzung von Täterschaft und Teilnahme nicht funktionieren kann, wenn man die Beteiligtenstellung innerhalb eines Geschehens zuweisen will, das man nicht einmal in den prozessualen Tatbegriff (§ 264 StPO) einkleiden kann: Das berüchtigte Gesamtgeschäft ist nicht vergleichbar der Momentaufnahme „Tötung eines Menschen". Es dauert womöglich über mehrere Jahre an, im Extremfall sind über 100 Leute beteiligt, und es gelingt im seltensten Fall, überhaupt das „gesamte" Geschäft aufzuklären. Dass sich dieses Problem gerade beim Kurier bemerkbar macht, mag daran liegen, dass dieser unverzichtbar für einen funktionierenden Betäubungsmittelmarkt, also irgendwie „klein", aber doch ganz groß ist und das Rechtsempfinden versagt, wenn dieses ihn einer Beteiligtenform innerhalb dieses „Prozesses" zuweisen soll.[545]

All diese dogmatischen Bedenken, die ihren Ursprung in der extensiven Auslegung **396** des HT haben, sollen mitunter auch nicht den Blick dafür trüben, dass die kategorische „Besserbehandlung" ganz auf der Linie der Weltkommission für Drogenpolitik liegt und –

---

[540] Vgl. *Weber* § 29 Rn. 624; so auch 2. Aufl.

[541] *Oğlakcıoğlu*, BtMG AT, S. 592.

[542] Insofern ist *Weber* Rn. 625 zuzustimmen, wenn er meint, dass die „Kurierrechtsprechung" wegen ihrer „Auswirkungen auf den Versuch und den Versuch der Beteiligung zu […] komplizierten, von Zufälligkeiten abhängigen und zum Teil unverständlichen Differenzierungen" führe; doch damit suggeriert man, dass dies vor BGHSt 51, 219 anders war, was nicht der Fall ist. Insofern stellt auch seine „Theorie" vom „Stehen- und-Fallen des Gesamtgeschäfts" eine fallgruppenbezogene Umkehr des Vorzeichens ohne konkretisierbaren Inhalt dar, vgl. hierzu auch *Weber* HT S. 544 f.

[543] Zust. *Schnürer*, Das Gesamtgeschäft, S. 125 ff.

[544] *Oğlakcıoğlu*, BtMG AT, S. 592.

[545] *Oğlakcıoğlu*, BtMG AT, S. 596.

wie diese ebenfalls betont – per se angemessener bzw. gerechter erscheint. Kuriere stehen in der **„Versorgungs- und Lieferkette an vorderster Front"** und übernehmen die gefährlichsten Aufgaben. „Im Gegensatz zu jenen, die die Drogenhandelsorganisationen leiten, haben diese Personen in der Regel keine lange und von Gewalt geprägte kriminelle Vergangenheit. Einige betätigen sich in erster Linie im Drogenhandel, um ihre eigene Drogenabhängigkeit zu finanzieren."[546] Die hier vorgebrachte Kritik ist also rein „dogmatisch" und nicht vom Ergebnis her zu verstehen (ähnliche Erwägungen gelten im Übrigen für einfache Landwirte, die darauf bedacht sind, den Lebensunterhalt ihrer Familie zu sichern; dies ist aber rein faktisch nur ein Problem der Drogenursprungsländer). Sie verkennt auch nicht, dass eine umfassende Einzelabwägung im Rahmen der Abgrenzung von Täterschaft und Teilnahme als solches eine Selbstverständlichkeit darstellt; nur würde ein restriktives Normverständnis den Bezugspunkt der Abgrenzung deutlich herausstellen.

397 *Weber*[547] weist darauf hin, dass die Kurierrechtsprechung wegen ihrer Auswirkungen auf den Versuch und den Versuch der Beteiligung zu Strafbarkeitslücken führe und auch zu **komplizierten und unverständlichen Differenzierungen,** etwa bei der (versuchten) Beförderung von Grundstoffen (§ 19 Abs. 1 Nr. 1, Abs. 2 GÜG) oder Rauschgifterlösen[548] gegenüber dem (versuchten) Transport von Rauschgift selbst. Hinzuzufügen ist, dass auch die neuere Kurierrechtsprechung die schon bei der vormaligen Rechtsprechung zu konstatierenden **Widersprüchlichkeiten** bei der Bewertung symptomatischer Indikatoren nicht zu beseitigen vermag: so wird die Höhe des Kurierlohns mal als relevant, mal als unwichtig für die Bewertung bezeichnet; Gleiches gilt für die Beteiligung am Erlös usw (vgl. dazu näher → Rn. 402 f.).

398 Zudem verstößt nach *Weber*[549] die pauschale Bewertung der Kuriertätigkeit als Beihilfe **gegen den EU-Rahmenbeschluss,**[550] und zwar sowohl gegen Art. 2 Abs. 1 lit. a, der das Befördern mit dem Kaufen, Verkaufen und Liefern auf eine Stufe stellt, als auch gegen Art. 3 Abs. 1, wonach auch das versuchte Befördern unter Strafe gestellt werden muss, und in der Negierung des Beschlussinhalts gegen die unionsrechtliche **Verpflichtung der deutschen Gerichte zur rahmenbeschlusskonformen Auslegung** des nationalen Rechts. Diese Argumentation ist allerdings nicht zwingend, da die täterschaftliche Beförderung bereits unmittelbar durch Tatmodalitäten wie der Einfuhr oder dem Besitz (in nicht geringen Mengen) täterschaftlich erfasst ist.

399 **4. Die wesentlichen Abgrenzungskriterien.** Die voranstehenden Überlegungen sind bei der Darstellung der Rechtsprechungskasuistik zur Abgrenzung von Täterschaft und Teilnahme im Blick zu behalten, wobei eine getrennte Darstellung (Rechtsprechung bis BGHSt 51, 219 und danach) gerade aufgrund der dargestellten Einordnung der Kurierrechtsprechung als „bloße Vorzeichenumkehr" nicht zweckdienlich ist. Anders gewendet: auch die frühere Rechtsprechung bleibt verwertbar, zumal gerade bei Abgrenzungsfragen Tatrichtern eine Einschätzungsprärogative gewährt wird und sich die Rügen der Obergerichte auf ungenügende Darstellung der Abgrenzung beschränken muss (mithin die Parameter, die u.U. nicht in Betracht gezogen wurden, bei jedem vergleichbaren Fall herangezogen werden müssen, lediglich der Ausgang der rechtlichen Bewertung – mehr oder weniger – offen bleibt). Schließlich operiert man bei der Abgrenzung von Mittäterschaft und Beihilfe auch beim HT mit denselben Begrifflichkeiten. Der Tatrichter hat auf Grund wertender Betrach-

---

[546] UNODC, Bericht 2011 (Gegen die Drogen), S. 6.
[547] *Weber* Rn. 625.
[548] Vgl. BGH 7.2.2008 – 5 StR 242/07, NJW 2008, 1460 = JR 2008, 339 = StV 2008, 417.
[549] Rn. 626; die gegen *Webers* schon in NStZ 2008, 467 (468) geäußerte Auffassung gerichtete Kritik des 5. Senats des BGH (BGH 30.10.2008 – 5 StR 345/08, NStZ 2009, 392): die Beförderung sei regelmäßig mit dem Besitz an den BtM verbunden, der Strafbarkeit auslöse, geht fehl, weil der EU-Rahmenbeschluss in Art. 2 Abs. 1 lit. c für den Besitz eine eigene Regelung vorsieht; und weil der versuchte Besitz, anders als dies von Art. 3 Abs. 1 des EU-Rahmenbeschlusses für das versuchte Befördern gefordert wird, im deutschen Recht grundsätzlich (Ausnahme § 29a Abs. 1 Nr. 2) nicht strafbar ist.
[550] ABl. 2004 L 335, 8; http://eur-lex.europa.eu/LexUriServ/LexUriServ.do?uri=CELEX:32004F0757: DE:HTML (zuletzt abgerufen: 18.4.2017).

tung aller von der Vorstellung des Täters umfasster Umstände zu entscheiden, ob der Tatbeteiligte als Mittäter oder Gehilfe an der Tat beteiligt war. „Wesentliche Anhaltspunkte für diese Beurteilung können sein der **Grad des eigenen Interesses am Taterfolg,** der **Umfang der Tatbeteiligung** und die **Tatherrschaft oder wenigstens der Wille zur Tatherrschaft,** so dass Durchführung und Ausgang der Tat maßgeblich auch vom Willen des Tatbeteiligten abhängen."[551] Dabei deutet eine **ganz untergeordnete Tätigkeit** schon objektiv darauf hin, dass der Beteiligte nur Gehilfe ist.[552] Mittäterschaft kommt hingegen vor allem in Betracht, wenn der Beteiligte in der Rolle eines gleichberechtigten Partners an der Tat mitgewirkt hat.[553]

Diese Grundsätze gelten für alle Fallgestaltungen, in denen Beteiligungshandlungen zu **400** beurteilen sind, also nicht nur, sondern auch für Kurierfälle. In fast allen Fallgestaltungen ist eine konkrete (mehr oder weniger detaillierte) Auseinandersetzung mit der Beteiligtenstellung in den Urteilsgründen vorzunehmen. Allgemeine Bezeichnungen der Beteiligten als „Kurier" oder „Tatgenossen"[554] ersetzen die umfassende Betrachtung der Umstände im Einzelfall nicht.

a) Grad des eigenen Interesses am Taterfolg. Der Grad des Interesses am Taterfolg **401** ist ein gewichtiges Indiz für die Beurteilung, ob ein Beteiligter Mittäter oder Gehilfe ist. Dabei ist zunächst einmal von Bedeutung, ob der Beteiligte prozentual am Gewinn partizipiert oder ob er ein festes Entgelt für seinen Tatbeitrag erhält. Eine **erfolgsabhängige prozentuale Beteiligung am Verkaufserlös,** und sei sie noch so gering,[555] oder eine finanzielle Investition, die Erträge erst durch den Verkaufspreis erbringt,[556] sprechen eindeutig für ein eigenes Tatinteresse, weil das Entstehen des Anteilsanspruchs vom Gelingen der Bemühungen um den BtM-Umsatz abhängt.

An dieser Bewertung hält auch die Rechtsprechung zur Neubewertung der Kuriertätig- **402** keit fest: Für Beihilfe spricht es, wenn **keine Umsatz- oder Gewinnbeteiligung, sondern ein fester Kurierlohn** ausgemacht wurde;[557] für Beihilfe spricht auch, wenn die Entlohnung nicht vom Verkaufserfolg abhängig sein soll.[558]

Eine teilweise Änderung der Bewertung des Tatinteresses bei der **Vereinbarung eines** **403** **festen Entgelts** für die Tatbeteiligung ist bei der neueren Rechtsprechung zu den Kurierfällen festzustellen. Früher galt: Bei einem vereinbarten oder erwarteten festen Entgelt kommt es auf die **Höhe des Entgelts** in Relation zu dem mit dem Umsatzgeschäft regelmäßig zu erzielenden Gewinn an.[559] Ein unter diesem Gesichtspunkt geringes Entgelt spricht für Beihilfe, während sich in einem verhältnismäßig hohen Entgelt die Bewertung der Tatbeteiligten über die Bedeutung des Tatbeitrags für das Gelingen der Gesamttat widerspiegelt. In der neueren Rechtsprechung bleibt aufrechterhalten, dass es für die Bewertung als Beihilfe spricht, wenn die **Entlohnung gering** ist (oder sein soll)[560] bzw. sich auf den Erhalt einer

---

[551] StRspr, vgl. zuletzt BGH 8.8.2001 – 3 StR 262/01, BeckRS 2001, 30198171; vgl. BGH – Großer Strafsenat – 26.10.2005 – GSSt 1/05, BGHSt 50, 252 = NJW 2005, 3790 = StV 2006, 19; 21.4.2009 – 3 StR 107/09, BeckRS 2009, 13788; 27.4.2010 – 1 StR 124/10, BeckRS 2010, 11618; 5.10.2010 – 3 StR 339/10, BeckRS 2010, 11618; 15.10.2013 – 3 StR 224/13, BeckRS 2014, 01754. Zusf. auch *Krumdiek* StRR 2007, 244.

[552] StRspr; vgl. zB BGH 22.3.1991 – 3 StR 34/91, JA 1991, 239; 20.12.2000 – 2 StR 468/00; 15.10.2002 – 3 StR 340/02; 25.4.2007 – 1 StR 156/07, NStZ 2007, 531.

[553] BGH 21.7.1993 – 2 StR 331/93, NStZ 1993, 584.

[554] BGH 15.10.2013 – 3 StR 224/13, BeckRS 2014, 01754.

[555] AA *Weber* Rn. 324.

[556] Vgl. den Sachverhalt von BGH 21.8.1991 – 2 StR 275/91.

[557] BGH 21.11.2007 – 2 StR 468/07, NStZ 2008, 285 = NStZ-RR 2008, 152: 25.6.2008 – 4 StR 230/08, 30.10.2008 – 3 StR 397/08, NJW 2009, 866 = NStZ-RR 2009, 93; 19.3.2009 – 4 StR 20/09, NStZ-RR 2009, 254.

[558] BGH 13.8.2009 – 3 StR 224/09, BeckRS 2009, 25653.

[559] BGH 4.3.1993 – 4 StR 69/93, StV 1993, 474; 21.4.2004 – 5 StR 122/04, BeckRS 2004, 30341643.

[560] BGH 21.12.2005 – 2 StR 539/05, NStZ 2006, 455; 24.10.2006 – 3 StR 388/06, NStZ-RR 2007, 58 = StraFo 2007, 84; 26.1.2007 – 2 StR 591/06, BeckRS 2007, 03399; 31.1.2007 – 2 StR 506/06, BeckRS 2007, 03970; 31.1.2007 – 2 StR 546/06, BeckRS 2007, 03972; BGH 15.10.2013 – 3 StR 224/13, BeckRS 2014, 01754.

Belohnung in Form einer Konsumeinheit Marihuana zum Eigenkonsum beschränkt.[561] Das Gegenteil soll aber nicht zutreffen; denn eine **erhebliche Entlohnung** spreche nicht unbedingt für Täterschaft,[562] wird allerdings als zusätzliches Indiz herangezogen, soweit man von einer Mittäterschaft ausgeht.[563]

404   **Kein Interesse am Taterfolg** wird festzustellen sein, wenn es sich bei der Tatbeteiligung um Gefälligkeiten gehandelt hat (dann liegt Handeln in fremdem Interesse vor),[564] wenn der Beteiligte (nur) zum eigenen Konsum „etwas" Haschisch erhalten hätte,[565] wenn das Entgelt unabhängig von der Entwicklung des Umsatzgeschäftes gezahlt werden sollte[566] oder wenn das „Entgelt" keine zusätzliche Einnahmequelle darstellt, sondern der Befriedigung eines dem Betroffenen faktisch ohnehin zustehenden Anspruchs – hier zB Mietanspruchs – dient.[567]

405   Allein ein festgestelltes Interesse am Taterfolg genügt jedoch noch nicht, einen Tatbeteiligten als Mittäter anzusehen, wenn dem Angeklagten **keinerlei Einfluss** auf den äußeren Geschehensablauf, auch nicht Förderung durch Rat oder Tat oder psychische Unterstützung nachzuweisen ist.[568]

406   **b) Umfang der Tatbeteiligung (Tatbeitrag).** Ein weiteres wichtiges Abgrenzungskriterium ist die Art und der Umfang des Tatbeitrags. Dies kann zunächst in objektiver Betrachtung des äußeren Geschehensablaufs erfolgen, wenngleich die Erheblichkeit des Beitrags auch nach der Vorstellung der Beteiligten zu beurteilen ist.[569] Diese Sichtweise ermöglicht nämlich eine Bewertung der Relevanz des Tatbeitrages für den gesamten Tatablauf. Stellt sich bei dieser Bewertung heraus, dass die Handlung des Beteiligten in Bezug auf das Gesamtgeschehen **ein völlig untergeordneter Tatbeitrag** ist, so spricht dies eher dafür, dass dieser nur die **Stellung eines Gehilfen** hat:[570] Im Einzelnen
– **Anwerben:** Bloßes Anwerben eines Kuriers führt regelmäßig zur Gehilfenstellung;[571]
– **Aufbereiten der Droge, Portionieren:** Wenn der Beteiligte das in seinem Beisein abgewickelte Geschäft lediglich dadurch gefördert hat, dass er in Gegenwart der anderen Beteiligten beim Auspacken eines Klumpen Heroin half, eine Flasche zum Zermahlen des Klumpens bereitstellte, etwas Mehl zum Auffüllen der Heroinmenge brachte und beim Verpacken des pulverisierten Heroins Hilfe leistete;[572]
– **Beifahrer:** Ebenfalls, wenn sich der Tatbeitrag der Beteiligten im Mitfahren erschöpfte und lediglich bezweckte, ihren Lebensgefährten bei der Einfuhr des Haschischs nach Deutschland dadurch zu unterstützen, dass dieser bei den Grenzkontrollen weniger verdächtig erschien, wenn sie weder in das Rauschgiftgeschäft als solches eingebunden war noch entscheidenden Einfluss auf Art und Durchführung des Transports hatte;[573]
– **Darlehen:** Beihilfe ist anzunehmen, wenn keine erhebliche, über die Gewährung eines Darlehens hinausgehende Tätigkeit entfaltet wird und keine Einbindung in das eigentliche Umsatzgeschäft festgestellt ist;[574]

[561] BGH 24.4.2013 – 5 StR 135/13, NStZ 2013, 549.
[562] BGH 28.2.2007 – 2 StR 516/06, BGHSt 51, 219 = NJW 2007, 1220 = NStZ 2007, 338; 30.3.2007 – 2 StR 81/07, NStZ-RR 2007, 246; 17.10.2007 – 2 StR 369/07, NStZ-RR 2008, 54.
[563] BGH 10.4.2013 – 2 StR 604/12, NStZ 2013, 551.
[564] Vgl. BGH 12.8.1998 – 3 StR 160/98, NStZ-RR 2000, 22.
[565] BGH 30.3.1994 – 3 StR 726/93, StV 1994, 422.
[566] BGH 26.7.2001 – 5 StR 304/01, BeckRS 2001, 30196323.
[567] BGH 15.12.1997 – 5 StR 475/97, StV 1998, 587.
[568] BGH 25.2.1993 – 1 StR 808/92, StV 1994, 22.
[569] Schönke/Schröder/*Heine* StGB § 25 Rn. 69.
[570] StRspr; vgl. zB BGH 16.3.2004 – 1 StR 83/04; 21.12.2005 – 2 StR 539/05, NStZ 2006, 455.
[571] BGH 22.11.2007 – 3 StR 348/07, BeckRS 2008, 02276 und BGH 30.10.2008 – 5 StR 345/08, NStZ 2009, 392 = StraFo 2009, 38: die gleichzeitige Anstiftung der angeworbenen Kurierin zu einer Gehilfentat ist auch nur Beihilfe zur Haupttat. Vgl. auch BGH 12.8.2014 – 4 StR 174/14, NStZ 2015, 225.
[572] BGH 1.7.1988 – 2 StR 330/88, NStZ 1988, 57.
[573] BGH 24.4.1997 – 4 StR 151/97, StV 1998, 598; BGH 11.11.2008 – 4 StR 434/08, NStZ-RR 2009, 121; BGH 20.4.2010 – 4 StR 119/10, NStZ-RR 2010, 255.
[574] BGH 27.4.2010 – 1 StR 124/10, BeckRS 2010, 11618.

– **Geldtransport:** Der Transport des Kaufgeldes vom dänischen Käufer zu den Tätern (unbekannte niederländische Lieferanten in Amsterdam) sowie der vom Käufer
bestellten BtM in umgekehrter Richtung ist Beihilfe, wenn Geld und Betäubungsmittel im verschlossenen Briefumschlag bzw. in verschlossenen Paketen übergeben
werden und die Höhe des versprochenen Kurierlohns nicht an Umsatzerlöse gekoppelt
ist;[575]
– **Kuriertätigkeiten** (vgl. noch ausführlich → Rn. 425 ff.):
  – Hat der Beteiligte mit dem **An- und Verkauf** des zu transportierenden Rauschgifts
    nichts zu tun, keinen Einfluss auf dessen Menge und das Versteck im Fahrzeug, und
    entfernten die anderen Beteiligten nach der Einfuhr das BtM ohne seine Beteiligung
    aus dem Pkw, dessen Eigentümer er zudem nicht war, ist Beihilfe anzunehmen, auch
    wenn er eine Belohnung für seine Tätigkeit erwartete, deren etwaige Höhe noch
    unsicher war;[576]
– **Läufer:** die untergeordnete Mitwirkung an der Abwicklung von Betäubungsmittelgeschäften Dritter als „Läufer" führt erst Recht zur Beihilfe;[577]
– **PKW-Überlassung:** oder wenn jemand einem Dritten ein Fahrzeug zur Verfügung stellt,
mit dem BtM-Kurierfahrten durchgeführt werden (aber nur wenn er sicheres Wissen
vom Tatplan hat);[578]
– **Sicherstellung des Transports:** Auch Handlungen die der Sicherstellung des Transports
des Rauschgifts dienen, wie die Entfernung von in einem Kraftfahrzeug durch Einbau
versteckten Betäubungsmitteln, um eine Reparatur des Wagens in einer Werkstatt zu
ermöglichen und deren nachfolgender Wiedereinbau führen regelmäßig nicht dazu, dem
Teilnehmer einen so maßgeblichen Einfluss auf das Gesamtgeschäft zuzuschreiben, dass
von einer Mittäterschaft auszugehen wäre;[579]
– **Stellvertretung, Entgegennahme von Geld:** Ebenfalls wenn der Beteiligte zusagte,
er würde für Familienangehörige „einspringen", weil sie sich in der Türkei auf Urlaub
befänden, und wenn er in der Folgezeit eine Teilzahlung entgegennahm und auf Anweisung seiner Verwandten, bei denen er jeweils vorher in der Türkei telefonisch angefragt
hatte, in zwei weiteren Fällen zu gleichen Preisen Heroin in Teilmengen zu 50 und 100
Gramm lieferte;[580]
– **Überwachung:** Ebenso wenn die Aufgabe des Beteiligten darin bestand, „das Geschäft
gegen unvorhergesehene Zwischenfälle abzusichern", wenn er nicht „Herr des Geschäfts"
war und über die Höhe seiner Entlohnung nicht gesprochen worden war, wenn er bei
der zweiten Tat „auftragsgemäß" gemeinsam mit anderen ein Treffen zwischen dem
Rauschgifthändler und dem verdeckten Ermittler **überwachte,** um eine mögliche polizeiliche Observation festzustellen, und wenn er bei einem Telefonat eine Nachricht
weitergab;[581]
– **Vermittlung:** Die bloße Herstellung des Kontakts zwischen dem Kurier und dem Empfänger der Betäubungsmittel in Deutschland gegen einen in Anbetracht der Handelsmenge eher geringen Betrag führt zur Beihilfe (v.a., wenn kein Einfluss auf den An-
und Verkauf des BtM und auf die Gestaltung des Transports und des Transportweges
besteht),[582]
– **Verwahrung:** Wenn der Verwahrer von den Weisungen des Eigentümers der BtM abhängig ist und keinen Einfluss auf deren Verwendung hat;[583]

---

[575] BGH 30.10.2008 – 3 StR 397/08, NJW 2009, 866 = NStZ-RR 2009, 93.
[576] BGH 3.2.1999 – 2 StR 506/98, NStZ-RR 1999, 186; BGH 4.3.1993 – 4 StR 69/93, StV 1993, 474.
[577] BGH 24.4.2013 – 5 StR 135/13, NStZ 2013, 549.
[578] OLG Düsseldorf 12.12.2001 – 2 a Ss 281/01–98/01 II, StV 2003, 626.
[579] BGH 9.9.2015 – 4 StR 347/15, NStZ-RR 2015, 378 = BeckRS 2015, 17435.
[580] BGH 24.6.1986 – 5 StR 153/86, BGHSt 34, 124 = NJW 1986, 2584 = StV 1986, 434.
[581] BGH 15.12.1994 – 1 StR 701/94, StV 1995, 198.
[582] BGH 25.4.2007 – 1 StR 156/07, NStZ 2007, 531 = StV 2008, 20.
[583] BGH 24.10.2006 – 3 StR 388/06, NStZ-RR 2007, 58. Vgl. auch BGH 13.8.2009 – 3 StR 224/09,
BeckRS 2009, 25653 = StRR 2010, 209 (*Apfel/Strittmatter*) = StRR 2010, 211 (*Apfel/Strittmatter*).

– **Überlassen von Räumlichkeiten:** Das Zurverfügungstellen eines Büros für Gespräche über die Konkretisierung eines Tatplans und die Entgegennahme und Weiterleitung eines Faxes mit einer Buchungsbestätigung ist nur Beihilfe.[584]

407 Für die Bewertung von Transporttätigkeiten als **mittäterschaftliches HT** hat die vornehmlich **neuere Rechtsprechung** nach der Entscheidung des Großen Strafsenats folgende Grundsätze entwickelt:[585]

408   Eine Bewertung als mittäterschaftliches HT wird vor allem dann in Betracht kommen, wenn der Beteiligte **erhebliche, über den reinen Transport hinausgehende Tätigkeiten entfaltet,**[586] etwa am An- und Verkauf des Rauschgifts unmittelbar beteiligt ist oder sonst ein eigenes Interesse am weiteren Schicksal des Gesamtgeschäfts hat, weil er eine Beteiligung am Umsatz oder dem zu erzielenden Gewinn erhalten soll.[587] Auch eine **Einbindung des Transporteurs in eine gleichberechtigt verabredete arbeitsteilige Durchführung des Umsatzgeschäfts** spricht für die Annahme von Mittäterschaft, auch wenn seine konkrete Tätigkeit in diesem Rahmen auf die Beförderung von Drogen, Kaufgeld oder Verkaufserlösen beschränkt ist. Im Einzelfall kann auch eine weit gehende Einflussmöglichkeit des Transporteurs auf Art und Menge der zu transportierenden Drogen sowie auf die Gestaltung des Transports für eine über das übliche Maß reiner Kuriertätigkeit hinausgehende Beteiligung am Gesamtgeschäft sprechen. Überwiegend handelt es sich um Umkehrschlüsse aus Entscheidungen, in denen eine Beihilfestellung näher liegen soll.

409   In folgenden wenigen **Beispielsfällen** sind danach Tatbeiträge als mittäterschaftliches HT gewertet worden:

– wenn der Täter (und Einführer aus den NL) unmittelbar mit Eigeninitiative am **Erwerb der Drogen beteiligt** war; insbesondere weil er eigenverantwortlich entscheiden konnte, bei wem er das Heroin mit dem von seinem Auftraggeber zur Verfügung gestellten Geld erwerben wollte (der Täter hatte auch darüber hinaus ein eigenes Interesse am weiteren Schicksal des Gesamtgeschäfts, weil ihm für die Betäubungsmittelbeschaffung eine erhebliche **Entlohnung in Form eines Schuldenerlasses** in Höhe von 1.000 EUR in Aussicht gestellt war und er von den zu erwerbenden 300 g Heroin 40 g für den Eigenkonsum behalten sollte);[588]

– wenn ein **Tatbeteiligter den Transport der Drogen organisiert,** indem er die Kurierin anwirbt, ihr Hotels und den Kontaktmann in Caracas benennt, die Flugtickets für Hin- und Rückflug in seinem Reisebüro besorgt und bar bezahlt, mit ihr während der Reise telefonisch Kontakt hält und schließlich nach Madrid fliegt, um sie dort vereinbarungsgemäß am Flughafen abzuholen und die Drogen zu übernehmen und für deren Weiterbeförderung zu sorgen;[589]

– wenn eine wesentliche Förderung des BtM-Geschäfts insgesamt durch **erfolgreiche Vermittlung des Lieferanten im Ausland** und **Mitwirkung bei der Übergabe und der Bezahlung des BtM** festgestellt ist, liegt eine täterschaftliche Begehungsweise auf der Hand;[590]

– wenn ein Täter während der Auslandsabwesenheit seines Cousins als dessen **Statthalter** die Rauschgiftgeschäfte übernimmt und hierfür **umsatzunabhängig entlohnt** wird und zugleich eine **Gewinnbeteiligung** erhält. Tritt hinzu, dass er in das Absatzsystem

---

[584] BGH 21.4.2009 – 3 StR 107/09, BeckRS 2009, 13788.

[585] BGH 28.2.2007 – 2 StR 516/06, BGHSt 51, 219 = JR 2007, 298 = NJW 2007, 1220 = NStZ 2007, 338; vgl. auch BGH 17.10.2007 – 2 StR 369/07, NStZ-RR 2008, 54; 21.11.2007 – 2 StR 468/07, NStZ 2008, 285 = NStZ-RR 2008, 152; 25.6.2008 – 4 StR 230/08, BeckRS 2008, 14106; 19.3.2009 – 4 StR 20/09, NStZ-RR 2009, 254.

[586] Vgl. etwa BGH 14.12.2006 – 4 StR 421/06, NStZ 2007, 288: Gründung von Exportgesellschaften für die Beförderung der Drogen.

[587] BGH 4.3.1993 – 4 StR 69/93, StV 1993, 474.

[588] BGH 25.4.2007 – 1 StR 159/07, BGHSt 51, 324 = JR 2007, 298 = NJW 2007, 2274 = NStZ 2007, 529 = StRR 2007, 163.

[589] BGH 7.8.2007 – 3 StR 326/07, NStZ 2008, 40.

[590] BGH 4.12.2007 – 5 StR 404/07, NStZ 2008, 354.

eingebunden ist und Entscheidungsmacht hinsichtlich der einzelnen Verkäufe hat, ist die Annahme von Mittäterschaft nicht rechtsfehlerhaft.[591]

c) Tatherrschaft oder Wille zur Tatherrschaft. Weiteres Kriterium ist dasjenige der **410** **Tatherrschaft** bzw. des Tatherrschaftswillens. Diese sind zu bejahen, wenn der Täter willens und in der Lage ist, das gesamte Tatgeschehen oder aber wesentliche Teilabschnitte eines komplexeren Tatgeschehens zu steuern oder darauf einzuwirken. In der Rechtsprechung wird der Ablauf eines BtM-Umsatzgeschäftes sehr häufig zergliedert in die Abschnitte Erwerb, Transport und Vertrieb der BtM. Als Faustregel kann man sich merken: wer den Erwerb und/oder die Veräußerung ausgestaltet oder bewirkt, ist Mittäter, wer weder am Erwerb noch Verkauf beteiligt ist, ist Gehilfe; für den Transport bestanden früher unterschiedliche Auffassungen; seit der Leitsatzentscheidung des *2. Strafsenats*[592] ist regelmäßig Beihilfe anzunehmen. Der Aspekt der Tatherrschaft wird durch den objektiven Tatbeitrag (bzw. dessen Umfang) näher bestimmt, sodass er selten eigenständige Bedeutung entfaltet, jedenfalls aus der Perspektive desjenigen, der einen „sichtbaren" Tatbeitrag geleistet hat. Insofern lassen sich kaum besondere Ausprägungen dieses Abgrenzungskriteriums herausarbeiten, die über die bei → Rn. 406 dargestellten Kasuistik hinausgehen.

Tatherrschaft hat zB, wer das BtM im Ausland einkauft und es dem Kurier mit der **411** Weisung übergibt, es einer bestimmten Person nach Deutschland zum Weiterverkauf zu bringen,[593] wer Einfluss auf die Bestimmung von Art und Menge des zu transportierenden BtM oder auf die Gestaltung von Übernahme und Transport hat,[594] wer frei in seiner Entscheidung ist, wie er den ihn übertragenen Tatbeitrag ausführt und wann er ihn durchführt,[595] wer in eigener und alleiniger Verantwortung die Vorbereitung für das Abholen und die Einfuhr des BtM nach Deutschland organisieren soll[596] oder wer BtM über eine längere Strecke eigenhändig transportiert.[597]

Dagegen hat **keine Tatherrschaft,** wer im Gesamtkontext des Umsatzgeschäfts nur eine **412** untergeordnete unselbstständige Rolle spielt,[598] wer beim Erwerb der BtM einerseits oder bei deren Vertrieb andererseits nicht mitwirkt[599] oder wer bloßer Chauffeur des Haupttäters ist, ohne Möglichkeit der Beeinflussung von Art und Menge des zu erwerbenden Rauschgifts oder der näheren Ausgestaltung des Geschäfts.[600]

5. Abgrenzung bei einzelnen Erscheinungsformen des HTs (Kasuistik). Die dar- **413** gestellten Grundsätze wirken sich bei der konkreten Anwendung auf die in der Praxis am häufigsten vorkommenden Erscheinungsformen des unerlaubten HTs folgendermaßen aus (vgl. bereits die Kasuistik bei → Rn. 406).

a) Verwahrung. Das Aufbewahren von BtM, die gewinnbringend veräußert werden **414** sollen, kann **je nach Fallgestaltung** Beihilfe oder täterschaftliches HT sein,[601] die **Tendenz geht seit BGHSt 51, 219 allerdings zur grundsätzlichen Annahme von Beihilfe** in Verwahrfällen.[602]

---

[591] BGH 10.4.2013 – 2 StR 604/12, NStZ 2013, 551.

[592] BGH 28.2.2007 – 2 StR 516/06, BGHSt 51, 219 = NJW 2007, 1220 = JR 2007, 298 JZ 2007, 423 = NStZ 2007, 338 StV 2007, 33.

[593] BGH 18.4.2001 – 3 StR 69/01, StV 2001, 47.

[594] BGH 2.7.1998 – 1 StR 280/98, StV 1998, 596; 21.11.2000 – 1 StR 433/00, BeckRS 2000, 30144287.

[595] BGH 10.5.2000 – 3 StR 21/00, NStZ 2000, 482.

[596] BGH 26.4.2000 – 3 StR 573/99, NStZ-RR 2000, 278.

[597] BGH 29.11.1994 – 4 StR 637/94, StV 1995, 197; 4.3.1993 – 4 StR 69/93, StV 1993, 474; 28.11.1990 – 3 StR 395/90.

[598] BGH 8.8.2001 – 3 StR 262/01, BeckRS 2001, 30198171.

[599] BGH 6.10.1998 – 1 StR 485/98, StV 1999, 435; 4.7.1995 – 1 StR 225/95, StV 1995, 624.

[600] BGH 26.7.2001 – 5 StR 304/01, BeckRS 2001, 30196323.

[601] BGH 20.1.1982 – 2 StR 593/81; 23.9.1992 – 3 StR 275/92, NStZ 1993, 44; 25.5.1994 – 2 StR 203/94; 29.11.1994 – 4 StR 637/94, StV 1995, 197; 15.12.1997 – 5 StR 475/97, StV 1998, 587; 4.6.2003 – 2 StR 139/03, NStZ-RR 2003, 309; 12.4.2005 – 4 StR 13/05, vgl. auch BGH 25.5.1994 – 2 StR 203/94.

[602] BGH 24.10.2006 – 3 StR 388/06, NStZ-RR 2007, 58 = StraFo 2007, 84 = StV 2007, 83; 13.8.2009 – 3 StR 224/09, BeckRS 2009, 25653 = StRR 2010, 209 (*Apfel/Strittmatter*) = StRR 2010, 211 (*Apfel/ Strittmatter*): „Seine Stellung kam der eines reinen Kuriers gleich".

415 Der Tatrichter hat Feststellungen zu der Beteiligungsform zu treffen, die eine Anwendung der Abgrenzungsgrundsätze ermöglichen. Lässt sich der Angeklagte dahingehend ein, dass er das BtM zur Aufbewahrung erhalten habe, so darf der Tatrichter bei Zweifeln an der Einlassung des Angeklagten über die Täterschaft eines Dritten nicht wegen Beihilfe zum HT verurteilen; zu erfolgen hat eine Verurteilung wegen Besitzes.[603] Auch schon nach der älteren Rechtsprechung galt, dass in der Regel das Aufbewahren für sich ohne hinzukommende Tätigkeit als untergeordneter Tatbeitrag anzusehen ist mit der Folge, dass die **Annahme von Beihilfe** nahe liegt. Dies war der Fall bei zögerlicher Bereiterklärung zur Aufbewahrung lediglich für zwei Tage und bei einem „ungewöhnlich niedrigen" Entgelt von insgesamt 250 ,-DM für die Aufbewahrung, bei einer Haschischmenge von mindestens 4 kg;[604] Ablehnung eigener Verfügungsgewalt über das BtM;[605] bei einem Aufbewahren von BtM für eine Nacht, bei dem Umpacken in eine Tüte und beim Sichern durch Verbergen hinter Reservereifen,[606] dem bloßen Verbringen der BtM in ein anderes Versteck.[607] Kommen allerdings **weitere Tätigkeiten hinzu,** aus denen sich Anhaltspunkte für intensive Tatherrschaft (bzw. den Willen dazu) entnehmen lassen, so liegt die **Annahme von Mittäterschaft** nahe, so die Aufbewahrung mit dem Auftrag des Verkaufs (und ein tatsächliches Verkaufsangebot);[608] Aufbewahrung und Vermittlung an einen Käufer[609] oder die Aufbewahrung, um den Umsatz der gesamten Menge zu fördern, und Verkauf eines Teils der BtM (HT in Bezug auf die ganze Menge).[610] Freilich muss ein Verwahrungsverhältnis **rechtsfehlerfrei festgestellt** sein: Das bloße Auffinden von 10 Kokain-Briefchen in einem Schrank des Angeklagten genügt nicht, wenn die Einlassung, es habe keine feste Zuteilung von Schrankabtrennungen gegeben, nicht widerlegt werden kann.[611]

416 **b) Ankauf.** Bereits der Ankauf zum Zwecke des (gewinnbringenden) Weiterverkaufs ist HT (→ Rn. 280). Formen der Beteiligung daran können **je nach Fallgestaltung Mittäterschaft oder Beihilfe** sein. An dieser Grundaussage hat sich auch nach der neueren Rechtsprechung nicht geändert, für die als wesentliches Kriterium bei der Beurteilung von Unterstützungshandlungen gilt, ob jemand in den Ankauf eingebunden war.[612]

417 **Mittäter** ist, u.a.
- wer (mit dieser Zielrichtung) **eigenhändig** ankauft,[613]
- wer sich intensiv um die Vermittlung eines Kaufgeschäftes bemüht, zB wer in „zähen, rund 5-stündigen **Verhandlungen**", während derer er mit dem Motorrad insgesamt sechsmal zwischen dem sich im Hintergrund haltenden Heroinbesitzer und dem in Aussicht genommenen Käufer hin- und herpendelte, einerseits eine Probe des zu verkaufenden Heroins, andererseits einige Geldscheine überbrachte, darüber hinaus eigene, dem Handel förderliche Erklärungen abgab,[614]
- wer in Kenntnis aller Umstände **selbst in das Tatgeschehen eingegriffen** (Kauf von Briefwaage und Ascorbinsäure; Streckung der Heroinzubereitung; Übergabe von 75 g Heroinzubereitung an Dritte) und insbesondere die Heroinzubereitung wiederholt und für nicht nur unerhebliche Zeit in eigenen, alleinigen Gewahrsam übernommen hat,[615]

---

[603] BGH 23.8.1990 – 5 StR 339/90.
[604] BGH 8.6.1988 – 2 StR 256/88.
[605] BGH 19.8.1981 – 2 StR 333/81, StV 1981, 624; 24.3.1981 – 1 StR 100/81.
[606] BGH 6.5.1980 – 1 StR 103/80.
[607] BGH 2.5.2000 – 1 StR 146/00, NStZ-RR 2000, 312.
[608] BayObLG 14.2.1995 – 4 St RR 198/94, BayObLGSt 1995, 27.
[609] BGH 1.10.1997 – 2 StR 520/96, BGHSt 43, 252 = NJW 1998, 168 = NStZ 1998, 251 mAnm *Erb* NStZ 1998, 253 = StV 1998, 26 mAnm *Fürstenau* StV 1998, 482.
[610] BGH 15.1.1980 – 1 StR 730/79.
[611] Zu solch einer Konstellation BGH 9.7.2015 – 2 StR 58/15, NStZ-RR 2015, 343 = BeckRS 2015, 16148.
[612] Vgl. zB BGH 2.6.2006 – 2 StR 150/06, NStZ 2006, 577 = StV 2007, 83; 21.11.2007 – 2 StR 468/07, NStZ 2008, 285; 30.10.2008 – 3 StR 397/08, NJW 2009, 866; 20.4.2010 – 4 StR 119/10, NStZ-RR 2010, 255.
[613] BGH 21.2.1979 – 2 StR 663/78, BGHSt 28, 308 = NJW 1979, 1260.
[614] BGH 21.7.1981 – 1 StR 281/81, NStZ 1981, 394.
[615] BGH 14.1.1983 – 2 StR 624/82, NStZ 1983, 311.

– wer zusammen mit einem Mittäter **Einkaufsfahrten verabredet** und im eigenen Pkw durchführt, den Weiterverkauf maßgeblich dadurch mit vorbereitet, dass er für das Strecken und Abpacken des erworbenen Heroins **seine Wohnung zur Verfügung stellt** und teilweise selbst bei dieser Tätigkeit mitwirkt sowie seine Ehefrau zur Mithilfe veranlasst[616] oder

– wer eine „**Einlage**" von 100 DM für den Haschischankauf leistet und diesen Betrag investiert lässt, bis er infolge zwischenzeitlicher Gewinne auf 1.000 DM angewachsen ist, den Haupttäter, der selbst keinen Führerschein besitzt, **auf mehreren Einkaufsfahrten als Fahrer eines PKW in die Niederlande begleitet,** für zwei dieser Fahrten selber den PKW anmietet und das BtM selber am Körper versteckt.[617]

Dagegen ist **Gehilfe**, u.a.   418

– wer (mit dieser Zielrichtung) **Informationen** über das anzukaufende BtM **weitergibt,**[618]

– wer als **Beifahrer** auf einer Ankaufsfahrt teilnimmt,[619]

– wer **Chauffeurdienste**[620] oder Dolmetschertätigkeit[621] leistet,

– wer als **Schutzgehilfe** fungiert,[622]

– wer das angekaufte BtM im Pkw **versteckt,**[623]

– wer **Sicherheit** durch die Begleitung bei dem Transport des Geldes auf der Hin- und des Kokains auf der Rückfahrt durch weniger Verdächtigerscheinen durch Begleitung verschafft[624]

– BtM transportiert.[625]

Nach zustimmungswürdiger Auffassung kann allein der **gemeinsame Bezug** zur Erzielung   419
eines günstigeren Preises noch nicht zur Mittäterschaft hinsichtlich der zusammengerechneten Mengen führen **(Einkaufsgemeinschaft),** wenn es an jeglichen Anhaltspunkten, dass der jeweilige Mittäter hinsichtlich der vom anderen Mittäter bezogenen Menge Einfluss auf den Umfang der Entnahme zum Eigenverbrauch oder auf das in Aussicht genommene Umsatzgeschäft hatte, fehlt.[626]

c) Verkauf, Tausch. Wer **eigenhändig** BtM in Gewinnerzielungsabsicht verkauft oder   420
umtauscht, ist in aller Regel als (Mit-)Täter anzusehen. Das gilt sowohl für das Verpflichtungs- als auch für das Erfüllungsgeschäft; insofern gelten die bei → Rn. 416 dargestellten Grundsätze.

Anders liegt der Fall nur, wenn derjenige, der als eigenhändiger Verkäufer in Erscheinung   421
tritt, **keine wesentlichen eigenen Entscheidungsbefugnisse** zB hinsichtlich des Umfangs der Verkäufe und in Bezug auf die Preisgestaltung besessen haben sollte,[627] die ihm vom Geschäftsherrn zB für die Zeit einer Urlaubsabwesenheit oder zu dem Zweck vorgegeben sein könnten, nicht in Vorschein treten zu müssen.

Ist die Aufgabe des Täters lediglich die **Absicherung oder Überwachung** eines Betäu-   422
bungsmittelgeschäfts, liegt die Annahme einer Beihilfe zum HT näher als die Bejahung täterschaftlichen Handelns.[628] Auch der **Begleiter** eines BtM-Verkäufers, der sich umschaut, ob die Verkaufsverhandlungen beobachtet werden, und der hinter dem Rücken

---

[616] BGH 15.10.1980 – 2 StR 478/80.
[617] BGH 21.8.1991 – 2 StR 275/91.
[618] BGH 8.9.1994 – 4 StR 364/94.
[619] BGH 7.4.1983 – 1 StR 207/83, NStZ 1983, 462 mAnm *Winkler.*
[620] BGH 2.12.1986 – 1 StR 599/86, StV 1987, 203; 26.6.1980 – 1 StR 290/80; 21.4.2004 – 5 StR 122/04.
[621] BGH 2.12.1986 – 1 StR 599/86, StV 1987, 23.
[622] KPV/*Patzak* Teil 4 Rn. 237, 255.
[623] BGH 8.9.1994 – 4 StR 364/94.
[624] BGH 22.3.1991 – 3 StR 34/91.
[625] BGH 7.4.1992 – 5 StR 120/92.
[626] BGH 17.4.2012 – 3 StR 131/12, BeckRS 2012, 11531.
[627] OLG Düsseldorf 15.8.1991 – 5 Ss 276/91, StV 1992, 15.
[628] BGH 15.12.1994 – 1 StR 701/94, StV 1995, 198; 12.9.1996 – 4 StR 241/96.

des Verkäufers dem Kaufinteressenten Hinweise gibt, dass auch er in der Lage sei, ihm das BtM zu verschaffen, ist Gehilfe – gerade diese heimlichen Hinweise sind Beleg dafür, dass er das gerade verhandelte Geschäft nicht als eigenes ansieht.[629] Ähnlich liegt der Fall bei der Anwesenheit des Beteiligten bei der **Abholung der BtM** mit kurzzeitiger Aufbewahrung des Autoschlüssels und Beobachtertätigkeit.[630] Wer einen „Bunker" für die sichere Aufbewahrung des BtM beschafft, die Verkäufer beim Absatz begleitet und in einem Fall beim Abwiegen des verkauften BtM hilft, der entfaltet **Hilfstätigkeiten,** die zwar unter bestimmten Umständen für die Annahme von Mittäterschaft ausreichend sind,[631] regelmäßig aber erst bei Hinzutreten weiterer Umstände für Mittäterschaft sprechen, wie zB Beschaffung des BtM oder Einbindung in die Verkaufsgeschäfte.[632] Betätigt sich ein Beteiligter bei Verkaufsverhandlungen als **Dolmetscher,** so ist er Gehilfe. Bei organisierter Kriminalität internationalen Charakters mag allerdings die Tätigkeit eines Dolmetschers oft die Annahme von Mittäterschaft nahe legen.[633]

423 **d) Vermittlung.** Die Strafbarkeit des Vermittlers eines BtM-Geschäfts zu begründen, war gesetzgeberisches Motiv für die Einführung des Straftatbestandes des HT (→ Rn. 250). Inzwischen wurde dieser Gesichtspunkt wesentlich relativiert, als der Vermittler nur zwischen den „Hauptprotagonisten" steht und damit stets einer genaueren Prüfung unterliegen muss, ob die Tätigkeit des Vermittlers als Mittäterschaft oder als Beihilfe zu bewerten ist. **Wesentliche Gesichtspunkte** sind auch der Grad des eigenen Interesses am Erfolg der Tat, der Umfang der Tatbeteiligung sowie die Möglichkeit, Durchführung und Ausgang der Tat mitzubestimmen.[634] Ist der (erwartete) Vorteil ein geringes, nicht an der Bedeutung des Umsatzes orientiertes Entgelt, so ist eher Beihilfe anzunehmen. Gleiches gilt, wenn die **Vermittlungsprovision** in einem geringen Anteil des vermittelten BtM zum Eigenverbrauch besteht. Beschränkt sich die Mitwirkung des Vermittlers allein auf die **Herstellung eines ersten Kontakts** des Kaufinteressenten mit dem Lieferanten, so liegt die Annahme von Beihilfe nahe.[635] Dasselbe gilt, wenn der Vermittler **keinen Einfluss** auf die verkaufte Menge und deren Preis hat und sich sein Beitrag bei der Abwicklung des Geschäftes in der Bereitstellung seiner Wohnung und der Hilfe beim Abwiegen erschöpft.[636] Erklärt sich der Täter zur Vermittlung eines mengenmäßig begrenzten Geschäfts (1 kg Haschisch) bereit, kann ihm eine – abredewidrig – bestellte größere Menge (7 kg Haschisch, 2 kg Amphetamin) unter dem Gesichtspunkt täterschaftlichen HTs nicht zugerechnet werden. Führt der Täter die Vermittlung in Kenntnis der größeren Menge zu Ende, ist er bezüglich der überschießenden Menge zumindest dann nur Gehilfe des Händlers, wenn er hierfür kein zusätzliches Entgelt erhält[637] oder ihm lediglich ein vergleichsweise geringer Festbetrag als Entlohnung zugesagt wird.[638] Zudem liegt Beihilfe nahe, wenn der Vermittler die gehandelten Betäubungsmittel nicht in Besitz nimmt oder sich sein Beitrag bei dem BtM-Geschäft auf das Dolmetschen zwischen den Käufern und dem Lieferanten beschränkt.[639]

424 **e) Transport, insbesondere Kuriertätigkeit.** „Kurier" ist in der btM-rechtlichen Rechtsprechung zumeist die Kurzbezeichnung für jemanden, der im Auftrage eines anderen einen BtM-Transport durchführt. Dabei wird aber übersehen, dass durchaus auch andere Stoffe oder Gegenstände transportiert werden können, die ebenfalls taugliche Objekte des

---

[629] BGH 30.3.1988 – 2 StR 63/88.
[630] BGH 25.4.1978 – 1 StR 78/78.
[631] Vgl. BGH 1.7.1988 – 2 StR 330/88, NStZ 1988, 57.
[632] BGH 29.11.1994 – 4 StR 637/94, StV 1995, 197.
[633] BGH 11.10.1994 – 1 StR 522/94, NStZ 1995, 85.
[634] BGH 10.10.1988 – 2 StR 539/88; BGH 27.3.2014 – 4 StR 20/14, BeckRS 2014, 09613; BGH 4.9.2012 – 3 StR 337/12, BeckRS 2012, 20347.
[635] BGH 21.7.1999 – 2 StR 196/99.
[636] BGH 27.3.2014 – 4 StR 20/14, BeckRS 2014, 09613.
[637] BGH 3.8.1990 – 2 StR 320/90.
[638] BGH 14.8.2012 – 3 StR 274/12, BeckRS 2012, 18740.
[639] BGH 4.9.2012 – 3 StR 337/12, BeckRS 2012, 20347.

HTs sind. Deshalb wird im Folgenden unterschieden zwischen dem BtM-Kurier und dem Geldkurier, dem Grundstoff- und Streckmittelkurier und dem Gerätekurier.

aa) BtM-Kurier. Für die durch die Entscheidung des Großen Strafsenats zum HT angesto- **425** ßene Neubewertung der Kuriertätigkeit gilt der inzwischen in der Rechtsprechung des BGH ständig wiederholte Leitsatz: „Die Tätigkeit eines Kuriers, die sich im Transport eines Betäubungsmittels erschöpft, ist als Beihilfe zum unerlaubten HT mit Betäubungsmitteln zu werten".[640] Diese Linie des BGH, die mit BGHSt 51, 219 angestoßen wurde (→ Rn. 390 f.), gilt inzwischen als absolut gefestigt.[641] Eine andere, inhaltsgleiche Formulierung lautet: „Eine bloße Kuriertätigkeit, bei der keine wesentlichen, über den reinen Transport hinausgehenden Leistungen erbracht werden, ist als Beihilfe zum unerlaubten HT zu werten".[642] Bei Rauschgiftkurieren, die, ausschließlich mit dem Drogentransport befasst, lediglich eine untergeordnete Rolle (sc. im Hinblick auf das Gesamtgeschehen) spielen, sei **grundsätzlich nur von Beihilfe** zum unerlaubten HT mit BtM auszugehen;[643] das Fehlen von Tätigkeiten, die über den Transport hinausgehen, „verbiete" sogar die Annahme täterschaftlichen HTs.[644]

Der Dritte Senat hat die Abgrenzung von Täterschaft und Teilnahme in Kurierfällen auf **426** folgende – mehrmals wiederholte Formel – heruntergebrochen: „Im bloßen Transport von Betäubungsmitteln, liegt selbst dann keine Täterschaft vor, wenn Handlungsspielräume hinsichtlich der Art und Weise des Transports verbleiben. Eine andere Bewertung kommt nur in Betracht, wenn
– der Beteiligte erhebliche, über den reinen Transport hinausgehende Tätigkeiten entfaltet, oder
– am An- und Verkauf des Rauschgifts unmittelbar beteiligt ist oder
– sonst ein eigenes Interesse am weiteren Schicksal des Gesamtgeschäfts hat, weil er eine Beteiligung am Umsatz oder dem zu erzielenden Gewinn erhalten soll."[645]

Etwas konkreter dann nochmals der Dritte Senat in einer Entscheidung vom 20.3.2014:[646] **427** „Auch eine Einbindung des Transporteurs in eine gleichberechtigt verabredete arbeitsteilige Durchführung des Umsatzgeschäfts spricht für die Annahme von Mittäterschaft, selbst wenn seine konkrete Tätigkeit in diesem Rahmen auf die Beförderung der Drogen, von Kaufgeld oder Verkaufserlös beschränkt ist. **Im Einzelfall** kann auch eine weitgehende Einflussmöglichkeit des Transporteurs auf Art und Menge der zu transportierenden Drogen sowie auf die Gestaltung des Transports für eine über das übliche Maß reiner Kuriertätigkeit hinausgehende Beteiligung am Gesamtgeschäft sprechen".[647] Gerade mit letzterer „Einzelfallsformel"[648] will der BGH womöglich einer Tendenz vorbeugen, die in der Literatur bereits prognostiziert wurde:

Denn in der Konsequenz handelt es sich bei dieser Rechtsprechung nur um eine umge- **428** drehte Bewertung der Kuriertätigkeit (→ Rn. 394 „Vorzeichenumkehr"): wo Gerichte früher vorschnell und ohne ausreichende Begründung zur Annahme von Mittäterschaft gelangten, mag die Kurierrechtsprechung nunmehr dazu verleiten, dass nun per se von Beihilfe ausgegangen wird (dies erklärt allerdings nicht die nach wie vor häufigen Aufhebungen diesbezüglich durch die BGH-Senate, wobei zahlreiche „klarstellende" Urteile auch auf Revisionen des GBA zurückzuführen sind).[649] Gerade aus diesem Grund ist die Metho-

[640] BGH 28.2.2007 – 2 StR 516/06, BeckRS 2007 04054 = BGHSt 51, 219 = NJW 2007, 1220 = NStZ 2007, 338.
[641] *Schmidt* NJW 2012, 3072; zurückhaltender *Weber* Rn. 722 („verfestigend").
[642] ZB BGH 4.10.2007 – 2 StR 401/07, BeckRS 2007, 16630; 21.11.2007 – 2 StR 468/07, NStZ 2008, 285.
[643] BGH 17.1.2007 – 2 StR 568/06, BeckRS 2007, 02722; 22.2.2007 – 4 StR 49/07, BeckRS 2007, 04058; 27.2.2007 – 4 StR 50/07, BeckRS 2007, 04620; 15.4.2008 – 4 StR 94/08, BeckRS 2008, 07936.
[644] BGH 10.6.2008 – 5 StR 191/08, NStZ-RR 2008, 319.
[645] BGH 4.2.2014 – 3 StR 447/13, BeckRS 2014, 03661 = NStZ-RR 2014, 111 (Ls.); ähnlich bereits BGH 22.8.2012 – 4 StR 272/12, NStZ-RR 2012, 375; 1.10.2015 – 3 StR 287/15, NStZ-RR 2015, 378.
[646] BGH 20.3.2014 – 3 StR 375/13, BeckRS 2014, 07857.
[647] So auch BGH 22.8.2012 – 4 StR 272/12, NStZ-RR 2012, 375; 1.10.2015 – 3 StR 287/15, NStZ-RR 2015, 378; BGH 9.9.2015 – 4 StR 347/15, NStZ-RR 2015, 378 = BeckRS 2015, 17435.
[648] Krit. *Schmidt* NJW 2013, 2865.
[649] Diese dogmatische „Umkehr" führt praktisch zu einer Herabsenkung der Darstellungsanforderungen. Der Tatrichter steht damit nicht in der „Bringschuld", wenn er von einer Gehilfenstellung ausgeht. Nicht

dik des BGH, die Abgrenzung von Täterschaft und Teilnahme in „letzter Instanz" doch den Tatgerichten zu überlassen, weniger kritisch zu sehen und die drohende Einzelfallkasuistik hinzunehmen (dies ändert allerdings nichts daran, dass die Auflösung des Problems eigentlich nicht über die Abgrenzung von Täterschaft und Teilnahme erfolgen dürfte, vielmehr durch eine konkretere Definition des HTs eine Auflösung der Einheitstäterschaft anzustreben oder eine betäubungsmittelgeschäftsspezifische Strafmilderungsvorschrift de lege ferenda in Betracht zu ziehen ist, → Vor § 29 Rn. 39).

429   Folgende **Umstände** sollen nach der Rechtsprechung des BGH bei der Einzelfall-Beurteilung eine wesentliche Rolle für die Abgrenzung von Mittäterschaft und Beihilfe spielen (wobei es keine Überraschung darstellt, dass diese sich teils widersprechen, wenn man sich über das Verhältnis der Abwägungsparameter zueinander nicht einig ist, siehe bereits → Rn. 394):

430   **(1) Keine über den Transport hinausgehenden Aktivitäten.** Das ist das am häufigsten verwendete Kriterium, welches sich noch aufgliedern lässt nach Aktivitäten vor dem Transport und solchen, die dem Transport nachgehen. Beschränkt sich die Unterstützungshandlung auf den Transport, so wird von Beihilfe ausgegangen. Beihilfe nimmt der BGH daher an, wenn bspw.
– kein Einfluss auf/keine Beteiligung am Ankauf/Erwerb der transportierten BtM,[650]
– kein Einfluss auf Verkauf/Umsatz/Absatz der transportierten BtM,[651] keine Möglichkeit der Einwirkung auf den konkreten Ablauf des Rauschgiftgeschäftes,[652] oder
– keine Beteiligung an der Tatplanung[653]
besteht.

431   Wenn aber über den Transport hinaus auch noch eigenverantwortliche Beschaffung der Betäubungsmittel festgestellt wird, dann liegt Mittäterschaft vor.[654] Für untergeordnete Kuriertätigkeit spricht, wenn die Tätigkeit des Kuriers mit der Übergabe der Drogen **beendet** ist.[655]

432   **(2) Kein Einfluss auf das Transportgut.** Auswahl und Bestimmung der zu transportierenden Gegenstände (zumeist BtM) ist der eigentlichen Transporttätigkeit noch vorgelagert und geht über sie hinaus. Auch schon nach der bisherigen Rechtsprechung wurde derjenige als Gehilfe behandelt, der auf diese Umstände keinen Einfluss hatte auf:
– Art der transportierten BtM,[656]
– Menge der transportierten BtM,[657]
– Qualität der transportierten BtM.[658]

---

selten haben derartige Vorstöße in der Rechtsprechung den unangenehmen Effekt, dass man sich lediglich in „umgekehrter Richtung zurücklehnt", ein ähnliches Phänomen war schließlich bei der Begründung und Darstellung eines Tötungsvorsatzes zu beobachten (Stichwort „Hemmschwellentheorie" und deren Aufgabe).

[650] ZB BGH 15.4.2008 – 4 StR 94/08, BeckRS 2008, 07936; 25.6.2008 – 4 StR 230/08, BeckRS 2008, 14106; 30.10.2008 – 3 StR 397/08, NJW 2009, 866 = NStZ-RR 2009, 93; 19.3.2009 – 4 StR 20/09, NStZ-RR 2009, 254; 20.4.2010 – 4 StR 119/10, NStZ-RR 2010, 255 – 10.7.2012 – 2 StR 85/12, BeckRS 2012, 18228.

[651] ZB BGH 25.6.2008 – 4 StR 230/08, BeckRS 2008, 14106; 30.10.2008 – 3 StR 397/08, NJW 2009, 866; 13.8.2009 – 3 StR 224/09, BeckRS 2009, 25653 = StRR 2010, 209 (*Apfel/Strittmatter*); 20.4.2010 – 4 StR 119/10, NStZ-RR 2010, 255 10.7.2012 – 2 StR 85/12, BeckRS 2012, 18228.

[652] BGH 31.1.2007 – 2 StR 506/06, BeckRS 2007, 03970.

[653] BGH 4.4.2006 – 3 StR 64/06, NStZ 2006, 48.

[654] BGH 25.4.2007 – 1 StR 159/07, BGHSt 51, 324 = JR 2007, 298 = NJW 2007, 2274 = NStZ 2007, 529 = StRR 2007, 163.

[655] BGH 2.6.2006 – 2 StR 150/06, NStZ 2006, 577 = StV 2007, 83; 26.1.2007 – 2 StR 591/06, BeckRS 2007, 03399; 22.11.2007 – 3 StR 348/07, BeckRS 2008, 02276; 25.6.2008 – 4 StR 230/08, BeckRS 2008, 14106.

[656] ZB BGH 15.4.2008 – 4 StR 94/08, BeckRS 2008, 07936; 25.6.2008 – 4 StR 230/08, BeckRS 2008, 14106; 19.3.2009 – 4 StR 20/09, NStZ-RR 2009, 254; 8.1.2013 – 5 StR 606/12, NStZ 2013, 549.

[657] ZB BGH 15.4.2008 – 4 StR 94/08, BeckRS 2008, 07936; 25.6.2008 – 4 StR 230/08, BeckRS 2008, 14106; 19.3.2009 – 4 StR 20/09, NStZ-RR 2009, 254; 8.1.2013 – 5 StR 606/12, NStZ 2013, 549.

[658] BGH 3.5.2006 – 2 StR 85/06, BeckRS 2006, 06376.

(3) Auswahl/Gestaltung des Transports selbst. Die Grundaussage der neueren **433**
Rechtsprechung zu den Kurierfällen geht dahin, dass der Kurier selbst dann, wenn er den
Transport frei gestalten kann, immer noch als Gehilfe anzusehen ist, weil er keinen Einfluss
auf das „Umsatzgeschäft insgesamt" hat.[659] Damit ist gemeint, dass der Kurier häufig oder
zumeist mit dem Verkauf und der Übergabe der Drogen nichts zu tun hat. So wird eine
Gehilfenstellung u.a. angenommen, wenn der Beteiligte
– keinen Einfluss auf den Transportweg/Gestaltung des Transports hat:[660] Umso mehr
  spricht für Beihilfe, wenn er den Transportweg nicht selbst gestalten kann;
– keinen Einfluss auf die Beladung des Transportfahrzeugs hat;[661]
– **das Transportbehältnis** nicht selbst **präpariert hat;**[662]
– keinen **Zugang zum BtM** während des Transports hat (kein Schlüssel für den Koffer).[663]
– die **Bestückung** des Transportfahrzeugs,[664] das Transport**ziel**[665] oder die **Frequenz der
  Einfuhrfahrten**[666] nicht beeinflussen kann;
– **beim Transport überwacht** wird;[667]
– **ständiger Kontakt** zwischen dem Auftraggeber und dem Angeklagten während der
  Kurierfahrt besteht;[668]
– wenn sämtliche Fahrten „unter der alleinigen Regie" des Initiators stattfanden, der für
  die Fahrten sein Fahrzeug zur Verfügung gestellt hatte und lediglich „Chauffeurdienste"
  des Beteiligten in Anspruch genommen hatte, und wenn der Beteiligte weder bei Ankauf
  und Übernahme der BtM in Amsterdam zugegen noch an deren Verkauf in Basel beteiligt
  war.

Gewisse Gestaltungsmöglichkeiten beim Transport des Rauschgiftes begründen nicht **434**
per se eine Mittäterschaft.[669] Oder anders gewendet: dass ein faktischer Handlungsspielraum
während des Transports der Drogen bestand, ist für die Beurteilung der Kuriertätigkeit im
Rahmen des Gesamtgeschehens nicht entscheidend.[670] Das liegt in der Konsequenz der
Beurteilung des Transports als unerheblich für das Gesamtgeschäft. Gleiches gilt für die
nachfolgenden Umstände:
– **Selbständige Anmietung** des Transportfahrzeugs;[671]
– Handlungen, die der **Sicherstellung des Transports** des Rauschgifts dienen, wie die
  Entfernung von in einem Kraftfahrzeug durch Einbau versteckten Betäubungsmitteln, um
  eine Reparatur des Wagens in einer Werkstatt zu ermöglichen und deren nachfolgender
  Wiedereinbau führen regelmäßig nicht dazu, dem Teilnehmer einen so maßgeblichen
  Einfluss auf das Gesamtgeschäft zuzuschreiben, dass von einer Mittäterschaft auszugehen
  wäre;[672]
– Transport „**über eine lange Strecke**" (jedenfalls für **Flugreisen** ohne Aussagekraft,
  denn die Länge eines Flugs, während dessen Dauer das einzuführende Rauschgift

[659] In einer frühen Phase der Entwicklung der Rechtsprechung nach dem Beschluss des Großen Strafsenats vom 26.10.2005 wurde allerdings die eigenständige Durchführung des Transports noch als Hinweis auf die Tatherrschaft des Transporteurs verstanden werden, die für eine täterschaftliche Begehung spräche: BGH 14.12.2005 – 2 StR 466/05, NStZ-RR 2006, 88 = StV 2006, 184.
[660] ZB BGH 15.4.2008 – 4 StR 94/08, BeckRS 2008, 07936; 30.10.2008 – 3 StR 397/08, NJW 2009, 866; 19.3.2009 – 4 StR 20/09, NStZ-RR 2009, 254.
[661] BGH 25.10.2006 – 2 StR 359/06, NStZ-RR 2007, 88; 26.1.2007 – 2 StR 591/06, BeckRS 2007, 03399.
[662] BGH 4.4.2006 – 3 StR 64/06, BeckRS 2006, 08199 = NStZ 2006, 48.
[663] BGH 2.6.2006 – 2 StR 150/06, NStZ 2006, 577 = StV 2007, 83.
[664] BGH 4.2.2014 – 3 StR 447/13, BeckRS 2014, 03661 = NStZ-RR 2014, 111 (Ls.).
[665] BGH 21.12.2005 – 2 StR 539/05, NStZ 2006, 455.
[666] BGH 8.1.2013 – 5 StR 606/12, NStZ 2013, 549.
[667] BGH 21.12.2005 – 2 StR 539/05, NStZ 2006, 455.
[668] BGH 14.12.2005 – 2 StR 466/05, NStZ-RR 2006, 88 = StV 2006, 184.
[669] BGH 27.2.2008 – 2 StR 593/07, BeckRS 2008, 05021 = StraFo 2008, 254 10.7.2012 – 2 StR 85/12, BeckRS 2012, 18228.
[670] BGH 28.2.2007 – 2 StR 516/06, BGHSt 51, 219 = NJW 2007, 1220 = NStZ 2007, 338; 25.6.2008 – 4 StR 230/08, BeckRS 2008, 14106 („in der Regel").
[671] BGH 19.3.2009 – 4 StR 20/09, NStZ-RR 2009, 254.
[672] BGH 9.9.2015 – 4 StR 347/15, NStZ-RR 2015, 378 = BeckRS 2015, 17435.

dem Täter nicht zur Verfügung steht, ist für die Form der Tatbeteiligung ohne Belang;[673]
– allein die Tatsache, dass er während der Transporte die alleinige **faktische Gewalt über das BtM hatte,** rechtfertigt keine andere rechtliche Beurteilung;[674]
– **telefonischer** Kontakt des Täters zu den Hintermännern, wenn er lediglich notwendige Informationen für die Weitergabe an feststehende Abnehmer erhielt oder ihm Abholtermine genannt wurden; dass er die **Verschiebung einer BtM-Übernahme um einen Tag** erreichen konnte, belegt noch nicht, dass er eine weitgehende Einflussnahme auf die Gestaltung des Transportes hatte;[675]
– Einsatz eines anderen zum Weitertransport des BtM und der Entgegennahme des Kurierlohns, was zwar einen gesteigerten Beihilfebeitrag darstellt, aber nicht ohne Weiteres für eine über das übliche Maß reiner Kuriertätigkeit hinausgehende Beteiligung am Gesamtgeschäft spricht.[676]

435 **(4) Wissen des Kuriers über die Einzelheiten des Transports.** Dass untergeordnete Hilfskräfte in den Tatplan so wenig wie möglich eingeweiht werden, ist nicht nur in BtM-Fällen üblich und vom Standpunkt der Haupttäter sinnvoll. Fehlendes Wissen des Kuriers über die Einzelheiten des von ihm durchgeführten Transports spricht daher zu Recht für untergeordnete Gehilfentätigkeit, wie etwa in den folgenden Fällen:
– kein Wissen über die Art des transportierten BtM;[677]
– kein Wissen über die Menge des transportierten BtM,[678] kein Wissen über die exakte Menge und den exakten Wirkstoffgehalt;[679]
– kein Wissen über Abnehmer.[680]

436 **(5) Kurierlohn.** Ganz uneinheitlich ist die Bewertung von Art und Höhe des Kurierlohns für die Einordnung der Kuriertätigkeit, wegen der Eigenheiten des Kurierlohns ist dieses auch kaum als Beurteilungskriterium geeignet:
– **Fester Kurierlohn:** eher Beihilfe;[681]
– **Erfolgsunabhängige Entlohnung:**[682] eher Beihilfe;
– **Höhe des Kurierlohns:** Die Höhe des Kurierlohns spielt selten eine Rolle, freilich wird ein niedriger Kurierlohn aber nicht selten als Argument für eine Beihilfe herangezogen (geringes Tatinteresse am Erfolg).[683] Dagegen reicht ein erheblicher Kurierlohn zur Begründung von Täterschaft nicht aus, da eine solche Belohnung regelmäßig auch einem Gehilfen gewährt oder in Aussicht gestellt wird.[684]

---

[673] BGH 3.5.2006 – 2 StR 85/06, BeckRS 2006, 06376.
[674] BGH 15.8.2006 – 4 StR 284/06, BeckRS 2006, 10483 = NStZ-RR 2006, 350.
[675] BGH 21.11.2007 – 2 StR 468/07, NStZ 2008, 285 = NStZ-RR 2008, 152; vgl. auch BGH 27.2.2008 – 2 StR 593/07, BeckRS 2008, 05021 = StraFo 2008, 254.
[676] BGH 21.11.2007 – 4 StR 468/07, NStZ 2008, 285 = NStZ-RR 2008, 152; vgl. auch BGH 27.2.2008 – 2 StR 593/07, BeckRS 2008, 05021 = StraFo 2008, 254.
[677] BGH 13.7.2006 – 2 StR 199/06, BeckRS 2006, 09364.
[678] BGH 15.8.2006 – 4 StR 284/06, NStZ-RR 2006, 350.
[679] BGH 4.4.2006 – 3 StR 64/06, NStZ 2006, 48.
[680] BGH 13.8.2009 – 3 StR 224/09, BeckRS 2009, 25653 = StRR 2010, 209 (*Apfel/Strittmatter*) = StRR 2010, 211 (*Apfel/Strittmatter*).
[681] BGH 21.11.2007 – 2 StR 468/07, NStZ 2008, 285; 25.6.2008 – 4 StR 230/08, BeckRS 2008, 14106; 30.10.2008 – 3 StR 397/08, NJW 2009, 866; 19.3.2009 – 4 StR 20/09, NStZ-RR 2009, 254.
[682] BGH 13.8.2009 – 3 StR 224/09, BeckRS 2009, 25653 = StRR 2010, 209 (*Apfel/Strittmatter*) = StRR 2010, 211 (*Apfel/Strittmatter*).
[683] BGH 14.12.2005 – 2 StR 466/05, NStZ-RR 2006, 88 = StV 2006, 184. BGH 25.10.2006 – 2 StR 359/06, NStZ-RR 2007, 88; BGH 21.12.2005 – 2 StR 539/05, NStZ 2006, 455; 24.10.2006 – 3 StR 388/06, NStZ-RR 2007, 58 = StraFo 2007, 84 = StV 2007, 83; 26.1.2007 – 2 StR 591/06, BeckRS 2007, 03399; 31.1.2007 – 2 StR 506/06, BeckRS 2007, 03970; 31.1.2007 – 2 StR 546/06, BeckRS 2007, 03972; BGH 25.10.2006 – 2 StR 359/06, NStZ-RR 2007, 88.
[684] BGH 6.4.2006 – 3 StR 93/06, BeckRS 2006, 05385 = StraFo 2006, 342; BGH 28.2.2007 – 2 StR 516/06, BGHSt 51, 219 = NJW 2007, 1220 = NStZ 2007, 338, 303; 30.3.2007 – 2 StR 81/07, NStZ-RR 2007, 246.

(6) Keine Einbindung in eine gleichberechtigt vereinbarte arbeitsteilige Durch- 437
führung des Rauschgiftgeschäfts.[685] Wäre der Transport für den Transporteur Teil eines
gleichberechtigt auch vom Transporteur mitvereinbarten arbeitsteiligen Plans zur Durchführung eines BtM-Geschäfts, so läge für den Transporteur Mittäterschaft vor. Das war eine
der Forderungen der Leitsatzentscheidung des 2. Strafsenats[686] zur Neubewertung der
Kuriertätigkeit. Diese Möglichkeit wird daher immer wieder einmal abgeprüft, ohne dass
sie bisher tatsächlich eine Rolle gespielt hätte.

bb) Andere Kuriertätigkeiten. Neben dem BtM-Kurier trifft man auf den Geldkurier, 438
den Grundstoff- und Streckmittelkurier und den Gerätekurier. Der Geldkurier[687] wird
wegen der Bedeutung seines Tatbeitrags bei der Sicherung des Erlöses, vor allem aber wegen
der für die Strafbarkeit seines Tatbeitrags anzunehmenden Einbindung in die Organisation
auch nach der neueren Rechtsprechung des BGH als Mittäter einzustufen sein. Der Gerätekurier[688] und der Überbringer von Schließfachschlüsseln leistet einen eher untergeordneten
Beitrag zum Gelingen des Gesamtgeschehens. Er ist eher als Gehilfe einzustufen. Der
Grundstoff- oder Streckmittelkurier[689] kann je nach Fallgestaltung Mittäter oder Gehilfe
sein, abhängig davon wie sehr er in die Organisation oder in den Tatplan des oder der
Geschäftsherrn eingebunden ist; keine Bedeutung mehr wird nach der neueren Rechtsprechung des BGH der Frage zukommen, wie hoch sein Entgelt im Verhältnis zum Wert der
transportierten Mittel bemessen ist. Der einfache **„Läufer"**, dessen Aufgabe sich darin
erschöpft, unter Mitnahme des Rauschgifts den Übergabeort aufzusuchen, den Käufer ausfindig zu machen, die bestellte Ware zu übergeben, den Kaufpreis entgegenzunehmen und
bei nächster Gelegenheit mit dem Auftraggeber abzurechnen, ist ebenfalls nur Gehilfe.[690]

cc) Sachverhaltsfeststellungen bei Kurieren. Manche tatrichterliche Urteile, die ihre 439
Feststellungen auf geradezu abenteuerlichen Einlassungen von Angeklagten aufbauen, weil
diese „nicht zwingend" zu widerlegen seien, geben Anlass, sich darauf zu besinnen, dass das
Gericht nicht „zwingend widerlegen" muss, sondern nach seiner freien, aus dem Inbegriff
der Verhandlung geschöpften Überzeugung zu entscheiden hat.[691] Das Gericht ist nicht gehalten, die Einlassung des Angeklagten, er habe die Betäubungsmittel lediglich im Auftrag eines
Drogenhändlers, dessen Name er nicht nennen wolle, von X nach Y transportiert, den
Urteilsfeststellungen als unwiderlegbar zugrunde zu legen. Wenn **für einen solchen Auftrag**
und für die Person des Auftraggebers keine konkreten Anhaltspunkte festzustellen
sind, so kann der Tatrichter auf der Grundlage des gesamten Beweisergebnisses entscheiden,
ob derartige Angaben geeignet sind, seine Überzeugungsbildung zu beeinflussen.[692]

f) Das „bloße Dabeisein". aa) Transportbegleitung. Das „bloße Dabeisein" genügt 440
für die Annahme strafbarer Beteiligung nicht. Es muss festgestellt sein, dass und in welcher
Weise der Angeklagte durch seine Beteiligungshandlung die Haupttat in ihrer konkreten
Gestalt objektiv gefördert oder erleichtert hat.[693] Denn die bloße einseitige Kenntnisnahme
von der Tat eines anderen und gegebenenfalls deren Billigung ohne einen die Tatbegehung
objektiv fördernden Beitrag reicht nicht aus, um die Annahme von **Beihilfe** zu begründen.

---

[685] BGH 28.2.2007 – 2 StR 516/06, BGHSt 51, 219 = NJW 2007, 1220; 6.9.2007 – 2 StR 331/07,
BeckRS 2007, 15571; 17.10.2007 – 2 StR 369/07, NStZ-RR 2008, 54; 21.11.2007 – 2 StR 468/07, NStZ
2008, 285.
[686] BGH 28.2.2007 – 2 StR 516/06, BGHSt 51, 219 = NJW 2007, 1220 = NStZ 2007, 338.
[687] Vgl. → Rn. 295.
[688] Vgl. BGH 25.10.2001 – 4 StR 208/01, BGHSt 47, 134 = NJW 2002, 452.
[689] → Rn. 341.
[690] BGH 24.4.2013 – 5 StR 135/13, NStZ 2013, 549.
[691] *W. Winkler* NStZ 2007, 317 (321).
[692] BGH 25.4.2007 – 1 StR 159/07, BGHSt 51, 324 = JR 2007, 298 = NJW 2007, 2274 = StRR 2007,
163; 21.9.2007 – 2 StR 358/07, BeckRS 2007, 16731.
[693] BGH 21.4.1998 – 4 StR 107/98, NStZ 1998, 517 (zu einer Mitfahrt bei einer Einfuhrhandlung) unter
Berufung auf BGH 13.1.1993 – 3 StR 516/92, NStZ 1993, 233; vgl. auch BGH 1.8.1990 – 2 StR 147/90,
NJW 1991, 35.

In der Rechtsprechung des Bundesgerichtshofs ist zwar die rechtliche Möglichkeit, dass der Tatgehilfe die Tatbegehung durch ein bloßes „Dabeisein" im Sinne aktiven Tuns bewusst fördert und erleichtert, für den Fall bejaht worden, dass durch sein Zugegensein der Haupttäter in seinem schon gefassten Tatentschluss gestärkt und ihm ein erhöhtes Gefühl der Sicherheit vermittelt wird.[694] Jedoch setzt jede Beihilfe durch positives Tun – auch die so genannte psychische – einen durch aktives Handeln erbrachten Tatbeitrag des Gehilfen unabdingbar voraus.[695]

441   Um der Gefahr zu begegnen, dass in diesen Fällen, insbesondere bei der Transportbegleitung, der Bereich der Beihilfe durch sogenanntes unechtes **Unterlassen** eines Garanten der Sache nach auf Fälle der bloßen Kenntnisnahme von der Tat und deren Billigung unter Umgehung der Anforderungen einer Garantenpflicht ausgedehnt wird, bedarf es jedoch bei solchen Fallgestaltungen sorgfältiger und genauer Feststellungen darüber, dass das im Raum stehende Verhalten die Tatbegehung in ihrer konkreten Gestalt objektiv gefördert oder erleichtert hat und dass der (potentielle) Gehilfe sich dessen bewusst war.[696] Unter diesem Aspekt kann grundsätzlich **nicht einmal Beihilfe** angenommen werden, wenn jemand lediglich bei einer BtM-Beschaffungsfahrt mitfährt,[697] weil einen Beifahrer keine Rechtspflicht trifft, nach Kenntnisnahme vom wahren Zweck der Fahrt den Fahrer zum Anhalten aufzufordern und aus dem Fahrzeug auszusteigen.[698] Ausnahmsweise mag anderes gelten, wenn der Beteiligte schon dadurch, dass er sich in Kenntnis des geplanten BtM-Geschäfts bereit erklärt hat, den Haupttäter auf der Fahrt zu begleiten, ihn in seinem Tatentschluss stärkte und ihm ein erhöhtes Gefühl der Sicherheit vermittelte;[699] dann müssen aber Besonderheiten festzustellen sein bei der Bestärkung des Tatentschlusses durch die Anwesenheit des Gehilfen.[700]

442   **bb) Wohnungsfälle.** Ähnlich Grundsätze gelten auch im Hinblick auf das Überlassen einer **„Bunkerwohnung"**. V.a. der Indoor-Anbau sowie die synthetische Herstellung von BtM (vgl. bereits → Rn. 5 f.), aber auch die Vorbereitung von BtM-Geschäften (Portionierung, Übergabe) muss hinter verschlossenen Türen abgewickelt werden. Wohnungsinhaber bzw. Hauseigentümer sind sich darüber bewusst, dass die Unverletzlichkeit der Wohnung vor staatlichen Übergriffen (Art. 13 GG) stets dafür missbraucht werden kann, kriminellen Machenschaften nachzugehen. Entsprechend wurde in der Rechtsprechung eine Überwachergarantenstellung des **Eigentümers/Wohnungsinhabers** in Betracht gezogen, wenn dieser die Wohnung Dritten zur Begehung von Straftaten überlässt. Eine Garantenstellung sowohl des Eigentümers als auch des Wohnungsinhabers kann jedoch „nicht ohne Weiteres" angenommen werden, sondern nur dann, „wenn die Wohnung wegen ihrer besonderen Beschaffenheit oder Lage eine **Gefahrenquelle** darstellt".[701] Hierfür genügt es nicht, dass die Wohnung einen nach außen abgeschirmten Bereich darstellt, der die Wahrnehmung der dort geschehenden Vorgänge von außen nicht zulässt.[702] Die restriktive Linie des BGH lässt sich als besondere Ausprägung der Dogmatik der Unterlassungsstrafbarkeit ansehen, wonach Personen nicht per se für das Nichtverhindern von Straftaten eigenverantwortlich agierender Dritter haftbar gemacht werden können, nur weil sie um deren Begehung wissen (vgl. bereits → Vor § 29 Rn. 101 f.).

---

[694] Vgl. BGH 10.2.1982 – 3 StR 398/81, StV 1982, 517 mAnm *Rudolphi*; 25.8.1982 – 1 StR 78/82, StV 1982, 516; 9.5.1990 – 3 StR 112/90; 17.11.2009 – 3 StR 455/09, NStZ 2010, 224 = StraFo 2010, 120 = StV 2010, 129 = wistra 2010, 98; ferner BGH 23.4.1976 – 2 StR 144/76; 26.6.1980 – 4 StR 129/80, VRS 59, 158.

[695] BGH 17.3.1995 – 2 StR 84/95, NStZ 1995, 490; 17.11.2009 – 3 StR 455/09, NStZ 2010, 224.

[696] BGH 13.1.1993 – 3 StR 516/92, NStZ 1993, 233.

[697] BGH 14.2.1985 – 4 StR 27/85, NStZ 1985, 318.

[698] BGH 17.11.2009 – 3 StR 455/09, NStZ 2010, 224.

[699] BGH 12.9.1996 – 4 StR 241/96, BeckRS 1996, 31084333; 19.3.1991 – 1 StR 99/91.

[700] Zum Ganzen *Oğlakcıoğlu*, BtMG AT, S. 377 ff.

[701] BGH 24.2.1982 – 3 StR 34/82, BGHSt 30, 391 (395) = NStZ 1982, 245; BGH 30.9.2009 – 2 StR 329/09, NStZ 2010, 221; BGH 2.8.2006 – 2 StR 251/06, NStZ-RR 2006, 349 (Ls.) = StV 2007, 81.

[702] BGH 24.2.1982 – 3 StR 34/82, BGHSt 30, 391 = NJW 1982, 1235.

Diese Grundsätze wurden auf das Betäubungsmittelstrafrecht übertragen.[703] Dass ein **443**
Angeklagter von den Rauschgiftgeschäften seines Mitbewohners oder Mieters Kenntnis hat
und dies billigt, erfüllt für sich noch nicht die Voraussetzungen strafbarer Beihilfe, und zwar
auch dann nicht, soweit sie sich in der Zeit, in der die Verkäufe aus ihrer Wohnung heraus
erfolgten, darauf beschränkte, dies zu dulden.[704] Dieselben Grundsätze gelten für den Anbau
von BtM, sei es als Teilakt des HTs sei es als eigenständige Handlung (Anbau zum Eigenkonsum, vgl. bereits → Rn. 66 ff.) und für den Besitz.[705] Als **besondere Gefahrenquelle**
kommt die Wohnung (bzw. eine „verbrechensfördernde Eigenschaft" dieser) damit nur in
Betracht, wenn bspw. bereits das Inventar für eine Indooranlage installiert ist, etwa besondere
Wärme- und Lichtanlagen, die für ein optimales Wachstum von Pflanzen sorgen sollen.[706]
Umgekehrt kann ein delikttypischer Gefahrenherd nicht bereits angenommen werden, weil
es sich um einen „verwilderten Garten" handelt, der wegen dichtem Heckenbewuchs die
Wahrscheinlichkeit der Entdeckung einer Cannabisaufzucht verringert, da dies für Garten-
grundstücke keineswegs unüblich ist.[707] Ebenso führt eine **öffentlich-rechtliche Ver-
pflichtung** (in concreto etwa § 61 NBauO) für den Zustand der Wohnung nicht zu einer
Garantenstellung im Hinblick auf Straftaten Dritter.[708]

Fehlt es (wie im Regelfall) an einer besonderen Qualität der Wohnung als „anbau- bzw. **444**
geschäftsfördernd", scheidet bei einem bloßen Dulden bzw. Unterlassen der deliktischen
Handlungen (mag dieses Dulden im Hinblick auf den Mietzins auch entgeltlich erfolgen)
eine Strafbarkeit des Wohnungsinhabers mangels Garantenstellung aus. Etwas anderes gilt nur,
wenn der Wohnungsinhaber den BtM-Handel **aktiv unterstützt,** etwa die Wohnung in
Kenntnis des beabsichtigten Verwendungszwecks vermietet[709] oder die BtM für oder gemeinsam mit dem Täter in Besitz nimmt und verwahrt (dies ist aber dann ein Fall aktiver Beihilfe
und hat mit § 13 StGB nichts zu tun).[710] Unter Umständen kommt in solchen Fällen sogar
täterschaftliches HT mit BtM in Betracht.[711] Wenn der Wohnungsinhaber BtM zum Eigenverbrauch als Gegenleistung erhält, bedeutet dies nur, dass er eigennützig handelt, reicht für sich
allein aber nicht aus, täterschaftliches HT anzunehmen.[712] Für Beihilfe und nicht für Täterschaft spricht zB die Beschränkung der Lagerung von vornherein auf kurze Zeit,[713] die
vorübergehende Verbringung der BtM ins Lager nicht zur Verbesserung von Umsatzmöglich-
keiten, sondern aus Angst vor einer Polizeiaktion gegen den bisherigen Alleinbesitzer[714] oder
die bloße Verwahrung, ohne sich an Absatzvorbereitungen und -bemühungen zu beteiligen.[715]

g) Andere Unterstützungshandlungen. Die vorstehend dargestellte neuere Recht- **445**
sprechung des BGH zu den Kurieren ist bereits auf andere Modalitäten von Beteiligtenhand-
lungen übertragen worden:
– auf Kuriervermittler,[716]

---

[703] Aus neuerer Zeit etwa zusf. BGH 16.2.2016 – 4 StR 459/15, StraFo 2016, 215 mwN.
[704] Zuletzt BGH 22.12.2015 – 2 StR 419/15, NStZ 2016, 463; vgl. auch BGH 2.8.2006 – 2 StR 251/
06, NStZ-RR 2006, 349 (Ls.) = StV 2007, 81; OLG Zweibrücken 14.1.1999 – 1 Ss 3/99, NStZ-RR 2000,
119; BGH 7.1.2003 – 3 StR 414/02, NStZ-RR 2003, 153 = StV 2003, 280; OLG Karlsruhe 24.7.1997 –
3 Ss 116/97, NStZ-RR 1998, 27 = StV 2007, 306; OLG Celle 28.6.2000 – 33 Ss 28/00, StV 2000, 624.
[705] BGH 24.4.2013 – 2 StR 42/13, BeckRS 2013, 08610; vgl. zum Ganzen auch → Rn. 1112 f.
[706] Oğlakcıoğlu, BtMG AT, S. 378 ff.
[707] OLG Zweibrücken NStZ-RR 2000, 119 (120).
[708] BGH 20.12.2012 – 3 StR 407/12, NStZ 2013, 546 (549) = BGHSt 58, 99.
[709] BGH 16.2.2016 – 4 StR 459/15, StraFo 2016, 215; 30.4.2013 – 3 StR 85/13, NStZ-RR 2013, 249;
konkreter 20.12.2012 – 3 StR 407/12, NStZ 2013, 546, 549 = BGHSt 58, 99.
[710] BGH 19.12.2013 – 4 StR 300/13, NStZ 2014, 164.
[711] BGH 25.5.1994 –2 StR 203/94; 12.4.2005 – 4 StR 13/05.
[712] BGH 4.6.2003 – 2 StR 139/03, NStZ-RR 2003, 39.
[713] BGH 13.2.2004 – 2 StR 517/03, BeckRS 2004, 02942 = StV 2004, 64.
[714] BGH 13.2.2004 – 2 StR 517/03, BeckRS 2004, 02942 = StV 2004, 64.
[715] BGH 13.2.2004 – 2 StR 517/03, BeckRS 2004, 02942 = StV 2004, 64.
[716] BGH 25.4.2007 – 1 StR 156/07, NStZ 2007, 531 = StV 2008, 20.

– auf Vermittler von Umsatzgeschäften,[717]
– auf Fälle der Gewährung eines Darlehens zur Finanzierung des Drogeneinkaufs,[718]
– auf Fälle der Unterstützung bei der Aufzucht von Cannabispflanzen,[719]
– auf Verwahrungsfälle (zu den Wohnungsfällen vgl. aber auch → Rn. 443, 66 ff.),[720]
– auf beauftragte bzw. weisungsgebundene Personen, welche Dritten BtM stehlen.[721]

446 Es kann daher auf die Darstellung der Bewertung der Kuriertätigkeit durch die neuere Rechtsprechung des BGH verwiesen werden (→ Rn. 424 ff.). Wie die Kuriervermittler werden auch eigennützig handelnde andere Personen zur Förderung eines BtM-Umsatzes (Chemiker, Transporteure, Bewacher, Geldgeber, Lagerhalter usw) zu beurteilen sein.

447 Auch andere Unterstützungshandlungen, die schon nach der bisherigen Rechtsprechung als Gehilfentätigkeit eingestuft worden sind, werden nunmehr als Beihilfehandlungen beurteilt werden: Abholung des vom Kurier dort abgelegten BtM aus dem Depot,[722] Absicherung oder Überwachung eines BtM-Geschäfts,[723] Anleitung und Überwachung eines Drogenkuriers,[724] Anwerben eines Kuriers[725] im Auftrage eines Hintermannes, Abholung des Kuriers nach dessen Rückkehr und Auszahlung des Kurierlohns aus dem Verkaufserlös in Erwartung eines hohen Gewinns,[726] Anwerben eines Kuriers, wenn es dem späteren Absatz dienen soll,[727] Auslösung eines PKW, in dem sich eingeschmuggelte BtM befinden sollten,[728] Ermöglichung der Einreise eines Drogenkuriers,[729] Organisation der Bewachung eines Kokaingroßhändlers und der von diesem geleiteten Sammlung von Kokapaste,[730] Kauf eines zur Durchführung der Tat erforderlichen Fahrzeugs,[731] (unter bestimmten Voraussetzungen) Vermietung einer Wohnung[732] oder einer Lagerhalle. Soweit man im Diebstahl von BtM überhaupt ein HT sieht (wie die hM) ist es nur konsequent, die Rechtsprechung auf den weisungsgebundenen Dieb zu übertragen, dessen Tätigkeit derjenigen eines Kuriers ähnelt, wenn sich sein Handeln in der „Abholung" der Betäubungsmittel am Aufbewahrungsort und dem Transport zum Auftraggeber erschöpft und er für diese Tat eine Vergütung erhält, die weit unter dem Marktpreis für das Betäubungsmittel liegt.[733]

448 **6. Anforderungen an die Beihilfe.** Die Abgrenzung zwischen Täterschaft und Teilnahme darf nicht – soweit man zur Beihilfe tendiert – zu einem Automatismus dahingehend führen, als jegliche Prüfung der Strafbarkeit wegen Beihilfe im Übrigen ausbleibt. Knappe Ausführungen, wonach sich der Angeklagte damit als Kurier strafbar gemacht habe oder sich an dem späteren Verkauf von BtM beteiligen wolle, belegen für sich genommen keine tatsächlich erfolgte Förderung oder Erleichterung der Haupttat.[734] Vornehmlich, wenn eine Beihilfe bereits durch das bloße Bereiterklären späterer Unterstützung angenommen werden soll, bedarf es besonderer Feststellungen dahingehend, dass der Haupttäter durch das Tätig-

---

[717] BGH 5.10.2010 – 3 StR 339/10, BeckRS 2010, 27748; 21.4.2009 – 3 StR 107/09, BeckRS 2009, 13788; BGH 27.3.2014 – 4 StR 20/14, BeckRS 2014, 09613.

[718] BGH 27.4.2010 – 1 StR 124/10, BeckRS 2010, 11618.

[719] BGH 7.10.2010 – 3 StR 363/10, BeckRS 2010, 27620 = FD-StrafR 2010, 311368 mAnm *Smok*.

[720] BGH 24.10.2006 – 3 StR 388/06, NStZ-RR 2007, 58 = StraFo 2007, 84 = StV 2007, 83; 13.8.2009 – 3 StR 224/09, BeckRS 2009, 25653 = StRR 2010, 209 (*Apfel/Strittmatter*) = StRR 2010, 211 (*Apfel/Strittmatter*): „Seine Stellung kam der eines reinen Kuriers gleich".

[721] BGH 11.6.2015 – 3 StR 182/15, NStZ-RR 2015, 280.

[722] BGH 12.1.1990 – 2 StR 613/89.

[723] BGH 15.12.1994 – 1 StR 701/94, StV 1995, 198.

[724] BGH 26.4.2000 – 3 StR 573/99, NStZ-RR 2000, 278.

[725] Vgl. OLG Karlsruhe 26.2.1998 – 1 Ws 51/98, NStZ-RR 1998, 348.

[726] BGH 30.1.1986 – 2 StR 574/85.

[727] BGH 11.7.1995 – 1 StR 189/95, StV 1995, 641.

[728] BGH 15.4.1980 – 5 StR 135/80, BGHSt 29, 239 = NJW 1980, 2204; Anm. *Heldenberg* LM Nr. 5 zu § 11 Abs. 1 Nr. 1 BtMG.

[729] BGH 9.5.2001 – 5 StR 118/01, BeckRS 2001, 30179533.

[730] LG Frankfurt a. M. 8.7.1985 – 50 Js 260/78.

[731] BGH 3.4.1996 – 2 ARs 105/96, NStZ 1996, 52.

[732] BGH 2.8.2006 – 2 StR 251/06, BeckRS 2006, 10285 = StV 2007, 81.

[733] BGH 11.6.2015 – 3 StR 182/15, NStZ-RR 2015, 280.

[734] BGH 9.7.2015 – 2 StR 58/15, NStZ-RR 2015, 343 = BeckRS 2015, 16148.

werden des potentiellen Gehilfen in seinem Tatentschluss bestärkt wurde. Im Übrigen setzt § 27 StGB nicht voraus, dass die auf Unterstützung des Haupttäters gerichtete Handlung des Gehilfen sich auf die Begehung der Haupttat i. S. der Bedingungstheorie kausal auswirkt; ausreichend (aber auch erforderlich) ist vielmehr, dass sie die Haupttat zu irgendeinem Zeitpunkt zwischen Versuchsbeginn und Beendigung erleichtert oder fördert.[735] Zu den Deliktsverwirklichungsstufen iRd Beihilfe vgl. noch → Rn. 466.

VI. Deliktsverwirklichungsstufen

1. Versuch und straflose Vorbereitung. a) Strafbarkeit des Versuchs. Die Ver- **449** suchsstrafbarkeit für den Vergehenstatbestand des HT ergibt sich aus Abs. 2. Die Abgrenzung zwischen Vorbereitungs- und Versuchshandlungen folgt keinen klaren Regeln. Aus dem Umstand, dass der weite Begriff des HT jedes Bemühen um einen BtM-Umsatz erfasst und der Eintritt des erstrebten Erfolgs somit nicht vorausgesetzt wird, folgt, dass die Tat bereits mit dem Ansetzen zur Ausführung der (ersten) tatbestandsmäßigen Umsatzförderungs-Handlung vollendet ist. Für Versuchsstrafbarkeit bleibt daher wenig Raum (vgl. bereits → Rn. 358 sowie → Rn. 1633). Dennoch haben sich einige wenige Fallgruppen des Versuchs herausgebildet. Der Fokus der Rechtsprechung liegt hingegen auf der Abgrenzung zwischen strafbarer Vollendung des HTs und strafloser Vorbereitungshandlung. Auch diesbezüglich hat insb. der BGH rein fallgruppenbezogene Kriterien herausgearbeitet (Verfügungsmacht über BtM, Abgabe eines Angebots, Anbau als frühester Anknüpfungspunkt), die aufgrund ihres Situationsbezugs einer Abstraktion kaum zugänglich sind.

aa) *Webers* Zwei-Stufen-Verfahren zur Abgrenzung von Vorbereitungshandlung **450** **und Versuch.** *Weber*[736] versucht die Kasuistik der Rechtsprechung in ein Muster zu pressen und schlägt folgendes zweistufige Verfahren zur Abgrenzung von Vorbereitungshandlung und Versuch vor: **Auf der ersten Stufe** soll geklärt werden, welche tatbestandsmäßige Ausführungshandlung im konkreten Fall (nach dem Tatplan) bei einem ungestörten Fortgang zur Verwirklichung des Tatbestandes des HT in Betracht gekommen wäre, zB Kuriertätigkeit, Kaufgeschäft, Eintreiben des Kaufpreises etc. Hiervon wären allerdings die Fälle zu unterscheiden, in denen auch der durchgeführte Tatplan noch kein HT darstellt. **Auf der zweiten Stufe** soll dann nach den allgemeinen Grundsätzen geprüft werden, ob der Täter nach seiner Vorstellung von der Tat zur Verwirklichung dieser Handlung unmittelbar angesetzt hat (wobei auch von Bedeutung wäre, dass ein Versuch bereits dann vorliegen kann, wenn der Beteiligte das Geschehen aus der Hand gegeben hat[737]). Es handelt sich um einen verdienstvollen Ansatz, der auf den geplanten **Einzelakt** des Täters abstellt (und insofern den jeweils anerkannten Versuchsbereich für die übrigen Tätigkeitsdelikte heranziehen könnte). Er ist in erster Linie lediglich auf Täter anwendbar, die das abzusetzende Rauschgift noch nicht besitzen (der Besitz selbst wäre ja bereits vollendeter Teilakt des HT, es sei denn der Täter besitzt ursprünglich nur mit Eigenverbrauchsabsicht).

Dem Modell *Webers* ist zuzugeben, dass sich die meisten von der Rechtsprechung entwi- **451** ckelten Fallgruppen des Versuchs bzw. strafloser Vorbereitung mit dieser zweistufigen Prüfung herleiten lassen, und es auch im Übrigen mit der Versuchsdogmatik vereinbar erscheint, gerade auf den „Tatplan" bzw. auf die „Tätervorstellung" abzustellen. Doch ändert sie letztlich nichts daran, dass man willkürlich entscheiden kann, was der zu „erreichende" Teilakt sein soll. Auch wenn der Katalog des Abs. 1 hier eine Indizwirkung entfalten dürfte (und auch *Weber* sich wohl hieran orientiert), ändert dies nichts daran, dass schlicht jede Tätigkeit mit Umsatzwillen einen Teilakt darstellen kann. So könnte selbst die Anbaubemühung bzw. der Kauf von Gerätschaften zum Anbau als „Teilakt" bezeichnet werden, zu dem der Täter unmittelbar ansetzen kann. Gleiches gilt für das unmittelbare Ansetzen zum Rechtsgeschäft: Ist bereits die Abgabe des Angebots ein Teilakt, muss das Angebot zur

---

[735] BGH 9.7.2015 – 2 StR 58/15, NStZ-RR 2015, 343 = BeckRS 2015, 16148.
[736] *Weber* Rn. 536 ff., näher ausgeführt in 2. Aufl., Rn. 283 ff.
[737] BayObLG 25.4.1994 – 4 St RR 48/94, NJW 1994, 2164.

Kenntnis genommen werden oder muss es zu sondierenden Gesprächen gekommen sein? Wo über die Vollendung einzelner Teilakte keine Einigkeit besteht, kann selbstverständlich auch nicht der Versuchsbereich konkretisiert werden. Insofern scheitert auch *Webers* Ansatz an dem viel zu umfassenden Verständnis vom HT.

452   **bb) Lösungsansätze des BGH nach dem Beschluss des Großen Strafsenats vom 26.10.2005.** Seit der Entscheidung des Großen Strafsenats des BGH vom 26.10.2005[738] ist eine Tendenz in der BGH-Rechtsprechung zu erkennen, Vorbereitungshandlungen in größerem Umfang als zuvor als solche anzuerkennen (vgl. dazu die nachfolgende → Rn. 458). Während früher (ganz im Sinne des *Weber*schen Zwei-Stufen-Verfahrens) darauf abgestellt wurde, dass Vorbereitungshandlungen jede Konkretisierung der in Aussicht genommenen Tat fehle, werden Vorbereitungshandlungen nunmehr dadurch charakterisiert, dass sie **„weit im Vorfeld des beabsichtigten, noch nicht näher konkretisierten Dro-genumsatzes"**[739] oder „weit im Vorfeld des beabsichtigten Güterumsatzes"[740] lägen. In der Sache hat sich dadurch nicht viel geändert. Nach wie vor kommt es darauf an, ob die zu beurteilende Handlung unternommen wird, um einen schon ausreichend konkretisierten Drogenumsatz zu fördern. Die Formel hebt die räumlich-zeitliche Komponente der Abgrenzung nochmals in den Vordergrund („weit im Vorfeld"), ohne diese genauer zu konkretisieren.

b) Straflose Vorbereitungshandlungen.[741] **aa) Handlungen weit im Vorfeld des Güterumsatzes.**

453   – **Voranfragen/Vertragsanbahnung:** Die einfache Anfrage, ob ein anderer zum Handel bestimmte BtM zu verkaufen habe,[742] kann eine straflose Vorbereitungshandlung sein. Dasselbe gilt für die Erkundigung nach einem Lieferanten – „weit im Vorfeld des beab-sichtigten, noch nicht näher konkretisierten Drogenumsatzes",[743] das Angebot von 50 kg Amphetamin, das erst hergestellt werden soll und bei dem die Herstellung wegen fehlen-der Geldmittel ungewiss und überdies zweifelhaft ist, ob es gelingt, die erforderlichen Geldmittel zu beschaffen (allerdings kommt eine strafbare Vorbereitungshandlung nach § 30 Abs. 2 StGB in Betracht);[744] die interne Abstimmung der Beteiligten auf der (poten-tiellen) Käuferseite zur Aufnahme von Verhandlungen über den Erwerb von Kokain, sind straflos, wenn das Gespräch plötzlich abgebrochen wird.[745] Ebenso fehlt es an ernsthaften Gesprächen, wenn jemand – ohne eine Vereinbarung mit dem in Aussicht genommenen Lieferanten getroffen zu haben – nach Amsterdam fährt, diesen dort nicht antrifft und keinen anderen, zuverlässigen Händler findet.[746] Der Dritte Senat nimmt auch **sondie-rende Vorgespräche** aus dem Bereich des Strafbaren heraus. Werden also bei einem Treffen mit einem früheren Abnehmer lediglich Gespräche darüber geführt, unter wel-chen Bedingungen man zu einer Fortsetzung der Betäubungsmittellieferung dem Grunde nach bereit sei, ohne ein **Verkaufsangebot** zu unterbreiten, sei der Tatbestand des HTs nicht erfüllt.[747]

– **Kuriervorbereitung:** Ebenso stellt das **erfolglose Bemühen** eines neu eingesetzten Kuriers, den Koffer mit dem BtM, welcher der Verfügungsmacht des ersten Kuriers und seiner Auftraggeber entglitten ist, wieder in Besitz zu nehmen eine straflose Vorberei-

---

[738] BGH 26.10.2005 – GSSt 1/05, BGHSt 50, 252 = NJW 2005, 3790 = StV 2006, 19.

[739] BGH 15.12.2005 – 3 StR 61/02, BeckRS 2005, 30366546 (einer der Ausgangsfälle für den Anfragebe-schluss des 3. Strafsenats).

[740] BGH 7.7.2006 – 2 StR 184/06, NJW 2007, 1221 = StV 2006, 639.

[741] *Oğlakcıoğlu*, BtMG AT, S. 472 f.

[742] LG Frankfurt 13.3.1987 – 90 Js 35220/86 KLs.

[743] BGH 15.12.2005 – 3 StR 61/02, BeckRS 2005, 3036546 (einer der Ausgangsfälle für den Anfragebe-schluss des 3. Strafsenats).

[744] BGH 7.7.2006 – 2 StR 184/06, NJW 2007, 1221 = StV 2006, 639.

[745] BGH 10.10.2006 – 1 StR 377/06, NStZ 2007, 287 = StraFo 2007, 73 = StV 2007, 82.

[746] BGH 14.5.1996 – 1 StR 245/96, NStZ 1996, 57.

[747] BGH 10.11.2015 – 3 StR 302/15, BeckRS 2016, 04187.

tungshandlung dar.[748] Auch das **Bereiterklären zu einer Kuriertätigkeit** ohne Entfaltung weiterer Aktivitäten außer dem Bemühen um ein Transitvisum genügt nicht.[749] Dasselbe gilt für die **Anwerbung einer Transportkurierin** für eine künftige, noch nicht feststehende Tat (mangels „konkreten Bezugs zu einer Tat").[750] Straflos ist auch die Fahrt nach Salzburg auf Anweisung, um dort 10 kg Heroin zu übernehmen und nach Amsterdam zu transportieren, wenn das BtM nicht eintrifft, und man auf neue Weisung nach Amsterdam zurückkehren muss.[751]

- **Transport und Ankauf von Streckmitteln und Grundstoffen:** Straflos ist der Transport von Streckmitteln für eine noch nicht konkretisierte Haupttat (vgl. bereits → Rn. 342).[752]
- **Kauf von Schmuggelwerkzeug etc.:** Straflos sind ferner: die Mitwirkung am Erwerb eines für Drogenschmuggelfahrten besonders geeigneten Mitsubishi Pajero,[753] sowie der Kauf und das Bereitstellen von Anbau-, Herstellungs- und Verkaufswerkzeug bzw. sonstiger Utensilien, die den später geplanten (aber noch nicht konkretisierten Absatz) erleichtern sollen, also Digitalwaagen, Laborgeräte, Verpackungsmaterial etc.
- **Sonstige Tätigkeiten weit im Vorfeld des Güterumsatzes:** Straflos soll auch die Genehmigung zum gewinnbringenden Verkauf einer bei einem Dritten vorrätigen BtM-Menge sein, derentwegen aber noch keine auf Absatz gerichtete Tätigkeit entfaltet wurde.[754]

bb) Anbau als frühester Zeitpunkt für vollendetes HT. Eine wichtige Entwicklung **454** in der Rechtsprechung ist die Bewertung des **Anbaus als „chronologisch erster Anknüpfungspunkt"** für den späteren Handel mit BtM. Es handelt es sich um eines der wenigen griffigen Abgrenzungskriterien, wenn der Dritte Senat sich jedenfalls – soweit an den Anbau als Teilakt geknüpft wird – auch hinsichtlich des Versuchs bzw. der straflosen Vorbereitung an der Rechtsprechung zum Anbau orientiert. Da ein unmittelbares Ansetzen erst mit der Herbeischaffung des Saatgutes angenommen wird, soll in der Anmietung eines Hauses lediglich eine straflose Vorbereitungshandlung zu sehen sein. Aus der weiten Auslegung, den der Begriff des HTs mit Betäubungsmitteln in der Rechtsprechung erfahren hat, dürfe nicht geschlossen werden, dass das Anmieten des Hauses dennoch für die Haupttäter allein deswegen bereits vollendetes HT mit Betäubungsmitteln in nicht geringer Menge darstellt, weil geplant war, in dem Haus Cannabis anzubauen, das gewinnbringend weiterveräußert werden sollte.[755] Etwas anderes kann lediglich dann gelten, wenn der geplante Anbau im Hinblick auf ein bereits konkretisierbares Umsatzgeschäft hätte vorgenommen werden sollen (dann wird man aber im Regelfall bereits sonstige Teilakte des HT – **Verkaufsabrede, ernsthafte Gespräche,** → Rn. 274 f. bejahen können). Der auf der Konkurrenzebene verdrängte Tatbestand des unerlaubten Anbaus von Betäubungsmitteln entfaltet demnach eine **Begrenzungsfunktion** für den Tatbestand des unerlaubten HTs mit den erst noch anzubauenden Produkten, in dem er als Anfangsstadium den Versuch des unerlaubten HTs erst mit dem unmittelbaren Ansetzen zum Anpflanzen beginnen lässt.[756]

Im Anschluss hieran hat der Fünfte Senat in der bloßen **Übernahme und dem Trans-** **455** **port von Cannabissetzlingen** für eine Cannabisplantage eine im Hinblick auf das HT

---

[748] BGH 18.6.1986 – 2 StR 201/86, NJW 1987, 720.
[749] BGH 1.8.1990 – 2 StR 147/90, NJW 1991, 305; vgl. aber BGH 5.7.1984 – 1 StR 318/84, StV 1985, 14, wo die Zusage einer Kuriertätigkeit wegen der darin liegenden „Förderung fremden Tuns" als Beihilfe zum HT gewertet wurde.
[750] BGH 30.10.2008 – 5 StR 345/08, NStZ 2009, 392 = StraFo 2009, 38.
[751] BGH 1.8.1990 – 2 StR 147/90, NJW 1991, 35.
[752] BGH 15.6.1994 – 3 StR 54/94, StV 1994, 429.
[753] BGH. 30.1.2001 – 1 StR 423/00, NJW 2001, 1289.
[754] BGH 7.6.1991 – 2 StR 204/91.
[755] BGH 15.2.2011 – 3 StR 491/10, NStZ 2011, 459 mAnm *Weber* JR 2011, 452.
[756] BGH 3.8.2011 – 2 StR 228/11, NStZ 2012, 43; BGH 15.2.2011 – 3 StR 491/10, NStZ 2011, 459 mAnm *Weber* JR 2011, 452; zust. SSW-StGB/*Kudlich/Schuhr* StGB § 22 Rn. 44 sowie *Oğlakcıoğlu*, BtMG AT, S. 472.

mit den zum Verkauf bestimmten Blütenständen am Ende des Wachstumsprozesses der Cannabispflanzen eine straflose Vorbereitungshandlung gesehen. Zwar kann auch der Umgang mit Cannabissamen strafbares HT darstellen, doch fehlt es dem Täter beim Ankauf am Umsatzwillen hinsichtlich der Samen, wenn der Ankäufer beabsichtigt, diese selbst für die Aufzucht von Pflanzen zu verwenden.[757] Anders gewendet, an das HT mit den Samen darf lediglich geknüpft werden, wenn sich der Güterumsatz auf die Samen bezieht; etwas anderes muss gelten, wenn das aus den Samen gewonnene Gut erst Gegenstand des HT sein soll.[758]

456   **cc) Strafbarkeit aus anderen Gründen bei Vorbereitungshandlungen.** Steht fest, dass ein Verhalten vorliegt, das als straflose Vorbereitungshandlung zu bewerten ist, kann dennoch **aus anderen Gründen Strafbarkeit** gegeben sein. Geht es bei der Vorbereitungshandlung um ein Verbrechen (zB HT mit BtM in nicht geringer Menge gem. § 29a), so kommt ein Versuch der Beteiligung in Form der **Verabredung zu einem Verbrechen** (§ 30 Abs. 2 StGB) in Betracht.[759] Die zugesagte Mitwirkungshandlung darf allerdings nicht nur in einer Beihilfehandlung bestehen; eine solche wäre nicht strafbar.[760] Handelt es sich bei der an sich unbedeutenden Vorbereitungshandlung um einen Beitrag zu einem Gesamtgeschehen, in dessen Rahmen sich der Beteiligte wegen seiner Einbindung in die Planung und Organisation die Tatbeiträge der anderen Beteiligten zurechnen lassen muss, so kann er als Mittäter strafbar sein.[761] In der Hingabe von Geld zum Zwecke des HTs kann – falls mangels Konkretisierung der in Aussicht genommenen Tat – kein HT anzunehmen ist, Bereitstellung von Geldmitteln (Abs. 1 S. 1 Nr. 13) liegen.[762] Ggf. können andere strafrechtliche Nebengesetze (GÜG, AMG) oder – gerade im laufenden BtM-Kreislauf – Anschlussdelikte (§ 261 StGB) verwirklicht sein.

457   **c) Versuchshandlungen.**[763] **Strafbare Versuchshandlungen** liegen vor, wenn Handlungen vorgenommen werden, die zwar noch nicht den Tatbestand des HT erfüllen, aber nach dem Tatplan unmittelbar, dh ohne weitere Zwischenakte, in die Förderung eines BtM-Umsatzes einmünden können.

458   **aa) Fallgruppen.** Auf Basis der extensiven Definition der hM bleibt nicht viel für einen strafbaren Versuch des HTs übrig. Die diesbezüglich anerkannten Fallgruppen basieren zudem nicht immer auf Entscheidungen, in denen Obergerichte tatsächlich ein versuchtes HT angenommen hätten, sondern sind zT auch das Ergebnis mehr oder weniger nachvollziehbarer Rückschlüsse, die man aus der Rechtsprechung zur Vollendung bzw. Vorbereitung zieht. *Patzak* zitiert in diesem Zusammenhang nur drei Entscheidungen:[764]
– Den Fall fehlgeschlagener Bemühungen, als Rauschgiftkurier zu agieren.[765] So wenn sich der neu eingesetzte Kurier mit mehreren Telefonaten bemüht, sich wieder in den

---

[757] BGH 15.3.2012 – 5 StR 559/11 m abl Anm *Patzak* NStZ 2012, 514.

[758] Krit. *Patzak/Goldhausen* NStZ 2014, 384 (387), welche auf die Gefährdungslage abstellen, die beim Besitz der Setzlinge ebenso gegeben sei. Da aber so gesehen jede Handlung unter das HT fällt, können einer mehr oder weniger nachvollziehbaren Einschränkung keine systematischen Erwägungen entgegengebracht werden. Ebenso wie die Annahme einer Vollendung mehr oder weniger „willkürlich" ist, gilt dies auch für die Einschränkung, wobei gerade diese Restriktion noch „dogmatisierbar" dergestalt ist, als es sich beim Anbau um den frühesten Anknüpfungspunkt innerhalb der tatsächlichen Handlungen ohne Kontakt zu Dritten (!) handelt (dass eine Einschränkung der Strafbarkeit per se geringeren Anforderungen unterliegt, tritt hinzu) jedenfalls was die zu umsetzenden BtM und nicht die BtM-Samen angeht. Insofern geht es fehl, auf die ebenso bestehende Gefährdungslage abzustellen und darauf hinzuweisen, dass auch der Verbalhandel (ohne jedwede BtM) vom HT erfasst sei.

[759] Vgl. BGH 14.5.1996 – 1 StR 245/96, NStZ 1996, 57.

[760] BGH 1.3.1960 – 5 StR 22/60, BGHSt 14, 156 = NJW 1960, 1163.

[761] BGH 23.4.1993 – 3 StR 145/93, NJW 1993, 2389.

[762] BGH 1.8.1990 – 2 StR 147/90, NJW 1991, 35.

[763] *Oğlakcıoğlu*, BtMG AT, S. 467 f.

[764] KPV/*Patzak* Teil 4 Rn. 194 ff.

[765] Auf den bereits Bezug genommen wurde; BGH NJW 1987, 720; siehe auch BGH NStZ-RR 2003, 137; BGH StV 1985, 14; StV 1987, 720.

Besitz des Koffers zu bringen, der der Verfügungsmacht des bisherigen Kuriers und seiner Auftraggeber durch polizeiliche Maßnahmen entglitten ist[766] (dabei ist die Ausführungshandlung in Bezug auf die Bemühungen um die Wiederinbesitznahme, nicht in Bezug auf die geplante Kuriertätigkeit zu setzen).[767]

– Den Fall der Geldübergabe zur Finanzierung eines BtM-Geschäfts, welche dann scheitert[768] (wobei aber die konkrete Entscheidung ebenfalls die Situation gescheiterter Bemühungen trotz zugesagter Kuriertätigkeit betrifft).[769]

– Den Fall des Versuchs eines Angeklagten, Betäubungsmittel von einem Dealer zu erwerben, *der ihm von Anfang an nichts verkaufen wollte oder nicht liefern konnte*. Durch die telefonische und persönliche Kontaktaufnahme zu den Dealern hat der Angeklagte einerseits das bloße Vorbereitungsstadium bereits verlassen, andererseits aber das Vollendungsstadium noch nicht erreicht.[770] Der Beschluss des Dritten Senats erfolgte in unmittelbarem Zusammenhang zur Entscheidung des Großen Senats und rekurriert auf die dort zu findende Wendung „ernsthafte Verkaufsverhandlungen", d.h. sie will das verpflichtende und ernsthaft gemeinte *Angebot* gerade nicht ausreichen lassen. Dies steht im Widerspruch zu BGHSt 6, 246 und könnte als echte Einschränkung bewertet werden, da der Senat dort das ernsthafte Angebot explizit als taugliche Vollendungshandlung nennt. Da bei lebensnaher Betrachtung auf das Angebot ein „Gespräch", zumindest aber eine sofortige Ablehnung folgen muss, ist offengeblieben, ob es aus Sicht des Täters zu ernsthaften *Verhandlungen*[771] gekommen sein muss bzw. hätte kommen können oder objektiv (also aus Sicht beider Seiten) ernsthafte Verhandlungen vorliegen müssen; bei einer objektiven Betrachtung wären zwar weiterhin alle Fälle als Vollendungsunrecht zu bewerten, in denen sich die Abrede auf eine nicht vorhandene oder sichergestellte Menge bezieht, jedoch (entgegen der bisherigen Rechtsprechung) nicht die Situation, in der eine der Parteien entgegen der Vorstellung der anderen Partei keinen Umsatzwillen hat (sondern als V-Mann bzw. Scheinaufkäufer agiert). Zuletzt hat der Dritte Senat entschieden, dass zumindest bei einem fehlgeschlagenen, nicht abgeleiteten Erwerb (Diebstahl) von BtM ebenfalls nur ein versuchtes HT in Betracht.[772]

Zudem nennt *Patzak* als weitere Fallgruppe des Versuchs, den Nichtzugang etwaiger Angebote für den Abschluss eines BtM-Geschäfts (Sendung geht verloren, Lieferant ist umgezogen oder verstorben).[773] Entsprechend ist von einem Versuch auszugehen, wenn der Täter zum Telefon greift und sich verwählt bzw. (über einen bestimmten Zeitraum hinweg) niemand abnimmt.[774]

---

[766] BGH 18.6.1986 – 2 StR 201/86, NJW 1987, 720; vgl. auch BGH 9.7.1996 – 1 StR 728/95, NStZ-RR 1996, 374.

[767] So auch *Weber* Rn. 559.

[768] BGH 1.8.1990 – 2 StR 147/90, NJW 1991, 305 (insoweit in NStZ 1990, 545 nicht abgedruckt).

[769] BGH NJW 1991, 305.

[770] BGH StV 2006, 136. Aus den Urteilsgründen: „Hier hat der Angeklagte in der festen Absicht, 50 g Kokain zu kaufen, mit einem Dealer in den Niederlanden telefonisch Kontakt aufgenommen, der jedoch nicht bereit war, seine Ware an den Angeklagten abzugeben. Einen anderen Dealer hat er am gleichen Tage zu diesem Zweck persönlich aufgesucht, aber ebenfalls nichts bekommen. Aus diesen Feststellungen ergibt sich nicht, dass der Angeklagte bereits in ernsthafte Verkaufsverhandlungen eingetreten war, sondern an Dealer geraten ist, die ihm nichts verkaufen wollten oder konnten. Damit war auf der Grundlage der Entscheidung des Großen Senats das Vollendungsstadium noch nicht erreicht. Andererseits hatte der Angeklagte bei seinem „verzweifelten Bemühen", 50 g Kokain zu bekommen, durch die telefonische und persönliche Kontaktierung von Dealern im Rahmen einer konkreten und ernsthaften Kaufabsicht das Vorbereitungsstadium weit im Vorfeld des beabsichtigten Güterumsatzes liegender Handlungen bereits verlassen (vgl. BGH Großer Senat, Beschl. vom 26.10.2005 – GSSt 1/05 – S. 19; zur Veröffentlichung in BGHSt bestimmt). Bei dieser Sachlage liegt ein Versuch des HTs vor, da der Angeklagte zu ernsthaften Ankaufsverhandlungen unmittelbar angesetzt hatte. Ein Rücktritt scheidet aus, da der Versuch an der mangelnden Lieferbereitschaft oder -fähigkeit der Dealer scheiterte. Der Senat hat daher den Schuldspruch in diesem Fall entsprechend geändert."

[771] Auch diese zwei Konstellationen sind bei strikter Betrachtung zu trennen; jedenfalls nach *Weber* § 29 Rn. 377 sollen sich keine Einschränkungen aus BGHSt 50, 252 ergeben, weil damit eine „Umwandlung des Delikts in ein potentielles Gefährdungs- sprich Eignungsdelikt zu befürchten sei.

[772] BGH 11.6.2015 – 3 StR 182/15, NStZ 2016, 612.

[773] KPV/*Patzak* Teil 4 Rn. 237.

[774] Anders aber ohne weitere Begründung BGH 25.10.1989 – 3 StR 313/89.

460 Im Falle einer JVA-Bediensteten, die einem Gefangenen angeboten hat, Betäubungsmittel einzuschmuggeln, welcher der Häftling in der Anstalt zu überhöhten Preisen weiterverkaufen sollte, bejaht das OLG München[775] einerseits ein unmittelbares Ansetzen („da die Durchführung des Tatplans nur noch von der Zustimmung des Gefangenen abhing und die JVA-Bedienstete alle Handlungen vorgenommen hat, die nach ihrer Vorstellung im Falle der Zustimmung des Gefangenen und der ungestörten Durchführung des Plans ohne Zwischenakte unmittelbar in die Tatbestandserfüllung eingemündet hätten"), verneint aber mit der etwas unglücklichen Begründung, eine Vollendung sei mangels „Umsatzförderung von Rauschgift" noch nicht eingetreten. Entscheidend dürfte gewesen sein, dass der Gefangene noch nicht die Chance hatte, sich zu diesem Angebot zu äußern und es folglich noch nicht einmal zu ernsthaften Gesprächen kam.

461 **bb) Strafzumessung.** Gerade in Anbetracht des Umstands, dass die Tatbestandsfassung wenig Raum für eine „Abstufung" nach Gefährdungsgrade zulässt (mithin Handlungen, die über das Vorbereitungsstadium hinausgehen, in aller Regel bereits vollendetes HT darstellen), muss der Tatrichter im Rahmen der **Strafzumessung** dann berücksichtigen, inwiefern ein Fall „intuitiven Versuchsunrechts" in Betracht kommt, mithin ob und in welchem Umfang es zu einem tatsächlichen Umsatz eines BtM und damit zu einer verstärkten Gefährdung des geschützten Rechtsguts gekommen ist[776] bzw. inwieweit der konkrete Sachverhalt „dem Bild eines Versuches nahekam".[777]

462 **d) Rücktritt.** Für den strafbefreienden Rücktritt vom Versuch des HTs bleibt angesichts der durch die Deliktsnatur bedingten raschen Vollendung der Tat wenig Raum.

463 **2. Vollendung.** Vollendet ist Tat, wenn der Täter mit der Ausführung der Handlung begonnen hat, die nach seiner Vorstellung dem Umsatz eines BtM fördert. Wie bereits dargelegt (→ Rn. 276) reicht es für die Vollendung des Tatbestandes aus, wenn der Täter das Stadium allgemeiner Anfragen verlässt und sich mit dem – von der Absicht zur gewinnbringenden Weiterveräußerung getragenen – ernsthaften Willen, BtM zu erwerben, an eine Person wendet, die nach seiner Vorstellung als Verkäufer oder Vermittler in Betracht kommt.[778] Dies gilt auch, wenn das Geschäft letztlich nicht zustande kommt, weil der Veräußerer trotz ernsthafter Bemühungen seinerseits keinen Lieferanten findet. Bei der Herstellung zum Zwecke des gewinnbringenden Verkaufs ist der Tatbestand mit der Aufnahme der Drogenherstellung erfüllt.[779]

464 **a) Vollendung ohne Umsatzerfolg.** Die zum Zwecke der Umsatzförderung vorgenommene Handlung braucht nicht einmal **objektiv umsatzfördernd** zu sein.[780] Es ist nicht erforderlich, dass das BtM, über das verhandelt wird, tatsächlich vorhanden und für den Täter verfügbar ist.[781] HT setzt keine bereits **gesicherte Bezugsquelle** für das BtM voraus; misslingt dann wider Erwarten dessen Umsatz, ändert dies nichts an dem Vorliegen vollendeten HTs.[782] An der Vollendung ändert es nichts mehr, wenn das BtM zT gestohlen wird, zT von den Zollbehörden **sichergestellt** wird und wenn der Täter den Rest wegwirft.[783] Vollendetes HT liegt auch dann vor, wenn das BtM, auf welches sich die entfaltete Tätigkeit bezieht, zur Zeit des Tätigwerdens bereits unter polizeilicher Kontrolle stand, sichergestellt oder beschlagnahmt war (zum Ganzen bereits → Rn. 276).[784]

---

[775] OLG München NStZ 2011, 464.
[776] BGH 14.4.1999 – 3 StR 22/99, NStZ 2000, 95 mAnm *Körner.*
[777] *Weber* Rn. 555.
[778] BGH 11.6.1975 – 2 StR 88/75; 12.8.1986 – 1 StR 360/86, NJW 1986, 2869; 15.3.1995 – 2 StR 15/95, NStZ-RR 1996, 48; 26.10.2005 – GSSt 1/05, BGHSt 50, 252 = NJW 2005, 3790 = StV 2006, 19.
[779] BGH 21.7.1993 – 2 StR 331/93, NStZ 1993, 584.
[780] So auch *Joachimski/Haumer* Rn. 29.
[781] BGH 1.7.1954 – 3 StR 657/53, BGHSt 6, 246 = NJW 1954, 1898.
[782] BGH 15.1.1992 – 2 StR 267/91, StV 1992, 517 mAnm *Roxin.*
[783] BGH 31.10.1995 – 3 StR 405/95, BeckRS 1995, 31079914.
[784] ZB BGH 17.7.2007 – 1 StR 312/07, NStZ 2007, 635; KPV/*Patzak* Teil 4, Rn. 196 ff.; *Weber* Rn. 267.

Da ein Erfolg (Umsatz eines BtM) nicht vorausgesetzt ist, liegt vollendetes HT vor, wenn **465** der Täter Stoffe (hier: Kochsalz) zum Verkauf anbietet, die er **irrtümlich für BtM** hält.[785] Hält der Täter eine **Scheindroge** irrtümlich für Heroin, so liegt vollendetes HT und nicht ein untauglicher Versuch vor.[786] Auch wenn der erstrebte Umsatz gar nicht erreicht werden kann, weil auf der **Käuferseite Polizeibeamte** auftreten, hindert dies nicht die Annahme vollendeter Tatbegehung.[787] Dies gilt sogar für den Fall, dass auf beiden Seiten des Umsatzgeschäftes, das der Angeklagte vermitteln wollte, verdeckte Ermittler tätig geworden sind.[788]

b) „Vollendung" der Beihilfehandlung. Beihilfehandlungen in diesem Stadium des **466** HTs *nach* verbalen Aktivitäten des Haupttäters, mit denen die Tatvollendung eintritt, und *vor* der Beendigung der Tat (durch Übergabe von Ware und Geld) werden dann unterschiedlich beurteilt, wenn die Beihilfehandlung **erfolglos** bleibt, entweder weil die Bemühungen des Gehilfen nach Sicherstellung der Betäubungsmittel ins Leere gehen oder weil die planmäßige Beendigung der Haupttat aus anderen Gründen nicht eintritt,[789] während die Beihilfehandlung noch andauert oder gar erst danach stattfindet. Nimmt man den Standpunkt ein, dass mit der Sicherstellung (oder einem anderen den Tatplan zum Scheitern bringenden Ereignis) die Haupttat beendet ist mit der Folge, dass schon deshalb ab diesem Zeitpunkt keine Beihilfe mehr möglich ist, so kommt man zu dem Ergebnis, dass für den Gehilfen lediglich versuchte Beihilfe vorliegt, die aber nicht strafbar ist.[790]

Freilich kann man sich auch auf den Standpunkt stellen, dass die Sicherstellung der **467** Betäubungsmittel das HT nicht beendet. So wird zum Teil auch angenommen, dass (vollendetes) HT auch dann noch in Betracht komme, wenn das BtM, auf welches sich die entfaltete Tätigkeit bezieht, zur Zeit des Tätigwerdens schon polizeilich sichergestellt ist.[791] Hier dreht man sich allerdings im Kreis, als die Tätigkeit des Gehilfen im ersten Schritt ohnehin für sich als „HT" bewertet werden könnte. Versteht man die Zuweisung nicht als reine Rechtsfolgenlösung, sondern klassifiziert den Beteiligten materiell-rechtlich als Gehilfen, gelten die allgemeinen Voraussetzungen der Teilnehmerhaftung. Aber auch diese Überlegung hilft kaum weiter, da der Strafgrund der Teilnahme (die akzessorische Beteiligung an der Rechtsgutsverletzung) auch dann für gegeben erachtet werden muss, wenn die BtM bereits sichergestellt sind. Insofern gelten dieselben Maßstäbe, die für den Haupttäter gelten.[792] Entscheidend ist dann nur noch, ob die Gehilfenhandlung objektiv geeignet war, die Haupttat zu fördern.

Es überrascht bei dieser Gemengenlage nicht, dass der Fall, dass die Bemühungen eines **468** Gehilfen zur Förderung eines Umsatzes von Drogen **ins Leere gehen, weil die Betäubungsmittel bereits sichergestellt** worden sind, unter den Senaten streitig ist.[793] Der *2. Senat* hat die Annahme vollendeter Beihilfe gebilligt,[794] der *5. Senat* deren Vorliegen verneint.[795] Gegen die Auffassung des *5. Senats* hat sich der *1. Strafsenat* in einer Leitsatzentscheidung gewandt und allein in der Bereitschaftserklärung des Gehilfen eine vollendete Beihilfe gesehen.[796] Dieser Position wiederum hat sich der *2. Strafsenat* angeschlossen.[797]

---

[785] BGH 1.7.1954 – 3 StR 657/53, BGHSt 6, 246 = NJW 1954, 1898 mAnm *Topf*.

[786] BGH 6.11.1991 – 3 StR 406/91, NJW 1992, 1467; aA BGH 4.4.2006 – 3 StR 91/06, NStZ 2007, 102 = StV 2007, 80: „Bedenken, diese sehr weitgehende Rspr. fortzuführen".

[787] BGH 4.12.1981 – 3 StR 408/81, BGHSt 30, 277 = NJW 1982, 708; 7.6.2000 – 3 StR 82/00, BeckRS 2000, 3011637.

[788] BGH 5.8.1993 – 4 StR 439/93, NStZ 1994, 39.

[789] Vgl. den Sachverhalt von BGH 21.4.2009 – 3 StR 107/09, BeckRS 2009, 13788.

[790] Zum Ganzen auch *Krumdiek* StV 2009, 385.

[791] ZB BGH 17.7.2007 – 1 StR 312/07, NStZ 2007, 635; *Weber* Rn. 267.

[792] ZB BGH 28.5.2008 – 1 StR 196/08, NJW 2008, 2276 = NStZ 2008, 573; 26.8.2009 – 2 StR 223/09, BeckRS 2009, 25647; offen gelassen in BGH 7.2.2008 – 5 StR 242/07, NJW 2008, 1460.

[793] Vgl. *W. Winkler* NStZ 2008, 444 (445) und NStZ 2009, 433.

[794] BGH 16.1.2008 – 2 StR 535/07, NStZ 2008, 284 mAnm *Zimmermann* FD-StrafR 2008, 255359.

[795] BGH 7.2.2008 – 5 StR 242/07, NJW 2008, 1460 = NStZ 2008, 465 = StV 2008, 417.

[796] BGH 28.5.2008 – 1 StR 196/08, NJW 2008, 2276 = NStZ 2008, 573.

[797] BGH 3.2.2010 – 2 StR 368/09, NStZ 2010, 522.

469 **3. Beendigung.** Beendet ist die Tat, wenn der erstrebte Erfolg eingetreten ist oder wenn die Bemühungen um den BtM-Umsatz endgültig abgebrochen oder eingestellt werden.

470 **a) Güterumsatz und Geldfluss.** Als Regel gilt: „Ein Rauschgiftgeschäft ist beendet, wenn Ware und Entgelt ausgetauscht sind".[798] Eine sich **über mehrere Teilakte hinziehende Tat** ist zB erst beendet, wenn das BtM zu den vorgesehenen Abnehmern gelangt[799] oder wenn Reklamationen abgeschlossen sind.[800] HT ist jedoch dann nicht mehr möglich, wenn nach der Vorstellung des Beteiligten jedweder Rauschgiftumsatz, zu dem die auf den Erlös gerichteten Bemühungen Bezug haben können, beendet ist („wenn der **Waren- und Geldfluss zur Ruhe gekommen ist**"[801]).[802]

471 **b) Differenzierte Betrachtung.** Wann eine Beendigung des HTs im Sinne des BtMG anzunehmen ist, muss dabei für die verschiedenen Beteiligten unterschiedlich beurteilt werden.

472 Auf der **untersten Ebene der Handelskette** ist Beendigung regelmäßig dann eingetreten, wenn der Empfänger die vereinbarte Drogenportion und deren Lieferant das Entgelt erhalten hat, mögen auch Forderungen von Großhändlern, aus deren Beständen die Lieferung stammte, noch offen sein.[803] Der Diebstahl von BtM hat ebenfalls Zäsurwirkung und führt zur Beendigung der Tat, als der Geschäftspartner mit solch einer Handlung zugleich seine Zahlungsverweigerung zu verstehen gibt.[804] Wurde das **BtM bereits sichergestellt,** können zum Beispiel Einfordern, Kassieren und Weiterleiten des Entgeltes den BtM-Umsatz meist nicht mehr objektiv fördern. HT kann aber trotzdem in den Fällen vorliegen, in denen das BtM zwar sichergestellt worden ist, dies dem Täter aber bei seinem weiterhin auf BtM-Umsatz ausgerichteten Tun nicht bekannt ist. (Vgl. dazu auch → Rn. 307) Diese Bewertung findet ihren Grund darin, dass das HT kein Erfolgsdelikt ist, dass also eine tatsächliche Ermöglichung oder Förderung eines BtM-Umsatzes nicht erforderlich ist, ein bloßes Abzielen auf die Förderung eines solchen Umsatzes genügt.

473 Des Weiteren können Einfordern, Kassieren und Weiterleiten des Entgeltes für eine bereits erfolgte, aber sichergestellte Rauschgiftlieferung insofern dem BtM-Umsatz dienen, als sie im **Rahmen eines eingespielten Bezugs- und Vertriebssystems** stattfinden und damit der nächsten BtM-Lieferung den Boden bereiten.[805] Aus den Besonderheiten des BtM-Strafrechts ergibt sich indessen, dass unter den Tatbestand des HTs mit Rücksicht auf die oft arbeitsteilige Begehungsweise die **Gesamtheit der Handlungen** als eine Tat zu bewerten sein kann, die von der Anbahnung des Geschäfts, über die Beschaffung und Weitergabe des Rauschgiftes bis hin zu allen Finanztransaktionen reicht. Wegen dieser Besonderheiten ist es angebracht, für die Frage der Tatbeendigung und des Beginns der Strafverfolgungsverjährung nicht generell für alle Mittäter und Gehilfen von einem einheitlichen Zeitpunkt auszugehen. Hat ein Tatgehilfe nur einen abgrenzbaren Tatbeitrag geleistet, ist für diesen davon auszugehen, dass bezüglich seiner Person die Verfolgungsverjährung auch mit Abschluss dieses Tatabschnitts beginnt, und zwar unabhängig davon, welchen Verlauf die Abwicklung des Geschäfts im weiteren auch nehmen mag.[806]

[798] BGH 17.7.1997 – 1 StR 230/97, NStZ-RR 1997, 359.
[799] BGH 9.7.1996 – 1 StR 728/95, NStZ-RR 1996, 374.
[800] BGH 14.11.1985 – 4 StR 588/85, StV 1986, 342.
[801] BGH 17.5.1996 – 5 StR 119/96, NStZ-RR 1997, 85; 17.7.1997 – 1 StR 230/97, NStZ-RR 1997, 359; 17.7.1995 – 1 StR 189/95, StV 1996, 641 (642); 17.7.1997 – 1 StR 753/96, NStZ-RR 1998, 25 = StV 1998, 588; 17.7.1997 – 1 StR 791/96, BGHSt 43, 158 = NJW 1997, 3323 = NStZ 1998, 42 = StV 1997, 589 = wistra 1998, 22; 21.5.1999 – 2 StR 154/99, NStZ 1999, 467 = StV 2000, 80.
[802] Zur Problematik der Verjährung in diesem Zusammenhang *Oğlakcıoğlu*, BtMG AT, S. 473.
[803] BGH 20.3.1985 – 2 StR 861/84; 5.11.1991 – 1 StR 361/91, NStZ 1992, 495 mAnm *Schoreit;* 11.7.1995 – 1 StR 189/95, StV 1996, 641 (642); 17.7.1997 – 1 StR 230/97, NStZ-RR 1997, 359; 17.7.1997 – 1 StR 753/96, NStZ-RR 1998, 25; 17.7.1997 – 1 StR 791/96, BGHSt 43, 158 = NJW 1997, 3323 = NStZ 1998, 42 = StV 1997, 589 = wistra 1998, 22; 21.5.1999 – 2 StR 154/99, NStZ 1999, 467.
[804] BGH 21.4.2015 – 4 StR 92/15, NJW 2015, 2898 m. Anm. *Kudlich;* mAnm *Oğlakcıoğlu* NStZ 2015, 571; vgl. bereits 1.10.1997 – 2 StR 520/96, NJW 1998, 168 (170).
[805] BGH 21.5.1999 – 2 StR 154/99, NStZ 1999, 467.
[806] LG Bremen 15.8.2000 – 11 Qs 27/2000, StV 2001, 113.

Daher sind der Aufbau und die Betätigung einer Sammelstelle für im Straßenhandel **474** eingenommene Drogengelder, das Veranlassen oder die Durchführung des Transports der gesammelten Gelder durch Kuriere über Landesgrenzen hinweg, der Umtausch in die gewünschte Währung zur Bezahlung von Drogenlieferungen oder die Umwandlung in Buchgeld und die Weiterleitung der Geldbeträge in Richtung auf den Drogenlieferanten oder dessen Zahlstelle zum unerlaubten HT mit BtM zu rechnen. Gleiches gilt für das Führen eines bankmäßig betriebenen Kontokorrentsystems mit Vorabstimmung über die sofortige Verfügbarkeit von bereits gewaschenen Drogengeldern. Solche Handlungen schaffen nämlich in einem Distanzgeschäft die Voraussetzung dafür, dass ein beschleunigter Geldfluss entsteht, damit den Lieferanten rasch Finanzmittel zur Verfügung stehen. Diese Tathandlungen des HTs mit BtM sind unabhängig davon, ob das in Großmengen angelieferte und auf verschiedene Stufen der Handelskette verteilte BtM die Händler, Zwischenhändler und Endverbraucher bereits erreicht hat oder nicht. Jedenfalls ist der Geldfluss in solchen Fällen noch nicht „zur Ruhe gekommen".[807] In einem solchen Fall (Einbindung eines Beteiligten in ein eingespieltes System, in dessen Rahmen der Täter die Umsatzerlöse befördert) gilt also die Ausnahme von dem Grundsatz, dass HT regelmäßig mit dem Austausch der beiderseitigen Leistungen unabhängig davon, ob die Hinterleute des Lieferanten ihrerseits noch Forderungen gegen diesen haben, beendet ist. Ob die Förderung von Finanzaktionen der genannten Art bei Eigennützigkeit als (mit)täterschaftliches HT oder als Beihilfe zu werten ist, richtet sich nach den allgemeinen Grundsätzen. In subjektiver Hinsicht gilt Folgendes: Der Vorsatz des Täters – wie auch der des Gehilfen – muss sich nur auf die Förderung der Zahlung des Kaufpreises an den Drogenlieferanten erstrecken. Einzelheiten der Drogenlieferungen muss er nicht kennen.[808] Dies gilt auch für die nächsten Lieferungen, denen nach dem Konstrukt dieser Ausnahme mit der Weiterleitung des Entgelts aus der erfolgten BtM-Lieferung der Boden bereitet wird,[809] zumal aus den erfolgten Lieferungen und den daraus erzielten Erlösen Anhaltspunkte für Art und Menge der zu erwartenden weiteren Lieferungen gewonnen werden können. Im Hinblick auf die hier in Betracht kommende Beteiligung am HT im Rahmen der Organisation sollen auch die Gesichtspunkte, die zum Transport von Streckmitteln entwickelt wurden,[810] nicht entgegenstehen.[811]

VII. Qualifikationen

Verbrechenstatbestände liegen vor beim entgeltlichen, eigennützigen Abgeben (= HT **475** in einem gem. § 29a Abs. 1 Nr. 1 eingeschränkten Sinne) von BtM an Minderjährige (§ 29a Abs. 1 Nr. 1), HT mit BtM in nicht geringer Menge (§ 29a Abs. 1 Nr. 2), bandenmäßigen HT (§ 30 Abs. 1 Nr. 1), gewerbsmäßigen entgeltlichen, eigennützigen Abgeben (= HT in einem gem. § 29a Abs. 1 Nr. 1 eingeschränkten Sinne) von BtM an Minderjährige (§ 30 Abs. 1 Nr. 2), bandenmäßigen HT mit BtM in nicht geringer Menge (§ 30a Abs. 1) und HT mit BtM in nicht geringer Menge unter Mitführen einer Schusswaffe (§ 30a Abs. 2 Nr. 2). Zur Abgrenzung unerlaubten HTs in nicht geringen Mengen vom einfachen HT nach dem Grundtatbestand im Fall des auf spätere Veräußerung abzielenden Anbaus von Cannabispflanzen vgl. → § 29a Rn. 70.

VIII. Konkurrenzen

Das HT steht zu anderen Delikten des BtM-Strafrechts, aber auch zu Tatbeständen des **476** allgemeinen Strafrechts in **unterschiedlichen Konkurrenzverhältnissen:**

---

[807] Vgl. BGH 17.7.1997 – 1 StR 791/96, BGHSt 43, 158 = NJW 1997, 3323 = NStZ 1998, 42.

[808] BGH 17.7.1997 – 1 StR 753/96, NStZ-RR 1998, 25; vgl. allgemein zum Gehilfenvorsatz BGH 18.4.1996 – 1 StR 14/96, BGHSt 42, 135 = NJW 1996, 2517; Anm. *Loos* JR 1997, 296; Anm. *Scheffler* JuS 1997, 277; Anm. *Kindhäuser* NStZ 1997, 411.

[809] Vgl. *Weber* Rn. 437.

[810] BGH 23.4.1993 – 3 StR 145/93, NJW 1993, 2389.

[811] Vgl. *Weber* Rn. 437.

477   **1. Bewertungseinheit.** Die wichtigste Rechtsfigur zur Lösung der beim Zusammentreffen mehrerer Handlungen entstehenden Fragen beim HT ist das Rechtsinstitut der Bewertungseinheit. Es ist aus der besonderen Tatbestandsstruktur des HTs abgeleitet und wird inzwischen auch in anderen Rechtsgebieten (zB bei den Bestechungsdelikten[812]) angewendet. Die Rechtsprechung zur Bewertungseinheit verknüpft mehrere – teils eng zusammenhängende, ineinander mündende, teils auch ganz unterschiedliche – Teilakte (Bestellung, Erwerb, Vorratshaltung, Verkaufsangebot, Abgabe, Transport, Bezahlung jeweils – häufig auch sukzessiv verwirklicht – mit dem Ziel des gewinnbringenden BtM-Umsatzes) zu einer einheitlichen Tat des HTs mit BtM.[813] Voraussetzung ist, dass sich alle Teilakte eines länger andauernden Gesamtgeschehens **„im Rahmen ein und desselben Güterumsatzes"** auf eine einzige erworbene oder besessene BtM-Menge beziehen.[814] Dann liegt nur eine einzige Tat vor mit der Folge, dass nach einer ersten Verwirklichung des HT-Tatbestandes weitere Tätigkeiten zur Realisierung des angestrebten BtM-Umsatzes keine neuen, weiteren Tatbestandsverwirklichungen darstellen, sondern als unselbstständige Teilakte desselben einheitlichen Vorgangs anzusehen sind.

478   Der Bewertungseinheit als tatbestandliche Handlungseinheit steht die **natürliche Handlungseinheit** gegenüber.[815] Eine natürliche Handlungseinheit liegt vor, wenn zwischen einer Mehrheit gleichartiger, strafrechtlich erheblicher Betätigungen ein derartiger **unmittelbarer Zusammenhang in räumlicher und zeitlicher Hinsicht** besteht, dass das gesamte Handeln des Täters objektiv auch für einen Dritten als ein einheitliches zusammengehöriges erscheint und die einzelnen Handlungsakte auch durch ein gemeinsames subjektives Element miteinander verbunden sind.[816] Das **subjektive Element** ist gegeben, wenn die einzelnen äußeren Handlungen auf einen **einheitlichen Willensentschluss** zurückgehen. Soweit die Annahme nur einer Tat im Rechtssinne nicht schon unter dem Gesichtspunkt der Bewertungseinheit geboten ist, müssen die Erscheinungsformen der BtM-Kriminalität auch unter diesem Gesichtspunkt geprüft und bewertet werden.[817] In Anbetracht der Vielfalt der Erscheinungsformen von Handeltreibenstätigkeiten, die unter dem übergreifenden Gesichtspunkt eines einzigen Güterumsatzes durch das Modell der Bewertungseinheit zu einer einzigen Handlung zusammengefasst werden, bleibt in diesem Bereich kaum einmal eine Möglichkeit offen für die Annahme einer natürlichen Handlungseinheit. Auf die Grundsätze der natürlichen Handlungseinheit wird man dann aber zurückgreifen müssen, wenn eine Abfolge von einzelnen Tätigkeiten festzustellen ist, die unter dem Gesichtspunkt der Bewertungseinheit als einheitliche Tat gesehen werden könnte, bei denen aber der **Eigennutz** fehlt. Dies gilt etwa bei einem Täter, der zwar an mehreren Tagen, aber innerhalb eines kurzen Zeitraums im Rahmen ein und desselben Umsatzgeschäfts BtM transportiert – hier liegt eine natürliche Handlungseinheit vor.[818] Das Auffüllen des Restvorrates an BtM durch Neueinkäufe stellt weder eine natürliche Handlungseinheit noch ein einheitliches Tatgeschehen dar.[819]

479   **a) Kasuistik.** Entscheidender Gesichtspunkt für die Annahme einer Bewertungseinheit ist demnach, ob sich die Aktivitäten des Täters auf ein und dieselbe BtM-Menge („dieselbe Rauschgiftmenge",[820] „diese Gesamtmenge",[821] „einheitlicher Gesamtvorrat",[822] „ein Ver-

---

[812] BGH 3.12.1997 – 2 StR 267/97, NStZ 1998, 194.
[813] BGH 15.5.1997 – 5 ARs 18/97.
[814] BGH 7.1.1981 – 2 StR 618/80, BGHSt 30, 28 = NJW 1981, 1325; mAnm *Mösl* LM Nr. 4 zu § 11 Nr. 1 BtMG und seitdem stRspr; vgl. jüngst BGH 11.1.2012 – 5 StR 445, 11, NStZ-RR 2012, 121; zusf. KPV/*Patzak* Teil 4 Rn. 293 ff.
[815] Vgl. zB BGH 15.6.1994 – 2 StR 127/94; für *Weber* Vor §§ 29 ff. Rn. 436 ist die Bewertungseinheit ein Fall der tatbestandlichen Handlungseinheit.
[816] BGH 16.5.1990 – 2 StR 143/90, NJW 1990, 2896; 25.11.1992 – 3 StR 520/92, NStZ 1993, 234; 29.11.1984 – 4 StR 661/84, NStZ 1985, 217; 7.3.1996 – 4 StR 742/95, NStZ 1996, 338.
[817] *Franke/Wienroeder* Rn. 45.
[818] BGH 7.3.1996 – 4 StR 742/95, NStZ 1996, 338.
[819] BGH 28.9.1994 – 3 StR 261/94, NStZ 1995, 37.
[820] BGH 13.12.1994 – 1 StR 720/94, NJW 1995, 739.
[821] BGH 13.12.1994 – 4 StR 680/94, StV 1995, 391.
[822] BGH 12.7.1994 – 5 StR 374/94, NStZ 1994, 547.

kaufsvorrat"[823]) beziehen. Diese einheitliche BtM-Menge, die einmal bei diesem Täter vorgelegen haben muss, verklammert alle seine Bemühungen um ihren Umsatz zu einer einzigen Handlung des HTs im Rechtssinne. Auf einen „Gesamtvorsatz" des Täters kommt es hingegen nicht an.[824] Sehr vereinfacht ausgedrückt erfolgt die Verklammerung entweder durch einen **einheitlichen Erwerbsvorgang** oder durch einen **einheitlichen Verkaufsvorgang** (bzw. einheitlichen Gesamtvorrat). Hingegen genügt kein gemeinsames Depot für sich bzw. der Besitz verschiedener BtM aus verschiedenen Erwerbsvorgängen zu derselben Zeit.

aa) Einheitlicher Erwerb von Verkaufsmengen. Die Annahme einer Bewertungs- **480** einheit beim HT mit BtM ist geboten, wenn konkrete Umstände dafür vorliegen, dass an sich selbstständige Verkaufshandlungen aus derselben Erwerbsmenge getätigt werden.[825] Dies gilt auch dann, wenn der Kauf einer Gesamtmenge an BtM vereinbart wird, die in Teilmengen – und evtl. sogar an verschiedenen Tagen – geliefert werden soll.[826] **Anbahnungsbemühungen und Erfüllungsgeschäft** bilden einen einheitlichen Lebensvorgang und damit eine Tat des HTs.[827] Nicht nur das HT aus einem Gesamtvorrat von Drogen, sondern auch die **Absprache über eine sukzessive Lieferung von Teilmengen** eines BtM können aufeinanderfolgende Teilakte der Veräußerung im Sinne der Bewertungseinheit zu einer Tat im Rechtssinne zusammenfassen.[828]

(1) Einheitlicher Verkaufsvorrat. Es liegt nur eine Tat des HTs mit BtM vor, wenn **481** der Angeklagte **aus einem einheitlich erworbenen Gesamtvorrat Teilmengen** veräußert.[829] In einem solchen Fall bilden Erwerb, Besitz und die einzelnen Verkaufshandlungen eine einzige Bewertungseinheit des HTs. Beschafft sich also der Täter eine einheitliche BtM-Menge zur gewinnbringenden Weiterveräußerung, so verwirklicht er den Tatbestand des HTs vielmehr auch dann nur einmal, wenn er sie in mehreren Teilmengen absetzt.[830] Einzelne **Veräußerungsgeschäfte, die dieselbe Vorratsmenge betreffen,** stellen lediglich unselbstständige Teilakte in Bezug auf den Handel mit der Gesamtmenge dar. Das gilt auch dann, wenn dem Erwerber mit dem aus der Vorratsmenge stammenden BtM in einer (natürlichen) Handlung jeweils weitere BtM ausgehändigt werden,[831] oder wenn die Abgabe zum Teil an **Minderjährige** erfolgt.[832]

Andererseits ist allein der gleichzeitige Besitz zum Handel bestimmter BtM-Mengen aus **482** **verschiedenen Liefervorgängen** nicht geeignet, mehrere selbstständige Taten des HT zu einer Bewertungseinheit zu verbinden (aber → Rn. 527).[833] Damit ist in der Prozesspraxis der Tatrichter gefordert, dem der Zweifelssatz zB bei einem schweigenden Angeklagten nicht vorgibt, festgestellte Einzelverkäufe zu einer Bewertungseinheit zusammenzufassen, nur weil die theoretische Möglichkeit besteht, dass die besessene Menge ganz oder teilweise aus einem einzigen Erwerbsvorgang stammt.[834] Es wird hier auf die **Umstände des Einzel-**

---
[823] BGH 3.5.1995 – 5 StR 122/95.
[824] BGH 16.8.1991 – 3 StR 254/91, StV 1993, 308; 31.7.1996 – 3 StR 269/96.
[825] Vgl. zB BGH 28.9.1994 – 3 StR 261/94, StV 1995, 26; 6.10.1995 – 3 StR 346/95, NJW 1996, 469; 17.5.1996 – 3 StR 631/95, BGHSt 42, 162 = NJW 1996, 2802; 17.9.1997 – 2 StR 237/97; 11.3.1998 – 2 StR 22/98, NStZ 1998, 360; 1.12.1998 – 4 StR 547/98; 14.4.2004 – 4 StR 32/04, BeckRS 2004, 05420.
[826] BGH 13.7.1994 – 5 StR 358/94; 25.6.1998 – 1 StR 68/98, StV 1998, 595.
[827] BGH 6.8.1991 – 1 StR 405/91.
[828] BGH 10.10.1995 – 5 StR 469/95; 20.12.1994 – 5 StR 696/94, unter Berufung ua auf BGH 18.5.1994 – 2 StR 169/94, NStZ 1994, 495; 11.5.1994 – 2 StR 186/94.
[829] BGH 13.12.1994 – 4 StR 680/94, StV 1995, 391; BGH 28.6.2011 – 3 StR 485/10, BeckRS 2011, 19180; 9.5.2012 – 4 StR 67/12 = NStZ-RR 2012, 279; 11.1.2012 – 5 StR 445/11 = NStZ-RR 2012, 121; 23.5.2012 – 5 StR 12/12, NStZ 2012, 517.
[830] BGH 4.4.2006 – 3 StR 91/06, NStZ 2007, 102 = StV 2007, 80; 28.6.2011 – 3 StR 485/10, BeckRS 2011, 19180.
[831] BGH 21.8.2008 – 4 StR 330/08, NStZ-RR 2008, 385.
[832] BGH 8.5.2003 – 3 StR 123/03 = NStZ 2004, 109; 6.8.2013 – 5 StR 255/13, NStZ-RR 2013, 347.
[833] Vgl. zB BGH 11.1.2000 – 5 StR 444/99, NStZ 2000, 431; 21.2.2007 – 4 StR 502/06, BeckRS 2007 03790.
[834] → Rn. 513.

falls ankommen: verschiedene BtM oder ein BtM mit Teilmengen von unterschiedlichen Wirkstoffgehalten oder unterschiedlichem Äußerem sprechen für mehrere Erwerbshandlungen.[835] Eine einzige BtM-Art mit homogener Zusammensetzung spricht eher für eine einzige Erwerbshandlung, auch wenn nur wegen Besitzes und nicht wegen Erwerbs mangels Bestimmbarkeit von Tatort und Tatzeit verurteilt werden könnte. Der Besitz verschiedener von vornherein zu ganz unterschiedlichem Handel bestimmter BtM, die niemals zu einem Gesamtvorrat oder einem Depot verbunden worden sind, begründet **nicht bereits aufgrund zeitlicher Überschneidung** eine Bewertungseinheit.[836] In einem solche Fall liegt Tatmehrheit zwischen den Verkaufshandlungen vor, es sei denn, der Täter verkauft seinem Abnehmer jeweils im Rahmen eines Geschäfts gleichzeitig BtM aus seinen beiden Vorräten: dann liegt wegen der damit gegebenen Identität der tatbestandlichen Ausführungshandlung Tateinheit vor.[837] Die Annahme einer Bewertungseinheit kommt auch in Betracht, wenn feststeht, dass der Angeklagte von seinem Lieferanten **verschiedene BtM** zum Zwecke des HTs **gleichzeitig** erworben hat.[838]

483   **(2) Einheitliche Lieferzusage.** Absprachen über die sukzessive Lieferung von Teilmengen an BtM fassen die aufeinander folgenden Teilakte zu einer Tat zusammen, wenn die Absprache auf die Lieferung einer bestimmten Gesamtmenge gerichtet war.[839] Nach den Grundsätzen der Bewertungseinheit sind auch mehrere bindende Verkaufsangebote als eine einzige Tat zu werten, wenn sie auf einem Entschluss beruhen und eine einheitliche – noch zu beschaffende – Menge eines BtM betreffen,[840] und gestalteten sich die Verhandlungen auch noch so langwierig. So ist folgender Vorgang nach den Grundsätzen zur Bewertungseinheit beim HT mit BtM **als eine Tat** angesehen worden: Vereinbarung über die Lieferung von erst noch zu beschaffenden Ecstasy-Tabletten, erfolgloser Versuch, die Tabletten am nächsten Tag in einer anderen Stadt anzukaufen, Erwerb der geschuldeten Menge fünf Tage später in wiederum einer anderen Stadt und anschließende Lieferung an den Besteller. Mit der Vereinbarung war die Tat vollendet, Versuch des Erwerbs, Erwerb und schließlich Lieferung zur Erfüllung der Vereinbarung sind jeweils unselbstständige Teilakte.[841] Insbesondere dann, wenn der Täter eine Lieferzusage über ein BtM abgibt, über das er noch nicht verfügt und das er sich erst noch beschaffen muss, können Zeitpunkt der Vereinbarung und Lieferzeitpunkt (zur Erfüllung dieser Vereinbarung) weit auseinanderfallen. Lieferschwierigkeiten und damit verbunden die Übergabe in Teilmengen stehen einer Verklammerung nicht entgegen.[842] Es handelt sich nach Bewertungseinheitsmaßstäben dennoch um eine einzige Tat.[843]

484   **(3) Mehrere Verkäufe aus einer Ernte.** Der Grundsatz, dass mehrere Akte des Betäubungsmittelumsatzes eine einheitliche Tat des HTs bilden, wenn sie dieselbe BtM-Menge betreffen,[844] kommt auch zur Anwendung, wenn es um eine in einem Akt **angebaute** und zum HT hergestellte Menge von Betäubungsmitteln geht:[845] Denn es kommt auf die durch eine Ernte hervorgebrachte Menge als einheitlichen Gegenstand des HTs an, unabhängig davon, dass deren Verkauf auf mehrere Veräußerungsgeschäfte aufgeteilt wird.[846]

---

[835] BGH 23.5.2012 – 5 StR 12/12, NStZ 2012, 517.
[836] BGH 23.10.1996 – 5 StR 505/96, NStZ-RR 1997, 144; 25.3.1998 – 1 StR 80/98.
[837] BGH 25.3.1998 – 1 StR 80/98.
[838] BGH 27.4.1999 – 4 StR 136/99, StV 1999, 431.
[839] BGH 22.10.1996 – 1 StR 548/96, NStZ 1997, 136; 30.11.1999 – 4 StR 505/99, StV 2000, 260; BGH 14.1.2015 – 4 StR 440/14, NStZ-RR 2015, 113; 16.9.2014 – 3 StR 413/14, StV 2015, 642.
[840] BGH 2.12.1999 – 3 StR 479/99, NStZ 2000, 27.
[841] BGH 7.5.1996 – 4 StR 152/96, StV 1996, 483. BeckRS 2014, 15466.
[842] BGH 24.6.2014 – 3 StR 207/14, BeckRS 2014, 15466.
[843] BGH 5.12.1996 – 4 StR 547/96.
[844] BGH 13.12.1994 – 1 StR 720/94, NJW 1995, 739 = StV 1995, 256 = wistra 1995, 147; 23.3.1995 – 4 StR 746/94, NJW 1995, 2300 = StV 1995, 417.
[845] BGH 20.4.2005 – 3 StR 106/05, BeckRS 2005, 06257 (insoweit in NStZ 2005, 650 nicht abgedruckt).
[846] BGH 16.6.2009 – 3 StR 6/09, BeckRS 2009, 22500 = NStZ 2009, 648.

bb) Weiterverkauf von zusammengeführten Mengen bzw. Vorrat zum Zwecke 485
des Weiterverkaufs in einer Gesamtmenge. (1) Gesamtverkauf und Verkaufsvorrat
(Silotheorie). Während das Anlegen eines Vorrats aus selbstständigen Einkäufen zum
Absatz in verschiedenen Verkaufshandlungen nicht die Einzeltaten zu einer Bewertungseinheit verklammern kann, ist von einer Bewertungseinheit auszugehen, wenn die aus unterschiedlichen Einkäufen stammenden BtM im Rahmen eines Handelsgeschäfts weiterverkauft werden[847] bzw. werden sollen.[848] **Vermischt** der Täter zwei sukzessive erworbene
Rauschgiftmengen zur gemeinsamen Abgabe des Rauschmittels, liegt ungeachtet der verschiedenen Erwerbsakte nur eine einheitliche Tat des HTs mit Betäubungsmitteln in nicht
geringer Menge vor.[849]

Hingegen genügt **das sukzessive Auffüllen eines BtM-Vorrats allein („Silotheo-** 486
rie") nicht für die die Annahme einer Bewertungseinheit.[850] Ist über den Zeitpunkt und
Umfang der Vorratshaltung nichts bekannt bzw. bestehen keine konkreten Anhaltspunkte
für die dargelegte Möglichkeit eines einheitlichen Kaufs, sondern ist allein ein Verkaufsvorrat
festgestellt, aus dem sich der Täter sukzessive bedient,[851] genügt dies für eine Bewertungseinheit nicht. Allein der gleichzeitige Besitz zum Handel bestimmter BtM-Mengen aus verschiedenen Liefervorgängen ist nicht geeignet, mehrere selbstständige Taten des HTs zu
einer Bewertungseinheit zu verbinden (vgl. noch → Rn. 493).[852]

(2) Selbstständige Anbau- bzw. Erntevorgänge. Gleiches gilt für den Anbau (und 487
damit wohl auch für die Herstellung) von BtM: Die aus einzelnen Anbauvorgängen erzielten
Erträge werden verklammert, wenn sie in einem einheitlichen Umsatzgeschäft veräußert
werden bzw. zu diesem Zweck vorrätig gehalten werden.[853] Dabei ist es unerheblich, ob
die BtM aus einer Plantage mit Pflanzen unterschiedlicher Reifungsgrade stammen, die
sukzessiv nach ihrer Reife geerntet werden.[854] Auch hier stellt der einzelne Verkauf die
Zäsur des Anbaus dar. Mit ihm konkretisiert sich die Tat des HTs und trennt die zur
Erzeugung des verkauften BtM notwendigen Anbauvorgänge von denen ab, die der Herstellung der nächsten Lieferung und damit der nächsten Tat des HTs mit BtM dienen. Es ist
dabei unerheblich, dass die einzelnen Pflanzen nicht innerhalb einer Plantage gleichzeitig
angebaut und von anderen Pflanzungen räumlich getrennt sind. Der bloße Umstand, dass
die verwendeten Setzlinge aus einer Mutterpflanze stammen, dürfte für eine Verklammerung
hingegen nicht genügen.[855]

cc) Sonstige Fälle der Bewertungseinheit. (1) Einzellieferungen „je nach 488
Bedarf". Zwar kann auch eine Absprache über eine sukzessive Lieferung von Teilmengen
die aufeinanderfolgenden Teilakte der Veräußerung zu einer Tat zusammenfassen; dies gilt
jedoch nur für den Fall der Absprache, eine konkret bestimmte Gesamtmenge in bestimmten
Teilmengen zu liefern.[856] Wenn sich die „ursprüngliche Liefervereinbarung" nicht auf eine
konkrete Gesamtmenge bezieht, sondern darauf, dass „je nach Bedarf" zu liefern ist, dann

---

[847] BGH 27.9.2011 – 4 StR 421/11, NStZ-RR 2012, 24.
[848] BGH 11.1.2012 – 5 StR 445/11, NStZ-RR 2012, 121.
[849] BGH 23.10.2014 – 4 StR 377/14, NStZ 2015, 226.
[850] Vgl. aber noch BGH 12.7.1994 – 5 StR 374/94, NStZ 1994, 547; 23.10.1996 – 5 StR 505/96,
NStZ-RR 1997, 144 einerseits: Bewertungseinheit bei Veräußerung aus einem sukzessive wieder aufgefüllten
Gesamtvorrat; andererseits bereits 28.9.1994 – 3 StR 261/94, StV 1995, 26; 17.5.1996 – 3 StR 631/95,
BGHSt 42, 162; 22.1.1997 – 3 StR 608/96, NStZ 1997, 243; 11.1.2000 – 5 StR 444/99, NStZ 2000, 431 =
keine Bewertungseinheit durch Auffüllen. Nunmehr wohl h.M. zuletzt BGH 21.8.2012 – 2 StR 277/12,
NStZ 2013, 48; BGH 14.1.2010 – 1 StR 587/09, NStZ-RR 2011, 25, 26 (keine Bewertungseinheit).
[851] BGH 14.1.2015 – 4 StR 440/14, NStZ-RR 2015, 113; 21.8.2012 – 2 StR 277/12, NStZ 2013, 48.
[852] BGH 14.1.2015 – 4 StR 440/14, NStZ-RR 2015, 113; BGH 21.8.2012 – 2 StR 277/12, NStZ 2013,
48; NStZ-RR 2015, 113; BGH 20.2.2008 – 2 StR 619/07, NStZ 2008, 470; BGH 11.1.2000 – 5 StR 444/
99, NStZ 2000, 431.
[853] BGH 28.6.2011 – 3 StR 485/10; BGH 19.2.2015 – 3 StR 546/14, BeckRS 2015, 08389.
[854] BGH 19.2.2015 – 3 StR 546/14, BeckRS 2015, 08389; aA KPV/*Patzak* Teil 4 Rn. 319.
[855] So auch *Patzak/Goldhausen* NStZ 2014, 384 (387); aA *Anger/Wesemann* StV 2013, 178 (180).
[856] BGH 13.7.1994 – 5 StR 358/94; 20.12.1994 – 5 StR 696/94.

erfolgen die Einzellieferungen „je nach Bedarf" aufgrund immer neuer mündlicher Bestellungen, und die Ausgangsvereinbarung kann auf Grund ihrer Unbestimmtheit die nachfolgenden Teillieferungen nicht zu einer bewertungseinheitlichen Tat verbinden.[857]

489 **(2) Probelieferung.** „Probekäufe", die „der Vorbereitung eines viel größeren Geschäfts" dienen, betreffen schon deshalb „dieselbe Rauschgiftmenge" und bilden daher mit dem weiteren Geschäft eine einheitliche Tat.[858] Anders liegt der Fall aber dann, wenn die Probekäufe oder Lieferungen im Rahmen einer Vereinbarung der Lieferung „nach Bedarf" (siehe vorhergehende Rn.) erfolgen; dann sind Probelieferungen und -käufe als gesonderte Taten zu behandeln (weil Gegenstand des Geschäfts keine bestimmte Menge ist).[859]

490 **(3) Umtausch.** Wird eine zum Weiterverkauf erworbene BtM-Menge in eine andere Menge umgetauscht, weil etwa die gelieferte Qualität nicht den Erwartungen entspricht, so sind auch die Bemühungen um die Rückgabe der mangelhaften und die Nachlieferung einer mangelfreien Ware auf die Abwicklung ein- und desselben BtM-Geschäftes gerichtet.[860]

491 **(4) Ablieferung des Erlöses.** Die Übermittlung des aus einer BtM-Lieferung „geschuldeten" Geldbetrages vom Abnehmer zum Lieferanten gehört zum HT. Wenn der Übermittler zuvor bereits mit anderen Tätigkeiten an demselben Umsatzgeschäft beteiligt war, liegt nach den Grundsätzen der Bewertungseinheit eine einzige Tat vor,[861] wenn das zugrundeliegende Rauschgiftgeschäft noch nicht beendet ist (Ausnahme: Förderung des Geldkreislaufs im Rahmen der Betätigung internationaler Drogenhändler in einem organisierten Absatz- und Finanzsystem, → Rn. 469 f.).

492 **dd) Keine Bewertungseinheit.** Nach den dargestellten Grundsätzen scheidet somit eine Bewertungseinheit aus, wenn es an einem einheitlichen Güterumsatz fehlt, bzw. keine Bezugshandlung festgestellt ist, welche eine einheitliche Betrachtung des Güterumsatzes rechtfertigte.

493 **(1) Einfacher Vorrat (Silo).** Ein einfacher Vorrat genügt für sich gesehen nicht, um alle Handlungen bzgl. dieses Vorrats zu einer Bewertungseinheit zu verklammern (bereits → Rn. 482). Unterschiedliche Beschaffungsvorgänge stehen einer Bewertungseinheit entgegen.[862] Werden abgeerntete Pflanzen aus einem Anbauvorgang mehrfach hintereinander jeweils einzeln verkauft, so sind mehrere selbständige Taten des HTs gegeben.[863]

494 **(2) Wiederholter Erwerb.** Bei wiederholtem Rauschgifterwerb sind die Handlungen des Käufers selbst dann nicht als eine Tat im Sinne einer Bewertungseinheit anzusehen, wenn das gesamte eingekaufte Rauschgift aus demselben Vorrat stammt.[864] Dasselbe gilt für mehrere Beschaffungsfahrten, die der gewinnbringenden Weiterveräußerung der BtM dienen. Auch hier scheidet eine einheitliche Tat des HT selbst dann aus, wenn das gesamte

---

[857] Vgl. BGH 23.3.1995 – 4 StR 746/94, StV 1995, 417.

[858] BGH 13.12.1994 – 1 StR 720/94, NJW 1995, 739.

[859] Vgl. BGH 23.3.1995 – 4 StR 746/94, StV 1995, 417.

[860] StRspr; BGH 22.1.2004 – 1 StR 538/03, NStZ 2005, 232; 24.10.2006 – 3 StR 388/06, NStZ-RR 2007, 58 = StV 2007, 83; 23.9.2009 – 2 StR 325/09, NStZ-RR 2010, 24; 30.9.2009 – 2 StR 323/09, BeckRS 2009, 28662, insoweit in NStZ-RR 2010, 26 nicht abgedruckt; 22.1.2010 – 2 StR 563/09, NStZ 2011, 97; 25.1.2011 – 4 StR 689/10, BeckRS 2011, 03961; BGH 31.3.2016 – 2 StR 505/15, BeckRS 2016, 08444.

[861] BGH 4.11.1982 – 4 StR 451/82, BGHSt 31, 145 (148) = NJW 1983, 636 = JR 1983, 431 mAnm *Schmid*; 5.11.1991 – 1 StR 361/91, NStZ 1992, 495 mAnm *Schoreit*; BGH 11.7.1995 – 1 StR 189/95, StV 1995, 641.

[862] BGH 16.6.2016 – 1 StR 49/16, NStZ-RR 2016, 315.

[863] BGH 20.4.2005 – 3 StR 106/05, NStZ 2005, 650; 15.10.2008 – 2 StR 352/08 = BeckRS 2008, 22659; 19.2.2015 – 3 StR 546/14, BeckRS 2015, 08389.

[864] BGH 14.1.2010 – 1 StR 587/09, NStZ-RR 2011, 25; BGH 21.8.2012 – 2 StR 277/12, NStZ 2013, 48.

eingekaufte Rauschgift aus demselben Vorrat des Lieferanten stammt.[865] Erst der anschließende Verkauf kann (ebenso wie beim Verkäufer selbst) zu einer Bewertungseinheit verklammert werden, wenn die Einzelkäufe in einem Gesamtvorrat zum Zwecke des gemeinsamen Weiterverkaufs angesammelt werden.

(3) Gleichzeitige Zahlung offener Kaufpreise und Verhandlung über weitere Lieferungen. Tateinheit und nicht eine einzige Handlung auf Grund von Bewertungseinheitsmaßstäben nimmt die Rechtsprechung an, wenn die Zahlung des (Rest-)Kaufpreises mit Vereinbarungen oder auch nur Verhandlungen über neue Lieferungen in einem Vorgang zusammenfällt[866] (→ Rn. 527 ff.).   **495**

(4) Einheitliche Entlohnung für mehrere Verwahrverhältnisse. Keine Bewertungseinheit, sondern Tateinheit liegt vor, wenn der Täter ein Gesamtentgelt für die Verwahrung von BtM-Mengen aus verschiedenen Anlieferungen für denselben Auftraggeber erhält.[867]   **496**

(5) Gewaltsame Wiederbeschaffung/Eintreiben des Kaufpreises. Keine Bewertungseinheit liegt vor, wenn dem Täter das zum HT bestimmte BtM gestohlen wird und er es sich gewaltsam zum Zwecke des HTs wiederbeschafft. Denn das erste HT-Delikt war nach dem Diebstahl beendet. Dadurch, dass der Täter das BtM dann erneut an sich brachte, beging er eine neue Tat im materiell-rechtlichen (und auch im verfahrensrechtlichen) Sinne.[868] Tateinheit und nicht Bewertungseinheit liegt bei Zusammenfallen von **Eintreiben des (Rest-)Kaufpreises** für bereits gelieferte BtM mit **Verhandlungen über weitere Lieferungen** vor (§ 52 Abs. 1 StGB).[869]   **497**

b) Bewertungseinheit und Klammerwirkung hinsichtlich anderer BtM-Modalitäten. aa) Anbauen. Wenn das unerlaubte Anbauen von BtM nach dem Tatplan dem übergeordneten Ziel des späteren Verkaufs dient, so ist es – im Sinne einer Bewertungseinheit – unselbstständiges Teilstück des umfasenderen HTs mit BtM, ohne dass vorher die Frage nach Tateinheit, Tatmehrheit oder Gesetzeskonkurrenz beantwortet werden müsste.[870] Schon vor der Einführung der Rechtsfigur der Bewertungseinheit hatte der Bundesgerichtshof entschieden, dass „Vorstufen" des HTs dann, wenn sie bereits auf den Verkauf gerichtet sind, hinter das HT mit BtM zurückzutreten.[871]   **498**

bb) Herstellen. Wenn das unerlaubte Herstellen von BtM nach dem Tatplan dem übergeordneten Ziel des späteren Verkaufs dient, so ist es – im Sinne einer Bewertungseinheit – unselbstständiges Teilstück des umfasenderen HTs mit BtM, ohne dass vorher die Frage nach Tateinheit, Tatmehrheit oder Gesetzeskonkurrenz beantwortet werden müsste.[872]   **499**

cc) Einführen. Die Tathandlung der Einfuhr von BtM geht, wenn sie sich als unselbstständiger Teilakt des unerlaubten HT darstellt, in diesem Tatbestand als Teil des Gesamtgeschehens auf,[873] es sei denn der tatbestandlich ausgestanzte Fall der Einfuhr in nicht geringen Mengen (§ 30 Abs. 1 Nr. 4) wurde verwirklicht; dann ist von Tateinheit auszugehen.[874] An dieser Rechtsprechung hat der BGH[875] auch nach der Einführung von § 29a Abs. 1 Nr. 2   **500**

[865] vgl. BGH 3.12.2015 – 4 StR 430/15, NStZ-RR 2016, 82; BGH 14.1.2010 – 1 StR 587/09, NStZ-RR 2011, 25; BGH 21.4.2016 – 1 StR 629/15, NStZ-RR 2016, 211.
[866] BGH 23.6.1993 – 2 StR 47/93, BeckRS 1993, 31105985; 13.3.1996 – 2 StR 514/95, BeckRS 1996, 31091209; 13.4.1999 – 4 StR 42/99, NStZ 1999, 411 = StV 1999, 431.
[867] BGH 13.10.1998 – 4 StR 315/98, NStZ-RR 1999, 119.
[868] BGH 1.10.1997 – 2 StR 520/96, BGHSt 43, 252 = NJW 1998, 168 = NStZ 1998, 251 mAnm *Erb* NStZ 1998, 253 = StV 1998, 26 mAnm *Fürstenau* StV 1998, 482.
[869] BGH 23.6.1993 – 2 StR 47/93, BeckRS 1993, 31105985.
[870] So – für den Tatbestand des Herstellens – BGH 2.11.1988 – 2 StR 571/88, BeckRS 1988, 31094401.
[871] BGH 21.2.1974 – 1 StR 588/73, BGHSt 25, 290 = NJW 1974, 959.
[872] BGH 2.11.1988 – 2 StR 571/88, BeckRS 1988, 31094401.
[873] BGH 7.1.1981 – 2 StR 618/80, BGHSt 30, 28 = NJW 1981, 1325; 16.4.1996 – 4 StR 80/95, NStZ-RR 1996, 232; 4.8.2015 – 3 StR 162/15, BeckRS 2016, 40686.
[874] BGH 24.11.1982 – 3 StR 384/82, BGHSt 31, 163 (165 f.) = NJW 1983, 692.
[875] BGH 24.2.1994 – 4 StR 708/93, BGHSt 40, 73 = NJW 1994, 1885 = StV 1994, 375.

durch das OrgKG festgehalten. Zwar ist hiernach das unerlaubte HT mit BtM in nicht geringer Menge nunmehr ebenfalls als Verbrechenstatbestand ausgestaltet. Das ändert jedoch nichts daran, dass diese Begehungsweise – wie die gegenüber § 30 Abs. 1 niedrigere Mindeststrafdrohung des § 29a Abs. 1 erkennen lässt – im Vergleich zur unerlaubten Einfuhr von BtM in nicht geringer Menge weiterhin als das weniger schwere Delikt erscheint.

501 **dd) Ausführen.** Erfüllt ein Gesamtgeschehen des HTs in einem Teilabschnitt gleichzeitig den Tatbestand der Ausfuhr, so liegt nach den Grundsätzen der Bewertungseinheit eine einzige Tat vor.[876]

502 **ee) Durchführen.** Muss zum Zwecke des erstrebten BtM-Umsatzes, der als HT zu werten ist, das BtM durch den Geltungsbereich des BtMG durchgeführt werden, so liegt eine einzige bewertungseinheitliche Tat vor.[877]

503 **ff) Besitzen.** Bereits vor Einführung der Rechtsfigur der Bewertungseinheit war allgemein anerkannt, dass der Besitz von BtM gegenüber dem HT keinen eigenen Unrechtsgehalt hat. Eine Bestrafung wegen Besitzes kam demgemäß nur in Betracht, wenn die anderen Begehungsweisen nicht nachgewiesen werden konnten.[878] Nunmehr ist nach den Grundsätzen der Bewertungseinheit der unerlaubte Besitz von BtM zum Zwecke gewinnbringender Veräußerung als unerlaubtes HT mit BtM zu würdigen.[879] Geht der Besitz jedoch nicht vollständig in der anderen Begehungsform auf, weil eine Teilmenge zum Eigenverbrauch bestimmt ist oder das nicht widerlegt werden kann, besteht insoweit Tateinheit zwischen HT und dem Besitz bzw. Erwerb, nicht Tatmehrheit.[880] Das Besitzen von BtM ist nur dann ein unselbstständiger, im HT aufgehender Teilakt, wenn das HT in Täterschaft begangen wird. Zwischen Beihilfe zum HT und Besitz ist Tateinheit möglich.[881]

504 **Insbesondere: Der Besitz des Kuriers.** Der (Transport-) Kurier ist Besitzer des von ihm beförderten Heroins. Der somit verwirklichte Besitz von BtM in nicht geringer Menge wird tateinheitlich mit der hierdurch zugleich verwirklichten Beihilfe zum HT mit BtM in nicht geringer Menge begangen. Der Besitz einer nicht geringen Menge von BtM tritt in Bezug auf dieselbe Menge nur dann zurück, wenn das HT mit der nicht geringen Menge täterschaftlich begangen wird, nicht aber dann, wenn zu dem HT mit der nicht geringen Menge lediglich Beihilfe geleistet wird.[882]

505 **gg) Abgeben/Veräußern.** Stammen gehandeltes und unentgeltlich/uneigennützig abgegebenes Heroin aus einheitlich erworbenen Heroinmengen, so stehen das HT mit BtM und deren Abgabe in Tateinheit.[883]

506 **hh) Abgeben an Minderjährige.** Gibt der Täter aus einem BtM-Vorrat im Rahmen des HTs mit BtM in nicht geringer Menge mehrmals BtM an einen Minderjährigen ab, so verbindet das HT diese Abgaben zu einer Bewertungseinheit.[884]

507 **c) Bewertungseinheit und Beteiligungsformen. aa) Bewertungseinheit und Mittäterschaft.** Hinsichtlich der Mittäterschaft gelten keine Besonderheiten. Soweit einzelne Teilakte des HTs als Begehungsformen den Beteiligten nach § 25 Abs. 2 StGB zugerechnet werden können, ist auch eine Verklammerung (und damit auch das „Addieren" der Mengen) der isolierten Verhaltensweisen zu einer Bewertungseinheit möglich. Etwas anderes gilt nur,

---

[876] BGH 3.8.1988 – 2 StR 357/88, NStZ 1988, 496.
[877] BGH 4.5.1983 – 2 StR 661/82, BGHSt 31, 374 = NJW 1983, 1985.
[878] BGH 21.2.1974 – 1 StR 588/73, BGHSt 25, 290 (zu 1. und 2.) = NJW 1974, 959.
[879] BGH 6.10.1995 – 3 StR 346/95, NJW 1996, 469.
[880] Vgl. BGH 6.5.1983 – 4 StR 486/83, NStZ 1985, 58 (bei *Schoreit*); 29.8.1984 – 2 StR 173/84, NStZ 1985, 58 (bei *Schoreit*); 6.9.1988 – 1 StR 466/88; 30.6.1998 – 1 StR 293/98, StV 1998, 593.
[881] BGH 28.11.1995 – 1 StR 619/95, NStZ-RR 96, 116.
[882] BGH 17.10.2007 – 2 StR 369/07, BeckRS 2007 18508 = NStZ-RR 2008, 54.
[883] BGH 14.12.1993 – 5 StR 695/93, NStZ 1994, 325 (bei *Schoreit*).
[884] BGH 6.2.2001 – 4 StR 11/01, BeckRS 2001, 30159664; 24.11.1998 – 4 StR 557/98, NStZ 1999, 192; BayObLG 18.6.1998 – 4 St RR 55/98, BayObLGSt 1998, 95.

wenn sich der konkrete Tatbeitrag eines Mittäters nur auf den isolierten Abverkauf und nicht auf die gesamte Erwerbsmenge bezieht.

bb) Beihilfe zu bewertungseinheitlich zusammengefassten Handlungen. Auch **508** im Hinblick auf die Bewertungseinheit erfolgt die Teilnehmerhaftung akzessorisch, d.h. ob eine Bewertungseinheit angenommen werden kann, hängt von der Haupttat und von der Anzahl der Beihilfehandlungen ab. Liegt lediglich **eine** Beihilfehandlung zu Verhaltensweisen des Haupttäters vor (die ggf. zu einer Bewertungseinheit verklammert wurden), kommt ohnehin nur ein Fall der Beihilfe in Betracht.[885] Dies gilt auch, wenn der Gehilfe durch eine einzige Handlung (technischer Rat, Überlassen von Räumlichkeiten) Beihilfe zu mehreren selbständigen, real konkurrienden Taten leistet.[886] Umgekehrt führen mehrere eigenständige Beihilfehandlungen zu Einzeltaten des Haupttäters zur Realkonkurrenz.[887] Umstritten ist, wie sich die Annahme einer Bewertungseinheit bzgl. der Haupttat auf die Beihilfe auswirkt. Der Dritte Senat merkte in einer neueren Entscheidung an, dass die Akzessorietät der Beihilfe auch in den Fällen der Bewertungseinheit gilt, so dass mehrere natürliche, an sich selbständige Beihilfehandlungen zu einer Tat im Rechtssinne zusammengefasst werden, wenn dies nach den Grundsätzen der Bewertungseinheit bei den Taten der Fall ist, zu denen Beihilfe geleistet wurde.[888]

Daran ist bemerkenswert, dass er mit der h.M.[889] in einer früheren Entscheidung diesen **509** Leitsatz eingeschränkt wissen wollte, wenn der Gehilfe lediglich einzelne dieser Handlungen (Verkaufsfälle) fördert. Es müsse bei dem Grundsatz bleiben, wonach bei mehreren Beteiligten für jeden nach der Art seines Tatbeitrags selbstständig zu ermitteln ist, ob Handlungseinheit oder -mehrheit gegeben ist.[890] Da der Dritte Senat in seiner neueren Entscheidung nicht explizit Bezug auf diese Einschränkung nimmt, und nunmehr der Vierte Senat[891] erneut sowohl auf diese Entscheidung als auch auf eine von der hM abweichende, eigene Entscheidung[892] rekurriert, scheint sich hier eine Abkehr von der Rechtsprechung abzuzeichnen. Der Erste Senat hat sich ebenso der streng akzessorischen Betrachtung angeschlossen und merkt an, dass der Umstand, „dass sich die Unterstützungsaktivitäten […] auf unterschiedliche Veräußerungsgeschäfte des Haupttäters bezogen, […] konkurrenzrechtlich keine Rolle" spiele.[893] Von der akzessorischen Betrachtung in den Fällen der Bewertungseinheit bliebe auch nicht viel übrig, wenn sie ausscheiden soll, wenn der Gehilfe nicht auch diejenigen Handlungen fördert, die zur Zusammenfassung als Bewertungseinheit führen; denn die „typischen Gehilfen" (mithin die Kuriere) zeichnen sich gerade dadurch aus, dass sie lediglich in Teilakte eingebunden sind).

In diesem Zusammenhang: Kuriere leisten mit ihrer Tätigkeit stets gleichzeitig Abneh- **510** mern und Lieferanten Beihilfe. Insofern liegen nicht stets mindestens 2 real konkurrierende Beihilfehandlungen vor. Vielmehr ist maßgeblich, auf wessen „Seite" der Kurier steht, mithin in wessen Auftrag und Interesse er gehandelt hat. Die Beihilfe zum Verkauf tritt dann hinter die gleichzeitige Beihilfe zum Ankauf von Betäubungsmitteln zum Zwecke des gewinnbringenden Weiterverkaufs zurück.[894]

d) Bewertungseinheit bei anderen Absatzdelikten. Eine Bewertungseinheit kommt **511** bei allen Absatzdelikten bzw. Übergabedelikten in Betracht, also insb. auch bei der Abgabe

---

[885] BGH 4.6.2003 – 2 StR 139/03, NStZ-RR 2003, 309.
[886] BGH 5.12.2012 – 2 StR 629/11, BeckRS 2012, 25041.
[887] BGH 22.9.2008 – 1 StR 323/08, NStZ 2009, 159 (Tatmehrheitliche Beihilfe zur Steuerhinterziehung); BGH 5.12.2012 – 2 StR 629/11, BeckRS 2012, 25041.
[888] BGH 6.12.2011 – 3 StR 393/11, NStZ-RR 2012, 280.
[889] BGH 11.12.2003 – 3 StR 375/03, BeckRS 2004, 01452 = NStZ-RR 2004, 146 (dort falsches Aktenzeichen); BGH 7.6.2005 – 3 StR 150/05, BeckRS 2005, 07297; aA, jedoch nicht tragend BGH 11.5.1999 – 4 StR 162/99, NStZ 1999, 451.
[890] So auch *Weber* Vor § 29 ff. Rn. 338; KPV/*Patzak* Teil 4 Rn. 304.
[891] BGH 13.12.2012 – 4 StR 99/12, NStZ-RR 2013, 147.
[892] BGH 11.5.1999 – 4 StR 162/99, NStZ 1999, 451.
[893] BGH 21.1.2014 – 1 StR 664/13, NStZ 2014, 465.
[894] BGH 6.12.2011 – 3 StR 393/11, NStZ-RR 2012, 280; BGH 13.12.2012 – 4 StR 99/12, NStZ-RR 2013, 147.

und beim Veräußern von BtM, nicht hingegen bei den unmittelbar auf den Konsum von BtM gerichteten Handlungen des Verabreichens/Überlassens zum unmittelbaren Verbrauch.[895] Ebenso scheidet eine Bewertungseinheit bei einzelnen Erwerbsvorgängen[896] und Einfuhrfahrten zu Eigenverbrauchszwecken aus.

512   **e) Bewertungseinheit und Bandentaten.** Bei den verklammerten Einzeltaten handelt es sich nicht um „eine Straftat", sodass die Abrede „mehrere Straftaten" zu begehen auch erfüllt ist, wenn einzelne Bandentaten zu einer Bewertungseinheit verknüpft werden. Mehrfach durchgeführte Einkaufshandlungen, die zu einer einzigen Bewertungseinheit zusammgefasst wurden, stehen einer Annahme bandenmäßigen HTs nicht entgegen.[897]

513   **f) Prozessuale Besonderheiten bei der Bildung von Bewertungseinheiten. aa) In dubio pro reo.** Haben sich in der Hauptverhandlung oder sonst im Verfahren keine Anhaltspunkte dafür ergeben, dass mehrere Fälle des HTs mit BtM dieselbe BtM-Menge betreffen, so gebietet es der Zweifelsgrundsatz nicht, eine einheitliche Tat anzunehmen.[898] Spricht nichts dafür, dass mehrere Verkaufsvorgänge dieselbe (einheitlich erworbene) BtM-Menge betreffen, ist der Tatrichter durch den Zweifelssatz nicht gehalten, eine Bewertungseinheit anzunehmen. Auch wenn es naheliegt, dass jeweils eine gewisse Anzahl der abgeurteilten Verkaufsmengen aus größeren Vorräten stammten, kann ein unverhältnismäßiger Aufklärungsaufwand, um eventuell eine Bewertungseinheit festzustellen, nicht verlangt werden.[899] Der Zweifelsgrundsatz bedeutet nämlich nicht, dass der Richter von der günstigsten Fallgestaltung auch dann ausgehen muss, wenn hierfür keine Anhaltspunkte bestehen. Hingegen ist im Gegensatz zu der Frage, ob konkrete Anhaltspunkte für die Annahme einer Bewertungseinheit vorliegen, bei nicht konkret festgestellten Tatzeitpunkten der Zweifelssatz anzuwenden.[900] Nur wenn Umstände bekannt geworden sind, nach denen die mehreren natürlichen Handlungen zu einer Tat im Rechtssinne zusammengefasst werden könnten, gebietet der Zweifelsgrundsatz die Annahme von Tateinheit statt Tatmehrheit.[901] Diese Grundsätze erfahren auch dann keine Einschränkung, wenn der Angeklagte nur **pauschal bestreitet oder zum Tatvorwurf schweigt.** Lässt sich aus diesem Grund der Sachverhalt nicht weiter aufklären, so verlangt der Zweifelsgrundsatz gleichwohl nicht, allein deshalb die tatsächlichen Voraussetzungen nur einer Handlung zu Gunsten des Angeklagten anzunehmen. Dem Angeklagten darf zwar kein Nachteil daraus erwachsen, dass er die Tat bestreitet oder zur Sache nicht aussagt und deshalb nicht in der Lage ist, Umstände vorzutragen, die sich zu seinen Gunsten auswirken können. Seine Aussagefreiheit und damit sein Recht, die zweckmäßigste Art seiner Verteidigung zu wählen, werden aber nicht dadurch verkürzt, dass das Gericht an sich mögliche günstige Schlüsse, für die es keine tatsächliche Grundlage gibt, nicht zieht,[902] bzw. umgekehrt Feststellungen, die gegen eine Bewertungseinheit sprechen (uneinheitliche Verpackung der BtM) nicht durch eine Einlassung widerlegt werden.[903] Liegen allerdings **hinreichende tat-**

---

[895] KPV/*Patzak* Teil 4 Rn. 302.
[896] BGH 8.1.2015 – 2 StR 252/14, BeckRS 2015, 028127.
[897] BGH 25.11.2013 – 5 StR 531/13, BeckRS 2013, 22109, NStZ-RR 2014, 215 (Ls); 17.6.2004 – 3 StR 344/03, BGHSt 49, 177 = NStZ-RR 2006, 106.
[898] BGH 23.3.1995 – 4 StR 746/94, NJW 1995, 2300 = StV 1995, 417; 3.5.1995 – 5 StR 122/95, BeckRS 1995, 31084812; 6.10.1995 – 3 StR 346/95 = NJW 1996, 469; 7.8.1996 – 3 StR 69/96, NStZ 1997, 137; 29.11.1996 – 4 StR 561/96, NStZ 1997, 192; 26.2.1997 – 3 StR 586/96, NStZ 1997, 344; 10.4.1997 – 4 StR 138/97, BeckRS 1997, 31121169; 10.6.1997 – 1 StR 146/97, NStZ-RR 1997, 344; 26.5.2000 – 3 StR 162/00, NStZ 2000, 540; 5.3.2002 – 3 StR 491/01, NJW 2002, 1810; 16.11.2005 – 2 StR 296/05, NStZ-RR 2006, 55; BGH v. 26.9.2012 – 4 StR 345/12, NStZ-RR 2013, 46; 28.4.2015 – 3 StR 61/15, NStZ-RR 2015, 313; BGH 26.10.2015 – 1 StR 317/15, BeckRS 2015, 19172.
[899] BGH 3.5.1995 – 5 StR 122/95; 7.8.1996 – 3 StR 69/96, NStZ 1997, 137; 10.6.1997 – 1 StR 146/97, NStZ-RR 1997, 344; 7.10.1997 – 4 StR 415/97, StV 1998, 594; 29.5.2012 – 1 StR 178/12, NStZ-RR 2012, 280.
[900] BGH 6.11.2014 – 5 StR 503/14, BeckRS 2014, 22124.
[901] BGH 23.3.1995 – 4 StR 746/94, StV 1995, 417.
[902] BGH 23.3.1995 – 4 StR 746/94, StV 1995, 417; zuletzt BGH 21.4.2016 – 1 StR 629/15, NStZ-RR 2016, 211.
[903] OLG München 16.4.2010 – 5 St RR (I) 18/10, BeckRS 2010, 30581.

sächliche **Anhaltspunkte** für eine Bewertungseinheit vor, so darf der Tatrichter darüber nicht ohne Erörterung hinweggehen.[904]

Keine ausreichenden Anhaltspunkte hat die Rechtsprechung unter anderem darin **514** gesehen, dass regelmäßig kleinere BtM-Mengen im Rahmen eines eingespielten Vertriebssystems an einen Abnehmer abgegeben wurden,[905] dass ein enger zeitlicher und räumlicher Zusammenhang der Taten bestand[906] oder dass der Täter nur über ein Versteck verfügte.[907] **Ausreichend sein** kann dagegen, wenn neben der Feststellung von Einzelverkäufen ein weit über die Einzellieferungen hinausgehender Verkaufsvorrat sichergestellt wird. Diesem gewichtigen Anhaltspunkt steht nicht entgegen, dass die zuletzt verkaufte Menge einen geringeren Heroinhydrochloridanteil ausweist, als die in der Wohnung sichergestellte Heroinzubereitung, wenn in der Wohnung sich auch Streckmaterial befindet.[908]

bb) Darstellungsanforderungen. Der BGH hat (inzwischen mehrmals) das methodi- **515** sche Vorgehen im Falle einer im Raum stehenden Bewertungseinheit folgendermaßen festgeschrieben:[909]

– Bestehen **konkrete Anhaltspunkte** dafür, dass zahlreiche Einzelverkäufe von BtM meh- **516** reren größeren Erwerbsmengen entstammen, so erfordert dies die Bildung von Bewertungseinheiten. Dazu hat der Tatrichter die Zahl und Frequenz der Erwerbsvorgänge sowie die Zuordnung der einzelnen Verkäufe zu ihnen an Hand der Tatumstände festzustellen. Anhaltspunkte können sich zB aus der Telefonüberwachung oder den Angaben der Abnehmer ergeben. Der Tatrichter müsse eine Bewertungseinheit auch in Betracht ziehen, wenn 3 Verkäufe von Methamphetamin an verschiedenen Tagen Ende September mit Einkäufen Anfang September zusammenfallen.[910]

– Kann der Tatrichter aber trotz angemessener Bemühungen **keine genauen Feststellun- 517 gen** treffen, hat er innerhalb des feststehenden Gesamtschuldumfangs die Zahl der Einkäufe und die Verteilung der Verkäufe auf sie zu **schätzen**. Dabei darf er die Grenze zur nicht geringen Menge nach § 29a Abs. 1 Nr. 2 nur auf Grund einer ausreichenden Tatsachengrundlage als überschritten ansehen.[911] Die von der Rspr. insoweit für die vergleichbare Konstellation von Serientaten entwickelten Grundsätze müssen auch bei der hier gegebenen Situation Anwendung finden, bei der der Gesamtschuldumfang durch die Zahl und die jeweilige Menge der Einzelverkäufe innerhalb eines bestimmten Zeitraums feststeht, die genaue Zuordnung bestimmter Verkäufe zu bestimmten Erwerbsmengen jedoch Schwierigkeiten bereitet.[912] Fehlen tatsächliche Grundlagen für eine tragfähige Schätzung dafür, welche und wie viele der zahlreichen abgegebenen Einzelmengen jeweils aus einem Erwerbsvorgang stammen und wie dies abzugrenzen und zeitlich einzuordnen wäre und käme daher lediglich eine willkürliche Zusammenfassung in Betracht, so ist wegen tatmehrheitlicher Begehung zu verurteilen.[913]

---

[904] BGH 9.5.2012 – 4 StR 67/12, NStZ-RR 2012, 279.
[905] BGH 7.8.1996 – 3 StR 69/96, NStZ 1997, 137; 29.11.1996 – 4 StR 561/96, NStZ 1997, 192; 17.9.1997 – 2 StR 237/97.
[906] BGH 11.3.1998 – 2 StR 22/98, NStZ 1998, 360.
[907] BGH 23.3.1995 – 4 StR 746/94, StV 1995, 417.
[908] BGH 11.3.1998 – 2 StR 22/98, NStZ 1998, 360.
[909] BGH 5.3.2002 – 3 StR 491/01, NJW 2002, 1810 = StV 2002, 257 = JR 2003, 31 mAnm *Puppe.* Aus neuerer Zeit BGH v. 11.1.2012 – 5 StR 445/11, NStZ-RR 2012, 121.
[910] Vgl. 9.5.2012 – 4 StR 67/12, NStZ-RR 2012, 279.
[911] BGH 25.5.2012 – 5 StR 12/12, BeckRS 2012, 12752.
[912] BGH 26.9.2012 – 4 StR 345/12, NStZ-RR 2013, 46 (Fall, in dem Kleinverkäufer in einem Zeitraum von 17 Tagen zwar in der Regel täglich nach dem Verkauf der Tagesmenge seinen Lieferanten aufgesucht, abgerechnet und eine neue Tagesration übernommen hat, aber in einigen Fällen die Lieferung auch erst nach zwei bis drei Tagen abgesetzt war. Gleichwohl die Bildung von Bewertungseinheiten zu unterlassen, hat der Senat als rechtsfehlerhaft angesehen).
[913] BGH 29.5.2012 – 1 StR 178/12, NStZ-RR 2012, 280; 28.4.2015 – 3 StR 61/15, NStZ-RR 2015, 313; 26.10.2015 – 1 StR 317/15, BeckRS 2015, 19172 (Feststellungen zur Menge des abgegebenen Marihuanas sind annähernd deckungsgleich mit den Feststellungen zur Menge des erworbenen Marihuanas).

518 Freilich bleibt es grundsätzlich **Sache des Tatrichters** zu beurteilen, ob selbstständige BtM-Geschäfte zu einer Bewertungseinheit zusammenzufassen sind.[914] Dessen Wertung kann vom Revisionsgericht nur auf Rechtsfehler hin überprüft werden.[915] Ein Urteil, das sich zur Frage der Zusammenfassung einzelner BtM-Geschäfte zu einer Bewertungseinheit nicht verhält, ermöglicht aber insoweit die revisionsrechtlichen Überprüfung nicht und kann aus diesem Grund nicht bestehen bleiben.[916] Aus diesem Grunde hat sich der Tatrichter um Feststellungen zu dieser Frage zu bemühen, das Ergebnis der Beweisaufnahme zu dieser im Urteil darzustellen und dieses Ergebnis in einer Gesamtbewertung zu erörtern.

519 Von ein und demselben Güterumsatz ist bei einer Mehrzahl festgestellter Einzelverkäufe nicht ohne Weiteres auszugehen. Die **nicht näher konkretisierte Möglichkeit,** dass die einzelnen Mengen ganz oder teilweise aus einem Verkaufsvorrat stammten, ermöglicht nicht ihre Verbindung zu einer Bewertungseinheit.[917] Der **bloße gleichzeitige Besitz** von BtM hat nicht die Kraft, mehrere selbstständige Fälle des unerlaubten HT zur Tateinheit zu verklammern (→ Rn. 503).[918] Auch der Zweifelsgrundsatz gebietet die Annahme einer Bewertungseinheit nicht (→ Rn. 513). Das Urteil muss aber das Problembewusstsein des Gerichts erkennen lassen, zB durch Darstellung der auf die Feststellung von Anhaltspunkten für einen einheitlichen Güterumsatz gerichteten Untersuchungshandlungen von Staatsanwaltschaft und Gericht oder ggf. durch Bewertung eines negativen Ergebnisses. Liegen demgemäß keine konkreten Anhaltspunkte dafür vor, dass bestimmte Einzelverkäufe aus einer einheitlich erworbenen Gesamtmenge herrühren, so ist es rechtsfehlerhaft, einen Angeklagten, der BtM an drei Tagen veräußert hat, wegen einer einzigen Tat zu verurteilen.[919] Entsprechend muss die Annahme, es handele sich um Einzelverkäufe aus einer Gesamtmenge von BtM, mit Tatsachen belegt werden.[920] Umgekehrt muss sich der Tatrichter zu etwaigen Indizien, die gegen einen einheitlichen Verkaufsvorrat sprechen (**deutliche Unterschiede in den Wirkstoffmengen,**[921] uneinheitliche Verpackung[922]) verhalten, zumal die Bildung von Bewertungseinheiten den Angeklagten in Einzelfällen auch beschweren kann, wenn durch die damit verbundene Addition der einzelnen Wirkstoffmengen insgesamt der Grenzwert der nicht geringen Menge überschritten wird.[923]

520 Wenn konkrete Anhaltspunkte für die Annahme einer Bewertungseinheit sprechen, so muss sich das Urteil mit ihnen auseinandersetzen.[924] Wenn zB erworbene etwas größere BtM-Mengen in ganz engem zeitlichen und örtlichen Zusammenhang mit dem Weiterverkauf oder der Abgabe in der Größenordnung einzelner Konsumeinheiten an Endverbraucher stehen, spricht so viel für den unerlaubten Handel oder die unerlaubte Abgabe aus der kurz zuvor erworbenen BtM-Menge, dass in einem solchen Fall von einer Tat des unerlaubten HTs (oder der Abgabe) mit der anfangs erworbenen Gesamtmenge auszugehen ist.[925] Es ist rechtsfehlerhaft, allein auf die Anzahl der Veräußerungsgeschäfte abzustellen, wenn sich konkrete Anhaltspunkte dafür ergeben, dass an sich selbstständige BtM-Verkäufe aus derselben Erwerbsmenge getätigt wurden.[926] Die Möglichkeit einer Zusammenfassung von Einzelverkaufshandlungen zur Einheit durch den vorausgegangenen Erwerb einer grö-

---

[914] BGH 11.3.1998 – 2 StR 22/98, NStZ 1998, 360 = StV 1998, 595.
[915] BGH 10.4.1997 – 4 StR 138/97, BeckRS 1997, 31121169 = StV 1997, 470; 26.2.1997 – 3 StR 586/96, NStZ 1997, 344.
[916] BGH 10.4.1997 – 4 StR 138/97, BeckRS 1997, 31121169; vgl. auch BGH 11.3.1998 – 2 StR 22/98; NStZ 1998, 360 = StV 1998, 595.
[917] Vgl. BGH 23.3.1995 – 4 StR 746/94, StV 1995, 417; 3.5.1995 – 5 StR 122/95.
[918] StRspr, vgl. zB BGH 28.9.1994 – 3 StR 261/94, StV 1995, 26.
[919] OLG Düsseldorf 30.1.2001 – 2 b Ss 359/00–94/00 I.
[920] BGH 25.4.1995 – 1 StR 159/95.
[921] BGH 23.5.2012 – 5 StR 12/12, NStZ 2012, 517; OLG Hamm 25.2.2010 – 2 Ws 18/10, BeckRS 2010, 06464.
[922] OLG München 16.4.2010 – 5 St RR (I) 18/10, BeckRS 2010, 30581.
[923] *Schmidt* NJW 2013, 2865 (2869).
[924] BGH 16.11.1995 – 4 StR 622/95, StV 1996, 263; 11.11.1998 – 5 StR 207/98.
[925] BGH 6.10.1995 – 3 StR 346/95, NJW 1996, 469.
[926] BGH 29.11.1996 – 4 StR 561/96, NStZ 1997, 192; 24.7.1997 – 4 StR 222/97, NStZ 1998, 89.

ßeren zum Weiterverkauf bestimmten BtM-Menge liegt auf der Hand angesichts von 126 Einzelverkäufen aus einem Ladengeschäft heraus, insbesondere aber auf Grund der abschließenden Sicherstellung einer zum gewinnbringenden Weiterverkauf bestimmten Menge von über 130 Gramm Marihuana.[927]

cc) Revision. Wenn sich das Urteil mit festgestellten Anhaltspunkten für die Möglich- **521** keit der Annahme einer Bewertungseinheit auseinandergesetzt hat und dennoch zu dem Ergebnis gekommen ist, dass keine bewertungseinheitliche Gesamttat, sondern Einzeltaten vorliegen, wird das Revisionsgericht diese Wertung nur noch auf Rechtsfehler hin überprüfen. Gleiches gilt für den umgekehrten Fall, dass nach gründlicher Auseinandersetzung mit dem Ergebnis der Beweisaufnahme eine einzige Tat nach den Grundsätzen der Bewertungseinheit angenommen wurde, obwohl auch Indizien für Einzeltaten vorhanden waren. Regelmäßig kann allein die Annahme von Tateinheit statt Tatmehrheit bei identischem Schuldumfang keine revisionsrechtliche Beschwer begründen.[928] Anders liegt der Fall ausnahmsweise bei einer **Einsatzstrafe,** die wegen der einheitlichen Betrachtung auf zwei Jahre Freiheitsstrafe festgesetzt wurde und die allein aufgrund dieser Höhe eine nach Ansicht des Tatgerichts sonst naheliegende Strafaussetzung verhinderte.[929] Ohnehin sollte bei **feststehendem Gesamtschuldumfang** eine Zusammenfassung von Einzelakten zu Tateinheit oder deren tatmehrheitliche Aburteilung regelmäßig ohne Einfluss auf die für das gesamte Tatgeschehen im Ergebnis zu verhängende Sanktion bleiben.[930]

dd) Prozessuale Folgen. Die Rechtsprechung zur Bewertungseinheit verknüpft meh- **522** rere teils eng zusammenhängende oder ineinander mündende, teils auch ganz unterschiedliche Teilakte zu einer einheitlichen Tat des HTs mit BtM. Die Rechtsfigur der Bewertungseinheit hat damit auch erhebliche Auswirkung in prozessualer Hinsicht, vor allem für den Strafklageverbrauch und die Kognitionspflicht des Tatrichters.

(1) Strafklageverbrauch. Bei konsequenter Anwendung der Bewertungseinheit würde **523** Strafklageverbrauch eintreten, wenn der wegen HT Verurteilte später den nicht entdeckten Rest aus der Vorratsmenge gewinnbringend absetzt,[931] weil eine rechtskräftige Entscheidung über einen Teilakt eines einheitlichen HTs mit BtM **Strafklageverbrauch für die gesamte Tat** begründet.[932] Eine derartige Konsequenz widerspricht im starken Maße dem **Gerechtigkeitsgedanken:** zB kann eine Verurteilung wegen eines Kleinverkaufs aus einer Gesamtmenge die Strafklage in Bezug auf wesentlich schwerwiegendere Rechtsverletzungen mit dieser Menge verbrauchen, weil es dem Täter zunächst gelungen war, seine Tat mit Ausnahme eines geringfügigen Teils verborgen zu halten.[933] Das **Unbehagen** an diesen Konsequenzen ist vielen Entscheidungen des Bundesgerichtshofs anzumerken: Der 2. Strafsenat hat überlegt, ob – wie für die fortgesetzte Handlung und für Organisations- und Dauerdelikte – Grenzen des prozessualen Tatbegriffs auch bei rechtlichen Bewertungseinheiten gelten; er hat vorgeschlagen, den materiell-rechtlichen Tatbegriff bei der Rechtsfigur der Bewertungseinheit, der sich bei natürlicher Betrachtung aus mehreren strafbaren Handlungen zusammensetzt, vom prozessualen Tatbegriff zu trennen und anders als eine Tat im Sinne von Art. 103 Abs. 3 GG zu bewerten.[934] Der 4. Strafsenat hat Bedenken geäußert, ob – „nicht zuletzt mit Blick auf die weitreichenden Folgen beim Strafklageverbrauch" – an der bisherigen Rechtsprechung festzuhalten ist, nach der die einheitliche Zahlung des

---

[927] BGH 23.6.2006 – 5 StR 457/05, BeckRS 2006, 03166 (insoweit in NStZ 2006, 464 nicht abgedr.).
[928] BGH 21.12.1995 – 5 StR 392/95, NStZ 1996, 296.
[929] BGH 23.10.1996 – 5 StR 505/96, NStZ-RR 1997, 144.
[930] BGH 11.1.2000 – 5 StR 444/99, NStZ 2000, 431.
[931] Vgl. OLG Karlsruhe 9.10.1997 – 2 Ss 175/97, NStZ-RR 1998, 80 = StV 1998, 28.
[932] BGH 15.5.1997 – 5 ARs 18/97; 11.3.1998 – 2 StR 22/98, NStZ 1998, 360; 17.4.1996 – 5 StR 147/95, StV 1996, 650; zu dieser Problematik vgl. auch *Endriß/Kinzig* StV 1997, 665 sowie *Gubitz* JR 1998, 491.
[933] Vgl. BGH 1.10.1997 – 2 StR 520/96, BGHSt 43, 252 = NJW 1998, 168 = NStZ 1998, 251 mAnm *Erb* NStZ 1998, 253 = StV 1998, 26 mAnm *Fürstenau* StV 1998, 482.
[934] BGH 1.10.1997 – 2 StR 520/96, BGHSt 43, 252 = NJW 1998, 168 = NStZ 1998, 251 mAnm *Erb* NStZ 1998, 253 = StV 1998, 26 mAnm *Fürstenau* StV 1998, 482.

Kaufpreises mehrere an sich selbstständige Rauschgiftgeschäfte zu einer Tat im Rechtssinn verbinden kann.[935] Und der 5. Strafsenat hielte es „für erwägenswert, die rechtliche Verknüpfung von Teilakten des HT zu einer Bewertungseinheit von bisheriger Rechtsprechung abweichend neu zu bestimmen. Auf solcher Grundlage könnte die im Sinne materieller Gerechtigkeit unbefriedigende Annahme von Strafklageverbrauch unter Umständen vermieden werden".[936]

524   Ein Ausweg aus diesem Dilemma scheint mit dem Abstellen auf die zu den Dauerdelikten entwickelte Rechtsfigur der **Zäsurwirkung** gefunden: Wenn jemand wegen HT verurteilt ist und der Verurteilung nur ein Teil einer tatsächlich größeren Vorratsmenge zugrunde liegt (weil weitergehende Erkenntnisse nicht vorlagen), so soll hinsichtlich weiterer nachfolgender Veräußerungen aus der insoweit unentdeckt gebliebenen Vorratsmenge kein Strafklageverbrauch durch die zwischenzeitlich erfolgte Verurteilung eintreten, vielmehr sei von einer Zäsurwirkung der Verurteilung auszugehen. Eine solche Zäsurwirkung sei für Dauerdelikte wie etwa dem unerlaubten Besitz von Betäubungsmitteln oder Waffen anerkannt. Auch bei einer fortgesetzten Handlung würden nur vor einem Urteil liegende Teilakte von der Rechtskraft erfasst. Nichts anderes könne aber für das unerlaubte HT mit BtM gelten. Denn der gerichtlichen Kognitionspflicht könne jedenfalls kein strafbares Verhalten unterfallen, welches dem Urteil **zeitlich nachfolge.**[937] Dementsprechend soll ein Strafklageverbrauch dann nicht eintreten, wenn ein wegen unerlaubtem HT mit BtM rechtskräftig Verurteilter später den nicht entdeckten Rest aus dem Vorrat gewinnbringend veräußert.[938] Diese inzwischen als herrschend anzusehende Meinung[939] mag inkonsequent im Hinblick auf die Rechtsfigur der Bewertungseinheit sein, sie bietet aber eine Lösung zur Vermeidung der als unbefriedigend empfundenen Folgen insbesondere mit dem Eintritt von Strafklageverbrauch unter dem allseits im Vordringen begriffenen Gedanken der materiellen Gerechtigkeit.

525   **(2) Kognitionspflicht.** Die Kognitionspflicht (§ 264 StPO) des Tatrichters, aber auch der Staatsanwaltschaft bei Erhebung der Anklage, erstreckt sich auf unerlaubtes HT mit der gesamten Handelsmenge, die Gegenstand jener (bewertungs)einheitlichen Tat ist.[940] Wird in einem Verfahren bekannt, dass der Angeklagte die BtM-Menge, die Gegenstand des Anklagevorwurfs ist, tatsächlich von einer größeren Handelsmenge abgezweigt hat, so ist das Gericht befugt und verpflichtet, – gegebenenfalls nach Hinweiserteilung (§ 265 StPO) – das umfassendere gesamte HT abzuurteilen.[941]

526   **(3) Verfahrensgegenstand.** Gegenstand des Verfahrens ist die gesamte (bewertungs)einheitliche Tat, auch wenn nur ein Teilakt angeklagt ist und sich erst im Laufe des Verfahrens herausstellt, dass diese Tat nur ein unselbstständiger Teilakt eines größeren Gesamtgeschehens eines bewertungseinheitlichen HT ist. In einem solchen Falle bedarf die Verwertung von in der Anklage nicht aufgeführten Handlungsteilen eines **Hinweises nach § 265 StPO** (dasselbe gilt für eine Nachtragsanklage gem. § 266 StPO: nur soweit keine Aburteilung aller Handlungen über die Annahme einer Bewertungseinheit möglich ist, ist solch eine erforderlich[942]). Dies gilt auch, wenn die Staatsanwaltschaft die Strafverfolgung auf die in der Anklage beschriebenen Handlungsteile beschränkt hatte.[943] Beim **Wegfall tatmehrheitlich angeklagter Delikte durch die Annahme von Bewertungseinheiten** ist der Angeklagte

[935] BGH 13.4.1999 – 4 StR 42/99, NStZ 1999, 411 = StV 1999, 431.
[936] BGH 15.5.1997 – 5 ARs 18/97 auf eine Anfrage des 2. Strafsenats. Vgl. zur Bewertung dieser Positionen 1. Aufl., Rn. 400.
[937] Berufung auf Schönke/Schröder/Stree/Sternberg-Lieben StGBVor §§ 52 ff. Rn. 87.
[938] BGH 23.10.2008, – 1 StR 526/08, BeckRS 2008, 24597; OLG Karlsruhe 9.10.1997 – 2 Ss 175/97, NStZ-RR 1998, 80 = StV 1998, 28; OLG Hamm 22.6.2010 – 2 RVs 31/2010, NStZ 2011, 102; Malek Rn. 123; Weber Vor §§ 29 ff. Rn. 559.
[939] Vgl. die Nachw. in der vorhergehenden Fn.
[940] BGH 15.5.1997 – 5 ARs 18/97.
[941] BGH 15.5.1997 – 5 ARs 18/97.
[942] BGH 17.6.2003 – 2 StR 94/03, NStZ 2004, 105.
[943] BGH 18.5.1994 – 2 StR 169/94, NStZ 1994, 495.

nicht etwa freizusprechen,[944] wenn sich die weggefallenen materiell-rechtlich selbstständig angeklagten Taten als Bestandteil der Taten erweisen, derentwegen Verurteilung erfolgt ist.[945] Denn in einem solchen Fall wird der gesamte Verfahrensgegenstand durch die Verurteilung erschöpfend erledigt.[946] In der Revision ist der Schuldspruch zu ändern.[947]

2. Tateinheit und Tatmehrheit. a) Mehrmaliges Handeltreiben. In folgenden **527** Fallkonstellationen können Delikte des HTs rechtlich zusammentreffen:

aa) Gleichzeitige Aufbewahrung verschiedener BtM-Mengen. Zwar hat der bloße **528** gleichzeitige Besitz von BtM durch das geplante Verwahren einer neu übernommenen Menge am Ort des zuvor erhaltenen BtM grundsätzlich nicht die Kraft, mehrere selbstständige Straftaten des unerlaubten HTs mit BtM zur Tateinheit zu verklammern.[948] Anderes gilt aber dann, wenn die beiden BtM-Mengen für denselben Auftraggeber zusammen am selben Ort für ein Entgelt aufbewahrt werden sollten und sich dadurch, dass der (gesamte) Lohn und die erste BtM-Menge am selben Tage zusammen übernommen wurden, die Ausführungshandlungen für beide Einzelakte teilweise überschneiden. Ähnliches gilt auch, wenn die Art und Weise der Besitzausübung im Einzelfall über bloße Gleichzeitigkeit hinausgeht und die Wertung rechtfertigt, dass die tatsächliche Ausübung des Besitzes über die eine Menge zugleich die tatsächliche Besitzausübung über die andere darstellt.[949] In diesen Fällen sind die Gesetzesverletzungen des Täters durch dieselbe Handlung (§ 52 StGB) begangen worden; es liegt somit nur eine Tat vor.[950]

bb) Eintreiben des Kaufpreises, Umtausch. Eintreiben des Kaufpreises für bereits **529** geliefertes Rauschgift und Verhandlungen über weitere Lieferungen sind ein und dieselbe Handlung (§ 52 Abs. 1 StGB).[951] Wird eine zum Weiterverkauf erworbene Rauschgiftmenge in eine andere Menge **umgetauscht,** weil die gelieferte Qualität nicht den Erwartungen entspricht, so sind auch die Bemühungen um die Rückgabe der mangelhaften und die Nachlieferung einer mangelfreien Ware auf die Abwicklung ein- und desselben Rauschgiftgeschäftes gerichtet. Dies gilt auch, wenn der Umtausch in der Weise vollzogen wird, dass die Liefermenge gegen einen Aufpreis erhöht wird. Denn auch in diesem Fall betrifft zumindest die Vereinbarung des Umtausches beide BtM-Mengen.[952] Zwischen den Erstlieferung und Nachlieferung(en) besteht daher Tateinheit.[953]

cc) Zusammentreffen mehrerer BtM-Geschäfte in einem Zahlungsvorgang. Ob **530** zwei an sich selbstständige Fälle des unerlaubten HTs dadurch zur Tateinheit verbunden werden, dass der Abnehmer den (gesamten) Kaufpreis für die Lieferungen in einem Vorgang

---

[944] *Weber* Vor §§ 29 ff. Rn. 509; je unter Berufung auf BGH 11.9.1996 – 3 StR 252/96, NStZ 1997, 90 (91).

[945] BGH 9.5.2003 – 3 StR 123/03, NStZ 2004, 109 = StV 2003, 619; 26.6.2002 – 3 StR 176/02, BeckRS 2002, 30268146 unter Berufung auf BGH 24.9.1998 – 4 StR 272/98, BGHSt 44, 196 = NJW 1999, 69 = JR 1999, 201 mAnm *Satzger* = JuS 1999, 298 mAnm *S. Martin* = StV 1999, 149 und 12.7.1994 – 5 StR 374/94, NStZ 1994, 547 und unter Aufgabe von BGH 6.8.1991 – 1 StR 405/91; so wie auch schon BGH 26.2.1997 – 3 StR 586/96, NStZ 1997, 344.

[946] *Löwe/Rosenberg/Gollwitzer* StPO § 260 Rn. 40, 41.

[947] BGH 9.10.2012 – 5 StR 457/12, BeckRS 2012, 22800; BGH 2.7.2014 – 4 StR 188/14, BeckRS 2014, 15204.

[948] BGH 28.9.1994 – 3 StR 261/94, NStZ 1995, 37 (38); BGH 14.1.2015 – 4 StR 440/14, NStZ-RR 2015, 113.

[949] BGH 2.4.2015 – 3 StR 642/14, NStZ-RR 2015, 378 (Ls.) = BeckRS 2015, 09411. In concreto soll dies nicht fern gelegen haben, weil „mutmaßliches" Amphetamin und das Marihuana zunächst im Keller der Eltern des Angeklagten und sodann bei einem Freund in engem und unmittelbarem räumlichem Zusammenhang verwahrt wurden. Hinzu kam, dass jedenfalls während der Verwahrung der Substanzen beim Freund der Angeklagte nach den Feststellungen nicht nur laufend zum Zwecke der Veräußerung von Teilmengen auf das Marihuana zugriff, sondern auch von dem „mutmaßlichen" Amphetamin „immer wieder größere Teilmengen" abholte.

[950] BGH 13.10.1998 – 4 StR 315/98, NStZ-RR 1999, 119.

[951] BGH 23.6.1993 – 2 StR 47/93, BeckRS 1993, 31105985.

[952] BGH 25.1.2011 – 4 StR 689/10, BeckRS 2011, 03961.

[953] BGH 11.9.1981 – 2 StR 489/81, StV 1982, 23; 25.1.2011 – 4 StR 689/10, BeckRS 2011, 03961.

zahlt, hängt davon ab, ob zwischen dem „neuen" und „alten" Geschäft eine Verknüpfung, mithin eine **Identität tatbestandlicher Ausführungshandlungen** besteht.[954] Eine Überschneidung von Ausführungshandlungen muss tatsächlich festgestellt sein; mithin genügt es nicht, wenn alleine die Absicht besteht, künftig Ausführungshandlungen vorzunehmen, die beide Geschäfte gemeinsam betreffen.[955] Hingegen genügt kein rein funktionaler Zusammenhang, etwa die Gleichzeitigkeit von Geschehensabläufen, die Verfolgung eines Endzwecks oder eine Mittel-Zweck-Verknüpfung.[956] Der 2. Strafsenat[957] hat dies schon für den Fall bejaht, in dem bei einer Einkaufsfahrt *gleichzeitig* ein Kaufpreisrest aus einer früheren Lieferung mitbezahlt worden ist, unter Hinweis auf zwei frühere Entscheidungen dieses Senats und sich damit den hiergegen gerichteten Bedenken des 4. Strafsenats[958] verschlossen.

531 In Anbetracht der Reichweite jener Klammerwirkung einerseits, der extensiven Auslegung des HTs andererseits war es zu erwarten, dass sich alsbald die Frage stellen würde, inwiefern diese Rechtsprechung auf andere Konstellationen übertragen werden kann. Freilich sind sich auch die Senate der Gefahr einer „nie endenden Tat" bewusst und es dürfte ihnen fernliegen, die im Betäubungsmittelstrafrecht tatbestandlich angelegte Figur der fortgesetzten Handlung durch eine großzügige Annahme von Tateinheit und mit ihr auch deren Nachteile „wiederzubeleben".[959] Ursprünglich wurde lediglich in Fällen eines **einheitlichen Zahlungsvorgangs** Tateinheit in Betracht gezogen (allen voran durch den Zweiten Senat). Voraussetzung ist jedoch, dass die „Vermischung" der Taten sich dahingehend manifestiert, dass die Zahlung **verschiedene Drogenmengen** betrifft[960] bzw. dadurch erfolgt, dass die Zahlung mit neuen Teilmengen von Drogenlieferungen **„verrechnet"** wird.[961] Da es in solchen Fällen an der Unterscheidbarkeit der Taten fehlen soll, führe dies auch zur Annahme von Tateinheit.[962] Bereits gegen diese Klammerwirkung haben die anderen Senate (zunächst der Vierte,[963] besonders der Dritte[964] und schließlich auch der Erste[965]) Bedenken angemeldet, doch wurde der Streit mangels Vorlage zum Großen Senat nicht ausgefochten.[966]

---

[954] BGH 13.3.1996 – 2 StR 514/95, BeckRS 1996, 3109129; allgemein hierzu Vgl. LK-StGB/*Rissing-van Saan*, 12. Aufl., StGB § 52 Rn. 20 mwN.

[955] BGH 23.5.2007 – 2 StR 569/06, NStZ 2008, 42, 43; 11.2.2015 – 2 StR 349/15, NStZ-RR 2015, 217 (in concreto kam es zur Überschneidung bei Kaufpreiszahlung der ersten Lieferung und dem Verkauf der zweiten Lieferung nicht, weil die BtM sichergestellt wurden).

[956] Vgl. BGH 22.10.1991 – 5 StR 478/91; BGH 7.10.1983 – 1 StR 615/83, NJW 1984, 2169.

[957] BGH 2.10.2002 – 2 StR 294/02, NStZ-RR 2003, 75 unter Berufung auf BGH 23.6.1993 – 2 StR 47/93, BeckRS 1993, 31105985; und auf 13.3.1996 – 2 StR 514/95, BeckRS 1996, 31091209. Differenzierter hat derselbe Senat allerdings in der Entscheidung BGH 17.6.2003 – 2 StR 94/03, NStZ 2003, 105 ausgeführt, dass die gemeinsame Zahlung des (Rest)Kaufpreises für zwei BtM-Geschäfte in einem Betrag nicht ohne weiteres und nicht ohne nähere Begründung zur Annahme von Tateinheit führe. Im Anschluss BGH 9.1.2008 – 2 StR 527/07, http://juris.bundesgerichtshof.de/cgi-bin/rechtsprechung/document.py?Gericht= bgh&Art=en&sid=7ca4e48b96ad7232e2c9a69ffc9c3a68&Nr.=42608&pos=0&anz=2 (zuletzt abgerufen 18.4.2017), (das ist nicht die unter BeckRS 2008, 01610 abgedruckte Entscheidung vom selben Tag unter demselben Aktenzeichen).

[958] BGH 13.4.1999 – 4 StR 42/99, NStZ 1999, 411 = StV 1999, 431.

[959] Instruktiv aus neuerer Zeit BGH 3.9.2015 – 3 StR 236/15, BeckRS 2015, 19543.

[960] BGH 2.10.2002 – 2 StR 294/02, insoweit in NStZ-RR 2003, 75 nicht abgedruckt; vgl. auch 17.10.2007 – 2 StR 376/07, BeckRS 2007, 18289.

[961] BGH 11.8.2004 – 2 StR 184/04, BeckRS 2004, 08814.

[962] BGH 24.10.2013 – 2 ARs 319/13, NStZ-RR 2014, 81 (82); 9.12.2014 – 2 StR 381/14, BeckRS 2015, 01044; 7.9.2015 – 2 StR 47/15, BeckRS 2015, 17043; diese Grundsätze gelten auch beim Zusammentreffen mit Delikten des Kernstrafrechts, etwa einer räuberischen Erpressung, vgl. BGH 21.1.2014 – 2 StR 507/13, BeckRS 2014, 03809, sodass das Beitreiben des Kaufpreises als HT mit den §§ 253, 255 StGB in Tateinheit steht.

[963] BGH 13.4.1999 – 4 StR 42/99, NStZ 1999, 411 = StV 1999, 431.

[964] BGH 27.6.2008 – 3 StR 212/08, NStZ 2009, 392; 16.7.2009 – 3 StR 148/09, NStZ 2011, 97; vgl. auch BGH 15.2.2011 – 3 StR 3/11, BeckRS 2011, 06569.

[965] BGH 1.9.2009 – 1 StR 441/09, NStZ-RR 2009, 383.

[966] Zwischenzeitlich hat sich der 5. Strafsenat für die Konstellation des gemeinsamen Zahlungsvorgangs der Annahme einer Tateinheit angeschlossen und änderte eine landgerichtliche Verurteilung zu zwei Fällen des HTs mit Betäubungsmitteln in nicht geringer Menge im Schuldspruch gem. § 354 Abs. 1 StPO, BGH 14.1.2015 – 5 StR 522/14, BGH NStZ-RR 2015, 114.

Inzwischen will der Vierte Senat – auf den ersten Blick konsequent – eine Identität nicht **532**
nur bei einheitlichen Zahlungsvorgängen, sondern auch beim Zusammenfall von Zahlung
und Verkaufsfahrt,[967] wie auch bei Abwicklung sämtlicher Geschäfte „auf Kommission"
annehmen, als der Angeklagte mit dem Erlös aus dem vorangegangenen Abverkauf der von
ihm erworbenen Betäubungsmittel jeweils den nächsten Ankauf bei seinem Lieferanten
begleicht.[968] Solch eine Ausweitung sieht wiederum der Zweite Senat[969] (und erst Recht
der Dritte Senat[970]) kritisch, als in diesen Fällen die Tatausführungshandlungen (Fahrt,
Bezahlung, Ankauf, Lieferung) trennbar seien. Dasselbe gelte für den Fall, indem die Zahlung lediglich mit der Bestellung einer neuen Lieferung zusammenfällt[971] oder umgekehrt
für die Abholung neuer Betäubungsmittel aus Anlass der Bezahlung einer früheren Lieferung.[972] Entwickelt hat sich auf diese Weise eine – positiv formuliert – fein ziselierte, –
negativ ausgedrückt – nicht immer nachvollziehbare Kasuistik,[973] bei der zwischen normativer und tatsächlicher Identität der Ausführungshandlung differenziert wird.[974]

Damit muss sich der Tatrichter – zumindest nach Auffassung des Zweiten Senats – in **533**
den Fällen des Zusammenfalls von Zahlungsvorgängen mit der Frage auseinandersetzen, ob
(tatsächlich wohl selten) sauber zwischen dem ursprünglichen Geschäft und der neuen
Lieferung getrennt wird (mithin deren Zahlung etwa erst wiederum bei der nächsten Zahlung erfolgen soll, wie dies bei Kommissionsgeschäften der Fall ist) oder die Zahlungen
vermengt werden. Eine Klammerwirkung scheidet jedenfalls bei einer Aburteilung beende-
ter Taten aus, etwa wenn der Täter „Altlasten" begleicht, die aus einer bereits verbüßten
Straftat rühren („Zäsurwirkung").[975] Ist lediglich der Zahlungsvorgang und die Neuliefe-
rung festgestellt, kann man nun entweder auf Tateinheit schließen,[976] weil die Bezahlung
der neuen Menge nahe liegt bzw. wiederum BtM angekauft werden oder schlicht – wie
der Vierte Senat – die Überschneidung der Kurierfahrt und der Bezahlung für eine Klammerwirkung für ausreichend erachten.[977]

Grundsätzlich ist also nach wie vor davon auszugehen, dass Überschneidungen bei Zah- **534**
lungs- bzw. Erwerbs- und Verkaufsvorgängen zu einer Idealkonkurrenz verschiedener
Rauschgiftgeschäfte führen können (was nicht nur im Hinblick auf die Strafzumessung
sondern auch auf einen potentiell im Raum stehenden Strafklageverbrauch von besonderer

---

[967] Vgl. auch BGH 14.1.2015 – 4 StR 440/14, NStZ-RR 2015, 113 (Identität der tatbestandlichen
Ausführungshandlungen bei Mitnahme von 24 Druckverschlusstüten mit bereits vorbereiteten Portionen aus
den vorherigen Einkaufsmengen, um sie zu Abnehmern zu bringen); siehe auch BGH 27.1.2016 – 5 StR
497/15, BeckRS 2016, 03620.
[968] BGH 13.1.2016 – 4 StR 322/15, BeckRS 2016, 02157; 2.7.2014 – 4 StR 188/14, BeckRS 2014,
15204. Ferner BGH 25.4.2013 – 4 StR 418/12, BeckRS 2013, 08224 (Zusammenfallen der Übermittlung
des Entgelts für die vorangegangene und die Abholung der vereinbarten neuerlichen Drogenlieferung) sowie
BGH, 31.7.2013 – 4 StR 253/13, BeckRS 2013, 14429 (gemeinsame Entgegennahme des Geldes durch den
Angeklagten für mehrere Lieferungen gemeinsam). Offen gelassen von BGH 15.2.2011 – 3 StR 3/11.
[969] BGH 24.10.2013 – 2 ARs 319/13, NStZ-RR 2014, 81 (82); 22.8.2012 – 2 StR 530/11, BeckRS
2012, 22424.
[970] Dieser deutet in seiner Anfrage vom 3.9.2015 – 3 StR 236/15 an, dass er die Differenzierung des
Zweiten Senats grundsätzlich akzeptiert, aber vornehmlich die Verklammerung über diese Fälle hinaus nicht
annehmen will. Hierzu BGH 31.5.2016 – 2 ARs 403/15, NStZ-RR 2016, 313.
[971] BGH 16.7.2009 – 3 StR 148/09, BeckRS 2009, 24818; die Bezahlung der Erstlieferung und die
Bestellung der Zweitlieferung sind gesonderte Handlungen, die je nur für die einzelne Lieferung das Tatbestandsmerkmal des HTs mit BtM erfüllen, sodass bei derartigen Feststellungen Tatmehrheit anzunehmen ist;
unklar *Weber* Vor §§ 29 ff. Rn. 566.
[972] BGH 15.2.2011 – 3 StR 3/11.
[973] Von einer insofern unbefriedigenden Rechtslage sprechen KPV/*Patzak* Teil 4 Rn. 328; *Winkler* NStZ
2010, 685 (687).
[974] Handelt es sich um faktisch dieselbe Handlung (Zahlung) kommt eine Tateinheit in Betracht, während
die Überschneidung von Tathandlungen, die unter denselben weiten Begriff des HT fallen, nicht genügt.
[975] BGH 23.10.2008 – 1 StR 526/08, BeckRS 2008, 24597.
[976] So auch der Zweite Senat in BGH 22.1.2010 – 2 StR 563/09 = NStZ 2011, 97. Im ablehnenden
Anfragebeschluss wird dieser „Ausreißer" eingeräumt (wenn auch nicht als solcher bezeichnet), vgl. BGH
24.10.2013 – 2 ARs 319/13, NStZ-RR 2014, 81 (82).
[977] BGH 13.10.1998 – 4 StR 315/98, NStZ-RR 1999, 119.

Bedeutung ist).[978] Ferner ist auch Tateinheit bzw. Bewertungseinheit anzunehmen, wenn sämtliche auf den Verkauf bzw. Absatz von Betäubungsmittel entfalteten Aktivitäten des Angeklagten der **Erfüllung von Schulden** aus einer vorangegangenen Lieferung dienen, da in solch einem Fall eine funktionelle Verknüpfung angenommen werden kann.[979] Erhält der Angeklagte nur eine Entlohnung für die Aufbewahrung von zwei Rauschgiftmengen in seiner Garage für einen Auftraggeber (einmal 51 kg Haschisch und 2 Tage später weitere 100 kg Haschisch), liegt eine Tat vor. Teilidentität der tatbestandlichen Ausführungshandlungen ist nach Auffassung des Dritten Senats auch gegeben, wenn aus den unterschiedlichen Vorräten von Amphetamin und Marihuana stammende Betäubungsmittel **gleichzeitig verkauft** werden.[980]

535   Noch unklar bleibt hingegen, wie sich die einfache Zahlung bei der Abholung der neueren Lieferung auswirkt. Der Dritte Senat hat in einem sehr detaillierten Anfragebeschluss nochmals eine Klarstellung in diesem Bereich gefordert.[981] Er selbst lehnt eine Tateinheit sowohl für die Konstellation der Fahrt des Täters, die der Ablieferung des Kaufpreises für die frühere Lieferung und der Entgegennahme einer neueren Lieferung dient, als auch für diejenige der Bezahlung einer früheren Betäubungsmittellieferung im Zusammenhang mit der Entgegennahme oder Bestellung einer weiteren Lieferung strikt ab.[982] Jedenfalls geht es wohl zu weit, eine „doppelte Verklammerung" zuzulassen, indem zunächst Zahlung und Lieferung zur Verklammerung des HTs und das auf diese Weise verklammerte (fallübergreifende) HT mit mehreren, selbstständigen Einfuhrhandlungen (im Falle des § 30 Abs. 1 Nr. 4) zu einer Tateinheit verknüpfen zu lassen,[983] vgl. → § 30 Rn. 212.

536   **dd) Anbauen.** Wird ein Teil der BtM zum Eigenkonsum und ein anderer Teil zum (gewinnbringenden) Verkauf angebaut, so liegt **Tateinheit** zwischen Anbau und HT vor. Dabei müssen die Feststellungen ergeben, welche Mindestmenge zum HT und welche Höchstmenge zum Eigengebrauch vorgesehen war.[984]

537   **ee) Bereitstellen von Geldmitteln oder anderen Vermögensgegenständen.** Bei dem Vorwurf des unerlaubten HTs durch die Hingabe eines Darlehens ist zu prüfen, ob sich der Angeklagte durch die Darlehensgewährung als Mittäter, Anstifter oder nur als Gehilfe strafbar gemacht hat. Gegebenenfalls kommt der Tatbestand des Bereitstellens (§ 29 Abs. 1 Nr. 13) in Betracht.[985] In aller Regel macht sich ein Täter durch das Bereitstellen von Geldmitteln der Beihilfe zum unerlaubten HT mit BtM schuldig. Für einen Schuldspruch (nur) wegen Bereitstellens von Geldmitteln zum unerlaubten HT mit BtM nach § 29 Abs. 1 Nr. 13 ist bei einer derartigen Fallgestaltung kein Raum. Durch diese Vorschrift ist eine Beihilfehandlung – eben das Bereitstellen von Geldmitteln zum unerlaubten HT mit BtM – zu einer selbstständigen strafbaren Handlung erhoben worden.[986] Indes handelt es sich um einen Auffangtatbestand, der sicherstellen soll, dass die Versorgung des illegalen BtM-Verkehrs mit zusätzlichen Geldmitteln auch dann strafrechtlich geahndet werden kann, wenn die Haupttat nicht begangen oder nicht versucht wird[987] oder sonst die Voraussetzungen eines Schuldspruchs wegen Beihilfe zum unerlaubten HT mit BtM nicht nachgewiesen werden können. Weisen die Feststellungen – wie hier – sämtliche Voraussetzungen eines Schuldspruchs wegen Beihilfe zum unerlaubten HT mit BtM aus, so besteht **Gesetzeskonkurrenz;**[988] die Vorschrift tritt als subsidiär zurück. Sie erfordert in Fällen der vorliegenden

---

[978] *Schmidt* NJW 2015, 3008 (3011).
[979] BGH 5.8.2014 – 3 StR 340/14, NStZ-RR 2015, 16.
[980] BGH 16.9.2014 – 3 StR 413/14, BeckRS 2014, 20543.
[981] BGH 3.9.2015 – 3 StR 236/15, BeckRS 2015, 19543.
[982] BGH 3.9.2015 – 3 StR 236/15, BeckRS 2015, 19543.
[983] So aber der Vierte Senat 31.7.2013 – 4 StR 223/13, NStZ-RR 2014, 144; dagegen 15.2.2011 – BGH 3 StR 3/11.
[984] Vgl. BayObLG 3.2.2000 – 4 St RR 11/00.
[985] BGH 25.6.1993 – 3 StR 304/93, NJW 1993, 3338 = NStZ 1993, 551.
[986] BGH 13.9.1988 – 5 StR 382/88; 5.11.1991 – 1 StR 361/91, NStZ 1992, 495 mAnm *Schoreit*.
[987] Vgl. BT-Drs. 8/3551, 36.
[988] BGH 5.11.1991 – 1 StR 361/91, NStZ 1992, 495.

Art Beachtung nur insofern, als durch sie die obligatorische Strafmilderung nach § 27 Abs. 2 S. 2 StGB ausgeschlossen wird.[989]

ff) Besitzen. Soll das BtM zum Teil dem Eigenverbrauch dienen, im Übrigen verkauft **538** werden, besteht zwischen dem HT und dem gleichzeitigen Besitz der davon nicht betroffenen Menge Tateinheit.[990] Das Besitzen von BtM ist nur dann ein unselbstständiger, im HT aufgehender Teilakt, wenn das HT in Täterschaft begangen wird. Zwischen Beihilfe zum HT und Besitz ist Tateinheit möglich,[991] das ist typischerweise bei der Beihilfehandlung des (Transport-)Kuriers der Fall.[992] Wird ein BtM teils zur Deckung des Eigenbedarfs, teils zur gewinnbringenden Veräußerung erworben, so müssen die Feststellungen ergeben, welche Mindestmenge zum HT und welche Höchstmenge zum Eigengebrauch vorgesehen war.[993]

gg) Einführen (in nicht geringer Menge). Die Einfuhr von BtM (sc. unterhalb der **539** nicht geringen Menge) geht, wenn sie sich als unselbstständiger Teilakt des unerlaubten HT darstellt, in diesem Tatbestand als Teil des Gesamtgeschehens auf.[994] Die nach § 30 Abs. 1 Nr. 4 als Verbrechen unter Strafe gestellte unerlaubte Einfuhr von BtM in nicht geringer Menge und der Vergehenstatbestand des unerlaubten HTs mit BtM (Abs. 1 S. 1 Nr. 1) stehen, wenn die Einfuhr ein Teilakt des HTs ist, zueinander im Verhältnis der Tateinheit und nicht der Gesetzeseinheit.[995]

hh) Erwerben. Wird ein Teil der BtM zum Eigenkonsum und ein anderer Teil zum **540** (gewinnbringenden) Verkauf erworben, so liegt **Tateinheit** zwischen Erwerb und HT vor. Dabei müssen die Feststellungen ergeben, welche Mindestmenge zum HT und welche Höchstmenge zum Eigengebrauch vorgesehen war.[996]

ii) Herstellen. Wird ein Teil der BtM zum Eigenkonsum und ein anderer Teil zum **541** (gewinnbringenden) Verkauf hergestellt, so liegt Tateinheit zwischen Herstellen und HT vor. Dabei müssen die Feststellungen ergeben, welche Mindestmenge zum HT und welche Höchstmenge zum Eigengebrauch vorgesehen war.[997]

b) Konkurrenzen der Beteiligungsformen. Die Grundsätze über die Konkurrenz- **542** verhältnisse des HT zu den anderen Begehungsformen nach dem BtMG wurden für das täterschaftliche Handeln entwickelt.[998] Trifft Beihilfe zum HT mit einer täterschaftlich begangenen anderen Begehungsweise zusammen, so ist **Tateinheit** anzunehmen. Dies gilt insbesondere auch für den Besitz,[999] der nur dann als subsidiär hinter dem HT zurücktritt, wenn dieses in Täterschaft begangen wird. Trifft, wie häufig vorkommend, Beihilfe zum HT mit dem Besitz (gerade der Handelsmenge) zusammen, so besteht Tateinheit zwischen Beihilfe zum HT und täterschaftlichem Besitz. Eine Verurteilung allein wegen Beihilfe zum HT würde den Unrechtsgehalt der Tat nicht erschöpfen, weil darin nicht zum Ausdruck käme, dass der Täter die Verfügungsmacht über das Betäubungsmittel innehatte.[1000] Diese

---

[989] BGH 7.7.1994 – 1 StR 313/94, BGHSt 40, 208 = NJW 1994, 3019 = StV 1995, 25.
[990] Vgl. BGH 6.5.1983 – 4 StR 486/83, NStZ 1985, 58 (bei *Schoreit*); 29.8.1984 – 2 StR 173/84, NStZ 1985, 58 (bei *Schoreit*); 6.9.1988 – 1 StR 466/88; 30.11.1995 – 1 StR 578/95; 30.6.1998 – 1 StR 293/98, StV 1998, 593.
[991] BGH 28.11.1995 – 1 StR 619/95, NStZ-RR 96, 116.
[992] → Rn. 390.
[993] BayObLG 3.2.2000 – 4 St RR 11/00; OLG Bamberg 25.6.2015 – 3 OLG 6 Ss 44/15, BeckRS 2015, 12780.
[994] BGH 7.1.1981 – 2 StR 618/80, BGHSt 30, 28 = NJW 1981, 1325.
[995] BGH 22.10.1996 – 1 StR 548/96, NStZ 1997, 136.
[996] Vgl. BayObLG 3.2.2000 – 4 St RR 11/00.
[997] Vgl. BayObLG 3.2.2000 – 4 St RR 11/00.
[998] BGH 6.5.1980 – 1 StR 103/80; 24.3.1981 – 1 StR 100/81, StV 1981, 277; 13.9.1988 – 1 StR 451/88.
[999] BGH 4.3.1993 – 4 StR 69/93, StV 1993, 474; 29.11.1994 – 4 StR 637/94, StV 1995, 197; 23.9.1986 – 5 StR 330/86; 15.10.1997 – 2 StR 393/97; 28.11.1995 – 1 StR 619/95, NStZ-RR 1996, 116; 15.12.1997 – 5 StR 457/97, StV 1998, 587.
[1000] BGH 23.9.1992 – 3 StR 275/92, NStZ 1993, 44; 13.8.2009 – 3 StR 224/09, BeckRS 2009, 25653 = NStZ 2010, 142 (*Detter* [94]) = NStZ 2010, 144 (*Detter* [114]); *Weber* Rn. 1244.

Konstellation hat, insbesondere beim Besitz nicht geringer Mengen nach § 29a Abs. 1 Nr. 2 bei der neueren Rechtsprechung des BGH zu den Kurieren ganz erhebliche praktische Bedeutung:[1001] dann besteht Tateinheit zwischen der Beihilfe zum HT mit BtM in nicht geringer Menge und (täterschaftlichem) Besitz von BtM in nicht geringer Menge. Trifft **Beihilfe zum HT mit Beihilfe zu einer anderen Begehungsweise** zusammen, so geht die letztere als unselbstständiger Teilakt in dem umfassenderen Begriff der Beihilfe zum HT auf.[1002] Unterstützt der Gehilfe durch **eine** Handlung mehrere je für sich selbstständige Taten des HTs mit BtM, so macht er sich nur wegen Beihilfe zu einem Vergehen nach Abs. 1 S. 1 Nr. 1 strafbar.[1003]

543   **c) Straftaten aus anderen Rechtsgebieten.** Für das Zusammentreffen des unerlaubten Handelstreibens mit Straftaten aus anderen Rechtsgebieten gelten die allgemeinen Konkurrenzregeln: Fällt eine Handlung, die sich als (Teil-)Akt des HTs darstellt, mit der Ausführungshandlung eines anderen Tatbestands zusammen, so liegt Tateinheit vor. Entscheidend kommt es dabei darauf an, dass die mehrere Strafgesetze verletzenden tatbestandsmäßigen Ausführungshandlungen in einem für sämtliche Tatbestandsverwirklichungen **notwendigen Teil zumindest teilweise identisch** sind.[1004] Die Gleichzeitigkeit von Geschehensabläufen, die Verfolgung eines Endzwecks oder eine Mittel-Zweck-Verknüpfung führen allein nicht zur Tateinheit.[1005] Damit wird Tateinheit zB zwischen Eigentumsdelikten, die der Beschaffung von Geldmitteln für BtM dienen, und den BtM-Delikten ausgeschlossen.

544   **aa) Begünstigung oder Strafvereitelung.** Die Übermittlung von BtM-Erlösen an Personen, die von der wahren Herkunft des Geldes nichts wissen und es für Projekte verwenden, die mit BtM-Umsatz nicht das geringste zu tun haben, kann keine Beihilfe zum unerlaubten HT mit BtM darstellen. In Betracht kommen hier vielmehr nur Begünstigung und eventuell Strafvereitelung.[1006] Das Eintreiben und Weiterleiten des Kaufpreises kann als Begünstigung zu werten sein, wenn der Tatbestand des HTs mit BtM nicht erfüllt ist.[1007]

545   **bb) Geldwäsche.** Konkurrenz mit Geldwäsche ist möglich in Bezug auf gehandelte BtM oder Stoffe, die aus BtM hergestellt sind (alles taugliche Tatobjekte, weil nicht nur Geld, sondern jeder Gegenstand, der einen Vermögenswert darstellt, in Betracht kommt). Das unerlaubte HT von BtM ist als eine der Tatbestandsalternativen des § 29 Abs. 1 S. 1 Nr. 1 im Katalog der Vortaten, an welche die Tathandlung des § 261 StGB anknüpft, genannt (§ 261 Abs. 1 Nr. 2b StGB). Zum Verhältnis der Vortat des HT zur „Nachtat" der Geldwäsche gelten die Ausführungen zu den Konkurrenzen beim Anbau entsprechend.[1008]

546   **cc) Eigentumsdelikte.** Stiehlt oder raubt der Täter BtM in der Absicht gewinnbringender Veräußerung, besteht Tateinheit zwischen diesen Eigentumsdelikten und dem HT.[1009]

547   **dd) Menschenhandel.** Mehrfacher Transport von Waffen und BtM über die Bundesgrenze, der jeweils auch dem einheitlichen Zweck des Menschenhandels dient, begründet Tateinheit aller verwirklichten Delikte.[1010]

548   **ee) Nötigung.** Nimmt der Täter dem BtM-Händler nach Übergabe und Aushändigung der Heroinzubereitung diesem das BtM gewaltsam wieder ab, so handelt es sich dabei nicht um eine fremde Sache im Sinne des § 249 Abs. 1 StGB. Aus dem Verbot des unerlaubten

---

[1001] *Weber* Rn. 1244.
[1002] BGH 24.6.1986 – 5 StR 153/86, BGHSt 34, 124 = NJW 1986, 2584 = StV 1986, 434.
[1003] BGH 28.10.2004 – 4 StR 59/04, BGHSt 49, 306 = NJW 2005, 163 = StV 2005, 273 Ls.
[1004] BGH 21.3.1985 – 1 StR 583/84, BGHSt 33, 163 = NJW 1985, 1967.
[1005] BGH 22.10.1991 – 5 StR 478/91.
[1006] BGH 4.6.1997 – 3 StR 157/97, StV 1997, 592.
[1007] BGH 17.5.1996 – 5 StR 119/96, NStZ-RR 1997, 85.
[1008] → Rn. 101 (Anbauen).
[1009] BGH 4.2.2014 – 2 StR 537/13, BeckRS 2014, 05297.
[1010] OLG Braunschweig 21.10.1996 – Ss 48/96, NStZ-RR 1997, 80.

HTs mit BtM folgt hier die Nichtigkeit der Übereignung. Das Handeln des Täters erweist sich lediglich als Nötigung (§ 240 Abs. 1 StGB).[1011]

ff) (Versuchte) räuberische Erpressung. Wird Gewalt angewendet, um die Drogen- **549** menge, die Gegenstand der Tat des HTs mit BtM ist, in Besitz zu bekommen, um sie sodann gewinnbringend absetzen zu können, liegt Tateinheit zwischen HT und räuberischer Erpressung vor.[1012] In einem Sonderfall war es so, dass die Polizei die transportierten Drogen bei dem Kurier sichergestellt hatte. Der Haupttäter glaubte dem von ihm eingesetzten Kurier nicht, obwohl dieser eine hierüber ausgestellte Sicherstellungsbescheinigung vorwies, und forderte unter erheblichen Misshandlungen des Kuriers die Herausgabe der Drogen. Hierin liegt versuchte räuberische Erpressung[1013] in Tateinheit mit HT. Etwas anderes ergibt sich auch nicht daraus, dass sich hier die Tat gegen den vom Haupttäter eingesetzten Kurier richtete. Denn im Hinblick auf das betäubungsmittelrechtliche Veräußerungsverbot konnte der Haupttäter gemäß § 134 BGB kein Eigentum durch Übergabe des BtM an den von ihnen beauftragten Kurier erwerben, auf dessen Herausgabe er einen Anspruch gehabt hätte.[1014]

gg) Verkehrsstraftaten. Treffen Fahren ohne Fahrerlaubnis und HT zusammen, so liegt **550** Tateinheit vor.[1015] Gleiches gilt für Trunkenheit im Verkehr[1016] bzw. Straßenverkehrsgefährdung.

hh) Waffendelikte. Der gleichzeitige Transport von BtM und Waffen im Kofferraum **551** eines PKW verletzt sämtliche verwirklichten Straftatbestände durch ein und dieselbe Handlung.[1017]

IX. Strafklageverbrauch

1. Verurteilung wegen Betäubungsmittel-Tatbeständen. Eine **Verurteilung** **552** **wegen des Grunddelikts** des HTs gem. Abs. 1 S. Nr. 1 führt zu einem Verfahrenshindernis für eine Anklage wegen der Qualifikationen des HTs nach §§ 29a Abs. 1 Nr. 2, 30 Abs. 1 Nr. 1, 30a, wenn sie sich auf dieselbe bewertungseinheitliche BtM-Menge bezieht. Eine **Verurteilung wegen Einfuhr** einiger Joints ergibt Strafklageverbrauch wegen HT (in ngM), wenn die Beteiligung des Angeklagten an der eigentlichen Schmuggelfahrt, bei der es um die Transportbegleitung von 20 kg Marihuana ging, die zunächst unbemerkt blieb, weil es sich bei der Einfuhrfahrt insgesamt um eine Tat iSd § 264 StPO gehandelt hatte.[1018] Eine **Verurteilung wegen einer der Qualifikationen des HTs** nach §§ 29a Abs. 1 Nr. 2, 30 Abs. 1 Nr. 1, 30a hinderte eine Anklageerhebung oder eine erneute Verurteilung zB wegen HTs mit BtM, wenn es um dieselbe Handelsmenge geht. Zum Strafklageverbrauch bei der Annahme von Bewertungseinheiten vgl. bereits → Rn. 523.

Ist zB ein Angeklagter vom Vorwurf des HTs mit Betäubungsmitteln freigesprochen **553** worden, ergreift der Strafklageverbrauch weitere Teillieferungen, die alle aus einer ursprünglichen Rauschgiftmenge stammen.[1019]

[1011] Vgl. BGH 29.2.2000 – 1 StR 46/00, NStZ-RR 2000, 234.

[1012] BGH 7.9.2006 – 3 StR 277/06, BeckRS 2006, 12063 (insbes. in NStZ 2007, 112 nicht abgedruckt) = StV 2007, 16.

[1013] Vgl. BGH 4.9.2001 – 1 StR 167/01, StGB § 253 Abs. 1 Vermögenswert 3 = NStZ 2002, 33.

[1014] BGH 7.9.2006 – 3 StR 277/06, BeckRS 2006, 12063 (insbes. in NStZ 2007, 112 nicht abgedruckt) = StV 2007, 16.

[1015] BGH 9.11.1984 – 2 StR 257/84, BGHSt 33, 66 = NJW 1985, 690 = NStZ 1985, 319 mAnm *Roxin*; vgl. auch BGH 27.2.1997 – 1 StR 734/96 für einen Fall der Tateinheit zwischen Einfuhr von BtM und Fahren ohne Fahrerlaubnis und BGH 19.8.1994 – 3 StR 264/94, BeckRS 1994, 31080452 = StV 1995, 62 für einen Fall der Tateinheit zwischen Einfuhr von BtM und Trunkenheitsfahrt.

[1016] BGH 19.8.1994 – 3 StR 264/94, BeckRS 1994, 31080452 = StV 1995, 62 für einen Fall der Tateinheit zwischen Einfuhr von BtM und Trunkenheitsfahrt.

[1017] BGH 26.8.1993 – 4 StR 326/93; 25.4.1994 – 5 StR 189/94.

[1018] BGH 1.12.2009 – 3 StR 458/09, BeckRS 2010, 01606 = StV 2010, 120.

[1019] BGH 17.4.1996 – 5 StR 147/95, StV 1996, 650.

554   **2. Verurteilung wegen allgemeiner Tatbestände.** Eine Verurteilung wegen eines Delikts nach dem StGB hinderte bei Tatidentität eine Anklageerhebung oder eine Verurteilung wegen HTs. Die Aburteilung wegen einer **Trunkenheitsfahrt,** die eigens dem Transport der Drogen dient (also zB den Zweck verfolgt, sie an einen sicheren Ort zu bringen), verbraucht nicht nur die Strafklage für das HT mit BtM, sondern auch für die damit tateinheitlich verbundenen Delikte.[1020] Allerdings besteht zwischen diesen Delikten dann keine verfahrensrechtliche Identität, wenn das Mitsichführen der Betäubungsmittel in keinem inneren Beziehungs- bzw. Bedingungszusammenhang mit dem Fahrvorgang steht.[1021] Auch beim Transport von Drogen in einem PKW zum Zwecke des unerlaubten Handeltreibens durch einen Fahrer, der nicht im Besitz einer Fahrerlaubnis ist, besteht zwischen dem Vergehen des Fahrens ohne Fahrerlaubnis und dem Verstoß gegen das BtMG nur dann prozessuale Tatidentität, wenn die materiell-rechtlich selbständigen Taten in einem engen zeitlichen und räumlichen Zusammenhang und zudem in einem Beziehungs- und Bedingungszusammenhang stehen.[1022]

X. Rechtsfolgen

555   **1. Strafzumessung. a) Strafrahmenwahl.** Der **(Normal-)Strafrahmen** reicht von Geldstrafe bis zu fünf Jahren Freiheitsstrafe. In **besonders schweren Fällen** (Abs. 3) reicht der Strafrahmen von einem Jahr Mindeststrafe bis zu 15 Jahren Freiheitsstrafe (§ 38 Abs. 2 StGB). Neben der Strafe kann gem. § 34 Führungsaufsicht (§ 68 Abs. 1 StGB) angeordnet werden. Das Gesetz nennt als besonders schwere Fälle das gewerbsmäßige HT (Abs. 3 S. 2 Nr. 1) und die Gesundheitsgefährdung mehrerer Menschen durch das HT (Abs. 3 S. 2 Nr. 2). Zur Reihenfolge der Prüfung (insb. wenn zudem die Verwirklichung von Qualifikationen und deren minder schwere Fälle in Betracht zu ziehen ist), → § 29a Rn. 129. Zur **Bestimmung des Schuldumfangs,** dh um zu einer schuldangemessenen Strafe gelangen zu können, sind generell Feststellungen zur **Art** des BtM, seiner Mindest**menge** und seiner nach dem Wirkstoffgehalt zu bestimmenden **Qualität** sowie speziell zum Ein- und Verkaufspreis und zum Anteil der zum Verkauf und zum Eigenverbrauch bestimmten Mengen unentbehrlich.[1023] Es darf auch nicht offen bleiben, ob die Handelsgeschäfte Haschisch oder Marihuana betreffen, schon deshalb nicht, weil je nachdem andere Durchschnittswerte für die Bestimmung der Qualitätsstufen gelten.[1024]

556   Das Vorliegen eines Regelbeispiels (etwa gewerbsmäßiges Handeln) macht eine **Gesamtwürdigung,** insb. die Prüfung, ob die Indizwirkung entkräftet sein könnte, nicht entbehrlich und ist geboten, wenn das Gericht bei der Strafzumessung im engeren Sinne Milderungsgründe anführt, die sie auch iRd Gesamtwürdigung hätte heranziehen müssen.[1025] Entsprechend dem Rechtsgedanken des § 46 Abs. 3 StGB kann die Gewerbsmäßigkeit des Handelns, die als Regelbeispiel zur Prüfung des § 29 Abs. 3 führt, nicht als Umstand in die anzustellende Gesamtwürdigung einbezogen werden.[1026] Ein solches Vorgehen lässt besorgen, dass das Gericht das gewerbsmäßige Handeln zu Lasten des Angeklagten **doppelt verwertet** haben könnte.[1027]

[1020] BGH 5.3.2009 – 3 StR 566/08, NStZ 2009, 705 = StV 2010, 119; 3.5.2012 – 3 StR 109/12, BeckRS 2012, 11529.

[1021] BGH 27.4.2004 – 1 StR 466/03, NStZ 2004, 694 (694) mAnm *Bohnen* = StV 2005, 256 695.

[1022] OLG Hamm 5.7.2016 – III-2 Ws 132/16, 2 Ws 132/16. An dieser Verknüpfung soll es im konkreten Fall gefehlt haben, da „sich der Angeschuldigte und sein Bruder, nach der Einlassung des Angeschuldigten von einem Parkplatz aus zunächst in eine andere Stadt hatten begeben müssen, „um dort den PKW Ford Fiesta käuflich zu erwerben, mit dem sie dann den Ford Mondeo angeblich abschleppen wollten (...)“.

[1023] ZB BGH 16.2.2000 – 2 StR 532/99, StV 2000, 318; 18.7.2000 – 4 StR 258/00, BeckRS 2000, 30122900; 20.3.2001 – 1 StR 12/01, BeckRS 2001, 30168508; 9.5.2001 – 3 StR 36/01, BeckRS 2001, 30179486; 15.5.2001 – 3 StR 142/01, BeckRS 2001, 30180453; 4.4.2006 – 3 StR 91/06, NStZ 2007, 102; 4.3.2010 – 3 StR 559/09, BeckRS 2010, 08667.

[1024] BGH 26.5.2009 – 5 StR 146/09, BeckRS 2009, 14798.

[1025] OLG Hamm 28.2.2013 – 2 RVs 2/13, BeckRS 2013, 08987; vgl. auch OLG Stuttgart 3.12.2013 – 1 Ss 701/13, NStZ 2014, 719.

[1026] BGH 15.10.2014 – 2 StR 25/14, BeckRS 2014, 21066.

[1027] BGH 4.11.2014 – 2 StR 300/14, NStZ-RR 2015, 77 = BeckRS 2015, 01587; nochmals BGH 25.5.2015 – 2 StR 23/15, BeckRS 2015, 11903.

aa) Gewerbsmäßiges HT. Der Begriff der Gewerbsmäßigkeit ist nicht nur in Abs. 3 **557** S. 2 Nr. 1 Regelbeispiel für den besonders schweren Fall,[1028] sondern auch Qualifikationsmerkmal für den Verbrechenstatbestand des § 30 Abs. 1 Nr. 2. *Gewerbsmäßig handelt, wer sich durch wiederholte Tatbegehung eine fortlaufende Einnahmequelle von einiger Dauer und einigem Umfang erschließen will.*[1029] Nicht erforderlich ist, dass er vorhat, aus seinem Tun ein „kriminelles Gewerbe" zu machen.[1030] Auch muss er nicht im Rahmen eines Gewerbes handeln. Gewerbsmäßig kann jedermann handeln, wenn er nur die genannten Absichten verfolgt.

Gewerbsmäßigkeit ist geprägt durch die zweifache Absicht des Täters (die besondere **558** „Innentendenz" gewerbsmäßigen Handelns[1031]), die gerichtet sein muss einmal auf die **wiederholte Tatbegehung** und zum anderen auf die **Erzielung fortlaufender Einnahmen** von einigem Umfang und einiger Dauer.

(1) Wiederholungsabsicht. Gewerbsmäßig handelt ein Täter mithin dann, wenn er sich **559** eine fortlaufende Einnahmequelle durch wiederholte Vornahme gerade solcher Handlungen verschaffen will, die den Tatbestand des unerlaubten HTs mit BtM erfüllen. Dabei ist nicht erforderlich, dass diese weiteren Handlungen in der Vorstellung des Täters nach Art der Tatausführung, Zeit und Ort der Tat, Art und Menge des BtM schon fest umrissen sind. Es reicht aus, dass er vorhat, weitere Handeltreibensdelikte zu begehen. Die Absicht der wiederholten Tatbegehung bei sich bietender Gelegenheit genügt.[1032] Für die Absicht der wiederholten Tatbegehung bedeutet dies, dass nicht vorausgesetzt wird, dass mehrere Taten bereits begangen sind. Es genügt vielmehr **eine einzige Tat,** wenn sich in ihr die auf Wiederholung gerichtete Absicht manifestiert. Steht dieser Umstand fest, so ist schon die erste der ins Auge gefassten Tathandlungen als gewerbsmäßig anzusehen.[1033] Unter entsprechenden Vereinbarungen oder begleitenden Äußerungen können daher eine Gratisprobe zur Kundenwerbung,[1034] eine Probelieferung oder die Übergabe von BtM auf Kommissionsbasis in der Absicht, eine dauerhafte Geschäftsbeziehung aufzubauen („Anfüttern"),[1035] schon **Ausdruck des Täterwillens zur wiederholten Tatbegehung** sein. Allerdings kann nicht mit dem Argument, der Täter habe sich in einem akuten „finanziellen Engpass" befunden und aus „wirtschaftlichem Interesse" gehandelt, der auf Wiederholung gerichtete Tatwille belegt werden.[1036]

(aa) Ein einziger Erwerbsvorgang und mehrere Verkaufshandlungen. Strittig ist, **560** ob Gewerbsmäßigkeit auch vorliegt, wenn der Täter die BtM in einem einzigen Vorgang in Besitz genommen hat und sie dann, um sich eine fortlaufende Einnahmequelle zu verschaffen, in kleinen Teilmengen verkauft.[1037] Im Grunde geht es um hier um die Frage, ob mehrere Handlungen im natürlichen Sinne, die durch die Rechtsfigur der Bewertungseinheit zu einer einzigen Handlung verbunden werden, schon als eine Mehrzahl von Taten im Sinne wiederholter Tatbegehung angesehen werden können.[1038] Die Fallgestaltung,

---

[1028] Diesbezüglich muss die gewerbsmäßige Begehung nicht in die Urteilsformel aufgenommen werden, vgl. BGH 3.2.2015 – 3 StR 632/14, NStZ-RR 2015, 144 (Ls).
[1029] ZB BGH 17.6.2004 – 3 StR 344/03, BGHSt 49, 177 = NJW 2004, 2840 = StV 2004, 532 = wistra 2004, 418 zum gewerbsmäßigen Bandenbetrug; BGH 11.9.2003 – 4 StR 193/03, NStZ 2004, 265 = wistra 2003, 460 zum gewerbsmäßigen Betrug.
[1030] StRspr BGH 9.11.1951 – 4 StR 563/51, BGHSt 1, 383 = NJW 1952, 113; 11.10.1994 – 1 StR 522/94, NStZ 1995, 85.
[1031] BGH 30.10.1979 – 1 StR 570/79, NJW 1980, 714.
[1032] RG 3.2.1920 – IV 779/19, RGSt 54, 230 (zu § 15 ZigarettenStG); 27.11.1923 – IV 398/23, RGSt 58, 19 (20) (zur gewerbsmäßigen Hehlerei).
[1033] BT-Drs. VI/1977, 10; BGH 20.3.1979 – 1 StR 689/78; 9.7.1998 – 4 StR 250/98 zu einem Fall der gewerbsmäßigen Hehlerei; 11.10.1994 – 1 StR 522/94, NStZ 1995, 85.
[1034] *Weber* Rn. 1363; BGH 23.5.2007 – 2 StR 569/06, NStZ 2008, 42.
[1035] BGH 20.3.1979 – 1 StR 689/78; 23.5.2007 – 2 StR 569/06, NStZ 2008, 42.
[1036] BGH 27.5.2004 – 4 StR 41/04, NStZ 2005, 230.
[1037] Vgl. den Sachverhalt bei BGH 9.10.1991 – 1 StR 520/91, NJW 1992, 381; 13.10.1992 – 1 StR 580/92, NStZ 1993, 87 = StV 1993, 249 m. zust. Anm. *Endriß.*
[1038] Bejahend: *Joachimski/Haumer* Rn. 260; *Weber* Rn. 17075; HJLW/*Winkler* Rn. 26.2 zu § 29; KPV/*Patzak* Teil 26, Rn. 19; ablehnend: *Franke/Wienroeder* Rn. 221.

bei der die unterschiedlichen Meinungen zu unterschiedlichen Ergebnissen führen, ist die Inbesitznahme einer größeren Menge eines BtMs, das der Täter dann, um sich eine fortlaufende Einnahmequelle zu verschaffen, in kleinen Teilmengen verkauft.[1039] Zu allem Überfluss gibt es genau für diesen Fall eine uneinheitliche Rechtsprechung, so dass jeder Diskutant sich auf eine für seine Meinung günstige Entscheidung des BGH berufen kann.[1040]

561   Diese Frage kann nicht nach Dauer und Umfang der Absatzhandlungen[1041] entschieden werden, weil diese Umstände vielfach von Zufälligkeiten[1042] wie Verfügbarkeit von Abnehmern, örtliche Marktsituation usw abhängen. Außerdem müsste man die Rechtsfigur der Bewertungseinheit jedenfalls für diesen Spezialfall der Gewerbsmäßigkeit aufgeben, wollte man eine bewertungseinheitliche Absatzhandlung als wiederholte Tatbegehung ansehen: man kann nicht verschiedene örtlich und zeitlich voneinander getrennte Handlungen einerseits – für die Bewertungseinheit – als unselbstständige Teilakte ein und derselben Handlung ansehen und sie andererseits – für die Gewerbsmäßigkeit – als selbstständige Handlungen im natürlichen Sinne für die Tatwiederholung qualifizieren. Die **Lösung** liegt in der Gesamtbewertung dieser einen bewertungseinheitlichen Tat: hat der Täter auch nur bei einem der Teilakte der bewertungseinheitlichen Tat seinen Willen (schlüssig) zum Ausdruck gebracht, dass er ihr spätere weitere bewertungseinheitliche Taten des HTs folgen lassen will, dass sie keinen singulären Einzelfall darstellt oder dass sie die Basis für eine dauerhafte Tätigkeit oder weiterreichende Geschäftsbeziehungen darstellen, so ist die gesamte Tat als in Wiederholungsabsicht begangen zu werten.

562   Nach diesen Maßstäben liegt ein gewerbsmäßig begangenes HT nach Abs. 3 Satz 2 Nr. 1 (und nach § 30 Abs. 1 Nr. 2) nicht vor, wenn der Täter sich (ohne Absicht der Wiederholung) BtM in einem Akt verschafft und lediglich seine Absicht darauf gerichtet ist, die BtM in mehreren Teilmengen zu verkaufen. Denn die besondere Kennzeichnung einer gewerbsmäßigen Straftat besteht nicht darin, dass der Täter durch die – gegebenenfalls sukzessiv erfolgende – Verwertung des durch die Straftat erlangten Gegenstandes eine Gewinnerzielung zur Finanzierung seiner Bedürfnisse anstrebt.[1043] Der Täter einer nach Abs. 3 Satz 2 Nr. 1 (und nach § 30 Abs. 1 Nr. 2) gewerbsmäßig begangenen Handlung handelt deshalb nur dann gewerbsmäßig iS dieser Vorschriften, wenn er beabsichtigt, sich die erstrebte Einnahmequelle gerade durch die wiederholte Begehung der von ihm begangenen konkreten Straftat – mithin dem wiederholten Sichverschaffen von BtM in der Absicht, diese in der Folge wie auch immer zu verkaufen – zu erschließen. Die bloße Absicht wiederholten Verkaufs macht das einmalige Sichverschaffen von BtM demgegenüber nicht gewerbsmäßig und vermag eine Strafschärfung nach Abs. 3 Satz 2 Nr. 1 (oder eine Qualifikation nach § 30 Abs. 1 Nr. 2) nicht zu begründen.[1044]

563   **(bb) Vorsatzwechsel und Fehlen von Vorstellungen bei Inbesitznahme.** Damit lösen sich auch die im Zusammenhang mit der Frage der **Erlangung einer größeren BtM-Menge in einem Vorgang** diskutierten Fälle des **Vorsatzwechsels** (der Täter hatte zunächst vor, das BtM in einem einzigen Vorgang gewinnbringend zu veräußern, entschloss sich dann aber zum Absatz in mehreren Teilmengen)[1045] und des **Fehlens von Vorstellun-**

[1039] Vgl. BGH 8.10.1991 – 1 StR 520/91, NJW 1992, 381 = NStZ 1992, 86; 13.10.1992 – 1 StR 580/92, NStZ 1993, 87 = StV 1993, 249 m. zust. Anm. *Endriß*.

[1040] *Joachimski/Haumer* Rn. 260; *Weber* Rn. 1365 unter Berufung auf BGH 13.10.1992 – 1 StR 580/92, NStZ 1993, 87 = StV 1993, 249; *Franke/Wienroeder* Rn. 221 unter Berufung auf BGH 9.10.1991 – 1 StR 520/91, NJW 1992, 381 = NStZ 1992, 86.

[1041] So zweifelnd, aber offengelassen: BGH (BGH 8.10.1991 – 1 StR 520/91, NJW 1992, 381 = NStZ 1992, 86).

[1042] So auch in dem der Entscheidung BGH (BGH 8.10.1991 – 1 StR 520/91, NJW 1992, 381 = NStZ 1992, 86) zugrundeliegenden Fall.

[1043] OLG Hamm 6.9.2004 – 2 Ss 289/04, NJW 2004, 3647 = NStZ-RR 2004, 335 zum gewerbsmäßigen Diebstahl.

[1044] BGH 1.9.2009 – 3 StR 601/08, NJW 2009, 3798 = NStZ 2010, 148 = StV 2010, 304 = wistra 2010, 20 und 2.2.2011 – 2 StR 511/10, BeckRS 2011, 05172 zur gewerbsmäßigen Geldfälschung.

[1045] BGH 9.10.1991 – 1 StR 520/91, NJW 1992, 381 = NStZ 1992, 86.

gen (der Täter hatte beim Erwerb noch keine Vorstellung über Art und Weise des Absatzes):[1046] Kommt bei einer Absatzhandlung der Wiederholungswille des Täters (in Bezug auf die Erwerbshandlung) zum Ausdruck, so ist die gesamte bewertungseinheitliche Tat in der Absicht wiederholter Tatbegehung begangen.

(cc) Fehlen der Wiederholungsabsicht. Die Absicht wiederholter Tatbegehung ist **564** nicht dadurch gegeben, dass die vereinbarte Vergütung für ein einziges Geschäft in Teilbeträgen gezahlt werden soll[1047] oder dass eine von vornherein feststehende Gesamtmenge, für die ein fester Kaufpreis vereinbart ist, in mehreren Teilakten geliefert wird.[1048]

(2) Einnahmeerzielungsabsicht. Der Täter muss fortlaufende Einnahmen von einiger **565** Dauer und einigem Umfang erzielen wollen.

(aa) Einnahmen. Mit den erstrebten Einnahmen muss der Täter sich eine Erwerbsquelle **566** erschließen wollen, wobei ein Nebenerwerb genügt.[1049] Nicht ausreichend in diesem Sinne ist es, wenn ein Konsument sich durch fortlaufenden Bezug von BtM zum Eigenverbrauch bei immer demselben Lieferanten besonders günstige Einkaufkonditionen verschafft: Rabattvorteile sind keine Einnahmequelle.[1050] Gelegentliche Zuwendungen (zB von Zigaretten, Speisen und Getränken) sind gleichfalls keine fortlaufenden Einnahmen iS des § 29 Abs. 3.[1051] Mittelbare Vorteile, zB der über die dem Täter gehörenden GmbH ihm zufließende Gewinne oder das ihm von der GmbH gezahlte Geschäftsführergehalt reichen aus.[1052] Auch ein Kleindealer, der mit dem **Verkauf kleiner Konsummengen Mittel zur Befriedigung seiner Sucht beschafft, kann gewerbsmäßig** handeln.[1053] Ebenso wie es zur Gewerbsmäßigkeit genügt, dass ein Dieb die gestohlenen Sachen für sich verwendet,[1054] reicht es auch aus, dass sich ein Täter die Mittel **zur Befriedigung seiner Sucht,** sei es in Form von BtM, sei es in Form von Geld, beschaffen will. In beiden Fällen zielt sein Handeln auf Einnahmen im Sinne der Rechtsprechung zur Gewerbsmäßigkeit ab[1055] (Zu prüfen ist dann zumeist allerdings, ob dann nicht die unterdurchschnittliche Schuld das Regelbeispiel der Gewerbsmäßigkeit kompensiert[1056]).

Gewerbsmäßigkeit setzt – anders als „Gewinnsucht" – nicht voraus, dass der Täter seinen **567** Erwerbssinn in einem ungewöhnlichen und sittlich anstößigen Maße betätigt.[1057] Daher kann das Fehlen eines übersteigerten Gewinnstrebens die Bedeutung des Regelbeispiels auch nicht kompensieren.[1058]

(bb) Dauer. Dass fortlaufende Einnahmen von einiger Dauer angestrebt werden müssen, **568** bedeutet nicht, dass die Absicht auf die Erschließung einer Erwerbsquelle von unbegrenzter Dauer gerichtet sein muss; es genügt, wenn diese für eine gewisse Dauer erstrebt wird.[1059] Die Einnahmequelle braucht ferner nicht ununterbrochen und regelmäßig zu fließen.[1060] Mit der Einführung dieser zeitlichen Dimension in die Definition der Gewerbsmäßigkeit sollen einmalige Handlungen mit großen Gewinnen ausgeschieden werden; außerdem wird

---

[1046] BGH 13.10.1992 – 1 StR 580/92, StV 1993, 249 mAnm *Endriß*.
[1047] BGH 4.4.1989 – 1 StR 87/89, BeckRS 1989, 31092336.
[1048] *Endriß* StV 1993, 249 (250).
[1049] BGH 14.10.1975 – 1 StR 555/75, unter Bezugnahme auf RG 5.12.1919 – IV 985/19, RGSt 54, 184; BGH 2.12.1954 – 3 StR 120/74, beide MDR 1976, 633 (bei *Holtz*).
[1050] *Franke/Wienroeder* Rn. 222.
[1051] BGH 20.9.2000 – 5 StR 243/00, BeckRS 2000, 30132248 = StV 2001, 461.
[1052] BGH 1.7.1998 – 1 StR 246/98, NStZ 1998, 622.
[1053] BGH 24.4.1992 – 3 StR 115/92.
[1054] BGH 14.10.1975 – 1 StR 555/75, MDR 1976, 633 (bei *Holtz*).
[1055] BGH 23.3.1977 – 3 StR 70/77; 22.3.1983 – 1 StR 820/82, NStZ 1983, 416 (insbes. nicht abgedruckt) = StV 1983, 281.
[1056] BGH 22.3.1983 – 1 StR 820/82, NStZ 1983, 416 (insbes. nicht abgedruckt) = StV 1983, 281.
[1057] BGH 29.10.1975 – 3 StR 373/75; 22.3.1983 – 1 StR 820/82, NStZ 1983, 416 (insbes. nicht abgedruckt) = StV 1983, 281; 23.5.2007 – 2 StR 569/06, NStZ 2008, 42.
[1058] Vgl. *Franke/Wienroeder* Rn. 222.
[1059] BGH 9.11.1951 – 4 StR 563/51, BGHSt 1, 383 = NJW 1952, 113.
[1060] LK-StGB/*Ruß* StGB § 260 Rn. 2.

hervorgehoben, dass ein gewerbsmäßig handelnder Täter wie ein ehrlicher Gewerbetreibender eine geraume Zeit mit der Tätigkeit beschäftigt sein muss, damit diese ihm Erwerb
abwirft.

569   **(cc) Umfang.** Mit der Bezugnahme auf den Umfang der angestrebten Einnahmen ist
eine Erheblichkeitsdimension in die Definition der Gewerbsmäßigkeit eingeführt. Die Einnahmequelle, zu der auch Nebeneinnahmen ausreichen,[1061] muss von „einigem Umfang"
oder „einigem Gewicht" sein.[1062] Geringfügige Entgelte oder geringe Gewinne sprechen
dagegen, dass die Tat auf die Erzielung von Einnahmen von einigem Umfang gerichtet
ist,[1063] sie berechtigen den Tatrichter im Rahmen der ihm obliegenden Beurteilung tatsächlicher Umstände[1064] zur Verneinung eines besonders schweren Falls trotz Vorliegen des
Regelbeispiels.[1065] Für die Frage, wann das aus dem Geschäft mit Betäubungsmitteln zu
erzielende Einkommen nach der Vorstellung des Täters „einigen Umfang" im Gegensatz
zu einem geringfügigen Nebeneinkommen erreicht, kommt es darauf an, ob die aus dem
Betäubungsmittelhandel erwarteten Einkünfte für den individuellen Täter im Verhältnis zu
seinem legalen Einkommen im Tatzeitraum bedeutend gewesen sind.[1066] Kommt das
Gericht aber trotz Geringfügigkeit der Gewinne zur Bejahung des besonders schweren Falls,
so wird dessen Gewicht als Strafzumessungsfaktor ganz erheblich reduziert.[1067]

570   **(dd) Besondere Begründungspflicht.** Kann der Täter in Anbetracht von Abgabe-
menge und -preis sowie Tatfrequenz nur einen geringen Gewinn aus dem Betäubungsmittelgeschäft erwarten, bedarf die Annahme von Gewerbsmäßigkeit einer eingehenden Begründung.[1068] Auch **freundschaftliche Verbundenheit** zwischen Verkäufer und Käufer kann
gegen das Motiv der Erschließung einer nicht ganz unbedeutenden Einnahmequelle sprechen.[1069] **Grundsätzlich** gilt aber: Geringfügige Entgelte oder geringe Gewinne sprechen
dagegen, dass die Tat auf die Erzielung von Einnahmen von einigem Umfang gerichtet ist.
Regelmäßig wird auch bei durch Menge und Qualität von vornherein eingeschränkten
Gewinnaussichten kein gewerbsmäßiger Handel mit Betäubungsmitteln vorliegen.[1070]
Allein aus den Umständen, dass es sich um eine große Menge von Betäubungsmitteln
gehandelt hat, der Angeklagte aber nur in geringem Umfang Sozialleistungen bezog, selbst
seinen Konsum finanzieren musste und in erheblichem Umfang Verpackungsmaterial aufgefunden wurde, kann nicht der Schluss gezogen werden, dass durch den Verkauf der aufgefundenen Betäubungsmittel eine auf Dauer angelegte Einnahmequelle des Angeklagten vorliege.[1071]

571   **(ee) Anbahnung von Geschäftsbeziehungen.** Zu bedenken sind hier allerdings die
Fälle des „Anfütterns" zur Anbahnung von Geschäftsbeziehungen: Die Erzielung eines
Gewinns oder die Entgegennahme eines Entgelts ist nicht in jedem Einzelfall erforderlich;

[1061] BGH 9.5.1972 – 1 StR 619/71.
[1062] BGH 24.1.1986 – 3 StR 2/86, StV 1986, 385.
[1063] BGH 25.11.1992 – 2 StR 563/92, BeckRS 1992, 31097255.
[1064] BGH 25.11.1992 – 2 StR 563/92, BeckRS 1992, 31097255.
[1065] *Franke/Wienroeder* Rn. 222.
[1066] Vgl. OLG Frankfurt 15.1.2016 – 1 Ss 364/15: „Hat der Angeklagte ein monatliches Einkommen in
Höhe von 1.430 €, ist ein Gewinn in Höhe von 55 € aus Verkauf von Opium von geringer Bedeutung.";
exemplarisch für einen Fall ausreichender Darstellungen BGH 26.10.2015 – 1 StR 317/15, BeckRS 2015,
19172.
[1067] Vgl. BGH 25.11.1992 – 2 StR 563/92, BeckRS 1992, 31097255; 23.10.2007 – 5 StR 161/07, NStZ-
RR 2008, 288.
[1068] Vgl. BGH 9.5.2012 – 4 StR 67/12, NStZ – RR 2012, 279.
[1069] BGH 20.3.2008 – 4 StR 63/08, NStZ-RR 2008, 212 = StV 2008, 582 (in einem Fall, in dem es
um vier Fälle, jeweils 0,3 Gramm Kokain für 20 Euro, ging); vgl. BGH 25.11.1992 – 2 StR 563/92, BeckRS
1992, 31097255; 23.10.2007 – 5 StR 161/07, NStZ-RR 2008, 288; 20.9.2000 – 5 StR 243/00, BeckRS
2000, 30132248 = StV 2001, 461.
[1070] BGH 24.11.2009 – 4 StR 524/09, BeckRS 2009, 00855 = StraFo 2010, 170 = StRR 2010, 209
(Apfel/Strittmatter): nur eine Marihuana-Pflanze mit einer Ernte von sehr schlechter Qualität (Wirkstoffgehalt
von 0,05 bis 0,06 %).
[1071] OLG Hamm 28.2.2013 – III-2 RVs 2/13, 2 RVs 2/13, BeckRS 2013, 0887 = NStZ-RR 2013, 282.

so genügt bereits die unentgeltliche Abgabe eines „Musters" zur „Kundenwerbung"[1072] oder die Übergabe von Heroin auf Kommissionsbasis in der Absicht, eine dauerhafte Geschäftsbeziehung aufzubauen.[1073]

(ff) Tatsächliche Gewinnerzielung nicht erforderlich. Der Annahme gewerbsmäßi- **572** gen Handelns steht nicht entgegen, dass der Täter den ihm versprochenen Lohn nicht erhält: Der Qualifikationstatbestand setzt nicht voraus, dass sich die Gewinnerwartung realisiert.[1074]

(gg) Nettoprinzip. Nicht auf die Erlöse, sondern auf den Gewinn kommt es bei der **573** Gewerbsmäßigkeit an. Gewinn ist jeder Vorteil, der zu einem Überschuss über die eigenen Aufwendungen führt, gleich in welcher Form er dem Täter zufließt (Warenaufschlag, Provision, Entgelt, Schuldenminderung).[1075]

Für die Beurteilung der Erheblichkeit der erzielten Gewinne (vgl. die vorhergehenden **574** Rn. 586 und 587) kommt es daher darauf an, ob dem Täter nach Abzug der Aufwendungen für die Warenbeschaffung und der Kosten für den Transport ein nennenswerter Gewinn verbleibt.[1076]

Soweit sich eine gewerbsmäßige Begehung nicht bereits aus der allgemeinen Beschreibung der Tat ergibt, hat das Tatgericht Feststellungen zu den Preisen, Ankaufszeitpunkten, dem beabsichtigten Vertriebszeitraum und auch den Eigenkonsumanteil zu treffen.[1077]

bb) Gesundheitsgefährdung mehrerer Menschen. Durch die Tathandlung muss die **575** Gesundheit von mindestens **zwei (anderen) Personen** gefährdet werden.[1078] Die Gefährdung durch das HT mit BtM kann nicht nur von den BtM ausgehen, mit denen Handel getrieben wird, sondern auch von der Tathandlung des HTs selbst.

(1) Gefährdung durch die Tathandlung des HTs. Gesundheitsgefährdende Hand- **576** lungen, die bei schon vorhandenen BtM auf deren Umsatz abzielen, lassen sich kaum vorstellen. Anders verhält es sich bei Tathandlungen, die – in Gewinnerzielungsabsicht vorgenommen – auf die Produktion von BtM gerichtet sind. Zum Gefährdungspotential des Herstellungsprozesses wird auf die Erläuterung bei Herstellung[1079] verwiesen.

(2) Gesundheitsgefährdung. Für die von Abs. 3 S. 2 Nr. 2 geforderte Gesundheitsge- **577** fährdung mehrerer Menschen sind Gefährdungen erforderlich, die über die mit der Rauschmitteleinnahme typischerweise verbundenen hinausgehen. Die Möglichkeit einer durch die Aufnahme des Rauschmittels verursachten Intoxikationspsychose und die Befürchtung eines durch den Konsum mitbedingten Verharrens in der Sucht reichen nicht aus.[1080]

(3) Gefährdung durch die gehandelten BtM. Die konkrete Gefährdung der Gesund- **578** heit mehrerer Menschen kann auch von den BtM ausgehen, mit denen Handel getrieben wird. Die gilt sowohl für Tathandlungen, mit denen in Gewinnerzielungsabsicht BtM produziert werden, als auch für die Umsatzförderungstätigkeiten. Zur Gefährdung durch die gehandelten BtM wird auf die Erläuterung bei Herstellung[1081] verwiesen.

cc) Unbenannter besonders schwerer Fall. Auch außerhalb der in Abs. 3 S. 2 **579** genannten Regelbeispielsfälle kann ein ungeschriebener besonders schwerer Fall des HTs mit BtM vorliegen. Die praktische Bedeutung dieser Variante ist allerdings gering. Zum

---

[1072] BT-Drs. VI/1977, 10.
[1073] BGH 20.3.1979 – 1 StR 689/78.
[1074] BGH 11.10.1994 – 1 StR 522/94, NStZ 1995, 85; 23.5.2007 – 2 StR 569/06, NStZ 2008, 42.
[1075] Vgl. zB Erbs/Kohlhaas/*Ambs* GastG § 1 Rn. 3–6 (178. Ergänzungslieferung 2010).
[1076] BGH 25.11.1992 – 2 StR 563/92, BeckRS 1992, 31097255.
[1077] OLG Hamm 28.2.2013 – 2 RVs 2/13, BeckRS 2013, 08987.
[1078] S. zum Begriff der Gesundheitsgefährdung allg. § 29 Abs. 3 Rn. 1571 f.; *Franke/Wienroeder* Rn. 226; *Weber* Rn. 1383; BGH 5.3.1969 – 4 StR 375/68, BGHSt 22, 341 (345) zur Gefährdung iS des § 1 StVO.
[1079] → § 29 Rn. 209 ff. (Herstellen).
[1080] BGH 5.8.2009 – 5 StR 248/09, NStZ 2010, 170.
[1081] → Rn. 211 „Herstellen".

Begriff des unbenannten besonders schweren Falles, seiner Feststellung und seines Ausschlusses wird zunächst auf die Erläuterungen zu § 29 Abs. 3[1082] verwiesen.

580 Damit kommen für einen **unbenannten besonders schweren Fall des HTs in Betracht:** HT mit BtM (in Normalmenge) unter Anwendung von Gewalt oder unter Gebrauch von Waffen durch den Täter,[1083] in einer JVA,[1084] in oder in der Nähe einer Schule oder einer Hochschule oder einer anderen Einrichtung des Bildungs- oder Sozialwesens oder an anderen Orten, wo sich Schüler oder Studenten zum Zweck der Bildung, des Sports oder zu gesellschaftlichen Tätigkeiten aufhalten,[1085] durch Inanspruchnahme von Diensten Minderjähriger oder mit der Folge, dass Minderjährige in Mitleidenschaft gezogen werden,[1086] durch eine Person, die ein öffentliches Amt bekleidet (aber nur, wenn die Straftat mit diesem Amt in Zusammenhang steht).[1087] Ein unbenannter besonders schwerer Fall kommt auch in Betracht, wenn der Täter Waffen oder sonstige Gegenstände, die zur Verletzung anderer bestimmt sind mitsichführt, der Qualifikationstatbestand des § 30a Abs. 2 Nr. 2 allerdings daran scheitert, dass der Täter nicht mit nicht geringen Mengen Handel treibt.[1088]

581 HT mit BtM **in nicht geringer Menge** erfüllt den Verbrechenstatbestand des § 29a Abs. 1 Nr. 2.

582 **dd) Innere Tatseite bei den Regelbeispielen.** Zu den subjektiven Komponenten bei der Verwirklichung von Regelbeispielen wird auf die Erläuterungen zu Abs. 3[1089] verwiesen.

583 **b) Strafzumessung im engeren Sinne.** Innerhalb des nach den vorstehenden Grundsätzen gewählten Strafrahmens sind nachfolgende Strafzumessungsumstände bei Handeltreibensdelikten von Bedeutung (zu den betäubungsmittel-strafrechtsspezifischen Strafzumessungsaspekten vgl. auch die Ausführungen bei → § 29a Rn. 130 ff.).

584 **aa) Strafmilderungserwägungen.** Speziell in Bezug auf die Straftat des unerlaubten HTs können sich folgende Umstände strafmildernd auswirken:[1090]

585 **(1) Beihilfenahe Tatbegehung.** Wegen der weiten Auslegung des Begriffs des HTs und den daraus resultierenden Besonderheiten des Tatbestands, dass nämlich prinzipiell auch **ganz untergeordnete** Tätigkeiten und auch eine eigennützige Förderung **fremder** Umsatzgeschäfte die Annahme von täterschaftlichem Handeln begründen können, werden vielfach Tatbeiträge als mittäterschaftliches HT zu werten sein, die typologisch eher als Gehilfentätigkeit anzusehen sind. Da nach neuerer Rechtsprechung in derartigen Fällen § 27 Abs. 2 StGB zur Anwendung kommt, spielt dieser Aspekt bei der Strafzumessung im engeren Sinne keine erhebliche Rolle mehr.

586 **(2) Versuchsnahe Tatbestandsverwirklichung.** HT erfordert als unechtes Unternehmensdelikt keinen tatbestandlichen Erfolg. Vollendetes HT liegt daher trotz Fehlschlagens der Umsatzförderung vor (→ Rn. 276). Im Rahmen der Strafzumessung ist daher zu berücksichtigen, ob und in welchem Umfang es zu einer verstärkten Gefährdung des geschützten Rechtsguts gekommen ist[1091] bzw. inwieweit der konkrete Sachverhalt „dem Bild eines Versuches nahekam".[1092] Dies ist u.A. anzunehmen bei:

[1082] → § 29 Rn. 1648 ff.
[1083] Vgl. Art. 3 Abs. 5 Buchst. d Übk. 1988.
[1084] Vgl. Art. 3 Abs. 5 Buchst. g Übk. 1988.
[1085] Vgl. Art. 3 Abs. 5 Buchst. g Übk. 1988.
[1086] Vgl. Art. 3 Abs. 5 Buchst. f Übk. 1988.
[1087] Vgl. Art. 3 Abs. 5 Buchst. e Übk. 1988.
[1088] BGH 8.10.2014 – 1 StR 350/14, NStZ-RR 2015, 14 (Ls), BeckRS 2014, 21422.
[1089] → Rn. 1648 ff.
[1090] Vgl. auch KPV/*Patzak* Teil 4 Rn. 279 ff.
[1091] BGH 20.12.1989 – 2 StR 575/89; 14.4.1999 – 3 StR 22/99, NStZ 2000, 95 mAnm *Körner;* 28.3.2006 – 4 StR 42/06, BeckRS 2006, 04870.
[1092] *Weber* Rn. 295.

(a) Polizeiliche Sicherstellung des BtM. Strafmildernd zu berücksichtigen ist es, 587
wenn die BtM vor Durchführung des geplanten Umsatzgeschäftes sichergestellt werden und
damit nicht mehr in den Verkehr gelangen konnten.[1093] Die Sicherstellung ist unabhängig
von einer polizeilichen Überwachung ein eigenständiger Strafzumessungsgrund.[1094] Als
gewichtiger strafmildernder Umstand muss angesehen werden, wenn das **gesamte** für den
Absatz bestimmte Kokain sichergestellt und aus dem Verkehr gezogen wurde, so dass es
nicht zu einer Gefährdung von Drogenkonsumenten kommen konnte[1095]

(b) Polizeiliche Überwachung der Tatbestandsverwirklichung. Werden mit Hilfe 588
eines Lockspitzels provozierte strafbare Handlungen so überwacht, dass eine erhebliche
Gefährdung des angegriffenen Rechtsgutes ausgeschlossen ist, so kann das für die Strafzumessung regelmäßig unter dem Gesichtspunkt des geringeren Erfolgsunwertes der Tat[1096]
oder dem der geringen oder ausgeschlossenen Gefährdung des Rechtsguts[1097] Bedeutung
erlangen. Ob die Strafe von diesem Strafzumessungsgrund wesentlich bestimmt wird, hängt
jedoch von den sonstigen Umständen ab.[1098] Jedenfalls die Kumulation von polizeilicher
Überwachung und Sicherstellung der BtM ist ein wesentlicher Strafzumessungsgrund, deren
Berücksichtigung sich aufdrängt und als bestimmender Strafzumessungsgesichtspunkt (§ 267
Abs. 3 S. 1 HS. 2 StPO) erwähnt werden muss.[1099]

(c) V-Leute auf beiden Seiten des Umsatzgeschäfts. Die Tatsache, dass auf beiden 589
Seiten des Umsatzgeschäftes, das der Angeklagte vermitteln wollte, verdeckte Ermittler oder
V-Leute tätig geworden sind, ist ein sich strafmildernd auswirkender Umstand.[1100]

(3) Tatprovokation. Die nachhaltige erhebliche Einwirkung eines Lockspitzels (gleich- 590
gültig, ob polizeiliche Vertrauensperson, polizeilicher Informant oder Verdeckter Ermittler)
auf den Täter, stellte nach zwischenzeitlich ständiger Rechtsprechung nur einen (wenn auch
wesentlichen) **Strafmilderungsgrund** dar.[1101] Schon relativ früh wurde in der Literatur die
Entstehung eines Strafanspruchs in Frage gestellt, wenn es sich um einen Fall unzulässiger
Tatprovokation handele.[1102] Rückenwind hat diese Auffassung vom EMGR erhalten, der
bereits 1999 im Verfahren Castro vs. Portugal andeutete, dass die Strafzumessungslösung in
bestimmten Konstellationen unzureichend sein kann.[1103] Der BGH[1104] hat dann aber in
einer Folgeentscheidung klargestellt, dass in einem solchen Fall ein Verstoß gegen den Grund-

[1093] BGH 19.1.1990 – 2 StR 588/89; 31.3.2004 – 5 StR 78/04, BeckRS 2004, 04056; 23.5.2012 – 5
StR 185/12, BeckRS 2012, 13120; 5.7.2012 – 5 StR 252/12, BeckRS 2012, 16818; BGH 30.9.2014 – 2
StR 286/14, BeckRS 2014, 20282; 10.9.2014 – 5 StR 383/14, BeckRS 2014, 18283.
[1094] *Weber* Vor §§ 29 ff. Rn. 773.
[1095] BGH 14.4.2015 – 3 StR 2/15, NStZ-RR 2015, 248.
[1096] Vgl. BGH 15.5.1985 – 2 StR 65/85; BGH 9.11.1985 – 3 StR 446/85, NJW 1986, 1764.
[1097] BGH 9.6.2004 – 5 StR 173/04, NStZ 2004, 694; 7.7.2004 – 5 StR 71/04, BeckRS 2004, 30343069 =
StV 2004, 578.
[1098] BGH 6.12.1989 – 1 StR 529/89, BeckRS 1989, 31099794.
[1099] BGH 7.2.2012 – BGH 4StR 653/11, NStZ-RR 2012, 153; 5.6.2013 – 4 StR 169/13, NStZ 2013,
662; ggf. bereits bei der Strafrahmenwahl 3.5.2011 – 5 StR 568/10, BeckRS 2011, 15952.
[1100] BGH 5.8.1993 – 4 StR 439/93, NStZ 1994, 39; 9.2.2012 – 2 StR 455/11, NStZ 2013, 99.
[1101] BGH 23.5.1984 – 1 StR 148/84, BGHSt 32, 345 (346 f.) = NJW 1984, 2300; 21.9.1983 – 2 StR
370/83, NStZ 1984, 78 (79); 18.11.1999 – 1 StR 221/99, BGHSt 45, 321 (336 f.) = NJW 2000, 1123;
30.5.2001 – 1 StR 42/01, BGHSt 47, 44 (47 f.) = NJW 2001, 2981 = JuS 2000, 951 mAnm *Kudlich*;
18.11.1999 – 1 StR 221/99, BGHSt 45, 321 (336 f.) = NJW 2000, 1123 = NStZ 2000, 269; BGH
11.12.2013 – 5 StR 240/13, NStZ 2014, 277 (279); 21.10.2014 – 1 StR 78/14, BeckRS 2014, 22346 Rn. 7,
insow. in NStZ 2015, 226 nicht abgedruckt; vgl. aber noch BGH 6.2.1981 – 2 StR 370/80, NJW 1981,
1626; 13.11.1981 – 2 StR 242/81, NStZ 1982, 126; 23.12.1981 – 2 StR 742/81, NStZ 1982, 156 (wo
jeweils ein Verfahrenshindernis in Betracht gezogen wird).
[1102] *Gaede/Buermeyer* HRRS 2008, 279 [286]; *Sinner/Kreuzer* StV 2000, 114 [117]; *Küpper* JR 2000, 257;
Jäger GA 2008, 481; *Roxin* JZ 2000, 369; *El Ghazi/Zerbes* HRRS 2014, 209; im Anschluss an die zweite
EGMR-Entscheidung *Sinn/Maly* NStZ 2015, 382; *Meyer/Wohlers* JZ 2015, 761; *Pauly* StV 2015, 411.
[1103] EGMR NStZ 1999, 47 mAnm *Sommer*; vgl. dazu auch *Kempf* StV 1999, 127 (128 ff.); vgl. auch
EGMR, 4.11.2010– 18757/06 Rn. 37 ff. (Bannikova/Russland); EGMR 18.10. 2011 – 21218/09 (Prado
Bugallo/Spanien), NJW 2012, 3502 (3503); EGMR 5.2.2008 – 74420/01 (Ramanauskas/Litauenzur), NJW
2009, 3565 (3566 f.).

satz des fairen Verfahrens nicht zu einem Beweisverwertungsverbot in Bezug auf die konventionswidrig erlangten Erkenntnisse führt, sondern bei der Strafzumessung (**"Strafzumessungslösung"**[1105]) zu berücksichtigen sei. Nachdem die deutsche Rechtsprechung an der Strafzumessungslösung bis 2014 festhielt, hat der EGMR seine seither erhobene Forderung nach einem umfassenden Beweisverwertungsverbot jüngst in der Rechtssache Furcht gegen Deutschland erneuert und die von der deutschen Rechtsprechung vertretene Strafzumessungslösung als Ausgleich für den Verstoß gegen ein faires Verfahren nunmehr ausdrücklich und unmissverständlich für **untauglich** erklärt.[1106] Er stellte hierbei klar, dass ein Konventionsverstoß nicht voraussetzt, dass gänzlich Unbescholtene zu Straftaten angestiftet werden, sondern lediglich von Relevanz sei, dass die Verdeckten Ermittler einen solchen Einfluss auf den Täter ausüben, dass sie ihn zur Begehung von Straftaten anstiften, die er sonst nicht begangen hätte.[1107] Umso überraschender war es, dass das Bundesverfassungsgericht im Anschluss an diese Entscheidung drei Monate später erneut die Strafzumessungslösung bestätigte[1108] und dies im Wesentlichen damit begründete, dass anders als im Falle des EGMR im gegenständlichen Verfahren von einem Tatverdacht auszugehen war und die Bekundungen der Ermittler auch nicht der Widerlegung der Aussagen der Beschuldigten dienten. Damit hatte das BVerfG aber verkannt, dass der EGMR im Fall Furcht gegen Deutschland den Gesichtspunkt des Tatverdachts nur als einen Aspekt unter mehreren ins Feld geführt hatte[1109] (zumal der Aspekt, dass ein Verfahrenshindernis in Betracht kommen könne hierbei in den Hintergrund rückte). Erst der Zweite Senat hat nunmehr in einer "bahnbrechenden"[1110] Entscheidung festgehalten, dass die rechtsstaatswidrige Provokation einer Straftat durch Angehörige von Strafverfolgungsbehörden oder von ihnen gelenkte Dritte **regelmäßig ein Verfahrenshindernis** zur Folge hat.[1111] In einer fast zeitgleich erschienenen Entscheidung hatte der Erste Senat noch vertreten, dass ein Verfahrenshindernis nur in extremen Fällen einer rechtsstaatswidrigen Tatprovokation angenommen werden könne.[1112]

591 Neben den prozessualen Besonderheiten (Anwendung des § 357 StPO, Berücksichtigung von Amts wegen[1113]), sei an dieser Stelle jedenfalls festgehalten, dass sich die Frage nunmehr im Ermittlungsverfahren darauf fokussieren wird, ob ein Fall *rechtsstaatswidriger* Provokation vorliegt.[1114] Für eine Strafzumessungslösung ist insofern nur noch verneinendenfalls Raum. Die in der Vorauflage skizzierte Differenzierung bleibt also erhalten, nur verschieben sich die Rechtsfolgen, als bei Annahme einer "gerade noch zulässigen Provokation" immer noch Abschläge in der Strafzumessung in Betracht zu ziehen sein werden. Zugleich ist damit gesagt, dass die Rechtsprechung zur Strafzumessungslösung damit noch nicht Makulatur ist und die vom BGH skizzierten Grundsätze aufrechterhalten bleiben, soweit an der Unterscheidung zwischen unzulässiger und rechtsstaatswidriger Provokation bzw. dem "Extremfall"-Kriterium festgehalten wird. Auch der Zweite Senat hat zum einen betont, dass der Strafzumessungslösung ein Anwendungsbereich verbleibt, soweit kein Fall rechtsstaatswidriger Provokation vorliege (angesprochen ist die Konstellation des zufälligen Ansprechens eines bislang unverdächtigen Rauschgifthändlers, der daraufhin eigene, umfangreiche Akti-

[1104] BGH 18.11.1999 – 1 StR 221/99, BGHSt 45, 321 = NJW 2000, 1123 = JR 2000, 432 mAnm *Lesch* = JZ 2000, 363 mAnm *Roxin* = StV 2000, 114 Ls. mAnm *Sinner/Kreutzer* = NStZ 2000, 269 mAnm *Endriß/Kinzing.*
[1105] Zur Strafzumessungslösung auch Satzger/Schluckebier/Widmaier/*Satzger* EMRK Art. 6 Rn. 61 ff.; sowie allg. Meyer-Goßner/*Schmitt* StPO § 163 Rn. 34 b.
[1106] EGMR 23.10.2014 – 54648/09 (Furcht/Deutschland), NJW 2015, 3631.
[1107] EGMR 23.10.2014 – 54648/09 (Furcht/Deutschland), NJW 2015, 3631; hierauf Bezug nehmend BGH 10.6.2015 – 2 StR 97/14, BGH NJW 2016, 91 (92).
[1108] BVerfG 18.12.2014 – 2 BvR 209/14, 2 BvR 240/14, 2 BvR 262/14, NJW 2015, 1083 (1084).
[1109] Krit. *Jäger* 2016, 308 (309), *ders.* JA 2015, 473 (475).
[1110] *Jäger* 2016, 308 (309).
[1111] BGH 10.6.2015 – 2 StR 97/14, NJW 2016, 91 = BGHSt 60, 276.
[1112] BGH 9.7.2015 – 1 StR 7/15, NStZ-RR 2015, 283 (Ls.) = BeckRS 2015, 13123; zu dieser zeitlichen Überschneidung und den inhaltlichen Differenzen *Jahn/Kudlich* JR 2016, 54.
[1113] *Eschelbach* GA 2015, 562.
[1114] So auch *Petzsche* JR 2015, 90.

vitäten zur Durchführung eines Betäubungsmittelgeschäfts entfaltet). Zum anderen hat er ausdrücklich offen gelassen, ob „in allen Fällen der rechtsstaatswidrigen Tatprovokation – was angesichts der strikten Rechtsprechung des Gerichtshofs nahe liegt – die Annahme eines Verfahrenshindernisses aus menschenrechtlicher Sicht geboten ist (…), oder ob in besonderen Ausnahmefällen eine Kompensation der Verletzung des fairen Verfahrens nach Art. 6 I EMRK auf andere Weise als durch die Einstellung des Verfahrens denkbar ist." Der auf diesem Wege noch verbleibende Spielraum kann dann **bei Vergehen** über die Verneinung eines besonders schweren Falles trotz Vorliegens eines oder mehrerer Regelbeispiele bis zur Einstellung des Verfahrens nach §§ 153, 153a StPO führen; **bei Verbrechen** wird regelmäßig die Annahme eines minder schweren Falles bis zum Zurückgehen auf die gesetzliche Mindeststrafe unter Ausnutzung der auch hier im allgemeinen durch §§ 47 Abs. 2, 59 StGB eröffneten Möglichkeit einer Verwarnung mit Strafvorbehalt ausreichen.[1115]

Während nach der Rechtsprechung des EGMR maßgeblich ist, ob die Ermittlungsperso- **592** nen Druck auf den Betroffenen ausübten (also den Bereich des passiven Vorgehens verlassen haben; dies liege nahe beim Ergreifen der Initiative, beim Kontaktieren des Betroffenen, bei einer Erneuerung des Angebots trotz anfänglicher Ablehnung, bei hartnäckigem Auffordern zur Tat, Steigern des Preises über den Durchschnitt oder bei Vorspiegelung von Entzugserscheinungen, um das Mitleid des Betroffenen zu erregen), wird in der deutschen Rechtsprechung zwischen dem Verdachtsgrad und der Tatgeneigtheit der Zielperson differenziert. Insofern bleiben die ursprünglichen Kriterien des BGH aktuell, als nicht abzusehen ist, inwiefern diese von der Ebene der Höhe des Strafabschlags („Wie") auf die Ebene der Bestimmung einer rechtsstaatswidrigen Provokation („Ob") verlagert werden.

(aa) Provokation einer verdächtigen und tatgeneigten Zielperson ohne größere **593** **Einwirkung auf ihn.** Erweist sich der Provozierte als ohnehin tatbereit, beschränkt sich somit die Wirkung der Einflussnahme darauf, dass er eine erwünschte konkrete Gelegenheit für den von ihm grundsätzlich schon in Aussicht genommenen Rauschgiftabsatz erhält, so besteht kein Anlass, dem Täter diese Einflussnahme strafmildernd zugutezuhalten. Das gilt auch dort, wo eine nur auf Vorsicht oder Berechnung beruhende Abwehrhaltung durch intensive Einwirkung des V-Mannes abgebaut wurde.[1116] Erst Recht kommt keine Einstellung wegen Verfahrenshindernisses in Betracht – auch nicht unter Zugrundelegung der EGMR-Rechtsprechung.

(bb) Provokation gegen eine verdächtige und tatgeneigte Zielperson mit inten- **594** **siver Einwirkung auf ihn.** Wenn der Täter erst zur Tat angestiftet werden musste oder wenn es umfangreicher Einwirkung auf ihn bedurfte, so ist nunmehr entscheidend, ob man einen „Extremfall" für die Annahme eines Verfahrenshindernisses fordert und – bejahendenfalls – in concreto solch ein Fall gegeben ist, während nach früherer ständiger Rspr. allenfalls die betroffenen Taten lediglich milder zu beurteilen waren, in die der Angeklagte über das zu seiner Überführung gebotene Maß hinaus hineingezogen wird.[1117]

(cc) Provokation gegen eine verdächtige und zunächst nicht tatgeneigte Ziel- **595** **person mit intensiver Einwirkung auf ihn.** Ähnliche Erwägungen gelten für die Konstellation der Anstiftung einer zunächst nicht tatgeneigten Person, es sei denn man macht den Extremfall gerade daran aus, dass es sich ursprünglich um eine nicht tatgeneigte Person handelte. Hierfür spricht, dass zumindest nach bisheriger Rechtsprechung in solch einem Fall von einer Strafmilderung „in hohem Maße" ausgegangen wurde.[1118] Die Strafmilderung kann innerhalb des gegebenen Strafrahmens bis zur Unterschreitung der sonst schuldangemessenen Strafe führen.[1119] Dabei sollte nach einer noch relativ aktuellen Entscheidung

---

[1115] BGH 23.5.1984 – 1 StR 148/84, 1 StR 148/84, BGHSt 32, 345 = NJW 1984, 2300 = NStZ 1985, 131 mAnm *Fezer*; 4.6.1992 – 4 StR 99/92, NStZ 1992, 488 (zu einem Geldfälschungsdelikt).
[1116] BGH 4.6.1985 – 2 StR 13/85, NJW 1986, 75.
[1117] BGH 19.5.1987 – 1 StR 202/87, NStZ 1988, 550 mAnm *Endriß*.
[1118] BGH 5.8.1988 – 2 StR 399/88.
[1119] *Weber* Vor §§ 29 ff. Rn. 89.

des Fünften Senats auch keinen Unterschied machen, ob die Ermittlungsbehörden in Kontakt zu den Provozierten standen (mithin sei auch eine „mittelbare Tatprovokation" denkbar, die zu einer Strafmilderung berechtigte).[1120] Unklar ist ebenso, ob dieses Kriterium in Ansehung der EGMR-Rechtsprechung noch Berücksichtigung finden kann.

596 **(dd) Provokation gegen eine unverdächtige Zielperson.** Die Ausführungen des EGMR lassen darauf hindeuten, dass der fehlende Tatverdacht ein ganz maßgeblicher Aspekt (wenn auch nicht der einzige, → Rn. 592) ist, der für eine Rechtsstaatswidrigkeit iSd Art. 6 EMRK ist. Somit ist dies die Konstellation, in der nach Auffassung des Zweiten Senats nunmehr regelmäßig ein Verfahrenshindernis anzunehmen ist und die Anwendung der Strafzumessungslösung nicht mehr ausreicht.[1121]

597 Unabhängig davon, wie weit man die Grenzen einer rechtsstaatswidrigen Provokation absteckt (die zu einem Verfahrenshindernis führt), bleibt die Tatprovokation ein gewichtiger **schuldunabhängiger Strafmilderungsgrund,** der zur Unterschreitung der sonst schuldangemessenen Strafe führen kann.[1122] Dieser kann sich auswirken in der Annahme eines minder schweren Falles (§ 29a Abs. 2, § 30 Abs. 2, § 30a Abs. 3), der Verneinung eines besonders schweren Falles (Abs. 3), dem Zurückgehen auf die gesetzliche Mindeststrafe und Verhängung als Geldstrafe (§ 47 Abs. 2 StGB) und der Verwarnung mit Strafvorbehalt (§ 59 StGB) auch bei Verbrechen sowie die Einstellung des Verfahrens nach den §§ 153, 153a StPO bei Vergehen.[1123] In welchem **Umfang** der schuldunabhängige Strafmilderungsgrund sich im konkreten Einzelfall auszuwirken vermag, richtet sich – soweit der Tatverdacht das Hauptunterscheidungskriterium ausmacht – nach der Tatgeneigtheit der Zielperson und der Intensität der Fremdbestimmung durch den Provokateur. Aus der partiell überholten Rechtsprechung lassen sich folgende Beispiele nennen: Bringt eine bloße Anfrage, ob er eine größere Menge Waffen beschaffen könne, einen Angeklagten auf die Idee zur Tat, so ist eine einfache Berücksichtigung eines sich daraus ergebenden Schuldmilderungsgrundes angemessen.[1124]

598 Muss ein Täter nicht nachhaltig gedrängt und überredet werden, sondern entwickelt er von sich aus sofort Vorstellungen über BtM-Transporte nach Norwegen, so hat die Provokation objektiv geringes Gewicht.[1125] Verleitet ein Lockspitzel einen bisher unbescholtenen, unverdächtigen und zuvor nicht tatgeneigten Angeklagten mit der Androhung von wirtschaftlichen Nachteilen zur Tat und nötigt er ihn zur Fortsetzung der Tatbegehung, ist die Anwendung des Ausnahmestrafrahmens des § 29a Abs. 2 und die strafmildernde Berücksichtigung der Umstände der Tatprovokation auch bei der Festsetzung der Strafe innerhalb des Ausnahmestrafrahmens nicht ausreichend.[1126] Hatte der Täter **keinen Einfluss auf die Menge und auch auf die Qualität** des ihm von einer polizeilichen Vertrauensperson zugespielten BtM, muss deshalb bei der Strafzumessung deutlich gemacht werden, dass der Menge nur beschränkt strafschärfende Wirkung zukommen kann.[1127]

599 **(4) „Weiche Droge" Cannabis.** Strafmildernd kann berücksichtigt werden, dass sich die Tat auf die „weiche Droge" Cannabis bezog.[1128] Dieser Umstand kann sich bereits auf die Strafrahmenwahl strafmildernd auswirken.[1129] Sind diese dann sogar zum Eigenverbrauch bestimmt, kommt die Annahme eines minder schweren Falles gem. § 29a Abs. 2

[1120] BGH 11.12.2013 – 5 StR 240/13, NStZ 2014, 277.
[1121] Anders noch etwa BGH 29.8.1989 – 1 StR 453/89.
[1122] Vgl. etwa OLG Bamberg 21.7.2014 – 3 Ss 86/14, BeckRS 2014, 18301 = NStZ 2015, 55.
[1123] BGH 23.5.1984 – 1 StR 148/84, BGHSt 32, 345 = NJW 1984, 2300 = NStZ 1985, 131 mAnm *Fezer*; 4.6.1992 – 4 StR 99/92, NStZ 1992, 488 (zu einem Geldfälschungsdelikt).
[1124] BGH 6.12.1989 – 1 StR 529/89, BeckRS 1989, 31099794.
[1125] BGH 6.3.1992 – 2 StR 559/91, NStZ 1992, 275.
[1126] BGH 13.10.1994 – 5 StR 529/94, StV 1995, 131.
[1127] BGH 10.7.1991 – 2 StR 207/91, NStZ 1991, 547.
[1128] BGH 1.3.1983 – 1 StR 812/82, NStZ 1983, 370; 25.4.1983 – 3 StR 97/83; 13.11.1986 – 4 StR 206/86; 2.12.1986 – 1 StR 599/86, StV 1987, 203; 6.3.1987 – 4 StR 52/87; 9.4.1988 – 3 StR 117/88.
[1129] BGH 28.3.2006 – 4 StR 42/06, BeckRS 2006, 04870; BayObLG 28.4.1988 – RReg. 4 St 42/88, BayObLGSt 1988, 62 (69); 26.2.1992 – RReg 4 St 25/92.

auch beim Besitz des bis zu 11fachen der nicht geringen Menge in Betracht, wenn es sich auch noch um Haschisch von außerordentlich schlechter Qualität handelt.[1130]

(5) Besondere persönliche Umstände. Auch wirtschaftliche Not und Fürsorge für die **600** Kinder eines Kuriers können bei der Strafzumessung mildernd Berücksichtigung finden.[1131]

(6) Drogenabhängigkeit. Eine festgestellte Drogenabhängigkeit ist nicht nur ein erheb- **601** licher schuld- und strafmildernder Zumessungsgrund (vgl. auch → § 29a Rn. 142), sondern mindert auch die Vorwerfbarkeit der Missachtung der Warnung von einschlägigen Vorstrafen. Es bedarf daher einer Auseinandersetzung mit der Frage im Urteil, ob und gegebenenfalls wie weit die strafschärfende Heranziehung von einschlägigen Vorstrafen zu relativieren ist. Denn die suchtbedingte Wiederholung von Straftaten ist wie der suchtbedingte Rückfall grundsätzlich anders zu bewerten als das entsprechende strafbare Verhalten eines Nichtabhängigen.[1132]

(7) Einziehung. Die Einziehung eines Tatfahrzeugs „von nicht unerheblichem Wert" **602** hat als Nebenfolge Sanktionscharakter und ist deshalb als bestimmender Gesichtspunkt für die Bemessung der daneben zu verhängenden Strafe und insoweit angemessen zu berücksichtigen.[1133] Will das Gericht strafmildernd berücksichtigen, dass der Täter auf die Rückgabe von Asservaten verzichtet hat, muss es die sichergestellten Gegenstände mitteilen, damit das Revisionsgericht überprüfen kann, ob nicht hinsichtlich dieser Gegenstände ohnehin eine Einziehung (§ 33) unerlässlich gewesen wäre.[1134] Siehe insb. auch → § 33 Rn. 6–7.

(8) Untersuchungshaft. Erlittene U-Haft rechtfertigt nicht per se eine Strafmilderung, **603** weil sie nach § 51 Abs. 1 S. 1 StGB ohnehin auf die zu vollstreckende Strafe angerechnet wird.[1135] Aber auch wenn eine Freiheitsstrafe deshalb zur Bewährung ausgesetzt wird, weil der Angeklagte durch den Vollzug der Untersuchungshaft hinreichend beeindruckt ist und besondere Umstände iSd § 56 Abs. 2 StGB bejaht werden, verbietet sich eine zusätzliche mildernde Berücksichtigung bei der Bemessung der Strafhöhe.[1136] Allerdings dürfen besonders beschwerende Umstände des Haftvollzugs strafmildernd in Ansatz gebracht werden.[1137]

bb) Strafschärfungserwägungen. Speziell in Bezug auf die Straftat des unerlaubten **604** HTs wirken sich folgende Umstände strafschärfend aus.[1138]

(1) Gefährlichkeit der BtM, mit denen Handel getrieben wird. Im Rahmen der **605** Strafzumessung kommt der Art des BtM und seiner Gefährlichkeit eine eigenständige Bedeutung zu.[1139]

Besitzt der Täter allerdings eine über die Handelsmenge hinausgehende Gesamtmenge **606** (mit der Bestimmung der Differenzmenge zum Eigenverbrauch), so darf die spezifische Gefährlichkeit eines bestimmten BtMs nur insoweit zum Nachteil des Täters gewertet werden, als sie die Handelsmenge betrifft; bei der Eigenverbrauchsmenge hat der strafschärfende Gesichtspunkt der Gefährlichkeit eines BtMs nach dem Grundsatz der Eigenverantwortlich-

---

[1130] OLG Naumburg 22.6.2015 – 2 Rv 60/15, BeckRS 2015, 16298 = StV 2015, 643.
[1131] BGH 29.4.1992 – 2 StR 177/92, StV 1992, 570.
[1132] OLG Frankfurt a. M. 22.10.2009 – 1 Ss 252/09, BeckRS 2010, 05910 = StV 2010, 136 Ls.
[1133] BGH 27.9.2011 – 3 StR 296/11, NStZ-RR 2011, 370; 20.7.2011 – 5 StR 234/11, StV 2011, 726; 20.9.1988 –5 StR 418/88; 16.2.2012 – 3 StR 470/11, NStZ-RR 2012, 169.
[1134] BGH 20.8.2013 – 5 StR 248/13, NStZ-RR 2014, 106.
[1135] BGH 20.8.2013 – 5 StR 248/13, NStZ-RR 2014, 106; 19.5.2010 – 2 StR 102/10, NStZ 2011, 100; BGH 19.12.2013 – 4 StR 302/13, BeckRS 2014, 01024; OLG Hamm 20.3.2012 – III-1 RVs 2/12, BeckRS 2013, 01942.
[1136] BGH 14.6.2006 – BGH 2 StR 34/06, NJW 2006, 2645.
[1137] BGH 20.8.2013 – 5 StR 248/13, NStZ-RR 2014, 106; BGH 19.12.2013 – 4 StR 302/13, BeckRS 2014, 01024.
[1138] Vgl. auch KPV/*Patzak* Teil 4 Rn. 286 ff.
[1139] BGH 5.9.1991 – 4 StR 386/91, NJW 1992, 380; 29.6.2000 – 4 StR 202/00, BeckRS 2000, 30120055 = StV 2000, 613.

keit der Selbstschädigung außer Betracht zu bleiben.[1140] Dies ist aber nicht anzunehmen, wenn der Angeklagte den BtM-Vorrat nicht aus **Angst vor Entzugserscheinungen** angeschafft hat und damit auch die Gefahr der Weitergabe des BtM nicht auszuschließen ist.[1141]

607   Die besondere Gefährlichkeit von **Heroin** kann strafschärfend gewertet werden,[1142] dies allerdings nur, wenn festgestellt ist, dass dieser Umstand von den Vorstellungen des Täters wenigstens unter billigender Inkaufnahme umfasst war.[1143] Wusste der Täter nicht dass es sich um Heroin handelte, sondern ging er nur allgemein von „gefährlichem Rauschgift" aus, bedarf es Feststellungen darüber, dass er Vorstellungen über die Gefährlichkeit eines Rauschgiftes hatte, das derjenigen von Heroin entsprach.[1144] Ebenso darf die Gefährlichkeit von **LSD** strafschärfend gewertet werden.[1145] Grundsätzlich gilt dies auch für **Crack;** die besondere Gefährlichkeit des BtMs kann aber nicht strafschärfend herangezogen werden, wenn der Wirkstoffgehalt nicht bekannt ist.[1146]

608   Dagegen stellt **Amphetamin** keine „harte Droge" dar, sondern ist lediglich von „mittlerer Gefährlichkeit";[1147] gleiches soll für die in **Ecstasy**-Tabletten enthaltenen Wirkstoffe **MDE/MDMA** gelten.[1148] Ebenso äußert der Erste Strafsenat Bedenken gegenüber einer Einschätzung von **Methamphetamin** „als mindestens so gefährlich wie Heroin" (was dazu führe, dass man das in der höchstrichterlichen Rechtsprechung anerkannte Stufenverhältnis außer Acht lasse).[1149] Bei der Strafzumessung darf die Gefährlichkeit der genannten Stoffe daher nicht ohne Weiteres strafschärfend berücksichtigt werden.[1150] Umgekehrt liegt aber aus demselben Grunde („mittlere Gefährlichkeit") jedenfalls kein Strafmilderungsgrund vor.[1151] Gerade als sich ein Meinungsumschwung zu den Amphetaminen beim BGH andeutete[1152] (der auch Bezug zu einer Entscheidung des *BVerfG*[1153] – aus dem Jahre 1997 – nahm), hat der Zweite Senat nunmehr Amphetamine unzweideutig aus dem Bereich „harter Drogen" herausgenommen.[1154]

609   **(2) Menge.** Die Menge kann nach der Wirkstoffmenge und auch nach der Gewichtsmenge bemessen werden. Jeder dieser Umstände kann bei der Strafzumessung auch innerhalb des Normalstrafrahmens oder innerhalb des erhöhten Strafrahmens nach § 29 Abs. 3 strafschärfend herangezogen werden. Ein wesentlicher Umstand zur Beurteilung der Schwere der Tat und zur Strafzumessung ist die **Gesamtmenge des Wirkstoffs.**[1155] Nicht nur der Wirkstoffgehalt, sondern auch die **Menge des BtM als solche** ist ein bestimmender

---

[1140] OLG Frankfurt a. M. 16.11.2009 – 1 Ss 348/09, StV 2010, 136; OLG München 11.11.2011 – 5St RR (I) 066/11, BeckRS 2012, 03257; vgl. auch BGH 25.2.2016 – 2 StR 39/16, NStZ-RR 2016, 141.

[1141] OLG München 17.9.2014 – 4 OLG 13 Ss 375/14, StraFo 2014, 43.

[1142] BGH 1.9.1993 – 2 StR 308/93; 17.3.1993 – 2 StR 544/92; 1.7.1992 – 2 StR 191/92, NStZ 1992, 489; 21.1.1992 – 1 StR 598/91; 20.12.1990 – 1 StR 650/90; 19.1.1990 – 2 StR 588/89; 21.3.1989 – 1 StR 11/89; 6.8.1982 – 2 StR 430/82; 14.4.1981 – 1 StR 119/81; 17.12.1980 – 2 StR 540/80; 15.1.1980 – 1 StR 730/79.

[1143] BGH 20.12.1990 – 1 StR 650/90.

[1144] BGH 21.3.1989 – 1 StR 11/89.

[1145] BGH 1.9.1987 – 1 StR 191/87, BGHSt 35, 43 = NJW 1988, 2960; Anm. *Nestler-Tremel* EzSt BtMG § 30 Nr. 22; Anm. *Winkler* NStZ 1988, 28.

[1146] KPV/*Patzak* Teil 4, Rn. 378; OLG Frankfurt, 15.2.2005 – 1 Ss 384/04, StV 2005, 559; 5.3.2015 – 1 Ss 8/15, BeckRS 2015, 16299 = StV 2015, 643.

[1147] BGH 28.6.1990 – 2 StR 275/90, StV 1990, 494; 10.2.1993 – 2 StR 20/93, NStZ 1993, 287; 30.10.1996 – 2 StR 508/96, StV 1997, 75; BayObLG 18.10.2001 – 4 St RR 115/01, StV 2002, 261.

[1148] BGH 11.9.1997 – 4 StR 319/97.

[1149] BGH 15.6.2016 – 1 StR 72/16, NStZ-RR 2016, 313.

[1150] BGH 30.10.1996 – 2 StR 508/96, StV 1997, 75; BayObLG 18.10.2001 – 4 St RR 115/01, StV 2002, 261.

[1151] So auch *Weber* Vor §§ 29 ff. Rn. 726.

[1152] BGH 3.4.2002 – 2 StR 84/02, BeckRS 2002, 30250583. Vgl. zu der Notwendigkeit einer Neubeurteilung *Schmidt* NJW 2003, 3095.

[1153] BVerfG 4.5.1997 – 2 BvR 509/96 und 2 BvR 511/96, NJW 1998, 669.

[1154] BGH 22.8.2012 – 2 StR 235/12, NStZ-RR 2013, 150 sowie BGH 23.3.2014 – 2 StR 202/13, BeckRS 2014, 12009.

[1155] Vgl. BGH in stRspr, vgl. zuletzt 8.11.2011 – 4 StR 472/11, BeckRS 2012, 01452; 7.11.2011 – 4 StR 517/11, NStZ 2012, 339; BGH 29.4.2014 – 2 StR 89/14, BeckRS 2014, 12995.

Zumessungsgrund.[1156] Unabhängig von dem Wirkstoffgehalt lassen sich der Gesamtmenge wesentliche Anhaltspunkte für den Umfang der dem Täter zuzurechnenden Rauschgiftgeschäfte und das Maß der von ihm entfalteten kriminellen Energie entnehmen, die regelmäßig für die Zumessung der wegen BtM-Straftaten zu verhängenden Strafen bestimmend sind (§ 267 Abs. 3 S. 1 StPO).[1157] Die uneingeschränkte Berücksichtigung der Menge des BtM, mit der Handel getrieben worden ist, muss als rechtsfehlerhaft bewertet werden, wenn die Bedeutung dieses Umstands dadurch relativiert wird, dass seitens der Polizei darauf hingewirkt wurde, dass mit einer möglichst großen Menge Handel getrieben wurde.[1158]

(3) Übersteigertes Gewinnstreben. Bei einer Verurteilung wegen HTs darf „Profit- **610** gier" im Sinne eines übersteigerten Gewinnstrebens strafschärfend berücksichtigt werden,[1159] die bloße Gewinnorientierung dagegen nicht, weil sie vom Tatbestand des HTs (Eigennützigkeit) vorausgesetzt wird. Freilich muss sich aus den Urteilsgründen dann allerdings ergeben, worin sich das „übersteigerte" Gewinnstreben äußert.

(4) Generalpräventive Erwägungen. Unter bestimmten Voraussetzungen sollen auch **611** generalpräventive Erwägungen zulässig sein. So ist unbeanstandet geblieben, dass der Tatrichter, nachdem er nicht den Strafrahmen des besonders schweren Falles, sondern den Regelstrafrahmen nach Abs. 1 zugrunde gelegt hat, bei der konkreten Strafzumessung „untergeordnet", also im Bereich schuldangemessenen Strafens generalpräventiv, „die Abwehr der Drogenwelle mit ihren gefährlichen Folgen für viele" strafschärfend berücksichtigt hat. Der BGH hat dazu ausgeführt, dass es dazu keiner weiteren Feststellungen bedurft hätte; die ständig steigende Zahl Drogentoter sei allgemeinkundig; sie hätte auch nicht in der Hauptverhandlung erörtert werden müssen.[1160]

(5) Berücksichtigung der Todesfolge. Auch wenn der Täter nach einem von ihm **612** verursachten Heroinintoxikation-Todesfalles nicht wegen fahrlässiger Tötung schuldig gesprochen wird, soll das Gericht nicht gehindert sein, bei der Bemessung der Strafe für das BtM-Vergehen einen Strafschärfungsgrund darin zu finden, dass der Täter den Tod des Empfängers herbeigeführt hat. Es handelt sich insoweit um eine verschuldete Auswirkung (§ 46 Abs. 2 StGB) des BtM-Delikts.[1161]

(6) Beitrag zur Förderung der organisierten Kriminalität. In der straferhöhenden **613** Berücksichtigung des Umstands, der Angeklagte habe einen „Beitrag zur Förderung der organisierten Kriminalität geleistet", liegt kein Verstoß gegen § 46 Abs. 3 StGB: Trotz der schlagwortartigen Verkürzung liegt in der Erwägung ein tragfähiger Strafschärfungsgrund, wenn nicht allein das Tatbestandsmerkmal der Gewerbsmäßigkeit, sondern ein auf Geschäfte im großen Stil zugeschnittenes Bezugs- und Vertriebssystem ins Auge gefasst wird.[1162]

(7) Herstellung in außergewöhnlich professioneller Weise zum Zwecke des **614** **HTs.** Bei der Herstellung von BtM in der Absicht gewinnbringender Verwertung kann die außergewöhnlich professionelle Art und Weise der Herstellung strafschärfend gewertet werden (dann darf aber der hohe Ertrag nicht strafschärfend berücksichtigt werden[1163]), wie

---

[1156] Vgl. zum Ganzen auch → § 29a Rn. 132.
[1157] BGH 5.9.1991 – 4 StR 386/91, NJW 1992, 380; vgl. auch BGH 1.9.1993 – 2 StR 308/93 wo ausdrücklich trotz niedrigen Wirkstoffgehaltsanteils die große Menge (3 kg Heroinzubereitung) als strafschärfend bezeichnet wird; 24.2.1994 – 4 StR 708/93, BGHSt 40, 73.
[1158] BGH 14.5.1998 – 1 StR 189/98, StV 1998, 600.
[1159] BGH 1.10.1996 – 1 StR 559/96, NStZ-RR 1997, 50; 2.12.1997 – 1 StR 698/97.
[1160] BGH 13.2.1991 – 3 StR 423/90, BeckRS 1991, 31079566.
[1161] BGH 1.7.1992 – 2 StR 191/92, NStZ 1992.
[1162] BGH 6.12.1994 – 5 StR 305/94, BGHSt 40, 374 = NJW 1995, 1166 = StV 1995, 60 = wistra 1995, 151.
[1163] BayObLG 14.2.1995 – 4 St RR 26/95; 21.5.1997 – 4 St RR 114/97; 2.10.1997 – 4 St RR 214/97, NJW 1998, 769.

zB organisierte industrielle Fertigung auf internationaler Ebene,[1164] kostspieligen Errichtung des Labors,[1165] besonderer Umfang (Tatzeitraum, Höhe des erzielten Gesamtumsatzes).[1166]

615 **(8) Nach § 154 Abs. 2 StPO eingestellte Taten.** Es ist nach allgemeinen Grundsätzen rechtsfehlerfrei, wenn das Gericht nach § 154 Abs. 2 StPO eingestellte Taten im Rahmen der Aburteilung dergestalt strafschärfend berücksichtigt, als es sich bei den abgeurteilten Taten lediglich um die „Spitze des Eisbergs" gehandelt habe.[1167] Ebenso begegnet es keinen rechtlichen Bedenken, wenn das Gericht zu Lasten des Angeklagten seine Beteiligung an den verfahrensgegenständlichen Taten trotz eines ihm bekannten laufenden Ermittlungsverfahrens gegen ihn wegen anderer Betäubungsmittelstraftaten und die Begehung der Tat ungeachtet der Zustellung der Anklageschrift in dem genannten anderen Strafverfahren wertet.[1168]

616 **(9) Verwerfliche Verkaufsmethoden.** Die „verwerfliche Verkaufsmethode" findet sich als Strafzumessungserwägung in zwei Entscheidungen des BGH,[1169] wobei allerdings nicht erwähnt wird, worin die Verwerflichkeit der Verkaufsmethoden in dem der ersten BGH-Entscheidung zugrundeliegenden Fall gesehen wurde.

617 **cc) Unzulässige Strafschärfungserwägungen.** Nicht strafschärfend gewertet werden dürfen folgende speziell in Bezug auf die Straftat des unerlaubten HTs häufig verwendeten Strafzumessungserwägungen:

618 – **„HT als die verwerflichste der Tatalternativen des Abs. 1".** Nicht zulässig ist es, wenn das Gericht bei der Bemessung der Strafe für das unerlaubte HT mit BtM gem. Abs. 1 S. 1 Nr. 1 **straferschwerend** berücksichtigt, dass der Angeklagte „den Verstoß gegen das BtMG in der Begehungsform des HT begangen hat"; denn dies stellt eine unzulässige **Doppelverwertung** von Strafzumessungstatsachen gem. § 46 Abs. 3 StGB dar.[1170] Gemeint (aber nicht zum Ausdruck gebracht) ist mit solchen Formulierungen häufig, dass der Tatrichter bei der Gewichtung von Unrecht und Schuld die verschiedenen Tatbestandsvarianten des Abs. 1 S. 1 Nr. 1, die das Gesetz alle mit derselben Strafe bedroht, miteinander verglichen hat und zu dem Ergebnis gekommen ist, dass sie unterschiedlich schwere Bedrohungen für das geschützte Rechtsgut darstellen („schwerere Deliktsvariante innerhalb desselben Tatbestandes"[1171]): unter diesem Blickwinkel ist das HT tatsächlich als eine der schwereren Begehungsweisen anzusehen.[1172]

– Zur Zulässigkeit der straferschwerenden Berücksichtigung der Erwägung, „dass der Angeklagte mit dem HT die verwerflichste der Tatalternativen des Abs. 1 S. 1 Nr. 1 verwirklicht hat", gibt es eine **uneinheitliche Rechtsprechung des BGH:** während der 4. Strafsenat[1173] darin einen Verstoß gegen das Doppelverwertungsverbot des § 46 Abs. 3 StGB sieht, halten andere Strafsenate diese Erwägung für zulässig.[1174] Nach dem Anfragebeschluss des 5. Strafsenats bei den übrigen Strafsenaten, ob deren Rechtsprechung der Ansicht entgegenstehe, die strafschärfende Erwägung, das unerlaubte HTs sei „eine der verwerflichsten Tatmodalitäten des § 29a", sei im Einzelfall nicht ohne weiteres rechtsfeh-

[1164] LG Offenburg 18.12.1990 – 7 KLs 3/90; LG Gießen 1.11.1991 – 9 Js 171 431/90 – 7 KLs.
[1165] LG Augsburg 2.10.1992 – 8 KLs 102 Js 1930/91.
[1166] LG Gießen 1.11.1991 – 9 Js 171 431/90–7 KLs.
[1167] BGH 12.2.2015 – 2 StR 109/14, BeckRS 2015, 06113 = NStZ 2015, 341.
[1168] BGH 4.11.2014 – 1 StR 233/14, BeckRS 2014, 22848 = NStZ 2015, 579.
[1169] BGH 4.4.1978 – 1 StR 48/78; 30.1.1980 – 3 StR 471/79, NJW 1980, 1344; s. auch § 29 Abs. 3 Rn. 1584.
[1170] OLG Frankfurt a. M. 3.6.1997 – 1 Ss 255/96, StV 1997, 639; vgl. auch BGH 2.12.1997 – 1 StR 698/97.
[1171] BGH 22.8.2001 – 1 StR 339/01, BeckRS 2001, 30200596 zum Verhältnis von Anbau und HT.
[1172] Vgl. BGH 30.1.1980 – 3 StR 471/79, NJW 1980, 1344; 17.4.1986 – 1 StR 172/86, NStZ 1986, 368.
[1173] BGH 11.2.1999 – 4 StR 657/98, BGHSt 44, 361 (366 – 368) = NJW 1999, 1724 (insoweit in NStZ 1999, 365 nicht abgedruckt) = StV 1999, 529 = wistra 1999, 225.
[1174] BGH 25.1.1984 – 2 StR 811/83; 17.4.1986 – 1 StR 172/86, NStZ 1986, 368; 23.11.1999 – 5 StR 316/99, NJW 2000, 597 bei gewichtigem HT im Einzelfall.

lerhaft,[1175] und den Antworten der anderen Senate hierauf[1176] darf diese Frage als geklärt angesehen werden. Die Wendung, dass die Tatbestandsvariante des HT „eine der verwerflichsten Tatmodalitäten des § 29" (oder des § 29a, § 30 oder § 30a) sei, ist problematisch, wenn sie nicht näher begründet ist oder mit dem zugrundeliegenden Sachverhalt – wie einem wesentlich auf polizeiliche Initiative zurückgehenden HT – auch nicht begründet werden kann. Dann kann sie als bloße „Leerformel" angesehen werden, die gegen das Doppelverwertungsverbot (§ 46 Abs. 3 StGB) verstößt[1177] oder einen Wertungsfehler bei der Strafzumessung besorgen lässt.[1178]

– Ein Verstoß gegen § 46 Abs. 3 StGB ist nach der Ansicht des 1., 3. und 5. Strafsenats[1179] dann nicht gegeben, wenn der Tatrichter darauf abstellt, dass das HT innerhalb der in §§ 29 ff. unter Strafe gestellten Begehungsweisen – im Sinne eines „faktischen Stufenverhältnisses" – regelmäßig eine schwerere Deliktsvariante bildet. Deren Anlastung ist grundsätzlich ebenso zulässig wie eine differenzierte Strafzumessung nach Maßgabe des unterschiedlichen Gefährlichkeitsgrades der von den BtMG-Tatbeständen gleichermaßen erfassten betroffenen BtM.

– Zu beachten ist allerdings die Rechtsauffassung des 4. Strafsenats in der abstrakten Frage des Anwendungsbereichs des § 46 Abs. 3 StGB. Er sieht in der strafschärfenden Verwertung der Tatmodalität des HTs einen Verstoß gegen das Doppelverwertungsverbot des § 46 Abs. 3 StGB; denn es bedeute, dass das HT als solches strafschärfend angelastet werde. Die Gefahren, die mit dem Verbreiten von Rauschgift verbunden sind, seien der Grund für die Strafbarkeit des HTs; dies schließe es aus, im HT als solchem zugleich ein eigenständiges straferhöhendes Moment zu finden.[1180]

– Für Tatrichter bedeutet dies, dass der Rückgriff auf diese Wendung „eine der verwerflichsten Tatmodalitäten"[1181] problembehaftet ist, wenn sie nicht weiter erläutert wird. So ist es nach der einhelligen Auffassung aller Senate zulässig, strafschärfend zu berücksichtigen, dass ein **gewichtiges HT** mit BtM[1182] (zB mit einer besonders großen Menge besonders gefährlicher BtM) vorliegt und damit **das Rechtsgut in besonders intensiver Weise verletzt** wurde (zB wenn andere in das kriminelle Tun verstrickt wurden oder wenn mehrere Tatbestandsalternativen verwirklicht wurden).[1183]

– **„Schnödes", „gemeines" Gewinnstreben uä.** Bereits in dem Merkmal des Eigennut-   **619** zes als Teil des Begriffs des HTs ist die Absicht eines Händlers, durch den Verkauf von BtM mit Hilfe eines Preisaufschlags Gewinn zu erzielen, enthalten. Daher stellt es einen Verstoß gegen § 46 Abs. 3 StGB dar und ist nicht zulässig, dieses Gewinnstreben bei der Strafzumessung erneut straferschwerend zu berücksichtigen.[1184] Dies gilt auch, wenn der Tatrichter dem Angeklagen strafschärfend anrechnet, durch das unerlaubte HT beabsichtigt zu haben, „schnell und leicht zu Geld zu kommen".[1185] Die Erwägung, dass dem

---

[1175] BGH 27.7.1999 – 5 StR 316/99, NStZ 1999, 625.

[1176] 1. Strafsenat: BGH 24.8.1999 – 1 ARs 12/99; 2. Strafsenat BGH 1.9.1999 – 2 ARs 355/99; 3. Strafsenat: BGH 12.8.1999 – 3 ARs 14/99; 4. Strafsenat: BGH 26.8.1999 – 4 ARs 5/99; vgl. dazu 23.11.1999 – 5 StR 316/99, NJW 2000, 597.

[1177] BGH 11.2.1999 – 4 StR 657/98, BGHSt 44, 361 = NJW 1999, 1724 = StV 1999, 529 = wistra 1999, 225.

[1178] BGH 27.7.1999 – 5 StR 331/99, NStZ-RR 2000, 57; 27.7.1999 – 5 StR 333/99, BeckRS 1999, 30068198.

[1179] Vgl. BGH 23.11.1999 – 5 StR 316/99, NJW 2000, 597 und die dort angeführten Nachweise.

[1180] BGH 11.2.1999 – 4 StR 657/98, BGHSt 44, 361 = NJW 1999, 1724 = StV 1999, 529 = wistra 1999, 225.

[1181] *Redeker/Busse* Rn. 999.

[1182] BGH 23.11.1999 – 5 StR 316/99, NJW 2000, 597 = StV 2000, 73; 24.8.1999 – 5 StR 356/99, BeckRS 1999, 30070771.

[1183] BGH 11.2.1999 – 4 StR 657/98, BGHSt 44, 361 = NJW 1999, 1724 = StV 1999, 529 = wistra 1999, 225.

[1184] BGH 12.8.1994 – 2 StR 348/94, StV 1994, 609; 11.5.1989 – 1 StR 154/89; 14.11.2001 – 3 StR 352/01, BeckRS 2001, 30219286; 29.4.2014 – 2 StR 616/13, BeckRS 2014, 12417; 24.9.2009 – 3 StR 294/09, NStZ-RR 2010, 24.

[1185] BayObLG 17.1.1996 – 4St RR 281/95.

Oğlakcıoğlu

Angeklagten „der Ausstieg aus den illegalen Geschäften jederzeit möglich war", verstößt gegen das Doppelverwertungsverbot des § 46 Abs. 3 StGB, denn das HT setzt stets voraus, dass der Täter nach Gewinn strebt oder sich irgendeinen anderen persönlichen Vorteil verspricht.[1186] Umgekehrt darf das Fehlen einer Gewinnerzielungsabsicht nicht als „mildernder Gesichtspunkt" gegenübergestellt werden, denn ein Handeln ohne Gewinnerzielungsabsicht lässt den Tatbestand entfallen.[1187]

– Ähnlich verhält es sich bei der Wendung, der Angeklagte habe seine Tat als „willkommene Einkommensquelle" gesehen, um seine finanzielle Lage zu verbessern. Auch diese strafschärfende Berücksichtigung des beim HT stets erforderlichen Gewinnstrebens stellt einen Verstoß gegen das Doppelverwertungsverbot des § 46 Abs. 3 StGB dar.[1188] Gleiches gilt für Ausführungen, es seien „primär finanzielle Erwägungen" oder „die Aussicht auf eine lukrative Einnahmequelle" Anlass für die Tatbegehung gewesen.[1189]

620 – **„Gefährlichkeit des Rauschgifthandels".** Die strafschärfende Bewertung der Gefährlichkeit des Handels mit BtM für die Allgemeinheit und vor allem für die drogenabhängige Jugend stellt einen Verstoß gegen § 46 Abs. 3 StGB dar.[1190] Ebenso verstößt es gegen das Doppelverwertungsverbot, wenn dem Täter strafschärfend angelastet wird, er habe seinen Freunden den Zugang zu Drogen erleichtert[1191] oder bewusst die gesundheitliche Gefährdung Dritter auf sich genommen.[1192]

621 – **In-Verkehr-Gelangen.** Die Tatsache, dass verkauftes Rauschgift in den Verkehr gelangt stellt keinen zulässigen Strafschärfungsgrund dar.[1193]

622 – **Kenntnis von einer erheblichen Strafe im Falle der Aufdeckung.** Das Bewusstsein, Unrecht zu tun, ist Voraussetzung für die Strafbarkeit. Es gibt demnach keinen Anlass, dem Täter die Kenntnis von der Strafbarkeit seines Tuns strafschärfend anzulasten.[1194]

623 – **Fehlen der BtM-Abhängigkeit.** Der Umstand, dass der Angeklagte selbst nicht betäubungsmittelabhängig ist, darf nur bei übersteigertem Gewinnstreben (Profitgier) strafschärfend berücksichtigt werden.[1195] Nach der bisherigen – allerdings keineswegs einheitlichen – Rechtsprechung ist es dem Tatrichter nicht verwehrt, die ausschließlich gewinnorientierte Motivation eines Angeklagten als verwerflicher zu bewerten als den häufig vorkommenden Fall, dass der Täter nur deshalb Handel mit BtM treibt, weil er keinen anderen Weg sieht, die Mittel für die Befriedigung seiner eigenen Rauschgiftabhängigkeit aufzubringen.[1196] Im Hinblick auf das Doppelverwertungsverbot des § 46 Abs. 3 StGB ist diese Rechtsprechung allerdings bedenklich. (Der 3. Strafsenat hat deshalb auch erklärt, an dieser von ihm selbst begründeten Rechtsprechung nicht weiter festhalten zu wollen.[1197]) Denn das Tatbestandsmerkmal des HTs setzt stets voraus, dass der Täter nach Gewinn strebt. Deshalb kann ihm dieses Gewinnstreben, jedenfalls solange es den Rahmen des Tatbestandsmäßigen nicht deutlich übersteigt,[1198] bei der Strafzumessung nicht zum Nachteil, sondern allenfalls bei Vorliegen einer weniger verwerflichen Tatmotivation zum Vorteil gereichen. Mit der strafschärfenden Berücksichtigung einer rein

---

[1186] BGH 24.9.2009 – 3 StR 294/09, NStZ-RR 2010, 24, 25 = StV 2010, 133; 9.11.2010 – 4 StR 532/10, NStZ-RR 2011, 90 = StV 2011, 224.
[1187] BGH 5.2.2015 – 2 StR 496/14, BeckRS 2015, 05253 = StV 2015, 637.
[1188] BGH 10.2.2011 – 3 StR 498/10, BeckRS 2011, 06582.
[1189] BGH 17.4.2012 – 2 StR 73/12, BeckRS 2012, 11970.
[1190] BGH 7.12.1976 – 1 StR 693/76.
[1191] BayObLG 22.7.2003 – 4 St RR 92/03.
[1192] BayObLG 3.5.2000 – 4 St RR 45/00.
[1193] BGH 23.6.1993 – 2 StR 47/93, BeckRS 1993, 31105985.
[1194] BGH 5.2.2015 – 2 StR 496/14, BeckRS 2015, 05253 = StV 2015, 637.
[1195] OLG Düsseldorf 30.1.2001 – 2 b Ss 359/00 – 94/00 I.
[1196] So BGH 13.6.1990 – 3 StR 120/90; 5.11.1992 – 4 StR 506/92; 1.10.1996 – 1 StR 559/96, NStZ-RR 1997, 50; 11.9.2003 – 1 StR 146/03, BeckRS 2003, 08911 = NStZ 2004, 398 (dort insbes. nicht abgedruckt); 11.9.2003 – 1 StR 146/03, NStZ 2004, 398; einen Verstoß gegen § 46 Abs. 3 StGB bejahend dagegen BGH 7.11.2000 – 4 StR 456/00, BeckRS 2000, 30141360 = StraFo 2001, 68 = StV 2001, 461.
[1197] BGH 24.9.2009 – 3 StR 294/09, NStZ-RR 2010, 24 = StV 2010, 133.
[1198] BGH 11.5.1989 – 1 StR 154/89.

gewinnorientierten Motivation wird dem Täter deshalb auch – rechtsfehlerhaft – das Fehlen eines Strafmilderungsgrundes angelastet.[1199] Etwas präziser nunmehr der Vierte Senat: Wird zum Nachteil des Täters gewertet, dass er „nicht aus einer Abhängigkeit heraus gehandelt habe" und handelt es sich dabei nicht lediglich um eine negative Beschreibung der festgestellten Beweggründe, so kann dies unter den Gesichtspunkten des unzulässigen Messens des Tatmotivs an einem hypothetischen Sachverhalt und der Anlastung des Fehlens eines Strafmilderungsgrundes rechtsfehlerhaft sein.[1200] Ebenso bedenklich ist, wenn mit negativer Bewertungsrichtung ausgeführt wird, dass der Täter dem Auftraggeber „keinen Gefallen" schuldete.[1201]

- Maßnahmen zur **Verringerung des Entdeckungsrisikos.**[1202]   **624**
- Die rein abstrakte **Möglichkeit der Weitergabe von Betäubungsmitteln** an Dritte **625** darf nicht strafschärfend berücksichtigt werden, wenn keinerlei Anhaltspunkte dafür bestehen, dass der Täter die Absicht hatte, die Drogen weiterzugeben. Die abstrakte Gefahr ist bereits Grund für die Strafandrohung und kann damit nicht erneut zum Nachteil des Angeklagten berücksichtigt werden.[1203]
- **Körperschmuggel.** Nicht strafschärfend darf berücksichtigt werden, dass ein BtM- **626** Kurier das BtM trotz der damit verbundenen Selbstgefährdung in seinem Körper transportiert hat.[1204]

c) Strafmaßbeispiele. Die nachfolgenden Tabellen wollen einer „Mengenrechtspre- **627** chung" nicht den Weg bereiten. Auch im BtM-Strafrecht ist die Strafe jedes Tatbeteiligten vor allem nach dem Maß seiner individuellen Schuld zu bestimmen. Dennoch ist nicht zu verkennen, dass Art und Menge des BtM regelmäßig den Unrechtsgehalt der Tat wesentlich prägen und als bestimmende Gründe in die Strafzumessungserwägungen des Tatgerichts einzustellen sind.[1205] Die nachfolgende Zusammenstellung tatgerichtlicher Entscheidungen zur Strafzumessung zeigt, welche Gerichte bei welchen Mengen welcher BtM zu welchen Strafen gekommen sind (und wie Revisionsgerichte darauf reagiert haben; wenn keine Angaben erfolgen, sind die Strafbemessungen unbeanstandet geblieben).

aa) Cannabis.

– 18 × je 1 kg Haschisch und 300 g Marihuana aus den Niederlanden eingeführt, 7 × je 2 kg Marihuana und insges. 5 kg Haschisch, 1 × 3 kg Haschisch, alles zum HT	**LG Köln:** 2 J m. B. (**BGH:** bes. Stellenwert des Geständnisses, weitgehende Aufklärungshilfe, Gesamtstrafe zwar ungewöhnlich, aber nicht unvertretbar milde)
– Vermittlung einer Lieferung von 35 Kilogramm Haschisch (Kaufpreis 87.000 DM, Tatsächlich nur 4 Kilogramm Haschisch geliefert, Restmenge von 31 Kilogramm Scheinware: Schokolade)	**LG Mönchengladbach:**[1206] 2 J 5 M; Mittäter 3 J[1207]
– 1.166 kg Haschisch in 9 Fällen von Nepal nach Deutschland eingeführt, § 31	**LG Augsburg:** 10 J 6 M[1208]
– 18,57 kg Haschisch und 1 kg Kokain aus Amsterdam eingeführt	**LG Paderborn:** 5 J[1209]

[1199] Ebenso BGH 26.10.1990 – 2 StR 390/90, StV 1991, 64.
[1200] BGH 24.10.2012 – 4 StR 392/12, NStZ-RR 2013, 81 (82).
[1201] BGH 24.10.2012 – 4 StR 392/12, NStZ-RR 2013, 81 (82).
[1202] So aber LG Gießen 1.11.1991 – 9 Js 171 431/90 – 7 KLs; dagegen steht die Rspr. des BGH zur Beseitigung von Tatspuren, vgl. zB BGH 2.2.2002 – 1 StR 195/2.
[1203] OLG Bamberg 25.6.2015 – 3 OLG 6 Ss 44/15, BeckRS 2015, 12780.
[1204] BayObLG 25.2.2003 – 4 St RR 17/03, BayObLGSt 2003, 12.
[1205] Vgl. BGH 1.3.2011 – 3 StR 28/11, BeckRS 2011, 06568.
[1206] BGH 16.2.2000 – 2 StR 532/99, StV 2000, 318.
[1207] BGH 12.5.2002 – 3 StR 4/02, NStZ-RR 2002, 214.
[1208] LG Augsburg 7.5.2002 – 8 KLs 102 Js 103 807/98.
[1209] BGH 16.1.2003 – 4 StR 264/02, NStZ 2004, 112.

– Transport von 2,8 kg Marihuana und Haschisch
von Holland nach Deutschland für ein Entgelt
von 500 EUR
– 119 kg Marihuana (12,7 kg THC-Gehalt)
A: Aufbewahrung in einer dafür angemieteten
Wohnung, Entlohnung: 1.000 EUR
R: Kontrolle und Lüftung der Wohnung sowie
Verwiegen, Verpacken und Verkauf gegen
Gewinnbeteiligung
– Einfuhr von 1 kg Marihuana, 6,8 kg Haschisch,
1,18 kg Kokain als Kurier
– 4 x 2 kg Haschisch, 2 x 4 kg Haschisch

– Zurverfügungstellung von 46.250 EUR zum
Erwerb von 25 kg Marihuana, das Geld verein-
nahmte der vorgebliche Lieferant – unter Drohung mit einer Schusswaffe – ohne Gegenleistung
– 5 kg Marihuana, Kurier
– 492 g Marihuana, Kurier; Verkauf an einen verdeckten Ermittler
– Einfuhr von 50 kg Haschisch aus den NL nach
Deutschland per Pkw als Kurier

– 600 g Marihuana (10,9 % Wirkstoffgehalt), von
dem 500 Gramm gewinnbringend weiterverkauft
und 100 g aufbewahrt werden sollten, Verkauf
von etwa 300 daraus und Übergabe des Erlöses an
den Haupttäter

– 6 x HT mit Marihuana mit Handelsmengen zwischen 200 g und 400 g, insoweit §§ 31, 49 Abs. 2
StGB
1 x 2 kg Marihuana
2 x je 100 g Marihuana, insoweit Aufklärungsbemühungen

LG Düsseldorf: 4 J
BGH: aufgehoben, weil irrig Mit-
täterschaft angenommen[1210]
LG Berlin:
A: 2 J 6 M
R: 3 J 3 M
BGH: „noch" vertretbar, da voll-
ständige SiSt und untergeordnete
Tatbeiträge[1211]
LG Koblenz: 6 J[1212]

LG Cottbus: 4 x 1 J 2 M, 2 x 1 J
6 M, Gesamtstrafe 2 J m. Bew.
BGH: Einzelstrafen und insbesondere die Gesamtfreiheitsstrafe sind
zwar außerordentlich milde, aber
nicht rechtsfehlerhaft[1213]
LG Karlsruhe: Verurteilung
wegen HT zu 1 J 9 M
BGH: noch angemessen[1214]

LG Koblenz: 3 J[1215]
LG Erfurt: 1 J 3 M[1216]

LG Kleve: Verurteilung
Einfuhr von BtM in ngM in TE
mit Beihilfe zum HT mit BtM in
ngM: 6 J[1217]
LG Wuppertal: Verurteilung
wegen unerlaubten HTs mit BtM
in ngM: 1 J
BGH: lediglich Beihilfe zum unerlaubten HT mit BtM in TE mit
unerlaubtem Besitz von BtM,
jeweils in ngM, Strafe kann bestehen bleiben[1218]
LG Kleve: 6 x 6 M (**BGH:** „ausgesprochen milde")
1 x 1 J 9 M (**BGH:** angemessen)
2 x 3 M (**BGH:** angemessen)[1219]

[1210] BGH 3.5.2005 – 3 StR 83/05, BeckRS 2005, 07305.
[1211] BGH 10.5.2005 – 5 StR 66/05, BeckRS 2005, 06261.
[1212] BGH 21.12.2005 – 2 StR 539/05, NStZ 2006, 455.
[1213] BGH 11.1.2006 – 5 StR 442/05, BeckRS 2006, 01318.
[1214] BGH 16.5.2006 – 1 StR 46/06, BGHSt 51, 65 = NJW 2006, 2500 = NStZ 2006, 570 = StraFo 2006, 382 = StV 2007, 71.
[1215] BGH 26.11.2007 – 2 StR 591/06, BeckRS 2007, 03399.
[1216] BGH 14.3.2007 – 2 StR 54/07, BeckRS 2007, 06233: Reduzierung auf 8 M wegen Beihilfe.
[1217] BGH 13.1.2009 – 3 StR 561/08, NStZ 2009, 394 = StraFo 2009, 167 = StV 2010, 134.
[1218] BGH 4.8.2009 – 3 StR 305/09, BeckRS 2009, 25660 = StRR 2009, 403.
[1219] BGH 1.9.2009 – 3 StR 332/09, BeckRS 2009, 26067.

– Transport von 30 kg Marihuana (THC-Gehalt: mindestens 7,2 %) von Jamaika über Düsseldorf nach London per Flugzeug, Kontrolle in Düsseldorf, Sicherstellung der Betäubungsmittel

LG Düsseldorf: Verurteilung wegen versuchter unerlaubter Einfuhr von BtM in ngM in TE mit Beihilfe zum HT mit BtM in ngM: 4 J[1220]

– 3 kg Marihuana u. 3 kg Amphetamin, Kurier

LG Krefeld: 3 J 6 M[1221]

bb) Kokain.

– Anleitung und Überwachung eines Kuriers, der 3,7 kg Kokain (Wirkstoffgehalte von 80,1 % bis 91,5 %, entsprechend einer Mindestmenge von 3.186,95 g KHCl) per Flug von Venezuela nach Deutschland, Sicherstellung bei der Einreise, gravierende Vorstrafe

LG Düsseldorf: 7 J[1222]

– 100 g Kokainzubereitung (Reinheitsgehalt von 24 %), Besitz und fehlerhafte Annahme mittäterschaftlichen HTs

LG Konstanz: 2 J 3 M[1223]

– 1,187 kg Kokainzubereitung (47 %, entsprechend einer Mindestmenge von 546 g KHCl) von Jamaika nach Deutschland als Kurier eingeführt

LG Düsseldorf: 4 J 6 M[1224]

– In 4 Fällen jeweils für 100 DM Kleinmengen Kokainzubereitung bis höchstens 0,4 g von unterdurchschnittlicher Qualität verkauft, 5,03 g Kokainzubereitung (2,41 g KHCl) und 1,90 g Heroinzubereitung (0,06 g HHCl) zum HT gekauft

AG Augsburg: 9 M m. B.[1225]

– 590,4 g Kokainzubereitung (Wirkstoffgehalt von 331 g KHCl) von Spanien nach Deutschland als Körperschmuggel-Kurier eingeführt; Kurierlohn von ca. 1500

AG Erding: 3 J 6 M[1226]

– 6 × Beihilfe zum HT mit je 4 g HHCl, 23 × Einfuhr in TE mit HT und Erwerb, je 1,134 g KHCl plus 0,6 HHCl,
1 × HT in nicht geringer Menge (3 g HHCl),
1 × HT in TE mit Einfuhr in nicht geringer Menge (1,98 g HHCl)

LG Koblenz: 5 J 6 M (6 × 2 J, 23 × 1 J 3 M
1 J 9 M
2 J 3 M); **BGH:** Gesamtstrafe und Einzelstrafen wg. Milderungsgründen (§ 31, Krankheit) zu hoch[1227]

– Ca. 1 kg hochwertiges Kokain, Fahrerdienste

LG Bremen: 2 J, Fahrerlaubnisentzug; **BGH:** Kuriertätigkeit; Verkennung von Beihilfe, falscher Strafrahmen[1228]

– 700 g Kokain als Körperschmuggler von Venezuela eingeführt; Täter war 20 Jahre und 11 Monate alt

LG Stuttgart: 3 J 2 M Jugendstrafe[1229]

– 10 × 50–200 g HT, 10 × 10 g HT, 1 × 2,1 g (Besitz) von Kokain mit 40 % KKHCl

LG Verden: 2 × 1 J 10 M, 1 × 1 J 6 M, 7 × 1 J 3 M, 10 × 10 M, 30 Tgs; Gesamtstrafe 2 J 4 M

[1220] BGH 24.11.2009 – 3 StR 452/09, NStZ-RR 2010, 119 = StraFo 2010, 126 = StV 2010, 130.
[1221] BGH 18.3.2010 – 3 StR 65/10, NStZ 2010, 523 = StV 2010, 481.
[1222] BGH 26.4.2000 – 3 StR 573/99, NStZ-RR 2000, 278.
[1223] BGH 2.5.2000 – 1 StR 146/00, NStZ-RR 2000, 312.
[1224] BGH 10.5.2000 – 3 StR 21/00, NStZ 2000, 482.
[1225] BayObLG 26.9.2000 – 4St RR 116/2000.
[1226] BayObLG 25.2.2003 – 4 St RR 17/03, StV 2003, 623.
[1227] BGH 26.3.2003 – 2 StR 54/03, NStZ-RR 2003, 214.
[1228] BGH 21.4.2004 – 5 StR 122/04, BeckRS 2004, 30341643.
[1229] BGH 3.3.2004 – 1 StR 71/04, NJW 2004, 1748.

BGH: „recht milde", aber vertretbar[1230]

– Übernahme von 1.003,44 g Heroin (Wirkstoffgehalt 34,3 %) und 181,95 g **Kokain** (Wirkstoffgehalt 52,7 %) zum Weitertransport; danach sofortige Sicherstellung wegen Überwachung

LG Limburg an der Lahn:
Jugendstrafe von 5 J 4 M
BGH: aufgehoben wegen fehler-
hafte Annahme von Täterschaft[1231]

– Einfuhr von 1 kg Marihuana, 6,8 kg Haschisch,
1,18 kg Kokain als Kurier

LG Koblenz: 6 J[1232]

– 12 kg Kokain von guter Qualität, Beihilfe

– Einfuhr von 650 g hochwertigem Kokain aus der
Dominikanischen Republik nach Düsseldorf
durch Einsatz einer Body-Packerin

LG Koblenz: 4 J 6 M[1233]
LG Hamburg: 3 J[1234]

– HT mit und Einfuhr von 728,3 Gramm Kokain

LG Frankfurt a. M.: 3 J 10 M
BGH: nur Einfuhr, aber angemessen[1235]

– HT mit und Einfuhr von 989,7 g Kokain

LG Frankfurt a. M.: 4 J 3 M
BGH: nur Einfuhr, aber angemessen[1236]

– Transport einer Kokainmischung von insgesamt
997,5 g (766,6 g KHCl) als Body-Packer von
Nigeria nach Deutschland, Festnahme am Frankfurter Flughafen

LG Frankfurt a. M.: Verurteilung wegen unerlaubter Einfuhr
von BtM in ngM in TE mit unerlaubtem HT mit BtM in ngM: 4 J
BGH: Einfuhr von BtM in ngM
in TE mit Beihilfe zum unerlaubten HT mit BtM in ngM; Strafe
kann bestehen bleiben[1237]

– Vermittlung eines Lkw-Transports von 2.675
Gramm Kokain (Wirkstoffgehalt von 794,623
KHCl) und 539,4 Gramm Kokain (Wirkstoffgehalt von 220,294 Gramm KHCl) aus den Niederlanden nach Deutschland

LG Konstanz: Verurteilung
wegen mittäterschaftlicher Einfuhr
von BtM in ngM in TE mit unerlaubtem HT mit BtM in ngM: 4 J
11 M
BGH: Aufhebung, weil wohl Beihilfe[1238]

– Erwerb von 1 x 200 g und 1 x 100 g Kokain mit
einem Wirkstoffgehalt von 40 %, Aufstreckung
und gewinnbringender Verkauf – bis auf einen
selbst konsumierten Teil von ungefähr je einem
Zehntel – sowie erfolglose Beteiligung an der
Abwicklung eines Kokainverkaufs von 1 kg für
58.000 DM

LG Berlin: Verurteilung in allen
Fällen wegen täterschaftlichen HT:
1 J 9 M, 9 M, 1 J 9 M
BGH: die ersten beiden Strafen
sehr maßvoll, die dritte Einzelstrafe erscheint bei dem alleinigen
Abstellen auf eine hohe Grenzwert-
überschreitung als Ausdruck einer
defizitären, durchgreifend bedenklichen Gesamtabwägung[1239]

[1230] BGH 16.6.2005 – 3 StR 338/04, BeckRS 2005, 09342.
[1231] BGH 14.12.2005 – 2 StR 466/05, NStZ-RR 2006, 88 = StV 2006, 184.
[1232] BGH 21.12.2005 – 2 StR 539/05, NStZ 2006, 455.
[1233] BGH 8.3.2006 – 2 StR 609/05, BeckRS 2006, 04828.
[1234] BGH 12.7.2006 – 5 StR 236/06, NStZ 2006, 713.
[1235] BGH 22.12.2006 – 2 StR 361/06, BeckRS 2007, 00727.
[1236] BGH 17.1.2007 – 2 StR 567/06, BeckRS 2007, 02721.
[1237] BGH 30.3.2007 – 2 StR 81/07, NStZ-RR 2007, 246 = StV 2008, 19.
[1238] BGH 25.4.2007 – 1 StR 156/07, NStZ 2007, 531 = StV 2008, 20.
[1239] BGH 10.5.2007 – 5 StR 74/07, NStZ 2007, 529.

– Transport von 904,2 g Kokain (Wirkstoffgehalt: 680,3 g KHCl) aus der Dominikanischen Republik nach Zagreb, Kontrolle, Festnahme und Sicherstellung in Frankfurt a. M.

LG Frankfurt a. M.: Verurteilung wegen unerlaubter Einfuhr und täterschaftlichen HTs mit Betäubungsmitteln in nicht geringer Menge: 3 J 6 M
BGH: Einfuhr, aber nur Beihilfe zum HT, Strafausspruch kann bestehen bleiben[1240]

– Transport von 2.005,9 g Kokaingemisch (KKHl-Anteil: 1.158,5 g) aus Lagos/Nigeria nach London per Flugzeug; Kontrolle, Entdeckung und Sicherstellung in Frankfurt a. M.

LG Frankfurt a. M.: Verurteilung wegen unerlaubten HTs mit Betäubungsmitteln in nicht geringer Menge: 4 J 6 M
BGH: Beihilfe, evtl. mildere Strafe[1241]

– Transport von 4 kg Kokainzubereitung mit einem Wirkstoffgehalt von 3.450,3 g von Mexiko nach Amsterdam per Flugzeug, Kontrolle, Festnahme und Sicherstellung in Frankfurt a. M.

LG Frankfurt a. M.: Verurteilung wegen täterschaftlichen HT mit BtM in ngM: 8 J und 4 J 3 M für einen Mittäter mit geringerem Schuldgehalt
BGH: Beihilfe bei beiden; evtl. mildere Strafe[1242]

– Transport ca. 7,5 kg Kokainzubereitung (Wirkstoffgehalt: ca. 5 kg KKCl) von Venezuela nach Deutschland, Entdeckung, Festnahme und Sicherstellung in Frankfurt a. M.

LG Frankfurt a. M.: Verurteilung wegen versuchter (!) Einfuhr von BtM in ngM in TE mit Beihilfe zum HT mit BtM in ngM: 5 J
BGH: Vollendung, Neufestsetzung der Strafe[1243]

– Entgegennahme einer Lieferung von 1.485,4 Gramm Kokain (Wirkstoffgehalt: 341,5 Gramm KHCl) durch einen Kurier aus Brüssel per Pkw, Weiterfahrt nach Puttgarden mit Ziel Norwegen. Entdeckung, Festnahme und Sicherstellung

LG Lübeck: Verurteilung wegen Beihilfe zum HT mit BtM in ngM: 3 J[1244]

– Einfuhr von knapp 2 kg Kokain aus Niederländischen Antillen durch Verstecken der Drogen im Koffer einer ahnungslosen Frau, die bei der Einreise in Düsseldorf routinemäßig kontrolliert und nach Entdeckung der Drogen festgenommen wurde

LG Düsseldorf: Verurteilung wegen Einfuhr von BtM in nicht geringer Menge in Tateinheit mit Beihilfe zum HT mit BtM in nicht geringer Menge: 6 J 6 M[1245]

– Ecstasy-Tabletten (Wirkstoff: 2.280 g MDMA-Base)

LG Frankfurt a. M.: Verurteilung wegen Beihilfe zum HT mit BtM in ngM: 3 J 8 M
BGH: Auch versuchte Durchfuhr von BtM in nicht geringer Menge, Strafe maßvoll[1246]

[1240] BGH 20.6.2007 – 2 StR 223/07, BeckRS 2007, 11858.
[1241] BGH 20.6.2007 – 2 StR 221/07, NStZ-RR 2007, 321.
[1242] BGH 15.8.2007 – 2 StR 342/07, BeckRS 2007, 14650.
[1243] BGH 19.12.2007 – 2 StR 489/07, NStZ 2008, 286.
[1244] BGH 20.12.2007 – 3 StR 318/07, BGHSt 52, 110 = NJW 2008, 1090 = StV 2008, 172.
[1245] BGH 13.2.2008 – 3 StR 481/07, NStZ 2008, 475 = StV 2008, 288.
[1246] BGH 7.5.2008 – 2 StR 144/08, BeckRS 2008, 10797 = StraFo 2008, 302 = StRR 2008, 283.

– Psychische Beihilfe bei der Auslieferung von 38 und weiterer 200 g Crack

LG Hamburg: Verurteilung wegen 2 Fällen der Beihilfe zum HT mit BtM in ngM: 6 M bzw. 1 J 4 M[1247]

– Transport von 79 Kapseln mit Kokain (Gesamtgewicht von 773,5 g, KHCl-Gehalt von 70,1 %) als Body-Packer per Flugzeug; Festnahme und Sicherstellung in Frankfurt a. M.,

LG Frankfurt a. M.: Verurteilung wegen täterschaftlicher Einfuhr in ngM und Beihilfe zum HT mit BtM in ngM: 4 J 6 M[1248]

– Unterstützung des Haupttäters bei der Abwicklung eines fest vereinbarten Verkaufs von knapp sechs Kilogramm Kokain (Wirkstoffmenge von 4,657 kg KHCl) an einen verdeckten Ermittler

LG Düsseldorf: 4 J 6 M
BGH: falsche Strafrahmenberechnung, msF nicht geprüft[1249]

– Übergabe von ca. 2 kg Kokain an einen Kurier in Spanien zum Transport nach Deutschland

LG Hannover: Verurteilung wegen HT mit BtM in ngM in TE mit versuchter Anstiftung zur Einfuhr von BtM in ngM: 5 J 6 M[1250]

– Transport von 100 Substanzpresslingen mit insgesamt rund einem kg Kokain (knapp 300 g KHCl) aus den NL nach Prag per Pkw; Sicherstellung und Festnahme vor Verlassen der Bundesrepublik Deutschland

LG Dresden: Verurteilung wegen Einfuhr von BtM in nicht geringer Menge in Tateinheit mit Beihilfe zum unerlaubten HT mit BtM in nicht geringer Menge: 5 J 8 M
BGH: Strafe „vergleichsweise hoch", aber akzeptiert[1251]

– Telefonische Bestellung von 2 kg Kokaingemisch, Übernahme von ca. 1,7 kg Kokaingemisch; Observation, Festnahme, Sicherstellung

LG Bielefeld: Verurteilung wegen HT mit BtM in ngM: 3 J 9 M[1252]

– Zurverfügungstellung eines Wohnmobils für einen Drogentransport aus Südamerika nach Europa. In das Fahrzeug wurden 52 Pakete mit 61 kg Kokain (Wirkstoffgehalt 57 kg) eingebaut. Auftrag an eine Hamburger Reederei, das Fahrzeug nach Dublin (Irland) zu transportieren, Kontrolle des Fahrzeugs in Rotterdam; Freigabe, Auftrag des Angeklagten, das Fahrzeug nach Hamburg und dann nach Berlin zu bringen; Entdeckung der Schmuggelware in Hamburg

LG Hamburg: Verurteilung wegen Einfuhr von BtM in ngM in TE mit Beihilfe zum HT mit BtM in ngM: 11 J 6 M, Einziehung von Drogen und Wohnmobil[1253]

– Zurverfügungstellung eines Pkw zum Transport von zum Weiterverkauf bestimmten Drogen aus den Niederlanden nach Deutschland; in dem Pkw wurden 3.657 g Heroingemisch (Wirkstoffmenge: 2.150 g) und 138 g Kokaingemisch (Wirkstoffmenge: 110 g) nebst ca. 4,5 kg Streckmittel eingeführt

LG Bochum: Verurteilung wegen Einfuhr von BtM in ngM in TE mit Beihilfe zum HT mit BtM in ngM: 3 J[1254]

– Einfuhr von etwa 7 kg Kokain aus den Niederlanden nach Deutschland

LG Kleve: Verurteilung wegen Einfuhr von BtM in ngM in TE

[1247] BGH 2.9.2008 – 5 StR 356/08, NStZ-RR 2008, 386.
[1248] BGH 5.12.2008 – 2 StR 491/08, BeckRS 2008, 0261.
[1249] BGH 14.5.2009 – 3 StR 187/09, BeckRS 2009, 13792 = StRR 2010, 209 – Apfel/Strittmatter.
[1250] BGH 13.8.2009 – 3 StR 168/09, NStZ 2010, 101.
[1251] BGH 26.1.2010 – 5 StR 509/09, NStZ 2010, 522.
[1252] BGH 11.2.2010 – 4 StR 436/09, BeckRS 2010, 04905.
[1253] BGH 23.2.2010 – 5 StR 548/09, NStZ-RR 2010, 181.
[1254] BGH 9.3.2010 – 4 StR 640/09, NStZ 2010, 529.

- Postversand von 567 Gramm reinem Kokain, eingearbeitet in eine Wanduhr, von Venezuela nach
Deutschland. Entdeckung in London von briti-
schen Zollbeamten, bewachter Weitertransport
der Wanduhr unter Austausch des BtM nach
Deutschland.

cc) Opiate.
- 1.000 Tabl. Ecstacy plus 50 g Amphetamin,
1.500 Tabl. Ecstacy,
10.000 Tabl. Ecstacy plus 1.000 g Amphetamin

- 400 Ecstacy
700 Ecstacy

- 1.000 Ecstacy-Tabletten

- 3.000 Ecstasy-Tabletten zum Preis von 1,75 Euro
pro Stück bestellt und geliefert erhalten, ca. 1.400
davon zum Preis von 3,50 Euro je Stück verkauft,
Rest durch Kooperation des Angeklagten sichergestellt
- 73 Fälle des gewerbsmäßigen HT mit einer
Gesamtmenge von 1,8 kg Crystal (= N-Methylam-
phetamin) mit unterschiedlichem Wirkstoffgehalt

- Ecstasy-Tabletten 2.280 g MDMA-Base

- Aus einem Vorrat von 1.000 Ecstasy-Tabletten
500 Tabletten sowie 250 g Amphetamin und 2 kg
Haschisch verkauft
- Erwerb von 744 g Crystal (437 Gramm Metam-
phetamin-Base) in Tschechien und Transport per

mit Beihilfe zum HT mit BtM in
ngM: 7 J[1255]
LG München II: Verurteilung
der 3 Mittäter je wegen (vollendeter) unerlaubter Einfuhr von BtM
in ngM in TE mit HT mit BtM in
ngM zu Freiheitsstrafen von 4, 6
und 8 J[1256]

LG Neuruppin: 8 M,
10 M,
2 J, Gesamtstrafe 3 J; BGH: fehlerhafte Gesamtstrafe, weil zeitl., örtl.
und situative Verknüpfung nicht
berücksichtigt.[1257]
LG Darmstadt: Je 1 J;
BGH: fehlerh Annahme der ngM,
Strafe kann aber bestehen bleiben,
da Gewerbsmäßigkeit[1258]
LG Hanau: 1 J 5 M, aufgehoben
wegen Irrtums bei der Wirkstoffbe-
rechnung[1259]
LG Memmingen: 3 J 4 M
BGH: aufhoben wegen Nichtbe-
rücksichtigung von § 31[1260]

LG Chemnitz: 8 J Gesamtfrei-
heitsstrafe
BGH: hebt sich vom üblichen
Maß in derartigen Fällen verhäng-
ter Strafen ganz erheblich nach
oben ab, ungewöhnlich hohe
Bemessung nicht nachvollzieh-
bar[1261]
LG Frankfurt a. M.: Beihilfe
zum HT: 3 J 8 M
BGH: maßvolle Freiheitsstrafe[1262]
LG Schwerin: 1 J 10 M[1263]

LG Dresden: Verurteilung wegen
Einfuhr von BtM in ngM in TE

[1255] BGH 27.4.2010 – 3 StR 79/10, BeckRS 2010, 14688.
[1256] BGH 15.2.2011 – 1 StR 676/10, BeckRS 2011, 06954.
[1257] BGH 12.8.2003 – 5 StR 289/03.
[1258] Vgl. BGH 13.2.2004 – 2 StR 517/03, BeckRS 2004, 02942 = StV 2004, 64.
[1259] BGH 28.7.2004 – 2 StR 189/04, BeckRS 2004, 08122.
[1260] BGH 28.6.2005 – 1 StR 187/05, NJW 2005, 2632 = NStZ 2005, 177.
[1261] BGH 15.12.2005 – 5 StR 439/05, BeckRS 2006, 00175 = StV 2006, 184.
[1262] BGH 7.5.2008 – 2 StR 144/08, BeckRS 2008, 10797 = StraFo 2008, 302 = StRR 2008, 283.
[1263] BGH 21.8.2008 – 4 StR 330/08, NStZ-RR 2008, 385.

Pkw nach Deutschland; Kontrolle nach Überschreiten der bundesdeutschen Grenze, Entdeckung Festnahme und Sicherstellung
– Einfuhr von 744 g Crystal (437 g Methampheta-
min-Base) aus Tschechien per Pkw als Kurier

– 3 kg Marihuana u. 3 kg Amphetamin, Kurier
– Verkauf von 2.000 Ecstasy-Tabletten (Wirkstoffgehalt von 2 %)

dd) Pilze.
– 8 x Erwerb von psilocybin- und psilocinhaltigen
Pilzen mit Gewichten zwischen 8,0 und 22,7 kg
mit einem Wirkstoffgehalt von 0,08 % Psilocin
zur Weiterveräußerung

mit HT mit BtM in ngM: 3 J
4 M[1264]

LG Dresden: Verurteilung wegen
unerlaubter Einfuhr von BtM in
ngM in TE mit Beihilfe zum HT
mit BtM in ngM: 3 J 2 M[1265]
LG Krefeld: 3 J 6 M[1266]
LG Aachen: Verurteilung wegen
HT mit BtM in ngM: 1 J 3 M
BGH: Überschreitung des Grenzwerts nicht sicher, aber Gewerbsmäßigkeit, Festsetzung der Strafe
auf 1 J[1267]

LG Bamberg: Gesamtfreiheitsstrafe von 2 J 8 M[1268]

628   **2. Absehen von Strafe oder Strafverfolgung.** Absehen von der Strafverfolgung durch
die Staatsanwaltschaft gemäß § 31a Abs. 1 S. 1 bzw. von einer Bestrafung durch das Gericht
gem. § 29 Abs. 5 ist bei Delikten des HT wegen ihrer Fremdgefährdung nicht möglich.

629   **3. Einziehung und Verfall.** Siehe hierzu die Erläuterungen zu § 33, insb. → § 33
Rn. 6–7. Bei gewerbsmäßiger Begehungsweise lagen die Voraussetzungen für die Anordnung des erweiterten Verfalls vor (§§ 30c BtMG, 73d StGB aF).

630   **4. Entziehung der Fahrerlaubnis.** Die Tatbestandsverwirklichung unter Zuhilfenahme eines Pkw rechtfertigt im Allgemeinen nicht die Entziehung der Fahrerlaubnis, da
diese voraussetzt, dass der Täter für die Sicherheit des Straßenverkehrs eine Gefahr darstellt
und bereit ist, die Verkehrssicherheit seinen kriminellen Zielen unterzuordnen. Hingegen
hat die Maßregel nicht das Ziel der allgemeinen Verbrechensvorbeugung. In Kurierfällen,
in denen der Täter im Fahrzeug Rauschgift transportiert, sind die Belange der Verkehrssicherheit nicht ohne Weiteres beeinträchtigt; denn es besteht kein allgemeiner Erfahrungssatz, dass Rauschgifttransporteure bei Verkehrskontrollen zu besonders riskanter Fahrweise
entschlossen sind.[1269] Will der Tatrichter die Beeinträchtigung der Sicherheit des Straßenverkehrs daraus herleiten, dass der Täter BtM konsumiert oder sogar btm-abhängig ist, muss
er Feststellungen zu einem etwaigen den Fahrten vorausgegangenen Drogenkonsum und
zum täglichen Konsumverhalten des Angeklagten treffen, die zumindest einen Schluss hierauf zulassen. Diesbezügliche Vermutungen allein genügen nicht.[1270]

XI. Verfahren

631   Gerade bei größeren und komplexen Betäubungsmittelverfahren kann die Vorbereitung
der Anklage ebenso wie die Darstellung des Tatbestands im Urteil Schwierigkeiten berei-

---

[1264] BGH 8.1.2009 – 5 StR 578/08, NStZ-RR 2009, 145 = StV 2009, 176.
[1265] BGH 23.9.2009 – 5 StR 314/09, BeckRS 2009, 27533.
[1266] BGH 18.3.2010 – 3 StR 65/10, NStZ 2010, 523 = StV 2010, 481.
[1267] BGH 5.8.2010 – 2 StR 296/10, BeckRS 2010, 21362.
[1268] BGH 25.10.2006 – 1 StR 384/06, BeckRS 2006, 13970 = NJW 2007, 524 = StV 2007, 300.
[1269] BGH 27.4.2005 – GSSt 2/04, BGHSt 50, 93 = JR 2005, 304 = JZ 2006, 98 mAnm *Duttge* 102 =
NJW 2005, 1957 = NStZ 2005, 503 = NZV 2005, 486 mAnm *Pießkalla/Leitgeb* NZV 2006, 185 = StV
2005, 551.
[1270] BGH 23.5.2012 – 5 StR 185/12, BA 49, 264 = StraFo 2012, 282.

ten.[1271] Vor allem in Anbetracht der Reichweite des HT als zentrale Tathandlung des Betäubungsmittelstrafrechts – und der damit verbundenen Reichweite eines potentiellen Strafklageverbrauchs – hat der Tatrichter die Zahl der dem Angeklagten zur Last gelegten Taten, die Grundzüge der Art und Weise der Tatbegehung, die Tatzeit und den Begehungsort so genau wie möglich zu bezeichnen.[1272] Aus der Sachverhaltsschilderung muss sich auch ergeben, wie sich die Taten von anderen gleichartigen Handlungen desselben Täters unterscheiden.[1273] Festzustehen hat die Betäubungsmittelart sowohl hinsichtlich ihrer Qualität als auch der Menge,[1274] sodass mehrdeutige Bezeichnungen zu unterbleiben haben („Speed").[1275] Beim Umgang mit Arzneimitteln ist darauf zu achten, dass nicht der Handelsname, sondern der Wirkstoff bezeichnet wird und – soweit das Präparat von den Vorschriften des Betäubungsmittelstrafrecht ausgenommen sein könnte – auch die Zusammensetzung bzw. die Feststellung des Wirkstoffgehaltes notwendig ist.[1276]

Hinsichtlich der Anzahl der Einzeltaten muss das Gericht seine Überzeugung begründen **632** und darlegen, warum eine geringere Anzahl von Taten ausgeschlossen ist.[1277] Was Tatort Tatzeit und die Begehungsweise angeht, dürfen allerdings keine übersteigerten Anforderungen gestellt werden. Hier gelten die allgemeinen Grundsätze, wonach vor allem Unterscheidungskriterien zu bezeichnen sind und bei schablonenmäßig verlaufenden Massengeschäften geringere Individualisierungsmaßstäbe angelegt werden können.[1278] Auch bei **Serienstraftaten** gelten die allgemeinen Grundsätze, die auch aus dem Wirtschaftsstrafrecht bekannt sein dürften,[1279] die Berechnung der Einzeltaten (im Hinblick auf jede Häufigkeit) muss schlüssig nachvollziehbar[1280] und bei Teileinstellungen nach § 154 StPO zweifelsfrei sein, welche Taten eingestellt und welche abgeurteilt sind.[1281] Eine Besonderheit stellen die Anforderungen an die Feststellung der Wirkstoffmengen und die Verwertbarkeit der Ergebnisse von Drogen(schnell)tests dar.[1282]

Hinsichtlich der tatrichterlichen Beweiswürdigung gelten die allgemeinen Grundsätze, **633** wobei der BGH auch im Bereich des Betäubungsmittelstrafrechts nicht selten dazu tendiert, zumindest die Maßstäbe an die Beweiswürdigung anhand von Einzelfällen konkretisieren zu wollen.[1283] Dies betrifft insbesondere – nach allgemeiner Lebenserfahrung – mehr oder weniger **glaubhafte Aussagen** des Angeklagten hinsichtlich seines Absatzwillens. Darstellungsmängel was die innere Tatseite angeht, spielen vor allem im Bereich der Abgrenzung von dolus eventualis und bewusster Fahrlässigkeit eine Rolle,[1284] während die sonstigen Lücken in der Darstellung vor allem den Schuldumfang und dessen notwendige Konkretisierung betreffen.[1285] Gerade im Betäubungsmittelstrafrecht muss das Gericht auch stets von seinen Möglichkeiten Gebrauch machen, schweigende bzw. sich partiell hinsichtlich etwaiger Aussagen weigernde Zeugen zu einer Aussage (ggf. mit Mitteln des Zwangs) zu bewegen.[1286]

[1271] Ausführlich zu den Darstellungsanforderungen mit zahlreichen weiteren Nachweisen KPV/*Patzak* Teil 4 Rn. 360 ff.
[1272] BGH 25.1.1995 – 3 StR 448/94, BGHSt 40, 390 = NStZ 1995, 297; BGH 25.9.2014 – 4 StR 69/14, NStZ 2015, 96.
[1273] BGH 25.9.2014 – 4 StR 69/14, NStZ 2015, 96.
[1274] KPV/*Patzak* Teil 4 Rn. 361.
[1275] OLG Köln 19.8.1983 – 3 Ss 338/83 – (235), MDR 1984, 75.
[1276] KPV/*Patzak* Teil 4 Rn. 362.
[1277] BGH 4.9.1996 – 3 StR 335/96, NStZ-RR 1997, 17.
[1278] KPV/*Patzak* Teil 4 Rn. 365.
[1279] Vgl. etwa MüKoStPO/*Wenske* StPO § 267 Rn. 95 ff.
[1280] BGH 12.3.2014 – 4 StR 4/14, BeckRS 2014, 07392.
[1281] BGH 3.12.2013 – 4 StR 461/13.
[1282] Letzteres v.a. im Bereich des Straßenverkehrsrechts, vgl. OLG Celle, 25.6.2014 – 32 Ss 94/14 (Die Feststellung, dass es sich bei sichergestellten Substanzen um BtM handelt, darf nicht allein auf das Ergebnis eines ESA-Schnelltests gestützt werden, da es sich nicht um ein in der Praxis als zuverlässig anerkanntes Standardtestverfahren handelt). Zu Drogentests und ihrer Verlässlichkeit zusf. *Egbert/Schmidt-Semisch/Thane/Urban* ASD 2014, S. 141 ff. mwN.
[1283] BGH 19.3.1985 – 5 StR 101/85; 7.5.1986 – 2 StR 182/86.
[1284] Vgl. bereits → Vor § 29 Rn. 61.
[1285] BGH 2.8.2006 – 2 StR 225/06, NStZ 2007, 103; BGH 3.4.2008 – 3 StR 60/08, NStZ 2008, 471.
[1286] BGH 28.12.2011 – 2 StR 195/11, NStZ 2012, 523.

4. Kapitel. Einführen (Abs. 1 Satz 1 Nr. 1)

Schrifttum: *Bottke*, Täterschaft und Gestaltungsherrschaft: zur Struktur von Täterschaft bei aktiver Begehung und Unterlassung als Baustein eines gemeineuropäischen Strafrechtssystems, 1992; Die Abgrenzung zwischen Vorbereitung und Versuch im Wirtschafts- und Nebenstrafrecht, 2004; *Küpper*, Zur Abgrenzung der Täterschaftsformen, GA 1998, 519; *Nestler*, Grundlagen und Kritik des Betäubungsmittelstrafrechts, in: *Kreuzer*, Handbuch des Betäubungsmittelrechts, 1998, § 11; *Oğlakcıoğlu*, Der Allgemeine Teil des Betäubungsmittelstrafrechts, 2013; *ders./Henne-Bruns/Wittau*, Unerlaubte Einfuhr von Betäubungsmitteln durch „Bodypacking" – Rechtliche und medizinische Grundlagen, NStZ 2011, 73; *Rebholz*, Einfuhr, Durchfuhr und Ausfuhr im Straf- und Ordnungswidrigkeitenrecht, 1991.

Übersicht

A. Überblick

I. Rechtliche Einordnung

Die Einfuhr von BtM steht unter **Erlaubnisvorbehalt** (§§ 3 Abs. 1 Nr. 1, 11 Abs. 1 **634** S. 1). Das BfArM erteilt eine allgemeine Erlaubnis bzw. eine spezielle Einfuhrgenehmigung, sofern im Einzelfall nicht eine Ausnahme hiervon (vgl. § 4 Abs. 1 Nr. 4a BtMG, § 15 Abs. 1 BtMAHV) vorgesehen ist. Der illegale BtM-Verkehr über die Grenzen hinweg ist nicht erlaubnisfähig. Unerlaubte BtM-Einfuhr ist taugliche **Vortat der Geldwäsche** iSv § 261 StGB (§ 261 Abs. 1 S. 1 Nr. 2b StGB).

1. Deliktsnatur. Der Tatbestand der Einfuhr setzt das Bewirken eines von der Handlung **635** gedanklich trennbaren Erfolgs in der Außenwelt voraus. Es handelt sich bei der unerlaubten Einfuhr also um ein **Erfolgsdelikt.**[1] Nicht zum Tatbestand gehört, dass sich infolge seiner Erfüllung Gefahren für die Gesundheit (potentieller) Drogenkonsumenten bereits verwirklichen. Insofern ist die Norm **abstraktes Gefährdungsdelikt.**

2. Verfassungsmäßigkeit. Für die Strafvorschrift der unerlaubten Einfuhr von BtM **636** gelten dieselben verfassungsrechtlichen Einwände, die dem Betäubungsmittelrecht im Allgemeinen entgegengehalten werden, mag man sie bei „isolierter" Betrachtung zu den verfassungsrechtlich weniger problematischen Handlungsmodalitäten zählen.[2] Ihre Legitimität speist sie aus dem Umstand, dass ein besonderes Interesse daran besteht, dass das Staatsgebiet nicht von illegalen Drogen überschwemmt wird.[3] Der besondere Unrechtsgehalt wird darin gesehen, dass die Rauschgiftbanden und kriminellen Vereinigungen international operieren und der grenzüberschreitende Verkehr mit BtM zu den typischen Erscheinungsformen der Organisierten Kriminalität gehört.[4]

3. Phänomenologie. Rauschgiftlieferungen werden laut Bundeslagebild Rauschgift **637** überwiegend auf dem **Landweg** nach Deutschland verbracht.[5] Zurückgeführt wird dies auf das zunehmend **geringeren Entdeckungsrisiko** aufgrund des Wegfalls regulärer Grenzkontrollen in den Staaten entlang der Hauptschmuggelrouten (für Heroin) in Folge der EU-Osterweiterung. Offene Grenzen in Europa haben insofern eine kriminogene Wirkung, als sich die Beschaffung von BtM in bestimmten Ländern (Holland, Tschechien) auch weniger aufwendig gestaltet. Zudem wurden die personalintensiven manuellen Kontrollen durch technische Maßnahmen (hauptsächlich Röntgenanlagen) ersetzt.[6] Nicht selten erfolgt der Zugriff im Zusammenhang mit dem Schmuggel kleinerer Drogenmengen aus den Niederlanden durch Kuriere (meist auf dem Landweg,); die Einfuhr auf dem **Seeweg** kommt selten vor, betrifft allerdings dann auch größere Mengen und versteckt in Containern.[7] Die auf dem **Luftweg** geschmuggelten Rauschgifte sind oftmals nicht für den deutschen Markt bestimmt, was auch rechtliche Auswirkungen haben kann (insb. bei sog. „Transitfällen" kann eine vollendete Einfuhr anzuzweifeln sein, → Rn. 721).

---

[1] *Weber* Rn. 859.
[2] BVerfG 9.3.1994 – 2 BvL 43/92 ua, BVerfGE 90, 145 = NJW 1994, 1577 = JZ 1994, 863 = StV 1994, 295.
[3] KPV/*Patzak* Teil 5 Rn. 1 f.
[4] BVerfG 9.3.1994 – 2 BvL 43/92 ua, BVerfGE 90, 145 = NJW 1994, 1577.
[5] Zu den Erscheinungsformen des Rauschgiftschmuggels KPV/*Patzak* Teil 5 Rn. 28 ff.
[6] Bundeslagebild Rauschgift, S. 11.
[7] Bundeslagebild Rauschgift, S. 8.

638   Der Einfuhrschmuggel von Kokain nach Westeuropa in **Seefrachtcontainern** erfolgt
häufig in Form des so genannten „Rip-Off", dh die Abwicklung des Schmuggels wird
durch Mitarbeiter sowohl im Ausgangs- als auch Zielhafen realisiert.[8] Scheitert der „Rip-
off", gelangt das Kokain zum Empfänger des Containers, und wird damit zum so genannten
„Irrläufer". Aufsehen erregte der Fall einer Bananensendung, deren Inhalt (Kokain) erst in
einem Supermarkt bemerkt wurde.[9] Beliebt scheint auch die Methode zu sein, Drogenpa-
kete mit **GPS-Peilsendern** zu versehen und diese in das offene Meer zu werfen, um sie
durch Dritte bergen zu lassen.[10] Körperschmuggler sind auf das schwieriger registrierbare
Flüssigkokain umgestiegen,[11] was zu einem Rückgang der registrierten Fallzahlen von
Kokainschmuggel geführt hat. Schmuggler sind selbstverständlich bedacht, ihre Routen zu
variieren; Verfolgungsbehörden sind hier nicht selten auf Informanten aus der Gegend
angewiesen, was wiederum eine internationale Zusammenarbeit der Zoll- und Polizeibeamten erfordert.[12]

II. Kriminalpolitische Bedeutung

639   Rechtstatsächlich ist die Vorschrift von erheblicher Bedeutung. Die PKS erfasst Einfuhr-
Delikte (Schmuggel) nur zusammen mit den Handeltreibens-Delikten, ausgehend von der
Einschätzung, dass Deutschland im Wesentlichen kein Drogenherkunftsland ist. Richtig an
dieser Ausgangsüberlegung ist, dass der überaus größte Anteil der in Deutschland gehandelten BtM tatsächlich aus dem Ausland stammt. Unter dieser Voraussetzung – und im Zusammenhang mit den Daten über die Einfuhr von BtM in nicht geringer Menge[13] – ist der
PKS zu entnehmen, dass Einfuhrdelikte nach wie vor eine bedeutende Rolle bei der Kriminalitätsentwicklung spielen, wenn sie tendenziell auch rückläufig erscheinen.

**Einfuhr-Delikte (zwischen 2006 – 2015) nach der Polizeilichen Kriminalstatistik
(PKS) im Vergleich zu den BtM-Delikten insgesamt**

Straftaten(gruppen)	2006	2008	2010	2011	2014	2015
Rauschgiftdelikte BtMG	255.019	239.951	231.007	236.478	276.734	282.604
Allgemeine Verstöße nach § 29 BtMG	178.841	169.386	165.880	170.297	209.514	213.850
Illegaler Handel mit und Schmuggel von BtM nach § 29 BtMG	60.914	52.867	47.034	48.291	46.909	48.168

III. Rechtsentwicklung

640   **1. Einfluss internationaler Übereinkommen.** Bereits im Übk. 1961[14] verpflichteten
sich die Vertragsstaaten dazu, die vorsätzliche Einfuhr mit Strafe zu bedrohen sowie schwere
Verstöße angemessen zu sanktionieren (Art. 36 Abs. 1 Buchst. a).[15] Das Übk. 1971[16] äußerte
die Erwartung, die Möglichkeit der Einfuhr auf medizinische und wissenschaftliche Zwecke
zu beschränken (Art. 5 Abs. 2) bzw. in Bezug auf die in Anhang I aufgeführten Stoffe für
die Einfuhr eine besondere Genehmigung oder vorherige Ermächtigung vorzuschreiben
(Art. 7 Buchst. f) und Verstöße gegen diese Regelungen unter zu Strafe stellen (Art. 22
Abs. 1a). Im Übk. 1988[17] enthält Art. 3 Abs. 1 Buchst. a Ziffer i die Verpflichtung, das

---

[8] Bundeslagebild Rauschgift, S. 12.
[9] http://www.spiegel.de/panorama/justiz/kokain-bei-aldi-in-berlin-gefunden-versteckt-in-
bananenkisten-a-1031973.html (zuletzt abgerufen 18.4.2017).
[10] Bundeslagebild Rauschgift, S. 12.
[11] Bundeslagebild Rauschgift, S. 13.
[12] Zu den sich ständig verschiebenden Schmuggelrouten vgl. Europäischer Drogenbericht 2015, S. 24
sowie World Drug Report 2015, Executive Summary, S. XII.
[13] → § 30 Rn. 195.
[14] → Vor § 1 Rn. 75.
[15] S. auch *Kreuzer/Albrecht* § 10 Rn. 13.
[16] → Vor § 1 Rn. 76.
[17] → Vor § 1 Rn. 80.

Einführen von Suchtstoffen oder psychotropen Stoffen für den persönlichen Gebrauch entgegen Übk. 1961 und Übk. 1971 als Straftat zu umschreiben.[18]

2. Innerstaatliches Recht. In § 8 Nr. 1 OpiumG 1920[19] wurde derjenige mit Strafe **641** bedroht, der enumerativ aufgezählte Stoffe und Zubereitungen „ohne (…) Erlaubnis" einführte. Nach § 10 Abs. 1 Nr. 1 OpiumG 1929[20] wurde mit Gefängnis bis zu drei Jahren bestraft, wer die Stoffe und Zubereitungen ohne die in § 3 vorgeschriebene Erlaubnis einführte. Dies stellte das BtMG 1972[21] in § 11 Abs. 1 Nr. 1 in gleicher Weise unter Strafe. § 11 Abs. 4 Nr. 6 sah einen besonders schweren Fall darin, dass BtM in nicht geringer Menge eingeführt (Buchst. a) oder bei der Einfuhr durch besonders angebrachte Vorrichtungen verheimlicht oder an schwer zugänglichen Stellen versteckt gehalten (Buchst. b) wurden. Das BtMG 1982[22] sah zunächst vor, dass derjenige mit Freiheitsstrafe bis zu vier Jahren oder mit Geldstrafe bestraft werde, der BtM ohne Erlaubnis nach § 3 Abs. 1 Nr. 1 einführt. Die Einfuhr einer nicht geringen Menge von BtM wurde als Verbrechenstatbestand ausgestaltet und mit einer Mindestfreiheitsstrafe von zwei Jahren bedroht (§ 30 Abs. 1 Nr. 4). Das OrgKG[23] erweiterte zum einen den Strafrahmen nach Abs. 1 auf „bis zu fünf Jahren". Daneben schuf es hinsichtlich der Einfuhr durch § 30a die weiteren Verbrechenstatbestände der bandenmäßigen Einfuhr (Abs. 1), der Bestimmung einer unter 18 Jahre alten Person durch einen Erwachsenen (Abs. 2 Nr. 1) und der Einfuhr unter Mitführen einer Schusswaffe oder eines anderen Gegenstands (Abs. 2 Nr. 2). Seit Inkrafttreten der 4. BtMÄndV[24] gelten auch für ausgenommene Zubereitungen die betäubungsmittelrechtlichen Vorschriften über die Einfuhr, woraus der BGH[25] gefolgert hat, dass dies auch die Anwendbarkeit der §§ 29 ff. umfasst.[26] Durch das AusfG Übk. 1988[27] wurde der Erlaubnisvorbehalt neu gefasst. Seither verwirklicht den Tatbestand, wer *unerlaubt* einführt.

B. Erläuterung

I. Geltungsbereich

1. Inlands-/Auslandstaten. Der Geltungsbereich des Straftatbestands erstreckt sich auf **642** das Hoheitsgebiet der Bundesrepublik Deutschland (§ 3 StGB). Inlandstaten unterliegen dem BtM-Strafrecht unabhängig davon, ob die Tat durch einen Ausländer oder einen Deutschen begangen wurde. Zu den Besonderheiten und den damit zusammenhängenden Fragen wird auf die Erläuterungen zu § 2 verwiesen.[28]

Wer im **Ausland** maßgeblich an der Einfuhr von BtM **nach Deutschland** mitwirkt, **643** unterliegt dem deutschen Strafrecht nach § 9 Abs. 1 StGB (Erfolgsort).[29] Betrifft die Einfuhr nicht den Geltungsbereich des BtMG, besteht Strafbarkeit nach deutschem Recht nur, wenn sie Teilakt des unerlaubten BtM-Vertriebs ist (§ 6 Nr. 5 StGB).[30]

2. Mehrfachverfolgung. Hinsichtlich des Begriffs „derselben Tat" und dem sich daraus **644** abzuleitenden Verbot der Mehrfachverfolgung innerhalb des Geltungsbereichs des SDÜ und

---

[18] S. auch *Kreuzer/Albrecht* § 10 Rn. 13 Fn. 10, § 10 Rn. 26.
[19] → Vor § 1 Rn. 68.
[20] → Vor § 1 Rn. 72.
[21] → Vor § 1 Rn. 76.
[22] → Vor § 1 Rn. 79.
[23] → Vor § 1 Rn. 86.
[24] → Vor § 1 Rn. 91.
[25] BGH 2.10.2010 – 1 StR 581/09, BGHSt 56, 52 = NJW 2011, 1462 m. abl. Anm. *Kotz* NStZ 2011, 463; die ua auf Verletzung von Art. 103 Abs. 2 GG gestützte Verfassungsbeschwerde hat das BVerfG 28.3.2012 – 2 BvR 367/11 ua – ohne Begründung – nicht zur Entscheidung angenommen.
[26] Zur Kritik → § 29 Rn. 775.
[27] → Vor § 1 Rn. 80.
[28] → § 2 Rn. 17 ff.
[29] BGH 7.11.1984 – 2 StR 477/84; *Weber* Rn. 902 zum Spiegelbild der Ausfuhr.
[30] BGH 22.11.1999 – 5 StR 493/99, NStZ 2000, 150; → Vor § 29 Rn. 126.

des Unionsrechts wird auf die Erläuterungen → Vor § 29 Rn. 165 ff. verwiesen. Als dieselbe Tat iS von Art. 54 SDÜ hat der EuGH die der Ausfuhr von BtM (Belgien) nachgehende Einfuhr (Norwegen) angesehen.[31]

II. Objektiver Tatbestand

645   **1. Begriff des Einführens.** Einführen von BtM ist im Gesetz nicht umschrieben; vielmehr steht ihm jedes sonstige Verbringen in den Geltungsbereich dieses Gesetzes lediglich gleich, so dass der Begriff der Einfuhr als bekannt vorausgesetzt wird. Einführen bedeutet das **Verbringen**[32] eines BtM **aus dem Ausland über die Grenze in das Hoheitsgebiet** (§ 3 StGB) der Bundesrepublik Deutschland.[33] Das Weltrechtsprinzip gemäß § 6 Nr. 5 StGB gibt keinen Anlass, den Einfuhrbegriff erweiternd auszulegen und damit auch die Verbringung über fremde Landesgrenzen als (ggf. versuchte) Einfuhr zu bewerten.[34] Es handelt sich nach ganz h.M. um ein Erfolgsdelikt, sodass formelle Vollendung eintritt, wenn das BtM die Grenze passiert. Da dieser Grenzübergang auf ganz verschiedene Arten erfolgen kann (vgl. bereits zur Phänomenologie der Einfuhr → Rn. 637), hat sich in der Rechtsprechung eine **„transportartakzessorische" Kasuistik** entwickelt. Die unterschiedlichen Fallgruppen stellen allerdings nur das Ergebnis einer stringenten Umsetzung der Versuchsdogmatik auf die konkreten Einfuhrformen dar, was den „Konkretisierungswert" für die jeweilige Fallgruppe nicht schmälert. An den entsprechenden Stellen werden insofern besondere Abgrenzungskriterien je nach Einfuhrart gesondert dargestellt. Dies betrifft insb. die Abgrenzung von strafloser Vorbereitung und Versuch, allerdings auch die Anforderungen an den subjektiven Tatbestand wie zuletzt die Abgrenzung von Täterschaft und Teilnahme.

646   **2. Abgrenzung zwischen Ein-, Aus- und Durchfuhr.** Siehe hierzu die – von der hM[35] abweichende – Auffassung in → § 2 Rn. 61.

647   **3. Tatobjekte.** Tatobjekte sind die in den Anlagen I–III genannten Stoffe und Zubereitungen, nicht hingegen substanzlose Linkware.[36] Der Verwendungszweck der BtM (Verkauf, Eigenkonsum, Mitbringsel) spielt keine Rolle,[37] weshalb auch der Ehemann, der seiner schwerstkranken Ehefrau *Natrium-Pentobarbital* in der Schweiz besorgt und es nach Deutschland bringt, unerlaubt BtM einführt.[38] Der Straftatbestand **gilt** auch für **ausgenommene Zubereitungen** (§ 2 Abs. 1 Nr. 3).[39] Die Einfuhr von zur BtM-Herstellung geeigneter **Grundstoffe** ist nach § 19 GÜG strafbar. **Streckmittel** (zB Paracetamol-Coffein) können straflos eingeführt werden; der Einführende kann sich allerdings wegen Beihilfe zum unerlaubten Handeltreiben mit den „gestreckten" BtM strafbar machen.[40]

648   **4. Erlaubnis.** Zur Erlaubnis als Merkmal des objektiven Tatbestands wird auf die Erläuterungen zu § 3 verwiesen.[41] Bei der Einfuhr ausgenommener Zubereitungen als **Reisebedarf**

---

[31] EuGH 9.3.2006 – C-436/04, NJW 2006, 1781 – Van Esbroeck.

[32] → § 2 Rn. 57.

[33] BGH 22.11.1999 – 5 StR 493/99, NStZ 2000, 150; 22.7.1992 – 3 StR 35/92, BGHSt 38, 315 = NJW 1993, 74 mAnm *Wiegmann* JuS 1993, 1003; 21.3.1991 – 1 StR 19/91, StV. 1992, 376 mAnm *Zaczyk;* 15.5.1990 – 5 StR 152/90, NJW 1990, 2072; *Franke/Wienroeder* § 29 Rn. 78; *Joachimski/Haumer* § 3 Rn. 22; KPV/*Patzak* § 2 Rn. 56 f.; *Weber* § 2 Rn. 41 ff.; § 28 Rn. 742; zur Kritik am herrschenden Einfuhrbegriff → § 2 Rn. 56.

[34] BGH 22.11.1999 – 5 StR 493/99, NStZ 2000, 150; BGH 18.3.2015 – 3 StR 634/14, NStZ 2015, 587.

[35] Vgl. KPV/*Patzak* Teil 5 Rn. 138, 154 f.

[36] BGH 22.1.2004 – 1 StR 538/03, NStZ 2005, 232; KPV/*Patzak* Teil 5 Rn. 5 (untauglicher Versuch).

[37] KPV/*Patzak* Teil 5 Rn. 90.

[38] BGH 7.2.2001 – BGHSt 46, 279 = NJW 2001, 1802 mAnm *Duttge* NStZ 2001, 546; Anm. *Rigizahn* JR 2002, 430; Anm. *Sternberg-Lieben* JZ 2002, 153.

[39] BGH 2.10.2010 – 1 StR 581/09, BGHSt 56, 52 = NJW 2011, 1462 m. abl. Anm. *Kotz* NStZ 2011, 463; 2.11.2010 – 1 StR 579/09, BeckRS 2011, 01481 mAnm *Kotz* StRR 2011, 110; die ua auf Verletzung von Art. 103 Abs. 2 GG gestützte Verfassungsbeschwerde hat das BVerfG 28.3.2012 – 2 BvR 367/11 ua, ohne Begründung nicht zur Entscheidung angenommen. Zur Kritik → § 29 Rn. 775; § 30a Rn. 13.

[40] BGH 23.4.1993 – 3 StR 145/95, NStZ 1993, 444.

[41] → § 3 Rn. 39 ff.

bedarf es keiner Einzelgenehmigung, → § 4 Rn. 29; vielmehr reicht eine entsprechende ärztliche Bescheinigung aus (§ 15 Abs. 1 BtMAHV).[42]

III. Subjektiver Tatbestand

1. Vorsatz. Die Einfuhr setzt in all ihren denkbaren Erscheinungsformen Vorsatz des **649** Täters voraus, wobei dolus eventualis genügt. Der Vorsatz muss sich hierbei auf die BtM einerseits und auf das Verbringen über die Hoheitsgrenze andererseits beziehen. Insofern wird auf die Ausführungen zum Vorsatz verwiesen, → Vor § 29 Rn. 61. Der subjektive Tatbestand kann hierbei Probleme bereiten, wenn der Täter als „Kurier" instrumentalisiert wurde, ohne hiervon zu wissen (je nach Fallgestaltung kann eine Abgrenzung zwischen dolus eventualis und bewusster Fahrlässigkeit vorzunehmen sein, ggf. scheidet mangels Sorgfaltspflichtverletzung sogar eine fahrlässige Einfuhr aus, vgl. jeweils → Vor § 29 Rn. 64).

2. Irrtumslehre. Über die typischen Fälle des Irrtums hinsichtlich der BtM-Eigenschaft **650** (hierzu und zur problematischen Abgrenzung zum Verbotsirrtum → Vor § 29 Rn. 78 ff.) haben sich in Rechtsprechung und Lehre auch „einfuhrspezifische" Irrtumskonstellationen hervorgetan.

a) Irrtum über den Kausalverlauf (Beschlagnahmefälle, Abhandenkommen). **651** An einem Vorsatz hinsichtlich des Verbringens kann es fehlen, wenn dem Täter die Drogen während dem Transport **abhandenkommen.**[43] Hatte der Kurier das BtM der Abrede entsprechend im Ausland übernommen und sich damit in einen Reisebus gesetzt, der über den Grenzübergang Lindau in die Bundesrepublik fahren sollte, wurde aber das BtM bei einem Zwischenstopp in Spanien von einem Mitreisenden gestohlen, der es seinerseits dann in die Bundesrepublik einführte, liegt nur versuchte Einfuhr vor. Denn wenn es nach Verlust der Tatherrschaft dennoch zu einem Grenzübertritt kommt, lässt sich durchaus von einer aus Sicht des Täters „atypischen Einfuhr" sprechen, die eine objektive Zurechnung des Grenzübertritts in Frage stellt. Nach Ansicht des BGH[44] ist jedenfalls die subjektive Zurechnung zu verneinen. Hingegen bewegt sich die Abweichung des Kausalverlaufs noch im **Bereich der Adäquanz,** wenn zwei Schmuggler die Einfuhr dergestalt vereinbaren, dass das BtM im zweiten Fahrzeug transportiert werden solle, während das vorausfahrende Fahrzeug des A Hinweise auf etwaige Grenzkontrollen zu geben hat, der Stoff tatsächlich aber im vorausfahrenden Fahrzeug untergebracht wird.[45]

Dasselbe gilt für die Fälle der **Beschlagnahme von Drogen** und ihrer kontrollierten **652** Weitergabe, die letztlich zum Grenzübertritt führt.[46] Hat der Täter das Versuchsstadium überschritten, handelt es sich regelmäßig um Konstellationen des fehlgeschlagenen Versuchs,[47] ggf. in Tateinheit mit fahrlässiger Einfuhr (etwa wenn der Täter bei einem Stau an der Grenze die Fenster seines KfZ nicht hochgekurbelt hat und ihm die Drogen bei einer „Zigarettenpause" entwendet werden). Die Rechtsprechung verlagert diese Fragen bekanntermaßen auf die Ebene der subjektiven Zurechnung und geht der Frage nach, ob der Täter einem wesentlichen Irrtum über den Kausalverlauf unterlegen ist. Werden BtM bei der Einfuhr auf dem Postweg durch Zollbehörden entdeckt und bewacht weiter nach Deutschland transportiert,[48] ist der Vorsatz des Täters zu verneinen, da solch ein Geschehensablauf

---

[42] KPV/*Patzak* Teil 5 Rn. 14.
[43] BGH 11.7.1991 – 1 StR 357/91, BGHSt 38, 32 mAnm NJW 1991, 3161; mAnm NStZ 1991, 537; BGH 25.9.1991 – 2 StR 373/91, StV 1992, 375, mAnm *Graul* JR 1992; KPV/*Patzak* Teil 5 Rn. 97.
[44] BGH 11.7.1991 – 1 StR 357/91, BGHSt 38, 32 = NStZ 1991, 537.
[45] BGH 27.7.1994 – 3 StR 149/94, BeckRS 1994, 05346.
[46] Interessant ist, dass der BGH diese Konstellation in der erst genannten Entscheidung (BGHSt 38, 32 [33]) in weiser Voraussicht bereits aufgreift und anmahnt, dass eine Vollendung auch fernliege, wenn der Täter unerwartet die Kontrolle über den Transportvorgang verliert, weil das in einem Paket auf den Weg gebrachte Rauschgift unterwegs von einem Postbediensteten entdeckt, unterschlagen und nach Umadressierung weitergeleitet und eingeführt wird.
[47] *Weber* § 29 Rn. 318; BGH 12.12.2001 – 3 StR 303/01, NJW 2002, 1057, StV 2002, 538.
[48] BGH 15.2.2011 – 1 StR 676/10, NStZ 2012, 41.

nicht mehr von dessen Willen umfasst ist.[49] Die Inkaufnahme des (auf dem Postwege erhöhten) Entdeckungsrisikos bedeutet nicht, dass man auch davon ausgeht, dass die BtM nach ihrer Entdeckung trotzdem in die Bundesrepublik verbracht werden. Schließlich gibt es auch andere Möglichkeiten, ermittlungs- und sicherstellungstechnisch mit den Drogen umzugehen.

653　Einfache **Motivirrtümer** des Täters (etwa die Vorstellung das Geschäft werde nicht überwacht) bleiben nach allgemeinen Grundsätzen unbeachtlich. Weiß der Täter nicht, dass die von ihm eingesetzte Transportperson ein V-Mann der Polizei ist, der das Rauschgift von vornherein seiner Dienststelle übergeben will, wird dies den Vorsatz unberührt lassen, soweit die Drogen genau auf die Art und Weise über die Grenze gelangen, wie es sich der Auftraggeber vorstellt (Transport durch eine bestimmte Person ohne weitere Störungen; eine andere Frage ist, ob überhaupt eine vollendete Einfuhr angenommen werden kann, wenn der Haupttäter keinen Einfuhrvorsatz aufweist).[50] Freilich spielt die Beschlagnahme erst Recht keine Rolle mehr, wenn sie erst im Inland, also nach Vollendung der Einfuhr erfolgt.[51]

654　**b) Irrtum hinsichtlich des Hoheitsgebiets.** Der subjektive Tatbestand kann auch zu verneinen sein, wenn sich der Täter bei dem Transport erkennbar nicht auf deutsches Hoheitsgebiet begeben wollte, so wenn er als Kurier darauf vertraute, nicht für eine unerlaubte BtM-Einfuhr missbraucht zu werden.[52] Bei Transporten auf dem Landweg wird idR auch dann Einfuhrvorsatz vorliegen, wenn die BtM durch Deutschland lediglich durchgeführt werden sollen, weil diese auf deutschem Hoheitsgebiet tatsächlich zur Verfügung stehen.[53] Der Irrtum darüber, dass sich der Täter im **Geltungsbereich des BtMG** befindet, weil er die deutsche Hoheitsgrenze landeinwärts bereits überschritten hat, sich aber immer noch im Nachbar- oder Niemandsland befindlich glaubt, ist Tatbestandsirrtum. Ein Irrtum darüber, dass Einfuhr bereits vollendet ist, wenn er mit dem BtM eine vorgeschobene Grenzkontrollstelle erreicht, muss hingegen als Subsumtionsirrtum angesehen werden.

655　**3. Fahrlässigkeit.** Lässt sich vorsätzliche Handlungsweise nicht feststellen, muss der Tatrichter aufgrund seiner Kognitionspflicht zur erschöpfenden Aburteilung der Tat prüfen, ob nicht jedenfalls fahrlässige Tatbegehung vorliegt,[54] was ggf. zum Freispruch führen kann.[55] Wer sich in seinem PKW mit einem Dritten nach Amsterdam begibt, wo ihm der Gedanke kommt, der Dritte könne möglicherweise Heroin einkaufen und nach Deutschland mitnehmen, macht sich – wenn der Dritte sich tatsächlich Heroin verschafft und es auf der Rückfahrt unbemerkt mitnimmt – nur wegen fahrlässiger unerlaubter Einfuhr von BtM strafbar, wenn er darauf vertraut hat, dass der Dritte „ihn nicht derart benutzen werde".[56]

IV. Rechtfertigung, Entschuldigung

656　Eine Rechtfertigung der Einfuhr von bestimmten Betäubungsmitteln scheidet nach den bei → Vor § 29 Rn. 65 ff. dargestellten Grundsätzen im Regelfall aus. Wer einem Todkranken *Pentobarbital* (Anlage III) zur Verfügung stellt, das dieser dann konsumiert und alsbald daraufhin stirbt, ist zwar wegen der Teilnahme an der Selbsttötung eines voll verantwortlich Handelnden mangels einer Haupttat straflos (zur Verwirklichung des § 30 Abs. 1 Nr. 3 in diesen Fällen → § 30 Rn. 156); daraus folgt aber nicht zugleich die Straflosigkeit des Umgangs mit BtM, so dass er sich, wenn er den Stoff zu diesem Zweck aus der Schweiz

---

[49] Zum Ganzen *Oğlakcıoğlu*, BtMG AT, S. 151 ff.
[50] Worauf auch der BGH in seinem Beschluss hinweist BGHSt 32, 33 (34).
[51] So bei BGH 1.10.1986 – 2 StR 335/86, BGHSt 34, 180.
[52] BGH 19.1.1988 – 1 StR 649/87, BeckRS 1988, 31091592.
[53] → § 11 Rn. 13.
[54] Vgl. BGH 16.12.1982 – 4 StR 644/82, NStZ 1983, 174 (175); 11.2.1998 – 3 StR 546/97, BeckRS 1999, 30070917.
[55] BGH 4.3.1986 – 1 StR 26/86, NStZ 1984, 462.
[56] BGH 19.1.1988 – 1 StR 649/87, BeckRS 1988, 31091592.

eingeführt hat, bezüglich des Einfuhrvorwurfs weder auf § 34 noch auf § 35 StGB berufen kann.[57]

V. Täterschaft und Teilnahme

Aus der Fassung des Tatbestands selbst, der lediglich ein Verbringen über die Hoheits- **657** grenze voraussetzt, wie aus den vielfältigen Einfuhrmodalitäten und -wegen ergeben sich für die Einstufung eines Verhaltens als Täterschaft bzw. ihrer Bewertung als Teilnahme die unterschiedlichsten Konstellationen. Wer Allein- oder Mittäter, mittelbarer Täter, Anstifter oder Gehilfe ist, richtet sich dabei zunächst nach den Grundsätzen des allgemeinen Strafrechts (§§ 25 ff. StGB) und ist jeweils anhand einer umfassenden wertenden Betrachtung festzustellen,[58] wobei eine ganz untergeordnete Tätigkeit schon objektiv darauf hindeutet, dass der Beteiligte nur Gehilfe ist, während Mittäterschaft vor allem dann in Betracht kommt, wenn der Beteiligte in der Rolle eines gleichberechtigten Partners an der Tat mitgewirkt hat.[59] Von der Persönlichkeit des Angeklagten, der „unorganisiert und unselbständig" wirkt, darf nicht auf die Mittäterschaft anderer geschlossen werden.[60]

1. Abgrenzung der Beteiligungsformen. Der BGH hat – wohl auch aufgrund der **658** klaren Tatbestandsstruktur und der Ausrichtung der Einfuhr am „Erfolg" des Grenzübertritts – keine Schwierigkeiten, die von ihm selbst konkretisierten Grundsätze zur Abgrenzung von Täterschaft und Teilnahme zu übertragen. Die relativ große „Masse" an Rechtsprechung resultiert aus der praktischen Relevanz des § 30 Abs. 1 Nr. 4 BtMG (die Einfuhr in nicht geringen Mengen als „Teilakt" des Handeltreibens, der aber wegen seiner nochmaligen Strafschärfung strafrahmentechnisch ausgeklammert ist, → § 30 Rn. 195). Anders als beim Handeltreiben kann die klassische **„Eigenhändigkeitsformel"** zur Anwendung gelangen, sodass sich die Abgrenzung – jedenfalls was die Klassifizierung als „Täter" anbelangt – auf Anhieb einfacher gestaltet (was freilich nichts daran ändert, dass dies – den Unrechtsgehalt betreffend – partiell zu willkürlichen Ergebnissen führen kann: die Person, die kurz vor der Grenze das Steuer übernimmt, ist jedenfalls Täter; derjenige der nur „bis zur nächsten Raststätte" gefahren ist, hingegen u.U. nicht).[61] Derjenige, der die Betäubungsmittel als Fahrer, Körperschmuggler, Passagier oder Passant selbst, also eigenhändig[62] über die Grenze verbringt, ist als Täter der Einfuhr zu bewerten.[63] Hierbei kann es keine Rolle spielen, dass die Betäubungsmittel für jemand anderen (etwa den Besteller oder den Drahtzieher eines großen „Deals") über die Grenze verbracht werden, der Täter also insoweit mit „animus socii" (Teilnehmerwillen) handelt bzw. die Einfuhrhandlung einen eher unbedeutenden Beitrag für das Gesamtgeschäft darstellt.

Bezugspunkt der Abgrenzung ist der **Einfuhrvorgang selbst.** Dies wird nicht nur in **659** der Kommentarliteratur stets betont,[64] sondern musste auch – gerade im Hinblick auf die Kurierrechtsprechung durch den BGH – mehrmals klargestellt werden.[65] Die vom Handeltreiben bekannte, normative Gesamtbetrachtung lässt sich also nicht auf andere Modalitäten wie die Einfuhr oder den Besitz übertragen. Freilich kann eine Organisation des Transports (Auswählen der Route,[66] Datum und Uhrzeit, Gestaltung der Übernach-

---

[57] BGH 7.2.2001 – 5 StR 474/00, BGHSt 46, 279 = NJW 2001, 1802.
[58] BGH 16.2.2012 – 3 StR 470/11, StV 2012, 410; 13.10.1992 – 1 StR 517/92, NStZ 1993, 137.
[59] BGH 12.4.2005 – 4 StR 13/05, BeckRS 2005, 06164.
[60] BGH 16.6.2015 – 2 StR 29/15, BeckRS 2015, 12922.
[61] Da die Rechtsprechung von dieser Prämisse nur in absoluten „Ausnahmefällen" (so im Staschynskij-Fall BGH NJW 1963, 355) abrückte, kann der „Eigenhändigkeitsgrundsatz" als allgemeine Meinung bezeichnet werden.
[62] Vgl. nur für den Transport per pedes die „Klarstellung" bei *Bottke* Täterschaft S. 44, wonach auch die „eigenfüßige" Verwirklichung umfasst sei.
[63] H.M. KPV/*Patzak* Teil 5 Rn. 8, 157.
[64] *Weber* § 29 Rn. 800.
[65] Hierzu *Oğlakcıoğlu*, BtMG AT, S. 599 ff.
[66] Vgl. auch BGH 11.9.1996 – 3 StR 252/96, NStZ 1997, 90.

tungsmöglichkeiten[67] oder das zur Verfügungstellen des Schmuggelfahrzeugs[68]) ein **„Plus"** **im Vorbereitungsstadium** darstellen und damit den Anknüpfungspunkt für eine wechsel- seitige Zurechnung nach § 25 Abs. 2 StGB ausmachen.[69] Dabei muss sich diese „Vorberei- tung" allerdings auf den Transportakt selbst beziehen und nicht auf die Abwicklung des BtM-Geschäfts insgesamt. Die Situation, in der die Abgrenzung eine Rolle spielt (nämlich i.R.d. § 30 Abs. 1 Nr. 4), verführt meist zu solch einer gesamtgeschäftlichen Betrachtung, weil in solch einem Fall die Einfuhr „faktisch" Teilakt des Handeltreibens ist. Doch rechtlich bildet allein die Einfuhr den Anknüpfungspunkt. Eine echte Tatherrschaft des Bestellers während des Transports i.S.e. „gemeinsamen Tatausführung" kann man also nur annehmen, wenn der **„Besteller"** eigene Männer für den Transport beordert hat, die ihm gefügig sind[70] oder mit denen er in ständigem telefonischen Kontakt während des Transportvorgangs steht.[71]

660 Entscheidend ist jedenfalls, dass die Tatherrschaft aus **transportbezogenen Kriterien** hergeleitet werden muss. Eine „Organisationsherrschaft" darf nicht allein aus dem Umstand heraus angenommen werden, dass der Täter den Transport initiiert habe, der Geldgeber sei oder die Fäden bzgl. der weiteren Abwicklung der Geschäfte im Inland hält. Umgekehrt gilt für den Lieferanten (der nicht zugleich Kurier ist), wie der BGH bereits festgestellt hat, dass mit der Übergabe von Betäubungsmitteln im Ausland für ihn das Geschäft bereits vollzogen ist, sodass sich die daraufhin folgende (zwingende und auch in Kauf genommene) Einfuhr seinem Verantwortungsbereich entzieht.[72]

661 **2. Täterschaft.** Ausgehend vom tatsächlichen Geschehen lassen sich im Bereich der Täterschaft **zwei Gruppen** bilden, nämlich die durch den Täter selbst vorgenommene (eigenhändige) Einfuhr und die Einfuhr, bei der sich der Täter der Mitwirkung eines Ande- ren bedient.

662 **a) Alleintäterschaft (eigenhändige Einfuhr).** Täter ist zum einen derjenige, der in seiner Person sämtliche Tatbestandsmerkmale verwirklicht, also BtM aus dem Ausland in den Geltungsbereich des BtMG verbringt.[73] Eigenhändige Einfuhr liegt aber auch vor, wenn sich der Täter eines Tieres (zB Brieftaube) oder technischer Hilfsmittel (zB Ballon, Modellflugzeug)[74] bedient. (Mit-)Täter der unerlaubten Einfuhr kann auch derjenige sein, der BtM in seinem Interesse von anderen Personen über die Grenze transportieren lässt, vorausgesetzt, er leistet auf der Grundlage gemeinsamen Wollens einen die Einfuhr fördern- den eigenen Tatbeitrag,[75] so etwa der Ehemann, der seine Frau zur Grenze fährt, damit diese in seinem Auftrag BtM nach Deutschland schmuggelt.[76]

---

67 BGH 13.10.1992 – 1 StR 517/92, NStZ 1993, 137.

68 BGH 22.9.2003 – 3 StR 321/03, NStZ-RR 2004, 25: In Anbetracht dessen, dass der Angeklagte hier zudem den Zeitpunkt der Taten und die Menge der einzuführenden Betäubungsmittel bestimmte, den Einkauf finanzierte und sich ständig nach dem problemlosen Verlauf der Einfuhrfahrten erkundigte, ließ sich eine Mittäterschaft im Bezug auf die Einfuhr gut vertreten.

69 Kein „Plus" in diesem Sinne stellen Einfuhrtätigkeiten dar, die andere Staaten betreffen und insofern nur „Vorbereitungshandlungen" im Hinblick auf die eigentliche Einfuhr darstellen, an denen der Täter über- haupt nicht mehr mitwirkt und nach dem Tatplan auch nicht mehr mitwirken soll, vgl. BGH NJW 1985, 1035.

70 Vgl. etwa BGH 18.9.1997 – 5 StR 389/97 sowie BGH 22.12.2011 – 3StR 371/11.

71 BGH 14.8.2002 – 2 StR 249/02, StV 2003, 279.

72 BGH 17.7.2002 – 2 ARs 164/02, NJW 2002, 3486; im Regelfall wird es aber beim Lieferanten einfacher zu begründen sein, eine „gemeinsame Tatausführung", jedenfalls aber das berüchtigte „Plus" im Vorbereitungsstadium anzunehmen, das letztlich zur Zurechnung nach § 25 Abs. 2 StGB führt (soweit man diesem Mechanismus, nicht grundsätzlich kritisch gegenübersteht).

73 BGH 23.6.2004 – 2 StR 161/04, NStZ 2004, 606; 3.2.1999 – 2 StR 506/98, NStZ-RR 1999, 186; 12.8.1998 – 3 StR 160/98, NStZ-RR 2000, 22; 22.7.1992 – 3 StR 35/92, BGHSt 38, 315 = NJW 1993, 74; Anm. *Wiegmann* JuS 1993, 1003; 14.10.1992 – 3 StR 311/92, NStZ 1993, 138.

74 KPV/*Patzak* Teil 5 Rn. 181.

75 BGH 22.12.2011 – 3 StR 371/11, NStZ-RR 2012, 120; 16.10.1990 – 4 StR 414/90.

76 BGH 25.5.1994 – 3 StR 79/94.

b) Mittelbare Täterschaft. Eine Tatbegehung durch einen Tatmittler, also in mittelba-   **663**
rer Täterschaft (§ 25 Abs. 1 Alt. 2 StGB), lässt sich annehmen, wo ein undoloses Werkzeug
zur Einfuhr „missbraucht" wird, zB der die Grenze passierende Fahrzeugführer nicht weiß,
dass der Auftraggeber der Fahrt zuvor im Fahrzeug BtM versteckt hatte.[77] Auch wer BtM
auf dem Postweg nach Deutschland versendet oder sich hierzu eines Transportdienstleisters
bedient (→ Rn. 759), kann als mittelbarer Täter anzusehen sein.[78] Wer in Amsterdam ein
Kuvert mit BtM füllt und dieses durch die Post an eine in Deutschland gelegene Adresse
befördern lässt, ist ebenso (mittelbarer) Täter[79] der Einfuhr wie derjenige, der BtM als
Frachtgut[80] nach Deutschland verbringen lässt.

c) Tatbegehung durch Mehrere (Mittäterschaft). Der Tatbegehung durch mehrere   **664**
(§ 25 Abs. 2 StGB) geht zunächst der gemeinschaftliche Tatentschluss in Form einer Vereinbarung zur arbeitsteiligen Deliktsverwirklichung[81] voraus, bei der jeder Einzelne den Taterfolg auch im eigenen Interesse anstrebt. In Umsetzung der Vereinbarung leistet der Einzelne
objektive Förderungsbeiträge zur Zielverwirklichung, die die Tatbeiträge seiner Tatgenossen
ergänzen,[82] wodurch er – idR, jedoch nicht zwingend, zumindest partiell – auch Tatherrschaft ausübt. Der Mittäter der unerlaubten BtM-Einfuhr braucht den Ablauf des Verbringens über die Grenze zwar nicht geprägt, er muss ihn jedoch auf irgendeine nicht unwesentliche Art beeinflusst haben.

aa) Bei- und Mitfahrer. Wird eine Einfuhrfahrt von mehreren zusammen unternom-   **665**
men, die gemeinsamen Täterwillen haben und den Tatbestand arbeitsteilig erfüllen, haften
neben dem den Tatbestand durch Passieren der Grenze verwirklichenden Fahrzeugführer
auch der Beifahrer und die übrigen Mitfahrer als **Mittäter**.[83] Fraglich kann dabei im Einzelfall nur sein, welche BtM-Menge dem einzelnen Mittäter zugerechnet werden kann
(→ Rn. 682 ff.). Die (Mit-)Täterschaft entfällt nicht etwa dadurch, dass jemand in Sicht-
weite der Grenzkontrolle **das Fahrzeug verlässt,** die Grenze zu Fuß überschreitet und
nach der Grenze wieder zusteigt, selbst wenn er das Rauschgift beim Grenzübertritt nicht
„am eigenen Körper getragen" hatte.[84] Außerhalb einer derart gemeinschaftlich geplanten
und durchgeführten Einfuhr kommt es darauf an, ob der Bei- oder Mitfahrer im Hinblick
auf das Gelingen der Einfuhr **eine Funktion übernommen hat, sich ihrer bewusst war**
und **sie ausgeübt** hat. Allein aus der **Begleitung** eines Anderen auf dessen Einfuhrfahrt
lassen sich nicht ohne Weiteres Schlüsse auf die Strafbarkeit des Bei- oder Mitfahrers ziehen,
da das **bloße Dabeisein,** also allein die körperliche Anwesenheit im Fahrzeug,[85] ohne
Hinzutreten weiterer Umstände nicht zur Strafbarkeit führt.[86] Fehlen Anhaltspunkte, die
eine Mittäterschaft begründen könnten, kommt allenfalls Beihilfe (→ Rn. 678) in
Betracht.[87] Hatte der Begleiter bei Fahrtantritt keine Kenntnis davon, dass BtM eingeführt
werden sollen, macht er sich nicht dadurch strafbar, dass er nach Bekanntwerden der Einfuhrtat weiterhin an der Fahrt teilnimmt.[88]

bb) Transporteur (Kurier). Wer BtM nach Deutschland verbringt, ist, selbst wenn er   **666**
dabei unter dem Einfluss und in Gegenwart eines Anderen in dessen Interesse handelt,

---

[77]   Vgl. BGH 31.10.1989 – 1 StR 525/89.
[78]   *Weber* Rn. 847.
[79]   *Weber* Rn. 847.
[80]   *Weber* Rn. 857.
[81]   Satzger/Schickebier/Widmaier/*Momsen* StGB § 25 Rn. 36.
[82]   BGH 1.9.2004 – 2 StR 353/04, NStZ 2005, 229.
[83]   BGH 3.12.1997 – 3 StR 599/97; 13.10.1992 – 1 StR 517/92, NStZ 1993, 137; 16.10.1990 – 4 StR
414/90, NStZ 1991, 91.
[84]   BGH 27.8.1992 – 1 StR 555/92, BeckRS 1992, 31087373.
[85]   KPV/*Patzak* Teil 5 Rn. 183.
[86]   BGH 17.11.2009 – 3 StR 455/09, NStZ 2010, 224; 21.4.1998 – 4 StR 107/98, NStZ 1998, 517;
13.1.1993 – 3 StR 516/92, NStZ 1993, 233; KPV/*Patzak* Teil 5 Rn. 184 (zum Begleitschutz).
[87]   BGH 7.10.2010 – 3 StR 346/10, BeckRS 2010, 27045; 11.11.2008 – 4 StR 434/08, NStZ-RR 2009,
121; 30.3.1994 – 3 StR 726/93.
[88]   BGH 25.8.1982 – 1 StR 78/82, StV 1982, 516.

zusammen mit diesem **Mittäter** der Einfuhr,[89] wenn er **nicht nur fremdes Tun fördern** will, sondern **Beiträge zu einer eigenen Tat** leistet;[90] wesentliche Anhaltspunkte hierfür bilden der Grad des eigenen Interesses am Erfolg der Tat, der Umfang der Tatbeteiligung und die Tatherrschaft oder doch wenigstens der Wille zur Tatherrschaft, so dass Durchführung und Ausgang der Tat maßgeblich auch vom Willen des Tatbeteiligten abhängen.[91] Ist einziger erkennbarer Tatbeitrag, dass jemand auf der Rückreise aus den Niederlanden zeitweise das Fahrzeug steuert, lässt sich mangels weiterer Anhaltspunkte ein eigenes Tatinteresse an der Einfuhr der von Anderen erworbenen BtM nicht feststellen und ist auch sonst nicht erkennbar.[92]

667   **cc) Chauffeur.** Wer für einen anderen Fahrdienste leistet, ist – wie der Transporteur – Mittäter, wenn bei eigenhändiger Erfüllung der Tatbestandsmerkmale ein eigenes Tatinteresse vorliegt.[93] Er kann sich nicht mit Erfolg darauf berufen, es habe sich nur um eine **Gefälligkeit** gehandelt;[94] denn die Fahrt „um Gotteslohn" führt nicht zum Tatbestandsausschluss, weil dieser – anders als das unerlaubte Handeltreiben – keine Eigennützigkeit voraussetzt. Etwas anderes kann gelten, wenn die Transportfahrt in einer Art und Weise „unter der Regie" des Beförderten stattfindet, die geeignet ist, die Tatherrschaft des Chauffeurs in Frage zu stellen, weil dieser mehr oder weniger als Marionette des Beförderten agiert (etwa im Falle eines Nötigungsnotstands).[95]

668   **dd) Initiator/Organisator.** Vom Einfuhrtatbestand werden all diejenigen Fälle umfasst, in denen jemand BtM **mit Hilfe eines anderen Menschen** über die Grenze transportieren lässt,[96] wobei der Initiator der Einfuhr beim Grenzübertritt selbst nicht anwesend zu sein braucht. Wer einen Dritten (Kurier) mit dem grenzüberschreitenden Transport von BtM beauftragt, kann (Mit-)Täter der unerlaubten Einfuhr sein, da sie in seinem Tatinteresse erfolgt,[97] vorausgesetzt, er nimmt **auf den Einfuhrvorgang selbst Einfluss.** Lässt ein Angeklagter das Rauschgift von einem Kurier aus den Niederlanden nach Deutschland verbringen, so muss das Urteil hinsichtlich der Abgrenzung von Täterschaft und Teilnahme Feststellungen dazu enthalten, welchen Einfluss der Angeklagte auf die Einzelheiten der Beschaffungsfahrten hatte.[98] Dieser kann in der Beteiligung an der Planung der Abwicklung,[99] der Transportorganisation,[100] der Entwicklung eines Einfuhrkonzepts zusammen mit dem Lieferanten,[101] der Abstimmung von Zeit und Weg des Transports, der Auswahl des Kuriers[102] oder dessen Versorgung mit Fahrzeugen[103] zu Tage treten, weil dadurch der konkrete **Einfuhrvorgang mitbestimmt** wird, und der Initiator/Organisator insoweit einen eigenen Tatbeitrag leistet. Daraus folgt, dass in bestimmten Fällen auch Handlungen, die ohne entsprechenden Täterwillen **Vorbereitungshandlungen** darstellen und damit

---

[89] BGH 22.7.1992 – 3 StR 35/92, BGHSt 38, 315 = NJW 1993, 74.

[90] BayObLG 31.5.2000 – 4St RR 68/00, StraFo 2000, 263.

[91] BGH 12.1.1988 – 1 StR 614/87, NJW 1987, 2881.

[92] BGH 14.8.2002 – 2 StR 249/02, NStZ 2003, 90.

[93] BGH 15.6.1984 – 1 StR 169/84, NStZ 1984, 413.

[94] BGH 14.10.1992 – 3 StR 311/92, NStZ 1993, 138; 12.8.1998 – 3 StR 160/98, BeckRS 1998, 31357883; *Weber* Rn. 820.

[95] BGH 15.5.1984 – 1 StR 169/84, NStZ 1984, 413.

[96] BGH 16.7.2009 – 3 StR 148/09, BeckRS 2009, 24818; 25.4.2007 – 1 StR 156/07, NStZ 2007, 531; 28.10.2004 – 4 StR 59/04, NStZ 2005, 229; 22.9.2003 – 3 StR 321/03, NStZ-RR 2004, 25; BayObLG 31.5.2000 – 4St RR 68/00, StraFo 2000, 263.

[97] BGH 22.9.2003 – 3 StR 321/03, NStZ-RR 2004, 25; 8.11.1989 – 3 StR 377/89, NStZ 1990, 130; 29.1.1986 – 2 StR 613/85, BeckRS 1986, 31101703 = StV 1986, 384 mAnm *Roxin*.

[98] BGH 27.5.2014 – 3 StR 137/14, BeckRS 2014, 15073 = StV 2015, 633.

[99] BayObLG 25.2.2003 – 4St RR 16/03.

[100] BGH 22.9.2003 – 3 StR 321/03, NStZ-RR 2004, 25; 18.9.1997 – 5 StR 389/97; 8.11.1989 – 3 StR 377/89, NStZ 1990, 130.

[101] BGH 25.8.1987 – 1 StR 268/87, BeckRS 1987, 31088581.

[102] BGH 22.9.2003 – 3 StR 321/03, NStZ-RR 2004, 25; 29.1.1986 – 2 StR 613/85, BeckRS 1986, 31101703 = StV 1986, 384 mAnm *Roxin*.

[103] BGH 11.9.1996 – 3 StR 252/96, NStZ 1997, 90.

den Tatbestand noch nicht tangieren würden, zur Mittäterschaft führen können wie das Umladen des BtM[104] vor dessen Einfuhr durch die Ehefrau.[105] Die Feststellung der bloßen Bereitschaft, eingeführte Betäubungsmittel entgegenzunehmen, genügt allerdings nicht für eine Beteiligtenstellung.[106] Scheitert eine fremdnützige Einfuhr für die Freundin, und verbringt diese daraufhin die BtM selbst über die Grenze, ohne den Freund einzubinden, genügt die Benachrichtigung und die ursprüngliche Bereitschaft die Drogen zu transportieren ebenso wenig für die Annahme von Mittäterschaft wie die Hilfe beim Weitertransport nach Überschreiten der Grenze.[107]

    ee) Besteller. Ähnliche Erwägungen gelten für den Besteller von BtM, der letztlich eine   **669** Einfuhr „kausal bewirkt". Werden BtM im Ausland bestellt und diese ins Inland geliefert, hängt die Bewertung der Tatbeteiligung des Bestellers an der Einfuhr maßgeblich davon ab, ob und wenn ja in welchem Umfang er auf den grenzüberschreitenden Transport des BtM **Einfluss ausgeübt** hat, da allein die Bereitschaft, aus dem Ausland stammende BtM anzunehmen, noch keinen Tatbeitrag zum Einfuhrvorgang enthält.[108] **Keine Mittäterschaft** liegt deshalb vor, wenn sich der Besteller um den Einfuhrvorgang nicht kümmert, insbesondere weder auf Zeit, Ort noch auf die mit dem Transport beauftragten Hilfspersonen Einfluss nimmt,[109] sondern lediglich darauf wartet, dass ihm die bestellte Ware geliefert wird[110] oder er von den Modalitäten der Einfuhr keinerlei Kenntnis hat.[111] Weder das alleinige Wissen, dass die Lieferung nach einer Auslandsbestellung denknotwendig eine unerlaubte BtM-Einfuhr voraussetzt, noch das Veranlassen einer Beschaffungsfahrt allein führt zur Mittäterschaft bei der unerlaubten Einfuhr; Letzteres selbst dann, wenn der Veranlassende die Fahrt in vollem Umfange finanziert und über das einzuführende BtM verfügen will, weil sich hieraus allein noch nicht ergibt, dass er auch hinsichtlich der Einfuhrhandlung an der Tatherrschaft Anteil oder auch nur den Willen zur Tatherrschaft hatte.[112] Der Einfuhrvorsatz kann fehlen, wenn eine Lieferung von Kokain aus Medellin nach Den Haag vereinbart wird, der Kuriertransport ohne Wissen des Bestellers nicht auf einem Direktflug, sondern einem Flug mit Zwischenlandung in Frankfurt a. M. erfolgt, und weder positiv festgestellt werden kann, dass der Besteller mit diesem Umweg einverstanden war, noch, dass ein solcher Umweg stillschweigend vereinbart wurde.[113] Scheidet Täterschaft mangels Einflussnahme auf den Einfuhrvorgang aus, kann allerdings **Anstiftung zur Einfuhr** (→ Rn. 684) vorliegen, wobei die Feststellungen für die Verurteilung wegen Teilnahme im Regelfall ausreichen und damit eine Schuldspruchänderung möglich ist.[114]

    Dagegen kann eine mittäterschaftliche Einfuhr des Käufers zu bejahen sein, wenn das   **670** Verbringen des Rauschgifts über die deutsche Grenze ein Teil des mit dem Verkäufer **vereinbarten Gesamtkonzepts** ist.[115] Dies wurde etwa bei einem Beteiligten angenommen, der **(1)** „*auf Vorschlag des niederländischen Verkäufers*" die BtM nicht selbst über die

---

[104] BGH 1.10.1974 – 1 StR 444/74, MDR 1975, 21 (bei *Dallinger*) = MDR 1984, 8 (bei *Schmidt* [18]).
[105] BGH 21.12.2006 – 3 StR 427/06, BeckRS 2007, 01509.
[106] BGH 31.3.2015 – 3 StR 630/14, BeckRS 2015, 08391 = StV 2015, 632.
[107] BGH 5.4.2016 – 3 StR 554/15, NStZ-RR 2016, 209. Zu weit ginge es wohl, die Ausführungen des Senats in der genannten Entscheidung dahingehend deuten zu wollen, als es eine sukzessive Beteiligung nach Grenzübertritt per se ausschließt.
[108] BGH 25.2.1993 – 1 StR 808/92, insoweit in NStZ 1993, 340 nicht abgedruckt; vgl. auch BGH 31.3.2015 – 3 StR 630/14, BeckRS 2015, 08391 = StV 2015, 632; BGH 27.5.2014 – 3 StR 137/14, BeckRS 2014, 15073 = StV 2015, 633.
[109] BGH 28.7.1993 – 2 StR 359/93; 25.2.1993 – 1 StR 808/92, insoweit in NStZ 1993, 340 nicht abgedruckt; 3.8.1990 – 2 StR 281/90; 6.9.1988 – 5 StR 397/88, NJW 1990, 654; 12.1.1988 – 1 StR 614/87, NJW 1987, 2881; BGH 25.9.2012 – 4 StR 137/12, BeckRS 2012, 22524.
[110] BGH 6.9.1988 – 5 StR 397/88, BeckRS 1988, 31103608.
[111] BGH 15.5.1991 – 2 StR 514/90.
[112] BGH 31.3.1992 – 4 StR 112/92, NStZ 1992, 339.
[113] BGH 23.2.1994 – 2 StR 674/93.
[114] BGH 27.5.2014 – 3 StR 137/14, BeckRS 2014, 15073 = StV 2015, 633.
[115] BGH 25.8.1987 – 1 StR 268/87, BeckRS 1987, 31088581; 25.9.2012 – 4 StR 137/12, BeckRS 2012, 22524.

Grenze verbringt, sondern sie auf deutschem Boden aus einem Depot entnimmt, das ihm vorher vom niederländischen Verkäufer genau bezeichnet worden war und wofür er zusätzlich zum Verkaufspreis für die entstandenen Transportkosten je Kilogramm BtM einen entsprechenden Transportaufschlag entrichtet hatte.[116] Auch soll sich wegen mittäterschaftlicher Einfuhr strafbar machen, **(2)** wer dem Drängen seines deutschen Handelspartners nachgibt und sich gegen Zahlung von 500 Euro bereit erklärt, diesen zu begleiten, ihn bei dem niederländischen Dealer einzuführen und ihm bei der Abwicklung zumindest des ersten Geschäfts behilflich zu sein, wenn der Dealer die BtM durch seinen Kurier in ein Schließfach zum Hauptbahnhof Mönchengladbach bringen lässt, der Kurier anschließend in die Niederlade zurückkehrt und den Schließfachschlüssel dem bei dem Dealer wartenden Partner des Angeklagten übergibt, und der Partner, nachdem er die BtM aus dem Schließfach entnommen hat, dem Angeklagten den vereinbarten Betrag übergibt.[117]

671 Legt man die eingangs aufgeführten Abgrenzungskriterien zugrunde, wird **aus den beiden Entscheidungen nicht recht deutlich,** weshalb die jeweiligen Angeklagten als Mittäter gehandelt haben sollen; dies gilt umso mehr, wenn man die Entscheidungen an der ihnen nachgehenden Rechtsprechung des BGH misst, die zu Recht den Einfuhrvorgang[118] und seine Beteiligung daran in den Vordergrund stellt. Festgemacht wird diese rechtliche Bewertung in Fall (1)[119] offenbar daran, dass der Besteller den Lieferanten – *im Ausland* – *auch für den Transport* bezahlt hatte,[120] worin man – zumindest mittelbar – den Auftrag für die Einfuhr, unmittelbar jedenfalls deren Billigung sehen kann. Selbst der BGH konnte sich von diesbezüglichen Zweifeln nicht ganz frei machen, weil er nämlich formulierte: *„Wenn das Rauschgift unmittelbar im Anschluss an das Kaufgeschäft in den Niederlanden von dort durch Kuriere in die BRD gebracht und für den Angeklagten ‚gebunkert' wurde,* **dürften** *gegen die Annahme mittäterschaftlichen Handelns keine Bedenken bestehen, selbst wenn dem Angeklagten die Person und der Weg des jeweiligen Rauschgiftkuriers nicht bekannt waren."* Wendet man auf diesen Fall jedoch die für den Initiator entwickelten Grundsätze (→ Rn. 677) an, liegt keine Mittäterschaft an der Einfuhr vor, weil der Besteller zum Einfuhrvorgang keinerlei Tatbeitrag geleistet hat, sich sein Handeln (Bestellung, Bezahlung) mithin gerade nicht als Teil der Einfuhrtätigkeit aller darstellt, an deren „Ergänzung" es mithin gänzlich fehlt;[121] denn ein Tatbeitrag zur Einfuhr lässt sich auch durch die Bezahlung eines Transportaufschlags nicht ersetzen, weil Mittäterschaft mangels Beteiligung am Einfuhrvorgang selbst dann zu verneinen ist, wenn das Gesamtgeschehen (also einschließlich des Transports) vom Besteller in vollem Umfange finanziert wird.[122] Aus denselben Gründen vermag auch die Entscheidung in Fall (2) nicht zu überzeugen. Dort könnte eine solche Einflussnahme auf den Einfuhrvorgang durch den vom Angeklagten Begleiteten noch darin gesehen werden, dass dieser bei dem Dealer verblieb, bis dessen Kurier den Schließfachschlüssel zurückbrachte, was man als – zumindest mittelbare – Einflussnahme auf den Einfuhrzeitpunkt ansehen könnte. Der Angeklagte, der nur die Verbindung zum Lieferanten hergestellt und als Begleiter zu diesem fungiert hatte, *ohne bei der Abwicklung tätig zu werden* (wie hierzu fehlende Ausführungen in der Entscheidung nahe legen), stand indessen, ohne dass der Entscheidung bezüglich der Einfuhr ein Tatbeitrag zu entnehmen wäre, außerhalb des Einfuhrgeschehens. Ihm mag dabei durchaus Tatinteresse unterstellt werden können, da es ihm ja um die ausgelobte Prämie ging; zur Einfuhr selbst hat er jedoch weder positiv noch negativ beigetragen; in dem stattgehabten Geschäft war er in Bezug auf die Einfuhr zu keiner Zeit *gleichberechtigter* Partner des Begleiteten.[123] Jedenfalls betont der Dritte

[116] BGH 19.4.1989 – 2 StR 688/88, NStZ 1989, 436; undeutlich *Weber*: einerseits Rn. 807, andererseits (wie hier) Rn. 813 und iErg Rn. 800, 832.
[117] BGH 8.11.1989 – 3 StR 377/89, NStZ 1990, 130.
[118] So auch *Weber* Rn. 800, 832.
[119] BGH 19.4.1989 – 2 StR 688/88, NStZ 1989, 436.
[120] *Weber* Rn. 807 mwN.
[121] BGH 1.9.2004 – 2 StR 353/04, NStZ 2005, 229.
[122] BGH 31.3.1992 – 4 StR 112/92, NStZ 1992, 339.
[123] BGH 12.4.2005 – 4 StR 13/05, BeckRS 2005, 06164.

Senat zu Recht, dass dem bloßen Interesse am Gelingen der Einfuhr keine maßgebliche Bedeutung zukommen könne.[124]

ff) Lieferant. Bei einem im Ausland ansässigen BtM-Händler, der nach Deutschland **672** liefert, liegt (Mit-)Täterschaft bei der Einfuhr nahe. Erforderlich sind jedoch auch hier Feststellungen über die Mitwirkung am konkreten Einfuhrvorgang, die – wie beim Initiator/ Organisator – im Organisations- und/oder operativen Bereich (→ Rn. 677) liegen kann.[125] Ein Niederländer, der dort an einen Deutschen verkauft, macht sich auch dann nicht wegen Beteiligung an der Einfuhr strafbar, wenn er zwingend davon ausgeht, dass die von ihm gelieferte BtM-Menge nach Deutschland eingeführt werden wird, sich sein Handeln jedoch auf Einigung und Übergabe der BtM sowie auf Entgegennahme des Kaufpreises in den Niederlanden beschränkt.[126]

gg) Finanzier. Wer Geld zur Verfügung stellt, damit BtM im Ausland erworben wer- **673** den können, kann ebenfalls – muss aber nicht – Mittäter der Einfuhr sein, weil es auch hier davon abhängt, ob er auf den Einfuhrvorgang Einfluss nimmt.[127] Dies gilt auch, wenn mit Hilfe überlassener BtM andere BtM im Ausland erworben werden sollen.[128] Die bloße Beteiligung an der Finanzierung eines Geschäftes mit Rauschgift, das von anderen aus dem Ausland ins Inland eingeführt wurde, ist nicht ohne Weiteres als Mittäterschaft zur Einfuhr von BtM zu werten,[129] da allein das Wissen um die Tat oder auch ein Interesse am Taterfolg (das Wollen der Tat) hierfür ebenso wenig ausreicht, solange dem Beteiligten keinerlei Einfluss auf Transport und/oder Grenzübertritt bzw. Förderung durch Rat, Tat oder psychische Unterstützung nachzuweisen ist.[130] In Betracht kommen kann aber Strafbarkeit wegen Bereitstellens von Geldmitteln (Abs. 1 S. 1 Nr. 13; → Rn. 1572).

d) Sukzessive Mittäterschaft. Mittäterschaft nach Beginn der Tatbestandsverwirkli- **674** chung durch andere ist – auch nach Tatvollendung noch – möglich, setzt aber voraus, dass die Einfuhrtat bei Hinzutreten des neuen Mittäters noch nicht beendet (→ Rn. 719) war,[131] und der neue Mittäter einen eigenständigen Tatbeitrag leistet.[132] Soweit ein solcher lediglich in Aussicht gestellt oder zugesagt wird, reicht dies für die Annahme von Mittäterschaft nicht aus.[133]

Im Falle einer (im Betäubungsmittelstrafrecht eher denkbaren) „vermeintlichen" Mittä- **675** terschaft kann kein untauglicher Versuch einer Einfuhr angenommen werden, wenn der Dritte im Einvernehmen mit der Polizei bzw. nur nach Vorstellung der Mittäter unmittelbar zur Einfuhr ansetzt.[134]

3. Anstiftung. Fälle der Anstiftung zur unerlaubten Einfuhr liegen idR vor, wenn **676** jemand BtM im Ausland bestellt und sich diese nach Deutschland liefern lässt, ohne selbst am Einfuhrvorgang beteiligt zu sein,[135] eine Erscheinungsform, die durch mögliche Inter-

---

[124] BGH 16.2.2012 – 3 StR 470/11, StraFo 2012, 158.
[125] BGH 16.10.1990 – 4 StR 414/90, NStZ 1991, 91.
[126] BGH 17.7.2002 – 2 ARs 164/02; 2 AR 77/02, NJW 2002, 3486.
[127] *Weber* Rn. 817.
[128] BGH 14.12.1988 – 4 StR 565/88, BeckRS 1988, 31102741.
[129] BGH 12.1.1988 – 1 StR 614/87, BeckRS 1988, 31091568.
[130] BGH 25.2.1993 – 1 StR 808/92, NStZ 1993, 340.
[131] BGH 7.5.2008 – 5 StR 634/07, BeckRS 2008, 10232 = StRR 2008, 282 zum bandenmäßigen Handeltreiben; 8.11.2007 – 5 StR 403/07, BeckRS 2007, 19663; 10.6.1997 – 1 StR 236/97, NStZ-RR 1997, 319.
[132] BGH 16.6.1997 – 1 StR 236/97, NStZ-RR 1997, 319; 23.2.1994 – 2 StR 674/93; 24.10.1989 – 5 StR 314/89, NStZ 1990, 39; 24.10.2002 – 5 StR 600/01, BGHSt 48, 52 = NJW 2003, 446 zum Alkoholschmuggel.
[133] BGH 24.10.2002 – 5 StR 600/01, BGHSt 48, 52 = NJW 2003, 446 zum Alkoholschmuggel.
[134] BGH NStZ 2004, 110, hierzu auch *Oğlakcıoğlu*, BtMG AT, S. 383 ff.
[135] BGH 31.3.1992 – 4 StR 112/92, NStZ 1992, 339; 4.10.1988 – 1 StR 483/88, NJW 1989, 1043; 22.1.1987 – 1 StR 647/86, NJW 1987, 2881; 10.4.2013 – 4 StR 90/13, NStZ-RR 2013, 281; 6.12.2011 – 4 StR 554/11; 2.6.2015 – 4 StR 144/15, BeckRS 2015, 12472.

netbestellungen begünstigt wird.[136] Strafbare Anstiftung ist auch gegeben, wenn eine V-Person eigenmächtig außerhalb ihres Einsatzplans handelt.[137] Deshalb kann die Strafbarkeit nur dann entfallen, wenn der Informant auch tatsächlich erreichen will, dass die Betäubungsmittel von der Polizei sichergestellt werden.[138] Aufgrund der (zustimmungswürdigen) Tendenz der Rechtsprechung, einfache Bestellungsakte lediglich als Anstiftung zur Einfuhr zu bewerten, wird die Bedeutung des § 26 StGB in diesem Bereich zunehmen, auch wenn Tatgerichte bis heute noch oft genug von einer Mittäterschaft ausgehen, indem sie eine organisationsbezogene Betrachtungsweise zugrunde legen bzw. die häufig anzutreffende Wendung „die Einfuhr ist kein eigenhändiges Delikt, es genügt auch das Verbringenlassen" fehldeuten und für eine Tatbestandsverwirklichung als Täter das „Bewirken" der Einfuhr genügen lassen.[139]

677   Soll der Transport absprachegemäß anlässlich einer bereits ins Auge gefassten Einfuhrfahrt mit anderen Betäubungsmitteln stattfinden, stellt dies die Annahme einer Anstiftung nicht in Frage, da der Lieferant im Hinblick auf die vom Angeklagten bestellte Teilmenge noch nicht zur Tatbegehung entschlossen (also „omnimodo facturus"[140]) ist. Dies gilt umso mehr, wenn die Einflussnahme Auswirkungen auf den gesamten Tatablauf hat und den Unrechtsgehalt der Tat deutlich erhöht[141] (wobei die Argumentation des Senats hier an die Fälle der „Hochstiftung" erinnert, wenn letztlich auf die Überschreitung der Grenzmenge um mehr als das Sechsfache abgestellt wird, was der Tat ein **vollkommen neues Gepräge** gibt). Andernfalls müsste man lediglich von einer (psychischen) Beihilfe zu der bereits geplanten Einfuhrfahrt ausgehen.[142] Freilich darf im Falle einer abgelehnten mittäterschaftlichen Einfuhr im Falle einer Bestellung nicht automatisch auf eine Anstiftung zur Einfuhr (in nicht geringen Mengen) geschlossen werden. Vielmehr muss das Urteil Feststellungen darüber enthalten, dass dem potentiellen Anstifter die Verbringung aus dem Ausland bewusst war (insb. wenn es sich nicht aufdrängt, dass der Lieferant die BtM nicht bereits im Inland vorrätig hält).[143]

678   **4. Beihilfe.** Soweit eine Mittäterschaft nach den oben genannten Grundsätzen abgelehnt wurde und der Beteiligtenbeitrag auch nicht in einer „Bestellung" von BtM besteht, kommt eine Beihilfe in Betracht. Es gelten die allgemeinen Voraussetzungen für eine Beihilfestrafbarkeit. Erforderlich ist eine Hilfeleistung, mithin eine Handlung, welche die Herbeiführung des Taterfolges durch den Haupttäter **objektiv fördert oder erleichtert;** dass sie für den Eintritt des Erfolgs in seinem konkreten Gepräge in irgendeiner Weise kausal wird, ist dabei nicht erforderlich.[144] Sie kann physischer oder psychischer Natur sein;[145] bloßes Dabeisein reicht jedoch niemals aus (→ Rn. 680).[146] Ebenso wenig ist der Begleiter Gehilfe, wenn er auf die Frage des Täters, ob sich Bedienstete des Zolls in der Nähe befinden, schweigt.[147]

[136] LG Ravensburg 14.1.2008 – 2 KLs 260 Js 8492/07 jug., NStZ-RR 2008, 256.
[137] BGH 21.6.2007 – 3 StR 216/07, NStZ 2008, 41; 24.7.2007 – 3 StR 216/07, BeckRS 2007, 16869.
[138] BGH 8.6.2011 – 1 StR 13/11, BeckRS 2011, 17886.
[139] Obwohl hiermit nur zum Ausdruck gebracht wird, dass eine mittelbare Täterschaft möglich ist und gerade keine „Doppeldefinition" aufgestellt werden soll, die alle denkbaren Formen des irgendwie veranlassten Grenzübertritts bzw. jegliche Formen der Beteiligung hieran als täterschaftliche erfassen soll. Dies gilt zumindest idealtypisch, mithin unter Zugrundelegung eines restriktiven Täterbegriffs, vgl. Oğlakcıoğlu, BtMG AT, S. 606 mit zahlreichen Beispielen aus der Rechtsprechung.
[140] BGH 30.5.2013 – 5 StR 309/12, BeckRS 2013, 10904.
[141] BGH 2.6.2015 – 4 StR 144/15, BeckRS 2015, 12472.
[142] BGH 8.8.1995 – 1 StR 377/95, NStZ-RR 1996, 1; 3.6.1964 – 2 StR 14/64, BGHSt 19, 339, 341.
[143] BGH 10.4.2013 – 4 StR 90/13, NStZ-RR 2013, 281.
[144] BGH 7.2.2008 – 5 StR 242/07, NJW 2008, 1460; 16.11.2006 – 3 StR 139/06, NJW 2007, 384 (388), insoweit in BGHSt 51, 144 nicht abgedruckt.
[145] KPV/Patzak Teil 5 Rn. 178; Weber Rn. 811.
[146] BGH 17.11.2009 – 3 StR 455/09, NStZ 2010, 224.
[147] BGH 31.5.2012 – 3 StR 178/12, StraFo 2012, 331.

a) Förderungshandlungen. Originäre Vorbereitungshandlungen (→ Rn. 693) begrün- **679**
den den Vorwurf der Beihilfe, wenn sie in der Absicht unternommen werden, die Einfuhr
durch den Täter zu fördern.[148]

Kurzzeitiger Besitz während Aufenthalt im Transportvehikel	Der Zweifelsgrundsatz lässt lediglich eine Verurteilung wegen Beihilfe zur unerlaubten Einfuhr zu, wenn ausschließlich festgestellt werden kann, dass jemand ein in einem aus dem Ausland kommenden Zug befindliches Rauschgiftpäckchen nur 10 oder 15 Sekunden in der Hand hatte.[149]
Transporttätig-keiten im Ausland	Gehilfe der Einfuhr ist, wer **BtM** in ein Nachbarland **transportiert** bzw. sie dort in die Nähe der Grenze verbringt, von wo aus das Rauschgift dann – mit seiner Kenntnis, aber ohne seine weitere Mitwirkung – nach Deutschland eingeführt wird.[150] Kann dagegen nicht festgestellt werden, dass er von der beabsichtigten Einfuhr nach Deutschland gewusst oder eine solche zumindest billigend in Kauf genommen hat, bleibt er insgesamt straflos.[151]
Grenzkontrolle Vorläufer	Wer lediglich als sog. Vorläufer ohne eigenes Tatinteresse den Einfuhrwilligen über die Grenze winkt, ist ebenfalls nur Gehilfe der Einfuhr.[152]
Kurier-Anwerbung	Objektiv erbringt eine Förderungshandlung auch, wer für die Einfuhrfahrt einen **Fahrer besorgt**[153] oder einen diesbezüglichen Kontakt herstellt.[154]
Kurier-Betreuung	Mangels Tatherrschaft leistet derjenige, der einen Kurier mit Flugticket, Reisespesen und Kontaktdaten versorgt, zumindest dann nur Beihilfe zur Einfuhr, wenn danach die Reiseroute von dritter Seite verändert wurde.[155]
Räumlichkeiten bereitstellen	Nur Beihilfe zur unerlaubten Einfuhr von Betäubungsmitteln liegt vor, wenn sich der Tatbeitrag mit der Bereitstellung einer **Garage im Ausland** für den Einbau von Rauschgift in einen präparierten Autotank in Grenzen hält, der Angeklagte mit dem Einbau selbst nichts zu tun hatte, ihm der Pkw nicht gehörte und er auf die Durchführung der Transportfahrt keinen Einfluss hatte.[156] Wer im Inland einem Körperschmuggler gegen geringes Entgelt seine **Wohnung zur Verfügung stellt,** damit dieser dort die nach Deutschland eingeführten BtM ausscheiden kann, ist prima facie allenfalls Gehilfe des Einführenden, keinesfalls aber Mittäter (wobei selbst solch eine sukzessive Beihilfestrafbarkeit im Beendigungsstadium freilich kritisch zu sehen ist).[157]
Transportmittel Ausrüstung	Hilfe leistet auch derjenige, der das **Fahrzeug mit BtM ausstattet** und es an den Kurier übergibt.[158]
Transportmittel Verschaffung	Beihilfe leistet auch, wer ein **Fahrzeug** für die Einfuhrfahrt **zur Verfügung stellt**[159] oder eine Gelegenheit verschafft, sich ein solches Fahrzeug auszuleihen.[160]

---

[148] BGH 26.10.1984 – 3 StR 438/84, NJW 1985, 1035 mAnm *Roxin* StV 1985, 278.
[149] BGH 18.9.1987 – 3 StR 396/87.
[150] BGH 26.10.1984 – 3 StR 438/84, NJW 1985, 1035 mAnm *Roxin* StV 1985, 278.
[151] BGH 12.8.1992 – 3 StR 335/92, StV 1992, 555.
[152] BGH 6.7.1983 – 2 StR 282/83, StV 1983, 461.
[153] BGH 16.7.2009 – 3 StR 148/09, NStZ 2011, 97.
[154] BGH 25.4.2007 – 1 StR 156/07, NStZ 2007, 531.
[155] BGH 23.10.1997 – 4 StR 226/97, zit. n. KPV/*Patzak* Teil 5 Rn. 187.
[156] BGH 4.2.2000 – 2 StR 636/99, StV 2000, 261.
[157] BGH 7.12.2010 – 5 StR 527/10, BeckRS 2010, 30926.
[158] BGH 23.10.1996 – 4 StR 469/96, NStZ-RR 1997, 86.
[159] OLG Düsseldorf 12.12.2001 – 2a Ss 281/01 – 98/01 II, StV 2003, 626.
[160] BGH 24.9.2009 – 3 StR 280/09, BeckRS 2009, 86130 = NStZ 2010, 687 (bei *Winkler* [30]) = StV 2010, 131.

680   **b) Psychische Unterstützung.** In der **Begleitung** eines Dritten auf dessen Einfuhrfahrt kann die Bestärkung des Tatentschlusses oder die Erleichterung der Tatausführung
durch bloßes Dabeisein[161] den Vorwurf der psychischen Beihilfe begründen, setzt aber
Förderungsbewusstsein und -willen des Begleiters[162] voraus. Hierzu sind Feststellungen
erforderlich; allein die im Urteil enthaltene Formulierung, der Angeklagte habe dem Fahrer
eines mit BtM beladenen Fahrzeugs *„als Beifahrer zur Seite gestanden"*, reicht jedenfalls für
sich zur Begründung des Beihilfevorwurfs nicht aus.[163] Die Teilnahme an der Einfuhrfahrt
kann zum Einen in der Vermittlung eines Gefühls der Sicherheit („Begleitschutz") liegen,[164]
zum Anderen dazu dienen, den Zweck der Fahrt zu verschleiern.[165] Die Unterstützung
kann auch darin bestehen, dass mit dem Täter der Einfuhr **telefonischer Kontakt** gehalten
wird.[166] Fehlt objektiv jegliche Förderung oder Erleichterung der Einfuhr, weil der Begleiter
an der Fahrt nur deshalb teilgenommen hat, um zwischen dem Einführenden und seinen
Geschäftspartnern eine zahlenmäßige Parität herzustellen, liegt nicht einmal Gehilfenvorsatz
vor.[167]

681   **c) Besonderheiten bei der Einfuhr über den Luftweg.** Bei Inanspruchnahme des
Luftverkehrs zur Einfuhr handeln Tatbeteiligte idR auch im Ausland. Da Erfolgsort der
unerlaubten Einfuhr Deutschland ist, machen sie sich als Mittäter strafbar (§ 9 Abs. 1
StGB),[168] was auch für sonstige Teilnehmer gilt.[169] So ist Gehilfe der später erfolgten
Einfuhr, wer das BtM per Flugzeug in dem Wissen in eine ausländische Stadt transportiert,
dass es von Anderen übernommen wird, die es dann nach Deutschland einführen[170] oder
sich an einem Leertransport zu Testzwecken beteiligt, wenn dadurch die spätere Einfuhrtat
vorbereitet wird.[171]

682   **5. Zurechnung eingeführter BtM-Mengen.** Sind mehrere Personen an einem Einfuhrvorgang beteiligt, stellt sich die Frage, ob ihnen die gesamte BtM-Menge zugerechnet
werden kann oder ob eine einzelne Person nur für einen geringeren Anteil in strafrechtliche
Haftung zu nehmen ist. Dies beurteilt sich auf der Grundlage einer wertenden Gesamtbetrachtung,[172] wobei es auf das jeweilige Tatinteresse ankommt.[173]

683   – **Zurechnung Gesamtmenge.** Werden BtM gemeinsam erworben, ungeteilt eingeführt
und erst im Inland aufgeteilt, ist **jedem Mittäter die gesamte eingeführte Menge**
zuzurechnen.[174]

684   – **Zurechnung Einzelmenge.** Umgekehrt werden die zwar in einem Erwerbsakt (Einkaufspool) gekauften BtM, die aber bereits im Ausland aufgeteilt und von jedem Erwerber
gesondert für die Einfuhr versteckt werden,[175] **dem Einzelnen nur anteilig** zugerechnet.[176] Soweit hierzu die Auffassung vertreten wird, es könne keinen Unterschied
machen, ob die Gesamtmenge nach dem Ankauf aufgeteilt im Fahrzeug transportiert

---

[161] BGH 5.10.2010 – 3 StR 300/10, BeckRS 2010, 27042.
[162] KPV/*Patzak* Teil 5 Rn. 184 mwN.
[163] BGH 7.4.1983 – 1 StR 207/83, NStZ 1983, 462 mAnm *Winkler*.
[164] BGH 7.10.2010 – 3 StR 346/10, BeckRS 2010, 27045; 11.11.2008 – 4 StR 434/08, NStZ-RR 2009,
121; 30.3.1994 – 3 StR 726/93.
[165] BGH 24.4.1997 – 4 StR 151/97, BeckRS 1997, 31121119 = StV 1998, 598.
[166] BGH 12.4.2005 – 4 StR 13/05, BeckRS 2005, 06164.
[167] BGH 21.4.1998 – 4 StR 107/98, NStZ 1998, 517.
[168] → Vor § 29 Rn. 131.
[169] *Weber* Rn. 860.
[170] BGH 26.10.1984 – 3 StR 438/84, NJW 1985, 1035 mAnm *Roxin* StV 1985, 278.
[171] BGH 17.12.1982 – 2 StR 459/82, BeckRS 1982, 31107660 = StV 1983, 138.
[172] *Weber* Rn. 840.
[173] BGH 21.3.1991 – 1 StR 19/91, NStZ 1992, 320 (bei *Schoreit* [1]) = StV 1992, 376 mAnm *Zaczyk*.
[174] BGH 14.8.2002 – 2 StR 249/02, NStZ 2003, 90; 23.7.1991 – 1 StR 287/91, NStZ 1992, 321 (bei
Schoreit [4]).
[175] BGH 3.4.1985 – 2 StR 639/84, NStZ 1986, 56 (bei *Schoreit* [26]).
[176] BGH 1.9.2004 – 2 StR 353/04, NStZ 2005, 229; 14.8.2002 – 2 StR 249/02, NStZ 2003, 90;
21.1.1992 – 1 StR 793/91, StV 1992, 376; vgl. auch OLG Stuttgart 8.5.2001 – 3 Ss 13/01, NStZ 2001,
603.

werde, da Einkaufspools wegen des dadurch zu erzielenden günstigeren Kaufpreises gebildet würden, weshalb es gerade auf die erworbene Gesamtmenge ankomme,[177] wird übersehen, dass dieses Argument lediglich das gemeinsame Tatinteresse am Erwerb betrifft, während ein solches an der Einfuhr der Gesamtmenge von vornherein nicht besteht.

– **Zurechnung bei Kurieren.** Dem Kurier ist in jedem Fall die Menge zuzurechnen, die **685** von seinem direkten Vorsatz umfasst war. In wie weit ihm hinsichtlich einer Mehrmenge bedingter Vorsatz unterstellt werden kann, ist dabei Tatfrage.[178]

– **Zurechnung bei Körperschmuggel.** In den Fällen des Körperschmuggels erfolgt **686** jeweils die Zurechnung nur derjenigen Menge, die im Körper getragen wird.[179] Dies gilt auch für den Fall, dass mehrere Täter gleichzeitig und in gleichartiger Begehungsweise denselben Deliktstatbestand erfüllen, da bei Mittäterschaft (als Voraussetzung für die Zurechnung der gesamten Menge) das Handeln des einen mit dem des anderen derart verknüpft sein muss, dass es als Beitrag zu einer gemeinsamen Straftat erscheint und es dabei erforderlich ist, dass der Beteiligte seinen Beitrag als Teil der Tätigkeit des anderen und umgekehrt dessen Tun als Ergänzung seines eigenen Tatanteils will.[180]

VI. Deliktsverwirklichungsstufen

1. Strafbarkeit des Versuchs. Die Strafbarkeit des Versuchs ergibt sich aus Abs. 2 (vgl. **687** auch dort nochmals zu den Voraussetzungen im Einzelnen).

2. Versuch und straflose Vorbereitungshandlungen (Grundlagen). Die betäu- **688** bungsmittelrechtliche Judikatur zu den Verbringungsverboten macht deutlich, dass die Abgrenzung von strafloser Vorbereitung, strafbarem Versuch und Vollendung des Tatbestands klaren (und allgemeinen) Regeln folgt und – anders als beim Handeltreiben – von einer „Verschmelzung von Vorbereitung, Versuch und Vollendung" nicht die Rede sein kann.[181] Die Obergerichte hatten sich hierbei gerade aufgrund der eigenständigen Strafandrohung in § 30 Abs. 1 Nr. 4 häufiger mit dem Versuch der Einfuhr von Betäubungsmitteln zu befassen; ihnen wird mit der „Grenze" das „Abgrenzungs"-Kriterium auf dem Silbertablett serviert und ein Rückgriff auf die allgemeinen Definitionen und Regeln ermöglicht.[182] Dies äußert sich in einer transportartakzessorischen Betrachtung, bei der das unmittelbare Ansetzen je nach Art und Weise der Grenzüberschreitung anders nach vorne oder eben nach hinten verlagert sein kann (vgl. bereits → Rn. 645), insb. macht es selbstverständlich einen Unterschied, ob die Einführende bis zum letzten Moment die Kontrolle über den Einfuhrakt (zu Fuß, im eigenen PKW) behält oder das von ihm instrumentalisierte Vehikel von anderen gesteuert wird (Schiffsfracht, Flug, Versendung per Post).

In der Sache läuft dies auf die typische Unterscheidung zwischen eigenhändiger Verwirk- **689** lichung eines Tatbestands und diejenige in mittelbarer Täterschaft hinaus, bei der generell (also auch bei kernstrafrechtlichen Delikten) modifizierte Anforderungen an das unmittelbare Ansetzen gestellt werden. Man kann die Einfuhr „geschehen" lassen (indem man als Beifahrer einsteigt, das Päckchen aufgibt oder den Zweite Klasse Waggon betritt) oder eben selbst in die Pedale treten. Während im ersteren Falle entscheidend ist, ob der Täter das Geschehen endgültig aus der Hand gegeben hat,[183] verschiebt sich der Zeitpunkt des unmittelbaren Ansetzens bei eigenhändiger Verwirklichung (bzw. Kontrolle über das Transportve-

---

[177] So KPV/*Patzak* Teil 5 Rn. 163; *Weber* § 29a Rn. 137; *Winkler* NStZ 2003, 247 (248).

[178] BGH 20.12.1995 – 2 StR 460/95; 21.4.2004 – 1 StR 522/03, NStZ-RR 2004, 281.

[179] BGH 22.7.1992 – 3 StR 35/92, BGHSt 38, 315 = NJW 1993, 74 mAnm *Wiegmann* JuS 1993, 1003.

[180] BGH 21.8.1991 – 2 StR 333/91.

[181] So auch die Schlussthesen bei *Mack*, Abgrenzung, S. 239 sowie S. 136: „Bei den nach einhelliger Auffassung als Erfolgsdelikte ausgestalteten Tatbestandsvarianten gelten demgegenüber keine Besonderheiten".

[182] Hierbei darf man nicht vergessen, dass es sich bei den Urteilen des BGH regelmäßig um „Korrekturen" und nicht um Zurückweisungen samt Begründung handelt, sprich den Tatgerichten und nicht – revidierenden – Staatsanwälten Fehler unterlaufen.

[183] *Kühl* AT § 20 Rn. 90 mwN; aA *Küpper* GA 1998, 519 (521).

hikel) nach „hinten" bzw. „näher an die Grenze", da die Verwirklichung des Tatbestands sowohl objektiv als auch nach Tätervorstellung bis zum Grenzübertritt in den Händen des Täters liegt.[184]

690   Soweit die Grenzüberschreitung bzw. die Fortbewegung überhaupt nach Vorstellung des Täters von dessen Verhalten („weiter auf die Grenze zulaufen, zufahren") abhängig ist, bedient sich der BGH der Zwischenaktstheorie in Reinform und stellt darauf ab, dass immer noch eine unmittelbare Annäherung an die Grenze erforderlich sei. Damit dürfte wohl die **„Sichtbarkeit" der Grenze** aus der Ferne gemeint sein.[185] Noch anschaulicher, was die „Annäherung" anbelangt, geht das OLG Düsseldorf vor, wenn es feststellt, dass derjenige zum strafbaren Versuch der Einfuhr von Betäubungsmitteln gemäß § 22 StGB ansetzt, der vor einer auf einer Autobahn eingerichteten Grenzstelle *die letzte Ausfahrt* passiert, so dass er unter normalen Umständen die Grenze überschreiten muss. Diese Vorgehensweise ist passend, weil eine sichtbare Grenze die Kraft hat, dem Täter einen erneuten Willensimpuls – im Sinne eines „Jetzt geht es los" („hoffentlich werden wir nicht erwischt") – abzunötigen.[186] Ausgeklammert werden somit wesentliche Teilakte, die nach Tätervorstellung noch vor dem Grenzübertritt verstreichen müssten (etwa eine längere Rast oder Auftanken im Grenzbereich).[187]

691   Gerade aufgrund dieser transportartakzessorischen Betrachtung bietet es sich an, die Darstellung der Versuchskasuistik an den denkbaren Möglichkeiten der Einfuhr auszurichten. Insofern wird im Folgenden von der typischen Gliederung abgewichen; stattdessen knapp die „Einfuhrart" phänotypisch skizziert und im Anschluss die jeweilige Rechtsprechung zur straflosen Vorbereitung zum strafbaren Versuch je nach Einfuhrart dargestellt.

692   **3. Transportartakzessorietät. a) Einfuhr auf dem Landweg.** Von der Häufigkeit der Fälle her gesehen ist die Einfuhr auf der Straße die gebräuchlichste Tatbestandsverwirklichung.[188] Zumeist begibt man sich mit dem eigenen (oder gemieteten) Pkw in die Niederlande, feiert dort eine Party und nimmt dann noch etwas für den heimischen Konsum mit. Im Wege der Schleierfahndung durchgeführte Fahrzeugkontrollen machen dabei Letzteres oft zunichte. Allerdings kann eine statistisch häufige Einfuhr aus bestimmten Grenzgebieten (derzeit Crystal aus der Tschechischen Republik) nicht als „Erfahrungssatz" dafür herangezogen werden, dass der Angeklagte die BtM eingeführt haben muss und nicht lediglich nahe bei der Grenze erworben haben könnte.[189] Einfuhr auf der **Straße** umfasst nicht nur Straßen iS des Straßen- und Wegerechts, sondern auch Trampelpfade oder das freie Feld an der grünen Grenze. Ebenso wenig ist die Umgehung einer eingerichteten Grenzkontrollstelle erforderlich. Kraftfahrer, Radfahrer, Reiter oder Fußgänger, die deutsches Hoheitsgebiet mit BtM befahren oder betreten, führen diese ein.

693   **aa) Straflose Vorbereitung.** Das Kriterium des unmittelbaren Ansetzens ist in einer ganzen Reihe von Fällen noch nicht erfüllt, die deshalb der straflosen Vorbereitung zuzurechnen sind. Reist der zur BtM-Einfuhr Entschlossene ins Ausland, um die BtM dort **abzuholen,** setzt er noch nicht zur Tatbestandsverwirklichung unmittelbar an.[190] Dies gilt umso mehr, wenn sich die geplante Übernahme des BtM zerschlägt.[191]

---

[184] Ausführlich *Oğlakcıoğlu,* BtMG AT, S. 414 ff.

[185] Vgl. auch *Weber* § 29 Rn. 751.

[186] Als Kind einer Gastarbeiterfamilie zweiter Generation weiß der Co-Autor, wie aufregend es sein kann, den Grenzübergang am Horizont (und die ggf. davor angestauten PKW) zu entdecken, auch wenn es sich bei der „geschmuggelten" Ware damals nur um Weizengrütze, Knoblauchwurst und Ziegenkäse, und nicht um (ebenfalls nicht fernliegend) Rohopium handelte. In Zeiten des Schengener Durchführungsübereinkommens und fehlender Grenzkontrollen in Europa ist dieses Bild mehr „Erinnerung", als auf heutige Zustände passende Reflexion. Inzwischen mag man erst an der Bauweise, dem Straßenbild und dem Fahrstil anderer bemerken, dass man schon eine Landesgrenze passiert hat. Insofern dürfte die Vorgehensweise des OLG Düsseldorf, der auf das Passieren der letztmöglichen Ausfahrt abstellt, zeitgemäßer sein.

[187] Vgl. auch *Mack,* Abgrenzung, S. 220 f.

[188] *Körner* (VI) Rn. 999.

[189] BGH 16.6.2015 – 2 StR 29/15, BeckRS 2015, 12922.

[190] BGH 1.10.1974 – 1 StR 444/74, BeckRS 1974, 00076; KPV/*Patzak* Teil 5 Rn. 116.

[191] RG 8.5.1915 – I. 1067/14, RGSt 49, 211; *Weber* Rn. 751.

Wer im Ausland BtM zum Zweck der Einfuhr **ankauft,** macht sich gegebenenfalls wegen **694** unerlaubten Erwerbs (Handeltreibens), aber nicht wegen versuchter Einfuhr strafbar.[192] Bei Erwerb von **Ausrüstung** für die geplante Einfuhr, also von Fahrzeugen, Transportbehältnissen oder Werkzeugen, ist die Grenze zum Versuch noch nicht überschritten.[193] Auch das **Ausspähen** eines günstigen Platzes, an dem der Grenzübertritt erfolgen kann, liegt noch im Bereich strafloser Vorbereitung.[194] Das **Beladen** des Transportmittels ist ebenso in der Regel nur straflose Vorbereitungshandlung,[195] auch wenn es nach Zuladen von Tarnware zur Grenze fahren soll.[196] Auch wer **Kuriere** per Zeitungsanzeige sucht oder sie gegen Erklärung der Bereitschaft, auf der Rückreise einen Koffer mit BtM zu transportieren, zu einer Reise einlädt, setzt noch nicht unmittelbar zur Tatbestandsverwirklichung an.[197] Der BtM-Transfer in ein **Nachbarland** der Bundesrepublik bewegt sich ebenso noch nicht im Stadium des Versuchs.[198] Auch wer BtM oder Transportmittel für die Einfuhr **präpariert** handelt im Stadium strafloser Vorbereitung. Durch die Beschaffung von **Reise- oder Transportdokumenten** ist das Versuchsstadium der Einfuhr noch nicht erreicht.[199] Ferner stellt auch das **Verpacken** der für die Einfuhr vorgesehenen BtM nur eine Vorbereitungshandlung dar,[200] die sie auch bleibt, wenn der Auftrag hierzu einem Dritten erteilt wird.[201] Schließlich wird auch durch das **Zwischenlagern** von BtM im grenznahen Bereich die Grenze zum Versuch noch nicht überschritten.

    bb) Versuchshandlungen. Nach den Grundsätzen des allgemeinen Strafrechts liegt Ver- **695** such als ein unmittelbares Ansetzen zur Tatbestandsverwirklichung erst vor, wenn eine Handlung vorgenommen wird, die bei einem nach dem Tatplan ungestörten Fortgang unmittelbar zur Tatbestandserfüllung führen würde. Vor dem Hintergrund der Rechtsgutsgefährdung erfordert dies bei der BtM-Einfuhr einmal den unmittelbar zeitlichen und räumlichen Zusammenhang mit dem Grenzübertritt;[202] zum anderen dürfen für die Tatbestandsverwirklichung nicht weitere Handlungen oder Zwischenakte[203] erforderlich sein.

    Bei der **Annäherung an die Hoheitsgrenze bzw. Grenzkontrollstelle** kann als klassi- **696** scher Fall das Vorbeifahren an der letztmöglichen Autobahnausfahrt vor der Grenze angesehen werden, weil der Täter unter normalen Umständen bei ungehinderter Weiterfahrt die Grenze passieren wird und sein Verhalten nicht anders zu deuten ist, als dass er sich daransetzt, mitgeführte BtM über die Grenze zu schaffen.[204] Der Kraftfahrer, besänne er sich auf das Unrecht des geplanten Tuns, hätte nur noch die Möglichkeit, den Handlungsverlauf vor Deliktsvollendung zu unterbrechen und damit vom Versuch zurückzutreten, indem er sich des BtM aus dem fahrenden Auto entledigt oder auf dem Standstreifen anhält und das BtM wegwirft.[205] An einem **unmittelbaren räumlichen und zeitlichen Zusammenhang** mit der Tatbestandserfüllung fehlt es hingegen, wenn der in einem Kraftfahrzeug befindliche Täter noch einige Kilometer bis zur Grenze zu überwinden hat.[206] Deshalb

[192] BGH 30.10.1985 – 3 StR 271/85, StV 1986, 62; 5.4.1955 – 1 StR 355/54, BGHSt 7, 292 = NJW 1955, 958.
[193] KPV/*Patzak* Teil 5 Rn. 116.
[194] RG 28.6.1918 – IV 364/18, RGSt 52, 282; KPV/*Patzak* Teil 5 Rn. 116; *Weber* Rn. 754.
[195] BGH 26.10.1984 – 3 StR 438/84, NJW 1985, 1035 mAnm *Roxin* StV 1985, 278; KPV/*Patzak* Teil 5 Rn. 116; *Weber* Rn. 755.
[196] AA wohl BGH 19.1.1965 – 1 StR 541/64, BGHSt 20, 150 = NJW 1965, 769 zum AWG.
[197] KPV/*Patzak* Teil 5 Rn. 116.
[198] BGH 22.11.1999 – 5 StR 493/99, NStZ 2000, 150; 26.10.1984 – 3 StR 438/84, NJW 1985, 1035 mAnm *Roxin* StV 1985, 278.
[199] KPV/*Patzak* Teil 5 Rn. 116; *Weber* Rn. 752.
[200] RG 1.10.1918 – IV 501/18, RGSt 53, 45.
[201] KPV/*Patzak* Teil 5 Rn. 116; aA wohl RG 8.2.1937 – 5 D 932/36, RGSt 71, 53.
[202] BGH 6.9.1989 – 3 StR 268/89, BGHSt 36, 249 = NStZ 1989, 579; 22.7.1992 – 2 StR 297/92, NStZ 1993, 326 (bei *Schoreit*).
[203] Vgl. auch *Weber* Rn. 753 ff.
[204] OLG Düsseldorf 19.7.1994 – 2 Ss 117/94 – 18/94 III, MDR 1994, 1235 = NStZ 1994, 548 (L).
[205] Vgl. hierzu auch *Bick* StV 1983, 331.
[206] BGH 22.7.1992 – 2 StR 297/92, NStZ 1993, 326 (bei *Schoreit*) = wistra 1993, 26.

reichen Urteilsfeststellungen, die sich darin erschöpfen, der Angeklagte habe sich dem Grenzübergang genähert, in der Regel nicht aus, um den Vorwurf der versuchten Einfuhr zu begründen.[207] Erst recht kann von einer unmittelbaren Gefährdung des Rechtsguts noch nicht gesprochen werden, wenn auf der Fahrt zur deutschen Grenze noch **beträchtliche Strecken** (zB durch Spanien und/oder Frankreich) zu **überwinden** hat bzw. noch Übernachtungen erforderlich sind.[208] Gleiches gilt in **Kurierfällen,** in denen erst dann von einem Einfuhrversuch auszugehen ist, wenn der Kurier die BtM übernommen hat und zur Grenzüberschreitung in Grenznähe ansetzt.[209] Das **Handeln eines Dritten** hat sich der Täter **als eigenes Ansetzen zur Tat** nur dann zurechnen zu lassen, wenn dieser als Mittäter[210] oder vermeintlicher Mittäter[211] tätig wird.

697   **cc) Vollendung.** Vollendung tritt (unter Beachtung von § 2 Abs. 2) *„zu dem Zeitpunkt ein, in dem das Rauschgift die Grenze zu diesem Gebiet* (sc. dem Hoheitsgebiet der Bundesrepublik Deutschland) *passiert"*.[212] Der Tatbestand ist auch vollendet, wenn **Polizei** oder **Zoll** die BtM **nach Grenzübertritt** entdecken, auch wenn der Einführende ab diesem Zeitpunkt objektiv keine Möglichkeit mehr hat, die tatsächliche Verfügungsgewalt über den Stoff zu erlangen und damit das Rechtsgut zu gefährden. Dies folgt aus dem Charakter der unerlaubten Einfuhr als Erfolgsdelikt, da sich der einmal eingetretene tatbestandliche Erfolg nicht wieder rückgängig machen lässt. Ob etwas anderes gelten muss, wenn **die Einfuhr** selbst **unter polizeilicher** oder **zollamtlicher Kontrolle stattfindet,** das BtM sozusagen unter den Augen von Polizei oder Zoll die Hoheitsgrenze passiert, wird nicht einheitlich beantwortet. Auch hier geht die hM[213] von Tatvollendung aus, selbst wenn die Sistierung des BtM unter der Voraussetzung, dass der Täter seinen Tatplan verwirklicht, als sicher vorauszusehen ist.[214] Diese Auffassung wird von HJLW/*Winkler*[215] mit der Begründung abgelehnt, dass die Verfügungsmacht über das BtM dem Täter bereits im Zeitpunkt des Grenzüberschritts entzogen sei. Dafür spricht, dass die von der hM vorgenommene Auslegung vor dem Hintergrund der Ausgestaltung des Tatbestands als abstraktes Gefährdungsdelikt mit dem Schuldprinzip kaum noch zu vereinbaren ist, da diesem nämlich zugrunde liegt, dass kriminalstrafrechtliches Unrecht grundsätzlich nur dann verwirklicht wird, wenn der Täter durch sein Verhalten **für das betreffende Rechtsgut ein reales Gefährdungsrisiko** bewirkt. Für Fälle, in denen die Behörde jedenfalls direkt an der Grenze einen Zugriff vornehmen könnte, liegt eine Tatherrschaft des Einführenden zum Zeitpunkt der Vollendung des Delikts fern. Denn es kann es keinen Unterschied machen, ob die Behörden die Verbringung zulassen oder die Verbringung kontrolliert veranlassen (im letzteren Fall hat der BGH schließlich eine wesentliche Abweichung vom Kausalverlauf angenommen, zu diesen Fällen → Rn. 651).

698   **b) Einfuhr auf dem Schienenweg.** Da zwischen der Bundesrepublik und allen Nachbarstaaten Eisenbahnverbindungen bestehen, kommt es naturgemäß dazu, dass gerade der Schienenweg häufig für die BtM-Einfuhr missbraucht wird. Einfuhr liegt auch hier bei Überschreiten der deutschen Hoheitsgrenze vor. Eine Erweiterung des räumlichen Geltungsbereichs des BtMG erfolgt durch vorgelagerte Grenzabfertigungsstellen.[216] Einführer ist auch, wer seine BtM enthaltende Ladung oder das Reisegepäck zum Schienentransport

---

[207] BGH 15.5.1990 – 5 StR 152/90, NStZ 1990, 442; BGH 22.7.1992 – 2 StR 297/92; BGH 15.4.1996 – 1 StR 245/96, NStZ 1996, 507.
[208] BGH 13.1.1983 – 1 StR 762/82, NStZ 1983, 224; 10.6.1983 – 2 StR 98/83, NStZ 1983, 511.
[209] *Körner* (VI) Rn. 1004.
[210] BGH 6.5.2003 – 4 StR 108/03, NStZ 2004, 110.
[211] BGH 25.10.1994 – 4 StR 173/94, BGHSt 40, 299 = NStZ 1995, 120; hierzu auch *Oğlakcıoğlu*, BtMG AT, S. 411.
[212] BGH 21.3.1991 – 1 StR 19/91, StV 1992, 376 mAnm *Zaczyk.*
[213] BGH 3.12.1985 – 1 StR 345/85, NStZ 1986, 274; 31.10.1989 – 1 StR 525/89; *Malek* Kap. 2 Rn. 184; *Weber* Rn. 766.
[214] BGH 21.3.1991 – 1 StR 19/91, StV 1992, 376 mAnm *Zaczyk; Weber* Rn. 766.
[215] HJLW/*Winkler* Rn. 5.2.
[216] BGH 4.3.1986 – 1 StR 26/86, NStZ 1986, 462; → § 2 Rn. 43 ff.

aufgibt; dann gelten allerdings die Grundsätze zur Einfuhr mittels Versendung bzw. Einschaltung Dritter,[217] → Rn. 715.

aa) Straflose Vorbereitung. Wer in Einfuhrabsicht eine Bahnfahrkarte löst oder sich **699** mit dem BtM auf dem Bahnsteig aufhält, hat noch nicht unmittelbar zur Tatbestandsverwirklichung angesetzt und bleibt deswegen straflos.[218]

bb) Versuchshandlungen. Besteigt jemand mit BtM im Gepäck den abfahrbereiten **700** Zug, der die deutsche Grenze ohne Zwischenhalt überfahren wird,[219] setzt er dadurch zur unmittelbaren Verwirklichung des Einfuhrtatbestands an.

cc) Vollendung. Die Einfuhr ist vollendet, wenn die deutsche Hoheitsgrenze passiert **701** ist.[220] Vollendung tritt aber auch schon dann ein, wenn der Reisende an einer vorgeschobenen Grenzabfertigungsstelle[221] mit BtM angetroffen wird.[222] (→ Rn. 645) Bei **Transitfällen** auf dem Schienenweg gelten die im Zusammenhang mit der Einfuhr auf dem Luftweg (→ Rn. 721 ff.) entwickelten Kriterien.

c) Einfuhr zu Wasser. Bei der Einfuhr mit Hilfe von Schiffen[223] ergeben sich Unter- **702** schiede zwischen der Einfuhr zur See und auf Gewässern (zB Bodensee, Nord-Ostsee-Kanal, Elbe, Rhein, Mosel, Donau). Für die Einfuhr maßgeblich ist auch hier das Hoheitsgebiet der Bundesrepublik Deutschland (§ 3 StGB), das auch **Freihäfen** und **sonstige Zollfreigebiete**[224] umfasst. Allein aus dem **Flaggenprinzip** (§ 4 StGB) kann keine Strafbarkeit wegen unerlaubter Einfuhr hergeleitet werden, solange das Schiff die Hoheitsgrenze zu Deutschland noch nicht passiert oder hierzu unmittelbar angesetzt hat.[225] Einführer ist auch, wer seine BtM enthaltende Ladung oder das Reisegepäck zum Schiffstransport aufgibt,[226] dann gelten allerdings die Grundsätze zur Einfuhr mittels Versendung bzw. Einschaltung Dritter, → Rn. 715.

aa) Besonderheiten hinsichtlich des Hoheitsgebiets. Bei einer Einfuhr aus interna- **703** tionalen Gewässern bildet nur der **Beginn des Küstenmeeres**[227] die Hoheitsgrenze. Auf eine darüber hinausgehende deutsche Wirtschaftszone kommt es nicht an.[228] **Meeresbuchten** und Seehäfen zählen als maritime Eigengewässer[229] ebenso zum deutschen Hoheitsgebiet wie die Binnenseen und die innerstaatlichen Flüsse, also grundsätzlich auch die sogenannten internationalen Flüsse oder Wasserwege.[230] Einen Sonderfall bildet der **Bodensee**, der teilweise auf deutschem Hoheitsgebiet liegt, teilweise österreichischem bzw. schweizerischem Hoheitsrecht unterliegt.[231] Bei Transitfällen auf dem Wasser gelten die im Zusammenhang mit der Einfuhr auf dem Luftweg (→ Rn. 721 ff.) entwickelten Kriterien.

bb) Straflose Vorbereitung. Wird ein Schiff zur Einfuhrfahrt angemietet oder beladen **704** oder werden für die Einfuhrfahrt Seeleute angeheuert, ist dies als reine Vorbereitungshandlung straflos.[232] Wer mit BtM bei einem Schiff an Bord geht, das einen deutschen Hafen

---

[217] BGH 3.12.1985 – 1 StR 345/85, NStZ 1986, 274.
[218] KPV/*Patzak* Teil 5 Rn. 119.
[219] RG 14.1.1924 – IV 553/23, RGSt 58, 71; 18.10.1924 – I 623/23, RGSt 58, 360.
[220] BGH 18.9.1987 – 3 StR 396/87, BeckRS 1987, 31098421.
[221] → § 2 Rn. 60.
[222] KPV/*Patzak* Teil 5 Rn. 119.
[223] KPV/*Patzak* Teil 5 Rn. 130 f.
[224] → § 2 Rn. 41.
[225] *Weber* Rn. 856.
[226] BGH 3.12.1985 – 1 StR 345/85, NStZ 1986, 274.
[227] → § 2 Rn. 50; vgl. auch KPV/*Patzak* Teil 5 Rn. 131.
[228] *Weber* Vor §§ 29 ff. Rn. 65.
[229] → § 2 Rn. 49.
[230] → § 2 Rn. 50.
[231] → § 2 Rn. 51.
[232] KPV/*Patzak* Teil 5 Rn. 132.

anlaufen soll, hat allein dadurch noch nicht zur unmittelbaren Tatbestandsverwirklichung angesetzt.[233]

705 **cc) Versuchshandlungen.** Die Einstufung der Handlung als Versuch setzt auch hier eine Annäherung an das deutsche Hoheitsgebiet in einer Art und Weise voraus, dass bei ungestörtem Fortgang und ohne weitere Zwischenakte aufgrund einer wertenden Gesamtbetrachtung das Passieren der Grenze als naheliegend erscheint.[234]

706 **dd) Vollendung.** Auch bei Einfuhr zur See tritt Vollendung ein, wenn das BtM in das deutsche Hoheitsgebiet gelangt ist, das aus Richtung hoher See kommende Schiff die Basislinie des Küstenmeeres passiert hat, bei Seen und Flüssen die reale Trennungslinie oder die Mittellinie („Talweg") überfahren wurde, ferner wenn es entweder in einen Freihafen[235] oder in ein sonstiges Zollfreigebiet gelangt ist.[236]

707 **d) Luftweg.** Auch für die Einfuhr auf dem Luftweg gelten zunächst in etwa die gleichen Kriterien, wie sie für die anderen Einfuhrwege herausgearbeitet wurden. Als Besonderheit kommt hinzu, dass unter Einbeziehung des subjektiven Tatbestands Fälle, in denen das Verbringen der BtM nach Deutschland beabsichtigt ist (**„echte" Einfuhrfälle),** von solchen getrennt werden müssen, in denen die BtM in deutsches Hoheitsgebiet nur aus organisatorisch/technischen Gründen, insbesondere wegen einer Zwischenlandung des Flugzeugs, gelangen (**Transitfälle,** vgl. noch → Rn. 721). Deutsches **Hoheitsgebiet** ist der Luftraum über dem Festland einschließlich der Binnengewässer, der maritimen Eigengewässer und des Küstenmeeres.[237] Einführer ist in echten Einfuhrfällen auch, wer seine BtM enthaltende Ladung oder das Reisegepäck zum Lufttransport aufgibt;[238] dann gelten allerdings die Grundsätze zur Einfuhr mittels Versendung bzw. Einschaltung Dritter, → Rn. 715.

708 **aa) Straflose Vorbereitung.** Als straflose Vorbereitungshandlungen sind ua Erwerb von Reisedokumenten oder der Transport der BtM zum im Ausland gelegenen Abflughafen anzusehen,[239] sofern keine Kenntnis von der weiteren Verwendung der BtM besteht. Die Vorauskuriere machen sich jedoch wegen Beihilfe zur Einfuhr strafbar, wenn sie wissen und wollen, dass die BtM durch Andere nach Deutschland eingeführt werden.[240] Das Einchecken des (BtM enthaltenden) Reisegepäcks ist noch kein unmittelbares Ansetzen zur Tatbestandsverwirklichung, wenn zwischen Gepäckaufgabe und Abflug mehrere Tage liegen.[241] Wurden die Kuriere entweder bereits vor ihrem Abflug am ausländischen Flughafen oder nach Zwischenlandungen im Ausland verhaftet, bevor ihr Gepäck in die nach Deutschland fliegenden Flugzeuge umgeladen wurde und sie selbst hätten einsteigen können, hatten sie jeweils noch nicht zum Versuch der unerlaubten Einfuhr von BtM angesetzt.[242]

709 **bb) Versuchshandlungen.** Das Versuchsstadium ist frühestens mit Handlungen erreicht, die in ungestörtem Fortgang unmittelbar zur Tatbestandserfüllung führen sollen oder die im unmittelbaren räumlichen und zeitlichen Zusammenhang mit ihr stehen, das geschützte Rechtsgut somit bereits unmittelbar gefährden.[243] Versuchsbeginn ist deshalb regelmäßig anzunehmen, wenn das **Fluggepäck** in die Maschine eingecheckt wird, sofern sie demnächst ohne Zwischenlandung einen deutschen Flughafen anfliegt, da dies der Akt ist, der bei ungestörtem Fortgang, ohne dass weitere Handlungen des Täters notwendig werden,

[233] *Weber* Rn. 759.
[234] RG 11.7.1921 – III. 631/21, RGSt 56, 138; *Weber* Rn. 759.
[235] BGH 22.2.1983 – 5 StR 877/82, BGHSt 31, 252 = NJW 1983, 1275 mAnm *Prittwitz* NStZ 1983, 350, Anm. *Hübner* JR 1984, 82, Anm. *Strate/Schwenn* StV 1983, 151.
[236] → § 2 Rn. 41.
[237] → § 2 Rn. 48 ff.
[238] BGH 3.12.1985 – 1 StR 345/85, NStZ 1986, 274.
[239] KPV/*Patzak* Teil 5 Rn. 134.
[240] BGH 26.10.1984 – 3 StR 438/84, NJW 1985, 1035 mAnm *Roxin* StV 1985, 278.
[241] BGH 15.5.1990 – 5 StR 152/90, NJW 1990, 207.
[242] BGH 27.6.2007 – 2 StR 4/07 NStZ 2008, 41.
[243] BGH 10.6.1983 – 2 StR 98/83, NStZ 1983, 511; 26.10.1984 – 3 StR 438/84, NJW 1985, 1035.

unmittelbar zur Tatbestandserfüllung führen soll.[244] Bei BtM-Transport im **Handgepäck** oder **am Körper** befestigten bzw. **inkorporierten** BtM kann Versuchsbeginn frühestens angenommen werden, wenn der Kurier nach dem Passieren etwaiger Kontrollen das abflug- bereite und Deutschland direkt ansteuernde Flugzeug besteigt.[245]

cc) Vollendung. Vollendung tritt ein, sobald das BtM die Grenze zum Hoheitsgebiet **710** passiert hat, in den deutschen Luftraum vorgedrungen ist, spätestens jedoch mit der Landung auf dem ersten deutschen Flughafen. Dabei kommt es nicht darauf an, ob jemand und gegebenenfalls wer über den Stoff tatsächliche Verfügungsmacht hat,[246] ob der Einführende das BtM begleitet, auf dem Flughafen anwesend ist oder es in Empfang nimmt.[247]

e) Einfuhr im Körper. Besonderheiten sind zu beachten, wenn als Transportmittel für **711** das Rauschgift der menschliche Körper als „Behälter" missbraucht wird. Dies geschieht einmal durch das Verstecken von BtM in Körperöffnungen,[248] aber auch durch deren Verschlucken oder Implantieren.[249] Man spricht in diesem Zusammenhang auch von sog. Body-Packern oder „lebenden Koffern". Das – auch hier – maßgebliche Passieren der Hoheitsgrenze richtet sich nach dem jeweiligen Einfuhrweg. Will der Täter BtM in das Bundesgebiet einführen, macht es keinen Unterschied, ob er den eigenen Körper oder eine Reisetasche als Transportbehältnis nutzt.[250] Die Einfuhr ist vollendet, wenn er mit den inkorporierten BtM die deutsche Hoheitsgrenze überschreitet (vgl. aber → Rn. 724).

aa) Straflose Vorbereitung. Als Vorbereitungshandlung insgesamt straflos bleibt alles, **712** was der Körperschmuggler bis zum Besteigen des abfahrbereiten/abflugbereiten Transport- mittels unternimmt,[251] insbesondere das Inkorporieren der BtM, da das geschützte Rechts- gut bis dahin noch nicht unmittelbar tangiert ist.

bb) Versuchshandlungen. In den „echten" Einfuhrfällen ist die Grenze strafloser Vor- **713** bereitung der Einfuhr überschritten, wenn der Körperschmuggler nach dem Passieren etwai- ger Kontrollen das abflugbereite und Deutschland direkt ansteuernde Flugzeug besteigt.[252] Verläuft die Flugroute von Beirut über Genf nach Bremen, ist Versuch erst gegeben, wenn der Reisende in Genf die Maschine zum Weiterflug nach Bremen besteigt.[253]

cc) Vollendung. In „echten" Einfuhrfällen gelten die Erläuterungen in → Rn. 692. **714** Nach h.M. ergeben sich beim Transitaufenthalt (jedenfalls beim Körperschmuggler) keine Besonderheiten, vgl. noch Rn. 724.

f) Einfuhr per Versendung/Transportunternehmen. In Zeiten, in denen Transport- **715** unternehmen damit werben, Waren über Nacht an jeden beliebigen Ort der Erde befördern zu können, kommt auch der BtM-Einfuhr mit Hilfe professioneller Transporteure besondere Bedeutung zu. Einfuhrmittler sind vor allem die **Post, Paketdienste, Speditionen** und **Kurierdienste** sowie **sonstige Frachtführer.** Nicht selten liegt ein Fall mittelbarer Täter- schaft vor; hingegen kann bei einer reinen Bestellung von BtM nicht pauschal davon ausge- gangen werden, dass der Einfuhrakt durch den Lieferanten wechselseitig gem. § 25 Abs. 2 StGB zugerechnet werden könnte.

---

[244] BGH 29.10.2009 – 3 StR 220/09, NStZ 2010, 222.
[245] BGH 22.12.2004 – 3 StR 403/04; 29.10.2009 – 3 StR 220/09, NStZ 2010, 222.
[246] BGH 22.2.1983 – 5 StR 877/82, BGHSt 31, 252 = NStZ 1983, 371 mAnm *Prittwitz* NStZ 1983, 350, Anm. *Hübner* JR 1984, 82, Anm. *Strate/Schwenn* StV 1983, 151; 9.3.1983 – 3 StR 6/83, NJW 1983, 1986.
[247] KPV/*Patzak* Teil 5 Rn. 136.
[248] KPV/*Patzak* Teil 5 Rn. 149 ff.
[249] KPV/*Patzak* Teil 5 Rn. 149.
[250] BGH 19.2.1992 – 2 StR 568/91; BayObLG 25.2.2003 – 4St RR 17/03, BayObLGSt 2003, 12; OLG Hamm 2.5.2007 – 4 Ss 153/07, BeckRS 2009, 06914.
[251] KPV/*Patzak* Teil 5 Rn. 150.
[252] BGH 22.12.2004 – 3 StR 403/04, NStZ 2005, 452.
[253] KPV/*Patzak* Teil 5 Rn. 151.

716   **aa) Straflose Vorbereitung.** Straflos, weil noch im Vorbereitungsstadium, sind die Anschaffung sowie das zu Versandzwecken erfolgende Präparieren von BtM und Transportbehältern, auch die Schulung einer Brieftaube.

717   **bb) Versuchshandlungen.** Die Grenze von der straflosen Vorbereitungshandlung zum Versuch ist überschritten, sobald das mit BtM gefüllte Transportbehältnis dem Transporteur ausgehändigt, der Brief in den Postkasten geworfen oder das Paket übergeben[254] ist. Bedient sich der Einführer bei Einlieferung des Pakets bei der Post eines Dritten und entfaltet er selbst keine Handlungen im Hinblick auf die Einfuhr der BtM, ist er nur dann wegen (untauglichen) Versuchs der Einfuhr von BtM schuldig, wenn ihm das Handeln des Dritten als eigenes Ansetzen zur Tat zuzurechnen ist. Möglicherweise macht er sich auch wegen der Verabredung zu einem Verbrechen strafbar.[255]

718   **cc) Vollendung.** Vollendet ist die Einfuhr, sobald das BtM über die deutsche Hoheitsgrenze ins Inland gelangt. Dies gilt insbesondere bei Postsendungen, also Briefen[256] oder Paketen, jedoch nur, wenn die Übersendung vom Empfänger veranlasst wurde.[257] Auch bei Speditions- oder Frachtgut tritt mit Passieren der deutschen Grenze Vollendung ein (zu den Beschlagnahmefällen → Rn. 652).

719   **4. Beendigung.** Für alle Formen der Einfuhr gilt, dass sie beendet sind, wenn die BtM in Deutschland zur „Ruhe gekommen" sind; dies ist auch der Fall, wenn sie polizeilich sichergestellt wurden.[258] Die Möglichkeit einer sukzessiven Beteiligung im Beendigungsstadium (meist in Form der Beihilfe) wird von der Rechtsprechung nicht in Abrede gestellt.

720   **5. Rücktritt.** Für den Rücktritt vom Versuch gelten die allgemeinen Regeln (§ 24 StGB).[259] Bei der Einfuhr sind ihm – wie sich aus vorstehender Erläuterung ergibt – enge Grenzen gesetzt.[260] Solange die Hoheitsgrenze bzw. eine vorgeschobene Grenzabfertigungsstelle nicht passiert ist, kann ein Rücktritt vom Versuch dadurch erfolgen, dass sich der ursprünglich Einfuhrwillige der BtM durch Wegwerfen entledigt[261] oder diese vernichtet (Herunterspülen in der Zugtoilette[262]). In beiden Fällen wäre ein (ggf. nur fahrlässiges) Inverkehrbringen zu prüfen.

721   **6. Abgrenzung zur Durchfuhr. a) Transitfälle.** Die Möglichkeit, dass dem Fluggast, der sich nur infolge einer Zwischenlandung in Deutschland aufhält, das BtM tatsächlich auch zur Verfügung steht, stellt bei *Transit*reisenden das maßgebliche Kriterium für die Abgrenzung zwischen den Tatbeständen der Einfuhr und Durchfuhr sowie den sich daraus ergebenden Rechtsfolgen dar. Während nach § 2 Abs. 2 der Einfuhr von BtM jedes sonstige Verbringen in den Geltungsbereich des Gesetzes gleichsteht, woraus abgeleitet wird, Durchfuhr müsse zurücktreten, sobald die Merkmale der Einfuhr gegeben seien,[263] fordert § 11 Abs. 1 S. 2 bezüglich der Durchfuhr, dass das BtM dem Durchführenden in Deutschland zu keinem Zeitpunkt tatsächlich zur Verfügung stehen darf.[264] Eine korrekte Abgrenzung ist im Hinblick auf die unterschiedlichen Strafdrohungen dringend von Nöten. Im Falle der Einfuhr einer nicht geringen Menge von BtM ist nach § 30 Abs. 1 Nr. 4 eine Mindeststrafe von zwei Jahren verwirkt, während es § 29 Abs. 1 S. 1 Nr. 5 bei der Durchfuhr derselben Menge beim Vergehenstatbestand (und damit dem Regelstrafrahmen des Abs. 1)

---

[254] BGH 6.5.2003 – 4 StR 108/03, NStZ 2004, 110.
[255] BGH 6.5.2003 – 4 StR 108/03, NStZ 2004, 110.
[256] BayObLG 5.11.1987 – RReg 4 St 1985/87, StV 1988, 55.
[257] BayObLG 5.11.1987 – RReg 4 St 1985/87, StV 1988, 55.
[258] BGH 3.2.1010 – 2 StR 368/09, NStZ 2010, 522; 10.6.1997 – 1 StR 236/97, NStZ-RR 1997, 319; 24.10.1989 – 5 StR 314/89, NStZ 1990, 39; *Weber* Rn. 783 f.
[259] → Vor § 29 Rn. 105.
[260] *Weber* Vor § 29 ff. Rn. 165.
[261] *Weber* Rn. 761.
[262] LG Berlin 22.5.1984 – (524) 6 Op KLs 9/84 (36/84), zur Entsorgung in einer Flugzeugtoilette.
[263] BGH 16.1.1974 – 2 StR 514/73, BGHSt 25, 385 = BeckRS 1974, 30382411; *Weber* Rn. 769.
[264] BGH 25.7.2002 – 2 StR 259/02, NStZ 2003, 92.

belässt. Selbst wenn die Durchfuhr im Sinne einer Bewertungseinheit unselbständiger Teilakt des Handeltreibens wäre oder zugleich unerlaubter Besitz in nicht geringer Menge (§ 29a Abs. 1 Nr. 2)[265] bejaht werden könnte, würde die Mindeststrafe nur ein Jahr betragen. Dadurch will man den unterschiedlichen Gefährdungsgraden Rechnung getragen, da in echten *Durchfuhr*fällen die Gefahr, das BtM könne im Inland verbleiben, im allgemeinen so gering ist, dass es der erhöhten Strafdrohung des § 30 Abs. 1 Nr. 4 nicht bedarf (aber → Vor § 29a Rn. 20 f.).[266] In Anbetracht der gesetzgeberischen Wertentscheidung dürfte bei einer Durchfuhr nicht geringer Mengen auch kein besonders schwerer Fall nach § 29 Abs. 3 angenommen werden.[267]

aa) Tatsächliches Zur-Verfügung-Stehen bei Zwischenaufenthalt (Reisege- 722 **päck).** Ob die BtM tatsächlich zur Verfügung stehen (§ 11 Abs. 1 S. 2), hängt zunächst davon ab, ob sie als Hand- oder Reisegepäck oder als Fracht eingecheckt wurden. Zu seinem **Handgepäck** hat jeder Reisende zu jeder Zeit Zugang, so dass bei BtM-Schmuggel im Handgepäck stets der Einfuhrtatbestand vollendet ist. Wird das Rauschgift im Koffer transportiert, der als **Reisegepäck** im Laderaum des Flugzeugs untergebracht ist, kommt es darauf an, ob es dem Reisenden während des Transitaufenthalts tatsächlich zur Verfügung steht. Die frühere Rechtsprechung war davon ausgegangen, dass der Flugreisende bei einem Transitaufenthalt auf dem Flughafen sein Flugreisegepäck ohne Schwierigkeiten ausgehändigt bekommen könne. Diese Möglichkeit sei bei einer Umladung des Gepäcks am Ort der Zwischenlandung regelmäßig gegeben; von Ausnahmen abgesehen erhalte es der Transitreisende dort noch vor der Weiterbeförderung, sofern er nur den Wunsch äußere und den Gepäckschein vorweise[268] und, von seltenen Ausnahmefällen abgesehen, wisse er dies auch und nehme es billigend in Kauf.[269] Erstmals in seinem Beschluss vom 31.1.1986[270] vollzog der *2. Strafsenat* des BGH bezüglich des Transitaufenthalts auf dem Frankfurter Rhein-Main-Flughafen eine **Abkehr von der bisherigen Rechtsprechung,** nachdem unbehebbare Zweifel daran aufgekommen waren, dass für den Transitreisenden einerseits wegen der Kürze des Aufenthalts, andererseits wegen technischer Undurchführbarkeit im Zusammenhang mit dem Umladen des Gepäcks, das abgegebene Reisegepäck tatsächlich zur Verfügung steht. Der Senat hielt nunmehr **tatsächliche Feststellungen** hierzu in jedem Einzelfall deshalb für **erforderlich,** weil die bis dahin erfolgte Annahme mit ihrer in der Form eines Regel-Ausnahme-Satzes gehaltenen Aussage keine Rechtsfrage, sondern eine Tatsachenfrage betreffe.

Der Tatrichter hat demzufolge zunächst **konkrete Feststellungen über die objektive** 723 **Einwirkungsmöglichkeit des Transitreisenden** zu treffen, wobei in erster Linie die Dauer des Zwischenaufenthalts von Bedeutung ist. Jedoch ersetzt auch bei einem mehrstündigen Zwischenaufenthalt die abstrakte Möglichkeit, das Gepäck herausverlangen zu können, nicht konkrete Feststellungen.[271] Auch ein Aufenthalt von 95 Minuten, der für sich genommen ebenfalls ausreichen kann, um dem Transitreisenden die Verfügungsmöglichkeit über das Reisegepäck zu eröffnen, trägt die Verurteilung wegen vollendeter Einfuhr dann nicht, wenn der Tatrichter bezüglich des Zeitfaktors nicht in seine Überlegungen einbezogen hat, dass eine zollamtliche Kontrolle nicht regellos und spontan erfolgt, sondern von ihrer Anordnung bis zur Durchführung bestimmte Zeit in Anspruch nimmt.[272] Festzustellen sind ferner aber auch, ob die Fluggesellschaft im konkreten Fall überhaupt den Zugriff auf Transitgepäck zulässt, wann und wo es entladen wurde, wie, wie lange und wo es

---

[265] BGH 3.4.2008 – 3 StR 60/08, NStZ 2008, 471; 25.5.2007 – 1 StR 214/07, BeckRS 2007, 09812; 12.9.2006 – 3 StR 321/06, NStZ-RR 2007, 24.
[266] BGH 1.10.1986 – 2 StR 335/86, BGHSt 34, 180 = NJW 1987, 721.
[267] *Malek* Kap. 2 Rn. 173.
[268] BGH 4.5.1983 – 2 StR 661/82, BGHSt 31, 374 = NJW 1983, 1985.
[269] BGH 31.8.1983 – 2 StR 300/83, NStZ 1984, 28; 4.4.1984 – 2 StR 881/83, NStZ 1984, 365.
[270] BGH 31.1.1986 – 2 StR 4/86, NStZ 1986, 273.
[271] BGH 25.7.2002 – 2 StR 259/02, NStZ 2003, 92.
[272] BGH 16.6.2004 – 2 StR 187/04, NStZ 2004, 693.

zwischengelagert wurde, auf welche Weise es weiterverteilt wird, wo die zollamtliche Prüfung stattgefunden und welche Zeit sie in Anspruch genommen hat.[273] Im nächsten Schritt
ist dann der Frage nachzugehen, ob auch dem Angeklagten bekannt war, dass ihm bei
einem Zwischenstopp in der Bundesrepublik sein Gepäck ausgehändigt wird bzw. er hiervon
ausgegangen ist. Ist dies nicht der Fall, geht er also davon aus, dass der Koffer „durchgecheckt" sei und von ihm also erst an seinem endgültigen Reiseziel im Ausland abgeholt
werden müsse, kommt lediglich eine fahrlässige Einfuhr in Betracht.[274]

724   **bb) Besonderheiten bei Körperschmugglern.** Von Einfuhr ist auszugehen, wenn
nicht Durchfuhr vorliegt, was davon abhängt, ob die inkorporierten BtM dem Reisenden
tatsächlich zur Verfügung stehen (§ 11 Abs. 1 S. 2). Die **Rechtsprechung**[275] bejaht bei
Körperschmuggel stets und unterschiedslos die Verwirklichung des objektiven Einfuhrtatbestands, nimmt also ein „Tatsächliches zur Verfügung stehen" an, ohne Differenzierungen
wie in den Gepäckfällen zuzulassen. Beim Bodypacker wird das Abgrenzungsmerkmal als
irgendwie geartete potentielle **Zugriffsmöglichkeit** verstanden, was sich auch in
Umschreibungen wie **Verfügungsgewalt, Verfügungsmacht** oder **Dispositionsmög-
lichkeit** äußert, partiell wird sogar auf den Begriff des **Alleingewahrsams**[276] rekurriert.
Diese Rechtsprechung[277] steht dem Gesetzeswortlaut des § 11 Abs. 1 S. 2 diametral gegenüber, wenn es in der grundlegenden Entscheidung (und weiteren darauf folgenden) stets
heißt: „*Darauf, ob* (der Reisende) *während des Zwischenaufenthalts eine konkrete Zugriffsmöglichkeit auf das in seinem Körper geschmuggelte Rauschgift hatte, kommt es nicht an.*"[278]

725   Das extensive Verständnis ist Kritik ausgesetzt.[279] Wollte man – ohne Not – nach einem
annähernd sinnentsprechenden Tatbestandsmerkmal suchen, böte sich allenfalls das waffen-
bezogene **Mitsichführen** an,[280] das der Täter nur dann verwirklicht, wenn er **ohne nennenswerten Zeitaufwand** auf das Objekt zugreifen kann,[281] zumal eine derartige Auslegung nicht nur im Kernstrafrecht,[282] sondern auch in § 30a Abs. 1 Nr. 2 anerkannt ist.[283]
Systematisch setzt sich die Rechtsprechung in Widerspruch zu den selbst aufgestellten
Abgrenzungsparametern im Zusammenhang mit der Beurteilung der Zugriffsmöglichkeit
auf Reisegepäck, was zu dem **Kuriosum** führt, dass der enttarnte Body-Packer, wollte er
BtM daneben auch noch im Reisegepäck durchführen, bezüglich der inkorporierten BtM
wegen vollendeter Einfuhr, hinsichtlich der im unzugänglichen Reisegepäck enthaltenen
BtM jedoch nur wegen versuchter Durchfuhr verurteilt wird.[284]

726   Dementsprechend wurde zum Teil auch (diesseits) vorgeschlagen,[285] die Verfügungsmöglichkeit in Körperschmugglerfällen nicht pauschal anzunehmen, sondern in jedem Einzelfall
gesondert zu überprüfen. Damit wäre hinsichtlich des tatsächlichen Zur-Verfügung-Stehens
danach zu differenzieren, ob das BtM in einer Körperöffnung **verborgen, verschluckt**

---

[273] BGH 25.7.2002 – 2 StR 259/02, NStZ 2003, 92.
[274] BGH 18.3.2015 – 3 StR 634/14, NStZ 2015, 587.
[275] BGH 26.1.2010 – 5 StR 509/09, NStZ 2010, 522; 5.9.2008 – 2 StR 375/08, BeckRS 2008, 20555;
20.2.1992 – 4 StR 232/92; 19.2.1992 – 2 StR 568/91; 17.7.1985 – 2 StR 221/85; BayObLG 25.2.2003 –
4St RR 17/03, BayObLGSt 2003, 12 = OLGSt BtMG § 29a Nr. 5; LG Landshut 2.8.2005 – 5 Ns 46 Js
25630/04 und nachgehend OLG München 1.12.2005 – 4St RR 234/05, NStZ-RR 2006, 55 m. abl. Anm.
Kotz NStZ 2006, 456; *Franke/Wienroeder* Rn. 81; *Weber* Rn. 771, 774.
[276] *Weber* Rn. 774.
[277] BGH 26.1.2010 – 5 StR 509/09, NStZ 2010, 522; 5.9.2008 – 2 StR 375/08, BeckRS 2008, 20555;
31.1.2007 – 2 StR 506/06, BeckRS 2007, 03970; 19.2.1992 – 2 StR 568/91.
[278] BayObLG 25.2.2003 – 4St RR 17/03, BayObLGSt 2003, 12; LG Landshut 2.8.2005 – 5 Ns 46 Js
25630/04 und nachgehend OLG München 1.12.2005 – 4St RR 234/05, NStZ-RR 2006, 55 m. abl. Anm.
Kotz NStZ 2006, 456; ebenso *Kotz/Rahlf* NStZ-RR 2006, 226. Dem folgend *Apfel/Strittmatter* Rn. 189;
Franke/Wienroeder § 29 Rn. 81; KPV/*Patzak* Teil 5 Rn. 166; *Weber* § 29 Rn. 774.
[279] *Prittwitz* NStZ 1983, 350 ff.; *Malek,* Kap. 2 Rn. 172; s. auch Kreuzer/*Nestler* § 11 Rn. 334 f.
[280] *Oğlakcıoğlu/Henne-Bruns/Wittau* NStZ 2011, 73 (75).
[281] So zB BGH 21.9.2011 – 2 StR 286/11, NStZ 2012, 340 mAnm *Oğlakcıoğlu* StV 2012, 411.
[282] BGH 10.8.1982 – 1 StR 416/82, BGHSt 31, 105 = NJW 1982, 2784.
[283] → § 30a Rn. 160 ff.
[284] BGH 5.9.2008 – 2 StR 375/08, BeckRS 2008, 20555.
[285] Insbesondere unter rechtsmedizinischen Aspekten *Oğlakcıoğlu/Henne-Bruns/Wittau* NStZ 2011, 73.

oder unter die Haut **eingepflanzt** ist. Übereinstimmung mit der hM besteht dabei insoweit, als BtM, die lediglich in einer **Körperöffnung** (zB After)[286] verborgen wurden, dem Transitreisenden tatsächlich zur Verfügung stehen, weil er sie – vergleichbar seinem Handgepäck – problemlos an sich nehmen kann. Bei verschluckten BtM, die sich im **Magen-Darm-Trakt** des Körperschmugglers befinden, oder bei **Implantaten** kann dagegen nicht schlechthin davon ausgegangen werden, dass sie tatsächlich zur Verfügung stehen. Vielmehr ist festzustellen, ob der Reisende während seines Transitaufenthalts objektiv auf die inkorporierten BtM zugreifen kann. Prima facie wird eine solche Einwirkungsmöglichkeit bei **Implantaten** ausscheiden, da sie einen operativen Eingriff voraussetzt,[287] der sich über einen gewissen Zeitraum hinzieht, vor allem aber medizinisches Gerät und Anästhetika erfordert.[288] BtM im **Magen-Darm-Trakt** werden festgestellt, wenn verdächtige Personen geröntgt wurden.[289] Aufgrund der näheren Lokalisierung (Magen, Dünndarm, Dickdarm, Enddarm) lassen sich aus medizinischen Erfahrungswerten abgeleitete Zeitfernster[290] für die jeweils in Betracht kommende Exkorporation bilden, die zur Dauer des Transitaufenthalts und damit zur tatsächlichen Einwirkungsmöglichkeit auf die BtM in zeitlicher Hinsicht in Beziehung gesetzt werden können. Dass an inkorporierten BtM niemand anderes Gewahrsam hat,[291] trifft zwar zu und führt deshalb auch zur Besitzstrafbarkeit,[292] beantwortet indessen nicht die Frage des Tatsächlich-zur-Verfügung-Stehens zu einem konkreten Zeitpunkt.

Insofern müsste der **Tatrichter** daher zunächst **feststellen,** in welchem Körperteil sich **727** die BtM befunden haben. Im Anschluss daran wird er sich mit sachverständiger Beratung Klarheit darüber verschaffen, welche Zeitspanne die Exkorporation der BtM erfahrungsgemäß in Anspruch nimmt, welche Substanzen bzw. medizinischen Geräte hierzu erforderlich sind und ob der Körperschmuggler solche Substanzen/Geräte mit sich geführt hat. Das sich hieraus ergebende Zeitfenster wird er (wie beim Reisegepäck) mit dem vorgesehenen Transitaufenthalt vergleichen, um beurteilen zu können, ob überhaupt objektiv eine Zugriffsmöglichkeit auf das BtM bestanden hat. Die Rechtsprechung, insb. der Dritte Senat, hat solch einer Einschränkung (ausdrücklich) eine Absage erteilt.[293]

b) Subjektiver Tatbestand bei Transitfällen. Direkter Einfuhrvorsatz scheidet bei **728** Transitfällen aufgrund des Tatplans aus. Ob es gleichwohl zur vollendeten Einfuhr kommt, hängt deshalb einerseits davon ab, ob die BtM während des Transitaufenthalts tatsächlich zur Verfügung stehen, der Reisende also eine real existierende Einwirkungsmöglichkeit auf sie hat, zum Anderen, ob er sich dieses Umstands bewusst ist und ihn billigend in Kauf nimmt. Nur unter diesen Voraussetzungen ist er wegen vollendeter Einfuhr zu bestrafen.[294] Allerdings vermag allgemeine Flugerfahrung des Transitreisenden – auch mit Interkontinentalflügen – das **Wissenselement** bezüglich der Verfügbarkeit des Reisegepäcks nicht zu ersetzen.[295] Maßgeblich sind seine konkreten Vorstellungen unmittelbar vor bzw. bei der

[286] Weitere Beispiele bei KPV/*Patzak* Teil 5 Rn. 33.
[287] KPV/*Patzak* Teil 5 Rn. 34.
[288] *Oğlakcıoğlu/Henne-Bruns/Wittau* NStZ 2011, 73 (75).
[289] KPV/*Patzak* Teil 5 Rn. 40.
[290] *Oğlakcıoğlu/Henne-Bruns/Wittau* NStZ 2011, 73 (74 f.).
[291] *Weber* Rn. 774.
[292] BGH 3.4.2008 – 3 StR 60/08, NStZ 2008, 471.
[293] BGH 30.6.2015 – 3 StR 219/15, m zust. Anm *Patzak* NStZ 2015, 588, der einen Vorteil dieser Rechtsprechung darin sieht, dass man nicht mehr zwischen Bodypackern und Bodystuffern unterscheiden muss. Es trifft zu, dass man – würde man der hier vertretenen Ansicht folgen – konsequenterweise feststellen muss, „wie tief sich ein Betäubungsmittel im Rektum befindet, um zwischen (betäubungsmittelrechtlicher) Einfuhr (= vom Schmuggler selbst entnehmbar) und Durchfuhr (= vom Schmuggler nicht mehr selbst entnehmbar) zu unterscheiden". Dass die Strafverfolgung „auf eine solche Differenzierung … sicherlich gut verzichten" kann, klingt aus Sicht eines Angeklagten, der mit dem Vorwurf des § 30 Abs. 1 Nr. 4 konfrontiert wird, fast schon zynisch. Für eine vollendete Einfuhr in diesen Fällen nunmehr auch der Zweite Senat, vgl. BGH 19.3.2015 – BGH 2 StR 35/15, NStZ-RR 2015, 217 (218).
[294] BGH 4.5.1983 – 2 StR 661/82, BGHSt 31, 374 = NJW 1983, 1985.
[295] BGH 25.7.2002 – 2 StR 259/02, NStZ 2003, 92; 16.6.2004 – 2 StR 187/04, NStZ 2004, 693; 24.11.2009 – 3 StR 452/09, NStZ-RR 2010, 119.

Ankunft auf dem Transitflughafen, nicht hingegen bei der Gepäckaufgabe am Abflughafen.[296]

729   Mit der billigenden Inkaufnahme würde der Reisende das **Willenselement** des (bedingten) Vorsatzes erfüllen, der es gleichsteht, wenn ihm die Tatumstände gleichgültig wären.[297] Gleiches **soll** gelten, wenn er sich wegen seines anderen (Tat-)Ziels damit **abfindet**.[298] Diese Ausprägung des Willenelements erscheint jedoch beim Transitreisenden aus zweierlei Gründen zur Abgrenzung ungeeignet: Einmal hat er keinerlei Einfluss auf die technischen und organisatorischen Abläufe bei einer Zwischenlandung, so dass er im Ergebnis gar nicht anders kann, als sich mit diesen Gegebenheiten „abzufinden", was – folgte man dieser Auffassung – in jedem Transitfall zur Strafbarkeit wegen vollendeter Einfuhr[299] führen müsste. Zum Anderen wird das kognitive Element hier vom voluntativen Element, nämlich dem Durchfuhrwillen, überlagert, weshalb es schon aus Gründen des Tatplans fern liegt, dass in einer derartigen Fallkonstellation unterstellt werden kann, der Transitreisende wäre – in welcher Form auch immer – damit einverstanden, dass die mitgeführten BtM nach Deutschland eingeführt werden, was zudem einem Vorsatzwechsel gleichkäme.

730   **aa) Transitgepäck.** Stehen dem Transitreisenden die BtM tatsächlich zur Verfügung, ist der objektive Tatbestand der Einfuhr erfüllt. War ihm dieser Umstand nicht bekannt oder hatte er ihn nicht billigend in Kauf genommen, liegt **fahrlässige Einfuhr** vor.[300] Besteht die Einwirkungsmöglichkeit objektiv nicht oder lässt sie sich nicht zweifelsfrei feststellen,[301] kann der Tatbestand der Einfuhr objektiv nicht verwirklicht werden. Geht der Transitreisende aber von einer tatsächlichen Einwirkungsmöglichkeit aus und billigt er sie, läge **versuchte Einfuhr** vor.[302] Fehlt es am diesbezüglichen Willens- oder Wissenselement oder an beiden, liegt (wegen der Sicherstellung meist nur) **versuchte Durchfuhr** vor.[303]

731   **bb) Körperschmuggel.** Auch im Hinblick auf die innere Tatseite bereitet die Feststellung eines Einfuhrvorsatzes nach hM keine Probleme, als der Body-Packer nur um die Drogen im Körper wissen muss. Würde man die Erwägungen zur Durchfuhr in Gepäckfällen konsequent auf den Körperschmuggler anwenden, müsste bei objektiv fehlender Einwirkungsmöglichkeit zumindest der Einfuhrvorsatz verneint werden und es ließe sich nur von versuchter Durchfuhr ausgehen. Da es allerdings auf die Einwirkungsmöglichkeit nicht ankommt, ist diese auch kein Merkmal, auf das sich der subjektive Tatbestand bezieht.

732   **c) Versuch und Vollendung.** Zur unmittelbaren Tatbestandsverwirklichung setzt der Transitreisende an, wenn er während des Transitaufenthalts sein Reisegepäck herausverlangt, weil er dadurch zu erkennen gibt, dass er auf dessen Inhalt in Deutschland einwirken will. Versuchte Einfuhr liegt deshalb auch vor, wenn der Reisende davon ausgeht, dass ihm das Gepäck während des Aufenthalts auf deutschem Boden tatsächlich zur Verfügung steht, er sich dieses Umstands bewusst ist und ihn billigt, die tatsächliche Ausübung der Einwirkungsmöglichkeit aber daran scheitert, dass das BtM ab dem Aus- oder Umladen des Reisegepäcks **unter polizeilicher oder zollamtlicher Kontrolle** steht,[304] wobei diese Auffassung sowohl in der Rechtsprechung[305] wie auch in der Literatur[306] nicht gänzlich unumstritten ist.

---

[296] BGH 4.3.1994 – 2 StR 49/94; 24.11.2009 – 3 StR 452/09, NStZ-RR 2010, 119.
[297] BGH 31.3.1999 – 12 StR 82/99, NStZ 1999, 467, bei einem Drogenkurier hinsichtlich der transportierten Mehrmenge.
[298] *Weber* Rn. 771.
[299] *Weber* Rn. 776.
[300] BGH 25.7.2002 – 2 StR 259/02, NStZ 2003, 92.
[301] BGH 16.6.2004 – 2 StR 187/04, NStZ 2004, 693.
[302] BGH 4.5.1983 – 2 StR 661/82, BGHSt 31, 374 = NJW 1983, 1985; 16.6.2004 – 2 StR 187/04, NStZ 2004, 693.
[303] *Weber* Rn. 777.
[304] BGH 4.5.1983 – 2 StR 661/82, BGHSt 31, 374 = NJW 1983, 1985; 21.7.1983 – 2 StR 259/83, BeckRS 1983, 31112039; 19.10.1983 – 2 StR 588/83; 4.3.1994 – 2 StR 49/94; *Weber* Rn. 777.
[305] BGH 3.12.1985 – 1 StR 345/85, NStZ 1986, 274.
[306] Vor allem *Körner* (VI) Rn. 1032 mwN.

Zur Vollendung der Einfuhr in Transitfällen zunächst → Rn. 721. Weder Vollendung **733** noch Versuch der Einfuhr liegt vor, wenn der Kausalverlauf vom Tatplan abweicht und die Abweichung nicht mehr im Bereich der Adäquanz liegt.[307] Davon ist auszugehen, wenn die Maschine auf einem Direktflug Buenos Aires – Amsterdam in Frankfurt wegen Maschinenschadens zwischenlandet oder der Flug über Deutschland unterbrochen werden muss, weil der Luftraum über dem ausländischen Zielflughafen infolge von dort ausgetretener Vulkanasche gesperrt ist.

VII. Qualifikationen

Zur Ahndung eines Verbrechens der unerlaubten **Einfuhr** von BtM **in nicht geringen** **734** **Mengen** s. § 30 Abs. 1 Nr. 4, zur **bandenmäßigen Einfuhr in nicht geringer Menge** s. § 30a Abs. 1, zur **Bestimmung einer Person unter 18 Jahren** zur Einfuhr s. § 30a Abs. 2 Nr. 1, zur Einfuhr in nicht geringer Menge **unter Mitsichführen einer Schusswaffe** s. § 30a Abs. 2 Nr. 2.

VIII. Konkurrenzen

1. BtM-Straftaten. a) Einfuhr. Die Einfuhr einer nicht geringen Menge unter Mit- **735** sichführen einer Schusswaffe oder eines anderen verletzungsgeeigneten oder -bestimmten Gegenstands (§ 30a Abs. 2 Nr. 2), die Bestimmung eines Minderjährigen zur Einfuhr durch einen Erwachsenen (§ 30a Abs. 2 Nr. 1) und die bandenmäßige Einfuhr einer nicht geringen Menge (§ 30a Abs. 1) **gehen** der Einfuhr einer nicht geringen Menge (§ 30 Abs. 1 Nr. 4) sowie alle zusammen der Einfuhr (§ 29 Abs. 1 S. 1 Nr. 1) als das jeweils **speziellere Gesetz im Wege der Gesetzeseinheit vor.**[308] **Zwischen vollendeter und versuchter Einfuhr** kann Tateinheit vorliegen, wenn der Transitreisende BtM sowohl in seinen Schuhen wie auch im eingecheckten Reisegepäck transportiert, Letzteres aber seit Beginn des Umladens unter zollamtlicher Kontrolle stand.[309] Werden BtM **eingeführt, alsbald** wegen schlechter Qualität „umgetauscht", also **ausgeführt** und solche besserer Qualität wieder eingeführt, liegt **eine Handlung im Rechtssinne** vor. Dies gilt insbesondere, wenn beide Einfuhr*ver*-*brechen* durch § 29a Abs. 1 Nr. 2 zu einer Tat verbunden werden.[310] Mehrere Einfuhrfahrten können nicht im Wege der Bewertungseinheit zu einer Einfuhr in nicht geringen Mengen verklammert werden, wenn erst die Gesamtheit der Einfuhrfahrten die nicht geringe Menge überschreitet (allerdings kann ein HT in nicht geringen Mengen angenommen werden, wenn die einzelnen Einfuhrfahrten denselben Güterumsatz betreffen).

b) Ausfuhr. Misslingt die geplante Durchfuhr, weil dem Transitreisenden während des **736** Aufenthalts oder auf der Transitstrecke die BtM tatsächlich zur Verfügung stehen, so dass vollendete Einfuhr gegeben ist, und gelangt das Rauschgift anschließend aber wieder außer Landes mit der Folge, dass auch Ausfuhr vollendet ist, bilden beide Delikte **eine Tat** (natürliche Handlungseinheit).[311] Erfolgt allerdings die Ausfuhr nach einem Vorsatzwechsel, etwa weil sich der Stoff im Inland nicht absetzen lässt, besteht zwischen Ein- und Ausfuhr **Tatmehrheit.**[312]

c) Durchfuhr. Hat ein Transitreisender BtM teilweise als Reisegepäck, teilweise als **737** Luftfracht aufgegeben, werden beide Mengen entdeckt und steht ihm das Erstgenannte tatsächlich zur Verfügung, während er auf das Letztgenannte keinen Zugriff hat, stehen die

---

[307] *Weber* Vor §§ 29 ff. Rn. 316 ff.
[308] BGH 21.3.1995 – 1 StR 37/95, NStZ 1995, 410.
[309] BGH 31.8.1983 – 2 StR 300/83, NStZ 1984, 28.
[310] BGH 22.1.2004 – 1 StR 538/03, NStZ 2005, 232; 5.11.1993 – 2 StR 534/93, NStZ 1994, 135.
[311] BGH 21.11.1972 – 1 StR 511/72, MDR 1973, 513.
[312] KPV/*Patzak* Teil 5 Rn. 239.

vollendete Einfuhr (Reisegepäck) und die versuchte Durchfuhr (Luftfracht) in Tateinheit;[313] dies gilt auch in einem kombinierten Körperschmuggel- und Reisegepäckfall.[314]

738 **d) Handeltreiben.** Die Einfuhr von BtM im Bereich einer **Normalmenge** geht, wenn sie sich im Sinne einer Bewertungseinheit als unselbständiger Teilakt des unerlaubten Handeltreibens darstellt, in diesem Tatbestand als Teil des Gesamtgeschehens auf.[315] Erfolgen etwa mehrere Einfuhrhandlungen, welche alle auf die Bestückung einer bandenmäßig betriebenen Marihuana-Plantage ausgerichtet waren, gehen diese im HT auf.[316] Bei der unerlaubten Einfuhr von BtM **in nicht geringer Menge** (§ 30 Abs. 1 Nr. 4) wertet die Rechtsprechung die unerlaubte Einfuhr als schwerere Straftat gegenüber dem unerlaubten Handeltreiben[317] mit der Folge, dass beide Tatbestände zueinander in Tateinheit stehen.[318] Dies gilt zum Einen, wenn die eingeführte Menge in eine solche zum Eigenkonsum und eine zur gewinnbringenden Weiterveräußerung aufzuteilen ist und es sich bei Letzterer infolge dessen um eine Normalmenge handelt;[319] zum Anderen hat die Aufstufung des unerlaubten Handeltreibens in nicht geringer Menge zu einem Verbrechen (§ 29a Abs. 1 Nr. 2) hieran nichts geändert, da diese Begehungsweise – wie die gegenüber § 30 Abs. 1 Nr. 4 geringere Mindeststrafdrohung des § 29a Abs. 1 erkennen lässt – im Vergleich zur unerlaubten Einfuhr von BtM in nicht geringer Menge weiterhin als das weniger schwere Delikt erscheint.[320] Jedoch **verbindet** das unerlaubte Handeltreiben in nicht geringer Menge (§ 29a Abs. 1 Nr. 2) zwei Einfuhrvorgänge (§ 30 Abs. 1 Nr. 4) **zu einer Tat,** wenn zunächst minderwertiger Stoff eingeführt, dieser dann zurückgegeben und wirkstoffhaltigeres BtM wieder eingeführt wird.[321] Die bandenmäßige Einfuhr von BtM in nicht geringer Menge wird vom **bandenmäßigen Handeltreiben** in nicht geringer Menge konsumiert.[322] Die unerlaubte Einfuhr von BtM in nicht geringer Menge ist ein unselbständiger Teilakt des **bewaffneten Handeltreibens,** wenn sie im Rahmen ein und desselben Güterumsatzes erfolgt.[323] Zur Frage, ob ein fallübergreifendes Handeltreiben mehrere selbstständige Einfuhrhandlungen (im Falle des § 30 Abs. 1 Nr. 4) zu einer Tateinheit verknüpfen kann, vgl. → § 30 Rn. 212.

739 **e) Beihilfe zum unerlaubten Handeltreiben.** Trifft täterschaftliche Einfuhr mit Beihilfe zum unerlaubten Handeltreiben zusammen, besteht Tateinheit.

740 **f) Erwerb/Besitz.** Zwischen dem unerlaubten Erwerb zum Eigenkonsum und unerlaubter Einfuhr besteht in der Regel **Tateinheit.**[324] Die unerlaubte Einfuhr von BtM **verdrängt** den (Auffang-)Tatbestand des unerlaubten Besitzes.[325]

741 **g) Zweifelsgrundsatz.** Verbleiben Zweifel, ob die tatsächlichen Voraussetzungen der Tateinheit oder der Tatmehrheit vorgelegen haben, so ist nach dem Zweifelsgrundsatz von

---

[313] BGH 31.8.1983 – 2 StR 300/83, NStZ 1984, 28; *Weber* Rn. 876.

[314] BGH 5.9.2008 – 2 StR 375/08, BeckRS 2008, 20555.

[315] BGH 7.1.1981 – 2 StR 618/80, BGHSt 30, 28 = NJW 1981, 1325.

[316] BGH 4.8.2015 – 3 StR 162/15, BeckRS 2016, 40686; vgl. auch BGH 29.9.2009 – 3 StR 322/09, NStZ 2010, 223.

[317] BGH 24.11.1982 – 3 StR 384/82, BGHSt 31, 163 (165 f.) = NJW 1983, 692; 10.5.2005 – 3 StR 133/05, NStZ 2006, 172.

[318] BGH 22.10.1996 – 1 StR 548/96, NStZ 1997, 136.

[319] BGH 24.11.1982 – 3 StR 384/82, NJW 1983, 692.

[320] BGH 24.2.1994 – 4 StR 708/93, BGHSt 40, 73 = NJW 1994, 1885; 10.5.2005 – 3 StR 133/05, NStZ 2006, 172.

[321] BGH 5.11.1993 – 2 StR 534/93, NStZ 1994, 135; 22.1.2004 – 1 StR 538/03, NStZ 2005, 232.

[322] BGH 1.3.2005 – 5 StR 499/04, BeckRS 2005, 02754; 27.10.2010 – 5 StR 422/10, BeckRS 2010, 30913; 1.12.2010 – 2 StR 308/10, BeckRS 31024.

[323] BGH 28.1.2005 – 2 StR 555/04, BeckRS 2005, 02331.

[324] BGH 14.4.1982 – 2 StR 38/82; 14.8.2002 – 2 StR 249/02, NStZ 2003, 90; 1.3.2007 – 3 StR 55/07, NStZ 2007, 529.

[325] BGH 16.1.1974 – 2 StR 514/73, BGHSt 25, 385 = BeckRS 1974, 30382411; 29.4.1981 – 5 StR 187/81, NStZ 1981, 352.

dem für den Täter günstigeren Sachverhalt auszugehen; dies ist im Fall der ungeklärten Konkurrenzverhältnisse die Tateinheit.[326]

2. Straftaten aus anderen Rechtsgebieten. a) Missbrauch von Ausweispapieren. 742 Die Einfuhr von BtM und das Vorzeigen eines nicht auf ihn, sondern auf einen anderen ausgestellten Reisepasses (§ 281 Abs. 1 S. 1 StGB) bei der Grenzkontrolle, stehen in Tateinheit.[327]

b) Bannbruch. Der einfache Bannbruch (§ 372 AO) tritt hinter die Einfuhr von BtM 743 zurück.[328] Umstritten ist, ob die Begehungsweisen des § 373 Abs. 2 AO zur BtM-Einfuhr in Tateinheit stehen (können)[329] oder ob auch sie hinter §§ 29 Abs. 1, Abs. 3, 30 Abs. 1 Nr. 4 und 30a zurücktreten.[330]

c) Bestechung. Besticht der Einfuhrtäter Zollbeamte (§ 334 StGB), damit diese sein 744 Fahrzeug unkontrolliert passieren lassen, besteht zwischen der unerlaubten Einfuhr und der Bestechung Tatmehrheit.

d) Geldwäsche. Konkurrenz mit Geldwäsche (§ 261 StGB) ist möglich, und zwar auch 745 in Bezug auf die eingeführten BtM.[331]

e) Verkehrsdelikte. Mit einem **gefährlichen Eingriff in den Straßenverkehr** (§ 315b 746 Abs. 1 Nr. 2, Abs. 3 StGB), begangen durch ein Zufahren auf den Zollbeamten, besteht Tateinheit.[332] Eine einheitliche Tat liegt auch vor, wenn der Einführende iS des § 316 Abs. 1 StGB unter **Alkohol**einfluss steht.[333] Ebenfalls Tateinheit ist bei **Fahren ohne Fahrerlaubnis** (§ 21 StVG) anzunehmen.[334] Bei einer **Drogenfahrt** (§ 24a StVG), die dazu dient, im Fahrzeug befindlichen BtM durch das Überqueren der Grenze in das Bundesgebiet einzuführen, besteht eine unlösbare innere Verknüpfung, die über die bloße Gleichzeitigkeit der Ausführung der Tathandlungen hinausgeht, so dass der innere Bedingungszusammenhang die Annahme von Tateinheit begründet.[335]

f) Waffendelikte. Führt der Täter bei der Einfuhr von BtM in Normalmenge eine 747 Schusswaffe mit sich, stehen BtM-Delikt und Waffendelikt in Tateinheit.[336] Werden bei ein und demselben Grenzübertritt sowohl BtM wie auch Waffen eingeführt, besteht zwischen beiden Delikten ebenfalls Tateinheit.[337]

IX. Strafklageverbrauch

Zum Strafklageverbrauch wird zunächst auf die Ausführungen im Zusammenhang mit 748 dem unerlaubten Handeltreiben verwiesen.[338]

Unter Heranziehung dieser Grundsätze verbraucht die **Verurteilung wegen Einfuhr** 749 von BtM (Joints) an einem bestimmten Tag die Strafklage wegen der unentdeckt gebliebenen Einfuhr von 20 kg Marihuana an diesem Tag.[339] Die Verurteilung wegen einer **Trunken-**

---

[326] BGH 4.7.1990 – 3 StR 109/90.
[327] BGH 4.2.1987 – 2 StR 619/86, zit. n. *Körner* (VI) Rn. 1189.
[328] BGH 18.3.1981 – 2 StR 26/81, StV 1981, 277.
[329] So *Weber* Rn. 879.
[330] KPV/*Patzak* Teil 5 Rn. 248.
[331] *Weber* Rn. 882.
[332] BGH 31.1.1980 – 4 StR 455/79, MDR 1980, 455.
[333] BGH 19.8.1994 – 3 StR 264/94, BeckRS 1994, 31080452.
[334] *Weber* Rn. 881.
[335] BGH 11.12.2008 – 3 StR 533/08, BeckRS 2009, 04287.
[336] BGH 7.9.1982 – 3 StR 295/82, NStZ 1982, 512.
[337] BGH 23.8.1988 – 1 StR 136/88, NStZ 1989, 38.
[338] → Rn. 552.
[339] BGH 1.12.2009 – 3 StR 458/09, BeckRS 2010, 01606 = StV 2010, 120.

heitsfahrt verbraucht die Strafklage wegen gleichzeitiger BtM-Einfuhr;[340] gleiches gilt, wenn die Verurteilung (nur) wegen **Einfuhr von Waffen** erfolgte.[341]

X. Rechtsfolgen

750   **1. Bestimmung des Schuldumfangs.** Um zu einer schuldangemessenen Strafe gelangen zu können, sind generell Feststellungen zur **Art** des BtM, der erworbenen (Mindest-)**Menge** und der nach dem Wirkstoffgehalt zu bestimmenden **Qualität** unentbehrlich.[342] Führt der Täter aber eine Rauschgiftmenge ein, die tatsächlich größer ist, als er sie sich vorgestellt hat, so darf die **von seinem Vorsatz nicht umfasste Mehrmenge** dann als tatschulderhöhend gewertet und mithin strafschärfend berücksichtigt werden, wenn ihn insoweit der Vorwurf der Fahrlässigkeit trifft.[343]

751   **2. Strafrahmenwahl.** Der (Normal-) Strafrahmen reicht von Geldstrafe bis zu 5 Jahren Freiheitsstrafe, in besonders schweren Fällen (Abs. 3) von einem bis zu 15 Jahren Freiheitsstrafe (§ 38 Abs. 2 StGB). Neben der Strafe kann gem. § 34 Führungsaufsicht (§ 68 Abs. 1 StGB) angeordnet werden. Das Gesetz nennt als besonders schwere Fälle die gewerbsmäßige Einfuhr (Abs. 3 S. 2 Nr. 1) und die Gesundheitsgefährdung mehrerer Menschen durch die Einfuhr (Abs. 3 S. 2 Nr. 2).

752   **a) Regelbeispiele.** Gewerbsmäßige Einfuhr ist ausgeschlossen, weil die Tat dann bereits als unselbständiger Teilakt des umfassenderen (ggf. gewerbsmäßigen) Handeltreibens mit BtM zu bewerten ist. „Gewerbsmäßige Einfuhr" zum Eigenkonsum ist rechtlich undenkbar, weil die Einfuhr gerade nicht dazu dient, sich daraus eine fortlaufende Einnahmequelle zu schaffen.[344]

753   Die Gefährdung der Gesundheit mehrerer Menschen[345] unmittelbar durch die Einfuhr von BtM ist **aus tatsächlichen Gründen** nicht denkbar, da die tatbestandsähnlich ausgestaltete Strafzumessungsregel eine konkrete Gefährdung voraussetzt,[346] die allein durch das Verbringen in den Geltungsbereich des BtMG noch nicht eintreten kann. Das schadensstiftende Potential von BtM entfaltet sich erst durch deren Weitergabe, macht mithin einen weiteren Zwischenakt erforderlich. Hat der Auftraggeber der Einfuhr zwei BtM-Kuriere angeheuert und mit diesen vereinbart, dass jeder von ihnen die Hälfte der BtM-Menge in verschluckten Kondomen einführt, liegt zwar auf Seiten des Auftraggebers **eine Tat im Rechtssinne** vor, durch die auch die Gesundheitsgefährdung zweier Menschen herbeigeführt wird. Nach dem vom *BayObLG*[347] jedoch zutreffend in Bezug genommenen Grundsatz der Straflosigkeit der Selbstgefährdung und -schädigung bleibt es auch tatbestandslos, an einem solchen Verhalten teilzunehmen, es also zu veranlassen oder zu unterstützen.[348]

754   **b) Unbenannter besonders schwerer Fall.** Anhaltspunkte **für die Wahl des Sonderstrafrahmens** ergeben sich aus einem Vergleich mit den durch den Gesetzgeber benannten Regelbeispielen[349] und aus dem Rekurs auf den (beispielhaften) Katalog des Art. 3 Abs. 5 Übk. 1988.[350] Danach kommen für einen unbenannten besonders schweren Fall der Einfuhr die Anwendung von Gewalt,[351] der Umstand, dass ein Täter ein öffentliches Amt bekleidet

---

[340]   BGH 19.8.1994 – 3 StR 264/94, BeckRS 1994, 31080452; BGH 30.7.2009 – 3 StR 273/09, NStZ 2010, 160.

[341]   BGH 23.8.1988 – 1 StR 136/88, NStZ 1989, 38.

[342]   BGH 9.11.2010 – 4 StR 521/10, NStZ-RR 2011, 90 mwN.

[343]   BGH 21.4.2004 – 1 StR 522/03, NStZ-RR 2004, 281; 20.12.1995 – 2 StR 460/95.

[344]   BGH 19.1.1990 – 4 StR 668/89.

[345]   → Rn. 209 ff.

[346]   *Weber* Rn. 1722.

[347]   BayObLG 25.2.2003 – 4St RR 17/03, BayObLGSt 2003, 12 = OLGSt BtMG § 29a Nr. 5.

[348]   BGH 11.1.2011 – 5 StR 491/10, NStZ 2011, 341 mAnm *Kotz* JR 2011, 266.

[349]   *Franke/Wienroeder* Rn. 219.

[350]   → Vor § 1 Rn. 80.

[351]   Art. 3 Abs. 5 Buchst. d Übk. 1988; KPV/*Patzak* Teil 5 Rn. 202.

und die Straftat mit diesem Amt im Zusammenhang steht[352] (zB der Missbrauch des Diplomatenstatus[353]), und der Umstand, dass Minderjährige in Mitleidenschaft gezogen oder benutzt werden,[354] in Betracht.

Ein unbenannter besonders schwerer Fall[355] kann **nicht angenommen** werden, wenn   **755** die Einfuhr in **besonderen** – schwer zugänglichen – **Schmuggelverstecken** erfolgt. Wird das BtM etwa im Magen oder Darm eingeführt oder in Präservative verpackt in After oder Scheide versteckt über die Grenze geschmuggelt, so soll zu prüfen sein, ob die Tat nicht doch so schwer wiegt, dass sie den Durchschnitt der gewöhnlichen Fälle überragt und den erhöhten Strafrahmen des § 29 Abs. 3 erfordert.[356] Der Heranziehung dieser Einfuhrmodalität zur Begründung eines – unbenannten – besonders schweren Falls[357] steht die ersatzlose Streichung des Regelbeispiels des § 11 Abs. 4 Nr. 6b BtMG 1972 im BtMG 1982 entgegen.[358] Sie über die Hintertüre des unbenannten besonders schweren Falls wieder einzuführen, würde der gesetzgeberischen Wertentscheidung zuwider laufen, zumal der Gesetzgeber mit Ausnahme dieses Erschwerungsfalls alle im BtMG 1972 enthaltenen besonders schweren Fälle der Sache nach beibehalten, wenn auch mittlerweile zum Teil zu Verbrechenstatbeständen aufgestuft hat.[359] Die mancherorts dem schwer zugänglichen Schmuggelversteck unterlegte erhöhte kriminelle Energie hat unberücksichtigt zu bleiben.[360] Ein außergewöhnlicher Aufwand zur Ermittlung einer Straftat ist kein Strafschärfungsgrund. Das Versteckthalten an schwer zugänglicher Stelle schließt auch nicht ohne Weiteres die Annahme eines minder schweren Falls nach § 30 Abs. 2 aus.[361]

3. Strafzumessung im engeren Sinn. Da die Bundesrepublik Deutschland kein   **756** Ursprungsland von BtM ist, bedarf der inländische Handel mit Rauschgift der Versorgung aus dem Ausland. Die unerlaubte Einfuhr von BtM folgt deshalb in ihrem Unrechtsgehalt unmittelbar den reinen Weitergabedelikten des Handeltreibens, der Veräußerung, der Abgabe und des Inverkehrbringens in sonstiger Weise, weil sie diese Begehungsformen größtenteils erst ermöglicht.

a) Strafmilderungserwägungen. § 29 fasst Tatbestandsalternativen unter einem ein-   **757** heitlichen Strafrahmen zusammen, die, gemessen am Gesetzeszweck, höchst unterschiedliche Gefährdungsstufen verkörpern und sich daher im Unrechtsgehalt deutlich unterscheiden.[362] Bei der **Einfuhr zum Eigenverbrauch** muss strafmildernd berücksichtigt werden, dass von der Tat eine geringere Gefährlichkeit für die Allgemeinheit ausgeht.[363] Die Gefährlichkeit der Droge darf in einem derartigen Fall nicht strafschärfend gewertet werden, da es sich insoweit lediglich um Selbstgefährdung handelt.[364] Dies gilt auch, wenn im Rahmen des Jugendstrafrechts zu prüfen ist, ob schädliche Neigungen vorliegen.[365] Führt jemand BtM zum Eigenverbrauch ein, darf auch die rein abstrakte Möglichkeit der Weitergabe an Dritte und damit die Gefährlichkeit der jeweiligen Droge solange nicht straferschwerend berücksichtigt werden, solange keinerlei Anhaltspunkte für einen Sinneswandel des Täters erkennbar sind.[366]

[352] Art. 3 Abs. 5 Buchst. e Übk. 1988.
[353] KPV/*Patzak* Teil 5 Rn. 199.
[354] Art. 3 Abs. 5 Buchst. f Übk. 1988.
[355] → Rn. 1663 ff.
[356] OLG Koblenz 17.4.1986 – 1 Ss 53/86.
[357] BGH 1.3.1983 – 1 StR 812/82, NStZ 1983, 370 = StV 1983, 201.
[358] So auch OLG Koblenz 3.6.1982 – 1 Ss 39/82, NStZ 1983, 82.
[359] → Rn. 1648.
[360] BayObLG 25.2.2003 – 4St RR 17/03, BayObLGSt 2003, 12 = OLGSt BtMG § 29a Nr. 5; aA KPV/*Patzak* Teil 5 Rn. 201.
[361] BGH 1.3.1983 – 1 StR 812/82, NStZ 1983, 370 = StV 1983, 201.
[362] BayObLG 26.7.1995 – 4 St RR 151/95.
[363] BGH 9.3.1999 – 1 StR 4/99.
[364] BayObLG 4.10.1989 – RReg 4 St 209/89; 22.7.1993 – 4St RR 60/93.
[365] OLG Zweibrücken 24.2.1989 – 1 Ss 22/89.
[366] BayObLG 2.10.1997 – 4St RR 214/97, NJW 1998, 769; 30.6.1998 – 4St RR 91/98, NStZ-RR 1999, 59.

758 Das aktive Hinwirken eines V-Mannes auf die Einfuhr von BtM **(Tatprovokation)**[367] ist bei der Strafzumessung mildernd zu berücksichtigen; denn es ist nicht vertretbar und mit rechtsstaatlichen Grundsätzen unvereinbar, jemanden, der mehrmals entschieden die Beteiligung am Rauschgifthandel ablehnt, unter Ausnutzung einer plötzlich auftretenden Notlage dazu zu bewegen, Haschisch in die Bundesrepublik Deutschland einzuführen[368] oder einen bislang Unverdächtigen im Zusammenwirken mit weiteren VPs zur Einfuhr einer großen Heroinmenge zu provozieren.[369]

759 Strafmilderung ist auch bei sog. **kontrollierten Transporten** angezeigt, da bei ihnen idR eine Gefährdung des Rechtsguts ausgeschlossen und damit der Erfolgsunwert der Tat erheblich vermindert ist.[370] Hingegen stellt der Umstand, dass das eingeführte Rauschgift nicht für den deutschen Markt bestimmt war, sondern ins Ausland weitertransportiert und dort veräußert werden sollte, keinen Strafmilderungsgrund dar.[371]

760 **b) Strafschärfungserwägungen.** Außerhalb der Einfuhr zum Eigenverbrauch gelten die allgemeinen Erwägungen zur Strafschärfung bei BtM-Straftaten, insbesondere die Art des BtM, seine Menge, ein hoher Wirkstoffanteil, besondere Begehungsweisen usw.

761 **4. Absehen von Strafe oder Strafverfolgung.** Nach Abs. 5 kann das Gericht bei Einfuhr einer geringen Menge zum Eigenverbrauch von Strafe absehen; für das Ermittlungsverfahren gilt dies nach § 31a auch für die Staatsanwaltschaft. Wird dem Angeklagten unerlaubte Einfuhr einer geringen Menge von BtM vorgeworfen, muss sich der Tatrichter im Urteil mit der Vorschrift des Abs. 5 auseinandersetzen.[372] Weder ein früherer Drogenkonsum noch das Vorliegen von Vorstrafen schließen die Anwendbarkeit der Vorschrift aus.[373] Vermag das Gericht nicht von Strafe abzusehen, kann das verfassungsrechtlich verankerte Übermaßverbot die Verhängung einer Geldstrafe anstelle einer kurzfristigen Freiheitsstrafe[374] oder zumindest der gesetzlichen Mindeststrafe[375] gebieten.

762 **5. Einziehung und Verfall, Entziehung der Fahrerlaubnis.** Zu Einziehung und Verfall siehe unten die Erläuterungen zu § 33, insb. → § 33 Rn. 6–7; zur Entziehung der Fahrerlaubnis → Rn. 122 „Anbau".

5. Kapitel. Ausführen (Abs. 1 S. 1 Nr. 1)

Schrifttum: *Bender,* Die Bekämpfung der grenzüberschreitenden Rauschgiftkriminalität als Aufgabe des Zollfahndungsdienstes, wistra 1990, 285; *Kotz,* Anm. zu BGH BeckRS 2011, 01481, StRR 2011, 109; ders. Anmerkung zu BGHSt 56, 52, NStZ 2011, 653; *Kramer,* Zur Zulässigkeit gemeinsamer Ermittlungsgruppen des Polizeivollzugsdienstes und des Zollfahndungsdienstes in Zusammenhang mit der Bekämpfung der Betäubungsmittelkriminalität wistra 1990, 167; *Nestler,* Grundlagen und Kritik des Betäubungsmittel-Strafrechts, in *Kreuzer,* Handbuch des Betäubungsmittelrechts, 1998, § 11 (S. 702 ff.); *Oğlakcıoğlu* Verbotener Versand und strafbare Ausfuhr von Betäubungsmitteln, medstra 2016, 71; *Rebholz,* Einfuhr, Durchfuhr und Ausfuhr im Straf- und Ordnungswidrigkeitenrecht, 1991.

Übersicht

---

[367] → Rn. 590 ff.
[368] BGH 13.7.1984 – 2 StR 199/84, NStZ 1984, 519.
[369] BGH 3.11.1992 – 1 StR 527/92, StV 1993, 127.
[370] KPV/*Patzak* Teil 5 Rn. 216.
[371] BGH 14.7.2015 – 5 StR 181/15, NStZ-RR 2016, 16 (Ls) = BeckRS 2015, 12754.
[372] BayObLG 9.7.1993 – 4St RR 107/93.
[373] BayObLG 14.12.1990 – RReg 4 St 202/90.
[374] OLG Karlsruhe 23.2.1996 – 1 Ss 243/95, StV 1996, 675; 14.4.2003 – 3 Ss 54/03, NJW 2003, 1825.
[375] OLG Oldenburg 11.12.2009 – 1 Ss 197/09, BeckRS 2010, 03827 = NStZ-RR 2010, 227 (bei *Kotz/Rahlf*).

A. Überblick

I. Rechtliche Einordnung

Die Ausfuhr von BtM steht unter **Erlaubnisvorbehalt** (§§ 3 Abs. 1 Nr. 1, 11 Abs. 1 **763**
Satz 1). Da die Verfolgung von Betäubungsmitteldelikten ein weltweites Anliegen darstellt,
erfasst das Betäubungsmittelstrafrecht auch die unerlaubte Ausfuhr, wobei die nur partielle
Einbeziehung dieser Tatbestandsmodalität im Hinblick auf etwaige Qualifikationen gerade
aus diesem Grund nicht nur überrascht, sondern auch zu merkwürdigen Differenzierungen führt. Auch für die Ausfuhrerlaubnis ist das BfArM zuständig, welches neben der
allgemeinen Erlaubnis auch eine spezielle Ausfuhrgenehmigung erteilt, sofern im Einzelfall nicht eine Ausnahme hiervon vorgesehen ist (vgl. § 4 Abs. 1 Nr. 4a BtMG, § 15 Abs. 1
BtMAHV).

1. Deliktsnatur. Der Tatbestand ist – wie die Einfuhr – **Erfolgsdelikt**[1] und im Hinblick **764**
auf das Rechtsgut **abstraktes Gefährdungsdelikt.**

2. Verfassungsmäßigkeit. Für die Strafvorschrift der unerlaubten Ausfuhr von BtM **765**
gelten dieselben verfassungsrechtlichen Einwände, die dem Betäubungsmittelrecht im
Allgemeinen entgegengehalten werden, mag man bei einer „stufenweisen" bzw. „isolierten" Betrachtung sie zu den verfassungsrechtlich weniger problematischen Handlungsmodalitäten zählen.[2] Ergänzend hierzu wird auf die Erläuterungen zur Einfuhr[3] verwiesen.

II. Kriminalpolitische Bedeutung

Rechtstatsächlich ist die Vorschrift nur von untergeordneter Bedeutung.[4]   **766**

---

[1] *Weber* Rn. 902.
[2] BVerfG 9.3.1994 – 2 BvL 43/92 ua, BVerfGE 90, 145 = NJW 1994, 1577.
[3] → Rn. 634.
[4] KPV/*Patzak* Teil 6 Rn. 1.

III. Rechtsentwicklung

767   **1. Einfluss internationaler Übereinkommen.** Im Übk. 1961 verpflichteten sich die Vertragsstaaten, die erforderlichen Maßnahmen zu treffen, um jedes gegen dieses Übereinkommen verstoßende Ausführen, wenn es vorsätzlich begangen, mit Strafe zu bedrohen sowie schwere Verstöße angemessen zu ahnden, insbesondere mit Gefängnis oder sonstigen Arten des Freiheitsentzuges (Art. 36 Abs. 1 Buchst. a).[5] Das Übk. 1971 äußerte die Erwartung, dass die Vertragsparteien die Möglichkeit der Ausfuhr auf medizinische und wissenschaftliche Zwecke beschränken (Art. 5 Abs. 2) bzw. in Bezug auf die in Anhang I aufgeführten Stoffe für die Ausfuhr eine besondere Genehmigung oder vorherige Ermächtigung vorschreiben (Art. 7 Buchst. f) und Verstöße gegen diese Regelungen unter Strafe stellen (Art. 22 Abs. 1a). Das Übk. 1988 enthält Art. 3 Abs. 1 Buchst. a Ziffer i die Verpflichtung für jede Vertragspartei, nach ihrem innerstaatlichen Recht das Ausführen von Suchtstoffen oder psychotropen Stoffen für den persönlichen Gebrauch entgegen Übk. 1961 und Übk. 1971, wenn vorsätzlich begangen, als Straftat zu umschreiben.[6]

768   **2. Innerstaatliches Recht.** Nach § 10 Abs. 1 Nr. 1 OpiumG 1929 wurde mit Gefängnis bis zu drei Jahren und/oder mit Geldstrafe bestraft, wer die Stoffe und Zubereitungen ohne die in § 3 vorgeschriebene Erlaubnis ausführte. Dies stellte das BtMG 1972 in § 11 Abs. 1 Nr. 1 in gleicher Weise unter Strafe. Das BtMG 1982 sah zunächst vor, dass derjenige mit Freiheitsstrafe bis zu vier Jahren oder mit Geldstrafe bestraft werde, der BtM ohne Erlaubnis nach § 3 Abs. 1 Nr. 1 ausführt. Das OrgKG erweiterte zum einen den Strafrahmen nach Abs. 1 auf „bis zu fünf Jahren". Daneben schuf es hinsichtlich der Ausfuhr durch § 30a die weiteren Verbrechenstatbestände (Strafbewehrung mit einer Mindestfreiheitsstrafe von fünf Jahren) bei bandenmäßiger Ausfuhr (Abs. 1), bei der Bestimmung einer Person unter 18 Jahre durch einen Erwachsenen (Abs. 2 Nr. 1) und bei Ausfuhr unter Mitführen einer Schusswaffe oder eines verletzungsgeeigneten oder -bestimmten Gegenstands (Abs. 2 Nr. 2). Seit Inkrafttreten der 4. BtMÄndV[7] gelten auch für ausgenommene Zubereitungen die betäubungsmittelrechtlichen Vorschriften über die Ausfuhr, woraus der *BGH*[8] gefolgert hat, dass dies auch die Anwendbarkeit der §§ 29 ff. umfasst.[9] Durch das AusfG Übk. 1988 wurde der Erlaubnisvorbehalt neu gefasst. Seither verwirklicht den Tatbestand, wer *unerlaubt* ausführt.

B. Erläuterung

I. Geltungsbereich

769   **1. Inlands-/Auslandstaten.** Der Geltungsbereich des Straftatbestands erstreckt sich auf das Hoheitsgebiet der Bundesrepublik Deutschland (§ 3 StGB). Inlandstaten unterliegen dem BtM-Strafrecht unabhängig davon, ob die Tat durch einen Ausländer oder einen Deutschen begangen wurde. Zu den Besonderheiten und den damit zusammenhängenden Fragen wird auf die Erläuterungen zu § 2 verwiesen.[10]

770   Wer im **Ausland** maßgeblich an der Ausfuhr von BtM **aus Deutschland** mitwirkt, unterliegt dem deutschen Strafrecht nach § 9 Abs. 1 StGB (Erfolgsort).[11] Betrifft die Ausfuhr

---

[5] S. Kreuzer/*Albrecht* § 10 Rn. 13.
[6] S. Kreuzer/*Albrecht* § 10 Rn. 26.
[7] → Vor § 1 Rn. 91.
[8] BGH 2.10.2010 – 1 StR 581/09, BGHSt 56, 52 = NJW 2011, 1462 m. abl. Anm. *Kotz* NStZ 2011, 463; die ua auf Verletzung von Art. 103 Abs. 2 GG gestützte Verfassungsbeschwerde hat das BVerfG 28.3.2012 – 2 BvR 367/11 ua, ohne Begründung nicht zur Entscheidung angenommen.
[9] Zur Kritik → Rn. 775 f.
[10] → § 2 Rn. 38 ff.
[11] BGH 7.11.1984 – 2 StR 477/84; *Weber* Rn. 902.

nicht den Geltungsbereich des BtMG, besteht Strafbarkeit nach deutschem Recht nur, wenn sie Teilakt des unerlaubten BtM-Vertriebs ist (§ 6 Nr. 5 StGB).[12]

2. Mehrfachverfolgung. Hinsichtlich des Begriffs „derselben Tat" und dem sich daraus **771** abzuleitenden **Verbot der Mehrfachverfolgung** innerhalb des Geltungsbereichs des SDÜ und des Unionsrechts wird auf die Erläuterungen → Vor § 29 Rn. 165 ff. verwiesen. Als dieselbe Tat iS von Art. 54 SDÜ hat der EuGH die der Einfuhr von BtM (Norwegen) vorangegangene Ausfuhr (Belgien) angesehen.[13]

II. Objektiver Tatbestand

Ausführen von BtM ist im Gesetz nicht umschrieben; vielmehr steht ihm jedes sonstige **772** Verbringen aus dem Geltungsbereich dieses Gesetzes lediglich gleich, so dass der Begriff der Ausfuhr als bekannt vorausgesetzt wird. Ausführen bedeutet das **Verbringen**[14] eines BtM **aus dem Geltungsbereich des BtMG** über die Grenze ins Ausland. Insofern wird die Modalität „spiegelbildlich" zur Einfuhr ausgelegt, weswegen die dort gemachten Überlegungen (insb. zur Vollendung des Tatbestands, der Differenzierung nach Transportart und zur Abgrenzung von Täterschaft und Teilnahme) entsprechend Anwendung finden können.

1. Erscheinungsformen des Ausführens. In **umgekehrter Richtung zur Einfuhr** **773** kann das BtM aus dem Geltungsbereich des Gesetzes zu Lande,[15] auf dem Schienenweg,[16] zu Wasser,[17] durch die Luft,[18] auf dem Postweg oder unter Zuhilfenahme anderer Transportdienstleister[19] oder im Körper[20] ausgeführt werden.

2. Tatobjekte. a) BtM. Dies sind die in den Anlagen I bis III zu § 1 Abs. 1 aufgeführten **774** Stoffe und Zubereitungen, nicht hingegen substanzlose Linkware.[21]

b) Ausgenommene Zubereitungen. § 2 Abs. 1 Nr. 3 betrifft die in der Anlage III zu **775** § 1 Abs. 1 bezeichneten Zubereitungen, die – namensgebend – **von den btm–rechtlichen Vorschriften** ganz oder teilweise **ausgenommen** sind:[22] Nach dem zweiten Gedankenstrich Buchst. b S. 2 der Anlage III zu § 1 Abs. 1 gilt dies jedoch – als **Ausnahme von der Ausnahme** – nicht für die **Handlungen** der **Einfuhr, Ausfuhr und Durchfuhr**[23] derartiger Zubereitungen, so dass in diesen Fällen die btm-rechtlichen Vorschriften auch weiterhin Anwendung finden. Werden daher Medikamente mit den in Anlage III zu § 1 Abs. 1 aufgeführten Wirkstoffen ohne die erforderliche Erlaubnis (§ 3) und Genehmigung (§ 11 Abs. 1 S. 1) über die deutsche Hoheitsgrenze ins Ausland verbracht, liegt ein Verstoß gegen die „die btm-rechtlichen Vorschriften" vor. Diese Ausgestaltung ist im Hinblick auf die Ermächtigung nach § 1 Abs. 3 nicht unproblematisch, als die BtM-Eigenschaft nicht von ihrer stofflichen Zusammensetzung, sondern von einem bestimmten Verhalten abhängig gemacht wird. Ob solch eine weitreichende Normativierung des BtM-Begriffs (v.a. im Hinblick auf Sinn und Zweck des Anlagensystems) gewollt sein kann, erscheint mehr als fraglich, man dürfte aber davon ausgehen, dass die Anlagen parlamentarisch zwischenzeitlich „abgesegnet" worden sind und somit jedenfalls nicht von einem Verstoß gegen das Gewaltenteilungsprinzip ausgegangen werden kann.

---

[12] BGH 22.11.1999 – 5 StR 493/99, NStZ 2000, 150; → Vor § 29 Rn. 126.
[13] EuGH 9.3.2006 – C-436/04, NJW 2006, 1781 – Van Esbroeck.
[14] § 2 Rn. 58.
[15] → Rn. 692 ff.
[16] → Rn. 698 ff.
[17] → Rn. 702 ff.
[18] → Rn. 707 ff.
[19] → Rn. 715 ff.
[20] → Rn. 711 ff.
[21] BGH 22.1.2004 – 1 StR 538/03, NStZ 2005, 232.
[22] → § 2 Rn. 24 ff.
[23] → § 2 Rn. 27.

776   **Überraschend** bleibt diese „Klausel" im Hinblick auf die Ausgestaltung des Betäubungsmittelrechts insgesamt trotzdem, sodass die Bedenken im Hinblick auf Art. 103 Abs. 2 GG bestehen bleiben, mag das Bundesverfassungsgericht eine entsprechende Verfassungsbeschwerde nicht zur Entscheidung angenommen haben. Dies gilt umso mehr, als der *BGH*[24] (im ersten Schritt konsequent) die Anwendbarkeit auch der Straftatbestands der Ausfuhr (Abs. 1 S. 1 Nr. 1) bejaht und die verfassungsrechtlichen Bedenken im Hinblick auf eine drohende strafrechtliche Sanktionierung verschärft hat (insb. dann auch die Qualifikation des § 30a, welcher die Ausfuhr als Teilakt nennt, zur Anwendung gelangen kann). Es erscheint per se merkwürdig ausgenommene Zubereitungen, mithin Arzneimittel nur im Hinblick auf den Transport mit harten Drogen wie Heroin und Kokain gleichzustellen,[25] zumal der BGH in der entschiedenen Konstellation nicht über den Transport, sondern den Versand von ausgenommenen Zubereitungen zu entscheiden hatte (vgl. im Folgenden → Rn. 777). Verwaltungsrechtlich erscheint solch eine Gleichschaltung im Hinblick auf die Überwachung des BtM-Verkehrs noch nachvollziehbar, aber strafrechtlich hat sie zur Folge, dass bloßer „Verwaltungsungehorsam" zu einem anderen Gesetz, einem ganz anderen System und damit verbunden gänzlich verschiedenen Strafrahmen führt (BtMG statt AMG).

777   **c) Exkurs: Betäubungsmittelversandhandel.** Vorschriften zum Betäubungsmittelversandhandel finden sich in der momentanen gesetzgeberischen Ausgestaltung nicht. Der Versandhandel wurde auf die Doc-Morris-Entscheidung hin durch eine Änderung des AMG sowie des ApoG (insb. Einfügung der §§ 11a, 11b ApoG) institutionalisiert.[26] Eine Änderung des BtMG erfolgte dagegen nicht. § 11a ApoG selbst bezieht sich nur auf den Versand von *apothekenpflichtigen Arzneimitteln* (§ 43 AMG). Da allerdings kein Umgangsverbot für den Apotheker besteht, das den „Transport" bzw. den „Versand" untersagte (insb. der Verfügungswechsel iSd Abgabe einen „Transport" erfordern kann[27]), bedeutet dies erst einmal nichts.

778   **aa) Zulässigkeit des BtM-Versandhandels (Inland).** Der Versand von Betäubungsmitteln der Anlage III ist hierdurch allerdings nicht weniger streng (nämlich gar nicht) reglementiert, als derjenige von (verschreibungspflichtigen) Arzneimitteln. Soweit gem. § 81 AMG das Betäubungsmittelgesetz keine spezielleren Regelungen beinhaltet und die Substanz als solches zugleich als Arzneimittel klassifiziert werden kann, kommen die Vorschriften des Arzneimittelrechts zur Anwendung[28] (zumal BtM der Anlage III auch nach neuerer EuGH-Rechtsprechung noch dem Arzneimittelbegriff unterfallen, da bereits die Indikation für die Feststellung genügen dürfte, dass diesem dem Körper „zuträglich" sein sollen[29]). Verschreibungsfähige Betäubungsmittel werden in der BtMVV schließlich selbst als Arzneimittel bezeichnet, vgl. etwa §§ 8 Abs. 1 S. 2, 9 Abs. 1 Nr. 3 BtMVV.

779   Insofern richtet sich auch der Versand „mindestens" nach demjenigen von verschreibungspflichtigen Arzneimitteln. Die besonderen Anforderungen an den Versandbetrieb sind

---

[24] BGH 2.11.2010 – 1 StR 581/09, BGHSt 56, 52 = NJW 2011, 1462 m. abl. Anm. *Kotz*; NStZ 2011, 653; 2.11.2010 – 1 StR 579/09, BeckRS 2011, 01481 mAnm *Kotz* StRR 2011, 109.

[25] *Oğlakcıoğlu* medstra 2016, 71 (77).

[26] Ausführlich zur Gesetzgebungsgeschichte etwa *Hofmann* in *Kügel/Müller/Hoffmann*, AMG, 2012, AMG § 43 Rn. 16; *Rehmann*, 4. Aufl. 2014, AMG § 43 Rn. 3; *Krämer* in *Rixen/Krämer*, ApoG, 2014 § 11a Rn. 1.

[27] Die Abgabe an eine Versandperson erfolgt ebenso „aufgrund ärztlicher Verschreibung" iSd § 4 Abs. 1 Nr. 1c BtMG, wenn der Adressat ein Patient ist, der ein entsprechendes Rezept in der Apotheke eingereicht hat bzw. einreichen hat lassen. Konstruieren lässt sich dies mit der allgemein anerkannten Überlegung, dass bloße Boten- bzw. Hilfstätigkeiten noch nicht als „Erwerb" angesehen werden können, vgl. KPV/*Patzak* Teil 10 Rn. 5; *Weber* Rn. 1053. Nebenbei sei angemerkt: Echte Botentätigkeiten (also von Personen, die in den Betrieb des Apothekers eingebunden und dessen Weisungsbefugnis unterworfen sind) fallen schon gar nicht unter den Begriff des „Versands" iSd § 11a ApoG, vgl. etwa *Rixen/Krämer* ApoBetrO § 11a Rn. 5; *Pfeil/Pieck/Blume*, § 17 Rn. 193.

[28] *Weber* Rn. 197; KPV/*Patzak* § 1 Rn. 12.

[29] hierzu EuGH EuZW 2014, 742 m Anm *Müller*; *Patzak/Ewald/Volkmer* NStZ 2014, 463; *Oğlakcıoğlu* StV 2015, 166.

in der ApoBetrO geregelt. Freilich muss der Apotheker über die Versandhandelserlaubnis gem. § 11a ApoG verfügen und neben seiner (eingeschränkten, siehe oben) Prüfungspflicht bei einer Abgabe auf eine Verschreibung hin (§ 13 Abs. 2 BtMG) auch seinen allgemeinen Sorgfaltspflichten nach der ApoBetrO (§ 17 Abs. 2 S. 2) nachkommen. In Punkt 3.2 des Kommentars zur Leitlinie der Bundesapothekerkammer zur Qualitätssicherung heißt es dementsprechend lapidar, dass „nach den Empfehlungen des Bundesministeriums für Gesundheit und Soziale Sicherung zum Versandhandel und elektronischen Handel mit Arzneimitteln vom 18. März 2004" Betäubungsmittel im Sinne der Anlage III „nicht geeignet" für den Versandhandel gesehen werden;[30] sonstige Einschränkungen ergeben sich hinsichtlich etwaiger Stoffgruppen nicht.[31]

bb) BtM-Versand ins Ausland. Anders gestaltet sich die Rechtslage hinsichtlich des **780** Versandes von Betäubungsmitteln in das Ausland. Da hier spezielle Verbringungsverbote im BtMG existieren, löst die Veranlassung des grenzüberschreitenden Transports die Erlaubnispflichten nach den §§ 3, 11 BtMG aus: es fehlt schlicht an einer speziellen Bezugsnorm im BtMG, welche mit den §§ 43 AMG, 11a ApoG vergleichbar wäre.[32] Die Verschreibung gem. § 13 Abs. 1 BtMG hat indes nur legalisierende Wirkung im Hinblick auf den im Betäubungsmittelrecht vorgesehenen bzw. regulierten Vertriebsweg, umfasst aber nicht den gesetzgeberisch ausgeklammerten Verbringungsakt. In einer neueren Entscheidung hat das OVG Nordrhein-Westfalen klargestellt, dass die „Abgabe in das Ausland" nicht als Abgabe i.S.d. § 4 Abs. 1 Nr. 1c BtMG definiert werden kann.[33] Dagegen können der organisierte Vertrieb und der Versand von ausgenommenen Zubereitungen kaum als bandenmäßige, mittäterschaftliche Ausfuhr bewertet werden, soweit der Versand meist durch externe Unternehmen erfolgt, die „instrumentalisiert" werden. Der konkrete Ausfuhrakt erfolgt mithin nicht bandenmäßig, sondern wird von einem außenstehenden Unternehmen übernommen; für eine organisationsbezogene Betrachtung ist kein Raum.[34]

3. Erlaubnis. Zur Erlaubnis als Merkmal des objektiven Tatbestands, zum uneinheitli- **781** chen Gesetzeswortlaut im Zusammenhang mit der Erlaubnis, zu ihrer strafgerichtlichen Wirksamkeitsprüfung sowie zum Nachweis ihres Fehlens wird auf die Erläuterungen zu § 3 verwiesen.[35] Bei der Ausfuhr ausgenommener Zubereitungen als **Reisebedarf** bedarf es keiner Einzelgenehmigung; vielmehr reicht eine entsprechende ärztliche Bescheinigung aus.[36]

III. Subjektiver Tatbestand

Das unerlaubte Ausführen von BtM ist sowohl in **vorsätzlicher** als auch in **fahrlässiger** **782** (Abs. 4) Begehungsweise strafbar.

1. Vorsatz. Zu den einzelnen Elementen des Ausfuhrvorsatzes gelten die Ausführungen **783** zum Einfuhrvorsatz[37] mit umgekehrter Zielrichtung.

---

[30] Abrufbar unter https://www.abda.de/fileadmin/assets/Praktische_Hilfen/Leitlinien/Versandhandel/ LL_Versandhandel_Kommentar.pdf (zuletzt abgerufen 18.4.2017).
[31] Vgl. aber § 17 Abs. 2b ApoBetrO, der Arzneimittel mit Thalidomid o.Ä. explizit aus dem Versandhandel nimmt.
[32] Und dies dürfte in Anbetracht dessen, dass der Gesetzgeber ein „Mehr" an Warenverkehrsfreiheit gegenüber den Vorgaben des EuGH bereitgestellt hat (vgl. Kügel/Müller/*Hoffmann* AMG § 43 Rn. 22) auch nicht europarechtswidrig sein.
[33] OVG Nordrhein-Westfalen 29.12.2014 – 13 A 1203/14, BeckRS 2015, 40040. Dass der Begriff der Abgabe einheitlich ausgelegt werden muss, entspricht der wohl h.M., vgl. nur *Weber* § 4 Rn. 22; KPV/*Patzak* § 4 Rn. 7.
[34] *Oğlakcıoğlu* medstra 2016, 71 (76).
[35] → § 3 Rn. 39 ff.
[36] → § 4 Rn. 29.
[37] → Rn. 649 ff.

784   **2. Irrtumskonstellationen.** Zu den möglichen Irrtumskonstellationen in Bezug auf **Art und Eigenschaft des BtM** wird auf die Ausführungen Vor § 29,[38] zu Irrtumsfragen in Zusammenhang mit der **Erlaubnis** auf die Erläuterungen zu § 3[39] verwiesen.

785   Der Irrtum darüber, dass sich der Täter noch im Geltungsbereich des BtMG befindet, weil er die deutsche Hoheitsgrenze landauswärts bereits überschritten hat, sich aber immer noch als im Inland befindlich glaubt, ist **Tatbestandsirrtum.**

786   Ein **Verbotsirrtum** scheidet aus, wenn dem (Mit-)Täter der Ausfuhr bekannt ist, dass wegen zuvor begangener gleichgelagerter Ausfuhrhandlungen bereits ein staatsanwaltschaftliches Ermittlungsverfahren eingeleitet wurde oder wenn btm-haltige Medikamente zu Zwecken der Verschleierung bei der Ausfuhr falsch deklariert werden.[40]

787   **3. Fahrlässigkeit.** Fahrlässig handelt insbesondere, wer nach einer Sorgfaltspflichtverletzung bei objektiver Vorhersehbarkeit sowie subjektiver Pflichtwidrigkeit[41] das Risiko einer BtM-Ausfuhr auf sich nimmt, ohne damit einverstanden zu sein. Im Einzelnen gelten die Ausführungen zur Einfuhr[42] mit umgekehrter Zielrichtung.

IV. Täterschaft, Teilnahme

788   Die Fragen nach Täterschaft, Anstiftung und Beihilfe sind zunächst nach den allgemeinen Kriterien zu beurteilen. Es gelten die Ausführungen zur Einfuhr mit umgekehrtem Vorzeichen.[43] So kommt **mittelbare Täterschaft** bei der Versendung in Betracht. Ein ausländischer Besteller kann sich der **Anstiftung** zur Ausfuhr schuldig machen, wenn er von einem in Deutschland ansässigen Lieferanten via Internet BtM bestellt und geliefert erhält.[44]

V. Deliktsverwirklichungsstufen

789   **1. Versuch und straflose Vorbereitungshandlungen.** Der Versuch ist strafbar (Abs. 2).

790   **a) straflose Vorbereitungshandlungen.** Handlungen im Inland, insbesondere der Ankauf des Stoffes und dessen Bereitstellung,[45] Erwerb von Ausrüstung, Beladen der Transportbehältnisse, Präparierung der BtM, Beschaffung von Reise- und Transportdokumenten, Verpacken und Zwischenlagern[46] bleiben im Stadium **strafloser Vorbereitung.**[47] Die Grenze zum Versuch soll allerdings mit dem **Verladen der Waren auf das** für den Grenzübertritt vorgesehene **Transportmittel** überschritten sein, wenn dieses sich nach dem Plan des Täters alsbald zur Grenze in Bewegung setzen wird.[48] Diese vereinzelt gebliebene Entscheidung ist zu Recht auf Ablehnung[49] gestoßen, weil dadurch die Basis der systematischen Einordnung der Ausfuhr als umgekehrter Vorgang der Einfuhr ohne Not verlassen wird, wofür jede plausible Begründung fehlt.[50]

791   **b) Versuchshandlungen.** Als unmittelbares Ansetzen zur Tatbestandsverwirklichung kann das Verbringen in eine Freizone nur dann angesehen werden, wenn es in ungestörtem Fortgang zur Tatbestandserfüllung führt.[51]

---

[38] → Vor § 29 Rn. 77 ff.

[39] → § 3 Rn. 44 ff.

[40] BGH 2.11.2010 – 1 StR 581/09, BGHSt 56, 52 = NJW 2011, 1462 = NStZ 2011, 119 m. abl. Anm. *Kotz*; 2.11.2010 – 1 StR 579/09, BeckRS 2011, 01481 mAnm *Kotz* StRR 2011, 109.

[41] *Weber* Rn. 1775 ff.

[42] → Rn. 655.

[43] → Rn. 657 ff.

[44] LG Ravensburg 14.1.2008– 2 KLs 260 Js 8492/07 jug., NStZ-RR 2008, 256 zur Einfuhr.

[45] BGH 19.1.1965 – 1 StR 541/64, BGHSt 20, 152 = NJW 1965, 769.

[46] → Rn. 693 ff.

[47] Vgl. auch KPV/*Patzak* Teil 6 Rn. 7.

[48] BGH 19.1.1965 – 1 StR 541/64, BGHSt 20, 152 = NJW 1965, 769.

[49] HJLW/*Winkler* Rn. 6.3; *Körner* (VI) § 29 Rn. 1204; tendenziell offen: *Weber* Rn. 897 f.

[50] Nach *Joachimski/Haumer* Rn. 79 soll ein Angriff auf das geschützte Rechtsgut bei der Ausfuhr früher als bei der Einfuhr zweifelsfrei festgestellt werden können; ebenso Pfeil/Hempel/Schiedermair/*Slotty* Rn. 98.

[51] *Weber* Rn. 899; aA *Joachimski/Haumer* Rn. 79.

2. Vollendung und Beendigung. Die Ausfuhr ist vollendet, wenn die BtM das **792**
Hoheitsgebiet (den Luftraum) der Bundesrepublik Deutschland verlassen haben.[52] Beendet
ist die Tat, wenn das BtM (wieder) außerhalb des Geltungsbereichs des BtMG zur Ruhe
gekommen ist.[53]

VI. Qualifikationen

Siehe zum Verbrechen der bandenmäßigen Ausfuhr in nicht geringer Menge § 30a Abs. 1, **793**
zur Bestimmung einer Person unter 18 Jahren zur Ausfuhr § 30a Abs. 2 Nr. 1, zur Ausfuhr
in nicht geringer Menge unter Mitsichführen einer Schusswaffe oder eines anderen verlet-
zungsgeeigneten- oder -bestimmten Gegenstands § 30a Abs. 2 Nr. 2 jeweils die Ausführungen dort.

VII. Konkurrenzen

1. BtM-Straftaten. a) Ausfuhr. Die Ausfuhr einer nicht geringen Menge unter Mit- **794**
führen einer Schusswaffe oder eines anderen gefährlichen Gegenstands (§ 30a Abs. 2 Nr. 2),
die Bestimmung eines Minderjährigen zur Ausfuhr durch einen Erwachsenen (§ 30a Abs. 2
Nr. 1) und die bandenmäßige Ausfuhr einer nicht geringen Menge (§ 30a Abs. 1) **gehen**
der Ausfuhr (§ 29 Abs. 1 Satz 1 Nr. 1) als das jeweils **speziellere Gesetz im Wege der
Gesetzeseinheit vor.**[54] Bei der Ausfuhr als Serienstraftat, bei der der Verbrechenstatbestand
nur in einzelnen Tatkomplexen verwirklicht wird, steht dieser mit dem im Übrigen verwirklichten Grundtatbestand jeweils in Tatmehrheit.

b) Einfuhr. Werden BtM eingeführt, alsbald wegen schlechter Qualität „umgetauscht", **795**
also wieder ausgeführt und solche besserer Qualität neuerlich eingeführt, liegt **eine Handlung im Rechtssinne** vor. Dies gilt insbesondere, wenn beide Einfuhr*verbrechen* durch
§ 29a Abs. 1 Nr. 2 zu einer Tat verbunden werden.[55] Scheidet bei tatsächlicher Ein- und
anschließender Ausfuhr Durchfuhr deshalb aus, weil dem Reisenden im Inland das BtM
tatsächlich zur Verfügung stand, liegt ebenfalls eine **natürliche Handlungseinheit** vor.[56]
Fasst der Täter nach erfolgter Einfuhr den Vorsatz, den Stoff wieder auszuführen, besteht
zwischen Einfuhr und Ausfuhr Tatmehrheit.

c) Handeltreiben. Dient die Ausfuhr dem unerlaubten Handeltreiben, so geht sie als **796**
dessen unselbstständiger Teilakt darin auf.[57] Dies gilt auch, wenn **Beihilfe** zum unerlaubten
Handeltreiben und Beihilfe zur Ausfuhr aufeinandertreffen. Zwischen Beihilfe zum unerlaubten Handeltreiben und täterschaftlicher Ausfuhr besteht Tateinheit.[58] Bei der Ausfuhr
ausgenommener Zubereitungen steht der Wortlaut der Anlage III zweiter Gedankenstrich Buchst. b S. 2 der Annahme von unerlaubtem Handeltreiben entgegen.[59]

d) Besitz. Der unerlaubte Besitz tritt gegenüber der Ausfuhr zurück.[60] **797**

2. Straftatbestände anderer Rechtsgebiete. Als Vortat zur **Geldwäsche** geht Abs. 1 **798**
S. 1 Nr. 1 der Vorschrift des § 261 StGB vor.[61]

---

[52] *Joachimski/Haumer* Rn. 80; KPV/*Patzak* Teil 6 Rn. 7; *Weber* Rn. 900.
[53] *Joachimski/Haumer* Rn. 81; KPV/*Patzak* Teil 6 Rn. 9; *Weber* Rn. 900.
[54] BGH 21.3.1995 – 1 StR 37/95, NStZ 1995, 410.
[55] BGH 5.11.1993 – 2 StR 534/93, NStZ 1994, 135; 22.1.2004 – 1 StR 538/03, NStZ 2005, 232.
[56] BGH 21.11.1972 – 1 StR 511/72, MDR 1973, 513; 28.11.1973 – 3 StR 225/73, NJW 1974, 429;
16.1.1974 – 2 StR 514/73, BGHSt 25, 385 = BeckRS 1974, 30382411.
[57] BGH 24.11.1982 – 3 StR 384/82, BGHSt 31, 163 [165] = NJW 1983, 692 mAnm *Schmidt*, LM
Nr. Nr. 1 zu § 30 BtMG (zur Einfuhr).
[58] BGH 16.12.1983 – 2 StR 693/83, NStZ 1984, 171.
[59] BGH 2.11.2010 – 1 StR 581/09, BGHSt 56, 52 = NJW 2011, 1462 m. abl. Anm. *Kotz*; NStZ 2011,
653; 2.11.2010 – 1 StR 579/09, BeckRS 2011, 01481 mAnm *Kotz* StRR 2011, 109.
[60] BGH 16.1.1974 – 2 StR 514/73, BGHSt 25, 385 = BeckRS 1974, 30382411.
[61] *Fischer* StGB § 261 Rn. 53.

VIII. Strafklageverbrauch

799 Treffen Waffen- und BtM-Delikt (jedenfalls) bei der Ausfuhr zusammen, so bilden sie insgesamt eine Tat, so dass die Strafklage wegen des BtM-Delikts durch einen Strafbefehl wegen Besitzes der ausgeführten Waffe verbraucht wird.[62]

IX. Rechtsfolgen

800 **1. Strafzumessung.** Es kann **nicht als Strafmilderungsgrund** angesehen werden, dass das Rauschgift *„nicht für den deutschen Markt bestimmt"* war; denn die Bekämpfung von Rauschgiftdelikten ist ein Anliegen des Schutzes vor Gesundheitsbeeinträchtigungen, das über die deutschen Staatsgrenzen hinausreicht. Dies soll sich unter anderem auch daraus ergeben, dass Taten mit Auslandsbezug wie die bandenmäßige Ausfuhr von BtM oder Ausfuhr mit Schusswaffen (§ 30a) sogar mit einer erheblich erhöhten Mindeststrafe bedroht sind.[63] Um zu einer **schuldangemessenen Strafe** gelangen zu können, sind generell Feststellungen zur **Art** des BtM, der erworbenen (Mindest-)**Menge** und der nach dem Wirkstoffgehalt zu bestimmenden **Qualität** unentbehrlich.[64]

801 Die Instrumentalisierung eines Versandunternehmens darf (als eine typische Begehungsweise) ebenso wenig strafschärfend bewertet werden, wie die Umstellung auf das Unternehmen der Deutschen Post, weil diese dem Angeklagten sogenannte **Trackingnummern** zur Verfügung stellen, wodurch Kundenrückfragen (nach dem Verbleib der Ware) besser bearbeitet werden können. Im Gegenteil wird auf diese Weise die Rekonstruktion der Tat erleichtert, während sich das Handlungsunrecht (in Form einer erhöhten kriminellen Energie) nicht merklich erhöht.[65] Nach Auffassung des BGH sei es zudem rechtsfehlerhaft, zugunsten des Angeklagten zu berücksichtigen, dass es sich bei den ausgeführten – im Normalfall ausgenommenen Zubereitungen – um „Medikamente" handelt, „die im therapeutischen Bereich ihren Einsatz finden", wenn in concreto gerade kein „therapeutischer" Einsatz vorliegt.[66] Dem ist nicht zuzustimmen. Ebenso wie die besondere Gefährlichkeit von harten Drogen strafschärfend berücksichtigt werden kann, dürfte das Erfolgsunrecht der Tat gemindert sein, wenn mit Stoffen gehandelt wird, die normalerweise nicht einmal dem Betäubungsmittelrecht unterfallen (gerade aufgrund ihres geringen Schädlichkeitspotentials).

802 **2. Strafrahmenwahl/Strafzumessung im engeren Sinn.** Zur Strafrahmenwahl, insbesondere zu den **Regelbeispielen** und zur Strafzumessung im engeren Sinn wird auf die Erläuterungen zur Einfuhr[67] verwiesen.

803 **3. Absehen von Strafe oder Strafverfolgung.** Nach Abs. 5 kann das Gericht bei Ausfuhr einer geringen Menge zum Eigenverbrauch von Strafe absehen; für das Ermittlungsverfahren gilt dies nach § 31a Abs. 1 auch für die Staatsanwaltschaft. Wird dem Angeklagten unerlaubte Ausfuhr einer geringen Menge von BtM vorgeworfen, muss sich der Tatrichter im Urteil mit der Vorschrift des Abs. 5 auseinandersetzen.[68] Weder ein früherer Drogenkonsum noch das Vorliegen von Vorstrafen schließen die Anwendbarkeit der Vorschrift aus.[69] Vermag das Gericht nicht von Strafe abzusehen, kann das verfassungsrechtlich verankerte Übermaßverbot die Verhängung einer Geldstrafe anstelle einer kurzfristigen Freiheitsstrafe[70] oder zumindest der gesetzlichen Mindeststrafe[71] gebieten.

---

[62] BGH 23.8.1988 – 1 StR 136/88, NJW 1989, 726 zur Einfuhr.
[63] BGH 6.9.1995 – 2 StR 378/95, NStZ-RR 1996, 116; bestätigt in BGH 14.7.2015 – 5 StR 181/15, NStZ-RR 2016, 16 = BeckRS 2015, 12754.
[64] BGH 9.11.2010 – 4 StR 521/10, NStZ-RR 2011, 90 mwN.
[65] BGH 15.5.2013 – 1 StR 476/12, NStZ-RR 2013, 279.
[66] BGH 15.5.2013 – 1 StR 476/12, NStZ-RR 2013, 279.
[67] → Rn. 750 ff.
[68] BayObLG 9.7.1993 – 4St RR 107/93.
[69] BayObLG 14.12.1990 – RReg 4 St 202/90.
[70] OLG Karlsruhe 23.2.1996 – 1 Ss 243/95, StV 1996, 675; 14.42003 – 3 Ss 54/03, NJW 2003, 1825.
[71] OLG Oldenburg 11.12.2009 – 1 Ss 197/09, BeckRS 2010, 03827 = NStZ-RR 2010, 227 (bei *Kotz/ Rahlff*).

4. Einziehung und Verfall; Entziehung der Fahrerlaubnis. Zu Einziehung und **804** Verfall siehe unten die Erläuterungen zu § 33, insb. → § 33 Rn. 6–7; zur Entziehung der Fahrerlaubnis → Rn. 122.

6. Kapitel. Veräußern (Abs. 1 S. 1 Nr. 1)

Schrifttum: *Horn*, Das „Inverkehrbringen" als Zentralbegriff des Nebenstrafrechts, NJW 1977, 2329.

Übersicht

A. Überblick

I. Rechtliche Einordnung

Die Strafbarkeit des unerlaubten Veräußerns soll die Verbreitung von BtM und die Aus- **805** weitung der Teilnehmer am illegalen BtM-Verkehr verhindern.[1] Gegenüber dem Abgeben stellt sie ein Mehr dar, als sie Entgeltlichkeit voraussetzt und gegenüber dem Handeltreiben ein Weniger, weil keine Eigennützigkeit für eine Tatbestandsverwirklichung erforderlich ist.

---

[1] Vgl. BGH 20.1.1982 – 2 StR 593/81, BGHSt 30, 359 = NJW 1982, 1337; 3.8.1990 – 3 StR 245/90, BGHSt 37, 147 (150 ff.) = NStZ 1991, 89 mAnm *Schoreit-Bartner* StV 1990, 548.

806 **1. Deliktsnatur.** Nach umstrittener Ansicht ist das Veräußern von BtM ein Erfolgsdelikt.[2] Der tatbestandliche Erfolg liegt im Übergang der tatsächlichen Verfügungsmacht über das BtM vom Veräußerer auf den Erwerber.

807 **2. Verfassungsmäßigkeit.** Für die Strafvorschrift des unerlaubten Abgebens von BtM gelten dieselben verfassungsrechtlichen Einwände, die dem Betäubungsmittelrecht im Allgemeinen entgegengehalten werden, mag man bei einer „stufenweisen" bzw. „isolierten" Betrachtung sie zu den verfassungsrechtlich weniger problematischen Handlungsmodalitäten zählen.[3] Ihre Legitimität speist sie aus dem Umstand, dass die entgeltliche Übertragung von BtM zu einer Weiterverbreitung führt und damit eine Gefährdung der von der h.M. zugrunde gelegten „Rechtsgüter" bewirkt.

II. Kriminalpolitische Bedeutung, PKS

808 Dem Tatbestand der Veräußerung kommt keine große Bedeutung zu, weil er zumeist einen Teilakt des Handeltreibens darstellt.[4] Der Anwendungsbereich dieser Tatbestandsalternative ist deshalb auf lediglich entgeltliches, uneigennütziges (also neutrales oder rein fremdnütziges) Handeln beschränkt.[5] Zum Bericht der Bundesregierung 1989 siehe die 1. Auflage. Die **PKS** weist keine Daten zum Grundtatbestand des Veräußerns resp. der Abgabe aus.

III. Rechtsentwicklung

809 **1. Einfluss internationaler Übereinkommen.** Die völkerrechtlichen Verpflichtungen zur Strafbewehrung des unerlaubten Veräußerns von BtM ergibt sich aus Art. 36 Abs. 1 Buchst. a Übk. 1961 (dort in der Form folgender Begehungsweisen: „Anbietung, Feilhalten, Verteilen, …, Verkaufen, Liefern – gleichviel zu welchen Bedingungen –, Vermitteln, Versenden – auch im Durchfuhrverkehr –, Befördern"), Art. 5, 7 Buchst. b, 22 Abs. 1 Buchst. a Übk. 1971 sowie Art. 3 Abs. 1 Buchst. a Ziffer i Übk. 1988 in der Form folgender Begehungsweisen: „Anbieten, Feilhalten, Verteilen, Verkaufen, Liefern – gleichviel zu welchen Bedingungen –, Vermitteln, Versenden – auch im Transit –, Befördern").

810 **2. Innerstaatliches Recht.** Das unerlaubte Veräußern von BtM ist erstmals durch das OpiumG 1929 in das deutsche BtM-Strafrecht aufgenommen und in § 10 Abs. 1 Nr. 1 unter Strafe gestellt worden. Der Tatbestand ist unverändert und ohne begleitende Kommentierung in den Gesetzesbegründungen in das BtMG 1972 (§ 11 Abs. 1 Nr. 1) übernommen worden. Das jetzt geltende BtMG 1982 hat die in den Vorgängergesetzen eingehaltene Reihenfolge der Tatbestände der Abgabe und der Veräußerung umgedreht. In der Begründung des Gesetzentwurfes[6] heißt es: „Der Begriff der Abgabe umfasst die Veräußerung (…); entsprechend der Systematik des Entwurfs ist daher die Veräußerung der Abgabe voranzustellen".

B. Erläuterung

I. Geltungsbereich

811 **1. Inlands-/Auslandstaten.** Inlandsstraftaten unterliegen dem BtM-Strafrecht unabhängig davon, ob die Tat durch einen Ausländer oder einen Deutschen begangen wurde.

---

[2] AA *Malek* Rn. 253: Unternehmensdelikt.
[3] BVerfG 9.3.1994 – 2 BvL 43/92 ua, BVerfGE 90, 145 = NJW 1994, 1577 = JZ 1994, 863 = StV 1994, 295.
[4] Zur Abgrenzung vom Inverkehrbringen vgl. *Horn* NJW 1977, 2329 (2333).
[5] HJLW/*Winkler* Rn. 7.1.
[6] Stellungnahme des Bundesrates BT-Drs. 8/3551, 43; Bericht des Ausschusses für Jugend, Familie und Gesundheit BT-Drs. 9/500 (neu), 2.

Unerlaubtes Veräußern von BtM ist unbefugter Vertrieb[7] von BtM nach § 6 Nr. 5 StGB, so dass das deutsche Strafrecht, unabhängig vom Recht des Tatorts, **auch für im Ausland** begangene Taten gilt. Deshalb kommt es auf die sonst wegen § 7 StGB erhebliche Frage nach der Strafbarkeit nach Tatortrecht nicht an, weil insoweit wegen § 6 Nr. 5 StGB stets deutsches Strafrecht anzuwenden ist.

2. Grenzüberschreitende Mehrfachverfolgung. Zur Frage der Strafbarkeit von Aus-　812 landstaten und der damit einhergehenden Frage der Mehrfachverfolgung vgl. → Vor § 29 Rn. 161 ff.

II. Objektiver Tatbestand

1. Begriff des Veräußerns. a) Fehlende Legaldefinition. Der Begriff „Veräußern"　813 wird in den Vorschriften des Ersten Abschnitts des BtMG (§§ 1 und 2 „Begriffsbestimmungen") nicht genannt. Andere im Gesetz verwendete, im Ersten Abschnitt nicht genannte Begriffe werden dagegen vom Gesetzgeber offenbar als bekannt vorausgesetzt,[8] so auch der Begriff des Veräußerns.

b) Herrschendes Begriffsverständnis. Da „Veräußern" ein Spezialfall der Abgabe ist,　814 gekennzeichnet gegenüber der Abgabe durch Entgeltlichkeit und gegenüber dem Handeltreiben durch Fehlen von Eigennutz, lässt sich definieren: Veräußerung ist die durch **auf ein Entgelt gerichtetes** Rechtsgeschäft qualifizierte Abgabe[9] ohne **eigennützige Motive**.

c) Definitionsbestandteile des Veräußerns im Einzelnen. Nach dieser Definition　815 ist die Erfüllung dreier Merkmale erforderlich: eine Tätigkeit, die sich als **Abgabe**, also als Übertragung der eigenen tatsächlichen Verfügungsgewalt über das BtM auf eine andere Person zu deren eigener freier Verfügung darstellt; die Abgabe muss **entgeltlich** sein, das Entgelt muss so bemessen sein, dass es **nicht eigennützig** ist.

aa) Abgabe. Abgabe ist die Übertragung der eigenen tatsächlichen Verfügungsgewalt　816 über das BtM auf eine andere Person zu deren eigener freier Verfügung.[10] Die Übertragung der Verfügungsgewalt über das BtM setzt voraus, dass der Veräußerer eigene freie Verfügungsmacht über das BtM hat.[11] Auf die Ausführungen zur „Abgabe" wird verwiesen, → auch zur Übergabe durch einen Kurier, zur Hinterlegung und zum Verwahrungsverhältnis, Rn. 868 ff. Der Empfänger muss das BtM **tatsächlich übertragen** bekommen[12] und darf nicht zuvor bereits Inhaber der tatsächlichen Verfügungsgewalt über das BtM gewesen sein, im Übrigen → Rn. 865. Die Übertragung der tatsächlichen Verfügungsgewalt über das BtM auf den Empfänger liegt nur dann vor, wenn der Empfänger es **nach Belieben verbrauchen oder weitergeben** kann.[13] Daran fehlt es (keine Möglichkeit zu beliebiger Verfügung), wenn das BtM dem Empfänger zum sofortigen Verbrauch an Ort und Stelle hingegeben wird;[14] eine solche Fallgestaltung wird von der weiteren Tatbestandsalternative des Überlassens zum unmittelbaren Verbrauch erfasst.

---

[7] Vor § 29 Rn. 122.

[8] *Franke/Wienroeder* § 2 Rn. 1.

[9] BGH 3.8.1990 – 3 StR 245/90, BGHSt 37, 147 (150 ff.) = NStZ 1991, 89 mAnm *Schoreit-Bartner* = StV 1990, 548; BVerfG 14.3.1991 – 2 BvR 337/91, NJW 1991, 2823; 17.5.1996 – 3 StR 631/95, BGHSt 42, 162 = NJW 1996, 2802 = StV 1996, 668; KPV/*Patzak* Teil 7 Rn. 2.

[10] BGH 11.12.1990 – 1 StR 571/90, StV 1991, 28.

[11] *Franke/Wienroeder* Rn. 106 (zur Abgabe).

[12] StRspr, vgl. zB BGH 3.8.1990 – 3 StR 245/90, BGHSt 37, 147 (150 ff.) = NStZ 1991, 89 mAnm *Schoreit-Bartner* = StV 1990, 548; KPV/*Patzak* Teil 7 Rn. 5.

[13] BGH 23.11.1988 – 3 StR 503/88, BeckRS 1988, 31105723; 11.12.1990 – 1 StR 571/90, StV 1991, 208; 19.10.1995 – 4 StR 570/95; 2.4.1997 – 2 StR 53/97, NStZ 1997, 383; 18.11.1997 – 4 StR 542/97, NStZ-RR 1998, 150.

[14] BGH 11.12.1990 – 1 StR 571/90, StV 1991, 208; 8.7.1998 – 3 StR 241/98, NStZ-RR 1998, 347; 24.4.2003 – 3 StR 369/01, BeckRS 2003, 04642; 8.7.1998 – 3 StR 241/98, NStZ-RR 1998, 347 = StV 1998, 592 Ls.; 4.6.2008 – 2 StR 577/07, BGHSt 52, 271 = NJW 2008, 2596 = StV 2008, 471.

817   **bb) Auf ein Entgelt gerichtetes Rechtsgeschäft.** Erforderlich ist eine rechtsgeschäftliche Vereinbarung des Inhalts, dass die Übertragung der Verfügungsgewalt **gegen ein Entgelt** erfolgen soll.[15] Fehlt es daran, liegt Abgabe vor. Das Rechtsgeschäft kann Kauf oder
Tausch, aber zB auch Miete, Darlehen oder Dienstvertrag sein, entscheidend ist nur, dass
die Gegenleistung für das BtM dessen Wert entspricht oder darunter liegt; anderenfalls
läge Handeltreiben vor (→ Rn. 242 ff.). Hauptfall der entgeltlichen Rechtsgeschäfte ist der
Verkauf von BtM (zum Einkaufspreis oder darunter). Entgelt ist in der Regel Geld.[16] Der
Kaufpreis kann auch in einer Rechenposition festgelegt werden; wird der Kaufpreis mit
Gegenansprüchen des Abnehmers verrechnet, liegt keine kostenlose Abgabe vor.[17] Geldwerte Leistungen können die im **Tauschwege** erlangten BtM sein;[18] aber auch sonstige
eingetauschte Gegenstände, wie Zigaretten,[19] Mobiltelefone, Fotoapparate, Musikgeräte
(meist Hehlerware) oder Kraftfahrzeuge.[20] BtM können aber auch hingegeben werden als
Miet- oder Darlehnszins oder zu Entlohnung für Aufpassertätigkeit, Kurierdienste oder
sexuelle Leistungen.

818   **cc) Fehlen von Eigennutz.** Das Entgelt muss so bemessen sein, dass es **nicht eigennützig** erscheint;[21] anderenfalls läge Handeltreiben vor. **Eigennützig**[22] ist eine entgeltliche
Abgabe von BtM, wenn das Tun des Täters vom Streben nach Gewinn geleitet wird oder
wenn er sich irgendeinen anderen persönlichen Vorteil davon verspricht (vgl. noch umfassend → Rn. 316 ff.).[23] Diese Voraussetzungen erfüllt der Täter nicht, wenn er das BtM
nur zum **Einkaufspreis ohne Gewinn** weitergeleitet hat und wenn er auch sonst keinen
persönlichen Vorteil erwartet.[24] Dazu könnte allerdings auch ein Vorteil gehören, der dem
Täter nur mittelbar zufließt. Ein Vorteil ist jede unentgeltliche Leistung, auf die der Täter
keinen Anspruch hat und die ihn materiell oder immateriell besser stellt.

819   **d) Erscheinungsformen des Veräußerns in der Rechtsprechungspraxis.** Hauptanwendungsfall des Veräußerns sind die Fälle, in denen sich keine Feststellungen dazu treffen
lassen, ob der Täter aus eigennützigen Motiven gehandelt hat, oder in denen der Zweifelsgrundsatz gebietet, vom Fehlen des Eigennutzes auszugehen.[25] Daneben finden sich folgende Fälle: Veräußerung zum Einkaufspreis,[26] Veräußerung zum Selbstkostenpreis,[27] beim
(gemeinsamen) Einkauf größerer Mengen für den Eigenbedarf mehrerer Drogenkonsumenten und späterer Aufteilung gegen Kaufpreisanteil,[28] bei „Abgabe zum Selbstkostenpreis"
(dh Veräußerung) an Drogenabhängige aus falsch verstandener Barmherzigkeit.[29]

820   **2. BtM als Tatobjekte.** Die Tathandlung des Veräußerns muss sich auf **BtM** beziehen.
BtM sind die in der Positivliste der Anlagen I bis III zum BtMG aufgeführten Stoffe und
Zubereitungen. Die Besonderheit bei der Tatbestandsvariante des Handeltreibens, dass die

---

[15] KPV/*Patzak* Teil 7 Rn. 3.
[16] Vgl. Pfeil/Hempel/Schiedermair/*Slotty* Rn. 114.
[17] BGH 6.9.1988 – 1 StR 466/88.
[18] BGH 15.11.2000 – 2 StR 431/00, NStZ 2001, 118.
[19] LG Berlin 7.10.1986 – (524) 67 Js 262/86 Ns (74/86), NStZ 1987, 233.
[20] KG 22.11.1984 – (4) 1 Ss 195/84 (101/84), JR 1985, 127.
[21] KPV/*Patzak* Teil 7 Rn. 4.
[22] S. zum Begriff → Rn. 376 (Handeltreiben).
[23] BGH 21.2.1979 – 2 StR 663/78, BGHSt 28, 308 (309); 10.4.1984 – 4 StR 172/84, StV 1984, 248;
24.6.1986 – 5 StR 153/86, BGHSt 34, 124 (126); 17.3.1981 – 5 StR 56/81, StV 1981, 238; 23.11.1988 –
3 StR 503/88; 9.1.1991 – 2 StR 359/90, StV 1992, 65; 26.3.1992 – 4 StR 98/92; 26.8.1992 – 3 StR 299/
92, NJW 1993, 76; 24.2.1994 – 4 StR 44/94, NStZ 1994, 397; 27.4.2010 – 3 StR 75/10, BeckRS 2010,
12558.
[24] BGH 17.3.1981 – 5 StR 56/81, StV 1981, 238; 23.11.1988 – 3 StR 503/88, BeckRS 1988, 31105723.
[25] Vgl. BGH 8.1.1992 – 3 StR 501/91.
[26] BGH 17.3.1981 – 5 StR 56/81, StV 1981, 238; 23.11.1988 – 3 StR 503/88, BeckRS 1988, 31105723 =
StV 1989, 201; 3.8.1990 – 3 StR 245/90, BGHSt 37, 147 = NJW 1991, 306; 4.9.1996 – 3 StR 355/96,
NStZ-RR 1997, 49; 23.4.1992 – 4 StR 146/92.
[27] BayObLG 30.4.1993 – 4 St RR 59/93, StV 1993, 478.
[28] BGH 10.4.1984 – 4 StR 172/84, StV 1984, 248; 26.3.1992 – 4 StR 98/92, BeckRS 1992, 31081000.
[29] OLG Köln 18.5.1988 – Ss 245/88, StV 1989, 21.

zum Handeltreiben entwickelte Tätigkeit sich nicht notwendig unmittelbar auf ein BtM beziehen muss,[30] kommt beim Veräußern nicht in Betracht. **Veräußern von Designerdrogen** ist nicht nach dem BtMG strafbar. Näheres → Rn. 276.

3. Erlaubnis. Zur Erlaubnis als Merkmal des objektiven Tatbestands, zum uneinheitli- **821** chen Gesetzeswortlaut im Zusammenhang mit der Erlaubnis, zur strafgerichtlichen Wirksamkeitsprüfung einer Erlaubnis sowie zum Nachweis des Fehlens einer Erlaubnis wird auf die Erläuterungen zu § 3 verwiesen.

III. Subjektiver Tatbestand

Das unerlaubte Veräußern von BtM ist sowohl in vorsätzlicher wie auch in fahrlässiger **822** (Abs. 4)[31] Begehungsweise strafbar, wobei bedingter Vorsatz ausreicht.

1. Vorsatz. Zu den einzelnen Elementen des Vorsatzes[32] und zur Abgrenzung von **823** bedingtem Vorsatz und bewusster Fahrlässigkeit[33] wird auf die Erläuterungen Vor § 29 verwiesen. Danach muss der Täter wissen (für möglich halten), mit seinem Verhalten BtM gegen Entgelt auf einen anderen zu dessen freier Verfügung mit Verbreitungswirkung zu übertragen.

2. Irrtumskonstellationen. Zu den möglichen Irrtumskonstellationen in Bezug auf **824** Art und Eigenschaft des BtM bzw. über die Erlaubnis wird auf die Erläuterungen → Vor § 29 Rn. 78 ff. verwiesen.

3. Fahrlässigkeit. Lässt sich vorsätzliche Handlungsweise nicht feststellen, so muss der **825** Tatrichter aufgrund seiner Pflicht zur erschöpfenden Aburteilung der Tat prüfen, ob nicht jedenfalls fahrlässige Tatbegehung vorliegt.[34] Insoweit wird auf die Darstellung bei Abs. 4[35] Bezug genommen.

IV. Täterschaft und Teilnahme

Die Abgrenzung zwischen (Mit-)Täterschaft und Teilnahme erfolgt auch beim unerlaub- **826** ten Veräußern nach allgemeinen Grundsätzen des Strafrechts über die Abgrenzung zwischen diesen Beteiligungsformen. Aus der Definition des Veräußerns folgt, dass (Mit-)Täter des unerlaubten Veräußerns nur sein kann, wer **selbst Inhaber der tatsächlichen Verfügungsgewalt** über das BtM ist. Wer mitwirkt am Übergang der Verfügungsbefugnis von einer Person auf eine andere, ohne selber frei verfügungsberechtigt zu sein, kann nur Teilnehmer sein. Es bedarf daher bei Besitzmittlungsverhältnissen genauer Feststellung und Darlegung, wer wann Inhaber der tatsächlichen Verfügungsgewalt geworden (oder geblieben) ist.[36] War der Empfänger als Mittäter bereits beim Erwerb der Betäubungsmittel beteiligt, liegt keine Veräußerung vor.[37] Im Übrigen wird auf die Ausführungen zur Abgabe verwiesen → Rn. 881.

V. Deliktsverwirklichungsstufen

Die Abgrenzung zwischen den verschiedenen Stadien des Geschehens folgt allgemeinen **827** Grundsätzen des Strafrechts.

---

[30] → Rn. 301 (Handeltreiben).
[31] → Rn. 1694 ff.
[32] → Vor § 29 Rn. 54 ff.
[33] → Vor § 29 Rn. 61 ff.
[34] Vgl. BGH 16.12.1982 – 4 StR 644/82, NStZ 1983, 174 (175); 11.2.1998 – 3 StR 546/97.
[35] → Rn. 1694 ff.
[36] *Weber* Rn. 611.
[37] BGH 3.8.1990 – 3 StR 245/90, BGHSt 37, 147 = NJW 1991, 306; 10.4.1984 – 4 StR 172/84, StV 1984, 248.

828   **1. Versuch und straflose Vorbereitung. a) Strafbarkeit des Versuchs.** Die Versuchsstrafbarkeit für den Vergehenstatbestand des Veräußerns ergibt sich aus Abs. 2.

829   **b) straflose Vorbereitungshandlungen.** Zur Abgrenzung zwischen strafloser Vorbereitung und strafbarem Versuch/Vollendung wird auf die Ausführungen zur Abgabe verwiesen, → Rn. 882 ff. Steht fest, dass ein Verhalten vorliegt, das als straflose Vorbereitungshandlung zu bewerten ist, kann dennoch aus anderen Gründen Strafbarkeit gegeben sein. Geht es bei der Vorbereitungshandlung um ein Verbrechen (zB Veräußerung – als Unterfall der Abgabe – von BtM an Minderjährige oder in nicht geringer Menge gem. § 29a Abs. 1 Nr. 1 oder Nr. 2), so kommt ein Versuch der Beteiligung in Form der Verabredung zu einem Verbrechen (§ 30 Abs. 2 StGB) in Betracht.[38] Die zugesagte Mitwirkungshandlung darf allerdings nicht nur in einer Beihilfehandlung bestehen; eine solche wäre nicht strafbar.[39]

830   **c) Versuchshandlungen.** Versuchshandlungen sind Tätigkeiten, mit denen nach dem Tatplan unmittelbar zur Tatbestandsverwirklichung angesetzt werden soll. Der Versuch des Veräußerns eines BtM setzt voraus, dass der Täter zur Überlassung des BtM ansetzt, siehe hierzu die Ausführungen zur versuchten Abgabe bei → Rn. 885.[40]

831   **d) Rücktritt.** Für den strafbefreienden Rücktritt vom Versuch des Veräußerns bleibt – im Gegensatz zur andersgelagerten Tatbestandsalternative des Handeltreibens – Raum und Zeit vom Versuchsbeginn bis zur Tatvollendung.

832   **2. Vollendung.** Vollendet ist Tat mit dem Übergang der tatsächlichen Verfügungsgewalt. Da die für die Veräußerung, die nur einen Sonderfall der Abgabe darstellt, dieselben Grundsätze gelten wie für die Abgabe und da bei der Abgabe gilt, dass sie durch die Übertragung der tatsächlichen Verfügungsmacht gekennzeichnet ist,[41] genügt die bloße Aufgabe der tatsächlichen Verfügungsmacht durch den Veräußernden zur Vollendung noch nicht[42] (dann evtl. Veräußerung, ggf. in Tateinheit mit vollendetem sonstigen In-Verkehr-Bringen), hinzukommen muss die Begründung neuer Verfügungsmacht in der Person des Erwerbers.[43] Aus diesem Grunde ist der Zeitpunkt der Einigung über den Rechtsübergang für die Frage der Vollendung unerheblich.[44] Es kommt auch nicht darauf an, ob und wann der Erwerber Eigentum begründet.[45] Zur Vollendung der Veräußerung gehört nicht die Aushändigung des vereinbarten Entgelts.[46] Notwendig ist ein tatsächlich erfolgter Besitzwechsel, vgl. zum Ganzen auch → Rn. 887 f.

833   **3. Beendigung.** Beendet ist die Tat, wenn die vereinbarten Leistungen ausgetauscht sind. Auch hier gilt die Regel: „Ein Rauschgiftgeschäft ist beendet, wenn Ware und Entgelt ausgetauscht sind".[47] Die Leistung des Entgelts, die für die Frage der Vollendung keine Rolle spielt, erfährt hier ihre Bedeutung: mit der Aushändigung des vereinbarten Entgelts an den Veräußerer ist die Tat beendet. Demgemäß kann in der Entgegennahme des Entgelts für den Veräußerer – zB durch einen Boten – noch Beihilfe zur Veräußerung geleistet werden, auch wenn die Tat nach Übertragung der tatsächlichen Verfügungsgewalt schon vollendet war.[48]

---

[38] Vgl. BGH 14.5.1996 – 1 StR 245/96, NStZ 1996, 57.

[39] BGH 1.3.1960 – 5 StR 22/60, BGHSt 14, 156.

[40] BayObLG 30.4.1993 – 4 St RR 59/93, StV 1993, 478; vgl. auch BGH 7.7.1994 – 1 StR 313/94, BGHSt 40, 208 = NJW 1994, 3019 für den „umgekehrten Vorgang" (so Franke/Wienroeder Rn. 110) Erwerb.

[41] Vgl. auch BGH 7.7.1994 – 1 StR 313/94, BGHSt 40, 208 = NJW 1994, 3019 = StV 1995, 25.

[42] So aber Körner (VI) Rn. 952 für Fälle, in denen Aufgabe der bisherigen Verfügungsmacht und Begründung neuere Verfügungsmacht zeitlich auseinanderfallen, zB bei Versandgeschäften.

[43] Wie hier auch Weber Rn. 649.

[44] So aber Joachimski/Haumer Rn. 88 und HJLW/Winkler Rn. 7.2, die sich beide zu Unrecht auf eine bei Körner NStZ 1981, 17 mitgeteilte Entscheidung des BGH berufen – diese war zum Handeltreiben ergangen, wo andere Kriterien gelten.

[45] Weber Rn. 943.

[46] BGH 18.6.1974 – 1 StR 119/74; 23.11.1988 – 3 StR 503/88, BeckRS 1988, 31105723.

[47] BGH 17.7.1997 – 1 StR 230/97, NStZ-RR 1997, 359.

[48] Vgl. Franke/Wienroeder Rn. 14.

VI. Qualifikationen

Das Gesetz kennt **keine** Qualifikationen des Grundtatbestandes des Veräußerns. Da aber 834 die unerlaubte Veräußerung von BtM die durch ein entgeltliches Rechtsgeschäft qualifizierte Form der unerlaubten Abgabe darstellt, kommen **in allen Fällen, in denen durch Veräußerungshandlungen Verbrechenstatbestände der Abgabe erfüllt sind,** diese Vorschriften zur Anwendung:[49] § 29a Abs. 1 Nr. 1 (Abgabe an Minderjährige), § 29a Abs. 1 Nr. 2 (Abgabe von BtM in nicht geringer Menge), § 30 Abs. 1 Nr. 2 (gewerbsmäßige Abgabe an Minderjährige) und § 30 Abs. 1 Nr. 3 (Abgabe mit Todesfolge). Die Auslegung, wonach der Begriff der Abgabe auch die Veräußerung umfasst, mit den daraus hergeleiteten Konsequenzen, dass bei Verwirklichung der soeben genannten Verbrechenstatbestände durch Veräußerungshandlungen diese Strafvorschriften zur Anwendung kommen, verletzt nicht Art. 103 Abs. 2 GG.[50]

VII. Konkurrenzen

1. BtM-Straftaten. a) Bewertungseinheit. Die wichtigste Rechtsfigur zur Lösung der 835 beim Zusammentreffen mehrerer Handlungen entstehenden Fragen im BtM-Strafrecht ist das Rechtsinstitut der Bewertungseinheit. Zum Begriff wird auf die Erläuterungen zum Handeltreiben[51] verwiesen. Eine Bewertungseinheit kommt nicht nur beim Handeltreiben mit BtM, sondern bei allen Absatzdelikten, also auch beim Veräußern, in Betracht.[52] Demgemäß ist, soweit ein und derselbe Güterumsatz Gegenstand der strafrechtlichen Bewertung ist, auch beim Veräußern eine Tat im Sinne einer Bewertungseinheit anzunehmen mit der Folge, dass mehrere aufeinanderfolgenden Teilakte – wie Erwerb, Einfuhr, Veräußerung – nicht etwa mehrfache Verwirklichungen desselben Tatbestandes sind; vielmehr werden sie zu einer einzigen Tat im Sinne einer Bewertungseinheit verbunden. Gleiches gilt auch – bei ein und derselben Vorratsmenge – für mehrere Veräußerungshandlungen oder mehrere Handlungen, die sich teils als Abgabe, teils als Veräußern oder teils als Handeltreiben darstellen.[53] Zu den Teilakten desselben Güterumsatzes,[54] und zur Anwendung des Zweifelsgrundsatzes[55] wird ebenso wie zu den prozessualen Folgen[56] und die Feststellungs-, Darlegungs- und Erörterungspflichten[57] auf die Ausführungen zum Handeltreiben verwiesen.

b) Bewertungseinheit beim Zusammentreffen von Veräußern mit anderen 836 **BtM-Delikten.** Stammen alle zu unterschiedlichen Zeiten – und gegebenenfalls an verschiedene Personen verkauften Teilmengen aus einer einheitlich erworbenen BtM-Menge, so liegt eine bewertungseinheitliche Tat des **Veräußerns** von BtM vor. Stammen verkauftes und unentgeltlich abgegebenes Heroin aus einheitlich erworbenen Heroinmengen, so stehen Veräußern von BtM und deren **Abgabe** in Tateinheit.[58] Wenn das unerlaubte **Anbauen** von BtM nach dem Tatplan dem übergeordneten Ziel des späteren Verkaufs dient, so ist es – im Sinne einer Bewertungseinheit – unselbstständiges Teilstück des umfassenderen Veräußerns von BtM, ohne dass vorher die Frage nach Tateinheit, Tatmehrheit oder Gesetzeskonkurrenz beantwortet werden müsste.[59] Erfüllt ein Gesamtgeschehen des Veräußerns

---

[49] Vgl. BGH 3.8.1990 – 3 StR 245/90, BGHSt 37, 147 (150 ff.) = NStZ 1991, 89 mAnm *Schoreit-Bartner* StV 1990, 548.

[50] BVerfG 14.3.1991 – 2 BvR 337/91, NJW 1991, 2823.

[51] → Rn. 477 (Handeltreiben).

[52] BGH 17.8.2000 – 4 StR 233/00, NStZ 2001, 41; 27.4.1999 – 4 StR 136/99, StV 1999, 431; 24.11.1998 – 4 StR 557/98, NStZ 1999, 192; 24.7.1997 – 4 StR 222/97, NStZ 1998, 89; 22.1.1997 – 3 StR 608/96, NStZ 1997, 243.

[53] Vgl. BGH 22.1.1997 – 3 StR 608/96, NStZ 1997, 243.

[54] → Rn. 479 (Handeltreiben).

[55] → Rn. 513 („Handeltreiben").

[56] → Rn. 522 ff. („Handeltreiben").

[57] → Rn. 515 ff. („Handeltreiben").

[58] BGH 14.12.1993 – 5 StR 695/93, NStZ 1994, 325 *(Schoreit).*

[59] So – für den Tatbestand des Herstellens – BGH 2.11.1988 – 2 StR 571/88, BeckRS 1988, 3109441.

in einem Teilabschnitt gleichzeitig den Tatbestand der **Ausfuhr,** so liegt nach den Grundsätzen der Bewertungseinheit eine einzige Tat vor.[60]

837   Bereits vor Einführung der Rechtsfigur der Bewertungseinheit war man sich darüber einig, dass der **Besitz** von BtM gegenüber den Tatbestandsvarianten des Abs. 1 S. 1 Nr. 1 keinen eigenen Unrechtsgehalt hat. Eine Bestrafung wegen Besitzes kam demgemäß nur in Betracht, wenn die anderen Begehungsweisen nicht nachgewiesen werden konnten.[61] Nunmehr ist nach den Grundsätzen der Bewertungseinheit der unerlaubte Besitz von BtM zum Zwecke der Veräußerung als unerlaubtes Veräußern von BtM zu würdigen.[62] Geht der Besitz jedoch nicht vollständig in der anderen Begehungsform auf, weil eine Teilmenge zum Eigenverbrauch bestimmt ist oder das nicht widerlegt werden kann, besteht insoweit Tateinheit zwischen Veräußern und dem Besitz, nicht Tatmehrheit.[63] Das Besitzen von BtM ist nur dann ein unselbstständiger, im Veräußern aufgehender Teilakt, wenn das Veräußern in Täterschaft begangen wird. Zwischen Beihilfe zum Veräußern und Besitz ist Tateinheit möglich.[64] Wiederum anders ist die Rechtslage, wenn eine **Restmenge** aus einer vorangegangenen Einfuhr- oder Erwerbshandlung vorhanden ist, hinsichtlich derer der Täter erst später den Entschluss fasst, ihn zu veräußern. In diesem Fall werden Einfuhr bzw. Erwerb und Veräußern nicht zu einer Bewertungseinheit zusammengefasst. Diese setzt den Erwerb oder die Einfuhr einer Gesamtmenge voraus, der von vornherein auf den Zweck der gegebenenfalls in einer größeren Zahl von Einzelakten erfolgenden Weiterveräußerung gerichtet ist. Aber auch der Umstand, dass der Täter während der gesamten Dauer der strafbaren Handlungen, nämlich von der Einfuhr bzw. dem Erwerb bis zum Veräußern des BtM durchgängig eine Menge desselben als Gesamtmenge erworbenen BtM unerlaubt in Besitz gehabt hat, rechtfertigt keine andere rechtliche Bewertung. Nach der Rechtsprechung des BGH kommt dem unerlaubten Besitz im BtM-Recht vornehmlich eine Funktion als „Auffangtatbestand" zu; der Besitz ist in aller Regel schon Bestandteil einer anderen nach ihrer tatbestandlichen Ausgestaltung umfassenderen Form des strafbaren Umgangs mit BtM von gesteigertem, keinesfalls aber geringerem Unrechtsgehalt als der bloße Besitz. Der unerlaubte Besitz von BtM hat deshalb nach dieser Rechtsprechung nicht die Kraft, selbstständige Fälle des sonstigen strafbaren Umgangs mit BtM zur Tateinheit zu **verklammern,** weil sich die Begehungsformen des Besitzes und zB des Veräußerns nach ihrem Unrechtsgehalt erheblich unterscheiden, so dass es an der für eine Klammerwirkung erforderlichen Wertgleichheit fehlt.[65]

838   **Besitzt jemand eine nicht geringe Menge** eines BtM, das er teils selbst konsumiert, teils zum Selbstkostenpreis an Freunde für deren Konsum weitergibt, so soll (sowohl der unerlaubte Erwerb, das ist selbstverständlich, als auch) das unerlaubte Veräußern gemäß § 29 Abs. 1 Nr. 1 gegenüber dem Verbrechenstatbestand des Besitzes gemäß § 29a Abs. 1 Nr. 2 zurücktreten.[66] Das ist aber unzutreffend, richtigerweise ist Tateinheit anzunehmen: Über den Bereich der abstrakten Gefährdung hinaus, der den Grund für die Verbrechensstrafbarkeit des Besitzes einer nicht geringen BtM-Menge bildet, wird durch die Weitergabe der Betäubungsmittel an Dritte eine konkrete Gefahr begründet.[67] Deshalb kann in diesen Fällen der Besitz von Betäubungsmitteln in nicht geringer Menge auch den Grundtatbestand des Veräußerns nicht verdrängen; die Delikte stehen vielmehr in Tateinheit zueinander.[68]

839   Muss zum Zwecke der erstrebten Übertragung der Verfügungsgewalt auf einen anderen das BtM durch den Geltungsbereich des BtMG **durchgeführt** werden, so liegt eine einzige

---

[60]   BGH 3.8.1988 – 2 StR 357/88, NStZ 1988, 496.
[61]   BGH 21.2.1974 – 1 StR 588/73, BGHSt 25, 290 (zu 1. und 2.) = NJW 1974, 959.
[62]   BGH 6.10.1995 – 3 StR 346/95, NJW 1996, 469.
[63]   Vgl. BGH 6.5.1983 – 4 StR 486/83, NStZ 1985, 58 *(Schoreit)*; 29.8.1984 – 2 StR 173/84, NStZ 1985, 58 *(Schoreit)*; 6.9.1988 – 1 StR 466/88; 30.6.1998 – 1 StR 293/98, StV 1998, 593.
[64]   BGH 28.11.1995 – 1 StR 619/95, NStZ-RR 96, 116.
[65]   BGH 17.5.1996 – 3 StR 631/95, BGHSt 42, 162 = NJW 1996, 2802 = StV 1996, 668.
[66]   BGH 4.9.1996 – 3 StR 355/96 = NStZ-RR 1997, 49.
[67]   BGH 17.5.1996 – 3 StR 631/95, BGHSt 42, 162 (166) = NJW 1996, 2802 = StV 1996, 668.
[68]   So jetzt auch BGH 24.9.2009 – 3 StR 280/09, BeckRS 2009, 86130: „entgegen seiner bisherigen Auffassung".

bewertungseinheitliche Tat vor.[69] Die Tathandlung der **Einfuhr** von BtM geht, wenn sie sich als unselbständiger Teilakt des unerlaubten Veräußerns darstellt, in diesem Tatbestand als Teil des Gesamtgeschehens auf.[70] Der BGH hat – in Entscheidungen zum Handeltreiben – hiervon jedoch die unerlaubte Einfuhr von BtM in nicht geringer Menge ausgenommen und bejaht insoweit Tateinheit zwischen den Tatbeständen des Handeltreibens und der Einfuhr, seitdem durch das BtMG vom 28.7.1981[71] die Einfuhr von BtM in nicht geringer Menge in § 30 Abs. 1 Nr. 4 als Verbrechen mit höherer Strafe bedroht und damit als die gegenüber dem unerlaubten Handeltreiben mit BtM schwerere Straftat gewertet ist.[72] An dieser Rechtsprechung hat der BGH auch nach der Einführung von § 29a Abs. 1 Nr. 2 durch das OrgKG[73] festgehalten. Zwar ist hiernach das unerlaubte Handeltreiben mit BtM in nicht geringer Menge nunmehr ebenfalls als Verbrechenstatbestand ausgestaltet. Das ändert jedoch nichts daran, dass diese Begehungsweise – wie die gegenüber § 30 Abs. 1 niedrigere Mindeststrafdrohung des § 29a Abs. 1 erkennen lässt – im Vergleich zur unerlaubten Einfuhr von BtM in nicht geringer Menge weiterhin als das weniger schwere Delikt erscheint.[74] Diese Argumentation hat Gültigkeit auch für das Verhältnis von Einfuhr von BtM in nicht geringer Menge zur Abgabe von BtM in nicht geringer Menge (weil Veräußern von BtM in nicht geringer Menge tatbestandlich nicht möglich ist): in einem solchen Fall besteht Tateinheit zwischen den Tatbeständen des Veräußerns und der Einfuhr.

Beziehen sich Erwerb und Veräußern auf ein und dieselbe BtM-Menge und ist diese **840** bereits zum Zwecke des Veräußerns erworben, so werden beide Tatbestände zu einer Bewertungseinheit (des Veräußerns) zusammengefasst.[75] Beruht die Veräußerung auf einem neuen Entschluss, so liegt Tatmehrheit vor.[76] Auch der gleichzeitig vorliegende Besitz hat dann nicht die Kraft, die beiden Tatbestände miteinander zu verbinden.[77] Vor Einführung der Rechtsfigur der Bewertungseinheit war anerkannt, dass das Veräußern in dem umfassenderen Begriff des **Handeltreibens aufgeht,** wenn der Täter mit einem BtM Handel treibt und es zu diesem Zweck verkauft.[78] Nunmehr gilt nach den Grundsätzen der Bewertungseinheit: das unerlaubte Handeltreiben verbindet alle im Rahmen ein und desselben Güterumsatzes aufeinanderfolgenden Teilakte vom Erwerb bis zur Veräußerung zu einer Tat.[79] Wenn das unerlaubte **Herstellen** von BtM nach dem Tatplan dem übergeordneten Ziel des späteren Verkaufs dient, so ist es – im Sinne einer Bewertungseinheit – unselbständiges Teilstück des umfassenderen Veräußerns von BtM, ohne dass vorher die Frage nach Tateinheit, Tatmehrheit oder Gesetzeskonkurrenz beantwortet werden müsste.[80]

c) Konkurrenzen täterschaftlichen Veräußerns mit BtM-Straftaten im Übrigen. **841**
Wird ein Teil der BtM zum Eigenkonsum und ein anderer Teil zum Verkauf **angebaut, hergestellt** oder **erworben,** so liegt Tateinheit zwischen Anbau, Herstellen, Erwerb und Veräußern vor. Wird ein BtM teils zur Deckung des Eigenbedarfs, teils zur Veräußerung angebaut, so müssen die Feststellungen ergeben, welche Mindestmenge zum Veräußern und welche Höchstmenge zum Eigengebrauch vorgesehen war.[81] Soll das BtM zum Teil dem Eigenverbrauch dienen, im Übrigen verkauft werden, besteht zwischen dem Veräußern und dem gleichzeitigen **Besitz** der davon nicht betroffenen Menge Tateinheit.[82] Das Besitzen

[69] BGH 4.5.1983 – 2 StR 661/82, BGHSt 31, 374 = NJW 1983, 1985.
[70] BGH 7.1.1981 – 2 StR 618/80, BGHSt 30, 28; 16.4.1996 – 4 StR 80/95, NStZ-RR 1996, 232.
[71] BGBl. I S. 681.
[72] BGH 24.11.1982 – 3 StR 384/82, BGHSt 31, 163 (165 f.) = NJW 1983, 692.
[73] → Vor § 1 Rn. 79 ff.
[74] BGH 24.2.1994 – 4 StR 708/93, BGHSt 40, 73 = NJW 1994, 1885 = StV 1994, 375.
[75] BGH 22.1.1997 – 3 StR 608/96, NStZ 1997, 243; aA – Tateinheit – *Weber* Rn. 956.
[76] *Weber* Rn. 957.
[77] *Franke/Wienroeder* Rn. 112 (zur Abgabe).
[78] BGH 21.2.1974 – 1 StR 588/74, BGHSt 25, 290; 9.4.1991 – 5 StR 112/91, StV 1993, 38.
[79] BGH 15.6.1994 – 3 StR 54/94, StV 1994, 429; 20.6.1994 – 3 StR 150/94, NStZ 1994, 51.
[80] BGH 2.11.1988 – 2 StR 571/88, BeckRS 1988, 3109441.
[81] Vgl. BayObLG 3.2.2000 – 4 St RR 11/00.
[82] Vgl. BGH 6.5.1983 – 4 StR 486/83, NStZ 1985, 58 *(Schoreit);* 29.8.1984 – 2 StR 173/84, NStZ 1985, 58 *(Schoreit);* 6.9.1988 – 1 StR 466/88; 30.11.1995 – 1 StR 578/95; 30.6.1998 – 1 StR 293/98, StV 1998, 593.

von BtM ist nur dann ein unselbstständiger, im Veräußern aufgehender Teilakt, wenn das Veräußern in Täterschaft begangen wird. Zwischen Beihilfe zum Veräußern und Besitz ist Tateinheit möglich.[83] Wird ein BtM teils zur Deckung des Eigenbedarfs, teils zur Veräußerung besessen, so müssen die Feststellungen ergeben, welche Mindestmenge zum Veräußern und welche Höchstmenge zum Eigengebrauch vorgesehen war.[84]

842 **d) Konkurrenzen von Beihilfe zum Veräußern mit anderen BtM-Delikten.** Die Grundsätze über die Konkurrenzverhältnisse des Veräußerns zu den anderen Begehungsformen nach dem BtMG sind für das täterschaftliche Handeln entwickelt worden.[85] Trifft Beihilfe zum Veräußern mit einer täterschaftlich begangenen anderen Begehungsweise zusammen, so ist Tateinheit anzunehmen. Dies gilt insbesondere auch für den Besitz,[86] der nur dann als subsidiär hinter dem Veräußern zurücktritt, wenn dieses in Täterschaft begangen wird. Trifft Beihilfe zum Veräußern mit Beihilfe zu einer anderen Begehungsweise wie zB zum Erwerb oder zur Einfuhr zusammen, so geht die Letztere als unselbstständiger Teilakt in dem umfassenderen Begriff der Beihilfe zum Veräußern auf.[87]

843 **e) Vorsatzwechsel.** Fasst der Täter nach vorangegangener Einfuhr oder vorangegangenem Erwerb nunmehr den Entschluss, das BtM abzugeben, so liegt **Tatmehrheit** zur Einfuhr bzw. zum Erwerb vor.[88]

844 **2. Straftatbestände anderer Rechtsgebiete.** Für das Zusammentreffen von Veräußerungshandlungen mit Straftaten aus anderen Rechtsgebieten gelten die allgemeinen Konkurrenzregeln.[89] Tateinheit kann mit **fahrlässiger Tötung** (§ 222 StGB) oder fahrlässiger **Körperverletzung** (§ 229 StGB) bestehen. Die unerlaubte Veräußerung von BtM ist als eine der Tatbestandsalternativen des § 29 Abs. 1 S. 1 Nr. 1 im Katalog der Vortaten, an welche die Tathandlung des § 261 StGB anknüpft, genannt (§ 261 Abs. 1 Nr. 2b StGB). Zum Verhältnis der Vortat des Veräußerns zur „Nachtat" der **Geldwäsche** gelten die Ausführungen zu den Konkurrenzen beim Anbau entsprechend.[90] Mehrfacher Transport von Waffen und zu veräußernden BtM über die Bundesgrenze, der jeweils auch dem einheitlichen Zweck des **Menschenhandels** dient, begründet Tateinheit aller verwirklichten Delikte.[91] Fallen **Fahren ohne Fahrerlaubnis** oder **Trunkenheit im Verkehr** und Veräußern zusammen, so liegt Tateinheit vor.[92] Der gleichzeitige Transport von BtM (zum Zwecke der Veräußerung) und von **Waffen** im Kofferraum eines PKW verletzt sämtliche verwirklichten Straftatbestände durch ein und dieselbe Handlung.[93]

VIII. Strafklageverbrauch

845 Zum Begriff der Tat im verfahrensrechtlichen Sinne vgl. die Ausführungen bei → Rn. 552 ff. Eine **zeitnahe Verurteilung** wegen BtM-Besitzes oder wegen unerlaubten Anbaus könnte zu einem Verfahrenshindernis für eine Anklage wegen Veräußerns oder

---

[83] BGH 28.11.1995 – 1 StR 619/95, NStZ-RR 96, 116.

[84] BayObLG 3.2.2000 – 4 St RR 11/00, BeckRS 2000, 30093015.

[85] BGH 6.5.1980 – 1 StR 103/80; 24.3.1981 – 1 StR 100/81, StV 1981, 277; 13.9.1988 – 1 StR 451/88.

[86] BGH 4.3.1993 – 4 StR 69/93, StV 1993, 474; 29.11.1994 – 4 StR 637/94, StV 1995, 197; 23.9.1986 – 5 StR 330/86; 15.10.1997 – 2 StR 393/97; 28.11.1995 – 1 StR 619/95, NStZ-RR 1996, 116; 15.12.1997 – 5 StR 475/97, StV 1998, 587.

[87] BGH 24.6.1986 – 5 StR 153/86, BGHSt 34, 124 = NJW 1986, 2584.

[88] BayObLG 23.11.1973 – 4 St RR 144/73, BayObLGSt 1973, 187; vgl. auch – für einen Fall der Abgabe – OLG Karlsruhe 28.2.1974 – 2 Ss 22/74, NJW 1974, 2061.

[89] → Rn. 543 („Handeltreiben").

[90] → Rn. 101 ff. („Anbauen").

[91] OLG Braunschweig 21.10.1996 – Ss 48/96, NStZ-RR 1997, 80.

[92] BGH 9.11.1984 – 2 StR 257/84, BGHSt 33, 66 = NStZ 1985, 319 mAnm *Roxin*; vgl. auch BGH 27.2.1997 – 1 StR 734/96, für einen Fall der Tateinheit zwischen Einfuhr von BtM und Fahren ohne Fahrerlaubnis und BGH 19.8.1994 – 3 StR 264/94, BeckRS 1994, 31080452 = StV 1995, 62 für einen Fall der Tateinheit zwischen Einfuhr von BtM und Trunkenheitsfahrt.

[93] BGH 26.8.1993 – 4 StR 326/93, BeckRS 1993, 31086157; 25.4.1994 – 5 StR 189/94.

wegen fahrlässiger Tötung (§ 222 StGB) oder fahrlässiger Körperverletzung (§ 230 StGB) führen. Umgekehrt hinderte eine Verurteilung wegen fahrlässiger Tötung (§ 222 StGB) oder fahrlässiger Körperverletzung (§ 230 StGB) eine Anklageerhebung oder eine erneute Verurteilung wegen Veräußerns, wenn der Todesfall oder der Körperschaden auf den Wechsel in der Verfügungsgewalt über ein BtM zurückzuführen ist.

IX. Rechtsfolgen

1. Strafrahmenwahl. Der (Normal-)Strafrahmen reicht von Geldstrafe bis zu fünf Jah- **846** ren Freiheitsstrafe. In besonders schweren Fällen (Abs. 3) reicht der Strafrahmen von einem Jahr Mindeststrafe bis zu 15 Jahren Freiheitsstrafe (§ 38 Abs. 2 StGB). Neben der Strafe kann gem. § 34 Führungsaufsicht (§ 68 Abs. 1 StGB) angeordnet werden. Das Gesetz nennt als besonders schwere Fälle das gewerbsmäßige Veräußern (§ 29 Abs. 3 S. 2 Nr. 1) und die Gesundheitsgefährdung mehrerer Menschen durch das Veräußern (Abs. 3 S. 2 Nr. 2). Zur **Bestimmung des Schuldumfangs,** dh um zu einer schuldangemessenen Strafe gelangen zu können, sind generell Feststellungen zur **Art** des BtM, seiner **Mindestmenge** und seiner nach dem Wirkstoffgehalt zu bestimmenden **Qualität** sowie speziell zum Ein- und Verkaufspreis und zum Anteil der zum Verkauf und zum Eigenverbrauch bestimmten Mengen unentbehrlich.[94] Hinsichtlich der Verwirklichung potentieller Regelbeispiele und zur Annahme eines unbenannten schweren Falles wird auf die Ausführungen bei → Rn. 555 sowie → Rn. 1648 verwiesen.

2. Strafzumessung im engeren Sinne. Innerhalb des nach den vorstehenden Grund- **847** sätzen gewählten Strafrahmens können folgende Strafzumessungsumstände beim Veräußern von BtM von Bedeutung sein:

a) Strafmilderungserwägungen. Speziell in Bezug auf die Straftat des unerlaubten **848** Veräußerns können sich folgende Umstände strafmildernd auswirken: Strafmildernd zu berücksichtigen ist es, wenn die BtM bei oder kurz nach der Übertragung der tatsächlichen Verfügungsmacht **sichergestellt** werden konnten.[95] Die Sicherstellung ist unabhängig von einer polizeilichen Überwachung ein eigenständiger Strafzumessungsgrund.[96] Werden mit Hilfe eines Lockspitzels provozierte strafbare Handlungen so **überwacht,** dass eine erhebliche Gefährdung des angegriffenen Rechtsgutes ausgeschlossen ist, so kann das für die Strafzumessung regelmäßig unter dem Gesichtspunkt des geringeren Erfolgsunwertes der Tat Bedeutung erlangen.[97] Ob die Strafe von diesem Strafzumessungsgrund wesentlich bestimmt wird, hängt jedoch von den sonstigen Umständen ab.[98] Jedenfalls die Kumulation von polizeilicher Überwachung und Sicherstellung der BtM ist ein wesentlicher Strafzumessungsgrund, deren Berücksichtigung sich aufdrängt und als bestimmender Strafzumessungsgesichtspunkt (§ 267 Abs. 3 S. 1 Hs. 2 StPO) erwähnt werden muss.[99] Die Tatsache, dass auf beiden Seiten des Geschäftes, das der Angeklagte vermitteln wollte, **verdeckte Ermittler** tätig geworden sind, ist ein strafmildernder Umstand.[100] Diese vom Handeltreiben her geläufige Konstellation kann auch bei der Veräußerung von BtM auftreten. Die nachhaltige erhebliche **Einwirkung eines Lockspitzels** (gleichgültig, ob polizeiliche Vertrauensperson, polizeilicher Informant oder Verdeckter Ermittler) auf den Täter ist ein wesentlicher Strafmilderungsgrund, wenn nicht bereits ein Verfahrenshindernis anzunehmen ist. Zu den

---

[94] BGH 16.2.2000 – 2 StR 532/99, BeckRS 2000, 31357964 = StV 2000, 318; 18.7.2000 – 4 StR 258/00, BeckRS 2000, 30122900; 20.3.2001 – 1 StR 12/01, BeckRS 2001, 30168508; 9.5.2001 – 3 StR 36/01, BeckRS 2001, 30179486; 15.5.2001 – 3 StR 142/01, BeckRS 2001 30180453.

[95] BGH 19.1.1990 – 2 StR 588/89 für das Handeltreiben.

[96] *Weber* Vor §§ 29 ff. Rn. 848.

[97] Vgl. BGH 15.5.1985 – 2 StR 65/85; 8.11.1985 – 2 StR 446/85, NJW 1986, 1764 jeweils für das Handeltreiben.

[98] BGH 6.12.1989 – 1 StR 529/89 für das Inverkehrbringen von Falschgeld.

[99] BGH 7.2.2012 – BGH 4StR 653/11, NStZ-RR 2012, 153; 5.6.2013 – 4 StR 169/13, NStZ 2013, 662; ggf. bereits bei der Strafrahmenwahl 3.5.2011 – 5 StR 568/10, BeckRS 2011, 15952.

[100] BGH 5.8.1993 – 4 StR 439/93, NStZ 1994, 39.

maßgeblichen Kriterien und den sich ergebenden Möglichkeiten (Einstellung des Verfahrens, Strafmilderung) wird auf die Ausführungen beim Handeltreiben[101] hingewiesen. Strafmildernd kann sich auswirken, dass die Tat sich auf die **„weiche Droge" Cannabis** bezog.[102] Dieser Umstand kann sich bereits auch bereits bei der Strafrahmenwahl strafmildernd auswirken.[103] **Besondere persönliche Umstände** wie wirtschaftliche Not und Fürsorge für die Kinder bei der Strafzumessung für einen Kurier oder Boten[104] ist ebenfalls möglich. **Nicht strafmildernd** darf gewertet werden, dass der Täter die BtM zum Selbstkostenpreis abgab; dies ist Tatbestandsvoraussetzung.[105]

849   **b) Strafschärfungserwägungen.** Im Rahmen der Strafzumessung kommt der **Art des BtM und seiner Gefährlichkeit** eine eigenständige Bedeutung zu.[106] Die besondere Gefährlichkeit von **Heroin** kann strafschärfend gewertet werden,[107] allerdings nur, wenn festgestellt ist, dass dieser Umstand von den Vorstellungen des Täters wenigstens unter billigender Inkaufnahme umfasst war.[108] Wenn der Täter nicht wusste, dass es sich um Heroin handelte, sondern nur allgemein von „gefährlichem Rauschgift" ausging, so bedarf es Feststellungen darüber, dass der Täter Vorstellungen über die Gefährlichkeit eines Rauschgiftes hatte, das derjenigen von Heroin entsprach.[109] Die Gefährlichkeit von **LSD** kann strafschärfend gewertet werden.[110] Dagegen soll **Amphetamin** keine „harte Droge", sondern nur von „mittlerer Gefährlichkeit" sein und auf der Schwereskala der Gefährlichkeit der BtM nur einen mittleren Platz einnehmen;[111] Gleiches soll für die in **Ecstasy**-Tabletten enthaltenen Wirkstoffe **MDE/MDMA** gelten.[112] Bei der Strafzumessung darf ihre Gefährlichkeit daher nicht schärfend berücksichtigt werden.[113] Umgekehrt liegt aber aus demselben Grunde **(„mittlere Gefährlichkeit")** jedenfalls kein Strafmilderungsgrund vor.[114] Es deutet sich aber an, dass der BGH[115] seine Meinung zu den Amphetaminen überdenkt und so den Widerspruch beseitigt, der zu einer Entscheidung des BVerfG[116] besteht, das Amphetamine wegen ihres ausgeprägten Suchtpotentials und ihrer Missbrauchsgefährlichkeit den sogenannten harten Drogen zurechnet. Zur strafschärfenden Wirkung der **Menge** und zu **generalpräventiven Erwägungen** → Rn. 609 sowie → Rn. 611 („Handeltreiben").

850   Auch wenn der Täter nach einem von ihm verursachten Heroinintoxikation-Todesfall nicht wegen leichtfertiger Tötung schuldig gesprochen wird, ist das Gericht nicht gehindert, bei der Bemessung der Strafe für das BtM-Vergehen einen Strafschärfungsgrund darin zu finden, dass der Täter den Tod des Empfängers fahrlässig herbeigeführt hat. Es handelt sich

---

[101] → Rn. 590 ff.

[102] BGH 1.3.1983 – 1 StR 812/82, NStZ 1983, 370; 25.4.1983 – 3 StR 97/83; 13.11.1986 – 4 St 206/86; 2.12.1986 – 1 StR 599/86, StV 1987, 203; 6.3.1987 – 4 St 52/87; 8.4.1988 – 3 StR 117/88, BeckRS 1988, 31098625.

[103] BayObLG 28.4.1988 – RReg. 4 St 42/88, BayObLGSt 1988, 62 (69); 26.2.1992 – RReg 4 St 25/92.

[104] BGH 29.4.1992 – 2 StR 177/92, StV 1992, 570 zu einem Handeltreibensfall.

[105] KPV/*Patzak* Teil 7 Rn. 15.

[106] BGH 5.9.1991 – 4 StR 386/91, NJW 1992, 380; 29.6.2000 – 4 StR 202/00, StV 2000, 613.

[107] BGH 1.9.1993 – 2 StR 308/93; 17.3.1993 – 2 StR 544/92; 1.7.1992 – 2 StR 191/92, NStZ 1992, 489 = JR 1993, 418 mAnm *Hergeth;* 21.1.1992 – 1 StR 598/91; 20.12.1990 – 1 StR 650/90; 19.1.1990 – 2 StR 588/89, BeckRS 1990, 31098201; 21.3.1989 – 1 StR 11/89; 6.8.1982 – 2 StR 430/82; 14.4.1981 – 1 StR 119/81; 17.12.1980 – 2 StR 540/80; 15.1.1980 – 1 StR 730/79.

[108] BGH 20.12.1990 – 1 StR 650/90.

[109] BGH 21.3.1989 – 1 StR 11/89, BeckRS 1989, 31092912.

[110] BGH 1.9.1987 – 1 StR 191/87, BGHSt 35, 43 = NJW 1988, 2960 = EzSt BtMG § 30 Nr. 22 mAnm *Nestler-Tremel* = NStZ 1988, 28 mAnm *Winkler.*

[111] BGH 28.6.1990 – 2 StR 275/90, StV 1990, 494; 10.2.1993 – 2 StR 20/93, StV 1993, 42; 30.10.1996 – 2 StR 508/96, StV 1997, 75; BayObLG 18.10.2001 – 4 St RR 115/01, StV 2002, 261.

[112] BGH 11.9.1997 – 4 StR 319/97.

[113] BGH 30.10.1996 – 2 StR 508/96, StV 1997, 75 und BGH 28.6.1990 – 2 StR 275/90, StV 1990, 494; 10.2.1993 – 2 StR 20/93, StV 1993, 42; BayObLG 18.10.2001 – 4 St RR 115/01, StV 2002, 261.

[114] So auch *Weber* Vor §§ 29 ff. Rn. 786.

[115] BGH 3.4.2002 – 2 StR 84/02, BeckRS 2002 30250583.

[116] BVerfG 4.5.1997 – 2 BvR 509/96 und 2 BvR 511/96, NJW 1998, 669.

insoweit um eine verschuldete Auswirkung (§ 46 Abs. 2 StGB) des BtM-Delikts[117] sowie **verwerfliche Verkaufsmethoden.**[118]

c) Unzulässige Strafzumessungserwägungen. Nicht strafschärfend darf gewertet **851** werden, dass abgegebenes Rauschgift **in den Verkehr** gelangt ist,[119] dass der Angeklagte selbst nicht betäubungsabhängig ist (Verbot strafschärfender Wertung des Fehlens strafmildernder Gründe) oder dass er Maßnahmen zur Verringerung des Entdeckungsrisikos getroffen hat.[120]

3. Absehen von Strafe bzw. Absehen von der Strafverfolgung. Absehen von der **852** Strafverfolgung durch die Staatsanwaltschaft gemäß § 31a Abs. 1 S. 1 bzw. Absehen von einer Bestrafung durch das Gericht gem. § 29 Abs. 5 ist bei Abgabedelikten wegen ihrer Fremdgefährdung nicht möglich. Hier ist aber bei geringer Schuld und fehlendem öffentlichen Interesse an der Strafverfolgung eine Einstellung nach §§ 153, 153a StPO möglich. Das Gericht kann nach § 60 StGB von Strafe absehen.

4. Einziehung und Verfall; Entziehung der Fahrerlaubnis. Zu Einziehung und **853** Verfall siehe § 33, insb. → § 33 Rn. 6–7. Die Anordnung des erweiterten Verfalls (§§ 30 BtMG, 73d StGB aF) war bei der Veräußerung nicht möglich, da gewerbsmäßige Begehungsweise vorausgesetzt war, die infolge fehlender Eigennützigkeit beim Veräußern nicht in Betracht kam. Zur Entziehung der Fahrerlaubnis → Rn. 630 „Handeltreiben".

7. Kapitel. Abgeben (Abs. 1 S. 1 Nr. 1)

Schrifttum: *Oğlakcıoğlu,* Der Allgemeine Teil des Betäubungsmittelstrafrechts, 2013; *Schmidt,* Die Entwicklung des Betäubungsmittelstrafrechts bis Mitte 2014, NJW 2014, 2995.

Übersicht

---

[117] BGH 1.7.1992 – 2 StR 191/92, NStZ 1992, 489 = JR 1993, 418 mAnm *Hergeth.*

[118] BGH 1.7.1992 – 2 StR 191/92, NStZ 1992, 489; 1992, 489 ohne nähere Beschreibung der „Verwerflichkeit"; 30.1.1980 – 3 StR 471/79, NJW 1980, 1344.

[119] BGH 23.6.1993 – 2 StR 47/93.

[120] So aber LG Gießen 1.11.1991 – 9 Js 171 431/90 – 7 KLs; dagegen steht die Rspr. des BGH zur Beseitigung von Tatspuren, vgl. zB BGH 2.2.2002 – 1 StR 195/02, BeckRS 2002, 30269639.

A. Überblick

I. Rechtliche Einordnung

854 Die Vorschrift soll die Verbreitung von BtM und die Ausweitung des Kreises der Teilnehmer am illegalen BtM-Verkehr verhindern.[1] Abgeben iS von § 29 Abs. 1 S. 1 Nr. 1 ist (im
Unterschied zum Abgeben in § 29a Abs. 1 Nr. 1[2]) gegenüber dem Veräußern ein Minus,
weil Entgeltlichkeit fehlt; insofern kommt dem Tatbestand eine Auffangfunktion für die
Fälle zu, in denen sich die Entgeltlichkeit bzw. Umsatzbezogenheit (dann Handeltreiben)
nicht nachweisen lässt.

855 **1. Deliktsnatur.** Das Abgeben von BtM ist ein Erfolgsdelikt.[3] Der tatbestandliche Erfolg
liegt im Übergang der tatsächlichen Verfügungsmacht über die BtM vom Abgebenden auf
den neuen Inhaber. Die Tat setzt folglich Verfügungsmacht des Täters über die BtM voraus
und ist insofern **Sonderdelikt**. § 28 Abs. 1 findet auf den Teilnehmer Anwendung.

856 **2. Verfassungsmäßigkeit.** Für die Strafvorschrift des unerlaubten Abgebens von BtM
gelten dieselben verfassungsrechtlichen Einwände, die dem Betäubungsmittelrecht im Allgemeinen entgegengehalten werden, mag man bei einer „stufenweisen" bzw. „isolierten"
Betrachtung sie zu den verfassungsrechtlich weniger problematischen Handlungsmodalitäten
zählen.[4] Ihre Legitimität speist sie aus dem Umstand, dass auch die unentgeltliche Übertragung von BtM zu einer Weiterverbreitung führt und damit eine Gefährdung der von der
h.M. zugrunde gelegten „Rechtsgüter" bewirkt. Die unentgeltliche Abgabe von Drogen
findet nicht selten in einem sozialen Umfeld statt, in dem sich besonders gefährdete Personen

---

[1] Vgl. BGH 20.1.1982 – 2 StR 593/81, BGHSt 30, 359 = NJW 1982, 1337; 3.8.1990 – 3 StR 245/90,
BGHSt 37, 147 (150 ff.) = NStZ 1991, 89 mAnm *Schoreit-Bartner* StV 1990, 548.

[2] → § 29a Rn. 64 ff.

[3] AA für die insoweit gleichgelagerte Tatbestandsvariante des Veräußerns: *Malek* Rn. 253: Unternehmensdelikt.

[4] Dies sieht auch BVerfG 9.3.1994 – 2 BvL 43/92 ua, BVerfGE 90, 145 = NJW 1994, 1577 (1582), wenn
es an entsprechender Stelle heißt: „Auch die Abgabe führt zu einer Weiterverbreitung von Cannabisprodukten
und bewirkt damit eine Gefährdung fremder Rechtsgüter. Die Gefährlichkeit dieser Begehungsform ist zwar
deutlich geringer einzuschätzen als die des Handeltreibens; denn die Fälle des Verschenkens von Cannabisprodukten haben schon zahlenmäßig eine geringere Bedeutung als die entgeltliche Veräußerung. Dennoch darf
der Gesetzgeber von einem Gefahrenpotential auch dieser Begehungsform ausgehen. Die unentgeltliche
Abgabe der Droge findet nicht selten in einem sozialen Umfeld statt, in dem sich besonders gefährdete
Personen wie etwa Jugendliche oder psychisch Labile oder Dauerkonsumenten von Cannabisprodukten befinden. Die Abgabe der Droge eröffnet in solchen Fällen ein Gemeinschaftserlebnis, durch das bisher nicht
zum Kreis der Konsumenten gehörende Personen zum Drogenkonsum verleitet oder bestehende psychische
Abhängigkeiten von der Droge verfestigt werden können."

wie etwa Jugendliche oder psychisch Labile oder Dauerkonsumenten von BtM befinden. Insofern wird darauf aufmerksam gemacht (vgl. noch die Vorauflage), dass die Abgabe von Drogen in solchen Fällen ein „Gemeinschaftserlebnis" eröffne, „durch das bisher nicht zum Kreis der Konsumenten gehörende Personen zum Drogenkonsum verleitet oder bestehende psychische Abhängigkeiten von der Droge verfestigt werden können".[5]

II. Kriminalpolitische Bedeutung, PKS

In der Praxis kommt dem Tatbestand der Abgabe keine große Bedeutung zu,[6] weil er **857** zumeist einen Teilakt entweder des Handeltreibens oder der Veräußerung darstellt.[7] Der Anwendungsbereich dieser Tatbestandsalternative ist deshalb im Wesentlichen auf die Fälle beschränkt, in denen sich Entgeltlichkeit oder Eigennutz nicht nachweisen lässt oder eine Schenkung positiv feststeht. Zum Bericht der Bundesregierung 1989 siehe die 1. Auflage. Die **PKS** enthält keine Daten über die Häufigkeit von reinen Abgabedelikten, weil sie nicht gesondert erfasst werden.

III. Rechtsentwicklung

1. Einfluss internationaler Übereinkommen. Die völkerrechtlichen Verpflichtungen **858** zur Strafbewehrung der unerlaubten Abgabe von BtM soll sich aus Art. 36 Abs. 1 Buchst. a Übk. 1961 (dort in der Form folgender Begehungsweisen: „Verteilen, (…) Verkaufen, Liefern – gleichviel zu welchen Bedingungen –, […] Versenden – auch im Durchfuhrverkehr –, Befördern") ergeben. Daneben nennen Art. 5, 7 Buchst. b, 22 Abs. 1 Buchst. a Übk. 1971 und Art. 3 Abs. 1 Buchst. a Ziffer i **Übk. 1988** folgende Begehungsweisen: „Verteilen, Verkaufen, Liefern – gleichviel zu welchen Bedingungen –, (…) Versenden – auch im Transit –, Befördern").

2. Innerstaatliches Recht. Die unerlaubte Abgabe von BtM ist durch das OpiumG **859** 1920 in das deutsche BtM-Strafrecht aufgenommen und in § 8 Nr. 1 unter Strafe gestellt worden. Der Tatbestand wurde unverändert über das OpiumG 1929 in das BtMG 1972 (§ 11 Abs. 1 Nr. 1) übernommen. Das jetzt geltende BtMG 1982 hat die in den Vorgängergesetzen eingehaltene Reihenfolge der Tatbestände der Abgabe und der Veräußerung umgedreht und in die jetzige Reihenfolge gebracht. In der Begründung des Gesetzentwurfes[8] heißt es: „Der Begriff der Abgabe umfasst die Veräußerung (…); entsprechend der Systematik des Entwurfs ist daher die Veräußerung der Abgabe voranzustellen." Das OrgKG[9] erweiterte den Strafrahmen des Abs. 1 auf „bis zu fünf Jahre".

B. Erläuterung

I. Geltungsbereich

1. Inlands-/Auslandstaten. Inlandstaten unterliegen dem BtM-Strafrecht unabhängig **860** davon, ob die Tat durch einen Ausländer oder einen Deutschen begangen wurde.

Unerlaubte Abgabe von BtM (auch Erwerb im Ausland mit dem Ziel der Abgabe im **861** Inland[10]) ist kein **unbefugter Vertrieb**[11] von BtM nach § 6 Nr. 5 StGB, weil die Entgelt-

---

[5] Vgl. BVerfG 9.3.1994 – 2 BvL 43/92 ua, BVerfGE 90, 145 = NJW 1994, 1577 = JZ 1994, 863 = StV 1994, 295.
[6] Vom faktischen Geschehen her hält HJLW/*Winkler* Rn. 8.1 die Abgabe für eine der wichtigsten Alternativen des § 29 Abs. 1 Nr. 1.
[7] Zur Abgrenzung vom Inverkehrbringen vgl. *Horn* NJW 1977, 2329 (2333).
[8] Stellungnahme des Bundesrates BT-Drs. 8/3551, 43; Bericht des Ausschusses für Jugend, Familie und Gesundheit BT-Drs. 9/500 (neu), 2.
[9] → Vor § 1 Rn. 86 ff.
[10] BGH 24.9.2009 – 3 StR 280/09, BeckRS 2009, 86130 = StV 2010, 131.
[11] Zum Begriff → Vor § 29, Rn. 122.

lichkeit fehlt. Das Weltrechtsprinzip, das die Anwendbarkeit deutschen Strafrechts unabhängig vom Recht des Tatorts begründete, kommt daher nicht zur Anwendung.

862 **a) Abgeben von BtM durch einen Ausländer im Ausland.** Das Abgeben von BtM durch einen Ausländer[12] im Ausland ist nach deutschem Strafrecht nicht strafbar. Erlangt ein Ausländer nach einer solchen Tat die **deutsche Staatsbürgerschaft,** ist er nach § 7 Abs. 2 Nr. 1 Alt. 2 StGB strafbar, wenn die Tat am Tatort mit Strafe bedroht ist oder der Tatort keiner Strafgewalt unterliegt. Hier ist ein originärer Strafanspruch entstanden, der mit der freiwilligen nachträglichen Unterwerfung unter deutsches Strafrecht begründet wird.[13]

863 **b) Abgeben von BtM durch einen Deutschen im Ausland.** Gibt ein **Deutscher**[14] im Ausland BtM ab, so ist er nach deutschem BtM-Strafrecht strafbar, wenn die Tat am Tatort mit Strafe bedroht ist oder der Tatort keiner Strafgewalt unterliegt (§ 7 Abs. 2 Nr. 1 Alt. 1 StGB).[15]

864 **2. Grenzüberschreitende Mehrfachverfolgung.** Zur Frage der Strafbarkeit von Auslandstaten und der damit einhergehenden Frage der Mehrfachverfolgung → Vor § 29 Rn. 165 ff.

II. Objektiver Tatbestand

865 **1. Begriff der Abgabe. a) Fehlende Legaldefinition.** Der Begriff „Abgabe" wird in den Vorschriften des Ersten Abschnitts des BtMG (§§ 1 und 2 – „Begriffsbestimmungen") nicht genannt. Andere im Gesetz verwendete, im Ersten Abschnitt nicht genannte Begriffe werden dagegen vom Gesetzgeber offenbar als bekannt vorausgesetzt,[16] so auch der Begriff der Abgabe. (Allerdings ist der in § 29a Abs. 1 Nr. 1, § 30 Abs. 1 Nr. 2, Nr. 3 verwendete Begriff der Abgabe in einem weiteren, umfassenderen Sinne zu verstehen).[17]

866 **b) Herrschendes Begriffsverständnis.** Abgabe ist die **Übertragung der eigenen tatsächlichen Verfügungsgewalt** über ein BtM **ohne** ein auf ein **Entgelt** gerichtetes Rechtsgeschäft **auf eine andere Person zu deren eigener freier Verfügung.**[18] Im Gegensatz zum zivilrechtlichen Verständnis ist die Verfügungsgewalt nicht normaler Bestandteil eines Vermögensrechts, der dem Berechtigten zukommt, sondern ähnlich wie der Besitz, der im Strafrecht als bewusstes **tatsächliches Herrschaftsverhältnis** verstanden wird, die tatsächliche Möglichkeit, auf einen Gegenstand, hier das BtM, nach Belieben und ohne entscheidende Einflussnahme anderer Personen einzuwirken.[19] Demgemäß hat übertragbare Verfügungsgewalt auch ein Dieb oder Hehler von BtM ebenso wie derjenige, der abredewidrig ihm zur Aufbewahrung übergebene BtM an Dritte weitergibt.

867 In bedeutungsgleicher Verwendung wie im BtMG – **Übertragung der Verfügungsgewalt** – kommt der Begriff in folgenden Rechtsgebieten vor: ApBetrO, AMVV, BtMVV, AMG, TFG, GenTG, LFBG, IfSG, KrW/AbfG, StVollstrO, StGB (§ 328), MPG (Medizinprodukte G), EnWG, TierschutzG, BNatSchG, JarbSchG, ChemG, GefStoffV. Wie im BtMG („sonstiges Inverkehrbringen") wird die Abgabe in den Gesetzen, die sich um eine

---

[12] → StGB § 7 Rn. 27.

[13] Krit. zu Problematik hinsichtlich des Nullum-Crimen-Grundsatzes und des Rückwirkungsverbots → StGB § 7 Rn. 26; SK-StGB/*Hoyer* StGB § 7 Rn. 11.

[14] hierzu → StGB § 7 Rn. 19 ff.

[15] S. allgemein zum aktiven Personalitätsprinzip → StGB § 7 Rn. 4, 19 ff.; S. Nachweise bei *Meyer,* BtM-Strafrecht in Westeuropa; *Sagel-Grande* in *Kreuzer,* HdB des BtM-Strafrechts, § 23.

[16] *Franke/Wienroeder* § 2 Rn. 1.

[17] → § 29a Rn. 64.

[18] Vgl. BGH 23.11.1988 – 3 StR 503/88, BeckRS 1988, 31105723 = StV 1989, 201; 11.12.1990 – 1 StR 571/90, StV 1991, 208; 19.10.1995 – 4 StR 570/95; 2.4.1997 – 2 StR 53/97, NStZ 1997, 383; 29.9.1998 – 4 StR 403/98, NStZ-RR 1999, 89 = StV 1999, 428; 14.3.2002 – 3 StR 469/01, BeckRS 2002, 02890; BayObLG 20.10.2003 – 4 St RR 120/2003, BayObLGSt 2003, 116 = NStZ 2004, 401 = StV 2004, 66.

[19] *Pfeil/Hempel/Schiedermair/Slotty* Rn. 11.

Systematisierung bemühen („Begriffsbestimmungen") als Unterfall des Inverkehrbringens angesehen (§ 4 Nr. 17 AMG, § 7 Ab. 2 Nr. 18 BNatSchG, § 3 Nr. 9 ChemG, § 3 Nr. 6 GenTG, § 3 Nr. 1 LFBG, § 3 Nr. 11 MPG, § 2 Nr. 13 PflSchG).

c) Die Definitionsbestandteile der Abgabe im Einzelnen. Nach dieser Definition **868** ist die Erfüllung folgender Merkmale erforderlich:

aa) Abgebender. Die Übertragung der Verfügungsgewalt (-macht) über das BtM erfor- **869** dert zunächst, dass der Abgebende eigene freie Verfügungsmacht über das BtM hat.[20] Tatsächliche Verfügungsgewalt setzt **kein Eigentum** voraus,[21] wohl aber, dass sie der Abgebende diese **schon innehat** und sich das BtM nicht erst beschaffen muss. Sie hat in aller Regel der **Kurier nicht,** da er normalerweise als bloßer Bote oder Besitzdiener fungiert.[22] Sie behält hingegen der **Hinterleger** von BtM als mittelbarer Besitzer, zB derjenige, der über den Schlüssel zu einem Schließfach verfügt, in dem sich BtM befinden, wie auch derjenige, der einen Gepäckschein innehat, wenn das BtM zur Gepäckaufbewahrung gegeben wurde. Dabei macht es keinen Unterschied, ob der Täter selbst unmittelbar besitzt oder ob er anderweitig einen so sicheren Zugang zu dem an irgendeiner Stelle verwahrten BtM hat, dass er tatsächlich darüber verfügen kann;[23] aber auch derjenige, der das BtM bei einem anderen verwahrt, von dem der Übernehmende es dann abholen kann. Freie Verfügungsmacht hat schließlich auch der **Verwahrer,** der eigenmächtig verwahrte BtM an Dritte (kostenlos) weitergibt.[24]

bb) Empfänger. Der Empfänger muss das BtM **tatsächlich übertragen** bekommen.[25] **870** „Die Abgabe ist ein dingliches Geschäft".[26] Auch auf der Seite des Empfängers kann ein Besitzdiener oder Besitzmittler zwischengeschaltet sein (zB ein Empfangskurier oder ein Bote). Die tatsächliche Übertragung der Verfügungsgewalt kann sich sogar vollziehen, ohne dass sich im Zeitpunkt der Übertragung irgendetwas am Besitzmittlungsverhältnis ändert (Übergabe des Gepäckscheins, Benennung des Verwahrers). Der Empfänger darf nicht zuvor bereits Inhaber der tatsächlichen Verfügungsgewalt über das BtM gewesen sein. Die Vorschriften über das Veräußern, Abgeben und Inverkehrbringen von BtM sollen verhindern, dass der Kreis der Personen, die zu dem BtM in Beziehung stehen, erweitert, dh dass das BtM **weiter verbreitet** wird.[27] Die Rückgabe ist keine Abgabe.[28] Gleiches gilt, wenn der Empfänger ohnehin als Mittäter am Erwerb beteiligt war und später bei der Aufteilung der gemeinsam erworbenen Menge seinen Anteil übergeben erhält.[29]

cc) Freie Verfügung. Die Übertragung der tatsächlichen Verfügungsgewalt über das **871** BtM auf den Empfänger liegt nur dann vor, wenn der Empfänger es **nach Belieben verbrauchen oder weitergeben** kann.[30] Daran fehlt es (keine Möglichkeit zu beliebiger Verfügung), wenn das BtM dem Empfänger zum sofortigen Verbrauch an Ort und Stelle hingegeben wird;[31] eine solche Fallgestaltung wird von der weiteren Tatbestandsalternative

---

[20] Franke/*Wienroeder* Rn. 106.
[21] Vgl. *Weber* Rn. 972 und 922.
[22] BayObLG 25.4.1951 – RevReg. Nr. III 53/51, BayObLGSt 1950/51, 385; BGH 9.10.1974 – 3 StR 245/74; OLG München 8.10.2014 – 4 OLG 13 Ss 452/14, BeckRS 2015, 15173.
[23] BGH 3.3.1978 – 2 StR 717/77, BGHSt 27, 380 = NJW 1978, 1696.
[24] Vgl. KPV/*Patzak* Teil 8 Rn. 11.
[25] StRspr, vgl. zB BGH 3.8.1990 – 3 StR 245/90, BGHSt 37, 147 (150 ff.) = NStZ 1991, 89 mAnm *Schoreit-Bartner* StV 1990, 548.
[26] So *Weber* Rn. 980.
[27] BGH 20.1.1982 – 2 StR 593/81, BGHSt 30, 359 = NJW 1982, 1337; 3.8.1990 – 3 StR 245/90.
[28] Vgl. BGH 25.11.1980 – 1 StR 508/80, StV 1981, 127; 20.1.1982 – 2 StR 593/81, BGHSt 30, 359 = NJW 1982, 1337.
[29] BGH 10.4.1984 – 4 StR 172/84, BeckRS 1984, 31111562 = StV 1984, 248.
[30] BGH 23.11.1988 – 3 StR 503/88, BeckRS 1988, 31105723 = StV 1989, 201; 11.12.1990 – 1 StR 571/90, StV 1991, 208; 19.10.1995 – 4 StR 570/95; 2.4.1997 – 2 StR 53/97, NStZ 1997, 383; 18.11.1997 – 4 StR 542/97, NStZ-RR 1998, 150; 29.9.1998 – 4 StR 403/98, NStZ-RR 1999, 89 = StV 1999, 428.
[31] BGH 11.12.1990 – 1 StR 571/90 = StV 1991, 208; 8.7.1998 – 3 StR 241/98, NStZ-RR 1998, 347 = StV 1998, 592 Ls.; 24.4.2003 – 3 StR 369/01, BeckRS 2003, 04642; 4.6.2008 – 2 StR 577/07, BGHSt 52,

des Überlassens zum unmittelbaren Verbrauch erfasst („weshalb sich beide Begehungsweisen hinsichtlich der gleichen Drogen grundsätzlich gegenseitig ausschließen[32]"). Keine Abgabe zur freien Verfügung liegt vor, wenn ein BtM-Händler einem anderen, der für ihn ein Betäubungsmittelgeschäft vermittelt hat, das BtM mit der Weisung übergibt, er solle es dem Abnehmer gegen Zahlung des Kaufpreises aushändigen.[33] Zur Abgabe für die Durchführung eines Drogentests → § 4 Rn. 15 ff.

872   **dd) Ohne ein auf ein Entgelt gerichtetes Rechtsgeschäft.** Der BGH[34] definiert die Abgabe in stRspr als „Übertragung der eigenen tatsächlichen Verfügungsgewalt ohne rechtsgeschäftliche Grundlage und ohne Gegenleistung an einen Dritten". Steht jedoch fest, dass der Übertragung der Verfügungsgewalt eine Gegenleistung, ein Entgelt, gegenübersteht, so liegt Veräußerung (falls kein Gewinn des Abgebenden gegeben ist) oder Handeltreiben (bei Eigennutz) vor. Die Formulierung „ohne rechtsgeschäftliche Grundlage und ohne Gegenleistung" erweist sich bei genauer Betrachtung als unzutreffend. Regelmäßig liegt der Abgabe tatsächlich ein Rechtsgeschäft zugrunde, nämlich ein **„Schenkungsvertrag".** Natürlich ist dieser Vertrag wegen § 134 BGB nichtig, aber dieser Einwand träfe auch auf die Veräußerung zu, die nach allgemeiner Meinung durch ihre rechtsgeschäftliche Grundlage von der Abgabe zu unterscheiden ist.[35]

873   Mit der Formulierung „ohne rechtsgeschäftliche Grundlage und ohne Gegenleistung" ist ersichtlich gemeint: „ohne ein auf ein Entgelt gerichtetes Rechtsgeschäft", dh Abgebender und Übernehmender sind sich einig, dass die Übertragung der Verfügungsgewalt unentgeltlich, also ohne jedwede Gegenleistung erfolgen soll. Hauptfälle der unentgeltlichen Rechtsgeschäfte sind die Schenkung und (seltener) das zinslose Darlehen, das vor allem dann vorliegt, wenn Abhängige sich bei Entbehrung des BtM gegenseitig aushelfen. Hauptanwendungsfall in der Rechtsprechung sind dagegen die Fälle, in denen sich keine **Feststellungen** dazu treffen lassen, ob der Täter entgeltlich übertragen hat, oder in denen der Zweifelsgrundsatz gebietet, von Unentgeltlichkeit auszugehen.[36]

874   **Keine Abgabe** ist der Tausch,[37] weil der Hingabe von BtM eine Gegenleistung gegenübersteht; hier liegt, wenn BtM getauscht werden, auf beiden Seiten Veräußern vor, oder sogar Handeltreiben für denjenigen, für den das Geschäft vorteilhaft ist oder sein soll. **Keine Frage der Tatbestandsmäßigkeit,** sondern evtl. eine Frage der Konkurrenzen ist der hinter der Abgabe stehende Zweck. Die Abgabe braucht keinen besonderen Zweck zu verfolgen. Sollte die unentgeltliche Abgabe von BtM aber dem Zweck dienen, den Empfänger als künftigen Kunden zu gewinnen **(„Kundenwerbung"),** so liegt in der Abgabe ein Handeltreiben.[38] An der Erfüllung des Tatbestandes der Abgabe ändert sich gleichwohl nichts; die Abgabe stellt sich dann allerdings als unselbstständiger Teilakt des Handeltreibens dar.[39] Gleiches gilt auch für die Fälle, in denen der Abgebende (meistens ein Verwahrer) selber unentgeltlich abgibt und uneigennützig handelt, seine Tätigkeit Teilakt des Handeltreibens eines Hintermannes ist; in diesem Fall liegt Beihilfe zum Handeltreiben vor.[40] Diese Beispielsfälle zeigen, dass – selbst wenn der hinter der Abgabe stehende Zweck zunächst keine Bedeutung zu haben scheint – dennoch stets auch das Motiv des Abgebenden hinterfragt werden kann.

271= NJW 2008, 2596 = StV 2008, 471; vgl. auch OLG Koblenz 17.8.2006 – 1 Ss 91/06, BeckRS 2006, 10877.

[32] BGH 24.4.2003 – 3 StR 369/01, BeckRS 2003, 04642.

[33] BGH 14.3.2002 – 3 StR 469/01, BeckRS 2002 30246720.

[34] BGH 19.10.1995 – 4 StR 570/95; 2.4.1997 – 2 StR 53/97, NStZ 1997, 383; 29.9.1998 – 4 StR 403/98, NStZ-RR 1999, 89 = StV 1999, 428.

[35] BGH in stRspr seit BGH 3.8.1990 – 3 StR 245/90, BGHSt 37, 147 (150 ff.) = NStZ 1991, 89 mAnm *Schoreit-Bartner* StV 1990, 548.

[36] Vgl. zB BGH 23.11.1988 – 3 StR 503/88, BeckRS 1988, 31105723 = StV 1989, 21.

[37] So aber HJLW/*Winkler* Rn. 8.2; *Eberth/Müller/Schütrumpf* Rn. 95.

[38] AA Pfeil/Hempel/Schiedermair/*Slotty* Rn. 14.

[39] BGH 29.5.1984 – 1 StR 262/84.

[40] Vgl. BGH 29.9.1998 – 4 StR 403/98, NStZ-RR 1999, 89 = StV 1999, 428.

2. BtM als Tatobjekte. Die Tathandlung der Abgabe muss sich auf BtM beziehen. 875
BtM sind die in der Positivliste der Anlagen I bis III zum BtMG aufgeführten Stoffe und
Zubereitungen. Die Besonderheit bei der Tatbestandsvariante des Handeltreibens, wonach
die Tätigkeit sich nicht notwendig unmittelbar auf ein BtM beziehen muss,[41] gilt bei der
Abgabe nicht. Die **Abgabe von Designerdrogen** ist nicht nach dem BtMG strafbar.

3. Erlaubnis. Zur Erlaubnis als Merkmal des objektiven Tatbestands,[42] vgl. die Erläute- 876
rungen bei § 3. Soweit die Teilnehmer am legalen Verkehr (insb. die Protagonisten der
medizinischen Versorgung) ihren Handlungsrahmen überschreiten (mithin schlicht erlaubnispflichtige Abgabehandlungen vornehmen bzw. die Ausnahmen von der Erlaubnispflich-
tigkeit gem. § 4 nicht greifen), können diese sich ebenfalls der unerlaubten Abgabe strafbar
machen.[43]

III. Subjektiver Tatbestand

Das unerlaubte Abgeben von BtM nach Abs. 1 S. 1 Nr. 1 ist sowohl in vorsätzlicher wie 877
auch in fahrlässiger (Abs. 4)[44] Begehungsweise strafbar, wobei bedingter Vorsatz ausreicht.

1. Vorsatz. Zu den einzelnen Elementen des Vorsatzes[45] und zur Abgrenzung von 878
bedingtem Vorsatz und bewusster Fahrlässigkeit[46] wird auf die Erläuterungen Vor § 29
verwiesen. Danach muss der Täter wissen (für möglich halten), dass er mit seinem Verhalten
BtM auf einen anderen zu dessen freien Verfügung überträgt. Des Weiteren muss er eine
ungefähre **Vorstellung von der BtM-Eigenschaft** des abzugebenden Stoffes haben. Näheres hierzu siehe oben Handeltreiben (→ Rn. 396).

2. Irrtumskonstellationen. Zu den möglichen Irrtumskonstellationen in Bezug auf 879
Art und Eigenschaft des BtM bzw. über die Erlaubnis wird auf die Vor § 29 (→ Vor § 29
Rn. 105 ff.) verwiesen.

3. Fahrlässigkeit. Lässt sich vorsätzliche Handlungsweise nicht feststellen, so muss der 880
Tatrichter aufgrund seiner **Pflicht zur erschöpfenden Aburteilung der Tat** prüfen, ob
nicht jedenfalls fahrlässige Tatbegehung vorliegt.[47] Insoweit wird auf die Darstellung bei
Abs. 4[48] Bezug genommen.

IV. Täterschaft und Teilnahme

Die Abgrenzung zwischen (Mit-)Täterschaft und Teilnahme erfolgt auch bei der uner- 881
laubten Abgabe nach allgemeinen Grundsätzen des Strafrechts und bereitet selten Probleme,
da es sich bei den Abgabedelikten (Rn. 885) um **Sonderdelikte** handelt, bei denen nur
derjenige als Täter in Betracht kommt, welcher die tatsächliche Verfügungsgewalt über die
Betäubungsmittel innehat.[49] Eine Abgabe in **Mittäterschaft** erscheint nur denkbar, wenn
zwei Personen gemeinsam (die Verfügungsgewalt ausübend) das Betäubungsmittel an einen
Dritten reichen.[50] Wer mitwirkt am Übergang der Verfügungsbefugnis von einer Person
auf eine andere, ohne selber frei verfügungsberechtigt zu sein, kann nur **Teilnehmer** sein.
Es bedarf daher bei Besitzmittlungsverhältnissen genauer Feststellung und Darlegung, wer
wann Inhaber der tatsächlichen Verfügungsgewalt geworden (oder geblieben) ist.[51]

---

[41] → § 29 Rn. 338 ff.
[42] → § 3 Rn. 39 ff.
[43] KPV/*Patzak* Teil 8 Rn. 22.
[44] → Rn. 1695 ff.
[45] → Vor § 29 Rn. 54 ff.
[46] → Vor § 29 Rn. 61.
[47] Vgl. BGH 16.12.1982 – 4 StR 644/82, NStZ 1983, 174 (175); 11.2.1998 – 3 StR 546/97.
[48] → Rn. 1694 ff.
[49] *Oğlakcıoğlu*, BtMG AT, S. 616 f.
[50] Bzw. die Abgabe jedenfalls mit Willen des Verfügungsberechtigten erfolgt.
[51] *Weber* Rn. 984.

V. Deliktsverwirklichungsstufen

882   Die Abgrenzung zwischen den verschiedenen Deliktsverwirklichungsstufen folgt allgemeinen Grundsätzen des Strafrechts.

883   **1. Versuch und straflose Vorbereitung. a) Strafbarkeit des Versuchs.** Der Versuch ist gem. Abs. 2 unter Strafe gestellt. Da es sich um das Pendant zum unerlaubten Erwerb handelt,[52] geht die h.M. davon aus, dass auch der Versuchsbereich für beide Beteiligten am Verfügungswechsel parallel verläuft. Da Versuchshandlung und rechtlicher Erfolg nahe liegen, sind Entscheidungen zum „versuchten" Verfügungswechsel rar, und man kann sich ihn wohl nur in der Konstellation des untauglichen Versuchs als praktisch relevant vorstellen.[53]

884   **b) Straflose Vorbereitungshandlungen.** Vorbereitungshandlungen sind Tätigkeiten, die auf die Verwirklichung des Tatbestandes gerichtet sind, die aber noch vor der Handlung liegen, mit der nach dem Tatplan unmittelbar zur Tatbestandsverwirklichung angesetzt werden soll. Straflose Vorbereitungshandlungen sind zB: die bloße Vereinbarung, das BtM später zu übergeben,[54] Bemühungen, das BtM erst zu beschaffen, das abgegeben werden soll.[55] In dem bloßen **Aufbewahren von Betäubungsmitteln** kann, auch wenn es dem gewinnbringenden Weiterverkauf dient, kein unmittelbares Ansetzen zum Tatbestand der unerlaubten Abgabe gesehen werden (was v.a. von Relevanz ist, wenn lediglich mit Normalmengen Handel getrieben wird, mithin das Handeltreiben im Grundtatbestand vollendet ist, und die Frage im Raum steht, ob zumindest eine Abgabe in nicht geringen Mengen im Raum steht).[56] Steht fest, dass ein Verhalten vorliegt, das als straflose Vorbereitungshandlung zu bewerten ist, kann dennoch aus anderen Gründen Strafbarkeit gegeben sein: Geht es bei der Vorbereitungshandlung um ein Verbrechen (zB Abgabe von BtM an Minderjährige oder in nicht geringer Menge gem. § 29a Abs. 1 Nr. 1 oder Nr. 2), so kommt ein Versuch der Beteiligung in Form der Verabredung zu einem Verbrechen (§ 30 Abs. 2 StGB) in Betracht.[57] Die zugesagte Mitwirkungshandlung darf allerdings nicht nur in einer Beihilfehandlung bestehen; eine solche wäre nicht strafbar.[58]

885   **c) Versuchshandlungen.** Versuchshandlungen sind Tätigkeiten, mit denen nach dem Tatplan unmittelbar zur Tatbestandsverwirklichung angesetzt werden soll. Der Versuch der Abgabe eines BtM setzt voraus, dass der Täter zur Überlassung des BtM ansetzt.[59] Dies folgt aus dem Charakter des Tatbestandes als „dingliches Geschäft", dh aus der Tatsache, dass die dingliche Übertragung der tatsächlichen Verfügungsgewalt den tatbestandlichen Erfolg ausmacht. Wenn also der Täter aus seiner Sicht zu dem dinglichen Vorgang der Übertragung der tatsächlichen Verfügungsgewalt unmittelbar ansetzt, ist die Grenze von der Vorbereitungshandlung zum Versuch überschritten. Daher reicht der Transport der abzugebenden BtM zum Übergabe noch nicht aus, darin liegt noch eine – in Bezug auf die Abgabe – straflose Vorbereitungshandlung.[60] Die bloße Vereinbarung, das Haschisch

---

[52] Veräußern sowie Abgeben contra Erwerben; Inverkehrbringen contra Sichverschaffen. Beim Veräußern ist umstritten, ob es nicht aufgrund seines Charakters „als Handeltreiben ohne Eigennutz" entsprechend ausgelegt werden müsste und die Veräußerungsbemühungen dementsprechend ausreichen; eher restriktiv KPV/ *Patzak* Teil 7 Rn. 2. („Einräumung der Verfügungsgewalt").

[53] Übergabe bzw. Erhalten von Mehl in der Vorstellung, es handele sich um Kokain.

[54] Vgl. BayObLG 30.4.1993 – 4 St RR 59/93.

[55] Vgl. KPV/*Patzak* Teil 8 Rn. 24.

[56] BGH 5.2.2014 – 1 StR 693/13, NStZ 2014, 717; vgl. auch *Schmidt* NJW 2014, 2995 (2997).

[57] Vgl. BGH 14.5.1996 – 1 StR 245/96, NStZ 1996, 57.

[58] BGH 1.3.1960 – 5 StR 22/60, BGHSt 14, 156 = NJW 1960, 1163.

[59] Vgl. BayObLG 30.4.1993 – 4 St RR 59/93; vgl. auch BGH 7.7.1994 – 1 StR 313/94, BGHSt 40, 208 = NJW 1994, 3019 = StV 1995, 25 für den „umgekehrten Vorgang" (so Franke/*Wienroeder* Rn. 109) Erwerb.

[60] Wie hier BayObLG 30.4.1993 – 4 St RR 59/93; anders – Versuch – HJLW/*Winkler* Rn. 8.4 zu § 29; wiederum anders – Vollendung – LG Hamburg 5.10.1973 – 144 Js 1412/72, mitgeteilt bei HJLW/*Winkler* Rn. 8.3.

später zu übergeben, und eine Anzahlung auf den Kaufpreis" genügt ebenso nicht. Da das Delikt mit Besitzübertragung vollendet ist, überschreitet der Täter erst mit Vornahme der Überlassungshandlung selbst das Versuchsstadium, d.h. im Sinne der Zwischenaktstheorie ist der Vertragsschluss als solcher noch wesentlicher Zwischenakt, soweit nicht auf das Versprechen, die „Schenkofferte" oder etwa auf den Abschluss des „faktischen" Vertrags hin unmittelbar die Übergabe erfolgen soll.

d) Rücktritt. Für den strafbefreienden Rücktritt vom Versuch der Abgabe bleibt – bei 886 dem hier angenommenen späten Zeitpunkt des Versuchsbeginns (Ansetzen zur Übertragung der Verfügungsgewalt) – wenig Raum und Zeit.

2. Vollendung. Vollendet ist Tat mit dem Übergang der tatsächlichen Verfügungsgewalt. 887 Für die Abgabe gilt, dass sie durch die Übertragung der tatsächlichen Verfügungsmacht gekennzeichnet ist.[61] Daher genügt die bloße Aufgabe der tatsächlichen Verfügungsmacht durch den Abgebenden zur Vollendung noch nicht,[62] hinzukommen muss die Begründung neuer Verfügungsmacht in der Person des Empfängers;[63] andernfalls liegt evtl. sonstiges In-Verkehr-Bringen vor. Unerheblich ist, ob und wann der Empfänger Eigentum begründet.[64]

Bei der **Einschaltung eines Boten** zur Überbringung des BtM an den Empfänger gilt 888 folgendes:[65] Solange der Bote das BtM dem Empfänger noch nicht übergeben hat, ist die Tat noch nicht vollendet. Es liegt auch keine Tatvollendung im Verhältnis zum Boten vor; denn der Bote übt lediglich für den Empfänger die tatsächliche Gewalt aus, er hat als solcher keine eigene Verfügungsmacht. Dass nach Erhalt des BtM der Bote nach außen verfahren könnte, wie er will, ist unerheblich; die rechtliche Bewertung richtet sich vielmehr danach, welche Absprachen der Abgebende mit ihm im Innenverhältnis getroffen hat. Steht aus Sicht des Abgebenden fest, dass der Bote im Zeitpunkt der Übernahme sich an die Absprache halten will, das BtM nur an den Empfänger zu überbringen, so kann dem Abgebenden ein späterer etwaiger Sinneswandel des Boten nicht zugerechnet werden.[66] Der Abgebende hat andererseits aber dann aus seiner Sicht alles getan, was aus seiner Sicht zum Eintritt des Erfolgs, nämlich der Erlangung der Verfügungsgewalt über das BtM durch den Empfänger, getan werden muss. Das Aushändigen des BtM an den Boten stellt sich somit nach dem Tatplan als unmittelbares Ansetzen zur Tat iS des § 22 StGB dar. Notwendig ist ein **tatsächlich erfolgter Besitzwechsel.** Es liegt deshalb nur Versuch vor, wenn die Polizei zwar nach Zahlung des Kaufpreises, aber vor Übergabe der Betäubungsmittel an den Empfänger eingreift.[67] Beim Einschmuggeln in eine JVA ist das Delikt erst vollendet, wenn der Empfänger die tatsächliche Verfügungsmacht erlangt hat.[68]

3. Beendigung. Vollendung und Beendigung fallen bei der Abgabe von BtM stets 889 zusammen. Die Tathandlung ist mit der Übertragung der tatsächlichen Verfügungsgewalt auf den Empfänger vollendet und beendet.[69] Nach diesem Zeitpunkt ist Beihilfe nicht mehr möglich – ein wesentlicher Unterschied zur Veräußerung, wo erst die Zahlung des Entgelts die Beendigung herbeiführt.

---

[61] Vgl. auch BGH 7.7.1994 – 1 StR 313/94, BGHSt 40, 208 = NJW 1994, 3019 = StV 1995, 25 für den „umgekehrten Vorgang" (so Franke/*Wienroeder* Rn. 109) Erwerb.
[62] So aber *Körner* (VI) Rn. 1251 für Fälle, in denen Aufgabe der bisherigen Verfügungsmacht und Begründung neuere Verfügungsmacht zeitlich auseinanderfallen, zB bei Versandgeschäften; so auch HJLW/*Winkler* Rn. 8.3; Joachimski/Haumer Rn. 95; Pfeil/Hempel/Schiedermair/*Slotty* Rn. 17.
[63] Wie hier auch Franke/*Wienroeder* Rn. 109; *Weber* Rn. 981.
[64] *Weber* Rn. 981 mit Verweis auf Rn. 940.
[65] Vgl. auch KPV/*Patzak* Teil 8 Rn. 12 f.
[66] BayObLG 20.10.2003 – 4 St RR 120/03, BayObLGSt 2003, 116.
[67] BGH 4.3.2008 – 5 StR 33/08, NStZ 2008, 470.
[68] BayObLG 20.10.2003 – 4 St RR 120/2003, BayObLGSt 2003, 116 = NStZ 2004, 401 = StV 2004, 66; KPV/*Patzak* Teil 8 Rn. 14.
[69] BGH 9.11.1984 – 2 StR 257/84, BGHSt 33, 66 = NStZ 1985, 319 mAnm *Roxin;* KPV/*Patzak* Teil 8 Rn. 25.

VI. Qualifikationen

890   Das Gesetz sieht folgende Qualifikationen vor: § 29a Abs. 1 Nr. 1 (Abgabe an Minderjährige), § 29a Abs. 1 Nr. 2 (Abgabe von BtM in nicht geringer Menge), § 30 Abs. 1 Nr. 2
(gewerbsmäßige Abgabe an Minderjährige) und § 30 Abs. 1 Nr. 3 (Abgabe mit Todesfolge).

VII. Konkurrenzen

891   **1. Konkurrenzen mit BtM-Straftaten. a) Bewertungseinheit.** Eine Bewertungseinheit (vgl. hierzu → Rn. 477 ff.) kommt nicht nur beim Handeltreiben mit BtM, sondern
bei allen Absatzdelikten, also auch beim Abgeben, in Betracht.[70] Demgemäß ist, soweit ein
und derselbe Güterumsatz Gegenstand der strafrechtlichen Bewertung ist, auch bei der
Abgabe eine Tat im Sinne einer Bewertungseinheit anzunehmen mit der Folge, dass mehrere
aufeinanderfolgenden Teilakte – wie Erwerb, Einfuhr, Veräußerung – nicht etwa mehrfache
Verwirklichungen desselben Tatbestandes sind; vielmehr werden sie zu einer einzigen Tat
im Sinne einer Bewertungseinheit verbunden. Gleiches gilt auch – bei ein und derselben
Vorratsmenge – für mehrere Veräußerungshandlungen oder mehrere Handlungen, die sich
teils als Abgabe, teils als Veräußern oder teils als Handeltreiben darstellen.[71] Hinsichtlich
der Voraussetzungen der Bildung und Feststellung von Bewertungseinheiten wird auf die
Ausführungen bei Handeltreiben verwiesen, → Rn. 479.

892   **b) Bewertungseinheit beim Zusammentreffen von Abgabe mit anderen BtM-
Delikten.** Stammen alle zu unterschiedlichen Zeiten – und gegebenenfalls an verschiedene
Personen – abgegebenen Teilmengen aus einer einheitlich erworbenen BtM-Menge, so
liegt eine bewertungseinheitliche Tat der **Abgabe** von BtM vor. Wenn das unerlaubte
Anbauen von BtM nach dem Tatplan dem übergeordneten Ziel der späteren Abgabe dient,
so ist es – im Sinne einer Bewertungseinheit – unselbstständiges Teilstück der umfassenderen
Abgabe von BtM, ohne dass vorher die Frage nach Tateinheit, Tatmehrheit oder Gesetzeskonkurrenz beantwortet werden müsste.[72] Erfüllt ein Gesamtgeschehen der Abgabe in
einem Teilabschnitt gleichzeitig den Tatbestand der **Ausfuhr,** so liegt nach den Grundsätzen
der Bewertungseinheit eine einzige Tat vor.[73]

893   Bereits vor Einführung der Rechtsfigur der Bewertungseinheit war unumstritten, dass
der **Besitz** von BtM gegenüber den anderen Tatbestandsvarianten des § 29 Abs. 1 S. 1 Nr. 1
keinen eigenen Unrechtsgehalt hat. Eine Bestrafung wegen Besitzes kam demgemäß nur
in Betracht, wenn die anderen Begehungsweisen nicht nachgewiesen werden konnten.[74]
Nunmehr ist nach den Grundsätzen der Bewertungseinheit der unerlaubte Besitz von BtM
zum Zwecke der Abgabe als unerlaubte Abgabe von BtM zu würdigen.[75] Geht der Besitz
jedoch nicht vollständig in der anderen Begehungsform auf, weil eine Teilmenge zum
Eigenverbrauch bestimmt ist oder das nicht widerlegt werden kann, besteht insoweit Tateinheit zwischen Abgabe und dem Besitz, nicht Tatmehrheit.[76] Das Besitzen von BtM ist nur
dann ein unselbstständiger, in der Abgabe aufgehender Teilakt, wenn die Abgabe in Täterschaft begangen wird. Zwischen Beihilfe zur Abgabe und Besitz ist Tateinheit möglich.[77]
Wiederum anders ist die Rechtslage, wenn eine Restmenge aus einer vorangegangenen
Einfuhr- oder Erwerbshandlung vorhanden ist, hinsichtlich derer der Täter erst später den
Entschluss fasst, ihn abzugeben. In diesem Fall werden Einfuhr bzw. Erwerb und Abgabe

---

[70] BGH 17.8.2000 – 4 StR 233/00, NStZ 2001, 41; B 27.4.1999 – 4 StR 136/99, StV 1999, 431; B
24.11.1998 – 4 StR 557/98, NStZ 1999, 192; 24.7.1997 – 4 StR 222/97, NStZ 1998, 89; 22.1.1997 – 3
StR 608/96, NStZ 1997, 243; KPV/*Patzak* Teil 8 Rn. 32.
[71] Vgl. BGH 22.1.1997 – 3 StR 608/96, NStZ 1997, 243.
[72] So – für den Tatbestand des Herstellens – BGH 2.11.1988 – 2 StR 571/88, BeckRS 1988, 3109441.
[73] BGH 3.8.1988 – 2 StR 357/88, NStZ 1988, 496.
[74] BGH 21.2.1974 – 1 StR 588/73, BGHSt 25, 290 (zu 1. und 2.) = NJW 1974, 959.
[75] BGH 6.10.1995 – 3 StR 346/95, NJW 1996, 469.
[76] Vgl. BGH 6.5.1983 – 4 StR 486/83; 29.8.1984 – 2 StR 173/84; 6.9.1988 – 1 StR 466/88; 30.6.1998 –
1 StR 293/98, StV 1998, 593.
[77] BGH 28.11.1995 – 1 StR 619/95, NStZ-RR 96, 116.

nicht zu einer Bewertungseinheit zusammengefasst. Diese setzt den Erwerb oder die Einfuhr einer Gesamtmenge voraus, der von vornherein auf den Zweck der gegebenenfalls in einer größeren Zahl von Einzelakten erfolgenden Weitergabe gerichtet ist. Aber auch der Umstand, dass der Täter während der gesamten Dauer der strafbaren Handlungen, nämlich von der Einfuhr bzw. dem Erwerb bis zur Abgabe des BtM durchgängig eine Menge desselben als Gesamtmenge erworbenen BtM unerlaubt in Besitz gehabt hat, rechtfertigt keine andere rechtliche Bewertung. Der unerlaubte Besitz von BtM hat daher nicht die Kraft, selbstständige Fälle des sonstigen strafbaren Umgangs mit BtM zur Tateinheit zu verklammern, weil sich die Begehungsformen des Besitzes und zB der Abgabe nach ihrem Unrechtsgehalt erheblich unterscheiden, so dass es an der für eine Klammerwirkung erforderlichen Wertgleichheit fehlt.[78]

Besitzt jemand eine nicht geringe Menge eines BtM, das er teils selbst konsumiert,   **894** teils an Freunde für deren Konsum abgibt, so soll (sowohl der unerlaubte Erwerb, das ist selbstverständlich) als auch das unerlaubte Abgeben gemäß § 29 Abs. 1 S. 1 Nr. 1 gegenüber dem Verbrechenstatbestand des Besitzes gemäß § 29a Abs. 1 Nr. 2 zurücktreten.[79] Das ist aber unzutreffend, richtigerweise ist Tateinheit anzunehmen: Über den Bereich der abstrakten Gefährdung hinaus, der den Grund für die Verbrechensstrafbarkeit des Besitzes einer nicht geringen BtM-Menge bildet, wird durch die Weitergabe der Betäubungsmittel an Dritte eine konkrete Gefahr begründet.[80] Deshalb kann in diesen Fällen der Besitz von Betäubungsmitteln in nicht geringer Menge auch den Grundtatbestand des Abgebens nicht verdrängen; die Delikte stehen vielmehr in Tateinheit zueinander.[81]

Muss zum Zwecke der erstrebten Übertragung der Verfügungsgewalt auf einen anderen   **895** das BtM durch den Geltungsbereich des BtMG **durchgeführt** werden, so liegt eine einzige bewertungseinheitliche Tat vor.[82] Die Tathandlung der **Einfuhr** von BtM geht, wenn sie sich als unselbstständiger Teilakt der unerlaubten Abgabe darstellt, in diesem Tatbestand als Teil des Gesamtgeschehens auf.[83] Der BGH hat – in Entscheidungen zum Handeltreiben – hiervon jedoch die unerlaubte Einfuhr von BtM in nicht geringer Menge ausgenommen und bejaht insoweit Tateinheit zwischen den Tatbeständen des Handeltreibens und der Einfuhr, seitdem durch das BtMG vom 28.7.1981[84] die Einfuhr von BtM in nicht geringer Menge in § 30 Abs. 1 Nr. 4 als Verbrechen mit höherer Strafe bedroht und damit als die gegenüber dem unerlaubten Handeltreiben mit BtM schwerere Straftat gewertet ist.[85] An dieser Rechtsprechung hat der BGH auch nach der Einführung von § 29a Abs. 1 Nr. 2 durch das OrgKG[86] festgehalten. Zwar ist hiernach das unerlaubte Handeltreiben mit BtM in nicht geringer Menge nunmehr ebenfalls als Verbrechenstatbestand ausgestaltet. Das ändert jedoch nichts daran, dass diese Begehungsweise – wie die gegenüber § 30 Abs. 1 niedrigere Mindeststrafdrohung des § 29a Abs. 1 erkennen lässt – im Vergleich zur unerlaubten Einfuhr von BtM in nicht geringer Menge weiterhin als das weniger schwere Delikt erscheint.[87] Diese Argumentation hat Gültigkeit auch für das Verhältnis von Einfuhr von BtM in nicht geringer Menge zur Abgabe von BtM in nicht geringer Menge: in einem solchen Fall besteht Tateinheit zwischen den Tatbeständen der Abgabe und der Einfuhr. Der 3. Strafsenat hat zu erkennen gegeben (und dies im Einzelnen eindrucksvoll begründet), dass er entgegen seiner bisherigen Rechtsprechung[88] der Auffassung zuneige, dass bei Einfuhr einer nicht

---

[78] BGH 17.5.1996 – 3 StR 631/95, BGHSt 42, 162 = NJW 1996, 2802 = StV 1996, 668.
[79] BGH 4.9.1996 – 3 StR 355/96, NStZ-RR 1997, 49 für das Veräußern.
[80] BGH 17.5.1996 – 3 StR 631/95, BGHSt 42, 162 (166) = NJW 1996, 2802 = StV 1996, 668.
[81] So jetzt auch BGH 24.9.2009 – 3 StR 280/09, BeckRS 2009, 86130 = StV 2010, 131: „entgegen seiner bisherigen Auffassung".
[82] BGH 4.5.1983 – 2 StR 661/82, BGHSt 31, 374 = NJW 1983, 1985.
[83] BGH 7.1.1981 – 2 StR 618/80, BGHSt 30, 28 = LM Nr. 4 zu § 11 Abs. 1 Nr. 1 BtMG mAnm *Mösl*; 16.4.1996 – 4 StR 80/95, NStZ-RR 1996, 232.
[84] BGBl. I S. 681.
[85] BGH 24.11.1982 – 3 StR 384/82, BGHSt 31, 163 (165 f.) = NJW 1983, 692.
[86] → Vor § 1 Rn. 79 ff.
[87] BGH 24.2.1994 – 4 StR 708/93, BGHSt 40, 73 = NJW 1994, 1885 = StV 1994, 375.
[88] Zum Veräußern: BGH 4.9.1996 – 3 StR 355/96, NStZ-RR 1997, 49.

geringen Menge und Abgabe hiervon unterhalb einer nicht geringen Menge letztere zu dem Delikt der Einfuhr von Betäubungsmitteln in nicht geringer Menge in Tateinheit steht.[89] Für Gerichte empfiehlt sich wegen des Begründungsaufwands, eine Verfahrensbeschränkung auf das Verbrechen der Einfuhr vorzunehmen.[90]

896 Beziehen sich **Erwerb** und Abgabe auf ein und dieselbe BtM-Menge und ist diese bereits zum Zwecke der Abgabe erworben, so werden beide Tatbestände zu einer Bewertungseinheit (der Abgabe) zusammengefasst.[91] Vor Einführung der Rechtsfigur der Bewertungseinheit war anerkannt, dass die Abgabe in dem umfassenderen Begriff des **Handeltreibens** aufgeht, wenn der Täter mit einem BtM Handel treibt und es zu diesem Zweck abgibt.[92] Nunmehr gilt nach den Grundsätzen der Bewertungseinheit: das unerlaubte Handeltreiben verbindet alle im Rahmen ein und desselben Güterumsatzes aufeinanderfolgenden Teilakte vom Erwerb bis zur Abgabe zu einer Tat.[93] Wenn das unerlaubte **Herstellen** von BtM nach dem Tatplan dem übergeordneten Ziel der späteren Abgabe dient, so ist es – im Sinne einer Bewertungseinheit – unselbstständiges Teilstück des umfassenderen Veräußerns von BtM, ohne dass vorher die Frage nach Tateinheit, Tatmehrheit oder Gesetzeskonkurrenz beantwortet werden müsste.[94] Stammen verkauftes und unentgeltlich abgegebenes Heroin aus einheitlich erworbenen Heroinmengen, so stehen **Veräußern** von BtM und deren Abgabe in Tateinheit.[95]

897 **c) Konkurrenzen täterschaftlichen Abgebens mit BtM-Straftaten im Übrigen.** Wird ein Teil der BtM zum Eigenkonsum und ein anderer Teil zur Abgabe **angebaut, erworben, hergestellt,** so liegt Tateinheit zwischen Anbau und Abgabe, Erwerb sowie Herstellen vor. In diesem Fall müssen die Feststellungen ergeben, welche Mindestmenge zur Abgabe und welche Höchstmenge zum Eigengebrauch vorgesehen war.[96] Soll das BtM zum Teil dem Eigenverbrauch dienen, im Übrigen abgegeben werden, besteht zwischen der Abgabe und dem **gleichzeitigen Besitz** der davon nicht betroffenen Menge Tateinheit.[97] Das Besitzen von BtM ist nur dann ein unselbstständiger, in der Abgabe aufgehender Teilakt, wenn die Abgabe in Täterschaft begangen wird. Zwischen Beihilfe zur Abgabe und Besitz ist Tateinheit möglich.[98] Auch hier müssen die Feststellungen ergeben, welche Mindestmenge zur Abgabe und welche Höchstmenge zum Eigengebrauch vorgesehen war.[99]

898 **d) Konkurrenzen von Beihilfe zur Abgabe mit anderen BtM-Delikten.** Die Grundsätze über die Konkurrenzverhältnisse der Abgabe zu den anderen Begehungsformen nach dem BtMG sind für das täterschaftliche Handeln entwickelt worden.[100] Trifft Beihilfe zur Abgabe mit einer täterschaftlich begangenen anderen Begehungsweise zusammen, so ist Tateinheit anzunehmen. Dies gilt insbesondere auch für den Besitz,[101] der nur dann als subsidiär hinter der Abgabe zurücktritt, wenn dieses in Täterschaft begangen wird. Trifft Beihilfe zur Abgabe mit Beihilfe zu einer anderen Begehungsweise wie zB zum Erwerb

[89] BGH 24.9.2009 – 3 StR 280/09, BeckRS 2009, 86130 = StV 2010, 131.
[90] Dies schlägt *W. Winkler* NStZ 2010, 687 vor.
[91] BGH 22.1.1997 – 3 StR 608/96, NStZ 1997, 243; aA – Tateinheit – *Weber* Rn. 995 mit Verweis auf Rn. 956.
[92] BGH 21.2.1974 – 1 StR 588/74, BGHSt 25, 290; B 9.4.1991 – 5 StR 112/91, StV 1993, 38.
[93] BGH 15.6.1994 – 3 StR 54/94, StV 1994, 429; B 20.6.1994 – 3 StR 150/94, NStZ 1994, 51.
[94] BGH 2.11.1988 – 2 StR 571/88, BeckRS 1988, 3109441.
[95] BGH 14.12.1993 – 5 StR 695/93, NStZ 1994, 325 – *Schoreit.*
[96] Vgl. BayObLG 3.2.2000 – 4 St RR 11/00.
[97] Vgl. BGH 6.5.1983 – 4 StR 486/83; 29.8.1984 – 2 StR 173/84; B 6.9.1988 – 1 StR 466/88; 30.11.1995 – 1 StR 578/95; 30.6.1998 – 1 StR 293/98, StV 1998, 593.
[98] BGH 28.11.1995 – 1 StR 619/95, NStZ-RR 96, 116.
[99] BayObLG 3.2.2000 – 4 St RR 11/00.
[100] BGH 6.5.1980 – 1 StR 103/80; 24.3.1981 – 1 StR 100/81, StV 1981, 277; 13.9.1988 – 1 StR 451/88.
[101] BGH 4.3.1993 – 4 StR 69/93, StV 1993, 474; 29.11.1994 – 4 StR 637/94, StV 1995, 197; 23.9.1986 – 5 StR 330/86; 15.10.1997 – 2 StR 393/97; 28.11.1995 – 1 StR 619/95, NStZ-RR 1996, 116; 15.12.1997 – 5 StR 475/97, StV 1998, 587.

oder zur Einfuhr zusammen, so geht die letztere als unselbstständiger Teilakt in dem umfassenderen Begriff der Beihilfe zur Abgabe auf.[102]

e) Vorsatzwechsel. Fasst der Täter nach vorangegangener Einfuhr oder vorangegange- **899** nem Erwerb nunmehr den Entschluss, das BtM abzugeben, so liegt **Tatmehrheit** zur Einfuhr bzw. zum Erwerb vor.[103]

2. Straftatbestände anderer Rechtsgebiete. Für das Zusammentreffen von Abgabe- **900** handlungen mit Straftaten aus anderen Rechtsgebieten gelten die allgemeinen Konkurrenzregeln.[104] Tateinheit kann mit fahrlässiger Tötung (§ 222 StGB) oder fahrlässiger Körperverletzung (§ 229 StGB) bestehen. Die unerlaubte Abgabe von BtM ist als eine der Tatbestandsalternativen des Abs. 1 S. 1 Nr. 1 im Katalog der Vortaten, an welche die Tathandlung des § 261 StGB anknüpft, genannt (§ 261 Abs. 1 Nr. 2b StGB). Zum Verhältnis der Vortat des Abgebens zur „Nachtat" der **Geldwäsche** gelten die Ausführungen zu den Konkurrenzen beim Anbau entsprechend.[105] Mehrfacher Transport von Waffen und abzugebenden BtM über die Bundesgrenze, der jeweils auch dem einheitlichen Zweck des **Menschenhandels** dient, begründet Tateinheit aller verwirklichten Delikte.[106] Fallen **Fahren ohne Fahrerlaubnis** oder **Trunkenheit im Verkehr** und Abgabe zusammen, so liegt Tateinheit vor.[107] Der gleichzeitige Transport von BtM (zum Zwecke der Abgabe) und **Waffen** im Kofferraum eines PKW verletzt sämtliche verwirklichten Straftatbestände durch ein und dieselbe Handlung.[108]

VIII. Strafklageverbrauch

Zum Begriff der prozessualen Tat und der Einstellung wegen eines Verfahrenshindernisses **901** im Allgemeinen vgl. die Ausführungen bei → Rn. 552 ff. Eine zeitnahe Verurteilung wegen BtM-Besitzes oder wegen unerlaubten Anbaus könnte zu einem Verfahrenshindernis für eine Anklage wegen Abgabe oder wegen fahrlässiger Tötung (§ 222 StGB) oder fahrlässiger Körperverletzung (§ 230 StGB) führen.

Umgekehrt hindert eine Verurteilung wegen fahrlässiger Tötung (§ 222 StGB) oder **902** fahrlässiger Körperverletzung (§ 230 StGB) eine Anklageerhebung oder eine erneute Verurteilung wegen Abgebens, wenn der Todesfall oder der Körperschaden auf den Wechsel in der Verfügungsgewalt über ein BtM zurückzuführen ist.

IX. Rechtsfolgen

1. Strafrahmenwahl. Der **(Normal-)Strafrahmen** reicht von Geldstrafe bis zu **903** fünf Jahren Freiheitsstrafe. In **besonders schweren Fällen** (Abs. 3) reicht der Strafrahmen von einem Jahr Mindeststrafe bis zu 15 Jahren Freiheitsstrafe (§ 38 Abs. 2 StGB). Neben der Strafe kann gem. § 34 Führungsaufsicht (§ 68 Abs. 1 StGB) angeordnet werden. Das Gesetz nennt als besonders schwere Fälle das gewerbsmäßige Abgeben (Abs. 3 S. 2 Nr. 1) und die Gesundheitsgefährdung mehrerer Menschen durch das Abgeben (Abs. 3 S. 2 Nr. 2). Zur **Bestimmung des Schuldumfangs,** dh um zu einer schuldangemessenen Strafe gelangen zu können, sind generell Feststellungen zur **Art** des BtM, seiner Mindest**menge** und seiner nach dem Wirkstoffgehalt zu bestimmenden **Qualität** sowie speziell zum Ein- und

---

[102] BGH 24.6.1986 – 5 StR 153/86, BGHSt 34, 124 = NJW 1986, 2584.
[103] BayObLG 23.11.1973 – 4 St RR 144/73, BayObLGSt 1973, 187; vgl. auch OLG Karlsruhe 28.2.1974 – 2 Ss 22/74, NJW 1974, 2061.
[104] → § 29 Rn. 543.
[105] → § 29 Rn. 101.
[106] OLG Braunschweig 21.10.1996 – Ss 48/96, NStZ-RR 1997, 80.
[107] BGH 9.11.1984 – 2 StR 257/84, BGHSt 33, 66 = NStZ 1985, 319 mAnm *Roxin* = StV 1985, 148; vgl. auch BGH 27.2.1997 – 1 StR 734/96, für einen Fall der Tateinheit zwischen Einfuhr von BtM und Fahren ohne Fahrerlaubnis und 19.8.1994 – 3 StR 264/94, StV 1995, 62 für einen Fall der Tateinheit zwischen Einfuhr von BtM und Trunkenheitsfahrt.
[108] BGH 26.8.1993 – 4 StR 326/93; 25.4.1994 – 5 StR 189/94.

Verkaufspreis und zum Anteil der zum Verkauf und zum Eigenverbrauch bestimmten Mengen unentbehrlich.[109]

904   **a) Gewerbsmäßige Abgabe.** Das Regelbeispiel der Gewerbsmäßigkeit kann in der Tatbestandsvariante der Abgabe nicht erfüllt werden, weil Einnahmeerzielungsabsicht aus dem Begriff der Gewerbsmäßigkeit und Fehlen von Entgeltlichkeit aus der Definition der Abgabe einander ausschließen. Liegt nach den Feststellungen keine Abgabe, sondern lediglich eine Verbrauchsüberlassung an Minderjährige vor, ist dies in der Entscheidungsformel zum Ausdruck zu bringen.[110]

905   **b) Gesundheitsgefährdung mehrerer Menschen durch die Abgabe.** Nach allgemeiner Ansicht handelt es sich bei dem Regelbeispiel der gesundheitsgefährdenden Abgabe um ein konkretes Gefährdungsdelikt.[111] Im Übrigen wird auf die Ausführungen zum HT[112] verwiesen. Anders als beim HT, bei dem wegen dessen weitgefassten Begriffs auch von den Tathandlungen selber Gesundheitsgefährdungen ausgehen können (zB bei der Produktion in der Absicht gewinnbringender Verwertung), wird die Gefährdung der Gesundheit mehrerer Menschen bei der Abgabe von BtM nur von den abgegebenen BtM ausgehen. Abs. 3 S. 2 Nr. 2 erfordert die Gesundheitsgefährdung **mehrerer Personen.** Allein die Möglichkeit einer durch die Aufnahme des Rauschmittels verursachten Intoxikationspsychose und die Befürchtung eines durch den Konsum mitbedingten Verharrens in der Sucht bei einem bereits schwer von Heroin und Benzodiazepinen Abhängigen reichen für die Anwendung des Regelbeispiels nicht aus. **Erforderlich sind Gefährdungen, die über die mit der Rauschmitteleinnahme typischerweise verbundenen** hinausreichen, andernfalls jede oder nahezu jede Abgabe von Betäubungsmitteln an mindestens zwei Personen zur Anwendung des Abs. 3 S. 2 Nr. 2 führen müsste. Die konkrete Gefahr, über die genannten Folgen hinaus geschädigt zu werden, bedarf tatgerichtlicher Feststellung.[113]

906   **c) Unbenannter besonders schwerer Fall.** Auch außerhalb der in Abs. 3 S. 2 genannten Regelbeispielsfälle kann ein ungeschriebener besonders schwerer Fall des Abgebens von BtM vorliegen. Die praktische Bedeutung dieser Variante ist allerdings gering. Zum Begriff des unbenannten besonders schweren Falles, seiner Feststellung und seines Ausschlusses wird zunächst auf die Erläuterungen zu § 29 Abs. 3[114] verwiesen. Bedeutsame Anhaltspunkte für die Wahl des Sonderstrafrahmens ergeben sich aus einem Vergleich mit den durch den Gesetzgeber benannten Regelbeispielen[115] und aus dem Rekurs auf den (beispielhaften) Katalog des Art. 3 Abs. 5 Übk. 1988. Damit kommen für den unbenannten besonders schweren Fall der Abgabe beispielsweise in Betracht: Abgabe von BtM als „Mitglied einer organisierten kriminellen Gruppe", Abgabe von BtM unter Anwendung von Gewalt oder unter Gebrauch von Waffen durch den Täter[116] (diese Fälle sind nicht nur theoretischer Natur, sie kommen insbesondere dann in Betracht, wenn Veräußern oder Handeltreiben mangels Nachweises von ggf. eigennütziger Entgeltlichkeit nicht gegeben ist). Weitere Bezugspunkte finden sich jeweils bei → Rn. 579, 1663 ff.

907   **Nicht zur Bejahung des Ausnahmestrafrahmens** des Abs. 3 werden folgende Fälle der Abgabe von BtM führen, die entsprechend Art. 3 Abs. 5 Übk. 1988 als „besonders schwerwiegend" bezeichnet werden könnten: einschlägige **Vorstrafen** des abgebenden Täters (vgl. Art. 3 Abs. 5 Buchst. h Übk. 1988); da nach deutschem Recht an die Umstände

---

[109] BGH 18.7.2000 – 4 StR 258/00, BeckRS 2000, 30122900; 20.3.2001 – 1 StR 12/01, BeckRS 2001 30168508; 9.5.2001 – 3 StR 36/01, BeckRS 2001, 30179486; 15.5.2001 – 3 StR 142/01, BeckRS 2001 30180453.

[110] BGH 5.2.2014 – 1 StR 693/13, NStZ 2014, 717.

[111] Vgl. *Franke/Wienroeder* Rn. 224; BGH 26.11.1975 – 3 StR 422/75, BGHSt 26, 244244 = NJW 1976, 381.

[112] → § 29 Rn. 209 ff., 576 f.

[113] BGH 5.8.2009 – 5 StR 248/09, NStZ 2010, 170.

[114] → Rn. 1648 ff.

[115] *Franke/Wienroeder* Rn. 219.

[116] Vgl. Art. 3 Abs. 5 Buchst. d Übk. 1988.

der Tat anzuknüpfen ist.[117] Die **Abgabe** von BtM **in nicht geringer Menge** führt nicht zur Anwendung der Strafzumessungsregel des Abs. 3, sondern erfüllt den Verbrechenstatbestand des § 29a Abs. 1 Nr. 2.

d) Subjektiver Tatbestand. In Bezug auf die subjektive Tatseite werden die Merkmale   908
eines Regelbeispiels wie Tatbestandsmerkmale behandelt. Insoweit wird auf die Darstellung bei Abs. 3[118] Bezug genommen.

2. Strafzumessung im engeren Sinn. Innerhalb des nach den vorstehenden Grundsät-   909
zen gewählten Strafrahmens können folgende Strafzumessungsumstände bei der Abgabe von BtM von Bedeutung sein:

a) Strafmilderungserwägungen. Speziell in Bezug auf die Straftat der unerlaubten   910
Abgabe können sich folgende Umstände strafmildernd auswirken: **Polizeiliche Sicherstellung des BtM:** Strafmildernd zu berücksichtigen ist es, wenn die BtM bei oder kurz nach der Übertragung der tatsächlichen Verfügungsmacht sichergestellt werden konnten.[119] Die Sicherstellung ist unabhängig von einer polizeilichen Überwachung ein eigenständiger Strafzumessungsgrund.[120] **Polizeiliche Überwachung:** Werden mit Hilfe eines Lockspitzels provozierte strafbare Handlungen so überwacht, dass eine erhebliche Gefährdung des angegriffenen Rechtsgutes ausgeschlossen ist, so kann das für die Strafzumessung regelmäßig unter dem Gesichtspunkt des geringeren Erfolgsunwertes der Tat Bedeutung erlangen.[121] Ob die Strafe von diesem Strafzumessungsgrund wesentlich bestimmt wird, hängt jedoch von den sonstigen Umständen ab.[122] Jedenfalls die Kumulation von polizeilicher Überwachung und Sicherstellung der BtM ist ein wesentlicher Strafzumessungsgrund, deren Berücksichtigung sich aufdrängt und als bestimmender Strafzumessungsgesichtspunkt (§ 267 Abs. 3 S. 1 Hs. 2 StPO) erwähnt werden muss.[123] **V-Leute auf beiden Seiten des Umsatzgeschäfts:** Die Tatsache, dass auf beiden Seiten des Geschäftes, das der Angeklagte vermitteln wollte, verdeckte Ermittler tätig geworden sind, ist ein strafmildernd sich auswirkender Umstand.[124] Diese vom Handeltreiben her geläufige Konstellation kann auch bei der Abgabe von BtM auftreten. **Tatprovokation:** Die nachhaltige erhebliche Einwirkung eines Lockspitzels (gleichgültig, ob polizeiliche Vertrauensperson, polizeilicher Informant oder Verdeckter Ermittler) auf den Täter, ist ein wesentlicher Strafmilderungsgrund, wenn nicht bereits ein Verfahrenshindernis anzunehmen ist. Zu den maßgeblichen Kriterien und den sich ergebenden Möglichkeiten (Einstellung des Verfahrens, Strafmilderung) wird auf die Ausführungen beim Handeltreiben[125] hingewiesen. **„Weiche Droge" Cannabis:** Strafmildernd kann sich auswirken, dass die Tat sich auf die „weiche Droge" Cannabis bezog.[126] Dieser Umstand kann sich bereits bei der Strafrahmenwahl strafmildernd auswirken.[127] **Besondere persönliche Umstände** wie wirtschaftliche Not und die Fürsorge für die Kinder können bei der Strafzumessung auch bei einem Kurier oder Boten[128] Berücksichti-

---

[117] Vgl. *Weber* Rn. 1682 und 1686.
[118] → Rn. 1648 ff.
[119] BGH 19.1.1990 – 2 StR 588/89 für das Handeltreiben.
[120] *Weber* Vor §§ 29 ff. Rn. 848.
[121] Vgl. BGH 15.5.1985 – 2 StR 65/85; 8.11.1985 – 2 StR 446/85, NJW 1986, 1764 jeweils für das Handeltreiben.
[122] BGH 6.12.1989 – 1 StR 529/89, für das Inverkehrbringen von Falschgeld.
[123] BGH 7.2.2012 – BGH 4StR 653/11, NStZ-RR 2012, 153; 5.6.2013 – 4 StR 169/13, NStZ 2013, 662; ggf. bereits bei der Strafrahmenwahl 3.5.2011 – 5 StR 568/10, BeckRS 2011, 15952.
[124] BGH 5.8.1993 – 4 StR 439/93, NStZ 1994, 39.
[125] → Rn. 590.
[126] BGH 1.3.1983 – 1 StR 812/82, NStZ 1983, 370; 25.4.1983 – 3 StR 97/83; 13.11.1986 – 4 St 206/86; 2.12.1986 – 1 StR 599/86, StV 1987, 203; 6.3.1987 – 4 St 52/87; 8.4.1988 – 3 StR 117/88, BeckRS 1988, 31098625.
[127] BayObLG 28.4.1988 – RReg. 4 St 42/88, BayObLGSt 1988, 62 (69); 26.2.1992 – RReg 4 St 25/92.
[128] BGH 29.4.1992 – 2 StR 177/92, StV 1992, 570 zu einem Handeltreibensfall.

gung finden. **Nicht strafmildernd** darf gewertet werden, dass der Täter die BtM unentgeltlich abgab; dies ist Tatbestandsvoraussetzung.

911 **b) Strafschärfungserwägungen.** Speziell in Bezug auf die Straftat der unerlaubten Abgabe können sich folgende Umstände strafschärfend auswirken, im Übrigen wird auf die Ausführungen beim Handeltreiben verwiesen, → Rn. 604 ff.

912 **aa) Gefährlichkeit der abgegebenen BtM.** Im Rahmen der Strafzumessung kommt der Art des BtM und seiner Gefährlichkeit eine eigenständige Bedeutung zu.[129] Die besondere Gefährlichkeit von **Heroin** kann strafschärfend gewertet werden.[130] Die besondere Gefährlichkeit von Heroin allerdings nur dann strafschärfend zur Last gelegt werden, wenn festgestellt ist, dass dieser Umstand von den Vorstellungen des Täters wenigstens unter billigender Inkaufnahme umfasst war.[131] Wenn der Täter nicht wusste, dass es sich um Heroin handelte, sondern nur allgemein von „gefährlichem Rauschgift" ausging, so bedarf es Feststellungen darüber, dass der Täter Vorstellungen über die Gefährlichkeit eines Rauschgiftes hatte, das derjenigen von Heroin entsprach.[132] Die Gefährlichkeit von **LSD** kann strafschärfend gewertet werden.[133] Dagegen soll **Amphetamin** keine „harte Droge", sondern nur von „mittlerer Gefährlichkeit" sein und auf der Schwereskala der Gefährlichkeit der BtM nur einen mittleren Platz einnehmen;[134] gleiches soll für die in **Ecstasy**-Tabletten enthaltenen Wirkstoffe **MDE/MDMA** gelten.[135] Bei der Strafzumessung darf ihre Gefährlichkeit daher nicht schärfend berücksichtigt werden.[136] Umgekehrt liegt aber aus demselben Grunde („mittlere Gefährlichkeit") jedenfalls kein Strafmilderungsgrund vor.[137] Es deutet sich aber an, dass der BGH[138] seine Meinung zu den Amphetaminen überdenkt und so den Widerspruch beseitigt, der zu einer Entscheidung des BVerfG[139] besteht, das Amphetamine wegen ihres ausgeprägten Suchtpotentials und ihrer Missbrauchsgefährlichkeit den sogenannten harten Drogen zurechnet.

913 **bb) Berücksichtigung der Todesfolge.** Auch wenn der Täter nach einem von ihm verursachten Heroinintoxikation-Todesfalles nicht wegen fahrlässiger Tötung schuldig gesprochen wird, ist das Gericht nicht gehindert, bei der Bemessung der Strafe für das BtM-Vergehen einen Strafschärfungsgrund darin zu finden, dass der Täter den Tod des Empfängers fahrlässig herbeigeführt hat. Es handelt sich insoweit um eine verschuldete Auswirkung (§ 46 Abs. 2 StGB) des BtM-Delikts.[140]

914 **c) Unzulässige Strafschärfungserwägungen.** Nicht strafschärfend darf gewertet werden, dass abgegebenes Rauschgift **in den Verkehr** gelangt ist,[141] dass der Angeklagte selbst nicht betäubungsmittelabhängig ist (Verbot strafschärfender Wertung des Fehlens strafmildernder Gründe) oder dass er Maßnahmen zur Verringerung des Entdeckungsrisikos getroffen hat.[142]

---

[129] BGH 5.9.1991 – 4 StR 386/91, NJW 1992, 380; 29.6.2000 – 4 StR 202/00, StV 2000, 613.
[130] BGH 1.9.1993 – 2 StR 308/93; 17.3.1993 – 2 StR 544/92; 1.7.1992 – 2 StR 191/92, NStZ 1992, 489 = JR 1993, 418 mAnm *Hergeth;* 21.1.1992 – 1 StR 598/91; 20.12.1990 – 1 StR 650/90; 19.1.1990 – 2 StR 588/89, BeckRS 1990, 31098201; 21.3.1989 – 1 StR 11/89; 6.8.1982 – 2 StR 430/82; 14.4.1981 – 1 StR 119/81; 17.12.1980 – 2 StR 540/80; 15.1.1980 – 1 StR 730/79.
[131] BGH 20.12.1990 – 1 StR 650/90.
[132] BGH 21.3.1989 – 1 StR 11/89, BeckRS 1989, 31092912.
[133] BGH 1.9.1987 – 1 StR 191/87, BGHSt 35, 43 = NJW 1988, 2960 = EzSt BtMG § 30 Nr. 22 mAnm *Nestler-Tremel* = NStZ 1988, 28 mAnm *Winkler.*
[134] BGH 28.6.1990 – 2 StR 275/90, StV 1990, 494; 10.2.1993 – 2 StR 20/93, StV 1993, 42; 30.10.1996 – 2 StR 508/96, StV 1997, 75; BayObLG 18.10.2001 – 4 St RR 115/01, StV 2002, 261.
[135] BGH 11.9.1997 – 4 StR 319/97.
[136] BGH 30.10.1996 – 2 StR 508/96, StV 1997, 75 und 28.6.1990 – 2 StR 275/90, StV 1990, 494; 10.2.1993 – 2 StR 20/93, StV 1993, 42; BayObLG 18.10.2001 – 4 St RR 115/01, StV 2002, 261.
[137] So auch *Weber* Vor §§ 29 ff. Rn. 786.
[138] BGH 3.4.2002 – 2 StR 84/02, BeckRS 2002 30250583.
[139] BVerfG 4.5.1997 – 2 BvR 509/96 und 2 BvR 511/96, NJW 1998, 669.
[140] BGH 1.7.1992 – 2 StR 191/92, JR 1993, 418 mAnm *Hergeth.*
[141] BGH 23.6.1993 – 2 StR 47/93.
[142] So aber LG Gießen 1.11.1991 – 9 Js 171 431/90 – 7 KLs; dagegen steht die Rspr. des BGH zur Beseitigung von Tatspuren, vgl. zB BGH 2.2.2002 – 1 StR 195/02, BeckRS 2002 30269639.

3. Absehen von Strafe bzw. Absehen von der Strafverfolgung. Absehen von der 915
Strafverfolgung durch die Staatsanwaltschaft gem. § 31a Abs. 1 S. 1 bzw. Absehen von
einer Bestrafung durch das Gericht gem. § 29 Abs. 5 ist bei Abgabedelikten wegen ihrer
Fremdgefährdung nicht möglich. Hier ist aber bei geringer Schuld und fehlendem
öffentlichem Interesse an der Strafverfolgung eine Einstellung nach §§ 153, 153a StPO
möglich.

4. Einziehung und Verfall; Entziehung der Fahrerlaubnis. Zu Einziehung und 916
Verfall siehe § 33, insb. → § 33 Rn. 6–7. Die Anordnung des erweiterten Verfalls (§§ 30c
BtMG, 73d StGB aF) war bei der Abgabe nicht möglich, da gewerbsmäßige Begehungsweise
vorausgesetzt war, die infolge der Unentgeltlichkeit der Abgabe nicht in Betracht kam. Zur
Entziehung der Fahrerlaubnis → Rn. 122.

8. Kapitel. Sonstiges Inverkehrbringen (Abs. 1 S. 1 Nr. 1)

Schrifttum: *Horn*, Das „Inverkehrbringen" als Zentralbegriff des Nebenstrafrechts, NJW 1977, 2329;
Kreuzer Reform des Drogenstrafrechts – Kritik des Novellierungsantrags zum Betäubungsmittelgesetz, ZRP
1975, 209; *Kudlich*, Die Verletzung gesetzlicher Sondernormen und ihre Bedeutung für die Bestimmung der
Sorgfaltspflichtverletzung, FS Otto, 2007, 373; *Meyer*, Betäubungsmittelstrafrecht in Westeuropa, 1987; *Meyer-
Goßner*, Unerlaubtes Inverkehrbringen von Betäubungsmitteln, FS Beulke, 2015, 495; *Oğlakcıoğlu*, Der Allge-
meine Teil des Betäubungsmittelstrafrechts, 2013.

Übersicht

A. Überblick

I. Rechtliche Einordnung

917   Mit den Vorschriften über das Verbot des unerlaubten Inverkehrbringens von BtM will der Gesetzgeber verhüten, dass die BtMG genannten Stoffe und Zubereitungen zu anderen als den im Gesetz erlaubten Zwecken der Heilung oder der wissenschaftlichen Forschung oder im Widerspruch zu einem sonstigen öffentlichen Interesse an den Verbraucher gelangen.[1] Zur Zweckerreichung soll eine weite Auslegung der Vorschrift geboten sein.[2] Der Anwendungsbereich dieser Tatbestandsalternative ist im Wesentlichen auf Dereliktions- und Fahrlässigkeitsfälle beschränkt (umgekehrt sollte die Fahrlässigkeitshaftung auf das Inverkehrbringen beschränkt werden, → Rn. 1696), weil Handeltreiben, Veräußerung und Abgabe den Großteil der Weitergabe von BtM abdecken.[3]

918   **1. Deliktsnatur.** Das Inverkehrbringen von BtM ist ein **Erfolgsdelikt.** Der tatbestandliche Erfolg liegt im Übergang der tatsächlichen Verfügungsmacht über das BtM vom Inverkehrbringenden auf den neuen Inhaber. Der Tatbestand setzt Verfügungsmacht des potentiellen Täters voraus und ist insofern ein **Sonderdelikt.**

919   **2. Verfassungsmäßigkeit.** Die verfassungsrechtlichen Erwägungen zum Abgeben sind auf das Inverkehrbringen weitestgehend übertragbar, → Rn. 856. Eine Verfassungsmäßigkeit lässt sich bei einer isolierten Betrachtung der Tatbestandsmodalität sogar noch eher annehmen, als die Mitwirkung eines ggf. freiverantwortlich agierenden Dritten nicht vorausgesetzt wird.

II. Kriminalpolitische Bedeutung

920   In der Praxis kommt dem Tatbestand des Inverkehrbringens keine große Bedeutung zu. Bei ihm handelt es sich um einen **Auffangtatbestand,** der hinter den spezielleren Tatbestandsalternativen, namentlich denen des Handeltreibens, der Veräußerung und der Abgabe, zurücktritt.[4] Die **PKS** enthält keine Daten über die Häufigkeit von Delikten des unerlaubten Inverkehrbringens.[5]

III. Rechtsentwicklung

921   **1. Einfluss internationaler Übereinkommen.** Die völkerrechtlichen Verpflichtungen zur Strafbewehrung des unerlaubten Inverkehrbringens von BtM ergibt sich aus Art. 36 Abs. 1 Übk. 1961 (dort in der Form folgender Begehungsweisen: „Verteilen, (…) Liefern – gleichviel zu welchen Bedingungen –, (…) Versenden – auch im Durchführverkehr –, Befördern"), Art. 5, 7 Buchst. a und b, 22 Abs. 1 Buchst. a Übk. 1971 und Art. 3 Abs. 1 Buchst. a Ziffer i Übk. 1988 in der Form folgender Begehungsweisen: „Verteilen, Liefern – gleichviel zu welchen Bedingungen –, (…) Versenden – auch im Transit –, Befördern").

922   **2. Innerstaatliches Recht.** Das unerlaubte Inverkehrbringen von BtM wurde durch OpiumG 1920 in das deutsche BtM-Strafrecht aufgenommen und in § 8 Nr. 1 unter Strafe

---

[1] BayObLG 28.7.1960 – RevReg. 4 St 84/60, BayObLGSt 1960, 182.
[2] BayObLG 28.7.1960 – RevReg. 4 St 84/60, BayObLGSt 1960, 182; HJLW/*Winkler* Rn. 9.1; *Weber* Rn. 106.
[3] So auch *Joachimski/Haumer* Rn. 11.
[4] BGH 25.11.1980 – 1 StR 508/80, NStZ 1982, 190; 12.9.1991 – 4 StR 418/91.
[5] Nur HT und Anbau sind (bei den TB des § 29 Abs. 1 S. 1 Nr. 1) eigens ausgewiesen.

gestellt. Damals hat es die Abgabe mitumfasst („veräußert oder sonst in den Verkehr bringt"). Der Tatbestand ist im Opium 1929 in die heutige Auffangtatbestandsfassung gebracht (§ 10 Abs. 1 Nr. 1: „Handel mit ihnen treibt, sie erwirbt, abgibt, veräußert oder sonst in den Verkehr bringt") und dann insoweit unverändert in das BtMG 1972 (§ 11 Abs. 1 Nr. 1) übernommen worden. Auf diesen Identitätszusammenhang hat sich ausdrücklich auch der Entwurf zum BtMG 1982 berufen.[6] Das OrgKG erweiterte den Strafrahmen des Absatzes 1 auf „bis zu fünf Jahre".

B. Erläuterung

I. Geltungsbereich

1. Inlands-/Auslandstraftaten. Inlandsstraftaten unterliegen dem deutschen BtM- **923** Strafrecht unabhängig davon, ob die Tat durch einen Ausländer oder einen Deutschen begangen wurde.

Unerlaubtes Inverkehrbringen von BtM ist kein unbefugter Vertrieb[7] von BtM nach § 6 **924** Nr. 5 StGB, schon weil die Entgeltlichkeit fehlt. Das Weltrechtsprinzip, das die Anwendbarkeit deutschen Strafrechts unabhängig vom Recht des Tatorts begründete, kommt daher nicht zur Anwendung.

a) Inverkehrbringen von BtM durch einen Ausländer im Ausland. Das Inverkehr- **925** bringen von BtM durch einen Ausländer[8] im Ausland ist nach deutschem Strafrecht nicht strafbar. Zur Strafbarkeit eines Ausländers, der nach einer solchen Tat die deutsche Staatsbürgerschaft siehe → Rn. 18 „Anbau".

b) Inverkehrbringen von BtM durch einen Deutschen im Ausland. Bringt ein **926** **Deutscher**[9] im Ausland BtM in den Verkehr, so ist er nach deutschem BtM-Strafrecht strafbar, wenn die Tat am Tatort mit Strafe bedroht ist oder der Tatort keiner Strafgewalt unterliegt (§ 7 Abs. 2 Nr. 1 Alt. 1 StGB).[10] Da sämtliche europäischen Staaten den internationalen Übereinkommen beigetreten sind, ist das unerlaubte Inverkehrbringen (Abgeben, Liefern, Übergeben, Verteilen) von BtM dort strafbar.[11]

2. Grenzüberschreitende Mehrfachverfolgung. Zur Frage der Strafbarkeit von Aus- **927** landstaten und der damit einhergehenden Frage der Mehrfachverfolgung → Vor § 29 Rn. 125 ff.

II. Objektiver Tatbestand

1. Begriff des Inverkehrbringens. a) Fehlende Legaldefinition. Der Begriff „Inver- **928** kehrbringen" wird in den Vorschriften des Ersten Abschnitts des BtMG (§§ 1 und 2 – „Begriffsbestimmungen") nicht genannt. Andere im Gesetz verwendete, im Ersten Abschnitt nicht genannte Begriffe werden dagegen vom Gesetzgeber offenbar als bekannt vorausgesetzt,[12] so auch der Begriff des Inverkehrbringens.

Der Begriff des Inverkehrbringens kommt in bedeutungsgleicher Verwendung wie im **929** BtMG – Übertragung der Verfügungsgewalt – zB in folgenden Rechtsgebieten vor: KwKG, PassG, ApBetrO, AMG, GenTG, LMBG aF (insoweit unverändert auch im LFBG), IfSG, BImSchG, AltfahrzeugV, KrW/AbfG, MarkenG, UrheberG, StGB, MPG, SprengG, EnEV,

---

[6] BT-Drs. 8/3551, 28.
[7] Zum Begriff → Vor § 29 Rn. 122.
[8] → StGB § 7 Rn. 27.
[9] Hierzu → StGB § 7 Rn. 19 ff.
[10] S. allgemein zum aktiven Personalitätsprinzip → StGB § 7 Rn. 4, 19 ff.
[11] S. Nachweise bei *Meyer*, BtM-Strafrecht in Westeuropa; *Sagel-Grande* in *Kreuzer*, HdB des BtM-Strafrechts, § 23.
[12] *Franke/Wienroeder* § 2 Rn. 1.

PflSchG, BNatSchG, PSA-Benutzungsverordnung, GSG, ChemG, GefStoffV, SGB V, StVG und StVZO. Wie im BtMG („sonstiges Inverkehrbringen") wird die Abgabe in den Gesetzen, die sich um eine Systematisierung bemühen („Begriffsbestimmungen") als Unterfall des Inverkehrbringens angesehen (§ 4 Nr. 17 AMG, § 3 Nr. 9 ChemG, § 3 Abs. 1 Nr. 6 GenTG, § 3 Nr. 1 LFGB mit dem Verweis auf Art. 3 Nr. 8 der Verordnung (EG) Nr. 178/2002 des Europäischen Parlaments und des Rates vom 28.1.2002 zur Festlegung der allgemeinen Grundsätze und Anforderungen des Lebensmittelrechts, zur Errichtung der Europäischen Behörde für Lebensmittelsicherheit und zur Festlegung von Verfahren zur Lebensmittelsicherheit:[13] 8. „Inverkehrbringen" das Bereithalten von Lebensmitteln oder Futtermitteln für Verkaufszwecke einschließlich des Anbietens zum Verkauf oder jeder anderen Form der Weitergabe, gleichgültig, ob unentgeltlich oder nicht, sowie den Verkauf, den Vertrieb oder andere Formen der Weitergabe selbst, § 3 Nr. 11 MPG, § 2 Nr. 13 PflSchG). Das GÜG verwendet zwar nicht den Begriff des Inverkehrbringens (§ 19 Abs. 1 Nr. 1), aber in ersichtlicher Anlehnung an das BtMG und seiner Auslegung den Begriff „in sonstiger Weise einem anderen die Möglichkeit zu eröffnen, die tatsächliche Verfügung über ihn [sc. den Grundstoff] zu erlangen".

930   **b) Herrschendes Begriffsverständnis.** „Sonstiges Inverkehrbringen" ist jedes **gleich wie geartete Eröffnen der Möglichkeit, dass ein anderer die tatsächliche Verfügung über das Rauschgift erlangt,** also jede Verursachung des Wechsels der Verfügungsgewalt.[14] Der wesentliche Unterschied zu den übrigen Entäußerungshandlungen Handeltreiben, Veräußerung und Abgabe besteht darin, dass mit dem Tatbestand des Inverkehrbringens auch diejenigen Fälle erfasst werden, in denen die einvernehmliche Übertragung der BtM entweder nicht stattgefunden hat oder nicht sicher feststellbar ist. In diesen Fällen entfaltet der Tatbestand seine Auffangwirkung.

931   **c) Definitionsbestandteile im Einzelnen.** Nach dieser Definition ist die Erfüllung folgender Merkmale erforderlich:

932   **aa) Inverkehrbringender.** Die Übertragung der Verfügungsgewalt über das BtM setzt voraus, dass der Inverkehrbringende eigene freie **Verfügungsmacht** über das BtM hat. Tatsächliche Verfügungsgewalt erfordert **kein Eigentum,**[15] sondern setzt nur Sachherrschaft, nicht aber den Besitz mit dem Besitzwillen des Abs. 1 S. 1 Nr. 3 voraus, so dass auch der Täter, der das kurz zuvor gefundene, in Fremdeigentum stehende BtM vor der herannahenden Polizei wegwirft, den Tatbestand verwirklichen kann.[16] Der Inverkehrbringende muss die tatsächliche Verfügungsgewalt **schon innehaben** und sich das BtM nicht erst beschaffen müssen. ZB hat sie der **Verwahrer,** der eigenmächtig die verwahrten BtM wegwirft.

933   **bb) Neuer Inhaber der Verfügungsmacht.** Der neue Inhaber der Verfügungsmacht muss diese Verfügungsmacht über das BtM tatsächlich erlangt haben. Das Inverkehrbringen mit dem Übergang der Verfügungsmacht auf eine andere Person kann gezielt erfolgen (so beim **heimlichen Unterschieben** von BtM) oder auch zufallsbestimmt sein (so bei der Dereliktion oder dem Verlieren je mit nachfolgender Aneignung durch beliebige andere). Der neue Inhaber der Verfügungsmacht darf nicht zuvor bereits Inhaber der tatsächlichen Verfügungsgewalt über das BtM gewesen sein. Die Vorschriften über das Veräußern, Abgeben und Inverkehrbringen von BtM sollen verhindern, dass der Kreis der Personen, die zu dem BtM in Beziehung stehen, erweitert, dh dass das BtM **weiter verbreitet** wird.[17]

---

[13] ABl. L 31/1 (7) v. 1.2.2002.
[14] RG 23.11.1928 – I 286/28, RGSt 62, 369 (389); 9.5.1932 – 2 D 460/32, JW 1932, 3346; BayObLG 28.7.1960 – RevReg. 4 St 84/60, BayObLGSt 1960, 182 (184); BGH 25.11.1980 – 1 StR 508/80, NStZ 1982, 190; 12.9.1991 – 4 StR 418/91.
[15] Vgl. *Weber* Rn. 1099.
[16] OLG Zweibrücken 5.3.1986 – 2 Ss 320/85, NStZ 1986, 558.
[17] BGH 25.11.1980 – 1 StR 508/80, NStZ 1982, 190; 20.1.1982 – 2 StR 593/81, BGHSt 30, 359 = NJW 1982, 1337.

cc) Freie Verfügung. Die Erlangung der tatsächlichen Verfügungsgewalt über das BtM 934
durch den neuen Inhaber liegt nur dann vor, wenn der neue Inhaber es **nach Belieben
verbrauchen, weitergeben oder sonst verwenden** kann. Daran fehlt es bei der Übergabe
an die Post oder einen sonstigen Beförderer.[18] Für die Fälle der Abgabe und des Veräußerns
ist anerkannt, dass es an der Übertragung der tatsächlichen Gewalt zur freien Verfügung
fehlt, wenn das BtM zum sofortigen Verbrauch an Ort und Stelle überlassen oder gar vom
Abgebenden unmittelbar am Körper des Empfängers angewendet wird.[19] Für Fälle des
Inverkehrbringens sind derartige Fallgestaltungen schlecht vorstellbar, weil sie durch das
Fehlen der Einvernehmlichkeit beim Wechsel der Verfügungsgewalt charakterisiert sind, die
beim sofortigen **Einverleiben** vorausgesetzt ist. Auch die Fälle, in denen die Möglichkeit
des Einverleibens auf unsorgfältige Aufbewahrung des bisherigen Sachherrschers zurückgeht, eignen sich nicht als Beispiele für fehlende Freiheit der Verfügungsgewalt: der Dieb,
der vorgefundene oder ausgespähte BtM sofort verbraucht, oder der Unterschlagende, der
im gemeinsamen Haushalt (Ehewohnung, Wohngemeinschaft) die im Kühlschrank vorgefundene Methadonration sofort austrinkt, hatte sehr wohl die Freiheit der Wahl, das BtM
sofort sich einzuverleiben oder zunächst sich anzueignen und später zu verbrauchen.

d) Abgrenzung Tun/Unterlassen. Die Tathandlung kann durch ein aktives Tun 935
(Unterschieben, Dereliktion), häufiger aber durch **Unterlassen** begangen werden. Auch
Sachherrschaft vermag die für strafbares **Unterlassen** erforderliche Garantenstellung zu
begründen: der Inhaber der tatsächlichen Verfügungsgewalt hat die in seinem Herrschaftsbereich befindlichen Sachen, die durch ihre Beschaffenheit eine besondere Gefahrenquelle
darstellen (und dazu gehören auf Grund der Zweckbestimmung des BtMG alle **BtM,** auch
Cannabisprodukte), so zu sichern und zu überwachen, dass andere Personen oder andere
Rechtsgüter nicht in Gefahr geraten. Diese Gefährdung anderer kann insbesondere auch
durch Gefahrverlagerung geschehen.[20]

2. Erscheinungsformen des Inverkehrbringens. Fälle des vorsätzlichen Inverkehr- 936
bringens sind in der Praxis äußerst selten, weil die vorrangig greifenden spezielleren Delikts-
formen bereits sehr weit gefasst sind.

a) Inverkehrbringen durch aktives Tun. aa) Dereliktion. An erster Stelle zu nennen 937
ist hierbei die **Dereliktion:** Jemand wirft auf der Flucht vor der Polizei ein Heroinpäckchen
weg; jemand lässt er aus Furcht vor einer Leibesvisitation durch Polizeibeamte seinen
Haschischvorrat zu Boden fallen; jemand findet in der Wohnung seines Bruders auf dem
Balkon ein Päckchen Haschisch. Als die Polizei zur Wohnungsdurchsuchung eintrifft, wirft
er das Haschisch vom Balkon in den darunterliegenden Hof, um mit dem Haschisch nicht
in Verbindung gebracht zu werden;[21] ein Arzt stellt die für den Praxisbedarf nicht mehr
benötigten BtM ungesichert zum Abtransport durch die Müllabfuhr an den Straßenrand;[22]
anonyme Drogenbriefe werden in eine Straf- oder Therapieanstalt geschickt.[23] Denkbar ist
auch das für das **Unterschieben von Drogen:** Ein polizeilicher V-Mann steckt einen
anderen polizeilichen Agenten heimlich Haschischplatten ins Jackett und alarmiert die Polizei, um so seine lästigen Konkurrenten loszuwerden. Allerdings dürfte in Fällen, in denen
der Täter mit der Weitergabe einen missliebigen Adressaten ausschalten will, der Vorsatz auf
die Sicherstellung der BtM durch die Polizei gerichtet sein, sodass über eine entsprechende
Einschränkung des Tatbestands in diesen Fällen nachzudenken ist. Es geht wohl zu weit,
pauschal annehmen zu wollen, dass solch ein Täter regelmäßig in Kauf nehme, „dass vor

[18] Vgl. BayObLG 25.4.1951 – III 53/51, BayObLGSt 1950/51, 385.
[19] Für den Fall der Abgabe: BGH 3.8.1990 – 3 StR 245/90, BGHSt 37, 147 = NStZ 91, 89 mAnm
Schoreit-Bartner; BGH 8.7.1998 – 3 StR 241/98, NStZ-RR 1998, 347.
[20] Schönke/Schröder/*Stree* StGB § 13 Rn. 32.
[21] Dieser Fall liegt dem Urteil des OLG Zweibrücken 5.3.1986 – 2 Ss 320/85, NStZ 1986, 558 zugrunde.
[22] Bsp. von Pfeil/Hempel/Schiedermair/*Slotty* Rn. 123.
[23] Bsp. von KPV/*Patzak* Teil 9 Rn. 8; Diese sind nach *Malek* Rn. 263 „nur theoretischer Natur".

Eintreffen der Polizei sein Plan scheitert, der Adressat oder ein anderer das Rauschgiftpäck-
chen verliert, findet, verkauft oder wegwirft".

938   **bb) Überlassung von BtM durch Ermittlungsbehörden.** Schließlich gehört auch
hierher die Überlassung von BtM durch Ermittlungsbehörden **zur weiteren Sachaufklärung.** Üblicherweise werden die Fälle der Überlassung oder sogar des Verkaufs („Vertrauensverkauf") von BtM an Verdächtige durch Polizeibeamte zur weiteren Sachaufklärung im
Zusammenhang mit dem Tatbestand des Inverkehrbringens dargestellt. Tatsächlich handelt
es sich dabei um Fälle der Abgabe oder beim Vertrauensverkauf um einen Fall des Veräußerns. Die Zulässigkeit solchen Handelns ist stark umstritten, nach hier vertretener Auffassung allerdings nicht vom Begriff der dienstlichen Tätigkeit gedeckt. Tatprovokationen
erfüllen den Tatbestand (des Inverkehrbringens, Abgebens oder Veräußerns), wenn sie die
Grenzen des Zulässigen überschreiten. Für den V-Mann-Einsatz, für den grundsätzlich
eine Ermächtigungsgrundlage fehlt, würde dies bedeuten, dass dieser stets tatbestandsmäßig
agiert; ebenso wäre das Überlassen von Drogen durch die Ermittlungsbehörden als strafbares
Verhalten zu bewerten, wenn ein Verfügungswechsel festgestellt ist. Die Strafbarkeit kann
aber nach den Grundsätzen der Risikoverringerung bzw. der Lehre vom agent provocateur
entsprechend eingeschränkt werden, zum Ganzen → Vor § 29 Rn. 68 sowie → § 4
Rn. 42 f.

939   **b) Inverkehrbringen durch Unterlassen. aa) Nicht-Beschlagnahme.** Werden BtM
pflichtwidrig dem weiteren Verkehr nicht entzogen, so kann strafbares Inverkehrbringen vorliegen,[24] zB durch einen Polizeibeamten, der bei einer Durchsuchung Hinweisen
auf das Vorhandensein von BtM nicht sorgfältig genug nachgegangen ist (Fahrlässigkeit) und
dadurch einer anderen Person die Möglichkeit der Aneignung eröffnet oder wenn BtM
oder BtM-Rezepte nicht sicher genug aufbewahrt werden.[25]

940   **bb) Ungenügend sichere Aufbewahrung von BtM.** Unproblematisch lässt sich eine
Strafbarkeit beim Abhandenkommen bewusst oder fahrlässig nicht ausreichend gesicherter
BtM annehmen. Diesbezüglich gilt – wie an anderer Stelle bereits dargestellt – ein **strikterer
Fahrlässigkeitsmaßstab** für Personen, die erlaubt im Besitz von Drogen sind bzw. die
Sachherrschaft über diese haben, namentlich Apotheker, Chemiker, u.U. auch Ärzte, Kran-
kenhauspersonal und Polizeibeamte. Hier reicht „allein" die unzureichend abgesicherte
Aufbewahrung regelmäßig aus, um einen Sorgfaltspflichtverstoß annehmen zu können.[26]
Nach § 15 haben die „legitim agierenden Teilnehmer" am Betäubungsmittelverkehr die
Pflicht, Betäubungsmittel, die sich in ihrem Besitz befinden, gesondert aufzubewahren und
gegen unbefugte Entnahmen zu sichern. Da § 15 keine Verbotsnorm darstellt und Abs. 1
Nr. 1 nicht auf diese Vorschrift „blankettartig" verweist, kann sie als eine **„Sondernorm"**
qualifiziert werden, deren Nichtbeachtung die Sorgfaltspflichtverletzung indiziert.[27] Die
Annahme eines **fahrlässigen Inverkehrbringens von BtM** (als nicht privilegierte
Umgangsform) bereitet keine Probleme. Jenseits dieser Fallgruppe stellen sich bei Ärzten
und Apothekern spezifische Rechtsfragen im Hinblick auf die Tathandlung des Inverkehrbringens betreffend des fahrlässigen Umgangs mit der Aufbewahrung von Blankorezepten
bzw. den Auswirkungen einer (begründeten Verschreibung), die hauptsächlich auf der rechtlichen Entscheidung des Gesetzgebers gründen, die **fahrlässige Verschreibung** durch den
Arzt straflos zu lassen (§ 29 Abs. 4), vgl. im Folgenden Rn. 944.

941   **cc) Ungenügend sichere Aufbewahrung von BtM-Rezepten.** Nach überwiegender
Auffassung kann auch die ungenügend sichere Aufbewahrung von Betäubungsmittel-
Rezepten Inhalt des Fahrlässigkeitsvorwurfs sein. Man beachte: Die ungenügend sichere
Aufbewahrung von Rezepten ist als Ordnungswidrigkeit gemäß §§ 32 Abs. 1 Nr. 6, 13

---

[24] Vgl. *Horn* NJW 1977, 2335; HJLW/*Winkler* Rn. 9.2.
[25] Einschränkend KPV/*Patzak* Teil 9 Rn. 14.
[26] *Oğlakcıoğlu*, BtMG AT, S. 215.
[27] Hierzu *Kudlich* FS Otto, 2007, 373 ff.

Abs. 3 S. 2 Nr. 2 BtMG, §§ 8 Abs. 4, 17 Nr. 5 BtMVV mit Geldbuße bedroht.[28] Hier fungiert § 8 Abs. 1 BtMVV als Sondernorm, wonach der Arzt auch Rezepte gegen die Entwendung zu sichern hat. Da die deliktische Verwertung gestohlener Betäubungsmittelrezepte nicht unüblich ist, könnte auch die objektive Vorhersehbarkeit des Geschehens bejaht werden.[29] Meist handelt es sich um Blanko-Rezepte, die der Arzt bereits unterschrieben hat, sodass deren Fälschung nicht aufwendig ist.[30] Ob auch bei bereits individualisierten Rezepten eine Fahrlässigkeitshaftung in Betracht kommt (etwa aufwendige Fälschungshandlungen des Betäubungsmittelabhängigen noch dem Arzt zugerechnet werden können), erscheint zumindest fraglich.

Selbstverständlich ist dies nicht. Der Arzt hat lediglich Verfügungsgewalt hinsichtlich **942** des Rezepts, nicht aber der Betäubungsmittel. Somit fehlt es an einer tatbestandlichen Voraussetzung für ein fahrlässiges Inverkehrbringen. *Körner* will diese Ungereimtheit durch eine „Besitzmittlungskette" beseitigen:[31] Der Wechsel der Verfügungsgewalt werde durch den Apotheker bewirkt, welcher den Besitz der Betäubungsmittel für den Arzt mittle. Mag es faktisch der Fall sein, dass der Apotheker auf die Verschreibung hin das Betäubungsmittel aushändigt, so ändert dies nichts daran, dass es sich bei dem beschriebenen Mittlungsverhältnis (bzw. der „Werkzeugeigenschaft" des Apothekers[32]) um eine Fiktion zu Lasten des Arztes handelt. Denn der Arzt dürfte schon nach § 3 Betäubungsmittel weder besitzen noch mittelbar abgeben.[33] Das Dispensierverbot spricht für eine originär eigene Verfügungsgewalt des Apothekers, zumal dieser die Wirksamkeit des Rezepts stets eigenständig gem. § 17 ApoBetrO zu prüfen hat (wobei sich eine Nebentäterschaft gerade im Bereich der Fahrlässigkeit nach allgemeinen Zurechnungslehren eher konstruieren ließe). Im Ergebnis spricht viel dafür, eine Fahrlässigkeitsstrafbarkeit abzulehnen, wenn der Arzt Betäubungsmittelrezepte sorgfaltswidrig aufbewahrt.[34] Fahrlässiger Umgang mit Betäubungsmittel*rezepten* bedeutet gerade noch keinen fahrlässigen Umgang mit Betäubungs*mitteln*. Das „Unrecht" der Tat erfassen ausreichend die genannten Ordnungswidrigkeit nach §§ 32 Abs. 1 Nr. 6, 13 Abs. 3 S. 2 Nr. 2 BtMG, §§ 8 Abs. 4, 17 Nr. 5 BtMVV. Der Gesetzgeber hat es in der Hand, durch eine ausdrückliche Einbeziehung des fahrlässigen Rezeptumgangs eine Kriminalisierung herbeizuführen.

dd) Fahrlässiges Inverkehrbringen durch Verschreiben trotz potentiellen Miss- **943**
brauchs? Umstritten ist auch, ob dem verschreibenden Arzt ein Fahrlässigkeitsvorwurf hinsichtlich des Inverkehrbringens (nun wiederum durch aktives Tun) gemacht werden kann, wenn vorhersehbar war, dass der Patient das begründete Rezept missbraucht,[35] also entgegen der in der Verschreibung enthaltenen Anweisung missbräuchlich abgibt, veräußert oder damit Handel treibt. Hierin soll das durch den verschreibenden Arzt bewirkte Inverkehrbringen liegen, sofern es für ihn objektiv vorhersehbar war.[36] Dem ist entschieden **entgegenzutreten.**[37] Es erscheint bereits fraglich, ob dem Arzt überhaupt ein Sorgfaltswidrigkeitsvorwurf gemacht werden kann, wenn ihm die Rechtsordnung die Verschreibung des Mittels erlaubt. Vielmehr muss nach den Grundsätzen der „professionellen Adäquanz" bzw. dem Gesichtspunkt des erlaubten Risikos die objektive Zurechnung verneint werden, da das allgemeine Berufsrisiko des Arztes zu keiner Haftung für Straftaten seiner Patienten führen kann. Dem trägt der Gesetzgeber für Apotheker dadurch Rechnung, dass er auch

---

[28] *Weber* Rn. 1012; *Malek* 2.Kap. Rn. 321; HJLW/*Winkler* Rn. 9.4.1; *Joachimski/Haumer* Rn. 109.
[29] *Malek* 2.Kap. Rn. 321; HJLW/*Winkler* Rn. 9.4.1; *Joachimski/Haumer* Rn. 109; *Weber* Rn. 1012.
[30] *Körner* (VI) Rn. 1266.
[31] *Körner* (VI) Rn. 1265; von einer mittelbaren Täterschaft sprechend auch KPV/*Patzak* Teil 9 Rn. 9.; vgl. hierzu auch RGSt 62, 388.
[32] So KPV/*Patzak* Teil 9 Rn. 9.
[33] Krit. auch *Horn* NJW 1977, 2329.
[34] So im Ergebnis auch Pfeil/Hempel/Schiedermair/*Slotty* Rn. 123.
[35] HJLW/*Winkler* Rn. 9.4.1; *Joachimski/Haumer* Rn. 105; BayObLGSt 1960, 182 in einer Entscheidung zu § 10 I Nr. 1 OpiumG.
[36] KPV/*Patzak* Teil 9 Rn. 13.
[37] *Oğlakcıoğlu*, BtMG AT, S. 217.

die fahrlässige Abgabe aus Apotheken straflos gestellt hat. Schließlich würde auch niemand die Idee kommen, Mitarbeiter des Bundesinstitutes für Arzneimittel und Medizinprodukte wegen fahrlässigen Inverkehrbringens bzw. fahrlässiger Abgabe zu bestrafen, weil diese die missbräuchliche Verwendung der Erlaubnis nach § 3 hätten erkennen können. Gleiches muss auch für den im Hinblick auf die Verschreibung sorgfältig handelnden Arzt gelten: Ein Missbrauch von Betäubungsmitteln zur Verfügung eines Abhängigen lässt sich niemals ausschließen. Somit kommt – entsprechend den Überlegungen zur berufsbedingten Tatbestandsverwirklichung (→ Vor § 29 Rn. 114) – nur bei vorsätzlichem Handeln des Arztes bzw. sicherer Kenntnis im Hinblick auf die deliktische Verwendung bzw. den Missbrauch der Betäubungsmittel eine Strafbarkeit in Betracht.[38] In diesem vorsätzlichen Bereich erscheint im Hinblick auf die eigene Verfügungsgewalt des Apothekers eine mittelbare Täterschaft schwerlich konstruierbar. Doch ist dies nicht von Nöten, da dem Arzt der Vorwurf gemacht werden kann, dass die Voraussetzungen des § 13 trotz grundsätzlich positiver Indikation a priori abzulehnen sind, wenn eine **Missbrauchsabsicht** des Patienten festgestellt ist (Strafbarkeit nach § 29 Abs. 1 Nr. 6a).[39]

944   **ee) Mittelbares Inverkehrbringen durch fahrlässiges Verschreiben.** Das straflose fahrlässige Verschreiben[40] durch ein extensives Verständnis vom fahrlässigen Inverkehrbringen zu kriminalisieren, ist nicht nur systemwidrig, sondern verkennt auch die qualitativen Unterschiede zwischen Verabreichen bzw. zum Verbrauch überlassen gem. Abs. 1 Nr. 6b einerseits und dem Verschreiben gem. Abs. 1 Nr. 6a als Tathandlung andererseits. Bei einer fahrlässigen Verschreibung muss der Täter noch selbst aktiv werden und die Apotheke als „letzte Instanz" aufsuchen. Bei Abs. 1 Nr. 6b dagegen ist es der Arzt, der unmittelbar handelt und die Rechtsgutsverletzung herbeiführt. Sicherlich führt dies – wie in der Vorauflage noch angemerkt wird – zur Ungereimtheit, dass Ärzte bei einer fahrlässigen Verschreibung von Betäubungsmitteln straflos bleiben, während sie bei einer fahrlässigen Verabreichung zum unmittelbaren Verbrauch (also sorgfaltswidrig im Hinblick auf die ärztliche Indikation gem. § 13) tatbestandsmäßig handeln. Doch abgesehen davon, dass bei einer Verabreichung/ Verbrauchsüberlassung der Sorgfaltsmaßstab ein anderer ist, geht die von *Rahlf* angesprochene erhöhte Gefahr nicht vom Arzt, sondern vom Patienten aus, der womöglich die Absicht hat, das Rezept zu missbrauchen. Unabhängig hiervon bestünde die Gefahr des Missbrauchs auch bei einer ärztlich begründeten Verschreibung, wie bereits erläutert wurde. Daher darf man entgegen weit verbreiteter Ansicht[41] kein fahrlässiges Inverkehrbringen annehmen, wenn der Arzt sorgfaltswidrig Betäubungsmittel verschreibt.[42]

945   **3. BtM als Tatobjekte.** Die Tathandlung des Inverkehrbringens muss sich auf **BtM** beziehen. BtM sind die in der Positivliste der Anlagen I bis III zum BtMG aufgeführten Stoffe und Zubereitungen. Die Besonderheit bei der Tatbestandsvariante des Handeltreibens, dass die zum Handeltreiben entwickelte Tätigkeit sich nicht notwendig unmittelbar auf ein BtM beziehen muss,[43] kommt beim Inverkehrbringen nicht in Betracht. Das **Inverkehrbringen von Designerdrogen** ist nicht nach dem BtMG, kann aber nach dem AMG strafbar sein. Näheres → § 1 Rn. 30.

946   **4. Erlaubnis.** Beim Inverkehrbringen handelt es sich, obwohl schwer vorstellbar, um eine prinzipiell gemäß § 3 Abs. 1 Nr. 1 erlaubnisfähige Verhaltensweise, die einer Kontrolle durch das Bundesinstitut für Arzneimittel und Medizinprodukte bedarf und ihr auch zugäng-

---

[38] Weitergehend, aber noch vor den gesetzlichen Regelungen über großzügigere Ermöglichung von Substitutionbehandlungen, BGHSt 29, 6.

[39] *Oğlakcıoğlu*, BtMG AT, S. 218.

[40] *Kreuzer* ZRP 1975, 209 äußert kriminalpolitische Bedenken im Hinblick auf die Straflosigkeit des fahrlässigen Verschreibens bzw. der Privilegierung der Ärzte.

[41] So im Ergebnis auch *Horn* NJW 1977, 2329.

[42] *Oğlakcıoğlu*, BtMG AT, S. 219.

[43] → Rn. 338 „Handeltreiben".

lich ist.[44] Zur Erlaubnis als Merkmal des objektiven Tatbestands wird auf die Erläuterungen zu § 3 verwiesen.

III. Subjektiver Tatbestand

Das unerlaubte Inverkehrbringen von BtM ist sowohl in vorsätzlicher wie auch in fahrläs- **947** siger (Abs. 4)[45] Begehungsweise strafbar, wobei bedingter Vorsatz ausreicht.

1. Vorsatz. Zu den einzelnen Elementen des Vorsatzes[46] und zur Abgrenzung von **948** bedingtem Vorsatz und bewusster Fahrlässigkeit[47] wird auf die Erläuterungen Vor § 29 verwiesen.

2. Irrtumskonstellationen. Zu den möglichen Irrtumskonstellationen in Bezug auf **949** Art und Eigenschaft des BtM bzw. über die Erlaubnis wird auf → Vor § 29 Rn. 105 ff. verwiesen.

3. Fahrlässigkeit. Lässt sich vorsätzliche Handlungsweise nicht feststellen, so muss der **950** Tatrichter aufgrund seiner **Pflicht zur erschöpfenden Aburteilung der Tat** prüfen, ob nicht jedenfalls fahrlässige Tatbegehung vorliegt.[48] Da der Tatbestand eine Verfügungsgewalt voraussetzt, ist aber auch beim fahrlässigen Inverkehrbringen ein Vorsatz hinsichtlich des zwischenzeitlichen Besitzes (also der Verfügungsmacht) von Nöten.[49] Ein fahrlässiges Inverkehrbringen scheidet somit aus, wenn der Täter sich niemals hinsichtlich des Erwerbs bewusst war, in Betracht kommt allerdings ein fahrlässiger Erwerb.[50] Insoweit wird auf die Darstellung bei Abs. 4[51] Bezug genommen.

a) Erscheinungsformen fahrlässigen Inverkehrbringens. Der Hauptanwendungs- **951** bereich der Vorschrift liegt im Bereich des fahrlässigen Handelns.[52] Erscheinungsformen fahrlässigen Inverkehrbringens sind zB: Ungenügend sichere Aufbewahrung von illegalen BtM-Vorräten (→ Rn. 940), ungenügend sichere Aufbewahrung von BtM durch Ärzte oder Apotheker (→ Rn. 940), ungenügend sichere Aufbewahrung von BtM-Rezepten (vgl. aber → Rn. 941), Fälle der Dereliktion, wenn (bedingter) Vorsatz in Bezug auf die Ermöglichung des Wechsels der Verfügungsgewalt nicht nachweisbar ist, Fälle der nachlässigen Kontrolle oder Überwachung durch Polizeibeamte, die BtM-Vorräte nachlässig bewachen oder Hinweisen auf das Vorhandensein von BtM nicht sorgfältig genug nachgehen und dadurch einer anderen Person die Möglichkeit der Aneignung eröffnen.

b) Fälle des Tatbestandsirrtums. Die Annahme fahrlässiger Begehungsweise kommt **952** auch in Betracht bei (vermeidbarem) Tatbestandsirrtum (§ 16 Abs. 1 S. 2 StGB), also beim Irrtum über die BtM-Eigenschaft,[53] über die irrige Annahme einer Erlaubnis[54] oder beim Erlaubnistatbestandsirrtum.[55]

IV. Täterschaft und Teilnahme

Die Abgrenzung zwischen (Mit-)Täterschaft und Teilnahme erfolgt auch beim unerlaub- **953** ten Inverkehrbringen nach allgemeinen Grundsätzen des Strafrechts über die Abgrenzung

---

[44] BR-Drs. 546/79, 27.
[45] → Rn. 1694 ff.
[46] → Vor § 29 Rn. 53 ff.
[47] → Vor § 29 Rn. 61.
[48] Vgl. BGH 16.12.1982 – 4 StR 644/82, NStZ 1983, 174 (175); 11.2.1998 – 3 StR 546/97.
[49] AA wohl das OLG München, das in einem von *Meyer-Goßner* FS Beulke, 2015, 495 geschilderten Fall eines in einer JVA tätigen Pfarrers, der unwissentlich dazu instrumentalisiert wurde, ein Paket mit Haschischkeksen an Häftlinge weiterzuleiten.
[50] Wobei dann in jedem Einzelfall zu prüfen ist, ob tatsächlich eine Sorgfaltspflichtverletzung angenommen werden kann.
[51] → Rn. 1694 ff.
[52] So auch *Malek* Rn. 265; HJLW/*Winkler* Rn. 9.4.1; *Joachimski/Haumer* Rn. 15.
[53] → Vor § 29 Rn. 78 ff.
[54] → § 3 Rn. 44.
[55] → Vor § 29 Rn. 90.

zwischen diesen Beteiligungsformen. Aus der Definition des Inverkehrbringens folgt, dass (Mit-)Täter des unerlaubten Inverkehrbringens nur sein kann, wer **selbst Inhaber der tatsächlichen Verfügungsgewalt** über das BtM ist.[56] Wer mitwirkt am Übergang der Verfügungsbefugnis von einer Person auf eine andere, ohne selber frei verfügungsberechtigt zu sein, kann nur Teilnehmer sein. Es bedarf daher gerade auch bei Besitzmittlungsverhältnissen genauer Feststellung und Darlegung, wer wann Inhaber der tatsächlichen Verfügungsgewalt geworden (oder geblieben) ist.[57]

V. Deliktsverwirklichungsstufen

954   **1. Versuch und straflose Vorbereitung. a) Strafbarkeit des Versuchs.** Die Versuchsstrafbarkeit für den Vergehenstatbestand des Inverkehrbringens ergibt sich aus Abs. 2. Die Abgrenzung zwischen Vorbereitungs- und Versuchshandlungen folgt allgemeinen Grundsätzen des Strafrechts.

955   **b) straflose Vorbereitungshandlungen.** Vorbereitungshandlungen sind Tätigkeiten, die auf die Verwirklichung des Tatbestandes gerichtet sind, die aber noch vor der Handlung liegen, mit der nach dem Tatplan unmittelbar zur Tatbestandsverwirklichung angesetzt werden soll. Der Versuch beginnt mit dem Ansetzen zur ernsthaften und endgültigen Entäußerung der Verfügungsgewalt. Alle davor liegenden Handlungen sind Vorbereitungshandlungen.

956   **c) Versuchshandlungen.** Versuchshandlungen sind Tätigkeiten, mit denen nach dem Tatplan unmittelbar zur Tatbestandsverwirklichung angesetzt werden soll. Der Versuch des Inverkehrbringens eines BtM setzt voraus, dass der Täter zur ernsthaften und endgültigen Entäußerung der Verfügungsgewalt über das BtM ansetzt. Kommt es aus irgendwelchen Gründen nicht zur Aneignung durch eine andere Person, so bleibt es beim Versuch. Die in der Literatur vorhandenen Bespiele spiegeln die geringe praktische Bedeutung der Versuchsstrafbarkeit wider: Wenn der Arzt die für den Praxisbedarf nicht mehr benötigten BtM zum Abtransport durch die Müllabfuhr an den Straßenrand zu stellen beginnt, wenn ein Täter ein BtM wegwirft unter billigender Inkaufnahme, dass ein anderer es findet und an sich nimmt, ein einsetzender Sturm oder Regen das BtM jedoch sofort fortträgt und es vernichtet. **Kein Versuch,** sondern Vollendung liegt vor, wenn der Finder das BtM sofort zu Polizei trägt oder es vernichtet. Der Finder hat freie Verfügungsgewalt erlangt, so dass der frühere Inhaber wegen einer vollendeten Tat strafbar ist; unerheblich hierfür ist, dass der Finder straffrei bleibt, weil er das BtM aus dem Verkehr ziehen will und auch keinen Besitzwillen hat.

957   **d) Rücktritt.** Für den strafbefreienden Rücktritt vom Versuch des Inverkehrbringens bleibt Gelegenheit vom Ansetzen zu Entäußerungshandlungen bis zur Begründung neuer Verfügungsgewalt durch eine andere Person.

958   **2. Vollendung.** Vollendet ist Tat mit dem Abschluss des Übergangs der tatsächlichen Verfügungsgewalt. Für das Inverkehrbringen gilt wie für die Abgabe, dass sie durch den Wechsel der tatsächlichen Verfügungsmacht gekennzeichnet ist. Daher genügt die bloße Aufgabe der tatsächlichen Verfügungsmacht durch den bisherigen Inhaber zur Vollendung noch nicht, hinzukommen muss die Begründung neuer Verfügungsmacht in der Person des neuen Inhabers.[58] Tatsächliche Verfügungsgewalt erlangt auch der Finder, der das Betäubungsmittel zur Polizei bringt oder es vernichtet,[59] so dass der frühere Inhaber wegen einer vollendeten Tat strafbar ist; der Finder dagegen bleibt straffrei, weil er die BtM aus dem Verkehr zieht und nicht in den Verkehr bringt.

---

[56] KPV/*Patzak* Teil 9 Rn. 16.
[57] *Weber* Rn. 1026.
[58] Wie hier auch *Franke/Wienroeder* Rn. 128; *Weber* Rn. 1023; aA Pfeil/Hempel/Schiedermair/*Slotty* Rn. 125: Vollendung auch ohne den „Erfolg" der Begründung neuer Verfügungsgewalt.
[59] KPV/*Patzak* Teil 9 Rn. 17.

3. Beendigung. Vollendung und Beendigung fallen beim Inverkehrbringen von BtM 959
stets zusammen. Die Tathandlung ist mit der Begründung der tatsächlichen Verfügungsgewalt durch den neuen Inhaber vollendet und beendet. Nach diesem Zeitpunkt ist Beihilfe
nicht mehr möglich.

VI. Konkurrenzen

1. BtM-Straftaten. a) Bewertungseinheit. Die wichtigste Rechtsfigur zur Lösung der 960
beim Zusammentreffen mehrerer Handlungen entstehenden Fragen im BtM-Strafrecht ist
das Rechtsinstitut der Bewertungseinheit. Zum Begriff wird auf die Erläuterungen zum
Handeltreiben[60] verwiesen. Eine Bewertungseinheit kommt nicht nur beim Handeltreiben
mit BtM, sondern bei allen Absatzdelikten, also auch beim Inverkehrbringen, in Betracht.[61]
Für solch einen Fall sei auf die Darstellung der Bewertungseinheit bei der Abgabe[62] verwiesen.

b) Vorrang der spezielleren Tatbestandsalternativen. Als Auffangtatbestand tritt das 961
Inverkehrbringen hinter den übrigen Entäußerungshandlungen Handeltreiben, Veräußern
und Abgeben zurück.

c) Konkurrenzen des Inverkehrbringens mit BtM-Straftaten im Übrigen. Kein 962
vernünftiger Mensch wird ein BtM **anbauen, herstellen, erwerben** oder **besitzen** (auch)
zu dem Zweck, es später wegzuwerfen. Tateinheit von Inverkehrbringen und Anbau, Herstellung, Erwerb oder Besitz nach den Grundsätzen, die für BtM-Mengen entwickelt sind,
die teils zum Eigenverbrauch und teils zur entgeltlichen oder unentgeltlichen Weitergabe
bestimmt sind, wird es daher nicht geben. Anders könnte die Sachlage in den Fällen des
Unterschiebens von BtM sein: hier ist Tateinheit zwischen Anbau, Herstellung, Erwerb
oder Besitz einerseits und Inverkehrbringen andererseits bei teils zum Eigenverbrauch und
teils zum Unterschieben bestimmten BtM möglich. In einem solchen Fall müssen die
Feststellungen ergeben, welche Mengen zu welchen Zwecken bestimmt waren. In den
Fällen des Unterschiebens wäre sogar denkbar, dass Anbau, Herstellung, Erwerb oder Besitz
zurücktreten als unselbständige Teilakte des Inverkehrbringens, wenn nur das unterzuschie-
bende BtM angebaut, hergestellt, erworben oder besessen wird.

d) Vorsatzwechsel. Fasst der Täter nach vorangegangener Einfuhr oder vorangegange- 963
nem Erwerb zum Eigenverbrauch nunmehr den Entschluss, das BtM in den Verkehr zu
bringen, so liegt **Tatmehrheit** zur Einfuhr bzw. zum Erwerb vor.[63]

2. Straftatbestände anderer Rechtsgebiete. Für das Zusammentreffen von Inverkehr- 964
bringen mit Straftaten aus anderen Rechtsgebieten gelten die allgemeinen Konkurrenzregeln.[64] Dabei kann Tateinheit mit fahrlässiger Tötung (§ 222 StGB) oder fahrlässiger Körperverletzung (§ 230 StGB) in Betracht kommen.[65]
Mögliches Vorbringen zur Rechtfertigung bzw. Entschuldigung von Handlungen, die 965
dem Inverkehrbringen unterfallen, sind bei der Eigenart des Tatbestandes schwer vorstellbar.

VII. Rechtsfolgen

1. Strafrahmenwahl. Der (Normal-)Strafrahmen reicht von Geldstrafe bis zu 5 Jahren 966
Freiheitsstrafe. In besonders schweren Fällen (Abs. 3) reicht der Strafrahmen von einem Jahr

---

[60] → Rn. 477.
[61] BGH 17.8.2000 – 4 StR 233/00, NStZ 2001, 41; 27.4.1999 – 4 StR 136/99, BeckRS 1999 30056777 =
StV 1999, 431; 24.11.1998 – 4 StR 557/98, NStZ 1999, 192; 24.7.1997 – 4 StR 222/97, NStZ 1998, 89;
22.1.1997 – 3 StR 608/96, NStZ 1997, 243.
[62] → Rn. 891.
[63] BayObLG 23.11.1973 – 4 St RR 144/73, BayObLGSt 1973, 187; vgl. auch – für einen Fall der
Abgabe – OLG Karlsruhe 28.2.1974 – 2 Ss 22/74, NJW 1974, 2061.
[64] → Rn. 543.
[65] Vgl. HJLW / *Winkler* Rn. 9.4.1.

Mindeststrafe bis zu 15 Jahren Freiheitsstrafe (§ 38 Abs. 2 StGB). Neben der Strafe kann gem. § 34 Führungsaufsicht (§ 68 Abs. 1 StGB) angeordnet werden. Das Gesetz nennt als besonders schwere Fälle das gewerbsmäßige Abgeben (§ 29 Abs. 3 S. 2 Nr. 1) und die Gesundheitsgefährdung mehrerer Menschen durch das Abgeben (§ 29 Abs. 3 S. 2 Nr. 2). Zur **Bestimmung des Schuldumfangs,** dh um zu einer schuldangemessenen Strafe gelangen zu können, sind generell Feststellungen zur **Art** des BtM, seiner **Mindestmenge** und seiner nach dem Wirkstoffgehalt zu bestimmenden **Qualität** sowie speziell zum Ein- und Verkaufspreis und zum Anteil der zum Verkauf und zum Eigenverbrauch bestimmten Mengen unentbehrlich.[66]

967   **a) Gewerbsmäßiges Inverkehrbringen.** Das Regelbeispiel der Gewerbsmäßigkeit kann in der Tatbestandsvariante des Inverkehrbringens nicht erfüllt werden, weil das Erfordernis der Einnahmeerzielungsabsicht aus dem Begriff der Gewerbsmäßigkeit und Fehlen von Entgeltlichkeit beim Inverkehrbringen einander ausschließen. Deshalb kommen hier auch nicht die Kriterien zur Anwendung, die der BGH für das gewerbsmäßige Inverkehrbringen von Falschgeld aufgestellt hat.[67]

968   **b) Gesundheitsgefährdung mehrerer durch Inverkehrbringen.** Nach allgemeiner Ansicht handelt es sich bei dem Regelbeispiel des gesundheitsgefährdenden Inverkehrbringens um ein konkretes Gefährdungsdelikt.[68] Im Übrigen wird auf die Ausführungen zum Handeltreiben[69] verwiesen. Anders als beim Handeltreiben, bei dem wegen dessen weitgefassten Begriffs auch von den Tathandlungen selber Gesundheitsgefährdungen ausgehen können (zB bei der Produktion in der Absicht gewinnbringender Verwertung), wird die Gefährdung der Gesundheit mehrerer Menschen beim Inverkehrbringen von BtM nur von den in Verkehr gebrachten BtM ausgehen.

969   **c) Unbenannter besonders schwerer Fall (Abs. 3 S. 1).** Auch außerhalb der in Abs. 3 S. 2 genannten Regelbeispielsfälle kann ein ungeschriebener besonders schwerer Fall des Inverkehrbringens von BtM vorliegen. Die praktische Bedeutung dieser Variante ist allerdings gering. Zum Begriff des unbenannten besonders schweren Falles, seiner Feststellung und seines Ausschlusses wird zunächst auf die Erläuterungen zu Abs. 3[70] verwiesen. Bedeutsame Anhaltspunkte für die Wahl des Sonderstrafrahmens ergeben sich aus einem Vergleich mit den durch den Gesetzgeber benannten Regelbeispielen[71] und aus dem Rekurs auf den (beispielhaften) Katalog des Art. 3 Abs. 5 Übk. 1988. **Nicht zur Bejahung des Ausnahmestrafrahmens** des Abs. 3 werden folgende Fälle des Inverkehrbringens von BtM führen, die entsprechend Art. 3 Abs. 5 Übk. von 1988 als „besonders schwerwiegend" bezeichnet werden könnten: einschlägige **Vorstrafen** des abgebenden Täters (vgl. Art. 3 Abs. 5 Buchst. h Übk. 1988); nach deutschem Recht ist an die Umstände der Tat anzuknüpfen.[72]

970   **d) Subjektiver Tatbestand.** In Bezug auf die subjektive Tatseite werden die Merkmale eines Regelbeispiels wie Tatbestandsmerkmale behandelt. Insoweit wird auf die Darstellung bei Abs. 3[73] Bezug genommen.

971   **2. Strafzumessung im engeren Sinne.** Innerhalb des nach den vorstehenden Grundsätzen gewählten Strafrahmens können folgende Strafzumessungsumstände beim Inverkehrbringen von BtM von Bedeutung sein:

---

[66] BGH 16.2.2000 – 2 StR 532/99, BeckRS 2000, 31357964 = StV 2000, 318; 18.7.2000 – 4 StR 258/00, BeckRS 2000, 30122900; 20.3.2001 – 1 StR 12/01, BeckRS 2001, 30168508; 9.5.2001 – 3 StR 36/01, BeckRS 2001, 30179486; 15.5.2001 – 3 StR 142/01, BeckRS 2001 30180453.

[67] BGH 1.9.2009 – 3 StR 601/08, NJW 2009, 3798 = StV 2010, 304 = wistra 2010, 20.

[68] Vgl. BGH 26.11.1975 – 3 StR 422/75, BGHSt 26, 244 = NJW 1976, 381.

[69] → Rn. 579, 1663 f.

[70] → Rn. 1648.

[71] *Franke/Wienroeder* Rn. 219.

[72] Vgl. *Weber* Rn. 1682 und 1686.

[73] → Rn. 1683 ff.

a) Strafmilderungserwägungen. Speziell in Bezug auf die Straftat des unerlaubten   **972** Inverkehrbringens können sich folgende Umstände strafmildernd auswirken: **Polizeiliche Sicherstellung:** Strafmildernd zu berücksichtigen ist es, wenn die BtM bei oder kurz nach der Begründung der tatsächlichen Verfügungsmacht durch deren neuen Inhaber sichergestellt werden konnten.[74] Die Sicherstellung ist unabhängig von einer polizeilichen Überwachung ein eigenständiger Strafzumessungsgrund.[75] **Polizeiliche Überwachung, V-Leute-Einsatz und Tatprovokation** werden beim unerlaubten Inverkehrbringen (aus Sicht des „Angestifteten") keine Rolle spielen, aber → Rn. 590. **„Weiche Droge" Cannabis.** Strafmildernd kann sich auswirken, dass die Tat sich auf die „weiche Droge" Cannabis bezog.[76] Dieser Umstand kann sich bereits auch schon bei der Strafrahmenwahl strafmildernd auswirken.[77] **Nicht strafmildernd** darf gewertet werden, dass der Täter die BtM unentgeltlich in den Verkehr gebracht hat; dies ist Tatbestandsvoraussetzung.

b) Strafschärfungserwägungen. Speziell in Bezug auf die Straftat des unerlaubten   **973** Inverkehrbringens können sich folgende Umstände strafschärfend auswirken: Zur Gefährlichkeit der in Verkehr gebrachten BtM, zur Menge, zu den generalpräventiven Erwägungen und zur Berücksichtigung der Todesfolge → Rn. 912 (Abgeben).

3. Absehen von Strafe bzw. Absehen von der Strafverfolgung. Zum Absehen von   **974** Strafe bzw. Absehen von der Strafverfolgung → Rn. 915 (Abgeben).

4. Einziehung und Verfall; Entziehung der Fahrerlaubnis. Zur Einziehung und   **975** Verfall siehe unten die Erläuterungen zu § 33, insb. → § 33 Rn. 6–7; zur Entziehung der Fahrerlaubnis → Rn. 122 „Anbau".

9. Kapitel. Erwerben (Abs. 1 S. 1 Nr. 1)

Schrifttum: *Albrecht,* Internationales Betäubungsmittelrecht und internationale Kontrolle, in *Kreuzer,* Handbuch des Betäubungsmittelrechts, 1998, § 10 (S. 653 ff.); *ders.,* Betäubungsmittelstrafrecht und Drogenpolitik in Nachbarstaaten, in *Kreuzer:* Handbuch des Betäubungsmittelrechts, 1998, § 23 (S. 1445 ff., 1524 ff.); *Körner,* Der unerlaubte Erwerb und das Sichverschaffen von BtM, StV 1984, 527; *Meyer,* Betäubungsmittelstrafrechtrecht in Westeuropa, 1987; *Oğlakcıoğlu,* Der Allgemeine Teil des Betäubungsmittelstrafrechts, 2013; *Sagel-Grande,* Betäubungsmittelstrafrecht und Drogenpolitik in Nachbarstaaten, in *Kreuzer,* Handbuch des Betäubungsmittelrechts, 1998, § 23.

Übersicht

---

[74] BGH 19.1.1990 – 2 StR 588/89, BeckRS 1990, 31098201 für das HT.
[75] *Weber* Vor §§ 29 ff. Rn. 848.
[76] BGH 1.3.1983 – 1 StR 812/82, NStZ 1983, 370; 25.4.1983 – 3 StR 97/83; 13.11.1986 – 4 St 206/86; 2.12.1986 – 1 StR 599/86, BeckRS 1986, 31087404 = StV 1987, 203; 6.3.1987 – 4 St 52/87; 8.4.1988 – 3 StR 117/88, BeckRS 1988, 31098625.
[77] BayObLG 28.4.1988 – RReg. 4 St 42/88, BayObLGSt 1988, 62 (69); 26.2.1992 – RReg 4 St 25/92.

A. Überblick

I. Rechtliche Einordnung

976   Unerlaubter Erwerb von BtM ist der gesetzlich benannte Unterfall des *Sichverschaffens* von BtM. Im Unterschied zu den Kreationstatbeständen des *Anbauens* und der *Herstellung*, welche ebenfalls der Verschaffung von BtM dienen, zielt die Strafbarkeit des unerlaubten Erwerbs auf deren Umschlag ab und umfasst dort – ebenso wie das insoweit ebenfalls zu dieser Gruppe gehörende Delikt des unerlaubten *Besitzens* – die **Erlangung der tatsächlichen Verfügungsmacht** über das BtM. Der Erwerb von BtM steht unter **Erlaubnisvorbehalt** (§§ 3 Abs. 1 Nr. 1, 4 Abs. 1 Nr. 1b, 2b, 4b, 12). Unerlaubter BtM-Erwerb ist taugliche **Vortat der Geldwäsche** (§ 261 Abs. 1 S. 1 Nr. 2b StGB).

977   **1. Deliktsnatur.** Der Tatbestand ist, weil er die Erlangung tatsächlicher Verfügungsmacht über das BtM voraussetzt, **Erfolgsdelikt**[1] und im Hinblick auf das Rechtsgut **abstraktes Gefährdungsdelikt**.

978   **2. Verfassungsmäßigkeit.** Weder die in Abs. 1 S. 1 Nr. 1 enthaltene Strafdrohung für den unerlaubten Erwerb von Cannabisprodukten noch die in Abs. 1 S. 1 Nr. 3 normierte Strafdrohung für den unerlaubten Besitz dieser Droge verstoßen nach Auffassung des Bundesverfassungsgerichts gegen das **verfassungsrechtliche Übermaßverbot**. Nicht nur das Handeltreiben mit Cannabisprodukten und deren uneigennützig Abgabe begründeten aufgrund der damit verbundenen Weitergabe der Droge stets eine abstrakte Fremdgefahr. Auch der unerlaubte Erwerb gefährde fremde Rechtsgüter schon insofern, als er die Möglichkeit einer unkontrollierten Weitergabe der Droge an Dritte eröffnet. Die Gefahr einer solchen Weitergabe besteht selbst dann, wenn der Erwerb der Droge nach der Vorstellung des Täters nur den Eigenverbrauch vorbereiten soll. Hinzukomme, dass sich gerade im Erwerb zum Zwecke des Eigenverbrauchs die Nachfrage nach der Droge verwirklicht, die den illegalen Drogenmarkt von der Nachfrageseite her konstituiert. Unter generalpräventiven Gesichtspunkten sei gerechtfertigt, auch den unerlaubten Erwerb von Cannabisprodukten zum Eigenverbrauch allgemein als strafwürdiges und strafbedürftiges Unrecht mit Kriminalstrafe zu bedrohen.[2] Dabei werde durch das strafrechtlich sanktionierte Verbot des Umgangs mit Cannabisprodukten, welches in dieser Form für Alkohol und Nikotin nicht besteht, durch den Gesetzgeber **nicht wesentlich Gleiches ungleich** (Art. 3 GG) behandelt. In der **fachgerichtlichen Rechtsprechung** werden ebenfalls keine Zweifel an der Verfassungs-

[1] *Malek* Kap. 2 Rn. 275.
[2] BVerfG 9.3.1994 – 2 BvL 43/92 ua, BVerfGE 90, 145 = NJW 1994, 1577.

mäßigkeit der Strafbarkeit des unerlaubten BtM-Erwerbs erhoben.[3] Nach hier vertretener Auffassung ist die Kriminalisierung des Erwerbs mangels Geeignetheit bzw. Erforderlichkeit und Angemessenheit der Sanktion verfassungswidrig, → Vor § 29 Rn. 22 ff.

II. Kriminalpolitische Bedeutung

PKS und Verurteilungsstatistiken erfassen den BtM-Erwerb nicht gesondert, obwohl es **979** sich in der forensischen Praxis um die klassische konsumorientierte Begehungsweise handelt, die von erheblicher Bedeutung ist (dasselbe gilt für den Besitz zum Eigenkonsum, sodass sich keine „Vergleichsgröße" heranziehen lässt), vielmehr werden die „konsumnahen" Delikte der Abgabe und des Erwerbs unter allgemeine Verstöße zusammengezogen.[4] Diese sind wieder um 2% angestiegen und machen bei 213.850 erfassten Fällen den Großteil der Rauschgiftkriminalität aus (bei 49.804 „Handelsdelikten", wobei zahlreiche Handelsdelikte auch unter sonstige Verstöße – 18.950 – fallen). Im Lagebild Rauschgift NRW bspw. wird die Abgabe von den Konsumentendelikten herausgenommen (Besitz/Erwerb), wobei sich auch hier dasselbe Verhältnis herauskristallisiert und sich die Vermutung aufstellen lässt, dass die „Abgabe" die Fallzahlen nicht merklich beeinflusst (43.604 Konsumentendelikte bei 60.328 Rauschgiftdelikten insgesamt;[5] vgl. zum Ganzen auch → Vor § 1 Rn. 40 f.).

III. Rechtsentwicklung

1. Einfluss internationaler Übereinkommen. Nach dem Übk. 1961 muss jeder Ver- **980** tragsstaat die erforderlichen Maßnahmen treffen, jedes gegen das Übk. verstoßende … Kaufen …, wenn … [es] vorsätzlich begangen, mit Strafe zu bedrohen sowie schwere Verstöße angemessen zu ahnden, insbesondere mit Gefängnis oder sonstigen Arten des Freiheitsentzuges (Art. 36 Abs. 1 Buchst. a).[6] Das Übk. 1971 erwartete von den Vertragsparteien, dass sie die Verwendung der in den Anhängen aufgeführten BtM auf medizinische und wissenschaftliche Zwecke beschränken (Art. 5, 7) und Verstöße gegen diese Regelungen unter Strafe stellen (Art. 22). Das Übk. 1988 enthält die Verpflichtung für jede Vertragspartei, nach ihrem innerstaatlichen Recht ua den Kauf … von Suchtstoffen oder psychotropen Stoffen (Art. 3 Abs. 1a Nr. iii) und sei es auch für den persönlichen Gebrauch (Art. 3 Abs. 2) entgegen Übk. 1961 und Übk. 1971 als Straftat zu umschreiben.[7]

2. Innerstaatliches Recht. § 10 Abs. 1 Nr. 1 OpiumG 1929 hat mit Gefängnis bis zu **981** drei Jahren oder mit Geldstrafe denjenigen bedroht, der die Stoffe und Zubereitungen ohne die in § 3 vorgeschriebene Erlaubnis erwarb. Dabei ging der Gesetzgeber noch über die Forderungen der Übereinkommen hinaus und unterwarf auch den fahrlässigen Erwerb der Strafdrohung. Im BtMG 1972 wurde der Erwerb von BtM ohne den erforderlichen Bezugsschein (§ 11 Abs. 1 Nr. 3) unter Strafe gestellt. Das BtMG 1982 erweiterte in Abs. 1 den Strafrahmen auf vier Jahre Freiheitsstrafe und stellte den Erwerb *ohne Erlaubnis nach § 3 Abs. 1 Nr. 1* unter Strafe. Das OrgKG erweiterte den Strafrahmen nach Abs. 1 auf „bis zu fünf Jahre" und schuf in § 30a Abs. 2 Nr. 2 den Verbrechenstatbestand des *Sichverschaffens unter Mitsichführen von Waffen oder verletzungsgeeigneten- oder -bestimmten Gegenständen,* der – mangels Beschränkung auf die Erlangung tatsächlicher Verfügungsmacht *in sonstiger Weise* – dort **auch den Erwerb umfasst.**[8] Durch das AusfG Übk. 1988 wurde der Erlaubnisvorbehalt neu gefasst, so dass nunmehr derjenige den Tatbestand erfüllt, der *unerlaubt* erwirbt.

---

[3] BGH 25.8.1992 – 1 StR 362/92, BGHSt 38, 339 = NJW 1992, 2975.
[4] Bundeslagebild Rauschgift 2015, S. 3.
[5] Lagebild Rauschgift NRW 2015, S. 3.
[6] S. auch Kreuzer/*Albrecht* § 10 Rn. 13.
[7] S. auch Kreuzer/*Albrecht* § 10 Rn. 26.
[8] BGH 10.4.1996 – 2 StR 5/96, BGHSt 42, 123 = NJW 1996, 2804.

B. Erläuterung

I. Geltungsbereich

982   **1. Inlands-/Auslandstaten.** Wer in Deutschland BtM ohne Erlaubnis erwirbt, macht sich unabhängig davon strafbar, ob er Deutscher oder Ausländer ist.

983   **a) Auslandserwerb durch einen Ausländer.** Erwirbt ein Ausländer im Ausland BtM, unterliegt er nicht dem deutschen BtM-Strafrecht,[9] es sei denn, er erwirbt (auch) zum Zweck der Weiterveräußerung, da der Erwerb in diesem Fall einen unselbständigen Teilakt des BtM-Vertriebs darstellt und nach § 6 Nr. 5 StGB auch in Deutschland strafbar ist.[10] Allerdings kann der Schuldspruch umgestellt werden, wenn ein Erwerb im Ausland nicht auszuschließen (die Verurteilung wegen Erwerbs somit rechtsfehlerhaft ist), allerdings Besitz im Inland nachgewiesen ist (§ 3 StGB).[11] Der Ausländer bleibt aber nach deutschem Recht straflos, wenn er im Ausland BtM erwirbt, um sie zu verschenken.[12]

984   **b) BtM-Erwerb durch einen Deutschen im Ausland.** Erwirbt ein Deutscher im Ausland BtM, ist er nach deutschem BtM-Strafrecht strafbar, wenn die Tat am Tatort mit Strafe bedroht ist oder der Tatort keiner Strafgewalt unterliegt (§ 7 Abs. 2 Nr. 1 Alt. 1 StGB).

985   **c) Rechtslage in anderen europäischen Staaten.** In den **Niederlanden** ist der Erwerb von BtM nicht ausdrücklich unter Strafe gestellt, das strafbewehrte Verbot ergibt sich aber aus der Strafbarkeit des *Besitzes*.[13] Demzufolge macht sich nach deutschem Recht strafbar, wer in Holland BtM erwirbt[14] oder zum Erwerb Beihilfe leistet.[15] In **Spanien** ist der Erwerb zum Eigenkonsum straflos (Art. 344 Código Penal).[16] Stets bedarf also genauerer Überprüfung, ob die konkrete Tathandlung jeweils nur geduldet wird bzw. strafrechtlich nicht verfolgt wird und ob die „Interpretation" der konkreten Tathandlung mit derjenigen des deutschen Rechts übereinstimmt, etwa welche Anforderungen an einen Besitz oder Erwerb gestellt werden, ob bloße Konsumakte hiervon erfasst sind etc.

986   **2. Mehrfachverfolgung.** Wegen des Begriffs derselben Tat und dem sich daraus abzuleitenden Verbot der Mehrfachverfolgung (*ne bis in idem*) wird auf die Erläuterungen Vor § 29[17] verwiesen.

II. Objektiver Tatbestand

987   **1. Begriff des Erwerbens. a) Definition.** Der Begriff des Erwerbs ist gesetzlich nicht definiert; in den Vorschriften des Ersten Abschnitts des BtMG (§§ 1 und 2 – „Begriffsbestimmungen") wird er nicht genannt. § 74a Nr. 2 StGB spricht davon, dass Einziehungsgegenstände in rechtlich verwerflicher Weise *erworben* wurden. § 52 WaffG stellt den Erwerb von Waffen und Munition unter den dort genannten Voraussetzungen unter Strafe. Im BtM-Recht versteht die hM[18] die **Erlangung der tatsächlichen Macht zur freien Verfügung über das BtM im Einverständnis mit dem zuvor Verfügungsberechtigten** unabhängig vom Zweck des Erwerbs. Nach der Gesetzessystematik kann Erwerb immer nur dort vorliegen, wo der „Geschäftspartner" BtM abgibt, veräußert oder mit ihnen Handel treibt.

---

[9] BGH 4.7.1995 – 1 StR 286/95; 22.1.1986 – 3 StR 472/85, BGHSt 34, 1 = NJW 1986, 2895.
[10] → Vor § 29 Rn. 122 ff.
[11] BGH 15.5.2012 – 3 StR 138/12, BeckRS 2012, 11532.
[12] BGH 24.9.2009 – 3 StR 280/09, BeckRS 2009, 86130 = NStZ 2010, 687 (bei *Winkler* [30]) = StV 2010, 131.
[13] Vgl. *Scholten* in *Meyer* S. 453.
[14] BGH 5.11.1985 – 5 StR 581/85, NJW 1986, 1444; 25.4.1986 – 2 StR 74/86.
[15] OLG Hamm 30.11.1997 – 4 Ss 847/77, NJW 1978, 2346.
[16] *Reeg* in *Meyer* S. 715; vgl. LG Krefeld 7.6.1984 – 21 Ns 27 Ls 2 Js 877/83 Hw, StV 1984, 517.
[17] → Vor § 29 Rn. 161 ff.
[18] BayObLG 7.3.1974 – RReg 4 St 12/74; *Franke/Wienroeder* Rn. 118; HJLW/*Winkler* Rn. 10.1; *Joachimski/Haumer* Rn. 37 zu § 3; Pfeil/Hempel/Schiedermair/*Slotty* Rn. 131; *Weber* Rn. 1046.

b) „Rechtsgeschäft" des Erwerbs. Aus der einverständlichen Ableitung der tatsächli- **988** chen Verfügungsmacht vom zuvor Verfügungsberechtigten wird der Erwerb (in Abgrenzung zum *Sichverschaffen in sonstiger Weise*)[19] auch damit umschrieben, dass dieser auf **Rechtsgeschäft**[20] beruht. Dabei kommt es auf die bürgerlich-rechtliche Wirksamkeit des Rechtsgeschäfts, das idR wegen § 134 BGB nichtig ist,[21] ebenso wenig an wie auf die Eigentumsverhältnisse an dem BtM. Als solchermaßen rechtsgeschäftsähnliche Übertragungsformen kommen demnach in Betracht **Kauf,**[22] **Annahme einer Schenkung,**[23] **Besitzdienerschaft** mit eigenem Ermessensspielraum.[24] Die Vergleichbarkeit mit einem Rechtsgeschäft führt nicht dazu, dass sich der Tatbestand in einen **Verpflichtungs-** und einen **Erfüllungsakt** aufspalten lässt,[25] was im Zusammenhang mit der Grenzziehung zwischen strafloser Vorbereitungshandlung und Versuch missverstanden wurde.[26]

c) Fürsorgliche Ansichnahme von BtM. Zu den Fällen der fürsorglichen Ansich- **989** nahme siehe die Erläuterungen bei → Vor § 29 Rn. 52 sowie 68.

d) Zweifelsgrundsatz. Verbleiben Zweifel daran, ob die tatsächliche Verfügungsmacht **990** einverständlich übergegangen ist, darf der Verurteilung nicht Erwerb zugrunde gelegt werden. Tut dies der Tatrichter gleichwohl, entfernt sich diese Schlussfolgerung so sehr von einer festen Tatsachengrundlage, dass sie letztlich bloße Vermutung ist. In diesem Fall kann nur Verurteilung wegen Sichverschaffens in sonstiger Weise erfolgen.[27]

e) Konsum und missglückter Konsum. Der Konsum selbst ist straflos. Soweit **991** Rauschgift zum Mitgenuss oder in verbrauchsgerechter Menge zum sofortigen Gebrauch an Ort und Stelle entgegengenommen wird, fehlt es an der für den Erwerb erforderlichen Erlangung der tatsächlichen Verfügungsmacht des Empfängers.[28] Auch das Spritzen von BtM in den Körper anderer Personen stellt sich weder als Abgabe, Veräußern oder sonstiges In-Verkehr-Bringen dar (es steht allerdings Verabreichen [Nr. 6b] unter Strafe), so dass auf der Empfängerseite auch nicht von einem Erwerb gesprochen werden kann.[29] Entsteht jedoch **zwischen dem Überlassen des BtM und dem beabsichtigten Verbrauch eine Zeitspanne,** in dem der potentielle Konsument nach Belieben über die BtM verfügen konnte, liegt Erwerb auch dann vor, wenn das BtM alsbald konsumiert wird.[30] Dies ist der Fall, wenn die Feststellungen belegen, dass sich ein Täter nach dem Kauf des Heroingemischs vom Tatort entfernen wollte. Solches schließt eine Konsumabsicht noch am Kaufort ebenso aus wie der Umstand, dass er nach Abwicklung des Kaufs noch ein Gespräch mit dem Verkäufer führte, bevor er festgenommen wurde.[31]

2. BtM als Tatobjekte. Tatobjekte sind die in den Anlagen I bis III zu § 1 Abs. 1 **992** aufgeführten Stoffe und Zubereitungen, deren einverständliche Übertragung positiv festge-

---

[19] Ungenau OLG Köln 26.1.1996 – Ss 677/95, NStZ-RR 1998, 334 *(bei Kotz/Rahlf)*, das nur eine Abgrenzung zum Besitz vornimmt.

[20] BayObLG 10.9.1959 – RReg 4 St 247/59, BayObLGSt 1959, 273; 30.4.1993 – 4St RR 51/93; OLG Köln 26.1.1996 – Ss 677/95, NStZ-RR 1998, 334 *(bei Kotz/Rahlf)*.

[21] BGH 9.11.1976 – 1 StR 649/76.

[22] BGH 7.7.1994 – 1 StR 313/94, BGHSt 40, 208 = NJW 1994, 3019; BayObLG 19.3.1984 – RReg 4 St 37/84, NStZ 1984, 320; aA OLG Karlsruhe 7.3.1978 – 2 Ss 247/77.

[23] RG 28.9.1931 – 2 D 585/31; BayObLG 11.7.1980 – RReg 4 St 154/80.

[24] KPV/*Patzak* Teil 10 Rn. 5; *Körner* StV 1984, 529.

[25] BayObLG 19.3.1984 – RReg 4 St 37/84, NStZ 1984, 320; *Weber* Rn. 1050.

[26] BayObLG 10.9.1959 – RReg 4 St 247/59, BayObLGSt 1959, 273.

[27] OLG Köln 26.1.1996 – Ss 677/95, NStZ-RR 1998, 334 *(bei Kotz/Rahlf)* nimmt Besitz an, was aber nicht der Gesetzessystematik entspricht.

[28] BGH 27.6.1991 – 4 StR 244/91; 24.11.1992 – 1 StR 780/92, NStZ 1993, 191; OLG München 13.5.2005 – 4St RR 75/05, NStZ 2006, 579.

[29] BayObLG 7.3.1974 – RReg 4 St 12/74; OLG Frankfurt a. M. 22.1.1988 – 1 Ss 309/87, StV 1989, 20; LG München I 22.9.1983 – JNs 458 Js 165 606/83, StV 1984, 77 mAnm *Grabow*.

[30] OLG Hamburg 23.11.2007 – 1 Ss 129/07, NStZ 2008, 287 mAnm *Kotz* StRR 2008, 275; OLG München 13.5.2005 – 4St RR 75/05, NStZ 2006, 579; OLG Zweibrücken 22.11.1973 – 1 Ss 185/73.

[31] KG 19.6.1996 – (5) 1 Ss 112/96 (17/96), NStZ-RR 1999, 66 *(bei Kotz/Rahlf)*.

stellt werden muss. Ein allgemeiner Erfahrungssatz des Inhalts, dass sich in einem von einem Rauschgifthändler unter konspirativen Umständen an einen Dritten übergebenen Paket Drogen befinden, besteht nicht.[32] Die **BtM-Eigenschaft** eines Stoffes wird gemäß § 1 Abs. 1 allein durch seine Aufnahme in die Positivliste der Anlagen I bis III begründet.[33] Das Gesetz enthält **keinerlei Einschränkungen hinsichtlich der Gewichtsmenge und des Wirkstoffgehalts** (zur BtM-Qualität von Rückständen, Anhaftungen etc. → § 1 Rn. 7).[34] **BtM-Imitate** können nicht Tatobjekt sein, da § 29 Abs. 6 den Erwerb solcher Stoffe nicht umfasst.[35] Möglicherweise kann insoweit aber untauglicher Versuch (→ Rn. 1008) oder fahrlässiger Erwerb (→ Rn. 999) vorliegen.

993   **3. Erlaubnis.** Zur Erlaubnis als Merkmal des objektiven Tatbestands wird auf die Erläuterungen zu § 3 verwiesen.[36]

994   Erwirbt ein Patient btm-haltige Medikamente aufgrund einer ärztlichen Verschreibung, ersetzt diese die allgemeine Erwerbserlaubnis nach § 3 Abs. 1 (zu diesem System → § 13 Rn. 6).[37] Eine Verschreibung kann die Erwerbserlaubnis **nicht ersetzen, wenn sie gestohlen oder gefälscht** wurde.[38] Hingegen erscheint es fraglich, ob die lediglich nicht indizierte, weil **durch falsche bzw. unvollständige Angaben erlangte** Verschreibung als „unwirksam" behandelt werden kann.[39] Gerade dieses Unrecht wird eigenständig in § 29 Abs. 1 S. 1 Nr. 9 pönalisiert. Die h.M. tendiert wohl dazu, die „Wirksamkeit" einer erschlichenen Verschreibung zu verneinen und damit § 29 Abs. 1 S. 1 Nr. 9 zu einem „reinen Vorbereitungsdelikt" zu degradieren (was wiederum auf der Konkurrenzebene berücksichtigt werden müsste, → Rn. 1012).

III. Subjektiver Tatbestand

995   Das unerlaubte Erwerben von BtM ist sowohl in vorsätzlicher wie auch in fahrlässiger (Abs. 4) Begehungsweise strafbar. Bedingter Vorsatz genügt.

996   **1. Vorsatz.** Zu den einzelnen Elementen des Vorsatzes und zur Abgrenzung von bedingtem Vorsatz zur bewussten Fahrlässigkeit wird auf die Erläuterungen Vor § 29 verwiesen.[40]

997   Der **Zweck des Erwerbs** ist lediglich im Falle des Erwerbs zur späteren illegalen Weitergabe des Stoffes von Bedeutung, da er dann bereits einen Teilakt des Handeltreibens darstellen kann. Allein der Rückschluss von der erworbenen bzw. aufgefundenen Menge auf die Tatbestandsverwirklichung des unerlaubten Handeltreibens ist nicht zulässig, da es bei 250 g Haschisch nicht ausgeschlossen ist, dass der Erwerb nur zum Eigenverbrauch erfolgte.[41] Gleiches gilt für eine aus 11,5 g Amphetaminpulver, 35,1 g Marihuana und 73,2 g Cannabissamen bestehende Menge.[42] Kann der Erwerbszweck nicht geklärt werden, ist nach dem Zweifelsgrundsatz davon auszugehen, dass das BtM zum Eigenverbrauch erworben wurde (hierzu auch noch → Rn. 991).[43]

998   **2. Irrtumskonstellationen.** Zu den möglichen Irrtumskonstellationen in Bezug auf Art und Eigenschaft des BtM wird auf die Erläuterungen Vor § 29,[44] zu Irrtumsfragen im Zusammenhang mit der Erlaubnis auf die Ausführungen zu § 3[45] verwiesen.

---

[32] OLG Karlsruhe 5.2.2001 – 3 Ws 178/99, Justiz 2001, 364.
[33] BayObLG 25.9.2002 – 4St RR 80/02.
[34] BayObLG 26.11.2002 – 4St RR 113/02.
[35] OLG Hamm 25.1.1988 – 2 Ss 1461/87.
[36] → § 3 Rn. 38 ff.
[37] KPV/*Patzak* Teil 10 Rn. 18.
[38] KPV/*Patzak* Teil 10 Rn. 18.
[39] *Weber* Rn. 1066.
[40] → Vor § 29 Rn. 54 ff.
[41] BGH 18.1.1989 – 2 StR 614/88.
[42] OLG München 18.9.2008 – 4St RR 141/08, NStZ-RR 2011, 129 (bei *Kotz/Rahlf*).
[43] BayObLG 8.7.1994 – 4 St RR 75/94.
[44] → Vor § 29 Rn. 78 ff.
[45] → § 3 Rn. 44 ff.

3. Fahrlässigkeit. Lässt sich vorsätzliche Handlungsweise nicht feststellen, muss der Tat-   **999**
richter aufgrund seiner Kognitionspflicht zur erschöpfenden Aburteilung der Tat prüfen,
ob nicht jedenfalls fahrlässige Tatbegehung vorliegt.[46] Bei den sog „**Legal-High**"-**Produkten,** die Cannabinoide wie JWH-018 enthalten, dürfte dem Erwerber, der sich ausschließlich auf die Angaben des Herstellers zur Legalität des Produkts verlässt, der Vorwurf der
Fahrlässigkeit nicht erspart bleiben, weil allgemein bekannt ist, dass *Spice* und dessen Nach-
folgeprodukte mittlerweile dem BtMG unterliegen (wenn nicht bereits vorsätzliches Handeln bejaht werden kann, → Vor § 29 Rn. 54 ff., 83).[47] Will jemand **BtM-Imitate** erwerben und erhält er echte BtM liegt ebenso Fahrlässigkeit vor, wie wenn eine gebrauchte
Pfeife gekauft wird, ohne dass man sie darauf untersucht, ob sie noch konsumfähige Opiumasche enthält. Gleiches gilt bei Leerung eines Schließfachs bzw. Abholung eines Gepäckstücks dessen Inhalt der Erwerber **ungeprüft** an sich nimmt[48] oder wenn er zwei Plastikbeu-
tel, deren Inhalt man unschwer als Haschisch erkennen kann, annimmt.[49]

IV. Rechtfertigung/Entschuldigung

Zur fürsorglichen Ansichnahme von BtM durch Eltern, Lehrer usw siehe die Ausführun-   **1000**
gen zum Besitz.[50] Zur Rechtfertigung des Erwerbs von Cannabis zur Schmerzlinderung
→ Vor § 29 Rn. 68.

V. Täterschaft und Teilnahme

Die Abgrenzung von Täterschaft und Teilnahme folgt allgemeinen Regeln, insofern wird
auf die Ausführungen bei → Vor § 29 Rn. 107 ff. sowie → § 29 Rn. 384 ff. verwiesen.

1. Mittäterschaft, Mittelbare Täterschaft. Erwerben mehrere Personen in bewusstem   **1001**
und gewolltem Zusammenwirken eine bestimmte Rauschgiftmenge, deren Aufteilung in
für den jeweiligen Eigenverbrauch bestimmte Anteile bereits vereinbart ist **(Einkaufspool),**
so liegt für jeden von ihnen ein Erwerb „lediglich zum Eigenverbrauch" vor. In diesem
Falle muss sich der Einzelne nicht die gemeinschaftlich erworbene Gesamtmenge, sondern
nur den für ihn selbst bestimmten Anteil zurechnen lassen (zur Anbaugemeinschaft → § 30a
Rn. 5 f. und Vor 29a Rn. 26, zum Besitz in diesen Fällen → Rn. 1144).[51] Die bloße
Feststellung, der Angeklagte sei bei einem Erwerb von Betäubungsmitteln durch einen
weiteren Beteiligten „als Anhang" danebengestanden, genügt noch nicht für die Annahme
eines Tatbeitrags iSd § 25 Abs. 2 StGB,[52] zumal der Danebenstehende auch ausschließlich
fremdnützig agieren könnte (und damit auch lediglich eine Beihilfe in Betracht kommt).

Eine mittelbare Täterschaft ist in Form der Instrumentalisierung eines Boten bzw.   **1002**
Bekannten vorstellbar.

2. Teilnahme. Die Frage der Anstiftung beurteilt sich nach allgemein-strafrechtlichen   **1003**
Grundsätzen. Dementsprechend kommt hier eine Anstiftung bzw. psychische Beihilfe durch
das Anregen eines Dritten zur Abgabe an einen Konsumenten in Betracht. Wer einen
anderen bei dessen Erwerb von BtM unterstützt, indem er ihn zu dessen **Schutz** begleitet,
ist Gehilfe der Erwerbstat.[53] Auch wer einem anderen, der sich in Strafhaft befindet, in
Gewinnerwartung ein Darlehen gewährt, ihm Kaffee und Tabak auf Kredit verkauft, damit
sich dieser dafür von anderen Gefangenen Haschisch und Heroin beschaffen kann und
während dieses Zeitraums Schulden des Gefangenen begleicht, macht sich wegen Beihilfe

---

[46] Vgl. BGH 16.12.1982 – 4 StR 644/82, NStZ 1983, 174 (175); 11.2.1998 – 3 StR 546/97, BeckRS
1999, 30070917.
[47] AG Prüm 18.8.2011 – 831 Js 5084/11 Ds (218/11); vgl. auch KPV/*Patzak* Stoffe Rn. 512 ff.
[48] *Franke/Wienroeder* Rn. 122.
[49] OLG Hamburg 14.8.1974 – 1 Ss 48/74, NJW 1975, 1472.
[50] → Rn. 1135 f.
[51] OLG Stuttgart 12.3.1998 – 1 Ss 60/98, NJW 1999, 3425.
[52] OLG München 16.4.2012 – 5 St RR (I) 12/12, BeckRS 2013, 03388.
[53] OLG Hamm 30.11.1977 – 4 Ss 847/77, NJW 1978, 2346.

zum Erwerb strafbar.[54] Gehilfe ist schließlich auch der Besitzdiener ohne eigenen Ermessensspielraum[55] oder der Bote.[56] Keine Beihilfehandlung kann dort angenommen werden, wo es an einer Erwerbshandlung des Anderen etwa deshalb fehlt, weil er das BtM nicht zur freien Verfügung, sondern injiziert erhält.[57]

VI. Deliktsverwirklichungsstufen

1004   **1. Versuch.** Der Versuch ist gem. Abs. 2 unter Strafe gestellt. Da es sich um das Pendant zur Abgabe handelt,[58] geht die hM davon aus, dass auch der Versuchsbereich für beide Beteiligten am Verfügungswechsel parallel verläuft. Da Versuchshandlung und rechtlicher Erfolg nahe liegen, sind Entscheidungen zum „versuchten" Verfügungswechsel rar, und man kann sich ihn wohl nur in der Konstellation des untauglichen Versuchs als praktisch relevant vorstellen.[59]

1005   Zwar kann die erforderliche willensmäßige Übereinstimmung zwischen Abgabe- und Erwerbswilligem auch auf Grund eines Verpflichtungsgeschäftes, etwa eines Kaufvertrages, angenommen werden. Durch das **Verpflichtungsgeschäft** wird indes für sich allein **noch kein Tatbestandsmerkmal** des unerlaubten Erwerbs erfüllt. Da es auf die einvernehmliche Übertragung der tatsächlichen Verfügungsgewalt ankommt, liegt versuchter Erwerb nur vor, wenn der Täter nach seiner Vorstellung von der Tat unmittelbar zur Erlangung der tatsächlichen Verfügungsgewalt vom Vorbesitzer ansetzt.[60] Davon kann noch keine Rede sein, wenn die vom Erwerbswilligen bestellten BtM erst noch im Ausland beschafft werden sollen und sowohl der Zeitpunkt wie auch der Ort der Übergabe noch völlig offen sind.[61]

1006   Wurden die vom Erwerbswilligen bestellten BtM schon bei seinem Lieferanten **beschlagnahmt,** bevor dieser den Wohnort des Bestellers erreicht hatte, liegt weder vollendeter noch versuchter Erwerb vor.[62] Insofern überspannt der Erste Senat die Anforderungen an ein unmittelbares Ansetzen, wobei die Frage, inwiefern ein unmittelbares Ansetzen beim „Antreffen" einer Person als notwendige Voraussetzung für die Umsetzung des Tatplanes im Allgemeinen umstritten ist (man denke an die „Klingelfälle"[63]), mithin diese zurückhaltende Interpretation auch durchaus vertretbar erscheint, mag sich prima vista ein „fehlgeschlagener Versuch" des Erwerbs geradezu aufdrängen.[64]

1007   Bedient sich der Erwerbswillige eines Boten, setzt er zur Erlangung der tatsächlichen Verfügungsmacht erst an, wenn sich der Bote endgültig zur Tatmitwirkung entschlossen und das BtM – hier – unter Überwindung der bestehenden Kontrollmechanismen illegal in die JVA eingebracht hat.[65] Soweit sich der Bote zum Eigenbesitzer „aufschwingt", muss man dies als wesentliche Abweichung vom vorgestellten Kausalverlauf (soz. als „aberratio ictus") bewerten, sodass dem Abgebenden – ähnlich wie bei den Postbeschlagnahmefällen – der nicht gewollte Verfügungswechsel auch nicht mehr zugerechnet werden kann.[66] Befand sich der Erwerbswillige bei der Inbesitznahme noch im **Stadium der Überlegung,** ob er dieses Haschisch behalten sollte, und hatte er sich bereits vor der Entdeckung entschlossen,

---

[54] BGH 13.9.1988 – 5 StR 283/88.

[55] *Körner* StV 1984, 529; KPV/*Patzak* Teil 10 Rn. 44.

[56] *Weber* Rn. 1053.

[57] BayObLG 29.1.2001 – 4 St RR 7/01.

[58] Veräußern sowie Abgeben contra Erwerben; Inverkehrbringen contra Sichverschaffen. Beim Veräußern ist umstritten, ob es nicht aufgrund seines Charakters „als Handeltreiben ohne Eigennutz" entsprechend ausgelegt werden müsste und Veräußerungsbemühungen dementsprechend ausreichen; eher restriktiv KPV/*Patzak* Teil 7 Rn. 2. („Einräumung der Verfügungsgewalt").

[59] Übergabe bzw. Erhalten von Mehl in der Vorstellung, es handele sich um Kokain.

[60] BGH 7.7.1994 – 1 StR 313/94, BGHSt 40, 208 = NJW 1994, 3019; BayObLG 19.3.1984 – RReg 4 St 37/84, NStZ 1984, 320; aA OLG Karlsruhe 7.3.1978 – 2 Ss 247/77.

[61] BayObLG 22.4.1994 – 4St RR 47/94.

[62] BGH 13.10.2005 – 1 StR 429/05, BeckRS 2005, 12366; BayObLG 3.4.1996 – 4St RR 55/96.

[63] SSW/*Kudlich/Schuhr* § 22 Rn. 42a.

[64] Hierzu *Oğlakcıoğlu*, BtMG AT, S. 422.

[65] BayObLG 17.7.2000 – 4St RR 88/00.

[66] BayObLG 20.10.2003 – 4St RR 120/2003, BayObLGSt 2003, 116.

es wieder zurückzugeben, ist es weder zu einem strafbaren versuchten Erwerb gekommen, noch stellt sich die Inbesitznahme als Teil eines etwaigen Handeltreibens dar.[67]

Hatte dagegen der Lieferant das Heroinbriefchen bereits in der Hand, um es dem ihm **1008** **unmittelbar gegenüberstehenden Erwerbswilligen zu übergeben** und scheiterte die Vollendung der Tat lediglich daran, dass die Polizei in diesem Augenblick eingriff und der Angeklagte nur deswegen das Heroin nicht erlangte, liegt ein unmittelbares Ansetzen zum unerlaubten Erwerb von BtM vor.[68] Beim Erwerb von Drogen über **Postversand** ist Versuch und nicht nur straflose Vorbereitungshandlung gegeben, wenn der Verkäufer vereinbarungsgemäß die Sendung mit dem Rauschgift bei der Post zur Weiterleitung an den Käufer einliefert.[69] Legt der Erwerbswillige ein **gestohlenes, gefälschtes** oder **erschlichenes Rezept** dem Apotheker zur Belieferung vor, setzt er damit ebenfalls zur Verwirklichung des Erwerbstatbestands an.[70] Wer beim **Erwerb von BtM-Imitaten** die Fehlvorstellung hat, es handle sich um echtes Rauschgift, begründet die Strafbarkeit beim Erwerb zum Eigenkonsum wegen **untauglichen Versuchs** nach § 29 Abs. 1, Abs. 2, § 23 Abs. 3 StGB.[71]

Für den strafbefreienden **Rücktritt vom Versuch** des Erwerbens bleibt angesichts der **1009** durch die Deliktsnatur bedingten raschen Vollendung der Tat praktisch kein Raum.

2. Vollendung und Beendigung. Der Tatbestand des Erwerbens ist vollendet, sobald **1010** der Täter die tatsächliche Verfügungsgewalt über das BtM innehat.[72] Die Tat ist beendet, wenn die tatsächliche Verfügungsgewalt über das BtM gesichert ist.[73]

VII. Qualifikationen

Erwerb ist der benannte Unterfall des Sichverschaffens von BtM. Zur Ahndung eines **1011** **Verbrechens des Sichverschaffens** in nicht geringen Mengen unter Mitsichführen von Waffen oder verletzungsgeeigneten oder -bestimmten Gegenständen s. § 30a.

VIII. Konkurrenzen

1. BtM-Straftaten. Erwerb: Eine Bewertungseinheit kommt lediglich bei Absatzdelik- **1012** ten (Handeltreiben, Veräußern, Abgeben) in Betracht, nicht aber bei Erwerbstaten.[74] Der Erwerb unterschiedlicher BtM stellt nur eine Tat dar.[75] **Besitz:** Der Tatbestand des unerlaubten Besitzes von BtM in Normalmenge wird durch den unerlaubten Erwerb verdrängt.[76] Die Begehungsweise des Besitzes hat rechtlich nicht die Kraft, mehrere Fälle des Erwerbs zur Tateinheit zu verklammern.[77] Hierfür ist es auch nicht von Bedeutung, ob der Erwerber schon anderes Rauschgift besitzt; Tateinheit zwischen dem neuen und einem früheren Erwerb kann durch bloßen gleichzeitigen Besitz nicht begründet werden.[78] Der unerlaubte Erwerb von BtM wird vom Verbrechenstatbestand des **unerlaubten Besitzes von BtM in nicht geringer Menge** verdrängt.[79] **Einfuhr:** Wird BtM lediglich zum Eigenverbrauch eingeführt, so kommt nur eine Verurteilung wegen unerlaubten Erwerbs in Tateinheit mit

---

[67] BGH 18.3.1981 – 3 StR 68/81, NStZ 1981, 263.
[68] BayObLG 18.2.1994 – 4St RR 16/94.
[69] BayObLG 25.4.1994 – 4St RR 48/94, NJW 1994, 2164.
[70] *Weber* Rn. 1072.
[71] OLG Braunschweig 20.12.1976 – Ss 159/76, für Erwerb von Ascorbinsäure als Heroin; OLG Zweibrücken 18.7.1980 – 2 Ss 140/80, NStZ 1981, 66 für Erwerb einer unbekannten Substanz als Marihuana; OLG Hamm 1.10.1984 – 4 Ss 337/84.
[72] KPV/*Patzak* Teil 10 Rn. 39; *Joachimski/Haumer* Rn. 131; *Weber* Rn. 1073.
[73] *Joachimski/Haumer* Rn. 132; *Weber* Rn. 1074.
[74] BGH 22.1.1997 – 3 StR 608/96, NStZ 1997, 243.
[75] *Franke/Wienroeder* Rn. 124; *Weber* Rn. 1089.
[76] BGH 4.9.1996 – 3 StR 355/96, NStZ-RR 1997, 49; 28.1.1998 – 2 StR 641/97; 17.2.1999 – 3 StR 11/99, BeckRS 1999, 30047150; 18.1.2005 – 3 StR 459/04, BeckRS 2005, 02289.
[77] KPV/*Patzak* Teil 11 Rn. 73; *Weber* Rn. 1092.
[78] BGH 9.8.1988 – 1 StR 252/88.
[79] BGH 8.5.2001 – 1 StR 157/01, BeckRS 2001, 30179038; 13.1.2003 – 5 StR 544/02, BeckRS 2003, 01212; 14.7.2005 – 3 StR 238/05, BeckRS 2005, 09341.

unerlaubter Einfuhr von BtM in Betracht.[80] Wer drei Einkaufsfahrten in die Niederlande unternommen und hierbei insgesamt sieben bis neun Gramm Heroinzubereitung nach Deutschland eingeführt hat, wobei er aus dieser Menge jeweils ein halbes Gramm pro Fahrt als Kurierlohn zum Eigenverbrauch erhalten hat, ist wegen Einfuhr in Tateinheit mit Erwerb von BtM in drei Fällen zu verurteilen.[81] **Handeltreiben:** Im Rahmen ein und desselben Güterumsatzes aufeinanderfolgende unselbstständige Teilakte des Handels wie Erwerb und Veräußerung bilden über die Rechtsfigur der Bewertungseinheit eine einzige Tat des Handeltreibens mit BtM.[82] Sind die erworbenen BtM teilweise zum Weiterverkauf, teilweise aber zum Eigenverbrauch bestimmt, besteht Tateinheit zwischen Handeltreiben und Erwerb.[83] Erfolgt der Erwerb der BtM mit unterschiedlicher Zweckbestimmung, richtet sich seine rechtliche Einordnung nach den jeweiligen Einzelmengen. Im Hinblick auf die zum Eigenkonsum erworbene Menge liegt demnach ein unerlaubter Erwerb bzw. bei nicht geringer Menge unerlaubter Besitz vor. Tateinheitlich hierzu steht, bezogen auf die jeweilige Handelsmenge, ein unerlaubtes Handeltreiben mit BtM bzw. mit BtM in nicht geringer Menge.[84] Wer erworbenes Rauschgift zunächst für sich behalten wollte und erst später den Tatentschluss zur Veräußerung einer Teilmenge gefasst hat (Vorsatzwechsel), kann sich wegen unerlaubten Erwerbs von BtM in Tatmehrheit mit unerlaubtem Handeltreiben mit BtM schuldig gemacht haben.[85] Noch unter der Geltung der Rechtsfigur der fortgesetzten Tat war von einer Klammerwirkung des Besitztatbestands ausgegangen worden, wenn zu Gunsten eines Angeklagten unterstellt werden musste, dass er das BtM, mit dem er in zwei einzelnen Fällen Handel getrieben hatte, aus der zuvor von seinem Lieferanten erworbenen Menge abgezweigt hatte. Der Besitz verklammerte Erwerb und Handeltreiben ebenfalls dann zur Tateinheit, wenn BtM zunächst in der Absicht erworben worden war, es nicht gewinnbringend zu veräußern, diese Absicht sich aber später änderte und das BtM gewinnbringend abgesetzt wurde.[86] **Beihilfe zum Handeltreiben:** Wer im Falle der umfassenden Kenntnis der Menge und der Zweckbestimmung von 10 g zum unerlaubten Handeltreiben sowie 40 g zum Eigenverbrauch einen anderen bei dessen Erwerb unterstützt, macht sich tateinheitlich wegen Beihilfe zum unerlaubten Handeltreiben und Beihilfe zum unerlaubten Besitz in nicht geringer Menge strafbar. Werden seine Hilfsdienste damit entlohnt, dass er jeweils 0,5 g Heroin zum Eigenkonsum erhält, steht die einzelne Beihilfetat jeweils noch in Tateinheit mit unerlaubtem Erwerb.[87] **Veräußerung:** Treffen fortgesetzter Erwerb zum Eigenverbrauch und fortgesetzte Veräußerung in Teilakten zusammen, stehen beide Verstöße im Verhältnis der Tateinheit.[88] **Verschreibung:** Verschreibt sich der abhängige Arzt selbst BtM, ist der nachfolgende Erwerb nicht als mitbestrafte Nachtat anzusehen. Der unerlaubte Erwerb ist weder ein Verwertungsdelikt noch ist er gegenüber dem Tatbestand des Abs. 1 S. 1 Nr. 6 Buchst. a subsidiär. Der Unrechtsgehalt des unerlaubten Erwerbs ist auch mit der Ahndung wegen ärztlich nicht vertretbaren Verschreibens nicht abgegolten, sondern steht im Gegenteil im Vordergrund; die missbräuchliche Benützung selbstgeschriebener Rezepte zum Erwerb tritt zusätzlich mit eigenständigem Unrechtsgehalt hinzu mit der Folge, dass zwischen den Tatbeständen Tateinheit[89] besteht. **Verschreibungserlangung:** Folgt der Verschreibungserschleichung der Erwerb zum Eigenverbrauch nach, ist das Konkurrenzverhältnis zwischen beiden Tatbeständen umstritten, vgl. hierzu → Rn. 1409.

1013 **2. Straftatbestände anderer Rechtsgebiete. Betrug:** Wer als Kassenpatient aufgrund einer seiner Kenntnis nach medizinisch nicht begründeten BtM-Verschreibung in der Apo-

---

[80] BGH 14.4.1982 – 2 StR 38/82.
[81] BGH 5.7.1994 – 1 StR 304/94, NStZ 1994, 548.
[82] BGH 9.5.2001 – 3 StR 36/01, BeckRS 2001, 30179486.
[83] BGH 16.3.2011 – 2 StR 30/11, BeckRS 2011, 07917; 16.7.1998 – 4 StR 174/98.
[84] BGH 21.4.2005 – 3 StR 112/05, NStZ 2006, 173; 24.9.2009 – 3 StR 280/09, BeckRS 2009, 86130.
[85] BayObLG 13.11.2002 – 4St RR 114/02.
[86] BGH 4.9.1991 – 2 StR 324/91.
[87] BayObLG 5.12.2000 – 4 St RR 156/00.
[88] BGH 23.4.1991 – 1 StR 145/91.
[89] BGH 5.8.1975 – 1 StR 356/75, NJW 1975, 2249.

theke btm-haltige Medikamente erwirbt, begeht tateinheitlich zum unerlaubten Erwerb Betrug gegenüber der Krankenkasse.[90] Ein Betrug, mit Hilfe dessen erst die finanziellen Mittel für einen Erwerb von BtM beschafft werden ("Rip-Deal"), steht zum nachfolgenden Erwerb in Tatmehrheit. **Geldwäsche:** Konkurrenz mit Geldwäsche ist möglich, und zwar auch in Bezug auf die erworbenen BtM.[91] **Straßenverkehrsdelikte:** Wer BtM erwirbt, sie konsumiert und infolge des Konsums nicht mehr fahrtauglich ist, verstößt gegen §§ 315c, 316 StGB. Diese Straftat steht zum unerlaubten Erwerb in Tatmehrheit.[92] **Urkundenfälschung:** Fälscht der Abhängige ein BtM-Rezept und legt er dieses dann in der Apotheke vor, besteht ebenfalls Tateinheit zwischen der BtM- und der Urkundenstraftat.[93] **Waffendelikte:** Wer sich zu seinem "Schutz" eine Waffe besorgt, die er dann beim BtM-Erwerb mit sich führt, verstößt gegen das **WaffG.** Zum BtM-Delikt steht dieser Verstoß in Tateinheit.[94]

IX. Rechtsfolgen

1. Strafzumessung. Um zu einer schuldangemessenen Strafe gelangen zu können, sind 1014 generell Feststellungen zur **Art** des BtM, der erworbenen (Mindest-)**Menge** und der nach dem Wirkstoffgehalt zu bestimmenden **Qualität** unentbehrlich.[95]

a) Strafrahmenwahl. Der (Normal-)Strafrahmen reicht von Geldstrafe bis zu fünf Jah- 1015 ren Freiheitsstrafe, in besonders schweren Fällen (Abs. 3) von einem Jahr bis zu 15 Jahren Freiheitsstrafe (§ 38 Abs. 2 StGB). Neben der Strafe kann gem. § 34 Führungsaufsicht (§ 68 Abs. 1 StGB) angeordnet werden. Das Gesetz nennt als besonders schwere Fälle den gewerbsmäßigen Erwerb (Abs. 3 S. 2 Nr. 1) und die Gesundheitsgefährdung mehrerer Menschen durch den Erwerb (Abs. 3 S. 2 Nr. 2).

aa) Regelbeispiele. Gewerbsmäßiger Erwerb ist aus systematischen Gründen nicht 1016 vorstellbar, weil die Tat dann bereits einen unselbständigen Teilakt des unerlaubten Handeltreibens mit BtM darstellt. Die **Gefährdung der Gesundheit mehrerer Menschen** durch einen Erwerbsvorgang ist schon deshalb nicht vorstellbar, weil das Erwerben als solcher nicht zur Gesundheitsgefährdung führen kann, diese erst durch die erworbenen BtM eintreten könnte, was in jedem Fall aber einen weiteren Zwischenakt (zB Sonstiges Inverkehrbringen) erfordern würde.

bb) Unbenannter besonders schwerer Fall. In der Rechtsprechung zum unerlaubten 1017 Erwerb ist bislang kein einziger unbenannter besonders schwerer Fall angenommen worden. Ein solcher liegt auch **nicht** bei **unerlaubtem Erwerb in nicht geringer Menge** vor, der mangels Aufführung in § 29a für sich genommen nicht gesondert strafbar ist. Führt der Erwerb zu einem **BtM-Vorrat in nicht geringer Menge,** liegt Besitz (§ 29a Abs. 1 Nr. 2) vor. Bei **sukzessivem Erwerb** von BtM dürfen die jeweiligen Mengen stets nur insoweit zusammengerechnet werden, als sie einen gemeinsamen Vorrat bilden.

Anhaltspunkte für die Wahl des Sonderstrafrahmens ergeben sich aus einem Ver- 1018 gleich mit den durch den Gesetzgeber benannten Regelbeispielen[96] und aus dem Rekurs auf den (beispielhaften) Katalog des Art. 3 Abs. 5 Übk. 1988. Danach kommen für einen unbenannten besonders schweren Fall die Tatbegehung in einer Schule oder Hochschule[97] oder durch Inanspruchnahme von Diensten Minderjähriger[98] in Betracht.

---

[90] *Franke/Wienroeder* Rn. 189; *Joachimski/Haumer* Rn. 204; aA *Körner* (VI) Rn. 1731; *Weber* Rn. 1433: Tatmehrheit.
[91] *Fischer* StGB § 261 Rn. 7.
[92] BayObLG 22.3.1991 – RReg 1 St 240/90, BayObLGSt 1991, 51; Anm. *Sonnen* JA 1991, 375; Anm. *Schlüchter* JZ 1992, 1057 Anm. *Neuhaus* NStZ 1993, 202.
[93] *Joachimski/Haumer* Rn. 123; *Weber* Rn. 1101.
[94] LG Freiburg 12.3.1990 – 4 Qs 19/90, NStE Nr. 23 zu § 264 StPO.
[95] BGH 9.11.2010 – 4 StR 521/10, NStZ-RR 2011, 90 mwN.
[96] *Franke/Wienroeder* Rn. 219.
[97] Vgl. Art. 3 Abs. 5 Buchst. g Übk. 1988.
[98] Vgl. Art. 3 Abs. 5 Buchst. f Übk. 1988.

1019 **b) Strafzumessung im engeren Sinn.** Auf der Skala der in Abs. 1 S. 1 mit Strafe bedrohten Tathandlungen nimmt der unerlaubte Erwerb von der **Wertigkeit der Delinquenz** her gesehen als konsumorientierte Begehungsform in der Regel eine unter den Weitergabedelikten liegenden Schweregrad ein;[99] auch im Verhältnis zum *Sichverschaffen in sonstiger Weise* steht er zurück.

1020 **aa) Strafmilderungserwägungen.** Der Erwerb zum Eigenverbrauch ist gegenüber den anderen Tatbeständen des BtM-Strafrechts erheblich milder zu beurteilen[100] und der geringere Unrechtsgehalt bei der Strafzumessung zu berücksichtigen.[101] Auch beim Erwerben zum Eigenkonsum geht – ähnlich wie beim Besitzen – von der Tat eine geringere Gefährlichkeit für die Allgemeinheit aus.[102] Es handelt sich dabei um keine erhebliche Straftat iS von § 64 StGB (bloße Selbstgefährdung).[103] Ebenfalls aus diesem Grund darf die **Gefährlichkeit der Droge** nicht strafschärfend gewertet werden.[104] Dies gilt jedenfalls solange, bis Anhaltspunkte für einen Sinneswandel des Erwerbers erkennbar werden.[105] Ist im Rahmen des Jugendstrafrechts zu prüfen, ob **schädliche Neigungen** vorliegen, müssen diese Überlegungen auch dort angestellt werden.[106] Allerdings darf der Jugendrichter schädliche Neigungen wegen des Verharmlosens des Haschischgenusses und wegen des fehlenden Umdenkungsprozesses durch den Angeklagten noch zur Zeit der Hauptverhandlung als „Bedenkenlosigkeit des Angeklagten" ansehen.[107] Bei **tatmehrheitlicher Verurteilung** unter Einbeziehung einer Verurteilung wegen eines BtM-Verstoßes zum Zweck des Eigenverbrauchs muss das Urteil bei der Frage einer **Gesamtstrafenbildung** erkennen lassen, dass sich der Tatrichter der in § 53 Abs. 2 S. 2 StGB eingeräumten Möglichkeit bewusst war, auf Geldstrafe(n) auch gesondert erkennen zu können.[108]

1021 Das aktive Hinwirken eines V-Mannes auf ein BtM-Geschäft **(Tatprovokation)**[109] ist ein wesentlicher Strafmilderungsgrund (wenn nicht bereits ein Verfahrenshindernis anzunehmen ist), zumindest dann, wenn es um den Erwerb der Drogen geht; betrifft es dagegen allein den Absatz, hat es geringeres Gewicht.[110]

1022 **bb) Strafschärfungserwägungen.** Außerhalb des Erwerbs zum Eigenverbrauch gelten die allgemeinen Erwägungen zur Strafschärfung bei BtM-Straftaten, insbesondere die Art des BtM, seine Menge, ein hoher Wirkstoffanteil, besondere Begehungsweisen usw.

1023 **2. Absehen von Strafe oder Strafverfolgung.** Nach Abs. 5 kann das Gericht bei Erwerb einer geringen Menge zum Eigenverbrauch von Strafe absehen; für das Ermittlungsverfahren gilt dies nach § 31a auch für die Staatsanwaltschaft; der Tatrichter muss sich im Urteil mit Abs. 5 auseinandersetzen.[111] Weder ein früherer Drogenkonsum noch das Vorliegen von Vorstrafen schließen die Anwendbarkeit der Vorschrift aus.[112] Die Tatsache, dass der Tatbestand in einer JVA erfüllt wurde, steht der Anwendung des Abs. 5 grundsätzlich nicht entgegen. Auch unter den besonderen Lebensbedingungen im Strafvollzug gilt, dass diejenigen Tatbestände wie Erwerb und Besitz von BtM zum Eigenverbrauch, die lediglich

[99] BGH 9.3.1999 – 1 StR 4/99; BayObLG 30.6.1998 – 4 St RR 91/98, NStZ-RR 1999, 59.
[100] BGH 15.6.2011 – 2 StR 645/10, BeckRS 2011, 19566.
[101] BGH 9.5.1990 – 2 StR 172/90, StV 1991, 105; BayObLG 25.11.1991 – RReg 4 St 191/91; 30.6.1998 – 4St RR 91/98, NStZ-RR 1999, 59.
[102] BGH 9.3.1999 – 1 StR 4/99.
[103] BayObLG 10.2.1994 – 4 St RR 9/94.
[104] BayObLG 4.10.1989 – RReg 4 St 209/89; 22.7.1993 – 4 St RR 60/93; OLG Karlsruhe 18.11.2004 – 2 Ss 60/04, StV 2005, 275.
[105] BayObLG 2.10.1997 – 4St RR 214/97, NJW 1998, 769; 30.6.1998 – 4St RR 91/98, NStZ-RR 1999, 59.
[106] OLG Zweibrücken 24.2.1989 – 1 Ss 22/89.
[107] BayObLG 3.4.1996 – 4St RR 55/96.
[108] BayObLG 10.4.2000 – 4St RR 44/00.
[109] → Rn. 590 ff.
[110] BGH 12.1.1995 – 4 StR 757/94, StV 1995, 247.
[111] BayObLG 9.7.1993 – 4 St RR 107/93.
[112] BayObLG 14.12.1990 – RReg 4 St 202/90.

die abstrakte Gefahr der Weitergabe begründen, wesentlich weniger schwer zu bewerten sind als diejenigen, die deren Weitergabe voraussetzen.[113] Vermag das Gericht nicht von Strafe abzusehen, kann das verfassungsrechtlich verankerte Übermaßverbot die Verhängung einer Geldstrafe anstelle einer kurzfristigen Freiheitsstrafe[114] oder zumindest der gesetzlichen Mindeststrafe[115] gebieten.

3. Einziehung, Verfall; Entziehung der Fahrerlaubnis. Zu Einziehung und Verfall **1024** siehe unten die Erläuterungen zu § 33, insb. → § 33 Rn. 6–7; zur Entziehung der Fahrerlaubnis → Rn. 122 „Anbauen".

X. Strafklageverbrauch

Wurde jemand wegen unerlaubten BtM-Besitzes bereits verurteilt, und werden zeitlich **1025** davor liegende Erwerbshandlung nach der Verurteilung wegen Besitzes abgeurteilt, kann die Verurteilung des Besitzens die Strafklage hinsichtlich der (einzelner) Erwerbshandlungen verbraucht haben; denn der Erwerb und der anschließende Besitz eines BtM stellen dieselbe Tat im Sinne von Art. 103 Abs. 3 GG und § 264 StPO dar. Dies gilt auch, wenn es lediglich nicht ausgeschlossen werden kann, dass das BtM im Rahmen eines jetzt abzuurteilenden Erwerbsvorgangs erworben wurde, da der Grundsatz „im Zweifel für den Angeklagten" auch für den Fall gilt, dass nicht festgestellt werden kann, ob die Strafklage tatsächlich verbraucht ist.[116]

10. Kapitel. Sichverschaffen in sonstiger Weise (Abs. 1 S. 1 Nr. 1)

Schrifttum: *Albrecht,* BtM-Strafrecht und Drogenpolitik in Nachbarstaaten, in *Kreuzer,* Handbuch des BtMrechts, 1998, § 23 (S. 1445 ff., 1524 ff.); *Allmers,* Entkriminalisierung der BtMkonsumenten, ZRP 1991, 41; *Engel,* Die Eigentumsfähigkeit und Diebstahlstauglichkeit von BtM, NStZ 1991, 520; *Marcelli,* Diebstahl „verbotener" Sachen, NStZ 1992, 220; *Meyer,* Betäubungsmittelstrafrecht in Westeuropa, 1987; *Sagel-Grande,* BtM-Strafrecht und Drogenpolitik in Nachbarstaaten, in *Kreuzer,* Handbuch des BtMrechts, 1998, § 23 (S. 1445 ff.); *Vitt,* Zur Eigentumsfähigkeit und Diebstahlstauglichkeit von BtM, NStZ 1992, 221.

Übersicht

---

[113] BayObLG 8.7.1994 – 4St RR 75/94.

[114] OLG Karlsruhe 18.11.2004 – 2 Ss 60/04, StV 2005, 275; 14.4.2003 – 3 Ss 54/03, NJW 2003, 1825; 23.2.1996 – 1 Ss 243/95, StV 1996, 675.

[115] OLG Oldenburg 11.12.2009 – 1 Ss 197/09, BeckRS 2010, 03827 = NStZ-RR 2010, 227 (bei *Kotz/Rahlf*).

[116] BayObLG 10.2.1994 – 4St RR 9/94.

A. Überblick

I. Rechtliche Einordnung

1026 Die Vorschrift soll für den Bereich der illegalen Erlangung von BtM eine **Strafbarkeitslücke schließen,**[1] die dogmatisch gesehen bestehen müsste, aber wegen der Rechtsprechung zum Diebstahl, betrügerischer Erlangung und Aberpressen von BtM nicht besteht
(was sich im Hinblick auf einen aktuellen Vorstoß des Zweiten Senats ändern könnte, der
gerade auch auf die Vorschriften des BtMG hinweist). Vor ihrer Einführung führte das
einverständnislose Ansichbringen von BtM jedenfalls im Betäubungsmittelstrafrecht zu einer
Strafbarkeit wegen unerlaubten BtM-Besitzes[2] (ggf. in nicht geringen Mengen). Insofern
handelt es sich um einen **Auffangtatbestand,**[3] der sämtliche Sachverhaltsgestaltungen
erfasst, bei denen sich nicht klären lässt, ob die tatsächliche Verfügungsmacht über das BtM
mit Einverständnis übergegangen ist. Dies lässt den Tatbestand in der Regel hinter die
andern Begehungsweisen des Abs. 1 Satz 1 zurücktreten. § 3 Abs. 1 enthält naturgemäß
keinen Hinweis auf das Sichverschaffen von BtM. Aus der Wendung „oder" ergibt sich
deren Bedeutung als eigenständige Alternative, die nicht auf das Merkmal „unerlaubt"
Bezug nimmt. Das unerlaubte *Sichverschaffen in sonstiger Weise* ist **taugliche Vortat** der
Geldwäsche (§ 261 Abs. 1 S. 1 Nr. 2b StGB).

1027 **1. Deliktsnatur.** Der Tatbestand ist, weil er die Erlangung tatsächlicher Verfügungsmacht
über das BtM voraussetzt, Erfolgsdelikt und im Hinblick auf das Rechtsgut abstraktes
Gefährdungsdelikt.

1028 **2. Verfassungsmäßigkeit.** Die Strafvorschrift über das Sichverschaffen von BtM ist
verfassungsrechtlich genauso bedenklich wie der Erwerb. Dies gilt trotz des Umstands,
dass die Modalität ggf. Verhaltensweisen erfasst, die strafwürdig sind (weil die Wegnahme
etwa gewalttätig erfolgt), weil sie nicht hierauf abzielt. Es soll schlicht der Besitz an BtM
unterbunden werden, Interessen des ursprünglichen Verfügungsinhabers können schon
konzeptionell nicht im Mittelpunkt stehen. Insofern gelten dieselben krit. Erwägungen,
die bereits anderweitig hinsichtlich der Verfassungsmäßigkeit der Strafvorschriften des
BtMG – jedenfalls den Erwerb betreffend – angebracht wurden,[4] auch für den vorliegenden Tatbestand. Umgekehrt wird man eine Verfassungsgemäßheit des Sichverschaffens
bejahen müssen, soweit man die Sanktionierung des unerlaubten Erwerbs (im Hinblick
auf die Möglichkeit der Einstellung, die beim Sichverschaffen ebenso besteht) für verfassungsgemäß erachtet.

II. Kriminalpolitische Bedeutung

1029 Die kriminalpolitische Bedeutung der Vorschrift liegt in einer **Beweiserleichterung** für
die Strafverfolgungsorgane, wenn ein Nachweis über die näheren Umstände des Übergangs

---

[1] KPV/*Patzak* Teil 11 Rn. 1.

[2] BGH 12.7.1978 – 3 StR 231/78; 19.3.1982 – 2 StR 677/81.

[3] *Franke/Wienroeder* Rn. 125; *Weber* Rn. 1115.

[4] BVerfG 9.3.1994 – 2 BvL 43/92 ua, BVerfGE 90, 145 = NJW 1994, 1577; BGH 3.2.1995 – 4 StR
773/94, NStZ 1995, 350; 25.8.1992 – 1 StR 362/92, BGHSt 38, 339 = NJW 1992, 2975 mAnm *Schneider*
StV 1992, 513 für den Erwerbstatbestand.

der tatsächlichen Verfügungsmacht nicht zu führen ist,[5] weshalb es in diesem Fall auch keiner Wahlfeststellung zwischen Erwerben und Sichverschaffen bedarf.[6] Für die Praxis erscheint sie von nur **geringer Bedeutung,** zumal die Gerichte offenbar gleich auf den Besitztatbestand abstellen, wenn die Art der Erlangung der Verfügungsmacht nicht geklärt werden kann.[7]

III. Rechtsentwicklung

1. Einfluss internationaler Übereinkommen. Aus dem Übk. 1988 lässt sich die Ver- 1030
pflichtung für jede Vertragspartei entnehmen, nach ihrem innerstaatlichen Recht ua den Kauf … von Suchtstoffen oder psychotropen Stoffen (Art. 3 Abs. 1a iii) und sei es auch für den persönlichen Gebrauch (Art. 3 Abs. 2) entgegen Übk. 1961 und Übk. 1971, wenn vorsätzlich begangen, als Straftat zu umschreiben,[8] woraus man den Schluss ziehen kann, dass auch das einverständnislose Ansichbringen von BtM nach der Ratio des Übereinkommens davon erfasst werden sollte.

2. Innerstaatliches Recht. Dieser internationalen Verpflichtung kam die Bundesrepub- 1031
lik im BtMG 1982 nach, wobei sie nicht nur den vorsätzlichen, sondern auch den fahrlässigen Verstoß unter Strafe stellte (Abs. 4).[9] Mit dem OrgKG wurde der Strafrahmen nach Abs. 1 auf „bis zu fünf Jahre" erweitert und in § 30a Abs. 2 Nr. 2 der Verbrechenstatbestand des *Sichverschaffens unter Mitsichführen von Waffen oder verletzungsgeeigneten oder -bestimmten Gegenständen* eingeführt, der – mangels Beschränkung auf die Erlangung tatsächlicher Verfügungsmacht *in sonstiger Weise* – dort auch den Erwerb umfasst.

B. Erläuterung

I. Geltungsbereich

Inlandstaaten unterliegen dem BtM-Strafrecht unabhängig davon, ob die Tat durch einen 1032
Ausländer oder einen Deutschen begangen wurde.

Verschafft sich ein **Ausländer im Ausland BtM in sonstiger Weise,** unterliegt er 1033
nicht dem deutschen BtM-Strafrecht,[10] es sei denn, er verschafft es sich (auch) zum Zweck der Weiterveräußerung, da die Tat dann einen unselbständigen Teilakt des BtM-Vertriebs darstellt und nach § 6 Nr. 5 StGB auch in Deutschland strafbar ist.[11] Verschafft sich ein **Deutscher im Ausland BtM in sonstiger Weise,** ist er nach deutschem BtM-Strafrecht strafbar, wenn die Tat am Tatort mit Strafe bedroht ist oder der Tatort keiner Strafgewalt unterliegt (§ 7 Abs. 2 Nr. 1 Alt. 1 StGB). Eine Unterteilung der BtM-Verschaffung in rechtsgeschäftlichen Erwerb und Sichverschaffen in sonstiger Weise enthalten – soweit ersichtlich[12] – **andere europäische Rechtsordnungen** nicht. Ob sich der dort jeweils gebräuchliche Erwerbsbegriff insoweit mit dem deutschen Begriff der rechtsgeschäftlichen Verschaffung deckt oder ob er jegliche Form des Ansichbringens von BtM umfassen soll, bedürfte einer genaueren Untersuchung. Unabhängig vom BtM-Strafrecht ist bei Auslandstaten Strafbarkeit nach deutschem Recht jedenfalls dann gegeben, wenn sich der Täter das BtM durch **Unterschlagung, Diebstahl oder Raub** in sonstiger Weise verschafft, da diese Delikte in sämtlichen Rechtsordnungen mit Strafe bedroht sind. Wegen

---

[5] BGH 18.6.1993 – 4 StR 318/93, StV 1993, 570; 8.7.2010 – 4 StR 210/10, BeckRS 2010, 18400 = NStZ 2010, 685 (bei *Winkler* [15]).
[6] *Weber* Rn. 1115; KPV/*Patzak* Teil 11 Rn. 6. Vgl. noch *Körner* (VI) Rn. 6.
[7] So OLG Köln 26.1.1996 – Ss 677/95, NStZ-RR 1998, 334 (bei *Kotz/Rahlf*).
[8] S. auch Kreuzer/*Albrecht* § 10 Rn. 26.
[9] Zur Entstehungsgeschichte s. BT-Drs. 8/3551, 43 Nr. 34; S. 52; BT-Drs. 9/500 – neu, 2; HJLW/*Winkler* Rn. 11.1.
[10] BGH 4.7.1995 – 1 StR 286/95; 22.1.1986 – 3 StR 472/85, BGHSt 34, 1 = NJW 1986, 2895.
[11] → Vor § 29 Rn. 122.
[12] Vgl. Kreuzer/*Albrecht* § 10; Kreuzer/*Sagel-Grande* § 23.

des Begriffs derselben Tat und dem sich daraus abzuleitenden **Verbot der Mehrfachverfolgung** (*ne bis in idem*) wird auf die Erläuterungen Vor § 29[13] verwiesen.

II. Objektiver Tatbestand

1034   **1. Begriff des Sichverschaffens.** Das *Sichverschaffen* von BtM *in sonstiger Weise* ist gesetzlich nicht definiert; in den Vorschriften des Ersten Abschnitts des BtMG (§§ 1 und 2 – „Begriffsbestimmungen") wird der Begriff nicht genannt. Im allgemeinen Strafrecht ist es im Tatbestand der Geldfälschung (§ 146 Abs. 1 Nr. 2 StGB) und der Hehlerei (§ 259 Abs. 1 StGB) enthalten. Im Bereich des Nebenstrafrechts verwendet ihn das GÜG ebenfalls ohne eigenständige Definition. Das Tatbestandsmerkmal des Sichverschaffens ist **tatbestandsspezifisch** – anhand des jeweiligen Normzwecks – **auszulegen.**[14]

1035   BtM **verschafft sich** in sonstiger Weise, wer über sie die tatsächliche und unbeschränkte Verfügungsmacht[15] erlangt, ohne darüber mit deren vorigem Inhaber Einvernehmen erzielt zu haben, und diese Verfügungsmacht ausüben will. Der Täter begründet ein äußeres Verhältnis zum Stoff, das es ihm ermöglicht, über ihn wie über eine eigene Sache zu verfügen.[16] Jedenfalls erforderlich ist damit das Erlangen von tatsächlicher Verfügungsgewalt über die Drogen; werden Drogen zum Konsum bereitgestellt, kann ein Sichverschaffen nicht bejaht werden,[17] es sei denn der Täter nimmt die BtM wider Erwarten an sich und macht sich davon. Sichverschaffen in sonstiger Weise ist damit der **unbenannte Fall der illegalen Drogenerlangung,** von dem der unerlaubte Erwerb als der Fall „rechtsgeschäftlicher" Verschaffung ausgenommen ist. Aus der Gegenüberstellung von unerlaubtem Erwerb einerseits und Sichverschaffen in sonstiger Weise andererseits folgt, dass nach der im Gesetz gebrauchten Begriffswahl der unerlaubte BtM-Erwerb iS der Erlangung der eigenen tatsächlichen Verfügungsmacht über BtM durch einverständliches Zusammenwirken mit dem zuvor Verfügungsberechtigten lediglich einen **Unterfall** des grundsätzlich weiterreichenden, sämtliche Fälle der Erlangung tatsächlicher Verfügungsmacht umfassenden Sichverschaffens darstellt.[18]

1036   **2. Erscheinungsformen der Erlangung von Verfügungsmacht.** Das Ansichnehmen **derelinquierter (entsorgter) BtM** erfüllt den Tatbestand.[19] Wer während einer Razzia auf einem stadtbekannten Drogenumschlagplatz sieht, dass ein Dealer vor dem polizeilichen Zugriff BtM wegwirft und davonrennt, begeht zwar keine Straftat nach allgemeinem Strafrecht, verschafft sich den Stoff aber in sonstiger Weise, wenn er ihn an sich nimmt. Hatte der Angeklagte den anderen darüber getäuscht, dass er sich selbst von einer aufzubewahrenden Menge etwas abzweigen werde, kommt **Betrug** in Tateinheit mit unerlaubtem Sichverschaffen von Betäubungsmitteln in sonstiger Weise, nicht hingegen unerlaubter Erwerb in Betracht. Freilich läge es im Sinne einer einheitlichen Auslegung nicht fern, in derartigen Fällen einen „freiwilligen" bzw. einvernehmlichen Verfügungswechsel anzunehmen, der lediglich auf einem **unbeachtlichen Motivirrtum** beruht.[20]

1037   Doch legt die hM den Tatbestand „allumfassend" aus. Er ist erfüllt, wenn die Verfügungsmacht durch **Straftaten** erlangt wird, die sich gegen fremdes Eigentum richten, wobei hierzu insbesondere Diebstahl, Raub, räuberische Erpressung und Unterschlagung zählen. BtM sind (nach noch hM) sowohl taugliche Diebstahlsobjekte als auch vom Vermögens-

---

[13] → Vor § 29 Rn. 161 ff.
[14] BGH 4.2.2010 – 1 StR 95/09, BGHSt 55, 36 = NJW 2010, 3730; 25.7.1996 – 4 StR 202/96, BGHSt 42, 196 = NJW 1996, 2877.
[15] *Weber* Rn. 1111.
[16] *Weber* Rn. 1113.
[17] OLG Bamberg 14.10.2013 – 3 Ss 102/13, NStZ-RR 2014, 48 (Ls), BeckRS 2013, 22032; OLG München 13.5.2005 – 4 St RR 75/05, NStZ 2006, 579; OLG Hamburg 23.11.2007 – 1 Ss 129/07, NStZ 2008, 287.
[18] BGH 10.4.1996 – 3 StR 5/96, BGHSt 42, 123 = NJW 1996, 2804.
[19] *Joachimski/Haumer* Rn. 129.
[20] OLG München 10.12.2007 – 4St RR 215/07.

schutz im Übrigen erfasst.[21] Daran bestehen keine Zweifel, wenn sich etwa Abhängige Stoff im Wege eines Apothekeneinbruchs verschaffen. Aber die Rechtsprechung geht unter Zugrundelegung eines wirtschaftlichen Vermögensbegriffs mit einem Großteil der Literatur davon aus, dass die §§ 242, 253, 255, 263 StGB auch im illegalen BtM-Verkehr verwirklicht werden könnten.[22] Diese Auffassung führt auch zu zahlreichen Folgeproblemen, insb. beim Diebstahlstatbestand, der schließlich nicht voraussetzt, dass der Eigentümer bestohlen werden müsste.[23] Nach dieser noch herrschenden Auffassung verschafft sich in sonstiger Weise ein Täter BtM nicht nur, wenn er diese durch das Halten einer Waffe an den Kopf des Opfers aberpresst, sondern begeht zugleich eine schwere räuberische Erpressung.[24] Wer aufgefundene BtM an sich nimmt, erfüllt den Tatbestand (und verwirklicht zugleich die Unterschlagung gem. § 246 StGB).[25] Bei solch einer Würdigung, lässt sich nicht ernsthaft von einem „Auffangtatbestand" sprechen, als fast alle Formen des nicht einvernehmlichen Wechsels bereits durch die Vermögensdelikte erfasst werden. Der Zweite Senat hat dagegen in einem Anfragebeschluss zur Diskussion gestellt, ob jemand Opfer einer Erpressung sein kann, der gewaltsam zur Herausgabe von Drogen gezwungen wird, obgleich der Genötigte zu deren Besitz ohnehin nicht berechtigt war.[26] Die damit einhergehende Einschränkung des Vermögensschutzes (wofür auch dogmatisch viel spricht[27]) würde wahrscheinlich eine erhöhte Bedeutung der Modalität des Sich-Verschaffens zur Folge haben (und der im Hinblick auf die Fälle des Betrugs und der Erpressung extensiven Auslegung Wasser auf die Mühlen tragen).

Durch die **Entnahme von BtM aus eigenen Beständen,** die es in öffentlichen Apotheken gibt, soll der Tatbestand ebenfalls verwirklicht werden können.[28] Auch bei einem kraft Gesetzes zugefallenen **Erbe,**[29] zu dessen Bestandteilen BtM zählen, liegt der objektive Tatbestand des Sichverschaffens vor,[30] vorausgesetzt, dass die Erbschaft angetreten wird.[31] Zur **fürsorglichen Ansichnahme von BtM** durch Eltern, Lehrer usw siehe die Ausführungen zu → Vor § 29 Rn. 68.   **1038**

3. Freie Verfügbarkeit. Die Erlangung tatsächlicher Gewalt über das BtM muss dazu   **1039** führen, dass der Sichverschaffende über den Stoff **frei verfügen** kann,[32] was nicht der Fall ist, wenn er lediglich als Abholer für einen Dritten fungiert.[33] Dann liegt regelmäßig Beihilfe zur Straftat des Dritten vor. Zum Täter des Sichverschaffens wird der Abholer nur dann, wenn er den Stoff unterschlägt. Wer berechtigterweise **Drogen zur Analyse** annimmt (vgl. § 4 Abs. 1 Nr. 1 Buchst. e), erfüllt **nicht den Tatbestand** des unerlaubten Sichverschaffens in sonstiger Weise; mit dem vorherigen Inhaber der Verfügungsmacht besteht schließlich Einigkeit über den Übergang der BtM (entgegen der Vorauflage erscheint hingegen zweifelhaft, ob er sie nicht zur freien Verfügung erhält, hierzu bereits → § 4 Rn. 18). Ein Sichverschaffen in sonstiger Weise ist auch nicht gegeben, wenn BtM an Ort und Stelle **konsumiert** werden, weil sich die Beziehung zu dem Stoff allein darauf beschränkt, ihn zum sofortigen Genuss in Empfang genommen und sich die Injektion auch unverzüglich gesetzt zu haben.[34] Da der Konsum von BtM selbst nicht

[21] BGH 20.9.2005 – 3 StR 295/05, NJW 2006, 72 mAnm *Leipold* NJW-Spezial 2006, 41.
[22] *Weber* Rn. 1107; *Marcelli* NStZ 1992, 220; *Vitt* NStZ 1992, 221; aA *Engel* NStZ 1991, 520.
[23] Vgl. hierzu BGH 21.4.2015 – 4 StR 92/15, NJW 2015, 2898 m Anm *Kudlich* sowie *Oğlakcıoğlu* NStZ 2015, 571.
[24] BGH 26.7.1995 – 3 StR 694/93.
[25] BayObLG 9.10.2002 – 4St RR 105/02; *Joachimski/Haumer* Rn. 129.
[26] BGH 1.6.2016 – 2 StR 335/15 mAnm *Jäger* JA 2016, 790.
[27] Zust. *Jahn* JuS 2016, 848 (850); krit. dagegen *Jäger* JA 2016, 790.
[28] → Rn. 1339.
[29] Beruht die Erbschaft auf letztwilliger Verfügung ist dagegen von unerlaubtem Erwerb auszugehen.
[30] KPV/*Patzak* Teil 11 Rn. 14.
[31] *Malek* Kap. 2 Rn. 283.
[32] BGH 13.8.2009 – 3 StR 224/09, BeckRS 2009, 25653; *Weber* Rn. 1113.
[33] *Körner* (VI) Rn. 1356.
[34] BGH 22.2.2006 – 3 StR 19/06; OLG Frankfurt a. M. 22.1.1988 – 1 Ss 309/87, StV 1989, 20; OLG München 13.5.2005 – 4 St RR 75/05, NStZ 2006, 579; OLG Hamburg 23.11.2007 – 1 Ss 129/07, NStZ 2008, 287; OLG Bamberg 14.10.2013 – 3 Ss 102/13, NStZ-RR 2014, 48.

strafbar ist, darf der Tatrichter nicht ohne weiteres unterstellen, der Angeklagte habe sich das Rauschgift in sonstiger Weise verschafft.[35] Auch bei der **fürsorglichen Ansichnahme von BtM** besteht keine Beschränkung in der Verfügbarkeit, weshalb dort ebenfalls der objektive Tatbestand erfüllt wird.[36]

1040   **4. Fehlendes Einverständnis als Tatbestandsmerkmal.** Verlangt man zudem für eine Tatbestandsverwirklichung, dass der Verfügungswechsel gegen den Willen des ursprünglichen Verfügungsberechtigten erfolgt, stehen Erwerb und Sich-Verschaffen in einem Exklusivitätsverhältnis. Soweit man von einem „Auffangtatbestand" spricht, scheint man hingegen davon auszugehen, dass das Sichverschaffen auch den Fall des fehlenden Willens erfasst.[37]

1041   **5. BtM als Tatobjekte.** Tatobjekte sind die in den Anlagen I bis III zu § 1 Abs. 1 aufgeführten Stoffe und Zubereitungen. Zur BtM-Eigenschaft[38] wird auf die Ausführungen zu § 1 Bezug genommen.

1042   **6. Erlaubnis.** Sie ist bei dieser Begehungsweise nicht zu prüfen, weil es an einem verwaltungsrechtlichen Grundtatbestand des Sichverschaffens fehlt.[39] Erlaubterweise „verschafft" sich aber zB die Polizei BtM (§ 4 Abs. 2), wenn sie diese sicherstellt oder beschlagnahmt.

III. Subjektiver Tatbestand

1043   Das Sichverschaffen von BtM in sonstiger Weise ist sowohl in vorsätzlicher wie auch in fahrlässiger (Abs. 4) Begehungsweise strafbar. Bedingter Vorsatz genügt.[40]

1044   **1. Vorsatz.** Zu den einzelnen Elementen des Vorsatzes und zur Abgrenzung von bedingtem Vorsatz zur bewussten Fahrlässigkeit wird auf die Erläuterungen Vor § 29 verwiesen.[41] Der **Zweck des Sichverschaffens** ist lediglich im Falle der beabsichtigten späteren illegalen Weitergabe des Stoffes von Bedeutung, die Tathandlung dann aber bereits Teilakt von Abgabe, Veräußerung oder Handeltreiben. Bei einer sich verschafften Menge von 250 g Haschisch ist nicht ausgeschlossen, dass die Tat nur zum Eigenverbrauch erfolgte.[42] Gleiches gilt für eine aus 11,5 g Amphetaminpulver, 35,1 g Marihuana und 73,2 g Cannabissamen bestehenden Menge.[43] Kann der Verschaffungszweck nicht geklärt werden, ist nach dem Zweifelsgrundsatz davon auszugehen, dass das BtM zum Eigenverbrauch verschafft wurde.[44]

1045   **2. Irrtumskonstellationen.** Zu den möglichen Irrtumskonstellationen in Bezug auf Art und Eigenschaft des BtM[45] wird auf die Erläuterungen Vor § 29 verwiesen.

1046   **3. Fahrlässigkeit.** Lässt sich vorsätzliche Handlungsweise nicht feststellen, muss der Tatrichter aufgrund seiner Kognitionspflicht zur erschöpfenden Aburteilung der Tat prüfen, ob nicht jedenfalls fahrlässige Tatbegehung vorliegt.[46] Fahrlässigkeit ist etwa zu bejahen, wenn jemand eine Pfeife mit Opiumasche auffindet und sie, ohne sie auf BtM zu untersuchen, an sich nimmt, bei Leerung eines Schließfaches bzw. Abholung eines Gepäckstücks

---

[35] KG 14.11.1983 – (4) Ss 225/83 (107/83).
[36] KPV/*Patzak* Teil 11 Rn. 13.
[37] AA wohl *Weber* Rn. 1114.
[38] → § 1 Rn. 2 ff.
[39] *Weber* Rn. 1107.
[40] KPV/*Patzak* Teil 11 Rn. 15; *Weber* Rn. 1130.
[41] → Vor § 29 Rn. 61 ff.
[42] BGH 18.1.1989 – 2 StR 614/88.
[43] OLG München 18.9.2008 – 4St RR 141/08, BeckRS 2010, 30553 = NStZ-RR 2011, 129 (bei *Kotz/ Rahlf*).
[44] BayObLG 8.7.1994 – 4St RR 75/94.
[45] → Vor § 29 Rn. 78 ff.
[46] Vgl. BGH 16.12.1982 – 4 StR 644/82, NStZ 1983, 174 (175); 11.2.1998 – 3 StR 546/97.

dessen Inhalt ungeprüft an sich nimmt[47] oder einen Strauß, der auch Hanfpflanzen enthält, am Wegrain pflückt und sich zuhause in die Vase stellt.

IV. Täterschaft, Teilnahme

1. Täterschaft, mittäterschaftliches Handels. Täter ist derjenige, der sich eigene **1047** Macht zur freien Verfügung am BtM verschafft. Die Begründung von unmittelbarem Besitz oder Alleinbesitz ist nicht erforderlich.[48] Mittäterschaftliches Handeln ist anzunehmen, wenn das Delikt gemeinschaftlich und mit dem Ziel begangen wird, das verschaffte BtM anteilig zu gebrauchen.

2. Teilnahme, Anstiftung. Anstiftung ist denkbar, wenn jemand zum Ausräumen eines **1048** BtM-Verstecks bestimmt und ihm zugleich versprochen wird, er dürfe einen Teil des Stoffes behalten. **Beihilfe** kommt in Betracht, wenn jemand für den Verschaffungswilligen Schmiere steht oder ihn bei der Ansichnahme mit Hilfe seines Körpers vor den Blicken Dritter schützt oder als Besitzdiener, Besitzmittler oder Bote[49] handelt.

V. Deliktsverwirklichungsstufen

1. Versuch und Rücktritt vom Versuch. Die Grenze von einer Vorbereitungshand- **1049** lung zum nach Abs. 2 strafbaren Versuch ist überschritten, wenn der Täter zur Erlangung der tatsächlichen Verfügungsgewalt angesetzt, beispielsweise versucht hat, ein Schließfach zu öffnen.[50] Beim Sichverschaffen mittels einer Tat nach allgemeinem Strafrecht decken sich im Regelfall Versuchsbeginn dieser Straftat und der BtM-Tat.[51] Dementsprechend lassen sich auch die Rechtsprechung zum Rücktritt vom Versuch des Diebstahls bzw. des Betrugs (ihrerseits rar gesät) übertragen.

2. Vollendung und Beendigung. Vollendet ist der Tatbestand des Sichverschaffens, **1050** sobald der Täter die tatsächliche Verfügungsgewalt über das BtM innehat.[52] Die Tat ist **beendet,** wenn die tatsächliche Verfügungsgewalt über das BtM gesichert ist.[53]

VI. Qualifikationen

Zur Ahndung eines Verbrechens des Sichverschaffens in nicht geringen Mengen unter **1051** Mitsichführen von Waffen oder verletzungsgeeigneten oder -bestimmten Gegenständen s. § 30a.

VII. Konkurrenzen

1. BtM-Straftaten. Sichverschaffen in sonstiger Weise in der Absicht, das BtM **1052** weiterzugeben, ist unselbstständiger Teilakt der Weitergabedelikte **Abgabe, Veräuße- rung** und **Handeltreiben.** Hinter **Erwerb** tritt er als Auffangtatbestand zurück. Sich- schaffen verdrängt seinerseits den Tatbestand des **Besitzes.** Geht der **Besitz einer nicht geringen Menge** von BtM (§ 29a Abs. 1 Nr. 2) auf ein Sichverschaffen in sonstiger Weise zurück, besteht zwischen den beiden Straftaten Tateinheit. Sie kommt ferner in Betracht, wenn sich der abhängige Täter eine BtM-Menge in sonstiger Weise verschafft, die er teils zur gewinnbringenden Weitergabe, teils zum Eigenkonsum verwendet.

2. Straftatbestände anderer Rechtsgebiete. Eigentumsdelikte. Entschließt sich der **1053** Täter, sich BtM durch Diebstahl oder Raub zu verschaffen liegt Tateinheit nur dann vor,

---

[47] KPV/*Patzak* Teil 11 Rn. 16.
[48] *Weber* Rn. 1112.
[49] *Weber* Rn. 1127.
[50] KPV/*Patzak* Teil 11 Rn. 18 mit weiteren Beispielen.
[51] *Weber* Rn. 1124.
[52] KPV/*Patzak* Teil 11 Rn. 19; *Joachimski/Haumer* Rn. 131; *Weber* Rn. 1125.
[53] *Joachimski/Haumer* Rn. 132; *Weber* Rn. 1126.

wenn dieselbe Handlung mehrere Strafgesetze verletzt. Dies ist nur dann der Fall, wenn die mehrere Strafgesetze verletzenden tatbestandsmäßigen Ausführungshandlungen in einem für sämtliche Tatbestandsverwirklichungen notwendigen Teil zumindest teilweise identisch sind. Die Gleichzeitigkeit von Geschehensabläufen, die Verfolgung eines End-zwecks oder eine Mittel-Zweck-Verknüpfung führen allein nicht zur Tateinheit, sondern zur Tatmehrheit.[54] Konkurrenz mit **Geldwäsche** ist möglich, und zwar auch in Bezug auf die erworbenen BtM.[55] Wer sich BtM in sonstiger Weise verschafft, sie konsumiert und infolge des Konsums nicht mehr fahrtauglich ist, macht sich gem. §§ 315c, 316 StGB strafbar bzw. § 24a StVG ahndbar. Diese Tat steht zum unerlaubten Sichverschaffen in Tatmehrheit.[56] Wer sich zu seinem „Schutz" eine Waffe besorgt, die er dann beim Sichver-schaffen der BtM mit sich führt, verstößt gegen das **WaffG**. Zum BtM-Delikt steht dieser Verstoß in Tateinheit.[57]

VIII. Rechtsfolgen

1054   **1. Strafzumessung.** Um zu einer schuldangemessenen Strafe gelangen zu können, sind generell Feststellungen zur **Art** des BtM, der erworbenen (Mindest-)**Menge** und der nach dem Wirkstoffgehalt zu bestimmenden **Qualität** unentbehrlich.[58]

1055   **a) Strafrahmenwahl.** Der (Normal-)Strafrahmen reicht von Geldstrafe bis zu fünf Jah-ren Freiheitsstrafe, in besonders schweren Fällen (Abs. 3) von einem Jahr bis zu 15 Jahren Freiheitsstrafe (§ 38 Abs. 2 StGB). Neben der Strafe kann gem. § 34 Führungsaufsicht (§ 68 Abs. 1 StGB) angeordnet werden. Das Gesetz nennt als besonders schwere Fälle die gewerbs-mäßige Tatbegehung (Abs. 3 S. 2 Nr. 1) und die Gesundheitsgefährdung mehrerer Men-schen durch das Sichverschaffen in sonstiger Weise (Abs. 3 S. 2 Nr. 2).

1056   **aa) Regelbeispiele. Gewerbsmäßige** Tatbegehung ist ausgeschlossen, weil die Tat dann bereits als unselbstständiger Teilakt des umfassenderen (ggf. gewerbsmäßigen) Handeltreibens mit BtM zu bewerten ist. Die **Gefährdung der Gesundheit mehrerer Menschen** durch den Akt des Sichverschaffens ist schon deshalb nicht vorstellbar, weil das Sichverschaffen als solches nicht zur Gesundheitsgefährdung führen kann, diese erst durch die erworbenen BtM eintreten könnte, was in jedem Fall aber einen weiteren Zwischenakt (zB Sonstiges Inverkehrbringen) erfordern würde.[59]

1057   **bb) Unbenannter besonders schwerer Fall.** In der Rechtsprechung zum Sichver-schaffen in sonstiger Weise ist bislang kein einziger unbenannter besonders schwerer Fall angenommen worden. Ein solcher liegt auch **nicht** bei **Sichverschaffen in nicht geringer Menge** vor, das mangels Aufführung in § 29a für sich genommen nicht gesondert strafbar ist. Führt das Sichverschaffen zu einem **BtM-Vorrat in nicht geringer Menge,** liegt Besitz (§ 29a Abs. 1 Nr. 2) vor. Bei **sukzessivem Sichverschaffen** von BtM dürfen die jeweiligen Mengen stets nur insoweit zusammengerechnet werden, als sie einen gemeinsa-men Vorrat bilden. Anhaltspunkte für die **Wahl des Sonderstrafrahmens** ergeben sich aus einem Vergleich mit den durch den Gesetzgeber benannten Regelbeispielen[60] und aus dem Rekurs auf den (beispielhaften) Katalog des Art. 3 Abs. 5 Übk. 1988. Insofern gelten die Erwägungen zum Erwerb entsprechend, → Rn. 1017.

1058   **b) Strafzumessung im engeren Sinn.** Auf der Skala der in Abs. 1 S. 1 mit Strafe bedrohten Handlungen nimmt der Tatbestand als originär konsumorientierte Begehungs-

---

[54] BGH 22.10.1991 – 5 StR 478/91.
[55] *Weber* Rn. 1141.
[56] BayObLG 22.3.1991 – RReg 1 St 240/90, BayObLGSt 1991, 51; Anm. *Sonnen* JA 1991, 375; Anm. *Schlüchter* JZ 1992, 1057 Anm. *Neuhaus* NStZ 1993, 202.
[57] LG Freiburg 12.3.1990 – 4 Qs 19/90, NStE Nr. 23 zu § 264 StPO.
[58] BGH 9.11.2010 – 4 StR 521/10, NStZ-RR 2011, 90 mwN.
[59] → Rn. 1016.
[60] *Franke/Wienroeder* Rn. 219.

weise von der **Wertigkeit** her gesehen in der Regel eine unter den Entäußerungsdelikten liegende Position ein, kann strafrechtlich insgesamt aber dann von höherem Unrechtsgehalt sein, wenn – wie bei einem Teil der unter den Tatbestand fallenden Begehungsweisen – gleichzeitig **Straftatbestände des allgemeinen Strafrechts** wie Diebstahl, Unterschlagung, Raub etc erfüllt werden, da in diesem Fall nicht nur das Rechtsgut der Volksgesundheit, sondern darüber hinaus der Rechtsfrieden als solcher gestört wird.[61]

aa) Strafmilderungserwägungen. Das Sichverschaffen **zum Eigenverbrauch** ist **1059** gegenüber den anderen Tatbeständen des BtM-Strafrechts erheblich milder zu beurteilen. Diesbezüglich wird auf die Erläuterungen zum Erwerb[62] Bezug genommen. Das aktive Hinwirken eines V-Mannes auf ein BtM-Geschäft **(Tatprovokation)**[63] ist ein wesentlicher Strafmilderungsgrund (u.U. ist sogar ein Verfahrenshindernis anzunehmen) zumindest dann, wenn es um den Erwerb von Drogen geht; betrifft es dagegen allein den Absatz, hat es geringeres Gewicht.[64]

bb) Strafschärfungserwägungen. Außerhalb des Sichverschaffens zum Eigenver **1060** brauch gelten die allgemeinen Erwägungen zur Strafschärfung bei BtM-Straftaten, insbesondere die Art des BtM, seine Menge, ein hoher Wirkstoffanteil, besondere Begehungsweisen usw. Strafschärfend zu berücksichtigen ist, wenn gleichzeitig mit der Begehung der BtM-Straftat ein Tatbestand des allgemeinen Strafrechts verletzt wird.

2. Absehen von Strafe. Nach Abs. 5 kann das Gericht beim Sichverschaffen einer **1061** geringen Menge zum Eigenverbrauch von Strafe absehen; für das Ermittlungsverfahren gilt dies nach § 31a auch für die Staatsanwaltschaft; der Tatrichter muss sich im Urteil mit § 29 Abs. 5 auseinandersetzen.[65] Weder ein früherer Drogenkonsum noch das Vorliegen von Vorstrafen schließen die Anwendbarkeit der Vorschrift aus.[66] Vermag das Gericht nicht von Strafe abzusehen, kann das verfassungsrechtlich verankerte Übermaßverbot die Verhängung einer Geldstrafe anstelle einer kurzfristigen Freiheitsstrafe[67] oder zumindest der gesetzlichen Mindeststrafe[68] gebieten. Dies gilt praktisch aber nur bei **Aneignung derelinquierten Stoffes, Fund** oder **Erbgang.** Bei Zusammentreffen des Tatbestands mit einer Tat des allgemeinen Strafrechts ist für ein Absehen von Strafe kein Raum und würde ohnehin nur hinsichtlich der BtM-Straftat möglich sein.

3. Einstellung. In Fällen fürsorglicher Ansichnahme von BtM[69] sollte bereits ein **1062** eingeleitetes Ermittlungsverfahren nach § 153 StPO eingestellt werden. Erhebt die Staatsanwaltschaft Anklage, drängt sich eine derartige Sachbehandlung in der Hauptverhandlung auf.

4. Einziehung, Verfall, Entziehung der Fahrerlaubnis. Zu Einziehung und Verfall **1063** siehe unten die Erläuterungen zu § 33, insb. → § 33 Rn. 6–7; zur Entziehung der Fahrerlaubnis → Rn. 122 „Anbauen".

---

[61] *Allmers* ZRP 1991, 42.
[62] → Rn. 1020.
[63] → Rn. 590 ff.
[64] BGH 12.1.1995 – 4 StR 757/94, StV 1995, 247.
[65] BayObLG 9.7.1993 – 4St RR 107/93.
[66] BayObLG 14.12.1990 – RReg 4 St 202/90.
[67] OLG Karlsruhe 18.11.2004 – 2 Ss 60/04, StV 2005, 275; 14.4.2003 – 3 Ss 54/03, NJW 2003, 1825; 23.2.1996 – 1 Ss 243/95, StV 1996, 675.
[68] OLG Oldenburg 11.12.2009 – 1 Ss 197/09, BeckRS 2010, 03827 = NStZ-RR 2010, 227 (bei *Kotz/Rahlf*).
[69] → Rn. 1135.

11. Kapitel. Herstellen ausgenommener Zubereitungen
(Abs. 1 S. 1 Nr. 2)

Schrifttum: *Meyer,* BtM-Strafrecht in Westeuropa.

Übersicht

A. Überblick

I. Rechtliche Einordnung

1064　　Die Strafvorschrift soll illegale Laboratorien treffen, in denen ausgenommene Zubereitungen hergestellt werden. Fernziel ist die Verhinderung des Missbrauchs solcher Zubereitungen, die sich leicht zu BtM umwandeln lassen. De facto soll sie potentielle Beweisschwierigkeiten bei der Aufdeckung von BtM-Laboren beseitigen, soweit lediglich Substanzen verwendet werden, aus denen auch „ausgenommene Zubereitungen" hergestellt werden könnten. In Anbetracht der Existenz eines GÜG scheint die Vorschrift überholt. Der Tatbestand knüpft selbstverständlich nicht an das „allgemeine Umgangsverbot" nach § 3 Abs. 1 Nr. 1, da dieses sich lediglich auf BtM (und gerade nicht auf ausgenommene Zubereitungen) bezieht, sondern an § 3 Abs. 1 Nr. 2.

1065　　**1. Deliktsnatur.** Das Herstellen ausgenommener Zubereitungen ist wie das Herstellen von BtM schlichtes Tätigkeitsdelikt. Die Erwägungen zur Einschränkung der Tathandlung des Herstellens gelten entsprechend.[1]

1066　　**2. Verfassungsmäßigkeit.** Die Verfassungsmäßigkeit der Strafvorschrift des unerlaubten Herstellens ausgenommener Zubereitungen wird von der h.M. nicht in Frage gestellt; auf die Ausführungen zur Verfassungsmäßigkeit des Betäubungsmittelstrafrechts wird Bezug genommen.[2]

---

[1] → Rn. 124.
[2] → Vor § 29 Rn. 22 ff.

II. Kriminalpolitische Bedeutung

In der Praxis kommt dem Tatbestand des Herstellens ausgenommener Zubereitungen **1067**
keine Bedeutung zu.[3] Die **PKS** enthält keine Daten zum unerlaubten Herstellen ausgenommener Zubereitungen.

III. Rechtsentwicklung

1. Einfluss internationaler Übereinkommen. Die völkerrechtliche Verpflichtung zur **1068**
Strafbewehrung des unerlaubten Herstellens ausgenommener Zubereitungen ergibt sich aus
Art. 3 Abs. 1, Abs. 3 Buchst. a und f, Art. 22 Abs. 1 Buchst. a Übk. 1971.

2. Innerstaatliches Recht. Das OpiumG 1920 sah in §§ 1, 3 Abs. 2 vor, dass Zubereitungen **1069**
von Morphin, Kokain und Diacetylmorphin (Heroin) mit geringem Wirkstoffgehaltanteil (wegen der damit einhergehenden geringeren Gefährlichkeit) von Bezugsscheinpflicht und Erlaubnisvorbehalt im Verordnungswege freigestellt werden konnten. Diese
Regelung wurde, ausgedehnt auf Indisch-Hanfextrakt und Indisch-Hanftinktur sowie auf
Zubereitungen von im Verordnungswege gleichzustellenden Stoffen, in § 1 Abs. 3 OpiumG
1929 übernommen.

Eine inhaltsgleiche Regelung enthielt § 1 Abs. 6 des nachfolgenden BtMG 1972: „Die **1070**
Bundesregierung wird ermächtigt, durch Rechtsverordnung Stoffe oder Zubereitungen von
einzelnen Vorschriften dieses Gesetzes oder der auf Grund dieses Gesetzes erlassenen
Rechtsverordnungen freizustellen, soweit die Sicherheit und die Kontrolle des Verkehrs mit
BtM gewährleistet bleiben." 1976 hatte die Bundesrepublik Deutschland das Übk. 1971
ratifiziert, dessen Art. 3 Abs. 2 eine Art. 3 eine Sonderbestimmung über die Kontrolle von
Zubereitungen enthält: „Ist eine Zubereitung, die einen nicht in Anhang 1 aufgeführten
psychotropen Stoff enthält, so zusammengesetzt, dass keine oder nur eine geringfügige
Gefahr des Missbrauchs besteht, und kann der Stoff nicht durch unschwer anwendbare
Mittel in einer zum Missbrauch geeigneten Menge zurückgewonnen werden, so dass die
Zubereitung nicht zu einem volksgesundheitlichen und sozialen Problem Anlass gibt, so
kann die Zubereitung nach Absatz 3 von bestimmten in diesem Übereinkommen vorgesehenen Kontrollmaßnahmen ausgenommen werden." Die „Genehmigungen" (nach deutschem
Recht die Erlaubnis) zur Herstellung solcher ausgenommener Zubereitungen zählen nicht
zu den insoweit möglicherweise auszusetzenden Kontrollmaßnahmen (Art. 3 Buchst. a Übk.
1971), so dass insoweit die mit dem Ratifizierungsgesetz übernommene Verpflichtung zur
Regelung des Erlaubnisvorbehalts für diese ausgenommenen Zubereitungen und für die
Pönalisierung von Zuwiderhandlungen bestand.

Diese Verpflichtung hat die Bundesrepublik Deutschland mit den Bestimmungen des **1071**
derzeit geltenden BtMG 1982 eingelöst. Das Gesetz definiert in § 2 Abs. 1 Nr. 3 die ausgenommene Zubereitung als „eine in den Anlagen I bis III bezeichnete Zubereitung, die von
den betäubungsmittelrechtlichen Vorschriften ganz oder teilweise ausgenommen ist", stellt
die Herstellung solcher Zubereitungen in § 3 Abs. 1 Nr. 2 unter Erlaubnisvorbehalt und
erklärt Verstöße dagegen für strafbar in § 29 Abs. 1 S. 1 Nr. 2. Das OrgKG erweiterte den
Strafrahmen des Absatzes 1 auf „bis zu fünf Jahre".

B. Erläuterung

I. Geltungsbereich

1. Inlands-/Auslandstaten. Inlandstaten unterliegen dem BtM-Strafrecht unabhängig **1072**
davon, ob die Tat durch einen Ausländer oder einen Deutschen begangen wurde.

Unerlaubtes Herstellen ausgenommener Zubereitungen unterfällt selbst dann nicht der **1073**
Bestimmung über das **Weltrechtsprinzip** (§ 6 Nr. 5 StGB), wenn mit den herzustellenden

---

[3] So auch HJLW/*Winkler* Rn. 12.

oder hergestellten Zubereitungen Handel getrieben werden soll, weil die Produkte **keine BtM** sind, wie § 6 Nr. 5 StGB[4] voraussetzt.

1074   **a) Unerlaubtes Herstellen ausgenommener Zubereitungen durch einen Ausländer im Ausland.** Das unerlaubte Herstellen ausgenommener Zubereitungen durch einen Ausländer[5] im Ausland ist nach deutschem Strafrecht nicht strafbar. Zur Strafbarkeit, wenn ein Ausländer nach einer solchen Tat die **deutsche Staatsbürgerschaft erlangt** → Rn. 18 „Anbau“.

1075   **b) Unerlaubtes Herstellen ausgenommener Zubereitungen durch einen Deutschen im Ausland.** Stellt ein **Deutscher**[6] im Ausland ausgenommene Zubereitungen her, so ist er nach deutschem BtM-Strafrecht strafbar, wenn die Tat am Tatort mit Strafe bedroht ist oder der Tatort keiner Strafgewalt unterliegt (§ 7 Abs. 2 Nr. 1 Alt. 1 StGB).[7] In allen Staaten, die das Übk. 1971 ratifiziert haben, und damit auch in den meisten europäischen Staaten dürfte das unerlaubte Herstellen ausgenommener Zubereitungen unter Strafe gestellt sein.[8]

1076   **2. Grenzüberschreitende Mehrfachverfolgung.** Zur Frage der Strafbarkeit von Auslandstaten und der damit einhergehenden Frage der Mehrfachverfolgung → Vor § 29 Rn. 161 ff.

II. Objektiver Tatbestand

1077   Tathandlung ist das Herstellen einer ausgenommenen Zubereitung ohne Erlaubnis nach § 3 Abs. 1 Nr. 2.

1078   **1. Begriff des Herstellens.** Der Begriff des Herstellens ist gesetzlich definiert in § 2 Abs. 1 Nr. 4 als „Gewinnen, Anfertigen, Zubereiten, Be- oder Verarbeiten, Reinigen und Umwandeln.“ Zur Erläuterung dieser Tatmodalitäten wird auf die Darstellung des Herstellens nach § 29 Abs. 1 S. 1 Nr. 1 verwiesen.[9] Mit Ausnahme des Herstellens ist der gesamte Verkehr mit ausgenommenen Zubereitungen erlaubnisfrei. Der Tatbestand kann denknotwendig nur erfüllt werden, wenn die zu erzeugende ausgenommene Zubereitung aus anderen ausgenommenen Zubereitungen hergestellt wird. Verwendet der Täter zur Herstellung BtM, so verarbeitet er BtM oder wandelt diese um. Dann benötigt er eine Erlaubnis nach § 3 Abs. 1 Nr. 1, und der illegale Verkehr ist nach § 29 Abs. 1 S. 1 Nr. 1 als unerlaubte Herstellung von BtM zu beurteilen.

1079   **2. Ausgenommene Zubereitung.** Der Begriff der ausgenommenen Zubereitung ist in § 2 Abs. 1 Nr. 3 definiert als eine in den Anlagen I–III bezeichnete Zubereitung, die von den betäubungsmittelrechtlichen Vorschriften ganz oder teilweise ausgenommen ist. In den Anlagen II und III finden sich viele solcher Ausnahmen, mit einem Spiegelstrich versehen und der charakteristischen Formulierung: „– ausgenommen in Zubereitungen, die ohne einen weiteren Stoff der Anlagen I bis III …“. Im Zusammenhang mit den ausgenommenen Zubereitungen spielt der Begriff der „**abgeteilten Form**“ eine Rolle. Hierunter sind die Formen zu verstehen, die als Arznei- oder Darreichungsformen zur Anwendung gelangen ua Ampullen, Dragees, Kapseln, Suppositorien bzw. als Analytika oder Diagnostika eingesetzt werden. Sie sind bis zu der ggf. den festgesetzten Grenzmengen ganz oder teilweise von den betäubungsmittelrechtlichen Vorschriften ausgenommen.[10]

1080   **3. Fehlen einer Erlaubnis.** Das Fehlen einer Erlaubnis ist nach hM Tatbestandsmerkmal (vgl. aber → § 3 Rn. 40). Das Gesetz verweist auf § 3 Abs. 1 Nr. 2 und stellt damit konkret

---

[4]   S. zum Begriff des „Vertriebs“ von BtM → § 29 Rn. 122.
[5]   → StGB § 7 Rn. 27.
[6]   Hierzu → StGB § 7 Rn. 19 ff.
[7]   S. allgemein zum aktiven Personalitätsprinzip → StGB § 7 Rn. 4, 19 ff.
[8]   S. Nachweise bei *Meyer*, BtM-Strafrecht in Westeuropa; *Sagel-Grande* in *Kreuzer*, HdB des BtM-Strafrechts, § 23.
[9]   → Rn. 136 ff.
[10]   HJLW/*Winkler* § 2 Rn. 13.

auf die Erlaubnis des BfArM ab. Strafbar nach § 29 Abs. 1 S. 1 Nr. 2 ist demgemäß nur das illegale Herstellen von ausgenommenen Zubereitungen **im Inland.** Für die Herstellung im Ausland gilt das dort maßgebliche Recht. Im Übrigen wird auf die Erläuterungen zu § 3 verwiesen.

III. Subjektiver Tatbestand

Die unerlaubte Herstellung von BtM nach Abs. 1 S. 1 Nr. 2 ist sowohl in vorsätzlicher **1081** wie auch in fahrlässiger (Abs. 4)[11] Begehungsweise strafbar.

1. Vorsatz. Zu den einzelnen Elementen des Vorsatzes[12] und zur Abgrenzung von **1082** bedingtem Vorsatz und bewusster Fahrlässigkeit[13] wird auf die Erläuterungen Vor § 29 verwiesen. Danach muss der Täter wissen (für möglich halten), mit seinem Verhalten ausgenommene Zubereitungen herzustellen. Zum Vorsatz gehört schließlich auch die Kenntnis vom Fehlen der Erlaubnis.

2. Irrtumskonstellationen. Zu den möglichen Irrtumskonstellationen in Bezug auf **1083** Art und Eigenschaft der Zubereitung bzw. über die Erlaubnis wird auf die Ausführungen bei → Vor § 29 Rn. 78 ff. verwiesen.

3. Fahrlässigkeit. Lässt sich vorsätzliche Handlungsweise nicht feststellen, so muss der **1084** Tatrichter aufgrund seiner **Pflicht zur erschöpfenden Aburteilung der Tat** prüfen, ob nicht jedenfalls fahrlässige Tatbegehung vorliegt.[14] Insoweit wird auf die Darstellung bei Abs. 4[15] Bezug genommen.

IV. Täterschaft und Teilnahme

Die Abgrenzung zwischen (Mit-)Täterschaft und Teilnahme erfolgt auch beim unerlaub- **1085** ten Herstellen von ausgenommenen Zubereitungen nach allgemeinen Grundsätzen des Strafrechts über die Abgrenzung zwischen diesen Beteiligungsformen. Auf die für das Herstellen von BtM[16] dargestellten Erläuterungen wird verwiesen.

V. Deliktsverwirklichungsstufen

Die Versuchsstrafbarkeit für das unerlaubte Herstellen von ausgenommenen Zubereitun- **1086** gen ergibt sich aus Abs. 2. Die Abgrenzung zwischen Vorbereitungs- und Versuchshandlungen folgt allgemeinen Grundsätzen des Strafrechts. Auf die entsprechende Darstellung beim Herstellen von BtM[17] wird verwiesen.

VI. Konkurrenzen

Das unerlaubte Herstellen von ausgenommenen Zubereitungen kann, wenn die herzu- **1087** stellende oder hergestellte ausgenommene Zubereitung Zwischenprodukt auf dem Weg zu einem herzustellenden BtM ist, nach den Grundsätzen der **Bewertungseinheit**[18] in dem umfassenderen Herstellen von BtM aufgehen und sogar, wenn feststeht, dass das Endprodukt gewinnbringend weiterveräußert werden soll oder weiterveräußert worden ist, nach bewertungseinheitlichen Grundsätzen im **Handeltreiben** aufgehen. Falls das in Aussicht genommene Endprodukt BtM dann teilweise zum Handeltreiben und teilweise zum Eigenverbrauch bestimmt ist, kann Tateinheit zwischen Handeltreiben und Herstellen bestehen,

---

[11] → Rn. 1694 ff.
[12] → Vor § 29 Rn. 53 ff.
[13] → Vor § 29 Rn. 61 f.
[14] Vgl. BGH 16.12.1982 – 4 StR 644/82, NStZ 1983, 174 (175); 11.2.1998 – 3 StR 546/97.
[15] → Rn. 1695.
[16] → § 29 Rn. 175 ff. („Herstellen").
[17] → § 29 Rn. 180 ff. („Herstellen").
[18] → § 29 Rn. 477.

wobei nach Zweifelsgrundsätzen die Anteile der Handels- und der Eigenverbrauchsmenge festzustellen sind. Auch insoweit wird auf die entsprechende Darstellung beim Herstellen von BtM verwiesen. Das unerlaubte Herstellen von ausgenommenen Zubereitungen kann mit arzneimittelrechtlichen Vorschriften (zB § 96 Nr. 4 oder 5 AMG) in Tateinheit stehen.

VII. Rechtsfolgen

1088 **1. Strafrahmenwahl.** Der (Normal-)Strafrahmen reicht von Geldstrafe bis zu fünf Jahren Freiheitsstrafe. In besonders schweren Fällen (Abs. 3) reicht der Strafrahmen von einem Jahr Mindeststrafe bis zu 15 Jahren Freiheitsstrafe (§ 38 Abs. 2 StGB). Neben der Strafe kann gem. § 34 Führungsaufsicht (§ 68 Abs. 1 StGB) angeordnet werden. Das Gesetz nennt keinen besonders schweren Fall. Jedoch kann auch außerhalb der in Abs. 3 S. 2 genannten Regelbeispielsfälle ein ungeschriebener **besonders schwerer Fall** des Herstellens ausgenommener Zubereitungen vorliegen. Die praktische Bedeutung dieser Variante ist allerdings gering. Zum Begriff des **unbenannten besonders schweren Falles,** seiner Feststellung und seines Ausschlusses wird auf die Erläuterungen zu Abs. 3[19] verwiesen. Bedeutsame Anhaltspunkte für die Wahl des Sonderstrafrahmens ergeben sich aus einem Vergleich mit den durch den Gesetzgeber benannten Regelbeispielen[20] und aus dem Rekurs auf den (beispielhaften) Katalog des Art. 3 Abs. 5 Übk. 1988.

1089 **2. Strafzumessung im engeren Sinn.** Innerhalb des nach den vorstehenden Grundsätzen gewählten Strafrahmens können die beim Herstellen von BtM dargestellten Strafzumessungsumstände[21] von Bedeutung sein.[22] Für die Beurteilung der Schwere der Tat und für die Strafzumessung[23] ist die Frage der Zusammensetzung der ausgenommenen Zubereitung und die von ihr ausgehende Missbrauchsgefahr sowie die Möglichkeit der Rückgewinnung oder Neugewinnung von BtM[24] von entscheidender Bedeutung. Daher muss, wo immer dies möglich ist, die Zubereitung toxikologisch untersucht werden.

1090 **3. Absehen von Strafe bzw. Absehen von der Strafverfolgung.** Ausgenommene Zubereitungen sind mit Ausnahme von § 3 Abs. 1 Nr. 2 und § 29 Abs. 1 S. 1 Nr. 2 von der Anwendung des BtMG freigestellt, obwohl sie Substanzen enthalten, die dem BtMG unterfallen. Sie sind keine BtM. Ein Absehen von der Strafverfolgung durch die Staatsanwaltschaft gemäß § 31a Abs. 1 S. 1 bzw. Absehen von einer Bestrafung durch das Gericht gem. § 29 Abs. 5, wenn der Täter die ausgenommene Zubereitung in geringer Menge zum Eigenverbrauch herstellt, ist daher in direkter Anwendung dieser Vorschriften nicht möglich. Der in diesen Vorschriften zum Ausdruck kommende Rechtsgedanke sollte jedoch in entsprechender Anwendung der zu diesen Vorschriften entwickelten Grundsätzen zur Anwendung von §§ 153 oder 153a StPO führen.

1091 **4 Einziehung; Entziehung der Fahrerlaubnis.** Beziehungsgegenstände unterliegen der Einziehung (§ 33 Abs. 2 aF, nun § 33 Abs. 1). Näheres hierzu findet sich bei den Erläuterungen zu § 33, insb. → § 33 Rn. 6–7. Zur Entziehung der Fahrerlaubnis wird auf die Ausführungen bei Anbau verwiesen, → Rn. 121.

12. Kapitel. Besitzen (Abs. 1 S. 1 Nr. 3)

Schrifttum: *Albrecht,* Internationales Betäubungsmittelrecht und internationale Kontrolle, in: *Kreuzer,* Handbuch des Betäubungsmittelrechts, 1998, § 10 (S. 653 ff.); *ders.,* Betäubungsmittelstrafrecht und Drogenpolitik in Nachbarstaaten, in *Kreuzer,* Handbuch des Betäubungsmittelrechts, 1998, § 23 (S. 1445 ff., 1524 ff.); *Baae,* Der Besitzwille im Betäubungsmittelrecht, NStZ 1987, 214; *Deiters,* Besitz als Straftat, GA 2006, 60; *Eckstein,* Besitz als Straftat, 2001; *Hochmayr,* Strafbarer Besitz von Gegenständen, 2005; *Körner,* Der Besitz von Betäubungsmitteln –

---

[19] → Rn. 1648.
[20] Franke/*Wienroeder* Rn. 219.
[21] → Rn. 207 ff. (Herstellen).
[22] AA *Weber* Rn. 1161: für die Heranziehung der spezifischen Strafzumessungsgründe des Betäubungsmittelstrafrechts ist vielfach kein Raum.
[23] Vgl. BGH 8.11.1989 – 3 StR 368/89, NJW 1990, 846 = DRiZ 1991, 173 mAnm *Kreuzer.*
[24] Vgl. Art. 3 Abs. 2 Übk. 1971.

Rechtsprechungsübersicht zum BtMG, StV 1982, 91; *Lagodny,* Strafrecht vor den Schranken der Grundrechte, 1996; *Lampe* Buchbesprechung zu Kahlo, Die Handlungsform der Unterlassung als Kriminaldelikt, – Eckstein, Besitz als Straftat, ZStW 113 (2001), 885, 894; *Oğlakcıoğlu,* Das deutsche und türkische Betäubungsmittelstrafrecht im Vergleich – und was man alles voneinander lernen kann, ZIS 2011, 742; *ders.,* Die Anwendung der Vorschriften des Allgemeinen Teils auf die Straftatbestände des Betäubungsmittelgesetzes, 2013; *Schroeder,* Die sprachliche Formulierung von Strafvorschriften, GS Zipf, 1999, 153, 157; *ders.* Besitz als Straftat, ZIS 2007, 444; *Struensee,* Besitzdelikte, FS Grünwald, 1999, 722; *Ziemann/Ziethen* Was tun mit verbotenen Gegenständen?, JR 2011, 65.

Übersicht

A. Überblick

I. Rechtliche Einordnung

1092   Das BtMG stellt in Abs. 1 jede nur erdenkliche Modalität des erlaubnislosen Umgangs mit den Stoffen und Zubereitungen unter Strafe, weshalb wegen unerlaubten BtM-Besitzes regelmäßig Personen bestraft werden, die bereits eine der dort aufgeführten Vortathandlungen begangen haben. Zwingend ist dies (vgl. noch die Vorauflage) nicht, als die bloße Kenntnis von dem Umstand, dass jemand ein BtM zugeschoben hat, nicht zu einem vorsätzlichen Erwerb und auch nicht zu einem fahrlässigen Sichverschaffen führt.[1] Nichtsdestotrotz fungiert der Besitz als **Auffangtatbestand,**[2] und tritt als **gesondert bestrafte Nachtat** zurück, wenn weitere strafbare Verhaltensweisen nachgewiesen werden können.

1093   **1. Deliktsnatur.** Besitzen ist schlichtes Tätigkeitsdelikt und in Bezug auf das Rechtsgut abstraktes Gefährdungsdelikt.[3] Der unerlaubte BtM-Besitz gehört zu den echten **Sonderdelikten;** es kann (mittelbarer) Täter nur derjenige sein, der sowohl über die tatsächliche Sachherrschaft als auch über den entsprechenden Herrschaftswillen verfügt.[4] Unerlaubter BtM-Besitz ist **Dauerdelikt,**[5] also eine Straftat, bei der der Täter einen andauernden rechtswidrigen Zustand herbeiführt oder pflichtwidrig nicht beseitigt und diesen Zustand dann willentlich aufrecht erhält,[6] was sich insbesondere auf den Eintritt des Strafklageverbrauchs (→ Rn. 1155 ff.) auswirkt.

1094   Das Besitzdelikt ist mit dem (seinerseits nicht unverrückbaren, aber zweckmäßigen und daher aufrechtzuerhaltenden) **Handlungsdogma** vereinbar. Versteht man unter der Handlung im strafrechtlichen Sinne eine Persönlichkeitsäußerung in Gestalt menschlichen Verhaltens, die vom Willen beherrscht oder doch wenigstens beherrschbar ist,[7] scheint die Sanktionierung des bloßen Besitzes als tatsächliche Sachherrschaft keine Tathandlung in diesem Sinne zu erfordern (allein die Tatbestandsfassung, die auf eine Tätigwerden deuten lässt – „besitzen" als Verb – genügt hierfür nicht).[8] Inzwischen existieren bereits mehrere Abhandlungen, die sich mit der dogmatischen Legitimierbarkeit und Behandlung sog. **Besitzdelikte** befassen.[9] Insb. *Eckstein* will aufgrund des Umstands, dass tatbestandlich nur an einen Zustand geknüpft werde, die neue Deliktskategorie des **„Zustandsdelikts"** eingeführt wissen.[10] Hingegen lässt sich das Besitzdelikt zwanglos in das Handlungsdogma einfügen, wenn man sich klarmacht, dass nicht der Zustand als solcher, sondern seine Herbeiführung und Aufrechterhaltung bestraft wird[11] (dies entspricht wohl auch der Vorstellung des Gesetzgebers). Als Mischdelikt erfasst Abs. 1 Nr. 3 sowohl aktive Begehungsweisen,[12] als auch das Nichtaufheben des rechtswidrigen Zustands. In der Sache handelt es sich also zumindest

---

[1] BGH 19.8.1982 – 1 StR 87/82, StV 1982, 525.

[2] BGH 17.5.1996 – 3 StR 631/95, NStZ 1996, 604; KPV/*Patzak* Teil 13 Rn. 1; *Weber* Rn. 826.

[3] KPV/*Patzak* Teil 13 Rn. 1.

[4] *Weber* Rn. 878.

[5] BGH 17.3.1982 – 2 StR 818/81, StV 1982, 366; BayObLG 22.3.1991 – RReg 1 St 240/90, BayObLGSt 1991, 51 mAnm *Neuhaus* NStZ 1993, 202; KPV/*Patzak* Teil 13 Rn. 13; *Weber* Rn. 600.

[6] Schönke/Schröder/*Stree* StGB § 52 Rn. 81.

[7] So auch SK-StGB/*Rudolphi* StGB Vor § 1 Rn. 18.

[8] So auch *Schroeder* GS Zipf, 1999, 153 (157), dem zuzustimmen ist, wenn er feststellt, dass die Tatbestandsfassung der klassischen täterbezogenen Wer-Fassung der Straftatbestände geschuldet ist.

[9] Vgl. nur *Eckstein*, Besitz als Straftat, 2001, S. 31 ff., mit Besprechung *Lampe* ZStW 113 (2001), 885 (894) sowie *Lagodny*, Strafrecht vor den Schranken der Grundrechte, 1996, S. 33 und *Struensee* FS Grünwald, 1999, 722 mit Bespr. *Scheinfeld* GA 2007, 721 (725) und *Hochmayr*, Strafbarer Besitz von Gegenständen, 2005.

[10] *Eckstein*, Besitz als Straftat, 2001, S. 226; zum Ganzen auch *Schroeder* ZIS 2007, 444.

[11] BT-Drucks. 6/1877; BGH 3.3.1978 – 2 StR 717/77, BGHSt 27, 380; BGH 23.3.1984 – 2 StR 107/84, StV 1984, 286; OLG Düsseldorf 22.3.1985 – 5 Ss 81/85 – 77/85 I, NStZ 1985, 415; 1992, 443; BayObLG 3.9.1985 – 4 St 176/85, StV 1986, 145; BGH 12.1.1988 – 1 StR 614/87, StV 1988, 206; OLG Frankfurt am Main 22.1.1988 – 1 Ss 309/87, StV 1989, 20; KG Berlin 8.7.1991 – 1 Ss 85/91, NStE 1990 Nr. 39 zu § 29 BtMG – Besitz; StV 1991, 520; OLG Hamm StV 1989, 438.

[12] Die dann aber aus konkurrenzrechtlichen Gründen gegenüber den vorrangigen Erwerbstatbeständen (Erwerb, Sichverschaffen) zurückträten.

partiell um ein **echtes Unterlassungsdelikt,**[13] wobei in Worten des § 323c der „Zustand" des Besitzes von Betäubungsmitteln als „Unglücksfall" bezeichnet werden kann, den der Täter möglichst schnell zu beseitigen hat. Soweit ihm also die Aufhebung physisch-real möglich und zumutbar ist, handelt er tatbestandsmäßig isd Abs. 1 Nr. 3, auch wenn diese Voraussetzungen in den Ausführungen der Kommentarliteratur (was ist Besitz? Arten des Besitzes etc.) in den Hintergrund rücken.[14]

2. Verfassungsmäßigkeit. Weder die in Abs. 1 S. 1 Nr. 1 enthaltene Strafdrohung für **1095** den unerlaubten Erwerb von Cannabisprodukten noch die in Abs. 1 S. 1 Nr. 3 normierte Strafdrohung für den unerlaubten Besitz dieser Droge verstoßen nach Auffassung des Bundesverfassungsgerichts gegen das **verfassungsrechtliche Übermaßverbot.**[15] Nicht nur das Handeltreiben mit Cannabisprodukten und deren uneigennützig Abgabe begründeten aufgrund der damit verbundenen Weitergabe der Droge stets eine abstrakte Fremdgefahr. Auch der unerlaubte Erwerb gefährde fremde Rechtsgüter schon insofern, als er die Möglichkeit einer unkontrollierten Weitergabe der Droge an Dritte eröffnet. Die Gefahr einer solchen Weitergabe besteht selbst dann, wenn der Erwerb der Droge nach der Vorstellung des Täters nur den Eigenverbrauch vorbereiten soll. Hinzukomme, dass sich gerade im Erwerb zum Zwecke des Eigenverbrauchs die Nachfrage nach der Droge verwirklicht, die den illegalen Drogenmarkt von der Nachfrageseite her konstituiert. Unter generalpräventiven Gesichtspunkten sei gerechtfertigt, auch den unerlaubten Erwerb von Cannabisprodukten zum Eigenverbrauch allgemein als strafwürdiges und strafbedürftiges Unrecht mit Kriminalstrafe zu bedrohen.[16] Nach hier vertretener Auffassung ist die Kriminalisierung des Konsumentenkreises, mithin des Erwerbs und des Besitzes von BtM zum Eigenverbrauch mangels Geeignetheit bzw. Erforderlichkeit und Angemessenheit der Sanktion verfassungswidrig, → Vor § 29 Rn. 22 ff.

II. Kriminalpolitische Bedeutung

1. Vorstellungen des Gesetzgebers. Wie vom Gesetzgeber beabsichtigt, liegt die **1096** rechtliche Bedeutung der Strafbarkeit der unerlaubten BtM-Besitzes zum einen in einer **Beweiserleichterung** für die Strafverfolgungsorgane, die keinen Nachweis darüber zu führen brauchen, auf welche Weise (zB Erwerb, Sichverschaffen in sonstiger Weise) das BtM in die Sphäre des Beschuldigten gelangt ist.[17] Umgekehrt genügt ein nachgewiesener Konsum nicht für die Überzeugung, der Täter müsse die BtM auch erworben bzw. besessen haben. Zudem kann wegen unerlaubten BtM-Besitzes aber auch derjenige bestraft werden, dessen nachweisbare Erwerbshandlung **verjährt** oder infolge Strafklageverbrauchs (→ Rn. 979 ff.) **nicht mehr verfolgbar** ist.[18]

2. Strafverfolgungsstatistik. In der Praxis steht der Besitztatbestand nach dem infolge **1097** seiner ungebremsten Ausdehnung am häufigsten auftretenden unerlaubten Handeltreiben zahlenmäßig an zweiter Stelle der Verstöße gegen das BtMG. PKS und Verurteilungsstatistiken erfassen den Besitz (zum Eigenverbrauch) nicht gesondert, obwohl es sich in der forensischen Praxis um die klassische konsumorientierte Begehungsweise handelt. Dasselbe gilt für Erwerb zum Eigenkonsum, sodass sich keine „Vergleichsgröße" heranziehen lässt. Vielmehr werden die „konsumnahen" Delikte der Abgabe und des Erwerbs unter allgemeine Verstöße zusammengezogen.[19] Diese sind wieder um 2% angestiegen und machen bei 213.850 erfass-

---

[13] *Oğlakcıoğlu,* BtMG AT, S. 105; so auch LK-StGB/*Walter* StGB Vor § 13 Rn. 36; Schönke/Schröder/*Lenckner/Eisele* StGB Vor 13 Rn. 42; i.E. zustimmend *Deiters,* GA 2006, 60; *Scheinfeld* GA 2007, 725.

[14] Zu den kriminalpolitischen Auswirkungen solch eines Verständnisses vgl. *Oğlakcıoğlu,* BtMG AT, S. 105 ff.

[15] Siehe bereits → Vor § 29 Rn. 23 f.; vgl. hierzu auch KPV/*Patzak* Teil 13 Rn. 3.

[16] BVerfG 9.3.1994 – 2 BvL 43/92 ua, BVerfGE 90, 145 = NJW 1994, 1577.

[17] BT-Drs. VI/1877, 9; BGH 15.4.1981 – 2 StR 115/81, BGHSt 30, 77; OLG München 23.10.2007 – 4St RR 184/07.

[18] *Franke/Wienroeder* Rn. 134.

[19] Bundeslagebild Rauschgift 2015, S. 3.

ten Fällen den Großteil der Rauschgiftkriminalität aus (bei 49.804 „Handelsdelikten", wobei zahlreiche Handelsdelikte auch unter sonstige Verstöße – 18.950 – fallen). Im Lagebild Rauschgift NRW bspw. wird die Abgabe von den Konsumentendelikten herausgenommen (Besitz/Erwerb), wobei sich auch hier dasselbe Verhältnis herauskristallisiert und sich die Vermutung aufstellen lässt, dass die „Abgabe" die Fallzahlen nicht merklich beeinflusst (43.604 Konsumentendelikte bei 60.328 Rauschgiftdelikten insgesamt;[20] vgl. zum Ganzen auch → Vor § 1 Rn. 38 f.).

1098 Weiterhin wird die praktische Bedeutung der Besitzstrafbarkeit durch die Erhebungen des Statistischen Bundesamtes belegt:[21]

	2005	2007	2009	2011	2012	2013	2014
Straftaten nach dem BtMG insgesamt	58.630	64.237	67.025	62.148	60.230	53.075	63.494
Unerlaubter Besitz von BtM (Anteil %)	14.607	18.643	22.339	23.864	23.598	22.702	27.560

III. Rechtsentwicklung

1099 **1. Einfluss internationaler Übereinkommen.** Bereits das Übk. 1925/II verpflichtete die Vertragsstaaten in Art. 7 iVm Art. 28 zur strafrechtlichen Verfolgung des unerlaubten BtM-Besitzes. Diese Verpflichtung wurde im Übk. 1961 dahingehend präzisiert, dass die Vertragsstaaten keinen Besitz von Suchtstoffen ohne gesetzliche Ermächtigung gestatten (Art. 33) und jede Vertragspartei die erforderlichen Maßnahmen [trifft], um jedes gegen dieses Übereinkommen verstoßende … Besitzen …, wenn es vorsätzlich begangen, mit Strafe zu bedrohen sowie schwere Verstöße angemessen zu ahnden, insbesondere mit Gefängnis oder sonstigen Arten des Freiheitsentzuges (Art. 36 Abs. 1 Buchst. a).[22] Das Übk. 1971 äußerte die Erwartung, dass die Vertragsparteien keinen Besitz der in den Anlagen II, III und IV aufgeführten Stoffe ohne gesetzliche Ermächtigung gestatten (Art. 5 Abs. 3), in Bezug auf die in Anhang I aufgeführten Stoffe für … Besitz eine besondere Genehmigung oder vorherige Ermächtigung vorschreiben (Art. 7 Buchst. b) und Verstöße gegen diese Regelungen unter Strafe stellen (Art. 22). Im Übk. 1988 enthält Art. 3 Abs. 2 die Verpflichtung für jede Vertragspartei, nach ihrem innerstaatlichen Recht den Besitz … von Suchtstoffen oder psychotropen Stoffen für den persönlichen Gebrauch entgegen Übk. 1961 und Übk. 1971, wenn vorsätzlich begangen, als Straftat zu umschreiben.[23]

1100 **2. Innerstaatliches Recht.** Diese internationalen Vorgaben setzte die Bundesrepublik Deutschland erstmals in §§ 11, 6 Buchst. b BtMG 1972 dahingehend um, als es nicht nur den Erwerb sondern auch mit Freiheitsstrafe bis zu drei Jahren oder mit Geldstrafe unter Strafe stellte, wenn jemand die in § 9 genannten BtM besaß, ohne dass das Bundesgesundheitsamt eine Ausnahme zugelassen hatte. Der Besitz einer nicht geringen Menge von BtM stellte als Regelbeispiel einen besonders schweren Fall dar (§ 11 Abs. 4 Nr. 5), der mit Freiheitsstrafe nicht unter einem und bis zu zehn Jahren geahndet werden konnte. Nach dem BtMG 1982 wurde bestraft, wer BtM besaß, ohne sie aufgrund einer Erlaubnis nach § 3 Abs. 1 erlangt zu haben. Der besonders schwere Fall des Besitzens einer nicht geringen Menge (Abs. 3 Nr. 4) konnte zur Freiheitsstrafe nicht unter einem und bis zu fünfzehn Jahren führen. Das OrgKG erweiterte den Strafrahmen des Absatzes 1 auf „bis zu fünf Jahre" und stufte in § 29a Abs. 1 Nr. 2 den Besitz einer nicht geringen Menge von BtM zum Verbrechen auf. Durch das AusfG Übk. 1988 wurde der Erlaubnisvorbehalt insoweit neu gefasst, als nunmehr zugleich *der Besitz einer schriftlichen Erlaubnis für den Erwerb* verlangt wird (vgl. hierzu noch → § 3 Rn. 41).

---

[20] Lagebild Rauschgift NRW 2015, S. 3.
[21] Strafverfolgung – Abgeurteilte und Verurteile (Tabelle 2 – bis einschl. 2005 ohne neue Bundesländer aber mit Gesamt-Berlin).
[22] S. auch Kreuzer/*Albrecht* § 10 Rn. 13.
[23] S. auch Kreuzer/*Albrecht* § 10 Rn. 26.

B. Erläuterung

I. Geltungsbereich

1. Inlands-/Auslandstaten. Inlandstaten unterliegen dem BtM-Strafrecht unabhängig **1101** davon, ob die Tat durch einen Ausländer oder einen Deutschen begangen wurde.

Der Vertriebsbegriff des § 6 Nr. 5 StGB[24] umfasst nicht den Besitz von BtM zum Eigen- **1102** konsum.[25] Eine Ausdehnung auf in der Vorschrift nicht genannte Tatbestände scheidet infolge des Analogieverbots aus.[26] Dies gilt auch für den Fall, dass der Besitz zu einer Vertriebshandlung in Tateinheit steht.[27]

a) BtM-Besitz durch einen Ausländer im Ausland. Besitzt ein Ausländer[28] im Aus- **1103** land BtM zum Eigenkonsum, unterliegt er nicht dem deutschen Strafrecht.[29] Anderes gilt für den Fall, dass er nach der Tat die **deutsche Staatsbürgerschaft erlangt** oder ein Fall des § 7 Abs. 2 Nr. 2 StGB[30] gegeben ist. Maßgeblich ist bei der Anwendung des Prinzips der stellvertretenden Strafrechtspflege nicht nur, dass die Tat am Tatort mit Strafe bedroht ist, sondern auch, dass die Tat im Tatortstaat tatsächlich verfolgt wird.[31]

b) BtM-Besitz durch einen Deutschen im Ausland. Besitzt ein Deutscher im Aus- **1104** land BtM, ist er nach deutschem BtM-Strafrecht strafbar, wenn die Tat am Tatort mit Strafe bedroht ist oder der Tatort keiner Strafgewalt unterliegt.[32]

c) Rechtslage in europäischen Staaten.[33]
– **Griechenland:** Mit Freiheitsstrafe wird bestraft, wer sich Betäubungsmittel in einer **1105** nachweisbar ausschließlich zum eigenen Bedarf bestimmten Menge beschafft oder in irgendeiner Weise besitzt oder verbraucht (Art. 12 Abs. 1 GNr. 1729/1987 über BtM).[34] Für den Besitz von Cannabis (hier: sieben Hanfsetzlinge) kann lebenslange Freiheitsstrafe drohen.[35]
– **Italien:** Geldstrafe bei Besitz zum Eigenkonsum von bis zu 500 mg Cannabis, 750 mg Kokain, 250 mg Heroin, 750 mg Ecstasy und 150 Mikrogramm LSD für den privaten Konsum; bei darüber hinausgehenden Mengen Freiheitsstrafe von 6 bis 20 Jahre.[36]
– **Niederlande:** Strafbar ist der Besitz auch kleiner Mengen von BtM (Art. 2, 3 *Opiumwet*). Nichtverfolgung bei Besitz von bis zu 5 g Cannabis und 0,5 g „harter" Drogen; Besitz von Cannabis bis zu einer Menge von 30 g wird mit 1 Monat Gefängnis und 2.300 A Geldstrafe geahndet, für andere Drogen werden Strafen von 1 Jahr Gefängnis und/oder 4.500 A erhoben.[37]
– **Österreich:** Wer BtM (Suchtgift) besitzt, wird mit Freiheitsstrafe bis zu einem Jahr oder mit Geldstrafe bis zur gleichen Höhe (360 Tagessätze) bestraft; dient der Besitz dem Eigenkonsum („eigenen Zwecken"), werden Freiheitsstrafen bis zu einem halben Jahr bzw. entsprechende Geldstrafen verhängt (§ 2 Nr. 1 SMG).
– **Schweiz:** Wer BtM besitzt, wird mit Freiheitsstrafe bis zu drei Jahren oder mit Geldstrafe bestraft (Art. 19 Abs. 1 schwBtMG).[38]

---

[24] → Vor § 29 Rn. 122 ff.
[25] BGH 23.3.1984 – 2 StR 107/84, BeckRS 1984, 31109418 = StV 1984, 286.
[26] Vgl. BGH 30.4.1999 – 3 StR 215/98, BGHSt 34, 65 = NStZ 1999, 296; *Weber* Vor §§ 29 ff. Rn. 114.
[27] BGH 3.11.2011 – 2 StR 201/11, NStZ 2012, 335; zweifelnd: BGH 22.9.2009 – 3 StR 383/09, NStZ 2010, 521. Zum Ganzen → Vor § 29 Rn. 126.
[28] → StGB § 7 Rn. 27.
[29] Zum Ganzen auch KPV/*Patzak* Teil 13 Rn. 38 ff.
[30] → Vor § 29 Rn. 142 ff.
[31] → Vor § 29 Rn. 153 f.
[32] → Vor § 29 Rn. 153.
[33] Zusf. KPV/*Patzak* Vor §§ 29 ff. Rn. 153.
[34] EuGH 19.1.1999 – C-348/96, BeckRS 2004, 76627 = EuGRZ 1999, 122.
[35] OLG Celle 20.5.2008 – 1 ARs 21/08 (Ausl.), NStZ-RR 2008, 312.
[36] Corriere della sera online vom 27.1.2006.
[37] http://www.drogen-wissen.de/DRUGS/DW_GE/btmg.shtml (zuletzt abgerufen 18.4.2017).
[38] BGH 12.9.1996 – 4 StR 173/96, NStZ 1997, 89.

- **Spanien:** In Spanien ist der Besitz von BtM zum Eigenkonsum straflos (Art. 344 *Código Penal*).[39]
- **Tschechien:** Nach einem Kabinettsbeschluss vom 14.12.2009 liegt noch keine Straftat vor, wenn jemand im Besitz von weniger als 1,5 Gramm Heroin, einem Gramm Kokain oder zwei Gramm Pervitin ist. Bei Marihuana ist der Besitz von bis zu 15 Gramm erlaubt.[40]
- **Türkei:** Nach Art. 189 Abs. 3 TCK wird mit fünf bis zu 15 Jahren Freiheitsstrafe und bis zu 20.000 Tagessätzen Geldstrafe bestraft, wer Betäubungs- oder Aufputschmittel lagert oder vorrätig hält. Erfolgt das Vorrätighalten zum Eigenverbrauch, ordnet Art. 191 Abs. 1 TCK einen Strafrahmen von einem bis zu zwei Jahren an (zugleich besteht unter bestimmten Voraussetzungen die Möglichkeit, das Verfahren gem. Art. 191 Abs. 2–5 TCK durch Beschluss einzustellen). Feste Grenzmengen haben sich noch nicht etabliert.[41]

1106 Auch wenn sämtliche europäischen Staaten den internationalen Übereinkommen beigetreten sind, bedarf es stets einer genaueren Überprüfung, ob die konkrete Tathandlung jeweils nur geduldet wird bzw. strafrechtlich nicht verfolgt wird. Außerdem muss die „Interpretation" der konkreten Tathandlung nicht zwingend mit derjenigen des deutschen Rechts übereinstimmen (Anforderungen an einen Besitz oder Erwerb, Einbeziehung bloßer Konsumakte) sind bzw. können Ausnahmevorschriften wie in Spanien, Portugal bzw. Tschechien existieren.

1107 **2. Grenzüberschreitende Mehrfachverfolgung.** Zum Grundsatz *ne bis in idem* und Verbot grenzüberschreitender Mehrfachverfolgung → Vor § 29 Rn. 161 ff.

II. Objektiver Tatbestand

1108 **1. Tathandlung Besitzen. a) fehlende Legaldefinition.** Der Besitzbegriff ist im BtMG legal nicht definiert. Im Allgemeinen Strafrecht ist der Besitz kinderpornografischer Schriften (§ 184b StGB),[42] im Nebenstrafrecht ua der unerlaubte Besitz von (bestimmten) Arzneimitteln (AMG), Grundstoffen (GÜG), Hard- und Software zur Umgehung des Kopierschutzes (UrhG), Kriegswaffen (KrWaffG), Sendeanlagen (TKG), Tieren und Pflanzen (BNatSchG) sowie von Waffen und Munition (WaffG) unter Strafe gestellt.

1109 **b) Herrschendes Begriffsverständnis.** Nach hM[43] erfordert der **Tatbestand des Besitzes von BtM** ein **tatsächliches Herrschaftsverhältnis,** das die **ungehinderte Einwirkungsmöglichkeit** auf das BtM beinhaltet und auf **nennenswerte Dauer** angelegt ist. Wer demnach eine so geartete Beziehung zu einem BtM **herstellt** oder **aufrechterhält,**[44] erfüllt den Tatbestand der Nr. 3, wenn diese Handlungsweise – subjektiv – zugleich von einem entsprechenden **Herrschaftswillen bzw.** dem Vorsatz, diesen Zustand aufrechtzuerhalten getragen ist.

1110 **aa) Tatsächliches Herrschaftsverhältnis.** Ein tatsächliches Herrschaftsverhältnis setzt die ungehinderte Einwirkungsmöglichkeit auf das BtM voraus, an der es allerdings beim Konsum fehlt und auf das aus Indizien nicht ohne Weiteres ein Rückschluss gezogen werden kann (→ Rn. 1170). Dem Schutzzweck der Norm entsprechend und seiner Funktion als Auffangtatbestand nach hängt die Tatbestandsverwirklichung nicht von der **Art der Besitzerlangung** ab, dh dass der Erwerb etwa mangels Nachweises ebenso faktisch mitbestrafte

---

[39] *Reeg* in *Meyer* S. 715; vgl. LG Krefeld 7.6.1984 – 21 Ns 27 Ls 2 Js 877/83 Hw, StV 1984, 517.
[40] http://www.radio.cz/de/rubrik/nachrichten/nachrichten-2009-12-14 (zuletzt abgerufen: 18.4.2017).
[41] *Oğlakcıoğlu* ZIS 2011, 752.
[42] OLG Hamburg 15.2.2010 – 2 – 27/09 (REV); 1 Ss 86/09, NJW 2010, 1893.
[43] BGH 22.1.1998 – 4 StR 393/97, NStZ-RR 1998, 148; 15.10.1997 – 2 StR 393/97, BeckRS 1997, 31120040; 2.9.1994 – 2 StR 429/94; 2.12.1992 – 5 StR 592/92; OLG Celle 28.6.2000 – 33 Ss 28/00, StV 2000, 624; *Franke/Wienroeder* Rn. 135; HJLW/Rn. 13.2; *Joachimski/Haumer* Rn. 140 f.; KPV/*Patzak* § 29 Teil 13 Rn. 13; Pfeil/Hempel/Schiedermaier/*Slotty* Rn. 161 f.; *Weber* Rn. 1173.
[44] BGH 15.10.1997 – 2 StR 393/97, BeckRS 1997, 31120040; OLG Düsseldorf 8.3.2007 – III-5 Ss 42/ 07 – 41/07 IV, BeckRS 2009, 08159 = StV 2008, 12 mAnm *Weider*.

Vortat sein kann wie das Sichverschaffen in sonstiger Weise durch Eigentumsdelikte,[45] verbotene Eigenmacht (§ 858 BGB), Fund, Aneignung nach Dereliktion oder Erbgang, wobei im zuletzt genannten Fall die Besitzbegründungsfiktion des § 857 BGB nicht gilt.

bb) Tatsächliche Verfügungsmacht. Der Tatbestand wird mit der Begründung der **1111** tatsächlichen Sachherrschaft über das BtM verwirklicht,[46] so dass die Erlangung tatsächlicher Verfügungsmacht und damit Besitzstrafbarkeit auch nicht daran scheitert, dass es sich um ein durch die Polizei überwachtes BtM-Geschäft handelt.[47] Auch die privatrechtliche **Eigentumslage** bleibt außer Betracht.[48] § 29 Abs. 1 S. 1 Nr. 3 meint nicht den Besitz iS des § 854 BGB,[49] sondern eher den Gewahrsam des § 242 StGB[50] als objektiv-physisches Element, aufgrund dessen der unmittelbaren Verwirklichung des Einwirkungswillens keine Hindernisse entgegenstehen.[51] Ob ein solcher **Gewahrsam begründet** wurde, beurteilt sich nach den Anschauungen des täglichen Lebens und hängt von den Umständen des Einzelfalls ab.[52] Der Besitzbegriff des BtMG bringt es mit sich, dass zur näheren Umschreibung auf die **bürgerlich-rechtlichen Tatbestände (§§ 854 ff. BGB)** zurückgegriffen wird, ohne dass zur Bejahung des Straftatbestands die dort notwendigen Merkmale jeweils erfüllt sein müssten. Liegen jedoch umgekehrt nach bürgerlich-rechtlichen Kriterien die dortigen Voraussetzungen vor, ist im Regelfall auch jeweils der Besitztatbestand des BtMG erfüllt. Dies gilt namentlich für den **unmittelbaren** oder **mittelbaren Besitz**[53] ebenso wie für **Eigen-** und **Fremdbesitz,**[54] die Frage des **Mitbesitzes.**[55] Hingegen führt eine Besitzdienerschaft (§ 855 BGB) gerade nicht dazu, dass auch bei der betäubungsmittelstrafrechtlichen Betrachtung stets zu fingieren wäre, dieser hätte keinen Besitz; vielmehr bleibt es bei der einzelfallbezogenen Betrachtung, wobei eine **ganz kurze Hilfstätigkeit** eines Besitzdieners auch gegen einen Besitz im betäubungsmittelstrafrechtlichen Sinne sprechen kann.[56]

2. Erscheinungsformen der tatsächlichen Verfügungsmacht. a) Anbauen. Wer **1112** Cannabispflanzen anbaut, hat daran zugleich Besitz,[57] wobei es unerheblich ist, ob sich die Pflanzen noch im Wachstum befinden, bereits abgeerntet sind[58] oder nur aufbewahrt werden (wobei freilich die Pflanze als solches als das besessene BtM betrachtet werden muss).[59] Für die Beurteilung des Vorliegens von Besitz sind die Eigentumsverhältnisse an dem Grundstück, auf dem angebaut wird, unerheblich, ebenso ob die Täter Dritte von der Herrschaft über die (auch in freier Natur) angebauten Betäubungsmittel ausgeschlossen hatten. Es reicht aus, dass der Täter selbst jederzeit ungehinderten Zugang hat. Somit besitzt auch derjenige BtM, der auf einem fremden, frei zugänglichen Waldgrundstück an einer entlegenen Stelle Marihuana-Pflanzen anbaut **(Outdoor-Plantage)** und die Pflanzen durch einen Wilddraht sowie durch einen natürlichen Wall gegen Tiere sichert (wobei in letzterer Komponente letztlich nur eine Manifestation des Herrschaftswillens zu sehen ist, deren Feststellung die

[45] BGH 4.12.1981 – 3 StR 408/81, BGHSt 30, 277 = NJW 1982, 708 mAnm *Schmidt*, LM Nr. 1 zu § 11 Abs. 1 Nr. 6 BtMG.
[46] *Weber* Rn. 1177.
[47] BGH 15.4.2008 – 4 StR 651/07, NStZ-RR 2008, 212.
[48] *Weber* Rn. 1173.
[49] BT-Drs. VI/1877, 9.
[50] HJLW/*Winkler* Rn. 13.2; *Joachimski/Haumer* Rn. 140 f.; *Weber* Rn. 1174.
[51] Schönke/Schröder/*Eser/Bosch* StGB § 242 Rn. 23 f.
[52] BayObLG 13.10.1998 – 4 St RR 173/98.
[53] BGH 3.3.1978 – 2 StR 717/77, BGHSt 27, 380 = NJW 1978, 1696.
[54] BGH 25.11.1980 – 1 StR 508/80, NStZ 1982, 190; 24.10.2006 – 3 StR 388/06, NStZ-RR 2007, 58.
[55] BGH 9.10.1974 – 3 StR 245/74; 29.7.1982 – 4 StR 355/87.
[56] BGH 16.4.1975 – 2 StR 60/75, BGHSt 26, 117 = NJW 1975, 1470.
[57] OLG Düsseldorf 5.7.1984 – 5 Ss 209/84 – 168/84 I, NStZ 1985, 30; AG Berlin-Tiergarten 28.4.2004 – (284) 6 Op Js 2234/02 Ls (26/03), NStZ-RR 2004, 281.
[58] BGH 19.7.1989 – 1 StR 708/89, NStZ 1990, 285; BayObLG 5.8.2003 – 4St RR 82/03, BayObLGSt 2003, 94.
[59] BayObLG 13.11.2002 – 4St RR 114/02.

Zuschreibung jener subjektiven Komponente dem Tatrichter ermöglicht).[60] Zur Frage, inwiefern **Eigentum und Besitz an einem Grundstück**[61] zur Strafbarkeit hinsichtlich fremder BtM-Straftaten führen kann, vgl. → § 29 Rn. 442 f.

1113   **b) Aufbewahren.** Bei der Aufbewahrung ist hier nur diejenige von fremden BtM von Interesse, weil die Verwirklichung des Besitztatbestandes bei eigenem Rauschgift[62] außer Zweifel steht. Das Aufbewahren von BtM, das gewinnbringend veräußert werden soll, kann je nach Fallgestaltung Beihilfe zum oder täterschaftliches Handeltreiben sein,[63] wobei im zuletzt genannten Fall die Besitzstrafbarkeit nach den Kriterien der Bewertungseinheit zurücktritt. Beihilfe zum Handeltreiben ist gegeben, wenn der Täter uneigennützig aufbewahrt, allerdings um die Zweckbestimmung des BtM weiß.[64] Bewahrt der Mieter, der in einer von einem Dritten finanzierten und von diesem als Rauschgiftdepot benutzten Wohnung kostenlos wohnt, für diesen BtM auf, bedarf es näherer Feststellungen, ob er selbst (mit-)täterschaftlich Handel getrieben oder hierzu nur Beihilfe geleistet hat.[65] Das gleiche gilt, wenn nur ein Rauschgiftbunker bereitgestellt wird und Händler wie Käufer dorthin nur begleitet werden, selbst wenn für diese Hilfeleistung insgesamt ein Pauschalbetrag als Entlohnung vereinbart ist.[66] Die **Ausübung tatsächlicher Sachherrschaft** manifestiert sich dabei in einer jederzeit ungehinderten Einwirkungsmöglichkeit auf das BtM, also insbesondere im uneingeschränkten Zugang zu ihm,[67] aber auch dadurch, dass der Verwahrer den Aufbewahrungsort des BtM ändert.[68] Nur wegen Besitzes ist zu bestrafen, wer das bei ihm gefundene Kokain lediglich kurzfristig für seinen niederländischen Bekannten verwahrte, da dieser seinen Abnehmer nicht angetroffen hatte und die BtM nicht erneut über die Grenze zurücknehmen wollte.[69] Auch kommt lediglich ein reiner Fremdbesitz in Betracht, wenn BtM, die für den Eigenkonsum gedacht sind, für Dritte aufbewahrt werden.

1114   **c) Hinterlegen.** Auch die Hinterlegung ist als Form des (mittelbaren) Besitzes strafbar. Gerade in der Rauschgiftszene vermeiden es Täter nach Möglichkeit, mehr als unbedingt nötig in unmittelbarer Berührung mit ihrem „Stoff" zu sein und sind bestrebt, diesen in sicheren Verstecken zu halten. Als solche Verstecke dienen vorzugsweise auch die an Bahnhöfen gebotenen Möglichkeiten der öffentlichen, allgemein zugänglichen Gepäckaufbewahrung. Hier macht es unter dem Aspekt des sicheren Zugriffs keinen Unterschied, ob das Behältnis mit dem BtM in einem Schließfach untergebracht ist, über dessen Schlüssel der Täter verfügt, oder ob es gegen Gepäckschein zur Aufbewahrung gegeben wurde und der Täter seine Ausfolgung jederzeit durch Vorlage dieses Scheins erreichen kann.[70]

1115   **d) Pfand/Sicherungseigentum.** Wurden BtM sozusagen als „Sicherungsübereignung" oder als Pfand für eine Forderung entgegengenommen, besteht ebenfalls Sachherrschaft iS von Abs. 1 S. 1 Nr. 3.[71]

1116   **e) Transportieren.** Wer für einen anderen den Transport von BtM übernimmt oder diesen ermöglicht, hat, abgesehen von ganz kurzfristigen, untergeordneten Tätigkeiten, in der Regel Besitz am Rauschgift. Dies gilt in erster Linie für sog **Körperschmuggelfälle.**[72]

---

[60] OLG Celle 21.1.2013 – 32 Ss 160/12, NStZ-RR 2013, 181. Zust. *Kotz* StRR 2013, 194 (195).

[61] BGH 13.2.1990 – 1 StR 708/89, NStZ 1990, 285.

[62] BGH 20.1.1982 – 2 StR 593/81, BGHSt 30, 359 = NJW 1982, 1337.

[63] BGH 25.5.1994 – 2 StR 203/94; 15.12.1997 – 5 StR 475/97, BeckRS 1997, 31360179 = StV 1998, 587; 29.11.1994 – 4 StR 637/94, StV 1995, 197; 29.8.1990 – 3 StR 184/90, NJW 1991, 435.

[64] BGH 6.5.1980 – 1 StR 103/80; 24.3.1981 – 1 StR 100/81; 19.8.1981 – 2 StR 333/81, StV 1981, 624.

[65] BGH 25.5.1994 – 2 StR 203/94.

[66] BGH 29.11.1994 – 4 StR 637/94, StV 1995, 197.

[67] BGH 2.12.1992 – 5 StR 592/92, BeckRS 1992, 31083905.

[68] BGH 18.6.1974 – 1 StR 119/74.

[69] BGH 25.10.1995 – 3 StR 225/95, BeckRS 1995, 31079906.

[70] BGH 3.3.1978 – 2 StR 717/77, BGHSt 27, 380.

[71] BGH 18.6.1974 – 1 StR 119/74.

[72] BGH 3.4.2008 – 3 StR 60/08, NStZ 2008, 471; 25.5.2007 – 1 StR 214/07, BeckRS 2007, 09812; 12.9.2006 – 3 StR 321/06, NStZ-RR 2007, 24.

Diese Fallgruppe war zwischenzeitlich (ebenso wie die Einfuhr) äußerst fehleranfällig, da Instanzgerichte die vom Handeltreiben bekannte „Kurierrechtsprechung" ohne Not auf den Besitz übertrugen.[73] Wer allerdings eigenhändig den Tatbestand des Besitzes verwirklicht, mithin Verfügungsmacht innehat, kann sich später nicht auf die untergeordnete Rolle im Gesamtgeschäft berufen, da der Besitztatbestand – anders als das Handeltreiben – den Handlungsunwert konkret umschreibt. Wer sich bereit erklärt, innerhalb einer Viertelstunde Heroin **auszuliefern,** übt nicht nur eine ganz kurze Hilfstätigkeit ohne eigenen Herrschaftswillen aus.[74] Dies gilt ebenso für denjenigen, der einem anderen BtM **bringt,** um ihn damit zu versorgen[75] oder Rauschgift ausfährt, es aber nicht abgeben darf, wenn der vereinbarte Preis nicht gezahlt wird.[76] Wer nicht nur eine ganz kurze Hilfstätigkeit beim Betäubungsmitteltransport als Besitzdiener vornimmt, sondern rund 1,7 kg Marihuana in seinem von ihm selbst gesteuerten Personenkraftwagen über eine größere Fahrtstrecke transportiert, erlangt unerlaubten Besitz als Täter und nicht als Gehilfe.[77] Dagegen fehlt es an eigener Sachherrschaft, wenn unter den Augen des Haupttäters BtM aus dem Nebenzimmer geholt werden.[78] Bereits die **Fahrzeugüberlassung** allein kann nur unter dem Gesichtspunkt der Beihilfe zum Handeltreiben oder zum Besitz eines anderen Bedeutung gewinnen. Dies gilt auch, sofern das Fahrzeug nicht nur zur Verfügung gestellt, sondern durch den Überlassenden gesteuert wird.[79] Wer bei Ankunft des von ihm überlassenen Fahrzeugs in dieses einsteigt und den Fahrzeugführer auf einen Parkplatz einweist, begründet einerseits wegen der nur kurzen flüchtigen Berührung mit dem im Fahrzeug verwahrten BtM, andererseits wegen des fortbestehenden Besitzes des Fahrzeugführers ebenfalls nicht die für Annahme des Tatbestandes erforderliche Sachherrschaft.[80] Wer hingegen die BtM, die ein anderer in sein Fahrzeug gelegt hatte oder hatte legen lassen, zu dem Treffpunkt mit dem vermeintlichen Aufkäufer transportiert und insoweit darüber Dispositionsbefugnis hat, dass er sie nur gegen Bezahlung des vereinbarten Kaufpreises ausliefern soll, verwirklicht Abs. 1 S. 1 Nr. 3.[81] Wer einen anderen dadurch unterstützt, dass er dessen BtM **über eine nennenswerte Strecke trägt,** übt dabei in der Regel ebenfalls tatsächliche Verfügungsmacht über das BtM aus.[82] Wer für einen Anderen in dessen Anwesenheit eine Tasche in Kenntnis deren Inhalts und – aufgrund des Gewichts – der erheblichen Menge BtM solange trägt, bis er mehrmals stolpert, und nach Aufplatzen der Tasche dem Anderen beim Einsammeln der Haschischplatten hilft, soll ebenfalls nicht nur eine untergeordneten Hilfstätigkeit ausüben, sondern sich wegen BtM-Besitzes strafbar gemacht haben.[83] Ebenso verwirklicht den Besitztatbestand, wer nach dem Verlassen des vom eigentlichen BtM-Besitzer gesteuerten Fahrzeugs mit dem Rauschgift nach einer Wegstrecke von über 100 Metern durch den Torbogen eines Wohnblocks verschwindet und erst zwei Minuten später mit einer erkennbar leeren Tasche wieder erscheint[84] oder das BtM auf ersichtlich nicht nur ganz kurzen Wegen zu den Übergabeorten verbringt, während sich sein Auftraggeber im Hintergrund hält und keine Einwirkungsmöglichkeit mehr auf das BtM hat.[85] Dagegen verwirklicht den **Besitztatbestand nicht,** wer entsprechend dem Wunsch eines anderen während der Verkaufsverhandlungen über Rauschgift zugegen ist, den Anderen und einen Kaufwilligen zu seinem Wohnhaus fährt, wo der Andere heimlich BtM versteckt hatte und nach gemeinsa-

---

[73] Mit zahlreichen Beispielen *Oğlakcıoğlu,* BtMG AT, S. 600 ff.
[74] BGH 16.5.1979 – 2 StR 170/79.
[75] LG Verden 24.4.1985 – KLs 2 Js 21 039/84, StV 1986, 21.
[76] BGH 28.11.1995 – 1 StR 619/95, NStZ-RR 1996, 116.
[77] Vgl. AG Rudolstadt 12.3.2016 – 770 Js 31365/15 1 Ls.
[78] BGH 25.3.1983 – 3 StR 345/82 (S), StV 1983, 200.
[79] BayObLG 5.12.2000 – 4St RR 156/00, BeckRS 2000, 30147609.
[80] BGH 31.3.1976 – 2 StR 54/76.
[81] BGH 28.11.1995 – 1 StR 619/95, NStZ-RR 1996, 116.
[82] BGH 28.9.2010 – 3 StR 359/10, BeckRS 2010, 26380; 17.10.2007 – 2 StR 369/07, NStZ-RR 2008, 54; 15.10.1997 – 2 StR 393/97, BeckRS 1997, 31120040.
[83] BGH 15.10.1997 – 2 StR 393/97.
[84] BGH 22.1.1998 – 4 StR 393/97, NStZ-RR 1998, 148.
[85] BGH 17.10.2007 – 2 StR 369/07, BeckRS 2007, 18508 = NStZ-RR 2008, 54.

men Verlassen des Hauses den Stoff zu dem etwa 20 m von der Haustür entfernt geparkten Fahrzeug trägt.[86] Auch das kurzfristige Tragen eines zurückgelassenen Gegenstands zu dem sich in der Nähe befindlichen Inhaber der tatsächlichen Verfügungsgewalt erfüllt die Tatbestandsvoraussetzungen nicht.[87] Beim **Transitgepäck** reicht es zur Begründung einer Verurteilung wegen Besitzes nicht aus, dass der Fluggast Gepäckstücke als sein Eigentum identifiziert, die Stücke nach den Reiseunterlagen aber einem anderen Fluggast gehören.[88]

1117   **f) Verstecken.** Auch beim Verstecken von BtM für einen anderen – eine Konstellation, auf die man regelmäßig dann trifft, wenn die Polizei vor der Tür steht – hängt die Bejahung der Sachherrschaft in erster Linie vom Umfang der – alleinigen – Einwirkungsmöglichkeit auf das Rauschgift ab. Sachherrschaft ist deshalb zu bejahen, wenn (1) das BtM – auch nur für wenige Minuten – an sich genommen wird, um es einer Polizeikontrolle zu entziehen,[89] (2) sich jemand mit Drogenhändlern in einem Hotelzimmer zu Verkaufsverhandlungen trifft und, als er hört, dass die Polizei im Hause eine Durchsuchungsaktion plant, noch vor Abschluss der Kaufverhandlungen die auf dem Tisch liegenden Beutel mit BtM, von der er einen Teil erwerben will, ergreift und sie in einem Blumenkübel versteckt,[90] (3) ein zunächst nicht besitzender Mitbewohner (dazu → Rn. 1124 f.) BtM in einen Rucksack packt, aus dem Haus schafft und in einem Busch versteckt, wo sie erst ca. 45 Minuten später aufgefunden werden, da er dadurch ein tatsächliches Herrschaftsverhältnis von nennenswerter Dauer begründet und nur er weiß, wo sich das Rauschgift befindet und nur er über dieses verfügen kann.[91] Dagegen soll derjenige, der bei einer in einem Szenelokal durchgeführten Polizeikontrolle das Rauschgift eines anderen kurzfristig in seinem Schuh versteckt, nicht den objektiven Tatbestand der Nr. 3 verwirklichen.[92]

1118   In diesen Fällen ist daran zu denken, dass – je nach Zielrichtung des Handelns – Strafbarkeit (auch) wegen **Begünstigung**[93] oder **Strafvereitelung** in Betracht kommt. Beide Tatbestände werden verwirklicht, wenn dem Verstecken als Motiv zu Grunde liegt, das Rauschgift vor dem Zugriff der die Räumlichkeiten durchsuchenden Polizei zu schützen und es einem Dritten zu erhalten. Dies gilt aber nur, sofern der Versteckende an der Vortat, dem unerlaubten Besitz des Anderen, nicht beteiligt war. Handelt es sich bei dem Versteckenden und dem Anderen um Brüder, beleibt der das BtM Versteckende wegen Strafvereitelung straflos. Hingegen schützt ihn das Angehörigenprivileg des § 258 Abs. 6 StGB weder vor einer Bestrafung wegen unerlaubten BtM-Besitz noch vor einer solchen wegen Begünstigung.[94] Eine Wahlfeststellung zwischen BtM-Besitz und Begünstigung ist jedoch nicht möglich.[95]

1119   **g) Wegwerfen.** Wirft jemand, weil er das Eintreffen der Polizei erwartet, BtM aus dem Fenster, um eine nachteilige Beweissituation für sich und seine Lebensgefährtin zu beseitigen, liegt darin keine Begründung der Sachherrschaft im Sinne des Besitztatbestands.[96] Gleiches gilt, wenn einer von mehreren Mitfahrern anlässlich einer Polizeikontrolle ein Heroinpäckchen aus dem Autofenster wirft.[97]

---

[86] BGH 16.4.1975 – 2 StR 60/75, BGHSt 26, 117 = NJW 1975, 1470 mAnm *Willms*, LM Nr. 1 zu § 11 Abs. 1 Nr. 4 BtMG.

[87] OLG Frankfurt a. M. 11.1.1985 – 2 Ss 570/84.

[88] BGH 17.3.1982 – 2 StR 818/81, StV 1982, 366.

[89] BGH 18.6.1993 – 4 StR 318/93; LG Augsburg 3.2.1992 – 9 Ns 207 Js 5293/91.

[90] BGH 2.9.1994 – 2 StR 429/94, BeckRS 1994, 31090897.

[91] OLG München 23.12.2009 – 4St RR 190/09, NStZ-RR 2011, 56 = NStZ-RR 2011, 130 (bei *Kotz/Rahlf*).

[92] OLG Frankfurt a. M. 10.3.1994 – 1 Ss 16/94.

[93] BayObLG 18.10.1982 – RReg 4 St 186/82.

[94] OLG München 23.12.2009 – 4St RR 190/09, NStZ-RR 2011, 56 = NStZ-RR 2011, 130 (bei *Kotz/Rahlf*).

[95] BGH 15.4.1981 – 2 StR 115/81, BGHSt 30, 77 = NJW 1981, 1567.

[96] OLG Frankfurt a. M. 28.4.1987 – 1 Ss 154/87, StV 1987, 443; OLG Zweibrücken 5.3.1986 – 2 Ss 320/85, NStZ 1986, 558.

[97] OLG Frankfurt a. M. 12.2.1991 – 3 Ss 524/90.

h) Konsum. Beim Konsum fehlt es an der Verfügungsmacht über das BtM.[98] Dies ist **1120** deshalb von Bedeutung, weil nach der von der deutschen (und etwa auch der niederländischen[99]) Rechtsordnung getroffenen Wertentscheidung der **Konsum** als Akt eigenverantwortlicher Selbstgefährdung[100] **straflos** ist. Deshalb darf die Zunahme des BtM-Konsums auch unter generalpräventiven Aspekten nicht zur Strafschärfung herangezogen werden.[101] Konsum bedeutet **Mitgenuss/Verbrauch an Ort und Stelle.** Wird das BtM hierzu entgegengenommen, bleibt die Verfügungsmacht letztlich beim Übergebenden. Voraussetzung ist aber ein sehr enger räumlich-zeitlicher und auch finaler Zusammenhang zwischen den Handlungen, dass der alsbaldige Verbrauch des empfangenen Rauschgifts gleichsam unter der „fortwirkenden Aufsicht" des Übergebenden erfolgt.[102] Wurde der Stoff weder zuvor gemeinsam erworben noch bezahlt,[103] fehlt es beim Mitgenuss oder an der zu diesem Zweck überlassenen portionierten Menge zum Verbrauch an Ort und Stelle an der tatsächlichen Sachherrschaft,[104] da der potentielle Empfänger des BtM nur zwischen Konsum oder Nichtkonsum entscheiden kann: *tertium non datur.*[105] Entsteht zwischen der Empfangnahme und dem Verbrauch allerdings eine Zeitspanne, in deren Rahmen eine beliebige Verfügbarkeit gegeben ist, liegt unerlaubter Besitz vor.[106] Bei der sog **Raucherrunde** ist zwischen dem Gastgeber und den (übrigen) Teilnehmern der Runde zu differenzieren: Gleichgültig, ob der **Gastgeber** Joints und Aschenbecher vor seinen Gästen platziert oder seinen Joint irgendeinem Teilnehmer der Runde überlässt, damit dieser einen Zug nehmen kann, ist er jeweils Besitzer des BtM. Der **Gast,** der den Joint wieder an den Gastgeber zurückgibt oder ihn an einen anderen Teilnehmer der Runde weiterreicht, hat keinerlei Verfügungsmacht daran;[107] er soll sich aber nach vereinzelt gebliebener (hier abgelehnter) Rechtsprechung nach § 29 Abs. 1 S. 1 Nr. 6 Buchst. b strafbar machen.[108] Wer sich BtM lediglich **verabreichen lässt,** erlangt an diesen keine eigene Sachherrschaft.[109] Dies gilt auch für denjengen, der sich den Inhalt der dargebotenen Spritze **selbst injiziert**[110] oder auf einer Folie erhitztes Heroin in Empfang nimmt, um die aufsteigenden Dämpfe zu inhalieren, und die Folie samt dem BtM anschließend wieder zurückgibt.[111] Straflosigkeit besteht ferner bei der unmittelbaren **Konsumvorbereitung.** Wer sich auf einem Autospiegel dargebotenes Kokain aufteilt und dieses dann inhaliert übt bei natürlicher Betrachtungsweise im Moment des Inhalierens ersichtlich weder über das **auf dem Autospiegel ausgebreitete noch über das von ihm inhalierte Kokain die tatsächliche Sachherrschaft** aus; ihm fehlt auch der entsprechende Herrschaftswille. Die Sachherrschaft wird allein durch den Anbieter ausgeübt, der bis zum Zeitpunkt des Inhalierens allein die ungehinderte Einwirkungsmöglichkeit auf das BtM innehat und jederzeit frei entscheiden kann, ob er das Kokain den Konsumenten weiterhin zur Verfügung stellen oder sein „Angebot" zurückzieht.[112]

---

[98] Zur Abgrenzung vgl. auch KPV/*Patzak* Teil 13 Rn. 32 ff.
[99] OLG Düsseldorf 29.4.2013, III – 3 RVs 45/13, BeckRS 2013, 18044.
[100] Vgl. *Nestler* § 11 Rn. 66 ff.
[101] BayObLG 28.4.1988 – RReg 4 St 42/88, BayObLGSt 1988, 72.
[102] OLG Nürnberg 5.8.2008 – 2 St OLG Ss 101/08, NStZ-RR 2009, 194 (bei *Kotz/Rahlf*).
[103] OLG Karlsruhe 18.9.1974 – 1 Ss 198/74.
[104] BayObLG 8.8.1983 – RReg 4 St 166/83; 2.4.1987 – RReg 4 St 75/87, StV 1988, 206; 20.4.1990 – RReg 4 St 18/90, NStZ 1990, 395; KG 22.1.1992 – (4) 1 Ss 132/91 (71/91), StV 1992, 424.
[105] *Kotz* StRR 2008, 276.
[106] KG 19.6.1996 – (5) 1 Ss 112/96 (17/96), NStZ-RR 1999, 66 (bei *Kotz/Rahlf*); OLG Hamburg 23.11.2007 – 1 Ss 129/07, BeckRS 2008, 11122 = StRR 2008, 275 mAnm *Kotz*; OLG Zweibrücken 22.11.1973 – 1 Ss 185/73.
[107] OLG Frankfurt a. M. 11.1.1985 – 2 Ss 570/84; OLG Oldenburg 12.10.1981 – Ss 418/81, NJW 1982, 1338; HJLW/*Winkler* Rn. 13.2.
[108] KPV/*Patzak* § 29 Teil 13 Rn. 35.
[109] KG 3.12.1990 – (4) 1 Ss 217/90 (105/90), JR 1991, 169; OLG Düsseldorf 22.3.1985 – 5 Ss 81/85 – 77/85 I, NStZ 1985, 415 (L); LG München I 22.9.1983 22.9.1983 – JNs 458 Js 165 606/83, StV 1984, 77 mAnm *Grabow.*
[110] KG 8.7.1991 – (4) 1 Ss 85/91 (52/91), StV 1991, 520.
[111] KG 24.9.1990 – (4) 1 Ss 183/90 (84/90).
[112] KG 15.6.1988 – (4) 1 Ss 120/88 (78/88).

1121 Auf **unzureichenden Feststellungen bzw. fehlerhafter Beweiswürdigung** beruht ein Urteil, das den Besitz von BtM lediglich aus dem festgestellten Konsum herleitet. Der Tatrichter muss vielmehr, sofern er zu den genauen Umständen der Übergabe und des Konsums von BtM keine Feststellungen treffen kann, die auf eine tatsächliche Sachherrschaft hindeuten, unter Anwendung des Zweifelssatzes von der für den Angeklagten günstigeren Sachverhaltsalternative, nämlich eines „besitzlosen" Konsums ausgehen.[113] Das gilt auch für den potentiellen Besitz im Ausland (auf die dann auch die Strafanwendung gem. § 7 Abs. 2 Nr. 1 StGB gestützt wird);[114] u.U. ist dann festzustellen, wie der konkrete Konsum des Marihuanas erfolgte. Besitzerlangung liegt z. B. eher fern, wenn der Verkäufer das Marihuana in eine Bong oder eine Shisha zum direkten Verbrauch im Coffeeshop gefüllt hätte.[115] Aber auch bei Übergabe in Zigarettenform sind Umstände denkbar, die eine für den Besitz erforderlich tatsächliche Sachherrschaft ausschließen könnten. Lassen sich zu den genauen Umständen der Übergabe und des Konsums keine Feststellungen treffen, die den Schluss auf eine tatsächliche Sachherrschaft begründen, muss der Tatrichter unter Anwendung des Zweifelssatzes von der für den Angeklagten günstigeren Sachverhaltsvariante des besitzlosen Konsums ausgehen.[116] Ein gesundheitlich angeschlagener Täter, der eine Heroininjektion zu seiner Aufmunterung erhalten kann, kommt in der Regel nicht auf den Gedanken, das für ihn wertvolle Rauschgift anders als durch den sofortigen Genuss zu verbrauchen.[117] Die Sachherrschaft eines Kokainschnupfers kann nicht damit begründet werden, dass sich nach dem „Sniefen" das **Kokain** noch insoweit auf den **Nasenschleimhäuten** befindet, dass es auch dann noch – jedenfalls zum Teil – weiter einbehalten oder aber ausgeschneubt werden kann (überhaupt ist bei bloßen Konsumrückständen ein Besitz jedenfalls im Hinblick auf den Herrschaftswillen in Frage zu stellen, mag eine BtM-Eigenschaft derartiger Rückstände als solches bejaht werden können, vgl. bereits → § 1 Rn. 7).[118] Aus dem Vorhandensein **frischer Einstichstellen** im Körper kann nicht ein dem Konsum vorausgegangener Besitz von BtM gefolgert werden.[119] Auch der Rückschluss aus **toxikologischen Befunden** ist nicht zulässig. Die gilt für Blut- und Haarproben[120] wie für einen positiven Urinbefund,[121] wobei auch die Testverfahren selbst nicht unumstritten[122] sind.

1122 **i) BtM-Utensilien.** Schließlich erlaubt auch das Auffinden einer Haschischpfeife oder anderer BtM-Utensilien noch nicht die Feststellung von Haschischbesitz;[123] es besagt nicht einmal, dass der Angeklagte Kontakt zu Haschisch hatte.[124]

1123 **3. Dauer einer bestehenden Sachherrschaft.** Sachherrschaft, die nur eine nicht nennenswerte Zeitdauer ausgeübt wird oder werden soll, stellt keinen Besitz im Sinne von Nr. 3 dar.[125] Was unter **„gewisser"** oder **„nennenswerter" Dauer** zu verstehen ist, ist allerdings nicht festgelegt. Unter dem Aspekt der zeitlichen Dauer wurde das Besitzen beim Tragen von BtM für einen andern über eine Wegstrecke von 20 m verneint,[126] von 100 m

[113] OLG Nürnberg 5.8.2008 – 2 St OLG Ss 101/08, NStZ-RR 2009, 194 (bei *Kotz/Rahlf*).
[114] OLG Düsseldorf 29.4.2013, III – 3 RVs 45/13, BeckRS 2013, 18044.
[115] OLG Düsseldorf 29.4.2013, III – 3 RVs 45/13, BeckRS 2013, 18044.
[116] OLG Nürnberg, U. v. 5.8.2008 – 2 St OLG Ss 101/08.
[117] OLG München 26.3.2009 – 4St RR 30/09, BeckRS 2010, 30559 = NStZ-RR 2011, 130 (bei *Kotz/Rahlf*).
[118] KG 19.6.1996 – (5) 1 Ss 112/96 (17/96), NStZ-RR 1999, 66 (bei *Kotz/Rahlf*).
[119] BayObLG 2.4.1987 – RReg 4 St 75/87, StV 1988, 206.
[120] BGH 23.4.1999 – 3 StR 98/99, BeckRS 1999, 30056599.
[121] BayObLG 2.4.1987 – RReg 4 St 75/87, StV 1988, 206.
[122] OLG Hamm 4.3.1999 – 5 Ss 136/99, StV 1999, 420; OLG Zweibrücken 17.12.1984 – 1 Ws 516/84, StV 1986, 113 mAnm *Kreuzer;* LG Wuppertal 6.12.1988 – 2 Vollz 8/88; 2 Vollz 66/88, NStZ 1989, 427 (bei *Bungert*).
[123] OLG Düsseldorf 13.5.1993 – 5 Ss 151/93–37/93 I, StV 1994, 23.
[124] BayObLG 21.1.1991 – RReg 4 St 219/90.
[125] BayObLG 10.10.1982 – RReg 4 St 186/82, BayObLGSt 1982, 132.
[126] BGH 16.4.1975 – 2 StR 60/75, BGHSt 26, 117 = NJW 1975, 1470 mAnm *Willms,* LM Nr. 1 zu § 11 Abs. 1 Nr. 4 BtMG.

aber bejaht.[127] Auch eine Viertelstunde, die zur Auslieferung von Rauschgift zur Verfügung steht, soll zur Tatbestandsverwirklichung ausreichen,[128] während ein kurzfristiges An-sich-Nehmen[129] oder die Übernahme der BtM für wenige Minuten[130] noch nicht ausreichen soll. Angesichts der **Garantiefunktion des Tatbestandes** handelt es sich hier um ein äußerst fragwürdiges und letztlich ungeeignetes Abgrenzungskriterium, wenn man sich vor Augen führt, dass die Rechtsprechung bei der Abgrenzung zwischen Erwerb und straflosem Konsum[131] Augenblicke ausreichen lässt, um ein Verhalten als tatbestandsmäßig einzustufen, etwa weil sich jemand nach dem Kauf des Heroins vom Tatort entfernen will oder, bevor er konsumiert, mit dem Verkäufer noch ein paar Worte wechselt.[132] Wie dort kann allenfalls auch hier darauf abgestellt werden, ob der Inhaber der Sachherrschaft unter dem Zeitaspekt nach Belieben über das BtM verfügen konnte.[133]

4. Abgrenzung Mitbesitz/Bloße Duldung von Fremdbesitz. a) Wohnungsei- **1124** **gentümer/Vermieter/Mitbewohner.** Das Auffinden von BtM in Wohnraum führt regelmäßig zur Ausdehnung des Ermittlungsverfahrens auf den Wohnungseigentümer, den Vermieter oder den/die Mitbewohner des Hauptverdächtigen. Dabei besagt der Umstand, dass BtM in einer (mit-) bewohnten Wohnung frei zugänglich sind, weder etwas über ein tatsächliches Herrschaftsverhältnis noch über einen etwaigen Herrschaftswillen.[134] Denn unter Zugrundelegung der Anschauungen des täglichen Lebens kann es auch in einer von mehreren Personen benutzten Wohnung Gegenstände geben, über die ein Mitbewohner allein und unter Ausschließung der übrigen Mitbewohner die tatsächliche Sachherrschaft ausübt und ausüben will, ohne dass die Sachen hierzu unter Verschluss gehalten werden müssen.[135] Solche besonderen Umstände liegen allerdings vor, wenn jemand seinem Bruder die Gelegenheit einräumt, in seiner Wohnung BtM zwischenzulagern und es nach und nach zu verkaufen und es angesichts der übrigen Feststellungen zum vertrauten Umgang des Wohnungsinhabers mit BtM, nicht fern liegt, dass er über die in seiner Wohnung gelagerte Menge Rauschgift tatsächliche Verfügungsgewalt ausgeübt hat.[136]

b) Ehe/Lebensgemeinschaft/Freundschaft/Zweckgemeinschaft. Betroffen sind **1125** auch häufig Ehefrauen und Lebenspartnerinnen ihres besitzenden (anbauenden, Handel treibenden) Mannes. Dabei entspricht es nicht den Anschauungen des täglichen Lebens, dass jeder Ehegatte über alle in der gemeinsamen Wohnung verwahrten Gegenstände die tatsächliche Verfügungsgewalt hat.[137] Vielmehr gibt es persönliche Gegenstände, über die auch ein Ehegatte allein und unter Ausschluss des Ehepartners die tatsächliche Sachherrschaft ausüben will und ausübt.[138] Es besteht aber auch keine Besitzstrafbarkeit, wenn die Partnerin zur Tatzeit lediglich Mitbesitzerin der ehelichen Wohnung war, aber keinen Tatbeitrag geleistet, sondern im Gegenteil den Anbau der von ihrem Ehemann gezüchteten Cannabispflanzen missbilligt hat.[139] Das gilt für den Fall, dass die Nutzbarkeit der Wohnung für den bestimmungsgemäßen Gebrauch dadurch drastisch eingeschränkt war, dass der Ehemann zwei von drei Zimmern der Wohnung zum Anbau von Marihuanapflanzen benutzte und

---

[127] BGH 22.1.1998 – 4 StR 393/97, NStZ-RR 1998, 148.
[128] BGH 16.5.1979 – 2 StR 170/79.
[129] OLG Hamm 10.7.2000 – 2 Ss 547/00, NStZ 2000, 600.
[130] LG Augsburg 3.2.1992 – 9 Ns 207 Js 5293/91.
[131] → § 29 Rn. 991.
[132] KG 19.6.1996 – (5) 1 Ss 112/96 (17/96), NStZ-RR 1999, 66 *(Kotz/Rahlf)*.
[133] So OLG München 23.12.2009 – 4St RR 190/09, BeckRS 2010, 30561 = NStZ-RR 2011, 56 für einen Zeitraum von 45 Minuten.
[134] BGH 2.12.1992 – 5 StR 592/92.
[135] BayObLG 8.1.2001 – 4St RR 172/00; OLG München 23.12.2009 – 4St RR 190/09, BeckRS 2010, 30561 = NStZ-RR 2011, 56.
[136] BGH 19.4.2007 – 3 StR 75/07, BeckRS 2007, 09157.
[137] KG 14.2.1979 – (2) Ss 110/78 (35/78), StV 1985, 18.
[138] OLG München 26.11.2010 – 5St RR (I) 66/10, BeckRS 2012, 03274 = NStZ-RR 2012, 198 (bei *Kotz/Rahlf*).
[139] AA AG Delmenhorst 1.8.1984 – 7 Ls 111 Js 13 440/84 III 73/84.

auch in der Küche und im Flur zusätzlich dem Anbau dieser Pflanzen dienende Utensilien aufbewahrt wurden.[140] Auch wer weiß, dass sein häufig in der Wohnung aufhältlicher Freund Haschisch und Kokaingemisch in der Wohnung deponiert hatte, wobei er jedoch mit dem Rauschmittelumgang des Freundes nicht einverstanden war und diesen lediglich mit Rücksicht auf das Fortbestehen der Beziehung duldete, verwirklicht nicht den Tatbestand der Nr. 3;[141] denn das bloße Tolerieren des Besitzes von BtM durch einen Dritten stellt noch keine Sachherrschaft desjenigen dar, der den Besitz des Dritten duldet und billigt.[142] Dies gilt selbst dann, wenn zwei in enger Verbindung stehende drogenabhängige Personen eine Wohnung miteinander teilen, da es keinen Erfahrungssatz des Inhalts gibt, dass sie die zur Befriedigung ihrer Sucht erforderlichen Rauschmittel gemeinsam anschaffen und konsumieren.[143]

1126 **c) Fahrzeug.** Werden BtM in einem Fahrzeug aufgefunden, lässt sich nicht ohne Weiteres auf die Verwirklichung des Besitztatbestandes durch den Halter oder Fahrzeugführer schließen.[144] Die für das Auffinden in einer Wohnung geltenden Grundsätze sind auch hier anwendbar.[145] So hat der Fahrer eines ihm nicht gehörenden Fahrzeugs, der dieses im Beisein und auf Weisung Dritter lenkt, an im Fahrzeug verborgenen BtM keinen Besitz.[146] Werden BtM, die in einem Fahrzeug, das ein im Umgang mit Rauschgift erfahrener und als Konsument und Dealer bereits hervorgetretener Fahrer benutzt hatte, bei unversperrter Fahrzeugtüre später vom Fahrzeugeigentümer aufgefunden und kann nicht widerlegt werden, dass der Fahrer eine dritte Person mitgenommen hatte, sprechen diese Umstände entscheidend gegen die Annahme eines bewussten Herrschaftsverhältnisses des Fahrers in Bezug auf das aufgefundene Haschisch.[147] Dies gilt allerdings nicht, wenn sich in einem Pkw, dessen Besitzer drogenabhängig ist, BtM befinden, da ihm diese auch dann zugeordnet werden können, wenn der Pkw infolge eines Unfalls außerhalb seines unmittelbaren Aufenthaltsorts zurückgelassen wurde.[148]

1127 **5. BtM als Tatobjekte. a) BtM-Eigenschaft.** Die BtM-Eigenschaft eines Stoffes wird gemäß § 1 Abs. 1 allein durch seine Aufnahme in die Positivliste der Anlagen I bis III begründet.[149] Bei allen anderen Stoffen scheidet strafbarer Besitz aus.[150]

1128 **b) Konsum- und Weitergabegeeignetheit.** Das Gesetz enthält **keinerlei Einschränkungen hinsichtlich der Gewichtsmenge und des Wirkstoffgehalts** (vgl. bereits → § 1 Rn. 7).[151] Dennoch lässt sich zahlreichen Entscheidungen entnehmen, dass gerade beim Besitztatbestand der Konsum- und der Weitergabefähigkeit von BtM-Kleinstmengen **(Reste, Anhaftungen)** besondere Bedeutung beigemessen wird. **Anhaftungen** an BtM-Utensilien oder **BtM-Restbestände** von so geringer Menge, die sie für sich allein zum menschlichen Konsum nicht mehr geeignet sind, ändern nichts an der BtM-Qualität des Stoffes selbst, können aber keinen strafbaren Besitz an BtM begründen, weil eine Verfügung darüber wegen der minimalen Menge[152] und der besonderen Umstände

---

[140] OLG Celle 28.6.2000 – 33 Ss 28/00, StV 2000, 624.
[141] KG 23.7.1996 – (4) 1 Ss 165/96 (72/96), NStZ-RR 1996, 345.
[142] OLG Frankfurt a. M. 28.4.1987 – 1 Ss 154/87, StV 1987, 443; BGH 24.4.2013 – 2 StR 42/13, BeckRS 2013, 08610.
[143] KG 22.3.1996 – (4) 1 Ss 238/95 (25/96), StV 1996, 488.
[144] OLG Düsseldorf 8.3.2007 – III-5 Ss 42/07 – 41/07 IV, BeckRS 2009, 08159 = StV 2008, 12 mAnm *Weider; Joachimski/Haumer* Rn. 143.
[145] *Weber* Rn. 1194.
[146] BGH 12.2.1980 – 5 StR 47/80.
[147] OLG Zweibrücken 16.7.1982 – 1 Ss 171/81.
[148] LG Verden 24.4.1985 – KLs 2 Js 21 039/84, StV 1986, 21.
[149] BayObLG 25.9.2002 – 4St RR 80/02.
[150] BGH 4.4.2006 – 3 StR 91/06, NStZ 2007, 102; s. nunmehr aber § 19 Abs. 1 Nr. 1 GÜG.
[151] BayObLG 26.11.2002 – 4St RR 113/02.
[152] BayObLG 26.11.2002 – 4St RR 113/02; OLG München 6.10.2009 – 4St RR 143/09, NStZ-RR 2010, 23.

des „Besitzes" ausscheidet.[153] Hiervon zu unterscheiden ist, ob die Menge **geeignet** ist, einen **Rauschzustand herbeizuführen.**[154] Negative Feststellungen hierzu nehmen dem Stoff weder seine BtM-Eigenschaft iS von § 1 Abs. 1 noch entziehen sie ihn überhaupt der Strafbewehrung des BtMG. Solange die Gewichtsmenge und der Wirkstoffgehalt eines als BtM klassifizierten Stoffes feststellbar sind und hierüber verfügt werden kann, besteht daher an der grundsätzlichen BtM-Eigenschaft kein Zweifel.[155] Während beim Besitz von Kleinstmengen auch der Besitzwille unproblematisch ist,[156] ist allerdings bei bloßen Anhaftungen die Annahme eines „sachgedanklichen Mitbewusstseins" keine Selbstverständlichkeit. Anders gewendet: Man konsumiert nicht, um Anhaftungen zu besitzen; vielmehr gibt man im Normalfall die Anhaftungen auf und hat kein Interesse daran, die Herrschaft über diese weiterhin auszuüben (etwas anderes dürfte wiederum nur gelten, wenn die Anhaftung eine Beschaffenheit aufweist, die noch als „Konsumeinheit" bezeichnet werden kann).[157]

6. Erlaubnis. BtM-Besitz ist nur dann legal, wenn der Besitzer zugleich eine **schriftli- 1129 che Erwerbserlaubnis** innehat. Damit stellt das Gesetz nicht mehr auf die Erforderlichkeit einer Erlaubnis als solche ab, sondern verlangt die Ableitbarkeit des Besitzes aus einer erteilten Erwerbserlaubnis.[158] Aufgrund der durch das AusfG Übk. 1988 erfolgten Neufassung des Erlaubnisvorbehalts gilt der Besitz auch dann als legal, wenn ihm eine **ausländische Erwerbserlaubnis** zugrunde liegt. Nach der Gesetzesbegründung[159] wurde es dabei ausdrücklich für zumutbar gehalten, dass sich der Erwerber beim Auslandserwerb eine entsprechende Bestätigung ausstellen lässt.[160] Eine **Einfuhrerlaubnis** wird dadurch allerdings nicht ersetzt.[161] Die Erlaubnis muss bereits **bei Besitzbegründung**[162] *(„zugleich")* und **in schriftlicher Form** vorliegen, **nicht aber ständig mitgeführt** werden.[163] Allerdings enthält die gesetzliche Regelung insoweit ein **Defizit**, als sie die Fälle unberücksichtigt lässt, in denen BtM **aufgrund ärztlicher Verschreibung erworben** wurden. Denn nach § 8 Abs. 1 BtMVV verbleibt Teil III des BtM-Rezepts beim verschreibenden Arzt, die Teile I und II sind zur Vorlage in der Apotheke bestimmt, wo Teil I vom Apotheker aufzubewahren und Teil II zur Verrechnung bestimmt ist (§ 12 Abs. 4 BtMVV). In diesen Fällen verfügt der Patient nicht mehr über die (erlaubnisersetzende) Verschreibung, was nach dem Wortlaut der Vorschrift in den „Take-home"-Fällen (vgl. § 5 Abs. 8 BtMVV) zur Strafbarkeit führen müsste. Auch die gem. § 5 Abs. 9 S. 1 BtMVV auszustellende Substitutionsbescheinigung löst das Problem nicht, da sie „nur zur Vorlage beim Arzt" bestimmt ist (§ 5 Abs. 9 S. 3 BtMVV). Richtig ist, dass in einer derartigen Konstellation vom klaren Gesetzeswortlaut eine Ausnahme[164] iS einer teleologischen Reduktion dahingehen gemacht werden muss und auf das Innehaben einer Erwerbserlaubnis im Falle des inländischen Erwerbs infolge ärztlicher Verschreibung zu verzichten ist.

---

[153] BayOblG 3.9.1985 – RReg 4 St 176/85, StV 1986, 145; 12.7.1991 – RReg 4 St 88/91; OLG Düsseldorf 15.4.1992 – 5 Ss 127/92 – 38/92 I, NStZ 1992, 443; aA HJLW/*Winkler* Rn. 13.2.

[154] BayOblG 26.11.2002 – 4St RR 113/02; KPV/*Patzak* Teil 13 Rn. 12.

[155] BayOblG 26.11.2002 – 4 St RR 113/02; Aus neuerer Zeit OLG München 6.10.2009 – 4 St RR 143/09, NStZ-RR 2010, 23 (Tablettenbruchstück mit einem Gewicht von 39 mg, welches mindestens 2,5 mg Morphin-Sulfat enthält) sowie OLG Koblenz 19.11.2014 – 2 OLG 3 Ss 156/14, NStZ-RR 2015, 114 (zwei Nürburgring-Karten mit Anhaftungen von 70 mg Amphetamin, die – abgekratzt – einen Amphetaminbasegehalt von 21,6% aufweisen). So auch *Weber* Rn. 14.

[156] Wie etwa im Fall des OLG München 6.10.2009 – 4 St RR 143/09, NStZ-RR 2010, 23, bei dem der Täter das Tütchen mitsichführte.

[157] Vgl. bereits *Kotz/Oğlakcıoğlu* NStZ-RR 2015, 237 (238).

[158] HJLW/Rn. 13.1; *Joachimski/Haumer* Rn. 147.

[159] BT-Drs. 12/3533, 17.

[160] *Weber* Rn. 1218.

[161] *Weber* Rn. 1217.

[162] Erbs/Kohlhaas/*Pelchen* Rn. 21; *Weber* Rn. 1216.

[163] *Joachimski/Haumer* Rn. 147, 149; *Weber* Rn. 1218.

[164] HJLW/*Winkler* Rn. 13.1.

1130 Ein Substanzerwerb Anfang der 1970er Jahre, der erst 2011 abgeurteilt wurde,[165] erhält aufgrund der fortschreitenden Erweiterung der Anlagen I – III zu § 1 mit sog „Legal-Highs"[166] und „Research chemicals"[167] eine ungeahnte Aktualität. Im Ausgangsfall hatte ein Chemiker 1973 10 g *Cathin* (*D-Norpseudoephedrin*) und mit 100 g *Nitrazepam* eine nicht geringe Menge erworben, sie zunächst an seinem Arbeitsplatz und später bei sich zuhause aufbewahrt, wo sie anlässlich einer Hausdurchsuchung aufgefunden wurden. *Nitrazepam* wurde erst durch die 2. BtMÄndV,[168] *Cathin* (*B-Norpseudoephedrin*) durch die 3. BtMÄndV[169] in die Anlage III zum BtMG eingefügt. Da es sich zum Erwerbszeitpunkt nicht um BtM handelte, bedurfte der Erwerb keiner Erlaubnis. Das *AG Ulm*[170] verurteilte den Chemiker wegen **Besitzens in nicht geringer Menge** (§ 29a Abs. 1 Nr. 2), wurde diesbezüglich vom OLG Stuttgart aber mit der Begründung aufgehoben, die Verweisung auf § 3 Abs. 1 in § 29a Abs. 1 Nr. 2 stelle eine Rechtsgrundverweisung dar, weshalb auch die Voraussetzungen des § 3 Abs. 1 vorliegen müssten. Zum Erwerbszeitpunkt seien die Stoffe aber keine BtM gewesen, weil sie in den Anlagen zu § 1 Abs. 1 nicht aufgeführt waren, so dass § 3 Abs. 1 Nr. 1 nicht erfüllt sei, weshalb eine Strafbarkeit nach § 29a Abs. 1 Nr. 2 ausscheide. Bezüglich des **Besitzens einer Normalmenge** wurde die Verurteilung jedoch aufrechterhalten. Wer BtM besitze, ohne zugleich im Besitz einer schriftlichen Erlaubnis für den Erwerb zu sein, mache sich nach § 29 Abs. 1 S. 1 Nr. 3 strafbar, da diese Vorschrift im Gegensatz zu § 29a Abs. 1 Nr. 2 nicht auf § 3 Abs. 1 verweise, sondern vielmehr mit dem Wort „zugleich" klarstelle, dass die schriftliche Erlaubnis für den Erwerb zum Zeitpunkt des Besitzes der BtM vorliegen müsse. Damit folge schon aus dem Wortlaut der Vorschrift, dass es nicht darauf ankomme, ob der Stoff bereits zum Zeitpunkt seines willentlichen Erwerbs ein BtM gewesen sei. Für den Besitz sog „Legal-Highs" und „Research chemicals" folgt daraus: Wer Stoffe/Substanzen, die durch die die 25. BtMÄndV[171] bzw. die 26. BtMÄndV[172] dem Regime des BtMG unterstellt wurden, vor dem Zeitpunkt des jeweiligen Inkrafttretens, mithin **legal erworben** hat, sie aber nach Inkrafttreten weiterhin besitzt, wird zwar nicht nach § 29a Abs. 1 Nr. 2, wohl aber wegen unerlaubten Besitzens aus dem Normalstrafrahmen des § 29 Abs. 1 S. 1 Nr. 3 geahndet werden, da eine schriftliche Erwerbserlaubnis nicht (mehr) erteilt werden kann.

III. Subjektiver Tatbestand

1131 Das unerlaubte Besitzen von BtM ist nur in **vorsätzlicher** Begehungsweise strafbar, wobei bedingter Vorsatz genügt. Besitzbegründungswille im bürgerlich-rechtlichen Sinne ist nicht erforderlich.[173] Genau genommen setzt sich der subjektive Tatbestand aus drei Komponenten zusammen: dem Wissen und Wollen um die objektiven Tatbestandsmerkmale, dem Besitzzweck oder -motiv und dem sog. Herrschaftswillen. Derjenige, der nur für wenige Minuten BtM an sich nimmt, um sie einer Polizeikontrolle zu entziehen und danach dem Eigentümer wieder zurückzugeben, hat keinen Besitzwillen. Anders ist es jedoch, wenn die Dauer der Aufbewahrung ungewiss ist und der Verwahrer damit rechnet, dass er die BtM nicht mehr gefahrlos dem Eigentümer wird zurückgeben können.[174]

1132 **1. Vorsatz.** Zu den einzelnen Elementen des Vorsatzes[175] und zur Abgrenzung von bedingtem Vorsatz und bewusster Fahrlässigkeit[176] wird auf die Erläuterungen Vor § 29

---

[165] OLG Stuttgart 18.6.2012 – 2 Ss 154/12, Justiz 2012, 464.
[166] BtMPrax/*Uhl* Kap. 1 Rn. 46 ff.
[167] BtMPrax/*Uhl* Kap. 1 Rn. 63 ff.
[168] Vom 23.7.1986, BGBl. I S. 1099.
[169] Vom 28.2.1991, BGBl. I S. 712.
[170] OLG Stuttgart 22.12.2011 – 1 Ls 22 Js 9090/11.
[171] Vom 11.5.2011, BGBl. I S. 821; in Kraft getreten am 18.5.2011.
[172] Vom 20.7.2012, BGBl. I S. 1639; in Kraft getreten am 27.7.2012.
[173] BGH 18.6.1974 – 1 StR 119/74.
[174] LG Augsburg 3.2.1992 – 9 Ns 207 Js 5293/91.
[175] → Vor § 29 Rn. 54.
[176] → Vor § 29 Rn. 61 ff.

verwiesen. Danach muss der Täter wissen (für möglich halten), mit seinem Verhalten die tatsächliche Sachherrschaft über eine BtM auszuüben. Deshalb kann sich der Inhaber einer Wohnung, in der BtM aufbewahrt werden, nicht wegen Besitzes strafbar machen, wenn er vom Umstand der Aufbewahrung erst später und fernab von seiner Wohnung Kenntnis erlangt.[177] Werden jemand allerdings Päckchen anonym zugesandt, die er dann an seinen ehemaligen Zellengenossen in die JVA weitergibt, darf der Tatrichter bedingten Vorsatz bezüglich unerlaubten BtM-Besitzes annehmen.[178]

a) Besitzzweck. Auf einen Besitzzweck soll es generell nicht ankommen,[179] die tatsäch-   **1133** liche Sachherrschaft soll zweckfrei zu bestimmen sein,[180] weil die Vorschrift eben nicht ein finales, sondern ein kausales Verhalten[181] unter Strafdrohung stelle. Dient der **Besitz** aber **der späteren eigennützigen Weitergabe des Stoffs,** soll der Tatbestand unselbstständiger Teilakt der Bewertungseinheit des Handeltreibens sein[182] Ob die **Abgrenzung** zwischen Besitz zum Eigenkonsum und solchem zur Weitergabe allein nach der **vorgefundenen Besitzmenge** erfolgen kann, ist zweifelhaft. Bei einer Menge von 250 g Haschisch ist es nicht ausgeschlossen, dass der Besitzzweck nur im Eigenverbrauch liegt.[183] Ebenso wenig darf aus einer aufgefundenen Menge von unterschiedlichen BtM (11,5 g Amfetaminpulver, 35,1 g Marihuana und 73,2 g Cannabissamen) und deren Aufbewahrung zusammen mit einer digitalen Waage und Plastiktütchen ohne weitere Feststellungen darauf geschlossen werden, dass die BtM zum Handeltreiben bestimmt waren.[184] Andererseits erscheint es äußerst unwahrscheinlich, dass jemand, der im Besitz von 58 g (teuren) Kokains ist, bei dem ein Folienschweißgerät mit Anhaftungen von Kokain sichergestellt worden sind und jegliche Anhaltspunkte dafür fehlen, dass er selbst Kokain konsumiert, jene Menge zum Eigenverbrauch verwahrt, so dass der Tatrichter in einem solchen Fall getrost Handeltreiben annehmen darf.[185] Der Besitz von BtM ist auch dann strafbar, wenn er in der Absicht begründet wird, **die Stoffe letztlich der Polizei zuzuspielen,** sofern der Täter nicht den Status eines Mitarbeiters der Polizei hat und deren Anweisungen unterstellt ist.[186] Auch bei der **fürsorglichen Ansichnahme** von BtM wird zum Teil versucht, die Straflosigkeit des Besitzens anhand des Besitzzweckes zu erklären. Kann der Besitzzweck nicht geklärt werden, ist nach dem **Zweifelsgrundsatz** davon auszugehen, dass der Besitz zum Eigenverbrauch erfolgte.[187]

b) Herrschafts- oder Besitzwille. Vom Zweck oder Motiv des Besitzes ist als dritte   **1134** Komponente des subjektiven Tatbestands der Herrschafts- oder Besitzwille zu unterscheiden, der sich – ungeachtet eines Besitzmotivs – ausschließlich darauf richtet, **für sich selbst die Möglichkeit ungehinderter Einwirkung auf das BtM herzustellen oder diese zu erhalten.**[188] Folgerichtig wird die bloße Kenntnis vom Vorhandensein der verbotenen Substanz und die tatsächliche Einwirkungsmöglichkeit auf sie ebenso wenig für die Annahme von (Mit-)Täterschaft für ausreichend gehalten wie das einseitige Einverständnis mit der Tat.[189] Dem Bewohner eines Hotel-Appartements, der ausschließlich für die Übergabe von BtM an Abnehmer zuständig sein soll, fehlt es am Besitzwillen, wenn sein Auftrag-

[177] BGH 12.2.1980 – 5 StR 47/80.
[178] BGH 10.6.2008 – 5 StR 191/08, NStZ-RR 2008, 319.
[179] Franke/Wienroeder Rn. 135; KPV/Patzak § 29 Teil 13 Rn. 50 f.; Weber § 4 Rn. 37.
[180] Malek Kap. 2 Rn. 215.
[181] OLG Celle 28.6.2000 – 33 Ss 28/00, StV 2000, 624.
[182] BGH 23.9.1992 – 3 StR 275/92, NStZ 1993, 44.
[183] BGH 18.1.1989 – 2 StR 614/88.
[184] OLG München 18.9.2008 – 4St RR 141/08, BeckRS 2010, 30553 = NStZ-RR 2011, 129 (bei Kotz/Rahlf).
[185] BGH 7.5.1986 – 2 StR 182/86.
[186] BGH 5.7.1988 – 1 StR 212/88, NStZ 1988, 558.
[187] BayObLG 8.7.1994 – 4St RR 75/94.
[188] Weber § 4 Rn. 39; zum Besitzwillen auch Baae NStZ 1987, 214.
[189] OLG Dresden 22.8.2005 – 1 Ss 296/05, StraFo 2005, 522; OLG Karlsruhe 24.7.1997 – 3 Ss 116/97, NStZ-RR 1998, 27; OLG Koblenz 26.9.2005 – 2 Ss 272/05, StraFo 2005, 521.

geber, der zu dem Appartement ebenfalls einen Schlüssel besitzt, dort eine mit BtM gefüllte Sporttasche lagert, wobei es schon bezüglich der Lagerung nicht auf das Einverständnis des Bewohners ankam, der Auftraggeber die BtM-Mengen zusammenstellt und zur Übergabe fertig vorbereitet, und der Bewohner über das BtM lediglich im Rahmen seiner Zuständigkeit verfügungsbefugt ist.[190] Bei einer gefälligkeitshalber erfolgten Aufbewahrung für zwei Wochen, die zunächst in Unkenntnis des Umstand erfolgt, dass es sich um BtM handelt, fehlt es dann am Herrschaftswillen, wenn das Rauschgift, sobald es als solches erkannt wurde, wegen des damit verbundenen Risikos wieder zurückgegeben wird.[191] Wer einen Tresorschlüssel ausgehändigt bekommt, um daraus für den Eigentümer Geld zu holen, hat bezüglich der sich ebenfalls in dem Tresor befindlichen XTC-Tabletten keinen Besitzwillen, wenn er weder über die Tabletten verfügungsbefugt war, noch eine solche Verfügung in Erwägung gezogen hat.[192] Wer nur für wenige Minuten BtM an sich nimmt, um sie einer Polizeikontrolle zu entziehen und danach dem Eigentümer wieder zurückzugeben, hat keinen Besitzwillen.[193] Kein Herrschaftswille ist anzunehmen, wenn die tatsächliche Einwirkungsmöglichkeit auf das BtM infolge von persönlichen Beziehungen (Ehe, Lebensgemeinschaft)[194] oder Sachzwängen (zB gemeinsame Wohnung) nur geduldet wird. Das gleiche soll bei demjenigen gelten, der BtM an sich nimmt, um sich ihrer bei nächstbester Gelegenheit endgültig zu entledigen[195] oder um sie zu sistieren, es süchtigen oder gefährdeten Personen vorzuenthalten, um es gewissermaßen **aus dem Verkehr zu ziehen,** wie etwa Lehrer, Eltern und Aufsichtspersonen, die den ihrer Erziehung Anvertrauten zu ihrem Schutz die Rauschmittel wegnehmen. Diese sollen den Straftatbestand des Besitzes von BtM nicht verwirklichen.[196]

1135 **c) Tatbestandsrestriktionen, insb. altruistischer Besitz von BtM.** Der Besitztatbestand kann auch dann nicht mehr erfüllt werden, wenn infolge zollamtlicher Sicherstellung keine ernsthafte Chance besteht, einen etwaigen Besitzwillen in die Tat umzusetzen.[197] Nehmen Eltern ihren Kindern BtM weg, verwahren Dritte kurzzeitig Rauschgift (um schädlichen Konsum abzuwenden) oder kommen Strafverteidiger aufgrund ihrer Tätigkeit und des Kontakts mit dem Mandanten mit verbotenen Substanzen in Berührung, ist es nicht selten Anliegen des Rechtsanwenders (und auch im Interesse des Gesetzgebers) deren Verhalten aus dem Bereich des Strafbaren herauszunehmen. Was den Besitztatbestand angeht, weist dieser einige „Einfallstore" auf, die in entsprechenden Einzelfällen **restriktiver** ausgelegt werden können und man damit zu einer Straflosigkeit gelangen kann. Zum Teil haben Gerichte bei **äußerst kurzem Besitz** ohne nennenswerte Dauer einen Besitz bzw. Besitzwillen abgelehnt.[198] Freilich handelt es sich hierbei um ein Kriterium, welches die Tatbestandserfüllung nicht nur von gewissen Zufälligkeiten abhängig macht, sondern auch an der Sache vorbeigeht, als die Abwendung eines Schadens bzw. die Vorenthaltung zum Besten oder im Interesse der Volksgesundheit Besitz auch einen etwas längeren Besitz erfordern kann.

1136 Zweifel können letztlich auch nicht daran bestehen, dass der subjektive Tatbestand der jeweiligen Begehungsweisen, der infolge der jeweiligen Zweckfreiheit ja nicht in der Perpetuierung der Illegalität zu suchen sein muss, sondern seine Motive gerade in deren Beendigung haben kann, erfüllt ist.[199] Nichts anderes gilt hinsichtlich des Herrschaftswillens beim Besitz, der ebenfalls in der örtlichen Gewahrsamsverlagerung und dem Ausschluss jeglicher

---

[190] BGH 17.10.2007 – 2 StR 369/07, BeckRS 2007, 18508.
[191] BGH 25.11.1980 – 1 StR 508/80, NStZ 1982, 190.
[192] BGH 10.6.2010 – 2 StR 246/10, BeckRS 2010, 15785.
[193] LG Augsburg 3.2.1992 – 9 Ns 207 Js 5293/91.
[194] LG Oldenburg 1.8.1984 – Ns 111 Js 13 440/84, StV 1985, 331 (L).
[195] OLG Stuttgart 31.3.1978 – 3 Ss (7) 146/78, MDR 1978, 595.
[196] OLG Zweibrücken 16.7.1982 – 1 Ss 171/81.
[197] BGH 17.3.1982 – 2 StR 818/81, StV 1982, 366.
[198] LG Freiburg 29.8.1983 – III AK 19/83, StV 1984, 250.
[199] OLG Zweibrücken 16.7.1982 – 1 Ss 171/81.

Einwirkungsmöglichkeit durch den Vorbesitzer zutage tritt.[200] Deshalb leuchtet es nicht ein, dass es an diesem Besitzwillen dann fehlen soll, wenn der Betroffene das BtM nur an sich nimmt, um es alsbald in der Apotheke abzuliefern[201] oder es aus dem Verkehr zu ziehen,[202] auch das Fehlen eines *natürlichen Willens, die Drogen als solche zu haben,*[203] deutet auf eine Tatbestandseinschränkung („als solche"?) hin, die jedenfalls vom Gesetzeswortlaut nicht gedeckt ist und darüber hinaus der Funktion des Tatbestands, dem Inverkehrgelangen von BtM, auf welche Weise auch immer, entgegen zu wirken, zuwider läuft. Der Lösungsversuch über die ansonsten unbekannte Rechtsfigur des *unerwünschten Besitzes*[204] erinnert etwas an die aufgedrängte Bereicherung im Zivilrecht, verkennt aber gerade die auf den tatsächlichen Herrschaftsverhältnissen aufbauende Natur des Tatbestands. Insofern gelten die allgemeinen Grundsätze: Hat etwa ein Rechtsanwalt über einen Zeitraum von ca. 48 Stunden die tatsächliche Herrschaftsmacht über das vom Mandanten überreichte Kokain, lassen sich Besitz und der Vorsatz diesbezüglich nicht in Abrede stellen.[205]

Es erscheint daher sachgerecht (auch im Sinne einer stimmigen Rechtsanwendung) die **1137** Fälle der fürsorglichen Annahme von BtM auch im Rahmen des Besitztatbestands einheitlich über eine **Anwendung des § 34 StGB** zu lösen (vgl. hierzu → Vor § 29 Rn. 68 f.). Der Handelnde wendet eine gegenwärtige Leibesgefahr von einem Angehörigen oder einer nahestehenden Person ab,[206] handelt im Interesse der Volksgesundheit oder der Rechtsordnung oder nimmt solche Umstände – insbesondere im Zustand der Betroffenheit, Erregtheit, des Schocks oder der Verwirrtheit – in nicht vorwerfbare Weise irrig an. Lediglich in den Fällen der einfachen Entdeckung von BtM könnte bei unverzüglich Informierung der Behörde und der Abgabe der BtM bereits die Tatbestandsmäßigkeit (im Hinblick auf den Besitzwillen) verneint werden.[207] Bei Strafverteidigern besteht darüber hinaus nicht selten eine **Pflichtenkollision,** als die Ablieferung der Drogen (eine Vernichtung wäre uU gem. § 258 StGB strafbar) einen strafbaren Geheimnis- bzw. Parteiverrat darstellen kann, §§ 203, 356 StGB. Somit ist jedenfalls das Verhalten als Strafverteidiger, überlassenes Kokain bis zum Gespräch mit dem Mandanten zwei Tage im Besitz zu halten und sodann nach Rücksprache mit der Staatsanwaltschaft einer Polizeidienststelle zu übergeben, gerechtfertigt.[208] Weshalb derartige Fälle allerdings überhaupt zur Anklage kommen müssen, erscheint nicht recht nachvollziehbar, da vom Ergebnis her kein Streit darüber besteht, dass die Situation, in denen sich fürsorgliche Personen befinden, wenn sie mit der BtM-Abhängigkeit einer nahestehenden Person konfrontiert sind, durch das Hinzutreten strafrechtlicher Maßnahmen nicht noch verschlimmert werden darf. In der Regel wird deshalb ein diesbezügliches Ermittlungsverfahren bereits nach § 170 Abs. 2 StPO, ungünstigstenfalls nach § 153 StPO einzustellen sein.

2. Irrtumskonstellationen. Zu den möglichen Irrtumskonstellationen in Bezug auf **1138** Art und Eigenschaft des BtM[209] wird auf die Erläuterungen Vor § 29, zu Irrtumsfragen in Zusammenhang mit der Erlaubnis[210] auf die Erläuterungen zu § 3 verwiesen.

3. Fahrlässigkeit. Fahrlässiges Handeln ist nicht unter Strafe gestellt (Abs. 4). Der **1139** Gesetzgeber hat es in Kauf genommen, dass sich im Einzelfall mehrere der in Abs. 1 S. 1 Nr. 1 genannten Begehungsformen decken oder überschneiden können, ohne dass sich

---

[200] HJLW/*Winkler* Rn. 13.3.
[201] Zutreffend *Weber* § 4 Rn. 38.
[202] OLG Hamm 10.7.2000 – 2 Ss 547/00, NStZ 2000, 600.
[203] *Joachimski/Haumer* Rn. 153.
[204] KG 23.7.1996 – (4) 1 Ss 165/96 (72/96), NStZ-RR 1996/345; OLG Stuttgart 31.3.1978 – 3 Ss (7) 146/78.
[205] OLG Jena 18.5.2010 – 1 Ss 36/10, BeckRS 2012, 24537.
[206] IErg *Patzak/Bohnen* Rn. 68a.
[207] So auch *Ziemann/Ziethen* JR 2011, 65 (67 f.).
[208] OLG Jena 18.5.2010 – 1 Ss 36/10, BeckRS 2012, 24537.
[209] → Vor § 29 Rn. 78.
[210] → § 3 Rn. 44.

deshalb die Frage nach Tateinheit, Tatmehrheit oder Gesetzeskonkurrenz zu stellen braucht. Entsprechend kann auch bei Überschneidung von Erwerb und nachfolgendem Besitz dann, wenn nicht Vorsatz, sondern nur Fahrlässigkeit festzustellen ist, der Erwerb nach § 29 Abs. 1 iVm Abs. 4 strafbar, der Besitz straflos sein.[211]

IV. Rechtfertigung/Entschuldigung

1140   Zur Rechtfertigung/Entschuldigung des Besitzes (vornehmlich in Fällen der altruistischen Erwerbs/Sichverschaffens, → Rn. 1137 sowie → Vor § 29 Rn. 68) sowie zum Besitz von Cannabis zu medizinischen Zwecken → Rn. 71 ff.

V. Deliktsverwirklichungsstufen

1141   **1. Strafbarkeit des Versuchs.** Der Versuch des unerlaubten Besitzes ist nicht strafbar (Abs. 2). Deshalb sind Erwägungen, inwieweit ein Versuch bezüglich des Tatobjekts denkbar sein könnte, eher spielerischer Natur.

1142   **2. Vollendung und Beendigung.** Die Besitztat ist vollendet, sobald die vom Herrschaftswillen getragene Sachherrschaft begründet ist.[212] Beendet ist die Tat, wenn die vom Besitzwillen getragene Sachherrschaft gesichert ist. Die Ähnlichkeit des Betäubungsmittelrechtlichen Besitzes mit dem strafrechtlichen Gewahrsam hindert hier wie dort die Tatbestandsvollendung auch dann nicht, wenn der Haschischbesitzer durch Zollbeamte observiert wird, sofern das BtM transportabel und leicht zu versteckend gestückelt ist.[213] Der Besitz von BtM **endet** mit der Aufhebung des tatsächlichen Herrschaftsverhältnisses.[214]

VI. Täterschaft, Teilnahme

1143   Die Abgrenzung von Täterschaft und Teilnahme folgt allgemeinen Regeln. Sie wird durch die Eigenschaft des Besitzes als Sonderdelikt (der Tatbestand setzt die Verfügungsmacht des Täters voraus) auch erleichtert, als der Zustand für sich nicht wechselseitig zugerechnet werden kann, sondern jeder einzelne Täter das konkret in Rede stehende BtM besitzen muss. Eine rechtliche Erstreckung des Besitztatbestandes auf Tatbeteiligte, die keine tatsächliche Einwirkungsmöglichkeit oder faktische Verfügungsmacht über das BtM hatten, kommt nicht in Betracht.[215] Beim Tatbestand des Besitzes von BtM reicht die bloße Kenntnis vom Vorhandensein der verbotenen Substanz und die tatsächliche Einwirkungsmöglichkeit ebenso wenig für die Annahme der Mittäterschaft aus, wie das einseitige Einverständnis mit der Tat.[216] Daraus folgt auch die rechtliche Unzulässigkeit, aus mittäterschaftlichem Handeltreiben auf den Besitz an BtM zu schließen;[217] denn mittäterschaftlich begangenes Handeltreiben erstreckt nicht den Besitztatbestand auf Tatbeteiligte, bei denen die tatsächlichen Voraussetzungen dafür nicht vorliegen.[218]

1144   **1. Mittäterschaft.** Haben mehrere Täter BtM „gemeinsam", dh aufgrund eines gemeinsamen Tatplans,[219] erworben, darf angenommen werden, dass sie bis zur Aufteilung auch gemeinsam Besitz an dem BtM hatten.[220] Denn mit der Übertragung der BtM an den einen

---

[211] OLG Hamburg 14.8.1974 – 1 Ss 48/74, NJW 1975, 1472.
[212] *Weber* Rn. 1220.
[213] BGH 4.12.1981 – 3 StR 408/81, BGHSt 30, 277 = NJW 1982, 708 mAnm *Schmidt*, LM Nr. 1 zu § 11 Abs. 1 Nr. 6 BtMG.
[214] BGH 18.6.1974 – 1 StR 119/74; 25.11.1980 – 1 StR 508/80, StV 1981, 127; *Malek* Rn. 216; *Weber* Rn. 1220.
[215] BGH 17.3.1982 – 2 StR 818/81, StV 1982, 366.
[216] OLG Karlsruhe 24.7.1997 – 3 Ss 116/97, NStZ-RR 1998, 27.
[217] BGH 6.11.1979 – 1 StR 358/79.
[218] BGH 31.3.1976 – 2 StR 54/76.
[219] BayObLG 27.7.2001 – 4St RR 88/01.
[220] KPV/*Patzak* Teil 13 Rn. 67.

Täter wird gleichzeitig auch die Verfügungsgewalt für den anderen Täter begründet.[221] In diesem Fall ist jedem die gemeinsam erworbene BtM-Menge ungeteilt zuzurechnen.[222] Bei mittäterschaftlichem Handeln müssen diesen sowohl für das Handeltreiben als auch für den Besitz die Gesamtmengen zugerechnet werden.[223] Beschränkt sich jedoch die tatsächliche Einwirkungs- oder Verfügungsmöglichkeit des mittäterschaftlichen Mitbesitzers einer insgesamt nicht geringen Menge von BtM im Sinne von § 29a Abs. 1 Nr. 2 von vorn herein auf einen Anteil und auf die gesamte Menge nur zwecks Sicherung alsbaldiger Aufteilung (sog **„gebundener Anteilsmitbesitz"**), so kann dem Mitbesitzer nur dieser Anteil zugerechnet werden, so dass, wenn der Anteil nicht selbst eine nicht geringe Menge darstellt, § 29a Abs. 1 Nr. 2 nicht erfüllt ist.[224]

2. Anstiftung. Während eine mittelbare Täterschaft kaum konstruierbar erscheint (bzw. **1145** nicht muss, da die Wissensherrschaft zur unmittelbaren Herrschaftsmacht und damit zu einem Besitz führt, man denke an den Ehemann, der in einer Schatulle seiner unwissenden Ehefrau BtM versteckt). Anstiftung hingegen bleibt denkbar, insb. bei Personen, die andere um die Verwahrung von zum Eigenkonsum bestimmten Drogen bitten. Auch wer einen anderen – auch im Rahmen eines geplanten Scheingeschäfts – dazu bestimmt, BtM anzuliefern, die dieser dadurch auch zwangsläufig in Besitz haben muss, stiftet zum unerlaubten BtM-Besitz an.[225]

3. Beihilfe. Nach den zum allgemeinen Strafrecht entwickelten Grundsätzen setzt Bei- **1146** hilfe voraus, dass durch das Verhalten des Gehilfen die Haupttat ermöglicht, verstärkt oder ihre Durchführung erleichtert wird. Eine Handlung, die den unerlaubten Besitz des Täters in solcher Weise fördert, kann nicht allein schon in der **Führung des Fahrzeugs** über wenige Kilometer gesehen werden, insbesondere wenn die kurzfristige Überlassung der Führung des Fahrzeugs während der gemeinsamen Fahrt ersichtlich keinerlei Auswirkungen auf dessen Besitz an dem BtM hatte und keine Umstände erkennbar wurden, die darauf schließen lassen könnten, dass der Täter hierdurch in der bewussten Aufrechterhaltung des Besitzes an dem BtM, das ausschließlich für seinen Eigenverbrauch bestimmt war, bestärkt oder in sonstiger Weise unterstützt worden wäre.[226] Anders ist es, wenn der Täter selbst zum Führen eines Kraftfahrzeugs nicht in der Lage ist. Im Falle der umfassenden Kenntnis der Menge und der Zweckbestimmung von 10 g zum unerlaubten Handeltreiben sowie 40 g zum Eigenverbrauch liegt bei der Ableistung von Fahrerdiensten tateinheitlich neben der Beihilfe zum unerlaubten Handeltreiben auch Beihilfe zum unerlaubten Besitz in nicht geringer Menge vor.[227] Beim **Verstecken von BtM,** um sie dem Zugriff Dritter zu entziehen, kann – richtet sich der Vorsatz darauf, dem anderen den Besitz am BtM zu erhalten – Beihilfe zum unerlaubten BtM-Besitz vorliegen. In sog. **Wohnungs- oder Grundstücksfällen** ist zu prüfen, ob in dem Tolerieren des BtM-Besitzes des anderen möglicherweise psychische Beihilfe liegen kann. Jedenfalls ergibt sich aus der Darlegung, wonach eine Person von der Lagerung und dem Verkauf von BtM seitens ihres Ehemannes wusste, keine Gehilfenstellung und führt auch nicht a priori zu einer Beihilfe durch aktives Tun.[228] Ein **untergeordneter Anbauhelfer,** dessen Aufgabe sich darauf beschränkt, im Auftrag der Haupttäter eine in Kellerräumen betriebene Cannabis-Plantage zu pflegen, ist nicht nur im Hinblick auf das HT Gehilfe, sondern auch im Hinblick auf den Besitz allenfalls Gehilfe, wenn es ihm an einer ungehinderten Einwirkungsmöglichkeit fehlt[229] (wobei die Beihilfe zum Besitz dann im Hinblick auf die Beihilfe zum HT keine eigenständige Rolle mehr spielt).

---

[221] BayObLG 27.7.2001 – 4St RR 88/01.
[222] BGH 29.7.1982 – 4StR 355/87.
[223] BGH 9.10.2002 – 1 StR 137/02, NStZ-RR 2003, 57.
[224] OLG Stuttgart 8.5.2001 – 3 Ss 13/01, NStZ 2002, 154.
[225] BGH 7.3.1996 – 4 StR 742/95, NStZ 1996, 338.
[226] BGH 14.2.1985 – 4 StR 27/85, NStZ 1985, 318.
[227] BayObLG 5.12.2000 – 4St RR 156/00.
[228] BGH 24.4.2013 – 2 StR 42/13, BeckRS 2013, 08610.
[229] BGH 26.1.2011 – 5 StR 555/10, BeckRS 2011, 04357.

VII. Qualifikationen

1147   Zur Ahndung eines **Verbrechens des Besitzens** von BtM in nicht geringen Mengen s. § 29a. In § 30a Abs. 2 Nr. 2 ist der unerlaubte Besitz nicht aufgeführt; werden BtM in nicht geringer Menge allerdings mit Umsatzwillen besessen, ist auch dieser unerlaubte BtM-Besitz bei gleichzeitigem Mitsichführen einer Schusswaffe oder eines verletzungsgeeigneten oder -bestimmten Gegenstandes im Wege der Bewertungseinheit nach § 30a strafbar (zur Kritik → § 30a Rn. 109).

VIII. Konkurrenzen

1148   **1. BtM-Straftaten.** Generell tritt der Besitz gegenüber den anderen Alternativen des Abs. 1 zurück, da er als Auffangtatbestand ausgestaltet ist, mit dem Schwierigkeiten begegnet werden soll, die sich für den Nachweis eines illegalen Erwerbs ergeben können.[230] Der Tatbestand hat deshalb grundsätzlich auch nicht die Kraft, andere Begehungsweisen zu einer Tat zu verklammern (anders beim Besitz nicht geringer Mengen und tateinheitlich verwirklichter Beihilfe zum HT, vgl. im Folgenden).[231]

1149   Der gleichzeitige Besitz **verschiedenartiger BtM** verletzt nur ein Gesetz.[232] Verwahrt der Täter **mehrere Rauschgiftmengen** für denselben Auftraggeber zusammen am selben Ort für ein Entgelt auf, so liegt nur eine Tat vor.[233] Doch gilt dies auch dann, wenn verschiedene Rauschgiftmengen separat an unterschiedlichen Orten aufbewahrt werden und wenn der Besitz von Betäubungsmitteln in nicht geringer Menge teilweise hinter das Herstellen von Betäubungsmitteln in nicht geringer Menge zurücktritt.[234] Beim **mehrfachen Transport derselben Menge** ist eine natürliche Handlungseinheit anzunehmen, weil sich der Besitz jeweils auf dieselbe BtM-Menge bezieht, die der Täter zwar an mehreren Tagen, aber innerhalb eines kurzen Zeitraums im Rahmen ein und desselben Rauschgiftgeschäfts transportiert.[235] Beim Besitz **verschiedener, von vornherein zu unterschiedlichem Handel bestimmter BtM,** die niemals in einem einheitlichen Depot verwahrt wurden, kann aber allein eine zeitliche Überschneidung der Besitzdauer Bewertungseinheit nicht begründen.[236]

1150   Der Besitz tritt als subsidiär hinter dem **Anbau** zurück. Im Verhältnis zwischen Anbau und Besitz in nicht geringer Menge sollen beide Tatbestände zueinander in Tateinheit stehen, da sich durch den zugleich verwirklichten Anbautatbestand das dem bloßen Besitz von BtM in nicht geringer Menge regelmäßig innewohnende Tatunrecht in nicht unerheblichen Maße erhöht.[237] Bei Mengen, bei denen die Grenze zur nicht geringen Menge nicht überschritten ist, verdrängt der Tatbestand des unerlaubten **Erwerbs** den des erlaubnislosen Besitzes.[238] Dies gilt auch, wenn die BtM teilweise zum Eigenverbrauch, teilweise zum Weiterverkauf erworben wurden.[239] Bei einer **nicht geringe Menge** (§ 29a Abs. 1 Nr. 2) verdrängt hingegen der unerlaubte Besitz den unerlaubten Erwerb.[240]

---

[230] BGH 20.4.1977 – 2 StR 120/77.

[231] BGH 26.2.1997 – 3 StR 586/96, NStZ 1997, 344; BayObLG 6.12.2001 – 4St RR 131/01, NStZ-RR 2002, 181.

[232] BGH 19.8.1982 – 1 StR 87/82, StV 1982, 525; 12.10.2004 – 4StR 358/04, NStZ 2005, 228; 17.3.2010 – 2 StR 67/10, BeckRS 2010, 09278 = NStZ 2010, 686 (bei *Winkler* [21]); 16.7.2013 – 4 StR 144/13, StraFo 2013, 439; BGH 3.12.2015 – 4 StR 430/15, NStZ-RR 2016, 82; 25.2.2015 – 4 StR 516/14, NStZ-RR 2015, 175; OLG Celle 21.1.2013 – 32 Ss 160/12, NStZ-RR 2013, 181; 14.2.2017 – 4 StR 580/16, StraFo 2017, 128.

[233] BGH 13.10.1998 – 4 StR 315/98, NStZ-RR 1999, 119.

[234] BGH 16.10.2014 – 3 StR 268/14, NStZ-RR 2015, 14.

[235] BGH 7.3.1996 – 4 StR 742/95, NStZ 1996, 338.

[236] BGH 25.3.1998 – 1 StR 80/98.

[237] AG Berlin-Tiergarten 28.4.2004 – (284) 6 Op Js 2234/02 Ls (26/03), NStZ-RR 2004, 281.

[238] BGH 19.11.1997 – 2 StR 359/97; 15.7.1998 – 2 StR 223/98; 18.1.2005 – 3 StR 459/04, BeckRS 2005, 02289.

[239] BGH 5.9.1996 – 1 StR 511/96; 16.7.1998 – 4 StR 174/98.

[240] BGH 16.7.1998 – 4 StR 174/98; 14.7.2005 – 3 StR 238/05, BeckRS 2005, 09341.

Sind die Voraussetzungen für eine **Bewertungseinheit** gegeben, werden alle Teilakte **1151** des Handeltreibens, mithin auch der Besitz zu einer einheitlichen Tat verklammert.[241] Liegt dies vom Sachverhalt her nahe, muss sich der Tatrichter auch damit auseinandersetzen.[242] Allerdings begründet der bloße Besitz von verschiedenen zum Handeltreiben bestimmten BtM grundsätzlich keine Bewertungseinheit.[243] Werden mehrere BtM-Mengen vorgehalten, von denen die eine zum Handeltreiben, die andere zum **Eigenverbrauch** bestimmt ist oder betrifft die unterschiedliche Zweckbindung eine einzige Menge, stehen das unerlaubte Handeltreiben und der unerlaubte Besitz zueinander in **Tateinheit**.[244] Wer erworbenes Rauschgift zunächst für sich behalten wollte und erst später den Tatentschluss zur Veräußerung einer Teilmenge gefasst hat **(Vorsatzwechsel),** kann sich wegen unerlaubten Besitzes von BtM in **Tatmehrheit** mit unerlaubtem Handeltreiben mit BtM schuldig gemacht haben.[245] Können weder Herkunft noch künftiger Verwendungszweck einer mitaufgefundenen Teilmenge festgestellt werden, steht insbesondere nicht fest, dass auch mit dieser Menge Handel getrieben werden sollte, geht nach dem **Zweifelssatz** nur der Besitz an der dem Handeltreiben dienenden Menge, nicht auch der insoweit rechtlich nicht einzuordnenden Teilmenge im Handeltreiben auf. Hinsichtlich der zuletzt genannten Teilmenge liegt zwischen Besitz und Handeltreiben Tateinheit vor.[246] Eine **Wahlfeststellung** zwischen Besitz und Handeltreiben scheidet bereits aufgrund der Ausgestaltung des Besitztatbestands als Auffangtatbestand aus.[247] Mangels Wertgleichheit hat der Besitz nicht die Kraft, selbständige, die Voraussetzungen des § 29a Abs. 1 Nr. 2 erfüllende Taten des unerlaubten Handeltreibens mit BtM in nicht geringer Menge untereinander zur Tateinheit zu verbinden.[248] Zwischen **Beihilfe zum Handeltreiben** und dem Besitz von BtM ist Tateinheit möglich,[249] da das Besitzen von BtM nur dann einen unselbstständigen, im Handeltreiben aufgehenden Teilakt darstellt, wenn das Handeltreiben in Täterschaft begangen wird.[250] Dies gilt insbesondere für die **Kurierfälle**.[251] Im Falle der Tateinheit kann der Besitz selbstständige Fälle der Beihilfe zum Handeltreiben mit Betäubungsmitteln in nicht geringer Menge zur Tateinheit verklammern.[252] Wiegt nur eines der betroffenen anderen Delikte schwerer als dasjenige, das die Verbindung begründet, bleibt die Klammerwirkung einer Dauerstraftat bestehen.[253]

Im Tatbestand des Nr. 6 Buchst. b geht der unerlaubte Besitz ebenso auf. Wird allerdings **1152** nur eine Teilmenge von BtM einem anderen verabreicht, so besteht Tateinheit zwischen der Verabreichung und dem gleichzeitigen Besitz der davon nicht betroffenen BtM-Menge.[254] Der Besitz tritt jeweils subsidiär hinter den genannten Begehungsweisen zurück.

---

[241] BGH 7.8.2002 – 5 StR 292/02, BeckRS 2002, 07439; 11.12.2003 – 3 StR 375/03, BeckRS 2004, 01452; 9.11.2010 – 4 StR 521/10, BeckRS 2010, 30040; BGH 3.12.2015 – 4 StR 430/15, NStZ-RR 2016, 82; 25.2.2015 – 4 StR 516/14, NStZ-RR 2015, 174; *Weber* NStZ 2004, 69.

[242] BGH 16.11.1995 – 4 StR 622/95, StV 1996, 263.

[243] BGH 25.6.1998 – 1 StR 68/98, NStZ-RR 1999, 250; BayObLG, B 13.11.2002 – 4St RR 114/02.

[244] BGH 12.10.1990 – 1 StR 539/90; 30.6.1998 – 1 StR 293/98, StV 1998, 593; 21.4.2005 – 3 StR 112/05, NStZ 2006, 173; 25.2.2015 – 4 StR 516/14, NStZ-RR 2015, 174.

[245] BayObLG 13.11.2002 – 4St RR 114/02; aA BGH 1.10.1980 – 2 StR 497/80, der – möglicherweise allerdings aufgrund eines Fortsetzungszusammenhangs – Tateinheit annimmt.

[246] BGH 29.8.1984 – 2 StR 173/84.

[247] OLG Frankfurt a. M. 18.8.2008 – 1 Ss 260/08, unter Bezugnahme auf BGH 28.10.1982 – 4 StR 480/82, BGHSt 31, 136 = NJW 1983, 239.

[248] BGH 3.12.2015 – 4 StR 430/15, NStZ-RR 2016, 82; 16.7.2013 – 4 StR 144/13, NStZ 2014, 162; 17.5.1996 – 3 StR 631/95, BGHSt 42, 162, 165 f.

[249] BGH 15.10.1997 – 2 StR 393/97; 6.11.2003 – 4 StR 270/03, BeckRS 2004, 00038 = NStZ-RR 2004, 88.

[250] BGH 29.11.1994 – 4 StR 637/94, StV 1995, 197; 28.11.1995 – 1 StR 619/95, NStZ-RR 1996, 116 27.7.2005 – 2 StR 192/05, NStZ 2006, 578.

[251] BGH 15.10.1997 – 2 StR 393/97; 27.6.2006 – 3 StR 177/06, BeckRS 2006, 08922; 17.10.2007 – 2 StR 369/07, NStZ-RR 2008, 54;.28.9.2010 – 3 StR 359/10, BeckRS 2010, 26380.

[252] BGH 16.7.2013 – 4 StR 144/13, NStZ 2014, 163; dem folgend 4.2.2015 – 2 StR 266/14, NStZ-RR 2015, 175 = BeckRS 2015, 05252.

[253] BGH 4.2.2015 – 2 StR 266/14, NStZ-RR 2015, 175 = BeckRS 2015, 05252; vgl. 4.4.2012 – 2 StR 70/12, NStZ 2013, 158; *Fischer* Vor § 52 Rn. 30.

[254] BGH 10.5.1995 – 1 StR 204/95.

Zu den Konkurrenzverhältnissen bei unerlaubtem Besitz in nicht geringer Menge → § 29a Rn. 96.

1153 **2. Straftatbestände anderer Rechtsgebiete.** Der BtM-Besitz ist rechtsethisch und psychologisch mit Begünstigung oder Strafvereitelung nicht vergleichbar, so dass eine Wahlfeststellung ausscheidet.[255] Bei gleichzeitiger Verwirklichung dieser Tatbestände kann dem erhöhten Unrechtsgehalt der Tat nur dadurch Rechnung getragen werden, dass sie im Verhältnis zu Abs. 1 S. 1 Nr. 3 in Tateinheit stehen. **Eigentumsdelikte,** die zur Begründung der Sachherrschaft führen, stehen mit dem unerlaubten Besitz in Tateinheit. Wer BtM erworben hat, von denen er einen Teil konsumiert, den anderen im Fahrzeug aufbewahrt und darauf hin ein **Fahrzeug führt,** obwohl er infolge des Genusses berauschender Mittel[256] nicht in der Lage war, das Fahrzeug sicher zu führen, begeht das Trunkenheitsdelikt in Tatmehrheit zum unerlaubten Besitz.[257] Hingegen besteht Tateinheit, wenn die Fahrt dem Transport der BtM dient.[258]

1154 Wer sich zu seinem „Schutz" eine Waffe besorgt, die er dann beim BtM-Erwerb mit sich führt, verstößt gegen das **WaffG,** das zum BtM-Delikt in Tateinheit steht.[259] Eine zeitgleiche Aufbewahrung von Waffen und Betäubungsmitteln kann die Annahme einer Handlungseinheit regelmäßig nur dann rechtfertigen, wenn darüber hinaus ein funktionaler Zusammenhang zwischen beiden Besitzlagen besteht.[260] Eine tateinheitliche Verknüpfung zwischen dem Waffenbesitz und den Betäubungsmittelstraftaten kann sich bei fehlendem Zusammenhang dann ergeben, wenn Ausführungshandlungen zu beiden Gesetzesverletzungen die Merkmale eines dritten Delikts erfüllen (hier: Überlassen von Schusswaffen gem. § 52 Abs. 3 Nr. 5 WaffG)[261] und dieses Delikt auf Grund seiner Schwere zwischen beiden eine Klammerwirkung zu entfalten vermag. Dies gilt auch dann, wenn das verbindende (dritte) Delikt nach den §§ 154, 154a StPO ausgeschieden worden ist.[262]

IX. Strafklageverbrauch

1155 Zum Strafklageverbrauch wird zunächst auf die Ausführungen im Zusammenhang mit dem unerlaubten Handeltreiben verwiesen.[263]

1156 **1. Unentdeckte/„vergessene" BtM-Mengen.** Die Frage, ob eine Verurteilung wegen unerlaubten Handeltreibens, Erwerbens oder Besitzens zum Strafklageverbrauch hinsichtlich einer nicht entdeckten und damit von der Verurteilung nicht umfassten Teilmenge von BtM führt, wird nicht einheitlich beantwortet. Mit dem überwiegenden Teil in Rechtsprechung[264] und Literatur[265] ist – wie bei den waffenrechtlichen Delikten[266] – wegen der Rechtsnatur des Tatbestands als Dauerdelikt auf die Perpetuierung des rechtswidrigen Zustands abzustellen mit der Folge, dass von der früheren Aburteilung nur die Schaffung und Aufrechterhaltung des verbotenen Zustandes bis zum Urteil erfasst wird, so dass eine erneute Verurteilung wegen des nach dem Urteil weiter aufrecht erhaltenen rechtswidrigen

---

[255] BGH 15.4.1981 – 2 StR 115/81, BGHSt 30, 77 = NJW 1981, 1567 mAnm *Mösl*, LM Nr. 1 zu § 258 StGB 1975.
[256] Vgl. Schöke/Schröder/*Cramer/Sternberg-Lieben* § 316 StGB Rn. 5 f.; *Fischer* Rn. 4a E. jew. zu § 316 StGB.
[257] BayObLG 22.3.1991 – RReg 1 St 240/90, BayObLGSt 1991, 51 mAnm *Sonnen* JA 1991, 375; Anm. *Schlüchter* JZ 1992, 1057 Anm. *Neuhaus* NStZ 1993, 202.
[258] BGH 5.3.2009 – 3 StR 566/08, NStZ 2009, 705; *Fischer*, 58. Aufl., StGB § 316 Rn. 57.
[259] LG Freiburg 12.3.1990 – 4 Qs 19/90, NStE Nr. 23 zu § 264 StPO.
[260] BGH 22.11.2012 – 4 StR 302/12, NStZ-RR 2013, 82.
[261] Konkret: Hingabe von Waffen aus der Sammlung als Entgeltsicherheit für erworbene Betäubungsmittel.
[262] BGH 22.11.2012 – 4 StR 302/12, NStZ-RR 2013, 82.
[263] → Rn. 552 f.
[264] OLG Düsseldorf 9.1.1995 – 1 Ws 954/94, NStZ 1995, 256; OLG Koblenz 18.10.1976 – 2 Ss 473/76; OLG Karlsruhe 9.10.1997 – 2 Ss 175/95, NStZ-RR 1998, 80.
[265] *Joachimski/Haumer* Rn. 150; *Weber* Rn. 1254.
[266] BayObLG 28.5.2001 – 4St RR 67/01, NStZ-RR 2002, 129 (bei *Kotz/Rahlf*).

Zustands möglich ist.[267] An der **Zäsurwirkung** der Verurteilung ändert nach dieser Auffassung auch nichts, dass ihr eine Bewertungseinheit zugrunde gelegt wurde,[268] weil auch bei einheitlicher Willensrichtung des Täters nunmehr eine prozessual selbständige Tat angenommen werden muss.[269] Das *OLG Zweibrücken*[270] und ihm folgend *Patzak*[271] gehen dagegen davon aus, dass der Täter, wenn er bereits wegen Erwerbs von BtM verurteilt worden ist, wegen Besitzes des erworbenen BtM dann nicht mehr bestraft werden kann, wenn der Besitz ununterbrochen fortgedauert hat. In derartigen Fällen ist eine **Differenzierung vorzunehmen:** Im Rahmen der Strafverfolgung vor der Aburteilung lediglich unentdeckt gebliebener BtM, über die auch nach der Aburteilung eine von Besitzwillen getragene Sachherrschaft ausgeübt wird, unterfallen der Besitzstrafbarkeit unabhängig davon, ob bereits ihr Erwerb geahndet wurde, da allein ihr Vorhandensein die Gefahr der Weitergabe impliziert und dadurch der Schutzzweck des § 29 Abs. 1 S. 1 Nr. 3 berührt wird. Wer hingegen – was in der Praxis nicht selten vorkommt – das Vorhandensein von Klein- und Kleinstmengen **vergessen** hat, ist nicht in der Lage, den idR rechtswidrig herbeigeführten Zustand (→ Rn. 1093) **willentlich** aufrecht zu erhalten. Hat er die BtM so gut **versteckt,** dass er sie selbst **nicht mehr findet,** besteht daran zwar nach wie vor objektiv Gewahrsam; aktuell fehlt es jedoch an der ungehinderten Einwirkungsmöglichkeit auf die BtM (→ Rn. 1110), ohne die Besitzstrafbarkeit nicht gegeben ist.

2. Verurteilung wegen BtM-Besitzes. a) Auswirkung auf andere BtM-Tatbestände. Die zeitnahe Verurteilung wegen BtM-Besitzes kann zum Strafklageverbrauch bezüglich des unerlaubten Handeltreibens führen, wenn nicht ausgeschlossen werden kann, dass die abgeurteilte Teilmenge (Besitz) der Gesamtmenge (Handeltreiben) zuzurechnen ist, was auch für den Fall gilt, dass die Verurteilung wegen Besitzens den Tatvorgang rechtlich nur unvollständig erfasst.[272] Dagegen verbraucht eine Verurteilung wegen Besitzes die Strafklage wegen Handeltreibens dann nicht, wenn deren Gegenstand BtM waren, die zwar aus einer die Annahme einer Bewertungseinheit rechtfertigenden Gesamtmenge entstammten, sich der Vorwurf des Handeltreibens aber auf einen Teil der BtM bezieht, die sich der Besitzer, nachdem sie ihm abhanden gekommen waren, gewaltsam zurückgeholt hatte, weil der Besitztatbestand das gewaltsame, auf einem späteren Entschluss beruhende Vorgehen nicht in eine einzige materiell-rechtliche Tat einbinden kann.[273]

b) Auswirkungen auf andere Delikte. Die Verurteilung wegen BtM-Besitzes kann sich vor allem auf die Verfolgung von Straßenverkehrsdelikten auswirken, da sie die Strafklage hinsichtlich einer Drogenfahrt verbraucht, wenn bei einer Fahrzeugkontrolle im Zusammenhang mit der Feststellung einer solchen Fahrt BtM aufgefunden werden;[274] dies gilt auch, wenn das BtM-Verfahren nach § 153a StPO eingestellt wurde.[275] Eine abweichende Auffassung hierzu vertritt das OLG Schleswig[276] für den Fall, dass nicht Tateinheit (§ 21 Abs. 1 S. 1 OWiG) vorliegt, wozu die Gleichzeitigkeit von Geschehensabläufen, die Verfolgung eines Endzwecks oder eine Mittel-Zweckverknüpfung allein nicht ausreichen.

3. Verurteilung wegen anderer Straftaten. a) Ladendiebstahl. Wer in einem Laden Handys stiehlt und dabei im Besitz von BtM ist, kann nach Verurteilung wegen des Dieb-

1157

1158

1159

---

[267] BayObLG 28.5.2001 – 4St RR 67/01, NStZ-RR 2002, 129 (bei *Kotz/Rahlf*); OLG Karlsruhe 9.10.1997 – 2 Ss 175/97, StV 1998, 28; OLG Koblenz 18.10.1976 – 2 Ss 473/76.

[268] OLG Hamm 22.6.2010 – III-2 RVs 31/10, BeckRS 2010, 19467 zum Handeltreiben.

[269] BayObLG 28.6.2002 – 4St RR 61/02; OLG Karlsruhe 9.10.1997 – 2 Ss 175/97, NStZ-RR 1998, 80.

[270] OLG Zweibrücken 14.5.1992 – 1 Ss 34/92, MDR 1993, 72.

[271] KPV/*Patzak* Teil 13 Rn. 113.

[272] OLG Koblenz 27.4.2005 – 1 Ss 121/05.

[273] BGH 1.10.1997 – 2 StR 520/96, BGHSt 43, 252 = NJW 1998, 168 mAnm *Erb* NStZ 1998, 253.

[274] OLG Köln 5.10.2004 – 8 Ss-OWi 25/04, NZV 2005, 210.

[275] OLG Braunschweig 14.8.2001 – Ss 196/01 – 2 II 114, StV 2002, 240.

[276] OLG Schleswig 5.5.2004 – 1 Ss OWi 86/04 (58/04), SchlHA 2005, 331; so auch LG München II 8.2.2001 – 1 Qs 20/01, NZV 2001, 359.

stahls wegen des unerlaubten Rauschgiftbesitzes nicht neuerlich verurteilt werden, wenn er den Diebstahl begangen hat, um die aus dem Drogenerwerb resultierenden Kaufpreisschulden zu begleichen.[277]

1160 **b) Anderweitig strafbarer Besitz.** Nicht nur der unerlaubte Besitz von BtM steht unter Strafe; eine Reihe von Tatbeständen des Nebenstrafrechts sehen auch für das Besitzen anderer Gegenstände eine Strafbarkeit vor. Da zwischen dem Verstoß gegen das WaffG (Besitz eines Schlagringes) und der Tat des bewaffneten HT mit BtM in nicht geringer Menge Tateinheit besteht, liegt eine Tat im prozessualen Sinn nach § 264 StPO vor, so dass eine vorhergehende Verurteilung wegen Verstoßes gegen das WaffG zum Strafklageverbrauch führt.[278] Eine frühere Verurteilung wegen des Besitzes explosionsgefährlicher Stoffe nach dem SprengG umfasst dagegen regelmäßig nicht den zeitgleichen Besitz von BtM; es liegen insofern zwei Taten im prozessualen Sinne vor.[279]

1161 **c) Verurteilung wegen Straßenverkehrsdelikten.** Wird zunächst eine Drogenfahrt (§§ 315c, 316 StGB, 24a StVG) abgeurteilt, führt dies nicht zum Strafklageverbrauch wegen gleichzeitigen BtM-Besitzes, wenn das Mitsichführen der BtM in keinem inneren Beziehungs- bzw. Bedingungszusammenhang mit dem Fahrvorgang steht.[280] Etwas anderes gilt aber dann, wenn die Fahrt gerade dem Transport der BtM dient, also etwa den Zweck verfolgt, diese an einen sicheren Ort zu bringen.[281]

X. Rechtsfolgen

1162 **1. Strafzumessung.** Zur Bestimmung des Schuldumfangs, dh um zu einer schuldangemessenen Strafe gelangen zu können, sind generell Feststellungen zur **Art** des BtM, der erworbenen (Mindest-)**Menge** und der nach dem Wirkstoffgehalt zu bestimmenden **Qualität** unentbehrlich.[282]

1163 **a) Strafrahmenwahl.** Der (Normal-)Strafrahmen reicht von Geldstrafe bis zu fünf Jahren Freiheitsstrafe, in besonders schweren Fällen (Abs. 3) von einem bis 15 Jahren Freiheitsstrafe (§ 38 Abs. 2 StGB). Neben der Strafe kann gem. § 34 Führungsaufsicht (§ 68 Abs. 1 StGB) angeordnet werden. Das Gesetz nennt keinen besonders schweren Fall. Einen **unbenannten besonders schweren Fall** des unerlaubten Besitzes hat das *AG Bitburg*[283] darin gesehen, dass eine Frau auf ihrem Balkon Cannabispflanzen züchtete und dabei billigend in Kauf nahm, dass sich ihre minderjährigen Kinder und andere Jugendliche von diesem „Vorrat" bedienten. Durch die Verwirklichung des Besitztatbestandes erscheinen im Übrigen Fallgestaltungen schwerlich vorstellbar, die sich von ihrem erhöhten Schuldgehalt mit der Gewerbsmäßigkeit oder der Gesundheitsgefährdung mehrerer Menschen vergleichen lassen. **Anhaltspunkte für die Wahl des Sonderstrafrahmens** ergeben sich – wenn überhaupt – aus dem Rekurs auf den (beispielhaften) Katalog des Art. 3 Abs. 5 Übk. 1988. Danach kommen für einen unbenannten besonders schweren Fall die Tatbegehung in einer

[277] OLG Braunschweig 19.1.2001 – 1 Ss (S) 65/00, StV 2002, 241.
[278] OLG Frankfurt a. M. 14.8.2008 – 1 Ss 138/08, NStZ-RR 2009, 228 (bei *Kotz/Rahlf*) = StRR 2009, 115.
[279] KG 27.7.2007 – (4) 1 Ss 496/06 (249/06), NStZ-RR 2008, 48.
[280] BGH 27.4.2004 – 1 StR 466/03, NStZ 2004, 694; KG 11.11.2011 – (4) 1 Ss 334/11 (270/11), NStZ-RR 2012, 155; vgl. auch BVerfG 16.3.2006 – 2 BvR 111/06, BeckRS 2006, 22726 = BVerfGK 7, 417.
[281] BGH 8.6.2011 – 4 StR 209/11, NJW-Spezial 2011, 489 mAnm *Deutscher* StRR 2011, 315; 5.3.2009 – 3 StR 566/08, NStZ 2009, 705.
[282] BGH 1.11.1995 – 5 StR 518/95; 19.12.1995 – 4 StR 699/95; 16.7.1998 – 4 StR 174/98; 9.3.1999 – 1 StR 4/99, BeckRS 2001, 30200596; 14.4.1999 – 3 StR 22/99, NStZ 2000, 95 mAnm *Körner;* 16.2.2000 – 2 StR 532/99, BeckRS 2000, 313 57964; 18.7.2000 – 4 StR 258/00, BeckRS 2000, 30122900; 20.3.2001 – 1 StR 12/01, BeckRS 2001, 30168508; 9.5.2001 – 3 StR 36/01, BeckRS 2001, 30179486; 15.5.2001 – 3 StR 142/01, BeckRS 2001, 30180453. Vgl. auch KPV/*Patzak* Teil 13 Rn. 73 ff.
[283] AG Bitburg 5.9.2007 – 8004 Js 6501/06.3 Ls, NStZ 2008, 472.

Schule oder Hochschule[284] oder durch Inanspruchnahme von Diensten Minderjähriger[285] in Betracht.

b) Strafzumessung im engeren Sinn. Auf der Skala der in Abs. 1 S. 1 mit Strafe **1164** bedrohten Tathandlungen nimmt der unerlaubte Besitz von der **Wertigkeit der Delinquenz** her gesehen als konsumorientierte Begehungsform in der Regel einen unter den Weitergabedelikten liegenden Schweregrad ein.[286]

aa) Strafmilderungserwägungen. Der **Besitz zum Eigenverbrauch** ist gegenüber **1165** den Tatbeständen des BtM-Strafrechts, welche die Weitergabe von BtM voraussetzen, **erheblich milder** zu beurteilen,[287] da mit der Tatbestandsverwirklichung nicht zwangsläufig eine entsprechende Gefahr für andere Personen verbunden ist, weshalb diese Begehungsform je nach Sachlage des Einzelfalles im Unrechtsgehalt hinter dem des Handeltreibens zurückbleibt.[288] Dies gilt auch für den Qualifikationstatbestand des § 29a Abs. 1 Nr. 2.[289] Aber auch die Einfuhr oder das Herstellen von BtM stellen die jeweils schwerere Deliktsvariante innerhalb desselben Tatbestandes dar[290] mit der Folge, dass BtM-Besitz mit seinem Unwertgehalt hinter ihnen zurücktritt. Aus der bloßen Tatbegehung kann gerade beim Besitz von BtM zum Eigenverbrauch schwerlich auf eine rechtsfeindliche Einstellung des Täters geschlossen werden.[291] Es handelt sich dabei um keine erhebliche Straftat iS von § 64 StGB, weil bloße Selbstgefährdung der Erheblichkeit entgegensteht.[292]

Die **Gefährlichkeit der Droge** darf beim Besitz zum Eigenverbrauch nicht strafschär- **1166** fend gewertet werden, da es sich insoweit lediglich um Selbstgefährdung handelt.[293] Besitzt ein Täter Rauschgift zum Eigenverbrauch, so darf jedenfalls die rein abstrakte Möglichkeit der Weitergabe an Dritte und damit die Gefährlichkeit der jeweiligen Droge dann nicht straferschwerend berücksichtigt werden, wenn keinerlei Anhaltspunkte für einen Sinneswandel des Täters erkennbar sind.[294] Dies gilt auch, wenn im Rahmen des Jugendstrafrechts zu prüfen ist, ob schädliche Neigungen vorliegen.[295] Allerdings darf der Jugendrichter schädliche Neigungen wegen des Verharmlosens des Haschischgenusses und wegen des fehlenden Umdenkungsprozesses durch den Angeklagten noch zur Zeit der Hauptverhandlung als „Bedenkenlosigkeit des Angeklagten zu seinen Straftaten" ansehen.[296] Bei **tatmehrheitlicher Verurteilung** unter Einbeziehung einer Verurteilung wegen eines BtM-Verstoßes zum Zweck des Eigenverbrauchs muss das Urteil bei der Frage einer **Gesamtstrafenbildung** erkennen lassen, dass sich der Tatrichter der in § 53 Abs. 2 S. 2 StGB eingeräumten Möglichkeit bewusst war, auf Geldstrafe(n) auch gesondert erkennen zu können.[297]

Das aktive Hinwirken eines V-Mannes auf ein BtM-Geschäft (Tatprovokation) ist ein **1167** wesentlicher Strafzumessungsgrund (u.U. begründet es sogar ein Verfahrenshindernis, → § 29 Rn. 590). zumindest dann, wenn es um den Besitz der Drogen geht; betrifft es dagegen allein den Absatz, hat es geringeres Gewicht.[298]

---

[284] Vgl. Art. 3 Abs. 5 Buchst. g Übk. 1988.

[285] Vgl. Art. 3 Abs. 5 Buchst. f Übk. 1988.

[286] BGH 9.3.1999 – 1 StR 4/99, BeckRS 1999, 30050234; BayObLG 30.6.1998 – 4St RR 91/98, NStZ-RR 1999, 59.

[287] BayObLG 25.11.1991 – RReg 4 St 191/91.

[288] BGH 2.9.1981 – 2 StR 166/81; 9.3.1999 – 1 StR 4/99, BeckRS 1999, 30050234.

[289] BGH 21.2.1996 – 5 StR 15/96.

[290] BGH 22.8.2001 – 1 StR 339/01, BeckRS 2001, 30200596 zum Verhältnis von Anbau und Handeltreiben.

[291] BayObLG 21.1.1991 – RReg 4 St 219/90.

[292] BayObLG 10.2.1994 – 4St RR 9/94.

[293] BayObLG 4.10.1989 – RReg 4 St 209/89; 22.7.1993 – 4St RR 60/93.

[294] BayObLG 2.10.1997 – 4St RR 214/97, NJW 1998, 769; B 30.6.1998 – 4St RR 91/98, NStZ-RR 1999, 59.

[295] OLG Zweibrücken 24.2.1989 – 1 Ss 22/89.

[296] BayObLG 3.4.1996 – 4St RR 55/96.

[297] BayObLG 10.4.2000 – 4St RR 44/00.

[298] BGH 12.1.1995 – 4 StR 757/94, StV 1995, 247.

1168　　**bb) Strafschärfungserwägungen.** Außerhalb des Besitzes zum Eigenverbrauch gelten die allgemeinen Erwägungen zur Strafschärfung bei BtM-Straftaten, insbesondere die Art des BtM, seine Menge, ein hoher Wirkstoffanteil, besondere Begehungsweisen usw. Anhaltspunkte für einen Sinneswandel des ursprünglich nur zum Eigenverbrauch Besitzenden sind gegeben, wenn der Angeklagte tatsächlich auch Beihilfe zum unerlaubten Handeltreiben geleistet hat und deswegen hätte verurteilt werden müssen. In einem solchen Fall darf strafschärfend ohne Verstoß gegen § 46 Abs. 3 StGB berücksichtigt werden, dass es sich bei Heroin um ein besonders gefährliches BtM handelt.[299]

1169　　**2. Absehen von Strafe.** Nach Abs. 5 kann das Gericht bei Besitz einer geringen Menge zum Eigenverbrauch von Strafe absehen. Wird dem Angeklagten der unerlaubte Besitz einer geringen Menge von BtM vorgeworfen, muss sich der Tatrichter im Urteil mit der Vorschrift des Abs. 5 auseinandersetzen.[300] Weder ein früherer Drogenkonsum noch das Vorliegen von Vorstrafen schließt die Anwendbarkeit der Vorschrift aus.[301] Die Tatsache, dass der Tatbestand in einer **JVA** erfüllt wurde, steht der Anwendung des Abs. 5 grundsätzlich nicht entgegen. Auch unter den besonderen Lebensbedingungen im Strafvollzug gilt, dass diejenigen Tatbestände wie Erwerb und Besitz von BtM zum Eigenverbrauch, die lediglich die abstrakte Gefahr der Weitergabe begründen, wesentlich weniger schwer zu bewerten sind als diejenigen, die deren Weitergabe voraussetzen.[302] Vermag das Gericht nicht von Strafe abzusehen, kann das verfassungsrechtlich verankerte Übermaßverbot die Verhängung einer Geldstrafe anstelle einer kurzfristigen Freiheitsstrafe[303] oder zumindest der gesetzlichen Mindeststrafe[304] gebieten.

1170　　**3. Einstellung.** In Fällen fürsorglicher Ansichnahme von BtM (→ Rn. 1137 f.) sollte bereits ein eingeleitetes Ermittlungsverfahren nach § 170 Abs. 2, ungünstigstenfalls nach § 153 StPO eingestellt werden. Erhebt die Staatsanwaltschaft Anklage, drängt sich eine derartige Sachbehandlung in der Hauptverhandlung auf.

1171　　**4. Einziehung, Verfall; Entziehung der Fahrerlaubnis.** Zu Einziehung und Verfall siehe unten die Erläuterungen zu § 33, insb. → § 33 Rn. 6–7. Zur Entziehung der Fahrerlaubnis → § 29 Rn. 121 „Anbauen".

13. Kapitel. Durchführen (Abs. 1 S. 1 Nr. 5)

Schrifttum: *Nestler*, Grundlagen und Kritik des Betäubungsmittelstrafrechts, in *Kreuzer*, Handbuch des Betäubungsmittelrechts, 1998, § 11 (S. 702 ff.); *Stange*, Einfuhr von Betäubungsmitteln in nicht geringen Mengen, StraFo 2004, 19.

Übersicht

---

[299]　BGH 22.1.1998 – 4 StR 393/97, NStZ-RR 1998, 148.
[300]　BayObLG 9.7.1993 – 4St RR 107/93.
[301]　BayObLG 14.12.1990 – RReg 4 St 202/90.
[302]　BayObLG 8.7.1994 – 4St RR 75/94.
[303]　OLG Karlsruhe 23.2.1996 – 1 Ss 243/95, StV 1996, 675; 14.4.2003 – 3 Ss 54/03, NJW 2003, 1825.
[304]　OLG Oldenburg 11.12.2009 – 1 Ss 197/09, BeckRS 2010, 03827 = NStZ-RR 2010, 227 (bei *Kotz/Rahlf*).

A. Überblick

I. Rechtliche Einordnung

Obgleich jede Durchfuhr eine objektive Ein- und Ausfuhr voraussetzt, braucht es im **1172** Falle einer „echten" Durchfuhr keiner Erlaubnis des BfArM gem. § 3, da diese Umgangsform nicht verboten ist. Stattdessen stellt § 11 (den Begriff konkretisierend) besondere Anforderungen an den Durchfuhrakt, während § 29 Abs. 1 S. 1 Nr. 5 Verstöße hiergegen unter Strafe stellt. Die im Gesetz angelegte Differenzierung macht im Hinblick auf die angestrebte Einheitlichkeit der internationalen Drogenbekämpfung wenig Sinn und führt ohne Not zu systematischen Friktionen (was sich v.a. in der Strafschärfung einzelner Transitbegehungsformen niederschlägt, → Vor § 29a Rn. 20 f.).

1. Deliktsnatur. Der Tatbestand ist – wie die Einfuhr – Erfolgsdelikt[1] und im Hinblick **1173** auf das Rechtsgut abstraktes Gefährdungsdelikt.

2. Verfassungsmäßigkeit. Gegen die Strafvorschrift des Durchführens entgegen § 11 **1174** Abs. 1 S. 2 ist verfassungsrechtlich nichts zu erinnern; jedenfalls ist sie nicht wesentlich problematischer als zahlreiche andere Strafvorschriften des BtMG, zumal sie idealtypisch den legalen BtM-Verkehr betrifft (und insofern auch nicht in den Qualifikationstatbeständen auftaucht). Die Gründe, die für die Verfassungsmäßigkeit der Strafvorschriften des BtMG über den unerlaubten Umgang mit Cannabisprodukten sprechen,[2] gelten auch für den vorliegenden Tatbestand.

II. Kriminalpolitische Bedeutung

Die Vorschrift ist nur von geringer praktischer Bedeutung.[3]   **1175**

III. Rechtsentwicklung

1. Einfluss internationaler Abkommen. Im Übk. 1961 verpflichteten sich die Ver- **1176** tragsstaaten die erforderlichen Maßnahmen zu treffen, um jedes gegen dieses Übereinkommen verstoßende … Durchführen …, mit Strafe zu bedrohen sowie schwere Verstöße angemessen zu ahnden (Art. 36 Abs. 1 Buchst. a). Das Übk. 1971 erwartete von den Vertragsparteien, die Möglichkeit die Durchfuhr von BtM nur unter besonderen Voraussetzungen zu gestatten (Art. 12 Abs. 3 Buchst. e–i) und Verstöße dagegen unter Strafe zu stellen

---

[1] *Weber* Rn. 1266.
[2] BVerfG 9.3.1994 – 2 BvL 43/92 ua, BVerfGE 90, 145 = NJW 1994, 1577; BGH 3.2.1995 – 4 StR 773/94, NStZ 1995, 350; 25.8.1992 – 1 StR 362/92, BGHSt 38, 339 = NJW 1992, 2975; Anm. *Schneider* StV 1992, 513 für den Erwerbstatbestand.
[3] BT-Drs. 11/4329, 13.

(Art. 22 Abs. 1a). Das Übk. 1988 enthält in Art. 3 Abs. 1 Buchst. a Ziffer i die Verpflichtung für jede Vertragspartei, das Versenden – auch im Transit – … von Suchstoffen oder psychotropen Stoffen entgegen Übk. 1961 und Übk. 1971, als Straftat zu erfassen.

1177   **2. Innerstaatliches Recht.** Nach § 9 OpiumG 1929 war das Durchführen von zubereitetem Opium, Droß und anderen Rückständen des Rauchopiums verboten und gem. § 10 Abs. 1 Nr. 4 mit Strafe bedroht. Das BtMG 1972 stellte in § 11 Abs. 1 Nr. 2 unter Strafe, wenn BtM durch das deutsche Zollgebiet ohne zollamtliche Überwachung durchgeführt wurden. Durch das BtMG 1982 erhielt die Vorschrift ihre ursprüngliche Fassung. Seit Inkrafttreten der 4. BtMÄndV[4] gelten auch für ausgenommene Zubereitungen die betäubungsmittelrechtlichen Vorschriften über die Durchfuhr, woraus der *BGH*[5] gefolgert hat, dass dies auch die Anwendbarkeit der §§ 29 ff. umfasst.[6] Das OrgKG erweiterte den Strafrahmen nach Abs. 1 auf „bis zu fünf Jahre".

B. Erläuterung

I. Geltungsbereich

1178   **1. Inlands-/Auslandtaten.** Inlandstaten unterliegen dem BtM-Strafrecht unabhängig davon, welcher Nationalität der Täter ist. Wer als **Gehilfe ausschließlich im Ausland** handelt, begeht nach § 9 Abs. 2 Satz 1 StGB eine Straftat im Inland, wenn die Haupttat nach § 9 Abs. 1 StGB im Inland begangen wurde,[7] was bei der Durchfuhr durch die Bundesrepublik Deutschland stets der Fall ist. Wer **BtM durch ausländisches Hoheitsgebiet** in das eines anderen Staates verbringt, macht sich nicht nach deutschem Recht wegen Durchfuhr strafbar, weil der Geltungsbereich des BtMG nicht berührt wird. Auch die Vorschrift des § 6 Nr. 5 StGB[8] gibt keinen Anlass zur erweiterten Auslegung des Durchfuhrtatbestandes. Allein durch die Pönalisierung des Handeltreibens mit BtM wird eine ausreichend effektive Umsetzung des Weltrechtsprinzips im innerdeutschen Strafrecht realisiert.[9]

1179   **2. Mehrfachverfolgung.** Hinsichtlich des Begriffs „derselben Tat" und dem sich daraus abzuleitenden Verbot der Mehrfachverfolgung innerhalb des Geltungsbereichs des SDÜ und des Unionsrechts wird auf → Vor § 29 Rn. 166 ff. verwiesen.

II. Objektiver Tatbestand

1180   Durchfuhr setzt sich aus **drei Akten** zusammen, nämlich der Verbringung ins Inland, der dortigen unverzüglichen Beförderung (des Umschlags) und der Verbringung ins Ausland.[10]

1181   **1. Begriff des Durchführens.** BtM dürfen in Ansehung von § 11 Abs. 1 S. 2 durch den Geltungsbereich dieses Gesetzes nur unter zollamtlicher Überwachung ohne weiteren als den durch die Beförderung oder den Umschlag bedingten Aufenthalt und **ohne,** dass das BtM zu irgendeinem Zeitpunkt während des Verbringens dem Durchführenden oder einer dritten Person **tatsächlich zur Verfügung** steht, durchgeführt werden.[11] Zur Abgrenzung von Ein- und Durchfuhr, → Rn. 1185 sowie → Rn. 721 ff.

---

[4] → Vor § 1 Rn. 91.
[5] BGH 2.10.2010 – 1 StR 581/09, BGHSt 56, 52 = NJW 2011, 1462 m. abl. Anm. *Kotz* NStZ 2011, 463; die ua auf Verletzung von Art. 103 Abs. 2 GG gestützte Verfassungsbeschwerde hat das BVerfG 28.3.2012 – 2 BvR 367/11 ua, – ohne Begründung – nicht zur Entscheidung angenommen.
[6] Zur Kritik → § 2 Rn. 27; § 29 Kap. 5 Rn. 775 f.
[7] BGH 7.11.1984 – 2 StR 477/84.
[8] → Vor § 29 Rn. 122.
[9] BGH 22.11.1999 – 5 StR 493/99, NStZ 2000, 150.
[10] BGH 4.5.1983 – 2 StR 661/82, BGHSt 31, 374 = NJW 1983, 1985; s. a. → § 11 Rn. 10 ff.
[11] → § 11 Rn. 13 ff.

a) Geltungsbereich des Gesetzes. Geltungsbereich des Gesetzes ist das Hoheitsgebiet   **1182**
der Bundesrepublik Deutschland. Zur Erweiterung des Geltungsbereichs durch zollrechtliche Vorschriften wird auf die Ausführungen zu § 2 verwiesen.

b) Einzelakte der Durchfuhr. Für das Verbringen ins Inland gelten die Kriterien der   **1183**
Einfuhr.[12] Zur unverzüglichen Beförderung (des Umschlags) im Inland wird auf die Ausfüh-
rungen zu § 11 Bezug genommen.[13] Für das Verbringen ins Ausland gelten die umgekehrten
Kriterien wie bei der Einfuhr.

c) Zollamtliche Überwachung. Entgegen § 11 Abs. 1 S. 2 führt insoweit durch, wer   **1184**
die Durchfuhr ohne zollamtliche Überwachung bewerkstelligt oder diese umgeht oder
unmöglich macht.[14] Die Pflicht zur zollamtlichen Überwachung entfällt beim BtM-Verkehr
mit einem Mitgliedstaat der Europäischen Union (§ 13 Abs. 1 S. 3 BtMAHV), also wenn
entweder der Einfuhr- oder der Ausfuhrstaat der EU angehört.

d) Kein tatsächliches Zur-Verfügung-Stehen. Während der Aufenthaltsdauer des   **1185**
BtM in der Bundesrepublik darf es zu keinem Zeitpunkt dem Durchführenden oder einer
dritten Person **tatsächlich zur Verfügung stehen**.[15] Dabei handelt es sich um das **Tatbestandsmerkmal**,[16] das die Durchfuhr von der Einfuhr abgrenzt.[17]

e) Körperschmuggelfälle. Nach der **hier vertretenen Auffassung** ist in der Regel   **1186**
wegen **versuchter Durchfuhr** (und wegen Besitzes) zu bestrafen, wer BtM im Magen-
oder Darmtrakt oder als Implantat unter der Haut bei sich führt, wenn sie ihm nach den
organisatorischen oder medizinischen Gegebenheiten während des Transitaufenthalts nicht
tatsächlich zur Verfügung stehen. Die hM nimmt bei Körperschmugglern pauschal eine
Verfügungsmacht und somit eine Einfuhr an (zum Ganzen → § 29 Rn. 724).

2. Tatobjekte. Tatobjekte sind die als BtM in den Anlagen I bis III aufgeführten Stoffe.   **1187**

III. Subjektiver Tatbestand

Auf der inneren Tatseite setzt die Strafbarkeit nach Nr. 5 entweder Vorsatz oder Fahrläs-   **1188**
sigkeit (Abs. 4) voraus. Bedingter Vorsatz reicht jeweils aus.[18]

1. Vorsatz. Zu den einzelnen Elementen des Durchfuhrvorsatzes gelten die Ausführun-   **1189**
gen zum Einfuhrvorsatz[19] sinngemäß. Beim BtM-Verkehr mit Nichtmitgliedstaaten der
EU muss sich der Vorsatz auch auf das Fehlen, Umgehen oder Unmöglichmachen der
zollamtlichen Überwachung erstrecken. Daneben muss der Täter wissen (für möglich halten), dass der Aufenthalt im Inland länger, als es zur unverzüglichen Beförderung (des
Umschlags) erforderlich ist, andauert und/oder dass ihm die BtM tatsächlich zur Verfügung
stehen. Für **Körperschmuggelfälle** folgt daraus nach der **hier vertretenen Auffassung**
(→ Rn. 725), dass stets Durchfuhrvorsatz anzunehmen ist, wenn sich der Täter außerstande
sieht, die im Körper befindlichen BtM während der Dauer des Zwischenaufenthalts zu
exkorporieren.

2. Irrtumskonstellationen. Zu den möglichen Irrtumskonstellationen in Bezug auf   **1190**
Art und Eigenschaft des BtM wird auf die Ausführungen Vor § 29,[20] zu Irrtumsfragen in
Zusammenhang mit der Erlaubnis auf die Erläuterungen zu § 3[21] verwiesen.

---

[12] → § 2 Rn. 54 ff.
[13] → § 11 Rn. 10 ff.
[14] *Joachimski/Haumer* Rn. 166; *Körner/Patzak* Teil 14 Rn. 9; *Weber* § 11 Rn. 12.
[15] → § 11 Rn. 13.
[16] BGH 4.5.1983 – 2 StR 661/82, BGHSt 31, 374 = NJW 1983, 1985.
[17] *Stange* StraFo 2004, 198 ff. (200).
[18] *Weber* Rn. 1274.
[19] → Rn. 653 f.
[20] → Vor § 29 Rn. 78 ff.
[21] → § 3 Rn. 42.

1191 Der Irrtum darüber, dass die BtM-Lieferung den **Geltungsbereich des BtMG** berührt, weil es entgegen der Vorstellung des Täters auf deutsches Hoheitsgebiet gelangte, ist Tatbestandsirrtum. Der Einfuhrvorsatz ist auch ausgeschlossen, wenn der Täter irrtümlich annimmt, das BtM stehe ihm während des Zwischenaufenthalts gar nicht tatsächlich zur Verfügung.

1192 **3. Fahrlässigkeit.** Zur Fahrlässigkeit gelten die Ausführungen zur Einfuhr[22] sinngemäß. So kann es in sog Kofferträgerfällen, in denen Reisende in einem BtM-Ursprungsland gebeten werden, auf ihrer durch die Bundesrepublik Deutschland führenden Heimreise gefälligkeitshalber einen Koffer mitzunehmen,[23] zur fahrlässigen Durchfuhr kommen.

IV. Täterschaft, Teilnahme

1193 Die Fragen nach Täterschaft, Anstiftung und Beihilfe sind zunächst nach den allgemeinen Kriterien zu beurteilen. Es gelten die im Rahmen der Ein- und Ausfuhr dargestellten Besonderheiten je nach Transportart.[24] **Mittelbare Täterschaft** kann bei Durchfuhr mittels Versendung in Betracht kommen, setzt aber voraus, dass der Vorsatz den Versandweg über die Bundesrepublik Deutschland mit umfasst.

V. Deliktsverwirklichungsstufen

1194 **1. Versuch.** Der Versuch ist strafbar (Abs. 2). Zur Abgrenzung der straflosen Vorbereitung vom Versuch gelten die Erläuterungen zur Ausfuhr[25] sinngemäß.

1195 Fehlt es in den sog **Transitfällen** objektiv an der Möglichkeit, über das Mitgeführte BtM verfügen zu können und macht sich der Transitreisende darüber keine Gedanken, liegt versuchte Durchfuhr vor.[26]

1196 **2. Vollendung und Beendigung.** Die Durchfuhr ist **vollendet,** wenn die BtM das Hoheitsgebiet (den Luftraum) der Bundesrepublik Deutschland verlassen haben.[27] **Beendet** ist die Tat, wenn die BtM (wieder) außerhalb des Geltungsbereichs des BtMG zur Ruhe gekommen sind.[28]

VI. Qualifikationen

1197 In § 29a Abs. 1 Nr. 2 ist die Durchfuhr nicht aufgeführt. Gleichwohl findet sich eine Tenor-Entscheidung des BGH,[29] mit der der Schuldspruch der Beihilfe zum unerlaubten Handeltreiben[30] um „*Tateinheit mit versuchter Durchfuhr von Betäubungsmitteln* **in nicht geringer Menge**" erweitert wurde. Es bleibt zu hoffen, dass es sich insoweit um ein – auf dem fehlerhaften Antrag des GBA beruhendes – Schreibversehen handelt.

VII. Konkurrenzen

1198 **1. BtM-Straftaten: Ein- und Ausfuhr.** Gegenüber Ein- und Ausfuhr ist Nr. 5 lex specialis[31] und entfaltet insoweit gegenüber diesen Tatbeständen der Nr. 1 Sperrwirkung. Dies gilt auch für die Verbrechenstatbestände der §§ 30 Abs. 1 Nr. 4, 30a. Befördert der Täter BtM sowohl im Hand- wie auch im Reisegepäck, wobei ihm letzteres während

---

[22] → Rn. 655.
[23] BGH 4.3.1986 – 1 StR 26/86, NStZ 1986, 462.
[24] → Rn. 657 ff.
[25] → Rn. 789.
[26] BGH 7.11.1984 – 2 StR 592/84, StV 1985, 14.
[27] BGH 16.1.1974 – 2 StR 514/73, BGHSt 25, 385 = BeckRS 1974, 30382411; 4.5.1983 – 2 StR 661/82, BGHSt 31, 374 = NJW 1983, 1985; aA *Joachimski/Haumer* Rn. 169.
[28] *Joachimski/Haumer* Rn. 169; *Weber* Rn. 1270.
[29] BGH 21.4.2011 – 2 StR 113/11.
[30] LG Frankfurt a. M. 19.1.2011 – 5/06 KLs – 5150 Js 2365993/10 (40/10).
[31] *Joachimski/Haumer* Rn. 174; *Weber* Rn. 1279.

des Zwischenaufenthalts nicht tatsächlich zur Verfügung steht, besteht zwischen Einfuhr (Handgepäck) und Durchfuhr (Reisegepäck) Tateinheit.[32] **Handeltreiben:** Dient die Durchfuhr dem unerlaubten Handeltreiben, so geht sie als dessen unselbstständiger Teilakt darin auf.[33] Zwischen **Beihilfe** zum **unerlaubten Handeltreiben** und Durchfuhr besteht Tateinheit.[34] Treffen Beihilfe zum unerlaubten Handeltreiben und **Beihilfe zur Durchfuhr** aufeinander, so geht die Beihilfe zu Nr. 5 in derjenigen zu Nr. 1 auf.[35] **Besitz:** Gegenüber dem unerlaubten Besitz besteht ebenfalls die Sperrwirkung der spezialgesetzlichen Regelung, da derjenige, der mit oder ohne zollamtliche Überwachung BtM durchführt, gerade keiner Erlaubnis bedarf.[36] Dies gilt auch für den Verbrechenstatbestand des § 29a Abs. 1 Nr. 2, dessen Mindeststrafdrohung jedoch zu berücksichtigen ist.

2. Straftaten anderer Rechtsgebiete. Konkurrenz mit **Geldwäsche** ist möglich, und **1199** zwar auch in Bezug auf die durchgeführten BtM.[37] **Waffendelikte:** Bei gleichzeitiger Durchfuhr von Waffen und BtM wird die Strafklage wegen des BtM-Delikts durch einen Strafbefehl wegen Besitzes der ausgeführten Waffe verbraucht.[38]

VIII. Rechtsfolgen

1. Strafzumessung. Regelfolgen sind Freiheitsstrafe bis zu fünf Jahren oder Geldstrafe **1200** (Abs. 1), bei einer Fahrlässigkeitstat Freiheitsstrafe bis zu einem Jahr oder Geldstrafe (Abs. 4). Durchfuhr wird für das Rechtsgut der Volksgesundheit weit **weniger gefährlich als zB die Einfuhr**[39] gesehen mit der Folge, dass der Unrechtsgehalt der Tat sowohl unter dem der Weitergabedelikte als auch unter dem der Einfuhr einzustufen ist. Allerdings kann es **nicht als Strafmilderungsgrund** angesehen werden, dass das Rauschgift „nicht für den deutschen Markt bestimmt" war.[40] Zur **Bestimmung des Schuldumfangs,** dh um zu einer schuldangemessenen Strafe gelangen zu können, sind insbesondere auch im Fall der Durchfuhr Feststellungen zur **Art** des BtM, der erworbenen (Mindest-)**Menge** und der nach dem Wirkstoffgehalt zu bestimmenden **Qualität** unentbehrlich.[41] Wird eine nicht geringe Menge BtM **im Körper geschmuggelt,** verdrängt Nr. 5 als *lex specialis* zwar § 29a Abs. 1 Nr. 2 als Strafnorm für den unerlaubten Besitz von BtM in nicht geringer Menge (→ Rn. 1257a); diese entfaltet bei der Strafzumessung jedoch ihrerseits eine Sperrwirkung mit der Folge, dass die Mindestfreiheitsstrafe für Durchfuhr ein Jahr beträgt.[42]

2. Strafrahmenwahl/Strafzumessung im engeren Sinn. Zur Strafrahmenwahl, ins- **1201** besondere zu den **Regelbeispielen** und zur Strafzumessung im engeren Sinn wird auf die Erläuterungen zur Einfuhr[43] verwiesen.

3. Absehen von Strafe oder Strafverfolgung. Nach Abs. 5 kann das Gericht bei **1202** Durchfuhr einer geringen Menge zum Eigenverbrauch von Strafe absehen; für das Ermittlungsverfahren gilt dies nach § 31a auch für die Staatsanwaltschaft. Wird dem Angeklagten Durchfuhr einer geringen Menge von BtM vorgeworfen, muss sich der Tatrichter im Urteil mit der Vorschrift des Abs. 5 auseinandersetzen.[44] Weder ein früherer Drogenkonsum noch

---

[32] BGH 16.1.1974 – 2 StR 514/73, BGHSt 25, 385 = BeckRS 1974, 30382411.
[33] BGH 21.2.1974 – 1 StR 588/73, BGHSt 25, 290 = NJW 1974, 959.
[34] BGH 16.12.1983 – 2 StR 693/83, NStZ 1984, 171.
[35] BGH 24.6.1986 – 5 StR 153/86, BGHSt 34, 124 = NJW 1984, 2584.
[36] *Joachimski/Haumer* Rn. 174.
[37] → Rn. 101 ff.
[38] BGH 23.8.1988 – 1 StR 136/88, NStZ 1989, 38.
[39] *Weber* § 3 Rn. 71.
[40] BGH 6.9.1995 – 2 StR 378/95, NStZ-RR 1996, 116.
[41] BGH 15.5.2001 – 3 StR 142/01, BeckRS 2001, 30180453; 9.5.2001 – 3 StR 36/01, BeckRS 2001, 30179486; 20.3.2001 – 1 StR 12/01, BeckRS 2001, 30168508; 16.2.2000 – 2 StR 532/99, BeckRS 2000, 31357964 = StV 2000, 318; 14.4.1999 – 3 StR 22/99, NStZ 2000, 95 mAnm *Körner*.
[42] *Fischer* StGB Vor § 52 Rn. 45 mwN.
[43] → Rn. 756 ff.
[44] BayObLG 9.7.1993 – 4St RR 107/93.

das Vorliegen von Vorstrafen schließen die Anwendbarkeit der Vorschrift aus.[45] Vermag das Gericht nicht von Strafe abzusehen, kann das verfassungsrechtlich verankerte Übermaßverbot die Verhängung einer Geldstrafe anstelle einer kurzfristigen Freiheitsstrafe[46] oder zumindest der gesetzlichen Mindeststrafe[47] gebieten.

1203 **4. Einziehung und Verfall; Entziehung der Fahrerlaubnis.** Zu Einziehung und Verfall siehe unten die Erläuterungen zu § 33, insb. → § 33 Rn. 6–7; zur Entziehung der Fahrerlaubnis → Rn. 122 „Anbauen".

14. Kapitel. Verschreiben (Abs. 1 S. 1 Nr. 6 Buchst. a)

Schrifttum: *Backmund/Meyer-Thompson*, Das Substitutionsrecht auf die Füße stellen! Die BtMVV-Änderungsinitiative der DGS nimmt Fahrt auf; Suchtmedizin, 2013, 15 (2), 49; *Böllinger*, Ambulante Suchtbehandlung Heroinabhängiger durch den niedergelassenen Arzt: Macht er sich strafbar?, MedR 1989, 290; *ders.*, Strafbarkeit des Arztes nach §§ 223, 230 StGB wegen ambulanter Substitutionsbehandlung Drogenabhängiger, JA 1989, 403; *Cremer-Schaeffer*, Betäubungsmittel in der Mitte der Gesellschaft – Gefahren bei der Abgabe in Notfallsituationen für Ärzte, Patienten und Angehörige aus Sicht der Bundesopiumstelle, in *Duttge/Nauck/Weber*, Palliativmedizin und Betäubungsmittelrecht, 2013, S. 21; *Haffke*, Gesundheitsbegriff und Neokorporatismus, dargestellt am Beispiel der Auseinandersetzung über die rechtliche Zulässigkeit der Substitutionsbehandlung Drogenabhängiger, MedR 1990, 243; *Kotz*, Vom rettenden Engel zum Mörder in Weiß, StRR 2011, 84; *Köhler*, Selbstbestimmung und ärztliche Therapiefreiheit im Betäubungsmittelstrafrecht, NJW 1993, 762; *Kreuzer*, Reform des Drogenstrafrechts – Kritik des Novellierungsantrags zum Betäubungsmittelgesetz, ZRP 197, 209; *Kühne* Kein Ende der Methadon-Debatte!, NJW 1992, 1547; .

Meyer, Betäubungsmittelstrafrecht in Westeuropa, 1987; *Moll* Das Ende der (juristischen) Methadon-Debatte?, NJW 1991, 2334; *Nestler* Betäubungsmittelstrafrechtliche Risiken bei der Substitutionsbehandlung, MedR 2009, 216; *Oğlakcıoğlu*, Der Allgemeine Teil des Betäubungsmittelstrafrechts, 2013; *Oğlakcıoğlu* Tod auf Rezept – Überlegungen zur Tatbestandszurechnung bei ärztlich ermöglichtem Konsum von Betäubungsmitteln, HRRS 2013, 344; *Rissing-van Saan*, Betäubungsmittel in der Palliativmedizin – rechtliche Grundlagen und Rahmenbedingungen, in: *Duttge/Nauck/Weber*, Palliativmedizin und Betäubungsmittelrecht (2013), S. 63 (68 f.); *Ullmann*, Zur Strafverfolgung substituierender Ärzte, ASD 2014, 72; *ders./Pollähne* Substitutionsbehandlung vor dem Bundesgerichtshof, StV 2014, 632; *Weber*, Suchtmittelsubstitution in: *Roxin/Schroth*, Handbuch des Medizinstrafrechts, 4. Aufl. 2010; Vorstand der DGS, Warum das Betäubungsmittelgesetz (BtMG) aus suchtmedizinischer Sicht auf den Prüfstand gehört, ASD 2015, 149.

Übersicht

---

[45] BayObL 14.12.1990 – RReg 4 St 202/90.
[46] OLG Karlsruhe 23.2.1996 – 1 Ss 243/95, StV 1996, 675; 14.4.2003 – 3 Ss 54/03, NJW 2003, 1825.
[47] OLG Oldenburg 11.12.2009 – 1 Ss 197/09, BeckRS 2010, 03827 = NStZ-RR 2010, 227 (bei *Kotz/Rahlf*).

A. Überblick

I. Rechtliche Einordnung

1. Deliktsnatur. Unter Strafdrohung gestellt ist die Tathandlung des Verschreibens unab- **1204** hängig von einem Taterfolg. Mithin handelt es sich um ein schlichtes Tätigkeitsdelikt (auf die Einlösung des Rezepts durch den Patienten kommt es nicht an), sodass man es in Bezug auf das Rechtsgut als abstraktes Gefährdungsdelikt bezeichnen kann. Der Tatbestand ist **kein Sonderdelikt,** da er sich auch an Nichtärzte richtet (diese handeln aber – da § 13 Abs. 1 die Arzteigenschaft zwingend voraussetzt, immer entgegen § 13, sodass dies einem faktischen Umgangsverbot ohne Erlaubnisfähigkeit der konkreten Handlungsform, gleichkommt).[1]

2. Regelungsgegenstand. Strafbar ist das Verschreiben von BtM entgegen § 13 Abs. 1 **1205** (Verbotsnorm,[2] Grundtatbestand[3]). Die Vorschrift gibt subjektiv wie objektiv einen Handlungsrahmen vor, innerhalb dessen die legale Verordnung von BtM zu therapeutischen Zwecken möglich ist und befreit den Arzt insoweit von der nach § 3 für jedermann geltenden Erlaubnispflicht beim Umgang mit BtM. Es ist daher zumindest ungenau von einer „unerlaubten" Verschreibung zu sprechen. Die legalisierende Wirkung des Rezepts bleibt beim Erwerb des Patienten in der Apotheke selbst dann erhalten, wenn die Verschreibung ärztlich nicht indiziert ist (zur rechtlichen Systematik der medizinischen Versorgung im Betäubungsmittelstrafrecht → § 3 Rn. 7 sowie → § 13 Rn. 5).

Nicht nach Satz 1 Nr. 6a, sondern nach Nr. 14 zu bestrafen ist der Arzt, der **im** Rahmen **1206** einer ärztlichen Behandlung gegen Vorschriften der BtMVV verstößt.[4] Die Abgrenzung zwischen § 29 Abs. 1 S. 1 Nr. 6a einerseits und § 29 Abs. 1 S. 1 Nr. 14 ist im Detail umstritten, insb. ist unklar, inwiefern Verstöße gegen die BtMVV auch zur Verneinung einer ärztlichen Indikation bzw. einem Verstoß gegen § 13 Abs. 1 führen. Im Wesentlichen erfasst § 13 unvertretbare Diagnosen bzw. Rezeptierungen als grobe Pflichtverletzungen des Arztes, der die ihm eingeräumte Möglichkeit, Dritten BtM für den medizinischen Bedarfsfall zu überlassen, missbraucht, etwa eine vermeintliche Substitutionstherapie vorschiebend, Suchtkranken Opioide „objektiv legal" verschafft (zur Bedeutung der Substitutionstherapie in Deutschland auch → § 13 Rn. 26). Hingegen stellt die BtMVV formale Anforderungen an den Verschreibungsakt auf, die eben solch einem verantwortungslosen Verhalten des Arztes den Riegel vorschieben sollen. Gerade dieses Stufenverhältnis macht allerdings deutlich, dass rein formale Verstöße allenfalls als Ordnungswidrigkeiten geahndet werden sollten.

---

[1] KPV/*Patzak* Teil 15 Rn. 12; *Weber* Rn. 1302; *Oğlakcıoğlu,* BtMG AT, S. 50.
[2] Pfeil/Hempel/*Slotty* Rn. 198.
[3] *Weber* Rn. 1287.
[4] Fallgruppen zusammengefasst bei KPV/*Patzak* Teil 15 Rn. 17 ff.

1207   **3. Verfassungsmäßigkeit.** Der Straftatbestand der ärztlich nicht begründeten Verschreibung von BtM ist **verfassungsgemäß** (Art. 103 Abs. 2 GG). Bereits bzgl. der Vorgängervorschrift des Nr. 6a hatte das BVerfG[5] deren Vereinbarkeit mit dem GG festgestellt. Dies gilt insbesondere auch hinsichtlich der Begrenzung der Rezeptier- und Behandlungsfreiheit des Arztes, die das grundgesetzlich geschützte Recht auf freie Berufsausübung tangiert.[6] Freilich handelt es sich bei der Zuordnung eines BtM als verschreibungsfähig um eine (mehr oder weniger willkürliche) Einschränkung, was in der systematisch angreifbaren Ausnahme im Bereich der Cannabistherapie besonders deutlich wird (und sich auch darin niederschlägt, dass prinzipiell alle Opiate zur Substitution geeignet sind[7]). Jedenfalls geht es nicht an, den Arzt in einem „außerordentlichen" Verschreibungsverfahren sui generis als Vermittler zwischen Antragssteller und Bundesinstitut zwischenzuschalten. Vornehmlich die derzeitige Handhabung des § 3 BtMG, welche eine staatlich und nicht nur standesrechtlich „kontrollierte" Behandlungspraxis ermöglicht (zumindest für einen Teilbereich),[8] gehört verfassungsrechtlich eigentlich auf den Prüfstand. Mit dem Änderungsgesetz, mit dem das Cannabis-Flos verschreibungsfähig gemacht werden soll, wird diese Problematik allerdings tatsächlich kaum mehr eine Rolle spielen.

II. Kritik

1208   Die zunehmende Regulierung im Bereich der medizinischen Versorgung wird von den Interessensverbänden (mit Recht) kritisch gesehen.[9] Das weitestgehend noch nicht geklärte Verhältnis zwischen der Begründetheit einer Verschreibung und den formalen Anforderungen an die Verschreibung nach den Vorschriften der BtMVV (noch → Rn. 1223) hat bereits zu hunderten von Ermittlungsverfahren gegen substituierende Ärzte geführt.[10] Dies mindert zugleich die Bereitschaft noch nicht betroffener Ärzte, sich auf das „rechtliche Mienenfeld" der Substitution zu begeben,[11] zumal die (rechtlichen wie auch faktischen) Hürden zur Erlangung einer Substitutionsqualifikation ohnehin hoch sind. Solch eine Ausgangssituation wirkt sich freilich auch negativ auf die eigentliche Umsetzung der Substitution aus; auf ggf. besonders effektive, aber zugleich riskante Maßnahmen wird verzichtet, der Patient als potentielle Ursache einer Strafverfolgung betrachtet und die äußere Form in den Mittelpunkt gerückt, statt die Interessen des Behandelten in den Blick zu nehmen (dies gilt insb. auch für die grds. seit 2009 mögliche, aber kaum realisierbare Vergabe von Diamorphin, → § 13 Rn. 36 mwN).

1209   Auf dem 116. Deutschen Ärztetag haben die Bundesärztekammer und mehrere Fachverbände daher Vorschläge für eine Überarbeitung der rechtlichen Rahmenbedingungen unterbreitet.[12] Kritisch werden vor allem Vorschriften gesehen, welche die ärztliche Tätigkeit und die Behandlung als solche betreffen.[13] Während eindeutige Regelungen ohnehin den Handlungsspielraum der Ärzte einschränken, bleibt selbst bei auslegungsbedürftigen Erlaubnissätzen nicht viel von der Einschätzungsprärogative übrig, wenn ein Missgriff ggf. zu einer Kriminalstrafe führen kann.[14] Angesprochen ist damit nicht nur die Überregulierung im Bereich der Substitutionstherapie (vgl. hierzu noch → BtMVV Rn. 2 § 16), sondern auch die mitunter schwierige Abgrenzung zwischen ggf. zulässiger Verbrauchsüberlassung und ver-

---

[5] BVerfG 6.10.1980 – 2 BvR 894/80.
[6] *Ulsenheimer* in *Laufs/Kern*, Handbuch des Arztrechts, 4. Aufl. 2010, § 147 Rn. 3.
[7] Dennoch lässt § 5 BtMVV nur bestimmte Opiate zu, vgl. *Ullmann* ASD 2014, 72, der in diesem Zusammenhang auch kritisiert, dass das Abstinenzziel wie es in § 5 BtMVV normiert ist medizinisch nicht begründet ist.
[8] Vgl. *Rissing-van Saan* in: *Duttge/Nauck/Weber*, Palliativmedizin und Betäubungsmittelrecht, S. 63 (68 f.).
[9] Krit. insb. im Rahmen der Substitutionsbehandlung *Haffke* MedR 1990, 243.
[10] Die Rechtsprechung seit 1979 zusammenfassend *Ullmann/Pollähne* StV 2014, 632.
[11] *Ullmann* ASD 2014, 72 (74); vgl. auch vgl. Vorstand der DGS ASD 2015, 149 (150): „mit einem Bein im Gefängnis".
[12] *Backmund/Meyer-Thompson*, Suchtmedizin, 2013, 15 (2), 49 f.
[13] Reitox-Bericht 2015, Trends und Entwicklungen, S. 9.
[14] Krit. zum „Regulierungswahn" auch *Cremer-Schaeffer* in: *Duttge/Nauck/Weber*, Palliativmedizin und Betäubungsmittelrecht, S. 21 (28 f.).

botener Abgabe von Betäubungsmitteln. Was das **Dispensierverbot** angeht, wird darauf hingewiesen, dass die Sorgen, gegen betäubungsmittelrechtliche Vorschriften zu verstoßen meist unbegründet seien, weil man infolge „einfacher Auslegung" zu dem Ergebnis gelangen könne, dass die Handlung des Arztes schon keine Abgabe darstelle. Sieht man sich die in diesem Zusammenhang vorgebrachten Beispiele an, ist die vorgenommene Subsumtion zwar löblich und berücksichtigt mit einer restriktiven Auslegung die Belange von Arzt und Patient (Aufkleben des Fentanylpflasters und Verlassen des Patienten, ohne den Aufkleber wieder abzureißen;[15] Anschließen einer selbst aktivierbaren Schmerzpumpe[16]). Ob man aber im Falle eines bekannt gewordenen Missbrauchs an dieser Auslegung festhalten würde, steht auf einem anderen Blatt geschrieben.

In Anbetracht der repressiven Grundhaltung der Behörden ist es damit überhaupt nicht **1210** „vollkommen unbegründet",[17] dass Ärzte bei ihrem Handeln mit einem Sicherheitszuschlag agierend von einer eher extensiven Auslegung der Tatbestandsmerkmale ausgehen. Zumindest in den Fällen begründeter Verschreibung, erscheint es viel zu weitgehend, den Verstoß gegen das **Dispensierverbot** (etwa im Fall der Abgabe von Substitutionsmedikamenten, die der Arzt aus der Apotheke bezogen hat; oder der hausinternen Behandlung Angehöriger samt Abgabe von Ritalin[18]) als reine Beeinträchtigung des **Apothekenmonopols** mit einer Teilnahme am BtM-Verkehr gleichzusetzen.[19] Dies gilt umso mehr als die Verabreichung bzw. Verbrauchsüberlassung durch Apotheker umgekehrt (Sichtbezug) ebenso zulässig ist wie in vielen anderen Ländern die Mitgabe zur eigenverantwortlichen Einnahme von (sonstigen) Tagesdosen aus der Praxis/Ambulanz.[20]

III. Kriminalpolitische Bedeutung

In der PKS wird die Verschreibung gemeinsam mit der Verabreichung entgegen § 13 **1211** Abs. 1 aufgeführt. In der Strafverfolgungsstatistik des Statistischen Bundesamts ist das Verschreiben hingegen nicht eigenständig erfasst.

Straftaten(gruppen)	2004	2005	2009	2010	2011	2014	2015
Rauschgiftdelikte BtMG	283.708	276.740	235.842	231.007	236.478	276.734	282.604
Allgemeine Verstöße nach § 29	200.378	194.444	169.689	165.880	170.297	209.514	213.850
Verschreibung und Verabreichung von BtM durch Ärzte entgegen § 13	136	59	41	106	88	100	133

IV. Rechtsentwicklung

1. Einfluss internationaler Übereinkommen. Im Übk. 1961 verpflichteten sich die **1212** Vertragsparteien in Art. 4 Buchst. c zu Maßnahmen, um den Handel mit Suchtstoffen aus-

---

[15] In Anbetracht dessen, dass das Pflaster samt Wirkstoff in die Verfügungsgewalt des Patienten übergeht, liegt eine Abgabe nicht vollkommen fern, hierzu aber *Cremer-Schaeffer* in *Duttge/Nauck/Weber*, Palliativmedizin und Betäubungsmittelrecht, S. 21 (29 f.).

[16] Da die Verabreichung durch den Patienten selbst veranlasst wird und werden kann (zu einem Zeitpunkt, zu dem der Arzt nicht mehr zugegen ist), lässt sich ebenfalls eine Abgabe bejahen, mag ein faktischer Zugriff nicht möglich sein (schließlich soll nach h.M. die Möglichkeit des faktischen Zugriffs keine Rolle spielen, wenn ein Missbrauch im Raume steht, man denke an die Bodypacking-Konstellationen, → Rn. 711, 724). Trotzdem auch hier an einer Abgabe zweifelnd *Cremer-Schaeffer* in: *Duttge/Nauck/Weber*, Palliativmedizin und Betäubungsmittelrecht, S. 21 (30 f.).

[17] So aber *Cremer-Schaeffer* in *Duttge/Nauck/Weber*, Palliativmedizin und Betäubungsmittelrecht, S. 29.

[18] VGH München 10.9.2015 – 20 ZB 15.927, BeckRS 2015, 53909.

[19] Im Ergebnis aber BGH 4.6.2008 – 2 StR 577/07, BGHSt 52, 271 = NStZ 2008, 574; krit. *Ullmann/Pollähne* StV 2014, 632 (634); *Rissing-van-Saan* in: *Duttge/Nauck/Weber*, Palliativmedizin und Betäubungsmittelrecht, S. 63 (70). Vgl. § 5 Abs. 6 S. 3 BtMVV, der in den Fällen der Substitution mit Codein und Dihydrocodein Überlassung eine für einen Tag zusätzlich benötigten Dosis zulässt.

[20] Direktion des Gesundheitswesens des Kantons Zürich: Kommentar zu den Richtlinien zur methadonunterstützten Behandlung Heroinabhängiger, 1996 sowie § 23e Suchtgiftverordnung Österreich. Krit. zur Strafbarkeit bei ambulanter Suchtbehandlung bereits *Böllinger* MedR 1989, 290; *ders.* JA 1989, 403.

schließlich auf medizinische … Zwecke zu beschränken und jeden Verstoß gegen dieses Übereinkommen mit Strafe zu bedrohen (Art. 36 Abs. 1 Buchst. a). Ob damit auch Verstöße im Rahmen der Behandlung gemeint sind, ergibt sich aus dem Abkommen nicht, sodass eine Strafbewehrung des Verstoßes gegen § 13 Abs. 1 nicht zwingend erscheint. Als besonderes Professionsstrafrecht wäre es auch denkbar, Verstöße im Rahmen der Verschreibung einem eigenständigen Regelwerk bzw. vollständig dem Berufsrecht zu überlassen.

1213   **2. Innerstaatliches Recht.** Bereits das OpiumG 1920 hatte in § 8 Abs. 1 Nr. 3 iVm § 9 den Verstoß gegen die Verschreibungspflicht mit Strafe bedroht. Nach § 10 Abs. 1 Nr. 6 iVm § 8 OpiumG 1929 wurde bestraft, wer den aufgrund des § 8 erlassenen Bestimmungen zuwiderhandelte. Im BtMG 1972 wurde in § 11 Abs. 1 Nr. 10a unter Strafe gestellt, wer BtM ohne Vorlage einer Verschreibung eines Arztes, Zahnarztes oder Tierarztes abgab. Durch das BtMG 1982 erhielt die Vorschrift ihre heutige Fassung. Das OrgKG erweiterte den Strafrahmen nach Abs. 1 auf „bis zu fünf Jahre".

B. Erläuterung

I. Geltungsbereich

1214   **Inlandstaten** unterliegen dem BtM-Strafrecht unabhängig davon, ob die Tat durch einen Ausländer oder einen Deutschen begangen wurde. Zur Verschreibung von BtM durch einen ausländischen Arzt im Inland wird auf die Erläuterungen zu § 13[21] verwiesen.

1215   Die Frage, ob **Auslandstaten** nach deutschem Strafrecht verfolgbar sind, lässt sich nicht einheitlich beantworten. Dient das Verschreiben **durch einen ausländischen Arzt im Ausland** entgegen § 13 dem Absatz von BtM, handelt es sich um einen Teilakt der Vertriebshandlung iSv § 6 Nr. 5 StGB,[22] woran es regelmäßig jedoch fehlen wird.[23] Verschreibt ein **deutscher Arzt im Ausland** entgegen § 13, ist er nach deutschem BtM-Strafrecht strafbar, wenn die Tat am Tatort mit Strafe bedroht ist oder der Tatort keiner Strafgewalt unterliegt (§ 7 Abs. 2 Nr. 1 Alt. 1 StGB). In **Belgien** ist die nicht medizinisch indizierte Rezeptur oder Abgabe von BtM unter Strafe gestellt (Art. 3 Abs. 3 Loi condernant le trafic des substances veneneuses).[24] Es handelt sich dabei um ein echtes Sonderdelikt, so dass sich danach nur Ärzte und Apotheker strafbar machen können. In **Großbritannien** sind Ärzte und Apotheker – wie in Deutschland – zwar vom generellen Umgangsverbot mit BtM ausgenommen, dürfen aber ohne medizinische Indikation BtM weder verordnen noch abgeben (Section 11–17 Misuse of drugs Act 1971),[25] andernfalls ihnen nicht nur Geld- oder Freiheitsstrafe, sondern auch ein Verschreibungsverbot droht. In der **Schweiz** sanktioniert Art. 20 Nr. 1 Abs. 3 des schwBtMG die unbefugte Verwendung, Abgabe oder Verordnung von BtM.[26] In **Spanien** erfasst Art. 344 Código Penal auch Mediziner bei unzulässiger Verordnung von BtM; neben Geld- oder Freiheitsstrafe kann auch ein Berufsverbot verhängt werden.[27]

1216   Zu Fragen der Mehrfachverfolgung vgl. → Vor § 29 Rn. 161 ff.

II. Objektiver Tatbestand

1217   Strafbar ist nach der Vorschrift, wer entgegen § 13 Abs. 1 verschreibt. Zum **Begriff** der Verschreibung wird auf die Erläuterungen zu § 13 verwiesen.[28]

---

[21]   → § 13 Rn. 10.

[22]   → Vor § 29 Rn. 122 ff.

[23]   *Weber* Rn. 1305. Zumal man darüber streiten kann, ob ein Handeltreiben innerhalb des „vorgesehenen Vertriebsweges" angenommen werden kann, obwohl die Verschreibung formal den Anforderungen der BtMVV genügt, lediglich materiell-rechtswidrig, weil nicht indiziert, ist.

[24]   Vgl. *Linn* in *Meyer* S. 17.

[25]   Vgl. *Hohlfeld* in *Meyer* S. 241.

[26]   Vgl. *Heine* in *Meyer* S. 584.

[27]   Vgl. *Reeg* in *Meyer* S. 674.

[28]   → § 13 Rn. 12.

1. Verschreibung durch einen Arzt (subjektive Verschreibungsvoraussetzun- 1218
gen). Verschreibt ein **Nichtarzt** BtM der Anlage III zu § 1, liegt ein Verstoß gegen § 13 –
unabhängig von der Art des Stoffes – schon darin, dass BtM-Verschreibungen gesetzlich
den Ärzten vorbehalten sind. Strafbarkeit ist demzufolge gegeben, wenn das BtM-Rezept
durch einen **Heilpraktiker, Apotheker** oder durch **ärztliches Personal**[29] unterschrieben
wird, aber auch in Fällen, in denen der **Abhängige**[30] sich ein Rezept verschafft und sich
darauf selbst BtM verordnet. **Arzt** ist aber auch nicht **gleich Arzt.** Da die Verschreibung
nur im Rahmen einer ärztlichen Behandlung erfolgen darf, ist es einem Arzt nicht gestattet,
außerhalb seines Fachgebiets BtM zu verschreiben; denn hierzu ist er mangels medizinischer Fachkompetenz nicht in der Lage (Beispiel: ein Tiermediziner verordnet einem
Menschen eine in der Anlage III zu § 1 Abs. 1 BtMG aufgeführte Substanz[31]). An der
Verschreibungsbefugnis eines Arztes kann es aber auch fehlen, wenn er nicht die **Mindest-**
anforderungen an eine suchttherapeutische Qualifikation erfüllt, die von den Ärztekammern festgelegt werden, wenn er für mehr als drei Personen gleichzeitig ein Substitutionsmittel verschreibt (vgl. § 5 Abs. 2 Nr. 6, Abs. 3 S. 1 BtMVV).[32]

2. Ärztliche Indikation (objektive Verschreibungsvoraussetzungen). BtM dürfen 1219
nach § 13 Abs. 1 nur verschrieben werden, wenn ihre **Anwendung** am oder im menschlichen (tierischen) Körper **medizinisch begründet** ist. Damit setzt die zulässige Verschreibung voraus, dass der Arzt (Tierarzt, Zahnarzt) **im Rahmen der ärztlichen Behandlung,**
wozu auch diejenige einer BtM-Abhängigkeit zählt, tätig wird.[33] Unter dem legal nicht
definierten Begriff der Behandlung wird verstanden, dass der Arzt zunächst eine konkrete
Diagnose zu stellen hat, die sodann zu einer entsprechenden **Indikation** führt. Solches
vermag er aber nur, wenn er seinen Patienten zuvor umfassend untersucht hat,[34] eine
Anforderung, die bei einem umfangreichen Stamm an Substitutionspatienten mitunter nicht
erfüllt werden kann.[35] Jede Verordnung von BtM ohne (zureichende) Untersuchung verstößt gegen § 13 Abs. 1.[36] Der Begriff der „ärztlichen Behandlung" impliziert des Weiteren
als dessen Ziel einen **Heilerfolg.**

a) Behandlungszweck. Aus dem wohlverstandenen Begriff der ärztlichen Behandlung 1220
ergibt sich, dass die Verordnung von BtM bestimmten Behandlungszwecken, insbesondere
der **Schmerzlinderung** oder der Behandlung einer **Abhängigkeit** dienen muss. Andere
Verordnungszwecke (Doping, Genuss, Suchtbefriedigung)[37] sind von § 13 Abs. 1 nicht
gedeckt. Davon müsste ausgegangen werden, wenn der Arzt ein Substitutionsmittel entgegen
§ 5 Abs. 4 S. 3 BtMVV nur deshalb zur parenteralen Anwendung verschreibt, um dem Patienten die Wirkung („Kick") eines missbräuchlichen Konsums zu verschaffen.[38] Ohne diese
subjektive Komponente auf Seiten des Arztes ist das Abweichen von der vorgegebenen Applikationsform aber weder nach Abs. 1 S. 1 Nr. 6 noch nach Nr. 14 iVm § 16 BtMVV strafbar.[39]

b) Medizinische Begründetheit der BtM-Verordnung. Die Verordnung von BtM 1221
muss vor dem Hintergrund des Heilerfolgs unumgänglich sein **(Ultima-ratio-Regel).**[40]
Daneben besteht im Rahmen der Substitutionsbehandlung eine weitere „Ultima-ratio-
Regel" im Zusammenhang mit der Verordnung von Codein und Dihydrocodein.[41] An die

---

[29] *Weber* Rn. 1294.
[30] KPV/*Patzak* Teil 15 Rn. 12.
[31] BGH 14.2.1955 – 3 StR 479/54, NJW 1955, 679.
[32] KPV/*Patzak* Teil 15 Rn. 13.
[33] → § 13 Rn. 21 f.
[34] *Ulsenheimer* in *Laufs/Kern*, Handbuch des Arztrechts, 4. Aufl. 2010, § 147 Rn. 9.
[35] KPV/*Patzak* Teil 15 Rn. 40.
[36] BGH 2.2.2012 – 3 StR 321/11, NStZ 2012, 337; 18.2.1998 – 1 StR 17/98, NStZ 1998, 414; BayObLG
30.10.1969 – RReg 4a St 150/69, BayObLGSt 1969, 148.
[37] *Weber* § 13 Rn. 15.
[38] KPV/*Patzak* Teil 15 Rn. 39.
[39] → BtMVV § 16 Rn. 10.
[40] *Weber* § 13 Rn. 14; *Nestler* MedR 2009, 211 (214).
[41] *Weber* § 13 Rn. 72 ff.

Erfüllung des Tatbestandsmerkmals „**keine Begründetheit der Anwendung am oder im menschlichen Körper**" sind jedoch strenge Anforderungen zu stellen; denn vom Vorliegen dieses Merkmals hängt es ab, ob ein Arzt, der ein an sich verschreibungsfähiges BtM verordnet, eine Straftat begeht oder nicht. Das grundgesetzliche Gebot der Gesetzesbestimmtheit (Art. 103 Abs. 2 GG) erfordert eine Auslegung, die den Arzt als Adressaten der Strafnorm klar erkennen lässt, unter welchen Voraussetzungen er sich durch das Verschreiben einer zur ärztlichen Medikation zugelassenen Ersatzdroge strafbar macht.[42]

1222   **aa) Indizwirkung der BtMVV und reine Formverstöße.** Reine Verstöße gegen Formvorschriften dürfen, soweit eine fehlende Begründetheit der Verschreibung nicht nachgewiesen ist, niemals zu einer Strafbarkeit wegen *unbegründeter* bzw. wegen einer Verschreibung entgegen § 13 führen. Daran ändert auch nicht, dass die **Dokumentationspflichten** meist der Erleichterung des Nachweises einer fehlenden Begründetheit dienen sollen (denn so vermengt man den Zweck einer Strafvorschrift mit der Tatbestandsverwirklichung). Soweit die BtMVV Umstände benennt, welche die Indikation nach § 13 Abs. 1 gewährleisten sollen (bzw. bei deren Nichtvorliegen eine Indikation per se ausscheidet), wird man in einem Verstoß gegen die konkrete Vorschrift zumindest eine (widerlegbare[43]) Indizwirkung im Hinblick auf die ärztliche Indikation annehmen können. Trefflich darüber diskutieren werden kann, wann von solch einer „Wechselwirkung" auszugehen ist. Der Dritte Senat sieht etwa die in § 5 Abs. 2 S. 1 Nr. 5 erforderliche **Verlaufskontrolle** als solch ein wichtiges Kriterium an, das für die Beurteilung der ärztlichen Indikation maßgeblich sein soll.[44]

1223   **bb) Sperrwirkung des Abs. 1 S. 1 Nr. 14.** Zu weit geht es jedenfalls alle Verstöße, die nicht unter den Anwendungsbereich des Abs. 1 S. 1 Nr. 14 fallen, einem Automatismus folgend als materiellen Verstoß anzusehen[45] (während man eine Wechselwirkung beim Erfordernis, sich ständig über die Fortschritte der Behandlung unterrichten zu lassen[46] durchaus nachvollziehen kann, wäre wohl ein Automatismus i.S.v. **fehlende Urinkontrollen**[47] = nicht begründet zu weitgehend). Dabei ist es auch vollkommen unerheblich, ob man Abs. 1 S. 1 Nr. 14 eine „**Sperrwirkung**" zuschreibt,[48] denn diese würde sich ohnehin nur auf diejenigen Formvorschriften beziehen, die unzweifelhaft dem Anwendungsbereich des Abs. 1 S. 1 Nr. 14 unterfallen.[49] Nach hier vertretener Ansicht kann den Vorschriften der BtMVV im Hinblick auf § 13 stets nur eine Indizwirkung (bzw. einem festgestellten Verstoß „Beweiswert") zukommen, während der Maßstab der Indikation unberührt bleibt. Damit kann man niemals von einem Verstoß gegen § 5 BtMVV auf eine Strafbarkeit nach § 29 Abs. 1 S. 1 Nr. 6a schließen.[50] Die weitere Entwicklung – insb. Konkretisierung der Rechtsprechung – bleibt abzuwarten.

---

[42] BGH 17.5.1991 – 3 StR 8/91, BGHSt 37, 383 = NJW 1991, 2359 mAnm *Hassemer* JuS 1992, 110; Anm. *Helgerth* JR 1992, 168; Anm. *Hellebrand* NStZ 1992, 439; *ders.* ZRP 1991, 414; Anm. *Köhler* NJW 1993, 762; Anm. *Kühne* NJW 1992, 1547, Anm. *Laufs/Reiling* JZ 1992, 103; Anm. *Moll* NJW 1991, 2334.

[43] Anders noch in der Vorauflage *Rahlf* Rn. 1464; dem zustimmend *Rzepka*, Weiterentwicklung in der Substitutionsbehandlung, S. 50.

[44] BGH 2.2.2012 – 3 StR 321/11, NStZ 2012, 337 = StV 2013, 157.

[45] *Ullmann/Pollähne* StV 2014, 632 (633).

[46] BGH 2.2.2012 – 3 StR 321/11, NStZ 2012, 337 = StV 2013, 157.

[47] BGH 28.1.2014 – 1 StR 494/13, NJW 2014, 1680 mAnm *Kudlich* JA 2014, 392. Hierauf auch Bezug nehmend und Feststellungen dahingehend verlangend, ob die Substitutionsbehandlung aus den in § 5 Abs. 2 BtMVV genannten Gründen unzulässig war BGH 27.5.2014 – 2 StR 354/13, MedR 2015, 350. Im Hinblick auf die dadurch fortentwickelte Extension was § 29 Abs. 1 Nr. 6a angeht, war die einschränkende Tendenz in Bezug auf die Tötungsdelikte (im Rahmen einer Substitutionstherapie würden die Grundsätze über die eigenverantworliche Selbstgefährdung Anwendung finden und es sei – abweichend von BGH 18.7.1978 – 1 StR 209/78, JR 1979, 429 – nicht a priori von einer Handlungsherrschaft des Arztes auszugehen) nicht „viel wert".

[48] Hierzu *Nestler* MedR 2009, 215; dagegen BGH 2.2.2012 – 3 StR 321/11, NStZ 2012, 337 = StV 2013, 157.

[49] § 16 Abs. 1 Nr. 2a, 5 BtMVV beziehen sich nur auf § 5 Abs. 1, 4 S. 2 sowie § 5 Abs. 9c S. 1 BtMVV.

[50] *Winkler* A&R 2010, 38; differenzierend auch *Hellebrand* MedR 1992, 71; *Körner* MedR 1993, 258; *Nestler* MedR 2009, 216.

cc) Verschreibung von Cannabisblüten. Mit dem ÄndG v. 6.3.2017 hat der Gesetz- 1223a
geber nunmehr auch Cannabis als Ausgangsstoff (Phytopharmakon) verschreibungsfähig
gemacht (→ § 3 Rn. 28 ff.). Die Anwendungsmöglichkeiten von Cannabis als Arznei sind
vielfältig und die Liste behandelbarer Symptome entsprechend lang. In Deutschland profitierten vor allem Patienten von der antiepileptischen und muskelrelaxierenden Wirkung des
Cannabis. Insofern haben sich bereits bestimmte Indikationen etabliert (insb. kann die bisherige Praxis des Bundesinstituts für Arzneimittel und Medizinprodukte – also diejenigen
Fälle, in denen eine Ausnahmeerlaubnis für den Erwerb von Medizinalhanf erteilt wurde –
herangezogen werden). Im Übrigen hat der Arzt allerdings eine weite Einschätzungsprärogative, insb. sind noch keine „umgekehrten" Fallgruppen existent, in denen eine Behandlung
mit Cannabis medizinisch unvertretbar bzw. grob pflichtwidrig ist (abseits der Evidenzfälle:
Verschreibung von Cannabis bei einer Erkältung). Bei solch einem Handlungsrahmen ist
dementsprechend auch das Risiko, in den Fokus der Ermittlungen zu geraten, gering.
„Insgesamt obliegt die Verantwortung und Kontrolle der Therapie der Patientinnen und
Patienten durch die Herstellung der Verschreibungsfähigkeit der behandelnden Ärztin bzw.
dem behandelnden Arzt", so ausdrücklich die Gesetzesbegründung.[51] Im Übrigen gelten
die allg. Regeln, insb. hat der Arzt die Vorschriften der BtMVV (und somit auch die
Höchstverschreibungsmengen) im Blick zu behalten, die Applikationsart und verschriebene
Sorte festzulegen und alternative, weniger riskante Maßnahmen in Betracht zu ziehen.

c) Überschreitung des Handlungsrahmens. aa) Offensichtliche Unbegründet- 1224
heit. Bewegt sich das ärztliche Handeln außerhalb des von § 13 Abs. 1 vorgegebenen Rahmens, so ist der Tatbestand ebenso erfüllt, etwa, wenn der Arzt einem Heroinabhängigen
wöchentlich neben 250 ml *Dihydrocodeinsaft* 50 Tabletten *Diazepam* 10 mg und auf einem
gesonderten, auf den Namen der Freundin des Abhängigen lautenden Rezept, jeweils 50
Tabletten *Rohypnol* je 0,2 mg verschreibt[52] oder einen Patienten ohne die erforderliche
Eingangsbegutachtung in sein Methadon-Programm aufnimmt.[53]

bb) Abgabe, Handeltreiben, Inverkehrbringen gem. Abs. 1 S. 1 Nr. 1. Das Verlas- 1225
sen des von § 13 Abs. 1 vorgegebenen Handlungsrahmens soll nach nur bedingt weiter
spezifizierter Ansicht der Rechtsprechung auch beim Arzt die Strafbarkeit nach allgemeinem
BtM-Strafrecht eröffnen. Abs. 1 S. 1 Nr. 6 entfaltet insoweit **keinerlei Sperrwirkung** für
Taten nach Nr. 1 durch Ärzte, die etwa zum Zweck der Substituierung mit BtM verkehren,
ohne dass die materiellen Voraussetzungen des § 13 gegeben sind.[54]

Mit Ausnahme der zulässigen Aushändigung einer für einen Tag zusätzlich benötigten 1226
Menge der Substitutionsmittel Codein oder Dihydrocodein im Rahmen einer Substitutionsbehandlung darf der Arzt seinem Patienten **kein Betäubungsmittel zur freien Verfügung**
überlassen. Überlässt der Arzt dem Patienten *Polamidon* für den Hausgebrauch zur freien
Verfügung, macht er sich wegen unerlaubter Abgabe nach Abs. 1 S. 1 Nr. 1 strafbar.[55] Liegt
hingegen nach den tatrichterlichen Feststellungen eine „Abgabe vor Ort" vor, wird mithin
das BtM vor den Augen des Arztes konsumiert, ist von einer Verbrauchsüberlassung auszugehen, sodass die Voraussetzungen des § 13 (und ein etwaiger Verstoß gegen die Vorschriften
der BtMVV) wiederum geprüft werden müssen.[56]

Gibt der Arzt an Patienten *Methadon* in der Weise ab, dass er ihnen alsbald nach Behand- 1227
lungsbeginn – zum Teil bereits nach wenigen Tagen – ohne ausreichende Kontrolle etwa
im Hinblick auf den Beikonsum anderer BtM und/oder trotz anderweitiger offensichtlicher
Unzuverlässigkeiten eine für mehrere Tage bemessene Dosis des Substitutionsmittels als
Gesamtmenge zur eigenverantwortlichen Einnahme unmittelbar aus seinem Praxisbestand

---

[51] BT-Drs. 18/8965, 22.
[52] BayObLG 28.8.2002 – 5St RR 179/09, NJW 2003, 371 mAnm *Freund/Klapp* JR 2003, 431.
[53] AG München 16.5.2003 – Cs 371 Js 37 266/03, NStZ-RR 2005, 195 (bei *Kotz/Rahlf*).
[54] BGH 4.6.2008 – 2 StR 577/07, BGHSt 52, 271 = NJW 2008, 2596.
[55] BGH 4.6.2008 – 2 StR 577/07, BGHSt 52, 271 = NJW 2008, 2596 mAnm *Nestler* MedR 2009, 211.
[56] BGH 27.5.2014 – 2 StR 354/13, MedR 2015, 350.

überlässt, und **stellt er den Patienten** hierfür **neben dem Einkaufspreis monatliche Pauschalbeträge in Rechnung,** treibt er unerlaubt mit BtM Handel und ist deshalb ebenfalls nachAbs. 1 S. 1 Nr. 1 strafbar.[57]

1228   Ärzte haben eine sich aus § 15 ergebende **Garantenpflicht,** BtM gesondert aufzubewahren und diese gegen eine Wegnahme zu sichern. Wer die bei ihm gelagerten BtM in einer Weise aufbewahrt, dass sie ohne größere Schwierigkeiten beim Überwinden der Sicherungsmaßnahmen entwendet werden können, macht sich im Falle der Wegnahme wegen (fahrlässigen) Inverkehrbringens strafbar.[58] Zur Frage, inwiefern eine Verschreibung als „mittelbares Inverkehrbringen" eingeordnet werden kann, → Rn. 943 f.[59]

1229   Dagegen ist unklar, wie zu verfahren ist, wenn Ärzte in einem eingespielten System (und in Zusammenarbeit mit Logistikern und Apothekern) massenhaft BtM (bzw. ausgenommene Zubereitungen) trotz fehlender Indikation verschreiben bzw. diese „Verschreibung" über das Internet anbieten. Soweit man sich auf den Standpunkt stellt, dass die Verschreibung formal wirksam ist – mithin die Missbrauchsabsicht nicht a priori zur „Nichtigkeit" des Rezepts führt – spricht die gesetzliche Ausgestaltung dafür, trotz der Umsatzbezogenheit des Handelns eine Sperrwirkung des § 13 Abs. 1 jedenfalls dann anzunehmen, wenn das festgestellte Verhalten der Ärzte nicht über das Verschreiben von BtM hinausgeht.

1230   **3. Tatobjekte.** Als Tatobjekte kommen alle in den Anlagen I bis III zu § 1 Abs. 1 aufgeführten Stoffe und Zubereitungen in Betracht. Da nach § 13 Abs. 1 ausnahmslos die in Anlage III zu § 1 aufgeführten BtM verschrieben werden dürfen, verstößt jede Verschreibung von Stoffen und Zubereitungen der Anlagen I und II unabhängig davon, ob ihre Anwendung medizinisch begründet ist, gegen § 13 Abs. 1.

1231   **4. Erlaubnis.** Zur Befreiung von der Erlaubnispflicht wird daneben auf die Ausführungen zu § 13 Bezug genommen.[60]

III. Subjektiver Tatbestand

1232   Die Straftat ist nur vorsätzlich begehbar (Abs. 4), wobei bedingter Vorsatz ausreicht.

1233   **1. Vorsatz.** Zu den einzelnen Elementen des Vorsatzes und zur Abgrenzung von bedingtem Vorsatz zur bewussten Fahrlässigkeit wird auf die Erläuterungen Vor § 29 verwiesen.[61] Im Hinblick auf die Strafbarkeit von Ärzten und Apothekern ist allerdings darauf hinzuweisen, dass sich der Vorsatz nicht nur auf die Verschreibungshandlung selbst, sondern auch auf die tatsächlichen Umstände der ärztlichen Indikation gem. § 13 beziehen muss. Bei der ärztlichen Indikation nach § 13 als Tatbestandsmerkmal muss man neben ihrer grundsätzlich strittigen Bestimmung[62] berücksichtigen, dass sie u.a. davon abhängt, ob der Arzt seine ärztlichen Sorgfaltspflichten eingehalten hat (umfassende Anamnese, spezifische Untersuchungen sowie eine Dokumentation dieser und laufende Kontrollen). Die Verletzung dieser

---

[57] BGH 28.7.2009 – 3 StR 44/09, BeckRS 2009, 24826.
[58] Hierzu noch → Rn. 942 sowie *Weber* Rn. 1017.
[59] Vgl. auch *Oğlakcıoğlu,* BtMG AT, S. 215 ff.
[60] → § 13 Rn. 5.
[61] → Vor § 29 Rn. 54 ff.

[62] Strittig ist insbesondere, ob bzw. inwieweit dem Arzt ein eigener Ermessensspielraum bei der Behandlung zu gewähren ist oder ob eine Art „Richtlinienkompetenz" der allgemeinen ärztlichen Wissenschaft (bzw. der höherrangigen Standesorganisationen) besteht. Während nach BGHSt 1, 318 „die anerkannten Regeln der ärztlichen Wissenschaft" maßgeblich sein sollten, entscheidet sich der BGH (nach einer Novellierung des § 13 BtMG, bei welcher die Wendung „ärztliche" Indikation wegfiel) in der bereits zitierten Entscheidung BGHSt 37, 383 für einen Mittelweg, den er auch bei sonstigen prognostischen Entscheidungen von Fachleuten geht (wobei dies im Wirtschaftsstrafrecht, vgl. *Tiedemann* AT Rn. 111 ff., 120 an der Maßstabsfigur selbst ausgemacht wird, hier ginge es ja im weiteren Sinn um die Zugrundelegung einer „Maßstabsfigur" überhaupt): Demnach muss man Ärzten eine eigene Risikoprognose und somit auch abweichende Ansichten zubilligen. Der Richter darf im Rahmen seiner freien Beweiswürdigung gem. § 261 StPO nur überprüfen, ob diese Grenze eindeutig bzw. evident überschritten ist, wobei die Empfehlungen der ärztlichen Berufsorganisation als Entscheidungshilfe fungieren, siehe hierzu *Moll* NJW 1991, 2334; *Hellebrand* NStZ 1992, 13; *Köhler* NJW 1993, 762; *Kühne* NJW 1992, 1547; HJLW/*Winkler* Rn. 16.2.3 mwN.

Pflichten führt zur Unbegründetheit der Indikation, bezüglich welcher der Arzt wiederum vorsätzlich handeln muss. Dies bedeutet, dass sich der Arzt bezüglich der Unbegründetheit, also auch seiner Verletzung der Sorgfaltspflichten, zumindest im Nachhinein (aber zum Zeitpunkt der Verschreibung als Tathandlung!) bewusst sein muss oder diese billigend in Kauf nimmt.

Dies gilt umso mehr, als die fahrlässige Verschreibung nicht unter Strafe gestellt ist[63]   **1234** (vgl. Abs. 4). Denn die mittelbare Verknüpfung von Verstößen gegen die Untersuchungspflicht und dem Vorsatz führt dazu, dass der Arzt sich im Regelfall bei bewusst fahrlässigen Sorgfaltspflichtverstößen im Rahmen der Behandlung nach § 29 Abs. 1 S. 1 Nr. 6b strafbar macht, während ihm bei unbewusster Fahrlässigkeit selten die (nachträgliche) Kenntnis vom Verstoß angelastet werden kann.[64]

2. Irrtumskonstellationen. Zu den möglichen Irrtumskonstellationen in Bezug auf   **1235** Art und Eigenschaft des BtM wird zunächst auf die Erläuterungen Vor § 29 verwiesen.[65] Zur Verschreibung von BtM durch **Nichtärzte** kann es vorwiegend in Fällen kommen, in denen etwa der Heilpraktiker einen Stoff verordnet, den er nicht für ein BtM hält **(Tatbestandsirrtum).** Verschreibt er ein Mittel, von dem er annimmt, der Wirkstoff unterfalle nicht dem BtMG, unterliegt er einem **Subsumtionsirrtum.** Gleiches gilt bei einem Irrtum über die Verschreibungsbefugnis. Je nach Fallgestaltung ist bei der Verschreibung **durch den Arzt** zu unterscheiden. Betreffen seine Fehlvorstellungen die psychotropen Eigenschaften des verordneten Stoffes, liegt ein **Tatbestandsirrtum** vor.[66] Hingegen ist die Behandlung des Irrtums über die Zugehörigkeit einer Substanz zur Anlage III umstritten. Zahlreiche Stimmen in der Literatur wollen den Irrtum des Arztes über die Platzierung des Betäubungsmittels in der Anlage III als Tatbestandsirrtum bewerten, weil die Zugehörigkeit des Stoffes im Rahmen des Abs. 1 S. 1 Nr. 6a ein Tatbestandsmerkmal darstelle.[67] Daran ist zutreffend, dass bei einem Zusammenlesen der Blankettvorschrift die Voraussetzungen des § 13 („Betäubungsmittel der Anlage III") in den Abs. 1 S. 1 Nr. 6a hineingelesen werden müssen. Der Irrtum des Arztes bleibt dennoch „rechtlicher" Art, soweit er nicht um die Konsistenz bzw. um die tatsächliche Beschaffenheit des Stoffes irrt. Berücksichtigt man, dass die Einordnung des Stoffes in die Anlage III unrechtskonstitutiv wirkt (→ § 1 Rn. 7), lässt sich die Bedeutungskenntnis des Arztes anzweifeln, wenn er davon ausgeht, das Mittel sei verschreibungsfähig.[68] Dies im Unterschied zum jedenfalls unbeachtlichen Subsumtionsbzw. Verbotsirrtum, bei dem der Arzt annimmt, er dürfe jedes Betäubungsmittel – also auch die der Anlage I und II – verschreiben oder bei einem schwer nachprüfbaren Leiden auch ohne Untersuchung oder Stellung einer Diagnose Betäubungsmittel verschreiben.[69] Allerdings ändert sich die Qualität des Irrtums nicht derart erheblich, als dass eine unterschiedliche Behandlung dieses Rechtsirrtums legitimierbar wäre. Letztlich sollte der Irrtum des Arztes, er dürfe ein Betäubungsmittel verschreiben, weil es in die Anlage III gehöre, nicht anders zu beurteilen sein, als der Irrtum, das Betäubungsmittel sei nicht in der Anlage aufgeführt.[70] Solch ein Irrtum ist – mit den Worten *Kühls* – nicht „verzeihlicher",[71] als die Vorstellung des Arztes, es handele sich grundsätzlich um einen Stoff, der dem BtMG unterfällt und ihn die Appell- und Warnfunktion des Tatbestandes somit erreicht hat.[72]

---

[63] Zur Kritik → Rn. 1237. Dies, obwohl durch die Verschreibung des Stoffes und der sich daraus ergebenden Bezugsmöglichkeit des Rauschgifts eine weitaus größere Gefahr für das Rechtsgut der Volksgesundheit gegeben ist; vgl. hierzu auch *Kreuzer* ZRP 1975, 209. Dieses rechtspolitisch fragwürdige Ergebnis systemwidrig mit der Annahme eines fahrlässigen Inverkehrbringens abzufangen, erscheint umso zweifelhafter, → Rn. 943.

[64] *Oğlakcıoğlu*, BtMG AT, S. 174.

[65] → Vor § 29 Rn. 78 ff.

[66] *Körner* (V) Rn. 1563; *Weber* Rn. 1320.

[67] Anders noch die Altauflage, zust. *Weber* Rn. 969.

[68] Mit anderen Worten: Die Auflistung des jeweiligen Stoffs in Anlage III wirkt erst unrechtskonstitutiv, vgl. zu diesem Abgrenzungsmerkmal SSW/*Momsen* § 17 Rn. 19.

[69] Vgl. BayObLGSt 1969, 148; OLG Stuttgart 19.11.1968 – 4 Ss 621/68.

[70] So auch *Körner* (V) § 29 Rn. 1221: „Subsumtionsirrtum".

[71] *Kühl* AT § 13 Rn. 14.

[72] *Oğlakcıoğlu*, BtMG AT, S. 306 f.

1236   Zum Ausschluss des Vorsatzes führt jedenfalls aber der Irrtum über die medizinische Begründetheit der Verschreibung.[73] Ein **Verbotsirrtum** kann vorliegen, wenn sich der Arzt über den Behandlungsrahmen irrt.[74] Glaubt der Arzt, er dürfe bei einem schwer nachprüfbaren Leiden auch ohne Untersuchung oder Stellung einer Diagnose BtM verschreiben, kann ein Irrtum über einen Rechtfertigungsgrund[75] bzw. ein Verbotsirrtum[76] vorliegen.[77] Auch die wohlmeinende Absicht eines Arztes, seinen an Entzugserscheinungen leidenden Patienten eine Überbrückungshilfe bis zu dem als fest geplant geglaubten alsbaldigen Beginn einer stationären Behandlung zu geben, kann einen Verbotsirrtum darstellen.[78]

1237   **3. Fahrlässigkeit.** Fahrlässige Tatbegehung ist nicht unter Strafe gestellt (Abs. 4).[79] Dies führt zum einen zu der **Ungereimtheit,** dass Ärzte bei der fahrlässigen Verschreibung eines BtM straflos bleiben, während sie bei der Verabreichung und der Überlassung zum unmittelbaren Verbrauch,[80] wenn sie unter Verstoß gegen die ärztlichen Sorgfaltspflichten erfolgt, nach Abs. 1 S. 1 Nr. 6b, Abs. 4 zu bestrafen sind, obwohl durch die Verschreibung des Stoffs und der sich daraus ergebenden Bezugsmöglichkeit des BtM eine weit größere Gefahr für das Rechtsgut der Volksgesundheit gegeben ist. Zum anderen wird die Auffassung vertreten, durch eine fahrlässig unbegründete Verschreibung würden BtM iS von § 29 Abs. 1 S. 1 Nr. 1 fahrlässig in Verkehr gebracht.[81]

IV. Deliktsverwirklichungsstufen

1238   **1. Versuch.** Der Versuch der Verschreibung entgegen § 13 ist nicht unter Strafe gestellt (Abs. 2).

1239   **2. Vollendung und Beendigung.** Vollendung tritt mit der Aushändigung des BtM-Rezepts an den Patienten ein.[82] Die Tat ist **beendet,** sobald das BtM-Rezept beliefert ist.[83]

V. Täterschaft, Teilnahme

1240   **1. Täterschaft.** Anders beim Tatbestand des Abs. 1 S. 1 Nr. 7 handelt es sich beim unerlaubten Verschreiben **nicht um ein Sonderdelikt,** da sich die Vorschrift an jedermann wendet.[84] Für die Beurteilung der im Zusammenhang mit Täterschaft und Teilnahme stehenden Fragen gelten deshalb die allgemeinen Grundsätze. **Mittäterschaftliches Handeln** sowie **mittelbare Täterschaft** sind ebenfalls nach den allgemeinen Grundsätzen zu beurteilen und möglich. Wer durch Falschangaben den Arzt zur medizinisch nicht indizierten Verschreibung von BtM veranlasst, macht sich allerdings nicht der „Verschreibung" in mittelbarer Täterschaft, sondern des „Erschleichens" nach Abs. 1 Satz 1 Nr. 9 strafbar.

1241   **2. Teilnahme.** Anstiftung und Beihilfe beurteilen sich ebenfalls nach den allgemeinen Grundsätzen. Der Patient ist notwendiger Teilnehmer (→ Vor § 29 Rn. 113).

VI. Konkurrenzen

1242   **1. BtM-Straftaten.** Verordnet sich der abhängige Arzt entgegen § 13 selbst BtM, ist der der Verschreibung nachfolgende unerlaubte **Erwerb** nicht als mitbestrafte Nachtat anzuse-

[73] BGH 17.5.1991 – 3 StR 8/91, BGHSt 37, 383 = NJW 1991, 2359 mAnm *Moll* NJW 1991, 2334, Anm. *Kühne* NJW 1992, 1547, Anm. *Hellebrand* NStZ 1992, 439, Anm. *Helgerth* JR 1992, 168, Anm. *Laufs/Reiling* JZ 1992, 103.
[74] BGH 8.5.1979 – 1 StR 118/79, BGHSt 29, 6 = NJW 1979, 1943 mAnm *Kreuzer* NJW 1979, 2357.
[75] BayObLG 30.10.1969 – RReg 4 a St 150/69, BayObLGSt 1969, 148.
[76] OLG Stuttgart 19.11.1968 – 4 Ss 621/68.
[77] Vgl. auch *Franke/Wienroeder* Rn. 163; *Joachimski/Haumer* Rn. 184.
[78] LG Lübeck 20.10.1978 – 6 Ns 78/78.
[79] Kritik hieran vgl. *Kreuzer* ZRP 1975, 209.
[80] → Rn. 1262 ff.
[81] → Rn. 943.
[82] *Franke/Wienroeder* Rn. 164; *HJLW/Winkler* Rn. 15.3.10; *Weber* Rn. 1301.
[83] *Franke/Wienroeder* Rn. 164; *Joachimski/Haumer* Rn. 185; *KPV/Patzak* Teil 15 Rn. 56; *Weber* Rn. 1301.
[84] *Malek* Kap. 2 Rn. 299; *Weber* Rn. 1302.

hen, da der unerlaubte Erwerb weder ein Verwertungsdelikt noch gegenüber dem Tatbestand des Nr. 6a subsidiär ist. Der Unrechtsgehalt des unerlaubten Erwerbs ist auch mit der Ahndung wegen ärztlich unvertretbaren Verschreibens nicht abgegolten. Er steht im Gegenteil im Vordergrund; die missbräuchliche Benutzung selbstgeschriebener Rezepte zum Erwerb tritt zusätzlich mit eigenständigem Unrechtsgehalt hinzu mit der Folge, dass zwischen den Tatbeständen Tateinheit besteht.[85] Zweifelhaft ist hingegen, ob mit einer gegen § 13 verstoßenden Verschreibung auch ein unerlaubtes **sonstiges Inverkehrbringen** in Tateinheit stehen kann,[86] was sich jedenfalls in dieser generellen – noch vom RG ohne Feststellungen zu einem entsprechenden Vorsatz des Arztes getroffenen – Aussage nicht aufrecht erhalten lässt.[87]

2. Körperverletzungs- und Tötungsdelikte. Bei **Straftaten gegen die körperliche**   **1243**
Integrität oder gegen das **Leben** ist zu differenzieren: Jede **medizinisch unbegründete**
Verschreibung kann zugleich eine **Körperverletzung** darstellen. Eine Gesundheitsschädigung im Sinne der §§ 223, 227, 229 StGB liegt nämlich auch dann vor, wenn durch das Verhalten des Arztes eine Krankheit zwar nicht hervorgerufen, aber perpetuiert wird.[88] Denn es kann zu einer Schädigung der Gesundheit führen, und zwar einmal psychisch, weil das BtM den Betroffenen in einen Rauschzustand versetzt, bei dem das Bewusstsein gegenüber dem gesunden Zustand verändert wird. Zum anderen kann es auch physiologisch schädlich wirken, da es nach Abklingen der Wirkung Übelkeit verursacht und zur Suchtbildung führen kann.[89] Der Arzt fördert nämlich schon durch das Aufrechterhalten einer Medikamentensucht beim Patienten dessen Krankheitszustand, weil dadurch eine Perpetuierung der Sucht eintritt und Therapiemöglichkeiten zerstört oder zumindest erschwert werden.[90] Auch bei **medizinisch begründeter Verschreibung** kann sich der Vorwurf der Körperverletzung ergeben, da sich der Arzt stets vor Augen zu führen hat, dass Drogenabhängige **im Zustand des Entzugs jede Kontrolle über sich verlieren** und unberechenbar werden, insbesondere ein ihnen überlassenes Suchtmittel entgegen ausdrücklicher Anordnung intravenös injizieren und dabei eine Überdosis anwenden würden.[91]

Im Falle gravierender Verletzungen bzw. dem Tod des Patienten (und damit einer im   **1244**
Raum stehenden Strafbarkeit nach §§ 227, 222 StGB) ist allerdings auf die Frage nach der **Verantwortlichkeit** des Arztes besonders Augenmerk zu legen, insb. ein Abbruch der objektiven Zurechnung nach den Grundsätzen der eigenverantwortlichen Selbstgefährdung zu überprüfen. Das institutionell angelegte „Wissensgefälle" darf nicht dazu verleiten, per se eine Verantwortung (und schon gar nicht eine vorsätzliche Begehung) anzunehmen, wenn der Arzt sorgfaltspflichtwidrig bzw. sogar in strafbarer Art und Weise Betäubungsmittel verschrieben hat.[92] Gerade in den Fällen der Verschreibung ist zu beachten, dass sich trotz einer grundsätzlichen Verantwortlichkeit des Arztes Situationen ergeben können, in denen erst das Verhalten Dritter (insb. das eines pflichtwidrig agierenden Apothekers) die schädigende Handlung ermöglicht oder das Verhalten des Patienten selbst als Verwirklichung des „Restrisikos" angesehen werden muss, das dem Arzt nicht mehr zurechenbar ist.[93]

3. Betrug und Urkundenfälschung. Tateinheit kann bestehen bei medizinisch unbe-   **1245**
gründeter Verschreibung von BtM mit **Betrug** zu Lasten einer Krankenkasse oder Beihilfe

[85] BGH 5.8.1975 – 1 StR 356/75, NJW 1975, 2249.
[86] So RG 23.11.1928 – I 226/28, RGSt 62, 369 und *Franke/Wienroeder* Rn. 167.
[87] → Rn. 943 „Sonstiges In-Verkehr-Bringen"; iE ebenso: *Weber* Rn. 1326.
[88] BGH 21.6.1960 – 1 StR 186/60, NJW 1960, 2253.
[89] BGH 22.10.1969 – 3 StR 118/69, NJW 1970, 519.
[90] BayObLG 30.12.1992 – 4St RR 170/92, StV 1993, 642 mAnm *Dannecker/Stoffers;* 28.8.2002 – 5St RR 179/09, JR 2003, 428 mAnm *Freund/Klapp;* OLG Frankfurt a. M. 30.11.1990 – 1 Ss 466/89, NStZ 1991, 235 mAnm *Radloff.*
[91] BGH 18.7.1978 – 1 StR 209/78, JR 1979, 429 mAnm *Hirsch.*
[92] Zum Ganzen *Oğlakcıoğlu* HRRS 2013, 344 sowie *Kotz* StRR 2011, 84. Im Regelfall wird auch dieses „Restrisiko" dadurch indiziert, das das Gefahrpotential der Handlung des Arztes durch weitere Handlungen Dritter erst erhöht werden muss.
[93] Hierzu BGH 28.1.2014 – 1 StR 494/13, NJW 2014, 1680 m Anm *Kudlich* JA 2014, 392.

dazu.[94] Stiehlt der Abhängige ein BtM-Rezept und fälscht er die Unterschrift des Arztes, liegt neben dem Verstoß gegen Nr. 6a und gegen Nr. 1 (Erwerb) auch **Urkundenfälschung** vor.[95]

VII. Rechtsfolgen

1246   **1. Strafzumessung.** Zur **Bestimmung des Schuldumfangs,** dh um zu einer schuldangemessenen Strafe gelangen zu können, sind generell Feststellungen zur **Art** des BtM, seiner **Mindestmenge** und seiner nach dem Wirkstoffgehalt zu bestimmenden **Qualität** unentbehrlich.[96]

1247   **a) Strafrahmenwahl.** Der (Normal-)Strafrahmen reicht von Geldstrafe bis zu fünf Jahren Freiheitsstrafe, in besonders schweren Fällen (Abs. 3) von einem Jahr bis zu 15 Jahren Freiheitsstrafe (§ 38 Abs. 2 StGB). Neben der Strafe kann gem. § 34 Führungsaufsicht (§ 68 Abs. 1 StGB) angeordnet werden. Das Gesetz nennt als besonders schwere Fälle die gewerbsmäßige Verschreibung (Abs. 3 S. 2 Nr. 1) und die Gesundheitsgefährdung mehrerer Menschen durch die Verschreibung (Abs. 3 S. 2 Nr. 2).

1248   **aa) Gewerbsmäßiges Verschreiben.** Verschreibt ein Arzt entgeltlich wahllos und ohne Prüfung der medizinischen Voraussetzungen BtM,[97] handelt er gewerbsmäßig.[98]

1249   **bb) Gesundheitsgefährdung mehrerer Menschen.** Dieses Regelbeispiel erscheint bei einer BtM-Verschreibung praktisch kaum vorstellbar. Denn selbst wenn davon ausgegangen werden könnte, dass der Arzt weiß, der vor ihm sitzende Patient werde das verschriebene BtM nach dem Erwerb zusammen mit seiner Freundin verbrauchen, bei der die medizinischen Voraussetzungen für ein BtM-Verschreiben ebenso fehlen, träte eine Gesundheitsgefährdung **durch den Akt der Verschreibung** nicht unmittelbar, sondern erst aufgrund von Erwerb, Weitergabe und Konsum ein. Im Regelfall bezieht sich bei einer Verschreibung der Vorsatz des Arztes ohnehin nur auf den Konsum durch den Patienten.

1250   **cc) Unbenannter besonders schwerer Fall.** Anhaltspunkte für die **Wahl des Sonderstrafrahmens** ergeben sich aus einem Vergleich mit den durch den Gesetzgeber benannten Regelbeispielen[99] und aus dem Rekurs auf den (beispielhaften) Katalog des Art. 3 Abs. 5 Übk. 1988. Für einen unbenannten besonders schweren Fall der Verschreibung hält *Körner*[100] die nicht nur gesundheits-, sondern **lebensgefährdende** Verschreibung von BtM, da einerseits das BtMG 1982 nicht mehr die Verbringung in Todesgefahr als Regelbeispiel für einen besonders schweren Fall aufführe,[101] andererseits die Verschreibung in § 30 Abs. 1 Nr. 3 nicht genannt sei.

1251   **b) Strafzumessung im engeren Sinn.** Bei der Strafzumessung haben generalpräventive Umstände besonderes Gewicht, da es nicht hingenommen werden kann, wenn durch Ärzte als *Dealer in Weiß*[102] weitere illegale BtM-Bezugsquellen erschlossen würden. Allerdings vermag allein der Umstand, dass der Täter als Arzt gehandelt hat, eine Strafschärfung nicht zu begründen, weil die Vorschrift hauptsächlich Ärzte betrifft (mag der Tatbestand auch nicht als Sonderdelikt ausgestaltet sein und damit § 46 Abs. 3 StGB nicht unmittelbar greifen).

---

[94] KPV/*Patzak* Teil 15 Rn. 88; *Franke/Wienroeder* Rn. 167.
[95] *Weber* Rn. 1327.
[96] BGH 14.4.1999 – 3 StR 22/99, NStZ 2000, 95 mAnm *Körner;* 16.2.2000 – 2 StR 532/99, StV 2000, 318; 18.7.2000 – 4 StR 258/00; 20.3.2001 – 1 StR 12/01; 9.5.2001 – 3 StR 36/01; 15.5.2001 – 3 StR 142/01.
[97] HJLW/*Winkler* Rn. 16.2.4; KPV/*Patzak* Teil 15 Rn. 59: „Rezeptverkaufsstelle für Süchtige".
[98] BGH 4.6.2008 – 2 StR 577/07, BGHSt 52, 271 = NJW 2008, 2596.
[99] *Franke/Wienroeder* Rn. 219.
[100] *Körner* (V) Rn. 1587.
[101] So noch § 11 Abs. 4 Nr. 2 BtMG 1972.
[102] *Körner* (V) Rn. 1324.

aa) Strafmilderungserwägungen. Neben allgemeinen strafmildernden Gesichtspunk- **1252** ten[103] kann hier zB das Mitleid des Arztes mit dem an Entzugsfolgen leidenden Abhängigen berücksichtigt werden, das ihn zur Tat bewogen hat. Auch berufs- oder standesrechtliche Folgen einer Verurteilung[104] sind strafmildernd einzubeziehen. Wurden im Zeitpunkt der Hauptverhandlung bereits Vorermittlungen gegen den angeklagten Arzt mit dem Ziel eingeleitet, ihm die Approbation zu entziehen, so ist bei einer Verurteilung der sicher zu erwartende Verlust der Approbation im Rahmen der Strafzumessung zu berücksichtigen.[105] Erfolgt die Abgabe von Betäubungsmitteln im Rahmen einer Substitutionsbehandlung, stellt dies jedenfalls dann einen bestimmenden Strafmilderungsgrund im Sinne des § 267 Abs. 3 S. 1 StPO dar, wenn feststeht oder nicht auszuschließen ist, dass die Behandlung **medizinisch indiziert** war.[106]

bb) Strafschärfungserwägungen. Strafschärfend fallen auch hier Art, Gefährlichkeit **1253** und Menge des verschriebenen BtM ins Gewicht. Übersteigertes Gewinnstreben ist anzunehmen, wenn der Arzt den „Rezepthandel" zu weitaus überhöhten Preisen ausführt. Strafschärfung ist auch angezeigt, wenn sich der Arzt immaterielle Vorteile (bzw. sexuelle Dienste) von Patienten für die Verschreibung eines BtM versprechen lässt.

2. Absehen von Strafe oder Strafverfolgung. Absehen von Strafe nach Abs. 5 oder **1254** von der Strafverfolgung nach § 31a kommt auch bei einer geringen Menge nicht in Betracht. Der geringen Schuld des Täters und dem mangelnden öffentlichen Interesse an der Strafverfolgung kann nur über die **§§ 153 ff.** StPO Rechnung getragen werden. Das Gericht kann nach § 60 StGB von Strafe absehen.

3. Maßregeln der Sicherung und Besserung. Als Maßregel der Sicherung und Besse- **1255** rung kommt ein **Berufsverbot** (§ 70 StGB) in Betracht. Wie bei jedermann muss auch der wegen unerlaubten Handeltreibens verurteilte Arzt damit rechnen, dass **Wertersatzverfall** angeordnet wird.[107]

4. Verwaltungs- und sicherheitsrechtliche Folgen. Verstößt der (Substitutions-)Arzt **1256** gegen Vorschriften des BtMG oder der BtMVV, kann ihm im Rahmen der **Überwachung** (§ 22) die weitere Teilnahme am BtM-Verkehr oder die weitere Herstellung ausgenommener Zubereitungen ganz oder teilweise **untersagt** und können die BtM-Bestände oder die Bestände ausgenommener Zubereitungen unter amtlichen Verschluss genommen werden, vgl. § 22 Abs. 1 Nr. 4. Im für ihn günstigsten Fall wird er „nur" verpflichtet, der Überwachungsbehörde (hier: monatlich) seine Substitutionspatienten in alphabetischer Reihenfolge und die in dem jeweiligen Zeitraum erfolgten Abmeldungen mitzuteilen.[108] Die Überwachungsbehörde kann allerdings auch weitergehende Maßnahmen bis hin zur generellen Untersagung der Teilnahme am BtM-Verkehr anordnen. Dies wird insbesondere dann der Fall sein, wenn der Arzt auch nach dem Tod eines Patienten, der entgegen § 5 Abs. 8 S. 3 BtMVV trotz Beikonsums anderer BtM eine größere Menge des Substitutionsmittels erhalten und sich injiziert hatte, trotz staatsanwaltschaftlicher Ermittlungen, trotz mehrfacher Beanstandung durch Behörden, trotz konkreter Anordnungen zur Verschreibungspraxis und zur Dokumentation und der auf die Dokumentationspflicht bezogenen Einleitung der Zwangsvollstreckung nicht bereit ist, seine Behandlungspraxis zu verändern.[109] Dasselbe gilt für einen Arzt, der sich in mindestens 38 Fällen dadurch in den Besitz von Morphinsulfat-Ampullen gebracht hat, dass er Privatrezepte für zwei Patienten auf solche Präparate ausstellte, obwohl insoweit keine medizinische Indikation für eine Verschreibung dieser

---

[103] KPV/*Patzak* Teil 15 Rn. 62 ff.
[104] KPV/*Patzak* Teil 15 Rn. 68.
[105] BGH 16.10.2003 – 5 StR 377/03, StV 2004, 71.
[106] BGH 27.5.2014 – 2 StR 354/13, MedR 2015, 350; vgl. auch 28.9.1994 – 4 StR 280/94, NStZ 1995, 85 (86); 5.12.2002 – 3 StR 161/02, NJW 2003, 1198 (1200).
[107] BGH 28.7.2009 – 3 StR 44/09, BeckRS 2009, 24826.
[108] VG München 15.10.2008 – M 18 K 07.4657.
[109] VGH München 1.8.2006 – 25 CS 06.1951, NStZ-RR 2007, 226 (bei *Kotz/Rahlf*).

Betäubungsmittel bestand und die so beschafften Morphinsulfat-Ampullen zu Zwecken des eigenen BtM-Missbrauchs verwendet wurden.[110] Eine solche Untersagung gilt dann nicht nur für die Behandlung von Substitutions-, sondern auch von Schmerzpatienten.[111] Zum Zwecke der Gefahrenabwehr im Rahmen des **allgemeinen Sicherheitsrechts** können im Einzelfall auch über § 22 hinausgehende Maßnahmen getroffen werden. So hat das OVG Saarlouis[112] unter Berufung auf die Generalklausel des § 8 SPolG eine behördliche Anordnung bestätigt, mit der einer Ärztin untersagt worden war, alle in Anl. III zu § 1 Abs. 1 enthaltenen Medikamente zu verschreiben.

1257   **5. Berufs- und standesrechtliche Folgen. a) Berufsrechtlicher Überhang.** Strafrechtliche Verurteilungen von Ärzten ziehen im Regelfall berufsgerichtliche Verfahren nach sich, in denen Sanktionen wie **Warnung, Verweis oder Geldbußen bis zu 50.000 Euro** verhängt werden können.[113] Anerkannt ist dabei, dass es zu einem sog „**berufsrechtlichen Überhang**" kommen kann, es also aus berufsrechtlichen Gründen für erforderlich gehalten werden darf, neben der erfolgten strafrechtlichen Verurteilung auch noch eine berufsrechtliche Sanktion zu verhängen, was immer dann der Fall sein wird, wenn das ärztliche Fehlverhalten auch einen Verstoß gegen das Disziplinarrecht darstellt, dh das Ansehen des Berufsstands gefährdet.[114] Eine berufsgerichtliche Ahndung verletzt in dieser Konstellation nicht Art. 103 Abs. 3 GG, weil das dort normierte Verbot nur eine wiederholte Bestrafung aufgrund der allgemeinen Strafgesetze beinhaltet.[115] Aus Gründen dieses Überhangs wurde es bspw. als erforderlich angesehen, gegen einen Arzt, der bereits strafgerichtlich wegen leichtfertiger Todesverursachung durch unerlaubte Abgabe von BtM in zwei Fällen in Tatmehrheit mit fahrlässiger Körperverletzung in zwei weiteren Fällen zur Gesamtfreiheitsstrafe von drei Jahren verurteilt worden war, eine berufsrechtliche Ahndung in Form einer Geldbuße von 3.000 EUR zu verhängen.[116]

1258   **b) Ruhen und Widerruf der Approbation.** Maßnahmen betreffend die Approbation des Arztes kommen in Betracht, wenn sich der Arzt eines Verhaltens schuldig gemacht hat, aus dem sich seine **Unwürdigkeit oder Unzuverlässigkeit** zur Ausübung des ärztlichen Berufs ergibt, vgl. auch § 5 Abs. 2 S. 1 iVm § 3 Abs. 1 S. 1 Nr. 2 BÄO. Unwürdig zur Ausübung des ärztlichen Berufs ist derjenige, der aufgrund seines Verhaltens nicht mehr das Ansehen und Vertrauen besitzt, das für die Ausübung des ärztlichen Berufs unabdingbar ist.[117] Die Feststellung verlangt ein **schwerwiegendes Fehlverhalten** des Arztes, das bei Würdigung aller Umstände seine weitere Berufsausübung im maßgeblichen Zeitpunkt untragbar erscheinen lässt.[118] U.a. ist eine Unwürdigkeit zu bejahen, wenn der Arzt vorsätzlich eine schwere, gemeingefährliche oder gemeinschädliche oder gegen die Person gerichtete, von der Allgemeinheit besonders missbilligte ehrenrührige Straftat begangen hat.[119] Ob sich jemand zur Ausübung des ärztlichen Berufs als unwürdig erwiesen *hat*, hängt dabei nicht von der Prognose ab, ob er in Zukunft seine beruflichen Pflichten zuverlässig erfüllen wird.[120] Die Unwürdigkeit ist retrospektiv, während die Unzuverlässigkeit eine Prognoseentscheidung beinhaltet. Als **unzuverlässig** wird angesehen, wer aufgrund seines bisherigen Verhaltens nicht (mehr) Gewähr dafür bietet, seinen Beruf als Arzt künftig ordnungsgemäß

---

[110] VG Neustadt 11.6.2015 – 4 L 411/15.NW, dort auch zum Verhältnis einer vorläufigen Untersagung und endgültigen Untersagung und den in diesem Zusammenhang zu berücksichtigenden Monatsfrist des § 22 Abs. 1 Nr. 4 S. 3.
[111] VG München 13.12.2006 – M 18 K 05.1400.
[112] OVG Saarlouis 1.3.2002 – 9 W 8/01 – 9 U 1/02, NStZ-RR 2004, 197 (bei *Kotz/Rahlf*).
[113] *Laufs* in *Laufs/Kern*, Handbuch des Arztrechts, 4. Aufl. 2010, § 14 Rn. 22.
[114] *Laufs* in *Laufs/Kern*, Handbuch des Arztrechts, 4. Aufl. 2010, § 14 Rn. 24.
[115] BVerfG 29.10.1969 – 2 BvR 545/68, BVerfGE 27, 180 = NJW 1970, 507.
[116] OLG München 22.9.2004 – BG-Ä 11/04.
[117] BVerwG 28.1.2003 – 3 B 149.02.
[118] BVerwG 14.4.1998 – 3 B 95/97, NJW 1999, 3425.
[119] OVG Lüneburg 7.2.2014 – 8 LA 84/13, GesR 2014, 183.
[120] BVerwG 2.11.1992 – 3 B 87.92, NJW 1993, 806.

auszuüben.[121] Danach ist Unzuverlässigkeit zu bejahen, wenn Tatsachen die Annahme rechtfertigen, der Arzt werde in Zukunft die berufsspezifischen Vorschriften und Pflichten nicht beachten,[122] wobei es auf die Prognoseentscheidung zum Zeitpunkt des Abschlusses des Verwaltungsverfahrens ankommt.[123] IdR ist anzunehmen, dass erhebliche Unzuverlässigkeit auch zur Unwürdigkeit führt.[124]

Treten Zweifel auf, ob der Arzt noch würdig oder zuverlässig ist, seinen Beruf auszuüben, **1259** kann das **Ruhen der Approbation** angeordnet werden (§ 6 Abs. 1 BÄO). Solche Zweifel können sich namentlich daraus ergeben, dass gegen den Arzt ein strafrechtliches Ermittlungsverfahren wegen Straftaten eingeleitet wurde, aus denen sich die Unwürdigkeit und/ oder Unzuverlässigkeit ergeben kann. Die Voraussetzungen für eine Ruhensanordnung nach § 6 Abs. 1 Nr. 1 BÄO liegen vor, wenn ein Arzt nicht nur gegen die gesetzlich vorgeschriebenen Modalitäten der „Take-home-Verschreibung" verstoßen, sondern darüber hinaus nicht einmal die im Einzelfall erforderlichen Untersuchungen und Erhebungen durchgeführt hat, die im Vorfeld zwingend vorgesehen sind und die Wahrscheinlichkeit besteht, dass er wegen unerlaubter Abgabe von BtM verurteilt wird.[125] Bei **Eigenkonsum von BtM** durch den Arzt sind die Voraussetzungen gegeben, wenn er seinen Dienst unter dem Einfluss von BtM ausübt, diese seinen Patienten entzieht, obwohl sie dringend auf sie angewiesen waren und wegen der Art und Häufigkeit der Taten angenommen werden muss, dass der Arzt aufgrund einer charakterlichen Fehlhaltung auch in Zukunft in vergleichbarer Weise handeln wird. Denn das Verhalten weist nicht nur einen erheblichen Unrechtsgehalt auf, sondern es lässt die weitere ärztliche Tätigkeit als Risiko erscheinen, das im öffentlichen Gesundheitsinteresse nicht hingenommen werden kann.[126] Aufgrund des Amphetaminkonsums eines Arztes ist nicht nur die vage Vermutung begründet, dass dieser Patienten auch unter Einfluss dieses BtM bzw. gesundheitlicher Beeinträchtigung aufgrund eines ADHS behandelt; die Ausübung des Arztberufs mit unmittelbarem Patientenkontakt unter solchen körperlichen und gesundheitlichen Beeinträchtigungen stellt eine unmittelbare konkrete Gefahr für das Wohl der Patienten dar, die es zu verhindern gilt.[127] Bloße Zweifel am Weiterbestehen der Berufsfähigkeit bzw. Berufseignung infolge BtM-Missbrauchs rechtfertigen den Erlass einer Ruhensanordnung allerdings nicht.[128] Sie kann erst dann angeordnet werden, wenn sich der Arzt weigert, zB sich selbst eine Haarprobe zu Untersuchungszwecken entnehmen zu lassen.[129]

Die **Approbation muss widerrufen** werden (§§ 5 Abs. 2 Satz 1, 3 Abs. 1 Satz 1 Nr. 2 **1260** BÄO), wenn sich im Nachhinein aus dem Verhalten des Arztes dessen Unwürdigkeit oder Unzuverlässigkeit ergibt.[130] Von der Unwürdigkeit des Arztes ist auszugehen, wenn er wegen fahrlässiger Tötung, unerlaubten Verschreibens von BtM in zahlreichen Fällen, des unerlaubten Erwerbs von BtM und wegen fünf tatmehrheitlicher Verstößen gegen ein strafrechtliches Berufsverbot strafrechtlich verurteilt wurde.[131] Verstößt ein Arzt in schwerwiegender Weise gegen Strafvorschriften, so erweist er sich jedenfalls dann iaR als unzuverlässig zur Ausübung des Arztberufs, wenn die Strafvorschriften gerade die ärztliche Berufsausübung regeln.[132] Das **Fehlen der strafrechtlichen Sanktionierung** führt nicht dazu,

---

[121] BVerwG 16.9.1997 – 3 C 12.95, BVerwGE 105, 214 = NJW 1998, 2756.
[122] BVerwG 16.7.1996 – 3 B 44/96, MedR 1997, 170.
[123] BVerwG 9.11.2006 – 3 B 7.06.
[124] VGH München 28.3.2007 – 21 B 04.3153.
[125] VGH München 20.1.2009 – 21 CS 08.2921.
[126] VGH Mannheim 19.7.1991 – 9 S. 1227/91, NJW 1991, 2366.
[127] VG München 20.4.2007 – M 16 S. 07.1147.
[128] VG Hamburg 27.8.2003 – 19 VG 2874/03.
[129] OVG Münster 4.5.2006 – 13 B 516/06, MedR 2008, 525.
[130] *Schelling* in *Spickhoff*, Medizinrecht, BÄO § 5 Rn. 14.
[131] VGH München 23.6.2010 – 21 C 10.1013; 15.7.1999 – 21 ZS 98.1852; iErg auch VG Augsburg 15.9.2004 – Au 4 K 02.1693; VG Würzburg 17.7.2001 – W 8 S. 01.675; 15.3.2004 – W 8 K 03.829; OVG Niedersachsen 7.2.2014 – 8 LA 84/13, BeckRS 2014, 47430 (Verurteilung wegen Verstoßes gegen § 29 I Nr. 1 iVm § 16 BtMVV in 15 Fällen). VGH München 14.11.2014 –21 ZB 14.1072, BeckRS 2014, 59401 (unerlaubte Abgabe in 458 Fällen).
[132] VGH München 3.3.1992 – 21 B 91.1336, BayVBl. 1992, 403.

dass der zugrunde liegende Sachverhalt einer eigenständigen Würdigung im approbations-rechtlichen Verfahren entzogen ist.[133] Die Unzuverlässigkeit ist aber auch belegt, wenn er selbst einräumt, seine – der BtMVV zuwider laufende – Verordnungspraxis beruhe darauf, die als ansehensschädlich empfundenen Besuchsintervalle der Drogenabhängigen in seiner Praxis zu verlängern, da dieses Verhalten nicht nur strafwürdig, sondern auch berufswidrig ist; denn ein gewissenhafter Arzt darf keine Suchtersatzstoffe auf Vorrat und in solchen Mengen verordnen, dass dem Patienten die Überschreitung der Tagesdosis oder sonstige Missbrauchsmöglichkeiten eröffnet werden.[134]

1261   **c) Kassenarztrechtliche Folgen.** Dem als praktischer Arzt zur vertragsärztlichen Versorgung zugelassenen Arzt ist von der Kassenärztlichen Vereinigung eine unbefristete Genehmigung zur substitutionsgestützten Behandlung von bis zu 100 Opiatabhängigen erteilt worden. Neben den gesetzlich versicherten Patienten wurden von ihm bis zu 300 weitere drogenabhängige Patienten aufgrund privater Verträge substitutionsgestützt behandelt. Bei einer Inspektion der Praxis stellte das Gesundheitsamt Mängel in der Dokumentation der Zugänge, Abgänge und Bestände der BtM fest und machte diesbezüglich Auflagen zur Fortführung der Praxis. Gestützt auf den Bericht des Gesundheitsamts widerrief die KV die dem Arzt erteilte Substitutionsgenehmigung und ordnete die sofortige Vollziehung der Maßnahme an. Während das SG den Antrag auf Wiederherstellung der aufschiebenden Wirkung der Klage zurückwies, ordnete das LSG die aufschiebende Wirkung mit der Maßgabe an, dass die vertragsärztlich durchzuführenden Substitutionsbehandlungen auf 50 Fälle begrenzt wurden. Das BVerfG[135] hob diesen Beschluss mit der Begründung auf, der Widerruf der Substitutionsgenehmigung schränke den Arzt in seiner Berufsausübungsfreiheit (Art. 12 GG) ein, da er durch die sofortige Vollziehung des Widerrufs in der Ausübung seiner beruflichen Tätigkeit erheblich beeinträchtigt werde, seinen Patientenstamm verliere und gezwungen sei, seine Praxis auf die Behandlung anderer Patientengruppen auszurichten. Der Anspruch auf effektiven Rechtsschutz (Art. 19 Abs. 4 GG) gebiete es für den Fall, dass der Sofortvollzug der Maßnahme nicht aufrechterhalten werden könne, die aufschiebende Wirkung der Klage insgesamt wieder herzustellen.

15. Kapitel. Verabreichen/Überlassen zum unmittelbaren Verbrauch (Abs. 1 S. 1 Nr. 6 Buchst. b)

Schrifttum: Siehe hierzu die Übersicht bei § 29 Abs. 1 S. 1 Nr. 6a.

Übersicht

---

[133] Instruktiv OVG Lüneburg 11.5.2015 – 8 LC 123/14, BeckRS 2015, 45503.
[134] OVG Koblenz 29.9.2005 – 6 A 10556/05, MedR 2006, 301; BVerwG 9.11.2006 – 3 B 7.06.
[135] BVerfG 27.10.2009 – 1 BvR 1876/09, NVwZ-RR 2010, 109.

A. Überblick

I. Rechtliche Einordnung

Die Vorschrift stellt das Verabreichen von BtM bzw. deren Überlassen zum unmittelbaren **1262** Verbrauch entgegen § 13 Abs. 1 (Verbotsnorm,[1] Grundtatbestand[2]) unter Strafe. Weil die genannten Tathandlungen neben der Verschreibung das typische „Behandlungsspektrum" des Arztes abstecken, sind sie nicht als erlaubnispflichtige Handlungen im § 3 genannt, betreffen aber als unmittelbar auf den Konsum gerichtete Verhaltensweisen in erster Linie den illegalen Verkehr, man denke an Raucherrunden oder an das gemeinsame Fixen. Dies ergibt sich bereits aus der Qualifikation des § 29a Abs. 1 Nr. 1. Da die Verabreichung als Nichtarzt stets als solch eine entgegen § 13 Abs. 1 bewertet werden muss, lässt sich von einem faktischen Totalverbot der genannten Verhaltensweisen für Nichtärzte sprechen (da diese nicht einmal „theoretisch" erlaubnisfähig sind). Das Überlassen zum unmittelbaren Verbrauch ist im Übrigen **kein Auffangtatbestand,** der zum Zuge käme, wenn Absatzdelikte nicht nachweisbar sind,[3] da es gerade zu keiner Übertragung der Verfügungsmacht am BtM kommt.

1. Deliktsnatur. Der Tatbestand ist **Tätigkeitsdelikt,** bezüglich des Rechtsguts **abs-** **1263** **traktes Gefährdungsdelikt.** Der Tatbestand richtet sich vornehmlich an Ärzte, Apotheker und das medizinische wie auch pharmazeutische Personal, betrifft aber wegen den in § 13 Abs. 1 enthaltenen Voraussetzungen letztlich jedermann. Bei der unmittelbaren Verbrauchsüberlassung handelt es sich nichtsdestotrotz um ein Sonderdelikt, als der Täter während des gesamten Geschehens die Verfügungsmacht über die BtM behalten muss.

2. Verfassungsmäßigkeit. Die verfassungsrechtlichen Bedenken gegen die Kriminali- **1264** sierung des Erwerbs und auch gegen die Strafvorschriften des BtMG im Übrigen wurden bereits aufgezeigt. Es ist erstaunlich, dass speziell das Verabreichen bzw. Überlassen im Cannabis-Beschluss (und auch später) nicht gesondert aufgegriffen wurde, da bei diesen jedenfalls das Argument der „Drittgefährdung" wegfällt. Besonders deutlich wird dies beim Verabreichen als gegenüber § 223 StGB konkretisierte Körperverletzungshandlung. Zumindest hinsichtlich dieser Modalitäten wäre eine Auseinandersetzung mit dem Prinzip der Straflosigkeit der Teilnahme an Selbstschädigungen (in Gegenüberstellung zur Straflosigkeit des Konsums) und eine abweichende Beurteilung nicht vollkommen fernliegend. Stellt man dagegen auf die Gefahren ab, die aus dem Konsum selbst herrühren, lässt sich auch diesbezüglich ein legitimer Zweck konstruieren; die Bedenken gegen die Geeignetheit bzw. Erforderlichkeit der Sanktionierung bleiben hingegen bestehen.

---

[1] Pfeil/Hempel/Schiedermair/*Slotty* Rn. 198.
[2] *Weber* Rn. 1333.
[3] So aber noch BGH 12.2.1974 – 1 StR 638/74.

II. Kriminalpolitische Bedeutung

1265   In der Praxis tritt die Vorschrift – soweit ersichtlich – kaum in Erscheinung.[4]

III. Rechtsentwicklung

1266   **1. Einfluss internationales Übereinkommen.** Im Übk. 1961 verpflichteten sich die Vertragsstaaten in Art. 4 Buchst. c zu Maßnahmen, um den Handel mit Suchtstoffen ausschließlich auf medizinische … Zwecke zu beschränken und jeden Verstoß gegen dieses Übereinkommen mit Strafe zu bedrohen (Art. 36 Abs. 1 Buchst. a). Diese Verpflichtungen wurden im Übk. 1971 in Art. 5, Art. 7 Buchst. a und Art. 22 Abs. 1 Buchst. a wiederholt.

1267   **2. Innerstaatliches Recht.** Bereits im OpiumG 1920 war in § 8 Abs. 1 Nr. 3 iVm § 9 die Genussüberlassung mit Strafe bedroht. Nach § 10 Abs. 1 Nr. 6 iVm § 8 OpiumG 1929 wurde bestraft, wer den aufgrund des § 8 erlassenen Bestimmungen zuwiderhandelt. Im BtMG 1972 wurde in § 11 Abs. 1 Nr. 7 unter Strafe gestellt, wer BtM einem anderen verabreichte oder zum Genuss überließ, ohne dass dies im Rahmen einer ärztlichen … Behandlung oder zu einem vom Bundesgesundheitsamt genehmigten … Zweck geschah. Nach § 11 Abs. 4 Nr. 3 galt als besonders schwerer Fall, wenn ein Erwachsener wiederholt BtM an Personen unter 18 Jahren verabreichte. Das BtMG 1982 behielt die Vorschrift des BtMG 1972 in etwa bei. Als besonders schwerer Fall (Abs. 3 Nr. 3) wurde die Verabreichung oder Überlassung von BtM zum unmittelbaren Verbrauch durch Personen über 21 Jahre an Personen unter 18 Jahren angesehen. Das OrgKG erweiterte den Strafrahmen nach Abs. 1 auf „bis zu fünf Jahren". Mit Einführung des § 29a wurde die Verabreichung oder Überlassung von BtM zum unmittelbaren Verbrauch durch Personen über 21 Jahre an Personen unter 18 Jahren zum Verbrechenstatbestand aufgestuft.[5]

B. Erläuterung

I. Geltungsbereich

1268   **Inlandstaten** unterliegen dem BtM-Strafrecht unabhängig davon, ob die Tat durch einen Ausländer oder einen Deutschen begangen wurde.

1269   Die Frage, ob **Auslandstaten** nach deutschem Strafrecht verfolgbar sind, lässt sich nicht einheitlich beantworten. Dient das – jeweils entgegen § 13 erfolgende – Verabreichen bzw. Überlassen zum unmittelbaren Verbrauch im Ausland dem Absatz von BtM, handelt es sich um einen Teilakt der Vertriebshandlung iSv § 6 Nr. 5 StGB.[6] Daran fehlt es jedoch, wenn der Handelnde ohne Absatzförderungswillen BtM verabreicht bzw. überlässt.[7] Verabreicht ein **Deutscher im Ausland BtM,** ist er nach deutschem Betäubungsmittelstrafrecht strafbar, wenn die Tat am Tatort mit Strafe bedroht ist oder der Tatort keiner Strafgewalt unterliegt (§ 7 Abs. 2 Nr. 1 Alt. 1 StGB). In **Großbritannien** erfasst Section 22 *des Misuse of Drugs* das Verabreichen zur Ermöglichung einer Straftat. Nach Section 23 macht sich strafbar, wer einem anderen eine schädliche Substanz verabreicht, um dessen Gesundheit oder Leben zu gefährden.[8] In der **Schweiz** sind zu Verabreichung nur die in Art. 9 des SchwBtMG genannten Ärzte und Tierärzte befugt (vgl. Art. 10, 19 Nr. 1 Abs. 4 SchwBtMG).[9] Wegen des Begriffs derselben Tat iS von Art. 54 SDÜ[10] und dem sich

---

[4]   Vgl. BT-Drs. 11/4329, 12.
[5]   → Vor § 29a Rn. 1 ff.
[6]   → Vor § 29 Rn. 128 ff.
[7]   *Weber* Rn. 1358.
[8]   *Klages* in *Meyer* S. 242.
[9]   *Heine* in *Meyer* S. 568.
[10]   Übereinkommen zur Durchführung des Übereinkommens von Schengen vom 14.6.1985 19.6.1990 BGBl. II S. 1010, für Deutschland in Kraft getreten am 1.9.1993, Bek. 20.4.1994, BGBl. II S. 631; abgedruckt bei *Weber* unter B 5.1; Erläuterungen bei *Schomburg/Lagody/Gleß/Hackner* unter IV.

daraus abzuleitenden **Verbot der Mehrfachverfolgung** innerhalb des Geltungsbereichs des Übereinkommens wird auf die Erläuterungen Vor § 29[11] verwiesen.

II. Objektiver Tatbestand

1. Abgrenzung. Abgrenzungskriterien zwischen beiden Tatbestandsalternativen bilden **1270** objektiv das **Verhalten des BtM-Empfängers** und subjektiv die **Betätigung seines natürlichen (Konsum-)Willens.** In objektiver Hinsicht bleibt er im Falle der Verabreichung bei der Zuführung passiv (Fremdapplikation), während er sich den Stoff bei der Verbrauchsüberlassung selbst zuführt[12] (Eigenapplikation), was voraussetzt, dass ihm zuvor das Betäubungsmittel hingegeben[13] wurde. Die heimliche **Beimischung von BtM in Speisen oder Getränke**[14] kann deshalb nur als Überlassung zum unmittelbaren Verbrauch ansehen,[15] wer ausschließlich auf das Verhalten des BtM-Empfängers abstellt. Dieses Ergebnis lässt sich jedoch weder mit Wortsinn noch Sprachgebrauch des vom Gesetz verwendeten Begriffspaares „Verabreichen – Überlassen zum unmittelbaren Verbrauch" vereinbaren. Denn das *Verabreichen* bedeutet hier wie anderswo nichts anderes als *Verabfolgen,*[16] mithin das *Beibringen* iS von § 224 Abs. 1 Nr. 1 StGB.[17] Es berücksichtigt daneben auch nicht die dem BtM-Empfänger vorbehaltene Betätigung seines (Konsum-)Willens, dem bei der Verbrauchsüberlassung zwar keine rechtlich relevante Verfügungsbefugnis über den Stoff eingeräumt wird, der sich aber immerhin noch zwischen Konsum und Nichtkonsum entscheiden kann.

2. Tathandlungen im Einzelnen. a) Verabreichen. Der Tatbestand des Verabreichens **1271** kann daher einerseits in Form der unmittelbaren Anwendung eines BtM am Körper eines anderen (eines Tieres) ohne dessen Mitwirkung[18] und diesbezüglicher Wahrnehmung wie auch in Form der mittelbaren Täterschaft unter Missbrauch des BtM-Empfängers als undoloses **Werkzeug** erfolgen.[19] Vor diesem Hintergrund verabreicht auch derjenige, der den BtM-Empfänger über die Eigenschaft als und/oder die Wirkungsweise des dargebotenen BtM täuscht. Klassischer **Fall des strafbaren Verabreichens** von BtM iS der Nr. 6b ist dagegen das Injizieren, zB als Hilfeleistung von Abgängigen untereinander, aber auch durch den Arzt oder Sozialarbeiter, wenn dieser einem Abhängigen in einem Drogenkonsumraum (§ 10a) dessen mitgebrachtes Heroin spritzt.[20]

b) Überlassen zum unmittelbaren Verbrauch. BtM werden zum unmittelbaren Ver- **1272** brauch überlassen, wenn einem anderen durch Hingabe des Stoffes die Konsummöglichkeit an Ort und Stelle[21] in einer Art und Weise eingeräumt wird, dass dieser nur entweder konsumieren oder den Konsum ablehnen kann (tertium non datur!), er das BtM also gerade nicht zur freien Verfügung[22] und deshalb daran auch keine Sachherrschaft erhält.[23] Dies gilt auch in Fällen, in denen der Konsumwillige das auf einem Autospiegel dargebotene Kokain **selbst abteilen** darf,[24] Heroin in verbrauchsgerechter Portionierung **ausgehändigt**

[11] → Vor § 29 Rn. 161 ff.
[12] OLG Köln 11.9.1979 – 1 Ss 667/79; *Weber* Rn. 1338.
[13] BGH 16.9.1998 – 1 StR 482/98.
[14] BVerwG 2.7.1997 – 2 WD 12/97, BVerwGE 113, 108 = NVwZ 1998, 524; 10.12.1997 – 2 WD 1/ 97, BVerwGE 113, 169 = NJW 1998, 1730.
[15] KPV/*Patzak* Teil 15 Rn. 109.
[16] BGH 29.11.1995 – 2 StR 423/95, NStZ-RR 1996, 100.
[17] Vgl. *Fischer* StGB § 224 Rn. 6.
[18] OLG Köln 11.9.1979 – 1 Ss 667/79.
[19] IErg *Joachimski/Haumer* Rn. 182; *Weber* Rn. 1338.
[20] Vgl. KPV/*Patzak* Teil 15 Rn. 108.
[21] BGH 8.7.1998 – 3 StR 241/98, NStZ-RR 1998, 347; BayObLG 25.9.1985 – RReg 4 St 191/85.
[22] BGH 16.9.1998 – 1 StR 482/98, BeckRS 1998 30.024.128.
[23] BGH 8.7.1998 – 3 StR 241/98, NStZ-RR 1998, 347; BayObLG 8.8.1983 – RReg 4 St 166/83; 20.4.1990 – RReg 4 St 18/90, NStZ 1990, 395; 13.11.1997 – 4St RR 244/97, NStZ-RR 1998, 149.
[24] KG 15.6.1988 – (4) 1 Ss 120/88 – (78/88).

bekommt, das er sich alsbald erhitzt und injiziert[25] oder noch überlegt, ob er sich das erhitzte und auf einem Löffel **dargebotene** Heroin in einer bereits gebrauchten Spritze injizieren will.[26] An der beim Überlassenden verbleibenden Sachherrschaft ändert auch nichts, dass der Konsumwillige für die Verbrauchsportion **Entgelt** bezahlt.[27] Mangels Übertragung der Sachherrschaft erlangt der Konsumwillige deshalb keinen **Besitz** an dem BtM[28] und auch sonstige Verfügungswechseltatbestände scheiden aus (Erwerb, Sichverschaffen[29]). Etwas anderes gilt nur, sofern er den Stoff zusammen mit dem Überlassenden zuvor angeschafft hatte.[30]

1273   Im Rahmen einer **Rauschgiftparty** kann das BtM in strafrechtlich relevanter Beziehung zu mehreren Personen stehen. Dabei verwirklicht der **Gastgeber,** der den Stoff zur Verfügung stellt,[31] in jedem Fall den Tatbestand der unmittelbaren Verbrauchsüberlassung. Konsumiert der **Gast** allein das dargebotene BtM, bleibt er als schlichter Konsument straflos. Reicht er im Rahmen einer Raucherrunde Joint oder Pfeife wieder an den Gastgeber zurück, liegt auch insoweit nur strafloser Konsum vor.[32] Folgt dieses Zurückreichen jedoch einer gemeinsamen vorherigen Absprache des Inhalts, dass der Gastgeber das Weiterreichen übernimmt[33] oder reicht der Gast selbst Joint bzw. Pfeife an ein anderes Mitglied der Runde weiter,[34] wird zum Teil vertreten, dass er ebenfalls (Mit-)Täter der unmittelbaren Verbrauchsüberlassung sei, weil er in beiden Fällen die Erweiterung des Kreises der BtM-Konsumenten ermögliche.[35] Dem ist nicht zuzustimmen, da man konsequenterweise davon ausgehen muss, dass nur derjenige den Tatbestand der Verbrauchsüberlassung verwirklichen kann, der die Verfügungsmacht bis zum Zeitpunkt des vollständigen Konsums des BtM innehat.[36] Eine Verbrauchsüberlassung durch den „Zwischenkonsumenten" kommt damit nur in Betracht, wenn die Übergabe an diesen Täter als „Abgabe" bewertet werden müsste.[37] Etwas anderes lässt sich auch nicht durch die Annahme einer Mittäterschaft annehmen, als der Gastgeber den Joint zur aller Verfügung überlasse; denn dann müsste man von einer „Abgabe" in mehreren Fällen ausgehen.

1274   **3. BtM als Tatobjekte.** BtM sind die in den Anlagen I bis III zu § 1 aufgeführten Stoffe und Zubereitungen.

1275   **4. Rahmen des § 13 Abs. 1.** Verabreichung und Verbrauchsüberlassung sind nur in den Grenzen des § 13 Abs. 1 straflos. Danach dürfen BtM der Anlage III zu § 1 Abs. 1 nur im Rahmen einer ärztlichen, zahnärztlichen oder tierärztlichen Behandlung einschließlich der ärztlichen Behandlung einer BtM-Abhängigkeit verabreicht oder zum unmittelbaren Verbrauch überlassen werden, wenn ihre Anwendung medizinisch begründet ist.

---

[25] OLG Hamm 15.12.1988 – 4 Ss 1275/88, StV 1989, 438; BayObLG 27.12.2000 – 4St RR 167/00, StV 2002, 263.
[26] BayObLG 20.4.1990 – RReg 4 St 18/90, NStZ 1990, 395.
[27] BayObLG 27.12.2000 – 4St RR 167/00, StV 2002, 263.
[28] KG 14.2.1979 – (2) Ss 110/78 (35/78), GA 1979, 427 [428]; OLG Köln 11.9.1979 – 1 Ss 667/79; 7.10.1980 – 1 Ss 692/80, NStZ 1981, 104; *Weber* Rn. 1341.
[29] OLG Bamberg 14.10.2013 – 3 Ss 102/13, NStZ-RR 2014, 48 (Ls), BeckRS 2013, 22032; OLG München 13.5.2005 – 4 St RR 75/05, NStZ 2006, 579; OLG Hamburg 23.11.2007 – 1 Ss 129/07, NStZ 2008, 287.
[30] OLG Köln, B 7.10.1980 – 1 Ss 692/80, NStZ 1981, 104.
[31] Beispiele bei KPV/*Patzak* Teil 15 Rn. 103 ff.
[32] OLG Zweibrücken 22.11.1973 – 1 Ss 185/73, OLGSt (aF) BtMG § 11 Nr. 1 (S. 5); OLG Köln 11.9.1979 – 1 Ss 667/79, ZblJR 1980, 294; OLG Oldenburg 12.10.1981 – Ss 418/81, NJW 1982, 1338 = NStZ 1982, 121; OLG Düsseldorf 22.3.1985 – 5 Ss 81/85–77/85 I, NStZ 1985, 415.
[33] BayObLG 13.11.1997 – 4 St RR 244/97, NStZ-RR 1998, 149 mAnm *Körner* StV 1998, 592.
[34] OLG Düsseldorf 22.3.1985 – 5 Ss 81/85–77/85 I, NStZ 1985, 415; OLG Köln 11.9.1979 – 1 Ss 667/79; 7.10.1980 – 1 Ss 692/80, NStZ 1981, 104; OLG Oldenburg 12.10.1981 – Ss 418/81, NStZ 1982, 121; aA AG Böblingen 30.10.1991 – 5 Ds 435/91, NStZ 1992, 192.
[35] *Weber* Rn. 1347. BayObLG 13.11.1997 – 4 St RR 244/97, NStZ-RR 1998, 149.
[36] AG Böblingen NStZ 1992, 191.
[37] BGH 11.12.1990 – 1 StR 571/90, StV 1991, 208.

a) Persönliche Voraussetzungen. Die Befugnis zur Verabreichung und zur unmittel- **1276** baren Verbrauchsüberlassung steht neben den Ärzten (Tier- und Zahnärzten) auch deren medizinischem Hilfspersonal zu, das aber durch den Arzt jeweils besonders angewiesen/ beauftragt, eingewiesen und kontrolliert sein muss.[38] Nur die unmittelbare Verbrauchsüber- lassung ist hingegen dem Apotheker und seinem pharmazeutischen Hilfspersonal gestattet (§§ 5 Abs. 6, 7 BtMVV). **Alle anderen Personen** erfüllen im Falle der Verabreichung bzw. unmittelbaren Verbrauchsüberlassung von BtM den Tatbestand der Nr. 6b,[39] sofern keine Erlaubnis des BfArM vorliegt (§ 3 Abs. 2).

b) Medizinische Voraussetzungen. Beide Tatbestandsalternativen bedürfen für die **1277** Straflosigkeit der Voraussetzung, dass **sie im Rahmen einer ärztlichen Behandlung** erfolgen, was seinerseits wieder Anamnese, Untersuchung, Diagnose, Eignung und Erfor- derlichkeit im Rahmen des Behandlungskonzepts sowie Aufklärung des Patienten voraus- setzt und dass der Heilerfolg nur bei Anwendung des verordneten BtM eintritt.[40] Da hierfür allein der behandelnde Arzt die Verantwortung trägt und für medizinisches bzw. pharmazeu- tisches Hilfspersonal keine Möglichkeit der Überprüfung besteht, kann diesem im Falle fehlender medizinischer Begründetheit der BtM-Verordnung strafrechtlich kein Vorwurf gemacht werden.[41] Ein Arzt, der selbst begründete Zweifel an der manifesten Opiatabhän- gigkeit seines minderjährigen Patienten hat, diesem aber gleichwohl 8 ml 1 %iger Metha- donlösung aushändigt, muss sich wegen unerlaubter Verbrauchsüberlassung verantworten.[42] Vgl. hierzu auch die Ausführungen bei → Rn. 1224 sowie → § 13 Rn. 26 ff.

III. Subjektiver Tatbestand

Auf der inneren Tatseite setzt die Strafbarkeit nach Nr. 6b entweder Vorsatz oder Fahrläs- **1278** sigkeit (Abs. 4) voraus, wobei bedingter Vorsatz genügt.[43] Im Übrigen wird auf die Ausfüh- rungen bei → Rn. 1233 verwiesen.

1. Vorsatz. Zu den einzelnen Elementen des Vorsatzes und zur Abgrenzung von beding- **1279** tem Vorsatz zur bewussten Fahrlässigkeit wird auf die Erläuterungen Vor § 29 verwiesen.[44] Der **Zweck des Verabreichens/Überlassens zum unmittelbaren Verbrauch** ist ledig- lich im Falle des auf BtM-Umsatz gerichteten Handelns von Bedeutung, die Tathandlung dann aber bereits Teilakt von Abgabe, Veräußerung oder Handeltreiben.

2. Irrtumskonstellationen. Zu den denkbaren Irrtumskonstellationen den Arzt betref- **1280** fend (insb. die Fehlvorstellung hinsichtlich der konkreten Zuordnung des Stoffs) wird auf die Ausführungen bei → Rn. 1235 verwiesen. Nichtärzte können den typischen Irrtümern unterliegen, die bereits bei → Vor § 29 Rn. 77 ff. dargestellt wurden.

3. Fahrlässigkeit. Fahrlässig handelt etwa der Arzt oder das pharmazeutische Apothe- **1281** kenpersonal, wenn sie einem nicht Opiatabhängigen infolge unzureichender Anamnese/ Diagnose Methadon zum unmittelbaren Verbrauch überlassen[45] oder der Arzt, der der geschickten Schauspielkunst der Patienten im Hinblick auf deren Therapiewillen Glauben schenkt und davon ausgeht, die Patienten würden die verordneten Mittel auch therapiege- recht seiner Anweisung entsprechend auf mehrere Tage verteilt einnehmen.[46] Im Übrigen → Rn. 1694 ff.

---

[38] Arg. § 5 Abs. 6 BtMVV.
[39] *Körner* (VI) Rn. 1606.
[40] → § 13 Rn. 16 ff.
[41] HJLW/*Winkler* Rn. 15.4.2.; *Körner* (VI) Rn. 1257; *Weber* Rn. 988.
[42] LG Hechingen 11.3.2004 – 1 KLs 11 Js 7658/02 – AK 20/03, NStZ-RR 2005, 195 (bei *Kotz/Rahlf*).
[43] KPV/*Patzak* Teil 15 Rn. 138; *Weber* Rn. 1361.
[44] → Vor § 29 Rn. 54 ff.
[45] BGH 18.2.1998 – 1 StR 17/98, NStZ 1998, 414.
[46] OLG Zweibrücken 13.5.1982 – 1 Ss 337/79.

IV. Täterschaft, Teilnahme

1282   Die Abgrenzung von Täterschaft und Teilnahme folgt allgemeinen Regeln. Eine Mittäterschaft ist nur denkbar, soweit die Überlassenden bereits vor dem konkreten Konsumakt gemeinsame Verfügungsmacht über die BtM haben (was selten angenommen werden kann); insb. die Überlassung zum gemeinsamen Konsum in einer Haschischrunde ist gerade nicht die Übertragung der Verfügungsmacht.

1283   **1. Mittäterschaftliches Handeln.** Vereinzelt wurde angenommen, dass mehrere Personen bei der Verbrauchsüberlassung als Mittäter handeln, wenn sich die Raucherrunde vor dem Konsum dahingehend abspricht, dass der Joint nach dem Ziehen durch das einzelne Mietglied wieder an den Gastgeber zur Weiterreichung an den Nächsten in der Runde zurückgegeben werden soll.[47] Dies ist allerdings aus den dargestellten Gründen abzulehnen.

1284   **2. Teilnahme.** Bei der **Anstiftung** gelten für einen Dritten die allgemeinen Grundsätze; ob der Konsumwillige als notwendiger Teilnehmer straflos ist, erscheint zweifelhaft, da jedenfalls die Verbrauchsüberlassung den Verbrauch nicht zwingend voraussetzt (anders beim Verabreichen, man denke an den BtM-Konsumenten, der sich die Spritze setzen lässt[48]). Ein Dritter kann zwar zB dem Gastgeber (bzw. Konsuminitiator) in der Form Beihilfe leisten, dass er den Konsum*un*willigen zum Konsum auffordert („Jetzt stell dich nicht so an!");[49] er begeht dadurch aber vorrangig eine strafbare Verbrauchsaufforderung nach Nr. 10.

V. Deliktsverwirklichungsstufen

1285   **1. Versuch und Rücktritt vom Versuch.** Anders als bei der Verschreibung ist sowohl bei der *Verabreichung* von Betäubungsmitteln als auch bei deren *Überlassung zum unmittelbaren Verbrauch* **der Versuch strafbar** (Abs. 2). Klassische **Vorbereitungshandlung** beim **Verabreichen** ist das Abbinden des Armes bzw. das Aufziehen der Spritze. Die **Überlassung zum unmittelbaren Verbrauch** bereitet vor, wer eine Linie Kokain aufzieht oder btmhaltige Speisen oder Getränke serviert. Für den strafbefreienden **Rücktritt vom Versuch** der Begehungsweisen bleibt angesichts der durch die Deliktsnatur bedingten raschen Vollendung der Tat praktisch kein Raum.

1286   **2. Vollendung und Beendigung.** Vollendung tritt bei der **Verabreichung** mit dem Beginn der Zuführung des BtM zum Körper des anderen ein. Die **Überlassung zum unmittelbaren Verbrauch** ist vollendet, wenn der Konsumwillige das BtM ausgehändigt erhalten hat. **Beendet** ist die Tat mit Einverleibung des BtM beim/durch den anderen.

VI. Qualifikationen

1287   Zur Ahndung eines Verbrechens des Verabreichens oder Überlassens zum unmittelbaren Verbrauch durch eine Person über 21 Jahre an eine Person unter 18 Jahren s. § 29a Abs. 1 Nr. 1, zur leichtfertigen Todesverursachung durch Verabreichen oder Überlassen zum unmittelbaren Verbrauch s. § 30 Abs. 1 Nr. 3.

VII. Konkurrenzen

1288   **1. BtM-Straftaten.** Bei Aufeinanderfolgen von Verabreichung oder Verbrauchsüberlassung und **Erwerb** oder **Einfuhr** liegt jeweils Tatmehrheit vor, da die Ausführungshandlungen beider Delikte nicht zusammentreffen und auch der unerlaubte Besitz nicht in der Lage ist, die Begehungsweisen der Nr. 1 mit denjenigen der Nr. 6b zu verklammern. Wird ein Betäubungsmittel in einer „Konsumrunde" mehreren minderjährigen Abnehmern überlas-

---

[47] BayObLG 13.11.1997 – 4St RR 244/97, NStZ-RR 1998, 149 mAnm *Körner* StV 1998, 592.
[48] KG 3.12.1990 – (1) Ss 217/90 (105/90), JR 1991, 169.
[49] S. LG Baden-Baden bei BGH 11.12.1990 – 1 StR 571/90, StV 1991, 208.

sen, ist von mehreren Fällen des § 29a Abs. 1 Nr. 1 BtMG auszugehen, die zueinander im Verhältnis der Tateinheit stehen.[50] Der unerlaubte **Besitz** selbst tritt hinter den Begehungsweisen der Nr. 6b mangels eigenen Unrechtsgehalts zurück. Auch das **Bieten** einer **Gelegenheit** nach Nr. 10 bzw. 11 tritt jeweils hinter Nr. 6b zurück.

2. Delikte des StGB. Zum Konkurrenzverhältnis bei **Straftaten gegen die körperliche Integrität** oder gegen das **Leben** wird zunächst auf die Erläuterungen zu Abs. 1 Nr. 6a[51] Bezug genommen. Zwischen unerlaubter Verabreichung von BtM als Person über 21 Jahre an eine Person unter 18 Jahren und dem Tatbestand der gefährlichen Körperverletzung gem. § 224 Abs. 1 Nr. 1 StGB liegt Gesetzeskonkurrenz vor. § 224 Abs. 1 Nr. 1 StGB wird, da § 29a Abs. 1 Nr. 1 den Unrechtsgehalt der Tat erschöpfend erfasst, verdrängt.[52]   **1289**

VIII. Rechtsfolgen

1. Strafzumessung. Zur Bestimmung des Schuldumfangs, dh um zu einer schuldangemessenen Strafe gelangen zu können, sind generell Feststellungen zur **Art** des BtM, der erworbenen (Mindest-)**Menge** und der nach dem Wirkstoffgehalt zu bestimmenden **Qualität** unentbehrlich.[53]   **1290**

a) Strafrahmenwahl. Der (Normal-)Strafrahmen reicht von Geldstrafe bis zu 5 Jahren Freiheitsstrafe. In **besonders schweren Fällen** (Abs. 3) reicht der Strafrahmen von einem Jahr Mindeststrafe bis zu 15 Jahren Freiheitsstrafe (§ 38 Abs. 2 StGB). Neben der Strafe kann gem. § 34 Führungsaufsicht (§ 68 Abs. 1 StGB) angeordnet werden. Das Gesetz nennt als besonders schwere Fälle die gewerbsmäßige Tatbegehung (Abs. 3 S. 2 Nr. 1) und die Gesundheitsgefährdung mehrerer Menschen durch die Tat (Abs. 3 S. 2 Nr. 2). Doch auch bezüglich der Modalitäten des Verabreichens/unmittelbar zum Verbrauch Überlassens erscheint eine Verwirklichung der genannten Regelbeispiele kaum denkbar, hinsichtlich eines unbenannt schweren Falles wird auf die Ausführungen bei → Rn. 1663 ff. verwiesen.   **1291**

b) Strafzumessung im engeren Sinn. Von der **Wertigkeit der Delinquenz** ist der Tatbestand trotz des gleichlautenden Strafrahmens innerhalb des § 29 im Sinne eines faktischen Stufenverhältnisses im Vergleich zu den Delikten Abgabe, Veräußern und Handeltreiben regelmäßig als die weniger schwerwiegende Straftat anzusehen.[54] Im Übrigen wird auf die Ausführungen zum Verschreiben Bezug genommen.[55]   **1292**

2. Absehen von Strafe oder Strafverfolgung. Zum Absehen von Strafe oder Strafverfolgung siehe oben § 29 Verschreiben.[56]   **1293**

3. Maßregel der Besserung und Sicherung. Zu den Maßregeln der Besserung und Sicherung und den berufsrechtlichen Folgen siehe § 29 Verschreiben.[57]   **1294**

16. Kapitel. Überlassen von BtM in der Palliativmedizin (Abs. 1 S. 1 Nr. 6a)

Schrifttum: *Cremer-Schaeffer*, Betäubungsmittel in der Mitte der Gesellschaft – Gefahren bei der Abgabe in Notfallsituationen für Ärzte, Patienten und Angehörige aus Sicht der Bundesopiumstelle, in *Duttge/*

---

[50] BGH 5.2.2014 – 1 StR 693/13, NStZ 2014, 717.
[51] → Rn. 1243.
[52] LG Kempten 19.11.2003 – 1 Ks 329 Js 4914/03, NStZ-RR 2005, 197 (bei *Kotz/Rahlf*).
[53] BGH 14.4.1999 – 3 StR 22/99, NStZ 2000, 95 mAnm *Körner*; 16.2.2000 – 2 StR 532/99, StV 2000, 318; 18.7.2000 – 4 StR 258/00; 20.3.2001 – 1 StR 12/01; 9.5.2001 – 3 StR 36/01; 15.5.2001 – 3 StR 142/01.
[54] BayObLG 29.1.2001 – 4St RR 7/01.
[55] → Rn. 1302 f.
[56] → Rn. 1305.
[57] → Rn. 1306.

Nauck/Weber, Palliativmedizin und Betäubungsmittelrecht, S. 21; *Duttge,* Was werden die Fragen der Zukunft sein, in *Duttge/Nauck/Weber,* Palliativmedizin und Betäubungsmittelrecht, S. 77; *Engelmann,* Zur Rechtslage der ambulanten palliativmedizinischen Versorgung in der Bundesrepublik Deutschland, in *Duttge/Nauck/Weber,* Palliativmedizin und Betäubungsmittelrecht, 2013, S. 45; *Kotz* Ein neuer Straftatbestand im BtMG, StRR 2012, 45; *Maier,* Angemessene ambulante Notfallversorgung von Palliativpatienten mit Betäubungsmitteln – Anspruch und Wirklichkeit, in *Duttge/Nauck/Weber,* Palliativmedizin und Betäubungsmittelrecht, S. 1; *Rissing-van Saan,* Betäubungsmittel in der Palliativmedizin – rechtliche Grundlagen und Rahmenbedingungen, in: *Duttge/Nauck/Weber,* Palliativmedizin und Betäubungsmittelrecht, S. 63; *Tisch* in Die Apotheke – Garant für eine effiziente Arzneimittelversorgung von Palliativpatienten mit Betäubungsmitteln, in *Duttge/Nauck/Weber,* Palliativmedizin und Betäubungsmittelrecht, 2013, S. 11 (12 f.); *Thöns/Flender/Mertzluftt/Zenz,* Umgang mit (nicht mehr) benötigten Betäubungsmitteln in der ambulanten Palliativversorgung, Der Schmerz 2010, 367; *Tolmein,* Schmerzfrei aber strafbar? Rechtliche Probleme der nicht nur palliativen Behandlung von Patienten mit Betäubungsmitteln, in *Duttge/Nauck/Weber,* Palliativmedizin und Betäubungsmittelrecht, 2013, S. 33.

Übersicht

A. Überblick

I. Rechtliche Einordnung

1295   **1. Deliktsnatur.** Der Tatbestand ist, weil er die Übertragung tatsächlicher Verfügungsmacht über das BtM voraussetzt, **Erfolgsdelikt** und im Hinblick auf das Rechtsgut **abstraktes Gefährdungsdelikt.** Im Rahmen der tatbestandlich umschriebenen Konstellation handelt es sich um ein **Sonderdelikt für Ärzte**[1] (§ 28 Abs. 1 findet auf Teilnehmer Anwendung).

1296   **2. Regelungsgegenstand.** Strafbar ist das Überlassen von BtM entgegen § 13 Abs. 1a. Die Vorschrift gibt subjektiv wie objektiv einen Handlungsrahmen vor, innerhalb dessen das legale Überlassen von BtM zu therapeutischen Zwecken im Rahmen einer ambulanten palliativmedizinischen Behandlung möglich ist und befreit den Arzt insoweit von der nach § 3 für jedermann geltenden Erlaubnispflicht beim Umgang mit BtM. Es handelt sich damit um eine **Ausnahme vom Dispensierverbot** (→ Rn. 1322),[2] die in bestimmten Ausnahmekonstellationen für erforderlich erachtet wurde (eine vergleichbare Situation besteht bei der Verschreibung von Take-Home-Rezepten, wo allerdings die Abgabe der eigenverant-

---

[1] KPV/*Patzak* Teil 16 Rn. 14.
[2] *Tolmein* in *Duttge/Nauck/Weber,* Palliativmedizin und Betäubungsmittelrecht, S. 33 (34).

wortlich einzunehmenden Dosen nach § 5 V BtMVV dennoch dem Apotheker vorbehalten ist). Nichtärzte machen sich nach § 29 Abs. 1 S. 1 Nr. 1 strafbar. Der Tatbestand verwendet unglücklicherweise den Begriff des „Überlassens"; aus den Gesetzesmaterialien (und partiell auch aus dem Wortlaut) ergibt sich allerdings, dass dieser gerade nicht mit der „unmittelbaren Verbrauchsüberlassung" gleichzusetzen ist.

3. Verfassungsmäßigkeit. Soweit man davon ausgeht, dass die generellen Ziele des **1297** BtMG mit dem GG vereinbar sind und gegen die vorwiegend Ärzte betreffenden Strafvorschriften von Verfassungs wegen nichts zu erinnern ist,[3] bestehen auch bei dieser Vorschrift keine verfassungsrechtlichen Bedenken. Sie schränkt die ärztliche Therapiefreiheit als Ausprägung der Berufsausübungsfreiheit des Art. 12 Abs. 1 GG nicht in größerem Umfang ein, als dies bei § 29 Abs. 1 S. 1 Nr. 6 der Fall ist.

II. Kritik

Es handelt sich um einen typischen Fall der **„Verlegenheitsgesetzgebung",** mit der **1298** eine konkrete Problemstellung bzw. ein „Phänomen" der medizinischen Versorgung durch Regulierung (und Festhalten am Ausnahmekonzept) gelöst werden soll, weil das repressive Konzept des BtMG restriktiven bzw. pragmatischen Lösungen im Wege steht. Ausgangspunkt war die – zwischen den Interessensverbänden umstrittene – These, dass die Arzneimittelversorgung von Palliativpatienten außerhalb der regulären Öffnungszeiten von Apotheken **verbesserungsbedürftig** sei.[4]

Vor Einfügung des § 13 Abs. 1 Buchst. a war es dem Arzt zwar möglich, den im Kreise **1299** seiner Angehörigen untergebrachten Palliativpatienten akut zu behandeln (Verabreichen von Schmerzmitteln nach § 13 Abs. 1), doch durfte er zur „Überbrückung"[5] – etwa bei Behandlungen zur Nachtzeit oder an Feiertagen – keine Betäubungsmittel zur freien Verfügung abgeben.[6] Auf einen „Rückgriff" auf § 34 StGB wegen rechtfertigenden Notstands konnte man sich nicht verlassen.[7] Es konnte somit häufiger vorkommen, dass der örtlichen Notapotheke das verschriebene Medikament nicht zur Verfügung stand. Apotheker hatten weder eine Bevorratungspflicht noch ein Interesse, stark wirkende und selten verschriebene Opioide, die auch noch besonderen Sicherungspflichten unterstellt sind, ständig vorrätig zu halten.[8]

Die Versorgungssituation wurde von den Apothekerverbänden weniger problematisch **1300** gesehen (und die **geringen Fallzahlen** belegen, dass kritische Situationen meist auf eine fehlende Kommunikation zwischen Arzt und Apotheker bzw. deren fehlender Einbindung in das Palliativnetzwerk zurückzuführen sind[9]). Nichtsdestotrotz ging der Gesetzgeber mit dem 2. AMGuaÄndG auf Nummer sicher und entschied sich für einen Mittelweg, als er eine Bevorratungspflicht für Apotheker in der ApoBetrO aufstellte (§ 15 ApoBetrO) und eine Abgabe zwischen Apothekern ermöglichte (§ 4 Abs. 1 Nr. 1f).[10] Erst wenn diese Mechanismen der Absicherung versagen, greift die Lockerung des „Dispensierverbots" und dem Arzt ist eine Überlassung gestattet. Die strikte Regulierung lässt Fragen offen (noch → Rn. 1306 ff.). Dieser Umstand könnte allerdings faktisch regulierende Wirkung dergestalt haben, als die Beteiligten im Rahmen einer palliativ-medizinischen Behandlung darum

---

[3] Vgl. etwa BVerfG 6.10.1980 – 2 BvR 894/80 zu § 29 Abs. 1 S. 1 Nr. 6 Buchst. a.
[4] Hierzu *Tisch* in *Duttge/Nauck/Weber*, Palliativmedizin und Betäubungsmittelrecht, S. 11 (12 f.).
[5] Es handelt sich also um einen Fall der gesetzlichen Absicherung einer „Überbrückungshilfe", vgl. *Kotz* StRR 2012, 45.
[6] Anhand eines konkreten Falles dargestellt von *Maier* in *Duttge/Nauck/Weber*, Palliativmedizin und Betäubungsmittelrecht, S. 1 (7 ff.).
[7] *Rissing-van Saan* in *Duttge/Nauck/Weber*, Palliativmedizin und Betäubungsmittelrecht, S. 63 (70) unter Verweis auf einen „bad case" in Hessen, der Bericht ist abrufbar unter: www.wdr.de/tv/monitor/sendung/ 2011/0127/palliativmedizin.pdf (Stand: 18.4.2017).
[8] Zu den Lieferengpässen vor allem in ländlichen Gegenden *Thöns/Flender/Mertzlufft/Zenz* Der Schmerz 2010, 367, 371.
[9] Hierzu *Tisch* in *Duttge/Nauck/Weber*, Palliativmedizin und Betäubungsmittelrecht, S. 11 (15 f.).
[10] *Tisch* in *Duttge/Nauck/Weber*, Palliativmedizin und Betäubungsmittelrecht, S. 11 (17 f.).

bemüht sein werden, es nicht mehr auf die Frage ankommen zu lassen, ob die Voraussetzungen des § 13 Abs. 1 Buchst. a erfüllt sind.

III. Kriminalpolitische Bedeutung

1301   Die Vorschrift ist noch sehr jung, sodass sich keine Aussagen, sondern nur **Prognosen** bezüglich der kriminalpolitischen Bedeutung treffen lassen. Bis dato hat die Vorschrift praktisch keine Bedeutung. Da der von § 13 Abs. 1a regulierte Bereich tatsächlich den sehr spezifischen und kleinen Personenkreis der Patienten in der Palliativversorgung betrifft (es sich also um ein Delikt mit sehr engem „Zuschnitt" handelt), und die Bedeutung der Straftaten betreffend die medizinische Versorgung (Abs. 1 S. 1 Nr. 6, 7) ohnehin verschwindend gering ist, wird der Vorschrift wohl lediglich **symbolische** Bedeutung zukommen.

IV. Rechtsentwicklung

1302   **1. Einfluss internationaler Übereinkommen.** Im Übk. 1961 verpflichteten sich die Vertragsparteien in Art. 4 Buchst. c zu Maßnahmen, um den Handel mit Suchtstoffen ausschließlich auf medizinische Zwecke zu beschränken und jeden Verstoß gegen dieses Übereinkommen mit Strafe zu bedrohen (Art. 36 Abs. 1 Buchst. a). Diese Verpflichtungen wurden im Übk. 1971 in Art. 5, Art. 7 Buchst. a und Art. 22 Abs. 1 Buchst. a wiederholt.

1303   **2. Innerstaatliches Recht.** Die Vorschrift wurde 2012 durch das 2. AMGuaÄndG eingeführt.[11]

B. Erläuterung

I. Geltungsbereich

1304   Inlandstaten unterliegen dem BtM-Strafrecht unabhängig davon, ob die Tat durch einen Ausländer oder einen Deutschen begangen wurde.

1305   Die Frage, ob Auslandstaten nach deutschem Strafrecht verfolgbar sind, lässt sich nicht einheitlich beantworten. Dient das Überlassen **durch einen ausländischen Arzt im Ausland** entgegen § 13 Abs. 1a dem Absatz von BtM, handelt es sich um einen Teilakt der Vertriebshandlung iSv § 6 Nr. 5 StGB,[12] woran es regelmäßig jedoch fehlen wird.[13] Überlässt ein **deutscher Arzt im Ausland** BtM entgegen § 13 Abs. 1a, ist er nach deutschem BtM-Strafrecht strafbar, wenn die Tat am Tatort mit Strafe bedroht ist oder der Tatort keiner Strafgewalt unterliegt (§ 7 Abs. 2 Nr. 1 Alt. 1 StGB).

II. Objektiver Tatbestand

1306   Strafbar ist, wer BtM entgegen § 13 Abs. 1a überlässt. Durch die Verortung der Grundnorm in § 13 hat der Gesetzgeber zum Ausdruck gebracht, dass nicht nur der Handlungsrahmen der in Bezug genommenen Vorschrift, sondern auch derjenige des § 13 Abs. 1 einzuhalten ist.[14] Wie in den Fällen des § 29 Abs. 1 S. 1 Nr. 6 verwirklicht der Arzt deshalb bereits den Tatbestand, wenn er BtM außerhalb einer ärztlichen Behandlung oder innerhalb einer den Anforderungen nicht genügenden Behandlung[15] überlässt, weil er sich dann nicht im Handlungsrahmen des § 13 Abs. 1 bewegt. Der Anwendungsbereich des § 13 Abs. 1a ist

---

[11] BGBl. I S. 2192, 2217. Zum Hintergrund der Vorschriften, der tatsächlichen Versorgungssituation, der Gesetzgebungsgeschichte und zur Auslegung der einzelnen Tatbestandsmerkmale vgl. die Schriftensammlung *Duttge/Nauck/Weber*, Palliativmedizin und Betäubungsmittelrecht, 2013.
[12] → Vor § 29 Rn. 122 ff.
[13] *Weber* Rn. 1305 zum Verschreiben.
[14] BT-Drs. 17/10156, 91.
[15] → § 13 Rn. 16 ff.

ausschließlich auf eine **ambulante palliativmedizinische Behandlung** beschränkt.[16] Damit scheidet ein erlaubnisfreies Überlassen im Rahmen einer stationären Behandlung von vornherein aus.[17] Umstritten ist hingegen die Reichweite des Begriffs „Palliativpatient"; da es nicht auf den patientenrechtlichen Status, sondern auf die Symptomatik ankommen müsse, wird zum Teil vorgeschlagen, § 13 Abs. 1a analog auch auf nicht-palliative Patienten anzuwenden.[18]

1. Krisensituation. Der Handlungsrahmen des § 13 Abs. 1a ist erst eröffnet, wenn **1307** anders als durch das Überlassen der BtM die Versorgung des Patienten mit den zur Verordnung vorgesehenen Medikamenten nicht gewährleistet wäre.[19] Hier spielt das Zeitmoment in doppelter Hinsicht eine Rolle:
- Die Medikation mit BtM selbst darf nicht aufschiebbar[20] sein;
- das Medikament ist in der dienstbereiten Apotheke[21] nicht vorrätig und kann auch nicht rechtzeitig bereitgestellt werden,

sodass der Arzt aus seinem Praxisbedarf sozusagen **Überbrückungshilfe** leisten muss. Das grundsätzliche Festhalten am Dispensierverbot macht deutlich, dass das Apothekenmonopol über die Interessen eines womöglich leidenden Palliativpatienten gestellt wird.[22] Der Versuch, die Krisensituation in Worte zu fassen bzw. zu **„prozeduralisieren"** kann nicht darüber hinwegtäuschen, dass dem Arzt in der konkreten Situation eine komplexe Prüfung abverlangt wird, deren Reichweite noch nicht abschließend geklärt ist.[23]

In Ansehung der erlaubnisfreien Darreichungsformen wird man eine **medizinische** **1308** **Begründung** dafür **fordern** müssen, weshalb im Fall des sich abzeichnenden Versorgungsengpasses nicht auf Opioide zur Injektion oder in oraler, unmittelbar wie auch verzögert freisetzender Darreichungsform ausgewichen werden kann, da diese in Apotheken als Basisvorrat vorgehalten werden.[24] Allerdings nennt § 13 Abs. 1a S. 2 Nr. 2 **psychosoziale Gründe,** die ein Überlassen auch gestatten, wenn eine Verfügbarkeit grundsätzlich bejaht werden könnte (hierbei kann die Möglichkeit einer Botenzustellung diesen Gründen wiederum entgegenstehen[25]).

2. Tathandlung Überlassen. Der Begriff des Überlassens ist gesetzlich nicht definiert. **1309** Aus der Grundnorm ergibt sich, dass unter Überlassen die **Übertragung der tatsächlichen Verfügungsmacht** über das BtM[26] wie in § 29a iSv Abgabe, Veräußern oder Handeltreiben gemeint ist. Dass man auf den Begriff der Abgabe verzichtet haben mag, um damit einer „Verwässerung des Dispensierrechts" vorbeugen zu wollen, trifft zu,[27] doch ergibt sich die Legalisierung des Verhaltens nicht aus einer anderen Auslegung der Tathandlung, sondern aus dem Bezugstatbestand (§ 13 Abs. 1a). Insofern ist schließlich die Abgabe bereits „zweideutig", als sie missbräuchlich aus Apotheken oder eben in sonstiger Weise erfolgen kann.

---

[16] Zur Abgrenzung der allgemeinen APV von der SAPV (spezialisierte ambulante Palliativversorgung) und den sozialrechtlichen Grundlagen *Engelmann* in *Duttge/Nauck/Weber*, Palliativmedizin und Betäubungsmittelrecht, S. 45 (48).

[17] Hier wird sich das Problem jedoch kaum stellen, da es Einrichtungen der spezialisierten Palliativversorgung (Hospize) gem. § 5c BtMVV erlaubt ist, einen nicht an individuelle Patienten gebundenen Notfallvorrat einzurichten.

[18] *Tolmein* in *Duttge/Nauck/Weber*, Palliativmedizin und Betäubungsmittelrecht, S. 33 (36).

[19] KPV/*Patzak* Teil 16 Rn. 8.

[20] → § 13 Rn. 41.

[21] → § 13 Rn. 42.

[22] Vgl. auch *Rissing-van Saan* in *Duttge/Nauck/Weber*, Palliativmedizin und Betäubungsmittelrecht, S. 63 (70).

[23] Krit. *Duttge* in *Duttge/Nauck/Weber*, Palliativmedizin und Betäubungsmittelrecht, S. 77 (78).

[24] BT-Drs. 17/10156, 91.

[25] *Tisch* in *Duttge/Nauck/Weber*, Palliativmedizin und Betäubungsmittelrecht, S. 11 (19).

[26] KPV/*Patzak* Teil 16 Rn. 6.

[27] *Rissing-van Saan* in *Duttge/Nauck/Weber*, Palliativmedizin und Betäubungsmittelrecht, S. 63 (73). Ausgeschlossen ist damit auch die Anwendung des § 30 Abs. 1 Nr. 3, vgl. *Kotz* StRR 2012, 45 (46).

1310   **3. Tatobjekte.** Als Tatobjekte kommen alle in den Anlagen I und II zu § 1 Abs. 1 aufgeführten Stoffe und Zubereitungen in Betracht. Da objektsbezogen überhaupt nur
– die in Anlage III bezeichneten **Opioide** in Form von **Fertigarzneimitteln**
– in transdermaler[28] oder transmucosaler[29] **Darreichungsform**
überlassen werden dürfen, können auch alle anderen BtM der Anlage III zu § 1 Abs. 1 Tatobjekte sein, sofern sie die genannten Voraussetzungen nicht erfüllen. Nicht mehr benötigte Betäubungsmittel eines Patienten sind jedenfalls zurückzugeben.[30]

1311   **4. Mengenbegrenzung.** Das überlassene BtM darf den **Dreitagesbedarf** des Patienten nicht überschreiten. Die Berechnung des konkret erlaubten Umfangs scheint der (eingeschränkt, aber nichtsdestotrotz überprüfbaren!) Einschätzungsprärogative des Arztes überlassen.[31]

1312   **5. Erlaubnis.** Bewegt sich das ärztliche Handeln außerhalb des von § 13 Abs. 1, Abs. 1a vorgegebenen Rahmens, führt dies zum **Verlust der Befreiung von der Erlaubnispflicht.**[32]

1313   **6. Ordnungswidrige Pflichtverletzungen.** Verletzt der Arzt die ihm nach § 13 Abs. 1a S. 3 auferlegte **Nachforschungspflicht** hinsichtlich der aktuellen Liefermöglichkeiten in den in Frage kommenden Apotheken, bevor er das BtM überlässt, macht er sich ebenso wenig strafbar wie wenn er der in § 13 Abs. 1a S. 4 normierten **Dokumentationspflicht** nicht nachkommt.

III. Subjektiver Tatbestand

1314   **1. Vorsatz.** Die Straftat ist nur vorsätzlich begehbar (Abs. 4), wobei bedingter Vorsatz ausreicht. Die irrtümliche Vorstellung, tatsächlich lägen die Voraussetzungen eines „Versorgungsengpasses" vor, führt zum Vorsatzausschluss. Im Übrigen → Vor § 29 Rn. 53 ff.

1315   **2. Irrtumskonstellationen.** Zu den möglichen Irrtumskonstellationen in Bezug auf Art und Eigenschaft des BtM wird zunächst auf die Erläuterungen Vor § 29,[33] i.Ü. auf die Ausführungen zum Verschreiben[34] verwiesen.

IV. Täterschaft und Teilnahme

1316   Da es sich um ein Sonderdelikt handelt, kann Täter nur ein **Arzt** sein. Anders als in § 5 Abs. 2 Nr. 6 BtMVV bezüglich des Substitutionsarztes sieht § 13 Abs. 1a keine spezielle Qualifikation des behandelnden Arztes vor. Auf Teilnahmehandlungen zB durch das medizinische Hilfspersonal ist § 28 Abs. 1 StGB anzuwenden mit der Folge, dass idR nur Beihilfe gegeben sein kann.

V. Deliktsverwirklichungsstufen

1317   Der Versuch des Überlassens entgegen § 13 Abs. 1a ist nicht unter Strafe gestellt (Abs. 2). Vollendung tritt mit der Aushändigung des BtM an den Patienten (der ihn betreuenden Person) ein. Die Tat ist **beendet,** sobald der Patient über das BtM frei verfügen kann.

---

[28] ZB Fentanyl-Pflaster.
[29] ZB Abstral-Tabletten (Fentanyl).
[30] Zur Frage des Umgangs im Übrigen *Rissing-van Saan* in *Duttge/Nauck/Weber*, Palliativmedizin und Betäubungsmittelrecht, S. 63 (75) sowie *Cremer-Schaeffer Duttge/Nauck/Weber*, Palliativmedizin und Betäubungsmittelrecht, S. 21 (31).
[31] Krit. *Duttge* in *Duttge/Nauck/Weber*, Palliativmedizin und Betäubungsmittelrecht, S. 77 (78).
[32] → § 13 Rn. 5.
[33] → Vor § 29 Rn. 78 ff.
[34] → Rn. 1235.

VI. Konkurrenzen

Zum Konkurrenzverhältnis bei Straftaten gegen die körperliche Integrität oder gegen   **1318**
das Leben wird auf die Ausführungen zum Verschreiben[35] verwiesen.

VII. Rechtsfolgen

1. Strafrahmenwahl. Der (Normal-)Strafrahmen reicht von Geldstrafe bis zu fünf Jah-   **1319**
ren Freiheitsstrafe, in **besonders schweren Fällen** (Abs. 3) von einem Jahr bis zu 15 Jahren
Freiheitsstrafe (§ 38 Abs. 2 StGB). Denkbar ist nur ein unbenannter besonders schwerer
Fall. Anhaltspunkte für die Wahl des Sonderstrafrahmens ergeben sich aus einem Vergleich
mit den durch den Gesetzgeber benannten Regelbeispielen[36] und aus dem Rekurs auf den
(beispielhaften) Katalog des Art. 3 Abs. 5 Übk. 1988.

2. Strafzumessung im engeren Sinn. Diesbezüglich wird auf die Ausführungen zum   **1320**
Verschreiben[37] verwiesen.

VIII. Berufs- und standesrechtliche Folgen

Diesbezüglich wird auf die Ausführungen zum Verschreiben[38] verwiesen.   **1321**

17. Kapitel. Abgeben in Apotheken (Abs. 1 S. 1 Nr. 7)

Übersicht

---

[35] → Rn. 1242.
[36] Franke/*Wienroeder* Rn. 219.
[37] → Rn. 1246 ff.
[38] → Rn. 1257.

A. Überblick

I. Rechtliche Einordnung

1322   Die Vorschrift erschließt sich vor dem Hintergrund der bezüglich Arzneimittel bestehenden Apothekenpflicht des § 43 AMG.[1] Den Apothekern und dem übrigen pharmazeutischen Personal (§ 1a Abs. 2 ApBetrO) obliegt insoweit das **Monopol der ordnungsgemäßen Arzneimittelversorgung** der Allgemeinheit (§ 1 Abs. 1 ApoG). Nach § 17 Abs. 1a ApBetrO dürfen Arzneimittel … nur in den Apothekenbetriebsräumen in den Verkehr gebracht und nur durch pharmazeutisches Personal ausgehändigt werden. Als Pendant zu Abs. 1 S. 1 Nr. 6 für den Apotheker, stellt es bestimmte Formen der Abgabe von BtM in Apotheken (tierärztlichen Hausapotheken) entgegen § 13 Abs. 2 unter Strafe. Der Apotheker hat allerdings nur eine eingeschränkte Prüfpflicht, welche durch die Vorschriften der ApoBetrO konkretisiert wird. Wie der Arzt im Zusammenhang mit der Verschreibung ist auch der genannte Personenkreis durch das Fehlen von Versuchs- und Fahrlässigkeitsstrafbarkeit **privilegiert**,[2] weil es vom Gesetzgeber von Anfang an gewünscht war, das **berufliche Risiko** der Apotheker und Tierärzte beim Umgang mit BtM **zu minimieren**.[3]

1323   **1. Deliktsnatur.** Die Abgabe von BtM ist ein **Erfolgsdelikt.** Der tatbestandliche Erfolg liegt im Übergang der tatsächlichen Verfügungsmacht über das BtM vom Abgebenden auf den neuen Inhaber. In Bezug auf das Rechtsgut handelt es sich um ein **abstraktes Gefährdungsdelikt.** Bezüglich der Apothekenabgabe knüpft die Vorschrift ihrerseits an § 4 Abs. 1 Nr. 1, Nr. 2 an. § 29 Abs. 1 S. 1 Nr. 7 stellt ein **echtes Sonderdelikt** dar,[4] da er nur den Apotheker und das übrige pharmazeutische Personal,[5] den Tierarzt und das tiermedizinische Hilfspersonal[6] sowie den pharmazeutischen Unternehmer[7] betrifft. Andere Mitarbeiter in Apotheken, in Tierarztpraxen[8] oder in pharmazeutischen Unternehmen, die nicht zu diesem Personenkreis zählen, können sich allerdings nach Teilnahmegrundsätzen strafbar machen, wobei § 28 Abs. 1 StGB Anwendung findet. Da die Abgabe bereits für sich an die Verfügungsmacht des Täters knüpft, lässt sich § 29 Abs. 1 S. 1 Nr. 7 damit als „doppeltes Sonderdelikt" bezeichnen.

1324   **2. Verfassungsmäßigkeit.** Die Strafvorschrift über das unerlaubte Abgeben entgegen § 13 Abs. 2 ist verfassungsgemäß. Die Verbotsvorschrift lässt sich als „Schutzmaßnahme" für den Patienten unproblematisch mit der Gesundheit des Individuums legitimieren; eines Rückgriffs auf die Gründe, die für die Verfassungsmäßigkeit der Strafvorschriften des BtMG im Allgemeinen herangezogen werden (vgl. bereits → Vor § 29 Rn. 22 ff.) bedarf es nicht.

II. Kriminalpolitische Bedeutung

1325   In der Praxis tritt die Vorschrift – soweit ersichtlich – kaum in Erscheinung.[9]

III. Rechtsentwicklung

1326   **1. Einfluss internationaler Übereinkommen.** Im Übk. 1961 verpflichteten sich die Vertragsstaaten in Art. 4 Buchst. c zu Maßnahmen, um den Handel mit Suchtstoffen ausschließlich auf medizinische … Zwecke zu beschränken und jeden Verstoß gegen dieses Übereinkommen mit Strafe zu bedrohen (Art. 36 Abs. 1 Buchst. a). Diese Verpflichtungen wurden im Übk. 1971 in Art. 5, Art. 7 Buchst. a und Art. 22 Abs. 1 Buchst. a wiederholt.

---

[1] → AMG § 43 Rn. 1 ff.
[2] *Malek* Kap. 2 Rn. 326; *Joachimski/Haumer* Rn. 189; KPV/*Patzak* Teil 16 Rn. 45, 47.
[3] OLG Stuttgart 3.4.1978 – 3 Ss (7) 138/77, MDR 1978, 692.
[4] *Weber* Rn. 1389.
[5] § 1a Abs. 2 ApBetrO; → § 4 Rn. 23.
[6] *Franke/Wienroeder* Rn. 172.
[7] § 4 Nr. 18 AMG; → § 13 Rn. 45.
[8] *Franke/Wienroeder* Rn. 172.
[9] Vgl. BT-Drs. 11/4329, 12.

2. Innerstaatliches Recht. Bereits das OpiumG 1920 enthielt in § 8 Abs. 1 Nr. 3 iVm   **1327**
§ 9 eine Strafbewehrung für den Verstoß gegen Abgabevorschriften. Nach § 10 Abs. 1 Nr. 6
iVm § 8 des OpiumG 1929 wurde bestraft, wer den aufgrund des § 8 erlassenen Bestimmungen über die Abgabe von BtM in Apotheken – auch fahrlässig[10] – zuwiderhandelte. Das
BtMG 1972 stellte in § 11 Abs. 1 Nr. 9b, Nr. 10a unter Strafe, wer BtM ohne Vorlage einer
ärztlichen Verschreibung abgab, ließ aber fahrlässiges Handeln straflos. Durch das BtMG
1982 erhielt die Vorschrift ihre ursprüngliche Fassung. Das OrgKG erweiterte den Strafrahmen nach Abs. 1 auf „bis zu fünf Jahre". Durch das BtMGuaÄndG wurde der Tatbestand
auf die Abgabe von Diamorphin durch pharmazeutische Unternehmer erweitert.

B. Erläuterung

I. Geltungsbereich

1. Inlands-/Auslandstaten. Inlandstaten unterliegen dem BtM-Strafrecht unabhängig   **1328**
davon, ob die Tat durch einen Ausländer oder einen Deutschen begangen wurde.

Die Frage, ob Auslandstaten nach deutschem Strafrecht verfolgbar sind, lässt sich nicht   **1329**
einheitlich beantworten. Dient die **BtM-Abgabe durch einen ausländischen Apotheker
im Ausland** bzw. die **Abgabe von Diamorphin** entgegen § 13 Abs. 2 dem Absatz von
BtM, handelt es sich um einen Teilakt der Vertriebshandlung iSv § 6 Nr. 5 StGB.[11] Daran
fehlt es jedoch in der Regel bei einem Apotheker, weil er BtM ohne Absatzförderungswillen
abgibt.[12]

2. Grenzüberschreitende Mehrfachverfolgung. Zur Frage der Strafbarkeit von Aus-   **1330**
landstaten und der damit einhergehenden Frage der Mehrfachverfolgung vgl. → Vor § 29
Rn. 161 ff.

II. Objektiver Tatbestand

1. Abgabe. Voraussetzung der Strafbarkeit sowohl nach Buchst. a als auch nach Buchst. b   **1331**
des Abs. 1 S. 1 Nr. 7 ist die **Abgabe** als die Übertragung der tatsächlichen Verfügungsmacht
über das BtM (Diamorphin) auf eine andere Person zu deren freien Verfügung und zwar
sowohl entgeltlich als auch unentgeltlich.[13]

2. Verschreibung. Der Abgebende macht sich strafbar, wenn ihm vor der Abgabe **keine**   **1332**
ärztliche Verschreibung[14] vorliegt. Dabei umfasst die **Pflicht des Apothekers** gemäß
§ 12 Abs. 1 BtMVV, § 17 Abs. 5 ApBetrO die Feststellung, dass das abzugebende Mittel
der Verschreibung entspricht. Enthält die Verschreibung einen erkennbaren Irrtum, ist sie
unleserlich oder ergeben sich sonstige Bedenken, darf das Medikament nicht abgegeben
werden, bevor die Unklarheit beseitigt ist. **Unklarheiten** sind durch **Rücksprache mit
dem verschreibenden Arzt** zu klären, ggf. ist das BtM-Rezept zu ergänzen oder abzuändern (§ 12 Abs. 2 BtMVV).[15] Gibt der Apotheker statt der verschriebenen Substanzen
andere BtM der Anlage III ab (indem er die Rezepte in „Gutschriften" umwandelt), ist
der Tatbestand der Abgabe entgegen § 13 Abs. 2 ebenso erfüllt.[16]

Da die **Verschreibung** von BtM **dem Arzt vorbehalten ist** und demzufolge in dessen   **1333**
originärem Verantwortungsbereich steht, umfasst die Pflicht des Apothekers in der Regel

---

[10]   BGH 6.7.1956 – 2 StR 87/55, BGHSt 9, 370 = NJW 1957, 29.
[11]   → Vor § 29 Rn. 121 ff.
[12]   *Weber* Rn. 1390.
[13]   → § 4 Rn. 13.
[14]   → § 4 Rn. 12; sa KPV/*Patzak* Teil 16 Rn. 30.
[15]   KPV/*Patzak* Teil 16 Rn. 32.
[16]   BGH 12.2.2015 – 2 StR 109/14, BeckRS 2015, 06113 = NStZ 2015, 341. Häufig ist auch iRd
Abs. 1 Nr. 7 von einer „unerlaubten Abgabe" die Rede, obwohl die Abgabe aus Apotheken gerade nicht
erlaubnisbedürftig ist, § 4.

nicht die Prüfung, in wieweit die Verschreibung eines BtM **medizinisch indiziert** ist, was insbesondere auf die Verschreibung medizinisch umstrittener Mittel zutrifft.[17] Etwas anderes gilt jedoch dann, wenn für den Apotheker **erkennbar** ist, dass der Arzt seine Verantwortung nicht wahrnehmen konnte, weil die Verschreibung nicht von ihm stammt, sondern gefälscht ist[18] oder nicht wahrgenommen hat, weil die Verschreibung nicht Heil-, sondern Genusszwecken dient.[19]

1334   **Nicht strafbar** macht sich der Apotheker, der in seiner Apotheke aufgrund einer den wesentlichen formalen Kriterien genügenden ärztlichen **Notfall-Verschreibung** ohne die nach § 8 BtMVV zwingend gebotene Vorlage eines vom BfArM zuvor an den Arzt ausgegebenen Betäubungsmittelrezeptes Methadon abgibt, da die Vorschrift nur die vorsätzliche Abgabe von an sich verschreibungsfähigen, aber tatsächlich nicht verschriebenen Betäubungsmitteln strafrechtlich erfasst.[20]

1335   **3. Tatobjekte.** Gegenstand der Straftat sind BtM der **Anlage III**[21] denn der Grundtatbestand des § 13 Abs. 2 geht von *nach Abs. 1 verschriebenen BtM* aus und nimmt dort solche der Anlagen I und II von der Verschreibungsfähigkeit ausdrücklich aus (§ 13 Abs. 1 S. 3) andererseits besteht nach § 4 Abs. 1 Nr. 1 Buchst. c bei der Abgabe in Apotheken die Befreiung von der Erlaubnispflicht nur hinsichtlich der in Anlage III aufgeführten Stoffe und Zubereitungen. Demzufolge bedarf die Weitergabe von BtM der **Anlagen I** und **II**, auch wenn sie durch den in Nr. 7 genannten Personenkreis erfolgt, der Erlaubnis nach § 3.

1336   **4. Weitergabe im Rahmen des Apothekenbetriebs.** Nach § 4 Abs. 1 Nr. 1 Buchst. c besteht die Befreiung von der Erlaubnispflicht nur, wenn die Abgabe im Rahmen des Betriebs einer **Apotheke**[22] bzw. im Rahmen des Betriebs einer **tierärztlichen Hausapotheke**[23] erfolgt. Werden BtM außerhalb des jeweiligen Apothekenbetriebs abgegeben, ist der Abgebende nach § 29 Abs. 1 S. 1 Nr. 1 strafbar.[24]

1337   **a) Rückgabe von BtM.** Nach § 4 Abs. 1 Nr. 1 Buchst. d ist der Apotheker lediglich dann **von der Erlaubnispflicht befreit,** wenn er BtM der Anlagen II und III zu § 1 Abs. 1 an den Inhaber einer Erlaubnis zum Erwerb dieser BtM zurückgibt.[25] In allen anderen Fällen der Rückgabe unterliegt auch der Apotheker der Erlaubnispflicht des § 3. Daraus soll folgen, dass sich der Apotheker nach § 29 Abs. 1 S. 1 Nr. 1 wegen unerlaubter Abgabe strafbar macht, wenn er BtM, die er **zum Zwecke einer Substanzanalyse**[26] erlaubnisfrei angenommen hat (§ 4 Abs. 1 Nr. 1 Buchst. d), an den an ihn Abgebenden **zurückgibt,** weil das BtM aus dem zwischenzeitlich legalen (§ 4 Abs. 1 Nr. 1 Buchst. e) wieder in den illegalen BtM-Verkehr gelangt (zu den damit verbundenen Fragen des „drug checkings" in der Apotheke, vgl. → § 4 Rn. 16 ff.).[27]

1338   **b) Über-/Weitergabe von BtM.** Nach § 4 Abs. 1 Nr. 1 Buchst. d ist der Apotheker lediglich dann von der Erlaubnispflicht befreit, wenn er BtM der Anlagen II und III zu § 1 Abs. 1 an den Nachfolger im Betrieb übergibt bzw. BtM, die er zu Untersuchungszwecken entgegengenommen hat, zu eben diesen Zwecken an eine berechtigte Stelle weiterleitet.

1339   **c) „Privatentnahme" des Apothekers oder des Apothekenpersonals.** Bei Entnahme von BtM aus Apothekenbeständen durch den Apotheker oder dessen Personal zu

---

[17] KPV/*Patzak* Teil 16 Rn. 39.
[18] KPV/*Patzak* Teil 16 Rn. 33; *Weber* Rn. 1385.
[19] BayObLG 24.3.1966 – RReg 4 a St 149/65, BayObLGSt 1966, 45.
[20] OLG Bamberg 26.2.2008 – 3 Ss 100/06, BeckRS 2008, 05251 = OLGSt BtMG § 29 Nr. 17; *Weber* Rn. 1381.
[21] HM: Erbs/Kohlhaas/*Pelchen* Rn. 31; *Franke/Wienroeder* Rn. 172; KPV/*Patzak* Teil 16 Rn. 4, 23; Pfeil/Hempel/*Slotty* Rn. 218; *Weber* Rn. 1375.
[22] → § 4 Rn. 4.
[23] → § 4 Rn. 21.
[24] Pfeil/Hempel/*Slotty* Rn. 219; *Weber* Rn. 1378.
[25] → § 4 Rn. 14.
[26] Vgl. zum sog drug-checking *Weber* § 4 Rn. 25 ff.
[27] *Weber* § 4 Rn. 29.

privaten Zwecken wird der Tatbestand der **Nr. 7 nicht verwirklicht.** Das RG[28] hatte in einer zum OpiumG 1929 ergangenen Entscheidung auf den besonderen Sicherungszweck des Apothekenbetriebs abgestellt sowie darauf, dass es bei der Herauslösung des Stoffes aus diesem Betrieb nicht einmal darauf ankommen soll, wer Inhaber der tatsächlichen Gewalt des Stoffes sei, und war zum Ergebnis gelangt, dass – zumindest bei Herbeiführung einer räumlichen Trennung des BtM vom Apothekenbetrieb – unerlaubte Abgabe vorläge. **Abgabe,** wie das RG angenommen hatte, kommt aber schon deshalb nicht in Betracht, weil sie die **Weitergabe an einen Dritten** voraussetzt.[29] Bei einem **Apotheker,** der zur eigenen Suchtbefriedigung BtM aus den Beständen seiner Apotheke entnimmt, gehen *Hügel/Junge/Lander/Winkler*[30] ausnahmslos von **Sichverschaffen in sonstiger Weise** aus. Da jedoch Anknüpfungspunkt dieses Tatbestands die Erlangung tatsächlicher Verfügungsgewalt über das BtM ist, scheiden Fälle aus, in denen es hierzu infolge **sofortigen Konsums** nicht kommen kann.[31] Dies gilt sowohl für den Apothekenleiter wie auch für das Apothekenpersonal. **Angestellte der Apotheke** können sich aber hinsichtlich des in den BtM verkörperten Vermögenswertes der **Untreue** schuldig machen. Durch das **Herbeiführen einer räumlichen Trennung** mit dem Apothekenbetrieb wird hingegen tatsächliche Verfügungsgewalt erlangt. **Angestellte** der Apotheke, weil sie durch die Wegnahme zugleich Unterschlagung begehen, **verschaffen sich den Stoff in sonstiger Weise.** Der **Apotheker** selbst verschafft sich dagegen das BtM schon deshalb nicht in sonstiger Weise, weil er zugleich originärer Inhaber der tatsächlichen Verfügungsmacht ist, mag er auch in seiner Verfügungsbefugnis generell durch § 13 Abs. 2 eingeschränkt sein. Denn die tatsächliche Gewalt über eine Sache kann nur von einer (oder mehreren) natürlichen Person(en), nicht aber von einer Institution wie dem Apothekenbetrieb ausgeübt werden.[32] Konsequenterweise muss aber dann auch der Erwerb ausscheiden, als man nicht zwischen dem Apotheker als „Privatperson" und „Berufsträger" differenzieren kann (mithin kommt schlicht kein Erwerb ohne Einschaltung eines Dritten in Betracht[33]). Ist das BtM aus dem Apothekenbetrieb „herausgeschleust" worden, greift allerdings nicht mehr die Erlaubnisbefreiung nach § 4, sodass der Apotheker, wenn er derartige BtM aufbewahrt, wegen **Besitzes** gem. § 29 Abs. 1 S. 1 Nr. 3 zu bestrafen ist.

5. Beschränkung auf Fertigarzneimittel. Im Bereich der **Tiermedizin** ist die   **1340** erlaubnisfreie Abgabe bei Betreibern tierärztlicher Hausapotheken dahingehend eingeschränkt, dass BtM der Anlage III nunmehr nur noch in Form von Fertigarzneimitteln für das von ihm behandelte Tier abgegeben werden (§ 4 Abs. 2 Nr. 2 Buchst. c). Erlaubnisfrei ist daneben noch die Abgabe an den Nachfolger im Betrieb der tierärztlichen Hausapotheke (§ 4 Abs. 2 Nr. 2 Buchst. d). Jede andere Abgabe ist nach § 29 Abs. 1 S. 1 Nr. 1 strafbar.

6. Verlassen des Sondervertriebswegs. Pharmazeutische Unternehmer verwirklichen   **1341** den Tatbestand des § 29 Abs. 1 S. 1 Nr. 7 Buchst. b, wenn sie das Diamorphin-Rezept an eine Einrichtung beliefern, die staatlich nicht anerkannt ist.

III. Subjektiver Tatbestand

Die Weitergabe von BtM entgegen § 13 Abs. 2 ist nur vorsätzlich begehbar, wobei   **1342** bedingter Vorsatz genügt.

1. Vorsatz. Zu den einzelnen Elementen des Vorsatzes und zur Abgrenzung von beding-   **1343** tem Vorsatz zur bewussten Fahrlässigkeit wird auf die Erläuterungen Vor § 29 verwiesen.[34]

---

[28] RG 4.2.1935 – 3 D 1300/34, RGSt 69, 99.
[29] KPV/*Patzak* Teil 16 Rn. 12.
[30] Rn. 11.2.
[31] RG 6.4.1933 – II 286/33, RGSt 67, 193.
[32] AA *Körner* (VI) Rn. 1669.
[33] Anders noch in der 2. Aufl.
[34] → Vor § 29 Rn. 54 ff.

1344 **2. Irrtumskonstellationen.** Zu den möglichen Irrtumskonstellationen in Bezug auf Art und Eigenschaft des BtM wird auf die Erläuterungen Vor § 29 verwiesen.[35]

1345 **3. Fahrlässigkeit.** Fahrlässigkeit ist nicht unter Strafe gestellt (Abs. 4). Ob bei dieser **Privilegierung**[36] von Apothekern und Betreibern einer tierärztlichen Hausapotheke sowie des jeweils zugehörigen Personals Anknüpfungspunkt für die Fahrlässigkeitsprüfung die ärztliche Verschreibung oder die Zuordnung der BtM zu den Anlagen I bis III ist, wird unterschiedlich beantwortet. So vertreten *Joachimski/Haumer*[37] unter Bezugnahme auf eine Entscheidung des OLG Stuttgart[38] die Auffassung, dass, soweit sich die Fahrlässigkeit **lediglich auf die Frage der Verschreibung** beziehe, der Apotheker straflos bleiben müsse. Demgegenüber stellen *Winkler,*[39] *Körner,*[40] und *Slotty*[41] darauf ab, Nr. 7 könne nach der Systematik des Tatbestandes nur bei Sorgfaltspflichtverletzungen in Bezug auf **BtM der Anlage III** Anwendung finden. Entscheidend dürfte letztlich sein, dass sich die Privilegierung ausschließlich auf den in § 13 geregelten Bereich des „Vertriebs" von Betäubungsarzneimitteln der Anlage III bezieht. Im Übrigen ist der Apotheker ggf. hinsichtlich sonstiger Umgangsformen mit BtM der Anlage I und II nach § 4 befreit. Kommen ihm hingegen (fahrlässig) BtM abhanden, gibt es keinen Anlass, den Apotheker auch im Hinblick auf das fahrlässige Inverkehrbringen zu privilegieren.

1346 Somit bleibt dieser Personenkreis bei der fahrlässigen Übertragung der Verfügungsgewalt eines BtM straflos, während er bei der Verabreichung zum unmittelbaren Verbrauch, wenn sie unter Verstoß gegen die apothekenrechtlichen Sorgfaltspflichten erfolgt, nach Abs. 1 S. 1 Nr. 6b, Abs. 4 zu bestrafen ist. Es handelt sich nur scheinbar um eine „Ungereimtheit": Zwar mag man davon ausgehen, dass die Abgabe des Stoffes eine weit größere Gefahr für das Rechtsgut der Volksgesundheit darstellt, als die unmittelbare Verabreichung. Doch muss man auch sehen, dass sich der Fahrlässigkeitsbezugspunkt verändert (Sorgfaltspflichten im Rahmen der Verabreichung als Schutz für den Patienten; Sorgfaltspflichten im Rahmen der Abgabe als „Kontrollmechanismus" mit mehreren Schutzrichtungen). Insofern ist auch der Arzt nicht freigestellt, § 229 StGB.

IV. Täterschaft, Teilnahme

1347 **1. Täterschaft.** Wirken Arzt und Apotheker **kollusiv** beim Verstoß gegen die Vorschrift **zusammen,** weil der eine medizinisch nicht indiziert BtM verschreibt, die der andere in Kenntnis dessen sodann abgibt, macht sich der Apotheker nach Nr. 7, der Arzt nach Nr. 6a strafbar. **Mittäterschaft** ist möglich, wenn der Apotheker und das übrige pharmazeutische Personal einen gemeinsamen Tatplan umsetzen, nicht hingegen, wenn Apotheker und Apothekengehilfe zusammenwirken. Der Apothekengehilfe ist dann nach § 28 Abs. 1 StGB wegen Beihilfe zur unerlaubten Apothekenabgabe zu bestrafen.[42]

1348 **2. Teilnahme.** Auf Teilnahmehandlungen ist, da es sich um ein **Sonderdelikt** handelt, § 28 Abs. 1 StGB anzuwenden.[43]

V. Deliktsverwirklichungsstufen

1349 **1. Versuch.** Versuchsstrafbarkeit ist nicht gegeben (Abs. 2).

1350 **2. Vollendung und Beendigung.** Tatvollendung tritt ein, wenn das BtM in die tatsächliche Verfügungsmacht des Erwerbers gelangt ist. Die Tat ist **beendet,** wenn das BtM den Apothekenbetriebsraum verlassen hat.

---

[35] → Vor § 29 Rn. 77 ff.
[36] *Joachimski/Haumer* Rn. 189; *Körner* Rn. 1689.
[37] *Joachimski/Haumer* Rn. 193.
[38] OLG Stuttgart 3.4.1978 – 3 Ss (7) 138/77, MDR 1978, 692.
[39] HJLW/*Winkler* Rn. 17.2.
[40] *Körner* (VI) Rn. 1689.
[41] Pfeil/Hempel/Schiedermair/*Slotty* Rn. 227.
[42] *Joachimski/Haumer* Rn. 195; *Weber* Rn. 1389.
[43] *Weber* Rn. 1389.

VI. Qualifikationen

Zur leichtfertigen Todesverursachung infolge der Abgabe von BtM s. § 30 Abs. 1 Nr. 3. **1351**

VII. Konkurrenzen

1. BtM-Straftaten. Abs. 1 S. 1 Nr. 7 ist lex specialis zu Nr. 1 mit der Folge, dass er **1352** diesem gegenüber Sperrwirkung entfaltet. Dies gilt für alle in einer Apotheke im Rahmen des Apothekenbetriebs abgegebenen BtM, unabhängig von ihrer Zuordnung zu den Anlagen I bis III. Bei einem Verstoß gegen die Vorschrift in Bezug auf BtM der Anlage III geht diese als Spezialvorschrift Abs. 1 S. 1 Nr. 1 vor. Werden BtM der Anlagen I–II zu § 1 Abs. 2 abgegeben, erfüllt der Handelnde den jeweiligen Tatbestand des Abs. 1 S. 1 Nr. 1.

2. Straftatbestände anderer Rechtsgebiete. Mit Straftaten nach dem allgemeinen **1353** Strafrecht, etwa Körperverletzungsdelikten,[44] besteht Tateinheit.

VIII. Rechtsfolgen

1. Strafzumessung. a) Strafrahmenwahl. Der (Normal-)Strafrahmen reicht von **1354** Geldstrafe bis zu fünf Jahren Freiheitsstrafe, in **besonders schweren Fällen** (Abs. 3) von einem Jahr bis zu 15 Jahren Freiheitsstrafe (§ 38 Abs. 2 StGB). Neben der Strafe kann gem. § 34 Führungsaufsicht (§ 68 Abs. 1 StGB) angeordnet werden. Das Gesetz nennt als besonders schweren Fall die Gesundheitsgefährdung mehrerer Menschen durch die Abgabe aus der Apotheke (Abs. 3 S. 2 Nr. 2).

aa) Gesundheitsgefährdung mehrerer Menschen. Da das Regelbeispiel nur durch **1355** **eine** Abgabehandlung[45] erfüllt werden kann, ist es auch dann nicht erfüllt, wenn der Apotheker weiß und will, dass der Erwerber das abgegebene BtM mit mindestens einer weiteren Person teilt, da die Gesundheitsgefährdung dann auf die Weitergabe durch den BtM-Empfänger zurückgeht.

bb) Unbenannter besonders schwerer Fall. Verstößt der Apotheker bei der Abgabe **1356** von BtM gewerbsmäßig gegen § 13 Abs. 2, liegt ein unbenannter besonders schwerer Fall vor. Gleiches gilt, wenn es zur Abgabe des BtM außerhalb des Apothekenbetriebs nur deshalb kommt, weil der Apotheker als zusätzliche Gegenleistung sexuelle Dienste verlangt, die er sich in der Apotheke nicht erbringen lassen kann.

b) Strafzumessung im engeren Sinn. Zur Strafzumessung im engeren Sinn siehe die **1357** Erläuterungen zum Verschreiben.[46] Es ist nach allgemeinen Grundsätzen rechtsfehlerfrei, wenn das Gericht nach § 154 Abs. 2 StPO eingestellte Taten im Rahmen der Aburteilung dergestalt strafschärfend berücksichtigt, als es sich bei der Abgabe (im konkreten Fall von Rohypnol) in drei Fällen lediglich um die „Spitze des Eisbergs" gehandelt habe.[47]

2. Absehen von Strafe oder Strafverfolgung. Zum Absehen von Strafe oder Strafver- **1358** folgung siehe die Erläuterungen zum Verschreiben.[48]

3. Maßregeln der Sicherung und Besserung. Zu den Maßregeln der Sicherung und **1359** Besserung siehe die Erläuterungen zum Verschreiben.[49]

4. Berufsrechtliche Folgen. Daneben sind auch berufsrechtliche Folgen wie Widerruf **1360** der Apothekenbetriebserlaubnis oder Entzug der Approbation möglich.[50]

---

[44] → Rn. 1243.
[45] Vgl. *Weber* Rn. 1395.
[46] → Rn. 1251 ff.
[47] BGH 12.2.2015 – 2 StR 109/14, BeckRS 2015, 06113 = NStZ 2015, 341.
[48] → Rn. 1254.
[49] → Rn. 1255.
[50] KPV/*Patzak* Teil 16 Rn. 56 f.

18. Kapitel. Werben (Abs. 1 S. 1 Nr. 8)

Schrifttum: *Meyer,* Betäubungsmittelstrafrecht in Westeuropa, 1987.

Übersicht

A. Überblick

I. Rechtliche Einordnung

1361   **1. Deliktsnatur.** Unter Strafdrohung gestellt ist die Tathandlung unabhängig von einem Taterfolg, so dass es sich um ein **schlichtes Tätigkeitsdelikt** handelt. In Bezug auf das Rechtsgut liegt ein **abstraktes Gefährdungsdelikt** vor.

1362   **2. Regelungsgegenstand.** Der Tatbestand nimmt auf das Werbeverbot des § 14 Abs. 5 Bezug und stellt einen Verstoß hiergegen unter Strafe. Es handelt sich um einen (unechten) Blanketttatbestand: Die Strafnorm wird durch das verwaltungsrechtliche Verbot ausgefüllt. Ggf. ist er ebenfalls verfassungskonform auszulegen, soweit das Werbeverbot mit einem Eingriff in Grundrechte (Wissenschafts-, Meinungs- und Kunstfreiheit gem. Art. 5 Abs. 1, 3 GG) verbunden ist, zum Ganzen → Rn. 1543.

1363   **3. Verfassungsmäßigkeit.** Die Strafvorschrift über das unerlaubte Bewerben von BtM ist verfassungsgemäß. Auch die Ausgestaltung als Blankett ist jedenfalls in dieser Form als „unechtes" Blankett unproblematisch. Es handelt sich um einen reinen „Binnenverweis" (innerhalb desselben Regelwerks) und dient damit der Vereinfachung und „Entschlackung" der Verbotsnorm. Gegen die Bestimmtheit derartiger Straftatbestände ist nach ständiger verfassungsrechtlicher Judikatur nichts zu erinnern.

II. Kriminalpolitische Bedeutung

1364   Verstöße gegen das Werbeverbot werden in der PKS eigenständig aufgeführt. Ihre Bedeutung sind verschwindend gering.

Straftaten(gruppen)	2004	2006	2008	2009	2010	2011	2014	2015
Rauschgiftdelikte BtMG	283.708	255.019	239.951	235.842	231.007	236.478	276.734	282.604
Allgemeine Verstöße nach § 29 BtMG	200.378	178.841	169.386	169.689	165.880	170.297	209.514	213.850
Werben	24	6	12	6	17	7	6	14

III. Rechtsentwicklung

1. Einfluss internationaler Übereinkommen. In Art. 10 Abs. 2 Übk. 1971 haben **1365**
sich die Vertragsstaaten verpflichtet, die Werbung für BtM in der Öffentlichkeit zu verbieten.
In ähnlicher Weise verpflichtet das Übk. 1988 die Vertragsstaaten in Art. 3 Abs. 1 Buchst. c
Nr. iii, das vorsätzliche Aufstacheln oder Verleiten anderer unter Strafe zu stellen.

2. Innerstaatliches Recht. Durch das BtMG 1982 erhielt die Vorschrift ihre ursprüngli- **1366**
che Fassung. Das OrgKG erweiterte den Strafrahmen nach Abs. 1 auf „bis zu fünf Jahre".

B. Erläuterung

I. Geltungsbereich

1. Inlands-/Auslandstaten. Inlandstaten unterliegen dem BtM-Strafrecht unabhängig **1367**
davon, ob die Tat durch einen Ausländer oder einen Deutschen begangen wurde. Über § 9
Abs. 1 StGB liegt eine Inlandstat auch dann vor, wenn die Werbung **auf mechanischem
oder elektronischem Weg** (Telefon, Telefax, SMS, E-Mail oder via Internet) **aus dem
Ausland ins Inland** gelangt.[1]

a) Werben durch einen Ausländer im Ausland. Die Frage, ob – echte – Auslandsta- **1368**
ten nach deutschem Strafrecht verfolgbar sind, lässt sich nicht einheitlich beantworten. Dient
das Werben entgegen § 14 Abs. 5 im Ausland dem Absatz von BtM, handelt es sich um
einen Teilakt der Vertriebshandlung iS von § 6 Nr. 5 StGB.[2]

b) Werben durch einen Deutschen im Ausland. Wirbt ein Deutscher im Ausland **1369**
entgegen § 14 Abs. 5 für BtM, ist er nach deutschem BtM-Strafrecht strafbar, wenn die Tat
am Tatort mit Strafe bedroht ist oder der Tatort keiner Strafgewalt unterliegt (§ 7 Abs. 2
Nr. 1 Alt. 1 StGB). In den **Niederlanden** stellt Art. 3b Abs. 1 des Opiumwet jede Veröffentlichung außerhalb medizinischer oder wissenschaftlicher Publikationen, die ersichtlich
darauf gerichtet ist, den Verkauf, die Lieferung oder Bereitstellung (von bestimmten BtM)
zu fördern, unter Strafe.[3] In **Österreich** wird nach § 15 SGG jede Art des Anpreisens von
BtM bestraft.[4] In der **Schweiz** ist nach Art. 19c schwBtMG strafbar, wer jemanden zum
unbefugten BtM-Konsum vorsätzlich anstiftet oder anzustiften versucht.[5]

2. Verbot der Mehrfachverfolgung. Wegen des Begriffs derselben Tat iS von **Art. 54** **1370**
SDÜ und dem sich daraus abzuleitenden **Verbot der Mehrfachverfolgung** innerhalb des
Geltungsbereichs des Übereinkommens wird auf die Erläuterungen Vor § 29[6] verwiesen.

II. Objektiver Tatbestand

1. Tathandlung Werben. Der Begriff der Werbung wird in den Vorschriften des Ersten **1371**
Abschnitts des BtMG nicht genannt. Im Gesetz verwendete, im Ersten Abschnitt jedoch

---

[1] *Weber* Rn. 1408.
[2] *Fischer* StGB § 6 Rn. 5; zweifelnd *Weber* Rn. 1409.
[3] *Scholten* in *Meyer* S. 468.
[4] *Dearing* in *Meyer* S. 511, 529.
[5] *Heine* in *Meyer* S. 623.
[6] → Vor § 29 Rn. 161.

nicht genannte Begriffe werden vom Gesetzgeber offenbar als bekannt vorausgesetzt,[7] so auch der Begriff des Werbens. § 14 Abs. 5 enthält ebenfalls keine Begriffsdefinition. Das StGB verwendet „*Werben*" in § 129 Abs. 1 StGB und § 129a Abs. 3 StGB; § 120 OWiG fasst in der Gesetzesüberschrift unter dem Begriff „Werben" für Prostitution die dort in Abs. 1 Nr. 2 aufgeführten Handlungsalternativen des Anbietens, Ankündigens, Anpreisens oder des Bekanntgebens von Gelegenheiten zu entgeltlichen sexuellen Handlungen zusammen. Auch das HWG[8] setzt den Begriff der Werbung als bekannt voraus. Nach Art. 86 Abs. 1 RL 2001/83/EG[9] gelten als Werbung für Arzneimittel alle Maßnahmen zur Information, zur Marktuntersuchung und zur Schaffung von Anreizen mit dem Ziel, die Verschreibung, die Abgabe, den Verkauf oder den Verbrauch von Arzneimitteln zu fördern. In seiner vom Gesetz gebrauchten intransitiven Form bedeutet „werben" für etwas Reklame machen. Werben iS der Nr. 8 ist daher **der Hinweis auf die Bereitschaft und Möglichkeit, BtM zu liefern,**[10] **der sich nicht an bestimmte Personen richtet und die Absatzförderung zum Ziel hat.**[11] Von der **öffentlichen Mitteilung zum unbefugten Erwerb** von BtM (Nr. 10) ist Tatbestand der Nr. 8 dadurch **abzugrenzen,** dass er nur den legalen BtM-Verkehr zum Gegenstand hat, mithin die „echte" Werbung innerhalb der Fachkreise betrifft. Denn allein diese Zielrichtung deckt sich mit der des Übk. 1971 und sie allein kann sich auch auf § 14 Abs. 5 stützen.[12] Werbung für **BtM-Imitate, Hilfsgeräte zur BtM-Herstellung** oder **drogenverherrlichende Produkte** werden vom Tatbestand nicht erfasst.[13]

1372 **2. Erscheinungsformen.** Ein Verstoß gegen § 14 Abs. 5 ist in drei Handlungsalternativen denkbar: Es erfolgt entgegen dem absoluten Werbeverbot eine Bewerbung von BtM, die in der **Anlage I** aufgeführt sind. BtM der **Anlage II** werden gegenüber einem Adressaten beworben, der weder zu den Fachkreisen der Industrie und des Handels noch zu den Betreibern von Apotheken oder tierärztlichen Hausapotheken zählt. BtM der **Anlage III** werden außerhalb des vorgenannten Personenkreises beworben, wobei der Adressat weder Arzt noch Zahn- oder Tierarzt ist.

1373 **3. BtM als Tatobjekte.** Tatobjekte können alle in den Anlagen I bis III aufgeführten Stoffe und Zubereitungen sein. Für die in Anlage I genannten BtM darf überhaupt nicht geworben werden. Die Werbung für BtM der Anlagen II und III darf sich nur an Fachkreise der Industrie und des Handels sowie an Betreiber von Apotheken oder tierärztlichen Hausapotheken richten. Werbung für BtM der Anlage III ist darüber hinaus auch bei Ärzten, Zahnärzten und Tierärzten gestattet.

III. Subjektiver Tatbestand

1374 Das Delikt ist nur vorsätzlich begehbar, wobei bedingter Vorsatz genügt.

1375 **1. Vorsatz.** Zu den einzelnen Elementen des Vorsatzes und zur Abgrenzung von bedingtem Vorsatz zur bewussten Fahrlässigkeit wird auf die Erläuterungen Vor § 29 verwiesen.[14]

1376 **2. Irrtumskonstellationen.** Zu den möglichen Irrtumskonstellationen in Bezug auf Art und Eigenschaft des BtM wird auf die Erläuterungen Vor § 29 verwiesen.[15] Werden BtM fälschlich als zu jeweils anderen Anlagen des BtMG zugehörig angesehen oder der

---

[7] Franke/*Wienroeder* § 2 Rn. 1.

[8] Gesetz über die Werbung auf dem Gebiete des Heilwesens (Heilmittelwerbegesetz – HWG) idF der Bekanntmachung vom 19.10.1994, BGBl. I S. 3068 (FNA 2121-20).

[9] RL des Europäischen Parlaments und des Rates v. 6.11.2001 zur Schaffung eines Gemeinschaftskodexes für Humanarzneimittel; ABl. 2001 L 311, 67.

[10] Franke/*Wienroeder* Rn. 179; KPV/*Patzak* Teil 18 Rn. 7.

[11] *Weber* § 14 Rn. 11.

[12] Franke/*Wienroeder* Rn. 177; *Joachimski/Haumer* Rn. 198; aA KPV/*Patzak* Teil 18 Rn. 1; *Weber* Rn. 1401.

[13] KPV/*Patzak* Teil 18 Rn. 1, 4 f.

[14] → Vor § 29 Rn. 55 ff.

[15] → Vor § 29 Rn. 77 ff.

Bewerbungsadressat unzutreffend einer bestimmten Personengruppe zugerechnet, liegt ein **Subsumtionsirrtum** vor.

IV. Deliktsverwirklichungsstufen

1. Versuch. Der Versuch der unerlaubten Werbung ist nicht unter Strafe gestellt (Abs. 2). 1377

2. Vollendung und Beendigung. Tatvollendung tritt ein, sobald die Werbung den 1378
Adressaten erreicht hat.[16] Die Tat ist Dauerdelikt.[17] Sie ist **beendet,** sobald die Werbemaß-
nahme ihre Wirkung nicht mehr entfalten kann.[18]

V. Täterschaft, Teilnahme

Da jedermann, der legal am BtM-Verkehr teilnimmt, gegen das Werbeverbot verstoßen 1379
kann, bestehen für die strafrechtliche Beurteilung der Tatbeteiligungsmöglichkeiten keine
Besonderheiten; sie richten sich nach den allgemeinen Grundsätzen.

VI. Konkurrenzen

Der Verstoß gegen das Werbeverbot des § 14 Abs. 5 macht ein aufgrund der Werbung 1380
zustande gekommenes legales BtM-Geschäft nicht zum unerlaubten **Handeltreiben.** Ist
aber für sich genommen unerlaubtes Handeltreiben anzunehmen, geht ein vorangegangener
Verstoß gegen das Werbeverbot als unselbstständiger Teilakt in diesem auf.

VII. Rechtsfolgen

1. Strafzumessung. a) Strafrahmenwahl. Der (Normal-)Strafrahmen reicht von 1381
Geldstrafe bis zu fünf Jahren Freiheitsstrafe, in **besonders schweren Fällen** (Abs. 3) von
einem Jahr bis zu 15 Jahren Freiheitsstrafe (§ 38 Abs. 2 StGB). Neben der Strafe kann gem.
§ 34 Führungsaufsicht (§ 68 Abs. 1 StGB) angeordnet werden. Das Gesetz sieht allerdings
kein Regelbeispiel für einen besonders schweren Fall vor. Anhaltspunkte für die **Wahl des
Sonderstrafrahmens** können sich aus einem Vergleich mit den durch den Gesetzgeber
benannten Regelbeispielen[19] und aus dem Rekurs auf den (beispielhaften) Katalog des
Art. 3 Abs. 5 Übk. 1988 ergeben. Damit kommt für einen **unbenannten besonders
schweren Fall** zB die Werbung in einer Schule oder Hochschule in Betracht.[20]

b) Strafzumessung im engeren Sinn. Die Vorschrift richtet sich an Personen, die als 1382
legale Hersteller oder Händler beruflich mit BtM Handel treiben und beschränkt einerseits
den Kreis der Produkte, für die geworben werden darf, und andererseits den Adressatenkreis,
bei dem geworben werden darf. Ein Verstoß gegen die Vorschrift ist – gemessen am
Unrechtsgehalt der Weitergabedelikte – nur von untergeordneter Bedeutung.

aa) Strafmilderungserwägungen. Neben allgemeinen strafmildernden Gesichtspunk- 1383
ten kann hier berücksichtigt werden, wenn sich die Werbung auf ein nicht zugelassenes
btm-haltiges Medikament bezog oder dass der Kreis der Aufgeforderten eng begrenzt war.

bb) Strafschärfungserwägungen. Strafschärfend können auch hier Art und Gefähr- 1384
lichkeit des von der Werbung betroffenen BtM[21] ins Gewicht fallen.

2. Absehen von Strafe oder Strafverfolgung. Zum Absehen von Strafe oder Strafver- 1385
folgung siehe die Erläuterungen zum Verschreiben, → Rn. 1254.

---

[16] *Weber* Rn. 1406.
[17] KPV/*Patzak* Teil 18 Rn. 20.
[18] KPV/*Patzak* Teil 18 Rn. 20; *Weber* Rn. 1406.
[19] *Franke/Wienroeder* Rn. 219.
[20] Vgl. Art. 3 Abs. 5 Buchst. g Übk. 1988.
[21] *Weber* Rn. 1414.

1386   **3. Maßregel der Besserung und Sicherung.** Zu den Maßregeln der Sicherung und Besserung siehe die Erläuterungen zum Verschreiben; → Rn. 1255.

19. Kapitel. Erschleichen einer Verschreibung (Abs. 1 S. 1 Nr. 9)

Übersicht

A. Überblick

I. Rechtliche Einordnung

1387   BtM dürfen nur verschrieben werden, wenn ihre Anwendung am menschlichen Körper medizinisch begründet ist. Ebenso wenig wie es dem Arzt erlaubt ist, BtM zu anderen als zu Heilzwecken zu verschreiben, darf ihn der Patient zu einer medizinisch unbegründeten Verschreibung veranlassen. Die Vorschrift stellt daher unter Strafe, dass der Patient den Arzt als undoloses Werkzeug für den „BtM-Erwerb" missbraucht, als das Rezept erst die Abgabe durch den Apotheker ermöglicht. Daneben liegt Grund für die Strafbarkeit auch im Vertrauen der Öffentlichkeit in ärztliche Verschreibungen.[1]

1388   **1. Deliktsnatur.** Der Tatbestand wird überwiegend als schlichtes Tätigkeitsdelikt angesehen; verlangt man hingegen, dass es zu einer „Übertragung des Rezepts" kommen muss, wäre dies ein tatbestandlicher Fixpunkt, durch den die denkbaren (mannigfaltigen) Formen der Erschleichung begrenzt werden. Jedenfalls handelt es sich in Bezug auf das Rechtsgut um ein abstraktes Gefährdungsdelikt.

1389   **2. Regelungsgegenstand.** Die Vorschrift stellt allgemein eine Vorbereitungshandlung zum Erwerb von BtM unter Strafe. Rechtstechnisch handelt es sich um die tatbestandsmäßige Verselbstständigung einer originären Versuchshandlung, da Strafbarkeit nicht erst bei Erlangung der Verschreibung eintritt.[2]

---

[1] *Franke/Wienroeder* Rn. 190; Pfeil/Hempel/Schiedermaier/*Slotty* Rn. 256; *Weber* Rn. 1416.
[2] *Joachimski/Haumer* Rn. 199; *Weber* Rn. 1416.

3. Verfassungsmäßigkeit. Die Strafvorschrift über die Erlangung einer BtM-Verschrei- 1390
bung aufgrund unrichtiger oder unvollständiger Angaben ist nach Rechtsprechung des
BVerfG verfassungsgemäß, da die Gründe, die für die Verfassungsmäßigkeit der Strafvorschriften des BtMG über den unerlaubten Umgang mit Cannabisprodukten sprechen,[3] auf
den vorliegenden Tatbestand weitestgehend übertragbar sind.

II. Kriminalpolitische Bedeutung

In der Praxis sind bislang keine Entscheidungen zu dieser Vorschrift bekannt geworden.[4] 1391
Eher werden BtM sowie Rezepte aus Praxen, Krankenhäusern, Großhändlern und Apotheken unmittelbar gestohlen. Diese Fallgruppen werden von der PKS allesamt sogar eigenständig erfasst.[5]

III. Rechtsentwicklung

1. Einfluss internationaler Übereinkommen. Im Übk. 1961 verpflichteten sich die 1392
Vertragsstaaten in Art. 4 Buchst. c zu Maßnahmen, um den Handel mit Suchtstoffen ausschließlich auf medizinische … Zwecke zu beschränken und jeden Verstoß gegen dieses
Übereinkommen mit Strafe zu bedrohen (Art. 36 Abs. 1 Buchst. a). Diese Verpflichtungen
wurden im Übk. 1971 in Art. 5, Art. 7 Buchst. a und Art. 22 Abs. 1 Buchst. a wiederholt.

2. Innerstaatliches Recht. Die Vorschrift geht auf § 11 Abs. 1 Nr. 5b des BtMG 1972 1393
zurück, die eine bestehende Strafbarkeitslücke schließen sollte. Durch das BtMG 1982
erhielt die Vorschrift ihre heutige – um das Erlangen der Verschreibung für ein Tier erweiterte – Fassung. Das OrgKG erweiterte den Strafrahmen nach Abs. 1 auf „bis zu fünf Jahre".

B. Erläuterung

I. Geltungsbereich

Inlandstaten unterliegen dem BtM-Strafrecht unabhängig davon, ob die Tat durch einen 1394
Ausländer oder einen Deutschen begangen wurde.

Die Frage, ob **Auslandstaten** nach deutschem Strafrecht verfolgbar sind, lässt sich nicht 1395
einheitlich beantworten. Dient das Erlangen der Verschreibung im Ausland dem Absatz von
BtM, handelt es sich um einen Teilakt der Vertriebshandlung iSv § 6 Nr. 5 StGB.[6] Daran
fehlt es jedoch, wenn der Handelnde ohne Absatzförderungswillen an BtM für sich oder
einen Dritten gelangen will.[7]

II. Objektiver Tatbestand

1. Unrichtige oder unvollständige Angaben. a) Angaben. Angaben sind Schilde- 1396
rungen von Tatsachen,[8] also Mitteilungen über konkrete Geschehnisse oder Zustände in
Gegenwart oder Vergangenheit.[9] Aber auch die begründete Besorgnis über zukünftig auftretende Entzugserscheinungen kann – als **Erfahrungs-** oder **innere Tatsache** – zu den

---

[3] BVerfG 9.3.1994 – 2 BvL 43/92 ua, BVerfGE 90, 145 = NJW 1994, 1577; BGH 3.2.1995 – 4 StR
773/94, NStZ 1995, 350; 25.8.1992 – 1 StR 362/92, BGHSt 38, 339 = NJW 1992, 2975 mAnm *Schneider*
StV 1992, 513 für den Erwerbstatbestand.
[4] *Malek* Kap. 2 Rn. 333.
[5] PKS 2015, S. 90: Einfacher Diebstahl von Betäubungsmitteln aus Apotheken (29); einfacher Diebstahl
von Betäubungsmitteln aus Arztpraxen (26); einfacher Diebstahl von Betäubungsmitteln aus Krankenhäusern
(247); einfacher Diebstahl von Betäubungsmitteln bei Herstellern und Großhändlern (19) sowie einfacher
Diebstahl von Rezeptformularen zur Erlangung von Betäubungsmitteln (122).
[6] → Vor § 29 Rn. 121 ff.
[7] *Weber* Rn. 1430.
[8] *Joachimski/Haumer* Rn. 199; *Weber* Rn. 1419.
[9] OLG Koblenz 13.11.1975 – 1 Ss 199/75, NJW 1976, 63 zum Tatsachenbegriff des § 263 StGB.

Angaben iS von Nr. 9 zählen.[10] Schlussfolgerungen oder Werturteile unterfallen hingegen dem Angabenbegriff nicht.[11] Zu den Angaben, die ein Arzt benötigt, um eine Behandlung durchführen zu können, gehören zunächst die zutreffenden **Personalien** des Patienten, ohne die eine Zuordnung der Behandlungsmaßnahme zur einzelnen Person unmöglich ist.[12] Von besonderer Bedeutung für den Arzt sind Angaben zur **Krankengeschichte,** also die Mitteilungen über Beschwerden und Symptome, die auf eine bestimmte Erkrankung hindeuten.[13] Schließlich benötigt der Arzt zur Erstellung des Behandlungsplans insbesondere bei der ins Auge gefassten Anwendung von BtM auch Angaben zu sog **Kontraindikationen** wie (Vor-)Erkrankungen oder Schwangerschaft.[14] Auf die **Form der Angaben** kommt es nicht an. Sie können nicht nur durch schriftliche oder mündliche Äußerungen (ggf. auch in Taubstummen- oder Zeichensprache)[15] bekundet werden; auch Gesten (Sich Winden in Krämpfen, Hindeuten auf schmerzende Körperstellen)[16] zählen hierzu.

1397   **b) Unrichtigkeit und/oder Unvollständigkeit.** Unrichtig sind Angaben, die mit der Wirklichkeit nicht übereinstimmen, wozu in erster Linie die Täuschung des Arztes durch das Verwenden einer Legende[17] oder das Simulieren von Entzugserscheinungen zählt.[18] **Unvollständig** sind Angaben, wenn in der Schilderung Umstände, die für die Verschreibung entscheidungserheblich sind, weggelassen werden[19] oder dem Arzt sonst wie ein für die Verschreibung unzutreffendes Gesamtbild vermittelt wird.[20] Hierunter fällt in erster Linie das Verschweigen von Parallelverschreibungen.[21]

1398   **2. Medizinische Begründetheit der Verschreibung als ungeschriebenes Tatbestandsmerkmal.** Nicht einheitlich wird die Frage beantwortet, ob unvollständige oder unrichtige Angaben auch dann als tatbestandsmäßig anzusehen sind, wenn die Verschreibung des BtM auch bei zutreffenden und umfassenden Angaben medizinisch begründet gewesen wäre. *Malek*[22] bezeichnet die medizinische Begründetheit der Verschreibung ausdrücklich als ungeschriebenes Tatbestandsmerkmal. *Franke/Wienroeder*[23] sehen in der Vorschrift ua die Anstiftung zur fahrlässigen medizinisch unbegründeten Verschreibung. Nach *Joachimski/Haumer*[24] stellt sie den Versuch der Erlangung einer ärztlich nicht begründeten Verschreibung dar. Ohne ausdrückliche Stellungnahme hierzu spricht *Körner*[25] in diesem Zusammenhang von einer formell ordnungsgemäßen, aber unbegründeten Verschreibung. *Weber*[26] schließlich lehnt jede „objektive Verknüpfung" zwischen der Mangelhaftigkeit der Angaben und der medizinischen Begründetheit der Verschreibung zu Gunsten einer formellen Rechtmäßigkeit ab.

1399   Die Frage ist nur anhand des Schutzzwecks der Norm zu beantworten. Soll die Verschreibung von BtM nicht zum Einfallstor für den quasi-legalen Verkehr mit BtM werden, gilt es auch zu verhindern, dass Ärzte durch Täuschung dort dazu gebracht werden, BtM zu

---

[10] BGH 20.6.1986 – 1 StR 184/86, BGHSt 34, 111 = NJW 1987, 1426 = NStZ 1986, 556 zur inneren Tatsache beim Subventionsbetrug.
[11] *Weber* Rn. 1419.
[12] BGH 6.7.1956 – 2 StR 87/55, NJW 1957, 30; OLG Frankfurt a. M. 16.6.1952 – 1 Ss 74/56, NJW 1956, 1769; OLG Braunschweig 21.4.1969 – Ss 59/69, NJW 1969, 1587 zur Strafbarkeitslücke des § 10 Abs. 1 Nr. 3 OpiumG.
[13] BGH 6.7.1956 – 2 StR 87/55, NJW 1957, 30.
[14] KPV/*Patzak* Teil 18 Rn. 7.
[15] *Franke/Wienroeder* Rn. 186.
[16] *Joachimski/Haumer* Rn. 199.
[17] BayObLG 30.10.1969 – RReg 4 a St 150/69, BayObLGSt 1969, 148 = NJW 1970, 529.
[18] KPV/*Patzak* Teil 18 Rn. 5.
[19] Wohl auch *Joachimski/Haumer* Rn. 199.
[20] *Weber* Rn. 1422.
[21] *Franke/Wienroeder* Rn. 186.
[22] *Malek* Kap. 2 Rn. 336; aA *Weber* Rn. 1423.
[23] Rn. 185.
[24] *Joachimski/Haumer* Rn. 199.
[25] *Körner* (VI) Rn. 1724; auch → Rn. 1730.
[26] *Weber* Rn. 1423.

verschreiben, wo ihre Anwendung entweder nicht den Regeln der ärztlichen Kunst entspricht oder zumindest nicht unabdingbar ist. Ergibt jedoch die Gegenüberstellung, dass bei rechtmäßigem Alternativverhalten in Form vollständiger bzw. zutreffender Angaben die Verschreibung medizinisch begründet gewesen wäre, ist für eine Strafbarkeit kein Raum, da in diesem Fall eine Rechtsgutsgefährdung von vornherein ausgeschlossen war. Ein auf eine derart erlangte Verschreibung erfolgender **Erwerb** ist ebenfalls **straflos.**[27] Entscheidend bleibt somit der Prüfungsmaßstab des Apothekers, mithin, ob eine lediglich **formell wirksame Verschreibung** erlangt wird, die ausreicht, um an das BtM heranzukommen.

3. Adressat der Angaben. Die Angaben müssen sich nicht unmittelbar an den Arzt **1400** richten, jedoch für ihn bestimmt sein.[28] Es reicht daher aus, dass der Patient schriftliche Angaben in einem Erfassungsbogen macht (unterlässt) oder sich gegenüber der Sprechstundenhilfe äußert. Auch auf die **Wirkung der Erklärung beim Erklärungsempfänger** kommt es nicht an, sie sind nicht Teil des Tatbestands,[29] so dass es unmaßgeblich ist, ob die Falschangaben vom Arzt oder dem Erklärungsempfänger überhaupt wahrgenommen werden[30] oder Arzt bzw. Erklärungsübermittler die Mangelhaftigkeit der Angaben erkennen. Die Tatbestandsmäßigkeit unberührt lässt schließlich auch die eigene **Verantwortlichkeit der Erklärungsempfänger** also der Umstand, ob und ggf. inwieweit sich Arzt oder Erklärungsübermittler selbst strafbar machen.

4. BtM. Erschlichen werden können nur BtM der Anlage III. Verschreibt der Arzt ein **1401** BtM der Anlage I, II macht er sich nicht nur gem. Abs. 1 S. 1 Nr. 6a strafbar, sondern das Rezept ist offensichtlich unbegründet (und kann auch nicht beliefert werden).

III. Subjektiver Tatbestand

Das Delikt ist nur vorsätzlich begehbar. Für das Handlungsziel, der Erlangung einer BtM- **1402** Verschreibung, ist **direkter Vorsatz** erforderlich; im Übrigen genügt bedingter Vorsatz.

1. Vorsatz. Zu den einzelnen Elementen des Vorsatzes und zur Abgrenzung von beding- **1403** tem Vorsatz zur bewussten Fahrlässigkeit wird auf die Erläuterungen Vor § 29 verwiesen.[31]

2. Irrtumskonstellationen. Zu den möglichen Irrtumskonstellationen in Bezug auf **1404** Art und Eigenschaft des BtM wird zunächst auf die Erläuterungen Vor § 29 verwiesen.[32] Wer durch unvollständige oder unzureichende Angaben nur ein Schmerzmittel verschrieben bekommen will, aber die Verschreibung für ein BtM erhält, unterliegt einem **Tatbestandsirrtum.** Lediglich ein **Subsumtionsirrtum** liegt vor, wenn sich die Tathandlungen auf die Verschreibung eines bestimmten Medikaments richten, dessen Wirkstoffe der Handelnde fälschlich nicht zu den BtM zählt.[33]

IV. Täterschaft, Teilnahme

1. Täterschaft. Täter der Verschreibungserlangung ist nicht nur derjenige, der eine **1405** BtM-Verschreibung für sich selbst erschleichen will, sondern auch derjenige, der dies fremdnützig tut („… um für sich oder einen anderen oder für ein Tier …").

2. Teilnahme. Anstiftung und Beihilfe sind möglich und nach den allgemeinen Grund- **1406** sätzen zu beurteilen. Die medizinisch nicht begründete BtM-Verschreibung bzw. die Belieferung des auf Falschangaben beruhenden BtM-Rezepts sind keine Teilnahmehandlungen an der Straftat nach Abs. 1 S. 1 Nr. 9, sondern ggf. Anschlussstraftaten.[34]

---

[27] *Weber* Rn. 1433; aA *Körner* (VI) Rn. 1731.
[28] *Joachimski/Haumer* Rn. 201; *Weber* Rn. 1425.
[29] *Malek* Kap. 2 Rn. 334; *Franke/Wienroeder* Rn. 186; *Weber* Rn. 1426.
[30] *Joachimski/Haumer* Rn. 201.
[31] → Vor § 29 Rn. 55 ff.
[32] → Vor § 29 Rn. 77 ff.
[33] *Joachimski/Haumer* Rn. 203.
[34] KPV/*Patzak* Teil 18 Rn. 12.

V. Deliktsverwirklichungsstufen

1407   **1. Versuch.** Versuchsstrafbarkeit ist nicht gegeben (Abs. 2), aber auch ohne praktische Bedeutung.[35]

1408   **2. Vollendung und Beendigung.** Hinsichtlich der Tatvollendung ist zwischen den Handlungsmodalitäten der unrichtigen Angaben und der unvollständigen Angaben zu differenzieren: Bei **unrichtigen Angaben** ist die Tat bereits mit der Übermittlung der ersten unzutreffenden Erklärung vollendet. Bei **unvollständigen Angaben** kann Vollendung erst eintreten, wenn der Erklärende keine Möglichkeit mehr hat, seine Angaben zu vervollständigen.[36] Die Tat ist **beendet,** wenn die Verschreibung erlangt ist.[37] Gleiches gilt, wenn der Handelnde seine Täuschungsbemühungen einstellt.[38]

VI. Konkurrenzen

1409   **1. BtM-Straftaten, Handeltreiben.** Auf die illegale Verschreibungserlangung wird regelmäßig der quasi-legale Erwerb des BtM in einer Apotheke erfolgen. Dienen beide Straftaten dem gewinnbringenden BtM-Absatz, sind sie im Sinne einer Bewertungseinheit unselbstständige Teilakte des unerlaubten Handeltreibens.[39] **Erwerb zum Eigenverbrauch:** Folgt der Verschreibungserschleichung der Erwerb zum Eigenverbrauch nach, ist das Konkurrenzverhältnis zwischen beiden Tatbeständen indessen umstritten. *Patzak*[40] und *Weber*[41] nehmen Tatmehrheit an, weil die Ausführungshandlungen nicht zusammentreffen. *Hügel/Junge/Lander/Winkler*[42] erachten den Erwerb als mitbestrafte Nachtat zur Verschreibungserlangung. Nach *Franke/Wienroeder*[43] und *Pfeil/Hempel/Schiedermaier*[44] stehen die beiden Tatbestände in Tateinheit zueinander. Überzeugend ist es hingegen mit *Joachimski/Haumer*[45] und *Malek*[46] in der Verschreibungserlangung eine Vorbereitungstat zu sehen und diese hinter den Erwerb zurücktreten zu lassen, jedenfalls dann, wenn der Täter von Anfang an (wie im Regelfall) beabsichtigt, das Rezept einzulösen.

1410   **2. Straftatbestände anderer Rechtsgebiete.** Die Vorlage einer medizinisch nicht begründeten BtM-Verschreibung in der Apotheke stellt bei Kassenpatienten gleichzeitig Betrug gegenüber der Krankenkasse dar;[47] reicht ein Privatpatient ein solches Rezept bei seiner Krankenversicherung ein, macht er sich daneben nach § 279 StGB strafbar.

VII. Rechtsfolgen

1411   **1. Strafzumessung. a) Strafrahmenwahl.** Der (Normal-)Strafrahmen reicht von Geldstrafe bis zu fünf Jahren Freiheitsstrafe, in **besonders schweren Fällen** (Abs. 3) von einem Jahr bis zu 15 Jahren Freiheitsstrafe (§ 38 Abs. 2 StGB). Neben der Strafe kann gem. § 34 Führungsaufsicht (§ 68 Abs. 1 StGB) angeordnet werden. Das Gesetz sieht allerdings kein Regelbeispiel für einen besonders schweren Fall vor. Anhaltspunkte für die Wahl des Sonderstrafrahmens können sich aus einem Vergleich mit den durch den Gesetzgeber benannten Regelbeispielen[48] und aus dem Rekurs auf den (beispielhaften) Katalog des

---

[35] *Franke/Wienroeder* Rn. 188.
[36] *Joachimski/Haumer* Rn. 201; *Weber* Rn. 1427.
[37] KPV/*Patzak* Teil 19 Rn. 11; *Weber* Rn. 1428.
[38] *Franke/Wienroeder* Rn. 188.
[39] *Franke/Wienroeder* Rn. 191; KPV/*Patzak* Teil 18 Rn. 13; *Weber* Rn. 1432.
[40] (VI), Rn. 1731.
[41] KPV/*Patzak* Teil 18 Rn. 13.
[42] HJLW/*Winkler* Rn. 18.5.
[43] *Franke/Wienroeder* Rn. 190.
[44] *Pfeil/Hempel/Slotty* Rn. 256.
[45] *Joachimski/Haumer* Rn. 204.
[46] *Malek* Kap. 2 Rn. 338.
[47] *Franke/Wienroeder* Rn. 189; *Joachimski/Haumer* Rn. 204; aA *Körner* (VI) Rn. 1731; *Weber* Rn. 1433: Tatmehrheit.
[48] *Franke/Wienroeder* Rn. 219.

Art. 3 Abs. 5 Übk. 1988 ergeben. Damit kommt für einen **unbenannten besonders schweren Fall** zB die Verschreibungserlangung durch Inanspruchnahme von Diensten Minderjähriger in Betracht.[49]

b) Strafzumessung im engeren Sinn. Getroffen werden sollen von der Vorschrift   **1412** vor allem Drogenkonsumenten, die von Ärzten eine Verschreibung ohne medizinische Begründung zu erlangen versuchen. Der Unrechtsgehalt dieser, regelmäßig dem Eigenkonsum vorangehenden Tat, ist unter dem der Weitergabedelikte einzustufen.

aa) Strafmilderungserwägungen. Neben allgemeinen strafmildernden Gesichtspunk-   **1413** ten kann hier die Abhängigkeit des Täters, bei fremdnütziger Verschreibungserlangung Mitleid als Motiv berücksichtigt werden.

bb) Strafschärfungserwägungen. Strafschärfend fallen auch hier Art und Gefährlich-   **1414** keit des von der Verschreibungserlangung betroffenen BtM ins Gewicht. Beides darf beim **Erwerb zum Eigenverbrauch** wiederum **nicht strafschärfend** gewertet werden, da es sich zum einen lediglich um Selbstgefährdung handelt,[50] was auch gilt, wenn im Rahmen des Jugendstrafrechts zu prüfen ist, ob schädliche Neigungen vorliegen.[51] Zum anderen darf die rein abstrakte Möglichkeit der Weitergabe an Dritte und damit die Gefährlichkeit der jeweiligen Droge dann nicht straferschwerend berücksichtigt werden, wenn keinerlei Anhaltspunkte für einen Sinneswandel des Täters erkennbar sind.[52]

2. Absehen von Strafe oder Strafverfolgung. Zum Absehen von Strafe oder Strafver-   **1415** folgung siehe die Erläuterungen zum Verschreiben.[53]

20. Kapitel. Erwerbs-/Absatzgelegenheit bieten – Verleiten zum unbefugten Verbrauch (Abs. 1 S. 1 Nr. 10)

Schrifttum: *Bölter,* Ist der Betrieb von Fixer-Stuben wirklich straflos?, NStZ 1998, 224; *de Oliveira* ASD 2015, Gute Praxis: Wohnhilfen für chronifiziert erkrankte (und alternde) Drogenabhängige, S. 77; *Grünewald,* Gesundheitsräume für Drogenabhängige und das BtM-Gesetz, KJ 2000, 49; *Hoffmann-Riem,* Straflosigkeit des Betreibens von Drogenberatungs- und Drogenhilfestellen mit Konsummöglichkeit, NStZ 1998, 7; *Hoffmann/ Köthner,* „Akzeptanz braucht Akzeptanz!" – Plädoyer für eine soziokulturelle Sensibilisierung des Wandels in der Drogenpolitik, ADS 2016, 37; *Körner,* Gutachten zur Zulässigkeit von Gesundheitsräumen für den hygienischen und stressfreien Konsum von BtM durch Opiatabhängige, StV 1994, 683; *Köthner* Niedrigschwellige Drogenhilfe bleibt weiterhin bedroht – zu den Vorfällen um das Café Balance in Mainz, ADS 2014, 167; *Molnar,* ADS 2016, Mitarbeiter_innen in Kontaktläden als „Rädchen im Getriebe von irgendeinem System"? – Drogenrecht und -politik als Arbeitsbelastung in Kontaktläden, S. 70; *Oğlakcıoğlu* Der Allgemeine Teil des Betäubungsmittelstrafrechts, 2013; *Patzak/Marcus/Goldhausen,* Cannabis – wirklich eine harmlose Droge?, NStZ 2006, 259; *Schuster,* Akzeptanzorientierte Drogenarbeit, 2012, 9: 16; *Schünemann/Pfeiffer,* Die Rechtsprobleme von AIDS, 1988; *Steppan/Brand/Künzel/Pfeiffer-Gerschel,* Jahresstatistik 2012 der professionellen Suchtkrankenhilfe, in Jahrbuch Sucht 2014, 203; *Slotty* Das Betäubungsmittelgesetz 1982 – Kurzbericht für die StrafrechtspraxisNStZ 1981, 322; *Winkler,* Zur Zulässigkeit von „Fixerstuben", StV 1995, 216; *Zopfs/ Sobota* § 29 Abs. 1 S. 1 Nr. 10 BtMG – ein »Damoklesschwert« über der akzeptierenden Drogenhilfe, StV 2014, 639.

Übersicht

---

[49] Vgl. Art. 3 Abs. 5 Buchst. f Übk. 1988.
[50] BayObLG 4.10.1989 – RReg 4 St 209/89; 22.7.1993 – 4St RR 60/93.
[51] OLG Zweibrücken 24.2.1989 – 1 Ss 22/89.
[52] BayObLG 2.10.1997 – 4 St RR 214/97, NJW 1998, 769; 30.6.1998 – 4St RR 91/98, NStZ-RR 1999, 59.
[53] → Rn. 1254.

A. Überblick

I. Rechtliche Einordnung

1416 Durch die Vorschrift werden originäre **Teilnahmehandlungen,** zB eine der Anstiftung vergleichbare, bei der Verleitung zum Verbrauch zu einer **eigenständigen Straftat** aufgestuft.[1] Es bedarf dieser Konstruktion auch insofern, als der Konsum für sich straflos ist (und eine strafbare Teilnahme hieran am Prinzip der limitierten Teilnehmerakzessorietät scheiterte). Mit solch einem Tatbestand kommt die drogenpolitische Ausrichtung besonders deutlich zum Vorschein, den Konsum (trotz Straflosigkeit) möglichst zu unterbinden. Anders als Abs. 1 S. 1 Nr. 11, der den Betrieb eines Konsumraums betrifft und damit nur „Gelegenheiten" betrifft, die auf den Konsum gerichtet sind, erfasst Abs. 1 S. 1 Nr. 10 aber darüberhinaus auch den „Handel" bzw. den Verfügungswechsel. Da diejenigen Fälle mit strafwürdigem Unrechtsgehalt meist einen Fall der Beihilfe zum HT darstellen, erfüllt Abs. 1 S. 1 Nr. 10 insofern auch die Funktion eines prozessualen Schlüssels, als die Anforderungen an einen Anfangsverdacht (ggf. für eine Durchsuchung) einerseits, an die Feststellung einer Gefahr für die öffentliche Sicherheit (für polizeirechtliches Einschreiten) andererseits herabgesenkt werden.

1417 **1. Deliktsnatur.** Der Tatbestand ist in seinen das Bieten einer Gelegenheit betreffenden Handlungsalternativen ein **Tätigkeitsdelikt,** das gleich mehrere Handlungsformen umfasst.

---

[1] BGH 20.10.1976 – 2 StR 415/76; *Weber* Rn. 1438.

Soweit man für das Verleiten zum Verbrauch einen tatsächlichen „Konsumakt" als Außenwelterfolg verlangt (so wohl die hM) handelt es sich partiell um ein **Erfolgsdelikt.** Diese Unterscheidung kehrt im Hinblick auf die Klassifikation nach Gefährdungsgraden wieder, als die Varianten des Bietens einer Gelegenheit als **abstrakte Gefährdungsdelikte,** die Verleitung zum unbefugten Verbrauch als **konkretes Gefährdungsdelikt** eingeordnet werden kann.

2. Regelungsgegenstand. In den Tatbestandsvarianten des Bietens einer Gelegenheit 1418 bildet die Vorschrift zugleich einen **Auffangtatbestand** für den Fall, dass der Nachweis der Beihilfe zur Haupttat nicht möglich ist. Auch wenn die Vorschrift bei nachgewiesener Beihilfe zum Erwerb oder zum BtM-Absatz im Wege der Gesetzeskonkurrenz jeweils dahinter zurücktritt, erfordert sie wie § 29 Abs. 1 S. 1 Nr. 13 aber insoweit Beachtung, als durch sie die **obligatorische Strafmilderung** nach § 27 Abs. 2 S. 2 StGB **ausgeschlossen** wird. Die Alternative des Verleitens zum unbefugten Gebrauch schließt eine Strafbarkeitslücke, um zu verhindern, dass die Teilnahme am straflosen Konsum eines Dritten mangels Akzessorietät ebenfalls straflos bleibt.[2]

§ 3, der die Erlaubnistatbestände normiert, kann naturgemäß keinen Hinweis auf die 1419 illegale Erweiterung des Konsumentenkreises enthalten, woraus folgt, dass Abs. 1 S. 1 Nr. 10 insoweit **rechtlich ausschließliche Bedeutung** als Straftatbestand hat.

3. Verfassungsmäßigkeit. Gegen die Verfassungsmäßigkeit der Vorschrift sind verein- 1420 zelt Bedenken erhoben worden. Einigkeit besteht darüber, dass der Bestimmtheitsgrundsatz im Hinblick auf Art. 103 Abs. 2 GG bei den drei Alternativen des Bietens einer Gelegenheit eine **einschränkende Auslegung** erfordert (→ Rn. 1447).[3]

II. Kritik

Infolge der Ankoppelung ursprünglicher Beihilfehandlungen des Bietens einer Gelegen- 1421 heit an die abstrakten Gefährdungsdelikte des Erwerbs und der Abgabe von BtM (zum Begriff der Abgabe → Rn. 1468) tritt eine **doppelte Vorverlagerung der Strafbarkeit** ein (zumal ein „erfolgreiches" Ergreifen der Gelegenheit nicht von Nöten ist).[4] Die Reichweite des Tatbestands hat zur Folge, dass Personen im Umfeld des Drogenmilieus in den Fokus der Ermittlungen geraten können. Der Betrieb einer Bar, eines Cafés oder Hotels in einem nicht gentrifizierten Stadtteil wird auf diese Weise zum Anknüpfungspunkt für polizeiliche Ermittlungen.

Umso mehr sind diejenigen Personen betroffen, die beruflich (und somit tagtäglich) mit 1422 problematischem Drogenkonsum in Großstädten und seinen Folgen konfrontiert werden. Angesprochen sind vornehmlich Mitarbeiter der **akzeptierenden bzw. niedrigschwelligen Drogenhilfe**[5] (sog. „Kontaktläden"[6]) oder Betreiber von Drogenkonsumräumen (dann über § 29 Abs. 1 S. 1 Nr. 11). Deren Bestreben, dem Phänomen beizukommen, insb. drogenabhängigen Menschen in ihrer Not zu helfen, darf – nur weil man von derartigen Präventionskonzepten nicht überzeugt ist – nicht in den Generalverdacht münden, diese Personen könnten auch alternativ den Absatz von BtM oder deren Konsum ermöglichen.[7]

---

[2] *Slotty* NStZ 1982, 322; *Weber* Rn. 1494.

[3] Zur Frage der Kollision des Verleitens zum unbefugten Verbrauch mit Art. 2 Abs. 1, Art. 103 Abs. 2 GG siehe *Hoffmann-Riehm* NStZ 1998, 7; krit. hierzu *Bölter* NStZ 1998, 224.

[4] *Grünewald* KJ 2000, 54 mwN; KPV/*Patzak* Teil 20 Rn. 8.

[5] Also diejenige Drogenhilfe in denen mangels Umsetzung durch den Landesgesetzgeber keine Konsumräume erlaubt sind, sondern nur Spritzentausch, Lebenshilfe und Beratung, vgl. *Schuster*, Akzeptanzorientierte Drogenarbeit, 2012, 9: 16; *Zopfs/Sobota* StV 2014, 639; krit. auch KPV/*Patzak* Teil 21 Rn. 2.

[6] Zu den Tätigkeitsfeldern und der mit dem Strafbarkeitsrisiko einhergehenden erhöhten Belastung der Mitarbeiter *Molnar* ADS 2016, 70.

[7] *Zopfs/Sobota* StV 2014, 639; *Grünewald* KJ 2000, 54; KPV/*Patzak* Teil 20 Rn. 6 ff.; vgl. auch *Köthner* ASD 2014, 167; zur Arbeit der niedrigschwelligen Drogenhilfe und ihrer Inanspruchnahme siehe *Leune,* Jahrbuch Sucht 2014. Deutsche Hauptstelle für Suchtfragen, 181; *Steppan/Brand/Künzel/Pfeiffer-Gerschel*, Jahresstatistik 2012 der professionellen Suchtkrankenhilfe, in Jahrbuch Sucht 2014, 203. Zum Institut der Wohnhilfe für chronifiziert erkrankte (und alternde) Drogenabhängige, *de Oliveira* ASD 2015, 77.

Hier ist schon im Hinblick auf den verfassungsrechtlichen Schutzauftrag bzw. den Zwecken des BtMG Zurückhaltung durch die Strafverfolgungsbehörden geboten, dogmatisch lässt sich die restriktive Anwendung unterschiedlich begründen (professionelle Adäquanz, Risikoverringerung, erhöhte Anforderungen an den Vorsatz).

1423   Freilich hat erst die jüngere Vergangenheit gezeigt, dass die „akzeptanzorientierte Drogenarbeit" erst ihrerseits „akzeptiert" werden muss, wenn sie nicht ins Visier der Strafverfolgung geraten will.[8] Wo nicht einmal – wie in Bayern oder Baden-Württemberg – Drogenkonsumräume existieren, überrascht es nicht, dass sich Betreiber von Cafés, in denen Aufklärungsarbeit hinsichtlich Drogenkonsum und seinen Folgen betrieben wird (und dementsprechend häufig Konsumenten und damit auch Kleindealer anwesend sind), mit dem Vorwurf des Abs. 1 S. 1 Nr. 10 konfrontiert sehen müssen.[9] Dass die entsprechenden Verfahren dann meist wegen geringer Schuld bzw. fehlender Nachweisbarkeit eingestellt werden müssen, ist ein schwacher Trost in Anbetracht des womöglich angerichteten faktischen Schadens in der Präventionsarbeit.[10]

III. Kriminalpolitische Bedeutung

1424   Nach der **Einschätzung durch den Gesetzgeber** sollen sich die drei ersten Handlungsalternativen der Vorschrift gegen denjenigen richten, der Mitteilungen über die Möglichkeiten des illegalen BtM-Verkehrs macht oder eine Gelegenheit zum illegalen BtM-Handel verschafft oder gewährt, weil er die gleiche Strafe verdient wie der Händler selbst, was insbesondere für Gaststätten- und Lokalbetreiber gilt, wenn diese ihre Betriebe zu Umschlagplätzen für BtM machen.[11] In der Praxis ist die Vorschrift jedoch nach wie vor nur von **geringer Bedeutung**.[12] Vereinzelt eingeleitete Strafverfahren enden meist in einer Einstellung (ggf. auch „nur" nach Opportunitätsgesichtspunkten, §§ 153, 153a ff. StPO).

IV. Rechtsentwicklung

1425   **1. Einfluss internationaler Übereinkommen.** Im Übk. 1961 wurde vereinbart, dass Vorbereitungs- und Finanzhandlungen bezüglich der in Art. 36 Abs. 1 genannten Verstöße mit Strafe bedroht werden (Art. 36 Abs. 2 Buchst. a Ziffer ii).[13] Diese Verpflichtung wurde im Übk. 1971 wiederholt (Art. 22 Abs. 2 Buchst. a Ziffer ii). Im Übk. 1988 verpflichteten sich die Vertragsparteien, die Erleichterung und die Beratung in Bezug auf die näher bestimmte Straftaten unter Strafe zu stellen (Art. 3 Abs. 1 Buchst. c Ziffer iv). Insofern kann die „völkerrechtliche" Legitimität nicht in Abrede gestellt werden, umgekehrt liegt auf der Hand, dass die Übereinkommen nicht zum Erlass des § 29 Abs. 1 S. 1 Nr. 10 zwingen, zumal „Vorbereitungs- und Finanzhandlungen" überwiegend bereits durch die ausufernde Auslegung des Handeltreibens erfasst werden.

1426   **2. Innerstaatliches Recht.** Erstmals wurde in § 11 Abs. 1 Nr. 8 BtMG 1972 derjenige mit Freiheitsstrafe bis zu drei Jahren oder mit Geldstrafe bestraft, der eine Gelegenheit zum Genuss, Erwerb oder zur Abgabe von BtM öffentlich oder eigennützig mitteilte oder einem anderen eine solche Gelegenheit verschaffte oder gewährte, ohne dass für den Erwerb oder die Abgabe eine Erlaubnis vom Bundesgesundheitsamt erteilt oder ohne dass die Gelegenheit zum Genuss zu einem wissenschaftlichen oder sonst im öffentlichen Interesse liegenden Zweck vom Bundesgesundheitsamt genehmigt war. Das BtMG 1982 bedrohte in Abs. 1 S. 1 Nr. 10 denjenigen mit Freiheitsstrafe bis zu vier Jahren oder mit Geldstrafe, der eine

---

[8] „Akzeptanz braucht Akzeptanz", so auch der Titel des Beitrags von *Hoffmann/Köthner* ADS 2016, 37.

[9] LG Mainz 28.10.2013 – 3 Qs 25/13, 3 Qs 29/13, zu Recht krit. *Zopfs/Sobota* StV 2014, 639 dort auch mit Verweis auf einen weiteren Fall in Oldenburg.

[10] *Köthner* ASD 2014, 167 (168) mit weiteren Beispielen von Ermittlungen gegen Mitarbeiter niedrigschwelliger Drogenhilfe.

[11] Vgl. BT-Drs. VI/1988, 9 zu § 11 Abs. 1 Nr. 8 BtMG 1972.

[12] *Körner* (VI) Rn. 1735.

[13] S. auch Kreuzer/*Albrecht* § 10 Rn. 13.

Gelegenheit zum unbefugten Verbrauch, Erwerb oder zur unbefugten Abgabe von BtM öffentlich oder eigennützig mitteilte, eine solche Gelegenheit einem anderen verschaffte oder gewährte oder ihn zum unbefugten Verbrauch von BtM verleitete. Gegenüber § 11 Abs. 1 Nr. 8 BtMG 1972 wurde die Vorschrift um die Handlungsalternative der Verbrauchsverleitung erweitert, im Übrigen redaktionell angepasst. Das OrgKG erweiterte den Strafrahmen nach Abs. 1 auf „bis zu fünf Jahre". Das BtMÄndG stellte durch Einfügen eines Satzes 2 zu Abs. 1 klar: *„Die Abgabe von sterilen Einmalspritzen an BtM abhängige stellt kein Verschaffen einer Gelegenheit zum Verbrauch im Sinne von S. 1 Nr. 10 dar."* Durch das 3. BtMGÄndG, in dem die rechtlichen Voraussetzungen für die Zulassung von Drogenkonsumräumen geschaffen wurden (§ 10a), erhielt die Vorschrift ihre derzeitige, um die Handlungsalternative des Verschaffens oder Gewährens einer Gelegenheit zum unbefugten Verbrauch reduzierte Fassung. Der herausgenommene Tatbestand ist im Hinblick auf den Betrieb von Drogenkonsumräumen angepasst und nunmehr in Abs. 1 S. 1 Nr. 11 gesondert unter Strafe gestellt.

B. Erläuterung

I. Geltungsbereich

Inlandstaten unterliegen dem BtM-Strafrecht unabhängig davon, ob die Tat durch einen **1427** Ausländer oder einen Deutschen begangen wurde. Über § 9 Abs. 1 StGB liegt eine Inlandstat aber auch dann vor, wenn die Mitteilung **auf mechanischem oder elektronischem Weg** (Telefon, Telefax, SMS, E-Mail oder via Internet) **aus dem Ausland ins Inland** gelangt und zwar unabhängig davon, ob sich die Gelegenheit selbst im In- oder Ausland bietet.[14]

1. Erwerbs-/Absatzförderung, Verbrauchsverleitung durch einen Ausländer im **1428** **Ausland.** Erweitert ein Ausländer ausschließlich im Ausland den Konsumentenkreis durch eine der inkriminierten Handlungen, ist er nach deutschem BtM-Strafrecht nicht strafbar. Bezieht sich seine Tat jedoch (auch) auf den Umsatz mit BtM selbst, dient seine Handlung dem Vertrieb von BtM, unterliegt sie dem Weltrechtsprinzip (§ 6 Nr. 5 StGB)[15] und damit auch in Deutschland der Verfolgung. Zur Strafbarkeit von **Mitarbeitern niederländischer Coffeeshops** in der Bundesrepublik siehe die Erläuterungen Vor § 29.[16]

2. Erwerbs-/Absatzförderung, Verbrauchsverleitung durch einen Deutschen im **1429** **Ausland.** Erweitert ein Deutscher ausschließlich im Ausland den Konsumentenkreis durch eine der strafbewehrten Handlungen, ist er nach deutschem BtM-Strafrecht strafbar, wenn die Tat am Tatort mit Strafe bedroht ist oder der Tatort keiner Strafgewalt unterliegt (§ 7 Abs. 2 Nr. 1 Alt. 1 StGB). Auch wenn sämtliche europäischen Staaten den internationalen Übereinkommen beigetreten sind, muss dies nicht bedeuten, dass jede Rechtsordnung eine derart weitreichende Strafbarkeit von Teilnahmehandlungen zum Konsum vorsieht.[17]

II. Objektiver Tatbestand

1. Systematik. Die Vorschrift fasst **vier Handlungsalternativen** zusammen, von denen **1430** die drei des *Bietens einer Gelegenheit* zum illegalen BtM-Erwerb bzw. -absatz ihrerseits wieder Unteralternativen hinsichtlich der Art und Weise der Begehung (beim Mitteilen „öffentlich" oder „eigennützig") und im Hinblick auf die Art der Gelegenheit (Erwerb/Abgabe) aufweisen. Auf die wechselhafte Gesetzgebungsgeschichte ist die terminologische Ungenauigkeit zurückzuführen, wonach vom „unbefugten Erwerb" bzw. von der „unbefugten Abgabe" die Rede ist. Als erlaubnisfähige Verhaltensweisen hätte man diesbezüglich eine einheitliche

---

[14] *Weber* Rn. 1506.
[15] → Vor § 29 Rn. 121 ff.
[16] → Vor § 29 Rn. 156 ff.
[17] S. Nachweise bei *Meyer*; Kreuzer/*Sagel-Grande* § 23.

Terminologie verwenden müssen (unerlaubt) während hinsichtlich des Verbrauchs (als nicht erlaubnisfähige Handlung) der Begriff „unbefugt" besser passt, aber auch vollständig gestrichen werden könnte, als der Konsum selbst gerade nicht unbefugt erfolgen kann.

Gelegenheit			
verschaffen	gewähren	mitteilen	Verleiten
einem anderen		öffentlich oder eigennützig	
zum unbefugten Erwerb / zur unbefugten Abgabe			zum unbefugten Verbrauch

1431 **Tathandlungen** sind das Verschaffen (→ Rn. 1432, 1440 ff.), das Gewähren (→ Rn. 1446 ff.) und das Mitteilen (→ Rn. 1449 ff.) einer Gelegenheit, jeweils zum unbefugten Umgang mit BtM in Form von Abgabe bzw. Erwerb. Das Gesetz definiert mit Ausnahme der BtM keinen der in den Handlungsalternativen gebrauchten Begriffe. Das Gewähren oder Verschaffen einer Gelegenheit als Tathandlung findet sich in § 180 Abs. 1 Nr. 2 StGB (Förderung sexueller Handlungen Minderjähriger), nunmehr auch im neu eingefügten Tatbestand der geschäftsmäßigen Suizidhilfe, § 217 StGB.[18] Der Begriff der „Mitteilung" taucht auf in §§ 94 Abs. 1 Nr. 1 (Staatsgeheimnis), 97a (illegale Staatsgeheimnisse), 201 Abs. 2 Nr. 2 (nichtöffentlich gesprochenes Wort), 206 (Tatsachen, die dem Post- und Fernmeldegeheimnis unterliegen), 241a Abs. 2 (Aussetzen einer politischen Verfolgung) und 353d Nr. 1, Nr. 3 StGB (Gerichtsverhandlung).

1432 **2. Verschaffen, Gewähren und Mitteilen einer Gelegenheit zum Erwerb/zur Abgabe. a) Gelegenheit.** Gelegenheit ist nach allgemeinem Sprachgebrauch der günstige Umstand für die Ausführung von etwas Geplantem,[19] ein Zusammentreffen günstiger Umstände, die die Durchführung eines Vorhabens ermöglichen,[20] ein günstiger verlockender Augenblick,[21] die „Gunst der Stunde". Im Sinne der Vorschrift bedeutet Gelegenheit **konkrete günstige Bedingungen** zum Erwerb oder Absatz von BtM.[22]

1433 **aa) Absatz-/Erwerbsgelegenheit.** Die Abgrenzung zur bloßen Möglichkeit, BtM an einem allgemein bekannten oder allgemein zugänglichen Ort erwerben oder absetzen zu können,[23] liegt in der Individualisierung und Konkretisierung der Umstände in Bezug auf einen bestimmten Adressaten.

1434 **bb) Unbekannte/neue Gelegenheit.** Darüber, ob die Gelegenheit für den Erwerbs- oder Abgabewilligen **unbekannt** bzw. **neu** sein muss, gehen die Meinungen auseinander. *Weber,* der eine solche Einschränkung weder dem Wortlaut noch dem Sinngehalt der Vorschrift zu entnehmen vermag, hatte bereits in der ersten Auflage[24] die Ablehnung einer solchen Einschränkung damit begründet, dass beim öffentlichen Mitteilen einer Gelegenheit der Adressatenkreis naturgemäß unbestimmbar und unbestimmt sei, so dass die Vorschrift nicht vollziehbar wäre, hätte sie die Erschließung einer neuen, dem Nutzungswilligen bislang fremden Erwerbs- oder Absatzquelle zur Voraussetzung. Nunmehr[25] folgert er einerseits aus der Übernahme des Verschaffens einer Gelegenheit zum unbefugten Verbrauch in Abs. 1 S. 1 Nr. 11 und andererseits aus dem in § 10a enthaltenen Verbot, durch Drogenkonsum-

---

[18] Krit. zur „Übernahme" dieser Tathandlung für § 217 BeckOK StGB/*Oğlakcıoğlu* StGB § 217 Rn. 2.1.
[19] *Duden,* Bedeutungswörterbuch.
[20] Der kleine Wahrig, Wörterbuch der deutschen Sprache.
[21] Der neue Brockhaus, zit. nach *Körner* (VI) Rn. 1746.
[22] *Joachimski/Haumer* Rn. 206; KPV/*Patzak* Teil 20 Rn. 12; *Weber* Rn. 1460.
[23] KPV/*Patzak* Teil 20 Rn. 12.
[24] *Weber* (I) Rn. 820 f., 837.
[25] *Weber* Rn. 1461 ff.

räume neue Bezugsquellen zu schaffen (§ 10a Abs. 2 S. 2 Nr. 5, 6), dass dem Willigen **keine für ihn neue oder bislang unbekannte Nutzungschance** eröffnet werden müsse.

Demgegenüber vertritt *Körner*[26] zum Gelegenheitsbegriff der Nr. 10 die Auffassung, **1435** der Tatbestand erfordere im Hinblick auf den Bestimmtheitsgrundsatz auch hier[27] eine **einschränkende verfassungskonforme Auslegung,** wenn er nicht zu einer uferlosen Kriminalisierung führen solle. Gelegenheit iS der Vorschrift setze deshalb einmal voraus, dass eine **neue Drogenkonsumquelle** erschlossen, mithin der Konsumentenkreis tatsächlich erweitert werde, zum anderen, aber in die gleiche Richtung gehend, dass unter Bezugnahme auf *Bottke,*[28] von einer Gelegenheit nur gesprochen werden könne, wenn sich die günstigen Umstände, die zu einer **Erweiterung des BtM-Kreislaufs** führen (sollen), als „drogenver-kehrskonstitutiv" darstellen, nicht aber dann, wenn lediglich Umstände herbeigeführt oder genutzt werden, die nur die **Art und Weise des BtM-Konsums beeinflussen** (sollen), sich also nur als „konsummodal", erweisen.

Bereits der 1972 in seiner ursprünglichen Fassung in das Gesetz aufgenommene Tatbe- **1436** stand verwendete den Begriff der Gelegenheit für die damals noch drei Erfolgsalternativen Abgabe, Erwerb und Verbrauch in ihren jeweiligen Handlungsalternativen Verschaffen, Gewähren und Mitteilen, woraus entnommen werden muss, dass der Gesetzgeber den **Begriffsinhalt gleichbedeutend auf sämtliche der aufgeführten Erfolgsalternativen** angewendet wissen wollte. Vor diesem Hintergrund zwingt in der Tat die Strafbewehrung des öffentlichen oder eigennützigen Mitteilens einer Gelegenheit, will man nicht **ohne Not eine Aufspaltung in unterschiedliche Begriffsinhalte** vornehmen, zu dem Schluss, dass es für die Strafbarkeit nach Nr. 10 auf die Kenntnis des Nutzungswilligen von der Gelegenheit nicht ankommen kann. Dieses Ergebnis wird niemand ernsthaft in Zweifel ziehen, wenn es um die Strafbarkeit eines Gastwirts geht, der es dauerhaft duldet, dass über das **in seinem Lokal befindliche Telefon Erwerbs- oder Absatzgeschäfte** getätigt werden.[29] Würde der Begriff der Gelegenheit voraussetzen, dass sie dem Nutzungswilligen unbekannt oder neu ist, könnte der Wirt wegen Gewährens einer Gelegenheit lediglich bei der jeweils erstmaligen Zurverfügungstellung des Telefons an einen bestimmten Erwerbs- oder Absatzwilligen strafrechtlich zur Verantwortung gezogen werden. Jedenfalls stellen die „Kenntnis" des Nutzungswilligen bzw. der „Gelegenheitsbegriff" im Allgemeinen kein geeignetes Einschränkungsmerkmal dar. Diese sollte über eine restriktive Interpretation der Tathandlungen erreicht werden können (→ Rn. 1447).

cc) Wahrgenommene Gelegenheit. Konsequenterweise kann es auch nicht darauf **1437** ankommen, ob die Gelegenheit bereits wahrgenommen wurde. Entscheidend ist, ob sie noch besteht. Wird dem Abhängigen mit deutlich sichtbaren Entzugserscheinungen geraten, es doch einmal bei dem Dealer X zu versuchen, weil dieser immer über einen Vorrat verfüge, und erwidert dieser daraufhin, diesen bereits aufgesucht zu haben, kann das Mitteilen einer Gelegenheit iS des Nr. 10 nur verneint werden, wenn diese als solches nicht mehr besteht. Als untauglicher Versuch wäre dieser auch nicht strafbar (Abs. 2).

b) Einem Anderen. Auch der Hinweis an denjenigen, der die Gelegenheit bereitstellt, **1438** führt, ausgenommen die Fälle der öffentlichen Mitteilung (→ Rn. 1483), jedenfalls nicht zur Strafbarkeit nach dieser Vorschrift, da die Gelegenheit einem anderen, also einer konkre-ten anderen Person[30] verschafft oder gewährt werden muss. Ist dieser andere bereits zu allem entschlossen **(omnimodo facturus),** hindert das die Tatbestandsverwirklichung nicht, wie sich bereits dem Sprachgebrauch entnehmen lässt. Denn auch die allumfassende Bereitschaft zum BtM-Kauf oder zu deren Abgabe besagt lediglich, dass das Geschäft nach den Vorstel-

---

[26] *Körner* (VI) Rn. 1748.
[27] Zur teleologischen Reduktion auf typische oder unmittelbare Förderungshandlungen → Rn. 1445.
[28] Strafrechtliche Probleme von AIDS und der AIDS-Bekämpfung in *Schünemann/Pfeiffer,* Die Rechtsprob-leme von AIDS, 1988, 171 ff., 221 ff.
[29] BGH 16.12.1999 – 4 StR 496/99, NStZ 2000, 208.
[30] *Weber* Rn. 1459.

lungen des Käufers/Händlers bei jeder sich bietenden Gelegenheit vonstatten gehen soll. Zu verhindern gilt es nach dem Willen des Gesetzgebers aber gerade das Bieten einer konkreten Gelegenheit oder das Aufmerksammachen darauf.[31] Auch rechtlich steht ein bereits vorhandener Tatenschluss der Verwirklichung einer **zur Straftat aufgestuften originären Beihilfehandlung** – anders als im Falle der Anstiftung – gerade nicht entgegen,[32] sondern ist ihr im Gegenteil wesensimmanent.

1439   **c) Unbefugte(r) Erwerb/Abgabe.** Als Bezugspunkt der Förderungshandlungen der Nr. 10 sieht das Gesetz den unbefugten Erwerb oder die unbefugte Abgabe von BtM. Während der Begriff des Erwerbs demjenigen in Abs. 1 S. 1 Nr. 1 entspricht, ist derjenige der Abgabe in Nr. 10 **mehrdeutig.** Er umfasst nicht nur die Übertragung der eigenen tatsächlichen Verfügungsgewalt am BtM ohne rechtsgeschäftliche Grundlage und ohne Gegenleistung an einen Dritten[33] (Abs. 1 S. 1 Nr. 1), sondern – wie in § 29a Abs. 1 Nr. 1 – als Oberbegriff für die Weitergabe auch die Veräußerung und das Handeltreiben,[34] nicht aber Inverkehrbringen in sonstiger Weise.[35] Unter Strafe gestellt ist in Nr. 10 allerdings nur die Förderung des **unbefugten Umgangs** mit BtM. Dies liegt an der ursprünglichen Tatbestandsfassung des BtMG 1982, die nicht nur bereits das Verleiten zum Verbrauch beinhaltete, sondern auch das Verschaffen, Gewähren oder Mitteilen einer Gelegenheit hierzu enthielt und der Tatbestand hierbei nicht durch das AusfG Übk. 1988 dahingehend angepasst wurde, schlicht vom unerlaubten Erwerb bzw. von unerlaubter Abgabe zu sprechen. Denn gemeint ist hier das Fehlen einer Erlaubnis iS des § 3 bzw. einer Ausnahme von der Erlaubnispflicht nach § 4 (siehe bereits → Rn. 1420).[36]

1440   **d) Tathandlungen. aa) Verschaffen.** Das Verschaffen einer Gelegenheit iS der Vorschrift beinhaltet ein über die bloße Mitteilung hinausgehendes Herbeiführen von äußeren Bedingungen für den Erwerb oder die Abgabe[37] von BtM, mithin die **tatsächliche Erschließung einer Drogenbezugs-** oder **-absatzquelle.**[38] Im Unterschied zur Tatbestandsalternative des Gewährens einer Gelegenheit handelt es sich beim Verschaffen um eine für den Täter des Nr. 10 **fremde, also außerhalb seines Einflussbereichs liegende, Bezugs-** oder **Absatzquelle.**[39]

1441   Der Gelegenheitsverschaffer muss deshalb zielgerichtete **Aktivitäten entwickeln,**[40] das Tor zur Erwerbs- oder Absatzquelle öffnen. Hierzu reicht es aus, wenn dem Ziel **entgegenstehende Hindernisse** von ihm **beseite geräumt**[41] werden. Gleichwohl entzieht sich der Begriff einer scharfen Abgrenzung und bedarf daher im Hinblick auf den **Bestimmtheitsgrundsatz** der **einschränkenden Auslegung,**[42] da andernfalls jede Form der Unterstützung, also schon der Verkauf von Federwaagen, Ascorbinsäure oder eines Löffels[43] nach der Vorschrift strafbar wäre. Tatbestandsmäßig handelt deshalb nur derjenige, der den inkriminierten **Erfolg in typischer Weise**[44] oder **unmittelbar**[45] **fördert,** also eine **zielorientierte Tätigkeit** entfaltet.[46] Einer teleologischen Reduktion kann dabei nicht mit der

---

[31] *Weber* 1464 f, allerdings mit anderer Begründung.
[32] *Winkler* StV 1995, 217.
[33] BGH 11.12.1990 – 1 StR 571/90, StV 1991, 208.
[34] *Franke/Wienroeder* § 29a Rn. 4.
[35] *Joachimski/Haumer* Rn. 208; *Weber* Rn. 1468.
[36] *Weber* Rn. 1467.
[37] BGH 21.4.1982 – 2 StR 710/81, NStZ 1982, 335.
[38] KPV/*Patzak* Teil 20 Rn. 13.
[39] BayObLG 30.7.1982 – RReg 4 St 140/82, BayObLGSt 1982, 100.
[40] *Joachimski/Haumer* Rn. 211.
[41] BGH 22.12.1955 – 1 StR 381/55, BGHSt 9, 71 = NJW 1956, 879 zur Kuppelei.
[42] BayObLG 20.6.1991 – RReg 4 St 10/91, BayObLGSt 1991, 85.
[43] Weitere Beispiele bei KPV/*Patzak* Teil 20 Rn. 39 ff.
[44] BGH 24.4.1959 – 4 StR 73/59, NJW 1959, 1284 zu § 180 Abs. 1 StGB.
[45] BayObLG 30.7.1982 – RReg 4 St 140/82, BayObLGSt 1982, 100; zu diesem Unmittelbarkeitskriterium vgl. auch *Zopfs/Sobota* StV 2014, 639 (642).
[46] *Weber* Rn. 1452.

Begründung entgegengetreten werden, aus § 29 Abs. 1 S. 2 folge mit dem abschließenden Hinweis auf Einmalspritzen die gesetzgeberische Intention, sämtliche dort nicht genannten Förderungsmodalitäten sollten nach dem Willen des Gesetzgebers strafbar sein oder bleiben, da diese Gesetzesergänzung ausdrücklich zur Klarstellung[47] erfolgte. Eine **typische Förderungshandlung** in Bezug auf Rauschgifterwerb ist beispielsweise der Transport erwerbswilliger Personen zu bekannten Drogenumschlagplätzen.[48]

Organisiert ein Reiseveranstalter Busfahrten nach Amsterdam und macht er dort an **1442** Coffeeshops Halt, um den Reisenden deren Besuch einschließlich des Erwerbs von geringen Mengen Cannabis zu ermöglichen, verschafft er in klassischer Weise eine Gelegenheit zum unbefugten BtM-Erwerb.[49] *Körner*[50] berichtet über einen vom OLG Frankfurt a. M.[51] entschiedenen Fall, in dem jemand zur Nachtzeit heroinabhängige Mädchen zum Frankfurter Hauptbahnhof chauffierte, damit sie sich dort mit **Stoff versorgen** konnten und sie anschließend zu einer Apotheke fuhr, um ihnen den Kauf von **Spritzbesteck** zu ermöglichen. Gelegenheit zum unbefugten BtM-Umgang in Form von Erwerb oder Abgabe verschafft auch der **Gastwirt** oder Betreiber eines sonstigen Etablissements, der einen **Begegnungsraum** für Erwerbs- oder Absatzwillige **einrichtet**.[52] Auch die Überlassung von **Räumlichkeiten** kann den Tatbestand verwirklichen, wenn sie in dem Wissen und Wollen geschieht, günstige Umstände für Erwerb oder Abgabe von BtM zu schaffen.[53] Durch die **bloße Benennung eines (potenziellen) Erwerbers**[54] oder **Verkäufers**[55] wird der Tatbestand allerdings noch nicht erfüllt. Dies ergibt sich daraus, dass der Gesetzgeber in der dritten Alternative von Nr. 10 die Mitteilung, die öffentlich oder eigennützig erfolgt, zur Täterschaft ausgestaltet hat. Hätte er jede Mitteilung, auch die nicht öffentliche oder uneigennützige als (Unter-)Fall des Verschaffens einer Gelegenheit angesehen, so wäre diese Alternative der Vorschrift bedeutungslos und überflüssig.

(1) Tatbestandsverwirklichung durch Unterlassen. Nach h.M. kann der Tatbestand **1443** auch durch **Unterlassen** verwirklicht werden, vorausgesetzt dem Täter obliegt eine entsprechende Garantenpflicht und das Unterlassen entspricht der Verwirklichung eines gesetzlichen Tatbestandes durch Tun (§ 13 StGB). Dabei wird betont, dass eine bloße Untätigkeit allerdings nicht genügt,[56] was im Hinblick darauf, dass auf ein Unterlassen abgestellt werden soll, keinen Sinn macht. Eine Garantenpflicht bestehe beim **Gastwirt**[57] nach §§ 5 Abs. 1 Nr. 1, 2 GastG, denen zu entnehmen ist, dass er zum Schutze der Gäste vor Ausbeutung und vor Gefahren für deren Leben, Gesundheit oder Sittlichkeit verpflichtet ist. Nicht ohne weiteres besteht eine solche Pflicht hingegen beim **Vermieter von Räumen** oder beim **Inhaber einer Wohnung**.[58] Sie kann sich allerdings dann ergeben, wenn die Wohnung wegen ihrer besonderen Beschaffenheit oder Lage eine Gefahrenquelle darstellt, die er so zu sichern und zu überwachen hat, dass sie nicht zum Mittel für die leichtere Ausführung von Straftaten gemacht werden kann.[59] Gleiches gilt, wenn die Wohnung einer Wohngemeinschaft für drogengefährdete Jugendliche[60] vermietet wird, die dort mit Billigung des Überlassenden Erwerbs- oder

---

[47] BT-Drs. 12/2737, 8 (9).
[48] BayObLG 20.6.1991 – RReg 4 St 10/91, BayObLGSt 1991, 85.
[49] KPV/*Patzak* Teil 20 Rn. 46; *Weber* Rn. 1455.
[50] *Körner* (VI) Rn. 1769.
[51] OLG Frankfurt 1.8.1990 – 1 Ss 338/90.
[52] *Weber* Rn. 1453.
[53] BGH 16.9.1998 – 1 StR 482/98, BeckRS 1998, 30024128 zur Verschaffung einer Verbrauchsgelegenheit; BayObLG 20.6.1991 – RReg 4 St 10/91, BayObLGSt 1991, 85; 27.5.2003 – 4St RR 47/03, NStZ-RR 2003, 310 (bei *Kotz/Rahlf*).
[54] BayObLG 19.10.1983 – RReg 4 St 253/83, StV 1984, 119.
[55] BGH 21.4.1982 – 2 StR 710/81, NStZ 1982, 335.
[56] BayObLG 30.7.1982 – RReg 4 St 140/82, BayObLGSt 1982, 100.
[57] KPV/*Patzak* Teil 20 Rn. 46 f.
[58] BGH 30.9.1992 – 2 StR 397/92, StV 1993, 25 = wistra 1993, 59.
[59] BGH 24.2.1982 – 3 StR 34/82, BGHSt 30, 391 = NJW 1982, 1235 mAnm *Schmidt* LM Nr. 4 zu § 13 StGB 1975; 7.1.2003 – 3 StR 414/02, NStZ-RR 2003, 153.
[60] OLG Köln 11.9.1973 – Ss 144/73, MDR 1974, 251.

Absatzgeschäften nachgehen. Dagegen kann man jedenfalls von einem vorsätzlichen Verschaffen einer Gelegenheit (Fahrlässigkeit → Rn. 1496 ff.) nicht sprechen, wenn sich jemand nur zeitweilig zusammen mit einem wegen BtM-Delikten Vorbestraften in einer Wohnung aufhält und auf dessen Bitte hin **die Wohnung verlässt, in der dann ein Rauschgiftgeschäft abgewickelt wird,** auch wenn ihm das komisch und verdächtig vorkommt.[61]

1444   Freilich hat die Feststellung einer Garantenstellung keine Bedeutung, als sich die Vorschrift vertypt an Personen richtet, die derartige Aufsichtspflichten kraft Vertrags bzw. öffentlich-rechtlicher-Vorschriften haben (bzw. die Gelegenheit führt zur „Garantenstellung", die wiederum durch einen Dritten aktiv verschafft bzw. passiv durch den Garanten selbst gewährt werden muss). Selbst wenn man also die Verwirklichung schlichter Tätigkeitsdelikte durch Unterlassen (anders als hier, → Vor § 29 Rn. 102) grds. für möglich erachtet, müsste man hinsichtlich Abs. 1 S. 1 Nr. 10 wohl annehmen, dass die Tathandlung des Gewährens als „passivere" Begehungsform die allein als strafwürdig empfundenen Unterlassungshandlungen abschließend benennt.[62] Das Nichteinschreiten ist in diesem Falle vom Gewähren umfasst, solange die Anforderungen an ein Gewähren im Übrigen bejaht werden können (im Folgenden → Rn. 1445). Dass die Handlungen des Täters „förderlich" sein müssen, ergibt sich aus dem Tatbestandsmerkmal der „Gelegenheit"; mit der Gleichstellung nach § 13 StGB hat dies nichts zu tun.[63] Dementsprechend sollte § 13 StGB keine Anwendung auf die §§ 29 Abs. 1 S. 1 Nr. 10, 11 BtMG finden, wie dies die Rechtsprechung teilweise gehandhabt hat.[64]

1445   **(2) Unmittelbarkeitskriterium.** Die genannten Tathandlungen müssen den inkriminierten Erfolg **in typischer Weise fördern**[65] oder **ihm unmittelbar dienen.**[66] An einer solch engen Verbindung zwischen Handlung und Erfolg fehlt es bei der **Hingabe einer Paketmarke** durch einen Strafgefangenen an einen anderen, damit sich dieser in einem Paket BtM in die Vollzugsanstalt schicken lassen kann, da der Erfolg hier von einer Reihe von Zwischenakten abhängt, auf die der Täter keinerlei Einfluss hat.[67] Auch der **Geldumtausch** (Euro in Dollar, Pfund oder Franken oder umgekehrt) in der Nähe offener Drogenszenen soll dem Erwerb von BtM noch nicht in unmittelbarer Weise dienlich sein.[68] Keine Gelegenheit verschafft, wer als Gastgeber feststellt, dass einige der von ihm eingeladenen **Gäste mit BtM Geschäfte machen,** diese dann aber nicht vom weiteren Besuch oder zukünftigen Besuchen ausschließt, wobei ihm zwar vorgeworfen werden kann, nichts unternommen, nicht aber vorgeworfen werden kann, den Absatz unmittelbar gefördert zu haben.[69]

1446   **bb) Gelegenheit gewähren.** Das Gewähren einer Gelegenheit iS der Vorschrift bedeutet ein über die bloße Mitteilung hinausgehendes Bereitstellen von äußeren Bedingungen

---

[61] BGH 16.10.1991 – 5 StR 445/91, NStZ 1992, 86.

[62] *Oğlakcıoğlu*, BtMG AT, S. 388 f.

[63] Vgl. BayObLGSt 1982, 100: Der Angeklagte veranstaltete über einen Zeitraum von zwei Jahren oftmals Feste, bei dem die Gästezahl oftmals 30 bis 35 Personen betrug. Zwei Personen, die vier- bis fünfmal bzw. dreimal bei solchen Ereignissen zugegen waren, richteten an diesen Abenden eine Haschischpfeife her, die dann von drei bis vier Personen in Gegenwart anderer Gäste geraucht wurde. Dem Angeklagten drängte sich auf, dass Haschisch konsumiert wurde; ihm war einmal die Teilnahme an der Haschischrunde angeboten worden, wovon er aber keinen Gebrauch machte. Das Gericht rückt hierbei die Tatförderlichkeit bzw. den Begriff der Gelegenheit in den Mittelpunkt, auch wenn es nebenbei feststellt, dass die Tat auch durch Unterlassen begangen werden könne (ohne § 13 StGB heranzuziehen). Aufgrund des Umstands, dass der Angeklagte häufig auch „neutrale" Feste veranstaltete und auch nicht irgendwelche abgesonderte Räume zur Verfügung stellte, gelangt das Gericht dann zur Straflosigkeit.

[64] Unklar scheint auch die Behandlung dieser Begrifflichkeiten im Kernstrafrecht, vgl. die Kommentarliteratur zu § 180 StGB bei *Fischer* Rn. 9; vgl. MüKoStGB/*Renzikowski* StGB § 180 Rn. 36, der ein Gewähren durch Unterlassen für möglich erachtet.

[65] BGH 24.4.1959 – 4 StR 73/59, NJW 1959, 1284 zu § 180 Abs. 1 StGB; BayObLG 30.7.1982 – RReg 4 St 140/82, BayObLGSt 1982, 100.

[66] BayObLG 30.7.1982 – RReg 4 St 140/82, BayObLGSt 1982, 100.

[67] BayObLG 20.6.1991 – RReg 4 St 10/91, BayObLGSt 1991, 85.

[68] KPV/*Patzak* Teil 20 Rn. 39.

[69] BayObLG 30.7.1982 – RReg 4 St 140/82, BayObLGSt 1982, 100.

für den Erwerb oder die Abgabe[70] von BtM, mithin auch hier die **tatsächliche Erschlie-ßung einer Drogenbezugs-** oder **-absatzquelle.**[71] Im Unterschied zur Tatbestandsalter-native des Verschaffens einer Gelegenheit handelt es sich beim Gewähren um eine für den Täter des Nr. 10 **eigene, also in seinem Einflussbereich liegende, Bezugs- oder Absatzquelle.**[72]

Während vom Gelegenheits*verschaffer* Aktivitäten[73] verlangt werden, verhält sich derje-   **1447** nige, der eine Gelegenheit gewährt, **eher passiv,** muss allerdings in dem Umfang handeln, der zur Bereitstellung günstiger Umstände gegenüber dem Nutzungswilligen erforderlich ist,[74] da eine bloße Untätigkeit allein auch hier nicht ausreicht.[75] Gleichwohl entzieht sich der Begriff auch hier einer scharfen Abgrenzung und bedarf deshalb im Hinblick auf den **Bestimmtheitsgrundsatz** der **einschränkenden Auslegung,**[76] da andernfalls praktisch jede Form der Unterstützung strafbar wäre. Tatbestandsmäßig handelt daher nur derjenige, der den inkriminierten **Erfolg in typischer Weise**[77] oder **unmittelbar**[78] **fördert.** Einer teleologischen Reduktion kann auch hier nicht mit der Begründung entgegengetreten werden, aus Abs. 1 S. 2 folge mit dem abschließenden Hinweis auf Einmalspritzen die gesetzgeberische Intention, sämtliche dort nicht genannten Förderungshandlungen sollten nach dem Willen des Gesetzgebers strafbar sein oder bleiben, da diese Gesetzesergänzung ausdrücklich zur Klarstellung[79] erfolgte. Eine **typische Förderungshandlung** in Bezug auf Rauschgiftgeschäfte ist beispielsweise das Zurverfügungstellen von Räumlichkeiten zum ungestörten Absatz oder Erwerb von BtM,[80] so wenn jemand einem anderen sein Fahrzeug überlässt, damit dieser darin ein Rauschgiftgeschäft abwickeln kann.[81] Damit liegt eine von der Vorschrift erfasste Unterstützung auch vor, wenn der **Inhaber eines Lokals** einen Drogenhändler dadurch unterstützt, dass er es ihm und seinen Abnehmern ermöglicht, über den Telefonanschluss des Lokals Kontakt aufzunehmen.[82]

Im Hinblick auf die bei → Rn. 1443 gemachten Überlegungen, muss einer nochmaligen   **1448** Erweiterung des Tatbestands durch die Heranziehung des § 13 StGB erst Recht eine Absage erteilt und kriminalpolitisch als überflüssig bezeichnet werden. Eine Garantenpflicht bestehe zB für **Eltern** im Hinblick auf ihre **Kinder,**[83] für einen Gastwirt in Bezug auf seine Gäste. Duldet ein **Gastwirt,** dass in einem (Hinter-)Zimmer seines Lokals BtM-Geschäfte getätigt werden, macht er sich dadurch nach Nr. 10 wegen Gewährens einer Gelegenheit strafbar; wobei es in derlei Fällen freilich keines Rückgriffs auf § 13 StGB bedarf. Dagegen kann man jedenfalls von einem vorsätzlichen *Gewähren* einer Gelegenheit (Fahrlässigkeit → Rn. 1236 ff.) nicht sprechen, wenn sich jemand nur zeitweilig zusammen mit einem wegen BtM-Delikten Vorbestraften in einer Wohnung aufhält und auf dessen Bitte hin **die Wohnung verlässt, in der dann ein Rauschgiftgeschäft abgewickelt wird,** auch wenn ihm das komisch und verdächtig vorkommt.[84]

cc) Gelegenheit mitteilen. Eine Gelegenheit teilt mit, wer eine Information objektiv   **1449** wahrnehmbar bekanntgibt und damit den Empfänger ohne zusätzliche Hinweise in die

---

[70] BGH 21.4.1982 – 2 StR 710/81, NStZ 1982, 335.
[71] KPV/*Patzak* Teil 20 Rn. 14, 44.
[72] BayObLG 30.7.1982 – RReg 4 St 140/82, BayObLGSt 1982, 100.
[73] *Joachimski/Haumer* Rn. 211.
[74] KPV/*Patzak* Teil 20 Rn. 14.
[75] BayObLG 30.7.1982 – RReg 4 St 140/82, BayObLGSt 1982, 100.
[76] BayObLG 20.6.1991 – RReg 4 St 10/91, BayObLGSt 1991, 85.
[77] BGH 24.4.1959 – 4 StR 73/59 – NJW 1959, 1284 zu § 180 Abs. 1 StGB.
[78] BayObLG 30.7.1982 – RReg 4 St 140/82, BayObLGSt 1982, 100.
[79] BT-Drs. 12/2737, 8 (9).
[80] BayObLG 20.6.1991 – RReg 4 St 10/91, BayObLGSt 1991, 85.
[81] OLG Frankfurt a. M. 22.1.1988 – 1 Ss 309/87, StV 1989, 20 zur Gewähren einer Verbrauchsgelegenheit; zweifelnd *Körner* (VI) Rn. 1819.
[82] BGH 16.12.1999 – 4 StR 496/99, NStZ 2000, 208.
[83] Schönke/Schröder/*Stree/Bosch* StGB § 13 Rn. 17 f.
[84] BGH 16.10.1991 – 5 StR 445/91, NStZ 1992, 86.

Lage versetzt, eine konkrete Gelegenheit zum BtM-Absatz oder -erwerb wahrzunehmen.[85]
Da der Gesetzgeber diese Modalität explizit benannt hat, kann man davon ausgehen, dass
die Mitteilung selbst gerade nicht ausreicht, um ein **Verschaffen** bejahen zu können.[86] Auf
die **Form** der Mitteilung kommt es nicht an. Sie kann mündlich oder schriftlich, fernmündlich bzw. -schriftlich oder auf elektronischem Weg (SMS, E-Mail, via Internet) erfolgen.[87]
An den Inhalt der Mitteilung ist lediglich die Anforderung zu stellen, dass sie die Gelegenheit
zum illegalen Umgang mit BtM in ausreichendem Maße **individualisiert.**

1450   **(1) Öffentliche Mitteilung.** Die Mitteilung ist öffentlich,[88] wenn sie in einer Art und
Weise erfolgt, dass sie von einem größeren, nach Zahl und Individualität unbestimmten oder
durch nähere Beziehungen nicht verbundenen Personenkreis unmittelbar wahrgenommen
werden kann.[89] Auch die an einen persönlich verbundenen Personenkreis gerichtete Mitteilung ist öffentlich, wenn sie über diesen Kreis hinaus für mindestens drei weitere Personen
wahrnehmbar ist und wahrgenommen wird.[90] Da das Merkmal der Öffentlichkeit auf die
Wahrnehmungsmöglichkeit abstellt, ist ohne Bedeutung, ob der **Ausgangsort** der Mitteilung selbst allgemein zugänglich ist.[91] Zu den Einzelheiten der öffentlichen Mitteilung auf
elektronischem Wege siehe die ausführliche Darstellung bei *Weber.*[92]

1451   **(2) Eigennützige Mitteilung.** Die Mitteilung ist eigennützig, wenn sie um des eigenen
Vorteils des Mitteilenden erfolgt, der inhaltlich nicht auf das Vermögen beschränkt ist,
sondern auch andere (zB immaterielle) Vorteile umfasst.[93] Eine Mitteilung aus Gefälligkeit
reicht jedoch nicht aus.[94]

Ist die Mitteilung weder öffentlich noch eigennützig erfolgt, scheidet eine Strafbarkeit
nach Nr. 10 aus; die Tat kann dann nur unter dem Gesichtspunkt der Beihilfe zum Absatz
oder Erwerb verfolgt werden, sofern die Haupttat zumindest in das Versuchsstadium getreten
ist.[95]

1452   **(3) Abgrenzung zu anderen Tatbeständen.** Die Tathandlung des Mitteilens kann
von verwandten Straftatbeständen wie folgt abgegrenzt werden: **Werbung** iS von Abs. 1
S. 1 Nr. 8 bedeutet im Unterschied zur Mitteilung einer Gelegenheit den Hinweis auf die
Möglichkeit, selbst (bestimmte) BtM liefern zu können. Die **öffentliche Aufforderung
zum Verbrauch** nicht zulässigerweise verschriebener BtM (Abs. 1 S. 1 Nr. 12) geht über
die Mitteilung einer Gelegenheit hinaus, da sie den Verbrauchserfolg zum Ziel hat.

1453   **3. Verleiten zum unbefugten Verbrauch (obj. Tatbestand).** Das Gesetz definiert
mit Ausnahme der BtM keinen der in dieser Handlungsalternative gebrauchten Begriffe.
Vom Verleiten spricht das allgemeine Strafrecht in § 120 Abs. 1 (Verleiten zum Entweichen),
§ 160 Abs. 1 (Verleitung zur Falschaussage), § 323b (Verleitung zum Genuss alkoholischer
Getränke oder anderer berauschender Mittel) und § 357 Abs. 1 StGB (Verleitung zu einer
rechtswidrigen Tat im Amt).

1454   **a) Verleiten.** Im Sinne der Vorschrift bedeutet Verleiten die **Willensbeeinflussung** des
anderen mit dem Ziel des BtM-Konsums. Im Unterschied zum reinen Sprachverständnis
dürfen hier jedoch an Reflexion und Reflexionsmöglichkeit des Ansinnens durch den
Beeinflussten nicht zu hohe Anforderungen gestellt werden, andernfalls wäre der Kreis

---

85 HM; *Franke/Wienroeder* Rn. 196; *Joachimski/Haumer* Rn. 209; HJLW/*Winkler* Rn. 20.2; KPV/*Patzak* Teil 20 Rn. 21 f.; *Weber* Rn. 1478 f.
86 BGH 21.4.1982 – 2 StR 710/81, NStZ 1982, 335.
87 KPV/*Patzak* Teil 20 Rn. 22; *Weber* Rn. 1478.
88 Zum Begriff OLG Stuttgart 8.12.2003 – 4 Ss 469/03, NStZ 2004, 446 zu § 353d StGB.
89 KG 21.7.1983 – (4) Ss 81/83 (15/83), JR 1984, 249 zu § 111 Abs. 1 StGB.
90 OLG Celle 10.5.1994 – 1 Ss 71/94, NStZ 1994, 440 zu § 86a StGB.
91 OLG Celle 10.5.1994 – 1 Ss 71/94, NStZ 1994, 440 zu § 86a StGB.
92 Rn. 1482 ff.
93 BR-Drs. 665/70 neu; zum Begriff der Eigennützigkeit → Rn. 316 ff.
94 *Weber* Rn. 1490.
95 BayObLG 19.10.1983 – RReg 4 St 253/83, StV 1984, 119.

ahnungs- und willenloser Verführungsopfer, insbesondere Jugendlicher, entgegen der gesetzgeberischen Intention bei Schaffung der Vorschrift[96] größtenteils ausgeschlossen. Daraus folgt, dass das Verleiten, soll die gesetzgeberische Vorgabe erfüllbar bleiben, lediglich eine **faktische Mitwirkung des Verleiteten**[97] voraussetzt. Die Tathandlung in Nr. 10 reicht deshalb **weiter als das Bestimmen** bei der **Anstiftung** (§ 26 StGB), da dieses das Hervorrufen eines (Tat-)Entschlusses voraussetzt, der seinerseits aber die intellektuell-voluntative Mitwirkung des Angestifteten erfordert.[98] Gegen die **Deckungsgleichheit der Begriffe** spricht daneben, dass beide bei Einfügung des Tatbestandes 1982 nicht nur bekannt, sondern durch die Rechtsprechung bereits eine Konturierung erfahren haben, so dass der Gesetzgeber schon durch die Wortwahl einen unterschiedlichen Begriffsinhalt vorgegeben und mit der Strafbewehrung fahrlässigen Handelns (Abs. 4) gegenüber einer reinen Anstiftungshandlung erweitert hat.

Als **Mittel der Verleitung** kommen in Betracht: Bereitstellung von Konsummustern, **1455** Einschüchterung, Täuschung, Überredung bzw. Überzeugung, Verführung, Verharmlosung bzw. Verherrlichung von Drogen, Versprechen von Geschenken, Wecken von Neugier.[99] Ob auch eine **Drohung** oder die Ausübung sonstigen **Zwanges** der Tathandlung des Verleitens zuzurechnen ist, ist zweifelhaft.[100] Wird aber jemand mit den Worten: „Jetzt stell dich nicht so an, da ist doch nichts dabei" **eingeschüchtert und veranlasst,** die angebotene Prise Kokain sofort durch Schnupfen **zu konsumieren,** gibt dies Anlass zur Prüfung, ob der Tatbestand der Verbrauchsverleitung erfüllt ist.[101]

Nicht zum unbefugten Verbrauch verleitet, wer dem Konsumwilligen **eine Injektion 1456 beibringt,**[102] wohl aber kann hier **Verabreichen** iS von Abs. 1 S. 1 Nr. 6b vorliegen.

b) Ein Anderer. Der Andere muss zum Verbrauch verleitet werden. War der Verleitete **1457** jedoch bereits zum Verbrauch entschlossen **(omnimodo facturus)** scheitert das Verleitungsvorhaben.[103]

c) Unbefugter Verbrauch. Inkriminiertes Ziel der Verleitung ist der unbefugte Ver- **1458** brauch von BtM. Mit dieser irritierenden[104] Begriffskombination hat der Gesetzgeber ohne Not einen Ansatzpunkt für eine teilweise hitzige Diskussion[105] geschaffen, wobei die Änderung der gesetzgeberischen Grundentscheidung, den BtM-Konsum als Akt der Selbstgefährdung oder -schädigung straflos zu belassen, zu keiner Zeit in Frage gestellt war. Eine Auseinandersetzung darüber, wie der Begriff „unbefugt" einzuordnen ist, erscheint nach dem *Cannabis*-Beschluss des BVerfG[106] nicht mehr lohnend, da spätestens ab diesem Zeitpunkt feststeht, dass das Grundgesetz **kein Recht auf Rausch** kennt. Auch das Bemäkeln einer missglückten Begriffswahl oder der fehlenden Präzision bei der Abfassung oder Anpassung von Vorschriften gerät jedenfalls dort zur reinen Spiegelfechterei, wo sich der **gesetzgeberische Wille bezüglich des Umgangs mit BtM** quasi wie ein roter Faden[107] durch das gesamte Gesetz zieht und diesem unmissverständlich entnehmen lässt. Danach ist jeder Umgang mit BtM nicht gestattet, es sei denn, er wäre erlaubt (§ 3) oder erlaubnisfrei (§ 4). Auch der Verbrauch von BtM steht – wegen in der Regel notwendiger Vorhandlungen –

---

[96] *Franke/Wienroeder* Rn. 198; *HJLW/Winkler* Rn. 20.5.
[97] *Franke/Wienroeder* Rn. 198; *HJLW/Winkler* Rn. 20.5; *Joachimski/Haumer* Rn. 213; *KPV/Patzak* Teil 20 Rn. 32; *Weber* Rn. 1496; aA *Slotty* NStZ 1981, 324.
[98] AA *Joachimski/Haumer* Rn. 213.
[99] *Franke/Wienroeder* Rn. 198; *KPV/Patzak* Teil 20 Rn. 34.
[100] *Weber* Rn. 1495 unter Hinweis auf BGH 7.9.1995 – 1 StR 236/95, BGHSt 41, 242 = NJW 1965, 3065 zum Bestimmen iS. von §§ 174 Abs. 2 Nr. 2, 176 Abs. 2 StGB; aA *Franke/Wienroeder* Rn. 198.
[101] BGH 11.12.1990 – 1 StR 571/90, wistra 1991, 146.
[102] KG 3.12.1990 – (4) 1 Ss 217/90 (105/90), JR 1991, 161.
[103] *Joachimski/Haumer* Rn. 213; *Weber* Rn. 1496.
[104] *HJLW/Winkler* Rn. 20.5.
[105] ZB *Hoffmann-Riehm* NStZ 1998, 7; *Bölter* NStZ 1998, 224 im Zusammenhang mit der rechtlichen Zulässigkeit von Drogenkonsumräumen.
[106] BVerfG 9.3.1994 – 2 BvL 43/92 ua, BVerfGE 90, 145 = NJW 1994, 1577.
[107] *Bölter* NStZ 1998, 225.

mittelbar unter Erlaubnisvorbehalt; jedoch zieht ein Verstoß dagegen aus Gründen unseres Strafrechtsverständnisses, dessen Ausgangspunkt grundsätzlich die Fremdschädigung bzw. -gefährdung ist,[108] keine strafrechtliche Sanktion nach sich. Trotz Art. 2 Abs. 1 GG wird aber nach wie vor behauptet, dass der Verbrauch nicht erlaubt, sondern nur geduldet sei.[109] Dies geht nicht auf. Entweder ein Verhalten ist durch ein Eingriffsgesetz verboten oder eben nicht. Eine Duldung kann es nur dort geben, wo ein Gesetz das Verhalten explizit untersagt. *Weber*[110] ist allerdings Recht zu geben, dass die gesetzgeberische Ausgestaltung – ungeachtet des glücklosen Hantierens mit unscharfen Begriffen oder zu Missverständnissen Anlass gebenden Kombinationen – darauf ausgerichtet ist, den BtM-Konsum zu unterbinden bzw. nur den Verbrauch „verschriebener" BtM zuzulassen. Abs. 1 S. 1 Nr. 12 stellt unter Strafe, wenn öffentlich, in einer Versammlung oder durch Verbreiten von Schriften dazu aufgefordert wird, BtM zu verbrauchen, die **nicht zulässigerweise verschrieben** worden sind. Ein Drogenkonsumraum dient dem Verbrauch **ärztlich nicht verschriebener BtM.** Aber gerade aus diesem Grund kann die Verschreibung der BtM nicht das Kriterium sein, das darüber entscheidet, ob es sich um unbefugten Konsum handelt. Denn der Konsum von „verschriebenen" BtM dürfte in Konsumräumen gerade nicht erfolgen (wobei es sicherlich nicht erwünscht ist, den Verstoß gegen dieses „Internum" mit Strafe zu bewehren). Unter dem Strich sollte der Gesetzgeber schlicht auf dieses missverständliche Merkmal verzichten.

III. Subjektiver Tatbestand

1459   **1. Vorsatz. a) Verschaffen, Gewähren und Mitteilen einer Gelegenheit.** Bei Förderung zum unbefugten BtM-Erwerb oder -absatz ist auf der inneren Tatseite Vorsatz in Bezug auf die BtM-Eigenschaft des Stoffes erforderlich. Ferner muss der Täter der Nr. 10 wissen (für möglich halten), dass er durch seine Handlung eine Gelegenheit verschafft oder gewährt,[111] bei der Mitteilung der Gelegenheit, dass diese öffentlich oder eigennützig erfolgt. Schließlich muss der Vorsatz umfassen, dass der Nutzungswillige weder eine Erwerbs- oder Absatzerlaubnis besitzt, noch dass eine Ausnahme von der Erlaubnispflicht besteht. Eine Verschärfung der Anforderungen an den Vorsatz nach den Grundsätzen der **berufsbedingten Strafbarkeit** (→ Vor § 29 Rn. 114) scheidet aus, soweit der Tatbestand gerade an die sich aus der typischen beruflichen Tätigkeit ergebenden „Gelegenheit" knüpft. Insofern handelt es sich um einen Fall der gesetzlich angeordneten Sonderhaftung, die keinen Raum für Einschränkungen nach dem Prinzip professioneller Adäquanz lässt.[112]

1460   **b) Verleitung zum unbefugten Verbrauch.** Der Vorsatz muss sich zunächst ebenfalls darauf richten, dass es sich um Stoffe und Zubereitungen der Anlagen I–III zu § 1 handelt. Ferner dürfen sie nach Kenntnis und Billigung des Täters der Nr. 10 nicht zulässigerweise verschrieben worden sein. Vom Vorsatz umfasst muss schließlich auch die Willensbeeinflussung des anderen sein. **Bedingter Vorsatz** reicht jeweils aus. Ausgenommen hiervon ist im Falle der öffentlichen Mitteilung einer Gelegenheit im elektronischen Netz der Serviceprovider.

1461   **c) Eigennützigkeit.** Lediglich bei der nichtöffentlichen Mitteilung einer Gelegenheit ist Eigennützigkeit erforderlich und dort Tatbestandsmerkmal. Im Übrigen kommt es auf den vom Täter der Nr. 10 verfolgten Zweck oder seine Motivation nicht an.[113]

1462   **2. Irrtumskonstellationen.** Zu den möglichen Irrtumskonstellationen in Bezug auf Art und Eigenschaft des BtM wird auf die Ausführungen Vor § 29[114] verwiesen.

---

[108] Vgl. *Grünewald* KJ 2000, 48 [55].
[109] *Weber* Rn. 1552.
[110] Rn. 1553 ff.
[111] BayObLG 27.5.2003 – 4 St RR 47/03, NStZ-RR 2003, 310 (bei *Kotz/Rahlf*).
[112] *Oğlakcıoğlu*, BtMG AT, S. 388 f.
[113] *Weber* Rn. 1490.
[114] → Vor § 29 Rn. 77 ff.

3. Fahrlässigkeit. Die fahrlässige Begehungsweise sämtlicher Tatbestandsvarianten ist 1463 durch Abs. 4 unter Strafe gestellt. Fahrlässigkeit ist nach den Grundsätzen des allgemeinen Strafrechts zu beurteilen und vom Tatrichter stets dann zu prüfen, wenn vorsätzliches Handeln nicht nachgewiesen werden kann.[115] Die ausufernde Fahrlässigkeitshaftung ist jedenfalls im Hinblick auf den ohnehin sehr weit reichenden Tatbestand der Gewährung/Verschaffung einer Gelegenheit besonders bedenklich.

a) Verschaffen, Gewähren oder Mitteilen einer Gelegenheit. Muss ein Gastwirt, 1464 der aufgrund seiner Tätigkeit als Vertrauensperson mit den Gepflogenheiten im Drogenhandel vertraut ist, damit rechnen, dass – gestattet er seinen Gästen, vom Telefon des Lokals aus anzurufen bzw. angerufen zu werden – ein solcher Service von einem anderen, von dem er vermutet, in Drogengeschäfte verstrickt zu sein, **als Gewährung einer Gelegenheit zur Abgabe oder zum Erwerb von BtM verstanden werden kann,** handelt er, sofern er dies nicht unterbindet, fahrlässig.[116] Belegen die Feststellungen nicht, dass ein Gastgeber damit gerechnet und es billigend in Kauf genommen hat, dass Gäste in seiner Wohnung BtM abgeben, kann dies darauf hindeuten, dass insoweit nur fahrlässiges Handeln vorliegt.[117]

An der **Zumutbarkeit rechtmäßigen Alternativverhaltens** kann es fehlen, wenn ein 1465 Ausländer, der sich für wenige Tage zu Besuch in Deutschland in einer fremden Wohnung aufhält und diese mit einem anderen teilt, von dem er weiß, dass er wegen unerlaubten Umgangs mit BtM vorbestraft ist, auf dessen Geheiß die Wohnung verlässt, obwohl ihm das komisch und verdächtig vorkommt.[118]

b) Verleiten zum unbefugten Verbrauch. Zum unbefugten Verbrauch kann auch 1466 fahrlässig verleitet werden, etwa wenn die Wirkung positiver Äußerungen in Bezug auf BtM gegenüber einem Dritten unterschätzt und dieser dadurch ungewollt zum Konsum animiert wird.

IV. Täterschaft, Teilnahme

1. Mittäterschaftliches Handeln. Verschaffen oder Gewähren mehrere in bewusstem 1467 oder gewollten Zusammenwirken eine Gelegenheit oder teilen sie eine solche öffentlich oder eigennützig mit, unterliegen sie der Strafbarkeit nach Nr. 10 unter dem Gesichtspunkt der Mittäterschaft.

2. Anstiftung. Unter Heranziehung der Grundsätze des allgemeinen Strafrechts ist 1468 wegen Anstiftung strafbar, wer einen anderen zum Verschaffen, Gewähren oder Mitteilen einer Gelegenheit zum BtM-Erwerb oder -absatz bestimmt. Dies kann **auch der Nutzungswillige** sein, als sein Konsum bzw. die Wahrnehmung der Gelegenheit nicht tatbestandlich vorausgesetzt wird und somit nicht von einer notwendigen Teilnahme ausgegangen werden kann.

3. Beihilfe. Sie ist möglich. Wer die räumlichen (Versammlungsraum) oder technischen 1469 Voraussetzungen (zB Verlegen der Lautsprecherkabel) schafft, obwohl er weiß, dass später eine Gelegenheit zum unerlaubten BtM-Erwerb öffentlich mitgeteilt werden soll, und dies billigt, macht sich wegen Beihilfe hierzu strafbar.

V. Deliktsverwirklichungsstufen

1. Versuch und Rücktritt vom Versuch. Der Versuch ist **nicht strafbar** (Abs. 2). 1470 Beim Verschaffen, Gewähren oder Mitteilen einer Gelegenheit als unter Strafe gestellte Förderungshandlungen unerlaubten BtM-Erwerbs oder -absatzes bewegen sich Vorbereitungshandlungen im straflosen Bereich, solange sie dem Nutzungswilligen noch keine kon-

---

[115] BGH 16.12.1982 – 4 StR 644/82, NStZ 1983, 174.
[116] BGH 16.12.1999 – 4 StR 496/99, NStZ 2000, 208.
[117] BayObLG 27.5.2003 – 4 St RR 47/03, NStZ-RR 2003, 310 (bei *Kotz/Rahlf*).
[118] BGH 16.10.1991 – 5 StR 445/91, NStZ 1992, 86.

krete Wahrnehmungsmöglichkeit eröffnen. Da die **Verleitung** selbst eine Versuchshandlung ist, die den unbefugten Verbrauch zum Ziel hat, endet das Stadium strafloser Vorbereitung e contrario dort, wo der Verführer beginnt, zur Verleitung unmittelbar anzusetzen.

1471   **2. Vollendung und Beendigung. a) Verschaffen/Gewähren einer Gelegenheit.** Der Tatbestand ist vollendet, wenn ein bestimmter Nutzungswilliger die Gelegenheit wahrnehmen kann. Die Vollendung hängt nicht davon ab, ob die Gelegenheit tatsächlich auch wahrgenommen wird. Beendigung tritt ein, wenn der Nutzungswillige die Gelegenheit wahrgenommen, mithin BtM erworben oder abgesetzt oder von der Wahrnehmung der Gelegenheit Abstand genommen hat. Beendet ist die Tat auch wenn die Gelegenheit als solche nicht mehr besteht.

1472   **b) Mitteilung einer Gelegenheit.** Die Mitteilungstat ist mit ihrer Wahrnehmbarkeit (öffentliche Mitteilung) bzw. des Erreichens des Mitteilungsadressaten (eigennützige Mitteilung) unabhängig davon, ob sie tatsächlich genützt wird, vollendet. Die Tat der eigennützigen Mitteilung einer Gelegenheit ist beendet, wenn der Nutzungswillige die Gelegenheit wahrgenommen, mithin BtM erworben oder abgesetzt oder von der Wahrnehmung der Gelegenheit Abstand genommen hat. Beendet ist die Tat auch wenn die Gelegenheit als solche nicht mehr besteht. Bei der öffentlichen Mitteilung einer Gelegenheit ist Beendigung eingetreten, wenn sie nicht mehr wahrgenommen werden kann oder nicht mehr besteht.

1473   **c) Verleitung zum unbefugten Verbrauch.** Vollendung tritt ein, sobald der Verführte begonnen hat, das BtM zu konsumieren. Seine generelle Konsumbereitschaft reicht nicht aus. Beendigung tritt ein, wenn der Konsumvorgang abgeschlossen ist.

VI. Konkurrenzen

1474   **1. BtM-Straftaten. Abs. 1 S. 1 Nr. 10:** Die Tatbestände der Nr. 10 stehen untereinander in Gesetzeskonkurrenz; das Gewähren einer Gelegenheit ist gegenüber dem Verschaffen subsidiär, das Mitteilen gegenüber dem Gewähren.[119] **Handeltreiben:** Erfolgen das Verschaffen, Gewähren oder eigennützige Mitteilen einer Absatzgelegenheit oder auch das Verleiten zum unbefugten Verbrauch mit dem Ziel des gewinnbringenden BtM-Umsatzes, sind sie im Sinne einer Bewertungseinheit unselbstständige Teilakte des unerlaubten Handeltreibens.[120] Das öffentliche Mitteilen einer Absatzgelegenheit kann in einem solchen Fall wegen des eigenen Unrechtsgehalts[121] zum unerlaubten Handeltreiben in Tateinheit stehen. **Beihilfe zum Handeltreiben:** Sollen fremde gewinnbringende Absatzgeschäfte gefördert werden, liegt Beihilfe zum unerlaubten Handeltreiben vor, der Auffangtatbestand der Nr. 10 tritt zurück. Die Vorschrift erfordert wie Abs. 1 S. 1 Nr. 13 dann insoweit Beachtung, als durch sie die **obligatorische Strafmilderung** nach § 27 Abs. 2 S. 2 StGB **ausgeschlossen** ist. Gleiches gilt, wenn sich das Verschaffen, Gewähren oder eigennützige Mitteilen einer Gelegenheit als **Beihilfe zur unerlaubten Abgabe, zur unerlaubten Veräußerung** oder **zum unerlaubten Erwerb** darstellt. Die Straftatbestände nach Abs. 1 S. 1 Nr. 10 und 11 können tateinheitlich zusammentreffen.[122] **Weitere Tatbestände des Abs. 1 S. 1 Nr. 1:** Auch hinter die übrigen Tatbestandsvarianten des Abs. 1 S. 1 Nr. 1 tritt Nr. 10 ihrer Funktion als Auffangtatbestand entsprechend im Wege der Gesetzeskonkurrenz zurück.

1475   **2. Straftatbestände anderer Rechtsgebiete.** Mit Straftaten des allgemeinen Strafrechts wie fahrlässiger Körperverletzung oder fahrlässiger Tötung kann Tateinheit bestehen. Soweit man **Drohung** oder die **Ausübung sonstigen Zwanges** als Mittel der Verleitung anerkennt (→ Rn. 1488), kommt Tateinheit mit Nötigung (§ 240 StGB) in Betracht.

---

[119] *Weber* Rn. 1521.
[120] OLG Frankfurt a. M. 16.10.1989 – 1 Ws 115/89.
[121] *Weber* Rn. 1520.
[122] BayObLG 27.5.2003 – 4 St RR 47/03, NStZ-RR 2003, 310.

3. Straftaten des Nutzungswilligen. Wer einen anderen dazu bestimmt, eine Gelegen- **1476**
heit zum unerlaubten BtM-Erwerb oder -absatz zu verschaffen, zu gewähren oder mitzuteilen, macht sich der **Anstiftung** hierzu schuldig. Nimmt er die Gelegenheit im Folgenden
wahr und tätigt ein Erwerbs- oder Absatzgeschäft, geht die Anstiftung jeweils in dieser Tat
auf.

VII. Rechtsfolgen

1. Strafzumessung. Zur Bestimmung des Schuldumfangs, dh um zu einer schuldange- **1477**
messenen Strafe gelangen zu können, sind generell Feststellungen zur Art des BtM, der
erworbenen (Mindest-)Menge und der nach dem Wirkstoffgehalt zu bestimmenden Qualität
unentbehrlich.[123]

a) Strafrahmenwahl. Der (Normal-)Strafrahmen reicht von Geldstrafe bis zu fünf Jah- **1478**
ren Freiheitsstrafe, in besonders schweren Fällen (Abs. 3) von einem Jahr bis zu 15 Jahren
Freiheitsstrafe (§ 38 Abs. 2 StGB). Neben der Strafe kann gem. § 34 Führungsaufsicht (§ 68
Abs. 1 StGB) angeordnet werden. Das Gesetz nennt als besonders schweren Fall die gewerbsmäßige Tatbegehung (Abs. 3 S. 2 Nr. 1).

**aa) Gewerbsmäßiges Bieten einer Gelegenheit/gewerbsmäßige Verbrauchsver- 1479
leitung.** Als Erscheinungsform gewerbsmäßigen Handelns ist die wiederholte und zielgerichtete Bereitstellung der Gaststube durch den Wirt anzusehen. Für die Tatbestandsalternative des Mitteilens kann man an die Herausgabe einer Zeitung denken, in der entsprechende
Anzeigen geschaltet werden. Dagegen lässt sich ein praktischer Fall der gewerbsmäßigen
Verleitung zum unbefugten Verbrauch kaum vorstellen, da idR insoweit Handeltreiben
vorliegen würde.

bb) Unbenannter besonders schwerer Fall. Ein unbenannter besonders schwerer Fall **1480**
der Tatbegehung liegt infolge der erforderlichen Gesamtbewertung vor, wenn die Tat den
Durchschnitt der erfahrungsgemäß gewöhnlich vorkommenden Fälle derart an Strafwürdigkeit übertrifft, dass der Normalstrafrahmen zur Ahndung der Tat nicht mehr als ausreichend
erscheint.[124] Bedeutsame Anhaltspunkte für die Wahl des Sonderstrafrahmens ergeben sich
aus einem Vergleich mit den durch den Gesetzgeber benannten Regelbeispielen[125] und aus
dem Rekurs auf den (beispielhaften) Katalog des Art. 3 Abs. 5 Übk. 1988. Damit kommen
für einen unbenannten besonders schweren Fall die Tatbegehung in einer Schule oder
Hochschule[126] oder durch Inanspruchnahme von Diensten Minderjähriger[127] in Betracht.

b) Strafzumessung im engeren Sinn. Getroffen werden sollen von der Vorschrift wie **1481**
bei Abs. 1 S. 1 Nr. 11 zum einen Randfiguren und Trittbrettfahrer der Drogenszene, die
sich selbst jedoch nicht unmittelbar an den Umsatzgeschäften mit BtM beteiligen, zum
anderen Personen, die außerhalb der mit dem Betrieb eines Drogenkonsumraumes verbundenen Erlaubnis handeln. In beiden Fällen ist der Unrechtsgehalt der Tat unter dem der
Weitergabedelikte einzustufen.

aa) Strafmilderungserwägungen. Strafmildernd berücksichtigt werden kann, dass sich **1482**
der unbefugte Verbrauch auf die „weiche Droge" Cannabis bezieht,[128] eine sog Raucherrunde unter Einschluss des Täters stattfand oder dass der Täter selbst btm-abhängig ist.

---

[123] BGH 14.4.1999 – 3 StR 22/99, NStZ 2000, 95 mAnm *Körner;* 16.2.2000 – 2 StR 532/99, StV 2000,
318; 18.7.2000 – 4 StR 258/00, BeckRS 2000, 30122900; 20.3.2001 – 1 StR 12/01, BeckRS 2001,
30168508; 9.5.2001 – 3 StR 36/01, BeckRS 2001, 30179486; 15.5.2001 – 3 StR 142/01, BeckRS 2001,
30180453.
[124] Vgl. BGH 28.2.1979 – 3 StR 24/79, BGHSt 28, 319 (319) = NJW 1979, 1666; 30.6.1982 – 2 StR
297/82, NStZ 1982, 465.
[125] Franke/*Wienroeder* Rn. 219.
[126] Vgl. Art. 3 Abs. 5 Buchst. g Übk. 1988.
[127] Vgl. Art. 3 Abs. 5 Buchst. f Übk. 1988.
[128] Krit. *Patzak/Marcus/Goldhausen* NStZ 2006, 259.

1483   **bb) Strafschärfungserwägungen.** Strafschärfend heranzuziehen sind Art und Gefährlichkeit des BtM sowie Begehungsweisen, die, ohne den Beispielskatalog des Übk. 1988 zu
berühren, Fremdgefährdungspotential aufweisen.

1484   **2. Absehen von Strafe oder Strafverfolgung.** Zum Absehen von Strafe oder Strafverfolgung siehe die Erläuterungen zum Verschreiben.[129]

1485   **3. Maßregeln der Besserung und Sicherung.** Zur Verhängung von Maßregeln der
Besserung und Sicherung kann es etwa bei einem Gastwirt durch Erteilung eines (vorläufigen) Berufsverbots kommen.

21. Kapitel. Verbrauchsgelegenheit außerhalb eines Drogenkonsumraumes bieten/mitteilen (Abs. 1 S. 1 Nr. 11)

Schrifttum: *Böllinger,* Gesundheitsvorsorge für Fixer strafbar?, JA 1991, 292; *Bölter,* Ist der Betrieb von
Fixer-Stuben wirklich straflos?, NStZ 1998, 224; *Grünewald,* Gesundheitsräume für Drogenabhängige und
das Betäubungsmittelgesetz, KJ 2000, 49; *Hoffmann-Riem,* Straflosigkeit des Betreibens von Drogenberatungs-
und Drogenhilfestellen mit Konsummöglichkeit, NStZ 1998, 7; *Katholnigg,* Die Zulassung von Drogenkonsumräumen und strengere Kriterien bei der Substitution – das Dritte Gesetz zur Änderung des Betäubungsmittelgesetzes, NJW 2000, 1217; *Körner,* Erwiderung auf Winkler (StV 1995, 216), StV 1995, 218; *ders.,* Gutachten zur Zulässigkeit von Gesundheitsräumen für den hygienischen und stressfreien Konsum von BtM durch
Opiatabhängige, StV 1994, 683; *ders.,* Betäubungsmitteldelikte in Rauschgiftlokalen, MDR 1989, 956; *Köthner,* Niedrigschwellige Drogenhilfe bleibt weiterhin bedroht – zu den Vorfällen um das Café Balance in Mainz,
ASD 2014, 167; *Oğlakcıoğlu,* Der Allgemeine Teil des Betäubungsmittelstrafrechts, 2013; *Sonnen,* Anmerkung
zu LG Dortmund JA 1990, 211; *Stegherr,* Zur Zulässigkeit sog. Gesundheitsräume, NStZ 1995, 322; *Winkler,*
Zur Zulässigkeit von „Fixerstuben", StV 1995, 216; *Zopfs/Sobota,* § 29 Abs. 1 S. 1 Nr. 10 BtMG – ein
»Damoklesschwert« über der akzeptierenden Drogenhilfe, StV 2014, 639.

Übersicht

---

[129] → Rn. 1254.

A. Überblick

I. Rechtliche Einordnung

Durch die Vorschrift werden **originäre Beihilfehandlungen** zu einer eigenständigen **1486** Straftat aufgestuft.[1] Anders als das Verschaffen, Gewähren oder Mitteilen von Absatz- oder Erwerbsgelegenheiten in Nr. 10 bildet die Vorschrift **keinen Auffangtatbestand,**[2] da ein solcher wesensgemäß Strafbarkeitslücken schließen soll, die sich aufgrund fehlender Nachweismöglichkeiten bei einem anderen Tatbestand ergeben. Daran fehlt es, da die Beihilfe zum unbefugten Verbrauch mangels Strafbarkeit der Haupttat selbst straflos ist. Für die Betreiber und das Personal von Drogenkonsumräumen besteht ein Erlaubnisvorbehalt (§ 10a); im Übrigen hat die Vorschrift rechtlich ausschließliche Bedeutung als Straftatbestand.

1. Deliktsnatur. Der Tatbestand ist in seinen Handlungsalternativen (unechtes) Unter- **1487** nehmensdelikt. In Bezug auf das geschützte Rechtsgut handelt es sich um ein abstraktes Gefährdungsdelikt.

2. Regelungsgegenstand. Die Vorschrift fasst **drei Handlungsalternativen** zusam- **1488** men, deren Gemeinsamkeit die Verhinderung des unbefugten Verbrauchs ist. Im Handlungsteil ist die Vorschrift deckungsgleich mit Abs. 1 S. 1 Nr. 10, wobei beide Vorschriften darauf abzielen, den Verbrauch von BtM zu unterbinden. Abs. 1 S. 1 Nr. 10 will darüber hinaus auch den Verfügungswechsel an den entsprechenden Orten erfasst wissen. Insofern läge es zunächst nahe (soweit man die Pönalisierung derartiger Handlungen überhaupt für zweckmäßig erachtet) die beiden Vorschriften zusammenzuziehen und auf ihren Kern zu reduzieren. Die Eigenständigkeit des Abs. 1 S. 1 Nr. 11 erklärt sich aus dem gesetzgeberischen Willen, das Handeln rund um einen Drogenkonsumraum ebenfalls unter das scharfe Schwert des Strafrechts stellen zu wollen, mithin auch das Handeln „außerhalb einer Erlaubnis nach § 10a" zu erfassen. Statt den Normbefehl auf die Verhaltensweisen außerhalb von Drogenkonsumräumen zu konzentrieren, kann auf diese Weise jedes **Handeln entgegen § 10a** strafrechtlich verfolgt werden.

3. Verfassungsmäßigkeit. Zur Verfassungsmäßigkeit → Rn. 1455 (Erwerbs-/Absatz- **1489** gelegenheit bieten).

II. Kritik

Die derzeitige Ausgestaltung des Abs. 1 S. 1 Nr. 11 ist misslungen, weil sie sich nicht auf **1490** die Konsumermöglichung außerhalb der Konsumräume bezieht, sondern auch auf den Betrieb des Konsumraumes selbst, sodass damit bei bloßen Verstößen gegen Verwaltungsvorschriften bzw. Richtlinien ein erhöhtes Strafbarkeitsrisiko besteht. Dieses trifft gerade dieje-

---

[1] BGH 20.10.1976 – 2 StR 415/76, MDR 1978, 8 *(bei Schmidt).*
[2] Im Erg. auch *Weber* Rn. 1535.

nigen, die sich im Bereich der akzeptierenden Drogenarbeit engagieren bzw. in einem Drogenkonsumraum tätig sind[3] (vgl. auch bereits § 29 Rn. 1421 f.).[4] Dass man bei einfachen Verstößen gegen diese Vorschrift das Verfahren aufgrund des **geringen Unrechts** einstellen wird (und schwerwiegende Fälle eher als potentielle Beihilfe zum HT verfolgt werden), ist ein schwacher Trost. Der Gesetzgeber ist aufgerufen, eine Sperrwirkung herzustellen, indem er bestimmte Verstöße gegen die in § 10a normierten Pflichten als unbeachtlich[5] bzw. allenfalls als OWi zu ahnden erklärt.

III. Kriminalpolitische Bedeutung

1490a In der Praxis ist die Vorschrift nach wie vor nur von geringer Bedeutung.

IV. Rechtsentwicklung

1491 **1. Vereinbarkeit mit internationalen Übereinkommen.** Die Diskussion über die Legalisierung von Drogenkonsumräumen beinhaltet auch die Frage nach deren Vereinbarkeit mit den internationalen Abkommen. Dass die „Vereinbarkeit" einer gesundheitspolitisch anerkannten und zweifelsohne effektiven Maßnahme der Schadensreduzierung dogmatisch hergeleitet werden muss bzw. einen gewissen Begründungsaufwand verlangt, sollte Anlass genug sein, die Übereinkommen gerade im Hinblick auf derartige Konzepte neu zu fassen (vgl. bereits → Vor § 1 Rn. 13). Dabei dreht sich die Diskussion um die Frage, ob die Betreibung eines Drogenkonsumraums, welche den (zu pönalisierenden) Besitz des Besuchers letztlich zu „akzeptieren" hat, zu einem Verstoß gegen eben jene Strafverpflichtung hinsichtlich des unerlaubten Besitzes führt.

1492 **a) Verpflichtung zur Strafbewehrung des unerlaubten Besitzes.** Während es die int. Übk. den Vertragsparteien überlassen, über die Strafbarkeit des bloßen Konsums im Rahmen der jeweiligen Rechtsordnung selbst zu entscheiden, verpflichtete bereits Übk. 1925/II die Vertragsstaaten in Art. 7 iVm Art. 28 dazu, den **unerlaubten Besitz** bestimmter BtM zu ahnden. Das Übk. 1961 hat diese Forderung dahingehend präzisiert, dass die Vertragsstaaten keinen Besitz von Suchtstoffen ohne gesetzliche Ermächtigung gestatten (Art. 33) und jede Vertragspartei die erforderlichen Maßnahmen [trifft], um jedes gegen dieses Übereinkommen verstoßende … Besitzen …, wenn es vorsätzlich begangen, mit Strafe zu bedrohen sowie schwere Verstöße angemessen zu ahnden, insbesondere mit Gefängnis oder sonstigen Arten des Freiheitsentzuges (Art. 36 Abs. 1 Buchst. a).[6] Das **Übk. 1971** äußerte die Erwartung, dass die Vertragsparteien keinen Besitz der in den Anlagen II, III und IV aufgeführten Stoffe ohne gesetzliche Ermächtigung gestatten (Art. 5 Abs. 3), in Bezug auf die in Anhang I aufgeführten Stoffe für … Besitz eine besondere Genehmigung oder vorherige Ermächtigung vorschreiben (Art. 7 Buchst. b) und Verstöße gegen diese Regelungen unter Strafe stellen (Art. 22). Im **Übk. 1988** enthält Art. 3 Abs. 1 Buchst. a Ziffer iii, Abs. 2 die Verpflichtung für jede Vertragspartei, nach ihrem innerstaatlichen Recht den Besitz … von Suchtstoffen oder psychotropen Stoffen für den persönlichen Gebrauch entgegen Übk. 1961 und Übk. 1971, wenn vorsätzlich begangen, als Straftat zu umschreiben.[7] Die Nutzung eines Drogenkonsumraumes in § 10a Abs. 1 S. 1 setzt aber gerade den Verbrauch **mitgeführter, ärztlich nicht verschriebener BtM**, *qua definitione* also den unerlaubten Besitz (Abs. 1 S. 1 Nr. 3) solcher Stoffe und Zubereitungen voraus.

---

[3] KPV/*Patzak* Teil 21 Rn. 2.
[4] *Zopfs/Sobota* StV 2014, 639; vgl. auch *Köthner* ASD 2014, 167.
[5] Dass solche Ausnahmen sehr simpel strukturiert sein können, indem man schlicht eine ganz konkrete Handlung aus dem Bereich des Strafbaren herausnimmt, belegt Abs. 1 S. 2 (die Abgabe von sterilen Einmalspritzen an Betäubungsmittelabhängige und die öffentliche Information darüber sind kein Verschaffen und kein öffentliches Mitteilen einer Gelegenheit zum Verbrauch nach Satz 1 Nr. 11).
[6] S. auch Kreuzer/*Albrecht* § 10 Rn. 13.
[7] S. auch Kreuzer/*Albrecht* § 10 Rn. 26.

b) Absehen von der Verfolgung. Der scheinbare Widerspruch zwischen internationa- **1493**
lem und deutschem Recht lässt sich jedoch dadurch lösen, dass § 10a nicht etwa zur Straflosigkeit des unerlaubten Besitzes führt, wie dies bei Vorliegen einer schriftlichen Erlaubnis
zum Erwerb der Fall ist. Vielmehr ergibt eine Zusammenschau mit dem gleichzeitig durch
das 3. BtMG-ÄndG eingefügten § 31a Abs. 1 S. 2, dass bei der Mitführung ärztlich nicht
verschriebener BtM lediglich **von der Verfolgung abgesehen werden soll** (im Umkehrschluss unter bestimmten Umständen durchaus verfolgt werden kann), was voraussetzt, dass
das Besitzverhalten nach wie vor strafbar ist. Ähnlich wie in den Niederlanden hat der
deutsche Gesetzgeber ein von den internationalen Abkommen zugelassenes **Auseinanderfallen von Strafbarkeit und Strafverfolgung** bei BtM genutzt.[8] Spätestens seit dem
Cannabis-Beschluss des BVerfG[9] steht dabei außer Zweifel, dass die Anwendung des Opportunitätsprinzips in bestimmten Fällen des BtM-Strafrechts von der Verfassung gedeckt, ja
sogar gefordert ist.

c) Betreiber und Bedienstete eines Drogenkonsumraumes. Nach der diesbezügli- **1494**
chen **Gesetzesbegründung** wurde „auf eine explizite Klarstellung, dass sich die Betreiber
und das Personal auch nicht der Beihilfe zum Besitz von BtM nach Abs. 1 S. 1 Nr. 3 in
Verbindung mit § 27 StGB strafbar machen, verzichtet …": In der Regel wird es bereits
am objektiven Fördern des Besitzes fehlen, da das Bereitstellen von Räumlichkeiten zum
hygienischen Konsum von BtM den diesen Konsum unmittelbar begleitenden – in der
Regel kurzzeitigen – Besitz keineswegs erst ermöglicht und auch nicht erleichtern wird.
Dass dem Täter eine Räumlichkeit gewährt wird, in der der Strafverfolgungsdruck etwas
zurückgenommen wird, kann dabei nicht die Strafbarkeit von Betreiber und Personal
begründen, da diese Zurücknahme vom Gesetzgeber ausdrücklich gewollt ist (vgl. Num-
mer 5, § 31a Abs. 1 S. 2). Schließlich wird das Dulden des den Drogenkonsum begleitenden
Besitzes auch von der Erlaubnis nach § 10a erfasst."[10]
Somit ergibt sich scheinbar ein **Widerspruch zu** Art. 3 Abs. 1 Buchst. a Ziffer iii, **1495**
Buchst. c Ziffer iv, Abs. 2 Übk. 1988. Art. 3 Übk. 1988 berührt allerdings nicht den Grund-
satz, dass die Beschreibung der Straftaten, auf die er sich bezieht, und der diesbezüglichen
Gründe, die eine Bestrafung ausschließen, dem innerstaatlichen Recht einer Vertragspartei
vorbehalten ist und dass solche Straftaten nach ihrem Recht verfolgt und bestraft werden
(Art. 3 Abs. 11). Die internationalen Abkommen lassen es im Ergebnis also zu, für ganz
bestimmte, eng umschriebene Fälle wie für das Personal in Drogenkonsumräumen die
Strafbarkeit wegen Beihilfe zum unerlaubten Besitz zum Eigenverbrauch auszuschließen.[11]

2. Innerstaatliches Recht.[12] Das BtMÄndG stellte durch Einfügen eines Satzes 2 zu **1496**
Abs. 1 klar: Die Abgabe von sterilen Einmalspritzen an BtM-Abhängige stellt kein Verschaffen einer Gelegenheit zum Verbrauch im Sinne von S. 1 Nr. 10 dar. Durch das
3. BtMGÄndG, mit dem die rechtlichen Voraussetzungen für die Zulassung von Drogenkonsumräumen geschaffen wurden, erhielt die Vorschrift ihre derzeitige, hinsichtlich der
Handlungsmodalitäten darauf angepasste Fassung. Abs. 1 S. 2 bezieht sich nunmehr auf
Abs. 1 S. 1 Nr. 11. Gegenüber der Fassung des BtMÄndG wurde er dahingehend erweitert,
dass auch die öffentliche Information über die Abgabe steriler Einmalspritzen kein öffentliches Mitteilen einer Gelegenheit zum unbefugten Verbrauch darstellt.

3. Landesverordnungen. Zum Betrieb von Drogenkonsumräumen wurden bislang von **1497**
Berlin, Hamburg, Hessen, Niedersachsen, Nordrhein-Westfalen und dem Saarland Verordnungen erlassen.[13]

---

[8] Vgl. insbes. *Katholnigg* NJW 2000, 1217 (1223 f.).
[9] BGH 9.3.1994 – 2 BvL 43/92 ua, BVerfGE 90, 145 = NJW 1994, 1577.
[10] BT-Drs. 14/1838, 8.
[11] *Katholnigg* NJW 2000, 1224 mit umfangreicher Begründung.
[12] S. zunächst § 29 Erwerbs-/Absatzgelegenheit bieten Rn. 1458.
[13] → § 10a Rn. 2.

B. Erläuterung

I. Geltungsbereich

1498   Es gelten die Erläuterungen zum Bieten einer Erwerbs- bzw. Absatzgelegenheit sinngemäß.[14]

II. Objektiver Tatbestand

1499   **1. Systematik.** Die Vorschrift knüpft anders als die Nr. 10 (welche sich hinsichtlich des Verschaffens/Gewährens auf Absatzdelikte bezieht) an die Konsumermöglichung außerhalb des „erlaubten Bereichs" gem. § 10a. Auch die Mitteilung bezieht sich auf eine **Verbrauchsgelegenheit außerhalb eines Drogenkonsumraumes** und kann sich somit tateinheitlich mit demjenigen der Mitteilung nach Abs. 1 S. 1 Nr. 10 überschneiden (falls ein Drogenabhängiger BtM erwerben und direkt am Gelegenheitsort auch konsumieren will). Das Verleiten zum Konsum wird hingegen bereits über Abs. 1 S. 1 Nr. 10 erfasst. **Tathandlungen** sind das Verschaffen (→ Rn. 1547 ff.) und das Gewähren (→ Rn. 1552 ff.) einer Gelegenheit zum unbefugten Verbrauch. Das Gesetz definiert mit Ausnahme der BtM keinen der in den Handlungsalternativen gebrauchten Begriffe, es gelten die bei → Rn. 1432 ff. gemachten Ausführungen.

1500   **2. Verschaffen/Gewähren einer Gelegenheit zum Konsum entgegen § 10a. a) Gelegenheit.**[15] Der **Zielkonflikt** zwischen Repression und Prävention tritt bei dieser Vorschrift in der Tat besonders deutlich zutage. Durch die **Koppelung des** rein repressiven **Alttatbestandes** (Bieten einer Gelegenheit) **mit der** einer niederschwelligen Drogenhilfe dienenden **Zulässigkeit des Betreibens von Konsumräumen** ist er jedoch vorprogrammiert, da sich diese Zielsetzungen gegenseitig ausschließen. Mit Hilfe einer Gesetzesauslegung ist der **Konflikt nicht lösbar;** vielmehr bedarf es auch hier des korrigierenden Eingriffs des Gesetzgebers zur Klarstellung ähnlich wie bei der Abgabe von sterilen Einmalspritzen.

1501   **b) Einem Anderen.**[16] Auch der Hinweis an denjenigen, den es angeht, führt, ausgenommen die Fälle der öffentlichen Mitteilung (→ Rn. 1557), jedenfalls nicht zur Strafbarkeit nach dieser Vorschrift (möglicherweise aber nach Abs. 1 S. 1 Nr. 12), da die Gelegenheit **einem Anderen,** also einer konkreten anderen Person[17] verschafft oder gewährt werden muss.

1502   **c) Ohne Erlaubnis nach § 10a.** Das Fehlen der Erlaubnis ist **Tatbestandsmerkmal.** Den Tatbestand verwirklicht insoweit, wer keine Erlaubnis nach § 10a erhalten kann, eine Erlaubnis zwar beantragt, aber noch nicht erhalten hat, die befristete Erlaubnis oder die Übergangsfrist des § 39 bei einem Altbetreiber abgelaufen ist, wer die Erlaubnis zwar erhalten hat, diese aber nicht wirksam ist oder wer den Rahmen einer wirksam erteilten Erlaubnis überschreitet. Tatbestandsmäßig handelt daneben auch derjenige, der eine Gelegenheit verschafft oder gewährt, dem es aber gar nicht um den Betrieb eines Drogenkonsumraumes im Rechtssinne geht, sondern wie der Adressatenkreis der Vorschrift in ihrer ursprünglichen Fassung durch das BtMG 1982 nach der Gesetzesbegründung als **Gastwirt** bzw. **Betreiber** einer **Imbissstube** oder **Trinkhalle** sein Lokal dazu missbraucht, dass er darin BtM-Konsum ermöglicht oder duldet.

1503   Die erste Gruppe betrifft potentielle Betreiber von Drogenkonsumräumen in solchen Bundesländern, die die vom Gesetz geforderte **Rechtsverordnung bislang noch nicht erlassen** haben (oder auch nicht erlassen werden). Nach dem Rechtsstand am 1.7.2006

---

[14] → § 29 Rn. 1427 ff.
[15] Siehe zum Begriff: → Rn. 1432 ff.
[16] → Rn. 1438.
[17] *Weber* Rn. 1459.

können Drogenkonsumräume überhaupt nur in Berlin, Hamburg, Hessen, Niedersachsen, Nordrhein-Westfalen und im Saarland betrieben werden, weil nur in diesen Ländern bislang entsprechende Verordnungen existieren.

Wer einen Drogenkonsumraum betreibt, die beantragte **Erlaubnis aber noch nicht** **1504** **erhalten** hat, erfüllt den Tatbestand ebenfalls, wenn er eine Gelegenheit zum unbefugten Verbrauch verschafft oder gewährt. Gleiches gilt, wenn die erteilte Erlaubnis befristet war und die Frist abgelaufen ist.

Der Inhaber einer **Erlaubnis** zum Betrieb eines Drogenkonsumraumes, die aber **1505** **unwirksam** ist, weil zB die zugrunde liegende Rechtsverordnung Mängel aufweist, gerät ebenfalls in die Gefahr strafrechtlicher Verfolgung, wenn er sich nicht zulässigerweise auf das Vorliegen eines Irrtums berufen kann.

Schließlich macht sich nach hM auch derjenige nach Nr. 11 strafbar, dem zwar eine **1506** Erlaubnis wirksam erteilt wurde, der aber den **Erlaubnisrahmen nicht ausfüllt** oder **überschreitet.** So **erfüllt** der Betreiber eines Drogenkonsumraumes **die gesetzlichen (Mindest-)Voraussetzungen nicht,** wenn die Räumlichkeiten über keine zweckdienliche sachliche Ausstattung verfügen, es an einer sofort einsatzfähigen medizinischen Notfallversorgung fehlt, er lediglich den Konsum zulässt, aber keine weiterführenden Angebote für Beratung und Therapie vermittelt, keine Ausstiegshilfe bietet, keine Maßnahmen zur Verhinderung von BtM-Straftaten ergreift, mit anderen Behörden nicht in gehöriger Weise zur Verhinderung von Straftaten im Umfeld eines Drogenkonsumraumes zusammenarbeitet, den Benutzerkreis nicht genau festlegt sowie offenkundige Erst- oder Gelegenheitskonsumenten nicht von der Benutzung des Raumes ausschließt, gegen die Pflicht zur Dokumentation und Evaluation verstößt, persönlich zuverlässiges Personal nicht ständig anwesend hält oder den Verantwortlichen nicht bestimmt.[18] Der **Erlaubnisrahmen wird überschritten,** wenn bei dem vom Konsumenten mitgeführten BtM entgegen § 10a Abs. 4 eine **Substanzanalyse** (drug-checking) durchgeführt oder dem BtM-Abhängigen **beim unmittelbaren Verbrauch aktive Hilfe** geleistet wird (zur Kritik und zur dringend angezeigten gesetzlichen Institutionalisierung des drug-checking vgl. → § 4 Rn. 19).

d) Unbefugter Verbrauch. Als inkriminierten Erfolg der Förderungshandlungen der **1507** Nr. 11 sieht das Gesetz den unbefugten Verbrauch[19] von BtM.

e) Gelegenheit verschaffen.[20] Gelegenheit verschaffen iS der Vorschrift bedeutet ein **1508** über die bloße Mitteilung hinausgehendes Herbeiführen von äußeren Bedingungen für den Erwerb oder die Abgabe von BtM, mithin die **tatsächliche Erschließung einer Drogenkonsumquelle.**

Körner[21] berichtet über einen vom OLG Frankfurt a. M.[22] entschiedenen Fall, in dem **1509** jemand zur Nachtzeit heroinabhängige Mädchen zum Frankfurter Hauptbahnhof chauffierte, damit sie sich dort mit Stoff versorgen konnten, sie anschließend zu einer Apotheke fuhr, wo sie Spritzbesteck kaufen konnten und sie schließlich in die Nähe eines Friedhofs verbrachte, wo sie sich **ungestört eine Injektion beibringen** konnten. Gelegenheit zum unbefugten BtM-Verbrauch verschafft auch der **Gastwirt** oder Betreiber eines sonstigen Etablissements, der in seinem Lokal einen Raum zum Zwecke des BtM-Konsums einrichtet oder vorhält.[23] Auch sonst kann die Überlassung von **Räumlichkeiten** zur Tatbestandsverwirklichung führen, wenn sie in dem Wissen und Wollen geschieht, günstige Umstände für den Konsum von BtM zu schaffen.[24]

---

[18] Zum Grenzen → § 10a Rn. 27 ff.
[19] → Rn. 1453.
[20] → Rn. 1459 ff.
[21] (VI) Rn. 1769.
[22] OLG Frankfurt 21.8.1990 – 1 Ss 338/90.
[23] KPV/*Patzak* Teil 21 Rn. 32 f.
[24] BGH 16.9.1998 – 1 StR 482/98, BeckRS 1998, 30024128 zur Verschaffung einer Verbrauchsgelegenheit; BayObLG 20.6.1991 – RReg 4 St 10/91 – BayObLGSt 1991, 85 = NStZ 1991, 406.

1510   Bei der sog **Raucherrunde** ist zwischen dem Gastgeber und den (übrigen) Teilnehmern der Runde zu differenzieren: Platziert der Gastgeber – wie in dem plastischen Beispiel bei *Körner*[25] – BtM und Aschenbecher vor seinen Gästen ähnlich einem Fondue, so dass sich jeder Teilnehmer der Runde bedienen kann, **verschafft** er dadurch eine **Gelegenheit** zum Verbrauch. Dagegen liegt **Überlassen zum unmittelbaren Verbrauch** (Abs. 1 S. 1 Nr. 6b) vor, wenn der Gastgeber den in seinem Besitz befindlichen Joint einem beliebigen Dritten überlässt, damit dieser einen Zug nehmen kann.

1511   Die Möglichkeit der Tatbestandsverwirklichung durch **Unterlassen** ist entgegen der überwiegenden Meinung abzulehnen (→ Rn. 1443), zumal auch in diesem Kontext betont wird, dass eine bloße Untätigkeit nicht genügt.[26]

1512   Die Tathandlung muss den inkriminierten Erfolg **in typischer Weise fördern**[27] oder **ihm unmittelbar dienen.**[28] Auch der **Geldumtausch** (Euro in Dollar, Pfund, Franken oder umgekehrt) in der Nähe offener Drogenszenen dient dem Verbrauch von BtM noch nicht in unmittelbarer Weise.[29] Ebenso wenig verschafft eine Gelegenheit, wer als Gastgeber feststellt, dass einige der von ihm eingeladenen **Gäste BtM konsumieren,** diese dann aber nicht vom weiteren Besuch oder zukünftigen Besuchen ausschließt, wobei ihm zwar vorgeworfen werden kann, nichts unternommen, nicht aber vorgeworfen werden kann, den Verbrauch unmittelbar gefördert zu haben.[30] Vom Gesetz ausdrücklich ausgenommen ist die **Abgabe von sterilen Einmalspritzen** an BtM-Abhängige (Abs. 1 S. 2).

1513   **f) Gelegenheit gewähren.**[31] Gelegenheit gewähren iS der Vorschrift bedeutet ein über die bloße Mitteilung hinausgehendes Bereitstellen von äußeren Bedingungen für den unbefugten Verbrauch von BtM, mithin auch hier die **tatsächliche Erschließung einer Drogenkonsumquelle.**

1514   Eine typische Förderungshandlung in Bezug auf den Rauschgiftkonsum ist beispielsweise das Zurverfügungstellen von Räumlichkeiten zum ungestörten Verbrauch von BtM,[32] so wenn jemand einem anderen sein Fahrzeug überlässt, damit dieser sich darin einen Schuss setzen kann.[33]

1515   Im **Verhältnis zwischen Eltern und ihren Kindern** kann sich, worauf *Körner*[34] zu Recht hinweist, eine unlösbare Konfliktsituation ergeben, die der Gesetzgeber bei Abfassung bzw. unveränderter Übernahme der Vorschrift nicht gesehen hat. Denn es macht sich bereits nach Nr. 11 der **Vater** strafbar, der **sein abhängiges Kind** zum Setzen des Schusses in das Badezimmer schickt, weil dort innerhalb der Wohnung die besten hygienischen Gegebenheiten herrschen, woraus im Umkehrschluss zu folgern ist, dass dieser Vater nach dem Willen des Gesetzgebers seinem Kind zwar zur Prävention gegen AIDS eine sterile Einmalspritze aushändigen darf, es zur Beibringung der Injektion aber aus der Wohnung verweisen muss. Ein solches Ergebnis lässt sich in der Tat mit den die Rechtsordnung prägenden **Wertentscheidungen zu Gunsten der allernächsten persönlich-familiären Bindungen** nur schwerlich in Einklang bringen, gerade wenn man die Zurückhaltung betrachtet, die sich der Gesetzgeber in anderen Fällen sowohl des materiellen Rechts (zB §§ 247, 258 Abs. 6 StGB) wie auch des Verfahrensrechts (§ 52 StPO) auferlegt hat. Daher ist zumindest eine

---

[25] (VI) Rn. 1822.
[26] BayObLG 30.7.1982 – RReg 4 St 140/82, BayObLGSt 1982, 100 = MDR 1983, 75.
[27] BGH 24.4.1959 – 4 StR 73/59 – NJW 1959, 1284 zu § 180 Abs. 1 StGB; BayObLG 30.7.1982 – RReg 4 St 140/82, BayObLGSt 1982, 100 = MDR 1983, 75.
[28] BayObLG 30.7.1982 – RReg 4 St 140/82, BayObLGSt 1982, 100 = MDR 1983, 75.
[29] KPV/*Patzak* Teil 21 Rn. 8.
[30] BayObLG 30.7.1982 – RReg 4 St 140/82, BayObLGSt 1982, 100 = MDR 1983, 75; nunmehr aber BayObLG 27.5.2003 – 4St RR 47/03, NStZ-RR 2003, 310 (bei *Kotz/Rahlf*), das Strafbarkeit nach Nr. 11 nicht mehr generell ausschließt.
[31] → Rn. 1446.
[32] BayObLG 20.6.1991 – RReg 4 St 10/91, BayObLGSt 1991, 85.
[33] OLG Frankfurt a. M. 22.1.1988 – 1 Ss 309/87, StV 1989, 20 zum Gewähren einer Verbrauchsgelegenheit.
[34] (VI) Rn. 1856.

Rechtfertigung bzw. Entschuldigung der agierenden Protagonisten in Betracht zu ziehen (→ Rn. 1525).

Wie beim Verschaffen einer Gelegenheit setzt auch das Gewähren sowohl durch aktives **1516** Tun wie auch durch Unterlassen eine **Förderung** des inkriminierten Erfolgs **in typischer Weise**[35] oder ein **ihm unmittelbares Dienen**[36] voraus. Deshalb gewährt eine Gelegenheit nicht, wer als Gastgeber feststellt, dass einige der von ihm eingeladenen **Gäste BtM konsumieren,** diese dann aber nicht vom weiteren Besuch oder zukünftigen Besuchen ausschließt, wobei ihm zwar vorgeworfen werden kann, nichts dagegen unternommen, aber nicht vorgeworfen werden kann, den Verbrauch unmittelbar gefördert zu haben[37] oder als Mitbewohner einer Wohngemeinschaft den Konsum des anderen lediglich duldet.[38]

3. Eigennütziges/öffentliches Mitteilen einer außerhalb einer Einrichtung nach **1517** **§ 10a bestehenden Gelegenheit zum unbefugten Verbrauch.** Während beim Verschaffen oder Gewähren der Gelegenheit unter Strafe gestellt ist, wenn jemand, der verschafft oder gewährt, ohne Erlaubnis nach § 10a handelt, pönalisiert die Vorschrift die öffentliche oder eigennützige Mitteilung, wenn sie sich auf eine Verbrauchsgelegenheit außerhalb eines Drogenkonsumraumes bezieht. **Von der Strafbarkeit ausgeschlossen ist die** öffentliche Information über die Abgabe steriler Einmalspritzen **(Abs. 1 S. 2).**

a) Gelegenheit. Der Begriff der Gelegenheit deckt sich mit demjenigen der Handlungs- **1518** alternativen des Verschaffens oder Gewährens (→ Rn. 1432).

b) Außerhalb einer Einrichtung nach § 10a. Nach Nr. 11 macht sich strafbar, wer **1519** öffentlich oder eigennützig eine Gelegenheit zum unbefugten Gebrauch mitteilt, die **außerhalb einer Einrichtung nach § 10a** besteht. Daraus folgt im Umkehrschluss, dass die öffentliche oder eigennützige Mitteilung auf eine Verbrauchsgelegenheit **innerhalb eines Drogenkonsumraumes** nicht den Tatbestand erfüllt, was gesetzgeberisch selbst für den Fall der eigennützigen Mitteilung so gewollt ist.[39] *Weber*[40] hält dies im Hinblick auf einen möglichen Konkurrenzkampf der Betreiber von Drogenkonsumräumen untereinander, gerade wenn die Höhe staatlicher Zuschüsse von der Anzahl der betreuten Klienten abhängt, für bedenklich.

c) Unbefugter Verbrauch. Zum Merkmal des unbefugten Verbrauchs von BtM wird **1520** auf die Erläuterungen zum Bieten einer Erwerbs- bzw. Absatzgelegenheit verwiesen.[41]

d) Mitteilen einer Gelegenheit. Zur Begehungsweise des Mitteilens einer Gelegenheit **1521** wird auf die Erläuterungen zum Mitteilen einer Erwerbs- bzw. Absatzgelegenheit verwiesen.[42]

III. Subjektiver Tatbestand

1. Vorsatz. Bei allen drei Handlungsalternativen ist auf der inneren Tatseite Vorsatz **1522** in Bezug auf die **BtM-Eigenschaft** des Stoffes/der Zubereitung erforderlich. Besonderer Bezugspunkt sind die tatsächlichen Umstände hinsichtlich des Betriebs eines Drogenkonsumraums, sowohl beim Verschaffen/Gewähren als auch bei der Mitteilung zum unbefugten Verbrauch. Bedingter Vorsatz reicht jeweils aus. Bei der Mitteilung muss noch das besondere subjektive Merkmal der Eigennützigkeit hinzutreten.[43] Ausgenommen hiervon ist im Falle

---

[35] BGH 24.4.1959 – 4 StR 73/59, NJW 1959, 1284 zu § 180 Abs. 1 StGB; BayObLG 30.7.1982 – RReg 4 St 140/82, BayObLGSt 1982, 100.
[36] BayObLG 30.7.1982 – RReg 4 St 140/82, BayObLGSt 1982, 100.
[37] BayObLG 30.7.1982 – RReg 4 St 140/82, BayObLGSt 1982, 100.
[38] OLG Hamm 4.4.2002 – 3 Ss 209/02, NStZ-RR 2004, 130 (bei *Kotz/Rahlf*).
[39] BT-Drs. 14/2345, 11.
[40] Rn. 1581.
[41] → Rn. 1453.
[42] → Rn. 1459.
[43] → Rn. 1461.

der öffentlichen Mitteilung *einer Gelegenheit* im elektronischen Netz der Serviceprovider. Eine Verschärfung der Anforderungen an den Vorsatz nach den Grundsätzen der **berufsbedingten Strafbarkeit** (→ Vor § 29 Rn. 114) scheidet aus, soweit der Tatbestand gerade an die sich aus der typischen beruflichen Tätigkeit ergebenden „Gelegenheit" knüpft. Insofern handelt es sich um einen Fall der gesetzlich angeordneten Sonderhaftung, die keinen Raum für Einschränkungen nach dem Prinzip professioneller Adäquanz lässt.[44]

1523   **2. Irrtumskonstellationen.** Zu den möglichen Irrtumskonstellationen in Bezug auf **Art und Eigenschaft des BtM**[45] wird auf die Ausführungen Vor § 29 verwiesen.

1524   **3. Fahrlässigkeit.** Die fahrlässige Begehungsweise sämtlicher Tatbestandsvarianten ist durch Abs. 4 unter Strafe gestellt.[46] Von fahrlässigem Handeln kann ausgegangen werden, wenn dieses von einem anderen als Verschaffen, Gewähren oder Mitteilen einer Verbrauchsgelegenheit **verstanden werden kann.**[47] Die ausufernde Fahrlässigkeitshaftung ist jedenfalls im Hinblick auf den ohnehin sehr weit reichenden Tatbestand besonders bedenklich (→ Vor § 29 Rn. 64).

IV. Rechtfertigung; Entschuldigung

1525   Im Hinblick auf innerfamiliäre Konfliktsituationen kann sich der Vater, der aus Gründen der AIDS-Prävention seinem Kind eine Gelegenheit zum Verbrauch gewährt, auf § 34 StGB berufen, weil das Interesse des Kindes hier gegenüber dem der Volksgesundheit überwiegt, wenn man nicht sogar davon ausgehen will, dass die Verhinderung einer HIV-Infektion demselben Rechtsgut dient.

V. Täterschaft, Teilnahme

1526   **1. Mittäterschaftliches Handeln.** Verschaffen oder Gewähren mehrere in bewusstem oder gewollten Zusammenwirken eine Gelegenheit oder teilen sie eine solche öffentlich oder eigennützig mit, unterliegen sie der Strafbarkeit nach Nr. 11 unter dem Gesichtspunkt der Mittäterschaft.

1527   **2. Anstiftung.** Unter Heranziehung der Grundsätze des allgemeinen Strafrechts ist wegen Anstiftung strafbar, wer einen anderen zum Verschaffen, Gewähren oder Mitteilen einer Gelegenheit zum BtM-Verbrauch bestimmt.

1528   **3. Beihilfe.** Beihilfe ist möglich. Wer die räumlichen (Versammlungsraum) oder technischen Voraussetzungen (zB Verlegen der Lautsprecherkabel) schafft, obwohl er weiß, dass später eine Gelegenheit zum unerlaubten BtM-Konsum öffentlich mitgeteilt werden soll, und dies billigt, macht sich wegen Beihilfe hierzu strafbar.

VI. Deliktsverwirklichungsstufen

1529   **1. Versuch.** Der Versuch ist nicht strafbar (Abs. 2). Beim **Verschaffen, Gewähren** oder **Mitteilen einer Gelegenheit** als unter Strafe gestellte Förderungshandlungen unerlaubten BtM-Konsums bewegen sich Vorbereitungshandlungen im straflosen Bereich, solange sie dem Nutzungswilligen noch keine konkrete Wahrnehmungsmöglichkeit eröffnen.

1530   **2. Vollendung und Beendigung. a) Verschaffen/Gewähren einer Gelegenheit.** Der Tatbestand ist **vollendet,** wenn ein bestimmter Nutzungswilliger die Gelegenheit wahrnehmen kann. Die Vollendung hängt nicht davon ab, ob die Gelegenheit tatsächlich auch wahrgenommen wird. **Beendigung** tritt ein, wenn der Nutzungswillige die Gelegenheit

---

[44] *Oğlakcıoğlu*, BtMG AT, S. 388 f.
[45] → Vor § 29 Rn. 77 ff.
[46] → Rn. 1694 ff.
[47] BGH 16.12.1999 – 4 StR 496/99, NStZ 2000, 208.

wahrgenommen hat. Beendet ist die Tat auch wenn die Gelegenheit als solche nicht mehr besteht.

· **b) Mitteilung einer Gelegenheit.** Die Mitteilung ist mit ihrer Wahrnehmbarkeit **1531** (öffentliche Mitteilung) bzw. des Erreichens des Mitteilungsadressaten (eigennützige Mitteilung) unabhängig davon, ob sie tatsächlich genützt wird, vollendet. Die Tat der eigennützigen Mitteilung einer Gelegenheit ist **beendet,** wenn der Nutzungswillige die Gelegenheit wahrgenommen, mithin BtM verbraucht oder von der Wahrnehmung der Gelegenheit Abstand genommen hat. Beendet ist die Tat auch wenn die Gelegenheit als solche nicht mehr besteht. Bei der öffentlichen Mitteilung einer Gelegenheit ist Beendigung eingetreten, wenn sie nicht mehr wahrgenommen werden kann oder nicht mehr besteht.

VII. Konkurrenzen

1. BtM-Straftaten Abs. 1 S. 1 Nr. 11. Die Handlungsalternativen des Abs. 1 S. 1 **1532** Nr. 11 stehen **untereinander** in Gesetzeskonkurrenz; das Gewähren einer Gelegenheit ist gegenüber dem Verschaffen subsidiär, das Mitteilen gegenüber dem Gewähren. **Handeltreiben:** Erfolgen das Verschaffen, Gewähren oder eigennützige Mitteilen einer Konsumgelegenheit mit dem Ziel des gewinnbringenden BtM-Umsatzes, sind sie im Sinne einer Bewertungseinheit unselbstständige Teilakte des unerlaubten Handeltreibens.[48] Das öffentliche Mitteilen einer Konsumgelegenheit kann in einem solchen Fall wegen des eigenen Unrechtsgehalts zum unerlaubten Handeltreiben in Tateinheit stehen. Sollen fremde gewinnbringende Absatzgeschäfte gefördert werden, liegt **Beihilfe zum unerlaubten Handeltreiben** vor, das mit der Straftat nach Nr. 11 in Tateinheit steht, da diese keinen Auffangtatbestand darstellt. Die obligatorische Strafmilderung nach § 27 Abs. 2 S. 2 StGB ist damit ausgeschlossen. Gleiches gilt, wenn sich das Verschaffen, Gewähren oder eigennützige Mitteilen einer Gelegenheit als **Beihilfe zur unerlaubten Abgabe, zur unerlaubten Veräußerung** oder **zum unerlaubten Erwerb** darstellt. Die Straftatbestände nach Abs. 1 S. 1 Nr. 10 und 11 können tateinheitlich zusammentreffen.[49] Mit den **übrigen Tatbestandsvarianten des Abs. 1 S. 1 Nr. 1** besteht ebenfalls Tateinheit.

2. Straftatbestände anderer Rechtsgebiete. Mit fahrlässiger Körperverletzung oder **1533** fahrlässiger Tötung kann Tateinheit bestehen.

VIII. Rechtsfolgen

1. Strafzumessung. a) Strafrahmenwahl. Der (Normal-)Strafrahmen reicht von **1534** Geldstrafe bis zu fünf Jahren Freiheitsstrafe, in **besonders schweren Fällen** (Abs. 3) von einem Jahr bis zu 15 Jahren Freiheitsstrafe (§ 38 Abs. 2 StGB). Neben der Strafe kann gem. § 34 Führungsaufsicht (§ 68 Abs. 1 StGB) angeordnet werden. Das Gesetz nennt als besonders schweren Fall ausschließlich die gewerbsmäßige Tatbegehung (Abs. 3 S. 2 Nr. 1).

aa) Gewerbsmäßige Verschaffung/Gewährung/Mitteilung einer Gelegenheit. **1535** Als Erscheinungsform gewerbsmäßigen Handelns ist die Bereitstellung der Gaststube durch den Wirt anzusehen. Für die Tatbestandsalternative des Mitteilens lässt sich an die Herausgabe einer Zeitung denken, in der entsprechende Anzeigen geschaltet werden.

bb) Unbenannter besonders schwerer Fall. Zum unbenannten besonders schweren **1536** Fall siehe die Erläuterungen zum Bieten einer Erwerbs-/Absatzgelegenheit.[50]

b) Strafzumessung im engeren Sinn. Zur Strafzumessung im engeren Sinn siehe die **1537** Erläuterungen zum Bieten einer Erwerbs-/Absatzgelegenheit.[51]

---

[48] OLG Frankfurt a. M. 16.10.1989 – 1 Ws 115/89, zu § 29 Abs. 1 Satz 1 Nr. 10.
[49] BayObLG 27.5.2003 – 4 St RR 47/03, NStZ-RR 2003, 310.
[50] → Rn. 1480.
[51] → Rn. 1481.

1538 **2. Absehen von Strafe oder Strafverfolgung.** Zum Absehen von Strafe oder Strafverfolgung siehe die Erläuterungen zum Bieten einer Erwerbs-/Absatzgelegenheit.[52]

1539 **3. Maßregeln der Besserung und Sicherung.** Zu den Maßregeln der Besserung und Sicherung siehe die Erläuterungen zum Bieten einer Erwerbs-/Absatzgelegenheit.[53]

22. Kapitel. Auffordern zum unbefugten Verbrauch (Abs. 1 S. 1 Nr. 12)

Schrifttum: *Meyer,* Betäubungsmittelstrafrecht in Westeuropa, 1987; *Oğlakcıoğlu/Rückert* ZUM Anklage ohne Grund – Ehrschutz contra Kunstfreiheit am Beispiel des sogenannten Gangsta-Rap, 2015, 876.

Übersicht

A. Überblick

I. Rechtliche Einordnung

1540 **1. Deliktsnatur.** Der Tatbestand ist schlichtes Tätigkeitsdelikt, in Bezug auf das geschützte Rechtsgut handelt es sich um ein abstraktes Gefährdungsdelikt.

1541 **2. Regelungsgegenstand.** Die Vorschrift pönalisiert neben dem Werben gem. Abs. 1 S. 1 Nr. 8 einen Teilbereich der sog. „Drogenverherrlichung". Im **Verhältnis zu § 111 StGB,** der dieselben Begehungsweisen unter Strafe stellt, ergibt sich ihre Existenzberechtigung daraus, dass der Verbrauch von BtM selbst straflos ist. Da es naturgemäß keine Erlaubnis zur Verbrauchsaufforderung bezüglich nicht zulässigerweise verschriebener BtM geben kann, hat die Vorschrift ihre **ausschließliche Bedeutung als Straftatbestand.** Wie bei allen Äußerungs- bzw. Darstellungsdelikten ist die Zweckmäßigkeit derartiger Strafandrohungen in Frage zu stellen, nicht nur im Hinblick auf die faktischen Grenzen ihrer Vollzie-

---

[52] → Rn. 1484.
[53] → Rn. 1485.

hung im Zeitalter des „web 2.0", sondern auch wegen der mittelbaren Auswirkungen auf die Präventionsarbeit durch Aufklärung, die sich am Maßstab einer Strafvorschrift zu orientieren hat.

3. Verfassungsmäßigkeit. Die Verfassungsmäßigkeit der Vorschrift wird von der hM **1542** nicht in Zweifel gezogen, was in Anbetracht der bundesverfassungsgerichtlichen Ausführungen zum unerlaubten Besitz eher überrascht. Anders als nach Auffassung in der Vorauflage können für die Verfassungsmäßigkeit die Ausführungen des BVerfG[1] zum unerlaubten Besitz von BtM aus „politischen Gründen" gerade nicht herangezogen werden, ebenso wenig wie die Gründe zum „Cannabis-Beschluss". Der Bezugspunkt des Aufforderns ist eine nicht verbotene Handlung, worüber auch das Merkmal „nicht zulässig verschrieben" nicht hinwegtäuschen kann (zumal solch eine Einschränkung keinen Sinn macht, als auch der Konsum eines „zulässig verschriebenen Medikaments" unbegründet sein kann). Wenn aber die Straflosigkeit bzw. das fehlende Verbot für den Konsum wegen seines Charakters als reiner Selbstschädigungsakt begründet wird, pönalisiert Abs. 1 S. 1 Nr. 12 die bloße Teilnahme am konkreten Selbstschädigungsakt. Seine Legitimität speist es – ähnlich wie sonstige, verselbstständigte Teilnahmehandlungen an Selbstschädigungsakten – ausschließlich aus der **„Breitenwirkung"** des Täterverhaltens, weil nicht nur der Konsument, sondern mehrere (potentielle und ggf. auch unverantwortlich agierende) Personen aufgefordert werden müssen.

Der Tatbestand muss gerade bei wissenschaftlich fundierten, religiösen, politischen oder **1543** künstlerischen Äußerungen stets verfassungskonform, also im Lichte der jeweils betroffenen **Grundrechte** (insb. Art. 5 Abs. 1, 3 GG) ausgelegt werden. In zahlreichen künstlerischen Werken wird der Drogenhandel und Konsum teils kritisch, teils schonungslos, teils aber auch verherrlichend dargestellt, wobei insb. die „Verherrlichung" aus der Perspektive des darstellenden Künstlers Teil der künstlerischen Aussage sein kann (und nicht bedeuten muss, dass der Künstler – das Medium Film oder Musik „vorschiebend" – zum Drogenkonsum auffordern will).[2] Nicht selten steht der „verherrlichte" Drogenkonsum in einem politischen bzw. künstlerischen Gesamtkontext, so stellen zahlreiche Rapper den Drogenhandel und -konsum (teils sehr detailliert[3]) als Alltag in ihrem Leben dar, und machen somit auch auf die Missstände in ihrer Gegend aufmerksam.[4] Zum Teil werden der Verkauf und die Drogenerfahrung glorifiziert, doch gehört dies nicht selten zur „Rolle" des Künstlers als Kleindealer, weswegen derartige Illustrationen von der Kunstfreiheit umfasst sind. Der Vollzug der Vorschrift wird – wie beim Werbungstatbestand auch – v.a. im Bereich der Unterhaltungssoftware, Musik- und Filmbranche daher ausgesetzt, was sich als „verfassungskonforme Praxis" der Äußerungsdelikte bezeichnen lässt. Erst im Gesamtkontext kann die Drogenverherrlichung (etwa im Rahmen eines Indizierungsverfahrens) eine Rolle spielen. In neuerer Zeit kam etwa die Frage auf, inwiefern sog. Gangsta-Rap-Werke mit gewalt- und drogenverherrlichenden Texten den Tatbestand der Gewaltverherrlichung erfüllen können.[5]

II. Kriminalpolitische Bedeutung

Die Vorschrift soll Strafbarkeitslücken schließen, die sich aus dem Grundsatz der limitier- **1544** ten Teilnehmerakzessorietät ergeben (strafloser Konsum als „Haupttat"). In der Praxis ist die Vorschrift von geringer Bedeutung. In der PKS wird sie nicht eigenständig aufgeführt.

---

[1] BVerfG 10.6.1997 – 2 BvR 910/97, NStZ 1997, 498.
[2] Vgl. hierzu umfassend mit Beispielen KPV/*Patzak* Teil 22 Rn. 27 ff.
[3] Vgl. etwa SSIO „Harz 4":
„Orange Haare und die Hellgrüne Haut, hol aus der Bauchtasche von Eastpak Tüten raus
Die gewählte Knospe riecht wie Käse mit Kotze, wenn ich rauche sind die Augen wie bei Chinesen geschlossen
Ok, ich mach den Klebestreifen aus, aktiver THC-Gehalt durch Haze in meine Blut Nuttö,
Kiffen ist gesünder als Obst und Gemüse deshalb pief ich täglich V8-Auspuff große Dübel
Dein billiges Hanf mit Holzstängeln is Tabu, ich rauch lieber mein Hasch mit Goldstempel aus Kabul
Is' jut, rauch mit, lass mal dein 5er stecken, ein Zug reicht aus und du wirst Rückwärts sprechen
Habe die klebrigste Pflanze und Drogengeld, deshalb bin ich bewaffnet mit Crunchchips und Chocomel…"
[4] Zum Ganzen *Oğlakcıoğlu/Rückert* ZUM 2015, 876 (877).
[5] Zum Ganzen *Oğlakcıoğlu/Rückert* ZUM 2015, 876 mwN.

III. Rechtsentwicklung

1545 **1. Einfluss internationaler Übereinkommen.** Im Übk. 1988[6] verpflichteten sich die Vertragsparteien, das öffentliche Aufstacheln oder Verleiten anderer zum unerlaubten Gebrauch von Suchtstoffen oder psychotropen Stoffen unter Strafe zu stellen (Art. 3 Abs. 1 Buchst. c Ziffer iii).

1546 **2. Innerstaatliches Recht.** Die Vorschrift wurde durch das AusfG Übk. 1988[7] in das Gesetz eingefügt.

B. Erläuterung

I. Geltungsbereich

1547 **1. Inlandstaten.** Inlandstaten unterliegen dem BtM-Strafrecht unabhängig davon, ob die Tat durch einen Ausländer oder einen Deutschen begangen wurde. Über § 9 Abs. 1 StGB liegt eine Inlandstat aber auch dann vor, wenn die Aufforderung **auf mechanischem oder elektronischem Weg** (Telefon, Telefax, SMS, E-Mail oder via Internet) **aus dem Ausland ins Inland** gelangt.

1548 **2. Auslandstaten. a) Verbrauchsaufforderung durch einen Ausländer im Ausland.** Ein Ausländer der ausschließlich im Ausland den Konsumentenkreis durch eine der inkriminierten Handlungen erweitert, ist nach deutschem BtM-Strafrecht nicht strafbar: Bezieht sich seine Tat jedoch (auch) auf den Umsatz mit BtM selbst, dient seine Handlung dem Vertrieb von BtM und unterliegt dem Weltrechtsprinzip (§ 6 Nr. 5 StGB)[8] und damit auch in Deutschland der Verfolgung.

1549 **b) Verbrauchsaufforderung durch einen Deutschen im Ausland.** Erweitert ein **Deutscher** ausschließlich im Ausland den Konsumentenkreis durch eine der strafbewehrten Handlungen, ist er nach deutschem BtM-Strafrecht strafbar, wenn die Tat am Tatort mit Strafe bedroht ist oder der Tatort keiner Strafgewalt unterliegt (§ 7 Abs. 2 Nr. 1 Alt. 1 StGB). Da die Strafbewehrung des öffentlichen Aufstachelns oder Verleitens zum Drogenkonsum einer Forderung der internationalen Abkommen entspricht, sind vergleichbare Straftaten **in allen Unterzeichnerstaaten der Abkommen** zu finden, freilich mit Unterschieden im Detail was die tatbestandliche Ausgestaltung angeht.[9]

II. Objektiver Tatbestand

1550 Tathandlung ist die Aufforderung zum Verbrauch von nicht zulässigerweise verschriebenen BtM in den **Handlungsalternativen** der öffentlichen Aufforderung, der Aufforderung in einer Versammlung oder der Aufforderung durch Verbreiten von Schriften. Abzugrenzen ist der Tatbestand stets von zulässigen Legalisierungsbemühungen,[10] Informationsbemühungen[11] und künstlerischen Äußerungen.[12]

1551 **1. Aufforderung zum Verbrauch.** Aufforderung ist eine Kundgebung, die den Willen des Auffordernden erkennbar macht, von dem Aufgeforderten ein bestimmt bezeichnetes Tun oder Unterlassen zu verlangen. Sie wendet sich an den Verstand des anderen mit dem Ziel, diesen zur Begehung der Tat zu veranlassen.[13] Nicht von einer Aufforderung, sondern

---

[6] → Vor § 1 Rn. 21.
[7] → Vor § 1 Rn. 62.
[8] → Vor § 29 Rn. 121 ff.
[9] Speziell zu Situation in Frankreich, Österreich und der Schweiz s. *Körner* (VI) Rn. 1889.
[10] Einschränkend KPV/*Patzak* Teil 22 Rn. 12.
[11] KPV/*Patzak* Teil 22 Rn. 23 ff.
[12] KPV/*Patzak* Teil 22 Rn. 27 ff.
[13] OLG Stuttgart 26.2.2007 – 4 Ss 42/07, NStZ 2008, 36; LK-StGB/*Rosenau* StGB § 111 Rn. 17.

von einem **Anreiz** ist auszugehen, wenn die Einflussnahme nicht auf den Intellekt des anderen zielt, sondern beim anderen Emotionen hervorrufen soll, die ihn kraft eigenen Entschlusses zum Handeln bringen,[14] was ein Verleiten zum unbefugten Verbrauch (Abs. 1 S. 1 Nr. 10) darstellen kann. Im Unterschied zur **Anstiftung** (§ 26 StGB), die den Entschluss zu einer konkreten rechtswidrigen Tat wecken und ernstlich gemeint sein muss, reicht es bei der Aufforderung aus, dass sie den **Anschein der Ernstlichkeit**[15] hat (mit anderen Worten bezieht sich der Vorsatz nicht auf den Konsum, sondern auf die Aufforderung als „Kommunikationsakt" allein). Die Tatbestandsverwirklichung setzt auch nicht voraus, dass sich der Aufgeforderte **infolge der Aufforderung tatsächlich zum Verbrauch** nicht zulässigerweise verschriebener BtM **entschließt**.[16]

a) Öffentliche Aufforderung. Die Aufforderung ist öffentlich, wenn sie in einer Art **1552** und Weise erfolgt, dass sie von einem größeren, nach Zahl und Individualität unbestimmten oder durch nähere Beziehungen nicht verbundenen Personenkreis unmittelbar wahrgenommen werden kann.[17] Auch die an einen persönlich verbundenen Personenkreis gerichtete Aufforderung ist öffentlich, wenn sie über diesen Kreis hinaus für mindestens drei weitere Personen wahrnehmbar ist und wahrgenommen wird.[18] Da das Merkmal der Öffentlichkeit auf die Wahrnehmungsmöglichkeit abstellt, ist ohne Bedeutung, ob der **Ausgangsort** der Aufforderung selbst allgemein zugänglich ist.[19]

b) Aufforderung in einer Versammlung. Die Aufforderung ergeht in einer **Ver- 1553 sammlung,** wenn sie an einem Ort wahrnehmbar ist und wahrgenommen wird, an dem sich eine größere Anzahl von Personen zu einem gemeinschaftlichen, nicht lediglich rein persönlichen, Zweck und nicht öffentlich zusammengefunden haben.[20] Das Zusammentreffen **nur weniger Personen** reicht dabei jedoch nicht aus, um eine Gefährdung des Rechtsguts der Volksgesundheit annehmen zu können.[21]

c) Aufforderung in einer Schrift. Die Aufforderung ergeht in einer Schrift, wenn sie **1554** sich aus ihr ergibt. Tatbestandsmäßig ist dann das **Verbreiten dieser Schrift.** Nach RGSt 47, 224 versteht man unter einer **Schrift** die Zusammenstellung von verkörperten Zeichen, die durch Augen oder Tastsinn wahrnehmbar sind und unmittelbar Worte, mittelbar Gedanken darstellen. Eine Schrift, die den Tatbestand der Aufforderung erfüllen soll, setzt voraus, dass der hierfür Verantwortliche seinen eigenen Willen kundtut. Bei der Wiedergabe von **Gedanken Dritter** muss festgestellt sein, dass sich der Verantwortliche diese zu Eigen gemacht und nicht nur weitergegeben hat.[22] Schriften stehen **Ton-** oder **Bildträger, Datenspeicher, Abbildungen** und **andere Darstellungen** gleich (§ 11 Abs. 3 StGB).

Verbreiten erfordert die körperliche Weitergabe der Schrift oder des ihr gleichgestellten **1555** Mediums mit dem Ziel, diese nicht nur ihrem Inhalt, sondern ihrer Substanz nach einem größeren Personenkreis zugänglich zu machen.[23] Die Handlungsalternative des **Verbreitens einer Schrift** wurde **verneint,** weil nur der Inhalt, nicht aber die Substanz des der Schrift gleichgestellten Mediums übertragen wurde. Für § 184 Abs. 3 Nr. 1 StGB hat der BGH[24] den Begriff des Verbreitens auch auf das **Internet** ausgedehnt.

---

[14] OLG Karlsruhe 12.2.1993 – 3 Ss 99/92, NStZ 1993, 389 zu § 111 StGB.
[15] LG Berlin 17.8.1982 – 521 Qs 547/82, StV 1982, 472; BGH 14.3.1984 – 3 StR 36/84, BGHSt 31, 310 = NJW 1984, 1631 jeweils zu § 111 StGB.
[16] *Joachimski/Haumer* Rn. 231.
[17] KG 21.7.1983 – (4) Ss 81/83 (15/83), JR 1984, 249 zu § 111 Abs. 1 StGB.
[18] OLG Celle 10.5.1994 – 1 Ss 71/94, NStZ 1994, 440 zu § 86a StGB Zu den Einzelheiten des Merkmals öffentlich im Zusammenhang mit dem Internet siehe die ausführliche Darstellung bei *Weber* Rn. 1482 ff.
[19] OLG Celle 10.5.1994 – 1 Ss 71/94, NStZ 1994, 440 zu § 86a StGB.
[20] LK-StGB/*Rosenau* StGB § 111 Rn. 29.
[21] Vgl. aber OLG Saarbrücken NStZ-RR 1999, 119 sowie *Weber* Rn. 1865, wonach – in Anlehnung an die Dogmatik des Versammlungsrechts – drei Personen ausreichen sollen.
[22] OLG Frankfurt a. M. 27.12.1982 – 2 Ss 554/82, NJW 1983, 1207 zu § 111 StGB.
[23] *Fischer* StGB § 184 Rn. 10.
[24] BGH 27.6.2001 – 1 StR 66/01, BGHSt 47, 55 (58 ff.) = NJW 2001, 3558.

1556 **2. Tatobjekte.** Tatobjekte sind BtM, also die in den Anlagen I–III zu § 1 Abs. 1 aufgeführten Stoffe und Zubereitungen, die in **nicht zulässiger Weise verschrieben** wurden. Die Verschreibung von BtM obliegt allein dem Arzt (Zahnarzt, Tierarzt).[25] Da er allein auch die Verantwortung für die Verordnung von BtM trägt, fallen unter den Kreis der hier betroffenen BtM nur solche, bei deren Verschreibung der Arzt gegen Abs. 1 S. 1 Nr. 6a verstoßen hat, also insbesondere BtM der Anlagen I und II, da sie **nicht verschreibungsfähig** sind. Die BtM der Anlage III fallen darunter, soweit sie entweder **nicht ärztlich verschrieben** wurden, die **Verschreibung aus Sicht des Arztes medizinisch nicht indiziert** war oder **unter Verstoß gegen Substitutionsvorschriften** erfolgte. Dagegen fallen BtM, deren Verschreibung durch falsche oder unvollständige Angaben erlangt (erschlichen) wurde (Abs. 1 S. 1 Nr. 9), nicht darunter, da sie **zulässigerweise verschrieben** wurden.

III. Subjektiver Tatbestand

1557 Das Delikt ist nur vorsätzlich begehbar, wobei bedingter Vorsatz genügt. Ausgenommen hiervon ist im Falle der öffentlichen Aufforderung im elektronischen Netz der Serviceprovider.

1558 **1. Vorsatz.** Zu den einzelnen Elementen des Vorsatzes und zur Abgrenzung von bedingtem Vorsatz zur bewussten Fahrlässigkeit wird auf die Erläuterungen Vor § 29 verwiesen.[26]

1559 **2. Irrtumskonstellationen.** Zu den möglichen Irrtumskonstellationen in Bezug auf Art und Eigenschaft des BtM wird auf die Erläuterungen Vor § 29 verwiesen.[27]

IV. Deliktsverwirklichungsstufen

1560 **1. Versuch.** Versuchsstrafbarkeit ist nicht gegeben (Abs. 2).

1561 **2. Vollendung und Beendigung.** Die Aufforderung ist vollendet, wenn sich der Täter seiner Willenskundgabe entäußert, die Rede gehalten oder die Schrift weitergegeben hat.[28] Es kommt nicht darauf an, dass das Gesprochene wahrgenommen, das Verbreitete zur Kenntnis gelangte und auch nicht, dass der Aufforderung entsprochen wurde. **Beendigung** tritt bei der öffentlichen Aufforderung ein, wenn die Kundgabe abgeschlossen ist. Die Verbreitung von Schriften ist beendet, wenn das letzte Exemplar verteilt ist.

V. Täterschaft, Teilnahme

1562 **1. Mittäterschaftliches Handeln.** Fordern mehrere in bewusstem oder gewollten Zusammenwirken zum Verbrauch nicht zulässigerweise verschriebener BtM auf, unterliegen sie der Strafbarkeit nach Nr. 12 unter dem Gesichtspunkt der Mittäterschaft.

1563 **2. Anstiftung.** Unter Heranziehung der Grundsätze des allgemeinen Strafrechts ist wegen Anstiftung strafbar, wer einen anderen zur Aufforderung zum BtM-Verbrauch bestimmt. Dem steht nicht entgegen, dass die Aufforderung selbst der Anstiftung ähnlich ist.

1564 **3. Beihilfe.** Gehilfe ist, wer die räumlichen (Versammlungsraum) oder technischen Voraussetzungen (zB Verlegen der Lautsprecherkabel) schafft, obwohl er weiß, dass später zum Konsum nicht zulässigerweise verschriebener BtM öffentlich aufgefordert werden soll und dies billigt.

VI. Konkurrenzen

1565 **1. BtM-Straftaten.** Dient die Aufforderung dem (eigenen) Umsatz von BtM, steht sie zum **unerlaubten Handeltreiben** (zur Beihilfe) in Tateinheit. Wegen des eigenständigen

---

[25] → § 13 Rn. 10.
[26] → Vor § 29 Rn. 61.
[27] → Vor § 29 Rn. 77.
[28] KPV/*Patzak* Teil 22 Rn. 36.

Unrechtsgehalts der Nr. 12[29] kann Tateinheit auch mit anderen Straftatbeständen des Gesetzes **(Werben, Mitteilen einer Gelegenheit zum unbefugten Verbrauch, Verleiten zum unbefugten Verbrauch)** bestehen.

2. Straftatbestände anderer Rechtsgebiete. Gegenüber § 111 StGB ist die Vorschrift   **1566** lex specialis.[30]

VII. Rechtsfolgen

1. Strafzumessung. a) Strafrahmenwahl. Der (Normal-)Strafrahmen reicht von   **1567** Geldstrafe bis zu fünf Jahren Freiheitsstrafe, in **besonders schweren Fällen** (Abs. 3) von einem Jahr bis zu 15 Jahren Freiheitsstrafe (§ 38 Abs. 2 StGB). Neben der Strafe kann gem. § 34 Führungsaufsicht (§ 68 Abs. 1 StGB) angeordnet werden. Das Gesetz sieht allerdings kein Regelbeispiel für einen besonders schweren Fall vor. Anhaltspunkte für die Wahl des Sonderstrafrahmens können sich aus einem Vergleich mit den durch den Gesetzgeber benannten Regelbeispielen[31] und aus dem Rekurs auf den (beispielhaften) Katalog des Art. 3 Abs. 5 Übk. 1988 ergeben. Damit kommen für einen **unbenannten besonders schweren Fall** zB in Betracht die Verbrauchsaufforderung in einer Schule oder Hochschule[32] oder die Tatbegehung durch Inanspruchnahme von Diensten Minderjähriger.[33]

b) Strafzumessung im engeren Sinn. Getroffen werden sollen von der Vorschrift   **1568** Randfiguren und Trittbrettfahrer der Drogenszene, die sich selbst jedoch nicht unmittelbar an den Umsatzgeschäften mit BtM beteiligen, weshalb der Unrechtsgehalt der Tat unter dem der Weitergabedelikte einzustufen ist.

aa) Strafmilderungserwägungen. Neben allgemeinen strafmildernden Gesichtspunk-   **1569** ten kann hier berücksichtigt werden, dass sich die Aufforderung auf den Verbrauch der „weichen Droge" Cannabis bezogen hat oder der Kreis der Aufgeforderten eng begrenzt war.

bb) Strafschärfungserwägungen. Strafschärfend fallen auch hier Art und Gefährlich-   **1570** keit des von der Verbrauchsaufforderung betroffenen BtM ins Gewicht.

2. Absehen von Strafe oder Strafverfolgung. Zum Absehen von Strafe oder Strafver-   **1571** folgung siehe die Erläuterungen zum Bieten einer Erwerbs-/Absatzgelegenheit.[34]

23. Kapitel. Geldmittel/Vermögensgegenstände bereitstellen (Abs. 1 S. 1 Nr. 13)

Schrifttum: *Meyer,* Betäubungsmittelstrafrecht in Westeuropa, 1987.

Übersicht

---

[29] *Weber* Rn. 1632.
[30] KPV/*Patzak* Teil 23 Rn. 37.
[31] Franke/*Wienroeder* Rn. 219.
[32] Vgl. Art. 3 Abs. 5 Buchst. g Übk. 1988.
[33] Vgl. Art. 3 Abs. 5 Buchst. f Übk. 1988.
[34] → Rn. 1254.

A. Überblick

I. Normzweck

1572   **1. Deliktsnatur.** Der Tatbestand ist ein **schlichtes Tätigkeitsdelikt,** in Bezug auf das Rechtsgut handelt es sich um ein **abstraktes Gefährdungsdelikt.**

1573   **2. Regelungsgegenstand.** Als nicht erlaubnisfähiges Verhalten stellt das Bereitstellen von Geldmitteln oder Vermögenswerten für den illegalen Umgang mit BtM eine **rechtlich verselbstständigte Teilnahmehandlung** dar. Es handelt sich um einen **Auffangtatbestand,**[1] der keine eigenständige Bedeutung entfalten kann, wenn die Geldmittelbereitstellung als Beihilfe zum Handeltreiben bewertet werden kann. Ist dies nicht der Fall (bzw. lässt sich eine Haupttat nicht nachweisen), bildet ein nicht nachvollziehbarer bzw. verdeckter „Geldfluss" den Anknüpfungspunkt für einen Anfangsverdacht. Zudem schließt die Vorschrift die obligatorische Strafmilderung nach § 27 Abs. 2 S. 2 StGB aus.[2]

1574   **3. Verfassungsmäßigkeit.** Die Strafvorschrift über das Bereitstellen von Geldmitteln oder Vermögensgegenständen ist nicht mehr oder weniger verfassungsgemäß als andere Tatbestände des BtMG. Die Gründe, die für die Verfassungsmäßigkeit der Strafvorschriften des BtMG über den unerlaubten Umgang mit Cannabisprodukten herangezogen werden,[3] können insofern auch den vorliegenden Tatbestand „legitimieren".

II. Kriminalpolitische Bedeutung

1575   **1. Einschätzung durch den Gesetzgeber.** Die Vorschrift soll sich gegen den Täter richten, der – ohne selbst aktiv in Erscheinung zu treten – den illegalen Rauschgiftverkehr mit zusätzlichen Geldmitteln versorgt. In vielen Fällen wird seine Handlung als Teilnahme (Anstiftung, Mittäterschaft, Beihilfe) zu werten sein. Der Unrechtsgehalt solcher Handlungen verlange gerade, dass durch die Verselbstständigung die obligatorische Strafmilderung

---

[1] BGH 8.2.1995 – 2 StR 739/94; aA *Hügel/Junge/Lander/Winkler* Rn. 21c.1.
[2] BGH 7.7.1994 – 1 StR 313/94, BGHSt 40, 208 = NJW 1994, 3019.
[3] BVerfG 9.3.1994 – 2 BvL 43/92 ua, BVerfGE 90, 145 = NJW 1994, 1577; BGH 3.2.1995 – 4 StR 773/94, NStZ 1995, 350; 25.8.1992 – 1 StR 362/92, BGHSt 38, 339 = NJW 1992, 2975 mAnm *Schneider* StV 1992, 513 für den Erwerbstatbestand.

nach § 27 Abs. 2 StGB im Falle der Beihilfe ausgeschlossen werde, und dass die Handlung auch sonst strafbar sei, wenn die Haupttat nicht begangen oder nicht versucht wird.[4]

2. PKS. Statistisch hat die Vorschrift dagegen eine eher untergeordnete Bedeutung.[5] **1576** Dies belegt auch die polizeiliche Kriminalstatistik. Insofern überrascht die eigenständige Erfassung; dass aber dennoch immer wieder Verfahren in Gang gesetzt werden (2015 sogar eine relativ hohe Zahl von 60), dürfte aber auch auf die Ermittlungsmethoden zurückzuführen sein, als nicht nachvollziehbare Kontobewegungen den Anknüpfungspunkt für einen Anfangsverdacht verschiedener Straftaten, u.a. auch Abs. 1 S. 1 Nr. 13 bilden:

Straftaten(gruppen)	2005	2009	2010	2011	2014	2015
Rauschgiftdelikte BtMG	27.670	23.582	23.107	23.648	276.734	282.604
Allgemeine Verstöße nach § 29 BtMG	19.444	16.969	16.580	17.027	209.514	213.850
Geldmittel/Vermögensgegenstände bereitstellen	40	45	44	31	32	60

III. Rechtsentwicklung

1. Einfluss internationaler Übereinkommen. Im Übk. 1961 wurde vereinbart, dass **1577** Vorbereitungs- und Finanzhandlungen bezüglich der in Art. 36 Abs. 1 genannten Verstöße mit Strafe bedroht werden (Art. 36 Abs. 2 Buchst. a Ziffer ii).[6] Diese Verpflichtung wurde im Übk. 1971 wiederholt (Art. 22 Abs. 2 Buchst. a Ziffer ii). Im Übk. 1988 verpflichteten sich die Vertragsparteien, das Organisieren, Leiten oder Finanzieren bestimmter Straftaten unter Strafe zu stellen (Art. 3 Abs. 1 Buchst. a Ziffer v).

2. Innerstaatliches Recht. Das BtMG 1982 bedrohte in Abs. 1 S. 1 Nr. 4 denjenigen **1578** mit Strafe, der Geldmittel oder andere Vermögenswerte für einen anderen zum unerlaubten Handeltreiben mit BtM oder zu deren unerlaubter Herstellung bereitstellte. Das OrgKG erweiterte den Strafrahmen nach Abs. 1 auf „bis zu fünf Jahre". Durch das AusfG Übk. 1988 wurde die Vorschrift als Abs. 1 S. 1 Nr. 13 neu formuliert, § 29 Abs. 1 S. 1 Nr. 4 wurde aufgehoben. Sie beschränkt sich seither nicht nur auf die Begehensweisen der Herstellung von und des Handeltreibens mit BtM, sondern bezieht sowohl sämtliche in Abs. 1 S. 1 Nr. 1 wie auch in den Nummern 5, 6, 7, 10, 11 oder 12 genannten Tatbestände ein.

B. Erläuterung

I. Geltungsbereich

1. Inlandstaten. Wer in Deutschland Geldmittel oder Vermögensgegenstände bereit- **1579** stellt, macht sich unabhängig davon strafbar, ob er Deutscher oder Ausländer ist.

2. Finanzierungshilfe durch einen Ausländer im Ausland. Ein Ausländer, der im **1580** Ausland Geldmittel oder Vermögensgegenstände für den illegalen Umgang mit BtM iS der Nr. 13 bereitstellt, unterliegt nicht der Vorschrift.[7] Nach dem Weltrechtsprinzip (§ 6 Nr. 5 StGB) kann der Finanzier deshalb nur dann auch in Deutschland verfolgt werden, wenn sich seine Teilnahmehandlung als Vertrieb von BtM (mithin als Beihilfe zum HT) darstellt.[8] Das im Ausland erfolgte Bereitstellen ist jedoch verfolgbar, wenn die dadurch geförderte rechtwidrige Tat im Inland begangen wird (§ 9 Abs. 1 StGB).

3. Bereitstellen von Geldmitteln durch einen Deutschen im Ausland. Stellt ein **1581** Deutscher im Ausland Geldmittel oder Vermögensgegenstände für den illegalen Umgang

---

[4] OLG Karlsruhe 28.6.2007 – 3 Ss 119/07, NStZ 2008, 43 mAnm *Hirsch*.
[5] Vgl. auch BT-Drs. 11/4329, 13.
[6] S. auch Kreuzer/*Albrecht* § 10 Rn. 13.
[7] BGH 1.8.1990 – 2 StR 147/90, NJW 1991, 304.
[8] *Weber* Rn. 1652.

mit BtM bereit, ist er nach deutschem BtM-Strafrecht strafbar, wenn die Tat am Tatort mit Strafe bedroht ist oder der Tatort keiner Strafgewalt unterliegt (§ 7 Abs. 2 Nr. 1 Alt. 1 StGB). In **Belgien** wird bestraft, wer einem Abhängigen Geld borgt, damit dieser sich BtM kaufen kann (Art. 3 Abs. 2 Loi condernant le trafic des substances veneneuses).[9] In der **Schweiz** ist – anders als in Deutschland – selbst der Versuch der Finanzierung des unerlaubten Verkehrs mit BtM unter Strafe gestellt (Art. 19 Nr. 1 Abs. 7 schwBtMG).[10]

II. Objektiver Tatbestand

1582 **1. Begriff des Bereitstellens von Geldmittel und/oder Vermögensgegenständen.** Das Gesetz definiert weder den Begriff des Bereitstellens noch den der Geldmittel bzw. Vermögensgegenstände. Der Begriff der Vermögensgegenstände findet sich in den §§ 1377 Abs. 2 S. 3, 1379 Abs. 1 S. 2, 1418 Abs. 4 BGB. § 261 StGB verwendet mit Gegenständen und Vermögenswerten ähnliche Termini.

1583 **a) Geldmittel und Vermögensgegenstände.** Tatobjekte sind zum einen **Geldmittel,** wozu nicht nur Bargeld zählt, sondern worunter auch Buchgeld[11] (zB Bürgschaftserklärungen, Gutscheine, Inhaberpapiere, Schecks, Schuldverschreibungen,[12] Wertpapiere[13]) fallen. Zu **Vermögensgegenständen** zählen Sachen, denen nach der Verkehrsauffassung ein wirtschaftlicher Wert beigemessen wird[14] und die sich leicht zu Geld machen lassen[15] (zB Edelmetalle und -steine, Kunstgegenstände[16] oder Fahrzeuge),[17] aber auch Rechte wie Forderungen, selbst wenn sie makelbehaftet[18] sind. Unter den Begriff zu subsumieren ist zB auch die Ersatzwährung in einer JVA, die in den Gegenständen des täglichen Bedarfs besteht, wie sie der Gefangene innerhalb einer JVA erwerben darf. Auf die **Eigentumslage** an den Geldmitteln/Vermögensgegenständen kommt es nach dem Wortlaut der Vorschrift nicht an.[19]

1584 **Hilfsgeräte/-mittel:** Von Vermögensgegenständen zu unterscheiden sind **Hilfsmittel** (Werkzeuge), deren Gebrauch der Durchführung des Rauschgiftgeschäfts dient. Hier kommen Fahrzeuge[20] in Betracht, aber auch Laboreinrichtungen.[21] Es ist deshalb Tatfrage, ob es sich bei der Auslösung eines verpfändeten Fahrzeugs[22] um Bereitstellung iS der Nr. 13 handelt.

1585 **b) Bereitstellen für eine rechtswidrige Tat.** Der Täter muss für eine rechtswidrige Tat nach Abs. 1 S. 1 Nr. 1, 5, 6, 7, 10, 11 oder 12 bereitstellen.

1586 **aa) Bereitstellen.** Unter Bereitstellen ist jeder **Vermögenswerte betreffende, sich nach außen manifestierende Zuordnungsakt in Richtung auf ein Rauschgiftgeschäft eines anderen** zu verstehen. Nicht erforderlich ist es, dass es einem Dritten unmittelbar und ungehindert möglich ist, auf die Geldmittel/Vermögensgegenstände zuzugreifen und damit mit BtM auf illegale Weise umzugehen. Da der Unrechtsgehalt allein im zweckgebundenen Bereitstellen liegt, kommt es nicht darauf an, ob sich überhaupt bereits ein anderer gefunden hat, um eine der genannten rechtswidrigen Taten zu begehen, in welchem Stadium sich die rechtswidrige Tat des anderen befindet und wie weit sie fortgeschritten

[9] Vgl. *Linn* in *Meyer* S. 16.
[10] Vgl. *Heine* in *Meyer* S. 570; *Körner* (VI) Rn. 1930.
[11] *Weber* Rn. 1639.
[12] *Körner* (VI) Rn. 1923.
[13] *Weber* Rn. 1639.
[14] *Franke/Wienroeder* Rn. 209.
[15] *Körner* (VI) Rn. 1923.
[16] *Franke/Wienroeder* Rn. 209.
[17] BGH 2.6.1982 – 2 StR 84/82, NStZ 1982, 384.
[18] *Weber* Rn. 1640.
[19] BGH 5.11.1991 – 1 StR 361/91, NStZ 1992, 495 mAnm *Schoreit*.
[20] *Weber* Rn. 1639.
[21] *Hügel/Junge/Lander/Winkler* Rn. 21c.3.
[22] BGH 2.6.1982 – 2 StR 84/82, NStZ 1982, 384.

ist.[23] Allerdings herrscht über die **tatsächliche Reichweite** des Tatbestandes Uneinigkeit. So wollen es *Weber*[24] – allerdings unter einschränkenden Bedingungen, dass der Geldgeber die Finanzmittel in Besitz oder seine Bank sie bereitgestellt hat – und auch *Patzak*[25] bereits genügen lassen, wenn der potentielle Geldgeber die Finanzierung zusagt, *Franke/Wienroeder* andererseits eine Vollendung erst annehmen, wenn der (bereitgestellte) Betrag beim Finanzier abgeflossen ist.[26] Während die erstgenannte Auffassung zu weit geht, engt die zweite den Tatbestand unzulässig ein. Denn die Vorschrift verlangt vom Täter nicht mehr und nicht weniger als einen strukturierenden Zuordnungsakt bezüglich der Vermögensmasse, aus der heraus das fremde BtM-Geschäft unterstützt werden soll. Es dürfte demnach genügen, wenn sich die geplante **Aussonderung** des dem anderen zugedachten Vermögenswerts, das in Aussicht gestellte **tatsächliche Zuführen** an den Anderen objektiv anderweitig manifestiert.[27] Insofern lassen sich Bereitstellungshandlungen in zwei Gruppen unterteilen und zwar in eine **ohne** und eine **mit (privat-)rechtlicher Außenwirkung.** Von ersterem ist auszugehen, wenn der Finanzier in seinen Haushaltsplan einen Titel „Finanzierung fremder Rauschgiftgeschäfte" aufnähme, er sich zweckgerichtet schon einmal durch die Verflüssigung von gebundenem Kapital Liquidität verschaffte, vom Ausland Geld in das Inland transferieren ließe oder unbrauchbare, weil registrierte Geldscheine in unverdächtige umtauscht.[28] Erst recht ist von einer Manifestation im oben genannten Sinn bei **(privat-)rechtlicher Außenwirkung** auszugehen, also bei **Schenkung** von Geld oder Vermögensgegenständen, **Übertragung** von **Grundstücken,**[29] **Abtretung** einer Forderung, **Leihe** werthaltiger Sachen, **Darlehensversprechen** und **-gewährung** (wobei es auf eine Rückzahlungsverpflichtung des Darlehensnehmers nicht ankommt[30]), **Kreditgewährung** oder **-besicherung,**[31] Erteilung eines **Auftrags zur Auszahlung** oder **Überweisung.**

bb) Rechtswidrige Taten. Die Handlung des Täters muss die Verwirklichung rechts- **1587** widriger BtM-Taten (§ 11 Abs. 1 Nr. 5 StGB), also Abgabe, Anbau, Apothekenabgabe, Ausfuhr, Durchfuhr, Einfuhr, Erwerb, Gelegenheit mitteilen, Gelegenheit verschaffen/gewähren, Handeltreiben, Herstellung, Inverkehrbringen in sonstiger Weise, Sichverschaffen in sonstiger Weise, Veräußerung, Verbrauchsaufforderung, Verschreibung/Verabreichung/unmittelbare Verbrauchsüberlassung bezwecken. Die Strafbarkeitsextension führt auch zur Erfassung von Fällen, bei denen eine Strafverfolgung eher kontraproduktiv wirkt und nicht geboten ist, etwa bei **Eltern,** die ihrem Kind mit Problemkonsum die Sucht finanzieren. Strafbar können sich auch **Substitutionskommissionen** machen, wenn sie Kostenzusagen zur Substitution erteilen, obwohl es an einer ärztlichen Begründung hierfür fehlt.[32]

2. Tat eines Anderen. Die Tatbestandsverwirklichung setzt voraus, dass sich das Bereit- **1588** stellen von Geldmitteln oder Vermögensgegenständen für einen Anderen auf eine rechtswidrige Tat nach den in Nr. 13 aufgeführten Strafvorschriften bezieht, auf deren Förderung im Sinne der Teilnahmegrundsätze die Tathandlung abzielt; der Täter muss gerade die Tat eines Anderen durch das Bereitstellen von Geldmitteln oder anderen Vermögensgegenständen fördern wollen.[33] Das Zusammenwirken von Veräußerer und Erwerber von BtM stellt sich nicht als Mittäterschaft, sondern jeweils als selbständige Täterschaft dar, weil sich beide als Geschäftspartner gegenüberstehen und gegensätzliche Interessen verfolgen, so dass ihr

23 *Weber* Rn. 1648.
24 *Weber* Rn. 1643.
25 KPV/*Patzak* Teil 23 Rn. 6.
26 *Franke/Wienroeder* Rn. 210.
27 *Weber* Rn. 1644.
28 BGH 5.11.1991 – 1 StR 361/91, NStZ 1992, 495 mAnm *Schoreit.*
29 KPV/*Patzak* Teil 23 Rn. 6.
30 *Franke/Wienroeder* Rn. 210; *Weber* Rn. 1642.
31 KPV/*Patzak* Teil 22 Rn. 6.
32 *Weber* Rn. 1646.
33 OLG Karlsruhe 28.6.2007 – 3 Ss 119/07, NStZ 2008, 43 mAnm *Hirsch.*

gemeinsames Tätigwerden allein durch die Art der Deliktsverwirklichung vorgegeben ist.[34] Aus dem gleichen Grund führt das Zusammenwirken zwischen Veräußerer und Erwerber auch nicht zu einer Beteiligung des einen an der jeweiligen Tat des andern.[35]

III. Subjektiver Tatbestand

1589   Das Delikt ist nur vorsätzlich begehbar, wobei bedingter Vorsatz genügt.

1590   **1. Vorsatz.** Zu den einzelnen Elementen des Vorsatzes und zur Abgrenzung von bedingtem Vorsatz zur bewussten Fahrlässigkeit wird auf die Erläuterungen Vor § 29[36] verwiesen.

1591   **2. Irrtumskonstellationen.** Zu den möglichen Irrtumskonstellationen in Bezug auf Art und Eigenschaft des BtM wird auf die Erläuterungen Vor § 29[37] verwiesen. Erkennt der Täter den Vermögenswert eines Gegenstands nicht oder hält er ihn irrtümlich für ein Hilfsgerät, schließt dieser **Tatbestandsirrtum** den Vorsatz aus. **Subsumtionsirrtum** ist anzunehmen, wenn der Täter glaubt, seine Finanztransaktion würde noch kein „Bereitstellen" darstellen.

IV. Rechtfertigung; Entschuldigung

1592   Eltern, die ihrem schwerstabhängigen Kind Geld zum Drogenerwerb zur Verfügung stellen, weil andernfalls mit dem Suizid des Kindes zu rechnen ist, können nach §§ 34, 35 StGB gerechtfertigt oder entschuldigt sein.

V. Täterschaft, Teilnahme

1593   **1. Mittäterschaftliches Handeln.** Mittäterschaft ist möglich, man denke an Eltern, die gemeinsam für ihr betäubungsmittelabhängiges Kind einen Geldbetrag bereitstellen.[38] Bei einer organisierten Bereitstellung und Eingliederung in die Finanzstrukturen des jeweils Unterstützten kommt jedoch auch eine Beteiligung an der Haupttat des Handeltreibens in Betracht.

1594   **2. Teilnahme.** Unter Heranziehung der Grundsätze des allgemeinen Strafrechts ist **Anstiftung** gegeben, wenn der Vermögende zur Bereitstellung von Geldmitteln/Vermögenswerten bestimmt wird. Anstifter kann insoweit auch derjenige sein, der mit Hilfe des bereitgestellten Geldes BtM erwerben will. **Gehilfe** ist, wer die Bereitstellungstat mit Wissen und Wollen fördert,[39] beispielsweise als Geldbote des Vermögenden agiert oder einen Darlehensvertrag entwirft.

VI. Deliktsverwirklichungsstufen

1595   **1. Versuch.** Eine Versuchsstrafbarkeit ist nicht gegeben (Abs. 2).

1596   **2. Vollendung und Beendigung.** Die Tat ist bereits **vollendet,** wenn sich die Bereitstellung objektiv manifestiert hat, jedenfalls dann, wenn der potentielle Geldgeber auf das Vermögen im Sinne einer Zuordnung für die rechtswidrige Tat des anderen eingewirkt hat. Ob die rechtswidrige Tat des Anderen verwirklicht oder zumindest versucht wurde, ist nicht maßgeblich. **Beendigung** liegt vor, sobald der andere, dessen rechtswidrige Tat geför-

---

[34] BGH 14.7.2011 – 4 StR 139/11, BeckRS 2011, 20144; 31.3.2011 – 3 StR 400/10, BeckRS 2011, 14181; 9.10.1996 – 3 StR 220/96, BGHSt 42, 255 = NJW 1997, 810.
[35] BGH 30.9.2008 – 5 StR 215/08, NStZ 2009, 221; OLG Karlsruhe 28.6.2007 – 3 Ss 119/07, NStZ 2008, 43 mAnm *Hirsch.*
[36] → Vor § 29 Rn. 54 ff.
[37] → Vor § 29 Rn. 77 ff.
[38] S. a. *Körner* (VI) Rn. 1926.
[39] S. a. *Körner* (VI) Rn. 1931.

dert werden soll, auf die Geldmittel/Vermögensgegenstände ungehindert und unmittelbar zuzugreifen kann.[40]

VII. Konkurrenzen

1. BtM-Straftaten. Zwischen dem Bereitstellen von Geldmitteln/Vermögenswerten **1597** und der Mittäterschaft[41] an der rechtswidrigen Tat des Anderen liegt stets ebenso **Gesetzeskonkurrenz** vor wie zwischen Bereitstellung und Beihilfe[42] zur rechtswidrigen Tat des Anderen mit der Folge, dass Abs. 1 S. 1 Nr. 13 jeweils zurücktritt. Die Vorschrift erfordert aber insoweit Beachtung, als sie hinsichtlich der obligatorischen Strafmilderung nach § 27 Abs. 2 S. 2 StGB **Sperrwirkung** entfaltet.[43]

2. Straftatbestände anderer Rechtsgebiete. Mit **Geldwäsche** (§ 261 Abs. 1 S. 2 **1598** Nr. 2 StGB) besteht Gesetzeskonkurrenz, die § 29 Abs. 1 S. 1 Nr. 13 zurücktreten lässt, wenn etwa das Bereitstellen im Umtausch von Drogengeld liegt.

VIII. Rechtsfolgen

1. Strafzumessung. a) Strafrahmenwahl. Der (Normal-)Strafrahmen reicht von **1599** Geldstrafe bis zu fünf Jahren Freiheitsstrafe, in **besonders schweren Fällen** (Abs. 3) von einem Jahr bis zu 15 Jahren Freiheitsstrafe (§ 38 Abs. 2 StGB). Neben der Strafe kann in besonders schweren Fällen gem. § 34 Führungsaufsicht (§ 68 Abs. 1 StGB) angeordnet werden. Das Gesetz nennt als besonders schweren Fall das gewerbsmäßige Bereitstellen von Geldmitteln oder Vermögensgegenständen (Abs. 3 S. 2 Nr. 2).

aa) Gewerbsmäßiges Bereitstellen von Geldmitteln oder Vermögensgegenstän- **1600** **den.** Die gewerbsmäßige Tatbestandsverwirklichung liegt in der entgeltlichen Darlehensgewährung für den Ankauf von BtM, die – zB in einer JVA – auch in der Gewährung eines Sachdarlehens bestehen kann. Sie kann aber auch die finanzielle Ermöglichung von Reisen oder Transporten betreffen. Reicht das Interesse über das reine Geldgeschäft hinaus, liegt das ebenfalls in Abs. 3 S. 2 Nr. 2 aufgeführte unerlaubte gewerbsmäßige Handeltreiben mit BtM oder zumindest Beihilfe hierzu vor.[44]

bb) Unbenannter besonders schwerer Fall. Ein besonders schwerer Fall kann auch **1601** durch Bereitstellen von Geldmitteln oder Vermögensgegenständen in einer JVA[45] oder in einer Schule bzw. Hochschule[46] oder durch Inanspruchnahme von Diensten Minderjähriger[47] angenommen werden.

b) Strafzumessung im engeren Sinn. Getroffen werden sollen von der Vorschrift die **1602** finanziellen Wegbereiter des (internationalen) Rauschgifthandels, die sich selbst jedoch nicht unmittelbar an den Umsatzgeschäften beteiligen, aber doch finanzschwache Dealer zu Rauschgiftgeschäften verlocken,[48] weshalb der Unrechtsgehalt der Tat unter dem der Weitergabedelikte einzustufen ist.

aa) Strafmilderungserwägungen. Neben allgemeinen strafmildernden Gesichtspunk- **1603** ten kann hier zB das Mitleid des Täters mit dem an Entzugsfolgen leidenden Abhängigen berücksichtigt werden, das ihn zur Tat bewogen hat.

---

[40] *Franke/Wienroeder* Rn. 210; KPV/*Patzak* Teil 23 Rn. 13; *Weber* Rn. 1649.
[41] BGH 8.2.1995 – 2 StR 739/94.
[42] BGH 7.7.1994 – 1 StR 313/94, BGHSt 40, 208 = NJW 1994, 3019; KPV/*Patzak* Teil 22 Rn. 18.
[43] BGH 7.7.1994 – 1 StR 313/94, BGHSt 40, 208 = NJW 1994, 3019; KPV/*Patzak* Teil 22 Rn. 18.
[44] *Körner*, (VI) Rn. 1933.
[45] Vgl. Art. 3 Abs. 5 Buchst. g Übk. 1988.
[46] Vgl. Art. 3 Abs. 5 Buchst. g Übk. 1988.
[47] Vgl. Art. 3 Abs. 5 Buchst. f Übk. 1988.
[48] KPV/*Patzak* Rn. 1933.

1604   **bb) Strafschärfungserwägungen.** Strafschärfend fallen auch hier Art, Gefährlichkeit und Menge des von der Förderungshandlung betroffenen BtM ins Gewicht.

1605   **2. Absehen von Strafe oder Strafverfolgung.** Absehen von Strafe nach Abs. 5 oder von der Strafverfolgung nach § 31a kommt auch bei einer geringen Menge nicht in Betracht. Der geringen Schuld des Täters und dem mangelnden öffentlichen Interesse an der Strafverfolgung kann nur über die **§§ 153 ff. StPO** Rechnung getragen werden. Das Gericht kann ggf. auch nach § 60 StGB von Strafe absehen.

1606   **3. Einziehung und Verfall.** Auf denjenigen, der gewerbsmäßig Geldmittel oder Vermögensgegenstände bereitstellt, war der erweiterte Verfall (§ 73d StGB aF) anzuwenden (§ 33 Abs. 1 Nr. 1 aF); Beziehungsgegenstände unterliegen der Einziehung (§ 33 Abs. 2 S. 1). Siehe nun insb. → § 33 Rn. 6–7.

24. Kapitel. Zuwiderhandlungen gegen Rechtsverordnungen (Abs. 1 S. 1 Nr. 14)

Schrifttum: *Kühl,* Probleme der Verwaltungsakzessorietät des Strafrechts, insbesondere im Umwaltstrafrecht, FS Lackner, 1987, 815 (820 f.).

Übersicht

A. Überblick

I. Rechtliche Einordnung

1607   Die Strafvorschrift des Abs. 1 S. 1 Nr. 14 betreffend Zuwiderhandlungen gegen Rechtsverordnungen betrifft **den erlaubten Verkehr mit BtM** und zielt somit darauf ab, einen reibungslosen Ablauf der medizinischen Versorgung der Bevölkerung zu gewährleisten. Daneben soll auch der Missbrauch von BtM oder die missbräuchliche Herstellung ausgenommener Zubereitungen sowie das Entstehen oder Erhalten einer BtM-Abhängigkeit soweit wie möglich ausgeschlossen werden (§ 5 Abs. 1 Nr. 6). Die Vorschrift gibt dem Gesetzgeber die Möglichkeit, bestimmte **schwerwiegende Verstöße** gegen den legalen BtM-Verkehr unter Vergehensstrafe zu stellen, während eher formale Verstöße als Ordnungswidrigkeiten ausgestaltet werden können (vgl. zB § 32 Abs. 1 Nr. 6).

1608   **1. Deliktsnatur.** Als eines der wenigen Delikte im Betäubungsmittelstrafrecht verwendet Abs. 1 S. 1 Nr. 14 die sog. Blanketttechnik in Reinform. Als **echte Blankettvorschrift** wird sie durch eine Rechtsnorm „ausgefüllt", die *nicht* vom parlamentarischen Gesetzgeber erlassen wurde, sondern dem Verordnungsgeber, der insofern die Reichweite der Strafbarkeit bestimmen kann.[1] Im Übrigen handelt es sich überwiegend um schlichte Tätigkeitsdelikte, als die „Verweisungsnormen" meist einfache Handlungsumschreibungen umfassen. Verordnungsgeber ist die **Bundesregierung** in ihrer Gesamtheit und nicht der Bundesministeri-

---

[1] *Kudlich/Oğlakcıoğlu* Wirtschaftsstrafrecht Rn. 46 ff.

nister für Gesundheit und Soziale Sicherung allein, weil außer ihm auch die Bundesminister der Finanzen (Zoll), des Innern (Polizei und Bundesgrenzschutz) und der Wirtschaft und Arbeit beteiligt sind.[2] Der **Zustimmung des Bundesrats** bedarf es im Falle einer Verordnung nach § 11 Abs. 2 S. 2 Nr. 1 nicht,[3] dagegen im Falle einer Verordnung nach § 13 Abs. 3 S. 2 Nr. 1 oder 5 schon, wie § 13 Abs. 3 S. 1[4] ausdrücklich bestimmt. Im Falle des § 13 Abs. 3 sind nämlich Länderbelange berührt, weil den zuständigen Landesbehörden bei Ärzten und Apothekern bestimmte Überwachungsaufgaben übertragen sind.[5] Voraussetzung der Strafbarkeit ist die **ausdrückliche Verweisung** in der Verordnung auf Abs. 1 S. 1 Nr. 14 (dies ist in § 16 BtMVV[6] geschehen: „Nach § 29 Abs. 1 S. 1 Nr. 14 des BtMG wird bestraft, wer …").

2. Gebrauch der Ermächtigung. Von den ihm erteilten Ermächtigungen zur Strafbewehrung von Verstößen gegen § 11 Abs. 2 S. 2 Nr. 1 (Einfuhr, Ausfuhr, Durchfuhr), § 13 Abs. 3 S. 2 Nr. 1 (Verschreibung und Abgabe auf Verschreibung), § 13 Abs. 3 S. 2 Nr. 5 (Ausrüstung von Kauffahrteischiffen) hat der Verordnungsgeber nur im Falle des § 13 Abs. 3 S. 2 Nr. 1 Gebrauch gemacht und **Strafbestimmungen in § 16 BtMVV** statuiert. Von den beiden anderen Ermächtigungen § 11 Abs. 2 S. 2 Nr. 1 und § 13 Abs. 3 S. 2 Nr. 5 hat der Verordnungsgeber durch den Erlass der BtMAHV[7] und der BtMBinHV Gebrauch gemacht, jedoch darauf verzichtet, Verstöße dagegen mit Vergehensstrafe zu sanktionieren (vgl. § 16 BtMAHV sowie § 7 BtMBinHV, die ausschließlich Ordnungswidrigkeiten benennen). 1609

3. Verfassungsmäßigkeit. Die Verfassungsmäßigkeit gerade solch einer Blankettvorschrift ist keine Selbstverständlichkeit, auch wenn sie überwiegend nicht in Zweifel gezogen wird. Bedenken gegen solch eine Ausgestaltung ergeben sich im Hinblick auf den Bestimmtheitsgrundsatz gem. Art. 103 Abs. 2 GG bzw. das Prinzip der Gewaltenteilung (Art. 20 Abs. 3 GG).[8] Eine „Delegation" der Konkretisierung strafwürdigen Verhaltens an den Verordnungsgeber durch die Legislative ist grundsätzlich denkbar, erscheint aber im Hinblick auf Art. 20 Abs. 3 GG bedenklich, wenn nicht nur einzelne Tatbestandsmerkmale der „Konkretisierung" durch den Verordnungsgeber unterworfen werden, sondern der gesamte Verbotstatbestand durch diesen generiert werden kann. Dies liegt bei einer Bezugstathandlung wie dem „Zuwiderhandeln" jedoch nahe.[9] Sind in der Verordnungsermächtigung selbst die Grenzen, Umfang und Ausgestaltung des Verbots allerdings klar und deutlich abgesteckt (Art. 80 GG),[10] kann überprüft werden, ob eine Übertretung der Kompetenzen anzunehmen ist oder nicht. Insofern genügt – v.a. unter Zugrundelegung des verfassungsgerichtlichen Maßstabs – § 29 Abs. 1 Nr. 14 diesen Anforderungen wohl gerade noch. Die sehr umfangreiche Ermächtigungsnorm in § 13 Abs. 3 enthält auch Festlegungen zu denjenigen Verbotsvorschriften der BtMVV, die der Verordnungsgeber in den Straftatenkatalog des § 16 BtMVV aufgenommen hat (etwa § 13 Abs. 3 S. 2 Nr. 1 iVm § 16 Abs. 1 Nr. 1 – Verschreibung als Zubereitung oder § 13 Abs. 3 S. 2 Nr. 5 iVm § 16 Abs. 1 Nr. 4 – Ausrüstung von Kauffahrteischiffen). 1610

Aus der **Rückverweisungsklausel** ist keine Verfassungswidrigkeit herzuleiten, da sie eine zusätzliche Sicherung darstellt, um dem Bürger für einen etwaigen Rechtsnormverstoß 1611

---

[2] Vgl. KPV/*Patzak* § 11 Rn. 11.

[3] KPV/*Patzak* § 11 Rn. 11.

[4] § 13 Abs. 3 idF durch das 3. BtMGÄndG.

[5] Vgl. KPV/*Patzak* § 13 Rn. 147.

[6] Verordnung über das Verschreiben, die Abgabe und den Nachweis des Verbleibs von Betäubungsmitteln (Betäubungsmittel-Verschreibungsverordnung – BtMVV).

[7] Betäubungsmittel-Außenhandelsverordnung (BtMAHV).

[8] Grundlegend vgl. BVerfG 25.7.1962 – 2 BvL 4/62, BVerfGE 14, 245, 252; 3.5.1967 – 2 BvR 134/63, BVerfGE 22, 1, 18 sowie BVerfG, 6.5.1987 – 2 BvL 11/85 BVerfGE 75, 329, 343; krit. *Kühl* FS-Lackner, 1987, S. 815 (820 f.).

[9] *Kudlich/Oğlakcıoğlu* Wirtschaftsstrafrecht Rn. 49.

[10] BVerfG 8.5.1974 – 2 BvR 636/72, BVerfGE 37, 201, 209; zuletzt zu dieser Problematik im Zusammenhang mit dem VtabG BGH 23.12.2015 – 2 StR 525/13, NJW 2016, 1251 mAnm *Brand*.

die Sanktion vor Augen zu führen. Insoweit bedeutet das Erfordernis der Rückverweisung nur, dass der Gesetzgeber die Strafbarkeit davon abhängig macht, dass die Exekutive eine solche Rückverweisung vornimmt. Unterlässt der Verordnungsgeber die Rückverweisung, ist der Normadressat nicht beschwert, weil sein Verhalten keine Strafbarkeit auslöst. Der zusätzliche Schutz des Normadressaten kann nicht dahin verstanden werden, dass die Beschreibung strafbaren Handelns der Exekutive überlassen werde.[11]

II. Kriminalpolitische Bedeutung

1612   In der gerichtlichen Praxis kommt dem Tatbestand der Zuwiderhandlungen gegen Rechtsverordnungen gem. Abs. 1 S. 1 Nr. 14 keine Bedeutung zu.[12] In dem Bericht der Bundesregierung (vom 11.4.1989) über die Rechtsprechung nach den strafrechtlichen Vorschriften des BtMG in den Jahren 1985 bis 1987[13] wurde der Tatbestand des (damaligen) Abs. 1 Nr. 11 (Verstoß gegen Verordnungen) als praktisch „totes Recht" bezeichnet.[14] Kein einziger Anwendungsfall in den drei untersuchten Jahren war zu verzeichnen.[15] Die **PKS** enthält keine Daten zu Abs. 1 S. 1 Nr. 14 oder der Vorgängervorschrift.

1613   Hingegen sind sich v.a. die betroffenen Ärzte den strengen Anforderungen der BtMVV bewusst, weswegen die geringe polizeistatistische Bedeutung nichts über die „Steuerungswirkung" der Vorschrift auszusagen hat. Im Rahmen der **Weiter- und Fortbildung der Ärzte zur Erlangung der besonderen suchttherapeutischen Qualifikation** (§ 5 Abs. 1 Nr. 6 BtMVV) und in den Qualitätszirkeln der substituierenden Ärzte nehmen die Vorschriften der BtMVV und somit auch § 29 Abs. 1 Nr. 14 einen hervorragenden Platz ein. In der suchtmedizinischen **Fachliteratur** ist sie immer wieder Gegenstand von Erörterung und Kritik (hierzu → BtMVV § 16 Rn. 2 sowie → § 13 Rn. 47, → § 29 Rn. 1208).[16]

III. Rechtsentwicklung

1614   Da die ursprüngliche Kontrolle des BtM-Verkehrs durch die Bezugnahme auf einzelne Handlungsformen erfolgte, handelt es sich bei Abs. 1 Nr. 14 um ein Rudiment des ursprünglichen Betäubungsmittelstrafrechts. Sie hat dementsprechend eine längere Entwicklung hinter sich. Bereits im **OpiumG 1929** waren Vorläufer zur gegenwärtigen Bestimmung enthalten. Nach § 10 Abs. 1 Nr. 5 und 6 wurden mit Gefängnis bis zu drei Jahren und mit Geldstrafe oder mit einer dieser Strafen bestraft, wer den aufgrund des § 5 Abs. 2, § 6 Abs. 1 oder 3 oder § 12 erlassenen Vorschriften oder den aufgrund des § 4 Abs. 2 oder Abs. 4, § 7 oder § 8 erlassenen Vorschriften zuwiderhandelte. § 5 enthielt die Verpflichtung, ein Lagerbuch über die dem OpiumG unterfallenden Stoffe und Zubereitungen zu führen; § 5 ermächtigte die Reichsregierung, Ausnahmen hiervon zuzulassen. § 6 Abs. 1 und 3 enthielten Ermächtigungen zur Regelung von Einfuhr, Durchfuhr und Ausfuhr der dem OpiumG unterfallenden Stoffe und Zubereitungen. § 12 enthielt eine Ermächtigung zum Erlass von Bestimmungen zur Ausführung des OpiumG. § 4 regelte die Bezugsscheinpflicht für Erwerb, Veräußerung und Abgabe von Stoffen und Zubereitungen, § 4 Abs. 2 und 4 enthielten Ermächtigungen zur näheren Ausgestaltung des Bezugsscheins sowie für Ausnahmeregelungen. § 7 enthielt eine Ermächtigung zum Erlass von Vorschriften über die Kennzeichnung von BtM; während § 8 zum Erlass einer Rechtsverordnung über das ärztliche Verschreiben von BtM und ihre Abgabe in Apotheken enthielt. Aufgrund der Ermächtigung durch § 8 OpiumG war die Verschreibungsverordnung[17] mit Regelungen zur Indikation,

---

[11] Kügel/Müller/Hofmann/*Raum* AMG Vorbemerkung vor §§ 95–98a Rn. 7.

[12] So auch HJLW/*Winkler* Rn. 23.

[13] BT-Drs. 11/4329.

[14] BT-Drs. 11/4329, 12.

[15] BT-Drs. 11/4329, 13.

[16] Vgl. zB *Musshoff/Dettmayer/Banaschak/Madea*, Rechtsmedizinische Erfahrungen zum Verschreibungsverhalten von Methadon, Rechtsmedizin 2002, 164 mwN.

[17] Verordnung über das Verschreiben Betäubungsmittel enthaltender Arzneien und ihre Abgabe in den Apotheken (VVO) vom 19.12.1930, RGBl. I S. 635, zuletzt idF vom 6.4.1971, BGBl. I S. 317.

zu Höchstmengen und zu Form und Inhalt von Verschreibungen ergangen. Der Versuch (§ 10 Abs. 2) und die fahrlässige Begehung (§ 10 Abs. 3) einer Zuwiderhandlung waren strafbar.

An die Stelle dieser Vorschriften traten die Bestimmungen der § 11 Abs. 1 Nr. 9b und **1615** § 11 Abs. 1 Nr. 10b **BtMG 1972,** wonach mit Freiheitsstrafe bis zu drei Jahren oder mit Geldstrafe bestraft wurde, wer als Arzt, Zahnarzt oder Tierarzt (Nr. 9b) bzw. in Apotheken (Nr. 10b) einer Rechtsverordnung nach § 8 Abs. 2 ... zuwiderhandelte. Zuwiderhandlungen gegen Rechtsverordnungen nach § 4 Abs. 2 oder 4 (Bezugsscheinpflicht), § 5 Abs. 2 (Lagerbuchpflicht), § 6 Abs. 2 (Ein-, Aus- und Durchfuhr), § 7 (Kennzeichnung von BtM) oder § 8 Abs. 2 (ärztliches Verschreiben von BtM und ihre Abgabe in Apotheken, soweit nicht § 11 Abs. 1 Nr. 9b und § 11 Abs. 1 Nr. 10b anzuwenden war) waren in § 13 Abs. 1 Nr. 5 BtMG 1972 als Ordnungswidrigkeiten ausgestaltet, so dass – wie heute – nur bestimmte schwerwiegende Verstöße gegen die Bestimmung einer Verschreibungsverordnung strafbewehrt waren.

Aufgrund der Ermächtigung in § 8 Abs. 2 BtMG 1972 war die BtMVV 1974[18] mit **1616** Regelungen zur Indikation, zu Höchstmengen und zu Form und Inhalt von Verschreibungen ergangen. Der Versuch und die fahrlässige Begehung einer Zuwiderhandlung waren nicht strafbar. In der ursprünglichen Fassung des heute geltenden BtMG 1982 war der Straftatbestand der Zuwiderhandlungen gegen Rechtsverordnungen in Abs. 1 Nr. 11 enthalten, der Verstöße gegen die BtMVV unter Strafe stellte. In § 10 BtMVV[19] wurde daher der Bezug hergestellt: „Nach § 29 Abs. 1 Nr. 11 BtMG wird bestraft, wer …“. Der Gesetzgeber änderte in der Folgezeit den Straftatbestand des § 29 Abs. 1 mehrfach, ua wurde 1993 durch Ziffer 3a), ee) und ff) AusfG Übk. 1988 § 29 dahingehend geändert, dass in Abs. 1 neue Straftatbestände mit den Nummern 11, 12 und 13 eingefügt wurden und die bisherige Nummer 11 (Zuwiderhandlungen gegen Rechtsverordnungen) zur neuen Nummer 14 wurde. Gleichzeitig unterblieb aber die Folgeänderung in § 10 BtMVV 1982 im Hinblick auf die Änderung des § 29. In § 10 BtMVV 1982, auch idF der Bekanntmachung vom 16.9.1993,[20] hieß es nach wie vor: „Nach § 29 Abs. 1 Nr. 11 BtMG …“. Schlimmer noch: durch das GÜG wurden die gerade durch das AusfG Übk. 1988 eingeführten Straftaten des § 29 Abs. 1 Nr. 11 in § 29 GÜG übernommen und § 29 Abs. 1 Nr. 11 gestrichen. § 10 BtMVV verwies daher zunächst auf eine **unzutreffende** und dann auf eine **gestrichene** Vorschrift. Zahlreiche Verstöße von Ärzten gegen die BtMVV konnten wegen dieser **gesetzgeberischen Panne** nicht verfolgt werden, da die Verweisung in der BtMVV ins Leere lief.[21] Der Bestimmtheitsgrundsatz verbot es, im Wege der Auslegung einfach § 29 Abs. 1 S. 1 Nr. 14 anzuwenden.[22]

Dieser Zustand wurde erst mit Wirkung vom 1.2.1998 durch die 10. BtMÄndV[23] been- **1617** det, die nun in § 16 zutreffend statuierte: „Nach § 29 Abs. 1 S. 1 Nr. 14 des BtMG wird bestraft, wer …“ Das 3. BtMGÄndG brachte eine Erweiterung der Verordnungsermächtigung zur Verbesserung der substitutionsgestützten Behandlung. Durch die Einfügung von Ermächtigungen zur näheren Regelung des Substitutionsregisters und der Mitteilungspflichten über Substitutionsfälle wurde die bisherige Ermächtigung über die Ausrüstung von Kauffahrteischiffen (§ 13 Abs. 3 S. 2 Nr. 3) verschoben auf § 13 Abs. 3 S. 2 Nr. 5. Entspre-

---

[18] Verordnung über das Verschreiben, die Abgabe und den Nachweis des Verbleibs von Betäubungsmitteln (Betäubungsmittel-Verschreibungsverordnung – BtMVV) vom 24.1.1974, BGBl. I S. 110, zuletzt geändert durch die Verordnung vom 15.6.1981, BGBl. I S. 530.

[19] Verordnung über das Verschreiben, die Abgabe und den Nachweis des Verbleibs von Betäubungsmitteln (Betäubungsmittel-Verschreibungsverordnung – BtMVV) vom 16.12.1981, BGBl. I S. 1427.

[20] Bekanntmachung der Neufassung der Betäubungsmittel-Verschreibungsverordnung vom 16.9.1993, BGBl. I S. 1637.

[21] Vgl. KPV/*Patzak* Teil 24 Rn. 1.

[22] Vgl. AG Paderborn B. 23.12.1996 – 26a Ds 41 Js 1558/96; LG Paderborn 11.2.1997 – 2 Qs 21/97, zitiert nach *Körner* (VI) Rn. 1541, mit welchen Entscheidungen die Zulassung einer Anklage und die Eröffnung des Verfahrens abgelehnt wurden.

[23] → Vor § 1 Rn. 98.

chend wurde durch Art. 1 Nr. 4a des 3. BtMGÄndG § 29 Abs. 1 S. Nr. 14 dahingehend geändert, dass an die Stelle der Verweisung auf § 13 Abs. 3 S. 2 Nr. **3** nunmehr die Bezugnahme auf § 13 Abs. 3 S. 2 Nr. **5** erfolgte.

B. Erläuterung

I. Objektiver Tatbestand

1618 Tathandlungen sind – nachdem der Gesetzgeber von der Ermächtigung zur Strafbewehrung schwerwiegender Verstöße bisher nur mit der BtMVV Gebrauch gemacht hat – **ausschließlich die § 16 BtMVV genannten unzulässigen Verschreibungen.** Die einzelnen Tathandlungen werden bei § 16 BtMVV näher erläutert.

II. Subjektiver Tatbestand

1619 Die Strafbarkeit eines Verstoßes gegen Rechtsverordnungen (konkret: die BtMVV) setzt **vorsätzliche** Begehungsweise voraus; bedingter Vorsatz genügt. **Fahrlässige** Tatbegehung ist nicht strafbar (vgl. Abs. 4).

III. Täterschaft und Teilnahme

1620 Die Abgrenzung zwischen (Mit-)Täterschaft und Teilnahme erfolgt nach allgemeinen Grundsätzen des Strafrechts über die Abgrenzung zwischen diesen Beteiligungsformen.

IV. Deliktsverwirklichungsstufen

1621 Der Versuch ist nicht strafbar (Abs. 2).

V. Konkurrenzen

1622 Für die Konkurrenzen gelten die allgemeinen Regeln, insbesondere die des § 21 Abs. 1 OWiG über den Vorrang des Strafgesetzes beim Zusammentreffen einer Straftat mit einer Ordnungswidrigkeit. Wegen der Einzelheiten wird auf die Erläuterung zu § 16 BtMVV verwiesen.

VI. Rechtsfolgen

1623 Der von Abs. 1 S. 1 Nr. 14 eröffnete Strafrahmen reicht von Geldstrafe bis zu fünf Jahren Freiheitsstrafe. Ein (unbenannter) besonders schwerer Fall gem. Abs. 3 S. 1 führt zu einem Strafrahmen von einem Jahr Mindeststrafe bis zu 15 Jahren Freiheitsstrafe (§ 38 Abs. 2 StGB).

25. Kapitel. Versuch (Abs. 2)

Schrifttum: *Güntge*, Begehen durch Unterlassen, Der gesetzliche Anwendungsbereich des § 13 StGB, 1995; *Oğlakcıoğlu*, Die Anwendung der Vorschriften des Allgemeinen Teils auf die Straftatbestände des Betäubungsmittelgesetzes, 2013; *Weber*, Nichts Neues vom Handeltreiben?, JR 2006, 139.

Übersicht

A. Überblick

I. Rechtliche Einordnung

Die Vorschrift folgt dem Bestreben, jeden nur erdenklichen Missbrauch von BtM mit **1624** Strafe zu bedrohen. Nach der **weiten Auslegung des Tatbestands des unerlaubten Handeltreibens** kann die Versuchsstrafbarkeit keine nennenswerte Bedeutung erlangen.[1] Unabhängig davon hat bereits das Gesetz dadurch, dass es einzelne Begehungsweisen, die nach allgemeinem Grundsätzen dem Bereich der Versuchshandlungen zuzuordnen sind, als eigene Straftatbestände ausgestaltet, der Versuchsstrafbarkeit teilweise den Boden entzogen. Zusätzlich zu den Verbrechenstatbeständen der §§ 29a, 30 und 30a, bei denen der Versuch stets strafbar ist (§ 23 Abs. 1 StGB), stellt Abs. 2 auch den Versuch beim Abgeben, Anbauen, Ausführen, Durchführen, Einführen, Erwerben, Handeltreiben, Herstellen, Herstellen ausgenommener Zubereitungen, Sichverschaffen in sonstiger Weise, Sonstiges Inverkehrbringen, Überlassen zum unmittelbaren Verbrauch, Verabreichen und Veräußern unter Strafe. Zu den Voraussetzungen bei den einzelnen Tatbeständen wird auf die dortigen Erläuterungen verwiesen.

II. Kritik

Die Anordnung in Abs. 2 überzeugt dogmatisch wie auch kriminalpolitisch nicht, als **1625** eine nochmalige Erweiterung der ohnehin viel zu weitgehenden Vorfeldpönalisierung einem seriösen Normbefehl eher schadet, wenn in seltenen Fällen, in denen die Versuchsstrafbarkeit relevant wird, die Norm aufgrund des geringen Unrechts außer Vollzug gesetzt werden muss. Warum sollte die Versuchsstrafbarkeit eines Tatbestands existieren, dessen vollendete Begehung bereits regelmäßig einen Fall des **§ 31a** darstellt? Schließlich bleibt die Versuchsstrafbarkeit der §§ 29a ff. aufgrund der hohen Mindeststrafen gem. §§ 23 Abs. 1 Var. 1, 12 Abs. 1 StGB in den praktisch relevanten Bereichen (§ 30 Abs. 1 Nr. 4) erhalten. Es spricht daher viel dafür, § 29 Abs. 2 **vollständig zu streichen** (zur völkerrechtlichen Verpflichtung der Kriminalisierung vgl. noch → Rn. 1628).[2]

Die derzeitige, gesetzgeberische Ausgestaltung verrät zugleich, dass das echte Unterlas- **1626** sungsdelikt des Besitzes von Betäubungsmitteln gem. § 29 Abs. 1 S. 1 Nr. 3 schlicht aus technischen und nicht aufgrund geringen Unrechts aus dem Katalog des § 29 Abs. 2 genommen wurde, sodass die Einbeziehung des „versuchten Besitzes" in § 29a Abs. 1 Nr. 2 über die §§ 23 Abs. 1 Var. 1, 12 Abs. 1 StGB ebenso nur aus Gründen der „verknappten Darstellung" bedingt ist, aber eigentlich nicht konstruiert werden kann und ebenso aus dem Bereich des Strafbaren herausgenommen werden müsste.[3]

---

[1] BGH, Anfragebeschl. 10.7.2003 – 3 StR 61/02 – 3 StR 243/02, StraFo 2003, 392 mAnm *Gaede*; Anm. *Roxin* StV 2003, 501; s.a. *Weber*, Was lässt der Beschluss des 3. Strafsenats des BGH 10.7.2003 vom Handeltreiben übrig?, NStZ 2004, 67 ff.; BGH 13.1.2005 – 3 StR 61/02 und 3 StR 243/02, NJW 2005, 1589; dazu BGH 26.10.2005 – GSSt 1/05, BGHSt 50, 252 = NJW 2005, 3790 = NStZ 2006, 171 ff.

[2] Vgl. *Oğlakcıoğlu*, BtMG AT, S. 428 f.

[3] *Oğlakcıoğlu*, BtMG AT, S. 429.

III. Kriminalpolitische Bedeutung

1627   Die kriminalpolitische Bedeutung ist statistisch nicht erfasst, dürfte aus den vorstehend genannten Gründen aber äußerst gering sein.

IV. Rechtsentwicklung

1628   **1. Einfluss internationaler Übereinkommen.** In Art. 36 Abs. 2a Ziffer ii Übk. 1961 verpflichteten sich die Vertragsstaaten auch den Versuch der in Abs. 1 des Regelungswerks umschriebenen Straftaten unter Strafen zu stellen. Diese Verpflichtung wurde in Art. 22 Abs. 2a Ziffer ii Übk. 1971 wie auch in Art. 3 Abs. 1c Ziffer iv Übk. 1988 wiederholt. Da aber das Übereinkommen von 1961 zahlreiche Handlungsmodalitäten, die das BtMG verbietet, gar nicht aufzählt (mithin der deutsche Gesetzgeber bereits die Vollendungsstrafbarkeit wesentlich extensiver ausgestaltet hat) und das Übereinkommen von 1988 gerade die „besonderen Erscheinungsformen" der Straftat unter den Vorbehalt der Verfassung und der Grundzüge der jeweils geltenden Rechtsordnung gestellt hat, darf die Bindungswirkung dieser Anordnung nicht allzu hoch angesetzt werden.

1629   **2. Innerstaatliches Recht.** Nach § 10 Abs. 2 OpiumG 1929 war der Versuch sämtlicher dort unter Strafe gestellten Verstöße mit Ausnahme der Verletzung der Dokumentationspflicht („Lagerbuch") mit Strafe bewehrt. Abgesehen von strukturellen Änderungen, die zur Reduzierung verbotener Begehungsweisen führte, beließ es das BtMG 1972 in § 11 Abs. 2 bei der umfassenden Versuchsstrafbarkeit. Der Versuch des neu eingeführten Tatbestands des unerlaubten BtM-Besitzes wurde – in Abweichung zu der im Übk. 1961 übernommenen Verpflichtung – nicht mit Strafe bedroht. Durch das BtMG 1982 erhielt die Versuchsstrafbarkeit in Abs. 2 ihren heute noch gültigen Umfang.

B. Erläuterung

I. Geltungsbereich

1630   Zum Geltungsbereich des jeweiligen Straftatbestandes wird auf die diesbezüglichen Erläuterungen verwiesen.

II. Tätigkeits- und Erfolgsdelikte

1631   Eine zusätzliche Einschränkung der Versuchsstrafbarkeit ergibt sich (zumindest faktisch) aus der Deliktstypologie, da ein großer Teil der Straftatbestände des BtMG als schlichte Tätigkeitsdelikte ausgestaltet sind, während es sich beim anderen Teil um Erfolgsdelikte handelt.

1632   **1. Schlichte Tätigkeitsdelikte.** Schlichte Tätigkeitsdelikte stellen das Pendant zum Erfolgsdelikt dar, wobei diese Tatbestandsklassifizierungen keinen Aussagegehalt zur **Beeinträchtigung des Rechtsguts** beinhalten (auch wenn schlichte Tätigkeitsdelikte regelmäßig abstrakte Gefährdungsdelikte darstellen, macht bereits das Beispiel der Einfuhr als Erfolgsdelikt deutlich, dass es sich bei letzteren nicht stets um Verletzungsdelikte handeln muss), sondern allenfalls das **Deutungs- bzw. Auslegungspotential** der Verhaltensnorm beschreiben. Insb. darf man nicht der Fehlvorstellung unterliegen, bei Tätigkeitsdelikten würde nicht etwas „Sichtbares" passieren und die Vornahme der Handlung auch keine „Kausalität" durchlaufen. Insofern durchläuft jede Handlung bzw. jedes Verhalten eines Menschen Kausalverläufe, an deren Ende potentielle „Erfolge" stehen, wie auch immer diese aussehen mögen.[4] Das Tätigkeitsdelikt beschränkt sich durch seine konkrete Handlungsumschreibung allerdings selbst, während beim Erfolgsdelikt der Strauß tatbestandsmä-

---

[4] Beispiele bei *Güntge*, Begehen durch Unterlassen, S. 37: „Bereits der Flug ist ein Folgeereignis des Werfens", das man dann streng genommen auch als Erfolg bezeichnen müsste.

ßiger Handlungen durch den Außenwelterfolg begrenzt wird.[5] Mit anderen Worten ist der Verhaltensbefehl beim „Erfolgsdelikt" per se extensiver (in Relation zum Rechtsgut allerdings nicht selten konkreter).

Umgekehrt geht mit Tätigkeitsdelikten häufig eine **Vorverlagerung der Strafbarkeit**   **1633** einher und die Übergänge zwischen (noch) straffreiem und (bereits) tatbestandsmäßigem Verhalten sind – materiell betrachtet – schwer feststellbar. Erst recht gilt dies, wenn es sich nicht um ein „konkretisiertes" Tätigkeitsdelikt handelt (mithin der Wortlaut kein Auslegungsspielraum lässt), sondern unter die Handlungsbeschreibung gleich mehrere, gänzlich verschiedene Verhaltensformen unterfallen könnten. Bei derartigen **„multiplen Tätigkeitsdelikten"**[6] sollte man versucht sein, dem Tatbestand durch konkretisierende Definitionen (oder durch das Hineinlesen eines Außenwelterfolgs) Konturen zu verleihen. Zu den schlichten Tätigkeitsdelikten des BtMG zählen u.A. das Anbauen, Herstellen und Herstellen ausgenommener Zubereitungen, das Verabreichen und das Überlassen zum unmittelbaren Verbrauch. Von diesen wiederum lassen sich bereits der Anbau und die Herstellung, aber jedenfalls das unerlaubte Handeltreiben (unter Zugrundelegung der „Definition" durch die hM[7]) als multiple Tätigkeitsdelikte bezeichnen,[8] da die Auslegung gänzlich verschiedene Handlungen umfasst, die nicht durch einen **gemeinsamen Fixpunkt** (etwa den Umsatz von BtM) begrenzt werden.

2. Erfolgsdelikte. Um Erfolgsdelikte handelt es sich bei den Absatzdelikten der Abgabe   **1634** und der Veräußerung, beim Sonstigen Inverkehrbringen, bei Ein-, Aus- und Durchfuhr und bei den Verschaffungsdelikten des Erwerbs und Sichverschaffens in sonstiger Weise.[9]

3. Erfolgsqualifizierte Delikte. § 30 Abs. 1 Nr. 3 enthält ein erfolgsqualifiziertes   **1635** Delikt.[10] Zwar ist die Vorschrift von den Änderungen des 6. StrRG, das in die Tatbestände des Besonderen Teils des StGB die Klausel „wenigstens leichtfertig" eingefügt hat, unberührt geblieben. Gleichwohl kann auch hier davon ausgegangen werden, dass der Versuch entweder in Form der **versuchten Erfolgsqualifizierung** (unmittelbares Ansetzen zum Grundtatbestand mit auf die schwere Folge gerichtetem Vorsatz) oder des **erfolgsqualifizierten Versuchs** (Versuch des Grundtatbestands und Eintritt der schweren Folge) möglich ist. Praktisch dürfte aber nur der typische Fall des „vollendeten" erfolgsqualifizierten Delikts eine Rolle spielen.

4. Versuch und besonders schwerer Fall. Der Versuch eines als Regelbeispiel für   **1636** die Strafzumessung bezeichneten besonders schweren Falles (Abs. 3) ist begrifflich nicht denkbar.[11] Jedoch stellt sich die Frage, wie bei Strafrahmenwahl und Straffindung zu verfahren ist, wenn entweder sowohl Grunddelikt wie auch Regelbeispiel nur versucht sind oder nur eines der beiden vollendet ist.[12]

5. Versuch der Beteiligung. Der nach § 30 StGB eigene Straftatbestand des Versuchs   **1637** der Beteiligung an einem Verbrechen kann in den Fällen der §§ 29a, 30 und 30a vorliegen, sofern das Versuchsstadium des geplanten Verbrechens nicht erreicht wurde. Eine Verurteilung kommt dabei nur in Betracht, wenn der in Aussicht genommene Beitrag des Täters täterschaftliche Qualität erreichen sollte. Wäre seine Mitwirkung im Falle der Durchführung der Tat nur als die eines Gehilfen zu werten, bleibt er insoweit straffrei.[13]

---

[5] *Oğlakcıoğlu,* BtMG AT, S. 341 f.
[6] *Oğlakcıoğlu,* BtMG AT, S. 343, 432.
[7] BGH 11.6.2001 – 1 StR 111/01, BeckRS 2001, 30185445; *Franke/Wienroeder* § Rn. 64 und 83; HJLW/ *Winkler* Rn. 4.1.1; *Joachimski/Haumer* Rn. 27; Pfeil/Hempel/*Slotty* Rn. 69; *Weber* Rn. 245.
[8] *Oğlakcıoğlu,* BtMG AT, S. 432.
[9] *Weber* Vor §§ 29 ff. Rn. 138.
[10] Vgl. allgemein *Fischer* StGB § 22 Rn. 37.
[11] *Fischer* StGB § 46 Rn. 97.
[12] → Rn. 1688.
[13] BGH 31.10.2001 – 2 StR 315/01, NStZ 2002, 74.

III. Abgrenzung der Vorbereitung vom Versuch

1638 Vor dem Hintergrund der aufgeführten Besonderheiten gelten im BtM-Strafrecht für die Abgrenzung der Vorbereitungshandlungen vom Versuch die im allgemeinen Strafrecht entwickelten Grundsätze.[14] Anknüpfungspunkt ist das „unmittelbare Ansetzen" iSd § 22 StGB als objektive Manifestation des gefassten Tatentschlusses.[15] Demzufolge ist die **Grenze** von der straflosen Vorbereitungshandlung zum strafbaren Versuch dann **überschritten,** wenn der Täter Handlungen vornimmt, die nach seinem Tatplan der Erfüllung eines Tatbestandsmerkmals vorgelagert sind und in die Tatbestandshandlung unmittelbar einmünden, dementsprechend wenn er Handlungen begeht, die im ungestörten Fortgang unmittelbar zur Tatbestandserfüllung führen sollen oder in unmittelbaren räumlichen und zeitlichen Zusammenhang mit ihr stehen.[16]

1639 Für die **Einfuhr** von Betäubungsmitteln (bzw. sonstige Transitdelikte) hat die Rechtsprechung durch die transportartakzessorische Betrachtung ein eindeutiges Abgrenzungskriterium für die Abgrenzung von Vorbereitung und Versuch entwickelt, welche sich an der Jurisprudenz zum Allgemeinen Teil im Kernstrafrecht orientiert.[17] Auch bei den **Verfügungswechseldelikten** zieht man im seltenen Fall einer einschlägigen Versuchskonstellation die zu § 22 StGB entwickelten Lehren heran. Maßgeblich ist das unmittelbare Ansetzen zur Besitzübertragung.[18] Bei den konkret beschriebenen **Tätigkeitsdelikten** lässt sich der Versuchsbereich aufgrund genauer Tatbestandsumschreibung mittels der Teilaktstheorie unproblematisch rekonstruieren, spielt aber aufgrund der dargestellten deliktsstrukturellen Besonderheiten (Einzelakte eines gesamten Vorgangs) praktisch fast keine Rolle.[19]

IV. Untauglicher Versuch

1640 Nach § 23 Abs. 3 StGB ist auch der untaugliche Versuch strafbar, wenn der Täter etwa nur aus grobem Unverstand verkannt hat, dass die Tatvollendung nicht möglich ist,[20] was davon zu unterscheiden ist, dass eine Straftat überhaupt nicht begangen werden kann. Von einem untauglichen Versuch ist auszugehen, wenn die umgekehrten Voraussetzungen des Tatbestandsirrtums vorliegen.[21]

1641 **1. Unerlaubtes Handeltreiben.** Wie an vielen anderen Stellen entzieht auch hier die uferlose Ausdehnung, die der Tatbestand des Handeltreibens in Rechtsprechung und Literatur gefunden hat, der dogmatischen Betrachtung nach allgemein-strafrechtlichen Grundsätzen. Die weiteren Ausführungen zum Tatobjekt und zu Tatmodalitäten können demzufolge nur für die anderen in Abs. 2 genannten Tatbestände Geltung beanspruchen. Die subjektivierende Auslegung erfordert nicht das Vorliegen von BtM, sondern nur die Vorstellung diesbezüglich (→ Rn. 276). Selbst wenn sich der Vorsatz auf Imitate bezieht, ordnet Abs. 6 eine Strafbarkeit an.

1642 **2. Tatobjekt.** Die im BtM-Strafrecht in diesem Bereich am häufigsten vorkommende Konstellation betrifft die irrtümliche Vorstellung des Täters, mit BtM umzugehen, obwohl es sich tatsächlich um Stoffe oder Zubereitungen handelt, die nicht in den Anlagen I–III zu § 1 Abs. 1 aufgeführt sind. Dies führt bei allen in Abs. 2 genannten Begehungsweisen (ausgenommen dem Handeltreiben) zum **untauglichen Versuch** und gilt auch für die in

---

[14] *Weber* Vor §§ 29 ff. Rn. 144.
[15] Zu den einzelnen Voraussetzungen der Versuchsstrafbarkeit im Allgemeinen SSW/*Kudlich/Schuhr* StGB § 22 Rn. 4 ff.
[16] BGH 6.9.1989 – 3 StR 268/89, BGHSt 36, 249 = NStZ 1989, 579; BayObLG 18.2.1994 – 4 St RR 16/94. Zu den Grundlagen der Versuchsstrafbarkeit im Kontext des Betäubungsmittelstrafrechts *Oğlakcıoğlu,* BtMG AT, S. 391 ff.
[17] *Oğlakcıoğlu,* BtMG AT, S. 599 ff.
[18] *Oğlakcıoğlu,* BtMG AT, S. 422 ff.
[19] *Oğlakcıoğlu,* BtMG AT, S. 426 ff.
[20] *Fischer* StGB § 22 Rn. 39, zu StGB § 23 Rn. 7.
[21] *Weber* Vor §§ 29 ff. Rn. 349.

Abs. 6 bezeichneten Tathandlungen des Abgebens und Veräußerns, weil die Vorschrift nicht auf Abs. 2 verweist.

3. Erlaubnis. Wer glaubt, er bedürfe für die konkrete Umgangsform mit dem BtM einer **1643** Erlaubnis, in Wahrheit eine solche aber nicht benötigt, begeht ebenfalls einen untauglichen Versuch.

V. Rücktritt vom Versuch

Nach § 24 StGB sind an die strafbefreiende Wirkung des Rücktritts folgende Anforderun- **1644** gen zu stellen. Freilich hat dieser in der Praxis mangels Bedeutung der Versuchsstrafbarkeit ebenso kaum eine Bedeutung, zumal ein Rücktritt nach formeller Tatbestandsvollendung (auch bei schlichten Tätigkeitsdelikten) überwiegend abgelehnt wird.[22] Bei den Erfolgsdelikten stehen der Anwendbarkeit der Rücktrittsvorschrift keine rechtlichen Hindernisse entgegen. Rein tatsächlich dürfte sich nur ein sehr geringes Anwendungsspektrum ergeben, etwa wenn der Täter „drauf und dran" ist, das Rauschgift **abzugeben,** ihm im letzten Moment aber Zweifel an der Volljährigkeit seines Gegenübers kommen und er sozusagen die Hand mit dem BtM wieder zurückzieht. In umgekehrter Weise ließe sich ein Geschehensverlauf denken, in dem der Erwerbswillige im letzten Moment Skrupel bekommt, und seinerseits die zur Empfangnahme ausgestreckte Hand wieder zurückzieht. Bei **Ein-, Aus-** und **Durchfuhr** liegt die Möglichkeit des Rücktritts vom Versuch schon deshalb näher, weil zwischen Versuch und Vollendung eine längere Zeitspanne liegen kann. Dies zeigt der letztlich an der Freiwilligkeit gescheiterte Rücktritt im Falle des LG Berlin.[23]

Alleintäter (§ 24 Abs. 1 StGB)			Mehrere Tatbeteiligte (§ 24 Abs. 2 StGB)	
Der Versuch darf nicht „fehlgeschlagen" sein.[24]				
Beendeter		Unbeendeter	Beendeter oder unbeendeter	
Versuch			Versuch	
Verhinderung der Tatvollendung		Aufgeben der weiteren Tatausführung	Verhinderung der Tatvollendung	
Mit eigenem Zutun	Ohne eigenes Zutun		Mit eigenem Zutun	Ohne eigenes Zutun
	Ernsthaftes Bemühen			Ernsthaftes Bemühen
Freiwilligkeit				

1. Rücktritt bei Mittäterschaft. Im Falle der Mittäterschaft kommt ein strafbefreiender **1645** Rücktritt in Betracht, wenn die Täter nach unbeendetem Versuch einvernehmlich nicht weiterhandelten, obwohl sie dies hätten tun können.[25]

2. Rücktritt vom Versuch der Beteiligung. Hat sich der Täter zur Einfuhr von BtM **1646** in nicht geringer Menge bereiterklärt, ist er auch wegen Sichbereiterklärens zur Begehung

---

[22] Zu dieser Problematik vgl. noch die 2. Aufl. sowie BGH 8.4.1960 – 4 StR 2/60, BGHSt 14, 213 (217) = NJW 1960, 1261; BGH 2 StR 251/02, NJW 2003, 1057 (1058) sowie BGH 21.10.2002 – 5 ARs 33/02. Zum Ganzen auch *Weber* Vor §§ 29 ff. Rn. 164 mwN.
[23] LG Berlin 2.5.1984 – (524) 6 Op KLs 9/84 (36/84).
[24] BGH 12.12.2001 – 1 StR 441/01, NStZ 2002, 311; *Fischer* StGB § 24 Rn. 6 ff.
[25] BGH 9.1.2003 – 4 StR 410/02, BeckRS 2003, 02382.

eines Verbrechens strafbar (§ 30 Abs. 2 StGB, § 30 Abs. 1 Nr. 4). Von diesem Versuch der Beteiligung ist er jedoch mit strafbefreiender Wirkung zurückgetreten, wenn er nach gescheitertem Ankaufsversuch im Ausland sein auf Einfuhr von BtM gerichtetes Verhalten freiwillig aufgegeben hat, indem er sich in der Folgezeit Haschisch besorgte, das sich bereits in der Bundesrepublik befand und daher nicht mehr über die Grenze gebracht zu werden brauchte.[26]

VI. Versuch und Strafmilderung

1647   Der Tatrichter hat zunächst vom Bild der vollendeten Tat auszugehen, wie sie sich nach dem Tätervorsatz und den geplanten äußeren Umständen dargestellt hätte.[27] Dass die Tat im Versuchsstadium stecken geblieben ist, reicht selbst vor dem Hintergrund, dass der Erfolgsunwert der Versuchstat naturgemäß hinter dem der vollendeten Tat zurückbleibt, nicht aus.[28] Das Ob der Strafmilderung hängt sodann vom Ergebnis der Gesamtschau aller strafzumessungserheblichen Gesichtspunkte ab, wobei den sog **versuchsbezogenen Umständen** besondere Bedeutung zukommt. Maßgeblich sind hierbei die Nähe zur Tatvollendung, die Gefährlichkeit des Versuchs und die aufgewandte kriminelle Energie.[29] Je näher die zu beurteilende Versuchstat der Tatvollendung kommt, desto weniger rechtfertigt sich eine Strafmilderung.[30]

26. Kapitel. Besonders schwerer Fall (Abs. 3)

Schrifttum: *Callies*, Der Rechtscharakter der Regelbeispiele im Strafrecht, NJW 1998, 929; *Michalke*, Anm. zu BGH StV 1981, 278; *Vogel*, Zum Verhältnis der §§ 30 und § 30a BtMG, StraFo 1997, 265; *Oğlakcıoğlu*, Die Anwendung der Vorschriften des Allgemeinen Teils auf die Straftatbestände des Betäubungsmittelgesetzes, 2013.

Übersicht

---

[26]   BGH 23.1.1990 – 1 StR 716/89, BeckRS 1990, 31084587.
[27]   BGH 21.10.1983 – 2 StR 485/83, BGHSt 32, 133 = NStZ 1984, 73.
[28]   *Schäfer/Sander/van Gemmeren* Rn. 542.
[29]   BGH 15.9.1988 – 4 StR 352/88; 16.8.2000 – 5 StR 286/00, BeckRS 2000, 30126988.
[30]   *Schäfer/Sander/van Gemmeren* Rn. 542.

A. Überblick

I. Rechtliche Einordnung

Der besonders schwere Fall nach Abs. 3 ist **Strafzumessungsregel;** einen eigenständigen **1648**
Qualifikationstatbestand enthält er nicht.[1] Die Tat bleibt trotz der angedrohten Mindeststrafe
von einem Jahr ein **Vergehen** (§ 12 Abs. 2 StGB). Die in Abs. 3 S. 2 genannten Regelbeispiele für das Vorliegen eines besonders schweren Falls sind zwar **tatbestandsähnlich ausgestaltet,** typisieren aber lediglich Beispielsfälle, die der Gesetzgeber als besonders strafwürdig gewichtet hat und die deshalb eine höhere Strafe auslösen sollen. Der Tatrichter kann
mithin aufgrund besonderer Umstände im Einzelfall von der Anwendung des höheren
Strafrahmens absehen, obwohl die Voraussetzungen eines Regelbeispiels objektiv wie auch
subjektiv erfüllt sind. Umgekehrt kann er von einem unbenannten besonders schweren Fall
ausgehen, dies bedarf dann besonderer Ausführungen in den Urteilsgründen. Entgegen der
gesetzgeberischen Intention[2] wird das Regelbeispiel der **Gesundheitsgefährdung mehrerer Menschen** als konkretes Gefährdungsdelikt angesehen.[3]

Wegen Abs. 3 ist somit ein **zweiteiliger Gesamtstraferahmen**[4] vorgegeben, der von **1649**
der Untergrenze des Grundtatbestands von Freiheits- oder Geldstrafe bis zur absoluten
Höchstgrenze der zeitigen Freiheitsstrafe von 15 Jahren reicht.

II. Verfassungsmäßigkeit

Regelbeispiele für sich betrachtet sind **verfassungsrechtlich nicht zu beanstanden.** Das **1650**
Gebot der Gesetzesbestimmtheit gilt sowohl für den Straftatbestand (Tatbestandsbestimmtheit – nullum crimen sine lege) als auch für die Strafandrohung (nulla poena sine lege). Ob
wegen der unterschiedlichen Funktionen der einzelnen Normbestandteile (Tatbestandsbestim-
mung und Rechtsfolgenbestimmung) unter dem Gesichtspunkt des Bestimmtheitsgebots
unterschiedliche Anforderungen an die gesetzgeberische Ausgestaltung des jeweiligen Norm-
teils gestellt werden müssen, kann hier ebenso auf sich beruhen wie die Kontroverse über die
dogmatische Einordnung der Rechtsfigur „besonders schwerer Fall". Denn unabhängig davon,
ob man diese Rechtsfigur dem Bereich der Strafbemessungsregeln oder demjenigen der Straf-
voraussetzungen zuordnet, sind die in Abs. 3 genannten Merkmalen klar umrissen und genügen damit dem Bestimmtheitsgebot.[5] Dass bestimmte Merkmale auf einige der Tathandlungen
schlicht nicht passen (und der Bezugsrahmen im Sinne einer systematisch stimmigen Rechtsanwendung eingeschränkt werden müsste), steht auf einem anderen Blatt.

Da es sich bei Regelbeispielen um „Handlungsanweisungen" für den Tatrichter handelt, **1651**
gelten systematische wie auch grammatische Erwägungen hinsichtlich der Auslegung von
Regelbeispielen nicht in demselben strikten Maße wie bei der Anwendung von Straftatbe-
standsmerkmalen. Außerdem wird dem Tatrichter eine Einschätzungsprärogative zugestanden, so dass auch der verfassungsrechtliche Prüfungsmaßstab eingeschränkt wird. Dies wird
an einer der wenigen Entscheidungen des BVerfG speziell zum besonders schweren Fall des
§ 29 deutlich,[6] als sich die Frage stellte, ob der in § 29 Abs. 3 S. 2 Nr. 4 aF (heute: § 29a

---

[1] BGH 17.9.1993 – 4 StR 509/93, NStZ 1994, 39; 27.9.1995 – 2 StR 434/95, NStZ-RR 1996, 47;
14.1.2000 – 3 StR 553/99, BeckRS 2000, 30090593; 20.2.2001 – 4 StR 542/00, BeckRS 2001, 30162691.
[2] BT-Drs. VI/1877, 9.
[3] *Joachimski/Haumer* Rn. 167.
[4] Vgl. *Zipf* NStZ 1984, 359 zu BGH 21.12.1983 – 3 StR 437/82, NStZ 1983, 218 (zu §§ 250, 255 StGB).
[5] BVerfG 21.6.1977 – 2 BvR 308/77, BVerfGE 45, 371 = NJW 1977, 1815.
[6] BVerfG 14.3.1991 – 2 BvR 337/91, NJW 1991, 2823.

Abs. 1 Nr. 1) enthaltene Begriff der **Abgabe auch die Tathandlung des Veräußerns** umfasst. Der Umstand, dass das Gesetz in Abs. 1 S. 1 Nr. 1 zwischen Veräußerung und Abgabe unterscheidet, dort also der Begriff der Abgabe nicht die Veräußerung mit umfasst, nötige nicht dazu, den Begriff der Abgabe in Abs. 3 S. 2 Nr. 4 im selben einschränkenden Sinne zu verstehen, wenn Schutzzweck der Norm, Normzusammenhang und Entstehungsgeschichte für eine weitere Interpretation sprechen. Schutzzweck der erhöhten Strafandrohung ist es nach den einleuchtenden Darlegungen des BGH,[7] jedwede mit Gewahrsamsüberlassung verbundene Verschiebung großer Mengen von BtM zu bekämpfen; demgemäß ist der Gesetzgeber ausweislich der vom Bundesgerichtshof angeführten Gesetzgebungsmaterialien bei der Fassung des § 29 davon ausgegangen, dass der Begriff der Abgabe auch die Veräußerung umfasse.

III. Kriminalpolitische Bedeutung

1652   Während sich glücklicherweise die Gesundheitsgefährdung mehrerer Menschen durch BtM-Verstöße im Promillebereich hält, kommt der gewerbsmäßigen Begehungsweise durchaus praktische Bedeutung zu, wie sich den Erhebungen des **Statistischen Bundesamtes**[8] entnehmen lässt. In der PKS ist der besonders schwere Fall (im Hinblick auf seine Rechtsnatur nachvollziehbar) nicht aufgeführt.

	2009	2010	2011	2012	2013	2014
Straftaten nach dem BtMG insgesamt	49.358	44.919	45.250	43.357	43.567	46.118
§ 29 Abs. 3 Nr. 1	1.097	1.229	1.169	1.124	1.046	979
§ 29 Abs. 3 Nr. 2	9	13	13	10	8	13

IV. Rechtsentwicklung

1653   **1. Einfluss internationaler Übereinkommen.** Nach Art. 3 Abs. 5 Übk. 1988 haben die Vertragsparteien dafür zu sorgen, dass ihre Gerichte tatsächliche Umstände in Betracht ziehen können, welche die Begehung der im Übk. umschriebenen Straftaten besonders schwerwiegend machen.

1654   **2. Innerstaatliches Recht.** Der Regelungstechnik des besonders schweren Falls bediente sich der Gesetzgeber erstmals im BtMG 1972 (li. Spalte). Im BtMG 1982 (mittlere Spalte) hat er bestimmte Begehungsweisen als besonders schwere Fälle beibehalten, andere zu Verbrechen aufgestuft. Nach dem OrgKG (re. Spalte) sind als besonders schwere Fälle heute noch das gewerbsmäßige Handeln und die Gesundheitsgefährdung mehrerer Menschen verblieben, alle übrigen zuvor als besonders schwere Fälle angesehenen Regelbeispiele wurden – mit Ausnahme des schon 1982 gestrichenen Versteckthaltens bei der Einfuhr – zu Tatbestandsmerkmalen der Qualifikationen aufgestuft.

§ 11 Abs. 4 BtMG 1972	§ 29 Abs. 3 BtMG 1982	§ 29 Abs. 3 BtMG 2012
[Nr. 4] in den Fällen des Abs. 1 Nr. 1, 2, 6a, 7 oder 8 **gewerbsmäßig** handelt	[Nr. 1] in den Fällen des Abs. 1 Nr. 1, 4, 5, 6 oder 10 **gewerbsmäßig** handelt	[Nr. 1] in den Fällen des Abs. 1 S. 1 Nr. 1, 5, 6, 10, 11 oder 13 **gewerbsmäßig** handelt
[Nr. 1] durch eine in Abs. 1 Nr. 1 oder 6 Buchstabe a bezeichneten Handlungen die **Gesundheit mehrerer Menschen** gefährdet	[Nr. 2] durch eine in Abs. 1 Nr. 1, 6 oder 7 bezeichneten Handlungen die **Gesundheit mehrerer Menschen** gefährdet	[Nr. 2] durch eine in Abs. 1 S. 1 Nr. 1, 6 oder 7 bezeichneten Handlungen die **Gesundheit mehrerer Menschen** gefährdet

---

[7] BGH 18.1.1991 – 2 StR 594/90.
[8] Strafverfolgung – Verurteile (Tabelle 2 – bis einschl. 2005 ohne neue Bundesländer aber einschließlich Gesamt-Berlin).

§ 11 Abs. 4 BtMG 1972	§ 29 Abs. 3 BtMG 1982	§ 29 Abs. 3 BtMG 2012
[Nr. 2] durch eine der in Abs. 1 Nr. 1, 3, 6 Buchstabe a oder 7 bis 10 bezeichneten Handlungen einen anderen in die **Gefahr des Todes** bringt	Verbrechen, § 30 Abs. 1 Nr. 3 (aber reduziert auf Abs. 1 Nr. 6 Buchst. b [Verabreichen, Überlassen zum unmittelbaren Verbrauch])	Verbrechen, § 30 Abs. 1 Nr. 3 (erweitert um Abgabe), aber **Todeseintritt**
[Nr. 3] als Erwachsener wiederholt Betäubungsmittel **an Personen unter 18 Jahren abgibt** oder ihnen verabreicht	[Nr. 3] als Person über 21 Jahre BtM an eine Person unter 18 Jahren abgibt, verabreicht oder zum unmittelbaren Verbrauch überlässt; **bei gewerbsmäßigem Handeln: Verbrechen, § 30 Abs. 1 Nr. 2**	Verbrechen, § 29a Abs. 1 Nr. 1; bei gewerbsmäßigem Handeln: **Verbrechen** mit nochmals erhöhtem Strafrahmen, § 30 Abs. 1 Nr. 2
[Nr. 4] in den Fällen des Abs. 1 Nr. 1, 2, 6 Buchstabe a, 7 oder 8 als Mitglied einer **Bande** handelt, die sich zur fortgesetzten Begehung solcher Straftaten verbunden hat	**Verbrechen, § 30 Abs. 1 Nr. 1** (erweitert um Sichverschaffen in sonstiger Weise; reduziert um die Durchfuhr, Verabreichung, Überlassung zum unmittelbaren Verbrauch, Schaffen einer Absatz-, Erwerbs- oder Verbrauchsgelegenheit)	**Verbrechen, § 30 Abs. 1 Nr. 1**
[Nr. 5] BtM in nicht geringen Mengen besitzt oder abgibt	[Nr. 4] mit Betäubungsmitteln in nicht geringer Menge Handel treibt, sie in nicht geringer Menge besitzt oder abgibt	Verbrechen, § 29a Abs. 1 Nr. 2 (erweitert um Herstellung)
[Nr. 6a] BtM in nicht geringen Mengen einführt, um sie in den Verkehr zu bringen	Verbrechen, § 30 Abs. 1 Nr. 4	Verbrechen, § 30 Abs. 1 Nr. 4
[Nr. 6b] BtM bei der Einfuhr durch besonders angebrachte Vorrichtungen verheimlicht oder an schwer zugänglicher Stelle versteckt hält	————————	————————

B. Erläuterung

I. Strafrahmenbestimmung

Der Strafzumessung im engeren Sinne hat stets die Festlegung des in Betracht kommenden Strafrahmens vorauszugehen.[9] Erster Schritt ist dabei die Prüfung der Voraussetzungen für die Annahme oder den Ausschluss eines besonders schweren Falles.[10]   **1655**

---

[9] *Schäfer/Sander/van Gemmeren* Rn. 487.
[10] BGH 18.12.2001 – 1 StR 444/01, NJW 2002, 908.

1656   **1. Besonders schwerer Fall. a) Begriff.** Ein besonders schwerer Fall ist anzunehmen, wenn das gesamte Tatbild einschließlich aller subjektiven Momente und der Täterpersönlichkeit vom Durchschnitt der erfahrungsgemäß vorkommenden Fälle in einem Maße abweicht, dass die Anwendung des Ausnahmestrafrahmens geboten erscheinen lässt.[11]

1657   **b) Regelbeispiele.** Die Annahme eines besonders schweren Falles liegt dabei stets dann nahe, wenn der Täter eines der Regelbeispiele verwirklicht hat. In diesem Fall muss sich der Tatrichter damit auseinandersetzen, ob die Tat aus dem Normal- oder dem Sonderstrafrahmen geahndet werden soll, weil eine **gesetzliche Vermutung für einen gegenüber dem Normaltatbestand gesteigerten Unrechts- und Schuldgehalt** besteht.

1658   **c) Prüfungsreihenfolge.** Enthält die Strafvorschrift ein Regelbeispiel für einen besonders schweren Fall, ist auf der **ersten Stufe** zu prüfen, ob dessen Merkmale erfüllt sind. Da die in Abs. 3 enthaltenen Regelbeispiele tatbestandsähnlich ausgestaltet sind, können sie nur einschlägig sein, wenn sich auch der Vorsatz des Täters auf sie bezieht.[12] Allerdings kann die indizielle Bedeutung eines Regelbeispiels in Abs. 3 im Rahmen einer Gesamtwürdigung durch andere, erheblich schuldmindernde Umstände kompensiert werden mit der Folge, dass auf den normalen Strafrahmen zurückzugreifen ist.[13] Deshalb sind auf einer **zweiten Stufe** das Tatgeschehen und die Täterpersönlichkeit – wie beim minder schweren Fall – daraufhin zu untersuchen, ob gewichtige (zB gesetzlich vertypte) Milderungsgründe vorliegen. Erst danach lässt sich der Strafrahmen bestimmen.

1659   **d) Strafrahmenbestimmung.** Je nach dem Gewicht, das bei Vorliegen von Milderungsgründen diesen beigemessen wird, ergeben sich unterschiedliche Strafrahmen. Liegt ein Regelbeispiel für einen besonders schweren Fall vor und **fehlen gewichtige Milderungsgründe**, ist der Sonderstrafrahmen anzuwenden.[14] Kommt dem Täter hingegen bei Vorliegen eines Regelbeispiels für einen besonders schweren Fall ein **(gesetzlich vertypter) Milderungsgrund** zu gute, kann dies dazu führen, dass entweder der Normalstrafrahmen zugrunde zu legen ist oder der Sonderstrafrahmen nach § 49 StGB gemildert werden muss.[15] Will der Tatrichter bei vergleichsweise geringfügigen Verkaufsmengen von Cannabis den erhöhten Strafrahmen zu Grunde legen, muss er dies im Urteil verständlich machen.[16]

1660   **2. Gewerbsmäßiges Handeln.** Nach hM[17] handelt gewerbsmäßig, wer sich **durch wiederholte Tatbegehung eine fortlaufende Einnahmequelle von einiger Dauer und einigem Umfang verschaffen** will. Zu den einzelnen Komponenten der Gewerbsmäßigkeit, insbesondere der Wiederholungs-[18] und Einnahmeerzielungsabsicht[19] wird auf die ausführliche Darstellung zum unerlaubten Handeltreiben verwiesen. Der Sonderstrafrahmen des Abs. 3 ist jedoch auch bei gewerbsmäßigem Handeln nicht zwingend anzuwenden. Hat der Täter nur mit kleineren Mengen weicher Drogen gehandelt, wobei er nur einen geringen Gewinn erzielt hatte, und erfolgte Abgabe an einen langjährigen Konsumenten, kann dies die Anwendung des Normalstrafrahmens rechtfertigen.[20]

1661   **3. Gesundheitsgefährdung mehrerer Menschen.** Gesundheitsgefährdung mehrerer Menschen als Regelbeispiel für einen besonders schweren Fall sieht das Gesetz bei den Begehungsweisen Abgeben in einer Apotheke, Abgeben, Anbauen, Ausführen, Einführen, Erwerben, Handeltreiben, Herstellen, Sichverschaffen in sonstiger Weise, Sonstiges

---

[11] BGH 17.9.1980 – 2 StR 355/80, BGHSt 29, 319 = NJW 1981, 692.
[12] *Schäfer/Sander/van Gemmeren* Rn. 603.
[13] BGH 17.9.1997 – 2 StR 390/97, BeckRS 1997, 07438; 9.8.2000 – 3 StR 133/00, NStZ 2001, 42.
[14] BGH 25.3.1998 – 1 StR 116/98, NStZ-RR 1998, 299.
[15] *Schäfer/Sander/van Gemmeren* Rn. 604.
[16] BGH 28.3.2006 – 4 StR 42/06, NStZ-RR 2006, 220.
[17] BGH 20.9.2000 – 5 StR 243/00, BeckRS 2000, 30132248 = StV 2001, 461; BayObLG 30.5.1990 – RReg 4 St 105/90; *Weber* Rn. 1701.
[18] → Rn. 559 ff.
[19] → Rn. 565 ff.
[20] AG Münster 2.7.2007 – 11 Ls 260 Js 284/06 – 159/06, JurionRS 2007, 35578.

In-Verkehr-Bringen, Überlassen zum unmittelbaren Verbrauch, Verabreichen, Veräußern und Verschreiben vor. Das Regelbeispiel erfüllt, wer durch **eine (Tat-) Handlung die Gesundheit von mindestens zwei Menschen gefährdet.**[21] Menschliche Gesundheit ist hier im Sinne physischer wie psychischer Integrität zu verstehen. Diese Integrität ist tangiert, wenn ein Zustand herbeigeführt wird, bei dem die Möglichkeit einer Erkrankung nahe- oder zumindest nicht fern liegt[22] bzw. ernstlich zu befürchten ist.[23] Eine entfernte Gefahr genügt nicht.[24] Allerdings reicht die Möglichkeit einer durch die Aufnahme des Rauschmittels verursachten Intoxikationspsychose und die Befürchtung eines durch den Konsum mitbedingten Verharrens in der Sucht nicht aus; erforderlich sind Gefährdungen, die über die mit der Rauschmitteleinnahme typischerweise verbundenen hinausreichen.[25]

Das Regelbeispiel wird nur dann erfüllt, wenn die Gesundheitsgefährdung Mehrerer **1662** durch die Verwirklichung **eines Handlungsakts** aus dem Katalog der genannten Grundtatbestände unmittelbar eintritt. Deshalb erscheinen die Abfassung von Abs. 3 S. 2 Nr. 2 und vor allem der darin enthaltene Katalog von Tatbegehungsweisen letztlich **wenig durchdacht;** denn eine unmittelbare Gesundheitsgefährdung mehrerer Menschen kann praktisch nur durch die Tatbestandsverwirklichung des **Herstellens** und des **Sonstigen In-Verkehr-Bringens** eintreten, wenn beispielsweise im letztgenannten Fall der Entäußernde das BtM irgendwo zurücklässt, und es von mehreren aufgefunden und aufgeteilt wird oder es durch den Herstellungsprozess (zB Austreten giftiger Dämpfe usw) zur Gesundheitsgefährdung Mehrerer kommt. Auch die Weitergabedelikte **Abgabe, Veräußerung** und **Handeltreiben** eignen sich nicht dazu, eine unmittelbare Gesundheitsgefährdung Mehrerer herbeizuführen. Dies gilt auch für den Dealer, der einem Erwerber BtM in dem Bewusstsein verkauft, dass dieser für einen Einkaufpool auftritt, da eine von den BtM ausgehende Gesundheitsgefährdung bei den weiteren Mitgliedern des Pools erst deren Übergabe an sie durch den Erwerber voraussetzt. Auch das **Anbauen** von BtM, das **Aus-, Ein- und Durchführen,** das **Verschreiben, Verabreichen, Überlassen zum unmittelbaren Verbrauch** oder **Abgeben außerhalb einer Apotheke** führen ohne weiteren Zwischenakt ebenso wenig zu einer unmittelbaren Drittgefährdung wie das **Erwerben** oder **Sichverschaffen in sonstiger Weise,** weshalb – was sich nicht zuletzt aus den geringen Verurteilungszahlen ergibt – das Regelbeispiel überwiegend ins Leere geht.

4. Unbenannter besonders schwerer Fall. Die Existenz des unbenannten besonders **1663** schweren Falles ergibt sich aus Abs. 3 S. 1 im Kontext zu S. 2 („insbesondere"). Er ist bei sämtlichen Begehungsweisen des Abs. 1 S. 1 möglich, da die Regelbeispiele keinen abschließenden Katalog erhöhter Strafwürdigkeit darstellen.[26] Unbenannte Regelbeispiele kommen auch bei denjenigen Modalitäten in Betracht, auf welche sich die benannten Beispiele nicht beziehen, also auch beim Herstellen ausgenommener Zubereitungen, Besitzen, Werben, dem Erschleichen einer Verschreibung, Auffordern zum unbefugten Verbrauch und dem Zuwiderhandeln gegen Rechtsverordnungen.

a) Feststellung eines unbenannten besonders schweren Falles. Bei der Feststellung **1664** eines unbenannten besonders schweren Falles bedarf es einer noch umfangreicheren Würdigung des Tatgeschehens und der Täterpersönlichkeit als bei den Regelbeispielen. Sie verlangt zunächst, dass das gesamte Tatbild einschließlich aller subjektiven Momente und der Täterpersönlichkeit vom Durchschnitt der erfahrungsgemäß vorkommenden Fälle in einem Maße abweicht, das die Anwendung des Ausnahmestrafrahmens geboten erscheinen lässt. Die Regelbeispiele entfalten dabei **Analogie- und Gegenschlusswirkung** in dem Sinne,

---

[21] *Weber* Rn. 1723 ff.
[22] *Weber* Rn. 1725.
[23] Vgl. Franke/*Wienroeder* Rn. 226; Hügel/Junge/*Winkler* Rn. 28.2; *Weber* Rn. 1724.
[24] BGH 5.3.1969 – 4 StR 375/68, BGHSt 22, 341 (345) = NJW 1969, 939 zur Gefährdung iSd § 1 StVO.
[25] BGH 5.8.2009 – 5 StR 248/09, NStZ 2010, 170.
[26] *Schäfer/Sander/van Gemmeren* Rn. 607.

dass eine Tat, die entweder nur marginal von einem Regelbeispiel abweicht oder in ihrem Unwertgehalt dem des Regelbeispiels nahe- oder gleichkommt, zur Annahme eines besonders schweren Falles führen kann. **In der Regel reicht das Vorliegen eines (einzelnen) Erschwerungsgrundes allerdings nicht aus.**[27]

1665   Mit der Ratifizierung des Übk. 1988 hat die Bundesrepublik anerkannt, dass die im Übk. enthaltenen Strafschärfungserwägungen zu Bestandteilen des deutschen Strafzumessungsrechts werden.[28] Nach Art. 3 Abs. 5 Übk. 1988 sorgen die Vertragsparteien dafür, *dass ihre Gerichte … tatsächliche Umstände in Betracht ziehen können, welche die Begehung der in Übereinstimmung mit Art. 5 Abs. 1 umschriebenen Straftaten besonders schwerwiegend machen, wie etwa …*

(a) *die Mitwirkung des Täters an anderen rechtswidrigen Tätigkeiten, die durch die Begehung der (BtM-) Straftat erleichtert werden, …*

(b) *den Umstand, dass ein Täter ein öffentliches Amt bekleidet und die Straftat mit diesem Amt im Zusammenhang steht,*

(c) *den Umstand, dass Minderjährige in Mitleidenschaft gezogen oder benutzt werden,*

(d) *den Umstand, dass die Straftat in einer Strafvollzugsanstalt, einer Einrichtung des Bildungs- oder Sozialwesens oder in deren unmittelbarer Nähe oder an anderen Orten begangen wird, wo sich Schüler oder Studenten zum Zweck der Bildung, des Sports oder zu gesellschaftlichen Tätigkeiten aufhalten.*

1666   Vor diesem Hintergrund lassen sich BtM-Straftaten, die ohne Regelbeispiel zur Annahme eines besonders schweren Falles führen können, wie folgt kategorisieren:

In der Nähe bestimmter Einrichtungen,	an sog „sensiblen Orten" wie Discotheken, Jugendheimen, Jugendwohnungen, Justizvollzugsanstalten, Kasernen, Kindergärten, Kindertagesstätten, Krankenhäusern, Schulen, Schulhöfen, Spielplätzen;[29] Körner/*Patzak* warnen in Bezug auf den Umgang mit BtM **unter Schülern** mit Recht vor einer „Kriminalisierung über Gebühr" und schlagen vor, es in diesen Fällen bei der Anwendung von § 29 Abs. 1, Abs. 5 zu belassen;[30]
durch bestimmte Berufsgruppen,	sofern sie ein öffentliches Amt bekleiden wie Richter, Beamte und Angestellte des Öffentlichen Dienstes (§ 11 Abs. 1 Nr. 2–4 StGB), auch Diplomaten,[31] wobei die **berufliche Stellung** des Täters jedoch nur in dem Maße an Bedeutung gewinnt, in dem ein innerer, das Maß der Pflichtwidrigkeit erhöhender Zusammenhang zwischen dem Beruf und Tat besteht.[32] Bei **Ärzten,** die nicht dem Öffentlichen Dienst angehören, lässt sich die Anwendung von Abs. 3 S. 3 jedenfalls nicht auf das Übk. stützen;[33]
zum Nachteil Minderjähriger,	wenn die Mutter auf dem Balkon Cannabispflanzen anbaut, von denen sich ihre minderjährigen Kinder problemlos bedienen können.[34]
als Vortaten	zu anderen Straftaten, insbesondere zur Geldwäsche (§ 261 StGB) oder das Eintauschen einer Waffe, mit Hilfe derer dann ein Verbrechen verübt wird.

1667   Erscheint die BtM-Straftat deshalb als besonders schwerwiegend, weil **zugleich eine andere Straftat begangen** wurde, muss geprüft werden, ob die Forderungen des Übk.

---

[27] *Schäfer/Sander/van Gemmeren* Rn. 599; *Weber* Rn. 1683.
[28] *Weber* Rn. 1685.
[29] KPV/*Patzak* Teil 27 Rn. 50.
[30] KPV/*Patzak* Teil 27 Rn. 51.
[31] *Körner* (VI) Rn. 1173.
[32] BGH 20.10.1999 – 3 StR 324/99, NStZ 2000, 137.
[33] AA KPV/*Patzak* Teil 27 Rn. 56.
[34] AG Bitburg 5.9.2007 – 8004 Js 6501/06 – 3 Ls, NStZ 2008, 472.

nach einer erhöhten Strafbarkeit nicht bereits durch das allgemeine Strafrecht iVm §§ 52, 53 StGB erfüllt sind (→ Rn. 1717 ff.). Ein unbenannter besonders schwerer Fall kommt auch in Betracht, wenn der Täter **Waffen oder sonstige Gegenstände,** die zur Verletzung anderer bestimmt sind, mit sich führt, der Qualifikationstatbestand des § 30a Abs. 2 Nr. 2 allerdings daran scheitert, dass der Täter nicht mit nicht geringen Mengen Handel treibt.[35]

b) Ausschluss unbenannter besonders schwerer Fälle aus Rechtsgründen. Auch 1668 mit Hilfe der im Übk. 1988 genannten **weiteren Strafschärfungserwägungen** lassen sich besonders schwere Fälle außerhalb der Regelbeispiele jeweils aus Rechtsgründen dort nicht annehmen, wo die Bundesrepublik den Verpflichtungen des Übk. bereits durch Ausgestaltung bestimmter Begehungsweisen als Verbrechenstatbestände nachgekommen ist. Soweit Art. 3 Abs. 5 Übk. 1988 Strafschärfungen für den Bereich der organisierten Kriminalität fordert,[36] ist das Übk. durch die §§ 30 Abs. 1 Nr. 1, 30a Abs. 1, 30b umgesetzt. Der bewaffnete Umgang mit BtM in Normalmenge[37] ermöglicht die Ahndung sowohl nach dem BtMG als auch nach dem WaffG, weshalb es auch hier eines unbenannten besonders schweren Falls nicht bedarf.[38] Gleiches gilt, wenn der BtM-Täter psychische oder physische Gewalt anwendet;[39] denn er macht sich dadurch auch wegen Nötigung und/oder Körperverletzung strafbar. Ersteres ua auch dann, wenn er mit Hilfe einer Scheinwaffe den Widerstand des Tatopfers überwinden will (vgl. § 240 Abs. 4 StGB). Soweit das Übk. die zwingende strafschärfende Berücksichtigung **früherer Verurteilungen** im In- oder Ausland, insbesondere wegen BtM-Straftaten, fordert,[40] scheitert dies nach deutschem Recht an der Anknüpfung der Strafrahmenwahl an der Tat,[41] kann jedoch im Rahmen des § 46 Abs. 2 StGB („Vorleben") straferhöhend berücksichtigt werden.

Aus Rechtsgründen ausgeschlossen sind unbenannte besonders schwere Fälle des 1669 Umgangs mit **BtM in nicht geringer Menge,** da sie ebenfalls bereits als Verbrechenstatbestände ausgestaltet sind.

c) Fehlerhafte Annahme eines unbenannten besonders schweren Falles. Die 1670 Analogie- bzw. Gegenschlusswirkung der Regelbeispiele darf nicht zur vorschnellen Annahme eines unbenannten besonders schweren Falles führen. Die rechtlichen Grenzen liegen dabei zum einen in den Konkurrenzverhältnissen, zum anderen in fundamentalen Strafzumessungsgrundsätzen wie etwa, dass das Fehlen eines Strafmilderungsgrundes nicht zur Strafschärfung herangezogen oder ein Merkmal des gesetzlichen Tatbestands nicht doppelt verwertet werden darf.

aa) Gefährdung Einzelner. Hält der Gesetzgeber im Regelbeispiel des Abs. 3 S. 2 1671 Nr. 2 die Gesundheitsgefährdung **mehrerer Menschen** für besonders strafwürdig, kann ein unbenannter besonders schwerer Fall nicht bei der Gesundheitsgefährdung nur **eines Menschen** angenommen werden, mag auch die Gefährdungslage bei einem Körperschmuggler[42] extrem hoch sein.

bb) Art und Gefährlichkeit des BtM. Das unerlaubte Handeltreiben mit Heroin oder 1672 Kokain bildet den gesetzlichen Tatbestand des Abs. 1 S. 1 Nr. 1. Der strafschärfenden Berücksichtigung der gehandelten BtM soll zwar § 46 Abs. 3 StGB nicht entgegenstehen;[43] aus der Aufnahme aller BtM in die Positivliste der Anlagen I–III zu § 1 Abs. 1 folgt jedoch

---

[35] BGH 8.10.2014 – 1 StR 350/14, NStZ-RR 2015, 14 (Ls), BeckRS 2014, 21422.
[36] Art. 3 Abs. 5 Buchst. a, b Übk. 1988.
[37] Art. 3 Abs. 5 Buchst. d Übk. 1988.
[38] Vgl. aber BGH 8.10.2014 – 1 StR 350/14, NStZ-RR 2015, 14 (Ls), BeckRS 2014, 21422.
[39] Art. 3 Abs. 5 Buchst. d Übk. 1988.
[40] Art. 3 Abs. 5 Buchst. h Übk. 1988.
[41] *Weber* Rn. 1687 mwN.
[42] *Körner* (VI) Rn. 1172.
[43] Bedenklich: BGH 17.12.1980 – 2 StR 540/80, MDR 1981, 883 (*Schmidt* [23, 24]) zu Heroin, da das BtMG – im Unterschied zu anderen Rechtsordnungen – nicht zwischen harten und weichen Drogen unterscheidet.

bereits deren gesetzgeberische Berücksichtigung bei der Ausgestaltung der Grundtatbestände, so dass allein aus der Stoffgefährlichkeit nicht auf einen unbenannten besonders schweren Fall geschlossen werden kann. Ein Anspruch des Erwerbers auf ungefährliche oder nicht verunreinigte BtM besteht nicht, weshalb auch die Weitergabe von schlechten oder gefährlichen Stoffgemischen zwar im Rahmen der allgemeinen Strafzumessungserwägungen (§ 46 Abs. 2 StGB: „Tatauswirkungen") berücksichtigt werden kann, nicht aber die Annahme eines besonders schweren Falls zu begründen vermag.

1673   **cc) Menge des BtM.** Das BtM-Recht kennt nur drei Mengenbegriffe, die geringe, die normale und die nicht geringe Menge. Soll die Veräußerung einer „großen" Menge (zwischen normaler und nicht geringer Menge) Anlass zur Annahme eines unbenannten besonders schweren Falles sein, würde damit nicht nur ein vierter Mengenbegriff, nämlich der des besonders schweren Falles eingeführt; die Auffassung würde sich auch in Widerspruch zu der vom Gesetzgeber vorgenommenen Wertung insgesamt setzen. Soweit selbst in der Rechtsprechung der Begriff einer „übergroßen" Menge auftauchte, findet sich – nicht zuletzt wegen der Verwirklichung eines Verbrechenstatbestandes – keinerlei Hinweis auf das Erfordernis der Anwendung von Abs. 3 S. 1. Solch eine „übergroße" oder atypische Menge dürfte ohnehin erst bei der Strafzumessung i.e.S. zum verwirklichten Handeltreiben in nicht geringen Mengen eine Rolle spielen.

1674   **dd) Umfang und Dauer der Tatbestandsverwirklichung.** Die Heranziehung von Umfang und Dauer scheitert dort aus rechtlichen Gründen, wo der Gesetzgeber zB gewerbsmäßiges Handeln nicht für besonders strafwürdig iS von Abs. 3 S. 2 Nr. 1 gehalten hat (beredtes Schweigen des Gesetzgebers). Rein praktisch lässt sich eine zur Annahme eines unbenannten besonders schweren Falles[44] führende Fallgestaltung auch deshalb kaum vorstellen, weil gerade Umfang und Dauer der Tatbestandsverwirklichung in der Regel zur Annahme eines (gewerbsmäßigen) Handeltreibens führen.

1675   **ee) Professionalität der Tatbestandsverwirklichung.** Die Professionalität, mit der eine BtM-Straftat verwirklicht wird, eignet sich ebenso wenig zur Annahme eines unbenannten besonders schweren Falles. Meist führt die mehr oder weniger „professionell durchgeführte Tat" erst zum Handeltreiben, weswegen ihre strafschärfende Berücksichtigung durch § 46 Abs. 3 StGB ausgeschlossen ist. Ggf. stehen ihr – wie etwa bei der Einfuhr zum Eigenverbrauch – Milderungsgründe gegenüber, die die Wahl des Sonderstrafrahmens nicht nahe legen.

1676   **ff) Verwerflichkeit der Tatbestandsverwirklichung.** Tatmodalitäten, die keinen anderen Straftatbestand verwirklichen (da bei tateinheitlicher Verurteilung und der daraus folgenden Strafschärfung dieser Gesichtspunkt doppelt verwertet werden würde), die aber missbilligenswert sind (zB Verwerflichkeit der Verkaufs*methode*,[45]), sollen nicht nur strafschärfend wirken, sondern auch zur Strafrahmenerhöhung führen können. Auch diese „Fortschreibung" ist abzulehnen, da bereits der Begriff des Handeltreibens nach seinem Wortsinn den „Verkauf" in Gewinnerzielungsabsicht umfasst. Wird der Käufer betrogen, macht sich der Verkäufer tateinheitlich des Betrugs[46] schuldig.

1677   **gg) Verwirklichung mehrerer Straftatbestände.** Besticht der Einfuhrtäter einen Zollbeamten, damit er das BtM ungestört über die Grenze bringen kann, begeht er neben der unerlaubten Einfuhr **Bestechung** (§ 334 StGB). Dabei handelt es sich jedoch nicht um einen unbenannten besonders schweren Fall der Einfuhr.[47] Dem höheren Unwertge-

---

[44] *Körner* (VI) Rn. 107 zum Anbau.
[45] BGH 30.1.1980 – 3 StR 471/79, NJW 1980, 1344 unter Berufung auf BGH 4.4.1978 – 1 StR 48/78, der allerdings auch nicht ausführt, worin die Verwerflichkeit in der Verkaufsmethode im abgeurteilten Fall bestanden hatte.
[46] S. hierzu BGH 12.3.2002 – 3 StR 4/02, NJW 2002, 2117; 7.8.2003 – 3 StR 137/03, NJW 2003, 3283; *Swoboda* NStZ 2005, 476; vgl. nunmehr aber BGH 1.6.2016 – 2 StR 335/15.
[47] AA *Körner* (VI) Rn. 1174.

halt des gesamten Tatgeschehens wird vielmehr bereits durch Anwendung von § 53 StGB Rechnung getragen, der andernfalls funktionslos bliebe. Auch eine Berufung auf das Übk. 1988 ist insoweit nicht möglich, da dort[48] Strafschärfung für die Mitwirkung des Täters an anderen rechtswidrigen Tätigkeiten gefordert ist, die durch die Begehung der (BtM-) Straftat erleichtert werden, wohingegen vorliegend gerade die Bestechung die Einfuhr erleichtert.

Der gleichzeitigen Verletzung anderer Strafgesetze durch die BtM-Straftat trägt § 52 StGB **1678** Rechnung. Dabei wird die Strafe nach dem Gesetz bestimmt, das die schwerere Strafe androht (§ 52 Abs. 2 S. 1 StGB) und ggf. wegen der anderen Tat erhöht. Verschreibt oder verabreicht der Arzt BtM und macht er dadurch eine nicht Drogen konsumierende Person süchtig,[49] begeht er neben dem BtM-Delikt **gefährliche Körperverletzung** (§ 224 Abs. 1 Nr. 1 StGB). Der dadurch zur Verfügung stehende Strafrahmen des § 224 Abs. 1 StGB von sechs Monaten bis zu zehn Jahren reicht in der Regel aus, so dass der Arzt keinen unbenannten besonders schweren Fall des § 29 Abs. 1 S. 1 Nr. 6 verwirklicht.

Wer beim Herstellen von BtM zugleich **Umweltstraftaten** begeht, verwirklicht neben **1679** der BtM-Straftat gleichzeitig ein Umweltdelikt (§§ 324 ff. StGB). Je nach Fallgestaltung kann dabei ein besonders schwerer Fall einer Umweltstraftat (zB § 330 Abs. 1 S. 2 Nr. 4 StGB) vorliegen (Strafrahmen: sechs Monate bis zehn Jahre), weshalb die Heranziehung des Sonderstrafrahmens nach Abs. 3 nicht geboten ist. Auch der von *Körner*[50] mitgeteilte Fall eines südamerikanischen Cocabauern, der **dort** zur Erzielung hoher Ernteerträge und zur Wirkstoffsteigerung Chemikalien einsetzt und dadurch Gewässer vergiftet, Pflanzen, Fische und sonstige Tiere vernichtet, die Gesundheit seiner Landarbeiter massiv schädigt usw, stellt keinen **unbenannten** besonders schweren Fall des Anbaus, sondern jeweils einen **benann-ten** dar. Der Anbau ist Teil des unerlaubten Handeltreibens, die BtM-Tat damit nach § 6 Nr. 5 StGB, die Umweltstraftat nach § 5 Nr. 11 StGB in Deutschland strafbar, da sowohl das Regelbeispiel der Gewerbsmäßigkeit als auch das der Gesundheitsgefährdung mehrerer Menschen erfüllt sind.

hh) Selbstbegünstigende Tatmodalitäten. Hält der Straßenhändler Kokain-Bubbles **1680** **im Mund**[51] **vorrätig,** die er bei Gefahr der Entdeckung verschluckt, oder schmuggelt ein Mädchen **in ihrer Scheide in einem Kondom verpacktes BtM,**[52] legt dies ebenso wenig die Anwendung des Sonderstrafrahmens nahe. Mit Inkrafttreten des BtMG 1982 ist der zuvor im Zusammenhang mit der Einfuhr bestehende besonders schwere Fall der Verheimlichung durch besonders angebrachte Vorrichtungen oder des Versteckthaltens an schwer zugänglicher Stelle (§ 11 Abs. 4 Nr. 6b BtMG 1972) ersatzlos entfallen. Die Wiedereinführung eines solchen zur Annahme eines besonders schweren Falles führenden Strafschärfungsgrundes würde die Entscheidung des Gesetzgebers sozusagen durch die Hintertüre konterkarieren.[53]

ii) Mehrfache Verletzung/Verleitung des Opfers zum Kauf oder Konsum. Die **1681** mehrfache Verletzung von Abs. 1 S. 1 führt nicht per se zur Annahme eines unbenannten besonders schweren Falles. Verleitet der Händler zum unbefugten Erwerb und dadurch zum Verbrauch,[54] macht er sich zwar „nur" wegen unerlaubten Handeltreibens strafbar, das aber den Unwertgehalt der Verbrauchsverleitung bereits mit umfasst. Das Anfixen von nicht drogenabhängigen Kaufinteressenten[55] kann daher ohne Verstoß gegen § 46 Abs. 3 StGB nicht strafschärfend berücksichtigt werden.

---

[48] Art. 3 Abs. 5 Buchst. c Übk. 1988.
[49] *Körner* (VI) Rn. 1588.
[50] *Körner* (VI) Rn. 107.
[51] *Körner* (VI) Rn. 772.
[52] *Körner* (VI) Rn. 1975; *Weber* Rn. 1688.
[53] IErg ebenso BayObLG 25.2.2003 – 4St RR 17/03, BeckRS 2003 30308556 = OLGSt BtMG § 29a Nr. 5; aA KPV/*Patzak* Teil 27 Rn. 61.
[54] → Rn. 1454.
[55] *Körner* (VI) Rn. 772.

1682 Erleichtert der Täter den Konsum durch Bereitstellung von Rauchgeräten oder Spritzen außerhalb von Abs. 1 S. 2, ist der Unwertgehalt derartiger Unterstützungshandlungen vom Tatbestand des Verabreichens/Überlassens zum unmittelbaren Verbrauch mit umfasst.

1683 **5. Subjektiver Tatbestand der Regelbeispiele/des unbenannten besonders schweren Falles.** In Bezug auf die subjektive Tatseite werden die Merkmale eines Regelbeispiels wie Tatbestandsmerkmale behandelt. Dies gilt auch für die Umstände, die einen unbenannten besonders schweren Fall begründen.[56] Der (zumindest bedingte) Vorsatz des Täters muss sich daher nicht nur auf die Merkmale des Grunddelikts, sondern auch auf die das Regelbeispiel kennzeichnenden Merkmale beziehen.[57]

1684 **a) Gewerbsmäßigkeit.** Für das Regelbeispiel der Gewerbsmäßigkeit ist die Feststellung der Absicht erforderlich, dass sich der Täter durch wiederholte Tatbegehung Einnahmen verschaffen will, i.Ü. vgl. die Ausführungen bei → Rn. 557 ff.

1685 **b) Gesundheitsgefährdung mehrerer Menschen.** Bei dem Regelbeispiel der Gesundheitsgefährdung mehrerer muss sich der (zumindest bedingte) Vorsatz des Täters auf den Eintritt einer konkreten Gesundheitsgefahr für mindestens zwei andere Menschen als Folge seiner Handlung beziehen.[58] Wegen der daraus resultierenden Beweisschwierigkeiten ist die praktische Bedeutung der Vorschrift gering.

1686 **c) Unbenannter besonders schwerer Fall.** Umstände, die zur Annahme eines unbenannten besonders schweren Falles führen, können zu Lasten des Täters grundsätzlich nur dann berücksichtigt werden, wenn er auch insoweit mit (bedingtem) Vorsatz gehandelt hat.[59]

II. Teilnahme an einem Regelbeispiel/einem unbenannten besonders schweren Fall

1687 Ob die Voraussetzungen für die Annahme eines besonders schweren Falles erfüllt sind, ist bei mehreren Tatbeteiligten, gleichgültig ob Mittäter, Anstifter oder Gehilfe, **für jeden von ihnen gesondert zu prüfen.** Das Ergebnis richtet sich – wenn auch unter Berücksichtigung der Tat des oder der anderen Beteiligten – jeweils nach dem Tatbeitrag und der Person des Teilnehmers, dessen Strafe zugemessen werden soll.[60] Ein Regelbeispiel liegt bei einem Tatbeteiligten also nicht etwa schon deshalb vor, weil der Haupttäter einen besonders schweren Fall verwirklicht hat.[61] Denn für die Bewertung der Tat des Teilnehmers und den demnach zugrunde zu legenden Strafrahmen kommt es nicht in erster Linie auf die Haupttat an; entscheidend ist vielmehr, ob sich – bei Berücksichtigung des Gewichts der Haupttat – die Teilnahmehandlung selbst wegen des Umfangs des Tatbeitrags des Teilnehmers und des Maßes seiner Schuld als besonders schwerer Fall darstellt.[62] Beim **Gehilfen** darf ein besonders schwerer Fall aber nicht mit der Begründung abgelehnt werden, er habe **nur Beihilfe** geleistet und keine Einflussmöglichkeit auf die Gestaltung und Abwicklung des BtM-Geschäfts gehabt, da diese Umstände bereits zur Annahme bloßer Beihilfe (und deshalb für die obligatorische Milderung gemäß §§ 27 Abs. 2 Satz 2, 49 StGB) führen.[63] **Gewerbsmäßigkeit** ist nur dem Tatbeteiligten zuzurechnen, der **selbst „gewerbsmäßig"** handelt.[64]

---

[56] *Weber* Rn. 1694.

[57] BayObLG 26.7.1991 – RReg. 4 St 111/91 zu § 29 Abs. 3 S. 2 Nr. 4 BtMG aF.

[58] BGH 26.11.1975 – 3 StR 422/75, BGHSt 26, 344 = NJW 1976, 381.

[59] *Weber* Rn. 1729.

[60] BGH 15.4.1980 – 5 StR 135/80, BGHSt 29, 239 (244) = NJW 1980, 2204; 17.2.1982 – 3 StR 19/82, NStZ 1982, 206.

[61] BGH 15.4.1980 – 5 StR 135/80, BGHSt 29, 239 (244) = NJW 1980, 2204; 17.2.1982 – 3 StR 19/82, NStZ 1982, 206.

[62] StRspr, vgl. BGH 18.12.1985 – 2 StR 698/85; 12.10.1987 – 2 StR 499/87, NStE Nr. 27 zu § 29 BtMG; B 17.3.1989 – 2 StR 712/88.

[63] BGH 20.3.1979 – 1 StR 689/78; KPV/*Patzak* Teil 27 Rn. 64; *Joachimski*/Haumer Rn. 258; *Weber* Rn. 1762.

[64] BGH 14.4.1987 – 1 StR 163/87.

III. „Versuch" des Regelbeispiels/des unbenannten besonders schweren Falles

Rechtlich ist der „Versuch eines Regelbeispiels" ausgeschlossen, da es sich bei einem **1688** Regelbeispiel nicht um einen Qualifikationstatbestand, sondern um eine Strafzumessungsregel handelt.[65] Aufgrund der tatbestandsähnlichen Ausgestaltung der Regelbeispiele kann jedoch zu dessen Verwirklichung „unmittelbar angesetzt" werden,[66] woraus man unterschiedliche Schlüsse zieht. Verlangt man nämlich für den Eintritt der Regelwirkung die vollumfängliche Verwirklichung des Regelbeispiels,[67] wäre ein Versuch des Regelbeispiels nur in der Konstellation des **versuchten Grunddelikts** (und damit selten) vorstellbar, etwa in Form des versuchten, gewerbsmäßigen Handeltreibens.[68] Vereinzelt hat die Rechtsprechung dagegen bereits eine Teilverwirklichung bzw. das „unmittelbare Ansetzen" zu den im Regelbeispiel genannten Umständen genügen lassen, wenn das Grunddelikt ebenfalls im Versuchsstadium stecken geblieben ist.[69] Dem ist zuzustimmen. Da es bei der Gewerbsmäßigkeit als rein subjektives Merkmal nicht auf diesen Streit ankommt, darf angesichts der ohnehin geringen Bedeutung des Abs. 3 S. 1 Nr. 2 dieser Streit allerdings nicht überbewertet werden.

IV. Konkurrenzen

Tritt der Grundtatbestand gem. Abs. 1 S. 1 Nr. 1 hinter eine der Qualifikationen nach **1689** §§ 29a–30a zurück, so gilt dies auch für die Strafzumessungsregel des § 29 Abs. 3.[70] Strafzumessungsregeln sind keine Straftatbestände, die durch eine Tathandlung „verletzt" (§ 52 Abs. 1 StGB) werden könnten.[71] Liegt daher zB Handeltreiben mit BtM in nicht geringer Menge vor, das sich zugleich auch als gewerbsmäßig iS von § 29 Abs. 3 S. 2 Nr. 1 darstellt, so ist wegen des Qualifikationstatbestandes des § 29a Abs. 1 Nr. 2, hinter den der Grundtatbestand des einfachen Handeltreibens einschließlich der Zumessungsregel des § 29 Abs. 3 zurücktritt, zu verurteilen. Allerdings behält die Tatsache, dass der Täter das Regelbeispiel eines besonders schweren Falles (hier der Gewerbsmäßigkeit) verwirklicht hat, für die Bemessung der Strafe innerhalb des in dem Qualifikationstatbestand vorgesehenen Strafrahmens ihre Bedeutung[72] und darf strafschärfend verwertet werden.[73]

V. Rechtsfolgen

1. Strafrahmenwahl. Ergibt die Gesamtabwägung, dass die Anwendung des Sonder- **1690** strafrahmens geboten ist, steht für die Straffindung ein Strafrahmen von **einem Jahr bis zu 15 Jahren** zur Verfügung. Der bloße Hinweis auf die Verwirklichung eines Regelbeispiels reicht hierzu jedoch nicht aus,[74] zumal dessen Indizwirkung durch andere, erheblich schuldmindernde Umstände kompensiert werden können.[75] Liegt zB ein vertypter Milderungsgrund vor, kann dies die Regelwirkung entfallen lassen[76] mit der Folge, dass der Normalstrafrahmen anzuwenden ist.

---

[65] *Weber* Rn. 1377, 1417.

[66] BGH 18.11.1985 – 3 StR 291/85, BGHSt 33, 370 = NJW 1986, 940 zum Einbruchsdiebstahl.

[67] So etwa *Hillenkamp* MDR 1977, 242 f.; *Küper* JZ 1986, 518 (524).

[68] BGH 22.8.1984 – 3 StR 209/84, NStZ 1985, 217; *Weber* Rn. 1761.

[69] BGHSt 31, 225 (226); 33, 370; NStZ 1984, 262; *Weber* Rn. 1760 mwN. Zum Ganzen SSW/*Kudlich*/*Schuhr* StGB § 22 R. 74 f.

[70] BGH 13.12.1994 – 4 StR 680/94, StV 1995, 391; 13.12.1994 – 1 StR 613/95; 21.12.1995 – 1 StR 697/95, StV 1996, 267; KPV/*Patzak* Teil 27 Rn. 66.

[71] BGH 17.9.1993 – 4 StR 509/93, NStZ 1994, 39; 27.9.1995 – 2 StR 434/95, NStZ-RR 1996, 47.

[72] BGH 21.12.1995 – 1 StR 697/95, StV 1996, 267.

[73] BGH 30.7.1997 – 3 StR 270/97; 3.9.1997 – StR 431/97, NStZ-RR 1998, 373; 14.11.2001 – 3 StR 352/01, BeckRS 2001, 30219286.

[74] BGH 2.6.2010 – 5 StR 193/10, BeckRS 2010, 15111; OLG Köln 7.11.2006 – 83 Ss 70/06, NStZ 2007, 481.

[75] BGH 9.5.2001 – 3 StR 36/01, BeckRS 2001, 30179486.

[76] BGH 2.6.2010 – 5 StR 193/10, BeckRS 2010, 15111.

1691   **2. Strafrahmenmilderungen.** Milderung nach § 49 Abs. 1 StGB. Hat sich der Tatrichter für die Anwendung des Sonderstrafrahmens entschieden, obwohl ein Milderungsgrund vorhanden war, der auf § 49 Abs. 1 StGB verweist, so reicht der nunmehr gemilderte
Strafrahmen von drei Monaten Freiheitsstrafe (oder Geldstrafe) bis zu Freiheitsstrafe von elf
Jahren drei Monaten. **Milderung nach § 49 Abs. 2 StGB.** Ist der Strafrahmen nach § 49
Abs. 2 StGB zu mildern, reicht er von einem Monat Freiheitsstrafe (oder Geldstrafe) bis zu
15 Jahren.

1692   **3. Absehen von Strafe oder Strafverfolgung.** Trotz Androhung der erhöhten Mindeststrafe ist eine Verfahrensbehandlung nach §§ 153 ff. StPO möglich. Das Gericht kann
nach § 60 StGB von Strafe absehen.

VI. Prozessuales

1693   Die Erfüllung des Regelbeispiels eines besonders schweren Falles nach Abs. 3 ist **nicht**
zu tenorieren.[77] Ggf. ist bei einer von der Anklageschrift abweichenden Beurteilung ein
richterlicher Hinweis zu erteilen.[78]

27. Kapitel. Fahrlässigkeit (Abs. 4)

Schrifttum: *Achenbach* Fahrlässigkeit, Schuld und Unzumutbarkeit normgemäßen Verhaltens, Jura 1997,
631; *Birnbaum*, Die Leichtfertigkeit zwischen Fahrlässigkeit und Vorsatz, 2000; *Meyer-Goßner*, Unerlaubtes
Inverkehrbringen von Betäubungsmitteln, FS Beulke, 2015, 495; *Oğlakcıoğlu*, Der Allgemeine Teil des Betäubungsmittelstrafrechts, 2013; *Kretschmer,* Das Fahrlässigkeitsdelikt, Jura 2000, 267; *Wortmann*, Inhalt und Bedeutung der Unzumutbarkeit im Strafrecht, 2002.

Übersicht

A. Überblick

I. Rechtliche Einordnung

1694   Die Vorschrift ordnet pauschal die Fahrlässigkeitsstrafbarkeit für die meisten Strafvorschriften des Abs. 1 an, wie dies in § 15 StGB vorausgesetzt wird. Soweit nicht einmal
ein dolus eventualis bejaht werden kann, „hat das Gericht im Rahmen seiner Pflicht zur
erschöpfenden Aburteilung die fahrlässige Begehung zu prüfen."[1] Der Tatrichter darf sich
nicht mit der Verneinung des bedingten Vorsatzes begnügen.[2] Damit sollen bestimmte

---

[77] BGH 16.6.2005 – 3 StR 338/04, BeckRS 2005, 09342; 15.12.2005 – 5 StR 439/05, BeckRS 2006,
00175 = StV 2006, 184; BGH 3.2.2015 – 3 StR 632/14, NStZ-RR 2015, 144 (Ls).
[78] KPV/*Patzak* Teil 27 Rn. 69.
[1] BGH 16.12.1982 – 4 StR 644/82, NStZ 1983, 174 mAnm *Holtz* MDR 1983, 282.
[2] BGH 16.12.1982 – 4 StR 644/82, NStZ 1983, 174.

Umgangsformen mit BtM, die geeignet sind, den BtM-Kreislauf zu erweitern, in Ansehung des Schutzgutes auch dann mit Strafe bedroht sein, wenn das ihnen zugrunde liegende kriminelle Unrecht nur von untergeordneter Bedeutung ist.

II. Kritik

§ 15 lässt sich als Ausprägung des ultima-ratio- bzw. fragmentarischen Charakters des **1695** Strafrechts bezeichnen, als die Strafbarkeit eines Verhaltens auch in fahrlässiger Begehung nicht den Regelfall darstellt, sondern ausdrücklich angeordnet werden muss. Von diesem Prinzip bleibt im Betäubungsmittelstrafrecht nicht viel übrig, da Abs. 4 fast alle nennenswerten, praktisch bedeutsamen Tatmodalitäten des § 29 Abs. 1 auflistet, obwohl sie kaum auf eine fahrlässige Begehungsweise passen. Insb. das **fahrlässige Handeltreiben** stellt als absolute Ausnahmeerscheinung einen offenen (wenn auch praktisch kaum relevanten, vgl. aber bereits → Rn. 379 ff.) Bruch mit der allgemeinen Systematik dar, da innerhalb eines Fahrlässigkeitsdelikts subjektive Tatbestandsmerkmale, nämlich der Eigennutz und der Umsatzwille zu prüfen sind.[3] Auch macht die anerkannte Abstufung der Tathandlungen – Veräußern, Abgabe und Inverkehrbringen – im Bereich der Fahrlässigkeit keinen Sinn, da deren Unterscheidungsmerkmale (abgeleiteter, gewinnorientierter Verfügungswechsel) nur im Bereich vorsätzlicher Deliktsbegehung eine Rolle spielen.[4] Vollkommen fehl geht es, selbst für die Ermöglichungstatbestände, mithin Abs. 1 S. 1 Nr. 10 sowie die den Betrieb eines Drogenkonsumraums betreffende Vorschrift des Abs. 1 S. 1 Nr. 11, die Fahrlässigkeitsstrafbarkeit anzuordnen. Damit wird die Arbeit der akzeptierenden Drogenhilfe noch zusätzlich unter das Damoklesschwert der Fahrlässigkeitsstrafbarkeit gestellt.

Strukturell passen nur der Erwerb, die Einfuhr und das Inverkehrbringen auf die Fahrläs- **1696** sigkeit. Die äußerst niedrigen Aburteilungsraten (→ Rn. 1697) sind allerdings auch auf die Strafverfolgungspraxis zurückzuführen. Im Bereich der Kleinkriminalität dürfte es bei Ersttätern meist zu Einstellungen nach § 31a ff. kommen, weswegen die Überlegungen zur inneren Tatseite nicht bzw. nur selten an die Öffentlichkeit gelangen. Hinzu tritt, dass der BGH der exzessiven Anordnung der Fahrlässigkeitstatbestände mit Restriktionsbemühungen und einem Rückgriff auf das (freilich) unscharfe Kriterium der Vermeidbarkeit begegnet.[5] Die Fahrlässigkeitshaftung sollte stattdessen – aufgrund des geringen Unwertgehalts und den festgestellten Vollzugsdefiziten – vornehmlich bei allen Vorschriften des Nebenstrafrechts, die den gefährlichen Umgang mit Stoffen betreffen, auf ihre zentrale Fallgruppe – nämlich dem **fahrlässigen Inverkehrbringen – beschränkt** werden,[6] wobei der Tatbestand eine Verfügungsmacht verlangt, mithin dann wiederum einen Vorsatz hinsichtlich der ursprünglichen Sachherrschaft verlangt, die aufgrund einer Unachtsamkeit (bzw. Sorgfaltspflichtverletzung) verloren geht.[7]

III. Kriminalpolitische Bedeutung

Die praktische Bedeutung der Vorschrift ist gering.[8] Dies belegen auch die Erhebungen **1697** des Statistischen Bundesamtes.[9] In der PKS ist die fahrlässige Begehungsform von BtM-Delikten nicht eigenständig ausgewiesen.

	2005	2006	2007	2008	2009	2010	2011	2012	2013	2014
Straftaten nach dem BtMG insgesamt	38.778	40.768	45.901	50.684	49.358	55.391	55.391	53.544	53.075	55.793
Fahrlässige Straftaten nach § 29 Abs. 4 BtMG	12	7	1	1	4	1	1	4	1	1

[3] *Oğlakcıoğlu*, BtMG AT, S. 220 ff.
[4] *Oğlakcıoğlu*, BtMG AT, S. 226.
[5] *Oğlakcıoğlu*, BtMG AT, S. 204 ff.
[6] *Oğlakcıoğlu*, BtMG AT, S. 226 f.
[7] Zutr. *Meyer-Goßner*, FS Beulke, 2015, 495 ff.
[8] *Franke/Wienroeder* Rn. 37.
[9] Strafverfolgung – Abgeurteilte und Verurteile (Tabelle 2).

IV. Rechtsentwicklung

1698   **1. Einfluss internationaler Übereinkommen.** Weder das Übk. 1961 noch die Übk. 1971, Übk. 1988 verpflichten die Vertragsstaaten, auch den fahrlässigen Umgang mit BtM unter Strafe zu stellen.

1699   **2. Innerstaatliches Recht.** Nach § 11 Abs. 3 des OpiumG 1929 wurde bestraft, wer gegen die dort in Abs. 1 Nr. 1–5, 7 und 8 aufgeführten Begehungsweisen fahrlässig verstieß; dies galt auch für den, der Vorschriften über den Bezugschein, die Etikettierung oder die Verschreibung fahrlässig verletzte. Im BtMG 1972 wurden das fahrlässige erlaubnislose Ein- und Ausführen, Herstellen, Verarbeiten, Handeltreiben, Erwerben, Abgeben, Veräußern und Sonstiges Inverkehrbringen ebenso mit Freiheitsstrafe bis zu einem Jahr oder Geldstrafe bedroht wie die Durchfuhr, Erwerb, Abgabe oder Veräußerung ohne Bezugschein, besondere Begehungsweisen im Zusammenhang mit Rückständen von Rauchopium und Cannabisharz, Verabreichung, Genussüberlassung außerhalb einer ärztlichen Behandlung und die öffentliche oder eigennützige Mitteilung bzw. Verschaffung einer Absatz- oder Erwerbsgelegenheit. Das BtMG 1982 erweiterte unter Beibehaltung der Strafdrohung in Abs. 4 den Katalog der Begehungsweisen des Abs. 1 Nr. 1 um den Anbau und das Sichverschaffen in sonstiger Weise, verzichtete aber dagegen auf das Verarbeiten. Neu aufgenommen wurde auch das unerlaubte Herstellen ausgenommener Zubereitungen. Das 3. BtMG-ÄndG, mit dem die rechtlichen Voraussetzungen für die Zulassung von Drogenkonsumräumen geschaffen wurden, führte die daraufhin abgestimmte Strafvorschrift des Abs. 1 Satz 1 Nr. 11 ein.

B. Erläuterung

I. Geltungsbereich

1700   Zum Geltungsbereich des jeweiligen Straftatbestandes wird auf die diesbezüglichen Erläuterungen verwiesen.

II. Verhältnis von Vorsatz zu Fahrlässigkeit

1701   Dieselbe Tathandlung kann bei Verletzung desselben Rechtsguts nicht gleichzeitig als vorsätzliche und als fahrlässige angesehen werden.[10] Vorsatz und Fahrlässigkeit schließen einander schon begrifflich aus, sie stehen allerdings in einem normativ-ethischen Stufenverhältnis,[11] so dass bei unklarer Beweislage nach dem Grundsatz *„in dubio pro reo"* wegen Fahrlässigkeit verurteilt werden kann, wenn Vorsatz nicht nachweisbar ist. Tateinheit zwischen vorsätzlichem und fahrlässigem Verhalten entsteht bei einer Handlung nicht dadurch, dass der Täter die Folgen des Verhaltens nur teilweise gewollt und teilweise fahrlässig herbeigeführt hat.[12] Selbst bei einem zweiaktigen Tatgeschehen ist die fahrlässige Begehung eines Delikts gegenüber der am selben Objekt begangenen vollendeten vorsätzlichen im Schuldspruch nicht zum Ausdruck zu bringen. Vielmehr ist die fahrlässige Begehungsform subsidiär.[13] Ist deshalb die **Einfuhr von** oder **das Handeltreiben mit** BtM durch eine Handlung vorsätzlich vorgenommen worden, scheidet eine durch Fahrlässigkeit herbeigeführte Einfuhr von oder ein fahrlässiges Handeltreiben mit derselben BtM-Menge durch diese Handlung aus, so dass Abs. 4 dann nicht zur Anwendung kommt.[14]

---

[10]   BGH 16.6.1997 – 2 StR 231/97, NStZ 1997, 493.
[11]   BGH 18.8.1983 – 4 StR 142/82, BGHSt 32, 48 = NJW 1983, 2889.
[12]   RGSt 16, 129.
[13]   BGH 30.3.1993 – 5 StR 720/92, BGHSt 39, 195 = NJW 1993, 1723.
[14]   BGH 10.2.2011 – 4 StR 576/10, NJW 2011, 2067.

III. Fahrlässigkeit (Tatbestand)

1. Begriff. Fahrlässigkeit lässt sich als **Tatbestandsverwirklichung ohne Vorsatz** 1702
bezeichnen, wobei an die Stelle des subjektiven Tatbestands die objektive und subjektive
Sorgfaltspflichtverletzung treten.[15] Gemeinhin wird zwischen **drei Arten der Fahrlässigkeit** differenziert; neben den bereits zugrunde gelegten Formen bewusster und unbewusster Fahrlässigkeit[16] ist als besonders grober Sorgfaltspflichtverstoß die **Leichtfertigkeit** zu nennen,[17] welche im BtMG nur iRd des § 30 Abs. 1 Nr. 3 BtMG eine Rolle
spielt (→ § 30 Rn. 160).

2. Sorgfaltspflichtverletzung und objektive Vorhersehbarkeit (Fahrlässigkeits- 1703
maßstab). Fahrlässig handelt, wer einen objektiven Pflichtenverstoß begeht, den er nach
seinen subjektiven Kenntnissen und Fähigkeiten hätte vermeiden können, wenn gerade
diese Pflichtwidrigkeit objektiv und subjektiv vorhersehbar den Erfolg gezeitigt hat. Die
Einzelheiten des durch das pflichtwidrige Verhalten in Gang gesetzten Kausalverlaufs brauchen dagegen nicht vorhersehbar sein.[18] Tritt der Erfolg durch das Zusammenwirken mehrerer Umstände ein, müssen alle diese Umstände dem Täter erkennbar sein, weil nur dann
der Erfolg für ihn voraussehbar ist.[19]

Die rar gesäte Rechtsprechung zu den Fahrlässigkeitsdelikten des Betäubungsmittelstraf- 1704
rechts beinhaltet keine „übergreifenden" bzw. atypischen Spezifika. Insofern bleibt es bei
dem Grundsatz, dass der Fahrlässigkeitsmaßstab von den Umständen des Einzelfalls und
der jeweiligen Verhaltensnorm abhängt.[20] Doch lassen sich – wie bereits im Rahmen der
Abgrenzung von bewusster Fahrlässigkeit und Eventualvorsatz – **Indizien** für das Vorliegen
einer objektiven Sorgfaltspflichtverletzung bzw. der objektiven Vorhersehbarkeit herausfiltern. Erhöhte Sorgfaltspflichten bestehen bei Aufenthalt und Rückkehr aus **Drogenherstel-
lungsländern** oder „Drogenhochburgen" bzw. typischen **Umschlagsplätzen** (Bahnhof,
Nähe von Fixerstuben),[21] weiterhin beim Kontakt zu Personen, die häufiger mit Drogen
in Kontakt kommen (V-Mann, frühere Tätigkeit als Dealer, fortdauernde Sucht). Auch
bei entgeltlicher,[22] gewerblicher bzw. **umsatzbezogener Tätigkeit** – man denke an das
Betreiben eines Head-Shops, welches BtM-Utensilien oder sonstige, nicht dem BtMG
unterfallende Substanzen verkauft (ein blindes Vertrauen auf den „Großhändler" schließt
die Fahrlässigkeitshaftung nicht aus).[23] Subjektiv kann die **persönliche Erfahrung** aus
früherer V-Mann-Tätigkeit[24] zu einer strengeren Beurteilung führen. Hingegen kann der
Umstand, dass diejenigen Personen, mit denen man in Beziehung steht, seriös wirkten,[25]
vollkommene Unerfahrenheit sowie ein bestehendes Nähe- und Vertrauensverhältnis (insb.
blinde und „unreflektierte Liebe"[26]) zu einer großzügigeren Beurteilung des Sorgfaltsmaß-
stabs führen.

---

[15] H.M. BGH 11.7.1957 – 4 StR 160/57, BGHSt 10, 369; OLG Köln NStZ-RR 2003, 304; Lackner/
Kühl/*Kühl* StGB § 15 Rn. 36; NK-StGB/*Kindhäuser* StGB § 15 Rn. 41; SSW/*Momsen* StGB § 15 Rn. 61.

[16] Es ist hier bewusst von „Arten" und nicht „Stufen" die Rede, da eine quantitative Abstufung nicht
unangreifbar ist, wenn man bedenkt, dass das „Mehr" an Fahrlässigkeit bei der leichtfertigen Begehung nichts
mit „bewusst" oder „unbewusst" zu tun hat, sondern dass der Sorgfaltspflichtverstoß besonders gravierender
Natur sein muss; Siehe hierzu *Kretschmer* Jura 2000, 267 (268). Auch ein unbewusst fahrlässig handelnder
Täter kann also leichtfertig handeln, vgl. nur BGH 10.11.1999 – 3 StR 331/99, NStZ-RR 2000, 366.

[17] Ausführlich *Birnbaum*, Die Leichtfertigkeit zwischen Fahrlässigkeit und Vorsatz, 2000.

[18] BGH 10.5.2001 – 3 StR 45/01, BeckRS 2001, 30179737.

[19] BGH 22.11.2000 – 3 StR 331/00, NJW 2001, 1075 mAnm *Eisele* NStZ 2001, 416; Anm. *Jäger* JR
2002, 510; Anm. *Mitsch* JuS 2001, 751; Anm. *Roxin* JZ 2001, 664.

[20] *Oğlakcıoğlu*, BtMG AT, S. 211 ff.

[21] BGH 4.3.1986 – 1 StR 26/86, NStZ 1986, 462.

[22] BGH 30.6.1993 – 2 StR 137/93.

[23] OLG Nürnberg 17.1.2006 – 2 St OLG Ss 243/05.

[24] BGH 16.12.1999 – 4 StR 496/99, NStZ 2000, 208; zum dolus eventualis bei der Absatzermöglichung
und den Anforderungen an die Urteilsfeststellungen vgl. BayObLGSt 2003, 69.

[25] BGH 30.6.1993 – 2 StR 137/93.

[26] BGH 17.12.1974 – 5 StR 629/74; BGH 11.2.1998 – 3 StR 546/97.

1705   Als wichtigster Bezugspunkt für die Annahme einer Sorgfaltspflichtverletzung stechen also die **Erkennbarkeit des Drogenbezugs** einerseits und die **Erfahrung** des Täters im Drogenmilieu andererseits hervor. Bestehen hinreichende Verdachtsmomente für Drogengeschäfte oder Tätigkeiten mit Drogenbezug lässt sich eine objektive Sorgfaltspflichtverletzung unschwer bejahen.[27] Bei allen Tatbeständen können Anhaltspunkte für eine Sorgfaltspflichtverletzung darin liegen, dass sich eine Situation „komisch und verdächtig" darstellt,[28] sich etwas „aufdrängen" muss,[29] „Vorsicht geboten ist", „Anlass zu Misstrauen" oder „Grund zu Argwohn" besteht[30] oder dass Kenntnis von der „Befassung mit Rauschgifthandel"[31] eines Beteiligten vorliegt.

1706   Ein Verstoß gegen das BtMG kann nicht den Fahrlässigkeitsvorwurf begründen. Auch wenn das BtMG im Übrigen als **„Sondernorm"** fungiert, kann es nicht den Sorgfaltspflichtverstoß aus sich selbst heraus indizieren. Etwas anderes gilt, wenn das BtMG einem bestimmten Personenkreis besondere Sorgfaltspflichten auferlegt. Dies betrifft meist den legalen BtM-Verkehr, insb. Ärzte, Apotheker und Polizisten, die nach § 15 dazu verpflichtet sind, BtM gesondert aufzubewahren und gegen die unbefugte Wegnahme zu sichern. Bereits der Verstoß gegen diese Sondernorm kann beim betroffenen Personenkreis den Sorgfaltspflichtverstoß i.R.e. fahrlässigen Inverkehrbringens indizieren.

1707   **3. Fallgruppen.** Zur Fahrlässigkeit gelangt man zum einen schlicht im Falle eines vorsatzausschließenden Irrtums bzw. beim (im Hinblick auf den unerlaubten Umgang mit BtM) unbewusst agierenden Täter. Diese Fallgruppe betrifft hauptsächlich den illegalen Verkehr, während darüber hinaus auch der „unvorsichtige" Umgang im legalen Verkehr zu einer Fahrlässigkeitshaftung führen kann. Zur Frage inwiefern eine „fahrlässige Verschreibung" (welche mittelbar die Aushändigung eines zu Unrecht rezeptierten BtM zur Folge hat) als fahrlässiges Inverkehrbringen gedeutet werden kann, vgl. → Rn. 943 f. Die im Kontext der jeweiligen Modalität nochmals aufzugreifenden, denkbaren Fahrlässigkeitskonstellationen entstammen nicht selten der Fantasie der Kommentarliteratur.[32]

1708   Im Zusammenhang mit dem **Anbauen** soll sich der Fahrlässigkeitstatbestand etwa daraus ergeben können, dass durch Cannabissamen enthaltendes Vogelfutter[33] im eigenen Garten plötzlich Hanfpflanzen wachsen. Auch beim **Ausführen** kann es – ähnlich wie beim **Durchführen** oder **Einführen** – in den sog Kofferträgerfällen[34] zu Fahrlässigkeitstaten kommen.[35] Beim **Erwerben,** aber auch beim **Sichverschaffen in sonstiger Weise** liegt der Sorgfaltsverstoß regelmäßig in der pflichtwidrigen Unkenntnis vom Inhalt in Empfang genommener Behältnisse.[36] Beim **Handeltreiben** liegt der Häufigkeitsschwerpunkt möglicher Fahrlässigkeitstaten neben den eingangs erwähnten allgemeinen Konstellationen ähnlich wie bei der Abgabe in der pflichtwidrigen Unkenntnis vom Inhalt in den Verkehr gebrachter Transportbehältnisse[37] oder desjenigen, der sich – wie der Betreiber eines Headshops – „im Dunstkreis des BtM-Handels" bewegt, sich jedoch nicht ausführlich genug kundig macht.[38] Wegen der vom Tatbestand vorausgesetzten Zielgerichtetheit der Tathandlung verbleibt es beim **Herstellen** und **Herstellen ausgenommener Zubereitungen** bei den eingangs aufgeführten allgemeinen Gegebenheiten.[39] **Sonstiges Inverkehrbringen** in Form der Fahrlässigkeit kann neben den allgemeinen Umständen auch dann vorliegen,

---

[27] *Oğlakcıoğlu*, BtMG AT, S. 201 f.
[28] BGH 16.10.1991 – 5 StR 445/91, NStZ 1992, 86.
[29] BGH 30.6.1993 – 2 StR 137/93.
[30] BGH 4.3.1986 – 1 StR 26/86, NStZ 1986, 462.
[31] BGH 17.12.1974 – 5 StR 629/74.
[32] Weitere Beispiele bei *Oğlakcıoğlu*, BtMG AT, S. 220.
[33] → Rn. 59.
[34] BGH 4.3.1986 – 1 StR 26/86, NStZ 1986, 462.
[35] → Rn. 655.
[36] → Rn. 950.
[37] → Rn. 397 ff.
[38] OLG Nürnberg 17.1.2006 – 2 St OLG Ss 243/05, NStZ-RR 2007, 227 (bei *Kotz/Rahlf*).
[39] → Rn. 174, → Rn. 1084.

wenn mit BtM im Hinblick auf deren Schutz vor dem Zugriff Dritter zu sorglos umgegangen wird.[40] Das **Verabreichen** oder **Überlassen zum unmittelbaren Verbrauch** betrifft in erster Linie den Arzt, der sich von der Notwendigkeit der Indikation nicht sorgfältig genug überzeugt hat.[41] Beim **Veräußern** gilt letztlich das Gleiche wie bei Abgabe und Handeltreiben.[42]

4. Unzumutbarkeit normgemäßen Verhaltens. Unter Zugrundelegung eines   **1709** „normalen Fahrlässigkeitsmaßstabs" kann die Kombination von extensiv ausgestalteten „Vorfelddelikten" und ein bestimmtes (im Hinblick auf Drogenkonsum und -kriminalität vorbelastetes) soziales Umfeld bereits zu einer Fahrlässigkeitsstrafbarkeit führen. Es überrascht daher nicht, dass die Rechtsprechung bemüht ist, die Strafbarkeit – sollte es zur Anklage gekommen sein – in solchen Fällen einzuschränken; der bloße Aufenthalt im „Dunstkreis der Drogenkriminalität" allein kann nicht für eine Fahrlässigkeitsstrafbarkeit genügen.

Diesbezüglich lässt sich auch auf die **Zumutbarkeit normgemäßen Verhaltens** als   **1710** besondere Strafbarkeitsvoraussetzung (bzw. als Entschuldigungsgrund?) der Fahrlässigkeitshaftung zurückgreifen, wobei die dogmatische Verortung wie auch ihre Reichweite grundsätzlich umstritten sind.[43] Die Anforderungen gelten als streng: Es muss sich um außergewöhnliche Umstände handeln, die dem Sorgfaltspflichtigen die Erfüllung seiner Obliegenheiten unmöglich machen. Man könnte dieses „recht unscharfe Institut"[44] auch als letzte Notbremse iRd Fahrlässigkeitsstrafbarkeit ansehen, die man in der Praxis für Fälle heranzieht, bei der eine Strafbarkeit ausnahmsweise nicht angemessen erscheint. In einem Fall, in dem für das kurzfristige Überlassen der Wohnung an den „merkwürdig agierenden Verwandten" (für ein Drogengeschäft) als fahrlässige Ermöglichung iSd § 29 Abs. 1 S. 1 Nr. 10 bewertet wurde, soll nach Auffassung des BGH für eine derartige Unzumutbarkeit schon die Befürchtung ausreichen, dass man seine Unterkunft verliert und seine „Verwandten enttäuscht.[45]

IV. Versuch, Teilnahme

Versuch ist mangels Vorsatzes, Anstiftung und Beihilfe zur Fahrlässigkeitstat[46] sind im   **1711** Hinblick auf die limitierte Akzessorietät der Teilnahme grundsätzlich nicht möglich. Als Beihilfe zu bewertende Handlungen können aber einen eigenständigen Fahrlässigkeitsvorwurf begründen.

V. Rechtsfolgen

Regelfolge ist Freiheitsstrafe bis zu einem Jahr oder Geldstrafe. Der gegenüber Vorsatzdelikten geringere Handlungsunwert kommt bereits in der gesetzlichen Strafrahmenverschiebung zum Ausdruck.   **1712**

28. Kapitel. Absehen von Strafe (Abs. 5)

Schrifttum: *Aulinger,* § 31a BtMG – Der Auftrag des BVerfG und die Rechtswirklichkeit, NStZ 1999, 111; *Cassardt,* Zur Feststellung der nicht geringen Menge im Betäubungsmittelstrafrecht, NStZ 1995, 257; *Fritschi/Megges/Rübsamen* Empfehlungen zur „nicht geringen Menge" einiger Betäubungsmittel und Cannabisharz, NStZ 1991, 470; *Katholnigg,* Besprechung von Kreuzer, Handbuch des Betäubungsmittelstrafrechts, GA 1998, 348; *ders.,* Ist die Entkriminalisierung von Betäubungsmittelkonsumenten mit scharfen Maßnahmen

---

[40] → Rn. 950 ff.
[41] → Rn. 1281.
[42] → Rn. 825.
[43] Zum Ganzen *Roxin* AT I § 24 Rn. 116; SSW/*Momsen* StGB § 15, 16 Rn. 86; *Wortmann,* Inhalt und Bedeutung der Unzumutbarkeit, S. 111 (130); abl. *Achenbach* Jura 1997, 631 (635).
[44] BeckOK StGB/*Kudlich* StGB § 15 Rn. 69.
[45] BGH 16.10.1991 – 5 StR 445/91, NStZ 1992, 86.
[46] BGH 9.9.1987 – 3 StR 254/87, BGHSt 35, 57 = NJW 1988, 1333; 28.2.1992 – 2 StR 501/91.

zur Eindämmung der Betäubungsmittelnachfrage vereinbar?, GA 1991, 193; *Kotz*, Feststellungen zum Wirkstoffgehalt von Betäubungsmitteln im tatrichterlichen Urteil, StRR 2008, 367; *Kreuzer/Hoffmann*, Geringe Menge Heroin, StV 2000, 84; *Krumm*, Verfassungsrechtliches Übermaßverbot und kurzfristige Freiheitsstrafe, NJW 2004, 328; *Megges/Steinke/Wasilewski* Die Präzisierung des Begriffs „nicht geringe Menge" im Sinne des Betäubungsmittelgesetzes, NStZ 1985, 163.

Übersicht

A. Überblick

I. Rechtliche Einordnung

1713   Die Vorschrift dient in Ausweitung des § 11 Abs. 5 BtMG 1972 der **Entpönalisierung von Begleittaten** des BtM-Konsums. Der Gesetzgeber wollte den sog passiven Täter[1] vor Strafmakel bewahren. Die Vorschrift ist eine den §§ 59, 60 StGB nachgebildete **Strafzumessungsregel** in der Form eines **Strafeinschränkungsgrundes.** Als solche setzt sie Schuldfeststellung voraus.

II. Verfassungsmäßigkeit

1714   Gegen die Verfassungsmäßigkeit der Vorschrift sind – soweit ersichtlich – Bedenken bislang nicht erhoben worden. Ihre Existenz führt im Gegenteil erst dazu, dass **Strafvorschriften** des BtMG, soweit sie Verhaltensweisen mit Strafe bedrohen, die ausschließlich den gelegentlichen Eigenverbrauch geringer Mengen von Cannabisprodukten vorbereiten

---

[1] BT-Drs. VI/1877, 8.

und nicht mit einer Fremdgefährdung verbunden sind, **nicht gegen das Übermaßverbot verstoßen,** weil der Gesetzgeber es den Strafverfolgungsorganen ermöglicht, durch das Absehen von Strafe einem geringen individuellen Unrechts- und Schuldgehalt der Tat Rechnung zu tragen.[2] Allerdings ist der Tatrichter verfassungsrechtlich nicht gehalten, in jedem Fall von Strafe abzusehen.[3]

III. Kriminalpolitische Bedeutung

1. Einschätzung durch Gesetzgeber und Rechtsprechung. Bereits der Gesetzgeber **1715** des § 11 Abs. 5 BtMG 1972 vertrat die Auffassung, das Strafrecht sei in den in Abs. 5 genannten Fällen (des Erwerbs und Besitzes geringer Mengen) gegenüber der Möglichkeit der ärztlichen Behandlung das weniger geeignete Mittel zur Einwirkung auf den einzelnen. Gegenüber einer Opportunitätseinstellung nach § 153 StPO hat Abs. 5 als originär gerichtliche Entscheidung (vgl. aber § 31a) den Vorteil, dass sie die Voraussetzungen, unter denen von einer strafrechtlichen Reaktion abgesehen werden kann genauer umschreibt.[4] Nach **Einschätzung der Rechtsprechung** ist Zweck dieser Vorschrift, trotz des aus Gründen der Volksgesundheit bestehenden öffentlichen Interesses an der Bekämpfung des Drogenmissbrauchs, den Gelegenheitskonsumenten und Drogenprobierer vor Strafe und der damit verbundenen Diskriminierung zu bewahren.[5]

2. Kritik. Dieser im Ansatz begrüßenswerten Überlegung des Gesetzgebers muss kritisch **1716** entgegengehalten werden, dass sie trotz der weisen Einsicht sozusagen auf halbem Wege stehen geblieben ist und – ebenso wenig wie bei § 31a – rechtliche Voraussetzungen dafür geschaffen hat, bereits den Erst- oder Gelegenheitskonsumenten, für den Abs. 5 hauptsächlich gilt, durch Koppelung des Absehens von Strafe etwa mit einer Beratungsmaßnahme auf einen drogenfreien Weg zurück zu leiten.[6]

3. Unterschiedliche Anwendungspraxis. Über die unterschiedliche Anwendung der **1717** Vorschrift in der gerichtlichen Praxis wird seit Einführung der Vorschrift Klage geführt.[7] Diese dürfte sich seit dem Inkrafttreten des § 31a, insbesondere aber nach Ergehen zahlreicher Verwaltungsvorschriften hierzu, eher noch verstärkt haben. Denn anders als die Entscheidung nach § 31a ist diejenige nach § 29 Abs. 5 zumindest justiziabel und es können zumindest die OLGe durch konkrete Darstellungsanforderungen die Anwendungspraxis „justieren".

IV. Rechtsentwicklung

1. Einfluss internationaler Übereinkommen. Der Vorschrift, die die generelle Straf- **1718** barkeit des illegalen Umgangs mit BtM nicht tangiert, stehen die Verpflichtungen aus den internationalen Übereinkommen (Art. 36 Abs. 4 Übk. 1961, Art. 22 Abs. 4 Übk. 1971 und Art. 3 Abs. 1, Abs. 2 Übk. 1988 nicht entgegen.

2. Innerstaatliches Recht. Im BtMG 1972 wurde dem Gericht erstmals die Möglich- **1719** keit eingeräumt, bei Erwerb und Besitz geringer Mengen BtM zum Eigenverbrauch von Strafe abzusehen. Gleichzeitig sollte damit aber auch der **Staatsanwaltschaft** über § 153b StPO die Möglichkeit eröffnet werden, ohne Berücksichtigung generalpräventiver Überlegungen (zB § 153 StPO) Ermittlungsverfahren einstellen zu können. Durch das BtMG 1982

---

[2] BVerfG 9.3.1994 – 2 BvL 43/92 ua, BVerfGE 90, 145 = NJW 1994, 1577.
[3] BVerfG 11.7.2006 – 2 BvR 1163/06, BeckRS 2006, 27486.
[4] Zumal das in § 153 StPO genannte *öffentliche Interesse* aus Gründen der Generalprävention geradezu dazu herangezogen werden könnte, bei den in Abs. 5 bezeichneten Taten die Anwendung dieser Vorschrift zu verneinen, vgl. die Antragsbegründung des Unterausschusses im BT-RA, Sitzung 11./12.1.1971.
[5] BayObLG 14.2.1995 – 4St RR 170/94, NStZ 1995, 350 mAnm *Körner* StV 1995, 529.
[6] Vgl. die Überlegungen von *Katholnigg* GA 1991, 193; AG Bernau 11.3.2002 – 3 Cs 224 Js 36 463/01 (387/01).
[7] S. im Einzelnen: KPV/*Patzak* Teil 29 Rn. 6 ff.

wurde die Vorschrift auf die Tathandlungen des Anbaus, der Herstellung, der Ein-, Aus- und Durchfuhr sowie des Sichverschaffens in sonstiger Weise ausgedehnt. Die Erweiterung erfolgte auf Initiative des Bundesrates,[8] der keinen Grund für eine unterschiedliche Behandlung dieser Handlungsalternativen gegenüber Erwerb und Besitz zu erkennen vermochte.

B. Erläuterung

I. Abgrenzung zu verwandten Vorschriften

1720   Im Verhältnis zu **§ 60 StGB** ist der diesem im Rechtsfolgenbereich nachgebildete Abs. 5 lex specialis. Das Absehen von Strafe nach allgemeinem Strafrecht ist aber dort möglich, wo Abs. 5 aufgrund einer fehlenden Anwendungsvoraussetzung ausgeschlossen ist.[9] **§ 31a Abs. 2,** bei dem es sich wie bei allen nachgenannten Normen um eine Verfahrensvorschrift handelt, ist gegenüber § 29 Abs. 5 in seinen, in Abs. 1 enthaltenen Anwendungsvoraussetzungen (geringe Schuld, öffentliches Interesse an der Strafverfolgung) enger; darüber hinaus bedarf eine Verfahrenseinstellung nach dieser Vorschrift der Zustimmung der Staatsanwaltschaft und des Angeschuldigten.[10] **§ 153b Abs. 2 StPO** setzt die Anwendbarkeit von § 29 Abs. 5 als materiellrechtlicher Anknüpfungsnorm voraus und bedarf ebenfalls der Zustimmung der Staatsanwaltschaft und des Angeschuldigten. **§ 153 Abs. 2 StPO** erfordert anders als § 29 Abs. 5 eine hypothetische Schuldbeurteilung[11] mit der Folge, dass für die Schuld eine gewisse Wahrscheinlichkeit bestehen muss, nicht aber ein Schuldnachweis.[12] Ferner hängt die Anwendbarkeit der Vorschrift davon ab, dass das öffentliche Interesse an der Strafverfolgung fehlt. **§ 153a Abs. 2 StPO** setzt einen geringen Grad an Schuld voraus und lässt eine Verfahrenseinstellung zu, wenn der Beschuldigte ihm erteilte Auflagen oder Weisungen, die zur Beseitigung des öffentlichen Interesses an der Strafverfolgung geeignet sind, erfüllt hat. Auch sie bedarf der Zustimmung der Staatsanwaltschaft und des Angeschuldigten. **§§ 45, 47 JGG** sehen die Möglichkeit der Verfahrenseinstellung bei Vorliegen der Voraussetzungen des § 153 StPO vor. Sie gelten schon wegen des das Jugendstrafverfahren beherrschenden Erziehungsgedankens und den daraus folgenden spezifischen Sanktionsmustern bis hin zur registerrechtlichen Folgen als **Spezialvorschriften**[13] im Verhältnis zu Abs. 5. Von deutlich anderen Voraussetzungen geht **§ 37 Abs. 2** aus. Er lässt eine Verfahrenseinstellung nur dann zu, wenn der Beschuldigte bei einer begrenzten Straferwartung den Nachweis erbringt, sich einer Rehabilitationsmaßnahme zu unterziehen und seine Resozialisierung zu erwarten ist. Die Zustimmung der Staatsanwaltschaft ist erforderlich.

II. Einfluss von § 31a auf die Auslegung des Abs. 5

1721   § 31a verdankt seine Einführung der Unzufriedenheit des Gesetzgebers sowohl über die mangelnde Akzeptanz wie auch die uneinheitliche Anwendung von § 29 Abs. 5 in der Strafverfolgungspraxis insbesondere auf Seiten der Staatsanwaltschaft. Dem in diesem Zusammenhang aufgetauchten Wunsch,[14] zusammen mit der Einführung des § 31a, **§ 29 Abs. 5 ersatzlos zu streichen,** wurde allerdings nicht entsprochen, woraus der Schluss gezogen werden muss, dass der Gesetzgeber auch nach Einführung des § 31a von einem eigenständigen Anwendungsbereich der Vorschrift, auch in Verbindung mit § 153b StPO, ausgeht.[15] Da sich beide Vorschriften in Teilbereichen aber überschneiden mit der Folge, dass zur Auslegung von § 31a – ob zu Recht oder zu Unrecht – stets auf die zu Abs. 5

---

[8] BT-Drs. 8/3551, 45.
[9] BGH 7.2.2001 – 5 StR 474/00, BGHSt 46, 279 = NJW 2001, 1802 mAnm *Röver* MedR 2001, 307.
[10] → § 31a Rn. 61.
[11] BVerfG 29.5.1990 – 2 BvR 254/88 – 2 BvR 1343/88, BVerfGE 82, 106 = NJW 1990, 2741.
[12] Meyer-Goßner/Schmitt/*Schmitt* StPO § 153 Rn. 3.
[13] *Weber* Rn. 1791 f.; *Brunner/Dölling* JGG § 45 Rn. 3.
[14] BR-Drs. 57/90, 7; BT-Drs. 12/2737, 4.
[15] IErg auch KPV/*Patzak* Teil 29 Rn. 97.

ergangene Rechtsprechung zurückgegriffen wird, können bei der Auslegung von § 29 Abs. 5 zum einen Wertentscheidungen, die der Gesetzgeber im Zusammenhang mit § 31a getroffen hat, nicht unberücksichtigt gelassen werden; zum anderen sind auch die auf Länderebene ergangenen Vorschriften, soweit sie sich überhaupt auf § 31a beschränken,[16] auf die Auslegung von Abs. 5 iS der Rechtsanwendungsgleichheit nicht ohne Einfluss. Stellt man die gesetzgeberische Intention bei der Schaffung beider Vorschriften, wie sie den jeweiligen Materialien zu entnehmen ist, gegenüber, ergibt sich als erste Zielvorstellung die der Entpönalisierung. Abs. 5 in seiner ursprünglichen Fassung als § 11 Abs. 5 BtMG 1972 lag dabei die Überlegung zugrunde, dass sich dieses Ziel ohne Einführung einer besonderen Vorschrift nicht uneingeschränkt erreichen lassen würde, weil der Praxis dann nur die §§ 153 ff. StPO zur Verfügung stünden und sie sich infolge der aus dem BtMG ergebenden generalpräventiven Momente an einem Absehen von Strafe gehindert sehen könnte.

III. Tatobjekte

BtM sind die in den Anlagen I–III aufgeführten Stoffe und Zubereitungen.   1722

1. Geltung für sämtliche BtM. Von der Anwendung der Vorschrift ist kein BtM   1723
ausgenommen; sie gilt also auch für harte Drogen,[17] deren generelle Gefährlichkeit dem Konsumenten bei reiner Selbstgefährdung oder -schädigung grundsätzlich nicht angelastet werden darf.[18] Deshalb leuchtet es weder ein, dass im Rahmen der Ermessensausübung (→ Rn. 1738) „natürlich Wirkstoffgehalt, Gefährlichkeit, Giftigkeit, Konsumfähigkeit pp" berücksichtigt werden können[19] noch, dass es angesichts des klaren Wortlauts der Vorschrift eine „andere Frage" sein soll, ob und inwieweit es angezeigt sein könnte, bei **harten Drogen** das Ermessen nicht im Sinne der Vorschrift auszuüben.[20] Ebenso wie der Gesetzgeber in der Lage war, von der Anwendbarkeit der Vorschrift bestimmte Tathandlungen auszuschließen, wäre er in der Lage gewesen, bestimmte – besonders gefährliche – BtM auszunehmen, hat es aber nicht getan, was zu respektieren ist und nicht durch Vermengung mit bzw. auf dem Umweg über andere Anwendungsvoraussetzungen (zB Konsumfrequenz)[21] konterkariert werden darf.

2. Nicht zulässigerweise verschriebene BtM. Die BtM dürfen nicht zulässigerweise   1724
verschrieben worden sein (arg. § 10a Abs. 1 S. 1, § 29 Abs. 1 S. 1 Nr. 12). Darunter fallen BtM der Anlagen I und II zu § 1 Abs. 1, da sie nicht verschreibungsfähig sind. Die BtM der Anlage III zählen hinzu, soweit sie entweder nicht ärztlich verschrieben wurden, die Verschreibung medizinisch nicht indiziert war oder unter Verstoß gegen Substitutionsvorschriften erfolgte. Dagegen fallen BtM, deren Verschreibung durch falsche oder unvollständige Angaben erlangt (erschlichen) wurde (Abs. 1 S. 1 Nr. 9), nicht darunter, da sie zulässigerweise verschrieben wurden.

IV. Anknüpfungstatbestände

Die Anwendbarkeit der Vorschrift ist auf folgende **Tatbestände** des Gesetzes, deren   1725
Versuch und – soweit strafbar – deren fahrlässige Begehungsweise **beschränkt:** Anbauen, Ausführen, Besitzen, Durchführen, Einführen, Erwerben, Herstellen und Sichverschaffen

---

[16] → § 31a Rn. 8.
[17] OLG München 31.5.2011 – 5St RR (I) 34/11, BeckRS 2012, 03275 = NStZ-RR 2012, 199 (bei *Kotz/Rahlf*); *Franke/Wienroeder* Rn. 229; KPV/*Patzak* Teil 29 Rn. 24; *Weber* § 29 Rn. 1458.
[18] HM; BayObLG 14.2.1995 – 4St RR 26/95; 3.8.1992 – 4St RR 131/92, StV 1993, 29; 9.7.1993 – 4St RR 107/93; KG 13.12.1993 – (4) 1 Ss 227/93 – 4 Ws 303/93, StV 1994, 244; OLG Hamm 22.7.1986 – 2 Ss 856/86 (173), StV 1987, 251.
[19] *Körner* (VI) § 29 Rn. 2057.
[20] Widersprüchlich: *Weber* Rn. 34, 61, da er sich in Vor §§ 29 ff. Rn. 789 ohne Einschränkung der hM anschließt.
[21] So ansatzweise aber *Weber* Rn. 1798 f.

in sonstiger Weise. Bei den **Weitergabedelikten** ist die Anwendbarkeit von Abs. 5 **ausgeschlossen.**

V. Geringe Menge

1726   Die Privilegierung des Täters durch Absehen von Strafe ist nur möglich, wenn sich die Tathandlung auf eine **geringe Menge** von BtM bezieht. Zu Unrecht war bereits der Gesetzgeber des § 11 Abs. 5 davon ausgegangen, dieser Begriff sei in der Rechtsprechung ausreichend geklärt.[22] Seit der Entscheidung des Großen Senats[23] über den Wegfall der Rechtsfigur des **Fortsetzungszusammenhangs** dürfen die einzelnen Mengen **nicht mehr zusammengerechnet** werden, selbst wenn der Täter iS der früheren Rechtslage „fortgesetzt" erworben hat,[24] es sei denn, die Erwerbsvorgänge würden zu einem die geringe Menge übersteigenden Vorrat führen.[25]

1727   **1. Feststellung der geringen Menge. a) Begriff.** Wie bei allen Mengenbegriffen[26] im Gesetz fehlt auch hier eine Legaldefinition. Heute[27] versteht die **Rechtsprechung** unter einer geringen Menge den **Augenblicks-**[28] oder den **Tagesbedarf** eines **nicht abhängigen Konsumenten,** der sich auf **zwei bis drei Konsumeinheiten**[29] beläuft. Unter **Konsumeinheit** ist dabei diejenige Menge an BtM zu verstehen, die für die Erzielung eines Rauschzustandes erforderlich aber auch ausreichend ist,[30] wobei die für das jeweilige Betäubungsmittel übliche Konsumform zugrunde gelegt wird.[31]

1728   **b) Errechnung.** Die geringe Menge umfasst (bis zu) **drei Konsumeinheiten** eines Probierers.[32] Für eine Reihe von BtM hat die (ober-)gerichtliche Rechtsprechung die geringe Menge selbst festgelegt. Sie lässt sich im Übrigen rechnerisch der Rechtsprechung zur nicht geringen Menge entnehmen, da diese stets den Wirkstoffgehalt der einzelnen Konsumeinheit mitteilt. Zur Errechnung der geringen Menge ist dieser mit drei zu multiplizieren.

1729   **c) Wirkstoffbestimmung.** Grundsätzlich setzt bei jeder Verurteilung wegen eines Verstoßes gegen das BtMG die Beurteilung des Schuldumfangs auch Feststellungen zum Wirkstoffgehalt der BtM voraus, da sich bei fehlenden Qualitätsangaben in der Regel weder der objektive Unrechtsgehalt der Tat noch das Maß der persönlichen Schuld des Täters erschließen lässt.[33] Von entsprechenden **Feststellungen** darf lediglich **dann abgesehen werden,** wenn auszuschließen ist, dass die genaue Angabe des Wirkstoffgehalts irgendeinen Einfluss auf den Rechtsfolgenausspruch haben könnte, so wenn zur richterlichen Überzeugung feststeht, dass eine geringe Menge iS der Vorschrift vorliegt[34] **und Abs. 5 angewendet** wird. Ist lediglich ihr Anwendungsbereich eröffnet, wird aber von den möglichen Rechtsfolgen kein Gebrauch gemacht, bedarf es auch in diesem Fall der Feststellung des Wirkstoffgehalts.[35] So etwa, wenn

---

[22] Pfeil/Hempel/Schiedermair/*Slotty* Rn. 320.

[23] BGH 3.5.1994 – GSSt 2/93, GSSt 3/93, BGHSt 40, 138 = NJW 1993, 1663.

[24] OLG Düsseldorf 20.3.1995 – 5 Ss 66/95 – 27/95 I, MDR 1995, 737.

[25] KPV/*Patzak* Teil 28 Rn. 37.

[26] → Vor § 29 Rn. 195 ff.

[27] Zur Entwicklung s. *Weber* Rn. 1801.

[28] OLG Koblenz 11.9.2000 – 2 Ss 225/00.

[29] BGH 12.8.1993 – 1 StR 379/93; BayObLG 14.2.1995 – 4St RR 170/94, NStZ 1995, 350 mAnm *Körner* StV 1995, 529; OLG Koblenz 11.9.2000 – 2 Ss 225/00.

[30] *Körner* (VI) Rn. 2069.

[31] AA OLG Hamburg 14.1.1975 – 2 Ss 132/74, NJW 1975, 1473 mAnm *Fuhrmann* JR 1976, 166: die dem Konsumenten zugängliche wirksamste Anwendungsmöglichkeit.

[32] BayObLG 18.5.1999 – 4St RR 104/99, BayObLGSt 1999, 99 = NStZ 1999, 514 unter Aufgabe der bisherigen Rechtsprechung.

[33] *Kotz* StRR 2008, 367 mwN.

[34] Amphetamin: OLG Nürnberg 19.2.2008 – 2St OLG Ss 256/07; Haschisch: BayObLG 17.9.2004 – 4St RR 110/04, NStZ-RR 2006, 227 (bei *Kotz/Rahlf*); Crack: OLG Hamburg 15.10.2004 – II-121/04; 1 Ss 167/04; Heroin: BayObLG 18.5.1999 – 4St RR 104/99, NStZ 1999, 514 = StV 2000, 83; Kokain: BayObLG 11.3.2003 – 4St RR 24/03, BayObLGSt 2003, 28 = NJW 2003, 2110; Marihuana: OLG Hamburg 12.6.2002 – 19/02; 1 Ss 25/02, OLGSt BtMG § 29 Nr. 10; sa *Kotz* StRR 2008, 367 (369).

[35] OLG München 18.4.2006 – 4St RR 59/06; 20.6.2007 – 4St RR 103/07.

das Gericht die Anwendung des Abs. 5 in Betracht zieht (und damit offensichtlich von einer geringen Menge ausgeht), aber die Anwendung der Vorschrift an anderen Voraussetzungen scheitern lässt (zahlreiche Vorstrafen etc., vgl. im Folgenden → Rn. 1758).[36] Wird der Wirkstoff nicht festgestellt, kann das Urteil nur dann Bestand haben, wenn auszuschließen ist, dass sich die fehlende Feststellung zum Nachteil des Angeklagten ausgewirkt hat.[37]

2. Rechtsprechung und Literatur zur geringen Menge. Die nachfolgende Tabelle **1730** enthält die bislang festgelegten bzw. vorgeschlagenen Grenzwerte.

Stoff	Konsum-einheit[38]	3 Konsum-einheiten	Form/Gewichtsmenge
Amphetamin	50 mg Base[39]	150 mg	0,2 g[40]
	Bei jeweils erworbenen Gewichtsmengen von 1 g Amphetamin ist die Vorschrift zu prüfen.[41]		
Alprazolam	4 mg[42]	12 mg	
Buprenorphin	3 mg[43]	9 mg	1 Tabl. Subutex[44]
Cannabisprodukte: Cannabiskraut (= Marihuana), Cannabispflanzen, Cannabisharz (= Haschisch), Cannabisöl	15 mg[45]	45 mg	10 g[46] 6 g[47]
Cathinon (Khat)	150 mg[48]	450 mg	
Clonazepam	8 mg[49]	24 mg	
Codein	300 mg (oral)[50]	900 mg (oral)	
	Die Mengenangabe bezieht sich auf Codeinphosphat.		
Crack	→ Kokain		
Crystal	→ Metamphetamin		
Diazepam	40 mg[51]	120 mg	
Dimeth-Oxy-Bromamphetamin **(DOB)**	2,5 mg Base[52]	7,5 mg Base	

---

[36] OLG Hamm 20.8.2015 – III-1 RVs 51/15, 1 RVs 51/15.

[37] OLG Nürnberg 19.2.2008 – 2St OLG Ss 256/07.

[38] Auch: Tageshöchstdosis bei Medikation.

[39] BayObLG 23.12.1999 – 4St RR 253/99, BayObLGSt 1999, 178; OLG Koblenz 11.9.2000 – 2 Ss 225/00.

[40] Spätere Präzisierung durch BGH 1.9.1987 – 1 StR 191/87, BGHSt 35, 43 = NJW 1988, 2960 mAnm *Nestler-Tremel* EzSt BtMG § 30 Nr. 22; Anm. *K.-R. Winkler* NStZ 1988, 28; aus neuerer Zeit vgl. etwa OLG Stuttgart 27.1.2016 – 1 Ss 776/15.

[41] OLG Koblenz 9.3.2009 – 2 Ss 230/08, BeckRS 2009, 08967.

[42] BGH 2.11.2010 – 1 StR 581/09, BGHSt 56, 52 = NJW 2011, 1462 mAnm *Kotz* NStZ 2011, 463.

[43] BGH 24.4.2007 – 1 StR 52/07, BGHSt 51, 318 = NJW 2007, 2054 mAnm *Kotz* StRR 2007, 271; Anm. *K.-R. Winkler* Sucht 2007, 238.

[44] AG Freiburg 20.7.2010 – 27 Cs 620 Js 12607/10 - AK 1301/10, NStZ-RR 2011, 131 (bei *Kotz/Rahlf*).

[45] BGH 18.7.1984 – 3 StR 183/84, BGHSt 33, 8 = NStZ 1984, 556 mAnm *Endriß* StV 1984, 466; bestätigt durch BGH, B 20.12.1995 – 3 StR 245/95, BGHSt 42, 1 = NJW 1996, 794 mAnm *Kreuzer* JZ 1996, 801; Anm. *Böllinger* StV 96, 317.

[46] Der BGH hat – ausgehend von nicht ausschließbar besonders schlechter Qualität – eine geringe Menge noch bei 10 g Gewichtsmenge angenommen (BGH 20.12.1995 – 3 StR 245/92, NJW 1996, 794 mAnm *Körner* NStZ 1996, 195.

[47] OLG Oldenburg 16.12.1992 – Ss 443/92, StV 1993, 251; BayObLG 23.3.1993 – 4St RR 36/93; BGH 12.8.1993 – 1 StR 379/93; BayObLG 12.8.1993 – 4St RR 131/93; 14.2.1995 – 4St RR 170/94, NStZ 1995, 350 mAnm *Körner* StV 1995, 529; OLG Düsseldorf 29.5.1996 – 5 Ss 135/96 - 43/96 I, MDR 1996, 1174; OLG Koblenz 9.10.1997 – 1 Ss 271/97, NJW 1998, 2756; OLG Hamm 24.6.1998 – 2 Ss 666/98, NStZ-RR 1998, 374.

[48] BGH 28.10.2004 – 4 StR 59/04, NStZ 2005, 452 mAnm *Weber*; so auch AG Lörrach 22.2.2000 – 36 Ls 11 266/99, StV 2000, 625 mAnm *Endriß/Logemann*; zuvor hatte das AG Würzburg 12.4.1999 – 303 Ls 232 Js 23 124/98 den Grenzwert auf 18 g festgelegt.

[49] BGH 2.11.2010 – 1 StR 581/09, BGHSt 56, 52 = NJW 2011, 1462 mAnm *Kotz* NStZ 2011, 463.

[50] *Megges/Steinke/Wasilewski* NStZ 1985, 163 (164).

[51] BGH 2.11.2010 – 1 StR 581/09, BGHSt 56, 52 = NJW 2011, 1462 mAnm *Kotz* NStZ 2011, 463.

[52] *Fritschi/Megges/Rübsamen* NStZ 1991, 470.

Stoff		Konsum-einheit	3 Konsum-einheiten	Form/ Gewichtsmenge
Dimeth-Oxy-Methylamphetamin (DOM)		5 mg Base[53]	15 mg Base	
„Ecstasy" (Tabletten)		→ Methylen-Dioxy-Amphetamin (MDA)		
		→ Methylen-Dioxy-Ethyl-Amphetamin (MDE)		
		→ Methylen-Dioxy-Metamphetamin (MDMA)		
Fenetyllin		200 mg[54]	600 mg	
Gamma-Hydroxybuttersäure (GHB [*Liquid Ecstasy*])		1 g[55]	3 g	
		Die Mengenangabe bezieht sich auf Natrium-γ-Hydroxy-Bute-rat.		
Heroin[56]		10 mg[57]	30 mg	
Heroinbase		Die Mengenangabe bezieht sich auf Heroinhydrochlorid. Hero-inbase muss zur Umrechnung in HHCl mit dem Faktor 1,1 multipliziert werden.		
ICE		Metamphetamin		
JWH-018		3 mg[58] 5 mg[59]	9 mg 15 mg	
Kokain		33 mg[60]	99 mg	0,04 g[61] 300 mg[62]
Kokainbase		Die Mengenangabe bezieht sich auf Kokainhydrochlorid. Kokainbase muss zur Umrechnung in KHCl mit dem Fak-tor 1,1 multipliziert werden.		
Lorazepam		8 mg[63]	24 mg	
Lormetazepam		6 mg[64]	18 mg	
Lyserg-Säure-Diäthylamid (LSD)		50 Mikrogramm[65]	150 Mikrogramm	
Meta-Chlorphenylpiperazin (mccP)		120 mg[66]	360 mg	
Methadon	Levomethadon	25 mg[67]	75 mg	
	Razem. Methadon	50 mg[68]	150 mg	
		Die Mengenangabe bezieht sich auf Methadonhydrochlorid.		

---

[53] *Fritschi/Megges/Rübsamen* NStZ 1991, 470.

[54] *Fritschi/Megges/Rübsamen* NStZ 1991, 470.

[55] KG 29.9.2011 – (3) 1 Ss 374/11 (123/11), NStZ-RR 2012, 123; LG Würzburg 13.1.2004 – 5 KLs 232 Js 1185/03.

[56] Vgl. hierzu auch *Kreuzer/Hoffmann*, StV 2000, 84.

[57] BGH, B 7.11.1983 – 1 StR 721/83, BGHSt 32, 162 = NJW 1984, 675 mAnm *Endriß* StV 1984, 155; Anm. *Körner* NStZ 1984, 221; Anm. *Pelchen* LM Nr. 5 zu § 30 BtMG.

[58] LG Kleve 6.2.2012 – 120 KLs 40/11, StRR 2012, 275.

[59] LG Ulm 24.3.2011 – 1 KLs 22 Js 15896/09.

[60] BayObLG 26.5.1982 – RReg 4 St 69/82, BayObLGSt 1982, 62; 11.3.2003 – 4St RR 24/03, NJW 2003, 2110; OLG Stuttgart 19.6.1998 – 1 Ss 331/98, NJW 1998, 3134.

[61] Nach der Gewichtmenge ist die Vorschrift bei 0,04 g Kokain zu prüfen: OLG Stuttgart 19.6.1998 – 1 Ss 331/98, NJW 1998, 3134.

[62] BayObLG 11.3.2003 – 4St RR 24/03, NJW 2003, 2110.

[63] BGH 2.11.2010 – 1 StR 581/09, BGHSt 56, 52 = NJW 2011, 1462 mAnm *Kotz* NStZ 2011, 463.

[64] BGH 2.11.2010 – 1 StR 581/09, BGHSt 56, 52 = NJW 2011, 1462 mAnm *Kotz* NStZ 2011, 463.

[65] BGH 1.9.1987 – 1 StR 191/87, BGHSt 35, 43 = NJW 1988, 2960 mAnm *Nestler-Tremel* EzSt BtMG § 30 Nr. 22; Anm. *W. Winkler* NStZ 1988, 28.

[66] LG Dresden 29.4.2008 – 4 KLs 422 Js 40176/07, BeckRS 2008, 12528; LG Freiburg 18.1.2010 – 7 Ns 610 Js 13070/09 – AK 113/09, BeckRS 2010, 02687 = NStZ-RR 2011, 131 (bei *Kotz/Rahlf*) = StV 2010, 236.

[67] LG Freiburg 22.11.2004 – 7 Ns 61 Js 31 637/02 – AK 20/04, NStZ-RR 2005, 323 = NStZ-RR 2006, 226 (bei *Kotz/Rahlf*); vgl. OLG Karlsruhe 25.5.1994 – 1 Ss 103/93, NStZ 1994, 589 mAnm *Endriß/Logemann* NStZ 1995, 195.

[68] LG Freiburg 22.11.2004 – 7 Ns 61 Js 31 637/02 – AK 20/04, NStZ-RR 2005, 323 = NStZ-RR 2006, 226 (bei *Kotz/Rahlf*); vgl. OLG Karlsruhe 25.5.1994 – 1 Ss 103/93, NStZ 1994, 589 mAnm *Endriß/Logemann* NStZ 1995, 195.

Stoff	Konsum-einheit	3 Konsum-einheiten	Form/ Gewichtsmenge
Methamfetamin	25 mg[69]	75 mg	
Die Mengenangabe bezieht sich auf Methamphetaminbase.			
Metamphetaminracemat	50 mg[70]	150 mg	
Die Mengenangabe bezieht sich auf Metamfetaminracematbase.			
Meth	→ Metamphetamin		
Methaqualon	1,25 g 2 g	3,75 g[71] 6 g[72]	
Die Mengenangabe bezieht sich auf Methaqualonhydrochlorid.			
Methylaminorex	50 mg[73]	150 mg	
Methylen-Dioxy-Amphetamin (MDA)	120 mg★ 140 mg★★[74]	360 mg★ 420 mg★★	
Methylen-Dioxy-Ethyl-Amphetamin (MDE)	120 mg★ 140 mg★★[75]	360 mg★ 420 mg★★	
Methylen-Dioxy-Meth-Amphetamin (MDMA)	120 mg★ 140 mg★★[76]	360 mg★ 420 mg★★	
★ Die Mengenangabe bezieht sich auf MDA-, MDE- und MDMA-Base. ★★ Die Mengenangabe bezieht sich auf MDA-, MDE- und MDMA-Hydrochlorid.			
Midazolam	30 mg[77]	90 mg	
Morphin	30 mg[78]	90 mg	
Die Mengenangabe bezieht sich auf Morphinhydrochlorid.			
Nitrazepam	4 mg[79]	12 mg	
Opiumprodukte	25 mg[80]	75 mg	
Die Mengenangabe bezieht sich auf Morphinhydrochlorid.			
Oxazepam	120 mg[81]	260 mg	
Psilocin (Pilze)	10 mg[82]	30 mg	

[69] BGH 3.12.2008 – 2 StR 86/08, BGHSt 53, 89 = NJW 2009, 863 mAnm *K.-R Winkler*, A&R 2009, 86 unter Aufgabe der Rechtsprechung in BGH 25.7.2001 – 5 StR 183/01, NStZ 2002, 267 und 23.8.2001 – 5 StR 334/01, NStZ-RR 2001, 379; vgl. zur Diskussion 1. Aufl., Vor §§ 29 ff. Rn. 154.

[70] BGH 17.11.2011 – 3 StR 315/10, BGHSt 57, 60 – BGH BtMG § 29a Abs. 1 Nr. 2 Menge 20 = NJW 2012, 400 mAnm *Kotz* StRR 2012, 70.

[71] LG Frankfurt 26.5.1987 – 90 Js 13 394/86, StV 1988, 110.

[72] *Cassardt* NStZ 1995, 257 (261).

[73] LG Braunschweig 19.2.1993 – 38 KLs 806 Js 42 026/92, NStZ 1993, 444; zustimmend *Cassardt* NStZ 1995, 257 (261).

[74] BGH 9.10.1996 – 3 StR 220/96, BGHSt 42, 255 = NJW 1997, 810 mAnm *Cassardt* NStZ 1997, 135 mAnm *Schreiber* NJW 1997, 777 für MDE/MDEA; 15.3.2001 – 3 StR 21/01, NJW 2001, 1805 für MDA und MDMA; 17.11.2004 – 3 StR 417/04, BeckRS 2004, 11565 für MDMA-Base, „den in sog. Ecstasy-Tabletten enthaltenen Wirkstoff".

[75] BGH 9.10.1996 – 3 StR 220/96, BGHSt 42, 255 = NJW 1997, 810 mAnm *Cassardt* NStZ 1997, 135 mAnm *Schreiber* NJW 1997, 777 für MDE/MDEA; 15.3.2001 – 3 StR 21/01, NJW 2001, 1805 für MDA und MDMA; 17.11.2004 – 3 StR 417/04, BeckRS 2004, 11565 für MDMA-Base, „den in sog. Ecstasy-Tabletten enthaltenen Wirkstoff".

[76] BGH 9.10.1996 – 3 StR 220/96, BGHSt 42, 255 = NJW 1997, 810 mAnm *Cassardt* NStZ 1997, 135 mAnm *Schreiber* NJW 1997, 777 für MDE/MDEA; 15.3.2001 – 3 StR 21/01, NJW 2001, 1805 für MDA und MDMA; 17.11.2004 – 3 StR 417/04, BeckRS 2004, 11565 für MDMA-Base, „den in sog. Ecstasy-Tabletten enthaltenen Wirkstoff".

[77] BGH 2.11.2010 – 1 StR 581/09, BGHSt 56, 52 = NJW 2011, 1462 mAnm *Kotz* NStZ 2011, 463.

[78] BGH 22.12.1987 – 1 StR 612/87, BGHSt 35, 179 = NJW 1988, 2962 mAnm *Rübsamen/Steinke* NStZ 1988, 462.

[79] OLG Stuttgart 18.6.2012 – 2 Ss 154/12, unter indirekter Bezugnahme auf BGH 2.11.2010 – 1 StR 581/09, BGHSt 56, 52 = NJW 2011, 1462 mAnm *Kotz* NStZ 2011, 463.

[80] LG Köln 17.3.1993 – 108 - 86/92, StV 1993, 529; bestätigt durch OLG Köln 15.3.1994 – Ss 83/94, StV 1995, 306.

[81] BGH 2.11.2010 – 1 StR 581/09, BGHSt 56, 52 = NJW 2011, 1462 mAnm *Kotz* NStZ 2011, 463.

[82] BayObLG 21.2.2002 – 4 St RR 7/2002, BayObLGSt 2002, 33.

Stoff	Konsum-einheit	3 Konsum-einheiten	Form/Gewichtsmenge
Psilocybin (Pilze)	14 mg[83]	42 mg	
Speed	→ Metamphetamin		
Temazepam	80 mg[84]	240 mg	
Tetrazepam	80 mg[85]	240 mg	
Triazolam	2 mg[86]	6 mg	
Zolpidem	80 mg[87]	240 mg	

1731   **3. Feststellung der geringen Menge bei unterschiedlichen BtM.** Hat jemand mehrere unterschiedliche BtM erworben, in Besitz usw, so dürfen sie die Wirkstoffmenge von insgesamt drei Konsumeinheiten nicht übersteigen. Die Berechnung setzt also die Feststellung der Wirkstoffgehalte der jeweiligen BtM voraus. Wird der Beschuldigte **beispielsweise** mit einer Portion Heroin, dessen Wirkstoffgehalt 0,01 g HHCl beträgt, und einer Portion Kokain, dessen Wirkstoffgehalt 0,04 g KHCl beträgt, angetroffen, so kann die geringe Menge nach folgenden beiden für zulässig erachteten Methoden[88] berechnet werden:

1732   **a) Verhältnis der Gefährlichkeit.** Möglich ist eine Berechnung nach dem Verhältnis der Gefährlichkeit der BtM **zueinander. Nach der Rechtsprechung zur nicht geringen Menge ist Heroin im** Verhältnis zu Kokain 3,33mal gefährlicher (0,01 g KHCl: 0,03 g HHCl). Rechnet man die festgestellten 0,04 g KHCl auf Heroinwerte um (0,04 : 3,33), ergibt sich daraus eine fiktive (Heroin-) Menge von 0,012 g. Addiert man 0,01 g festgestelltes HHCl hinzu, ergibt sich rechnerisch eine (fiktive) Gesamtmenge von 0,022 g HeroinHCl und damit eine unterhalb des Schwellenwerts von 0,03 g HHCl liegende Menge.

1733   **b) Verhältnis der Untergrenze.** Ebenfalls für zulässig erachtet wird eine Berechnung nach Prozenten der Untergrenze, wobei der Schwellenwert der geringen Menge insgesamt bei 100 % liegt. Im Verhältnis zum Schwellenwert von 0,03 g HHCl beträgt das festgestellte HHCl (0,01 : 0,03 =) 33,33 %. Im Verhältnis zum Schwellenwert von 0,099 g KHCl beträgt das festgestellte KHCl (0,04 : 0,099 =) 40,4 %. Beide Prozentwerte ergeben addiert 73,73 %. Damit liegt die Gesamtmenge beider BtM unter 100 und daher noch im Bereich der geringen Menge.

1734   **c) Zweifelssatz.** Probleme aus der von der Rechtsprechung geforderten Bestimmung des Wirkstoffgehalts (→ Rn. 1767) ergeben sich gerade bei Klein- und Kleinstmengen, bei denen es im Hinblick auf den Gesetzeszweck eines nicht zwingend gebotenen Verfahrensaufwands kontraproduktiv wäre, eine Wirkstoffbestimmung durch Sachverständige vorzunehmen. Liegen keine gegenteiligen Anhaltspunkte vor, ist nach dem Grundsatz *in dubio pro reo* von einer geringen Menge auszugehen.[89]

VI. Eigenverbrauch

1735   Die BtM müssen dem **Eigenverbrauch** des Beschuldigten dienen, der allein durch die geringe Menge noch nicht indiziert wird.[90] Vielmehr muss erkennbar sein, dass der Zweck

---

[83]   BayObLG 21.2.2002 – 4 St RR 7/2002, BayObLGSt 2002, 33.
[84]   BGH 2.11.2010 – 1 StR 581/09, BGHSt 56, 52 = NJW 2011, 1462 mAnm *Kotz* NStZ 2011, 463.
[85]   BGH 2.11.2010 – 1 StR 581/09, BGHSt 56, 52 = NJW 2011, 1462 mAnm *Kotz* NStZ 2011, 463.
[86]   BGH 2.11.2010 – 1 StR 581/09, BGHSt 56, 52 = NJW 2011, 1462 mAnm *Kotz* NStZ 2011, 463.
[87]   BGH 2.11.2010 – 1 StR 581/09, BGHSt 56, 52 = NJW 2011, 1462 mAnm *Kotz* NStZ 2011, 463.
[88]   BGH 16.1.2003 – 1 StR 473/02, NStZ 2003, 434; BayObLG 20.1.1987 – RReg 4 St 271/86, Bay-ObLGSt 1987, 5.
[89]   So schon BGH 15.9.1983 – 4 StR 454/83, EzSt BtMG § 29 Nr. 9 zu einem aus Mohnkapseln zubereiteten Tee; BayObLG 10.11.1999 – 4St RR 227/99; LG Hamburg 29.10.1996 – 715 Ns 14/96, StV 1997, 307 zum Anbau von 14 noch nicht ausgewachsenen Cannabispflanzen.
[90]   KPV/*Patzak* § 31a Rn. 30; vgl. auch OLG München 12.6.2012 – 5 St RR (I) 19/12, BeckRS 2013, 03390: Ist keine Eigenverbrauchsabsicht festgestellt, kann die Nichtanwendung des Abs. 5 auch nicht mit der Revision gerügt werden.

der Tathandlung auf Eigenkonsum ausgerichtet war.[91] Rechtsfehlerhaft ist es, wenn der Tatrichter meint, es komme nicht darauf an, ob der Angeklagte das BtM hätte selbst verbrauchen wollen oder nicht, weil er es bei einem Festival mit sich geführt hat, das von einer großen Anzahl junger Menschen besucht worden sei.[92] An der Zweckbestimmung soll es fehlen, wenn sich der Angeklagte dahingehend einlässt, ihm sei der Stoff unbemerkt zugesteckt worden.[93] Dabei darf jedoch nach Sinn und Zweck der Vorschrift ihre Anwendung nicht von einem Geständnis abhängig gemacht werden.[94] Auch Schweigen des Beschuldigten schließt die Anwendbarkeit der Vorschrift nicht aus. Privilegiert ist der **Eigenverbrauch ohne zeitliche Einschränkung,** dh der Konsumwillige muss sie nicht unverzüglich oder alsbald[95] verbrauchen wollen. Gegen Eigenverbrauch des BtM spricht auch nicht der Umstand, dass es im Rahmen einer **Einkaufsgemeinschaft** erworben wurde. Haben nämlich mehrere Personen in bewusstem und gewolltem Zusammenwirken eine bestimmte Rauschgiftmenge erworben, **deren Aufteilung in für den jeweiligen Eigenverbrauch bestimmte Anteile bereits vereinbart ist,** so liegt für jeden von ihnen ein Erwerb lediglich zum Eigenverbrauch vor. Die hat zur Folge, dass sich der einzelne nicht die gemeinschaftlich erworbene Gesamtmenge, sondern nur den für ihn selbst bestimmten Anteil zurechnen lassen muss.[96] Etwas anderes gilt jedoch dann, wenn eine Person zunächst eine Normalmenge erwirbt und sich erst später dazu entschließt, davon auch anderen etwas abzugeben.[97] Gerade im Hinblick auf die Zweckbindung des BtM unterliegt die Vorschrift einem strikten **Analogieverbot,** weil einzig und allein der Eigenverbrauch straflos ist. Angesichts des klaren Gesetzeswortlauts erscheint es auch nicht möglich, die Vorschrift bei Ausschluss der Fremdgefährdung in anderen Fällen als dem Eigenverbrauch entsprechend heranzuziehen.[98] Werden demzufolge BtM zu **Demonstrationszwecken** in geringen Mengen besessen, um einen Landesjustizminister auf Drogenmissbrauch in Vollzugsanstalten hinzuweisen[99] oder um als Politiker ein Strafverfahren zu provozieren, in dessen Rahmen für die generelle Freigabe von Cannabisprodukten eingetreten werden soll,[100] kann eine Rechtfertigung oder anderweitige Einstellung nach §§ 153, 153a StPO in Betracht gezogen werden; die Anwendbarkeit von § 29 Abs. 5 scheidet jedenfalls aus. Dies gilt auch, wenn der Umgang mit BtM auf **medizinische,**[101] **wissenschaftliche,**[102] **religiöse**[103] Zwecke gestützt wird.

VII. Entscheidungszeitpunkt

1. Zwischenverfahren/Hauptverfahren. Nach Erhebung der öffentlichen Klage stehen dem Gericht – die Zustimmung der Staatsanwaltschaft und teilweise die des Angeschuldigten vorausgesetzt – unterschiedliche Reaktionsmöglichkeiten (→ Rn. 1720) zur Verfügung.   **1736**

2. Hauptverhandlung. Nach Beginn der Hauptverhandlung kann das Gericht mit Zustimmung der Staatsanwaltschaft und des Angeklagten zwar auch nach § 31a Abs. 2, §§ 153, 153a StPO, § 37 verfahren; es darf aber auch – ohne Zustimmung der anderen Verfahrensbeteiligten – die Schuld des Angeklagten feststellen und von Strafe absehen.   **1737**

---

[91] BGH 25.8.1976 – 2 StR 303/76 zu § 11 Abs. 5 BtMG; KPV/*Patzak* Teil 29 Rn. 56.
[92] BayObLG 2.6.1995 – 4St RR 111/95; 11.7.1995 – 4St RR 132/95.
[93] KPV/*Patzak* Teil 29 Rn. 59.
[94] OLG Hamburg 4.11.1987 – 1 Ss 136/87, StV 1988, 109; OLG Frankfurt a. M. 23.4.1991 – 4 Ss 121/91.
[95] So etwa bei Mundraub nach § 370 Abs. 1 Nr. 5 StGB aF.
[96] OLG Stuttgart 12.3.1998 – 1 Ss 60/98, NJW 1999, 3425; hierzu *Weber* Rn. 1833.
[97] KPV/*Patzak* Teil 29 Rn. 59; *Weber* Rn. 1833.
[98] KPV/*Patzak* Teil 29 Rn. 56; aA offenbar BVerfG 10.6.1997 – 2 BvR 910/97, NStZ 1997, 498.
[99] LG Berlin 7.10.1986 – (524) 67 Js 262/86 Ns (74/86), NStZ 1987, 233.
[100] BVerfG 10.6.1997 – 2 BvR 910/97, NStZ 1997, 498 = NStZ-RR 1998, 34 (bei *Kotz/Rahlf*).
[101] KPV/*Patzak* Teil 29 Rn. 62.
[102] KPV/*Patzak* Teil 29 Rn. 65.
[103] KPV/*Patzak* Teil 29 Rn. 64.

VIII. Ermessensentscheidung

1738   Dass es sich bei der Entscheidung nach Abs. 5 um eine Ermessenentscheidung handelt, ergibt sich bereits daraus, dass das Gericht **von Strafe absehen kann,**[104] aber nicht muss.[105] Es handelt sich insoweit um die Ausübung pflichtgemäßen Ermessens, das teilweise jedoch erheblich eingeschränkt ist. Überprüfbar ist die Entscheidung allerdings nur dahingehend, ob sie frei von Rechtsfehlern ist, was zB nicht der Fall ist, wenn der Tatrichter seine Befugnis willkürlich ausgeübt hat, seine Entscheidung auf einer lückenhaften Tatsachenfeststellung beruht[106] oder gegen Denk- oder Erfahrungsgrundsätze verstößt.[107]

1739   **1. Fehlender Ermessensspielraum.** Kein Ermessen besteht hinsichtlich der Anwendungsvoraussetzungen der Vorschrift, wie sie sich **aus dem Wortlaut** ergeben. Demzufolge ist sie nur im Rahmen der abschließend aufgezählten Handlungsalternativen anwendbar. Ebenso wenig wie das Gericht diese etwa auf Abgabe, Veräußerung oder Handeltreiben **erweitern** dürfte, nach der Vorschrift von Strafe auch dann absehen könnte, wenn mehr als eine geringe Menge erworben, besessen usw wurde oder die geringe Menge nicht dem Eigenverbrauch diente, ist es ihm erlaubt, einzelne BtM von der Anwendung der Vorschrift **auszuschließen.**[108] Dies gilt grundsätzlich auch für die Täterpersönlichkeit im Hinblick auf sein **Konsumprofil** (Erst-, Gelegenheits-, Dauerkonsument), da sich dem Wortlaut der Vorschrift diesbezüglich keine Einschränkung entnehmen lässt. Im Gegenteil wäre es **fehlerhaft anzunehmen,** die Vorschrift dürfe nur auf einen Täter angewendet werden, der **erstmalig mit BtM in Berührung kommt,**[109] sich sozusagen als neugieriger Probierer[110] erweist. Auch wenn die Bestimmung in erster Linie dem Ersttäter zugute kommen soll, schließt dies nicht aus, dass sie auch **bei einem bereits einschlägig Vorbestraften Anwendung finden** kann[111] (zur Anwendung der Vorschrift unter spezialpräventiven Gesichtspunkten → Rn. 1750 ff.).

1740   **2. Ermessenseinschränkung bei gelegentlichem Cannabiskonsum.** Soweit es sich um eine Begleittat von gelegentlichem Cannabiskonsum handelt, ist das Ermessen bei Vorliegen der übrigen Voraussetzungen in der Regel **auf Null reduziert.**[112] Denn das verfassungsrechtliche Übermaßverbot gilt nicht nur für den Gesetzgeber und die Strafverfolgungsbehörden, sondern auch für die Gerichte; deshalb richtet sich diese verfassungsgerichtliche Anweisung direkt auch an den Richter.[113] Das bedeutet, dass in den Fällen, in denen die Staatsanwaltschaft ungeachtet der Entscheidung des Bundesverfassungsgerichts die Strafverfolgung durchgeführt hat, nunmehr das Gericht bei Vorliegen der Voraussetzungen des Abs. 5 dessen Anwendung **besonders intensiv und sorgfältig zu erwägen und entspre-**

---

[104] OLG Karlsruhe 14.4.2003 – 3 Ss 54/03, NJW 2003, 1825.

[105] BVerfG 11.7.2006 – 2 BvR 1163/06, BeckRS 2006, 27486; 15.8.2006 – 2 BvR 1441/06, BeckRS 2006, 25334 = NStZ-RR 2007, 225 (bei *Kotz/Rahlf*); BGH 16.2.1998 – 5 StR 7/98, NStZ-RR 1999, 152; BayObLG 20.6.1994 – 4St RR 66/94, BayObLGSt 1994, 106.

[106] OLG München 1.2.2011 – 5St RR (I) 76/10, BeckRS 2012, 03258 = NStZ-RR 2012, 198 f. (bei *Kotz/Rahlf*).

[107] BayObLG 8.8.1995 – 4St RR 157/95.

[108] BayObLG 14.12.1990 – RReg 4 St 202/90; OLG Hamm 22.7.1986 – 2 Ss 856/86 (173), StV 1987, 251; OLG München 31.5.2011 – 5St RR (I) 34/11, BeckRS 2012, 03275 = NStZ-RR 2012, 199 (bei *Kotz/Rahlf*).

[109] BGH 25.4.1983 – 3 StR 97/83; BayObLG 14.12.1990 – RReg 4 St 202/90; OLG Hamburg 4.11.1987 – 1 Ss 136/87, StV 1988, 109.

[110] KG 16.6.1997 – (5) 1 Ss 36/97 (12/97), StV 1997, 640.

[111] BGH 15.9.1983 – 4 StR 454/83, StV 1987, 250; OLG Hamm 6.11.2003 – 3 Ss 543/03; OLG Karlsruhe 14.4.2003 – 3 Ss 54/03, NJW 2003, 1825; OLG Koblenz 8.12.2008 – 1 Ss 191/08, BeckRS 2009, 23567; LG Hamburg 29.10.1996 – 715 Ns 14/96, StV 1997, 307; OLG Hamm 29.7.2014 – 2 RVs 33/14, NStZ-RR 2014, 345; einschränkend auf Ausnahmefälle: KG 16.6.1997 – (5) 1 Ss 36/97 (12/97), StV 1997, 640.

[112] BVerfG 9.3.1994 – 2 BvL 43/92 ua, BVerfGE 90, 145 = NJW 1994, 1577; differenzierend: BayObLG 20.1.2003 – 4St RR 133/02, NJW 2003, 1681.

[113] OLG Koblenz 20.2.1998 – 1 Ss 33/98; 8.12.2005 – 1 Ss 72/05, StraFo 2006, 85.

chend der verfassungsgerichtlichen Anweisung an die Strafverfolgungsbehörde
von Strafe „grundsätzlich abzusehen" hat.[114]

3. Entscheidungsgrundlage. Grundlage für die Zumessung der Strafe ist die Schuld **1741**
des Täters (§ 46 Abs. 1 StGB).[115] Dabei ist zentraler Anknüpfungspunkt für die Strafbemessung das nach seiner Schwere abstufbare verschuldete Unrecht.[116] Die Bestimmung des
schuldangemessenen Zurechnungsrahmens hat sich entscheidend und in erster Linie an
dem zur Schuld zurechenbaren Unwertgehalt der Tat als solcher[117] und deren konkreten
Gefährdungspotential zu orientieren.[118] Das Schuldmaß kann nur in enger Relation zum
eigentlichen Tatgewicht als solchem angemessen bewertet werden.[119] Diese **Strafzumessungsschuld**[120] umfasst das Maß der Vorwerfbarkeit bei der Verwirklichung des tatbestandsmäßigen Unrechts und zwar sowohl im Hinblick auf das Maß des verschuldeten Unrechtser-
folgs wie auch das Maß der Vorwerfbarkeit der Handlungsweise.

a) Generalpräventive Überlegungen. Im Übrigen wird das Ermessen – wie stets bei **1742**
der Strafzumessung im engeren Sinne – insbesondere von general- und spezialpräventiven
Überlegung beeinflusst. Dabei ist die Einschätzung des Gesetzgebers bei Einführung der
Vorschrift über das Zurücktreten generalpräventiver Momente nicht dahin misszuverstehen,
dass diese keine Rolle spielen sollten; gemeint war insoweit nur, dass auch bei Verstößen
gegen das BtMG ein Absehen von Strafe trotz der das Gesetz prägenden Generalprävention
überhaupt möglich ist. Nicht möglich ist es dabei aber, das Absehen von Strafe wegen
unerlaubten Erwerbs von BtM mit der Begründung abzulehnen, der Täter habe durch den
regelmäßigen Erwerb von BtM die kriminelle Handlung des Verkäufers unterstützt und
auch erst möglich gemacht, da dies gegen das Doppelverwertungsverbot des § 46 Abs. 3
StGB verstößt.[121]

Zu Recht weist *Weber*[122] auf den generalpräventiven Aspekt der **Abschreckung** hin, **1743**
wobei er auf Art. 3 Abs. 6 Übk. 1988 Bezug nehmen kann. Zwar darf die Bedeutung der
Vorschrift nicht überschätzt werden; sie liegt aber jedenfalls darin, dass in einem internationalen Abkommen überhaupt einmal die Straf*verfolgung* angesprochen ist.[123] Nach der Vorschrift sind die Vertragsparteien „bestrebt sicherzustellen, dass eine nach ihrem innerstaatlichen Recht bestehende Ermessensfreiheit hinsichtlich der Strafverfolgung von Personen
wegen in Übereinstimmung mit diesem Artikel begangener Straftaten so ausgeübt wird,
dass die Maßnahmen der Strafrechtspflege in Bezug auf diese Straftaten größtmögliche
Wirksamkeit erlangen, wobei der **Notwendigkeit der Abschreckung** von diesen Straftaten gebührend Rechnung zu tragen ist."

Zentraler Gesichtspunkt generalpräventiver Überlegungen ist hier die **Fremdgefähr-** **1744**
dung, deren Erwähnung zunächst erstaunen mag, geht es doch um Straftaten wie Erwerb,
Besitz uä, die regelmäßig den aus Gründen der Selbstgefährdung bzw. -schädigung straflosen
Konsum von BtM begleiten. In seinem *Cannabis*-Beschluss[124] hat das BVerfG ausgeführt,
dass **auch eine Konsumbegleittat Fremdgefährdung** verursachen kann, etwa weil sie
an „sensiblen Orten", zB in Schulen, Jugendheimen, Kasernen oder ähnlichen Einrichtungen, oder weil sie von einem Erzieher, von einem Lehrer oder von einem mit dem Vollzug
des BtMG beauftragten Amtsträger begangen wird und Anlass zur Nachahmung gibt. Diese
Erwägungen haben auch die **Länder,** soweit sie zu § 31a **Verwaltungsvorschriften** erlassen

---

[114] OLG Koblenz 9.10.1997 – 1 Ss 271/97, NStZ 1998, 260 = NStZ-RR 1999, 67 (bei *Kotz/Rahlf*).
[115] *Schäfer/Sander/van Gemmeren* Rn. 314.
[116] BGH 27.10.1970 – 1 StR 423/70, BGHSt 24, 132 = NJW 1971, 61.
[117] OLG Karlsruhe 14.4.2003 – 3 Ss 54/03, NJW 2003, 1825.
[118] BGH 27.2.1992 – 4 StR 53/92, NStZ 1992, 381.
[119] OLG Karlsruhe 23.2.1996 – 1 Ss 243/95, NStZ-RR 1997, 248.
[120] Zum Begriff s. *Schäfer/Sander/van Gemmeren* Rn. 309 f.
[121] OLG Hamm 13.8.2009 – 3 Ss 323/09.
[122] *Weber* § 31a Rn. 56.
[123] *Katholnigg* GA 1998, 348 (351).
[124] BVerfG 9.3.1994 – 2 BvL 43/92 ua, BVerfGE 90, 145 = NJW 1994, 1577.

haben, aufgegriffen und teilweise noch präzisiert. Danach lässt sich die Fremdgefährdung auf drei Gruppen von Modalitäten[125] verteilen und zwar auf Ortsbezogenheit, Täterbezogenheit und Tatbezogenheit. Als vierter Faktor wird noch die Gefährdung des Straßenverkehrs genannt.

1745   **aa) Örtlichkeiten.** Während das BVerfG bestimmte Einrichtungen nur beispielhaft aufgezählt hatte, ergibt sich aus einer Zusammenschau der auch hier heranziehbaren Landesvorschriften zu § 31a in etwa folgender Katalog von sensiblen Örtlichkeiten, an denen vom Eigenkonsum eine Fremdgefährdung ausgehen kann: **Discotheken, Jugendheime, Jugendveranstaltungen, Jugendwohnungen, Justizvollzugsanstalten, Kasernen, Kindergärten, Kindertagesstätten, Krankenhäuser, Schulen, Schulhöfe** und **Spielplätze.** Der Aufzählung ist die berechtigte Sorge zu entnehmen, dass vom BtM-Konsum in unmittelbarer Nähe gerade jungen Menschen **Verführungs- oder Nachahmungsgefahr** droht. Daher erscheint es nur folgerichtig, wenn die in Schleswig-Holstein erlassenen Richtlinien die Anwendbarkeit von § 31a verneinen, sofern der Umgang mit BtM eine Gefährdung von Kindern und Jugendlichen, **bei Heroin auch Heranwachsender,** besorgen lässt. Man wird den Kreis der Örtlichkeiten unter Bezugnahme auf Art. 3 Abs. 5 Buchst. g Übk. 1988 allgemein dahin fassen können, dass generalpräventive Überlegungen dem Absehen von Strafe bei Konsumbegleittaten immer dann entgegenstehen, wenn BtM in einer Einrichtung des Bildungs- oder Sozialwesens oder in deren unmittelbarer Nähe oder an **anderen Orten** erfolgt, wo **sich Schüler oder Studenten** zum Zweck der Bildung, des Sports oder zu gesellschaftlichen Tätigkeiten aufhalten, verbraucht werden. Dies sind etwa Kirmes- und **Volksfestplätze,**[126] aber auch eine öffentliche **Parkanlage** kann hierzu zählen, wenn sich Kinder oder Jugendliche dort typischerweise aufzuhalten pflegen.[127] Da die aufgeführten Erwägungen naturgemäß nicht auf die Gefährdung junger Menschen beschränkt werden und diejenige von Erwachsenen ausschließen können, ist die Verführungs- oder Nachahmungsgefahr auch dort zu bejahen, wo BtM in der Öffentlichkeit **ostentativ an zentralen Orten** erworben, besessen und konsumiert werden, ohne dass ausschließlich Kinder und Jugendliche einer Gefährdung ausgesetzt sind.[128] Die Anwendung von Abs. 5 darf allerdings **nicht** mit der Begründung **ausgeschlossen werden,** die geringe Menge sei auf einem Festival besessen worden, das von einer großen Zahl junger Menschen besucht worden sei, was erfahrungsgemäß die Möglichkeit der Fremdgefährdung mit sich bringe, weshalb es nicht darauf ankomme, ob das BtM dem Eigenverbrauch gedient habe.[129] Zur Einstufung von Konsumbegleittaten im örtlichen **Umfeld von Drogenkonsumräumen** wird auf die Erläuterung zu § 31a verwiesen.[130]

1746   Eine besondere Situation besteht auch in **Justizvollzugsanstalten.** Ein Gefängnis stellt eine „ähnliche Einrichtung" im Sinne der Rechtsprechung des BVerfG zur Fremdgefährdung dar. Diesen Einrichtungen wie Schulen, Jugendheimen und Kasernen ist gemeinsam, dass dort eine Vielzahl von Personen auf engem Raum unter Aufsicht hierfür verantwortlicher Personen zusammenlebt. Dass unter solchen Umständen die Gefahr von Nachahmungstaten besteht, liegt auf der Hand. Ein Absehen von Strafe in Einzelfällen würde grundsätzlich die Gefahr in sich bergen, dass dies als Ermunterung verstanden wird, in gleicher Weise „straffrei" den Umgang mit BtM zu pflegen. Ebenso wie ein solches Verhalten in Schulen, Heimen und Kasernen den dort geforderten Erziehungs- und Führungsauftrag erschweren oder unter Umständen vereiteln würde, gilt dies auch für Einrichtungen des Strafvollzugs. Mit dem Ziel des Strafvollzugs, den Gefangenen zu befähigen, künftig in sozialer Verantwortung ein Leben

---

[125] *Weber* Rn. 1842 ff.
[126] OLG München 13.12.2011 – 5St RR (I) 69/11, BeckRS 2013, 03367.
[127] OLG München 11.11.2011 – 5St RR (I) 61/11, BeckRS 2012, 03273 = NStZ-RR 2012, 199 (bei *Kotz/Rahlf*).
[128] OLG München 1.2.2011 – 5St RR (I) 76/10, BeckRS 2012, 03258 = NStZ-RR 2012, 198 (bei *Kotz/Rahlf*).
[129] BayObLG 2.6.1995 – 4St RR 111/95; 11.7.1995 – 4St RR 132/95.
[130] → § 31a Rn. 49.

ohne Straftaten zu führen (§ 2 S. 1 StVollzG), ließe sich ein Tolerieren von Verstößen gegen das BtMG, als das sich ein Absehen von Strafverfolgung in den Augen des Täters und seiner Mitgefangenen darstellen könnte, regelmäßig nicht vereinbaren.[131]

bb) Person des Konsumenten. Auch hinsichtlich des Konsumenten hat das BVerfG **1747** den Kreis lediglich umrissen. Amtsträger, die mit dem Gesetzesvollzug beauftragt sind, werden in Art. 3 Abs. 5 Buchst. e Übk. 1988 ausdrücklich genannt. Aus den Landesvorschriften zu § 31a ergibt sich darüber hinaus folgender Personenkreis: **Erzieher, Lehrer, Mitarbeiter** von **Drogenhilfeeinrichtungen, Jugendheimen, Justizvollzugsanstalten, Kasernen** und **Schulen.** Letztlich wird man sich jedoch nicht auf die hier aufgeführten Mitarbeiter beschränken dürfen, sondern den Personenkreis **um all diejenigen erweitern müssen,** die in den unter → Rn. 1783 genannten **Einrichtungen Verantwortung** tragen. Die **berufliche** (oder soziale) **Stellung** des Konsumenten schließt jedoch die Anwendung der Vorschrift nicht schlechthin aus, sondern gewinnt nur in dem Maße an Bedeutung, in dem ein innerer, das Maß der Pflichtwidrigkeit erhöhender Zusammenhang zwischen Beruf und Konsumbegleittat besteht.[132]

cc) Art und Weise des Konsums. Eine Fremdgefährdung kann sich ferner aus der Art **1748** und Weise[133] der Begleittat ergeben, etwa wenn sie durch visuelle oder verbale Umstände einen **Anreiz zur Nachahmung** geben kann, das BtM offen zur Schau gestellt oder die positive Einstellung des Konsumenten dazu verbal zum Ausdruck gebracht wird. Hier ist insbesondere zu beachten, ob die Grenze zu Abs. 1 S. 1 Nr. 10, dem **Verleiten zum unbefugten Gebrauch,** noch nicht überschritten ist, da in diesem Fall die Anwendbarkeit von Abs. 5 von vornherein ausscheidet.

dd) Sicherheit des Straßenverkehrs. Eine vierte Modalität der Fremdgefährdung soll **1749** anzunehmen sein, wenn sich die Konsumbegleittat nachteilig auf die Sicherheit des öffentlichen Straßenverkehrs auswirkt.[134] Dabei ist zunächst nicht zu bestreiten, dass Fremdgefährdung stets dort gegeben ist, wo durch ein Handeln (Unterlassen) die Sicherheit des öffentlichen Straßenverkehrs beeinträchtigt wird.[135] Wodurch diese allerdings **allein durch eine Konsumbegleittat** gefährdet werden soll, wenn – so *Körner*[136] – „eine geringe Menge BtM zum Eigenkonsum im Zusammenhang mit dem Führen eines Autos erworben oder besessen" wird, **erschließt sich nicht,** zumal niemand ernstlich behaupten wird, dass der Besitz einer Flasche Cognac, die gelegentlich des Betankens des Fahrzeugs an einer Tankstelle erworben wurde, im Zusammenhang mit der Führung eines Kfz bereits zur Straßenverkehrsgefährdung (Trunkenheit im Verkehr) führen würde. Fremdgefährdung ist in diesem Zusammenhang deshalb erst dann anzunehmen, wenn der Konsumbegleittat der **Konsum kurz vor**[137] oder **während des Führens eines Fahrzeugs** nachfolgt. Wer sich die Konsumeinheit lediglich mit dem Auto abholt, um sie später zuhause zu verbrauchen, ist genau so viel oder wenig strafwürdig wie derjenige, der die Besorgung als Fußgänger erledigt. **Ganze Berufsgruppen,** die in irgendeiner Art und Weise eine sog „gefahrgeneigte Tätigkeit" ausüben, **vom Anwendungsbereich** des Abs. 5 **ausnehmen** zu wollen,[138] widerspricht allgemeinen Strafzumessungsgrundsätzen.[139]

---

[131] BayObLG 25.1.1995 – 4St RR 8/95, BayObLGSt 1995, 8; KG 20.11.2006 – (5) 1 Ss 215/06 (36/06), BeckRS 2007, 01188 = NStZ-RR 2007, 228 (bei *Kotz/Rahlf*); OLG Düsseldorf 4.8.1994 – 5 Ss 244/94 – 72/94 I, NStZ 1995, 94; OLG Zweibrücken 5.10.1994 – 1 Ss 196/94,. NStZ 1995, 193; aA noch BayObLG 8.7.1994 – 4St RR 75/94.
[132] BGH 20.10.1999 – 3 StR 324/99, NStZ 2000, 137.
[133] *Weber* § 1850.
[134] *Körner* (VI), Rn. 2109; *Weber* § 1851.
[135] BayObLG 20.1.2003 – 4St RR 133/02, NJW 2003, 1681.
[136] *Körner* Rn. 2109.
[137] Vgl. BayObLG 22.3.1991 – RReg 1 St 240/90, BayObLGSt 1991, 51 mAnm *Sonnen* JA 1991, 375; Anm. *Schlüchter* JZ 1992, 1057; Anm. *Neuhaus* NStZ 1993, 202; 20.1.2003 – 4St RR 133/02, NJW 2003, 1681.
[138] KPV/*Patzak* Teil 29 Rn. 88.
[139] BGH 20.10.1999 – 3 StR 324/99, NStZ 2000, 137.

1750   **b) Spezialpräventive Gesichtspunkte.** Nach allgemeinstrafrechtlichen Kriterien stehen spezialpräventive Gesichtspunkte dem Absehen von Strafe entgegen, wenn **zur Einwirkung auf den Täter eine Verurteilung erforderlich** ist,[140] insbesondere um eine Wiederholung einer gleichartigen Straftat zu verhindern. Die lineare Übertragung solcher Grundsätze auf BtM-Straftaten verbietet sich jedoch bereits deshalb, weil – anders als bei den Vorwürfen nach allgemeinem Strafrecht – auch bei Rauschgiftdelikten von geringem Gewicht – nicht von vornherein von einer uneingeschränkten Willensentschließungsfreiheit des Täters ausgegangen werden kann.

1751   **aa) Konsumprofil.** Im Zentrum spezialpräventiver Überlegungen steht das **Konsumprofil** des Täters, mithin die Frage nach den Anwendungsvoraussetzungen der Vorschrift je nach dem, ob es sich um einen **Erst-, Gelegenheits-, Wiederholungs- oder Dauerkonsumenten** handelt. In diesem Zusammenhang verdient die Rechtsprechung Kritik, weil sie sich der Auseinandersetzung mit den seit der Einführung des § 11 Abs. 5 BtMG 1972 erfolgten Änderungen der rechtlichen Voraussetzungen bislang verschlossen hat.

1752   Dies betrifft in erster Linie die Person des **Dauerkonsumenten.** Bereits die 1992 erfolgte **Einführung des § 31a** und seine Entstehungsgeschichte hat in der Rechtsprechung keinerlei Spuren hinterlassen. Dabei hätte sich diese gerade die Frage stellen müssen, worauf sich die in der Einführung des § 31a zum Ausdruck kommende Unzufriedenheit des Gesetzgebers gründete. Infolge der ausführlichen Diskussion, die in den beiden Jahren zwischen dem ersten Antrag und dem Inkrafttreten[141] geführt wurde, konnte dies niemandem verborgen bleiben. Jedoch führte schon die erste Begründung des Gesetzesentwurfs, man wolle Drogen**abhängigen**[142] einen Weg zur Entpönalisierung eröffnen, nicht dazu, die damals 20 Jahre alten und lediglich ursprünglich zutreffenden Begründungspfade zu verlassen und sich mit neuen Ansätzen, die der Gesetzgeber eingebracht hatte, auseinander zu setzen.

1753   So betrachtet war die Einführung des § 31a letztlich auch der Versuch des Gesetzgebers, die Verwirklichung seines Ziels einer Entpönalisierung in größerem Umfang nunmehr vorrangig in andere Hände zu legen, da die Rechtsprechung über zwei Jahrzehnte im Zusammenhang mit der Anwendungspraxis von Abs. 5 seinen Vorstellungen offensichtlich nicht entsprochen hatte. Zutreffend weist *Körner*[143] darauf hin, dass die **Vorstellung des Gesetzgebers im Laufe der Zeit Wandlungen unterliegen** kann. Eine derartige Wandlung gesetzgeberischer Wertentscheidungen muss in der **Einführung von § 31a Abs. 1 S. 2**[144] gesehen werden, wonach von der Verfolgung abgesehen werden soll, wenn der Täter in einem Drogenkonsumraum BtM zu einem nach § 10a geduldeten Eigenverbrauch in geringer Menge besitzt, ein solcher Eigenverbrauch im Konsumraum nach § 10a Abs. 1 S. 2 Nr. 7 **bei offenkundigen Erst- und Gelegenheitstätern gerade aber nicht geduldet** werden darf, sondern der Zugang zum Drogenkonsumraum ausschließlich **BtM-Abhängigen vorbehalten** ist.[145] Freilich hat der Gesetzgeber insoweit selbst zur **Inkonsistenz der Anwendungsvoraussetzungen** beigetragen, als er in §§ 31a, 10a den **Begriff der geringen Menge** auf den Dauerkonsumenten übertragen hat, obwohl die Bestimmung der geringen Menge selbst seit jeher an den nicht abhängigen Konsumenten anknüpft (→ Rn. 1727). Deshalb ist es heute **nicht mehr nachvollziehbar,** einerseits den Dauerkonsumenten harter Drogen wegen seines unerlaubten BtM-Besitzes (dem eine der übrigen in § 29 Abs. 5 aufgeführten Begehungsformen in der Regel vorausgehen muss, da ein Überlassen zum unmittelbaren Verbrauch innerhalb eines Drogenkonsumraumes verboten ist) dahingehend zu privilegieren, dass bereits die Staatsanwaltschaft auf Strafverfolgung verzichten soll, andererseits denjenigen, der die Grenze des nirgendwo definierten Gelegenheitskonsums (→ Rn. 1755) überschreitet, auch noch das vergleichsweise geringere Privileg der

---

[140] *Schäfer/Sander/van Gemmeren* Rn. 21.
[141] → § 31a Rn. 3.
[142] Vgl. BR-Drs. 57/90.
[143] *Körner* Rn. 2055 f.
[144] So bereits zur Einführung des § 31a: LG Hamburg 29.10.1996 – 715 Ns 14/96, StV 1997, 307.
[145] → § 10a Rn. 6.

Straflosigkeit vorzuenthalten, zumal ihn – anders als in den Fällen des § 31a – nach Abs. 5 ein Schuldspruch erwartet.

Vor diesem Hintergrund stellt es nicht einmal ein Scheinargument dar, das Nichtabsehen **1754** von Strafe damit zu begründen, dass staatliche Intervention durch Strafe erforderlich erscheint.[146] Auch die vom BayObLG[147] aufgestellte These, Abs. 5 gelte keinesfalls für **polytoxikomane Rauschgiftsüchtige,** lässt sich infolge der gewandelten Vorstellungen des Gesetzgebers jedenfalls so nicht mehr aufrecht erhalten.[148] Die von der Rechtsprechung nach wie vor vorgenommene **Beschränkung** des Anwendungsbereichs von Abs. 5 **auf den Erst- oder Gelegenheitskonsumenten**[149] kann nach Einführung des § 31a Abs. 1 S. 2 **nicht mehr aufrecht erhalten** werden.

Beim **Wiederholungstäter** oder **Gelegenheitskonsumenten** fehlt ohnehin jede **1755** nähere Bestimmung der Quantifizierung von BtM-Verstößen, da streng genommen bereits jeder zweite Konsumvorgang die Wiederholung des ersten darstellt.[150] Eine tatrichterliche Feststellung, wonach der Angeklagte in unregelmäßigen Abständen Drogen konsumiert habe, deutet eher auf einen Gelegenheitskonsumenten hin.[151] Dem obiter dictum einer Entscheidung des BGH[152] kann entnommen werden, dass die Anwendung des Abs. 5 nicht ausgeschlossen ist, wenn die Angeklagte in ca. **drei Monaten viermal je zwei Gramm Haschisch erworben** hat. *Weber*[153] und *Patzak*[154] schlagen vor, die Grenze des Gelegenheitskonsums bei **einem einmaligen Konsum im Monat** anzusiedeln. Nach den in Bayern zu § 31a erlassenen Handlungsanweisungen an die Staatsanwaltschaften soll als Gelegenheitstäter anzusehen sein, wer im letzten Jahr mit Drogen nicht auffällig geworden ist. Richtigerweise ist als **Gelegenheitskonsument** einzustufen, **wer einerseits nicht Dauerkonsument, andererseits nicht Erstkonsument** ist. Das Dilemma, das durch die Einführung des § 31a Abs. 1 S. 2 entstanden ist, lässt sich aber auch dadurch kaum beseitigen, da die zu § 31a erlassenen Verwaltungsvorschriften unterschiedliche Folgerungen aus einer erhöhten Konsumfrequenz ziehen:[155] Während diese in dem einen Land Grund für die Nichtanwendung des § 31a sein kann, deutet sie in dem anderen Land auf das Vorliegen von Abhängigkeit und damit auf eine verminderte Tatschuld hin, was zum obligatorischen Absehen von der Verfolgung zwingen kann,[156] weshalb das Absehen von Strafe auch dann nicht verneint werden kann, wenn dadurch eine **negative Entwicklung des Drogenkonsumenten perpetuiert oder gefördert** werden würde,[157] da § 31a letztendlich gerade das vom Verfolgungszwang ausnimmt.

Auch wenn die bislang üblicherweise vertretene Auffassung an der Beschränkung des **1756** Anwendungsbereichs der Vorschrift auf Erst- und Gelegenheitskonsumenten anknüpft, ist manchen Entscheidungsgründen gleichzeitig auch Unwohlsein über die selbst geschaffene Einengung zu entnehmen mit der Folge, dass nach Ausnahmefällen gesucht wird. *Körner/Patzak* schlagen vor, von der Beschränkung des Anwendungsbereichs dann abzurücken, wenn der Dauerkonsument seine Drogenkarriere bereits überwunden hat oder sie gerade

---

[146] *Körner* (VI), Rn. 2097 unter Bezugnahme auf KG 16.6.1997 – (5) 1 Ss 36/97 (12/97), StV 1997, 640; OLG Hamm 6.11.2003 – 3 Ss 543/03, NStZ-RR 2005, 196 (bei *Kotz/Rahlf*).
[147] BayObLG 10.6.1994 – 4St RR 66/94, BayObLGSt 1994, 106.
[148] IErg wohl auch KPV/*Patzak* Teil 29 Rn. 74.
[149] BayObLG 23.5.1973 – RReg 4 St 68/73, BayObLGSt 1973, 104; 26.5.1982 – RReg 4 St 69/82, BayObLGSt 1982, 62; 20.6.1994 – 4St RR 66/94, BayObLGSt 1994, 104; 14.2.1995 – 4St RR 170/94, BayObLGSt 1995, 22 mAnm *Körner* StV 1995, 529; 13.3.2000 – 4St RR 172/99, StV 2000, 302; 19.12.2001 – 4St RR 144/01; OLG Hamm 6.11.2003 – 3 Ss 543/03, NStZ-RR 2005, 196 (bei *Kotz/Rahlf*).
[150] So die Rechtsprechung zu Nr. 9.2.2 der Anlage 4 zu den §§ 11, 13 und 14 FeV hinsichtlich des gelegentlichen Konsums von Cannabis.
[151] BayObLG 27.10.1998 – 4St RR 179/98.
[152] BGH 15.9.1983 – 4 StR 454/83, StV 1987, 250.
[153] *Weber* Rn. 1860.
[154] KPV/*Patzak* Teil 28 Rn. 71.
[155] *Aulinger* NStZ 1999, 111 ff.
[156] → § 31a Rn. 33 ff.
[157] KPV/*Patzak* Teil 29 Rn. 76.

erfolgreich abschließt, wenn es sich um einen einmaligen Rückfall handelt oder der Verstoß bereits Jahre zurückliegt, ferner wenn es darum geht, drohenden Entzugserscheinungen entgegenzuwirken, wenn danach der Beginn einer Substitutionsbehandlung beabsichtigt war oder sich der Täter tatsächlich in ärztliche Behandlung begeben hat, schließlich wenn es darum ging, von *Heroin* auf *Cannabis* „zurückzufahren".[158] Auch derjenige, der sich in einer Situation, in der ihm suchthemmende Medikamente nicht zur Verfügung stehen, aus **Furcht vor Entzugsfolgen** nur eine ganz geringe Menge Rauschgift beschafft, nach der Tat aber gezeigt hat, dass er gewillt ist, von seiner Sucht loszukommen,[159] soll in den Genuss des Absehens von der Verfolgung kommen müssen; § 29 Abs. 5 soll auch dann anwendbar sein, wenn die Verhängung einer Freiheitsstrafe den Erfolg einer unmittelbar bevorstehenden Therapie in einer anerkannten Einrichtung ernsthaft gefährden könnte.[160] Sämtliche **Erwägungen** sind für sich genommen **anerkennenswert und im Ergebnis des Verzichts auf Bestrafung auch zutreffend,** in ihrer inneren Logik aber keineswegs überzeugend. Wer Entzugsfolgen bekämpfen muss oder nur bei deren Drohen neuerlich zu Rauschgift greift, ist in einer Art und Weise abhängig, die mit Gelegenheitskonsum nichts mehr zu tun hat. Jeder Rückfall ist ein solcher; ob er „einmalig" ist, kann naturgemäß erst nach längerer Zeit beurteilt werden. Wie sich ein Rückfall mit dem nebenher gehenden erfolgreichen Abschluss einer Drogenkarriere in Einklang bringen lässt, versteht sich ebenso wenig von selbst. Im Ergebnis wäre es **ehrlicher,** vor allem aber **rechtlich überzeugender,** sich von der **nicht mehr zeitgemäßen Beschränkung** des Anwendungsbereichs des § 29 Abs. 5 zu verabschieden und einfach auf den „offenen"[161] Wortlaut der Vorschrift zurückzugreifen, der Absehen von Strafe in jedem dieser **„Ausnahmefälle"** ohnehin gestattet.

1757 Bei **Erstkonsumenten,** sogenannten **Probierern,** ist die Anwendbarkeit der Vorschrift unstrittig.

1758 **bb) Strafrechtliche Vorbelastung.** Weiteres Kriterium bei einer Entscheidung nach § 29 Abs. 5 kann die strafrechtliche Vorbelastung des Angeklagten sein.[162] Sie steht der Anwendung der Vorschrift allerdings nicht generell entgegen.[163] War der Angeklagte ua wegen **unerlaubten Handeltreibens zu einer Bewährungsstrafe verurteilt,** besteht aus revisionsrechtlicher Sicht aber auch bei unerlaubtem Besitz nur einer geringen Menge Haschisch weder eine Pflicht zur Verfahrenseinstellung nach § 31a noch eine solche zum Absehen von Strafe nach Abs. 5, da bei einer derartig spezifischen Vorbelastung ein Gelegenheitskonsum zu verneinen und – mit Blick auf frühere Abnehmer – eine gewisse Fremdgefährdung zu unterstellen nicht ganz unvertretbar ist.[164] Auch kann der Tatrichter bei einer anderweitigen einschlägigen Vorbelastung ein die Anwendung der Vorschrift ausschließendes Strafbedürfnis annehmen, was insbesondere gilt, wenn die neue Tat während des Laufs einer Bewährung begangen wurde.[165] Allerdings darf auch hier **kein Automatismus** eintreten; vielmehr handelt es sich um eine widerlegliche Vermutung. Geht der Tatrichter nämlich einerseits davon aus, der Angeklagte habe ausschließlich zum Eigenverbrauch besessen, so darf er andererseits die rein abstrakte Möglichkeit, dass das BtM auch weitergegeben werden konnte, dann nicht straferschwerend werten, wenn keinerlei Anhaltspunkte für

---

[158] § 29 Teil 28 Rn. 80 mwN; vgl. auch OLG Hamm 6.11.2003 – 3 Ss 543/03, NStZ-RR 2005, 196 (bei *Kotz/Rahlf*).
[159] LG Berlin 9.1.1991 – 6 Op Js 485/89 Ls (Ns), StV 1992, 77.
[160] LG Köln 12.5.1992 – 151 – 62/92.
[161] LG Hamburg 29.10.1996 – 715 Ns 14/96, StV 1997, 307.
[162] BVerfG 11.7.2006 – 2 BvR 1163/06, BeckRS 2006, 27486; 15.8.2006 – 2 BvR 1441/06, BeckRS 2006, 25334 = NStZ-RR 2007, 225 (bei *Kotz/Rahlf*); OLG München 24.10.2006 – 4St RR 187/06.
[163] BGH 15.9.1983 – 4 StR 454/83, StV 1987, 250; BayObLG 16.4.2002 – 4St RR 43/02; OLG Hamburg 4.11.1987 – 1 Ss 136/87, StV 1988, 109; OLG München 25.8.2005 – 4St RR 150/05.
[164] BGH 16.2.1998 – 5 StR 7/98, NStZ-RR 1999, 152; iErg auch OLG München 11.11.2011 – 5St RR (I) 61/11, BeckRS 2012, 03272 = NStZ-RR 2012, 199 (bei *Kotz/Rahlf*); zweifelnd: OLG Karlsruhe 23.2.1996 – 1 Ss 243/95, StV 1996, 675.
[165] BVerfG 11.7.2006 – 2 BvR 1163/06, BeckRS 2006, 27486.

einen Sinneswandel des Angeklagten erkennbar sind.[166] In wieweit eine **einschlägige Vorverurteilung** zur Erhöhung der Vorwerfbarkeit im Rahmen der Strafzumessung führen kann, hängt davon ab, ob sie in der Lage war, Warnfunktion zu entfalten[167] und ob sich der Angeklagte der Warnwirkung entzogen hat. Wurde jemand wegen eines Absatzdelikts verurteilt und steht er nunmehr wegen Besitzes zum Eigenverbrauch vor Gericht, wird man Absehen von Strafe jedenfalls nicht im Hinblick auf die Vorstrafe verneinen können, weil die Warnwirkung jedenfalls bezüglich der Weitergabe von BtM durchgeschlagen hat.[168] Dabei ist zu berücksichtigen, dass **BtM-Abhängigkeit,** selbst wenn sie die Schwelle der erheblichen Verminderung von Steuerungsfähigkeit (§ 21 StGB) nicht erreicht, ein weiterer erheblicher schuld- und strafmildernder Bemessungsumstand ist, der zugleich auch die **Vorwerfbarkeit der Missachtung der Warnwirkung** einer einschlägigen Vorverurteilung einschließlich der Aussetzung von Freiheitsstrafen zur Bewährung **vermindert.**[169] Die Anwendung von Abs. 5 ist auch nicht ausgeschlossen, wenn gegen den Angeklagten wegen unerlaubten Haschisch-Besitzes zum Eigenverbrauch bereits eine jugendrichterliche Weisung ergangen war.[170]

cc) Therapieresistenz. Äußerst fraglich erscheint gerade nach Einführung des § 31a **1759** Abs. 1 S. 2, ob Therapieresistenz als spezifisches Nachtatverhalten die Frage der Anwendbarkeit von Abs. 5 beeinflussen darf,[171] da auch insoweit ein gesetzlicher Wertungswiderspruch konstatiert werden müsste, wenn einerseits dem abhängigen Dauerkonsumenten die Möglichkeit des straffreien Besitzes eingeräumt, dem weit weniger delinquenten Wiederholungs- oder Gelegenheitskonsumenten aber die Straflosigkeit versagt bleiben würde. Im Zusammenhang mit der Wandlung der gesetzgeberischen Vorstellungen ist an dieser Stelle auch zu erwähnen, dass die Möglichkeit der diamorphingestützen Substitutionsbehandlung die Therapieresistenz voraussetzt.[172]

dd) Allgemeines Nachtatverhalten. Für die Strafzumessung ist regelmäßig auch das **1760** allgemeine Nachtatverhalten des Angeklagten von Bedeutung, also insbesondere Umstände, die auf die Einstellung des Täters zu seiner Tat schließen lassen. Der Abfassung von Abs. 5 kann dabei allerdings **nicht** entnommen werden, dass sie die **Ablegung eines Geständnisses**[173] voraussetzen würde oder sich der Angeklagte auch nur **einsichtig**[174] zeigen müsste. Insoweit greifen Strafzumessungsgesichtspunkte und die Feststellungen zum Tatbestandsmerkmal des Eigenverbrauchs ineinander, weil dieses auch dann bejaht werden kann, wenn der Angeklagte den Tatvorwurf bestreitet.[175]

IX. Gerichtliches Verfahren

Liegt eine geringe Menge BtM vor und ergeben die Feststellungen, dass der Angeklagte **1761** eine der genannten Begehungsweisen zum Eigenverbrauch verwirklicht hat, **muss sich das** insoweit durch das Revisionsgericht vollumfänglich überprüfbare[176] **Urteil mit Anwendbarkeit und Anwendung von § 29 Abs. 5** in positiver[177] wie negativer[178] Hinsicht **auseinandersetzen.** Dies gilt auch, wenn die Urteilsgründe einen Hinweis auf eventuellen

---

[166] BayObLG 14.2.1995 – 4St RR 26/95.
[167] *Schäfer/Sander/van Gemmeren* Rn. 368.
[168] OLG Karlsruhe 23.2.1996 – 1 Ss 243/95, StV 1996, 675.
[169] OLG Karlsruhe 14.4.2003 – 3 Ss 54/03, NJW 2003, 1825.
[170] BayObLG 19.5.2003 – 4St RR 53/03.
[171] So aber KPV/*Patzak* Teil 29 Rn. 72.
[172] S. § 5 Abs. 9a S. 2 Nr. 3 BtMVV.
[173] OLG Frankfurt a. M. 23.4.1991 – 4 Ss 121/91; OLG Hamburg 4.11.1987 – 1 Ss 136/87, StV 1988, 109.
[174] AA OLG Düsseldorf 9.10.1991 – 5 Ss 288/91 – 113/91 I.
[175] KPV/*Patzak* Teil 29 Rn. 68.
[176] OLG Braunschweig 23.9.2010 – Ss 72/10; *Weber* Rn. 1863 f.
[177] OLG Koblenz 29.11.2010 – 1 Ss 197/10, BeckRS 2011, 01376; OLG Naumburg 5.11.2009 – 1 Ss 45/09, BeckRS 2010, 02298; OLG Oldenburg 21.10.2008 – Ss 355/08, BeckRS 2008, 22472 = NJWSpezial

Eigenverbrauch des Angeklagten enthalten und das Gericht die Möglichkeit, dass der Angeklagte das Rauschgift ungewollt und unbemerkt zugesteckt erhalten hatte, ausgeschlossen hat.[179] Ohne Einschränkung ist dies erforderlich, wenn der Angeklagte einen auf diese Rechtsfolge gerichteten **Antrag gestellt** hat (§ 267 Abs. 3 S. 4 StPO).[180] Entbehrlich können Ausführungen zum Absehen von Strafe sein, wenn die Anwendung der Vorschrift ersichtlich nicht in Betracht kommt, weil der Angeklagte weder Probier- noch Gelegenheitskonsument ist, die Vielzahl der Vorstrafen des Angeklagten die Anwendung von § 29 Abs. 5 verbietet[181] oder die Tat während des Vollzugs von Strafhaft begangen wurde.[182] Dies gilt wiederum nicht, wenn die Gewichtsmenge einer Marihuanazubereitung lediglich bei 0,9 g (oder 0,4 g[183] bzw. 0,7g[184]) netto und damit weit unter der Grenze von 6 bzw. 10g Gewichtsmenge liegt.[185] Auch wenn der Angeklagte nur gelegentlich Betäubungsmittel konsumiert, stellt sich die Nichterörterung des § 29 Abs. 5 nicht als rechtsfehlerhaft dar, wenn er einschlägig vorbestraft ist, die Tat nur rund drei Monate nach der Entlassung aus der Strafhaft (u.a. wegen einschlägiger Vorverurteilungen) begeht, dabei in zwei Verfahren unter Bewährung steht und auch nach der Tat (hier: Besitz von 0,6 g Amphetamin) – in Kenntnis des gegen ihn eingeleiteten Verfahrens – erneut einschlägig in Erscheinung tritt.[186]

1762   **1. Begründungsaufwand.** Die Frage, wie **intensiv** der Begründungsaufwand sein muss, hängt – wie bei allen Strafzumessungsentscheidungen – davon ab, wie nahe ein Absehen von Strafe liegt.[187] Scheidet die Anwendung der Vorschrift ersichtlich aus, ist auch eine Auseinandersetzung mit den zugrunde liegenden Fragen entbehrlich.[188]

1763   **2. Urteilstenor.** Sieht das Gericht von Strafe ab, lautet der Urteilstenor: „Der Angeklagte ist schuldig der(s) unerlaubten … (zB Besitzes) von Betäubungsmitteln. Von der Verhängung einer Strafe wird abgesehen".[189]

1764   **3. Übermaßverbot bei Nichtanwendung.** Wendet der Tatrichter die Vorschrift nicht an, hat er die ihm obliegende Aufgabe der Strafzumessung noch nicht erfüllt. Denn das verfassungsrechtlich verankerte Übermaßverbot (Art. 20 Abs. 3 GG) gebietet es bei geringen Mengen von BtM zum Eigenverbrauch stets, das Merkmal der Unerlässlichkeit einer kurzzeitigen Freiheitsstrafe (§ 47 Abs. 1 StGB) auch unter diesem Gesichtspunkt zu prüfen.[190] Regelmäßig ist hier das Tatunrecht so gering, dass die Verhängung einer Freiheitsstrafe gegen den Verhältnismäßigkeitsgrundsatz verstoßen würde, weil sie nicht mehr als gerechter Schuldausgleich angesehen werden könnte.[191] Dies gilt umso mehr, wenn die Verurteilung

---

2008, 761 = NStZ-RR 2009, 194 (bei *Kotz/Rahlf*); 16.12.1992 – Ss 443/92, StV 1993, 251; OLG Stuttgart 19.6.1998 – 1 Ss 331/98, StV 1998, 479.

[178] OLG Frankfurt a. M. 4.7.1989 – 1 Ss 214/89; OLG München 1.2.2011 – 5St RR (I) 76/10, BeckRS 2012, 03258 = NStZ-RR 2012, 198 (bei *Kotz/Rahlf*).

[179] OLG Frankfurt a. M. 23.4.1991 – 1 Ss 121/91.

[180] KPV/*Patzak* Teil 29 Rn. 102.

[181] OLG München 11.11.2011 – 5St RR (I) 61/11, BeckRS 2012, 03273 = NStZ-RR 2012, 199 (bei *Kotz/Rahlf*).

[182] BayObLG 17.9.2004 – 4St RR 110/04, NStZ-RR 2006, 227 (bei *Kotz/Rahlf*).

[183] OLG Dresden 31.8.2015 – 2 OLG 21 Ss 210/15.

[184] OLG Hamm 16.6.2015 – III-2 RVs 30/15, 2 RVs 30/15, BeckRS 2015, 15083 = StV 2015, 644.

[185] OLG Hamm 29.7.2014 – 2 RVs 33/14, NStZ-RR 2014, 345.

[186] OLG Hamm 5.11.2015 – III-1 RVs 75/15, 1 RVs 75/15; auf der „sicheren Seite" ist man als Instanzgericht selbstverständlich, wenn man nicht gänzlich auf Ausführungen verzichtet und hierbei schlicht eine Absehen von Strafe nach Würdigung der Gesamtumstände verneint, vgl. etwa OLG Hamm 28.4.2015 – III-5 RVs 30/15, 5 RVs 30/15.

[187] OLG Hamm 24.6.1998 – 2 Ss 666/98, StV 1998, 600.

[188] BayObLG 26.5.1982 – RReg 4 St 69/82, NStZ 1982, 472.

[189] *Meyer-Goßner/Appl*, Die Urteile in Strafsachen, Rn. 113.

[190] OLG Braunschweig 23.9.2010 – Ss 72/10; OLG Naumburg 21.5.2013 – 1Ss 19/13; S. allgemein *Krumm* NJW 2004, 328.

[191] OLG Hamm 20.3.2003 – 3 Ss 78/03; OLG Karlsruhe 23.2.1996 – 1 Ss 243/95, StV 1996, 675; 14.4.2003 – 3 Ss 54/03, NJW 2003, 1825; 18.11.2004 – 2 Ss 60/04, StV 2005, 275; BGH 15.4.2014 – 2 StR 626/13, = BeckRS 2014, 12418 = StV 2014, 611 („Für den Besitz von 0,5 g Marihuana stellt die

zum Widerruf einer Bewährung führen würde.[192] Auch der Besitz einer geringen Menge einer sog. „harten Droge" (hier: Heroin) genügt zur Annahme „besonderer Umstände" iSd § 47 Abs. 1 StGB für die Verhängung einer kurzen Freiheitsstrafe nicht.[193] Die Tendenz der Rechtsprechung ist hier eindeutig.[194] Wenn das ausgeübte Ermessen ein Absehen von Strafe nicht trägt, kann das verfassungsrechtlich verankerte Übermaßverbot die Verhängung einer Geldstrafe anstelle einer kurzfristigen Freiheitsstrafe[195] oder zumindest deren gesetzlichen Mindeststrafe[196] gebieten.

4. Rechtsmittel. Das Absehen von Strafe wie auch die Nichtanwendung von Abs. 5   **1765**
erfolgt im Rahmen des Urteils, das mit **Berufung oder Revision** angefochten werden kann. Lautet das Urteil auf Geldstrafe von nicht mehr als 15 Tagessätzen, ist zu beachten, dass die **Berufung** angenommen werden muss (§ 313 Abs. 1 StPO). Dies gilt auch, wenn das Gericht von Strafe abgesehen hat.[197] Darüber, ob anstelle einer Annahmeberufung Sprungrevision zulässig ist, besteht Meinungsstreit.[198] Das **Revisionsgericht** kann nach § 354 Abs. 1a StPO ebenfalls von Strafe absehen.[199]

5. Wirkung der Entscheidung. Ein Schuldspruch im Rahmen von Abs. 5 wird nicht   **1766**
in das Bundeszentralregister eingetragen (§ 4 Nr. 1 BZRG).

29. Kapitel. Weitergabe von Betäubungsmittelimitaten (Abs. 6)

Schrifttum: *Meyer,* Betäubungsmittelstrafrechtrecht in Westeuropa, 1987.

Übersicht

Verhängung einer Freiheitsstrafe von drei Monaten ohne Bewährung keinen gerechten Schuldausgleich dar"). OLG Hamm 6.2.2014 – III-1 RVs 10/14, 1 RVs 10/14, BeckRS 2014, 08874 = NStZ-RR 2014, 214 („Die Verhängung einer Freiheitsstrafe von sieben Monaten wegen des Besitzes von 19,3 g Haschisch stellt auch bei einem mehrfach einschlägig vorbestraften Täter keinen gerechten und angemessenen Schuldausgleich mehr dar").
[192] OLG Hamm 6.11.2003 – 3 Ss 543/03.
[193] OLG Braunschweig 10.5.2013 – 1 Ss 29/13; OLG Karlsruhe, 18.11.2004, 2 Ss 60/04, StV 2005, 275.
[194] BGH 16.2.1998 – 5 StR 7/98, NStZ-RR 1999, 152; OLG Hamm 6.11.2003 – 3 Ss 543/03; OLG Karlsruhe 23.2.1996 – 1 Ss 243/95, StV 1996, 675; 14.4.2003 – 3 Ss 54/03, NJW 2003, 1825; 18.11.2004 – 2 Ss 60/04, StV 2005, 275.
[195] OLG Karlsruhe 23.2.1996 – 1 Ss 243/95, StV 1996, 675; v. 14.42003 3 Ss 54/03, NJW 2003, 1825.
[196] OLG Oldenburg 11.12.2009 – 1 Ss 197/09, BeckRS 2010, 03827 = NStZ-RR 2010, 227 (bei *Kotz/ Rahlf*).
[197] LG Hamburg 11.5.2007 – 711 Ns 27/07, NStZ-RR 2008, 233 (bei *Kotz/Rahlf*) = StraFo 2007, 421.
[198] Vgl. Meyer-Goßner/Schmitt/*Schmitt* StPO § 335 Rn. 21 f.
[199] OLG München 4.5.2007 – 4St RR 71/07, NStZ-RR 2008, 226 (bei *Kotz/Rahlf*).

A. Überblick

I. Rechtliche Einordnung

1767   Nach den **Vorstellungen des Gesetzgebers** dient die Bewehrung der Weitergabe von BtM-Imitaten der Erschwerung des Einstiegs in die Drogenszene. BtM-Händler sollten die Hemmschwelle Drogeninteressierter nicht straflos in der Weise herabsetzen können, dass sie zunächst harmlose und/oder niedrigpreisige Stoffe als Rauschgift weitergeben, und so den Nährboden für die Erweiterung des Kundenkreises bereiten.[1] Zum anderen seien die Konsumenten solcher **Pseudodrogen, BtM-Imitate, Falsch-** oder **Linkware** oder **Lookalikes** wegen der unbekannten Zusammensetzung der Stoffe und Zubereitungen sowie möglicher Verunreinigungen objektiv einer Gesundheitsgefahr ausgesetzt, die höher sein kann als diejenige durch den Konsum echter BtM.[2]

1768   **1. Deliktsnatur.** Bei Abs. 6 handelt es sich um einen **eigenen Straftatbestand,**[3] der lediglich bezüglich der Rechtsfolgen auf Abs. 1 verweist.[4] Im Hinblick auf die genannten Tatmodalitäten der Abgabe und der Veräußerung ist er insoweit **Erfolgsdelikt,** weil er auf den Übergang der tatsächlichen Verfügungsmacht über das BtM-Imitat abzielt. Hingegen stellt das Handeltreiben ein (multiples) Tätigkeitsdelikt dar. Im Hinblick auf die von Abs. 6 geschützten Belange (vgl. noch → Rn. 1769) handelt es sich um ein **abstraktes Gefährdungsdelikt.**

1769   **2. Verfassungsmäßigkeit.** Der Tatbestand ist unter Zugrundelegung der von ihm verfolgten Ziele **illegitim.** Abs. 6 verlangt weder ein besonderes „Werbegebahren" des Täters noch eine gesundheitsschädliche Wirkung der Alternativsubstanz. Dass eines der Stoffe auch gesundheitsschädlich wirken könnte, läuft auf eine unzulässige Verdachtsstrafe hinaus, zumal in derartigen Fällen ein ausreichender Schutz über die §§ 222, 229 StGB sowie zahlreiche weitere Nebengesetze betreffend den Umgang mit Substanzen besteht. Somit lässt sich die Strafwürdigkeit lediglich damit begründen, dass der Täter seinen Vertragspartner täuscht (ohne, dass dieser in seinem Vermögen gefährdet sein könnte) bzw. so tut, als wäre er kriminell (ohne, dass die Rechtspflege hiervon betroffen wäre). Derartige Verhaltensformen werden aber bei Vorliegen weiterer Voraussetzungen ebenso anderweitig strafrechtlich erfasst (§§ 263,[5] 145d StGB). *Meyer*[6] gibt darüber hinaus zu bedenken, dass es ein rechtlich schützenswertes Interesse an unverfälschtem oder echtem Rauschgift eigentlich nicht geben könne.[7]

1770   Potenziert werden diese Ungereimtheiten durch die **unklare Tatbestandsfassung,** die sich gerade aufgrund des kaum nachvollziehbaren Schutzkonzepts auch nicht in eine bestimmte Richtung auflösen lässt. Angesprochen ist der Streit um die Auslegung des Passus

---

[1]   BT-Drs. VI/1877, 10; zur Kritik s. *Weber* Rn. 1869.

[2]   *Körner* StV 1991, 110; aA *Joachimski/Haumer* Rn. 389, die die Privilegierung gegenüber den Tatbeständen des Abs. 1 auf eine verringerte objektive Gefährlichkeit zurückführen.

[3]   HM: OLG Hamm 11.2.2010 – III-2 (6) Ss 511/09 (190/09), NStZ 2011, 101; vgl. *Malek* Kap. 2 Rn. 362; *Franke/Wienroeder* Rn. 225; *Joachimski/Haumer* Rn. 389.

[4]   HJLW/*Winkler* Rn. 30.3 sprechen von einer limitierten Rechtsfolgenverweisung.

[5]   In *Stenglein,* Strafrechtliche Nebengesetze I, S. 931 Anm. 23 z. n. *Körner* (VI) Rn. 1696; nunmehr aber KPV/*Patzak* Teil 30 Rn. 3.

[6]   S. 763.

[7]   AA wohl *Körner* StV 1991, 110.

„aber als solche ausgegeben werden", wo eine allein am Endverbraucher bzw. Empfängerhorizont orientierte Interpretation voraussetzt, dass der Erwerber über die BtM-Eigenschaft getäuscht wird. Hingegen lässt sich die hM von der extensiven Ausgestaltung zu einer punitiven Auslegung verführen, die lediglich darauf abstellt, dass sich die Vertragspartner über das „Etikett" (Imitat als BtM) einig sind; ergebnisorientierterweise soll dies aber nur für den Zwischenhandel gelten. Mit bestimmter Gesetzesanwendung hat dies nichts mehr zu tun. Der Vorschrift mangelt es bereits an einem legitimen Zweck, jedenfalls ist das Verbot des Handels mit BtM-Imitaten nicht geeignet, das Vermögen und die Gesundheit des Individuums zu schützen.[8] Etwas zynisch könnte man formulieren, dass Abs. 6 verfassungswidri*ger* als die übrigen Strafvorschriften des BtMG ist.

II. Kriminalpolitische Bedeutung

Die verfassungsrechtlichen Bedenken werden durch eine rechtstatsächlich untergeordnete **1771** Bedeutung abgemildert. Abs. 6 wird in der PKS statistisch nicht gesondert erfasst.

III. Rechtsentwicklung

1. Internationales Recht. Der Tatbestand betrifft Stoffe und Zubereitungen, die **nicht** **1772** **unter die Anlagen I–III** fallen. Deshalb kann er sich nicht auf die internationalen Suchtstoffübereinkommen stützen. Dies gilt auch hinsichtlich des Rahmenbeschlusses 2004/757/ JI des Rates v. 25.10.2004 zur Festlegung von Mindestvorschriften über die Tatbestandsmerkmale strafbarer Handlungen und die Strafen im Bereich des illegalen Drogenhandels.[9]

2. Innerstaatliches Recht. Die Vorschrift wurde in ihrer ursprünglichen Fassung als **1773** Reaktion auf eine Entscheidung des RG[10] als § 8 Abs. 3 in das OpiumG 1920 aufgenommen, nachdem das RG als Tatobjekte von BtM-Straftaten nur solche Stoffe angesehen hatte, die auch objektiv der Gattung der BtM angehören. Nach § 10 Abs. 4 des OpiumG 1929 galten die Vorschriften der Absätze 1–3 auch dann, wenn Stoffe oder Zubereitungen als solche der in § 1 bezeichneten Art *in den Verkehr gebracht* wurden, ohne es zu sein. Das BtMG 1972 dehnte in § 12 den Anwendungsbereich der Vorschriften des § 11 Abs. 1 Nr. 6 Buchst. a, Nr. 7, 8 und Abs. 5 auf Handlungen aus, die sich auf Gegenstände bezogen, die keine BtM waren, aber als solche ausgegeben wurden. Im BtMG 1982 wurde der Tatbestand wieder auf die Tathandlungen des Handeltreibens, der Abgabe und der Veräußerung reduziert. Das OrgKG erweiterte den Strafrahmen nach Abs. 1 auf „bis zu fünf Jahren".

B. Erläuterung

I. Geltungsbereich

1. Inlandstaten. Inlandstaten unterliegen dem BtM-Strafrecht unabhängig davon, ob **1774** die Tat durch einen Ausländer oder einen Deutschen begangen wurde. Als Inlandstat gilt auch die Beihilfe zu einer Haupttat im Ausland.[11]

2. Auslandstaten. Nach dem **Weltrechtsprinzip**[12] ist das Handeltreiben mit BtM- **1775** Imitaten im Ausland nach deutschem Recht nicht strafbar, weil es unter den Vertriebsbegriff des § 6 Nr. 5 StGB nicht subsumiert werden kann.[13] In erster Linie ist es mit dem Wortlaut von § 6 Nr. 5 nicht zu vereinbaren, dem dort enthaltenen BtM-Begriff einen weitergehen-

---

[8] Krit. zur kriminalpolitischen Zwecksetzung der Vorschrift, die im Folgenden weitestgehend auszublenden sein wird, vgl. *Krack* JuS 1995, 585 (588). So auch *Albrecht* in *Meyer*, S. 74 f. sowie *Meyer* in *Meyer*, S. 763.
[9] → Vor § 1 Rn. 117; abgedruckt bei *Weber* unter B 9; s. dazu: *Weber* Rn. 262 ff.
[10] RG 13.12.1921 – v. 740/21, RGSt 56, 256.
[11] BGH 25.10.2001 – 4 StR 208/01, BGHSt 47, 134 = NJW 2002, 452.
[12] → Vor § 29 Rn. 121 ff.
[13] Offen gelassen: BGH 14.4.1999 – 3 StR 22/99, NJW 1999, 2683 mAnm *Körner* NStZ 2000, 95.

den Inhalt als den des § 1 zu unterlegen. Daneben hat das Weltrechtsprinzip einmal den Schutz internationaler Rechtsgüter zum Inhalt, zum anderen beruht es auf dem Grundsatz der stellvertretenden Strafrechtspflege. Damit wäre es letztlich nicht in Einklang zu bringen, vom Ausland ersichtlich nicht für schützenswert erachtete Rechtsgüter durch eine Strafbewehrung in Deutschland schützen zu wollen. Demzufolge unterliegt der Ausländer, der im Ausland BtM-Imitate weitergibt, auch bei Vorliegen der übrigen in § 7 StGB genannten Voraussetzungen nicht dem deutschen BtM-Strafrecht.

1776 Gibt ein Deutscher im Ausland BtM-Imitate weiter, wäre er nur dann nach deutschem BtM-Strafrecht strafbar, wenn die Tat am Tatort mit Strafe bedroht ist oder der Tatort keiner Strafgewalt unterliegt (§ 7 Abs. 2 Nr. 1 Alt. 1 StGB). Soweit ersichtlich steht die Weitergabe von Falschware in den westeuropäischen Ländern **nicht unter Strafe,** was im Einzelnen für Belgien,[14] Dänemark,[15] Frankreich,[16] Großbritannien,[17] Luxemburg,[18] Niederlande,[19] Österreich,[20] Schweiz[21] und Spanien[22] konkret festgestellt wurde. Auch wenn der im Ausland handelnde deutsche Täter irrtümlich davon ausgeht, dass er BtM weitergibt, so dass er bei einer Inlandstat strafbar wäre (→ Rn. 1829), führt dies aufgrund der Wortlautgrenze des § 6 Nr. 5 StGB ebenso wenig zur Inlandsstrafbarkeit.[23]

II. Objektiver Tatbestand

1777 **1. Abgeben, Veräußern, Handeltreiben.** Vom Tatbestand erfasst werden Abgabe, Veräußerung und Handeltreiben. Die Begriffe sind nicht anders auszulegen als in Abs. 1,[24] betreffen also die Weiterreichung des Stoffes ohne Entgelt (Abgabe), gegen Entgelt (Veräußerung) oder in Gewinnerzielungsabsicht (Handeltreiben), wobei die Tatmodalität des Handeltreibens nicht in die Vorschrift aufgenommen wurde, um auch den Zwischenhandel mit BtM-Imitaten zu erfassen.[25] Andere der in Abs. 1 genannten Erscheinungsformen des illegalen Umgangs mit BtM-Imitaten stellt Abs. 6 nicht unter Strafe. Dies gilt insbesondere für den **Erwerb**[26] von Pseudodrogen und deren **Besitz,**[27] sowie der **Ein-,**[28] **Aus-** und **Durchfuhr.**[29] Da aber die in Abs. 6 aufgeführten Tatbestandsmerkmale wie in Abs. 1 auszulegen sind, können Erwerb, Besitz und Einfuhr pp. von der Vorschrift dann erfasst werden, wenn sie im Sinne einer Bewertungseinheit unselbständige Teilakte des Handeltreibens sind.

1778 **a) Besonderheit: Handeltreiben.** Nach diesen Grundsätzen ist auch hier der Tatbestand des unerlaubten Handeltreibens nicht erfüllt, wenn der Täter von Anfang an weiß, dass es ihm unmöglich sein wird, die von ihm angebotenen BtM-Imitate zu beschaffen. Sein Verkaufsangebot ist dann nicht als ernsthaft und in Gewinnabsicht unterbreitet anzusehen, sondern als Scheinangebot, das je nach Sachlage Betrug sein kann.[30] Gleiches gilt, wenn der Täter das Opfer durch ein Scheinangebot zur Zahlung eines Vorschusses veranlassen will.[31] Der Handel mit Scheindrogen wird zum Handel mit BtM, wenn der Verkäufer

---

14 *Linn* in *Meyer* S. 30.
15 *Klages* in *Meyer* S. 202.
16 *Spaniol* in *Meyer* S. 366.
17 *Hohlfeld* in *Meyer* S. 266.
18 *Spaniol* in *Meyer* S. 428.
19 *Scholten* in *Meyer* S. 481.
20 *Dearing* in *Meyer* S. 544.
21 *Heine* in *Meyer* S. 607.
22 *Reeg* in *Meyer* S. 716.
23 AA *Weber* Rn. 1884.
24 BGH 20.8.1991 – 1 StR 321/91, BGHSt 38, 58 = NJW 1992, 382 für den Begriff des Handeltreibens mit BtM.
25 So aber wohl LG Münster, StrK b. AG Bocholt 12.10.1982 – KLs 31 Js 544/82, NStZ 1983, 474.
26 KPV/*Patzak* Teil 30 Rn. 20.
27 KPV/*Patzak* Teil 30 Rn. 20.
28 BGH 18.12.2002 – 2 StR 457/02, NStZ 2003, 434.
29 KPV/*Patzak* Teil 30 Rn. 20.
30 BGH 25.3.2003 – 1 StR 9/03, NStZ-RR 2003, 185.
31 BGH 25.3.2003 – 1 StR 9/03, NStZ-RR 2003, 185.

subjektiv von der Eigenschaft der Stoffe als BtM (und gerade nicht als Imitat) ausgeht. Dann kommt auch eine Verwirklichung des Qualifikationstatbestands des unerlaubten Handeltreibens mit BtM in nicht geringer Mengen in Betracht.[32]

b) Rohstoffe. Werden Stoffe geliefert, die (noch) keine BtM-Imitate sind, sondern nur **1779** Grundlage für deren Fertigstellung sein sollen, so liegt darin noch kein (allein-) täterschaftliches Handeltreiben iS von Abs. 6.[33]

2. Ausgeben als BtM. Umstritten ist, ob der Passus „aber als solche ausgegeben werden" **1780** als **Tathandlung** zu verstehen ist, die den konkreten Vertragspartner betrifft oder lediglich die Eigenschaft der Bezugsstoffe beschreibt, über die sich die Vertragspartner auch einig sein können. Der Frage kommt deshalb Bedeutung zu, weil die Tatbestandsverwirklichung bejahendenfalls einen Irrtum des Erwerbers[34] über die BtM-Eigenschaft verlangt und die Vorschrift somit nur im Verhältnis zum Letztverbraucher, nicht aber im Bereich des Zwischenhandels Anwendung finden kann (es sei denn der Zwischenhändler wird ebenso getäuscht). Hierzu hatte das LG Münster[35] die Auffassung vertreten, der **Schutz des Endverbrauchers** erfordere die Auslegung der Vorschrift dahingehend, dass die an dem Handel beteiligten Geschäftspartner (bezüglich der fehlenden BtM-Eigenschaft) durchaus einvernehmlich vorgehen könnten. Entscheidend sei lediglich, dass der Letztverbraucher getäuscht werden solle. Es wäre widersinnig, wenn der erwerbende und umsetzende Händler, der die Imitateigenschaft kenne, mit dem nicht auf weitere Umsatzgeschäft ausgehenden Enderwerber gleichgestellt und straflos ausgehen würde. Der auf Umsatzgeschäfte umfassend ausgerichtete Händler sei, gleich ob er als Groß-, Zwischen- oder Kleinhändler tätig werde, im Sinne der Vorschrift in mindestens demselben Maße wie der Abgebende oder Veräußerer gefährlich, der, ohne Handelsaktivitäten zu entfalten, lediglich den Endverbraucher in gefährlicher Weise täusche. Schon die Tatsache, dass der Gesetzgeber die Alternative des Handeltreibens ausdrücklich unter Strafe gestellt habe, deute entscheidend darauf hin, dass damit schon das gefährliche Vorfeld des Imitatumsatzes getroffen werden solle. Der 1. Strafsenat des BGH[36] geht davon aus, das Merkmal „Ausgeben als BtM sei nicht ausschließlich als Beschreibung der Tathandlung zu verstehen, sondern stelle zugleich eine **Beschreibung der BtM-Imitate** dar". Der Gesetzeswortlaut zwinge nämlich nicht zu der Auslegung, dass nur Vorgänge erfasst werden sollen, bei denen der Täter einen anderen ausdrücklich oder konkludent über die wahren Eigenschaften eines Stoffes oder einer Zubereitung täusche oder dies versuche, um bei diesem die Vorstellung zu erwecken, es handle sich um Betäubungsmittel. Diese Entscheidung wurde von einem Großteil der Literatur[37] übernommen, wobei man ausschließlich ergebnisorientiert darauf abstellt, dass auch der **Zwischenhändler,** der BtM-Imitate im Handelskreislauf weitergibt, ebenso gefährlich ist wie derjenige, der den Letztverbraucher täuscht.

Mit dieser methodisch angreifbaren Auslegung, setzen sich – soweit ersichtlich – nur **1781** *Malek*[38] und *Franke/Wienroeder*[39] auseinander, die mit Recht darauf hinweisen, dass mit der Formulierung *Stoffe und Zubereitungen, die nicht BtM sind,* die **Tatobjekte hinreichend gekennzeichnet** sind, und es deshalb eines weiteren deskriptiven Merkmals nicht bedarf. Die vom BGH vorgenommene Auslegung erscheint aus diesem Blickwinkel systematisch angreifbar. In der Konsequenz dürfte man dann auch beim Endverbraucher keinen Irrtum

---

[32] BGH 14.4.1999 – 3 StR 22/99, NJW 1999, 2683; jetzt zweifelnd BGH 4.4.2006 – 3 StR 91/06, NStZ 2007, 102.

[33] BGH 25.10.2001 – 4 StR 208/01, BGHSt 47, 134 = NJW 2002, 452.

[34] OLG Hamm 1.10.1984 – 4 Ss 337/84.

[35] StrK b. AG Bocholt 12.10.1982 – KLs 31 Js 544/82, NStZ 1983, 474; Revision nach § 349 Abs. 2 StPO durch BGH 17.3.1983 – 4 StR 104/83 verworfen.

[36] BGH 20.8.1991 – 1 StR 321/91, BGHSt 38, 58 = NJW 1992, 382; 23.4.1993 – 3 StR 145/93, NJW 1993, 2389.

[37] HJLW/*Winkler* Rn. 30.2; *Joachimski/Haumer* Rn. 390; KPV/*Patzak* Teil 30 Rn. 17; *Weber* Rn. 1875 f.

[38] Kap. 2 Rn. 366.

[39] Rn. 248 f.

fordern und die bloße Etikettierung der Ware würde dann zu einer Strafbarkeit führen, mithin hätte man die Verfassungswidrigkeit solch eines Tatbestands offen preisgegeben. Will man an dem vorgeblichen Zweck der Vorschrift festhalten, muss das „Ausgeben" als Tathandlung verstanden werden.

1782 **3. Tatobjekte. Tatobjekte** sind Stoffe und Zubereitungen, die **nicht** in den Anlagen I–III § 1 Abs. 1 aufgeführt sind, aber als solche ausgegeben werden. Nicht erforderlich ist, dass diese Pseudodrogen btm-ähnliche Wirkungen haben oder überhaupt BtM ähneln. Auch beim Handeltreiben mit BtM-Imitaten bzw. bei deren Abgabe oder Veräußerung muss der **Tatrichter feststellen, um welche Stoffe** oder Zubereitungen es sich gehandelt hat, da die Klärung dieser Tatfrage für die Beurteilung der subjektiven Tatseite und der Strafzumessung von Bedeutung ist.[40]

1783 **a) BtM-Imitate ohne Suchtpotential.**[41] **Cannabis**imitate: Gewürzmischungen (gepresst), Henna, Kuhmist, Sägemehl/Honig/Tabak/Kleister, Teemischungen (gepresst) sowie **Heroin**imitate: Backpulver, Dextrose (Granulat), Katzenstreu, Mehl/Grieß (Gemisch), Saccharose (Granulat), Tee (Granulat), Zucker/Zimt (Gemisch). Auch der Samen des brasilianischen Kakaobaums wir in pulverisierter Form, unter dem Namen *Guarana* bekannt, als Imitat für Gassenheroin *(„Brown sugar")* ausgegeben. Als **Kokain**imitate sind bekannt Kochsalz, Lidokain, Naphtalin. Ferner tauchen Blei- oder Farbstiftminenteile, Löschpapier mit Farbe oder Getränken beträufelt, Süßstofftabletten/Würfelzucker (eingefärbt) als **LSD**-Imitate auf. Imitate für **Ecstasy** sind Süßigkeiten wie Smarties oder reine Vitamintabletten.[42]

1784 **b) BtM-Imitate mit Suchtpotential.**[43] Hierunter fallen insbesondere Psychopharmaka, zB Librium, Nobrium, Remedacen, Valium als Pseudoheroin.

1785 **c) Weitere BtM-Imitate.** Als weitere BtM-Imitate werden auch Mittel angeboten, die zur **Streckung oder Auflösung von Rauschgift** Verwendung finden;[44] hierzu zählen neben Milchzucker Acetylcodein, Coffein, Lidocain, Methylecgonin, Monoacetylmorphin, Noscapin, Papaverin, Paracetamol, Thebain.

1786 **d) BtM-Ersatzstoffe.** Hierher gehören schließlich auch BtM-Ersatzstoffe. *Patzak*[45] berichtet über einen getrockneten, mit Wurzelsaft getränkten Salat, *Lettucene,* das als Haschisch- (I), Opium- (II) bzw. Haschischölersatz (III) angeboten wird.

1787 **e) BtM.** Stoffe und Zubereitungen, die in den Anlagen I–III zu § 1 Abs. 1 aufgeführt sind, unterfallen dagegen **nach wie vor Abs. 1 bis Abs. 5,** auch wenn sie nahezu bis zur Wirkungslosigkeit **gestreckt** oder im höchsten Maße **verunreinigt** sind, da das Gesetz **keinerlei Einschränkungen hinsichtlich der Gewichtsmenge und des Wirkstoffgehalts** enthält.[46] Eine gegenteilige Auffassung findet weder im Wortlaut noch im Schutzzweck des Gesetzes eine Stütze. Sie würde geradezu dazu auffordern, die Stoffe oder Zubereitungen durch Manipulationen (zB Streckung unter die Wirksamkeitsgrenze oder Einbringung in nicht konsumfähige Trägerstoffe) dem Anwendungsbereich des BtMG zu entziehen, um sie später nach Belieben wieder in konsum- und rauschfähige Darreichungsformen zurückzuführen.[47]

---

[40] OLG Frankfurt a. M. 5.12.1989 – 1 Ss 494/89, StV 1991, 110 mAnm *Körner.*
[41] Nach *Körner* (VI) Rn. 2129; vgl. auch KPV/*Patzak* Teil 30 Rn. 6 ff.
[42] KPV/*Patzak* § 29 Teil 30 Rn. 11.
[43] KPV/*Patzak* § 29 Teil 30 Rn. 12 ff.
[44] KPV/*Patzak* § 29 Teil 30 Rn. 14.
[45] § 29 Teil 29 Rn. 15.
[46] BayObLG 26.11.2002 – 4St RR 113/02, NStZ-RR 2004, 129.
[47] BayObLG 25.9.2002 – 4St RR 80/02, BayObLGSt 2002, 135.

f) Stoffe mit BtM-Bezeichnungen. Weder unter Abs. 6 noch unter Abs. 1 fallen Stoffe **1788** und Zubereitungen, die lediglich eine btm-ähnliche Bezeichnung tragen (zB das Parfum *Opium),* selbst wenn mit einer btm-ähnlichen Wirkung geworben wird.[48]

III. Subjektiver Tatbestand

1. Vorsatz. Die Weitergabe von BtM-Imitaten ist aufgrund der beschränkten Rechtsfol- **1789** genverweisung auf Abs. 1 nur **vorsätzlich** begehbar, wobei **bedingter Vorsatz** genügt. Danach muss der Täter wissen (für möglich halten), mit seinem Verhalten BtM-Imitate in der Begehungsweise des Abgebens, Veräußerns oder Handeltreibens weiterzugeben, nach der hier vertretenen Auffassung daneben auch, dass er die weitergegebenen Stoffe **als BtM ausgibt,** so dass der subjektive Tatbestand nur erfüllt ist, wenn dem Täter auch **Täuschungsabsicht**[49] nachgewiesen werden kann.[50] Im Übrigen wird auf die Ausführungen bei → Vor § 29 Rn. 54 ff. verwiesen.

2. Irrtumskonstellationen. Irrtumsfälle sind sowohl auf der Seite des Weitergebenden **1790** als auch auf der Seite des Erwerbenden denkbar.[51]

a) Täter (bei Weitergabe). Auf Seiten des Täters (bei Weitergabe) kommen in Betracht **1791** bei

BtM-Imitaten	BtM
Fehlvorstellung des Täters, es handle sich um echte BtM. Infolge der weiten Tatbestandsauslegung ist dadurch die Strafbarkeit wegen vollendeten Handeltreibens[52] oder im Fall der unentgeltlichen oder uneigennützigen Weitergabe wegen untauglichen Versuchs von Abgabe[53] bzw. Veräußerung begründet. Bei Handeltreiben (nicht bei Abgabe und Veräußerung) mit nicht geringen Mengen von Imitaten führt solch ein Irrtum zur Verwirklichung des Verbrechenstatbestands des § 29a Abs. 1 Nr. 2.[54]	Fehlvorstellung des Täters, es handle sich dabei um Imitate. Sie schließt den Vorsatz bezüglich § 29 Abs. 1 aus (§ 16 StGB), begründet aber die Strafbarkeit nach § 29 Abs. 6; bei einer nicht geringen Menge führt dies insoweit zur „Privilegierung", als eine Bestrafung „nur" aus dem Strafrahmen des Abs. 1 möglich ist. Zudem ist der Versuch straflos, d.h. eine fehlgeschlagene Abgabe vermeintlicher Imitate ohne Umsatzwillen bleibt straflos. Wird das BtM nicht einmal als Imitat ausgegeben, kann Fahrlässigkeitsstrafbarkeit (§ 29 Abs. 1 S. 1 Nr. 1, Abs. 4) gegeben sein.[55]

Bei **Mittäterschaft** des **Handeltreibens** mit einem Stoff/einer Zubereitung in nicht **1792** geringer Menge, von der Täter A weiß, dass es sich um ein Imitat handelt, während Täter B von echten BtM ausgeht, wird B ebenfalls wegen Handeltreibens nach §§ 29 Abs. 1, 29a Abs. 1 Nr. 2, A hingegen „nur" wegen Imitathandels nach § 29 Abs. 6 bestraft.[56] Handeln die Lieferanten in der irrigen Annahme, BtM in nicht geringer Menge **einzuführen,** obwohl sie tatsächlich lediglich ein Imitat nach Deutschland bringen, so liegt für alle Mittäter ein (untauglicher) Versuch der Einfuhr von BtM vor. Führen sie dagegen in Kenntnis der Imitat-Eigenschaft ein, so hätten sie weder eine vollendete noch eine ver-

---

[48] KPV/*Patzak* Teil 30 Rn. 15.
[49] OLG Hamm 1.10.1984 – 4 Ss 337/84.
[50] Unklar KPV/*Patzak* Teil 30 Rn. 40.
[51] S. hierzu das sehr informative Prüfungsschema bei *Joachimski/Haumer* Rn. 275 ff.
[52] BGH 6.11.1991 – 3 StR 406/91, NStZ 1992, 191; 10.5.1994 – 5 StR 225/94, NStZ 1994, 441; 11.6.1997 – 2 StR 134/97, StV 1997, 638; 14.4.1999 – 3 StR 22/99, NStZ 2000, 95 mAnm *Körner;* aA *Malek* Kap. 2 Rn. 366; nunmehr aber BGH 4.4.2006 – 3 StR 91/06, NStZ 2007, 102.
[53] BGH 22.3.2002 – 2 StR 569/01, NStZ 2002, 439.
[54] BGH 14.4.1999 – 3 StR 22/99, NJW 1999, 2683; OLG Hamm 11.2.2010 – III-2 (6) Ss 511/09 (190/09), NStZ 2011, 101.
[55] KPV/*Patzak* Teil 30 Rn. 45; *Weber* Rn. 1887.
[56] BGH 10.5.1994 – 5 StR 225/94, NStZ 1994, 441.

suchte Einfuhr begangen, denn § 29 Abs. 6 gilt für den Tatbestand der Einfuhr nicht;[57] allerdings liegt vollendetes Handeltreiben bzw. Beihilfe dazu vor, wenn die Einfuhr dessen unselbständigen Teilakt darstellt. **Gehilfe** des **Handeltreibens** ist, wer für einen Anderen gegen geringe Entlohnung eine Substanz aufbewahrt, von der er fälschlich annimmt, es handle sich um BtM; auch bei einer nicht geringen Menge kommt jedoch eine Strafbarkeit wegen vollendeten Besitzes von BtM nach § 29a Abs. 1 Nr. 2 nicht in Betracht.[58]

1793   **b) Erwerber.** Auf Seiten des Erwerbers kommen in Betracht bei

BtM-Imitaten	BtM
Fehlvorstellung, es handle sich um echte BtM. Sie begründet die Strafbarkeit beim **Erwerb zum Eigenkonsum** wegen untauglichen Versuchs nach § 29 Abs. 1, Abs. 2.[59] Beim betrogenen Kleindealer, dessen Lieferant ihn anstelle von geordertem Rauschgift mit Pseudodrogen bedient, liegt **Handeltreiben** vor, weil nach der weiten Auslegung dieses Tatbestands spätestens mit der festgestellten Bestellung des Stoffes beim Lieferanten Vollendung anzunehmen ist,[60] ohne dass es darauf ankäme, ob und wenn ja, wann die Lieferung erfolgt.[61] Handelt es sich um eine nicht geringe Menge Imitate, bestimmt sich die Strafbarkeit nach § 29a Abs. 1 Nr. 2.	Fehlvorstellung, es handle sich um BtM-Imitate. Sie schließt bezüglich § 29 Abs. 1 den Vorsatz aus (§ 16 StGB), begründet jedoch den Fahrlässigkeitsvorwurf nach § 29 Abs. 1, Abs. 4, wenn sich der Erwerber um die BtM-Eigenschaft der Stoffe nicht oder unzureichend kümmerte und diese Eigenschaft deshalb pflichtwidrig nicht erkannt hat.[62] Der Erwerb von BtM Imitaten als solches ist straflos, sodass auch kein untauglicher Versuch (dessen Strafbarkeit ohnehin nicht angeordnet ist) in Betracht käme.

1794   **c) Keine Fehlvorstellung.** Besteht keine Fehlvorstellung darüber, dass es sich um Pseudodrogen handelt, ist der Erwerb zum Eigenkonsum straflos; nach **hier vertretener Auffassung** gilt dies aber auch für den Erwerb zum Zwecke der Weitergabe als BtM-Imitate in Form von Abgabe, Veräußerung oder Handeltreiben, da hierin lediglich eine straflose Vorbereitungshandlung zur Weitergabe von BtM-Imitaten zu sehen ist.[63] Die **gegenteilige Auffassung,**[64] die das Merkmal *Ausgeben als BtM* „auch" als Beschreibung der Tatobjekte ansieht, kommt folgerichtig auch in diesem Fall zum vollendeten Handeltreiben.

IV. Täterschaft, Teilnahme

1795   Es gelten die allgemeinen Grundsätze, insofern wird auf die Ausführungen bei → Vor § 29 Rn. 107 ff. sowie speziell zum Handeltreiben auf → § 29 Rn. 384 ff. verwiesen.

1796   Wer Narkosemittel und eine Tablettiermaschine in das Ausland liefert, damit dort Ecstasy-Imitate hergestellt werden können, macht sich wegen § 9 Abs. 2 S. 2 StGB der **Beihilfe zum unerlaubten Handeltreiben** mit BtM-Imitaten strafbar, auch wenn die Haupttat selbst im Ausland nicht strafbar ist.[65] Wird Beihilfe bejaht, kann der Gehilfe eines nach Abs. 6 verurteilten Haupttäters wegen des Grundsatzes der Akzessorietät der Teilnahme

---

[57] BGH 18.12.2002 – 2 StR 457/02, NStZ 2003, 434.
[58] BGH 4.4.2006 – 3 StR 91/06, NStZ 2007, 102.
[59] OLG Braunschweig 20.12.1976 – Ss 159/76, für Erwerb von Ascorbinsäure als Heroin; OLG Zweibrücken 18.7.1980 – 2 Ss 140/80, NStZ 1981, 66 für Erwerb einer unbekannten Substanz als Marihuana; OLG Hamm 1.10.1984 – 4 Ss 337/84.
[62] BGH 15.4.1975 – 5 StR 36/75.
[60] BGH 14.4.1999 – 3 StR 22/99, NStZ 2000, 95 mAnm *Körner.*
[61] KPV/*Patzak* Teil 30 Rn. 42.
[63] So auch *Malek* Kap. 2 Rn. 365.
[64] BGH 23.4.1993 – 3 StR 145/93, NJW 1993, 2389; 20.8.1991 – 1 StR 321/91, BGHSt 38, 58 = NJW 1992, 382; HJLW/*Winkler* Rn. 33.2; *Joachimski/Haumer* Rn. 390; KPV/*Patzak* § 29 Teil 30 Rn. 17; *Weber* Rn. 1874 f.
[65] BGH 25.10.2001 – 4 StR 208/01, BGHSt 47, 134 = NJW 2002, 452.

auch dann nicht wegen Beihilfe zum Handeltreiben mit BtM in nicht geringer Menge (§ 29a Abs. 1 Nr. 2) verurteilt werden, wenn ihm unterstellt werden muss, die Imitateigenschaft des Stoffes nicht gekannt zu haben. Es verbleibt auch für ihn beim Strafrahmen des § 29 Abs. 1.[66] Bei der Aufbewahrung von Stoffen setzt die Annahme von Beihilfe zum Handeltreiben voraus, dass die Tathandlung im Hinblick auf ein konkretes Rauschgiftgeschäft erfolgte; das bloße Aufbewahren von Streckmitteln stellt noch keine Straftat dar.[67]

V. Deliktsverwirklichungsstufen

1. Versuch. Abs. 6 folgt Abs. 2, der die Versuchsstrafbarkeit nicht auf den Umgang mit **1797** Imitaten erstreckt. Eine Versuchsstrafbarkeit ist somit nicht gegeben. Dem Bereich **strafloser Vorbereitungshandlung** zuzurechnen sind nach der hier vertretenen Auffassung (→ Rn. 1817 f.) deshalb Umsatzgeschäfte mit BtM-Imitaten, wenn beide Geschäftspartner wissen, dass es sich um Pseudodrogen handelt. Auch die Herstellung von Falschware bewegt sich noch im Vorbereitungsstadium.[68]

2. Vollendung und Beendigung. Vollendet ist die Weitergabe von BtM-Imitaten in **1798** den Modalitäten der Abgabe und der Veräußerung, sobald der Gewahrsam an dem Stoff/ der Zubereitung übertragen wurde,[69] im Falle des Handeltreibens mit dem ernsthaften, erfüllbaren und in Gewinnabsicht gemachten Verkaufsangebot.[70] **Beendigung** tritt ein, wenn die Stoffe am Zielort zur Ruhe gekommen sind.

VI. Konkurrenzen

Da die tatbestandserfüllende Weitergabe von BtM-Imitaten nach der hier vertretenen **1799** Auffassung stets die Täuschung des Konsumenten voraussetzt (→ Rn. 1780 f.),[71] ist u.U. auch **Betrug** (§ 263 StGB) gegeben, der zu § 29 Abs. 6 in Tateinheit steht.[72] Die in Betracht kommende **Körperverletzung** (§§ 223 ff. StGB) des Letztverbrauchers bei Weitergabe giftiger oder verunreinigter Stoffe/Zubereitungen trifft mit Abs. 6 ebenfalls rechtlich zusammen.

VII. Rechtsfolgen

Rechtsfolgen sind Freiheitsstrafe bis zu fünf Jahren oder Geldstrafe (Abs. 1). Umstritten **1800** ist die Einstufung des Tatbestands hinsichtlich der **Wertigkeit der Delinquenz** im Vergleich zu den Tatbeständen des Abs. 1. *Joachimski/Haumer*[73] sehen aus der auf Abs. 1 beschränkten Rechtsfolgenverweisung und dem daraus folgenden Ausschluss der Anwendbarkeit von Abs. 3 eine Privilegierung durch den Gesetzgeber, die sie auf die gegenüber „normalen" BtM verringerte objektive Gefährlichkeit von Pseudodrogen zurückführen. Wie bereits dargestellt, kann es sich allerdings auch um Gifte bzw. gesundheitsschädliche Stoffe handeln. Insofern ist *Körner*[74] zuzugeben, dass zumindest in denjenigen Fällen, in denen eine Gesundheitsgefahr für die Konsumenten besteht, die verschärften Rechtsfolgen des Abs. 3 Anwendung finden müssen. Freilich darf diese Frage allerdings nicht überbewertet werden, als der Umgang mit „Ersatzdrogen" und sonstigen Giften weitestgehend (und mit der Einführung des NPSG umso mehr) bereits reguliert ist und die entsprechenden Gesetze

---

[66] BGH 10.5.1994 – 5 StR 225/94, NStZ 1994, 441.

[67] BGH 4.4.2006 – 3 StR 91/06, NStZ 2007, 102.

[68] KPV/*Patzak* Teil 30 Rn. 39; vgl. auch BGH 25.10.2001 – 4 StR 208/01, BGHSt 47, 134 = NJW 2002, 452.

[69] *Franke/Wienroeder* Rn. 254.

[70] BGH 8.10.1987 – 2 StR 437/87.

[71] KPV/*Patzak* Teil 30 Rn. 17.

[72] Vgl. aber nunmehr den Vorstoß des Zweiten Senats, den Vermögensschutz im Bereich des Umgangs mit Betäubungsmitteln vollständig einschränken zu wollen, BGH 1.6.2016 – 2 StR 335/15.

[73] Rn. 389.

[74] StV 1991, 110.

ähnliche Regelbeispiele aufweisen dürften, als die Gesundheitsgefährdung mehrerer ein ubiquitäres Strafschärfungsmerkmal ist.

1801   **1. Strafmilderungserwägungen.** Gesichtspunkte, die für Strafmilderung sprechen, sind das Vorhandensein einer lediglich geringen Menge oder die Weitergabe eines objektiv ungefährlichen Stoffes.[75]

1802   **2. Strafschärfungserwägungen.** Ein besonders schwerer Fall nach Abs. 3 ist wegen der beschränkten Rechtsfolgenverweisung auf Abs. 1 **ausgeschlossen.** Auf einen erhöhten Unrechtsgehalt der Tat kann das Gericht nur im Rahmen der allgemeinen Strafzumessungs- erwägungen (§ 46 StGB) reagieren. Dabei darf in Bezug auf das Gesundheitsrisiko für den Konsumenten sowohl auf die Menge der Imitate wie auch ihre Gefährlichkeit[76] uä abgestellt werden. Im Hinblick auf das Vermögen des Konsumenten kommt ein auffälliges Missverhält- nis zwischen Ware und Preis in Betracht.[77]

Vorbemerkung zu § 29a

Schrifttum: *Endriß*, Verflixte Bande (Zum Bandenbegriff im Betäubungsmittelstrafrecht), StV 1999, 445; *Körner*, Die Strafrechtspraxis im Labyrinth neuer Betäubungsmittelrechtsbestimmungen, NJW 1993, 233; *König/Seitz*, Die straf- und strafverfahrensrechtlichen Regelungen des Verbrechensbekämpfungsgesetzes, NStZ 1995, 1. *Oğlakcıoğlu*, Der Allgemeine Teil des Betäubungsmittelstrafrechts, 2013; *ders.* Keine Macht dem Handeltreiben – zu den dogmatischen Unzulänglichkeiten des Betäubungsmittelstrafrechts, JZ 2015, 981.

Übersicht

I. Systematik der Qualifikationstatbestände

1   Mit § 30 BtMG 1982 wurden in das deutsche BtM-Recht erstmals **Verbrechenstatbe- stände** eingeführt. Diese Kernvorschrift der BtM-Verbrechen erhielt mit § 29a und § 30a durch das OrgKG ihre heutige Fassung. Zentrale Strafschärfungsmerkmale des Betäu- bungsmittelstrafrechts sind der Umgang mit nicht geringen Mengen, die bandenmäßige (organisierte) Durchführung und die Einbeziehung Minderjähriger in den BtM-Verkehr. Daneben hat der Gesetzgeber noch auf weitere „etablierte" Strafschärfungsmerkmale zurückgegriffen, namentlich auf die Verursachung des Todes eines Konsumenten (§ 30 Abs. 1 Nr. 3) sowie auf das Beisichführen von Waffen und sonstigen Gegenständen, die

---

[75] KPV/*Patzak* Teil 30 Rn. 54.
[76] LG Frankfurt a. M. 5.12.1989 – 1 Ss 494/89, StV 1991, 110 mAnm *Körner*.
[77] Körner/*Patzak* Teil 30 Rn. 50.

ihrer Art nach zur Verletzung von Personen geeignet und bestimmt sind (§ 30a Abs. 2 Nr. 2).

Beim Minderjährigenschutz differenziert der Gesetzgeber im Wesentlichen zwischen der **2** Abgabe von Drogen (minderjähriger „Konsument", wobei die profitorientierte Abgabe nochmals verschärft bestraft wird) und der besonders verwerflichen Einbeziehung des Jugendlichen in den illegalen BtM-Handel (als Nachwuchs-Dealer bzw. zur Instrumentalisierung als Kurier).

Auch beim berüchtigten Merkmal der nicht geringen Menge hat man sich für ein **3** **Stufensystem** entschieden, wie man dies vom Kernstrafrecht kennt. Während § 29a Abs. 1 Nr. 2 den Umgang mit nicht geringen Mengen erfasst, bestraft § 30 Abs. 1 Nr. 1 u.a. den Handel als Bande, wobei die Kumulation beider Qualifikationen zur verschärften Qualifikation des § 30a Abs. 1 Nr. 1 führt. Überhaupt nicht nachvollziehbar ist, warum er bei diesem **„Kumulationstatbestand"** plötzlich an weitere Handlungen, namentlich an die Ein- und Ausfuhr knüpft (noch → Rn. 23). Ebenso erscheint ein Rückgriff auf das Merkmal der Gewerbsmäßigkeit, welches im Regelfall zum Handeltreiben als Tathandlung führt, vollkommen missglückt (zur Kritik noch ausführlich → § 30 Rn. 94)

Minderjährigenschutz		
§ 29a Abs. 1 Nr. 1	Abgabe, Verabreichen, zum Verbrauch Überlassen an Minderjährige	Einbeziehung als **„Konsument"** (→ § 29a Rn. 9 ff.)
§ 30 Abs. 1 Nr. 2	Verschärfung bei gewerbsmäßiger Begehung des § 29a Abs. 1 Nr. 1 (eigentlich Fall des HT mit Minderjährigen)	(→ § 30 Rn. 100 ff.)
§ 30a Abs. 2 Nr. 1	Bestimmen eines Minderjährigen zum unerlaubten Umgang mit BtM (insb. HT) als 21-Jähriger	Einbeziehung als „Nachwuchs-Dealer" (→ § 30a Rn. 48 ff.)
Umgang mit nicht geringen Mengen/bandenmäßige Begehung		
§ 29a Abs. 1 Nr. 2	Umgang mit nicht geringen Mengen (HT, Herstellung, Abgabe, Besitz; nicht: Anbau, Inverkehrbringen)	Zur Bestimmung der ngM → § 29a Rn. 53 ff.
§ 30 Abs. 1 Nr. 4	Einfuhr in nicht geringer Menge	Eigenständiger Sonderfall
§ 30 Abs. 1 Nr. 1	Anbau, Herstellung, Handeltreiben als Bande	Bande als Qualifikationsmerkmal auszulegen wie im Kernstrafrecht (→ § 30 Rn. 24)
§ 30a Abs. 1 Nr. 1	Anbau, Herstellung, Handeltreiben, (zusätzlich) Ein- und Ausfuhr als Bande in nicht geringer Menge	Kumulation von § 29a und § 30 Abs. 1 Nr. 1
Leichtfertige Todesverursachung		
§ 30 Abs. 1 Nr. 3	Leichtfertige Todesverursachung durch Abgabe, Verabreichen oder zum unmittelbaren Verbrauch Überlassen	Nach hM kein Zurechnungsausschluss durch eigenverantwortliche Selbstgefährdung des Opfers möglich

Mitsichführen von Waffen oder sonstigen (verletzungsbestimmten) Gegenständen		
§ 30a Abs. 2 Nr. 2	Handeltreiben, Einfuhr, Ausfuhr, Sich-Verschaffen mit Waffen oder sonstigen Gegenständen, die ihrer Art nach zur Verletzung von Personen geeignet und bestimmt sind	Auslegung nicht mit § 244 Abs. 1 Nr. 1a, § 250 Abs. 1 Nr. 1a StGB deckungsgleich

II. Entstehung der §§ 29a ff.

4   **1. § 29a. a) Rechtsentwicklung.** Durch die Novellierung im Rahmen des OrgKG wurden die ehemaligen Regelbeispiele des § 29 Abs. 3 Satz 2 Nr. 3 (Abgeben, Verabreichen, Überlassen an Minderjährige) und § 29 Abs. 3 Satz 2 Nr. 4 (Handeltreiben mit und Besitz oder Abgabe von BtM in nicht geringer Menge) zu den Verbrechenstatbeständen des § 29a Abs. 1 Nr. 1 (Abgeben, Verabreichen, Überlassen an Minderjährige) und § 29a Abs. 1 Satz 2 Nr. 2 (Handeltreiben mit und Herstellen, Abgabe oder Besitz von BtM in nicht geringer Menge unter Hinzunahme der Herstellung) aufgestuft. Bei Inkrafttreten war in § 29a Abs. 1 noch eine weitere Alternative enthalten: § 29a Abs. 1 Nr. 1b, eine Vorschrift, die sich mit der Bestimmung von Minderjährigen zum unerlaubten Umgang mit BtM befasste. Dieser Tatbestand wurde durch das Verbrechensbekämpfungsgesetz mit Wirkung vom 1.12.1994 in die Bestimmung des § 30a Abs. 2 Nr. 1 überführt.

5   **b) Gesetzgeberische Motive.** Die Initiative zur Novellierung des BtMG durch das OrgKG ging von einem Gesetzesentwurf des Bundesrats vom 25.7.1991[1] aus. Anlass des Entwurfs war eine tiefe Besorgnis über die „Entwicklung der Kriminalität in den vergangenen Jahren", die „nicht nur durch einen alarmierenden Anstieg der Straftaten im Bereich des Rauschgifthandels, sondern auch durch eine qualitative Veränderung dieser und anderer Kriminalitätserscheinungen" gekennzeichnet sei. Zur Beseitigung des von den Entwurfsverfassern erkannten Defizits („Die Strafrahmen im BtMG ermöglichen es derzeit nicht in allen Fällen, ein Strafmaß zu verhängen, das dem **kriminellen Gehalt** und der **hohen Sozialschädlichkeit** entspricht.") wurde die Aufstufung der Tatmodalitäten des § 29 Abs. 3 Satz 2 Nr. 3 und Nr. 4 aF zu Verbrechenstatbeständen vorgeschlagen und schließlich auch durchgesetzt. Dazu heißt es in der Begründung des Entwurfs: „Die Heraufstufung in diesem Sinne macht deutlich, wie ernst die Gefährdung von Kindern und Jugendlichen durch BtM-Straftäter genommen werden muss, ferner dass BtM-Kriminalität mit nicht geringen Mengen stets und nicht erst – wie bisher – nach einer Gesamtabwägung von Tat und Täter außerordentlich verwerflich ist. Die Heraufstufung erweitert auch die Möglichkeit der Abschiebung im Rahmen des § 14 Abs. 1 Satz 2 Ausländergesetz."[2] Mit der Neufassung sollte auch Art. 3 Abs. 5 Buchst. e Übk. 1988 entsprochen werden, wonach der Umstand, dass Minderjährige in Mitleidenschaft gezogen oder benutzt werden, als besonders schwerwiegender Umstand bei der Bewertung der Straftaten anzusehen ist.[3] Außergewöhnlichen Fallgestaltungen könnte durch die Einführung von Privilegierungstatbeständen für einen minder schweren Fall ausreichend Rechnung getragen werden, ohne dass dadurch die Qualifikation als Verbrechen berührt würde.

6   **2. § 30. a) Rechtsentwicklung.** Die Vorschrift ist durch das BtMNeuOrdG,[4] dessen Art. 1 das neue BtMG 1982 enthielt, in das deutsche Betäubungsmittelrecht eingeführt worden. Bereits vor Einfügung des § 29a hatte also der Gesetzgeber in § 30 ehemalige Regelbeispiele des § 11 Abs. 4 BtMG 1972 zu Verbrechenstatbeständen aufgestuft. Die Vorschrift ist

[1] BT-Drs. 12/989.
[2] BT-Drs. 12/989, 30.
[3] Vgl. Gesetzentwurf der Bundesregierung BT-Drs. 12/989, 55; BGH 12.9.1996 – 4 StR 173/96, NStZ 1997, 89.
[4] Gesetz zur Neuordnung des BtM-Rechts vom 28.7.1981, BGBl. I S. 681.

seit ihrer Einführung im Wesentlichen unverändert geblieben. Die Abänderungen in der heutigen Fassung gegenüber der Ursprungsfassung, nämlich die Verweisung in Absatz 1 Nr. 2 auf den Verbrechenstatbestand des § 29a Abs. 1 Nr. 1[5] (anstelle der Verweisung auf den Vergehenstatbestand des § 29 Abs. 3 Nr. 3) und das Wort „unerlaubt"[6] (anstelle „ohne Erlaubnis nach § 3 Abs. 1 Nr. 1"), waren lediglich Folgeänderungen systematischer Natur.

Durch die neue Vorschrift wurden das ehemalige Strafzumessungs-Regelbeispiel der **7** **bandenmäßigen** Begehung von Grunddelikten (§ 11 Abs. 4 S. 2 Nr. 4 BtMG 1972) auf die Erfassung besonders wichtiger Begehungsformen beschränkt und zum Verbrechenstatbestand (§ 30 Abs. 1 Nr. 1) heraufgestuft, die ehemaligen Strafzumessungs-Regelbeispiele des Minderjährigenschutzes (§ 11 Abs. 4 S. 2 Nr. 3 BtMG 1972) und der gewerbsmäßigen Begehung bestimmter Grunddelikte (§ 11 Abs. 4 S. 2 Nr. 4 BtMG 1972) zu einem Verbrechenstatbestand des **gewerbsmäßigen** Abgebens, Verabreichens oder Überlassens an Minderjährige (§ 30 Abs. 1 Nr. 2) verknüpft, das ehemalige Strafzumessungs-Regelbeispiel der Herbeiführung einer Todesgefahr (§ 11 Abs. 4 S. 2 Nr. 2 BtMG 1972) umgestaltet in den Verbrechenstatbestand des Abgebens, Verabreichens oder Überlassens zum unmittelbaren Verbrauch **mit Todesfolge** (§ 30 Abs. 1 Nr. 3), das ehemalige Strafzumessungs-Regelbeispiel der **Einfuhr** von Betäubungsmitteln **in ngM** (§ 11 Abs. 4 S. 2 Nr. 6a BtMG 1972) zum Verbrechenstatbestand (§ 30 Abs. 1 Nr. 4) heraufgestuft.

b) Gesetzgeberische Motive. Nummer 1 stellt sich als Reaktion gegen die zuneh- **8** mende Zahl von Rauschgiftbanden auf dem Gebiete der Bundesrepublik Deutschland dar; Nummer 2 sollte nachdrücklich gegen das verbrecherische Treiben der Täter wirken, die aus Gewinnstreben Rauschgift an Jugendliche abgeben. Nummer 3 ist ein typischer Fall gesetzgeberischen Aktionismus gegen vermeintlich rasch ansteigenden Zahlen von Todesfällen als Folge von Rauschgiftmissbrauch (1975: 194, 1976: 337, 1977: 380, 1978: 430, 1. Halbjahr 1979: 306 Tote, vgl. aber hierzu noch die Ausführungen bei → § 30 Rn. 133 f.). Die (nach hier vertretener Auffassung illegitime) Nummer 4 wurde damit begründet, dass die illegale Einfuhr von Rauschgift in das Bundesgebiet erst die Voraussetzung für die inländische Rauschgiftszene schafft,[7] freilich ohne darauf einzugehen, wie sich diese Sonderbehandlung mit dem im Übrigen stets herangezogenen Aspekt verträgt, dass die „Bekämpfung" der Rauschgiftkriminalität ein internationales Anliegen ist.

Der Entwurf seinerseits geht auf § 11a Abs. 1 des Bundesratsentwurfs eines Änderungsge- **9** setzes zum BtMG 1972 vom 13.10.1975[8] zurück, der allerdings eine höhere Mindeststrafe von 3 Jahren vorgesehen hatte. Auch der Referentenentwurf vom 10.7.1979 hatte diese drei Jahre vorgeschlagen, jedoch beschränkt auf die Fälle bandenmäßiger Begehung eines BtM-Delikts sowie auf die leichtfertige Todesverursachung.[9] Die demgegenüber herabgesetzte Mindestfreiheitsstrafe von zwei Jahren sollte nach dem Willen der Parlamentarier die Möglichkeit einer Anordnung von therapeutischen Maßnahmen auch im Falle der Begehung eines Verbrechens offenhalten.[10] Für minder schwere Fälle ist die Mindeststrafe auf drei Monate Freiheitsstrafe festgelegt worden, um die Täter in Einzelfällen, in denen das Unrecht und der Schuldgehalt verhältnismäßig gering sind, einer Rehabilitation zuführen zu können,[11] dh die Frist, nach deren Ablauf eine Verurteilung nicht mehr in das Führungszeugnis aufzunehmen ist, grundsätzlich auf drei Jahre zu begrenzen (vgl. § 32 Abs. 1 Nr. 1a BZRG), sowie fernerhin zu ermöglichen, über die Vorschrift des § 47 Abs. 2 StGB eine Geldstrafe zu verhängen.[12]

---

[5] Änderung durch das OrgKG, → Vor § 1 Rn. 86.
[6] Änderung durch das AusführungsG zum Übk. 1988, → Vor § 1 Rn. 80.
[7] BT-Drs. 8/3551, 37; vgl. zur Entstehungsgeschichte auch BGH 24.11.1982 – 3 StR 384/82, BGHSt 31, 1633 = NJW 1983, 692.
[8] BT-Drs. 7/4141, 3.
[9] Die nachfolgende Darstellung geht auf Pfeil/Hempel/Schiedermair/*Slotty* zurück.
[10] BT-Drs. 8/4283, 6; vgl. auch die Stellungnahme der Bundesregierung zum Bundesratsentwurf v. 13.10.1975, BT-Drs. 7/4141, 7/8.
[11] BT-Drs. 8/3551, 53.
[12] BT-Drs. 8/3551, 36; dagegen die Stellungnahme des Bundesrates S. 47, der eine Mindeststrafe von einem Jahr Freiheitsstrafe für erforderlich hielt.

10 **c) Strafrahmen und weitere Rechtsfolgen.** § 30 ist wegen seiner Mindeststrafe von 2 Jahren Verbrechenstatbestand (§ 12 Abs. 1 StGB), und zwar auch bei Annahme eines minder schweren Falles nach Abs. 2. Das Höchstmaß des Strafrahmens ist 15 Jahre (§ 38 Abs. 2 StGB). Für **minder schwere Fälle** war ursprünglich Freiheitsstrafe von drei Monaten bis zu 5 Jahren vorgesehen; der Strafrahmen wurde durch Art. 5 AMGuäÄndG[13] mit Wirkung vom 23.7.2009 im Höchstmaß auf **zehn Jahre** erweitert. (Abs. 2). Ebenso war ursprünglich Vermögensstrafe vorgesehen (§ 30c Abs. 2), deren Verhängung aber nach der Nichtigerklärung des § 43a StGB durch das BVerfG[14] nicht mehr möglich ist. Die Anordnung des erweiterten Verfalls war zulässig (§ 33 Abs. 1 Nr. 2 aF), siehe nun → § 33 Rn. 6–7. Die Tatbestände bilden Anlasstaten zur Anordnung von Sicherungsverwahrung.[15]

11 **3. § 30a. a) Rechtsentwicklung.** Die Vorschrift des § 30a verdankt ihre heutige Fassung zwei Rechtsetzungsakten. Sie ist gemeinsam mit §§ 29a, 30b und 30c durch das OrgKG in das BtMG eingeführt worden. Ursprünglich enthielt sie als Abs. 1 den jetzigen Abs. 1 (damals noch „ohne Erlaubnis nach § 3 Abs. 1 Nr. 1" anstelle von nunmehr „unerlaubt"[16]) und den jetzigen Abs. 3 als damaligen Abs. 2. Eine Änderung erfolgte schon zwei Jahre später. Durch das Verbrechensbekämpfungsgesetz[17] wurden zwei Tatbestände als Abs. 2 in die Vorschrift eingeschoben: das Bestimmen Jugendlicher zum Betäubungsmittelhandel, bis dato als § 29a Abs. 1 Nr. 1b gerade erst durch das OrgKG in das BtMG eingeführt, wurde als Abs. 2 Nr. 1 unter die höhere Mindeststrafe des § 30a hochgestuft; der bewaffnete Bandenhandel mit Betäubungsmitteln in nicht geringer Menge wurde als Abs. 2 Nr. 2 neu geschaffen. Zum Verlauf der Gesetzgebung vgl. näher → Vor § 29a Rn. 8 ff.

12 **b) Gesetzgeberische Motive. aa) Abs. 1 (Bandenverbrechen in nicht geringer Menge).** Abs. 1 geht auf einen Gesetzesantrag des Freistaates Bayern im Bundesrat zurück, der generell für Bandentaten lebenslange Freiheitsstrafe vorsah.[18] Dieser Antrag fand im Bundesrat in Bezug auf die Strafdrohung jedoch keine Mehrheit; zugestimmt allerdings wurde dem Grundanliegen des bayerischen Antrags, gerade der organisierten BtM-Kriminalität durch besondere Strafschärfungen wirksam zu begegnen. Der Bundesrat einigte sich deshalb auf eine Vorschrift, die für Bandentaten als Mindeststrafe zehn Jahre Freiheitsstrafe vorsah.[19] Auch die Bundesregierung befürwortete grundsätzlich die Intention des Antrags, durch Anhebung der Strafdrohung für bandenmäßig begangene BtM-Delikte deren besonderen Unrechtsgehalt hervorzuheben, sie hielt allerdings die Mindeststrafe von zehn Jahren immer noch für unverhältnismäßig hoch und schlug stattdessen eine Mindeststrafe von fünf Jahren vor;[20] dies verband sie mit dem Vorschlag, den Tatbestand an das Vorliegen einer nicht geringen Menge zu knüpfen. Das Gesetzesvorhaben wurde in der 11. Legislaturperiode nicht mehr verabschiedet. Der Bundesrat brachte seinen Gesetzentwurf mit Beschluss vom 26.4.1991 erneut in den Bundestag ein; dieser Entwurf enthielt die jetzt in Kraft gesetzte Gesetzesfassung und trug so den zuletzt geäußerten Bedenken der Bundesregierung Rechnung.[21] Die Bundesregierung schloss sich dem Gesetzesvorschlag an,[22] die Entwurfsfassung für die Vorschrift passierte unverändert das Gesetzgebungsverfahren und wurde am 15.7.1992 als Gesetz beschlossen.

13 Anlass des Entwurfs zum OrgKG war eine Kriminalitätsentwicklung, die dessen Verfasser „nicht nur durch einen alarmierenden Anstieg der Straftaten im Bereich des Rauschgifthan-

---

[13] Gesetz zur Änderung arzneimittelrechtlicher und anderer Vorschriften (AMGuaÄndG) vom 17.7.2009, BGBl. I S. 1990.
[14] BVerfG 20.3.2002 – 2 BvR 794/95, BVerfGE 105, 135 = NJW 2002, 1779.
[15] § 66 Abs. 1 Nr. 1b StGB.
[16] Geändert durch das AusfG Übk. 1988, → Vor § 1 Rn. 80.
[17] Gesetz zur Änderung des Strafgesetzbuches, der Strafprozessordnung und anderer Gesetze (Verbrechensbekämpfungsgesetz) vom 28.10.1994, BGBl. I S. 3186.
[18] BR-Drs. 74/90, 3.
[19] BR-Drs. 74/90, 20.
[20] BT-Drs. 11/7663, 51.
[21] BR-Drs. 219/91, 21.
[22] BT-Drs. 12/989, 55.

dels, sondern auch durch eine qualitative Veränderung dieser und anderer Kriminalitätserscheinungen" (…) gekennzeichnet sahen: **die organisierte Begehungsweise.** Der Entwurf sah vermehrte „Anzeichen, dass die international organisierten Drogensyndikate nicht nur mittels Kurieren Drogen in die Bundesrepublik Deutschland einschleusen, sondern auch Absatzorganisationen aufbauen und Maßnahmen für das Waschen und den Rückfluss der Gelder aus Rauschgifthandel treffen. Auf 2 bis 4 Milliarden DM schätzen Fachleute den jährlichen Umsatz, der in der Bundesrepublik Deutschland mit Rauschgifthandel erzielt wird. Mit den riesigen Gewinnen können die Drahtzieher kriminelle Organisationen aufbauen, Helfershelfer bezahlen."[23] Die Strafrahmen im BtMG ermöglichten es nicht in allen Fällen, ein Strafmaß zu verhängen, das dem kriminellen Gehalt und der hohen Sozialschädlichkeit entspricht. Daher wurde für den „Bereich der bandenmäßigen BtM-Kriminalität, dem Kern der Organisierten Kriminalität", eine höhere Mindeststrafe vorgeschlagen. „Straftaten der bandenmäßigen BtM-Kriminalität sind **besonders gefährlich, sozialschädlich und strafwürdig.** Die Strafschärfung im vorgeschlagenen Sinn ermöglicht nicht nur die Verhängung schuldangemessener Strafen im Einzelfall, sie **verhindert auch die Wiederholung solcher Straftaten, indem Bandenmitglieder für lange Zeit aus dem Verkehr gezogen werden.** Schließlich wird sie in erheblichem Maß generalpräventiv wirken. Ein Kennzeichen krimineller Organisationen ist, dass sie Chancen und Risiken professionell kalkulieren; es liegen Erfahrungen vor, dass BtM-Händler bei ihren Aktivitäten Regionen meiden, in denen sie mit höheren Strafen rechnen müssen. Der besonderen Verwerflichkeit bandenmäßiger BtM-Kriminalität entspricht formal ein herausgehobener eigener Straftatbestand."[24]

bb) Abs. 2 (Missbrauch von Minderjährigen für bestimmte Begehungsweisen/   **14 BtM-Delikte mit Waffen).** Der Entwurf zum Verbrechensbekämpfungsgesetz verfolgte unterschiedliche Ziele: neben Maßnahmen zur Bekämpfung fremdenfeindlicher Gewalt und Propaganda sowie zur Fortentwicklung des OrgKG enthielt er Regelungsvorschläge zur Beschleunigung von Strafverfahren und zur stärkeren Berücksichtigung der Belange von Opfern von Straftaten.[25] Auf dem Gebiet des BtM-Rechts sahen die Entwurfsverfasser ein Defizit bei den Strafrahmen: „Die Strafrahmen im BtMG ermöglichen es derzeit nicht in allen Fällen, eine Strafe zu verhängen, die ihrem kriminellen Gehalt und ihrer großen Gefährlichkeit entspricht. Die besondere Bedrohungslage im Bereich der BtM-Kriminalität in ihrer derzeitigen Ausprägung verlangt insbesondere ihre Bekämpfung zum Schutz von Kindern und Jugendlichen und **zum Schutz der Allgemeinheit vor bewaffneten Tätern.**"

Zur Begründung der Aufnahme des Tatbestandes (des damaligen § 29a Abs. 1 Nr. 1b) in   **15** das OrgKG hatte die Bundesregierung ausgeführt, dass das Bestimmen von Minderjährigen zur Teilnahme am und deren Benutzung zum unerlaubten BtM-Verkehr im besonderen Maße straf- und verabscheuungswürdig sei.[26] Mit diesem Vorschlag sollte auch Art. 3 Abs. 5 Buchst. f des am 23.7.1993 für Deutschland in Kraft gesetzten Übk. 1988 entsprochen werden, wonach der Umstand, dass Minderjährige beim BtM-Handel benutzt oder in Mitleidenschaft gezogen werden, als besonders schwerwiegender Umstand bei der Bewertung der Straftat anzusehen ist.[27] Für die Erhöhung der Mindeststrafe von einem Jahr auf fünf Jahre durch das Verbrechensbekämpfungsgesetz wurde erneut auf die besondere Strafwürdigkeit zurückgegriffen: „Straftaten dieser Art sind besonders gefährlich, da durch sie Kinder und Jugendliche missbraucht und namentlich durch Verleiten zum Umgang mit BtM in die Kriminalität getrieben werden. Diese Taten sind daher äußerst sozialschädlich und in herausragender Weise strafwürdig. Die Strafschärfung im vorgeschlagenen Sinn ermöglicht nicht nur die Verhängung schuldangemessener Strafen im Einzelfall. Sie verhindert auch

---

[23] BT-Drs. 12/989, 20.
[24] BT-Drs. 12/989, 30.
[25] BT-Drs. 12/6853, 18/19.
[26] BT-Drs. 12/989, 55.
[27] BT-Drs. 12/989, 55.

die Wiederholung solcher Straftaten, indem die Täter für lange Zeit Freiheitsstrafe verbüßen. Schließlich wird sie in erheblichem Maße generalpräventiv wirken."[28]

16   **cc) Abs. 3 (minder schwerer Fall).** Der Strafrahmen des § 30a Abs. 3 wurde zur Beseitigung von Wertungswidersprüchen[29] in bestimmten Konstellationen der mittäterschaftlichen Begehung von Betäubungsmittelstraftaten[30] durch das Gesetz zur Änderung arzneimittelrechtlicher und anderer Vorschriften[31] von fünf auf zehn Jahre erhöht.

17   Für Taten bis einschließlich zum 22.7.2009 konnte es nämlich beim unerlaubten Umgang mit Betäubungsmitteln in nicht geringer Menge dazu kommen, dass ein Mittäter, der eine Waffe mit sich führt (und daher grundsätzlich gemäß § 30a Abs. 2 Nr. 2 zu bestrafen wäre), wegen der lediglich minderen Gefährlichkeit der Waffe (zB Schlagring, Gummiknüppel) nur unter § 30a Abs. 3 fällt. Damit war er aus einem Strafrahmen von sechs Monaten bis fünf Jahren zu bestrafen. Einem weiteren Mittäter hingegen, der keine Waffe bei sich führt und der möglicherweise nicht einmal Kenntnis davon hat, dass der erste Mittäter eine solche bei sich hat, drohte – je nach Fallkonstellation – gemäß § 30 Abs. 1 Nr. 4 eine Freiheitsstrafe von zwei bis 15 Jahren oder nach § 29a Abs. 1 Nr. 2 Alt. 1 eine solche von einem bis 15 Jahren. Dies hatte zur Folge, dass derjenige Mittäter, dessen Verhalten vom Gesetzgeber grundsätzlich als wesentlich krimineller angesehen wird, hinsichtlich des Strafrahmens bessergestellt wurde. Dagegen wurde derjenige Mittäter systemwidrig schlechter gestellt, der keinen Gegenstand mit sich führt, der nach seiner Art zur Verletzung von Personen geeignet und bestimmt ist.[32]

18   **c) Strafrahmen und weitere Rechtsfolgen.** § 30a ist wegen seiner Mindeststrafe von 5 Jahren Verbrechenstatbestand (§ 12 Abs. 1 StGB), und zwar auch bei Annahme eines minder schweren Falles nach Abs. 3. Das Höchstmaß des Strafrahmens ist 15 Jahre (§ 38 Abs. 2 StGB). Für die Verwirklichung der Tatbestände des § 30a war ursprünglich Vermögensstrafe vorgesehen (§ 30c Abs. 2), deren Verhängung aber nach der Nichtigerklärung des § 43a StGB durch das BVerfG[33] nicht mehr möglich ist. Die Anordnung des erweiterten Verfalls war zulässig (§ 33 Abs. 1 Nr. 2 aF), siehe nun → § 33 Rn. 6–7. Die Tatbestände bilden Anlasstaten zur Anordnung der Sicherungsverwahrung.[34]

III. Kritik

19   **1. Exzessive Annahme von minder schweren Fällen?** Schon in der Vorauflage wurden die Qualifikationstatbestände hinsichtlich einzelner Aspekte kritisiert. *Rahlf* wies berechtigterweise darauf hin, dass die Aufstufung der regelbeispielhaften Vergehenstatbestände zu Verbrechenstatbeständen lediglich bewirkt hat, dass minderschwere Fällen wesentlich häufiger als zuvor angenommen worden sind.[35] „Jedenfalls für die Fälle der Abgabe an Minderjährige weiß das jeder Praktiker aus eigener Erfahrung". Damit blieben diese Fälle eben nicht „exzeptionellen Fallgestaltungen" vorbehalten, wie es sich der Gesetzgeber vorgestellt hatte.

20   **2. Einfuhr in nicht geringen Mengen.** *Rahlf* wies zudem auf die Kritik der wohl herrschenden Auffassung (auch in der Kommentarliteratur) hin, wonach die Vorschrift zur Einfuhr nicht geringer Mengen eines BtM (Nr. 4), die ohne Abstimmung mit den Landesjustizverwaltungen in den Regierungsentwurf eingefügt worden ist, auch eine **Fülle von Fällen erfasse, die keinen hohen kriminellen Gehalt haben müssen, wie die Einfuhr von zum Eigenverbrauch bestimmten BtM in nicht besonders großen**

[28] BT-Drs. 12/6853, 40.
[29] Vgl. BGH 13.2.2003 – 3 StR 349/02, NJW 2003, 1679 = StV 2003, 285.
[30] BT-Drs. 16/12256, 61.
[31] Gesetz zur Änderung arzneimittelrechtlicher und anderer Vorschriften vom 17.7.2009, BGBl. I S. 1990.
[32] Vgl. BT-Drs. 16/12256, 61 – http://dipbt.bundestag.de/dip21/btd/16/122/1612256.pdf (zuletzt abgerufen 18.4.2017).
[33] BVerfG 20.3.2002 – 2 BvR 794/95, BVerfGE 105, 135 = NJW 2002, 1779.
[34] § 66 Abs. 1 Nr. 1b StGB.
[35] So *Körner* (VI) § 29a Rn. 2.

Mengen.[36] Schon aus diesem Grund ist diese Vorschrift umgehend zu streichen.[37] Die Gründe, ausschließlich die Einfuhr in nicht geringen Mengen nochmals härter zu bestrafen, sind nicht nachvollziehbar und erfordern einen Rückgriff auf die unzulängliche Abgrenzung zwischen Einfuhr und Durchfuhr, die über eine Mindeststrafe von zwei Jahren entscheiden soll (zu dieser Abgrenzung → § 29 Rn. 721 ff.).

Da hinter der gesetzgeberischen Ausgestaltung nicht die Idee stecken kann, die Verlet- 21
zung der „innerdeutschen Volksgesundheit" sei schwerwiegender als die Verletzung anderer „Volksgesundheiten" (solch eine Überlegung wäre mit internationalen Suchtstoffübereinkommen nicht zu vereinbaren),[38] kann die erhöhte Strafandrohung des § 30 Abs. 1 Nr. 4 nur mit der pragmatischen Überlegung legitimiert werden, dass die Einfuhr in nicht geringen Mengen „irgendwo" zwischen dem Handeltreiben in nicht geringen Mengen nach § 29a Abs. 1 Nr. 2 und dem Bandenhandel gem. § 30 Abs. 1 Nr. 1 liegt. Der Strafrahmen des § 30 Abs. 1 soll mithin greifen, wenn dem Täter kein Umsatzwille, keine Gewerbsmäßigkeit oder keine Bandenbetätigung nachgewiesen werden kann. Dies verträgt sich weder mit systemkritischen noch mit gesetzessystematischen Erwägungen.

3. Gebotene Neukonzeption der §§ 29a ff. Doch solch eine sektorale Kritik greift 22
noch zu kurz. Sowohl teleologisch als auch systematisch kann die derzeitige Ausgestaltung der §§ 29a ff. insgesamt nicht einmal im Ansatz überzeugen und bedarf dringender Überarbeitung.[39] Dies betrifft einzelne Strafschärfungsmerkmale, allerdings auch die konkrete Ausgestaltung der Qualifikationen und ihr Verhältnis zueinander. Zunächst muss das Strafschärfungssystem „konzentriert", mithin verknappt werden, um die **Strafrahmenflexibilität** des Betäubungsmittelstrafrechts wieder etwas einzuschränken. Die derzeitige Ausgestaltung macht es (in Relation zu anderen Straftatengruppen) besonders einfach – ausgehend vom Täter und der gehandelten Menge sowie der Einbeziehung tatspezifischer Besonderheiten – eine Strafe vorab festzulegen und die Strafrahmenbestimmung hieran zu orientieren (etwa durch eine bedarfweise Heranziehung vertypter Milderungsgründe für die Begründung eines minder schweren Falles).

a) Streichung des § 30a BtMG. Beginnen sollte man mit einer **Streichung des § 30a** 23
BtMG, welcher eine Mindeststrafe von fünf Jahren anordnet und damit den qualifizierten Umgang mit Betäubungsmitteln dem Totschlag, bestimmten Fällen des Völkermords, Kriegsverbrechen, Vergewaltigungen und schwerem sexuellen Missbrauch von Kindern gleichsetzt. Stattdessen könnten bestimmte Merkmale des § 30a (insb. der Umgang unter dem Beisichführen von Waffen sowie die Anstiftung Minderjähriger) in den § 30 BtMG integriert werden. Die Vorschrift ist missglückt, da sie die bandenmäßige Verwirklichung bestimmter Einzelakte (Einfuhr- und Ausfuhr, Herstellung, → Rn. 3) voraussetzt, die Benennung einzelner Tathandlungen allerdings kriminalpolitisch lediglich der Beweiserleichterung dient, mithin gerade nicht die besondere Ausführungsgefahr bei der bandenmäßigen Begehung einer Ausfuhr/Einfuhr bestraft werden soll, sondern der bandenmäßig durchgeführte BtM-Umsatz, bei dem lediglich die Ausfuhr- oder Einfuhrhandlung nachgewiesen werden kann. Der Gesetzgeber hat bei einem bandenmäßigen Anbau keine Gruppe von fünf Personen im Auge, von denen zwei jeweils wöchentlich die Cannabispflanze begießen, zwei weitere die Ernte übernehmen und der Fünfte für die richtige Raumtemperatur und die ständige Beleuchtung sorgt. Mit der Streichung sowie Einebnung zahlreicher Qualifikationsmerkmale geht auch eine Abschaffung konkurrierender Strafrahmen einher, deren Auflösung nicht selten zu Widersprüchlichkeiten führen musste (Stichwort „**Sperrwirkung**", noch → § 30a Rn. 232 ff.).[40]

---

[36] Zustimmend Pfeil/Hempel/Schiedermair/*Slotty* § 30 Rn. 3; KPV/*Patzak* § 30 Rn. 3.
[37] Siehe *Oğlakcıoğlu*, BtMG AT, S. 177 ff. passim.
[38] *Oğlakcıoğlu*, BtMG AT, S. 182. Im Strafzumessungsrecht wird schließlich ebenso betont, dass es unzulässig ist, strafmildernd zu berücksichtigen, dass „die Drogen nicht für das Gebiet der Bundesrepublik Deutschland bestimmt waren", vgl. BGH 14.7.2015 – 5 StR 181/15, NStZ-RR 2016, 16 (Ls) = BeckRS 2015, 12754.
[39] Siehe bereits *Oğlakcıoğlu*, BtMG AT, S. 504 sowie *ders.* JZ 2015, 981.
[40] Vgl. auch BGH NJW 2003, 1679, 1680): „ wenig geglückte Harmonie der Strafrahmen des Betäubungsmittelstrafrechts".

24   **b) Abschied vom zentralen Merkmal des Betäubungsmittelstrafrechts: Die nicht geringe Menge.** Darüber hinaus sollte gerade in Zeiten der neuen psychoaktiven Substanzen Abstand von dem zentralen Strafzumessungsaspekt des Betäubungsmittelstrafrechts – **der nicht geringen Menge** – Abstand genommen werden. Das ist in einem Rechtsgebiet, das partiell zu **einem „reinen Mengenstrafrecht"**[41] verkommen ist, nicht als umstürzlerisch zu sehen, sondern als Abkehr von einem Merkmal, dessen Bestimmung in den vergangenen Jahrzehnten durchweg nur Probleme mit sich gebracht hat (was in Anbetracht, dass bereits die Bestimmung was ein BtM sein soll, Schwierigkeiten bereitet, keine Überraschung darstellen dürfte, vgl. zu den Schwierigkeiten der Bestimmung einer nicht geringen Menge noch → § 29a Rn. 69 ff.). Stattdessen sollte man schlicht darauf abstellen, worum es „besonders rücksichtslosen Tätern" geht, nämlich auf möglichst **hohen Profit.** Ob man dieses Merkmal rein subjektiv bestimmt und an einer (angestrebten) **„Wertgrenze"** ausmacht, oder schlicht das **gewerbsmäßige Handeln** (§ 29 Abs. 1 Nr. 3) zu einer Qualifikation erhebt, bleibt dem Gesetzgeber überlassen. Umgekehrt darf auch das Bestrafungserfordernis hinsichtlich eines Konsumenten nicht von einer bestimmten (Gewichts-)Menge abhängig gemacht werden, sondern allein von der Eigenverbrauchsabsicht (die anhand objektiver Kriterien, u.A. der Menge des BtM, aber nicht allein hieran zugeschrieben werden kann).

25   **c) Beschränkung der Banden- und Profitqualifikationen auf absatzorientierte Verhaltensweisen.** Eng damit verbunden sollten alle Qualifikationstatbestände, die gerade das rücksichtslose Profitstreben von Rauschgiftorganisationen im Auge haben, auf **absatzorientierte Verhaltensweisen** (also auf Teilakte des HT) beschränkt bleiben. Somit müssten (im System de lege lata) alle sonstigen Tathandlungen, die in § 29a Abs. 1 Nr. 2 sowie § 30 Abs. 1 Nr. 1 neben dem Handeltreiben genannt sind (etwa der Anbau, der Besitz, die Einfuhr) gestrichen werden. Bloße Beweisschwierigkeiten rechtfertigen keine Strafschärfung. Solch eine Modifikation würde außerdem bestimmte Formen des social supplying bzw. des Anbaus in privater Gemeinschaft aus dem potentiellen Anwendungsbereich der Qualifikationstatbestände nehmen.

26   Gegenüber dem **Bandenhandel mit Kleinmengen** (§ 30 Abs. 1 Nr. 1) war ohnehin vorgebracht worden,[42] dass bei der Einführung des Verbrechenstatbestandes des Bandenhandels mit nicht geringen Mengen (§ 30a Abs. 1) durch das OrgKG im Jahre 1992 vergessen worden wäre, die Vorschrift über den Bandenhandel mit Kleinmengen zu streichen; jedenfalls bestünde kein rechtspolitisches Bedürfnis, die Vorschrift beizubehalten. Dem wurde (auch in der Vorauflage) entgegengehalten, dass es keinen Anhaltspunkt dafür gibt, dass der Gesetzgeber vorgehabt hätte, die Verbrechensqualifizierung künftig auf Fälle des Bandenhandels mit nicht geringen Mengen beschränken zu wollen. Insb. könne sehr wohl ein praktisches Bedürfnis zur Verfolgung gerade des bandenmäßigen Kleinhandels bestehen, nämlich dann, wenn Beweisprobleme dazu führen, bei feststehender bandenmäßiger Begehung nur von Normalmengen auszugehen, wenn zB Bandenmitglieder zur Risikominimierung nur kleinere Mengen bei sich führen.[43] Die Realität hat indessen deutlich gemacht, dass die Vorschrift vornehmlich Personengemeinschaften treffen kann, die gerade keinen Umsatzwillen aufweisen, sondern BtM arbeitsteilig im gemeinsamen Wohnzimmer anbauen, um diese anschließend selbst zu konsumieren (hier → § 30 Rn. 5 f.). Und nicht zuletzt ändert dieses Argument schließlich nichts daran, dass die wenigsten Banden mit Normalmengen handeln; mithin mag man § 30 Abs. 1 Nr. 1 mit solch einem Argument legitimieren, einer erneuten Strafschärfung beim Umsatz mit nicht geringen Mengen

---

[41] Vgl. hierzu auch die Stellungnahme des Richterbundes Ausschussdrs. 18(14)0162(16) vom 15.3.2016, S. 2, wonach für die Strafzumessung nach wie vor die Menge entscheidend für die Strafzumessung sei.
[42] *Malek*, Betäubungsmittelstrafrecht, Kap. 2 Rn. 404; *Endriß* StV 1999, 445 (446) gehen von einem Redaktionsversehen aus.
[43] Der Sinn der Vorschrift liege in der Vielzahl von bandenmäßigen Kleinhändlern, die jeweils nur kleine Mengen mit sich führen, *Weber* § 30 Rn. 157 f.

braucht es trotzdem nicht, wenn dies den Regelfall darstellt; schon aus diesem Grund ist § 30a Abs. 1 zu streichen (siehe bereits → Rn. 23).

d) Streichung des § 30 Abs. 1 Nr. 3 (Erfolgsqualifikation). Auch der Tatbestand **27** der leichtfertigen Todesverursachung erscheint kriminalpolitisch verfehlt. Weil die Rechtsprechung – mit dogmatisch zweifelhafter Begründung (noch → § 30 Rn. 156 ff.) – eine eigenverantwortliche Selbstgefährdung des Konsumenten nicht berücksichtigt wissen will, und die Leichtfertigkeit durch die Vornahme der gefährlichen Handlung indiziert wird, läuft die derzeitige Ausgestaltung auf eine reine Erfolgshaftung hinaus (die man durch eine Verzerrung des Leichtfertigungsmaßstabs wiederum abfedert). Die spezifische Gefahr des Todes eines Betäubungsmittelkonsumenten aufgrund einer Überdosierung („goldener Schuss") resultiert meist aus einer Vergiftung, mithin aus einer Körperverletzung.[44] Dieses Unrecht wäre aber bereits über § 227 StGB (ausreichend) erfasst, zumal § 227 StGB keine Leichtfertigkeit voraussetzt (gerade dies mag der Grund dafür sein, dass man an dem Grundsatz festhält, wonach auf § 30 Abs. 1 Nr. 3 die Grundsätze der Abschichtung nach Verantwortungsbereichen keine Anwendung finden, da dem Tatbestand dann kein eigener Verantwortungsbereich mehr verbliebe).

e) Minderjährigenschutz. Bei Minderjährigen ist die fehlende Eigenverantwortlichkeit **28** indiziert, sodass eine eigenständige Kriminalisierung bzw. Strafschärfung durchaus legitim erscheint. Dabei mag die umsatzbezogene bzw. gewerbsmäßige Abgabe zwar besonders verwerflich sein, kann aber für sich gesehen keine Anhebung der Mindeststrafe um ein Jahr rechtfertigen. Erst die Einbeziehung des Minderjährigen (bzw. dessen „Einführung") in den Betäubungsmittelhandel führt zu einer neuen Unrechtsqualität; der (gestrichene, → Rn. 23) § 30a Abs. 2 Nr. 1 sollte also § 30 Abs. 1 Nr. 2 ersetzen.

f) Handel etc. unter Beisichführen von Waffen und sonstigen Gegenständen. **29** Die vielfach kritisierte Vorschrift des § 30a Abs. 2 Nr. 2 sollte nicht mehr länger an die Tathandlung des Handeltreibens knüpfen (soweit man der der extensiven Auslegung festhält), sondern lediglich bei Vorliegen eines zwischenmenschlichen Kontaktpotentials Berücksichtigung finden (der etwa beim Umsatz, ohne den Käufer jemals gesehen zu haben, entfällt);[45] es bietet sich insofern eine Beschränkung auf die Abgabe bzw. den Erwerb an. Doch auch hier kann die bloße Eskalationsgefahr (wie bei anderen Delikten auch) nicht für einen Strafrahmen unter fünf Jahren genügen. Die Waffenqualifikation ist daher in den § 30 Abs. 1 zu integrieren. Dann kann es allerdings auch nicht mehr darauf ankommen, ob mit geringen Mengen gedealt wird oder nicht.

g) Vertypte Milderungsgründe. Zuletzt sollte der Gesetzgeber gerade in Anbetracht **30** der vom BGH eingeschlagenen Rechtsfolgenlösung darüber nachdenken, weitere vertypte Milderungsgründe zu kreieren; neben einer Vorschrift zur tätigen Reue[46] (welche das Abstandnehmen des Täters von einer gemachten Lieferzusage honorierte) ist hierbei v.a. an einen „Kuriertatbestand" bzw. „Gehilfentatbestand" zu denken, der an die Stelle der exzessiven Anwendung des § 27 Abs. 2 StGB tritt und die Voraussetzungen für eine Strafmilderung untergeordneter Tätigkeiten beim Namen nennt (freilich wäre solch ein Tatbestand hingegen bei einer einschränkenden Auslegung des HT weniger angezeigt, aber nicht vollständig obsolet).

Basierend auf diesen Überlegungen ergibt sich folgende (alternative) Systematik der Qua- **31** lifikationstatbestände: § 29a Abs. 1 Nr. 1 bleibt unverändert (denkbar wäre der Klarstellung halber die Einbeziehung des entgeltlichen Verfügungswechsels in Form der Veräußerung). § 29a Abs. 1 Nr. 2 hingegen führt die Gewerbsmäßigkeit oder den Handel mit einem Vorteil großen Ausmaßes in die Qualifikationstatbestände ein und knüpft hierbei ausschließlich auf absatzbezogene Verhaltensweisen (de lege lata wäre dies das Veräußern und Handeltreiben).

---

[44] *Oğlakcıoğlu* JZ 2015, 981.
[45] Zum Ganzen *Oğlakcıoğlu* StV 2012, 411.
[46] Siehe hierzu den Vorschlag bei *Oğlakcıoğlu*, BtMG AT, S. 518 mit Erläuterung.

Zudem wird § 29a Abs. 1 um eine Nr. 3 ergänzt, welche bei verschiedenen Formen der Begegnungsdelikte (Sich-Verschaffen, Erwerben, Abgeben, Veräußern) eine Verschiebung des Strafrahmens anordnet, wenn der Täter hierbei Waffen oder sonst gefährliche Gegenstände mit sich führt. § 30 Abs. 1 beinhaltet dann lediglich noch die bandenmäßige Begehung absatzorientierter Verhaltensweisen und die Verstrickung Jugendlicher in den BtM-Handel.

IV. Verfassungsrechtliche Überprüfung

32   Die voranstehenden Überlegungen werden von zahlreichen Praktikern geteilt, insb. auch Richtern, welche sich bei korrekter Subsumtion nicht selten mit Strafrahmen konfrontiert sehen, die mit ihrer Überzeugung vom Schuldgehalt der Tat nicht vereinbar sind.[47] Umso bedauerlicher ist es, dass mutige „Vorstöße" von Gerichten, welche die Verfassungsgemäßheit einzelner Qualifikationen anzweifeln und dementsprechend dem BVerfG vorlegen, wegen der hohen Hürden an eine zulässige Vorlage nicht selten zurückgewiesen werden müssen und in der Begründetheitsprüfung meist an der berüchtigten Einschätzungsprärogative des Gesetzgebers scheitern würden (zumal es sich jedenfalls auf der Ebene des verbotenen Handels nicht selten um Zweckmäßigkeitsfragen handelt). Exemplarisch sei etwa der Vorstoß des AG Düren genannt, welcher die Vorschrift des § 30 Abs. 1 Nr. 4 (für deren Abschaffung hier plädiert wird) aufgegriffen und – ähnlich wie hier – darauf aufmerksam gemacht hat, dass die unterschiedliche Behandlung zwischen Ein-, Durch- und Ausfuhr in einem zusammenwachsenden Europa wenig Sinn macht. Dies ist selbstverständlich noch keine Geltendmachung der Verletzung spezifischen Verfassungsrechts.

33   Das *BVerfG*, welcher dem Vorbringen eine Verletzung des Schuld- und Gleichheitsgrundsatzes entnahm, hatte insofern leichtes Spiel. Es wies die Vorlagen (wohl zu Recht) als unzulässig zurück – und zwar, weil das vorlegende Gericht den Sachverhalt nicht so weit aufgeklärt hatte, dass die Entscheidungserheblichkeit der Vorlagefrage feststehe, und weil es an einer hinreichenden Auseinandersetzung mit den der Vorschrift zu Grunde liegenden Erwägungen des Gesetzgebers und der daran anknüpfenden Rechtsprechung mangele.[48] Insofern gelten die Erwägungen, die zur Verfassungsmäßigkeit des Betäubungsmittelstrafrechts überhaupt gelten, auch an dieser Stelle. Es geht bei solch einem strengen Überprüfungsmaßstab meist nicht darum, ob die angegriffene Vorschrift gerade noch als „verfassungsgemäß" bezeichnet werden kann, sondern ob die gesetzgeberische Entscheidung sinnvoll ist, mithin um eine Frage, die das BVerfG gerade nicht beantworten darf. Soweit sich der Gesetzgeber im Hinblick auf die ihm eingeräumte Einschätzungsprärogative in Sicherheit „wiegt" und sich gleichzeitig gegen Zweckmäßigkeitserwägungen sträubt, schadet und überrascht es nicht, wenn sich auch das BVerfG häufiger mit den aus der derzeitigen Ausgestaltung resultierenden Unzulänglichkeiten des Betäubungsmittelstrafrechts beschäfti-

---

[47]   Erinnert sei an den Fall einer 50-jährigen Gastlehrerin aus Peru, welche in einer Weißenhorner Schule im Unterricht Kokablätter zur Veranschaulichung an Siebtklässer verteilt hat. Für sie sei die Pflanze, die sie einst von einem Peru-Besuch mitgebracht hatte, nicht mit der Droge „Kokain" zu vergleichen, da man zu deren Herstellung Chemikalien benötige. Außerdem nehme man Kokablätter in ihrer Heimat als Mittel gegen die Höhenkrankheit. Ein Sachverständiger bestätigte, dass die Blätter nur 71,6 Milligramm Kokain enthielten. Von dieser kleinen Menge sei „kaum eine zentrale Wirkung" zu erwarten. Das ändert freilich nichts daran, dass die Lehrerin ohne die erforderliche Erlaubnis Betäubungsmittel über die deutsche Hoheitsgrenze verbracht und ihre Verfügungsmacht an Dritte – hier insb. Minderjährige – übertragen, also abgegeben hat. Da es sich nicht um eine konsumfähige Portion mit hohem Wirkstoffanteil handeln muss, war die BtM-Eigenschaft zu bejahen. Auch eine Einstellung nach § 31a BtMG schied wegen des Verbrechenscharakters der Tat (§ 29 Abs. 1 Nr. 1) aus. Das zuständige Neu-Ulmer Schöffengericht hatte damit „keine andere Wahl", als (unter Zugrundelegung des Rechtsirrtums und des geringen Gefahrpotentials) einen minder schweren Fall anzunehmen und über diese Verschiebung zu einer Geldstrafe in Höhe von 900 € zur Bewährung zu gelangen. Der Fall macht auch deutlich, dass solch eine Korrektur der Extension im zweiten Schritt auch die „Maßstäbe" für einen minder schweren Fall verzerrt. So wird ein minder schwerer Fall eigentlich auch bereits in Betracht gezogen, wenn ein Angeklagter wie hier Drogen an szeneerfahrene Jugendliche abgibt (obwohl sich beide Fallgestaltung nochmals erheblich voneinander unterscheiden), vgl. KPV/*Patzak* § 29a Rn. 21.
[48]   BVerfG 15.3.2012 – 2 BvL 8/11, BeckRS 2012, 51055.

gen muss. Damit aber das Bundesverfassungsgericht die Grenzen zwischen gesetzgeberischer Einschätzungsprärogative und Verletzung spezifischen Verfassungsrechts (und damit Nichtigkeit einer Strafvorschrift) präzisieren kann, müssen die Fälle der vorlegenden Gerichte eine bestimmte Beschaffenheit aufweisen und damit auch meist ausermittelt sein. Steht man aber bereits am Ende der Hauptverhandlung, dürfte die Motivation, das Verfahren nunmehr durch ein Vorlageverfahren auszusetzen, gering sein. Gerade der Fall des AG Düren dürfte aber deutlich machen, dass sich das Bundesverfassungsgericht derartigen Vorstößen nicht vollständig versperrt. Deswegen sollte sich ein Tatrichter gerade in den virulenten „Extremfällen" (hohe Mindeststrafe, geringes Unrecht) ermutigt fühlen, anhand des gegenständlichen Einzelfalls die Widersprüche und drohenden unangemessenen Sanktionen – auch unter Annahme eines minder schweren Falles – aufzuzeigen und diese in den verfassungsrechtlichen Prüfungsmaßstab (Art. 20 Abs. 3, Art. 1, Art. 2 Abs. 1, 2 GG) einzubetten.

§ 29a Straftaten

(1) Mit Freiheitsstrafe nicht unter einem Jahr wird bestraft, wer
1. **als Person über 21 Jahre Betäubungsmittel unerlaubt an eine Person unter 18 Jahren abgibt oder sie ihr entgegen § 13 Abs. 1 verabreicht oder zum unmittelbaren Verbrauch überläßt oder**
2. **mit Betäubungsmitteln in nicht geringer Menge unerlaubt Handel treibt, sie in nicht geringer Menge herstellt oder abgibt oder sie besitzt, ohne sie auf Grund einer Erlaubnis nach § 3 Abs. 1 erlangt zu haben.**

(2) In minder schweren Fällen ist die Strafe Freiheitsstrafe von drei Monaten bis zu fünf Jahren.

Schrifttum: *Anger/Wesemann,* Verteidigung gegen den Vorwurf des Betriebs einer Cannabisplantage, StV 2013, 179; *Cassardt,* Zur Feststellung der nicht geringen Menge im Betäubungsmittelstrafrecht, NStZ 1995, 257; *Endriß,* Das Problem der „nicht geringen Menge" im Betäubungsmittelrecht – Bestandsaufnahme und Aussicht, StV 1984, 258; *Fritschi/Megges/Rübsamen/Steinke,* Empfehlungen zur „nicht geringen Menge" einiger Betäubungsmittel und Cannabisharz, NStZ 1991, 470; *Patzak/Goldhausen,* Cannabis – wirklich eine harmlose Droge?, NStZ 2006, 259; *dieselben,* Die aktuellen Wirkstoffgehalte von Cannabis, NStZ 2007, 195; *dies.,* Die aktuellen Wirkstoffgehalte von Cannabis, NStZ 2011, 76; *dies.,* Der Täter mit dem grünen Daumen – aktuelle Rechtsprobleme im Zusammenhang mit Cannabis-Plantagen, NStZ 2014, 384; *Winkler,* Verbrechen und Vergehen gegen das Betäubungsmittelgesetz, NStZ 1999, 234; *W. Winkler,* Nicht geringe Menge bei Amphetamin nach wie vor bei 10 g Amphetaminbase, NStZ 2005, 493; *Zschockelt,* Verbrechen und Vergehen gegen das Betäubungsmittelgesetz, NStZ 1996, 225.

Übersicht

A. Abgeben, Verabreichen, Überlassen zum unmittelbaren Verbrauch an Minderjährige (Abs. 1 S. 1 Nr. 1)

I. Überblick

1. Rechtliche Einordnung. Die Vorschrift soll nicht nur die vorbezeichneten Rechts- **1** güter sichern, sie soll es auch durch Verbrechenstatbestandsbeschreibung erleichtern, zur höheren Strafe zu gelangen, ohne dass es wie zuvor beim Regelbeispielszustand einer Gesamtwürdigung bedarf.[1] Über die in der Praxis sehr oft vorkommenden Abwägungen zur Frage des minder schweren Falls kommt die Gesamtwürdigung dann doch wieder ins Spiel, so dass jedenfalls die Erreichung dieses Zwecks in Frage gestellt ist.

a) Deliktsnatur. Die Tathandlungen des unerlaubten Abgebens mit seinen Varianten **2** der unentgeltlichen Übertragung der tatsächlichen Verfügungsmacht **(Abgabe)** sowie des Verabreichens und des Überlassens zum unmittelbaren Verbrauch sind **Erfolgsdelikte.**

b) Verfassungsmäßigkeit. Die Strafvorschrift des Abs. 1 Nr. 1 über das Abgeben, Ver- **3** abreichen oder Überlassen von BtM an Minderjährige ist verfassungsmäßig (zum Jugend-schutz als Gemeinschaftsbelang und zur Verfassungsmäßigkeit der Vorschriften im Übrigen vgl. bereits → Vor § 29 Rn. 32). Bereits für den Grundtatbestand der Abgabe in Abs. 1 S. 1 Nr. 1 hat das BVerfG[2] den Schutz von Jugendlichen und das öffentliche **4** Interesse an der Verhinderung einer unkontrollierten Verbreitung von Drogen als legitimie-rende Gründe für die Einführung der Strafnorm angesehen; diese Argumente wiegen noch schwerer bei der reinen Jugendschutzbestimmung des Abs. 1 Nr. 1. Die **Auslegung der Vorschrift** dahin, dass unter „Abgabe von BtM" auch deren Veräußerung zu verstehen ist, ist von Verfassung wegen nicht zu beanstanden; sie trägt dem Willen des Gesetzgebers in den Grenzen des möglichen Wortsinns der Strafvorschrift Rechnung.[3]

2. Kriminalpolitische Bedeutung, PKS. In der Praxis kommt dem Tatbestand des **5** Abgebens an Personen unter 18 Jahren eine zunehmende Bedeutung zu, wie sich aus der Entwicklung der polizeilichen Fallzahlen ergibt. Über die faktische Häufigkeit der Fälle

---

[1] BT-Drs. 12/989, 30.

[2] BVerfG 9.3.1994 – 2 BvL 43/92 ua, BVerfGE 90, 145; 1994, 1577 = StV 1994, 295.

[3] BVerfG 14.3.1991 – 2 BvR 337/91, NJW 1991, 2823.

hinaus kann aus der Strafandrohung als solcher die Bedeutung ersehen werden, die die Rechtsordnung dem Jugendschutz auf dem Gebiet des BtM-Strafrechts beimisst.

6 Die **PKS** trennte vormals nicht zwischen dem Grunddelikt der Abgabe, Verabreichung oder Überlassung von BtM an Minderjährige gem. Abs. 1 Nr. 1 und dem durch das Merkmal der Gewerbsmäßigkeit begründeten Qualifikationstatbestand des § 30 Abs. 1 Nr. 2. Seit 2013 werden aber zwischen § 30 Abs. 1 Nr. 2 und § 29a Abs. 1 Nr. 1 isoliert aufgeschlüsselt:

Straftaten(gruppen)	2005	2006	2007	2008	2009	2010	2011	2013	2014	2015
Rauschgiftdelikte BtMG	276.740	255.019	248.355	239.951	194.075	231.007	236.478	253.525	276.734	282.604
Allgemeine Verstöße nach § 29 BtMG	194.444	178.841	171.496	169.386	143.293	165.880	170.297	189.783	209.514	213.850
Abgabe, Verabreichen oder Überlassen von BtM zum unmittelbaren Verbrauch an Minderjährige, ggf. gewerblich § 29a Abs. 1 Nr. 1	1.715	1.450	1.291	1.330	1.234	1.253	1.401	1.860	2.170	2.301
§ 29a Abs. 1 Nr. 1 (allein)								1.727	1.991	2.080

7 **Statistisches Bundesamt: Strafverfolgungsstatistik Tabelle 3.7 Verurteilte 1982 bis 2009 wegen Rauschgiftkriminalität (Auszug)**

	2010	2011	2012	2013	2014
Straftaten nach dem BtMG insgesamt	44.919	45.250	43.357	43.567	46.118
Abgabe an Minderjährige	581	568	556	550	613

8 **3. Rechtsentwicklung.** Zur Entwicklung des innerstaatlichen Rechts auf die Ausführungen Vor § 29a verwiesen.

II. Erläuterung

9 **1. Geltungsbereich. a) Inland-/Auslandstaten.** Inlandstaten unterliegen dem BtM-Strafrecht unabhängig davon, ob die Tat durch einen Ausländer oder einen Deutschen begangen wurde.

10 Wird die tatsächliche Verfügungsmacht über das BtM **entgeltlich** auf einen Minderjährigen übertragen (dh in der Form des Handeltreibens oder der Veräußerung abgegeben), liegt „Vertrieb" iS des § 6 Nr. 5 StGB[4] vor mit der Folge, dass auch die Qualifikation des § 29a Abs. Nr. 1 unabhängig vom Recht des Tatorts zur Anwendung kommt.

11 Wird die tatsächliche Verfügungsmacht über das BtM dagegen unentgeltlich auf dem Minderjährigen übertragen, gilt das Weltrechtsprinzip nicht. Die Verfolgbarkeit nach deutschem Recht hängt dann davon ab, ob die Tathandlung nach dem Tatortrecht strafbar ist (§ 7 Abs. 2 StGB). Ist dies der Fall, reicht es aus, wenn das Grunddelikt (unter irgendeinem rechtlichen Gesichtspunkt) am Tatort strafbar ist. Trifft ein Tatbestand des Tatortrechts auf das Täterverhalten zu, so führt dies zur umfassenden Geltung aller Vorschriften des deutschen Strafrechts und damit auch der Qualifikation. Folglich kommt es nur auf die Strafbarkeit der Tat (iS des § 264 StPO) am Tatort schlechthin, nicht auf ihre rechtliche Einordnung im Einzelnen an.[5] Erlangt ein Ausländer nach einer Tat, die nach den vorstehenden Grundsätzen nicht schon als Vertrieb iS des Weltrechtsprinzips nach deutschem Recht strafbar ist, die **deutsche Staatsbürgerschaft,** ist er nach § 7 Abs. 2 Nr. 1 Alt. 2 StGB strafbar, wenn die Tat am Tatort mit Strafe bedroht ist oder der Tatort keiner Strafgewalt unterliegt. Auch hier ist ein originärer Strafanspruch entstanden, der mit der freiwilligen nachträglichen Unterwerfung unter deutsches Strafrecht begründet wird.[6] Da alle **europäischen Staaten**

---

[4] → Vor § 29 Rn. 122.
[5] BGH 12.9.1996 – 4 StR 173/96, NStZ 1997, 89.
[6] Krit. zu Problematik hinsichtlich des Nullum-Crimen-Grundsatzes und des Rückwirkungsverbots → StGB § 7 Rn. 26; SK-StGB/*Hoyer* Rn. 11.

den internationalen Übereinkommen beigetreten sind, sind auch dort die Begehungsweisen des Abs. 1 Nr. 1 strafbar.[7]

b) Grenzüberschreitende Mehrfachverfolgung und Art. 54 SDÜ.[8] Zum Begriff **12** „dieselbe Tat" iS von Art. 54 SDÜ und den Auswirkungen, die Verurteilungen oder Aburteilungen in einem Mitgliedsstaat des Schengenraums auf Strafverfolgungsmaßnahmen in anderen Mitgliedsstaaten haben, → Vor § 29 Rn. 161 ff.

2. Objektiver Tatbestand. Die Vorschrift stellt das unerlaubte Abgeben von BtM oder **13** deren Verabreichung oder Überlassung zum unmittelbaren Verbrauch an Minderjährige durch Personen über 21 Jahre unter besondere Strafe.

a) Abgeben. Abgeben iS des Abs. 1 Nr. 1 ist **jede Übertragung der eigenen tatsäch- 14 lichen Verfügungsmacht auf einen Minderjährigen zu dessen eigener freier Verfü- gung.**[9] Keine Abgabe liegt vor, wenn der Empfänger des BtM bereits als Mittäter bei dessen Erwerb beteiligt war, weil dann durch die Tathandlung der Kreis der Personen, die mit dem BtM schon in Berührung gekommen waren, nicht erweitert wird.[10] Da in einem solchen Fall Abgabe schon tatbestandsmäßig ausscheidet, kann auch die Qualifikation des Abs. 1 Nr. 1 nicht eingreifen.

aa) Abgrenzung zur Abgabe iS von § 29 Abs. 1 S. 1 Nr. 1. Während der Begriff **15** der Abgabe im Grundtatbestand des § 29 Abs. 1 S. 1 Nr. 1 lediglich durch die Übertragung der Verfügungsgewalt ohne ein auf ein Entgelt gerichtetes Rechtsgeschäft[11] gekennzeichnet ist, umfasst Abgeben iS des § 29a Abs. 1 Nr. 1 **jede Übertragung der Verfügungsmacht** an BtM durch eine Person über 21 Jahre an eine Person unter 18 Jahren,[12] also auch durch Veräußern und Abgeben.[13] Damit fallen unter den Begriff des Abgebens iS des § 29a Abs. 1 Nr. 1:
– die **Abgabe** iS des § 29 Abs. 1 S. 1 Nr. 1 (unentgeltliche Übertragung der tatsächlichen Verfügungsgewalt),
– das **Veräußern** (entgeltliche, aber nicht eigennützige Übertragung der tatsächlichen Verfügungsgewalt) und
– das **Handeltreiben in den Fällen, in denen es tatsächlich zur Übertragung der Verfügungsgewalt kommt** (entgeltliche, eigennützige Übertragung der tatsächlichen Verfügungsgewalt).

Insoweit wird auf die Darstellung bei den Grundtatbeständen verwiesen, beim Handeltrei- **16** ben allerdings mit der Einschränkung, dass alle anderen Tätigkeiten als die tatsächliche Übergabe des BtM entfallen. Damit ist zugleich gesagt, dass im Übrigen die Einschränkungen gelten, die auch im Rahmen der Auslegung der Abgabe nach § 29 Abs. Nr. 1 Geltung beanspruchen. Da § 29a Abs. 1 Nr. 1 vornehmlich die auf den Konsum durch den Minderjährigen ausgerichtete Besitzübertragung vor Augen hat, gilt auch hier, dass der „Missbrauch" des Jugendlichen als Bote nicht von § 29a Abs. 1 Nr. 1 erfasst ist (aber ein Bestim-

---

[7] Vgl. Kreuzer/*Albrecht* § 10; Kreuzer/*Sagel-Grande* § 23.
[8] Übereinkommen zur Durchführung des Übereinkommens von Schengen vom 14.6.1985 vom 19.6.1990, BGBl. II S. 1010, für Deutschland in Kraft getreten am 1.9.1993 (Bek. v. 20.4.1994, BGBl. II S. 631); abgedruckt bei *Weber* unter B 5.1; Erläuterungen bei *Schomburg/Lagodny/Gleß/Hackner* unter IV.
[9] BGH 8.7.1998 – 3 StR 241/98, NStZ-RR 1998, 347 = StV 1998, 592 Ls.; 24.4.2003 – 3 StR 369/ 01, BeckRS 2003, 04642.
[10] BGH 3.8.1990 – 3 StR 245/90, BGHSt 37, 147 = NStZ 1991, 89 mAnm *Schoreit-Bartner* NStZ 1991, 89.
[11] → § 29 Rn. 866 „Abgeben".
[12] Vgl. BGH 24.11.1998 – 4 StR 557/98, NStZ 1999, 192.
[13] BGH 17.5.1996 – 3 StR 631/95, BGHSt 42, 162 = NJW 1996, 2802 = StV 1996, 668; 12.9.1996 – 4 StR 173/96, NStZ 1997, 89 = StV 1996, 664; 31.1.2007 – 2 StR 605/06, NStZ 2007, 339 = StV 2007, 298; 8.7.1998 – 3 StR 241/98, NStZ-RR 1998, 347 = StV 1998, 592 Ls.; 24.4.2003 – 3 StR 369/01, BeckRS 2003, 04642; 31.1.2007 – 2 StR 605/06, NStZ 2007, 339 = StV 2007, 298; allg. Meinung in der Kommentarliteratur: *Franke/Wienroeder* Rn. 4; *Joachimski/Haumer* Rn. 3; KPV/*Patzak* Rn. 13; *Weber* Rn. 8 und 9; HJLW/*Winkler* Rn. 2.2; aA nur *Malek* Rn. 375: Verstoß gegen das Analogieverbot.

men zur Förderung von BtM-Taten iSd § 30a Abs. 1 Nr. 1 darstellen kann). Die bloß theoretische Möglichkeit, dass der Bote gegen seinen Auftrag handeln könnte, genügt nicht für die Annahme der Erlangung einer tatsächlichen eigenen Verfügungsgewalt durch den Boten.[14]

17   **bb) Begründung für die Ausweitung des Begriffs auf die entgeltliche Gewahr-samsübertragung.** Die besondere Schutzwürdigkeit der Minderjährigen besteht gleichermaßen bei entgeltlicher und unentgeltlicher Abgabe von BtM. Es wäre zudem ein ungereimtes und nicht hinnehmbares Ergebnis, wenn die uneigennützige Abgabe den Verbrechenstatbestand des § 29a erfüllen, die entgeltliche Abgabe aber nur ein Vergehen nach § 29 darstellen würde.[15] Auch wenn die derzeitige Ausgestaltung systematisch missglückt ist und eine Klarstellung zu begrüßen wäre (→ Vor § 29a Rn. 31), wird der mögliche Wortsinn des Gesetzes, der die äußerste Grenze zulässiger richterlicher Interpretation bildet, durch eine derartige Auslegung nicht überschritten;[16] sie ist daher verfassungsrechtlich unbedenklich.

18   **b) Verabreichen.** Verabreichen ist die unmittelbare Anwendung des BtM am Körper des Empfängers ohne dessen aktive Mitwirkung.[17] Die Verabreichung ist keine Abgabe, da der Empfänger keine freie Verfügungsgewalt erhält.[18] Ob die Verabreichung entgeltlich oder unentgeltlich erfolgt, ist ohne Bedeutung. Wie das Abgeben umfasst auch die Verabreichung das Veräußern oder Handeltreiben, wenn dieses mit einer Verabreichung einhergeht. Im Übrigen wird auf die Erläuterungen zum Grundtatbestand[19] verwiesen. Zum Handlungsrahmen des § 13 Abs. 1 wird auf die dortigen Ausführungen[20] Bezug genommen.

19   **c) Überlassen zum unmittelbaren Verbrauch.** Überlassen zum unmittelbaren Verbrauch ist die Aushändigung des BtM an einen anderen (hier an einen Minderjährigen) zur sofortigen Verwendung, ohne dass dieser freie Verfügungsgewalt daran erlangt[21] (anderenfalls läge Abgabe vor). Die Tatbestandsvariante der Abgabe an Minderjährige setzt voraus, dass diese über die Betäubungsmittel Verfügungsgewalt erlangen, die beim bloßen Überlassen zum unmittelbaren Verbrauch aber gerade nicht vorliegt,[22] weshalb sich beide Begehungsweisen hinsichtlich der gleichen Drogen grundsätzlich gegenseitig ausschließen.[23] Auch hier ist ohne Belang, ob die Verbrauchsüberlassung entgeltlich oder unentgeltlich erfolgt.[24] Wie das Abgeben umfasst auch die Verbrauchsüberlassung das Veräußern oder Handeltreiben, wenn dieses mit einem Überlassen zum unmittelbaren Verbrauch einhergeht. Zum Handlungsrahmen des § 13 Abs. 1 wird auf die dortigen Ausführungen[25] Bezug genommen. Strafbar machen kann sich auch der Arzt.[26]

20   **d) Alter der Tatbeteiligten.** Der **Täter** muss zum Zeitpunkt der Übertragung der Verfügungsgewalt **über 21 Jahre** alt sein. Bei der Minderjährigkeit des Adressaten handelt es sich um ein Tatbestandsmerkmal, dessen Kenntnis nach § 16 Abs. 1 StGB Voraussetzung für die Annahme vorsätzlichen Handelns und damit nach § 15 StGB für die Strafbarkeit der

---

[14] OLG München 8.10.2014 – 4 OLG 13 Ss 452/14, BeckRS 2015, 15173.
[15] BGH 12.9.1996 – 4 StR 173/96, NStZ 1997, 89 (90); 31.1.2007 – 2 StR 605/06, NStZ 2007, 339.
[16] BVerfG 14.3.1991 – 2 BvR 337/91, NJW 1991, 2823.
[17] HJLW/*Winkler* § 13 Rn. 4.
[18] BGH 5.4.1951 – 4 StR 70/50, BGHSt 1, 130.
[19] → § 29 Rn. 1270 ff. („Verabreichen").
[20] → § 29 Rn. 1275 ff. („Verabreichen").
[21] BGH 14.4.2015 – 5 StR 109/15, NStZ-RR 2015, 218; BGH 16.9.1998 – 1 StR 482/98, BeckRS 1998 30024128.
[22] BGH 8.7.1998 – 3 StR 241/98, NStZ-RR 1998, 347 = StV 1998, 592 Ls.; OLG Zweibrücken 11.2.2016 – 1 OLG 1 Ss 2/16.
[23] BGH 24.4.2003 – 3 StR 369/01, BeckRS 2003, 04642.
[24] BGH 12.9.1996 – 4 StR 173/96, NStZ 1997, 89.
[25] → § 13 Rn. 12 ff.
[26] HJLW/*Winkler* Rn. 2.2; vgl. LG Hechingen 11.3.2004 – 1 KLs 11 Js 7658/02 – AK 20/03, NStZ-RR 2005, 195 (*Kotz/Rahlf*).

Tat ist. Der Täter des § 29 Abs. 1 Nr. 1a muss daher bei der (versuchten) Abgabe von BtM aktuell zumindest mit der Möglichkeit rechnen, dass es sich bei dem Adressaten der Handlung um einen Minderjährigen handelt.[27] Das Alter des Täters ist ein besonderes persönliches Merkmal iS des § 28 StGB,[28] das die Grundtatbestände des Abgebens, Verabreichens und Überlassens zu Verbrechen heraufstuft, also nicht strafbegründend ist, sondern Qualifikationsmerkmal.[29] Beteiligte, die noch nicht 21 Jahre alt sind, werden daher nicht nach § 28 Abs. 1 StGB behandelt, sondern nach § 28 Abs. 2 StGB. Der **Empfänger** des BtM darf zum Zeitpunkt der Übertragung der Verfügungsgewalt noch nicht 18 Jahre alt sein. Durch die Altersangaben: Person über 21 Jahre/Person unter 18 Jahren soll eine ausreichende altersmäßige Distanz zwischen Abgebendem und Empfänger gegeben sein, die verhindert, dass die Qualifikation bei Freundschaftsverhältnissen im Umkreis der Altersgrenzen zu unangemessenen Härten führt.

e) BtM als Tatobjekte. Die Tathandlungen des Abgebens, Verabreichens und Überlassens müssen sich auf **BtM** beziehen. BtM sind die in der Positivliste der Anlagen I bis III zum BtMG aufgeführten Stoffe und Zubereitungen. Die Besonderheit bei der Tatbestandsvariante des Handeltreibens iS des § 29 Abs. 1 S. 1 Nr. 1, wonach sich die zum Handeltreiben entwickelte Tätigkeit nicht notwendig unmittelbar auf ein BtM beziehen muss,[30] kommt bei dem mit einer tatsächlichen Übergabe verbundenen Handeltreiben, das sich als Abgeben, Verabreichen und Überlassen iS des Abs. 1 Nr. 1 darstellt, nicht in Betracht. Das Abgeben, Verabreichen und Überlassen von **Designerdrogen** an Minderjährige ist nicht nach dem BtMG strafbar.   **21**

f) Erlaubnis. Zur Erlaubnis als Merkmal des objektiven Tatbestands, zum uneinheitlichen Gesetzeswortlaut im Zusammenhang mit der Erlaubnis, zur strafgerichtlichen Wirksamkeitsprüfung einer Erlaubnis sowie zum Nachweis des Fehlens einer Erlaubnis wird auf die Erläuterungen zu § 3 verwiesen.   **22**

3. Subjektiver Tatbestand. Das Abgeben, Verabreichen und Überlassen zum unmittelbaren Verbrauch ist je nur in **vorsätzlicher** Begehungsweise strafbar; bedingter Vorsatz genügt.   **23**

a) Vorsatz. Zu den einzelnen Elementen des Vorsatzes[31] und zur Abgrenzung von bedingtem Vorsatz und bewusster Fahrlässigkeit[32] wird auf die Erläuterungen Vor § 29 verwiesen. Daneben muss der Täter wissen (für möglich halten), mit seinem Verhalten BtM einer Person unter 18 Jahren zugänglich zu machen. Das **Urteil** muss Feststellungen darüber enthalten, dass der Täter zumindest mit der Möglichkeit rechnete, dass es sich bei dem Adressaten der Handlung um einen Minderjährigen handelte. Solche Feststellungen sind umso eingehender zu treffen, je mehr sich das Alter des Empfängers der 18-Jahre-Grenze nähert. Dabei kann darauf abgestellt werden, ob der Jugendliche zur Tatzeit nach Statur, äußerem Erscheinungsbild und Verhalten für minderjährig zu halten war und ob der Täter entsprechende Wahrnehmungen treffen konnte.[33]   **24**

b) Irrtumskonstellationen. Zu den möglichen Irrtumskonstellationen in Bezug auf **Art und Eigenschaft des BtM** wird auf die Erläuterungen Vor § 29[34] verwiesen. Ein **Tatbestandsirrtum** liegt vor, wenn der Täter den Empfänger (unwiderlegbar) für älter als 18 Jahre hält, weil § 29a fahrlässige Begehungsweise nicht vorsieht, was zur Nichtanwend-   **25**

---

[27] OLG Köln 17.2.1999 – Ss 47/99, NJW 1999, 1492 = StV 1999, 439.
[28] *Fischer* StGB § 28 Rn. 4.
[29] Vgl. *Franke/Wienroeder* Rn. 9.
[30] → § 29 Rn. 338 ff.
[31] → Vor § 29 Rn. 54 ff.
[32] → Vor § 29 Rn. 77 ff.
[33] OLG Köln 17.2.1999 – Ss 47/99 – 22, NJW 1999, 1492 = StV 1999, 439 unter Berufung auf BGH 12.8.1997 – 4 StR 353/97, BeckRS 1997, 31121232.
[34] → Vor § 29 Rn. 78.

barkeit der Qualifikation führt. Hält der Täter den Empfänger irrtümlich für jünger als 18 Jahre, liegt ein **untauglicher Versuch** (§ 23 Abs. 3 StGB) vor. Zu den möglichen Irrtumskonstellationen in Bezug auf die **Erlaubnis** wird auf die Erläuterungen Vor § 29 (→ Vor § 29 Rn. 90) verwiesen.

26   **4. Rechtfertigung, Entschuldigung.** Rechtfertigungs- oder Entschuldigungsvorbringen sind bei dem Tatbestand des Abs. 1 Nr. 1 als Schutzvorschrift zu Gunsten Minderjähriger kaum denkbar, allenfalls bei der Abgabe an einen unheilbar Schwerstkranken. Mit der Einlassung, die Abgabe sei zur Linderung von Entzugserscheinungen erfolgt, wird ein Täter angesichts der überragenden Bedeutung des Jugendschutzes nicht durchdringen.

27   **5. Täterschaft und Teilnahme.** Die Abgrenzung zwischen (Mit-)Täterschaft und Teilnahme erfolgt auch bei Abs. 1 Nr. 1 nach allgemeinen Grundsätzen des Strafrechts. Im Übrigen wird auf die Erläuterungen zu Täterschaft und Teilnahme bei den Grunddelikten verwiesen, die auch hier gelten, mit der Einschränkung, dass die Ausführungen zum Handeltreiben nur insoweit übertragbar sind, als sie sich auf Handeltreibenstätigkeiten beziehen, in denen es zur Übertragung der tatsächlichen Verfügungsgewalt kommt.

28   **a) Eigene Verfügungsgewalt bei den Absatzdelikten.** Bei den Absatzdelikten Abgabe, Veräußerung und Handeltreiben (mit tatsächlich erfolgter Übergabe) kann (Mit-)Täter nur sein, wer eigene tatsächliche Verfügungsgewalt an dem zu übergebenden Betäubungsmittel hat. Fehlt es dem auf Abgeberseite Beteiligten hieran (zB dem Vermittler oder dem Depothalter ohne Herrschaftswillen), so ist er nur wegen Teilnahme an dem Verbrechen der Abgabe an Minderjährige strafbar. Diese Teilnahme geht allerdings wegen ihres besonderen Unrechtsgehalts[35] nicht im Tatbestand des Handeltreibens nach § 29 Abs. 1 S. 1 Nr. 1 auf, sondern steht dazu in Tateinheit. Ist der **Mittäter noch nicht 21 Jahre alt**, finden auf ihn nicht § 28 Abs. 1 StGB, sondern § 28 Abs. 2 StGB Anwendung, da das Alter des Täters als besonderes persönliches Merkmal iS des § 28 StGB,[36] das die Grundtatbestände Abgeben, Verabreichen und Überlassen zu Verbrechen werden lässt, nicht Strafbegründungs-, sondern Qualifikationsmerkmal ist.[37]

29   **b) Notwendige Teilnahme des Empfängers.** Der Minderjährige, der das BtM abnimmt, ist notwendiger Teilnehmer; er kann sich nicht wegen Anstiftung oder Beihilfe zu einem Verbrechen nach Abs. 1 Nr. 1 strafbar machen (vgl. bereits → Vor § 29 Rn. 113). Im Falle des Abgebens ist er nur wegen Erwerbs zu bestrafen.

30   **6. Versuch und Rücktritt, Vollendung und Beendigung.** Die Versuchsstrafbarkeit für das Abgeben, Verabreichen und Überlassen ergibt sich aus § 23 Abs. 1 StGB. Die Abgrenzung zwischen Vorbereitungs- und Versuchshandlungen folgt allgemeinen Grundsätzen des Strafrechts. Auf die Ausführungen zu Vorbereitungs- und Versuchshandlungen, Vollendung und Beendigung sowie Rücktritt bei der Darstellung der Grunddelikte wird verwiesen.

31   In dem bloßen **Aufbewahren von Betäubungsmitteln** kann, auch wenn es dem gewinnbringenden Weiterverkauf dient, kein unmittelbares Ansetzen zum Tatbestand der unerlaubten Abgabe gesehen werden (was v.a. von Relevanz ist, wenn lediglich mit Normalmengen Handel getrieben wird, mithin das Handeltreiben im Grundtatbestand vollendet ist, und die Frage im Raum steht, ob zumindest eine Abgabe nach Abs. 1 Nr. 1 im Raum steht).[38]

32   **7. Qualifikationen.** Abs. 1 Nr. 1 ist ein Qualifikationstatbestand gegenüber den Grunddelikten des Abgebens, Verabreichens und Überlassens zum unmittelbaren Verbrauch. Eine Qualifikation gegenüber Abs. 1 Nr. 1 enthält § 30 Abs. 1 Nr. 2 für das **gewerbsmäßige**

---

[35] Vgl. BGH 6.10.1995 – 3 StR 346/95, NJW 1996, 469 = StV 1996, 95.
[36] *Fischer* § 28 Rn. 4.
[37] Vgl. *Franke/Wienroeder* Rn. 9.
[38] BGH 5.2.2014 – 1 StR 693/13, NStZ 2014, 717; vgl. auch *Schmidt* NJW 2014, 2995 (2997).

Abgeben, Verabreichen und Überlassen von BtM an Minderjährige. § 29a tritt insoweit hinter § 30 Abs. 1 Nr. 2 zurück.

8. Konkurrenzen. a) BtM-Straftaten. Abgeben, Verabreichen, Überlassen zum 33 **unmittelbaren Verbrauch.** Abs. 1 Nr. 1 verdrängt als Qualifikation seine **Grundtatbestände.** Dies gilt auch, wenn durch die Tat nach Abs. 1 Nr. 1 zugleich ein **Regelbeispiel** nach § 29 Abs. 3 S. 2 verwirklicht ist.[39] Zur Begründung ist darauf zu verweisen, dass § 29 Abs. 3 nur – durch Tathandlungen nicht „verletzbare" – Strafzumessungsregeln für den Grundtatbestand des § 29 enthält, der seinerseits hinter dem Verbrechenstatbestand des § 29a Abs. 1 Nr. 2 zurücktritt.[40] Die Tatsache, dass der Täter das Regelbeispiel eines besonders schweren Falles verwirklicht hat, behält jedoch für die Bemessung der Strafe innerhalb des in dem Qualifikationstatbestand vorgesehenen Strafrahmens Bedeutung.[41] **Besitz:** Abs. 1 Nr. 1 verdrängt den Besitz,[42] weil dieser als Auffangtatbestand grundsätzlich bereits gegenüber den Grundtatbeständen der Absatzdelikte keinen eigenen Unrechtsgehalt hat.[43] Geht der Besitz jedoch nicht vollständig in der anderen Begehungsform auf, weil nur ein Teil der Gesamtmenge an einen Minderjährigen verabreicht (abgegeben, veräußert) wurde, so besteht zwischen der Verabreichung von BtM an Minderjährige und dem gleichzeitigen Besitz der davon nicht betroffenen Menge Tateinheit.[44]

Bewertungseinheit: Nach der Rechtsprechung des BGH gelten die Grundsätze der 34 Bewertungseinheit nicht nur beim Handeltreiben mit Betäubungsmitteln, sondern auch bei allen Abgabedelikten, selbst wenn die Abgabe an Minderjährige erfolgt.[45] Mehrere an sich selbständige Tatbestandsverwirklichungen erweisen sich als eine einzige Tat iS einer Bewertungseinheit,[46] wenn sie sich auf die Weitergabe derselben, in einem einzigen Akt in Besitz genommenen BtM-Menge beziehen. Eine Bewertungseinheit ist bei allen Absatzdelikten möglich, nicht nur beim Handeltreiben, sondern auch beim Veräußern und beim Abgeben von BtM.[47] Eine Bewertungseinheit kommt daher auch bei einer Mehrzahl von Absatzhandlungen iS des Abs. 1 Nr. 1 in Betracht,[48] aber auch beim Zusammentreffen von Absatzhandlungen nach dieser Vorschrift und Absatzhandlungen zB nach § 29 (dann aber Tateinheit zwischen beiden Begehungsweisen, um das zusätzliche Unrecht des § 29a Abs. 1 Nr. 1 zum Ausdruck zu bringen). Mehrere Abgaben an einen Minderjährigen aus derselben Vorratsmenge stellen nur eine Abgabe (Bewertungseinheit) dar,[49] und zwar auch dann, wenn an verschiedene Käufer geliefert wird.[50] Wird aus derselben Vorratsmenge teils an Erwachsene verkauft und teils an Minderjährige abgegeben, so führt dies zur Tateinheit zwischen unerlaubtem Handeltreiben und Abgabe an Minderjährige.[51] Wird ein Betäubungsmittel in einer

---

[39] → Rn. 1656.
[40] Vgl. für das Handeltreiben: BGH 17.9.1993 – 4 StR 509/93, NStZ 1994, 39; 31.5.1995 – 3 StR 186/95, *Zschockelt* NStZ 1996, 225 Fn. 34; 27.9.1995 – 2 StR 434/95, NStZ-RR 1996, 47 = StV 1996, 94; 14.12.1995 – 1 StR 613/95, zitiert bei *Zschockelt* NStZ 1996, 225 Fn. 34; 21.12.1995 – 1 StR 697/95, StV 1996, 267; 25.3.1997 – 1 StR 5/97, zitiert bei *Zschockelt* NStZ 1998, 240 Fn. 51; 3.9.1997 – 2 StR 431/97, NStZ-RR 1998, 373; 22.4.1998 – 3 StR 110/98, zitiert bei *Winkler* NStZ 1999, 234 Fn. 32; 14.1.2000 – 3 StR 553/99, BeckRS 2000, 30090593.
[41] BGH 14.12.1995 – 1 StR 613/95, zitiert bei *Zschockelt* NStZ 1996, 225 Fn. 34; 21.12.1995 – 1 StR 697/95, StV 1996, 267.
[42] Vgl. BGH 12.9.1996 – 4 StR 173/96, NStZ 1997, 89.
[43] BGH 6.9.1988 – 1 StR 466/88.
[44] BGH 10.5.1995 – 1 StR 204/95, BeckRS 1995, 31097433.
[45] BGH 8.5.2003 – 3 StR 123/03, NStZ 2004, 109.
[46] → § 29 Rn. 477 ff.
[47] BGH 6.10.1995 – 3 StR 346/95, NJW 1996, 469; 22.1.1997 – 3 StR 608/96, NStZ 1997, 243; 24.7.1997 – 4 StR 222/97, NStZ 1998, 89; 28.7.1998 – 4 StR 341/98, BeckRS 1998, 30020467; 27.4.1999 – 4 StR 136/99, BeckRS 1999, 30056777 = StV 1999, 431.
[48] BGH 24.7.1997 – 4 StR 222/97, NStZ 1998, 89; BayObLG 18.6.1998 – 4 St RR 55/98, BayObLGSt 1998, 95.
[49] BGH 14.2.2007 – 3 StR 459/06, BeckRS 2007, 05875 = StV 2007, 562 (insbes. nicht abgedruckt).
[50] BGH 17.6.2003 – 2 StR 94/03, NStZ 2004, 15.
[51] Vgl. BGH 24.7.1997 – 4 StR 222/97, NStZ 1998, 89 = StV 1997, 636; 24.11.1998 – 4 StR 557/98, NStZ 1999, 192; 8.5.2003 – 3 StR 123/03, NStZ 2004, 109 = StV 2003, 619.

„**Konsumrunde**" mehreren minderjährigen Abnehmern überlassen, ist von mehreren Fällen des § 29 a I Nr. 1 BtMG auszugehen, die zueinander im Verhältnis der Tateinheit stehen.[52] Bei der Strafzumessung ist im Wege der Gesamttatbewertung zu berücksichtigen, welcher Teil hiervon insgesamt an Minderjährige und welcher an Erwachsene verkauft worden ist.[53] **Handeltreiben:** Die Absatzhandlungen des Abs. 1 Nr. 1 stehen im Falle der Entgeltlichkeit in Tateinheit mit dem Grunddelikt des unerlaubtem Handeltreibens mit BtM gem. § 29 Abs. 1 S. 1 Nr. 1.[54] Gleiches gilt für das Verhältnis zu den **Qualifikationen des Handeltreibens** (Handeltreiben mit BtM in nicht geringer Menge gem. § 29a Abs. 1 Nr. 2, Bandenhandel gem. § 30 Abs. 1 Nr. 1, gewerbsmäßige Abgabe, Verabreichung und Überlassung von BtM an Minderjährige, Bandenhandel mit BtM in nicht geringer Menge gem. § 30a Abs. 1, Handeltreiben mit BtM in nicht geringer Menge unter Mitführen einer Schusswaffe gem. § 30a Abs. 1 Nr. 2).[55] Das unerlaubte Abgeben (resp. Verabreichen und Überlassen zum Verbrauch) von BtM an Minderjährige beinhaltet ein besonderes Unrecht, das über das unerlaubte Handeltreiben mit BtM hinausgeht und das wegen des zusätzlichen Gewichts der Gefährdung der Volksgesundheit und der leichten Verführbarkeit Minderjähriger gesondert unter Strafe gestellt ist. Dieses besondere Unrecht geht nicht im Tatbestand des Handeltreibens auf; vielmehr werden durch dieselbe Handlung mehrere Strafgesetze verletzt (§ 52 StGB).[56]

35   **b) Straftatbestände anderer Rechtsgebiete.** Für das Zusammentreffen mit Straftaten aus anderen Rechtsgebieten gelten die allgemeinen Konkurrenzregeln: Fällt eine Handlung, die sich als Abgeben, Verabreichen und Überlassen darstellt, mit der Ausführungshandlung eines anderen Tatbestands zusammen, so liegt Tateinheit vor. Entscheidend kommt es dabei darauf an, dass die mehrere Strafgesetze verletzenden tatbestandsmäßigen Ausführungshandlungen in einem für sämtliche Tatbestandsverwirklichungen **notwendigen Teil zumindest teilweise identisch** sind.[57] Die Gleichzeitigkeit von Geschehensabläufen, die Verfolgung eines Endzwecks oder eine Mittel-Zweck-Verknüpfung führen allein nicht zur Tateinheit.[58] Tateinheit kann mit **fahrlässiger Tötung** (§ 222 StGB) oder **fahrlässiger Körperverletzung** (§ 230 StGB) in Betracht kommen. **§ 180a StGB:** Wird Kokain als Entgelt für die Ausübung des Geschlechtsverkehrs an Minderjährige übergeben, so erfüllt das Verhalten des Täters tateinheitlich den Tatbestand der Förderung sexueller Handlungen einer Minderjährigen nach § 180 Abs. 2 StGB und des unerlaubten Überlassens von BtM zum unmittelbaren Verbrauch an eine Minderjährige gem. § 29a Abs. 1 Nr. 1 (und evtl. auch des Handeltreibens nach § 29 Abs. 1 S. 1 Nr. 1).[59] **Geldwäsche:** Als Verbrechen (§ 261 Abs. 1 Nr. 1 StGB) sind die Tathandlungen des § 29a Abs. 1 Nr. 1 sämtlich taugliche Vortaten, an welche die Tathandlung des § 261 StGB anknüpft. Zum Verhältnis der Vortat des Abgebens usw zur „Nachtat" der Geldwäsche gelten die Ausführungen zu den Konkurrenzen beim Anbau entsprechend.[60]

36   **9. Strafklageverbrauch.** Eine zeitnahe Verurteilung wegen des Anbaus oder des Besitzes einer Menge von BtM, aus der an den Minderjährigen abgegeben usw wurde, könnte zu einem Verfahrenshindernis für eine Anklage wegen des Delikts des Abs. 1 Nr. 1 führen. Umgekehrt hinderte eine Verurteilung wegen des Delikts des Abs. 1 Nr. 1 eine Anklageerhebung oder eine erneute Verurteilung zB wegen Handeltreibens mit BtM in nicht geringer Menge, wenn die Abgabe usw an den Minderjährigen aus der größeren Handelsmenge erfolgt ist.

---

[52] BGH 5.2.2014 – 1 StR 693/13, NStZ 2014, 717.
[53] BGH 8.5.2003 – 3 StR 123/03, NStZ 2004, 109 = StV 2003, 619.
[54] BGH 12.9.1996 – 4 StR 173/96, NStZ 1997, 89; 24.7.1997 – 4 StR 222/97, NStZ 1998, 89.
[55] Vgl. BGH 13.7.1994 – 3 StR 138/94, NJW 1994, 3020.
[56] BGH 13.7.1994 – 3 StR 138/94, NJW 1994, 3020 = StV 1994, 659; 6.10.1995 – 3 StR 346/95, NJW 1996, 469 = StV 1996, 95.
[57] Vgl. BGH 21.3.1985 – 1 StR 583/84, BGHSt 33, 163 = NJW 1985, 1967.
[58] Vgl. BGH 22.10.1991 – 5 StR 478/91 für einen Fall des Erwerbs.
[59] BGH 12.9.1996 – 4 StR 173/96, NStZ 1997, 89.
[60] → § 29 Rn. 101 ff.

Eine Verurteilung wegen eines Delikts nach dem StGB hindert bei Tatidentität eine 37
Anklageerhebung oder eine Verurteilung wegen des Delikts des Abs. 1 Nr. 1.

10. Rechtsfolgen. a) Strafzumessung. aa) Strafrahmenwahl. Der (Normal-) Straf- 38
rahmen reicht von einem Jahr Mindeststrafe bis zu 15 Jahren Freiheitsstrafe (§ 38 Abs. 2
StGB), für minder schwere Fälle (Abs. 2) von drei Monaten bis zu fünf Jahren. Zu den
Voraussetzungen für die Annahme eines minder schweren Falles wird auf die Ausführungen
zu Abs. 2 verwiesen.

bb) Strafzumessung im engeren Sinne. Innerhalb des nach den vorstehenden 39
Grundsätzen gewählten Strafrahmens können die bei der Strafrahmenwahl verwerteten
Gesichtspunkte grundsätzlich auch bei der Strafzumessung im engeren Sinn wegen der
erforderlichen Ganzheitsbetrachtung von Tat und Täterpersönlichkeit berücksichtigt werden.[61] Zwar kommt einem Strafmilderungsgrund, der bereits zur Begründung für die
Annahme eines minder schweren Falles gedient hat, im Rahmen der konkreten Strafzumessung nur noch ein geringeres Gewicht zu; indessen ist er mit diesem Gewicht zu berücksichtigen und darf nicht etwa außer Betracht bleiben.[62] § 50 StGB steht dem nicht entgegen;
diese Vorschrift betrifft nur die gesetzlich vertypten Milderungsgründe bei der Wahl des
Strafrahmens, nicht aber sonstige Umstände, die für die Zumessung der Strafe von Bedeutung sind. Der Anwendungsbereich des § 50 StGB ist auf die dort ausdrücklich geregelten
Fälle der Doppelverwertung eines gesetzlichen Milderungsgrundes nach § 49 StGB
beschränkt. Der Tatrichter muss nach der Bestimmung des Strafrahmens erneut eine
Gesamtwürdigung der für und gegen den Angeklagten sprechenden Umstände vornehmen,
um die schuldangemessene Strafe zu finden. Die für die Strafzumessung im engeren Sinne
maßgebenden Gesichtspunkte sind um so eingehender darzulegen, je mehr die Strafe dem
unteren oder oberen Bereich des Strafrahmens angenähert ist.[63]

cc) Unzulässige Strafschärfung. Es verstößt gegen § 46 Abs. 3 StGB, bei einer Verur- 40
teilung wegen Abgabe von BtM an Minderjährige strafschärfend zu berücksichtigen, dass
Haschisch „Einstiegsdroge ist und Jugendliche oftmals härteren Drogen zuführt".[64] Sogar der
Umstand, dass ein jugendlicher Käufer heroinabhängig geworden ist, soll nicht strafschärfend
verwertet werden dürfen, weil die besondere Schutzbedürftigkeit von Jugendlichen der
Grund für die erhöhte Strafbarkeit der Abgabe von BtM an Minderjährige ist.[65] Ebenso
stellt es einen Verstoß gegen § 46 Abs. 3 StGB dar, wenn das Gericht straferschwerend
wertet, dass es sich bei den vom Angeklagten überlassenen 6,6 g Marihuana nicht mehr nur
um eine geringe, sondern um eine „normale" Menge gehandelt habe.[66]

dd) Strafmaßbeispiele. Das LG Augsburg[67] hat gegen einen Zuhälter, der einer kurz 41
vor Vollendung des 18 Lebensjahrs stehenden, bereits heroinabhängigen Prostituierten,
obwohl sie an ihn herangetreten war, wegen 20 Fällen der gewerbsmäßigen Abgabe an
Minderjährige jeweils Einzelstrafen von zwei Jahren verhängt. Das LG Bautzen[68] hat einen
Angekl. wegen Überlassung von jeweils 0,5 Gramm Cannabis-Harz beziehungsweise Crystal
in 120 Fällen an eine Mj., zu der ein sexuelles Verhältnis bestand und die ihrerseits seit Jahren
über Drogenerfahrungen verfügte zu Einzelstrafen je 10 Monaten und zur Gesamtstrafe von
5 Jahren verurteilt.

---

[61] BGH 23.9.1987 – 2 StR 453/87, BeckRS 1987, 31094867 = StV 1985, 54.
[62] BGH 30.1.1987 – 2 StR 692/86, BeckRS 1987, 31103991.
[63] BGH 14.9.1990 – 4 StR 398/90, BeckRS 1990, 31081636 = StV 1991, 396.
[64] BGH 14.11.2001 – 3 StR 352/01, BeckRS 2001, 30219286.
[65] BGH 9.1.2003 – 4 StR 467/02, BeckRS 2003, 02383 = StV 2003, 542.
[66] BGH 14.4.2015 – 5 StR 109/15, NStZ-RR 2015, 218.
[67] LG Augsburg 25.7.2001 – 3 KLs 103 Js 124 858/99; unbeanstandet durch BGH 2.12.2003 – 1 StR 102/03.
[68] BGH 5.8.2009 – 5 StR 294/09, NStZ-RR 2009, 336 (BGH: Gesamtstrafenbildung nicht nachvollzieh-bar).

42 **b) Absehen von Strafe bzw. von Strafverfolgung.** Absehen von der Strafverfolgung durch die Staatsanwaltschaft gemäß § 31a Abs. 1 S. 1 bzw. Absehen von einer Bestrafung durch das Gericht gem. § 29 Abs. 5 ist bei Entäußerungsdelikten, also auch bei Abgeben, Verabreichen und Überlassen, wegen ihrer Fremdgefährdung nicht möglich. Eine Einstellung nach §§ 153, 153a StPO ist beim Verbrechenstatbestand des § 29a Abs. 1 Nr. 1 ausgeschlossen.

43 **c) Einziehung und Verfall; Entziehung der Fahrerlaubnis.** Zur Einziehung und Verfall siehe unten die Erläuterungen zu § 33, insb. → § 33 Rn. 6–7. Die Anordnung des erweiterten Verfalls (§§ 33 Abs. 1 Nr. 2 BtMG aF; 73d StGB aF) war möglich. Zur Entziehung der Fahrerlaubnis → § 29 Rn. 122.

44 **d) Sicherungsverwahrung.** Das Delikt ist Anlasstat für die Anordnung von Sicherungsverwahrung.[69]

B. Handeltreiben mit und Herstellen, Abgeben oder Besitzen von Betäubungsmitteln in nicht geringer Menge (Abs. 1 S. 1 Nr. 2)

I. Überblick

45 **1. Rechtliche Einordnung.** Bei Abs. 1 Nr. 2 handelt sich um einen der zentralen Qualifikationstatbestände des Betäubungsmittelstrafrechts. Sie soll auch durch die Heraufstufung des zuvor als Regelbeispiel ausgestalteten besonders schweren Falles eines Vergehens zu einem Verbrechenstatbestand deutlich machen, dass „**BtM-Kriminalität mit nicht geringen Mengen** stets und nicht erst nach einer Gesamtabwägung von Tat und Täter **außerordentlich verwerflich** ist".[70] Die Heraufstufung soll auch die Möglichkeit der Abschiebung im Rahmen des § 14 Abs. 1 S. 2 Ausländergesetz erleichtern.[71] Ihr erklärtes Ziel, „durch schärfere Strafen die Abschreckungswirkung zu erhöhen",[72] hat die Vorschrift sicher nicht erreicht. Der Beobachtung von *Körner*,[73] dass seit der Erhöhung des Strafrahmens das Strafmaß „in schwerwiegenden RG-Handelsfällen nicht gestiegen, sondern eher gesunken" sei, ist beizupflichten. Der Hauptgrund für diese Entwicklung dürfte darin liegen, dass die Mehrzahl der Täter btm-abhängig ist, ein Umstand, der nach der Begründung des Gesetzentwurfs zur Einführung des § 29a für sich genommen schon die Annahme eines minder schweren Falles rechtfertigen kann. Die Rechtsprechung ist damit ihrer Verpflichtung gefolgt, die schuldangemessene Strafe nach Abwägung aller bedeutsamen Umstände, nicht nur der tatbezogenen (hier: mengenbezogenen), sondern auch der täterbezogenen Gesichtspunkte, zu finden. Es gilt Schuldstrafrecht, **nicht Mengenstrafrecht.** Für die **Einbeziehung des Herstellens,** das im heraufgestuften Regelbeispiel des § 29 Abs. 3 S. 2 Nr. 4 aF nicht enthalten war, sprach nach der Begründung des Gesetzentwurfs zur Einführung des § 29a ebenfalls das Argument der Gefahr für das Rechtsgut: „Das Herstellen von BtM in größerem Umfang enthält ein derartiges Gefährdungspotential, dass die Einbeziehung in den neuen Tatbestand gerechtfertigt ist".[74]

46 **a) Deliktsnatur.** Die Tathandlungen des Handeltreibens (iS dieser Vorschrift in der umfassenden Bedeutung des § 29 Abs. 1 S. 1 Nr. 1) und des Herstellens sind (multiple) Tätigkeitsdelikte, während die Abgabe (iS dieser Vorschrift das Veräußern mitumfassend) Erfolgsdelikt und der Besitz echtes Unterlassungsdelikt sind. Auf die Darstellungen bei den Grunddelikten wird insoweit verwiesen.

---

[69] § 66 Abs. 1 Nr. 1b StGB.
[70] BT-Drs. 12/989, 30.
[71] BT-Drs. 12/989, 30.
[72] BT-Drs. 12/989, 21.
[73] 6. Aufl., Rn. 27.
[74] BT-Drs. 12/989, 30.

b) Verfassungsmäßigkeit. Zur Verfassungsmäßigkeit der Vorschrift wird auf die Aus- 47
führungen zu → § 29 Rn. 223 ff. verwiesen.

2. Kriminalpolitische Bedeutung, PKS. In der Praxis kommt dem Tatbestand des 48
Umgangs mit BtM in nicht geringer Menge eine nicht unerhebliche Bedeutung zu, die
Fallzahlen stagnieren allerdings in den letzten Jahren wie sich aus der Entwicklung der
statistischen Daten ergibt. In der Polizeilichen Kriminalstatistik und in der Strafverfolgungsstatistik wurden die Tatbestandsvarianten des § 29a Abs. 1 Nr. 2 nicht gesondert, sondern
in ihrer Summe erfasst; nunmehr wird auch die Abgabe und der Besitz in nicht geringen
Mengen gesondert dargestellt.

Straftaten(-gruppen)	2008	2009	2010	2011	2013	2014	2015	49
Rauschgiftdelikte BtMG	239.951	194.075	231.007	236.478	253.525	276.734	282.604	
Allgemeine Verstöße nach § 29 BtMG	169.386	143.293	165.880	170.297	189.783	209.514	213.850	
Handel, Herstellung, Abgabe und Besitz in nicht geringer Menge	8.937	10.058	9.936	9.519	9.418	9.754	10.232	
Abgabe und Besitz in nicht gerin-ger Menge					1.998	2.139	2.250	
Unerlaubte Herstellung in nicht geringer Menge					443	573	694	

Statistisches Bundesamt: Strafverfolgungsstatistik Tabelle 3.7 Verurteilte 1982 bis 50
2009 wegen Rauschgiftkriminalität (Auszug)

	2010	2011	2012	2013	2014
Straftaten nach dem BtMG insgesamt	44.919	45.250	43.357	43.567	46.118
Handeltreiben in nicht geringen Mengen (§ 29a Abs. 1 Nr. 2)	6.040	5.720	5.490	5.151	5.434

3. Rechtsentwicklung. Mit der Ausgestaltung als Verbrechenstatbestand wird Art. 36 51
Abs. 1a Übk. 1961 und Art. 22 Abs. 1 Buchst. a Übk. 1971 entsprochen, wonach schwere
Verstöße angemessen zu ahnden sind, „insbesondere mit Gefängnis oder einer sonstigen
Art des Freiheitsentzugs". Ähnlich bestimmt Art. 3 Abs. 4 Buchst. a Übk. 1988, dass die in
dem Abkommen enthaltenen Straftaten „mit Sanktionen, die der Schwere dieser Straftaten
Rechnung tragen, wie etwa Freiheitsstrafe oder andere Formen des Freiheitsentzugs," zu
bedrohen sind.

Zur Entwicklung des innerstaatlichen Rechts wird auf die Ausführungen Vor § 29a ver- 52
wiesen.

II. Erläuterung

1. Geltungsbereich. a) Inlands-/Auslandstaten. Inlandstaten unterliegen dem BtM- 53
Strafrecht unabhängig davon, ob die Tat durch einen Ausländer oder einen Deutschen
begangen wurde.

Handelt es sich um eine Tätigkeit, durch die ein BtM entgeltlich in den Besitz eines 54
anderen gebracht werden soll (dh Handeltreiben oder Veräußerung), so ist dies „Vertrieb"
iS des § 6 Nr. 5 StGB; damit gilt dann das Weltrechtsprinzip[75] mit der Folge, dass auch die
Qualifikation des § 29a Abs. 1 Nr. 2 unabhängig vom Recht des Tatorts zur Anwendung
kommt.

Handelt es sich dagegen um Herstellen, (unentgeltliche) Abgabe oder Besitz zum Eigen- 55
verbrauch,[76] so gilt das Weltrechtsprinzip nicht. Dann kommt es darauf an, ob die Tathand-

---

[75] → Vor § 29 Rn. 122.
[76] Vgl. *Fischer* StGB § 6 Rn. 5; offengelassen für die im Inland geleistete Beihilfe zu der von Ausländern in
den USA betriebenen unerlaubten gewerbsmäßigen Herstellung von BtM, da die Geltung des deutschen
Rechts für die Beihilfe sich jedenfalls aus § 9 Abs. 2 S. 2 StGB ergab, in BGH 18.1.1983 – 3 StR 415/82 (S),
NStZ 1983, 277; vgl. zum bloßen Besitz BGH 23.3.1984 – 2 StR 107/84, StV 1984, 286 und LG Krefeld
7.6.1984 – 21 Ns 27 Ls 2 Js 877/83 Hw, StV 1984, 517.

lung nach dem Recht des Tatorts strafbar ist (§ 7 Abs. 2 StGB). Ist dies der Fall, so genügt zur Anwendbarkeit deutschen Strafrechts, wenn das Grunddelikt (unter irgendeinem rechtlichen Gesichtspunkt) am Tatort strafbar ist. Trifft ein Tatbestand des Tatortrechts auf das Täterverhalten zu, so führt dies zur umfassenden Geltung aller Vorschriften des deutschen Strafrechts und damit auch der Qualifikation. Folglich kommt es nur auf die Strafbarkeit der BtM-Tat am Tatort schlechthin, nicht auf ihre rechtliche Einordnung im Einzelnen an.[77] Erlangt ein Ausländer nach einer Tat, die nicht schon als Vertrieb nach dem Weltrechtsprinzip nach deutschem Recht strafbar ist, die **deutsche Staatsbürgerschaft,** ist er nach § 7 Abs. 2 Nr. 1 Alt. 2 StGB strafbar, wenn die Tat am Tatort mit Strafe bedroht ist oder der Tatort keiner Strafgewalt unterliegt. Auch hier ist ein originärer Strafanspruch entstanden, der mit der freiwilligen nachträglichen Unterwerfung unter deutsches Strafrecht begründet wird.[78] Da alle **europäischen Staaten** den internationalen Übereinkommen beigetreten sind, sind auch dort die Begehungsweisen des Abs. 1 Nr. 2 strafbar.[79]

56 **b) Grenzüberschreitende Mehrfachverfolgung und Art. 54 SDÜ.**[80] Zum Begriff „**dieselbe Tat**" iS von Art. 54 SDÜ und den Auswirkungen, die Verurteilungen oder Aburteilungen in einem Mitgliedstaat des Schengenraums auf Strafverfolgungsmaßnahmen in anderen Mitgliedsstaaten haben, vgl. → Vor § 29 Rn. 174 ff.

57 **2. Objektiver Tatbestand.** Die Vorschrift stellt das Handeltreiben, das Herstellen, das Abgeben und den Besitz mit bzw. von BtM in nicht geringen Mengen unter besondere Strafe. Der Anbau von geringen Mengen wird nicht erfasst, doch kann der Anbau – soweit die Cannabispflanze ein bestimmtes Wachstumsstadium erreicht hat – einen strafbaren Besitz in nicht geringen Mengen darstellen.[81] Wurden die Pflanzen bereits abgeerntet, getrocknet und verbrauchsfähig gemacht, liegt bereits die Modalität des Herstellens vor.[82]

58 **a) Handeltreiben.** Abs. 1 Nr. 2 liegt kein anderer Begriff des Handeltreibens zugrunde als § 29 Abs. 1 S. 1 Nr. 1.[83] Auf die Darstellung bei § 29 Abs. 1 S. 1 Nr. 1 Handeltreiben[84] wird verwiesen.

59 **aa) „Besitzloser" Handel.** „Verbalhandel" fällt damit ebenfalls unter die Vorschrift des Abs. 1 Nr. 2. Sinn und Zweck des Qualifikationstatbestands in Abs. 1 Nr. 2 sollen es „im Interesse einer effektiven, den Erfordernissen der Praxis entsprechenden Bekämpfung des im großen Stil durchgeführten Rauschgifthandels" verlangen, dass die Vereinbarung über den Erwerb von beträchtlichen, zur gewinnbringenden Weiterveräußerung bestimmten Rauschgiftmengen schon vor der Durchführung des Lieferungsgeschäfts mit der Vollendungsstrafe des Abs. 1 Nr. 2 belegt werden kann.[85] **Bestimmung der nicht geringen Menge beim „besitzlosen" Handel:** Damit ergibt sich das Problem, dass zwar die Grenze zur nicht geringen Menge für die einzelnen BtM in der Rechtsprechung des BGH nach tatsächlich vorhandenen Mengen bestimmt worden ist, hier aber tatsächlich vorhandene Mengen (noch) nicht gegeben sind. Dieses Problem lässt sich nach der Rechtsprechung des BGH[86] dadurch lösen, dass die festgelegten Grenzmengen Richtschnur und Maßstab auch

---

[77] BGH 12.9.1996 – 4 StR 173/96, NStZ 1997, 89.
[78] Krit zu Problematik hinsichtlich des Nullum-Crimen-Grundsatzes und des Rückwirkungsverbots → StGB § 7 Rn. 26; SK-StGB/*Hoyer* StGB § 7 Rn. 11.
[79] Vgl. Kreuzer/*Albrecht* § 10; Kreuzer/*Sagel-Grande* § 23.
[80] Übereinkommen zur Durchführung des Übereinkommens von Schengen vom 14.6.1985 vom 19.6.1990, BGBl. II S. 1010, für Deutschland in Kraft getreten am 1.9.1993 (Bek. v. 20.4.1994, BGBl. II S. 631); abgedruckt bei *Weber* unter B 5.1; Erläuterungen bei *Schomburg/Lagodny/Gleß/Hackner* unter IV.
[81] BGH 16.10.2014 – 3 StR 268/14, NStZ-RR 2015, 14.
[82] BGH 16.10.2014 – 3 StR 268/14, NStZ-RR 2015, 14.
[83] BGH 14.4.1999 – 3 StR 22/99, NJW 1999, 2683 = StV 1999, 432.
[84] Rn. 277 ff.
[85] BGH 14.4.1999 – 3 StR 22/99, NJW 1999, 2683 = StV 1999, 432.
[86] BGH 14.4.1999 – 3 StR 22/99, NJW 1999, 2683 = StV 1999, 432; 25.4.1990 – 3 StR 57/90, NStZ 1990, 395; 29.5.1990 – 5 StR 213/90, StV 1991, 19; 8.8.1990 – 3 StR 153/90, BeckRS 1990, 31083206 = StV 1990, 485; 9.10.1991 – 3 StR 287/91.

sein können, wenn daran die Tätervereinbarung über Art, Menge und Güte des zu liefern-
den Stoffes unter Beachtung von Erfahrungssätzen gemessen werden. Die Wirkstoffbestimmung aufgrund der Untersuchung einer BtM-Menge auf ihren Wirkstoffgehalt ist nämlich
auch sonst nicht unerlässliche Voraussetzung für die Annahme einer nicht geringen Menge
(zB wenn die BtM verbraucht sind); der Wirkstoffgehalt kann auch auf andere Weise hinreichend genau ermittelt werden. **Maßgeblich ist** daher (sowohl für die Frage des Vorliegens
einer nicht geringen Menge wie auch für den Schuldumfang) die **Bestellmenge,** nicht die
Liefermenge.[87] Die Absprache, eine konkret bestimmte Gesamtmenge Betäubungsmittel in
bestimmten Teilmengen zu liefern, fasst die Teillieferungen zu einer Tat zusammen,[88] die
vereinbarte Gesamtmenge ist also entscheidend.

bb) Vollendetes Handeltreiben mit BtM in nicht geringer Menge bei Lieferung 60
von BtM-Imitaten. In der Konsequenz dieser Rechtsprechung liegt es, den Qualifikationstatbestand des unerlaubten Handeltreibens mit BtM in nicht geringer Menge in Abs. 1
Nr. 2 für voll – und nicht bloß als untauglicher Versuch – verwirklicht anzusehen, wenn
die geschäftliche Vereinbarung auf eine große Menge BtM bezogen ist, jedoch nur eine für
Rauschgift gehaltene Scheindroge geliefert wird. Die mit der Vereinbarung bereits vollendete Tat kann nämlich nicht dadurch in das Stadium des Versuchs zurückversetzt sein, dass
im Vollzug des „schuldrechtlichen" Geschäfts ein vom Erwerber für echt gehaltenes BtM-
Imitat geliefert wird.[89]

cc) Vollendetes Handeltreiben mit BtM in nicht geringer Menge bei Anbau und 61
Herstellung als Teilakte. Soweit die Tätervorstellung beim ersten Teilakt des Handeltreibens maßgeblich sein soll, war es auch zu erwarten, dass die Rechtsprechung auch bei
einem auf spätere Veräußerung abzielenden Anbau von Cannabispflanzen diejenige Menge
für maßgeblich erachtet, die mit der bereits begonnenen Aufzucht der Pflanzen letztlich
erzielt und gewinnbringend veräußert werden soll (und nicht wird).[90] Diese neuere Rechtsprechung wurde kurze Zeit danach auf das Herstellen in nicht geringer Menge bzw. auf
die Herstellung als Teilakt des Handeltreibens in nicht geringer Menge übertragen.[91] Während also bei der als Handeltreiben zu bewertenden Herstellung von Betäubungsmitteln
zum gewinnbringenden Weiterverkauf die nicht geringe Menge iSv Abs. 1 Nr. 2 sich nach
derjenigen bestimmt, die letztlich erzielt und veräußert werden soll, kommt es beim nicht
auf Gewinnerzielung gerichteten Herstellen auf die tatsächlich erzeugte Betäubungsmittelmenge an.[92] Freilich spielt dieses Unterscheidungskriterium selten eine Rolle, als man bei
Feststellung einer nicht geringen Menge ohnehin dazu geneigt ist, den Umsatzwillen zu
fingieren (Auswirkungen sind allerdings hinsichtlich etwaiger Teilmengen zum Eigenverbrauch denkbar). Beim Anbau hingegen kommt diese Unterscheidung schon deswegen
nicht zum Tragen, weil es bei Abs. 1 Nr. 2 nicht als „Auffangtatbestand" genannt ist (allerdings wird dies meist durch die Annahme des Besitzes in nicht geringen Mengen aufgefangen,[93] wo man unstrittig davon ausgeht, dass der Täter die nicht geringe Menge – aktuell –
besitzen muss; denkbar ein Besitz auch iRe Outdoor-Plantage, soweit die Pflanzen durch
einen Wilddraht sowie durch einen natürlichen Wall gegen Tiere sichert[94]). Zu den Beson-

---

[87] BGH 14.4.1999 – 3 StR 22/99, NJW 1999, 2686 = StV 1999, 432; 9.12.2004 – 4 StR 164/04, BeckRS
2005, 00712; 23.5.2006 – 3 StR 142/06, NStZ 2006, 577.
[88] BGH 13.7.1994 – 5 StR 358/94.
[89] BGH 14.4.1999 – 3 StR 22/99, NJW 1999, 2683 = NStZ 2000, 95 mAnm *Körner* = StV 1999, 432.
[90] BGH 6.11.2013 – 5 StR 302/13, NStZ-RR 2014, 48; vorab bereits BGH 20.12.2012 – 3 StR 407/
12, BGHSt 58, 99 = NJW 2013, 1318, vgl. hierzu *Buchholz* NJ 2013, 392.
[91] BGH 23.9.2014 – 4 StR 375/14, NStZ 2014, 716.
[92] BGH 23.9.2014 – 4 StR 375/14, NStZ 2014, 716.
[93] BGH 16.10.2014 – 3 StR 268/14, NStZ-RR 2015, 14; in diesem Zusammenhang: Ein untergeordneter
Anbauhelfer, dessen Aufgabe sich darauf beschränkt, im Auftrag der Haupttäter eine in Kellerräumen betriebene Cannabis-Plantage zu pflegen, ist nicht zugleich Täter im Hinblick auf den Besitztatbestand in nicht
geringen Mengen, soweit es ihm an einer ungehinderten Einwirkungsmöglichkeit fehlt, vgl. BGH 26.1.2011 –
5 StR 555/10, BeckRS 2011, 04357.
[94] OLG Celle 21.1.2013 – 32 Ss 160/12, NStZ-RR 2013, 181.

derheiten, die bei der Feststellung der nicht geringen Mengen beim Betrieb einer Cannabis-
plantage gelten, vgl. noch → Rn. 70 f.

62   **b) Herstellen.** Im Übrigen stimmt der Begriff des Herstellens iS des Abs. 1 Nr. 2 mit
dem Begriff des Herstellens iS des § 29 Abs. 1 S. 1 Nr. 1 überein. Auf die Darstellung zum
Grundtatbestand wird verwiesen.

63   **c) Abgeben.** Die h.M. definiert das Abgeben iS des Abs. 1 Nr. 2 einerseits **anders** als
das Abgeben in § 29 Abs. 1 S. 1 Nr. 1 und wiederum **anders** als das Abgeben iS des § 29a
Abs. 1 Nr. 1 (insofern, als dort das Handeltreiben mitumfasst ist). Der Gesetzgeber sei bei
der Fassung des § 29 ausdrücklich davon ausgegangen, dass der Begriff der Abgabe auch die
Veräußerung umfasst,[95] und hat daher entsprechend der Systematik der Neufassung in § 29
Abs. 1 Nr. 1 das Tatbestandsmerkmal der Veräußerung dem Tatbestandsmerkmal der Abgabe
vorangestellt. In Übereinstimmung mit dieser gesetzgeberischen Konzeption hat der BGH[96]
unter „Abgabe" iS jener Vorschrift jede Gewahrsamsüberlassung an einen anderen zu dessen
freier Verfügungsgewalt verstanden, sofern die Gewahrsamsübertragung nicht als Veräußerung aufzufassen ist. Veräußerung ist demnach die durch ein entgeltliches Rechtsgeschäft
qualifizierte Form der Abgabe. Die in Abs. 1 Nr. 2 genannte Abgabe in nicht geringer
Menge sei daher auch dann erfüllt, wenn der Täter wegen der – in dieser Vorschrift nicht
ausdrücklich genannten – Veräußerung einer nicht geringen Menge von BtM verurteilt
wird.[97] Bei solch einer „Flexibilität" der Abgabedefinition macht allerdings die Gegenüberstellung zum Veräußern keinen Sinn. So ist zumindest der Gesetzgeber aufgerufen,
bestimmte Tathandlungen zu streichen, wenn ein extensives Verständnis sonstiger Tathandlungen die spezielleren Modalitäten überflüssig macht. Es ist zuzugeben, dass es ein ungereimtes Ergebnis wäre, wenn die uneigennützige Abgabe den Verbrechenstatbestand erfüllen, die entgeltliche Abgabe aber nur ein Vergehen nach § 29 darstellen würde.[98] Doch sind
derartige Lücken hinzunehmen, wenn der Gesetzgeber durch eine kasuistische Ausgestaltung ein enges Begriffsverständnis voraussetzt. In der Praxis spielen derartige Detailfragen
(also die Einbeziehung des entgeltlichen, aber uneigennützigen Verfügungswechsels) kaum
eine Rolle.

64   **„Abgeben"** iS des Abs. 1 Nr. 2 umfasst nach hA also
– **das „Abgeben" iS des Grundtatbestands** des § 29 Abs. 1 S. 1 Nr. 1: Übertragung der
eigenen freien tatsächlichen Verfügungsgewalt über ein BtM auf einen anderen mit der
Wirkung, dass dieser fortan darüber frei verfügen kann, **und auch**
– **das „Veräußern"**[99] **iS des Grundtatbestands** des § 29 Abs. 1 S. 1 Nr. 1, also die
entgeltliche Abgabe (ohne Gewinnerzielung oder eine darauf gerichtete Absicht, sonst
läge „Handeltreiben" iS des § 29a Abs. 1 Nr. 2 vor[100]).

65   **d) Besitzen.** Der Begriff des Besitzes iS des Abs. 1 Nr. 2 stimmt mit dem Begriff des
Grundtatbestands überein.[101] Auf die Darstellung zum Grundtatbestand wird verwiesen.
Dieser Verbrechenstatbestand wurde insbesondere deshalb geschaffen, um der von dem
Besitz einer nicht geringen Menge von Rauschgift ausgehenden abstrakten Gefahr der
Weitergabe an Dritte hinreichend Rechnung zu tragen.[102] Beim Besitz sukzessiv erworbener
Teilmengen muss der Tatrichter prüfen, welche Mengen der Täter **gleichzeitig besessen**

---

[95] Stellungnahme des Bundesrates BT-Drs. 8/3551, 43; Bericht des Ausschusses für Jugend, Familie und
Gesundheit BT-Drs. 9/500 (neu), 2.

[96] BGH 23.11.1998 – 3 StR 503/88, BeckRS 1988, 31105723.

[97] BGH 3.8.1990 – 3 StR 245/90, BGHSt 37, 147 = NStZ 1991, 89 mAnm *Schoreit/Bartner* NStZ 1991,
89; vgl. auch BGH 17.5.1996 – 3 StR 631/95, BGHSt 42, 162 = NJW 1996, 2802 = StV 1996, 668.

[98] Vgl. BGH 12.9.1996 – 4 StR 173/96, NStZ 1997, 89 (90); 31.1.2007 – 2 StR 605/06, NStZ 2007,
339.

[99] *Weber* Rn. 48; BGH 3.8.1990 – 3 StR 245/90, BGHSt 37, 147 = NStZ 1991, 89 mAnm *Schoreit-
Bartner* NStZ 1991, 89; 12.9.1996 – 4 StR 173/96, NStZ 1997, 89 (90); krit. *Malek* Rn. 396.

[100] BGH 9.3.2005 – 4 StR 585/04, BeckRS 2005, 03975.

[101] → § 29 Rn. 1156 ff.

[102] BGH 4.9.1996 – 3 StR 355/96, NStZ-RR 1997, 49.

hat, insbesondere ob Teilmengen zusammengeflossen sind und, falls dies nicht der Fall ist, ob schon Teilmengen für sich die Voraussetzungen der nicht geringen Menge erfüllen.[103]

e) Erlaubnis. Die Tathandlungen des HT, des Herstellens und des Abgebens müssen **66** unerlaubt erfolgen; für den Besitz ist vom Gesetz keine Erlaubnis vorgesehen, die Vorschrift knüpft daher insoweit an die Erlaubnis zum Erwerb an. Zur Erlaubnis als Merkmal des objektiven Tatbestands, zum uneinheitlichen Gesetzeswortlaut im Zusammenhang mit der Erlaubnis, zur strafgerichtlichen Wirksamkeitsprüfung einer Erlaubnis sowie zum Nachweis des Fehlens einer Erlaubnis wird auf die Erläuterungen zu § 3 verwiesen.

f) BtM als Tatobjekte. Die Tathandlungen des Handeltreibens, des Herstellens, des **67** Abgebens und des Besitzes mit bzw. von BtM in nicht geringen Mengen müssen sich auf **BtM** beziehen.[104] BtM sind die in der Positivliste der Anlagen I bis III zum BtMG aufgeführten Stoffe und Zubereitungen.

g) Nicht geringe Menge. Zum Begriff, zur Festlegung der Grenzwerte und zur Fest- **68** stellung der nicht geringen Menge wird auf die Ausführungen Vor § 29 Bezug genommen.[105] Ohne Einfluss auf das Merkmal der nicht geringe Menge ist, ob das Betäubungsmittel tatsächlich zur Verfügung steht oder auch nur vorhanden ist, entscheidend ist, dass (hinreichend konkrete) Einkaufs- oder Verkaufsbemühungen sich auf eine Betäubungsmittelmenge beziehen, die nach den in Rede stehenden Preisen, Gewichtsangaben oder Qualitätsmerkmalen (zB „100 g gute Ware" bei Heroin) zweifelsfrei als nicht geringe Menge zu bewerten ist.

aa) Besonderheiten beim Handeltreiben. Bei der Tatmodalität des Handeltreibens **69** besteht die Besonderheit, dass es nicht ausreicht festzustellen, dass der Täter bei einer der Tathandlungen des Handeltreibens mit einer nicht geringen Menge Umgang hatte, vielmehr muss festgestellt werden, dass die **nicht geringe Menge gerade zum Handeltreiben bestimmt** war. Dies ergibt Probleme in den Fällen, in denen die nicht geringe Menge teils zum Eigenverbrauch und teils zum Handeltreiben bestimmt ist. Hierzu wird auf die Darstellung → Rn. 76 verwiesen.

bb) Besonderheiten bei Cannabisplantagen (Schätzung, Probeentnahmen). **70** Sowohl im Falle der Feststellung des hypothetischen Wirkstoffgehalts als auch bei der Beschlagnahme einer Plantage „in Betrieb", wird man die Wirkstoffgehalte – unabhängig vom Schuldspruch – **hochrechnen** müssen, da bei bereits gezüchteten Pflanzen der festgestellte THC-Gehalt auch für den Schuldumfang bzw. für einen eventuellen Wertersatzverfall maßgeblich ist.[106] Hier hat sich bereits die von den kriminaltechnischen Einrichtungen des Bundes entwickelte Vorgehensweise der **Probeentnahme** etabliert,[107] in der eine „repräsentative" Menge an Pflanzen (in Relation zur Gesamtgröße der Plantage) entnommen wird und in einem Probeentnahmeprotokoll die wesentlichen Fakten rund um die Plantage in einem Protokoll festgehalten werden[108] (u.a. Größe der Plantage in m², Anzahl der Pflanzen bzw. Hochrechnung, Wachstumsstadium, Höhe der Pflanzen, Datum, Raumaufteilung, ggf. sind Fotos und Lagepläne beizufügen).

Bei der konkreten Berechnung ist dann die in der gegenständlichen Zeit **denkbare** **71** **Anzahl an Ernten** zu schätzen und hierbei ein potentieller Simultananbau ebenso zu berücksichtigen wie potentielle Verzögerungen durch technische Probleme, Schädlingsbefall

---

[103] BGH 9.11.1976 – 1 StR 649/76; 22.12.1976 – 2 StR 645/76; 14.11.1978 – 1 StR 592/78; 29.9.1981 – 1 StR 815/80, StV 1982, 23, insoweit in NJW 1982, 532 und NStZ 1981, 487 nicht abgedruckt; 12.1.1982 – 1 StR 700/81, NStZ 1982, 163 = StV 1982, 224.

[104] BGH 4.4.2006 – 3 StR 91/06, NStZ 2007, 102 = StV 2007, 80.

[105] → Vor § 29 Rn. 51 ff.

[106] Zusf. *Patzak/Goldhausen* NStZ 2014, 384.

[107] *Mahler*, Moderne Methoden zur Anzucht von Cannabispflanzen – Berechnungen des Ertrages von Indoor-Plantagen, www.gtfch.org/cms/images/stories/media/tb/tb2007/s451-464.pdf (zuletzt abgerufen 18.4.2017).

[108] Vgl. den Probeentnahmeplan bei www.anwaltInnenBuero.de.

etc.; weitere wichtige Schätzungsparameter sind der **Stromverbrauch,** die **Sorte** und die **Aufzuchtsart.**[109] Bestehen konkrete Schätzungsgrundlagen aufgrund einer bereits **früheren Ernte,** so sind diese heranzuziehen; erst wenn ein „Referenzwert" fehlt, ist wiederum auf die sonstigen festgestellten Indizien zurückzugreifen, wobei noch keine Einigkeit darüber besteht, von wieviel **rauchfähigem Material** pro Pflanze auszugehen ist. Die in den Raum gestellten Beträge schwanken zwischen 10g und 40g pro Pflanze; Während *Patzak/Goldhausen*[110] – naheliegend und unter Vornahme eines „Sicherheitsabschlags" – 20g pro Pflanze veranschlagen wollen, weisen *Anger/Wesemann*[111] darauf hin, dass insb. die Ertragshochrechnung durch das LKA mit 25–40g in Anbetracht des Umstands, dass der erfahrene Konsument lediglich das **reine Blütenmaterial** verwendet (und damit das gesamte Blattmaterial nicht zugrunde gelegt werden darf) zu hoch gegriffen ist. Dem könnte man zwar entgegenhalten, dass dieses Vorgehen zumindest bei der hypothetischen Hochrechnung zulässig bleibt, da es letztlich auf den denkbar möglichen Ertrag ankommt. Umgekehrt sollte man aber im Rahmen der Hypothese vom „typischen Anbauverhalten" ausgehen. Abhängig von der Wachstumshöhe dürfte jedenfalls eine Schätzung zwischen 10–20g pro Pflanze zulässig sein. Zur Schätzung des **Wirkstoffgehalts** wiederum des hochgerechneten Blütenmaterials → Vor § 29 Rn. 240 ff.

72   **3. Subjektiver Tatbestand. a) Vorsatz.** Handeltreiben, Herstellen, Abgeben und Besitzen mit bzw. von BtM in nicht geringen Mengen ist jeweils nur in **vorsätzlicher** Begehungsweise strafbar; bedingter Vorsatz genügt. Das **Urteil** muss Feststellungen darüber enthalten, dass der Täter zumindest mit der Möglichkeit rechnete, dass es sich um eine **nicht geringe Menge** handelte.[112] Solche Feststellungen sind umso eingehender zu treffen, je mehr sich der Wirkstoffgehalt der **Grenzmenge** nähert. Dabei kann darauf abgestellt werden, ob sensorische Prüfungen Hinweise auf die Qualität ergaben, vorhergehende Lieferungen Anhaltspunkte für die Qualität der jetzigen Lieferung ergaben, der Preis für eine bestimmte Qualität sprach,[113] Anpreisungen des Lieferanten Qualitätsmerkmale enthielten, Umstände der Lieferung und Übergabe Schlüsse auf eine bestimmte Qualität zuließen und ob der Täter entsprechende Wahrnehmungen treffen konnte. Hat der Täter BtM in einem Vorgang teils zum Weiterverkauf und teils zum Eigenverbrauch erworben, darf der Tatrichter ähnlich wie bei der Einfuhr von nur teilweise zum Handeltreiben bestimmten BtM wegen der unterschiedlichen Auswirkungen bei der rechtlichen Einordnung (und auch bei der Strafzumessung) nicht offen lassen, **welcher Anteil für den späteren Verkauf** vorgesehen war. Er muss dies feststellen und notfalls unter Beachtung des Zweifelssatzes schätzen.[114]

73   **aa) Vorsatzerstreckung auf die nicht geringe Menge.** Der Vorsatz muss sich neben der Kenntnis und dem Willen zur Verwirklichung der Umstände der Tathandlungen einschließlich des Fehlens einer Erlaubnis und der BtM-Eigenschaft der Substanz insbesondere auch auf das Tatbestandsmerkmal der nicht geringen Menge erstrecken. Auch insoweit genügt bedingter Vorsatz.[115]

74   Die „nicht geringe Menge" ist ein **normatives Tatbestandsmerkmal.**[116] Zwar muss sich der Vorsatz des Täters auf dieses Tatbestandsmerkmal erstrecken; es ist jedoch nicht erforderlich, dass er die genaue rechtliche Bedeutung des Begriffs erkannt hat. Es genügt,

---

[109] *Anger/Wesemann* StV 2013, 179 (183): Bei Aufzucht durch Samen wird in dubio pro reo davon auszugehen sein, dass die Hälfte der Samen männlich und damit unbrauchbar für die Zwecke der THC-Produktion ist.

[110] NStZ 2014, 384 (385).

[111] StV 2013, 179 (181).

[112] BGH 1.6.1983 – 3 StR 163/83, BeckRS 1983, 31110362 = StV 1983, 332.

[113] BGH 27.3.1991 – 3 StR 31/91.

[114] BGH 19.9.2001 – 3 StR 268/01, BeckRS 2001 30206233 = StV 2002, 255; 21.4.2005 – 3 StR 112/05, NStZ 2006, 173; 14.3.2006 – 4 StR 46/06, BeckRS 2006, 0449.

[115] BGH 1.6.1983 – 3 StR 163/83, BeckRS 1983, 31110362 = StV 1983, 332; BayObLG 20.9.1990 – RReg 4 St 113/90, BayObLGSt 1990, 99.

[116] Vgl. *Fischer* StGB § 16 Rn. 4.

wenn sich seine Vorstellung auf die tatsächlichen Voraussetzungen des Begriffs, insbesondere die Menge und die Qualität[117] des BtM sowie in **laienhafter Weise** auf das sich daraus ergebende größere Unrecht erstreckt.[118] Dass zum Tatzeitpunkt die Werte, wann die einzelnen Wirkstoffe die Grenze zur nicht geringen Menge nach § 29a Abs. 1 Nr. 2 BtmG überschreiten, noch nicht gerichtlich festgelegt waren, führt nicht zum Entfallen des Vorsatzes, da es insoweit nur auf die Vorstellung des Angeklagten zu den tatsächlichen Voraussetzungen der nicht geringen Menge ankommt.[119]

Wenn es dem Täter auf Einzelheiten seiner Tat nicht ankommt, weil sie ihm **gleichgültig** 75 sind, und er mithin damit einverstanden ist, BtM in jeder Größenordnung zu befördern, so kann davon ausgegangen werden, dass sein Vorsatz sich auf die tatsächlich tatbefangene Menge bezieht, vorausgesetzt, dass diese nicht völlig außerhalb des nach den Umständen in Betracht kommenden Rahmens liegt.[120] In dieser Weise würdigt die Rechtsprechung seit jeher die subjektive Tatseite im Hinblick auf den Wirkstoffgehalt umgesetzter BtM. Jemand, der Umgang mit Drogen hat, ohne ihren Wirkstoffgehalt zu kennen oder zuverlässige Auskunft darüber erhalten zu haben, ist beim Fehlen sonstiger Anhaltspunkte im allgemeinen mit jedem Reinheitsgrad einverstanden, der nach den Umständen in Betracht kommt.[121] Ein Drogenkurier, der weder auf die Menge der ihm übergebenen BtM Einfluss nehmen noch diese Menge überprüfen kann, muss in der Regel auch damit rechnen, dass ihm mehr BtM zum Transport übergeben wird, als man ihm offenbart. Das gilt jedenfalls dann, wenn zwischen ihm und dem Auftraggeber kein persönliches Vertrauensverhältnis besteht. Lässt er sich auf ein solches Unternehmen ein, dann liegt auf der Hand, dass er auch den Umgang mit einer **Mehrmenge** billigend in Kauf nimmt.[122] Gegen diese Annahme eines bedingten Vorsatzes können im konkreten Einzelfall aber Umstände sprechen, die dem Kurier die Überzeugung zu vermitteln vermögen, sein Auftraggeber habe ihm die Wahrheit gesagt.[123]

bb) Unterschiedliche Verwendungszwecke. Bei der Tatmodalität des Handeltreibens 76 muss der Vorsatz des Täters dahin gehen, mit einer nicht geringen Menge Handel zu treiben. Wenn der Täter eine nicht geringe Menge **teils zum Eigenverbrauch** und teils zum Handeltreiben erwirbt, so muss die vom Vorsatz umfasste Teilmenge, die nach seinen Vorstellungen zum Handeltreiben bestimmt ist, eine nicht geringe Menge sein. Hat der Täter aber BtM ausschließlich zum späteren **gewinnbringenden Weiterverkauf** erworben, so erfüllt dies hinsichtlich der erworbenen Gesamtmenge die Voraussetzungen des unerlaubten Handeltreibens mit dieser selbst dann, wenn er nachträglich einen Teil zum Eigenverbrauch abzweigt.[124]

b) Irrtumskonstellationen. Hinsicht denkbarer Irrtumskonstellationen wird zunächst 77 auf die Darstellung → Vor § 29 Rn. 77 ff. verwiesen. Der **Irrtum über die nicht geringe Menge** ist Tatbestandsirrtum (bei vermeintlich schlechter Qualität), führt zum Vorsatzausschluss (§ 16 Abs. 1 S. 1 StGB) und – weil § 29a fahrlässige Begehungsweise nicht vorsieht – zur Nichtanwendbarkeit der Qualifikation. Wegen der Besonderheiten, die sich aus dem hier umfassend zu verstehenden Begriff des Handeltreibens ergeben, führt der Irrtum über die nicht geringe Menge aber zu unterschiedlichen Ergebnissen bei den Tatbestandsvarianten des Handeltreibens einerseits und der Herstellung, des Abgebens und des Besitzes andererseits.

aa) Handeltreiben. Da beim Handeltreiben Tatvollendung mit dem Beginn von Aktivi- 78 täten eintritt, die auf einen Betäubungsumsatz gerichtet sind, kommt es allein auf die Vorstel-

---

[117] BayObLG 17.1.1996 – 4 St RR 281/95.
[118] Vgl. *Weber* Rn. 144.
[119] OLG Nürnberg 4.4.2016 – 2 OLG 8 Ss 173/15, BeckRS 2016, 09469.
[120] BGH 31.3.1999 – 2 StR 82/99, NStZ 1999, 467; 4.9.1996 – 2 StR 299/96, NStZ-RR 1997, 121.
[121] BGH 26.3.2004 – 1 StR 567/03, NStZ 2004, 494.
[122] BGH 21.4.2004 – 1 StR 522/03, BeckRS 2004, 05412.
[123] BGH 31.3.1999 – 2 StR 82/99, NStZ 1999, 467.
[124] BGH 19.9.2001 – 3 StR 268/01, BeckRS 2001 30206233.

lung des Täters an. Nimmt der Täter irrtümlich an, er **handle mit BtM von hohem Wirkstoffgehalt** (von hochwertiger Qualität, einer großen Menge oÄ, jedenfalls in einer dem § 29a objektiv unterfallenden Menge), so macht er sich eines vollendeten Verbrechens des unerlaubten Handeltreibens mit BtM in nicht geringer Menge gem. Abs. 1 Nr. 2 schuldig.[125] Dies gilt auch, wenn es später (zB infolge schlechter Qualität) nur zur Lieferung einer Normalmenge kommt. Entscheidend für die Beurteilung sind die Qualitäts- und Quantitätseinschätzungen des Täters bei den Verkaufs- oder Einkaufverhandlungen. Der tatsächlich geringere Wirkstoffgehalt kommt ihm bei der Strafzumessung zugute und wird in der Regel zur Annahme eines minder schweren Falles führen.

79   Ergibt sich aber aus den Qualitäts- und Quantitätseinschätzungen des Täters, dass seine Vorstellungen sich nicht auf eine nicht geringe Menge bezogen, so kommt eine Bestrafung nur nach dem Grunddelikt des § 29 Abs. 1 S. 1 Nr. 1 in Betracht. Hinsichtlich des objektiv erfüllten Tatbestandsmerkmals der nicht geringen Menge liegt ein **Tatbestandsirrtum** vor, der mangels Strafbarkeit fahrlässiger Begehungsweise in Bezug auf § 29a zu dessen Nichtanwendung führt. Unter Umständen kann jedoch die vom Vorsatz des Täters **nicht umfasste Mehrmenge als tatschulderhöhend** (§ 46 Abs. 1 S. 1 StGB) gewertet und mithin strafschärfend berücksichtigt werden.[126] Das ist dann der Fall, wenn ihn insoweit der Vorwurf der Fahrlässigkeit trifft (vgl. § 29 Abs. 4), der voraussetzt, dass er bei Aufbringung der objektiv gebotenen und ihm subjektiv zuzumutenden Sorgfalt erkannt hätte, um welche BtM-Menge es sich tatsächlich handelte.

80   (Vollendetes) Handeltreiben mit Betäubungsmitteln in nicht geringer Menge liegt vor,[127] wenn sich die geschäftliche Vereinbarung auf eine große (nicht geringe) Menge Betäubungsmittel bezieht, tatsächlich aber nur eine für ein BtM gehaltene **Scheindroge** geliefert wird. Der für die Strafzumessung wesentliche Schuldumfang wird in solchen Fällen durch die abgeschlossene Liefervereinbarung und die tatsächliche Lieferung des Imitats bestimmt.[128]

81   **bb) Herstellen, Abgeben und Besitzen.** Bei den Tatbestandsalternativen des Herstellens, Abgebens und Besitzens kommen folgende Möglichkeiten in Betracht:

82   Nimmt der Täter irrtümlich an, seine Tat beziehe sich auf BtM von hohem Wirkstoffgehalt (von hochwertiger Qualität, einer großen Menge oÄ, jedenfalls auf eine dem § 29a objektiv unterfallenden Menge), so verwirklicht er den Grundtatbestand des Vergehens nach § 29 Abs. 1 S. 1 Nr. 1 und zugleich (Tateinheit) einen untauglichen Versuch (§ 23 Abs. 3 StGB) eines Verbrechens nach § 29a Abs. 1 Nr. 2. In Bezug auf das Tatbestandsmerkmal der nicht geringen Menge liegt dann ein umgekehrter Tatbestandsirrtum vor, nämlich die irrtümliche Annahme eines objektiv nicht gegebenen Tatbestandsmerkmals, die – falls sie zutreffend wäre – die Tatbestandsverwirklichung begründete.

83   Ergibt sich aber aus den Qualitäts- und Quantitätseinschätzungen des Täters, dass seine Vorstellungen sich nicht auf eine nicht geringe Menge bezogen, so kommt eine Bestrafung nur nach dem Grunddelikt des § 29 Abs. 1 S. 1 Nr. 1 in Betracht. Hinsichtlich des objektiv erfüllten Tatbestandsmerkmals der nicht geringen Menge liegt ein Tatbestandsirrtum vor, der mangels Strafbarkeit fahrlässiger Begehungsweise in Bezug auf § 29a zu dessen Nichtanwendung führt. Unter Umständen kann jedoch die vom Vorsatz des Täters nicht umfasste Mehrmenge als tatschulderhöhend (§ 46 Abs. 1 S. 1 StGB) gewertet und mithin strafschärfend berücksichtigt werden.[129] Das ist dann der Fall, wenn ihn insoweit der Vorwurf der Fahrlässigkeit trifft (vgl. § 29 Abs. 4), der voraussetzt, dass er bei Aufbringung der objektiv gebotenen und ihm subjektiv zuzumutenden Sorgfalt erkannt hätte, um welche BtM-Menge es sich tatsächlich handelte.

---

[125] So auch *Joachimski/Haumer* Rn. 28; KPV/*Patzak* Rn. 111; *Weber* Rn. 149; aA *Malek* Rn. 400.
[126] BGH 6.9.1995 – 2 StR 310/95, NStZ-RR 96, 116; 31.3.1999 – 2 StR 82/99, NStZ 1999, 467.
[127] Vgl. oben § 29 Abs. 1 S. 1 Nr. 1 Rn. 318 f.; *Weber* Rn. 151; BGH 14.4.1999 – 3 StR 22/99, NJW 1999, 2683. Der 3. Strafsenat des BGH hat aber Bedenken geäußert, diese „sehr weitgehende Rechtsprechung" fortzuführen: BGH 4.4.2006 – 3 StR 91/06, NStZ 2007, 102 = StV 2007, 80.
[128] BGH 14.4.1999 – 3 StR 22/99, NJW 1999, 2683 = StV 1999, 432.
[129] BGH 31.3.1999 – 2 StR 82/99, NStZ 1999, 467.

cc) Irrtum über den Grenzwert. Bestehen Fehlvorstellungen des Täters über den 84 konkreten Grenzwert zur nicht geringen Menge, so liegt lediglich ein unbeachtlicher **Subsumtionsirrtum** vor.[130] Der Täter irrt hier weder über Tatumstände noch über das Verbotensein seines Tuns.[131]

4. Täterschaft und Teilnahme. Die Abgrenzung zwischen (Mit-)Täterschaft und Teil- 85 nahme erfolgt auch bei den Tathandlungen des Abs. 1 Nr. 2 nach allgemeinen Grundsätzen des Strafrechts. Im Übrigen wird zunächst auf die Erläuterungen bei den Grunddelikten verwiesen, die auch hier gelten.

a) Eigene Verfügungsgewalt bei den Absatzdelikten. Bei dem Absatzdelikt der 86 Abgabe (darin enthalten: die Veräußerung) kann (Mit-)Täter nur sein, wer eigene tatsächliche Verfügungsgewalt an dem zu übergebenden BtM hat. Fehlt es dem auf Abgeberseite Beteiligten hieran (zB dem Vermittler oder dem Depothalter ohne Herrschaftswillen), so ist er nur wegen Teilnahme an dem Verbrechen der Abgabe von BtM in nicht geringer Menge strafbar.

b) Tatsächliche Einwirkungsmöglichkeit oder faktische Verfügungsmacht beim 87 Besitz. Bei der Tatbestandsvariante des Besitzes ist zu beachten, dass bei der Annahme gemeinschaftlichen Handelns jedem Mittäter nur diejenige Menge zugerechnet werden darf, die seiner Sachherrschaft tatsächlich unterworfen war. Denn die Frage, wer das BtM besessen hat, ist tatsächlicher Natur. Eine rechtliche Erstreckung des Besitztatbestands auf Tatbeteiligte, die selbst keine tatsächliche Einwirkungsmöglichkeit oder faktische Verfügungsmacht über das BtM hatten, kommt nicht in Betracht.[132]

c) Keine Doppelmilderung bei fehlender Täterqualität. Scheidet eine Täterschaft 88 beim Besitz oder den Absatzdelikten der Abgabe oder der Veräußerung wegen des Fehlens der tatsächlichen Verfügungsgewalt aus und liegt **allein deshalb** nur Beihilfe vor, so ist eine Strafmilderung nach § 28 Abs. 1 StGB neben der nach § 27 Abs. 2 StGB nicht geboten.[133] Anders liegt der Fall allerdings, wenn der Tatbeitrag ohnehin nur als Beihilfehandlung zu werten ist; dann ist eine Doppelmilderung vorzunehmen.

d) Mittäterzurechnung beim Besitz. Täter kann nur sein, wer eine tatsächliche Ein- 89 wirkungsmöglichkeit oder faktische Verfügungsmacht über das Betäubungsmittel hat.[134] **Zurechnung bei Einkaufsgemeinschaft:** Anderes soll gelten, wenn mehrere Personen eine größere Menge Betäubungsmittel (zum Eigenverbrauch) erwerben, um so die Transportkosten zu reduzieren und den Einkaufspreis zu minimieren; dann soll aufgrund des arbeitsteiligen Vorgehens gemeinsame Sachherrschaft und gemeinsamer Besitzwille vorliegen mit der Folge, dass den Mittätern die Gesamtmenge zuzurechnen ist.[135] Andernfalls kann dem Mittäter nur die Menge täterschaftlich zugerechnet werden, die seiner Sachherrschaft tatsächlich unterworfen war.[136]

e) Mittäterzurechnung beim Handeltreiben. Beim gemeinschaftlichen Handeltrei- 90 ben mit BtM in nicht geringer Menge müssen sich alle Mittäter die Gesamtmenge zurechnen lassen.[137] Erwerben mehrere Personen eine größere Menge BtM mit dem Ziel, mit dem auf jeden entfallenden Anteil jeweils Handel zu treiben, um so die Transportkosten zu

---

[130] *Malek* Rn. 398; KPV/*Patzak* Rn. 112; *Weber* Rn. 155.
[131] *Endriß* StV 1984, 258 (262).
[132] BGH 31.3.1976 – 2 StR 54/76; 6.11.1979 – 1 StR 358/79; 3.11.1981 – 1 StR 558/81, StV 1982, 116; BGH 12.1.1982 – 1 StR 700/81, NStZ 1982, 163.
[133] BGH 8.1.1975 – 2 StR 567/74, BGHSt 26, 53, 55 = NJW 1975, 837; 27.1.1994 – 1 StR 649/93, StV 1994, 305; 22.4.1988 – 2 StR 111/88, BeckRS 1988, 31095211.
[134] *Weber* Rn. 139.
[135] BGH 9.10.2002 – 1 StR 137/02, NStZ-RR 2003, 57.
[136] BGH 12.1.1982 – 1 StR 700/81, NStZ 1982, 163; BGH 17.4.2012 – 3 StR 131/12, BeckRS 2012, 11531; OLG Stuttgart 8.5.2001 – 3 Ss 13/01, NStZ 2002, 154.
[137] BGH 17.7.1985 – 2 StR 221/85; vgl. auch BGH 4.9.1996 – 2 StR 299/96, NStZ-RR 1997, 121.

minimieren, so soll die gesamte Handelsmenge jedem Mittäter zugerechnet werden. Hieran soll sich ggf. sogar auch dann nichts ändern, wenn bei dem Ankauf und beim Transport nicht sämtliche Beteiligte unmittelbar mitgewirkt haben.[138] Diese Auffassung war schon vor dem Beschluss des Großen Strafsenats des BGH zum Handeltreiben[139] nicht unumstritten,[140] seitdem dürfte sie so nicht mehr aufrechtzuerhalten sein. Entscheidend wird im Einzelfall sein, ob nach den für die Abgrenzung von Täterschaft und Beihilfe geltenden Grundsätzen in Bezug auf die (ungeteilte) Gesamtmenge oder bei Aufteilung in Bezug auf die „anderen" Teilmengen – auch das ist konkret zu klären – Mittäterschaft oder Beihilfe vorliegt.

91   **5. Versuch und Rücktritt, Vollendung und Beendigung.** Die Versuchsstrafbarkeit für die Tathandlungen des Abs. 1 Nr. 2 ergibt sich aus § 23 Abs. 1 StGB. Dies gilt auch für den Besitz, dessen Vergehenstatbestand keine Versuchsstrafbarkeit kennt (§ 29 Abs. 1 S. 1 Nr. 3, Abs. 2). Versuchter Besitz einer nicht geringen Menge kommt etwa in Betracht, wenn der Täter den von ihm besessenen Betäubungsmitteln irrtümlich eine solch hohe Qualität beimisst, dass der Grenzwert überschritten wäre, wenn aber tatsächlich der Besitz sich auf ein Streckmittel bezieht.[141] Die Abgrenzung zwischen Vorbereitungs- und Versuchshandlungen folgt allgemeinen Grundsätzen des Strafrechts. Auf die Ausführungen zu Vorbereitungs- und Versuchshandlungen, Vollendung und Beendigung sowie Rücktritt bei der Darstellung der Grunddelikte wird verwiesen. Ergänzend wird darauf hingewiesen, dass Vorbereitungshandlungen unter den Voraussetzungen des § 30 StGB strafbar sein können; erforderlich ist jedoch, dass der Beteiligte nicht lediglich als Gehilfe tätig werden will.[142]

92   **6. Qualifikationen.** Herstellen und Handeltreiben von bzw. mit Betäubungsmitteln in nicht geringen Mengen **als Mitglied einer Bande** führt zur erhöhten Mindeststrafe von fünf Jahren (§ 30a Abs. 1). Gleiches gilt für das Handeltreiben mit Betäubungsmitteln in nicht geringer Menge unter **Mitsichführen einer Schusswaffe** (§ 30a Abs. 2). Als speziellere Gesetze gehen die Qualifikationstatbestände des § 30a Abs. 1 (Herstellen und Handeltreiben von bzw. mit BtM in nicht geringen Mengen **als Mitglied einer Bande**) und des § 30a Abs. 2 (Handeltreiben mit BtM in nicht geringer Menge unter **Mitsichführen einer Schusswaffe**) den allgemeineren Tatbeständen des Abs. 1 Nr. 2 vor. Dies gilt auch dann, wenn die Waffe nur bei einem (unselbständigen) Teilakt des Gesamtgeschehens mitgeführt wurde.[143]

93   **7. Konkurrenzen. a) BtM-Straftaten. aa) Begehungsweisen des Abs. 1 Nr. 2 untereinander.** Das Verhältnis der Verbrechenstatbestände des unerlaubten **Handeltreibens** mit und der **Herstellung und Abgabe** von BtM **in nicht geringer Menge** wird untereinander in aller Regel von der Rechtsfigur der Bewertungseinheit bestimmt. Das Verhältnis des unerlaubten **Besitzes** von BtM in nicht geringer Menge zu den übrigen in Abs. 1 Nr. 2 aufgeführten Begehungsarten wurde durch das OrgKG nicht verändert. Der Besitz bleibt – trotz gleicher Strafandrohung – Auffangtatbestand, der wegen seiner lediglich abstrakten Gefährlichkeit für Dritte gegenüber den anderen Alternativen des Abs. 1 Nr. 2 von geringerem Unrechtsgehalt ist. Da der unerlaubte Besitz von BtM in nicht geringer Menge somit in diesen Fällen als **subsidiär zurücktritt**,[144] hat er nicht die Kraft, selbständige, die Voraussetzungen des Abs. 1 Nr. 2 erfüllenden Taten des unerlaubten Handeltreibens, des unerlaubten Herstellens oder der unerlaubten Abgabe von BtM in nicht geringer

---

[138] BGH 9.10.2002 – 1 StR 137/02, NStZ-RR 2003, 57.
[139] BGH 26.10.2005 – GSSt 1/05, BGHSt 50, 252 = NJW 2005, 3790 = JR 2006, 171 = StV 2006, 19.
[140] BGH 14.8.2002 – 2 StR 249/02, NStZ 2003, 90 = StV 2003, 279.
[141] *Weber* Rn. 133 unter Hinweis auf BGH 4.4.2006 – 3 StR 91/06, NStZ 2007, 102 = StV 2007, 80.
[142] BGH 27.1.1982 – 3 StR 437/81, NStZ 1982, 244; 13.10.1992 – 1 StR 517/92, NStZ 1993, 137.
[143] BGH 14.11.1996 – 1 StR 609/96, NStZ 1997, 137.
[144] BGH 17.5.1996 – 3 StR 631/95, BGHSt 42, 162 (165) = NJW 1996, 2802; 7.7.2004 – 1 StR 115/04, BeckRS 2004, 07145; BGH 16.10.2014 – 3 StR 268/14, NStZ-RR 2015, 14.

Menge untereinander (oder mit einer unerlaubten Einfuhr von BtM in nicht geringer Menge, die nach § 30 Abs. 1 Nr. 4 ohnehin mit einer höheren Strafandrohung versehen ist) zur Tateinheit zu verbinden.[145]

Auch im Rahmen des § 29a Abs. 1 Nr. 2 sind ggf. **Bewertungseinheiten** zu bilden. **94** Zum Begriff wird auf die Erläuterungen zum Handeltreiben[146] und die Ausführungen zu Abs. 1 Nr. 1[147] verwiesen. Auch das Herstellen von BtM in nicht geringer Menge tritt im Rahmen der Bewertungseinheit hinter dem Handeltreiben mit BtM in nicht geringer Menge zurück.[148] Der bloße gleichzeitige Besitz verschiedener zum Handeltreiben bestimmter Mengen von BtM begründet keine Bewertungseinheit.[149] Der **gleichzeitige Besitz verschiedenartiger Betäubungsmittel** verletzt das Gesetz nur einmal. Dieser Zusammenhang entfällt auch dann nicht, wenn die nur zum Eigenverbrauch bestimmten verschiedenen Betäubungsmittelmengen an unterschiedlichen Orten separat aufbewahrt werden.[150]

Besondere Bedeutung kommt der Konstellation der **Beihilfe zum Handeltreiben mit** **95** **BtM in nicht geringer Menge bei gleichzeitigem Besitz von BtM in nicht geringer Menge** im Hinblick auf die Rechtsprechung des BGH zu den **Kurieren** zu. Die Beihilfe zum HT mit BtM in nicht geringer Menge trifft **tateinheitlich** mit dem Besitz von BtM in nicht geringer Menge zusammen. Eine Verurteilung allein wegen Beihilfe zum Handeltreiben würde den Unrechtsgehalt der Tat nicht erschöpfen, weil darin nicht zum Ausdruck käme, dass der Täter die Verfügungsmacht über das Betäubungsmittel innehatte;[151] außerdem wird der Tatbestand des Besitzes von BtM in nicht geringer Menge von dem der Beihilfe zum Handeltreiben in nicht geringer Menge schon deswegen nicht verdrängt, weil er den vollen Strafrahmen des § 29a eröffnet.[152]

Verwahrt der Täter für einen anderen eine nicht geringe Menge von BtM, ohne dass **96** er sich bei der Verwahrung mit Täterwillen am unerlaubten Handeltreiben des anderen beteiligt hat oder erschöpft sich sein Tatbeitrag in der Förderung fremden Tuns, so ist neben der Beihilfe zum Handeltreiben mit BtM in nicht geringer Menge zusätzlich der Tatbestand des unerlaubten Besitzes von BtM in nicht geringer Menge erfüllt. Das Besitzen ist nur dann ein unselbständiger, im Handeltreiben aufgehender Teilakt des Geschehens, wenn das Handeltreiben in Täterschaft begangen wird. Ist nur Beihilfe dazu anzunehmen, tritt zu der Beihilfe zum unerlaubten Handeltreiben mit BtM in nicht geringer Menge der tateinheitlich verwirklichte unerlaubte Besitz von BtM in nicht geringer Menge hinzu.[153] Unterstützt der Gehilfe **durch eine Handlung mehrere je für sich selbständige Taten des Handeltreibens** mit BtM, die sich erst in ihrer Gesamtheit auf eine nicht geringe Menge beziehen, so macht er sich nur wegen Beihilfe zu einem Vergehen nach § 29 Abs. 1 S. 1 Nr. 1 strafbar.[154]

bb) Begehungsweisen des Abs. 1 Nr. 2 und Abs. 1 Nr. 1. Das **Handeltreiben** des **97** Abs. 1 Nr. 2 steht im Falle der Abgabe an Minderjährige in Tateinheit mit dem Tatbestand

---

[145] BGH 17.5.1996 – 3 StR 631/95, BGHSt 42, 162 (165) = NJW 1996, 2802; 14.11.1996 – 1 StR 609/96, NStZ 1997, 137; 14.2.2017 – 4 StR 580/16, StraFo 2017, 128.
[146] → § 29 Rn. 477 ff.
[147] → Rn. 34.
[148] Vgl. KPV/*Patzak* Rn. 156.
[149] Vgl. BGH 23.10.1996 – 5 StR 505/96, NStZ 1997, 144; 22.1.1997 – 3 StR 608/96, NStZ 1997, 243; 1.10.1997 – 2 StR 520/96, BGHSt 43, 252 = NJW 1998, 168 = NStZ 1998, 251 mAnm *Erb.*
[150] BGH 12.10.2004 – 4 StR 358/04, NStZ 2005, 228.
[151] BGH 23.9.1992 – 3 StR 275/92, NStZ 1993, 44; 13.8.2009 – 3 StR 224/09, BeckRS 2009, 25653 = NStZ 2010, 142.
[152] BGH 25.10.1995 – 3 StR 225/95, BeckRS 1995, 31079906; 11.12.2003 – 3 StR 375/02, NStZ-RR 2004, 146.
[153] BGH 23.9.1986 – 5 StR 330/86, BeckRS 1986, 31104793; 29.11.1994 – 4 StR 637/94, StV 1995, 197; 25.10.1995 – 3 StR 225/95, BeckRS 1995, 31079906; 28.11.1995 – 1 StR 619/95, NStZ-RR 1996, 116; 15.10.1997 – 2 StR 393/97, BeckRS 1997, 31120040; 17.10.2007 – 2 StR 369/07, NStZ-RR 2008, 54; 27.2.2008 – 2 StR 593/07, BeckRS 2008, 05021.
[154] BGH 28.10.2004 – 4 StR 59/04, BGHSt 49, 306 = NJW 2005, 163 = StV 2005, 273 Ls.

des Abs. 1 Nr. 1.[155] Das unerlaubte Abgeben (resp. Verabreichen und Überlassen zum Verbrauch) von BtM an Minderjährige beinhaltet ein besonderes Unrecht, das über das unerlaubte Handeltreiben mit BtM hinausgeht und das wegen des zusätzlichen Gewichts der Gefährdung der Volksgesundheit und der leicht verführbaren Minderjährigen gesondert unter Strafe gestellt ist. Dieses besondere Unrecht geht nicht im Tatbestand des Handeltreibens auf; vielmehr werden durch dieselbe Handlung mehrere Strafgesetze verletzt (§ 52 StGB).[156] Abs. 1 Nr. 1 verdrängt den **Besitz**,[157] und zwar auch den Besitz von BtM in nicht geringer Menge, weil dieser als Auffangtatbestand auch im Verbrechensbereich grundsätzlich gegenüber den Verbrechenstatbeständen der Absatzdelikte keinen eigenen Unrechtsgehalt aufweist.[158] Geht der Besitz jedoch nicht vollständig in der anderen Begehungsform auf, weil nur ein Teil der Gesamtmenge an einen Minderjährigen verabreicht (abgegeben, veräußert) wurde, so besteht zwischen der Verabreichung von BtM an Minderjährige und dem gleichzeitigen Besitz der davon nicht betroffenen nicht geringen Menge Tateinheit.[159]

98 **cc) Begehungsweisen des Abs. 1 Nr. 2 und Einfuhr in nicht geringer Menge.** Zwischen den Tatbeständen des § 29a Abs. 1 Nr. 2 (Handeltreiben mit BtM in nicht geringer Menge) und des § 30 Abs. 1 Nr. 4 (Einfuhr von BtM in nicht geringer Menge) besteht auch dann **Tateinheit,** wenn die Einfuhr sich nur als unselbständiger Teilakt des unerlaubten Handeltreibens darstellt.[160] Nur so wird der – wie die gegenüber § 29a Abs. 1 höhere Mindeststrafdrohung des § 30 Abs. 1 erkennen lässt – höhere Unrechtsgehalt der Einfuhr, auch wenn sie sich als (unselbständiger) Teilakt des umfassenden Handeltreibens darstellt, hinreichend erfasst. Demzufolge tritt der Tatbestand des § 30 Abs. 1 Nr. 4 auch dann nicht hinter dem des § 29a Abs. 1 Nr. 2 zurück, wenn die Einfuhr nicht zustande gekommen und sie nur im Sinne des § 30 StGB vorbereitet wurde.[161] Hingegen tritt der Besitz von Betäubungsmitteln in nicht geringer Menge zurück gegenüber sonstigen Begehungsweisen, die zu Verbrechen erhoben wurden und in § 29a Abs. 1 Nr. 2 BtMG aufgeführt sind, sowie gegenüber Straftaten, die mit einer höheren Mindeststrafe bedroht sind, wie etwa die Einfuhr von Betäubungsmitteln in nicht geringer Menge nach § 30 Abs. 1 Nr. 4 BtMG.[162] Zur Frage, ob ein fallübergreifendes Handeltreiben (→ § 29 Rn. 530) mehrere selbstständige Einfuhrhandlungen (im Falle des § 30 Abs. 1 Nr. 4) zu einer Tateinheit verknüpfen kann vgl. → § 30 Rn. 212.

99 **dd) Begehungsweisen des Abs. 1 Nr. 2 und § 30a Abs. 2 Nr. 1.** Bestimmt der Täter indes bei seinem auf den Umsatz von Betäubungsmitteln (in nicht geringer Menge) gerichteten Handeln zugleich eine Person unter 18 Jahren dazu, mit diesen Betäubungsmitteln – wie hier – selbst Handel zu treiben oder das Handeltreiben des Täters zu fördern, so stehen § 29a Abs. 1 Nr. 2 und § 30a Abs. 2 Nr. 1 wegen ihres verschiedenartigen Unrechtsgehalts in Tateinheit.[163]

100 **ee) Begehungsweisen des Abs. 1 Nr. 2 und ihre Grundtatbestände.** Als Qualifikation (leges speciales) verdrängen die Begehungsweisen des Abs. 1 Nr. 2 die jeweiligen

---

[155] Vgl. BGH 13.7.1994 – 3 StR 138/94, NJW 1994, 3020.

[156] BGH 6.10.1995 – 3 StR 346/95, NJW 1996, 469; 13.7.1994 – 3 StR 138/94, NJW 1994, 3020 = StV 1994, 659; 6.10.1995 – 3 StR 346/95, NJW 1996, 469 = StV 1996, 95 = wistra 1996, 139.

[157] Vgl. BGH 12.9.1996 – 4 StR 173/96, NStZ 1997, 89.

[158] Vgl. BGH 6.9.1988 – 1 StR 466/88.

[159] BGH 10.5.1995 – 1 StR 204/95, BeckRS 1995, 31097433.

[160] BGH 24.2.1994 – 4 StR 708/93, BGHSt 40, 73 = NJW 1994, 1885; 19.11.1997 – 2 StR 359/97, BeckRS 1997, 31357265; 1.3.2005 – 5 StR 499/04, NStZ-RR 2005, 177; 23.6.2006 – 2 StR 217/06, BeckRS 2006, 09126.

[161] BGH 12.9.1996 – 4 StR 173/96, NStZ 1997, 89.

[162] Vgl. etwa BGH 28.1.2016 – 3 StR 534/15; BGH 25.6.2013 – 1 StR 284/13; 25.11.2009 – 2 StR 344/09, NStZ-RR 2010, 119; 5.12.2008 – 2 StR 491/08; 11.11.2008 – 4 StR 434/08, NStZ-RR 2009, 121; 3.4.2008 – 3 StR 60/08, NStZ 2008, 471; 6.11 2003 – 4 StR 270/03, NStZ-RR 2004, 88, 89; vgl. auch *Weber* § 29a Rn. 196 f.; KPV/*Patzak* § 30 Rn. 209.

[163] BGH 23.5.2007 – 2 StR 569/06, NStZ 2008, 42; BGH 3.4.2013 – 3 StR 61/13, NStZ 2014, 161.

Grundtatbestände und deren Regelbeispiele.[164] So verdrängt etwa die Strafbarkeit wegen Besitzes von Betäubungsmitteln in nicht geringer Menge insoweit diejenige wegen Anbaus von Betäubungsmitteln.[165] Bei der Strafzumessung behalten die Regelbeispiele des § 29 Abs. 3 S. 2 innerhalb des Strafrahmens der Qualifikation ihre Bedeutung.

Der Verbrechenstatbestand des unerlaubten Handeltreibens mit Betäubungsmitteln in **101** nicht geringer Menge bei der Aufzucht zB von Cannabispflanzen zu eigennütziger Weiterveräußerung verdrängt den Vergehenstatbestand des unerlaubten Anbaus.[166] Mangels Wertgleichheit hat der Besitz nicht die Kraft, selbständige, die Voraussetzungen des Abs. 1 Nr. 2 erfüllende Taten des unerlaubten Handeltreibens mit BtM in nicht geringer Menge untereinander zur Tateinheit zu verbinden.[167]

Der Besitz von Betäubungsmitteln in nicht geringer Menge nach Abs. 1 Nr. 2 tritt nicht **102** (wie es beim Grunddelikt der Fall ist) hinter andere, nicht zum Verbrechen aufgestufte Begehungsformen des § 29 Abs. 1 Nr. 1 (zB Erwerb) zurück.[168] Er verdrängt diese vielmehr.

Der Grundtatbestand des Besitzes gem. § 29 Abs. 1 Nr. 3 tritt als Auffangtatbestand hinter **103** dem Anbau solange zurück, wie die Wirkstoffmenge der besessenen BtM-Pflanzen die **Grenzwerte zur nicht geringen Menge** noch nicht erreicht hat.[169] Ist diese Grenze erreicht oder überschritten, so wird das Vergehen des Anbaus gemäß § 29 Abs. 1 Nr. 1 von dem Verbrechenstatbestand des Besitzes nicht geringer Mengen von BtM gem. § 29a Abs. 1 Nr. 2 verdrängt (Subsidiarität).[170] Das Gleiche gilt für den Besitz nicht geringer Mengen von BtM gegenüber dem einfachen Erwerb.

ff) Unterschiedliche Verwendungszwecke: Erwerb von Eigenverbrauchsmengen 104 und Erwerb von Handelsmengen. Hat der Täter eine nicht geringe Menge an BtM erworben, die zT zum Eigenverbrauch und zT zum Handeltreiben bestimmt ist, so muss das Urteil – ggf. nach Zweifelsgrundsätzen – sich dazu verhalten, welcher Anteil welchem Zweck dienen sollte.[171] Das ist einmal für die Bestimmung des Schuldumfangs von Bedeutung, weil die Schuld in dem Maße geringer ist, in dem andere Personen – wegen des Eigenverbrauchs des Täters – durch das BtM nicht gefährdet werden;[172] zum anderen kann aber auch die rechtliche Einordnung davon betroffen sein, zB wenn ein hoher Eigenverbrauchsanteil die Handelsmenge unter die Grenzmenge der nicht geringen Menge sinken

---

[164] → Rn. 34.

[165] BGH 16.10.2014 – 3 StR 268/14, NStZ-RR 2015, 14.

[166] BGH 12.1.2005 – 1 StR 476/04, BeckRS 2005, 01226; 28.10.2008 – 3 StR 409/08, BeckRS 2008, 25608; 26.1.2011 – 5 StR 555/10, BeckRS 2011, 04357.

[167] BGH 3.12.2015 – 4 StR 430/15, NStZ-RR 2016, 82; 16.7.2013 – 3 StR 144/13, NStZ 2014, 162; 17.5.1996 – 3 StR 631/95, BGHSt 42, 162 (165 f.).

[168] BGH 11.12.2003 – 3 StR 375/02, NStZ-RR 2004, 146 = StraFo 2004, 145; 13.8.2009 – 3 StR 224/09, BeckRS 2009, 25653; *Weber* Rn. 170.

[169] BayObLG 2.10.1997 – 4 St RR 214/97, NJW 1998, 769.

[170] So wohl auch – wie sich aus der Bezugnahme auf die nachfolgend genannte Entscheidung des OLG Dresden ergibt – *Franke/Wienroeder* § 29 Rn. 10; so auch KPV/*Patzak* Rn. 177; BayObLG 2.10.1997 – 4 St RR 214/97, NJW 1998, 769; OLG Dresden 5.8.1999 – 1 Ss 60/99, NStZ-RR 1999, 372; OLG Karlsruhe 19.9.2001 – 3 Ss 80/01, NStZ-RR 2002, 85; vgl. BGH 5.7.1994 – 1 StR 304/94, NStZ 1994, 548 (zum Verhältnis von einfachem Erwerb zum Besitz nicht geringer Mengen); 21.12.1995 – 1 StR 697/95, StV 1996, 267 (zum Verhältnis von einfachem Handeltreiben zum Besitz nicht geringer Mengen); 4.9.1996 – 3 StR 355/96, NStZ-RR 1997, 49 (zum Verhältnis von einfachem Erwerb und Veräußern zum Besitz nicht geringer Mengen); aA – wohl: der einfache Anbau verdrängt den Verbrechenstatbestand des Besitzes in nicht geringer Menge nach § 29a Abs. 1 Nr. 2 BtMG OLG Düsseldorf 30.9.1998 – 2 Ss 298/98 – 56/98 II, NStZ 1999, 88 mAnm *Meurer* BA 1999, 180, wenn der Täter eine geringe Anzahl von Cannabispflanzen anbaut und sich erst im Laufe der vom Täter nicht kontrollierten Wachstumsperiode eine nicht geringe Menge THC in den Pflanzenbestandteilen aufgebaut hat.

[171] BGH 5.8.1992 – 3 StR 303/92, BeckRS 1992, 31079265; 5.12.1995 – 4 StR 698/95, StV 1996, 214; 11.6.1997 – 2 StR 134/97, BeckRS 1997, 31120236 = StV 1997, 638; 27.4.2004 – 3 StR 116/04, BeckRS 2004, 05918 = StV 2004, 602; 14.3.2006 – 4 StR 46/06, BeckRS 2006, 0449.

[172] BGH 9.5.1990 – 2 StR 172/90, StV 1991, 105; 9.9.1997 – 1 StR 419/97, BeckRS 1997, 31357142 = StV 1998, 599.

lässt (es bleibt dann natürlich der Verbrechenstatbestand des unerlaubten Besitzes einer nicht geringen Menge).[173]

105   Folgende **Konstellationen** können beim Besitz einer insgesamt nicht geringen Menge auftreten:[174]

Mengenverhältnisse	Konkurrenzverhältnisse
Kleine* Handelsmenge/ große** Eigenverbrauchsmenge	Unerlaubter Besitz in nicht geringer Menge in Tateinheit mit dem Grundtatbestand des unerlaubten Handeltreibens (§ 29 Abs. 1 S. 1 Nr. 1).[175]
Große** Handelsmenge/ kleine* Eigenverbrauchsmenge	Unerlaubtes Handeltreiben mit BtM in nicht geringer Menge in Tateinheit mit unerlaubtem Erwerb von BtM.[176]
Große** Handelsmenge/ große** Eigenverbrauchsmenge	Unerlaubter Besitz von BtM in nicht geringer Menge in Tateinheit mit unerlaubtem Handeltreiben in nicht geringer Menge.[177]
Kleine* Handelsmenge/ kleine* Eigenverbrauchsmenge	Unerlaubter Besitz von BtM in nicht geringer Menge in Tateinheit mit Handeltreiben nach § 29 Abs. 1 S. 1 Nr. 1 (der Erwerb geht in dem Verbrechenstatbestand des Besitzes auf[178]).

* Klein = bleibt unterhalb der Grenzmenge der nicht geringen Menge.
** Groß = übersteigt die Grenzmenge der nicht geringen Menge.

106   Lässt sich das Verhältnis der Handelsmenge zur Eigenverbrauchsmenge nicht aufklären, so ist nach Zweifelsgrundsätzen zu verfahren wie in der Konstellation „kleine Handelsmenge/kleine Eigenverbrauchsmenge".[179]

107   **b) Straftatbestände anderer Rechtsgebiete.** Konkurrenz ist möglich mit **Geldwäsche** in Bezug auf hergestellte Betäubungsmittel oder Stoffe, die aus BtM hergestellt sind (alles taugliche Tatobjekte, weil nicht nur Geld, sondern jeder Gegenstand, der einen Vermögenswert darstellt, in Betracht kommt). Das unerlaubte Herstellen von BtM ist als eine der Tatbestandsalternativen des § 29 Abs. 1 S. 1 Nr. 1 im Katalog der Vortaten, an welche die Tathandlung des § 261 StGB anknüpft, genannt (§ 261 Abs. 1 Nr. 2b StGB). Zum Verhältnis der Vortat des Herstellens zur „Nachtat" der Geldwäsche gelten die Ausführungen zu den Konkurrenzen beim Anbau entsprechend. Tateinheit kann darüber hinaus mit **fahrlässiger Tötung** (§ 222 StGB) oder **fahrlässiger Körperverletzung** (§ 230 StGB) in Betracht kommen.

108   **8. Strafklageverbrauch.** Eine **zeitnahe Verurteilung wegen BtM-Besitzes** oder wegen unerlaubten Anbaus könnte zu einem Verfahrenshindernis für eine Anklage wegen Handeltreibens, Herstellens, Abgebens oder Besitzens nach Abs. 1 Nr. 2 oder wegen fahrlässiger Tötung (§ 222 StGB) oder fahrlässiger Körperverletzung (§ 230 StGB) führen. Ist ein Angeklagter vom Vorwurf des Handeltreibens mit Betäubungsmitteln freigesprochen worden, ergreift der Strafklageverbrauch weitere Teillieferungen, die alle aus einer ursprünglichen Rauschgiftmenge stammen.[180]

---

[173] Vgl. zB BGH 2.12.1997 – 1 StR 698/97.

[174] Vgl. KPV/*Patzak* Rn. 159 ff.; *Weber* Rn. 159 ff.

[175] Vgl. zB BGH 2.12.1997 – 1 StR 698/97; 19.9.2001 – 3 StR 268/01, BeckRS 2001 30206233 = StV 2002, 255; 7.7.2004 – 1 StR 115/04, BeckRS 2004, 07145.

[176] BGH 9.9.1997 – 1 StR 419/97, BeckRS 1997, 31357142 = StV 1998, 599; 25.6.1998 – 1 StR 68/98, NStZ-RR 1999, 250 = StV 1998, 595; 19.9.2001 – 3 StR 268/01, BeckRS 2001 30206233 = StV 2002, 255.

[177] Vgl. zB BGH 2.12.1997 – 1 StR 698/97; 19.9.2001 – 3 StR 268/01, BeckRS 2001, 30206233 = StV 2002, 255; 3.7.2002 – 2 StR 198/02, NStZ-RR 2002, 328; 21.4.2005 – 3 StR 112/05, NStZ 2006, 173; 4.10.2007 – 2 StR 411/07, BeckRS 2007, 16732.

[178] BGH 12.3.2002 – 3 StR 404/01, BeckRS 2002, 30245928 = StV 2002.

[179] Vgl. BGH 10.4.1996 – 3 StR 5/96, BGHSt 42, 123 = NJW 1996, 2804 = NStZ 1996, 499.

[180] BGH 17.4.1996 – 5 StR 147/95, StV 1996, 650.

Umgekehrt hinderte eine Verurteilung wegen fahrlässiger Tötung (§ 222 StGB) oder **109** fahrlässiger Körperverletzung (§ 230 StGB) eine Anklageerhebung oder eine erneute Verurteilung wegen der Abgabedelikte des Abs. 1 Nr. 2, wenn der Todesfall oder der Körperschaden auf den **Wechsel in der Verfügungsgewalt** über ein BtM zurückzuführen ist.

Die Aburteilung wegen einer **Trunkenheitsfahrt,** die eigens dem Transport der Drogen **110** dient (also zB den Zweck verfolgt, sie an einen sicheren Ort zu bringen), verbraucht nicht nur die Strafklage für den Betäubungsmittelbesitz, sondern auch für die damit tateinheitlich verbundenen Delikte[181] (zB bewaffnetes Sichverschaffen von Betäubungsmitteln in nicht geringer Menge sowie die Abgabe eines – den Grenzwert der nicht geringen Menge nicht erreichenden – Teils dieser Betäubungsmittel). Allerdings besteht zwischen diesen Delikten dann keine verfahrensrechtliche Identität, wenn das Mitsichführen der Betäubungsmittel in keinem inneren Beziehungs- bzw. Bedingungszusammenhang mit dem Fahrvorgang steht.[182]

9. Rechtsfolgen. a) Strafzumessung. aa) Strafrahmenwahl. Der (Normal-) Straf- **111** rahmen reicht von einem Jahr Mindeststrafe bis zu 15 Jahren Freiheitsstrafe (§ 38 Abs. 2 StGB), für minder schwere Fälle (Abs. 2) von drei Monaten bis zu fünf Jahren. Zu den Voraussetzungen für die Annahme eines minder schweren Falles wird auf die Ausführungen zu Abs. 2 verwiesen.

bb) Strafzumessung im engeren Sinne. Hierzu wird auf die Darstellung bei Abs. 1 **112** Nr. 1[183] verwiesen. Die Tatsache, dass der Qualifikationstatbestand der nicht geringen Menge erfüllt ist, darf für sich **nicht zur Strafschärfung** herangezogen werden (Verbot der Doppelverwertung, § 46 Abs. 3 StGB, zB: „eine erhebliche BtM-Menge im bedeutenden Geschäftsvolumen", wenn eine nicht gravierende Überschreitung der Grenzmenge vorliegt).[184] Die 1,8-fache[185] bzw. 2,5-fache Überschreitung des Grenzwerts strafschärfend zu berücksichtigen ist rechtsfehlerhaft,[186] da das Handeltreiben mit einer noch im näheren Grenzbereich liegenden Betäubungsmittelmenge einen Umstand darstellt, der eher für die Annahme eines minder schweren Falls sprechen kann.[187] Sehr wohl kann aber Überschreitung der Grenzmenge um ein Vielfaches strafschärfend herangezogen werden.

b) Absehen von Strafe bzw. von der Strafverfolgung. Absehen von der Strafverfol- **113** gung durch die Staatsanwaltschaft gemäß § 31a Abs. 1 S. 1 bzw. Absehen von einer Bestrafung durch das Gericht gem. § 29 Abs. 5 ist bei Entäußerungsdelikten, also auch bei Abgeben, Verabreichen und Überlassen, wegen ihrer Fremdgefährdung nicht möglich. Eine Einstellung nach §§ 153, 153a StPO ist beim Verbrechenstatbestand des § 29a Abs. 1 Nr. 1 ausgeschlossen.

c) Einziehung und Verfall, Entziehung der Fahrerlaubnis. Zur Einziehung und **114** Verfall siehe unten die Erläuterungen zu § 33, insb. → § 33 Rn. 6–7. Die Anordnung des erweiterten Verfalls (§§ 33 Abs. 1 Nr. 2 BtMG aF, 73d StGB aF) war möglich. Zur Entziehung der Fahrerlaubnis → § 29 Rn. 122.

d) Sicherungsverwahrung. Das Delikt ist Anlasstat zur Anordnung von Sicherungsver- **115** wahrung.[188]

10. Urteil. In die Urteilsformel ist aufzunehmen, dass sich die Tat auf BtM „in nicht **116** geringer Menge" bezieht.[189]

---

[181] BGH 5.3.2009 – 3 StR 566/08, NStZ 2009, 705 = StV 2010, 119.
[182] BGH 27.4.2004 – 1 StR 466/03, NStZ 2004, 694 (694) mAnm *Bohnen* = StV 2005, 256 695.
[183] → Rn. 39 ff.
[184] BGH 1.7.2005 – 5 StR 192/05, BeckRS 2005, 08637.
[185] BGH 24.7.2012 – 2 StR 166/12, BeckRS 2012, 19269.
[186] BGH 25.2.2016 – 2 StR 39/16, NStZ-RR 2016, 141.
[187] BGH 3.4.2000 – 5 StR 87/00, StV 2000, 620.
[188] § 66 Abs. 1 Nr. 1b StGB.
[189] BGH 11.1.2006 – 2 StR 571/05, BeckRS 2006, 01816.

C. Minder schwerer Fall (Abs. 2)

I. Bedeutung der Vorschrift

117   **1. Allgemeines.** Die Einführung eines minderschweren Falles[190] korrespondiert jeweils mit der Schaffung des Verbrechenstatbestandes. Das führte dazu, dass bei den durch das BtMG 1982 zunächst nur in § 30 eingeführten Verbrechenstatbeständen neben Taten, die jedenfalls dort in den Nummern 1 und 3 im Normalfall Verbrechen besonderer Schwere darstellen **auch eine Fülle von Fällen erfasst wird, die keinen hohen kriminellen Gehalt haben müssen.** Dies kann zwar nicht zu einer den Verbrechenscharakter solcher Begehungsweise in Frage stellenden Interpretation der jeweiligen Tat führen, die wegen der eindeutigen Fassung der Vorschrift nicht zulässig wäre, verpflichtet aber dazu, **im Einzelfall besonders sorgfältig zu prüfen,** ob – gemessen an den im jeweiligen Tatbestand als Verbrechen unter Strafe gestellten Verhaltensweisen – ein minder schwerer Fall vorliegt.[191]

118   **2. Sonderstrafrahmen.** Die Vorschrift eröffnet deshalb einen Sonderstrafrahmen, um im Einzelfall von der gesetzlichen Regelfolge abweichen zu können und ermöglicht dadurch, **außergewöhnlichen Fallgestaltungen**[192] Rechnung zu tragen, ist in ihrer Anwendung jedoch keineswegs nur auf außergewöhnliche Fälle beschränkt.[193] Die extensive Ausgestaltung zwingt indessen dazu unter „außergewöhnlich" Taten mit „geringem Schuldgehalt" bzw. niedrigem „Erfolgsunwert" zu verstehen.

119   **3. Zweiteiliger Gesamtstrafrahmen.** Zugleich hat der Gesetzgeber einen zweiteiligen Gesamtstraferahmen[194] vorgegeben, der von der Untergrenze des minderschweren Falles von drei Monaten Freiheitsstrafe bis zur absoluten Höchstgrenze der zeitigen Freiheitsstrafe von 15 Jahren reicht.

II. Strafrahmenbestimmung

120   Der Strafzumessung im engeren Sinne hat stets die Festlegung des in Betracht kommenden Strafrahmens vorauszugehen.[195] Erster Schritt ist dabei die Prüfung der Voraussetzungen für die Annahme oder den Ausschluss eines minderschweren Falles.[196] Tatrichterliche **Fehler** bei der Strafrahmenbestimmung lassen sich in drei Gruppen einteilen, nämlich in
– Fälle, in denen für jedermann, und damit auch für das Gericht, **offenkundig** ist, dass ein minder schwerer Fall in Betracht kommen könnte, sich der Tatrichter damit aber nicht oder nur unzureichend auseinandersetzt,
– Fälle, in denen aufgrund einer **rechtlichen Fehlbewertung des Sachverhalts** das Naheliegen eines minder schweren Falles überhaupt nicht erkannt und deshalb auch nicht erörtert wird und
– Fälle, in denen ein Sonderstrafrahmen zwar angewendet wird, dieser auf den entschiedenen Fall aber entweder **nicht zutrifft** oder aber der Strafrahmen selbst **schlicht falsch berechnet** wird.

121   **1. Fehlende/unzureichende Auseinandersetzung.** Jedes Urteil ist fehlerhaft und muss im Strafausspruch aufgehoben werden, wenn es von einem Sachverhalt ausgeht, in dem die Annahme eines minder schweren Falles nicht so fern liegt, dass auf eine eingehende Begründung verzichtet werden könnte, gleichwohl aber die **Auseinandersetzung** mit dieser Frage **unterbleibt.**[197] Das Urteil beruht nur dann nicht auf der fehlenden Auseinan-

---

[190] Allgemein zur Entwicklungsgeschichte minder schwerer Fälle: *Schäfer/Sander/van Gemmeren* Rn. 578.
[191] Vgl. BGH 24.11.1982 – 3 StR 384/82, BGHSt 31, 163 = NStZ 1983, 174.
[192] BT-Drs. 12/989, 30.
[193] BGH 17.8.1994 – 3 StR 318/94.
[194] Vgl. *Zipf* NStZ 1984, 359 zu BGH 21.12.1983 – 3 StR 437/82, BGHSt 31, 189 (zu §§ 250, 255 StGB).
[195] *Schäfer/Sander/van Gemmeren* Rn. 487.
[196] BGH 18.12.2001 – 1 StR 444/01, NJW 2002, 908.
[197] BGH 10.8.2010 – 4 StR 333/10, BeckRS 2010, 21242.

dersetzung mit der Anwendbarkeit des Sonderstrafrahmens, wenn trotz Bestehens eines vertypten Milderungsgrundes die Annahme eines minderschweren Falles wegen der übergroßen Menge des BtM offensichtlich nicht in Betracht kommt.[198] Durchgreifende Begründungsmängel weist aber auch ein Urteil auf, das das Vorliegen eines minderschweren Falles nur **formelhaft ablehnt** („Ein minder schwerer Fall iS von ... war nach den getroffenen Feststellungen ohne weiteres zu verneinen").[199]

2. Rechtliche Fehlbewertung. Zur Aufhebung des Urteils nötigt es, wenn – im 122 Anschluss an die Rechtsprechung des Großen Senats in den sog **Kurierfällen** – unzutreffend von täterschaftlichem Handeltreiben ausgegangen wird, da dem Tatrichter dadurch der Blick auf die obligatorische Strafmilderung nach §§ 27, 49 Abs. 1 StGB verschlossen ist,[200] und er es deshalb auch unterlässt, hinsichtlich des dem Angeklagten möglicherweise günstigeren minder schweren Falles einen Vergleich anzustellen. Ähnlich gelagert ist der Fall, in dem fälschlich eine **nicht geringe Menge** angenommen wird.[201] Werden BtM **teils zum Handeltreiben, teils zum Eigenkonsum** erworben ist eine (nicht geringe) Gesamtmenge jeweils nach dem Verwendungszweck aufzuschlüsseln.[202] Geschieht dies nicht, wird der Tatrichter zwangsläufig übersehen, dass ein minder schwerer Fall in Betracht kommen könnte.[203]

3. Fehlerhafte Rechtsanwendung. Wendet der Tatrichter zwar einen Sonderstrafrah- 123 men an, ist dieser aber nicht einschlägig,[204] muss das Urteil ebenfalls aufgehoben werden; denn der Richter kann bei Vorliegen eines vertypten Milderungsgrundes nicht frei wählen, ob er statt des für den minderschweren Fall vorgesehenen Strafrahmens den nach § 49 StGB gemilderten Strafrahmen seiner Straffindung zugrunde legt.[205] Wurde der angewandte Strafrahmen falsch berechnet, kann dies im Fall des § 358 Abs. 2 S. 2 StPO sogar dazu führen, dass im Ergebnis die Mindeststrafe des Regelstrafrahmens unterschritten werden muss.[206]

4. Begründungsaufwand. Das Maß des erforderlichen Begründungsaufwands be- 124 stimmt sich jeweils danach, ob sich die Anwendung des Ausnahmestrafrahmens aufdrängt, lediglich vertretbar erscheint oder sich nur als nicht ganz fernliegende Möglichkeit darstellt.[207]

III. Minder schwerer Fall

1. Begriff. Ein minder schwerer Fall ist dann anzunehmen, wenn das gesamte Tatbild 125 einschließlich aller subjektiven Momente und der Täterpersönlichkeit vom Durchschnitt der erfahrungsgemäß vorkommenden Fälle in einem Maße abweicht, welches die Anwendung des Ausnahmestrafrahmens geboten erscheinen lässt.[208] Will das Gericht trotz Aufzählung zahlreicher Umstände, welche die Tat in milderem Licht erscheinen lassen, die Annahme eines minder schweren Falles wegen der Täterpersönlichkeit ablehnen, muss es sich diesbezüglich auch verhalten. Dies gilt umso mehr, wenn zugleich der minder schwere Fall bzgl. einer weiteren Qualifikation (§ 30a Abs. 3) aufgrund von Umständen bejaht wird, welche die Person des Angeklagten betreffen (festgestellte Opiatabhängigkeit).[209]

---

[198] BGH 24.9.2009 – 3 StR 188/09, NStZ-RR 2010, 57; 10.9.2009 – 3 StR 293/09, BeckRS 2009, 27067 = NStZ 2010, 140 (bei *Detter* [65]); 21.1.1992 – 1 StR 598/91, NStZ 1992, 321.
[199] BGH 4.11.1988 – 4 StR 503/88.
[200] BGH 6.6.2007 – 2 StR 196/07, BeckRS 2007, 10876.
[201] OLG Bamberg 15.5.2007 – 3 Ss 122/06, NStZ-RR 2008, 227 (bei *Kotz/Rahlf*).
[202] BGH 16.3.2011 – 2 StR 30/11, BeckRS 2011, 07917; 16.7.1998 – 4 StR 174/98.
[203] BGH 4.10.2007 – 2 StR 411/07, BeckRS 2007, 16732.
[204] BGH 18.5.2010 – 3 StR 140/10, NStZ 2010, 714; OLG Köln 22.5.2007 – 82 Ss 45/07, BeckRS 2008, 27097.
[205] BGH 30.3.2011 – 5 StR 12/11, BeckRS 2011, 08172; BayObLG 22.12.2000 – 5St RR 372/00.
[206] BGH 25.5.2010 – 1 StR 59/10, NStZ 2011, 98.
[207] BGH 27.3.1991 – 3 StR 418/90, NStE Nr. 33 zu § 267 StPO; 26.6.1991 – 3 StR 145/91, NStZ 1991, 529.
[208] BGH 18.9.1984 – 2 StR 833/84.
[209] BGH 8.10.2014 – 2 StR 36/14, BeckRS 2014, 21067 = NStZ-RR 2015, 16.

126   **2. Prüfungsumfang.** Zur Beantwortung dieser Frage sind **alle Umstände** heranzuziehen, die für die **Wertung von Tat und Täterpersönlichkeit** in Betracht kommen, gleichgültig, ob sie der Tat innewohnen, sie begleiten, ihr vorausgehen oder folgen. Das erfordert eine **Abwägung aller wesentlichen belastenden und entlastenden Umstände,** denn nur dadurch kann das Gesamtbild gewonnen werden, das für die Beurteilung der Frage, ob der Normalstrafrahmen den Besonderheiten des Falles entspricht oder zu hart wäre, erforderlich ist. Die Erschwerungsgründe und die Milderungsgründe auf diese Weise nach pflichtgemäßem Ermessen **gegeneinander abzuwägen,** ist Sache des Tatrichters.[210] Seine Wertung ist vom Revisionsgericht nur beschränkt nachprüfbar.[211]

127   **3. Naheliegen eines minder schweren Falles.** Umstände, die für die Wertung von Tat und Täterpersönlichkeit in Betracht kommen, sind im Wesentlichen die **anerkannten Milderungsgründe,** seien sie allgemeiner Natur oder typisiert. Bei Vorliegen sogenannter vertypter Milderungsgründe ist die Prüfung eines minder schweren Falles stets unerlässlich.[212] Für das Revisionsgericht muss das Urteil in solchen Fällen erkennen lassen, dass sich der Tatrichter bewusst war, dass schon **ein solcher gesetzlicher Milderungsgrund allein**[213] – oder zusammen mit weiteren für den Angeklagten sprechenden Umständen – Anlass sein kann, einen minder schweren Fall zu bejahen.[214]

128   **4. Prüfungsgegenstand.** Das Vorliegen eines minderschweren Falles ist für jeden Tatbestand[215] und für jeden Tatbeteiligten[216] gesondert zu prüfen.

IV. Prüfungsreihenfolge

129   Liegt die Annahme eines minderschweren Falles nahe, sind die einzelnen Umstände hierfür festzustellen und in eine wertende Gesamtbetrachtung einzubeziehen. Liegen sowohl allgemeine wie auch vertypte Milderungsgründe nebeneinander vor, bleiben letztere zunächst außer Betracht, da sie andernfalls für eine weitere Strafrahmenverschiebung verbraucht wären (§ 50 StGB).[217] Gerade in solchen Fällen muss das Urteil auch erkennen lassen, das sich der Tatrichter der Möglichkeit bewusst war, einen minder schweren Fall auch ohne Berücksichtigung des vorliegenden vertypten Milderungsgrundes annehmen zu können.[218] **Reichen bereits die allgemeinen Milderungsgründe** zur Annahme eines minder schweren Falles **aus,** folgt daraus zugleich, dass der gesetzlich vertypte Milderungsgrund noch nicht „verbraucht" ist. In Anschluss daran ist zu entscheiden, ob der so gefundene Strafrahmen unter Berücksichtigung von § 50 StGB nochmals gemildert werden kann.[219] **Reichen die allgemeinen Milderungsgründe jedoch nicht** zur Annahme eines minder schweren Falles **aus,** ist zu prüfen, ob der vertypte Milderungsgrund allein oder in Verbindung mit den allgemeinen Milderungsgründen die Annahme eines minder schweren Falles zu begründen vermag.[220] Erst wenn der Tatrichter danach weiterhin keinen minder schweren Fall für gerechtfertigt hält, darf er seiner konkreten Strafzumessung den (allein) wegen des gegebenen gesetzlich vertypten Milderungsgrunds gemilderten Regelstrafrahmen zugrunde legen.[221] Wird hingegen der vertypte Milderungsgrund bei der Bewertung der Annahme eines minder schweren Falles zunächst

---

[210] BGH 4.3.1997 – 1 StR 797/97.
[211] BGH 14.10.1981 – 5 StR 215/81, NStZ 1982, 26.
[212] *Schäfer/Sander/van Gemmeren* Rn. 584.
[213] *Schäfer/Sander/van Gemmeren* Rn. 512.
[214] BGH 14.3.2002 – 3 StR 26/02, BeckRS 2002, 02886.
[215] BGH 7.10.1987 – 2 StR 446/87, BeckRS 1987, 31094655.
[216] BGH 17.2.1982 – 3 StR 19/82, NStZ 1982, 206.
[217] BGH 30.10.1991 – 3 StR 368/91; 1.7.1992 – 5 StR 286/92.
[218] BGH 2.4.1997 – 2 StR 53/97, NStZ 1997, 383.
[219] HM; BGH, B 30.1.1992 – 1 StR 768/91, BeckRS 1992, 31086482.
[220] BGH 27.4.2010 – 5 StR 117/10, BeckRS 2010, 11838; instruktiv auch BGH 19.11.2013 – 2 StR 494/13, BeckRS 2013, 22770.
[221] BGH 19.11.2013 – 2 StR 494/13, BeckRS 2013, 22770.

„übergangen" und dann für eine Milderung nach § 49 Abs. 1 StGB in Betracht gezogen, kann dies zur Aufhebung des Urteils führen.[222] Erst danach erfolgt die Strafzumessung im engeren Sinne (und bei einer Gesamtstrafenbildung die notwendige Gesamtwürdigung). Dabei lässt eine gleichförmige Verhängung von Einzelstrafen für das Handeltreiben trotz unterschiedlicher Kleinmengen verschiedener Drogen besorgen, dass das Gericht die nach § 46 Abs. 1 S. 2 StGB erforderliche Abwägung nicht rechtsfehlerfrei vorgenommen hat.[223]

V. BtM-spezifische allgemeine Milderungsgründe

Neben den das Strafrecht insgesamt beherrschenden Strafzumessungserwägungen[224] haben sich im BtM-Strafrecht besondere Zumessungsgründe herausgebildet, die sowohl bei der Strafrahmenwahl als auch bei der Strafzumessung im engeren Sinne zu berücksichtigen sind. **130**

1. BtM-bezogene Umstände. Dabei handelt es sich um die Art des Rauschgifts,[225] dessen Gewichts- oder Wirkstoffmenge[226] und seinen Verwendungszweck,[227] weil sie alle wesentlich zur Festlegung des Schuldumfangs[228] beitragen. **131**

a) Art des BtM. Hier ist insbesondere von Bedeutung, ob es sich um gefährliche BtM wie *Heroin*[229] oder *Kokain* handelt, ob die Tat *Amphetamin* zum Gegenstand hat, das (bislang) nur als von mittlerer Gefährlichkeit angesehen wird (so auch nunmehr erneut der Zweite Senat)[230] oder ob sie sich auf eine „weiche" Droge[231] wie *Cannabis* bezieht. Allerdings ist es rechtsfehlerhaft, bei Bejahung eines minder schweren Falles **allein auf die Art** des BtM abzustellen, was insbesondere bei festgestellter Überschreitung des Grenzwertes der nicht geringen Menge um das 60fache gilt.[232] Bei festgestellter Eigenverbrauchsabsicht kommt die Annahme eines minder schweren Falles auch beim Besitz des bis zu 11fachen der nicht geringen Menge in Betracht, wenn es sich bei den Betäubungsmitteln um „weiche Drogen" (Haschisch) handelt, welche zudem von außerordentlich schlechter Qualität sind.[233] Umgekehrt trifft dies auch auf die Verneinung des minder schweren Falles zu, wenn sich die Tat auf *Heroin* bezieht. Hier muss festgestellt sein, dass die besondere Gefährlichkeit von *Heroin*[234] von den Vorstellungen des Täters wenigstens unter billigender Inkaufnahme umfasst war.[235] Wusste er nicht, dass es sich um *Heroin* handelte, sondern ging er nur allgemein von gefährlichem Rauschgift aus, so bedarf es **132**

---

[222] BGH 5.7.2012 – 5 StR 252/12, NStZ 2013, 50.

[223] BGH 15.10.2014 – 2 StR 25/14, BeckRS 2014, 21066.

[224] Vgl. *Schäfer/Sander/van Gemmeren* Rn. 308 ff.

[225] Vgl. *Weber* Vor §§ 29 ff. Rn. 783 ff.

[226] Vgl. *Weber* Vor §§ 29 ff. Rn. 792 ff.

[227] BayObLG 13.11.2002 – 4 St RR 114/02.

[228] BayObLG 29.8.2001 – 4 St RR 89/01.

[229] BGH, B 12.2.2003 – 2 StR 464/02, BeckRS 2003 30306287.

[230] BayObLG 18.10.2001 – 4 St RR 115/01; anders noch BVerfG 4.5.1997 – 2 BvR 509/96, NJW 1998, 669: harte Droge. Während der Vierte Senat unter Bezugnahme auf die BVerfG-Entscheidung ausdrücklich offen ließ, ob es sich bei Amphetamin um eine „harte Droge" handelt, deren Gefährlichkeit unabhängig von der im Einzelfall gegebenen Wirkstoffkonzentration straferschwerend berücksichtigt werden darf (BGH 24.10.2012 – 4 StR 392/12, NStZ-RR 2013, 81), sind Amphetamine nach Auffassung des Zweiten Senats nicht als „harte Drogen" (in Relation zu Heroin und Kokain) zu klassifizieren, BGH 22.8.2012 – 2 StR 235/12, NStZ-RR 2013, 150 sowie BGH 23.3.2014 – 2 StR 202/13, BeckRS 2014, 12009.

[231] Vgl. BGH 8.4.1988 – 3 StR 117/88; aA AG Berlin-Tiergarten 2.10.1998 – (284) 6 Op Js 1415/97 Ls (146/97), NStZ-RR 1999, 90.

[232] BGH 8.10.1997 – 3 StR 299/97, NStZ 1998, 254.

[233] OLG Naumburg 22.6.2015 – 2 Rv 60/15, BeckRS 2015, 16298 = StV 2015, 643.

[234] BGH 1.9.1993 – 2 StR 308/93; 17.3.1993 – 2 StR 544/92; 1.7.1992 – 2 StR 191/92, NStZ 1992, 489 mAnm *Hergeth* JR 1993, 418; 21.1.1992 – 1 StR 598/91; 20.12.1990 – 1 StR 650/90; 19.1.1990 – 2 StR 588/89; 21.3.1989 – 1 StR 11/89; 6.8.1982 – 2 StR 430/82; 14.4.1981 – 1 StR 119/81; 17.12.1980 – 2 StR 540/80; 15.1.1980 – 1 StR 730/79.

[235] BGH 20.12.1990 – 1 StR 650/90.

Feststellungen darüber, dass er Vorstellungen über die Gefährlichkeit eines Rauschgiftes hatte, das derjenigen von *Heroin* entsprach.[236] Die besondere Gefährlichkeit des Betäubungsmittels kann aber nicht strafschärfend herangezogen werden, wenn der Wirkstoffgehalt nicht bekannt ist.[237]

133   **b) Gewichtsmenge und/oder Wirkstoffmenge.** Auf die **Menge des BtM** kommt es im Zusammenhang mit der Erfüllung des Tatbestandsmerkmals der nicht geringen Menge stets an, wobei ausschlaggebend ist, ob die Grenzmenge nur geringfügig,[238] erheblich oder um ein Vielfaches überschritten wurde (auch → Vor § 29 Rn. 260 ff.).[239] Je deutlicher die Grenze zur nicht geringen Menge überschritten ist, desto gewichtiger müssen die für die Annahme eines minderschweren Falles herangezogenen Gründe sein.[240] Beispielhaft hat dies die Rechtsprechung für die am häufigsten vorkommenden BtM *Cannabis,*[241] *Heroin*[242] und *Kokain*[243] mehrfach entschieden. Es ist allerdings rechtsfehlerhaft, wenn dem Täter strafschärfend angelastet wird, dass er die nicht geringe Menge „jeweils um ein Mehrfaches überschritten" bzw. „um ca. das 3-fache" überschritten habe, da eine lediglich geringe Überschreitung der Untergrenze zur nicht geringen Menge sogar ein Strafmilderungsgrund sein kann[244] und das Dreifache der nicht geringen Menge an Betäubungsmitteln noch nicht als bestimmender Strafschärfungsgrund zu bewerten.[245] Es existiert also **kein Rechtsgrundsatz** dahingehend, dass bei 30 Gramm Heroin- oder Kokaingemisch[246] oder bei 200 g Heroin mit einem Heroinhydrochloridgehalt von 43 %[247] die Annahme eines minder schweren Falles von vornherein ausscheidet oder der Tatrichter selbst bei 494,5 g Heroin mit 60,5 % reiner Heroinbase und dem Vorliegen eines vertypten Milderungsgrundes auf die Prüfung eines minder schweren Falles verzichten[248] dürfte. Die Bejahung eines minderschweren Falles beim Absatz von 100 Gramm Kokain ohne Feststellungen zur konkreten Wirkstoffmenge[249] oder bei 2 kg Haschisch unter unzutreffender Ermittlung der Wirkstoffmenge[250] ist allerdings rechtsfehlerhaft.

134   Die zuletzt erreichte Gesamtmenge ist bei der Begehung der Einzeltaten im Regelfall nicht von vornherein absehbar und kann auch sonst nicht bereits bei der Bewertung der *Einzeltaten* als Gesichtspunkt der Schuld im Sinne von § 46 Abs. 1 Satz 1 StGB berücksichtigt werden. Wie der Zweite Senat zutreffend ausführt, hat der Gesetzgeber in den Fällen des § 29a Abs. 1 Nr. 2 BtMG und des § 30 Abs. 1 Nr. 4 BtMG der im Einzelfall gehandelten/eingeführten Betäubungsmittelmenge ein bestimmtes Unrechtsgewicht beigemessen. Für die Strafbemessung kommt es dabei vor allem auf die Menge der Betäubungsmittel an, die bei der Einzeltat eingeführt und mit der dort Handel getrieben wurde.

---

[236] BGH 21.3.1989 – 1 StR 11/89.
[237] KPV/*Patzak* § 29 Teil 4, Rn. 378; OLG Frankfurt, 15.2.2005 – 1 Ss 384/04, StV 2005, 559; 5.3.2015 – 1 Ss 8/15, BeckRS 2015, 16299 = StV 2015, 643.
[238] BGH, B 7.11.1983 – 1 StR 721/83, BGHSt 31, 162 mAnm *Pelchen* LM Nr. 5 zu § 30 BtMG; Anm. *Körner* NStZ 1984, 221; Anm. *Endriß* StV 1984, 27; 13.2.1990 – 1 StR 708/89, NStZ 1990, 285; 11.6.1993 – 2 StR 117/93; OLG Köln 29.5.2009 – 82 Ss 32/09, BeckRS 2009, 15607.
[239] Vgl. etwa BGH 29.4.2014 – 2 StR 89/14, BeckRS 2014, 12995; zuletzt BGH 31.5.2016 – 3 StR 138/16, NStZ-RR 2016, 315.
[240] BGH 25.4.2002 – 3 StR 45/02, BeckRS 2002, 04268.
[241] BGH 17.8.1976 – 1 StR 355/76 (47 kg Haschisch); 8.10.1997 – 3 StR 299/97, NStZ 1998, 254 (Haschisch mit mehr als 400 g reinem TCH); 2.3.1994 – 2 StR 644/93 (473 kg Haschisch); 23.8.1989 – 3 StR 120/89(1,5 t Haschisch).
[242] BGH 1.10.1996 – 1 StR 559/96, NStZ-RR 1997, 50 (184,7 g Heroin); 26.3.1987 – 1 StR 60/87 (knapp 500 g Heroin mit 60,5 % HHCl); 25.2.1993 – 1 StR 808/92, NStZ 1993, 340 (20 kg Heroinzubereitung); 21.1.1992 – 1 StR 598/91 (110 kg Heroingemisch).
[243] BGH 8.1.1992 – 5 StR 628/91 (800 g Kokaingemisch).
[244] BGH 24.7.2012 – 2 StR 166/12.
[245] BGH 31.3.2016 – 2 StR 36/16, StraFo 2016, 423.
[246] BGH 11.7.1991 – 4 StR 301/91, NStZ 1992, 325.
[247] BGH 18.12.2001 – 1 StR 444/01, NJW 2002, 908.
[248] BGH 26.3.1987 – 1 StR 60/87.
[249] BGH 14.2.2001 – 3 StR 299/00, BeckRS 2001 30161629.
[250] BGH 14.6.1996 – 3 StR 233/96, NStZ 1996, 498.

§ 29a Abs. 2   135–139   minder schwerer Fall   **§ 29a BtMG**

Die Gesamtmenge aus mehreren Einzeltaten ist erst für die **Gesamtstrafenbildung** bestimmend.[251]

c) Verwendungszweck. Die Tat erscheint in einem milderen Licht, wenn das BtM **135** unmittelbar dem **Eigenverbrauch** dient.[252] Dass Abs. 1 Nr. 2 für die Aburteilung des Besitzes von Betäubungsmitteln in nicht geringer Menge den gleichen Strafrahmen wie für das Handeltreiben mit Betäubungsmitteln in nicht geringer Menge vorsieht, entbindet das Gericht nicht von der Notwendigkeit zu klären, ob und in welchem Umfang das besessene Rauschgift zum Weiterverkauf einerseits und zum Eigenverbrauch andererseits bestimmt war.[253] Auch die Versorgung **einer dem Täter nahe stehenden Person**[254] mit BtM kann einen Milderungsgrund darstellen, insbesondere wenn sie erfolgt, um dort Entzugserscheinungen zu lindern. Die Annahme eines minder schweren Falles ist schließlich auch dann nicht ausgeschlossen, wenn der Täter über einen BtM-Vorrat verfügt, aus dem er sich teilweise selbst versorgt und teilweise den Eigenverbrauch finanziert (**„Suchtdealer"**).[255] Damit darf die Gefährlichkeit eines BtM auch nicht zur Last gelegt werden, wenn es der Täter ausschließlich zum Eigenbedarf erworben und besessen hat; dies ist aber nicht anzunehmen wenn der Angeklagte den BtM-Vorrat nicht aus Angst vor Entzugserscheinungen angeschafft hat und damit auch die Gefahr der Weitergabe des BtM nicht auszuschließen ist.[256]

2. Täterbezogene Umstände. Täterbezogene Umstände sind allgemein sein Alter, **136** seine gesundheitliche, soziale oder ökonomische Situation, sein Vorleben, sein Nachtatverhalten sowie eine evtl. ausscheidende Täterqualität bei der Beteiligung an einem Sonderdelikt. Unter btm-spezifischen Gesichtspunkten kommen hinzu die Befindlichkeit zum Tatzeitpunkt im Hinblick auf die Sucht (Suchtdruck, Entzugsfolgen) und ein eventuell geleisteter Beitrag zur Aufklärung.

a) (Jugendliches) Alter. Bei Taten, die in unmittelbarem Anschluss an die **Vollendung** **137** **des 21. Lebensjahres** begangen werden, stellt sich häufig die Frage, in wieweit der Umstand berücksichtigt werden kann, dass der Angeklagte zwar nicht mehr dem Jugendstrafrecht unterworfen ist, die Tat jedoch selbst alle Anzeichen einer Jugendstraftat aufweist. Aufgrund der vorzunehmenden Gesamtbewertung kann dies – allerdings wohl nicht allein für sich genommen[257] – zur Annahme eines minder schweren Falles führen. Aus heutiger Sicht würde ein Fall als minder schwer zu behandeln sein, wenn eine 19 Jahre alte, die Gefährlichkeit ihres Handelns nicht voll erfassende Täterin, BtM in nicht geringer Menge besitzt, weil sie sich dem beherrschenden Einfluss ihres älteren und ihr überlegenen Ehemannes nicht entziehen kann.[258]

b) Erkrankung. Eine schwere Erkrankung wie AIDS[259] oder Hepatitis kann sich auch **138** bei der Strafrahmenwahl zu Gunsten des Täters auswirken. Die Anwendung des Sonderstrafrahmens wird dabei nahe liegen, wenn sich der Täter mit BtM „eingelassen" hat, um die Folgen der Erkrankung zu lindern.

c) Notsituation. Befand sich der Täter zur Tatzeit in einer Notsituation, kann auch **139** dieser Umstand – zusammen mit anderen Milderungsgründen – zur Anwendung eines minder schweren Falles führen.

---

[251] BGH 5.11.2014 – 2 StR 419/14, NStZ-RR 2015, 47; 15.6.2011 – 2 StR 645/10, StV 2013, 149.
[252] BGH 12.9.1986 – 2 StR 472/86; 8.4.1988 – 3 StR 117/88; 11.6.1993 – 2 StR 117/93; 28.3.2006 – 4 StR 42/06, NStZ-RR 2006, 220; KPV/*Patzak* Rn. 126.
[253] BGH 17.4.2014 – 3 StR 84/14, BeckRS 2014, 15081 = NStZ-RR 2014, 344 (345).
[254] BGH 11.7.1991 – 4 StR 302/91.
[255] BGH 24.11.1982 – 3 StR 384/82, BGHSt 31, 163 = NJW 1983, 692; 10.4.1985 – 3 StR 73/85, StV 1985, 369; 10.4.1990 – 4 StR 148/90, NStZ 1991, 384.
[256] OLG München 17.9.2014 – 4 OLG 13 Ss 375/14, StraFo 2014, 43.
[257] OLG Oldenburg 14.7.2008 – Ss 248/08 (I 124), BeckRS 2008, 21892.
[258] BGH 25.5.1977 – 3 StR 130/77.
[259] KPV/*Patzak* Rn. 139.

Kotz/Oğlakcıoğlu   1465

140   **d) Vorleben.** Der Umstand, dass ein Angeklagter bislang **unbestraft** ist, wird zwar für sich genommen, die Annahme eines minder schweren Falles nicht rechtfertigen, kann aber – neben anderen Milderungsgründen – einen Mosaikstein im Rahmen der Gesamtschau darstellen.[260]

141   **e) Nachtatverhalten.** Einem **Geständnis** kommt stets strafmildernde Bedeutung zu, selbst wenn es nicht offensichtlich in erster Linie aus Schuldeinsicht und Reue, sondern aus verfahrenstaktischen Gründen im Rahmen der Verständigung abgelegt wurde.[261] Dies gilt auch für ein – weitgehendes – Teilgeständnis.[262] Auch eine beim Täter vorhandene **Therapiebereitschaft** ist in diesem Zusammenhang zu berücksichtigen.[263]

142   **f) Abhängigkeit.** Beachtung verdient eine bestehende Abhängigkeit, wenn sie noch unterhalb der Erheblichkeitsschwelle des § 21 StGB[264] (andernfalls vertypter Milderungsgrund → Rn. 155) liegt, weil Suchtdruck oder Angst vor Entzugsfolgen das Handeln eines Täters zu beeinflussen vermögen.[265]

143   **g) Aufklärungsbemühen.** Zum Nachtatverhalten zählen die Aufklärungsbemühungen (zB die Bereitschaft, ein Scheingeschäft durchzuführen), denen der Aufklärungserfolg versagt bleibt (andernfalls greift bereits der vertypte Milderungsgrund nach § 31), da sich daraus Schlüsse auf die innere Einstellung des Täters zur Tat ziehen lassen. Dies gilt auch für ein Aufklärungsbemühen im Rahmen des § 46b StGB. Der Tatrichter kann ein solches Verhalten jedoch auch ausreichend berücksichtigen, ohne einen minder schweren Fall anzunehmen.[266]

144   **h) Verteidigungsbemühen.** Aus dem nemo-tenetur-Grundsatz (§§ 136 Abs. 1 S. 2, 163a Abs. 4 S. 2, 243 Abs. 5 S. 1 StPO) folgt, dass der Beschuldigte in einem strafrechtlichen Ermittlungsverfahren nicht verpflichtet ist, aktiv die Sachaufklärung zu fördern und an seiner eigenen Überführung mitzuwirken. Dementsprechend darf dem Angeklagten seine mangelnde Mitwirkung an der Sachaufklärung nicht strafschärfend angelastet werden. Dies gilt nicht nur dann, wenn der Angeklagte eine unrichtige Einlassung unverändert aufrechterhält, sondern auch, wenn er dem Anklagevorwurf mit jedenfalls teilweise wahrheitswidrigem Vorbringen zu begegnen sucht.[267]

145   **3. Tatbezogene Umstände.** Tatbezogene Umstände können sich aus dem Unrechtsgehalt der Tat, der Intensität der Tatbestandsverwirklichung oder aus dem Taterfolg ergeben.

146   **a) BtM-Straftaten zum Eigenkonsum. Besitz** hat im Vergleich zu den übrigen in § 29 Abs. 1 S. 1 aufgeführten Tatbestandsvarianten den geringsten Unrechtsgehalt,[268] unterliegt aber dessen ungeachtet auch beim reinen Eigenbesitz gleichwohl der Strafdrohung des § 29a Abs. 1 Nr. 2. Eine ähnliche Feststellung rechtfertigt sich auf der nächsthöheren Strafdrohungsebene für die **Einfuhr von BtM in nicht geringer Menge** (§ 30 Abs. 1 Nr. 4), insbesondere bei einer Poolbildung.[269] Schließlich vermag der Wortlaut des § 30a Abs. 1 nicht zu überdecken, dass es Konstellationen geben kann, die **nichts vom Bild des Organisierten Verbrechens,**[270] zu dessen Bekämpfung die Vorschrift eingeführt wurde, **an sich haben,** weshalb die angedrohte Mindeststrafe mit dem Verhältnismäßigkeitsgrundsatz in Kollision geraten kann.

[260] BGH 10.7.2008 – 5 StR 265/08, BeckRS 2008, 15348; aA OLG Oldenburg 14.7.2008 – Ss 248/08 (I 124), BeckRS 2008, 21892.
[261] BGH 28.8.1997 – 4 StR 240/97, BGHSt 43, 195 = NJW 1998, 86.
[262] BGH 10.7.2008 – 5 StR 265/08, BeckRS 2008, 15348.
[263] *Körner* (VI) § 29 Rn. 652.
[264] BT-Drs. 12/989, 30.
[265] BGH 22.6.2011 – 2 StR 139/11, BeckRS 2011, 20139.
[266] Vgl. BGH 6.4.2006 – 3 StR 478/05, BeckRS 2006, 05380.
[267] BGH 22.5.2013 – 4 StR 151/13, BeckRS 2013, 11212.
[268] OLG Koblenz 29.10.2009 – 2 Ss 166/09, NStZ-RR 2010, 200 (bei *Kotz/Rahlf*).
[269] Zur diesbezüglichen Kritik an der Vorschrift → Vor § 29a Rn. 7.
[270] BGH 18.6.2009 – 3 StR 171/09, NStZ-RR 2009, 320; 25.1.1996 – 5 StR 402/95, NJW 1996, 2316.

b) Intensität der Tatbestandsverwirklichung. Zu berücksichtigen ist auch eine 147
geringe „Intensität" der Tatbestandsverwirklichung. Hierunter fallen die von *Körner* zutreffend als **schwache Täterschaftsformen**[271] bezeichneten Tatbeiträge, die eben die Grenze
zur Täterschaft überschreiten, wesensmäßig aber eher einer Beihilfehandlung entsprechen[272]
oder Tatvollendung anzunehmen ist, obwohl sich der Tatbeitrag als versuchsähnliche Handlung[273] darstellt. Auch der – geringe – Tatbeitrag des **Gehilfen** und/oder die Gehilfenpersönlichkeit selbst können ohne den vertypten Milderungsgrund des § 27 Abs. 2 StGB bei
der Gesamtwürdigung im Vergleich zu anderen erfahrungsgemäß vorkommenden Beihilfehandlungen einen minder schweren Fall begründen.[274] Dies gilt insbesondere, wenn sich
die Tätigkeit des Gehilfen an der untersten Grenze des für eine Gehilfentätigkeit liegenden
Tatbeitrags bewegt.[275]

c) Minimaler/fehlender Taterfolg. Ein minder schwerer Fall kann aber auch deshalb 148
nahe liegen, weil der Täter von dem ursprünglich beabsichtigten Geschäft **Abstand
nimmt**[276] oder die BtM mangels Absetzbarkeit infolge Verunreinigung **vernichtet** hat.[277]
Dies gilt insbesondere für die sog **Luftgeschäfte**, die den BtM-Kreislauf deshalb nicht
erweitern, weil die zugesagte BtM-Menge nicht vorhanden ist, der Lieferant auf dem Weg
zum Abnehmer festgenommen wurde, das Geschäft unter polizeilicher Kontrolle stand oder
die tatsächlich übergebenen Substanzen Imitate waren, die die Polizei zuvor gegen die BtM
ausgetauscht hatte.[278] Werden aus dem unerlaubten **Handeltreiben** im wahrsten Sinne des
Wortes nur ein paar Cent[279] oder über einen längeren Tatzeitraum nur einige hundert
Euro[280] erlöst, legt auch dieser Umstand die Annahme eines minder schweren Falles nahe.

4. Staatliche Einflussnahme. Besonders gewichtig sind Milderungsgründe, die sich 149
aus der Einflussnahme staatlicher Stellen auf den BtM-Kreislauf ergeben. Die **Tatprovokation**[281] ist zumeist für die Tatbestandserfüllung mitbegründend[282] und deshalb zu Gunsten
des Täters besonders zu berücksichtigen, wenn nicht bereits ein Verfahrenshindernis anzunehmen ist (→ § 29 Rn. 590 f.). Die Tatsache, dass auf beiden Seiten des Umsatzgeschäftes,
das der Angeklagte vermitteln wollte, verdeckte Ermittler oder V-Leute tätig geworden
sind, ist ein sich strafmildernd auswirkender Umstand.[283]

Ein Milderungsgrund liegt aber auch dann vor, wenn ein BtM-Geschäft unter **polizeilicher Überwachung oder Kontrolle**[284] stattfindet. Ebenso muss bei der Strafrahmenwahl 150
zu Gunsten eines Angeklagten berücksichtigt werden, dass Rauschgift durch **Sicherstellung**[285] dem BtM-Kreislauf entzogen wurde. Jedenfalls die Kumulation von polizeilicher
Überwachung und Sicherstellung der BtM ist ein wesentlicher Strafzumessungsgrund, deren

[271] (VI) Rn. 168; vgl. Nunmehr KPV/*Patzak* Rn. 130.
[272] BGH 22.10.2007 – 5 StR 364/07, BeckRS 2007, 17766; 15.4.1983 – 2 StR 192/83, BeckRS 1983, 31108137.
[273] BGH 20.12.1989 – 2 StR 575/89, BeckRS 1989, 31097873 = NStZ 1990, 332 (bei *Schoreit*); 14.4.1999 – 3 StR 22/99, NJW 1999, 2683 = NStZ 2000, 95 mAnm *Körner*; vgl. auch *Weber* § 29 Rn. 555.
[274] BayObLG 30.1.1997 – 4 St RR 5/97; B 19.4.2001 – 4 St RR 51/01.
[275] BayObLG 10.2.2003 – 4 St RR 12/03.
[276] BGH 8.2.1984 – BeckRS 1984, 31107474.
[277] BGH 15.5.1979 – 2 StR 262/79.
[278] KPV/*Patzak* Rn. 132.
[279] BGH 10.7.2008 – 5 StR 265/08, BeckRS 2008, 15348; 23.10.2007 – 5 StR 161/07, NStZ-RR 2008, 288.
[280] BGH 23.10.2007 – 5 StR 161/07, NStZ-RR 2008, 288.
[281] KPV/*Patzak* Rn. 135.
[282] BGH 7.1.1993 – 4 StR 607/92, BeckRS 1993, 260156; 17.3.1994 – 1 StR 1/94, NStZ 1994, 335; 12.1.2000 – 5 StR 587/99, BeckRS 2000, 30090137.
[283] BGH 5.8.1993 – 4 StR 439/93, NStZ 1994, 39; 9.2.2012 – 2 StR 455/11, NStZ 2013, 99.
[284] OLG Koblenz 29.10.2009 – 2 Ss 166/09, NStZ-RR 2010, 200 (bei *Kotz/Rahlf*); vgl. auch BGH 8.11.1985 – 2 StR 446/85, NJW 1986, 1764.
[285] BGH 28.3.2006 – 4 StR 42/06, BeckRS 2006, 04870 = NStZ-RR 2006, 220 (L); BGH 14.4.2015 – 3 StR 2/15, NStZ-RR 2015, 248; *Weber* Vor §§ 29 ff. Rn. 848.

Berücksichtigung sich aufdrängt und als bestimmender Strafzumessungsgesichtspunkt (§ 267 Abs. 3 S. 1 Hs. 2 StPO) erwähnt werden muss.[286]

151   **5. Auslandsverurteilung.** Einen minder schweren Fall hat die Rechtsprechung auch dann angenommen, wenn der Täter wegen seiner Tat bereits im Ausland verurteilt worden war, da nicht außer Acht gelassen werden dürfe, dass er wegen derselben Tat alsbald nach der Tatbegehung durch ein ausländisches Gericht bestraft worden sei und er die Tat als hierdurch gesühnt betrachten habe können.[287] In der Praxis wird diese Konstellation nur noch im Verhältnis zu Staaten auftreten, die weder Vertragsparteien des SDÜ noch Mitglied der Europäischen Union[288] sind, dann aber wohl die Anwendung des Sonderstrafrahmens gebieten.

152   **6. Einziehung.** Die Einziehung eines Tatfahrzeugs „von nicht unerheblichem Wert" hat als Nebenfolge Sanktionscharakter und ist deshalb als bestimmender Gesichtspunkt für die Bemessung der daneben zu verhängenden Strafe und insoweit angemessen zu berück-sichtigen.[289] Will das Gericht strafmildernd berücksichtigen, dass der Täter auf die Rück-gabe von Asservaten verzichtet hat, muss es die sichergestellten Gegenstände mitteilen, damit das Revisionsgericht überprüfen kann, ob nicht hinsichtlich dieser Gegenstände ohnehin eine Einziehung (§ 33) unerlässlich gewesen wäre.[290] Siehe nun insb. → § 33 Rn. 6–7.

153   **7. Untersuchungshaft.** Erlittene U-Haft rechtfertigt nicht per se eine Strafmilderung, weil sie nach § 51 Abs. 1 S. 1 StGB ohnehin auf die zu vollstreckende Strafe angerechnet wird.[291] Aber auch wenn eine Freiheitsstrafe deshalb zur Bewährung ausgesetzt wird, weil der Angeklagte durch den Vollzug der Untersuchungshaft hinreichend beeindruckt ist und besondere Umstände iSd § 56 Abs. 2 StGB bejaht werden, verbietet sich eine zusätzliche mildernde Berücksichtigung bei der Bemessung der Strafhöhe.[292] Allerdings dürfen beson-ders beschwerende Umstände des Haftvollzugs strafmildernd in Ansatz gebracht werden.[293]

VI. Vertypte Milderungsgründe

154   Vertypte Milderungsgründe zwingen in der Regel zur Prüfung der Frage, ob ein minder schwerer Fall vorliegt,[294] es sei denn, einzelne Ausprägungen der Tat (zB eine extrem große Menge BtM)[295] lassen die Anwendung des Sonderstrafrahmens von vornherein als ausgeschlossen erscheinen.

155   **1. Verbotsirrtum.** Liegt ein vermeidbarer Verbotsirrtum (§ 17 S. 2 StGB) vor, kann dies zur Heranziehung des Sonderstrafrahmens führen. Der Tatrichter hat sich im Zusammen-hang mit der **Prüfung der Vermeidbarkeit** dabei mit der Frage auseinander zu setzen, ob die Einsicht gefehlt hat, Unrecht zu tun. Auch wenn der Täter nur für möglich hält, Unrecht zu tun, hat er das Unrechtsbewusstsein, wenn er diese Möglichkeit in derselben Weise wie beim bedingten Vorsatz in seinen Willen aufnimmt (vgl. bereits → Vor § 29 Rn. 91 ff.).[296]

---

[286] BGH 7.2.2012 – BGH 4StR 653/11, NStZ-RR 2012, 153; 5.6.2013 – 4 StR 169/13, NStZ 2013, 662.
[287] BGH 27.2.1986 – 1 StR 31/86, NStZ 1986, 312; 14.7.1987 – 1 StR 352/87.
[288] Dazu → Vor § 29 Rn. 165 ff.
[289] BGH 27.9.2011 – 3 StR 296/11, NStZ-RR 2011, 370; 20.7.2011 – 5 StR 234/11, StV 2011, 726; 20.9.1988 –5 StR 418/88; 16.2.2012 – 3 StR 470/11, NStZ-RR 2012, 169.
[290] BGH 20.8.2013 – 5 StR 248/13, NStZ-RR 2014, 106.
[291] BGH 20.8.2013 – 5 StR 248/13, NStZ-RR 2014, 106; 19.5.2010 – 2 StR 102/10, NStZ 2011, 100.
[292] BGH 14.6.2006 – BGH 2 StR 34/06, NJW 2006, 2645.
[293] BGH 20.8.2013 – 5 StR 248/13, NStZ-RR 2014, 106.
[294] *Schäfer/Sander/van Gemmeren* Rn. 584.
[295] BGH 21.1.1992 – 1 StR 598/91, NStZ 1992, 321.
[296] BGH 13.12.1995 – 3 StR 514/95, NStZ 1996, 236.

2. Verminderte Einsichts-/Steuerungsfähigkeit. War die Steuerungsfähigkeit des **156** Täters zur Tatzeit erheblich vermindert **(§ 21 StGB),**[297] zwingt auch dies zur Prüfung, ob ein minder schwerer Fall zu bejahen ist.[298] Die Abhängigkeit von BtM für sich allein hat jedoch noch nicht eine erhebliche Verminderung der Steuerungsfähigkeit zur Folge. Deshalb liegt regelmäßig kein Erörterungsmangel vor, wenn bei Straftaten von Drogenabhängigen die Voraussetzungen von § 21 StGB nicht erörtert werden.[299] Diese ist bei einem Rauschgiftsüchtigen nur ausnahmsweise gegeben, zum Beispiel, wenn langjähriger BtM-Konsum zu schwersten Persönlichkeitsveränderungen geführt hat oder der Täter unter starken Entzugserscheinungen leidet und durch sie dazu getrieben wird, sich mittels einer Straftat Drogen zu verschaffen; ferner unter Umständen dann, wenn er das Delikt im Zustand eines akuten Rausches verübt.[300] Allerdings ist die Anwendung des § 21 StGB bei Beschaffungsdelikten eines Rauschgiftabhängigen nicht in jedem Falle davon abhängig, dass er zur Tatzeit unter akuten körperlichen **Entzugserscheinungen** gelitten hat. Es ist vielmehr nicht ausgeschlossen, dass die Angst des Täters vor Entzugserscheinungen, die er schon als äußerst unangenehm („grausamst") erlebt hat und als nahe bevorstehend einschätzt, sein Hemmungsvermögen erheblich beeinträchtigt.[301] Eine Einschränkung dahingehend, dass die **Verminderung nicht positiv festgestellt** sei, sondern nur nicht ausgeschlossen werden könne, darf der Tatrichter dabei nicht machen.[302]

3. Versuch. Bleibt eine Tat im Versuchsstadium (§ 23 Abs. 2 StGB), liegt ebenso ein **157** gewichtiger Strafmilderungsgrund vor, der zur Prüfung im Rahmen des Abs. 2 Anlass gibt.[303] Eine Strafrahmenverschiebung darf dabei nicht mit der Erwägung abgelehnt werden, der Täter habe seinerseits alles zur Verwirklichung des tatbestandlichen Erfolgs getan und dieser sei nur zufällig – etwa infolge des unerwarteten Zugriffs der Polizei – ausgeblieben, da derartige Erwägungen im Ergebnis nur die Feststellung enthalten, dass der Täter vorsätzlich handelte und vom Versuch nicht – strafbefreiend – zurückgetreten ist; beide Gesichtspunkte begründen jedoch erst die Strafbarkeit wegen des versuchten Delikts und können daher in der Regel einer Strafrahmenmilderung nicht entgegenstehen.[304]

4. Beihilfe. Im Falle der Beihilfe (§ 27 Abs. 2 StGB) ist die Strafe zwingend zu mildern, **158** wobei Tatbeitrag des Gehilfen und Gehilfenpersönlichkeit bereits ohne den vertypten Milderungsgrund des § 27 Abs. 2 StGB bei der Gesamtwürdigung im Vergleich zu anderen erfahrungsgemäß vorkommenden Beihilfehandlungen einen minder schweren Fall begründen können.[305] Das Vorliegen dieser Teilnahmeform verlangt deshalb auch bei der Auseinandersetzung mit der Strafrahmenwahl die Prüfung, ob ein minder schwerer Fall vorliegt.[306] Dabei sind an die Feststellung des Mindestschuldumfangs der Haupttat nicht dieselben strengen Anforderungen zu stellen, weil sich der Schuldgehalt einer Beihilfehandlung nicht in erster Linie an der unterstützten Haupttat, sondern nur unter Berücksichtigung des Gewichts der Haupttat an der Beihilfehandlung selbst orientiert.[307]

5. Beteiligung an echten Sonderdelikten. Bei echten Sonderdelikten (zB § 29 Abs. 1 **159** S. 1 Nr. 7)[308] kann es dem Teilnehmer (Apothekenhelfer) an der **Täterqualität fehlen,**

---

[297] Zu den Voraussetzungen: *Schäfer/Sander/van Gemmeren* Rn. 531; *Weber* Vor §§ 29 ff. Rn. 374 ff.
[298] BGH 17.7.1987 – 2 StR 291/87.
[299] BGH 20.5.2014 – 1 StR 90/14, BeckRS 2014, 11008 = NStZ-RR 2014, 213 (214).
[300] BGH 7.8.2001 – 1 StR 470/00, NJW 2002, 250.
[301] BGH 19.9.2000 – 1 StR 310/00, NStZ 2001, 83; BGH 20.5.2014 – 1 StR 90/14, BeckRS 2014, 11008 = NStZ-RR 2014, 213 (214); 17.4.2012 – 1 StR 15/12, NStZ 2013, 53 (54 f.) mwN; BGH 20.8.2013 – 5 StR 36/13, NStZ-RR 2013, 346 (347).
[302] BGH 20.8.1990 – 1 StR 423/90.
[303] BGH 7.2.1995 – 1 StR 1/95.
[304] BGH 27.10.2000 – 2 StR 381/00; 17.1.2006 – 4 StR 422/05, NStZ-RR 2006, 137.
[305] BayObLG 30.1.1997 – 4St RR 5/97; 19.4.2001 – 4St RR 51/01.
[306] BGH 14.3.2002 – 3 StR 26/02.
[307] BayObLG 10.2.2003 – 4St RR 12/03.
[308] Vgl. allgemein *Weber* Vor §§ 29 ff. Rn. 184 ff.

weshalb sein Beitrag, auch wenn er sich der Sache nach als mittäterschaftlich darstellt, wegen § 28 Abs. 1 StGB nur unter dem Gesichtspunkt der Beihilfe bestraft werden kann.[309]

160 **6. Versuch der Beteiligung.** Auch ein Versuch der Beteiligung (§ 30 Abs. 1 S. 2, Abs. 2 StGB) kann als vertypter Milderungsgrund ebenfalls Anlass geben, eine Strafrahmenverschiebung zu prüfen.[310]

161 **7. Aufklärungshilfe.** Hat der Täter Aufklärungshilfe geleistet, kann das Gericht die Strafe mildern oder in bestimmten Fällen ganz von ihr absehen (§ 31 BtMG, § 46b StGB). Im Zusammenhang mit der Strafrahmenwahl zwingt dieser vertypte Milderungsgrund zur Auseinandersetzung mit der Frage, ob ein minder schwerer Fall anzunehmen ist,[311] da speziell hier von Gesetzes wegen eine Privilegierung gewollt ist. Einem Aufklärungsgehilfen soll die Möglichkeit gegeben werden, durch eine Strafaussetzung zur Bewährung den Weg aus der Rauschgiftszene zu schaffen und den bisherigen Kontakt zum Rauschgift aufzugeben.[312]

VII. Minder schwere Fälle von Begehungsweisen

162 Den bisher von der Rechtsprechung hierzu entschiedenen Fällen lässt sich folgende Tendenz entnehmen:

163 **1. Abgabe, Verabreichung oder Verbrauchsüberlassung an Jugendliche unter achtzehn Jahren (Abs. 1 Nr. 1).** Ein minder schwerer Fall kann bei diesen Tatbestandsvarianten vorliegen, wenn Cannabis an **szeneerfahrene Jugendliche** abgegeben wird,[313] die **Initiative vom Minderjährigen** ausgeht[314] oder sonst mehrere Milderungsgründe[315] vorliegen. Allerdings hat der Tatrichter darauf zu achten, dass sein Urteil nicht einen Wertungswiderspruch enthält, wenn er beim Verkauf von Haschisch-Kleinmengen an Minderjährige den Sonderstrafrahmen anwendet, bei Tathandlungen gegen Erwachsene hingegen keine Milderung vornimmt.[316]

164 Die **Ablehnung** eines minder schweren Falles ist nicht zu beanstanden, wenn die Abgabe der BtM entgegen der Vorspiegelung des Täters, die Jugendliche bei ihren Bemühungen um Drogenentzug zu unterstützen, unter Missbrauch ihrer Zuneigung und ihres Vertrauens für seine Zwecke bei der Prostitution und bei BtM-Geschäften eingesetzt wird.[317] Die Wahl des Sonderstrafrahmens kann weder damit begründet werden, dass der Täter nur einen geringen Profit erzielte[318] noch damit, dass der Verkauf an Minderjährige aus einem an eine nicht geringe Menge heranreichenden BtM-Vorrat nur in geringem Umfang erfolgte.[319] Bedeutsame Gesichtspunkte, die **gegen die Heranziehung des Sonderstrafrahmens** sprechen, können sich auch aus dem Rekurs auf die beispielhaft in Art. 3 Abs. 5 Übk. 1988 ergeben. Gegen die Anwendung des Sonderstrafrahmens sprechen ferner das **Heranführen des Minderjährigen** an den BtM-Gebrauch (erstmalige Konsum) und das „Anfixen", die Verursachung einer Gesundheitsgefährdung, das sehr junge Alter des Empfängers (vgl. die Regelung im belgischen Recht mit den Altersstufen bis zwölf Jahre, 12 bis 16 Jahre, über 16 Jahre), die Auslösung einer BtM-Abhängigkeitsentwicklung beim jugendlichen Opfer,

---

[309] Schönke/Schröder/*Cramer/Heine* StGB § 28 Rn. 25.
[310] BGH 13.8.1996 – 1 StR 453/96, NStZ 1997, 83.
[311] BGH 22.1.2002 – 4 StR 526/01, BeckRS 2002, 30233743.
[312] BGH 18.12.2001 – 1 StR 444/01, NJW 2002, 908.
[313] LG Darmstadt 27.1.1999 – 17 Js 23 216/98 – 3 KLs, KPV/*Patzak* Rn. 23.
[314] BGH 20.1.2000 – 4 StR 400/99, NJW 2000, 1877.
[315] BGH 17.9.1997 – 2 StR 390/97.
[316] BGH 23.5.2007 – 2 StR 569/06, NStZ 2008, 42.
[317] BGH 8.7.1998 – 3 StR 241/98, NStZ-RR 1998, 347.
[318] KG 15.5.2000 – (3) 1 Ss 76/00 (26/00); dagegen wohl: BGH 17.9.1997 – 2 StR 390/97.
[319] BGH 8.5.2003 – 3 StR 123/03, NStZ 2004, 109.

das Ausnutzen eines Abhängigkeits-, Ausbildungs- oder Betreuungsverhältnisses,[320] die Anwendung psychischen Drucks und Handeln aus übersteigertem Gewinnstreben.[321]

2. Handeltreiben, Abgabe, Herstellung und Besitz in nicht geringen Mengen 165 **(Abs. 1 Nr. 2). a) Handeltreiben.** Beim unerlaubten Handeltreiben kann ein minder schwerer Fall angenommen werden, wenn der Täter nicht der eigentliche Initiator, Drahtzieher und Hauptnutznießer des Geschäftes war, dass es sich, soweit er beteiligt war, um ein von Anfang an polizeilich überwachtes und kontrolliertes Scheingeschäft gehandelt hat und dass er in allen wesentlichen Punkten geständig war, insbesondere auch Angaben zur Person und zum Verhalten des Hintermannes gemacht hat. Er liegt ferner nahe, wenn im wahrsten Sinne des Wortes nur ein paar Cent[322] oder über einen längeren Tatzeitraum nur einige hundert Euro[323] erlöst werden.[324] **Heroin** kann als besonders gefährliches BtM[325] **gegen die Annahme eines minder schweren Falles** sprechen, allerdings nur dann, wenn festgestellt ist, dass dieser Umstand von den Vorstellungen des Täters wenigstens unter billigender Inkaufnahme umfasst war. Wusste er nicht, dass es sich um Heroin handelte, sondern ging er nur allgemein von gefährlichem Rauschgift aus, so bedarf es Feststellungen darüber, dass er Vorstellungen über die Gefährlichkeit eines Rauschgiftes hatte, das derjenigen von Heroin entsprach.[326]

b) Herstellung. Der Tatrichter darf entscheidend darauf abheben, dass der Angeklagte 166 Marihuana **ausschließlich zum Eigenkonsum** hergestellt hat, da insoweit in der Rechtsprechung anerkannt ist, dass bei der Einfuhr nicht besonders großer Mengen zum eigenen Verbrauch die Annahme eines minderschweren Falles nach § 30 Abs. 2 nahe liegt und keine Bedenken bestehen, den Grundgedanken dieser Entscheidungen auch für die Beurteilung der vorliegenden Frage heranzuziehen.[327]

c) Besitz. Gerade auf den Besitz einer nicht geringen Menge zum eigenen Konsum 167 können die bei der Einfuhr nicht besonders großer Mengen zum eigenen Verbrauch entwickelten Grundgedanken zur Annahme eines minderschweren Falles herangezogen werden,[328] da dieses Delikt im Vergleich zu den übrigen in § 29 Abs. 1 S. 1 aufgeführten Tatbestandsvarianten den geringsten Unrechtsgehalt aufweist.[329] Stellt der Tatrichter fest, dass die besessenen BtM dem Eigenverbrauch dienten, kann das Vorliegen eines minder schweren Falles nicht mit der Erwägung verneint werden, angesichts der Konsumgewohnheiten des Täters habe die erhöhte Gefahr bestanden, dieser werde von dem gewonnenen Rauschgift den überwiegenden Teil an Dritte weitergeben, zumal dieses auch einen beträchtlichen Marktwert habe.[330] Ein minder schwerer Fall kann schließlich auch dann anzunehmen sein, wenn sich jemand einen BtM-Vorrat anlegt, weil er seit etwa zwölf Jahren an einer Schmerzkrankheit leidet und ärztlicherseits verordnete Medikamente keine Linderung bringen.[331] Zu Überlegungen über die Heranziehung des Sonderstrafrahmens muss auch Anlass bestehen, wenn die Steuerungsfähigkeit des Täters infolge Abhängigkeit erheblich vermindert ist.[332] Demgegenüber wird der Umstand, dass ein Angeklagter den Besitz der BtM eingesteht, im Rahmen der Prüfung eines minder schweren Falles jedenfalls

---

[320] KPV/*Patzak* Rn. 24.
[321] *Weber* Rn. 205.
[322] BGH 10.7.2008 – 5 StR 265/08, BeckRS 2008, 15348; 23.10.2007 – 5 StR 161/07, NStZ-RR 2008, 288.
[323] BGH 23.10.2007 – 5 StR 161/07, NStZ-RR 2008, 288.
[324] BGH 4.3.1997 – 1 StR 797/96.
[325] BGH 12.2.2003 – 2 StR 464/02.
[326] BGH 21.3.1989 – 1 StR 11/89.
[327] BGH 13.2.1990 – 1 StR 708/89, NStZ 1990, 285.
[328] BGH 13.2.1990 – 1 StR 708/89, NStZ 1990, 285.
[329] OLG Koblenz 29.10.2009 – 2 Ss 166/09, NStZ-RR 2010, 200 (bei *Kotz/Rahlf*).
[330] BayObLG 2.10.1997 – 4St RR 214/97, NJW 1998, 769.
[331] KG 1.11.2001 – (4) 1 Ss 39/01 (50/01).
[332] BayObLG 16.3.1994 – 4St RR 19/)4.

dann **zu Unrecht als bestimmender Milderungsgrund** angesehen, wenn der Tatrichter gleichzeitig feststellt, dass eine erdrückende Beweislage vorgelegen habe, da ein Geständnis tatsächlich nur dann als strafmildernd betrachtet werden kann, wenn es auf geringe Tatschuld, Einsicht in das begangene Unrecht und Reue des Täters schließen lässt.[333]

168   **3. Sperrwirkung zurücktretender Tatbestände.** Ist eine Qualifikationsnorm lex specialis gegenüber anderen Tatbeständen, verdrängt sie diese zwar; bei der Strafzumessung geben jedoch die verdrängten Tatbestände die Mindeststrafe vor, **versperren** also ein Unterschreiten der dortigen Mindeststrafe.[334] Dies gilt auch bei den Regelbeispielen des § 29 Abs. 3, obwohl es sich dort nicht um Straftatbestände, sondern nur um tatbestandsähnlich ausgestaltete Strafzumessungsregeln handelt.[335] Will der Tatrichter demzufolge einen minder schweren Fall nach § 29a Abs. 2 annehmen, hat er den sich aus der Vorschrift ergebenden Strafrahmen – sofern zugleich Gewerbsmäßigkeit und/oder Gesundheitsgefährdung mehrerer Menschen (ggf. aber auch ein unbenannter besonders schwerer Fall) vorliegt – im Hinblick auf die Strafuntergrenze von einem Jahr (§ 29 Abs. 3) zu „konsolidieren".

VIII. Strafrahmenwahl

169   Neben dem Sonderstrafrahmen eröffnet auch § 49 StGB im Zusammenhang mit sog vertypten Milderungsgründen bei obligatorischen Milderungsgründen die Pflicht bzw. bei fakultativen Milderungsgründen die Möglichkeit zur Strafrahmenverschiebung. Allerdings gibt die Vorschrift nicht vor, in welchem rechtlichen Verhältnis sie zum jeweiligen Sonderstrafrahmen steht.

170   **1. Meinungsstand.** Die hierzu in der **Literatur** vertretenen Auffassungen sind unterschiedlich und reichen von der Extremposition, der Tatrichter sei nicht gehalten, den für den Angeklagten günstigsten Strafrahmen zu wählen,[336] bis hin zu der gerade gegenteiligen Position, die den Tatrichter stets zur Wahl des jeweils milderen Strafrahmens (Meistbegünstigung) verpflichtet.[337] Dazwischen wird danach differenziert, ob der Sonderstrafrahmen des minder schweren Falles allein wegen eines vertypten Milderungsgrundes oder in Addition zu allgemeinen positiven Strafzumessungserwägungen herangezogen wurde[338] bzw. darauf abgestellt, den günstigeren Strafrahmen umso eher anzuwenden, je gewichtiger der Milderungsgrund erscheint.[339] Nach der **Rechtsprechung** hängt die Beantwortung dieser in den Auswirkungen für den Angeklagten keinesfalls nur marginalen Streitfrage[340] davon ab, welches Ergebnis für den Angeklagten günstiger ist.[341] Einzuräumen ist, dass die Zielrichtung nicht in jeder Entscheidung so deutlich wird, und der Eindruck entstehen kann, dem Tatrichter sei die Möglichkeit der freien Wahl im Sinne subjektiver Willkür eröffnet,[342] wie andererseits undeutliche Formulierungen Anlass auch zu Missverständnissen in umgekehrter Richtung geben.

171   **2. Meistbegünstigung.** Alles andere als eine Meistbegünstigung würde jedoch insbesondere nicht damit zu vereinbaren sein, dass es gerade die Rechtsprechung ist, die der Prüfungsreihenfolge ein derart strenges Korsett angelegt hat,[343] dessen einziges Ziel darin besteht, dem Angeklagten in Ansehung von § 50 StGB eine weitere Strafrahmenverschiebung zu erhalten. Gerade aus der Erwägung der Meistbegünstigung heraus erschließt sich auch die Pflicht

---

[333] KG 15.5.2000 – (3) 1 Ss 76/00 (26/00), NStZ-RR 2001, 67 (*bei Kotz/Rahlf*).
[334] BGH 25.5.2010 – 1 StR 59/10, NStZ 2011, 98; 24.4.2003 – 3 StR 369/01, BeckRS 2003, 04642.
[335] *Fischer* StGB Vor § 52 Rn. 45.
[336] *Schäfer/Sander/van Gemmeren* Rn. 515; *Weber* Vor § 29 ff. Rn. 686.
[337] S. 1. Aufl., StGB § 50 Rn. 5; NK-StGB/*Lemke* StGB § 50 Rn. 8; SK-StGB/*Horn* StGB § 50 Rn. 5.
[338] LK/*Gribbohm* StGB § 50 Rn. 19; ähnlich: *Fischer* StGB § 50 Rn. 5.
[339] *Schäfer/Sander/van Gemmeren* Rn. 582.
[340] *Schäfer/Sander/van Gemmeren* Rn. 514.
[341] BGH 2.11.1983 – 2 StR 492/83, NStZ 1984, 118; 7.12.1984 – 2 StR 664/84, BGHSt 33, 92 = NJW 1985, 1406; 21.5.1992 – 1 StR 255/92.
[342] BGH 11.8.1987 – 3 StR 341/87, NStE Nr. 1 zu § 49 StGB; deutlich: BayObLG 22.12.2000 – 5St RR 372/00.
[343] *Schäfer/Sander/van Gemmeren* Rn. 591.

des Tatrichters, zwischen den ihm zur Verfügung stehenden Strafrahmen einen Vergleich anzustellen: Würde man es ihm verwehren, bei den obligatorisch vorgeschriebenen Milderungen diese durch die Annahme eines minder schweren Falles zu verwirklichen, könnte dies zu einer Schlechterstellung des Angeklagten in jenen Fällen führen, in denen eine Milderung des Normalstrafrahmens nach § 49 einen ungünstigeren Rahmen vorsieht als bei Annahme eines minder schweren Falles.[344] Nur daraus lässt sich auch erklären, dass die höchstrichterliche Rechtsprechung dort ansetzt, wo der Tatrichter die **beiden ihm gesetzlich zustehenden Milderungsmöglichkeiten entweder nicht gesehen oder sie einander nicht gegenübergestellt** hat, weil gerade dieses Defizit den Angeklagten beschweren kann.[345]

3. Richterliches „Wahlrecht". Ein tatsächliches Wahlrecht besteht für den Richter **172** indessen nicht; denn er kann bei Vorliegen eines vertypten Milderungsgrundes gerade nicht frei wählen, ob er statt des für den minderschweren Fall vorgesehenen Strafrahmens den nach § 49 StGB gemilderten Strafrahmen seiner Straffindung zugrunde legt. Er muss beide Strafrahmen vergleichen und den dem Angeklagten günstigsten anwenden.[346] Mit der Möglichkeit, eine der beiden Arten der Strafmilderung heranzuziehen, hat es dagegen nichts zu tun, dass der Tatrichter nicht gezwungen ist, einen minder schweren Fall zu bejahen, auch wenn ein sog vertypter Milderungsgrund vorliegt. Denn es zählt bereits zur Aufgabe des Tatrichters im Bereich der Strafzumessung, an dieser Stelle abzuwägen, ob vorliegende Milderungsgründe dem gesamten Geschehen ein solches Gepräge geben, das die Heranziehung des Sonderstrafrahmens gebietet.

4. Gegenüberstellung. a) Milderung nach § 49 StGB. Die zutreffende Gegenüber- **173** stellung setzt voraus, dass zunächst der Anwendungsbereich des § 49 StGB bestimmt wird, da dieser in seinen Absätzen 1 und 2 zu unterschiedlichen Strafrahmenverschiebung führt, insbesondere weil bei einer Milderung nach § 49 Abs. 2 die Obergrenze des Strafrahmens bestehen bleibt. Von den vertypten Milderungsgründen verweisen der Verbotsirrtum (§ 17 StGB), die verminderte Einsichts- oder Steuerungsfähigkeit (§ 21 StGB), der Versuch (§ 23 Abs. 2 StGB), die Beihilfe (§ 27 Abs. 2 StGB), § 28 Abs. 1 bezüglich der Täterqualität und der Versuch der Beteiligung (§ 30 Abs. 1 S. 2, Abs. 2 StGB) und die Aufklärungshilfe (§ 31) auf **§ 49 Abs. 1 StGB;** bei der Milderung wegen Versuchs aus grobem Unverstand (§ 23 Abs. 3 StGB) ist **§ 49 Abs. 2 StGB** anzuwenden.

b) Milderung nach § 49 Abs. 1 StGB. Gegenüber dem Sonderstrafrahmen des Abs. 2 **174** führt eine Milderung nach § 29a Abs. 1 BtMG, § 49 Abs. 1 StGB zu einem Strafrahmen von **drei Monaten bis 11 Jahren und drei Monaten.** Infolge der niedrigeren Höchststrafe von fünf Jahren erweist sich der Sonderstrafrahmen des § 29a Abs. 2 als der für den Angeklagten günstigere Strafrahmen.

c) Milderung nach § 49 Abs. 2 StGB. Gegenüber dem Sonderstrafrahmen des Abs. 2 **175** führt eine Milderung nach § 29a Abs. 1 BtMG, § 49 Abs. 2 StGB zu einem Strafrahmen von **einem Monat** (oder Geldstrafe, § 38 Abs. 2 StGB) bis fünfzehn Jahren **Freiheitsstrafe oder Geldstrafe von 5 bis 360 Tagessätzen** (§ 40 Abs. 2 StGB), der wegen der Aufrechterhaltung der Strafrahmenobergrenze gegenüber dem Sonderstrafrahmen des § 29a Abs. 2 ungünstiger sein kann, wegen der Erweiterung der Möglichkeit der Verhängung von Geldstrafe jedoch nicht sein muss.

d) Verhältnis zum Regelstrafrahmen. Der Sonderstrafrahmen (drei Monate bis zu **176** fünf Jahren) ist im **Verhältnis zum Regelstrafrahmen** (ein Jahr bis fünfzehn Jahre Freiheitsstrafe) **in beiden Fällen** der Milderung nach § 49 StGB günstiger, weil er wegen der Herabsetzung der Mindeststrafe bei Taten von nicht allzu großem Gewicht die Verhängung einer Strafe erlaubt, die noch zur Bewährung ausgesetzt werden kann.[347]

---

[344] BGH 10.9.1986 – 3 StR 287/86, NStZ 1987, 72.
[345] BGH 11.8.1987 – 3 StR 341/87, BeckRS 1987, 31098764.
[346] BayObLG 22.12.2000 – 5 St RR 372/00.
[347] BGH 18.12.2001 – 1 StR 444/01, NJW 2002, 908.

IX. Mehrfache Strafrahmenverschiebung

177   Mehrfache Strafrahmenverschiebung ist grundsätzlich zulässig und möglich. Durch § 50 StGB sind ihr lediglich insoweit Grenzen gesetzt, als ein- und derselbe tatsächliche Umstand, mag er auch dazu in der Lage sein, rechtlich unterschiedliche Milderungsgründe zu generieren,[348] nicht zu einer mehrmaligen Berücksichtigung im **Bereich der Strafrahmenwahl** führen darf. Dagegen darf (ggf. muss) jeder Umstand, der zur konkreten Strafrahmenwahl beigetragen hat, bei der **Strafzumessung im engeren Sinne** neuerlich berücksichtigt werden,[349] da in diesem Bereich kein Mehrfachverwertungsverbot besteht.

178   **1. Anwendung des Sonderstrafrahmens infolge allgemeiner Milderungsgründe.** Bei einem umfassend geständigen Ausländer, dessen erheblich eingeschränkte Einsichts- oder Steuerungsfähigkeit infolge BtM-Abhängigkeit festgestellt wurde, und der offenkundig nur deshalb bereit war, sich als Gehilfe des unerlaubten Handeltreibens zu verdingen, um zum Lebensunterhalt seiner Familie beitragen und insbesondere die Kosten der ärztlichen Behandlung seines chronisch erkrankten Kindes finanzieren zu können, liegen bereits außerhalb von vertypten Gründen derart viele Milderungsgesichtspunkte vor, dass auf der ersten Stufe[350] die Heranziehung des Sonderstrafrahmens des Abs. 2 von **drei Monaten bis zu fünf Jahren** geboten ist.

179   **2. Milderung des sich aus der erstmaliger Verschiebung ergebenden Sonderstrafrahmens wegen eines vertypten Milderungsgrundes.** Auf der zweiten Stufe kann nun im Regelfall der nunmehr zur Verfügung stehende Strafrahmen von drei Monaten bis zu fünf Jahren zunächst wegen des nicht verbrauchten vertypten Milderungsgrundes der **Beihilfe** nach § 49 Abs. 1 StGB neuerlich gemildert werden mit der Folge, dass dem Gericht nunmehr ein Strafrahmen von einem Monat (oder Geldstrafe) bis zu drei Jahren und neun Monaten[351] zur Verfügung steht. Für den Fall, dass zugleich ein **besonders schwerer Fall** (§ 29 Abs. 3) vorliegt, verbleibt es dagegen bei der Mindeststrafe von einem Jahr, der Strafrahmen reicht dann von einem Jahr bis zu drei Jahren neun Monaten.

180   **3. Milderung des bereits zweimal gemilderten Sonderstrafrahmens wegen eines weiteren vertypten Milderungsgrundes.** Der zweistufig ermittelte Strafrahmen kann auf einer dritten Stufe sogar nochmals wegen des nicht verbrauchten vertypten Milderungsgrundes der **erheblichen Einschränkung der Steuerungsfähigkeit** ein weiteres Mal nach § 49 Abs. 1 StGB gemildert werden, so dass der Tatrichter die Strafe nunmehr aus einem Rahmen von einem Monat (oder Geldstrafe) bis zu zwei Jahren und neun Monaten[352] zu finden hat, was aber nur dann gilt, wenn kein besonders schwerer Fall gegeben ist.

181   **4. Strafrahmenverschiebungen nach § 49 Abs. 1 und 2 StGB.** Ist zu Gunsten des Täters in **Abwandlung des Ausgangsfalles** anstelle der eingeschränkten Steuerungsfähigkeit neben der Beihilfe auch **untauglicher Versuch** zu berücksichtigen, führt dies bei dem für die konkrete Straffindung zur Verfügung stehenden Strafrahmen zu **einem anderen Ergebnis,** weil § 23 Abs. 3 StGB auf **§ 49 Abs. 2 StGB** verweist. Wie zuvor kommt er wegen der Beihilfe zur Strafrahmenverschiebung nach § 49 Abs. 1 StGB (→ Rn. 174 ff.). Der in Stufe 3 (neu) nach **§ 49 Abs. 2 StGB** gemilderte Sonderstrafrahmen reicht von einem Monat bis fünf Jahren Freiheitsstrafe (§ 38 Abs. 2 StGB) oder Geldstrafe (5 bis 360 Tagessätze [§ 40 Abs. 1 StGB]).

---

[348] BGH 8.1.1975 – 2 StR 567/74, BGHSt 26, 53 = NJW 1975, 837; 22.8.2001 – 5 StR 260/01, NStZ 2002, 642.
[349] *Schäfer/Sander/van Gemmeren* Rn. 617 f.
[350] BGH 7.1.2008 – 5 StR 417/07, BeckRS 2008, 01462; 5.12.2007 – 5 StR 471/07, NStZ 2008, 338.
[351] *Schäfer/Sander/van Gemmeren* Rn. 506.
[352] *Schäfer/Sander/van Gemmeren* Rn. 108.

§ 30 Straftaten

(1) Mit Freiheitsstrafe nicht unter zwei Jahren wird bestraft, wer

1. Betäubungsmittel unerlaubt anbaut, herstellt oder mit ihnen Handel treibt (§ 29 Abs. 1 Satz 1 Nr. 1) und dabei als Mitglied einer Bande handelt, die sich zur fortgesetzten Begehung solcher Taten verbunden hat,
2. im Falle des § 29a Abs. 1 Nr. 1 gewerbsmäßig handelt,
3. Betäubungsmittel abgibt, einem anderen verabreicht oder zum unmittelbaren Verbrauch überläßt und dadurch leichtfertig dessen Tod verursacht oder
4. Betäubungsmittel in nicht geringer Menge unerlaubt einführt.

(2) In minder schweren Fällen ist die Strafe Freiheitsstrafe von drei Monaten bis zu fünf Jahren.

Schrifttum: Zu Abs. 1 Nr. 1: *Endriß,* Verflixte Bande (Zum Bandenbegriff im BtM-Strafrecht), StV 1999, 445; *Endriß/Kinzig,* Neuralgische Punkte des BtM-Strafrechts, NJW 2001, 3217; *Hillenbrand* Die erforderlichen Feststellungen bei Bandentaten, StRR 2014, 168; *Körner,* Anmerkung zu BGH, B v. 19.8.1997 – 1 StR 227/97 (Zum Bandenbegriff nach § 30a BtMG), NStZ 1998, 256; *Oğlakcıoğlu* Verbotener Versand und strafbare Ausfuhr von Betäubungsmitteln, medstra 2016, 71; *Roßmadl,* Die Qualifikationstatbestände bei Bandenmitgliedschaft im Betäubungsmittelstrafrecht (§§ 30 I Nr. 1, 30a A BtMG), Diss. Augsburg 2005; *Schild,* Der strafrechtsdogmatische Begriff der Bande, GA 1982, 55; *Schöch,* Kriminologische Differenzierung bei der Zweierbande – Zugleich eine Besprechung des Urteils des BGH vom 17.10.1995 – 1 StR 462/95, NStZ 1996, 166; *Schallert/Sobota* Schieflage, die II. – Risiken und Nebenwirkungen des geltenden BtMG, StV 2013, 724; *Schmidt* Die Entwicklung des Betäubungsmittelstrafrechts bis Mitte 2014, NJW 2014, 2995; *Sobota* „Bandenmäßiger Anbau" zum Eigenkonsum? Zur Notwendigkeit einer teleologischen Reduktion des Bandenbegriffs im BtMG, NStZ 2013, 509; *Toepel,* Zur Architektur der Bandendelikte, ZStW 115 (2003), 60.

Zu Abs. 1 Nr. 2: *Slotty,* Das Betäubungsmittelgesetz 1982, NStZ 1981, 321.

Zu Abs. 1 Nr. 3: *Amelung* Zur Verantwortlichkeit Drogenabhängiger für Selbstschädigungen durch den Gebrauch von Suchtstoffen, NJW 1996, 2393; *Dettmer,* Der Einsatz von Naloxon durch geschulte Laien, ASD 2014, 76; *Dichtl/Dettmer,* Der Einsatz von Naloxon durch geschulte Laien – Prophylaxe opioidbedingter Todesfälle durch die flächendeckende Implementierung von Take-HomeProgrammen, ASD 2015, S. 46; *Dölling* Fahrlässige Tötung bei Selbstgefährdung des Opfers, GA 1984, 70; *Hardtung,* Anmerkung zu BGH v. 11.4.2000 – 1 StR 638/99, NStZ 2001, 206; *Heuchemer,* Anmerkung zu BGH v. 7.2.2001 – 5 StR 474/00, JA 2001, 627; *Köhler* Rechtsgut, Tatbestandsstruktur und Rechtswidrigkeitszusammenhang, MDR 1992, 739; *Murmann,* Die Selbstverantwortung des Opfers im Strafrecht, 2005; *Oğlakcıoğlu,* Tod auf Rezept – Überlegungen zur Tatbestandszurechnung bei ärztlich ermöglichtem Konsum von Betäubungsmitteln, HRRS 2013, 344; *Roxin,* Finalität und objektive Zurechnung, GS Kaufmann, 1989, 237; *Scheimann,* Falsche Daten und falsche Annahmen zu Drogentodesfällen in Deutschland. Replik zur Studie "Drogennot- und -todesfälle" von Heckmann et al. Akzeptanzorientierte Drogenarbeit 2013; 10, 7 ff.; *ders.* Forcierte Strafverfolgung gegen DrogenkonsumentInnen von 1985 bis 1991 und aktuelle Relevanz, Akzeptanzorientierte Drogenarbeit 2012; 9, 65 ff.; *Tenthoff,* Die Strafbarkeit der Tötung auf Verlangen im Lichte des Autonomieprinzips, 2008; *Uhl/Strizek,* Angsterzeugung und Übertreibung als bedenkliche Strategie der Suchtprävention und -forschung ADS 2016, 100.

1. Kapitel. Anbauen und Herstellen von und Handeltreiben mit Betäubungsmitteln als Mitglied einer Bande (Abs. 1 Nr. 1)

Übersicht

A. Überblick

I. Rechtliche Einordnung

1 Der illegale Betäubungsmittelumsatz gehört zu den wichtigsten Umsatzquellen und Betätigungsfeldern der Organisierten Kriminalität. Typisches Charakteristikum schwerer Betäubungsmittelkriminalität ist das gebietsübergreifende Operieren von Rauschgiftverteilerringen, welche rechtliche Lücken und tatsächliche Defizite der jeweiligen Orte zu Profitzwecken planend einsetzen und sich zu eigen machen. Das Zerschlagen derartiger Vereinigungen und Banden erfordert die volle Bandbreite an strafprozessualem Instrumentarium, welches das Verfahrensrecht zur Verfügung stellt; von längerfristigen Observationen über TKÜ-Maßnahmen bis hin zum Einsatz verdeckter Ermittler. Als „Bollwerk" gegen das Organisierte Verbrechen sollten die erhöhten Strafrahmen bei bandenmäßiger Begehung theoretisch abschreckende Funktion entfalten.[1] Praktisch fungieren sie als „Dietrich" für das in der StPO geregelte Instrumentarium an Ermittlungsmaßnahmen. Kriminalpolitisch haben die Qualifikationstatbestände aber auch die Funktion einer Beweiserleichterung im Hinblick auf den eigenständigen Vorfeldtatbestand der Bildung krimineller Vereinigungen

---

[1] KPV/*Patzak* Rn. 12.

gem. § 129 StGB. Nur in den seltensten Fällen ist eine hierarchische Organisationsstruktur nachweisbar, wie sie § 129 StGB (im Gegensatz zur Bande, vgl. noch im Folgenden) voraussetzt, dazu → Rn. 59.

Im Unterschied zur Vorgängervorschrift des § 11 Abs. 4 S. 2 Nr. 4 BtMG 1972 **2** beschränkt sich Abs. 1 Nr. 1 auf die Erfassung besonders gravierender Begehungsformen wie Anbauen, Herstellen und Handeltreiben, also auf die von organisierten Gruppen bevorzugten Aktivitäten, nämlich **Produktion und Handel.** Mit der Verbrechensqualifizierung der Bandentätigkeit soll „gerade auf der Ebene der Großtäter die präventive und repressive Wirkung des Strafrechts verstärkt" und die vom Gesetzgeber erkannte Zunahme der „Tätigkeit von Rauschgiftbanden auf dem Gebiete der Bundesrepublik Deutschland" bekämpft werden.[2] Banden erscheinen wegen ihrer engen Bindung, die die Mitglieder für die Zukunft eingehen und die einen ständigen Anreiz zur Fortsetzung von Straftaten bildet, besonders gefährlich.[3]

1. Deliktsnatur. Alle Tathandlungen (Handeltreiben, Anbauen und Herstellen) sind **3** (multiple) Tätigkeitsdelikte. Auf die konkrete Einordnung der jeweiligen Tatmodalitäten wird verwiesen.

2. Verfassungsmäßigkeit. Insbesondere aus Art. 103 Abs. 2 GG lassen sich keine **4** Bedenken gegen die Bestimmung herleiten, vornehmlich das Merkmal der Bande ist hinreichend bestimmt, als er sich an den Bandenbegriff in anderen Gesetzen anlehnt.[4] Die strenge Handhabung der Rechtsprechung im Hinblick auf die vom Tatgericht vorzunehmenden Feststellungen zur Bandenmitgliedschaft und -abrede (→ Rn. 45 ff.) wirkt restriktiv, durch die Reichweite des Tathandlungsbezugspunkts „Handeltreiben" bleibt die enorme Strafschärfung allerdings problematisch.

3. Kritik. Die Vorschrift hat die Organisierte Kriminalität im Auge, betrifft aber – da **5** sie nicht auf umsatzbezogene Modalitäten beschränkt ist – auch private Konsumgemeinschaften, bei denen von jener „besonderen Gefährlichkeit" nicht die Rede sein kann. Seinen Grund hat dies darin, dass die Vorschrift auch „ausgestanzte" Einzelakte des Handeltreibens erfasst. Dies verleitet häufiger dazu, auch im Rahmen einer bandenmäßigen Einfuhr oder eines Anbaus eine organisationsbezogene bzw. den Umsatz von BtM betreffende Betrachtungsweise zugrundezulegen, obwohl der „Vertrieb" bzw. BtM-Umsatz als übergeordneter Gesamtakt nicht maßgeblich für die Bewertung sein dürfte, ob die Handlungen bandenmäßig durchgeführt werden (vgl. bereits → Vor § 29a Rn. 25 f.). Beim Anbau kämen bandenmäßige Tätigkeiten nur im Hinblick auf die Aufzucht bzw. deren Vorbereitung in Betracht; für die Ein- und Ausfuhr dürfte lediglich der Transportakt bzw. der Grenzübertritt maßgeblich sein. Ob bei solch einem „eingeschränkten" Aktionsfenster die Strafschärfung Sinn macht, erscheint zweifelhaft.[5] Die derzeitige Fassung des Abs. 1 nimmt – prozessualen Nachweisschwierigkeiten zuvorkommend (ebenso wie § 30a Abs. 1) – hin, dass einfache Anbaugemeinschaften, die BtM nicht mit Umsatzwillen, sondern mit Eigenverbrauchsabsicht anbauen, die Qualifikation des § 30 Abs. 1 erfüllen (und im Regelfall, da die Mengen für alle Beteiligten „ausreichen" sollen, auch § 30a Abs. 1).[6]

Einer **teleologischen Reduktion** des Tatbestands dahingehend, als sich die Bandenab- **6** rede auf ein Handeltreiben mit BtM beziehen müsste,[7] könnte man den Wortlaut entgegenhalten, der (anscheinend auch) den Anbau zum Eigenkonsum erfasst wissen will.

---

[2] BT-Drs. 8/3551, 37.

[3] Vgl. BGH 3.4.1970 – 2 StR 419/69, BGHSt 23, 239 = NJW 1970, 1802 (zum Bandendiebstahl).

[4] Vgl. KPV/*Patzak* Rn. 18.

[5] Krit. auch *Sobota* NStZ 2013, 509 (512); vgl. zur Unverträglichkeit von Einzelaktbetrachtung sehr abschließend formulierter Modalitäten und Bandenqualifikation bereits *Oğlakcıoğlu* medstra 2016, 71 (76).

[6] Exemplarisch aus neuerer Zeit das aufsehenerregende Urteil des LG Augsburg vom 11.7.2011 – 1 KLs 303 Js 127958/10, wo 5 (Lehramt-)Studenten wegen bandenmäßigen unerlaubten Anbaus von Betäubungsmitteln (zwei Mal in nicht geringer Menge) nach §§ 30a Abs. 1, 30 Abs. 1 Nr. 1 – jeweils im minder schweren Fall – zu bedingten Freiheitsstrafen zwischen 15 und 18 Monaten verurteilt wurden.

[7] So *Sobota* NStZ 2013, 509 (511 f.).

Dies wäre aber nicht nur tautologisch, sondern würde unberücksichtigt lassen, dass dieses „systematische Argument" im Lichte der extensiven Auslegung des Handeltreibens zu sehen ist, welche den Anbau als Teilakt miteinbezieht (was man gerade im Hinblick auf die derzeitige Ausgestaltung gerade nicht tun müsste).[8] Die hM lehnt derartige Restriktionen ab[9] und korrigiert – für Qualifikationen des Betäubungsmittelstrafrechts phänotypisch – unbillige Ergebnisse über die Annahme eines minder schweren Falls.[10] Noch besser wäre es selbstverständlich, die Modalitäten des Anbaus/der Herstellung vollständig zu streichen, soweit man – wie die hM – ohnehin davon ausgeht, dass der umsatzbezogene Handel vom Handeltreiben erfasst wird. Zur Kritik an der derzeitigen Ausgestaltung → Vor § 29a Rn. 26.

II. Kriminalpolitische Bedeutung

7 In der Praxis kommt dem Tatbestand des bandenmäßigen Anbauens, Herstellens und Handeltreibens keine besondere Bedeutung zu, wie sich aus den polizeilichen Fallzahlen insbesondere über den prozentualen Anteil der Bandendelikte nach Abs. 1 an der Gesamtzahl der BtM-Delikte ergibt. Über die faktische Häufigkeit der Fälle hinaus kann aus der Strafandrohung als solcher die Bedeutung ersehen werden, die die Rechtsordnung der Bekämpfung der Bandenkriminalität auf dem Gebiet des BtM-Strafrechts beimisst.

8 In der **PKS** wurden die Bandendelikte der §§ 30 Abs. 1 Nr. 1, 30a zunächst gemeinsam erfasst; inzwischen erfolgt eine getrennte Aufschlüsselung. Auffällig war – nach einem kontinuierlichen Anstieg der Fälle bis zum Jahr 1997 – der plötzliche Abfall im Jahr 1998 (vgl. dazu die Vorauflage). Nunmehr ist im Jahr 2009 ein signifikanter Anstieg zu verzeichnen.

Straftaten(gruppen)	2004	2005	2006	2007	2008	2011	2013	2014	2015
Rauschgift-delikte BtMG	283.708	276.740	255.019	248.355	239.951	236.478	253.525	276.734	282.604
Allgemeine Verstöße nach § 29 BtMG	200.378	194.444	178.841	171.496	169.386	170.297	189.783	209.514	213.850
Illegaler Anbau, Herstellung und Handel als Mitglied einer Bande (§§ 30 Abs. 1 Nr. 1, 30a BtMG)	353	420	443	464	479	905	711	766	785
Verstöße gegen § 30 Abs. 1 Nr. 1					175	158	137	151	150

9 Die **Strafverfolgungsstatistik**[11] erfasst entgegen der verbalen Zusammenfassung der Datenauswahl nicht nur bandenmäßiges Anbauen, Herstellen und Handeltreiben von bzw. mit BtM bzw. BtM in ngM nach §§ 30 Abs. Abs. 1 Nr. 1 und 30a Abs. 1 gemeinsam in einer Datenreihe, sondern auch in derselben Datenreihe die Anzahl der Verurteilungen wegen Bestimmens Minderjähriger zu BtM-Taten (§ 30a Abs. 1 Nr. 1) und wegen bewaffneten Handeltreibens usw mit BtM in ngM (§ 30a Abs. 2 Nr. 2). Der Anteil der Bandendelikte, die sich auf Mengen unterhalb der nicht geringen Menge beziehen, an der Gesamtzahl der so zusammen erhobenen Daten lässt sich nicht abschätzen.

---

[8] *Sobota* NStZ 2013, 509 (513); zu den grundsätzlichen Einwänden gegen eine Einbeziehung des Anbaus als Teilakt des Handeltreibens *Oğlakcıoğlu*, BtMG AT, S. 439, 502 f.

[9] Der Erste Strafsenat hat im Fall des LG Augsburg (11.7.2011 – 1 KLs 303 Js 127958/10) die Revision von drei Studenten als offensichtlich unbegründet verworfen, BGH 12.1.2012 – 1 StR 559/11; zum Augsburger Fall vgl. auch *Schallert/Sobota* StV 2013, 724.

[10] Vgl. etwa BGH 18.6.2009 – 3 StR 171/09, NStZ-RR 2009, 320: „Mit seiner – für sich allein betrachtet allerdings bedenklichen – Formulierung, der Regelstrafrahmen des § 30a I sei ‚für einerseits international organisierte Syndikate und andererseits Mengen an Drogen und Verdienstmöglichkeiten, die hohe Gewinne versprechen' gedacht, hat [das LG] in der Sache den durch die Feststellungen belegten Umstand in seine Abwägung eingestellt, dass der Zusammenschluss der Angekl. primär auf einer persönlichen Verbundenheit beruhte und nicht dem Bild der üblichen Bandenkriminalität entsprach".

[11] Statistisches Bundesamt: Strafverfolgungsstatistik Tabelle 3.7 Verurteilte 1982 bis 2009 wegen Rauschgiftkriminalität.

	2010	2011	2012	2013	2014
Straftaten nach dem BtMG insgesamt	44.919	45.250	43.357	43.567	46.118
Verwirklichung der §§ 30, 30a	548	541	678	607	634

III. Rechtsentwicklung

1. Einfluss internationaler Übereinkommen. Die völkerrechtlichen Verpflichtungen **10** zum Erlass dieser Vorschrift ergeben sich aus den Bestimmungen, die für die Grunddelikte der Tathandlungen des Anbauens, des Herstellens und des Handeltreibens gelten. Mit der Qualifikation wird Art. 36 Abs. 1 Übk. 1961 und Art. 22 Abs. 1 Buchst. a Übk. 1971 entsprochen, wonach schwere Verstöße angemessen zu ahnden sind, „insbesondere mit Gefängnis oder einer sonstigen Art des Freiheitsentzugs". Das Übk. 1988 verpflichtet die Vertragsparteien, die Mitwirkung einer organisierten kriminellen Gruppe, welcher der Täter angehört, an der Straftat (Art. 3 Abs. 5 Buchst. a), die Mitwirkung des Täters an anderen internationalen organisierten kriminellen Tätigkeiten (Art. 3 Abs. 5 Buchst. b) und die Mitwirkung des Täters an anderen rechtswidrigen Tätigkeiten, die durch die Begehung der Straftat erleichtert werden (Art. 3 Abs. 5 Buchst. c) als besonders schwerwiegende Umstände der Begehung der Grunddelikte unter Strafschärfung zu stellen.

2. Innerstaatliches Recht. Zur Entwicklung des innerstaatlichen Rechts wird auf die **11** Ausführungen Vor § 29a[12] verwiesen. Wegen etwaiger Reformüberlegungen wird auf die Erläuterungen zu Vor § 29a sowie § 30a Abs. 1[13] Bezug genommen.

B. Erläuterung

I. Geltungsbereich

1. Inlands-/Auslandstaten. Inlandstaten unterliegen dem deutschen BtM-Strafrecht **12** unabhängig davon, ob die Tat durch einen Ausländer oder einen Deutschen begangen wurde.

Handelt es sich um eine Tätigkeit, durch die ein BtM entgeltlich in den Besitz eines **13** anderen gebracht werden soll (dh Handeltreiben), so ist dies **„Vertrieb"** iS des § 6 Nr. 5 StGB; damit gilt das Weltrechtsprinzip[14] mit der Folge, dass auch die Qualifikation des § 30 Abs. Nr. 1 unabhängig vom Recht des Tatorts zur Anwendung kommt.[15]

Das Anbauen und das Herstellen von BtM als Mitglied einer Bande **durch einen Aus-** **14** **länder**[16] **im Ausland** ist nach deutschen Strafrecht grundsätzlich nicht strafbar – es sei denn, es handelte sich um Teilakte einer umfassenden Handeltreibenstätigkeit und damit um „Vertrieb" iS des § 6 Nr. 5 StGB; dann gilt das Weltrechtsprinzip. In einem solchen Fall ist die Anwendung des § 6 Nr. 5 StGB auch dann nicht rechtsmissbräuchlich, wenn der durch die Auslandstat unmittelbar und konkret betroffene Staat bereit ist, die Strafverfolgung zu übernehmen. Dieser Umstand mag zwar für die Entscheidung der Staatsanwaltschaft über ein Absehen von der Verfolgung gemäß § 153c Abs. 1 Nr. 1 StPO bedeutsam sein, stellt aber die Geltung des deutschen Strafrechts nicht in Frage.[17] Erlangt ein Ausländer nach einer Tat, die nicht schon als Vertrieb nach dem Weltrechtsprinzip nach deutschem Recht strafbar ist, die **deutsche Staatsbürgerschaft,** ist er nach § 7 Abs. 2 Nr. 1 Alt. 2 StGB strafbar, wenn die Tat am Tatort mit Strafe bedroht ist oder der Tatort keiner Strafge-

---

[12] → Vor § 29a Rn. 4 ff.
[13] → § 30a Rn. 9.
[14] → Vor § 29 Rn. 122 ff.
[15] KPV/*Patzak* Rn. 52.
[16] → StGB § 7 Rn. 27.
[17] BGH 12.11.1991 – 1 StR 328/91, StV 1992, 155.

walt unterliegt. Auch hier ist ein originärer Strafanspruch entstanden, der mit der freiwilligen nachträglichen Unterwerfung unter deutsches Strafrecht begründet wird.[18]

15   Das Anbauen und das Herstellen von BtM als Mitglied einer Bande **durch einen Deutschen**[19] **im Ausland** ist nach deutschem BtM-Strafrecht strafbar, wenn die Tat am Tatort mit Strafe bedroht ist oder der Tatort keiner Strafgewalt unterliegt (§ 7 Abs. 2 Nr. 1 Alt. 1 StGB).[20] Dabei kommt es nur auf die Strafbarkeit der BtM-Tat am Tatort schlechthin, nicht auf ihre rechtliche Einordnung im Einzelnen an.[21] Zur Frage der Strafbarkeit des Grunddelikts nach Tatortrecht in anderen europäischen Staaten wird auf die Darstellung bei den Grundtatbeständen des Anbauens und des Herstellens verwiesen.

16   **2. Grenzüberschreitende Mehrfachverfolgung und Art. 54 SDÜ.**[22] Zum Begriff **„dieselbe Tat"** iS von Art. 54 SDÜ und den Auswirkungen, die Verurteilungen oder Aburteilungen in einem Mitgliedsstaat des Schengenraums auf Strafverfolgungsmaßnahmen in anderen Mitgliedsstaaten haben, vgl. → Vor § 29 Rn. 174 ff.

II. Objektiver Tatbestand

17   Die Vorschrift stellt das Anbauen, das Herstellen und das Handeltreiben von bzw. mit BtM **als Mitglied einer Bande,** die sich zu fortgesetzter Begehung solcher Taten verbunden hat, unter besondere Strafe. Nach Einführung des § 30a Abs. 1 durch das OrgKG gilt die Vorschrift nur noch für die Fälle, in denen der Grenzwert der nicht geringen Menge nicht erreicht wird. Dennoch geht man überwiegend davon aus, dass der Fortbestand der Vorschrift kein Redaktionsversehen sei.[23] Ihr Sinn liege in der Erfassung von bandenmäßig agierenden Kleinhändlern,[24] deren aus der Bandentätigkeit sich ergebenden erhöhten Gefährlichkeit mit einem erhöhten Strafrahmen begegnet werden soll. Freilich handeln diese auch mit nicht geringen Mengen, nur wird man ihnen dies u. U. beim ersten Zugriff nicht nachweisen können. Insofern drängt es sich auf, dass die Vorschrift lediglich als Beweiserleichterung fungiert.

18   **1. Tathandlungen.** Zum Begriff des Anbauens[25] und des Herstellens[26] wird auf die Erläuterungen zum Grundtatbestand verwiesen. § 30 Abs. 1 Nr. 1 liegt kein anderer Begriff des Handeltreibens zugrunde als § 29 Abs. 1 Nr. 1.[27]

19   **a) „Besitzloser" Bandenhandel.** Damit fällt auch der „besitzlose" Handel („Verbalhandel") unter die Vorschrift des Abs. 1 Nr. 1, da die hM die für § 29a Abs. 1 Nr. 2 entwickelte Argumentation auf den Bandenhandel überträgt,[28] wonach Sinn und Zweck des Qualifikationstatbestands es verlangen, dass die Vereinbarung über den Erwerb von beträchtlichen, zur gewinnbringenden Weiterveräußerung bestimmten Rauschgiftmengen schon vor der Durchführung des Liefergeschäfts als Vollendung betrachtet werden müssten.

20   **b) Handeltreiben durch Verwirklichung anderer Tatbestände des § 29 Abs. 1.** Andere Tatbestände des § 29 Abs. 1 werden wegen des weiten Begriffs des Handeltreibens

---

[18] Krit. zu Problematik hinsichtlich des Nullum-Crimen-Grundsatzes und des Rückwirkungsverbots → StGB § 7 Rn. 26; SK-StGB/*Hoyer* Rn. 11.

[19] Hierzu → StGB § 7 Rn. 19 ff.

[20] S. allgemein zum aktiven Personalitätsprinzip → StGB § 7 Rn. 4, 19 ff.

[21] BGH 12.9.1996 – 4 StR 173/96, NStZ 1997, 89.

[22] Übereinkommen zur Durchführung des Übereinkommens von Schengen vom 14.6.1985 vom 19.6.1990, BGBl. II S. 1010, für Deutschland in Kraft getreten am 1.9.1993 (Bek. v. 20.4.1994, BGBl. II S. 631); abgedruckt bei *Weber* unter B.4; Erläuterungen bei *Schomburg/Lagodny/Gleß/Hackner* unter IV.

[23] AA *Malek* Rn. 404; *Endriß* StV 1999, 445 (446).

[24] *Weber* Rn. 5; so auch noch 2. Aufl.

[25] → § 29 Rn. 20 ff.

[26] → § 29 Rn. 136 ff.

[27] → § 29 Rn. 242 ff.

[28] Vgl. BGH 14.4.1999 – 3 StR 22/99, NJW 1999, 2683 = NStZ 2000, 95 mAnm *Körner*.

von der Qualifikation des § 30 Abs. 1 Nr. 1 erfasst, wenn sie unselbständige Teilakte des Handeltreibens sind.[29]

c) Vollendeter Bandenhandel mit BtM auch bei späterer Lieferung von Imita- 21 **ten.** In der Konsequenz der Rechtsprechung zum Begriff des Handeltreibens liegt es, den Qualifikationstatbestand des Bandenhandels mit BtM (entsprechend der Rechtsprechung zu § 29a Abs. 1 Nr. 2) für voll – und nicht bloß als untauglichen Versuch – verwirklicht anzusehen, wenn die geschäftliche Vereinbarung auf BtM bezogen ist, jedoch nur eine für Rauschgift gehaltene Scheindroge geliefert wird. Die mit der Vereinbarung bereits vollendete Tat kann nämlich nicht dadurch in das Stadium des Versuchs zurückversetzt sein, dass im Vollzug des „schuldrechtlichen" Geschäfts ein vom Erwerber für echt gehaltenes BtM-Imitat geliefert wird.[30]

2. Erlaubnis. Zur Erlaubnis als Merkmal des objektiven Tatbestands, zum uneinheitli- 22 chen Gesetzeswortlaut im Zusammenhang mit der Erlaubnis, zur strafgerichtlichen Wirksamkeitsprüfung einer Erlaubnis sowie zum Nachweis des Fehlens einer Erlaubnis wird auf die Erläuterungen zu § 3 verwiesen.

3. BtM als Tatobjekte. Die Tathandlungen müssen sich auf BtM beziehen. BtM sind 23 die in der Positivliste der Anlagen I bis III zum BtMG aufgeführten Stoffe und Zubereitungen. Der Qualifikationsgrund des Abs. 1 Nr. 1 ist von dem Umfang der tatsächlich gehandelten Menge unabhängig.[31]

4. Begriff der Bande. Der Begriff der Bande setzt den **Zusammenschluss von min-** 24 **destens drei Personen voraus, die sich mit dem Willen verbunden haben, künftig für eine gewisse Dauer mehrere selbständige, im Einzelnen noch ungewisse Straftaten** des im Gesetz genannten Deliktstyps **zu begehen;**[32] ein „gefestigter Bandenwille" oder ein „Tätigwerden in einem übergeordneten Bandeninteresse" ist nicht erforderlich.[33]

a) Zahl der Bandenmitglieder. Die Diskussion um die Mindestanzahl der Bandenmit- 25 glieder ist durch eine Entscheidung des Großen Senats für Strafsachen des BGH[34] zum Bandendiebstahl schon seit längerem beigelegt. Die dort erfolgte Definition samt Festlegung auf **mindestens drei Mitglieder** gilt – wie der BGH kurz darauf klarstellte – auch für den Bandenbegriff des BtMG.[35]

b) Verbindung zur Bande. Bandenzweck und Bandenabrede lassen sich erst in einer 26 Gesamtschau der getroffenen Feststellungen und anhand bestimmter Indizien zuschreiben.[36] Bleiben im Rahmen der hiernach erforderlichen Gesamtwürdigung wesentliche Indizien unberücksichtigt, wird für oder gegen eine Bandenabrede sprechenden Umständen fehlerhaft eine entsprechende Indizwirkung zu- oder aberkannt oder werden einzelne Indizien

---

[29] KPV/*Patzak* Rn. 21 will einen unbenannt schweren Fall annehmen, wenn andere Tathandlungen bandenmäßig verwirklicht werden.

[30] Vgl. BGH 14.4.1999 – 3 StR 22/99, NJW 1999, 2683 = NStZ 2000, 95 mAnm *Körner.*

[31] BGH 16.3.1993 – 4 StR 29/93.

[32] BGH 22.3.2001 – GSSt 1/00, BGHSt 46, 321 = NJW 2001, 2266 = StV 2001, 399 = wistra 2001, 298; 15.1.2002 – 4 StR 499/01, BGHSt 47, 214 = NJW 2002, 1662 = JR 2002, 337 mAnm *Erb* = StV 2002, 191 mAnm *Toepel* StV 2002, 540 mAnm *Gaede* StV 2003, 78 = wistra 2002 = Bespr. *Rath* GA 2003, 823; 11.9.2003 – 1 StR 146/03, StV 2004, 398; 22.4.2004 – 3 StR 28/04, NStZ 2004, 696; 17.6.2004 – 3 StR 344/03, BGHSt 49, 177 = NJW 2004, 2840; 16.6.2005 – 3 StR 492/04, BGHSt 50, 160 = NJW 2005, 2629; 5.8.2005 – 2 StR 254/05, NStZ 2006, 176; 16.11.2006 – 3 StR 204/06, NStZ 2007, 269 = StV 2007, 241 mAnm *Kudlich*; 11.2.2009 – 2 StR 528/08, BeckRS 2009, 09041; 23.4.2009 – 3 StR 83/09, BeckRS 2009, 12864.

[33] BGH 22.3.2001 – GSSt 1/00, BGHSt 46, 321 = NJW 2001, 2266.

[34] BGH 22.3.2001 – GSSt 1/00, BGHSt 46, 321 = NJW 2001, 2266 nach Anfrage des 4. Senats beim 3. Senat, BGH 14.3.2000 – 4 StR 284/99, JZ 2000, 627 mAnm *Engländer* = NStZ 2000, 474 mAnm *Schmitz* und Antwort des 3. Senats 16.8.2000 – 3 ARs 3/00, NStZ 2001, 33.

[35] BGH 18.4.2001 – 3 StR 69/01; 12.6.2001 – 4 StR 67/01; KPV/*Patzak* Rn. 25.

[36] BGH 19.5.1998 – 1 StR 154/98, NStZ 1999, 187 mAnm *Erb*; 26.9.2013 – 2 StR 256/13, StV 2014, 613.

nur isoliert bewertet, ohne dass die erforderliche Gesamtwürdigung vorgenommen wird, erweist sich die Feststellung einer Bandentat als fehlerhaft.[37] Die Rechtsprechung hat die zahlreichen Aspekte, die für oder gegen einen Zusammenschluss bzw. eine bandenmäßige Begehung sprechen anhand konkreter Einzelfälle folgendermaßen herausgearbeitet:

27   **aa) Beziehungen der Bandenmitglieder zur Bande.** Der Große Strafsenat des BGH hat ausdrücklich erklärt,[38] dass die von der bisherigen Rechtsprechung entwickelten Bandenkriterien, nämlich gefestigter Bandenwille und übergeordnetes Bandeninteresse nunmehr, da die Mindestmitgliederzahl einer Bande von zwei auf drei angehoben ist, nicht mehr erforderlich seien. Damit wird – „im Interesse der Rechtssicherheit"[39] – auf ein identitätsstiftendes Zusammengehörigkeitsmerkmal verzichtet und allein auf Zeit und Zweck der Bandenverbindung abgestellt.

28   **(1) Bandenwille.** Ganz kann auf den Bandenwillen nicht verzichtet werden, wenngleich dieser als verobjektivierter und gefestigter nicht mehr vorhanden sein muss; denn für den einzelnen Täter muss notwendigerweise in subjektiver Hinsicht feststellbar sein, dass er als Mitglied einer Bande handeln und seinen Tatbeitrag als Beitrag zu bandenmäßigem Handeln verstanden wissen wollte. Der Wille des einzelnen Mitglieds kann ausdrücklich oder stillschweigend (durch schlüssiges Verhalten) erklärt werden,[40] muss ernsthaft sein,[41] wobei eine gegenseitige Verpflichtung nicht notwendig ist.[42] Wer nur für kurze Zeit für die Gruppe tätig sein will, zB als „Urlaubsvertreter" für einen anderen dessen Aufgaben während dessen „urlaubsbedingter Abwesenheit" übernimmt, hat nicht den auf gewisse Dauer gerichteten Bandenwillen.[43] Deutlich dokumentiert sich das Gefühl der Zusammengehörigkeit der Bande nach außen, wenn die Mitglieder ihre Fahrzeuge auf Kraftfahrzeugkennzeichen mit einer bestimmten Buchstabenkombination zulassen.[44]

29   **(2) Bandenabrede.** Die Bandenverbindung mehrerer muss auf einer ausdrücklichen oder stillschweigenden, evtl. auch **in schlüssigem Verhalten** zum Ausdruck kommenden[45] Abrede beruhen, wenn es auch nicht erforderlich ist, dass eine feste Organisation vereinbart wurde, in der den einzelnen Mitgliedern ganz bestimmte Rollen zukommen.[46] Für diese Abrede ist nur erforderlich, dass im Zeitpunkt ihres Zustandekommens an der Verabredung mindestens drei Personen beteiligt sind oder – sollten zwischenzeitlich Mitglieder ausgeschieden sein – zum Zeitpunkt des Anschlusses eines neuen Mitgliedes mindestens zwei Altmitglieder vorhanden sind.

30   Für die Annahme einer Bandenabrede ist es nicht erforderlich, dass sich sämtliche Mitglieder einer bandenmäßig organisierten Gruppe **persönlich verabredet haben und sich untereinander kennen,** wenn nur jeder den Willen hat, sich zur künftigen Begehung von Straftaten mit (mindestens) zwei anderen zu verbinden.[47] Es reicht daher aus, wenn eine Bandenabrede zwischen zwei Personen getroffen wird, wenn nur beide wissen, dass außer ihnen mindestens eine weitere Person an den Bandendelikten beteiligt ist. Der Dritte wird

---

[37] BGH 26.9.2013 – 2 StR 256/13, StV 2014, 613.
[38] BGH 22.3.2001 – GSSt 1/00, BGHSt 46, 321 = NJW 2001, 2266 = StV 2001, 399.
[39] BGH 22.3.2001 – GSSt 1/00, BGHSt 46, 321 = NJW 2001, 2266 = StV 2001, 399.
[40] BGH 4.7.1995 – 1 StR 225/95, StV 1995, 624; 25.7.1995 – 1 StR 238/95, BeckRS 1995, 31095847 = StV 1995, 642; 9.10.1996 – 3 StR 220/96, BGHSt 42, 255 = NJW 1997, 810 = StV 1996, 665; 19.5.1998 – 1 StR 154/98, NStZ 1999, 187 mAnm *Erb;* 11.9.2003 – 1 StR 146/03, NStZ 2004, 398.
[41] BGH 11.9.1996 – 3 StR 252/96, NStZ 1997, 91.
[42] BGH 13.1.1983 – 4 StR 578/82, BGHSt 31, 202 = NJW 1983, 1334.
[43] BGH 10.6.1997 – 1 StR 165/97, BeckRS 1997, 31120838.
[44] BGH 24.1.2008 – 5 StR 253/07, NStZ 2008, 575.
[45] BGH 5.8.2005 – 2 StR 254/05, NStZ 2006, 176; KPV/*Patzak* Rn. 37 ff.
[46] BGH 9.7.1991 – 1 StR 666/90, BGHSt 38, 26 = NJW 1992, 58; 4.7.1995 – 1 StR 225/95, StV 1995, 624; 17.10.1995 – 1 StR 462/95, NStZ 1996, 443; 4.6.1996 – 1 StR 235/96, NStZ 1996, 442; 10.7.1997 – 4 StR 258/97, NStZ-RR 1997, 375 = StV 1997, 592; 19.5.1998 – 1 StR 154/98, NStZ 1999, 187 mAnm *Erb.*
[47] BGH 16.6.2005 – 3 StR 492/04, BGHSt 50, 160 = NJW 2005, 2629 = StV 2005, 555 mAnm *Kindhäuser* StV 2006, 526 =wistra 2005, 430.

dadurch zum Bandenmitglied (und die Bande beginnt als solche dadurch zu existieren), dass der von der Absprache informierte Dritte sich der Vereinbarung ausdrücklich oder durch **schlüssiges Verhalten** anschließt.[48]

Nicht nötig ist, dass jedes Bandenmitglied **alle anderen an der Bande Beteiligten** 31 **kennt**[49] oder konkret weiß, welche Aktivitäten die anderen Bandenmitglieder zur Durchführung der Bandentaten übernommen haben. Es reicht aus, wenn ein Bandenmitglied nur einen Vordermann in der Organisation kennt und weiß, dass dieses Mitglied einer Organisation ist, an der er sich beteiligen will. Dem Einwand, dass diese weite Auslegung entgegen BGHSt 46, 321 doch wieder zu der Zweierbande führt, lässt sich der Sinn und der Zweck der Bandendelikte entgegenhalten: gerade die professionell geführten, arbeitsteilig aufgebauten und gegen Aufdeckungsrisiken abgeschotteten Organisationen werden es vermeiden, jedem subaltern tätigen Mitglied zu viele Kenntnisse und Einblicke in die Organisationsstruktur und die Personenzusammensetzung zu ermöglichen.

Die Bandenabrede muss nicht ausdrücklich getroffen werden; vielmehr genügt jede Form 32 **auch stillschweigender Vereinbarung.** Sie kann aus einem wiederholten deliktischen Zusammenwirken der agierenden Personen hergeleitet werden,[50] insbesondere aus einem im Wesentlichen gleichartigen Tatablauf, einem arbeitsteiligen Zusammenwirken und einem engen zeitlichen Zusammenhang der gleichartigen Taten.[51]

(a) Organisationsform. Das Vorliegen einer festen Organisationsform oder -struktur, 33 in der den einzelnen Mitgliedern bestimmte Rollen zugewiesen sind, oder gar ein „mafiaähnlicher" Charakter ist nicht notwendige Voraussetzung für eine Bande.[52] Auch ist der Bandenbegriff nicht „auf internationale Rauschgiftschmuggelbanden oder auf profimäßige Begehungsweise" beschränkt, so dass auch bei dilettantischer Vorgehensweise[53] oder bei einer Jugendbande[54] das Vorliegen einer Bande nicht verneint werden kann.

(b) Eingliederung in die Bande. Nach der Rechtsprechung ist zur Annahme banden- 34 mäßiger Begehung erforderlich, dass der Täter zum **Zeitpunkt der Tat in die Bande eingegliedert** ist.[55] Darunter soll zu verstehen sein, dass er bei seinem Tun in die bandenmäßige Organisation miteingebunden ist.[56] Gemeint ist hiermit lediglich, dass der Täter in die Bande aufgenommen worden war, bevor die Tat ausgeführt wurde. Er muss daher als partnerschaftliches Mitglied (wenn auch möglicherweise in untergeordneter Funktion) tätig werden und wenigstens mitbestimmenden Einfluss[57] bei der Frage haben, welche Taten stattfinden sollen. Schlichte Unterstützungshandlungen (wie zB das Überlassen einer Wohnung „als Rauschgiftumschlagplatz")[58] reichen deshalb für die Annahme eines Beitritts zur Bande und des Handelns als Bandenmitglied nicht aus; zu prüfen bleibt hier die Beteiligung an der Verwirklichung des Grundtatbestands (Teilnahme am Bandenhandel kommt nicht in Betracht, weil das besondere persönliche Merkmal der Mitgliedschaft in der Bande fehlt).

---

[48] BGH 23.4.2009 – 3 StR 83/09, BeckRS 2009, 12864.
[49] BGH 16.6.2005 – 3 StR 492/04, BGHSt 50, 160 (164) = NJW 2005, 2629; StV 2005, 555 mAnm *Kindhäuser* StV 2006, 526 =wistra 2005, 430; 5.8.2005 – 2 StR 254/05, NStZ 2006, 176 = StV 2006, 136; 24.1.2008 – 5 StR 253/07, NStZ 2008, 575; 23.4.2009 – 3 StR 83/09, BeckRS 2009, 12864.
[50] BGH 15.1.2002 – 4 StR 499/01, BGHSt 47, 214 = NJW 2002, 1662 = JR 2002, 337 mAnm *Erb* = StV 2002, 191 mAnm *Toepel* StV 2002, 540 mAnm *Gaede* StV 2003, 78= wistra 2002 = Bespr. *Rath* GA 2003, 823; 5.8.2005 – 2 StR 254/05, NStZ 2006, 176 = StV 2006, 136; 6.3.2008 – 3 StR 514/07, BGH 11.2.2009 – 2 StR 528/08, BeckRS 2009, 09041.
[51] BGH 23.4.2009 – 3 StR 83/09, BeckRS 2009, 12864; 4.3.2010 – 3 StR 559/09, BeckRS 2010, 0878.
[52] BGH 4.6.1996 – 1 StR 235/96, NStZ 1996, 442; 9.10.1996 – 3 StR 220/96, BGHSt 42, 255 = NJW 1997, 810 = StV 1996, 665; 19.11.1997 – 2 StR 359/97, BeckRS 1997, 31357265; 23.7.1998 – 4 StR 238/98, BeckRS 1998, 31357817 = StV 1998, 599; 13.12.2001 – 1 StR 475/01, BeckRS 2001 30226746.
[53] BGH 19.11.1997 – 2 StR 359/97, BeckRS 1997, 31357265.
[54] BGH 6.6.2000 – 4 StR 91/00, NStZ-RR 2000, 343.
[55] BGH 4.7.1995 – 1 StR 225/95, StV 1995, 624.
[56] BGH 19.11.1997 – 2 StR 359/97, BeckRS 1997, 31357265.
[57] HJLW/*Winkler* Rn. 2.2.
[58] BGH 4.7.1995 – 1 StR 225/95, StV 1995, 624.

35   **bb) Beziehungen der Bandenmitglieder zueinander.** Ob zwischen den Bandenmitgliedern besondere persönliche Beziehungen bestehen oder nicht, ist für den Begriff der Bande unerheblich. Jedenfalls steht die Existenz solcher Beziehungen (Ehe, nichteheliche Lebensgemeinschaft, eingetragene Partnerschaft, familiäre Verbindungen[59]) einer Bande bei Vorliegen der übrigen Voraussetzungen nicht entgegen. Diese Frage war zu Zeiten der Zweierbande von entscheidender Bedeutung, die dabei gewonnenen Ergebnisse in dieser Richtung lassen sich problemlos auf die Dreierbande übertragen. (Allerdings darf die Erwägung, dass der Zusammenschluss der Täter primär auf einer persönlichen Verbundenheit beruhte und nicht dem Bild der üblichen Bandenkriminalität entsprach, deren Bekämpfung mit der Schaffung des OrgKG erstrebt wurde, zur Begründung eines msF herangezogen werden.[60])

36   **(1) Rangordnung.** Der Begriff der Bande setzt nicht voraus, dass die beteiligten Personen in der Bande gleichberechtigt oder gleichrangig sind.[61] Zwar kann das Bestehen einer (gleichberechtigten) Partnerschaft ein Indiz für eine Bande darstellen,[62] notwendig ist dies jedoch nicht.[63] Denn auch bei der Beteiligung an einer Bande gibt es – wie bei der Mittäterschaft – materielle Abstufungen nach dem Grad des Tatinteresses und des Tateinflusses; solche Unterschiede in der Rangordnung der Bandenmitglieder sind nach kriminologischer Erfahrung sogar nicht selten.[64] Daher können auch sog „Unterverkäufer", die in unselbständiger Weise gleichsam „als verlängerter Arm" des Bandenoberen tätig werden, Mitglieder einer Bande sein.[65] Der Annahme einer Bande steht auch die Tatsache nicht entgegen, dass die verschiedenen Täter zB innerhalb eines international tätigen Drogenkartells unterschiedliche Tatbeiträge leisten und das einzelne Bandenmitglied keine konkrete Kenntnis von den Aktivitäten anderer oder gar aller Beteiligten hat oder möglicherweise nur einen Vordermann in der Organisation kennt.[66]

37   **(2) Gehilfentätigkeit eines Bandenmitglieds.** Mitglied einer Bande kann auch sein, wem nach der – auch stillschweigend möglichen – Bandenabrede nur Aufgaben zufallen, die sich bei wertender Betrachtung als Gehilfentätigkeiten darstellen.[67] Bandenmitgliedschaft und Beteiligteneigenschaft iRd konkret abzuurteilenden Tat sind streng voneinander zu trennen (vgl. noch → Rn. 65 ff.), insb. geht es nicht an, von der Bandenmitgliedschaft per se auf eine mittäterschaftliche Begehung zu schließen.

38   **(3) Auf gewisse Dauer angelegt.** Die Verbindung muss auf eine „gewisse Dauer" angelegt sein.[68] Klar ist einerseits, dass ganz kurze Zeiträume nicht genügen, während andererseits längere Zeiträume nicht vorausgesetzt werden.[69] Die Parallele zur Gewerbsmäßigkeit, die Einkünfte von einigem Umfang und einiger Dauer erfordert, bietet sich an, ohne dass daraus aber ein Zuwachs an Erkenntnis gewonnen werden könnte; denn auch dort bleibt die Dimension der Zeit unbestimmt. Der zeitliche Umfang der „gewissen Dauer"

---

[59] BGH 12.7.2006 – 2 StR 180/06, NStZ 2007, 339.
[60] BGH 18.6.2009 – 3 StR 171/09, NStZ-RR 2009, 320.
[61] BGH 9.7.1991 – 1 StR 666/90, BGHSt 38, 26 (29) = NJW 1992, 58; 9.10.1996 – 3 StR 220/96, BGHSt 42, 255 = NJW 1997, 810 = StV 1996, 665.
[62] BGH 9.7.1991 – 1 StR 666/90, BGHSt 38, 26 = NJW 1992, 58.
[63] BGH 9.7.1991 – 1 StR 666/90, BGHSt 38, 26 = NJW 1992, 58.
[64] BGH 9.7.1991 – 1 StR 666/90, BGHSt 38, 26 = NJW 1992, 58.
[65] BGH 20.8.1997 – 3 StR 385/97.
[66] BGH 17.7.1997 – 1 StR 791/96, BGHSt 43, 158 = NJW 1997, 3323.
[67] BGH 15.1.2002 – 4 StR 499/01, BGHSt 47, 214 = NJW 2002, 1662 = JR 2002, 337 mAnm *Erb* = StV 2002, 191 mAnm *Toepel* StV 2002, 540 mAnm *Gaede* StV 2003, 78= wistra 2002 = Bespr. *Rath* GA 2003, 823; 14.2.2002 – 4 StR 281/01, NStZ 2002, 375; 11.9.2003 – 1 StR 146/03, NStZ 2004, 398; 24.1.2008 – 5 StR 253/07, NStZ 2008, 575; 11.2.2009 – 2 StR 528/08, BeckRS 2009, 09041; 23.4.2009 – 3 StR 83/09, BeckRS 2009, 12864; 11.1.2012 – 5 StR 445/11, NStZ-RR 2012, 121.
[68] BGH 22.3.2001 – GSSt 1/00, BGHSt 46, 321 = NJW 2001, 2266 mAnm *Endriß/Kinzig* NJW 2001, 3217 (3220) = NStZ 2001, 421 mAnm *Erb* NStZ 2001, 561 = StV 2001, 399 = wistra 2001, 298; 18.4.2001 – 3 StR 69/01, BeckRS 2001 30175301 = StV 2001, 407 Ls.
[69] Erbs/Kohlhaas/*Pelchen/Bruns* Rn. 3.

muss auch gar nicht generell allgemeinverbindlich bestimmt werden, weil die Fallgestaltungen des Bandenhandelns zu verschieden sind; es gibt Banden, die innerhalb kürzester Zeit mit intensiver Energie eine Vielzahl von Taten begehen, während andere zwischendurch zB zur Minimierung des Entdeckungsrisikos längere Pausen einlegen. Entscheidend ist, dass die Übereinkunft der Bandenmitglieder, künftig eine Reihe von Straftaten zu begehen, sich auf einen noch nicht eingegrenzten, im Einzelnen also **noch unbestimmten Zeitraum** bezieht.[70] An einem auf Dauer angelegten Zusammenwirken fehlt es im Falle des Urlaubsvertreters (bei mindestens zwei weiteren Bandenmitgliedern), der es übernommen hat, für die Dauer der Abwesenheit eines Bandenmitglieds in einer begrenzten Anzahl von Einzelfällen BtM an bestimmte Abnehmer zu verteilen.[71] Dasselbe gilt, wenn sich die Mitwirkung des Täters auf einzelne zeitlich und sachlich nicht näher einzuordnende Hilfsdienste auf Anweisung eines anderen beschränkt[72] oder wenn es sich um ein lediglich gelegentliches Zusammenwirken handelt. Das Merkmal der „gewissen Dauer" erfordert weder eine „gewisse Regelmäßigkeit" noch die Absprache einer „zeitlichen Dauer" der zu begehenden Straftaten.[73]

(4) Bandenzweck „Begehung von Straftaten". Der Zusammenschluss zur Bande **39** muss zu dem Zweck erfolgt sein, künftig für eine gewisse Dauer Straftaten (hier: der in § 30 bezeichneten Art) zu begehen.[74] Auch dann, wenn die künftige Begehung von Straftaten nicht der Hauptzweck der Verbindung ist, kann eine Bande vorliegen.[75] Haben sich die Beteiligten zunächst nur aus anderen, legalen Zwecken zusammengetan und erst im weiteren Verlauf der Beziehungen gemeinsam auch eine Reihe von Straftaten begangen, so kann durchaus eine Bande anzunehmen sein. Es ergeben sich allerdings erhöhte Darlegungs- und Beweisanforderungen an die Feststellung der Bandenabrede.[76]

Mit dem Definitionsbestandteil der **„im Einzelnen noch ungewisse Straftaten"** **40** erfolgt eine weitere Abgrenzung zur Mittäterschaft oder aber zur Verabredung eines Verbrechens. Wären diese Straftaten nämlich nicht unbestimmt, sondern konkretisiert, so läge aus späterer Betrachtungsperspektive je nach Umsetzung des Plans entweder der gemeinsame Tatentschluss für eine mittäterschaftliche Straftat oder – bei Verbrechenstatbeständen – die Verabredung von Verbrechen vor. Mit den „im Einzelnen noch unbestimmten Straftaten" sind bei § 30 die dort genannten Straftaten gemeint[77] (Entsprechendes gilt für § 30a Abs. 1). Eine Mixtur von in Aussicht genommenen Straftaten, unter denen sich auch eine der in § 30 (oder entsprechend in § 30a Abs. 1) bezeichneten Art befindet, dürfte ausreichen, wenn auch diese Tat mit einer gewissen Regelmäßigkeit verwirklicht werden soll. Aus dem Merkmal des Zusammenschlusses zur Begehung von im Einzelnen noch unbestimmten Straftaten ergibt sich, dass es weder einer „gewissen Regelmäßigkeit" noch einer Absprache einer „zeitlichen Dauer" der zu begehenden Straftaten bedarf.[78] Nicht ausreichend ist allerdings die Absicht gelegentlichen Zusammenwirkens oder auch die zeitlich begrenzte Übertragung von Aufgaben auf einen anderen wegen vorübergehender Abwesenheit eines Bandenmitglieds.[79]

Die Bande muss sich zusammengeschlossen haben, um künftig für eine gewisse Dauer **41** selbständige, im Einzelnen noch ungewisse Straftaten der gesetzlich umschriebenen Art zu begehen. Demgemäß genügt es nicht, wenn sich die Täter von vornherein **nur zu einer**

---

[70] So auch *Franke/Wienroeder* Rn. 11.
[71] BGH 10.6.1997 – 1 StR 165/97, BeckRS 1997, 31120838 = StV 1997, 594.
[72] BGH 9.10.1996 – 3 StR 220/96, BGHSt 42, 255 = NJW 1997, 810 = StV 1996, 665.
[73] BGH 11.9.1996 – 3 StR 252/96, NStZ 1997, 91.
[74] BGH 8.1.1988 – 2 StR 599/87, BeckRS 1988, 31095368; 13.9.1988 – 1 StR 451/88, BeckRS 1988, 31087129; 19.5.1992 – 1 StR 162/92, BeckRS 1992, 31087381; KPV/*Patzak* Rn. 35.
[75] *Weber* Rn. 68; aA *Schild* GA 1982, 55 (81).
[76] *Franke/Wienroeder* (II) Rn. 9.
[77] BGH 13.9.1988 – 1 StR 451/88, BeckRS 1988, 31087129.
[78] BGH 11.9.1996 – 3 StR 252/96, NStZ 1997, 91.
[79] *Franke/Wienroeder* Rn. 11.

einzelnen Tat verbunden haben.[80] Noch nicht auf die Begehung mehrerer selbständiger Taten ist der Wille gerichtet, wenn die Täter zwar mehrere Rauschgiftgeschäfte ins Auge fassen, aber erst nach „problemloser" Durchführung eines **Einstiegsgeschäfts** schlüssig werden wollen, ob sie weitere Geschäfte der in Aussicht genommenen Art unternehmen wollen.[81]

42 **(5) Bandentat und Bewertungseinheit.** Werden mehrere natürliche Handlungen nach den Grundsätzen der Bewertungseinheit zu einer einheitlichen Tat verbunden, so liegt nur eine Tat im Rechtssinne vor mit der Folge, dass dann die Annahme einer Bande nicht gerechtfertigt ist, weil es am Bandenzweck der Begehung mehrerer selbständiger Straftaten fehlt. Dies gilt daher auch für den Fall, dass die Täter eine einheitlich erworbene BtM-Menge in einer Vielzahl von Einzeltaten nach und nach während eines längeren Zeitraums verkaufen.[82] Die Bandenabrede darf mithin gerade nicht auf Taten gerichtet gewesen sein, die sich als eine einzige bewertungseinheitliche Tat darstellen; denn die Grundsätze der Bewertungseinheit gelten auch für die Frage der „fortgesetzten" Tatbegehung iS des Abs. 1 Nr. 1 (bzw. des § 30a Abs. 1)[83] oder, bereits auf den Bandenbegriff bezogen, für die Frage der Selbständigkeit mehrerer Taten.

43 **c) Realisierung der Bandenabrede in der ersten Bandentat.** Ist die Verbindung zur Bande zustande gekommen, so ist die Grenze zur Strafbarkeit noch nicht überschritten. Der bandenmäßigen Tatbegehung iS des Abs. 1 Nr. 1 (bzw. des § 30a Abs. 1) machen sich die Bandenmitglieder erst dann schuldig, wenn sich der Bandenwille in mindestens einer – vollendeten oder versuchten – konkreten Bandentat realisiert hat.[84] **Nach der Verabredung** der Bandenmitglieder muss also zumindest noch eine strafrechtlich relevante Handlung (hier: der in § 30 bzw. § 30a bezeichneten Art) im Rahmen der bandenmäßigen Verbindung erfolgt sein.[85] Das bedeutet, dass diejenige Tat, die als erste und einzige ausgeführt worden ist, nach Abs. 1 Nr. 1 (bzw. des § 30a Abs. 1) bestraft werden kann, wenn nur zuvor eine bandenmäßige Verbindung zur Begehung mehrerer solcher Taten stattgefunden hat.[86]

44 **d) Mitwirkung von Bandenmitgliedern bei Ausführung der Bandentat(en).** Im Unterschied zB zu § 244 Abs. 1 Nr. 3 StGB verlangt § 30 Abs. 1 Nr. 1 nicht, dass der Täter „unter Mitwirkung eines anderen Bandenmitglieds" handelt.[87] Das Gesetz hebt für das BtM-Strafrecht nicht auf die besondere Gefährlichkeit ab, die sich daraus ergeben kann, dass bei der Tatausführung Bandenmitglieder örtlich und zeitlich zusammenwirken. Es will damit den Besonderheiten und Eigentümlichkeiten des bandenmäßigen BtM-Handels Rechnung tragen, für den typisch ist, „dass konkrete Aktivitäten wie Bestellungen, Lieferungen, Kurierfahrten, Geldübergaben und vielfältige Handlungen zur Koordination der Beteiligten nur von Einzelpersonen durchgeführt werden. Das dient der Risikoverringerung, beruht aber auch darauf, dass bei diesen Aktivitäten – anders als bei Diebstahl, Raub oder Schmuggel – ein örtliches und zeitliches Zusammenwirken regelmäßig nicht nötig ist, um die Effizienz des Vorgehens zu steigern. Auf dem Gebiete des Rauschgifthandels gilt: Auch dann, wenn ein Bandenmitglied **eine einzelne Tatbestandshandlung alleine ausführt,**

---

[80] BGH 15.6.1994 – 2 StR 157/94; vgl. auch BGH 12.5.1993 – 3 StR 2/93, BGHSt 39, 216 = NJW 1993, 2818; 19.5.1992 – 1 StR 162/92, BeckRS 1992, 31087381; 4.6.1992 – 4 StR 170/92, NStZ 1992, 497; 15.6.1994 – 2 StR 127/94; 17.10.1995 – 1 StR 462/95, NStZ 1996, 443; 10.10.2000 – 5 StR 336/00, NStZ 2001, 14.

[81] BGH 17.10.1995 – 1 StR 462/95, NStZ 1996, 443.

[82] BGH 4.6.1996 – 1 StR 235/96, NStZ 1996, 442.

[83] BGH 13.7.1994 – 3 StR 138/94, NJW 1994, 3020 = StV 1994, 659; 4.6.1996 – 1 StR 235/96, NStZ 1996, 442.

[84] BGH 25.7.1995 – 1 StR 238/95, BeckRS 1995, 31095847 = StV 1995, 642; 13.9.1988 – 1 StR 451/88, BeckRS 1988, 31087129.

[85] BGH 13.9.1988 – 1 StR 451/88, BeckRS 1988, 31087129.

[86] BGH 19.5.1992 – 1 StR 162/92, BeckRS 1992, 31087381.

[87] BGH 9.7.1991 – 1 StR 666/90, BGHSt 38, 26 (29) = NJW 1992, 58.

kommt die besondere Gefährlichkeit einer gemeinschaftlich begangenen Bandentat in Betracht, die bedingt ist durch sorgfältige Planung und Vorbereitung, zweckmäßige Arbeitsteilung, umfassende Absicherung, durch gegenseitige Kontrolle, aber auch durch gegenseitigen Schutz."[88]

5. Feststellung des Vorliegens einer Bande anhand von Beweisanzeichen. Die   45
Annahme einer Bandentat erfordert im Hinblick auf die erhöhte Mindeststrafe besondere Feststellungen, wobei der BGH im Laufe der Zeit eine Reihe von typischen Beweisanzeichen herausgearbeitet hat, die bei der Feststellung bandenmäßiger Begehungsweise zu berücksichtigen sind.

a) Wertende Gesamtbetrachtung. Der BGH[89] formuliert stereotyp: „Ob die Voraus-   46
setzungen einer bandenmäßigen Tatbegehung erfüllt sind, kann nur anhand der konkreten Umstände des Einzelfalles beantwortet werden. Gewichtige Indikatoren können hierbei sein ...“ Diese Formulierung darf nicht dahin (miss)verstanden werden, dass bei Vorliegen eines oder mehrerer der von der Rechtsprechung erkannten Indikatoren (bzw. Indizien) zwingend auf das Vorliegen einer Bande zu schließen ist. Vielmehr muss dieses Beweisanzeichen für bandenmäßiges Handeln als solches erkannt werden und nach Prüfung und Abwägung im konkreten Einzelfall in die wertende Gesamtbetrachtung aller Umstände einbezogen werden. Umgekehrt muss eine Bande nicht schon deswegen verneint werden, weil keines der Beweisanzeichen vorliegt: erst die wertende Gesamtbetrachtung vermag die Frage nach dem bandenmäßigen Handeln zutreffend beantworten und evtl. im Einzelfall auch ergeben, dass eine Bande anzunehmen ist, obwohl keines der bisher anerkannten Beweisanzeichen zu erkennen ist.[90]

Dies gilt insbesondere für die Annahme einer **stillschweigenden Übereinkunft,** die   47
nach der Rechtsprechung des Bundesgerichtshofs auch – obwohl sie regelmäßig den Bandentaten vorausgeht – aus dem konkret feststellbaren deliktischen Zusammenwirken mehrerer Personen hergeleitet werden kann.[91] Bleiben im Rahmen der hiernach erforderlichen Gesamtwürdigung wesentliche Indizien unberücksichtigt, wird für oder gegen eine Bandenabrede sprechenden Umständen fehlerhaft eine entsprechende Indizwirkung zu- oder aberkannt oder werden einzelne Indizien nur isoliert bewertet, ohne dass die erforderliche Gesamtwürdigung vorgenommen wird, erweist sich die Feststellung einer Bandentat als fehlerhaft.[92]

Den Urteilsgründen muss hinreichend deutlich zu entnehmen sein, wer an der Banden-   48
abrede im Einzelnen beteiligt gewesen sein soll. Denn hiervon ist auch die Bewertung abhängig, ob sich ein Beteiligter einer schon bestehenden Bande lediglich angeschlossen oder ob sich erst mit seiner Beteiligung eine solche gebildet hat.[93] Werden verschiedene Beteiligte namentlich benannt, während im Übrigen nur von „anderen Bandenmitgliedern“ die Rede ist, kann das Revisionsgericht nicht überprüfen, ob schon die Verbindung der genannten Personen eine Bande darstellt.[94] Ein Geständnis hinsichtlich der Bandenabrede ersetzt die Gesamtwürdigung nicht[95] (und würde darüber hinaus auf eine – unzulässige – Verständigung über den Schuldspruch „durch die Hintertür“ hinauslaufen).

---

[88] BGH 4.6.1996 – 1 StR 235/96, NStZ 1996, 442 unter Hinweis auf *Schild* NStZ 1983, 69 (70).
[89] BGH 10.7.1997 – 4 StR 258/97, NStZ-RR 1997, 375; 23.7.1998 – 4 StR 238/98, BeckRS 1998, 31357817 = StV 1998, 599; 29.9.1998 – 4 StR 481/98, NStZ-RR 1999, 152; 6.10.1998 – 1 StR 485/98, BeckRS 1998, 30026803 = StV 1999, 435; 22.1.1999 – 2 StR 628/98, BeckRS 1999, 30043693 = StV 1999, 435; 4.3.2010 – 3 StR 559/09, BeckRS 2010, 0878.
[90] Vgl. BGH 17.10.1995 – 1 StR 462/95, NStZ 1996, 443.
[91] BGH 16.6.2005 – 3 StR 492/04, BGHSt 50, 160 (162) = NJW 2005, 2629; BGH 26.9.2013 – 2 StR 256/13, BeckRS 2013,19162, st. Rspr.
[92] So schon BGH 21.12.2007 – 2 StR 372/07, NStZ 2009, 35 (36); vgl. auch 10.10.2012 – 2 StR 120/12, StraFo 2013, 128 sowie BGH 26.9.2013 – 2 StR 256/13, BeckRS 2013,19162.
[93] BGH 26.9.2013 – 2 StR 256/13, BeckRS 2013,19162.
[94] BGH 26.9.2013 – 2 StR 256/13, BeckRS 2013,19162.
[95] *Hillenbrand* StRR 2014, 168; zust. *Schmidt* NJW 2014, 2995 (2996).

49 **b) Erörterungs-, Begründungs- und Beweiserfordernisse.** Das Maß der an die Erörterung, Begründung und Nachweis der Bande im Rahmen der Gesamtbetrachtung zu stellenden Anforderungen richtet sich nach den Besonderheiten der zu bewertenden Tätergruppe: Relativ niedrig sind die Anforderungen an die Erörterung, Begründung und den Nachweis, wenn sich mehrere Personen im Wesentlichen nur zu einem kriminellen Zweck verbunden haben und die Gefährlichkeit dieser Gruppierung durch die Zahl ihrer Mitglieder, durch Präsenz bei Planung, Vorbereitung oder Ausführung der Taten oder durch organisatorische Stabilität hervortritt.[96] Besonders hohe Darlegung- und Beweisanforderungen ergeben sich jedoch beispielsweise dann, wenn sich die Beteiligten zunächst aus persönlichen Gründen – etwa bei einem Freundeskreis oder sonst wie zu einem legalen Zweck, zB zu einer Handelsgesellschaft – zusammengeschlossen haben und es erst im weiteren Verlauf der Beziehung zur gemeinsamen Begehung von Straftaten kommt. In diesem Fall wären für die Annahme einer über bloße Mittäterschaft hinausgehenden kriminellen Zusammenarbeit gewichtigere Indizien zu verlangen als bei der zuvor genannten Konstellation.[97] Dieselben Grundsätze gelten für jedes potentielle Bandenmitglied, das sich konkludent anschließt. Sie sind damit auch gesondert zu prüfen.[98]

50 **c) Anerkannte Beweisanzeichen für eine Bande.** Als Beweisanzeichen (Indikatoren, Indizien) für das Vorliegen eines bandenmäßigen Zusammenschlusses mehrerer Personen sind folgende Umstände anerkannt: Eine genaue gemeinsame Buchführung,[99] die geschäftsmäßige Auftragsverwaltung,[100] die arbeitsteilige Abwicklung von Akquisition, Vermittlungstätigkeit und Forderungseinzug,[101] das Vorliegen einer gemeinsamen Kasse,[102] allerdings reicht der Umstand, dass die Gewinne aus den BtM-Geschäften „in die gemeinsame Kasse" fließen, für die Annahme einer Bandenbildung dann nicht, wenn die Beteiligten einen gemeinsamen Hausstand führen,[103] zB bei einer Wohngemeinschaft, oder wenn die Kasse der Vereinfachung der Teilung des nach Abzug der Kosten verbliebenen Gewinns dienen soll,[104] das Eingebundensein in eine bandenmäßige Organisation,[105] gegenseitige Kontrolle und Schutz,[106] die Beteiligung an den gemeinsam erwirtschafteten Gewinnen

---

[96] BGH 19.5.1998 – 1 StR 154/98, NStZ 1999, 187 mAnm *Erb.*

[97] BGH 19.5.1998 – 1 StR 154/98, NStZ 1999, 187 mAnm *Erb.*

[98] BGH 26.9.2013 – 2 StR 256/13, BeckRS 2013, 19162 = StV 2014, 613.

[99] BGH 9.7.1991 – 1 StR 666/90, BGHSt 38, 26 = NJW 1992, 58; 10.7.1997 – 4 StR 258/97, NStZ-RR 1997, 375 = StV 1997, 592; 23.7.1998 – 4 StR 238/98, BeckRS 1998, 31357817 = StV 1998, 599; 29.9.1998 – 4 StR 481/98, NStZ-RR 1999, 152; 6.10.1998 – 1 StR 485/98, BeckRS 1998, 30026803 = StV 1999, 435; 22.1.1999 – 2 StR 628/98, BeckRS 1999, 30043693 = StV 1999, 435.

[100] BGH 9.7.1991 – 1 StR 666/90, BGHSt 38, 26 = NJW 1992, 58; 10.7.1997 – 4 StR 258/97, NStZ-RR 1997, 375 = StV 1997, 592; 29.9.1998 – 4 StR 481/98, NStZ-RR 1999, 152; 22.1.1999 – 2 StR 628/98, BeckRS 1999, 30043693 = StV 1999, 435; 19.5.1999 – 2 StR 650/98, NStZ-RR 2000, 92.

[101] BGH 9.7.1991 – 1 StR 666/90, BGHSt 38, 26 = NJW 1992, 58; 10.7.1997 – 4 StR 258/97, NStZ-RR 1997, 375; 23.7.1998 – 4 StR 238/98, BeckRS 1998, 31357817; 29.9.1998 – 4 StR 481/98, NStZ-RR 1999, 152; 6.10.1998 – 1 StR 485/98, BeckRS 1998, 30026803; 22.1.1999 – 2 StR 628/98, BeckRS 1999, 30043693; 19.5.1999 – 2 StR 650/98, NStZ-RR 2000, 92.

[102] BGH 10.7.1997 – 4 StR 258/97, NStZ-RR 1997, 375; 23.7.1998 – 4 StR 238/98, BeckRS 1998, 31357817 = StV 1998, 599; 29.9.1998 – 4 StR 481/98, NStZ-RR 1999, 152; 6.10.1998 – 1 StR 485/98, BeckRS 1998, 30026803 = StV 1999, 435; 22.1.1999 – 2 StR 628/98, BeckRS 1999, 30043693; 19.5.1999 – 2 StR 650/98, NStZ-RR 2000, 92; 14.3.2000 – 4 StR 3/00, NStZ 2000, 432.

[103] BGH 5.12.1995 – 4 StR 698/95, StV 1996, 214.

[104] BGH 14.3.2000 – 4 StR 3/00, NStZ 2000, 432; allerdings wird damit das Beweisanzeichen weitgehend zur Wirkungslosigkeit gebracht, weil diese Zweckbestimmung der gemeinsamen Kasse sehr häufig anzutreffen sein wird.

[105] BGH 10.7.1997 – 4 StR 258/97, NStZ-RR 1997, 375; 23.7.1998 – 4 StR 238/98, BeckRS 1998, 31357817 = StV 1998, 599; 29.9.1998 – 4 StR 481/98, NStZ-RR 1999, 152; 6.10.1998 – 1 StR 485/98, BeckRS 1998, 30026803; 22.1.1999 – 2 StR 628/98, BeckRS 1999, 30043693; 19.5.1999 – 2 StR 650/98, NStZ-RR 2000, 92.

[106] BGH 10.7.1997 – 4 StR 258/97, NStZ-RR 1997, 375; 23.7.1998 – 4 StR 238/98, BeckRS 1998, 31357817 = StV 1998, 599; 29.9.1998 – 4 StR 481/98, NStZ-RR 1999, 152; 6.10.1998 – 1 StR 485/98, BeckRS 1998, 30026803; 22.1.1999 – 2 StR 628/98, BeckRS 1999, 30043693; 19.5.1999 – 2 StR 650/98, NStZ-RR 2000, 92.

und Verlusten,[107] die gemeinsame Anmietung eines Transportfahrzeuges,[108] aber auch die aus den Taten selbst sich ergebenden Rückschlüsse: relativ enger zeitlicher Zusammenhang gleichartiger Taten, deren große Anzahl, der jeweils gleichartige, eingespielte Tatablauf.[109]

aa) Beispiele für die Annahme einer Bande. In folgenden Fällen ist das Vorliegen **51** einer Bande bejaht oder für möglich gehalten worden: **Kommissionsgeschäfte.** Die Stellung des Kommissionärs kann zwar auf die Position eines gegenüber dem Kommittenten selbständigen, eigene Interessen verfolgenden Geschäftspartners hindeuten. Darin kann aber auch lediglich die verdeckende Umschreibung dafür zu sehen sein, dass er mit seinem Lieferanten in unselbständiger Weise als dessen verlängerter Arm zusammenarbeitete und seine Beteiligung am Gewinn sich nach dem Empfang der Lieferungen richtete. In einem solchen Fall kann der Umstand, dass der Kommissionär für die ausgebliebenen Zahlungen der Abnehmer haftbar gemacht wurde, ausschlaggebend sein: darin liegt ein Gebaren, wie es unter selbständigen, jeweils eigene Interessen verfolgenden „Geschäftspartnern" üblich ist; es spricht gegen die Annahme einer Bande.[110] **Gesellschaftsgründung.** Es liegt nahe, dass bereits die Gründung einer offenen Handelsgesellschaft auf die Bildung einer Bande hindeutet;[111] jedenfalls dann, wenn die Verbindung zum Zwecke der Begehung von Straftaten der in Betracht kommenden Art eingegangen wurde. Werden die Straftaten aber erst im Verlauf der weiteren (ursprünglich zu legalen Zwecken betriebenen) Geschäftstätigkeit begangen, bestehen für die Annahme bandenmäßigen Handelns erhöhte Begründungs- und Beweisanforderungen.[112]

bb) Beispiele für die Verneinung einer Bande. An der Verbindung zur gemeinsamen **52** Tatbegehung fehlt es, wenn sich Beteiligte eines Drogengeschäftes – sei es auch in einem eingespielten Bezugs- und Absatzsystem – lediglich jeweils auf der **Verkäufer- und Erwerberseite gegenüberstehen.**[113] Ob eine Person, die regelmäßig von einem bestimmten Verkäufer Betäubungsmittel zum Zwecke des gewinnbringenden Weiterverkaufs bezieht, in dessen Absatzorganisation als verlängerter Arm eingebunden ist oder dieser auf der Abnehmerseite als selbständiger Geschäftspartner gegenüber steht, beurteilt sich wesentlich nach der getroffenen **Risikoverteilung.**[114] Der Abnehmer in einem eingespielten Bezugs- und Absatzsystem, der die Betäubungsmittel zum vereinbarten Preis erwirbt und diese anschließend ausschließlich auf eigenes Risiko verkauft, insbesondere die Verkaufspreise selbst festsetzt und über die von ihm erzielten Gewinne allein disponiert, ist regelmäßig als selbständiger Käufer anzusehen und nicht als Teil der Verkäuferseite (Vermittelt ein Beteiligter die Betäubungsmittelankäufe gegen eine feste – erfolgsunabhängige Provision – lediglich, während ein weiterer Beteiligter die Finanzierung wie den Vertrieb der Betäubungsmittel alleine übernimmt, kann mangels Absatzrisiko des Vermittlers nicht von einer Bande ausgegangen werden[115]). Von einer Einbindung in die Absatzorganisation des Verkäufers ist demgegenüber in der Regel auszugehen, wenn dieser dem Abnehmer die Höhe des Verkaufspreises vorgibt, Zeitpunkt und Umfang der Weiterveräußerungen bestimmt sowie an deren

[107] BGH 10.7.1997 – 4 StR 258/97, NStZ-RR 1997, 375; 23.7.1998 – 4 StR 238/98, BeckRS 1998, 31357817; 29.9.1998 – 4 StR 481/98, NStZ-RR 1999, 152; 6.10.1998 – 1 StR 485/98, BeckRS 1998, 30026803; 22.1.1999 – 2 StR 628/98, BeckRS 1999, 30043693 = StV 1999, 435; 19.5.1999 – 2 StR 650/98, NStZ-RR 2000, 92.
[108] BGH 6.10.1998 – 1 StR 485/98, BeckRS 1998, 30026803 = StV 1999, 435.
[109] BGH 4.3.2010 – 3 StR 559/09, BeckRS 2010, 0878.
[110] BGH 9.10.1996 – 3 StR 220/96, BGHSt 42, 255 = NJW 1997, 810.
[111] BGH 17.7.1997 – 1 StR 791/96, BGHSt 43, 158 = NJW 1997, 3323.
[112] BGH 19.5.1998 – 1 StR 154/98, NStZ 1999, 187 mAnm *Erb.*
[113] BGH 9.12.2004 – 4 StR 164/04, BeckRS 2005, 00712 unter Berufung auf BGH 22.4.2004 – 3 StR 28/04, NStZ 2004, 696 sowie BGH 9.10.1996 – 3 StR 220/96, BGHSt 42, 255 = NJW 1997, 810; 6.2.2007 – 4 StR 612/06, NJW 2007, 2056 = StV 2006, 305; 8.5.2007 – 1 StR 203/07, BeckRS 2007, 10120; 4.7.2011 – 3 StR 129/11, BeckRS 2011, 21574.
[114] KPV/*Patzak* Rn. 48.
[115] BGH 14.4.2015 – 3 StR 627/14, NStZ-RR 2015, 247.

Gewinn und Risiko beteiligt ist.[116] Der Erste Senat hat diesen restriktiven Ansatz wiederum etwas „eingeschränkt", indem er hervorhob, dass Bezugspunkt für die Prüfung, ob die Beteiligten auf wirtschaftlich unterschiedlichen Seiten des BtM-Geschäfts stehen, **sämtliche Teilakte** des Handeltreibens sind, mithin auch der Teilakt der mittäterschaftlich **organisierten Beschaffung**.[117] Denkbar sind auch Mischformen, bei denen zwischen Geschäften, in denen sich die Beteiligten eigenständig gegenüberstehen und denjenigen, die gemeinsam durchgeführt werden ggf. differenziert werden muss.[118]

53   Auch besonders enge persönliche Beziehungen oder besonders enge Formen des Zusammenlebens können gegen die Annahme einer Bande sprechen (der BGH hatte besondere Anforderungen für die Annahme einer bandenmäßigen Begehung innerhalb der ehelichen Gemeinschaft aufgestellt; diese lassen sich – nachdem diese Problematik durch die Mindestanzahl keine Rolle mehr spielt – auf sonstige Gemeinschaften, wie zB bei der schon genannten Wohngemeinschaft aus finanziellen Gründen übertragen). Der BGH hat allerdings eine Revision als „offensichtlich unbegründet" verworfen, in dem fünf befreundete Lehramtsstudenten im Alter zwischen 25 und 28 Jahren den Entschluss fassten, aus den Niederlanden Cannabissamen zu bestellen, um diese in einer nahe gelegenen Waldlichtung versteckt anzupflanzen und gemeinsam zu pflegen.[119] Die freundschaftliche Verbundenheit bzw. ein gemeinsames Studium scheint demnach nicht auszureichen, um eine Bandenqualität zu verneinen (ebenso wenig der Umstand, dass der gemeinsame Anbau lediglich erfolgt, um Geld zu sparen; mithin jeder einzelne Beteiligte ausschließlich eigene Interessen verfolgt).

54   Obwohl der Begriff der Bande nicht etwa eine gleichrangige Beteiligung oder gar eine „gleichberechtigte" Partnerschaft der Bandenmitglieder voraussetzt,[120] kann doch **bei sehr starkem sozialen Gefälle** zwischen den am Verkauf von BtM beteiligten Personen die Annahme einer Bande aus anderem Grunde ausscheiden. So liegt bandenmäßige Tatbegehung eher fern, wenn zwei in desolater finanzieller Situation lebende 14- oder 15jährige Jugendliche für einen Dealer gegen Gewährung freier Unterkunft und eines Entgelts von 100,– DM pro Verkaufstag BtM in den im Kleinhandel üblichen Mengen an Endverbraucher verkaufen.[121]

55   Führen mehrere Täter **wiederholt gemeinschaftlich BtM** ein, die sie regelmäßig untereinander aufteilen, so dass jeder seinen Anteil (abzüglich der Eigenbedarfsmengen) auf eigene Rechnung an gesonderte Abnehmerkreise verkaufen kann, so belegt dies, dass jeder von ihnen seine individuellen Interessen am Erzielen von Verkaufserlösen als zusätzlicher Einkommensquelle und an der Erlangung der für den Eigenkonsum benötigten Mengen verwirklicht, ohne ein gemeinsames übergeordnetes Bandeninteresse zu verfolgen. Eine gemeinsame Interessenlage besteht zwar am Erwerb und am Gelingen der Einfuhr; dieses Interesse kennzeichnet aber nur das kurzfristige mittäterschaftliche Zusammenwirken.[122]

56   Wollten die Angeklagten „zum Einstieg in die Geschäftsbeziehungen" mit einem Kaufinteressenten „als **Test**" den Verkauf von ca. 10 g Kokain vermitteln und dann „Folgegeschäfte über größere Mengen" vereinbaren, so kann darin nicht die Abrede eines Zusammenschlusses zur wiederholten Begehung solcher Taten gesehen werden. Es liegt vielmehr nahe, dass künftige Rauschgiftgeschäfte in Betracht gezogen wurden, ohne dass bereits eine feste Absprache in dieser Richtung getroffen worden wäre.[123]

57   **d) Beitritt durch schlüssiges Verhalten.** Freilich muss das Gericht auch in den Fällen des „schlüssigen Beitritts" eines einzelnen Beteiligten darlegen, in welchen Handlungen

---

[116] BGH 31.7.2012 – 5 StR 315/12, BeckRS 2012, 17867 = NStZ 2013, 49.
[117] BGH 3.9.2014 – 1 StR 145/14, NStZ 2015, 227.
[118] BGH 29.2.2011 – 2 StR 426/11.
[119] BGH 12.1.2012 – 1 StR 559/11.
[120] Vgl. zB BGH 9.10.1996 – 3 StR 220/96, BGHSt 42, 255 = NJW 1997, 810.
[121] BGH 4.2.1998 – 5 StR 10/98.
[122] BGH 23.7.1998 – 4 StR 238/98, BeckRS 1998, 31357817 = StV 1998, 599. Und selbst eine Mittäterschaft wird inzwischen im Hinblick auf das HT in Zweifel gezogen, BGH 17.4.2012 – 3 StR 131/12, BeckRS 2012, 11531, → § 29 Rn. 1001 f.
[123] BGH 17.10.1995 – 1 StR 462/95, NStZ 1996, 443 mAnm *Schöch* (166).

eine solche Erklärung gesehen werden soll. Dabei ist u.a. das **Beziehungsverhältnis** des „Neueintretenden" zu den übrigen Bandenmitgliedern zu berücksichtigen (etwaige Freundschaften), der Umstand, dass er Hilfs- und auch Fahrdienste als „Bandentätigkeit" auch **berufsmäßig** angeboten hat (mithin die Einlieferung von BtM-Paketen womöglich in diesem Rahmen jeweils einzeln und nicht im Wege einer damit verbundenen Einordnung in ein Bandengefüge übernommen hat) sowie die **Länge der Tätigwerdens** als Indiz für oder wider einer Einbindung.[124]

e) Auflösung der Bande, Loslösung von der Bande. Die Auflösung der Bande setzt **58** keine ausdrückliche Erklärung voraus, sondern kann auch durch schlüssiges Verhalten erfolgen.[125] Die Aufkündigung der Bandenabrede kann in gleicher Weise geschehen wie ihre Eingehung. Diese bedarf auch keiner ausdrücklichen Vereinbarung; vielmehr genügt eine stillschweigende Übereinkunft. Wenn die Bande über mehrere Monate hinweg inaktiv war und die Bandenmitglieder währenddessen auch keinen Kontakt mehr hatten, so ist von einer Auflösung durch schlüssiges Verhalten auszugehen. Ein Indiz für die Lossagung eines Bandenmitglieds von der Bande oder dessen Ausschluss aus der Bande ist ein ernsthaftes Zerwürfnis oder eine Bestrafungsaktion.[126]

6. Abgrenzung des Bandenhandelns von ähnlichen Erscheinungsformen. Zu **59** ähnlichen tatsächlichen Verbindungen mehrerer Beteiligter bei der Planung und Durchführung von Straftaten lassen sich folgende Abgrenzungen vornehmen: Die Bande unterscheidet sich von der **Mittäterschaft** durch das Element der auf eine gewisse **Dauer** angelegten Verbindung mehrerer Personen zu künftiger gemeinsamer Begehung von im Einzelnen noch unbestimmten Straftaten. Schließlich setzt die Mittäterschaft als reine Zurechnungsnorm ohnehin nur die Handlung einer anderen Person voraus, ist also auch bei lediglich zwei Personen vorstellbar.[127] Von der **kriminellen Vereinigung** unterscheidet sich die Bande dadurch, dass sie keine Organisationsstruktur aufweisen muss und für sie kein verbindlicher Gesamtwille ihrer Mitglieder erforderlich ist, diese vielmehr in einer Bande ihre eigenen Interessen an einer risikolosen und effektiven Tatausführung und Beute- oder Gewinnerzielung verfolgen können.[128] Von der **Verabredung eines Verbrechens** unterscheidet sich die Bandenabrede dadurch, dass sie sich auf künftige, noch ungewisse Straftaten bezieht, während die Tat in den Fällen des Abs. 2 StGB weitgehend konkretisiert sein muss.[129]

III. Subjektiver Tatbestand

Anbauen und Herstellen von bzw. Handeltreibens mit BtM als Mitglied einer Bande ist **60** jeweils nur in vorsätzlicher Begehungsweise strafbar; bedingter Vorsatz genügt.

1. Vorsatz. Zu den einzelnen Elementen des Vorsatzes[130] und zur Abgrenzung von **61** bedingtem Vorsatz und bewusster Fahrlässigkeit[131] wird auf die Erläuterungen Vor § 29 verwiesen. Der Vorsatz muss sich insbesondere auch auf das **Tatbestandsmerkmal der Bande,** also vor allem auf den Zusammenschluss mit mindestens zwei anderen Personen und den Bandenzweck, erstrecken (sog Bandenwille). Auch insoweit genügt bedingter Vorsatz. Nicht nötig ist, dass der Täter alle anderen Bandenmitglieder kennt; es reicht bei hochorganisierten Banden, dass er nur einen Vordermann in der Organisation kennt,[132]

---

[124] BGH 26.9.2013 – 2 StR 256/13, BeckRS 2013,19162.
[125] BGH 16.6.2005 – 3 StR 492/04, BGHSt 50, 160 = NJW 2005, 2629 = StV 2005, 555.
[126] BGH 17.10.1995 – 1 StR 462/95, NStZ 1996, 443 mAnm *Schöch* (166).
[127] BGH 22.3.2001 – GSSt 1/00, BGHSt 46, 321 = NJW 2001, 2266; 14.2.2002 – 4 StR 281/01, NStZ 2002, 375; 23.4.2009 – 3 StR 83/09, BeckRS 2009, 12864; KPV/*Patzak* Rn. 31.
[128] BGH 22.3.2001 – GSSt 1/00, BGHSt 46, 321 = NJW 2001, 2266; BGH v. 24.012008 – 5 StR 253/07, NStZ 2008, 575; KPV/*Patzak* Rn. 33.
[129] *Schild* GA 1982, 55 (74); Schönke/Schröder/*Cramer*/Heine StGB § 30 Rn. 6; KPV/*Patzak* Rn. 34.
[130] → Vor § 29 Rn. 54 ff.
[131] → Vor § 29 Rn. 77.
[132] BGH 17.7.1997 – 1 StR 791/96, BGHSt 43, 158 = NJW 1997, 3323.

wenn er nur für möglich hält, dass hinter oder neben diesem Vordermann wenigstens eine weitere Person beteiligt ist und mehr als nur eine Tat begangen werden soll. Ausreichend für den Nachweis des Vorsatzes in Bezug auf das Merkmal der Bande ist die Feststellung der Bereitschaft des Täters, eine eigenständige Aufgabe von einigem Gewicht im Rahmen der bandenmäßigen Organisation zu übernehmen.[133]

62   **a) Parallelwertung in der Laiensphäre des Täters.** Die „Bande" ist ein normatives Tatbestandsmerkmal. Zwar muss sich der Vorsatz des Täters auf dieses Tatbestandsmerkmal erstrecken; es ist jedoch nicht erforderlich, dass er die genaue rechtliche Bedeutung des Begriffs erkannt hat. Es genügt, wenn sich seine Vorstellung auf die tatsächlichen Voraussetzungen des Begriffs, insbesondere den Zusammenschluss von (mit ihm) mindestens drei Personen und die Zielrichtung des Zusammenschlusses, sowie in laienhafter Weise auf das sich daraus ergebende größere Unrecht erstreckt.

63   **b) Gleichgültigkeit des Täters in Bezug auf die Voraussetzungen der Bande.** Wenn es dem Täter auf Einzelheiten seiner Tat nicht ankommt, weil sie ihm gleichgültig sind, und er mithin auch damit einverstanden ist, evtl. als Mitglied einer Bande zu handeln, so kann davon ausgegangen werden, dass sein Vorsatz sich auf die tatsächlichen Voraussetzungen der Bande bezieht.

64   **2. Irrtumskonstellationen.** Zu den möglichen Irrtumskonstellationen in Bezug auf Art und Eigenschaft des BtM wird auf die Erläuterungen Vor § 29[134] verwiesen. Speziell für Abs. 1 Abs. 1 Nr. 1 gilt folgendes: Der **Irrtum über die tatsächlichen Voraussetzungen** der Bande ist Tatbestandsirrtum, der zum Vorsatzausschluss (§ 16 Abs. 1 S. 1 StGB) und – weil § 30 fahrlässige Begehungsweise nicht vorsieht – zur Nichtanwendbarkeit der Qualifikation führt. Der **Irrtum über die rechtliche Bedeutung** des Bandenbegriffs stellt lediglich einen unbeachtlichen Subsumtionsirrtum vor. Der Täter irrt hier weder über Tatumstände noch über das Verbotensein seines Tuns, sondern legt lediglich das Merkmal der Bande zu seinen Gunsten aus. Zu den möglichen Irrtumskonstellationen in Bezug auf die Erlaubnis[135] wird auf die Erläuterungen zu § 3 verwiesen.

IV. Täterschaft und Teilnahme

65   Die Mitgliedschaft in einer Bande ist nicht mit der Beteiligtenform während der konkreten Einzeltat gleichzusetzen; auch beim Bandenhandel gelten vielmehr die allgemeinen Teilnahme- und Zurechnungsregeln, so dass ein Bandenmitglied je nach den Umständen des Einzelfalls als Mittäter oder als Gehilfe handeln kann.[136] Umgekehrt muss nicht jeder Beteiligte an einer Bandentat auch zwingend Bandenmitglied sein; Bandenmitgliedschaft und Beteiligung an Bandentaten sind unabhängig voneinander zu beurteilen.[137] Dasselbe gilt für den Eigennutz. Die bloße Bandenmitgliedschaft bedeutet noch nicht, dass der Täter in jedem Einzelfall eigennützig agiert (etwa bei Entgegennahme und Weiterleitung von Erlösen aus dem Drogenverkauf).[138] Die Abgrenzung zwischen (Mit-)Täterschaft und Teilnahme erfolgt daher auch bei den Tathandlungen des § 30 Abs. 1 Nr. 1 (bzw. des § 30a Abs. 1) nach den allgemeinen Grundsätzen des Strafrechts über die Abgrenzung zwischen diesen Beteiligungsformen. Im Übrigen wird auf die Erläuterungen zu Täterschaft und Teilnahme bei den Grunddelikten verwiesen, die auch hier gelten.

66   **1. Bandenmitgliedschaft als besonderes persönliches Merkmal.** Die Mitgliedschaft in einer Bande im Sinne von Abs. 1 Nr. 1 ist ein besonderes persönliches Merk-

---

[133] BGH 11.9.2003 – 1 StR 146/03, NStZ 2004, 398.
[134] → Vor § 29 Rn. 82 f.
[135] → § 3 Rn. 44 ff.
[136] BGH 17.1.2002 – 3 StR 450/01, BeckRS 2002 30232690 zum Bandendiebstahl; BGH 14.2.2002 – 4 StR 281/01, NStZ 2002, 375; 19.1.2012 – 2 StR 590/11, BeckRS 2012, 04723 = NStZ 2012, 517.
[137] BGH 5.11.2014 – 2 StR 186/14, NStZ-RR 2015, 113.
[138] BGH 12.3.2013 – 2 StR 16/13, BeckRS 2013, 08433 = NStZ 2013, 550.

mal.[139] Nach § 28 Abs. 2 StGB findet deshalb auf den Angeklagten, der nicht Mitglied der Bande ist, der Qualifikationstatbestand des Abs. 1 Nr. 1 keine Anwendung.[140] (Gleiches gilt für die Mitgliedschaft in einer Bande im Sinne von § 30a Abs. 1). Der Mittäter, Anstifter oder Gehilfe, der selber nicht Bandenmitglied ist, kann daher nur wegen Mittäterschaft, Anstiftung oder Beihilfe zum Grunddelikt bestraft werden.[141]

2. Konstellationen der Beteiligung an der Bandentat. a) Beteiligter ist Bandenmitglied. Ist der Tatbeteiligte Bandenmitglied, so gilt folgendes: Mitglied einer Bande kann auch derjenige sein, dem nach der Bandenabrede nur solche Aufgaben zufallen, die sich bei wertender Betrachtung als Gehilfentätigkeit darstellen.[142] Die Ausführung einer Bandentat kann für den Tatbeteiligten je nach Fallgestaltung Mittäterschaft oder Beihilfe sein. Für die Abgrenzung gelten die allgemeinen Kriterien, nach denen der Tatrichter auf Grund wertender Betrachtung aller von der Vorstellung des Täters umfasster Umstände zu entscheiden hat, ob der Angeklagte als Mittäter oder Gehilfe an der Tat beteiligt war. Wesentliche Anhaltspunkte für diese Beurteilung können sein: der Grad des eigenen Interesses am Taterfolg, der Umfang der Tatbeteiligung und die Tatherrschaft oder der Wille zur Tatherrschaft, so dass Durchführung und Ausgang der Tat maßgeblich auch vom Willen des Angeklagten abhängen.[143] Der Tatbeteiligte wird also zB wegen mittäterschaftlichen Handeltreibens als Mitglied einer Bande oder wegen Beihilfe zu bandenmäßigem Handeltreiben verurteilt. 67

b) Beteiligter ist kein Bandenmitglied. Ist der Tatbeteiligte kein Bandenmitglied, so gilt Folgendes: Die Beteiligung an einer Bandentat kann für den Tatbeteiligten dann je nach Fallgestaltung nur Mittäterschaft beim oder Beihilfe zum Grunddelikt sein. Für die Abgrenzung gelten die allgemeinen Kriterien.[144] Der Tatbeteiligte wird also nur zB wegen mittäterschaftlichen Handeltreibens oder wegen Beihilfe zum Handeltreiben verurteilt, auch dann, wenn er sich an einer Bandentat beteiligt hat. 68

3. Eigennutz bei mittäterschaftlichem Bandenhandel. Auch dann, wenn die Gesamtbewertung der Tatbeteiligungsumstände ergibt, dass Mittäterschaft bei dem Bandenhandel vorliegt, ist die für die Frage des Handeltreibens grundlegende Motivation des Tatbeteiligten zu beachten: hat er nicht eigennützig gehandelt, so ist er trotz Erfüllung der Mittäterschaftskriterien nur Gehilfe. 69

4. Besonderheit bei der Beihilfe. Besteht der Tatbeitrag des Gehilfen aus einer einzigen Handlung, so ist sein Verhalten auch dann als eine Tat zu werten, wenn der Haupttäter mehrere rechtlich selbständige Handlungen begeht.[145] Dies ist eine häufig anzutreffende Konstellation bei der psychischen Beihilfe. Beihilfe zum Bandenhandel kommt natürlich nicht in Betracht, wenn der Gehilfe von einem eventuellen bandenmäßigen Zusammenschluss derer, die er unterstützt, keine Kenntnis hat.[146] 70

5. Mittäterschaftliche Zurechnung der Bandentaten. Dem einzelnen Bandenmitglied können immer nur diejenigen Taten zugerechnet werden, auf die sich sein Vorsatz 71

---

[139] BGH 9.8.2000 – 3 StR 339/99, BGHSt 46, 120 (128) = NJW 2000, 3364 = StV 2000, 675; 6.11.2007 – 5 StR 449/07, BeckRS 2007, 19665; *Franke/Wienroeder* 30a Rn. 3; *Fischer* StGB § 244 Rn. 22; *Weber* Rn. 84; aA LK-StGB/*Roxin* StGB § 28 Rn. 73; Schönke/Schröder/*Eser* StGB § 244 Rn. 28; KPV/*Patzak* Rn. 63.

[140] BGH 3.4.1992 – 4 StR 131/92; 16.11.1995 – 4 StR 579/95, NStZ 1996, 128; 17.7.1997 – 1 StR 753/96, NStZ-RR 1998, 25.

[141] BGH 20.2.2013 – 3 StR 24/13, BeckRS 2013, 07322 = NStZ-RR 2013, 210.

[142] BGH 15.1.2002 – 4 StR 499/01, BGHSt 47, 214 = NJW 2002, 1662; 26.4.2005 – 4 StR 447/04, BeckRS 2005, 30355074.

[143] StRspr, vgl. zuletzt BGH 8.8.2001 – 3 StR 262/01, BeckRS 2001, 30198171; 20.12.2000 – 2 StR 468/00; 21.11.2000 – 1 StR 433/00, BeckRS 2000, 30144287; 10.5.2000 – 3 StR 21/00, NStZ 2000, 482; 26.4.2000 – 3 StR 573/99, NStZ-RR 2000, 278.

[144] BGH 11.1.2012 – 5 StR 445/11, NStZ-RR 2012, 121.

[145] BGH 4.7.1995 – 1 StR 225/95, StV 1995, 624; 17.6.1993 – 4 StR 296/93, NStZ 1993, 584.

[146] BGH 10.6.1997 – 1 StR 165/97, BeckRS 1997, 31120838 = StV 1997, 594; diese Entscheidung hat *Weber* Rn. 84 als „fragwürdig" kritisiert – das trifft aber nur für den Begründungszusammenhang zu.

bezieht. Im Rahmen arbeitsteiliger Tatausführung kann ein Bandenmitglied auch für BtM-Delikte als Mittäter verantwortlich sein, die von anderen Bandenmitgliedern ausgeführt wurden, die er aber mitgeplant und deren Ausführung er gewollt hat. Wenn sich ein Bandenmitglied nur an bestimmten Bandentaten beteiligen will, so können ihm andere Bandentaten nicht angelastet werden. Begeht ein Bandenmitglied BtM-Delikte nicht in seiner Eigenschaft als Bandenmitglied, sondern zB als Einzeltäter oder im Rahmen mittäterschaftlichen Handeltreibens ausschließlich im Eigeninteresse außerhalb des Bandenrahmens, so liegt insoweit keine Bandentat vor. Zu all diesen Möglichkeiten müssen sich die Urteilsfeststellungen verhalten, wenn Anlass zur Erörterungen derartiger Fallgestaltung besteht.

V. Versuch und Rücktritt, Vollendung und Beendigung

72   Wegen des umfassenden Begriffs des HT bleibt wenig Raum für Versuchsstrafbarkeit. Es ist jedoch zu erwarten, dass die neuere Rspr. des BGH zum HT-Begriff den Bereich der Versuchsstrafbarkeit (auf der Seite der Grenze zur Vollendung) ausdehnen wird.

73   Der Ankauf und die Überführung eines für Schmuggelfahrten im Rahmen eines Bandenhandels vorgesehenen Fahrzeugs ist noch kein Versuch des Handeltreibens, sondern bloße Vorbereitungshandlung, sofern noch kein konkretes BtM-Geschäft, das mit dem Fahrzeug durchgeführt werden soll, angebahnt ist oder „läuft".[147] Eine Handlung im bloßen Interesse einer Bande ohne konkreten Bezug zu einer Straftat genügt – anders als bei dem Organisationsdelikt des § 129 StGB – nicht, eine Straftat des Handeltreibens mit BtM zu begründen.[148]

74   In das Versuchsstadium gelangt die Tat des Abs. 1 Nr. 1 erst mit dem **Ansetzen zur ersten konkreten Bandentat**[149] (näher → Rn. 47), davor kann jedoch Strafbarkeit nach § 30 StGB in Betracht kommen. Wenn die Bandengründung erst erfolgt, nachdem der Grundtatbestand begonnen wurde, so beginnt der Versuch der Qualifikation erst mit dem unmittelbaren Ansetzen zur Verwirklichung des Qualifikationstatbestandes, hier der Bandengründung.

VI. Konkurrenzen

75   **1. BtM-Straftaten. a) Begehungsweisen des Abs. 1 Nr. 1 untereinander.** Das Zusammentreffen mehrerer Tatbestandsvarianten des Abs. 1 Nr. 1 wird in aller Regel von der Rechtsfigur der **Bewertungseinheit** bestimmt. Zum Begriff wird auf die Erläuterungen zum Handeltreiben[150] und die Ausführungen zu § 29a Abs. 1 Nr. 1[151] verwiesen. Der Bandenhandel verbindet die im Rahmen ein und desselben Güterumsatzes aufeinanderfolgenden Teilakte vom Erwerb bis zur Veräußerung, insbesondere also auch den Teilakt der unerlaubten Einfuhr iS des § 29 Abs. 1 Nr. 1, zu einer einzigen Tat im Sinne einer Bewertungseinheit. Eine einheitliche Tat des Bandenhandels ist immer dann anzunehmen, wenn ein und derselbe Güterumsatz Gegenstand der strafrechtlichen Bewertung ist. Die innerhalb dieses Rahmens aufeinanderfolgenden Teilakte sind nicht etwa eine mehrfache Verwirklichung desselben Tatbestandes, deren Verhältnis zueinander erst noch bestimmt werden müsste. Vielmehr werden sie schon vom gesetzlichen Tatbestand selbst in dem pauschalierenden, verschiedenartige Tätigkeiten zusammenfassenden Begriff des Bandenhandels mit BtM zu einer Bewertungseinheit verbunden.[152] Der bandenmäßige Handel mit BtM verdrängt auch den Tatbestand der bandenmäßigen **Einfuhr** (von Normalmengen unterhalb der Grenzwerte zur nicht geringen Menge), sofern diese im Rahmen des Handeltreibens erfolgt

---

[147] BGH 30.1.2001 – 1 StR 423/00, NJW 2001, 1289.
[148] BGH 30.1.2001 – 1 StR 423/00, NJW 2001, 1289.
[149] BGH 25.7.1995 – 1 StR 238/95, BeckRS 1995, 31095847; 13.9.1988 – 1 StR 451/88, BeckRS 1988, 31087129.
[150] → § 29 Rn. 477 ff.
[151] → § 29a Rn. 34.
[152] Vgl. BGH 13.7.1994 – 3 StR 138/94, NJW 1994, 3020 = StV 1994, 659 in einem Fall des § 30a, insoweit aber auf § 30 Abs. 1 Nr. 1 übertragbar.

ist.[153] Zu beachten ist auch hier, dass der bloße gleichzeitige Besitz verschiedener zum Handeltreiben bestimmter Mengen von BtM keine Bewertungseinheit begründet.[154] Umgekehrt handelt es sich nicht um „eine Straftat" i.S.d. Bandenabrede, sodass die Zusammenfassung von mehrfach durchgeführten Einkaufshandlungen zu einer einzigen Bewertungseinheit einer Annahme bandenmäßigen Handeltreibens nicht entgegensteht.[155] Dies gilt ebenso für die Annahme von Gewerbsmäßigkeit.[156]

Verhältnis von **Bandenanbau bzw. Bandenherstellen zum Bandenhandel:** Sind die **76** bandenmäßig angebauten bzw. hergestellten BtM zum Bandenhandel bestimmt, so sind Bandenanbau bzw. Bandenherstellung unselbständige Teilakte des umfassenden Begriffs des bandenmäßigen Handeltreibens. Sind die BtM, die angebaut bzw. hergestellt werden, nicht mit den zum Handeltreiben bestimmten BtM identisch, liegen naturgemäß verschiedene Handlungen mit der Folge der Tatmehrheit vor. Verhältnis von **Bandenanbau zum Bandenherstellen:** Geht es um das Gewinnen von BtM aus selbst angebauten Pflanzen, so gelten die für das Verhältnis der Grunddelikte zueinander entwickelten Grundsätze (→ § 29 Rn. 102 ff. „Anbau"). Sind die BtM, die angebaut werden, nicht mit denen identisch, die hergestellt werden sollen (und liegt auch keine Verklammerung durch Handeltreibensintentionen vor), so liegen naturgemäß verschiedene Handlungen mit der Folge der Tatmehrheit vor.

b) Begehungsweisen des Abs. 1 Nr. 1 und Abs. 1 Nr. 2 und 4. Mit der **gewerbs- 77 mäßigen Abgabe an Minderjährige** (Abs. 1 Nr. 2) ist nach diesen Grundsätzen ebenfalls Tateinheit möglich.[157] Anders als beim Zusammentreffen von Bandenhandel und in diesem Rahmen begangener bandenmäßiger Einfuhr von Normalmengen geht die **bandenmäßige Einfuhr von nicht geringen Mengen** nicht im Bandenhandel auf, weil sich der Schuldgehalt des Verbringens größerer Mengen von BtM nach Deutschland nicht im Bandelhandel erschöpft; es besteht daher Tateinheit. **Beihilfe zum Bandenhandel und täterschaftliche bandenmäßige Einfuhr:** Der täterschaftlichen bandenmäßigen Einfuhr von BtM kommt neben Beihilfe zum Bandenhandel ein eigener Unrechtsgehalt zu, so dass Tateinheit möglich ist.[158]

c) Begehungsweisen des § 30 Abs. 1 Nr. 1 und § 29a Abs. 1 Nr. 1. Das bandenmä- **78** ßige Handeltreiben des Abs. 1 Nr. 1 steht im Falle der Abgabe an Minderjährige in Tateinheit mit dem Tatbestand des § 29a Abs. 1 Nr. 1.[159] Das unerlaubte Abgeben von BtM an Minderjährige beinhaltet ein besonderes Unrecht, das über den Bandenhandel hinausgeht und das wegen des zusätzlichen Gewichts der Gefährdung der Volksgesundheit und der leicht verführbaren Minderjährigen gesondert unter Strafe gestellt ist. Dieses besondere Unrecht geht nicht im Tatbestand des Bandenhandels auf; vielmehr werden durch dieselbe Handlung mehrere Strafgesetze verletzt (§ 52 StGB).[160]

d) Begehungsweisen des Abs. 1 Nr. 1 und ihre Grundtatbestände. Als Qualifika- **79** tion (leges speciales) verdrängen die Begehungsweisen des Abs. 1 Nr. 1 die jeweiligen Grundtatbestände und deren Regelbeispiele.[161]

2. Straftatbestände anderer Rechtsgebiete. Für das Zusammentreffen mit Straftaten **80** aus anderen Rechtsgebieten gelten die allgemeinen Konkurrenzregeln.[162] Die Übermittlung

---

[153] Vgl. 13.7.1994 – 3 StR 138/94, NJW 1994, 3020; 16.4.1996 – 4 StR 80/96, NStZ-RR 1996, 232; 14.1.1998 – 1 StR 748/97; 4.4.2006 – 3 StR 47/06, BeckRS 2006, 05440; BGH 1.3.2011 – 3 StR 35/11, BeckRS 2011, 06572.

[154] Vgl. BGH 23.10.1996 – 5 StR 505/96, NStZ-RR 1997, 144; 22.1.1997 – 3 StR 608/96, NStZ 1997, 243; 1.10.1997 – 2 StR 520/96, BGHSt 43, 252 = NJW 1998, 168.

[155] BGH 25.11.2013 – 5 StR 531/13, BeckRS 2013, 22109, NStZ-RR 2014, 215 (Ls); 17.6.2004 – 3 StR 344/03, BGHSt 49, 177 = NStZ-RR 2006, 106.

[156] BGH 6.8.2013 – 5 StR 255/13, NStZ-RR 2013, 347.

[157] BGH 13.7.1994 – 3 StR 138/94, NJW 1994, 3020.

[158] BGH 11.3.2003 – 1 StR 50/03, NStZ-RR 2003, 186 zu § 30a.

[159] Vgl. BGH 13.7.1994 – 3 StR 138/94, NJW 1994, 3020.

[160] Vgl. BGH 6.10.1995 – 3 StR 346/95, NJW 1996, 469.

[161] → § 29a Rn. 34.

[162] → § 29a Rn. 35.

von BtM-Erlösen aus Bandenhandelsgeschäften an Personen, die von der wahren Herkunft des Geldes nichts wissen und es für Projekte verwenden, die mit BtM-Umsatz nicht das geringste zu tun haben, kann keine Beihilfe zum unerlaubten Handeltreiben mit BtM darstellen. In Betracht kommen hier vielmehr nur **Begünstigung** und eventuell **Strafvereitelung**.[163] Das Eintreiben und Weiterleiten des Kaufpreises kann als Begünstigung zu werten sein, wenn der Tatbestand des Bandenhandels nicht erfüllt ist.[164] Konkurrenz mit **Geldwäsche** ist möglich in Bezug auf hergestellte BtM oder Stoffe, die aus BtM hergestellt sind (alles taugliche Tatobjekte, weil nicht nur Geld, sondern jeder Gegenstand, der einen Vermögenswert darstellt, in Betracht kommt). Die unerlaubte bandenmäßige Herstellung von BtM ist als Verbrechenstatbestand (§ 261 Abs. 1 Nr. 1 StGB) im Katalog der Vortaten, an welche die Tathandlung des § 261 StGB anknüpft, genannt. Zum Verhältnis der Vortat des Herstellens zur „Nachtat" der Geldwäsche gelten die Ausführungen zu den Konkurrenzen beim Anbau entsprechend.

81   Wenn ein Bandenmitglied in Absprache mit den anderen Bandenmitgliedern BtM in der Absicht gewinnbringender Veräußerung stiehlt oder raubt, so besteht **Tateinheit** zwischen diesen **Eigentumsdelikten** und dem Delikt des Bandenhandels. Tateinheit kann beim Bandenhandel durch Abgabe mit fahrlässiger Tötung (§ 222 StGB), falls nicht § 30 Abs. 1 Nr. 3 vorgeht, oder fahrlässiger Körperverletzung (§ 230 StGB) in Betracht kommen.[165] Mehrfacher Transport von Waffen und BtM über die Bundesgrenze in bandenmäßiger Begehung, der jeweils auch dem einheitlichen Zweck des **Menschenhandels** dient, begründet Tateinheit aller verwirklichten Delikte.[166] Fallen **Fahren ohne Fahrerlaubnis** und Bandenhandel zusammen, so liegt Tateinheit vor.[167] Gleiches gilt, wenn **Trunkenheitsfahrt** und Bandenhandel zusammenfallen.[168] Der gleichzeitige Transport von BtM und **Waffen** im Kofferraum eines PKW verletzt sämtliche verwirklichten Straftatbestände durch ein und dieselbe Handlung.[169]

VII. Strafklageverbrauch

82   **1. Verurteilung wegen BtM-Tatbeständen.** Zu den Begriffen der prozessualen Tat und Tatidentität vgl. zunächst die Ausführungen bei → § 29 Rn. 552 f. Eine Verurteilung wegen eines Grunddelikts gem. § 29 Abs. 1 S. Nr. 1 ohne den erschwerenden Umstand „Bande" könnte zu einem Verfahrenshindernis für eine Anklage wegen der Qualifikation nach § 30 Abs. 1 Nr. 1 führen. Umgekehrt hinderte eine Verurteilung wegen eines Delikts nach Abs. 1 Nr. 1 eine Anklageerhebung oder eine erneute Verurteilung zB wegen HT mit BtM oder HT in nicht geringer Menge, wenn es um dieselbe Handelsmenge geht. Ist ein Angeklagter vom Vorwurf des Handeltreibens mit Betäubungsmitteln freigesprochen worden, ergreift der Strafklageverbrauch weitere Teillieferungen, die alle aus einer ursprünglichen Rauschgiftmenge stammen.[170]

83   **2. Verurteilung wegen allgemeiner Tatbestände.** Eine Verurteilung wegen eines Delikts nach dem StGB hinderte bei Tatidentität eine Anklageerhebung oder eine Verurteilung wegen des Delikts des Abs. 1 Nr. 1. Gleiches gilt zB für eine Verurteilung wegen § 30 Abs. 1 StGB, wenn erst später festgestellt wird oder nachgewiesen werden kann, dass die geplante Tat tatsächlich durchgeführt worden war.

---

[163] Vgl. BGH 4.6.1997 – 3 StR 157/97, NStZ-RR 1998, 27 = StV 1997, 592.

[164] Vgl. BGH 17.5.1996 – 5 StR 119/96, NStZ-RR 1997, 85.

[165] Vgl. HJLW/*Winkler* § 29 Rn. 8.6.

[166] Vgl. OLG Braunschweig 21.10.1996 – Ss 48/96, NStZ-RR 1997, 80.

[167] Vgl. (für Handeltreiben gem. § 29 Abs. 1 Nr. 1) BGH 9.11.1984 – 2 StR 257/84, BGHSt 33, 66 = NStZ 1985, 319 mAnm *Roxin;* vgl. auch 27.2.1997 – 1 StR 734/96 für einen Fall der Tateinheit zwischen Einfuhr von BtM und Fahren ohne Fahrerlaubnis und BGH 19.8.1994 – 3 StR 264/94, BeckRS 1994, 31080452 = StV 1995, 62 für einen Fall der Tateinheit zwischen Einfuhr von BtM und Trunkenheitsfahrt.

[168] Vgl. BGH 19.8.1994 – 3 StR 264/94, BeckRS 1994, 31080452 = StV 1995, 62 für einen Fall der Tateinheit zwischen Einfuhr von BtM und Trunkenheitsfahrt.

[169] Vgl. BGH 26.8.1993 – 4 StR 326/93, BeckRS 1993, 31086157; 25.4.1994 – 5 StR 189/94.

[170] BGH 17.4.1996 – 5 StR 147/95, StV 1996, 650.

Die Aburteilung wegen einer **Trunkenheitsfahrt,** die eigens dem Transport der Drogen   84
dient (also zB den Zweck verfolgt, sie an einen sicheren Ort zu bringen), verbraucht nicht
nur die Strafklage für den Betäubungsmittelbesitz, sondern auch für die damit tateinheitlich
verbundenen Delikte[171] (zB bewaffnetes Sichverschaffen von Betäubungsmitteln in nicht
geringer Menge sowie die Abgabe eines – den Grenzwert der nicht geringen Menge nicht
erreichenden – Teils dieser Betäubungsmittel). Allerdings besteht zwischen diesen Delikten
dann keine verfahrensrechtliche Identität, wenn das Mitsichführen der Betäubungsmittel in
keinem inneren Beziehungs- bzw. Bedingungszusammenhang mit dem Fahrvorgang steht.[172]

VIII. Rechtsfolgen

1. Strafzumessung. a) Strafrahmenwahl. Der (Normal-) Strafrahmen reicht von zwei   85
Jahren Mindeststrafe bis zu 15 Jahren Freiheitsstrafe (§ 38 Abs. 2 StGB), für minder schwere
Fälle (Abs. 2) von drei Monaten bis zu fünf Jahren. Zu den Voraussetzungen für die Annahme
eines minder schweren Falles wird auf die Ausführungen zu Abs. 2 verwiesen. Die Erwägung,
dass der Zusammenschluss der Täter primär auf einer persönlichen Verbundenheit beruhte
und nicht dem Bild der üblichen Bandenkriminalität entsprach, deren Bekämpfung mit der
Schaffung des OrgKG erstrebt wurde, darf zur Begründung eines msF herangezogen werden.[173]

b) Strafzumessung im engeren Sinne. Hierzu wird zunächst auf die Darstellung bei   86
§ 29a Abs. 1 Nr. 1[174] verwiesen. **Strafmildernd** kann der für die Wahl des Sonderstrafrahmens nach Abs. 2 nicht ausreichende Umstand zum Tragen kommen, dass die Bande sich
ausschließlich mit weichen Drogen befasste.[175] **Strafschärfend** kann das professionelle und
konspirative Vorgehen der Angeklagten bei der Strafzumessung zu deren Nachteil gewürdigt
werden. Ein Verstoß gegen § 46 Abs. 3 StGB liegt darin nicht. Bandenmäßiger BtM-Handel
wird zwar häufig von Professionalität und Konspiration geprägt sein. Zwingende Voraussetzung der Tatbestandsverwirklichung oder gar Tatbestandsmerkmal ist jedoch keine der
genannten Handlungsmodalitäten. Eine Organisationsstruktur mit „mafiaähnlichem Charakter" ist gerade nicht Tatbestandsvoraussetzung des Abs. 1 Nr. 1. „Amateurhaft" betriebener
bandenmäßiger BtM-Handel im Rahmen eines „in seiner Organisation nicht gemeingefährlichen Zusammenschlusses" ist ebenso tatbestandsmäßig und kommt auch durchaus vor.[176]

c) Strafmaßbeispiele. Zu Strafmaßbeispielen beim bandenmäßigen Verkehr mit ngM   87
→ § 30a Rn. 37. Im Fall des LG Landau[177] sind Strafhöhen nicht mitgeteilt.

2. Absehen von Strafe bzw. von Strafverfolgung. Absehen von der Strafverfolgung   88
durch die Staatsanwaltschaft gemäß § 31a Abs. 1 S. 1 bzw. Absehen von einer Bestrafung
durch das Gericht gem. § 29 Abs. 5 ist nicht möglich, weil § 30 in § 29 Abs. 5 bzw. in § 31a
Abs. 1 nicht in Bezug genommen wird. Eine Einstellung nach §§ 153, 153a StPO war beim
Verbrechenstatbestand des § 30 Abs. 1 Nr. 1 nicht möglich.

3. Einziehung und Verfall; Entziehung der Fahrerlaubnis. Zu Einziehung und   89
Verfall siehe unten die Erläuterung zu § 33, insb. → § 33 Rn. 6–7. Die Anordnung des
erweiterten Verfalls (§§ 33 Abs. 1 Nr. 2 BtMG aF, 73d StGB aF) war möglich. Zur Entziehung der Fahrerlaubnis → § 29 Rn. 122.

4. Sicherungsverwahrung. Die Tatbestände bilden Anlasstaten zur Anordnung von   90
Sicherungsverwahrung.[178]

---

[171] BGH 5.3.2009 – 3 StR 566/08, NStZ 2009, 705 = StV 2010, 119.
[172] BGH 27.4.2004 – 1 StR 466/03, NStZ 2004, 694 (694) mAnm *Bohnen* = StV 2005, 256 695.
[173] BGH 18.6.2009 – 3 StR 171/09, NStZ-RR 2009, 320.
[174] § 29a Abs. 1 Nr. 1 Rn. 39.
[175] So auch KPV/*Patzak* Rn. 67.
[176] BGH 13.12.2001 – 1 StR 475/01, BeckRS 2001, 30226746.
[177] LG Landau i. d. Pfalz 30.6.2005 – 7336 Js 1371/05 KLs, NStZ 2007, 350.
[178] § 66 Abs. 1 Nr. 1b StGB.

2. Kapitel. Gewerbsmäßiges Abgeben, Verabreichen oder Überlassen zum unmittelbaren Verbrauch an Minderjährige (Abs. 1 Nr. 2)

Übersicht

I. Überblick

91   **1. Rechtliche Einordnung.** Die Vorschrift verknüpft zwei zuvor als besonders schwer eingestufte, heterogene Begehungsformen zu einem Verbrechenstatbestand, ohne dass ein kriminologisch begründetes Bedürfnis dafür ersichtlich gewesen wäre und ist.[1] Mit der „Qualifizierung der Qualifizierung" (des § 29a Abs. 1 Nr. 1) soll der „Verwicklung Jugendlicher in gewerbsmäßig betriebene Rauschgiftgeschäfte" entgegengewirkt werden.[2]

92   **a) Deliktsnatur.** Alle Tathandlungen (Abgeben in seinem hier abermals abgewandelten Sinne des Veräußerns und des Handeltreibens, Verabreichen und Überlassen zum unmittelbaren Verbrauch) sind **Erfolgsdelikte.** Insofern wird auf die Darstellung bei den Grunddelikten verwiesen.

93   **b) Verfassungsmäßigkeit.** Hinsichtlich der Verfassungsmäßigkeit der Strafvorschrift gelten die bei → Vor § 29a Rn. 22 sowie → § 29 Rn. 223 ff. gemachten Überlegungen.

94   **c) Kritik.** Bei der unreflektierten Anknüpfung der Qualifizierung für gewerbsmäßiges Handeln an den Qualifikationstatbestand des § 29a Abs. 1 Nr. 1 hat der Gesetzgeber übersehen, dass er eine widersprüchliche Strafvorschrift konzipierte, als er das Merkmal der „Gewerbsmäßigkeit" mit der Tathandlung des „Abgebens" verknüpfte. Gewerbsmäßigkeit setzt Einnahmeerzielungsabsicht voraus, während Abgeben an sich unentgeltliche Übertragung der Verfügungsgewalt bedeutet. Nachdem die Rechtsprechung den Fehler des Gesetzgebers schon bei § 29a Abs. 1 Nr. 1 repariert hat (→ § 29a Rn. 15 ff.), besteht hier Anlass, ein zweites Mal mit korrigierender Auslegung einzugreifen: gewerbsmäßiges Abgeben iS des Abs. 1 Nr. 2 bedeutet ausschließlich die entgeltliche Übertragung der tatsächlichen Verfügungsmacht (Handeltreiben und Veräußern). Der Gesetzgeber hätte dies so formulieren können und müssen.

---

[1] Vgl. *Slotty* NStZ 1981, 321 (325).
[2] BGH 13.12.1995 – 2 StR 575/95, NJW 1996, 1069 = StV 1996, 213; 24.7.1997 – 4 StR 222/97, NStZ 1998, 89 = StV 1997, 636; vgl. auch *Slotty* NStZ 1981, 321 (325).

2. Kriminalpolitische Bedeutung. In der Praxis kommt dem Tatbestand der gewerbs- **95** mäßigen Abgabe an Minderjährige keine besondere Bedeutung zu, wie sich aus den polizeilichen Fallzahlen insbesondere über den prozentualen Anteil der Delikte nach Abs. 1 Nr. 2 an der Gesamtzahl der BtM-Delikte ergibt. Über die faktische Häufigkeit der Fälle hinaus kann aus der Strafandrohung als solcher die Bedeutung ersehen werden, die die Rechtsordnung dem Jugendschutz auf dem Gebiet des BtM-Strafrechts beimisst.

In der **PKS** werden die Jugendschutzdelikte nach § 29a Abs. 1 Nr. 1 und § 30 Abs. 1 **96** Nr. 2 gemeinsam erfasst.

Straftaten(gruppen)	2005	2006	2007	2008	2009	2010	2011	2013	2014	2015
Rauschgiftdelikte BtMG	276.740	255.019	248.355	239.951	194.075	231.007	236.478	253.525	276.734	282.604
Allgemeine Verstöße nach § 29 BtMG	194.444	178.841	171.496	169.386	143.293	165.880	170.297	189.783	209.514	213.850
Abgabe, Verabreichen oder Überlassen von BtM zum unmittelbaren Verbrauch an Minderjährige, ggf. gewerblich	1.715	1.450	1.291	1.330	1.234	1.253	1.401	1.860	2.170	2.301
§ 29a Abs. 1 Nr. 1 (allein)								1.727	1.991	2.080

Statistisches Bundesamt: Strafverfolgungsstatistik Tabelle 3.7 Verurteilte 1982 bis **97** **2009 wegen Rauschgiftkriminalität (Auszug)**

	2010	2011	2012	2013	2014
Straftaten nach dem BtMG insgesamt	44.919	45.250	43.357	43.567	46.118
Abgabe an Minderjährige	581	568	556	550	613

3. Rechtsentwicklung. a) Einfluss internationaler Übereinkommen. Art. 3 Abs. 5 **98** Buchst. f Übk. 1988 verpflichtet die Vertragsparteien, den Umstand, dass Minderjährige in Mitleidenschaft gezogen oder benutzt werden, als besonders schwerwiegenden Umstand der Begehung der Grunddelikte unter Strafschärfung zu stellen. Dieser Verpflichtung hat die Bundesrepublik Deutschland bereits mit der Qualifikation des § 29a Abs. 1 Nr. 1 entsprochen. Für die weitere Qualifikation bei gewerbsmäßigem Handeln bestand daher keine völkerrechtliche Verpflichtung. Natürlich bleibt es den Vertragsparteien unbenommen, die erforderlichen Maßnahmen (Art. 3 Abs. 1 Übk. 1988) selbst zu bestimmen und die Straftatbestände im Einzelnen auszugestalten, also ggf. mehrstufige Qualifikationen einzuführen, um die vertraglichen Ziele zu erreichen.

b) Innerstaatliches Recht. Zur Entwicklung des innerstaatlichen Rechts wird auf die **99** Ausführungen Vor § 29a[3] verwiesen.

II. Erläuterung

1. Geltungsbereich. a) Inlands-/Auslandstaten. Inlandstaten unterliegen dem deut- **100** schen BtM-Strafrecht unabhängig davon, ob die Tat durch einen Ausländer oder einen Deutschen begangen wurde.

Wegen möglicher Verfolgbarkeit von Auslandstaten sowohl unter dem Gesichtspunkt des **101** Weltrechtsprinzips[4] wie auch vor dem Hintergrund des Tatortrechts[5] wird auf die Erläuterungen zu § 29a Abs. 1 Nr. 1 verwiesen.

---

[3] Rn. 4 ff.
[4] → Vor § 29 Rn. 122.
[5] → § 29a Rn. 11.

102 **b) Grenzüberschreitende Mehrfachverfolgung und Art. 54 SDÜ.**[6] Zum Begriff „dieselbe Tat" iS von Art. 54 SDÜ und den Auswirkungen, die Verurteilungen oder Aburteilungen in einem Mitgliedstaat des Schengenraums auf Strafverfolgungsmaßnahmen in anderen Mitgliedsstaaten haben → Vor § 29 Rn. 166 ff.

103 **2. Objektiver Tatbestand.** Die Vorschrift des Abs. 1 Nr. 2 verweist insgesamt auf den Tatbestand des § 29a Abs. 1 Nr. 1. Darin liegt ein gesetzestechnischer Mangel. Sie stellt das gewerbsmäßige Abgeben, Verabreichen oder Überlassen von BtM an Minderjährige durch Personen über 21 Jahre unter besondere Strafe.

104 **a) Tathandlungen.** Die Vorschrift verweist auf die Tatbestandsvarianten des § 29a Abs. 1 Nr. 1. Zu den dort genannten Tathandlungen des Abgebens,[7] Verabreichens[8] und Überlassens zum unmittelbaren Verbrauch[9] wird auf die Ausführungen zu § 29a Abs. 1 Nr. 1 und die Erläuterungen bei den jeweiligen Grundtatbeständen Bezug genommen. Das Abgeben iS des § 29a Abs. 1 Nr. 1 erfasst nicht nur die unentgeltliche Übertragung der Verfügungsmacht, sondern auch das entgeltliche Abgeben (Verabreichen, Überlassen zum Verbrauch) in Form des Handeltreibens.[10] Dies ergibt sich gerade aus der gesetzlichen Systematik; denn der Qualifikationstatbestand des gewerbsmäßigen Abgebens an Jugendliche (§ 30 Abs. 1 Nr. 1 iVm § 29a Abs. 1 Nr. 1) wäre nicht verständlich, wenn der Grundtatbestand auf das unentgeltliche Abgeben beschränkt wäre. Umgekehrt sind allerdings keine sonstigen Teilakte des Handeltreibens erfasst: In dem bloßen **Aufbewahren von Betäubungsmitteln** kann, auch wenn es dem gewinnbringenden Weiterverkauf dient, kein unmittelbares Ansetzen zum Tatbestand der unerlaubten Abgabe gesehen werden.[11]

105 **b) Gewerbsmäßigkeit.** Gewerbsmäßig handelt, wer sich durch wiederholte Tatbegehung eine fortlaufende Einnahmequelle von einiger Dauer und einigem Umfang erschließen will.[12] Der hier verwendete Begriffsinhalt ist identisch mit dem in § 29 Abs. 3 S. 2 Nr. 1 verwendeten; auf die Darstellung beim Grundtatbestand des Handeltreibens[13] wird verwiesen. Entscheidend ist allerdings, dass der Täter sich eine fortlaufende Einnahmequelle durch wiederholte Vornahme gerade solcher Handlungen verschaffen will, die den Tatbestand des § 29a Abs. 1 Nr. 1 erfüllen.[14] Dabei ist nicht erforderlich, dass der Täter die erstrebten Einnahmen *ausschließlich* aus Rauschgiftgeschäften mit Minderjährigen erzielen will, sondern es reicht aus, dass er sich fortlaufende Einnahmen auch aus derartigen Geschäften verschaffen will.[15]

106 **c) Weitere Tatbestandsmerkmale.** Wegen der weiteren Tatbestandsmerkmale des Alters der Tatbeteiligten,[16] der Objekteigenschaft des BtM[17] und der Erlaubnis[18] wird auf die Ausführungen zu § 29a Abs. 1 Nr. 1 Bezug genommen.

107 **3. Subjektiver Tatbestand.** Die Straftat des Abs. 1 Nr. 2 sind jeweils nur in vorsätzlicher Begehungsweise strafbar; bedingter Vorsatz genügt.

---

[6] Übereinkommen zur Durchführung des Übereinkommens von Schengen vom 14.6.1985 vom 19.6.1990, BGBl. II S. 1010, für Deutschland in Kraft getreten am 1.9.1993 (Bek. v. 20.4.1994, BGBl. II S. 631); abgedruckt bei *Weber* unter B.4; Erläuterungen bei *Schomburg/Lagodny/Gleß/Hackner* unter IV.

[7] → § 29a Rn. 14 ff.

[8] → § 29a Rn. 18 sowie → § 29 Rn. 1271.

[9] → § 29a Rn. 19 sowie → § 29 Rn. 1272.

[10] BGH 31.1.2007 – 2 StR 605/06, NStZ 2007, 339 = StV 2007, 298; KPV/*Patzak* Rn. 80.

[11] BGH 5.2.2014 – 1 StR 693/13, NStZ 2014, 717; vgl. auch *Schmidt* NJW 2014, 2995 (2997).

[12] BGH 22.3.1983 – 1 StR 820/82, NStZ 1983, 416; 6.12.1989 – 2 StR 516/89; 25.11.1992 – 2 StR 563/92, BeckRS 1992, 31097255; 13.12.1995 – 2 StR 575/95, NJW 1996, 1069 = StV 1996, 213; 24.7.1997 – 4 StR 222/97, NStZ 1998, 89 = StV 1997, 636.

[13] → § 29 Rn. 557 ff.

[14] Vgl. BGH, 24.7.1997 – 4 StR 222/97, StV 1997, 636; 13.12.1995 – 2 StR 575/95, NStZ 1996, 285, 286.

[15] BGH 26.10.2015 – 1 StR 317/15, BeckRS 2015, 19172.

[16] → § 29a Rn. 20.

[17] → § 29a Rn. 21.

[18] → § 29a Rn. 22.

a) Vorsatz. Zu den einzelnen Elementen des Vorsatzes[19] und zur Abgrenzung von **108** bedingtem Vorsatz und bewusster Fahrlässigkeit[20] wird auf die Erläuterungen Vor § 29 verwiesen. Daneben muss der Täter wissen (für möglich halten), mit seinem Verhalten BtM einer Person unter 18 Jahren zugänglich zu machen. Zusätzlich muss sich der Vorsatz auch auf das Tatbestandsmerkmal der **Gewerbsmäßigkeit** erstrecken. Die Verwicklung Jugendlicher in gewerbsmäßig betriebene BtM-Geschäfte, denen die Vorschrift entgegen wirken soll, ist nicht deswegen weniger gefährlich, weil der Täter auch andere Zielgruppen bedient. Es reicht daher aus, dass der Täter sich fortlaufende Einnahmen **auch aus dem Verkauf an Jugendliche** verschaffen will.[21] Hier sind besonders sorgfältige Feststellungen zu Tatsachen vonnöten, aus denen sich Rückschlüsse auf die Wiederholungsabsicht herleiten lassen.

b) Irrtumskonstellationen. Zu den möglichen Irrtumskonstellationen in Bezug auf **109** Art und Eigenschaft des BtM[22] wird auf die Erläuterungen Vor § 29 verwiesen. Hinsichtlich der denkbaren Irrtumskonstellationen im Hinblick auf das Alter des Abnehmers wird auf die Ausführungen bei → § 29a Rn. 24 f. verwiesen. Bestehen Fehlvorstellungen des Täters über die rechtliche Bedeutung des Begriffs der Gewerbsmäßigkeit, so liegt lediglich ein unbeachtlicher **Subsumtionsirrtum** vor. Zu den möglichen Irrtumskonstellationen in Bezug auf die **Erlaubnis** wird auf die Erläuterungen → Vor § 29 Rn. 90 ff. verwiesen.

4. Täterschaft und Teilnahme. a) Abgrenzung Täterschaft/Teilnahme. Die **110** Abgrenzung zwischen (Mit-) Täterschaft und Teilnahme erfolgt auch bei den Tathandlungen des Abs. 1 Nr. 2 nach allgemeinen Grundsätzen des Strafrechts. Im Übrigen wird auf die Erläuterungen zu Täterschaft und Teilnahme bei den Grunddelikten und bei der Qualifikationsvorschrift des § 29a Abs. 1 Nr. 1[23] verwiesen.

b) Teilnahme. Die Gewerbsmäßigkeit der Tatbegehung ist ein **besonderes persönli-** **111** **ches Merkmal.** Nach § 28 Abs. 2 StGB findet deshalb auf den Tatbeteiligten, der selbst nicht gewerbsmäßig gehandelt hat, der qualifizierende Tatbestand des § 30 Abs. 1 Nr. 2 BtMG keine Anwendung;[24] der Mittäter, Anstifter oder Gehilfe, der selber nicht die Voraussetzungen der Gewerbsmäßigkeit erfüllt, kann daher nur wegen Mittäterschaft, Anstiftung oder Beihilfe zum Grunddelikt bestraft werden.

5. Versuch und Rücktritt, Vollendung und Beendigung. Die Versuchsstrafbarkeit **112** für die Tathandlungen des § 30 Abs. 1 Nr. 2 ergibt sich aus § 23 Abs. 1 StGB. Die Abgrenzung zwischen Vorbereitungs- und Versuchshandlungen folgt allgemeinen Grundsätzen des Strafrechts. Auf die Ausführungen zu Vorbereitungs- und Versuchshandlungen, Vollendung und Beendigung sowie Rücktritt bei der Darstellung der Grunddelikte wird verwiesen.

Der **Versuch** der Verwirklichung des Tatbestandes des Abs. 1 Nr. 2 als eines **mehrglied-** **113** **rigen Qualifikationstatbestandes** beginnt nicht schon dann, wenn der Täter zu irgendeinem Merkmal des Tatbestands angesetzt hat, sondern erst mit dem unmittelbaren Ansetzen zur Verwirklichung des Gesamttatbestands,[25] also insbesondere dann, wenn er bei Beginn seiner jugendgefährdenden Handlung auch die Absichten hegt, die die Gewerbsmäßigkeit ausmachen.

In Bezug auf die für die Gewerbsmäßigkeit vorausgesetzte Absicht der wiederholten **114** Tatbegehung wird für die Vollendung nicht vorausgesetzt, dass mehrere Taten bereits begangen sind. Es genügt vielmehr **eine einzige Tat,** wenn sich in ihr die auf Wiederholung gerichtete Absicht manifestiert. Steht dieser Umstand fest, so ist schon die erste der ins

---

[19] → Vor § 29 Rn. 54 ff.
[20] → Vor § 29 Rn. 77 ff.
[21] BGH 24.7.1997 – 4 StR 222/97, NStZ 1998, 89 = StV 1997, 636.
[22] → Vor § 29 Rn. 78 f.
[23] → § 29a Rn. 27 ff.
[24] BGH 3.4.1992 – 4 StR 131/92; 16.11.1995 – 4 StR 579/95, NStZ 1996, 128; 17.7.1997 – 1 StR 753/96, NStZ-RR 1998, 25.
[25] *Fischer* StGB § 22 Rn. 36; Schönke/Schröder/*Eser* StGB § 22 Rn. 58.

Auge gefassten Tathandlungen als gewerbsmäßig anzusehen[26] und die qualifizierte Tat somit vollendet.

115   **6. Konkurrenzen. a) BtM-Straftaten. aa) Bewertungseinheit.** Zu beachten ist, dass Abs. 1 Nr. 2 ein Absatzdelikt ist. Bei allen Absatzdelikten kommt eine Bewertungseinheit in Betracht.[27] Insoweit bilden der jeweilige Erwerb der Rauschgiftmenge und deren nachfolgende sukzessive Veräußerung auch dann eine Bewertungseinheit, wenn aus der Erwerbsmenge Rauschgift an Minderjährige abgegeben wird; mehrere solcher Abgaben sind dann Teil einer Tat im Rechtssinne.[28] Im Übrigen wird auf die Erläuterungen zum Handeltreiben[29] und die Ausführungen zu § 29a Abs. 1 Nr. 1[30] verwiesen.

116   **bb) Begehungsweisen des § 30 Abs. 1 Nr. 2 und § 30a Abs. 1.** Mit dem Bandenhandel nach § 30a Abs. 1 besteht Tateinheit;[31] denn § 30 Abs. 1 Nr. 2 enthält besonderes Unrecht, das über das normale unerlaubte Handeltreiben mit BtM hinausgeht und das wegen des zusätzlichen Gewichts der Gefährdung der Volksgesundheit und der leicht verführbaren Minderjährigen gesondert als Verbrechen mit mindestens zwei Jahren Freiheitsstrafe unter Strafe gestellt ist. Dieses besondere Unrecht geht nicht im Tatbestand des § 30a auf; vielmehr werden durch dieselbe Handlung mehrere Strafgesetze verletzt.[32]

117   **cc) Begehungsweisen des Abs. 1 Nr. 2 und Abs. 1 Nr. 1.** Tateinheit besteht auch im Verhältnis zum Bandenhandel nach Abs. 1 Nr. 1.[33]

118   **dd) Begehungsweisen des Abs. 1 Nr. 2 und Abs. 1 Nr. 2.** Tateinheit besteht auch im Verhältnis zum Handeltreiben mit BtM in nicht geringer Menge nach § 29a Abs. 1 Nr. 2.[34]

119   **ee) Begehungsweisen des Abs. 1 Nr. 2 und ihre Grundtatbestände.** Als Qualifikation (leges speciales) verdrängen die Begehungsweisen des § 30 Abs. 1 Nr. 2 die jeweiligen **Grundtatbestände** und deren Regelbeispiele,[35] insb. der Grundtatbestand des Handeltreibens mit BtM gem. § 29 Abs. 1 Nr. 1 tritt einschließlich der in § 29 Abs. 3 enthaltenen Zumessungsregeln hinter einem der in §§ 29a, 30 und 30a aufgeführten Verbrechenstatbestände, hier also des § 29a Abs. 1, § 30, zurück.[36]

120   **b) Straftatbestände anderer Rechtsgebiete.** Zu Konkurrenzverhältnissen mit Straftaten aus dem Bereich des allgemeinen Strafrechts oder des übrigen Nebenstrafrechts wird auf die Erläuterungen zu § 29a Abs. 1 Nr. 1[37] verwiesen.

121   **7. Rechtfertigung / Entschuldigung.** Das Tatbestandsmerkmal der Gewerbsmäßigkeit schließt aus, dass die Tat zB durch Notstandsgesichtspunkte oÄ als gerechtfertigt oder entschuldbar angesehen oder dargestellt werden könnte.

122   **8. Strafklageverbrauch.** Zum Begriff der Tat und des Verfahrenshindernisses → § 29 Rn. 552 f. Eine Verurteilung wegen eines Delikts gem. § 29a Abs. 1 S. Nr. 1 ohne den erschwerenden Umstand „Gewerbsmäßigkeit" führt zu einem Verfahrenshindernis für eine Anklage wegen der Qualifikation nach § 30 Abs. 1 Nr. 2.

---

[26] BT-Drs. VI/1977, 10; BGH 20.3.1979 – 1 StR 689/78; 9.7.1998 – 4 StR 250/98 zu einem Fall der gewerbsmäßigen Hehlerei; 11.10.1994 – 1 StR 522/94, NStZ 1995, 85.

[27] BGH 24.7.1997 – 4 StR 222/97, NStZ 1998, 89; 24.11.1998 – 4 StR 557/98, NStZ 1999, 192.

[28] BGH 8.1.2015 – 2 StR 252/14, BeckRS 2015, 028127 mwN.

[29] → § 29 Rn. 477 ff.

[30] → § 29a Rn. 34.

[31] BGH 13.7.1994 – 3 StR 138/94, NJW 1994, 3020.

[32] BGH 13.7.1994 – 3 StR 138/94, NJW 1994, 3020 = StV 1994, 659.

[33] *Franke/Wienroeder* Rn. 31; *Weber* Rn. 117; BGH 13.7.1994 – 3 StR 138/94, NJW 1994, 3020.

[34] *Franke/Wienroeder* Rn. 31; *Weber* Rn. 117.

[35] → § 29a Rn. 34.

[36] BGH 26.10.2015 – 1 StR 317/15, BeckRS 2015, 19172.

[37] → § 29a Rn. 35.

9. Rechtsfolgen. a) Strafzumessung. aa) Strafrahmenwahl. Der (Normal-) Straf- **123** rahmen reicht von zwei Jahren Mindeststrafe bis zu 15 Jahren Freiheitsstrafe (§ 38 Abs. 2 StGB), für minder schwere Fälle (Abs. 2) von drei Monaten bis zu fünf Jahren. Zu den Voraussetzungen für die Annahme eines minder schweren Falles wird auf die Ausführungen zu Abs. 2 verwiesen.

bb) Strafzumessung im engeren Sinne. Hierzu wird zunächst auf die Darstellung bei **124** § 29a Abs. 1 Nr. 1[38] verwiesen. Zu beachten ist im Hinblick auf das Verbot der Doppelverwertung (§ 46 Abs. 3 StGB), dass die **Gewerbsmäßigkeit als solche nicht strafschärfend** gewertet werden darf. Eine Strafschärfung lässt sich also nicht mit einem Handeln aus reinem Gewinnstreben begründen, weil dieses bereits zum regelmäßigen Erscheinungsbild der Gewerbsmäßigkeit gehört; hingegen kann der Umfang der gewerbsmäßigen Geschäfte ins Gewicht fallen.[39]

b) Absehen von Strafe bzw. von Strafverfolgung. Absehen von der Strafverfolgung **125** durch die Staatsanwaltschaft gemäß § 31a Abs. 1 S. 1 bzw. Absehen von einer Bestrafung durch das Gericht gem. § 29 Abs. 5 ist nicht möglich, weil § 30 in § 29 Abs. 5 bzw. in § 31a Abs. 1 nicht in Bezug genommen wird. Eine Einstellung nach §§ 153, 153a StPO ist beim Verbrechenstatbestand des § 30 Abs. 1 Nr. 1 nicht möglich.

c) Einziehung und Verfall; Entziehung der Fahrerlaubnis. Zu Einziehung und **126** Verfall siehe unten die Erläuterung zu § 33, insb. → § 33 Rn. 6–7. Die Anordnung des erweiterten Verfalls (§§ 33 Abs. 1 Nr. 2 BtMG aF, 73d StGB aF) war möglich. Zur Entziehung der Fahrerlaubnis → § 29 Rn. 122.

d) Sicherungsverwahrung. Die Tatbestände bilden Anlasstaten zur Anordnung von **127** Sicherungsverwahrung.[40]

3. Kapitel. Leichtfertige Todesverursachung (Abs. 1 Nr. 3)

Übersicht

---

[38] → § 29a Rn. 39 ff.
[39] Schönke/Schröder/*Stree* StGB § 260 Rn. 6.
[40] § 66 Abs. 1 Nr. 1b StGB.

I. Überblick

128 **1. Rechtliche Einordnung.** Als einziges **erfolgsqualifiziertes** Delikt des BtMG droht Abs. 1 Nr. 3 eine erhöhte Mindeststrafe an, wenn der Täter leichtfertig den Tod einer Person verursacht, indem er dieser BtM zur Verfügung (dann Abgabe) oder unmittelbar zum Konsum überlässt bzw. verabreicht. In Anbetracht des denkbar schlimmsten „Übels" überrascht es schon, dass der Gesetzgeber noch weitere Konstellationen in § 30a benennt, die über das Erfolgsunrecht solch einer Tat hinausgehen sollen (womit nicht angedeutet werden soll, dass die hier in Rede stehende Vorschrift wiederum legitim ist, vgl. noch im Folgenden). Die Rechtsprechung zur Vorgängervorschrift des § 11 Abs. 4 S. 2 Nr. 2 BtMG 1972 hatte mindestens bedingten Vorsatz in Bezug nicht nur auf das BtM-Delikt, sondern auch auf den Eintritt einer konkreten Todesgefahr verlangt,[1] so dass die praktische Bedeutung der Vorschrift gering geblieben war. Der Gesetzgeber sah sich zum Handeln aufgerufen durch „die rasch ansteigende Anzahl von Todesfällen als Folge von Rauschgiftmissbrauch".[2] Die Vorschrift soll „nicht allein und nicht in erster Linie das Leben und die Gesundheit des einzelnen" schützen, sondern vielmehr den Schäden vorbeugen, „die sich für die Allgemeinheit aus dem verbreiteten Konsum vor allem harter Drogen und den daraus herrührenden Gesundheitsbeeinträchtigungen der einzelnen ergeben".[3] Freilich hat sich durch diesen Vorstoß nicht viel verändert, da die Rechtsprechung bemüht ist, in Todesfällen – zumindest unter dem Strich – einen „Gleichklang" zwischen Delikten gegen das Leben und § 30 Abs. 1 Nr. 3 herstellen zu wollen. Freilich wird im ersten Schritt das Gegenteil signalisiert, wenn man die Grundsätze der eigenverantwortlichen Selbstgefährdung nicht auf diesen Tatbestand angewendet wissen will (vgl. noch → Rn. 156 ff.).

129 **a) Deliktsnatur.** Das erfolgsqualifizierte Delikt setzt sich aus den Grunddelikten der Abgabe – sowie der entgeltlichen Übertragung der tatsächlichen Verfügungsmacht – Handeltreiben und Veräußern –, dem Verabreichen und dem Überlassen zum unmittelbaren Verbrauch als **Erfolgsdelikte** und der hierdurch kausal verursachten Folge des Todes zusammen. Handelt es sich um eine entgeltliche Abgabe (die im Handeltreiben aufgehen würde), ändert dies nichts an der Notwendigkeit der Übertragung der tatsächlichen Verfügungsgewalt. Obwohl die Strafschärfung offensichtlich allein an die Beeinträchtigung des Individualrechtsguts „Leben" knüpft, wird als Rechtsgut der Strafvorschrift „nicht nur die Gesundheit des Einzelnen, sondern auch die Volksgesundheit" ausgemacht.[4] Dies ist zugleich der „dogmatische" Anknüpfungspunkt für die Haltung der Rechtsprechung, wonach eine eigenverantwortliche Selbstgefährdung des Opfers einer Tatbestandsverwirklichung nicht entgegenstehe (hierzu noch ausführlich → Rn. 156).

130 **b) Verfassungsmäßigkeit.** Hinsichtlich der Verfassungsmäßigkeit der Vorschrift lässt sich zunächst anbringen, dass die beim Grundtatbestand des unerlaubten Abgebens[5] gemachten Erwägungen hier noch stärker ins Gewicht fallen, weil sich hier die in der Weiterverbreitung von BtM liegende Gefährdung in der Herbeiführung eines Todesfalls konkretisiert. Soweit allerdings die eigenverantwortliche Selbstgefährdung des Opfers unberücksichtigt bleibt, ist dies zumindest bei solch einer tatbestandlichen Ausgestaltung (wonach die Strafschärfung gerade an das Individualrechtsgut Leben knüpft) verfassungsrechtlich nicht hinnehmbar, als dem Täter eine fremde, autonome Entscheidung zur Last gelegt wird. Zur Verfassungsmäßigkeit der Auslegung dahin, dass unter „Abgabe" von BtM" auch deren Veräußerung zu verstehen ist, wird auf die Darstellung bei → § 29a Rn. 63 Bezug genommen.

---

[1] Vgl. zB BGH 26.11.1975 – 3 StR 422/75, BGHSt 26, 244; 1976, 381.
[2] BT-Drs. 8/3551, 37.
[3] BGH 25.9.1990 – 4 StR 359/90, BGHSt 37, 179 = NJW 1991, 307 = NStZ 1991, 392 mAnm *Beulke/Schröder* = StV 1992, 272 mAnm *Nestler-Tremel*.
[4] Vgl. BGH 25.9.1990 – 4 StR 359/90; 7.2.2001 – 5 StR 474/00, BGHSt 46, 279 = JR 2002, 426 mAnm *Rigizahn* = JZ 2002, 150 mAnm *Sternberg-Lieben*.
[5] → § 29 Rn. 865 ff.

2. Kriminalpolitische Bedeutung. In der Praxis kommt dem Tatbestand der leichtfer- **131** tigen Todesverursachung keine besondere Bedeutung zu, wie sich aus den polizeilichen Fallzahlen insbesondere über den prozentualen Anteil der Delikte nach Abs. 1 Nr. 3 an der Gesamtzahl der BtM-Delikte ergibt. Über die faktische Häufigkeit der Fälle hinaus kann aus der Strafandrohung als solcher die Bedeutung ersehen werden, die die Rechtsordnung dem Gesundheits- und Lebensschutz einzelner, aber auch der Allgemeinheit vor den Gefahren des BtM-Missbrauchs beimisst. Dies mag daran liegen, dass der Leichtfertigkeitsnachweis gerade in den Fällen der „passiven Teilnahme" (gemeinsamer Konsum) selten gelingt.

Die **PKS** weist aus, dass die Delikte der leichtfertigen Todesverursachung (Abs. 1 Nr. 3) **132** seit 1996 kontinuierlich zurückgehen bis auf einen bedeutungslosen Anteil an der gesamten BtM-Kriminalität. Dies passt zur parallelen Entwicklung des (mit der ernsthaften Umsetzung zahlreicher harm reduction Maßnahmen einhergehenden) Rückgangs von Drogentoten in dem dargestellten Zeitraum. Doch nahm diese Entwicklung 2014–2015 – in Anbetracht der niedrigen Fallzahlen keine Überraschung – nicht ab, obwohl die Zahl der Drogentoten (v.a. in südlichen Regionen, in denen keine Drogenkonsumräume existieren und das Substitutionsangebot relativ gesehen spärlich ausgestaltet ist) zwei Jahre in Folge gering (2013: 1.002; 2014: 1.032), im Jahre 2015 erheblich angestiegen ist (2015: 1.226 und damit 19% mehr als im Vorjahr),[6] vgl. hierzu → Vor § 1 Rn. 21.

Straftaten(gruppen)	2000	2002	2004	2007	2009	2010	2011	2014	2015
Rauschgiftdelikte BtMG	244.336	250.969	283.708	248.355	194.075	231.007	236.478	276.734	282.604
Allgemeine Verstöße nach § 29	163.541	170.629	200.378	171.496	143.293	165.880	170.297	209.514	213.850
Leichtfertige Verursachung des Todes eines anderen durch Abgabe pp. von BtM nach § 30 Abs. 1 Nr. 3	57	46	58	42	35	34	22	21	15

Statistisches Bundesamt: Strafverfolgungsstatistik Tabelle 3.7 Verurteilte 2007 bis **133** **2014 wegen Rauschgiftkriminalität (Auszug):**

	2007	2008	2009	2010	2011	2012	2013	2014
Straftaten nach dem BtMG insgesamt	57.116	61.256	59.432	55.391	55.391	53.544	53.075	55.793
Abgabe von BtM mit Todesfolge (§ 30 Abs. 1 Nr. 3)	9	13	10	9	7	7	5	7

3. Phänomenologie. Bei drogenbezogenen Todesfällen ist zwischen unbeabsichtigter **134** Überdosierung, Selbsttötungen, dem Tod infolge einer Gesundheitsschädigung (als Langzeitschaden) und tödlichen Unfällen unter Drogeneinfluss zu differenzieren. Die vorgelegten Statistiken (insbesondere polizeiliche Daten) zu Drogentodesfällen sind stets mit **Vorsicht** zu genießen, da ihre Veröffentlichung dafür instrumentalisiert werden kann, Ängste in der Gesellschaft zu schüren und einen „harten" (repressiven) Kurs zu verteidigen.[7] Eine steigende Zahl von Drogentodesfällen dient in diesem Kontext als „Beweis" für die Verelendung der Gesellschaft durch den Drogenkonsum.[8] Die Verlässlichkeit der Angaben hängt auch von der **Obduktionsrate** ab (im Jahre 2013 bei 59%). Wenn etwa darüber berichtet wird, dass im Jahr 2013 die Zahl der drogenbedingten Todesfälle erstmals seit sechs Jahren wieder anstieg (1.002) und Nürnberg mit einer Belastungszahl von 6,1 Drogentoten pro 100.000

---

[6] In Deutschland werden die Daten aus der „Falldatei Rauschgift (FDR)" des Bundeskriminalamtes (BKA) und dem „Allgemeinen Sterberegister" des Statistischen Bundesamtes (Destatis) erfasst.

[7] Siehe zu tautologischen Statistiken auch *Uhl/Strizek* ADS 2016, 100 (105).

[8] Vgl. hierzu zusf. *Scheimann*, Akzeptanzorientierte Drogenarbeit 2013, 10, 7 ff. mit äußerst kritischer Aufarbeitung einer Studie von Heckmann et al. und dem (vermuteten) Zusammenhang zwischen Verfolgungsmaßnahmen und Drogentodesfällen einerseits, der fälschlichen Annahme des Zusammenhangs zwischen dem Anstieg der Konsumentenzahlen und den Todesfällen andererseits. Vertiefend *Scheimann* Akzeptanzorientierte Drogenarbeit 2012; 9, 65 ff.

Einwohner die am stärksten belastete große Stadt in Deutschland den unrühmlichen ersten Platz belegt (jahrelange Bestrebungen der Einrichtung eines Drogenkonsumraums blieben bis heute ohne Erfolg), dann sollte nicht unterschlagen werden, dass Bayern mit den Suchthilfe- und Schadensreduktionsmaßnahmen in Relation zu anderen Bundesländern deutlich hinterherhinkt (während die Stadt Nürnberg sich seit Jahren für die Einrichtung von Drogenkonsumräumen einsetzt, segnet der für Bayern zuständige Erste Strafsenat die „verschärfte Haftung" der Substitutionsärzte ab und leistet damit seinen Beitrag zur ohnehin schlechten Ausstattung der Substitutionsbehandlung im Süden, zum Ganzen → § 29 Rn. 1208, 1222 mwN). Das berüchtigte Nord-Süd-Gefälle ist damit nicht mehr nur im Hinblick auf die Rechtsanwendung (Handhabung des § 31a BtMG, Strafzumessung und Strafvollstreckung), sondern auch bzgl. der Drogeninfrastruktur und der Drogenphänomenologie zu beobachten. *Scheimann* sieht einen Zusammenhang zwischen den **Verfolgungsfallzahlen** und den Drogentoten, als bei konstanter Anzahl von Heroinkonsumenten einen Anstieg der Fallzahlen auch zu einem Anstieg der Drogentoten geführt habe und umgekehrt.[9]

135   **4. Verbesserung der rechtlichen Rahmenbedingungen (Naloxon-Vergabe).** Als weitere Maßnahme neben dem drug-checking, das zweifellos gerade im Bereich des hochriskanten Konsum unbekannter, synthetischer Stoffe Leben retten kann, muss die **Naloxon-Vergabe** an geschulte Laien zum Zwecke der Notfallversorgung Drogenabhängiger reglementiert werden.[10] Der Opiatantagonist hat sich in der Notfallmedizin fest etabliert und wird erfolgreich eingesetzt, um Überdosierungen aufzuheben. In Anbetracht des geringen Missbrauchsrisikos (Potenz der Substanz) und der verhältnismäßig einfachen Applikation (subkutan, alternativ – momentan noch „off-label" intranasal[11]) erscheint es nicht fernliegend, einen arzneimittelrechtlichen Ausnahmeerwerb (und Besitz im Anschluss) des verschreibungspflichtigen Naloxons an Dritte zu ermöglichen, und hierbei an eine Schulungsbescheinigung zu knüpfen, die von einer staatlich überwachten Institution ausgestellt wird. De lege lata ist das System der Arzneimittelversorgung auf ein **Zwei-Personen-Verhältnis** (Arzt und Patient) zugeschnitten, § 2 Abs. 1 Nr. 3 AMVV). Dennoch geht es weniger um ein rechtliches Risiko der Helfer als vielmehr um eine faktische Sicherung der Erstversorgung im Notfall (Laienhilfe wäre jedenfalls von § 34 StGB gedeckt), da die Beteiligten in vielen Fällen aus Angst vor Repression und Strafverfolgung davon absehen, einen Notarzt zu rufen.[12] Zumindest für den Bereich der Notfallmedizin muss in Anbetracht der gesetzgeberischen Zielsetzung des BtMG darüber nachgedacht werden, Notfallmedizin ohne erhebliches Missbrauchs- und Gefährdungspotential (für den Patient) im Allgemeinen freizugeben und damit das Hinzufügen in den „heimischen Erste-Hilfe-Kasten" – u.a. auch von Naloxon-Kits[13] – zu ermöglichen.

136   **5. Rechtsentwicklung. a) Einfluss internationaler Übereinkommen.** Die Vorschrift erfüllt die vertraglichen Verpflichtungen, die für die Grunddelikte gelten. Für die Qualifikation bei Todesverursachung besteht keine völkerrechtliche Verpflichtung; die Todesverursachung ist zB in Art. 3 Abs. 5 Übk. 1988 nicht als besonders schwerwiegender Umstand genannt. Natürlich bleibt es den Vertragsparteien unbenommen, die erforderlichen Maßnahmen (Art. 3 Abs. 1 Übk. 1988) selbst zu bestimmen und die Straftatbestände im Einzelnen auszugestalten, also wirkungsvolle Qualifikationen einzuführen, um die vertraglichen Ziele zu erreichen.

---

[9] *Scheimann* Akzeptanzorientierte Drogenarbeit 2012; 9, 65 (74 f.).
[10] *Dettmer* ASD 2014, 76; nochmals *Dichtl/Dettmer* ASD 2015, 46.
[11] *Dichtl/Dettmer* ASD 2015, 46 (47).
[12] *Dichtl/Dettmer* ASD 2015, 46 (47).
[13] Vgl. hierzu *Dichtl/Dettmer* ASD 2015, 46 (48) dort auch zum derzeit laufenden Take-Home-Naloxon-Projekt in Frankfurt am Main. Die Infobroschüre der akzept e.V. „Leben retten mit Naloxon" ist unter http://www.akzept.org/uploads2013/NaloxonBroschuere1605.pdf (zuletzt abgerufen 18.4.2017) abrufbar.

b) Innerstaatliches Recht. aa) Entwicklung. Zur Entwicklung des innerstaatlichen   **137**
Rechts wird zunächst auf die Ausführungen Vor §§ 29a–30a verwiesen. Die Strafzumessungsregel des § 11 Abs. 4 S. 2 Nr. 2 BtMG 1972, die sich wegen der hohen Anforderungen
der Rechtsprechung an den Vorsatz als wenig wirkungsvoll erwiesen hatte (vgl. → Rn. 95),
wurde durch den vorliegenden Verbrechenstatbestand des Abs. 1 Nr. 3 ersetzt.[14] Bereits der
(nicht abschließend beratene) Gesetzentwurf des Bundesrates vom 13.10.1975 hatte einen
entsprechenden Verbrechenstatbestand vorgesehen.[15] Gegen die Fassung dieser Vorschrift in
dem von der Bundesregierung unter dem 9.1.1980 vorgelegten Entwurf hatte der Bundesrat
folgende Bedenken geäußert: „Die in § 29 Abs. 1 Nr. 3 des Entwurfs vorgesehene Regelung
erfasst nur denjenigen, der als letztes Glied der Kette das tödlich wirkende BtM aus der
Hand gibt, während die Hintermänner und Vorbesitzer, insbesondere Hersteller und Händler, nach dieser Bestimmung nicht belangt werden könnten. Diese unterschiedliche Behandlung ist sachlich nicht gerechtfertigt. Zwar mag die Kausalität zwischen der „Überlassung"
von BtM und dem Todeseintritt umso schwieriger nachzuweisen sein, je mehr es an einer
unmittelbaren Beziehung zwischen Täter und Opfer fehlt. Diese Beweisschwierigkeiten
zwingen aber nicht zu der engen Fassung des Entwurfs. Von der Strafwürdigkeit her kann
es keinen entscheidenden Unterschied machen, wie die BtM an das Opfer herangebracht
werden. Es wäre nicht ohne weiteres verständlich, wenn jemand, der einem anderen aus
Gefälligkeit eine Spritze Heroin setzt und dadurch leichtfertig dessen Tod verursacht, schwerer bestraft werden könnte als der Händler, der einem Unbekannten einen „Schuss" Heroin
mit tödlicher Dosis verkauft."[16] Entsprechend hatte der Bundesrat die Ausdehnung des
Tatbestands auf alle Tathandlungen, die eine Weitergabe von BtM zum Gegenstand hatten,
gefordert. Dies wurde von der Bundesregierung in ihrer Gegenäußerung abgelehnt, weil
nur in Fällen, in denen Tathandlungen BtM unmittelbar an das Opfer gelangen lassen,
„die objektive Zurechnung stets gegeben" sei.[17] In der parlamentarischen Beratung und
Abstimmung setzte sich schließlich die Bundesregierung mit ihrem Entwurf und ihrer
Begründung durch. In Bezug auf das hohe kriminalpolitische Ziel bei Schaffung der Verbrechenstatbestände, die Großhändler zu (er)fassen, stellt sich die Gesetzesfassung zur Reaktion
auf die steigende Anzahl der Drogentodesfälle als recht kurzer Sprung dar.

bb) Anwendungsgeschichte. Die praktische Bedeutung der Vorgängervorschrift des   **138**
§ 11 Abs. 4 S. 2 Nr. 2 BtMG 1972 war wegen der hohen Anforderungen an den Vorsatz
des Täters gering geblieben. Todesfälle nach Eröffnung der Möglichkeit der Aufnahme von
BtM in den Körper waren im Wesentlichen unter dem Gesichtspunkt der fahrlässigen
Tötung nach § 222 StGB behandelt worden. Die diesbezügliche Rechtsprechung hatte –
bis zu einer folgenreichen Änderung im Jahre 1984[18] – stets den Standpunkt vertreten, dass
die Zurechnung des Todeseintritts in Fällen der Heroinabgabe mit tödlichem Ausgang auch
nicht unter dem Gesichtspunkt der Teilnahme an eigenverantwortlicher Selbstschädigung
entfalle.[19] Vom Zeitpunkt des Inkrafttretens der Vorschrift am 1.1.1982 bis zur Änderung
der Rechtsprechung im Jahre 1984 wurden diese Fälle unter den erschwerenden Voraussetzungen der Leichtfertigkeit nach Abs. 1 Nr. 3 behandelt (Gesetzeskonkurrenz). Dann entschied der BGH,[20] dass unter dem Gesichtspunkt der eigenverantwortlichen Selbstgefährdung der Verletzungserfolg einem Dritten (Täter), der dafür eine Ursache gesetzt hat, nicht
zuzurechnen sei, wenn der Erfolg die Folge einer bewussten, eigenverantwortlich gewollten

---

[14] Gesetz zur Neuordnung des BtM-Rechts vom 28.7.1981, BGBl. I S. 681, in Kraft getreten am 1.1.1982.
[15] BT-Drs. 7/4141 (zu Nr. 3c).
[16] BT-Drs. 8/3551, 46 (Nr. 50 – Zu b).
[17] BT-Drs. 8/3551, 53 (Zu 42.).
[18] Durch BGH 14.2.1984 – 1 StR 808/83, BGHSt 32, 262 = JR 1984, 511 mAnm *Horn*.
[19] BGH 18.7.1978 – 1 StR 209/78, BeckRS 1978, 31113506 = JR 1979, 429 mAnm *Hirsch*; OLG Celle
17.5.1979 – 3 Ss 429/78; BGH 31.7.1979 – 1 StR 324/79; 3.6.1980 – 1 StR 20/80; OLG Stuttgart
17.9.1980 – 3 Ss (23) 697/80, NJW 1981, 182; BGH 28.4.1981 – 1 StR 121/81, NJW 1981, 2015; BayObLG
18.9.1981 – RReg 4 St 189/81, StV 1982, 73; BGH 28.10.1982 – 1 StR 501/82, NStZ 1983, 72.
[20] BGH 14.2.1984 – 1 StR 808/83, BGHSt 32, 262 = NJW 1984, 1469 = JR 1984, 511 mAnm *Horn* =
NStZ 1984, 410 mAnm *Roxin* und *Dach* NStZ 1985, 24.

und verwirklichten Selbstgefährdung (des Verletzten) ist und sich die Mitwirkung des Täters in einer bloßen Veranlassung oder Förderung des Aktes der Selbstgefährdung erschöpft. Die Rechtsprechung zur eigenverantwortlichen Selbstgefährdung ist zu den Tatbeständen der §§ 222, 229 StGB ergangen. Dennoch wurde sie ganz überwiegend auf die Regelung des Abs. 1 Nr. 3 übertragen[21] mit der Folge, dass diese Vorschrift praktisch keinen Anwendungsbereich mehr hatte. Erst durch die Klarstellung des BGH[22] im Jahre 1990, dass der Schutzzweck der Vorschriften des BtM-Rechts eine Einschränkung des Prinzips der Selbstverantwortung und somit der Grundsätze zur bewussten Selbstgefährdung verlange, wurde der Vorschrift des Abs. 1 Nr. 3 wieder ein Anwendungsbereich zugewiesen. Der Umschwung macht sich in den Zahlen der PKS bemerkbar, doch macht der Rückgang ab 2005 (→ Rn. 132) zugleich deutlich, dass die Handhabung des Abs. 1 Nr. 3 unabhängig von dieser dogmatischen Frage extensiver oder eben restriktiver erfolgen kann:

1987	1988	1989	1990	1991	1992	1993	1994	1995
45	35	45	176	346	338	199	206	148

1996	1997	1998	1999	2000	2001	2002	2003	2004
151	112	113	84	57	55	46	46	58

139 Von 2004 bis 2011 ist ein kontinuierlicher Rückgang zu verzeichnen.

II. Erläuterung

140 **1. Geltungsbereich. a) Inlands-/Auslandstaten.** Inlandstaten unterliegen dem deutschen BtM-Strafrecht unabhängig davon, ob die Tat durch einen Ausländer oder einen Deutschen begangen wurde. Ist die **Tathandlung im Inland** begangen und tritt der Tod im Ausland ein, so liegt eine Inlandstat vor. Gleiches gilt für den Fall, dass die Tathandlung im Ausland begangen wurde und der **Tod im Inland** eingetreten ist (§ 9 Abs. 1 StGB).

141 Wegen möglicher Verfolgbarkeit von Auslandstaten sowohl unter dem Gesichtspunkt des Weltrechtsprinzips[23] wie auch vor dem Hintergrund des Tatortrechts[24] wird auf die Erläuterungen zu § 29a Abs. 1 Nr. 1 verwiesen.

142 **b) Grenzüberschreitende Mehrfachverfolgung und Art. 54 SDÜ.**[25] Zum Begriff „dieselbe Tat" iS von Art. 54 SDÜ und den Auswirkungen, die Verurteilungen oder Aburteilungen in einem Mitgliedsstaat des Schengenraums auf Strafverfolgungsmaßnahmen in anderen Mitgliedsstaaten haben, vgl. → Vor § 29 Rn. 161 ff.

143 **2. Objektiver Tatbestand.** Die Vorschrift stellt das Abgeben, Verabreichen oder Überlassen von BtM zum unmittelbaren Verbrauch an einen anderen mit der leichtfertigen Verursachung von dessen Tod unter besondere Strafe.

144 **a) Tathandlungen.** Zu den Begriffen des Abgebens,[26] Verabreichens[27] und Überlassens zum unmittelbaren Verbrauch[28] wird auf die Ausführungen zu § 29a Abs. 1 Nr. 1 und die Erläuterungen bei den jeweiligen Grundtatbeständen Bezug genommen.

145 **b) Verursachung des Todes.** Durch eine der drei vorbenannten Tathandlungen muss der Tod des Empfängers des BtM verursacht worden sein.

---

[21] Vgl. die Nachweise bei *Weber* Rn. 143 zu § 30.
[22] BGH 25.9.1990 – 4 StR 359/90, BGHSt 37, 179 = NJW 1991, 30.
[23] → Vor § 29 Rn. 122.
[24] → § 29a Rn. 11.
[25] Übereinkommen zur Durchführung des Übereinkommens von Schengen vom 14.6.1985 vom 19.6.1990, BGBl. II S. 1010, für Deutschland in Kraft getreten am 1.9.1993 (Bek. v. 20.4.1994, BGBl. II S. 631); abgedruckt bei *Weber* unter B.4; Erläuterungen bei *Schomburg/Lagodny/Gleß/Hackner* unter IV.
[26] → § 29a Rn. 14 ff.
[27] → § 29a Rn. 18 sowie → § 29 Rn. 1271.
[28] → § 29a Rn. 19 sowie → § 29 Rn. 1272.

aa) Kausalzusammenhang zwischen Tathandlung und Todeseintritt. Der Ursa- **146** chenzusammenhang zwischen der Tathandlung und dem Eintritt des Todes liegt nach der in der Rechtsprechung nahezu ausnahmslos vertretenen Äquivalenztheorie vor, wenn die Handlung nicht hinweggedacht werden könnte, ohne dass der Erfolg in seiner konkreten Gestalt entfiele.[29] Soweit nicht einmal nachgewiesen werden kann, ob der Wirkstoff überhaupt zum Tod des Konsumenten geführt hat bzw. führen konnte (es also nicht um die Feststellung der Kausalität als solches, sondern um die des grundsätzlichen **Kausalitätspotentials** geht,[30] muss auf die aus dem „Ledersprayfall"[31] bekannte Rechtsprechung zurückgegriffen werden, wonach der Ursachenzusammenhang in solch einer Konstellation nicht unterbrochen wird, solange nach den tatrichterlichen Feststellungen andere in Betracht kommende Ursachen auszuschließen sind. Im Gegensatz zu einem womöglich schädlichen Produkt wird im Betäubungsmittelstrafrecht aber nur ein einzelnes Drogengemisch zur Verfügung stehen, sodass sich der Tatrichter mangels Vergleichsmaßstab nicht von der schädlichen Wirkung des Stoffs nach § 261 StPO überzeugen können wird. Andererseits sind derartige Probleme nur in den seltenen Konstellationen der Übergabe von selbst synthetisierten „Drogencocktails" denkbar, weswegen das Problem der ungeklärten Wirkweise im Betäubungsmittelstrafrecht nicht überschätzt werden darf.

(1) Kausalzusammenhang auch bei Selbstinjektion des Empfängers. Die **147** Annahme des Ursachenzusammenhangs wird nicht dadurch in Frage gestellt, dass der Empfänger einer Heroinlieferung sich die zum Tode führende Injektion selbst verabreicht und hierdurch seinen eigenen Tod fahrlässig herbeigeführt hat[32] (zur Frage der Zurechnung aus dem Gesichtspunkt der eigenverantwortlichen Selbstgefährdung → Rn. 160). Bei der Abgabe wird dies sogar der Regelfall sein.

(2) Kausalzusammenhang bei Mitursächlichkeit. Der Ursachenzusammenhang ent- **148** fällt nicht schon dann, wenn auch andere Ursachen zum Todeseintritt beitragen, wie zB Alkohol- oder Medikamentenaufnahme in den Körper, Krankheit oder Übermüdung, eine zweite Injektion mit einem anderweitig erlangten BtM.[33]

Der Ursachenzusammenhang wird auch nicht dadurch unterbrochen, dass erst ein an **149** die Tathandlung anknüpfendes Verhalten des Empfängers oder eines Dritten zum Todeseintritt führt.[34] In diesen Fällen des Hinzutretens und Mitwirkens weiterer Umstände bedarf es allerdings einer besonders sorgfältigen Prüfung der Vorhersehbarkeit des Todeseintritts.[35]

(3) Unmittelbarer Zusammenhang zwischen Tathandlung und Todesfolge. **150** Durch die Tathandlung selbst, nicht erst durch ein danach liegendes Verhalten des Täters, zB sein Unterlassen, ärztliche Hilfe herbeizurufen, muss der Tod des Opfers verursacht worden sein.[36] Wegen der spezifischen Gefahr der Weitergabehandlung ist allein auf den Zeitpunkt von deren Beendigung abzustellen,[37] während alle späteren Handlungen (bzw.

---

[29] BGH 6.11.1984 – 4 StR 72/84, BGHSt 33, 61 = NJW 1985, 1350; 18.9.1985 – 2 StR 378/85, BGHSt 33, 322 = NStZ 1986, 116; zu den davon abweichenden Kausalitätstheorien vgl. die Übersicht bei *Fischer* StGB Vor § 13 Rn. 16–20a.

[30] Zum Ganzen *Kudlich/Oğlakcıoğlu* Wirtschaftsstrafrecht Rn. 135.

[31] BGH 6.7.1990 – 2 StR 549/89, BGHSt 37, 106, StV 1990, 446.

[32] BGH 28.10.1982 – 1 StR 501/82, NStZ 1983, 72; 3.6.1980 – 1 StR 20/80; 7.2.2001 – 5 StR 474/ 00, BGHSt 46, 279 = JA 2001, 627 Ls. mAnm *Heuchemer* = JR 2002, 426 mAnm *Rigizahn*.

[33] BGH 6.7.1990 – 2 StR 549/89, BGHSt 37, 106 = NJW 1990, 2560 = JuS 1991, 253 mAnm *Beulke* und *Bachmann* (737); 25.9.1990 – 4 StR 359/90, BGHSt 37, 179 = JZ 1991, 571 mAnm *Rudolphi* = NStZ 1991, 392 mAnm *Beulke/Schröder* = StV 1992, 272 mAnm *Nestler-Tremel*.

[34] BGH 8.9.1993 – 3 StR 341/93, BGHSt 39, 322 = NJW 1994, 205 = JZ 1994, 687 mAnm *Sowada* JZ 1994, 669 = JuS 1995, 775 mAnm *Bernsmann* und *Zieschang*.

[35] Vgl. BayObLG 18.9.1981 – RReg 4 St 189/81, StV 1982, 73.

[36] Vgl. den Sachverhalt bei BGH 9.11.1984 – 2 StR 257/84, BGHSt 33, 66 = NStZ 1985, 319 mAnm *Roxin*.

[37] Vgl. BGH 15.5.1992 – 3 StR 535/91, BGHSt 38, 295 = JZ 1993, 50 mAnm *Schroeder* JuS 1992, 1066 mAnm *Rengier* JuS 1993, 460 = NStZ 1992, 589.

Unterlassungen) insoweit außer Acht gelassen werden können (durch das spätere Unterlassen kann jedoch evtl. ein neuer Ursachenzusammenhang begründet werden).

151   **(4) Kausalitätsnachweis.** Der Nachweis von Kausalzusammenhängen verlangt, ebenso wie auch sonst die Feststellung der für das Strafverfahren bedeutsamen Tatsachen, keine absolute, von niemandem anzweifelbare Gewissheit; es genügt vielmehr ein mit den Mitteln des Strafverfahrens gewonnenes, nach der Lebenserfahrung ausreichendes Maß an Sicherheit, das keinen vernünftigen Zweifel bestehen lässt.[38]

152   **bb) Zurechnung der Todesfolge.** Jeder, der Rauschmittel konsumiert, schädigt sich selbst; jeder, der den Konsum ermöglicht, sei es als Verkäufer oder sonst Hingebender, wirkt bei der Selbstschädigung mit.

153   **(1) Grundsatz der eigenverantwortlichen Selbstgefährdung.** Dementsprechend ist es auch sowohl in der Rechtsprechung als auch in der Literatur inzwischen unbestritten, dass derjenige, der an einer eigenverantwortlich gewollten (oder in Kauf genommenen) und verwirklichten Selbstgefährdung teilnimmt, nicht den Tatbestand eines vorsätzlichen oder fahrlässigen Erfolgsdelikts der Körperverletzung bzw. Totschlags verwirklicht.[39] De lege lata existiert keine Strafbarkeit der Selbstverletzung in Form der Selbsttötung bzw. Selbstverstümmelung, sodass auch eine Teilnahme an derartigen Handlungen mangels vorsätzlicher rechtswidriger Haupttat ausscheidet (Akzessorietät der Teilnahme).[40] Wenn bereits die vorsätzliche bzw. fahrlässige Teilnahme an einer selbst*verletzenden* Handlung straflos ist, muss die Teilnahme an einer Selbst*gefährdungs*handlung ebenfalls straflos sein.[41] Diese positivrechtlich verankerte Wertentscheidung des Gesetzgebers[42] hat ihren Ursprung im strafrechtlichen Rechtsgüterschutz einerseits, und im verfassungsrechtlichen „Autonomieprinzip" andererseits.[43] Der Schutzbereich einer Norm zugunsten eines Einzelnen endet dort, wo dessen eigener Verantwortungsbereich beginnt.[44]

154   **(2) Voraussetzung: Eigenverantwortlichkeit.** Der Gesichtspunkt der eigenverantwortlichen Selbstgefährdung greift nur ein, wenn der Konsument eine autonome Entscheidung[45] in Bezug auf sein eigenes Leben und seine eigene Gesundheit getroffen hat, mag diese Entscheidung aus der Sicht Außenstehender auch noch so unvernünftig erscheinen. Die Fähigkeit, derartige Entscheidungen zu treffen, ist mit der Einwilligungsfähigkeit bei ärztlichen Eingriffen zu vergleichen.[46] Die Eigenverantwortlichkeit ist vorhanden:
- bei voller Kenntnis des Konsumenten von dem Risiko, das er übernehmen will,
- bei der Fähigkeit, das riskante Verhalten in seiner ganzen Tragweite und Bedeutung sachgerecht zu erfassen und abzuwägen, und
- bei Vorhandensein der Fähigkeit, das eigene Verhalten entsprechend der Einsicht in die Bedeutung des Risikos zu steuern.[47]

---

[38] StRspr, vgl. nur BGH 21.0.1987 – 2 StR 656/86, BeckRS 1987, 31104078; 2.8.1995 – 2 StR 221/94, BGHSt 41, 206 = NJW 1995, 2930 = StV 1997, 124 = wistra 1995, 33.

[39] BGH 14.2.1984 – 1 StR 808/83, BGHSt 32, 262; BGH 7.2.2001 – 5 StR 474/00, BGHSt 46, 279 = NJW 2001, 1802; BGH 11.12.2003 – 3 StR 120/03, BGHSt 49, 34 = NJW 2004, 1054; *Fischer* StGB Vor § 13 Rn. 36; SSW/*Kudlich* StGB Vor § 13 Rn. 59; *Kühl* AT § 4 Rn. 89; *Roxin* AT/I § 11 Rn. 107 ff.

[40] BGH 14.2.1984 – 1 StR 808/83, BGHSt 32, 262 (264 f.).

[41] Dieser „doppelte" Erst-Recht-Schluss ist nicht frei von Einwänden, vgl. *Renzikowski* JR 2001, 248. Seine Legitimationswirkung kann erst in Kumulation mit dem Schutzzweckgedanken sowie dem Verantwortungsprinzip bestehen bleiben. Zur Einschränkung bei Fahrlässigkeitsdelikten *Dölling* GA 1984, 70.

[42] *Roxin* GS Kaufmann, 1989, 237.

[43] Zum Autonomieprinzip als verfassungsrechtlich abgeleitetes Recht vgl. *Tenthoff* Autonomieprinzip S. 19 (dort in Bezug auf § 216 StGB). Zur grundrechtlichen Verankerung der Verfügungsfreiheit auch *Murmann*, Selbstverantwortung, S. 226 ff.

[44] „Jeder ist grundsätzlich nur für seine eigenes Verhalten verantwortlich" *Kühl* AT § 4 Rn. 84.

[45] *Weber* Rn. 183.

[46] *Amelung* NJW 1996, 2393 (2395, Fn. 25 mwN.).

[47] BGH 7.8.1984 – 1 StR 200/84, NStZ 1985, 25 mwN. Zur Strafbarkeit des Arztes wegen fahrlässiger Tötung bei missbräuchlicher Verschreibung von BtM *Oğlakcıoğlu* HRRS 2013, 344.

Geschäftsfähigkeit ist nicht erforderlich. Bei einem *Jugendlichen* reicht aus, dass er nach seinen **155** geistigen Fähigkeiten und seiner sittlichen Reife imstande ist, die Bedeutung und möglichen Folgen seines Tuns zu erkennen und zu beurteilen, insbesondere auch den Wert des gefährdeten Rechtsguts und die sittliche Bedeutung des Vorgangs richtig einzuschätzen.[48]

(3) Einschränkung im BtM-Strafrecht. Den Grundsatz der Straflosigkeit der Mitwir- **156** kung an Selbstschädigungshandlungen auf Grund Eigenverantwortlichkeit der Selbstgefährdung hat der BGH[49] **für den Bereich des BtM-Strafrechts eingeschränkt.** Der Schutzzweck der Vorschriften des BtM-Rechts verlange eine Einschränkung des Prinzips der Selbstverantwortung und somit der Grundsätze zur bewussten Selbstgefährdung (vgl. bereits → Vor § 29 Rn. 50 f.). Die zur Rechtfertigung dieser Einschränkung herangezogenen Prinzipien sollen auch im Rahmen des § 30 Abs. 1 Nr. 3 Geltung beanspruchen, mithin könne der Grundsatz der Eigenverantwortlichkeit auch hinsichtlich des Eintritts der Todesfolge keine Berücksichtigung finden. Dies gelte sogar beim **Überlassen von BtM zum Ermöglichen eines Suizids,**[50] wobei der BGH in dem zu entscheidenden Einzelfall die Leichtfertigkeit verneint (→ Rn. 172 ff.) hat.

(4) Kritik. Die Lesart des BGH ist zT heftig kritisiert worden.[51] Die dafür vorgebrachten **157** Argumente stellen im Wesentlichen auf ein als dem Individualschutz dienend verstandenes Rechtsgut jedenfalls der Qualifizierung des Abs. 1 Nr. 3 ab. Dem ist zuzustimmen.[52] Die systemimmanente und somit im Grundsatz auch Zustimmung verdienende Einschränkung der Selbstgefährdungsdogmatik im BtMG kann nicht ohne Weiteres auf Abs. 1 Nr. 3 übertragen werden.[53]

Historische Überlegungen helfen nicht weiter, da bei der Entstehung des Tatbestandes **158** die eigenverantwortliche Selbstgefährdung grundsätzlich noch nicht anerkannt war. Die Überlegung, der gesetzgeberische Zweck der Vorschrift, Großtäter zu erfassen, könne mit einer Anwendung der Eigenverantwortlichkeitsdogmatik nicht erreicht werden, kann in doppelter Hinsicht nicht überzeugen. Zum einen beziehen sich die vorgebrachten gesetzgeberischen Intentionen auf die Qualifikationstatbestände des BtMG insgesamt (also auch auf die Mengen- und Bandenqualifikationen). Zum anderen handelt es sich in phänomenologischer Hinsicht bei den Abgebenden regelmäßig nicht um Großhändler, sondern nur um Zwischenlieferanten. Wollte man die Vorschrift mit dem Willen des Gesetzgebers begründen, die Gefahr des Todeseintritts durch Abs. 1 Nr. 3 BtMG verhindern zu wollen, muss man darauf aufmerksam machen, dass der Tatbestand regelmäßig an anderen Merkmalen scheitert (meist am Nachweis der Kausalität und der Leichtfertigkeit des Täterverhaltens).[54] Letztlich ist auch die Behauptung, durch den Tod des Einzelnen werde die Beeinträchtigung des Kollektivrechtsguts „Volksgesundheit" intensiviert, nicht fundiert. Unterstellt, der Schutz dieses Rechtsguts ginge dem des Individualrechtsgüterschutzes vor, ist fraglich, worin man die Beeinträchtigung des Rechtsguts zu sehen hat. Die finanziellen Kosten des Todeseintritts als Schutzposten heranzuziehen, ist nicht hinnehmbar.[55]

Da der „Erfolg" der Erfolgsqualifikation somit ausschließlich Individualinteressen tan- **159** giert, unterliegt dieses „Teilunrecht" der Disposition des Einzelnen.[56] Fällt dieses Teilunrecht

---

[48] BGH 7.8.1984 – 1 StR 200/84, NStZ 1985, 25 mwN.
[49] BGH 25.9.1990 – 4 StR 359/90, BGHSt 37, 179 = NJW 1991, 307 = JuS 1991, 515 Ls. mAnm *Hassemer* = JA 1991, 278 mAnm *Sonnen* = JZ 1991, 571 mAnm *Rudolphi* = NStZ 1991, 392 mAnm *Beulke/Schröder.*
[50] Vgl. BGH 7.2.2001 – 5 StR 474/00, BGHSt 46, 279 = JA 2001, 627 Ls. mAnm *Heuchemer* = JR 2002, 426 mAnm *Rigizahn.*
[51] *Hohmann* MDR 1991, 117; *Köhler* MDR 1992, 739; *Nestler-Tremel* StV 1992, 272; dagegen *Franke/Wienroeder* Rn. 35; *Weber* Rn. 144–147.
[52] *Oğlakcıoğlu,* BtMG AT, S. 143 f.; aA noch *Rahlf* in der Vorauflage.
[53] Der hM hingegen nunmehr folgend KPV/*Patzak* Rn. 106 (a.A. noch *Körner* VI Rn. 88).
[54] Zur Problematik der tatbestandlichen Verknüpfung von Abgabe, Verabreichen und unmittelbarer Verbrauchsüberlassung und Todesfolge sowie zur Unterscheidung zwischen Fremd- und Selbstgefährdung.
[55] *Oğlakcıoğlu,* BtMG AT, S. 142.
[56] *Oğlakcıoğlu,* BtMG AT, S. 139.

durch eine eigenverantwortliche Entscheidung des Einzelnen in die Gefährdung (die im jeden Einzelfall zu überprüfen ist!) weg, muss die Verwirklichung der Qualifikation verneint werden,[57] während das Unrecht im Übrigen durch den Grundtatbestand § 29 Abs. 1 erfasst wird. Was die kriminalpolitische Bedeutung der Vorschrift angeht, ist einzuräumen, dass diese erst Recht geschmälert ist, wenn man die Grundsätze der eigenverantwortlichen Selbstgefährdung anwendete. Doch kann dies im Hinblick auf die ohnehin geringe Relevanz der Vorschrift kein Argument gegen die hier vorgebrachte Auffassung sein. Schließlich könnte man in der Qualifikation eine Sonderregelung der „Körperverletzung durch BtM" sehen, welche § 227 StGB im Hinblick auf den Fahrlässigkeitsmaßstab sperrt. Zum anderen bestehen Unterschiede in den Rechtsfolgen, sodass von einem unter Anwendung der Grundsätze eigenverantwortlicher Selbstgefährdung „sinnentleerten" § 30 Abs. 1 Nr. 3 keinesfalls die Rede sein kann.

160 **c) Leichtfertigkeit.** Die Leichtfertigkeit bezieht sich auf die qualifizierende schwere Folge der Tathandlung. Sie ist Bestandteil des subjektiven Tatbestandes und wird dort behandelt (→ Rn. 164 ff.).

161 **d) Weitere Tatbestandsmerkmale.** Wegen der weiteren Tatbestandsmerkmale der Objekteigenschaft des **BtM**[58] **und** der **Erlaubnis**[59] wird auf die Ausführungen zu § 29a Abs. 1 Nr. 1 Bezug genommen. Hinsichtlich der möglichen Irrtümer über das Tatbestandsmerkmal des Verabreichens unter **Verstoß gegen § 13 Abs. 1** wird auf die Ausführungen zum Verabreichen gem. § 29 Abs. 1 S. 1 Nr. 6b verwiesen.[60] Nur BtM sind taugliche Tatobjekte iS des § 30 Abs. 1 Nr. 3. Die Abgabe anderer Gegenstände (zB Spritzen)[61] im Zusammenhang mit einem BtM-Gebrauch mit Todesfolge ist nicht nach Abs. 1 Nr. 3 strafbar.

162 **3. Subjektiver Tatbestand.** In Bezug auf die Grundtatbestände des Abgebens, Verabreichens oder Überlassens von BtM ist (zumindest bedingter) Vorsatz, in Bezug auf die qualifizierende schwere Folge der Tathandlung ist (mindestens) Leichtfertigkeit erforderlich.

163 **a) Vorsatz.** Zu den einzelnen Elementen des Vorsatzes[62] und zur Abgrenzung von bedingtem Vorsatz und bewusster Fahrlässigkeit[63] wird auf die Erläuterungen Vor § 29 verwiesen. Im Übrigen wird auf die Darstellung bei den Grunddelikten verwiesen.

164 **b) Leichtfertigkeit der Todesverursachung.** In Bezug auf die Verursachung der Todesfolge muss (mindestens) Leichtfertigkeit vorliegen.

165 **aa) Begriff der Leichtfertigkeit.** Mit „Leichtfertigkeit"[64] umschreibt das Gesetz ein Verhalten, das – bezogen auf den Todeseintritt – einen hohen Grad von Fahrlässigkeit aufweist, also in grobem Maße fahrlässig ist. Damit deckt sich der Begriff der „Leichtfertigkeit" mit dem Begriff der „groben Achtlosigkeit". Leichtfertig handelt hiernach, wer die sich ihm aufdrängende Möglichkeit eines tödlichen Verlaufs aus besonderem Leichtsinn oder aus besonderer Gleichgültigkeit außer Acht lässt.[65] Leichtfertigkeit ist auch in den Fällen der unbewussten Fahrlässigkeit möglich.[66] Der Schweregrad der Fahrlässigkeit hängt nicht nur vom Umfang der Tatsachenkenntnis, sondern vor allem vom Grad der Vermeidbarkeit der Sorglosigkeit ab. Maßgeblich ist daher, inwieweit sich die Gefahr des Erfolgsein-

---

[57] So auch im Ergebnis *Renzikowski* JR 2001, 248 (250).
[58] → § 29a Rn. 21.
[59] → § 29a Rn. 22.
[60] → § 29 Rn. 1271.
[61] BGH 14.2.1984 – 1 StR 808/83, BGHSt 32, 262 = NJW 1984, 1469.
[62] → Vor § 29 Rn. 54 ff.
[63] → Vor § 29 Rn. 77 ff.
[64] S. allgemein → StGB § 15 Rn. 185 ff.; *Kindhäuser* StGB § 15 Rn. 91.
[65] BGH 9.11.1984 – 2 StR 257/84, BGHSt 33, 66 = NStZ 1985, 319 mAnm *Roxin*; 23.2.1994 – 3 StR 572/93, BeckRS 1994, 31080973 = StV 1994, 480; 7.2.2001 – 5 StR 474/00, BGHSt 46, 279 = NJW 2001, 1802.
[66] *Weber* Rn. 166 m. Rspr.-Nachw.

tritts dem Täter aufdrängen musste. Dabei kann sich die Leichtfertigkeit auch aus den besonderen Gegebenheiten der Opfersituation ergeben.[67]

bb) Leichtfertigkeitsbezogenheit auf eine der Tathandlungen des Abs. 1 Nr. 3. **166** Der Vorwurf der Leichtfertigkeit bezieht sich auf die Tathandlung des Abgebens, Verabreichens oder Überlassens von BtM, nicht auf ein danach liegendes Verhalten[68] (zB leichtfertiges Unterlassen, ärztliche Hilfe herbeizuholen). Der Tatbestand des Abs. 1 Nr. 3 unterscheidet sich insoweit nicht von jenen Qualifizierungstatbeständen und gesetzlichen Regelbeispielen besonders schwerer Fälle, bei denen ausdrücklich vorausgesetzt ist, dass „durch die Tat" leichtfertig der Tod eines Menschen verursacht oÄ wird (vgl. §§ 177 Abs. 3, 178, 239a Abs. 3, 251, 316a Abs. 3, 316c Abs. 3 StGB).

cc) Leichtfertigkeit bei festgestelltem Vorsatz. Fraglich ist, ob Leichtfertigkeit auch **167** angenommen werden kann, wenn die Todesfolge vorsätzlich herbeigeführt wird. Aus der Tatsache, dass das 6. StRG[69] bei den erfolgsqualifizierten Delikten des StGB das Wort „wenigstens" vor „leichtfertig" eingefügt[70] und dies bei den entsprechenden Bestimmungen des Nebenstrafrechts nicht getan hat, kann der Gegenschluss auf die Unvereinbarkeit beider Vorsatzformen nicht gezogen werden; denn der Gesetzgeber hat ausdrücklich klargestellt, dass er bei seinem Reformvorhaben das Nebenstrafrecht von vornherein unberücksichtigt lassen wollte.[71]

(1) Grundsatz. Jedenfalls in anderen Regelungszusammenhängen findet das *argumentum* **168** *a minore ad maius* Verwendung, so dass Vorsatz Fahrlässigkeit und Leichtfertigkeit als mildere Verschuldensformen einschließt.[72]

(2) Ausnahme bei freiem Suizid eines unheilbar Schwerstkranken, der kein **169** **BtM-Konsument ist.** In dem besonderen Fall der Abgabe eines BtM an einen unheilbar Schwerstkranken zur Ermöglichung von dessen Suizid hat der BGH[73] die Auffassung vertreten, dass Leichtfertigkeit als leichtsinniges oder gleichgültiges Außer-Acht-Lassen der Möglichkeit eines tödlichen Verlaufs bei jener besonderen Fallgestaltung, in der der Empfänger des BtM in jeder Hinsicht selbstverantwortlich handelte, nicht gegeben sei. Insoweit erfasse der Vorwurf der Leichtfertigkeit – ausnahmsweise – nicht „erst recht" auch vorsätzliches Handeln. Es handelt sich um eine außergewöhnliche Fallgestaltung, weswegen man dem BGH *im Ergebnis* zustimmen muss; sie ist allerdings das Resultat der nicht hinnehmbaren Einschränkung des Grundsatzes eigenverantwortlicher Selbstgefährdung auch im Rahmen des Abs. 1 Nr. 3. Soweit man weiterhin daran festhalten möchte, ist es allerdings unnötig, den Leichtfertigkeitsbegriff zu „verbiegen". Vielmehr kann auch unter Zugrundelegung der Prämissen des BGH zu einer Straflosigkeit gelangt werden, wenn man bei der Betäubungsmittelüberlassung zum Suizid den tatbestandsspezifischen Gefahrverwirklichungszusammenhang anzweifelt (und zwar nicht im Hinblick auf das eigenverantwortliche Verhalten des Suizidenten, sondern bzgl. der Frage, ob hier eine „typische" Gefahr anzunehmen ist, die der Tatbestand verhindert wissen möchte; hierzu zählt nicht die Abwendung eines Bilanzsuizids bzw. die Verwendung von BtM als weniger schmerzvolles Gift).[74] Leichtfertigkeit iS des Abs. 1 Nr. 3 liegt somit auch dann vor, wenn die Todesfolge vorsätzlich herbeigeführt wird.[75]

---

[67] BGH 10.11.1999 – 3 StR 331/99, NStZ-RR 2000, 366.
[68] BGH 9.11.1984 – 2 StR 257/84, BGHSt 33, 66 = NStZ 1985, 319 mAnm *Roxin*.
[69] Sechstes Gesetz zur Reform des Strafrechts (6. StRG) vom 26.1.1998, BGBl. I S. 164.
[70] ZB §§ 176b, 178, 239a Abs. 3 251, 306c, 307 Abs. 3, 308 Abs. 3, 309 Abs. 4, 316a Abs. 3, 316c Abs. 3.
[71] BT-Drs. 13/7164, 22.
[72] BGH 7.2.2001 – 5 StR 474/00, BGHSt 46, 279 = JA 2001, 627 Ls. mAnm *Heuchemer* = JR 2002, 426 mAnm *Rigizahn* = JZ 2002.
[73] BGH 7.2.2001 – 5 StR 474/00, BGHSt 46, 279.
[74] *Oğlakcıoğlu*, BtMG AT, S. 144 ff.
[75] Hierzu auch KPV/*Patzak* Rn. 127.

170   **dd) Erforderlichkeit von Vorhersehbarkeit und Pflichtwidrigkeit auch bei Leichtfertigkeit.** „Leichtfertigkeit" bedeutet einen hohen Grad von Fahrlässigkeit. Die Leichtfertigkeit muss daher alle Elemente der Fahrlässigkeit erfüllen, insbesondere also Pflichtwidrigkeit und Vorhersehbarkeit.

171   **(1) Pflichtwidrigkeit.** Die Pflichtwidrigkeit ergibt sich aus dem vorausgegangenem Verhalten des Täters,[76] nämlich der Verbotswidrigkeit der Tathandlung.

172   **(2) Vorhersehbarkeit.** Die Vorhersehbarkeit des tatbestandlichen Erfolges iS des Abs. 1 Nr. 3 liegt vor, wenn der Täter bei Anwendung der Sorgfalt, die von einem besonnenen und gewissenhaften Menschen in der konkreten Lage und sozialen Rolle des Täters zu verlangen ist,[77] den Eintritt des Todes als möglich hätte voraussehen können.

173   **(a) Vorhersehbarkeit nur bei konkreter Gefährlichkeit des BtM.** Vorhersehbarkeit der Todesfolge ist nicht schon dann gegeben, wenn der Täter weiß, dass das von ihm abgegebene BtM seiner Art nach gefährlich ist;[78] es geht nicht um die prinzipielle Gefährlichkeit einer Substanz, sondern um die Gefährlichkeit dieser Substanz für diesen Abnehmer in seinem aktuellen Zustand. Deshalb kann aus dem Alltagswissen des Täters, dass „Heroinkonsum die Gefahr tödlichen Verlaufs mit sich bringe"[79] oder dass der Konsum von Heroin zum Tode führen kann, nicht auf die Vorstellung eines möglicherweise zum Tode führenden Geschehensverlauf geschlossen werden; die tägliche Realität der Drogenszene (aber auch deren mediale Darstellung) zeigt dem Verkäufer einen anderen Ablauf des üblichen Heroingebrauchs. Vorhersehbarkeit setzt daher das Wissen um besondere Umstände in der konkreten Weitergabe- oder Verabreichungssituation voraus, zB in der Person des Abnehmers (erkanntermaßen ein Erstgebraucher oder ein Entwöhnter, dh eine Person mit wieder normaler oder jedenfalls geringer Toleranz gegenüber der Substanz, oder eine bereits aktuell unter Rauschmitteleinfluss stehende, zB auch alkoholisierte, Person), in der konkreten Beschaffenheit des BtM (hoher Reinheitsgehalt, hohe Beimengung toxisch wirkender oder zusätzlich sedierender Substanzen oder schwere Folgen bei anderen Abnehmern, wie zB Intoxikationsnotfälle bei anderen Gebrauchern dieser Substanz).

174   **(b) Vorhersehbarkeit beim Zusammenwirken mehrerer Ursachen.** Grundlage für die Beurteilung der Voraussehbarkeit ist zunächst einmal die Feststellung des tatsächlichen Verlaufs, nämlich ob zB der Tod nur durch das Zusammenwirken von Heroineinspritzung, Alkoholgenuss und Tabletteneinnahme eintrat oder ob allein schon die Heroinzuführung tödlich war und die Wirkung von Alkohol und Tabletten lediglich den Geschehensablauf beschleunigte.[80] Steht die Alleinursächlichkeit der BtM-Zufuhr fest, so beurteilt sich die Vorhersehbarkeit nach den zuvor dargelegten Grundsätzen. Steht (lediglich) die Mitursächlichkeit der BtM-Zufuhr fest, so ändert dies nichts am notwendigen Kausalzusammenhang: die Handlung muss nur eine Ursache des Todeseintritts gewesen sein, sie braucht nicht die ausschließliche oder die Hauptursache gewesen zu sein.[81] Es ergeben sich dann allerdings verschärfte Anforderungen an die Vorhersehbarkeit: „Tritt der strafbare Erfolg nur durch das Zusammenwirken mehrerer Umstände ein, dann müssen alle diese Umstände dem Täter erkennbar sein, weil nur dann der Erfolg für ihn vorhersehbar ist".[82]

175   **ee) Beispielsfälle für Leichtfertigkeit.** Leichtfertigkeit wurde angenommen, wenn ein Arzt es vor Verabreichung eines Opiats **unterlässt, den Patienten zu untersuchen,** Indikationen und Kontraindikationen festzustellen, eine Diagnose zu stellen und den Patien-

---

[76] Vgl. BGH 25.9.1952 – 4 StR 41/52, BGHSt 3, 203 = BeckRS 1952, 3119438.
[77] Vgl. BGH 25.9.1990 – 5 StR 187/90, BGHSt 37, 184 = NJW 1991, 51.
[78] So aber BGH 31.7.1979 – 1 StR 324/79; 3.6.1980 – 1 StR 20/80 und *Weber* Rn. 171.
[79] BGH 25.9.1990 – 5 StR 187/90, BGHSt 37, 184.
[80] BayObLG 18.9.1981 – RReg 4 St 189/81, StV 1982, 73.
[81] BGH 27.11.1951 – 1 StR 303/51, BGHSt 2, 20 (24) = BeckRS 1951, 31195443; 30.8.2000 – 2 StR 204/00, NStZ 2001, 29.
[82] BGH 31.7.1979 – 1 StR 324/79.

ten auf eine bestimmte Dosis einzustellen,[83] wenn einem Drogenabhängigen nach einer Entziehungsbehandlung trotz der erkannten herabgesetzten Toleranz ein BtM in einer Dosierung verabreicht wird, die seiner höheren Toleranz vor der Entziehung entspricht. Leichtfertig handelt der Substitutionsarzt, der unter eklatanter Missachtung der für die Substitution maßgeblichen Vorschriften einem Drogenabhängigen das Substitutionsmittel mitgibt mit der Folge, dass dieser es sich injiziert.[84] Wer einem anderen statt Kokain eine Heroinmischung überlässt, handelt insofern sorgfaltswidrig, als er dabei unter Berücksichtigung des Vorverhaltens der Beteiligten (konkludent) zum Ausdruck bringt, dem Wunsch des Empfängers und seiner Zusage entsprechend handele es sich um Kokain. Der Überlassende muss sich zuvor vergewissern, dass er tatsächlich dieses Rauschmittel aushändigt. In diesem Fall hätte er das tatsächliche Risiko und die daraus erwachsenden Folgen ebenso erkennen können wie den Umstand, dass der Empfänger sein sich selbst gefährdendes Verhalten falsch einschätzen würde.[85] Überlässt ein Arzt im Rahmen der ärztlichen Behandlung seinen Patienten Betäubungsmittel und unterläuft ihm bei der Dosierung des Mittels (infolge einer Fehlfunktion der benutzten Waage) ein Fehler, der zu Intoxikationen bei fünf Patienten und zum Tod bei zwei Patienten führte, so kommt jedenfalls der mehrfache fahrlässigen Körperverletzung und der fahrlässigen Tötung in zwei Fällen in Betracht; sollte der Arzt die Störanfälligkeit seiner Waage indessen bereits gekannt und das BtM trotz der bei ihm schon vom Volumen her aufkommenden Bedenken über die Zuverlässigkeit des Geräts gleichwohl seinen Patienten zum Verbrauch überlassen haben, so käme leichtfertige Todesverursachung in Betracht.[86]

ff) Beispielsfälle für verneinte Leichtfertigkeit. Leichtfertigkeit ist in folgenden Fäl- **176** len (beide Male nach der hier vertretenen Auffassung zu Unrecht) verneint worden: In einem Fall hatte der Angeklagte aus einer Apotheke eine größere Menge BtM entwendet. Von diesen verkaufte er eine Ampulle Morphiumhydrochlorid (1 ml) und eine kleine Menge Morphiumpulver an M. Dieser verstarb wenige Stunden später an einem Kreislaufschock nach Morphininjektion; möglicherweise war der Todeseintritt erheblich durch eine eitrig entzündliche Herzmuskelerkrankung beeinflusst, die ihre Ursache darin hatte, dass bei früheren BtM-Injektionen Bakterien in sein Blut gelangt waren. Darin wurde keine leichtfertige Todesverursachung (und auch keine fahrlässige Tötung) gesehen, weil es an der Vorhersehbarkeit gefehlt habe; denn Morphium wäre von berechenbarer Wirkungsweise gewesen, Morphium werde als schmerzstillendes Mittel angesehen und als solches in den Verkehr gebracht, und eine Dosis aus einer handelsüblichen Ampulle könne schon aus diesem Grunde nicht als tödlich eingestuft werden.[87] Im zweiten Fall hatte der Angeklagte den Abnehmer bei Hingabe des Heroins gewarnt, es handele sich um sehr starkes Heroin, man müsse beim Konsumieren aufpassen. Dem Abnehmer war – neben dem ebenfalls als allgemeinbekannt vorauszusetzenden grundsätzlichen Risiko bei Heroinkonsum – überdies zum Zeitpunkt der Heroinaufnahme bekannt, dass zuvor ein anderer Heroingebraucher infolge Heroinkonsums ins Koma gefallen war und im Krankenhaus lag. Ihm war nur nicht bekannt, dass die Quelle jenes die Vergiftung auslösenden Heroins der Angeklagte war; darauf hatte der Angeklagte nicht hingewiesen.[88]

---

[83] KPV/*Patzak* Rn. 124.

[84] BGH 4.6.2008 – 2 StR 577/07, BGHSt 52, 271 = NJW 2008, 2596 = MedR 2009, 230 = StV 2008, 471.

[85] BGH 29.4.2009 – 1 StR 518/08, BGHSt 53, 288 = NJW 2009, 2611.

[86] BGH 11.1.2011 – 5 StR 491/10, BeckRS 2011, 02464. In concreto formuliert der BGH: „Abgesehen davon begegnet auch die Annahme einer Strafbarkeit wegen Überlassens der Betäubungsmittel mit Todesfolge (§ 30 Abs. 1 Nr. 3) auf der Grundlage der getroffenen Feststellungen Bedenken. Die Tatbestandsverwirklichung setzt im Hinblick auf die Todesfolge Leichtfertigkeit voraus (§ 18 StGB). Hierfür ist das Maß der Pflichtwidrigkeit im Moment des Wiegevorgangs entscheidend, weil der vom Landgericht angenommene Wiegefehler die den Todeserfolg auslösende Bedingung gesetzt hat. Das Landgericht hätte sich deshalb mit der Frage der Erkennbarkeit des Wiegefehlers vor dem Erfahrungshintergrund des Angeklagten als Arzt näher auseinandersetzen müssen.‟

[87] BGH 20.7.1983 – 2 StR 178/83, MDR 1985, 2 *(Schmidt)*.

[88] BGH 11.4.2000 – 1 StR 638/99, JR 2001, 246 mAnm *Renzikowski*.

177 **c) Irrtumskonstellationen.** Zu den möglichen Irrtumskonstellationen wird allgemein auf die Erläuterungen Vor § 29[89] und im Besonderen auf die Darstellung bei § 29a Abs. 1 Nr. 1[90] und § 30 Abs. 1 Nr. 2[91] verwiesen.

178 **4. Täterschaft und Teilnahme.** Für die Abgrenzung von Täterschaft und Teilnahme gelten die Grundsätze des allgemeinen Strafrechts. Auf die Ausführungen bei der Darstellung der Grunddelikte wird verwiesen. Die Beteiligungsform bestimmt sich nach dem Grunddelikt. Mittäter oder Teilnehmer sind für den qualifizierenden Erfolg nur dann verantwortlich, wenn ihnen selbst Leichtfertigkeit bezüglich der Todesverursachung zu zurechnen ist.[92] Ist das nicht der Fall, so bestimmt sich ihre Strafbarkeit nur nach dem Grunddelikt.

179 **5. Versuch und Rücktritt, Vollendung und Beendigung.** Die Versuchsstrafbarkeit für die Tathandlungen des Abs. 1 Nr. 3 ergibt sich aus § 23 Abs. 1 StGB. Der Versuch des erfolgsqualifizierten Delikts ist möglich, spielt allerdings praktisch keine Rolle, weil die Inkaufnahme des Todeseintritts zur Strafbarkeit wegen versuchten Totschlags/Mordes führt (§§ 212, 211 StGB).[93] Ein erfolgsqualifizierter Versuch (bei dem das Grunddelikt im Versuchsstadium stecken bleibt und die schwere Folge dennoch eintritt, ist kaum vorstellbar, ließe sich jedoch beim untauglichen Versuch des Grunddelikts konstruieren[94]).

180 **6. Konkurrenzen. a) BtM-Straftaten.** Zu den unterschiedlichen Konkurrenzverhältnissen zu anderen Delikten des BtM-Strafrechts wird zunächst die Ausführungen zu § 29a Abs. 1 Nr. 1,[95] § 30 Abs. 1 Nr. 2[96] und zu den Grunddelikten verwiesen.

181 **aa) Bewertungseinheit.** Zu beachten ist, dass Abs. 1 Nr. 3 ein Absatzdelikt ist. Bei allen Absatzdelikten kommt eine Bewertungseinheit in Betracht.[97] Zum Begriff wird auf die Erläuterungen zum Handeltreiben[98] und die Ausführungen zu § 29a Abs. 1 Nr. 1[99] verwiesen. Praktisch wird diese Erkenntnis wegen des „singulären" Charakters des Todeseintritts keine Rolle spielen.

182 **bb) Begehungsweisen des Abs. 1 Nr. 3 und ihre Grundtatbestände.** Als Qualifikation (leges speciales) verdrängen die Begehungsweisen des Abs. 1 Nr. 3 die jeweiligen **Grundtatbestände,** deren Regelbeispiele.

183 **cc) Begehungsweisen des § 30 Abs. 1 Nr. 3 und weitere Begehungsweisen des § 29 Abs. 1 S. 1 Nr. 1.** Verdrängt wird auch das unerlaubte **Besitzen,** soweit es als Auffangtatbestand hinter die Grundtatbestände zurücktritt.[100] Mit **Handeltreiben** gem. § 29 Abs. 1 S. 1 Nr. 1 bzw. § 29a Abs. 1 Nr. 2 besteht Tateinheit, da dieser Begehungsform ein zusätzlicher Handlungsunwert zukommt.[101]

184 **b) Straftatbestände anderer Rechtsgebiete. aa) Straftaten gegen das Leben.** Tateinheit besteht im Verhältnis zu den vorsätzlichen Tötungsdelikten (**Mord** und **Totschlag**) gem. §§ 211, 212 StGB.[102] Daran hat sich auch durch das 6. StrRG[103] nichts geändert (Einfügung des Wortes „wenigstens" bei den entsprechenden Erfolgsqualifikationen des

---

[89] → Vor § 29 Rn. 77 ff.

[90] → § 29a Rn. 78.

[91] → § 30 Rn. 64.

[92] Vgl. Schönke/Schröder/*Cramer/Sternberg-Lieben* StGB § 18 Rn. 7.

[93] AA *Joachimski/Haumer* Rn. 25.

[94] Vgl. noch die ausführlichere Darstellung in der 2. Aufl., Rn. 180.

[95] → § 29a Rn. 33, 93.

[96] → § 30 Rn. 72, 112.

[97] BGH 24.7.1997 – 4 StR 222/97, NStZ 1998, 89; 24.11.1998 – 4 StR 557/98, NStZ 1999, 192.

[98] → § 29 Rn. 477 ff.

[99] → § 29a Rn. 34.

[100] Vgl. *Weber* Rn. 175.

[101] *Franke/Wienroeder* Rn. 41.

[102] BGH 11.3.2015 – 2 StR 423/14, BeckRS 2015, 18826 = NStZ-RR 2016, 110; KPV/*Patzak* § 30 Rn. 119; *Weber* § 30 Rn. 196.

[103] Sechstes Gesetz zur Reform des Strafrechts (6. StrRG) vom 26.1.1998, BGBl. I S. 164.

StGB); Gegenschlüsse sind jedenfalls wegen ausdrücklicher Ausklammerung des Nebenstrafrechts nicht zulässig.[104] Daher kann im Anschluss an die frühere Rechtsprechung[105] weiterhin von Tateinheit ausgegangen werden. Auch im Verhältnis zu § 227 StGB (**Körperverletzung mit Todesfolge**) ist weiterhin[106] von Tateinheit auszugehen; der Unrechtsgehalt jenes Tatbestandes wird von § 30 Abs. 1 Nr. 3 nicht ausgeschöpft.[107] § 30 Abs. 1 Nr. 1 in der Tatvariante des Verabreichens von BtM steht zu § 227 Abs. 1 StGB im Verhältnis der Tateinheit und **nicht im Verhältnis privilegierender Spezialität,** die zur Folge hätte, dass § 227 Abs. 1 StGB nicht anwendbar ist, wenn eine Verurteilung nach § 30 Abs. 1 Nr. 3 mangels Leichtfertigkeit der Todesverursachung nicht in Betracht kommt. Der Annahme privilegierender Spezialität steht bereits entgegen, dass die Verabreichung von BtM mit Todesfolge nicht in jedem Fall alle tatbestandlichen Voraussetzungen der Körperverletzung mit Todesfolge erfüllt.[108] Mit **fahrlässiger Tötung** besteht, da § 30 Abs. 1 Nr. 3 im Verhältnis zu § 222 StGB lex specialis ist, Gesetzeskonkurrenz.[109]

bb) Weitere Straftatbestände. Insoweit wird auf die Erläuterungen zu § 29a Abs. 1 **185** Nr. 1[110] und zu den Grunddelikten Bezug genommen.

7. Strafklageverbrauch. Zu den Begriffen der prozessualen Tat und Tatidentität vgl. **186** zunächst die Ausführungen bei → § 29 Rn. 552 f. Eine zeitnahe Verurteilung wegen des Besitzes einer Menge von BtM, aus der die todbringende Dosis abgegeben usw wurde, könnte zu einem Verfahrenshindernis für eine Anklage wegen leichtfertiger Todesverursachung oder wegen fahrlässiger Körperverletzung mit Todesfolge (§ 227 StGB) führen.

Umgekehrt hinderte eine Verurteilung wegen fahrlässiger Tötung (§ 222 StGB) oder **187** fahrlässiger Körperverletzung (§ 230 StGB) eine Anklageerhebung oder eine erneute Verurteilung wegen leichtfertiger Todesverursachung gem. Abs. 1 Nr. 3, wenn der Todesfall oder der Körperschaden auf die konkrete Abgabe usw zurückzuführen ist.

8. Rechtsfolgen. a) Strafzumessung. aa) Strafrahmenwahl. Der (Normal-) Straf- **188** rahmen reicht von zwei Jahren Mindeststrafe bis zu 15 Jahren Freiheitsstrafe (§ 38 Abs. 2 StGB), für minder schwere Fälle (Abs. 2) von drei Monaten bis zu fünf Jahren. Zu den Voraussetzungen für die Annahme eines minder schweren Falles wird auf die Ausführungen zu Abs. 2 verwiesen.

bb) Strafzumessung im engeren Sinne. Zur Strafzumessung bei § 30 Abs. 1 Nr. 3 **189** gelten dieselben Grundsätze wie bei den Grundtatbeständen des § 29 Abs. 1 Nr. 1. Zu beachten ist im Hinblick auf das Verbot der Doppelverwertung (§ 46 Abs. 3 StGB), dass der Eintritt des Todes als solcher **nicht strafschärfend** gewertet werden darf. **Strafmildernd** kann sich eine Mitverursachung des tödlichen Ausgangs durch Dritte oder auch durch den Getöteten selbst auswirken (soweit diese über die reine Zufuhr des Heroins als solche hinausgeht, zB zusätzliche Zufuhr eines anderen Rauschmittels). Erreicht das **Maß der Fahrlässigkeit nicht** jenen Grad, der für die „**Leichtfertigkeit**" gefordert wird, erreicht, also nur aus dem Grunddelikt verurteilt wird, so kann bei der Bemessung der Strafe wegen des Abgabe- oder Verabreichungsdelikts die Todesverursachung **strafschärfend** herangezogen werden. Es handelt sich insoweit um eine verschuldete Auswirkung (§ 46 Abs. 2 StGB) des Grunddelikts.[111] Ohne Verstoß gegen § 46 Abs. 3 StGB darf außer der tödlichen Wirkung auch die Gefährlichkeit des Heroins **strafschärfend** bewertet wer-

---

[104] Vgl. *Weber* Rn. 176.
[105] BGH 20.10.1992 – GSSt 1/92, BGHSt 39, 100 = NJW 1993, 1662 = StV 1993, 361.
[106] BGH 20.10.1992 – GSSt 1/92, BGHSt 39, 100 = NJW 1993, 1662 = StV 1993, 361.
[107] LG Kempten 19.11.2003 – 1 Ks 329 Js 4914/03, NStZ-RR 2005, 196 – *Kotz/Rahlf*; LG Berlin 10.5.2010 – (535) 1 Kap Js 1885/09 Ks (3/10), BeckRS 2011, 00554 (aus anderen Gründen aufgehoben durch BGH 11.1.2011 – 5 StR 491/10, BeckRS 2011, 02464).
[108] BGH 11.12.2003 – 3 StR 120/03, BGHSt 49, 34 = NJW 2004, 1054.
[109] *Franke/Wienroeder* Rn. 41; *Weber* Rn. 176.
[110] → § 29a Rn. 35, 107.
[111] BGH 1.7.1992 – 2 StR 191/92, NStZ 1992, 489 = StV 1993, 128 mAnm *Hoyer*.

den;[112] dies ist jedenfalls dann frei von Bedenken, wenn sich der Schuldspruch nicht allein auf die Abgabe von Rauschgift an den später Gestorbenen bezieht, sondern auch die Abgabe an weitere Konsumenten umfasst.

190   **cc) Strafmaßbeispiel.** Das LG Kempten[113] hat wegen Verabreichens von Methadon mit Todesfolge durch eine Person über 21 Jahre an eine 14jährige (in Tateinheit mit Körperverletzung mit Todesfolge) rechtskräftig eine Freiheitsstrafe von vier Jahren sechs Monaten verhängt. Das LG Berlin[114] hat einen Arzt, der im Rahmen einer „psycholytischen Psychotherapie" seinen Patienten irrtümlich mindestens das Zehnfache der für angebracht gehaltenen Dosierung von MDMA zum unmittelbaren Verbrauch überlassen hatte, was zum Tode von zwei Patienten und zu schwerwiegenden Vergiftungen von fünf Patienten führte, wegen tateinheitlich begangener Körperverletzung mit Todesfolge und Überlassen von Betäubungsmitteln mit Todesfolge in zwei Fällen sowie gefährlicher Körperverletzung und vorsätzlichem Überlassen von Betäubungsmitteln zum unmittelbaren Verbrauch in fünf Fällen zu einer Freiheitsstrafe von vier Jahren und neun Monaten verurteilt.

191   **b) Absehen von Strafe bzw. von Strafverfolgung.** Absehen von der Strafverfolgung durch die Staatsanwaltschaft gemäß § 31a Abs. 1 S. 1 bzw. Absehen von einer Bestrafung durch das Gericht gem. § 29 Abs. 5 ist nicht möglich, weil § 30 in § 29 Abs. 5 bzw. in § 31a Abs. 1 nicht in Bezug genommen wird. Eine Einstellung nach §§ 153, 153a StPO ist beim Verbrechenstatbestand des § 30 Abs. 1 Nr. 1 nicht möglich.

192   **c) Einziehung und Verfall; Entziehung der Fahrerlaubnis.** Zu Einziehung und Verfall siehe unten die Erläuterung zu § 33, insb. → § 33 Rn. 6–7. Die Anordnung des erweiterten Verfalls (§§ 33 Abs. 1 Nr. 2 BtMG aF, 73d StGB aF) war möglich. Zur Entziehung der Fahrerlaubnis → § 29 Rn. 122.

193   **d) Sicherungsverwahrung.** Das Delikt ist Anlasstat zur Anordnung von Sicherungsverwahrung.[115]

194   **e) Berufsverbot.** Die Anordnung des Berufsverbots (§ 70 StGB) kommt bei Ärzten in Betracht, zB bei einem in der Substitutionsbehandlung von Drogenabhängigen tätigen Arzt, der aufgrund eklatanter vorsätzlicher Missachtung der ihm als Substitutionsarzt obliegenden Pflichten den Tod eines Patienten verursacht.[116]

4. Kapitel. Einführen in nicht geringer Menge (Abs. 1 Nr. 4)

Schrifttum: *Nestler*, Grundlagen und Kritik des Betäubungsmittelstrafrechts, in *Kreuzer*, Handbuch des Betäubungsmittelrechts, 1998, § 11 (S. 702 ff.); *Rebholz*, Einfuhr, Durchfuhr und Ausfuhr im Straf- und Ordnungswidrigkeitenrecht, 1991; *Stange*, Einfuhr von Betäubungsmitteln in nicht geringen Mengen, StraFo 2004, 198.

Übersicht

---

[112] BGH 1.7.1992 – 2 StR 191/92, NStZ 1992, 489 = StV 1993, 128 mAnm *Hoyer*.
[113] LG Kempten 19.11.2003 – 1 Ks 4914/03, NStZ-RR 2005, 196 *(Kotz/Rahlf)*.
[114] LG Berlin 10.5.2010 – (535) 1 Kap Js 1885/09 Ks (3/10), BeckRS 2011, 00554.
[115] § 66 Abs. 1 Nr. 1b StGB.
[116] BGH 4.6.2008 – 2 StR 577/07, BGHSt 52, 271 = NJW 2008, 2596 = StV 2008, 471.

I. Überblick

1. Rechtliche Einordnung. Die Vorschrift klammert die Einfuhr in nicht geringen **195** Mengen als Teilakt des Handeltreibens aus, erfasst hierbei allerdings auch die Einfuhr von BtM, die zum Zwecke des Eigenkonsums über die Grenze verbracht werden. Eine analoge Strafschärfung für den Fall der Durch- und Ausfuhr ist selbstverständlich unzulässig. Nach der Einschätzung des Gesetzgebers handelt es sich bei Abs. 1 Nr. 4 um die wichtigste strafrechtliche Maßnahme gegen die „Überschwemmung" des Bundesgebietes mit Rauschgift.[1] Ob dem tatsächlich so ist, erscheint durchaus zweifelhaft; die „Sonderbehandlung" führt sowohl dogmatisch als auch kriminalpolitisch zu unnötigen Friktionen, weswegen diesseits angeregt wird, die Vorschrift zu streichen (hierzu bereits → Vor § 29a Rn. 20 f.).

a) Deliktsnatur. Hinsichtlich der Deliktsnatur gelten die Erläuterungen zum Grundde- **196** likt der Einfuhr, insb. ist eine extensivere Auslegung weder angebracht noch zulässig, auch wenn der Gesetzgeber eigentlich die Erfassung von Schmugglerbanden im Auge hatte und insofern auch eine „organisationsbezogene" Betrachtungsweise der Einfuhr denkbar wäre.

b) Verfassungsmäßigkeit. Zur Verfassungsmäßigkeit siehe die Ausführungen zum **197** Grundtatbestand.[2] Die dort vorgebrachten Bedenken verschärfen sich im Hinblick auf die erhöhte Mindeststrafe nochmals.

c) Phänomenologie. Siehe hierzu die Ausführungen bei → § 29 Rn. 637 f. **198**

2. Kriminalpolitische Bedeutung. Der **PKS** ist zu entnehmen, dass die Deliktsgruppe **199** 2005 einen Höhepunkt erreicht hatte und seither tendenziell abnimmt, wobei die Kontinuität des Rückgangs bemerkenswert ist und phänomenologisch womöglich auf eine verbesserte Tarnung iRv Einfuhrvorgängen hindeutet, womöglich auch schlicht auf eine Überforderung der Grenzkontrollen.

Straftaten(gruppen)	2007	2008	2009	2010	2011	2013	2014	2015
Rauschgiftdelikte BtMG	248.355	239.951	235.842	231.007	236.478	253.525	276.734	282.604
Allgemeine Verstöße nach § 29 BtMG	171.496	169.386	169.689	165.880	170.297	189.783	209.514	213.850
Einfuhr in nicht geringer Menge	3.981	3.038	3.285	2.588	2.500	2.279	1.971	1.636

Statistisches Bundesamt: Strafverfolgung (3.7 Verurteilte 2004–2010) **200**

	2009	2010	2011	2012	2013	2014
Straftaten nach dem BtMG insgesamt	49.358	51.638	45.250	43.357	43.567	46.118
Einfuhr von BtM in nicht geringer Menge	2.135	2.003	2.081	2.266	2.082	1.913

3. Rechtsentwicklung. Diesbezüglich wird auf die Ausführungen zum Grundtatbe- **201** stand und → Vor § 29a Rn. 6 verwiesen.

II. Erläuterung

1. Objektiver Tatbestand. Die Erläuterung entspricht im objektiven Tatbestand voll- **202** ständig derjenigen der Einfuhr mit dem Unterschied, dass nicht geringe Mengen eingeführt

---

[1] BT-Drs. 8/3551, 53.
[2] → § 29 Rn. 636.

werden. Diesbezüglich ist wiederum auf → Vor § 29 Rn. 214 ff. zu verweisen (insb. bzgl. der Festlegung der Grenzwerte und der Feststellung der nicht geringen Menge). Verurteilt das Gericht wegen Durchfuhr in nicht geringen Mengen genügt allerdings eine Schuldspruchberichtigung, wenn der Strafrahmen dem des § 29 bzw. § 29a entnommen wird.[3] Zu den Gemeinsamkeiten des objektiven Tatbestands für alle Wege der Einfuhr wird auf die Erläuterungen zum Grundtatbestand verwiesen.[4]

203   Mehrere Einkaufsfahrten ins Ausland, bei denen jeweils eine Normalmenge erworben und eingeführt wurde, stellen **keine Bewertungseinheit** dar. Menge und Wirkstoffgehalt können daher nicht addiert und dadurch zu einer nicht geringen Menge werden.[5]

204   **2. Subjektiver Tatbestand.** Zum Einfuhrvorsatz wird zunächst auf die Ausführungen zum Grundtatbestand verwiesen, insb. auch hinsichtlich etwaiger Irrtumskonstellationen und dem Fahrlässigkeitsmaßstab.[6] Daneben muss sich der Vorsatz auch darauf beziehen, dass es sich um eine **nicht geringe Menge** von BtM handelt. Zur Parallelwertung in der Laiensphäre bzw. zur Gleichgültigkeit des Täters in Bezug auf Menge und Wirkstoffgehalt wird auf die Erläuterungen zu § 29a[7] Bezug genommen.

205   **Bedingter Vorsatz** reicht sowohl hinsichtlich der Tatbestandsmerkmale des Grundtatbestandes wie auch in Bezug auf die nicht geringe Menge[8] aus. Zwar wird ein **Drogenkurier,** der weder auf die Menge des ihm übergebenen Rauschgifts Einfluss nehmen noch diese Menge überprüfen kann, in der Regel auch damit rechnen müssen, dass ihm mehr Rauschgift zum Transport übergeben wird, als man ihm offenbart. Das gilt jedenfalls dann, wenn zwischen ihm und seinem Auftraggeber kein persönliches Vertrauensverhältnis besteht. Lässt er sich auf ein solches Unternehmen ein, dann liegt auf der Hand, dass er die **Einfuhr einer Mehrmenge billigend in Kauf nimmt.**[9] Gegen einen derartigen bedingten Vorsatz können aber Umstände sprechen, die dem Kurier die Überzeugung zu vermitteln vermögen, sein Auftraggeber habe ihm die Wahrheit gesagt.

206   **3. Täterschaft, Teilnahme.** Zu den Fragen der Täterschaft, Anstiftung und Beihilfe wird auf die Erläuterungen zum Grundtatbestand verwiesen.[10]

207   **4. Versuch.** Zu den Fragen der Abgrenzung von strafloser Vorbereitung, Versuch und Vollendung wird auf die Erläuterungen zum Grundtatbestand verwiesen (freilich stellen sich diese Fragen im Regelfall v.a. im Rahmen des § 30 Abs. 1 Nr. 4; die zur versuchten Einfuhr ergangene Rechtsprechung betrifft im Regelfall die Qualifikation, da die Einfuhr mit Normalmengen mangels exklusiver Strafschärfung im Handeltreiben aufgeht und dieser Tatbestand wiederum nicht an die „Überschreitung der Grenze" als starres Tatbestandsmerkmal gekoppelt ist.

208   **5. Konkurrenzen. a) Einfuhr. Verhältnis zu den Qualifikationstatbeständen des § 30a.** Die Einfuhr einer nicht geringen Menge unter Mitführen einer Schusswaffe oder eines anderen gefährlichen Gegenstands (§ 30a Abs. 2 Nr. 2), die Bestimmung eines Minderjährigen zur Einfuhr durch einen Erwachsenen (§ 30a Abs. 2 Nr. 1) und die bandenmäßige Einfuhr einer nicht geringen Menge (§ 30a Abs. 1) **gehen** der Einfuhr einer nicht geringen Menge (§ 30 Abs. 1 Nr. 4) als das jeweils **speziellere Gesetz im Wege der Gesetzeseinheit** vor.[11] Tateinheit kann zwischen **versuchter Einfuhr** in nicht geringer Menge und vollendeter Einfuhr nach § 29 Abs. 1 S. 1 Nr. 1 vorliegen, wenn der Transitreisende BtM sowohl in seinen Schuhen wie auch im Reisegepäck transportiert, letzteres aber seit Beginn

---

[3] BGH 29.4.2014 – 2 StR 89/14, BeckRS 2014, 12995.
[4] → § 29 Rn. 692 ff.
[5] BGH 21.9.1994 – 3 StR 390/94, NStZ 1995, 141.
[6] → § 29 Rn. 649 ff.
[7] → § 29a Rn. 72 f.
[8] BayObLG 20.9.1990 – RReg 4 St 113/90, BayObLGSt 1990, 99.
[9] BGH 31.3.1999 – 2 StR 82/99, NStZ 1999, 467; 21.4.2004 – 1 StR 522/03, NStZ-RR 2004, 281.
[10] → § 29 Rn. 657 ff.
[11] BGH 21.3.1995 – 1 StR 37/95, NStZ 1995, 410.

des Umladens unter zollamtlicher Kontrolle stand.[12] Werden BtM in nicht geringer Menge eingeführt, alsbald wegen schlechter Qualität **„umgetauscht"**, also ausgeführt und solche besserer Qualität wieder eingeführt, liegt **eine Handlung im Rechtssinne** vor. Dies gilt insbesondere, wenn beide Einfuhr*verbrechen* durch § 29a Abs. 1 Nr. 2 zu einer Tat verbunden werden.[13]

b) Ausfuhr, Durchfuhr. Zum möglichen Konkurrenzverhältnis bei Ausfuhr[14] und **209** Durchfuhr[15] wird auf die Erläuterungen zum Grundtatbestand verwiesen.

c) Handeltreiben. aa) Grundtatbestand. Einfuhr in nicht geringer Menge als Teilakt **210** des unerlaubten Handeltreibens nach § 29 Abs. 1 S. 1 Nr. 1 stehen zueinander in Tateinheit.[16] Tateinheit besteht auch zwischen dem Handeltreiben in nicht geringer Menge und **Beihilfe zur unerlaubten Einfuhr in nicht geringen Mengen** nach § 30 Abs. 1 Nr. 4, wenn das Kokain (anders als in den übrigen Fällen) nach dem ursprünglichen Tatplan von Brasilien nicht nach Deutschland, sondern nach Amsterdam hätte verbracht werden sollen, der Angeklagte somit zunächst nicht mit Einfuhrvorsatz tätig wurde, und die später vorgenommenen Tathandlungen des Angeklagten nach Umfang und Gewicht noch kein (mit-)täterschaftliches Verhalten, sondern lediglich eine Gehilfentätigkeit zur Einfuhr darstellte.[17]

bb) Handeltreiben in nicht geringer Menge. Zwischen den Verbrechen der Einfuhr **211** und des Handeltreibens jeweils in nicht geringer Menge besteht ebenfalls Tateinheit;[18] auf die höhere Mindeststrafe nach Abs. 1 Nr. 4 ist zu achten. Der Tatbestand desAbs. 1 Nr. 4 tritt auch dann nicht hinter dem des § 29a Abs. 1 Nr. 2 zurück, wenn die Einfuhr nicht zustande gekommen und sie nur im Sinne des § 30 StGB vorbereitet wurde. Diese Vorschrift lässt nämlich den Deliktscharakter des Verbrechenstatbestandes, auf den sich die Vorbereitungshandlung bezieht, unberührt. Es würde den Schuldgehalt der Tat nicht ausschöpfen, wenn die nur in der Form der Gefährdung nach § 30 StGB erfüllte schwerere Strafvorschrift im Schuldspruch völlig hinter der in der Form der Verletzung erfüllten schwächeren Rechtsnorm zurückträte.[19]

Ob **mehrere Einfuhrverbrechen** durch unerlaubtes Handeltreiben in nicht geringer **212** Menge (§ 29a Abs. 1 Nr. 2) **zu einer Tat verklammert** werden können, wie der 2. Strafsenat noch nach Inkrafttreten des OrgKG[20] entschieden hatte, ist umstritten und wurde nun durch den Vierten Senat, der solch eine Verklammerung (anders als der Dritte Senat[21]) für möglich erachten will,[22] dem Großen Strafsenat zur Entscheidung vorgelegt.[23] Soweit eine Tateinheit angenommen wird, lässt sich eine Verbindung nur durch das Modell der **Tateinheit durch Klammerwirkung** herstellen. In Anbetracht der erheblichen Ausdehnung der Handlungseinheit (gerade in einer Konstellation, in der das Handeltreiben wiederum im Wege der tateinheitlichen Verklammerung als eine Tat betrachtet wird, → § 29 Rn. 528 ff., Verklammerung bei Zusammentreffen mehrerer BtM-Geschäfte in einem Zahlungsvorgang), hat sich der Zweite Senat eher zurückhaltend geäußert,[24] während der Dritte Senat dies (unter Rückgriff auf seine eigene frühere Rechtsprechung[25]) ausdrück-

[12] BGH 31.8.1983 – 2 StR 300/83, NStZ 1984, 28.
[13] BGH 5.11.1993 – 2 StR 534/93, NStZ 1994, 135; 22.1.2004 – 1 StR 538/03, NStZ 2005, 232.
[14] → § 29 Rn. 773.
[15] → § 29 Rn. 1181.
[16] BGH 24.11.1982 – 3 StR 384/82, BGHSt 31, 163 = NJW 1983, 692.
[17] BGH 23.10.1997 – 4 StR 226/97.
[18] BGH 24.2.1994 – 4 StR 708/93, BGHSt 40, 73 = NJW 1994, 1885.
[19] BGH 24.2.1994 – 4 StR 708/93, BGHSt 40, 73 = NJW 1994, 1885.
[20] So BGH 5.11.1993 – 2 StR 534/93, NStZ 1994, 135 unter Bezugnahme auf BGH 18.7.1984 – 2 StR 322/84, BGHSt 33, 4 = NJW 1984, 2838.
[21] BGH 6.2.2014 – 3 ARs 7/13, NStZ-RR 2014, 146.
[22] BGH 31.7.2013 – 4 StR 223/13, NStZ-RR 2014, 144.
[23] BGH 22.5.2014 – 4 StR 223/13, BeckRS 2014, 13217.
[24] BGH 24.10.2013 – 2 ARs 319/13, NStZ-RR 2014, 81; vgl. auch *Fischer* StGB Vor § 52 Rn. 30.
[25] BGH 15.2.2011 – 3 StR 3/11, 2011, 06569.

lich ablehnt.[26] Dem Dritten Senat ist zuzustimmen: das in dieser Konstellation „schwächere" Handeltreiben sollte nicht die Kraft haben, die schwerwiegenderen Einfuhrfahrten zu einer Tat zu verbinden.[27] Ähnlich geht die h.M. schließlich auch beim Besitz vor, der mangels Wertgleichheit nicht die Kraft hat, selbständige, die Voraussetzungen des § 29a Abs. 1 Nr. 2 erfüllende Taten des unerlaubten Handeltreibens mit Betäubungsmitteln in nicht geringer Menge untereinander zur Tateinheit zu verbinden (→ § 29 Rn. 528). Indessen weist der Vierte Senat darauf hin, dass die mit 2 Jahren gegenüber 1 Jahr bei § 29a Abs. 1 Nr. 2 höhere Mindeststrafe des § 30 Abs. 1 Nr. 4 aber die annähernde Wertgleichheit (als Voraussetzung einer tateinheitlichen Klammerwirkung) im deliktischen Unrechtsgehalt der beiden Tatbestände nicht in Frage stelle.[28] Jedenfalls zeigt die Problematik einmal mehr die dogmatische Tragweite des missglückten Abs. 1 Nr. 4 (und spricht für dessen Abschaffung, als nicht ersichtlich ist, warum ausgerechnet dieser Teilakt des HT herausgestanzt wurde).

213   **cc) Bandenhandel.** Zwischen Einfuhr in nicht geringer Menge und Bandenhandel (Abs. 1 Nr. 1) besteht Tateinheit;[29] hingegen geht das Einfuhrverbrechen im **Bandenhandel in nicht geringer Menge** (Abs. 1) auf.[30]

214   **d) Besitz.** Klammerwirkung entfaltet der Besitz in nicht geringer Menge (§ 29a Abs. 1 Nr. 2) weder hinsichtlich mehrerer Einfuhrverbrechen noch in Bezug auf die Einfuhr in nicht geringer Menge und anderen Tatbeständen des § 29a.[31]

215   **6. Rechtsfolgen. a) (Normal-) Strafrahmen.** Der (Normal-) Strafrahmen reicht von zwei Jahren Mindeststrafe bis zu 15 Jahren Freiheitsstrafe (§ 38 Abs. 2 StGB), für minder schwere Fälle (Abs. 2) von drei Monaten bis zu fünf Jahren. Zu den Voraussetzungen für die Annahme eines minder schweren Falles wird auf die Ausführungen zu Abs. 2 verwiesen.

216   **b) Strafzumessung im engeren Sinne.** Bei der Strafzumessung im engeren Sinne gelten dieselben Grundsätze wie bei den Grundtatbeständen des § 29 Abs. 1 Nr. 1. Die unerlaubte Einfuhr von BtM folgt in ihrem Unrechtsgehalt unmittelbar den reinen Weitergabedelikten des Handeltreibens, der Veräußerung, der Abgabe und des Inverkehrbringens in sonstiger Weise, da sie den inländischen BtM-Kreislauf erst ermöglicht.

217   Für die Strafzumessung ist ferner von Bedeutung, dass die tatsächlich festzustellenden **Wirkstoffgehalte** und die **Grenzmengen** der verschiedenen BtM **variieren.** Glaubt der Täter, bei dem von ihm zum Zwecke des Handeltreibens eingeführten 97,71 g Kokain mit einem Reinheitsgehalt von 76 % (also 74,2 g reines Kokain) handele es sich um Amphetamin, so kann ihm nicht angelastet werden kann, das 7,5-fache der nicht geringen Menge Amphetamin eingeführt zu haben, wenn dieser Berechnung der Wirkstoffgehalt (76 %) des sichergestellten Kokains zugrunde gelegt wird;[32] denn bei der Grenzmenge von 10 g reinem Amphetamin hätte sich die Vorstellung des Angeklagten, das 7,5fache der nicht geringen Menge einzuführen, schon auf fast reines Amphetamin beziehen müssen.

218   Führt der Täter aber eine Rauschgiftmenge ein, die tatsächlich größer ist, als er sie sich vorgestellt hat, so darf die **von seinem Vorsatz nicht umfasste Mehrmenge** dann als tatschulderhöhend gewertet und mithin strafschärfend berücksichtigt werden, wenn ihn insoweit der Vorwurf der Fahrlässigkeit trifft.[33]

---

[26] BGH 6.2.2014 – 3 ARs 7/13, NStZ-RR 2014, 146.
[27] BGH 6.2.2014 – 3 ARs 7/13, NStZ-RR 2014, 146.
[28] BGH 31.7.2013 – 4 StR 223/13, NStZ-RR 2014, 144.
[29] BGH 14.11.1985 – 4 StR 588/85, StV 1986, 342.
[30] BGH 21.12.1995 – 1 StR 697/95; 1.3.2005 – 5 StR 499/04, BeckRS 2005, 02754 = NStZ-RR 2005, 177.
[31] BGH 17.5.1996 – 3 StR 631/95, BGHSt 42, 162 = NJW 1996, 2802.
[32] BGH 23.11.1988 – 3 StR 393/88, BeckRS 1988, 31105260 = NStE Nr. 21 zu § 30.
[33] BGH 20.12.1995 – 2 StR 460/95; 21.4.2004 – 1 StR 522/03, NStZ-RR 2004, 281.

5. Kapitel. Minder schwerer Fall (Abs. 2)

Übersicht

I. Allgemeines

Zur **Bedeutung der Vorschrift**[1] und zur **Strafrahmenbestimmung**[2] wird auf die **219** Erläuterungen zu § 29a verwiesen.

II. Minder schwerer Fall

Zu Prüfungsanlass und -umfang wird auf die Erläuterungen zu § 29a[3] verwiesen.　**220**

III. Prüfungsreihenfolge

Liegt die Annahme eines minderschweren Falles nahe, sind die einzelnen Umstände **221** hierfür festzustellen und in eine wertende Gesamtbetrachtung einzubeziehen.[4]

IV. BtM-spezifische allgemeine Milderungsgründe

Zu den btm-spezifischen allgemeinen Milderungsgründen vgl. die Erläuterungen zu **222** § 29a.[5]

V. Vertypte Milderungsgründe

Vertypte Milderungsgründe zwingen in der Regel zur Prüfung der Frage, ob ein minder **223** schwerer Fall vorliegt,[6] es sei denn, einzelne Ausprägungen der Tat (zB eine extrem große Menge BtM)[7] lassen die Anwendung des Sonderstrafrahmens von vornherein als ausgeschlossen erscheinen. Zu den einzelnen vertypten Milderungsgründen s. die Erläuterungen zu § 29a.[8]

---

[1] → § 29a Rn. 117 ff.
[2] → § 29a Rn. 128 ff.
[3] → § 29a Rn. 129 ff.
[4] → § 29a Rn. 127.
[5] → § 29a Rn. 130 ff.
[6] *Schäfer/Sander/van Gemmeren* Rn. 584.
[7] BGH 21.1.1992 – 1 StR 598/91, NStZ 1992, 321.
[8] → § 29a Rn. 154 ff.

VI. Minder schwere Fälle von Begehungsweisen

224   Den bisher von der Rechtsprechung zu § 30 entschiedenen Fällen lässt sich folgende Tendenz entnehmen:

225   **1. Anbauen, Herstellen von und Handeltreiben mit BtM als Mitglied einer Bande (Abs. 1 Nr. 1).** Die Anwendung des Sonderstrafrahmens[9] kann bei geleisteter Aufklärungshilfe (§ 31) in Betracht kommen, wenn erst durch das umfassende und glaubhafte Geständnis des Angeklagten der Umfang der Tatbeteiligung der Mitangeklagten offengelegt wird und diese daraufhin ihrerseits ihre Tatbeiträge einräumen, so dass das Gericht (erst) auf der Grundlage dieses Geständnisses zu der Überzeugung gelangen kann, dass über den eigenen Tatbeitrag des Angeklagten hinaus die Mitangeklagten als **Mitglieder einer Bande** im Sinne des § 30a tätig geworden sind.[10]

226   **2. Gewerbsmäßiges Abgeben, Verabreichung oder Überlassen zum unmittelbaren Verbrauch an Jugendliche unter achtzehn Jahre (Abs. 1 Nr. 2).** Ein minder schwerer Fall kann nahe liegen, wenn die Gewerbsmäßigkeit des Handelns des Täters im unteren Bereich bleibt und er keine hohen Gewinne erzielt hat.[11] Ebenso wird der Strafschärfungsgrund des gewinnbringenden Verkaufs von Marihuana an Jugendliche in einer Vielzahl von Fällen durch die geringen verkauften Mengen relativiert.[12] Dagegen kann die Wahl des Sonderstrafrahmens nicht damit begründet werden, dass der Verkauf an Minderjährige aus einem an eine nicht geringe Menge heranreichenden BtM-Vorrat nur in geringem Umfang erfolgte.[13]

227   **3. Einführen von BtM in nicht geringer Menge (Abs. 1 Nr. 4).** Seit Einführung der Vorschrift lag es auf der Hand, dass Begehungsweise des Abs. 1 Nr. 4 auch eine Fülle von Fällen erfasst wird, die keinen hohen kriminellen Gehalt haben müssen, wie die Einfuhr von zum Eigenverbrauch bestimmten BtM in nicht besonders großen Mengen. Im Vordergrund der hierzu ergangenen Entscheidungen steht die eingeführte nicht geringe Menge zum **Eigenverbrauch,** ein Umstand, der schon für sich gesehen die Bewertung als minder schwerer Fall[14] rechtfertigen kann. Dies gilt auch, wenn die Menge teilweise der Finanzierung des Eigenkonsums dient.[15] Daneben liegt ein minder schwerer Fall auch nahe, wenn der Täter **Aufklärungshilfe** geleistet hat.[16] Offen gelassen hat der BGH, ob § 31 Nr. 1 bei der Teilnahme an einer polizeilich überwachten Scheinübergabe von BtM an einen bisher nicht bekannten Abnehmer die Vorschrift über die Aufklärungshilfe unmittelbar oder analog anzuwenden ist.[17] Nahe liegt ein minder schwerer Fall auch, wenn die Steuerungsfähigkeit des Täters eingeschränkt war oder ein Fall der Tatprovokation gegeben ist.

228   Bei der Prüfung, ob Abs. 2 zur Anwendung kommt, ist nicht allein darauf abzustellen, ob ein „**typischer Drogenkurierfall**" vorliegt (bei der wegen der eigenhändigen Begehung eine Milderung nach § 27 Abs. 2 nicht in Betracht kommt). Da es sich bei § 30 Abs. 1 Nr. 4 um ein „Kurierdelikt" handelt, kommt den damit verbundenen Umständen (insb. der untergeordneten Stellung als bloß ausführendes Werkzeug sowie der Umstand, dass das sichergestellte Rauschgift den Markt nicht mehr erreicht) keine besondere Bedeutung zu.[18]

---

[9] Allgemein zum minder schweren Fall des Bandenhandels BGH 25.4.2002 – 3 StR 45/02, BeckRS 2002, 04268.

[10] BGH 12.6.1997 – 1 StR 255/97.

[11] BGH 17.9.1997 – 2 StR 390/97; aA KG 15.5.2000 – (3) 1 Ss 76/00 (26/00); BGH 16.10.2013 – 2 StR 312/13, BeckRS 2013, 19848.

[12] BGH 16.10.2013 – 2 StR 312/13, BeckRS 2013, 19848 = StV 2014, 612.

[13] BGH 8.5.2003 – 3 StR 123/03, NStZ 2004, 109 = NStZ 2003, 473 (bei *Detter*).

[14] BGH 3.8.2000 – 4 StR 287/00, BeckRS 2000, 30125348 = StV 2000, 621; BayObLG, B 11.1.1985 – RReg 4 St 305/84, StV 1987, 252.

[15] BGH 20.4.1989 – 2 StR 85/89.

[16] BGH 15.9.2004 – 2 StR 203/04, BeckRS 2004, 10260.

[17] BGH 6.4.2006 – 3 StR 478/05, BeckRS 2006, 05380.

[18] BGH 23.12.1998 – 3 StR 531/98, NStZ 1999, 193; OLG Hamm 20.3.2012 – III-1 RVs 2/12, BeckRS 2013, 01942.

Die Frage, ob der Einzelfall vom Durchschnitt der üblicherweise anzutreffenden Fälle derart abweicht, dass die Anwendung des Normalstrafrahmens unangemessen erscheinen müsste, ist vielmehr am Durchschnitt aller Fälle der Einfuhr von Betäubungsmitteln in nicht geringer Menge zu messen.[19]

Trotz Vorliegen von Milderungsgründen kann sich die Annahme eines minder schweren **229** Falles verbieten, wenn die eingeführte Menge besonders groß ist, innerhalb kürzester Zeit mehrere Einfuhrfahrten unternommen werden oder der Täter bereits wegen unerlaubten Handeltreibens vorbestraft ist.[20] Dies gilt auch, wenn der Angeklagte in eine **eingespielte Organisation** mit bandenähnlicher Struktur eingebunden ist, **professionelles Verhalten** an den Tag legt,[21] das sich in arbeitsteiligen Vorgehen und vorgenommenen Absicherungsmaßnahmen zeigt, oder festzustellen ist, und der Angeklagte innerhalb eines Zeitraums von drei Wochen vier schwere Straftaten begeht.[22] Erlittene U-Haft rechtfertigt keine Strafmilderung und damit alleinstehend erst Recht keine Strafrahmenverschiebung, weil sie nach § 51 Abs. 1 S. 1 StGB ohnehin auf die zu vollstreckende Strafe angerechnet wird.[23] Der Umstand, dass das eingeführte Rauschgift nicht für den deutschen Markt bestimmt war, sondern ins Ausland weitertransportiert und dort veräußert werden sollte, stellt keinen Strafmilderungsgrund dar.[24]

VII. Sperrwirkung der zurücktretenden Tatbestände

Bei **Gesetzeskonkurrenz in Form der Spezialität** entfaltet ebenso wie bei Tateinheit **230** (§ 52 Abs. 2 S. 2 StGB) das zurücktretende Delikt eine Sperrwirkung hinsichtlich der dortigen Mindeststrafe.[25] Bei der **gewerbsmäßigen Abgabe an Minderjährige** entsteht deshalb eine Sperrwirkung durch § 29a Abs. 1 Nr. 1, bei der Einfuhr nicht geringer Mengen, wenn sie unselbständiger Teilakt des Handeltreibens in nicht geringer Menge ist, durch § 29a Abs. 1 Nr. 2. Auf die Sperrwirkung kommt es hingegen nicht an, wenn – was möglich ist – lediglich hinsichtlich des schwereren Delikts ein minder schwerer Fall angenommen wurde. Dann ist **§ 52 Abs. 2 S. 1 StGB** einschlägig, wonach die Strafe nach dem Gesetz bestimmt, dass die schwerste Strafe androht. Hierbei kommt es nicht auf den jeweiligen Regelstrafrahmen der beiden zueinander in Tateinheit stehenden Tatbestände, sondern auf die konkret in Betracht kommenden Strafrahmen unter Berücksichtigung von Ausnahmestrafrahmen wie bei minder oder besonders schweren Fällen an.[26]

1. Entfaltung der Sperrwirkung. Ob die zurücktretende Qualifikationsnorm die **231** Heranziehung des Sonderstrafrahmens des Abs. 2 **tatsächlich sperrt,** hängt davon ab, ob das Gesamtbild von Tat und Täterpersönlichkeit iS der im Zusammenhang mit einem minder schweren Fall erforderlichen umfassenden wertenden Prüfung bezüglich der **dortigen Voraussetzungen** die Annahme eines minder schweren Falles zulässt oder aus-

---

[19] BGH 19.3.2015 – 2 StR 35/15, NStZ-RR 2015, 217 (218).
[20] BGH 6.9.1988 – 1 StR 320/88. Entscheidend dürfte in diesen Fällen sein, dass schlicht erhöhte Darstellungsanforderungen bestehen, wenn einerseits große Mengen eingeführt werden andererseits zahlreiche Aspekte diesen Umstand entkräften. Dementsprechend heißt es etwa in BGH 30.1.2013 – 2 StR 224/12, StV 2013, 703: „Wird im Urteil zugunsten des Angeklagten ausgeführt, er sei geständig gewesen und nicht vorbestraft, seine Handlungen seien polizeilich überwacht, das Rauschgift sichergestellt worden und das Gewicht seiner Handlungen sei ‚am unteren Rand der denkbaren Beihilfehandlungen' einzuordnen und steht dem lediglich entgegen, dass eine erhebliche Menge Heroin eingeführt worden sei, so ist angesichts dieser allgemeinen Milderungsgründe die Anwendung des Strafrahmens eines minderschweren Falles für den Angeklagten sorgfältig zu prüfen"
[21] Vgl. auch OLG Hamm 20.3.2012 – III-1 RVs 2/12, BeckRS 2013, 01942 (professionelles Verstecken der BtM zwischen Stoßstange und Reserveradmulde).
[22] BGH 23.3.2006 – 3 StR 458/05, BeckRS 2006, 05379.
[23] BGH 20.8.2013 – 5 StR 248/13, NStZ-RR 2014, 106; 19.5.2010 – 2 StR 102/10, NStZ 2011, 100; OLG Hamm 20.3.2012 – III-1 RVs 2/12, BeckRS 2013, 01942.
[24] BGH 14.7.2015 – 5 StR 181/15, NStZ-RR 2016, 16 (Ls) = BeckRS 2015, 12754.
[25] Vgl. BGH 17.7.1987 – 2 StR 291/87; 24.4.1951 – 1 StR 101/51, BGHSt 1, 152 (156); 16.8.2000 – 2 StR 159/00, BeckRS 2000 30126873.
[26] 13.3.2014 – 4 StR 483/13, BeckRS 2014, 07298.

schließt.[27] So kann ein minder schwerer Fall nach § 29a anzunehmen sein, wenn BtM an szeneerfahrene Jugendliche **abgegeben** werden oder die Initiative vom Minderjährigen ausgeht.[28] Umstände, die für einen minder schweren Fall der Einfuhr sprechen, können auch einen solchen des Handeltreibens in nicht geringer Menge begründen.[29]

232   **2. Sonderstrafrahmen.** Ist ein minder schwerer Fall nach Abs. 2 zu bejahen, ergeben sich je nach (Nicht-) Entfaltung der Sperrwirkung folgende Strafrahmen: Bei einer Sperr- wirkung durch § 29a Abs. 1 reicht der im Hinblick auf die Sperrwirkung „konsolidierte" Strafrahmen des § 30 Abs. 2 von einem Jahr bis zu fünf Jahren (umstritten ist neuerdings, ob auch hinsichtlich der Strafrahmenobergrenze eine Sperrwirkung anzunehmen ist, vgl. hierzu → § 30a Rn. 232 f.). Liegt auch hinsichtlich des zurücktretenden Qualifikationstat- bestands ein minder schwerer Fall vor, reicht der insoweit „konsolidierte" Sonderstrafrahmen in Ansehung von § 29a Abs. 2 von drei Monaten bis zu fünf Jahren. Allerdings beschwert es einen Angeklagten nicht, wenn sich der Tatrichter mit der Entfaltung der Sperrwirkung durch den zurücktretenden Tatbestand nicht auseinandersetzt.[30]

233   **3. Mindeststrafen.** Infolge der Sperrwirkung zurücktretender Tatbestände bestehen fol- gende Mindeststrafdrohungen (tabellarische Übersicht).

	Sperrwirkung zurücktretender Tatbestände	
	Ohne Sperrwirkung (Zugleich § 29a Abs. 2 verwirklicht)	Mit Sperrwirkung (kein msF nach § 29a Abs. 2)
Minder schwerer Fall des Umgangs mit BtM in **bandenmä- ßiger Begehungsweise**	**3 Monate bis zu fünf Jahren**	**1 Jahr** bis zu 5 Jahren (es sei denn Sperr- wirkung auch hinsichtlich Strafrah- menobergrenze, dann bis 15 Jahre)

VIII. Strafrahmenwahl

234   **1. Meistbegünstigung.** Entscheidend für die Strafrahmenwahl ist es, welcher Strafrah- men sich für den Angeklagten im Ergebnis günstiger auswirkt. Zum Meinungsstand und zu der hier vertretenen Auffassung wird auf die Erläuterung zu § 29a Abs. 2 Bezug genom- men.[31]

235   **2. Gegenüberstellung.** Zur Milderung nach § 49 StGB s. zunächst die Erläuterung zu § 29a Abs. 2.[32]

236   **a) Verhältnis Abs. 2 zu Abs. 1.** Der Sonderstrafrahmen ist im **Verhältnis zum Regel- strafrahmen** (zwei Jahre bis fünfzehn Jahre Freiheitsstrafe) in beiden Fällen der Milderung nach § 49 StGB günstiger, weil er wegen der Herabsetzung der Mindeststrafe bei Taten von nicht allzu großem Gewicht die Verhängung einer Strafe erlaubt, die zur Bewährung ausge- setzt werden kann.[33]

237   **b) Verhältnis § 30 Abs. 2 zu § 30 Abs. 1 iVm § 49 Abs. 1 StGB.** Gegenüber dem – konsolidierten – Sonderstrafrahmen des § 30 Abs. 2 führt eine Milderung nach § 30 Abs. 1 iVm § 49 Abs. 1 StGB zu einem Strafrahmen von sechs Monaten bis 11 Jahre und drei Monate. Infolge der niedrigeren Mindeststrafe und der Begrenzung der Höchststrafe auf

---

[27] BGH 24.11.1982 – 3 StR 384/82, BGHSt 31, 163 = NJW 1983, 692; 13.2.2003 – 3 StR 349/02, NJW 2003, 1679.
[28] BGH 20.1.2000 – 4 StR 400/99, NJW 2000, 1877.
[29] BGH 11.7.1991 – 4 StR 302/91, NStZ 1992, 325.
[30] BGH 13.2.2003 – 3 StR 349/02, NStZ 2003, 440; 28.7.2009 – 3 StR 288/09, BeckRS 2009, 22499 = StRR 2010, 209 (bei *Apfel/Strittmatter*).
[31] → § 29a Rn. 170 ff.
[32] → § 29a Rn. 173 ff.
[33] BGH 18.12.2001 – 1 StR 444/01, NJW 2002, 908.

fünf Jahre erweist sich der **Sonderstrafrahmen des Abs. 2** als der für den Angeklagten **günstigere Straf**rahmen.

c) Verhältnis § 30 Abs. 2 zu § 30 Abs. 1 iVm § 49 Abs. 2 StGB. Gegenüber dem 238 „konsolidierten" Sonderstrafrahmen des § 30 Abs. 2 führt eine Milderung nach § 30 Abs. 1 iVm § 49 Abs. 2 StGB zu einem Strafrahmen von einem Monat § 38 Abs. 2 StGB) bis fünfzehn Jahre Freiheitsstrafe oder Geldstrafe von 5 bis 360 Tagessätze (§ 40 Abs. 2 StGB). Die **Strafmilderung nach § 49 Abs. 2 StGB** ist wegen der Aufrechterhaltung der Strafrahmenobergrenze gegenüber dem Sonderstrafrahmen des § 30 Abs. 2 **ungünstiger,** wegen der Erweiterung der Möglichkeit der Verhängung von Geldstrafe **günstiger.**

IX. Mehrfache Strafrahmenverschiebung

Die mehrfache Strafrahmenverschiebung ist unter Beachtung von § 50 StGB grundsätz- 239 lich zulässig und möglich.[34]

§ 30a Straftaten[1]

(1) Mit Freiheitsstrafe nicht unter fünf Jahren wird bestraft, wer Betäubungsmittel in nicht geringer Menge unerlaubt anbaut, herstellt, mit ihnen Handel treibt, sie ein- oder ausführt (§ 29 Abs. 1 Satz 1 Nr. 1) und dabei als Mitglied einer Bande handelt, die sich zur fortgesetzten Begehung solcher Taten verbunden hat.

(2) Ebenso wird bestraft, wer
1. als Person über 21 Jahre eine Person unter 18 Jahren bestimmt, mit Betäubungsmitteln unerlaubt Handel zu treiben, sie, ohne Handel zu treiben, einzuführen, auszuführen, zu veräußern, abzugeben oder sonst in den Verkehr zu bringen oder eine dieser Handlungen zu fördern, oder
2. mit Betäubungsmitteln in nicht geringer Menge unerlaubt Handel treibt oder sie, ohne Handel zu treiben, einführt, ausführt oder sich verschafft und dabei eine Schußwaffe oder sonstige Gegenstände mit sich führt, die ihrer Art nach zur Verletzung von Personen geeignet und bestimmt sind.

(3) In minder schweren Fällen ist die Strafe Freiheitsstrafe von sechs Monaten bis zu zehn Jahren.

Schrifttum: Zu Abs. 1: *Dessecker,* Zur Konkretisierung des Bandenbegriffs im Strafrecht, NStZ 2009, 184; *Endriß,* Verflixte Bande (Zum Bandenbegriff im Betäubungsmittelstrafrecht), StV 1999, 445; *Schild,* Der strafrechtsdogmatische Begriff der Bande, GA 1982, 55; *Schöch,* Kriminologische Differenzierung bei der Zweierbande – Zugleich eine Besprechung des Urteils des BGH vom 17.10.1995 – 1 StR 462/95, NStZ 1996, 166; *Toepel,* Zur Architektur der Bandendelikte, ZStW 115 (2003), 60.
Zu Abs. 2: *Bleicher,* Verteidigungsstrategien beim Vorwurf des bewaffneten Handeltreibens, Einführens, Ausführens oder Sichverschaffens von Betäubungsmitteln in nicht geringer Menge (§ 30a Abs. 2 Nr. 2 BtMG), StRR 2015, 12; *Fischer,* Waffen, gefährliche und sonstige Werkzeuge nach dem Beschluss des Großen Senats, NStZ 2003, 569; *Leipold/Beukelmann,* Alter schützt vor Torheit nicht: Opa reüssiert als Cannabisbauer, NJW-Spezial 2014, 312; *Nestler,* (Mit-)Täterschaft beim bewaffneten Betäubungsmittelhandel, StV 2002, 504; *Paeffgen,* FS 50 Jahre BGH, Betäubungsmittel-Strafrecht und der Bundesgerichtshof, Festgabe der Wissenschaft, Bd. IV, 695; *Paul,* Zur Rechtsfolge des § 30a Abs. 2 Nr. 2 BtMG – Zugleich Anmerkung zu BGH, NStZ 1997, 344 ff. –, NStZ 1998, 222; *Puppe,* Der objektive Tatbestand der Anstiftung, GA 1984, 101; *Oğlakcıoğlu,* Verbotener Versand und strafbare Ausfuhr von Betäubungsmitteln, medstra 2016, 71; *ders.,* Der Allgemeine Teil des Betäubungsmittelstrafrechts, 2013; *Schallert/Sobota,* Schieflage, die II. – Risiken und Nebenwirkungen des geltenden BtMG, StV 2013, 724; *Schmidt,* Die Entwicklung des Betäubungsmittelstrafrechts bis Mitte 2013, NJW 2013, 2865; *ders.,* Die Entwicklung des Betäubungsmittelstrafrechts bis Mitte 2015, NJW 2015, 3008; *ders.* Die Entwicklung des Betäubungsmittelstrafrechts bis Mitte 2014, NJW 2014, 2995; *Schulz,* Anstiftung oder Beihilfe, JuS 1986, 933; *Soschinka/Heller* Das neue Waffenrecht, NJW 2002, 2690; *Vogel,* Zum Verhältnis der §§ 30 und 30a BtMG – Ein gesetzgeberischer Wertungswiderspruch?, StraFo 1997, 265.

---

[34] → § 29a Rn. 177 ff.
[1] Zu den Änderungen → Vor § 29a Rn. 11.

1. Kapitel. Bandenmäßiges Anbauen, Herstellen, Ein- oder Ausführen von und Handeltreiben mit Betäubungsmitteln in nicht geringer Menge (Abs. 1)

Übersicht

A. Überblick

I. Rechtliche Einordnung

1   Die Vorschrift kumuliert die Strafschärfungsmerkmale des § 30 Abs. 1 Nr. 1 mit demjenigen des § 29a Abs. 1 Nr. 2, erhöht also beim bandenmäßigen Handel mit nicht geringen Mengen nochmals die Mindeststrafe. Sie soll per se besonders gefährlichen, sozialschädlichen Straftaten der organisierten Betäubungsmittelkriminalität entgegenwirken,[1] indem sie die **Verhängung „schuldangemessener Strafen"** (gemeint ist nach dem Zusammenhang: höherer Strafen) ermöglicht. Außerdem bezweckt die hohe Mindeststrafe die Verhinderung der **Wiederholung** solcher Straftaten dadurch, dass Bandenmitglieder für lange Zeit aus dem Verkehr gezogen werden; schließlich soll sie auch in erheblichem Maß **generalpräventiv** wirken. Es lägen Erfahrungen vor, dass BtM-Händler bei ihren Aktivitäten Regionen meiden, in denen sie mit höheren Strafen rechnen müssen.[2]

---

[1] BT-Drs. 12/989, 30.
[2] BT-Drs. 12/989, 30.

1. Deliktsnatur. Die Tathandlungen des Anbauens, Herstellens und Handeltreibens sind 2
(multiple) Tätigkeitsdelikte, während Ein- und Ausführen Erfolgsdelikte sind. Auf die Darstellung bei den Grunddelikten wird verwiesen.

2. Verfassungsmäßigkeit. Hinsichtlich der Verfassungsmäßigkeit der Vorschrift wird 3
auf die Ausführungen bei → Vor § 29a Rn. 32 f. sowie → Vor § 29 Rn. 22 verwiesen. Die
strenge Handhabung der Rechtsprechung im Hinblick auf die vom Tatgericht vorzunehmenden Feststellungen wirkt restriktiv, durch die Reichweite des Tathandlungsbezugspunkts
„Handeltreiben" bleibt die enorme Strafschärfung allerdings problematisch. Außerdem
erfasst die Vorschrift auch Einzelakte des Handeltreibens, was häufiger dazu verleitet, auch
im Rahmen einer bandenmäßigen Einfuhr oder eines Anbaus eine organisationsbezogene
Betrachtungsweise zugrundezulegen, obwohl der „Vertrieb" als übergeordneter Gesamtakt
nicht maßgeblich für die Bewertung sein dürfte, ob die Handlungen bandenmäßig durchgeführt werden (vgl. bereits → Vor § 29a Rn. 23, 26).

II. Kriminalpolitische Bedeutung

In der Praxis kommt dem Tatbestand des Abs. 1 keine besondere Bedeutung zu. Vgl. 4
§ 30 Abs. 1 Nr. 1 → Rn. 7.

In der **PKS** wurden die Bandendelikte der §§ 30 Abs. 1 Nr. 1, 30a zunächst gemeinsam 5
erfasst; inzwischen erfolgt eine getrennte Aufschlüsselung. Auffällig war – nach einem kontinuierlichen Anstieg der Fälle bis zum Jahr 1997 – der plötzliche Abfall im Jahr 1998 (vgl.
dazu die Vorauflage). Nunmehr ist im Jahr 2009 ein signifikanter Anstieg zu verzeichnen.

Straftaten(gruppen)	2004	2005	2006	2007	2008	2011	2013	2014	2015
Rauschgift-delikte BtMG	283.708	276.740	255.019	248.355	239.951	236.478	253.525	276.734	282.604
Allgemeine Verstöße nach § 29 BtMG	200.378	194.444	178.841	171.496	169.386	170.297	189.783	209.514	213.850
Illegaler Anbau, Herstellung und Handel als Mitglied einer Bande (§§ 30 Abs. 1 Nr. 1, 30a BtMG)	353	420	443	464	479	905	711	766	785
Verstöße gegen § 30 Abs. 1 Nr. 1						175	158	137	151	150

Die **Strafverfolgungsstatistik**[3] erfasst entgegen der verbalen Zusammenfassung der Daten- 6
auswahl nicht nur bandenmäßiges Anbauen, Herstellen und Handeltreiben von bzw. mit
BtM bzw. BtM in ngM nach §§ 30 Abs. Abs. 1 Nr. 1 und 30a Abs. 1 gemeinsam in einer
Datenreihe, sondern auch in derselben Datenreihe die Anzahl der Verurteilungen wegen
Bestimmens Minderjähriger zu BtM-Taten (§ 30a Abs. 1 Nr. 1) und wegen bewaffneten
Handeltreibens usw mit BtM in ngM (§ 30a Abs. 2 Nr. 2). Der Anteil der Bandendelikte,
die sich auf Mengen unterhalb der nicht geringen Menge beziehen, an der Gesamtzahl der
so zusammen erhobenen Daten lässt sich nicht abschätzen.

	2010	2011	2012	2013	2014
Straftaten nach dem BtMG insgesamt	44.919	45.250	43.357	43.567	46.118
Verwirklichung der §§ 30, 30a	548	541	678	607	634

III. Rechtsentwicklung

1. Einfluss internationaler Übereinkommen. Die Qualifizierung bandenmäßig orga- 7
nisierter Tätigkeiten kann aus Art. 36 Abs. 1 Übk. 1961 und Art. 22 Abs. 1 Buchst. a
Übk. 1971 sowie Art. 3 Abs. 4 Buchst. a–c Übk. 1988 hergeleitet werden.[4]

---

[3] Statistisches Bundesamt: Strafverfolgungsstatistik Tabelle 3.7 Verurteilte 1982 bis 2009 wegen Rauschgiftkriminalität.
[4] → § 30 Rn. 10.

8   **2. Innerstaatliches Recht.** Zur Entwicklung des innerstaatlichen Rechts wird auf die Ausführungen Vor § 29a verwiesen.

9   **3. Reformüberlegungen.** Für die alte Fassung des Abs. 3 (bis zum 23.4.2009) bestand ein auch von der Rspr.[5] zum Ausdruck gebrachtes Unbehagen über die wenig geglückte Abstufung *("Harmonie")* der Strafrahmen des BtMG im allgemeinen und insbesondere des § 30a Abs. 3 (damals sechs Monate bis zu fünf Jahre) im Verhältnis zu denen des § 30, die eine schuldangemessene Ahndung in Grenzfällen erschwert hatte (vgl. näher 1. Aufl., Rn. 11). Seit der Erweiterung des Strafrahmens des Abs. 3 durch Art. 5 AMGuäÄndG[6] kann diese Kritik als gegenstandslos angesehen werden. Anlass für eine grundlegende Überarbeitung der Qualifikationstatbestände besteht jedoch weiterhin (→ Vor § 29a Rn. 22).

B. Erläuterung

I. Geltungsbereich

10   **1. Inlands-/Auslandstaten.** Inlandstaten unterliegen dem deutschen BtM-Strafrecht unabhängig davon, ob die Tat durch einen Ausländer oder einen Deutschen begangen wurde. Ist die Tat als **Handeltreiben** zu beurteilen, so ist dies als „Vertrieb" iS des § 6 Nr. 5 StGB zu bewerten, mithin gilt das Weltrechtsprinzip. Handelt es sich dagegen um Anbauen, Herstellen, Ein- oder Ausführen ausschließlich zum **Eigenverbrauch,** so gilt das Weltrechtsprinzip nicht. Im Übrigen wird auf die Ausführungen bei → § 30 Rn. 12 ff. verwiesen.

11   **2. Grenzüberschreitende Mehrfachverfolgung und Art. 54 SDÜ.**[7] Zum Begriff „dieselbe Tat" iS von Art. 54 SDÜ und den Auswirkungen, die Verurteilungen oder Aburteilungen in einem Mitgliedsstaat des Schengenraums auf Strafverfolgungsmaßnahmen in anderen Mitgliedsstaaten haben, → Vor § 29 Rn. 166 ff.

II. Objektiver Tatbestand

12   Die Vorschrift stellt das Anbauen, Herstellen, Ein- oder Ausführen von bzw. Handeltreiben mit BtM **in nicht geringer Menge als Mitglied einer Bande** unter besondere Strafe.

13   **1. Bezugnahme auf die Grundtatbestände.** Das Gesetz selbst nimmt ausdrücklich Bezug auf die entsprechenden Grundtatbestände des § 29 Abs. 1 S. 1 Nr. 1 und bringt damit zum Ausdruck, dass die **Tathandlungen** des Anbauens, Herstellens, Handeltreibens und des Ein- oder Ausführens, die **Tatobjekte** „BtM" und das **Tatbestandsmerkmal** „unerlaubt" des § 30a Abs. 1 mit den entsprechenden Begriffen des § 29 Abs. 1 S. 1 Nr. 1 identisch sind. Deshalb kann auf die Darstellung der jeweiligen Grunddelikte bei § 29 Abs. 1 S. 1 Nr. 1 verwiesen werden. Seit Inkrafttreten der 4. BtMÄndV gelten auch für **ausgenommene Zubereitungen** die betäubungsmittelrechtlichen Vorschriften über die Einfuhr, woraus der BGH[8] gefolgert hat, dass grds. auch § 30a Abs. 1 zur Anwendung gelangen kann. Die organisierte Ausfuhr von Betäubungsarzneimitteln in nicht geringen Mengen (insb. Benzodiazepinen) kann damit zu einer Strafrahmenuntergrenze von fünf Jahren führen. Da der Versand von BtM ins Ausland apotheken- und arzneimittelrechtlich noch nicht erlaubt ist,

---

[5] BGH 13.2.2003 – 3 StR 349/02, NJW 2003, 1679.
[6] Gesetz zur Änderung arzneimittelrechtlicher und anderer Vorschriften (AMGuaÄndG) vom 17.7.2009, BGBl. I S. 1990.
[7] Übereinkommen zur Durchführung des Übereinkommens von Schengen vom 14.6.1985 vom 19.6.1990, BGBl. II S. 1010, für Deutschland in Kraft getreten am 1.9.1993 (Bek. v. 20.4.1994, BGBl. II S. 631); abgedruckt bei *Weber* unter B.4; Erläuterungen bei *Schomburg/Lagodny/Gleß/Hackner* unter IV.
[8] BGH 2.10.2010 – 1 StR 581/09, BGHSt 56, 52 = NJW 2011, 1462 m. abl. Anm. *Kotz* NStZ 2011, 463; die ua auf Verletzung von Art. 103 Abs. 2 GG gestützte Verfassungsbeschwerde hat das BVerfG 28.3.2012 – 2 BvR 367/11 ua – ohne Begründung – nicht zur Entscheidung angenommen.

ändert hieran das Vorliegen von (medizinisch mehr oder weniger indizierten) Verschreibungen und eine Apothekenbetriebserlaubnis nichts.[9] Die Ausstrahlungswirkung der Rückausnahme auf die Straftatbestände ist jedoch keineswegs zwingend und verfassungsrechtlich bedenklich (→ § 2 Rn. 29, → § 29 Rn. 775). Zudem muss in jedem Einzelfall überprüft werden, ob tatsächlich bandenmäßiges Ausführen bejaht werden kann (was bei einem „organisierten Versand" unter Einschaltung von Logistikunternehmen nicht selbstverständlich ist, vgl. bereits → § 29 Rn. 777).[10]

2. Qualifizierungsmerkmale „nicht geringe Menge" und „Bande". Zu den **14** genannten Grundtatbeständen müssen kumulativ die Qualifizierungsmerkmale der „nicht geringen Menge" und der „Bande" hinzukommen.

a) Nicht geringe Menge. Das BtMG enthält keine unterschiedlichen Begriffe der nicht **15** geringen Menge;[11] der in § 30a Abs. 1 verwendete Begriff ist daher mit dem in § 29a Abs. 1 Nr. 2[12] (und in § 30a Abs. 2 Nr. 2) identisch. Hinsichtlich der wechselseitigen Zurechnung können die Grundsätze zum Handeltreiben nicht auf den Anbau übertragen werden. Vielmehr ist auch bei der Anbaugemeinschaft – ähnlich wie beim Besitz und Erwerb – darauf abzustellen, ob die Beteiligten nur eine gebundene Verfügungsgewalt über einen Teil der Ernte innehatten.[13]

b) Bande. Die Vorschriften des BtMG verwenden einen einheitlichen Begriff der Bande. **16** Auch der Begriff der Bande wird einheitlich verwendet,[14] so dass auch insoweit zwischen § 30a Abs. 1 und § 30 Abs. 1 Nr. 1[15] Begriffsidentität besteht. Die Bandenabrede muss sich auch auf den Umgang mit der nicht geringen Menge beziehen.[16] Zur Tatbestandsverwirklichung reicht es daher nicht, wenn Bandenabrede und nicht geringe Menge zufällig zusammentreffen: das besonders qualifizierte Verbrechen erfüllt nur, wer sich mit anderen zur fortgesetzten Begehung „solcher" Taten verbunden hat.[17]

III. Subjektiver Tatbestand

Bandenmäßiges Anbauen, Herstellen, Ein- und Ausführen von bzw. Handeltreiben mit **17** BtM in nicht geringen Mengen ist jeweils nur in **vorsätzlicher** Begehungsweise strafbar; bedingter Vorsatz genügt. Ist in Bezug auf eines der Tatbestandsmerkmale lediglich Fahrlässigkeit gegeben, so ist auf die fahrlässige Verwirklichung des Grundtatbestands nach § 29 Abs. 4 zurückzugehen.

1. Vorsatz. Zu den einzelnen Elementen des Vorsatzes[18] und zur Abgrenzung von **18** bedingtem Vorsatz und bewusster Fahrlässigkeit[19] wird auf die Erläuterungen Vor § 29 verwiesen. Der Vorsatz muss sich über die Tatbestandsmerkmale der Grunddelikte hinaus insbesondere auch auf die Qualifizierungsmerkmale der **Bande,** also vor allem auf den Zusammenschluss mit mindestens zwei anderen Personen und den Bandenzweck (sog Bandenwillen)[20] erstrecken, ferner auf die der **nicht geringen Menge**[21] sowie auf den bandenmäßigen Umgangs gerade mit BtM in nicht geringer Menge beziehen, wobei auch insoweit jeweils bedingter Vorsatz genügt.

---

[9] OVG Nordrhein-Westfalen 29.12.2014 – 13 A 1203/14.
[10] *Oğlakcıoğlu* medstra 2016, 71 (75 ff.).
[11] BGH 18.7.1984 – 3 StR 183/84, BGHSt 33, 6 = NJW 1985, 1404 = StV 1984, 466 mAnm *Endriß.*
[12] → Vor § 29 Rn. 214 ff., → § 29a Rn. 68.
[13] *Schallert/Sobota* StV 2013, 724 (728).
[14] Vgl. BGH 12.6.2001 – 4 StR 67/01, BeckRS 2001, 30185746; 25.6.2002 – 4 StR 186/02, BeckRS 2002, 30267742.
[15] → § 30 Rn. 24 ff.; *Endriß* StV 1999, 445.
[16] HJLW/*Winkler* Rn. 2.2.
[17] Vgl. HJLW/*Winkler* Rn. 2.2.
[18] → Vor § 29 Rn. 55.
[19] → Vor § 29 Rn. 61.
[20] → § 30 Rn. 62.
[21] → § 29a Rn. 72 ff.

19   **2. Irrtumskonstellationen.** Zu den möglichen Irrtumskonstellationen in Bezug auf Art und Eigenschaft des BtM,[22] im Zusammenhang mit dem Begriff der Bande,[23] zur nicht geringen Menge[24] sowie hinsichtlich der Erlaubnis[25] wird auf die vorstehenden Erläuterungen, wegen möglicher Irrtumsfragen zu den Tathandlungen auf die Darstellung bei den jeweiligen Grunddelikten verwiesen.

IV. Täterschaft und Teilnahme

20   Die Mitgliedschaft in einer Bande als solche begründet noch keine Mittäterschaft.[26] Die Abgrenzung zwischen (Mit-)Täterschaft und Teilnahme erfolgt vielmehr auch bei den Tathandlungen des § 30a Abs. 1 nach den allgemeinen Grundsätzen des Strafrechts über die Abgrenzung zwischen diesen Beteiligungsformen. Auf die Erläuterungen zu Täterschaft und Teilnahme bei den Grunddelikten, die auch hier gelten, wird verwiesen. Insbesondere wird auf die Zusammenstellung der möglichen Konstellationen einer Beteiligung an einer Bandentat hingewiesen.[27] Auch hier entfaltet die neuere Rspr. des BGH zur Abgrenzung von Mittäterschaft und Beihilfe beim Handeltreiben mit Betäubungsmitteln ihre Wirkung (vgl. dazu § 29 Abs. S. 1 Nr. 1 Handeltreiben → § 29 Rn. 390 ff.): Wer keinen Einfluss auf die Größe der Handelsmenge hat und wer in den geplanten Absatz des Btm nicht eingebunden ist und auch nicht anteilig am Verkaufserlös partizipiert, sondern lediglich eine pauschale Entlohnung für seine Tätigkeit erhalten soll, ist danach als Gehilfe zu beurteilen.[28] Dementsprechend kommt einer Tätigkeit, die sich im bloßen Transport von Btm erschöpft, in der Regel keine täterschaftliche Gestaltungsmöglichkeit zu; auch bei faktischen Handlungsspielräumen hinsichtlich der Art und Weise des Transports wird sie zumeist nur eine untergeordnete Hilfstätigkeit darstellen und deshalb als Beihilfe zu werten sein.[29]

21   Da die **Bandenmitgliedschaft besonderes persönliches Merkmal**[30] im Sinne des § 28 Abs. 2 StGB ist, können Tatbeteiligte, die nicht selbst Bandenmitglieder sind, nur wegen der Beteiligung am Grunddelikt bestraft werden.[31] Zur ausgeschlossenen Doppelmilderung bei fehlender Täterqualität und zur Mittäterzurechnung der Bandentaten[32] wird auf die Darstellung bei § 30 Abs. 1 nur 1 verwiesen.

V. Deliktsverwirklichungsstufen

22   **1. Versuch und straflose Vorbereitung. a) Strafbarkeit des Versuchs.** Die Versuchsstrafbarkeit für die Tathandlungen des § 30 Abs. 1 ergibt sich aus § 23 Abs. 1 StGB. Die Abgrenzung zwischen Vorbereitungs- und Versuchshandlungen folgt allgemeinen Grundsätzen des Strafrechts. Auf die diesbezügliche Darstellung der Grunddelikte wird zunächst verwiesen.

23   **b) Straflose Vorbereitungshandlungen.** Wegen der möglichen Strafbarkeit von Vorbereitungshandlungen unter dem Gesichtspunkt des **§ 30 StGB**[33] wird auf die Darstellung bei § 30 Abs. 1 Nr. 1 Bezug genommen. Wer einen für Drogenschmuggelfahrten besonders

---

[22]   → Vor § 29 Rn. 77 ff.

[23]   → § 30 Rn. 68 ff.

[24]   → § 29a Rn. 72 ff.

[25]   → Vor § 29 Rn. 90.

[26]   BGH 17.1.2002 – 3 StR 450/01, BeckRS 2002, 30232690 zum Bandendiebstahl; 14.2.2002 – 4 StR 281/01, NStZ 2002, 375.

[27]   → § 30 Rn. 67 f.

[28]   BGH 7.10.2010 – 3 StR 363/10, BeckRS 2010, 27620 = FD-StrafR 2010, 311368 mAnm *Smok*.

[29]   BGH 1.11.2011 – 3 StR 355/11, NStZ 2012, 518.

[30]   → § 30 Rn. 66.

[31]   BGH 9.8.2000 – 3 StR 339/99, BGHSt 46, 120 (128) = NJW 2000, 3364 = StV 2000, 675; 15.1.2002 – 4 StR 499/01, BGHSt 47, 214 (216) = NJW 2002, 1662 = StV 2002, 191 = wistra 2002, 183 (zu § 244 I Nr. 2 StGB); 8.3.2006 – 2 StR 609/05, BeckRS 2006, 04828; 19.7.2006 – 2 StR 162/06, NJW 2007, 1221; 4.12.2007 – 5 StR 404/07, NStZ 2008, 354 = StV 2008, 123; 24.1.2008 – 5 StR 253/07, NStZ 2008, 575.

[32]   → § 30 Rn. 70 f.

[33]   → § 30 Rn. 74.

geeigneten Pkw erwirbt, ihn auf einen Drogen- und Geldkurier zulässt und ihn dann in die Türkei überführt, hat die Versuchsschwelle noch nicht überschritten, solange noch kein konkretes Geschäft „angebahnt" ist oder „läuft". Die Aktivitäten aller an dem Erwerb und der Herrichtung des Fahrzeugs Beteiligten liegen insoweit allein auf der Ebene der Vorbereitungshandlungen.[34] Selbst eine Strafbarkeit nach § 30 Abs. 2 StGB ist fraglich, da die Beschaffung und Überführung des Pkw einen deutlich untergeordneten Betrag darstellt, der rechtlich als Beihilfe zu einem Verbrechen zu werten ist – und dies ist nicht nach § 30 Abs. 2 StGB strafbar.[35]

c) Versuchshandlungen. Die Strafbarkeit beginnt erst mit dem Beginn des Versuchs 24 der Verwirklichung der Grunddelikte. Auf die Darstellungen bei den Grundtatbeständen des Anbauens, Herstellens, Handeltreibens, Einführens sowie Ausführens wird dementsprechend verwiesen. Werden die erschwerenden Umstände (Bande, nicht geringe Menge) erst begonnen, nachdem beim Grundtatbestand (etwa bei der Einfuhr) die Versuchsschwelle schon überschritten ist, so beginnt der Versuch des qualifizierten Delikts erst mit dem unmittelbaren Ansetzen zur Erfüllung des letzten Qualifikationsmerkmals.

2. Vollendung und Beendigung. Für Fragen der Vollendung und Beendigung gelten 25 die Grundsätze, die für die Grunddelikte maßgeblich sind. Auf die dortigen Darstellungen wird verwiesen. Löst sich die Bande auf, während das Grunddelikt noch andauert, so ändert dies an der Erfüllung des Tatbestands nichts (mehr). Die geringere Gefährlichkeit kann dann im Rahmen der Strafzumessung berücksichtigt werden.[36]

VI. Konkurrenzen

1. BtM-Straftaten. a) Begehungsweisen des Abs. 1 untereinander. Das Zusam- 26 mentreffen mehrerer Tatbestandsvarianten des Abs. 1 wird in aller Regel von der Rechtsfigur der **Bewertungseinheit** bestimmt. Zum Begriff wird auf die Erläuterungen zum Handeltreiben[37] und die Ausführungen zu § 29a Abs. 1 Nr. 1[38] verwiesen. In den Fällen des § 30a verbindet der Bandenhandel die im Rahmen ein und desselben Güterumsatzes aufeinanderfolgenden Teilakte vom Erwerb bis zur Veräußerung, insbesondere also auch den Teilakt der unerlaubten Einfuhr, zu einer einzigen Tat im Sinne einer Bewertungseinheit.[39] (Das gilt auch, wenn im Rahmen des Bandenhandels Beihilfe zur Einfuhr geleistet wird.[40]) Eine einheitliche Tat des Bandenhandels ist immer dann anzunehmen, wenn ein und derselbe Güterumsatz Gegenstand der strafrechtlichen Bewertung ist. Die innerhalb dieses Rahmens aufeinanderfolgenden Teilakte sind nicht etwa eine mehrfache Verwirklichung desselben Tatbestandes, deren Verhältnis zueinander erst noch bestimmt werden müsste. Vielmehr werden sie schon vom gesetzlichen Tatbestand selbst in dem pauschalierenden, verschiedenartige Tätigkeiten zusammenfassenden Begriff des Bandenhandels mit BtM zu einer Bewertungseinheit verbunden.[41] Das gilt insbesondere auch für die bandenmäßige Einfuhr nach Abs. 1, der neben dem Bandenhandel des Abs. 1 keine selbständige rechtliche Bedeutung zukommt[42] (Bandenmäßige Einfuhr von Betäubungsmitteln in nicht geringer Menge steht

[34] BGH 30.1.2001 – 1 StR 423/00, NJW 2001, 1289 = StV 2001, 459.
[35] BGH 27.1.1982 – 3 StR 437/81, NStZ 1982, 244.
[36] *Weber* § 30 Rn. 81.
[37] → § 29 Rn. 477 ff.
[38] → § 29a Rn. 93 ff.
[39] BGH 13.7.1994 – 3 StR 138/94, NJW 1994, 3020 = StV 1994, 659; 3.2.1998 – 4 StR 631/97, BeckRS 1998, 31360349; 23.6.2006 – 2 StR 147/06, BeckRS 2006, 08887; 1.7.2009 – 2 StR 194/09, BeckRS 2009, 21125.
[40] BGH 11.3.2003 – 1 StR 50/03, BeckRS 2003, 03534; 1.7.2009 – 2 StR 194/09, BeckRS 2009, 21125.
[41] Vgl. BGH 13.7.1994 – 3 StR 138/94, NJW 1994, 3020; 7.10.2003 – 1 StR 385/03, BeckRS 2003, 09865.
[42] BGH 3.2.1998 – 4 StR 631/97, NStZ-RR 1999, 219; 23.6.2006 – 2 StR 147/06, BeckRS 2006, 08887; 24.10.2007 – 2 StR 232/07, BeckRS 2007, 18507; 14.4.2010 – 2 StR 70/10, NStZ-RR 2010, 216; 21.12.2010 – 2 StR 610/10, BeckRS 2011, 03026.

zum bandenmäßigen Handeltreiben mit Betäubungsmitteln in nicht geringer Menge im Verhältnis der Gesetzeskonkurrenz und tritt zurück.[43] Zum Verhältnis von Bandenanbau bzw. Bandenherstellen zum Bandenhandel bzw. von Bandenanbau zum Bandenherstellen wird auf die Ausführungen zu § 30 Abs. 1 Nr. 1[44] Bezug genommen.

27   **b) Begehungsweisen des Abs. 1 und Verbrechen des Missbrauchs Minderjähriger.** Zum Verhältnis des Bandenhandels mit BtM in nicht geringer Menge mit der Bestimmung von Minderjährigen zur Absatzförderung (Abs. 2 Nr. 1) wird auf die dortigen Ausführungen Bezug genommen.[45] Verhältnis des **Bandenhandels mit nicht geringen Mengen** zur **Abgabe** (§ 29a Abs. 1 Nr. 1) bzw. zur **gewerbsmäßigen Abgabe an Minderjährige** (§ 30 Abs. 1 Nr. 2): Bandenmäßiges Handeltreiben des § 30a Abs. 1 steht im Falle der – gewerbsmäßigen – Abgabe an Minderjährige in Tateinheit mit dem Tatbestand des § 29a Abs. 1 Nr. 1,[46] da das unerlaubte Abgeben von BtM an Minderjährige ein besonderes Unrecht beinhaltet, das über den Bandenhandel hinausgeht und wegen des zusätzlichen Gewichts der Gefährdung der Volksgesundheit und der leicht verführbaren Minderjährigen gesondert unter Strafe gestellt ist.[47]

28   **c) Beihilfe zum Bandenhandel in nicht geringer Menge und täterschaftliche bandenmäßige Einfuhr.** Der täterschaftlichen bandenmäßigen Einfuhr von BtM kommt neben Beihilfe zum Bandenhandel ein eigener Unrechtsgehalt zu, so dass idR Tateinheit vorliegt.[48]

29   **d) Begehungsweisen des § 30a Abs. 1 und Verbrechenstatbestände des § 29a Abs. 1 Nr. 2, des § 30 Abs. 1 Nr. 1 und des § 30 Abs. 1 Nr. 4.** Die inhaltsgleichen Tatbestandsvariante der Verbrechenstatbestände des § 29a Abs. 1 Nr. 2 (Handeltreiben usw mit nicht geringen Mengen), des § 30 Abs. 1 Nr. 1 (bandenmäßiges Handeltreiben usw) und des § 30 Abs. 1 Nr. 4 (Einführen nicht geringer Mengen) werden durch die Qualifikationstatbestände des § 30a Abs. 1 verdrängt, die ihnen gegenüber lex specialis sind.

30   **e) Begehungsweisen des § 30a Abs. 1 und Grundtatbestände des § 29 Abs. 1 S. 1 Nr. 1.** Die Verbrechenstatbestände des § 30a Abs. 1 verdrängen als Qualifikationen ihre **Grundtatbestände** des Anbauens, Herstellens, Handeltreibens oder Ein- oder Ausführens nach § 29 Abs. 1 S. 1 Nr. 1 (leges speciales); dies gilt auch, wenn die Voraussetzungen eines Regelbeispiels nach § 29 Abs. 3 vorliegen.[49] Die Tatsache, dass der Täter das Regelbeispiel eines besonders schweren Falles verwirklicht hat, behält jedoch für die Bemessung der Strafe innerhalb des in dem Qualifikationstatbestand vorgesehenen Strafrahmens Bedeutung.[50]

31   **2. Straftatbestände anderer Rechtsgebiete.** Für das Zusammentreffen mit Straftaten aus anderen Rechtsgebieten gelten die allgemeinen Konkurrenzregeln: Fällt eine Handlung, die sich als eine der Tatbestandsvarianten des Abs. 1 darstellt, mit der Ausführungshandlung eines anderen Tatbestands zusammen, so liegt Tateinheit vor. Insoweit wird auf die Ausführungen zu § 30 Abs. 1 Nr. 1[51] Bezug genommen.

VII. Strafklageverbrauch

32   **1. Verurteilung wegen BtM-Tatbeständen.** Zu den Begriffen der prozessualen Tat und Tatidentität vgl. zunächst die Ausführungen bei → § 29 Rn. 552 f. Eine Verurteilung

---

[43] BGH 19.11.1997 – 2 StR 359/97, BeckRS 1997, 31357265; 22.2.2000 – 5 StR 1/00, BeckRS 2000, 30097333; 4.4.2006 – 3 StR 47/06, BeckRS 2006, 05440.

[44] → § 30 Rn. 76.

[45] → 30a Rn. 90.

[46] Vgl. BGH 13.7.1994 – 3 StR 138/94, NJW 1994, 3020.

[47] Vgl. BGH 13.7.1994 – 3 StR 138/94, NJW 1994, 3020 und 6.10.1995 – 3 StR 346/95, NJW 1996, 469.

[48] BGH 11.3.2003 – 1 StR 50/03, NStZ-RR 2003, 186.

[49] → § 29 Rn. 1648.

[50] Vgl. BGH 14.12.1995 – 1 StR 613/95; 21.12.1995 – 1 StR 697/95, StV 1996, 267.

[51] → § 30 Rn. 80.

wegen eines Delikts nach § 30a Abs. 1 hindert eine Anklageerhebung oder eine erneute Verurteilung zB wegen Handeltreibens mit BtM in nicht geringer Menge, wenn es um dieselbe Handelsmenge geht. Ist ein Angeklagter vom Vorwurf des Handeltreibens mit Betäubungsmitteln **freigesprochen** worden, ergreift der Strafklageverbrauch weitere Teil-lieferungen, die alle aus einer ursprünglichen Rauschgiftmenge stammen.[52]

2. Verurteilung wegen allg. Tatbestände. Eine Verurteilung wegen eines Delikts nach 33 dem StGB hinderte bei Tatidentität eine Anklageerhebung oder eine Verurteilung wegen des Delikts des Abs. 1. Die Aburteilung wegen einer **Trunkenheitsfahrt,** die eigens dem Transport der Drogen dient (also zB den Zweck verfolgt, sie an einen sicheren Ort zu bringen), verbraucht nicht nur die Strafklage für den Betäubungsmittelbesitz, sondern auch für die damit tateinheitlich verbundenen Delikte[53] (zB bewaffnetes Sichverschaffen von Betäubungsmitteln in nicht geringer Menge sowie die Abgabe eines – den Grenzwert der nicht geringen Menge nicht erreichenden – Teils dieser Betäubungsmittel). Allerdings besteht zwischen diesen Delikten dann keine verfahrensrechtliche Identität, wenn das Mit-sichführen der Betäubungsmittel in keinem inneren Beziehungs- bzw. Bedingungszusam-menhang mit dem Fahrvorgang steht.[54]

VIII. Rechtsfolgen

a) Strafzumessung. Der (Normal-) Strafrahmen reicht von fünf Jahren Mindeststrafe 34 bis zu 15 Jahren Freiheitsstrafe (§ 38 Abs. 2 StGB), für **minder schwere Fälle** (Abs. 3) von sechs Monaten bis zu zehn Jahren. Ursprünglich war für den minder schweren Fall des § 30a Absatz 3 Freiheitsstrafe von sechs Monaten bis zu fünf Jahren vorgesehen; der Strafrah-men wurde durch Art. 5 AMGuäÄndG[55] mit Wirkung vom 23.7.2009 im Höchstmaß auf zehn Jahre erweitert (→ Vor § 29a Rn. 11). Für Taten mit Tatzeiten vor dem 23.4.2009, die als minder schwere Fälle zu bewerten sind, ist die damals geltende Strafrahmenobergrenze von lediglich fünf Jahren zugrunde zu legen.[56] Zu den Voraussetzungen für die Annahme eines minder schweren Falles wird auf die Ausführungen zu Abs. 3 verwiesen. Zur Strafzu-messung im engeren Sinn wird auf die Darstellung bei § 29 Abs. 1 Nr. 1[57] und § 30 Abs. 1 Nr. 1[58] verwiesen.

b) Fehlerhafte Strafzumessungserwägungen. Die Bandenmitgliedschaft darf nicht 35 strafschärfend herangezogen werden (§ 46 Abs. 3 StGB). Die Erwägung, dass sich ein Täter mit den anderen Bandenmitgliedern nicht aus persönlichen Gründen, sondern „nur zur Erlangung des wirtschaftlichen Ziels des Verkaufs von Drogen" zusammengeschlossen habe, verstößt gegen das Doppelverwertungsverbot; denn mit dem Straftatbestand des Bandenhan-dels mit Betäubungsmitteln in nicht geringer Menge ist eine solche Intention wegen der für das Handeltreiben vorausgesetzten Eigennützigkeit jedenfalls bei täterschaftlicher Bege-hungsweise notwendig verknüpft.[59]

Bei der Ausfuhr von BtM darf die Instrumentalisierung eines Versandunternehmens (als 36 eine typische Begehungsweise beim Handeltreiben) ebenso wenig strafschärfend bewertet werden, wie die Umstellung auf das Unternehmen der Deutschen Post, weil diese dem Angeklagten sogenannte Trackingnummern zur Verfügung stellen, wodurch Kundenrück-fragen (nach dem Verbleib der Ware) besser bearbeitet werden können. Im Gegenteil wird

---

[52]   BGH 17.4.1996 – 5 StR 147/95, StV 1996, 650.
[53]   BGH 5.3.2009 – 3 StR 566/08, NStZ 2009, 705 = StV 2010, 119.
[54]   BGH 27.4.2004 – 1 StR 466/03, NStZ 2004, 694 (694) mAnm *Bohnen* = StV 2005, 256, 695.
[55]   Gesetz zur Änderung arzneimittelrechtlicher und anderer Vorschriften (AMGuaÄndG) vom 17.7.2009, BGBl. I S. 1990.
[56]   Vgl. BGH 18.5.2010 – 3 StR 140/10, BeckRS 2010, 15788; 21.12.2010 – 2 StR 610/10, BeckRS 2011, 03026.
[57]   → § 29 Rn. 583 ff.
[58]   → § 30 Rn. 86.
[59]   BGH 15.4.2010 – 3 StR 89/10, NStZ-RR 2010, 253.

auf diese Weise die Rekonstruktion der Tat erleichtert, während sich das Handlungsunrecht (in Form einer erhöhten kriminellen Energie) nicht merklich erhöht.[60]

37 c) Strafmaßbeispiele.

	LG Leipzig:[61]
22 kg Haschisch, 2,3 kg Kokaingemisch u. 0,5 kg Kokainstein	6 J
3,5 kg Haschisch u. 0,5 kg Kokaingemisch	5 J
90 kg Haschisch, 3,2 kg Kokaingemisch u. 0,5 kg Kokainstein	7 J 3 M
65 kg Haschisch u. 12 kg Kokaingemisch	6 J 6 M
	Gesamtstrafe: 8 J 6 M
Bandenmäßigkeit gegeben, Vertriebsstruktur aufgebaut, konspiratives Vorgehen	**BGH:** außerordentlich milde Gesamtstrafe; dennoch unbeanstandet, weil Kokaingemisch nur 12,1% Wirkstoff
	LG Berlin:[62]
13 kg hochwertiges Kokain	7 J 6 M
30 g Heroingemisch (30% Wirkstoff)	**LG Augsburg:**[63]
Angekl. A: Aufbau einer regionalen Struktur	Angekl. A: 5 J 9 M
Angekl. B: Straßenvertrieb, abhängig, Notstandsgesichtspunkte	Angekl. B: msF, 3 J 9 M
Bandenhandel mit 150 g Heroingemisch (10% Wirkstoff) u. 100 g Kokaingemisch (50% Wirkstoff)	**LG Augsburg:**[64] 5 J
Bandenhandel mit 500 g Heroingemisch (10% Wirkstoff)	6 J 6 M
Bandenhandel mit 800 g Heroingemisch (10% Wirkstoff) u. 200 g Kokaingemisch (50% Wirkstoff)	7 J
Handeltreiben mit 2 kg Heroingemisch (100 g Wirkstoff)	1 J 6 M
20 x Verbrauchsüberlassung von Marihuana an Mj., je 1 Joint	20 × 6 M (msF)
	Gesamtstrafe: 9 J 6 M
	LG Leipzig:[65]
22 kg Haschisch, 2,3 kg Kokaingemisch sowie 0,5 kg Kokainstein	6 J
3,5 kg Haschisch nebst 0,5 kg Kokaingemisch	5 J 9 M
90 kg Haschisch, 3,2 kg Kokaingemisch und 0,5 kg Kokainstein	7 J 3 M
65 kg Haschisch und 12 kg Kokaingemisch	6 J 6 M
Transport von 2,5 kg Kokain mittlerer Qualität von Warschau nach Deutschland, Beihilfe zum unerlaubten Ht mit Btm in ngM	**LG Koblenz:**[66] 5 J **BGH:** Schuldumfang zu hoch, richtig wären 2.430 g, aber Strafe jedenfalls angemessen.
	LG Essen:[67]
1. Anmietung einer Lagerhalle zur Umverpackung einer Schiffsladung mit 3 t Haschisch und Gründung einer Im- und Exportfirma zur Verbringung der Umverpackungen nach Großbritannien. 2. Beteiligung am Transport einer Haschischlieferung von mindestens 950 kg von Spanien nach Portugal durch zwei Fahrten mit 300 kg bzw 350 kg Haschisch 3. Transport eines mit einer nicht festgestellten Menge Haschisch beladenen Kleintransporter innerhalb von Portugal	Verurteilung in allen Fällen wegen gemeinschaftlichen bandenmäßigen unerlaubten Handeltreibens mit Betäubungsmitteln in nicht geringer Menge zu einer Gesamtfreiheitsstrafe von sechs Jahren (Einzelstrafen: 1.5 J 3 M, 2.5 J 1 M und 3.5 J 2 M) und Wertersatzverfall in Höhe von 13.613,40 Euro (vereinnahmtes Entgelt) **BGH:** Täterschaft nur im 1. Fall, sonst Beihilfe; die Strafen sind zwar niedrig, sie entfernen sich aber noch nicht nach unten von ihrer Bestimmung, gerechter Schuldausgleich zu sein, sondern liegen noch innerhalb des Beurteilungsrahmens, der dem Tatrichter eingeräumt ist.

---

[60] BGH 15.5.2013 – 1 StR 476/12, NStZ-RR 2013, 279.
[61] BGH 1.3.2005 – 5 StR 499/04.
[62] BGH 3.2.2005 – 5 StR 476/04, BeckRS 2005, 01895.
[63] LG Augsburg 22.6.2005 – 1 KLs 105 Js 121 280/04.
[64] LG Augsburg 13.7.2005 – 1 KLs 105 Js 126 549/04.
[65] BGH 1.3.2005 – 5 StR 499/04.
[66] BGH 19.7.2006 – 2 StR 162/06, NJW 2007, 2056 = NStZ 2007, 101.
[67] BGH 14.12.2006 – 4 StR 421/06, NStZ-RR 2007, 121.

Vorbereitung und Organisation einer Schmuggelfahrt, bei der von Polen aus mit einem Pkw 18 kg Heroin mit einem Wirkstoffanteil von über 11 kg nach Spanien transportiert werden sollte, Kontrolle und Festnahme in Deutschland

LG Dortmund:[68]
Verurteilung wegen bandenmäßiger Einfuhr von Betäubungsmitteln in nicht geringer Menge zu 12 J
BGH: Bandenmäßigkeit nicht belegt, darum Aufhebung, unerfindlich, warum nicht auch wegen Handeltreibens verurteilt

36 x mindestens 3 kg Marihuana
1 x 3 kg Marihuana, Festnahme vor Übergabe

LG Mannheim:[69]
36 x 5 J 6 M
1 x 5 J
Verfallserklärung, Einziehung
BGH: Fehlerhafte Annahme einer Bande

Erfolgreiche Vermittlung eines Lieferanten im Ausland; Mitwirkung bei der Übergabe und der Bezahlung von 5.000 Ecstacy-Tabletten (Wirkstoffgehalt 250 g MDMA Base)

LG Potsdam:[70]
Verurteilung wegen Beihilfe zum bandenmäßigen Ht mit Betäubungsmitteln in ngM: 2 J 9 M
BGH: Verurteilung wegen täterschaftlichen Handeltreibens mit Betäubungsmittel in nicht geringer Menge, Strafe muss neu festgesetzt werden.

Deponierung von 90 Kügelchen Heroingemisch (Wirkstoffgehalt: 2,089 g HHCl) in einem Park zur späteren Abholung zum Verkauf; sowie Übergabe einer Tüte mit 1.138 Heroinkügelchen (362,1 g Heroingemisch, Wirkstoffgehalt: 49,47 g HHCl) zum Verkauf

LG Berlin:[71]
Verurteilung wegen bandenmäßigen Handeltreibens mit Betäubungsmitteln in nicht geringer Menge in zwei Fällen zur Gesamtfreiheitsstrafe von 7 J 3 M (Einzelfreiheitsstrafen: 5 J 6 M und 6 J 6 M)
BGH: die sehr deutliche Überschreitung der erheblichen Mindeststrafe des § 30a Abs. 1 BtMG steht bereits an der Grenze des gerade noch Hinnehmbaren

53 x Entgegennahme, Portionierung und Weitergabe von 100 Gramm Kokain und Heroin von eher schlechter Qualität (das Heroingemisch enthielt etwa acht Gramm Heroinhydrochlorid und das Kokaingemisch etwa zwei Gramm Kokainhydrochlorid) als Bandenmitglied

LG Berlin:[72]
53 x 3 J, Gesamtstrafe: 4 J 10 M, Verfall von 5.000 Euro
BGH: sehr milde bemessene Gesamtstrafe

3 kg Kokain mit nicht mitgeteiltem Wirkstoff

LG Neuruppin:[73]
Bandenmäßigkeit: 8 J

1 kg Kokain als Bandenmitglied aus den NL beschafft

LG Hamburg:[74]
Verurteilung wegen bandenmäßigen Handeltreibens mit Betäubungsmitteln, 7 Jahre

Als Bandenmitglied 1 kg Kokain von Amsterdam über die Bundesrepublik Deutschland zu den Abnehmern nach Basel transportiert, sowie 24.000 Schweizer Franken (Teil des Kaufgeldes) von Basel nach Amsterdam transportiert

LG Oldenburg:[75]
5 J (= Mindeststrafe)
BGH: Wirkstoffgehalt nicht ermittelt, Strafe wahrscheinlich zu niedrig

Bandenmäßiges Handeltreiben mit insgesamt 13 kg Marihuana (Wirkstoffgehalt: wenigstens 9,59 Prozent, also gut 1,2 kg THC) und 100 g Kokain (Wirkstoffgehalt: wenigstens 81 Prozent, also wenigstens 90 g KHCl)

LG Berlin:[76] 6 J

---

[68] BGH 6.2.2007 – 4 StR 612/06, NJW 2007, 2056 = NStZ 2007, 533 = NStZ-RR 2007, 153.
[69] BGH 8.5.2007 – 1 StR 203/07, BeckRS 2007, 10120.
[70] BGH 4.12.2007 – 5 StR 404/07, NStZ 2008, 354.
[71] BGH 9.1.2008 – 5 StR 508/07, NStZ-RR 2008, 153.
[72] BGH 9.1.2008 – 5 StR 387/07, BeckRS 2008, 01443.
[73] BGH 22.1.2008 – 5 StR 253/07, BeckRS 2008, 02715.
[74] BGH 7.5.2008 – 5 StR 634/07, BeckRS 2008, 10232.
[75] BGH 10.9.2009 – 3 StR 293/09, BeckRS 2009, 27067 = StRR 2010, 172 (*Apfel/Strittmatter*).
[76] BGH 15.9.2009 – 5 StR 335/09, BeckRS 2009, 26258 = StRR 2010, 213 (*Apfel/Strittmatter*).

38   **d) Absehen von Strafe bzw. von Strafverfolgung.** Absehen von der Strafverfolgung durch die Staatsanwaltschaft gemäß § 31a Abs. 1 S. 1 bzw. Absehen von einer Bestrafung durch das Gericht gem. § 29 Abs. 5 ist nicht möglich, weil § 30a in § 29 Abs. 5 bzw. in § 31a Abs. 1 nicht in Bezug genommen wird. Eine Einstellung nach §§ 153, 153a StPO ist beim Verbrechenstatbestand des § 30a Abs. 1 nicht möglich.

39   **e) Einziehung und Verfall; Entziehung der Fahrerlaubnis; Sicherungsverwahrung.** Zu Einziehung und Verfall siehe unten die Erläuterung zu § 33, insb. → § 33 Rn. 6–7. Die Anordnung des erweiterten Verfalls (§§ 33 Abs. 1 Nr. 2 BtMG aF, 73d StGB aF) war möglich. Zur Entziehung der Fahrerlaubnis → § 29 Rn. 122. Das Delikt ist Anlasstat für die Anordnung von Sicherungsverwahrung.[77]

2. Kapitel. Bestimmen einer Person unter 18 Jahren zum Handeltreiben mit bzw. Ein- oder Ausführen, Veräußern, Abgeben oder sonstigen Inverkehrbringen von BtM oder einer diesbezüglichen Förderung durch eine Person über 21 Jahre (Abs. 2 Nr. 1)

Übersicht

---

[77] § 66 Abs. 1 Nr. 1b StGB.

A. Überblick

I. Rechtliche Einordnung

40 Durch den Tatbestand des Bestimmens zu den angeführten Begehungsweisen wird die Teilnahmehandlung der Anstiftung zur Haupttat, so dass der Anstifter nicht gleich dem Täter des Delikts, zu dem dieser angestiftet wurde (§ 26 StGB), sondern unabhängig von der für dieses Delikt angedrohten Strafe direkt aus dem Verbrechenstatbestand bestraft wird. Dies gilt selbst dann, wenn der Angestiftete lediglich geringe Mengen BtM einführt oder abgibt, ja sogar, wenn die Einfuhr zum Eigenverbrauch des Angestifteten (§ 29 Abs. 5) erfolgt.[1] Soweit der Täter den Minderjährigen zu einer „Förderung" bestimmt, handelt es sich aus dem Blickwinkel der Allgemeinen Verbrechenslehre um eine zur Haupttat hochgestufte Anstiftung zur Beihilfe (!), vgl. noch → Rn. 51 ff.

41 Die Vorschrift soll der Verleitung von Kindern und Jugendlichen zur Begehung von BtM-Delikten entgegenwirken.[2] Die angebliche Erfahrung[3] oder die angebliche Erkenntnis[4] indessen, dass Drogenhändler „immer häufiger Minderjährige, nicht selten sogar Kinder" zur Abwicklung ihrer Drogengeschäfte missbrauchen, findet in den statistischen Daten keinen Beleg. Immerhin mag dies für die erhebliche generalpräventive Wirkung der Vorschrift sprechen.[5] Nach der gesetzgeberischen Begründung soll die Strafschärfung des Abs. 2 Nr. 1 die **Verhängung schuldangemessener Strafen** (gemeint ist nach dem Zusammenhang: höherer Strafen) im Einzelfall ermöglichen, die **Wiederholung** solcher Straftaten verhindern, indem die Täter für lange Zeit Freiheitsstrafe verbüßen, in erheblichem Maß **generalpräventiv** wirken.[6]

42 **1. Deliktsnatur.** Beim Bestimmen eines Minderjährigen zu einer in Abs. 2 Nr. 1 genannten Begehungsweisen handelt es sich um ein Erfolgsdelikt, was sich aus der materiellen Übereinstimmung mit der Anstiftung des § 26 StGB ergibt.

43 **2. Verfassungsmäßigkeit.** Die Strafvorschrift ist mit dem Grundgesetz vereinbar. Der Schutz von Minderjährigen vor ihrer Benutzung zu Drogengeschäften ist ein ausreichender **legitimierender Grund** für die Einführung der Strafnorm. Die Fassung der Vorschrift genügt den Anforderungen des **Art. 103 Abs. 2 GG;** das gilt sowohl für die Bestimmtheit der Haupttaten des Minderjährigen (vgl. insoweit die Erläuterungen zu den in Bezug genommenen Tathandlungen des § 29 Abs. 1 S. 1 Nr. 1) als auch für die Bestimmtheit der Einwirkungstathandlung des Erwachsenen in der Auslegung des Bedeutungsgehalt durch den BGH.[7]

II. Kriminalpolitische Bedeutung

44 In der Praxis kommt dem Tatbestand des Abs. 2 Nr. 1 eine nur geringe Bedeutung zu. In der **PKS** wird das Bestimmen einer Person unter 18 Jahren zu einem der in Abs. 2

---

[1] HJLW/*Winkler* Rn. 3.2.
[2] BT-Drs. 12/6853, 41.
[3] KPV/*Patzak* Rn. 26.
[4] *Weber* Rn. 44.
[5] Vgl. BT-Drs. 12/6853, 41.
[6] BT-Drs. 12/6853, 41.
[7] BGH 20.1.2000 – 4 StR 400/99, BGHSt 45, 373 = NJW 2000, 1877 = StV 2000, 260; 17.8.2000 – 4 StR 233/00, NStZ 2001, 41; 30.1.2001 – 4 StR 557/00, StV 2001, 46.

Nr. 1 genannten BtM-Delikt nicht erfasst. In der **Strafverfolgungsstatistik** des Statistisches Bundesamtes Tabelle 3.7 Verurteilte 1982 bis 2009 wegen Rauschgiftkriminalität werden die Delikte des Abs. 2 Nr. 1 ebenfalls nicht erfasst.

III. Rechtsentwicklung

45   **1. Einfluss internationaler Abkommen.** Ausdrücklich ist in der Stellungnahme der Bundesregierung zu dem Gesetzentwurf des Bundesrates zur vorliegenden Vorschrift darauf hingewiesen worden, dass damit Art. 3 Abs. 5 Buchst. e (richtig: f) Übk. 1988 entsprochen werde.[8] Außerdem erfüllt sie die mit Art. 3 Abs. 1 Buchst. c Ziffer iv Übk. 1988 übernommene Verpflichtung zum Erlass von Strafvorschriften über die Anstiftung in Bezug auf die Begehung einer BtM-Straftat.

46   **2. Innerstaatliches Recht.** Zur Entwicklung des innerstaatlichen Rechts wird auf die Ausführungen Vor § 29a[9] verwiesen.

47   **3. Reformüberlegungen.** Die Fassung des Gesetzes schöpft die Intentionen seiner Urheber nicht aus. Nicht erfasst sind die Handlungsmodalitäten des Anbaus, der Herstellung, des Erwerbs oder der übrigen Tatbestände in § 29 Abs. 1 S. 1. Eine Begründung für diese Beschränkung ist nicht erkennbar und aus den Materialien nicht ersichtlich.[10] In der Vorauflage wurde daher für eine Ausweitung des Tatbestands auf jegliche Verstrickung des Jugendlichen in die BtM-Kriminalität plädiert. Auch ein Entwurf des Landes Baden-Württemberg im Bundesrat zielte auf die Anstiftung von Kindern zu jeder beliebigen BtM-Straftat.[11] Es macht jedoch einen Unterschied, ob der Täter den Jugendlichen in den BtM-Handel „einschleust" oder ihn als „Werkzeug" für seine eigenen Konsumgewohnheiten missbraucht. Die derzeitige Ausgestaltung, einerseits nur auf den Konsum gerichtete Abgabemodalitäten, andererseits die Einbeziehung des Jugendlichen in den BtM-Handel zu erfassen, kann dennoch nicht überzeugen. Jegliche Verstrickung müsste als besonderes Strafschärfungsmerkmal berücksichtigt werden, um der besonderen Stellung des Jugendschutzes gerecht zu werden. Dies gilt zumindest im System de lege lata, der im Ansatz das Verbot nicht ausschließlich auf Jugendliche bezieht. Derartige Reformüberlegungen sind aber nicht im Rahmen einer Erweiterung des insgesamt missglückten und verzichtbaren § 30a anzustellen, sondern bei einer Neukonzeption der §§ 29a ff. zu berücksichtigen (bereits → Vor § 29a Rn. 28).

B. Erläuterung

I. Geltungsbereich

48   **1. Inlands-/Auslandstaten.** Inlandstaten unterliegen dem deutschen BtM-Strafrecht unabhängig davon, ob die Tat durch einen Ausländer oder einen Deutschen begangen wurde. Selbstverständlich handelt es sich um eine Inlandstat, wenn im Inland sowohl das Bestimmen als auch die dadurch beeinflusste Tat stattfand. Um eine Inlandstat handelt es sich auch, wenn das **Bestimmen im Inland** erfolgt, während der Taterfolg im Ausland eintritt. Soll durch die Tat, zu der **im Ausland bestimmt** wurde, der Erfolg in Deutschland eintreten (zB Einschmuggeln von BtM), liegt gem. § 9 Abs. 1, Abs. 2 StGB eine Inlandstat vor.

49   Bei reinen Auslandstaten ohne Inlandsbezug ist zu unterscheiden: Stellt sich die Haupttat als Veräußerung oder als Handeltreiben dar, greift das Weltrechtsprinzip (§ 6 Nr. 5 StGB)[12]

---

[8] BT-Drs. 12/989, 55.
[9] → Vor § 29a Rn. 11 ff.
[10] Vgl. – auch zum Folgenden – HJLW/*Winkler* Rn. 3.3.
[11] Vgl. BR-Drs. 65/92, 3, 9.
[12] → Vor § 29 Rn. 122.

ein mit der Folge, dass deutsches Strafrecht unabhängig vom Recht des Tatorts zur Anwendung kommt. Handelt es sich bei der Haupttat dagegen um die Begehungsweisen des Einführens (in jenen anderen Staat), des Ausführens (von jenem anderen Staat in einen anderen Staat als die Bundesrepublik Deutschland), des Abgebens oder des sonstigen Inverkehrbringens, gilt das Weltrechtsprinzip nicht. Dann kommt es darauf an, ob die Tathandlung nach dem Recht des Tatorts strafbar ist (§ 7 Abs. 2 StGB). Ist dies der Fall, reicht es zur Anwendbarkeit deutschen Strafrechts aus, wenn die Haupttat (unter irgendeinem rechtlichen Gesichtspunkt) am Tatort strafbar ist. Trifft ein Tatbestand des Tatortrechts auf das Täterverhalten zu, so führt dies zur umfassenden Geltung aller Vorschriften des deutschen Strafrechts und damit auch der Vorschrift des Abs. 2 Nr. 1. Folglich kommt es nur auf die Strafbarkeit der BtM-Tat am Tatort schlechthin, nicht auf ihre rechtliche Einordnung im Einzelnen an.[13] Zum **Tatortrecht** in anderen europäischen Staaten wird auf die Darstellung bei den Grunddelikten des Ein- oder Ausführens, des Abgebens oder des sonstigen Inverkehrbringens verwiesen. Beachte: eine konkrete Strafschärfung des Bestimmens von Minderjährigen zu BtM-Straftaten ist in anderen Rechtsordnungen keine Selbstverständlichkeit.

2. Grenzüberschreitende Mehrfachverfolgung und Art. 54 SDÜ.[14] Zum Begriff **50** „dieselbe Tat" iS von Art. 54 SDÜ und den Auswirkungen, die Verurteilungen oder Aburteilungen in einem Mitgliedsstaat des Schengenraums auf Strafverfolgungsmaßnahmen in anderen Mitgliedsstaaten haben, → Vor § 29 Rn. 166 ff.

II. Objektiver Tatbestand

Die Vorschrift stellt das Bestimmen einer Person unter 18 Jahren durch eine Person über **51** 21 Jahre zum Handeltreiben mit BtM sowie zur Ein- oder Ausfuhr, zum Veräußern, zum Abgeben, zum sonstigen Inverkehrbringen von BtM oder zur Förderung einer dieser Begehungsweisen unter besondere Strafe.

1. Inkriminierter Taterfolg. Zu den Begehungsweisen nach § 29 Abs. 1 S. 1, zu denen **52** der Minderjährige bestimmt wird **(„Bestimmungstaten"),** kann auf die diesbezüglichen Erläuterungen verwiesen werden. Von der **Förderung einer dieser Handlungen** ist auszugehen, wenn sich der Tatbeitrag des Minderjährigen rechtlich gesehen als Beihilfehandlung darstellt.[15] Erfolgte beispielsweise die Übergabe des BtM durch den Kurier nicht unmittelbar an den Dealer, sondern auf der Grundlage genauer Anweisungen des Dealers auf einem Parkplatz an dessen in alles eingeweihten elf Jahre alten Sohn, der das Heroin in die elterliche Wohnung brachte, wurde das Kind von seinem Vater iS von Abs. 2 Nr. 1 zur Förderung des Handeltreibens bestimmt.[16]

2. Bestimmen. a) Begriff. Unter „Bestimmen" im Sinne des Abs. 2 Nr. 1 ist nach den **53** allgemeinen, zu § 26 StGB entwickelten Grundsätzen die **zielgerichtete Einflussnahme auf den Willen eines anderen** zu verstehen, die diesen zu dem im Gesetz beschriebenen Verhalten veranlasst,[17] zu dem er sich ohne die Beeinflussung nicht entschlossen hätte.[18] Mit dieser Definition hat sich der BGH unter den verschiedenen für die Auslegung des „Bestimmens" entwickelten Modellen – Herbeiführen einer zur Tat reizenden Sachlage,[19]

---

[13] BGH 12.9.1996 – 4 StR 173/96, NStZ 1997, 89 = StV 1996, 664.

[14] Übereinkommen zur Durchführung des Übereinkommens von Schengen vom 14.6.1985 vom 19.6.1990, BGBl. II S. 1010, für Deutschland in Kraft getreten am 1.9.1993 (Bek. v. 20.4.1994, BGBl. II S. 631); abgedruckt bei *Weber* unter B.4; Erläuterungen bei *Schomburg/Lagodny/Gleß/Hackner* unter IV.

[15] So auch *Franke/Wienroeder* Rn. 7.

[16] BGH 25.2.1999 (und nicht 22.2., wie bei BeckRS 1999 30047786 angegeben) – 1 StR 32/99, NJW 1999, 1726 = StV 1999, 436.

[17] BGH 20.1.2000 – 4 StR 400/99, BGHSt 45, 373 = NJW 2000, 1877; 17.8.2000 – 4 StR 233/00, NStZ 2001, 41; 30.1.2001 – 4 StR 557/00, StV 2001, 46.

[18] BGH 8.1.1985 – 1 StR 686/84, NJW 1985, 924.

[19] Lackner/Kühl/*Kühl* StGB § 26 Rn. 2.

eine Planherrschaft des Anstifters,[20] die kommunikative Beeinflussung des Täters,[21] unmittelbares aufforderndes Einwirken auf den Willen des Täters[22] oder einen Unrechtspakt[23] – für das **Handeln des Täters im Rahmen eines kommunikativen Prozesses** als ausschlaggebendes Kriterium und gleichzeitig gegen die weitere Auslegung des Begriffs entschieden. Damit gelten für den Begriff „Bestimmen" in § 30a Abs. 2 Nr. 1 **die allgemeinen, zu § 26 StGB entwickelten Grundsätze.** Somit ist es unerheblich, in welcher Form und durch welches Mittel die Einflussnahme auf den Willen des anderen erfolgt. Die Willensbeeinflussung muss auch nicht die alleinige Ursache für das Verhalten des anderen sein, vielmehr genügt bloße Mitursächlichkeit.[24]

54   **b) Kein Bestimmen durch bloßes Überlassen.** Das „Bestimmen" setzt nach diesen Grundsätzen einen kommunikativen Akt voraus, der zu dem Betäubungsmittelhandel durch den Minderjährigen führt. Nicht ausreichend ist es daher, wenn der Täter dem Minderjährigen durch das Überlassen von Rauschgift lediglich die Möglichkeit hierzu eröffnet, ohne Einfluss der Angeklagten auf eine entsprechende Willensbildung des Minderjährigen genommen zu haben.[25]

55   **c) Handlungsweisen.** In welcher Form und durch welches Mittel die Einflussnahme erfolgt, ist gleichgültig.[26] In Betracht kommen Drohung, Einräumen besonders günstiger Verkaufskonditionen,[27] Einsatz eines persönlichen Vertrauensverhältnisses,[28] Erteilung von Ratschlägen.[29] Geldversprechen,[30] Geldherzeigen,[31] Inaussichtstellen von Vorteilen, Operationalisierung von Ansehen und Ehre, scheinbares Abraten von der Tat, wobei der Täter weiß, dass der zu Bestimmende gerade dadurch zur Tat gebracht wird,[32] Täuschung oder Überredung und Ratserteilung.[33] Das **bloße Überlassen** von BtM an Minderjährige (ohne weitergehende Einflussnahme zB durch Anweisungen oder Ratschläge), das diesen nur die faktische Möglichkeit zum unerlaubten Handeltreiben verschafft, stellt noch kein Bestimmen iS des Abs. 2 Nr. 1 dar.[34]

56   **3. Bestimmungstat des Minderjährigen. a) Handeltreiben, Ein- und Ausfuhr, Veräußern, Abgeben oder sonst in den Verkehr bringen.** Die Tat des Minderjährigen, zu der ihn der Täter des Abs. 2 Nr. 1 bestimmt, muss den **objektiven und subjektiven** (wichtig zB für die Gewinnerzielungsabsicht beim Handeltreiben) **Tatbestand** des Handeltreibens, der Einfuhr, Ausfuhr, Veräußerung, Abgabe oder des Inverkehrbringens erfüllen. Im Unterschied zu § 26 StGB, der die Bestimmung des Haupttäters zu einer vorsätzlich begangenen Haupttat verlangt, reicht zur Verwirklichung des § 30a Abs. 2 Nr. 1 auch eine **fahrlässige Bestimmungstat** (soweit eine solche nach § 29 Abs. 4 strafbedroht ist) aus.[35] Dies ergibt sich einerseits aus dem Wortlaut der Vorschrift, der keine Beschränkung auf vorsätzliche Begehungsweisen vornimmt, und andererseits aus ihrem Schutzzweck, der gerade auch leicht zu täuschende Kinder einbezieht. In der BtM-Delinquenz werden die

[20] *Schulz* JuS 1986, 933 ff. (937 ff.).
[21] → StGB § 26 Rn. 10 ff.; *Jescheck/Weigend* § 64 II 1; Schönke/Schröder/*Cramer/Heine* StGB § 26 Rn. 4; *Fischer* StGB § 26 Rn. 3.
[22] LK-StGB/*Roxin* StGB § 26 Rn. 4; *Wessels/Beulke* Rn. 568.
[23] *Puppe* GA 1984, 101 (122); SK-StGB/*Hoyer* StGB § 26 Rn. 12.
[24] BGH 23.5.2007 – 2 StR 569/06, NStZ 2008, 42.
[25] BGH 5.8.2008 – 3 StR 224/08, NStZ 2009, 393 = StV 2009, 360.
[26] BGH 20.1.2000 – 4 StR 400/99, BGHSt 45, 373 = NJW 2000, 1877 = StV 2000, 260.
[27] BGH 13.7.1994 – 3 StR 138/94, NJW 1994, 3020.
[28] HJLW/*Winkler* Rn. 3.2.
[29] *Weber* Rn. 78; aA – eine im Rahmen des Vertretbaren erteilt „reine" Rechtsauskunft ist nicht tatbestandsmäßig – Lackner/Kühl/*Kühl* StGB § 26 Rn. 2.
[30] KPV/*Patzak* Rn. 33.
[31] BGH 23.5.2007 – 2 StR 569/06, NStZ 2008, 42.
[32] HJLW/*Winkler* Rn. 3.2.
[33] *Weber* Rn. 51.
[34] BGH 20.1.2000 – 4 StR 400/99, BGHSt 45, 373 = NJW 2000, 1877 = StV 2000, 260.
[35] So auch Erbs/Kohlhaas/*Pelchen/Bruns* Rn. 5; HJLW/*Winkler* Rn. 3.3; zweifelnd *Weber* Rn. 62.

praktisch vorkommenden Fälle zumeist mit Wissensmängeln des Minderjährigen (untergeschobene präparierte Koffer, vorgegaukelte Unbedenklichkeit einer Substanz oÄ) und überlegenem Wissen des Bestimmenden einhergehen, so dass sich immer auch die Frage der mittelbaren Täterschaft des Bestimmenden stellt (→ Rn. 94). Gerade in diesem Zusammenhang wäre ein Rückgriff auf eine allgemeinere Einflusshandlung – wie etwa das „Verleiten" – die kriminalpolitisch zweckmäßigere Tathandlung.

b) Fördern derartiger Taten. Problematisch wird es hingegen in der Variante des **57** Förderns, da man in diesem Fall den „Bestimmten" von der Bezugstat trennt, als das Fördern wiederum nur eine „Beihilfehandlung" darstellt; ob diese Förderung lediglich fahrlässig erfolgen kann, erscheint zweifelhaft. Zwar ist der Wortlaut unergiebig, da es sich beim Fördern um ein Tatbestandsmerkmal aus der Perspektive des „Anstiftenden" handelt und damit lediglich der Täter wissen muss, dass die Handlung des Bestimmten die Bezugstat fördert. Der Dritte Senat hat indessen auf die ratio legis abstellend festgelegt, dass sich der Minderjährige zumindest selbst in den „Bereich des Strafbaren" begeben muss (und eine fahrlässige Beihilfe zu vorsätzlichen/fahrlässigen BtM-Taten ist gerade nicht strafbar). Somit geht er zutreffend davon aus, dass der Minderjährige zumindest in den Fällen des Förderns bedingten Vorsatz hinsichtlich der Bezugstat aufweisen muss.[36]

c) (Keine) Vollendung der Bestimmungstat. Die Bestimmungstat muss **nicht voll- 58 endet** sein, da es nach Abs. 2 Nr. 1 bereits ausreicht, wenn der Minderjährige eine dieser Handlungen **fördert,** also lediglich zur Tatbestandsverwirklichung ansetzt bzw. die Voraussetzungen einer Beihilfehandlung erfüllt. Der Bestimmende verwirklicht den Tatbestand daher auch dann, wenn er den Minderjährigen zu solchen Handlungen veranlasst, die sich als bloße Unterstützung des Handeltreibens usw anderer Personen (aber auch des Bestimmenden selbst) darstellen. Dies kann insbesondere beim Handeltreiben zu einer Erleichterung des Tatnachweises führen, da die Abgrenzung zwischen Täterschaft und Teilnahme im Einzelfall – und speziell bei Kindern – Schwierigkeiten bereiten dürfte.[37] **Beispielsfall:** Wird eine Minderjährige als Botin beim HT eingesetzt, so liegt kein Bestimmen zum Inverkehrbringen vor, weil die Mj. keine eigene Verfügungsgewalt über das BtM hatte, sondern lediglich den Gewahrsamswechsel auf die Abnehmer bewirkte. Der Täter beeinflusst die Mj. In einem solchen Fall jedoch, sein unerlaubtes Handeltreiben mit Betäubungsmitteln zu fördern (die Überlegung zugrundegelegt, dass nunmehr derartige Läufertätigkeiten a priori als Beihilfehandlungen zum HT bewertet werden). Der Tatbestand des **Bestimmens zur Förderung des Handeltreibens** ist damit erfüllt.[38]

4. Strafbarkeit des Minderjährigen. Da nach § 29 StGB ist jeder Beteiligte ohne **59** Rücksicht auf die Schuld des anderen nach seiner Schuld zu bestrafen ist, bleibt ohne Belang, ob die Tat, die der Minderjährige begeht, für diesen strafbar ist. Abs. 2 Nr. 1 erklärt jedes Bestimmen einer Person unter 18 Jahren, mithin auch eines strafunmündigen Kindes,[39] für tatbestandsmäßig. Auch die Bestimmung eines **schuldunfähigen** oder gutgläubigen Jugendlichen fällt daher unter den Tatbestand.[40] Etwas anderes gilt nur für die Variante des Förderns (hier verbleibt es bei einer Instrumentalisierung des Jugendlichen bei der Strafbarkeit wegen der Bezugstat als mittelbarer Täter, während Abs. 2 Nr. 2 entfällt).

5. Kausalität. Die Willensbeeinflussung muss kausal für die Bestimmungstat des Minder- **60** jährigen, braucht allerdings nicht die alleinige Ursache für dessen Willensbildung zu sein, vielmehr genügt bloße Mitursächlichkeit.[41]

---

[36] BGH 7.8.2014 – 3 StR 17/14, NStZ 2015, 347; zust. KPV/*Patzak* Rn. 41.
[37] Vgl. *Franke/Wienroeder* Rn. 7; HJLW/*Winkler* Rn. 3.3.
[38] BGH 17.10.2006 – 3 StR 381/06, BeckRS 2006, 13379; 22.12.2011 – 4 StR 581/11, BeckRS 2012, 03860 = StV 2012, 289.
[39] BGH 25.2.1999 – 1 StR 32/99, NJW 1999, 1726.
[40] HJLW/*Winkler* Rn. 3.2.
[41] BGH 20.1.2000 – 4 StR 400/99, BGHSt 45, 373 = NJW 2000, 1877 = NJW 2000, 1877 = StV 2000, 260 unter Berufung auf BGH 7.9.1993 – 1 StR 325/93, NStZ 1994, 29 (30); 17.8.2000 – 4 StR 233/00, NStZ 2001, 41.

61   **a) Omnimodo facturus.** Ist der Minderjährige zu einer konkreten Tat bereits fest entschlossen, kann er nicht mehr zu ihr „bestimmt" werden; daher scheidet sowohl Anstiftung (§ 26 StGB) wie auch ein Bestimmen im Sinne des Abs. 2 Nr. 1 aus.[42] Möglicherweise ist dann eine Bestrafung wegen (psychischer) Beihilfe[43] oder wegen versuchter Anstiftung in Betracht zu ziehen. Hat der Minderjährige aber bereits einen konkreten Abnehmer, der ihn mit der Beschaffung von BtM beauftragt hat, und tritt dann der Minderjährige an der Erwachsenen heran, um diese BtM bei ihm zu kaufen, so ist der Verkäufer nicht gem. Abs. 2 Nr. 1 und nicht wegen Teilnahme an der Tat des Minderjährigen strafbar (keine Einwirkung auf die Willensbildung des Minderjährigen), sondern ausschließlich wegen Abgabe von BtM an Minderjährige in Tateinheit mit Handeltreiben.[44]

62   **Kein Fall des omnimodo facturus** liegt vor, wenn der Minderjährige zwar **allgemein** zu derartigen Taten bereit war, dann aber durch den Erwachsenen zu der Mitwirkung an einer **konkreten** Tat veranlasst wurde.[45] **Ein solcher Fall liegt ist gegeben,** wenn die Initiative zwar vom Minderjährigen ausgeht und er von sich aus die Bereitschaft erklärt, für den Erwachsenen BtM zu verkaufen, zur konkreten Tat aber erst dadurch veranlasst wird, dass ihm der Erwachsenen das BtM mit der Anweisung übergibt, dieses zu bestimmten Bedingungen zu verkaufen.[46] Auch in einem weiteren Fall wurde **Mitursächlichkeit** der Einflussnahme durch den Erwachsenen angenommen: Dabei ging die Initiative zu dem ersten Veräußerungsgeschäft von den Minderjährigen aus, die hierzu „bereits fest entschlossen" waren und einen festen Abnehmerkreis hatten. Die Bestimmung der Minderjährigen jedenfalls zur ersten konkreten Tat des unerlaubten Handeltreibens sah der BGH[47] in der Übergabe des BtM mit der Anweisung, dieses zu **konkreten Bedingungen** – etwa zu einem bestimmten Preis und für Rechnung des Täters – zu verkaufen. In einem solchen Fall „benutze" der Täter einen Minderjährigen zum BtM-Verkehr auch dann, wenn dieser hierzu von vornherein (allgemein) bereit sei und die Bereitschaft dem Täter gegenüber auch aufgezeigt habe. Dies gelte allerdings nicht ohne weiteres hinsichtlich weiterer, zu denselben Bedingungen abgewickelter Folgegeschäfte, weil dann möglicherweise nicht erneut auf den Willen des Minderjährigen Einfluss genommen werde. In einem **dritten Fall** hat der BGH bei einem Angekl., der einem allgemein zum Verkauf von Haschisch bereiten Mj. ein Bündel Geldscheine gezeigt und gesagt hatte, soviel Geld könne er auch verdienen, wenn er für ihn Haschisch verkaufe (was dann auch geschah), ausgeführt, dass die allgemeine Tatbereitschaft des Mj. noch nicht auf ein bestimmtes Geschäft konkretisiert war, was erst durch die Einflussnahme des Angekl. geschah. Da die Willensbeeinflussung nicht die alleinige Ursache für das Verhalten des anderen sein müsse, sondern bloße Mitursächlichkeit genüge, sei vollendetes und nicht lediglich versuchtes Bestimmen gegeben.[48]

63   **b) Modifizierung des Tatplans des Minderjährigen durch Einflussnahme des Erwachsenen.** Nimmt der Täter des Abs. 2 Nr. 1 Einfluss auf einen schon zu einem BtM-Delikt entschlossenen Minderjährigen und verändert er dadurch dessen Pläne iS einer Modifizierung der Bestimmungstat, können folgende Konstellationen auftreten:[49] die durchgeführte Tat kann hinter der zunächst geplanten zurückbleiben („Abstiftung" oder hier „Herabstimmen"), darüber hinausgehen („Aufstiftung" oder hier „Hinaufstimmen") oder eine ganz andere Qualität erreichen („Umstiftung" oder hier „Umstimmen").

64   **aa) Umstiftung.** Bewirkt der Bestimmende, dass der zu einem BtM-Delikt entschlossene Minderjährige eine **andere Tat** begeht, so liegt ein „Bestimmen" vor. Entscheidend

---

[42] BGH 20.1.2000 – 4 StR 400/99, BGHSt 45, 373 = NJW 2000, 1877 = StV 2000, 260 unter Berufung ua auf BGH 8.8.1995 – 1 StR 377/95, NStZ-RR 1996, 1.
[43] BGH 8.8.1995 – 1 StR 377/95, NStZ-RR 1996, 1.
[44] LG Augsburg 12.9.2005 – 1 KLs 302 Js 1 454 554/4.
[45] BGH 7.9.1993 – 1 StR 325/93, NStZ 1994, 29.
[46] BGH 20.1.2000 – 4 StR 400/99, BGHSt 45, 373 = NJW 2000, 1877 = StV 2000, 260.
[47] BGH 17.8.2000 – 4 StR 233/00, NStZ 2001, 41; zweifelnd dazu *Franke/Wienroeder* Rn. 7.
[48] BGH 23.5.2007 – 2 StR 569/06, NStZ 2008, 42.
[49] → StGB § 26 Rn. 28 ff.

ist, dass es nicht zu einem Mehr oder Weniger gegenüber der ursprünglichen Planung kommt, sondern zu einem aliud (**Beispiel:** ursprünglicher Tatentschluss zur Einfuhr von BtM zum Eigenverbrauch; Umstimmung zu einer Einfuhr von BtM zum Zwecke des Handeltreibens). Bei einer **Veränderung der Tatmodalitäten** (Tatzeit, Tatort, Preis) liegt kein Bestimmen vor, allerdings kommt regelmäßig Beihilfe in Betracht.[50]

bb) Abstiftung. Veranlasst der Bestimmende den Minderjährigen, seinen Tatplan dahingehend zu modifizieren, dass gegenüber demselben Opfer eine **leichtere Begehungsform** verwirklicht wird (**Beispiel:** Handeltreiben mit einer Normalmenge anstatt mit einer nicht geringen Menge) scheidet „Bestimmen" aus. In Betracht kommt dann aber regelmäßig (psychische) Beihilfe zur leichteren Begehungsform (mit der Möglichkeit einer Rechtfertigung durch § 34).[51] Bewirkt der Täter des Abs. 2 Nr. 1, dass die Tat gegenüber einem anderen Rechtsgutsträger begangen wird, so liegt kein Fall der „Abstiftung" oder des „Herabstimmens", sondern eine „Umstiftung" oder ein „Umstimmen" vor.   **65**

cc) Aufstiftung. Bewegt der Bestimmende den Minderjährigen dazu, statt des Grunddelikts einen Qualifikationstatbestand zu verwirklichen (Beispiel: mit Waffen begangenes unerlaubtes Handeltreiben mit BtM in nicht geringer Menge statt unerlaubtes Handeltreiben mit BtM in nicht geringer Menge), so liegt nach der zutreffenden Auffassung des BGH[52] und des überwiegenden Teils des Schrifttums[53] **Anstiftung zum Qualifikationstatbestand** vor, während ein Teil der Literatur[54] den auf den Haupttäter Einwirkenden nur hinsichtlich solcher Tatbestandsteile, zu deren Verwirklichung der Täter noch nicht entschlossen war, als Anstifter beurteilen (sofern diese in einem selbständigen Tatbestand fassbar wären) und im Übrigen wegen (psychischer) Beihilfe zum Qualifikationstatbestand bestrafen will (im Beispielsfall: Beihilfe zum mit Waffen begangenen unerlaubten Handeltreiben mit BtM in nicht geringer Menge und ggf. Anstiftung zu § 53 WaffG).   **66**

6. Anwendungsbereich der Vorschrift. Abs. 2 Nr. 1 erfasst seinem Sinngehalt nach auch und gerade den Fall, dass der Bestimmende sich eines Minderjährigen bei der Durchführung von BtM-Geschäften bedient, an denen **er selbst beteiligt** ist.[55] Ebenso wenig berührt es die Tatbestandsverwirklichung, wenn der Bestimmende Einfluss auf einen Minderjährigen nimmt, der **bereits in die Drogenszene integriert** ist.[56] Das ergibt sich aus dem Wortlaut der Vorschrift und kollidiert nicht mit ihrem Schutzzweck; denn jede weitere BtM-Straftat eines Minderjährigen verfestigt dessen Einbindung in die Drogenszene. Außerdem war nicht nur der Umstand, dass Minderjährige in Mitleidenschaft gezogen werden (was bei einem bereits schwer abhängigen Minderjährigen möglicherweise nicht mehr der Fall sein kann), sondern bereits allein der Umstand, dass Minderjährige zu Drogendelikten benutzt werden, gesetzgeberisches Ächtungsmotiv bei Schaffung der Vorschrift.[57]   **67**

Der Strafgrund der Vorschrift liegt vorwiegend in der Korrumpierung des Minderjährigen und nicht nur wie sonst bei der Anstiftung im Angriff auf geschützte Rechtsgüter (hier des BtMG) über den angestifteten Haupttäter. Dieser Aspekt bringt Probleme für die Behandlung des **agent provocateur** mit sich, der einen Minderjährigen in Schuld verstricken will. Auch wenn bei § 30a Abs. 2 die Situation wegen dem Bestimmen als Tathandlung eher mit der „klassischen" Variante des agent provocateur als Anstifter vergleichbar ist, weil auch hier der Tatbestandsvorsatz gerade auf die Vollendung gerichtet sein muss, damit der „Tatplan" funktioniert (vgl. bereits → § 4 Rn. 42 f.): Eine Restriktion sollte bei der Einbeziehung von Minderjährigen abgelehnt werden, da man in solchen Fällen per se von   **68**

---

[50] BGH 8.8.1995 – 1 StR 377/95, NStZ-RR 1996, 1.
[51] → StGB § 26 Rn. 29.
[52] BGH 3.6.1964 – 2 StR 14/64, BGHSt 19, 339 = NJW 1964, 189.
[53] Vgl. zB Lackner/*Kühl* StGB § 26 Rn. 2a; LK-StGB/*Roxin* StGB § 26 Rn. 39; *Fischer* StGB § 26 Rn. 3.
[54] Vgl. zB Schönke/Schröder/*Heine* StGB § 26 Rn. 8; SK-StGB/*Hoyer* StGB § 26 Rn. 19.
[55] BGH 8.7.1998 – 3 StR 241/98, NStZ-RR 1998, 347.
[56] BGH 20.1.2000 – 4 StR 400/99, BGHSt 45, 373 = NJW 2000, 1877 = StV 2000, 260.
[57] BT-Drs. 12/989, 55.

einer neuen Gefahrschaffung ausgehen kann, welche einer Einschränkung entgegensteht. Jedenfalls aus dem Blickwinkel der Gründe für eine Straflosigkeit des agent provocateur muss dies auch für den **mittelbaren Tatprovokateur** gelten, der auf den Täter des § 30a einwirkt. Freilich ließe sich hier allerdings einwenden, dass dieser den Verdächtigen lediglich dazu bringen will, dass dieser Einfluss auf einen Minderjährigen nimmt, ohne dass es zur Vollendung der Tat des § 30a kommt (es also am Vollendungsvorsatz fehlt).

III. Subjektiver Tatbestand

69   Die Tathandlung des Abs. 2 Nr. 1 ist nur in vorsätzlicher Begehungsweise strafbar; bedingter Vorsatz genügt. Nach einer geläufigen Formel muss der Täter hier abgewandelt „doppelten Bestimmungsvorsatz"[58] haben:

70   **1. Vorsatz.** Zu den einzelnen Elementen des Vorsatzes[59] und zur Abgrenzung von bedingtem Vorsatz und bewusster Fahrlässigkeit[60] wird auf die Erläuterungen Vor § 29 verwiesen.

71   **a) Vorsatz bezüglich der Bestimmungshandlung.** Der Bestimmende muss wissen (für möglich halten), mit der Beeinflussung des Minderjährigen dessen **Tatentschluss** zur Begehung einer der inkriminierten Begehungsweisen hervorzurufen. Der Vorsatz muss auch das **Alter des Minderjährigen** umfassen. Dabei reicht es aus, wenn der Täter mit dem Schutzalter aktuell rechnet;[61] für bedingten Vorsatzes genügt es schon, wenn der Täter das jugendliche Alter des Angestifteten lediglich in Betracht zieht.[62] Insbesondere bei Jugendlichen im Alter von mehr als 16 Jahren kann ohne weitere Feststellungen nicht von der Kenntnis des Täters von der Minderjährigkeit ausgegangen werden; in solchen Fällen bedarf es näherer Feststellungen dazu, ob der Jugendliche zur Tatzeit noch nach Statur, äußerem Erscheinungsbild und Verhalten für minderjährig zu halten war[63] und ob der Täter entsprechende Wahrnehmungen treffen konnte.[64] Wer auf Grund mangelnder Sorgfalt verkennt, dass seine Äußerungen von dem Minderjährigen falsch verstanden werden, haftet nicht wegen Bestimmens, sondern allenfalls wegen täterschaftlicher fahrlässiger Begehung des Grunddelikts.[65]

72   **b) Vorsatz bezüglich der Bestimmungstat.** Der Vorsatz muss die in Aussicht genommene Tat in ihren wesentlichen Merkmalen umfassen.

73   **aa) Vorsatz in Bezug auf eine konkrete Tat.** Der Vorsatz des Täters muss sich auf eine bestimmte, konkrete Tat beziehen, zu der der Minderjährige bestimmt werden soll.[66] Nicht erforderlich ist, dass der Anstiftervorsatz die fremde Haupttat in allen Einzelheiten erfasst; es genügt, wenn sie in ihren Hauptmerkmalen, insbesondere im Unrechtsgehalt und vom Kern des Tatgeschehens her, im Wesentlichen der Tat entspricht, zu der der Haupttäter bestimmt werden sollte.[67] Ausreichend konkretisiert ist der Vorsatz zumindest dann, wenn er Umstände umfasst, aus denen sich die durch die Anstiftungshandlung verursachte Haupttat des Minderjährigen so weit erkennen lässt, dass sie dem Tatbestand einer Strafnorm zugeordnet werden kann.[68]

---

[58] Gegen die Verwendung dieser Formulierung: *Joecks,* Studienkommentar zum StGB, § 26 Rn. 15.
[59] → Vor § 29 Rn. 50 ff.
[60] → Vor § 29 Rn. 61.
[61] *Joachimski/Haumer* § 29a Rn. 4.
[62] KPV/*Patzak* Rn. 43 mit Verweis auf § 29a Rn. 17; HJLW/*Winkler* Rn. 3.4.
[63] BGH 12.8.1997 – 4 StR 353/97 (zu § 176 StGB), BeckRS 1997, 31121232.
[64] OLG Köln 17.2.1999 – Ss 47/99 – 22, NJW 1999, 1492.
[65] → StGB § 26 Rn. 63.
[66] BGH 21.4.1986 – 2 StR 661/85, BGHSt 34, 63 = JZ 1986, 906 mAnm *Roxin* = JuS. 1987, 617 mAnm *Herzberg;* BayObLG 27.3.1991 – RReg 4 St 198/90, JR 1992, 427 mAnm *Wolf.*
[67] → StGB § 26 Rn. 46.
[68] BGH 7.5.1996 – 1 StR 168/96, NStZ 1996, 434.

bb) Vorsatz in Bezug auf einen bestimmten Minderjährigen. Der Tätervorsatz in 74 Bezug auf einen minderjährigen Täter ist jedenfalls gegeben, wenn der Bestimmende sich an einen bestimmten Minderjährigen wendet und auf ihn Einfluss nimmt. Wendet er sich dagegen an eine Mehr- oder eine Vielzahl von Personen, so stellt sich die Frage nach der Abgrenzung zum Tatbestand der öffentlichen Aufforderung zu Straftaten (§ 111 StGB) bzw. nach den Anforderungen an den Anstiftervorsatz in Bezug auf einen **konkreten Täter.** Für ausreichend wird dabei gehalten, wenn der Anstifter bzw. hier der Täter des § 30a zwar nicht einen konkreten Täter ausgewählt, sich die Anstiftungshandlung aber an einen **individuell bestimmten Personenkreis** an möglichen Tätern gerichtet und der Vorsatz sich entsprechend darauf erstreckt haben muss.[69]

cc) Abweichungen der Bestimmungstat von der Vorstellung des Täters. Weicht 75 die begangene Tat von der Vorstellung des Bestimmenden ab, ist zu prüfen, ob es sich um eine wesentliche Abweichung von der Rahmenvorstellung vom nachfolgenden Tatgeschehen handelt.[70] Die hierbei vertretenen Meinungen entsprechen den Auffassungen in den Fällen des „Umstimmens".

(1) Aliud. Handelt es sich bei der vom Minderjährigen verwirklichten Tat im Verhältnis 76 zu der vom Bestimmenden vorgestellten Tat um eine vollkommen andere Tat, so kommt nur ein Versuch des Bestimmens in Betracht. Hielt der Erwachsene eine solche Abweichung für möglich, kommt Beihilfe in Bezug auf die tatsächlich begangene Haupttat in Betracht, die ggf. mit dem versuchten Bestimmen zur geplanten Tat in Tateinheit stehen kann.[71]

(2) Zurückbleiben der Haupttat hinter den Vorstellungen des Erwachsenen. Die 77 für das allgemeine Strafrecht bedeutsame Frage, wie in den Fällen zu verfahren ist, in denen die vom Minderjährigen begangene Tat hinter der Tat zurückbleibt, die der Erwachsene initiieren wollte, stellt sich für Abs. 2 Nr. 1 nicht.

Wollte der Erwachsene zu einer Tat bestimmen, die einen Qualifikationstatbestand erfüllt, 78 verwirklicht der Minderjährige jedoch lediglich den Tatbestand eines Grunddelikts, ist der Tatbestand des Abs. 2 Nr. 1 gleichwohl erfüllt, da er nur die Verwirklichung eines der genannten Grunddelikte voraussetzt (Beispiel: Anstiftung zu Einschmuggeln von BtM in nicht geringer Menge; tatsächliche Einfuhr einer Normalmenge). Bedenken wegen Unterschiede der Ausführungshandlung zur Vorstellung des Erwachsenen wären unberechtigt; denn der Erwachsene hat notwendigerweise jedenfalls auch das Grunddelikt initiiert und initiieren wollen. Das **überschießende Unrecht** seiner Anstiftungsbemühungen kann im Rahmen der Strafzumessung berücksichtigt werden.

Wird eine der im Tatbestand des Abs. 2 Nr. 1 genannten Bestimmungstaten entgegen der 79 Vorstellung des Bestimmenden nicht vollendet, sondern nur versucht (bei allen in Abs. 2 Nr. 1 genannten Delikte ist der Versuch strafbar), so liegt dennoch vollendetes Bestimmen zu der entsprechenden Bestimmungstat und nicht etwa Bestimmen zu einem versuchten BtM-Delikt vor.[72] In vergleichbarer Fallkonstellation des allgemeinen Strafrechts wäre nur Anstiftung zur versuchten Haupttat gegeben,[73] weil wegen der Akzessorität der Teilnahme die Grenzen der Haftung des Anstifters durch die Haupttat bestimmt werden. Diese Begrenzung gilt für § 30a nicht, weil die Tathandlung des Bestimmens von der Bindung an die Haupttat gelöst und selbst zu einer eigenständigen Tat ausgeformt wurde und infolgedessen jede (sich im Beginn der Haupttat manifestierende) Willensbeeinflussung zur Tatbestandserfüllung ausreicht.

(3) Exzess der Bestimmungstat. Geht der Minderjährige mit seiner Tat über die 80 Vorstellungen des Erwachsenen bei der Einflussnahme hinaus („Exzess"), so haftet der

---

[69] → StGB § 26 Rn. 47 mwN.
[70] Vgl. BGH 7.5.1996 – 1 StR 168/96, NStZ 1996, 434.
[71] → StGB § 26 Rn. 52 mwN.
[72] So auch *Weber* Rn. 65 aA *Franke/Wienroeder* Rn. 9.
[73] → StGB § 26 Rn. 55; Lackner/Kühl/*Kühl* StGB § 26 Rn. 7.

Erwachsene hierfür nicht, und zwar ohnehin schon nicht nach dem Tatbestand des § 30a, aber auch nicht unter den Gesichtspunkten von Unrecht und Schuld, so dass keine negativen Konsequenzen bei der Strafzumessung gezogen werden dürfen (Beispiel: Anstiftung zum Handeltreiben, tatsächliche Ausführung unter Mitführen von Waffen).

81   **2. Irrtumskonstellationen.** Zu den möglichen Irrtumskonstellationen wird zunächst auf die allgemeinen Erläuterungen Vor § 29,[74] speziell hinsichtlich des Alters des Minderjährigen auf die Ausführungen zu § 29a[75] verwiesen.

IV. Täterschaft und Teilnahme

82   **1. Täterschaft.** Täter des Abs. 2 Nr. 1 kann nur eine Person über 21 Jahre sein. Das Alter des Täters ist ein **besonderes persönliches Merkmal** im Sinne des § 28 Abs. 1 StGB, so dass unter gegebenen Umständen Strafmilderung nach § 49 Abs. 1 StGB bei einem noch nicht 21 Jahre alten Teilnehmer eintritt (die Mitwirkung des minderjährigen Haupttäters ist freilich notwendige Teilnahme).

83   **2. Mittelbare Täterschaft in Bezug auf die Bestimmungstat.** In der BtM-Delinquenz werden die praktisch vorkommenden Fälle zumeist mit Wissensmängeln des Minderjährigen (Täuschung über die BtM-Eigenschaft einer Substanz, vorgegaukelte Unbedenklichkeit einer Substanz, untergeschobene präparierte Koffer, oÄ) und überlegenem Wissen des Anstifters einhergehen, so dass sich immer auch die Frage der mittelbaren Täterschaft des Anstifters in Bezug auf die Bestimmungstat stellt. **(aa)** Handelt der Minderjährige **weder vorsätzlich noch fahrlässig,** so liegt mangels Erfüllung des subjektiven Tatbestandes der Bestimmungstat[76] keine Strafbarkeit gem. § 30a Abs. 2 Nr. 1 vor, wohl aber ein klassischer Fall[77] einer mittelbaren Täterschaft in Bezug auf die von dem absichtslos-undolosen Werkzeug begangene BtM-Tat vor. **(bb)** Handelt der Minderjährige dagegen **fahrlässig,** so liegt eine Bestimmungstat mit der Folge einer Strafbarkeit gem. Abs. 2 Nr. 1 vor, gleichzeitig kann ein Fall einer mittelbaren Täterschaft in Bezug auf die von dem fahrlässig handelnden Werkzeug begangene BtM-Tat vorliegen, wenn die übrigen Bedingungen für mittelbare Täterschaft kraft überlegenen Wissens gegeben sind.[78] In einem solchen Fall stehen die beiden täterschaftlich bzw. mittäterschaftlich begangenen Taten (Abs. 2 Nr. 1 einerseits und die Bestimmungstat andererseits) zueinander im Verhältnis der Tateinheit. Hat der Minderjährige die Bezugstat lediglich fahrlässig gefördert, entfällt wiederum die Strafbarkeit nach Abs. 2 Nr. 1 und es verbleibt bei der Strafbarkeit in mittelbarer Täterschaft hinsichtlich der Bezugstat.

84   **3. Teilnahme an der Tathandlung des Bestimmens.** An der Tathandlung des Bestimmens ist Teilnahme möglich. Für den Anstifter wäre dies ein Fall der sog Kettenanstiftung. Sowohl für Anstiftung (Beispiel: der Hintermann motiviert den erwachsenen Täter des Abs. 2 Nr. 1, den Minderjährigen zur Begehung einer BtM-Straftat anzustiften) als auch für Beihilfe (Beispiel: der Gehilfe zahlt die vom erwachsenen Täter des Abs. 2 Nr. 1 in Aussicht gestellte Prämie an den Minderjährigen aus) gilt, dass die Teilnehmer die Vorstellungen des erwachsenen Täters des Abs. 2 Nr. 1 von der konkreten Haupttat, die der Minderjährige begehen soll, in ihren wesentlichen Merkmalen kennen und im Hinblick auf diese Tat ihre Teilnahmehandlungen leisten. Die Grenzen zur mittäterschaftlichen Anstiftung werden häufig fließend sein. Falls der **Teilnehmer noch nicht 21 Jahre** alt ist, tritt Strafmilderung nach §§ 28 Abs. 1, 49 Abs. 1 StGB ein.

V. Deliktsverwirklichungsstufen

85   **1. Versuch und straflose Vorbereitung. a) Strafbarkeit des Versuchs.** Die Versuchsstrafbarkeit für die Tathandlungen des § 30a Abs. 2 Nr. 1 ergibt sich aus § 23 Abs. 1

---

[74] → Vor § 29 Rn. 77.
[75] → § 29a Abs. 1 Nr. 1 Rn. 24 f.
[76] → Rn. 67.
[77] Vgl. dazu → StGB § 25 Rn. 74 ff.
[78] Vgl. dazu *Joecks* Rn. 71.

StGB. Die Abgrenzung zwischen Vorbereitungs- und Versuchshandlungen folgt allgemeinen Grundsätzen des Strafrechts.

b) Straflose Vorbereitungshandlungen. Vorbereitungshandlungen können unter den **86** Voraussetzungen des § 30 Abs. 1 StGB strafbar sein; erforderlich ist jedoch, dass der Beteiligte (das ist in diesem Zusammenhang des § 30 StGB der Täter des § 30a Abs. 2 Nr. 1, nicht der minderjährige Täter der Haupttat) nicht lediglich als Gehilfe der Bestimmungshandlung tätig werden will.[79] Da vom Standpunkt des Tatbestandes des § 30 Abs. 1 StGB die ins Auge gefasste Tat hier wiederum eine Anstiftungshandlung ist, der Täter des § 30 Abs. 1 StGB also erfolglos versucht haben muss, in einem anderen den Entschluss zu wecken, in einer weiteren, minderjährigen Person den Tatentschluss zu einem BtM-Delikt zu wecken, besteht die Gefahr, dass das häufig anzutreffende – objektiv ungefährliche – Szenegespräch über die Beschaffung von Drogen in den Deliktsbereich hineingerät. Die gebotene restriktive Auslegung[80] dieser Strafausdehnungsnorm wird daher in besonderem Maße auf die Konkretisierung der in Aussicht genommenen Tat in der Vorstellung der Beteiligten acht geben.

c) Versuch. Die Strafbarkeit des Versuchs des Bestimmens nach § 23 Abs. 1 StGB, § 30a **87** Abs. 2 Nr. 1 geht der Regelung des § 30 Abs. 1 StGB über den Versuch der Beteiligung durch Anstiftertätigkeit vor. Ein Versuch des Bestimmens kommt in Betracht bei erfolgloser Einwirkung auf den Minderjährigen, einem bereits fest zu der konkreten entschlossenen Minderjährigen, Aufgabe des zunächst hervorgerufenen Tatentschlusses vor Beginn der Ausführungshandlung. Ein untauglicher Versuch (§ 23 Abs. 3 StGB) des Bestimmens kommt in Betracht bei irrtümlicher Annahme von Minderjährigkeit des Haupttäters.

2. Vollendung. Die Tat des Bestimmens ist vollendet, wenn der Minderjährige (nach **88** seiner Vorstellung von der Tat, § 22 StGB) zur Verwirklichung des ihm angesonnenen Tatbestandes unmittelbar ansetzt; nicht erforderlich ist, dass die Haupttat des Minderjährigen selbst vollendet ist.[81] Bedenkt man, dass nach dem Tatbestand des Abs. 2 Nr. 1 die Bestimmungstat des Minderjährigen auch eine Unterstützungshandlung eines anderen zu dessen Tat sein kann, die ihrerseits erst lange nach der Erbringung der Unterstützungshandlung zur Vollendung gelangt (**Beispiel:** Einbau von Versteckmöglichkeiten in Schmuggelfahrzeuge, mit denen aus Nepal Haschisch eingeführt werden soll), so wird deutlich, wie schnell die Vollendung des Tatbestandes des Abs. 2 S. 1 eintreten kann.

3. Beendigung. Beendet ist die Tat des Abs. 2 Nr. 1, wenn die Haupttat beendet ist **89** bzw. wenn deren Versuch endgültig fehlgeschlagen ist.[82] Das führt unter Umständen zu einem sehr späten Eintritt der Verjährung (§ 78a StGB) im Verhältnis zur Tat des Bestimmens (Beispiel: Verkauf von Kleinstmengen aus einer großen Vorratsmenge, nach bewertungseinheitlichen Grundsätzen ist dann die Haupttat des Handeltreibens mit BtM in nicht geringer Menge erst mit dem Verkauf der letzten Teilmenge beendet).

VI. Konkurrenzen

1. BtM-Straftaten. a) Begehungsweisen des Abs. 2 Nr. 1 untereinander. Stellt **90** sich das Bestimmen zugleich als Handlung dar, die der Förderung eines BtM-Umsatzes dient, finden die Grundsätze Anwendung, die zur Bewertungseinheit entwickelt worden sind. Zum Begriff wird auf die Erläuterungen zum Handeltreiben[83] und die Ausführungen

---

[79] Vgl. BGH 27.1.1982 – 3 StR 437/81, NStZ 1982, 244; 13.10.1992 – 1 StR 517/92, NStZ 1993, 137; 30.1.2001 – 1 StR 423/00, NJW 2001, 1289; 15.1.2002 – 4 StR 499/0, NJW 2002, 1662.

[80] Schönke/Schröder/*Heine* StGB § 30 Rn. 1.

[81] Vgl. Lackner/Kühl/*Kühl* StGB § 26 Rn. 7; wie hier auch *Weber* Rn. 65; aA – der Tatbeitrag des Haupttäters muss vollständig erbracht sein – *Franke/Wienroeder* Rn. 9.

[82] → StGB § 26 Rn. 80; Schönke/Schröder/*Sternberg-Lieben/Bosch* StGB § 78a Rn. 8.

[83] → § 29 Rn. 477 ff.

zu § 29a Abs. 1 Nr. 1[84] verwiesen. Hat der Bestimmende eine Gesamtmenge BtM erworben, um es in einer Mehrzahl von Einzelakten zu verkaufen, und nimmt er bei einer oder mehreren dieser Einzelakte Einfluss auf Minderjährige, um sie zu Absatzhandlungen zu bewegen, verbindet die ursprüngliche Erwerbsmenge alle Einzelhandlungen nach bewertungseinheitlichen Grundsätzen zu einer einzigen Handlung des Handeltreiben mit BtM in Tateinheit mit dem Bestimmen einer Person unter 18 Jahren als Person über 21 Jahre zum unerlaubten Handeltreiben.[85] Eine Beschränkung lediglich auf Fälle der Verbrechenstatbestände des Handeltreibens[86] vermag nicht einzuleuchten; denn die Gefährdung des durch die Handeltreibenstatbestände geschützten Rechtsguts tritt neben die Verletzung der anders ausgerichteten Jugendschutzbestimmung des § 30a – gleichgültig, ob dies durch das Grunddelikt oder durch eine Qualifizierung geschieht. Zwischen dem Bestimmen eines Minderjährigen zum HT mit BtM und einer gewerbsmäßigen Abgabe von BtM an den Minderjährigen einerseits und einer zweiten gewerbsmäßigen Abgabe von BtM an den Minderjährigen andererseits besteht keine tateinheitliche Verknüpfung, weil das Vergehen des gewerbsmäßigen HT mit BtM, das dann allein für ein teilweises Zusammentreffen der tatbestandsrelevanten Handlungen in Betracht käme, nicht die durch beide Verkäufe jeweils verwirklichten schwerer wiegenden Verbrechen der gewerbsmäßigen Abgabe von BtM an Minderjährige zur Tateinheit verklammern kann[87] (anders bei einer Verknüpfung zweier minder schwerer Fälle des Verbrechens der Einfuhr von BtM in nicht geringer Menge durch einen Fall des gewerbsmäßigen HT mit BtM[88]). Werden durch dieselbe Handlung **Minderjährige und Personen über 18 Jahre gleichzeitig** angestiftet, so liegt Tateinheit zwischen § 30a gegenüber dem Minderjährigen und der Anstiftung der Personen über 18 Jahre vor.[89]

91 **b) Begehungsweise des Abs. 2 Nr. 1 und Anstiftung zu den Bestimmungstaten.** Der Verbrechenstatbestand des Abs. 1 verdrängt als lex specialis die Anstiftung zum Handeltreiben oder zu Ein- oder Ausfuhr oder zu den in Abs. 2 Nr. 1 genannten Abgabedelikten;[90] dies gilt auch, wenn bei diesen Delikten die Voraussetzungen einer Qualifikation oder eines Regelbeispiels nach § 29 Abs. 3 vorliegen. Die Tatsache, dass der Täter das Regelbeispiel eines besonders schweren Falles verwirklicht hat, behält jedoch für die Bemessung der Strafe innerhalb des in dem Qualifikationstatbestand vorgesehenen Strafrahmens Bedeutung.[91]

92 **c) Begehungsweise des Abs. 2 Nr. 1 und § 29a Abs. 1 Nr. 2.** Bestimmt der Täter indes bei seinem auf den Umsatz von Betäubungsmitteln (in nicht geringer Menge) gerichteten Handeln zugleich eine Person unter 18 Jahren dazu, mit diesen Betäubungsmitteln – wie hier – selbst Handel zu treiben oder das Handeltreiben des Täters zu fördern, so stehen § 29a Abs. 1 Nr. 2 und § 30a Abs. 2 Nr. 1 wegen ihres verschiedenartigen Unrechtsgehalts in Tateinheit.[92]

93 **2. Straftatbestände anderer Rechtsgebiete.** Für das Zusammentreffen mit Straftaten aus anderen Rechtsgebieten gelten die allgemeinen Konkurrenzregeln. Insoweit wird zunächst auf die Darstellung bei § 29a Abs. 1 Nr. 1[93] Bezug genommen. Konkurrenz mit **Geldwäsche** ist möglich in Bezug auf infolge der Einflussnahme auf den Minderjährigen eingeführte oder durch Handeltreibenshandlungen gewonnene oder hergestellte BtM oder Stoffe, die aus BtM hergestellt sind. Zum Verhältnis der Vortat des Bestimmens zur „Nachtat" der Geldwäsche gelten die Ausführungen zu den Konkurrenzen beim Anbau

---

[84] → § 29a Abs. 1 Nr. 1 Rn. 93 f.
[85] BGH 18.6.2003 – 1 StR 184/03, BeckRS 2003, 05633.
[86] So KPV/*Patzak* Rn. 53.
[87] BGH 23.5.2007 – 2 StR 569/06, NStZ 2008, 42.
[88] BGH 18.7.1984 – 2 StR 322/84, BGHSt 33, 4 = NJW 1984, 2838.
[89] So auch HJLW/*Winkler* Rn. 3.2.
[90] HJLW/*Winkler* Rn. 3.2; KPV/*Patzak* Rn. 53.
[91] Vgl. BGH 14.12.1995 – 1 StR 613/95; 21.12.1995 – 1 StR 697/95, StV 1996, 267.
[92] BGH 23.5.2007 – 2 StR 569/06, NStZ 2008, 42; BGH 3.4.2013 – 3 StR 61/13, NStZ 2014, 161.
[93] → § 29a 1 Rn. 33.

entsprechend.[94] Erfolgt die Einflussnahme durch Drohung, so kommt Tateinheit mit **Nötigung** (§ 240 StGB) in Betracht.

VII. Strafklageverbrauch

1. Verurteilung wegen BtM-Tatbeständen. Zu den Begriffen der prozessualen Tat **94** und Tatidentität vgl. zunächst die Ausführungen bei → § 29 Rn. 552 f. Eine Verurteilung wegen der Beteiligung an der Bestimmungstat zB gem. § 29 Abs. 1 S. 1 Nr. 1 könnte bei Tatidentität zu einem Verfahrenshindernis für eine Anklage wegen der Tat des Bestimmens zum Strafklageverbrauch hinsichtlich eines Delikts nach § 30a Abs. 2 Nr. 1 führen. Umgekehrt hinderte eine Verurteilung wegen eines Delikts nach Abs. 2 Nr. 1 eine Anklageerhebung oder eine erneute Verurteilung wegen der Teilnahme an der Bestimmungstat, wenn es um dieselbe BtM-Menge geht.

2. Verurteilung wegen allgemeiner Tatbestände. Eine Verurteilung wegen eines **95** Delikts nach dem StGB hinderte bei Tatidentität eine Anklageerhebung oder eine Verurteilung wegen des Delikts des Abs. Abs. 2 Nr. 1.

VIII. Rechtsfolgen

1. Strafzumessung. Wegen der Ausgestaltung des Tatbestandes als selbständige Straftat **96** folgt die Strafe nicht, wie bei § 26 StGB, der Strafe für die Haupttat. Dies gilt selbst dann, wenn der Angestiftete lediglich geringe Mengen BtM einführt oder abgibt, ja sogar, wenn die Einfuhr zum Eigenverbrauch des Minderjährigen (§ 29 Abs. 5) erfolgt.[95]

a) Strafrahmenwahl. Der (Normal-) Strafrahmen reicht von fünf Jahren Mindeststrafe **97** bis zu 15 Jahren Freiheitsstrafe (§ 38 Abs. 2 StGB), für minder schwere Fälle (Abs. 3) von sechs Monaten bis zu zehn Jahren. Ursprünglich war für den minder schweren Fall des Abs. 3 Freiheitsstrafe von sechs Monaten bis zu fünf Jahren vorgesehen; der Strafrahmen wurde durch Art. 5 AMGuäÄndG[96] mit Wirkung vom 23.7.2009 im Höchstmaß auf zehn Jahre erweitert (→ Vor § 29a Rn. 12). Zu den Voraussetzungen für die Annahme eines minder schweren Falles wird auf die Ausführungen zu Abs. 3 verwiesen.

b) Strafzumessung im engeren Sinn. Für die Strafzumessung bei Abs. 2 Nr. 1 ist zu **98** beachten, dass es sich um eine Jugendschutzvorschrift handelt, die den Minderjährigen vor der Begehung bestimmter BtM-Delikte bewahren soll. Die Strafzumessung hat diesen beiden Gesichtspunkten Rechnung zu tragen.

aa) Strafzumessungserwägungen in Bezug auf den Minderjährigenschutz. In **99** Bezug auf den Jugendschutz als Rechtsgut der Vorschrift kann **strafmildernd** berücksichtigt werden, dass die Initiative vom Minderjährigen ausging[97] oder dass der Minderjährige nahezu 18 Jahre alt war und/oder über bereits erhebliche Drogen- und Szeneerfahrungen verfügte. **Unzulässig** wäre als Strafmilderungserwägung, dass besondere Familienstrukturen vorliegen, da die Vorschrift gerade auch dem Schutz gefährdeter Minderjähriger dient.[98]

Strafschärfend sind zu berücksichtigen das Ausnutzen einer bestehenden Drogenabhän- **100** gigkeit oder eines besonderen Vertrauensverhältnisses als Angehöriger, Lebenspartner, Arzt, Begehungsweisen mit erhöhtem Unrechtsgehalt, zB mit Lug und Trug, Verharmlosung von Gefahren, Winken mit hohem Gewinn.[99] (voraussehbare) negative Folgewirkungen, zB Verursachung einer Abhängigkeit, Haft, Einstieg ins kriminelle Milieu, Verletzungen, Miss-

---

[94] → § 29 Rn. 101 ff.
[95] HJLW/*Winkler* Rn. 3.2.
[96] Gesetz zur Änderung arzneimittelrechtlicher und anderer Vorschriften (AMGuaÄndG) vom 17.7.2009, BGBl. I S. 1990.
[97] Vgl. den Sachverhalt bei BGH 20.1.2000 – 4 StR 400/99, BGHSt 45, 373 = NJW 2000, 1877.
[98] AA KPV/*Patzak* Rn. 51.
[99] Vgl. KPV/*Patzak* Rn. 50.

brauch der Autorität als Erzieher, Betreuer oder eines Ausbildungs- oder Betreuungsverhältnisses. Dagegen kann dem Bestimmenden wegen § 46 Abs. 3 StGB **nicht strafschärfend**
das „Verstricken von Kindern und Jugendlichen in kriminelles Geschehen" oder die „Verwicklung Jugendlicher in die Gefahren der Drogenszene" angelastet werden.

101   **bb) Strafzumessungserwägungen in Bezug auf BtM-Delikte. Strafmildernd**
kann sich auswirken, wenn die Tat des Minderjährigen einen geringen Schuldgehalt aufweist, zB im Falle der Einfuhr einer geringen Menge zum Eigenverbrauch. **Strafschärfend**
kann berücksichtigt werden, wenn der Bestimmende – aus seiner Sicht – zu einem Delikt
anstiftet, das sich gegenüber dem Grunddelikt, das zur Verwirklichung des Tatbestandes des
Abs. 2 Nr. 1 genügen würde, als Regelbeispiel für einen besonders schweren Fall oder als
Qualifikation auf Grund der Menge des BtM oder auf Grund der Besonderheit der Tatbegehung darstellt.

102   **2. Absehen von Strafe bzw. von Strafverfolgung.** Absehen von der Strafverfolgung
durch die Staatsanwaltschaft gemäß § 31a Abs. 1 S. 1 bzw. Absehen von einer Bestrafung
durch das Gericht gem. § 29 Abs. 5 ist nicht möglich, weil § 30a in § 29 Abs. 5 bzw. in
§ 31a Abs. 1 nicht in Bezug genommen wird. Eine Einstellung nach §§ 153, 153a StPO ist
beim Verbrechenstatbestand des § 30a Abs. 2 nicht möglich. Wegen der erhöhten Mindeststrafe kann das Gericht auch nach § 60 StGB nicht von Strafe absehen.

103   **3. Einziehung und Verfall; Entziehung der Fahrerlaubnis.** Zu Einziehung und
Verfall siehe unten die Erläuterung zu § 33, insb. → § 33 Rn. 6–7. Die Anordnung des
erweiterten Verfalls (§§ 33 Abs. 1 Nr. 2 BtMG aF, 73d StGB a F) war möglich. Zur Entziehung der Fahrerlaubnis → § 29 Rn. 122.

104   **4. Sicherungsverwahrung.** Das Delikt ist Anlasstat für die Anordnung von Sicherungsverwahrung.[100]

3. Kapitel. Handeltreiben etc unter Mitsichführen einer Schusswaffe oder eines verletzungsgeeigneten bzw. -bestimmten Gegenstands (Abs. 2 Nr. 2)

Übersicht

---

[100] § 66 Abs. 1 Nr. 1b StGB.

A. Überblick

I. Rechtliche Einordnung

Die Qualifikation des Abs. 2 Nr. 2 setzt für das Handeltreiben, Einführen, Ausführen **105** oder das Sichverschaffen von Betäubungsmitteln mit/von nicht geringen Mengen eine Mindeststrafe von fünf Jahren fest, wenn der Täter hierbei eine Schusswaffe oder einen sonstigen Gegenstand mit sich führt, der seiner Art nach zur Verletzung von Personen geeignet und bestimmt ist. Der Tatbestand soll der erhöhten Eskalationsgefahr bei Anbahnung bzw. Abwicklung von Rauschgiftgeschäften Rechnung tragen, die aus Missverständlichkeiten, erheblichem Misstrauen oder rücksichtsloser Durchsetzung von Interessen resultieren kann. Bei solchen Straftaten sei immer damit zu rechnen, dass die Täter rücksichtslos ihre Interessen beim unerlaubten Umgang mit BtM durchsetzen und dabei von der Waffe Gebrauch machen. Einschränkend soll freilich nur der Verkehr mit BtM in nicht geringer Menge erfasst werden.[1] Nach der gesetzgeberischen Begründung soll die Strafschärfung des Abs. 2 Nr. 2 die **Verhängung von Strafen** ermöglichen, die dem kriminellen Gehalt und der großen Gefährlichkeit der Tat entsprechen, und dem Schutz der Allgemeinheit vor bewaffneten Tätern dienen.[2]

In der Anwendung steht die Feststellung der Zweckbestimmung des fraglichen Gegen- **106** stands im Mittelpunkt;[3] das diesbezüglich entwickelte Konzept der Rechtsprechung, die Darstellungsanforderungen – abgestuft – von der Gefährlichkeit des Gegenstands abhängig zu machen (→ Rn. 141 ff.), kann allerdings inzwischen als gefestigt bezeichnet werden und hat zumindest bei einfachen Gebrauchsgegenständen restriktive Wirkung. Sie kann allerdings nicht an dem extensiven Tathandlungsbezugpunkt ändern. Anders als bspw. der Diebstahl mit Waffen, bezieht sich § 30a Abs. 2 Nr. 2 nicht ausschließlich auf Tathandlungen, die mit einem Eindringen in eine fremde Sphäre verbunden sind. Erfasst ist insb. auch das

---

[1] BT-Drs. 12/6853, 41; vgl. auch BGH 10.4.1996 – 3 StR 5/96, BGHSt 42, 123 = NJW 1996, 499 mAnm *Kessler*; 28.2.1997 – 2 StR 556/96, BGHSt 43, 8 = NJW 1997, 1717; BGH 24.7.2012 – 2 StR 205/12, BeckRS 2012, 23989.

[2] BT-Drs. 12/6853, 41.

[3] Zusammenfassend aus Verteidigerperspektive *Bleicher* StRR 2015, 12.

Handeltreiben und damit auch dessen Teilakte (wie der Besitz bzw. das Deponieren von BtM zum Zwecke des Weiterverkaufs, vgl. noch → Rn. 118, 123).

107   **1. Deliktstyp.** Da es weder auf eine tatsächliche Verwendung noch auf eine Absicht diesbezüglich ankommt, handelt es sich um ein **abstraktes Gefährdungsdelikt,**

108   **2. Verfassungsmäßigkeit.** Hinsichtlich der Verfassungsmäßigkeit der Vorschrift wird auf die Ausführungen bei Vor §§ 29a Rn. 32 f. sowie → Vor § 29 Rn. 22 ff. verwiesen. Entgegen der h.M. erscheint die Strafvorschrift zumindest im Hinblick auf das Handeltreiben mit Waffen verfassungsrechtlich im Hinblick auf das Verhältnismäßigkeitsprinzip bedenklich, als Tathandlungen mit geringem Gefährdungspotential mit einer Mindeststrafe von fünf Jahren aufwarten. Freilich wird derartigen Bedenken der Wind aus den Segeln genommen, als dieses Ergebnis durch eine Einzelfallentscheidung des Tatrichters, namentlich durch die Annahme eines minder schweren Falles abgemildert werden kann. Dass aber die Mindeststrafe von 5 Jahren auf 6 Monate herabsinkt, macht bereits deutlich, dass der Mindestschuldgehalt der „Grundnorm" bzw. der Erfolgsunwert der Tat viel zu hoch gehängt ist.

109   **3. Kritik.** Im Hinblick auf die vom Gesetzgeber angepeilte „Eskalationsgefahr" hätte es ohnehin nahe gelegen, nur solche Umgangsformen in Abs. 2 Nr. 2 aufzunehmen, bei deren die Beeinträchtigung oder Beteiligung eines Dritten tatbestandlich vorausgesetzt ist (nicht zwingend im Sinne einer notwendigen Teilnahme). In der Literatur wird dementsprechend auch eine **teleologische Reduktion** des Tatbestands in denjenigen Fällen des Handeltreibens mit Waffen vorgeschlagen, in denen kein räumliches Zusammentreffen mit Dritten (etwa im Rahmen von Ankaufsverhandlungen) festgestellt ist.[4] Dem ist zuzustimmen, wird schließlich die „allgemeine Gefahr", die aus dem Waffenbesitz resultiert, im Regelfall schon eigenständig über das WaffG erfasst. Die Rechtsprechung hingegen hält an der extensiven Auslegung des Handeltreibens auch bei § 30a Abs. 2 Nr. 2 fest, sodass jede auf Umsatz von Betäubungsmitteln gerichtete Tätigkeit, bei der ein Täter zeitgleich eine Waffe bzw. Gegenstand iSd Vorschrift mitsichführt, eine Strafrahmenuntergrenze von fünf Jahren mit sich bringt.[5] Es sei das oftmals bemühte Beispiel eines Telefonats mit ausländischen Lieferanten in Erinnerung gerufen, wo der Strafrahmen von nicht unter einem Jahr plötzlich nicht unter fünf Jahre beträgt, weil der Täter am anderen Hörer mit seinem Butterflymesser „herumfuchtelt".[6] Ggf. werden als unbillig empfundene Ergebnisse mit der Annahme eines minder schweren Falles korrigiert; die Sperrwirkung ist dann im Blick zu behalten (vgl. noch → Rn. 232).[7]

II. Kriminalpolitische Bedeutung

110   In der Praxis kommt dem Tatbestand des Abs. 2 Nr. 2 eine vergleichsweise geringe Bedeutung zu.[8] In der PKS wird der bewaffnete BtM-Handel gem. Abs. 2 Nr. 2 nicht erfasst. In der Strafverfolgungsstatistik des Statistisches Bundesamts Tabelle 3.7 Verurteilte 1982 bis 2009 wegen Rauschgiftkriminalität werden die Delikte des Abs. 2 Nr. 2 nicht erfasst.

---

[4] *Lenckner* NStZ 1998, 257; *Paul* NStZ 1998, 222; *Zaczyk* JR 1998, 256; *Paeffgen*, FS 50 Jahre BGH, Festgabe der Wissenschaft, Bd. IV, S. 725; *Hecker* NStZ 2000, 208; *Nestler* StV 2002, 504; vgl. auch *Leipold/Beukelmann* NJW-Spezial 2014, 312; in der Rechtsprechung ist diese Erwägung vereinzelt geblieben, vgl. BGH 13.4.1999 – 1Ars 3/99, BeckRS 1999, 30054474.

[5] BGH 3.4.2002 – 1 ARs 14/02, NJW 2002, 3116; BGH 10.4.1996 – 3 StR 5/96, BGHSt 43, 8 = NJW 1997, 1717; BGH 22.8.2012 – 2 StR 235/12, NStZ-RR 2013, 150; dem folgend die wohl h.M., vgl. noch die 2. Aufl., Rn. 163; sowie *Weber* Rn. 151 und KPV/*Patzak* Rn. 82.

[6] Zu derartigen Telefonfällen vgl. LG Berlin 5.12.2010 – (533) 69 Js 325/08 KLs (17/09), das eine teleologische Reduktion in solch einem Fall zugelassen hat (das Urteil ist rechtskräftig, vgl. *Schmidt* NJW 2013, 2865 (2867), unter Bezugnahme auf BGH 25.6.1999 – 3 StR 372/98, NJW 1999, 3206.

[7] Vgl. hierzu BGHSt 48, 189 = StV 2003, 282; vgl. auch BGH 21.9.2011 – 2 StR 286/11 m krit Anm *Oğlakcıoğlu* StV 2012, 411. Nicht in Abrede gestellt werden soll, dass die Annahme eines minder schweren Falles stets eine wertende Gesamtbetrachtung voraussetzt, bei der die Bildung pauschaler Fallgruppen unzulässig ist.

[8] AA *Sost-Scheible* NStZ 1997, 396: nicht unerhebliche Bedeutung.

III. Rechtsentwicklung

1. Einfluss internationaler Übereinkommen. Mit der Qualifikation wird Art. 3 111
Abs. 5 Buchst. d Übk. 1988 entsprochen, wonach die Anwendung von Gewalt oder der
Gebrauch von Waffen durch den Täter als besonders schwerwiegender Umstand bei der
Bewertung der Straftaten anzusehen ist.

2. Innerstaatliches Recht. Zur Entwicklung des innerstaatlichen Rechts wird auf die 112
Ausführungen Vor § 29a[9] verwiesen.

B. Erläuterung

I. Geltungsbereich

1. Inlands– Auslandstaten. Inlandstaten unterliegen dem deutschen BtM-Strafrecht 113
unabhängig davon, ob die Tat durch einen Ausländer oder einen Deutschen begangen
wurde.

Stellt sich die Tat als HT dar, greift das Weltrechtsprinzip (§ 6 Nr. 5 StGB)[10] ein mit der 114
Folge, dass deutsches Strafrecht unabhängig vom Recht des Tatorts zur Anwendung kommt.
Geht es dagegen um Einführen, Ausführen und Sichverschaffen außerhalb einer HT-Tätig-
keit (also im Wesentlichen bei Einfuhr oder Erwerb zum **Eigenverbrauch**), so gilt das
Weltrechtsprinzip nicht. Zur Frage der Strafbarkeit des Grunddelikts nach Tatortrecht in
anderen europäischen Staaten wird auf die Darstellung bei den Grundtatbeständen des
HTs, Einführens, Ausführens und Sichverschaffens verwiesen. Eine Qualifikation durch
Mitführen von Waffen oder gefährlichen Gegenständen kennt keines unserer Nachbarländer.

2. Grenzüberschreitende Mehrfachverfolgung. Zur Frage der Strafbarkeit von Aus- 115
landstaten und der damit einhergehenden **Frage der grenzüberschreitenden Mehrfachverfolgung** vgl. Vor § 29.[11]

II. Objektiver Tatbestand

Der Tatbestand setzt dreierlei voraus, einmal die – alternative – **Verwirklichung eines** 116
Grundtatbestands (HT, Einfuhr, Ausfuhr oder Sichverschaffen von BtM) und – kumulativ – die Verwirklichung zweier Qualifikationsmerkmale, die **nicht geringe Menge** von
BtM, auf die sich die Tathandlung des Grundtatbestands bezogen haben muss, sowie zugleich
das **Mitsichführen** einer Schusswaffe oder eines anderen (gefährlichen) Gegenstands bei
der Tathandlung. Wenn der Täter Waffen oder sonstige Gegenstände, die zur Verletzung
anderer bestimmt sind, mitsichführt, die Qualifikation des Abs. 2 Nr. 2 allerdings daran
scheitert, dass der Täter nicht mit nicht geringen Mengen Handel treibt, kommt ein **unbenannter besonders schwerer Fall** in Betracht.[12]

1. Bezugstathandlungen. Tathandlungen sind das HT, die Einfuhr,[13] die Ausfuhr oder 117
das Sichverschaffen von BtM, also Tätigkeiten, bei denen am ehesten mit gefährlichen
Situationen unter dem Einsatz von Waffen zu rechnen ist.

a) Handeltreiben. Der Begriff des HT iS des Abs. 2 Nr. 2 stimmt mit dem des Grund- 118
delikts überein.[14] Auf die Darstellung des HT-Begriffs bei § 29 Abs. 1 Nr. 1 kann daher
verwiesen werden. Ebenso wie beim Grundtatbestand ist es auch für das HT bei der Qualifikation des Abs. 1 Nr. 2 ohne Bedeutung, ob das BtM zur Verfügung steht oder auch nur

---

[9] → Vor § 29a Rn. 10 ff.
[10] → Vor § 29 Rn. 122.
[11] → Vor § 29 Rn. 161 ff.
[12] BGH 8.10.2014 – 1 StR 350/14, NStZ-RR 2015, 14 (Ls), BeckRS 2014, 21422.
[13] Vgl. zu einem Fall der Einfuhr BGH 11.6.2002 – 3 StR 140/02, NStZ-RR 2002, 277.
[14] BGH 14.4.1999 – 3 StR 22/99, NStZ 2000, 95 mAnm *Körner*.

vorhanden ist, entscheidend ist, dass etwas und was ausgehandelt wurde („Verbalhandel" oder „besitzloser Handel"). Die Rechtsprechung begründet dies mit der Erwägung, dass HT begrifflich auf den geschäftsmäßigen Kontakt mit anderen Personen hin angelegt ist.[15] Wegen der dabei auf dem Spiel stehenden wirtschaftlichen Werte bestehe dann typischerweise die Gefahr, dass der Täter seine Interessen rücksichtslos wahrnimmt, eine ihm zur Verfügung stehende Waffe auch einsetzt.[16] Dies gelte nicht nur dann, wenn der Täter von sich aus in Kontakt zu Dritten tritt. Dass eine als Heroinhändler bekannte Person im Zusammenhang mit seinen Umsatzgeschäften von anderen in ihrer Wohnung aufgesucht wird, lasse sich niemals ausschließen, sodass auch beim Besitz als Teilakt des HT die Qualifikation verwirklicht werden könne. In diesen als **„Wohnungsfälle"** bezeichneten Konstellationen muss man sich dann die merkwürdige Frage stellen, ob der zu Umsatzzwecken BtM besitzende Täter in demselben Raum die Waffe aufbewahrt (und damit mit sich führt) oder ob sich die Waffe in der ein paar Meter weiter entfernten Küche befindet,[17] vgl. noch → Rn. 171. Jedenfalls müsste man bei solch einer Argumentation auch den einfachen Besitz einbeziehen, hieran sieht man sich aber wegen des Wortlauts der Vorschrift wenigstens gehindert.

119   **b) „Ohne Handel zu treiben".** Der auf die Handlungsmodalitäten der Einfuhr, Ausfuhr und des Sichverschaffens bezogene, einschränkende Zusatz in Abs. 2 Nr. 2 „ohne Handel zu treiben" ist dahin zu verstehen, dass damit die Formulierung gemeint ist: „auch soweit der Täter mit den BtM keinen Handel treibt".[18]

120   **c) Einfuhr und Ausfuhr.** Die Begriffe der Einfuhr und der Ausfuhr iS des Abs. 2 Nr. 2 stimmen mit denen des Grunddelikts überein. Auf die Darstellung dieser Begriffe bei § 29 Abs. 1 Nr. 1 kann daher verwiesen werden.

121   **d) Sichverschaffen.** Die Handlungsmodalität des unerlaubten Sichverschaffens in § 30a Abs. 2 Nr. 2 umfasst – anders als beim „sonstigen Sichverschaffen" in § 29 Abs. 1 Nr. 1 – auch die rechtsgeschäftliche, einverständliche Erlangung der Verfügungsgewalt über das BtM[19] und damit auch den **Erwerb.**[20] Es handelt sich nicht um eine abweichende Begriffsbestimmung zu Lasten des Täters, da § 30a nur vom „Sich-Verschaffen" spricht, während in § 29 Abs. 1 das „Sonstige Sichverschaffen" dem Erwerb als besondere Form des Sich-Verschaffens gegenübergestellt ist (und insofern deutlich wird, dass es sich beim Erwerb lediglich um einen Unterfall des grundsätzlich weiterreichenden, sämtliche Fälle der Besitzerlangung umfassenden Sichverschaffens handelt).[21] Die Vorschrift soll die Eskalationsgefahr im Rahmen sämtlicher (auch zunächst „einvernehmlicher") BtM-Geschäfte erfassen, sich also nicht auf Fälle von Diebstahl, Raub und Erpressung beschränken.[22]

122   Das Sichverschaffen setzt (wie der Erwerb) voraus, dass der Täter die tatsächliche Verfügungsgewalt mit der Möglichkeit und dem Willen erlangt, über die Sache als eigene zu verfügen. Daran fehlt es, wenn der Täter BtM zur kurzfristigen Einlagerung für andere übernimmt.[23] Ebenso genügt die bloße Feststellung des **Besitzes** nicht, um ein Sich-Verschaffen bejahen zu können (was v.a. beim Umgang zum Eigenkonsum Bedeutung entfaltet,

---

[15] BGH 28.2.1997 – 2 StR 556/96, BGHSt 43, 8 = StV 1997, 305.
[16] Dem uneingeschränkt zustimmend noch in 2. Aufl.
[17] Unter Zugrundelegung eines extensiven Verständnisses somit auch konsequent KPV/*Patzak* Rn. 77: „fraglich, weil der Weg zum Nachbarzimmer nicht aufwändiger sein dürfte als der zum Kofferraum eines Pkw".
[18] BGH 10.4.1996 – 3 StR 5/96, BGHSt 42, 123 = NJW 1996, 2804.
[19] So auch *Joachimski/Haumer* Rn. 5.
[20] Vgl. BGH 10.4.1996 – 3 StR 5/96, BGHSt 42, 123 = NJW 1996, 2804.
[21] Nunmehr unklar BGH 20.1.2016 – 4 StR 528/15, NStZ-RR 2016, 142 (Ls.), BeckRS 2016, 04095: „Danach ist das Tatbestandsmerkmal des Sichverschaffens nicht belegt. Als Auffangtatbestand kommt die Tatmodalität des Sichverschaffens nur dann zur Anwendung, wenn im Einzelfall ein abgeleiteter Erwerb nicht sicher festzustellen ist (…). So liegt der Fall hier aber nicht."
[22] Vgl. BGH 10.4.1996 – 3 StR 5/96, BGHSt 42, 123 = NJW 1996, 2804.
[23] BGH 13.8.2009 – 3 StR 224/09, BeckRS 2009, 25653.

als hier das HT nicht zur Anwendung gelangt und der Tatbestand somit in räumlich-zeitlicher Hinsicht eine erhebliche Einschränkung erfährt; die berüchtigten „Wohnungsfälle" kommen hier rechtlich nicht zum Tragen, vgl. noch → Rn. 171, mithin kommt § 30a Abs. 2 Nr. 2 im Falle der Eigenverbrauchsabsicht nur in denjenigen Konstellationen zur Anwendung, in denen dies im Hinblick auf den Schutzzweck der Norm auch gerechtfertigt erscheint, → Rn. 109).[24]

e) Besitz. Beim Besitz ist zu unterscheiden: Der **bloße Besitz von BtM** (zB zum **123** Eigenverbrauch) ist von Abs. 2 Nr. 2 nicht erfasst.[25] Die besonderen Gefahren, deretwegen die Vorschrift bestimmte Tatmodalitäten unter eine erhöhte Strafdrohung stellt, sollen beim bloßen Besitz von BtM ausscheiden, auch wenn der Täter zugleich eine Schusswaffe hat.[26] Ist der Besitz dagegen **Teilakt eines HT**-Geschehens, so fällt er nach hM (als HT) unter die Bestimmung des Abs. 2 Nr. 2 (zur Kritik vgl. bereits → Rn. 109 und → Rn. 171). Erforderlich ist aber auch in diesen Fällen, dass der Täter BtM und Schusswaffe zugleich verfügungsbereit hat. Der bloße Aufenthalt in der Wohnung ist kein Teilakt des HT; besitzt der Täter zugleich BtM in einem Nachbarhaus, während sich die Waffe im Haupthaus befindet, kann die Strafbarkeit am Mitsichführen der Waffe beim „Besitz" scheitern (mithin genügt es nicht a priori für eine Verwirklichung des Abs. 2 Nr. 2, dass der Täter zugleich eine Waffe und BtM besitzt).[27]

2. Nicht geringe Menge. Zum Begriff, zur Festlegung der Grenzwerte und zur Fest- **124** stellung der nicht geringen Menge wird auf die Ausführungen Vor § 29 Bezug genommen.[28] Ohne Einfluss auf das Merkmal der nicht geringe Menge ist, ob das BtM zur tatsächlich Verfügung steht oder auch nur vorhanden ist, entscheidend ist, dass (hinreichend konkrete) Einkaufs- oder Verkaufsbemühungen sich auf eine BtM-Menge beziehen, die nach den in Rede stehenden Preisen, Gewichtsangaben oder Qualitätsmerkmalen (zB „100 g gute Ware" bei Heroin) zweifelsfrei als nicht geringe Menge zu bewerten ist. Führt der Täter bei einem solchen Gespräch eine Schusswaffe oder einen nach Abs. 2 Nr. 2 vergleichbaren Gegenstand mit sich, ist der Tatbestand erfüllt. Es genügt, dass jedenfalls hinsichtlich einzelner **Teilmengen** festgestellt ist, dass der Täter sich der Waffe jederzeit ohne nennenswerten Zeitaufwand bedienen konnte.[29] Mithin kann ein Handeltreiben mit Waffen in nicht geringen Mengen auch bejaht werden, wenn die Waffe nur bei der Veräußerung einer geringen Menge aus einem außerhalb des unmittelbaren Bereichs der Möglichkeiten zum Zugriff auf die Schusswaffe gelagerten Betäubungsmittelvorrat mitführt, und zwar unabhängig davon, ob sich der Großvorrat noch auf demselben Grundstück befindet[30] oder gänzlich woanders.[31] Daran ist – auch unter Zugrundelegung des hier vertretenen eingeschränkten Schutzkonzepts (→ Rn. 109) – nichts zu erinnern.

a) Unterschiedliche BtM. Bezieht sich die Tat auf verschiedene BtM, so sind die **125** Wirkstoffmengen der einzelnen BtM zur Prüfung des Tatbestandsmerkmals der „nicht geringen Menge" zusammenzuzählen.[32]

b) Unterschiedliche Verwendungszwecke. In den Fällen, in denen der (bewaffnete) **126** Täter mit BtM umgeht, die teils zur gewinnbringenden Weiterveräußerung, teils zum Eigen-

---

[24] BGH 12.12.2013 – 5 StR 522/13, BeckRS 2014, 00028.
[25] BGH 28.2.1997 – 2 StR 556/96, BGHSt 43, 8 = JR 1998, 254 mAnm *Zaczyk* = NStZ 1997, 344 mAnm *Lenckner* NStZ 1998, 257 und Anm. *Paul* NStZ 1998, 222.
[26] Kritisch hierzu KPV/*Patzak* Rn. 61.
[27] BGH 24.9.2015 – 2 StR 126/15, NStZ 2016, 123.
[28] → Vor § 29 Rn. 214 ff.
[29] BGH 24.7.2012 – 2 StR 205/12, BeckRS 2012, 23989; BGH 21.9.2011 – 2 StR 286/11 m krit Anm *Oğlakcıoğlu* StV 2012, 411.
[30] BGH 24.7.2012 – 2 StR 205/12, BeckRS 2012, 23989.
[31] Vgl. auch LG Berlin 10.5.2013 – (533) 273 Js 3504/12 KLs (3/13) bei *Schmidt* NJW 2013, 2865 (2867). Die Revision gegen die Entscheidung wurde gem. § 349 Abs. 2 verworfen, vgl. BGH 21.8.2013 – 4 StR 357/13, BeckRS 2013, 15694.
[32] → Vor § 29 Rn. 223 f.

konsum bestimmt sind und die nur in der Gesamtmenge, nicht aber in ihren Teilmengen die Grenze der nicht geringen Menge erreichen oder darüber hinausgehen, soll es – so der BGH[33] – nach dem Sinn und Zweck der erhöhten Strafschärfung nur auf die **Gesamtmenge** der BtM an sich und nicht auf die unterschiedlichen Zwecken dienenden Teilmengen ankommen. Mit einer derartigen Auslegung ist die tatbestandliche Unterscheidung der verschiedenen Handlungsmodalitäten des Abs. 2 Nr. 2 aufgegeben,[34] die es gerade wegen des einschränkenden Zusatzes „ohne Handel zu treiben" besonders zu beachten gegolten hätte. Für die **Praxis** (aber nur für den Fall, dass lediglich die Gesamtmenge, nicht aber die Teilmengen die Grenze der nicht geringen Menge erreichen oder darüber hinausgehen)[35] bedeutet diese Rechtsprechung: Es ist auf die Gesamtmenge der BtM abzustellen, die Gegenstand der Handlungsmodalitäten der Einfuhr, der Ausfuhr und des Sichverschaffens in Abs. 2 Nr. 2 sind. Zu tenorieren ist – in Bezug auf Abs. 2 Nr. 2 – die vorliegende Handlungsmodalität der Einfuhr, der Ausfuhr oder des Sichverschaffens (in Tateinheit allerdings mit HT nach § 29 Abs. 1 Nr. 1);[36] denn nur insoweit ist die nicht geringe Menge gegeben. Ohne Bedeutung (für die Anwendbarkeit der Vorschrift; anders bei der Strafzumessung) ist, welche Absichten der Täter mit der insgesamt nicht geringen Menge im Einzelnen verfolgt.

127 **3. Schusswaffe oder sonstiger Gegenstand.** Zum anderen muss der Täter bei der Tathandlung, die sich auf BtM in nicht geringer Menge bezieht, eine Schusswaffe oder einen sonstigen Gegenstand mit sich führen, der seiner Art nach zur Verletzung von Personen geeignet und bestimmt ist. Die Bewaffnung muss positiv festgestellt sein; es besteht kein Erfahrungssatz, dass mit 1 kg Heroin in einschlägigen Kreisen nicht unbewaffnet Handel getrieben wird.[37]

128 **a) Schusswaffe.** Aus dem Gesetzeswortlaut („eine Schusswaffe oder sonstige Gegenstände …") folgt, dass Schusswaffen einen untergeordneten Beispielsfall für den übergeordneten Begriff der Gegenstände darstellen, die ihrer Art nach zur Verletzung von Personen geeignet und bestimmt sind. Mit diesen Formulierungen unterscheidet sich § 30a Abs. 2 Nr. 2 deutlich von den in ihrer **Sachverhaltstypizität vergleichbaren Vorschriften** der §§ 244 Abs. 1 Nr. 1a, 250 Abs. 1 Nr. 1a StGB („eine **Waffe** oder ein anderes **gefährliches** Werkzeug bei sich führt") in der jetzt geltenden Fassung durch das 6. StrRG.[38] Die Rechtsprechung zu diesen Vorschriften darf daher **nicht unmittelbar, sondern nur unter Beachtung der Unterschiedlichkeit des Wortlauts und der Zielrichtung der Bestimmungen** für die Auslegung der Merkmale „zur Verletzung von Personen geeigneter und bestimmter Gegenstand" bzw. Schusswaffe herangezogen werden.[39]

129 **aa) Begriff.** Zur Erläuterung des Begriffs der „Schusswaffe" hat der Gesetzgeber bei der Begründung zu Abs. 2 Nr. 2 auf die Definition in § 1 Abs. 1 WaffG[40] (aF) und auf dessen Verwendung im StGB („zB in § 244 Abs. 1 Nr. 1" aF) Bezug genommen.[41] Beide Vorschriften, auf die damals rekuriert wurde, bestehen in dieser Form nicht mehr. Insbesondere die waffenrechtliche Terminologie darf nach der grundlegenden, unter den Gesichtspunkten der öffentlichen Sicherheit und Ordnung vorgenommenen Änderung des Waffenrechts[42] nicht

---

[33] BGH 10.4.1996 – 3 StR 5/96, BGHSt 42, 123 = NJW 1996, 2804 = NStZ 1996, 499.

[34] Nach *Seelmann* StV 1996, 672 liegt darin sogar eine verbotene Analogie zum Nachteil des Täters.

[35] Vgl. BGH 16.2.2000 – 3 StR 22/00, BeckRS 2000, 30096191.

[36] BGH 16.2.2000 – 3 StR 22/00, BeckRS 2000, 30096191.

[37] BGH 8.9.1999 – 2 StR 369/99, BeckRS 1999 30072189 = StV 2000, 69.

[38] Sechstes Gesetz zur Reform des Strafrechts (6. StrRG) vom 26.1.1998, BGBl. I S. 164; in Kraft getreten am 1.4.1998.

[39] So auch *Weber* Rn. 89.

[40] Waffengesetz (WaffG) in der bis zum 31.3.2003 geltenden Fassung der Bekanntmachung vom 8.3.1976, BGBl. I S. 432; aufgehoben und ersetzt durch das Waffengesetz (WaffG) in der Fassung des Gesetz zur Neuregelung des Waffenrechts (WaffRNeuRegG) vom 11.10.2002, BGBl. I S. 3970; in Kraft getreten am 1.4.2003, zuletzt geändert durch Art. 3 4. Gesetz zur Änderung des Sprengstoffgesetzes vom 17.7.2009, BGBl. I S. 2062.

[41] BT-Drs. 12/6853, 41.

[42] Durch das WaffRNeuRegG; zu den diesem Gesetz allgemein vgl. *Soschinka/Heller* NJW 2002, 2690.

mehr direkt übernommen werden.[43] Vor diesem Hintergrund sind Schusswaffen iS des § 30 Abs. 2 Nr. 2 **Gegenstände, bei denen Geschosse durch einen Lauf getrieben werden können,** wenn sie als solche bei der Tat konkret einsetzbar sind.

(1) Begriffsbestimmung in Orientierung am WaffG. Der Inhalt des Begriffs der **130** „Schusswaffe" ist vielmehr zu bestimmen im Einklang mit dem allgemeinen Sprachgebrauch auch unter Berücksichtigung seiner Wandelbarkeit je nach dem Fortschritt der Waffentechnik in Anlehnung an die in den Waffengesetzen enthaltenen Grundvorstellungen über eine Schusswaffe, wenn auch nicht in unmittelbarer Abhängigkeit davon. Die Begriffsbestimmungen des Waffengesetzes, das den Umgang mit Waffen oder Munition unter Berücksichtigung der Belange der öffentlichen Sicherheit und Ordnung regelt, bieten dabei aber eine „gewisse Orientierung".[44]

(2) Technische Voraussetzungen. Nach diesen Grundsätzen sind Schusswaffen iS des **131** § 30 Abs. 2 Nr. 2 **Gegenstände, bei denen Geschosse durch einen Lauf getrieben werden können.** Entscheidend ist dabei das Vorhandensein eines Laufs (das ist ein aus einem ausreichend festen Werkstoff bestehender rohrförmiger Gegenstand, der Geschossen, die hindurchgetrieben werden, ein gewisses Maß an Führung gibt, wobei dies in der Regel als gegeben anzusehen ist, wenn die Länge des Laufteils, der die Führung des Geschosses bestimmt, mindestens das Zweifache des Kalibers beträgt),[45] wobei ein Gaslauf (das ist ein Lauf, der ausschließlich der Ableitung der Verbrennungsgase dient)[46] genügt. Unerheblich ist, wie die Bewegungsenergie entsteht, zB durch heiße Gase bei den Feuerwaffen,[47] durch kalte Gase wie bei den CO_2-Waffen[48] oder durch Federdruck wie bei den Luftgewehren[49] und Luftdruckpistolen.[50]

Schusswaffen im strafrechtlichen Sinn und damit auch iS des Abs. 2 Nr. 2 sind auch **132** **Gaspistolen und Gasrevolver.**[51] Auch diese Waffen sind nach ihrer Konstruktion geeignet und bestimmt, Gegner über eine nicht unbeachtliche Reichweite hinweg zu verletzen. Unerheblich ist, dass dies auf chemischem Weg geschieht.[52] Gaspistolen und Gasrevolver sind auch dann Schusswaffen, wenn sie über Sperrvorrichtungen (Sperrhöcker, Stege, Querstifte oder Verengungen) verfügen; diese verhindern nur das Passieren vollformatiger Geschosse, nicht jedoch den Austritt des Gasstroms und kleinerer Partikel.[53] Dies gilt allerdings nur unter einer Einschränkung: Gaspistolen und Gasrevolver sind in strafrechtlicher Hinsicht nur dann Schusswaffen, wenn die Gase (wie üblich) mit der **Bewegungsrichtung nach vorn** verschossen werden;[54] wenn die Gase dagegen seitlich oder durch oben gelegene Lauföffnungen austreten, so reicht dies nicht.[55]

---

[43] Sondern „Anlehnung" an die waffenrechtl. Begriffsbestimmung", vgl. *Franke/Wienroeder* Rn. 13, der ausdrücklich gegen *Weber* Rn. 91 (→ Rn. 140 in der *Franke* vorliegenden 2. Aufl.) darin mehr als eine bloße Orientierungshilfe sieht; zurückhaltender HJLW/*Winkler* Rn. 4.3.1.

[44] Vgl. BGH 4.2.2003 – GSSt 2/02, BGHSt 48, 197 = NJW 2003, 1677 = StV 2003, 336 zu einer Streitfrage bei § 250 Abs. 2 Nr. 1 StGB unter Berufung ua auf BGH 6.5.1971 – 4 StR 114/71, BGHSt 24, 136 und 13.7.1989 – 4 StR 283/89, NStZ 1989, 476; ebenso *Weber* Rn. 91.

[45] Vgl. Abschn. 1 Unterabschn. 1.3.1 nF der Anlage 1 zu § 1 Abs. 4 WaffG.

[46] Vgl. Abschn. 1 Unterabschn. 1.3.1 der Anlage 1 zu § 1 Abs. 4 WaffG.

[47] Vgl. Abschn. 1 Unterabschn. 2 der Anlage 1 zu § 1 Abs. 4 WaffG.

[48] BGH 11.1.2000 – 5 StR 444/99, NStZ 2000, 431.

[49] BGH 11.1.2000 – 5 StR 444/99, NStZ 2000, 431 unter Berufung auf BGH 17.1.1974 – 4 StR 601/73, MDR 1974, 547 *(Dallinger)*.

[50] BGH 12.10.2005 – 2 StR 298/05, NJW 2006, 73 = StV 2006, 23.

[51] BGH 6.5.1971 – 4 StR 114/71, BGHSt 24, 136 = NJW 1971, 1223; 4.2.2003 – GSSt 2/02, BGHSt 48, 197 = NJW 2003, 1677 = StV 2003, 336; 12.10.2005 – 2 StR 298/05, NJW 2006, 73 = StV 2006, 23; zum Ganzen auch *Fischer* NStZ 2003, 569.

[52] BGH 13.7.1989 – 4 StRR 283/89, NStZ 1989, 476 für den häufig vorkommenden Gastrommelrevolver „Röhm RG 89".

[53] BGH 13.7.1989 – 4 StR 283/89, NStZ 1989, 476.

[54] BGH 11.5.1999 – 4 StR 380/98, BGHSt 45, 92 = NJW 1999, 2198 = StV 1999, 375; 21.3.2000 – 1 StR 441/99, NStZ 2000, 433; 25.4.2001 – 3 StR 533/00, NStZ 2001, 532; 19.9.2001 – 2 StR 240/01, NStZ 2002, 31; 20.12.2005 – 3 StR 424/05, BeckRS 2006, 02044.

[55] BGH 12.2.1987 – 4 StR 611/86, BeckRS 1987, 31100595; 13.7.1989 – 4 StR 283/89, NStZ 1989, 476; 12.9.1995 – 1 StR 401/95, NStZ-RR 1996, 3 = StV 1996, 315; 21.5.1981 – 4 StR 149/81, NStZ

133 Für **Schreckschusswaffen,** die waffenrechtlich[56] zu den Schusswaffen gehören, gilt nichts anderes: dann, wenn der **Explosionsdruck nach vorne** austritt, sind sie Schusswaffen iS der strafrechtlichen Bestimmungen,[57] und damit auch iS des Abs. 2 Nr. 2. Mit dieser Entscheidung hat der Große Senat für Strafsachen die frühere Rechtsprechung aufgegeben. Maßgeblich hierfür war die im Gesetzgebungsverfahren zur Neuregelung des Waffenrechts festgestellte Gefährlichkeit dieser Waffen, die derjenigen vergleichbar ist, die von echten Waffen ausgeht. Zur Frage, ob der Explosionsdruck beim Abfeuern der Munition nach vorne durch den Lauf austritt, sind grundsätzlich besondere Feststellungen zu treffen, denn der Austritt des Explosionsdrucks nach vorne mag zwar üblich sein, kann aber nicht als selbstverständlich vorausgesetzt werden.[58] Etwas anderes gilt lediglich dann, wenn sich aus der konkreten Typenbezeichnung auch die Bauweise der Pistole mit Mündung nach vorne ergibt (dann ist es dem Revisionsgericht nämlich möglich, die Bauweise aus einer jedermann zugänglichen Quelle – Internet – im Sinne der Allgemeinkundigkeit zuverlässig festzustellen).[59]

134 Die Schreckschusswaffe ist daher auch dann, wenn sie mit Schreckschussmunition („**Platzpatronen**")[60] geladen ist, eine Schusswaffe im Sinne des § 30a Abs. 2 Nr. 2, sofern nur der Explosionsdruck nach vorne austritt.[61] Dasselbe gilt für eine Waffe, die mit **Gaspatronen** geladen ist.[62] Erst recht liegt eine Schusswaffe vor, wenn die Schreckschusswaffe zu einer **scharfen Waffe** umgebaut wurde und aus ihr scharfe Munition verschossen werden kann.[63]

135 Keine Schusswaffen dagegen sind **Spielzeugpistolen** und Schusswaffenattrappen[64] oder auch **Scheinwaffen (zB Kinderpistolen).**[65] Sie sind nämlich weder nach ihrer Art noch nach ihrer Bestimmung zur Herbeiführung wesentlicher Verletzungen geeignet. Dasselbe gilt für **Dekorationswaffen** (vgl. näher → Rn. 154).

136 **(3) Einsetzbarkeit.** Allerdings folgt aus dem Zweck des Verbrechenstatbestandes des Abs. 2 Nr. 2, die besondere Gefährlichkeit von Schusswaffen zu erfassen, dass sie einsetzbar, also einsatzfähig und einsatzbereit, sein muss. Dies ist einer der wesentlichen Unterschiede zum Waffenrecht, wo es in erster Linie auf die waffentechnischen Merkmale ankommt. Daraus folgt, dass eine Schusswaffe iS des Abs. 2 Nr. 2, die an sich alle Voraussetzungen einer Schusswaffe iS des WaffG erfüllt, ihre Schusswaffeneigenschaft entsprechend den besonderen Vorgaben des BtMG dann verliert, wenn sie im konkreten Fall („bei der Tat") nicht als solche einsetzbar ist, zB weil keine geeignete Munition mitgeführt wird. Das Merkmal der Einsetzbarkeit ist somit Definitionsbestandteil des Schusswaffenbegriffs iS des Abs. 2 Nr. 2.[66] Nach diesen Grundsätzen gehört zur Einsatzbereitschaft, dass auch **geeignete Munition** für diese Schusswaffe **vorhanden** ist.[67] Nach der früheren Rechtsprechung war dies nicht

---

1981, 301; BGH, 9.2.2010 – 3 StR 17/10, NStZ 2010, 390; 15.2.2011 – 3 StR 8/11; 20.1.2016 – 4 StR 528/15, NStZ-RR 2016, 142 (Ls), BeckRS 2016, 04095; aA OLG Düsseldorf 25.9.1990 – 2 Ss 156/90 – 27/90 III, NStZ 1991, 40 (Eine Gaspistole ist unabhängig davon, ob der Gasaustritt durch die vordere Lauföffnung oder durch seitlich bzw. oben gelegene Lauföffnungen erfolgt, als Schusswaffe iSd § 244 Abs. 1 Nr. 1 StGB anzusehen.).

[56] Anlage 1 Abschn. 1 Unterabschn. 1 Nr. 2.6: Feuerwaffen.

[57] BGH 4.2.2003 – BGHSt 48, 197 = NJW 2003, 1677 = StV 2003, 336.

[58] BGH 11.11.2014 – 3 StR 451/14, NStZ-RR 2015, 77; Für den schweren Raub BGH 6.6.2012 – 5 StR 233/12, NStZ 2012, 445; vgl. bereits BGH 9.2.2010 – 3 StR 17/10, NStZ 2010, 390; 15.2.2011 – 3 StR 8/11, BeckRS 2011, 06581.

[59] BGH 20.1.2016 – 4 StR 528/15, NStZ-RR 2016, 142 (Ls.), BeckRS 2016, 04095; 10.2.2015 – 5 StR 594/14, NStZ 2015, 349 („Walther P88 Kompakt"); BGH 11.11.2014 – 3 StR 451/14, NStZ-RR 2015, 77; BGH 5.5.2011 – 3 StR 57/11, NStZ 2011, 702.

[60] Anlage 1 Abschn. 1 Unterabschn. 3 Nr. 1.2: Kartuschenmunition.

[61] BGH 12.10.2005 – 2 StR 298/05, NJW 2006, 73 = StV 2006, 23.

[62] BGH 25.4.2001 – 3 StR 533/00, NStZ 2001, 532; 3.4.2002 – 1 ARs 5/02, NStZ-RR 2002, 265.

[63] Vgl. BGH 1.7.1998 – 1 StR 185-98, NJW 1998, 3131 = StV 1998, 659.

[64] BGH 23.4.1998 – 1 StR 180/98, StV 1998, 462 mAnm *Lesch* StV 1999, 92; 6.9.2007 – 4 StR 227/07, BeckRS 2007, 15394 = StraFo 2008, 85.

[65] BGH 12.9.1989 – 1 StR 475/89, BeckRS 1989, 31099710.

[66] So auch *Joachimski/Haumer* Rn. 6; KPV/*Patzak* Rn. 68; und *Weber* Rn. 98; aA *Franke/Wienroeder* Rn. 14.

[67] Vgl. BGH 11.3.1986 – 1 StR 71/86, StV 1987, 67; 1.7.1998 – 1 StR 183/98, NJW 1998, 3130; 1.7.1998 – 1 StR 185/98, NJW 1998, 3131.

der Fall, wenn nur Schreckschussmunition zur Verfügung steht.[68] Diese Rechtsprechung kann nach der Entscheidung des Großen Strafsenats des BGH[69] zur Bewertung von Schreckschusswaffen als Waffe iS des § 250 Abs. 2 Nr. 1 StGB nicht mehr aufrechterhalten werden. Es kommt auf konkrete Feststellungen dazu an, ob die Schreckschussmunition mit dieser Waffe hätte verschossen werden können. Die für die Schusswaffe **geeignete Munition muss griffbereit** sein, so dass die Waffe kurzfristig schussbereit gemacht werden kann.[70] Dies ist dann der Fall, wenn die Waffe unschwer und ohne erheblichen Zeitverlust geladen werden kann,[71] zB, wenn der Täter Schusswaffe und Munition im gleichen Regal aufbewahrt,[72] in der Jackentasche[73] oder sonst in der Kleidung[74] mit sich führt oder wenn der Täter die Patronen der Waffe entnimmt und in der mit sich geführten Einkaufstasche verstaut.[75] Gleiches gilt für den Fall, dass einer der Täter die Waffe und ein anderer Täter die Munition jeder zugriffsbereit (und jeder mit Wissen und Billigung dieser Besitzlage) zB unter den zuvor beschriebenen Umständen bei sich hat und beide in Zuwurfsweite voneinander entfernt sind. Nicht mehr in Griffnähe ist die Munition, wenn sie sich im Pkw vor dem Gebäude und der Täter mit der Waffe sich im Gebäude befindet.[76] Hierdurch unterscheidet sich der btm-rechtliche Schusswaffenbegriff des Abs. 2 Nr. 2 von dem Waffenbegriff des § 250 Abs. 2 Nr. 1a StGB. Für § 30a Abs. 2 Nr. 2 muss die Schusswaffe nicht geladen sein, wenn nur die passende Munition griffbereit ist; für § 250 Abs. 2 Nr. 1a StGB soll nach der Rechtsprechung des BGH[77] die Waffe geladen sein müssen, damit das Tatbestandsmerkmal des „Verwendens" (aber auch des „Beisichführens") als erfüllt angesehen werden kann. Die Schusswaffe muss **nicht geladen („durchgeladen")** sein,[78] es genügt, dass sie „unterladen" ist, dh dass die Patrone sich zwar im Magazin, aber noch nicht im Lauf befindet; in einem solchen Fall liegt eine gebrauchsfähige, wenn auch noch nicht schussbereite Schusswaffe vor. Die Schusswaffe ist als solche auch dann einsetzbar, wenn sie noch **nicht entsichert** ist.

Defekte/unbrauchbar gemachte Waffen: Weist die Waffe einen Defekt auf, so dass sie nicht als Schusswaffe einsetzbar ist, liegt keine Schusswaffe iS des Abs. 2 Nr. 2 vor. Kann aber eine vorübergehende Ladehemmung schnell beseitigt werden, so ist von einer einsetzbaren Schusswaffe auszugehen.[79] Dauerhaft unbrauchbar gemachte Schusswaffen[80] sind als solche nicht einsetzbar.   **137**

(4) Beispiele. Folgende Gegenstände sind als Schusswaffen angesehen worden: CO_2-Waffen,[81] Flobertgewehre oder -pistolen,[82] **Gaspistolen und Gasrevolver** sind Schusswaffen, wenn das Gas nach vorn durch einen Lauf austritt;[83] tritt das Gas indessen nicht mit der Bewegungsrichtung nach vorn, sondern seitlich oder oben aus, so liegt keine Schusswaffe vor,[84] weil die Gaspatronen nicht mit der Bewegungsrichtung durch den Lauf nach vorn   **138**

---

[68] Vgl. BGH 19.5.1988 – 2 StR 22/88, NStZ 1988, 420 mwN.

[69] BGH 4.2.2003 – GSSt 2/02, BGHSt 48, 197 = NJW 2003, 1677 = StV 2003, 336.

[70] BGH 11.11.2014 – 3 StR 451/14, NStZ-RR 2015, 77 (Ls.); BGH 8.9.1982 – 3 StR 241/82 (S), MDR 1983, 91 (*Holtz*); 1.70.1998 – 1 StR 185/98, NJW 1998, 3131.

[71] *Weber* Rn. 100.

[72] So der Sachverhalt von BGH 28.2.1997 – 2 StR 556/96, BGHSt 43, 8 = NStZ 1997, 344 mAnm *Lenckner* NStZ 1998, 257 und Anm. *Paul* NStZ 1998, 222 = StV 1997, 35.

[73] So der Sachverhalt von BGH 20.10.1999 – 1 StR 429/99, BGHSt 45, 249 = NJW 2000, 1050.

[74] Vgl. BGH 25.2.2000 – 2 StR 445/99; 3.4.2002 – 1 ARs 5/02, NStZ-RR 2002, 265.

[75] So der Sachverhalt von BGH 4.6.1985 – 2 StR 125/85, NStZ 1985, 547.

[76] AA BGH 5.8.1987 – 2 StR 315/87.

[77] BGH 20.10.1999 – 1 StR 429/99, BGHSt 45, 249 = NJW 2000, 3475 mAnm *Hannich/Kudlich*.

[78] BGH 21.5.1981 – 4 StR 149/81, NStZ 1981, 31.

[79] KPV/*Patzak* Rn. 68; vgl. BGH 17.6.1998 – 2 StR 167/98, BGHSt 44, 103 = NJW 1998, 2915.

[80] Vgl. dazu Anlage 1 Abschn. 1 Unterabschn. 1.4, 1.5 zu § 1 Abs. 2 Nr. 1 WaffG.

[81] BGH 11.1.2000 – 5 StR 444/99, NStZ 2000, 431.

[82] *Weber* Rn. 92.

[83] Vgl. zB BGH 11.5.1999 – 4 StR 380/98, BGHSt 45, 92 (93) = JZ 1999, 1060 mAnm *Zopfs* und 21.3.2000 – 1 StR 441/99, NStZ 2000, 433 sowie 19.9.2001 – 2 StR 240/01, NStZ 2002, 31 für Gaspistolen; BGH 13.7.1989 – 4 StR 283/89, NStZ 1989, 476 für Gasrevolver.

[84] Vgl. BGH 12.9.1995 – 1 StR 401/95, NStZ-RR 1996, 3.

verschossen werden; Gewehre[85] (als Feuerwaffen), Leuchtpistolen,[86] Luftgewehre oder -pistolen,[87] Maschinenpistolen,[88] Pistolen[89] (als Feuerwaffen), Revolver[90] (als Feuerwaffen), Schreckschussrevolver und -pistolen: Während die Rechtsprechung **Schreckschusswaffen** zunächst nur unter besonderen Bedingungen als Schusswaffen angesehen hatte: Signalpistolen,[91] wenn mit ihnen neben Platzpatronen auch Gasmunition abgefeuert werden kann, wenn sie mit derartiger Munition geladen sind (oder wenn derartige Munition zur sofortigen Ladung griffbereit ist)[92] unter der Voraussetzung, dass das Gas beim Abfeuern durch den Lauf nach vorne austritt,[93] Schreckschussrevolver und -pistolen, die zu scharfen Waffen umgebaut sind,[94] auch: scharfe Waffen, die mit Schreckschussmunition geladen sind,[95] sieht der **BGH**[96] **nunmehr** ganz allgemein geladene Schreckschusswaffen, bei denen der Explosionsdruck nach vorn austritt, als Waffen iS des § 250 Abs. 2 Nr. 1 StGB an. Diese Bewertung ist angesichts der Feststellungen des BGH zur Gefährlichkeit moderner Schreckschusswaffen und in Anbetracht des Zwecks des Verbrechenstatbestandes des Abs. 2 Nr. 2, die besondere Gefährlichkeit von Schusswaffen zu erfassen, auf den Schusswaffenbegriff des BtMG zu übertragen. Damit gilt: **Schreckschusswaffen sind Schusswaffen iS des Abs. 2 Nr. 2, wenn sie als solche konkret einsetzbar sind.** Die Einschränkung des Großen Senats, dass die Waffe geladen sein muss, beruht auf den Besonderheiten, die die Rechtsprechung dem Tatbestand des § 250 Abs. 2 Nr. 1a StGB beigemessen hat,[97] für das BtMG hat sie angesichts von dessen Zielrichtung zu entfallen, allerdings bedarf es der Einsetzbarkeit der Waffe (→ Rn. 149).

139   **Keine Schusswaffen** sind Attrappen von Schusswaffen,[98] Blasrohre oder ähnliche Gegenstände, bei denen feste Körper mittelbar durch Muskelkraft angetrieben werden; Dekorationswaffen;[99] Gaswaffen mit aufgeschraubten Abschussbechern zum Abschießen pyrotechnischer Gegenstände; es fehlt an der Möglichkeit zu gezieltem Schießen;[100] Kinderpistolen;[101] Knallkorkenpistolen; Scheinwaffen;[102] Schießbleistifte (Schießkugelschreiber, Signalstifte), wegen Fehlens eines Laufs; Spielzeugpistolen;[103] Startpistolen, wenn sie keine Ausschussöffnung nach vorne haben und in ihnen nur Knallpatronen verfeuert werden können; Zündblättchenpistolen (zum Abschießen nur von Amorces), weil bei ihnen üblicherweise kein fester Körper durch einen Lauf getrieben wird.

140   **bb) Verletzungsgeeignetheit und -bestimmung.** Führt der Täter eine Schusswaffe mit sich, so bedarf es nicht der weiteren Feststellung, dass diese Waffe ihrer Art nach zur Verletzung von Personen geeignet und bestimmt war. Die entsprechende Einschränkung in

---

[85]   → StGB § 250 Rn. 10.

[86]   Vgl. LG Nürnberg-Fürth 24.6.1963 – Qs 580/63.

[87]   BGH 11.1.2000 – 5 StR 444/99, NStZ 2000, 431 Berufung auf BGH 17.1.1974 – 4 StR 601/73, MDR 1974, 547 *(Dallinger)*.

[88]   BGH 20.9.1996 – 2 StR 300/96, NStZ-RR 1997, 16 = StV 1996, 674.

[89]   → StGB § 250 Rn. 10.

[90]   → StGB § 250 Rn. 10.

[91]   Vgl. *Steindorf,* Waffenrecht, 7. Aufl., WaffG § 1 aF Rn. 9.

[92]   Vgl. BGH 3.4.2002 – 1 ARs 5/02, NStZ-RR 2002, 265 und die dort angeführten Belege.

[93]   Vgl. BGH 25.4.2001 – 3 StR 533/00, NStZ 2001, 532.

[94]   Vgl. BGH 14.1.1997 – 1 StR 580/96, BGHSt 42, 368 = NJW 1997, 1083; 1.7.1998 – 1 StR 185/98, NJW 1998, 3131.

[95]   Dies ist die Konsequenz aus BGHSt 48, 197 (nachfolgende Fn.); die entgegenstehende frühere Rechtsprechung (vgl. zB BGH 9.9.1986 – 4 StR 460/86), ist überholt.

[96]   Vgl. BGH 4.2.2003 – GSSt 2/02, BGHSt 48, 197 = NJW 2003, 1677 = StV 2003, 336 gegen die gesetzgeberischen Überlegungen zum 6. StrRG in BT-Drs. 13/8587, 44 unter Aufgabe der bisherigen Rspr. des BGH; 12.10.2005 – 2 StR 298/05, NJW 2006, 73 = StV 2006, 23.

[97]   BGH 20.10.1999 – 1 StR 429/99, BGHSt 45, 249 = NJW 2000, 3475 mAnm *Hannich/Kudlich.*

[98]   Vgl. BGH 23.4.1998 – 1 StR 180/98, StV 1998, 422 mAnm *Lesch* StV 1999, 92.

[99]   Vgl. BGH 16.6.1998 – 4 StR 153/98, StV 1999, 92.

[100]   Vgl. *Steindorf,* WaffG § 1 aF Rn. 12.

[101]   Vgl. BGH v. 120.9.1989 – 1 StR 475/89.

[102]   *Körner* (VI) Rn. 56.

[103]   Vgl. BGH 23.4.1998 – 1 StR 180/98, StV 1998, 422 mAnm *Lesch* StV 1999, 92.

Abs. 2 Nr. 2 bezieht sich allein auf die „sonstigen Gegenstände", die eine der Schusswaffe entsprechende Gefährlichkeit erst durch das Vorliegen dieser zusätzlichen Tatumstände erhalten.[104] Unerheblich ist sogar, dass der Täter den Vorsatz hat, die Waffe nicht zu gebrauchen,[105] oder dass er die Waffe „aus Sicherheitsgründen, damit nichts geschehe"[106] mitnimmt. Von einer Schusswaffe geht eine erhöhte abstrakte Gefährlichkeit aus, weil sie dem Täter das Bewusstsein verleiht, über ein gefährliches, unauffällig handhabbares, schnell einsatzbereites und auch auf Distanz sicher wirkendes Angriffsmittel zu verfügen;[107] dieses Bewusstsein kann, auch bei ursprünglich anderer Absicht, Anlass sein, bei der Tatausführung dieses gefährliche Mittel auch einzusetzen. Diese Gefahr ist auch bei **Berufswaffenträgern,** also Personen, die aus beruflichen Gründen eine Waffe tragen (müssen), wie zB bei Polizeibeamten oder Soldaten, aber auch bei Angehörigen von Sicherheitsdiensten, nicht geringer einzuschätzen als bei einem anderen mit einer Schusswaffe ausgerüsteten Täter.[108] Allerdings kann es dann im Einzelfall am aktuellen Bewusstsein des Bewaffnetseins bei Tatausführung fehlen.[109]

b) Verletzungsgeeignete und -bestimmte Gegenstände. Soweit die Vorschrift **141** „sonstige Gegenstände, die ihrer Art nach zur Verletzung von Personen geeignet und bestimmt sind", betrifft, ist sie an **§ 27 Abs. 1 S. 1 VersammlG**[110] angelehnt. Dies ergibt sich aus der Begründung des Gesetzentwurfs des Verbrechensbekämpfungsgesetzes.[111] Eine weitergehende Erörterung der Vorschrift ist den Materialien zum Gesetzgebungsverfahren nicht zu entnehmen. Diese Bezugnahme auf das VersammlG ist ein wesentliches Auslegungskriterium.[112] Der mitgeführte Gegenstand muss zur Verletzung **sowohl geeignet als auch bestimmt** sein; beide Voraussetzungen müssen kumulativ, nicht alternativ erfüllt sein.[113]

aa) Begriff der Eignung zur Verletzung von Personen. Es muss sich um Gegen- **142** stände handeln, die schon nach ihrer Beschaffenheit („ihrer Art nach"), nicht erst infolge der besonderen Art ihrer Verwendung, zur Herbeiführung von Verletzungen bei Personen geeignet sind. Entgegen dem missglückten Wortlaut der Vorschrift müssen die Gegenstände aber nicht auch ihrer Art nach zur Verletzung von Personen bestimmt sein, sondern der Täter muss sie mit dieser Zweckbestimmung mit sich führen.[114] Wegen ihrer Hervorhebung als besonderer Beispielsfall (vgl. → Rn. 141) zählen Schusswaffen nicht zu den „sonstigen Gegenständen". Die damit eröffnete „breite Palette"[115] von in Betracht kommenden Gegenständen lässt sich wie folgt systematisieren:[116] Waffen im technischen Sinn (§ 1 Abs. 2 Nr. 2a WaffG), mit Ausnahme von Schusswaffen,[117] gekorene Waffen (§ 1 Abs. 2 Nr. 2b WaffG und andere gefährliche Gegenstände.

(1) Waffen im technischen Sinn (§ 1 Abs. 2 Nr. 2a WaffG). Waffen im technischen **143** Sinn sind nach der Legaldefinition des § 1 Abs. 2 Nr. 2a WaffG tragbare Gegenstände, die

---

[104] Vgl. OLG Düsseldorf 26.6.1996 – 1 Ws 565/96, NStZ-RR 1996, 375.
[105] BGH 23.8.1983 – 5 StR 408/83, NStZ 1984, 216 mAnm *Zaczyk.*
[106] BGH 4.6.1985 – 2 StR 125/85, NStZ 1985, 547.
[107] BGH 18.2.1981 – 2 StR 720/80, BGHSt 30, 44 = NJW 1981, 1107; 20.9.1996 – 2 StR 300/96, NStZ-RR 1997, 16 = StV 1996, 674.
[108] BGH 18.2.1981 – 2 StR 720/80, BGHSt 30, 44 = NJW 1981, 1107; diese Auslegung ist verfassungsrechtlich nicht zu beanstanden, vgl. BVerfG 16.8.1994 – 2 BvR 647/93, NJW 1995, 251.
[109] Vgl. BayObLG 25.2.1999 – 5 St RR 240/98, BayObLGSt 1999, 46.
[110] Gesetz über Versammlungen und Aufzüge (Versammlungsgesetz) idF 15.11.1978, BGBl. I S. 1789, in Kraft ab 1.10.1978; zuletzt geändert durch Art. 2 Gesetz zur Zusammenführung der Regelungen über befriedete Bezirke für Verfassungsorgane des Bundes 8.12.2008, BGBl. I S. 2366.
[111] BT-Drs. 12/6853, 41.
[112] BGH 20.9.1996 – 2 StR 300/96, NStZ-RR 1997, 16; 9.10.1997 – 3 StR 465/97, BGHSt 43, 266 = NJW 1998, 1504 = StV 1998, 262.
[113] BGH 28.8.1996 – 3 StR 135/96, BeckRS 1996, 31079980.
[114] Vgl. Erbs/Kohlhaas/*Wache* § 3 VersammlG Rn. 12; vgl. auch BGH BGH 28.8.1996 – 3 StR 135/96, BeckRS 1996, 31079980.
[115] HJLW/*Winkler* Rn. 4.3.2.
[116] Diese Systematik geht auf *Weber* Rn. 106 ff. zurück.
[117] S. *Weber* Rn. 106 ff.

ihrem Wesen nach dazu bestimmt sind, die Angriffs- oder Abwehrfähigkeit von Menschen zu beseitigen oder herabzusetzen, insbesondere Hieb- und Stoßwaffen. Nach Anlage 1 zu § 1 Abs. 4 WaffG Abschn. 1 Unterabschn. 2 Nr. 1 sind tragbare Gegenstände iS des § 1 Abs. 2 Nr. 2a WaffG „insbesondere" **Hieb- und Stoßwaffen,** dh nach der Legaldefinition „Gegenstände, die ihrem Wesen nach" – vom Hersteller – „dazu bestimmt sind, unter unmittelbarer Ausnutzung der Muskelkraft durch Hieb, Stoß, Stich, Schlag oder Wurf Verletzungen beizubringen" (Anlage 1 Abschn. 1 Unterabschn. 2 Nr. 1.1). Erfasst wird also eine Waffe, die nach der Art ihrer Anfertigung oder nach der herrschenden Verkehrsauffassung objektiv dazu bestimmt ist, Gesundheitsbeschädigungen oder Körperverletzungen beizubringen.[118]

144   Zu den **Hieb- und Stoßwaffen** zählen zB:
- **Stahlruten,**[119] **Totschläger,**[120] **Teleskopschlagstöcke**[121] oder **Schlagringe**[122] (Anlage 2 Abschn. 1 Nr. 1.3.2),
- **Schlagstöcke,**[123]
- **Wurfsterne,** dh sternförmige Scheiben, die nach ihrer Beschaffenheit und Handhabung zum Wurf auf ein Ziel bestimmt und geeignet sind, die Gesundheit zu beschädigen (Anlage 2 Abschn. 1 Nr. 1.3.3),
- **Molotow-Cocktails,** dh Gegenstände, bei denen leicht entflammbare Stoffe so verteilt und entzündet werden, dass schlagartig ein Brand entstehen kann oder in denen unter Verwendung explosionsgefährlicher oder explosionsfähiger Stoffe eine Explosion ausgelöst werden kann (Anlage 1 Abschn. 2 Unterabschn. 2 Nr. 1.3.4),
- **Reizstoffsprühgeräte,** dh Gegenstände mit Reiz- oder anderen Wirkstoffen (es sei denn, dass die Stoffe als gesundheitlich unbedenklich amtlich zugelassen sind und die Gegenstände in der Reichweite und Sprühdauer begrenzt sind und zum Nachweis der gesundheitlichen Unbedenklichkeit, der Reichweiten- und der Sprühdauerbegrenzung ein amtliches Prüfzeichen tragen, also die handelsüblichen Pfeffersprays[124]) (Anlage 1 Abschn. 1 Unterabschn. 2 Nr. 1.3.5),
- **Elektroimpulsgeräte**[125] **(sog Elektroschocker),** dh Gegenstände, die unter Ausnutzung einer anderen als mechanischen Energie Verletzungen beibringen (Anlage 1 Abschn. 1 Unterabschn. 2 Nr. 1.3.6),
- **Präzisionsschleudern** (Anlage 1 Abschn. 1 Unterabschn. 2 Nr. 1.3.7),
- **Nun-Chakus**[126] oder andere **Drosselungsgeräte** (Anlage 2 Abschn. 1 Nr. 1.3.8),
- **Flammenwerfer** (Anlage 1 Abschn. 1 Unterabschn. 2 Nr. 1.2.4).

145   **(2) Gekorene Waffen (§ 1 Abs. 2 Nr. 2b WaffG).** Gekorene Waffen[127] sind tragbare Gegenstände, die – ohne vom Hersteller dazu bestimmt zu sein – „insbesondere wegen ihrer Beschaffenheit, Handhabung oder Wirkungsweise geeignet sind, die Angriffs- oder Abwehrfähigkeit von Menschen zu beseitigen oder herabzusetzen", wenn sie im WaffG als solche aufgeführt sind. Nach Anlage 1 zu § 1 Abs. 4 WaffG Abschn. 1 Unterabschn. 2 Nr. 2 sind **tragbare Gegenstände** iS des § 1 Abs. 2 Nr. 2b WaffG
- **Messer** (Anlage 1 Abschn. 1 Unterabschn. 2 Nr. 2.1) und
- **Elektroimpulsgeräte** (Anlage 1 Abschn. 1 Unterabschn. 2 Nr. 2.2.1).

---

[118] BGH 11.2.2003 – 5 StR 402/02, NStZ-RR 2003, 439.

[119] BGH 28.11.1996 – 1 StR 654/96.

[120] BGH 24.6.2003 – 1 StR 25/03, NStZ 2004, 111.

[121] BGH 24.6.2003 – 1 StR 25/03, NStZ 2004, 111; 2.6.2005 – 3 StR 70/05, BeckRS 2005, 08398 = StV 2005, 558; 2.6.2005 – 3 StR 70/05, BeckRS 2005, 08398; BGH 22.8.2012 – 2 StR 235/12, NStZ-RR 2013, 150.

[122] BGH 13.2.2003 – 3 StR 349/02, NJW 2003, 1679 = StV 2003, 285.

[123] BGH 24.6.2003 – 1 StR 25/03, NStZ 2004, 111.

[124] Vgl. dazu BGH 1.10.2008 – 5 StRR 445/08, BGHSt 52, 376 = NJW 2008, 3651 = StV 2008, 641.

[125] BGH 11.11.2003 – 3 StR 345/03, NStZ-RR 2004, 169 = StV 2004, 380 Ls.; 27.2.2008 – 2 StR 593/07, BeckRS 2008, 05021 = StraFo 2008, 254; BGH 10.2.2015 – 5 StR 594/14, NStZ 2015, 349.

[126] Vgl. BGH 8.4.1997 – 1 StR 65/97, NStZ-RR 1997, 227 = StV 1997, 517.

[127] Diesen Begriff hat der Gesetzgeber selbst verwendet; vgl. BT-Drs. 14/7758, 89.

Als Messer sind in dieser Anlage aufgeführt: **146**
– **Springmesser**[128] (Anlage 1 Abschn. 1 Unterabschn. 2 Nr. 2.1.1),
– **Fallmesser** (Anlage 1 Abschn. 1 Unterabschn. 2 Nr. 2.1.2),
– **Faustmesser** (Anlage 1 Abschn. 1 Unterabschn. 2 Nr. 2.1.3) und
– **Butterflymesser** (Anlage 1 Abschn. 1 Unterabschn. 2 Nr. 2.1.4).
Fall-, Faust- und Butterflymesser sind stets zugleich auch **verbotene Waffen** (Anlage 2   **147**
Abschn. 1 Nr. 1.4.1 bis 1.4.3); Springmesser sind zwar grundsätzlich auch verbotene Waffen,
ausgenommen sind Springmesser aber, wenn die Klinge seitlich aus dem Griff heraus-
springt und der aus dem Griff herausspringende Teil der Klinge höchstens 8,5 cm lang ist
und nicht zweiseitig geschliffen ist (Anlage 2 Abschn. 1 Nr. 1.4.1).

(3) **Andere zur Verletzung geeignete Gegenstände.** Auch andere als die vorgenann-   148
ten Gegenstände können, wenn sie mit entsprechender Absicht eingesetzt werden, auf
Grund der ihnen eigentümlichen Beschaffenheit zur Verletzung von Personen geeignet sein.
Bei solchen gefährlichen Gegenständen kann es sich um feste oder flüssige Gegenstände
handeln. Unter den Begriff fallen zB diejenigen Messer, die keine gekorenen Waffen iS des
§ 1 Abs. 2 Nr. 2b WaffG sind (wie zB Filettiermesser,[129] Klappmesser[130] oder feststehende
Messer mit einer Klingenlänge von 8,5 cm,[131] große Küchenmesser[132]), Handstöcke, Gummiknüppel, Baseballschläger,[133] Zaunlatten, Krücken, Teile von Starkstromkabeln[134] Äxte,
Beile, Sensen, Säuren, leicht entflammbare Flüssigkeiten, Ätzmittel, Sprühdosen mit Tränengas, aber auch unter bestimmten Voraussetzungen Tiere wie zB Kampfhunde[135].

bb) **Verletzungseignung.** Die Eignung zur Verletzung von Personen muss sich **aus der**   149
objektiven Beschaffenheit des Gegenstands ergeben, nicht erst aus der besonderen Art
seiner möglichen Verwendung.[136] Eine gesteigerte Gefährlichkeit des Gegenstandes, etwa
einer Schusswaffe entsprechend, wird nicht vorausgesetzt;[137] der minderen Gefährlichkeit
eines Gegenstandes kann durch Anwendung des minder schweren Falles nach § 30a Abs. 3
Rechnung getragen werden.[138] Nicht notwendig ist, dass die mit diesem Gegenstand möglichen Verletzungen erheblich sind.[139] Prinzipiell ist daher auch ein besonders kleines Messer
zur Verletzung von Personen geeignet;[140] dann sind aber nähere Feststellungen dazu unerlässlich, dass der Täter dieses Messerchen bewusst gebrauchsbereit bei sich hatte.[141] Gänzlich
harmlose Gegenstände, die unter keinen Umständen geeignet sind, mit ihnen (etwa
durch Schlagen, Stoßen, Stechen oder in ähnlicher Weise) auf den Körper eines anderen
in erheblicher Weise einzuwirken, kommen jedenfalls nicht in Betracht; dies gilt zB für
einen Lippenpflegestift, der, in den Rücken des Opfers gedrückt, die Spitze eines Messers
oder einer Schere vortäuschen soll.[142]

cc) **Verletzungsbestimmung.** Neben der objektiven Eignung des Gegenstandes zur   150
Verletzung muss die subjektive Zweckbestimmung durch den Täter („zur Verletzung von
Personen … bestimmt") vorhanden sein.

---

[128] BGH 28.8.1996 – 3 StR 135/96, BeckRS 1996, 31079980.
[129] BGH 5.3.2009 – 3 StR 566/08, NStZ 2009, 705.
[130] BGH 9.10.1997 – 3 StR 422/97; BGH 6.11.2012 – 2 StR 394/12 = BeckRS 2012, 25151= StV
2013, 704 (Klingenlänge 7,5 cm).
[131] BayObLG 25.2.1999 – 5 St RR 240/98, NJW 1999, 2535 = StV 1999, 383.
[132] BGH 9.10.1997 – 3 StR 465/97, BGHSt 43, 266 = NJW 1998, 1504 = StV 1998, 262.
[133] BGH 9.10.1997 – 3 StR 465/97, BGHSt 43, 266 = NJW 1998, 1504; BGH 10.3.2010 – 2 StR 578/
09, BeckRS 2010, 11466.
[134] BGH 9.10.1997 – 3 StR 465/97, BGHSt 43, 266 = NJW 1998, 1504 = StV 1998, 262.
[135] Vgl. BGH 11.1.2000 – 5 StR 444/99, NStZ 2000, 431.
[136] *Weber* Rn. 112; aA *Joachimski/Haumer* Rn. 7.
[137] BGH 14.6.1996 – 3 StR 233/96, NStZ 1996, 498 = StV 1996, 673.
[138] BGH 14.6.1996 – 3 StR 233/96, NStZ 1996, 498 = StV 1996, 673.
[139] AA *Joachimski/Haumer* Rn. 7 unter Berufung auf eine Entscheidung zum Begriff des gefährlichen
Werkzeugs in § 223a StGB aF.
[140] BGH 4.9.1996 – 5 StR 391/96, NStZ 1997, 396 mAnm *Sost-Scheible*.
[141] BGH 4.9.1996 – 5 StR 391/96, NStZ 1997, 396 mAnm *Sost-Scheible*.
[142] BGH 20.6.1996 – 4 StR 147/96, NStZ 1997, 184 mAnm *Hohmann*.

151   **(1) Zweckbestimmung durch den Täter.** Dem Wortlaut des Abs. 2 Nr. 2 ist nicht zu entnehmen, ob sich bei den sonstigen Gegenständen das Merkmal „ihrer Art nach" nur auf die Eignung zur Verletzung von Personen bezieht oder auch auf die Bestimmung hierzu. Die Auslegung an Hand der Entstehungsgeschichte der Vorschrift und des mit ihr verfolgten Zieles ergibt jedoch, dass es auf eine durch den Täter – und nicht etwa allgemein durch den Hersteller – erfolgte Bestimmung ankommt.[143]

152   **(2) Feststellung der Zweckbestimmung.** Der Wille des Täters, den Gegenstand zur Verletzung von Personen zu Verfügung zu halten, ist ein subjektives Element. Er wird in aller Regel an Hand der anzutreffenden äußeren Umstände festgestellt werden müssen (spezifische Beschaffenheit, Ort und Art der Aufbewahrung, konkrete Verwendungsmöglichkeit, Fehlen einer anderweitigen Verwendungsmöglichkeit).[144]

153   An diese Feststellungen und deren Darlegung bestehen – je nach der Art der Gegenstände – unterschiedlich hohe Anforderungen: Handelt es sich bei dem Gegenstand um eine **Waffe im technischen Sinn** (zB eine Hieb- oder Stoßwaffe, → Rn. 144), so liegt die subjektive Zweckbestimmung dieser Waffe durch den Täter zur Verletzung von Personen regelmäßig so nahe, dass es weder einer Prüfung noch einer ausdrücklichen Darlegung in den Urteilsgründen bedarf.[145] Eine solche Bestimmung liegt zB bei einem Schlagstock und einem Teleskopschlagstock auf der Hand.[146] Ebenso bei einem Elektroimpulsgerät. Gleiches gilt für die **gekorenen Waffen,** deren besondere Gefährlichkeit zu ihrer Aufnahme in das WaffG geführt hat (etwa die in Anlage 1 Abschnitt 1 Unterabschnitt 2 Nr. 2.1 zu § 1 Abs. 4 WaffG erfassten Messer).[147] Die bloße Bezeichnung als „Einhandmesser" ohne nähere Beschreibung lässt nicht erkennen, ob es sich um solch eines iSv § 42a Abs. 1 Nr. 3 WaffG (für welche diese Vermutung nicht gilt) oder um eine gekorene Waffe handelt.[148] Ein „normaler" Gebrauch solcher Waffen außerhalb des Zwecks, jemanden zu verletzen, liegt auch hier fern, zumal die meisten dieser Waffen zugleich auch verbotene Waffen nach der Anlage 2 zum WaffG sind (Ausnahme: das kleine Springmesser).

154   Bei **sonstigen Gegenständen,** die nicht typischerweise dazu eingesetzt werden, jemanden zu verletzen, sind Feststellungen (und deren Darlegung in den Urteilsgründen) zu der Zweckbestimmung durch den Täter unerlässlich. Dies gilt namentlich bei **Gebrauchsgegenständen des täglichen Lebens,**[149] wie bei einem bei Wanderern gebräuchlichen Multifunktionsmesser („Schweizer Offiziersmesser"),[150] bei einem üblicherweise nur zum Obstschälen benutzten Klappmesser,[151] bei einem Taschenmesser[152] (noch dazu, wenn es ein Hausmeister bei sich trägt, der es deswegen bei sich zu tragen behauptet),[153] bei einem

---

[143]   BGH 9.10.1997 – 3 StR 465/97, BGHSt 43, 266, NJW 1998, 1504, StV 1998, 262.

[144]   Vgl. *Sost-Scheible* NStZ 1997, 396.

[145]   BGH 9.10.1997 – 3 StR 465/97, BGHSt 43, 266 = NJW 1998, 1504; 24.6.2003 – 1 StR 25/03, NStZ 2004, 111; 25.5.2010 – 1 StR 59/10, NStZ 2011, 98; BGH 22.8.2012 – 2 StR 235/12, NStZ-RR 2013, 150.

[146]   BGH 20.6.2000 – 2 StR 123/00; 24.6.2003 – 1 StR 25/03, NStZ 2004, 111; BGH 22.8.2012 – 2 StR 235/12, NStZ-RR 2013, 150.

[147]   *Schmidt* NJW 2015, 3008.

[148]   BGH 21.10.2014 – 1 StR 78/14, NStZ 2015, 226.

[149]   Zur Frage, ob ein Taschenmesser, ein nur abstrakt zur Verletzung geeigneter Gegenstand des täglichen Lebens, nur dann ein gefährliches Werkzeug iSd § 244 Abs. 1 Nr. 1a StGB sei, wenn der Täter allgemein bereit sei, diesen Gegenstand gegen Menschen einzusetzen, vgl. BGH 3.6.2008 – 3 StR 246/07, BGHSt 52, 257 = NJW 2008, 2861 = StV 2008, 411 (Vorlegungsfrage verneint: ein Taschenmesser ist grundsätzlich ein gefährliches Werkzeug iSd § 244 Abs. 1 Nr. 1a StGB, unabhängig davon, ob der Dieb es allgemein für den Einsatz gegen Menschen vorgesehen hat.).

[150]   BGH 9.10.1997 – 3 StR 465/97, BGHSt 43, 266 = NJW 1998, 1504 = StV 1998, 262; zusf. Strittmatter/Apfel StRR 2013, 192.

[151]   BGH 26.8.1998 – 3 StR 287/98; BGH 6.11.2012 – 2 StR 394/12, StV 2013, 704 (7,5 cm Klappmesser); BGH 13.8.2009 – 3 StR 224/09, BeckRS 2009, 25653 (8 cm Klingenlänge).

[152]   BayObLG 12.4.2000 – 5 St RR 206/99, BayObLGSt 2000, 38 = NStZ-RR 2001, 202 = StV 2001, 17; BGH 3.6.2008 – 3 StR 246/07, BGHSt 52, 257 = NJW 2008, 2861 = StV 2008, 411.

[153]   BGH 25.5.2010 – 1 StR 59/10, NStZ 2011, 98 = StV 2010, 685.

abgebrochenen Fahrtenmesser,[154] bei einem Teppichmesser[155] oder einem Campingbeil;[156] auch bei einem Springmesser (mit einer Klinge mit einer Länge von ca. 5 cm), das die äußere Gestalt und die Funktion eines Feuerzeugs aufweist.[157] Je gefährlicher der Gegenstand ist[158] und je stärker der Gegenstandes einer Waffe gleicht oder ihr ähnlich ist („waffenvertretende Funktion"),[159] desto eher ergibt sich daraus seine Bestimmung zur Verletzung von Menschen[160] und desto geringer sind die diesbezüglichen Darlegungsanforderungen an das Gericht.[161] Die Zweckbestimmung kann sich ergeben aus der spezifischen Beschaffenheit des Gegenstandes im Verhältnis zur Situation des Mitführens (Baseballschläger,[162] große Küchenmesser, Starkstromkabelabschnitte,[163] die zu einem Treffen mit einem BtM-Abnehmer mitgeführt werden, dienen wohl nicht dem Sporttreiben, dem Kochen oder der Elektromontage), dem Ort der Aufbewahrung (Bereitlegen eines Küchenmessers unter dem Fahrersitz in einem zu Kurierfahrten eingesetzten Kraftfahrzeug),[164] besonderen Aufwendungen des Täters auf den Gegenstand (beidseitiges Anschleifen eines Messers, Abrichten eines Kampfhundes),[165] der Einlassung des Angeklagten, er habe den Gegenstand zur Selbstverteidigung mitgeführt (darin liegt zugleich auch die Erklärung, den evtl. Angreifer auch evtl. verletzen zu wollen).[166]

(3) Zeitpunkt der Zweckbestimmung. Die subjektive Bestimmung eines sonstigen   **155** Gegenstandes zur Verletzung von Menschen durch den Täter bedeutet nicht, dass er diese im Hinblick auf die konkret beabsichtigte Straftat zu treffen hätte. Es genügt, dass er diese Bestimmung zu irgendeinem Zeitpunkt **vor** der Tatbegehung getroffen hat,[167] etwa einen Gegenstand zu seiner Bewaffnung in seinem zu Kurierfahrten eingesetzten Kraftfahrzeug bereitlegt und sich dessen bei der Tatausführung bewusst ist.[168]

(4) Bewusstsein der Verfügbarkeit. Die Zweckbestimmung des Gegenstandes zur   **156** Verletzung von Personen ist sorgfältig zu unterscheiden von dem zur subjektiven Tatseite gehörenden aktuellen Bewusstsein des Täters zur Tatzeit (falls diese sich länger hinzieht oder in verschiedene Teilakte zerfällt: zu irgendeinem Zeitpunkt der Tat),[169] den Gegenstand gebrauchsbereit bei sich zu haben.[170] Während die Zweckbestimmung in Bezug auf den Gegenstand unabhängig von der Tat und auch schon lange vor ihr erfolgen kann, muss das Bewusstsein, über den Gegenstand verfügen zu können, bei der Tat gegeben sein.[171] An das Bewusstsein der Verfügbarkeit sind allerdings höhere Anforderungen zu stellen, wenn die Zweckbestimmung längere Zeit vor der Tat erfolgte oder wenn es sich um Gebrauchsgegenstände handelt.

(5) Verwendungsabsicht. Die subjektive Bestimmung eines sonstigen Gegenstandes   **157** zur Verletzung von Menschen durch den Täter bedeutet nicht, dass er diese im Hinblick

---

[154] BGH 8.1.2014 – 5 StR 542/13, NStZ 2014, 466.
[155] BGH 16.5.2000 – 4 StR 89/00, NStZ-RR 2001, 41; OLG Schleswig 16.6.2003 – 1 Ss 41/03, NStZ 2004, 212.
[156] BGH 12.1.1999 – 4 StR 705/98, NStZ 1999, 188.
[157] BGH 11.2.2003 – 5 StR 402/02, NStZ-RR 2003, 439 = StV 2003, 284.
[158] Vgl. BGH 13.1.2003 – 5 StR 542/02, BeckRS 2003, 01211.
[159] Vgl. *Fischer* StGB § 250 Rn. 3e.
[160] *Weber* Rn. 117; zweifelnd *Franke/Wienroeder* Rn. 17.
[161] Vgl. BGH 28.2.1997 – 2 StR 556/96, BGHSt 43, 8 = JR 1998, 254 mAnm *Zaczyk*.
[162] BGH 10.3.2010 – 2 StR 578/09, BeckRS 2010, 11466.
[163] BGH 9.10.1997 – 3 StR 465/97, BGHSt 43, 266 = NJW 1998, 1504 = StV 1998, 262.
[164] *Sost-Scheible* NStZ 1997, 396.
[165] BGH 11.1.2000 – 5 StR 444/99, NStZ 2000, 431.
[166] BGH 14.6.1996 – 3 StR 233/96, NStZ 1996, 498 = StV 1996, 673 für einen Schlagstock aus Gummi; 9.10.1997 – 3 StR 422/97 für einen Klappmesser; anders bei der glaubhaften Einlassung, das Messer werde stets als Werkzeug benutzt, vgl. LG Siegen 4.5.2012 – 21 KLs 24 Js 542/11-1/12, NStZ-RR 2012, 376.
[167] BGH 25.5.2010 – 1 StR 59/10, NStZ 2011, 98 = StV 2010, 685.
[168] BGH 9.10.1997 – 3 StR 465/97, BGHSt 43, 266 = NJW 1998, 1504.
[169] BGH 14.11.1996 – 1 StR 609/96, NStZ 1997, 137 StV 1997, 189.
[170] *Sost-Scheible* NStZ 1997, 396.
[171] BGH 9.10.1997 – 3 StR 465/97, BGHSt 43, 266 = NJW 1998, 1504 = StV 1998, 262.

auf die konkret beabsichtigte Straftat zu treffen hätte, denn eine Verwendungsabsicht erfordert Abs. 2 Nr. 2 nicht.[172]

158 **(6) Einsetzbarkeit.** Wie für die Schusswaffe[173] ist auch für den sonstigen zur Verletzung von Personen geeigneten Gegenstand erforderlich, dass er als solcher einsetzbar, also einsatzfähig und einsatzbereit, sein muss. Dies folgt aus dem Zweck des Verbrechenstatbestandes des Abs. 2 Nr. 2, der die besondere Gefährlichkeit von Schusswaffen und sonstigen typischerweise zur Verletzung verwendeten Gegenständen erfassen will. Es muss daher zB für Armbrustwaffen oder Sportbögen geeignete Munition vorhanden sein, Spring- oder Klappmesser dürfen nicht defekt sein.

159 **dd) Beispiele.** Nach diesen Grundsätzen kommen als Gegenstände, die ihrer Art nach zur Verletzung von Personen geeignet und bestimmt sind, in Betracht: diejenigen Messer, die keine gekorenen Waffen iS des § 1 Abs. 2 Nr. 2b WaffG sind[174] (sie sind dort erfasst), Springmesser,[175] Klappmesser,[176] einhändig bedienbares Klappmesser,[177] große Küchenmesser,[178] Jagdmesser mit einer Klingenlänge von 15 cm,[179] feststehende Messer mit einer Klingenlänge von 8,5 cm,[180] Armbrustwaffen,[181] Sportbögen, Handstöcke,[182] Holzknüppel,[183] Schlagstöcke,[184] Teleskopschlagstöcke,[185] Gummiknüppel,[186] Stahlruten,[187] Totschläger,[188] Starkstromkabelabschnitte,[189] Baseballschläger,[190] Zaunlatten,[191] Krücken,[192] Äxte, Beile,[193] Sensen,[194] Säuren, leicht entflammbare Flüssigkeiten, Ätzmittel, Sprühdosen mit Tränengas,[195] Reizstoffsprühgeräte,[196] speziell abgerichtete Kampfhunde.[197]

160 **4. Mitsichführen.** Der Täter muss die Schusswaffe oder den sonstigen zu Verletzung von Personen geeigneten und bestimmten Gegenstand bei der Tat mit sich führen. In dem Begriff des Mitsichführens realisiert sich der qualifikationsspezifische Gefahrzusammenhang zwischen Bewaffnung und HT (bzw. den sonstigen Tathandlungen des Abs. 2 Nr. 2). Das Merkmal des Mitsichführens hat die gleiche Bedeutung wie der Begriff des **Beisichführens**

---

[172] BGH 14.6.1996 – 3 StR 233/96, NStZ 1996, 498; 20.9.1996 – 2 StR 300/96, NStZ-RR 1997, 16; 9.10.1997 – 3 StR 465/97, BGHSt 43, 266 = NJW 1998, 1504 = StV 1998, 262; aA *Joachimski/Haumer* Rn. 7.

[173] → Rn. 136 ff.

[174] BGH 9.10.1997 – 3 StR 465/97, BGHSt 43, 266 = NJW 1998, 1504 = StV 1998, 262 unter Berufung auf *Sost-Scheible* NStZ 1997, 396.

[175] BGH 28.8.1996 – 3 StR 135/96, BeckRS 1996, 31079980.

[176] BGH 9.10.1997 – 3 StR 422/97; 13.1.2003 – 5 StR 542/02, BeckRS 2003, 01211; 11.11.2004 – 5 StR 472/04, BeckRS 2004, 12234, insoweit in NStZ-RR 2005, 72 nicht abgedruckt.

[177] BGH 13.8.2009 – 3 StR 224/09, BeckRS 2009, 25653.

[178] BGH 9.10.1997 – 3 StR 465/97, BGHSt 43, 266 = NJW 1998, 1504 = StV 1998, 262.

[179] BGH 11.6.2002 – 3 StR 140/02, NStZ-RR 2002, 277.

[180] BayObLG 25.2.1999 – 5 St RR 240/98, BayObLGSt 1999, 46.

[181] BGH 24.9.2015 – 2 StR 126/15, NStZ 2016, 123.

[182] Erbs/Kohlhaas/*Wache* VersammlG § 2 Rn. 12; BGH 4.9.1998 – 2 StR 390/98, NStZ-RR 1999, 15.

[183] Vgl. BGH 4.9.1998 – 2 StR 390/98, NStZ-RR 1999, 15 – dort aber als Drohmittel eingesetzt.

[184] BGH 14.6.1996 – 3 StR 233/96, NStZ 1996, 498 = StV 1996, 673.

[185] BGH 20.6.2000 – 2 StR 123/00; 24.6.2003 – 1 StR 25/03, NStZ 2004, 111; 2.6.2005 – 3 StR 70/05, BeckRS 2005, 08398 = StV 2005, 558; BGH 22.8.2012 – 2 StR 235/12, NStZ-RR 2013, 150.

[186] BGH 23.5.2001 – 3 StR 62/01, BeckRS 2001 30182390.

[187] BGH 28.11.1996 – 1 StR 654/96, NStZ 1997, 137.

[188] BGH 9.10.1997 – 3 StR 465/97, BGHSt 43, 266 = NJW 1998, 1504, StV 1998, 262; vgl. auch 26.8.1998 – 2 StR 346/98, NStZ-RR 1999, 187.

[189] BGH 9.10.1997 – 3 StR 465/97, BGHSt 43, 266 = NJW 1998, 1504, StV 1998, 262.

[190] BGH 9.10.1997 – 3 StR 465/97, BGHSt 43, 266 = NJW 1998, 1504, StV 1998, 262; 10.3.2010 – 2 StR 578/09, BeckRS 2010, 11466.

[191] Erbs/Kohlhaas/*Wache* VersammlG § 3 Rn. 12.

[192] Erbs/Kohlhaas/*Wache* VersammlG § 3 Rn. 12.

[193] Erbs/Kohlhaas/*Wache* VersammlG § 3 Rn. 12.

[194] Erbs/Kohlhaas/*Wache* VersammlG § 3 Rn. 12.

[195] BGH 30.8.1968 – 4 StR 319/68, BGHSt 22, 230 = NJW 1968, 2344.

[196] HJLW/*Winkler* Rn. 4.3.2.

[197] BGH 11.1.2000 – 5 StR 444/99, NStZ 2000, 431.

im Sinne der §§ 125a Nr. 1, 244 Abs. 1 Nr. 1, 250 Abs. 1 Nr. 1 StGB.[198] Das Tatbestandsmerkmal des Mitsichführens ist nach einer in der Rechtsprechung häufig verwendeten
Formulierung dann erfüllt, wenn der Täter die Waffe oder den sonstigen Gegenstand bei
der Tat **bewusst gebrauchsbereit** in der Weise bei sich hat, dass er sich ihrer **jederzeit
bedienen** kann, sie sich also **in seiner Griffweite** befindet.[199]

a) Nur bewegliche Tatmittel. Das Merkmal des „Mit-sich-Führens" einer Waffe ist **161**
für den Zeitraum bis zum **Einbau der Pistole in eine ortsfeste Selbstschussanlage,**
nicht aber darüber hinaus gegeben. Das Merkmal bezieht sich nach seinem Wortsinn nur
auf eine **bewegliche Sache,** nicht auf eine fest installierte Vorrichtung; allerdings ist das
das qualifizierende Merkmal dann verwirklicht, wenn der Täter die Waffe zu dem Ort
bringt, an dem sich das BtM befindet, und dort in geladenem Zustand einbaut.[200]

b) Verfügbarkeit. Mit der Formulierung „bewusst gebrauchsbereit in der Weise bei **162**
sich hat, dass er sich ihrer jederzeit bedienen kann, sie sich also **in seiner Griffweite**
befindet"[201] ist die Verfügbarkeit über die Schusswaffe (bzw. den sonstigen Gegenstand)
bei der Tat anschaulich umschrieben. Am eigenen Körper muss die Waffe nicht getragen
werden,[202] jedoch ist sie natürlich dann, wenn sie sich in der Kleidung,[203] in der Brusttasche
der Jacke[204] oder in der Hosentasche[205] befindet, eindeutig in Griffnähe.

aa) Gebrauchsbereit. „Gebrauchsbereit" bezieht sich auf den ersten Blick, wie sich aus **163**
der Satzstellung und dem Zusatz „bewusst" ergibt, auf die subjektive Einstellung des Täters
zur Schusswaffe oder den sonstigen Gegenstand, nicht auf die Beschaffenheit der Schusswaffe
oder des sonstigen Gegenstandes. Gemeint ist „im Bewusstsein der Gebrauchsfertigkeit"
(der Schusswaffe oder des sonstigen Gegenstandes). Da die konkrete und sofortige Einsetzbarkeit nach der hier vertretenen (und von der Rechtsprechung schon immer vorausgesetzten) Meinung konstitutives Begriffsmerkmal für den Schusswaffen- oder Gegenstandsbegriff
ist,[206] sollte die Formulierung allgemein auf die Schusswaffe oder den sonstigen Gegenstand
erweitert werden und lauten: „im **Bewusstsein der Verfügbarkeit**" (der Schusswaffe oder
des sonstigen Gegenstandes). Gemeint ist damit das aktuelle Bewusstsein des Bewaffnetseins,[207] das der Täter haben muss; dieses gehört zum subjektiven Tatbestand und wird dort
behandelt.

bb) Räumliche Nähe. Die Schusswaffe oder der sonstige Gegenstande muss dem Täter **164**
„zur Verfügung stehen", dh so in seiner räumlichen Nähe sein, dass er sich ihrer jederzeit,
also ohne nennenswerten Zeitaufwand und ohne besondere Schwierigkeiten bedienen
kann.[208] Der BGH[209] hat es abgelehnt, feste Grenzwerte für die danach noch hinnehmbare
Distanz des Täters von der Waffe aufzustellen. Die Frage, ob im Einzelfall das Merkmal des
Mitsichführens erfüllt ist, kann nur unter umfassender Würdigung aller Tatumstände (zB
des Zugangs zum Aufbewahrungsort, der Beweglichkeit des Täter, der situativen Zugriffs-

---

[198] BGH 14.6.1996 – 3 StR 233/96, NStZ 1997, 137 = NStZ 1996, 498 = StV 1996, 673; 14.11.1996 –
1 StR 609/96, NStZ 1997, 137 = StV 1997, 189.
[199] BGH in stRspr, vgl. zB BGH 28.2.1997 – 2 StR 556/96, BGHSt 43, 8 = JR 1998, 254 mAnm
Zaczyk = NStZ 1997, 344 mAnm *Lenckner* NStZ 1998, 257 und Anm. *Paul* NStZ 1998, 222; 25.6.1999 –
3 StR 372/98, NJW 1999, 3206 = NStZ 2000, 208; 12.3.2002 – 3 StR 404/01, BeckRS 2002, 30245928 =
StV 2002, 489; 27.9.2002 – 5 StR 117/02, NStZ-RR 2003, 12 = StV 2003, 26.
[200] BGH 15.11.2007 – 4 StR 435/07, BGHSt 52, 89 = NJW 2008, 386.
[201] BGH 10.2.2015 – 5 StR 594/14, NStZ 2015, 349; Vgl. zB BGH 14.11.1996 – 1 StR 609/96, NStZ
1997, 137 = StV 1997, 189; 25.6.1999 – 3 StR 372/98, NJW 1999, 3206 = StV 1999, 650.
[202] BGH 22.6.2010 – 2 StR 203/10, NStZ 2011, 99.
[203] BGH 25.2.2000 – 2 StR 445/99, BeckRS 2000 30098347.
[204] BGH 14.1.1997 – 1 StR 580/96, BGHSt 42, 368 = NJW 1997, 1083 = StV 1997, 189; 13.8.2009 –
3 StR 224/09, BeckRS 2009, 25653.
[205] BGH 20.6.2000 – 2 StR 123/00; 5.3.2009 – 3 StR 566/08, NStZ 2009, 705.
[206] → Rn. 136, 158.
[207] BGH 21.3.2000 – 1 StR 441/99, NStZ 2000, 433; 28.6.2011 – 3 StR 485/10, BeckRS 2011, 19180.
[208] BGH 10.8.1982 – 1 StR 416/82, BGHSt 31, 105 = NJW 1982, 2784.
[209] BGH 10.8.1982 – 1 StR 416/82, BGHSt 31, 105 = NJW 1982, 2784.

möglichkeit) beantwortet werden; dabei ist die räumliche Distanz nur eines der denkbaren Hindernisse, die der Verwendbarkeit einer Schusswaffe entgegenstehen könnten. Es bedarf nicht notwendig eines unmittelbaren Hantierens mit dem Betäubungsmittel unter Zugriffsmöglichkeit auf die Waffe; vielmehr genügt etwa, dass der Täter sowohl die Waffe als auch das Betäubungsmittel dergestalt in Verwahrung hält, dass ihm der gleichzeitige Zugriff hierauf möglich wäre.[210] **Fehlende Feststellungen zu den räumlichen Verhältnissen** im Einzelnen (etwa zur Frage, wo der Angekl. innerhalb seiner Wohnung das Amphetamin lagerte, das allein gewinnbringend weiterverkauft werden sollte), können zur Aufhebung des Urteils führen.[211]

165 Die Rechtsprechung zur räumlichen Nähe ist erwartungsgemäß stark einzelfallbezogen. Jedenfalls ist eine Entfernung von rund **200 m zur Schusswaffe deutlich außerhalb der Distanz,** welche die für das Mitsichführen erforderliche räumliche Zuordnung erlaubt.[212] Die räumliche Nähe ist jedoch gegeben, wenn die Waffe in der **Wohnung** aufbewahrt wird, in der die BtM zubereitet, portioniert und verpackt werden,[213] wenn die Maschinenpistole in dem **Raum** verwahrt wird, in dem der Angeklagte auch Verkaufsverhandlungen über erhebliche Mengen Kokain führte,[214] wenn BtM und Schusswaffen in ein und demselben **Raum,** und zwar gemeinsam in einem Rucksack,[215] oder auf dem Türrahmen[216] aufbewahrt werden. Die räumliche Nähe ist zweifelhaft, wenn zwar die Waffe in demselben **Raum** verwahrt wird, im das Portionieren und der Verkauf erfolgen, wenn aber die Waffe **unter einem Sofa deponiert** war, das erst hochgekippt werden muss, um auf die unter dem Sofa liegende Pistole zugreifen zu können.[217] Die räumliche Nähe ist nicht ohne weiteres gegeben, wenn die in einem Behältnis gelagerte Schusswaffe zwar in derselben **Wohnung,** aber in einem anderen Raum vorhanden ist und eben nicht in dem Raum, in dem der BtM-Handel stattfindet,[218] insbesondere dann, wenn die Schusswaffe in dem anderen Raum in einem Tresor gelagert ist.[219] Auch eine allgemein gehaltene Wendung, wonach der Angeklagte „die Waffen offen in der Wohnung in unmittelbarer Nähe zu den Betäubungsmitteln aufbewahrt" habe, belegt für sich genommen nicht das Merkmal des Mitsichführens.[220] Für die Annahme der Griffnähe bedarf es bei getrennter Aufbewahrung von BtM und Waffe der konkreten Darlegung der räumlichen Verhältnisse.[221] Die räumliche Nähe ist in aller Regel gegeben bei der Aufbewahrung der Waffe in der **Eingangsdiele:** das Delikt des HT ist erst beendet, wenn der Käufer die Wohnung nach Erhalt der Ware verlässt, daher liegt ein gemeinsamer Aufenthalt des Verkäufers und des Kunden in der Diele (und damit in Waffennähe) vor in weiterer Erfüllung des Tatbestandsmerkmals des Handeltreibens.[222] Die räumliche Nähe ist nicht gegeben, wenn der Täter die Schusswaffe auf dem **Nachbargrundstück** ablegt, um sie beim Abtransport (hier abgewandelt:) der BtM mitzunehmen.[223] Umgekehrt genügt es nicht, wenn die BtM in einem Nachbarhaus deponiert sind, während sich der Täter mit einer Armbrust bewaffnet in der Wohnung

---

[210] BGH 22.8.2012 – 2 StR 235/12, NStZ-RR 2013, 150 (151); BGH 10.12.2014 – 3 StR 503/14, BeckRS 2015, 02492 = StV 2015, 641.

[211] BGH 10.2.2015 – 5 StR 594/14, NStZ 2015, 349.

[212] BGH 10.8.1982 – 1 StR 416/82, BGHSt 31, 105 = NJW 1982, 2784.

[213] BGH 28.2.1997 – 2 StR 556/96, BGHSt 43, 8 = JR 1998, 254 mAnm *Zaczyk.*

[214] BGH 20.9.1996 – 2 StR 300/96, NStZ-RR 1997, 16 = StV 1996, 674.

[215] LG Augsburg 8.5.2003 – 1 KLs 105 Js 124 863/2.

[216] BGH 13.12.2005 – 5 StR 520/05, BeckRS 2006, 00211.

[217] BGH 12.3.2002 – 3 StR 404/01, StV 2002, 489.

[218] BGH 10.2.2015 – 5 StR 594/14, NStZ 2015, 349 (krit. hierzu *Volkmer,* der darauf hinweist, dass der Fokus nicht auf der Distanz zwischen Drogen und Waffe, sondern zwischen Täter und Waffe zu liegen hat, NStZ 2015, 349 [350]); BGH 21.3.2000 – 1 StR 441/99, NStZ 2000, 433 = StV 2000, 622; 22.6.2010 – 2 StR 203/10, NStZ 2011, 99; BGH 15.1.2013 – 2 StR 589/12, NStZ 2013, 663.

[219] BGH 23.6.2010 – 2 StR 203/10, BeckRS 2010, 17105 = StV 2010, 686.

[220] BGH 15.1.2013 – 2 StR 589/12, NStZ 2013, 663.

[221] BGH 21.3.2000 – 1 StR 441/99, NStZ 2000, 433 = StV 2000, 622.

[222] BGH 18.4.2007 – 3 StR 127/07, NStZ 2007, 533 = StV 2008, 24 Ls.

[223] BGH 9.10.1979 – 1 StR 487/79, MDR 1980, 106 *(Holtz).*

befindet (den Umstand, dass der Angeklagte mit der Armbrust aus der Wohnung heraus sofort auf jedermann schießen kann, lässt der BGH nicht genügen[224]).

cc) Waffe in Griffnähe. Sachgerechter für die Bestimmung des Inhalts der „jederzeiti- 166 gen Verfügbarkeit" erscheint es, darauf abzustellen, dass der Täter jederzeit auf die Schusswaffe oder den sonstigen Gegenstand zugreifen kann, dass sie sich also „in Griffweite"[225] befindet oder „zum Greifen nah", also **in Griffnähe** ist. In Griffnähe ist die Schusswaffe oder der sonstige Gegenstand dann, wenn der Täter, ohne sich vom Fleck zu rühren und ohne große Umstände, die Waffe oder den Gegenstand mit einer Hand erreichen kann; dies ist der Fall, wenn Waffe oder Gegenstand sich befinden in der Hosentasche,[226] in der linken Brusttasche der Jacke,[227] oder sonst in der Kleidung,[228] in der mit sich geführten Einkaufstasche,[229] am Körper, in der Ablage an der Beifahrerseite des Pkw (und zwar nicht nur für den Beifahrer,[230] sondern auch für den Fahrer, weil dieser sich nur hinüberlehnen muss, um an die Waffe zu gelangen), griffbereit unter dem Fahrersitz,[231] im Handschuhfach des Pkw (und zwar nicht nur für den Beifahrer,[232] sondern auch für den Fahrer,[233] vgl. zuvor), in einem Rucksack im Kofferraum eines Pkw, während die BtM im Fußraum des Pkw auf der Beifahrerseite lagerten,[234] im auf dem Rücken befindlichen Rucksack (evtl. Einzelfallfrage, zB wenn die Waffe etc sich am Boden eines mit anderen Sachen als BtM vollgepackten Rucksacks befindet).[235]

dd) Mitführen durch einen anderen Tatbeteiligten. Wird die Schusswaffe oder der 167 Gegenstand von einem anderen Tatbeteiligten mit dem Wissen und dem Einverständnis des selber unbewaffneten Täters geführt, so stellt sich die Frage der Zurechnung dieses Umstands auf den Täter. Nach dem Wortlaut der Norm, nach dem „der Täter" die Waffe mit sich führen muss, ist die Bewaffnung eines **Teilnehmers** nicht ausreichend; das Mitsichführen einer Waffe durch den Gehilfen des Rauschgifthändlers führt demnach grundsätzlich weder bei diesem noch beim Haupttäter zum Vorliegen der Voraussetzungen des § 30a Abs. 2 Nr. 2.[236] Damit kann eine Strafbarkeit des Mitsichführens bei Tragen der Waffe durch andere Beteiligte nur in zwei Fällen angenommen werden: entweder bei eigener tatsächlicher Zugriffsmöglichkeit („jederzeit zu realisierende Herrschaftsmöglichkeit")[237] des unbewaffneten Täters vor Ort (aa); oder einer mittäterschaftlichen Zurechnung der fremden Zugriffsmöglichkeit nach § 25 Abs. 2 StGB (bb).

(1) Tatsächliche Zugriffsmöglichkeit des unbewaffneten Täters. In den Fällen, in 168 denen der Täter selber die tatsächliche Möglichkeit des Zugriffs auf die vom Tatbeteiligten bereitgehaltene Schusswaffe (resp. den Gegenstand) hat, diese sich also für ihn selber in Griffnähe befindet, ist er nur scheinbar unbewaffnet. Der Fall ist nicht anders zu behandeln

[224] BGH 24.9.2015 – 2 StR 126/15, NStZ 2016, 123.
[225] Vgl. BGH 14.11.1996 – 1 StR 609/96, NStZ 1997, 137 = StV 1997, 189; 5.1.1999 – 3 StR 372/98, NStZ 1999, 360; 25.6.1999 – 3 StR 372/98, NJW 1999, 3206 = NStZ 2000, 208 Ls. mAnm *Hecker* = StV 1999, 650; 21.3.2000 – 1 StR 441/99, NStZ 2000, 433; 12.3.2002 – 3 StR 404/01, BeckRS 2002 30245928.
[226] BGH 20.6.2000 – 2 StR 123/00.
[227] BGH 14.1.1997 – 1 StR 580/96, BGHSt 42, 368 = NJW 1997, 1083; 1.7.1998 – 1 StR 185/98, NJW 1998, 3131.
[228] Vgl. BGH 25.2.2000 – 2 StR 445/99, BeckRS 2000, 30098347; 3.4.2002 – 1 ARs 5/02, NStZ-RR 2002, 265 für die gleichzeitig mit der ungeladenen Gaspistole mitgeführte Munition.
[229] Vgl. BGH 4.6.1985 – 2 StR 125/85, NStZ 1985, 547 für die gleichzeitig mit der ungeladenen Gaspistole mitgeführte Munition.
[230] So im Falle BGH 14.11.1996 – 1 StR 609/96, NStZ 1997, 137 = StV 1997, 189.
[231] BGH 30.3.2004 – 3 StR 67/04, BeckRS 2004, 04270.
[232] BGH 3.4.2002 – 1 ARs 14/02, NJW 2002, 3116; 7.5.2002 – 3 StR 369/01, NStZ 2002, 61.
[233] Vgl. OLG Düsseldorf 26.6.1996 – 1 Ws 565/96, NStZ-RR 1996, 375.
[234] BGH 24.6.2003 – 1 StR 25/03, NStZ 2004, 111.
[235] Generell aA BayObLG 25.2.1999 – 5 St RR 240/98, BayObLGSt 1999, 46; LG Siegen 4.5.2012 – 21 KLs 24 Js 542/11-1/12, NStZ-RR 2012, 376 generell bei Waffen oder Gegenständen im Rucksack die Griffnähe bejahend *Weber* Rn. 132.
[236] BGH 15.10.2013 – 3 StR 224/13, BeckRS 2014, 01754.
[237] BGH 3.4.2002 – 1 ARs 14/02, NJW 2002, 3116.

als diejenigen Fälle, in denen der Täter selber die Schusswaffe oder den sonstigen Gegenstand Tat in der Weise bei sich führt oder bereitgelegt hat, dass er sich ihrer jederzeit bedienen kann. In diesen Fällen verwirklicht der Täter selbst den Tatbestand des § 30a Abs. 2 Nr. 2; die Frage der Zurechnung der Bewaffnung des anderen Tatbeteiligten gem. § 25 Abs. 2 StGB stellt sich gar nicht erst. Dasselbe gilt, wenn mehrere Tatbeteiligte **Mitbesitz** über ein- und dieselbe Schusswaffe ausüben dies setzt voraus, dass die Waffe so verwahrt wird, dass jedem von ihnen die Möglichkeit offen steht, bei Bedarf auf die Waffe zuzugreifen,[238] wenn der Beifahrer die Schusswaffe **in der Ablage an der Beifahrerseite des Pkw**[239] oder **im Handschuhfach des Pkw**[240] verstaut hat; hier liegt auch für den Fahrer jederzeitige Griffnähe vor, wenn der bewaffnete Tatbeteiligte zwar Alleinbesitz an der Schusswaffe oder dem Gegenstand hat, der unbewaffnete Täter aber (wie wohl vorausgesetzt werden muss: im Einverständnis mit dem Waffenträger) so nah an der Waffe ist, dass er **selbst jederzeit Zugriffsmöglichkeit auf die in der Bekleidung, der Tasche, dem Rucksack etc des Beteiligten** befindliche Waffe (resp. den Gegenstand) hat, wenn der „Drogenboss" seinen ihm untergeordneten bewaffneten Begleiter **(„Leibwächter-Fall")**[241] kraft der Hierarchie in der Tätergruppe oder aufgrund einer Absprache dazu veranlassen kann, die Waffe umgehend einzusetzen.[242] Das Erfordernis des umgehenden Einsatzes durch den Weisungsempfänger tritt dabei an die Stelle des Erfordernisses der „Griffnähe" der Waffe oder des Gegenstandes bei eigenem Gebrauch. Daran fehlt es allerdings, wenn der persönlich waffenführende Weisungsempfänger nicht in unmittelbarer Nähe des Täters ist und dieser ihm daher nur fernmündlich Weisungen erteilen könnte,[243] zB über ein Mobiltelefon.

169 **(2) Fehlende Zugriffsmöglichkeit des unbewaffneten Täters, Mittäterschaftliche Zurechnung.** In der Frage, ob bei gemeinschaftlicher Tatbegehung die vom gemeinsamen Tatplan umfasste Bewaffnung eines Mittäters auch den anderen, selber unbewaffneten Mittätern (ohne eigene Zugriffsmöglichkeit auf Schusswaffe oder sonstigen Gegenstand, vgl. vorvorhergehende Rn.) nach den allgemeinen Grundsätzen über die Mittäterschaft (§ 25 Abs. 2 StGB) zugerechnet werden kann, bestanden Meinungsverschiedenheiten zwischen den Strafsenaten des BGH.[244] Diese Frage ist durch die Grundsatzentscheidung des Großen Senats des BGH zugunsten der Zurechnungsmöglichkeit beantwortet: Bei gemeinschaftlicher Tatbegehung kann nicht nur derjenige Täter eines Verbrechens nach Abs. 2 Nr. 2 sein, der selbst unmittelbar Zugriff auf eine mitgeführte Schusswaffe oder einen sonstigen Gegenstand im Sinne dieser Vorschrift hat. Vielmehr kann die vom gemeinsamen Tatplan umfasste Bewaffnung eines Mittäters den übrigen Tätern nach allgemeinen Grundsätzen (§ 25 Abs. 2 StGB) zugerechnet werden.[245] Dem ist zuzustimmen, da eine Einschränkung des § 30a Abs. 2 Nr. 2 nicht über eine Durchbrechung allgemeiner Beteiligungsgrundsätze erfolgen darf. Die ggf. zu unbefriedigenden Ergebnissen führende „Reichweite" des

---

[238] BGH 14.1.1997 – 1 StR 580/96, BGHSt 42, 368, NJW 1997, 1083 = StV 1997, 189.

[239] So im Falle BGH 14.11.1996 – 1 StR 609/96, NStZ 1997, 137 = StV 1997, 189.

[240] BGH 3.4.2002 – 1 ARs 14/02, NJW 2002, 3116; 7.5.2002 – 3 StR 369/01, NStZ 2002, 61.

[241] BGH 28.2.1997 – 2 StR 556/96, BGHSt 43, 8 = JR 1998, 254 mAnm *Zaczyk* = NStZ 1997, 344 mAnm *Lenckner* NStZ 1998, 257 und Anm. *Paul* NStZ 1998, 222.

[242] BGH 3.4.2002 – 1 ARs 14/02, NJW 2002, 3116; 7.5.2002 – 3 StR 369/01, NStZ 2002, 61.

[243] BGH 16.9.1997 – 1 StR 472/97, BeckRS 1997, 31357150 = StV 1997, 638; aA *Weber* Rn. 185.

[244] Ursprünglich hM, vor allem aG der Rspr. des *1. Strafsenats* (BGH 14.1.1997 – 1 StR 580/96, BGHSt 42, 368 = NJW 1997, 1083 = StV 1997, 189; 16.9.1997 – 1 StR 472/97, BeckRS 1997, 31357150 = StV 1997, 638; ebenso auch noch der *3. Strafsenat*: BGH 11.7.2001 – 3 StR 219/01, BeckRS 2001 30192426 = StV 2001, 684): keine Zurechnung der Bewaffnung eines Mittäters nach § 25 Abs. 2 StGB; auf Anfrage des *3. Strafsenats*, der von dieser Auffassung abweichen wollte (BGH 14.12.2001 – 3 StR 369/01, NJW 2002, 1437), erklärte der *1. Strafsenat* (BGH 3.4.2002 – 1 ARs 14/02, NJW 2002, 3116), dass er an seiner Rechtsansicht festhalte. Die übrigen Strafsenate erklärten, ihre Rechtsprechung stehe der beabsichtigten Entscheidung nicht entgegen (*2. Strafsenat* 20.3.2002 – 2 ARs 68/02; *4. Strafsenat* 20.3.2002 – 4 ARs 15/02; *5. Strafsenat* 19.3.2002 – 5 ARs 13/02), wobei der 2. und der 5. Strafsenat der Auffassung des anfragenden 3. Strafsenats beitraten. Daraufhin legte der *3. Strafsenat* (BGH 7.5.2002 – 3 StR 369/01, NStZ 2002, 601) die Sache dem Großen Senat nach § 132 Abs. 2 und 4 GVG zur Entscheidung vor.

[245] BGH 4.2.2003 – GSSt 1/02, BGHSt 48, 189 = NStZ 2003, 435 mAnm *Altenhain*.

Tatbestands betrifft den Alleintäter ebenso wie den potentiellen Mittäter, sodass eine restriktive Anwendung für den nicht anwesenden Mittäter an der Sache vorbeiginge[246] (der Verweis auf § 30a Abs. 3 in der gegenständlichen Entscheidung macht dies ebenso deutlich, als derselbe Weg auch beim Alleintäter beschritten wird; die damals bestehenden Friktionen im Hinblick auf sich „überlappende" Strafrahmen wurden durch Art. 5 AMGuäÄndG[247] mit Wirkung vom 23.7.2009 zumindest partiell entschärft, zur Sperrwirkung noch → Rn. 232 f.).[248]

c) Bei der Tat. Dem Täter muss die Schusswaffe oder der Gegenstand nicht während **170** des gesamten Tatgeschehens zur Verfügung stehen; es genügt, wenn Waffe oder Gegenstand **während irgendeines Zeitpunkts der Tathandlung** für ihn in Griffnähe ist. Setzt sich die Tat aus mehreren Einzelakten zusammen, reicht es zur Tatbestandserfüllung aus, wenn die qualifikationsspezifische Gefahrerhöhung durch die Waffe oder den Gegenstand nur **bei einem Einzel- bzw. Teilakt** verwirklicht ist.[249] Gleiches gilt, wenn eine einzige Tat (zB eine Einkaufsfahrt) sich über einen langen Zeitraum hinzieht und dem Täter Schusswaffe oder der Gegenstand möglicherweise **nur für eine kurze Zeit** dieses insgesamt längerdauernden Zeitraums zur Verfügung steht.[250] Darüberhinaus steht einer Verurteilung nach Abs. 2 Nr. 2 nicht die Tatsache entgegen, dass die Einzelakte der Portionierung und Veräußerung von Drogen durch den Angeklagten, bei denen die Schusswaffe für ihn in Griffweite war, nur geringe Betäubungsmittelmengen betrafen (bereits → Rn. 124).[251] Auch bei „vollendeten" Tatmodalitäten genügt ein Beisichführen der Waffe in der „Schlussphase des Geschäfts"[252] (damit ist wohl die **Beendigungsphase** gemeint[253]), nicht hingegen der gleichzeitige Besitz von BtM und Waffe nach Beendigung der Tat: ist also der abgeleitete Erwerb als Unterfall des Sichverschaffens (→ Rn. 121) bereits beendet, kann ein sich daran anschließendes Mitsichführen einer Waffe die Anwendung der Strafvorschrift nicht rechtfertigen.[254]

aa) Beim HT. Bei der Tatmodalität des HT führt der weite Begriff des HT zu einem **171** weiten Anwendungsbereich der Qualifikation des Abs. 2 Nr. 2. Wegen ihrer hohen Strafdrohung hat es vielfältige **Ansätze zu einer restriktiven Auslegung** der Vorschrift in den Fällen des bewaffneten HT gegeben,[255] zustimmungswürdig ist es, auf ein persönliches Zusammentreffen mit Lieferanten oder Abnehmern (bzw. auf räumlichem **Kontakt mit**

---

[246] *Oğlakcıoğlu*, BtMG AT, S. 545.

[247] Gesetz zur Änderung arzneimittelrechtlicher und anderer Vorschriften (AMGuaÄndG) vom 17.7.2009, BGBl. I S. 1990.

[248] Zustimmend auch *Altenhain* StV 2003, 282.

[249] BGH 28.2.1997 – 2 StR 556/96, BGHSt 43, 8 = JR 1998, 254 mAnm *Zaczyk* = NStZ 1997, 344 mAnm *Lenckner* NStZ 1998, 257 und Anm. *Paul* NStZ 1998, 222; 14.11.1996 – 1 StR 609/96, NStZ 1997, 137; 21.3.2000 – 1 StR 441/99, NStZ 2000, 433; 28.6.2011 – 3 StR 485/10, BeckRS 2011, 19180; BGH 24.7.2012 – 2 StR 205/12, BeckRS 2012, 23989; BGH 21.9.2011 – 2 StR 286/11 m. krit. Anm. *Oğlakcıoğlu* StV 2012, 411; BGH 22.8.2012 – 2 StR 235/12, NStZ-RR 2013, 150.

[250] Vgl. zB den Sachverhalt aus dem Vorlagebeschl. des 3. Strafsenats des BGH 7.5.2002 – 3 StR 369/01, NStZ 2002, 61.

[251] BGH 24.7.2012 – 2 StR 205/12, BeckRS 2012, 23989; BGH 21.9.2011 – 2 StR 286/11 m krit Anm *Oğlakcıoğlu* StV 2012, 411.

[252] BGH 5.12.2013 – 2 StR 454/13, BeckRS 2014, 00751.

[253] So die Entscheidung des Zweiten Senats auch deutend der Dritte Senat BGH 10.11.2015 – 3 StR 357/15, NStZ-RR 2016, 173. Denn der Rückgriff auf das Qualifikationsmerkmal in der „Beendigungsphase" (die von der Rechtsprechung v.a. auch im Rahmen des Beisichführens gefährlicher Werkzeuge anerkannt ist, vgl. BGH 6.4.1965 – 1 StR 73/65, BGHSt 20, 194 [197] allerdings kritisch gesehen wird) macht nur bei potentiell bereits vollendeten Delikten Sinn, etwa bei einer Abgabe von BtM in nicht geringen Mengen.

[254] BGH 10.11.2015 – 3 StR 357/15, NStZ-RR 2016, 173: auch hier gilt, dass derartige dogmatische Feinsinnigkeiten im Regelfall nur beim Umgang mit Eigenverbrauchsabsicht eine Rolle spielen, als beim HT die Beendigung erst bejahen lässt, wenn der Geldfluss zur Ruhe gekommen ist, vgl. auch BGH 12.12.2013 – 5 StR 522/13, BeckRS 2014, 00028.

[255] Vgl. *Franke/Wienroeder* Rn. 19; *Lenckner* NStZ 1998, 257; *Paul* NStZ 1998, 222; *Zaczyk* JR 1998, 256; *Paeffgen* FS 50 Jahre BGH, Festgabe der Wissenschaft, Bd. 4, 2000, S. 725; *Hecker* NStZ 2000, 208; *Nestler* StV 2002, 504; *Oğlakcıoğlu* StV 2012, 411.

Geschäftspartnern)[256] abzustellen, bei der die spezifische Gefahr eines eventuellen Gebrauchs der Waffe gegeben ist. Andererseits wird vorgeschlagen, dass der Täter **Schusswaffe** bzw. den Gegenstand **und BtM gleichzeitig in Besitz** habe,[257] oder die **konkrete Gefahr des Waffengebrauchs** festgestellt ist.[258] Der Große Senat[259] hat die Frage, ob eine einschränkende Auslegung in den Fällen geboten sein mag, in denen die den Qualifikationstatbestand des Abs. 2 Nr. 2 begründende besondere Gefährlichkeit des – allein- oder mittäterschaftlich begangenen – HT mit nicht geringen Mengen nicht gegeben ist, offengelassen; er brauchte sie im Rahmen der ihm gestellten Frage nach der Zurechnung des Bewaffnung eines Mittäters nicht zu beantworten. Bereits davor hatte die Rechtsprechung und Kommentarliteratur derartigen Restriktionsansätzen in „Wohnungsfällen" indessen nicht (bereits → Rn. 109) folgen wollen.[260] Bis heute gelangt man – wie bei der Zurechnung der Bewaffnung eines Mittäters – in extrem gelagerten Fällen minderer objektiver Gefährlichkeit über die Annahme eines minder schweren Falles nach Abs. 3 zu sachgerechten[261] bzw. „erträglichen" Ergebnissen.[262]

172   Nach ständiger Rechtsprechung bleibt es also beim Grundsatz, dass der Täter die Waffe nicht während des gesamten tatbestandsmäßigen Geschehens bei sich führen muss, sondern dass es genügt, wenn sie ihm zu irgendeinem Zeitpunkt während des Tathergangs zur Verfügung steht. Das Merkmal des Mitsichführens einer Schusswaffe ist damit auch erfüllt, wenn diese nur bei einer Tätigkeit mitgeführt wird, die den eigentlichen An- oder Verkaufsakt vorbereiten soll.[263] Entscheidend ist, dass das Stadium bloßer Vorbereitungshandlungen überschritten ist und das Versuchsstadium begonnen hat;[264] auf dem anderen Ende der möglichen Phasen eines Geschehensablaufs beim HT sind auch noch solche Handlungen tatbestandsmäßig, die dem Güterumsatz nachgehen, bis die Tat schließlich beendet ist.

173   **Anbahnungshandlungen.** In diesem Stadium kommen in Betracht: Drogenverkaufsfahrten[265] oder -gänge, auch wenn die Abnehmer und/oder die zu verkaufenden Mengen noch nicht feststehen, Drogeneinkaufsfahrten[266] oder -gänge, auch wenn noch keine räumliche Nähe zu den BtM vorliegt (Voraussetzung ist aber, dass der Einkauf einer Handelstätigkeit dienen soll und dass der Einkauf bereits konkretisiert ist[267] – allein mit dem Antritt einer Fahrt in der Absicht, am Zielort BtM zu erwerben, setzt der Täter grundsätzlich noch nicht zu einem konkretisierbaren Umsatzgeschäft an[268]), Verkaufsgespräche über Telefon,[269] Verhandlungen über den Verkauf von Kokain im Hotelzimmer, in eine Maschinenpistole samt zwei Magazinen und Patronen verwahrt ist,[270] Einkaufsgespräche unter Anwesenden,[271] exemplarisch für die von der Schusswaffe ausgehende Gefahr, die sich in einer

---

[256] So *Weber* Rn. 146.

[257] BGH 16.9.1997 – 1 StR 472/97, BeckRS 1997, 31357150 = StV 1997, 638; dagegen BGH 25.6.1999 – 3 StR 372/98, NJW 1999, 3206; aufgegeben: BGH 13.4.1999 – 1 ARs 3/99, BeckRS 1999 30054474.

[258] Ausnahmsweise eher restriktiv BGH 13.4.1999 – 1 ARs 3/99, BeckRS 1999, 30054474.

[259] BGH 4.2.2003 – GSSt 1/02, BGHSt 48, 189 = NStZ 2003, 435 mAnm *Altenhain*.

[260] BGH 10.4.1996 – 3 StR 5/96, BGHSt 43, 8 = NJW 1997, 1717; BGH 22.8.2012 – 2 StR 235/12, NStZ-RR 2013, 150.

[261] So *Schmidt* NJW 2014, 2995 (2296).

[262] Vgl. BGH 4.2.2003 – GSSt 1/02, BGHSt 48, 189 = NStZ 2003, 435 mAnm *Altenhain*.

[263] BGH 14.11.1996 – 1 StR 609/96, NStZ 1997, 137 StV 1997, 189.

[264] BGH 28.6.2011 – 3 StR 485/10, BeckRS 2011, 19180.

[265] BGH 14.11.1996 – 1 StR 609/96, NStZ 1997, 137 StV 1997, 189.

[266] *Weber* Rn. 153 f.; Sachverhalt des Vorlagebeschlusses des 3. Strafsenats 7.5.2002 – 3 StR 369/01, NStZ 2002, 601 und schließlich BGH 24.4.2003 – 3 StR 369/01, BeckRS 2003, 04642; 24.6.2003 – 1 StR 25/03, NStZ 2004, 111.

[267] BGH 28.6.2011 – 3 StR 485/10, BeckRS 2011, 19180; 14.5.1996 – 1 StR 245/96, NStZ 1996, 507.

[268] BGH 28.6.2011 – 3 StR 485/10, BeckRS 2011, 19180.

[269] KPV/*Patzak* Rn. 81 aE; *Weber* Rn. 165; offengelassen BGH 14.11.1996 – 1 StR 609/96, NStZ 1997, 137 = StV 1997, 189; verneinend für den Fall, dass der Drogenhändler, der zuhause über eine Waffe verfügt, von dort aus mit dem Abnehmer über die Anbahnung eines Drogengeschäfts telefonisch verhandelt, das BtM aber von seinem unbewaffneten, weit entfernten Mittäter bereit gehalten wird und später von diesem übergeben werden soll: BGH 3.4.2002 – 1 ARs 14/02, NJW 2002, 3116; dagegen mit Recht *Weber* Rn. 157.

[270] BGH 20.9.1996 – 2 StR 300/96, NStZ-RR 1997, 16 = StV 1996, 674.

[271] BGH 17.1.2001 – 2 StR 437/00, BeckRS 2001 30155474 und 17.1.2001 – 2 StR 438/00, BeckRS 2001, 30155490 = StV 2002, 236 Ls.

Tötungshandlung realisierte: Anbahnungsgespräche für weitere Geschäfte auf der Basis eines gerade abgewickelten Geschäftes, als die Beteiligten über die Teilung des Gewinns in Streit gerieten und der Abnehmer den Lieferanten erschoss,[272] Vermittlungstätigkeit jeder Art; die Gefahr besteht zB darin, dass der Verhandlungspartner Druck zu Hergabe des Geldes oder des BtM oder zur Preisgabe des Hintermannes ausübt, und der Vermittler sich dann mit der Waffe zur Wehr setzt, oder wie auch sonst in der Möglichkeit überraschenden Eingreifens der Polizei.

Somit kann das Merkmal erst Recht im Rahmen **tatsächlicher Umsatzförderungs-** **174** **handlungen verwirklicht** werden. Als solche kommen in Betracht: Mischen, Portionieren und Verpacken von BtM in der Wohnung, in der sich die Schusswaffe befindet,[273] Verwahren oder Verstecken („Bunkern") von BtM, am augenfälligsten, wenn Waffe und BtM zusammen am selben Ort verwahrt werden,[274] aber auch, wenn die Waffe während des Verwahrvorgangs etc mitgeführt wird oder wenn die Vorratsmenge zur Entnahme evtl. nur von Teilmengen unter Mitführen einer Waffe aufgesucht wird, Diebstahl oder Raub von BtM (zu HT-Zwecken) unter Mitführen einer Waffe.[275]

Ferner ist an Handlungen in **der Schlussphase des Gesamtgeschehens** zu denken. **175** Ist das Grunddelikt bereits vollendet (zB die Inbesitznahme einer nicht geringen Menge von BtM zum Zwecke des HT, § 29a Abs. 1 Nr. 2), und führt der Täter dann bei einer **Verkaufsfahrt** eine Schusswaffe mit sich, so prägt das Qualifikationsmerkmal des Mitsichführens einer Schusswaffe, auch wenn es nur bei einem einzelnen auf Umsatz gerichteten Teilakt vorliegt, das gesamte einheitliche Geschehen, so dass eine Tat nach Abs. 2 Nr. 2 gegeben ist. Der bis zur Verkaufsfahrt allein erfüllte Tatbestand des § 29a Abs. 1 Nr. 2 wird durch den Qualifikationstatbestand des § 30a Abs. 2 Nr. 2 verdrängt, auch wenn dieser nur beim letzten Teilakt des Gesamtgeschehens verwirklicht wird.[276] Daher sind alle Teilakte des einheitlichen Geschehens des HT, bei denen eine Schusswaffe oder ein sonstiger Gegenstand im Sinne des Abs. 2 Nr. 2 mitgeführt wird, **bis zur Beendigung der Tat** („wenn der Waren- und Geldfluss zur Ruhe gekommen ist")[277] geeignet, den Qualifikationstatbestand insgesamt für das ganze Tatgeschehen zu erfüllen. Bewaffnetes HT kann daher auch vorliegen, wenn **beim Eintreiben des Kaufpreises** eine Schusswaffe oder ein sonstiger Gegenstand im Sinne der Vorschrift mitgeführt wird (vgl. dazu → § 29 Rn. 295 u. 303 „Handeltreiben"). Das **Entsorgen von BtM-Abfällen** (insb. Cannabisblattmaterial) nach Abschluss des Geschäfts ist kein Teilakt des HT (und gehört wohl auch nicht zur Beendigungsphase), weswegen ausschließlich die Feststellung des Mitsichführens von Waffen zu diesem Zeitpunkt keine Verurteilung nach Abs. 2 S. 2 trägt.[278] Eine neue Tat liegt allerdings vor, wenn der Kurier drei Jahre nach Ablieferung der Ware eine Restforderung mit Zinsen unter Mitführen einer Waffe einfordert.[279] Führt der Täter die Schusswaffe oder den sonstigen Gegenstand im Sinne der Vorschrift **auf der Flucht** erst nach dem Scheitern eines Teilaktes des einheitlichen Geschehens des HT mit sich, so liegt bewaffnetes HT nicht vor.[280]

bb) Bei den anderen Begehungsweisen. Bei den anderen Tatmodalitäten des Abs. 2 **176** Nr. 2 (Einführen, Ausführen und Sichverschaffen) gelten die vorstehenden Ausführungen entsprechend – mit der Abweichung, dass für Versuchshandlungen eher Raum ist als bei dem Unternehmensdelikt des HT. **Vorbereitungshandlungen** für eine dieser Tatmodalitä-

---

[272] BGH 17.1.2001 – 2 StR 437/00, und 17.1.2001 – 2 StR 438/00, BeckRS 2001, 30155490 = StV 2002, 236 Ls.
[273] BGH 28.2.1997 – 2 StR 556/96, BGHSt 43, 8 = NStZ 1997, 344.
[274] BGH 28.2.1997 – 2 StR 556/96, BGHSt 43, 8 = NStZ 1997, 344.
[275] BGH 28.2.1997 – 2 StR 556/96, BGHSt 43, 8 = NStZ 1997, 344.
[276] BGH 14.11.1996 – 1 StR 609/96, NStZ 1997, 137 = StV 1997, 189.
[277] BGH 21.5.1999 – 2 StR 154/99, NStZ 1999, 467.
[278] BGH 28.11.2013 – 5 StR 576/13, NJW 2014, 1125 (wobei dieser Fall eindringlich demonstriert, welch seltsame Blüten – im wahrsten Sinne des Wortes – die extensive Auslegung des § 30a Abs. 2 S. 2 treiben kann).
[279] BGH 21.5.1999 – 2 StR 154/99, NStZ 1999, 467.
[280] BGH 21.5.1999 – 2 StR 154/99, NStZ 1999, 467.

ten unter Mitführen von Schusswaffen oder sonstigen Gegenständen erfüllen den Tatbestand des Abs. 2 Nr. 2 noch nicht,[281] ausreichend ist das Mitführen einer Waffe beim **Versuch** einer dieser Tatmodalitäten. Die Qualifikation kann erfüllt werden noch nach Vollendung der Tat bis zu deren **Beendigung,** das ist bei der Einfuhr und der Ausfuhr der Zeitpunkt, zu dem das BtM endgültig zur Ruhe gekommen ist.[282] Das bedeutet, dass bei einer länger-dauernden Einfuhrfahrt ohne Waffe etc noch nach Überschreiten der deutschen Grenze der Qualifikationstatbestand erfüllt werden kann, wenn der Täter auf den letzten Kilometern bis zum Lager- oder Ablieferort eine Waffe etc in Besitz nimmt.

III. Subjektiver Tatbestand

177   Die Tathandlung des Abs. 2 Nr. 2 ist nur in vorsätzlicher Begehungsweise strafbar; bedingter Vorsatz in Bezug auf alle Tatbestandsmerkmale der Grunddelikte und in Bezug auf die Qualifikationsmerkmale genügt.[283] Bei Fahrlässigkeit kommt eine Strafbarkeit nur wegen fahrlässiger Begehung eines Grunddelikts in Betracht (§ 29 Abs. 4).

178   **1. Vorsatz.** Zu den einzelnen Elementen des Vorsatzes[284] und zur Abgrenzung von bedingtem Vorsatz und bewusster Fahrlässigkeit[285] wird auf die Erläuterungen Vor § 29 verwiesen. Der Vorsatz muss sich über die Tatbestandsmerkmale der Grunddelikte hinaus auch auf die Qualifizierungsmerkmale der **nicht geringen Menge**[286] sowie auf das **Mit-sichführen einer Schusswaffe oder eines sonstigen Gegenstandes** beziehen.

179   **a) Nicht geringe Menge.** Zur Parallelwertung in der Laiensphähre und zur Gleichgül-tigkeit des Täters in Bezug auf die Voraussetzungen des Qualifizierungsmerkmals wird auf die Erläuterungen zu § 29a[287] verwiesen.

180   **b) Mitsichführen einer Schusswaffe oder eines sonstigen Gegenstandes.** Auch auf alle Bestandteile des zweiten Qualifikationsmerkmals muss der Vorsatz sich beziehen, darü-ber hinaus sind zwei weitere subjektive Merkmale erforderlich:

181   **aa) Schusswaffe bzw. sonstiger Gegenstand.** Der Täter muss das mitgeführte Objekt in seiner gefahrerhöhenden Eigenschaft und in laienhafter Weise das sich daraus ergebende größere Unrecht der Tatbegehung erkennen.

182   Die „**Schusswaffe**" ist ein normatives Tatbestandsmerkmal.[288] Zwar muss sich der Vor-satz des Täters auf dieses Tatbestandsmerkmal erstrecken; es ist jedoch nicht erforderlich, dass er die genaue rechtliche Bedeutung des Begriffs erkannt hat. Es genügt, wenn sich seine Vorstellung auf die tatsächlichen Voraussetzungen des Begriffs, insbesondere den Lauf und seine Zweckbestimmung (nämlich dass Geschosse durch ihn hindurchgetrieben wer-den), sowie in laienhafter Weise auf den sich daraus ergebenden unrechtstypisierenden Bedeutungsgehalt des Merkmals erstreckt. Bei einer Schusswaffe kommt es auf das subjektive Element der Bestimmung zur Verletzung von Personen nicht an; das betreffende Merkmal des Abs. 2 Nr. 2 bezieht sich – wie das der Eignung – allein auf die „sonstigen Gegenstände", nicht auf die Schusswaffe (→ Rn. 148).

183   Auch der „**sonstige Gegenstand**" ist ein normatives Tatbestandsmerkmal; auch hier reicht es aus, wenn beim Täter laienhafte Vorstellungen über die sachliche Bedeutung des Begriffs vorhanden sind, insbesondere über die geforderte objektive Beschaffenheit des Gegenstands und seine **Eignung** zur Verletzung von Personen. Bei den „sonstigen Gegen-

[281] BGH 21.5.1999 – 2 StR 154/99, NStZ 1999, 467.
[282] BGH 24.6.1952 – 1 StR 316/51, BGHSt 3, 40 (44) = BeckRS 1952, 30398381; 24.10.1989 – 5 StR 314/89, NJW 1990, 654; OLG Düsseldorf 4.12.1987 – 1 Ws 958/87.
[283] KPV/*Patzak* Rn. 87 und *Weber* Rn. 185.
[284] → Vor § 29 Rn. 54 ff.
[285] → Vor § 29 Rn. 77 ff.
[286] → § 29a Rn. 74.
[287] → § 29a Rn. 75 f.
[288] Vgl. *Weber* Rn. 181.

ständen" iS des Abs. 2 Nr. 2 muss als weiteres Vorsatzelement die **Zweckbestimmung durch den Täter** hinzukommen, also sein Wille, den Gegenstand zur Verletzung von Personen zu Verfügung zu halten. Wegen der diesbezüglichen Einzelheiten und insbesondere der Möglichkeiten des Nachweises an Hand objektiver Umstände wird auf die Darstellung unter → Rn. 165 ff. verwiesen. Die subjektive Bestimmung eines sonstigen Gegenstandes zur Verletzung von Menschen durch den Täter bedeutet nicht, dass er diese im Hinblick auf die konkret beabsichtigte Straftat zu treffen hätte. Es genügt, dass er diese **Bestimmung zu irgendeinem Zeitpunkt vor der Tatbegehung** getroffen hat, etwa einen Gegenstand zu seiner Bewaffnung in seinem zu Kurierfahrten eingesetzten Kraftfahrzeug bereitgelegt und sich dessen bei der Tatausführung bewusst ist.[289]

bb) Bewusstsein der Verfügbarkeit. Der Täter muss wissen, dass er eine einsatzbereite   **184** Schusswaffe oder einen sonstigen Gegenstand iS der Vorschrift griffbereit bei sich hat, über die bzw. den er jederzeit ohne nennenswerten Zeitaufwand und ohne besondere Schwierigkeiten verfügen kann.

(1) Bewusstsein der Verfügbarkeit bei der Tat. Zur subjektiven Tatseite gehört das   **185** aktuelle Bewusstsein des Täters zur Tatzeit, die Schusswaffe oder den Gegenstand gebrauchsbereit bei sich zu haben.[290] Das Bewusstsein, über die Waffe oder den Gegenstand verfügen zu können, muss gerade **bei der Tat** vorhanden sein,[291] (falls diese sich länger hinzieht oder in verschiedene Teilakte zerfällt: zu irgendeinem Zeitpunkt der Tat).[292] Bei den sonstigen Gegenständen kann, wie dargelegt,[293] die Zweckbestimmung des Gegenstandes zur Verletzung von Personen unabhängig von der Tat und auch schon lange vor ihr erfolgen; ist die Zweckbestimmung schon längere Zeit vor der Tat erfolgt oder handelt es sich um einen **Gebrauchsgegenstand,** so sind an das Bewusstsein der Verfügbarkeit allerdings höhere Anforderungen zu stellen, als in einem Fall, in dem die Zweckbestimmung entweder auf der Hand liegt oder aber kurz vor der Tat getroffen wurde.

(2) Berufswaffenträger. Bei Personen, die aus beruflichen Gründen eine Waffe tragen   **186** (müssen), wie zB bei Polizeibeamten oder Soldaten, aber auch bei Angehörigen von Sicherheitsdiensten, und die eine Tat nach Abs. 2 Nr. 2 planen, soll es im Einzelfall am aktuellen Bewusstsein des Bewaffnetseins bei Tatausführung fehlen können,[294] auch → Rn. 154.

(3) Mittäterzurechnung. Ist ein Mittäter selbst unbewaffnet, so muss er ggf. damit   **187** rechnen und wird billigen, dass ein anderer Mittäter eine einsatzbereite Schusswaffe oder einen sonstigen Gegenstand iS der Vorschrift bei der Tatbegehung bei sich hat.[295]

(4) Nachweiserfordernisse in Bezug auf das Bewusstsein der Verfügbarkeit.   **188** Beim Mitführen einer **Schusswaffe oder einer Waffe im technischen Sinne** liegt die Annahme, dass der Täter die Waffe bewusst gebrauchsbereit mit sich führte, so nahe, dass Feststellungen und nähere Ausführungen dazu im Urteil entbehrlich sind, ebenso bei einem Gegenstand, der typischerweise zur Verletzung von Personen eingesetzt wird.[296] **Je ferner die Gefahr des Einsatzes ist und je weniger geeignet** zur Verletzung von Personen die „sonstigen Gegenstände" im Sinne des Abs. 2 Nr. 2 sind, desto höhere Anforderungen sind

---

[289]   BGH 9.10.1997 – 3 StR 465/97, BGHSt 43, 266 = NJW 1998, 1504 = NStZ 1998, 361 = StV 1998, 262 unter Berufung auf *Sost-Scheible* NStZ 1997, 396.

[290]   *Sost-Scheible* NStZ 1997, 396.

[291]   BGH 9.10.1997 – 3 StR 465/97, BGHSt 43, 266 = NJW 1998, 1504 = NStZ 1998, 361 = StV 1998, 262 unter Berufung auf *Sost-Scheible* NStZ 1997, 396.

[292]   BGH 14.11.1996 – 1 StR 609/96, NStZ 1997, 137 = StV 1997, 189.

[293]   → Rn. 148.

[294]   Vgl. BayObLG 25.2.1999 – 5 St RR 240/98, BayObLGSt 1999, 46 = NJW 1999, 2535 = NStZ 1999, 460 = StV 1999, 383.

[295]   Vgl. BGH 29.4.1999 – 4 StR 44/99, NJW 2000, 300 = NStZ 1999, 510.

[296]   BGH 4.9.1996 – 5 StR 391/96, NStZ 1997, 396 mAnm *Sost-Scheible;* 28.2.1997 – 2 StR 556/96, BGHSt 43, 8 = JR 1998, 254 mAnm *Zaczyk* = NStZ 1997, 344 mAnm *Lenckner* NStZ 1998, 257 und Anm. *Paul* NStZ 1998, 222.

an den Tatrichter bezüglich der Prüfung und Darlegung des subjektiven Merkmals des Bewusstseins der Verfügbarkeit der Waffe zu stellen.[297] Das ist zB bei einem mitgeführten Taschenmesser[298] oder beim Ablegen einer Pistole im Keller, in dem kurze Zeit auch Haschischpakete zwischengelagert waren,[299] der Fall.

189   **2. Irrtumskonstellationen.** Zu den möglichen Irrtumskonstellationen in Bezug auf Art und Eigenschaft des BtM,[300] im Zusammenhang der nicht geringen Menge[301] sowie hinsichtlich der Erlaubnis[302] wird auf die vorstehenden Erläuterungen, wegen möglicher Irrtumsfragen zu den Tathandlungen auf die Darstellung bei den jeweiligen Grunddelikten verwiesen.

190   Bei einer Fehlvorstellung über die **Schusswaffe** oder den **sonstigen Gegenstand** sind zwei Möglichkeiten denkbar: Bezieht sich der Irrtum (oder aber die Unkenntnis) des Täters auf die tatsächlichen Voraussetzungen des Begriffs oder erfasst er bei der ihm möglichen laienhaften Bewertung dieser Voraussetzungen den Bedeutungsgehalt des Merkmals nicht, so liegt ein vorsatzausschließender **Tatbestandsirrtum** vor, der – weil § 30a fahrlässige Begehungsweise nicht vorsieht – zur Nichtanwendbarkeit der Qualifikation und zur Strafbarkeit nur aus dem Grunddelikt bzw. der einstufigen Qualifikation aus § 29a Abs. 1 S. 1 Nr. 2 oder § 30 Abs. 1 Nr. 4 führt. Hat der Täter Kenntnis der tatsächlichen Umstände und ihrer sachlichen Bedeutung, legt er den Begriff der „Schusswaffe" bzw. des „sonstigen Gegenstandes" aber gleichwohl zu seinen Gunsten aus, so liegt ein vorsatzirrelevanter sog **Subsumtionsirrtum** vor, der unter dem Gesichtspunkt des Verbotsirrtums (§ 17 StGB) daraufhin zu überprüfen ist, ob dem Täter des Unrechtsbewusstsein in Bezug auf das Qualifikationsmerkmal gefehlt hat.

191   Verkennungen beim Merkmal des **Mitsichführens** sind kaum denkbar; möglich ist aber, dass der Täter irrtümlich glaubt, er habe eine gebrauchsbereite Schusswaffe oder einen gebrauchsbereiten sonstigen Gegenstand in Griffnähe, während dies tatsächlich nicht der Fall ist, zB weil Waffe oder Gegenstand abhandengekommen oder defekt geworden sind – in einem solchen Fall liegt ein untauglicher Versuch der Qualifikation vor.

IV. Täterschaft und Teilnahme

192   Für die Rechtsfragen bei Täterschaft und Teilnahme gelten die allgemeinen Grundsätze des Strafrechts. Es wird daher auf die entsprechenden Darstellungen bei den Grundtatbeständen (HT, Einführen, Ausführen, Sichverschaffen, Erwerb) verwiesen.

193   **1. Mittäterzurechnung bei der nicht geringen Menge.** Beim gemeinschaftlichen bewaffneten HT mit BtM in nicht geringer Menge müssen sich alle Mittäter die **Gesamtmenge zurechnen** lassen,[303] die sich ggf. erst aus der Addition der bei den einzelnen Mittätern festgestellten Teilmengen ergibt. Eine nicht geringe Menge liegt für jeden der Mittäter daher auch dann vor, wenn bei jedem von ihnen nur Normalmengen unterhalb der Grenzmenge zur nicht geringen Menge gefunden werden, wenn aber deren Addition eine nicht geringe Menge ergibt. Das gilt auch bei den Tatbestandsmodalitäten der Einfuhr und der Ausfuhr, nicht aber in allen Fällen beim **Sichverschaffen**, das die Erlangung der tatsächlichen Verfügungsgewalt voraussetzt. In der Regel kann nämlich der Besitz des einen Mittäters dem anderen Mittäter nicht zugerechnet werden, weil in Bezug auf die andere Besitzmenge regelmäßig keine tatsächliche Einwirkungsmöglichkeit oder faktische Verfügungsmacht über das BtM besteht. Sollte aber eine Aufteilung erfolgt sein, so kann die ungeteilte Gesamtmenge zugerechnet werden, sofern insoweit einmal (Mit-) Besitz bestand.

---

[297] BGH 28.2.1997 – 2 StR 556/96, BGHSt 43, 8 = JR 1998, 254 mAnm *Zaczyk* = NStZ 1997, 344 mAnm *Lenckner* NStZ 1998, 257 und Anm. *Paul* NStZ 1998, 222.

[298] BGH 4.9.1996 – 5 StR 391/96, NStZ 1997, 396 mAnm *Sost-Scheible.*

[299] BGH 30.7.2002 – 1 StR 138/02, StV 2003, 80.

[300] → Vor § 29 Rn. 82 ff.

[301] → § 29a Rn. 73.

[302] → § 3 Rn. 44 ff.

[303] Vgl. BGH 17.7.1985 – 2 StR 221/85; vgl. auch 4.9.1996 – 2 StR 299/96, NStZ-RR 1997, 121.

2. Zurechnung der Bewaffnung eines Mittäters. Bei gemeinschaftlicher Tatbege- **194** hung kann nicht nur derjenige Täter eines Verbrechens nach Abs. 2 Nr. 2 sein, der selbst unmittelbar Zugriff auf eine mitgeführte Schusswaffe oder einen sonstigen Gegenstand im Sinne dieser Vorschrift hat. Vielmehr kann die vom gemeinsamen Tatplan umfasste Bewaffnung eines Mittäters den übrigen Tätern nach allgemeinen Grundsätzen (§ 25 Abs. 2 StGB) zugerechnet werden.[304]

3. Mitsichführen als tatbezogenes, nicht täterbezogenes Merkmal. Beim Mitführ- **195** ren einer Schusswaffe im Sinne des Abs. 2 Nr. 2 handelt es sich also um ein **tatbezogenes**[305] qualifizierendes Unrechtsmerkmal, da es die besondere Gefährlichkeit der Tat selbst näher umschreibt.[306] § 28 Abs. 2 StGB, der nur für täterbezogene Merkmale gilt,[307] ist auf den tatbezogenen Umstand des bewaffneten Handeltreibens nicht anwendbar. Es verbleibt somit beim Prinzip der strengen **Akzessorität** der Teilnahme von der Haupttat.[308] Kann der **unbewaffnete Haupttäter,** der sich von einem **bewaffneten Gehilfen** begleiten lässt, nicht wegen bewaffneten Handeltreibens verurteilt werden (zB weil der waffenführende Gehilfe nicht in unmittelbarer Nähe des Haupttäters ist), sondern nur aus § 29 Abs. 1 Nr. 2, so kann auch der Gehilfe nach dem Grundsatz der Akzessorietät nicht nach § 30a verurteilt werden.[309] In einem solchen Fall ist jedoch ggf. zu beachten, dass der bewaffnete Gehilfe beim Handeltreiben zwar aus den vorgenannten Gründen nicht wegen Beihilfe zum bewaffneten Handeltreiben zu verurteilen ist, sondern bei einer anderen Tatmodalität des Abs. 2 Nr. 2, etwa dem Einführen, (Mit-)Täter sein kann, so dass die Vorschrift deswegen anzuwenden ist.[310] Für den unbewaffneten Haupttäter, der sich von einem **bewaffneten Gehilfen** begleiten lässt, kann die Sachlage dann aber anders sein, wenn er seinen ihm untergeordneten bewaffneten Begleiter (**„Leibwächter-Fall"**)[311] kraft der Hierarchie in der Tätergruppe oder aufgrund einer Absprache dazu veranlassen kann, die Waffe umgehend einzusetzen;[312] dann hat der Haupttäter auf Grund auf Grund seiner Direktionsbefugnis eigene tatsächliche Möglichkeit des Zugriffs auf die Waffe, so dass der Täter nach Abs. 2 Nr. 2 strafbar ist und der Gehilfe wegen Beihilfe hierzu.[313]

V. Deliktsverwirklichungsstufen

1. Versuch. a) Strafbarkeit des Versuchs. Die Versuchsstrafbarkeit für die Tathand- **196** lungen des Abs. 2 Nr. 2 ergibt sich aus § 23 Abs. 1 StGB. Die Abgrenzung zwischen Vorbereitungs- und Versuchshandlungen folgt allgemeinen Grundsätzen des Strafrechts.

b) straflose Vorbereitungshandlungen. Vorbereitungshandlungen können unter den **197** Voraussetzungen des § 30 Abs. 1 StGB strafbar sein; erforderlich ist jedoch, dass der Beteiligte nicht lediglich als Gehilfe des Haupttäters tätig werden will.[314]

---

[304] BGH 4.2.2003 – GSSt 1/02, BGHSt 48, 189 = NStZ-RR 2003, 435 mAnm *Altenhain* gegen die Rspr. insbesondere des 1. Strafsenats, vgl. BGH 14.1.1997 – 1 StR 580/96, BGHSt 42, 368 = NJW 1997, 1083 = StV 1997, 189 und B 16.9.1997 – 1 StR 472/97, BeckRS 1997, 31357150 = StV 1997, 638.
[305] Vgl. BGH 14.1.1997 – 1 StR 580/96, BGHSt 42, 368 = NJW 1997, 1083 = StV 1997, 189.
[306] Vgl. BGH 20.9.1996 – 2 StR 300/96, NStZ-RR 1997, 16 = StV 1996, 674.
[307] Vgl. BGH 15.8.1969 – 1 StR 197/69, BGHSt 23, 103 (105).
[308] BGH 8.3.2000 – 3 StR 50/00, NStZ 2000, 431 (432) = StV 2000, 623; unerheblich ist dabei, ob der Haupttäter die Bewaffnung des Gehilfen kannte oder nicht, vgl. *Winkler* NStZ 2001, 301 [302] in einer Anm. zu dieser Entscheidung; die betreffende Bemerkung des BGH ergab sich aus dem Sachverhalt; BGH 11.6.2002 – 3 StR 140/02, NStZ-RR 2002, 277.
[309] Vgl. BGH 26.8.1998 – 2 StR 346/98, NStZ-RR 1999, 187; 11.6.2002 – 3 StR 140/02, NStZ-RR 2002, 277; 2.6.2005 – 3 StR 70/05, BeckRS 2005, 08398 = StV 2005, 558.
[310] BGH 11.6.2002 – 3 StR 140/02, NStZ-RR 2002, 277.
[311] BGH 28.2.1997 – 2 StR 556/96, BGHSt 43, 8 (14); mAnm *Zaczyk* = NStZ 1997, 344 mAnm *Lenckner* NStZ 1998, 257 und Anm. *Paul* NStZ 1998, 222.
[312] BGH 3.4.2002 – 1 ARs 14/02, NJW 2002, 3116; 7.5.2002 – 3 StR 369/01, NStZ 2002, 61.
[313] So auch *Weber* Rn. 216 und schon *Kessler* NStZ 1996, 500.
[314] Vgl. BGH 27.1.1982 – 3 StR 437/81, NStZ 1982, 244; 13.10.1992 – 1 StR 517/92, NStZ 1993, 137; 30.1.2001 – 1 StR 423/00, NJW 2001, 1289; 15.1.2002 – 4 StR 499/01, NJW 2002, 1662.

198   **c) Versuchshandlungen.** Für Abs. 2 mit seinen in zweifacher Hinsicht tatbestandlich umschriebenen Qualifikationen (Menge und Waffe) gelten die allgemeinen Regeln der Versuchsstrafbarkeit. Entgegen früher vertretener Ansicht[315] reicht es nicht aus, dass der Täter zu irgendeinem Merkmal des Tatbestands angesetzt hat; vielmehr ist auf das Ansetzen zur **Verwirklichung des Gesamttatbestands** abzustellen.[316] Der Täter muss daher mit dem Ansetzen zum qualifizierenden Merkmal oder seiner Verwirklichung zugleich zum **Versuch des Grunddelikts** ansetzen. Wenn er also eine Schusswaffe oder einen sonstigen zur Verletzung von Personen geeigneten Gegenstand mit sich führt, so beginnt der Versuch der Verwirklichung des Abs. 2 Nr. 2 erst, wenn er unmittelbar dazu ansetzt, ein Grunddelikt (HT, Einführen, Ausführen oder Sichverschaffen), bezogen auf eine nicht geringe Menge, zu verwirklichen. Folgt dagegen das **Ansetzen zur Verwirklichung eines qualifizierenden Merkmals** dem Versuchsbeginn des Grunddelikts zeitlich nach, so beginnt der Versuch der Qualifikation erst mit dem unmittelbaren Ansetzen zu diesem Merkmal. Wenn also der Täter eine nicht geringe Menge eines BtM zum Zwecke des HTs in Besitz genommen hat und er sich dann erst eine Waffe verschaffen will, so beginnt der Versuch der Verwirklichung des Abs. 2 Nr. 2 erst, wenn er unmittelbar dazu ansetzt, die Waffe so bereitzuhalten, dass er sie in Griffnähe während eines Teilakts des HTs hat. Nicht ausreichend für die Erfüllung des Qualifikationsmerkmals „Mit-Sich-Führen einer Schusswaffe" ist es, dass der Täter die eingeführten Betäubungsmittel später in seiner Wohnung (wo die Waffe sich befand) unter Mit-Sich-Führen einer Schusswaffe **„seinem Tatplan entsprechend"** verkaufen wollte, wenn er nach Grenzübertritt von der Polizei festgenommen wurde.[317] Es liegt dann noch nicht einmal ein Versuch der Verwirklichung des Qualifikationsmerkmals vor, wenn der Täter noch nicht zum Betreten der Wohnung unmittelbar angesetzt hat; es bleibt die Verurteilung auf der geringeren Qualifikationsstufe wegen unerlaubten HT mit BtM in nicht geringer Menge nach § 29a Abs. 1 Nr. 2 in Tateinheit mit unerlaubter Einfuhr von BtM in nicht geringer Menge nach § 30 Abs. 1 Nr. 4.

199   **2. Vollendung und Beendigung.** Die Fragen nach der Vollendung und der Beendigung bei Abs. 2 Nr. 2 lassen sich nur bei Betrachtung des Gesamttatbestandes zutreffend beantworten.

200   **a) Vollendung.** Für die Annahme eines vollendeten Qualifikationstatbestandes ist es erforderlich, dass sowohl der Grundtatbestand wie auch das Qualifikationsmerkmal vollendet sind.[318] Insofern wird auf die jeweiligen Ausführungen zu den einzelnen Tatmodalitäten verwiesen.

201   Hat der Täter das Grunddelikt (bezogen auf eine nicht geringe Menge) vollendet, aber noch nicht beendet, so kann er immer noch den Qualifikationstatbestand des Abs. 2 Nr. 2 verwirklichen. Die Qualifikation ist dann in dem Augenblick vollendet, in dem der Täter bei einem auf das Grunddelikt noch bezogenen Einzelakt oder Handlungteil die Schusswaffe bzw. den sonstigen Gegenstand iS der Vorschrift mit sich zu führen beginnt, dh die Möglichkeit der jederzeitigen Verfügung Waffe bzw. Gegenstand iS erlangt. Hat der Täter Schusswaffe bzw. einen sonstigen Gegenstand iS der Vorschrift bei sich, bevor es zu Vollendung des Grunddelikts (bezogen auf eine nicht geringe Menge) gekommen ist, so tritt die Vollendung des Qualifikationstatbestandes des Abs. 2 Nr. 2 dann ein, wenn das Grunddelikt zu den vorstehend aufgeführten Zeitpunkten vollendet ist. Fällt der Zeitpunkt der Erlangung der Verfügungsgewalt über Waffe bzw. Gegenstand mit dem Zeitpunkt der Vollendung des Grunddelikts (bezogen auf eine nicht geringe Menge) zusammen, so ist die Tat in diesem Moment vollendet. Dies kann zB geschehen, wenn der Täter BtM und Waffe zur gleichen

---

[315] Vgl. RG 22.9.1905 – Rep 430/04, RGSt 38, 177 (178); 10.11.1919 – III 492/19, RGSt 54, 42 (43).
[316] Vgl. BGH 21.12.1982 – 1 StR 662/82, BGHSt 31, 177 (178) = NStZ 1983, 408 mAnm *Lenckner*; *Fischer* StGB § 22 Rn. 36 mwN.
[317] BGH 18.4.2007 – 3 StR 127/07, NStZ 2007, 533.
[318] BGH 18.4.2007 – 3 StR 127/07, NStZ 2007, 533.

Zeit ausgehändigt erhält oder ein BtM-Versteck plündert und die dort gelagerte Waffe ebenfalls an sich nimmt.[319]

b) Beendigung. Die Grunddelikte sind bei den verschiedenen Tatbestandsvarianten zu   **202** unterschiedlichen Zeitpunkten beendet. Insofern wird auf die Ausführungen zu den jeweiligen Tatmodalitäten verwiesen. Für die Qualifikation reicht es aus, wenn der Täter zu irgendeinem Zeitpunkt Waffe oder Gegenstand während irgendeinen Zeitpunkts der Tathandlung in Griffnähe hat (näher → Rn. 158). Nicht nötig ist, dass die jederzeitige Verfügbarkeit über die Waffe noch im Zeitpunkt der Beendigung der gesamten Tathandlung besteht. Die Beendigung des Gesamttatgeschehens wird durch die Beendigung des Grunddelikts bestimmt, nicht durch die Beendigung des Mitsichführens.

VI. Konkurrenzen

1. BtM-Straftaten. a) Begehungsweisen des Abs. 2 Nr. 2 untereinander. Das   **203** Zusammentreffen mehrerer Tatbestandsvarianten des Abs. 2 Nr. 2 wird in aller Regel von der Rechtsfigur der **Bewertungseinheit** bestimmt. Zum Begriff wird auf die Erläuterungen zum HT[320] und die Ausführungen zu § 29a Abs. 1 Nr. 1[321] verwiesen.

aa) HT und Einfuhr. Die Grundsätze der Bewertungseinheit kommen auch bei dem   **204** häufig anzutreffenden Fall der **Einfuhr einer nicht geringen Menge von BtM (§ 30 Abs. 1 Nr. 4)** unter Mitführen von Waffen zu HT-Zwecken zur Anwendung. Neben dem bewaffneten HT mit BtM in nicht geringer Menge bleibt die Einfuhr von BtM in nicht geringer Menge (§ 30 Abs. 1 Nr. 4) ein unselbständiger Teilakt des HTs. Als Qualifikationstatbestand geht § 30a Abs. 2 Nr. 2 dem allgemeinen Tatbestand des § 30 Abs. 1 Nr. 4 vor. Das folgt neben der Gesetzessystematik auch aus dem Wortlaut der Bestimmung, wonach die Qualifikation erfüllt, wer beim HT eine Schusswaffe mit sich führt, oder wer BtM in nicht geringer Menge „ohne Handel zu treiben" einführt (§ 29a Abs. 2 Nr. 2). Danach prägt das bewaffnete HT das Gesamtgeschehen, und die Einfuhr zum Zwecke dieses HT bleibt dessen unselbständiger Teilakt unabhängig davon, ob der Täter auch bei der Einfuhr die Waffe mit sich geführt hat oder nicht.[322] Neben dem bewaffneten Handeltreiben ist – bezogen auf dieselbe Rauschgiftmenge – eine Verurteilung wegen bewaffneter Einfuhr nicht möglich.[323]

bb) Differenzierung nach dem Verwendungszweck bei Handels- und Eigenver-   **205** **brauchsmenge.** Ist die nicht geringe Menge, auf die das Tatgeschehen sich bezieht, teils zum Eigenverbrauch und teils zur gewinnbringenden Weiterveräußerung bestimmt, so ist eine Vielzahl von Konstellationen von Teilmengen und Verwendungszwecken theoretisch denkbar und auch in der Praxis anzutreffen. Für die rechtliche Beurteilung dieser Fallgestaltungen bestehen folgende Grundsätze: Hat der Täter BtM ausschließlich zum späteren Weiterverkauf erworben (bzw. sich verschafft oder eingeführt), so erfüllt dies hinsichtlich der erworbenen Gesamtmenge die Voraussetzungen des unerlaubten HT mit dieser selbst dann, wenn er **nachträglich einen Teil zum Eigenverbrauch abzweigt.**[324] Hat jedoch der Täter die BtM von **vornherein teils zum Weiterverkauf und teils zum Eigenverbrauch** (bzw. sich verschafft oder eingeführt), so richtet sich die rechtliche Einordnung solcher Erwerbsvorgänge mit unterschiedlicher Zweckbestimmung nach den jeweiligen Einzelmengen.[325]

---

[319] So die Rspr. zu Bewaffnung während der Tat des § 250 Abs. 1 Nr. 1 aF StGB, vgl. BGH 13.10.1959 – 5 StR 377/59, BGHSt 13, 259 = NJW 1959, 2222; 4.6.1985 – 2 StR 125/85, NStZ 1985, 547, oder aus der Beute des Eigentumsdelikts.

[320] → § 29 Rn. 477 ff.

[321] → § 29a Rn. 93 f.

[322] BGH 17.8.1999 – 1 StR 222/99, NStZ-RR 2000, 91; 9.1.1997 – 1 StR 750/96, NStZ-RR 1997, 144; 28.1.2005 – 2 StR 555/04, BeckRS 2005, 02331; 5.3.2013 – 1 StR 35/13, NStZ 2013, 662.

[323] BGH 17.8.1999 – 1 StR 222/99, NStZ-RR 2000, 91; 13.2.2003 – 3 StR 349/02, NJW 2003, 1679 = StV 2003, 285; 27.2.2009 – 2 StR 593/07, BeckRS 2008, 05021 = StraFo 2008, 254.

[324] BGH 19.9.2001 – 3 StR 268/01, BeckRS 2001, 30206233 = StV 2002, 255.

[325] BGH 19.9.2001 – 3 StR 268/01, BeckRS 2001, 30206233 = StV 2002, 255.

206 Der Tatrichter darf wegen der unterschiedlichen Auswirkungen bei der rechtlichen Einordnung und bei der Strafzumessung nicht offen lassen, welcher Anteil für den späteren Verkauf und welcher Anteil für den späteren Eigenverbrauch vorgesehen war. Er muss dies – notfalls im Wege der Schätzung unter Beachtung des Zweifelssatzes[326] – feststellen und seine Feststellungen oder Schätzungsgrundlagen im Urteil in nachvollziehbarer Weise darlegen.[327]

207 Bewaffnetes HT in nicht geringer Menge nach Abs. 2 Nr. 2 schließt hinsichtlich der davon betroffenen Teilmengen die Tatbestandsalternativen des Erwerbs, des Sichverschaffens und der Einfuhr aus, da diese nur anwendbar sind, wenn kein HT gegeben ist („ohne Handel zu treiben").[328] Wenn jede der Teilmengen zwar nicht jeweils für sich genommen, jedoch in der Summe den Grenzwert der „nicht geringe Menge" erreicht oder übersteigt, hat sich die rechtliche Bewertung auf den allgemeineren Tatbestand zurückzubesinnen, der die nicht geringe Menge noch mitumfasst, der aber sonst nach den Spezialitätsgrundsätzen der Konkurrenzlehre verdrängt wäre. Dies sind für die hier in Betracht kommenden Fälle die Tatbestandsalternativen des Erwerbs, des Sichverschaffens und der Einfuhr. Nun wären allerdings gerade dann eben diese Tatbestandsalternativen in Bezug auf die zum HT bestimmten Teilmengen ausgeschlossen, da sie nur anwendbar sind, wenn kein HT gegeben ist (→ Rn. 203). Für die Verwirklichung des Abs. 2 Nr. 2 würde dies eigentlich bedeuten, dass mindestens eine der Teilmengen eine nicht geringe Menge darstellen muss. Diesen Widerspruch zwischen dem Ergebnis der Auslegung nach dem Wortlaut (einschränkender Zusatz „ohne Handel zu treiben") und dem Ergebnis der Auslegung nach den Zielvorstellungen des Gesetzgebers hat der 3. Strafsenat des BGH[329] zugunsten des Gesetzeszwecks entschieden: wenn die BtM teils zum Eigenverbrauch, teils zum HT bestimmt sind und die Teilmengen zwar nicht jeweils für sich, jedoch insgesamt die Grenze der „nicht geringen Menge" erreichen oder übersteigen, kann eine Verwirklichung des Tatbestand des Abs. 2 Nr. 2 in den durch das Mitführen von Waffen qualifizierten Handlungsalternativen der unerlaubten Einfuhr, Ausfuhr und des Sichverschaffens von BtM in nicht geringer Menge trotz des einschränkenden Zusatzes „ohne Handel zu treiben" verwirklicht sein; für den auf der besonderen Gefährlichkeit durch die Bewaffnung beruhenden Grund der erhöhten Strafschärfung sei es in einem solchen Fall ohne Bedeutung, welche Absichten der Täter mit der insgesamt nicht geringen BtM-Menge im Einzelnen verfolge.

208 Nach diesen Grundsätzen können **folgende Konstellationen** auftreten:[330]

Mengenverhältnisse	Konkurrenzverhältnisse
Kleine* Handelsmenge/ große** Eigenverbrauchsmenge	(Bewaffnetes) Sichverschaffen/Erwerben von BtM in nicht geringer Menge nach § 30a Abs. 2 Nr. 2 (Eigenverbrauchsmenge) in Tateinheit mit HT nach § 29 Abs. 1 S. 1 Nr. 1 (Handelsmenge);[331] von § 30a Abs. 2 Nr. 2 werden verdrängt der Besitz und die Einfuhr von BtM in nicht geringer Menge
Große** Handelsmenge/ kleine Eigenverbrauchsmenge	(Bewaffnetes) HT mit BtM in nicht geringer Menge (Handelsmenge) in Tateinheit mit Sichverschaffen/ Erwerb und Einfuhr von BtM (Eigenverbrauchsmenge); im HT nach § 30a Abs. 2 Nr. 2 gehen auf Sichverschaffen/Erwerb und Einfuhr von BtM in nicht geringer Menge

---

[326] Vgl. *Winkler* NStZ 2001, 301.
[327] BGH 19.9.2001 – 3 StR 268/01, BeckRS 2001 30206233 = StV 2002, 255.
[328] BGH 2.9.1998 – 2 StR 185/98, BeckRS 1998, 30023114; 16.2.2000 – 3 StR 22/00, BeckRS 2000 30096191.
[329] BGH 10.4.1996 – 3 StR 5/96, BGHSt 42, 123 = NJW 1996, 2804.
[330] Vgl. *Weber* Rn. 203 ff.; BGH 19.9.2001 – 3 StR 268/01, BeckRS 2001, 30206233 = StV 2002, 255.
[331] Vgl. BGH 16.2.2000 – 3 StR 22/00, BeckRS 2000, 30096191.

Mengenverhältnisse	Konkurrenzverhältnisse
Große** Handelsmenge/ große** Eigenverbrauchsmenge	(Bewaffnetes) HT mit BtM in nicht geringer Menge (Handelsmenge) in Tateinheit[332] mit (bewaffnetem) Sichverschaffen/Erwerb und Einfuhr von BtM in nicht geringer Menge (Eigenverbrauchsmenge); bei der Handelsmenge gehen im HT nach Abs. 2 Nr. 2 auf das Sichverschaffen/Erwerb und die Einfuhr von BtM in nicht geringer Menge;[333] bei der Eigenverbrauchsmenge wird der Besitz von nicht geringen Mengen verdrängt
Kleine* Handelsmenge/ kleine* Eigenverbrauchsmenge	(Bewaffnetes) Sichverschaffen/Erwerb und Einfuhr von BtM in nicht geringer Menge nach Abs. 2 Nr. 2 in Tateinheit mit HT nach § 29 Abs. 1 S. 1 Nr. 1;[334] Besitz und Einfuhr je in nicht geringer Menge werden von § 30a Abs. 2 Nr. 2 verdrängt.

* Klein = bleibt unterhalb der Grenzmenge der nicht geringen Menge.
** Groß = übersteigt die Grenzmenge der nicht geringen Menge.

b) Begehungsweisen des Abs. 2 Nr. 2 und Verbrechenstatbestände des § 29a **209** **Abs. 1 Nr. 2 bzw. § 30 Abs. 1 Nr. 3, 4.** Die Verbrechenstatbestände nach § 29a Abs. 1 Nr. 2 (für das HT und den Besitz beim Ausführen, Sichverschaffen und Erwerb) sowie nach § 30 Abs. 1 Nr. 4 (für das Einführen) werden durch den Qualifikationstatbestand des § 30a Abs. 2 Nr. 2 verdrängt, der ihnen gegenüber lex specialis ist. Beim HT prägt das Qualifikationsmerkmal des Mitsichführens einer Waffe, auch wenn es nur bei irgendeinem einzelnen auf Umsatz gerichteten Teilakt vorlag, das gesamte einheitliche Geschehen, so dass eine Tat nach Abs. 2 Nr. 2 StGB vorliegt; zuvor oder danach erfüllte Tatbestände werden durch den Qualifikationstatbestand des Abs. 2 Nr. 2 verdrängt.[335] Wenngleich aufgrund der Bewertungseinheit sämtliche Veräußerungshandlungen an sich unselbständige Teilakte der Tat nach Abs. 2 Nr. 2 darstellen, steht die gewerbsmäßige unerlaubte Abgabe von Betäubungsmitteln an Minderjährige mit dem Tatbestand des bewaffneten Handeltreibens in Tateinheit.[336]

c) Begehungsweisen des Abs. 2 Nr. 2 und Grundtatbestände des § 29 Abs. 1 S. 1 **210** **Nr. 1.** HT, Einführen, Ausführen, Sichverschaffen und Erwerben treten im Wege der Gesetzeskonkurrenz hinter den Qualifikationstatbeständen des Abs. 2 Nr. 2 zurück. Dies gilt auch, wenn bei diesen Delikten die **Voraussetzungen eines Regelbeispiels** nach § 29 Abs. 3 vorliegen.[337] Die Tatsache, dass der Täter das Regelbeispiel eines besonders schweren Falles verwirklicht hat, behält jedoch für die Bemessung der Strafe innerhalb des Strafrahmens der Qualifikation ihre Bedeutung.[338]

2. Straftatbestände anderer Rechtsgebiete. Für das Zusammentreffen mit Straftaten **211** aus anderen Rechtsgebieten gelten die allgemeinen Konkurrenzregeln: Fällt eine Handlung, die sich als eine der Tatbestandsvarianten des Abs. 2 Nr. 2 darstellt, mit der Ausführungshandlung eines anderen Tatbestands zusammen, so liegt Tateinheit vor. Insoweit wird auf die Ausführungen zu § 30 Abs. 1 Nr. 1[339] Bezug genommen. Bei Sichverschaffen durch Wegnahme ist Tateinheit mit **Diebstahl mit Waffen** nach § 244 StGB anzunehmen. Tateinheit mit **Geldwäsche** ist möglich in Bezug auf eingeführte oder durch HTs-Handlungen

---

[332] Vgl. BGH 16.2.2000 – 3 StR 22/00, BeckRS 2000, 30096191.
[333] Vgl. BGH 16.2.2000 – 3 StR 22/00, BeckRS 2000, 30096191.
[334] BGH 16.2.2000 – 3 StR 22/00, BeckRS 2000, 30096191; 10.4.1996 – 3 StR 5/96, BGHSt 42, 123 = NJW 1996, 2804.
[335] BGH 14.11.1996 – 1 StR 609/96, NStZ 1997, 137.
[336] BGH 6.8.2013 – 5 StR 255/13, NStZ-RR 2013, 347.
[337] → § 29 Rn. 1648.
[338] Vgl. BGH 14.12.1995 – 1 StR 613/95; 21.12.1995 – 1 StR 697/95, StV 1996, 267.
[339] → § 30 Rn. 80.

gewonnene oder hergestellte BtM oder Stoffe, die aus BtM hergestellt sind (alles taugliche Tatobjekte, weil nicht nur Geld, sondern jeder Gegenstand, der einen Vermögenswert darstellt, in Betracht kommt). Zum Verhältnis der Vortat des Herstellens zur „Nachtat" der Geldwäsche gelten die Ausführungen zu den Konkurrenzen beim Anbau entsprechend. Beim gewaltsamen Sichverschaffen ist Tateinheit mit schwerem Raub nach § 250 StGB oder schwerer **räuberischer Erpressung** nach § 255 StGB denkbar; kommt es zum Schusswaffengebrauch, so kann je nach Fallgestaltung Tateinheit zwischen **Körperverletzungs- oder Tötungsdelikten** und dem Verbrechen nach Abs. 2 Nr. 2 bestehen,[340]

212   Nicht notwendig (weil die Waffe auch auf Grund einer waffenrechtlichen Erlaubnis geführt werden kann), aber in der Praxis sehr häufig liegt ein Konkurrenzverhältnis zwischen dem Delikt nach Abs. 2 Nr. 2 und einem **Waffendelikt** vor. In aller Regel besteht Tateinheit zwischen dem bewaffneten HT oder den anderen Tatbestandsvarianten des Abs. 2 Nr. 2 und dem Waffendelikt, zB beim gleichzeitigen Befördern von Waffen und BtM im Kofferraum eines Pkw[341] oder beim Verstecken von Waffe bzw. Munition und BtM im selben Pkw.[342] Das Waffendelikt taucht zumeist in der Form des **Besitzes** einer halbautomatischen Kurzwaffe oder einer vollautomatischen Selbstladewaffe oder aber in der Form des **Führens** solcher Waffen auf. Diese Bezeichnung sollte die Urteilsformel auch erhalten (nicht „und wegen Verstoßes gegen das WaffG"). Unter waffenrechtlichen Gesichtspunkten ist darauf hinzuweisen, dass der gleichzeitige Besitz mehrerer Waffen auch dann, wenn diese nicht unter dieselbe Strafvorschrift fallen, nur einen einzigen Verstoß gegen das Waffengesetz darstellt.[343]

VII. Strafklageverbrauch

213   **1. Verurteilung wegen BtM-Tatbeständen.** Zu den Begriffen der prozessualen Tat und Tatidentität vgl. zunächst die Ausführungen bei → § 29 Rn. 552 f. Eine Verurteilung wegen eines Grunddelikts ohne die erschwerenden Umstände „nicht geringe Menge" oder „Bande" gem. § 29 Abs. 1 S. Nr. 1 oder könnte zu einem Verfahrenshindernis für eine Anklage wegen der Qualifikation nach § 29a Abs. 1 Nr. 2 („nicht geringe Menge" ohne „Bande") führt bei Tatidentität zum Strafklageverbrauch hinsichtlich eines Delikts nach Abs. 1. Umgekehrt hinderte eine Verurteilung wegen eines Delikts nach Abs. 1 eine Anklageerhebung oder eine erneute Verurteilung zB wegen Handeltreibens mit BtM in nicht geringer Menge, wenn es um dieselbe Handelsmenge geht. Ist ein Angeklagter vom Vorwurf des Handeltreibens mit Betäubungsmitteln **freigesprochen** worden, ergreift der Strafklageverbrauch weitere Teillieferungen, die alle aus einer ursprünglichen Rauschgiftmenge stammen.[344]

214   **2. Verurteilung wegen allg. Tatbestände.** Eine Verurteilung wegen eines Delikts nach dem StGB hinderte bei Tatidentität eine Anklageerhebung oder eine Verurteilung wegen des Delikts des Abs. 1, zB wegen Diebstahls oder Raubs von Substanzen, die BtM sind. Die Aburteilung wegen einer **Trunkenheitsfahrt,** die eigens dem Transport der Drogen dient (also zB den Zweck verfolgt, sie an einen sicheren Ort zu bringen), verbraucht nicht nur die Strafklage für den Betäubungsmittelbesitz, sondern auch für die damit tateinheitlich verbundenen Delikte[345] (zB bewaffnetes Sichverschaffen von Betäubungsmitteln in nicht geringer Menge sowie die Abgabe eines den Grenzwert der nicht geringen Menge nicht erreichenden – Teils dieser Betäubungsmittel). Allerdings besteht zwischen diesen Delikten dann keine verfahrensrechtliche Identität, wenn das Mitsichführen der Betäubungsmittel in keinem inneren Beziehungs- bzw. Bedingungszusammenhang mit dem Fahrvorgang steht.[346]

---

[340] BGH 17.1.2001 – 2 StR 437/00, NStZ 2001, 491.
[341] BGH 25.4.1994 – 5 StR 189/94; 26.8.1993 – 4 StR 326/93, BeckRS 1993, 31086157.
[342] BGH 7.9.1982 – 3 StR 295/82, NStZ 1982, 512.
[343] BGH 7.5.1997 – 3 StR 105/97.
[344] BGH 17.4.1996 – 5 StR 147/95, StV 1996, 650.
[345] BGH 5.3.2009 – 3 StR 566/08, NStZ 2009, 705 = StV 2010, 119.
[346] BGH 27.4.2004 – 1 StR 466/03, NStZ 2004, 694 (694) mAnm *Bohnen* = StV 2005, 256, 695.

VIII. Rechtsfolgen

1. Strafzumessung. a) Strafrahmenwahl. Der (Normal-) Strafrahmen reicht von fünf **215** Jahren Mindeststrafe bis zu 15 Jahren Freiheitsstrafe (§ 38 Abs. 2 StGB), für minder schwere Fälle (Abs. 3) von sechs Monaten bis zu zehn Jahren. Ursprünglich war für den minder schweren Fall des § 30a Absatz 3 Freiheitsstrafe von sechs Monaten bis zu fünf Jahren vorgesehen; der Strafrahmen wurde durch Art. 5 AMGuäÄndG[347] mit Wirkung vom 23.7.2009 im Höchstmaß auf zehn Jahre erweitert.[348] Zu den Voraussetzungen für die Annahme eines minder schweren Falles wird auf die Ausführungen zu Abs. 3[349] verwiesen.

b) Strafzumessung im engeren Sinn. Die Strafzumessung bei Delikten nach Abs. 2 **216** Nr. 2 hat neben den Erwägungen, die sich aus den Umständen der Verwirklichung der Grundtatbestände ergeben, die Besonderheiten zu berücksichtigen, die bei der Verwirklichung der beiden Qualifikationstatbestände zutage treten. Allerdings darf die Tatsache, dass diese Qualifikationen erfüllt sind, für sich nicht zur Strafschärfung herangezogen werden (Verbot der Doppelverwertung, § 46 Abs. 3 StGB, zB: „die typische Gefahr, die von der Verfügbarkeit einer Schusswaffe im Zusammenhang mit einem Drogengeschäft ausgeht").[350] Sehr wohl können aber bestimmte Umstände bei der konkreten Qualifikationserfüllung strafschärfend gewertet werden; umgekehrt können sich daraus indessen auch Strafmilderungsgründe ergeben.

Strafschärfend kann berücksichtigt werden: die besondere Gefährlichkeit der Schuss- **217** waffe (zB Maschinenpistole, Handgranate), die Anzahl der Schusswaffen oder sonstigen Gegenstände iS der Vorschrift, die Tatsache, dass die Schusswaffe nicht nur griffbereit, sondern durchgeladen war,[351] die Tatsache, dass die Schusswaffe über das zur Tatbestandsverwirklichung nötige Mitsichführen hinaus auch eingesetzt wurde, zB zur Bedrohung oder zur Verletzung (aber dann darf dieser Umstand nicht noch einmal strafschärfend in der Weise berücksichtigt werden, dass der Angeklagte „tateinheitlich zwei Tatbestände verletzt" hätte), die besonders große Menge oder deren besonders große Gefährlichkeit.

Strafmildernd kann berücksichtigt werden: die mindere Gefährlichkeit der Schusswaffe **218** (zB Gaspistole), die mindere Gefährlichkeit des Gegenstandes, zB die Tatsache, dass es sich um einen Gummiknüppel handelte,[352] die Tatsache, dass der Täter die Schusswaffe zu einem Zeitpunkt mit sich geführt hat, in dem keine Gefahr für Dritte bestand,[353] die Tatsache, dass der Täter die Schusswaffe während eines nur kurze Zeit dauernden Teilakts eines längeren Tatgeschehens geführt hat, wenn der Täter sich der mitgeführten Schusswaffe nach Versuchsbeginn entledigt und erst dann das Grunddelikt vollendet. **Keinen Milderungsgrund** stellt das Fehlen der Verwendungsabsicht in Bezug auf die Schusswaffe oder den Gegenstand dar. Die Verwendungsabsicht wird zur Tatbestandsverwirklichung nicht vorausgesetzt[354] – eine festgestellte Verwendungsabsicht wäre daher ein Umstand, der über das zur Tatbestandsverwirklichung Notwendige hinausginge und daher zur Strafschärfung herangezogen werden könnte; aus dem Fehlen eines solchen Umstandes kann keine Milderung hergeleitet werden.

Unzulässige Strafzumessungserwägungen ergeben sich vor allem aus dem Verbot **219** der Doppelverwertung, zB die häufig zu findende Formulierung, dass sich zum Nachteil des Angeklagten auswirke „die vom Gesetzgeber gesehene, auch vorliegend gegebene typische Gefahr, die von der Verfügbarkeit einer Schusswaffe im Zusammenhang mit einem Drogengeschäft" ausgehe.[355]

---

[347] Gesetz zur Änderung arzneimittelrechtlicher und anderer Vorschriften (AMGuaÄndG) vom 17.7.2009, BGBl. I S. 1990.
[348] → Vor § 29a Rn. 11.
[349] Rn. 224 ff.
[350] Vgl. BGH 1.6.2005 – 2 StR 144/5.
[351] Vgl. KPV/*Patzak* Rn. 123.
[352] BGH 14.6.1996 – 3 StR 233/96, NStZ 1996, 498 = StV 1996, 673.
[353] BGH 4.2.2003 – GSSt 1/02, BGHSt 48, 189 = NJW 2003, 1541.
[354] Näher → Rn. 157.
[355] BGH 1.6.2005 – 2 StR 144/05, BeckRS 2005, 07127.

220   **2. Absehen von Strafe bzw. von Strafverfolgung.** Zum Absehen von Strafe bzw. von Strafverfolgung → Rn. 48.

221   **3. Einziehung und Verfall; Entziehung der Fahrerlaubnis.** Zu Einziehung und Verfall siehe unten die Erläuterung zu § 33, insb. → § 33 Rn. 6–7. Die Anordnung des erweiterten Verfalls (§§ 33 Abs. 1 Nr. 2 BtMG aF, 73d StGB aF) war möglich. Zur Entziehung der Fahrerlaubnis → § 29 Rn. 122.

222   **4. Sicherungsverwahrung.** Das Delikt ist Anlasstat für die Anordnung von Sicherungsverwahrung.[356]

IX. Urteilsformel

223   Der Qualifikationstatbestand des bewaffneten HT (oder der anderen Tatbestandsvarianten) nach Abs. 2 Nr. 2 ist in der Entscheidungsformel zum Ausdruck zu bringen.[357] Der Tenor bedarf nicht des Zusatzes „in nicht geringer Menge", da der Qualifikationstatbestand des bewaffneten Handeltreibens nach § 30a Abs. 2 Nr. 2 stets voraussetzt, dass die Tat eine solche Menge betrifft.[358] Umgekehrt gehört die Kennzeichnung als „minder schwerer Fall nach Abs. 3 (→ Rn. 224) nicht zur rechtlichen Bezeichnung der Tat im Sinne von § 260 Abs. 4 Satz 2 StPO.[359]

4. Kapitel. Minder schwerer Fall (Abs. 3)

Übersicht

A. Überblick

224   Die Vorschrift dient angesichts der in Abs. 1 angedrohten Mindeststrafe von fünf Jahren der Wahrung des Grundsatzes der Verhältnismäßigkeit, da sie in Abs. 3 einen Sonderstrafrahmen zur Verfügung stellt, dessen Anwendung, so der BGH,[1] beträchtlich milderer Ausnahmestrafrahmen zur Verfügung stehe, dessen Anwendung in Fällen mit gewichtigen Milderungsgründen gerade angesichts der hohen Mindeststrafe des Regelstrafrahmens weit näher

---

[356] § 66 Abs. 1 Nr. 1b StGB.
[357] Vgl. BGH 21.9.2006 – 3 StR 323/06, BeckRS 2006, 11400.
[358] BGH 3.2.2015 – 3 StR 632/14, NStZ-RR 2015, 144 (Ls).
[359] BGH 3.12.2014 – 4 StR 512/14, NStZ-RR 2014, 144 (Ls); stRspr; so bereits BGH 7.1.1997 – 4 StR 603/96, NStZ 1998, 25 (27).
[1] BGH 18.6.2009 – 3 StR 171/09, NStZ-RR 2009, 320; 25.1.1996 – 5 StR 402/95, NJW 1996, 2316.

liegen wird, als dies für die Annahme minder schwerer Fälle bei anders strukturierten Straftatbeständen, insbesondere solchen mit geringeren Regelmindeststrafen, gelten muss, weshalb seine Anwendung auch in Fällen naheliegen wird, die nicht dem Bild der Organisierten Kriminalität entsprechen.

I. Rechtsentwicklung

In minder schweren Fällen reichte der Strafrahmen ursprünglich von sechs Monaten bis **225** zu fünf Jahre, was bei seiner Anwendung in der Tat dazu führte, dass Freiheitsstrafe nur in Höhe bis zur Mindeststrafe des Regelstrafrahmens nach Abs. 1 verhängt werden konnte. Durch das AMGuaÄndG wurde der Strafrahmen mit Wirkung vom 23.7.2009[2] auf bis zu zehn Jahre erweitert.

II. Rechtliche Bedeutung

Zur Bedeutung der Vorschrift als Sonderstrafrahmen wird zunächst auf die Erläuterungen **226** zu § 29a Abs. 2[3] verwiesen.

B. Erläuterung

I. Strafrahmenbestimmung; Milderungsgründe

Zur Strafrahmenbestimmung[4] und zu Prüfungsanlass und -umfang[5] wird auf die Erläute- **227** rungen zu § 29a verwiesen. Liegt die Annahme eines minderschweren Falles nahe, sind die einzelnen Umstände hierfür festzustellen und in eine wertende Gesamtbetrachtung einzubeziehen. Zu den btm-spezifischen allgemeinen **Milderungsgründen** vgl. die Erläuterungen zu § 29a.[6] Vertypte Milderungsgründe zwingen in der Regel zur Prüfung der Frage, ob ein minder schwerer Fall vorliegt,[7] es sei denn, einzelne Ausprägungen der Tat (zB eine extrem große Menge BtM)[8] lassen die Anwendung des Sonderstrafrahmens von vornherein als ausgeschlossen erscheinen. Zu den einzelnen vertypten Milderungsgründen s. die Erläuterungen zu § 29a.[9]

II. Kasuistik

Den bisher von der Rechtsprechung zu § 30a entschiedenen Fällen lässt sich folgende **228** **Tendenz** entnehmen:
– **Anbauen, Herstellen, Handeltreiben, Ein- oder Ausführen von BtM in nicht** **229** **geringer Menge als Mitglied einer Bande (Abs. 1):** Die Anwendung des Sonderstrafrahmens kann bei geleisteter Aufklärungshilfe (§ 31) in Betracht kommen, wenn erst durch das umfassende und glaubhafte Geständnis des Angeklagten der Umfang der Tatbeteiligung der Mitangeklagten offengelegt wird und diese daraufhin ihrerseits ihre Tatbeiträge einräumen, so dass das Gericht (erst) auf der Grundlage dieses Geständnisses zu der Überzeugung gelangen kann, dass über den eigenen Tatbeitrag des Angeklagten hinaus die Mitangeklagten **als Mitglieder einer Bande** im Sinne des § 30a tätig geworden sind.[10] Auch bei Anbaugemeinschaften, welche Cannabis in den heimischen vier Wänden zum Eigenkonsum mittäterschaftlich anbauen, liegt ein minder schwerer Fall

---

[2] BGH 18.5.2010 – 3 StR 140/10, NStZ 2010, 714.
[3] → § 29a Rn. 117 ff.
[4] → § 29a Rn. 120 ff.
[5] → § 29a Rn. 126 ff.
[6] → § 29a Rn. 130 ff.
[7] *Schäfer/Sander/van Gemmeren* Rn. 584.
[8] BGH 21.1.1992 – 1 StR 598/91, NStZ 1992, 321.
[9] → § 29a Rn. 154 ff.
[10] BGH 12.6.1997 – 1 StR 255/97.

nahe[11] (soweit man nicht bereits eine bandenmäßige Begehung abgelehnt hat, → § 30 Rn. 6).

230 – **Bestimmen einer Person unter 18 Jahren zum Handeltreiben, Ein- oder Ausführen, Veräußern, Abgeben, Sonstigen Inverkehrbringen oder zu einer entsprechenden Förderungshandlung (Abs. 2 Nr. 1):** Ein minder schwerer Fall kann nahe liegen, wenn im Zusammenhang mit der **Abgabe** die **Initiative von dem Minderjährigen** ausgeht.[12] Aber auch ohne eine solche Initiative kann ein minder schwerer Fall naheliegen, wenn der Minderjährige bereitwillig auf ein Angebot eingeht, weil sich ihm so eine Gelegenheit bot, zusätzlich kostenlos Betäubungsmittel für seinen Eigenkonsum zu erlangen[13] oder sich die Erscheinungsform der Gewerbsmäßigkeit wie die Tathandlung insgesamt im unteren Bereich denkbarer einschlägiger Fallgestaltungen bewegt.[14] Beim unerlaubten Handeltreiben liegt ein minder schwerer Fall nahe, wenn der Täter nicht der eigentliche Initiator, Drahtzieher und Hauptnutznießer des Geschäftes war, dass es sich, so weit er beteiligt war, um ein von Anfang an polizeilich überwachtes und kontrolliertes Scheingeschäft gehandelt hat und dass er in allen wesentlichen Punkten geständig war, insbesondere auch Angaben zur Person und zum Verhalten des Hintermannes gemacht hat.[15] Die **Ablehnung eines minder schweren Falles** ist nicht zu beanstanden, wenn die **Abgabe** der BtM entgegen der Vorspiegelung des Täters, die Jugendliche bei ihren Bemühungen um Drogenentzug zu unterstützen, unter Missbrauch ihrer Zuneigung und ihres Vertrauens für seine Zwecke bei der Prostitution und bei BtM-Geschäften eingesetzt wird.[16]

231 – **Handeltreiben mit, Ein- oder Ausführen oder Sichverschaffen in sonstiger Weise von BtM in nicht geringer Menge unter Mitsichführen einer Schusswaffe oder eines verletzungsgeeigneten Gegenstandes (Abs. 2 Nr. 2):** Hatte der Angeklagte einen Schlagstock aus Gummi, den er in einem Waffengeschäft zur Selbstverteidigung erworben hatte, mit sich geführt, ist die Annahme eines minder schweren Falles wegen der geringeren Gefährlichkeit des Gummiknüppels im Vergleich zu Schusswaffen nicht von vornherein ausgeschlossen.[17] Überhaupt kann gerade bei sonstigen Gegenständen, bei denen die Zweckwidmung durch den Täter besonderer Begründung bedarf, zumindest ein minder schwerer Fall angenommen werden, wenn der Gegenstand in Relation zu Waffen im technischen Sinne bzw. gekorenen Waffen weniger gefährlich ist (Taschenmesser bzw. Feuerzeugspringmesser[18]). Auch in den Wohnungsfällen (→ Rn. 171) wird im Falle einer fehlenden, tatsächlichen bzw. konkreten Gefährdung eines Dritten ein minder schwerer Fall in Betracht zu ziehen sein.[19] Legen die Umstände bei der Verwirklichung des einen Qualifikationstatbestandes die Annahme eines minder schweren Falls nahe, so können dennoch die Umstände bei der Verwirklichung des anderen Qualifikationstatbestandes die Anwendung des Normalstrafrahmens erfordern (zB geringe Gefährlichkeit des mitgeführten Gegenstandes einerseits und hohe Qualität und Menge des betroffenen BtM andererseits).[20] Die Berücksichtigung des Geständnisses des Angeklagten als Milderungsgrund ist rechtlich unbedenklich, wenn es jedenfalls für den Nachweis des subjektiven Tatbestands von nicht unerheblicher Bedeutung war (was v.a. im Hinblick auf erhöhte Darlegungsanforderungen hinsichtlich der Zweckbestimmung und dem subjektiven Tatbestand angenommen werden kann).[21] Der Nichtgebrauch des Gegenstands

---

[11] *Patzak/Goldhausen* NStZ 2014, 384 (385).
[12] BGH 20.1.2000 – 4 StR 400/99, NJW 2000, 1877.
[13] BGH 27.1.2010 – 2 StR 498/09, BeckRS 2010, 46555.
[14] BGH 23.10.2007 – 5 StR 161/07, NStZ-RR 2008, 288.
[15] BGH 4.3.1997 – 1 StR 797/96, BeckRS 1997, 31120804 = StV 1997, 638.
[16] BGH 8.7.1998 – 3 StR 241/98, NStZ-RR 1998, 347.
[17] BGH 14.6.1996 – 3 StR 233/96, NStZ 1996, 498.
[18] BGH 6.5.2014 – 1 StR 151/14, BeckRS 2014, 11492 = NStZ-RR 2014, 259 (Ls).
[19] Dies gilt, soweit man – wie die hM – eine teleologische Reduktion des Tatbestands ablehnt.
[20] Vgl. BGH 4.2.2003 – GSSt 1/02, BGHSt 48, 189 = NJW 2003, 1541 = NStZ 2003, 435 mAnm *Altenhain*.
[21] BGH 22.8.2012 – 2 StR 235/12, NStZ-RR 2013, 150.

darf dem Täter nicht zugutegehalten werden,[22] seine Kooperationsbereitschaft während einer Durchsuchung hingegen schon.[23]

III. Sperrwirkung der zurücktretenden Tatbestände

Bei Gesetzeskonkurrenz in Form der Spezialität entfaltet ebenso wie bei Tateinheit (§ 52 **232** Abs. 2 S. 2 StGB) das zurücktretende Delikt eine Sperrwirkung hinsichtlich der dortigen Mindeststrafe.[24] Auf diese Weise wird wenigstens bei der unteren Begrenzung des Strafrahmens der Wertungswiderspruch vermieden, der entstehen würde, wenn ein Täter des § 30 Abs. 1 durch das Beisichführen eines – wenn auch nur eingeschränkt gefährlichen – Gegenstandes im Sinne des Abs. 2 Nr. 2 zwar zusätzlich einen weiteren Qualifikationstatbestand erfüllt, aber bei Anwendung der Strafrahmenmilderung nach Abs. 3 besser gestellt werden würde als ein Mittäter, der keinen solchen Gegenstand bei sich hat.[25]

Auf die Sperrwirkung kommt es hingegen nicht an, wenn – was möglich ist – lediglich **233** hinsichtlich des schwereren Delikts ein minder schwerer Fall angenommen wurde. Dann ist § **52 Abs. 2 S. 1 StGB** einschlägig, wonach sich die Strafe nach dem Gesetz bestimmt, dass die schwerste Strafe androht. Hierbei kommt es nicht auf den jeweiligen Regelstrafrahmen der beiden zueinander in Tateinheit stehenden Tatbestände, sondern auf die konkret in Betracht kommenden Strafrahmen unter Berücksichtigung von Ausnahmestrafrahmen wie bei minder oder besonders schweren Fällen an.[26]

1. Verbrechen nach §§ 30a, 30, 29a. a) Sperrwirkung hinsichtlich der Mindest- **234** **strafe (Strafrahmenuntergrenze).** Beim Verstoß des unerlaubten bewaffneten Umgangs mit BtM steht der Qualifikationstatbestand Abs. 2 in Gesetzeskonkurrenz zum Grundtatbestand nach § 29 Abs. 1 ebenso wie zu den weiteren Qualifikationstatbeständen nach § 29a Abs. 1 und § 30 Abs. 1 (Grundsatz der Spezialität)[27] mit der Folge, dass diese gegenüber der schwereren Qualifikationsnorm des § 30a Abs. 2 zurücktreten.[28] Damit ist es nicht möglich, wegen der Annahme eines minder schweren Falles nach Abs. 3 auf den Strafrahmen des § 29 Abs. 3 oder des § 29a Abs. 1 zurückzugreifen. Vielmehr ist der Tatrichter gehalten, grundsätzlich von dem Strafrahmen des § 30a Abs. 3 auszugehen, aber die **Sperrwirkung höherer Mindeststrafen aus verdrängten Tatbeständen zu beachten,** sofern nicht auch insoweit ein minder schwerer Fall vorliegt.[29] Denn bei Anwendung des minder schweren Falles nach Abs. 3 darf die Strafe nicht milder sein als nach dem Strafrahmen der verdrängten Vorschrift (§§ 29a, 30), sofern nicht ausnahmsweise auch die Voraussetzungen eines minder schweren Falles nach diesen Vorschriften gegeben sind.[30] Allerdings beschwert es einen Angeklagten nicht, wenn sich der Tatrichter mit der Entfaltung der Sperrwirkung durch den zurücktretenden Tatbestand nicht auseinandersetzt.[31] Es ist damit rechtsfehlerhaft, wenn die Sperrwirkung zugrundegelegt wird, obwohl die Feststellungen die Begehung des verdrängten Tatbestands nicht tragen bzw. sich nicht dazu verhalten, ob nicht auch hinsichtlich des verdrängten Tatbestands ein minder schwerer Fall in Betracht zu ziehen ist,[32] wenn sich dies nach den tatrichterlichen Feststellungen aufdrängt.

---

[22] BGH 12.2.2015 – 5 StR 536/14.
[23] BGH 19.1.2017 – 4 StR 334/16, NStZ-RR 2017, 117.
[24] Vgl. a BGH 17.7.1987 – 2 StR 291/87, BeckRS 1987, 31094524; 24.4.1951 – 1 StR 101/51, BGHSt 1, 152 (156); 16.8.2000 – 2 StR 159/00, BeckRS 2000, 30126873.
[25] BGH 13.2.2003 – 3 StR 349/02, NJW 2003, 1679.
[26] BGH 13.3.2014 – 4 StR 483/13, BeckRS 2014, 07298.
[27] BGH 13.2.2003 – 3 StR 349/02, NJW 2003, 1679.
[28] *Weber* § 29 Rn. 1677.
[29] BGH 25.5.2010 – 1 StR 59/10, NStZ 2011, 98; 24.4.2003 – 3 StR 369/01, BeckRS 2003, 04642; BGH 5.8.2013 – 5 StR 327/13, NStZ 2014, 167.
[30] BGH 13.2.2003 – 3 StR 349/02, NJW 2003, 1679.
[31] BGH 13.2.2003 – 3 StR 349/02, NStZ 2003, 440; 28.7.2009 – 3 StR 288/09, BeckRS 2009, 22499 = StRR 2010, 209 (bei *Apfel/Strittmatter*).
[32] BGH 3.12.2014 – 4 StR 512/14, BeckRS 2015, 02135; BGH 5.8.2013 – 5 StR 327/13, NStZ 2014, 167.

235 **b) Sperrwirkung und Strafrahmenobergrenze.** Die Sperrwirkung lässt die Strafrahmenobergrenze unberührt, dh auch bei Vorliegen der Voraussetzungen einer Sperrwirkung entnimmt die hM die Strafrahmenobergrenze derjenigen des Abs. 3.[33] Der Dritte
Senat meldet diesbezüglich Bedenken an und will, unter Aufgabe seiner früheren Rechtsprechung in den Fällen eines minder schweren Falles des Abs. 3, in denen nicht zugleich
die Voraussetzungen eines minder schweren Falles nach § 29a Abs. 2 gegeben sind, auch
die Höchststrafe dem § 29a Abs. 1 entnehmen.[34] Dass er hieran auch nach der „Anpassung" des Strafrahmens durch den Gesetzgeber[35] in Ansehung dieser Problematik daran
festhält, überrascht in Anbetracht des Umstands, dass nach wie vor ein Spielraum von bis
zu fünf Jahren verbleibt nicht. Während der Zweite Senat sich in einer neueren Entscheidung diesbezüglich nicht festgelegt hat,[36] nimmt der Vierte Senat die abweichende Auffassung des Dritten Senats lediglich zur Kenntnis, hält aber an der ursprünglichen Rechtsauffassung fest.[37]

236 **c) Fallgruppen. aa) Doppelte Sperrwirkung beim Bandenhandel in nicht geringer Menge.** Dadurch entsteht beim minder schweren Fall des Bandenhandels in nicht
geringer Menge in doppelter Hinsicht eine Sperrwirkung, einmal durch **§ 30 Abs. 1 Nr. 1**
bezüglich des Bandenhandels (zwei Jahre), zum anderen durch **§ 29a Abs. 1 Nr. 2** hinsichtlich des Handeltreibens in nicht geringer Menge (ein Jahr).[38]

237 **bb) Minder schwerer Fall des bewaffneten Handeltreibens in nicht geringer
Menge.** Hier entfaltet **§ 29a Abs. 1 Nr. 2** Sperrwirkung hinsichtlich des Handeltreibens
in nicht geringer Menge (ein Jahr, soweit man sich dem Dritten Senat anschließt).

238 **cc) Minder schwerer Fall der bewaffneten Einfuhr in nicht geringer Menge.**
War die Einfuhr **unselbständiger Teilakt des Handeltreibens,** wodurch bewaffnetes
Handeltreiben iS von Abs. 2 Nr. 2 vorliegt (arg. „ohne Handel zu treiben"),[39] entfaltet § 30
Abs. 1 Nr. 4 ebenso Sperrwirkung (zwei Jahre) wie wenn die bewaffnete Einfuhr der nicht
geringen Menge ausschließlich zum Eigenverbrauch erfolgte.

239 **2. Entfaltung der Sperrwirkung.** Ob die zurücktretende Qualifikationsnorm die
Heranziehung des Sonderstrafrahmens des Abs. 3 **tatsächlich sperrt,** hängt davon ab, ob
das Gesamtbild von Tat und Täterpersönlichkeit iS der im Zusammenhang mit einem
minder schweren Fall erforderlichen umfassenden wertenden Prüfung bezüglich der **dortigen Voraussetzungen** die Annahme eines minder schweren Falles zulässt oder ausschließt.[40]

240 **3. Der jeweilige Sonderstrafrahmen.** Ist ein minder schwerer Fall nach Abs. 3 zu
bejahen, ergeben sich je nach (Nicht-) Entfaltung der Sperrwirkung folgende Strafrahmen:
Bei einer Sperrwirkung durch § 29a Abs. 1 reicht der im Hinblick auf die Sperrwirkung
„konsolidierte" Strafrahmen des § 30a Abs. 3 von einem Jahr bis zu zehn Jahren (bzw.
15 Jahren, wenn man sich dem Dritten Senat anschließt), bei einer solchen durch § 30
Abs. 1 von zwei Jahren bis zu zehn Jahren.

---

[33] So bereits BGH NJW 2003, 1679 (1680); vgl. auch BGH 25.5.2010 – 1 StR 59/10, NStZ 2011, 98;
BGH 19.12.2013 – 4 StR 302/13, BeckRS 2014, 01024.
[34] BGH 3.2.2015 – 3 StR 632/14, NStZ-RR 2015, 144; BGH 25.7.2013 – 3 StR 143/13, NStZ 2014,
164 (165 f.).
[35] BGBl. I. S. 1990.
[36] BGH 14.8.2013 – 2 StR 144/13, NStZ-RR 2014, 180 (vgl. auch die Beschlüsse 2 StR 143/13 und 2
StR 152/13 vom gleichen Tage).
[37] BGH 19.12.2013 – 4 StR 303/13, NStZ-RR 2014, 82 (83); BGH 19.12.2013 – 4 StR 302/13, BeckRS
2014, 01024.
[38] BGH 1.4.2009 – 1 StR 79/09, BeckRS 2009, 10188 = NStZ-RR 2009, 214 (Ls).
[39] BGH 10.4.1996 – 3 StR 5/96, BGHSt 42, 123 = NJW 1996, 2804 mAnm *Kessler* NStZ 1996, 500;
Anm. *Seelmann* StV 1996, 672.
[40] BGH 24.11.1982 – 3 StR 384/82, BGHSt 31, 163 = NStZ 1983, 174; 13.2.2003 – 3 StR 349/02,
NJW 2003, 1679.

4. Mindeststrafen. Infolge der Sperrwirkung zurücktretender Tatbestände bestehen fol- 241
gende Mindeststrafdrohungen (tabellarische Übersicht).

Minder schwerer Fall des § 30a	Sperrwirkung zurücktretender Tatbestände		
	Ohne Sperrwirkung	Bei Sperrwirkung nach § 29a Abs. 1 Nr. 2	Bei Sperrwirkung nach § 30 Abs. 1
Bandenhandel in nicht geringer Menge (Abs. 1, 3)	6 Monate bis 10 Jahre	1 Jahr bis 10 Jahre (a.A. Dritter Senat 15 Jahre)	2 Jahre bis 10 Jahre
Bewaffneter Handel mit BtM in nicht geringer Menge (Abs. 2 Nr. 2, Abs. 3)	6 Monate bis 10 Jahre	1 Jahr bis 10 Jahre	---
Bewaffnete Einfuhr von BtM in nicht geringen Mengen (Abs. 2 Nr. 2, Abs. 3)	6 Monate bis 10 Jahre	1 Jahr bis 10 Jahre	2 Jahre bis 10 Jahre
Bewaffnete Ausfuhr von BtM in nicht geringen Mengen (Abs. 2 Nr. 2, Abs. 3)	6 Monate bis 10 Jahre	1 Jahr bis 10 Jahre	---
Bewaffnetes Sichverschaffen von BtM in nicht geringen Mengen (§Abs. 2 Nr. 2, Abs. 3)	6 Monate bis 10 Jahre	1 Jahr bis 10 Jahre	

IV. Strafrahmenwahl

1. Meistbegünstigung. Entscheidend für die Strafrahmenwahl ist es, welcher Strafrah- 242
men sich für den Angeklagten im Ergebnis günstiger auswirkt (Meistbegünstigung).[41] Zum
Meinungsstand und zu der hier vertretenen Auffassung wird auf die Erläuterung zu § 29a
Abs. 2 Bezug genommen.[42]

2. Gegenüberstellung. Zur Milderung nach § 49 StGB s. zunächst die Erläuterung zu 243
§ 29a Abs. 2.[43]

a) Verhältnis Abs. 3 zu Abs. 1 und Abs. 2. Der Sonderstrafrahmen ist im **Verhältnis** 244
zum Regelstrafrahmen (fünf Jahre bis fünfzehn Jahre Freiheitsstrafe) in beiden Fällen der
Milderung nach § 49 StGB günstiger, weil es wegen der Herabsetzung der Mindeststrafe
bei Taten von nicht allzu großem Gewicht die Verhängung einer Strafe erlaubt, die noch
zur Bewährung ausgesetzt werden kann.[44]

b) Verhältnis Abs. 3 zu Abs. 1, Abs. 2 iVm § 49 Abs. 1 StGB. Gegenüber dem – 245
konsolidierten – Sonderstrafrahmen des Absatz 3 führt eine Milderung nach § 30a Abs. 1,
Abs. 2 iVm § 49 Abs. 1 StGB zu einem Strafrahmen von zwei Jahren bis 11 Jahre und drei
Monate. Infolge der niedrigeren Mindeststrafe und der Begrenzung der Höchststrafe auf
zehn Jahren erweist sich der Sonderstrafrahmen des Absatzes 3 als der für den Angeklagten
günstigere Strafrahmen.

c) Verhältnis § 30 Abs. 2 zu § 30 Abs. 1, Abs. 2 iVm § 49 Abs. 2 StGB. Gegenüber 246
dem „konsolidierten" Sonderstrafrahmen des § 30a Abs. 3 führt eine Milderung nach § 30a
Abs. 1, Abs. 2 iVm § 49 Abs. 2 StGB zu einem Strafrahmen von **einem** Monat (§ 38 Abs. 2
StGB) bis fünfzehn Jahre Freiheitsstrafe oder Geldstrafe von 5 bis 360 Tagessätze (§ 40 Abs. 2
StGB). Die Strafmilderung nach § 49 Abs. 2 StGB ist wegen der Aufrechterhaltung der

---

[41] BGH 27.4.2010 – 5 StR 117/10, BeckRS 2010, 11838 zur alten Rechtslage.
[42] → § 29a Rn. 171 ff.
[43] → § 29a Rn. 173 ff.
[44] BGH 18.12.2001 – 1 StR 444/01, NJW 2002, 908.

Strafrahmenobergrenze gegenüber dem Sonderstrafrahmen des § 30 Abs. 2 **ungünstiger,** wegen der Erweiterung der Möglichkeit der Verhängung von Geldstrafe **günstiger.**

V. Mehrfache Strafrahmenverschiebung

247 Die mehrfache Strafrahmenverschiebung ist unter Beachtung von § 50 StGB grundsätzlich zulässig und möglich.[45]

§ 30b Straftaten *[Kriminelle Vereinigung]*

§ 129 des Strafgesetzbuches gilt auch dann, wenn eine Vereinigung, deren Zwecke oder deren Tätigkeit auf den unbefugten Vertrieb von Betäubungsmitteln im Sinne des § 6 Nr. 5 des Strafgesetzbuches gerichtet sind, nicht oder nicht nur im Inland besteht.

I. Rechtliche Einordnung

1 **1. Normzweck.** Die Vorschrift enthält eine Erweiterung des Anwendungsbereichs von § 129 StGB (Kernvorschrift) auf den unbefugten **Betäubungsmittelvertrieb** (→ Rn. 16), stellt selbst aber **keinen Straftatbestand** dar.

2 Zweck des § 129 StGB ist es, erhöhten Gefahren begegnen zu können, die im Falle der Planung und Begehung von Straftaten von festgefügten Organisationen aufgrund der ihnen innewohnenden Eigendynamik für die öffentliche Sicherheit ausgehen.[1] Da § 129 StGB nach hM[2] nur dann Anwendung finden kann, wenn wenigstens eine Teilorganisation der kriminellen Vereinigung im Inland besteht, hilft § 6 Nr. 5 StGB allein nicht weiter, da diese nicht den sachlichen Anwendungsbereich einer Strafvorschrift erweitern kann, sondern lediglich die deutsche Strafgewalt auf tatbestandliche Handlungen im Ausland erstreckt. Da der Gesetzgeber eine Ausdehnung des strafrechtlichen Schutzbereichs auf rein ausländische Organisationen für erforderlich erachtete (was in Anbetracht der geringen Bedeutung der Strafvorschrift des § 129 StGB zweifelhaft erscheint), musste er also den Anwendungsbereich des § 129 StGB selbst erweitern. Die materiell-rechtlich bereits erfasste bandenmäßige Begehung der Vergehen gegen das BtMG enthalte noch nicht ohne Weiteres das Unrecht einer Beteiligung an der – über eine lose Verbindung von Personen hinaus – organisatorisch gefestigten und dadurch besonders gefährlichen kriminellen Vereinigung als Mitglied und Rädelsführer.[3] Sollte die ausländische Organisation ausschließlich im Ausland operieren, kann die Strafgewalt ebenfalls nur über § 6 Nr. 5 StGB begründet werden, wobei die einschränkende Lesart (insb. die Notwendigkeit eines legitimierenden Anknüpfungspunkts) im Blick behalten werden muss.

3 **2. Verfassungsmäßigkeit.** Gegen die Verfassungsmäßigkeit von § 30b sind – soweit ersichtlich – Bedenken bislang nicht erhoben worden; bislang hatte das BVerfG – von Auslieferungsfällen abgesehen – lediglich Anlass, sich mit einem Streit über Maßnahmen der Telefonüberwachung im Zusammenhang mit dem Tatverdacht der Bildung einer kriminellen Vereinigung zu befassen, musste dabei aber auf die Verfassungsmäßigkeit der Norm selbst nicht eingehen.[4]

4 **3. Kriminalpolitische Bedeutung.** Bereits die Zahl der Aburteilungen nach der Kernvorschrift ist mehr als gering;[5] für Aburteilungen nach § 30b liegen keine Zahlen vor. Die Bedeutung der Vorschrift liegt daher schon angesichts des § 29 Abs. 1 entsprechenden

---

[45] → § 29a Abs. 2 Rn. 178 ff.

[1] BGH 22.2.1995 – 3 StR 583/94, BGHSt 41, 47 = NJW 1995, 2117.

[2] BGH 5.1.1982 – StB 53/81, BGHSt 30, 328 = NJW 1982, 530.

[3] BGH 8.5.1980 – 3 StR 170/80 (S), DRsp Nr. 1995/7076 = MDR 1980, 988 (bei *Holtz*); 20.7.1983 – 3 StR 184/83 (S), NStZ 1984, 212 (bei *Pfeiffer/Miebach*).

[4] BVerfG 7.9.2007 – 2 BvR 1009/07, NStZ-RR 2008, 16.

[5] *Fischer* StGB § 129 Rn. 1.

Strafrahmens nicht so sehr im Bereich des strafrechtlichen Hauptverfahrens, sondern davor in der Eröffnung eingriffsintensiver Ermittlungsmöglichkeiten.[6]

4. Rechtsentwicklung. Die Vorschrift wurde durch das OrgKG vom 15.7.1992 in das 5 Gesetz eingefügt.

In Art. 3 Abs. 1 Buchst. c (iv) Übk. 1988 hatten es die Vertragsparteien übernommen, 6 auch die Teilnahme an einer in Übereinstimmung mit den in diesem Artikel genannten Straftaten sowie die Vereinigung, die Verabredung, den Versuch, die Beihilfe, die Anstiftung, die Erleichterung und die Beratung in Bezug auf die Begehung einer solchen Straftat unter Strafe zu stellen. Darüber hinausgehend hatten sich die Vertragsstaaten verpflichtet, dafür Sorge zu tragen, dass ihre Gerichte tatsächliche Umstände in Betracht ziehen können, die die Begehung der näher bezeichneten Straftaten besonders schwerwiegend machen wie beispielsweise die Mitwirkung des Täters an anderen internationalen organisierten kriminellen Tätigkeiten (Art. 3 Abs. 5 Buchst. b).

II. Erläuterung

Der Vereinigungszweck muss auf die Begehung von – mehreren[7] – **BtM-Vertriebsstrafta-** 7 **ten** gerichtet sein, wozu es ausreicht, dass zur Begehung einer Straftat wie zum Verbrauch nicht zulässigerweise verschriebener BtM aufgefordert wird.[8] Soweit der Zweck der Vereinigung festgestellt ist, gelten im Übrigen die Erläuterungen zur Verwirklichung des § 129 Abs. 1.[9]

§ 30c Vermögensstrafe *(aufgehoben)*

§ 30c wurde durch Gesetz zur Reform der strafrechtlichen Vermögensabschöpfung vom 1 13.4.2017, BGBl. I S. 872, zum 1.7.2017 aufgehoben.

§ 31 Strafmilderung oder Absehen von Strafe

[1]Das Gericht kann die Strafe nach § 49 Abs. 1 des Strafgesetzbuches mildern oder, wenn der Täter keine Freiheitsstrafe von mehr als drei Jahren verwirkt hat, von Strafe absehen, wenn der Täter
1. durch freiwillige Offenbarung seines Wissens wesentlich dazu beigetragen hat, dass eine Straftat nach den §§ 29 bis 30a, die mit seiner Tat im Zusammenhang steht, aufgedeckt werden konnte, oder
2. freiwillig sein Wissen so rechtzeitig einer Dienststelle offenbart, daß eine Straftat nach § 29 Abs. 3, § 29a Abs. 1, § 30 Abs. 1, § 30a Abs. 1, die mit seiner Tat in Zusammenhang steht und von deren Planung er weiß, noch verhindert werden kann.
[2] War der Täter an der Tat beteiligt, muss sich sein Beitrag zur Aufklärung nach Satz 1 Nummer 1 über den eigenen Tatbeitrag hinaus erstrecken. [3] § 46b Abs. 2 und 3 des Strafgesetzbuches gilt entsprechend.

Übersicht

---

[6] BT-Drs. 12/989, 31; *Franke/Wienroeder* Rn. 5; *Weber* Rn. 4.
[7] *Weber* Rn. 21.
[8] *Weber* Rn. 17.
[9] Vgl. auch KPV/*Patzak* Rn. 19 ff. dort auch zur Phänomenologie der Organisierten Kriminalität.

A. Allgemeines

I. Überblick

1. Normzweck. Die 1982 eingeführte **Strafzumessungsvorschrift** enthält zwei ver- 1
typte Milderungsgründe. Der als Kronzeugenregelung ausgestaltete § 31 Nr. 1 zielt darauf
ab, die Verfolgungsmöglichkeiten bei begangenen Betäubungsmitteldelikten aller Art zu
verbessern.[1] Nr. 2 will zur Verhinderung geplanter schwerer Betäubungsmittelstraftaten beitragen,[2] dient also der vorbeugenden Verbrechensbekämpfung und wird als Fall tätiger Reue
eingeordnet.[3] Der Anwendungsbereich des § 31 war und ist auf **Betäubungsmittelstraftaten** beschränkt; eine analoge Anwendung über diesen Geltungsbereich hinaus scheidet aus.[4]

---

[1] BGH 10.4.2013 – 4 StR 90/13, NStZ-RR 2013, 281.
[2] BGH 24.11.1982 – 3 StR 384/82, BGHSt 31, 163 (167) = NJW 1983, 692; 28.11.1984 – 2 StR 608/
84, BGHSt 33, 80 (81) = NJW 1985, 691.
[3] Schäfer/Sander/*van Gemmeren* Strafzumessung Rn. 1775.
[4] BGH 27.7.2004 – 3 StR 71/04, NStZ 2005, 155.

2   Mit den gesetzlichen Möglichkeiten einer strafrahmenverschiebenden Milderung und des Absehens von Strafe will § 31 zum einen **kooperationsbereiten Tätern** einen **Anreiz** bieten, durch ihre Angaben zur **Aufklärung oder Verhinderung von Betäubungsmittelstraftaten** beizutragen. Zum anderen sollen nach dem gesetzgeberischen Ziel diejenigen Rauschgifttäter, die über die eigenen Taten hinausgehendes Wissen offenbaren **(Aufklärungsgehilfen)** oder die mit ihren Angaben bestimmte Betäubungsmitteldelikte verhindern **(Präventionsgehilfen),** durch die Möglichkeiten der Strafmilderung oder des Absehens von Strafe **privilegiert** werden. Dabei geht § 31 als schuldunabhängiger Milderungsgrund über die allgemeinen Vorgaben des § 46 StGB hinaus, sodass bei besonders umfangreichen und gewichtigen Aufklärungsbeiträgen die noch **schuldangemessene Sanktionierung** des Täters auch **unterschritten** werden kann.[5]

3   Durch die Gewährung dieser Vergünstigungen will § 31 den Strafverfolgungsorganen das **Eindringen in den illegalen Rauschgiftmarkt,** das Aufbrechen krimineller Strukturen sowie mittäterschaftlicher oder bandenmäßiger Gruppierungen ermöglichen.[6] Die Ermittlungsbehörden sollen durch die Angaben der Aufklärungs- und Präventionsgehilfen in die Lage versetzt werden, in abgeschottete Strukturen ansonsten nicht oder nur sehr schwer aufklärbarer Kriminalität einzudringen. Denn Erfahrungen haben gezeigt, dass durch Außenstehende und mit herkömmlichen Ermittlungsmethoden nur schwer bis in die mittleren und höheren Ebenen der oft nach nationalem Herkommen organisierten und abgeschotteten Rauschgiftbanden vorgedrungen werden kann.[7]

4   Die Privilegierung soll den Beteiligten, die selbst in die Straftaten verstrickt sind, nicht nur einen Anreiz zur Mithilfe bei der Aufklärung und Verfolgung anderer Betäubungsmitteldelikte bieten, sondern den Tätern auch den **Ausstieg** aus der Betäubungsmittelkriminalität erleichtern; insbesondere hatte der Gesetzgeber dabei schwerwiegende Betäubungsmittelstraftaten im Auge.[8]

5   Die Erwartung, mit der Vorschrift auch internationale Rauschgifthandelsorganisationen und Großdealer zu überführen und große Rauschgiftdepots zu entdecken, hat sich zwar nicht im erhofften Umfang bestätigt.[9] Gleichwohl hat sich Nr. 1 als wertvolles unentbehrliches Instrument erwiesen, mit dem es häufig gelang, die Rauschgiftkriminalität erfolgreich, auch über die unterste Stufe des Rauschgifthandels hinaus zu bekämpfen und, ua durch die geständnisstimulierende Wirkung der Vorschrift, zahlreiche **Ermittlungserfolge** erst zu ermöglichen.[10]

6   **2. Wesentliche Neuerungen.** Die Vorschrift blieb bis 1992 unverändert, als sie um die durch das OrgKG 1992 eingeführten Verbrechenstatbestände ergänzt wurde. Das 43. StRÄndG vom 29.7.2009[11] brachte für § 31 wesentliche Umgestaltungen, die – gemeinsam mit § 46b StGB – am 1.9.2009 in Kraft traten, das 46. StRÄndG vom 10.6.2013[12] eine der stRspr Rechnung tragende, am 1.8.2013 in Kraft getretene Neufassung des § 31 S. 1.

7   **a) Änderungen seit 1.9.2009.** § 31 stellt nach wie vor eine als fakultative Regelung ausgestaltete **Strafzumessungsvorschrift** dar, die zwei **vertypte Milderungsgründe,** die Aufklärungshilfe (Nr. 1) und die Präventionshilfe (Nr. 2) enthält. Im Vergleich zur früheren Fassung zeigen sich seit 1.9.2009 mit der **Angleichung des § 31 an § 46b StGB** verbundene **wesentliche Änderungen und Klarstellungen:**

---

[5] Vgl. BT-Drs. 16/6828, 11 zum parallel konstruierten § 46b StGB; BGH 18.12.2001 – 1 StR 444/01, NJW 2002, 908 (909).
[6] BGH 18.12.2001 – 1 StR 444/01, NJW 2002, 908 (909).
[7] *Endriß/Malek* Rn. 825; *Mühlhoff/Pfeiffer* ZRP 2000, 121 (122).
[8] BGH 18.12.2001 – 1 StR 444/01, NJW 2002, 908 (909); 19.11.2002 – 1 StR 346/02, NStZ 2003, 270.
[9] Vgl. KPV/*Patzak* Rn. 11.
[10] Vgl. Kreuzer/*Stock* § 13 Rn. 649; *Mühlhoff/Pfeiffer* ZRP 2000, 121. Kritisch aus der Sicht des Verteidigers *Kempf* StV 1999, 67. und *Stern* StraFo 2002, 185.
[11] BGBl. I S. 2288.
[12] BGBl. I S. 1497.

– die Aufklärungshilfe kann sich nicht nur auf diejenige Tat beziehen, an der der Täter beteiligt war, sondern auch auf eine Straftat nach §§ 29 bis 30a, die mit seiner Tat im Zusammenhang steht;
– die fakultative Strafrahmenverschiebung richtet sich nicht mehr nach § 49 Abs. 2 StGB, sondern nach § 49 Abs. 1 StGB;
– ein Absehen von Strafe kommt nicht mehr nur bei den in der alten Fassung aufgeführten Vergehen (§ 29 Abs. 1, 2, 4 oder 6) in Frage, sondern bei all denjenigen Taten, für die der Täter keine Freiheitsstrafe von mehr als drei Jahren verwirkt hat;
– aufgrund der Verweisung auf § 46b Abs. 3 StGB enthält § 31 eine zeitliche Grenze, sodass die Vorschrift nur bei vor der Eröffnung des Hauptverfahrens geleisteter Aufklärungs- oder Präventionshilfe anwendbar ist;
– mit der Verweisung auf § 46b Abs. 2 StGB wurden – nicht abschließende – Kriterien für die gerichtliche Ermessensausübung in § 31 eingefügt.

Schließlich sind für § 31 auch die Gesetzesänderungen bedeutsam, die gleichzeitig mit **8** der Einführung des § 46b StGB vorgenommen wurden, um einem **Missbrauch** der Kronzeugenregelung **entgegenzuwirken.** Neben der bereits erwähnten Zeitgrenze für die Offenbarung des Täterwissens[13] soll die Gefahr unzutreffender Falschbelastungen mit der Einführung höherer Strafdrohungen für die Delikte des Vortäuschens einer Straftat nach § 145d StGB und der falschen Verdächtigung nach § 164 StGB begegnet werden. Die ausreichende Wirksamkeit dieser Instrumente ist zwar zu Recht angezweifelt worden.[14] Bei der Beurteilung der Missbrauchsgefahr dürfen jedoch die hohen Anforderungen der Rechtsprechung an die **Beweiswürdigung** des Gerichts in Fällen, in denen der Aufklärungsgehilfe das einzige oder wesentliche Beweismittel darstellt oder in denen belastende Angaben mit Vorteilen für den Aussagenden verbunden sind oder sein können,[15] nicht ausgeblendet werden; die hierzu entwickelten strengen Maßstäbe bilden bei ihrer Einhaltung einen weiteren – wesentlichen – Sicherungsmechanismus, mit dem Falschbelastungen ausgeschlossen werden können. Ferner treten die Strafbarkeitsdrohungen aus den §§ 153 ff. hinzu.

b) Änderungen seit 1.8.2013. Die am 1.8.2013 in Kraft getretene Neufassung bringt **9** keine inhaltliche Änderung, sondern die redaktionelle **Harmonisierung mit § 46b StGB** und die Festschreibung der stRspr, nach der die Anwendung des § 31 voraussetzt, dass sich die Aufklärungshilfe auf ein Betäubungsmitteldelikt bezieht und zwischen vorgeworfener und offenbarter Tat ein Zusammenhang besteht.[16]

c) Rspr. zu § 46b StGB. Bei der Einführung des § 46b StGB hat sich der Gesetzgeber **10** in wesentlichen Teilen an der Regelung des § 31 orientiert, sodass insoweit die zu § 31 ergangene Rechtsprechung bei der Auslegung der in § 46b StGB verwendeten Begriffe uneingeschränkt herangezogen werden kann;[17] aufgrund der nunmehr parallelen Konstruktion der Bestimmungen gilt dies auch umgekehrt.[18]

3. Anwendungsbereich und Folgen. a) Anwendungsbereich. Der Anwendungsbe- **11** reich des § 31 ist auf **Betäubungsmittelstraftaten** beschränkt; eine analoge Anwendung, die die Vorschrift über diesen Geltungsbereich hinaus ausdehnt, scheidet aus (→ Rn. 1). Die Frage einer analogen Anwendung stellt sich ohnehin praktisch nicht mehr. Denn geleistete Aufklärungs- und Präventionshilfe stellen seit dem 1.9.2009 durch die zu diesem Datum in Kraft getretenen Regelungen des § 46b StGB auch für weite Bereiche des StGB nicht mehr bloße Strafmilderungsfaktoren, sondern ebenfalls fakultative vertypte Milderungsgründe dar.

---

[13] Dazu näher → Rn. 67 ff.
[14] *König* NJW 2009, 2481 (2483).
[15] Dazu näher → Rn. 164 ff.
[16] Vgl. BGH 5.8.2013 – 5 StR 327/13, BeckRS 2013, 14694; näher zum Zusammenhang → Rn. 109 ff.
[17] BT-Drs. 16/6268, 11 f.; BR-Drs. 353/07, 9 ff.
[18] Rechtsprechungsübersichten zu § 46b StGB bei *Maier* NStZ-RR 2011, 329; 2014, 161; 2016, 37.

12   Auf dem Gebiet des Betäubungsmittelstrafrechts hat sich § 31 zu einem **umfassenden Rechtsgrundsatz** entwickelt (zu den vielfältigen möglichen Auswirkungen → Rn. 188 ff.). § 31 bleibt auch anwendbar, wenn ein Betäubungsmitteldelikt mit einer anderen Straftat tateinheitlich zusammentrifft. Er behält seine Bedeutung selbst dann, wenn zu einer Tat nach dem BtMG weitere Straftaten tatmehrheitlich hinzutreten, denn im Rahmen der Gesamtstrafzumessung bleibt es regelmäßig nicht ohne Wirkung, ob die für das Betäubungsmitteldelikt einzubeziehende Einzelstrafe nach § 31 gemildert wurde oder nicht.[19] Zur Anwendung des § 31 auf Taten, die einen rechtlichen oder tatsächlichen Zusammenhang aufweisen → Rn. 107 ff.

13   **b) Ort des Aufklärungserfolgs.** S. 1 Nr. 1 setzt nicht voraus, dass der Aufklärungserfolg iS eines voraussichtlich erfolgreichen Abschlusses des Strafverfahrens gegen den Belasteten im Inland eintritt. Das in Art. 54 SDÜ niedergelegte Verfahrenshindernis kann dazu führen, dass ein durch den Aufklärungsgehilfen Belasteter im Fall seiner Verurteilung in einem ausländischen Vertragsstaat in Deutschland nicht mehr verfolgt werden kann. Eine solche Konstellation steht jedoch der Anwendung des S. 1 Nr. 1 nicht entgegen, zumal sich die Vertragsstaaten des Schengener Übereinkommens zur grenzüberschreitenden Bekämpfung der Rauschgiftkriminalität, die internationales Anliegen ist, verpflichtet haben.[20]

14   **c) Möglichkeiten des Tatgerichts.** Liegen die Voraussetzungen des § 31 vor, so steht die Anwendung der Vorschrift im Ermessen des Tatgerichts und eröffnet ihm **mehrere Milderungsmöglichkeiten:** es kann aufgrund des vertypten Milderungsgrunds des § 31 einen minder schweren Fall bejahen oder einen besonders schweren Fall verneinen oder eine Strafrahmenverschiebung gemäß § 49 Abs. 1 StGB vornehmen oder – in dem in § 31 Satz 1 bestimmten Anwendungsbereich – von Strafe absehen. Lehnt der Tatrichter diese Möglichkeiten ab, kann er dennoch die geleistete Aufklärungs- oder Präventionshilfe bei der Strafzumessung im engeren Sinne mildernd berücksichtigen. Zu diesen Möglichkeiten im Einzelnen → Rn. 188 ff., zu weiteren möglichen Auswirkungen, auch im Ermittlungs- und Vollstreckungsverfahren → Rn. 16.

15   Die Alternative einer **Strafmilderung** durch eine Strafrahmenänderung über § 31 iVm § 49 Abs. 1 StGB kommt bei allen Betäubungsmitteldelikten unabhängig von der Tatschwere in Betracht. Der Anwendungsbereich des **Absehens von Strafe** ist zwar nicht auf bestimmte Betäubungsmittelstraftaten beschränkt, also bei Vergehen und Verbrechen nach dem BtMG eröffnet, jedoch nur bei solchen Taten, bei denen als Sanktion keine über drei Jahre Freiheitsstrafe liegende Strafe in Frage kommt. Nach § 31 aF war das Absehen von Strafe nur bei den weniger schwerwiegenden Vergehen des BtMG möglich.

16   **4. Bedeutung.** Nr. 1 hat sich zu einem **Rechtsgrundsatz** entwickelt, der in allen Bereichen des Betäubungsmittelstrafrechts herangezogen wird und **Bedeutung im Ermittlungs-, im Haupt- sowie im Strafvollstreckungsverfahren** erlangen kann. Geleistete Aufklärungshilfe nach Nr. 1 stellt einen vertypten Milderungsgrund dar. Sie vermag sich deshalb – je nach ihrem Umfang und Gewicht – zunächst bei der Strafrahmenwahl und der Strafzumessung im engeren Sinne (dazu → Rn. 195 ff.) auszuwirken. Sie ist aber auch von Bedeutung, wenn die Voraussetzungen einer Verfahrenseinstellung nach §§ 153 ff. StPO, die Erfordernisse der Strafaussetzung zur Bewährung nach § 56 StGB (näher → Rn. 229) oder der bewährungsweisen Aussetzung der Strafvollstreckung nach § 57 StGB (näher → Rn. 232 ff.) geprüft werden; schließlich vermag sich geleistete Aufklärungshilfe auszuwirken, wenn andere strafvollstreckungsrechtliche Entscheidungen oder Gnaden- und Abschiebungsentscheidungen zu treffen sind.

---

[19] OLG Hamm 21.9.1983 – 3 Ss 708/93, NStZ 1984, 79.
[20] BGH 19.11.2002 – 1 StR 346/02, NJW 2003, 1131 = StV 2003, 286. Näher zum Verbot doppelter Strafverfolgung nach Art. 54 SDÜ *Plöckinger/Leidenmüller* wistra 2003, 81.

Diese vielfältigen Auswirkungen geleisteter Aufklärungshilfe belegen, ebenso wie die – **17** nur spärlich vorhandenen – empirischen Erkenntnisse,[21] dass der Vorschrift des **Nr. 1 in der Praxis immense Bedeutung** zukommt. Dementsprechend wurden die wesentlichen Beiträge zur Klärung der mit der Vorschrift verbundenen Anwendungsfragen und zur Auslegung ihrer Tatbestandsmerkmale durch die Rechtsprechung geleistet. Im Gegensatz zu Nr. 1 hat Nr. 2 in der Praxis bisher keine Bedeutung erlangt.

II. Schwierigkeiten und Gefahren

Die gegen die Einführung der Vorschrift und ihre ausgedehnte Anwendung vorgebrach- **18** ten Einwände und Argumente sind längst nicht so gewichtig, dass sie die mit § 31 einhergehenden Vorteile aufwiegen könnten.

1. Falschbelastungen. Zwar ist die Besorgnis einer gezielten oder fahrlässigen Falschbe- **19** lastung im Rahmen der Angaben des Aufklärungsgehilfen nicht von der Hand zu weisen, ebenso wenig, dass die – gleichzeitig mit dem Inkrafttreten der Neufassung des § 31 eingeführten – Strafandrohungen der §§ 164 Abs. 3, 145d Abs. 2 StGB kaum einen zur Falschbelastung fest entschlossenen Aussagenden zurückhalten werden. Die Gefahr falscher Belastungsaussagen stellt jedoch kein spezifisches Problem der Betäubungsmittelkriminalität dar. Auch in anderen Ermittlungs- und Gerichtsverfahren stehen nicht selten nur ein Belastungszeuge bzw. ein am Verfahrensausgang nicht uninteressierter Zeuge, wenige oder keine objektiven Beweismittel zur Verfügung oder kommt es zu einer Situation, in der Aussage gegen Aussage steht. Werden die hierzu durch die Rechtsprechung des BGH aufgestellten Beweiswürdigungsgrundsätze und Anforderungen[22] (näher → Rn. 163 ff.) durch die Tatgerichte ernst genommen und umgesetzt, kann eine „erfolgreiche Falschbelastung" praktisch ausgeschlossen werden.

Im Übrigen ist zutreffend darauf hingewiesen worden, dass die Rechtspraxis sich mit **20** möglichen Falschbelastungen, mit weiteren gegen § 31 vorgebrachten Einwänden und den mit der Vorschrift verbundenen Schwierigkeiten (zB fehlerhafte Aussagen wegen Drogenabhängigkeit, Belastung überwiegend kleiner oder mittlerer Drogenstraftäter, Nichtpreisgabe tatsächlichen Wissens wegen Selbstgefährdung) unabhängig von § 31 und auch dann auseinanderzusetzen hätte, wenn die Aufklärungshilfe nur im Rahmen der allgemeinen Strafzumessung Berücksichtigung fände.[23] Es ist deshalb nicht gerechtfertigt, aus diesen Aspekten Zweifel an der Effektivität des § 31 herzuleiten.[24]

2. Probleme der Verteidigung. Auch die zum Teil nicht einfach abzuwägenden **21** Gesichtspunkte, die die Verteidigung bei der Beratung eines Mandanten über § 31 beachten muss (psychische Belastungen, Gefahr der Rolle eines „Dauerzeugen" und von „Rückbelastungen", Erschwernisse in der Untersuchungs- und Strafhaft, Gefährdung der eigenen Person einerseits, Vorteile bei der Prüfung der Strafzumessung, der §§ 56, 57 StGB, 456a StPO und von Gnadengesuchen andererseits),[25] rechtfertigen die Forderung, § 31 zu streichen, nicht.[26] Die Schwierigkeiten, die für die Verteidigung entstehen können, wenn der Mandant

---

[21] Eine Zusammenfassung des vorliegenden Zahlenmaterials findet sich bei Kreuzer/*Stock* § 13 Rn. 643 und *Jeßberger*, Kooperation und Strafzumessung, 1999, S. 78. Danach wurde bereits im Zeitraum 1982–30.6.1983 in ca. 500 Fällen, im Zeitraum 1985–1987 in über 2.300 Fällen und 1995 in rund jedem zweiten Rauschgiftverfahren von § 31 Gebrauch gemacht. Im Bundeszentralregister sind nach *Mühlhoff/Pfeiffer* ZRP 2000, 121 (123) von 1982 bis 1998 über 6.100 Anwendungsfälle der §§ 31, 31a BtMG erfasst worden. Die polizeiliche Kriminalstatistik weist keine Zahlen zur Anwendung des § 31 aus. Die nach wie vor hohe Bedeutung der Vorschrift spiegelt sich aber zum einen in der ansteigenden Zahl der Rauschgiftdelikte (laut PKS 236478 Betäubungsmittelstraftaten im Jahr 2011, 253525 im Jahr 2013, 276734 im Jahr 2014), zum anderen in der in den letzten Jahren gleichbleibend hohen Aufklärungsquote von rund 95 % wider.

[22] Zusammenfassend *Nack* StV 2002, 558; *Miebach* NStZ-RR 2014, 233.

[23] *Malek* 4. Kapitel Rn. 21.

[24] AA *Eberth/Müller* Rn. 124; kritisch gegenüber § 31 auch *Endriß* StraFo 2004, 151 (156).

[25] Näher Kreuzer/*Weider* § 15 Rn. 134 ff.; *Eberth/Müller* Rn. 137.

[26] So aber *Jaeger*, Der Kronzeuge unter besonderer Berücksichtigung des § 31 BtMG, 1986, S. 190 f., der freilich die Abschaffung des § 31 selbst als unrealistisch erkennt.

sich mit einer Belastung durch einen Aufklärungsgehilfen auseinanderzusetzen hat,[27] betreffen vor allem Fragen der Beweiswürdigung und stellen sich im Umgang mit anderen Belastungszeugen meist ebenso. Schließlich haben sich Bedenken gegen eine zu vage Fassung der Anwendungsvoraussetzungen des § 31[28] durch die Bildung einer gefestigten Rechtsprechung und die Neufassung der Vorschrift überholt.

22   **3. Inflationäre Anwendung.** Der Einwand, die Vorschrift werde zu großzügig angewandt,[29] betrifft ihre Handhabung, spricht aber nicht gegen § 31 an sich. Der Gesetzgeber hat dem Gericht Ermessen und damit genügend Spielraum eingeräumt, bei marginalen oder weniger bedeutsamen Aufklärungsbeiträgen auf eine Strafrahmenmilderung zu verzichten.

23   **4. Gefahren für den Aufklärungsgehilfen.** Je umfassender seine Angaben ausfallen, umso mehr läuft der Aufklärungsgehilfe Gefahr, sich selbst über den gegen ihn erhobenen Vorwurf hinaus zu belasten. Ob in diesem Zusammenhang erhobene Klagen der Verurteilten, sie hätten ohne ihre Aufklärungsbeiträge eine niedrigere Strafe erhalten,[30] zutreffen, kann hier nicht beurteilt werden. Jedenfalls sollte solchen Vorwürfen durch eine deutliche Strafmilderung bei der Festlegung von Einzel- und Gesamtstrafen begegnet werden; dies gilt ganz besonders in Fällen, in denen der Aufklärungsgehilfe wegen einer Tat allein auf Grund seiner eigenen Angaben verurteilt werden kann. Denn sonst könnte in künftigen Fällen die Aufklärungs- und Aussagebereitschaft der Täter leiden.

24   Nicht zu leugnen sind Gefahren für den Aufklärungsgehilfen, die unabhängig davon bestehen, ob er sich in der Rolle des Angeklagten oder des Zeugen befindet. Nicht selten kommt es zu Repressalien, Bedrohungen, auch ihm nahestehender Personen sowie – gerade innerhalb des Strafvollzugs – zu körperlichen Übergriffen. Auch solche Umstände können im Rahmen der Strafzumessung Berücksichtigung finden.

25   **5. Zeugenschutz innerhalb des Verfahrens und Art. 6 Abs. 3d MRK. a) Möglichkeiten der StPO und des GVG.** Tritt der Aufklärungsgehilfe als Zeuge auf, kann er von dem inzwischen deutlich ausgebauten Zeugenschutz profitieren. Innerhalb des Ermittlungs- und Hauptverfahrens bieten die StPO in §§ 58a Abs. 1 Nr. 2, 68 Abs. 2 und 3, 96, 110b Abs. 3, 168e, 223, 224, 247, 247a, 255a Abs. 2 sowie §§ 171b, 172 GVG ein weit reichendes Instrumentarium zum Schutz gefährdeter Zeugen.

26   Besonders hervorzuheben sind die Möglichkeiten zur **Wahrung der Anonymität**
– durch Vernehmung ohne Preisgabe der Identität nach § 68 Abs. 3 StPO, der für Vernehmungen vor dem erkennenden Gericht, dem beauftragten oder ersuchten Richter, für die frühere und gegenwärtige Identität sowie auch dann gilt, wenn eine nach dem ZSHG geschaffene Tarnidentität (→ Rn. 36) geheim bleiben soll[31]
– durch eine audiovisuelle Vernehmung an einem anonymen Ort nach § 247a StPO
– mittels einer vom Innenministerium verfügten Sperrung des Zeugen analog § 96 StPO oder
– mittels einer anonymisierten Videovernehmung (näher → Rn. 33, 34).

27   **b) Fragerecht.** Dieser Zeugenschutz kann jedoch mit dem in **Art. 6 Abs. 3 lit. d MRK** garantierten Recht des Angeklagten, Fragen an den Belastungszeugen stellen zu dürfen, kollidieren und die vorzunehmende Glaubwürdigkeitsprüfung des Zeugen erschweren und beeinträchtigen. Deshalb ist bei allen Fallkonstellationen, in denen ein Zeuge in der Hauptverhandlung nicht bzw. nicht mehr zur Verfügung steht, darauf zu achten, dass es nicht

---

[27] Dazu Kreuzer/*Weider* § 15 Rn. 155 ff.

[28] *Buttel*, Kritik der Figur des Aufklärungsgehilfen im BtM-Strafrecht, S. 49, 52, 237.

[29] Vgl. *Körner* NStZ 1988, 506; HJLW/*Winkler* Rn. 1.2.

[30] Kreuzer/*Weider* § 15 Rn. 134.

[31] Selbst wenn man davon ausgeht, dass Fragen iS des § 68 Abs. 3 Satz 2 StPO nicht beantwortet werden müssen, wenn dadurch Hinweise auf die Identität des Zeugen gegeben werden können – daran zweifelt *Kühne* FS Trechsel, 2002, 722 – bietet die StPO keinen Schutz davor, dass durch Fragen zur Sache selbst, insbesondere zur Herkunft der Kenntnisse, die Geheimhaltung der Identität gezielt oder ungewollt gefährdet wird; vgl. dazu BGH 11.9.2003 – 3 StR 316/02, BGHR StPO § 247a Audiovisuelle Vernehmung 6.

zu einer Verletzung dieses **Fragerechts** kommt und die Beweisaufnahme in einer Form durchgeführt wird, die – unter Beachtung der Belange des Zeugen – dem im Gesetz grundsätzlich vorgesehenen Verfahren am nächsten kommt. Es bedarf im Einzelfall eines Ausgleichs der Interessen der Verteidigung mit denen der dem Schutzbereich der MRK unterfallenden Zeugen.[32]

Die mit diesem Interessenausgleich verbundene **Problematik der Gewährleistung des** **28** **Fragerechts** stellt sich sowohl dann, wenn der gefährdete Aufklärungsgehilfe selbst als Zeuge auftritt als auch und insbesondere, wenn er vor der Hauptverhandlung kommissarisch nach §§ 223, 224 StPO vernommen wurde oder er als V-Person für die Ermittlungsbehörden tätig war und als Zeuge für die Hauptverhandlung analog § 96 StPO gesperrt wird. Auch wenn es dadurch erforderlich wird, die Vernehmung der unmittelbaren Wahrnehmungsperson durch Verlesung von Vernehmungsprotokollen oder durch die Vernehmung der polizeilichen Führungsbeamten der Gewährsperson als Zeugen vom Hörensagen zu ersetzen, muss der Angeklagte oder die Verteidigung – entweder in dem Zeitpunkt, in dem die originäre Auskunftsperson ihre Aussage macht oder in einem späteren Verfahrensstadium – eine geeignete und angemessene Gelegenheit gehabt haben, den Zeugen entweder selbst zu befragen oder befragen zu lassen.[33]

c) Zum Ausgleich von Fragerechtsbeeinträchtigungen. Die **Rspr. des EGMR** **29** setzt der Verwertung des Wissens anonym gehaltener Zeugen durch Beweissurrogate Grenzen.[34] Dies hat Auswirkungen für deutsche Gerichte, denn die Auslegung der MRK durch den EGMR ist bei der Anwendung deutschen Strafprozessrechts zu berücksichtigen.[35] Auch wenn sich die Zulässigkeit von Beweismitteln in erster Linie nach innerstaatlichem Recht bestimmt, wird durch den EGMR geprüft, ob das Verfahren in seiner Gesamtheit gesehen, den in Art. 6 Abs. 1 MRK niedergelegten **Fair-Trial-Grundsätzen** gerecht wird, wobei die Garantie des Fragerechts eine besondere Ausformung des Grundsatzes des fairen Verfahrens darstellt.[36]

Zu beachten ist jedoch: eine **fehlende Befragung stellt nicht automatisch einen** **30** **Verstoß gegen Art. 6 Abs. 3 lit. d MRK** dar. Vielmehr kann entscheidend sein, ob Polizei oder Justiz ein Verschulden an der unterbliebenen Konfrontation mit dem Belastungszeugen trifft und ob sich die Überzeugungsbildung auf eine detaillierte Prüfung der Belastungsaussage und die Bestätigung durch andere Beweismittel stützen kann.[37]

Stützt das Gericht eine Verurteilung allein oder maßgeblich auf Erkenntnisse einer Vertrauensperson oder eines Verdeckten Ermittlers, die unabhängig von ihrem Auftreten in **31**

---

[32] Vgl. BGH 5.2.1993 – 2 StR 525/92, NStZ 1993, 292; 25.7.2000 – 1 StR 169/00, BGHSt 46, 93 (96 f.) = NJW 2000, 3505 (3506); *Renzikowski* JZ 1999, 605 (612). Eine typische Prozesssituation im Spannungsfeld zwischen Wahrheitsermittlung, Verteidigerinteressen und Zeugenschutz schildert *Kolz,* Sonderheft für G. Schäfer, S. 35 f.

[33] BGH 25.7.2000 – 1 StR 169/00, BGHSt 46, 93 (96); 27.2.2004 – 2 StR 146/03, NStZ 2004, 505; *Renzikowski* JZ 1999, 605 (612); zur Rspr. des EGMR s. Fn. 34.

[34] S. zB EGMR 27.9.1990 – 25/1989/185/245, StV 1991, 193 – Windisch/Österreich; EGMR 25.6.1992 – 17/1991/269/340, NJW 1992, 3088 – Lüdi/Schweiz; EGMR 23.4.1997 – 55/1996/674/861, StV 1997, 617 – van Mechelen/Niederlande; EGMR 14.2.2002 – 26668/95, StraFo 2002, 160 – Visser/Niederlande; EGMR 17.11.2005 – 73047/01, NStZ 2007, 103 mAnm *Esser*. Zu den erhöhten Anforderungen an die Würdigung von Beweissurrogaten (besondere Sorgfalt bzw. Vorsicht, Bestätigung durch andere Erkenntnisse) s. zB BVerfG 19.7.1995 – 2 BvR 1142/93, NStZ 1995, 600; BGH 22.2.1995 – 3 StR 552/94, NStZ 1995, 513 (514).

[35] BGH 18.11.1999 – 1 StR 221/99, BGHSt 45, 321 (328 f.) = NJW 2000, 1123 (1124); 25.7.2000 – 1 StR 169/00, BGHSt 46, 93 (97) = NJW 2000, 3505 (3507). Zusammenfassende Darstellungen der Rechtsprechung des EGMR und ihrer Rezeption durch den BGH bei *Ambos* NStZ 2002, 628; 2003, 14 (zum Fragerecht S. 16 f.); *Sommer* StraFo 2002, 309 (zum Fragerecht S. 314 f.); *Kruis* StraFo 2003, 34.

[36] BGH 29.6.2002 – 1 StR 111/02, NJW 2003, 74 = wistra 2003, 109; 25.7.2000 – 1 StR 169/00, BGHSt 46, 93(95) = NJW 2000, 3505 (3506); 4.3.2004 – 3 StR 218/03, NJW 2004, 1259 (1261).

[37] BGH 3.12.2004 – 2 StR 156/04, NJW 2005, 1132 mwN; zur Prüfung der Verletzung des Rechts auf ein faires Strafverfahren bei einem gesperrten Belastungszeugen BVerfG 17.9.2004 – 2 BvR 2122/03 und bei einem nicht mit dem Beschuldigten konfrontierten anonymen Zeugen BVerfG 8.10.2009, 2 BvR 547/08, NJW 2010, 925 mwN = StV 2010, 337.

der Hauptverhandlung Belastungszeugen iS des Art. 6 Abs. 3 lit. d MRK bleiben,[38] kommt dem Umstand, ob und wie die Gewährsperson bzw. der Belastungszeuge von der Verteidigung befragt werden konnte, erhebliche Bedeutung zu. War eine Befragung, die etwa durch das Einreichen eines Fragenkatalogs oder durch einen beim Vernehmungstermin anwesenden Verteidiger erfolgen kann, nicht möglich, kommen **zwei Wege der Kompensation** (→ Rn. 32 ff.) einer solchen Behinderung der Verteidigung in Frage:

32   Die aus der verdeckt bleibenden Quelle herrührenden Informationen werden nicht als alleinige oder maßgebliche Urteilsgrundlage, sondern nur zur Abrundung des sonstigen Beweisergebnisses herangezogen;[39] nach der sog **Beweiswürdigungslösung** kann auf die Aussage über Angaben eines anonym gebliebenen Zeugen wegen der begrenzten Zuverlässigkeit mittelbarer Beweisführung eine Feststellung regelmäßig nur dann gestützt werden, wenn die Bekundungen des Belastungszeugen einer besonders sorgfältigen und kritischen Überprüfung standhalten und durch andere wichtige **Gesichtspunkte außerhalb der Aussage** bestätigt werden.[40] Entsprechendes gilt für Einlassungen eines möglichen Mittäters, der sich in der Hauptverhandlung auf sein Auskunftsverweigerungsrecht beruft.[41] Im Übrigen muss das Gericht bei seiner Beweiswürdigung beachten, dass der Angeklagte sein Fragerecht nicht ausüben konnte und die durch eine Vernehmung der Verhörsperson eingeführte Aussage bei Fehlen eines kontradiktorischen Verhörs nur beschränkt hinterfragt und vervollständigt werden kann.[42]

33   Die zweite Möglichkeit der Kompensation einer Behinderung des Fragerechts besteht darin, dass eine **audiovisuelle Vernehmung** besonders gefährdeter Zeugen unter optischer und akustischer Abschirmung durchgeführt wird. Durch technische Maßnahmen (Verzerrung) lässt sich verhindern, dass Gesichtszüge und Stimme der zu vernehmenden Zeugen erkannt werden. Dennoch verschafft ein solches Verfahren dem Gericht und den übrigen Verfahrensbeteiligten das sachnähere Beweismittel, die besseren Erkenntnismöglichkeiten. Damit gewinnt die Vernehmung einen höheren Beweiswert, als dies bei einer Sperrung des Zeugen, die lediglich zur Nutzung von Beweissurrogaten führt, der Fall ist; insbesondere wird der Verteidigung die Möglichkeit einer unmittelbaren Konfrontation mit dem Belastungszeugen und dessen Befragung eingeräumt. Deshalb erscheint diese vom 1. Strafsenat in seinem Anfragebeschluss vom 26.9.2002[43] aufgezeigte Verfahrensweise nicht nur zulässig, sondern unter dem Gesichtspunkt einer möglichst weitgehenden Gewährleistung des Fragerechts nach Art. 6 Abs. 3 lit. d MRK – in geeigneten Fällen (zu Risiken → Rn. 34) – sogar erforderlich,[44] zumal zu Recht darauf hingewiesen wurde, dass die Auffassung, nach der eine Beweisaufnahme unter akustischer oder optischer Abschirmung unzulässig war,[45] unter dem Aspekt der vom Gesetzgeber zum Zeugenschutz getroffenen Wertentscheidungen und der Änderungen und Fortschritte bei der Glaubwürdigkeitsprüfung von Aussagen überholt ist.[46]

---

[38] BGH 5.2.1993 – 2 StR 525/92, NStZ 1993, 292; 29.6.2002 – 1 StR 111/02, NJW 2003, 74 (76).

[39] BGH 25.7.2000 – 1 StR 169/00, BGHSt 46, 93 (103 ff.) = NJW 2000, 3505 (3509); 19.2.2015 – 3 StR 597/14 Rn. 5 ff. mwN; 11.2.2000 – 3 StR 377/99, NStZ 2000, 265 mit krit. Anm. von *Wattenberg*, der jedoch nicht genügend beachtet, dass der EGMR Verurteilungen dann beanstandet, wenn sie ausschließlich oder weitgehend auf den Angaben anonymer Zeugen beruhen.

[40] BGH 25.7.2000 – 1 StR 169/00, BGHSt 46, 93 (106) = NJW 2000, 3505 (3510); 3.12.2004 – 2 StR 156/04, NJW 2005, 1132; 19.2.2015 – 3 StR 597/14 Rn. 6 mwN. S. auch BVerfG 19.7.1995 – 2 BvR 1142/93, NStZ 1995, 600 und BGH 22.2.1995 – 3 StR 552/94, NStZ 1995, 513 (514).

[41] BGH 19.2.2015 – 3 StR 597/14, BeckRS 2015, 08390 Rn. 6 mwN.

[42] BGH 17.3.2009 – 4 StR 662/08, NStZ-RR 2009, 212 (213); s. zu den erhöhten Anforderungen auch BGH 22.9.2011 – 2 StR 263/11, NStZ-RR 2012, 52 (53) mwN; 7.7.2004 – 5 StR 71/04, NStZ 2004, 691.

[43] BGH 29.6.2002 – 1 StR 111/02, NJW 2003, 74 (75) = wistra 2003, 109 (110). Das Anfrageverfahren ist durch Revisionsrücknahme gegenstandslos geworden.

[44] *Kolz* Sonderheft für G. Schäfer, 38.

[45] S. BGH 17.10.1983 – g. E. GSSt 1/83, BGH(GS)St 32, 115 (124 f.); zu früheren Vorschlägen zur Abschirmung von Zeugen *Renzikowski* JZ 1999, 605 (612) und dort Fn. 79.

[46] Dazu näher *Weider* StV 2000, 48 (54 f.), der gleichfalls die Anwendung des § 247a StPO unter der Bedingung audiovisueller Tarnung auf analog § 96 StPO gesperrte Zeugen befürwortet. Auch *Kühne* FS Trechsel, 2002, 726 sieht durch eine audiovisuelle Vernehmung die Verteidigungsrechte gewahrt, zumal der

Trotz der mit einer solchen Vernehmung verbundenen Vorteile darf nicht übersehen **34** werden, dass die optische und akustische Verzerrung **keinen verlässlichen Schutz** davor zu bieten vermag, dass durch Fragen zur Sache selbst, insbesondere zur Herkunft der Kenntnisse, die **Geheimhaltung der Identität gefährdet** werden kann, zumal Fragen, die Rückschlüsse auf die Identität des Zeugen ermöglichen, regelmäßig weder zurückgewiesen werden können noch den Zeugen zur Auskunftsverweigerung berechtigen.[47] Zur revisionsgerichtlichen Kontrolle von Videoaufzeichnungen → Rn. 270.

6. Zeugenschutz außerhalb des Verfahrens. Für den Zeugenschutz außerhalb des **35** Strafverfahrens wurden durch das am 31.12.2001 in Kraft getretene **Zeugenschutz-Harmonisierungsgesetz (ZSHG)** vom 11.12.2001[48] bundeseinheitliche Rechtsgrundlagen geschaffen, die für alle Fälle schwerer Kriminalität gelten.

Die beim BKA und sämtlichen Bundesländern eingerichteten **Zeugenschutzdienst-** **36** **stellen** (§ 2 ZSHG) sind regelmäßig von den ermittlungsführenden Dienststellen getrennt; die Sachleitungsbefugnis der StA bleibt bis zum rechtskräftigen Verfahrensabschluss unberührt (§ 2 Abs. 4 ZSHG). § 4 ZSHG regelt die Verwendung personenbezogener Daten. Nach § 4 Abs. 1 ZSHG können Zeugenschutzdienststellen Auskünfte über solche Daten außer gegenüber der Staatsanwaltschaft verweigern. Die Generalklauseln in § 4 Abs. 2 und 3 ZSHG ermöglichen es öffentlichen (zB Melde-, Ausweis-, Pass-, Führerschein- und Kfz-Zulassungsbehörden und privaten Stellen (zB Banken, Versicherungen, Versorgungsunternehmen), auf Ersuchen der Zeugenschutzdienststellen Daten zu sperren oder nicht zu übermitteln.[49] § 5 ZSHG regelt den Aufbau vorübergehender **Tarnidentitäten,** unter denen die zu schützenden Personen am Rechtsverkehr teilnehmen können (§ 5 Abs. 3 ZSHG); Behörden haben auf Ersuchen der Zeugenschutzdienststellen **Tarndokumente** (Ausweise, Führerscheine, Lohnsteuerkarten, Zeugnisse) herzustellen oder zu verändern, soweit nicht ausnahmsweise Belange Dritter oder der Allgemeinheit entgegenstehen (§ 5 Abs. 1 Satz 2 ZSHG). Außerdem haben die Schutzpersonen Ansprüche gegenüber staatlichen Leistungsträgern, wenn diese die Voraussetzungen dafür bejahen (§ 7 ZSHG).[50]

Zuwendungen der Zeugenschutzdienststellen dürfen nach § 8 ZSHG nur in dem für **37** den Zeugenschutz erforderlichen Umfang gewährt werden. Angesichts dieser restriktiven Vorschrift müssen die Schutzpersonen zunächst eigene Mittel einsetzen oder Leistungen im Sinne des § 7 ZSHG beantragen und können durch Aufnahme in den Zeugenschutz nicht auf materielle Vorteile hoffen.[51] Bedenken gegenüber der Glaubwürdigkeit geschützter Zeugen bestehen unter diesem Aspekt nicht. Es erscheint ferner voreilig, den Zeugenschutzdienststellen wegen nicht ausschließbarer Einflussnahme auf das Aussageverhalten des Zeugen von vornherein mit Misstrauen zu begegnen oder angesichts der mit dem Zeugenschutz für die Betroffenen verbundenen Belastungen anzunehmen, für den Zeugen bestehe die Versuchung einer Falschbelastung, um Zeugenschutz zu erlangen.[52]

Auf **Schutzmaßnahmen** durch die Zeugenschutzdienststelle besteht **kein Anspruch.** **38** Die Entscheidung über Beginn, Art, Umfang und Beendigung solcher Maßnahmen setzt in jedem Einzelfall eine Verhältnismäßigkeitsprüfung voraus, bei der insbesondere die Schwere der Tat, der Grund der Gefährdung, die Beschuldigtenrechte desjenigen, gegen

---

EGMR als Möglichkeit des Zeugenschutzes die Optionen, den Zeugen zu verkleiden, zu schminken oder seine Stimme zu verzerren, ausdrücklich erwähnt habe. Zusammenfassend *Walter* StraFo 2004, 224.

[47] BGH 11.9.2003 – 3 StR 316/02, BGHR StPO § 247a Audiovisuelle Vernehmung 6; zu den Anforderungen an eine Sperrerklärung für eine audio-visuelle Vernehmung unter optischer und akustischer Abschirmung von Vertrauenspersonen und Verdeckten Ermittlern BGH 17.8.2004 – 1 StR 315/04, StV 2004, 577.

[48] BGBl. I S. 3510.

[49] *Soine/Engelke* NJW 2002, 470 (474).

[50] Näher *Soine/Engelke* NJW 2002, 470 (474 f.). Ob angesichts solcher Maßnahmen, die mit der Aufnahme eines Zeugen in das Zeugenschutzprogramm einhergehen, generell davon ausgegangen werden kann, der Zeuge sei nicht mehr gefährdet iSd § 247a S. 1 StPO (so *Hohnel* NJW 2004, 1356, 1358), erscheint allerdings zweifelhaft.

[51] *Soine/Engelke* NJW 2002, 470 (475).

[52] So aber *Eisenberg* Rn. 1455a.

den ausgesagt werden soll, und die Auswirkungen des Zeugenschutzes zu berücksichtigen sind.[53]

39 Das ZSHG gewährt einem Zeugen **keine über die StPO hinausgehenden Rechte;** gem. § 10 Abs. 3 ZSHG verbleibt es für das Strafverfahren bei den Bestimmungen der §§ 68b, 110b Abs. 3 StPO. Fragen, durch deren Beantwortung ein in ein Zeugenschutzprogramm aufgenommener Zeuge ihm bekannt gewordene Erkenntnisse über Zeugenschutzmaßnahmen offenbaren müsste, sind nicht von vornherein ungeeignet oder nicht zur Sache gehörend iS des § 241 Abs. 2 StPO. Derartige Fragen können jedoch zurückgewiesen werden, wenn ihre Beantwortung zur Überzeugung des Tatrichters für den Schuldspruch und den Rechtsfolgenausspruch ohne Bedeutung und daher nach den Maßstäben der Aufklärungspflicht nicht geboten ist.

40 Nach Auffassung des BGH erwirbt ein Zeuge auch nicht allein deswegen die Stellung einer anderen Person des öffentlichen Dienstes iS des § 54 Abs. 1 StPO, weil er in ein **Zeugenschutzprogramm** aufgenommen und hierbei förmlich **zur Verschwiegenheit** über ihm bekannt gewordene Erkenntnisse zu Zeugenschutzmaßnahmen **verpflichtet** wird. Deshalb bedarf es keiner Einholung einer Aussagegenehmigung, wenn an den Zeugen im Strafprozess Fragen gerichtet werden sollen, durch deren Beantwortung Tatsachen des Zeugenschutzes unmittelbar oder mittelbar bekannt werden können.[54]

B. Erläuterung

I. Anwendbarkeit des § 31 nF

41 **1. Vor dem 1.9.2009 begangene bzw. beendete Taten.** Die wesentlichen Neuerungen des § 31 traten am 1.9.2009 in Kraft.[55] Als negativ formulierte Überleitungsvorschrift bestimmt **Art. 316d EGStGB,** dass § 31 – ebenso wie § 46b StGB – nicht auf Verfahren anzuwenden ist, in denen die Eröffnung des Hauptverfahrens vor dem 1.9.2009 beschlossen worden ist. Dies bedeutet jedoch nicht, dass die neuen Vorschriften – und damit auch die Präklusionsregelung des § 31 S. 3 iVm § 46b Abs. 3 StGB – automatisch auf alle Verfahren anzuwenden sind, in denen die Eröffnung des Hauptverfahrens nach dem 1.9.2009 datiert. Für diese Verfahren ist vielmehr nach den allgemeinen Regeln des § 2 StGB im Einzelfall zu prüfen, ob das neue Recht für den Angeklagten günstiger als das zur **Tatzeit** geltende Recht ist.[56] Ist dies der Fall, gilt das neue Recht (§ 2 Abs. 3 StGB). Anderenfalls verbleibt es bei dem zur Tatzeit (§ 2 Abs. 1 StGB) bzw. bei einer fortdauernden Begehung der Tat bei dem bei Tatbeendigung geltenden Recht (§ 2 Abs. 2 StGB). Die Kombination der Anwendung von § 31 aF iVm § 49 Abs. 2 StGB und § 31 nF iVm § 49 Abs. 1 StGB und damit von günstigeren Elementen aus Gesetzen verschiedener Gültigkeit ist unzulässig.[57]

42 Der vorzunehmende Vergleich ergibt häufig, dass sich die alte Fassung des § 31 im Einzelfall für den Angeklagten als günstiger erweist, weil sie die Strafmilderung nicht präkludiert[58] und zudem bei Verbrechenstatbeständen einen Strafrahmen mit einer geringeren Mindeststrafe eröffnet.[59] Um den Bestand des Strafausspruchs nicht zu gefährden, sollte das Gericht in den **Urteilsgründen** klar darlegen, **welche Fassung des § 31** es angewandt und ob es

---

[53] *Soine/Engelke* NJW 2002, 470 (473) mwN.

[54] BGH 15.12.2005 – 3 StR 281/04, BGHSt 50, 318 = NJW 2006, 785.

[55] Dazu sowie zu der am 1.8.2013 in Kraft getretenen Neufassung des § 31 → Rn. 7 ff.

[56] BGH 18.3.2010 – 3 StR 65/10, NStZ 2010, 523; 19.5.2011 – 3 StR 89/11, NStZ-RR 2011, 320; 15.3.2011 – 1 StR 75/11, NStZ-RR 2011, 321 (322) mwN; 3.5.2011 – 3 StR 123/11, NStZ 2012, 44 mwN; 17.4.2012 – 3 StR 79/12, BeckRS 2012, 10588; 28.12.2011 – 2 StR 352/11, NStZ-RR 2012, 123.

[57] BGH 19.5.2011 – 3 StR 89/11, NStZ-RR 2011, 320.

[58] BGH 27.4.2010 – 3 StR 79/10, BeckRS 2010, 14688; 26.10.2010 – 4 StR 495/10, BeckRS 2000, 29487.

[59] Vgl. BGH 1.6.2010 – 3 StR 167/10, BeckRS 2010, 14682; 17.4.2012 – 3 StR 79/12, BeckRS 2012, 10588; 6.12.2011 – 3 StR 377/11, BeckRS 2012, 00388 mwN.

eine Strafrahmenverschiebung nach § 31 aF iVm § 49 Abs. 2 StGB oder nach § 31 nF iVm § 49 Abs. 1 StGB vorgenommen hat.[60]

2. Ab 1.9.2009 begangene bzw. beendete Taten. Wurde die Tat nach dem Inkrafttre- **43** ten der Neufassung, also ab dem 1.9.2009 begangen bzw. beendet, hat das Gericht § 31 nF anzuwenden. Der Zeitpunkt, in dem die Tatbegehung beginnt, ist nicht entscheidend. So kann sich zB der Anbau von Rauschgift als unselbständiger Teilakt der Tat des Handeltrei- bens darstellen, das erst mit dem Verkauf der Betäubungsmittel und der Verteilung des Erlöses beendet ist.[61] Der autonome Tatbegriff des § 31 (dazu → Rn. 105 ff.) spielt bei der Klärung der Frage, welches Strafzumessungsrecht gilt, keine Rolle.[62] Zum **Zusammentref- fen des § 46b StGB mit § 31 BtMG** sowie zur Kombination von § 31 S. 1 Nr. 1 mit Nr. 2 → Rn. 218 ff.

II. Voraussetzungen der Aufklärungshilfe nach S. 1 Nr. 1

Die Neufassung des § 31 unterscheidet nunmehr: War der Aufklärungsgehilfe an der **44** aufgedeckten Tat nicht beteiligt, genügt nach **S. 1 Nr. 1,** dass er durch freiwillige Offenba- rung seines Wissens wesentlich dazu beigetragen hat, eine Tat nach §§ 29 bis 30a, die mit der ihm vorgeworfenen Tat im Zusammenhang steht, aufzudecken. War er an der aufge- deckten Tat beteiligt, muss gemäß S. 1 Nr. 1 iVm S. 2 die Aufklärung über seinen eigenen Tatbeitrag hinausgehen. Stets muss er die Aufklärungshilfe vor der Eröffnung des Hauptver- fahrens leisten (§ 31 S. 3 iVm § 46b Abs. 3 StGB).

1. Offenbarung. Die Annahme einer Offenbarung setzt voraus, dass der Täter sein **45** Wissen über Tatsachen, die die Beteiligung anderer an der Tat und deren Tatbeiträge betref- fen, den Strafverfolgungsbehörden oder dem Gericht oder beiden mitteilt. Die bloße Ankündigung der Aussagebereitschaft genügt nicht.

a) Adressat. Neben den **Ermittlungsbehörden** kommt auch das **Gericht** – trotz der **46** Zeitgrenze des § 31 S. 2 iVm § 46b Abs. 3 StGB – als Adressat der Offenbarung in Frage, da aufdeckende Aussagen noch im Zwischenverfahren bis zum Erlass des Eröffnungsbeschlusses möglich sind. In diesem Zeitrahmen können Aufklärungs- oder Präventionshilfe sowohl durch Angaben gegenüber den Ermittlungsorganen als auch dem für das Hauptverfahren zuständigen Gericht sowie im Rahmen einer Aussage vor dem Ermittlungsrichter geleistet werden, auch → Rn. 55.

b) Täter. § 31 spricht nur vom Täter. Nach dem Sprachgebrauch des Gesetzgebers und **47** dem Begriff des Täters in den §§ 46 ff. StGB fällt auch, wie in den Motiven zu § 46b festgehalten wurde,[63] der Teilnehmer in den Anwendungsbereich des § 31. Damit kommen auch **Anstifter und Gehilfen** als Aufklärungs- oder Präventionsgehilfen in Frage.

c) Mitteilung. aa) Zuordnung der Angaben. Eine Mitteilung liegt nur vor, wenn **48** **der Täter sich zu seinen Angaben bekennt oder ihm Angaben eindeutig zugeord- net werden können.** Das ist bei Äußerungen gegenüber einem unbekannt gebliebenen Verdeckten Ermittler oder einem in seiner Funktion nicht erkannten V-Mann nicht der Fall. Auch mündliche oder schriftliche anonyme Hinweise reichen nicht aus, ebenso wenig Angaben in verdeckten Vernehmungen, es sei denn, dass sie dem Täter ausnahmsweise zugeordnet werden können.[64] Hat sich der Unbekannte – sei es auch spät und nur unter Schutzmaßnahmen – doch noch offenbart, liegt keine Anonymität mehr vor. Eine zunächst genutzte Anonymität kann zwar im weiteren Verlauf des Verfahrens fallen gelassen werden, in diesen Fällen ist jedoch die Zeitgrenze des § 46b Abs. 3 StGB einzuhalten.

---

[60] Vgl. hierzu BGH 5.10.2010 – 3 StR 339/10, NStZ-RR 2011, 57; 9.11.2010 – 4 StR 532/10, NStZ-RR 2011, 90 (91).
[61] BGH 15.3.2011 – 1 StR 75/11, NStZ-RR 2011, 321 (322) mwN.
[62] BGH 5.10.2010 – 3 StR 339/10, NStZ-RR 2011, 57 (58).
[63] BT-Drs. 16/6268, 11; BR-Drs. 353/07, 9.
[64] *Körner* Rn. 22.

49   **bb) Mittelbare Mitteilungen.** Ausreichend sind Mitteilungen, die mittelbar erfolgen. Der Täter braucht seine Angaben nicht unmittelbar gegenüber den Ermittlungsbehörden oder dem Gericht zu machen. So kann der Offenbarungswillige eine Aufdeckung etwa durch den **Einsatz eines Boten** herbeiführen.

50   Ebenso ist anerkannt, dass durch Angaben eines jeden Mittäters ein Aufklärungserfolg bewirkt werden kann, wenn zuvor eine Übereinkunft der Mittäter vorlag, nicht allein, sondern ein **Geständnis gemeinsam** abzulegen. Hat ein Tatbeteiligter Aufklärungshilfe geleistet, müssen die anderen Mittäter ihren Willen zur freiwilligen Offenbarung durch eigene persönliche Angaben jedoch sofort danach beweisen.[65]

51   Eine weitere Variante mittelbarer Mitteilung liegt vor, wenn der Täter sein Wissen über einen ihm bekannten **V-Mann** an die Ermittlungsbehörden weitergibt.[66] Eine mittelbare Mitteilung kann auch gegeben sein, wenn der Täter zu einer Tat, an der er selbst beteiligt war, zunächst als Zeuge vernommen wurde und dabei zur Überführung anderer Beteiligter beigetragen hat. Wird später bekannt, dass dieser Zeuge selbst Tatbeteiligter war und beruft er sich als nunmehriger Beschuldigter auf seine **früheren aufklärenden Angaben** in der Zeugenvernehmung, liegt damit eine Mitteilung vor. Denn diese damaligen Angaben können durch Vernehmung der Verhörsperson als Zeuge vom Hörensagen oder durch Verlesung des Vernehmungsprotokolls in das Verfahren eingeführt werden.

52   Schließlich leistet derjenige mittelbar Aufklärungshilfe, der bei der telefonischen Anbahnung eines Scheingeschäfts die **Polizei mithören lässt** (dazu auch → Rn. 55), oder der an einer überwachten Scheinübergabe von Rauschgift teilnimmt und so den Zugriff auf einen bisher nicht bekannten Abnehmer ermöglicht.[67]

53   **d) Tatsachen aus dem Wissen des Täters.** Die Mitteilung muss Tatsachen enthalten, die – nach tatrichterlicher Überzeugung – zutreffend sind.[68] Vermutungen oder Verdächtigungen, die keine konkrete Belastung einer anderen Person enthalten, reichen nicht aus (allgM).

54   Den Angaben muss **eigenes Wissen des Täters** zugrunde liegen. Berichte, denen weder eigenes Erleben noch eigenes Wissen des Täters, etwa aus Mitteilungen Dritter gewonnene Kenntnisse, zugrunde liegen, genügen nicht.[69] Deshalb fehlt es an einer Offenbarung aus dem Wissen des Täters, wenn dieser bloß Gerüchte oder Erzählungen, Zeitungsberichte oder aus der Aktenlektüre gewonnene Kenntnisse mitteilt. Schildert der Aufklärungsgehilfe bereits teilweise oder vollständig bekannte Tatsachen, betrifft dies nicht die Frage, ob eine Offenbarung vorliegt,[70] sondern ob solche Offenbarungsinhalte die Annahme eines Aufklärungserfolgs zu rechtfertigen vermögen (dazu → Rn. 124 ff. und → 128 ff.).

55   **e) Form.** Das Gesetz schreibt für die Offenbarung keine bestimmte Form vor. In der Regel offenbart der Täter sein Wissen in einer polizeilichen, staatsanwaltschaftlichen oder (ermittlungs)richterlichen Vernehmung oder in der Hauptverhandlung. Ausreichen können aber auch schriftliche, telefonische, durch einen Boten mitgeteilte oder sonstige mündliche Angaben sein, so etwa, wenn der Täter über eine ihm bekannte Vertrauensperson Informationen an die Polizei weitergeben will[71] oder sich zum Abschluss eines Scheingeschäfts bereit erklärt und bei dessen telefonischer Anbahnung einen Polizeibeamten mithören lässt, der hierüber als Zeuge gehört werden kann.[72]

---

[65] BGH 20.6.1990 – 3 StR 74/90, BGHR BtMG § 31 Nr. 1 Aufdeckung 17 = StV 1990, 550.
[66] BGH 14.1.2000 – 3 StR 106/99, NStZ 2000, 325.
[67] Zum Mithörenlassen OLG Hamm 13.1.1988 – 1 Ss 811/87, NStZ 1988, 515; zur Bereitschaft der Mitwirkung an einer Scheinübergabe BGH 6.4.2006 – 3 StR 478/05, BeckRS 2006, 05380.
[68] BGH 24.11.1982 – 3 StR 384/82, BGHSt 31, 163 (166) = NJW 1983, 692; 29.4.1987 – 2 StR 107/87, NStZ 1988, 505 mwN aus der Rspr.
[69] Ebenso *Fischer* StGB § 46b Rn. 11.
[70] AA KPV/*Patzak* Rn. 19.
[71] BGH 14.1.2000 – 3 StR 106/99, NStZ 2000, 325; vgl. auch *Endriß/Malek* Rn. 855.
[72] OLG Hamm 13.1.1988 – 1 Ss 811/87, NStZ 1988, 515 m. abl. Anm. *Amelung,* Ein Verwertungsverbot wird – mangels eines Verstoßes gegen Art. 10 GG, §§ 100a, StPO, 201 StGB – durch ein solches Vorgehen jedenfalls dann nicht ausgelöst, wenn es um die Aufklärung einer Straftat von erheblicher Bedeutung geht und

2. Freiwilligkeit der Offenbarung. a) Allgemeines. Die Offenbarung geschieht frei-   56
willig, wenn sie der **Entscheidungsfreiheit des Täters** unterliegt. Es reicht aus, wenn
sich der Täter – aus seiner Sicht – frei zur Offenbarung entschließen kann.[73] Die Hintergründe seiner Entscheidung und seine Motive, offenbarend auszusagen, sind für § 31 unerheblich, können aber bei der Strafzumessung im engeren Sinn berücksichtigt werden.

b) Beispiele aus der Rechtsprechung. Freiwillige Angaben macht damit auch ein   57
Täter,
– der sich erst auf Vorhalte, Zureden oder Drängen oder weil er glaubt, sein weiteres
  Schweigen oder Bestreiten sei zwecklos,[74]
– der sich unter dem Druck der Festnahme oder drohender Untersuchungshaft, aus Angst
  vor Strafe oder um Haftverschonung zu erlangen,[75]
– der sich deshalb, weil er anderen Tatbeteiligten mit seinen Angaben zuvorkommen will
  oder weil er damit rechnet, ein Mittäter werde die Tat ohnehin aufdecken,[76]
– der sich, weil er mit seiner oder der Festnahme anderer Beteiligter rechnet oder davon
  ausgeht, diese würden sich stellen, sei es, dass es von vornherein so verabredet war,
  sei es, dass der Täter eine entsprechende Information erhält,[77] zu einer Offenbarung
  entschließt.

c) Frühere Vernehmungen. Auch Angaben, die ein Angeklagter in einer **früheren**   58
Vernehmung, in der er nach dem Ermittlungsstand noch den Status eines Zeugen besaß,
gemacht hat, können eine freiwillige Offenbarung iS des S. 1 Nr. 1 darstellen. Zwar spricht
S. 1 Nr. 1 nur vom Täter und hat ein Zeuge die Pflicht, bei einer Vernehmung auszusagen.
Jedoch kann der mit Aussagefreiheit ausgestattete Angeklagte selbst und nach Gutdünken
entscheiden, ob er sich auf seine damaligen Angaben als Zeuge berufen, diese wiederholen
oder sonst zum Gegenstand seiner Einlassung machen will, um so möglicherweise die
Voraussetzungen für eine Anwendung des S. 1 Nr. 1 zu schaffen. Im Übrigen ist anerkannt,
dass die strafprozessuale Aussagepflicht und die Anzeigepflicht nach § 138 StGB das Merkmal
der Freiwilligkeit nicht ausschließen.[78]

d) Fehlende Freiwilligkeit. Dagegen **fehlt es an der Freiwilligkeit,** wenn Angaben   59
durch gemäß § 136a StPO unzulässige Vernehmungsmethoden erlangt wurden oder dem
Täter die Offenbarung in dem Sinne aufgezwungen wird, dass er glaubt, er könne nicht
mehr anders handeln.[79] Angaben aus solchen Vernehmungen unterfallen dem umfassenden
Verwertungsverbot des § 136a Abs. 3 StPO; die hM macht davon selbst dann keine Ausnahme, wenn es sich um entlastende Angaben handelt.[80]

So können aufklärende Angaben einem Verwertungsverbot unterfallen, wenn der aussa-   60
gende Angeklagte mit einer unzulässig weit geöffneten **Sanktionsschere** unter Druck
gesetzt wurde.[81] Ein Verwertungsverbot kommt auch dann in Frage, wenn der Aufklärungs-
oder Präventionsgehilfe über die Voraussetzungen und die – nur möglichen – Auswirkungen
des § 31 **unzutreffend belehrt** wurde; allerdings überzeugt die Auffassung, dass jeder

---

die Sachverhaltserforschung unter Einsatz anderer Ermittlungsmethoden erheblich weniger erfolgversprechend
oder wesentlich erschwert gewesen wäre; dazu näher BGH 13.5.1996 – GSSt 1/96, BGHSt 42, 139 = NJW
1996, 2940.
[73] BGH 28.6.1990 – 1 StR 250/90, StV 1990, 456 (457) = BGHR BtMG § 31 Nr. 1 freiwillig 2; *Weber*
Rn. 59.
[74] Vgl. BGH 20.6.1990 – 3 StR 74/90, StV 1990, 550 = BGHR BtMG § 31 Nr. 1 freiwillig 1. Dagegen
überzeugt es nicht, auf den Umfang des vorhandenen Beweismaterials oder die Beweislage abzustellen; so
aber *Joachimski/Haumer* Rn. 7.
[75] BGH 18.3.1983 – 3 StR 49/83, NStZ 1983, 323 = StV 1983, 203.
[76] BGH 28.6.1990 – 1 StR 250/90, StV 1990, 456 (457) = BGHR BtMG § 31 Nr. 1 freiwillig 2.
[77] BGH 20.6.1990 – 3 StR 74/90, StV 1990, 550 = BGHR BtMG § 31 Nr. 1 freiwillig 1.
[78] BGH 19.5.2010 – 5 StR 182/10, NStZ 2010, 443 (444) mwN.
[79] BGH 28.6.1990 – 1 StR 250/90, StV 1990, 550 = BGHR BtMG § 31 Nr. 1 freiwillig 1.
[80] S. nur Meyer-Goßner/Schmitt/*Schmitt* StPO § 136a Rn. 27 mwN.
[81] S. zB BGH 27.7.2010 – 1 StR 345/10, NStZ 2010, 650; 21.3.2006 – 3 StR 411/04, NStZ 2005, 393.

Belehrungsfehler ein Verwertungsverbot auslöst,[82] nicht und steht mit der gefestigten Rspr. zur erforderlichen Abwägung, in die auch die Schwere eines Verstoßes einbezogen werden muss, nicht in Einklang.

61   **e) Prüfung.** Bei der Prüfung, ob Umstände dem Tatbestandsmerkmal der Freiwilligkeit entgegenstehen, ist zu beachten, dass zwischen Angaben, die den eigenen Tatbeitrag betreffen, und den darüber hinausgehenden Aussagen unterschieden werden muss. Auch wenn sich ein Täter, etwa auf Grund des Vernehmungsverlaufs, gezwungen sehen mag, ein Geständnis abzulegen, kann er sich dennoch freiwillig entschließen, die Tat auch über seinen eigenen Tatbeitrag hinaus aufzudecken.[83]

62   **3. Motive der Offenbarung. a) Bedeutungslosigkeit.** Den Beweggründen, aus denen heraus sich ein Beschuldigter oder Angeklagter dazu entschließt, Aufklärungshilfe zu leisten, kommt für die Frage, ob die Voraussetzungen des § 31 erfüllt sind, keine Bedeutung zu. Es kommt deshalb nicht darauf an, ob der Aussagebereitschaft kein Motiv bzw. kein erkennbares Motiv zugrunde liegt oder ob der Aufklärungsgehilfe sich aus eher pragmatischen oder ethisch wertvollen Überlegungen zur Offenbarung entschließt.

63   **b) Beispiele.** So ist es für die Anwendbarkeit des § 31 unerheblich, ob der Aufklärungsgehilfe
– sich innerlich von der Rauschgiftszene gelöst hat[84] oder lösen will,
– ausschließlich im eigenen Verteidigungsinteresse handelt,[85]
– die Tat bereut oder Schuldeinsicht zeigt,[86]
– einen Lebenswandel eingeleitet hat oder zu einem solchen bereit ist,[87]
– erkennbar aus einer kriminellen Organisation aussteigen will,
– gefährdete Bandenmitglieder aus der Abhängigkeit der Organisation befreien will,
– irrtümlich davon ausgeht, andere Tatbeteiligte hätten seinen eigenen Tatbeitrag bereits offenbart.[88]

64   **c) Auswirkungen auf Strafzumessung.** Zu beachten ist jedoch: Liegen **anerkennenswerte Motive** vor, so kann sich dies bei der Ausübung des durch § 31 eingeräumten Ermessens sowie im Rahmen der **Strafzumessung** im engeren Sinn nach § 46 Abs. 2 StGB zugunsten des Täters auswirken. Handelt es sich hingegen um ein rein taktisches Vorgehen, das die Voraussetzungen des § 31 gerade noch erfüllt, so kann das Gericht dies bei der Ausübung seines Ermessens mitberücksichtigen und zur Begründung dafür heranziehen, einen minder schweren Fall abzulehnen oder dem Angeklagten eine Strafrahmenverschiebung zu versagen.

65   **d) Wechselnde Motive.** Auch ein feststellbarer Wechsel in der Motivation, Aufklärungshilfe zu leisten, hat auf die Anwendbarkeit von S. 1 Nr. 1 keinen Einfluss. So ist es im Grundsatz bedeutungslos, wenn der Täter
– mit seinen Angaben die Tat zuerst verschleiern oder die Strafverfolgungsbehörden zunächst verwirren wollte, jedoch später zur Aufdeckung Hilfe leistet,
– sich zunächst kooperationsbereit zeigte und einen Fahndungserfolg herbeiführen wollte, später indes die von ihm belasteten Beteiligten vor ihrer bevorstehenden Festnahme warnt,
– ursprünglich durch wahrheitsgemäße Belastung Dritter Aufklärungshilfe geleistet hat, daraufhin diese Angaben aber widerruft (näher → Rn. 105, 106).

---

[82] So wohl *Malek* StV 2010, 200 (205).
[83] BGH 20.6.1990 – 3 StR 74/90, StV 1990, 550.
[84] BGH 30.3.1989 – 4 StR 79/89, NStZ 1989, 326 = StV 1990, 455; 27.8.1998 – 1 StR 422/98, StV 1999, 18.
[85] OLG Düsseldorf 13.12.2000 – 2a Ss 338/00 – 84/00II, NStZ-RR 2001, 149.
[86] BGH 30.3.1989 – 4 StR 79/89, NStZ 1989, 326 = StV 1990, 455; OLG Düsseldorf 13.12.2000 – 2a Ss 338/00 – 84/00II, NStZ-RR 2001, 149.
[87] BGH 30.3.1989 – 4 StR 79/89, NStZ 1989, 326.
[88] Vgl. BGH 28.6.1990 – 1 StR 250/90, StV 1990, 550.

Stets bleibt S. 1 Nr. 1 anwendbar, soweit der Motivationswandel noch nachvollziehbar bleibt **66** und der Aufklärungserfolg nicht in Frage gestellt wird.[89] Auswirken kann sich der Motivationswechsel aber – ebenso wie der Zeitpunkt der Offenbarung und das Auswechseln von Inhalten der Aussage – bei der Strafrahmenprüfung und der Strafzumessung im engeren Sinn.[90]

4. Rechtzeitigkeit der Offenbarung nach § 31 S. 3 iVm § 46b Abs. 3 StGB. **67** **a) Zur Rechtslage nach § 31 aF.** Nach § 31 aF war der Zeitpunkt, in dem der Aufklärungsgehilfe sein Wissen mitteilte – abgesehen von der möglichen Berücksichtigung dieses Zeitpunkts bei der Strafrahmenprüfung und der Strafzumessung – bedeutungslos; er konnte sein Wissen in jedem Zeitpunkt des Verfahrens – mit Ausnahme der Revisionsinstanz – preisgeben, ohne dabei an Zeitschranken gebunden zu sein. Insbesondere legte die vor dem 1.9.2009 gültige Fassung des § 31 keine zeitliche Grenze fest, bei deren Überschreitung die Anwendbarkeit des § 31 wegfiel. Danach standen dem Täter als mögliche Offenbarungszeiträume das gesamte Ermittlungs- und Zwischenverfahren, das Hauptverfahren erster Instanz sowie der Berufungsrechtszug zur Verfügung. Innerhalb der Gerichtsverfahren waren Angaben jeweils bis zum Ende der Beweisaufnahme möglich.[91] § 31 aF bleibt für diejenigen Fälle maßgeblich, in denen die Tatzeiten vor dem 1.9.2009 liegen und der Täter erst nach Erlass des Eröffnungsbeschlusses Aufklärungs- oder Präventionshilfe geleistet hat. Denn die neue Fassung stellt in dieser Konstellation keine für den Angeklagten günstigere Regelung dar, da sie die Milderungsmöglichkeit durch die Zeitschranke des § 46b Abs. 3 StGB ausschließt.[92]

b) Präklusion nach § 31 nF. aa) Zeitschranke des § 46b Abs. 3 StGB. Der nach **68** S. 3 anzuwendende § 46b Abs. 3 StGB sieht als zeitliche Grenze, bis zu der Aufklärungshilfe geleistet werden kann, die Eröffnung des Hauptverfahrens, dh den **Erlass des Eröffnungsbeschlusses** gem. § 207 StPO vor. Bei Angaben nach diesem Zeitpunkt ist die Anwendung des **§ 31 – gesetzlich zwingend – ausgeschlossen;** möglich bleibt ihre mildernde Berücksichtigung im Rahmen der Strafzumessung.[93] Nicht maßgeblich ist der ohnehin vom Zufall abhängige Zeitpunkt, in dem ein Angeklagter Kenntnis vom Eröffnungsbeschluss erhält, sondern der Zeitpunkt seines Erlasses.[94] Die Präklusionsregelung ist für den Beschuldigten nicht kalkulierbar. Nach den Motiven besteht für ihn spätestens nach Zustellung der Anklageschrift hinreichend Anlass, einschlägiges Wissen zu offenbaren.[95] § 201 StPO schreibt jedoch nicht vor, den Angeschuldigten auf die Zeitgrenze des § 31 Satz 3 iVm § 46b Abs. 3 StGB hinzuweisen.

Der **Gesetzgeber** verfolgt mit der Präklusionsregelung des § 46b Abs. 3 StGB mehrere **69** **Ziele.** Zunächst soll sie verhindern, dass Angaben aus taktischen Gründen zurückgehalten und später zur Prozessverschleppung eingesetzt werden. Daneben soll den Ermittlungsbehörden genügend Zeit zur Verfügung stehen, den Wert der Angaben für Aufklärungs- oder Präventionszwecke zu überprüfen. Die Zeitgrenze soll außerdem das Hauptverfahren von Beweiserhebungen und verfahrensrechtlichen Schwierigkeiten bei der Behandlung von Beweisanträgen über erst im Hauptverfahren gemachte Angaben entlasten.[96] Nicht ohne weiteres erschließt sich, weshalb der Gesetzgeber annimmt, dass das Gericht bei „ermittlungsrelevanten Angaben" des Angeschuldigten im Zwischenverfahren diese noch vor der Entscheidung über eine Eröffnung des Hauptverfahrens überprüfen lassen und die Akten

---

[89] BGH 30.8.2011 – 2 StR 141/11, StV 2012, 80.
[90] Vgl. BGH 31.10.1984 – 2 StR 467/84, NJW 1985, 692 (Ls.) = MDR 1985, 244; enger KPV/*Patzak* Rn. 52.
[91] BGH 24.10.1991 – 1 StR 617/91, NStZ 1992, 192.
[92] BGH 5.10.2010 – 3 StR 339/10, NStZ-R 2011, 57; 15.3.2011 – 3 StR 62/11, BeckRS 2011, 07510 mwN; auch → Rn. 41 ff.
[93] BGH 15.3.2011 – 1 StR 75/11, NJW 2011, 2529.
[94] BGH 5.10.2016 – 3 StR 311/16, BeckRS 2016, 19300 mwN.
[95] BT-Drs. 16/6828, 14.
[96] BT-Drs. 16/6828, 14.

zum Zwecke weiterer Ermittlungen an die StA zurücksenden sollte.[97] Zwar besteht diese Möglichkeit; Angaben, die nicht die angeklagte, sondern eine andere Tat betreffen, können aber die im Zwischenverfahren zu treffende Entscheidung darüber, ob ein hinreichender Tatverdacht vorliegt, regelmäßig nicht beeinflussen. Ferner ist das Gericht gehalten, den Beschleunigungsgrundsatz zu beachten.

70   **bb) Rechtzeitige Angaben.** Hält der Aufklärungs- bzw. Präventionsgehilfe die in § 46b Abs. 3 StGB festgelegte Zeitschranke ein, ist der Zeitpunkt, in dem er seine Angaben macht, im Grundsatz bedeutungslos. § 31 verlangt nicht, dass der Täter sein Wissen zum frühest möglichen Zeitpunkt offenbart. Ebenso wenig ist erforderlich, dass der Täter sein Wissen in einem Zug oder komplett bekannt gibt. Auch allein der Umstand, dass ein Angeklagter seinen Mittäter nicht sofort nennt, sondern zunächst behauptet, ein anderer habe bei der Tat mitgewirkt, verbietet die Anwendung des § 31 nicht. Da der Zeitpunkt der Offenbarung in § 46b Abs. 2 Nr. 1 StGB ausdrücklich als ein **Kriterium für die Ermessensausübung** des Gerichts genannt wird, fließt er jedoch auch dort, wo der Täter die Zeitschranke des § 46b Abs. 3 StGB gewahrt hat, in die auf eine Gesamtbetrachtung zu stützende Entscheidung, ob von der Strafrahmenmilderung Gebrauch gemacht wird, ein. Zu weiteren möglichen Risiken eines zu spät gewählten Zeitpunkts der Offenbarung → Rn. 95 ff.

71   **c) Auswirkungen des § 31 S. 3 BtMG iVm § 46b Abs. 3 StGB im Hauptverfahren.** Wie dargelegt, darf das Gericht im Falle verspätet geleisteter Aufklärungs- oder Präventionshilfe § 31 nicht anwenden (→ Rn. 68). Über die schon dargestellten Bedenken hinaus erscheinen die Zeitgrenze an sich sowie ihre Auswirkungen fragwürdig. § 46b Abs. 3 StGB kann weder die Freiheit des Angeklagten, sich überhaupt einzulassen, beschneiden noch bestimmen, zu welchem Zeitpunkt der Beschuldigte bzw. Angeklagte seine Angaben zur Sache zu machen hat; insbesondere schließt die Vorschrift spätere aufklärende Angaben – nach Erlass des Eröffnungsbeschlusses bzw. im Hauptverfahren – nicht aus.

72   Die zeitliche Grenze gilt überdies nur für die offenbarenden Angaben selbst, nicht jedoch für den Eintritt eines Aufklärungserfolgs oder im Falle einer Präventionshilfe für eine erreichte Tatvereitelung. Damit werden Beweiserhebungen über die Frage, ob aufgrund der – rechtzeitigen – aufdeckenden bzw. verhindernden Angaben ein entsprechender Erfolg erzielt werden konnte, im Hauptverfahren nicht ausgeschlossen.[98]

73   **d) Auswirkungen des § 31 S. 3 BtMG iVm § 46b Abs. 3 StGB auf Verständigungen.** Schließlich steht § 46b Abs. 3 StGB einer Anwendung des § 31 dort entgegen, wo eine – erst während des Hauptverfahrens geleistete – Aufklärungshilfe zum Bestandteil einer **Verständigung** werden soll. Der Aufklärungsgehilfe wird häufig das Zustandekommen einer Verständigung anstreben, um annähernde Gewissheit darüber zu bekommen, in welchem Umfang sich aufklärende Angaben „bezahlt" machen. Gegenstand einer solchen Verständigung können zwar ua das Prozessverhalten des Angeklagten und damit Angaben, die eine Aufklärungs- oder Präventionshilfe iS des § 31 S. 1 darstellen, sein. § 257c StPO eröffnet jedoch erst nach dem in § 46b Abs. 3 StGB vorgesehenen Zeitpunkt die Möglichkeit einer Verständigung.

74   Im Falle des Zustandekommens der **Verständigung aufgrund bestimmter aufklärender Angaben,** die bis zum Hauptverfahren zurückgehalten wurden, ist § 31 wegen der Zeitgrenze des § 46b Abs. 3 StGB nicht mehr anwendbar. Zwar bleiben solche Angaben strafzumessungsrelevant, jedoch sind dem Gericht infolge der Präklusion die Möglichkeiten einer Strafrahmenverschiebung gemäß § 49 Abs. 1 oder des Absehens von Strafe abgeschnitten; lediglich die anderen Konsequenzen, die mit dem Gebrauch eines vertypten Milderungsgrundes verbunden sein können, dürfen noch gezogen werden. In diesem Zusammenhang ist zu Recht darauf hingewiesen worden, dass dort, wo die iS des § 46b Abs. 3 StGB verspätete Offenbarung nicht auf taktischem Verhalten des Angeklagten beruht, sondern

---

[97] Auf diese Möglichkeit weist BT-Drs. 16/6828, 14 hin.
[98] *Fischer* StGB § 46b Rn. 21.

auf seinem Einfluss entzogenen Umständen, zB der eigenen späten Kenntniserlangung, im Ergebnis eine Strafmilderung gleich hoch ausfallen muss wie dies bei der Anwendung des § 31 der Fall gewesen wäre.[99] So kann etwa – auch ohne Anwendung des § 31 – das Einlassungsverhalten herangezogen werden, um einen minder schweren Fall zu begründen, hierzu auch → Rn. 195 ff.

Dem Beschuldigten bzw. der Verteidigung bleibt vor diesem Hintergrund die Möglich- **75** keit, im Ermittlungsverfahren ein erörterndes Gespräch iS des **§ 160b StPO** anzuregen, um in dessen Rahmen – freilich ohne rechtliche Verbindlichkeit – die etwaige spätere Anwendung des § 31 oder sonstige mögliche Honorierungen eines bestimmten Aussageverhaltens auszuloten. Dabei beschränken sich die denkbaren **Erörterungsthemen** nicht auf die – in diesem Verfahrensstadium ohnehin nicht präzise festlegbaren – Unter- und Obergrenzen einer für den Fall der Verurteilung zu verhängenden Strafe. Behandelt werden können aber etwa aufklärungsbedürftige Sachverhaltsfragen, die Art und Weise der Ermittlungen und die Möglichkeiten der Verteidigung, hieran teilzunehmen, Verfahrenserledigungen oder -beschränkungen durch die StA im Wege von Einstellungsverfügungen gemäß §§ 153 ff. StPO, Vorabeinlassungen des Beschuldigten oder andere „Vorleistungen" des Beschuldigten.[100]

Orientierung können dem Beschuldigten besonders **Absichtserklärungen der StA** **76** zum Verfahrensfortgang (Antrag auf Erlass eines Strafbefehls oder Anklageerhebung, Verfahrensbeschränkungen, Einstellung anderer Verfahren und dgl.), zu den Inhalten des Hauptverfahrens oder zum angestrebten Strafmaß bieten.[101] Außerdem gilt nach § 31 S. 3 auch **§ 46b Abs. 2 StGB** entsprechend; den dort genannten Kriterien lassen sich bereits in einem frühen Verfahrensstadium Hinweise dazu entnehmen, ob nach Art und Umfang der Angaben die begründete Aussicht oder gar eine hohe Wahrscheinlichkeit besteht, in den Genuss einer Strafrahmenverschiebung zu gelangen. Auch vor diesem Hintergrund erscheinen verfassungsrechtliche Bedenken wegen der Unvorhersehbarkeit der drohenden Strafe nicht gerechtfertigt.[102]

Das Ergebnis der Erörterungen iS des § 160b StPO bleibt zwar ohne rechtliche Bindungs- **77** wirkung; eine § 257c Abs. 4 StPO entsprechende Vorschrift fehlt. Die StA schafft jedoch mit einer abgegebenen **Zusage,** etwa einen Verfahrensteil oder ein anderes Verfahren nach §§ 154, 154a StPO zu behandeln, einen **Vertrauenstatbestand,** auf den sich der Beschuldigte bzw. spätere Angeklagte verlassen darf.[103]

Wird eine solche **Zusage nicht eingehalten,** so begründet dies einen Verstoß gegen **78** den Grundsatz des fairen Verfahrens, für den ein Angeklagter, der mit seinen aufklärenden Angaben in Vorleistung getreten ist, einen **Ausgleich** erhalten muss. Wurde zunächst ein Verfahrenshindernis noch ausnahmslos ausgeschlossen,[104] lehnt der BGH nunmehr die Annahme eines Verfahrenshindernisses in der Regel bzw. dann ab, wenn für das Gericht die Möglichkeit besteht, den Verstoß gegen die Verfahrensfairness soweit auszugleichen, dass sich das Verfahren insgesamt als fair erweist. Denkbar ist etwa ein Ausgleich im Wege der Gesamtstrafenbildung durch einen so engen Zusammenzug der Einzelstrafen, dass sich derjenige Vorwurf, dessen Einstellung zugesagt worden war, im Ergebnis nicht zu Lasten des Angeklagten auswirkt.[105]

Die vorstehenden Ausführungen gelten entsprechend für die **Erörterungen im Zwi-** **79** **schenverfahren** gemäß § 202a StPO; diese eignen sich – da nun das Gericht Herr des Verfahrens ist – besonders für eine Abklärung, ob und unter welchen Voraussetzungen,

[99] *Fischer* StGB § 46b Rn. 24.
[100] *Niemöller/Schlothauer/Weider* Teil B § 160b Rn. 18–20.
[101] Vgl. *Niemöller/Schlothauer/Weider* Teil B § 160b Rn. 18.
[102] AA Anwaltkommentar StGB/*Seebode* StGB § 46b Rn 22.
[103] BGH 12.3.2008 – 3 StR 433/07, NJW 2008, 1752 (1754).
[104] BGH 18.4.1990 – 3 StR 252/88, BGHSt 37, 10 = NStZ 1990, 399 zu einem atypischen Fall, in dem der Angeklagte seine Straftaten auch nach der Zusage der StA fortsetzte.
[105] Näher BGH 12.3.2008 – 3 StR 433/07, NJW 2008, 1752 (1754 f.).

etwa eines die Erfordernisse des S. 1 Nr. 1 oder Nr. 2 erfüllenden Einlassungsverhaltens, das Zustandekommen einer Verständigung iS des § 257c StPO absehbar wird.[106]

80   **e) Aufklärende Angaben nach Erlass des Eröffnungsbeschlusses.** Solche iS des § 31 iVm § 46b Abs. 3 StGB verspäteten Angaben bleiben **strafzumessungsrelevant** und sind – als bedeutender Faktor bei der Bewertung des Nachtatverhaltens nach § 46 Abs. 2 S. 2 StGB – **regelmäßig strafmildernd** zu berücksichtigen. Dort, wo die Angaben ihrem Inhalt nach alle Voraussetzungen der Aufklärungshilfe erfüllen und einen gewissen Umfang erreichen, wird meist ein iSv § 267 Abs. 3 S. 1 StPO bestimmender **Strafzumessungsfaktor** oder jedenfalls ein nicht unerheblicher Milderungsumstand vorliegen.

81   Die Rechtsprechung hatte bislang wenig Gelegenheit, sich zur Strafzumessungsrelevanz verspäteter Angaben zu äußern. Eine Entscheidung des 1. Strafsenats[107] hat eine überraschend restriktivere Richtung eingeschlagen. Zwar geht Leitsatz 1 dieser Entscheidung von einem nicht näher begrenzten **Ermessen des Tatgerichts** aus, innerhalb dessen eine verspätete Aufklärungshilfe bei der Strafzumessung im Rahmen des § 46 StGB berücksichtigt werden kann; die Wendung in den Entscheidungsgründen, iS des § 46b Abs. 3 StGB verspätete Angaben dürften „allenfalls" bei der Strafzumessung zu Gunsten des Angeklagten berücksichtigt werden,[108] erscheint aber zu eng und nicht verallgemeinerungsfähig. Auch der Gesetzgeber ging davon aus, dass verspätete Offenbarungen bei der allgemeinen Strafzumessung berücksichtigt werden können;[109] einen Hinweis darauf, dass er das gerichtliche Ermessen beschränkt wissen wollte, enthalten die Motive nicht.

82   Zu berücksichtigen ist auch, dass die **Überschreitung der Zeitgrenze** des § 46b Abs. 3 StGB sich nicht pauschal als Begründung dafür heranziehen lässt, dem Täter keine oder nur eine geringfügige Strafmilderung zu gewähren. So darf es sich etwa nicht zu Lasten des Täters auswirken, wenn er einen Sachverhalt nur deshalb erst nach Eröffnung des Hauptverfahrens offenbart, weil er hiervon zuvor keine Kenntnis hatte.[110]

83   Da zudem der Strafzumessung eine Mathematisierung oder Schematisierung fremd ist, lässt sich – namentlich unter Berücksichtigung des Gehalts und des Umfangs der Offenbarung sowie der Ursache der Verspätung – auch mit Angaben nach der Eröffnung des Hauptverfahrens noch eine Strafmilderung erzielen, die sich im Ergebnis ebenso oder ähnlich stark auswirkt, wie dies bei einer Anwendung des § 31 der Fall gewesen wäre. Möglich bleibt neben deutlichen **Strafabschlägen** etwa die **Annahme eines minder schweren Falles.** Außerdem wird dort, wo das Gericht eine zwei Jahre Freiheitsstrafe nicht übersteigende Sanktion verhängt, die geleistete Aufklärungshilfe bei der Bewertung der Voraussetzungen des **§ 56 StGB,** besonders im Rahmen der Prüfung des § 56 Abs. 2 und 3 StGB, zu berücksichtigen sein.

84   Die Frage, ob bei zwingend **lebenslanger Freiheitsstrafe** eine Strafmilderung aufgrund iS des § 46b Abs. 3 StGB verspäteter Angaben ausscheiden muss, stellt sich beim Vorwurf von Betäubungsmittelstraftaten nicht; §§ 29 ff sehen diese Sanktion nicht vor. Sollte § 211 StGB hinzutreten, kommt eine analoge Heranziehung des § 31 nicht in Betracht, da der Gesetzgeber die Zeitgrenze durch den Verweis auf § 46b Abs. 3 StGB bewusst in § 31 eingebaut hat und die Motive keine Hinweise dafür bieten, dass eine Regelungslücke vorliegen könnte. Aufgrund des Schuld- und Verhältnismäßigkeitsgrundsatzes dennoch eine Strafmilderung zu gewähren,[111] erscheint allenfalls in extremen Ausnahmekonstellationen denkbar.

85   Der Umstand, dass sich der Täter erst spät zu offenbarenden Angaben entschließt, kann zwar zu **Verzögerungen** im Verfahrensablauf führen. Diese beruhen aber auf rechtlich

---

[106] BT-Drs. 16/12310, 12.
[107] BGH 15.3.2011 – 1 StR 75/11, NJW 2011, 2529.
[108] So BGH 15.3.2011 – 1 StR 75/11, NJW 2011, 2529 Rn. 11.
[109] BT-Drs. 16/6828, 20; in diesem Sinn BGH 25.2.2016 – 3 StR 513/15, BeckRS 2016, 05738.
[110] *Fischer* StGB § 46b Rn. 24.
[111] So *Fischer* StGB § 46b Rn. 24a.

zulässigem Verhalten eines Beschuldigten bzw. Angeklagten und können damit keinen Verstoß gegen Art. 6 Abs. 1 S. 1 EMRK begründen.

f) Angaben von Mittätern und Mitbeschuldigten. Zwar kommt die Vergünstigung **86** des S. 1 Nr. 1 in der Regel nur demjenigen Mittäter zugute, der als erster einen über seinen Tatbeitrag hinausgehenden Aufklärungsbeitrag leistet. Eine **zeitlich nachfolgende Aussage,** die die bereits bekannten Erkenntnisse wiederholt und darüber hinaus lediglich unwesentliche Randdetails des Tatgeschehens schildert, kann nur dann noch einen wesentlichen Aufklärungsbeitrag darstellen, wenn erst durch diese Aussage den Strafverfolgungsorganen die erforderliche Überzeugung vermittelt wird, dass die bisherigen Erkenntnisse zutreffen.

Bei **Mittätern** ist jedoch nicht entscheidend, wer als erster vernommen wurde bzw. zu **87** Wort kam. Die Vergünstigung des S. 1 Nr. 1 kann deshalb nicht mit der Begründung versagt werden, der zuerst aussagende Angeklagte habe dieselbe Erkenntnis vermittelt und dabei bereits den Aufklärungserfolg bewirkt.[112] Denn die Strafmilderung für freiwillige Offenbarung kann nicht davon abhängen, welcher der Angeklagten – sei es aufgrund von Zufälligkeiten, sei es aufgrund der notwendigen Strukturierung der Ermittlungen – zuerst vernommen wird.[113]

Die aufgeworfene Frage, ob anderes gilt, wenn die Bereitschaft des zweiten Beschuldigten **88** bzw. Angeschuldigten, Angaben zu machen, erst aufgrund der ersten Aussage entstand,[114] betrifft die für § 31 erforderlichen Voraussetzungen der Freiwilligkeit und des Aufklärungserfolgs. Sie wird danach häufig zu verneinen sein: Denn zunächst wird die Freiwilligkeit der Offenbarung nicht dadurch tangiert, dass der Entschluss eines Beschuldigten, aufklärende Angaben mitzuteilen, auf ein bestimmtes Verhalten des Mitbeschuldigten zurückgeht. Außerdem können inhaltsgleiche Angaben eines weiteren Täters über die bloße Bestätigung bereits vorhandener Erkenntnisse hinaus die Grundlage für einen sichereren Tatnachweis geschaffen haben, was für § 31 ausreicht (dazu → Rn. 124 ff., → 128 ff. und zu nacheinander, jedoch mit großem zeitlichem Abstand abgelegten Geständnissen → Rn. 131).

Auch bei für die Hauptverhandlung **angekündigten abgesprochenen und im 89 Wesentlichen inhaltsgleichen Geständnissen** kommt der Reihenfolge, in der die Angeklagten vernommen werden, keine Bedeutung zu. Deshalb kann dem Angeklagten, dessen Aussage zeitlich nachfolgt, nicht entgegengehalten werden, der Aufklärungserfolg sei bereits durch die Angaben des ersten Mitangeklagten eingetreten. Bei solchen Fallgestaltungen darf der Wert eines Geständnisses nicht durch eine Spekulation dahin, der Angeklagte hätte nicht gestanden, falls dies der Mitangeklagte nicht vor ihm getan hätte, gemindert werden.[115] Anders kann es liegen, wenn zwischen den Angaben der Beschuldigten ein großer zeitlicher Abstand liegt (dazu → Rn. 131).

5. Erstmöglicher Zeitpunkt aufklärender Angaben. Dass die offenbarte Tat im **90** Zeitpunkt der Aufdeckung begangen war, reicht allein nicht aus.[116] Denn § 31 knüpft an das gegen den Offenbarenden laufende aktuelle Strafverfahren an. Damit stellt der **Beginn des Ermittlungsverfahrens** den erstmöglichen Zeitpunkt dar, in dem ein Beschuldigter durch seine Aufklärungshilfe den Vorteil der Strafmilderung erlangen kann. Offenbarungen vor diesem Zeitpunkt können keine Strafmilderung bewirken, da es an einem Verfahren, in dem § 31 angewendet werden könnte, fehlt. Anderenfalls könnte sich ein Informant durch Hinweise an die Ermittlungsbehörden eine Art „Bonusheft" anlegen.[117]

Dies schließt jedoch nicht aus, dass ein Beschuldigter sich auch auf frühere Aussagen **91** berufen kann, die von ihm im Rahmen einer Vernehmung als Zeuge erlangt wurden. Der

---

[112] BGH 17.3.1992 – 5 StR 60/92, NStZ 1992, 389 = StV 1992, 420; 8.8.2001 – 5 StR 317/01, StV 2002, 260.

[113] BGH 8.8.2001 – 5 StR 317/01, StV 2002, 260.

[114] *Winkler* NStZ 2002, 193.

[115] BGH 17.3.1992 – 5 StR 60/92, NStZ 1992, 389; 8.8.2001 – 5 StR 317/01, StV 2002, 260.

[116] AA Anwaltkommentar StGB/*Seebode* StGB § 46b Rn. 23.

[117] BGH 25.2.2015 – 5 StR 18/15, NStZ-RR 2015, 248 mwN.

Rückgriff auf eine solche Aussage kann für § 31 ausreichen; nur dann, wenn die früheren Angaben schon zu einem Aufklärungs- oder Präventionserfolg geführt haben, bevor der damalige Zeuge zum Beschuldigten wurde, scheidet § 31 aus.

92 **6. Wiederholung von Angaben, Verfahrensabschnitte.** Die aufklärenden Angaben müssen **nur einmal** gemacht werden (→ Rn. 153). Entscheidend ist die Überzeugung des Gerichts vor Erlass seines Urteils; hierzu → Rn. 159 ff. Zur Anwendbarkeit des § 31 in den Instanzen näher → Rn. 93, 94.

93 Hat das Revisionsgericht ein Urteil aufgehoben, ist bei der Prüfung des Aufklärungserfolgs auf den **Zeitpunkt der erneuten Hauptverhandlung** abzustellen. Der Tatrichter hat also bei seiner Prüfung, ob ein Aufklärungserfolg vorliegt, jeweils die neuesten Erkenntnisse zu berücksichtigen.[118]

94 Wegen der Zeitschranke des § 46b Abs. 3 StGB ist eine Anwendung des § 31 in der **Berufungsinstanz,** sofern sie auf Angaben des Angeklagten nach dem Erlass des Eröffnungsbeschlusses gestützt werden soll, nicht mehr möglich. Anders liegt es bei einer wirksam auf den Rechtsfolgenausspruch beschränkten Berufung dann, wenn den bindenden Feststellungen des Ersturteils alle Voraussetzungen des § 31 entnommen werden können.

95 **7. Risiken einer späten Offenbarung.** Auch wenn der Täter die Zeitschranke des S. 3 iVm § 46b Abs. 3 StGB einhält, treffen ihn die Risiken, die mit einem spät gewählten Offenbarungszeitpunkt verbunden sind. Trotz der Rechtzeitigkeit der Angaben kann der Zeitpunkt der Offenbarung im konkreten Fall entscheidend dafür sein, ob der Aufklärungsgehilfe in den Genuss der Privilegierung zu gelangen vermag. Die Ursache dafür, dass § 31 im Ergebnis wegen eines zu spät gewählten Zeitpunkts, in dem die aufdeckenden Angaben gemacht werden, nicht zur Anwendung kommt, kann in verschiedenen Bereichen liegen. Auf folgende Konstellationen ist hinzuweisen:

96 Zunächst kann ein zu spät gewählter Offenbarungszeitpunkt dazu führen, dass der erwünschte **Aufklärungserfolg bereits vorliegt,** etwa weil ein Mitbeschuldigter dem Täter mit seinen Angaben zuvorkam. Die bloße Bestätigung zuvor gemachter Aussagen genügt für den Eintritt eines Aufklärungserfolgs meist nicht; nur wenn die Angaben dem Gericht erst die Überzeugung vermitteln, dass bereits vorliegende Erkenntnisse zutreffen, bleibt § 31 anwendbar.[119]

97 Des Weiteren ist stets zu bedenken, dass sich der Zeitpunkt der Offenbarung auf die Ausübung des durch § 31 eröffneten **Ermessens auswirken** kann S. 3 iVm § 46b Abs. 2 Nr. 1 StGB). Denn der Täter, der sein Wissen zunächst zurückhält und dieses erst – möglicherweise sogar nur bruchstückweise – unter dem Druck des fortschreitenden Ermittlungsverfahrens preisgibt, läuft Gefahr, dass das Gericht den späten Offenbarungszeitpunkt als Begründung verwendet, von einer Strafrahmenmilderung abzusehen.[120] Liegt ein lediglich auf rein prozesstaktische Erwägungen zurückgehendes Bemühen, nachträglich zur Aufklärung beizutragen, vor, wird regelmäßig kein iSv § 267 Abs. 3 S. 1 StPO bestimmender Strafmilderungsgrund gegeben sein.

98 Eine andere Hürde für den Aufklärungsgehilfen stellt die für die Anwendung der Nr. 1 **erforderliche Überzeugungsbildung** des Gerichts dar. So liegt das Risiko, dass die Offenbarung noch so rechtzeitig erfolgt, dass gegebenenfalls notwendige Ermittlungen noch durchgeführt und sich das Gericht die erforderliche Überzeugung von einem Aufklärungserfolg noch verschaffen kann, allein beim Täter.[121] Dementsprechend scheidet Nr. 1 aus, wenn die Offenbarung in einem so späten Verfahrensstadium erfolgt, dass eine **Überprüfung** der Angaben auf ihre Richtigkeit **nicht mehr möglich** ist.[122]

---

[118] BGH 24.10.1991 – 1 StR 617/91, NStZ 1992, 192 mwN; 28.8.2002 – 1 StR 309/02, NStZ 2003, 162 (163) = StraFo 2003, 29 (30); BGH 9.11.2010 – 4 StR 532/10, NStZ-RR 2011, 90 (91).
[119] Näher zu dieser Konstellation → Rn. 130 ff.
[120] Vgl. BGH 31.10.1984 – 2 StR 467/84, NJW 1985, 692; 27.8.1985 – 1 StR 331/85, StV 1986, 63.
[121] BGH 24.10.1991 – 1 StR 617/91, NStZ 1992, 192.
[122] BGH 31.8.1983 – 2 StR 300/83, NStZ 1984, 28; 24.10.1991 – 1 StR 617/91, NStZ 1992, 192.

Denn dass der Täter einen nur möglicherweise wahren, aber nicht bis zum Schluss der 99
Beweisaufnahme zur Überzeugung des Tatrichters bewiesenen Sachverhalt schildert, genügt
nicht.[123] Eine solche Situation kann dann eintreten, wenn der Täter seine aufklärenden
Angaben erst unmittelbar vor der Eröffnung des Hauptverfahrens macht und kein Fall
vorliegt, in dem das Gericht im Hauptverfahren zur Aufklärung der Frage verpflichtet ist,
ob ein Aufklärungserfolg vorliegt (dazu auch → Rn. 175 ff.).

Ferner können unkalkulierbare oder von Zufällen abhängige Verzögerungen zwischen 100
der Ankündigung der Aussagebereitschaft und dem tatsächlichen Vernehmungsbeginn eintreten, die der Aufklärungsgehilfe nicht zu beeinflussen vermag.[124]

Schließlich kann aufgrund eines späten Offenbarungszeitpunktes die Anwendung des 101
§ 31 versagt werden, wenn erkennbar wird, dass durch die späte Aussage **staatliche Belange
beeinträchtigt** wurden, etwa weil Hintermänner ihr strafbares Verhalten fortsetzen konnten
oder sich die Bedingungen der Strafverfolgung verschlechtert haben.[125]

8. Inhalt der Offenbarung, Tatbegriff und Zusammenhang. a) Allgemeines. 102
§ 31 erfasst nur die Offenbarung von **Betäubungsmittelstraftaten.** Die Neufassung der
Vorschrift unterscheidet **zwei Varianten der Aufklärungshilfe:** die Offenbarung einer
Tat nach §§ 29 bis 30a, die mit der Tat des Kronzeugen im Zusammenhang steht, sowie
die Offenbarung einer solchen Tat, an der der Kronzeuge selbst beteiligt war. In beiden
Fällen kann sich die Offenbarung auf die angeklagte Tat oder eine nicht verfahrensgegenständliche Tat beziehen. Im Fall der eigenen Tatbeteiligung des Aufklärungsgehilfen muss
die Offenbarung einen Inhalt aufweisen, der die Aufdeckung der Tat über seinen eigenen
Tatbeitrag hinaus ermöglicht (S. 2; dazu → Rn. 113 ff.).

Beide Varianten setzen voraus, dass Erkenntnisse über **tatsächlich begangene Strafta-** 103
ten mitgeteilt und dabei Angaben zur **Beteiligung anderer** an der Tat und grundsätzlich
auch deren **Tatbeiträge** geschildert werden (vgl. auch → Rn. 122 ff.). Durch die weite
Formulierung in § 31 sind denkbaren Inhalten, die zu einem Aufklärungserfolg führen,
kaum Grenzen gesetzt. Die Offenbarung kann sich auf **sämtliche Begehungsweisen der
§§ 29, 29a, 30, 30a** und **alle Formen von Beteiligungen** iS der §§ 25–27 StGB an der
Tat beziehen.[126] Die Aufdeckung kann danach zB Hintermänner, Kuriere, Lieferanten,
Zwischenhändler, Weiterverkäufer, Erwerber, Besitzer von Drogenvorräten oder Drogende-
pots, Abnehmer und Endverbraucher, Rauschgiftverstecke, Handels- und Vertriebswege,
Geldkreisläufe oder den Verbleib der Erlöse aus Drogengeschäften betreffen. Die Aufdeckung besonders umfangreicher oder besonders schwerwiegender Rauschgiftkriminalität
wird nicht vorausgesetzt.[127]

Erfasst werden auch **Handlungen zur Förderung des Geldkreislaufs** einschließlich 104
der Geldwäsche, die die Erlöse aus Drogengeschäften betreffen und Formen des Handeltreibens mit Betäubungsmitteln darstellen können.[128] Nachdem dieser Zweig der Drogenkriminalität unter dem Aspekt der Aufklärungshilfe lange vergleichsweise wenig Aufmerksamkeit
erfuhr, wird in neuerer Zeit die Vermögensabschöpfung, auch durch den Einsatz speziell
ausgebildeter Finanzermittler, zu Recht als wesentlicher Teil der Kriminalitätsbekämpfung
gewürdigt.[129] So kann etwa ein Hinweis, der die Aufklärung und das Zerschlagen eines
Geldkreislaufs von Drogenhändlern ermöglicht, einen wesentlich wertvolleren Beitrag zur
Eindämmung von Rauschgiftdelikten leisten als die Benennung eines einzelnen Abnehmers.

---

[123] BGH 5.11.1992 – 4 StR 517/92, NStE Nr. 25 zu § 31 BtMG.
[124] Vgl. *Jäger,* Der Kronzeuge unter besonderer Berücksichtigung des § 31 BtMG, 1986, S. 142 f., der
beispielhaft Terminschwierigkeiten, Überlastung oder Personalmangel bei den Ermittlungsbehörden oder der
Verteidigung anführt.
[125] BGH 27.8.1985 – 1 StR 331/85, NStZ 1986, 58 (bei *Schoreit*) = StV 1985, 506.
[126] Vgl. BGH 4.3.1997 – 1 StR 648/96, NStZ-RR 1997, 278.
[127] KPV/*Patzak* Rn. 29.
[128] BGH 17.7.1997 – 1 StR 791/96, BGHSt 43, 158 = NJW 1997, 3323 = NStZ 1998, 42; vgl. auch
BGH 14.11.1990 – 2 StR 490/90, StV 1991, 263 und *Weber* Rn. 180–183.
[129] Vgl. etwa Lackner/Kühl/*Heger* StGB Vor § 73 Rn. 1; *Schmid/Winter* NStZ 2002, 8. Zur Geldwäschebe-
kämpfung *Kilchling* wistra 2000, 241 (245 ff.).

105   **b) Wechselnde Inhalte, späteres Schweigen. aa) Grundsatz.** Inhaltlich unterschiedliche Angaben oder ein Wechsel im Aussageverhalten des Täters stehen der Anwendung des § 31 im Grundsatz nicht entgegen. Entscheidend ist allein, dass der Täter durch konkrete Angaben die Voraussetzungen für einen tatsächlichen Aufklärungserfolg geschaffen hat und dass dieser nicht (mehr) in Frage gestellt wird.[130] Hat der Angeklagte durch seine Angaben einmal die Voraussetzungen für die Anwendbarkeit des § 31 erfüllt, bleiben diese bestehen und entfallen nicht durch nachfolgende oder frühere als unwahr durchschaute Angaben. Nur dann, wenn durch spätere Angaben die vorangegangene Aufdeckung verschleiert oder zunichte gemacht wird, scheidet § 31 aus.[131]

106   **bb) Einzelfälle.** So kommt es auf eine **Auswechslung** früherer, Dritte belastender Angaben in einem späteren Stadium desselben oder eines folgenden Verfahrensabschnitts gegen Angaben mit anderen belastenden Inhalten nicht an,[132] wenn die Angaben einmal eine zutreffende Schilderung enthielten, gleichviel, ob dies auf die neuen oder die früheren Angaben zutrifft. Ebenso entfallen die Voraussetzungen des S. 1 Nr. 1 nicht, wenn der Angeklagte im Ermittlungsverfahren Beteiligte benennt, in der späteren Hauptverhandlung aber **schweigt**[133] oder seine eigenen Tatbeiträge leugnet[134] oder wenn er seine im Ermittlungsverfahren gemachten Angaben in der Hauptverhandlung **widerruft**[135] und seine früheren Beschuldigungen zurücknimmt, sofern er bereits nach der Überzeugung des Tatgerichts mit den früheren Angaben einen Aufklärungsbeitrag geleistet hat.[136] Die genannten Konstellationen fließen jedoch in die bei der Ermessensentscheidung vorzunehmende Gesamtbetrachtung mit ein und können dazu führen, dass das Gericht dem Angeklagten eine Strafrahmenmilderung versagt.[137]

107   **c) Tatbegriff des S. 1 Nr. 1. aa) Eigenständigkeit des Tatbegriffs.** Angesichts der breit gefächerten inhaltlichen Möglichkeiten von Aussagen des Aufklärungsgehilfen hat sich der BGH bei der Bestimmung des Tatbegriffs nicht an § 264 StPO ausgerichtet, sondern einen eigenständigen, den Inhalten des S. 1 Nr. 1 und des S. 2 gerecht werdenden **autonomen Tatbegriff** zugrunde gelegt, der weiter als derjenige der prozessualen Tat reicht. Tat iS des § 31 ist danach ein geschichtlicher Vorgang, der das strafbare Verhalten des Angeklagten – als einen (Tat-)„Beitrag" – und strafrechtlich relevante Beiträge anderer Personen umfasst;[138] diese Beiträge können rechtlich selbständig und brauchen nicht Gegenstand des anhängigen Verfahrens zu sein.[139] Des in diesem Sinne autonomen Tatbegriffs bedarf es, um beurteilen zu können, ob ein Angeklagter wesentlich dazu beigetragen hat, dass „die Tat" über seinen eigenen Beitrag hinaus aufgedeckt werden konnte.[140] Der Begriff der Tat im prozessualen Sinn taugt als Anknüpfungspunkt nicht,[141] weil er ausschließlich auf den

---

[130] BGH 26.11.1991 – 5 StR 561/91, StV 1992, 421; 24.8.1995 – 4 StR 463/95, BGHR BtMG § 30 Abs. 2 Strafrahmenwahl 4; 17.9.2003 – 2 StR 320/03, StV 2004, 605; 28.12.2011 – 2 StR 352/11, BeckRS 2012, 02528.

[131] Vgl. BGH 26.6.1985 – 2 StR 174/85, NStZ 1986, 58 (bei *Schoreit*) = StV 1986, 62; 27.3.1990 – 1 StR 43/90, NStE Nr. 22 zu § 31 BtMG = BGHR BtMG § 31 Nr. 1 Aufdeckung 16 = StV 1990, 455.

[132] BGH 27.3.1990 – 1 StR 43/90, NStE Nr. 22 zu § 31 BtMG = StV 1990, 455; OLG Hamm 21.9.1983 – 3 Ss 708/83, NStZ 1984, 79.

[133] BGH 24.6.1988 – 2 StR 248/88, NStE Nr. 15 zu § 31 BtMG = BGHR BtMG § 31 Nr. 1 Aufdeckung 6; BGH 7.9.2015 – 2 StR 305/15.

[134] BGH 27.3.2012 – 3 StR 83/12, NStZ-RR 2012, 201; 31.3.2015 – 3 StR 21/15, NStZ-RR 2015, 248. Zur Irrelevanz der Angaben zum eigenen Tatbeitrag → Rn. 114 ff.

[135] 16.9.2009 – 2 StR 253/09, NStZ-RR 2010, 25; 17.9.2003 – 2 StR 320/03, StV 2004, 605; 28.12.2011 – 2 StR 352/11, BeckRS 2012, 02528.

[136] BGH 26.11.1991 – 5 StR 561/91, StV 1992, 421; 24.8.1995 – 4 StR 463/95, BeckRS 1995, 31082072.

[137] Vgl. BGH 14.4.2011 – 2 StR 34/11, BeckRS 2011, 12463.

[138] BGH 20.2.1991 – 2 StR 608/90, NJW 1991, 1840 (1841) = NStZ 1991, 290; BGH 10.4.2013 – 4 StR 90/13; 23.4.2013 – 1 StR 131/13, NStZ 13, 665; zusf. *Winkler* NStZ 2014, 566; *Detter* NStZ 2015, 444 mwN.

[139] BGH 20.3.2014 – 3 StR 429/13, StV 2014, 619 mwN.

[140] BGH 5.10.2010 – 3 StR 339/10, NStZ-RR 2011, 57.

[141] AA *Weider* NStZ 1984, 393; 1995, 481.

jeweiligen Angeklagten bezogen ist und nur den geschichtlichen Lebensvorgang erfasst, der diesen Angeklagten selbst betrifft. Ein Gesetzesentwurf, der die Vergünstigung auf die Offenbarung der prozessualen Tat, an der der Täter mitbeteiligt war, beschränken wollte, wurde nicht realisiert.[142] Auch dies zeigt, dass in S. 1 Nr. 1 ein eigenständiger Tatbegriff geschaffen werden sollte.

bb) Fälle aus der Rechtsprechung. In späteren Entscheidungen hat der BGH, auch   108 im Hinblick darauf, dass das Rechtsinstitut der fortgesetzten Handlung aufgegeben wurde, den Tatbegriff des § 31 weiter ausgebaut. So ist es **nach der Rspr. unerheblich,** ob die aufgeklärten Taten oder Tatbeiträge
- rechtlich selbstständig sind,[143]
- Gegenstand des anhängigen Verfahrens sind[144] bzw.
- nicht im selben Verfahren oder im Ausland verfolgt werden oder mitangeklagt sind,[145]
- aus dem Verfahren ausgeschieden wurden,[146] ob
- Strafklageverbrauch eingetreten ist[147] oder ob, wie nunmehr direkt aus S. 1 und 2 nF folgt,
- die Taten mit oder ohne Beteiligung des Aufklärungsgehilfen begangen wurden.[148]
In diesen Fällen kommt es deshalb darauf an, ob die aufgedeckten Taten mit der Strafbarkeit des Angeklagten in Zusammenhang stehen (→ Rn. 109 ff.).

d) Erfordernis des Zusammenhangs. Seit dem 1.8.2013 sieht § 31 ausdrücklich vor,   109 dass vorgeworfene und aufgeklärte Tat im Zusammenhang stehen müssen. Der Gesetzgeber hat dieses **einschränkende Merkmal,** das die Rspr.[149] seit langem heranzieht, in § 31 aufgenommen, um sicherzustellen, dass die Privilegierung des Kronzeugen mit dem Grundsatz schuldangemessenen Strafens dadurch in einem nachvollziehbaren Einklang steht, dass der Bezug zwischen der offenbarten Tat und der Tat des Kronzeugen geeignet ist, zumindest mittelbar das Maß des Vorwurfs zu reduzieren, der dem Kronzeugen für dessen eigene Tat zu machen ist.[150] Die Rspr. hat schon bisher durch das Erfordernis des Zusammenhangs die Gefahr einer uferlosen Anwendung des § 31 eingedämmt.

Ergangene Entscheidungen zeigen, dass ein **Zusammenhang rechtlicher oder tat-**   110 **sächlicher Art** genügt bzw. es ausreicht, wenn Einzeldelikte aufgrund ihres inneren oder inhaltlichen Bezugs zu einem **kriminellen Gesamtgeschehen** gehören[151] und/oder eine **Beziehung zur Schuld** des Aufklärungsgehilfen aufweisen.[152] Damit kann § 31 auch anwendbar sein, wenn sich die Aufdeckung auf andere als dem Aufklärungsgehilfen vorgeworfene, rechtlich selbständige Taten bezieht.[153] Nicht erforderlich, aber freilich ausreichend für einen Zusammenhang ist es, wenn vorgeworfenes und offenbartes Geschehen zur selben Tat im prozessualen Sinne gehören. Als weitere Kriterien,[154] die für einen Zusammenhang sprechen, kommen zB in Betracht: eine Beteiligung in derselben **Täter-gruppe,** bei aufeinander aufbauenden Tatbegehungen die zumindest mittelbar **unterstüt-zende Funktion** der eigenen Tat für die offenbarte Tat oder umgekehrt oder eine laufende

---

[142] Vgl. BGH 20.2.1991 – 2 StR 608/90, NJW 1991, 1840 = NStZ 1991, 290.

[143] BGH 15.3.1995 – 3 StR 77/95, BGHR BtMG § 31 Nr. 1 Tat 3 = StV 1995, 367; BGH 20.3.2014 – 3 StR 429/13, StV 2014, 619.

[144] BGH 20.3.2014 – 3 StR 429/13, StV 2014, 619.

[145] BGH 2.11.1993 – 1 StR 602/93, BGHR BtMG § 31 Nr. 1 Tat 2 = StV 1994, 84.

[146] BGH 1.2.1985 – 2 StR 482/84, NStZ 1985, 361 = StV 1985, 415.

[147] *Malek* 4. Kapitel Rn. 36.

[148] BGH 11.4.1984 – 2 StR 134/84, NStZ 1984, 414 = StV 1984, 287; 18.6.1985 – 5 StR 334/85, DRsp Nr. 1994/512; 2.11.1993 – 1 StR 602/93, StV 1994, 84.

[149] BGH 2.11.1993 – 1 StR 602/93, StV 1994, 84; 1.12.1994 – 1 StR 695/94, NStZ 1995, 193; 19.3.1997 – 2 StR 577/96 bei *Detter* NStZ 1997, 477.

[150] So die Begründung zur Einführung des Zusammenhangs bei § 46b StGB, BT-Drs. 17/9695, 6.

[151] BGH 20.3.2014 – 3 StR 429/13, StV 2014, 619; BT-Drs. 17/9695, 8; zusf. *Detter* NStZ 2015, 444.

[152] *Peglau* NJW 2013, 1910 (1912).

[153] BGH 5.8.2013 – 5 StR 327/13, NStZ 2014, 167.

[154] Dazu → StGB § 46b Rn. 45 ff.

illegale Geschäftsbeziehung zwischen Aufklärungsgehilfe und Belastetem. Hingegen reicht allein die Identität der Tatbeteiligten nicht aus.[155] Ebenso wird ein gleichartiges Tatmotiv allein nicht ausreichen, wenn angeklagte und offenbarte Tat Jahre auseinander liegen, in unterschiedlicher Besetzung und Begehungsweise begangen wurden und ein anderes Tatobjekt betrafen.[156] Auch eine bloße zeitliche oder örtliche Nähe zwischen vorgeworfener und aufgedeckter Tat genügt allein nicht.

111   Davon ausgehend ist es für den Zusammenhang **zB ausreichend,** wenn
– durch einen Beteiligten Täter, Mittäter oder Teilnehmer,
– durch einen Kurier Anweisungen eines Auftraggebers,[157]
– durch einen Händler Bezugsquellen, Vertriebswege oder Mittäter,[158]
– durch einen Zwischenhändler Verkäufer und/oder Abnehmer,[159]
– durch ein Bandenmitglied Taten weiterer Bandenmitglieder,[160]
– durch einen Gehilfen, der seine Kurier- und Verkaufstätigkeit gemäß den Weisungen eines Auftraggebers verrichtet, Taten dieses Auftraggebers,[161]
– durch den Aufklärungsgehilfen Teile einer oder die gesamte Tatserie eines Mittäters, an der er selbst jedenfalls in Abschnitten beteiligt war,[162]
– durch einen Beteiligten der Exzess eines anderen Beteiligten oder
– durch den Täter einer Einfuhrfahrt weitere Fälle der Einfuhr seiner Mittäter, an denen er nicht beteiligt war,[163]

aufgedeckt werden. Diese letztgenannte, recht weitgehend erscheinende Entscheidung vom 20.2.1991 bleibt, obwohl sie durch den Aufklärungsgehilfen offenbarte Tatteile einer fortgesetzten Handlung betraf, auch in Fällen rechtlich selbstständiger Einzeltaten, insbesondere bei **Serientaten,** heranziehbar. Den Zusammenhang zwischen Angaben und aufgedeckten Taten leitete der BGH zunächst aus dem Umstand her, dass der Aufklärungsgehilfe zur Aufdeckung tatbestandsmäßigen Handelns eines Mittäters beigetragen hatte. Außerdem stellte er darauf ab, dass die **Delikte im Rahmen eines eingespielten Bezugs- und Vertriebssystems** begangen worden waren, sodass eine entscheidende Änderung der strafbaren Geschäftstätigkeit nicht ersichtlich wurde, gleichviel, ob sich der Aufklärungsgehilfe an einer der Einkaufsfahrten beteiligt hatte oder nicht. Diese beiden Begründungselemente sind ebenso als Kriterien anwendbar, wenn zu klären ist, ob zwischen real konkurrierenden Taten ein Zusammenhang angenommen werden kann.

112   **e) Fehlender Zusammenhang.** Lässt sich ein Zusammenhang im dargelegten Sinne mangels eines verbindenden Bezugs der aufklärenden Angaben zum Vorwurf nicht feststellen, so ist § 31 unanwendbar. Das ist etwa der Fall, wenn der Angeklagte Angaben zu einer Tat eines Dritten macht, von der ihm dieser Dritte lediglich etwas erzählt und diese Tat nicht mit der unerlaubten Tätigkeit des Angeklagten zu tun hat[164] oder wenn die Angaben eine andere Tat als die angeklagte mit anderen Beteiligten, anderen Tatmodalitäten und ein anderes Rauschgift betreffen.[165] Dennoch sind solche Angaben eines Angeklagten als allgemeiner Strafmilderungsgrund zu berücksichtigen; dazu auch → Rn. 113.

113   **f) Milderungsumfang bei mehreren Taten.** Bei **mehreren Taten** des Angeklagten ist § 31, auch wenn ein Aufklärungserfolg lediglich bei einzelnen Taten eintrat, auf alle Fälle

---

[155] BGH 28.10.2015 – 5 StR 436/15, BeckRS 2016, 00460.
[156] BGH 20.3.2014 – 3 StR 429/13, StV 2014, 619.
[157] BGH 15.3.1995 – 3 StR 77/95, BGHR BtMG § 31 Nr. 1 Tat 3 = StV 1995, 367.
[158] BGH 2.11.1993 – 1 StR 602/93, StV 1994, 84.
[159] BGH 18.2.2014 – 2 StR 3/14, NStZ-RR 2014, 215; vgl. auch BGH 2.11.1993 – 1 StR 602/93, StV 1994, 84; 5.10.1995 – 4 StR 479/95, NStZ-RR 1996, 181.
[160] Vgl. BGH 25.11.2014 – 5 StR 527/14, BeckRS 2015, 00402.
[161] BGH 5.8.2013 – 5 StR 327/13, NStZ 2014, 167.
[162] BGH 20.3.2014 – 3 StR 429/13, BeckRS 2014, 10212 Rn. 10.
[163] BGH 20.2.1991 – 2 StR 608/90, NJW 1991, 1840 = NStZ 1991, 290.
[164] BGH 1.12.1994 – 1 StR 695/94, NStZ 1995, 193.
[165] BGH 20.3.2014 – 3 StR 429/13, StV 2014, 619.

anwendbar, wenn diese einen Zusammenhang im oben beschriebenen Sinne aufweisen; dabei kommt es nicht darauf an, ob es sich um rechtlich selbständige Taten handelt.[166] Hat etwa der Angeklagte bei einer Tatserie hinsichtlich mehrerer Taten Aufklärungshilfe geleistet, kann dies ausreichen, ihm die Vergünstigung des § 31 auch bei Einzeltaten zu gewähren, an denen er selbst nicht beteiligt war.[167] Bei Taten, die den erforderlichen Zusammenhang nicht aufweisen, kann die Aufklärungs- bzw. Präventionshilfe als allgemeiner strafmildernder Zumessungsumstand berücksichtigt werden. All dies gilt auch dann, wenn das Gericht § 31 aF anwendet, weil die Rspr. von jeher den Zusammenhang zwischen Vorwurf und Aufklärung verlangt hat. Anders liegt es bei § 46b StGB: da er nur in der Neufassung den Zusammenhang zwischen vorgeworfener und aufgedeckter Tat fordert, ist, wenn dem Angeklagten mehrere Taten zur Last liegen und § 46b StGB aF anzuwenden ist, für alle Taten eine Strafrahmenverschiebung zu erwägen, auch wenn sich die Aufklärungshilfe nur auf eine dieser Taten bezieht.[168]

9. Umfang der Offenbarung. a) Hinausgehen über den eigenen Tatbeitrag im Fall des S. 2. Will der Täter in den Genuss der Privilegierung durch § 31 gelangen, muss er entweder eine Tat offenbaren, an der er zwar nicht beteiligt ist, die aber mit der ihm vorgeworfenen im Zusammenhang steht (→ Rn. 110 ff.) oder eine Tat, an der er beteiligt ist, **über seinen eigenen Tatbeitrag hinaus** aufklären. Das setzt weder ein umfassendes Geständnis noch einen wesentlichen Beitrag zur Aufdeckung der eigenen Tatbeteiligung voraus.[169] Es genügt, wenn die Angaben nur einen Teilbereich, der über den eigenen Tatbeitrag hinausgeht, erhellen; das Verschweigen anderer Beteiligungen steht der Anwendung des § 31 nicht entgegen.[170] Daraus folgt, dass allein ein Geständnis, in dem der Täter ausschließlich den allein ihm vorgeworfenen Tatsachverhalt, sei es auch noch so umfassend, einräumt, für § 31 nicht ausreicht. Ebenso wenig genügt es, wenn er zwar eigene Taten benennt, die einen Zusammenhang mit der ihm vorgeworfenen Tat aufweisen, sich dabei aber auf seine eigenen Tatbeiträge beschränkt. Wird dem Beschuldigten zB der gewinnbringende Weiterverkauf von 10g Kokain in zwei Fällen vorgeworfen, genügt es für § 31 nicht, wenn er einen weiteren solchen Verkauf offenbart, weil der Verkauf allein nur seinen eigenen Tatbeitrag darstellt; erfüllt ist § 31 hingegen dann, wenn er in einem ihm vorgeworfenen oder im von ihm offenbarten weiteren Fall auch den Käufer oder seinen Lieferanten benennt.

b) Irrelevanz der Angaben zum eigenen Tatbeitrag. aa) Allgemeines. Wortlaut sowie Sinn und Zweck des § 31 erfordern nicht, dass der Täter sein gesamtes Wissen offenbart. Es bedarf also weder eines Geständnisses hinsichtlich des eigenen Tatbeitrags[171] noch einer Aufklärung hinsichtlich der Tatbeiträge sämtlicher anderer Tatbeteiligter.[172] Ebenso wenig wird die schonungslose Offenbarung der Tat ohne Rücksichtnahme auf Dritte oder die eigene Person verlangt. Denn für die Anwendbarkeit von § 31 ist es irrelevant, wie sich die Angaben des Täters zu seinem eigenen Tatbeitrag verhalten. Auch ein bestreitender, nicht oder nicht voll geständiger Täter kann wesentlich zur Aufklärung beitra-

---

[166] BGH 5.8.2013 – 5 StR 327/13, NStZ 2014, 167; 11.11.2014 – 3 StR 451/14 mwN, BeckRS 2015, 00464; 20.1.2015 – 3 StR 501/14, BeckRS 2015, 00464; 14.9.2016 – 4 StR 212/16, BeckRS 2016, 17848.
[167] BGH 31.3.2015 – 3 StR 21/15, NStZ-RR 2015, 248; 10.4.2013 – 4 StR 90/13, NStZ-RR 2013, 281.
[168] BGH 17.9.2013 – 3 StR 209/13, BeckRS 2013, 20188 Rn. 11.
[169] BGH 6.4.1988 – 3 StR 96/88, NStE Nr. 13 zu § 31 BtMG = BGHR BtMG § 31 Nr. 1 Aufdeckung 5; 5.10.1995 – 4 StR 479/95, NStZ-RR 1996, 181; 2.12.1999 – 4 StR 547/99, NStZ 2000, 433 = StV 2000, 295; 10.4.2013 – 4 StR 90/13, NStZ-RR 2013, 281.
[170] StRspr, zB BGH 30.3.1989 – 4 StR 79/89, NStZ 1989, 326; 5.10.1995 – 4 StR 479/95, NStZ-RR 1996, 181.
[171] ZB BGH 20.3.2014 – 3 StR 429/13, BeckRS 2014, 10212 Rn. 16 mwN.
[172] BGH 28.11.1984 – 2 StR 608/84, BGHSt 33, 80 = NJW 1985, 691; 5.10.1995 – 4 StR 479/95, NStZ-RR 1996, 181; 17.2.1994 – 4 StR 24/94, BGHR BtMG § 31 Nr. 1 Aufdeckung 25 = StV 1994, 544; 24.9.2002 – 3 StR 292/02, BeckRS 2002, 08978; 14.4.2011 – 2 StR 34/11, BeckRS 2011, 12463 (zu § 46b StGB); 28.12.2011 – 2 StR 352/11, NStZ-RR 2012, 123.

gen, gleichviel, ob er an der Tat, die mit der ihm vorgeworfenen im Zusammenhang steht, beteiligt war oder nicht.[173]

116   bb) Fälle aus der Rechtsprechung. Ausgehend von den vorstehenden Darlegungen kann ein Aufklärungsbeitrag auch dann vorliegen,

– wenn Tatbeiträge, Tatbeteiligte oder Tatumstände bestritten oder bewusst verschwiegen werden,[174]

– wenn die Aufklärung weiterer nicht verfahrensgegenständlicher Taten ausbleibt,[175]

– wenn die Täter nicht oder nicht im Einzelnen bekannt sind,

– wenn Randgeschehen oder Randfiguren nicht offenbart oder vergessen wurden,

– wenn der Täter lediglich Angaben zum äußeren Geschehensablauf und seinem eigenen objektiven Tatbeitrag macht, die subjektive Tatseite aber bestreitet,[176]

– wenn der eigene Tatbeitrag bagatellisiert, geschönt oder heruntergespielt wird oder unzutreffende Tatmotive genannt werden[177] oder

– wenn sich der Täter als Opfer skrupelloser Hinterleute darstellt.[178]

117   cc) Zur Kritik an der Rechtsprechung. Gegen die in → Rn. 116 dargestellte Rspr. wird hauptsächlich ins Feld geführt, die Beschränkung der Tataufklärung auf die objektive Tatseite nähre Zweifel, verführe zu Falschbelastungen und verschleiere die Tataufklärung.[179] Diese Kritik vermag jedoch angesichts der überzeugenden, aus dem Wortlaut und dem Sinn und Zweck des § 31 abgeleiteten Argumente, mit denen der BGH sein Urteil vom 28.11.1984[180] begründet hat, nicht zu überzeugen. Denn Ziel und **Zweck des S. 1 Nr. 1** ist es, die Möglichkeiten der Verfolgung begangener Straftaten zu verbessern. Der Anwendungsbereich der Vorschrift würde unnötig eingeengt, müsste man zB einem Täter, der seine Tatbeteiligung zunächst leugnete, dann aber durch polizeiliche Ermittlungen überführt, im Hinblick auf § 31 bereit wäre, andere an der Tat Beteiligte preiszugeben, dahin belehren, dass er diese Vergünstigung nicht erhalte, weil er jetzt nicht mehr auch zur Aufdeckung seiner eigenen Tatbeteiligung beitragen könne. Die Auffassung, der Täter müsse ein umfassendes Geständnis auch zur inneren Tatseite ablegen, um sich Strafmilderung nach S. 1 Nr. 1 zu verdienen, gleichgültig, ob er damit zur Aufdeckung der Tat über seine eigene Beteiligung hinaus beiträgt, lässt sich auch nicht mit dem Hinweis rechtfertigen, das Gesetz verlange – unabhängig von der Aufklärung der Tat – eine Offenbarung des gesamten Wissens. Eine solche Auslegung ist weder mit dem **Wortlaut** noch mit der **kriminalpolitischen Zielsetzung** des § 31 zu vereinbaren. Hiernach kommt es weniger darauf an, dass der Täter in einem Geständnis seine Vorstellungen und Motive schildert als darauf, dass er den Tathergang, seinen objektiven Tatbeitrag, den anderer Täter oder Teilnehmer und sonstige überprüfbare Tatsachen preisgibt, die zur Aufklärung des gesamten Tatgeschehens und Überführung der an ihm Beteiligten wesentlich beitragen. Im Übrigen achtet die Rechtsprechung stets darauf, ob die Aufdeckung der Tatbeiträge der Mittäter und der eigene objektive Tatbeitrag in den wesentlichen Punkten klar zutage liegen oder verschleiert wurden.[181]

118   10. Aufklärungserfolg – Begriff und Überblick. a) Begriff. Ein Aufklärungserfolg liegt vor, wenn Aufklärungsgehilfe durch konkrete Angaben die Voraussetzungen dafür

[173] BGH 28.11.1984 – 2 StR 608/84, BGHSt 33, 80; 25.2.1999 – 1 StR 32/99, NJW 1999, 1726 = StV 1999, 436 = BGHR BtMG § 31 Nr. 1 Aufdeckung 29; 19.5.2011 – 3 StR 89/11, NStZ-RR 2011, 320 (321).
[174] Vgl. BGH 25.2.1999 – 1 StR 32/99, NJW 1999, 1726 (1727); 10.4.2013 – 4 StR 90/13.
[175] BGH 23.4.2013 – 1 StR 131/13, NStZ 2013, 665 m. Bespr. *Patzak* NStZ 2013, 665.
[176] Vgl. BGH 28.11.1984 – 2 StR 608/84, BGHSt 33, 80 = NJW 1985, 691; 22.3.1983 – 1 StR 820/82, NStZ 1983, 416.
[177] BGH 4.12.1985 – 1 StR 508/85, StV 1986, 436; 6.4.1988 – 3 StR 96/88, BGHR § 31 Nr. 1 BtMG Aufdeckung 5; 19.5.2011 – 3 StR 89/11, NStZ-RR 2011, 320.
[178] BGH 2.10.1990 – 1 StR 487/90, StV 1991, 67.
[179] KPV/*Patzak* Rn. 25.
[180] BGH 28.11.1984 – 2 StR 608/84, BGHSt 33, 80 = NJW 1985, 691.
[181] Vgl. BGH 26.6.1985 – 2 StR 174/85, NStZ 1986, 58 (bei *Schoreit*) = StV 1986, 62.

geschaffen hat, dass gegen den Belasteten im Fall seiner Ergreifung ein Strafverfahren voraussichtlich mit Erfolg durchgeführt werden kann.[182] War der Aufklärungsgehilfe an der offenbarten Tat selbst beteiligt, liegt ein Aufklärungserfolg nur dann vor, wenn die Offenbarung wesentlich dazu beigetragen hat, dass die Tat über seinen eigenen Tatbeitrag hinaus aufgedeckt werden konnte.

Die Tataufklärung muss nicht allein auf den Angaben des Aufklärungsgehilfen beruhen, **119** es genügt ein wesentlicher Beitrag zur Aufklärung.[183] Die Aufklärung kann rechtlich selbständige Taten betreffen, die nicht Gegenstand des anhängigen Verfahrens sind.[184] Der Anwendbarkeit des S. 1 Nr. 1 steht auch nicht entgegen, dass der Aufklärungserfolg nicht im Inland, sondern in einem anderen Vertragsstaat des Schengener Durchführungsübereinkommens eingetreten ist (auch → Rn. 13).

b) Voraussetzungen im Überblick. Voraussetzung für die Annahme eines Aufklä- **120** rungserfolgs ist zunächst, dass der Täter Beteiligte benennt und/oder Angaben über deren Beteiligung an der Tat macht (→ Rn. 122). Diese müssen eine Verbesserung des Erkenntnisstands der Strafverfolgungsbehörden erbringen (→ Rn. 123 ff.). Die Darstellung muss einer Überprüfung durch die Strafverfolgungsbehörden standhalten und dazu führen, dass diese abgesicherte Erkenntnisse gewinnen (→ Rn. 133 ff.). Außerdem muss es sich um einen wesentlichen und ausreichend gewichtigen Beitrag (→ Rn. 147 ff.) handeln, der rechtzeitig vorliegen muss (→ Rn. 150). Ob diese Voraussetzungen im Einzelfall vorliegen, entscheidet sich nach der Überzeugung des Tatgerichts (→ Rn. 159 ff.).[185]

Bereits diese allgemeine Umschreibung verdeutlicht, dass § 31 nur anwendbar ist, wenn **121** zur Überzeugung des Gerichts **tatsächlich** ein **Aufklärungseffekt eingetreten** ist. Dass ein Aufklärungserfolg nur denkbar erscheint oder möglich ist, genügt nicht; ebenso wenig reichen Angaben aus, die nur als Aufklärungsbemühungen(dazu näher → Rn. 154 ff.) einzuordnen sind.

11. Voraussetzungen des Aufklärungserfolgs im Einzelnen. a) Benennung von 122 Beteiligten und Angaben zur Beteiligung. Der Aufklärungsgehilfe muss Beteiligte, zB Mittäter, Auftraggeber, Abnehmer nicht nur benennen, sondern grundsätzlich auch Angaben über die Beteiligung dieser Personen an der Tat machen.[186] Denn mit einer bloßen Benennung von Dritten ist weder die Offenlegung einer Tat noch die Aufdeckung der Tat über den eigenen Tatbeitrag hinaus möglich.[187] Nur in Ausnahmefällen reichen bereits Angaben zur Person eines Dritten aus (dazu → Rn. 137 ff.).

b) Verbesserung des Erkenntnisstandes. Die Offenbarung muss – zur Überzeugung **123** des Tatgerichts – zu einer Verbesserung des Erkenntnisstands der Strafverfolgungsbehörden geführt haben. Dies ist in **drei Fallgruppen** zu bejahen:
– Der Aufklärungsgehilfe vermittelt neue, dh bisher unbekannte Erkenntnisse (dazu → Rn. 124 ff.).
– Die Mitteilung des Aufklärungsgehilfen enthält Tatsachen, die einen bislang bei den Strafverfolgungsbehörden vorliegenden Verdacht erhärten oder zusätzliche Informationen, die über eine zuvor nur pauschale Kenntnis der Ermittlungsbehörden hinausgehen und schafft dadurch die Basis für eine Überzeugungsbildung (dazu → Rn. 126 ff.).

---

[182] BGH 24.8.1995 – 4 StR 463/95, BGHR BtMG § 30 Abs. 2 Strafrahmenwahl 4; 18.6.2009 – 3 StR 171/09, NStZ-RR 2009, 320 (321); 4.10.1988 – 1 StR 483/88, NStZ 1989, 77 = NJW 1989, 1043.
[183] BGH 8.10.1990 – 4 StR 420/90, NStE Nr. 23 zu § 31 BtMG = NStZ 1991, 376 (bei *Schoreit-Bartner*) = StV 1991, 67.
[184] BGH 2.11.1993 – 1 StR 602/93, StV 1994, 84 mwN.
[185] StRspr, zB BGH 29.4.1987 – 2 StR 107/87, NStZ 1988, 505; 2.12.1999 – 4 StR 547/99, NStZ 2000, 433.
[186] ZB BGH 18.2.2014 – 2 StR 3/14, NStZ 2014, 465 = NStZ-RR 2014, 215 zur Preisgabe von Abnehmern.
[187] BGH 4.10.1988 – 1 StR 483/88, NJW 1989, 1043 = NStZ 1989, 77.

– Durch die Angaben werden bereits vorhandene Erkenntnisse auf solche Art und Weise bestätigt, dass eine sicherere Grundlage für den Nachweis der Tat geschaffen wird (dazu → Rn. 130 ff.).

124   aa) neue Erkenntnisse. Bei Beurteilung der Frage, ob die Angaben neue Erkenntnisse bringen, ist allein ausschlaggebend, was den deutschen Behörden bekannt ist. Maßgeblich ist der **Kenntnisstand der sachbearbeitenden Strafverfolgungsbehörde;** das Wissen anderer Stellen (LKA, BKA, überregional tätige Ermittlungsgruppen) schließt deshalb eine Aufdeckung nicht aus. Gehen Erkenntnisse dieser Stellen später bei der sachbearbeitenden Dienststelle ein, so bestätigen sie die Angaben des Täters, nicht umgekehrt.[188] Zur **Sicherstellung von Betäubungsmitteln** aufgrund der Angaben des Angeklagten → Rn. 126.

125   Die Anwendung von § 31 kann deshalb nicht mit der Begründung abgelehnt werden, die ausländische Polizeibehörde habe auf Grund eigener Erkenntnisse gegen den Tatbeteiligten ermittelt und sich durch Angaben des Angeklagten nicht zu weitergehenden Ermittlungen bestimmen lassen; entscheidungserheblich ist vielmehr, was für die deutschen Behörden durch die Angaben offenbar wird.[189] Ferner ist darauf zu achten, dass sich neue Erkenntnisse sowohl aus Angaben zu **unbekannten Tätern** als auch zu bislang **nicht bekannten Taten** ergeben können.

126   bb) Verdachtserhärtung. In dieser Fallgruppe überschneiden sich die Angaben mit bei den Strafverfolgungsbehörden bereits vorliegendem Wissen. Der Aufklärungsgehilfe muss **nicht völlig neue Erkenntnisse** liefern. Wird durch seine Angaben indes ein bereits vorhandener **Verdacht** derart **erhärtet oder abgesichert,** dass bereits vorliegende Erkenntnisse nunmehr **Grundlage der richterlichen Überzeugungsbildung** sein können, reicht dies für S. 1 Nr. 1 aus.[190] Ebenso liegt es, wenn die Strafverfolgungsbehörden zwar von der Beteiligung eines Mittäters ausgehen, jedoch erst die Angaben des Aufklärungsgehilfen die zur Verurteilung des Mittäters erforderliche Gewissheit bringen. Schließlich kommt mit Blick auf die Zielsetzung des § 31 die Annahme eines Aufklärungserfolgs dann in Betracht, wenn die **Sicherstellung von Drogen,** die sich an einem der Polizei unbekannten Ort befinden und daher in den Verkehr hätten gelangen können, erst auf Grund der Angaben des Aufklärungsgehilfen[191] oder seiner Bereitschaft zu einem Scheingeschäft gelingt; in einem solchen Fall kommt es nicht darauf an, dass der Tatbeitrag den Ermittlungsbehörden schon bekannt war und/oder bereits Rauschgift sichergestellt werden konnte. Eine Sicherstellung von Rauschgift aufgrund der Aussage des Angeklagten kann gleichzeitig eine Präventionshilfe iSv S. 1 Nr. 2 darstellen.[192]

127   Es stellt einen Rechtsfehler dar, wenn das Gericht allein auf den Ermittlungsbehörden gänzlich unbekannte Umstände abstellt.[193] Als Begründung für eine Versagung von S. 1 Nr. 1 reicht es nicht aus, darauf abzuheben, dass ein Tatbeteiligter **der Polizei bereits bekannt** war, wenn offen bleibt, ob ihr bekannt war, dass er gerade an der in Frage stehenden Tat beteiligt war.[194] Ebenso steht es der Anwendung des § 31 Nr. 1 nicht entgegen, wenn die Festnahme von Tatbeteiligten nicht auf Angaben des Angeklagten, sondern auf Ermittlungen der Polizei zurückgeht, der Angeklagte zwar nicht völlig neue Erkenntnisse geliefert, aber vorhandenes Wissen **bestätigt und** damit die Möglichkeiten der Strafverfolgung **verbessert** hat.[195]

[188] *Weber* Rn. 85 mwN.
[189] BGH 4.6.1986 – 2 StR 226/86, NStZ 1987, 64 (bei *Schoreit*) = StV 1986, 435.
[190] BGH 12.12.2012 – 2 StR 364/12, BeckRS 2013, 02237; 24.2.1988 – 2 StR 13/88, BGHR BtMG § 31 Nr. 1 Aufdeckung 4; 22.8.1995 – 4 StR 422/95, NStZ-RR 1996, 48 = BGHR BtMG § 31 Nr. 1 Aufdeckung 27; 3.5.2001 – 4 StR 126/01, BeckRS 2001, 30178359.
[191] BGH 9.7.2013 – 5 StR 213/13, NStZ 2014, 167.
[192] Vgl. BGH 28.6.2005 – 1 StR 187/05, NJW 2005, 2632.
[193] BGH 6.12.2011 – 3 StR 377/11, BeckRS 2012, 00388.
[194] BGH 11.6.1986 – 2 StR 298/86, NStZ 1987, 64 (bei *Schoreit*) = StV 1986, 436.
[195] BGH 28.2.2001 – 3 StR 483/00, StV 2001, 462; 19.11.2002 – 1 StR 346/02, NStZ 2003, 270.

Dass vorhandene Ermittlungsergebnisse allein dem Gericht nicht immer die erforderliche **128** Überzeugung vermitteln (können), vielmehr erst die Angaben des Aufklärungsgehilfen die nötige Gewissheit – und damit die definitive Aufdeckung – erbringen, zeigen folgende **Fälle aus der Rechtsprechung:**

– Erkenntnisse aus einer Telefonüberwachung begründen den Verdacht, dass der Beschul- **129** digte dem Aufklärungsgehilfen Rauschgift abkaufen will. Der Beschuldigte bestreitet die Ernsthaftigkeit seiner Erklärungen, kann jedoch durch die Angaben des Aufklärungsgehilfen, nach dessen Darstellung es dem Beschuldigten mit seinen Erklärungen ernst gewesen sei, überführt werden.[196]

– Erst die Angaben des Aufklärungsgehilfen führen beim Tatgericht zu der Überzeugung, dass ein bestreitender Mitangeklagter, von dessen Tatbeteiligung die Strafverfolgungsbehörden auf Grund der gegebenen Verdachtslage ausgingen, tatsächlich als Mittäter gewirkt hat.[197]

– Auch die Kenntnis der Ermittlungsbehörden von der Verstrickung eines Mittäters in ein Drogengeschäft durch einen V-Mann rechtfertigt die Nichtanwendung des S. 1 Nr. 1 nicht, wenn der Aufklärungsgehilfe Tatbeiträge dieses Mittäters preisgibt, die die Polizei nicht von ihrem V-Mann erfahren haben kann.[198]

– Der Angeklagte räumte die Telefonnummer seines Abnehmers in Berlin ein. Nur weil dieser bereits polizeilich als Beteiligter ermittelt war, durfte die Anwendung des § 31 nicht abgelehnt werden.[199]

– Die Ermittlungen führten zwar zu einem Drogenfund im PKW des Beschuldigten, jedoch erbrachte erst die Aussage des Aufklärungsgehilfen die Gewissheit, dass der Beschuldigte das sichergestellte Rauschgift bewusst übernommen hatte und es ihm nicht untergeschoben wurde.[200]

– Durch Observations- und Telefonüberwachungsmaßnahmen bereits vorhandenes Wissen wird durch die Aussage des Aufklärungsgehilfen auf eine sicherere Grundlage gestellt.[201]

cc) Sicherere Grundlage für den Tatnachweis. In der 3. Fallgruppe decken sich die **130** Angaben des Aufklärungsgehilfen gänzlich mit schon vorhandenen Erkenntnissen. Nicht ausreichend für einen Aufklärungserfolg ist eine **bloße Bestätigung** dann, wenn sich bei einem Vergleich der Beweissituation mit und ohne die Angaben des Aufklärungsgehilfen keine Verbesserung zeigt. Dies wird regelmäßig der Fall sein, wenn die Angaben zu keinen neuen oder besseren Erkenntnissen über andere Tatbeteiligte und deren Tatbeiträge führen oder der Täter auf Vorhalt lediglich die Richtigkeit der den Strafverfolgungsbehörden vorliegenden Erkenntnisse einräumt. Anders kann es jedoch liegen, wenn der Täter von sich aus über seinen Tatbeitrag hinausgehende Angaben macht. Denn dadurch kann es nicht lediglich zu einer Bestätigung dessen kommen, was den Behörden auf Grund eigener Ermittlungen bereits bekannt war, sondern darüber hinaus auch eine **sicherere Grundlage für den Nachweis** der betreffenden Taten geschaffen werden. Dies genügt für die Annahme eines Aufklärungserfolgs iSv S. 1 Nr. 1.[202] Denn auch derjenige Täter verbessert die Möglichkeiten der Verfolgung begangener Straftaten und erzielt einen Aufklärungserfolg, der erst durch seine Aussage den Strafverfolgungsorganen die erforderliche Überzeugung vermittelt, dass deren bisherige Erkenntnisse auch zutreffen.[203] S. auch → Rn. 132.

---

[196] BGH 2.10.1990 – 1 StR 487/90, BGHR BtMG § 31 Nr. 1 Aufdeckung 19 = StV 1991, 67; 20.6.1995 – 1 StR 230/95, DRsp Nr. 1995/6180.

[197] BGH 2.10.1990 – 1 StR 487/90, BGHR BtMG § 31 Nr. 1 Aufdeckung 18 = StV 1991, 67.

[198] BGH 28.6.1990 – 1 StR 250/90, StV 1990, 456 = BGHR BtMG § 31 Nr. 1 freiwillig 2.

[199] BGH 28.2.2001 – 3 StR 483/00, StV 2001, 462.

[200] BGH 21.6.1988 – 1 StR 153/88, BGHR BtMG § 31 Nr. 1 Aufdeckung 8 = StV 1989, 394.

[201] BGH 19.11.2002 – 1 StR 346/02, NStZ 2003, 270.

[202] BGH 28.10.2010 – 3 StR 324/10, BeckRS 2010, 30630 mwN; 13.9.1990 – 4 StR 253/90, BGHR BtMG § 31 Nr. 1 Aufdeckung 18 = StV 1991, 66; 15.3.2016 – 5 StR 26/16, NStZ 2016, 720.

[203] StRspr, s. zB BGH 13.9.1990 – 4 StR 253/90, BGHR BtMG § 31 Nr. 1 Aufdeckung 18 = StV 1991, 66; 22.8.1995 – 4 StR 422/95, NStZ-RR 1996, 48; 17.2.1994 – 4 StR 24/94, BGHR BtMG § 31 Nr. 1 Aufdeckung 25 = StV 1994, 544; 13.7.2000 – 1 StR 230/00, StV 2000, 326; BGH 3.2.2005 – 5 StR 476/

131   Davon abzugrenzen sind **Fälle mit mehreren Angeklagten,** in denen durch die Angaben des ersten Angeklagten die von den Ermittlungsbehörden gewonnenen Ergebnisse schon bestätigt und vervollständigt worden sind und damit ein Aufklärungserfolg eingetreten ist. Zieht der weitere Angeklagte erst Wochen später und ersichtlich wegen des Geständnisses des ersten Angeklagten mit übereinstimmenden Angaben nach, kann er, sofern er die Angaben des ersten Angeklagten nicht zu erweitern vermag, schon auf Grund des zu späten Zeitpunkts seiner Offenbarung keinen Aufklärungserfolg mehr erzielen, mithin S. 1 Nr. 1 nicht mehr erfüllen. Zudem darf bei derart gelagerten Sachverhalten nur von einem auf **prozesstaktische Erwägungen** zurückgehendes Bemühen, nachträglich zur Aufklärung beizutragen, ausgegangen werden, das nicht den Stellenwert eines iSv § 267 Abs. 3 Satz 1 StPO bestimmenden Strafmilderungsgrundes erreicht.[204]

132   Folglich ist bei der Klärung der Frage, ob **trotz bereits vorliegender Erkenntnisse** – sei es auf Grund der durch Polizeiarbeit erlangten Ermittlungsergebnisse, sei es durch Angaben von Beschuldigten oder Angeklagten – und zeitlich nachfolgender Angaben des Aufklärungsgehilfen ein Aufklärungserfolg bejaht werden kann, in jedem Einzelfall zu **unterscheiden:** Ermöglichen bereits vorliegende Erkenntnisse eine lückenlose Überzeugungsbildung über die Tat sowie die Beiträge der an ihr Beteiligten und bringt der Aufklärungsgehilfe nichts wesentlich neues hinzu, scheidet S. 1 Nr. 1 aus. Wird dagegen eine Überzeugungsbildung erst durch die Angaben des Aufklärungsgehilfen möglich oder abgeschlossen, ist S. 1 Nr. 1 erfüllt.

133   **c) Gewinnung abgesicherter Erkenntnisse und Irrelevanz des Ermittlungsstandes.** Die Darstellung des Aufklärungsgehilfen muss einer **Überprüfung** durch die Strafverfolgungsbehörden **standhalten** und dazu führen, dass diese **abgesicherte Erkenntnisse** gewinnen; auch über das Vorliegen dieser Voraussetzungen entscheidet die Überzeugung des Tatrichters.

134   **aa) Ausreichend konkrete überprüfbare Angaben.** Die Gewinnung abgesicherter Erkenntnisse setzt zunächst voraus, dass die Angaben so beschaffen, insbesondere so **konkret** sind, dass sie eine Überprüfung durch die Ermittlungsbehörden ermöglichen. Bleiben die Angaben einerseits unbewiesen, andererseits als nicht zu widerlegen im Raum stehen, reicht dies für eine Anwendung des S. 1 Nr. 1 nicht aus. Dass durch diese Auslegung dem Täter, der einen möglicherweise wahren, aber nicht bewiesenen Sachverhalt schildert, die Privilegierungsmöglichkeit genommen wird, ist hinzunehmen.[205]

135   Ebenso genügen zu vage, allgemein gehaltene, inhaltsleere oder widersprüchliche Angaben nicht.[206] Es wird aber zB nicht verlangt, dass die Angaben genaue Mengenangaben enthalten.[207] Das ist konsequent, denn es ist nicht erforderlich, dass die Tataufdeckung oder eine Verurteilung allein durch den Aufklärungsgehilfen ermöglicht wird (→ Rn. 119).

136   Die auf Grund der Aufklärungshilfe gewonnenen **Erkenntnisse** müssen sich grundsätzlich auf **Tatgenossen und** deren **Tatbeiträge** beziehen; deshalb reicht die bloße Benennung von Mittätern, Auftraggebern, Abnehmern und dergleichen ohne konkrete Angaben über deren Tatbeteiligung regelmäßig für die Annahme eines Aufklärungserfolgs nicht aus. Auch wenn manche Entscheidungen beide Elemente – Tatbeteiligter und Tatbeitrag – als kumulative Voraussetzungen des Aufklärungserfolgs anführen,[208] ist es nicht stets zwingend, dass sich Erkenntnisse sowohl zu Tatbeteiligten als auch zu deren Tatbeiträgen ergeben haben. Vielmehr treten in der Praxis Konstellationen auf, in denen es zu Recht als ausreichend angesehen wurde, wenn die Angaben des Aufklärungsgehilfen sich nur auf die Person eines Tatbeteiligten bezogen und damit **nur zur Person Erkenntnisse gewonnen** wurden.

04, BeckRS 2005, 01895; 23.10.2008 – 3 StR 413/08, NStZ-RR 2009, 58; aus der Lit. s. zB *Joachimski/Haumer* Rn. 13; *Weber* Rn. 81 ff.

[204] BGH 23.8.1989 – 3 StR 120/89, BGHR BtMG § 29 Handeltreiben 18.

[205] BGH 24.11.1982 – 3 StR 384/82, BGHSt 31, 163 (166 f.).

[206] Vgl. BGH 29.4.1987 – 2 StR 107/87, NJW 1987, 2882 = NStZ 1988, 505 = BGHR BtMG § 31 Nr. 1 Aufdeckung 2.

[207] BGH 8.10.1990 – 4 StR 420/90, NStZ 1991, 396 = StV 1991, 67.

[208] BGH 22.2.1994 – 1 StR 20/94, NStE Nr. 26 zu § 31 BtMG = StV 1994, 544.

Das ist der Fall, wenn die **genaue Identifizierung** eines bislang nicht näher oder nur mit   137
Vornamen bekannten Tatbeteiligten oder sogar – was § 31 nicht fordert – dessen Festnahme
möglich wird.[209] Denn wurde der Tatbeteiligte durch den Aufklärungsgehilfen so genau
bezeichnet, dass er identifiziert und zur Festnahme ausgeschrieben werden konnte, bedarf
es zur Anwendbarkeit des § 31 nicht auch noch seiner Ergreifung.[210] Die Vorschrift verlangt
also keinen Fahndungserfolg; die **Ermöglichung eines Fahndungserfolgs** genügt; dies
gilt auch dann, wenn das Verhalten des Tatbeteiligten den Ermittlungsbehörden bereits
bekannt ist.[211]

bb) Stand des Verfahrens gegen den Belasteten. Für die Anwendung des § 31 spielt   138
es grundsätzlich keine Rolle, ob und welche Schritte die Ermittlungsbehörden im Hinblick
auf die Angaben des Aufklärungsgehilfen unternommen haben bzw. wie weit das Ermittlungsverfahren gediehen ist. Die Frage, ob ein Aufklärungserfolg anzunehmen ist, muss
unabhängig vom Stand eines Ermittlungsverfahrens gegen offenbarte Tatbeteiligte
beurteilt werden.

Die Angaben des Aufklärungsgehilfen müssen noch nicht zu einer Verurteilung, zum   139
Erlass eines Haftbefehls,[212] zur Ergreifung des Belasteten[213] oder zur Einleitung eines
Ermittlungsverfahrens[214] geführt haben. Denn der **Verfahrensstand** kann von zeitlichen
Zufälligkeiten abhängen. Überdies hat der Täter keinen Einfluss darauf, ob und in welchem
Maße sich deutsche oder ausländische Behörden um Ermittlungserfolge bemühen oder wie
sie die Verdachtslage einschätzen.

Es ist auch nicht zwingend erforderlich, dass sich die Angaben des Angeklagten in einem   140
späteren gegen den Tatbeteiligten gerichteten Strafverfahren letztlich bestätigen, denn entscheidend ist die Überzeugung des Gerichts in dem gegen den Aufklärungsgehilfen geführten Verfahren; möglicherweise auftretende **Beweisschwierigkeiten in Folgeverfahren**
stellen den Aufklärungserfolg nicht in Frage.[215]

Der Annahme eines Aufklärungserfolgs steht es auch nicht entgegen, dass **ausländische**   141
Ermittlungsbehörden, an die die Angaben des Angeklagten weitergeleitet werden, keine
Ermittlungsergebnisse mitteilen. Auch in einem solchen Fall kommt es nur darauf an, ob
zur Überzeugung des Gerichts im Fall der Ergreifung des Belasteten die Voraussetzungen
für eine erfolgreiche Durchführung eines Strafverfahrens geschaffen wurden,[216] etwa durch
eine genaue Identifizierung. Steht die Person des Beteiligten fest, so ist allein maßgeblich,
dass die Angaben über seine Tatbeteiligung zur Überzeugung des Gerichts ausreichen, um
ihn festnehmen und einer Verurteilung zuführen zu können.

cc) Fehlen abgesicherter Erkenntnisse. Die Strafverfolgungsbehörden müssen auf   142
Grund der Angaben des Aufklärungsgehilfen **abgesicherte Erkenntnisse** gewonnen
haben. Daran **fehlt** es in all den Fällen, in denen lediglich ein sog **Aufklärungsbemühen**
vorliegt (dazu → Rn. 154 ff.) sowie insbesondere etwa dann,
– wenn für das Gericht zweifelhaft bleibt, ob die vom Angeklagten geschilderte Person
  überhaupt existiert oder in der von ihm geschilderten Weise an der Tat beteiligt war,[217]

---

[209] BGH 6.7.1994 – 2 StR 295/94, BGHR BtMG § 31 Nr. 1 Aufdeckung 26.
[210] BGH 4.10.1988 – 1 StR 483/88, NStZ 1989, 77; BGH 21.4.1989 – 3 StR 95/89, BGHR BtMG
§ 31 Nr. 1 Aufdeckung 13 = StV 1989, 393; 13.7.1994 – 5 StR 365/94, DRsp Nr. 1994/2938; 16.2.2000 –
2 StR 532/99, StV 2000, 318 BGH 28.8.2002 – 1 StR 309/02, NStZ 2003, 162 (163).
[211] BGH 25.2.1999 – 1 StR 32/99, NJW 1999, 1726 mwN = BGHR BtMG § 31 Nr. 1 Aufdeckung 29;
28.6.2005 – 1 StR 187/05, NJW 2005, 2632.
[212] BGH 29.2.1984 – 2 StR 731/83, NStZ 1984, 319 = StV 1984, 287; 4.10.1988 – 1 StR 483/88, NStZ
1989, 77.
[213] BGH 2.8.1985 – 2 StR 238/85, NStZ 1986, 58 (bei *Schoreit*).
[214] Vgl. zB den Sachverhalt des Falles BGH 29.4.1987 – 2 StR 107/87, NStZ 1988, 505 m. krit. Anm.
Körner NStZ 1988, 506.
[215] BGH 25.2.1999 – 1 StR 32/99, NJW 1999, 1726; 17.6.1997 – 1 StR 187/97, NStZ-RR 1998, 25 =
StV 1997, 639.
[216] BGH 16.2.2000 – 2 StR 532/99, StV 2000, 318.
[217] Vgl. BGH 8.1.1988 – 2 StR 599/87, NStE Nr. 9 zu § 31 BtMG = BGHR BtMG § 31 Nr. 1 Aufdeckung 3; 24.11.1982 – 3 StR 384/82, NStZ 1983, 174.

– wenn die Angaben des Angeklagten nur mögliche weitere Ansätze für Ermittlungen bieten oder die Angaben zur Identifizierung eines Beteiligten nur geeignet sind, weil § 31 nur die Aufdeckung selbst, nicht schon das Aufdeckungsbemühen belohnt,[218]
– wenn ein Angeklagter nur die (ausländische) Telefonnummer eines Büros angibt, von dem aus ein „Dealerring" Rauschgifthandel betrieben haben soll,[219]
– wenn der Angeklagte lediglich Vor- oder Spitznamen von Tatbeteiligten nennt, die für eine Identifizierung nicht ausreichen,[220]
– wenn er lediglich pauschale Angaben zu in das Tatgeschehen involvierten Personen wie Auftraggebern, Hintermännern oder Abnehmern, über deren Wohn- oder Aufenthaltsort mitteilt, die zur Herbeiführung eines Fahndungserfolgs untauglich sind.[221] Dies trifft zB auf Angaben zu, nach denen der Tatbeteiligte eine bestimmte Staatsangehörigkeit besitze, seit 1975 in X. lebe oder sich regelmäßig in bestimmten Diskotheken aufhalte.

143   **dd) Untätige Behörden, Verfahrenseinstellung.** Im Zusammenhang mit dem Aspekt des Verfahrensstandes gegen den Belasteten sind zwei Sonderkonstellationen zu betrachten, das **Untätigbleiben der Behörden** (dazu → Rn. 144, 145) und die **Einstellung des Verfahrens** gegen den vom Angeklagten belasteten Dritten (dazu → Rn. 146).

144   Zunächst gilt allgemein, dass **Versäumnisse oder Ermittlungsfehler** der Strafverfolgungsbehörden einem Angeklagten nicht zum Nachteil gereichen dürfen; unerheblich ist, ob es deutsche oder ausländische Behörden waren, die untätig blieben, zu spät oder verfehlt reagierten. Bleibt ein Ermittlungserfolg bis zur Entscheidung des Tatgerichts aus, weil die Behörden hinreichend konkrete Angaben des Angeklagten nicht mit der gebotenen Sorgfalt und Eile überprüften, dann darf der Tatrichter daraus zumindest keine Zweifel an der Richtigkeit der Angaben und ihrer Eignung zur Überführung anderer Tatbeteiligter ableiten.

145   Nur dann, wenn die Angaben des Angeklagten vage oder zu allgemein gehalten sind oder eine nur unzureichende Beschreibung weiterer Tatbeteiligter bieten, ist die Untätigkeit der Polizeibehörden für die Anwendung von S. 1 Nr. 1 ohne Bedeutung. Ebenso scheidet § 31 Nr. 1 aus, wenn die Strafverfolgungsbehörden die Möglichkeit, ein Scheingeschäft vorzubereiten, das auf Grund einer entsprechenden Bereitschaft des Angeklagten hätte durchgeführt werden können, ungenutzt verstreichen lassen, sofern diese Maßnahme nicht auf Grund von Versäumnissen der Behörden, sondern wegen vordringlicher anderer Einsätze unterblieb.[222] In einem solchen Fall sollte das Gericht die Aufklärungsbereitschaft des Angeklagten bei der Strafzumessung allerdings großzügig honorieren, zumal dieser es nicht zu beeinflussen vermag, ob und in welchem Maße sich deutsche oder ausländische Behörden um Ermittlungserfolge bemühen.

146   Kommt es zur **Verfahrenseinstellung** gegen den vom Angeklagten belasteten Dritten, darf ein Aufklärungserfolg nicht automatisch mangels abgesicherter Erkenntnisse bzw. mit der Begründung verneint werden, die Verfahrenseinstellung der Staatsanwaltschaft nach § 170 Abs. 2 StPO zeige, dass es an hinreichendem Beweismaterial gegen diesen Dritten fehle. Vielmehr hat sich das Tatgericht bei der Beurteilung, ob ein Aufklärungserfolg eingetreten ist, stets und ausschließlich an seinen eigenen Feststellungen und der **eigenen Überzeugung** zu orientieren. Ergibt sich danach, dass ein durch den Angeklagten belasteter Dritter einer Beteiligung an der Tat als überführt anzusehen ist oder dass sich die Einschätzung der Verdachtslage ändern und zur Erhebung einer Anklage und Überführung des Belasteten führen kann, ist die Behandlung des gegen den Dritten gerichteten Ermittlungsverfahrens durch die Staatsanwaltschaft irrelevant.[223]

---

[218] Vgl. BGH 1.4.1992 – 2 StR 615/91, BGHR BtMG § 31 Nr. 1 Aufdeckung 22.
[219] BGH 2.3.1989 – 2 StR 733/88, NJW 1989, 1681 = NStZ 1989, 580.
[220] BGH 29.4.1987 – 2 StR 107/87, NStZ 1988, 505 zu nicht identifizierten im Ausland lebenden Lieferanten und Vermittlern m. insoweit zust. Anm. *Körner* NStZ 1988, 506 (507).
[221] BGH 27.6.1989 – 1 StR 189/89, NStE Nr. 20 zu § 31 BtMG = BGHR BtMG § 31 Nr. 1 Aufdeckung 14; *Weber* Rn. 100106.
[222] BGH 6.4.2006 – 3 StR 478/05, BeckRS 2006, 05380.
[223] BGH 29.7.1988 – 3 StR 289/88, NStE Nr. 12 zu § 31 BtMG = BGHR BtMG § 31 Nr. 1 Aufdeckung 9 = StV 1989, 391.

d) Wesentlichkeit des Aufklärungsbeitrags. aa) Voraussetzungen. Der Täter muss　147
durch seine Offenbarung wesentlich dazu beigetragen haben, dass eine Tat nach den §§ 29–
30a bzw. seine Tat über seinen eigenen Beitrag hinaus aufgedeckt werden konnte. Der
Aufklärungsgehilfe hat dann einen wesentlichen Aufklärungsbeitrag geleistet, wenn die Tat
ohne seine Angaben nicht oder nicht im gegebenen Umfang aufgeklärt worden
wäre. Auf das Kriterium einer nicht vollständigen Aufklärung ohne die Aussage des Täters
kommt es nicht an, da § 31 vom Aufklärungsgehilfen weder vollständige Angaben noch
eine restlose Tataufklärung verlangt. Deshalb wird bei der Umschreibung der Wesentlichkeit
darauf abgestellt, dass die Überführung von Tatbeteiligten oder die Entdeckung von Organi-
sations- und Vertriebsstrukturen, Schmuggelwegen, Rauschgiftlabors und -depots ohne den
Aufklärungsgehilfen nicht oder nicht in gegebenem Umfang möglich gewesen wäre.[224]

S. 1 Nr. 1 erfordert nicht, dass die Aufdeckung der Tat allein auf den Angaben des　148
Aufklärungsgehilfen beruht. Es genügt, dass diese zusammen mit anderen Ursachen oder
Umständen zu einem Aufklärungserfolg geführt haben. Dabei muss der Aufklärungsbeitrag
nicht die Hauptursache gewesen sein.[225] Ihm fehlt aber die Wesentlichkeit, wenn für die
Täterschaft des Belasteten bereits tragfähige Beweiserkenntnisse vorliegen, deren Überzeu-
gungskraft nicht von bestätigenden Angaben abhängt.[226]

bb) Beispiele. Benennt ein des Handeltreibens mit Betäubungsmitteln Beschuldigter　149
seinen **Lieferanten und/oder seinen Abnehmer**[227] oder können aufgrund der Angaben
des Aufklärungsgehilfen Mitbeschuldigte eines Verbrechens überführt werden,[228] wird
regelmäßig ein wesentlicher Aufklärungsbeitrag anzunehmen sein. Für die Aufklärung regelmäßig **unwesentlich** sind hingegen Angaben, die nur zuvor unbekannte **Randdetails**
aufdecken; gleiches gilt für Angaben zu einem vollständig und einschließlich der vorausgegangenen Verhandlungen **polizeilich überwachten** und durch Zeugen beobachteten
Rauschgiftgeschäft.[229] Anders liegt es, wenn nur die Aktivitäten im unmittelbaren Zusammenhang mit der Rauschgiftübergabe an einen Scheinaufkäufer überwacht wurden, die
Ermittler bis unmittelbar vor dem Zugriff aber keine Kenntnisse von der Person des Lieferanten hatten und Erkenntnisse hierzu bzw. zu Tatbeiträgen Mitangeklagter erst in Verbindung mit den Angaben des Aufklärungsgehilfen gewonnen werden konnten.[230]

cc) Trennung von Wesentlichkeit und Gewicht. Nicht immer werden Wesentlich-　150
keit und Gewicht des Aufklärungsbeitrags getrennt behandelt, obgleich es sich um **separat
zu prüfende Voraussetzungen** des S. 1 Nr. 1 handelt. Ein Automatismus, nach dem von
der Wesentlichkeit auf das – an der dem Aufklärungsgehilfen angelasteten Tat zu messende –
Gewicht seines Aufklärungsbeitrags geschlossen werden könnte, besteht nicht. Die Gewährung der Privilegierung nach S. 1 Nr. 1 verlangt also beides, den wesentlichen Aufklärungsbeitrag, dem auch noch Gewicht zukommt. Eine Beziehung zwischen beiden Merkmalen
besteht nur insofern, als einem wesentlichen Beitrag Gewicht zukommen kann, dies aber
nicht automatisch zu einer Strafmilderung führt,[231] während es bei einem nicht wesentlichen
Beitrag schon an einer Voraussetzung der Vorschrift fehlt, so dass sich die Frage nach dem
Gewicht des Beitrags bzw. wie das Ermessen auszuüben ist, nicht stellt.

e) Ausreichendes Gewicht des Aufklärungsbeitrags. Nicht jeder Aufklärungsbeitrag　151
vermag, auch wenn seine Wesentlichkeit bejaht wird, eine Strafrahmenabsenkung oder
sonstige Strafmilderung zu rechtfertigen. Er darf – gemessen an der dem Aufklärungsgehilfen

---

[224] BGH 18.12.2001 – 1 StR 444/01, NJW 2002, 908; *Weber* Rn. 108 mwN.
[225] Vgl. BGH 8.10.1999 – 4 StR 420/90, NStZ 1991, 376 = StV 1991, 67.
[226] BGH 15.3.2016 – 5 StR 26/16, NStZ 2016, 720 (721).
[227] BGH 2.6.2010 – 5 StR 42/10, NStZ-RR 2010, 319; 16.5.2012 – 2 StR 66/12, BeckRS 2012, 13639
mwN.
[228] Vgl. BGH 28.6.1990 – 1 StR 250/90, StV 1990, 456.
[229] BGH 1.4.1992 – 2 StR 615/91, insoweit in BGHR nicht abgedruckt.
[230] BGH 19.7.1991 – 2 StR 195/91 bei *Schoreit* NStZ 1992, 325.
[231] Vgl. BGH 18.12.2001 – 1 StR 444/01, NJW 2002, 908.

vorgeworfenen Tat – nicht ohne Gewicht sein. Die gebotene **Bewertung und Gewichtung** des aufgedeckten Tatbeitrags eines Dritten liegt – auch im Verhältnis zur Tat des Aufklärungsgehilfen – grundsätzlich in der Hand des Tatrichters. Er muss – wie S. 2 iVm § 46b Abs. 2 Nr. 1 StGB nunmehr ausdrücklich vorschreibt – bei seiner Ermessensausübung Art und Umfang der offenbarten Tatsachen berücksichtigen, ebenso – gemäß S. 2 iVm § 46b Abs. 2 Nr. 2 StGB –, in welchem Verhältnis der Aufklärungsbeitrag zur Schwere der Tat und der Schuld des Täters steht. Gelangt er nach Auseinandersetzung mit dem aufgedeckten Tatbeitrag in Ausübung seine **Ermessens** und ohne den eingeräumten Spielraum zu überschreiten, zum Ergebnis, dem Aufklärungsbeitrag fehle ausreichendes Gewicht, und sieht deshalb von Strafmilderung ab, ist dies aus Rechtsgründen nicht zu beanstanden.[232]

152   Allgemeingültige Kriterien für diese Bewertung gibt es nicht. Erforderlich ist eine **Betrachtung im Einzelfall.** Anhaltspunkte bieten die in § 46b Abs. 2 StGB aufgeführten Kriterien sowie bisher ergangene Entscheidungen, in denen das Ausmaß des Vorwurfs mit demjenigen der aufgedeckten Tat verglichen wurde. So wurde es als nicht ausreichend angesehen, wenn – beim Vorwurf der Einfuhr von einem Kilogramm Rauschgift – der Lieferant eines 20 Gramm-Kokaingeschäfts aufgedeckt wurde.[233] Am ausreichenden Gewicht des Aufklärungsbeitrags kann es auch fehlen, wenn sich die Aufdeckung auf einen Gehilfenbeitrag, der sich in der Kontaktvermittlung erschöpfte, bezieht, während ein wesentlich gravierenderer Vorwurf, die Täterschaft als Geschäftsherr mit Heroingeschäften im Kilogrammbereich, im Raume stand.[234]

153   **f) Zeitpunkt des Vorliegens.** Entscheidend ist, ob sich das Gericht **vor Erlass des Urteils** die Überzeugung bilden kann, dass es zu einem Aufklärungserfolg gekommen ist. Im Fall einer Urteilsaufhebung durch die Revisionsinstanz hat der Tatrichter in der erneuten Hauptverhandlung bei seiner Prüfung, ob ein Aufklärungserfolg vorliegt, die neuesten Erkenntnisse zu berücksichtigen.[235] S. hierzu und zu einer möglichen Anwendbarkeit des § 31 in der **Berufungsinstanz** Rn. 92 ff. Zu den Risiken später aufklärender Angaben → Rn. 95 ff., zur Reichweite der Aufklärungspflicht und relevanten Beweisanträgen → Rn. 175 ff.

154   **g) Wiederholung von Angaben.** Der Aufklärungs- bzw. Präventionsgehilfe braucht seine Aussage nur einmal zu machen. Eine Wiederholung von Angaben verlangt das Gesetz nicht. Hat er im Ermittlungsverfahren Aufklärungshilfe geleistet, braucht er die Angaben nicht gegenüber weiteren Ermittlungsorganen oder in der Hauptverhandlung zu wiederholen. § 31 ist beispielsweise auch anwendbar, wenn der Täter in der Hauptverhandlung durchweg schweigt, zuvor aber in einer polizeilichen Vernehmung die Tat über seinen eigenen Tatbeitrag hinaus aufgeklärt hat.[236]

155   **h) Abgrenzung zum Aufklärungsbemühen.** Bereits der Wortlaut des § 31 verlangt einen tatsächlich eingetretenen Aufklärungserfolg. S. 1 Nr. 1 belohnt nur die Aufdeckung selbst, nicht schon das – wenn auch ernstliche – Aufklärungsbemühen (allgM und stRspr).[237] Die Rechtsprechung hat sich mit einer Vielzahl von Fällen zu befassen, in denen die Angaben des Täters ungenügend erscheinen oder im Grenzbereich zwischen Aufklärungs-

---

[232] BGH 4.3.1997 – 1 StR 648/96, NStZ-RR 1997, 278; 1.3.2005 – 5 StR 499/04, BeckRS 2005, 02754 zur Zuordnung sichergestellter Erlöse aus den verfahrensgegenständlichen Rauschgiftgeschäften; BGH 16.5.2012 – 2 StR 66/12, BeckRS 2012, 13639 zu einer unzureichenden Begründung der angeblich nur geringen Bedeutung geleisteter Aufklärungshilfe.

[233] BGH 29.4.1987 – 2 StR 107/87, NStZ 1988, 505.

[234] BGH 4.3.1997 – 1 StR 648/96, NStZ-RR 1997, 278.

[235] BGH 28.8.2002 – 1 StR 309/02, NStZ 2003, 162 (163); BGH 9.11.2010 – 4 StR 532/10, NStZ-RR 2011, 90 (91).

[236] BGH 24.6.1988 – 2 StR 248/88, NStZ 1989, 316; 6.3.2002 – 2 StR 491/01, NStZ-RR 2002, 251; 7.9.2015 – 2 StR 305/15.

[237] S. zB BGH 2.3.1989 – 2 StR 733/88, NStZ 1989, 580 = StV 1990, 454; 5.11.1992 – 4 StR 517/92, NStE Nr. 25 zu § 31 BtMG = NStZ 1993, 378 (bei *Schoreit*); *Körner/Patzak* Rn. 48; *Schäfer/Sander/van Gemmeren* Strafzumessung Rn. 1775.

bemühen und -erfolg liegen. Die Abgrenzung ist bedeutsam, weil von ihrem Ergebnis abhängt, ob § 31 anwendbar ist oder geprüft werden muss, ob und in welchem Ausmaß die Angaben als Strafzumessungsfaktor iSv § 46 StGB berücksichtigt werden müssen.

Nicht als Aufklärungserfolg anzusehen ist es, wenn der Täter mit seinen Angaben lediglich **Aufklärungsmöglichkeiten** bietet, **Ermittlungsansätze** eröffnet oder nur einen **Verdacht** begründet,[238] weil die Aussage zu wenig inhaltliche Substanz aufweist, sodass Taten, Täter oder ihr Aufenthaltsort nur unzureichend beschrieben werden (zu Einzelfällen → Rn. 134 ff.). 156

Ob das Bemühen des Täters, zur Aufklärung beizutragen, im Rahmen der konkreten Strafzumessung mildernd zu berücksichtigen ist, hängt davon ab, in welchem Umfang und Ausmaß der Täter Aufklärungsbereitschaft gezeigt hat. Das **ernsthafte Aufklärungsbemühen** eines Angeklagten stellt regelmäßig einen so gewichtigen Strafzumessungsfaktor dar, dass dieser als **bestimmender Strafmilderungsgrund** im Sinne von § 267 Abs. 3 S. 1 StPO ausdrücklich im Urteil aufzuführen ist.[239] 157

Anders liegt es in Fällen, in denen die Angaben des Täters von sichtlicher Zurückhaltung geprägt sind, der Täter Antworten auf bedeutsame Fragen (etwa zu Abnehmern, Fahrern, Vermittlern) oder die Unterzeichnung des Vernehmungsprotokolls verweigert, von ihm bereits gemachte Angaben relativiert oder die Ankündigung aufklärender Angaben nicht einhält.[240] 158

12. Feststellung des Aufklärungserfolgs im Hauptverfahren. a) Notwendige Überzeugung des Tatgerichts. Die Voraussetzungen des § 31 können nicht zugunsten des Angeklagten angenommen werden. Der Umstand, dass die Richtigkeit der Angaben des Angeklagten nach Meinung des Gerichts nicht ausgeschlossen werden kann, reicht für § 31 nicht aus. Entscheidend ist vielmehr die **eigene Überzeugung des Tatgerichts,** die es aus der Hauptverhandlung gewonnen hat; es muss sich selbst eine Überzeugung bilden[241] und ist an die Bewertung der Angaben des Aufklärungsgehilfen durch andere Gerichte nicht gebunden.[242] Der Zweifelsgrundsatz gilt nicht. Das Gericht ist aber nicht gehindert, einen Aufklärungserfolg auch dann zu bejahen, wenn es für die Richtigkeit der Angaben des Angeklagten keine weiteren Beweismittel gibt.[243] 159

Die Überzeugung muss **in zweierlei Hinsicht** vorliegen: Zum einen muss sich der Tatrichter davon überzeugen, dass die Darstellung des Angeklagten über die Beteiligung anderer an der Tat zutrifft; der Grundsatz „in dubio pro reo" gilt insoweit – was die Urteilsgründe auch erkennen lassen müssen – nicht, sodass nach Maßgabe des Zweifelssatzes getroffene Feststellungen nicht Grundlage einer Strafrahmenmilderung gemäß § 31 sein können.[244] Zum anderen muss der Angeklagte nach der Überzeugung des Gerichts durch seine Angaben wesentlich zu einem voraussichtlich erfolgreichen Abschluss der Strafverfolgung beitragen.[245] In den **Urteilsgründen** ist die geleistete Aufklärungshilfe mit **konkreten Feststellungen** darzulegen.[246] 160

Danach ist bei Schilderung eines nur **möglicherweise wahren, aber nicht bewiesenen Sachverhalts** für die Anwendung des § 31 kein Raum. Kann sich das Gericht nicht von 161

[238] BGH 16.2.2000 – 2 StR 532/99, StV 2000, 318.
[239] BGH 3.2.1993 – 5 StR 20/93, NJW 1993, 1086 = NStZ 1993, 242; 2.3.1989 – 2 StR 733/88, NStZ 1989, 580 mwN; Schäfer/Sander/van Gemmeren Strafzumessung Rn. 1775.
[240] BGH 2.3.1989 – 2 StR 733/88, NStZ 1989, 580 = StV 1990, 454.
[241] BGH 18.6.2009 – 3 StR 171/09, NStZ-RR 2009, 320 (321); 5.8.2010 – 3 StR 271/10, BeckRS 2010, 21237.
[242] BGH 13.1.2009 – 3 StR 561/08, NStZ 2009, 394 Rn. 4 mwN.
[243] BGH 28.8.2002 – 1 StR 309/02, NStZ 2003, 162 = StraFo 2003, 29.
[244] BGH 7.7.2004 – 1 StR 241/04, BeckRS 2004, 07427 mwN; BGH 5.8.2010 – 3 StR 271/10, BeckRS 2010, 21237 mwN; BGH 28.4.2011 – 4 StR 169/11, BeckRS 2011, 11230; vgl. auch BGH 24.11.1982 – 3 StR 384/82, BGHSt 31, 163 (166); 14.7.1988 – 4 StR 154/88, NStE Nr. 11 zu § 31 BtMG = StV 1989, 392.
[245] BGH 29.4.1987 – 2 StR 107/87, NStZ 1988, 505.
[246] ZB BGH 7.12.2011 – 4 StR 517/11, BeckRS 2012, 01004 Rn. 13, 14.

der Richtigkeit der Darstellung über die Beteiligung anderer an der Tat überzeugen, darf es die Strafe nicht nach § 31 mildern;[247] zu prüfen bleibt jedoch, ob die Aufklärungsbemühungen im Rahmen des § 46 StGB zu berücksichtigen sind, was bei ernsthafter Aufklärungsbereitschaft regelmäßig der Fall ist (→ Rn. 157).

162   Steht hingegen die Person des Belasteten fest und treffen die Angaben des Angeklagten über dessen Tatbeteiligung zur Überzeugung des Gerichts zu, etwa weil sie in sich schlüssig, konstant, detailreich und widerspruchsfrei waren, hat der Angeklagte einen Aufklärungsbeitrag geleistet. Der Umstand, dass der vom Angeklagten belastete Dritte wegen des Zweifelssatzes oder möglichen Beweisschwierigkeiten möglicherweise letztlich nicht zu überführen sein wird, steht dem nicht entgegen.[248] Es kommt auch nicht darauf an, dass die Verurteilung des Belasteten auf seinem Geständnis und nicht auf der geleisteten Aufklärungshilfe beruht.[249]

163   **b) Anforderungen an die Überzeugungsbildung.** Die Anforderungen an die Überzeugungsbildung und der erforderliche Umfang, in dem die Angaben des Aufklärungsgehilfen einer Prüfung zu unterziehen sind, lassen sich nicht allgemeingültig festlegen, sondern hängen letztlich von der **konkreten Fallsituation** ab. Nicht entscheidend ist, ob sich der Aufklärungsgehilfe in der Rolle des Angeklagten oder Mitangeklagten befindet bzw. befand oder bereits rechtskräftig verurteilt ist oder ob er als Zeuge in einem auf seinen Prozess folgenden Verfahren, das gegen den von ihm Belasteten geführt wird, aussagt. Vielmehr kommt es wesentlich auf eine sorgfältige Beweiswürdigung und ggf. darauf an, ob und welcher weiterer Beweismittel sich das Gericht – neben den Angaben des Aufklärungsgehilfen – bedienen kann.

164   Liegen ein Geständnis oder Teilgeständnis, weitere Belastungszeugen oder objektive Beweismittel wie Drogenfunde, Lichtbilder, Videoaufzeichnungen, DNA- oder Blutuntersuchungen vor, gestaltet sich die Beweiswürdigung der Aussage des Aufklärungsgehilfen und ihre Darstellung im Urteil eher einfach und folgt üblichen Regeln.[250] Anders liegt es hingegen in den nachfolgend dargestellten Fallgruppen (→ Rn. 165 ff.), in denen dem Gericht eine **besonders sorgfältige und kritische Beweiswürdigung** obliegt, die in den Urteilsgründen deutlich zu machen ist.

165   **c) Fallgruppen mit erhöhten Anforderungen.** In folgenden Fallgruppen, für die die Rspr. **erhöhte Anforderungen** an die **Wiedergabe** und die **Würdigung der belastenden Aussage** entwickelt hat,[251] ist ein strenger Maßstab an die Beweiswürdigung anzulegen. In diesen Konstellationen, die sich nicht selten überschneiden oder kumulativ auftreten, sind die relevanten Aussagen – namentlich auch frühere – in den Urteilsgründen umfassend darzustellen.[252] Dies gilt nicht nur im Falle einer Verurteilung, sondern auch dann, wenn das Gericht den Angeklagten freispricht, weil es sich von der Richtigkeit der belastenden Aussage eines Zeugen oder Mitangeklagten nicht überzeugen konnte.[253] Eine **erhöhte Darlegungs- und Begründungspflicht** trifft das Gericht in Fällen, in denen
– die Belastung des Angeklagten allein oder überwiegend **auf Angaben des Aufklärungsgehilfen beruht,**
– **Aussage gegen Aussage** steht,
– der Aufklärungsgehilfe seine Angaben ändert oder (teilweise) Falschangaben macht,
– die Ausübung des Fragerechts gegenüber dem Aufklärungsgehilfen als Belastungszeugen und damit das Recht des Angeklagten aus **Art. 6 Abs. 3 lit. d MRK beschränkt** war (dazu → Rn. 30 ff.),

---

[247] BGH 24.11.1982 – 3 StR 384/82, BGHSt 31, 163 (167 f.).
[248] BGH 17.6.1997 – 1 StR 187/97, NStZ-RR 1998, 25; 13.1.2009 – 3 StR 561/08, NStZ 2009, 394; s. zur Überspannung der Anforderungen an die Annahme eines Aufklärungserfolgs OLG Köln 13.4.2010 – 81 Ss 22/10, BeckRS 2010, 11054.
[249] BGH 18.2.2014 – 2 StR 3/14, NStZ 2014, 465.
[250] S. zB *Pfeiffer* § 267 Rn. 9–11.
[251] Einzelfalldarstellungen bei *Nack* StV 2002, 558.
[252] Vgl. BGH 27.11.2014 – 2 StR 311/14, NStZ-RR 2015, 77 zur lückenhaften Darstellung der Angaben und daher nicht nachvollziehbaren Ablehnung des § 31.
[253] BGH 6.3.2002 – 5 StR 101/01, NStZ-RR 2002, 174 mwN.

– der Aufklärungsgehilfe bzw. Belastungszeuge **selbst in die Tat verwickelt** ist oder
– der Aufklärungsgehilfe sich in der Rolle eines Mitangeklagten befindet oder befand,
– das Tatgericht ein **im Rahmen einer Verständigung zustande gekommenes Geständnis** des Aufklärungsgehilfen zur Überführung eines Nichtgeständigen heranzieht.

d) Zur Würdigung der Belastungsaussage. aa) Allgemeines. Hängt – was insbe- **166** sondere für die beiden erstgenannten Fallgruppen gilt – die Entscheidung des Tatgerichts allein davon ab, welcher Aussage das Gericht Glauben schenkt, müssen die Urteilsgründe erkennen lassen, dass der Tatrichter alle Umstände, die die Entscheidung zu beeinflussen geeignet sind, erkannt und in seine Überlegungen einbezogen sowie eine **lückenlose Gesamtwürdigung** aller Indizien vorgenommen hat.[254] Die Tatgerichte müssen sich regelmäßig mit folgenden Punkten auseinandersetzen:
– persönliche Glaubwürdigkeit des Aufklärungsgehilfen,
– Entstehungsgeschichte der Aussage,
– Aussageentwicklung oder Aussageänderungen im Laufe des Verfahrens,
– Konstanz oder Abweichungen der Aussage zum Kern- und Randgeschehen,
– Motive für eine mögliche Falschbelastung,
– Ausmaß der durch die Aufklärungshilfe verdienten Strafmilderung.
Unzulässig ist es, die Beweislage dadurch zu glätten, Tatvorwürfe, in denen sich die Unwahrheit der Belastungsaussage oder andere Beweisschwierigkeiten ergeben haben, aus dem Verfahren durch Abtrennung oder Behandlung nach § 154 Abs. 2 StPO auszuscheiden und dies im Urteil zu übergehen. Es reicht ferner nicht aus, lediglich Umstände zu verneinen, die gegen die Glaubhaftigkeit der Angaben sprechen könnten.[255]

bb) Mögliche Falschbelastung. Besonders sind **naheliegende Falschbelastungsmo-** **167** **tive** zu erörtern. Da § 31 wie jede Kronzeugenregelung die Gefahr möglicher Falschbelastungen in sich birgt, die allein durch die erhöhten Strafandrohungen in §§ 164 Abs. 3, 145d Abs. 3 StGB nicht beseitigt wird, muss sich das Gericht mit naheliegenden **Falschbelastungsmotiven,** die in den genannten Fallgruppen häufig nicht von vornherein ausschließbar sind, auseinandersetzen.[256] Hierzu wird es im Rahmen der Aussageanalyse unter Verwendung der Realkennzeichen und der Hypothesenprüfung hilfreich sein, die Motive der Aussagebereitschaft festzustellen und zu hinterfragen. Außerdem kann der **Vernehmungsbeamte als Zeuge** vernommen werden, zB um Inhalte früherer Angaben festzustellen, zu prüfen, wie und aus welchen Gründen die Polizei die Glaubwürdigkeit des Aufklärungsgehilfen beurteilt hat, sowie um zu klären, ob und wie sich die Ermittlungsergebnisse und die Angaben anderer Tatbeteiligter in das durch die Aussage des Aufklärungsgehilfen gezeichnete Bild einfügen.

Erörterungsbedürftig ist der Gesichtspunkt einer möglichen oder gar naheliegenden **168** **Falschbelastung** besonders **bei Tatbeteiligten** (auch → Rn. 169), die in dem Bestreben, selbst Vorteile wie etwa eine Außervollzugsetzung des Haftbefehls oder eine Strafmilderung zu erlangen, falsche, dh Dritte wahrheitswidrig belastende Angaben gemacht haben könnten. Setzt sich das Gericht damit bei der Beurteilung der Glaubhaftigkeit der Aussage nicht auseinander, liegt ein Erörterungsmangel vor.[257] In solchen Fällen ist es unzureichend, wenn sich das Gericht darauf beschränkt, Umstände zu verneinen, die gegen die Glaubhaftigkeit des Aufklärungsgehilfen sprechen könnten; vielmehr ist auch auf solche Umstände abzustel-

---

[254] StRspr, zB BGH 8.9.1994 – 1 StR 519/94, StV 1995, 62; 29.7.1998 – 1 StR 94/98, BGHSt 44, 153 (158 f.) = NJW 1998, 3788 = StV 1998, 580 BGH 22.1.2002 – 5 StR 549/01, NStZ-RR 2002, 146; 6.3.2002 – 5 StR 501/01, NStZ-RR 2002, 174; Darstellung der Rspr. bei *Maier* NStZ 2005, 246.
[255] BGH 29.4.2003 – 1 StR 88/03, NStZ-RR 2003, 245.
[256] BGH 26.11.2013 – 3 StR 217/13, NStZ-RR 2014, 115; 22.9.2011 – 2 StR 263/11, NStZ-RR 2012, 52.
[257] BGH 26.11.2013 – 3 StR 217/13, NStZ-RR 2014, 115 mwN; 15.1.2003 – 1 StR 464/02, NJW 2003, 1615; OLG Koblenz 30.11.2015 – 4 Ss 186/15, BeckRS 2016, 05738.

len, die die Richtigkeit der Aussage positiv bestätigen können.[258] Die Erwägung, der Kronzeuge habe sich durch seine Angaben **auch selbst belastet,** ist jedenfalls dann ungeeignet, die Glaubhaftigkeit entscheidend zu stützen, wenn er damit rechnen musste, angesichts vorhandener Sachbeweise ohnehin in den Verdacht einer Tatbeteiligung zu geraten.[259] Auch die Tatsache, dass der Zeuge nach seiner Entlassung aus der (Untersuchungs-)Haft seine belastenden **Angaben aufrecht erhält,** ist kein Indiz für die Richtigkeit der Aussage, denn es gibt keinen Erfahrungssatz, dass ein Falschverdächtiger seine unrichtige Aussage nach seiner Entlassung revidiert, zumal er sich damit selbst der Falschverdächtigung bezichtigen müsste.[260] Dass der Vernehmungsbeamte dem Aufklärungsgehilfen **keine unzulässigen Versprechungen** gemacht hat, ist eine Selbstverständlichkeit und daher kein tragfähiges Argument für die Richtigkeit der Belastungsaussage.[261]

169   **cc) Aufklärungsgehilfe ist Tatbeteiligter.** Zu einer sorgfältigen kritischen Prüfung besteht umso mehr Anlass, wenn der **Aufklärungsgehilfe bzw. Belastungszeuge selbst in die Tat verstrickt** ist und daher möglicherweise den Angeklagten belastet hat, um seinerseits Strafmilderung nach § 31 zu erlangen und sich selbst auf Kosten des Angeklagten zu entlasten.[262] Nicht entscheidend ist, ob der Aufklärungsgehilfe im Zeitpunkt seiner Belastungsaussage als Zeuge oder (Mit-)beschuldigter auftritt. Auch wenn der Aufklärungsgehilfe im Zeitpunkt seiner belastenden Aussage bereits rechtskräftig verurteilt war, ist nicht ausgeschlossen, dass sein Aussageverhalten weiterhin von dieser Motivation beeinflusst wird; dies gilt insbesondere dann, wenn er seine Aussage bereits im Verlauf seines eigenen Strafverfahrens geändert hat.[263]

170   **dd) Aussage gegen Aussage.** In dieser Konstellation gelten zunächst die in Rn. 166 dargelegten Anforderungen ebenso. Stehen sich allein oder im Wesentlichen lediglich die belastende Aussage des Aufklärungsgehilfen und die bestreitenden Angaben des Angeklagten gegenüber, muss das Gericht beide Aussagen einer umfassenden Glaubhaftigkeitsüberprüfung unterziehen.[264] Dabei wird es die Kriterien der Aussageanalyse und die in Rn. 166 aufgelisteten Gesichtspunkte heranziehen. Von einer umfassenden Prüfung der Belastungsaussage ist das Gericht auch dann nicht entbunden, wenn der Angeklagte die Angaben des Aufklärungsgehilfen nur pauschal bestreitet oder sich nicht näher zum Vorwurf einlässt. In jedem Fall ist auch sorgfältig darauf zu achten, ob sich außerhalb der gegenüberstehenden Aussagen weitere objektive oder subjektive Beweismittel oder Indizien finden, die eine der Versionen stützen. Schließlich sind auch hier Motive für eine mögliche Falschbelastung ausfindig zu machen und zu erörtern.

171   Die Rspr. zur Situation Aussage gegen Aussage kann auch **Auswirkungen auf Haftentscheidungen** bzw. auf die Anforderungen an deren Begründung haben. So kann in einem Ermittlungsverfahren, in dem die Aussage des Beschuldigten gegen die Aussage des Belastungszeugen steht, ein dringender Tatverdacht jedenfalls dann nicht bejaht werden, wenn keine Erkenntnisse gegen die Glaubhaftigkeit der Angaben des Beschuldigten vorliegen und weitere Beweismittel fehlen. Soll die Aufhebung des Haftbefehls mangels dringenden Tatverdachts vermieden werden, ist es erforderlich, Erkenntnisse darzulegen, die den Schluss rechtfertigen können, die Angaben des Belastungszeugen seien glaubhafter als die des

---

[258] Vgl. BGH 29.4.2003 – 1 StR 88/03, NStZ-RR 2003, 245.
[259] BGH 22.9.2011 – 2 StR 263/11, NStZ-RR 2012, 52 (53); OLG Sachsen-Anhalt 20.11.2013 – 2 Ss 148/13, StraFo 2014, 76.
[260] OLG Sachsen-Anhalt 20.11.2013 – 2 Ss 148/13, StraFo 2014, 76.
[261] OLG Sachsen-Anhalt 20.11.2013 – 2 Ss 148/13, StraFo 2014, 76.
[262] S. zB BGH 11.3.1992 – 2 StR 63/92, StV 1992, 556; 24.11.2004 – 5 StR 480/04, BeckRS 2004, 12335; 22.9.2011 – 2 StR 263/11, NStZ-RR 2012, 52 (53) zur Verurteilung auf Grund von Angaben eines Mittäters; OLG Köln 16.12.2003 – Ss 499/03, StV 2004, 419; *Nack* StV 2002, 559.
[263] BGH 17.1.2002 – 3 StR 417/01, NStZ-RR 2002, 146; 24.11.2004 – 5 StR 480/04, NStZ-RR 2005, 88 (89).
[264] ZB BGH 21.1.2004 – 1 StR 379/03, NStZ 2004, 635; 29.4.2003 – 1 StR 88/03, NStZ-RR 2003, 245.

Beschuldigten, so etwa, dass sich die Angaben des Zeugen, soweit sie andere Personen betreffen, als richtig erwiesen haben.[265]

ee) Aussageänderungen, Falschaussagen. Eine besonders strenge Glaubwürdigkeits- 172
prüfung ist geboten, wenn
- der einzige Belastungszeuge seine Vorwürfe ganz oder teilweise nicht mehr aufrechterhält bzw.
- Anhaltspunkte dafür vorliegen, dass er seine Angaben im Laufe des Verfahrens wesentlich geändert hat.[266],
- der Tatrichter dessen anfänglicher Schilderung nicht folgt und es zu einem Teilfreispruch oder einer Teileinstellung nach § 154 StPO kommt,
- die Angaben des Zeugen zu einzelnen Taten oder Tatmodalitäten nachweislich unwahr sind.[267]

Auch wenn es sich nicht um starre Beweisregeln handelt, verlangt der BGH in solchen 173
Fällen regelmäßig, dass der Tatrichter außerhalb der Zeugenaussage liegende gewichtige Gründe nennen kann, die es ihm ermöglichen, der Aussage im Übrigen dennoch zu glauben.[268] Befindet sich der Aufklärungsgehilfe in der Rolle des einzigen Belastungszeugen und ergibt sich, dass seine Aussage in einem wesentlichen Punkt als bewusst falsch anzusehen ist, kann auf sie eine Verurteilung grundsätzlich nicht gestützt werden. Will das Gericht der Aussage im Übrigen folgen, müssen jedenfalls regelmäßig Indizien für deren Richtigkeit außerhalb der Aussage selbst vorliegen. Deshalb muss das Gericht dann, wenn der Aufklärungsgehilfe in einem wesentlichen Punkt von seinen früheren Angaben abweicht, auch darlegen, ob bewusst falschen Angaben vorgelegen haben.[269]

ff) Verständigungen. Auch in Fällen, in denen sich der Aufklärungsgehilfe in der Rolle 174
eines Mitangeklagten befindet (oder befand) und sein **im Rahmen einer Absprache iS des § 257c StPO zustande gekommenes Geständnis** vom Tatgericht zur Überführung eines Nichtgeständigen herangezogen wird, bleibt das Gericht dem Gebot der Wahrheitsfindung verpflichtet. Die Aufklärungspflicht gemäß § 244 Abs. 2 StPO gilt unverändert, sodass das Gericht ein so zustande gekommenes Geständnis auf seine Glaubhaftigkeit überprüfen muss. Dazu muss es in die Würdigung der Belastungsangaben erkennbar die vorangegangene Verständigung einbeziehen;[270] sich hierzu aufdrängende Beweiserhebungen dürfen nicht unterbleiben.[271] Auch hier stellt die nicht fern liegende Gefahr, dass der Angeklagte, der sich durch seine Aussage Vorteile verspricht, den Nichtgeständigen zu Unrecht belastet, im Rahmen der gebotenen **Glaubhaftigkeitsbeurteilung** einen wesentlichen Gesichtspunkt dar. Das Geständnis ist deshalb **kritisch** und in **für das Revisionsgericht nachprüfbarer Weise** zu würdigen. Wichtig für die Bewertung ist seine Entstehungs- und Entwicklungsgeschichte; auch die Umstände des Zustandekommens, der Inhalt oder gegebenenfalls die Gründe für das Scheitern einer Verständigung können bedeutsam werden.[272] Verhält sich das Urteil zu den genannten Punkten nicht, kann dies eine Beweiswürdigungslücke und damit einen durchgreifenden Erörterungsmangel begründen.[273] Daran hat § 257c StPO,

[265] Vgl. OLG Koblenz 7.2.2002 – 1 Ws 159/02, StraFo 2002, 365.
[266] BGH 17.1.2002 – 3 StR 417/01, NStZ-RR 2002, 146 f.
[267] Zu diesen Fallgruppen *Nack* StV 2002, 560 mwN aus der Rspr.
[268] BGH 29.7.1998 – 1 StR 152/98, NStZ 1999, 42; dazu näher *Nack* StV 2002, 560.
[269] Vgl. BGH 17.11.1998 – 1 StR 450/98, BGHSt 44, 256 (257) = NJW 1999, 802. Aus dieser Rspr. auf die Vorgabe einer starren Beweisregel zu schließen, wäre aber verfehlt. Der Tatrichter ist nicht gehindert, einem Zeugen teilweise zu glauben und teilweise nicht; vgl. BGH 24.6.2003 – 3 StR 96/03, NStZ-RR 2003, 332; 22.4.1997 – 4 StR 140/97, BGHR StPO § 261 Beweiswürdigung 13; 21.1.2004 – 1 StR 379/03, NStZ 2004, 635 (636). S. dazu auch *Maier* NStZ 2005, 246.
[270] BGH 6.3.2012 – 1 StR 17/12, NStZ-RR 2012, 179 mwN; 22.2.2012 – 1 StR 349/11, NStZ 2013, 353.
[271] BGH 28.8.1997 – 4 StR 240/97, BGHSt 43, 195 (204) mwN = NJW 1998, 86; vgl. auch BGH 3.3.2005 – GSSt 1/04, BGHSt 50, 40 (49) = NJW 2005, 1440 (1442) mwN.
[272] Vgl. die entsprechenden Protokollierungspflichten in § 273 Abs. 1 S. 2, Abs. 1a StPO.
[273] BGH 15.1.2003 – 1 StR 464/02, BGHSt 48, 161 = NJW 2003, 1615 = StV 2003, 264 mAnm *Weider* StV 2003, 266; 29.4.2003 – 1 StR 88/03, NStZ-RR 2003, 245.

auch wenn diese Vorschrift nicht verlangt, die Inhalte einer Verständigung im Urteil darzustellen, nichts geändert.

175　　e) **Aufklärungspflicht.** S. 1 Nr. 1 verlangt, dass ein Aufklärungserfolg eingetreten ist. Nur dies hat der Tatrichter aufzuklären. Er ist weder gehalten, selbst den Angaben des Angeklagten nachzugehen, um einen Aufklärungserfolg herbeizuführen, noch braucht er abzuwarten, bis andere Stellen entsprechende Ermittlungen durchgeführt haben.[274] Für die Frage, ob ein Aufklärungserfolg vorliegt, kommt es vielmehr entscheidend auf die in der Hauptverhandlung gewonnene Überzeugung des Gerichts an. Die Aufklärungspflicht gebietet jedoch, dass abgeklärt wird, ob und welche Angaben des Angeklagten vorliegen, die die Voraussetzungen des S. 1 Nr. 1 erfüllen können. **Frühere Angaben,** die möglicherweise zur Annahme des § 31 führen, dürfen nicht unberücksichtigt gelassen werden.[275] Das Tatgericht muss die **Beweisaufnahme** deshalb auf Angaben im Sinne von S. 1 Nr. 1, die etwa in einer polizeilichen Vernehmung durch den Angeklagten gemacht wurden, erstrecken. Gleiches muss für das **bei den Ermittlungsbehörden vorhandene Wissen** gelten.[276] Anderenfalls droht die Aufklärungsrüge (→ Rn. 270).

176　　In der Regel erfolgt die Aufklärung, welche Angaben der Angeklagte gemacht hat und zu welchen Ergebnissen die Überprüfung geführt hat, durch Vernehmung der Ermittlungsbeamten, insbesondere der Verhörspersonen. Zu den Möglichkeiten mittelbarer Mitteilungen → Rn. 49 ff.

177　　Die Frage, ob die Aufklärungspflicht des Gerichts gegebenenfalls auch eine **Aussetzung der Hauptverhandlung** gebietet, um Angaben des Angeklagten zu überprüfen oder Beweisanträgen nachzugehen, wird uneinheitlich beantwortet. Zum Teil wird sie mit dem Hinweis bejaht, ein Grund, Beweisanträge zur Einlassung des Angeklagten anders zu behandeln als die Voraussetzungen des § 31 betreffende Anträge, sei nicht ersichtlich.[277] Die Gegenauffassung verweist darauf, dass § 31 dem Angeklagten keinen Anwendungsanspruch zugesteht, sondern nur ein Recht auf tatrichterliche Prüfung einräumt.[278]

178　　Eine Klärung dieser Frage auf solch abstrakte Weise erscheint jedoch nicht möglich; sie muss sich vielmehr stärker an den Voraussetzungen des § 31 orientieren. Danach ist aufzuklären, ob ein Aufklärungserfolg bereits eingetreten ist. In diesem Sinne entscheidungserheblichen Beweisanträgen muss, gegebenenfalls auch unter Aussetzung des Verfahrens, nachgegangen werden. Indes kann nicht – auch nicht durch einen Beweisantrag – verlangt werden, dass das Gericht selbst den Aufklärungserfolg herbeiführt.[279] Dieser von der Rechtsprechung verfolgten Linie ist zuzustimmen. Die Aufklärungspflicht geht nicht weiter, als dies nach dem materiellen Recht geboten ist.[280] Es gehört nicht zu den Aufgaben des Gerichts, sondern zu denen der Ermittlungsbehörden, gegebenenfalls durch Einschaltung ausländischer Behörden, den Angaben des Täters, die nicht seinen eigenen Tatbeitrag betreffen, nachzugehen.[281] Eine Divergenz zwischen der Rechtsprechung des 4. und 5. Strafsenats

[274] BGH 3.2.1993 – 5 StR 20/93, NJW 1993, 1086 = NStZ 1993, 242; 22.2.1994 – 1 StR 20/94, NStE Nr. 26 zu § 31 BtMG = StV 1994, 544; 29.4.1987 – 2 StR 107/87, NJW 1987, 2882 = NStZ 1988, 505 = BGHR BtMG § 31 Nr. 1 Aufdeckung 2.
[275] BGH 16.3.1989 – 4 StR 93/89, BGHR BtMG § 31 Nr. 1 Aufdeckung 12; vgl. auch BGH 23.8.1989 – 3 StR 205/89, BGHR BtMG § 31 Nr. 1 Aufdeckung 15, wo der Ermittlungsakteninhalt dafür sprach, dass Tatbeiträge Beteiligter erst durch das Geständnis des Angeklagten aufgedeckt werden konnten, was näherer Aufklärung bedurft hätte.
[276] Vgl. BGH 2.12.1999 – 4 StR 547/99, NStZ 2000, 433 (434) und BGH 10.11.2010 – 2 StR 523/10, BeckRS 2010, 29060: Verletzung der Aufklärungspflicht durch die unterlassene Vernehmung eines Staatsanwalts, der ausgesagt hätte, dass die Ermittlungsbehörden ohne die Angaben des Angeklagten seines Mittäters nicht habhaft geworden wären durch das Unterlassen der Verlesung eines Haftrichterprotokolls, in dem der Angeklagte seinen Mittäter offenbart.
[277] *Weider* NStZ 1984, 396; wohl auch *Malek* 4. Kapitel Rn. 56.
[278] HJLW/*Winkler* § 31 Rn. 3.5.
[279] BGH 19.8.1997 – 1 StR 227/97, NStZ 1998, 90.
[280] *Weber* Rn. 144.
[281] *Weber* Rn. 144, 145.

des BGH besteht nicht.[282] Denn in einem Fall[283] ging es darum, dass – bereits vorhandene – Angaben des Angeklagten übersehen oder übergangen wurden, während sich die andere Entscheidung[284] zur Frage äußerte, ob das Gericht den Angaben nachzugehen hat, um selbst den Aufklärungserfolg herbeizuführen.

f) Beweisanträge. aa) Allgemeines. Das soeben Dargelegte wirkt sich entsprechend **179** bei der Anwendung des § 244 Abs. 3 bis Abs. 5 StPO auf **Beweisanträge,** die auf den Nachweis der Voraussetzungen des § 31 abzielen, aus. Zu unterscheiden ist danach, ob mit dem Beweisantrag ein schon vorhandener **Aufklärungserfolg bewiesen** werden (dazu → Rn. 180) **oder** ob mit dem benannten Beweismittel der Aufklärungserfolg **erst herbeigeführt** werden soll (dazu → Rn. 181).

Soll ein vorhandener Aufklärungserfolg belegt werden, so scheidet, auch vor dem Hinter- **180** grund der Aufklärungspflicht, eine Ablehnung des Beweisantrags regelmäßig aus (zur Ausnahme einer Ablehnung wegen Wahrunterstellung → Rn. 182 ff.). So kann etwa ein Beweisantrag auf Vernehmung eines Kriminalbeamten nicht wegen Bedeutungslosigkeit der Beweistatsache zurückgewiesen werden, wenn der Antragsteller behauptet, die Polizei habe den vom Angeklagten mit Namen genannten Auftraggeber identifiziert und die Angaben des Angeklagten über diesen Mann als Lieferanten hätten unter Berücksichtigung weiterer Erkenntnisse der Überprüfung durch die Polizei standgehalten.[285]

Demgegenüber ist ein Beweisantrag, der durch Benennung von Drogenabnehmern einen **181** Aufklärungserfolg erst herbeiführen will, zwar nicht unzulässig, aber für die Entscheidung darüber, ob die Voraussetzungen des S. 1 Nr. 1 vorliegen, ohne Bedeutung.[286] Denn der Aufklärungserfolg muss vorliegen und nicht erst gesucht werden. Zur Frage der **Aussetzung** der Hauptverhandlung bei Beweisanträgen → Rn. 177 f.

bb) Wahrunterstellung. Auch für den Ablehnungsgrund der Wahrunterstellung gelten **182** im Ergebnis die allgemeinen Grundsätze. Bei der Frage, ob eine Wahrunterstellung eines Aufklärungserfolgs oder seiner einzelnen Elemente zulässig ist, herrscht bislang noch keine endgültige Klarheit. Der **BGH** hat, was S. 1 Nr. 1 anbelangt, zunächst offen gelassen, ob es zulässig ist, Beweisanträge, mit denen der Angeklagte die Voraussetzungen dieser Vorschrift dartun will, durch Wahrunterstellung zu erledigen.[287] Später wurde zutreffend darauf hingewiesen, dass es sich – da das Gesetz einen tatsächlich eingetretenen Aufklärungserfolg voraussetzt – mit dem Sinn der Vorschrift schwer vereinbaren lässt, sie lediglich auf Grund einer Wahrunterstellung anzuwenden.[288]

Ohne sich festzulegen, scheinen sich Stimmen in der **Literatur** tendenziell an die Rspr. **183** anzulehnen.[289] Soweit diese Auffassungen dahin zu verstehen sein sollten, dass auch einzelne Tatsachen, die in Verbindung mit anderen Umständen einen Aufklärungserfolg begründen können, nicht als wahr unterstellt werden dürfen, findet dies in § 244 Abs. 3 Satz 2 StPO keine Stütze. Anders liegt es dann, wenn sich die Wahrunterstellung gleichsam auf den „fertigen" Aufklärungserfolg bezieht, dh das auf Tatsachen beruhende Ergebnis der richterlichen Überzeugungsbildung erfassen soll. In einem solchen Fall stellt die Wahrunterstellung einen **Verstoß gegen die Aufklärungspflicht** dar.

Fest steht, dass das **Gericht** dann, wenn es eine Beweisbehauptung über die Tatbeteili- **184** gung eines anderen als wahr unterstellt hat, daran **gebunden** ist und den Aufklärungserfolg –

---

[282] Anders noch *Endriß/Malek,* 2. Aufl., Rn. 869 Fn. 166.
[283] BGH 16.3.1989 – 4 StR 93/89, BeckRS 1989, 31102898.
[284] BGH 3.2.1993 – 5 StR 20/93, NStZ 1993, 242.
[285] BGH 2.12.1999 – 4 StR 547/99, StV 2000, 295.
[286] BGH 19.8.1997 – 1 StR 227/97, NStZ 1998, 90; ebenso *Körner* Rn. 85 mwN.
[287] BGH 3.12.1991 – 1 StR 619/91, BGHR StPO § 244 Abs. 3. S. 2 Wahrunterstellung 24.
[288] BGH 17.5.1996 – 5 StR 119/96, NStZ-RR 1997, 85.
[289] Meyer-Goßner/Schmitt/*Meyer-Goßner* StPO § 244 Rn. 70: „regelmäßig nicht zulässig;" *Schäfer/Sander/ van Gemmeren* Strafzumessung Rn. 987: eine Wahrunterstellung dürfte gegen die gerichtliche Aufklärungspflicht verstoßen. *Weber* Rn. 128, 129 spricht sich uneingeschränkt gegen die Möglichkeit einer Wahrunterstellung von Elementen oder des gesamten Aufklärungserfolgs aus, beruft sich dabei aber zu Unrecht auf BGH NStZ-RR 1997, 85.

unabhängig vom tatsächlichen Verfahrensstand gegen den Belasteten – bejahen muss;[290] insbesondere muss die Bewertung der Wesentlichkeit und des Gewichts des Aufklärungsbeitrags durch das Gericht mit den als wahr unterstellten Behauptungen vereinbar sein. In ihrer Wirkung für den Angeklagten unterscheiden sich – ebenso wie dies sonst bei der Anwendung des Ablehnungsgrundes der Wahrunterstellung der Fall ist – der tatsächlich eingetretene Aufklärungserfolg und derjenige, der sich aus als wahr unterstellten Tatsachen ergibt, nicht; beide Varianten eröffnen dem Gericht die Möglichkeit, § 31 anzuwenden.

185   Problematisch erscheint, ob es für das Gericht trotz einer Wahrunterstellung der für S. 1 Nr. 1 erforderlichen Voraussetzungen möglich bleibt, von der Anwendung der Rechtsfolgenseite der Vorschrift oder einer Strafmilderung im Rahmen des ihm zustehenden Ermessens abzusehen. Zwar ist mit der Behandlung einer Beweistatsache in Form der Wahrunterstellung noch keine Zusage des Gerichts verbunden, dass diese Tatsache auch als erheblich angesehen wird;[291] deshalb wurde auch eine Unterrichtung des Antragstellers darüber, dass das Gericht die Tatsache auf Grund der Urteilsberatung als unerheblich behandeln will, als entbehrlich angesehen.[292] Da jedoch auf S. 1 Nr. 1 abzielende Beweisanträge auch unausgesprochen immer das Ziel einer Strafmilderung verfolgen werden, empfiehlt sich – um beim Antragsteller nicht falsche Erwartungen zu wecken und den Vorwurf, gegen das Gebot eines fairen Verfahrens verstoßen zu haben, zu vermeiden – in dem den Beweisantrag behandelnden Beschluss ein **Hinweis** darauf, dass die Wahrunterstellung noch nicht automatisch die Zusage beinhaltet, es werde § 49 Abs. 1 StGB angewandt oder eine sonstige Strafmilderung vorgenommen werden.[293]

186   **13. Darstellung des Aufklärungserfolgs im Urteil.** Das Gericht muss im Urteil den Aufklärungserfolg und die ihm zugrunde liegende richterliche Überzeugung **konkret und nachprüfbar** darstellen. Deshalb sind zum einen die aufklärenden Angaben des Angeklagten, wenn auch nicht in allen Einzelheiten, so doch in ihrem tatsächlichen Kern nachvollziehbar darzulegen,[294] zum anderen der Erkenntnisstand der Ermittlungsbehörden und etwaige durch die Aussage veranlasste Maßnahmen der Strafverfolgungsbehörden, zB die Erwirkung eines Haftbefehls. Wegen der Zeitgrenze (S. 3 iVm § 46b Abs. 3 StGB) muss das Urteil auch den Zeitpunkt der aufklärenden Angaben mitteilen. Formelhafte Ausführungen, Hinweise auf die Einschätzung der Aussage durch die Polizei oder floskelhafte pauschale Bewertungen der Aufklärungshilfe (wesentlicher Aufklärungsbeitrag durch Geständnis, erheblich, wertvoll, gering, wenig wertvoll) genügen nicht.[295]

187   Denn solche Urteilswendungen ermöglichen dem Revisionsgericht ebenso wenig wie substanzlose Darstellungen des Aufklärungserfolgs keine Prüfung, ob sich der Tatrichter bei seiner Entscheidung über die Anwendbarkeit des S. 1 Nr. 1 von rechtlich zutreffenden und zulässigen Erwägungen hat leiten lassen.[296] Zeigt das Urteil hier Mängel oder Unklarheiten, so führen diese regelmäßig zur **Aufhebung des Strafausspruchs.** Dies gilt insbesondere dann, wenn sich anhand des Urteils nicht überprüfen lässt, ob die Angaben des Angeklagten zur Identifizierung eines durch ihn Belasteten ausreichen, ob die Angaben eine sicherere Grundlage für den Nachweis der betreffenden Taten und der Möglichkeit ihrer strafrechtlichen Verfolgung schaffen konnten, ob die Anwendung des S. 1 Nr. 1 zutreffend abgelehnt wurde – etwa wegen eines fehlenden Aufklärungserfolgs – oder ob

---

[290] BGH 23.10.1985 – 2 StR 401/85, StV 1986, 63; 29.7.1988 – 3 StR 289/88, StV 1989, 391 m. zust. Anm. *Weider* StV 1989, 391; 11.6.1997 – 2 StR 134/97, BeckRS 1997, 31120236; nicht überzeugend offengelassen in BGH 17.5.1996 – 5 StR 119/96, NStZ-RR 1997, 85.

[291] Vgl. nur KK-StPO/*Fischer* StPO § 244 Rn. 185.

[292] Meyer-Goßner/Schmitt/*Meyer-Goßner* StPO § 244 Rn. 70 mwN.

[293] Vgl. dazu BGH 6.7.1983 – 2 StR 222/83, BGHSt 32, 44 (45, 47).

[294] BGH 23.4.2013 – 1 StR 131/13, NStZ 2013, 665 mwN.

[295] BGH 7.6.1994 – 1 StR 191/94, MDR 1994, 764; 22.2.1994 – 1 StR 20/94, NStZ 1995, 327 (bei *Zschockelt*); 10.4.1992 – 3 StR 101/92, NStZ 1993, 378 (bei *Schoreit*); 19.5.2011 – 3 StR 89/11, NStZ-RR 2011, 320 (321) mwN.

[296] BGH 24.8.1995 – 4 StR 463/95, BGHR BtMG § 30 Abs. 2 Strafrahmenwahl 4; 22.2.1994 – 1 StR 20/94, NStE Nr. 26 zu § 31 BtMG = StV 1994, 544.

dies – etwa weil ein von S. 1 Nr. 1 nicht vorausgesetzter Fahndungserfolg verlangt wurde – zu Unrecht geschah.

III. Folgen und durch S. 1 Nr. 1 eröffnete Möglichkeiten

1. Überblick. S. 1 Nr. 1 stellt einen vertypten Milderungsgrund dar, für den das Doppel- **188** verwertungsverbot des § 50 StGB gilt. Liegen die Voraussetzungen des S. 1 Nr. 1 vor, vermag sich dies nicht nur im Hauptverfahren – hier gelten für die gerichtliche Ermessensausübung gemäß S. 2 die nicht abschließenden Kriterien des § 46b Abs. 2 StGB – auszuwirken, sondern auch im Ermittlungs- sowie im Vollstreckungsverfahren. Geleistete Aufklärungshilfe kann folgende Konsequenzen haben:
- das Absehen von der Anklageerhebung bzw. die Einstellung des Verfahrens (→ Rn. 189 ff.),
- das Absehen von Strafe (→ Rn. 193),
- die Annahme eines minderschweren Falles (→ Rn. 195 ff.),
- die Anwendung des § 49 Abs. 1 StGB (→ Rn. 203 ff.),
- das Absehen von der Annahme eines besonders schweren Falles (→ Rn. 221 f.),
- die Berücksichtigung der Aufklärungshilfe nur bei der Strafzumessung im engeren Sinne (→ Rn. 223 ff.),
- Beeinflussung von Bewährungs- und Strafvollstreckungsentscheidungen (→ Rn. 229 ff.).

2. Absehen von Anklageerhebung und Verfahrenseinstellung. a) Einstellung **189** **nach § 153b Abs. 1 StPO.** Die StA kann mit Zustimmung des Gerichts von der Anklage-erhebung absehen und das Verfahren gemäß § 153b Abs. 1 StPO einstellen. § 153b StPO ist nicht nur bei Vergehen, sondern auch bei Verbrechen anwendbar.

Die Einstellung muss sich auf die **gesamte prozessuale Tat** beziehen. Treffen mehrere **190** Gesetzesverletzungen nach §§ 52, 53 StGB in einer Tat zusammen, kommt § 153b StPO nur in Betracht, wenn alle verwirklichten Tatbestände ein Absehen von der Verfolgung gestatten.[297] Die Einstellung nach § 170 Abs. 2 StPO hat Vorrang.[298] Der Status als Beschul-digter wird durch von der StA verfügte Einstellungen nach §§ 153 ff., 170 StPO beendet, sodass der Betroffene danach und unabhängig von einer Verfahrenstrennung uneinge-schränkt als Zeuge und Aufklärungsgehilfe zur Verfügung steht.

b) Einstellung nach § 153b Abs. 2 StPO. Unter denselben Voraussetzungen kann das **191** Gericht eine Verfahrenseinstellung nach § 153b Abs. 2 StPO beschließen. Dieser Beschluss ist grundsätzlich unanfechtbar; eine Beschwerde ist nur zulässig, wenn eine prozessuale Voraussetzung, etwa die Zustimmungserklärung, fehlt.[299]

c) Revision. Die Revision kann nicht auf die Anwendung oder Nichtanwendung des **192** § 153b StPO gestützt werden. Das Revisionsgericht kann jedoch auf die Sachrüge überprü-fen, ob durch Urteil von Strafe hätte abgesehen werden müssen und selbst nach § 354 Abs. 1 StPO aussprechen, dass von Strafe abgesehen wird.[300]

3. Absehen von Strafe. Nach der Neufassung des § 31 kommt ein Absehen von Strafe **193** durch das Gericht nicht mehr nur bei Vergehen des BtMG, sondern in allen Fällen in Betracht, in denen der Täter eine Freiheitsstrafe von nicht mehr als drei Jahren verwirkt hat. Dies lässt das Absehen von Strafe auch bei Verbrechen zu. Von der Möglichkeit, dass das Gericht im Urteil die Schuld feststellt und von einer Straffestsetzung absieht, wurde schon unter Geltung der alten Fassung des § 31 kaum Gebrauch gemacht.[301] Die Gründe hierfür sind bislang nicht untersucht.

---

[297] Vgl. BayObLG 27.10.1971 – RReg 1 St 71/71, NJW 1972, 696.
[298] Löwe/Rosenberg/*Beulke* StPO § 153b Rn. 6.
[299] BGH 21.12.1956 – 1 StR 337/56, BGHSt 10, 88 (91) = NJW 1970, 1196.
[300] BayObLG 27.10.1971 – RReg 1 St 71/71, NJW 1972, 696; Löwe/Rosenberg/*Beulke* StPO § 153b Rn. 22.
[301] Von 1985–1987 in nur ca. 45 Fällen; dazu näher *Körner* Rn. 81.

194   Vorbehaltlich einer **Einzelfallbetrachtung** dürfte das Absehen von Strafe etwa dort angemessen sein, wo die Offenbarung des Aufklärungsgehilfen mit akuter Lebensgefahr für ihn verbunden war. Als weitere Anwendungsfälle sind Sachverhalte denkbar, in denen Gewicht und Umfang der aufgedeckten Tat(en) diejenige des Aufklärungsgehilfen vielfach übersteigen[302] oder in denen zum Eigenverbrauch erworbene Kleinstmengen in Rede stehen und dem Angeklagten deshalb gleichzeitig der Widerruf einer mehrjährigen Freiheitsstrafe droht.[303]

195   **4. Begründung eines minder schweren Falles. a) Strafrahmenwahl, Prüfungsreihenfolge.** Maßgeblich ist das **Ergebnis einer Gesamtabwägung** der strafzumessungserheblichen Umstände; das Gericht darf sich nicht allein an Art oder Menge des Rauschgifts orientieren.[304] In die Strafrahmenwahl und die Prüfung, ob ein minder schwerer Fall vorliegt, sind stets gesetzlich vertypte Milderungsgründe und damit auch § 31 einzubeziehen (näher→ StGB § 46 Rn. 104 ff.).

196   Zunächst muss das Gericht prüfen, ob allgemeine Strafmilderungsgründe für die Annahme eines minder schweren Falles ausreichen,[305] danach, ob ein oder ggf. mehrere vorliegende vertypte Milderungsgründe zur Einstufung des Falles als minder schwer führen. Erst wenn allgemeine Milderungsgründe auch in Verbindung mit den gesetzlich vertypten nicht zum minder schweren Fall führen, stellt sich die Frage der Milderung des Normalstrafrahmens nach § 49 Abs. 1 StGB.[306] Gerade in Fällen bedeutsamer Aufklärungshilfe kommt jedoch bereits allein wegen § 31 ein minder schwerer Fall in Betracht. Dies gilt umso mehr, wenn noch weitere gewichtige Strafmilderungsgründe vorliegen.[307] Zur Prüfungsreihenfolge und den Anforderungen an die Strafrahmenwahl s. auch → StGB § 46 Rn. 104 ff.

197   Deshalb muss aus den **Urteilsgründen** zur Strafrahmenwahl eindeutig hervorgehen, ob die Voraussetzungen des S. 1 Nr. 1 vorliegen oder nicht,[308] ebenso, ob das Gericht, dass die Voraussetzungen des § 31 bejaht hat, diesen vertypten Milderungsgrund bei der Wahl des Strafrahmens berücksichtigt und – bei Ablehnung eines minder schweren Falles – eine Strafrahmenverschiebung nach § 49 Abs. 1 StGB vorgenommen hat.[309]

198   **b) Verbot der Doppelverwertung.** Wurde die Begründung eines minder schweren Falls auf § 31 – allein oder in Verbindung mit anderen Gründen – gestützt, scheidet eine nochmalige Strafrahmenverschiebung wegen **§ 50 StGB** aus.

199   Nicht ausgeschlossen ist eine **weitere Verschiebung** des Strafrahmens jedoch dann, wenn neben § 31 ein oder mehrere weitere vertypte Milderungsgründe vorliegen; dabei kann es sich um eine fakultative (§§ 21, 23 Abs. 2 StGB) oder eine zwingend gebotene (§ 27 Abs. 2 S. 2 StGB) Strafrahmenverschiebung handeln. Sie setzt jedoch stets voraus, dass die vertypten Milderungsgründe nicht schon als Begründung für die Anwendung des Ausnahmestrafrahmens (§§ 29a Abs. 2, 30 Abs. 2, 30a Abs. 3) herangezogen und damit verbraucht wurden. Ist zB der vermindert schuldfähige Aufklärungsgehilfe wegen Handeltreibens mit Betäubungsmitteln in nicht geringer Menge zu verurteilen und wendet das Tatgericht schon allein wegen § 31 den Strafrahmen des § 29a Abs. 2 BtMG an, kann dieser erneut nach §§ 21, 49 Abs. 1 StGB gemildert werden, so dass der danach zur Verfügung stehende Strafrahmen neben der Möglichkeit der Geldstrafe eine Freiheitsstrafe von einem Monat bis zu drei Jahren neun Monaten vorsieht.

---

[302] Vgl. Kreuzer/*Hellebrand* § 14 Rn. 114, der zutreffend das Ermessen von Gericht und StA betont.
[303] Vgl. OLG Hamm 24.6.1998 – 2 Ss 666/98, NStZ-RR 1998, 374 = StV 1998, 600.
[304] BGH 1.3.2011 – 3 StR 28/11, NStZ-RR 2011, 284.
[305] BGH 18.12.2001 – 1 StR 444/01, NJW 2002, 908; zur Prüfungsreihenfolge BGH 23.5.2012 – 5 StR 185/12, BeckRS 2012, 13120 mwN.
[306] ZB BGH 9.4.1997 – 1 StR 134 und 135/97 sowie 13.5.1997 – 4 StR 206/97, alle NStZ 1998, 240 (bei *Zschockelt*); BGH 3.2.2015 – 3 StR 632/14; 16.9.2014 – 3 StR 413/14, StV 2015, 642.
[307] BGH 1.3.2011 – 3 StR 28/11, NStZ-RR 2011, 284; 19.11.1996 – 1 StR 662/96, NStZ 1997, 267 (bei *Zschockelt*).
[308] Vgl. BGH 6.3.2002 – 2 StR 491/01, BeckRS 2002, 30244663.
[309] Vgl. dazu BGH 16.9.2014 – 3 StR 413/14, StV 2015, 642.

Zu beachten ist jedoch, dass – trotz § 50 StGB und auch dann, wenn § 31 bei der **200** Begründung des minder schweren Falles verbraucht wurde – innerhalb der Strafzumessung im engeren Sinne der Umstand geleisteter **Aufklärungshilfe nochmals berücksichtigt** werden darf. Diese Möglichkeit wird nach der Rechtsprechung sogar zum – grundsätzlich einzuhaltenden – Gebot.[310] Wurde jedoch § 31 bereits zur Begründung eines minder schweren Falles herangezogen, wird sich sein strafmilderndes Gewicht innerhalb des Ausnahmestrafrahmens nicht nochmals als massiver Milderungsumstand auswirken können.

c) Verhältnis des minder schweren Falls zur Milderung nach § 49 Abs. 1 StGB. **201** Für das Gericht, das vor der **Wahl** steht, entweder mit § 31 einen minder schweren Fall zu begründen oder den Normalstrafrahmen nach § 31 iVm § 49 Abs. 1 StGB zu mildern, gibt es keine allgemeingültige Direktive. Es muss vielmehr prüfen, welcher der möglichen Strafrahmen sich im Einzelfall als schuldangemessen erweist; eine Verpflichtung, den günstigsten Strafrahmen anzuwenden, besteht nicht.[311] Die Strafzumessungsgründe müssen eine echte **Abwägung** sowie erkennen lassen, welcher **Strafrahmen** der Bemessung der Strafe zugrunde liegt. Deshalb ist anzugeben, ob der Gesichtspunkt der Aufklärungshilfe lediglich innerhalb des Regelstrafrahmens gewürdigt oder ob von dem nach S. 1 Nr. 1 iVm § 49 Abs. 1 StGB gemilderten Strafrahmen ausgegangen wurde.[312] Den Urteilsgründen muss sich ferner – sieht man von Fällen, in denen die Annahme eines minder schweren Falles fern liegt, ab – das Bewusstsein des Gerichts entnehmen lassen, dass das Vorliegen von § 31 Nr. 1 schon für sich allein oder zusammen mit weiteren Milderungsgründen einen minder schweren Fall begründen kann; ebenso, ob das Gericht, falls es einen minder schweren Fall ablehnt, von der Möglichkeit der Milderung des Strafrahmens nach S. 1 Nr. 1 iVm § 49 Abs. 1 StGB Gebrauch gemacht hat.[313]

Hat das Tatgericht die geleistete Aufklärungshilfe sowie weitere Milderungsgründe gese- **202** hen und berücksichtigt, diese gegen schulderschwerende Elemente, insbesondere eine große Wirkstoffmenge, abgewogen und danach einen minder schweren Fall verneint, ist dies revisionsrechtlich hinzunehmen.[314] Fehlerhaft ist es hingegen, einen minderschweren Fall trotz § 31 und einer Vielzahl weiterer teilweise gewichtiger Milderungsgründe unter alleiniger Orientierung an Art und Menge der Betäubungsmittel abzulehnen.[315]

5. Anwendung des § 49 Abs. 1 StGB. a) Strafrahmenverschiebung. Die Möglich- **203** keit, die Strafrahmengrenzen nach § 49 Abs. 1 StGB nach unten zu verschieben, eröffnet § 31 bei allen Vergehen und Verbrechen des BtMG. Die **Urteilsgründe** müssen regelmäßig erkennen lassen, dass das Gericht sich dieser **Milderungsmöglichkeit** bewusst war[316] (auch → Rn. 201 f.). Für den Fall, dass § 31 iVm § 49 Abs. 1 StGB angewandt wird, bewirken § 49 Abs. 1 Nr. 2 und 3 StGB bei zeitigen Freiheitsstrafen eine **Veränderung von Höchst- und Mindestmaß:** Nach § 49 Abs. 1 Nr. 2 Satz 1 StGB darf höchstens eine Strafe in Höhe von drei Vierteln des angedrohten Höchstmaßes verhängt werden. Bei Geldstrafe gilt Entsprechendes für die Höchstzahl der Tagessätze. § 49 Abs. 1 Nr. 2 Satz 2 StGB bestimmt die Ermäßigung auf drei Viertel der in § 40 Abs. 1 festgelegten Tagessatzhöchstzahl, mithin auf 270 Tagessätze. Das Mindestmaß der Tagessätze richtet sich nach dem Mindestmaß der angedrohten Freiheitsstrafe.[317]

---

[310] BGH 4.12.1998 – 4 StR 540/97, StV 1998, 601.

[311] S. dazu → StGB § 46 Rn. 98 ff.

[312] Vgl. nur *Fischer* StGB § 49 Rn. 2 mwN aus der Rspr.

[313] BGH 14.4.1987 – 1 StR 163/87, BGHR BtMG § 29 Abs. 3 Nr. 1 = StV 1987, 345; 16.9.2014 – 3 StR 413/14, StV 2015, 642.

[314] BGH 18.12.2001 – 1 StR 444/01, NJW 2002, 908; 15.8.2002 – 3 StR 166/02, BeckRS 2002. 07044. Zur Bedeutung der Wirkstoffmenge für die Strafzumessung im Betäubungsmittelstrafrecht s. auch BGH 23.12.1998 – 3 StR 531/98, NStZ 1999, 193 und 1.3.2011 – 3 StR 28/11, NStZ-RR 2011, 284.

[315] BGH 1.3.2011 – 3 StR 28/11, NStZ-RR 2011, 284.

[316] BGH 5.10.1995 – 4 StR 479/95, NStZ 1996, 226 (bei *Zschockelt*).

[317] LK-StGB/*Theune* StGB § 49 Rn. 15.

204   Danach gilt für die **Reduzierung der Strafrahmenobergrenzen:** Sieht der Regelstrafrahmen als Höchstmaß fünfzehn Jahre Freiheitsstrafe vor, beträgt das reduzierte Höchstmaß elf Jahre drei Monate. Bei einem Strafrahmen bis zu zehn Jahren ermäßigt sich das Höchstmaß auf sieben Jahre sechs Monate, bei einem Strafrahmen bis zu fünf Jahren auf drei Jahre und neun Monate, bei einem Strafrahmen bis zu zwei Jahren auf ein Jahr sechs Monate und bei einem Strafrahmen bis zu einem Jahr auf neun Monate.

205   Für die **Reduzierung der Strafrahmenuntergrenzen** gilt: Das Mindestmaß reduziert sich bei einer Mindeststrafe von fünf oder zehn Jahren auf zwei Jahre, bei einer solchen von zwei oder drei Jahren auf sechs Monate, bei einer von einem Jahr auf drei Monate und ansonsten auf das gesetzliche Mindestmaß, das gem. § 38 Abs. 2 einen Monat beträgt.[318] Liegt das Mindestmaß unter sechs Monaten, hat das Gericht nach § 47 Abs. 2 zu prüfen, ob statt einer Freiheitsstrafe eine Geldstrafe zu verhängen ist.

206   Beim **Zusammentreffen mehrerer Strafmilderungsgründe,** die zu einer Herabsetzung der Strafe nach § 49 Abs. 1 StGB führen oder führen können, ist eine mehrfache Herabsetzung des Strafrahmens möglich. Dies ist etwa beim Zusammentreffen des S. 1 Nr. 1 mit S. 1 Nr. 2 und/oder mit § 46b StGB denkbar (näher → Rn. 218 ff.).

207   **b) Ermessensausübung und Kriterien des § 46b Abs. 2 StGB. aa) Notwendige Gesamtbetrachtung.** § 31 ist als Kann-Regelung ausgestaltet. Ob das Gericht § 49 Abs. 1 StGB anwendet und eine Strafrahmenverschiebung vornimmt oder von Strafe absieht, steht in seinem pflichtgemäßen **Ermessen.** Auch wenn der dem Tatgericht eröffnete Ermessensspielraum und ebenso der Umfang der Milderung, der dem Angeklagten bei der Sanktionsbemessung zugutekommt, mit der Revision nur eingeschränkt überprüfbar ist,[319] muss die Abwägung des Gerichts die wesentlichen Gesichtspunkte enthalten. Verlangt wird eine **Gesamtbetrachtung,** in der insbesondere Art, Umfang und Bedeutung der geleisteten Aufklärungs- oder Präventionshilfe der Schwere der Tat des Kronzeugen und dessen Schuld gegenüberzustellen und abzuwägen sind.[320] Das **Herausgreifen nur eines Gesichtspunktes** durch das Tatgericht und das alleinige Abstellen auf diesen Umstand, wie etwa Rauschgiftart oder Rauschgiftmenge, ist unzulässig.[321] Bei herausragenden, besonders bedeutsamen Aufklärungsbeiträgen, etwa wenn der Unrechtsgehalt der offenbarten Tat(en) denjenigen des gegenüber dem Aufklärungsgehilfen erhobenen Vorwurfs um ein Vielfaches übersteigt, kann die schuldangemessene Strafhöhe auch unterschritten werden,[322] da § 31 als schuldunabhängiger Milderungsgrund einzuordnen ist.[323]

208   Der nach Satz 2 entsprechend geltende **§ 46b Abs. 2 StGB** führt einige Kriterien auf, an denen sich die Ermessensausübung zu orientieren hat. Dabei sind weder die – vornehmlich **aufklärungsspezifischen – Kriterien** des § 46b Abs. 2 Nr. 1 StGB noch die **unrechts- und schuldspezifischen Kriterien** des § 46b Abs. 2 Nr. 2 StGB abschließend und auch nicht exakt voneinander abgrenzbar. Denn die gerichtliche Strafrahmenbestimmung stellt letztlich eine **Strafzumessungsentscheidung** dar, in die auch Gesichtspunkte außerhalb des § 46b Abs. 2 StGB, namentlich die in § 46 Abs. 2 StGB aufgeführten Strafzumessungsfaktoren, einfließen können und im Einzelfall müssen;[324] dazu auch → Rn. 214 ff.

209   Die Verweisung auf § 46b Abs. 2 StGB setzt im Wesentlichen die bisherige Rspr. des BGH zur gebotenen Gesamtbetrachtung um. Danach standen Umfang, Inhalt, Bedeutung

---

[318] Eingehende Übersicht der jeweiligen Strafrahmenverschiebungen bei *Schäfer/Sander/van Gemmeren* Strafzumessung Rn. 918.
[319] BGH 2.6.2010 – 5 StR 42/10, NStZ-RR 2012, 319; 20.12.2012 – 3 StR 426/12, StV 2013, 629; OLG Köln 17.12.1985 – 1 Ss 628/95, NJW 1986, 2896 (2897).
[320] BT-Drs. 16/6268, 13; BGH 20.12.2012 – 3 StR 426/12, StV 2013, 629: „umfassende Würdigung sämtlicher relevanten Umstände".
[321] BGH 1.3.2011 – 3 StR 28/11, NStZ-RR 2011, 284; BGH 4.12.1998 – 4 StR 540/97, StV 1998, 601; *Weber* Rn. 171.
[322] Vgl. BT-Drs. 16/6268, 11 zu § 46b StGB; dazu auch → StGB § 46b Rn. 8.
[323] BGH 18.12.2001 – 1 StR 444/01, NJW 2002, 908 (909).
[324] BGH 20.12.2012 – 3 StR 426/12, StV 2013, 629; vgl. *Fischer* StGB § 46b Rn. 26.

und Gewicht des Aufklärungsbeitrags und des Aufklärungserfolgs im Vordergrund,[325] berücksichtigungsfähig waren und sind aber auch die der Tat zugrundeliegende Rauschgiftmenge sowie die Begleitumstände der Offenbarung, bei denen ein breites Spektrum sich für den Täter günstig oder nachteilig auswirkender Gesichtspunkte denkbar ist, sind. Die Neuregelung betont daneben die Bedeutung des Verhältnisses der geleisteten Aufklärungs- oder Präventionshilfe zur eigenen Tat des Kronzeugen.[326] Es ist deshalb fehlerhaft, wenn sich das Gericht bei der Entscheidung über eine Strafrahmenverschiebung allein am Schuldumfang der vom Angeklagten begangenen Taten und nicht auch am Gewicht der von ihm geleisteten Aufklärungshilfe orientiert.[327]

bb) Kriterien des § 46b Abs. 2 Nr. 1 StGB. § 46b Abs. 2 Nr. 1 StGB nennt zunächst – **210** nicht abschließend – einige sich teilweise überschneidende Kriterien, die das Tatgericht im Rahmen seiner Ermessensausübung zu berücksichtigen hat und die dazu dienen sollen, den „Wert" der Aufklärungs- oder Präventionshilfe zu bemessen.[328] Das Hervorheben der Art und des Umfangs der offenbarten Tatsachen und deren Bedeutung für die Aufklärung oder Verhinderung einer Tat in § 46b Abs. 2 Nr. 1 **StGB** zeigt, dass es zunächst auf die **inhaltliche Substanz des Aufklärungsbeitrags** und das **Gewicht des Aufklärungs- bzw. Präventionserfolgs** ankommt.[329]

Das Kriterium des **Zeitpunkts der Offenbarung** weist darauf hin, dass Aufklärungs- **211** oder Präventionsbeiträge nicht allein deshalb gleichrangig behandelt werden müssen, nur weil sie vor der Eröffnung des Hauptverfahrens geleistet werden. Die Milderung kann etwa bei einer zwar nach § 46b Abs. 3 StGB noch rechtzeitigen, gemessen an den gesamten Ermittlungen jedoch sehr späten Offenbarung versagt werden, besonders, wenn die späte Aufklärungshilfe dazu führte, dass Mittäter oder Hintermänner ihr strafbares Verhalten fortsetzen konnten.

Das Kriterium des Ausmaßes der **Unterstützung der Strafverfolgungsbehörden** wird **212** sich häufig mit der Bedeutung der Aufklärungshilfe und dem Offenbarungszeitpunkt überschneiden. Außerdem kann damit berücksichtigt werden, in welchem Ausmaß die aufklärenden Angaben laufende Ermittlungen beschleunigt oder Ermittlungsarbeit entbehrlich gemacht haben, ebenso, ob die Ermittlungsbehörden, etwa aufgrund einer Telekommunikationsüberwachung, bereits Kenntnis von Tat und Tätern hatten.[330] Insgesamt weisen alle in § 46b Abs. 2 Nr. 1 StGB genannten Kriterien darauf hin, dass bei frühen, umfassenden und sich auf eine gewichtige Tat beziehenden Angaben die Strafrahmenverschiebung nahe, hingegen bei späten, bruchstückhaften Angaben zu einer leichteren Tat eher fern liegt.[331]

cc) Verhältnismäßigkeit nach § 46 Abs. 2 Nr. 2 StGB. § 46b Abs. 2 Nr. 2 StGB **213** verlangt zudem, zu berücksichtigen, in welchem Verhältnis der mit Hilfe der Kriterien der Nr. 1 bemessene „Wert" der Aufklärungs- oder Präventionshilfe zur Schwere der dem Aufklärungsgehilfen vorgeworfenen Tat und seiner Schuld steht. Eine trennscharfe Abgrenzung zu den Kriterien der Nr. 1 ist kaum möglich. Mit der zwingend vorgeschrieben **Verhältnismäßigkeitsbetrachtung** soll verhindert werden, dass sich der Aufklärungsgehilfe, der sich schwerer Straftaten schuldig gemacht hat, eine Strafrahmenverschiebung mit vergleichsweise unbedeutenden Angaben verschafft. Danach sind die Anforderungen an die Aufklärungs- oder Präventionshilfe umso höher, je gewichtiger die dem Aufklärungsgehilfen vorgeworfene Straftat ist.

c) Weitere Umstände. Über die in § 46b Abs. 2 StGB genannten Kriterien hinaus sind **214** aber auch weitere Umstände berücksichtigungsfähig: So wird es sich für den Täter zB

---

[325] Vgl. BGH 18.12.2001 – 1 StR 444/01, NJW 2002, 908 (909).
[326] BT-Drs. 16/6268, 12 f.
[327] BGH 30.9.2009 – 2 StR 323/09, NStZ-RR 2010, 26; 16.5.2012 – 2 StR 66/12, BeckRS 2012, 13639 mwN.
[328] BT-Drs. 16/6268, 14.
[329] Vgl. BGH 18.12.2001 – 1 StR 444/01, NJW 2002, 908 (909).
[330] BGH 19.5.2010 – 5 StR 182/10, NStZ 2010, 443 (444).
[331] *Fischer* StGB § 46b Rn. 27.

vorteilhaft auswirken, wenn er sich trotz berechtigter Ängste um die eigene Sicherheit oder trotz erfolgter Drohungen für Leib oder Leben zu einer Offenbarung entschließt, ebenso, wenn er über geleistete Aufklärungshilfe hinaus seine Kooperationsbereitschaft gegenüber Ermittlungsbehörden und Justiz gezeigt hat, sei es als Sicherstellungs-, Fahndungs- oder gerichtlicher Überführungsgehilfe.[332] Dagegen kann die Milderung versagt werden, wenn den Angaben des Kronzeugen Falschbelastungen vorausgingen, er in der Hauptverhandlung schweigt, Angaben widerruft oder die Ermittlungen behindert.[333]

215 Des Weiteren kann sich das Gericht im Rahmen der ihm obliegenden Gesamtbetrachtung veranlasst sehen, dem Täter die Strafrahmenmilderung zu versagen, wenn nur eine bruchstückhafte oder erst späte Offenbarung vorliegt, besonders wenn sie dazu geführt hat, dass Hintermänner ihr strafbares Verhalten fortsetzen konnten.

216 Aufgrund der Vielzahl dieser Gesichtspunkte, zu denen häufig noch eine Reihe allgemeiner Strafzumessungsfaktoren hinzutreten, scheidet eine exakte Richtigkeitskontrolle aus. Allein der Tatrichter kann beurteilen, welcher Einfluss und welcher Stellenwert den zur Strafmilderung berechtigenden Angaben für seine Überzeugungsbildung tatsächlich zukam.[334] Stets ist jedoch darauf zu achten, dass – erkennbar – eine Gesamtbetrachtung vorgenommen wird.

217 **d) Strafzumessung im engeren Sinn.** Die bei der Frage, ob § 49 Abs. 1 StGB angewandt wird, zu berücksichtigenden Gesichtspunkte wirken sich nochmals – neben den sonstigen Strafzumessungsgesichtspunkten – bei der Strafzumessung im engeren Sinn aus. Denn der Tatrichter darf nicht nur auf die bei der Findung des Strafrahmens verwerteten Gesichtspunkte bei der Strafzumessung zurückkommen,[335] grundsätzlich muss er dies sogar.[336] Auch hier steht dem Gericht ein weiter Ermessensspielraum zu. Angesichts der Bedeutung der Aufklärungshilfe für die Bekämpfung der Rauschgiftkriminalität sollten die Gerichte sich bei besonderem Gewicht des bewirkten Aufklärungserfolgs und weiterer Milderungsgründen für einen deutlichen Strafnachlass entscheiden, auch um Anreize für weitere Offenbarungen zu schaffen.

218 **6. Mehrfache Milderungen; Zusammentreffen von S. 1 Nr. 1 mit Nr. 2 und/ oder mit § 46b StGB. a) Kombination von S. 1 Nr. 1 und Nr. 2.** Erfüllen die Angaben des Angeklagten sowohl die Voraussetzungen der Nr. 1 als auch der Nr. 2 des § 31, wird dem Gericht ein Ermessen (dazu → Rn. 207 ff.) dahin eröffnet, **§ 49 Abs. 1 StGB mehrfach** anzuwenden. Die zu § 31 aF ergangene Entscheidung des BGH, wonach der Tatrichter unter Berücksichtigung der geleisteten Aufklärungs- und Präventionshilfe in einer einheitlichen Ermessensentscheidung darüber befinden muss, ob und ggf. in welcher Weise und Umfang er von der Milderungsmöglichkeit Gebrauch macht,[337] erscheint vor dem Hintergrund, dass gemäß § 31 nF eine Strafrahmenabsenkung nach § 49 Abs. 2 StGB nicht mehr möglich ist, überholt. Denn die nach alter Rechtslage mögliche Heranziehung des § 49 Abs. 2 StGB führte schon bei einer einmaligen Anwendung dazu, dass der Strafrahmen bis zur Mindeststrafe nach unten geöffnet wurde, während die Strafrahmenobergrenze unverändert blieb; eine mehrfache Anwendung des § 49 Abs. 2 StGB wäre deshalb ins Leere gelaufen. Anders liegt es, wenn das Gericht wiederholt von § 49 Abs. 1 StGB Gebrauch macht, denn mit jeder Anwendung verschieben sich die Ober- und Untergrenzen des Ausgangsstrafrahmens schrittweise nach unten.

219 **b) Kombination von § 31 BtMG und § 46b StGB.** Die Anwendung der allgemeinen Kronzeugenregelung nach § 46b StGB ist durch die bereichsspezifische Kronzeugenregelung

[332] Vgl. auch KPV/*Patzak* Rn. 62, 63.
[333] Vgl. BGH 2.12.1982 – 5 StR 622/82, NJW 1983, 186; 8.8.2001 – 5 StR 317/01, StV 2002, 260; BT-Drs. 16/6268, 14.
[334] BGH 7.4.1999 – 2 StR 440/98, NStZ 1999, 423.
[335] BGH 24.3.1976 – 2 StR 101/76, BGHSt 26, 311.
[336] BGH 4.12.1998 – 4 StR 540/97, StV 1998, 601 mwN.
[337] BGH 28.6.2005 – 4 StR 119/05, NStZ-RR 2006, 56, in NJW 2006, 536 nur Ls.

in § 31 nicht ausgeschlossen.[338] Wird dem Angeklagten eine Betäubungsmittelstraftat vorgeworfen und bezieht sich der Aufklärungserfolg ausschließlich auf diese angeklagte Straftat,
gilt § 31 als lex specialis. Hat der eines Rauschgiftdelikts angeklagte Täter – über die von
ihm geleistete Aufklärungshilfe iS des § 31 hinaus – zusätzlich eine Katalogtat iS des § 100a
StPO aufgedeckt, sind sowohl § 31 BtMG als auch § 46b anwendbar; freilich muss nach § 46b
nF StGB ein Zusammenhang zwischen der offenbarten und der dem Aufklärungsgehilfen
vorgeworfenen Tat bestehen. Ist dies der Fall, gelten obige Ausführungen zur **Möglichkeit
der mehrfachen Anwendung des § 49 Abs. 1 StGB** ebenso. Danach muss das Gericht
auch in einer solchen Konstellation prüfen, ob es dem Angeklagten eine doppelte Milderung
zugute bringt.[339] Ob das Gericht § 49 Abs. 1 StGB mehrfach anwendet, steht in seinem
Ermessen; hierzu → Rn. 207 ff.

c) Ermessen. Nicht übersehen werden darf, dass die Beantwortung der Frage, ob das **220**
Gericht sowohl § 31 BtMG als auch § 46b StGB bzw. – in den Fällen, in denen kein
Rauschgiftdelikt angeklagt ist – zweimal § 46b StGB anwendet, von der Ermessensentscheidung des Tatrichters im **Einzelfall** abhängt. Angesichts der mit einer Anwendung des § 49
Abs. 1 StGB verbundenen regelmäßig erheblichen Auswirkungen auf das Strafmaß wird es
sich häufig als angemessen erweisen, den Strafrahmen „nur" einmal zu verschieben und
sodann im Rahmen der Strafzumessung im engeren Sinne den Wert und das Gewicht der
Aufklärungs- bzw. Präventionsbeiträge zusammengefasst zu würdigen und dem Angeklagten
dort nochmals strafmildernd zugute zu bringen. Eine zweifache Strafrahmenverschiebung
lässt sich im Falle mehrfacher Aufklärungshilfe nur rechtfertigen, wenn es sich um jeweils
außerordentlich gewichtige, weit überdurchschnittliche Aufdeckungsbeiträge handelt. Eine
solche Konstellation kann etwa vorliegen, wenn Schwere und/oder Folgen der aufgedeckten
Taten weit über diejenigen der angeklagten Tat hinausreichen.

7. Absehen von der Annahme eines besonders schweren Falles. Das Vorliegen **221**
von § 31 kann dazu führen, dass trotz eines nach § 29 Abs. 3 Satz 1 oder Satz 2 gegebenen
besonders schweren Falls die Tat dennoch nicht als besonders schwer zu bewerten und für
die Strafzumessung der Regelstrafrahmen des § 29 Abs. 1 heranzuziehen ist.[340] Auch die
Entscheidung, ob der Strafrahmen des § 29 Abs. 3 oder des § 29 Abs. 1 anzuwenden ist,
bedarf einer **Gesamtwürdigung,** in die die geleistete Aufklärungshilfe einbezogen werden
muss. Dabei kann die Aufklärungshilfe allein oder zusammen mit weiteren allgemeinen oder
vertypten Milderungsgründen dazu führen, dass ein besonders schwerer Fall zu verneinen
ist oder die Regelfallwirkung des § 29 Abs. 3 Satz 2 entkräftet wird.[341]

Der Tatrichter muss **im Urteil erkennen lassen,** dass er sich dieser Möglichkeiten **222**
bewusst war und ausführen, warum er sich für den erhöhten Strafrahmen des § 29 Abs. 3
oder den Normalstrafrahmen des § 29 Abs. 1 entschieden hat. Deshalb ist es regelmäßig
fehlerhaft, bei der Bestimmung des Strafrahmens ohne weiteres von dem des § 29 Abs. 3
auszugehen und diesen nach §§ 31 BtMG, 49 Abs. 1 StGB zu mildern.[342]

**8. Berücksichtigung der Aufklärungshilfe nur bei der Strafzumessung ieS. 223
a) Erwachsenenrecht.** Trotz des Vorliegens der Voraussetzungen des § 31 kann von der
Annahme eines minder schweren Falles, der Anwendung des für ein Regelbeispiel vorgesehen Strafrahmens oder von einer Strafrahmenmilderung nach § 49 Abs. 1 StGB abgesehen
und die Aufklärungshilfe nur als allgemeiner Strafmilderungsgrund berücksichtigt werden.
Das kommt in Fällen in Betracht, in denen die **Gesamtbetrachtung** ein deutliches **Überwiegen der straferschwerenden Umstände** ergibt. Die Ausführungen zur **Ermessensausübung** und den dabei anwendbaren Kriterien (→ Rn. 208 ff.) gelten hier entspre-

---

[338] BGH 20.3.2014 – 3 StR 429/13, StV 2014, 619.
[339] Wohl enger *Sander* StraFo 2010, 368 unter Hinweis auf die gegen die Vorschrift des § 46b bestehenden
Bedenken.
[340] BGH 25.9.1990 – 5 StR 410/90, NStZ 1991, 376 (bei *Schoreit/Schoreit-Bartner*).
[341] → StGB § 46 Rn. 112 ff.
[342] KPV/*Patzak* Rn. 93 mwN.

chend.[343] Die Versagung der Strafmilderung muss plausibel sein. Daran kann es etwa fehlen, wenn eine Überführung des Belasteten auch auf Grund der Angaben des Angeklagten gelingt.[344]

224 Im **Urteil** sollte die Aufklärungshilfe ausdrücklich gewürdigt werden. Aus dem pauschalen Hinweis auf ein Geständnis des Angeklagten, das aufklärende Angaben enthält, lässt sich nicht ersehen, dass das Tatgericht – was regelmäßig zu geschehen hat – Aufklärungshilfe oder Aufklärungsbemühungen als Strafmilderungsgrund berücksichtigt hat.[345]

225 **b) § 31 und Jugendstrafe.** Geleistete Aufklärungshilfe kann auch bei der Bemessung der Höhe einer Jugendstrafe Bedeutung erlangen. Zwar ist § 31 dort für den Strafrahmen nicht bestimmend, doch bleiben alle Umstände, die für Erwachsene die Anwendung eines gemilderten Strafrahmens begründet hätten, bei den nach § 18 JGG gebotenen Strafzumessungserwägungen bedeutsam.[346]

226 **9. Zur Berücksichtigung nicht für § 31 ausreichender Aussagen. a) Aufklärungsbemühen.** Es wurde bereits darauf hingewiesen, dass Angaben, auch wenn sie nicht zu einem Aufklärungserfolg führen, gleichwohl für die Strafzumessung Relevanz zukommen kann (→ Rn. 155). Ein iS von § 267 Abs. 3 S. 1 StPO **bestimmender Strafmilderungsgrund,** der regelmäßig ausdrücklicher Erörterung bedarf, liegt in den Fällen vor, in denen die Ernsthaftigkeit des Aufklärungsbemühens außer Zweifel steht.[347] In solchen Fällen kann dieser Strafmilderungsgrund – im Rahmen der gebotenen Gesamtbetrachtung und ebenso wie § 31 – mit herangezogen werden, um einen minder schweren Fall, die Anwendung des Regelstrafrahmens trotz Vorliegens eines besonders schweren Falls oder eine Strafaussetzung zur Bewährung zu begründen. Zur Berücksichtigung **verspäteter Angaben** → Rn. 80 ff.

227 **b) Aufklärung außerhalb des § 31.** Auch dann, wenn die Anwendbarkeit des § 31 von vornherein ausscheidet, weil es sich nicht um den Täter einer einschlägigen, privilegierten Straftat handelt oder wenn die Angaben zwar eine Katalogtat iSv § 100a Abs. 2 StPO betreffen, jedoch den Anforderungen des § 46b StGB nicht genügen, können die Angaben im Rahmen des **§ 46 StGB,** der das Verhalten nach der Tat ausdrücklich erwähnt, mildernd berücksichtigt werden. Dabei wird zu Recht eine Rückkoppelung des Strafzumessungsfaktors „Nachtatverhalten" an die Grundlagen der Strafzumessung und die Strafzwecke des § 46 Abs. 1 StGB gefordert, sodass Angaben zur Ermittlungshilfe nur berücksichtigt werden dürfen, wenn sie Schuld – oder Präventionsrelevanz besitzen;[348] dies wird freilich in aller Regel der Fall sein.[349]

228 **c) Tatrichterliche Würdigung.** Stets bleibt die Entscheidung, in welchem Umfang sich ein Aufklärungsbemühen oder gezeigte Kooperationsbereitschaft im konkreten Einzelfall mildernd auswirken, tatrichterlicher Würdigung vorbehalten (vgl. zur Ausübung des Ermessens auch → Rn. 206 ff.).

229 **10. § 31 und § 56 StGB.** § 31 hat nicht nur für die Bestimmung der Sanktionshöhe, sondern auch für die Anwendung des § 56 StGB Bedeutung. Zunächst kann sich geleistete Aufklärungshilfe auf die nach § 56 Abs. 1 StGB zu stellende **Prognose** auswirken. Die Benennung Tatbeteiligter und die Zusammenarbeit mit Ermittlungsbehörden wird häufig auf eine innere Distanzierung von der Drogenszene hinweisen; eine rückhaltlose Offenbarung von Hinterleuten oder Tatbeteiligten erschwert die Rückkehr ins Rauschgiftmilieu. Beide Gesichtspunkte sprechen für die Erwartung künftiger Straffreiheit. Da sie unter dem

---

[343] BGH 4.3.1997 – 1 StR 648/96, NStZ-RR 1997, 278.
[344] BGH 7.1.1998 – 5 StR 528/97, NStZ 1998, 241 (bei *Zschockelt*).
[345] BGH 19.8.1997 – 1 StR 227/99, NStZ 1998, 90.
[346] BGH 19.8.1997 – 1 StR 227/97, NStZ 1998, 90.
[347] Vgl. BGH 24.4.1987 – 2 StR 349/87, StV 1987, 487 = MDR 1987, 981; *Schäfer/Sander/van Gemmeren* Strafzumessung Rn. 386, 993.
[348] *Jeßberger* Kooperation und Strafzumessung, 1999, S. 65 mwN.
[349] Vgl. *Landau* DRiZ 1995, 132 (137); kritisch *Jeßberger* Kooperation und Strafzumessung, 1999, S. 66 ff.

Aspekt des Nachtatverhaltens auch als besonderer Umstand iSv § 56 Abs. 2 StGB in Betracht kommen, sind sie erst recht im Rahmen der Sozialprognose nach § 56 Abs. 1 StGB zu berücksichtigen.[350]

§ 31 ist ebenso bei der Frage, ob **besondere Umstände** gemäß § 56 Abs. 2 StGB gegeben **230** sind, oder ob nach § 56 Abs. 3 StGB die Verteidigung der Rechtsordnung die Strafvollstreckung gebietet, berücksichtigungsfähig.[351] Dass das Gericht die Strafe bereits nach § 31 gemildert hat, steht einer erneuten Verwertung der Aufklärungshilfe nicht entgegen;[352] es ist rechtsfehlerhaft, geleistete Aufklärungshilfe bei der im Rahmen des § 56 Abs. 2 StGB gebotenen Gesamtwürdigung mit dem Hinweis darauf, § 31 sei bereits bei der Strafzumessung berücksichtigt worden, auszublenden.[353] Denn bei der nach § 56 Abs. 2 StGB gebotenen Prüfung, ob besondere Umstände „in der Tat" vorliegen, können auch Vorgänge von Bedeutung sein, die – wie die Offenbarung nach § 31 S. 1 Nr. 1 – nach der Tat eingetreten sind, weil auch sie das Bedürfnis nach Vollstreckung der verhängten Strafe verringern können. Dieser zugunsten eines Angeklagten sprechende Umstand besitzt besonderes Gewicht und ist deshalb auch bei der Strafaussetzung zur Bewährung zu berücksichtigen.[354]

11. § 31 und Strafvollstreckung. § 31 ist über die Urteilsfindung hinaus bei Entschei- **231** dungen in Strafvollstreckungssachen erneut verwertbar.

a) Entscheidungen nach § 57 StGB. Hat der wegen Betäubungsmittelstraftaten Verur- **232** teilte vor der Urteilsverkündung Aufklärungshilfe geleistet, ist diese, auch wenn sie schon zu einer Strafmilderung geführt hat, bei der Prüfung des § 57 StGB nochmals zu berücksichtigen. Insbesondere kann die Entscheidung der StVK darüber, ob besondere Umstände iS des § 57 Abs. 2 StGB vorliegen, infolge der Aufklärungshilfe zugunsten des Täters ausfallen.[355]

Der dem Verurteilten günstige Umstand einer – auch in Folgeverfahren durchgehalte- **233** nen – Aufklärungshilfe allein vermag allerdings grundsätzlich nicht das **Überwiegen negativer Faktoren** in Tat und Vollzugsverhalten, die im Rahmen der gebotenen Gesamtschau einzubeziehen sind, auszugleichen.[356] Anders kann es liegen, wenn der Verurteilte auch noch nach seiner Verurteilung die Aufklärungshilfe freiwillig und erfolgreich fortgesetzt und eine positive Vollzugsentwicklung vorweisen kann; solche Umstände können den Gesichtspunkt der Verteidigung der Rechtsordnung zurücktreten lassen.[357]

§ 57 StGB ermöglicht es darüber hinaus, zu berücksichtigen, wenn der Täter erst nach **234** seiner Verurteilung mit den Strafverfolgungsorganen kooperiert, sodass auch Aufklärungshilfe, die erst **während des Strafvollzugs** geleistet wird, belohnt werden kann.[358] In allen Fällen wird geleistete Aufklärungshilfe auch von der StA bei ihrer Antragstellung zur Frage der bedingten Entlassung mitberücksichtigt werden.

b) Sonstige Entscheidungen. § 31 erlangt schließlich bei weiteren die Strafvollstre- **235** ckung betreffenden Entscheidungen Bedeutung. Die geleistete Aufklärungshilfe vermag sich auf das Ermessen der Vollstreckungsbehörde auszuwirken, dass dieser eingeräumt ist

---

[350] BayObLG 10.10.1991 – RReg 4 St 136/91, StV 1992, 15 (16). Zur möglichen Beeinflussung der Voraussetzungen des § 56 Abs. 2 StGB durch § 31 vgl. auch *Endriß* StraFo 2004, 151 (153).

[351] BGH 8.4.1997 – 1 StR 62/97, NStZ-RR 1997, 231 = StV 1998, 541; vgl. auch *Fischer* StGB § 56 Rn. 21; Lackner/Kühl/*Heger* StGB § 56 Rn. 19.

[352] BGH 11.1.1983 – 1 StR 741/82, NStZ 1983, 218 = StV 1983, 105; BGH 13.3.2014 – 2 StR 4/14, NStZ-RR 2014, 138.

[353] BGH 13.3.2014 – 2 StR 4/14, NStZ-RR 2014, 138.

[354] BayObLG 10.10.1991 – RReg 4 St 136/91, StV 1992, 15 (16).

[355] OLG Frankfurt a. M. 8.5.1996 – 2 Ws 368/96, NStZ-RR 1996, 213; OLG Düsseldorf 5.8.1996 – 3 Ws 363/96, StV 1997, 94.

[356] OLG Frankfurt a. M. 27.5.1999 – 3 Ws 477/99, NStZ-RR 1997, 340 für einen wegen mehrfachen umfangreichen Heroinhandels Verurteilten, gegen den in der JVA wegen Bedrohungen mehrmonatige Sicherungsmaßnahmen verhängt werden mussten.

[357] OLG Frankfurt a. M. 8.5.1996 – 2 Ws 368/96, NStZ-RR 1996, 213.

[358] *Jeßberger* Kooperation und Strafzumessung, 1999, S. 70.

– bei der Bescheidung von **Anträgen nach §§ 455 Abs. 3 und 4, 456 StPO** auf Strafaufschub oder -unterbrechung, zumal diese Vorschriften keine abschließende Regelung darstellen,[359]

– bei der Bescheidung von Anträgen auf Strafaufschub oder -unterbrechung im Gnadenweg oder sonstigen **Gnadengesuchen,**[360]

– bei **Entscheidungen nach § 456a StPO,** bei denen namentlich die besonderen Umstände der Tat, die Schwere der Schuld, die persönliche Lage des Verurteilten sowie das öffentliche Interesse an nachhaltiger Vollstreckung und damit von § 31 beeinflusste Faktoren zu beachten sind.[361]

236   **12. Absprachen mit dem Aufklärungsgehilfen.** Die Möglichkeit, zu einer Verständigung im Hauptverfahren über die Anwendung des § 31 durch erst dort geleistete Aufklärungs- oder Präventionshilfe zu gelangen, besteht nur noch dort, wo § 31 aF anzuwenden ist und damit die Zeitschranke des § 31 Satz 2 iVm § 46b Abs. 3 StGB nicht gilt. Zu den Möglichkeiten des Beschuldigten und seines Verteidigers, schon im Ermittlungs- und Zwischenverfahren den „Wert" aufklärender Angaben zu erörtern und abzuschätzen → Rn. 74 ff. und → Rn. 242 ff.

IV. Handhabung des § 31 im Ermittlungs- und Zwischenverfahren

237   **1. Kompetenzen von Polizei und StA. a) Grenze des § 136a StPO.** Die Gewährung der in § 31 für den Aufklärungsgehilfen vorgesehenen Vergünstigungen steht allein dem zuständigen Gericht zu. Dennoch sind Belehrungen und Hinweise zu § 31 durch Polizei und StA gegenüber dem Beschuldigten möglich und zu seiner Aufklärung auch geboten; ferner sind gewisse Zusagen erlaubt. Die dabei einzuhaltende Grenze bestimmt § 136a Abs. 1 Satz 3 StPO; nach dieser Vorschrift ist das **Versprechen gesetzlich nicht vorgesehener Vorteile verboten.** Unter den Begriff eines Versprechens fallen nur durch eine Bindungswirkung gekennzeichnete Zusagen, auf deren Einhaltung der Empfänger vertrauen kann und die als Gegenleistung für eine Aussage oder eine bestimmten Aussageinhalt abgegeben werden. Gesetzlich nicht vorgesehen sind Vorteile, die die Rechtsordnung in der konkreten Situation nicht zulässt.[362]

238   Ein Verstoß gegen das Verbot des § 136a StPO kann sich aus formellen oder materiellen Gesichtspunkten (auch → Rn. 239) ergeben. In formeller Hinsicht sind die **Zuständigkeitsgrenzen** einzuhalten. Auch wenn danach ein Polizeibeamter oder Staatsanwalt **keine Versprechen über das zu erwartende Strafmaß** oder zur Gewährung von Vollzugserleichterungen abgeben kann, ist es zulässig, dass der Polizeibeamte verspricht, sich für den Beschuldigten in einer bestimmten Weise einzusetzen[363] oder der Staatsanwalt dem Beschuldigten zusagt, sich gegenüber dem Gericht bzw. der Vollzugsbehörde durch eine sachlich vertretbare Antragstellung oder eine Anregung im verabredeten Sinne zu verhalten.[364] Auch eine völlig **unzutreffende Belehrung** eines Beschuldigten über § 31, die diesem bestimmte Vorteile bei einem gewissen Aussageverhalten als sicher vortäuscht, kann ein Verwertungsverbot auslösen.

239   **b) Grenze des Legalitätsprinzips.** In materieller Hinsicht markiert das Legalitätsprinzip die Grenze. Das Versprechen, gegen den Beschuldigten werde kein Ermittlungsverfahren eingeleitet, falls er Angaben über Mitbeschuldigte mache, ist deshalb unzulässig.[365] Erlaubt

---

[359] Löwe/Rosenberg/*Wendisch* StPO § 455 Rn. 5.

[360] *Körner* Rn. 83.

[361] KK-StPO/*Fischer* StPO § 456a Rn. 3a mwN.

[362] S. nur Meyer-Goßner/Schmitt/*Schmitt* StPO § 136a Rn. 23 mwN; Löwe/Rosenberg/*Hanack* StPO § 136a Rn. 50–52 mwN. Zum Problem unzureichender Belehrungen über Möglichkeiten und Grenzen des § 31 vgl. *Endriß* StraFo 2004, 151 (154).

[363] ZB für eine Untersuchungshaftverschonung im Falle eines Geständnisses BGH 6.6.1952 – 1 StR 878/51, MDR 1952, 532.

[364] *Füllkrug* MDR 1989, 119 (120).

[365] *Füllkrug* Kriminalistik 1985, 410 (413).

sind aber Zusicherungen, nach §§ 153, 153a, 154 StPO zu verfahren, sofern die Voraussetzungen dieser Vorschriften gegeben sind und die Zusage sich auf eine im Wesentlichen bestimmte Straftat bezieht. Ist dies der Fall, verstößt ein Staatsanwalt, der einem Zeugen erklärt, er werde, wenn sich der Zeuge durch seine Aussage einer Straftat bezichtigen müsste, nach § 154 StPO verfahren, nicht gegen § 136a StPO,[366] während ein Versprechen, von Einstellungsvorschriften Gebrauch zu machen, unzulässig ist, wenn es sich um eine Vielzahl nicht näher bestimmter, im Schuldumfang nicht überschaubarer Taten handelt.[367]

Stets zulässig sind reine **Belehrungen** und **Hinweise** durch die Ermittlungsbehörden **240** oder das Gericht auf die durch § 31 eröffneten Möglichkeiten und darauf, dass sich ein Geständnis oder Aufklärungshilfe günstig auf das Strafmaß auswirken könne.[368] Auch ein im Zusammenhang mit strafprozessualen Zwangsmaßnahmen **taktischer Einsatz** des § 31[369] ist grundsätzlich nicht zu beanstanden.

c) Versprechen und Untersuchungshaft. Nicht erlaubt sind die Untersuchungshaft **241** betreffende Zusagen, die dem Zweck dieses Zwangsmittels zuwiderlaufen.[370] Sie kommen jedoch dann in Frage, wenn durch eine Aussage der Haftgrund entfällt und können dann nicht nur durch das Gericht, sondern auch durch den StA, da das Gericht nach § 120 Abs. 3 StPO an dessen Antrag gebunden ist, abgegeben werden.[371] Unbedenklich erscheinen auch Zusagen, die Untersuchungshaft in einer bestimmten Anstalt zu vollstrecken.

2. Erörterungen zur Verfahrensförderung. Die Regelung des § 257c StPO über eine **242** Verständigung im Hauptverfahren schließt **Gespräche im Ermittlungsverfahren,** wie § 160b StPO zeigt, nicht aus. Des Weiteren ermöglichen §§ 202a, 212 Erörterungen im Zwischenverfahren sowie außerhalb der Hauptverhandlung. Im Rahmen solcher Gespräche – die **aktenkundig** zu machen sind – können verfahrensbeendende (§§ 153 ff. StPO), verfahrensfördernde oder – verkürzende Maßnahmen, etwa durch Zusicherung bestimmter Anträge, Beschränkungen des Anklagevorwurfs nach § 154 Abs. 1 StPO – bei zugesagtem Geständnis oder geleisteter Aufklärungshilfe – oder Vorstellungen über die Höhe der Strafe für den Fall, dass ein bestimmter Sachverhalt festgestellt werden sollte, erörtert werden. Ein etwaiges Erörterungsergebnis bleibt rechtlich unverbindlich. Näher hierzu → Rn. 72 ff.; zu abgegebenen Zusagen der StA und den Folgen einer Nichteinhaltung → Rn. 76 ff.[372]

Ebenso wie bei Verständigungen im Hauptverfahren müssen auch dann, wenn es zu **243** Erörterungen im Ermittlungsverfahren kommt, **verfahrensrechtliche und materiellrechtliche Grenzen** (dazu → Rn. 237 ff.) eingehalten werden. Durch Gespräche vor der Hauptverhandlung kann, wenn alle Prozessbeteiligten mitwirkten, ein Vertrauenstatbestand geschaffen werden, der erst durch einen Hinweis des Gerichts entfällt.[373] Solche Fühlungnahmen dürfen jedoch niemals die Festlegung einer bestimmten zu verhängenden Strafe oder deren Aussetzung zur Bewährung oder die Art und Weise des Strafvollzugs betreffen; zudem hat das Gericht die notwendige Zurückhaltung zu wahren, um jeden Anschein der Parteilichkeit zu vermeiden.[374]

Die Frage, ob ein unzulässiges Versprechen vorliegt, wird in allen Fällen entscheidungserheblich, in denen der Angeklagte in der Hauptverhandlung in seiner Einlassung von den im Zusammenhang mit dem Versprechen gemachten Angaben abweicht. Denn im Falle einer verbotenen Zusage greift das **Verwertungsverbot des § 136a Abs. 3 StPO** ein, das einen Rückgriff auf frühere Angaben verhindert und ausnahmsweise auch eine Fernwirkung **244**

---

[366] BGH 10.3.1980 – 3 StR 56/80, NStZ 1987, 217 (bei *Pfeiffer/Miebach*).
[367] *Füllkrug* MDR 1989, 119 (121).
[368] Vgl. BGH 10.3.1980 – 3 StR 56/80, NStZ 1987, 217 (bei *Pfeiffer/Miebach*); *Füllkrug* Kriminalistik 1985, 410 (411).
[369] Näher Kreuzer/*Stock* § 13 Rn. 659–661.
[370] Vgl. BGH 14.9.1965 – 5 StR 307/65, BGHSt 20, 268 = NJW 1965, 2262.
[371] *Füllkrug* MDR 1989, 119 (121).
[372] Zu dieser Thematik s. auch *Landau* DRiZ 1995, 132 (133 f., 136).
[373] Vgl. BGH 13.5.1997 – 1 StR 12/97, NStZ 1997, 561 (562).
[374] BGH 23.1.1991 – 3 StR 365/90, BGHSt 37, 298 = NJW 1991, 1692 (1694).

zu entfalten vermag. Grundsätzlich macht jedoch ein Verstoß gegen § 136a StPO nur die davon betroffene Aussage unverwertbar und hat auf die Verwertbarkeit der folgenden Aussagen keine Auswirkungen, sofern diese prozessordnungsgemäß zustande kamen.[375]

245   Auf das – gesetzlich angeordnete (§§ 160b S. 2, 202a S. 2, 212 StPO) – Gebot, **Erörterungen aktenkundig** zu machen, wurde bereits hingewiesen. Um späteren Zweifeln über den Inhalt, die Art und Weise oder den Umfang von **Belehrungen, Hinweisen oder Zusagen** entgegenzuwirken, empfiehlt es sich, auch diese **schriftlich,** zB als Vorspann oder Anhang des Vernehmungsprotokolls, festzuhalten und durch den Beschuldigten oder Zeugen separat **unterzeichnen** zu lassen.

V. S. 1 Nr. 1 in der Revision

246   **1. Bedeutung für den Strafausspruch.** Für den Bestand des Strafausspruchs eines mit der Revision angegriffenen Urteils kann es von entscheidender Bedeutung sein, ob das Gericht § 31 zutreffend und in der **richtigen Fassung** angewandt bzw. mit rechtsfehlerfreier Begründung abgelehnt hat oder ob diese Punkte mängelbehaftet sind. So kann der Strafausspruch der Aufhebung unterliegen, wenn in den Urteilsgründen die strafmildernde Wirkung aufklärender Angaben zwar ausdrücklich erwähnt wurde, für das Revisionsgericht jedoch deshalb, weil § 31 unerwähnt bleibt und die Feststellungen zu den Voraussetzungen der Aufklärungshilfe lückenhaft sind, nicht nachprüfbar ist, ob die Bestimmung des Strafrahmens oder das Absehen von einer Milderung nach § 49 StGB zutreffend war.[376]

247   Selbst wenn dem Angeklagten bei der Strafzumessung im engeren Sinne die geleistete Aufklärungshilfe zugute gehalten wurde, kann im Rahmen der Beruhensprüfung häufig nicht ausgeschlossen werden, dass sich dieser Umstand bereits bei der **Strafrahmenwahl** sowie im Rahmen der eigentlichen Strafzumessung stärker zugunsten des Angeklagten ausgewirkt hätte, wenn er als ein für die Strafmilderung nach § 31 Nr. 1 ausreichender Grund erkannt und dementsprechend bewertet worden wäre.[377]

248   So lässt sich das **Beruhen** des Strafausspruchs auf einer fehlerhaften Anwendung bzw. Nichtanwendung des § 31 **nur in Ausnahmefällen ausschließen,** so etwa, wenn auf Grund eines schwerwiegenden Tatbildes von der Mindeststrafe weit entfernte Freiheitsstrafen verhängt und die aufklärenden Angaben strafmildernd berücksichtigt wurden[378] oder wenn das Gericht zwar den Strafrahmen nicht nach § 49 Abs. 1 StGB gemildert, jedoch moderate Strafen verhängt hat, ohne sich an der Obergrenze des Strafrahmens zu orientieren.[379] Auch die durch das am 1.9.2004 in Kraft getretene 1. JuMoG eingefügten Absätze 1a und 1b in **§ 354 StPO** haben die Bedeutung des § 31 für den Strafausspruch nicht relativiert. Nach diesen Vorschriften kann das Revisionsgericht die Angemessenheit einer verhängten Einzel- oder Gesamtstrafe zwar auch dann bejahen, wenn nicht festgestellt werden kann, dass der Tatrichter ohne den Fehler, etwa die fehlerhafte Bestimmung einer Strafrahmengrenze oder die fehlerhafte Nichterörterung einer Strafrahmenverschiebung, auf dieselbe Strafe erkannt hätte.[380] Seitdem das BVerfG jedoch hohe Hürden für eine Strafzumessungsentscheidung in der Revisionsinstanz aufgestellt und namentlich die Ermittlung eines aktuellen Strafzumessungssachverhalts verlangt hat,[381] geht die Zahl der Fälle, in denen der BGH

---

[375] BGH 31.3.1990 – 4 StR 112/90, BGHSt 37, 48 (53) = NJW 1990, 2633; 10.5.2001 – 3 StR 80/01, NStZ 2001, 551.
[376] BGH 24.10.1991 – 1 StR 617/91, NStZ 1992, 192 = BGHR BtMG § 31 Nr. 1 Aufdeckung 21.
[377] S. dazu BGH 5.7.2012 – 5 StR 252/12, NStZ 2013, 50; 23.4.2013 – 1 StR 131/13, NStZ 2013, 665; 16.9.2014 – 3 StR 413/14, StV 2015, 642; 28.10.2010 – 3 StR 324/10, BeckRS 2010, 30630; BGH 26.10.2010 – 4 StR 495/10, BeckRS 2010, 29487; 15.3.2011 – 3 StR 62/11, BeckRS 2011, 07510.
[378] BGH 4.12.1996 – 2 StR 347/96, BGHR StGB § 35 Abs. 1 Gefahr, abwendbare 1.
[379] Vgl. BGH 5.10.2010 – 3 StR 353/10, BeckRS 2010, 27046 Rn. 8.
[380] BGH 2.12.2004 – 3 StR 273/04, NJW 2005, 913 (914) = StV 2005, 75; 17.3.2005 – 1 StR 82/05, BeckRS 2005, 03940; 20.4.2005 – 3 StR 106/05, BeckRS 2005, 06257: fehlerhafte Nichterörterung einer Strafrahmenverschiebung nach §§ 31 BtMG, 49 Abs. 2 StGB. Zu den Anwendungsbereichen des § 354 Abs. 1a und 1b StPO in der Rspr. des BGH s. *Maier/Paul* NStZ 2006, 82.
[381] BVerfG 14.6.2007 – 2 BvR 136, 1447/05, NStZ 2007, 598 m. Bespr. *Paster/Sättele* NStZ 2007, 609 ff. und Anm. *Maier* NStZ 2008, 226.

§ 354 Abs. 1a StPO anwendet, massiv zurück. Davon unabhängig hat sich der BGH an einer eigenen Sachentscheidung gehindert gesehen, weil die Anwendung des § 31 eine dem Tatrichter vorbehaltene Ermessensentscheidung erfordere.[382] Hinzu kommt, dass sich bei einer Anwendung des § 31 nF die Strafrahmenobergrenze nach § 49 Abs. 1 StGB deutlich reduziert; auch danach wird sich bei fehlerhafter Nichtanwendung des § 31 häufig nicht ausschließen lassen, dass die festgesetzte Strafe auf einem solchen Rechtsfehler beruht.[383]

2. Nichterörterung des § 31. Es ist ein **Darlegungsmangel,** wenn in den Urteils- **249** gründen § 31 Nr. 1 (iVm § 49 Abs. 1 StGB) nicht behandelt wird, obwohl dessen Anwendung nach den getroffenen Feststellungen in Betracht kam, nahelag oder sich aufdrängte.[384] Ein Erörterungsmangel liegt auch dann vor, wenn sich das Gericht in den Strafzumessungsgründen des Urteils auf aufklärende Angaben des Angeklagten bezieht, aber offen bleibt, ob § 31 bejaht wurde.[385] Eine Erörterungspflicht besteht bereits dann, wenn Formulierungen in den Urteilsgründen es als möglich erscheinen lassen, dass die Voraussetzungen des § 31 gegeben sind. Dabei bedarf es, wenn Angaben des Angeklagten vorliegen, die – möglicherweise – Grundlage der Annahme eines Aufklärungserfolgs sein können, der nachvollziehbaren Darlegung ihrer **Bewertung,** um dem Revisionsgericht die Prüfung zu ermöglichen, ob ein Aufklärungserfolg zutreffend angenommen oder abgelehnt wurde.[386] Ebenso fehlerhaft ist es, nur in den **Strafzumessungserwägungen** – ohne auf § 31 einzugehen – die aufklärenden Angaben des Angeklagten zu verwerten.[387]

3. Urteilsanforderungen bei bejahtem § 31. a) Sachverhaltsdarstellung. Wird S. 1 **250** Nr. 1 bejaht, muss das Urteil den dieser Vorschrift zugrunde liegenden Sachverhalt mitteilen. Die Urteilsfeststellungen müssen ergeben, dass der Aufklärungsgehilfe die Voraussetzungen der Vorschrift erfüllt hat. Deshalb genügt ein bloßer Hinweis auf die „Anwendung des § 31" nicht; es bedarf zum einen wenigstens einer zusammenfassenden Darlegung des Aufklärungserfolgs.[388] Zum anderen sind die Angaben des Angeklagten so darzustellen, dass das Revisionsgericht dem Urteil entnehmen kann, dass diese Angaben die Voraussetzungen für die erfolgreiche Durchführung eines Strafverfahrens im Fall der Ergreifung des Belasteten geschaffen haben[389] und sich überprüfen lässt, ob das Tatgericht Umfang und Bedeutung der Tataufklärung bei der Strafrahmenwahl und der Strafhöhenbestimmung zutreffend berücksichtigt hat.[390]

b) Darstellung der Überzeugungsbildung. Der den Tatgerichten abverlangte **251** Begründungsaufwand hängt von der jeweiligen Beweislage ab. Zu den Anforderungen an die Beweiswürdigung und den daraus resultierenden Erfordernissen für die Abfassung der Urteilsgründe sowie zu den mit den Fallkonstellationen, in denen Aussage gegen Aussage steht oder die nicht fern liegende Gefahr besteht, dass der Aufklärungsgehilfe den Nichtgeständigen zu Unrecht belastet, verbundenen besonderen Erfordernissen, deren Nichteinhaltung ein durchgreifender Erörterungsmangel sein kann, wird auf die Darstellung in → Rn. 167 ff. verwiesen. Das Gericht muss ferner seine Überzeugung davon, dass es von der Richtigkeit der Angaben des Aufklärungsgehilfen ausgeht, erkennen lassen. Das ist nicht der Fall, wenn in den Urteilsgründen „gewisse Zweifel" an seiner Darstellung geäußert werden.[391]

---

[382] BGH 31.3.2015 – 3 StR 31/15, NStZ-RR 2015, 248.
[383] Vgl. zB BGH 1.9.2010 – 2 StR 272/10, BeckRS 2010, 24053.
[384] BGH 13.2.1986 – 1 StR 8/96, NStZ 1987, 64 (bei *Schoreit*); 21.10.1987 – 3 StR 455/87, NStE Nr. 7 zu § 31 BtMG = BGHR BtMG § 31 Nr. 1 Prüfungspflicht 1; 31.8.2010 – 3 StR 297/10, NStZ-RR 2010, 385; 1.3.2011 – 3 StR 496/10, BeckRS 2011, 07509.
[385] BGH 20.8.2014 – 1 StR 390/14, BeckRS 2014, 18771 Rn. 4.
[386] BGH 6.3.2002 – 2 StR 491/01, NStZ-RR 2002, 251; 28.8.2002 – 1 StR 309/02, StV 2003, 286.
[387] BGH 18.12.1985 – 5 StR 550/85, NStZ 1987, 64 (bei *Schoreit*).
[388] BGH 7.1.2003 – 3 StR 421/02, BeckRS 2003, 01633.
[389] Zu den Anforderungen etwa BGH 16.2.2000 – 2 StR 532/99, StV 2000, 318; 28.8.2002 – 1 StR 309/02, NStZ 2003, 162; 27.11.2014 – 2 StR 311/14, NStZ-RR 2015, 77.
[390] BGH 25.9.1990 – 4 StR 405/90, NStZ 1991, 376 (bei *Schoreit/Schoreit-Bartner*).
[391] BGH 14.6.1988 – 4 StR 154/88, NStZ 1989, 316 (bei *Schoreit*).

252   **c) Widersprüche.** Widersprüche bei der Bewertung des Umfangs der Aufklärungshilfe sind zu vermeiden. So stellt es etwa einen unlösbaren Widerspruch dar, wenn das Urteil einerseits feststellt, der Angeklagte habe „in erheblichem Umfang Aufklärungshilfe" geleistet, andererseits die Anwendung des S. 1 Nr. 1 mit der Begründung versagt wird, die Aufklärungshilfe habe sich „auf die Benennung einiger weniger Abnehmer" beschränkt.[392]

253   Ebenso ist es zB widersprüchlich, wenn das Gericht in den Urteilsgründen ausführt, auf Grund der glaubhaften Angaben des Angeklagten sei davon auszugehen, Abnehmer des Rauschgifts sei eine bestimmte, vom Angeklagten in einer polizeilichen Vernehmung auf Lichtbildern erkannte und damit individualisierte Person, andererseits von der „nicht bewiesenen Darstellung" des Angeklagten und der Schilderung eines „möglicherweise wahren, aber nicht erwiesenen Sachverhalts" spricht.[393]

254   **d) Strafrahmenwahl.** Dem Gesichtspunkt der Strafrahmenwahl wird häufig zu wenig Aufmerksamkeit geschenkt; dies gilt besonders für die gebotene Prüfung, ob ein minder schwerer Fall bejaht werden kann.[394] Dass der bejahte § 31 sich bereits auf die Wahl des Strafrahmens auswirken kann und deshalb seine Voraussetzungen spätestens an dieser Stelle und nicht erst bei der Frage einer Milderung des Normalstrafrahmens nach § 49 Abs. 1 StGB oder bei der Strafzumessung im engeren Sinn zu prüfen sind, wurde bereits dargelegt (→ Rn. 195 ff.), ebenso, dass die Urteilsgründe erkennen lassen müssen, dass sich das Gericht bewusst war, dass ein minder schwerer Fall bereits aufgrund des vertypten Milderungsgrundes des § 31 vorliegen kann.[395] Zu beachten ist auch, dass ein besonders schwerer Fall nach § 29 Abs. 3 trotz Vorliegen eines Regelbeispiels wegen der erfüllten Voraussetzungen des S. 1 Nr. 1 ausscheiden kann und deshalb vom Regelstrafrahmen auszugehen ist (→ Rn. 221 ff.).[396]

255   Das Revisionsgericht überprüft die Strafrahmenwahl auf Rechts- und Ermessensfehler.[397] Es ist nicht nur erforderlich, **unmissverständlich darzulegen, ob S. 1 Nr. 1** als **erfüllt** angesehen wurde. Das Urteil muss auch eindeutig und zweifelsfrei ergeben, ob eine auf § 31 beruhende **Strafrahmenmilderung vorgenommen** wurde oder nicht. Denn es darf nicht offen bleiben, von welchem Strafrahmen das Gericht ausgeht[398] (vgl. auch → Rn. 195 ff., 256).

256   In jedem Einzelfall ist das Vorliegen der Voraussetzungen des S. 1 Nr. 1 zu berücksichtigen; ebenso muss das Tatgericht dann, wenn durch § 31, möglicherweise auch in Verbindung mit von dieser Vorschrift unabhängigen Strafzumessungsfaktoren, mehrere Alternativen für die Festlegung des der Strafzumessung zugrunde liegenden Strafrahmens eröffnet werden, in Erwägung ziehen, welcher **Strafrahmen** der für den Angeklagten günstigere ist. Danach ist bei den Verbrechenstatbeständen stets eine Entscheidung darüber zu treffen, ob es trotz § 31 beim unveränderten Normalstrafrahmen verbleibt, ob dieser nach § 49 Abs. 1 StGB gemildert wird oder ob ein minder schwerer Fall gegeben ist.[399]

257   Sieht der Tatrichter § 31 Nr. 1 als erfüllt an, so muss er im Urteil mitteilen, ob und warum er von der dann gegebenen fakultativen Milderung der Strafe Gebrauch macht. Sieht er davon ab, muss er ebenso die **Gründe,** die ihn dazu bewogen haben, angeben;[400]

---

[392] BGH 10.6.1992 – 3 StR 119/92, DRsp Nr. 1994/843.

[393] BGH 4.10.1989 – 3 StR 350/89, NStZ 1990, 375 (bei *Schoreit*) = DRsp Nr. 1994/821.

[394] S. zB BGH 5.7.2012 – 5 StR 252/12, NStZ 2013, 50 mwN sowie → Rn. 196.

[395] BGH 20.8.2014 – 1 StR 390/14, BeckRS 2014, 88771; vgl. auch BGH 26.10.2011 – 2 StR 218/11, NStZ 2012, 271; 8.7.2014 – 3 StR 287/14, BeckRS 2014, 16467.

[396] BGH 30.5.1988 – 1 StR 248/88, und 11.10.1988 – 1 StR 572/88, beide NStZ 1989, 316 (bei *Schoreit*); 25.9.1990 – 5 StR 410/90, NStZ 1991, 376 (bei *Schoreit/Schoreit-Bartner*).

[397] Vgl. BGH 2.6.2010 – 5 StR 42/10, NStZ-RR 2010, 319.

[398] BGH 22.8.1984 – 3 StR 322/84, NStZ 1985, 30.

[399] BGH 17.1.1986 – 3 StR 415/85, StV 1986, 53, 58; BGH 21.5.1990 – 3 StR 97/90, NStZ 1991, 376 (bei *Schoreit/Schoreit-Bartner*); BGH 16.9.2014 – 3 StR 413/14, StV 2015, 642.

[400] BGH 24.7.1987 – 2 StR 342/87, NStZ 1987, 563; BGH 9.9.1988 – 2 StR 469/88, NStE Nr. 16 zu § 31 BtMG.

stets muss die Begründung in den Feststellungen ihre Grundlage finden.[401] Da die geleistete Aufklärungshilfe in die gebotene **Gesamtabwägung** aller strafzumessungserheblichen Umstände einzubeziehen ist, darf der Tatrichter die mögliche Strafrahmenmilderung dem Angeklagten nicht dadurch versagen, dass er auf einen einzelnen, dem Angeklagten nachteiligen Gesichtspunkt, etwa die Menge des verstrickten Rauschgifts, abstellt; maßgeblich ist auch das Gewicht des Aufklärungserfolgs.[402]

Wird auch die Rechtsfolgenseite des S. 1 Nr. 1 bejaht, beim Strafrahmen aber **unzutref-** **258** **fend** die **nicht nach § 49 Abs. 1 StGB abgesenkte Mindeststrafe** angeführt, zieht dies grundsätzlich und insbesondere dann, wenn die verhängte Strafe im unteren Bereich liegt, die Aufhebung des Strafausspruchs nach sich.[403] Mängel in den Strafzumessungsgründen führen jedoch nicht immer zur Aufhebung des Strafausspruchs. So kann im Einzelfall dann, wenn das Gericht eine Strafrahmenmilderung nach S. 1 Nr. 1 iVm § 49 Abs. 1 StGB vorgenommen und die **Frage eines minder schweren Falls nicht erörtert,** sich jedoch bei der Bemessung der Einzelstrafen am unteren Ende des Strafrahmens orientiert hat, ausgeschlossen werden, dass sich die höhere Höchststrafe des angewandten Strafrahmens ausgewirkt hat.[404]

Die Revisionsinstanz muss sich auch häufig mit **missverständlichen Formulierungen** **259** befassen, aus denen nicht hinreichend deutlich erkennbar wird, ob nur von dem durch § 31 eingeräumten Ermessen Gebrauch gemacht werden sollte, die Aufklärungshilfe nur bei der Strafzumessung in engerem Sinne berücksichtigt oder bereits die Voraussetzungen des § 31 verneint werden sollten. Dies ist etwa der Fall, wenn im Urteil ausgeführt wird, dass das Gericht eine „Strafrahmenverschiebung nach § 31 iVm § 49 StGB nicht für angemessen" erachtet[405] habe oder dass die Geständnisse der Angeklagten „iS des § 31 BtMG strafmildernd" zu berücksichtigen seien.[406]

Zur **Vermeidung von Unklarheiten** empfiehlt es sich, die Feststellungen zur Bejahung **260** des § 31 deutlich von den Erörterungen zu trennen, die sich mit der Frage befassen, wie das Ermessen, von der Strafmilderungsmöglichkeit Gebrauch zu machen, ausgeübt wurde. Ferner sollte das Gericht zur Klarstellung den ausgewählten Strafrahmen am Beginn seiner Strafzumessung zumidest im Wege einer Beschreibung angeben, zB dergestalt, dass der Strafrahmen des § 29a Abs. 1 nach §§ 31 BtMG, 49 Abs. 1 StGB gemildert wurde oder dass unter Heranziehung des § 31 ein minder schwerer Fall iSv 29a Abs. 2 bejaht wurde. Zur Klarstellung kann es dort, wo es von der Möglichkeit der Strafrahmenmilderung Gebrauch gemacht hat, in der Liste der angewandten Vorschriften §§ 31 BtMG, 49 Abs. 1 StGB anführen.

e) Unzulässige Erwägungen. Innerhalb der Strafzumessung sind Wendungen zu ver- **261** meiden, die darauf hindeuten könnten, das Tatgericht habe erschwerend gewertet, dass der Angeklagte, der mit seinen Angaben § 31 Nr. 1 erfüllt hat, noch weitere Aufklärungshilfe hätte leisten können, davon aber abgesehen hat. So kann, wenn § 31 bejaht wird, eine nur unerhebliche Strafmilderung nicht damit begründet werden, der Angeklagte habe möglicherweise Eigengeschäfte verschwiegen.[407] Dies ist folgerichtig, da § 31 kein uneingeschränktes Geständnis voraussetzt.

---

[401] Vgl. zB BGH 10.7.1987 – 2 StR 310/87, NStE Nr. 8 zu § 31 BtMG: Das Tatgericht begründete die Versagung einer Strafrahmenmilderung nach § 49 Abs. 2 StGB damit, dass das Geschäft von Anfang an unter polizeilicher Beobachtung gestanden habe und Angaben des Angeklagten lediglich vorhandene Kenntnisse abgerundet hätten, obwohl es dafür im Urteil an Anhaltspunkten fehlte. BGH 2.6.2010 – 5 StR 42/10, NStZ-RR 2010, 319 beanstandet, dass das Urteil sich nicht dazu verhält, weshalb kein wesentlicher Aufklärungsbeitrag vorliegen soll, obgleich der Angeklagte seinen Abnehmer und seinen Lieferanten benannt hatte.
[402] Vgl. BGH 18.12.2001 – 1 StR 444/01, NJW 2002, 908; 1.3.2011 – 3 StR 28/11, NStZ-RR 2011, 284.
[403] Vgl. BGH 4.11.1997 – 4 StR 479/97, StV 1998, 602.
[404] BGH 7.1.2003 – 3 StR 421/02, BeckRS 2003, 01633, auch → Rn. 247.
[405] BGH 13.9.1990 – 4 StR 253/90, NStZ 1991, 273 (bei *Detter*) = StV 1991, 66.
[406] BGH 21.10.2002 – 5 StR 433/02, NStZ-RR 2003, 85.
[407] BGH 18.12.1985 – 3 StR 509/85, NStZ 1987, 64 (bei *Schoreit*).

262   Unzureichend ist es, im Rahmen der Strafzumessung die geleistete Aufklärungshilfe lediglich mit einer **pauschalen Bewertung** als „erheblich", „wertvoll" oder „viele Dinge aufdeckend" zu kennzeichnen, ohne dass die Aufklärungshilfe der Sache nach im Urteil zuvor auch nicht andeutungsweise dargestellt wurde. Denn das Revisionsgericht vermag die Gewichtung der Aufklärungshilfe bei den Strafzumessungserwägungen anhand bloßer Wertungen nicht nachzuvollziehen.[408]

263   Die Bekämpfung des Rauschgifthandels ist ein internationales Anliegen. Das hat der BGH wiederholt hervorgehoben und es deshalb als rechtsfehlerhaft angesehen, wenn durch Instanzgerichte strafmildernd berücksichtigt wurde, dass das Rauschgift „nicht für den deutschen Markt bestimmt" gewesen sei. Deshalb wird es auch beanstandet werden, wenn der Aufklärungshilfe mit dem Hinweis darauf, der **Aufklärungserfolg** trete **im Ausland** ein oder komme in einem im Ausland zu erwartenden Verfahren zum Tragen, nur ein geringeres strafmilderndes Gewicht beigemessen werden sollte.[409]

264   **f) Wahrunterstellungen.** Die Anwendung des § 31 lediglich auf Grund einer Wahrunterstellung wird zwar als bedenklich eingestuft, da die Wahrunterstellung hinter dem von der Vorschrift vorausgesetzten tatsächlichen Aufklärungserfolg zurückbleibt (vgl. → Rn. 180). Im Revisionsverfahren ist die Wahrunterstellung eines Aufklärungserfolgs jedoch ebenso zu behandeln wie diejenige eines sonstigen für die Strafzumessung bedeutsamen Umstandes.[410]

265   **4. Urteilsanforderungen bei verneintem § 31 Nr. 1.** Auch hier müssen die Angaben des Angeklagten in einer Weise dargestellt werden, die eine Überprüfung, ob die Anwendung des § 31 zu Recht abgelehnt wurde, zulässt. Die bloße Wertung in den Urteilsgründen, es habe keine Aufklärungshilfe nach § 31 festgestellt werden können, reicht nicht aus, um eine revisionsgerichtliche Prüfung zu ermöglichen.[411] Die Urteilsgründe müssen in nachvollziehbarer Weise darlegen, inwiefern Offenbarungen des Täterwissens nicht wesentlich zur weitergehenden Tataufdeckung beigetragen haben. Dazu bedarf es der **Mitteilung von Einzelheiten.** Pauschale Tatsachenfeststellungen und Hinweise, etwa auf ein Teilgeständnis, auf eine Bestätigung in den Grundzügen bereits bekannter Erkenntnisse der Polizei oder auf eine Vereinfachung der Ermittlungen reichen nicht aus; dies gilt ebenso, wenn die Ablehnung des § 31 darauf gestützt werden soll, dass der Angeklagte seine früheren Angaben in der Hauptverhandlung eingeschränkt hat.[412] Weiter ist darauf zu achten, dass die Angaben hinsichtlich aller durch den Angeklagten benannten Tatbeteiligten und geschilderter Tatbeiträge angesprochen und bewertet werden;[413] insbesondere darf ein Aufklärungserfolg nicht allein mit der Erwägung abgelehnt werden, der Aufklärungsgehilfe habe nur Angaben zu ohnehin bekannten Tätern gemacht, weil auch der Gesichtspunkt einer Aufdeckung unbekannter Taten bekannter Täter erkennbar bedacht werden muss.[414]

266   Hat das Gericht sein Ermessen dahin ausgeübt, dem Angeklagten eine Milderung trotz geleisteter Aufklärungshilfe zu versagen, muss es dies nachvollziehbar begründen. Namentlich ist es rechtsfehlerhaft, sich bei der **Würdigung der Aufklärungshilfe** allein am Schuldumfang der vom Angeklagten begangenen Tat(en) und nicht am **Gewicht des geleisteten Aufklärungsbeitrags** zu orientieren.[415] Auch der alleinige Hinweis darauf, dass der Angeklagte, der die Voraussetzungen des § 31 in seiner polizeilichen Vernehmung durch umfas-

---

[408] BGH 10.4.1992 – 3 StR 101/92, BGHR StGB § 46 Abs. 1 Spezialprävention 4.
[409] BGH 19.11.2002 – 1 StR 346/02, NStZ 2003, 270.
[410] Vgl. BGH 17.5.1996 – 5 StR 119/96, NStZ-RR 1997, 85 = StV 1996, 662. Zu den Folgen einer nicht eingehaltenen Wahrunterstellung s. BGH 6.7.1983 – 2 StR 222/83, BGHSt 32, 44 = NJW 1984, 2228 und → Rn. 182 ff.
[411] BGH 1.3.2011 – 3 StR 496/10, BeckRS 2011, 07509.
[412] BGH 18.9.1987 – 2 StR 462/87, NStE Nr. 5 zu § 31 BtMG.
[413] BGH 11.2.2003 – 1 StR 517/02, BeckRS 2003, 02229.
[414] Vgl. BGH 25.3.2003 – 5 StR 88/03, BeckRS 2003, 03600.
[415] BGH 16.5.2012 – 2 StR 66/12, BeckRS 2012, 13639; 15.10.2013 – 3 StR 224/13, StV 2014, 617.

sende Angaben erfüllt hat, in der Hauptverhandlung geschwiegen habe, ist regelmäßig keine zureichende Begründung für die Versagung einer Strafmilderung.[416]

Wird ein Aufklärungserfolg verneint, obwohl der Angeklagte **Angaben zu einem der** 267 **Tatbeteiligten** gemacht hatte, muss sich aus dem Urteil der Grund für die Ablehnung des S. 1 Nr. 1 ergeben, etwa, dass dieser Beteiligte nicht identifizierbar war.[417] Da es auf die Überzeugung des Gerichts in der Hauptverhandlung ankommt, taugt für die Ablehnung eines Aufklärungserfolgs weder der Hinweis, der vom Angeklagten Belastete streite die Tat ab,[418] noch die Erwägung, der Belastete habe in seinem Verfahren gestanden, sodass seine Verurteilung nicht auf den Angaben des ursprünglich Aufklärungshilfe leistenden Täters beruhe.[419]

Nr. 1 kann auch nicht mit der Begründung abgelehnt werden, dass der Angeklagte einen 268 **Teil der Abnehmer verschwiegen** habe, wenn dies nicht genügend mit Tatsachen belegt wird und offen bleibt, ob der Angeklagte weitere Abnehmer überhaupt namhaft machen konnte.[420]

Es ist mit der Ablehnung des S. 1 Nr. 1 ferner unvereinbar, dem Angeklagten mildernd 269 zugute zu halten, er habe der Polizei Informationen zukommen lassen, die zu weiterführenden Ermittlungen nutzbar gewesen seien, jedoch gleichzeitig darauf abzustellen, der Angeklagte hätte sich mit seinen Angaben nur in dem Rahmen bewegt, in dem zuvor ein V-Mann die ihm vom Angeklagten mitgeteilten Informationen weitergeleitet habe. Denn mittelbare Mitteilungen (dazu → Rn. 49 ff.) können ebenso zu einem Aufklärungserfolg führen wie direkt bei den Ermittlungsbehörden gemachte Angaben.[421]

5. Verfahrensrügen. a) Aufklärungsrüge. Die Aufklärungsrüge kann Erfolg haben, 270 wenn S. 1 Nr. 1 nur mit knapper Begründung abgelehnt wird, obwohl Hinweise darauf bestanden, dass durch ein Geständnis des Angeklagten möglicherweise Tatbeiträge Beteiligter aufgedeckt wurden.[422] Wird eine Verletzung der Aufklärungspflicht geltend gemacht, setzt die Zulässigkeit der Rüge nach § 344 Abs. 2 S. 2 StPO Angaben zum sich aus der früheren Beweislage ergebenden Ermittlungsstand sowie eine Darlegung voraus, inwiefern durch die – mitzuteilende – Aussage des Angeklagten ein Aufklärungserfolg eingetreten sein soll, der das Gericht dazu hätte drängen müssen, diesen durch Erhebung von Beweisen in die Hauptverhandlung einzuführen.[423] Zum Umfang der Aufklärungspflicht des Gerichts auch → Rn. 175 ff.

b) Verfahrensrüge. Eine Verfahrensrüge nach **§ 261 StPO** kann erhoben werden, wenn 271 das Gericht, etwa durch die Verlesung von Vernehmungsniederschriften, die Beweisaufnahme auf Inhalte erstreckt, auf Grund derer die Anwendung des § 31 in Betracht kommt, die Vorschrift im Urteil aber dennoch nicht erörtert. Da in einer solchen Konstellation das Ergebnis der Beweisaufnahme nicht erschöpfend gewürdigt wird, wird gegen § 261 StPO verstoßen.[424] Hingegen muss das Revisionsgericht die Frage, ob die Voraussetzungen des § 31 hinreichend erörtert wurden, bereits auf die allgemeine **Sachrüge** überprüfen und beurteilen, wenn sich der Rechtsfehler der unterlassenen Prüfung dieser Vorschrift schon aus dem Urteil selbst ergibt.[425]

c) Videoaufzeichnungen. Mit der Frage, ob nach §§ 247a, 255a StPO in das Verfahren 272 eingeführte **Videoaufzeichnungen zur Stützung einer Verfahrensrüge** (§§ 261, 244

---

[416] BGH 7.9.2015 – 2 StR 305/15, BeckRS 2015, 18434.
[417] BGH 14.2.1989 – 1 StR 808/88, NStZ 1990, 375 (bei *Schoreit*).
[418] BGH 4.12.1985 – 1 StR 508/85, StV 1986, 436 = DRsp Nr. 1994/518.
[419] BGH 18.2.2014 – 2 StR 3/14, NStZ 2014, 465.
[420] BGH 17.2.1994 – 4 StR 24/94, BGHR § 31 Nr. 1 Aufdeckung 25 = StV 1994, 544.
[421] BGH 14.1.2000 – 3 StR 106/99, BeckRS 2000, 30090577.
[422] BGH 25.6.1985 – 4 StR 272/85, DRsp Nr. 1994/513; 23.8.1989 – 3 StR 205/89, BeckRS 1989, 31106402.
[423] BGH 16.1.2003 – 4 StR 264/02, NStZ 2004, 112; 28.4.2011 – 4 StR 169/11, BeckRS 2011, 11230.
[424] BGH 6.9.2001 – 3 StR 285/01, NStZ 2002, 47 (48).
[425] BGH 6.3.2002 – 2 StR 491/01, NStZ-RR 2002, 251.

Abs. 2 StPO) der mangelnden Vereinbarkeit der Urteilsgründe mit der Aufzeichnung herangezogen werden können, hat sich die Rspr., soweit ersichtlich, bislang nicht befasst. Die in diesem Zusammenhang teilweise befürwortete Ausnahme vom Verbot der Hauptverhandlungsrekonstruktion durch das Revisionsgericht ist wegen vieler gravierender Unterschiede, die sich beim Vergleich der Rezeption einer Videoaufzeichnung mit dem Verlesen einer Urkunde zeigen, im Grundsatz abzulehnen.[426] Denkbar erscheint als enge Ausnahme allenfalls, Rügen der „Aufzeichnungswidrigkeit" der Urteilsgründe zuzulassen, wenn der Aufzeichnung prozessentscheidende Bedeutung zukam sowie die beanstandete Abweichung des Urteils vom Inhalt der Aufzeichnung reine und entscheidungserhebliche Tatsachen betrifft.

VI. Voraussetzungen und Folgen des S. 1 Nr. 2

273   **1. Anwendungsbereich.** Der Anwendungsbereich dieser in der Praxis nahezu bedeutungslosen[427] Vorschrift ist auf die schwerwiegenden Betäubungsmitteldelikte nach §§ 29 Abs. 3, 29a, 30, 30a beschränkt, die sich noch **im Planungsstadium** befinden müssen.[428] Ist die Ausführung der geplanten Tat im Zeitpunkt der Offenbarung schon aus anderen Gründen nicht mehr möglich, zB wegen der Festnahme des für die Realisierung des Tatplans unersetzlichen Hinweisgebers, scheidet S. 1 Nr. 2 aus. Denn eine nicht mehr geplante Tat kann schon begrifflich nicht mehr **verhindert** werden.[429]

274   **2. Voraussetzungen. a) Freiwillige Offenbarung.** Wie S. 1 Nr. 1 verlangt Nr. 2 eine freiwillige Offenbarung; die Erläuterungen → Rn. 44 ff. gelten hier entsprechend.

275   **b) Gegenüber Dienststelle.** Die Offenbarung muss gegenüber einer Dienststelle erfolgen. Dienststellen sind nicht nur Strafverfolgungsbehörden, sondern alle staatlichen und kommunalen Behörden sowie die Gerichte.[430] Uneinigkeit besteht darüber, ob sich **Verzögerungen,** die dadurch entstehen, dass sich der Aufklärungsgehilfe mit seiner Offenbarung nicht an Polizei oder StA, sondern an eine andere Dienststelle gewendet hat, sich zu seinen Lasten auswirken[431] oder ob dies deshalb, weil das Gesetz keine weiteren Vorgaben zum Begriff der Dienststelle macht, nicht der Fall ist.[432] Die letztgenannte Auffassung erscheint bei der Klärung dieser Frage, die nicht mit derjenigen, ob S. 1 Nr. 2 den Eintritt eines Verhinderungserfolgs voraussetzt (dazu → Rn. 276), vermengt werden darf, vorzugswürdig. Ist das Handeln des Aufklärungsgehilfen vom Willen zur Verhinderung der geplanten Tat getragen, kann es nicht darauf ankommen, ob eine Offenbarung gegenüber einer anderen Dienststelle zu einer besseren oder rascheren Verhinderungsmöglichkeit geführt hätte, was im Nachhinein ohnehin kaum sicher aufklärbar sein wird.

276   **c) Rechtzeitige Offenbarung.** S. 1 Nr. 2 verlangt eine so rechtzeitige Offenbarung, dass die geplanten Taten noch verhindert werden können. Dies setzt **keinen Verhinderungserfolg** voraus, sondern nur die bestehende Möglichkeit eines solchen. Damit reicht es aus, wenn die Straftat bei pflichtgemäßem Handeln der informierten Dienststelle hätte verhindert werden können.[433] So kann auch die Kooperation mit den Ermittlungsbehörden, wodurch bislang nicht bekannte oder an unbekanntem Ort gelagerte Betäubungsmittelmengen sichergestellt werden, die Voraussetzungen des S. 1 Nr. 2 erfüllen.[434] Die Gegenauffassung[435] überzeugt wegen des Wortlauts des S. 1 Nr. 2 („können") und angesichts des

---

[426] Dazu näher *Hofmann* NStZ 2002, 569, der die Auffassung, die Videoaufzeichnung sei im Revisionsverfahren nach den gleichen Grundsätzen wie der Rückgriff auf bei den Akten befindliche Urkunden (so *Diemer* NStZ 2002, 16 ff.) zu behandeln, ablehnt.
[427] S. zB *Endriß/Malek* Rn. 897.
[428] Erbs/Kohlhaas/*Pelchen* Rn. 8.
[429] *Körner* Rn. 43; *Franke/Wienroeder* Rn. 16.
[430] *Weber* Rn. 153.
[431] So – ohne Begründung – Erbs/Kohlhaas/*Pelchen* Rn. 8; *Franke/Wienroeder* Rn. 16.
[432] So *Weber* Rn. 153.
[433] *Joachimski/Haumer* Rn. 22; Erbs/Kohlhaas/*Pelchen* Rn. 8.
[434] BGH 28.6.2005 – 1 StR 187/05, NJW 2005, 2632; 28.6.2005 – 4 StR 119/05, BeckRS 2005, 08262.
[435] HJLW/*Winkler* Rn. 3.8.

Umstands, dass sich Versäumnisse oder verzögertes Handeln der Behörden nicht zu Lasten des Offenbarenden auswirken dürfen (vgl. auch → Rn. 97), nicht.

3. Folgen. Für die Folgen, das durch S. 1 Nr. 2 eingeräumte Ermessen und die durch 277 die Vorschrift eröffneten Möglichkeiten gilt das zu S. 1 Nr. 1 Ausgeführte entsprechend (→ Rn. 188–Rn. 236).

VII. Sonstiges

1. Parallelvorschriften im StGB. Das 43. StrÄndG vom 29.7.2009[436] führte mit § 46b 278 StGB eine allgemeine Kronzeugenregelung in das StGB ein, die am 1.9.2009 in Kraft trat. Die bereits mit Wirkung vom 1.8.2013 durch das 46. StrÄndG eingeführte einschränkende Änderung des § 46b StGB dahin, dass ein Zusammenhang zwischen vorgeworfener und aufgedeckter Tat bestehen muss, hat zu weitgehender Angleichung und parallelem Aufbau des § 31 und des § 46b StGB geführt. § 261 Abs. 10 StGB, der eine dem § 31 Nr. 1 nachge-bildete Kronzeugenregelung enthielt, ist mit der Einführung des § 46b StGB weggefallen. § 31 Nr. 2 vergleichbare Privilegierungen für tätige Reue finden sich in §§ 84 Abs. 5, 85 Abs. 3, 98 Abs. 2, 99 Abs. 3, 129 Abs. 6, 129a Abs. 7 und 261 Abs. 9 S. 1 StGB.

2. Kronzeugenregelung. Am 16.6.1989 trat die für terroristische Straftaten (§ 129a 279 StGB und mit einer solchen Tat zusammenhängende Straftaten) geltende Kronzeugenrege-lung (Art. 4 §§ 1–5 KronzG) in Kraft[437] Mit diesen Vorschriften wurde – anders als mit § 31 – als Hauptziel die Straftatenverhinderung angestrebt. Sie konnten seit dem 1.12.1994 auch auf organisiert begangene Straftaten Anwendung finden (Art. 5 KronzG).[438] Die Gel-tungsdauer dieser Regelungen lief zum 31.12.1999 aus, sie sind aber auf Straftäter, die vor diesem Zeitpunkt Aussagen gemacht haben, noch anwendbar.

§ 31a Absehen von der Verfolgung

(1) [1]Hat das Verfahren ein Vergehen nach § 29 Abs. 1, 2 oder 4 zum Gegenstand, so kann die Staatsanwaltschaft von der Verfolgung absehen, wenn die Schuld des Täters als gering anzusehen wäre, kein öffentliches Interesse an der Strafverfolgung besteht und der Täter die Betäubungsmittel lediglich zum Eigenverbrauch in geringer Menge anbaut, herstellt, einführt, ausführt, durchführt, erwirbt, sich in sonstiger Weise verschafft oder besitzt. [2]Von der Verfolgung soll abgesehen werden, wenn der Täter in einem Drogenkonsumraum Betäubungsmittel lediglich zum Eigenverbrauch, der nach § 10a geduldet werden kann, in geringer Menge besitzt, ohne zugleich im Besitz einer schriftlichen Erlaubnis für den Erwerb zu sein.

(2) [1]Ist die Klage bereits erhoben, so kann das Gericht in jeder Lage des Verfah-rens unter den Voraussetzungen des Absatzes 1 mit Zustimmung der Staatsanwalt-schaft und des Angeschuldigten das Verfahren einstellen. [2]Der Zustimmung des Angeschuldigten bedarf es nicht, wenn die Hauptverhandlung aus den in § 205 der Strafprozeßordnung angeführten Gründen nicht durchgeführt werden kann oder in den Fällen des § 231 Abs. 2 der Strafprozeßordnung und der §§ 232 und 233 der Strafprozeßordnung in seiner Abwesenheit durchgeführt wird. [3]Die Ent-scheidung ergeht durch Beschluß. [4]Der Beschluß ist nicht anfechtbar.

Schrifttum: *Aulinger,* Rechtsgleichheit und Rechtswirklichkeit bei der Strafverfolgung von Drogen-konsumenten. Schriftenreihe des Bundesministeriums für Gesundheit, Bd. 89, 1997; *dies.,* § 31a BtMG –

---

[436] BGBl. I S. 2288.

[437] BGBl. 1989 S. 1059, 1061, letzte Änderung BGBl. 1996 I S. 58 (Geltung bis 31.12.1999).

[438] BGBl. 1994 S. 3186, 3193. Eine Darstellung von Anwendungsfällen der Kronzeugenregelung findet sich bei *Breucker/Engberding,* Die Kronzeugenregelung, 1999, S. 17 ff., eine rechtsvergleichende Untersuchung der deutschen und italienischen Kronzeugenregelungen bei *Mehrens,* Die Kronzeugenregelung als Instrument zur Bekämpfung organisierter Kriminalität, 2001.

Der Auftrag des BVerfG und die Rechtswirklichkeit, NStZ 1999, 111; *dies.*, Anm. zu LG Oldenburg NStZRR 2002, 119, JR 2002, 302; *Katholnigg,* Besprechung von *Kreuzer,* Handbuch des Betäubungsmittelstrafrechts, GA 1998, 348; *ders.*, Die Zulassung von Drogenkonsumräumen und strengere Kriterien bei der Substitution – das Dritte Gesetz zur Änderung des Betäubungsmittelgesetzes, NJW 2000, 1217; *Körner,* Die Strafrechtspraxis im Labyrinth neuer Betäubungsmittelrechtsbestimmungen, NJW 1993, 233; *Patzak/Goldhausen,* Die aktuellen Wirkstoffgehalte von Cannabis, NStZ 2007, 195; *dies.*, Die aktuellen Wirkstoffgehalte von Cannabis, NStZ 2011, 76; *Schäfer/Paoli*, Drogenkonsum und Strafverfolgungspraxis, 2006.

A. Überblick

I. Rechtliche Einordnung

1   Die Vorschrift, die in ihrer heutigen Fassung auf zwei verschiedene Rechtsetzungsakte zurückgeht, hat hinsichtlich der Normadressaten unterschiedliche Zielrichtungen, die es nahe gelegt hätten, jedem Ziel eine eigene Vorschrift zu widmen,[1] wobei beiden Zielen

---

[1] *Weber* Rn. 1.

jedoch gemeinsam ist, die den **Eigenkonsum geringer Mengen von BtM** begleitenden Straftaten (Konsumentenvergehen), in Teilbereichen mit Hilfe des Opportunitätsprinzips zu **entpönalisieren.** Sie stellt somit das staatsanwaltschaftliche Pendant zum gerichtlichen Absehen von Strafe gem. § 29 Abs. 5 dar, auch wenn sich die Voraussetzungen der Vorschrift nicht vollständig überschneiden (und somit auch ein Vorgehen der StA nach § 153b StPO iVm § 29 Abs. 5 neben den §§ 31a ff. möglich bleibt). Zum einen stellt § 31a eine Reaktion auf die Erkenntnis dar, dass die strafrechtliche Verfolgung **abhängiger** (sic!) **Drogenkonsumenten,** denen darüber hinaus keine weiteren strafrechtlich relevanten Vorwürfe gemacht werden können, zunehmend fragwürdig erscheint,[2] weshalb sie die **prozessuale Einstellungsmöglichkeiten für die Staatsanwaltschaft** durch Verzicht auf richterliche Zustimmung **verbessert,** um nicht zwingend gebotenen Verfahrensaufwand zu vermeiden und eine flexible und einheitliche Verfolgungspraxis zu erreichen[3] (Abs. 1 S. 1). Daneben will sie **Drogenkonsumräume** (§ 10a Abs. 1 S. 1) **von der Strafverfolgung** auch dann **frei halten,**[4] wenn der berechtigte Benutzer eines solchen Raums (§ 10a Abs. 2 S. 2 Nr. 7) illegal Drogen zum Eigenverbrauch besitzt, ohne zugleich im Besitz einer schriftlichen Erlaubnis für den Erwerb zu sein, damit insbesondere Schwerstabhängige von der Benutzung eines Drogenkonsumraumes nicht abgeschreckt werden[5] (Abs. 1 S. 2). Insoweit mag es sich um eine, wenn auch mittelbare, Maßnahme der Leidensminimierung (*harm reduction*) handeln.[6]

II. Verfassungsmäßigkeit

Gegen die **Verfassungsmäßigkeit** der Vorschrift sind – soweit ersichtlich – Bedenken 2 bislang nicht erhoben worden. Ihre Existenz führt im Gegenteil erst dazu, dass **Strafvorschriften** des BtMG, soweit sie Verhaltensweisen mit Strafe bedrohen, die ausschließlich den gelegentlichen Eigenverbrauch geringer Mengen von Cannabisprodukten vorbereiten und nicht mit einer Fremdgefährdung verbunden sind, **nicht gegen das Übermaßverbot verstoßen,** weil der Gesetzgeber es den Strafverfolgungsorganen ermöglicht, durch das Absehen von Strafverfolgung einem geringen individuellen Unrechts- und Schuldgehalt der Tat Rechnung zu tragen.[7] Damit stellt das BVerfG ausdrücklich den Gesetzeszweck der Entpönalisierung in den Vordergrund.

III. Rechtsentwicklung

1. Innerstaatliches Recht. Die Vorschrift geht in ihrer ursprünglichen Fassung auf 3 einen Gesetzesentwurf der Freien und Hansestadt Hamburg zurück. Abs. 1 S. 1 und Abs. 2 traten nach umfangreichen Beratungen am 10.9.1992 im Rahmen des BtMÄndG in Kraft. Abs. 1 S. 2 wurde durch das 3. BtMG-ÄndG, das in § 10a die rechtlichen Voraussetzungen für die Einrichtung von Drogenkonsumräumen schuf, eingefügt und trat am 1.4.2000 in Kraft.

2. Vereinbarkeit mit internationalen Übereinkommen. Der Vorschrift, die die 4 generelle **Strafbarkeit des illegalen Umgangs mit BtM nicht tangiert,** stehen die Verpflichtungen aus den internationalen Übereinkommen (Art. 36 Abs. 4 Übk. 1961, Art. 22 Abs. 4 Übk. 1971 und Art. 3 Abs. 1, Abs. 2 Übk. 1988) nicht entgegen.[8]

---

[2] BR-Drs. 57/90.
[3] BT-Drs. 12/934, 1, 6.
[4] BT-Drs. 14/1830, 8.
[5] Im Ergebnis auch *Joachimski/Haumer* Rn. 1.
[6] So *Weber* Rn. 11.
[7] BVerfG 9.3.1994 – 2 BvL 43/92 ua, BVerfGE 90, 145 = NJW 1994, 1577.
[8] *Weber* Rn. 6, 12; s.a. → § 10a Rn. 4 ff.

IV. Kriminalpolitische Bedeutung

5   Konkretes Datenmaterial dazu, in welchem Umfang von § 31 Abs. 1 Gebrauch gemacht wird, fehlt aktuell, weil das Statistische Bundesamt die Verfahrensbehandlung der Einstellungen ohne Auflagen nur zusammen erfasst, aus deren Summe lediglich Einstellungen nach §§ 153, 154 Abs. 1 StPO herausgerechnet werden können. Geht man von der Überlegung aus, dass Einstellungen nach §§ 153b, c, 154b–e StPO mangels praktischer Relevanz vernachlässigt werden können, werden die durch Einstellung ohne Auflagen erledigten Verfahren von solchen nach JGG und solchen nach BtMG bestimmt, wie sich aus der folgenden Auswertung für 2009[9] ergibt:

	Bundesländer mit			
	obligatorischem		fakultativem	
	Absehen von der Strafverfolgung			
	Berlin	Hamburg	Baden-Württ.	Bayern
Einstellungen insgesamt	12107	10788	29307	34068
Einstellung ohne Auflage gemäß §§ 153b, c, 154b–e StPO, 45 Abs. 1 und 2 JGG, 31a Abs. 1 BtMG	5014 41,4 %	3337 30,93 %	4963 16,9 %	5365 15,7 %

Tendenziell deckt sich das Bild mit den von *Schäfer/Paoli*[10] für 2002 für Berlin, Hamburg und Bayern sowie mit den für 2001[11] ermittelten Zahlen, bei denen die Stadtstaaten jeweils einen signifikant höheren Anteil an „folgenlosen" Verfahrenseinstellungen aufweisen als etwa Bayern. Dies könnte zwar auch nur auf einer unterschiedlichen Verfolgungspraxis nach dem JGG beruhen; aus der genannten Studie ergibt sich jedoch, dass die Unterschiede die Praxis bei dem Absehen von der Verfolgung nach § 31a betreffen.[12]

V. Kritik

6   In ihrer derzeitigen Fassung stellt die Vorschrift **juristisches Patchwork** dar, bei der der Gesetzgeber den leider untauglichen Versuch unternommen hat, unterschiedliche Normadressaten mit Hilfe von vorhandenen Mustern und Anstückelungen in eine Vorschrift zu pressen. Der Grundstein hierzu wurde dabei bereits durch die Schaffung eines juristischen **Zwittergebildes** aus einerseits **Strafzumessungs- und** andererseits **Verfahrensvorschrift** gelegt, was die Sachbehandlung sowohl materiellrechtlich wie auch nach Verfahrensrecht verkompliziert.

7   **1. Rechtssystematik.** Zutreffend weisen *Franke/Wienroeder*[13] auf eine sich daraus ergebende dogmatische, insbesondere aber **gesetzessystematische Problematik** hin, da die § 29 Abs. 5 entnommenen materiellrechtlichen Anknüpfungsmerkmale dort jedenfalls zur Schuldfeststellung führen, während ihre Koppelung mit den Einstellungskriterien des § 153 StPO in § 31a nunmehr auch im Umgang mit harten Drogen oder bei Wiederholungstätern eine Verfahrenseinstellung ohne gerichtliche Zustimmung zulassen. Gesetzgeberischer Handlungsanlass war zum einen das Bestreben nach Entpönalisierung von Konsumbegleitstraftaten, zum anderen die Entlastung der Strafverfolgungsbehörden. Der Entlastungseffekt sollte insbesondere dadurch erzielt werden, dass man den Staatsanwaltschaften anders als bei einer Verfahrenseinstellung nach § 29 Abs. 5 BtMG, § 153b StPO die **Auseinandersetzung mit dem Gericht um dessen Zustimmung** ersparen wollte, sie mithin in die Lage versetzt werden sollten, das Ermittlungsverfahren autonom been-

---

[9] Statistisches Bundesamt, Von der Staatsanwaltschaft beim der Amtsanwaltschaft erledigte Ermittlungsverfahren. Straftaten nach dem Betäubungsmittelgesetz nach Ländern. Tabelle 3.7.1.

[10] *Schäfer/Paoli* S. 94.

[11] *Schäfer/Paoli* Anhang II.

[12] Vgl. auch KPV/*Patzak* Rn. 63 ff.

[13] *Franke/Wienroeder* Rn. 9.

den[14] zu können. Der Verzicht auf die gerichtliche Zustimmung wurde jedoch dadurch „erkauft", dass die Staatsanwaltschaft nunmehr dazu verpflichtet ist, Erwägungen zum Maß der individuellen Schuld (→ Rn. 28 ff.) zu treffen und spezialpräventive Überlegungen (→ Rn. 36 ff.) anzustellen, die, nimmt man die diesbezüglichen Anforderungen ernst,[15] gerade das Gegenteil der gesetzgeberischen Intention, nämlich eine deutliche Mehrbelastung der Staatsanwaltschaft mit sich bringen (→ Rn. 47). Damit stehen der Staatsanwaltschaft nur folgende zwei Handlungsalternativen zur Verfügung: Entweder macht sie **von der Vorschrift keinen Gebrauch,** sondern erhebt im Falle einer Konsumbegleittat eine weder aus Rechtsgründen schwierige noch zeitlich aufwändige Anklage. Damit würde dem gesetzgeberischen Handlungsanlass, nämlich der mangelnden Akzeptanz der Verfahrensbehandlung nach § 29 Abs. 5 BtMG, § 153b StPO durch Einführung eines neuen § 31a entgegenzuwirken, nicht Rechnung getragen. Oder aber sie lässt Merkmale wie **geringe Schuld** oder **Einwirkungserfordernisse und -möglichkeiten** auf den einzelnen Täter in der Tradition der Behandlung von Massen- oder Kleinkriminalität als mehr oder weniger bedeutungslos **außer Betracht.**

2. Divergierende Regelungsbereiche. Nicht genug dieser Schwierigkeiten erhielt   **8** Abs. 1 einen S. 2, der die Verfahrensweise bei Benutzern von Drogenkonsumräumen zum Gegenstand hat. *Weber*[16] bemängelt zu Recht, dass Abs. 1 der Vorschrift nunmehr **zwei grundverschiedene Bereiche** regelt, **unterschiedliche Zwecke** verfolgt und sich an **völlig verschiedene Zielgruppen** wendet. Die Dimension dieser in hohem Maße berechtigten Kritik an der Abfassung der Vorschrift wird erkennbar, wenn man die Anwendungsvoraussetzungen der beiden Regelungen gegenüberstellt: Schloss etwa Dauerkonsum und die damit einhergehenden Begleitstraftaten die Anwendung des jetzigen Satzes 1 vor Einfügung des Satzes 2 deshalb aus, weil S. 1 materiellrechtlich an § 29 Abs. 5 anknüpfte, der sich seinerseits nur an „Probierer" und „Gelegenheitskonsumenten" richtet, werden in S. 2 der Vorschrift nunmehr der Dauerkonsum und damit die ihn ständig begleitenden Rechtsverstöße praktisch vorausgesetzt (→ Rn. 56). Infolge der bei der Auslegung der Vorschrift zu berücksichtigenden **Wechselwirkung zwischen den beiden Sätzen,** kann dies zu nahezu grotesken Ergebnissen führen (→ Rn. 37).

3. Rechtsanwendungsungleichheit. Nach wie vor krankt die Vorschrift daran, dass   **9** sie infolge ihrer Ausgestaltung auf die in Länderhoheit stehende Strafverfolgung angewiesen ist, so dass es an einer bundesweit **einheitlichen Handhabung** fehlt, was das BVerfG bereits in seinem *Cannabis*-Beschluss[17] moniert hatte. Hieran dürfte sich seit der Vorauflage auch nichts geändert haben. Die meisten Bundesländer hatten darauf hin zwar Verwaltungsvorschriften[18] erlassen, die allerdings von einer absoluten Null-Toleranz-Politik (Baden-Württemberg) bis hin zu einer nahezu faktischen Freigabe des Umgangs mit BtM zum Eigenverbrauch (Schleswig-Holstein) reichten.[19] Immerhin kann als Ergebnis der Justizministerkonferenz vom 1.4.2008 festgehalten werden, dass sich die Bundesländer – ausgenommen Berlin und Nordrhein-Westfalen – in einer Art Minimalkonsens darauf verständigt haben, von der Verfolgung der Konsumentenvergehen mit **Cannabis** abzusehen, wenn dieses eine (Brutto-)Gewichtsmenge bis zu **sechs Gramm** betrifft, was teilweise zu einer spürbaren Reduzierung der Mengen geführt hat.[20] Damit sind zwar die Vorgaben des BVerfG aus seinem *Cannabis*-Beschluss[21] erfüllt; dem Prinzip der Rechtsanwendungsgleichheit wäre es jedoch äußerst zuträglich gewesen, wenn man sich länderseits auch

---

[14] *Franke/Wienroeder* Rn. 8.
[15] *Weber* Rn. 42 ff.
[16] *Weber* Rn. 1.
[17] BVerfG 9.3.1994 – 2 BvL 43/92 ua, BVerfGE 90, 145 = NJW 1994, 1577.
[18] Zur Zulässigkeit der „Steuerung" der Staatsanwaltschaft durch die Landesjustizverwaltung s. *Weber* Rn. 80 f. S.a. 2. Aufl., Anh. § 31a.
[19] Zu den Verwaltungsvorschriften s. 2. Aufl., Anh. § 31a.
[20] Vgl. *Patzak/Goldhausen* NStZ 2011, 76.
[21] BVerfG 9.3.1994 – 2 BvL 43/92 ua, BVerfGE 90, 145 = NJW 1994, 1577.

über die Handhabung des Opportunitätsprinzips bei den übrigen BtM und das Profil der Normadressaten hätte einigen können. Der argumentative Rückzug darauf, das BVerfG habe sich ausschließlich über die uneinheitliche Verfolgungspraxis im Zusammenhang mit Cannabis verhalten,[22] trifft für sich genommen zwar zu, kann aber nicht ernsthaft den Einwand entkräften, dass es vor dem Hintergrund des **Gleichbehandlungsgrundsatzes** im höchsten Maß bedenklich ist, wenn die Verfolgung ein- und derselben in ihrem Schuldgehalt identischen Tat in einem Bundesland zu einer Verfahrenseinstellung, im anderen dagegen zur Anklageerhebung führt. Vom Gesetzeszweck der **Entpönalisierung** her lässt sich die fehlende Rechtsanwendungsgleichheit auch nicht mit regionalen Sanktionstraditionen[23] begründen. Wer die Vorschrift als Ausschnitt von § 29 Abs. 5 begreift und dessen Bedeutung für die Rechtsanwendungsgleichheit hervorhebt,[24] wird bei § 31a nur schwerlich eine abweichende Auffassung vertreten können. Dass das Aufkommen der Konsumbegleittaten in Frankfurt oder Hamburg höher ist als in einem ländlichen Raum, betrifft nur das zweitrangige Normziel der Entlastung der Verfolgungsbehörden, vermag dabei aber den auch vom BVerfG in den Vordergrund gestellten Gesetzeszweck der Entpönalisierung nicht zu verdrängen. Schließlich dient es auch nicht dem Ansehen der Politik, wenn sie nur dann einen Handlungsanlass sieht, nachdem zuvor das BVerfG eine Rechtsanwendungspraxis für verfassungsrechtlich bedenklich erklärt hat.

10   Diese Divergenzen will *Patzak* mit der tatbestandlichen Festlegung einer konkreten Grenzmenge und der Umgestaltung des § 31a in eine Soll-Vorschrift begegnen.[25] Derartigen Mischkonzepten ist allerdings eine Absage zu erteilen. Entweder man entscheidet sich für eine „echte Opportunitätsvorschrift", welche die Staatsanwaltschaft nicht an konkrete Gewichts- oder Wirkstoffmengen bindet und lediglich auf die Eigenverbrauchsabsicht abstellt. Oder man entkriminalisiert das Verhalten vollständig, wobei auch hier allein die „Eigenverbrauchsabsicht" maßgeblich sein müsste und die aufgefundene Menge nur als Indiz für oder gegen diese fungieren kann (hierzu bereits → Vor § 29 Rn. 36). Die Justiziabilität der Entscheidung würde bereits nach kurzer Zeit zur Aufstellung von Fest- und Darstellungsmaßstäben führen und damit auch zu einer Vereinheitlichung der Praxis beitragen.

11   **4. Drogenpolitisches Defizit.** In drogenpolitischer Hinsicht vermisst *Körner*[26] gerade unter dem Gesichtspunkt **„Therapie statt Strafe"** zu Recht die Möglichkeit, die Verfahrenseinstellung mit einer Drogenhilfe- oder Therapieauflage zu verbinden und nennt dies das Hauptdefizit der Vorschrift. *Weber*[27] bemängelt, dass in praxi bislang viel zu wenig beachtet werde, dass § 153a StPO die Möglichkeit der Koppelung einer Verfahrenseinstellung mit der Weisung, sich einer Drogenentwöhnungstherapie zu unterziehen, vorsehe (→ Rn. 44 ff.). Derartiges hätte der Gesetzgeber indessen in einem Abs. 3 der Vorschrift normieren müssen.

B. Erläuterung

I. Gemeinsame Voraussetzung für die Anwendung von Abs. 1

12   Die gesetzgeberische Verklammerung der beiden Vorschriften, deren **Anwendungsvoraussetzungen** sich nur teilweise decken, sich zum Teil aber auch **eklatant widersprechen,** erfordert eine Aufspaltung der näheren Betrachtung in einen allgemeinen, für beide geltenden Teil und in Überlegungen zu den jeweiligen Besonderheiten der Alternativen.

---

[22] *Weber* Rn. 86, 93.
[23] *Weber* Rn. 79.
[24] *Weber* § 29 Rn. 1787.
[25] So *Patzak* Ausschussdrs. 18(14)0067(4), Ziffer 4; zust. *Thomasius* Ausschussdrs. 18(14)0067(9), S. 3.
[26] (VI) Rn. 9.
[27] *Weber* Rn. 18, 108.

Neben ihrer Zielsetzung (→ Rn. 1) weisen beide Sätze der Vorschrift die Gemeinsamkeit auf, dass diese **mit Hilfe strafprozessualer Mittel** erreicht werden soll und dass § 31a nur Anwendung finden kann, wenn Tatobjekt eine **geringe Menge von BtM zum Eigenverbrauch** ist.

1. Abgrenzung zu verwandten Vorschriften. Abs. 1 überschneidet sich teilweise **13** mit §§ 29 Abs. 5, 37 BtMG, §§ 153b, 153, 153a StPO sowie §§ 45, 47 JGG und wird deshalb als „Ausschnitt"[28] von § 29 Abs. 5 angesehen.

a) Absehen von Strafe (§ 153b StPO iVm) § 29 Abs. 5. Im Verhältnis zu § 29 Abs. 5 **14** ist zunächst von Bedeutung, dass es sich dort um eine **Strafzumessungsregel** handelt, die einen Schuldspruch voraussetzt, während das Absehen von der Verfolgung nach § 31a als rein prozessualer, § 153 StPO nachempfundener Vorschrift, eine Schuldfeststellung gerade nicht erfordert.[29] Die Anwendungsbereiche beider Vorschriften können sich deshalb schon naturgemäß nicht decken, weshalb es zweifelhaft ist, ob derjenige des § 29 Abs. 5 außer in Teilbereichen zur Bestimmung desjenigen des § 31a unter Plausibilitätsgesichtspunkten überhaupt herangezogen werden kann. Aus diesem Grund ist beim **Abstellen auf die zu § 29 Abs. 5 ergangene Rechtsprechung** zur Auslegung einzelner Merkmale des § 31a stets dort größtmögliche Zurückhaltung geboten, wo das Schwergewicht der Begründung in der reinen Strafzumessung liegt.

Übereinstimmungen zwischen den beiden Vorschriften bestehen in materiellrechtli- **15** chen Anknüpfungspunkten wie dem Ausschluss der Weitergabedelikte, der BtM-Menge und deren Zweckbindung. Im Unterschied zu § 29 Abs. 5 erfordert **§ 31a Abs. 1 S. 1** eine hypothetische Schuldbeurteilung[30] mit der Folge, dass für die Schuld nur eine gewisse Wahrscheinlichkeit bestehen muss, nicht aber der Schuldnachweis.[31] Ferner setzt die Anwendbarkeit von S. 1 das Fehlen eines öffentlichen Interesses an der Strafverfolgung voraus. **Abs. 1 S. 2** verzichtet hingegen auf Feststellungen zur Schuld und zum öffentlichen Strafverfolgungsinteresse[32] und entzieht sich damit jeder Vergleichbarkeit zu § 29 Abs. 5. Damit wird deutlich, dass dem **§ 153b StPO** als weitere Einstellungsvorschrift, die unmittelbar an § 29 Abs. 5 knüpft, nur dann eine Bedeutung zukommen kann, wenn wenn die Schuld nicht gering ist oder das öffentliche Interesse an der Strafverfolgung nicht verneint werden kann. Im Unterschied zu § 31a hängt das Absehen von der Erhebung der öffentlichen Klage zusätzlich von der Zustimmung des für das Hauptverfahren zuständigen Gerichts ab. Im Übrigen dienten die **§§ 153 ff. StPO** gilt als „Modell"[33] für § 31a Abs. 1 S. 1, der bei Vorliegen der nämlichen Voraussetzung als **lex specialis** anzusehen ist.[34] Fehlt eine der dort genannten Voraussetzungen (zB Eigenkonsum, geringe Menge), bleibt § 153 StPO nach wie vor anwendbar,[35] wovon auch das BVerfG in seinem *Cannabis*-Beschluss[36] ausgeht. Grundsätzlich ist das Absehen von der Verfolgung von der Zustimmung des für das Hauptverfahren zuständigen Gerichts abhängig; der Zustimmung bedarf es jedoch bei den Vergehen des § 29 Abs. 1, die nicht mit einer im Mindestmaß erhöhten Strafe bedroht sind, dann nicht, wenn die durch die Tat verursachten Folgen gering sind.

b) § 153a StPO. § 153a StPO setzt wie § 31a Abs. 1 S. 1 einen geringen Grad an Schuld **16** voraus und lässt ein Absehen von der Erhebung der öffentlichen Klage zu, wenn der Beschuldigte ihm erteilte Auflagen oder Weisungen, die zur Beseitigung des öffentlichen Interesses an der Strafverfolgung geeignet sind, erfüllt hat. Liegen die materiellrechtlichen Vorausset-

---

[28] *Körner* (VI) Rn. 11 f.; vgl. nunmehr auch KPV/*Patzak* Rn. 5; *Weber* Rn. 15.

[29] Meyer-Goßner/Schmitt/*Schmitt* StPO § 153 Rn. 3.

[30] BVerfG 29.5.1990 – 2 BvR 254/88; 2 BvR 1343/88, BVerfGE 82, 106 = NStZ 1990, 598; *Weber* Rn. 31.

[31] Meyer-Goßner/Schmitt/*Schmitt* StPO § 153 Rn. 3.

[32] *Weber* Rn. 138 f.

[33] Löwe/Rosenberg/*Beulke* StPO § 153 Rn. 15.

[34] *Aulinger* S. 59; KPV/*Patzak* Rn. 13; *Weber* Rn. 18; BeckOK BtMG/*Ganter* Rn. 1.

[35] Löwe/Rosenberg/*Beulke* StPO § 153 Rn. 15; *Weber* Rn. 18.

[36] BVerfG 9.3.1994 – 2 BvL 43/92 ua, BVerfGE 90, 145 = NJW 1994, 1577.

zungen für eine Anwendung von § 31a Abs. 1 vor, ist die Vorschrift **lex specialis** zu § 153a StPO. Eine Umgehung der sachnäheren Vorschrift des BtMG zum Zwecke der Koppelung der Verfahrenseinstellung mit einer Auflage oder Weisung wäre, da sie ersichtlich nicht dem Willen des Gesetzgebers entspricht, unzulässig.[37] In anderen Fällen[38] bleibt § 153a StPO anwendbar, wovon auch das BVerfG in seinem *Cannabis*-Beschluss[39] ausgegangen ist.

17   **c) Diversion, §§ 45, 47 JGG.** §§ 45, 47 JGG sehen die Möglichkeit der Verfahrenseinstellung bei Vorliegen der Voraussetzungen des § 153 StPO vor. Sie gelten schon wegen des das Jugendstrafverfahren beherrschenden Erziehungsgedankens und den daraus folgenden spezifischen Sanktionsmustern bis hin zu registerrechtlichen Folgen als **Spezialvorschriften**[40] im Verhältnis zu § 31a, dessen S. 2 des Absatzes 1 wegen der in § 10a Abs. 2 S. 2 Nr. 7 enthaltenen Altersbeschränkung im übrigen ohnehin kaum anwendbar ist. Von deutlich anderen Voraussetzungen geht § 37 aus. Er lässt ein Absehen von der Erhebung der öffentlichen Klage nur dann zu, wenn der Beschuldigte bei einer begrenzten Straferwartung den Nachweis erbringt, sich einer Rehabilitationsmaßnahme zu unterziehen und seine Resozialisierung zu erwarten ist.

18   In den **Verwaltungsvorschriften** der Länder wird zumeist nur hervorgehoben, dass in Verfahren, in denen Jugendstrafrecht anwendbar ist, die §§ 45, 47 JGG vor der Anwendung des § 31a Vorrang haben. Auf Verfahrensbehandlungen nach §§ 153, 153 StPO gehen darüber hinaus beispielsweise auch die Regelungen von Brandenburg und Niedersachsen ein; lediglich die von Baden-Württemberg erlassene Richtlinie setzt sich ausführlich mit den unterschiedlichen Reaktionsmöglichkeiten der Staatsanwaltschaft auseinander.

19   **2. Geltung für sämtliche BtM.** Von der Anwendung der Vorschrift ist kein BtM ausgenommen; sie gilt also auch für harte Drogen,[41] deren generelle Gefährlichkeit dem Konsumenten bei reiner Selbstgefährdung oder -schädigung grundsätzlich nicht angelastet werden darf.[42] Deshalb leuchtet es weder ein, dass im Rahmen der Ermessensausübung (→ Rn. 62) „natürlich Wirkstoffgehalt, Gefährlichkeit, Giftigkeit, Konsumfähigkeit pp" berücksichtigt werden können noch, dass es angesichts des klaren Wortlauts der Vorschrift eine „andere Frage" sein soll, ob und in wieweit es angezeigt sein könnte, bei **harten Drogen** das Ermessen nicht im Sinne der Vorschrift auszuüben.[43] Ebenso wie der Gesetzgeber in der Lage war, von der Anwendbarkeit der Vorschrift bestimmte Tathandlungen auszuschließen, wäre er in der Lage gewesen, bestimmte – besonders gefährliche – BtM auszunehmen, hat es aber nicht getan, was zu respektieren ist. Schließlich kommt auch hier bereits der sich aus der Wechselwirkung der Sätze 1 und 2 ergebende Wertungswiderspruch zum Tragen, da der Abhängige den Konsumraum nur zur Applikation harter Drogen (→ Rn. 46) berechtigt ist.

20   Die **Verwaltungsvorschriften** der Länder gehen auf **„harte Drogen"** in unterschiedlicher Weise ein (→ Rn. 21): Angaben zu bestimmten BtM und (Grenz-)Mengen enthalten lediglich die Vorschriften Hamburgs und Schleswig-Holsteins. Eine zweite Gruppe von Ländern weist darauf hin, dass bei BtM ausgenommen Cannabis eine Verfahrensbehandlung nach § 31a von einer Einzelfallprüfung abhängt oder in Ausnahmefällen möglich ist. Soweit sich Vorschriften nur mit Cannabis beschäftigen, ist davon auszugehen, dass bei anderen BtM ein Absehen von der Verfolgung nicht vorgesehen ist.

---

[37] Zweifelnd: *Weber* Rn. 18.

[38] Vgl. bei KPV/*Patzak* Rn. 14; *Weber* Rn. 18.

[39] BVerfG 9.3.1994 – 2 BvL 43/92 ua, BVerfGE 90, 145 = NJW 1994, 1577.

[40] KPV/*Patzak* Rn. 15; *Weber* Rn. 19, 111 f.

[41] OLG München 31.5.2011 – 5St RR (I) 34/11, BeckRS 2012, 03275 = NStZ-RR 2012, 199 (bei *Kotz/Rahlf*) zu § 29 Abs. 5; *Franke/Wienroeder* § 29 Rn. 229; KPV/*Patzak* Rn. 20; *Weber* § 29 Rn. 1458.

[42] HM; BayObLG 14.2.1995 – 4St RR 26/95; 3.8.1992 – 4St RR 131/92, StV 1993, 29; 9.7.1993 – 4St RR 107/93; KG 13.12.1993 – (4) 1 Ss 227/93 – 4 Ws 303/93, StV 1994, 244; OLG Hamm 22.7.1986 – 2 Ss 856/86 (173), StV 1987, 251.

[43] Widersprüchlich: *Weber* Rn. 34, 61, da er sich Vor §§ 29 ff. Rn. 789 ohne Einschränkung der hM anschließt.

3. Nicht zulässigerweise verschriebene BtM. Die BtM dürfen nicht zulässigerweise 21 verschrieben worden sein (arg. § 10a Abs. 1 S. 1, § 29 Abs. 1 S. 1 Nr. 12). Darunter fallen BtM der Anlagen I und II zu § 1 Abs. 1, da sie nicht verschreibungsfähig sind. Die BtM der Anlage III zählen hinzu, soweit sie entweder nicht ärztlich verschrieben wurden, die Verschreibung medizinisch nicht indiziert war oder unter Verstoß gegen Substitutionsvorschriften erfolgte. Dagegen fallen BtM, deren Verschreibung durch falsche oder unvollständige Angaben erlangt (erschlichen) wurde (§ 29 Abs. 1 S. 1 Nr. 9), nicht darunter, da sie zulässigerweise verschrieben wurden.

4. Zweckbestimmung. a) Eigenverbrauch. Die BtM müssen dem Eigenverbrauch 22 des Beschuldigten dienen,[44] der allein durch die geringe Menge noch nicht indiziert wird.[45] Vielmehr muss erkennbar sein, dass der Zweck der Tathandlung auf Eigenkonsum ausgerichtet war.[46] Der Verwendungszweck der BtM muss sich aus möglichst objektiven Kriterien erschließen. Deshalb steht es der Anwendung von § 31a nicht entgegen, wenn sich ein Beschuldigter dahingehend einlässt, ihm sei der Stoff unbemerkt zugesteckt worden.[47] Privilegiert ist der Eigenverbrauch ohne zeitliche Einschränkung, dh der Konsumwillige muss sie nicht unverzüglich oder alsbald[48] verbrauchen wollen. Lässt sich der Zweck tatsächlich nicht feststellen, ist zu Gunsten des Beschuldigten von Eigenverbrauch auszugehen.[49]

Dieser Umstand findet in den **Verwaltungsvorschriften** der Länder bei der Berücksich- 23 tigungsfähigkeit des Nachtatverhaltens (→ Rn. 35 f.) seinen Niederschlag. Nicht zu Unrecht stellen beispielsweise die Vorschriften in Niedersachsen und Schleswig-Holstein aber darauf ab, dass das mehrfache Antreffen ein und desselben Beschuldigten jeweils mit einer geringen Menge Anlass zur Überlegung sein kann, ob er nicht tatsächlich als Kleindealer agiert.

b) Andere Zwecke. Für die Anwendung der allgemeinen Einstellungsvorschriften 24 (§§ 153 ff. StPO) eröffnet sich dort ein Raum, wo etwa BtM aus **Demonstrationszwecken** in geringen Mengen besessen werden, um einen Landesjustizminister auf Drogenmissbrauch in Vollzugsanstalten hinzuweisen[50] oder um als Politiker ein Strafverfahren zu provozieren, in dessen Rahmen für die generelle Freigabe von Cannabisprodukten eingetreten werden soll.[51] Der Verfahrenseinstellung nur nach allgemeinen Vorschriften zugänglich ist auch der Fall, in dem der Ehemann Cannabis für seine kranke Ehefrau zu **Zwecken der Schmerzlinderung** in geringen Mengen erwirbt, weil die Kosten für synthetisches Material von der Krankenkasse nicht übernommen werden und von ihm infolge des höheren Preises auch nicht getragen werden könnten. Nach Auffassung des OLG Naumburg sei im Falle des Anbaus von Cannabis lediglich für den Eigenbedarf zum Zwecke der Schmerzlinderung „eine strafrechtliche Ahndung nicht geboten", zumal die Bundesregierung Schmerzpatienten den legalen Zugang zu Cannabis demnächst erleichtern wolle.[52] Nach den §§ 153 ff. StPO zu behandeln sind ferner Fälle, in denen BtM aus **wissenschaftlichen** bzw. **Forschungszwecken** in geringen Mengen angebaut, hergestellt, erworben oder besessen werden.[53] Auch ein Verfahren betreffend den unbefugten

---

[44] S. hierzu im Einzelnen → § 29 Rn. 1773.
[45] KPV/*Patzak* Rn. 30.
[46] BGH 25.8.1976 – 2 StR 303/76.
[47] *Körner* (VI) § 29 Rn. 2083.
[48] So etwa bei Mundraub nach § 370 Abs. 1 Nr. 5 StGB aF.
[49] *Körner* (VI) Rn. 52.
[50] LG Berlin 7.10.1986 – (524) 67 Js 262/86 Ns (74/86), NStZ 1987, 233.
[51] BVerfG 10.6.1997 – 2 BvR 910/97, NStZ 1997, 498 = NStZ-RR 1998, 34 (bei *Kotz/Rahlf*).
[52] OLG Naumburg 10.2.2015 – 2 Rv 16/15, BeckRS 2015, 16297 = StV 2015, 642. Zum Ganzen → § 3 Rn. 17 ff. sowie → Vor § 29 Rn. 71 f., insb. auch zur Frage, wie außerhalb des Anwendungsbereichs der §§ 153, 153a StPO zu verfahren ist.
[53] KPV/*Patzak* Rn. 85.

Umgang mit BtM aus **religiösen** oder **kultischen Zwecken** ist nicht nach § 31a, sondern nach §§ 153 ff. StPO einzustellen, wenn die entsprechenden Voraussetzungen vorliegen.[54]

25 **5. Geringe Menge.** Die Privilegierung des Täters durch Absehen von der Verfolgung ist nur möglich, wenn sich die Tathandlungen (→ Rn. 29) auf eine geringe Menge von BtM beziehen, bei der es sich (anders als bei der nicht geringen Menge in den §§ 29a, 30, 30a) um einen **unbestimmten Rechtsbegriff** handelt. Wie bei allen Mengenbegriffen im Gesetz fehlt es auch hier an einer Legaldefinition.[55] Zur **Bestimmung der geringen Menge** und deren **Errechnung für einzelne BtM** nach der Rechtsprechung sowie bei **unterschiedlichen BtM** wird auf die Ausführungen zu § 29 Abs. 5[56] verwiesen. Ausgangspunkt ist der **Augenblicks-**[57] oder **Tagesbedarf** eines **nicht abhängigen Konsumenten**, der sich auf **zwei bis drei Konsumeinheiten**[58] beläuft. Aus dem Abstellen auf die **Konsumeinheit** ergibt sich im Hinblick auf Abs. 1 S. 2 ein **gesetzlicher Wertungswiderspruch**; denn der Zugang zu einem Drogenkonsumraum setzt gerade **BtM-Abhängigkeit** voraus mit der Folge, dass der Nutzungswillige auf seinem Weg zum Drogenkonsumraum und dort lediglich den Augenblicks- oder Tagesbedarf eines **Nichtabhängigen** mit sich führen darf, andernfalls nicht nur er nach dem Wortlaut des § 31a Abs. 1 S. 2 mit der Durchführung eines gegen ihn gerichteten Strafverfahrens rechnen muss, sondern auch das **Personal des Drogenkonsumraumes** den Erlaubnisrahmen überschreitet, wenn es den Besitz einer darüber hinaus gehenden Menge duldet.

26 **a) Mengen.** Den Verwaltungsvorschriften der Länder (s. Anhang) sind folgende Grenzmengen nach Bruttogewicht zu entnehmen:

	Amphetamin	Cannabis	Heroin	Kokain
Baden-Württemberg	----	3 Konsumeinheiten (6 g)	----	----
Bayern	----	6 g	----	----
Berlin	----	**10 g★)**	----	----
Brandenburg	★★★)	6 g	★★★)	★★★)
Bremen	----	6 g★★)	----	----
Hamburg	----	6 g★★)	1 g★★)	1 g★★)
Hessen	★★★)	6 g★★)	★★★)	★★★)
Mecklenburg-Vorpommern	----	6 g	----	----
Niedersachsen	★★★★)	6 g	★★★★)	★★★★)
Nordrhein-Westfalen	0,5 g★★★)	**10 g**	0,5 g★★★)	0,5 g★★★)
Rheinland-Pfalz	★★★)	**10 g**	★★★)	★★★)
Saarland	★★★)	6 g	★★★)	★★★)
Sachsen	★★★★)	3 Konsumeinheiten (6 g)	★★★★)	★★★★)
Sachsen-Anhalt	★★★★)	6 g	★★★★)	★★★★)
Schleswig-Holstein	3 g	6 g	1 g	3 g
Thüringen	----	6 g	----	----

★)   Absehen obligatorisch; bei einer Bruttogewichtsmenge von 10–15 g Absehen möglich, sofern der Wirkstoffgehalt denjenigen der geringen Menge (= 45 mg THC) nicht übersteigt
★★)   Absehen obligatorisch
★★★)   Absehen fakultativ
★★★★)   Absehen nur in Ausnahmefällen möglich

[54] KPV/*Patzak* Rn. 86, 89.
[55] Zur Entwicklung des Begriffs → Vor § 29 Rn. 196 ff.
[56] → § 29 Rn. 1713 ff.
[57] OLG Koblenz 11.9.2000 – 2 Ss 225/00.
[58] BGH 12.8.1993 – 1 StR 379/93; BayObLG 14.2.1995 – 4St RR 170/94, NStZ 1995, 350 mAnm *Körner* StV 1995, 529; OLG Koblenz 11.9.2000 – 2 Ss 225/00.

b) Handhabung. In Bezug auf die **Mengen** legen einige Länder eine **Ober**grenze fest, **27** bis zu der ein Absehen von der Verfolgung möglich ist, andere Länder knüpfen bei der Anwendung der Vorschrift an eine **Unter**grenze. Die jeweils angegebenen Mengen führen entweder zu einer **fakultativen** oder zu einer **obligatorischen** Anwendung von § 31a.

II. Besondere Voraussetzungen für die Anwendung von Abs. 1 S. 1

Entsprechend der gesetzgeberischen Intention (→ Rn. 1) ist S. 1 an die materiell-rechtli- **28** chen Anwendungsvoraussetzungen des § 29 Abs. 5 angelehnt.

1. Anknüpfungstatbestände. Die Anwendbarkeit der Vorschrift ist auf folgende **Tat- 29 bestände** des Gesetzes **beschränkt:** Anbauen, Ausführen, Besitzen, Durchführen, Einführen, Erwerben, Herstellen und Sichverschaffen in sonstiger Weise. Für die Anwendung der allgemeinen Einstellungsvorschriften verbleiben **die übrigen Tatbestände des § 29 Abs. 1,** sofern geringe Schuld vorliegt und an der Verfolgung kein öffentliches Interesse besteht (§ 153 StPO) oder wenn der Beschuldigte ihm erteilte Auflagen oder Weisungen, die zur Beseitigung des öffentlichen Interesses an der Strafverfolgung geeignet sind, erfüllt hat (§ 153a StPO). § 31a Abs. 1 ist auch nicht auf andere Straftaten, die der Beschaffung von BtM zum Eigenkonsum dienen, anwendbar.[59]

a) Herausnahme bestimmter Handlungsmodalitäten durch Rundverfügungen? 30 In der Rundverfügung der GenSta **Thüringen** sind **Ein-, Aus- und Durchfuhr** sowie das **Herstellen** ausgenommen. Ein Anhaltspunkt dafür, dass auf Verfolgungsebene bestimmte Tatbestände von der Anwendung der Vorschrift ausgenommen werden können, findet sich im Gesetz nicht. Geht man daneben davon aus, dass sich das staatsanwaltschaftliche Ermessen bei Cannabis betreffenden Konsumbegleittaten aufgrund des Cannabis-Beschlusses des BVerfG[60] auf Null reduziert, kann diese Regelung nicht als verfassungsgemäß angesehen werden.

b) Tat und Tathintergrund. Aufgrund der Verwendung der Begriffe „geringe Schuld" **31** und „öffentliches Interesse an der Strafverfolgung" in Abs. 1 S. 1 stellt sich für die Verfolgungsbehörden die Frage, in welchem **Umfang die Tat aufzuklären** und dabei auf die Person des Beschuldigten einzugehen ist. Probleme aus der von der Rechtsprechung geforderten Bestimmung des Wirkstoffgehalts ergeben sich gerade bei Klein- und Kleinstmengen, bei denen es im Hinblick auf den Gesetzeszweck eines nicht zwingend gebotenen Verfahrensaufwands kontraproduktiv wäre, eine Wirkstoffbestimmung durch Sachverständige vorzunehmen. In der Regel unterbleibt deshalb auch eine labortechnische Untersuchung des BtM. Liegen keine dagegen sprechenden Anhaltspunkte vor, ist nach dem **Zweifelsgrundsatz** von einer geringen Menge auszugehen.[61]

Hierzu enthalten die **Landesvorschriften** etwa den Hinweis, die Staatsanwaltschaft solle **32** darauf hinwirken, dass die Ermittlungstätigkeit auf das unbedingt notwendige Maß reduziert werde, ferner Handlungsanweisungen an die mit dem konkreten Ermittlungsvorgang betrauten Polizeibeamten, den Stoff einem Vortest zu unterziehen und ihn zu wiegen sowie im Hinblick auf das Sicherstellungsgut eine Verzichtserklärung herbeizuführen. Abgesehen werden soll insbesondere von Durchsuchungen,[62] kriminaltechnischen Untersuchungen und Zeugenvernehmungen. Der Beschuldigte soll kurz zum Konsumverhalten und zur Herkunft der BtM vernommen werden. Lediglich in Hamburg soll die Polizei Angaben über die Drogenabhängigkeit des Täters und die Erwerbsquelle der BtM (Dealer) aufnehmen, in Sachsen-Anhalt soll sie einen Verdacht auf bestehende Abhängigkeit mitteilen.

---

[59] Vgl. auch KPV/*Patzak* Rn. 18, 87.

[60] BVerfG 9.3.1994 – 2 BvL 43/92 ua, BVerfGE 90, 145 = NJW 1994, 1577.

[61] So schon BGH 15.9.1983 – 4 StR 454/83; LG Hamburg 29.10.1996 – 715 Ns 14/96 – StV 1997, 307 zum Anbau von 14 noch nicht ausgewachsenen Cannabispflanzen.

[62] Weswegen es per se bedenklich anmutet, eine Durchsuchung damit begründen zu wollen, dass noch ausermittelt werden muss, ob die Voraussetzungen für eine Einstellung nach § 31a gegeben sind, zu solch einem Fall vgl. BVerfG 11.2.2015 – 2 BvR 1694/14, NJW 2015, 1585.

33   **2. Geringe Schuld. a) Begriff.** Nach allgemeinem Verständnis entspricht der hier verwendete Begriff demjenigen in § 153 StPO,[63] und ist im Rahmen einer Verfahrensbehandlung nach § 31a ebenso wie dort nur hypothetische festzustellen („wäre"). Schuld ist **Strafzumessungs-** nicht Tat**schuld**.[64] Das Maß dieser Schuld ist als gering anzusehen, wenn es bei Vergleich mit Vergehen gleicher Art **nicht unerheblich unter dem Durchschnitt** liegt[65] mit der Folge, dass eine **Sanktion im untersten Bereich des Strafrahmens** zu erwarten[66] wäre. Diese hypothetische Schuldbewertung setzt allgemein eine **Gesamtbetrachtung von die Tat und die Täterpersönlichkeit** betreffenden Umständen des Einzelfalles voraus, namentlich derer, die in § 46 Abs. 2 StGB für die Strafzumessung aufgeführt sind.[67] Diese sollen auch bei der Bestimmung des Schuldgrades im Rahmen des § 31a insbesondere bezüglich Art, Gefährlichkeit und Konzentration des BtM, das Vorleben und das Nachtatverhalten des Beschuldigten herangezogen sein.[68] Eine solche Auffassung lässt sich jedoch **weder** auf den **Gesetzeswortlaut** noch auf den **Gesetzeszweck** oder auf die **Entstehungsgeschichte** des Gesetzes stützen.

34   **b) Art, Gefährlichkeit und Konzentration der BtM.** Es ist unzulässig, den Anwendungsbereich der Vorschrift gegen den Wortlaut (und die darauf basierende hM) durch die Hintertüre über die Bestimmung des Maßes der Zumessungsschuld auf die Verfolgung von Konsumentenvergehen mit **„weichen" Drogen** zu beschränken. Eine derartige Argumentation widerspricht sich auch selbst: Wenn nämlich – zutreffend – zur Schuldbeurteilung die Grundsätze des § 46 Abs. 2 StGB heranzuziehen sind, bleiben bei reinen Konsumbegleittaten Aspekte wie BtM-Art und -Konzentration sowie das vom BtM ausgehende **Gefahrenpotential** außer Betracht, weil es stets nur um Selbstgefährdung oder -schädigung geht.[69] Liegt „Eigenverbrauch" eher fern, ist ein Absehen ohnehin nicht möglich. Schließlich macht es auch in der Sache keinen Unterschied, wie sehr sich der Beschuldigte selbst schädigt, also lediglich Haschisch konsumiert oder sich einen Schuss Heroin setzt. Es erscheint deshalb zu eng, die Anwendung von § 31a unter dem Blickwinkel der geringen Schuld im Zusammenhang mit harten Drogen lediglich für nicht ausgeschlossen zu halten.[70] Auch die **Konzentration des BtM** hat außer Betracht zu bleiben, weil sie bereits durch den Begriff der geringen Menge selbst dort ausreichend umschrieben ist, wo lediglich Gewichtsmengen festgestellt werden können.

35   **c) Vorleben des Beschuldigten.** Wie wenig sich die Bezugnahme auf § 46 Abs. 2 StGB zur Einstufung einer Schuld als gering eignet, wird deutlich, wenn das Vorleben des Beschuldigten als Beurteilungskriterium einfließen soll, was nichts anderes bedeutet, als dass man zum Einen die Vorahndungen und zum Anderen die Drogenkarriere zum Schuldmaßstab machen will. Ausgangspunkt ist dabei, dass wer Dauerkonsument ist, im Umfang seiner Konsumfrequenz auch die den Konsum begleitenden Straftaten begangen hat. Deren Anzahl reduziert sich beim Gelegenheitskonsumenten, der dann als Mehrfach- oder Wiederholungstäter gilt (in Bayern derjenige, der im letzten Jahr nicht mit Drogen auffällig wurde). Wer erstmals erwischt wird, ist Ersttäter.

36   Allein unter Zugrundelegung dieser Sichtweise wäre es zunächst durchaus nachvollziehbar, wenn die Verfolgungspraxis an die Anzahl vorangegangener Konsumvergehen anknüpfen würde. Zahlreiche **Verwaltungsvorschriften** differenzieren dabei jedoch zwischen Erst- und Gelegenheitstätern einerseits und andererseits solchen, bei denen (nicht aus-

---

[63] *Schäfer/Sander/van Gemmeren* Rn. 14.
[64] SK-StPO/*Weßlau* § 153 Rn. 17; *Schäfer/Sander/van Gemmeren* Rn. 17.
[65] Löwe/Rosenberg/*Beulke* StPO § 153 Rn. 24.
[66] KPV/*Patzak* Rn. 31; *Weber* Rn. 32.
[67] Meyer-Goßner/Schmitt/*Schmitt* StPO § 153 Rn. 3; SK-StPO/*Weßlau* StPO § 153 Rn. 18.
[68] KPV/*Patzak* Rn. 31; *Weber* Rn. 32.
[69] OLG Hamm 22.7.1986 – 2 Ss 856/86 (173), StV 1987, 251; BayObLG 14.2.1995 – 4 St RR 26/95; 3.8.1992 – 4 St RR 131/92, StV 1993, 29; 9.7.1993 – 4 St RR 107/93; 25.2.2003 – 4 St RR 17/02, BayObLGSt 2003, 12; KG 13.12.1993 – (4) 1 Ss 227/93 – 4 Ws 303/93, StV 1994, 244.
[70] So aber *Weber* Rn. 34.

schließbar) eine BtM-Abhängigkeit besteht. Auch die Berücksichtigung einer Abhängigkeit ist wiederum für sich betrachtet einleuchtend, weil davon ausgegangen werden kann, dass, je schwerer die Abhängigkeit, desto höher der Suchtdruck ist, der zweifelsfrei die Steuerungsfähigkeit einschränkt, was die jeweilige Tat dann in einem „milderen Licht" erscheinen lässt. Nur führt dies de facto zu einer Schlechterstellung des Gelegenheits- oder Wiederholungstäters im Vergleich zum Dauerkonsumenten.

Nach **Inkrafttreten von Abs. 1 S. 2** lässt sich eine derartige Differenzierung nicht mehr 37 begründen geschweige denn rechtfertigen. Gem. Abs. 1 S. 2 **soll** bei einer Konsumbegleittat im Zusammenhang mit dem Besuch eines Konsumraums von der Verfolgung abgesehen werden, während im Fall des Abs. 1 S. 1 von ihr lediglich abgesehen werden **kann.** Der Besuch des Konsumraums setzt jedoch Dauerkonsum (und damit einhergehende Konsumvergehen) explizit voraus. Wenn aber der Gesetzgeber – aus welchen Gründen auch immer – bereits den Dauerkonsumenten von der Privilegierung des § 31a nicht ausschießt, mit welcher Begründung sollte dann derjenige, der in gleicher Weise, aber **in geringerem Umfang** gegen die Vorschriften des Gesetzes verstößt, von der Anwendbarkeit der Vorschrift ausgeschlossen werden können? Eine Auslegung der Vorschrift, die zu diesem Ergebnis führt, würde die gesetzgeberische Konzeption der Entpönalisierung auf den Kopf stellen.

Zutreffend geht deshalb die **Rechtsprechung** zu § 29 Abs. 5 davon aus, dass der Anwen- 38 dung jener Vorschrift weder früherer BtM-Genuss[71] noch Dauerkonsum[72] entgegensteht, weil selbst derjenige, der sich in einer Situation, in der ihm suchthemmende Medikamente nicht zur Verfügung stehen, aus **Furcht vor Entzugsfolgen** nur eine ganz geringe Menge Rauschgift beschafft[73] in den Genuss des Absehens von der Verfolgung kommen können muss.

d) Nachtatverhalten. Schließlich kann das Absehen von der Verfolgung auch nicht 39 vom Nachtatverhalten des Beschuldigten abhängen, das im allgemeinen Strafrecht als Strafzumessungsgrund Berücksichtigung findet, soweit sich aus ihm Rückschlüsse auf die innere Einstellung des Täters zu seiner Tat oder deren Unrechtsgehalt ziehen lassen.[74] Als deliktsbezogen können ohnehin nur Therapiebereitschaft und das Verteidigungsverhalten des Beschuldigten herangezogen werden. Als Milderungsgrund bei der Strafzumessung ist die **Therapiebereitschaft** eines Angeklagten eine geeignete – positive – Strafzumessungserwägung,[75] zumal ihre Ernsthaftigkeit mittels in der Regel ihr gegenüberstehenden (Bewährungs-) Auflagen seitens des Gerichts überprüft werden kann. Mangelnde Therapiebereitschaft darf dem Angeklagten jedoch auch hier nicht angelastet werden.[76] Es wäre deshalb Förmelei, im Rahmen der nach § 31a gebotenen Schuldbewertung prüfen zu wollen, ob sich ein Beschuldigter therapiewillig zeigt. Schließlich kommt es auch nicht auf das **Verteidigungsverhalten** des Beschuldigten, also insbesondere nicht darauf an, ob er ein Geständnis[77] ablegt oder sich einsichtig[78] zeigt. Auch wenn er die ihm vorgeworfene Tat bestreitet, sämtliche Umstände aber dafür sprechen, dass ihm die BtM zum Eigenverbrauch dienten,[79] kann von der Verfolgung abgesehen werden.

Diese Einschätzung spiegelt sich auch in den **Verwaltungsvorschriften** wider, die das 40 Absehen von der Verfolgung nicht von der Ablegung eines Geständnisses oder überhaupt von der Einlassung des Beschuldigten abhängig machen. Auch die fehlende Bereitschaft, der formlosen Einziehung des Sicherstellungsguts zuzustimmen, hindert die Anwendung der Vorschrift nicht.

---

[71] BayObLG 14.12.1990 – RReg 4 St 202/90.
[72] LG Köln 12.5.1992 – 11 – 62/92.
[73] LG Berlin 9.1.1991 – 6 Op Js 485/89 Ls (Ns), StV 1992, 77.
[74] Vgl. *Fischer* StGB § 46 Rn. 46.
[75] *Fischer* StGB § 46 Rn. 47.
[76] OLG Düsseldorf 1.10.2010 – III-3 RVs 127/10, NStZ-RR 2011, 40.
[77] OLG Hamburg 4.11.1987 – 1 Ss 136/87, StV 1988, 109 zu § 29 Abs. 5.
[78] AA OLG Düsseldorf 9.10.1991 – 5 Ss 288/91 – 113/91 I, zu § 29 Abs. 5.
[79] OLG Frankfurt a. M. 23.4.1991 – 4 Ss 121/91 zu § 29 Abs. 5.

41   **3. Öffentliches Interesse an der Strafverfolgung. a) Begriffsinhalt und Übertragbarkeit.** Der vom Gesetzgeber hier wie anderswo verwendete Begriff ist unscharf und irreführend, weil es nicht auf die Strafverfolgung um ihrer selbst willen ankommen kann. Aus dem Umkehrschluss zur Verfahrenseinstellung folgt, dass ein **öffentliches Interesse an der Aburteilung des Beschuldigten** bestehen muss.[80] Ein solches wird – abgeleitet aus Nr. 86 der RiStBV – in den Fällen, in denen – wie beim Verstoß gegen das BtMG – der Rechtsfrieden über den Lebenskreis des Täters hinaus nicht gestört ist, gemeinhin damit umschrieben, dass die Strafverfolgung **ein gegenwärtiges Anliegen der Allgemeinheit** sein müsse.[81] Ob diese Umschreibung für den Interessenbegriff in § 31a Abs. 1 S. 1 tauglich ist, muss schon deshalb in Frage gestellt werden, weil nach den RiStBV beispielhaft ein **gegenwärtiges Anliegen der Allgemeinheit** nur etwa wegen des Ausmaßes der Rechtsverletzung, wegen der Rohheit oder Gefährlichkeit der Tat, der niedrigen Beweggründe des Täters oder der Stellung des Verletzten im öffentlichen Leben bestehen kann. Zwar ist diese Aufzählung nicht abschließend, belegt aber gleichwohl, welche Belange der Allgemeinheit in Frage kommen. Solche werden jedoch durch Begleittaten eines BtM-Konsumenten in keiner Weise berührt. Besser lässt sich das öffentliche Interesse iS des § 31a Abs. 1 S. 1 auf **Gesichtspunkte der Prävention** stützen,[82] weil Umstände, die nicht im weitesten Sinne einem Sanktionszweck zugeordnet werden können, ein öffentliches Interesse an der Aburteilung nicht zu begründen vermögen.[83]

42   **b) Generalpräventive Gesichtspunkte.** Weder die angebotenen allgemeinen Umschreibungen noch die dafür herangezogenen Beispiele sind überzeugend.[84] Ebenso wenig griffig ist es, wenn *Aulinger*[85] im Zusammenhang mit den hier allein in Rede stehenden Konsumbegleittaten zur Heranziehung generalpräventiver Gesichtspunkte darauf abhebt, dass nach der Art und den Umständen der Straftat eine Reaktion erfolgen müsse, um das **Vertrauen der Bürger in die Unverbrüchlichkeit der Rechtsordnung** zu stärken. Dass eine solche Reaktion generell keinesfalls zwingend erforderlich ist, lässt sich bereits aus dem entgegenstehenden gesetzgeberischen Willen ableiten. Ob hier das Bürgervertrauen in die Unverbrüchlichkeit der Rechtsordnung überhaupt tangiert wird, ist ebenfalls in Zweifel zu ziehen. Denn die immer wieder auflebende Diskussion um eine generelle „Freigabe" von bestimmten BtM bis hin zur jetzt gesetzlich ermöglichten diamorphingestützten Substitutionsbehandlung zeigt, dass innerhalb der Bevölkerung ein *common sense* darüber, wie mit dem gesellschaftlichen Phänomen des BtM-Missbrauchs umgegangen werden soll, gerade nicht besteht, woraus folgt, dass die in welche Richtung auch immer gehende Einstellungspraxis insoweit ein homogenes Bürgervertrauen im Hinblick auf die Wahrung der Rechtsordnung schon mangels Existenz eines solchen nicht beeinträchtigen kann.

43   Zu Recht weist *Weber*[86] indes auf den generalpräventiven Aspekt der **Abschreckung** hin, wobei er sich auf Art. 3 Abs. 6 Übk. 1988 berufen kann. Zwar darf die Bedeutung der Vorschrift nicht überschätzt werden; sie liegt aber jedenfalls darin, dass in einem internationalen Abkommen überhaupt einmal die Straf*verfolgung* angesprochen ist.[87] Nach ihr sind die Vertragsparteien „bestrebt sicherzustellen, dass eine nach ihrem innerstaatlichen Recht bestehende Ermessensfreiheit hinsichtlich der Strafverfolgung von Personen wegen in Übereinstimmung mit diesem Artikel begangener Straftaten (→ Rn. 4) so ausgeübt wird, dass die Maßnahmen der Strafrechtspflege in Bezug auf diese Straftaten größtmögliche Wirksamkeit erlangen, wobei der **Notwendigkeit der Abschreckung** von diesen Straftaten gebührend

---

[80] Vgl. Löwe/Rosenberg/*Beulke* StPO § 153 Rn. 28.
[81] *Franke/Wienroeder* Rn. 6; *Weber* Rn. 40.
[82] KK-StPO/*Schoreit* StPO § 153 Rn. 22; Löwe/Rosenberg/*Beulke* StPO § 153 Rn. 28; Meyer-Goßner/*Schmitt* StPO § 153 Rn. 7; *Weber* Rn. 41; krit.: SK-StPO/*Weßlau* StPO § 153 Rn. 19.
[83] Löwe/Rosenberg/*Beulke* StPO § 153 Rn. 28.
[84] Vgl. KK-StPO/*Schoreit* StPO § 153 Rn. 22.
[85] S. 53.
[86] *Weber* Rn. 56.
[87] *Katholnigg* GA 1998, 348 [351].

Rechnung zu tragen ist." Zentraler Gesichtspunkt generalpräventiver Überlegungen ist also auch hier die **Fremdgefährdung,** deren Erwähnung zunächst erstaunen mag, geht es doch um Straftaten wie Erwerb, Besitz uä, die regelmäßig den aus Gründen der Selbstgefährdung bzw. -schädigung straflosen Konsum von BtM begleiten. In seinem *Cannabis*-Beschluss[88] hat das BVerfG jedoch ausgeführt, dass **auch eine Konsumbegleittat Fremdgefährdung** verursachen kann, etwa weil sie in Schulen, Jugendheimen, Kasernen oder ähnlichen Einrichtungen stattfindet, oder weil sie von einem Erzieher, von einem Lehrer oder von einem mit dem Vollzug des BtMG beauftragten Amtsträger begangen wird und Anlass zur Nachahmung gibt. Diese Erwägungen haben die **Länder,** soweit sie hierzu **Verwaltungsvorschriften** erlassen haben, darin aufgegriffen und teilweise noch präzisiert. Danach lässt sich die Fremdgefährdung vorrangig in drei Gruppen einteilen und zwar der Ortsbezogenheit, Täterbezogenheit und Tatbezogenheit. Als viertes Moment kommt noch die Gefährdung des Straßenverkehrs in Betracht.

aa) Örtlichkeit. Während das BVerfG bestimmte Einrichtungen nur beispielhaft aufge- **44** zählt hatte, ergibt sich aus einer Zusammenschau der Landesvorschriften nunmehr folgender Katalog von **Örtlichkeiten,** an denen vom Eigenkonsum eine Fremdgefährdung ausgeht: Discotheken, Jugendheime, Jugendveranstaltungen, Jugendheimen, Jugendwohnungen, Justizvollzugsanstalten, Kasernen, Kindergärten, Kindertagesstätten, Krankenhäuser, Schulen, Schulhöfe, und Spielplätze.

Zutreffenderweise wird in diesem Zusammenhang das örtliche **Umfeld von Drogen-** **45** **konsumräumen**[89] angesprochen. Denn es entspricht dem gesetzgeberischen Willen, dass solche Räume von (Schwerst-)Abhängigen aufgesucht werden, damit sie dorthin mitgebrachte, ärztlich nicht verschriebene BtM verbrauchen (können). Hinsichtlich der dabei denknotwendig verwirklichten Begleittat des unerlaubten Besitzes **innerhalb der Konsumräume** hat der Gesetzgeber den Wunsch geäußert, dass dieser strafrechtlich nicht verfolgt werden solle (Abs. 1 S. 2). Da sich der tatsächliche Zustand des Besitzens aber nicht aufspalten lässt, der Abhängige vielmehr den Weg zum Drogenkonsumraum im Besitz des zu verbrauchenden BtM zurücklegen muss, wird man, sofern man die gesetzgeberische Intention nicht unterlaufen will, nicht umhin können, das öffentliche Interesse an der Aburteilung auch für die Begleittat auf dem **Weg zum Drogenkonsumraum** zu verneinen haben, wobei sich aus dem Wortlaut der Vorschrift („in einem Drogenkonsumraum") ergibt, dass Absehen von der Verfolgung dann nur nach Abs. 1 Satz 1 erfolgen kann,[90] wenn er vor Betreten des Konsumraums einer Kontrolle unterzogen wird.

bb) Person des Konsumenten. Auch hinsichtlich der Person des Konsumenten hat **46** das BVerfG den Kreis lediglich umrissen. Amtsträger, die mit dem Gesetzesvollzug beauftragt sind, werden in Art. 3 Abs. 5 Buchst. e Übk. 1988 ausdrücklich genannt. Aus den Landesvorschriften ergibt sich darüber hinaus folgender Personenkreis:[91] Erzieher, Lehrer, Mitarbeiter von Drogenhilfeeinrichtungen, Jugendheimen, Justizvollzugsanstalten, Kasernen, und Schulen.

cc) Art und Weise des Konsums. Eine Fremdgefährdung kann sich ferner aus der Art **47** und Weise[92] der Begleittat ergeben, etwa wenn sie durch visuelle oder verbale Umstände einen **Anreiz zur Nachahmung** geben kann, das BtM offen zur Schau gestellt oder die positive Einstellung des Konsumenten dazu verbal zum Ausdruck gebracht wird. Hier ist insbesondere zu prüfen, ob die Grenze zu § 29 Abs. 1 S. 1 Nr. 10, dem **Verleiten zum unbefugten Gebrauch,** noch nicht überschritten ist, da in diesem Fall die Anwendbarkeit von § 31a von vornherein ausscheidet.

---

[88] BVerfG 9.3.1994 – 2 BvL 43/92 ua, BVerfGE 90, 145 = NJW 1994, 1577.
[89] *Weber* Rn. 70 f.
[90] *Weber* Rn. 71.
[91] S. dazu im Einzelnen → § 29 Rn. 1747.
[92] *Weber* § 29 Rn. 1848.

48   **dd) Sicherheit des Straßenverkehrs.** Nach *Körner*[93] soll Fremdgefährdung auch anzunehmen sein, wenn die Konsumbegleittat nachteilige Auswirkungen auf die Sicherheit des öffentlichen Straßenverkehrs hat, was in dieser Pauschalität jedoch nicht zutrifft.[94]

49   **c) Spezialpräventive Gesichtspunkte.** Nach allgemeinstrafrechtlichen Kriterien stehen spezialpräventive Gesichtspunkte dem Absehen von der Verfolgung entgegen, wenn **zur Einwirkung auf den Täter eine Aburteilung erforderlich** ist,[95] insbesondere um eine Wiederholung einer gleichartigen Straftat zu verhindern. Gerade unter diesem Gesichtspunkt zeigt sich erneut, wie ungeeignet die Vorschrift in ihrer Ausgestaltung **als Einstellungsnorm prozessualer Natur** bei der Verfolgung von Konsumbegleittaten ist. Denn es soll nicht nur um die Frage „Bestrafung: ja oder nein?" gehen, sondern vielmehr zu prüfen sein, welche staatliche Reaktion am geeignetsten erscheint, den Beschuldigten von einer Wiederholung der Straftat abzuhalten.[96] Dem Gesetzgeber ging es allerdings in erster Linie um Entpönalisierung (→ Rn. 1). Die hierzu angebotenen, aus allgemein spezialpräventiven Gesichtspunkten abgeleiteten und sodann mehr oder weniger kunstvoll auf Konsumbegleittaten angepassten Erwägungen spiegeln zwar das anerkennenswerte Bestreben wider, auch das BtM-Strafrecht nach allgemein anerkannten Grundsätzen auszulegen, vor allem aber im Rahmen der ohnehin nur begrenzten straf- und strafverfahrensrechtlichen Möglichkeiten dem Abhängigen unter Schaffung eines verfahrensrechtlichen Leidensdruckes Hilfestellungen zu geben,[97] um die Sucht zu überwinden, ein Vorhaben, das – leider – aus mehreren Gründen zum Scheitern verurteilt ist.

50   Deshalb sehen auch **Verwaltungsvorschriften** einzelner Länder hierzu lediglich vor, dass die Staatsanwaltschaft in geeigneten Fällen prüfen soll, ob Maßnahmen der Beratung, Therapie oder sonstiger sozialen Stabilisierung angezeigt sind, aber auch – zB in Sachsen-Anhalt –, dass bejahendenfalls die Erforderlichkeit einer solchen Maßnahme dazu führen kann, das öffentliche Interesse an der Strafverfolgung nicht entfallen zu lassen und auf eine Verfahrensbehandlung nach §§ 153a StPO oder § 153b StPO iVm § 29 Abs. 5 BtMG auszuweichen, wodurch im Ergebnis *Webers*[98] Einwand Rechnung getragen werden würde. Systemwidrig wird dadurch einmal zum Ausdruck gebracht, dass es eigentlich doch besser wäre, in der Verfolgungspraxis (wieder) zu den verfahrensrechtlichen Möglichkeiten vor Einführung der Spezialvorschrift des § 31a zurückzukehren, so dass sich die Frage stellt, ob man insoweit den in § 31a zum Ausdruck kommenden gesetzgeberischen Willen mit der Umgehung der Vorschrift einfach ins Leere laufen lassen darf. In zweiter Linie würde dies die **mangelnde Gleichbehandlung in der Anwendung der Vorschrift** noch mehr betonen, weil der spezialpräventive Aspekt in einem Bundesland mit einem Modell des fakultativen Absehens berücksichtigt werden müsste, im anderen, in dem obligatorisch von der Verfolgung abgesehen wird, das Verfahren dagegen bis zu einer bestimmten Gewichtsmenge dagegen zwingend einzustellen ist.

51   Gegen eine solche Handhabung mit der Folge, dass derartige spezialpräventive Gesichtspunkte im Ergebnis außer Betracht bleiben, sprechen die **ratio legis** und die **Rechtswirklichkeit** in Gestalt der Arbeitsbelastung der Staatsanwaltschaften. Bei den Straftaten, die BtM-Konsum begleiten, insbesondere beim unerlaubten Erwerb und Besitz ohne entsprechende Erwerbserlaubnis handelt es sich um **Massendelikte**,[99] die den Gesetzgeber gerade veranlasst hatten, nach einer Entlastung der Staatsanwaltschaften bei der Verfolgung solcher Straftaten zu suchen, um es diesen zu ermöglichen, sich auf mittlere und organisierte Kriminalität aus dem BtM-Bereich zu konzentrieren. Dementsprechend beschränken auch die

---

[93] *Körner* (VI) § 29 Rn. 2107; *Weber* § 29 Rn. 1850.
[94] S. § 29 Abs. 5 Rn. 1749.
[95] *Schäfer/Sander/van Gemmeren* Rn. 21; BeckOK BtMG/*Ganter* Rn. 10.
[96] KPV/*Patzak* Rn. 33 ff.; *Weber* Rn. 42.
[97] *Weber* Rn. 108.
[98] *Weber* Rn. 18, 108.
[99] Zu Recht weist *Weber* Rn. 69 auf die Anwendbarkeit der Grundsätze sog K-Verfahren [Kleinkriminalität] hin.

Landesvorschriften den **Ermittlungsaufwand auf das unbedingt notwendige Maß.** Zwar fungiert ein sachbearbeitender Staatsanwalt auch bei der Bearbeitung derartiger Verfahren **nicht als Automat.** Es würde allerdings an der Rechtswirklichkeit vorbeigehen, anzunehmen, der Staatsanwalt könne im Rahmen spezialpräventiver Erwägungen prüfen, in wieweit der Erwerber oder Besitzer einer geringen Menge zum Eigenverbrauch einer justiziellen Einwirkung überhaupt zugänglich[100] ist, also zunächst nicht nur ein **Abhängigkeits-,** sondern auch ein **Persönlichkeitsprofil** des Beschuldigten erstellen, um beurteilen zu können, ob von einer der Behörde zur Verfügung stehenden Reaktionsmöglichkeit täterbezogen Gebrauch gemacht werden kann. Damit könnte der Staatsanwalt die ihm vorgelegten Akten mit ihrem auf das absolute Mindestmaß der für die Strafverfolgung erforderlichen Informationen beschränkten Inhalt trotz einer entsprechenden Anregung durch die ermittelnde Polizei nicht abschließen, müsste sie vielmehr an diese zu weiteren Ermittlungen zurückreichen, ggf. weitere soziale Dienste einbeziehen und – nach Erteilung einer entsprechenden Weisung – auch noch deren Einhaltung überwachen. Es steht außer Frage, dass der Gesetzgeber mit der Einführung der Vorschrift Derartiges nicht beabsichtigt hat.

Schließlich lassen sich die genannten spezialpräventiven Erwägungen spätestens nach **52 Einfügung von S. 2 in Abs. 1,** weil sie allesamt auch auf den dauerkonsumierenden Benutzer eines Drogenkonsumraumes zutreffen, in Bezug auf den Gelegenheits- oder Wiederholungskonsumenten nicht mehr berücksichtigen. Denn der Zugang zum Konsumraum setzt BtM-Abhängigkeit und Konsumerfahrung voraus. Ausgeschlossen von seiner Benutzung sind Erst- und Gelegenheitskonsumenten (§ 10a Abs. 2 S. 2 Nr. 7). Das bedeutet, dass dem infolge seiner Abhängigkeit zwar zu dauernden, nüchtern betrachtet aber als chronischer Rechtsverletzer anzusehenden Benutzer eines Drogenkonsumraumes qua rechtlicher Sonderregelung in S. 2 eine Privilegierung ohne wenn und aber zuteil wird, während der Haschischraucher, dessen Konsumfrequenz gerade einmal über der eines Gelegenheitskonsumenten liegt, damit zu rechnen hat, aus spezialpräventiven Gesichtspunkten heraus ein strafrechtliches Verfahren durchlaufen zu müssen. Um einen solchen Wertungswiderspruch im Rahmen der Anwendung ein und derselben Norm auszuschließen, haben spezialpräventive Gesichtspunkte de facto außer Betracht zu bleiben.

III. Besondere Voraussetzungen für die Anwendung von Abs. 1 S. 2

Abs. 1 S. 2 wurde erforderlich, um den Drogenkonsumraum von der Strafverfolgung frei **53** zu halten.

1. Anknüpfungstatbestand. Von Abs. 1 S. 2 ist ausschließlich der **Besitz von BtM 54** ohne gleichzeitige Erwerbserlaubnis innerhalb eines Drogenkonsumraumes umfasst.

2. Drogenkonsumraum. Es muss sich um einen als solchen ausgewiesenen, **staatlich 55 lizenzierten Konsumraum** handeln. Stellt sich allerdings heraus, dass der Betreiber die Mindestvoraussetzungen nicht erfüllt oder dass die **Erlaubnis unwirksam** ist, kann dies dem Benutzer nicht angelastet werden. Von der Verfolgung abgesehen werden soll nach dem Gesetzeswortlaut nur bei illegalem Besitz **innerhalb eines Drogenkonsumraumes.** Privilegiert durch die Möglichkeit der Verfahrenseinstellung ist nur der unerlaubte BtM-Besitz. Allerdings wird auch bei der **Straftat** des unerlaubten Erwerbs **innerhalb eines Drogenkonsumraumes** das öffentliche Interesse an der Aburteilung der Anwendbarkeit von § 31a nicht entgegenstehen.[101] Angesichts des Verbots einer analogen Erweiterung des Tatbestands und des gesetzgeberischen Bestrebens, Drogenkonsumräume von BtM-Straftaten freizuhalten (§ 10a Abs. 2 S. 2 Nr. 5), wird hier – wie beim Transport des BtM zum Konsumraum – nur ein Absehen von der Verfolgung nach Abs. 1 S. 1 in Betracht kommen.

---

[100] So noch *Körner* (VI) Rn. 24 f.
[101] *Körner* (VI) Rn. 55; aA *Weber* Rn. 116 unter Berufung auf den Wortlaut.

56   **3. Befugnis zur Benutzung.** Zur Benutzung eines Drogenkonsumraumes ist nach den gesetzlich festgelegten Mindestvoraussetzungen nur ein **begrenzter Personenkreis** zugelassen (§ 10a Abs. 2 S. 2 Nr. 7), der durch das Landesrecht näher zu bestimmen ist, wobei offenkundige Erst- oder Gelegenheitskonsumenten von der Benutzung ausgeschlossen werden müssen. Hierzu haben die bislang erlassenen Landesverordnungen folgende Präzisierungen vorgenommen: Hinsichtlich der Feststellung der **Identität der Person** bestimmen lediglich die in Berlin und Niedersachsen erlassene VOen, dass Personen von der Benutzung auszuschließen sind, die sich nicht ausweisen können.[102] Grundsätzlich werden nur **volljährige Personen** zur Benutzung zugelassen; Minderjährigen kann im Einzelfall und nach Einzelgespräch Zugang gewährt werden. Berlin und Niedersachsen haben die diesbezügliche Altersgrenze hier auf 16 Jahre festgelegt.[103] Der danach Nutzungswillige muss **betäubungsmittelabhängig** sein und über **Konsumerfahrung** verfügen.[104] An seiner **Einsichtsfähigkeit** dürfen sich keinerlei reife- oder krankheitsbedingten Zweifel ergeben. Deshalb sind auch **alkoholisierte** oder **intoxinierte Personen** von der Benutzung auszuschließen. In Berlin, Hessen, Niedersachsen, Nordrhein-Westfalen und im Saarland gilt dies auch für **substituierte Personen**.[105]

57   **4. Art der Benutzung.** Durch Landesrecht sind auch die Art der mitgeführten BtM und die zugelassenen Modalitäten der Applikation näher zu bestimmen (§ 10a Abs. 2 S. 2 Nr. 7). Die bislang erlassenen Verordnungen beschränken die im Konsumraum verbrauchbaren BtM einheitlich auf **Opiate, Kokain, Amphetamine** oder deren **Derivate**. Ebenfalls einheitlich werden als **Arten zugelassener Applikation** die intravenöse, inhalative und die orale Aufnahme des BtM aufgeführt. Zusätzlich nennen die hamburgische und die saarländische VO noch die nasale Aufnahme, die aber von der Inhalation an sich umfasst ist.[106]

58   **5. Der „geduldete" Eigenverbrauch.** Nach § 10a kann der Eigenverbrauch nur geduldet[107] werden, wenn die gesetzlich vorgeschriebenen Mindestvoraussetzungen vorliegen. Da der Nutzungswillige hierauf jedoch ohne Einfluss ist, beschränkt sich dieses Merkmal darauf, dass er die subjektiven Voraussetzungen für die Benutzung des Drogenkonsumraumes erfüllt.[108]

59   **6. Geringe Schuld, öffentliches Interesse an der Strafverfolgung.** Anders als Abs. 1 S. 1 setzt S. 2 **weder** voraus, dass sich die **Schuld** des BtM-Konsumenten nach einer entsprechenden Feststellung als **gering** erweist,[109] **noch** kommt es im Regelfall darauf an, ob ein **öffentliches Interesse an der Aburteilung** besteht, wobei der Ausgestaltung als Sollvorschrift durchaus zu entnehmen ist, dass in besonders gelagerten Fällen ein öffentliches Interesse bejaht werden kann.[110]

IV. Staatsanwaltschaftliche Entscheidung (Abs. 1)

60   Über die Sachbehandlung nach Abs. 1 entscheidet die **Staatsanwaltschaft**. Ihre Entscheidung ist gerichtlich nicht überprüfbar.[111] Bei der Beurteilung der Frage, ob es sich vorliegend um eine **Ermessensentscheidung** handelt, die der Staatsanwaltschaft auch dann

---

[102] → § 10a Rn. 12 ff.: Berlin § 10 Abs. 3 Nr. 5, Niedersachsen § 5 Abs. 2 Nr. 6.
[103] → § 10a Rn. 12 ff.: Berlin § 10 Abs. 2 S. 3, Niedersachsen § 5 Abs. 2 Nr. 1.
[104] Krit. hierzu *Joachimski/Haumer* § 10a Rn. 12, die befürchten, dass es dadurch zu „diplomierten" Abhängigen komme.
[105] → § 10a Rn. 12 ff.: Berlin § 10 Abs. 3 Nr. 3, Hessen § 9 Abs. Nr. 3, Niedersachsen § 5 Abs. Nr. 4, Nordrhein-Westfalen § 8 Abs. 2, Saarland § 10 Abs. 2 Nr. 3.
[106] → § 10a Rn. 12 ff.: Hamburg § 10 Abs. 2 S. 1, Saarland § 11 Abs. 2.
[107] Krit. zur Wortwahl *Katholnigg* NJW 2000, 1222; *Weber* Rn. 123 ff.
[108] *Weber* Rn. 124.
[109] Einschränkend *Weber* Rn. 138.
[110] *Weber* Rn. 139.
[111] BayObLG 25.1.1995 – 4 St RR 8/95, BayObLGSt 1995, 8.

noch einen Entscheidungsspielraum belässt, wenn sozusagen alle tatbestandsmäßigen Voraussetzungen der Vorschrift erfüllt sind,[112] oder ob das ihr grundsätzlich zustehende Ermessen bei Bejahung von geringer Schuld und Verneinung des öffentlichen Interesses an der Aburteilung bereits ausgeübt und damit verbraucht ist,[113] bestehen Meinungsunterschiede.

1. Ermessensentscheidung. Der Gesetzgeber geht allerdings ersichtlich von einem der **61** Staatsanwaltschaft über die Einschätzung der Schuld und das Vorliegen des Aburteilungsinteresses verbleibenden Entscheidungsspielraum aus, da er es für möglich hält, bei Vorliegen besonderer Umstände auch im Falle des Abs. 1 S. 2 das Verfahren fortzuführen.[114] Auch der vom BVerfG in seinem *Cannabis*-Beschluss[115] gewählten Formulierung, dass in bestimmten Fällen die Strafverfolgungsorgane nach dem Übermaßverbot von der Verfolgung der in § 31a bezeichneten Straftaten grundsätzlich abzusehen haben werden, muss entnommen werden, dass nach verfassungsgerichtlicher Einschätzung generell ein über die Feststellung der Anwendungsvoraussetzungen hinausgehender Ermessensspielraum besteht.

Eine **Ermessensreduzierung auf Null** ist in den vom BVerfG angesprochenen Fallge- **62** staltungen anzunehmen,[116] aber auch dort, wo die Landesvorschriften das obligatorische Absehen von der Strafverfolgung vorgeben.

2. Art des Ermessens. In S. 1 des Absatzes 1 **kann** die Staatsanwaltschaft von der Ver- **63** folgung absehen; die Entscheidung steht danach in ihrem freien Ermessen.[117] Dagegen **soll** in S. 2 von der Verfolgung abgesehen werden; man spricht in diesem Zusammenhang von **gebundenem Ermessen.**[118] In beiden Fällen ist aber anzuerkennen, dass Umstände vorliegen können, die die Durchführung des Ermittlungsverfahrens bis hin zur Erhebung der öffentlichen Klage erforderlich machen.

3. Wirkung der Entscheidung. Sieht die Staatsanwaltschaft von der Verfolgung ab, **64** wird das Ermittlungsverfahren eingestellt. Strafklageverbrauch tritt – wie bei § 153 StPO – nicht ein.[119] Eine gerichtliche Überprüfung der Entscheidung ist nicht möglich.[120]

V. Gerichtliche Entscheidung (Abs. 2)

Ähnlich wie in den Fällen der §§ 153, 153a StPO hat auch das Gericht nach Eingang **65** der öffentlichen Klage die Möglichkeit, das Verfahren einzustellen.

1. Anwendungsvoraussetzungen. a) Materiell-rechtliche Voraussetzungen. Das **66** Gericht kann von der Vorschrift ebenfalls nur Gebrauch machen, wenn es sich um bestimmte Konsumbegleittaten (→ Rn. 29) handelt, bei denen sich der Umgang auf eine geringe Menge BtM (→ Rn. 25 f.) zum Eigenverbrauch (→ Rn. 22) bezieht. Mit dieser Möglichkeit hat es sich auseinanderzusetzen.[121]

b) Zustimmung von Verfahrensbeteiligten. Ähnlich wie in den Fällen der §§ 153, **67** 153a StPO bedarf es in allen Fällen hierzu der Zustimmung der Staatsanwaltschaft, in besonderen Fällen auch derjenigen des Angeschuldigten. **Verweigert die Staatsanwaltschaft** ihre Zustimmung, scheidet die Anwendung von § 31a aus; das Gericht ist dabei nicht berechtigt, allein aus diesem Grund die Eröffnung des Hauptverfahrens abzulehnen,[122] sondern ist gehalten, das Verfahren durchzuführen, kann aber nach § 29 Abs. 5 von Strafe

---

[112] *Franke*/Wienroeder Rn. 6; *Joachimski*/*Haumer* Rn. 4; *Weber* Rn. 61.
[113] Löwe/Rosenberg/*Beulke* StPO § 153 Rn. 38 mwN.
[114] BR-Drs. 455/99, 12.
[115] BVerfG 9.3.1994 – 2 BvL 43/92 ua, BVerfGE 90, 145 = NJW 1994, 1577.
[116] KPV/*Patzak* Rn. 129; *Weber* Rn. 22; BeckOK BtMG/*Ganter* Rn. 12.
[117] *Weber* Rn. 61.
[118] *Weber* Rn. 22.
[119] *Weber* Rn. 65; BeckOK BtMG/*Ganter* Rn. 15.
[120] *Weber* Rn. 113; BeckOK BtMG/*Ganter* Rn. 14.
[121] OLG Koblenz 29.11.2010 – 1 Ss 197/10, BeckRS 2011, 01376.
[122] LG Oldenburg 2.1.2002 – 6 Qs 86/01, NStZ-RR 2002, 119.

absehen. Auch die **Zustimmungsverweigerung des Angeschuldigten** schließt die Anwendbarkeit der Vorschrift grundsätzlich aus, es sei denn, seine Abwesenheit oder ein anderes in seiner Person liegendes Hindernis steht der Hauptverhandlung für längere Zeit entgegen (§ 205 S. 1 StPO) oder er hat sich als Angeklagter aus der Hauptverhandlung entfernt oder ist ihr nach einer Unterbrechung ferngeblieben (§ 231 Abs. 2 StPO), ist trotz ordnungsgemäßer Ladung und des Hinweises auf die Folgen eines Fernbleibens nicht zur Hauptverhandlung erschienen (§ 232 StPO) oder vom persönlichen Erscheinen in ihr entbunden (§ 233 StPO).

68   **2. Entscheidung. a) Ermessensentscheidung.** Auch die gerichtliche Entscheidung ist – wie die in § 29 Abs. 5[123] – eine Ermessensentscheidung. Anders als die Staatsanwaltschaft wird das Gericht durch die zu § 31a erlassenen **Verwaltungsvorschriften rechtlich nicht gebunden.** Allerdings kann es sich im Rahmen der Rechtsanwendungsgleichheit ergeben, dass sich bei einheitlicher Verfolgungspraxis etwa durch Vorgabe von Untergrenzen die Sachbehandlung durch die Staatsanwaltschaft als fehlerhaft erweist. Das Gericht hat sich dann besonders sorgfältig damit auseinander zu setzen, ob nicht von § 29 Abs. 5 Gebrauch gemacht werden muss.[124]

69   **b) Entscheidungsart/Wirkung der Entscheidung.** Die Entscheidung des Gerichts ergeht durch **Beschluss** (Abs. 2 S. 3): „In der Strafsache gegen … wegen … wird von der Verfolgung abgesehen." Eine Begründung ist nicht erforderlich. Die gerichtliche Verfahrenseinstellung nach § 31a hat einen **beschränkten Strafklageverbrauch** zur Folge. Das Verfahren kann nur dann wieder aufgenommen werden, wenn sich herausstellt, dass ein Verbrechen vorliegt oder neue Tatsachen und/oder Beweismittel der Einstellungsentscheidung die Grundlage entziehen.[125]

70   **c) Rechtsbehelf.** Die gerichtliche Entscheidung ist grundsätzlich nicht anfechtbar (Abs. 2 S. 4). Eine **Beschwerde** ist **ausnahmsweise** möglich, wenn die gerichtliche Entscheidung ergangen ist, ohne das zuvor die Zustimmung nicht oder nicht ordnungsgemäß eingeholt wurde.[126]

§ 32 Ordnungswidrigkeiten

(1) Ordnungswidrig handelt, wer vorsätzlich oder fahrlässig
1. **entgegen § 4 Abs. 3 Satz 1 die Teilnahme am Betäubungsmittelverkehr nicht anzeigt,**
2. **in einem Antrag nach § 7, auch in Verbindung mit § 10a Abs. 3 oder § 13 Absatz 3 Satz 3, unrichtige Angaben macht oder unrichtige Unterlagen beifügt,**
3. **entgegen § 8 Abs. 3 Satz 1, auch in Verbindung mit § 10a Abs. 3, eine Änderung nicht richtig, nicht vollständig oder nicht unverzüglich mitteilt,**
4. **einer vollziehbaren Auflage nach § 9 Abs. 2, auch in Verbindung mit § 10a Abs. 3, zuwiderhandelt,**
5. **entgegen § 11 Abs. 1 Satz 1 Betäubungsmittel ohne Genehmigung ein- oder ausführt,**
6. **einer Rechtsverordnung nach § 11 Abs. 2 Satz 2 Nr. 2 bis 4, § 12 Abs. 4, § 13 Abs. 3 Satz 2 Nr. 2, 3 oder 4, § 20 Abs. 1 oder § 28 Abs. 2 zuwiderhandelt, soweit sie für einen bestimmten Tatbestand auf diese Bußgeldvorschrift verweist,**

---

[123] OLG Karlsruhe 14.4.2003 – 3 Ss 54/03, NJW 2003, 1825.
[124] OLG Koblenz 9.10.1997 – 1 Ss 271/97, NStZ 1998, 260 = NStZ-RR 1999, 67 (bei *Kotz/Rahlf*).
[125] Meyer-Goßner/Schmitt/*Schmitt* StPO § 153 Rn. 37 f.; *Weber* Rn. 159.
[126] HJLW/*Winkler* Rn. 8.

7. entgegen § 12 Abs. 1 Betäubungsmittel abgibt oder entgegen § 12 Abs. 2 die Abgabe oder den Erwerb nicht richtig, nicht vollständig oder nicht unverzüglich meldet oder den Empfang nicht bestätigt,

7a. entgegen § 13 Absatz 1a Satz 3 nicht, nicht richtig oder nicht rechtzeitig bei einer Apotheke anfragt,

7b. entgegen § 13 Absatz 1a Satz 4 oder 5 eine Aufzeichnung nicht, nicht richtig oder nicht vollständig führt oder eine Aufzeichnung nicht oder nicht mindestens drei Jahre aufbewahrt,

8. entgegen § 14 Abs. 1 bis 4 Betäubungsmittel nicht vorschriftsmäßig kennzeichnet,

9. einer vollziehbaren Anordnung nach § 15 Satz 2 zuwiderhandelt,

10. entgegen § 16 Abs. 1 Betäubungsmittel nicht vorschriftsmäßig vernichtet, eine Niederschrift nicht fertigt oder sie nicht aufbewahrt oder entgegen § 16 Abs. 2 Satz 1 Betäubungsmittel nicht zur Vernichtung einsendet, jeweils auch in Verbindung mit § 16 Abs. 3,

11. entgegen § 17 Abs. 1 oder 2 Aufzeichnungen nicht, nicht richtig oder nicht vollständig führt oder entgegen § 17 Abs. 3 Aufzeichnungen oder Rechnungsdurchschriften nicht aufbewahrt,

12. entgegen § 18 Abs. 1 bis 3 Meldungen nicht richtig, nicht vollständig oder nicht rechtzeitig erstattet,

13. entgegen § 24 Abs. 1 einer Duldungs- oder Mitwirkungspflicht nicht nachkommt,

14. entgegen § 24a den Anbau von Nutzhanf nicht, nicht richtig, nicht vollständig oder nicht rechtzeitig anzeigt oder

15. Betäubungsmittel in eine Postsendung einlegt, obwohl diese Versendung durch den Weltpostvertrag oder ein Abkommen des Weltpostvereins verboten ist; das Postgeheimnis gemäß Artikel 10 Abs. 1 des Grundgesetzes wird insoweit für die Verfolgung und Ahndung der Ordnungswidrigkeit eingeschränkt.

(2) Die Ordnungswidrigkeit kann mit einer Geldbuße bis zu fünfundzwanzigtausend Euro geahndet werden.

(3) Verwaltungsbehörde im Sinne des § 36 Abs. 1 Nr. 1 des Gesetzes über Ordnungswidrigkeiten ist das Bundesinstitut für Arzneimittel und Medizinprodukte, soweit das Gesetz von ihm ausgeführt wird, im Falle des § 32 Abs. 1 Nr. 14 die Bundesanstalt für Landwirtschaft und Ernährung.

Übersicht

I. Überblick

1   **1. Normzweck. a) Rechtsgut.** Während sich die Straftatbestände der §§ 29 Abs. 1, 29a Abs. 1, 30 Abs. 1 und 30a Abs. 1 gegen den illegalen Verkehr mit Betäubungsmitteln richten, erfasst § 32 Pflichtverstöße im legalen Betäubungsmittelverkehr,[1] dessen Überwachung er dient[2] sowie den Antragsverfahren für die Zulassung von Drogenkonsumräumen bzw. Einrichtungen zur diamorphingestützten Substitutionsbehandlung.

2   **b) Deliktsnatur.** Die in § 32 aufgeführten Verstöße sind als reines „Verwaltungsunrecht" zu klassifizieren, weshalb sie als Ordnungswidrigkeiten ausgestaltet wurden.

3   **c) Rechtliche Bedeutung.** Bis zum Inkrafttreten des 3. BtMG-ÄndG, mit dem die rechtlichen Voraussetzungen für die Zulassung von Drogenkonsumräumen geschaffen wurden, hatte die Vorschrift ausschließlich Bedeutung für den legalen Betäubungsmittelverkehr. Obwohl das Betreiben eines Drogenkonsumraumes nicht dem Betäubungsmittelverkehr zuzurechnen ist,[3] ergibt sich aus Abs. 1 Nr. 2, Nr. 3 und Nr. 4, dass die Vorschrift nunmehr auch der Überwachung der **Mindeststandards in Drogenkonsumräumen** dient.[4]

4   **2. Rechtsentwicklung.** Bereits § 13 Abs. 1 des **BtMG 1972** enthielt eine Reihe von Pflichtverstößen, die der Gesetzgeber als ordnungswidrig angesehen hatte. Das **BtMG 1982** erweiterte den Kreis der Verstöße und damit die Vorschrift nahezu auf den heutigen Umfang. Durch das **2. BtMGÄndG**, das in § 19 Abs. 3 der Anbau von Nutzhanf unter bestimmten Voraussetzungen zugelassen hat, wurde als neue Nr. 14 der Verstoß gegen die diesbezügliche Anzeigepflicht eingefügt, die bisherige Nr. 14 wurde zu Nr. 15. Mit dem **3. BtMGÄndG** wurden Abs. 1 Nr. 2–4 im Hinblick auf die Zulassung von Drogenkonsumräumen geändert und Nr. 6 neu gefasst. **GÜGÄndG** erfolgte in § 32 Abs. 2 die Euro-Umstellung. Durch das **BtMuaÄndG** wurde § 32 Abs. 1 Nr. 2 im Hinblick auf das Antragsverfahren bei diamorphingestützter Substitutionsbehandlung erweitert. Das 2. AMG uaÄndG hat in Nr. 7a, 7b Verstöße gegen die Nachforschungs- und Dokumentationspflicht im Zusammenhang mit dem Überlassen von BtM nach § 13 Abs. 1a BtMG mit Geldbuße bewehrt.

II. Erläuterung

5   **1. Die einzelnen Bußgeldtatbestände.** Die einzelnen Bußgeldvorschriften betreffen unterschiedliche Verstöße im legalen Betäubungsmittelverkehr.

6   **a) Verletzung der Anzeigepflicht bei erlaubnisfreier Teilnahme am Betäubungsmittelverkehr (Nr. 1).** Die Vorschrift bewehrt die Anzeigepflicht bei erlaubnisfreier Teilnahme am Betäubungsmittelverkehr. Danach handelt ordnungswidrig, wer entgegen § 4 Abs. 3 S. 1 die Teilnahme am Betäubungsmittelverkehr nicht anzeigt. Die Berufsgruppen

---

[1] *Franke/Wienroeder* Rn. 1; *HJLW/Winkler* Rn. 1.
[2] *Weber* Rn. 2.
[3] BT-Drs. 18/2345, 11.
[4] *Weber* Rn. 2.

der Apotheker, Ärzte, Tierärzte, Zahnärzte, die Angestellten einer Apotheke oder Krankenhausapotheke sind zwar gemäß § 3 vom Erlaubniserfordernis befreit, nicht aber von der Pflicht, die erlaubnisfreie Teilnahme am Betäubungsmittelverkehr dem Bundesinstitut für Arzneimittel und Medizinprodukte (BfArM) anzuzeigen. Die **Anzeige** hat den Namen und die Anschriften des Anzeigenden sowie der Apotheke oder tierärztlichen Hausapotheke, das Ausstellungsdatum und die ausstellende Behörde der apothekenrechtlichen Erlaubnis oder der Approbation als Tierarzt und das Datum des Beginns der Teilnahme am Betäubungsmittelverkehr **zu beinhalten.** Ob unter den Tatbestand auch die **unrichtige** oder **unvollständige Anzeige**[5] fällt, ist umstritten. Eine solche Erweiterung des Tatbestandes ist vom Wortlaut nicht gedeckt, zumal in den Nr. 2, 3, 7, 12 und 15 unrichtige bzw. unvollständige Angaben ausdrücklich aufgeführt werden, woraus geschlossen werden muss, dass der Gesetzgeber unrichtige bzw. unvollständige Angaben bei Abfassung des Tatbestandes der Nr. 1 bewusst ausgespart hat.[6] Die Anzeige hat rechtzeitig, dh **vor Beginn der Teilnahme** am Betäubungsmittelverkehr zu erfolgen, wobei die rechtzeitige Absendung ausreicht. Das Vorliegen einer Eingangsbestätigung durch das BfArM ist nicht erforderlich.[7]

b) Verstöße im Antragsverfahren zur Erlaubniserteilung (Nr. 2). Die Vorschrift 7 bewehrt das Antragsverfahren zur Erteilung einer Erlaubnis nach den §§ 3, 10a. Danach handelt ordnungswidrig, wer bei einem Antrag auf Erteilung einer Erlaubnis nach § 3, § 10a oder § 13 Abs. 3 S. 3 unrichtige Angaben macht oder diesem Antrag unrichtige Unterlagen beifügt.

aa) Angaben und Unterlagen. Dem Antrag auf Erlaubnis nach § 3 oder § 10a müssen 8 folgende Angaben und Unterlagen beigefügt werden: Namen, Vornamen oder die Firma und die Anschriften des Antragstellers und der Verantwortlichen, hinsichtlich der Verantwortlichen die Nachweise über die erforderliche Sachkenntnis und Erklärungen darüber, ob und auf Grund welcher Umstände sie die ihnen obliegenden Verpflichtung ständig erfüllen können, eine Beschreibung der Lage, der Betriebsstätten nach Ort (ggf. Flurbezeichnung), Straße, Hausnummer, Gebäude und Gebäudeteil sowie der Bauweise des Gebäudes, eine Beschreibung der vorhandenen Sicherung gegen die Entnahme von Betäubungsmitteln durch unbefugte Personen, im Falle des Verwendens zu wissenschaftlichen oder anderen im öffentlichen Interesse liegenden Zwecken eine Erläuterung des verfolgten Zwecks unter Bezugnahme auf einschlägige wissenschaftliche Literatur. Bei einem Antrag auf Erlaubnis nach § 3 sind **darüber hinaus** Angaben bzw. Unterlagen über die Art des Betäubungsmittelverkehrs nach § 3 Abs. 1, die Art und die voraussichtliche Jahresmenge der herzustellenden oder benötigten Betäubungsmittel, im Falle des Herstellens (§ 2 Abs. 1 Nr. 4) von Betäubungsmitteln oder ausgenommenen Zubereitungen eine kurz gefasste Beschreibung des Herstellungsganges unter Angabe von Art und Menge der Ausgangsstoffe oder -Zubereitung, der Zwischen- und Endprodukte, auch wenn Ausgangsstoffe oder Zubereitung, Zwischen- oder Endprodukte keine Betäubungsmittel sind; bei nicht abgeteilten Zubereitungen zusätzlich die Gewichts vom Hundert-Sätze, bei abgeteilten Zubereitungen die Gewichtsmengen der je abgeteilte Form enthaltenen Betäubungsmittel.

bb) Unrichtigkeit von Angaben und Unterlagen. Angaben sind Schilderungen von 9 Tatsachen,[8] also Mitteilungen über konkrete Geschehnisse oder Zustände in Gegenwart oder Vergangenheit.[9] Schlussfolgerungen oder Werturteile unterfallen hingegen dem Angabenbegriff nicht.[10] **Unterlagen** sind in der Regel nicht vom Antragsteller stammende schriftlich oder anderweitig verkörperte Gedankenerklärungen, die ihre Bedeutung regel-

---

[5] So Erbs/Kohlhaas/*Pelchen* Rn. 3; *Joachimski/Haumer* Rn. 2.
[6] KPV/*Patzak* Rn. 7; *Weber* Rn. 4.
[7] *Weber* Rn. 4.
[8] *Joachimski/Haumer* Rn. 199; *Weber* § 29 Rn. 1419.
[9] OLG Koblenz 13.11.1975 – 1 Ss 199/75, NJW 1976, 63 zum Tatsachenbegriff des § 263 StGB.
[10] *Fischer* StGB § 263 Rn. 9; *Weber* § 29 Rn. 1419.

mäßig durch die Funktion erhalten, die Angaben des Antragstellers zu bekräftigen.[11] Zu denken ist dabei an Bestätigungen, Gutachten, Zertifikate und Zeugnisse. Der Form nach kann es sich um Urkunden handeln; in Betracht kommen aber auch Fotografien oder sonstige Objekte der Inaugenscheinnahme sowie elektronisch gespeicherte Darstellungen.[12] Die Angaben bzw. die beigefügten Unterlagen müssen **objektiv unrichtig** sein.[13] **Irreführende Angaben** fallen darunter, wenn sie zu einem objektiv unrichtigen Schluss auf Seiten der Erlaubnisbehörde führen können. **Unvollständige Angaben** fallen nicht unter den Tatbestand. Auch hier gilt, dass eine solche Erweiterung des Tatbestandes vom Wortlaut der Vorschrift nicht gedeckt ist. Unvollständige Angaben führen lediglich dazu, dass der Antrag nicht beschieden werden kann. Ob ein **Dritter,** der **nicht Antragsteller** ist, den Tatbestand erfüllen kann,[14] erscheint zweifelhaft.

10   **c) Unterlassen von Mitteilungen über Änderungen mitteilungspflichtiger Umstände (Nr. 3).** Die Vorschrift bewehrt Änderungen mitteilungspflichtiger Umstände. Danach handelt ordnungswidrig, wer entgegen § 8 Abs. 3 S. 1 als Inhaber einer Erlaubnis nach § 3 oder 10a (offenbar nicht aber nach § 13 Abs. 3 S. 3) eine Änderung der Angaben oder Unterlagen, die im Zusammenhang mit dem Antrag auf Erlaubnis gemacht bzw. vorgelegt worden sind, gegenüber dem BfArM nicht richtig, nicht vollständig oder nicht unverzüglich mitteilt. **Nicht richtig** erfolgt die Mitteilung, wenn ihr Inhalt nicht den objektiven Gegebenheiten entspricht. **Nicht vollständig** sind die Angaben (Unterlagen), wenn sie nicht alle Änderungen der Tatsachen bzw. Umstände umfassen.[15] **Nicht unverzüglich,** also verspätet, erfolgt die Mitteilung, wenn sie ohne schuldhaftes Zögern des Betroffenen zeitlich früher hätte erfolgen können. Berühren die eingetretenen Änderungen den **Bestand der Erlaubnis,** kann, wenn zB der Betrieb des Drogenkonsumraumes fortgesetzt wird, die Grenze zur Strafbarkeit überschritten werden (§ 29 Abs. 1 S. 1 Nr. 11).[16]

11   **d) Verstoß gegen bei Erlaubniserteilung erteilte vollziehbare Auflagen (Nr. 4).** Die Vorschrift bewehrt **vollziehbare Auflagen,** die dem Antragsteller **bei Erteilung der Erlaubnis** nach §§ 3, 10a gemacht wurden. Danach handelt ordnungswidrig, wer einer vollziehbaren Auflage nach § 9 Abs. 2 zuwiderhandelt. Unter einer **Auflage** (§ 36 Abs. 2 Nr. 4 VwVfG) versteht man die Festsetzung eines tatsächlichen Umstandes, bei dessen Nichteinhaltung der Widerruf der Erlaubnis in Betracht kommt.[17] Der Verstoß ist nur begehbar, wenn die **Auflage** entweder **bestandskräftig** oder vom BfArM **für sofort vollziehbar** erklärt worden ist. Ein Verstoß gegen sonstige Nebenbestimmungen der Erlaubnis, zB gegen eine **Bedingung** oder **Befristung,** berührt deren Bestand und kann zur Strafbarkeit nach § 29 Abs. 1 S. 1 führen.[18]

12   **e) Ein- oder Ausfuhr ohne Einzelgenehmigung (Nr. 5).** Die Vorschrift bewehrt die **Ein-** oder **Ausfuhrgenehmigung.** Danach handelt ordnungswidrig, wer als Inhaber einer Erlaubnis nach § 3 im Einzelfall Betäubungsmittel ein- oder ausführt, ohne eine entsprechende Genehmigung nach § 11 Abs. 1 S. 1 erhalten zu haben. Tauglicher Täter der Ordnungswidrigkeit kann nur der **Erlaubnisinhaber nach § 3** sein; fehlt es an einer Erlaubnis, ist die Ein- oder Ausfuhr von Betäubungsmitteln nach § 29 Abs. 1 S. 1 Nr. 1 strafbar.[19] Die Einzelfallgenehmigung muss **vor dem jeweiligen Ein- oder Ausfuhrgeschäft** eingeholt werden.[20] **Ohne Genehmigung** handelt auch, wessen Genehmigung unwirksam ist oder infolge Befristung nicht mehr besteht.[21]

---

[11] *Fischer* StGB § 265b Rn. 25.
[12] Vgl. *Schönke/Schröder/Perron* StGB § 265b Rn. 34.
[13] *Joachimski/Haumer* Rn. 3; *Weber* Rn. 5.
[14] Vgl. *KPV/Patzak* Rn. 11.
[15] Vgl. *Joachimski/Haumer* Rn. 4.
[16] *Joachimski/Haumer* Rn. 4; *Weber* Rn. 6.
[17] *Joachimski/Haumer* § 9 Rn. 5.
[18] *Weber* Rn. 7 f.
[19] *Weber* Rn. 9.
[20] *Weber* Rn. 9.
[21] *KPV/Patzak* Rn. 20.

f) Zuwiderhandlungen gegen Rechtsvorschriften (Nr. 6). Die Blankettvorschrift **13** bewehrt die aufgrund des Gesetzes erlassenen Rechtsverordnungen. Danach handelt ordnungswidrig, wer einer Rechtsverordnung nach § 11 Abs. 2 S. 2 Nr. 2–4, § 12 Abs. 4, § 13 Abs. 3 S. 2 Nr. 2, 3 oder 4, § 20 Abs. 1 oder § 28 Abs. 2 zuwiderhandelt, soweit sie für einen bestimmten Tatbestand auf diese Bußgeldvorschrift verweist.

aa) Das **Blankett** ist bislang nur hinsichtlich § 11 Abs. 2 Nr. 4 durch **§ 16 BtMAHV, 14** bezüglich § 12 Abs. 4 durch **§ 7 BtMBinHV** und in Bezug auf § 13 Abs. 3 Nr. 2–4 durch **§ 17 BtMVV ausgefüllt.**[22] Von der Ausfüllungsmöglichkeit in § 20 Abs. 1 und § 28 Abs. 2 wurde bislang nicht Gebrauch gemacht.

bb) Nach **§ 16 BtMAHV** handelt iS des § 32 Abs. 1 Nr. 6 BtMG ordnungswidrig, wer **15** entweder entgegen § 1 Abs. 2 oder § 7 Abs. 2 im **Einfuhr-** oder **Ausfuhrantrag** unrichtige oder unvollständige Angaben macht oder entgegen § 6 Abs. 1 oder § 12 Abs. 1 S. 1 die **Einfuhr-** oder **Ausfuhranzeige** nicht, nicht richtig oder nicht vollständig mit den dort bezeichneten Angaben versieht.

cc) Nach **§ 7 BtMBinHV** handelt iS des § 32 Abs. 1 Nr. 6 BtMG ordnungswidrig, wer **16** **entgegen § 1** einen **Abgabebeleg** nicht ausfertigt, **entgegen § 2 Abs. 1 S. 1** oder **Abs. 3** auf einem Abgabebeleg eine Angabe nicht, nicht richtig, nicht vollständig, nicht übereinstimmend oder nicht in der vorgeschriebenen Weise macht, **entgegen § 2 Abs. 1 S. 2** den Abgabebeleg nicht oder nicht vorschriftsmäßig unterschreibt, **entgegen § 3 Abs. 3** das **Lieferscheindoppel** nicht aufbewahrt, **entgegen § 4 Abs. 1** die **Empfangsbestätigung** oder den **Lieferschein** nicht mit dem Empfangsdatum versieht, nicht oder nicht vorschriftsmäßig unterschreibt oder festgestellte Abweichungen in ihm nicht oder nicht vorschriftsmäßig vermerkt oder die Empfangsbestätigung nicht rechtzeitig zurücksendet, **entgegen § 4 Abs. 2** das **Lieferscheindoppel** nicht mit dem Empfangsdatum der Empfangsbestätigung versieht, vermerkte Abweichungen nicht oder nicht vorschriftsmäßig auf dem Lieferscheindoppel einträgt oder dieses nicht rechtzeitig dem BfArM übersendet oder **entgegen § 5** die dort bezeichneten **Teile des Abgabebelegs** nicht oder nicht vorschriftsmäßig aufbewahrt.

dd) Nach **§ 17 BtMVV** handelt iS des § 32 Abs. 1 Nr. 6 ordnungswidrig, wer **entgegen 17** **§ 5 Abs. 2 und 3** auch iVm **§ 5 Abs. 10** (Ausstellung einer Substitutionsbescheinigung), **§ 7 Abs. 1 S. 2 oder Abs. 4** (Verschreiben und Abgabe von Betäubungsmitteln für die Ausrüstung von Kauffahrteischiffen), **§ 8 Abs. 6 S. 2** (Notfallverschreibungen), **§ 9 Abs. 1** auch iVm **§ 2 Abs. 2 S. 2, § 4 Abs. 2 S. 2, § 5 Abs. 3 S. 1, § 7 Abs. 5 S. 3 oder § 8 Abs. 6 S. 5** (Ausstellen eines Betäubungsmittelrezeptes), § 11 Abs. 1 (Ausstellen eines Betäubungsmittelanforderungsscheines), **§ 12 Abs. 3** (Abgabe von Betäubungsmitteln auf Teil I des Verschreibungsformulars), eine Angabe nicht, nicht richtig, nicht vollständig oder nicht in der vorgeschriebenen Form macht; **entgegen § 5 Abs. 9** die Substitutionsbehandlung mit Betäubungsmitteln nicht vollständig dokumentiert oder die Dokumentation der Substitutionsbehandlung der zuständigen Landesbehörde nicht zur Einsicht und Auswertung vorlegt; **entgegen § 8 Abs. 1 S. 1,** auch iVm **§ 7 Abs. 1,** Betäubungsmittel nicht auf einem gültigen Betäubungsmittelrezept oder **entgegen § 10 Abs. 1 S. 1** auch iVm **§ 6 Abs. 1,** Betäubungsmittel nicht auf einem gültigen Betäubungsmittelanforderungsschein verschreibt; **entgegen § 8 Abs. 3** für seine Verwendung bestimmte Betäubungsmittelrezepte überträgt oder bei Aufgabe der Tätigkeit dem Bundesinstitut für Arzneimittel und Medizinprodukte nicht zurückgibt; **entgegen § 8 Abs. 4** Betäubungsmittelrezepte nicht gegen Entwendung sichert oder einen Verlust nicht unverzüglich anzeigt; **entgegen § 8 Abs. 5, § 10 Abs. 4** oder **§ 12 Abs. 4 S. 1** die dort bezeichneten Teile der Verschreibung oder Stationsverschreibung nicht oder nicht vorschriftsmäßig aufbewahrt; **entgegen § 8 Abs. 6 S. 4** die Verschreibung nicht unverzüglich der Apotheke nachreicht; **entgegen § 10 Abs. 3 S. 3** keinen Nachweis über die Weitergabe von Betäubungsmittelanforderungsscheinen führt oder einer Vorschrift des § 13 Abs. 1 S. 1, Abs. 2 oder 3 oder des § 14 über die Führung von Aufzeichnungen, deren Prüfung oder Aufbewahrung zuwiderhandelt.

---

[22] *Weber* Rn. 11.

18   **g) Verstoß gegen die Meldepflicht bei Abgabe oder Erwerb (Nr. 7).** Die Vorschrift bewehrt Pflichten im Zusammenhang mit der Abgabe oder dem Erwerb von Betäubungsmitteln. Danach handelt ordnungswidrig, wer entgegen § 12 Abs. 1 BtM **abgibt** oder entgegen § 12 Abs. 2 die **Abgabe oder den Erwerb nicht richtig, nicht vollständig oder nicht unverzüglich meldet oder den Empfang nicht bestätigt.** Zu den Begriffen der Richtigkeit, Vollständigkeit und Unverzüglichkeit der Meldung → Rn. 10. Bezüglich der Verweisung auf § 12 Abs. 1 wird eine tatsächliche Anwendbarkeit der Vorschrift wegen § 29 Abs. 1 S. 1 Nr. 1, Abs. 4 BtMG und § 21 Abs. 1 OWiG bezweifelt[23] und als Redaktionsversehen des Gesetzgebers[24] angesehen.

19   **h) Verstoß gegen Nachforschungs-, Dokumentations- und Aufbewahrungspflichten bei Überlassen (Nr. 7a, 7b).** Beide Vorschriften wurden durch das 2. AMGuaÄndG eingeführt und korrespondieren mit Ärzten und Apothekern auferlegten Pflichten, wenn ein Arzt seinem in ambulanter palliativmedizinischer Behandlung befindlichen Patienten btm-haltige Medikamente überlässt.

20   **aa) Pflichten des Arztes.** Bevor der Arzt in Ansehung eines Versorgungsengpasses seinem Patienten aus dem eigenen Praxisbedarf BtM überlässt, muss er sich nach § 13 Abs. 1a S. 3 BtMG darüber vergewissern, dass eine dienstbereite Apotheke nicht in der Lage ist, eine entsprechende Verschreibung (rechtzeitig) zu beliefern. Unterlässt er die Nachfrage ganz oder fragt er nicht richtig bzw. nicht rechtzeitig an, verstößt er gegen § 32 Abs. 1 Nr. 7a.

21   Seine diesbezüglichen Nachforschungen hat der Arzt nach § 13 Abs. 1a S. 4 zu dokumentieren; andernfalls verstößt er gegen § 32 Abs. 1 Nr. 7b. Den gleichen Verstoß begeht ein Arzt, der die diesbezüglichen Aufzeichnungen nicht mindestens drei Jahre aufbewahrt.

22   **bb) Pflichten des Apothekers.** Um eine Gegenkontrolle zu ermöglichen ist der vom Arzt angefragte Apotheker nach § 13 Abs. 1a S. 5 BtMG verpflichtet, über die Anfrage Aufzeichnungen zu führen und diese ebenfalls drei Jahre aufzubewahren; andernfalls verstößt er gegen § 32 Abs. 1 Nr. 7b.

23   **i) Verstoß gegen die Kennzeichnungspflicht (Nr. 8).** Die Vorschrift bewehrt die Kennzeichnungspflicht von Betäubungsmitteln. Danach handelt ordnungswidrig, wer gegen die in § 14 Abs. 1–4 enthaltene **Pflicht zur vorschriftsmäßigen Kennzeichnung** von Betäubungsmitteln **verstößt.** Die Betäubungsmittel sind unter Verwendung der auf die INN-Liste[25] der WHO zurückgehenden in den Anlagen aufgeführten Kurzbezeichnungen in deutlich lesbarer Schrift, in deutscher Sprache und in dauerhafter Weise zu kennzeichnen (§ 14 Abs. 1) sowie mit Angaben über die Stückzahl oder das Gewicht zu versehen (§ 14 Abs. 2). Sinngemäß gilt dies für die Bezeichnung von Betäubungsmitteln in Katalogen, Preislisten, Werbeanzeigen oder ähnlichen Druckerzeugnissen (§ 14 Abs. 4). Ein Verstoß gegen § 14 Abs. 5 ist nach § 29 Abs. 1 S. 1 Nr. 8 nicht mehr Ordnungswidrigkeit, sondern Straftat.

24   **j) Verstoß gegen vollziehbare Auflagen im Zusammenhang mit Sicherungsmaßnahmen (Nr. 9).** Die Vorschrift bewehrt vollziehbare Auflagen, die dem Teilnehmer am Betäubungsmittelverkehr im Zusammenhang mit Sicherungsmaßnahmen gemacht wurden. Danach handelt ordnungswidrig, wer einer vollziehbaren Anordnung einer Sicherungsmaßnahme nach § 15 S. 2 durch das BfArM zuwiderhandelt. Zur Sicherung von Betäubungsmitteln gegen unbefugte Wegnahme hat das BfArM **allgemeine Richtlinien** entwickelt, die die Aufbewahrung in Stahlschränken und Asservatenräumen und deren Überwachung beinhalten.[26] Darüber hinausgehende **besondere Sicherungsmaßnahmen**

---

[23] *Joachimski/Haumer* Rn. 8; HJLW/*Winkler* Rn. 8; *Weber* Rn. 13.
[24] *Weber* Rn. 13.
[25] International Non-proprietary Names.
[26] Näheres bei KPV/*Patzak* § 15 Rn. 1 ff.

können im Einzelfall in Form von Auflagen getroffen werden. Ein Verstoß hiergegen lässt den Teilnehmer am Betäubungsmittelverkehr ordnungswidrig handeln. Zum **Begriff der Auflage** und zur Voraussetzung ihrer Vollziehbarkeit → Rn. 11. **Keine Auflage iS der Nr. 9** stellen Duldungs- und Mitwirkungspflichten iS der §§ 22 und 23 dar,[27] selbst wenn sie bestandskräftig sind oder für sofort vollziehbar erklärt wurden.

k) Verstöße im Zusammenhang mit der Vernichtung (Nr. 10). Die Vorschrift 25 bewehrt Pflichten bei **Vernichtung** von Betäubungsmitteln. Danach handelt ordnungswidrig, wer in diesem Zusammenhang § 16 nicht beachtet, insbesondere keine Niederschrift fertigt oder sie nicht aufbewahrt oder entgegen § 16 Abs. 2 S. 1 Betäubungsmittel nicht zur Vernichtung einsendet. Der Eigentümer hat nicht mehr verkehrsfähige Betäubungsmittel (§ 16 Abs. 1) oder Betäubungsmittel, die er nicht mehr benötigt (§ 16 Abs. 3) **zu vernichten** bzw. auf Aufforderung der Überwachungsbehörden **zur Vernichtung einzusenden** (§ 16 Abs. 2 S. 1). Vernichtet er selbst, hat er die gesetzlichen Vorgaben der zuverlässigen und endgültigen, jede auch nur teilweise Wiedergewinnung als Betäubungsmittel ausschließenden, Vernichtung einzuhalten. Der **Vorgang der Vernichtung** hat in Gegenwart von mindestens zwei Zeugen (§ 16 Abs. 1 S. 1) zu erfolgen und ist in einer Niederschrift (§ 16 Abs. 1 S. 1) zu protokollieren. Die Niederschrift über die Vernichtung der Betäubungsmittel ist aufzubewahren. **Eltern,** die ihren Kindern, **Lehrer,** die ihren Schülern Betäubungsmittel wegnehmen und sie etwa in der Toilette herunterspülen, fallen nicht unter den Tatbestand, da sie keine Teilnehmer am legalen Betäubungsmittelverkehr sind. Gleichwohl lässt sich das Risiko, im Zusammenhang mit der Vernichtung von Betäubungsmitteln überhaupt rechtswidrig zu handeln, dadurch umgehen, dass die Stoffe/Zubereitungen **in einer Apotheke oder bei der Polizei zur Vernichtung abgeliefert** werden (vgl. § 4 Abs. 1 Nr. 1 Buchst. e, Abs. 2).

l) Verletzung der Aufzeichnungspflicht bei Zu- und Abgängen (Nr. 11). Die 26 Vorschrift bewehrt die Aufzeichnungspflicht bei Zu- und Abgängen von Betäubungsmitteln. Danach handelt ordnungswidrig, wer als Erlaubnisinhaber gegen die in § 17 enthaltene Aufzeichnungspflicht verstößt, insbesondere Aufzeichnungen nicht, nicht richtig oder nicht vollständig führt oder Aufzeichnungen oder Rechnungsdurchschriften nicht aufbewahrt. **Ärzte, Apotheker** und andere Personen, die nach § 4 **von der Erlaubnispflicht ausgenommen** sind, unterfallen dem Tatbestand nicht, können aber über § 32 Abs. 1 Nr. 6 bei Verstößen gegen §§ 13, 14, 17 Nr. 9 BtMVV (→ Rn. 17) ordnungswidrig handeln. Nach § 17 Abs. 1 hat der Erlaubnisinhaber **fortlaufend Aufzeichnungen** getrennt für jede Betriebsstätte und für jedes Betäubungsmittel über jeden Zugang und jeden Abgang zu **führen,** die das Datum, den Namen oder die Firma und die Anschrift des Lieferers oder des Empfängers oder die sonstige Herkunft oder den sonstigen Verbleib, die zugegangene oder abgegangene Menge und den sich daraus ergebenden Bestand, im Falle des Anbaues zusätzlich die Anbaufläche nach Lage und Größe sowie das Datum der Aussaat, im Falle des Herstellens zusätzlich die Angabe der eingesetzten oder hergestellten Betäubungsmittel, der nicht dem Gesetz unterliegenden Stoffe oder der ausgenommenen Zubereitungen nach Art und Menge und im Falle der Abgabe ausgenommener Zubereitungen durch deren Hersteller zusätzlich den Namen oder die Anschrift des Empfängers enthalten müssen. Zur Richtigkeit und Vollständigkeit von Aufzeichnungen → Rn. 10. Zur Angabe von Mengen bzw. Stückzahlen s. § 17 Abs. 2. Die Aufbewahrungsfrist für diese Aufzeichnungen beträgt drei Jahre (§ 17 Abs. 3).

m) Verstoß gegen die Meldepflicht hinsichtlich verwendeter Betäubungsmittel- 27 **mengen (Nr. 12).** Die Vorschrift bewehrt die Meldepflicht bezüglich der im Betrieb des jeweiligen Erlaubnisinhabers verwendeten Betäubungsmittelmengen. Danach handelt ordnungswidrig, wer dem BfArM nicht getrennt für jede Betriebsstätte und für jedes Betäubungsmittel die jeweilige Menge, die beim Anbau gewonnen, hergestellt, zur Herstellung

---

[27] *Weber* Rn. 15; aA *Joachimski/Haumer* Rn. 10.

anderer Betäubungsmittel verwendet, zur Herstellung von nicht unter dieses Gesetz fallenden Stoffe verwendet, zur Herstellung ausgenommener Zubereitungen verwendet, eingeführt, ausgeführt, erworben, abgegeben, vernichtet oder zu anderen Zwecken verwendet
wurde, aufgeschlüsselt nach den jeweiligen Verwendungszwecken sowie am Ende des jeweiligen Kalenderhalbjahres den vorhandenen Bestand meldet. Zur Richtigkeit und Vollständigkeit von Aufzeichnungen → Rn. 10. Zur Richtigkeit gehört hier auch, dass die Meldungen auf dem vom BfArM herausgegebenen amtlichen Formblatt erfolgen (§ 18 Abs. 4). Die
bußgeldbewehrte Meldepflicht umfasst auch das **rechtzeitige Eingehen der Meldungen**
beim BfArM. Die Mitteilung für das erste Halbjahr muss bis zum 31. Juli, die für das
zweite Halbjahr und die Jahresmeldung (§ 18 Abs. 1 Nr. 12) müssen bis zum 31. Januar des
Folgejahres dort eingelangt sein (§ 18 Abs. 3).

28   **n) Verletzung der Duldungs- und Mitwirkungspflichten bei Überwachungsmaßnahmen und/oder Probenahme (Nr. 13).** Die Vorschrift bewehrt die sich aus § 24
ergebenden Duldungs- und Mitwirkungspflichten bei Überwachungsmaßnahmen (§ 22)
und bei der Probenahme (§ 23). Danach handelt ordnungswidrig, wer als Teilnehmer am
Betäubungsmittelverkehr oder Hersteller ausgenommener Zubereitungen Überwachungsmaßnahmen bzw. die Probenahme nicht duldet bzw. die mit der Überwachung beauftragten
Personen bei der Erfüllung ihrer Aufgaben nicht unterstützt. Jeder Teilnehmer am Betäubungsmittelverkehr hat an Überwachungsmaßnahmen insbesondere zu dulden, dass in seine
Unterlagen Einsicht genommen wird, dass er **Auskünfte zu erteilen** hat, dass er **Betre-
tungs- und Besichtigungsrechte** hinnehmen muss und dass er sich **vorläufigen Anordnungen zu unterwerfen** hat (§ 22). Obwohl der Betrieb von **Drogenkonsumräumen**
nicht zum legalen Betäubungsmittelverkehr zählt,[28] unterliegt die Einhaltung der gesetzlich
vorgeschriebenen Mindeststandards der Überwachung, hier allerdings derjenigen durch die
zuständigen Behörden der Länder (§ 19 Abs. 1 S. 3), so dass den mit der Überwachung
beauftragten Personen die in den §§ 22 und 24 geregelten Befugnisse zustehen (§ 19 Abs. 1
S. 4). Der Inhaber der Erlaubnis hat ferner zu dulden, dass von den in seinem Betrieb
befindlichen Betäubungsmitteln **Proben gefordert oder entnommen** werden (§ 23). Die
nach § 22 Abs. 1 Nr. 2 zu erteilende **Auskunft** ist durch das **Recht, weder sich selbst
noch nahe Angehörige belasten zu müssen,** begrenzt (§ 24 Abs. 2).

29   **o) Verstoß gegen die Anzeigepflicht bei Anbau von Nutzhanf (Nr. 14).** Die Vorschrift bewehrt die Anzeigepflicht im Zusammenhang mit dem Anbau von Nutzhanf.
Danach handelt ordnungswidrig, wer entgegen § 24a den Anbau von Nutzhanf (Anlage I
zu § 1 Teil B Position Cannabis, d) nicht, nicht richtig, nicht vollständig oder nicht rechtzei-
tig anzeigt. Erlaubnisfrei und damit **anzeigepflichtig** iS der Nr. 14 sind landwirtschaftliche
Unternehmen (§ 1 Abs. 4 ALG),[29] die die Mindestgröße (Abs. 5) erreichen (§ 1 Abs. 2
ALG) oder überschreiten, wenn sie zertifiziertes Saatgut anbauen, bei deren Sorten der
Gehalt an THC 0,3 % nicht überschreitet. Fehlt eine dieser Voraussetzung, liegt unerlaubter
Anbau iS des § 29 Abs. 1 S. 1 Nr. 1 vor. Die **Anzeige,** die auf dem amtliche Formblatt in
dreifacher Ausfertigung zu erstatten ist, **muss** den Namen, den Vornamen und die Anschrift
des Landwirtes, bei juristischen Personen den Namen des Unternehmens der Landwirtschaft
sowie des gesetzlichen Vertreters, die dem Unternehmen der Landwirtschaft von der zuständigen Berufsgenossenschaft zugeteilte Mitglieds-/Katasternummer, die ausgewählte Sorte
unter Beifügung der amtlichen Etiketten und die Aussaatfläche in Hektar und Ar unter
Angabe der Katasternummer **enthalten;** anstelle der Katasternummer kann die Aussaatfläche auch durch Gemarkung, Flur und Flurstück oder eine andere Angabe, die von der
Bundesanstalt für Landwirtschaft und Ernährung anerkannt worden ist, charakterisiert werden. Zur Richtigkeit und Vollständigkeit der Anzeige → Rn. 10. Die Anzeige ist seitens
des landwirtschaftlichen Unternehmens bis zum 15. Juni des Anbaujahres an die Bundesanstalt für Landwirtschaft und Ernährung in Frankfurt a. M. zu erstatten.

---

[28] BT-Drs. 18/2345, 11; *Weber* Rn. 20.
[29] Gesetz über die Alterssicherung der Landwirte vom 29.7.1994, BGBl. I S. 1891 (FNA 8251-0).

p) Verletzung des Weltpostvertrags oder eines Abkommens des Weltpostvereins 30
(Nr. 15). Die Vorschrift bewehrt Vorschriften des Weltpostvertrags oder eines Abkommens des Weltpostvereins. Danach handelt ordnungswidrig, wer Betäubungsmittel in eine Postsendung einlegt, obwohl diese Versendung durch den Weltpostvertrag oder ein Abkommen des Weltpostvereins verboten ist. Nach **Art. 26 Nr. 5.1 Weltpostvertrages** ist der internationale Versand von Betäubungsmitteln in Briefsendungen, worunter neben Briefen auch Postkarten, Drucksachen, Blindensendungen und Päckchen zählen, verboten. Auch **Art. 18 Nr. 1.2 Postpaketübereinkommens** geht von einem generellen Versendungsverbot als Paketsendung aus, lässt jedoch in Art. 19 Buchst. a Ziffer 2 Ausnahmen hinsichtlich der Versendung zu medizinischen oder wissenschaftlichen Zwecken zu, sofern der Empfängerstaat dies gestattet. Tatbestandsmäßig iS der Nr. 15 und über § 4 Abs. 2 OWiG verfolgbar handelt dabei nur, wer Betäubungsmittel **aus dem Inland in das Ausland oder umgekehrt** versendet. Wer sich der postalischen Einrichtungen zur **Durchfuhr** von Betäubungsmitteln bedient, macht sich in mittelbarer Täterschaft nach § 29 Abs. 1 S. 1 Nr. 5 strafbar.

2. Subjektiver Tatbestand. Der Betroffene haftet nicht nur für Vorsatz, sondern auch 31 für Fahrlässigkeit, in den Fällen des § 17 BtMVV aber neben Vorsatz nur bei Leichtfertigkeit.

3. Ordnungswidrigkeitenrecht. Das Verfahren, teilweise aber auch die Anwendung 32 des materiellen Rechts, richtet sich nach dem **OWiG.**

a) Versuch. Der Versuch einer Ordnungswidrigkeit ist nicht verfolgbar. 33

b) Konkurrenzen; Ordnungswidrigkeiten. Die einzelnen Ordnungswidrigkeiten des 34 § 32 können zueinander in Tateinheit (§ 19 OWiG) oder Tatmehrheit (§ 20 OWiG) stehen. Bei Zusammentreffen von Ordnungswidrigkeit und Straftat, tritt die Ordnungswidrigkeit zurück (§ 21 OWiG).

c) Verjährung. Vorsätzlich begangene Ordnungswidrigkeit verjähren in drei Jahren, 35 fahrlässig begangene in zwei Jahren (§ 31 Abs. 2 OWiG).

d) Bußgeldbehörden. Bußgeldbehörden (§ 36 Abs. 1 Nr. 1 OWiG) sind das Bundesins- 36 titut für Arzneimittel und Medizinprodukte in Bonn und im Falle des § 24a die Bundesanstalt für Landwirtschaft und Ernährung in Frankfurt a. M.

4. Rechtsfolgen. Die vorsätzlich begangene Ordnungswidrigkeit kann von einer Geld- 37 buße von 5 EUR (§ 17 Abs. 1 OWiG) bis zu 25.000 Euro (§ 32 Abs. 2) geahndet werden, bei der fahrlässig (leichtfertig) begangenen Ordnungswidrigkeit reicht der Bußgeldrahmen von 5 Euro (§ 17 Abs. 1 OWiG) bis zu 12.500 Euro (§ 17 Abs. 1 OWiG). Hält das Gericht eine Ahndung nicht für geboten, kann das Verfahren gem. § 47 Abs. 2 OWiG eingestellt werden. Beziehungsgegenstände, auf die sich eine Ordnungswidrigkeit nach § 32 bezieht, können eingezogen werden (§ 33 Abs. 2 BtMG aF, § 23 OWiG). Verfall (§ 73 StGB) kann angeordnet werden; dies gilt mangels Rückverweisung jedoch nicht für den erweiterten Verfall. Siehe nun insb. → § 33 Rn. 6–7.

§ 33 Einziehung¹

¹Gegenstände, auf die sich eine Straftat nach den §§ 29 bis 30a oder eine Ordnungswidrigkeit nach § 32 bezieht, können eingezogen werden. ²§ 74a des Strafgesetzbuches und § 23 des Gesetzes über Ordnungswidrigkeiten sind anzuwenden.

Fassung bis 30.6.2017:

§ 33 Erweiterter Verfall und Einziehung

(1) § 73d des Strafgesetzbuches ist anzuwenden

---

¹ Zum Gesetz zur Reform der strafrechtlichen Vermögensabschöpfung siehe → Rn. 6–7.

1. in den Fällen des § 29 Abs. 1 Satz 1 Nr. 1, 5, 6, 10, 11 und 13, sofern der Täter gewerbs-mäßig handelt, und
2. in den Fällen der §§ 29a, 30 und 30a.

(2) ¹Gegenstände, auf die sich eine Straftat nach den §§ 29 bis 30a oder eine Ordnungswidrigkeit nach § 32 bezieht, können eingezogen werden. ²§ 74a des Strafgesetzbuches und § 23 des Gesetzes über Ordnungswidrigkeiten sind anzuwenden.

Schrifttum: Siehe die umfangreichen Übersichten über das **Schrifttum oben bei §§ 73 ff.** **StGB;** *Joecks,* StGB, vor den Erläuterungen zu § 73 und § 74 StGB; *Goger,* Bitcoins im Strafverfahren – Virtuelle Währung und reale Strafverfolgung, MMR 2016, 431; *Greier,* Möglichkeiten strafprozessualer Sicherung von Bitcoins gemäß §§ 111b ff. StPO, wistra 2016, 249; *Nack,* Aktuelle Rechtsprechung des Bundesgerichtshofs zum Verfall, GA 2003, 879; *Podolsky/Brenner,* Vermögensabschöpfung im Straf- und Ordnungswidrigkeitenverfahren, 4. Aufl. 2009; *Rönnau,* Vermögensabschöpfung in der Praxis, 2003; *ders.* in *Volk* (Hrsg.), Münchener Anwaltshandbuch (MAH), Verteidigung in Wirtschafts- und Steuerstrafsachen, 2006; *Rückert* Vermögensabschöpfung und Sicherstellung bei Bitcoins – Neue juristische Herausforderungen durch die ungeklärte Rechtsnatur von virtuellen Währungseinheiten, MMR 2016, 295; *Safferling/Rückert* Telekommunikationsüberwachung bei Bitcoins – Heimliche Datenauswertung bei virtuellen Währungen gem. § 100a StPO?, MMR 2015, 788; W. *Schmidt,* Gewinnabschöpfung in Straf- und Bußgeldverfahren, 2006.

Für das BtM-Strafrecht speziell: *Eberbach,* Einziehung und Verfall beim illegalen Betäubungsmittelhandel, NStZ 1985, 294; *ders.,* Zwischen Sanktion und Prävention, NStZ 1987, 486; *Hohn,* Wertersatzeinziehung und Wertersatzverfall bei verbrauchten BtM, StraFo 2003, 32.

Übersicht

A. Überblick

I. Rechtliche Einordnung

1 **1. Verweis auf das allgemeine Strafrecht.** Zur Reform → Rn. 6–7. § 33 aF enthält
keine selbstständigen betäubungsmittelrechtlichen Vorschriften über Verfall und Einziehung; die Vorschrift nimmt vielmehr Bezug auf die Verfalls- und Einziehungsvorschriften
des StGB und stellt so die Verbindung zum Allgemeinen Teil des StGB her.[2] **Abs. 1** enthält
die Verweisung, die nach der Blankettnorm des § 73d Abs. 1 S. 1 StGB aF nötig ist, um
den **Erweiterten Verfall** zur Anwendung gelangen zu lassen. Über die Verweisung auf
die Spezialvorschrift des Erweiterten Verfalls wird auf die **Verfallsvorschriften insgesamt**
verwiesen („auch dann" in § 73d Abs. 1 S. 1 StGB aF). **Abs. 2** erweitert die Möglichkeiten
der Einziehung auf die **Beziehungsgegenstände**,[3] insbesondere also auf die tatbefangenen
BtM; § 33 Abs. 2 S. 2 aF lässt über die Bezugnahme auf die Blankettnorm des § 74a StGB
aF (bzw. des § 23 OWiG) die **Dritteinziehung** zu. Im Rahmen dieser Kommentierung
sollen die Grundzüge der Rechtsinstitute des Verfalls und der Einziehung nur insoweit dargestellt werden, als damit zusammenhängende Fragen in BtM-Strafverfahren von Bedeutung
sein können. Im Übrigen wird auf die eingehende Darstellung bei *Joecks*[4] verwiesen.

2 **2. Verhältnis Verfall – Einziehung.** Zur Reform → Rn. 6–7. „Der Verfall ist eine
Maßnahme, die sich nach Gegenstand und Voraussetzungen von der Einziehung unterscheidet".[5] Die Maßnahmen stehen daher jedenfalls grundsätzlich nicht in einem die Einziehung
bevorzugenden Rangverhältnis zueinander.[6] Dies gilt auch für das Verhältnis zwischen dem
lediglich einen Zahlungsanspruch begründenden Wertersatzverfall (§ 73a StGB aF)[7] und
der Einziehung eines bestimmten (sichergestellten) Geldbetrages, der mit Eintritt der
Rechtskraft auf den Staat übergeht (§ 74e Abs. 1 StGB aF). Kommt die Anwendung der
§§ 73 ff. StGB aF in Betracht, wird der Tatrichter wegen des bei Vorliegen der Voraussetzungen zwingend anzuordnenden Verfalls vielmehr regelmäßig zunächst prüfen, ob dieser –
gegebenenfalls unter Berücksichtigung von § 73c StGB aF – anzuordnen ist. Liegen für
einen anderen als den vom Verfall nach § 73 StGB aF betroffenen Gegenstand die Voraussetzungen der §§ 74 ff. StGB aF vor, kann er (ferner) für diesen eine Einziehungsanordnung
treffen.[8]

---

[2] KPV/*Patzak* Rn. 7.
[3] KPV/*Patzak* Rn. 7.
[4] → StGB Vor § 73 Rn. 1 ff.
[5] BT-Drs. IV/650, 241.
[6] Vgl. BGH 25.3.2010 – 5 StR 518/09, NStZ-RR 2011, 338 = wistra 2010, 264.
[7] Vgl. *Fischer* StGB § 73a Rn. 8.
[8] BGH 12.7.2011 – 4 StR 278/11, BeckRS 2011, 21279.

In Fällen, in denen sich das Rauschgift sowohl als **Tat**objekt (eines Erwerbs nach § 29 **3** Abs. 1 Nr. 1) als auch – weil für die Tat erlangt – als **Verfalls**objekt erweist, kommen die Vorschriften der §§ 73, 73a StGB aF und der § 33 Abs. 2 BtMG aF, §§ 74, 74a StGB aF **nebeneinander** zur Anwendung.[9] Erlangtes Heroin als Entlohnung für Beihilfehandlungen zur Einfuhr von Betäubungsmitteln in nicht geringer Menge unterliegt dem Wertersatzverfall, wenn der Gehilfe dieses zwischenzeitlich konsumiert hat. Wollte man in diesen Fällen allein die Einziehung der Betäubungsmittel als zulässig ansehen, würde nicht angemessen berücksichtigt, dass diesen ein wirtschaftlicher Wert innewohnt, den der Angeklagte als Gegenleistung für seine Tatbeteiligung erhielt und der deshalb nach Sinn und Zweck der Verfallsvorschriften als durch die Straftat herbeigeführte unrechtmäßige Bereicherung abgeschöpft werden soll.[10]

II. Kriminalpolitische Bedeutung

Die Komplexität der Einziehungsvorschriften mag bei Tatgerichten abschreckende Wir- **4** kung entfalten, sodass häufig beklagt wird, dass das Potential der Vermögensabschöpfung nicht hinreichend ausgeschöpft wird.[11] Dabei macht allerdings die Statistik des Bundesamts deutlich, dass sich Einziehung und Verfall im Wesentlichen im Betäubungsmittelstrafrecht „abspielen" als ein beträchtlicher Teil dieser Maßnahmen im Zusammenhang mit Verurteilungen wegen einer BtM-Straftat getroffen werden:[12]

Jahr	Gesamt		Straftaten nach BtMG	
	Einziehung	**Verfall**	**Einziehung**	**Verfall**
2009	34.346	*2.821*	20.918	*1.953*
2010	32.485	*2.490*	19.989	*1.825*
2011	33.598	*2.521*	20.340	*1.868*
2012	34.060	*2.479*	20.595	*1.841*
2013	34.589	*2.292*	20.154	*1.711*
2014	34.956	1.867	20.362	1.436

III. Rechtsentwicklung; Reform

1. Einfluss internationaler Abkommen. Die Einziehungs- und Verfallsvorschriften **5** gehen auf Art. 37 Übk. 1961, Art. 22 Abs. 3 des Übk. 1971 sowie Art. 5 des Übk. 1988 zurück, in denen jeweils angeordnet wird, dass die Vertragsstaaten dafür Sorge zu tragen haben, dass die BtM und sonstigen Gegenstände, die mit einem Verstoß gegen die in den Übereinkommen aufgestellten Verbote in Verbindung stehen abgeschöpft werden können.[13]

2. Unionsrechtliche Vorschriften und Reform der Vermögensabschöpfung. Die **6** Mitgliedstaaten der EU haben Maßnahmen zur Einziehung von Erträgen aus Straftaten zu treffen (Rahmenbeschluss 2005/212/JI des Rates der Europäischen Union vom 24.2.2005 über die Einziehung von Erträgen, Tatwerkzeugen und Vermögensgegenständen aus Straftaten).[14] Nunmehr wurde der Rahmenbeschluss umgesetzt und das **Recht der Vermögensabschöpfung mit Gesetz vom 13.4.2017 umfassend reformiert,**[15] insbesondere in einen einheitlichen Begriff (nämlich der Einziehung – in Anlehnung an den im Englischen einheitli-

---

[9] BGH 27.7.2015 – 3 StR 37/15, BeckRS 2015, 18052.
[10] *Hohn* StraFo 2003, 302 (305); *Weber*, BtMG, § 33 Rn. 61; vgl. auch BGH, 20.3.1987 – 2 StR 77/87; BGH 27.7.2015 – 3 StR 37/15, BeckRS 2015, 18052.
[11] Vgl. etwa KPV/*Patzak* Rn. 1.
[12] Tabelle 5.2 Statistisches Bundesamt, Strafverfolgung – Fachserie 10 Reihe 3.
[13] Vgl. auch KPV/*Patzak* Rn. 5.
[14] ABl. 2005 L 68, 49; http://eur-lex.europa.eu/LexUriServ/LexUriServ.do?uri=OJ:L:2005:068:0049: 0051:DE:PDF (zuletzt abgerufen 18.4.2017).
[15] BGBl. I S. 872.

chen Sprachgebrauch „confiscation") zusammengeführt und mit dem Wegfall des Verfalls als Rechtsbegriff somit auch terminologisch verknappt.[16] Zudem wurde die bereits vor langer Zeit als verfassungswidrig eingeordnete Vermögensstrafe gem. § 43 StGB endlich gestrichen. Die Änderung betrifft das Vermögensabschöpfungsrecht universell, mithin alle Vorschriften, die blankettartig auf die §§ 73 ff. StGB verwiesen haben und folglich auch § 33 BtMG.

6a   Auch § 30c, welcher auf die Möglichkeit einer Vermögensstrafe nach § 43 StGB verwies und schon nach geltendem Recht keine Bedeutung entfaltete, wurde endgültig aufgehoben. Ebenso erfolgte eine Anpassung im Grundstoffüberwachungsrecht (Aufhebung des § 19 Abs. 3 S. 3 GÜG), im Arzneimittelrecht (Aufhebung des § 98a AMG) und im erst neuerlich erlassenen Gesetz zum Umgang mit neuen psychoaktiven Substanzen (Aufhebung des § 5 Abs. 2). Auf eine umfassende **Neukommentierung der Einziehungsvorschriften wurde noch verzichtet,** da das Recht der Vermögensabschöpfung per se das gesamte Strafrecht betrifft und sich die Erwägungen zur erweiterten Einziehung nach § 33 (welche über diejenigen der Gesetzesbegründung hinausgehen[17]) erst anstellen lassen, wenn das neue, vereinheitliche Vermögensabschöpfungsrecht im Kernstrafrecht Konturierung erfahren hat. Schließlich nimmt die betäubungsmittelstrafrechtliche Vorschrift (wie zum Teil bereits nach alter Rechtslage) nur eine erweiternde Funktion ein. Von besonderer Bedeutung für das Betäubungsmittelstrafrecht als Haupttätigkeitsfeld der Organisierten Kriminalität wird dabei die mit Einfügung des § 76a Abs. 4 StGB eröffnete Möglichkeit sein, das aus Straftaten herrührende **Vermögen unklarer Herkunft** abzuschöpfen (für das in der StPO ein eigenständiges Verfahren in den §§ 435 ff. StPO konzipiert wird).[18] Der „Zugriff ins Blaue hinein" muss sich – trotz des Rückgriffs auf den „allmächtigen Begriff" der tatrichterlichen Überzeugungsbildung[19] nach § 261 StPO – verfassungsrechtlich noch bewähren, bei spontanem Zugriff wird man dies erst bei einer entsprechend restriktiven Auslegung annehmen können; wie dieses neue Instrument von den Fachgerichten aufgenommen und umgesetzt und im Anschluss durch die Obergerichte rechtlich abgesteckt wird, bleibt mit Spannung abzuwarten.

7   Umgekehrt wurden die **(aktualisierten) Ausführungen zur alten Rechtslage nicht gestrichen,** da jedenfalls in nächster Zeit noch Tatgerichte ggf. das frühere Recht anzuwenden haben (der lex mitior Grundsatz gilt gem. § 2 Abs. 3, 5 StGB auch für die Einziehung[20]). Außerdem ist v.a. im Hinblick darauf, dass die Reform im Wesentlichen einer terminologischen Vereinheitlichung dient, im Übrigen das alte Verfallsrecht allenfalls punktuell erweitern soll (namentlich im Bereich von terroristischen Straftaten und Straften der Organisierten Kriminalität), auch zu erwarten, dass die frühere Rechtsprechung zum (erweiterten) Verfall zumindest partiell noch fortlebt bzw. im Rahmen der erweiterten Einziehung wieder aufleben wird.[21]

B. Verfall nach alter Rechtslage

I. Normzweck

8   Der Verfall dient der Gewinnabschöpfung und damit dem Ausgleich unrechtmäßiger Vermögensverschiebung.[22] Hat der Täter oder ein Teilnehmer aus einer rechtswidrigen Tat,

---

[16] Siehe hierzu die 116-Seiten starke Gesetzesbegründung BT-Drs. 18/9525, 1 ff.

[17] Zentral hierzu die Ausführungen in BT-Drs. 18/9525, 57 f., die sich folgendermaßen zusammenfassen lassen (und die im Kontext zur alten Rechtslage zu lesen sind): Neben dem bereits aufgegriffenen § 76a Abs. 4 wird die „Einrede" des Wegfalls der Bereicherung (§ 73c Abs. 1 S. 2 StGB, vgl. im Folgenden → Rn. 77 ff.) wird gestrichen, eine nachträgliche bzw. selbstständige Vermögensabschöpfung wird über die Fälle des § 76a Abs. 1 StGBa a.F. hinaus ermöglicht. Die erweiterte Einziehung wird nicht – wie nach altem Recht – auf bestimmte Taten der organisierten Kriminalität beschränkt, sondern für alle rechtswidrige Taten ermöglicht.

[18] BT-Drs. 18/9525, 58.

[19] BT-Drs. 18/9525, 73.

[20] So auch die Gesetzesbegründung BT-Drs. 18/9525, 74.

[21] So nimmt der Gesetzgeber selbst im Hinblick auf das neu eingeführte Verfahren zur Abschöpfung Vermögens fremder Herkunft auf die Rechtsprechung zum erweiterten Verfall Bezug, BT-Drs. 18/9525, 73.

[22] BGH 1.3.1995 – 2 StR 691/94, NJW 1995, 2235 = StV 1995, 297 = wistra 1995, 221; 28.11.1997 – 3 StR 114/97, BGHSt 43, 321 = NJW 1998, 1723 = StV 1998, 195.

die den Gegenstand des Verfahrens bildet, oder für diese Tat „etwas erlangt", so ist der
Verfall des Erlangten zwingend anzuordnen (§ 73 Abs. 1 StGB aF).

II. Rechtsnatur

Der Verfall ist keine Strafe und auch keine – in Bezug auf das Schuldprinzip – strafähnliche **9**
Maßnahme, sondern eine **Maßnahme eigener Art**[23] **zur Wiederherstellung des verletzten Rechts.**[24] Dies steht außer Streit, soweit es um die Abschöpfung des Nettogewinns
geht. Soweit der Verfall aber – nach der Einführung des Bruttoprinzips möglich geworden –
auch eine Vermögensmehrung aus der Tat erfasst, die für den Täter im Hinblick auf seine
Aufwendungen keine Bereicherung darstellt, wird dem Verfall von der überwiegenden
Meinung im Schrifttum[25] strafähnlicher Charakter zugeschrieben ua mit der Folge, dass
derartige Auswirkungen bei der Strafzumessung zu berücksichtigen sind. Dieser Auffassung
ist das BVerfG[26] (zwar in einem Verfahren zur Verfassungsmäßigkeit nur des Erweiterten
Verfalls, aber mit so grundsätzlichen Überlegungen, dass sie insoweit insgesamt für den
Verfall zu gelten haben) entgegengetreten, indem es ausgeführt hat, dass der Verfall **nicht
repressiv-vergeltende, sondern präventiv-ordnende Ziele** verfolgt und daher keine
dem Schuldgrundsatz unterliegende strafähnliche Maßnahme ist – und diesen kondiktions-
ähnlichen Charakter habe der Gesetzgeber dem Rechtsinstitut des Verfalls auch durch die
Einführung des Bruttoprinzips nicht genommen. Seither gilt, dass der Verfall (und auch die
Einziehung) systematisch eine dritte Form der Rechtsfolgen neben Strafe und Maßregel
darstellen; er ist jedenfalls keine (Neben-)Strafe, sondern eine **Ausgleichsmaßnahme.** Die
herrschende Lehre[27] geht jedoch (gegen die Rspr.[28]) überwiegend dahin, dass sich die
Einbeziehung des Bruttogewinns jedenfalls überzeugender damit rechtfertigen lasse, wenn
man dem Verfall insoweit **strafähnlichen Charakter** zuschreibe, als er über die legitimierte
Nettogewinnabschöpfung hinausgeht.

III. Übersicht über die möglichen Arten der Verfallsanordnung

Das Gesetz sieht – je nach Fallgestaltung – folgende vier Möglichkeiten der Verfallsanord- **10**
nung vor:
- Verfall gegen einen Tatbeteiligten (§ 73 Abs. 1 StGB aF),
- Verfall gegen einen Drittbegünstigten (§ 73 Abs. 3 StGB aF),
- Verfall gegen einen Dritteigentümer (§ 73 Abs. 4 StGB aF),
- Erweiterter Verfall (§ 73d StGB aF).

IV. Verfall gegen einen Tatbeteiligten (§ 73 Abs. 1 StGB aF)

§ 73 Abs. 1 S. 1 StGB aF lautet: **11**

Ist eine rechtswidrige Tat begangen worden und hat der Täter oder Teilnehmer für die Tat oder
aus ihr etwas erlangt, so ordnet das Gericht dessen Verfall an.

1. Anknüpfungstat.[29] Voraussetzung für die Verfallsanordnung ist eine rechtswidrige **12**
Tat, die den Verfahrensgegenstand bildet.

---

[23] BGH 21.8.2002 – 1 StR 115/02, BGHSt 47, 369 = NJW 2002, 3339 = StV 2002, 601 = JR 2003,
335 mAnm *Best* = wistra 2002, 422 mAnm *Hohn* wistra 2003, 321; *Fischer* StGB § 73 Rn. 3 f.; Schönke/
Schröder/*Eser* StGB Vor § 73 Rn. 18; *W. Schmidt* Rn. 30; vgl. auch KPV/*Patzak* Rn. 8.
[24] BT-Drs. V/4095, 39.
[25] Vgl. die Übersicht über den Meinungsstand → StGB § 73 Rn. 8 ff.
[26] BVerfG 14.1.2004 – 2 BvR 564/95, BVerfGE 110, 1 = NJW 2004, 2073 = JR 2004, 511 = wistra
2004, 255.
[27] Nachweise bei Lackner/Kühl/*Kühl* § 73 Rn. 4b, 4c.
[28] BVerfG 14.1.2004 – 2 BvR 564/95, BVerfGE 110, 1 = NJW 2004, 2073 = JR 2004, 511 = wistra 2004,
255; BGH 1.3.1995 – 2 StR 691/94, NJW 1995, 2235 = StV 1995, 297 = wistra 1995, 221; 22.11.2000 –
1 StR 479/00, NStZ 2001, 312; so auch *Weber* Rn. 20.
[29] Zum Terminus „Anknüpfungstat" vgl. zB → StGB § 73 Rn. 18 und *Weber* Rn. 27.

13   **a) Verfahrensgegenstand.** Bei der rechtswidrigen Tat iS des § 73 Abs. 1 StGB aF muss es sich gerade um die Tat handeln, die Gegenstand des Verfahrens ist. Sie muss **von der Anklage umfasst und vom Tatrichter festgestellt** worden sein.[30] Ist es nicht möglich, einen sichergestellten Geldbetrag **einer von der zugelassenen Anklage umfassten Tat zuzuordnen,** so kommt eine Verfallsanordnung nach § 73 StGB aF nicht in Betracht (häufig wird es bei BtM-Fällen aber nahe liegen, dass das sichergestellte Geld aus BtM-Geschäften stammt und deswegen dem erweiterten Verfall nach § 73d StGB aF unterliegen könnte).[31] Sind allerdings mehrere verfahrensgegenständliche Taten festgestellt, aus denen der Täter Vorteile gezogen hat (zB Kurierlöhne für BtM-Einfuhrfahrten) und ist beim Täter ein Geldbetrag sichergestellt worden, der zweifelsfrei aus einer dieser Taten erlangt wurde, so muss **nicht eigens festgestellt werden, aus welcher nachgewiesenen Taten** der Geldbetrag stammt.[32] Die Anordnung des Verfalls hinsichtlich des Erlöses aus einer im Laufe der Hauptverhandlung **nach § 154 Abs. 2 StPO eingestellten Straftat** ist nicht möglich; denn das Verfahren ist hinsichtlich dieser Tat (vorläufig) beendet, ohne dass sie vom Tatrichter festgestellt wäre.[33] (Hier hilft der Übergang in ein objektives Verfahren zur selbstständigen Anordnung des Verfalls nach § 76a Abs. 1, 3 StGB aF weiter)

14   **b) Rechtswidrige Tat.** Die Anknüpfungstat muss eine „rechtswidrige Tat" sein. Anders als bei der Einziehung (§ 74 Abs. 1 StGB aF) ist eine **schuldhafte Tat nicht vorausgesetzt.** Die Tat kann **fahrlässig** begangen sein (dann muss sie allerdings auch als Fahrlässigkeitsdelikt strafbar sein).[34] Eine rechtswidrige Tat ist auch der (strafbare) **Versuch.** Ein **Rücktritt** beseitigt nicht die Rechtswidrigkeit der Tat.[35] Freilich ist dann eine Verfallskonstellation kaum denkbar, da ein „aus der Tat" Erlangtes (und beim Täter Verbliebenes) schon die Wirksamkeit des Rücktritts hindert.[36] Die Tat kann auch in Form der **Beihilfe** begangen sein. Persönliche Strafausschließungs- und Strafaufhebungsgründe stehen der Verfallsanordnung nicht entgegen.[37]

15   **2. Verfallsgegenstand.** Der Tatbeteiligte muss aus der rechtswidrigen Tat oder für sie „etwas erlangt" haben.

16   **a) Verfall bei Taten vor dem 7.3.1992.** Während nach der alten Fassung der Vorschrift das Erlangte ein „Vermögensvorteil" sein musste, beschreibt nunmehr der Begriff „Etwas" den Gegenstand der Abschöpfung. Mit der Gesetzesänderung[38] sollte nach dem erklärten Ziel des Gesetzgebers vom Netto- zum Bruttoprinzip übergegangen werden; das heißt, es soll all das, was der Täter für die Straftat oder aus ihr erlangt hat, ohne Abzug gewinnmindernder Kosten abgeschöpft werden.[39] Für Taten **vor dem 7.3.1992** galt das **Nettoprinzip** (siehe hierzu die Kommentierung in der 1. Auflage).

17   **b) Bruttoprinzip.** De lege lata gilt das „Bruttoprinzip".[40] Dies bedeutet, dass nicht allein der Gewinn, sondern grundsätzlich alles, was der Täter für die Tat oder aus ihr erhalten hat, dem Verfall unterliegt.[41] Das Bruttoprinzip sollte die Anordnung des Verfalls

[30] BGH 28.3.1979 – 2 StR 700/78, BGHSt 28, 369 = NJW 1979, 1942; 28.9.1994 – 3 StR 261/94, NStZ 1995, 37; 10.6.1998 – 3 StR 182/98; 7.1.2003 – 3 StR 421/02, NStZ 2003, 422; 27.3.2003 – 5 StR 434/02, BeckRS 2003, 03473.
[31] BGH 7.5.1997 – 1 StR 217/97, NStZ-RR 1997, 318.
[32] BGH 28.9.1994 – 3 StR 261/94, NStZ 1995, 37; 27.3.2003 – 5 StR 434/02, BeckRS 2003, 03473.
[33] BGH 7.1.2003 – 3 StR 421/02, NStZ 2003, 422.
[34] BGH 11.6.2015 –1 StR 368/14, BeckRS 2015, 13331.
[35] Vgl. LK-StGB/*Schmidt* StGB § 73 Rn. 16.
[36] Vgl. → StGB § 73 Rn. 20.
[37] LK-StGB/*Schmidt* StGB § 73 Rn. 15.
[38] Durch Art. 3 Gesetz zur Änderung des Außenwirtschaftsgesetzes, des Strafgesetzbuches und anderer Gesetze vom 28.2.1992, BGBl. I S. 372, in Kraft getreten am 7.3.1992.
[39] Vgl. den – mit dem Gesetzentwürfen von Fraktionen und des Bundesrats übereinstimmenden – Gesetzentwurf der Bundesregierung, BT-Drs. 12/1134, 5 f., 12, zitiert auch bei *Göhler* wistra 1992, 133 (135).
[40] Zu dieser Entwicklung vgl. auch KPV/*Patzak* Rn. 2 ff.
[41] BGH 1.3.1995 – 2 StR 691/94, NJW 1995, 2235 = StV 1995, 297 = wistra 1995, 221; 16.5.2006 – 1 StR 46/06, BGHSt 51, 65 = NJW 2006, 2500.

nicht nur im Hinblick auf seine Berechnung praktikabler machen. Die Abschöpfung des über den Nettogewinn hinaus Erlangten verfolgt vielmehr primär einen **Präventionszweck.** Die dadurch angestrebte Folge, dass auch die Aufwendungen nutzlos sind, soll zur Verhinderung gewinnorientierter Straftaten beitragen. Müsste der Betroffene für den Fall der Entdeckung lediglich die Abschöpfung des Tatgewinns befürchten, so wäre die Tatbegehung unter finanziellen Gesichtspunkten weitgehend risikolos. Diesen Präventionszweck – der Verfallsbetroffene soll das Risiko strafbaren Handelns tragen – hatte der Gesetzgeber im Auge, als er sich auf den Rechtsgedanken des § 817 S. 2 BGB bezog und darauf abhob, dass das in ein verbotenes Geschäft Investierte unwiederbringlich verloren sein soll.[42] Insbesondere bei Betäubungsmitteldelikten besteht „kein rechtlich schützenswertes Vertrauen, aus dem verbotenen Geschäft erlangte Vermögensbestandteile behalten zu dürfen, die der Erlös strafbarer Geschäfte sind".[43]

c) Etwas. „Etwas" ist jede – tatsächliche oder rechtliche – Erhöhung des wirtschaftlichen **18** Wertes eines Vermögens, die aus der Tat resultiert **(Vermögenszuwachs).**[44] Vermögenszuwachs in diesem Sinne können sein: eine Sache, ein Recht, eine wirtschaftlich begünstigende Besitzposition,[45] Gebrauchsvorteile,[46] Kapitalnutzungen und ersparte Aufwendungen.[47] **Kein Vermögenszuwachs** ist ein immaterieller Wert. Für den Bereich des **BtM-Strafrechts** kommen als Vermögenszuwachs in Betracht:

aa) Erlöse, Honorare, etc. In erster Linie geht es um **Erlöse** aus BtM-Verkäufen. **19** Das aus einem Drogenverkauf Erlangte besteht aus dem gesamten Erlös ohne Abzug des Einkaufspreises und sonstiger Aufwendungen (Transportkosten etc.).[48] Erlöse aus BtM-Geschäften können nicht eingezogen werden (dieser Fehler findet sich in vielen tatgerichtlichen Urteilen); denn es handelt sich dabei weder um ein Tatmittel noch um einen durch die Tat hervorgebrachten Gegenstand iS der Einziehungsvorschriften.[49] In Betracht kommt vielmehr Verfall (falls der Erlös noch nicht angetastet ist) oder Wertersatzverfall.[50] Sehr häufig geht es um **Honorare,** insbesondere um Kurierlohn[51] (auch hier: Verfall, falls der Lohn noch nicht mit anderem Geld vermischt ist, oder Wertersatzverfall[52]). Gelegentlich geht es um **Gewinnbeteiligungen**[53] oder Belohnungen.[54] Kein Vermögenszuwachs sind **Forderungen aus Drogengeschäften,** zB Ansprüche auf (restliche) Kaufpreiszahlungen.[55] Solche Forderungen sind nicht werthaltig. Sie sind rechtlich nicht wirksam entstanden (vgl. § 134 BGB) und häufig wegen mangelnder Zahlungsfähigkeit oder -willigkeit des

---

[42] BGH 16.5.2006 – 1 StR 46/06, BGHSt 51, 65 = NJW 2006, 2500 unter Berufung auf BGH 21.8.2002 – 1 StR 115/02, BGHSt 47, 369 (373 f.) = NJW 2002, 3339 = StV 2002, 601 = JR 2003, 335 mAnm *Best* = wistra 2002, 422 mAnm *Hohn* wistra 2003, 321.

[43] BGH 21.8.2002 – 1 StR 115/02, BGHSt 47, 369 = NJW 2002, 3339 = StV 2002, 601 = JR 2003, 335 mAnm *Best* = wistra 2002, 422 mAnm *Hohn* wistra 2003, 321, und 16.5.2006 – 1 StR 46/06, BGHSt 51, 65 = NJW 2006, 2500; 1.3.1995 – 2 StR 691/94, NJW 1995, 2235 = StV 1995, 297 = wistra 1995, 221.

[44] Vgl. Lackner/Kühl StGB § 73 Rn. 3.

[45] BGH 14.9.1989 – 4 StR 306/89, BGHSt 36, 251 (254) = NJW 1989, 3165 = JR 1990, 207 mAnm *J. Mayer* 28.

[46] Lackner/Kühl/*Kühl* StGB § 73 Rn. 3.

[47] LK-StGB/*Schmidt* StGB § 73 Rn. 21; AG Köln 17.3.1988 – 502 Gs 381/88, NStZ 1988, 274.

[48] StRspr, vgl. BGH 21.8.2002 – 1 StR 115/02, BGHSt 47, 369, 370 = JR 2003, 335 = NJW 2002, 3339; 1.3.2007 – 4 StR 544/06, BeckRS 2007, 04557; BGH 5.11.2015 –4 StR 124/14, BeckRS 2015, 19909.

[49] BGH 21.10.1988 – 3 StR 417/88; 21.6.1989 – 3 StR 77/89, BeckRS 1989, 31106347; 13.2.2004 – 3 StR 501/03, BeckRS 2004, 04032.

[50] BGH 13.2.2004 – 3 StR 501/03, BeckRS 2004, 04032.

[51] BGH 23.7.2002 – 3 StR 240/02, BeckRS 2002 30274090; 22.11.2007 – 3 StR 348/07, BeckRS 2008, 02276; 22.11.2007 – 3 StR 348/07, BeckRS 2008, 02276.

[52] BGH 16.11.2001 – 3 StR 371/01, BeckRS 2001 30220295 (insoweit in StV 2002, 254 nicht abgedruckt).

[53] BGH 15.8.2007 – 2 StR 337/07, BeckRS 2007, 14441.

[54] *Weber* Rn. 38.

[55] BGH 10.9.2002 – 1 StR 281/02, NStZ 2003, 198.

Abnehmers auch wirtschaftlich ohne Wert. Es kommt also immer darauf an festzustellen, was dem Verfallsbetroffenen tatsächlich zugeflossen ist.

20   **bb) Bitcoins, digitales Geld.** Im Zeitalter des Darknet wird auf anonymen Verkaufsforen mit „digitalem Geld", den sog. **„Bit-Coins"** bezahlt,[56] wobei mit Hilfe kryptographischer Techniken sichergestellt wird, dass Transaktionen mit Bitcoins nur vom jeweiligen Eigentümer vorgenommen und die Geldeinheiten nicht mehrfach ausgegeben werden können. Einen Vermögenswert haben Bitcoins ausschließlich in Form eines Marktwerts, der dementsprechend mehr oder weniger starken Schwankungen unterliegt.[57] Bitcoins sind damit weder Sachen (weil es ihnen an der vorausgesetzten Körperlichkeit fehlt) noch sind sie Forderungen oder sonstige Rechte.[58] Denn eine Forderung setzt zwingend eine schuldrechtliche Verbindung von Schuldner und Gläubiger voraus, die im Bitcoin-Netzwerk nicht existiert, weil es bereits an einer zentralen, verwaltenden Stelle fehlt. Freilich können Bitcoins unter den weiten Begriff des **„Erlangten"** subsumiert werden. Da aber die Rechtsfolge des Verfalls gem. § 73e StGB darin besteht, dass das Eigentum (bei Sachen) oder das Recht selbst mit Rechtskraft auf den Staat übergeht, mithin die Rechtsfolge mangels „Übertragbarkeit" bzw. Körperlichkeit der Bitcoins nicht anwendbar ist, ist der Wertersatzverfall (§ 73a StGB) anzuordnen (anders wohl nach wohl zustimmungswürdiger Ansicht[59] bei der Einziehung, bei der Bitcoins auch bei extensiver Lesart nicht unter den Begriff des „Gegenstands" iSd § 74 subsumiert werden können und auch keine der Wertersatzverfall vergleichbare „Alternative" existiert.[60, 61]

21   **cc) Sonstige wirtschaftliche Vorteile.** Durch § 73e Abs. Satz 1 StGB aF ist klargestellt, dass Verfallsgegenstand auch ein Recht sein kann. Somit können auch Gebrauchsvorteile oder sonstige **wirtschaftliche Vorteile** als Vermögensvorteile in Betracht kommen, zB die bindende Erteilung eines Auftrags als Gegenwert für einen Betäubungsmittelverkauf. Schwierigkeiten wird hier die Bemessung des wirtschaftlichen Werts bereiten, als solchen wird man nicht das gesamte Auftragsvolumen, sondern vorrangig den zu erwartenden Gewinn ansetzen.[62]

22   Auch **ersparte Aufwendungen** kommen als Vermögensvorteile in Betracht, wenn sie eine rechnerisch messbare Besserstellung bei dem Verfallsadressaten bewirkt haben.[63] Der Vermögenszuwachs wird daher auch darin gesehen, dass mit Drogengeld andere Aufwendungen bestritten und mit den so eingesparten Mitteln das Vermögen gebildet oder dessen Verbrauch vermieden wurde.[64] Dieses Umwegs bedarf es aber nicht: der Vermögenszuwachs liegt bereits im Zufluss der Drogengelder.[65] **Ersparte Geldzahlungen:** Wenn ein Täter seinem Mittäter die Entlohnung in Form von Drogen auszahlt, so erspart er durch die Hingabe der Drogen „an Zahlung Statt" Aufwendungen in Form entsprechender Geldzahlungen und erlangt damit aus den Taten auch etwas im Sinne des § 73 Abs. 1 Satz 1 StGB; der Wert des dergestalt Erlangten kann jedoch nicht ohne weiteres nach den von den sonstigen Abnehmern des Angeklagten für die Drogen gezahlten Grammpreisen bemessen werden – insoweit eine Schätzung vorzunehmen sein.[66]

---

[56] Zur Phänomenologie *Safferling/Rückert* MMR 2015, 788 sowie *Rückert* MMR 2016, 295 mwN.
[57] Instruktiv *Rückert* ZUM 2016, 295 (296), dort auch zur Sicherstellung von Bitcoins im Ermittlungsverfahren durch dinglichen Arrest gem. § STPO § 111d StPO.
[58] *Rückert* MMR 2016, 295 (296).
[59] *Rückert* MMR 2016, 295 (296 f.).
[60] A.A. wohl *Goger* MMR 2016, 431; zum Ganzen auch *Greier* wistra 2016, 249.
[61] *Rückert* MMR 2016, 295 (296).
[62] BGH 2.12.2005 – 5 StR 119/05, BGHSt 50, 299 = NJW 2006, 925 = StV 2006, 126 = wistra 2006, 96.
[63] LK-StGB/*Schmidt* StGB § 73 Rn. 22.
[64] *Weber* Rn. 41.
[65] Es steht auch zu befürchten, dass die dafür angeführte Rspr. missverstanden wird: BGH 5.4.2000 – 2 StR 500/99, NStZ 2000, 480 = wistra 2000, 298; 8.8.2001 – 1 StR 291/01, NStZ-RR 2002, 7; 5.4.2000 – 2 StR 500/99, NStZ 2000, 480 = wistra 2000, 298 behandeln die Frage, ob der Wert des Erlangten im Vermögen des Verfallbetroffenen noch vorhanden ist.
[66] BGH 30.9.2008 – 4 StR 153/08, NStZ-RR 2009, 234; KPV/*Patzak* Rn. 114.

dd) Spesen. In der Beurteilung der Frage, ob Spesen, insbesondere die meinem Kurier **23** überlassen Reisespesen, dem Verfall oder der Einziehung unterliegen, bahnt sich eine Änderung der Rechtsprechung an.[67] Während früher darauf abgestellt wurde, dass Reisespesen zur Durchführung der Tat benötigt werden und daher nicht als aus der Tat erlangter Gewinn, sondern als Tatmittel zu beurteilen und somit einzuziehen seien,[68] wird neuerdings[69] darauf abgehoben, dass der Geldbetrag, der für die Finanzierung der Kurierfahrt gedacht war, **vom Kurier „für die Tat" erlangt** war, also für verfallen zu erklären sei. Ob dieses Geld ggf. darlehensweise gegeben wurde, sei ohne Bedeutung. Dies ergebe sich schon aus dem für die Bestimmung der Höhe der Verfallsanordnung zugrunde liegenden Bruttoprinzip, das es verbiete, mit der Verfallssumme verbundene anderweitige Verbindlichkeiten gegenzurechnen. Jedenfalls unterlägen Reisespesen dem Verfall nach § 73 Abs. 1 StGB aF. Im Ergebnis ist es gleichgültig, ob die anzuordnende Sanktion, nämlich der endgültige Entzug des Geldbetrages, auf Verfalls- oder Einziehungsvorschriften gestützt wird; in der Begründung erscheint die Verfallslösung überzeugender.[70]

ee) Auslagenerstattung. Gleiches gilt dann, wenn einem an einem BtM-Geschäft **24** Beteiligten die entstandenen Auslagen erstattet werden. Dies stellt einen Vermögenszuwachs dar, den der Beteiligte „für die Tat" erhält; anzuordnen ist daher der Verfall.[71]

ff) Schuldenerlass. Grundsätzlich gilt, dass die Befreiung von einer Verbindlichkeit **25** grundsätzlich einen Vermögensvorteil darstellt.[72] Anderes gilt aber für die Schuldbefreiung auf Grund eines Vertrages über den Verkauf, die Beschaffung, den Transport oÄ von BtM. Ein derartiger Schuldenerlass für eine Beteiligung an einem verbotenen Betäubungsmittelgeschäft ist nichtig (§ 134 BGB), so dass der Schuldner tatsächlich keinen Vorteil erlangen kann.[73] *Weber*[74] will unterscheiden: soweit es sich um echte, unbemakelte Schulden handele, die der Gläubiger einklagen kann, könne man Nichtigkeit annehmen; handelte es sich dagegen um Schulden aus Rauschgiftgeschäften, Spielschulden und ähnliche Verbindlichkeiten, dürfte auf die tatsächliche Position abzustellen sein, die der Beteiligte nach den Gepflogenheiten des Verkehrs in der Rauschgiftszene erlangt habe.

gg) Besitzpositionen. In Betracht kommen auch wirtschaftlich begünstigende Besitz- **26** positionen.[75] Bei der Zahlung des Kaufpreises für BtM sind sich die Beteiligten unabhängig von der Eigentumsfrage in aller Regel darüber einig, dass das Geld endgültig in die Vermögenssphäre des Verkäufers übergehen soll.[76] Die Erlangung des Besitzes an dem Kaufgeld stellt jedenfalls dann einen dem jeweiligen Geldbetrag entsprechenden Wert dar, wenn der Täter zugleich die tatsächliche Möglichkeit erlangt, darüber zu verfügen.[77] Daher kann im Verfahren gegen den Verkäufer das von dem Käufer bezahlte Geld auch dann für verfallen erklärt werden, wenn der Verkäufer (wegen § 134 BGB) nicht Eigentümer geworden ist.[78]

[67] Vgl. auch KPV/*Patzak* Rn. 39.
[68] BGH 25.2.1993 – 1 StR 808/92, NStZ 1993, 340; 23.7.2002 – 3 StR 240/02, BeckRS 2002, 30274090; und trotz der zwischenzeitlich ergangenen, anders gerichteten Entscheidung 9.11.2006 – 5 StR 453/06, NJW 2007, 1221; der so: BGH 27.10.2010 – 5 StR 420/10, BeckRS 2010, 27866, und 5.7.2012 – 3 StR 210/12, BeckRS 2012, 16287.
[69] BGH 9.11.2006 – 5 StR 453/06, NJW 2007, 1221; vgl. BGH 19.10.2010 – 4 StR 277/10, BeckRS 2010, 28090.
[70] So auch *Malek* 3 Kap., Rn. 225, und *Weber* Rn. 43.
[71] So auch *Franke/Wienroeder* Rn. 27 und *Weber* Rn. 42.
[72] LK-StGB/*Schmidt* StGB § 73 Rn. 23.
[73] Vgl. BGH 24.1.1986 – 2 StR 739/85, NStZ 1987, 65 (*Schoreit*); 14.3.2007 – 2 StR 54/07, BeckRS 2007, 06233; 6.5.2010 – 3 StR 62/10, BeckRS 2010, 14685 = StraFo 2010, 348.
[74] *Weber* Rn. 44.
[75] BGH 14.9.1989 – 4 StR 306/89, BGHSt 36, 251 = NJW 1989, 3165; 21.8.2002 – 1 StR 115/02, BGHSt 47, 369 = NJW 2002, 3339; *Franke/Wienroeder* Rn. 27; Lackner/Kühl/*Kühl* StGB § 73 Rn. 3.
[76] BGH 14.9.1989 – 4 StR 306/89, BGHSt 36, 251 = NJW 1989, 3165; anders, wenn der Verkäufer nicht bezahlt wird: BGH 10.9.2002 – 1 StR 281/02, NStZ 2003, 198.
[77] BGH 30.5.2008 – 2 StR 174/08, NStZ-RR 2008, 287.
[78] BGH 14.9.1989 – 4 StR 306/89, BGHSt 36, 251 = NJW 1989, 3165; 4.6.1997 – 3 StR 157/97, NStZ-RR 1998, 27 = StV 1997, 591; 30.5.2008 – 2 StR 174/08, NStZ-RR 2008, 287.

27   **hh) Ausgehändigte Kaufpreise.** Der dem **Kurier** von den Abnehmern ausgehändigte, zur Ablieferung bei den Verkäufern bestimmte Kaufpreis unterliegt in voller Höhe dem Verfall, unabhängig von den zivilrechtlichen Besitz- und Eigentumsverhältnissen zwischen den Tatbeteiligten.[79] Mit dem Erhalt des Geldes und damit mit dessen Besitz hat der Kurier jedenfalls die tatsächliche Möglichkeit, darüber zu verfügen, wenn auch nur vorübergehend. Dies stellt einen dem jeweiligen Geldbetrag entsprechenden Wert dar,[80] der unmittelbar aus der Tat erlangt ist.

28   Dasselbe gilt für **Kommissionsgeschäfte.**[81] Auch hier unterliegt nicht nur der Gewinnanteil, sondern der gesamte Erlös dem Verfall. Mit der Übertragung der Beträge von den Abnehmern an den Kommissionär werden die entsprechenden Geldmittel Teil seines Vermögens, und zwar unabhängig davon, ob sie bar oder unbar eingehen oder ob sie mit anderen Geldern vermischt oder gesondert aufbewahrt werden. Unmaßgeblich ist auch, aus welchem Guthaben anschließend der Lieferant bedient wurde. Selbst wenn ein Zwischenhändler dieselben Geldscheine, die er von seinen Rauschmittelkäufern erhalten hat, unmittelbar im Anschluss daran an seinen Lieferanten weitergibt, werden diese Beträge zunächst Teil seines Vermögens. Spätere Mittelabflüsse können dann allenfalls noch im Rahmen der Prüfung der Härtevorschrift des § 73c StGB aF von Bedeutung sein.[82]

29   Hat der Täter aus der Tat nicht einen Erlös, sondern lediglich **die BtM selbst erlangt,** so unterliegen diese als Beziehungsgegenstände nur der Einziehung nach Abs. 2, nicht aber dem Verfall.[83]

30   Bei der **Berechnung des aus einem Drogenverkauf Erlangten** ist daher nach dem Bruttoprinzip vom gesamten Erlös ohne Abzug des Einkaufspreises und sonstiger Aufwendungen auszugehen.[84]

31   **d) Erlangt.** „Erlangt" ist ein Vermögensvorteil dann, wenn der Tatbeteiligte die faktische Verfügungsgewalt über den Gegenstand erworben hat[85] oder wenn ihm die unsubstantiellen Vermögensvorteile zugeflossen sind.[86] Auch die endgültige Befreiung von einer Verbindlichkeit kann hierfür genügen.[87]

32   **aa) Zeitpunkt der Erlangung.** Wirtschaftlich erlangt ist ein Gegenstand oder Wert im Sinne von § 73 Abs. 1 StGB aF, sobald dieser unmittelbar aus der Tat in die eigene Verfügungsgewalt des Täters übergegangen ist.[88] Beim Erlangen handelt es sich um einen tatsächlichen Vorgang.[89]

33   **bb) Erlangen bei mehreren Tatbeteiligten.** Bei mehreren Tatbeteiligten, insbesondere bei Mittätern, muss zunächst einmal einer der Beteiligten (faktische) wirtschaftliche

[79] BGH 12.8.2003 – 1 StR 127/03, NStZ 2004, 440; 14.9.1989 – 4 StR 306/89, BGHSt 36, 251 = NJW 1989, 3165; 16.5.2006 – 1 StR 46/06, BGHSt 51, 65 = NJW 2006, 2500.
[80] BGH 12.8.2003 – 1 StR 127/03; 14.9.1989 – 4 StR 306/89, BGHSt 36, 251 = NJW 1989, 3165.
[81] BGH 16.5.2006 – 1 StR 46/06, BGHSt 51, 65 = NJW 2006, 2500.
[82] BGH 16.5.2006 – 1 StR 46/06, BGHSt 51, 65 = NJW 2006, 2500.
[83] BGH 8.11.2001 – 4 StR 429/01, BeckRS 2001, 30217543 = StV 2002, 260; 14.12.2001 – 3 StR 442/01, NStZ-RR 2002, 118; OLG Dresden 12.3.2003 – 1 Ss 116/03, NStZ-RR 2003, 214.
[84] Vgl. nur BGH 21.8.2002 – 1 StR 115/02, BGHSt 47, 369 = NJW 2002, 3339 = StV 2002, 601 = JR 2003, 335 mAnm *Best* = wistra 2002, 422 mAnm *Hohn* wistra 2003, 321; 5.4.2000 – 2 StR 500/99, NStZ 2000, 480 = wistra 2000, 298; 10.6.1999 – 4 StR 135/99, NStZ-RR 2000, 57; 13.6.2001 – 3 StR 131/01, BeckRS 2001. 30186174 = wistra 2001, 388, 389; 16.5.2006 – 1 StR 46/06, BGHSt 51, 65 = NJW 2006, 2500.
[85] BGH 10.9.2002 – 1 StR 281/02, NStZ 2003, 198; 27.5.2008 – 3 StR 50/08, NStZ 2008, 623 = StV 2008, 519; 13.12.2006 – 4 StR 421/06, NStZ-RR 2007, 121; 26.3.2009 – 3 StR 579/08, NStZ 2010, 86.
[86] LK-StGB/*Schmidt* StGB § 73 Rn. 29; BGH 30.5.2008 – 1 StR 166/07, BGHSt 52, 227 (246) = NStZ 2009, 275 = JR 2009, 24 = wistra 2008, 387; 29.6.2010 – 1 StR 245/09, NStZ 2011, 83 mAnm *Bauer* 396 = wistra 2010, 477; 24.5.2011 – 4 StR 198/11, BeckRS 2011, 18246.
[87] LK-StGB/*Schmidt* StGB § 73 Rn. 29.
[88] BGH 16.5.2006 – 1 StR 46/06, BGHSt 51, 65 (68) = NJW 2006, 2500; 21.10.2008 – 4 StR 437/08, NStZ 2010, 85; 4.2.2009 – 2 StR 504/08, NJW 2009, 2073 = JZ 2009, 1124 mAnm *Rönnau* mwN = StV 2009, 353 Ls. = wistra 2007, 272; 24.5.2011 – 4 StR 198/11, BeckRS 2011, 18246.
[89] BGH 16.5.2006 – 1 StR 46/06, BGHSt 51, 65 = NJW 2006, 2500; 30.5.2008 – 2 StR 174/08, NStZ-RR 2008, 287.

Verfügungsgewalt erlangt haben. Inwieweit dieser Zufluss dann den anderen Beteiligten zugerechnet werden kann, hängt von den tatsächlichen Umständen ab (die dann auch festgestellt und dargestellt werden müssen). Bei mehreren Tatbeteiligten an einem BtM-Geschäft kommt eine Zurechnung des Vermögenszuwachses nach den Grundsätzen der Mittäterschaft gemäß § 25 Abs. 2 StGB mit der Folge einer gesamtschuldnerischen Haftung[90] nur in Betracht, wenn sich die Beteiligten darüber einig waren, dass dem jeweiligen Mittäter **zumindest Mitverfügungsgewalt** über die Erlöse zukommen sollte (und er diese auch tatsächlich hatte).[91] (Ein Vertretungsfall iS des § 73 Abs. 3 StGB aF[92] liegt üblicherweise bei gemeinschaftlichen arbeitsteiligen Drogengeschäften nicht vor[93].)

Bei gemeinsamer Kasse haben alle Beteiligten gemeinsame Verfügungsgewalt,[94] so **34** dass der Verfall gegenüber allen angeordnet werden kann; gleiches gilt, wenn der Erlös von einem Beteiligten **im Interesse der anderen** entgegengenommen wurde.[95] Bei einem gemeinschaftlichen BtM-Verkaufsgeschäft hat jeder Beteiligte die faktische Mitverfügungsgewalt über den gesamten unter seiner Beteiligung erzielten Verkaufserlös erworben. Es spielt dann für die Bestimmung des Erlangten keine Rolle, welchem Tatbeteiligten welcher Anteil an den Erlösen letztlich verbleiben sollte;[96] die Verfallsanordnung kann **gegenüber jedem Beteiligten in voller Höhe des Gesamterlöses** für die im Rahmen der mittäterschaftlich begangenen Taten an die Erwerber verkauften BtM ergehen,[97] allerdings zu korrigieren durch Härtevorschrift des § 73c StGB aF, wenn der Betrag nicht (mehr) im Vermögen des Verfallsadressaten vorhanden sein sollte.

Hat also ein Mittäter den **gesamten Verkaufserlös erlangt,** um die Anteile an die **35** anderen auszukehren, so kann bei ihm auch nach der Weiterleitung der gesamte Erlös für verfallen erklärt werden. Dies gilt selbst dann, wenn er die Erlöse lediglich für seine Mittäter in Empfang genommen und in voller Höhe an diese weitergeleitet hätte (unter der Voraussetzung, dass sich die Beteiligten darüber einig waren, dass alle die wirtschaftliche Mitverfügungsgewalt über die Beträge erlangen sollten).[98]

Der kurzfristige Besitz des Gehilfen, der das Entgelt aus einem Rauschgiftgeschäft unver- **36** züglich an den Verkäufer **weiterleiten** soll, reicht allerdings grundsätzlich nicht aus, um das Geld als an ihn zugeflossen anzusehen. Er erlangt im Sinne des § 73 Abs. 1 S. 1 StGB aF den Besitz nur „gelegentlich" seiner Tat und übt ihn von Anfang an nur für den Verkäufer aus, an den er den Erlös absprachegemäß übergeben will.[99]

cc) Wert des Erlangten bei Tatbeteiligten in einer Handelskette. Kein Fall gesamt- **37** schuldnerischer Haftung sind die Handelsketten-Fälle, bei denen dasselbe BtM mehrmals umgesetzt, der Kaufpreis jeweils bezahlt und so von jedem (Weiter-)Verkäufer erlangt wird iS des § 73 StGB aF, so dass die Summe der für verfallen erklärten Beträge den maximalen Handelspreis des umgesetzten BtM um ein Vielfaches übersteigt. In diesen Fällen ist **jeder Täter und jeder Teilnehmer einer Handelskette für sich** zu betrachten und allein daran zu messen, was er konkret erhalten hat. Ziel der aus Verfallsanordnungen gemäß §§ 73, 73a

[90] BGH 23.11.2011 – 4 Str 516/11, NStZ 2012, 382 = wistra 2012, 147.
[91] BVerfG 14.6.2004 – 2 BvR 1136/03, StV 2004, 409 = wistra 2004, 378: BGH 10.9.2002 – 1 StR 281/02, NStZ 2003, 198; 13.12.2006 – 4 StR 421/06, NStZ-RR 2007, 121; 10.1.2008 – 5 StR 365/07, NStZ 2008, 565; 6.2.2008 – 5 StR 442/07, BeckRS 2008, 03418; 27.5.2008 – 3 StR 50/08, NStZ 2008, 623 = StV 2008, 519; 26.3.2009 – 3 StR 579/08, NStZ 2010, 86; 12.5.2009 – 4 StR 102/09, NStZ-RR 2009, 320 = StraFo 2009, 342 = StRR 2010, 212 (*Apfel/Strittmatter*) = StV 2010, 19; 22.7.2010 – 3 StR 147/10, BeckRS 2010, 20999; 28.10.2010 – 4 StR 215/10, NJW 2011, 624 (625) = JR 2011, 269 = StV 2011, 133 = wistra 2011, 101; 24.5.2011 – 4 StR 198/11, BeckRS 2011, 18246.
[92] Vgl. BVerfG 14.6.2004 – 2 BvR 1136/03, StV 2004, 409 = wistra 2004, 378; BGH 13.11.1996 – 3 StR 482/96, NStZ-RR 1997, 262.
[93] BGH 10.1.2008 – 5 StR 365/07, NStZ 2008, 565.
[94] *Weber* Rn. 63.
[95] BGH 22.1.2008 – 1 StR 627/07, BeckRS 2008, 02381.
[96] BGH 10.1.2008 – 5 StR 365/07, NStZ 2008, 565.
[97] BGH 10.1.2008 – 5 StR 365/07, NStZ 2008, 565.
[98] BGH 10.9.2002 – 1 StR 281/02, NStZ 2003, 198; 13.12.2006 – 4 StR 421/06, NStZ-RR 2007, 121.
[99] BGH 27.10.2009 – 5 StR 242/09, NStZ 2011, 87.

StGB aF resultierenden Zahlungsansprüche ist nämlich nicht die einmalige Abschöpfung des – regelmäßig beim Endabnehmer schließlich erreichten – höchsten Handelspreises, sondern es bei jedem Einzelnen, der aus einer rechtswidrigen Tat etwas erlangt hat, dieses weggenommen werden und zwar nach dem Bruttoprinzip, da es sich um eine präventive Maßnahme eigener Art handelt. Bei einer Handelskette kann deshalb die Summe der Beträge, hinsichtlich derer gegen die verschiedenen Händler der Verfall angeordnet wurde, den maximalen Handelspreis des umgesetzten Betäubungsmittels um ein Mehrfaches übersteigen. Es widerspräche dem Zweck des Verfalls gemäß §§ 73, 73a StGB aF, dies über das Rechtsinstitut der Gesamtschuldnerschaft zu begrenzen und auszugleichen. Die Weitergabe des Erlangten kann in besonderen Ausnahmefällen beim jeweiligen Einzelfall im Rahmen des Härteausgleichs gemäß § 73c StGB Berücksichtigung finden, wenn kein – ausreichendes – Vermögen mehr vorhanden oder eine Verfallsanordnung eine unbillige Härte wäre.[100]

38   **dd) Tatsächlich erlangt („erzielt", nicht: „erzielbar").** Unter Erlangen iS des § 73 Abs. 1 S. 1 StGB aF ist zu verstehen, dass tatsächlich „etwas" erlangt ist; nicht erfasst ist, was der Täter nur erlangen wollte; daher kann ein lediglich erzielbarer Vermögenszuwachs nicht für verfallen erklärt werden.[101] Da es also auf den tatsächlich erlangten, **nicht auf den erzielbaren Vermögenszuwachs** ankommt, kann die häufig zu findende Formulierung „… nach dem anzuwendenden Brutto-Prinzip wurde ein zu erzielender Verkaufspreis von 8 DM pro Gramm Haschisch angesetzt, so dass der Angeklagte aus dieser Tat insgesamt einen Erlös von 4000 DM hätte erzielen können" zur Begründung einer Verfallsanordnung nicht herangezogen werden.[102]

39   **ee) Erlangen im Ausland.** Unerheblich ist, ob der Vermögenszuwachs im Inland oder im Ausland erfolgt ist; **Vermögensgegenstände,** die sich zum Zeitpunkt der Verfallsentscheidung **im Ausland** befinden, können gleichwohl für verfallen erklärt werden, ohne dass damit in die Souveränität ausländischer Staaten eingegriffen würde, zB im Falle eines Guthabens auf dem Konto einer Bank im Ausland[103] oder bei Auslandsgrundstücken.[104] Viele europäische Staaten haben sich durch Ratifizierung des Europäisches Übereinkommens über Geldwäsche sowie Ermittlung, Beschlagnahme und Einziehung von Erträgen aus Straftaten (Straßburger Konvention) vom 8.9.1990 (EuGeldwäscheÜbk)[105] zur transnationalen Abschöpfung von Erträgen aus Straftaten verpflichtet.[106]

40   Die Anordnung führt nach innerstaatlichem Recht kraft Gesetzes zu einem Übergang der Auszahlungsforderung gegen die Bank auf den Justizfiskus (§ 73e Abs. 1 Satz 1 StGB). Strafurteile wirken im Grundsatz unmittelbar indes nur innerstaatlich. Damit verlagert sich die Frage der Wirksamkeit hier – im transnationalen Verhältnis – auf die Stufe der Vollstreckung der Anordnung. Sollte im Rechtshilfeverfahren die Vollstreckungshilfe durch den ausländischen Staat nicht geleistet werden, wäre die Verfallsanordnung dennoch auch innerstaatlich nicht wirkungslos, weil sie zur Strafbarkeit nach dem Tatbestand der Geldwäsche (§ 261 Abs. 1 Nr. 1, Nr. 2 Buchst. b StGB) führen könnte, wenn ein Dritter den Verfall vereitelte oder gefährdete.[107]

41   **e) „Aus der Tat erlangt".** „Aus der Tat erlangt" iS von § 73 Abs. 1 S. 1 StGB aF sind alle Vermögenswerte, die dem Täter unmittelbar aus der Verwirklichung des Tatbestandes

---

[100] BGH 16.5.2006 – 1 StR 46/06, BGHSt 51, 65 = NJW 2006, 2500 = NStZ 2006, 570 = StraFo 2006, 382 = StV 2007, 71.

[101] BGH 18.10.2000 – 3 StR 393/00, NStZ-RR 2001, 82; 11.10.2005 – 1 StR 344/05, NStZ-RR 2006, 39 Ls. = BeckRS 2005, 12966 = StV 2006, 135 Ls.; 21.10.2008 – 4 StR 437/08, NStZ 2010, 80; 2.11.2010 – 4 StR 473/10, BeckRS 2010, 28956.

[102] BGH 18.10.2000 – 3 StR 393/00, NStZ-RR 2001, 82; 21.2.2002 – 5 StR 20/02, BeckRS 2002 30241179 = StV 2002, 485 Ls.

[103] BGH 11.6.2001 – 1 StR 111/01, BeckRS 2001 30185445.

[104] BGH 3.5.2000 – 1 StR 125/00, NStZ 2000, 483.

[105] BGBl. 1998 II S. 519; http://www.vilp.de/Depdf/d134.pdf (zuletzt abgerufen 18.4.2017).

[106] Vgl. *Schomburg*, Internationale vertragliche Rechtshilfe in Strafsachen – Kurzübersicht zur aktuellen Rechtsentwicklung, NJW 2000, 340, zu den Mitgliedsstaaten mit Stand 2000.

[107] Vgl. BGH 11.6.2001 – 1 StR 111/01, BeckRS 2001 30185445.

selbst in irgendeiner Phase des Tatablaufs zufließen,[108] insbesondere also eine **Beute.**[109] „**Für die Tat erlangt**" iS von § 73 Abs. 1 S. 1 StGB aF sind dagegen Vermögenswerte, die dem Täter als Gegenleistung für sein rechtswidriges Handeln gewährt werden, aber – wie etwa ein **Lohn für die Tatbegehung**[110] – nicht auf der Tatbestandsverwirklichung selbst beruhen.[111]

Für die Bestimmung desjenigen, was der Täter in diesem Sinne aus einer Tat oder für **42** sie erlangt hat, ist das Bruttoprinzip unerheblich. Erst wenn feststeht, worin der erlangte Vorteil des Täters besteht, besagt dieses Prinzip, dass bei der Bemessung der Höhe des Erlangten gewinnmindernde Abzüge unberücksichtigt bleiben müssen. Zudem muss die Abschöpfung spiegelbildlich dem Vermögensvorteil entsprechen, den der Täter gerade aus der Tat gezogen hat; dies setzt eine Unmittelbarkeitsbeziehung zwischen Tat und Vorteil voraus.[112]

„Unmittelbar" bedeutet, dass alles, was durch den Einsatz des Erlangten erst später in **43** das Vermögen einfließt, als **mittelbarer Gewinn** für eine Verfallsanordnung nach § 73 Abs. 1 StGB aF **ausscheidet.** Das Profitieren reicht als lediglich mittelbarer Vorteil nicht aus.[113] Nutzungen müssen, Surrogate können über § 73 Abs. 2 für verfallen erklärt werden; aber auf darüber hinaus gehende Gewinne aus dem Erlangten erstreckt sich der Verfall nicht, da deren Ermittlung den Richter vor unlösbare Probleme stellen würde.[114] Was der Tatbeteiligte also zB mit erlangtem Geld mittelbar gewinnt, zB durch Glücksspiel[115] oder durch Spekulation oder Investition, wird nicht erfasst; auf die im Rahmen des § 812 BGB zivilrechtlich übliche Folge, den Vorteil der Kapitalnutzung wenigstens in Höhe der üblichen Zinsen zu erfassen, ist bei § 73 StGB aF verzichtet worden.[116]

aa) Nutzungen (§ 73 Abs. 2 S. 1 StGB aF). Nutzungen (§§ 99, 100 BGB) unterliegen **44** dem zwingend anzuordnenden Verfall. Sie müssen tatsächlich gezogen, nicht lediglich zu erwarten (gewesen) sein.[117] Auch die Nutzungen aus einem Surrogat nach § 73 Abs. 2 S. 2 StGB aF fallen unter § 73 Abs. 2 S. 1 StGB aF, der von „Nutzungen" schlechthin spricht. Nutzungen sind daher zB Zinsen aus dem Kaufgeld oder Mieteinnahmen aus dem damit erworbenen Grundstück.[118]

bb) Surrogate (§ 73 Abs. 2 S. 2 StGB aF). Surrogate (§ 818 Abs. 1 Hs. 2 BGB) sind **45** Vermögensvorteile, die der Tatbeteiligte **durch Veräußerung** einer erlangten Sache oder eines Rechts erworben[119] hat oder **als Ersatz** für die Zerstörung, Beschädigung oder Entziehung des Gegenstandes (zB von einer Versicherung) erhalten hat oder **auf Grund eines erlangten Rechts** (zB durch Einziehung einer Forderung oder durch Realisierung eines erlangten Pfandrechts) erworben hat. In diesen Fällen steht die Verfallsanordnung **im pflichtgemäßen Ermessen des Gerichts,** das dabei auch verfahrensökonomische Gesichtspunkte berücksichtigen darf und zB davon absehen wird, wenn der Verfall des Surrogats auf Schwierigkeiten stößt. Sieht aber das Gericht nach ordnungsgemäßem Ermes-

---

[108] BGH 22.10.2002 – 1 StR 169/02, NStZ-RR 2003, 10; 2.12.2005 – 5 StR 119/05, BGHSt 50, 299 = NJW 2006, 925 = StV 2006, 126 = wistra 2006, 96; 19.10.2010 – 4 StR 277/10, BeckRS 2010, 28090; BGH 11.6.2015 – 1 StR 368/14, BeckRS 2015, 13331.

[109] BGH 22.10.2002 – 1 StR 169/02, NStZ-RR 2003, 10 = wistra 2003, 57.

[110] BGH 2.12.2005 – 5 StR 119/05, BGHSt 50, 299 = NJW 2006, 925.

[111] BGH 22.10.2002 – 1 StR 169/02, NStZ-RR 2003, 10 = wistra 2003, 57; 2.12.2005 – 5 StR 119/ 05, BGHSt 50, 299 = NJW 2006, 925 = StV 2006, 126 = wistra 2006, 96; 19.10.2010 – 4 StR 277/10, BeckRS 2010, 28090.

[112] BGH 2.12.2005 – 5 StR 119/05, BGHSt 50, 299 = NJW 2006, 925.

[113] BGH 28.10.2008 – 3 StR 409/08, BeckRS 2008, 25608.

[114] *Fischer* StGB § 73 Rn. 19.

[115] BGH 12.3.1996 – 4 StR 24/96, NStZ 1996, 332.

[116] *Fischer* StGB § 73 Rn. 19.

[117] BGH 10.4.1981 – 3 StR 236/80, MDR 1981, 629 *(Holtz).*

[118] Schönke/Schröder/*Eser* StGB § 73 Rn. 31; KPV/*Patzak* Rn. 109.

[119] BGH 3.6.1997 – 4 StR 235/97, BeckRS 1997, 31121216; 21.2.2002 – 5 StR 20/02, BeckRS 2002 30241479 = StV 2002, 485 Ls.

sengebrauch von der Anordnung des Surrogatverfalls ab, so hat es (zwingend) den **Verfall des Wertersatzes nach § 73a S. 1 StGB aF** anzuordnen. Zu Surrogaten iSd § 73 Abs. 2 S. 2 StGB aF zählen auch solche Gegenstände, die der Täter unter Verwendung **deliktisch erlangter Geldbeträge** angeschafft hat.[120]

46   **3. Beteiligungsform.** Welche Beteiligungsform vorliegt, ob Täterschaft oder Teilnahme, ist gleichgültig. Ebenso wenig ist entscheidend, ob der Vermögensvorteil aus der Haupttat oder aus der Teilnahme erlangt wurde, wenn etwa der Gehilfe vom Haupttäter schon vor der Tat bezahlt wurde.[121] Verdeckte Ermittler sind weder Täter noch Teilnehmer.[122] Das gilt auch für V- Personen.[123]

47   **4. Tatbeteiligter als Eigentümer oder Inhaber des Verfallsgegenstandes.** Voraussetzung der Verfallsanordnung gem. § 73 Abs. 1 StGB aF ist, dass der Verfallsgegenstand dem Tatbeteiligten **als Eigentümer gehört** oder **ihm als Inhaber zusteht.** Gehört der Gegenstand einem Dritten, darf – wie sich aus § 73 Abs. 4 StGB aF ergibt – regelmäßig kein Verfall nach § 73 Abs. 1 StGB aF angeordnet werden.[124]

48   Der **Verkäufer von BtM kann an dem Erlös regelmäßig kein Eigentum erwerben,** weil § 134 BGB bei BtM-Geschäften nicht nur das Verpflichtungs-, sondern auch das Erfüllungsgeschäft ergreift.[125] Von diesem Grundsatz gibt es zwei Ausnahmen: der Verkäufer hat den Erlös mit eigenem Geld **vermengt** (§§ 948, 947 BGB), der **Verkauf im Ausland,** ohne dass das Weltrechtsprinzip (§ 6 Nr. 5 StGB) zur Anwendung käme und ohne dass die dortige Rechtsordnung den Eigentumsübergang verböte (dann läge allerdings auch keine strafbare Anknüpfungstat vor).

49   Da aber auch tatsächliche, wirtschaftlich begünstigende **Besitzpositionen** als „Erlangtes" iS des § 73 Abs. 1 StGB aF anzusehen sind,[126] stellt die Erlangung des Besitzes an dem Kaufgeld jedenfalls dann einen dem jeweiligen Geldbetrag entsprechenden Wert dar, wenn der Täter zugleich die tatsächliche Möglichkeit erlangt, darüber zu verfügen.[127] (Hinzu kommt, dass bei der Zahlung des Kaufpreises für BtM die Beteiligten sich unabhängig von der Eigentumsfrage in aller Regel darüber einig sind, dass das Geld endgültig in die Vermögenssphäre des Verkäufers übergehen soll.[128]) Daher kann im **Verfahren gegen den Verkäufer das von dem Käufer bezahlte Geld auch dann für verfallen** erklärt werden, wenn der Verkäufer (wegen § 134 BGB) nicht Eigentümer geworden ist.[129]

50   Gleiches gilt für den **Kurier,**[130] der den Kaufpreis von den Abnehmern entgegennimmt, um ihn später bei seinem Auftraggeber abzuliefern:[131] der ihm ausgehändigte Kaufpreis unterliegt in voller Höhe dem Verfall, unabhängig von den zivilrechtlichen Besitz- und Eigentumsverhältnissen zwischen den Tatbeteiligten, weil der mit dem Erhalt des Geldes und damit mit dessen Besitz jedenfalls die tatsächliche Möglichkeit erlangt, darüber – wenn auch nur vorübergehend – zu verfügen; dies stellt einen dem jeweiligen Geldbetrag entspre-

---

[120] BGH 18.11.2015 – 2 StR 399/15, NStZ-RR 2016, 83.
[121] → StGB § 73 Rn. 21.
[122] Vgl. BGH 5.7.1988 – 1 StR 212/88, NStZ 1988, 558; 8.2.1995 – 2 StR 739/94.
[123] BGH 3.6.1981 – 2 StR 235/81, StV 1981, 549; 24.1.1990 – 2 StR 507/89, StV 1990, 193.
[124] LK-StGB/*Schmidt* StGB § 73 Rn. 64.
[125] BGH 4.11.1982 – 4 StR 451/82, BGHSt 31, 145 (148) = NJW 1983, 636; 29.11.1994 – 4 StR 632/94; 26.5.1995 – 4 StR 266/95, NStZ 1995, 540; 29.2.2000 – 1 StR 46/00, NStZ-RR 2000, 234.
[126] → Rn. 21.
[127] BGH 30.5.2008 – 2 StR 174/08, NStZ-RR 2008, 287.
[128] BGH 14.9.1989 – 4 StR 306/89, BGHSt 36, 251 (254) = NJW 1989, 3165 = JR 1990, 207 mAnm J. *Mayer* 208; anders, wenn der Verkäufer nicht bezahlt wird: BGH 10.9.2002 – 1 StR 281/02, NStZ 2003, 198.
[129] BGH 14.9.1989 – 4 StR 306/89, BGHSt 36, 251 = NJW 1989, 3165 = JR 1990, 207 mAnm J. *Mayer* 208; 4.6.1997 – 3 StR 157/97, NStZ-RR 1998, 27 = StV 1997, 591; 30.5.2008 – 2 StR 174/08, NStZ-RR 2008, 287.
[130] → Rn. 22.
[131] BGH 12.8.2003 – 1 StR 127/03, NStZ 2004, 440.

chenden Wert dar.[132] Die – ohnehin unerlaubte[133] – Weitergabe des Geldes an die Hintermänner ist im Rahmen der Härteregelung des § 73c Abs. 1 StGB aF zu beurteilen.

Gleiches gilt für den **Zwischenhändler** oder den **Kommissionär:**[134] auch hier unter- 51
liegt der gesamte Erlös und nicht nur ihr Gewinnanteil dem Verfall. Spätere Mittelabflüsse
können im Rahmen der Härteregelung des § 73c StGB aF berücksichtigt werden.[135]

5. Ausschluss des Verfalls (§ 73 Abs. 1 S. 2 aF). Eine Verfallsanordnung ist unzulässig, 52
„soweit dem Verletzten aus der Tat ein Anspruch erwachsen ist, dessen Erfüllung dem Täter
oder Teilnehmer den Wert des aus der Tat Erlangten entziehen würde" (§ 73 Abs. 1 S. 2
StGB aF). **Individualansprüche haben Vorrang** vor einer Abschöpfung des illegitim
Erlangten zugunsten der Staatskasse.[136] Zum einen soll damit erreicht werden, dass ein
Täter nicht mehrfach für die durch seine Tat eingetretenen Vermögensverschiebungen aufkommen muss; zum anderen soll ein kompliziertes Nebeneinander von zivilrechtlicher
Restitutionsklage und staatlichem Verfallsanspruch vermieden werden.[137] Entscheidend ist
allein die **rechtliche Existenz** des Anspruchs, nicht die (mehr oder minder hohe Wahrscheinlichkeit der) Geltendmachung.[138] Damit begrenzt diese Klausel die staatliche Verfallanordnung auf die Vermögenswerte, die aus solchen Straftaten stammen, die **die Rechtsordnung als Ganzes** tangieren und sich nicht gegen Individuen oder juristische Personen
richten.[139] Individualansprüche von Verletzten sind im BtM-Strafrecht nur dort denkbar,
wo BtM-Straftaten in Tateinheit stehen mit Körperverletzungs- und Tötungsdelikten, so
dass selten einmal § 73 Abs. 1 S. 2 StGB aF zum Ausschluss einer Verfallsanordnung führen
wird. Auch der **Fiskus** kann Verletzter in diesem genannten Sinne sein. Die Anwendung
der Vorschrift des § 73 Abs. 1 S. 2 StGB aF wird nicht dadurch ausgeschlossen, dass der
Fiskus zugleich Gläubiger des aufgrund einer Anordnung nach § 73 StGB aF entstehenden
staatlichen Zahlungsanspruchs gegen den Angeklagten wäre.[140]

6. Verfall des Wertersatzes (§ 73a StGB aF). § 73a StGB aF will die lückenlose 53
Gewinnabschöpfung sicherstellen, wenn der Verfall nicht möglich, praktisch schwierig oder
unzureichend ist.[141]

a) Wertersatzverfall anstelle des Verfalls (§ 73a S. 1 StGB aF). Kann ein bestimmter 54
Gegenstand nicht für verfallen erklärt werden, weil dies **wegen der Beschaffenheit des
Erlangten** nicht möglich ist (zB Ersparung von Aufwendungen, Gebrauchsvorteile, Bit-
Coins) oder **„aus einem anderen Grunde"** undurchführbar ist (zB wenn der Tatbeteiligte
die Sache verarbeitet, mit eigenen Sachen vermengt, verbraucht, verloren, verschenkt,[142]
zerstört oder unauffindbar beiseite geschafft hat), wird der Verfall eines Geldbetrages angeordnet, der dem Wert des Erlangten entspricht (§ 73a S. 1 StGB aF).Es handelt sich dabei nicht
um einen Fall des erweiterten Verfalls nach § 33 Abs. 1 Nr. 2 BtMG aF, § 73d StGB aF, wenn
die Gelder nicht aus anderen, nicht angeklagten Taten herrührten.[143] Der Wertersatzverfall
ist auch anzuordnen, wenn das Gericht von der **Anordnung des Surrogatsverfalls nach
§ 73 Abs. 2 S. 2 StGB aF absieht;** diese dritte Variante erfordert nicht die Undurchführbar-

[132] BGH 14.9.1989 – 4 StR 306/89, BGHSt 36, 251 (254) = NJW 1989, 3165 = JR 1990, 207 mAnm
J. Mayer 208; 12.8.2003 – 1 StR 127/03, NStZ 2004, 440.
[133] Hinweis von *Weber* Rn. 47.
[134] Vgl. zu beiden → Rn. 23.
[135] Vgl. BGH 16.5.2006 – 1 StR 46/06, BGHSt 51, 65 = NJW 2006, 2500.
[136] KPV/*Patzak* Rn. 123.
[137] → StGB § 73 Rn. 36.
[138] BGH 13.12.1994 – 4 StR 687/94, StV 1995, 301; 12.3.1996 – 4 StR 24/96, NStZ 1996, 332;
9.10.2001 – 4 StR 411/01, BeckRS 2001, 30210135; 22.10.2001 – 5 StR 439/01, BeckRS 2001, 30212666;
2.7.2003 – 5 StR 182/03, BeckRS 2003, 05885.
[139] → StGB § 73 Rn. 36.
[140] BGH 12.3.2015 – 2 StR 322/14, NStZ-RR 2015, 171.
[141] → StGB § 7a Rn. 1.
[142] Vgl. BGH 5.12.1996 – 5 StR 542/96, NStZ-RR 1997, 270.
[143] BGH, 20.4.2010 – 4 StR 119/10, NStZ-RR 2010, 255; BGH 18.11.2015 – 2 StR 399/15, NStZ-
RR 2016, 83.

keit des Verfalls. Sie sichert die Gewinnabschöpfung in den Fällen, in denen aus prozessökonomischen Gründen von einem Surrogatsverfall Abstand genommen worden ist.

55   **b) Wertersatzverfall neben dem Verfall (§ 73a S. 2 StGB aF).** Die Anordnung des Wertersatzverfalls ist neben der Anordnung des Verfalls eines Gegenstandes dann geboten, wenn dessen Wert (möglicherweise nach Schätzung gem. § 73b StGB aF) **hinter dem Wert des zunächst Erlangten zurückbleibt** (§ 73a S. 2 StGB aF). Dies ist vor allem dann der Fall, wenn die erlangte Sache nach der Erlangung durch den Täter eine Wertminderung erfahren hat. Zu bedenken ist freilich: ergibt sich die Wertminderung aus dem Gebrauch der Sache, unterliegen zugleich die gezogenen Nutzungen dem Verfall nach § 73 Abs. 2 S. 1 StGB aF. Um eine doppelte Abschöpfung zu vermeiden, muss § 73a S. 2 StGB aF auf solche Fälle beschränkt bleiben, in denen der **Wertverlust über den hinausgeht, der sich durch eine gebrauchsbedingte Abnutzung** ergab.[144] Die ist zB dann der Fall, wenn die Sache beschädigt wurde oder Teile von ihr verschenkt worden sind. Anwendbar ist § 73a S. 2 StGB aF auch dann, wenn **beim Surrogatsverfall** nach § 73 Abs. 2 S. 2 StGB aF der Wert des Surrogats hinter dem Wert des Originalgegenstandes zurückbleibt, der Täter die Sache zum Beispiel zu einem Schleuderpreis veräußert oder gegen eine minderwertige eingetauscht hat. Bei Anwendung dieser Variante ist vorausgesetzt, dass das Gericht nicht schon vollständig vom Verfall des Surrogats abgesehen und stattdessen den Wertersatzverfall nach § 73a S. 1 Alt. 3 StGB aF angeordnet hat. Anwendbar ist diese Variante auch auf den Fall, dass der Täter einen Teil des zunächst Erlangten verbraucht und für den restlichen Teil einen Ersatzgegenstand erworben hat.[145]

56   **c) Wertbemessung.** Als Wertersatz wird ein bestimmter Geldbetrag für verfallen erklärt, der dem Wert des Erlangten bzw. der Wertminderung entspricht.

57   **d) Zeitpunkt der Wertermittlung.** Üblicherweise wird bei der Wertberechnung auf den Zeitpunkt der letzten tatrichterlichen Entscheidung abgestellt.[146] Richtigerweise muss man aber auf den **Zeitpunkt der Entstehung des jeweiligen Ersatzanspruchs** abstellen.[147] Bei der Undurchführbarkeit des Verfalls wegen Beschaffenheit der Sache (§ 7a S. 1 Alt. 1 StGB) ist der Wert im Zeitpunkt der Erlangung entscheidend, beim sekundären Ersatzverfall (§ 73a S. 1 Alt. 2 StGB aF) kommt es auf den Zeitpunkt der Möglichkeit des Originalverfalls an, beim Absehen vom Surrogatsverfall (§ 73a S. 1 Alt. 3 StGB aF) ist der Wert des Ersatzgegenstandes im Zeitpunkt der Entscheidung maßgeblich.

58   **7. Zwingende Anordnung.** Nach § 73 Abs. 1 S. 1 StGB aF hat das Gericht zwingend[148] den Verfall anzuordnen, wenn der Täter eine rechtswidrige Tat begangen und für sie oder aus ihr etwas erlangt hat. Soweit der Verfall eines bestimmten Gegenstandes wegen der Beschaffenheit des Erlangten oder aus anderen Gründen nicht möglich ist, tritt gemäß § 73a StGB aF der Verfall des Wertersatzes an die Stelle des Erlangten; auch die Anordnung des Wertersatzverfalls ist **zwingend.**[149] Nur unter den Voraussetzungen des § 73c StGB aF muss (Abs. 1 S. 1) oder kann (Abs. 1 S. 2) die Anordnung unterbleiben; die Voraussetzungen sind dann in den Urteilsgründen so darzulegen, dass die Entscheidung für die Revisionsgericht nachvollziehbar und auf Rechtsfehler überprüfbar ist. Wegen des Gebots der zwingenden Anordnung von Verfall oder Wertersatzverfall darf der Tatrichter sich **nicht darauf beschränken, nur die sichergestellten Geldbeträge** für verfallen zu erklären, wenn feststeht, dass der Gesamterlös weit über diesen Beträgen liegt.[150]

---

[144] → StGB § 73a Rn. 10.
[145] → StGB § 73a Rn. 11.
[146] Nachweise → StGB § 73a Rn. 15.
[147] → StGB § 73a Rn. 16.
[148] BGH 19.11.1993 – 2 StR 468/93, NJW 1994, 1357; 22.8.1995 – 4 StR 250/95, StV 1995, 635; 10.6.1999 – 4 StR 135/99, NStZ-RR 2000, 57.
[149] Vgl. BGH 19.11.1993 – 2 StR 468/93, NJW 1994, 1357; 23.7.1998 – 4 StR 238/98, BeckRS 1998, 31357817 = StV 1998, 599; 10.6.1999 – 4 StR 135/99, NStZ-RR 2000, 57.
[150] BGH 19.4.1989 – 2 StR 688/88, NStZ 1989, 436.

8. Schätzung (§ 73b StGB aF). Die Vorschrift des § 73b StGB aF, die auch für den **59** Wertersatzverfall gilt,[151] lässt es zu, **den Umfang des Erlangten und dessen Wert zu schätzen.** Sie verfolgt den Zweck, das Gericht der mitunter recht schwierigen, wenn nicht überhaupt unmöglichen Aufgabe zu entheben, bis ins Einzelne gehende Feststellungen über Art und Umfang der dem Verfall unterliegenden Vermögenswerte zu treffen.[152] In BtM-Strafverfahren kommt die Schätzung vor allem dann in Betracht, wenn nicht mit hinreichender Sicherheit festgestellt werden kann, **in welcher Form und in welcher genauen Höhe Verkaufserlöse** erzielt wurden.[153] Allerdings darf das Gericht auch in einem solchen Fall nicht willkürlich und ohne ein Mindestmaß an zureichenden Anhaltspunkten vorgehen; die notwendigen Einzelheiten müssen vielmehr soweit geklärt sein, dass eine **hinreichend sichere Schätzungsgrundlage** gegeben ist. Dabei ist – für die Ermittlung der Schätzungs-grundlage, nicht dagegen für die Schätzung selbst – der **Zweifelssatz** anzuwenden. Das besagt jedoch **nicht,** dass der Tatrichter berechtigt ist, ohne nähere Prüfung zu Gunsten des Tatbeteiligten **Tatsachen zu unterstellen,** für deren Richtigkeit oder Unrichtigkeit es keine Beweise gibt. Er darf sich insbesondere nicht von bloßen Vermutungen leiten lassen. Vielmehr hat er sich aufgrund des gesamten Ergebnisses der Beweisaufnahme eine **Überzeugung von der Richtigkeit oder Unrichtigkeit dieser Tatsachen zu bilden,** um so die Festsetzung eines der Wirklichkeit möglichst nahekommenden Schätzwertes zu ermöglichen.[154] Die Schätzungsgrundlagen sind in den Urteilsgründen darzulegen.[155] Sieht sich das Gericht indessen nicht in der Lage, Anhaltspunkte für die Höhe der Einnahmen des Angeklagten zu ermitteln, so ist es nicht zu beanstanden, wenn es von einer Verfallsanordnung absieht.[156] Schätzungsunsicherheiten dürfen nicht zu Lasten des Betroffenen gehen. Unter Umständen ist daher lediglich der **Verfall eines Mindestbetrages** anzuordnen, den der Täter auf jeden Fall erlangt hat.[157] So darf bei BtM-Geschäften davon ausgegangen werden, dass der **Verkaufs-erlös jedenfalls nicht unter dem Einkaufspreis** gelegen haben wird.[158]

9. Härtevorschrift (§ 73c StGB aF). § 73c StGB aF soll die im Einzelfall gelegentlich **60** unbilligen Folgen mildern, die sich daraus ergeben, dass die Anordnung des Verfalls des Vermögensvorteils und des Wertersatzes zwingend vorgeschrieben ist.[159] Die Härteklausel des § 73c Abs. 1 StGB ermöglicht eine Begrenzung evtl. übermäßiger Belastung des Verfallsbetrof-fenen in wirtschaftlicher Hinsicht gerade nach der Einführung des Bruttoprinzips[160] und löst so die nach dem Grundsatz der Verhältnismäßigkeit gebotene Verpflichtung zur Abmilderung von Härten ein, die für staatliche Maßnahmen jeder Art gilt. Für den unbestimmten Rechtsbe-griff der unbilligen Härte nach § 73c Abs. 1 S. 1 StGB aF ist also maßgebend, ob die Anord-nung den Betroffenen empfindlich treffen und Grundsätze der Billigkeit sowie das Übermaß-verbot verletzen und damit **„schlechthin ungerecht"** erscheinen würde.[161] Die Regelung des § 73c Abs. 1 StGB aF ist auch im Rahmen der nach § 111i Abs. 2 StPO zu treffenden Entscheidung zu beachten. Wird in Anwendung des § 73c Abs. 1 StGB aF ganz oder teilweise von der Anordnung des Verfalls abgesehen, hat dies zur Folge, dass der in der Entscheidungs-formel allein zu bezeichnende Vermögensgegenstand bzw. Geldbetrag, den der Staat bei Vorliegen der Voraussetzungen des § 111i Abs. 5 StPO unmittelbar oder als Zahlungsanspruch erwirbt, hinter dem Erlangten bzw. dessen Wert zurückbleibt.[162]

---

[151] BGH 27.6.2001 – 5 StR 181/01, NStZ-RR 2001, 327.
[152] BGH 20.4.1989 – 4 StR 73/89, NStZ 1989, 361.
[153] BGH 20.4.1989 – 4 StR 73/89, NStZ 1989, 361; 27.6.2001 – 5 StR 181/01, NStZ-RR 2001, 327.
[154] Vgl. BGH 20.4.1989 – 4 StR 73/89, NStZ 1989, 361.
[155] Vgl. BGH 19.1.2005 – 2 StR 402/04, NStZ 2005, 455.
[156] BGH 15.5.1991 – 2 StR 514/90.
[157] Vgl. BGH 18.4.2000 – 4 StR 128/00, wistra 2000, 37.
[158] BGH 10.6.1999 – 4 StR 135/99, NStZ-RR 2000, 57 (58) – die dagegen gerichtete Verfassungsbeschwerde des Verurteilten hat das BVerfG nicht zur Entscheidung angenommen, BVerfG 3.9.1999 – 2 BvR 1637/99.
[159] KPV/*Patzak* Rn. 125 ff.
[160] BGH 21.8.2002 – 1 StR 115/02, BGHSt 47, 369 = NJW 2002, 3339 = StV 2002, 601 = JR 2003, 335 mAnm *Best* = wistra 2002, 422 mAnm *Hohn* wistra 2003, 321.
[161] BGH 11.6.2015 – 1 StR 368/14, BeckRS 2015, 13331.
[162] BGH 29.9.2015 –1 StR 187/15, NStZ 2016, 278.

61   **a) Systematik.** § 73c Abs. 1 S. 1 StGB aF enthält eine **Generalklausel,** die nur dann anzuwenden ist, wenn ein Fall des § 73c Abs. 1 S. 2 StGB aF nicht vorliegt. Der Ausschluss des Verfalls nach § 73c Abs. 1 S. 1 StGB aF ist **obligatorisch,** während in den Fällen des § 73c Abs. 1 S. 2 StGB aF **pflichtgemäßes Ermessen** entscheidet. § 73c Abs. 1 S. 2 StGB aF macht deutlich, dass das Nichtmehrvorhandensein des Wertes des Erlangten im Vermögen des Betroffenen für sich genommen noch keine unbillige Härte darstellt; denn derselbe Umstand kann nicht Grundlage einer Ermessensentscheidung sein und zugleich zwingend zum Absehen von der Verfallsanordnung führen.[163] § 73c Abs. 2 aF verweist für die Bewilligung von Zahlungserleichterungen auf die Ratenzahlungen bei Geldstrafe (§ 42 StGB).

62   **b) Prüfungsvorgehen.** Entscheidungen von Tatgerichten leiden häufig daran, dass nicht unterschieden (oder nicht deutlich gemacht) wird, auf Grund welcher Tatsachen und auf Grund welcher Vorschrift von einer Verfallsanordnung abgesehen wird. **Zunächst ist zu prüfen,** ob der Wert des Erlangten im Vermögen des Betroffenen noch vorhanden ist.[164] Nur soweit das zu verneinen ist, kann die Verfallsanordnung nach § 73c Abs. 1 S. 2 Alt. 1 StGB aF nach tatrichterlichem Ermessen unterbleiben.[165] Diese Alternative des § 73c Abs. 1 S. 2 StGB aF darf jedoch **nicht mit der Prüfung einer unbilligen Härte nach § 73c Abs. 1 S. 1 StGB aF vermengt** werden.[166]

63   **aa) § 73c StGB aF: zwingendes Absehen und fakultatives Unterbleiben.** § 73c StGB aF ist eine Vorschrift, deren Sinn sich nicht sogleich erschließt. Bei näherem Hinsehen ergibt sich:
– **Satz 1** enthält das Verbot der Verfallsanordnung für den Fall der unbilligen Härte. Dieses Verbot ist „vor die Klammer gezogen" und gilt für die beiden Konstellationen, die sich aus Satz 2 ergeben.
– **Satz 2** besagt (ausdrücklich), dass für den Fall der Entreicherung eine Ermessensentscheidung vorzunehmen ist, ob der Verfall angeordnet wird oder nicht. Er besagt aber auch, dass für den Fall, dass eine Entreicherung nicht stattgefunden hat, die Verfallsanordnung zwingend zu erfolgen hat (außer es liegt eine unbillige Härte nach Satz 1 vor).

64   **bb) Prüfungsschema.** Daraus ergibt sich folgendes Prüfungsschema:
Ist der Wert des Erlangten zur Zeit der Entscheidung noch im Vermögen des Betroffenen vorhanden?
Wenn ja:
Unbeflecktes Vermögen wird wertmäßig abgezogen.[167]
Bleibt dann noch Vermögen:
– (Insoweit) keine Ermessensentscheidung nach § 73c Abs. 1 S. 2 Alt. 1 StGB aF
– Prüfung, ob unbillige Härte:
Wenn ja: (insoweit) kein Verfall (§ 73c Abs. 1 S. 1 StGB aF)
Wenn nein: (insoweit) Verfallsanordnung
Wenn nein:
1. Ermessensentscheidung nach § 73c Abs. 1 S. 2 Alt. 1 StGB aF
2. Wenn die Anordnungsmöglichkeit bejaht wird: Prüfung, ob unbillige Härte:
Wenn ja: (insoweit) kein Verfall (§ 73c Abs. 1 S. 1 StGB aF)
Wenn nein: (insoweit) Verfallsanordnung

---

[163] BGH 12.7.2000 – 2 StR 43/00, NStZ 2000, 589.
[164] BGH 30.3.2010 – 3 StR 88/10, BeckRS 2010, 10837 (insoweit in NStZ-RR 2010, 216 nicht abgedruckt); 31.3.2010 – 2 StR 536/09, BeckRS 2010, 09657.
[165] BGH 11.4.1995 – 1 StR 836/94, NStZ 1995, 495; 5.4.2000 – 2 StR 500/99, NStZ 2000, 480; 8.8.2001 – 1 StR 291/01, NStZ-RR 2002, 7; 2.12.2004 – 3 StR 246/04, NStZ-RR 2005, 104; 31.5.2005 – 3 StR 119/05, BeckRS 2005, 07291.
[166] BGH 13.6.2001 – 3 StR 131/01, BeckRS 2001, 30186174 = wistra 2001, 388 (389).
[167] Außer man folgt dem 1. Strafsenat, → Rn. 64.

c) Darstellungs- und Erörterungsanforderungen. Immer wenn ein Tatbeteiligter aus **65** einem BtM-Geschäft etwas erlangt hat (Kaufpreis, Entlohnung etc) hat das Gericht zu prüfen, ob und gegebenenfalls in welchem Umfang dieses Geld (oÄ) bei dem Verfallsbetroffenen **wertmäßig noch vorhanden** ist.[168] Insbesondere dann, wenn gewichtige Anhaltspunkte dafür sprechen, dass das Erlangte ganz oder teilweise nicht mehr im Vermögen des Betroffenen vorhanden ist (zB hohe Verbindlichkeiten,[169] Mietrückstände,[170] Verlust der Erwerbsgrundlage,[171] gänzlicher oder teilweiser Verbrauch des Erlangten,[172] Negativsaldo des Kontos,[173] Auskehren von Erlösanteilen an Tatbeteiligte,[174] Weitergabe des ursprünglich Erlangten ohne Gegenleistung[175]), hat das Gericht zu prüfen (und dies dazustellen), ob von der Anordnung des Verfalls (von Wertersatz) gemäß § 73c Abs. 1 S. 2 StGB aF **ganz oder teilweise abgesehen** werden kann.[176] Die Urteilsgründe müssen erkennen lassen, dass das Gericht sich seiner **Ermessensausübung bewusst** war[177] und nach welchen Kriterien es sein Ermessen ausgeübt hat. Die Urteilsgründe müssen die Überprüfung ermöglichen, ob das Tatgericht den Begriff der unbilligen Härte nach § 73c Abs. 1 Satz 1 StGB aF richtig angewandt und sein **Ermessen** nach § 73c Abs. 1 Satz 2 StGB aF **fehlerfrei ausgeübt** hat.[178]

d) Prüfung der Bereicherungslage. Die Anwendbarkeit des § 73c Abs. 1 S. 2 Alt. 1 **66** StGB aF setzt die Feststellung voraus, dass der Wert des Erlangten nicht mehr im Vermögen des Verfallsbetroffenen existiert. Der Wert des Erlangten ist idR dann noch vorhanden, solange und soweit der Verfallsbetroffene **über Vermögen verfügt**, das dem Wert des Erlangten entspricht oder ihn übersteigt.[179] Dabei kommt es auf den Zeitpunkt der Verfallsanordnung an.[180] Bei der Vermögensbewertung sind nicht nur solche Vermögenswerte zu berücksichtigen, für deren Anschaffung Drogengelder verwendet wurden. Entscheidend ist allein, ob Vermögen vorhanden ist, das **wertmäßig nicht hinter** dem anzuordnenden Verfallbetrag zurückbleibt.[181]

aa) Grundsatz: Widerlegliche Vermutung für das Vorhandensein des Werts des 67 Erlangten. Bei Feststellungen zu der Frage, ob der Wert des Erlangten noch im Vermögen des Verfallsbetroffenen vorhanden ist, kommt es grundsätzlich nicht darauf an, ob das noch vorhandene Vermögen einen konkreten oder unmittelbaren **Bezug zu den Straftaten** hat, dh ob die vorhandenen Vermögenswerte unmittelbar mit Drogengeldern erworben wurden oder ob mit Drogengeldern andere Aufwendungen bestritten und erst mit den so eingesparten Mitteln das noch vorhandene Vermögen gebildet oder dessen Verbrauch vermieden wurde.[182]

---

[168] StRspr, vgl. nur BGH 18.11.2010 – 2 StR 397/10, BeckRS 2010, 30537; 21.3.2013 – 3 StR 52/13, StV 2013, 630; 13.2.2014 – 1 StR 336/13; 18.11.2015 – 2 StR 399/15, NStZ-RR 2016, 83. (BGH 18.11.2015 – 2 StR 399/15 Rn. 6).

[169] BGH 16.10.2007 – 4 StR 437/07, BeckRS 2007, 17550.

[170] BGH 16.10.2007 – 4 StR 437/07, BeckRS 2007, 17550.

[171] BGH 14.5.2008 – 3 StR 136/08, BeckRS 2008, 12090 = StV 2008, 576.

[172] BGH 29.10.2008 – 2 StR 347/08, NStZ-RR 2009, 94.

[173] BGH 18.11.2010 – 2 StR 397/10, BeckRS 2010, 30537.

[174] BGH 10.1.2008 – 5 StR 365/075, NStZ 2008, 565 = StraFo 2008, 336.

[175] Schönke/Schröder/*Eser* StGB § 73c Rn. 2.

[176] BGH 11.4.1995 – 1 StR 836/94, NStZ 1995, 495; 22.8.1995 – 4 StR 250/95, StV 1995, 635; 16.10.2007 – 4 StR 437/07, BeckRS 2007, 17550; 10.1.2008 – 5 StR 365/075, NStZ 2008, 565; 14.5.2008 – 3 StR 136/08, BeckRS 2008, 12090 = StV 2008, 576; 29.10.2008 – 2 StR 347/08, NStZ-RR 2009, 94; 27.7.2010 – 4 StR 84/10, BeckRS 2010, 20649; 18.11.2010 – 2 StR 397/10, BeckRS 2010, 30537; BGH 10.7.2015 – 4 StR 265/15.

[177] BGH 22.8.1995 – 4 StR 250/95, StV 1995, 635.

[178] BGH 17.8.1994 – 3 StR 296/94, BeckRS 1994, 3108117.

[179] BGH 5.4.2000 – 2 StR 500/99, NStZ 2000, 480 (481) = wistra 2000, 298; 8.8.2001 – 1 StR 291/01, NStZ-RR 2002, 7; 10.10.2002 – 4 StR 233/02, BGHSt 48, 40 = NStZ 2003, 257 mAnm *Rönnau* NStZ 2003, 367 = StV 2003, 158 = wistra 2003, 58; 2.12.2004 – 3 StR 246/04, NStZ-RR 2005, 104; 19.1.2005 – 2 StR 402/04, NStZ 2005, 455; 16.5.2006 – 1 StR 46/06, BGHSt 51, 65 NJW 2006, 2500; 9.8.2006 – 2 StR 282/06, NStZ-RR 2006, 376; 2.10.2008 – 4 StR 153/08, NStZ-RR 2009, 234 = wistra 2009, 23.

[180] *Fischer* StGB § 73c Rn. 4.

[181] BGH 5.4.2000 – 2 StR 500/99, NStZ 2000, 480 (481) = wistra 2000, 298.

[182] BGH 5.4.2000 – 2 StR 500/99, NStZ 2000, 480 (481) = wistra 2000, 298; 8.8.2001 – 1 StR 291/01, NStZ-RR 2002, 7; 19.1.2005 – 2 StR 402/04, NStZ 2005, 455; 16.5.2006 – 1 StR 46/06, BGHSt 51,

Solange noch Vermögen im Wert des Erlangten vorhanden ist, wird (widerleglich) vermutet,[183] dass die Erlöse aus den Drogengeschäften tatsächlich noch vorhanden sind. Nachforschungen über die Verwendung der erlangten Beträge, über die Quellen des vorhandenen Vermögens, über Vermögensumschichtungen, über ersparte Aufwendungen usw sind deshalb grundsätzlich nicht erforderlich.[184]

68   **bb) Ausnahme: „Unbeflecktes Vermögen".** Steht jedoch im Einzelfall zweifelsfrei fest, dass der fragliche Vermögenswert ohne jeden denkbaren Zusammenhang mit den abgeurteilten Straftaten (**„unbeflecktes" Vermögen**) erworben wurde, etwa weil es sich um ein mehrere Jahre vor Tatbegehung ererbtes Hausgrundstück handelt,[185] ist die Anwendung der Härteklausel nach § 73c Abs. 1 S. 2 Alt. 1 StGB aF nicht ausgeschlossen.[186]

69   **cc) Gegen die Ausnahme: Umweg überflüssig.** Dieser Auffassung des 4. Strafsenats ist der 1. Strafsenat des BGH (mit allerdings nicht tragenden Ausführungen) entgegengetreten:[187] Er hält es für fraglich, ob eine derartig differenzierte Betrachtung einer über Jahre angesammelten Vermögensmasse im Hinblick darauf, ob der „Wert" eines bestimmten Mittelzuflusses darin noch enthalten ist, überhaupt möglich ist. Unter Umständen könnten dadurch umfangreiche Finanzermittlungen notwendig werden. Jedenfalls sei diese einengende Auslegung vom Wortlaut des § 73c Abs. 1 Satz 2 Alt. 1 StGB aF nicht geboten, beschränke aber die Praktikabilität und Effektivität der Vorschriften über den Verfall (von Wertersatz) und insbesondere deren Präventivwirkung. In besonders gelagerten Einzelfällen biete § 73c Abs. 1 Satz 1 StGB aF genügend Schutz: Wäre nämlich die Anordnung des Verfalls des Erlangten im Einzelfall – ganz oder zum Teil – eine unbillige Härte, wäre die Maßnahme ungerecht oder verstieße gegen das Übermaßgebot; dann habe die Anordnung gemäß § 73c Abs. 1 Satz 1 StGB aF zu unterbleiben. Um eine unbillige Härte festzustellen, bedürfe es im Rahmen der hierzu erforderlichen Gesamtbewertung dann aber keiner exakten Untersuchung über den Ursprung des vorhandenen Vermögens oder des wirtschaftlichen Verbleibs des Erlangten.

70   Während die wissenschaftliche Diskussion gegen die Auffassung des 1. Strafsenats Verstöße gegen den Grundsatz schuldangemessener Strafe und die Unschuldsvermutung anführt,[188] wird die Praxis, so ist zu vermuten, den vom 1. Strafsenat vorgezeichneten Weg gehen, weil er die Untersuchung über die Herkunft des vorhandenen Vermögens oder den wirtschaftlichen Verbleib des Erlangten erspart; in beiden Fällen, gleich, ob man dem 4. oder dem 1. Strafsenat folgt, ist in entsprechend gelagerten Fällen in sinnvoller Weise von der Härteklausel Gebrauch zu machen, um zu verhindern, dass sich die Verfallsanordnung im Ergebnis als **Nebenstrafe** auswirkt.[189]

71   **dd) Entreicherung durch Ausgaben zur Schuldentilgung.** Sind dem Verfall unterliegende Mittel zur Schuldentilgung für Vermögenswerte verwendet worden, so kommt es nicht auf einen abstrakten Vergleich der früheren mit der jetzigen Vermögenslage im Bereich der Passiva an, sondern darauf, ob die Tilgung der Schuld zu einem jetzt noch vorhandenen positiven Vermögenswert geführt hat.[190] Anderes gilt für Geld, das zur **allgemeinen Schuldentilgung** verwendet wird: es bleibt wertmäßig im Vermögen ebenso wenig erhalten,

---

65 = NJW 2006, 2500 = NStZ 2006, 570 m. abl. Anm. *Dannecker* NStZ 2006, 683 = StraFo 2006, 382 = StV 2007, 71.

[183] BGH 10.10.2002 – 4 StR 233/02, BGHSt 48, 40 = NStZ 2003, 257 mAnm *Rönnau* NStZ 2003, 367 = StV 2003, 158 = wistra 2003, 58; *W. Winkler* NStZ 2002, 317 (321).

[184] BGH 16.5.2006 – 1 StR 46/06, BGHSt 51, 65 = NJW 2006, 2500 = NStZ 2006, 570 m. abl. Anm. *Dannecker* NStZ 2006, 683 = StraFo 2006, 382 = StV 2007, 71.

[185] BGH 10.10.2002 – 4 StR 233/02, BGHSt 48, 40 = NStZ 2003, 257.

[186] BGH 10.10.2002 – 4 StR 233/02, BGHSt 48, 40 = NStZ 2003, 257.

[187] BGH 16.5.2006 – 1 StR 46/06, BGHSt 51, 65 = NJW 2006, 2500; dagegen wiederum: BGH 2.10.2008 – 4 StR 153/08, NStZ-RR 2009, 234 = wistra 2009, 23.

[188] Vgl. *Dannecker* NStZ 2006, 683 m. Nachw.

[189] Vgl. auch *W Winkler* NStZ 2007, 317 (321).

[190] BGH 5.4.2000 – 2 StR 500/99, NStZ 2000, 480 = wistra 2000, 298.

wie solches, das für **verbrauchbare Sachen** ausgegeben wurde.[191] Der Wert eines Grundstücks ist dem vorhandenen Vermögen iS des § 73c Abs. 1 S. 2 Alt. 1 StGB aF zuzurechnen, wenn das aus den Straftaten erlangte Geld zur Rückführung von **Schulden aus dem Erwerb eines Grundstücks** verwendet wurde;[192] dasselbe gilt für die Erfüllung von **Ratenzahlung**sverpflichtungen, wenn der erworbene Gegenstand sich noch im Vermögen des Verfallsbetroffenen befindet,[193] oder für die **Auslösung einer verpfändeten Sache,** wenn diese sich noch im Vermögen des Verfallsbetroffenen befindet.[194]

ee) Nettowert entscheidend. Bei der Prüfung, ob der Wert des Erlangten noch im　72 Vermögen des Betroffenen vorhanden ist, sind die Vermögensgegenstände mit ihrem Nettowert, also mit dem Verkehrswert abzüglich etwaiger Belastungen zu berücksichtigen.[195]

ff) Behandlung der Steuer auf einen dem Verfall unterliegenden Vermögensvor-　73 **teil.** Unterliegt das Erlangte der Besteuerung, so ist dies bei der Verfallsanordnung zu berücksichtigen, um eine Doppelbelastung zu vermeiden.[196] Dabei ist zu differenzieren nach der zeitlichen Abfolge von Besteuerungs- und Strafverfahren: ist für einen dem Verfall unterliegenden Vermögensvorteil die Steuer bestandskräftig festgesetzt worden, so ist dies bei der zeitlich nachfolgenden Anordnung des Verfalls zu berücksichtigen; eine noch nicht festgesetzte, voraussichtliche Besteuerung dagegen führt (insoweit) nicht zum Wegfall des Erlangten.[197] Die Berücksichtigung steuerlicher Konsequenzen bei der Feststellung dessen, was im Sinne von § 73 Abs. 1 Satz 1 StGB aF erlangt wurde, ist den Besonderheiten des Steuerrechts geschuldet und hat Ausnahmecharakter. Das gesetzlich verankerte Bruttoprinzip wird hierdurch nicht in Frage gestellt. Bei Betäubungsmittelgeschäften dürfte eine entsprechende – steuerlich relevante – Situation ohnehin nie eintreten.[198]

gg) Billigkeitsgesichtspunkte bei der Prüfung des Vorhandenseins. Bei der Prü-　74 fung der Frage, ob dem Verfall unterliegende Vermögenswerte noch vorhanden sind, bleiben **Billigkeitsgesichtspunkte** außer Betracht; diese können bei der Ermessensausübung berücksichtigt werden.[199]

e) Fortbestand der Bereicherung. Ergibt die Prüfung, dass der Wert des Erlangten　75 gänzlich im Vermögen des Betroffenen noch vorhanden ist, so kommt eine (Ermessens-)Entscheidung nach § 73c Abs. 1 S. 2 Alt. 1 StGB aF nicht in Betracht.[200] In diesem Fall ist der Verfall zwingend anzuordnen, es sei denn, dass er für den Betroffenen eine unbillige Härte wäre – dann allerdings wäre zwingend von seiner Anordnung abzusehen.[201] Entsprechendes gilt, wenn das Erlangte nur noch teilweise[202] im Vermögen des Betroffe-　76 nen vorhanden ist: dann kommt eine (Ermessens-)Entscheidung nach § 73c Abs. 1 S. 2 Alt. 1 StGB aF insoweit nicht in Betracht,[203] dann ist der Verfall insoweit zwingend anzuordnen, es sei denn, dass er für den Betroffenen eine unbillige Härte wäre – dann wäre auch insoweit

---

[191] BGH 5.4.2000 – 2 StR 500/99, NStZ 2000, 480 = wistra 2000, 298.
[192] Vgl. BGH 9.7.1991 – 1 StR 316/91, BGHSt 38, 23 (25) = NJW 1991, 2714; 5.4.2000 – 2 StR 500/99, NStZ 2000, 480 = wistra 2000, 298.
[193] *Fischer* StGB § 73c Rn. 4a.
[194] *Fischer* StGB § 73c Rn. 4a.
[195] *Weber* Rn. 136; vgl. BGH 10.10.2002 – 4 StR 233/02, BGHSt 48, 40 = NJW 2003, 300 = StV 2003, 158 = wistra 2003, 58 und 1.3.2007 – 4 StR 544/06, BeckRS 2007, 04557; je für ein Wohngrundstück.
[196] BGH 21.3.2002 – 5 StR 138/01, BGHSt 47, 260 = JR 2003, 157 = NJW 2002, 2257 = StV 2002, 483 = wistra 2002, 255 mAnm *Odenthal* wistra 2002, 338.
[197] BGH 21.3.2002 – 5 StR 138/01, BGHSt 47, 260 = JR 2003, 157 = NJW 2002, 2257 = StV 2002, 483 = wistra 2002, 255 mAnm *Odenthal* wistra 2002, 338.
[198] BGH 16.5.2006 – 1 StR 46/06, BGHSt 51, 65 = NJW 2006, 2500; vgl. *Weber* Rn. 57: nicht ausgeschlossen, dass auch bei BtM-Geschäften eine steuerrechtlich relevante Situation auftreten könnte.
[199] *Fischer* StGB § 73c Rn. 4.
[200] BGH 5.4.2000 – 2 StR 500/99, NStZ 2000, 480.
[201] BGH 11.4.1995 – 1 StR 836/94, NStZ 1995, 495; 5.4.2000 – 2 StR 500/99, NStZ 2000, 480 = wistra 2000, 298.
[202] BGH 23.9.1988 – 2 StR 460/88, NJW 1989, 2139.
[203] BGH 5.4.2000 – 2 StR 500/99, NStZ 2000, 480; *Weber* Rn. 138.

zwingend von seiner Anordnung abzusehen.[204] Hinsichtlich des Differenzbetrages zwischen Erlangtem und noch Vorhandenem ist nach Entreicherungs-Ermessen vorzugehen[205] (vgl. nachfolgende Rn.).

77   **f) Entreicherung (§ 73c Abs. 1 S. 2 Alt. 1 StGB aF).** Das Gericht **kann** gemäß § 73c Abs. 1 S. 2 Alt. 1 StGB aF nach seinem pflichtgemäßen Ermessen[206] von der Anordnung des Verfalls absehen, wenn und soweit der Wert des Erlangten zur Zeit der Entscheidung **nicht mehr im Vermögen des Betroffenen vorhanden** ist.[207] Von der Vorschrift mitumfasst ist die Möglichkeit, **nur einen Teil** der ursprünglich erlangten Vermögenswerte für verfallen zu erklären.[208]

78   **aa) Ermessensausübung.** Die Ermessensentscheidung des § 73c Abs. 1 S. 2 Alt. 1 StGB aF richtet sich nach den Umständen des Einzelfalls und hat die **persönlichen und wirtschaftlichen Verhältnisse des Verfallsbetroffenen** zu berücksichtigen und abzuwägen, ob die sich aus der Verfallsanordnung ergebenden **Beschränkungen seiner Lebensführung zumutbar** erscheinen.[209] In die Abwägung einzubeziehen sind insbesondere auch die **Gründe für den Wegfall der Bereicherung.**[210] Hier können daher die Aufwendungen berücksichtigt werden, die mit dem Geschäft verbunden waren und möglicherweise dazu führten, dass die Tat wirtschaftlich gesehen ein **Verlustgeschäft** war.[211]

79   **bb) Bedeutsame Umstände für die Ermessensentscheidung.** Bei der Ermessensausübung kann **für** das Unterbleiben der Verfallsanordnung sprechen: wenn der Verfallsbetroffene die Mittel **in einer Notlage für seinen Lebensunterhalt verbrauchte**[212] bzw. zum **notwendigen Lebensunterhalt** seiner selbst und seiner Familie einsetzte[213] oder zur Beschaffung von BtM **bei tiefgreifender Abhängigkeit** einsetzte. **Gegen** ein Absehen von der Verfallsanordnung wird sprechen, wenn der Betroffene die Mittel für Luxusartikel oder zum Vergnügen (etwa „in ‚Massagesalons' und Bars verbracht") verbrauchte[214] oder einen aufwändigen Lebensstil pflegte,[215] wenn der Betroffene Vermögenswerte in **weitere BtM-Geschäfte** investierte[216] oder bewusst an Dritte weiter gab, **um sie dem Verfall zu entziehen.**[217]

80   Im Rahmen dieser Erörterung kann eine Rolle spielen, ob der Verfallsbetroffene **Verbindlichkeiten getilgt** hat, gegebenenfalls auch, welcher Art diese Verbindlichkeiten waren.[218] Lediglich **mittelbare Auswirkungen der Maßnahme auf Dritte,** etwa mit dem Verfallsbetroffenen zusammenlebende Familienangehörige, finden dabei schon nach dem Wortlaut des § 73c StGB aF nur insoweit Berücksichtigung, als sie sich „für den Betroffenen" selbst als Härte darstellen.[219] Wird der Tatbeteiligte zu einer Freiheitsstrafe verurteilt und gleichzeitig Wertersatzverfall für den verbrauchten Tatvorteil von hohem Wert angeordnet, so kann sich

---

[204] BGH 11.4.1995 – 1 StR 836/94, NStZ 1995, 495; 5.4.2000 – 2 StR 500/99, NStZ 2000, 480.

[205] BGH 11.4.1995 – 1 StR 836/94, NStZ 1995, 495; 22.8.1995 – 4 StR 250/95.

[206] BGH 12.9.1984 – 3 StR 333/84, BGHSt 33, 37 = NJW 1985, 752.

[207] Vgl. BGH 11.8.2004 – 2 StR 184/04, BeckRS 2004, 08814.

[208] Näher → StGB § 73c Rn. 15; BGH 14.3.1990 – 2 StR 48/90, BeckRS 1990, 31098251; 15.3.2001 – 3 StR 21/01, NJW 2001, 185.

[209] BGH 22.11.2000 – 1 StR 479/00, NStZ 2001, 312.

[210] BGH 12.9.1984 – 3 StR 333/84, BGHSt 33, 37 (40) = NJW 1985, 752 = StV 1985, 164 = JR 1985, 249 mAnm *Rengier*; 9.7.1991 – 1 StR 316/91, BGHSt 38, 23 (25) = NJW 1991, 2714; 3.7.2003 – 1 StR 453/02, BeckRS 2003, 07432 (insoweit in NStZ 2004, 457 nicht abgedruckt) = JR 2004, 245 = wistra 2003, 424; 2.12.2004 – 3 StR 246/04, NStZ-RR 2005, 104; 2.10.2008 – 4 StR 153/08, NStZ-RR 2009, 234.

[211] Lackner/Kühl/*Kühl* StGB § 73 Rn. 4c.

[212] *Fischer* StGB § 73c Rn. 5 BGH 14.3.1990 – 2 StR 48/90, BeckRS 1990, 31098251.

[213] BGH 14.3.1990 – 2 StR 48/90, BeckRS 1990, 31098251; 2.10.2008 – 4 StR 153/08, NStZ-RR 2009, 234.

[214] BGH 18.12.1981 – 2 StR 121/81, BGHSt 30, 314; 2.10.2008 – 4 StR 153/08, NStZ-RR 2009, 234.

[215] BGH 2.12.2004 – 3 StR 246/04, NStZ-RR 2005, 104; 14.5.2008 – 3 StR 136/08, BeckRS 2008, 12090.

[216] BGH 9.8.2000 – 3 StR 133/00, NStZ 2001, 42.

[217] BGH 3.7.2003 – 1 StR 453/02, BeckRS 2003, 07432 (insoweit in NStZ 2004, 457 nicht abgedruckt).

[218] BGH 9.7.1991 – 1 StR 316/91, BGHSt 38, 23 = NJW 1991, 2714.

[219] BGH 10.10.2002 – 4 StR 233/02, BGHSt 48, 40 = NStZ 2003.

dies geradezu **resozialisierungswidrig** auswirken, indem der Täter zu erneuter Straffälligkeit angereizt wird, um den Wertersatz bezahlen zu können.[220] Dass eine hohe **Verfallsschuld Auswirkungen auf die Resozialisierung** des Täters haben kann,[221] ist eine im Grundsatz zulässige Erwägung, jedenfalls soweit es sich um den Gewinn überschreitende Beträge handelt;[222] allein aber die vage Erwägung, dass der Betroffene über kein „nennenswertes" Vermögen verfüge und nach seiner Entlassung aus Strafhaft von einer Rente oder Sozialleistungen leben müsse, genügt auch unter Berücksichtigung des Resozialisierungsgedankens nicht.[223] Mit Sinn und Zweck des Verfalls ist es nämlich kaum zu vereinbaren, die Verfallsanordnung nur deshalb zu beschränken, um dem Verurteilten vorhandene Vermögenswerte zu erhalten, sei es auch für Zwecke der Resozialisierung.[224]

Im Rahmen der Ermessensentscheidung kann auch die umfassende **Aufklärungs- und** **81** **Geständnisbereitschaft** des Tatbeteiligten berücksichtigt werden, insbesondere deshalb, weil wegen des Bruttoprinzips „jede gestandene Einzeltat direkten Bezug zu der jeweiligen Höhe des Verfallsbetrages gewinnt"; der Ausschluss der Berücksichtigung dieses Umstandes im Rahmen der Ermessensentscheidung würde in maßgeblicher Weise einer Geständnisbereitschaft von BtM-Straftätern und damit einer im öffentlichen Interesse liegenden effektiven Aufklärung einschlägiger Straftaten entgegenwirken.[225]

cc) Ergebnis der Ermessensentscheidung. Nach dem Ermessen des Gerichts kann **82** die Verfallsanordnung auch auf einen Teil des nicht mehr vorhandenen Wertes beschränkt werden.[226] Gegebenenfalls ist auch zu prüfen, ob gem. § 73c Abs. 2 StGB aF nach Maßgabe des § 42 StGB von Amts wegen Zahlungserleichterungen zu bewilligen sind.[227]

dd) Darlegungs- und Begründungspflichten. Die Ermessensentscheidung setzt kon- **83** krete Feststellungen dazu voraus, in welchem Umfang und zu welchem Zweck das Erlangte ausgegeben wurde.[228] Das Urteil hat sich auch dazu zu verhalten, welche Auswirkungen die Verfallsentscheidung auf Lebensführung und Vermögen des Verfallsbetroffenen hat, und aus dem Urteil muss erkennbar sein, dass das Gericht sich seines Ermessens bewusst war.[229]

g) Unterbleiben der Verfallsanordnung wegen unbilliger Härte (§ 73c Abs. 1 **84** **S. 1 StGB aF).** Die Vorschrift kommt zur Anwendung (→ Rn. 61)
– sowohl in den Fällen, in denen der Wert des Erlangten im Vermögen des Betroffenen noch vorhanden ist und der Verfall zwingend anzuordnen ist: dann hat er – wiederum zwingend – zu unterbleiben, soweit er für den Betroffenen eine unbillige Härte wäre
– als auch in den Fällen, in denen der Wert des Erlangten im Vermögen des Betroffenen nicht mehr vorhanden ist und die Ermessensentscheidung dennoch die Verfallsanordnung ergäbe: dann hat – wiederum zwingend – die Anordnung zu unterbleiben, soweit sie für den Betroffenen eine unbillige Härte wäre.

Unzulässig ist die Anordnung des Verfalls, und zwar sowohl nach § 73 StGB aF als auch **85** nach § 73a StGB aF, aber auch bei einer Anordnung gegen Dritte oder Unbeteiligte (§ 73

---

[220] LK-StGB/*Schmidt* StGB § 73c Rn. 12; vgl. auch BGH 11.4.1995 – 1 StR 836/94, NStZ 1995, 495; 9.8.2000 – 3 StR 133/00, NStZ 2001, 42; 8.8.2001 – 1 StR 291/01, NStZ-RR 2002, 7 (8).

[221] BGH 10.10.2002 – 4 StR 233/02, BGHSt 48, 40 = NStZ 2003, 257 mAnm *Rönnau* NStZ 2003, 367 = StV 2003, 158 = wistra 2003, 58; NStZ-RR 2002, 9.8.2000 – 3 StR 133/00, NStZ 2001, 42; 29.10.2002 – 3 StR 364/02, BeckRS 2002, 30290240 = NStZ-RR 2003, 75 Ls.; 20.5.2003 – 1 StR 22/03, BeckRS 2003, 30318771 = StV 2003, 616; 9.3.2005 – 4 StR 585/04, BeckRS 2005, 03943.

[222] BGH 8.8.2001 – 1 StR 291/01, NStZ-RR 2002, 7.

[223] BGH 26.3.2009 – 3 StR 579/08, NStZ 2010, 86.

[224] Vgl. BGH 11.4.1995 – 1 StR 836/94.

[225] BGH 10.10.2002 – 4 StR 233/02, BGHSt 48, 40 = NStZ 2003, 257 mAnm *Rönnau* NStZ 2003, 367 = StV 2003, 158 = wistra 2003, 58.

[226] BGH 14.3.1990 – 2 StR 48/90, BeckRS 1990, 31098251; 11.4.1995 – 1 StR 836/94, NStZ 1995, 495; 15.3.2001 – 3 StR 21/01, NJW 2001, 1805.

[227] BGH 20.3.2001 – 1 StR 12/01, BeckRS 2001, 30168508; 10.2.2005 – 4 StR 513/04, BeckRS 2005, 0321.

[228] BayObLG 8.7.2003 – 4St RR 66/2003, BayObLGSt 2003, 83.

[229] BGH 22.8.1995 – 4 StR 250/95, StV 1995, 635.

Abs. 3, 4 StGB aF), wenn der Verfall für den Betroffenen eine **unbillige Härte** bedeutete. § 73c Abs. 1 S. 1 StGB aF gilt auch dann, wenn der Wert des Erlangten im Vermögen des Verfallsbetroffenen noch vorhanden ist.[230]

86   **aa) Begriff der unbilligen Härte.** Eine unbillige Härte liegt vor, wenn die Anordnung des Verfalls den Betroffenen **empfindlich träfe** und die darin liegende Härte Grundsätze der Billigkeit verletzte, also ungerecht erschiene und das Übermaßverbot verletzt würde.[231] Dabei sind nach der Rechtsprechung **an die Voraussetzungen der Unbilligkeit hohe Anforderungen** zu stellen,[232] die die Rechtsprechung bei der Anwendung des im Zusammenhang mit § 73c StGB noch nicht ausreichend geklärten[233] Rechtbegriffs nach und nach konkretisiert. Fest steht jedenfalls, dass der Verlust des Gegenstandes noch keine unbillige Härte herbeiführt: auch vollständige Entreicherung des Verfallsbetroffenen als solche stellt keine Härte dar, die (zwingend) zum Ausschluss der Verfallsanordnung nach § 73c Abs. 1 S. 1 StGB aF führt.[234] Vielmehr müssen weitere Umstände vorliegen, die die Anordnung des Verfalls im Einzelfall als übermäßig und vom Zweck des Instituts nicht mehr getragen erscheinen lassen.[235] Entscheidend ist, wie sich die Verfallsanordnung konkret auf das Vermögen auswirken würde.[236]

87   **bb) Bedeutsame Umstände für oder gegen die Annahme einer unbilligen Härte.** Die Härteklausel des § 73c Abs. 1 S. 1 StGB aF wird von der Rechtsprechung außerordentlich restriktiv interpretiert. Es gibt keinen **einzigen** Fall, in dem ein Revisionsgericht eine tatrichterliche Entscheidung, in der eine **„unbillige Härte" bejaht** wurde, unbeanstandet gelassen hätte (lediglich geleistete Steuerzahlungen oder bestandskräftige -festsetzungen für das Erlangte zur Vermeidung von Doppelbelastungen, bei BtM-Delikten schwer vorstellbar, sollen bei Anwendung der Härtevorschrift zu berücksichtigen sein[237]). Auch in der Literatur wird auf den Ausnahmecharakter der Härtevorschrift verwiesen;[238] immerhin werden aber Fälle genannt, bei den die Annahme einer unbilligen Härte gerechtfertigt wäre (auch kaum vorstellbar bei BtM-Delikten): Bei Gutgläubigkeit des Drittempfängers, der das Erlangte unentgeltlich empfangen und es inzwischen restlos verbraucht hat,[239] wenn die Tatvorteile nur auf einem leichten Gesetzesverstoß beruhen und inzwischen restlos verbraucht sind[240] oder bei Weitergabe des Erlangten ohne Gegenleistung oder dessen Verlust[241].

88   Dagegen sind folgende Fälle von der Rechtsprechung als **nicht geeignet** befunden worden, die „unbillige Härte" zu begründen: Dass dem Angeklagten nur ein **„geringes**

---

[230] BGH 8.8.2001 – 1 StR 291/01, NStZ-RR 2002, 7.
[231] BGH 11.4.1995 – 1 StR 836/94, NStZ 1995, 495; 23.2.2000 – 3 StR 583/99, NStZ-RR 2000, 365; 12.7.2000 – 2 StR 43/00, NStZ 2000, 589 = StV 2001, 272 = wistra 2000, 379; 2.10.2008 – 4 StR 153/08, NStZ-RR 2009, 234; 5.12.2001 – 2 StR 410/01, BeckRS 2001, 30224469; 8.8.2001 – 1 StR 291/01, NStZ-RR 2002, 7 (8); 26.3.2009 – 3 StR 579/08, NStZ 2010, 86 = StV 2010, 19; 10.6.2009 – 2 StR 76/09, NJW 2009, 2755.
[232] Vgl. BGH 11.4.1995 – 1 StR 836/94, NStZ 1995, 495; 5.4.2000 – 2 StR 500/99, NStZ 2000, 480 = wistra 2000, 298; 2.10.2008 – 4 StR 153/08, NStZ-RR 2009, 234 = wistra 2009, 23; BGH 26.3.2009 – 3 StR 579/08, 3 StR 579/08, NStZ 2010, 86 = StV 2010.
[233] Vgl. BGH 11.4.1995 – 1 StR 836/94, NStZ 1995, 495.
[234] Vgl. BGH 12.7.2000 – 2 StR 43/00, NStZ 2000, 589 (590) = StV 2001, 272 = wistra 2000, 379; 5.12.2001 – 2 StR 410/01, BeckRS 2001, 30224469; 3.7.2003 – 1 StR 453/02, BeckRS 2003, 07432 (insoweit in NStZ 2004, 457 nicht abgedruckt) = JR 2004, 245 = wistra 2003, 424 (425); 2.10.2008 – 4 StR 153/08, NStZ-RR 2009, 234 = wistra 2009, 23.
[235] BGH 12.7.2000 – 2 StR 43/00, NStZ 2000, 589; 13.6.2001 – 3 StR 131/01, BeckRS 2001, 30186174 = wistra 2001, 388 (389); 5.12.2001 – 2 StR 410/01, BeckRS 2001, 30224469; 3.7.2003 – 1 StR 453/02, BeckRS 2003, 07432 (insoweit in NStZ 2004, 457 nicht abgedruckt) = JR 2004, 245 = wistra 2003, 424.
[236] BGH 17.8.1994 – 3 StR 296/94, BeckRS 1994, 31081107; 23.2.2000 – 3 StR 583/99, NStZ-RR 2000, 365; 8.8.2001 – 1 StR 291/01, NStZ-RR 2002, 7; 3.7.2003 – 1 StR 453/02, BeckRS 2003, 07432 (insoweit in NStZ 2004, 457 nicht abgedruckt) = JR 2004, 245 = wistra 2003, 424 (425).
[237] BGH 21.3.2002 – 5 StR 138/01, BGHSt 47, 260 = NJW 2002, 2257; 18.2.2004 – 1 StR 296/03, BeckRS 2004, 03377; 14.9.2004 – 1 StR 202/04, BeckRS 2004, 09357.
[238] *Weber* Rn. 147; *Fischer* StGB § 73c Rn. 3.
[239] → StGB § 73c Rn. 10; vgl. auch BGH 14.9.2004 – 1 StR 202/04, BeckRS 2004, 09357.
[240] Schönke/Schröder/*Eser* § 73c Rn. 2.
[241] Schönke/Schröder/*Eser* § 73c Rn. 2.

Restvermögen" verbleibe, stellt kein taugliches Kriterium dar.[242] Ebenso wenig sei der Hinweis auf die **Unterhaltsverpflichtungen** des Verfallsbetroffenen gegenüber seinen Kindern geeignet, die Annahme eines Härtefalls im Sinne des § 73c Abs. 1 Satz 1 StGB aF zu rechtfertigen; Ansprüche von Unterhaltsberechtigten würden regelmäßig durch Verfallsanordnungen betroffen.[243] Eine unbillige Härte liegt nicht schon dann vor, wenn der Verfallsbetrag nicht beigetrieben werden kann oder der Betroffene **vermögenslos** geworden und unfähig ist, die Mittel für seinen Unterhalt und den seiner Familie aufzubringen.[244] Dass der Verfallsbetroffene über **kein „nennenswertes" Vermögen** verfüge und **nach seiner Entlassung von einer Rente oder Sozialleistungen leben** müsse, genüge auch unter Berücksichtigung des Resozialisierungsgedankens hierfür nicht.[245] Die sich aus dem Bruttoprinzips ergebende Konsequenz, dass **Aufwendungen** für ein rechtswidriges Geschäft in den Verfallsbetrag fallen, stellt keine unbillige Härte dar.[246] **Auswirkungen auf Dritte** können nur berücksichtigt werden, soweit sie sich für den Betroffenen als unbillige Härte darstellen.[247] Die von einer Verfallsanordnung ausgehenden **existenzbedrohenden Konsequenzen für die Familie des Betroffenen** werden prinzipiell als eine solche Härte für Dritte und den Betroffenen anerkannt,[248] jedoch im vorliegenden Fall verneint, dass sie sich ergäben. Gleiches gilt für den **Resozialisierungsgedanken**[249], **die Gefährdung der (wirtschaftlichen) Existenz des Betroffenen**[250] und den Fall, dass der Betroffene **Sozialhilfe bezieht:**[251] bei prinzipieller Anerkennung dieser Umstände als geeignete Anwendungsfälle für § 73c Abs. 1 S. 1 StGB aF werden deren Grenzen für ihre Tragfähigkeit sehr eng gezogen und in den zu entscheidenden Fällen verneint.

Das „Verprassen" der erlangten Mittel sowie ihre Verwendung für Luxus und zum Vergnügen kann gegen die Anwendung der Härtevorschrift sprechen.[252]   **89**

Einer **fakultativen Bewährungsauflage** nach § 56b Abs. 2 Nr. 2 StGB kann bei der   **90** Anwendung der Härtevorschrift keine Bedeutung zukommen. Vielmehr ist die Zumutbarkeit einer solchen Auflage an der Leistungsfähigkeit des Täters unter Berücksichtigung der vorrangigen Zahlungspflichten aus Verfall oder Wertersatzverfall zu messen.[253]

cc) Darlegungs- und Begründungspflichten. Die **Urteilsgründe** müssen erkennen   **91** lassen, ob (ausnahmsweise) die Voraussetzungen des unbestimmten Rechtsbegriffs einer unbilligen Härte vorliegen.[254] Zwar ist die Anwendung der Härtevorschrift des § 73c StGB aF in erster Linie Sache des Tatrichters.[255] Die Gewichtung der für das Vorliegen einer unbilligen Härte maßgeblichen Umstände ist daher der revisionsrechtlichen Beanstandung nicht zugänglich. Mit der Revision kann aber angegriffen werden, dass das Tatbestandsmerkmal „unbillige Härte" selbst unzutreffend interpretiert wird, indem diese auf Umstände gestützt wird, die in diesem Rahmen nicht zum Tragen kommen können.[256]

---

[242] BGH 2.10.2008 – 4 StR 153/08, NStZ-RR 2009, 234; in einer anonymen Anm. dazu in NJW-Spezial 2008, 761 heißt es, dadurch würde das Vermögen des Angeklagten „bis auf das sprichwörtliche letzte Hemd" dem Verfall unterworfen.

[243] BGH 2.10.2008 – 4 StR 153/08, NStZ-RR 2009, 234.

[244] BGH 26.3.2009 – 3 StR 579/08, 3 StR 579/08, NStZ 2010, 86.

[245] BGH 26.3.2009 – 3 StR 579/08, 3 StR 579/08, NStZ 2010, 86.

[246] BGH 10.6.2009 – 2 StR 76/09, NJW 2009, 2755.

[247] *Weber* Rn. 149; vgl. auch BGH 10.10.2002 – 4 StR 233/02, BGHSt 48, 40.

[248] BGH 16.5.2006 – 1 StR 46/06, BGHSt 51, 65 = NJW 2006, 2500.

[249] BGH 11.4.1995 – 1 StR 836/94, NStZ 1995, 495.

[250] BGH 3.7.2003 – 1 StR 453/02, BeckRS 2003, 07432 (insoweit in NStZ 2004, 457 nicht abgedruckt) = JR 2004, 245 = wistra 2003, 424.

[251] BGH 22.8.1995 – 4 StR 250/95, StV 1995, 635.

[252] BGH 2.12.2004 – 3 StR 246/04, NStZ-RR 2005, 104 = wistra 2005, 137.

[253] BGH 8.8.2001 – 1 StR 291/01, NStZ-RR 2002, 7.

[254] BGH 17.8.1994 – 3 StR 296/94, BeckRS 1994, 31081107; 10.2.2005 – 4 StR 513/04, BeckRS 2005, 0321.

[255] BGH 8.8.2001 – 1 StR 291/01, NStZ-RR 2002, 7.

[256] BGH 3.7.2003 – 1 StR 453/02, BeckRS 2003, 07432 (insoweit in NStZ 2004, 457 nicht abgedruckt) = JR 2004, 245 = wistra 2003, 424 (425).

92   **h) Geringer Wert des Erlangten (§ 73c Abs. 1 S. 2 Alt. 2 StGB aF).** In Bagatellfällen kann die Anordnung des Verfalls unterbleiben. Für den Begriff der Geringwertigkeit können die zu **§§ 243 Abs. 2, 248a StGB aF** entwickelten Kriterien herangezogen werden. Auf die wirtschaftlichen Verhältnisse des Verfallsbetroffenen kommt es nicht an; entscheidend ist der objektive Wert des Verfallsgegenstandes. Die Möglichkeit, von der Verfallsanordnung abzusehen, beruht auf prozessökonomischen Überlegungen. Im Regelfall wären bei geringen Beträgen die Vollstreckungskosten höher als der dem Verfallsbeteiligten entzogene Betrag.

93   **i) Zahlungserleichterungen (§ 73c Abs. 2 StGB aF).** Das Gericht kann nach den für Geldstrafen maßgeblichen Grundsätzen des § 42 StGB dem Betroffenen Zahlungserleichterungen bewilligen. Dies wird vor allem in den Fällen des § 73a StGB aF in Frage kommen. Geben die wirtschaftlichen Verhältnisse des Verfallsbetroffenen dazu Anlass, so muss sich der Tatrichter insbesondere bei relativ hohen Verfallsbeträgen im Urteil mit dieser Möglichkeit erkennbar auseinandersetzen.[257]

94   **10. Wirkung der Verfallsanordnung.** Zu unterscheiden ist, ob die Verfallsanordnung einen Gegenstand, dh eine Sache oder ein Recht, oder den Wertersatz nach § 73a StGB aF betrifft.

95   **a) Verfall eines Gegenstandes (§ 73e StGB aF).** Mit der Rechtskraft der Verfallsanordnung geht das Eigentum an der für verfallen erklärten Sache bzw. die rechtliche Inhaberschaft am für verfallen erklärten Recht **auf den Staat** über. Eigentümer wird nach § 60 StVollstrO das Land (Justizfiskus), dessen Gericht im ersten Rechtszug entschieden hat. (Beschränkt dingliche) **Rechte Dritter** an dem verfallenen Gegenstand (zB Nießbrauch, Pfandrecht) **bleiben bestehen** (§ 73e Abs. 1 S. 2 StGB aF); daher sind die insoweit Berechtigten am Verfahren auch nicht zu beteiligen. Die Verfallsentscheidung bewirkt für den Zeitraum zwischen Anordnung und Rechtskraft ein **Veräußerungs- und Verfügungsverbot** (§ 73e Abs. 2 StGB aF); dieses wirkt iS des § 135 Abs. 2 BGB relativ, da nur der Eigentumsübergang auf den Fiskus gesichert werden soll.

96   **b) Verfall des Wertersatzes.** Mit der Rechtskraft der Verfallsanordnung nach § 73a StGB aF entsteht ein **staatlicher Zahlungsanspruch** in Höhe des festgesetzten Geldbetrages gegen den Tatbeteiligten. Für die Vollstreckung gilt § 459g Abs. 2 StPO aF, der im Wesentlichen auf die Vollstreckung von Geldstrafen verweist (allerdings kann auch in den Nachlass vollstreckt werden). Anders als beim Verfall hat das noch nicht rechtskräftige Urteil **keine Wirkung für die Verfügungsbefugnis des Verfallsbetroffenen.** Er kann weiterhin über sein Vermögen verfügen, es sei denn, es wäre nach §§ 111b Abs. 2, 111d StPO aF für die Staatskasse mit Beschlag belegt worden.

97   **11. Auswirkung der Verfallsanordnung auf die Strafzumessung.** Unterschiedliche Auffassungen bestehen zu der Frage, ob die Belastung mit dem Verfall Strafzumessungsrelevanz besitzt. Während der BGH durchweg die Auffassung vertritt (→ Rn. 43), dass kein Anlass bestehe, der mit dem Verfall verbundenen Vermögenseinbuße Einfluss auf die Strafzumessung einzuräumen,[258] sind weite Teile der Literatur[259] der Ansicht (→ Rn. 44), dass zumindest bei über den Nettogewinn des Täters hinausgehenden Vermögensverlusten wegen des strafähnlichen Charakters[260] der Verfallanordnung eine Strafmilderung vorzuneh-

---

[257] *Franke/Wienroeder* Rn. 33; vgl. auch BGH 12.9.1984 – 3 StR 333/84, BGHSt 33, 37 (40) = NJW 1985, 752; 27.1.1999 – 3 StR 452/98, BeckRS 1999, 30044186.

[258] BGH 1.3.1995 – 2 StR 691/94, NJW 1995, 2235 = StV 1995, 297 = wistra 1995, 221; 3.1.1996 – 3 StR 153/95, NStZ-RR 1996, 129; 5.12.1996 – 5 StR 542/96, NStZ-RR 1997, 270; 28.11.1997 – 3 StR 114/97, NJW 1998, 1723; 20.10.1999 – 3 StR 324/99, NStZ 2000, 137; 22.11.2000 – 1 StR 479/00, NStZ 2001, 312; 25.4.2001 – 2 StR 374/00, BGHSt 46, 380 = NJW 2001, 2812 = StV 2002, 260 Ls. = wistra 2001, 391; 27.6.2001 – 2 StR 204/01, BeckRS 2001, 30189130; 20.3.2003 – 3 StR 57/03, BeckRS 2003, 03541; 27.3.2003 – 5 StR 434/02, BeckRS 2003, 03473.

[259] Vgl. Lackner/Kühl/*Kühl* StGB § 73 Rn. 4b f. mwN.

[260] Dagegen jetzt aber BVerfG 14.1.2004 – 2 BvR 564/95, BVerfGE 110, 1 = NJW 2004, 2073 = JR 2004, 511 = wistra 2004, 255v.

men sei. Unabhängig von der Frage, ob dem Verfall unter bestimmten Umständen ein strafähnlicher Charakter zukomme, wird man aber – nach zustimmungswürdiger Ansicht von *Rahlf* – die Konsequenzen des Verfalls unter dem Gesichtspunkt der Wirkung für das künftige Leben (§ 46 StGB) als Strafzumessungsfaktor anerkennen müssen (→ Rn. 45).[261]

12. Verfahrensrechtliche Vorschriften. Die Vorschriften der §§ 73 ff. StGB aF über **98** den Verfall werden durch Bestimmungen des Strafprozessrechts ergänzt. Zentrale Bedeutung haben die §§ 111b ff. StPO aF; sie regeln die Sicherstellung der dem Verfall unterliegenden Vermögenswerte und sollen den Erhalt der tatsächlichen Grundlage für eine etwaige spätere Verfallsanordnung durch das Gericht sichern.[262] § 111b Abs. 1 StPO aF sieht für den **Verfall von Gegenständen** (Sachen und Rechten) die **Beschlagnahme** vor; § 111b Abs. 2 StPO aF sieht für den **Verfall des Wertersatzes** den **dinglichen Arrest** vor. Dabei werden die Maßnahmen auch dann ergriffen, wenn voraussichtlich nach § 73 Abs. 1 S. 2 StGB aF wegen der Ansprüche des Verletzten ein Verfall nicht ausgesprochen werden kann (**Zurückgewinnungshilfe zu Gunsten des Verletzten,** § 111b Abs. 5 StPO aF). Zur Verfahrensvereinfachung und -beschleunigung kann der **Verfall prozessual ausgeklammert** werden (§§ 442, 430 StPO aF). Unter bestimmten Voraussetzungen kann der **Verfall des Wertersatzes nachträglich angeordnet** werden (§ 76 StGB aF). Zuständig ist das Gericht des ersten Rechtszuges (§§ 462a Abs. 2, 462 Abs. 1 S. 2 StPO aF) oder, wenn der Verurteilte eine Freiheitsstrafe verbüßt, die Strafvollstreckungskammer (§ 462a Abs. 1 StPO aF). Zur Beteiligung Dritter, die Rechte an den für verfallen zu erklärenden Gegenständen geltend machen (können), im Haupt- und Nachverfahren vgl. § 442 StPO aF iVm §§ 431–439, 441 StPO aF.

Hat das Gericht lediglich deshalb nicht auf Verfall erkannt, weil Ansprüche eines Verletz- **99** ten im Sinne des § 73 Abs. 1 S. 2 StGB aF entgegenstehen, kann es dies **im Urteil feststellen.** In diesem Fall hat es das Erlangte zu bezeichnen. Liegen insoweit die Voraussetzungen des § 73a StGB aF vor, stellt es im Urteil den Geldbetrag fest, der dem Wert des Erlangten entspricht (§ 111i Abs. 2 StPO aF). Die nach § 111i Abs. 2 StPO aF notwendigen Feststellungen **gehören in die Urteilsformel.**[263] Dies ergibt sich bereits aus dem Wortlaut der Vorschrift, wonach auf der Grundlage der Hauptverhandlung „im Urteil" festzustellen ist, wenn das Gericht wegen entgegenstehender Ansprüche eines Verletzten nicht auf Verfall erkennt. Im Gegensatz dazu erfolgt die weitere **Aufrechterhaltung der Beschlagnahme** einzelner Gegenstände bzw. des dinglichen Arrests gemäß § 111i Abs. 3 StPO aF ausdrücklich **im Beschlusswege.**[264]

Bei einer Feststellung gemäß § 111i Abs. 2 StPO aF ist im Urteilstenor (nur) der Vermö- **100** gensgegenstand bzw. Geldbetrag zu benennen, den der Staat unter den Voraussetzungen des § 111i Abs. 5 StPO aF unmittelbar oder als Zahlungsanspruch erwirbt.[265] Bereits der Gesetzgeber war davon ausgegangen, „dass das Gericht im Rahmen der [nach § 111i Abs. 2 StPO aF] zu treffenden Feststellung die einzelnen ‚Verfallsgegenstände' bezeichnen muss … [bzw.] den Betrag anzugeben [hat], der dem ‚Wertersatzverfall' entspricht";[266] hiermit „gibt es den Rahmen des möglichen späteren Auffangrechtserwerbs vor"[267].

13. Verständigung und Verfall. Nicht zum Gegenstand einer Verständigung gemacht **101** werden dürfen die mit dem Schuldspruch und einer Verurteilung verbundenen, zwingend von Gesetzes wegen zu verhängenden Nebenstrafen oder anzuordnende Nebenfolgen wie der Verlust der Amtsfähigkeit gemäß § 45 Abs. 1 StGB. Etwas anderes gilt für fakultative

---

[261] Ausführlich hierzu noch 2. Aufl., Rn. 97.
[262] Vgl. auch KPV/*Patzak* Rn. 204 ff.
[263] BGH 16.12.2008 – 3 StR 402/08, BeckRS 2009, 04279; KK-StPO/*Nack* StPO § 111i Rn. 14; 17.10.2010 – 2 StR 524/09, BGHSt 55, 62 = NJW 2010, 1685 = wistra 2010, 187.
[264] BGH 17.10.2010 – 2 StR 524/09, BGHSt 55, 62 = NJW 2010, 1685 = wistra 2010, 187.
[265] BGH 28.10.2010 – 4 StR 215/10, BGHSt 56, 39 = JR 2011, 269 = NJW 2011, 624 = StV 2011, 133 = wistra 2011, 101.
[266] BT-Drs. 16/700, 16.
[267] BT-Drs. 16/700, 15.

Nebenstrafen, wie zB das Fahrverbot nach § 44 StGB oder sonstige Nebenfolgen wie Einziehung und Verfall.[268]

102   **14. Verfahren gegen Jugendliche.** Die Anordnung des Verfalls oder des Verfalls des Wertersatzes gegen Jugendliche oder Heranwachsende, auf die Jugendstrafrecht angewendet wird, ist zulässig; das gilt auch, wenn der Wert des Erlangten nicht mehr im Vermögen des Täters vorhanden ist.[269] Der Vermeidung von Härten dient allein § 73c StGB.[270]

V. Verfall gegen einen Drittbegünstigten (§ 73 Abs. 3 StGB aF)

103   Nach § 73 Abs. 1 StGB aF kann der Verfall grundsätzlich nur gegen den Täter oder Teilnehmer der rechtswidrigen Tat angeordnet werden. Davon macht § 73 Abs. 3 StGB aF eine Ausnahme. Nutznießer einer Straftat kann aber auch ein an der Tat nicht beteiligter Dritter sein. Daher kann der Verfall (oder der Verfall des Wertersatzes nach § 73a StGB aF) auch gegen einen Dritten angeordnet werden, wenn der Täter oder Teilnehmer für einen anderen gehandelt und dadurch dieser etwas erlangt hat.[271] Die Vorschrift hat ihre Bedeutung insbesondere **im Bereich der Wirtschaftskriminalität** und dort wiederum im Umweltstrafrecht; im BtM-Strafrecht ist der Dritte zumeist bösgläubig, so dass in seiner Person zumeist Geldwäsche (§ 261 StGB) vorliegt und deshalb der Verfall gegen ihn ohnehin nach § 73 Abs. 1 bzw. Abs. 2 StGB aF (unmittelbar) angeordnet werden kann.

VI. Verfall gegen einen Dritteigentümer (§ 73 Abs. 4 StGB aF)

104   Grundsätzlich kann sich die Verfallsanordnung nur gegen denjenigen richten, der als Tatbeteiligter oder Dritter „etwas erlangt" hat, also im Zusammenhang mit der Tat bereichert worden ist. Ist nicht sicher, dass dem Täter der Verfallsgegenstand (rechtlich/dinglich) zusteht, kann der Verfall regelmäßig nicht angeordnet werden. § 73 Abs. 4 StGB aF **befreit den Tatrichter von der Prüfung der Eigentums-/Inhaberschaftsfrage;** das Verfahren soll von der Klärung der Frage entlastet werden, ob über §§ 134, 138 BGB nur das zugrunde liegende schuldrechtliche oder auch zugleich das abstrakte dingliche Erfüllungsgeschäft nichtig ist. § 73 Abs. 4 StGB aF hat „in erster Linie die Funktion, die Fälle aufzufangen, in denen hinsichtlich der dinglichen Wirkung des sittenwidrigen Rechtsgeschäfts Zweifel bestünden".[272] In der Konsequenz erweitert § 73 Abs. 4 StGB aF den Kreis der möglichen Verfallsadressaten also um den **Vorteilsgeber.**[273] Hat der Dritte den Gegenstand für die Tat oder aber in Kenntnis der Tatumstände gewährt, so kann der Tatrichter dahingestellt lassen, ob der Dritte Eigentümer geblieben ist oder nicht. Er kann sich auf die Feststellung beschränken, dass der Tatbeteiligte einen Vermögensvorteil für die Tat erlangt hat, der von dem Dritten unter den Voraussetzungen des § 73 Abs. 4 StGB aF gewährt worden ist.[274]

105   **1. Verfallsgegenstand.** Verfallsgegenstände können Sachen oder Rechte sein. Der Verfallsgegenstand muss zum Zeitpunkt der Verfallsanordnung **dem Dritten noch gehören oder zustehen;** jedenfalls muss er – im Hinblick auf §§ 134, 138 BGB – als Eigentümer oder Inhaber noch in Betracht kommen. Die ist zB bei Drogengeschäften dann nicht der Fall, wenn der Verkäufer durch Vermengung Eigentümer des **Kaufgeldes** geworden ist; dann kommt der Verfall des Wertersatzes gem. § 73a StGB aF in Betracht. Handelte es sich aber um ein Scheingeschäft, bei dem der Drogenhändler registriertes, von der **Polizei zur Verfügung gestelltes Geld** vom Scheinaufkäufer erhalten hat, so kann dieses Geld

---

[268] Schlothauer/Weider StV 2009, 600; vgl. auch Meyer-Goßner/Schmitt/Meyer-Goßner StPO § 257c Rn. 10.

[269] BGH 17.6.2010 – 4 StR 126/10, NJW 2010, 3106.

[270] BGH 17.6.2010 – 4 StR 126/10, NJW 2010, 3106.

[271] Vgl. BGH 19.10.1999 – 5 StR 336/99, BGHSt 45, 235 = NJW 2000, 297.

[272] LK-StGB/Schmidt StGB § 73 Rn. 65 mit Zitaten aus den parlamentarischen Beratungen.

[273] SK-StGB/Horn StGB § 73 Rn. 20; vgl. auch KPV/Patzak Rn. 141.

[274] BGH 14.9.1989 – 4 StR 306/89, BGHSt 36, 251 (254) = NJW 1989, 3165 = JR 1990, 207 mAnm J. Mayer JR 1990, 208.

nicht – auch nicht nach § 73 Abs. 4 StGB aF – für verfallen erklärt werden; es steht vielmehr nach wie vor der Polizei zu, an die es herauszugeben ist.[275] Dies gilt aber nur für den Fall, dass das von den Ermittlungsbehörden eingesetzte Kaufgeld als solches sichergestellt werden kann. Ist das nicht der Fall, so unterliegt es dem Wertersatzverfall gemäß § 73a S. 1 StGB aF; § 73 Abs. 1 S. 2 StGB aF steht der Anordnung des Verfalls von eingesetztem Scheinkaufgeld nicht entgegen, weil der öffentlichen Hand eigenständige Ersatzansprüche, die eine Kompensation ihrer verletzten Interessen gewährleisten sollen, nicht zur Verfügung stehen.[276]

2. Für die Tat. Bei der Gewährung „für die Tat" ist der Dritteigentümer regelmäßig **106** selbst an der Tat beteiligt. Häufigster Anwendungsfall ist die **Zahlung des Kaufpreises bei Drogengeschäften** durch den Käufer im Verfahren gegen den Verkäufer.[277] Sofern der Käufer allerdings das Geld nicht aus eigenen Mitteln bezahlt haben sollte, kommt es darauf an, ob der hinter ihm stehende Eigentümer das Geld undolos zur Verfügung gestellt hatte oder nicht (und – zusätzliches Erfordernis – der Käufer es nicht mit eigenem Geld vermengt hat): hat der wahre Eigentümer dem Käufer das Geld für die Tat gewährt oder die Tatumstände in den wesentlichen Grundzügen vorausgesehen, so ist er der Dritteigentümer iS des § 73 Abs. 4 StGB aF, anderenfalls – zB undolose Darlehensgewährung – kommt ein Dritteigentümerverfall nicht in Betracht. Auch hier gilt: hat der **Verkäufer durch Vermengung Eigentum** an dem Geld erlangt, kommt nicht § 73 Abs. 4 StGB, sondern § 73 Abs. 1 StGB aF zur Anwendung; da aber der Verfall eines bestimmten Gegenstandes wegen der untrennbaren Vermengung nicht mehr möglich ist, muss der Verfall des Wertersatzes (§ 73a StGB aF) angeordnet werden.

3. In Kenntnis der Tatumstände. „In Kenntnis der Tatumstände" handelt der Dritte **107** jedenfalls dann, wenn er positiv um die Tatbegehung weiß. **Bedingt vorsätzliches Handeln bei der Hingabe des Gegenstandes genügt.** Die nur leichtfertige Gewährung eines Gegenstandes ist nicht ausreichend.

4. Wirkung und Verfahren. Zur Wirkung der Verfallsanordnung → Rn. 39. Die **108** Anordnung richtet sich nicht gegen den Dritteigentümer, sondern gegen den Tatbeteiligten, der den Gegenstand erlangt hat.[278] Zum Verfahren, insbesondere zur Beteiligung des Dritteigentümers, → Rn. 46.

VII. Erweiterter Verfall (§ 73d StGB aF)

Bei bestimmten Delikten, die der Gesetzgeber der organisierten Kriminalität zugerechnet **109** hat, muss dann, wenn die in Betracht kommende Strafnorm ausdrücklich auf § 73d StGB aF verweist und wenn nach der festgestellten Sachlage die **Anordnung des Verfalls nach § 73 StGB aF nicht möglich** ist, weil festgestellte Vermögenswerte der angeklagten Tat nicht zugeordnet werden können, der Verfall von Gegenständen auch dann angeordnet werden, wenn „Umstände die Annahme rechtfertigen, dass diese Gegenstände für rechtswidrige Taten oder aus ihnen erlangt worden sind."

1. Zweck der Vorschrift. Der Gesetzgeber hatte den Erweiterten Verfall ursprünglich **110** nur als Mittel im Kampf gegen die BtM-Kriminalität gedacht, später aber auf Straftaten aus anderen Rechtsgebieten ausgedehnt. Er wollte dadurch den Tätern die Finanzmittel für die Begehung weiterer Delikte entziehen.[279] § 73d StGB aF erweitert die Zugriffsmöglichkeit über das aus verfahrensgegenständlichen Taten Erlangte hinaus auf sonstige Vermögenswerte

---

[275] BGH 29.11.1994 – 4 StR 632/94.
[276] BGH 4.2.2009 – 2 StR 504/08, BGHSt 53, 179 = JR 2010, 34 = JZ 2009, 1124 mAnm *Rönnau* = NJW 2009, 2073 = StRR 2009, 123.
[277] Vgl. zB BGH 14.9.1989 – 4 StR 306/89, BGHSt 36, 251 (254) = NJW 1989, 3165 = JR 1990, 207 mAnm *J. Mayer* JR 1990, 208.
[278] *Fischer* StGB § 73 Rn. 26.
[279] *W. Schmidt* Rn. 41.

deliktischer Herkunft. Die betreffenden Taten müssen dabei weder Gegenstand der Anklage noch bewiesen sein; es genügt, wenn das Gericht von der Herkunft des Erlangten aus (irgendwelchen) rechtswidrigen Taten überzeugt ist.[280]

111   **2. Verfassungsmäßigkeit.** § 73d StGB aF ist in der Auslegung des Bundesgerichtshofs mit dem Grundgesetz vereinbar.[281] Die Vorschrift verstößt nicht gegen den **Schuldgrundsatz,** weil das Rechtsinstitut des erweiterten Verfalls keinen strafenden oder strafähnlichen Charakter hat. Sie ist mit der **Unschuldsvermutung** vereinbar, weil die Anordnung des erweiterten Verfalls die Feststellung von Schuld nicht voraussetzt und von Gesetzes wegen auch nicht mit einer gerichtlichen Schuldzuweisung verbunden ist und zuletzt verstößt in der Auslegung des Bundesgerichtshofs (sc. des 4. Strafsenats) auch nicht gegen die **Eigentumsgarantie** des Art. 14 Abs. 1 GG: soweit § 73d StGB aF den Zugriff auf Vermögenswerte erlaubt, die dem unmittelbar Betroffenen wegen eines Verstoßes gegen strafrechtliche Vorschriften zivilrechtlich nicht zustehen (vgl. § 134, § 935 BGB), ist dessen Eigentumsgrundrecht schon mangels einer schutzfähigen Rechtsposition nicht berührt (dies betrifft vor allem die Entziehung von Gewinnen aus illegalen Drogengeschäften); soweit § 73d StGB aF die Entziehung von Gegenständen anordnet, die der Betroffene zwar deliktisch, aber gleichwohl zivilrechtlich wirksam erworben hat, enthält er eine Inhalts- und Schrankenbestimmung des Eigentums im Sinne des Art. 14 Abs. 1 S. 2 GG, die – in der Auslegung des Bundesgerichtshofs – den verfassungsrechtlichen Anforderungen genügt.[282]

112   **3. Blankettnorm.** Die Vorschrift des § 73d StGB aF über den Erweiterten Verfall ist als **Blankettnorm** ausgestaltet (§ 73d Abs. 1 S. 1 StGB aF), dh ihre Anwendung kommt nur bei Strafvorschriften in Betracht, in denen ausdrücklich auf § 73d StGB aF verwiesen wird. Für bestimmte Straftatbestände des BtM-Rechts nimmt § 33 Abs. 1 aF diese Verweisung vor.

113   **4. Der Umfang der Verweisung nach Abs. 1.** Abs. 1 verweist nicht generell, sondern nur für bestimmte Tatbestände des BtMG auf § 73d StGB aF, nämlich in § 33 Abs. 1 Nr. 1 aF auf die **Vergehenstatbestände** des § 29 Abs. 1 S. 1 Nr. 1 (Anbau, Herstellung, Handeltreiben, Einfuhr, Ausfuhr, Veräußerung, Abgabe, sonstiges Inverkehrbringen, Erwerb und Sichverschaffen in sonstiger Weise), § 29 Abs. 1 S. 1 Nr. 5 (Durchfuhr), § 29 Abs. 1 S. 1 Nr. 6 (Verschreiben, Verabreichen/Verbrauchsüberlassung), § 29 Abs. 1 S. 1 Nr. 10 (Gelegenheit zum Erwerb usw verschaffen), § 29 Abs. 1 S. 1 Nr. 11 (Gelegenheit zum Verbrauch verschaffen usw außerhalb von Drogenkonsumräumen) und § 29 Abs. 1 S. 1 Nr. 13 (Geldmittel bereitstellen), sofern **gewerbsmäßige Begehungsweise** vorliegt, und in § 33 Abs. 1 Nr. 2 auf alle im BtMG enthaltenen **Verbrechenstatbestände,** nämlich §§ 29a, 30 und 30a. Die Verweisung in § 33 Abs. 1 Nr. 2 aF auf die Verbrechenstatbestände umfasst auch den **Versuch** ihrer Begehung und die **versuchte Beteiligung** daran; anders verhält es sich bei den Vergehenstatbeständen, deren Versuch nicht zur Anwendbarkeit des Erweiterten Verfalls führt.

114   **5. Verhältnis zum Verfall nach § 73 StGB aF.** Bei § 73 StGB aF muss die Tat, für die oder aus der etwas erlangt worden ist, Gegenstand der Verurteilung sein, das heißt, das Gericht muss zur Überzeugung gelangen, dass der Täter für oder aus der/den ausgeurteilten Tat(en) etwas im Sinne des § 73 Abs. 1 Satz 1 StGB aF erlangt hat. § 73d StGB aF regelt demgegenüber den Fall, dass der Täter über Vermögensgegenstände verfügt, deren Herkunft aus einer konkreten, abgeurteilten Straftat nicht festgestellt werden kann.

115   §§ 73 Abs. 1 aF, 73a Abs. 1 StGB aF gehen § 73d StGB aF vor.[283] Da beide Formen des Verfalls als zwingende Rechtsfolge anzuordnen sind, der Verfall nach § 73 StGB aF aber

---

[280] BGH 3.9.2009 – 5 StR 207/09, NStZ-RR 2009, 384.

[281] BVerfG 14.1.2004 – 2 BvR 564/95, BVerfGE 110, 1 = NJW 2004, 2073 = JR 2004, 511 = wistra 2004, 255.

[282] BVerfG 14.1.2004 – 2 BvR 564/95, BVerfGE 110, 1 = NJW 2004, 2073 = JR 2004, 511 = wistra 2004, 255.

[283] Vgl. BGH 2.10.2002 – 2 StR 294/02, NStZ-RR 2003, 75 (76); 1.12.2005 – 3 StR 382/05, NStZ-RR 2006, 138 (139); 21.10.2008 – 4 StR 437/08, NStZ 2010, 85; 11.12.2008 – 4 StR 386/08, BeckRS 2009, 00060; 20.4.2010 – 4 StR 119/10, NStZ-RR 2010, 255; 3.2.2011 – 4 StR 586/10, BeckRS 2011, 04347; 23.5.2012 – 4 StR 76/12, BeckRS 2012, 13388; jetzt auch *Weber* Rn. 193; anders aber BGH 7.7.2011 –

die Maßnahme unter den konkreteren Voraussetzungen vorschreibt, hat deren Prüfung Vorrang.[284] Dies ergibt sich auch aus dem Wortlaut des § 73d Abs. 1 S. 1 StGB aF („auch dann"). Deshalb muss das Gericht zunächst nach allgemeinen Prozessregeln aufzuklären, ob die Herkunft der erlangten Gegenstände nicht zweifelsfrei den von der Anklage umfassten Taten zugeordnet werden kann. Erst wenn unter Ausschöpfung aller prozessual zulässigen Mittel ausgeschlossen werden kann, dass die Voraussetzungen der §§ 73, 73a StGB aF erfüllt sind, kann § 73d StGB aF zur Anwendung kommen.[285] Nicht erfasst werden können solche Gegenstände, die aus anderen, von der Anklageschrift nicht erfassten, aber zumindest möglicherweise konkretisierbaren Straftaten erlangt wurden; denn diese Taten können und müssen zum Gegenstand eines gesonderten Strafverfahrens gemacht werden, in dem die Voraussetzungen des vorrangig anwendbaren § 73 StGB aF zu prüfen sind.[286] Diese Ungewissheit wird also nicht durch den Aspekt beseitigt, dass im Bereich der Betäubungsmittelkriminalität eine „Strafbarkeitsvermutung" besteht, die sich in einem allumfassenden Umgangsverbot äußert. Keinesfalls darf deshalb auf § 73d StGB aF zurückgegriffen werden, weil die Voraussetzungen des § 73 Abs. 1 S. 2 StGB aF gegeben sind, also ein Anspruch des Verletzten der Anordnung des Verfalls entgegensteht (der für § 73d StGB aF keine Bedeutung hat).

6. Terminologie. Die Tatsache, dass viele Einzelfragen beim Erweiterten Verfall noch **116** nicht hinreichend geklärt sind, spiegelt sich auch in der uneinheitlichen Terminologie wieder: die rechtswidrige Tat, die den Gegenstand der Anklage bildet, wird **Anknüpfungstat,**[287] **Anlasstat**[288] oder **Katalogtat**[289] genannt, die rechtswidrige Tat(en), für die oder aus denen die Gegenstände erlangt sind, hinsichtlich derer der erweiterte Verfall in Betracht kommen soll, werden **Herkunftstaten**[290] oder **Erwerbstaten**[291] genannt.

7. Rückwirkungsverbot, Verjährungsfragen. Aus dem Rückwirkungsverbot folgt, **117** dass der erweiterte Verfall solche Gegenstände nicht erfasst, die aus rechtswidrigen Taten stammen, die bereits **vor dem Inkrafttreten des OrgKG** am 22.9.1992 begangen wurden.[292] Für die Fälle, in denen über den ursprünglichen vom OrgKG geschaffenen Umfang hinaus in späteren Gesetzen der **Anwendungsbereich des § 73d StGB aF auf weitere Tatbestände erstreckt** worden ist, gilt nichts anderes; dh der erweiterte Verfall solcher Gegenstände kann nicht angeordnet werden, die der Täter durch eine rechtswidrige Tat erlangt hat, bevor in der entsprechenden Vorschrift der Verweis auf § 73d StGB aufgenommen wurde.[293] Inwiefern eine **Verjährung der Herkunftstat** die Anordnung

---

3 StR 144/11, BeckRS 2011, 19724 mAnm *Schröder* NJW-Spezial 2011, 538: „wenn nach Ausschöpfung aller Beweismittel zwar zur Überzeugung des Gerichts feststeht, dass der Angeklagte Erlöse aus rechtswidrigen Taten erzielt hat, jedoch nicht geklärt werden kann, ob sie aus den abgeurteilten oder anderen Taten stammen", dann dann kommt auch § 73d StGB aF zum Zuge.

[284] BT-Drs. 11/6623, 6.

[285] Vgl. BGH 2.10.2002 – 2 StR 294/02, NStZ-RR 2003, 75 (76); 7.1.2003 – 3 StR 421/02, NStZ 2003, 422 (423); 1.12.2005 – 3 StR 382/05, NStZ-RR 2006, 138 (139); 11.12.2008 – 4 StR 386/08, BeckRS 2009, 00060; 20.4.2010 - 4 StR 119/10,NStZ-RR 2010, 255; BGH 23.5.2012 – 4 StR 76/12, NStZ-RR 2012, 312; vgl. auch → StGB § 73d Rn. 11; vgl. auch BGH 24.4.2001 – 1 StR 88/01, BeckRS 2001 30175979; 9.10.2001 – 4 StR 411/01, BeckRS 2001 30210135 = wistra 2002, 57; BGH 8.8.2013 – 3 StR 226/13 mAnm *Knauer/Oğlakcıoğlu* NStZ 2014, 82.

[286] *Knauer/Oğlakcıoğlu* NStZ 2014, 82 (83).

[287] BT-Drs. 11/6623, 6; → StGB § 73d Rn. 22; Schönke/Schröder/*Eser* StGB § 73d Rn. 9; *Fischer* StGB § 73d Rn. 10.

[288] BGH 22.11.1994 – 4 StR 516/94, BGHSt 40, 371 = NJW 1995, 470 = JR 1995, 296 mAnm *Katholnigg* = StV 1995, 76 = wistra 1995, 101v.

[289] BGH 20.9.1995 – 3 StR 267/95, BGHSt 41, 278 = NJW 1996, 136 = JR 1996, 378 = StV 1996, 23 = wistra 1996, 60v.

[290] BT-Drs. 11/6623, 7; → StGB § 73d Rn. 1; Schönke/Schröder/*Eser* StGB § 73d Rn. 14; *Fischer* StGB § 73d Rn. 10; *Weber* Rn. 194.

[291] BGH 20.9.1995 – 3 StR 267/95, BGHSt 41, 278 = NJW 1996, 136 = JR 1996, 378 = StV 1996, 23 = wistra 1996, 60; LK-StGB/*Schmidt* StGB § 73d Rn. 40 und 42.

[292] BGH 20.9.1995 – 3 StR 267/95, BGHSt 41, 278 (283 f.) = NJW 1996, 136 = JR 1996, 378 = StV 1996, 23 = wistra 1996, 60.

[293] BGH 27.4.2001 – 3 StR 132/01, NJW 2001, 2339; 28.1.2003 – 5 StR 438/02, BeckRS 2003, 30303475 = wistra 2003, 228.

des Erweiterten Verfalls hindert, ist noch ungeklärt. Der Regierungsentwurf[294] hielt den erweiterten Verfall auch dann für gerechtfertigt, wenn er Gegenstände erfassen sollte, die aus einer insbesondere wegen Verjährungseintritts „aus rechtlichen Gründen" nicht mehr verfolgbaren Herkunftstat stammten. Ein solcher Bruch mit den übrigen Verfallsregeln (§§ 76a Abs. 1, 78 Abs. 1 StGB aF) ist aber nur zu rechtfertigen, wenn die konkrete Gefahr besteht, dass der Täter die betreffenden Gegenstände zur Vorbereitung neuer Straftaten einsetzen werde[295] (Entziehung des Investitionskapitals für weitere Delikte). Eine solche auf Sicherungszwecke abzielende Prognose setzt § 73d StGB (anders als § 76a Abs. 2 StGB aF) aber gerade nicht voraus. Um derartige Wertungswidersprüche im System der Verfallsvorschriften nicht zu Lasten des Täters ausgehen zu lassen, ist der **Erweiterte Verfall bei Gegenständen aus verjährten Herkunftstaten auszuschließen.**[296]

118   **8. Anknüpfungstat.** Der Erweiterte Verfall gem. § 73d StGB aF setzt – wie auch der Verfall gem. § 73 StGB aF – eine **rechtswidrige,** nicht notwendig schuldhaft begangene **Tat** voraus, die **von der Anklage umfasst** und in der Hauptverhandlung vom Tatrichter festgestellt sein muss (→ Rn. 7).

119   **9. Gegenstand des Erweiterten Verfalls.** Anders als beim einfachen Verfall gem. § 73 Abs. 1 StGB bezieht sich die Anordnung des Erweiterten Verfalls nicht auf „Etwas", sondern **nur auf „Gegenstände", dh Sachen oder Rechte.** Lediglich rechnerisch fassbare Vorteile unterfallen daher nicht dem § 73d StGB aF. Gegenstände sind zB Bankguthaben, beschränkte dingliche Rechte wie Hypotheken, Miteigentum; es muss sich aber um einen bestimmten, vom Gesamtvermögen abtrennbaren Gegenstand handeln.[297] Gesamteigentum genügt nur, wenn alle Miteigentümer Täter oder Teilnehmer sind und in Bezug auf jeden von ihnen die Voraussetzungen des erweiterten Verfalls vorliegen.[298]

120   **a) Unmittelbarkeit der Erlangung.** Die Gegenstände müssen – wie auch bei § 73 Abs. 1 StGB aF – von dem Tatbeteiligten **unmittelbar aus einer rechtswidrigen Tat erlangt** worden sein.[299] Die Herkunftstat muss nicht mit der im konkreten Strafverfahren abzuurteilenden Anknüpfungstat identisch sein. Die Qualität der Herkunftstat ist irrelevant; jede beliebige rechtswidrige Tat, die nicht von der Anklage umfasst ist, reicht aus, ohne dass ein Bezug zur organisierten Kriminalität erforderlich wäre. **Mittelbare Tatvorteile,** die durch den Einsatz des erlangten Gegenstandes dem Vermögen des Tatbeteiligten zugeflossen sind, kommen nicht als Objekte des Erweiterten Verfalls in Betracht.

121   **b) Nutzungen und Surrogate.** Nutzungen und Surrogate als mittelbare Tatfrüchte können nach § 73d Abs. 1 S. 3 StGB aF in Verbindung mit § 73 Abs. 2 StGB aF Objekte des Erweiterten Verfalls sein.

122   **c) Ersatz für Verlust des Gegenstandes (§ 73d Abs. 2 StGB aF).** Die sinngemäße Anwendung der §§ 73a und 73b StGB aF (§ 73d Abs. 2 StGB aF) betrifft nur solche Fälle, in denen die Voraussetzungen des Verfalls von Gegenständen zunächst erfüllt waren, die Ausführung der Maßnahme aber nach der Tat **ganz oder teilweise unmöglich (Wertersatzverfall)** geworden ist.[300] Der Umstand, dass der bei einer Hausdurchsuchung sichergestellte Erlös aus einem Betäubungsmitteldelikt bei der **Gerichtszahlstelle** eingezahlt wurde, steht der Anordnung eines erweiterten Verfalls gemäß § 33 Abs. 1 BtMG aF iVm § 73d Abs. 1 Satz 1 und 2 StGB aF nicht entgegen.[301] Über die Verweisung auf § 73b StGB aF wird die **Schät-**

---

[294] BT-Drs. 11/6623, 7.
[295] Schönke/Schröder/*Eser* StGB § 73d Rn. 7.
[296] So auch → StGB § 73d Rn. 24; Lackner/Kühl/*Heger* StGB § 73d Rn. 11; Schönke/Schröder/*Eser* StGB § 73d Rn. 7; aA *Weber* Rn. 219.
[297] LK-StGB/*Schmidt* StGB § 73d Rn. 29.
[298] → StGB § 73d Rn. 25.
[299] LK-StGB/*Schmidt* StGB § 73d Rn. 38.
[300] BT-Drs. 11/6623, 6.
[301] BGH 23.7.2014 – 2 StR 20/14, NStZ-RR 2015, 282.

zung des Wertes des ursprünglich dem Verfall unterlegenen Gegenstandes möglich – aber nur in Bezug auf den Wertersatzverfall als solchen, nicht etwa hinsichtlich des Tätervermögens.[302]

10. Tatbeteiligter als Eigentümer oder Inhaber des Verfallsgegenstandes. Die für **123** den Erweiterten Verfall in Betracht kommenden Gegenstände müssen zum Zeitpunkt der Verfallsanordnung zum Vermögen des an der rechtswidrigen Tat Beteiligten **gehören bzw. ihm zustehen.**[303] Faktische Verfügungsgewalt (Eigenbesitz) reicht aus. § 73 Abs. 3 und 4 StGB aF, die die Verfallsanordnung gegen einen Dritten regeln, finden in diesem Kontext keine Anwendung. Einschlägig für die Verfallsanordnung bei täterfremden Vermögensgegenständen ist allein § 73d Abs. 1 S. 2 StGB aF (→ Rn. 140).

11. Kriminelle Herkunft des Verfallsgegenstandes. Es müssen Umstände vorliegen, **124** die die Annahme rechtfertigen, dass der für verfallen zu erklärende Gegenstand für (irgendeine) rechtswidrige Tat oder aus ihr erlangt worden ist.[304] Diese Herkunftstat muss weder Gegenstand einer Anklage oder Nachtragsanklage sein noch mit Mitteln des Strengbeweises erwiesen, vielmehr reicht es nach dem Wortlaut der Bestimmung aus, wenn das Gericht aus **„Umständen" die Annahme krimineller Herkunft des Verfallsgegenstandes** gewinnt. Die Anknüpfungstat kann vor der von der Anklage umfassten Tat begangen worden sein.[305] Nach dem Regierungsentwurf ist diese Annahme dann gerechtfertigt, wenn sich „diese Herkunftsmöglichkeit von allen in Betracht zu ziehenden Möglichkeiten als die ganz überwiegend wahrscheinlichste darstellt"; es soll danach genügen, dass sich bei mangelnder Feststellbarkeit von rechtmäßigen Quellen die Herkunft aus rechtswidrigen Taten im Hinblick auf die Situation des Täters und sein Vorleben einem objektiven Betrachter geradezu aufdränge.[306]

a) Annahme. Ob die nach den Umständen des Einzelfalls mögliche Annahme der **125** rechtswidrigen Herkunft des Verfallsobjekts lediglich **einen hohen Wahrscheinlichkeitsgrad erfordert** und die Maßnahme damit auch bei bloßem (wenn auch hochgradigem) Verdacht zulässt oder ob der Tatrichter aufgrund erschöpfender Beweiserhebung und -würdigung die **uneingeschränkte Überzeugung** gewinnen muss, dass der Angeklagte die von der Anordnung erfassten Gegenstände aus rechtswidrigen Taten erlangt hat, ohne dass diese selbst allerdings im einzelnen festgestellt werden müssten,[307] ist zwischen den Senaten des BGH umstritten. Der 1. Strafsenat[308] will „eine ganz hohe Wahrscheinlichkeit" der deliktischen Herkunft für die Anordnung des erweiterten Verfalls genügen zu lassen und kann sich dabei auf den Wortlaut der Vorschrift und die Intention des Gesetzgebers berufen. Der 4. Strafsenat[309] – und ihm folgend der 3. Strafsenat[310] – hält dagegen die Anordnung

---

[302] → StGB § 73d Rn. 36.

[303] BGH 9.5.2001 – 3 StR 541/00, NStZ 2001, 531; 29.8.2002 – 3 StR 287/02, NStZ-RR 2002, 366.

[304] Zum Ganzen auch KPV/*Patzak* Rn. 194 ff.

[305] BGH 4.8.2010 – 5 StR 184/10, NStZ-RR 2010, 385.

[306] BT-Drs. 11/6623, 7.

[307] BGH 22.11.1994 – 4 StR 516/94, BGHSt 40, 371 = NJW 1995, 470 = JR 1995, 296 mAnm *Katholnigg* = StV 1995, 76 = wistra 1995, 101, bestätigt durch BVerfG 14.1.2004 – 2 BvR 564/95, BVerfGE 110, 1 = NJW 2004, 2073 = JR 2004, 511 = wistra 2004, 255; 25.7.1995 – 1 StR 238/95, BeckRS 1995, 31095847 = StV 1995, 642; 10.2.1998 – 4 StR 4/98, NStZ 1998, 362; 9.5.2001 – 3 StR 541/00, NStZ 2001, 531; 29.8.2002 – 3 StR 287/02, NStZ-RR 2002, 366; 1.7.2004 – 4 StR 226/04, BeckRS 2004, 06970; 5.8.2004 – 4 StR 186/04, BeckRS 2004, 08130; OLG Hamm 16.9.2002 – 2 Ss 769/02.

[308] BGH 28.11.1995 – 1 StR 619/95, NStZ-RR 1996, 116; noch offengelassen in BGH 29.8.1995 – 1 StR 482/95; vgl. auch die Stellungnahme des 1. Strafsenats im Verfahren des BVerfG, das zur Entscheidung BVerfG 14.1.2004 – 2 BvR 564/95, BVerfGE 110, 1 = NJW 2004, 2073 = JR 2004, 511 = wistra 2004, 255 führte.

[309] BGH 22.11.1994 – 4 StR 516/94, BGHSt 40, 371 (373) = NJW 1995, 470 = JR 1995, 296 mAnm *Katholnigg* = StV 1995, 76 = wistra 1995, 101; 10.2.1998 – 4 StR 4/98, NStZ 1998, 362; 20.4.2010 – 4 StR 119/10, NStZ-RR 2010, 255; einmal darauf Bezug nehmend und zustimmend BGH 25.7.1995 – 1 StR 238/95, BeckRS 1995, 31095847 = StV 1995, 642.

[310] BGH 27.4.2001 – 3 StR 132/01, NJW 2001, 2339 = StV 2001, 449 = wistra 2001, 297; 9.5.2001 – 3 StR 541/00, NStZ 2001, 531; 29.8.2002 – 3 StR 287/02, NStZ-RR 2002, 366; dem zustimmend („überzeugt") jetzt auch der 5 Strafsenat in BGH 3.9.2009 – 5 StR 207/09, NStZ-RR 2009, 384; 4.8.2010 – 5 StR 184/10, NStZ-RR 2010, 385.

des erweiterten Verfalls nur dann für zulässig, wenn der Tatrichter „die uneingeschränkte Überzeugung" von der Herkunft der von der Anordnung erfassten Gegenstände aus rechtswidrigen Taten gewonnen habe. Die dagegen erhobenen Bedenken des 1. Strafsenats hat das BVerfG[311] zurückgewiesen: die restriktive Auslegung des § 73d Abs. 1 S. 1 StGB aF sei von Verfassungs wegen nicht zu beanstanden. Nicht Stellung genommen hat das BVerfG allerdings zu der Frage (weil sie sich in dem zu entscheidenden Fall nicht stellte), ob auch die (weite) Auslegung durch den 1. Strafsenat verfassungsrechtlich unbedenklich sei, wonach ein hoher Wahrscheinlichkeitsgrad bei der Annahme rechtswidriger Herkunft des Verfallsobjekts für die Anordnung des erweiterten Verfalls genüge. Soweit in der Literatur § 73d StGB aF nicht kategorisch als verfassungswidrig abgelehnt worden ist,[312] sondern nach praktikablen Lösungen gesucht worden ist, wird die Formel von der Annahme krimineller Herkunft des Verfallsgegenstandes überwiegend als **widerlegbare gesetzliche Beweisregel** zu Lasten des Täters angesehen, „die es für den Nachweis der strafrechtlich relevanten Herkunft der Gegenstände genügen lässt, wenn die Gesamtheit aller Umstände so auffällig auf diese Herkunft hinweist, dass sie sich für den unbefangenen und verständigen Beurteiler geradezu aufdrängt".[313] Die (wenngleich in Bezug auf *bestimmte* rechtswidrige Taten nicht aufgeklärten) Umstände müssen danach hinreichen, um ihm die Überzeugung von dieser Möglichkeit zu vermitteln.[314] Im Einzelfallergebnis sind die praktischen Unterschiede nicht zu erkennen,[315] zumal auch der 4. Strafsenat seine einengende Auslegung mit dem Zusatz relativiert hat, dass Ermittlungen und Feststellungen zu den rechtswidrigen Herkunftstaten, aus denen das Verfallsobjekt stamme, im Einzelnen jedoch nicht erforderlich seien; **an die Überzeugungsbildung dürften keine überspannten Anforderungen** gestellt werden, insbesondere dürfe und müsse das Gericht die festgestellten Anknüpfungstaten in seine Überzeugungsbildung mit einbeziehen, auch wenn aus ihnen kein Gewinn erlangt worden sei. Für Staatsanwaltschaften und Tatgerichte empfiehlt es sich nach der Feststellung der verfassungsrechtlichen Unbedenklichkeit der „restriktiven Auslegung" des 4. Strafsenats durch das BVerfG, dem Lösungsansatz des 4. Strafsenats zu folgen, der zudem noch eine praktische Vorgehensweise (→ Rn. 135) entwickelt hat, deren Anwendung auf den zu entscheidenden Fall bei der Überprüfung durch das BVerfG Bestand hatte.

126   **b) Umstände.** Unter dem Begriff „Umstände" sind nicht nur und nicht vordringlich die Tatumstände zu verstehen, sondern alle Gegebenheiten, die für die Einkommens- und Vermögensverhältnisse des Tatbeteiligten relevant sind, soweit sie das Gericht im Rahmen seiner Amtsermittlungspflicht feststellen kann.[316] Bei deren Beurteilung können der Fundort von Geldscheinen,[317] das im übrigen geringe Einkommen,[318] hochwertige Kraftfahrzeuge und Geldmittel in erheblichem Umfang,[319] Hinweise auf weitere, von der Verurteilung nicht erfasste BtM-Geschäfte[320] oder die Zeitpunkte, zu denen die einzelnen Vermögensgegenstände erworben wurden,[321] von Bedeutung sein.

127   **c) Zweckmäßige Methode für die Prüfung der Voraussetzungen des Erweiterten Verfalls.** Der BGH[322] hat folgendes Verfahren zur Gewinnung der Grundlagen für eine Entscheidung über den erweiterten Verfall als zweckmäßig empfohlen:

---

[311] BVerfG 14.1.2004 – 2 BvR 564/95, BVerfGE 110, 1 = NJW 2004, 2073 = JR 2004, 511 = wistra 2004, 255.
[312] → StGB § 73d Rn. 13 ff. und die in → Rn. 46 angegebene Nachweise.
[313] LK-StGB/*Schmidt* StGB § 73d Rn. 36; Lackner/Kühl/*Heger* StGB § 73d Rn. 8.
[314] *Lackner/Kühl* StGB § 73d Rn. 8 mwN.
[315] So auch *Katholnigg* JR 1994, 353 (354).
[316] BT-Drs. 11/6623, 7.
[317] BGH 25.7.1995 – 1 StR 238/95, BeckRS 1995, 31095847 = StV 1995, 642.
[318] BGH 28.11.1995 – 1 StR 619/95, NStZ-RR 96, 116.
[319] BGH 3.9.2009 – 5 StR 207/09, NStZ-RR 2009, 384.
[320] BGH 10.2.1998 – 4 StR 4/98, NStZ 1998, 362.
[321] BGH 9.5.2001 – 3 StR 541/00, NStZ 2001, 531.
[322] BGH 22.11.1994 – 4 StR 516/94, BGHSt 40, 371 = NJW 1995, 470 = JR 1995, 296 mAnm *Katholnigg* = StV 1995, 76 = wistra 1995, 101; 9.5.2001 – 3 StR 541/00, NStZ 2001, 531.

Zunächst sind von den festgestellten Vermögenswerten des Tatbeteiligten die darin ent- **128**
haltenen **legalen Einkünfte abzuziehen,** deren Ermittlung ebenso wie die Behandlung
evtl. Beweisanträge den Regeln der StPO unterliegt. Für die Einlassung des Angeklagten
zur Rechtmäßigkeit der Herkunft von Vermögenswerten, für deren Richtigkeit oder
Unrichtigkeit es keine unmittelbaren Beweise gibt, gilt, dass der Tatrichter sie nicht ohne
weiteres als unwiderlegt hinnehmen muss. Vielmehr hat er sich im Rahmen freier Beweiswürdigung (§ 261 StPO) und ohne Bindung an Beweisregeln aufgrund der im konkreten
Fall gegebenen Erkenntnismöglichkeiten eine Überzeugung davon zu verschaffen, ob der
Angeklagte im angegebenen Umfang legale Einkünfte erzielt hat. Dabei ist es ihm unbenommen, Herkunftsangaben des Angeklagten als unglaubhaft einzustufen, wenn er dafür
durch die Beweisaufnahme gewonnene Gründe hat, welche seine Auffassung argumentativ
tragen. Auch hierbei ist die Beweiswürdigung allein Sache des Tatrichters, in die das Revisionsgericht nur eingreifen darf, wenn diesem Rechtsfehler unterlaufen sind, also seine Würdigung etwa widersprüchlich, lückenhaft oder unklar ist bzw. gegen Denkgesetze oder
gesicherte Erfahrungssätze verstößt.

Von der verbleibenden Differenz sind die erforderlichen **Ausgaben zur Bestreitung** **129**
des Lebensunterhalts (Miete, Pkw-Kosten, allgemeiner Lebensunterhalt) abzuziehen.

Die danach noch verbleibende Differenz wird daraufhin untersucht, ob es sich um plau- **130**
sible Einkünfte aus legalen Einkommensquellen handeln kann oder nicht. Lassen sich rechtmäßige Quellen nicht feststellen, so genügt es, wenn sich die Herkunft aus rechtswidrigen
Taten bei einer **Gesamtbewertung sämtlicher Umstände,** namentlich der Situation des
Täters und seines Vorlebens, einem objektiven Betrachter geradezu aufdrängt, und das
Gericht auf diese Weise die Überzeugung von der deliktischen Herkunft gewinnt.[323] Zwar
scheidet die Anordnung des erweiterten Verfalls aus, wenn bestimmte Tatsachen die nicht
nur theoretische Möglichkeit begründen, dass Vermögensgegenstände des Täters aus anderen Quellen als aus rechtswidrigen taten stammen; es dürfen allerdings an die Überzeugungsbildung keine überspannten Anforderungen gestellt werden.[324]

Steht die deliktische Herkunft als Ergebnis der Gesamtbewertung aller Umstände fest, **131**
so ist der **Erweiterte Verfall zwingend** anzuordnen. Lässt sich allerdings die deliktische
Herkunft der Vermögensgegenstände nicht hinreichend sicher feststellen, steht andererseits
aber immerhin ihre Bestimmung zur Finanzierung weiterer Taten – im Rahmen des angeklagten Tatgeschehens – fest, so kommt eine **Einziehung als Tatwerkzeug** nach § 74
StGB aF in Betracht;[325] dass und aus welchen Gründen das dazu bereitgehaltene Geld
tatsächlich benutzt wurde, ist dann unerheblich.[326]

12. Erweiterter Verfall bei Dritteigentum (§ 73d Abs. 1 S. 2 StGB aF). Der **132**
Erweiterte Verfall erfasst nach § 73d Abs. 1 S. 2 StGB aF das Eigentum Dritter, wenn der
Eigentumserwerb des Täters oder Teilnehmers an der zivilrechtlichen Nichtigkeit infolge
Verstoßes gegen ein gesetzliches Verbot scheitert. Gemeint sind die Fälle, in denen der
Gesetzesverstoß im Sinne des § 134 BGB die **„Doppelnichtigkeit" von Verpflichtungs-**
und Verfügungsgeschäft zur Folge hat.[327] Insbesondere bei BtM-Geschäften schlägt die
Nichtigkeit des verbotswidrigen Geschäftes nach § 134 BGB auch auf das dingliche Verfü-

[323] Beispiel: Bei einem mehrfach deswegen in Erscheinung getretenen BtM-Straftäter, der ohne erkennbare
sonstige Einkunftsquellen seinen Lebensunterhalt durch Sozialhilfe bestreitet, wird ein größerer Geldbetrag
gefunden, vgl. hierzu LK-StGB/*Schmidt* StGB § 73d Rn. 45, dem Sachverhalt von BGH 22.11.1994 – 4 StR
516/94, BGHSt 40, 371 = NJW 1995, 470 = JR 1995, 296 mAnm *Katholnigg* = StV 1995, 76 = wistra
1995, 101 nachgebildet.
[324] BGH 22.11.1994 – 4 StR 516/94, BGHSt 40, 371 (373) = NJW 1995, 470 = JR 1995, 296 mAnm
Katholnigg = StV 1995, 76 = wistra 1995, 101; 7.7.2004 – 1 StR 115/04, BeckRS 2004, 07145; vgl. auch
Nack GA 2003, 879 (885).
[325] BGH 2.9.1998 – 2 StR 185/98, BeckRS 1998, 30023114; 20.10.1999 – 3 StR 324/99, NStZ 2000,
137.
[326] BGH 2.9.1998 – 2 StR 185/98, BeckRS 1998, 30023114.
[327] LK-StGB/*Schmidt* StGB § 73d Rn. 47.

gungsgeschäft durch.[328] Da die Verfallsanordnung nach § 73 StGB das Eigentum des Betroffenen an dem Verfallsgegenstand voraussetzt und der Verkäufer von BtM kein Eigentum an dem Kaufpreis erlangen kann, wäre der Verfall des beim Verkäufer aufgefundenen Gewinnes ausgeschlossen, wenn nicht im Einzelfall die Voraussetzungen des § 73 Abs. 4 StGB aF feststellbar wären. Dieses Ergebnis stünde im Widerspruch zu dem mit § 134 BGB verfolgten Zweck.[329] Mit der Bestimmung in § 73d Abs. 1 S. 2 StGB aF ist der Tatrichter **von der Schwierigkeit entbunden, detaillierte Feststellungen zum Dritten zu treffen** und die Ursprungstat genau zu ermitteln. Ist aber weder die Stellung des Tatbeteiligten als Berechtigter noch der unwirksame Erwerbsakt nachweisbar, so entfällt auch die Anwendbarkeit des § 73d Abs. 1 S. 2 StGB; der Zweifelsgrundsatz schließt die Maßnahme aus.

133   **13. Mehrfache Verfallsanordnung (§ 73d Abs. 3 StGB aF).** § 73d Abs. 3 StGB aF soll den mehrfachen Zugriff auf denselben Gegenstand bei der Anordnung des Verfalls ausschließen. Da der Erweiterte Verfall keine konkreten Feststellungen zu einer bestimmten Herkunftstat voraussetzt, wäre es nämlich denkbar, dass eine Verfallsanordnung bezüglich solcher Gegenstände ausgesprochen wird, die bereits in einem früheren Verfahren für verfallen erklärt worden waren. Daher bedarf es der Prüfung, ob die konkreten Gegenstände **bereits durch eine vorausgegangene Verfallsanordnung erfasst** worden waren. Sind ausreichende Feststellungen insofern nicht möglich, so gilt nach dem Zweifelssatz der Vermögensgegenstand als bereits zuvor für verfallen erklärt.

134   **14. Härtefall (§ 73d Abs. 4 StGB aF).** Gem. § 73d Abs. 4 StGB aF gilt die Härtefallregelung des § 73c StGB entsprechend. Damit wird dem Verhältnismäßigkeitsgrundsatz Rechnung getragen. Der Erweiterte Verfall **muss** zwingend unterbleiben, wenn er für den Betroffenen eine unbillige Härte bedeuten würde (Verweisung auf § 73c Abs. 1 S. 1 StGB aF). Die Anordnung **kann** unterbleiben, wenn die Bereicherung weggefallen ist (Verweisung auf § 73c Abs. 1 S. 1 StGB aF) oder der Resozialisierung des Täters im Weg stünde.[330] Gerade in diesen Fällen ist bei der Anordnung des Wertersatzverfalls nach § 73d Abs. 2 StGB aF der Gesamtabwägung besondere Sorgfalt zu widmen, weil ohnehin schon die Anforderungen an den Nachweis der deliktischen Herkunft des Vermögens gelockert sind.[331] Die Härteklausel lässt auch die Berücksichtigung **Schadensersatzansprüche Dritter** zu, die wegen Fehlens einer dem § 73 Abs. 1 S. 2 StGB aF entsprechenden Regelung beim Erweiterten Verfall ansonsten irrelevant sind.[332] § 73d Abs. 4 StGB aF iVm § 73c Abs. 2 StGB aF ermöglicht die Gewährung von **Zahlungserleichterungen** gem. § 42 StGB.

135   **15. Wirkung und Verfahren.** Für die Wirkung der Anordnung des Erweiterten Verfalls und das dabei einzuhaltende Verfahren gilt nicht anderes als beim Verfall (→ Rn. 89 ff. bzw. → Rn. 97 ff.).

C. Einziehung nach alter Rechtslage

I. Rechtliche Einordnung

136   Abs. 2 aF, nun § 33 S. 1 und 2,[333] bietet die rechtliche **Handhabe**[334] zum Einbehalt **und zur Vernichtung sichergestellter BtM,** die anderenfalls nach den allgemeinen Vorschriften an den letzten Gewahrsamsinhaber hinauszugeben wären (was wiederum gegen

---

[328] Vgl. BGH 4.11.1982 – 4 StR 451/82, BGHSt 31, 145 = NJW 1983, 636 = JR 83, 431 mAnm *Schmid;* BGH 11.6.1985 – 5 StR 275/85, BGHSt 33, 233 = NJW 1985, 2773 und seitdem stRspr.
[329] LK-StGB/*Schmidt* StGB § 73d Rn. 48.
[330] *Fischer* StGB § 73d Rn. 19; aA LK-StGB/*Schmidt* StGB § 73d Rn. 56.
[331] *Fischer* StGB § 73d Rn. 19.
[332] LK-StGB/*Schmidt* StGB § 73d Rn. 56.
[333] → Rn. 6 ff.
[334] Pfeil/Hempel/Schiedermair/*Slotty* Rn. 2.

das Verbot der Abgabe verstieße); denn unerlaubt in den Verkehr gebrachte usw BtM sind in der Regel[335] weder durch die Tat hervorgebrachte (producta sceleris) noch zu ihrer Begehung oder Vorbereitung gebrauchte Gegenstände (instrumenta sceleris), so dass die Einziehungsmöglichkeiten nach § 74 Abs. 1 StGB aF insoweit nicht eröffnet wären. Diese Lücke schließt §§ 33 Abs. 2. 74 Abs. 4 StGB aF wiederum unterwirft den Sonderfall der Einziehung nach § 33 Abs. 2 aF den Voraussetzungen der Absätze 3 und 4 des § 74 StGB aF. Die damit notwendig werdende Erläuterung der Einziehungsvorschriften soll auf die Grundzüge beschränkt und im wesentlichen nur insoweit vorgenommen werden, als dies für BtM-Strafverfahren von Bedeutung sein kann. Im Übrigen wird auf die Erläuterungen bei *Joecks*[336] verwiesen.

Soweit es um Tatmittel (zB um Gegenstände zum Aufbau und Betrieb einer Cannabis- **137** Plantage) geht, ist § 74 Abs. 1 StGB aF die richtige Rechtsgrundlage, und nicht – wie dies häufig geschieht – § 33 Abs. 2. § 33 Abs. 2 tritt nicht an die Stelle des § 74 StGB aF; vielmehr dehnt er die Möglichkeit der Einziehung lediglich auf die so genannten Beziehungsgegenstände der Straftat aus, worunter regelmäßig insbesondere die BtM selbst fallen.[337]

Die **Rechtsnatur** der Einziehung ist nicht einheitlich zu bestimmen; sie wechselt je **138** nach dem Zweck der Maßnahme: sie hat **strafähnlichen Charakter,** wenn sie gegenüber dem Täter oder Teilnehmer angeordnet wird (§ 74 Abs. 2 Nr. 1 StGB aF) oder darauf gestützt wird, dass der Gegenstand in einer zu missbilligenden Beziehung zur Tat gestanden oder der Dritte ihn in leichtfertiger Weise erworben hat (§ 74a StGB aF), sie hat **Sicherungscharakter,** wenn sie Gegenstände betrifft, die artbedingt oder umständehalber gefährlich sind oder bei denen die Gefahr deliktischer Verwendung besteht (§ 74 Abs. 2 Nr. 2 StGB aF).

II. Mögliche Arten der Einziehungsanordnung

Das Gesetz sieht – je nach Fallgestaltung – folgende Möglichkeiten der Einziehungsanord- **139** nung vor: die Einziehung gegen einen tatbeteiligten Eigentümer (§ 74 Abs. 1, Abs. 2 Nr. 1 StGB aF), die tätereigentumsunabhängige Einziehung wegen Gefährlichkeit des Gegenstandes oder der Gefahr deliktischen Gebrauchs (§ 74 Abs. 2 Nr. 2 StGB aF), die Einziehung von Dritteigentum (§ 74a StGB aF).

III. Einziehungsanordnung gegen einen tatbeteiligten Eigentümer (§§ 74 Abs. 1, Abs. 2 Nr. 1 StGB aF)

Entscheidungsgrundlage für die Einziehung gegen den Täter oder Teilnehmer, der Eigen- **140** tümer oder Inhaber des Einziehungsgegenstandes ist, ist § 74 Abs. 1, Abs. 2 Nr. 1 StGB aF und ggf. – bei der Einziehung des Wertersatzes – § 74c StGB aF.

1. Die allgemeinen Einziehungsvoraussetzungen des § 74 Abs. 1 StGB aF. § 74 **141** Abs. 1 StGB aF legt die allgemeinen Einziehungsgründe fest, während § 74 Abs. 2 StGB aF nach der Einziehung als Strafe gegen den tatbeteiligten Eigentümer einerseits und nach der Einziehung zum Schutz gegen Gefahren ohne Rücksicht auf das Eigentum andererseits differenziert.

a) Anknüpfungstat. Tat iS des § 74 StGB aF ist **der den Gegenstand der Anklage** **142** **bildende und vom Gericht festgestellte Lebenssachverhalt.**[338] Als Anknüpfungstat kommt bei Tatprodukten und Tatwerkzeugen grundsätzlich nur eine **vorsätzliche Straftat** in Betracht (§ 74 Abs. 1 StGB aF); bei den Beziehungsgegenständen des BtM-Strafrechts

---

[335] Ausnahme: unerlaubter Anbau und unerlaubtes Herstellen.
[336] S. §§ 74 ff. StGB.
[337] Vgl. BGH 28.10.2008 – 3 StR 409/08, BeckRS 2008, 25608 = StraFo 2009, 81.
[338] BGH 28.10.1987 – 2 StR 508/87, BeckRS 1987, 31094998; 19.7.1996 – 2 StR 256/96, BeckRS 1996, 31090156; 12.12.2002 – 3 StR 408/02, BeckRS 2003, 01201.

reicht auch eine fahrlässig begangene Tat (→ Rn. 157). Tat iS des § 74 StGB aF kann auch ein Versuch sein, sofern er als solcher strafbar ist. Auf die Beteiligungsform kommt es nicht an (unmittelbare oder mittelbare Täterschaft, Mittäterschaft, Anstiftung, Beihilfe). Beim Vorliegen von Rechtfertigungs- und Schuldausschließungsgründen scheidet jedoch die gegen den Täter gerichtete Einziehung aus, ebenso beim Fehlen von Bedingungen der Strafbarkeit.[339] Auch die Rauschtat ist keine Straftat in diesem Sinne.[340] **Begangen** ist die Tat iS des § 74 StGB aF mit der Tatbestandsverwirklichung. Der Begriff der Tatbegehung geht aber über das zum Versuch und zur Vollendung Erforderliche hinaus und umfasst den gesamten Geschehensablauf bis zum völligen tatsächlichen Abschluss der Tat in der **Beendigung,** so dass auch das zum Abtransport oder zur Flucht benutzte Fahrzeug eingezogen werden kann.[341]

143   **b) Einziehungsgegenstand.** Einziehungsfähige Gegenstände im Sinne des § 74 StGB aF sind **nicht nur (bewegliche oder unbewegliche) Sachen, sondern auch Rechte.** Die Erstreckung auch auf Rechte lässt sich §§ 74a Nr. 1, 74e Abs. 1, 74f Abs. 1 StGB aF entnehmen. Erfasst sind daher neben Sachen auch Forderungen (zB Darlehens- oder Provisionsforderungen), Bankguthaben, Hypotheken, Miteigentumsanteile. Stets muss es sich um einen bestimmten, vom Gesamtvermögen abtrennbaren Gegenstand handeln, so dass Gesamteigentum jedenfalls dann ausscheidet, wenn nicht alle Miteigentümer Täter oder Teilnehmer der Tat sind oder nicht dem Beteiligten ein Anspruch auf Übertragung des Gesamtvermögens zusteht.[342] Eine unteilbare Sache – zB ein Kfz – kann nicht teilweise eingezogen werden.[343]

144   **aa) Tatprodukte (producta sceleris).** Durch die Tat sind diejenigen Gegenstände hervorgebracht, die mit ihr in unmittelbarem ursächlichem Zusammenhang stehen.[344] Dies betrifft zunächst solche Gegenstände, die ihre **Entstehung** der Straftat verdanken, wie etwa die vom Täter zur Täuschung im Rechtsverkehr hergestellte unechte Urkunde. Ausreichend ist aber auch, dass der Gegenstand seine gegenwärtige Beschaffenheit der Tat verdankt, so dass auch die **Verfälschung** einer Urkunde oder von Münzen, Produktimitationen im Sinne des Warenzeichenrechts bzw. Markenrechts oder verfälschte Nahrungsmittel ausreichen. Angebaute oder selbst synthetisierte BtM können ebenfalls unter den Begriff des Tatprodukts subsumiert werden. **Nicht durch die Tat „hervorgebracht"** iS des § 74 StGB aF ist das durch oder für die Tat Erworbene (die „Früchte des Verbrechens"), wie zB der Erlös aus dem Verkauf von BtM (→ Rn. 96). Ebenfalls nicht durch die Tat hervorgebracht ist das mit Hilfe eines Tatprodukts Erworbene, wie zB das für den gefälschten Scheck erhaltene Geld, das durch den Verkauf hehlerisch erlangter Sachen erworbene Geld oder der Gewinn aus einem illegalen Glücksspiel.[345]

145   **bb) Tatmittel (instrumenta sceleris).** Tatmittel (Tatwerkzeuge) sind Gegenstände, die nach der Absicht des Täters **zur Begehung der Tat oder ihrer Vorbereitung eingesetzt oder dazu bestimmt** worden sind.[346] Erforderlich, aber auch ausreichend ist dazu, dass diese Gegenstände während des strafbaren Versuchs bzw. zum Zeitpunkt der Vollendung der Tat Verwendung fanden oder Verwendung finden sollten. Die Tat muss Gegenstand der Anklage und vom Tatrichter festgestellt sein.[347] Die Verwendung in der Vorbereitungsphase der Straftat genügt, wenn die Vorbereitung als solche strafbar war oder es zumindest zu einem strafbaren Versuch gekommen ist. Es genügt, dass der Gegenstand für die Begehung

[339] *Fischer* StGB § 74 Rn. 11.
[340] BGH 2.6.1982 – 2 StR 758/81, BGHSt 31, 80 (81) = NJW 1982, 2565; 11.9.1995 – 4 StR 314/95, NStZ-RR 1996, 100.
[341] LK-StGB/*Schmidt* StGB § 74 Rn. 11; *Fischer* StGB § 74 Rn. 9.
[342] LK-StGB/*Schmidt* StGB § 74 Rn. 13.
[343] BayObLG 9.11.1961 – 4 St 76/61, BayObLGSt 1961, 277.
[344] RG 10.7.1906 – V 323/06, RGSt 39, 78 (79).
[345] RG 10.7.1906 – V 323/06, RGSt 39, 78 (79).
[346] BGH 5.12.1956 – 4 StR 406/56, BGHSt 10, 28 (29) = NJW 1957, 351.
[347] BGH 19.7.1996 – 2 StR 256/96, BeckRS 1996, 31090156; 7.5.1997 – 1 StR 217/97, NStZ-RR 1997, 318.

der Tat bestimmt gewesen ist, daher kann auch ein Dietrich oder eine Feile eingezogen werden, die letztlich nicht zum Einsatz gekommen sind.[348] Nötig ist, dass das Tatmittel die Tat gefördert hat oder fördern sollte.[349] Nötig ist zur Begründung der Einziehungsanordnung, dass dargestellt wird, inwieweit die eingezogenen Gegenstände bei der Tatbegehung eingesetzt worden sind.[350]

In folgenden **Beispielsfällen** hat die Rechtsprechung als Tatmittel einzuziehende Gegen- 146 stände angenommen: Ein **Bankguthaben,** das zur Durchführung wucherischer Geschäfte bestimmt war,[351] **BtM-Waagen,**[352] eine dem Bestochenen zur Nutzung überlassene **Ferienwohnung,**[353] **Geld** (im Verfahren gegen den – evtl. auch erst prospektiven – Erwerber), das für den Kauf von BtM bereitgehalten wird,[354] Geld (im Verfahren gegen den Verkäufer), das den Erlös von BtM-Geschäften darstellt, wenn zugleich feststeht, dass der Täter den konkreten Geldbetrag wieder in neue Drogengeschäfte reinvestieren wollte, die ebenfalls Verfahrensgegenstand sind[355] und in der Hauptverhandlung festgestellt werden;[356] dann ist es ohne Belang, ob dieses bereitgehaltene Geld tatsächlich auch benutzt wurde,[357] ein **Kraftfahrzeug,** wenn es zur Auskundschaftung des Tatorts bestimmt war oder benutzt wurde,[358] zur Hinfahrt zum Tatort oder zur Flucht benutzt wurde,[359] der Täter damit Unfallflucht beging,[360] zur Wegschaffung der Diebesbeute eingesetzt wurde,[361] zum Transport von BtM genutzt wurde,[362] zum Wildern verwendet wurde,[363] der Entführung des Opfers diente,[364] zum Absatz des gefälschten Geldes benutzt wurde,[365] zur Begehung einer Sexualstraftat (Fahrt auf einen wenig frequentierten Parkplatz) gebraucht wurde,[366] **Dieselgeneratoren** und **Satteleauflieger,** zur Pflanzenaufzucht benutzt,[367] **Ledertaschen** zum Transport von BtM,[368] ein **Mobiltelefon,** mit dem BtM-Lieferungen verabredet wurden,[369] **Reisespesen** beim BtM-Transport (hier: für einen Herointransport über mehrere Tage durch mehrere Länder zum Zwecke der Einfuhr),[370] eine **Waffe,** wenn das bewusste Beisichführen derselben ein die Strafbarkeit erhöhender Umstand ist, wie zB nach § 244 Abs. 1 Nr. 1,[371] oder wenn diese gar zur Tat verwendet wurde.[372]

---

[348] BGH 6.10.1955 – 3 StR 279/55, BGHSt 8, 205 (213) = NJW 1956, 149; 29.4.1987 – 2 StR 107/87, NJW 1987, 2882; BayObLG 5.4.1976 – RReg. 1 St 16/76, BayObLGSt 1976, 38 (39); vgl. auch Schönke/Schröder/*Eser* StGB § 74 Rn. 11; SK-StGB/*Horn* StGB § 74 Rn. 9; LK-StGB/*Schmidt* StGB § 74 Rn. 16.

[349] LK-StGB/*Schmidt* StGB § 74 Rn. 16; KPV/*Patzak* Rn. 28.

[350] BGH 19.1.2005 – 2 StR 402/04, NStZ 2005, 455.

[351] Vgl. RG 5.7.1918 – IV 560/18, RGSt 52, 21.

[352] BGH 12.11.1996 – 1 StR 469/96, NStZ-RR 1997, 121.

[353] OLG Frankfurt a. M. 25.2.1999 – 3 Ws 128/99, NStZ-RR 2000, 45.

[354] BGH 13.6.1995 – 1 StR 284/95; 8.5.2001 – 1 StR 157/01, BeckRS 2001, 30179038; 12.3.2002 – 1 StR 7/02, BeckRS 2002, 30245897; 18.6.2003 – 1 StR 229/03, BeckRS 2003, 05636.

[355] BGH 28.10.1987 – 2 StR 508/87, BeckRS 1987, 31094998; 21.10.1988 – 3 StR 417/88, BeckRS 1988, 31105414 = StV 1989, 210; 7.5.1997 – 1 StR 217/97, NStZ-RR 1997, 318; 30.10.2002 – 2 StR 366/02, NStZ-RR 2003, 57.

[356] BGH 19.7.1986 – 2 StR 256/96, BeckRS 1996, 31090156.

[357] Vgl. BGH 3.12.1980 – 3 StR 439/80; 29.8.2002 – 3 StR 287/02, NStZ-RR 2002, 366.

[358] BGH 6.10.1955 – 3 StR 279/55, BGHSt 8, 205 (212) = NJW 1956, 149.

[359] BGH 12.7.2000 – StB 4/00, BeckRS 2010, 18468; BayObLG 13.12.1962 – RReg. 4 St 335/62, NJW 1963, 600.

[360] BGH 19.6.1957 – 4 StR 157/57, BGHSt 10, 337 = NJW 1957, 1446.

[361] BGH 5.6.1952 – 4 StR 635/51, NJW 1952, 892 Ls.

[362] BGH 28.5.1991 – 1 StR 731/90, NStZ 1991, 496.

[363] OLG Stuttgart 6.11.1952 – 1 Ss 96/52, NJW 1953, 354; BayObLG 9.9.1958 – RevReg. 2 St 434/58, BayObLGSt 1958, 23.

[364] BGH 30.6.1955 – 4 StR 245/55, NJW 1955, 1327.

[365] BGH 17.3.1970 – 1 StR 491/69, MDR 1970, 559 *(Dallinger)*.

[366] BGH 19.1.1994 – 2 StR 560/93, StV 1994, 315.

[367] BGH 19.1.2005 – 2 StR 402/04, NStZ 2005, 455.

[368] BGH 12.11.1996 – 1 StR 469/96, NStZ-RR 1997, 121.

[369] BGH 27.2.1996 – 1 StR 60/96, BeckRS 1996, 31097441; 26.6.1996 – 2 StR 622/95.

[370] BGH 25.2.1993 – 1 StR 808/92, NStZ 1993, 340 = StV 1994, 22.

[371] BGH 23.9.1959 – 2 StR 257/59, BGHSt 10, 28 (33) = NJW 1960, 17.

[372] RG 10.11.1910 – III 578/10, RGSt 44, 140 (142).

147   **cc) Beziehungsgegenstände.** Beziehungsgegenstände sind solche Sachen und Rechte, die nicht Werkzeuge der Tatbegehung sind, sondern notwendiger Gegenstand der Tat selbst, ohne deren Produkt zu sein.[373] Beziehungsgegenstände sind passive Objekte der Tat, ihre Verwendung erschöpft sich jeweils in dem Gebrauch, auf dessen Verhinderung der betreffende Tatbestand abzielt, während die Tatwerkzeuge über eine rein passive Verwendungsrolle hinaus gehen.

148   **(1) Allgemeines.** Die Einziehung von Beziehungsgegenständen ist nicht nach § 74 StGB aF, sondern nur auf Grund von Sondervorschriften möglich. Beziehungsgegenstände sind beispielsweise: **BtM** nach § 33,[374] eine ohne Erlaubnis betriebene **Funkanlage,**[375] zum Zwecke des Versicherungsbetrugs versteckte **Gegenstände,**[376] entsprechend bedeutet dies für **Kraftfahrzeuge,** dass deren Führen in betrunkenem Zustand nur die Qualität des Beziehungsgegenstandes ausmacht, während der Einsatz zur Verfolgung eines Raubopfers[377] oder die Fahrt zum Tatort[378] es zum Einziehungsgegenstand macht; bei **Waffen** ist zu unterscheiden, ob sie lediglich illegal besessen werden[379] (Beziehungsgegenstand) oder aber zur Begehung einer Straftat eingesetzt worden sind (Tatmittel),[380] unbefugt besessene Sprengstoffe und Waffen oder geschmuggelte Waren,[381]

149   **(2) BtM als Beziehungsgegenstände.** Abs. 2 S. 1 aF weitet die Anwendung der Einziehungsvorschriften auf die Beziehungsgegenstände aus. Beziehungsgegenstände im Sinne des § 33 Abs. 2 aF sind solche, die den Gegenstand der Tat bilden, ohne dass sie Mittel zur Verwirklichung der Tat oder deren Produkt wären.[382] Im BtM-Recht sind dies in erster Linie die BtM selbst,[383] nicht dagegen Transportfahrzeuge, Mobiltelefone oder das Kaufgeldbeträge[384] (auf Käuferseite sichergestellt), die sämtlich der Einziehung als Tatmittel gem. § 74 Abs. 1 StGB aF unterliegen. Voraussetzung der Einziehung auch nach § 33 Abs. 2 aF ist, dass die BtM Gegenstand der von der Anklage umschriebenen und vom Gericht festgestellten Tat sind.[385]

150   Die BtM unterliegen als Beziehungsgegenstände **lediglich der Einziehung nach Abs. 2 aF**[386] oder, wenn die besonderen Voraussetzungen hierfür gegeben sind, der Einziehung des Wertersatzes.[387] Abs. 2 erfasst die Gegenstände, auf die sich eine Straftat nach §§ 29–30a oder eine Ordnungswidrigkeit nach § 32 bezieht. Aus dieser Bezugnahme folgt, dass alle straf- oder bußgeldbewehrte Verstöße erfasst sind, also auch – anders als bei §§ 74 Abs. 1, 74 Abs. 2 Nr. 1 StGB aF – **fahrlässige Begehung**sweisen.

151   Zu den Beziehungsgegenständen gehören auch die **BtM-Imitate** entweder in den Fällen des § 29 Abs. 6[388] oder wenn beim Umgang mit ihnen Handeltreiben nach § 29 Abs. 1 S. 1 Nr. 1 vorliegt.[389] Anderes gilt für den Umgang mit **Streckmitteln** und anderen Gegenstän-

---

[373]   BGH 5.12.1956 – 4 StR 406/56, BGHSt 10, 28 = NJW 1957, 351. KPV/*Patzak* Rn. 10 ff.

[374]   BGH 28.5.1991 – 1 StR 731/90, NStZ 1991, 496.

[375]   Vgl. OLG Düsseldorf 14.6.1989 – 5 Ss 123/89 – 51/89 I, JMBl. NW 1989, 236.

[376]   BGH 24.1.1984 – 5 StR 2/84, MDR 1984, 441 *(Holtz).*

[377]   BGH 26.4.1983 – 1 StR 28/83, NJW 1983, 2710.

[378]   BGH 12.7.2000 – StB 4/00, BeckRS 2010, 18468.

[379]   RG 22.6.1923 – V 222/23, RGSt 57, 331; OLG Hamm 24.5.1954 – (3) 2 a Ss 176/54, NJW 1954, 1169.

[380]   Vgl. Schönke/Schröder/*Eser* StGB § 74 Rn. 12a.

[381]   RG 8.12.1913 – 1 StR 1 578/13, RGSt 48, 26 (33).

[382]   BayObLG 8.7.1996 – 4 St RR 76/96, BayObLGSt 1996, 99; 8.8.1990 – 2 StR 282/90, BeckRS 1990, 31096720; KPV/*Patzak* Rn. 11.

[383]   BGH 28.5.1991 – 1 StR 731/90, NStZ 1991, 496.

[384]   BGH 8.9.2010 – 2 StR 396/10, BeckRS 2010, 21894.

[385]   BGH 5.3.2002 – 3 StR 491/01, NJW 2002, 1810 = JR 2003, 31 mAnm *Puppe.*

[386]   BGH 13.2.2004 – 3 StR 501/03, BeckRS 2004, 04032; 8.11.2001 – 4 StR 429/01, BeckRS 2001 30217543 = StV 2002, 260; 16.11.2001 – 3 StR 371/01, BeckRS 2001, 30220295 = StV 2002, 254; 14.12.2001 – 3 StR 442/01, NStZ-RR 2002, 118.

[387]   BGH 14.12.2001 – 3 StR 442/01, NStZ-RR 2002, 118.

[388]   *Franke/Wienroeder* Rn. 3.

[389]   *Weber* Rn. 268.

den, auch soweit darin bereits Handeltreiben liegt. Dann ist Gegenstand des Handeltreibens nicht das Streckmittel oder **Transportfahrzeug,** sondern das BtM, dessen Umsatz die anderen Gegenstände dienen sollen, die daher als Tatmittel der Einziehung nach § 74 Abs. 1 StGB aF unterliegen. **Grundstoffe** werden als Beziehungsgegenstände nach § 21 GÜG eingezogen.[390]

dd) Tatfrüchte (scelere quaesita). Keine producta sceleris sind die **Früchte des Ver-** **152** **brechens** („scelere quaesita"), so zB das gewilderte Tier[391] oder das gestohlene Geld,[392] das Honorar für eine Brandlegung,[393] Erlöse aus dem Verkauf von BtM,[394] es sei denn, diese wären ihrerseits zur weiteren Begehung von Straftaten (die Gegenstand der Anklage sind) bestimmt,[395] der mittels Bestechung erlangte Vermögensvorteil und der Bestechungslohn. Ebenfalls nicht durch die Tat hervorgebracht ist das mit **Hilfe eines Tatprodukts** **Erworbene,** wie zB das für den gefälschten Scheck erhaltene Geld, das durch den Verkauf hehlerisch erlangter Sachen erworbene Geld[396] oder der Gewinn aus einem illegalen Glücksspiel.[397] Die scelere quaesita **unterliegen dem Verfall** nach §§ 73–73e StGB aF, nicht der Einziehung.

ee) Identität von Tat- und Einziehungsgegenstand. Die Einziehung nach § 74   **153** StGB aF setzt voraus, dass der konkrete Einziehungsgegenstand mit dem Gegenstand identisch ist, der durch die Straftat hervorgebracht, zu ihrer Begehung gebraucht oder bestimmt war[398] oder auf den sie sich bezogen hat. Ob Gegenstandsidentität in diesem Sinne gegeben ist, insbesondere, ob **eine Sache etwa durch Vermischung zu einer** **neuen Sache** von anderem Wesen und Gehalt geworden ist, beurteilt sich nach der **Verkehrsanschauung.** Nach der Anschauung des täglichen Lebens ist Identität anzunehmen, wenn eine bestimmte **Banknote** als vertretbare Sache durch einen gleichwertigen Anspruch auf den entsprechenden Geldbetrag gegen die Staatskasse ersetzt wird.[399] Ist das Einziehungsobjekt in seiner ursprünglichen Form nicht mehr vorhanden, kann unter bestimmten Umständen nach § 74c StGB aF die Einziehung des Wertersatzes angeordnet werden (→ Rn. 178 ff.).

2. Die besonderen Einziehungsgründe des § 74 Abs. 2 Nr. 1 StGB aF und ihre **154** **Voraussetzungen.** § 74 Abs. 2 StGB aF regelt die zusätzlichen besonderen Voraussetzungen, unter denen eine Einziehung zulässig ist: § 74 Abs. 2 Nr. 1 StGB aF regelt dabei die strafähnliche Einziehungsanordnung gegen den tatbeteiligten Eigentümer, § 74 Abs. 2 Nr. 2 StGB aF regelt die Sicherungseinziehung. § 74 Abs. 2 StGB aF begrenzt die Reichweite des Abs. 1, kann also nicht etwa dessen fehlende Voraussetzungen ersetzen.[400] Die täterbezogene Einziehung des § 74 Abs. 2 Nr. 1 StGB aF betrifft den Fall, dass der Einziehungsgegenstand dem Tatbeteiligten zur Zeit der Anordnung **gehört** (Eigentum des Tatbeteiligten) oder **zusteht** (Inhaberschaft des Tatbeteiligten). Die Entscheidung hat strafähnlichen Charakter.[401]

a) Täter oder Teilnehmer. Die Begriffe „Täter oder Teilnehmer" sind im technischen   **155** Sinne der §§ 25 ff. StGB zu verstehen **(Alleintäter, Mittäter, mittelbarer Täter, Anstif-**

---

[390] KPV/*Patzak* Rn. 25.
[391] → StGB § 74 Rn. 11.
[392] RG 10.7.1906 – V 323/06, RGSt 39, 78 (79).
[393] LK-StGB/*Schmidt* StGB § 74 Rn. 15.
[394] BGH 21.10.1988 – 3 StR 417/88, BeckRS 1988, 31105414 = StV 1989, 210.
[395] BGH 28.10.1987 – 2 StR 508/87, BeckRS 1987, 31094998; 21.10.1988 – 3 StR 417/88, BeckRS 1988, 31105414 = StV 1989, 210; 7.5.1997 – 1 StR 217/97, NStZ-RR 1997, 318; 30.10.2002 – 2 StR 366/02, NStZ-RR 2003, 57.
[396] RG 30.1.1920 – II 682/19, RGSt 54, 223 (224).
[397] RG 10.7.1906 – V 323/06, RGSt 39, 78 (79).
[398] BGH 14.7.1993 – 3 StR 251/93, NStZ 1993, 538.
[399] BGH 14.7.1993 – 3 StR 251/93, NStZ 1993, 538.
[400] BGH 13.1.1972 – 4 StR 503/71, MDR 1972, 386 *(Dallinger).*
[401] → StGB § 74 Rn. 22.

ter, Gehilfe), so dass der Begünstiger oder Hehler ausscheiden.[402] Gegenüber einem Hehler kommt eine Einziehung nur dann in Betracht, wenn der Gegenstand auch zur Begehung der Hehlerei benutzt wurde.[403] Nicht erforderlich ist, dass gerade derjenige Tatbeteiligte den Gegenstand benutzt hat, dem dieser gehört. Es genügt also, wenn der Täter dem Gehilfen seinen PKW zum Heranschaffen der Einbruchswerkzeuge bewusst überlassen hat. Umstritten ist die Rechtslage bei einem **Exzess eines Tatbeteiligten.** Nutzt ein Mittäter für den Einbruch ein Werkzeug, das dem anderen gehört, so soll nach überwiegender Ansicht eine Einziehung nur dann in Betracht kommen, wenn der andere (der Eigentümer) die Verwendung gebilligt oder jedenfalls leichtfertig zu ihr beigetragen hat.[404]

156   **b) Gehören oder Zustehen.** Ist der Einziehungsgegenstand eine Sache, so muss diese dem Täter oder Teilnehmer **gehören;** ist der Einziehungsgegenstand ein Recht, so muss dieses dem Täter oder Teilnehmer **zustehen.**

157   **aa) Eigentum.** Die Sache gehört einem Tatbeteiligten, wenn er **Alleineigentümer** ist; entscheidend für die Beurteilung der Eigentumsfrage ist die formale Rechtsposition nach dem **Sachenrecht** des BGB, nicht die wirtschaftliche Vermögenszugehörigkeit.[405] Deshalb kann eine **EC-Karte** nicht eingezogen werden, weil das Eigentum an der Karte bei dem ausstellenden Unternehmen verbleibt.[406] Maßgeblich für die Eigentumsfrage sind die Verhältnisse **zur Zeit der letzten tatrichterlichen Entscheidung;** auf die Rechtsverhältnisse vor der Tat, während der Tat oder danach bis zur Entscheidung kommt es nicht an.[407] Steht der Gegenstand im **Eigentum einer juristischen Person,** kann eine Einziehung nach § 74 Abs. 2 Nr. 1 StGB aF selbst dann nicht erfolgen, wenn der einzige Gesellschafter die Tat zugunsten der juristischen Person begangen hat; einschlägig ist dann § 75 Nr. 1 StGB aF. Ist der Tatbeteiligte erst zum Zeitpunkt der letzten tatrichterlichen Entscheidung **nicht mehr Eigentümer,** etwa weil er den Gegenstand vor der Entscheidung veräußert hat, kommt nach § 74c Abs. 1 StGB aF eine Einziehung des Wertersatzes in Betracht.[408] War der Tatbeteiligte, gegen den sich das Verfahren richtet, **nie Eigentümer,** so ist zu prüfen, ob der Eigentümer an der Tat beteiligt war (§ 74a Nr. 1 StGB aF → Rn. 99), oder ob eine Sicherungseinziehung nach § 74 Abs. 2 Nr. 2 StGB aF in Betracht kommt.

158   **bb) Vorbehalts- und Sicherungseigentum.** Auch für die Behandlung von Vorbehalts- und Sicherungseigentum ist nach ganz überwiegender Auffassung[409] **die formale Rechtsposition nach bürgerlichem Recht** und nicht die wirtschaftliche Vermögenszugehörigkeit maßgebend. Das bedeutet, dass zB ein unter Eigentumsvorbehalt gekauftes oder im Sicherungseigentum der finanzierenden Bank stehendes Kraftfahrzeug, das zum Transport von BtM benutzt worden ist, nicht nach § 74 Abs. 2 Nr. 1 StGB aF eingezogen werden kann. In Betracht kommt dann aber die Einziehung des dem Tatbeteiligten zustehenden Anwartschaftsrechts.[410]

---

[402] LK-StGB/*Schmidt* StGB § 74 Rn. 23.
[403] LK-StGB/*Schmidt* StGB § 74 Rn. 23.
[404] LK-StGB/*Schmidt* StGB § 74 Rn. 23; NK-StGB/*Herzog* StGB § 74 Rn. 20; *Fischer* StGB § 74 Rn. 12; aA – bei nur leichtfertigem Verhalten des weiteren Tatbeteiligten kann die Einziehung nur nach Maßgabe des § 74a StGB erfolgen – mit überzeugenden Argumenten *Joecks* → StGB § 74 Rn. 25 und Schönke/Schröder/*Eser* StGB § 74 Rn. 21.
[405] BGH 28.9.1971 – 1 StR 261/71, BGHSt 24, 222 (227) = NJW 1971, 2235; 18.7.1996 – 1 StR 386/96, NStZ 1997, 30 = JR 1997, 204 mAnm *Achenbach.*
[406] BGH 8.2.1995 – 2 StR 739/94.
[407] BGH 6.10.1955 – 3 StR 279/55, BGHSt 8, 205 (212) = NJW 1956, 149; vgl. auch BGH 18.7.1996 – 1 StR 386/96, NStZ 1997, 30 = JR 1997, 204 mAnm *Achenbach; Fischer* StGB § 74 Rn. 12.
[408] *Fischer* StGB § 74 Rn. 12.
[409] BGH 28.9.1971 – 1 StR 261/71, BGHSt 24, 222 = NJW 1971, 2235 = JZ 1972, 171 mAnm *Eser* 146 = JR 1973, 223 mAnm *Meyer;* 27.8.1998 – 4 StR 307/98, NStZ-RR 1999, 11; offengelassen allerdings in BGH 18.7.1996 – 1 StR 386/96, NStZ 1997, 30 = JR 1997, 204 mAnm *Achenbach;* LK-StGB/*Schmidt* StGB § 74 Rn. 26 ff.; je mwN auch auf die aA vor allem von Schönke/Schröder/*Eser* StGB § 74 Rn. 25 f.
[410] Vgl. BGH 24.8.1972 – 4 StR 308/72, BGHSt 25, 9 (10) = NJW 1972, 2053 = JZ 1973 100 mAnm *Eser* = JR 1973, 338 mAnm *Meyer;* 27.8.1998 – 4 StR 307/98, NStZ-RR 1999, 11.

cc) Miteigentum, Gesamteigentum. Bei Miteigentum des Beteiligten kann (nur) des- **159**
sen **Miteigentumsanteil eingezogen** werden.[411] Eine Einziehung der Sache selbst kommt
nur in Betracht, wenn alle Berechtigten an der Tat beteiligt waren oder die Tatunbeteiligten
die Voraussetzungen des § 74a Nr. 1 StGB aF erfüllen.

dd) Einziehung von Rechten. Gegenstände sind, wie oben ausgeführt (→ Rn. 90), **160**
nicht nur körperliche Sachen, sondern auch Rechte aller Art. Rechte unterliegen der Einziehung, wenn sie dem Beteiligten zur Zeit der Entscheidung „zustehen", wenn er also
Rechtsinhaber ist. Gemeint ist wiederum die dingliche Zuordnung, rein schuldrechtliche
Ansprüche auf den Gegenstand bleiben außer Betracht. Gegen die Einziehbarkeit von Mitei-
gentumsanteilen sind Bedenken erhoben worden auch unter dem Gesichtspunkt, dass der
Gebrauch eines Rechts als Tatmittel schwer vorstellbar sei. Hierzu hat vor allem Schmidt
überzeugend darauf hingewiesen, dass der Gesetzgeber einziehungsrechtlich Sachen und
Rechte gleichgestellt hat mit der Folge, dass nicht buchstäblich am Verständnis der Tatwerk-
zeugs als eines mechanisch oder chemisch wirkenden Mittels zur Förderung der Tat festgehalten werden darf, sondern nach Sinn und Zweck der Vorschrift danach gefragt werden
muss, ob der Sicherungsgeber (Vorbehaltskäufer) die ihm kraft seines Anwartschaftsrechts
in Verbindung mit dem Recht zu Besitz und Nutzung der Sache zustehende „Herrschaft" über die Sache zu deren Verwendung bei der Begehung der Tat missbraucht.[412] Dieser Interpretation ist zuzustimmen. **Bitcoins** – die weder Sache noch Recht
sind – können nicht eingezogen werden.[413]

3. Ermessen. Anders als beim Verfall ist die Einziehung nicht zwingend vorgeschrieben, **161**
die Entscheidung über ihre Anordnung steht vielmehr **im pflichtgemäßen Ermessen
des Gerichts.** Bei der Ausübung seines Ermessens hat das Gericht vor allem auf die Tat-
und Schuldangemessenheit zu achten; denn die Einziehung darf als repressive Maßnahme
nur angeordnet werden, wenn sie in einem angemessenen Verhältnis zur Tat und Schuld
des Täters steht. Der Tatrichter muss die getroffene Maßnahme auch insoweit begründen,
schon um deutlich zu machen, dass er sich der Tatsache bewusst war, dass es sich um eine
Ermessensentscheidung handelte,[414] aber auch, um dem Revisionsgericht deren Überprüfung zu ermöglichen. Für BtM gilt allerdings hinsichtlich des Ermessensgebrauchs: **die
Nichteinziehung von BtM ist regelmäßig rechtsfehlerhaft** und kann vom Revisionsgericht nachgeholt werden;[415] falls jedoch ein Einfluss dieser nachträglichen Maßnahme auf
die Strafzumessung nicht auszuschließen ist, muss die Sache zur Neufestsetzung der Strafe
zurückverwiesen werden. Fehlende Ausführungen zur Ermessensausübung sind, sofern es
sich um BtM handelt, unschädlich, wenn nach den Umständen des Falles eine Ausübung
des Ermessens dahin, dass die sichergestellten Betäubungsmittel wieder freigegeben werden,
nicht ohne Rechtsfehler möglich ist.[416]

4. Grundsatz der Verhältnismäßigkeit. Bei **BtM** als unerlaubt im Verkehr befindli- **162**
chen Beziehungsgegenständen kann der Grundsatz der Verhältnismäßigkeit bei der Einziehungsanordnung keine Bedeutung gewinnen. Selbst wenn nach § 29 Abs. 5, § 31a von der
Verfolgung abgesehen oder das Verfahren eingestellt wird, bleibt deshalb die Einziehung
der BtM zulässig.[417] Bei Tatwerkzeugen, insbesondere **bei Tatfahrzeugen,** ist regelmäßig
eine Gesamtbetrachtung vorzunehmen, bei der die Bedeutung der Tat, der persönliche
Schuldvorwurf und die Schwere des Einziehungseingriffs, insbesondere der Wert des Fahrzeugs[418] umfassend zu würdigen und gegeneinander abzuwägen sind. Dabei spielt auch der

---

[411] BGH 28.5.1991 – 1 StR 731/90, NStZ 1991, 496.
[412] LK-StGB/*Schmidt* StGB § 74 Rn. 48 und 35 f.
[413] *Rückert* MMR 2016, 295 (297).
[414] BGH 4.1.1994 – 4 StR 718/93, StV 1994, 479.
[415] BGH 30.9.1986 – 1 StR 497/86, BeckRS 1986, 31087543.
[416] OLG Koblenz 29.11.2010 – 1 Ss 197/10, BeckRS 2011, 01376.
[417] *Körner* (VI) Rn. 22.
[418] Vgl. zB BGH 26.4.1983 – 1 StR 28/83, NJW 1983, 2710; 25.1.1984 – 2 StR 715/83, BeckRS 1984,
31107547 = StV 1984, 186.

Umfang, in dem das Fahrzeug zur Tatbegehung verwendet wurde, und seine Bedeutung für die Tatverwirklichung eine erhebliche Rolle.

163 **5. Wirkung.** Die Wirkung der Einziehungsanordnung ist in § 74e StGB aF geregelt (entsprechend § 73e StGB aF für die Wirkung des Verfalls). Dabei verweist § 74e Abs. 3 StGB aF auf § 73e Abs. 2 StGB aF (Veräußerungsverbot).

164 **a) Eigentumsübergang (§ 74e Abs. 1 StGB aF).** Mit der Rechtskraft der Entscheidung geht das Eigentum an der eingezogenen Sache oder das eingezogene Recht auf den Staat über. Eigentümer wird nach § 60 StVollstrO das Land (Justizfiskus), dessen Gericht im ersten Rechtszug entschieden hat. Der Eigentumserwerb des Staates ist originär. Das Bundesland wird Eigentümer, gleichgültig, ob das Urteil richtig oder unrichtig ist. Auch wenn das Gericht die bisherigen Rechtsverhältnisse unrichtig beurteilt hat, kommt es zum Eigentumsübergang. Bei Einziehung eines Grundstücks das unrichtig gewordene Grundbuch zu berichtigen.

165 **b) Veräußerungsverbot (§ 74e Abs. 3 StGB aF).** Der Verweis in § 74e Abs. 3 StGB aF auf § 73e Abs. 2 StGB aF bedeutet, dass bereits die Anordnung der Einziehung bzw. des Vorbehalts der Einziehung nach § 74b Abs. 2 StGB aF ein absolutes bzw. relatives Veräußerungsverbot herbeiführt. Im Regelfall ist dies aber bereits zuvor durch entsprechende strafprozessuale Maßnahmen erreicht worden. Sind Einziehungsgegenstände vor der Entscheidung des Gerichts beschlagnahmt worden (§§ 111b Abs. 2, 111c Abs. 2 StPO aF), so begründet dies ein absolutes Veräußerungsverbot (§ 134 BGB), wenn die Einziehung Sicherungsmaßnahme ist. Im Übrigen hat die Beschlagnahme die Wirkung eines relativen Veräußerungsverbots im Sinne des § 136 BGB. Die bloße Sicherstellung im Sinne des § 111b Abs. 1 StPO aF hat diese Wirkung nicht.

166 **c) Rechte Dritter (§ 74e Abs. 2 StGB aF).** Rechte Dritter an dem Gegenstand bleiben trotz der Einziehung bestehen (§ 74e Abs. 2 S. 1 StGB aF). Rechte Dritter sind zB beschränkt dingliche Rechte wie das Pfandrecht oder Grundpfandrecht. Obligatorische Rechte, deren Erfüllung durch die Einziehung unmöglich wird, sind nicht erfasst. Ebenso wie bei § 74 StGB aF (→ Rn. 166) ist heftig umstritten, inwiefern Vorbehalts- und Sicherungseigentum Rechte im Sinne des Abs. 2 darstellen. Nach § 74e Abs. 2 S. 2 StGB aF ordnet das Gericht das Erlöschen dieser Rechte an (zwingend), wenn die Voraussetzungen der Sicherungseinziehung nach § 74 Abs. 2 Nr. 2 StGB aF vorliegen. Das Gericht kann das Erlöschen eines Drittrechtes anordnen (Ermessen), wenn die Einziehung auf § 74 Abs. 2 Nr. 1 StGB aF oder § 74a StGB aF gestützt wird und der Drittberechtigte keinen Anspruch auf Entschädigung für den Rechtsverlust hat, weil er vorwerfbar im Sinne des § 74f Abs. 2 Nr. 1 oder 2 StGB aF handelt. Insofern wird der Drittberechtigte in gleicher Weise behandelt wie der tatunbeteiligte Dritteigentümer.

167 **6. Strafzumessung.** Die Einziehung gemäß § 74 Abs. 2 Nr. 1 StGB aF ist Nebenstrafe und daher Teil der Strafzumessung, die eine Gesamtbetrachtung erfordert.[419] Dabei ist der wirtschaftliche Wert der Vermögenseinbuße zu würdigen,[420] und zwar auch dann, wenn die Einziehung Sicherungsmaßnahme ist.[421] Bei der Einziehung von Tatfahrzeugen sind daher im Urteil insbesondere Art und Wert des Fahrzeugs darzulegen.[422] Insbesondere

---

[419] BGH 26.4.1983 – 1 StR 28/83, NJW 1983, 2710; 12.3.1987 – 1 StR 83/87, BeckRS 1987, 31088117; 8.1.1988 – 2 StR 590/87, BeckRS 1988, 31095253; 20.9.1988 – 5 StR 418/88, BeckRS 1988, 31103632; 16.3.1995 – 4 StR 105/95, StV 1995, 301; 13.7.1995 – 4 StR 349/95; 17.10.1995 – 4 StR 549/95, NStZ-RR 1996, 56; 7.5.1996 – 4 StR 185/96, NZV 1997, 236 mAnm *Roßmüller*; 27.4.1999 – 4 StR 94/99, NStZ 1999, 451; BGH 2.4.2015 – 3 StR 53/15; 3.9.2015 – 1 StR 255/15, NStZ-RR 2016, 198.

[420] BayObLG 12.10.1993 – 3 St RR 108/93, JuS 1994, 466 mAnm *Hilgendorf* = NJW 1994, 28.

[421] OLG Köln 15.3.1994 – Ss 83/94, StV 1995, 36.

[422] BGH 12.3.1987 – 1 StR 83/87, BeckRS 1987, 31088117; 8.1.1988 – 2 StR 590/87, BeckRS 1988, 31095253; 20.9.1988 – 5 StR 418/88, BeckRS 1988, 31103632; 13.5.1992 – 5 StR 204/92, BeckRS 1992, 31083565 = StV 1992, 570; 15.10.1992 – 1 StR 656/92, NStZ 1993, 95; 22.12.1992 – 1 StR 618/92, NStZ 1993, 400; 17.10.1995 – 4 StR 549/95, NStZ-RR 1996, 56; 6.6.2001 – 2 StR 205/01, BeckRS 2001 30184538.

bei hochwertigen Einziehungsgegenständen muss das Urteil erkennen lassen, dass eine das Verhältnismäßigkeitsprinzip berücksichtigende Gesamtbetrachtung vorgenommen worden ist; es sei denn, dass die Einziehung im konkreten Einzelfall die Bemessung der Hauptstrafe nicht wesentlich zu beeinflussen vermochte, zB bei geringem. Wert des Einziehungsobjekts.[423] In den Fällen, in denen der Täter wegen mehrerer Straftaten verurteilt wird (§ 53 StGB), genügt es in der Regel, die Einziehung eines wertvollen Gegenstandes erst bei der Bemessung der Gesamtstrafe zu berücksichtigen.[424]

7. Verfahren. Die Einziehung wird **im Urteilstenor** ausgesprochen; sie kann auch **168** durch Strafbefehl angeordnet werden. Die einzuziehenden Gegenstände sind in der Urteilsformel oder einer Anlage hierzu so **konkret zu bezeichnen,** dass für die Beteiligten und die Vollstreckungsbehörde Klarheit über den Umfang der Einziehung geschaffen und eine rechtliche Nachprüfung in der Revision ermöglicht wird (es gilt also das **Bestimmtheitserfordernis** bei der Bezeichnung der einzuziehenden Gegenstände).[425] Handelt es sich um eine Vielzahl von Gegenständen, so können diese in einer besonderen **Anlage zum Urteilstenor** wiedergegeben werden.[426] Bei der **Einziehung von BtM** müssen im Urteilstenor Art und Menge der einzuziehenden BtM angegeben werden.[427] Eine bloße Bezugnahme auf die Anklageschrift oder auf das **Asservatenverzeichnis** ist nicht ausreichend.[428] Ausnahmsweise ist die Nichtangabe der einzuziehenden BtM im Urteilstenor „unschädlich"; wenn die Urteilsgründe die erforderlichen Angaben enthalten, kann das Revisionsgericht gemäß § 354 Abs. 1 StPO die Entscheidung selbst treffen und den Urteilsspruch über die Einziehung ergänzen und neu fassen.[429]

8. Verständigung und Verfall. Nicht zum Gegenstand einer Verständigung gemacht **169** werden dürfen die mit dem Schuldspruch und einer Verurteilung verbundenen, zwingend von Gesetzes wegen zu verhängenden Nebenstrafen oder anzuordnende Nebenfolgen wie der Verlust der Amtsfähigkeit gemäß § 45 Abs. 1 StGB. Etwas anderes gilt für fakultative Nebenstrafen, wie zB das Fahrverbot nach § 44 StGB oder sonstige Nebenfolgen wie Einziehung und Verfall.[430]

9. Einziehung des Wertersatzes (§ 74c StGB aF). Hat der Tatbeteiligte den Einzie- **170** hungsgegenstand in der Zeit zwischen der Tat und der Entscheidung verwertet, insbesondere veräußert oder verbraucht, oder **hat er seine Einziehung sonst vereitelt,** so kann das

[423] BGH 13.5.1992 – 5 StR 204/92, BeckRS 1992, 31083565; OLG Köln 15.3.1994 – Ss 83/94, StV 1995, 36.
[424] BGH 6.6.2001 – 2 StR 205/01, BeckRS 2001 30184538.
[425] BGH 28.1.1998 – 2 StR 641/97, NStZ 1998, 505; 26.2.1988 – 3 StR 484/87; 9.7.1998 – 4 StR 250/98; 22.1.1993 – 3 StR 536/92, BeckRS 1993, 31079029; 27.6.2003 – 2 StR 197/03, BeckRS 2003, 06216; 28.11.2006 – 4 StR 404/06, BeckRS 2007, 00016; 20.6.2007 – 1 StR 251/07, NStZ 2007, 713 = StV 2007, 561 = wistra 2007, 427; 25.8.2009 – 3 StR 291/09, NStZ-RR 2009, 384; BGH, 16.10.2012 – 3 StR 406/12; 23.11.2010 – 3 StR 393/10; 14.5.2014 – 3 StR 398/13, NStZ-RR 2015, 16.
[426] BGH 7.3.1956 – 6 StR 92/55, BGHSt 9, 88 (90) = NJW 1956, 799; 28.11.2006 – 4 StR 404/06, BeckRS 2007, 00016; 20.6.2007 – 1 StR 251/07, NStZ 2007, 713; 7.5.2008 – 2 StR 144/08, BeckRS 2008, 10797; 25.8.2009 – 3 StR 291/09, NStZ-RR 2009, 384.
[427] BGH 22.2.1978 – 4 StR 60/78; 7.9.1978 – 4 StR 434/78; 12.1.1984 – 4 StR 765/83, StV 1984, 205; 5.12.1991 – 1 StR 719/91, BeckRS 1991, 31085787; 13.2.2004 – 3 StR 501/03, BeckRS 2004, 04032; 11.10.2012 – 2 StR 291/12, BeckRS 2012, 22242; BGH 5.11.2014 – 2 StR 418/14, BeckRS 2014, 22635; 18.8.2015 – 3 StR 303/15, BeckRS 2015, 15763; 15.10.2015 – 2 StR 249/15; 3.9.2015 –3 StR 236/15, NStZ 2016, 415; KPV/*Patzak* Rn. 22.
[428] Vgl. BGH 26.2.1988 – 3 StR 484/87,; 15.3.1994 – 1 StR 179/93, BGHSt 40, 97 = NJW 1994, 1421 (1423) = StV 1994, 540; 7.5.2008 – 2 StR 144/08, BeckRS 2008, 10797 = StraFo 2008, 302 = StRR 2008, 283; 25.8.2009 – 3 StR 291/09, NStZ-RR 2009, 384; BGH 4.11.2014 – 1 StR 474/14, BeckRS 2014, 22216; BGH 14.10.2015 –2 StR 512/14, BeckRS 2015, 19981.
[429] BGH 5.12.1991 – 1 StR 719/91, BeckRS 1991, 31085787; 13.2.2004 – 3 StR 501/03, BeckRS 2004, 04032; 28.11.2006 – 4 StR 404/06, BeckRS 2007, 00016; 25.4.2007 – 2 StR 86/07, BeckRS 2007, 09794; 20.6.2007 – 1 StR 251/07, NStZ 2007, 713; 23.11.2010 – 3 StR 393/10; 14.5.2014 – 3 StR 398/13, NStZ-RR 2015, 16.
[430] *Schlothauer/Wieder* StV 2009, 600; vgl. auch Meyer-Goßner/Schmitt/*Meyer-Goßner* StPO § 257c Rn. 10.

Gericht gem. § 74c StGB aF die Einziehung eines Geldbetrags gegen den Tatbeteiligten bis zu der Höhe anordnen, die dem Wert des Gegenstandes entspricht. Der Anwendungsbereich der Norm ist nicht auf die Konstellationen des § 74 Abs. 1 StGB aF beschränkt, sondern erstreckt sich, sofern die in ihr aufgestellten Voraussetzungen gegeben sind, auf alle Fälle strafrechtlicher Einziehung.[431]

171   a) **Wertersatzeinziehung anstelle der Originaleinziehung.** Die Anordnung der Wertersatzeinziehung erfordert zunächst, dass die **Voraussetzungen der Einziehung** im Zeitpunkt der Entscheidung vorgelegen hätten, wenn der Tatbeteiligte noch Eigentümer oder Inhaber des Gegenstandes wäre. Daher müssen sämtliche Voraussetzungen eines Einziehungstatbestandes einschließlich der Wahrung des Grundsatzes der Verhältnismäßigkeit (§ 74b StGB aF) vorliegen, insbesondere muss der Originalgegenstand, dessen Ersatz nun als Einziehungsobjekt in Betracht kommt, Tatmittel, Tatprodukt oder **Beziehungsgegenstand der von der Anklage umfassten Tat** gewesen und zur Überzeugung des Tatrichters nachgewiesen sein.

172   b) **Tatbeteiligter als Einziehungsbetroffener.** Der Einziehungsbetroffene muss ferner **als Täter oder Teilnehmer** zurzeit der Tat Eigentümer bzw. Rechtsinhaber des Einziehungsgegenstandes gewesen sein. Gegenüber einem tatunbeteiligten Dritteigentümer ist eine Wertersatzeinziehung ausgeschlossen, auch wenn nach § 74a StGB aF oder § 74 Abs. 2 Nr. 2 StGB aF gegen ihn eine Einziehung des Gegenstandes möglich gewesen wäre.

173   c) **Eigentümer-/Inhaberschaft des Tatbeteiligten.** Die Wertersatzeinziehung setzt außerdem nach § 74c Abs. 1 StGB aF voraus, dass dem Täter der ursprünglich einziehungsbetroffene Gegenstand zur Zeit der Tat gehörte oder zustand.[432] Daran fehlt es in aller Regel bei BtM-Geschäften infolge von der Doppelnichtigkeit,[433] und zwar sowohl auf Käufer- als auch auf Verkäuferseite.

174   aa) **Keine Wertersatzeinziehung bei BtM als Beziehungsgegenstände im Verfahren gegen den Käufer.** Der Käufer von BtM, die er zwischen Tat und Entscheidung weiterveräußert hat, war niemals Eigentümer. Damit sind die rechtlichen Voraussetzungen für die Wertersatzeinziehung (des zwischenzeitlich erzielten Erlöses) nicht gegeben;[434] der Erlös oder sonstige Tatvorteile unterliegen im Verfahren gegen den Käufer der Anordnung des Verfalls einschließlich des Erweiterten Verfalls (§§ 73, 73d StGB aF) oder des Ersatzverfalls (§ 73a StGB aF).

175   bb) **Keine Wertersatzeinziehung bei BtM als Beziehungsgegenstände im Verfahren gegen den Verkäufer.** Auch der Verkäufer seinerseits war ursprünglich bei seinem Erwerb (anderes mag für den Fall der Herstellung gelten) nicht Eigentümer geworden. Damit sind auch bei ihm die rechtlichen Voraussetzungen für die Wertersatzeinziehung (des durch die Tat erzielten Erlöses) nicht gegeben;[435] der Erlös oder sonstige Tatvorteile unterliegen im Verfahren gegen den Verkäufer der Anordnung des Verfalls[436] einschließlich des Erweiterten Verfalls (§§ 73, 73d StGB aF) oder des Ersatzverfalls (§ 73a StGB aF). (Die frühere Rechtsprechung zur Wertersatzeinziehung,[437] die auf die Eigen-

---

[431] BGH 28.3.1979 – 2 StR 700/78, BGHSt 28, 369 = NJW 1979, 1942.

[432] BGH 11.6.1985 – 5 StR 275/85, BGHSt 33, 233 = NJW 1985, 2773 = NStZ 1985, 556 mAnm *Eberbach*.

[433] Vgl. BGH 4.11.1982 – 4 StR 451/82, BGHSt 31, 145 (148) = NJW 1983, 636 = JR 1983, 431 mAnm *Schmid*; BGH 11.6.1985 – 5 StR 275/85, BGHSt 33, 233 = NJW 1985, 2773 = NStZ 1985, 556 mAnm *Eberbach* und seitdem stRspr.

[434] BGH 20.3.1987 – 2 StR 77/87, BeckRS 1987, 31104167; 18.9.1987 – 2 StR 439/87, BeckRS 1987, 31094841.

[435] BGH 8.11.2001 – 4 StR 429/01, BeckRS 2001 30217543 = StV 2002, 260; 14.12.2001 – 3 StR 442/01, NStZ-RR 2002, 118.

[436] Vgl. BGH 21.6.1989 – 3 StR 77/89, BeckRS 1989, 31106347.

[437] Vgl. BGH 28.3.1979 – 2 StR 700/78, BGHSt 28, 369 = NJW 1979, 1942; 24.8.1983 – 2 StR 476/83, NStZ 1984, 27.

tumsverhältnisse nicht eingegangen war, ist durch die neuere Rechtsprechung des BGH überholt.)[438]

d) Vereitelung der Originaleinziehung. Endlich muss der Tatbeteiligte auf irgendeine **176** Weise, sei es rechtlich oder tatsächlich, die Einziehung unmöglich gemacht haben.

aa) Gesonderte Vereitelungshandlung. Die Handlung des Tatbeteiligten, die verhin- **177** dert, dass auf das Originaleinziehungsobjekt zurückgegriffen werden kann, muss eine andere Handlung als die Tathandlung sein. Erforderlich ist eine zusätzliche, insbesondere spätere Handlung, zB das Verbrauchen, Vernichten oder dauerhafte Verbergen der BtM.[439]

bb) Vereitelungshandlungen. Die Verwertung des Gegenstandes ist insbesondere mög- **178** lich durch Veräußerung oder Verbrauch. **Veräußerungen** sind nur solche Rechtsgeschäfte, die die dingliche Zuordnung des Gegenstandes betreffen, so dass Übereignungen oder Abtretungen ausreichen, nicht aber schuldrechtliche Übertragungsverpflichtungen. **Verbrauch** ist insbesondere der Verzehr,[440] aber auch der Verschleiß, der zu einer völligen wirtschaftlichen Entwertung des Gegenstandes geführt hat.[441] **Wer den Gegenstand verbraucht** hat, ist unerheblich, sofern jedenfalls sicher ist, dass dies mit Billigung des Tatbeteiligten geschah.[442] Daher genügt auch der bestimmungsgemäße Verbrauch der Sache durch einen gutgläubigen Dritten.[443] Die **Verbindung, Verarbeitung oder Vermischung** mit anderen Gegenständen reicht aus, sofern dadurch die Nämlichkeit nicht mehr gewahrt ist und der neue Gegenstand uneinziehbar wird.

cc) Vereitelungsabsicht. Eine besondere Vereitelungsabsicht ist nicht erforderlich. **179** Überwiegend wird zu Recht ein **zumindest bedingt vorsätzliches** Verhalten des Tatbeteiligten für nötig gehalten; zum Teil erachtet man sogar für ausreichend, wenn der Tatbeteiligte das Einziehungsobjekt aus Nachlässigkeit verkommen lässt.[444]

dd) Unfreiwilliger Verlust oder Untergang. Bei unfreiwilligem Verlust oder Unter- **180** gang der Sache zB durch Verlieren, Diebstahl, Brand oder andere dem Tatbeteiligten nicht zurechenbare oder vorwerfbare Ereignisse **scheidet die Wertersatzeinziehung aus.** Eine evtl. **Einlassung** des Angeklagten zum nachträglichen Untergang der Sache, für deren Richtigkeit oder Unrichtigkeit es keine unmittelbaren Beweise gibt, muss der Tatrichter nicht ohne weiteres als unwiderlegt hinnehmen. Vielmehr hat er sich im Rahmen freier Beweiswürdigung, § 261 StPO, und ohne Bindung an Beweisregeln aufgrund der im konkreten Fall gegebenen Erkenntnismöglichkeiten eine Überzeugung davon zu verschaffen, ob das behauptete Ereignis stattgefunden hat. Dabei ist es ihm unbenommen, entsprechende Angaben des Angeklagten als unglaubhaft einzustufen, wenn er dafür durch die Beweisaufnahme gewonnene Gründe hat, welche seine Auffassung argumentativ tragen.

e) Höhe des Wertersatzes. Die Höhe des Wertersatzes wird bestimmt durch den **Wert 181 des Originalgegenstandes.** Maßgeblich ist der realisierbare Verkehrswert zurzeit der Entscheidung.[445] Hat der Tatbeteiligte tatsächlich einen höheren Gewinn erzielt, kann dieser im Wege der Verfallsanordnung (§§ 73, 73d StGB aF) abgeschöpft werden. Der Wert kann nach Maßgabe des § 74c Abs. 3 StGB aF geschätzt werden, wobei im Zweifel vom niedrigs-

---

[438] BGH 18.9.1987 – 2 StR 439/87, BeckRS 1987, 31094841; 28.10.1987 – 2 StR 508/87, BeckRS 1987, 31094998.
[439] *Franke*/Wienroeder Rn. 17.
[440] BGH 17.10.1961 – 1 StR 130/61, BGHSt 16, 282 = NJW 1962, 212.
[441] Schönke/Schröder/*Eser* StGB § 74c Rn. 5.
[442] Schönke/Schröder/*Eser* StGB § 74c Rn. 5.
[443] BGH 17.10.1961 – 1 StR 130/61, BGHSt 16, 282 (292) = NJW 1962, 212.
[444] Schönke/Schröder/*Eser* StGB § 74c Rn. 6.
[445] BGH 6.2.1953 – 2 StR 714/51, BGHSt 4, 13 = NJW 1953, 673; 27.8.1953 – 1 StR 781/52, BGHSt 4, 305 = NJW 1953, 1640; 28.3.1979 – 2 StR 700/78, BGHSt 28, 370 = NJW 1979, 1942; 31.8.1983 – 2 StR 300/83, NStZ 1984, 28; OLG Bremen 18.7.1951 – Ss 34/51, NJW 1951, 976; OLG Neustadt 13.2.1957 – Ss 128/56, NJW 1957, 554.

ten denkbaren Schätzwert auszugehen ist. Bei **BtM** ist der im Inland für vergleichbare BtM im Zeitpunkt der Entscheidung erzielbare Straßenpreis maßgeblich.

182   **f) Ermessensentscheidung bei der Wertersatzeinziehung.** Die Anordnung der Wertersatzeinziehung steht im pflichtgemäßen Ermessen des Gerichts.[446] Dies gilt auch dann, wenn der Originalgegenstand, wäre er noch vorhanden, zwingend eingezogen werden müsste.[447] Für das BtM-Recht gilt an sich der Grundsatz, dass die Nichteinziehung von BtM regelmäßig einen fehlerhaften Ermessensgebrauch darstellt;[448] bei der Entscheidung über eine Wertersatzeinziehung lebt die Möglichkeit des Ermessensgebrauchs wieder auf.

183   **g) Verhältnismäßigkeit (§ 74b StGB aF) bei der Wertersatzeinziehungsentscheidung.** Der Grundsatz der Verhältnismäßigkeit (§ 74b StGB aF) gilt auch für die Wertersatzeinziehung. Wäre die Einziehung nach § 74b Abs. 1 StGB aF wegen Unverhältnismäßigkeit nicht zulässig gewesen, darf auch keine Wertersatzeinziehung erfolgen.[449]

184   **h) Wirkung der Wertersatzeinziehungsentscheidung.** Anders als bei der Originaleinziehung geht der betroffene Gegenstand/Wert nicht kraft Gesetzes auf den Staat über. Die Wirkung der Ersatzeinziehung besteht lediglich darin, dass der Staat in Höhe des festgesetzten Betrages einen der Geldstrafe ähnlichen Zahlungsanspruch erhält.[450] Nach § 74c Abs. 4 StGB aF gilt für die Bewilligung von Zahlungserleichterungen § 42 StGB. Die Vollstreckung richtet sich nach § 459g Abs. 2 iVm §§ 459 ff. StPO aF. Eine Anordnung einer Ersatzfreiheitsstrafe kommt nicht in Betracht. Ebenso ist § 51 StGB (Anrechnung von Leistungen) nicht anwendbar.

IV. Sicherungseinziehung zum Schutz gegen Gefahren (§ 74 Abs. 2 Nr. 2 StGB aF)

185   Die Sicherungseinziehung nach § 74 Abs. 2 Nr. 2 StGB aF erlaubt eine Einziehung – unabhängig von Eigentum oder Inhaberschaft des Tatbeteiligten – zum Schutz der Allgemeinheit vor Gefahren,[451] wenn die Gegenstände nach ihrer Art und den Umständen die Allgemeinheit gefährden (1. Alt.) oder aber die Gefahr besteht, dass sie der Begehung rechtswidriger Taten dienen werden (2. Alt.). Zur Beteiligung Dritter am Verfahren vgl. §§ 431–438 StPO aF (im Nachverfahren §§ 439, 441 StPO aF), zu dem Anspruch des Dritten auf Entschädigung aus der Staatskasse und seinen Voraussetzungen vgl. § 74f StGB. Ein Verstoß gegen Art. 14 GG liegt nach allgemeiner Meinung nicht vor, weil diese Einziehung dem Wohle der Allgemeinheit dient.[452] Wie die Ahndungseinziehung gegen den tatbeteiligten Eigentümer des § 74 Abs. 2 Nr. 1 StGB aF erfordert auch die Sicherungseinziehung nach § 74 Abs. 2 Nr. 2 StGB aF die Erfüllung der allgemeinen Einziehungsvoraussetzungen des § 74 Abs. 1 StGB aF.

186   **1. Anknüpfungstat.** Wegen der Anforderungen an die Anknüpfungstat wird auf die Darlegungen zur Einziehungsanordnung gegen einen tatbeteiligten Eigentümer (→ Rn. 150)verwiesen. Anders aber als bei der täterbezogenen Einziehung ist für die Sicherungseinziehung nicht notwendig, dass der Täter schuldhaft gehandelt hat, wie sich aus § 74 Abs. 3 StGB aF ergibt (→ Rn. 207).

187   **2. Die im Sinne des § 74 Abs. 2 Nr. 2 StGB aF gefährlichen Gegenstände.** Nach der Art der von ihnen ausgehenden Gefährlichkeit unterscheidet § 74 Abs. 2 Nr. 2 StGB aF generell und individuell gefährliche Gegenstände.

---

[446] Schönke/Schröder/*Eser* § 74c Rn. 8.
[447] LK-StGB/*Schmidt* StGB § 74c Rn. 16; Schönke/Schröder/*Eser* StGB § 74c Rn. 8.
[448] BGH 30.9.1986 – 1 StR 497/86, BeckRS 1986, 31087543.
[449] LK-StGB/*Schmidt* StGB § 74c Rn. 5.
[450] BGH 28.3.1979 – 2 StR 700/78, BGHSt 28, 370 = NJW 1979, 1942.
[451] OLG Saarbrücken 30.5.1974 – Ss 155/73, NJW 1975, 65 (66); → StGB § 74 Rn. 34.
[452] BGH 25.7.1963 – 3 StR 4/63, BGHSt 19, 63 (76) = NJW 1963, 2034; 16.7.1965 – 6 StE 1/65, BGHSt 20, 253 (255) = BeckRS 1965, 30401605; 10.5.1966 – 1 StR 592/65, BGHSt 21, 66 (69) = NJW 1966, 1465; zweifelnd → StGB § 74 Rn. 34.

a) Generell gefährliche Gegenstände (§ 74 Abs. 2 Nr. 2 Alt. 1 StGB aF). Gegen- 188
stände, die nach ihrer Art und den Umständen die Allgemeinheit gefährden, sind solche,
die eine generelle (abstrakte) Gefährlichkeit aufweisen. Die Gefährdung der Allgemeinheit
muss konkret sein,[453] die entfernte Möglichkeit eines Schadenseintritts reicht nicht. Die
Gefährlichkeit muss sich **aus den physikalischen und chemischen Eigenschaften** des
Gegenstandes oder seinen Verwendungsmöglichkeiten ergeben, wie zB Falschgeld, Sprengstoffe, Kernbrennstoffe, Gifte jeder Art einschließlich der BtM[454] Bakterienkulturen. Hierher gehören auch Waffen, Munition und Gegenstände, die praktisch nur zur Verwendung
bei Straftaten dienen.[455] Die Gegenstände müssen außerdem **„nach den Umständen"** für
die Allgemeinheit gefährlich sein. „Gefahr" meint hier die Besorgnis, dass Rechtsgüter
individuell nicht bestimmter Personen verletzt werden könnten Diese Umstände können
sich zB aus der Verwahrung, der Behandlung oder der Beaufsichtigung ergeben. Wer durch
unzureichende Sicherung seiner Jagdwaffen deren Benutzung durch einen Straftäter ermöglicht, tut Unzureichendes gegen eine Gefahr.[456] Dass die Allgemeinheit gefährdet werden
muss, bedeutet nicht, dass eine Gemeingefahr im technischen Sinne erforderlich ist.[457] Es
genügt jedes rechtlich geschützte Interesse, auch das eines Einzelnen, wenn nur die Belange
der Allgemeinheit seine Wahrung erfordern.[458]

b) Individuell gefährliche Gegenstände (§ 74 Abs. 2 Nr. 2 Alt. 2 StGB aF). Bei 189
der Einziehung nach der zweiten Alternative von § 74 Abs. 2 Nr. 2 StGB aF kommt es
darauf an, ob nach den konkreten Umständen die Gefahr besteht, dass die Gegenstände zur
Begehung rechtswidriger Taten dienen werden **(individuelle Gefährlichkeit).** Unter dieser Voraussetzung ist prinzipiell nahezu jeder Gegenstand einziehungsfähig, zB ein Messer,
eine Aktentasche, die zum Transport des Diebeswerkzeugs benutzt wurde,[459] bei Mitgliedern einer terroristischen Vereinigung beschlagnahmtes Geld,[460] Kraftfahrzeuge.[461] Der mit
der Einziehung verfolgte Zweck wird nicht dadurch gegenstandslos, dass die **Möglichkeit
der Ersatzbeschaffung** besteht; dies gilt insbesondere dann, wenn die Ersatzbeschaffung
mit besonderer Mühe oder – evtl. auch nur relativ – hohen Kosten verbunden ist.[462] Die
Art der zu besorgenden rechtswidrigen Tat ist ohne Bedeutung. Nicht notwendig ist,
dass die zu befürchtenden Taten in Art und Schwere der Anknüpfungstat entsprechen.[463]
Es muss allerdings zB nahe liegen, dass bisher für Diebstahlstaten benutzte Kraftfahrzeuge
künftig zur Begehung von Schmuggelfahrten eingesetzt werden. Eine Gefahr iS des § 74
Abs. 2 Nr. 2 StGB aF kann nicht schon dann bejaht werden, wenn die bloße gedankliche
Möglichkeit einer rechtswidrigen Verwendung besteht, sondern erst dann, wenn **konkrete
Anhaltspunkte die Wahrscheinlichkeit einer rechtwidrigen Verwendung nahelegen.**[464] Unerheblich ist auch, **von wem die Gefahr einer rechtswidrigen Tat ausgeht,**
ob vom Täter, vom Dritteigentümer oder einer sonstigen Person; für die Einziehung ist
allein ausschlaggebend, dass die konkrete Gefahr besteht, der Gegenstand werde, falls er
nicht eingezogen würde, (durch Überlassung des Besitzes, Übereignung, mangelhafte Verwahrung etc) in die Hände von irgendwelchen Personen geraten, denen er zur Begehung
rechtswidriger Taten dienen könnte.[465]

---

[453] BGH 23.7.1969 – 3 StR 326/68, BGHSt 23, 64 = NJW 1969, 1970.
[454] Für BtM: OLG Frankfurt a. M. 11.10.1996 – 1 Ss 28/96, NJW 1997, 1647.
[455] → StGB § 74 Rn. 36.
[456] → StGB § 74 Rn. 37.
[457] LK-StGB/*Schmidt* StGB § 74 Rn. 54.
[458] Schönke/Schröder/*Eser* StGB § 74 Rn. 32.
[459] LK-StGB/*Schmidt* StGB § 74 Rn. 56.
[460] BGH 25.2.1985 – 1 StE 4/85, NStZ 1985, 262.
[461] BGH 8.10.1990 – 4 StR 440/90, BeckRS 1990, 31081945 = StV 1991, 262; KG 7.12.1978 – 3 Ss
311/78 – 133/78, VRS. 57, 20.
[462] BayObLG 6.11.1973 – RReg 6 St 111/73, BayObLGSt 1973, 178 (181).
[463] Schönke/Schröder/*Eser* StGB § 74 Rn. 34.
[464] BGH 15.2.1963 – 4 StR 404/62, BGHSt 18, 271 (272) = NJW 1963, 1069; 23.7.1969 – 3 StR 326/
68, BGHSt 23, 64 (69) = NJW 1969, 1970.
[465] LK-StGB/*Schmidt* StGB § 74 Rn. 58.

190   **3. Ermessen.** Die Einziehung als Sicherungsmaßnahme kommt nicht nur gegen den Dritteigentümer, sondern auch gegen den Tatbeteiligten in Betracht. Die Frage nach Unrechts- und Schuldgehalt der konkreten Tat muss dann hinter dem Sicherungszweck zurücktreten. Gebietet der Schutz der Allgemeinheit die Einziehung, so ist **für ein Ermessen kein Raum.**

191   **4. Verhältnis der beiden Alternativen des § 74 Abs. 2 Nr. 2 StGB aF.** Richtet sich die Einziehung gegen den Tatbeteiligten, so muss das Urteil erkennen lassen, ob die Einziehung zu Sicherungszwecken nach § 74 Abs. 2 Nr. 2 StGB und/oder zu Ahndungszwecken nach § 74 Abs. 2 Nr. 1 StGB erfolgt.[466]

192   **a) Unterschiede der beiden Einziehungsarten des § 74 Abs. 2 StGB aF.** Gegenüber der Ahndungseinziehung nach § 74 Abs. 2 Nr. 1 StGB aF weist nämlich die Sicherungseinziehung nach § 74 Abs. 2 Nr. 2 StGB aF Besonderheiten auf, die sich aus ihrem im Vordergrund stehenden Sicherungszweck ergeben:[467] die Sicherungseinziehung ist unabhängig von den Voraussetzungen des § 74a StGB aF mit Wirkung gegen den tatunbeteiligten Dritteigentümer zulässig; bei der Prüfung der Verhältnismäßigkeit der Einziehung gem. § 74b StGB aF gelten Besonderheiten; das Erlöschen beschränkt dinglicher Rechte Dritter am Einziehungsgegenstand wird gem. § 74e Abs. 2 S. 2 StGB aF angeordnet; die selbstständige Einziehung ist gem. § 76a Abs. 2 StGB aF in weiterem Umfang zulässig.

193   **b) Prüfungsreihenfolge.** Wegen dieser weiterreichenden Folgen ist zunächst zu prüfen, ob die Einziehung auf § 74 Abs. 2 Nr. 2 StGB aF gestützt werden kann.[468]

194   **c) Vorliegen der Voraussetzungen des § 74 Abs. 2 Nr. 1 StGB aF und zugleich des § 74 Abs. 2 Nr. 2 StGB aF.** Aber auch wenn die Voraussetzungen des § 74 Abs. 2 Nr. 2 StGB aF festgestellt sind, ist es nicht nur zulässig, sondern sogar **geboten, als Einziehungsgrund nicht nur die Nr. 2, sondern auch die Nr. 1 anzuführen,** wenn auch deren Voraussetzungen festgestellt sind und der Gesichtspunkt des Unrechtsausgleichs (der Bestrafung) die Wegnahme des Gegenstandes rechtfertigt und fordert.[469] Dadurch wird es nämlich möglich, eine Einziehung auch dann auszusprechen, wenn der Sicherungszweck gemäß § 74b Abs. 2 StGB aF durch eine weniger einschneidende Maßnahme erreichbar wäre, und es bleibt die Möglichkeit erhalten, nachträglich gemäß § 76 StGB aF die Einziehung von Wertersatz anzuordnen. Auch deshalb muss sich den Gründen der die Einziehung anordnenden Entscheidung entnehmen lassen, auf welcher der nach § 74 StGB aF in Betracht kommenden Rechtsgrundlagen sie beruht.[470]

195   **d) Ausnahme bei hohem Klärungsaufwand.** Der Tatrichter kann sich damit begnügen, seine Entscheidung nur auf eine der beiden Alternativen des § 74 Abs. 2 StGB aF zu stützen, wenn die Feststellungen der Voraussetzungen anderer Alternative unangemessenen Klärungsaufwand erforderte und Nachteile für den Betroffenen nicht zu erwarten sind.[471]

196   **e) Möglicher Austausch der Rechtsgrundlage in der Revision.** Hat der Tatrichter in der irrtümlichen Annahme, die Sache gehöre dem Täter, die Einziehung allein auf § 74 Abs. 2 Nr. 1 StGB aF gestützt, so gefährdet dies die Existenz des Urteils nicht, wenn nach den tatsächlichen Feststellungen auch die Sicherungseinziehung auf Grund des § 74 Abs. 2 Nr. 2 StGB aF möglich ist und das Revisionsgericht sich davon überzeugt, dass der Tatrichter bei richtiger rechtlicher Würdigung die Einziehung nach dieser Vorschrift angeordnet hätte.[472]

---

[466] BayObLG 20.10.1993 – 3 ObOWi 90/93, NJW 1994, 534.
[467] Vgl. LK-StGB/*Schmidt* StGB § 74 Rn. 59.
[468] *Göhler* OWiG § 22 Rn. 5; LK-StGB/*Schmidt* StGB § 74 Rn. 59.
[469] LK-StGB/*Schmidt* StGB § 74 Rn. 59.
[470] OLG Saarbrücken 30.5.1974 – Ss 155/73, NJW 1975, 65 (66).
[471] *Fischer* StGB § 74 Rn. 18.
[472] OLG Koblenz 12.12.1974 – 1 Ss 263/74, VRS 49, 134.

f) Berücksichtigung der Ahndungseinziehung bei der Strafzumessung. Wenn 197
die Einziehung zu Ahndungszwecken erfolgt, dann muss der wirtschaftliche Wert der eingezogenen Sache im Rahmen der Strafzumessung berücksichtigt werden.[473] Auch aus diesem
Grunde muss das Urteil erkennen lassen, ob die Einziehung zu Sicherungszwecken nach
§ 74 Abs. 2 Nr. 2 StGB aF und/oder zu Ahndungszwecken nach § 74 Abs. 2 Nr. 1 StGB
aF erfolgt. Für die Berücksichtigung bei der Strafzumessung sind maßgeblich vor allem der
Wert der Sache, die Bedeutung der Tat und der Vorwurf gegen den Eigentümer.[474]

5. Einziehung des Wertersatzes (§ 74c StGB aF). Die Einziehung des Wertersatzes 198
kommt auch in den Fällen der Sicherungseinziehung in Betracht;[475] allerdings nur unter
der Voraussetzung, dass der Gegenstand dem Tatbeteiligten gehörte oder zustand, weil sich
die Wertersatzeinziehung des § 74c StGB aF nur gegen den Tatbeteiligten richtet, der zur
Zeit der Tat Eigentümer der Sache oder Inhaber des Rechts war (→ Rn. 181). Zu den
weiteren Voraussetzungen der Wertersatzeinziehung → Rn. 178.

6. Einziehung bei schuldlosem Handeln. § 74 Abs. 3 StGB aF regelt eine besondere 199
Konstellation der Einziehung als Sicherungsmaßnahme: in den Fällen des § 74 Abs. 2 Nr. 2
StGB aF ist eine Einziehung auch zulässig, wenn der Täter ohne Schuld gehandelt hat.
Erforderlich ist lediglich, dass eine tatbestandsmäßige und rechtswidrige Vorsatztat begangen
wurde. Die Einziehung ist also auch möglich, wenn die Schuld entfällt oder nicht eindeutig
festgestellt werden kann.[476] Im Hinblick auf den eindeutigen Wortlaut wird man die Vorschrift nicht auch auf den schuldlos handelnden Teilnehmer anwenden können.[477]

7. Wirkung. Zur Wirkung der Sicherungseinziehung → Rn. 171 für die Einziehung 200
von Originalobjekten; für die Wertersatzeinziehung → Rn. 192.

8. Verfahren. Zum Verfahren bei der Sicherungseinziehung gelten die Ausführungen 201
zum Verfahren bei der täterbezogenen Einziehung, → Rn. 176. Ergänzend ist anzumerken,
dass die Anordnung der Sicherungseinziehung isoliert angefochten werden kann; in Fällen,
in denen die Einziehung (zugleich) Strafcharakter hat, ist eine Beschränkung jedoch nur
dann zulässig, wenn ein Einfluss auf die Strafbemessung ausgeschlossen ist.[478]

V. Dritteinziehung (§ 74a StGB aF, § 33 Abs. 2 BtMG aF) und ihre Voraussetzungen

Im Regelfall richtet sich die Einziehungsanordnung gegen den Eigentümer der Sache 202
oder den Inhaber des Rechts. Eine Einziehung mit Wirkung gegenüber einem tatunbeteiligten Eigentümer bzw. Rechtsinhaber ist nur bei gefährlichen Gegenständen im Sinne des
§ 74 Abs. 2 Nr. 2 StGB aF möglich. § 74a StGB aF erweitert die Möglichkeit des Zugriffs
auf Sachen oder Rechte eines tatunbeteiligten Dritten in den Fällen des § 74 Abs. 2 Nr. 1
StGB aF, also bei solchen Gegenständen, die nicht schon als solche gefährlich sind. Die
Vorschrift des § 74a StGB ist **Blankettnorm,** die erst im Rahmen einer Rechtsgrundverweisung durch ein anderes Gesetz zur Anwendung kommt. § 33 Abs. 2 S. 2 aF füllt das
Blankett aus, allerdings nur für die Beziehungsgegenstände des BtMG,[479] also **nur für BtM
und Imitate.** Soweit es um das einem Dritten gehörende Kaufgeld oder um Transportfahrzeuge geht, die einem Dritten gehören, fehlt es an einer die Voraussetzungen der Einziehung
nach § 74a StGB aF erweiternden Verweisungsnorm; sie können nicht eingezogen werden.

---

[473] OLG Köln 15.3.1994 – Ss 83/94, StV 1995, 36.
[474] OLG Köln 15.3.1994 – Ss 83/94, StV 1995, 36.
[475] Schönke/Schröder/*Eser* StGB § 74c Rn. 4; *Fischer* StGB § 74c Rn. 1.
[476] BGH 2.6.1982 – 2 StR 758/81, BGHSt 31, 80 = NJW 1982, 2565 = JZ 1983, 207 mAnm *Hettinger;*
11.9.1995 – 4 StR 314/95, NStZ-RR 1996, 100; OLG Düsseldorf 14.6.1989 – 5 Ss 123/89 – 51/89 I,
JMBlNW 1989, 236.
[477] AA LK-StGB/*Schmidt* StGB § 74 Rn. 60.
[478] → StGB § 74 Rn. 54.
[479] Vgl. BGH 28.5.1991 – 1 StR 731/90, NStZ 1991, 496.

Da über die Verweisung durch § 33 Abs. 2 S. 1 die Einziehung der Beziehungsgegenstände der §§ 29–30a und 32 BtMG ermöglicht wird und für BtM im Falle des Dritteigentums immer die – vorrangige (→ Rn. 220) – Sicherungseinziehung als gefährliche Gegenstände im Sinne des § 74 Abs. 2 Nr. 2 StGB aF möglich ist, betrifft die Verweisung des § 33 Abs. 2 S. 2 aF auf die Dritteinziehungsvorschrift des § 74a StGB aF im wesentlichen **nur die BtM-Imitate.**

203   **1. Einziehungsbetroffener.** Betroffen von der Einziehung nach § 74a StGB aF ist jemand, der nicht schon Tatbeteiligter im Sinne der §§ 25 ff. StGB ist (dann gilt § 74 Abs. 2 Nr. 1 StGB aF, was bei den Beziehungsgegenständen der BtM-Delikte die Regel ist), zum Zeitpunkt der Entscheidung Eigentümer des Gegenstandes (oder aber, was für die Beziehungsgegenstände des BtMG kaum eine Rolle spielen wird, Inhaber eines Rechts) ist, der in Fällen der Tatbeteiligung des Eigentümers (bzw. Rechtsinhabers) eingezogen werden könnte. Über die Voraussetzungen des § 74 Abs. 2 Nr. 1 StGB aF hinaus muss dann entweder § 74a Nr. 1 StGB aF („Quasi-Beihilfe") oder § 74a Nr. 2 StGB aF („Quasi-Hehlerei") erfüllt sein. Von den beiden Alternativen des § 74a StGB wird im BtM-Strafrecht wegen der Ausgestaltung der Delikte und der Beschränkung der Verweisung wenn überhaupt, dann nur § 74 Abs. 2 Nr. 1 StGB aF zur Anwendung kommen – und kaum einmal § 74a Nr. 2 StGB aF.

204   **2. Leichtfertiger Beitrag (Quasi-Beihilfe, § 74a Nr. 1 StGB aF).** Die Einziehung von Beziehungsgegenständen des BtMG nach § 74a StGB aF („Quasi-Beihilfe") setzt zunächst voraus, dass der Dritte in objektiver Hinsicht dazu beigetragen hat, dass das BtM oder das Imitat Gegenstand der Tat oder ihrer Vorbereitung gewesen ist. Garantenpflichtwidriges Unterlassen genügt.[480]

205   **a) Beitrag.** Ein hinreichender Beitrag liegt jedenfalls dann vor, wenn das Verhalten des Dritten kausal geworden ist für die vollendete Tat, den strafbaren Versuch oder die strafbare Vorbereitungshandlung. Erfasst wird damit eine unechte, in der Regel fahrlässige Beihilfe.[481]

206   **b) Leichtfertigkeit.** In subjektiver Hinsicht ist vorausgesetzt, dass der Tatbeitrag **wenigstens** leichtfertig erfolgte. Die Formulierung irritiert insofern, als bei Vorsatz des Dritten eine Tatbeteiligung in Form der Beihilfe zur Bezugstat vorläge. Lediglich im Hinblick auf die Unterstützung strafbarer Vorbereitungshandlungen kann das Wörtchen „wenigstens" Relevanz erlangen, da es eine Beihilfe zur strafbaren Vorbereitung nicht gibt.[482] Unter **„Leichtfertigkeit"** ist eine grob fahrlässige Unterstützung zu verstehen; dabei genügt, dass der Dritte eine Tat dieser Art in allgemeinen Umrissen hätte voraussehen können.

207   **3. Verwerflicher Erwerb (Quasi-Hehlerei, § 74a Nr. 2 StGB aF).** Die Einziehung nach § 74a Nr. 2 StGB aF („in verwerflicher Weise erworben") setzt voraus, dass der Dritte den Gegenstand nach der Tat, aber vor der Entscheidung erworben hat („Quasi-Hehlerei"). Wie bei der Hehlerei ist in der Regel einverständliches Zusammenwirken mit dem Vorbesitzer nötig.

208   **a) Erwerb.** „Erwerb" bedeutet die Erlangung des Eigentums oder einer quasi-dinglichen Rechtsposition. Im BtM-Recht ist ein wirksamer Erwerb wegen der Doppelnichtigkeit der Rechtsgeschäfte kaum einmal möglich, am ehesten noch bei Imitaten. Sollte ein wirksamer Erwerb vorliegen, so müssten für die Anwendung der Vorschrift des § 74a Nr. 2 StGB aF die folgenden Voraussetzungen erfüllt sein:

209   **b) Kenntnis der Umstände.** Der Erwerber muss die Umstände kennen, die die Einziehung zugelassen hätten. Wie der Begriff der Kenntnis zu verstehen ist, ist umstritten. Der

---

[480] → StGB § 74a Rn. 10.
[481] → StGB § 74a Rn. 11.
[482] → StGB § 74a Rn. 12.

überwiegende Teil der Literatur hält einen quasi-dolus eventualis für ausreichend,[483] während andere positive Kenntnis fordern.[484] Angesichts des klaren Wortlauts („Kenntnis") und wegen der schwerwiegenden Bedeutung der Maßnahme für den Dritten wird man ein bloßes Fürmöglichhalten der Umstände nicht ausreichen lassen dürfen, sondern positive Kenntnis verlangen müssen.[485] **Die Kenntnis** muss umfassen, dass der betroffene Gegenstand in eine strafbare Handlung verstrickt war, die eine Einziehung rechtfertigen würde. Das bedeutet, dass die **Straftat** als solche in ihrer ungefähren Einordnung erfasst sein muss, der Dritte wissen muss, welche **Rolle** der Gegenstand dabei gespielt hat (Tatmittel, Tatprodukt oder Beziehungsgegenstand) und der Dritte die in § 74 Abs. 2 Nr. 1 StGB aF genannten **Umstände** insofern kennen muss, als er weiß, dass ohne den Dritterwerb die Einziehung möglich gewesen wäre.

c) In „verwerflicher Weise". Der Dritte muss den Gegenstand in „verwerflicher **210** Weise" erworben haben. „In verwerflicher Weise" erwirbt, wem es auf die Vereitelung der Einziehung ankommt oder wessen Handeln in erhöhtem Maße sittliche Missbilligung verdient.[486] Missbilligenswert in diesem Sinne handelt derjenige, der einen einziehungsfähigen Gegenstand erwirbt, um daraus Vorteile zu ziehen, also jedenfalls dann, wenn der Erwerb in begünstigender, hehlerischer oder ausbeuterischer Absicht erfolgt. Die hier geforderte positive Kenntnis der Umstände (→ Rn. 1217) insbesondere in Bezug auf die drohende Einziehung lässt das Handeln des Dritten regelmäßig verwerflich erscheinen.

4. Wertersatzeinziehung bei der Dritteinziehung nicht möglich. Für die Anwen- **211** dung des § 74 StGB aF muss der Gegenstand zur Zeit der Entscheidung noch vorhanden sein. Ist das nicht der Fall, so kommt eine Dritteinziehung nicht in Betracht. Auch nach § 74c StGB aF kann gegen den Drittbeteiligten des § 74a StGB aF nicht vorgegangen werden. Die Wertersatzeinziehung des § 74c StGB aF richtet sich nur gegen den Tatbeteiligten, der zur Zeit der Tat Eigentümer der Sache oder Inhaber des Rechts war und die Einziehung später vereitelt, nicht hingegen bei Dritteinziehung nach § 74a StGB aF, wenn der Dritte vereitelt.

5. Zusammentreffen von § 74a StGB aF und § 74 Abs. 2 Nr. 2 StGB aF. Sind **212** zugleich die Voraussetzungen des § 74a StGB aF und diejenigen des § 74 Abs. 2 Nr. 2 StGB aF erfüllt, so ist nur § 74 Abs. 2 Nr. 2 StGB aF anzuwenden.[487] Wenn bei unklaren Eigentumsverhältnissen nicht geklärt werden kann, ob § 74 Abs. 2 Nr. 1 StGB aF oder § 74a StGB aF anzuwenden ist, so ist, wenn sonst die eine oder die andere Vorschrift mit Sicherheit anwendbar wäre, die wahlweise Begründung der Einziehung nach § 74 Abs. 2 Nr. 1 StGB aF oder § 74a StGB aF möglich.[488] Der Tatbeteiligte und der Dritte sind dann im Verfahren so zu behandeln, als wäre jeder von ihnen von der Einziehung betroffen.

6. Wirkung. Die Wirkung der Dritteinziehungsanordnung ist gleich der Wirkung der **213** täterbezogenen Einziehungsanordnung (→ Rn. 171 ff.); hinzuweisen ist nochmals darauf, dass eine Wertersatzeinziehung bei der Dritteinziehung nicht möglich ist (→ Rn. 206, 181, 116).

7. Verfahren. Die Einziehungsanordnung ergeht in dem Verfahren gegen den Beteilig- **214** ten, auf dessen Tat die Einziehung beruht (§§ 430–441 StPO aF). Die Beteiligung des tatunbeteiligten Dritten (Einziehungsbeteiligter) am Verfahren gegen den Tatbeteiligten ist anzuordnen (§ 431 Abs. 1 StPO aF), es sei denn, dass infolge bestimmter Tatsachen anzuneh-

---

[483] Lackner/Kühl/*Heger* § 74a Rn. 3; LK-StGB/*Schmidt* StGB § 74a Rn. 16; *Fischer* StGB § 74a Rn. 7.
[484] Schönke/Schröder/*Eser* StGB § 74a Rn. 9; → StGB § 74a Rn. 14.
[485] So → StGB § 74a Rn. 14.
[486] LK-StGB/*Schmidt* StGB § 74a Rn. 18.
[487] LK-StGB/*Schmidt* StGB § 74a Rn. 21; *Fischer* StGB § 74a Rn. 10; aA SK-StGB/*Horn* StGB § 74a Rn. 11.
[488] LK-StGB/*Schmidt* StGB § 74a Rn. 22; NK-StGB/*Herzog* StGB § 74a Rn. 11; Schönke/Schröder/*Eser* StGB § 74a Rn. 14; SK-StGB/*Horn* StGB § 74a Rn. 11; *Fischer* StGB § 74a Rn. 10.

men ist, dass die Beteiligung nicht ausführbar ist (§ 431 Abs. 1 S. 2 StPO aF). Zugleich mit der Einziehungsanordnung gegen den Drittbeteiligten ist darüber zu entscheiden, ob und gegebenenfalls in welcher Höhe dem Dritten gemäß § 74f Abs. 3 StGB eine Entschädigung zu gewähren ist (§ 436 Abs. 3 StPO aF).

D. Nachträgliche/Selbstständige Anordnung von Verfall und Wertersatzeinziehung (§ 76 StGB aF) bzw. Einziehung (§ 76a StGB aF)

I. Nachträgliche Anordnung von Verfall und Wertersatzeinziehung (§ 76 StGB aF)

215   Wenn eine gerichtliche Verfalls- oder Einziehungsanordnung nicht ausführbar oder unzureichend ist, insbesondere dadurch, dass das ursprüngliche Verfalls- oder Einziehungsobjekt dem staatlichen Zugriff entzogen wurde, so kann das Gericht den Verfall oder die Einziehung des Wertersatzes nachträglich anordnen (§ 76 StGB aF).

II. Selbstständige Anordnung von Verfall oder Einziehung (§ 76a StGB aF)

216   § 76a StGB aF lässt die Anordnung von Verfall oder Einziehung als selbstständige Maßnahme ohne Aburteilung des Tatbeteiligten zu, wenn **aus tatsächlichen Gründen** keine bestimmte Person verfolgt oder verurteilt werden kann (§ 76a Abs. 1 StGB aF) oder von Strafe abgesehen oder das Verfahren nach einer Ermessensvorschrift eingestellt wird (§ 76a Abs. 3 StGB aF) **aus rechtlichen Gründen** (unter den strengeren Kriterien der Sicherungseinziehung) Verjährung eingetreten ist oder sonst aus rechtlichen Gründen keine bestimmte Person verfolgt werden kann. Für alle Varianten gilt, dass alle Voraussetzungen der in Betracht kommenden Maßnahmen erfüllt sein müssen. Rechtsnatur und Wirkung der angeordneten Maßnahme verändern sich im selbstständigen Verfahren nicht. Für Zuständigkeit und Verfahren gelten §§ 440–442 StPO aF. Die Anordnung des Erweiterten Verfalls im selbständigen Verfahren nach § 76d iVm § 76a StGB aF ist allerdings nach dem Tod des Tatbeteiligten nicht mehr möglich.[489]

§ 34 Führungsaufsicht

In den Fällen des § 29 Abs. 3, der §§ 29a, 30 und 30a kann das Gericht Führungsaufsicht anordnen (§ 68 Abs. 1 des StGB).

Schrifttum: *Baur/Grob*, Die Führungsaufsicht, JuS 2010, 404; *Gebhardt*, Gerichts-, Jugendgerichts-, Bewährungshilfe, Führungsaufsicht, in *Kreuzer*, Handbuch des Betäubungsmittelrechts, § 19 (S. 1329 ff.), 1998; BtMPrax/*Jehle* Kap. 11 Rn. 275 ff.; *Schneider*, Die Reform der Führungsaufsicht, NStZ 2007, 441; *Schöch*, Bewährungshilfe und Führungsaufsicht in der Strafrechtspflege, NStZ 1992, 364.

Übersicht

[489] OLG Frankfurt a. M. 10.10.2005 – 3 Ws 860/05, NStZ-RR 2006, 39 gegen OLG Stuttgart 26.4.2000 – 4 Ws 65/2000, NJW 2000, 2598.

A. Überblick

I. Rechtliche Einordnung

§ 34 stellt eine **Rechtsfolgenverweisung** auf die nach allgemeinem Strafrecht zulässige **1** Maßregel der Besserung und Sicherung (§§ 68 ff. StGB) dar. Die Führungsaufsicht nach § 68f StGB hat die Aufgabe, (rückfall-)gefährdete und deshalb für die Allgemeinheit gefährliche Täter in ihrer Lebensführung in Freiheit über gewisse kritische Zeiträume hinweg zu unterstützen und zu überwachen, um sie von weiteren Straftaten abzuhalten.[1]

Die Vorschrift enthält eine **Erweiterung der Möglichkeit,** bei Straftaten nach dem **2** BtMG **Führungsaufsicht** anzuordnen. Im Unterschied zur Strafaussetzung zur Bewährung ermöglicht die Führungsaufsicht, den Verurteilten, der eine negative Sozialprognose aufweist, auch noch **nach der Verbüßung der Strafe** bei der Wiedereingliederung in die Gesellschaft zu unterstützen[2] und ihn zugleich zu überwachen. Anders als bei der Strafaussetzung zur Bewährung, stellt ein Verstoß gegen die im Zusammenhang mit der Führungsaufsicht erteilten Weisungen eine **eigenständige Straftat** (§ 145a StGB) dar.

II. Kriminalpolitische Bedeutung

Die Möglichkeit, in Betäubungsmittelstrafsachen Führungsaufsicht anzuordnen, wird bis- **3** lang **von der Praxis nur zögerlich angenommen,**[3] vielmehr führt dieses Instrument ein Schattendasein, so dass von einem „toten Recht"[4] gesprochen wird. Zwischen 2000 und 2011 konnten 26 Entscheidungen von Oberlandesgerichten mit unmittelbarem Bezug zu BtM lokalisiert werden.

III. Rechtsentwicklung

Die Vorschrift wurde durch das BtMG 1982 im Hinblick auf besonders schwere Fälle **4** (§ 29 Abs. 3) und Verbrechenstatbestände (§ 30) eingeführt. Durch das OrgKG wurde der Anwendungsbereich auf die Verbrechenstatbestände der §§ 29a, 30a erweitert. Das Recht der Führungsaufsicht selbst wurde zuletzt durch das FührAufsRuaÄngG[5] und das SiVerwNOG[6] geändert.

---

[1] BVerfG 15.8.1980 – 2 BvR 495/80, BVerfGE 55, 28 = NStZ 1981, 21.
[2] *Joachimski/Haumer* Rn. 1.
[3] Vgl. *Weber* Rn. 10.
[4] *Körner* (VI) Rn. 4.
[5] Vom 13.4.2007, BGBl. I S. 513.
[6] Vom 22.12.2010, BGBl. I S. 2300.

IV. Verfassungsmäßigkeit

5   Gegen das Institut der Führungsaufsicht ist von Verfassungs wegen auch dann nichts einzuwenden, wenn im Zweifel steht, ob es seiner Aufgabe, gefährliche und gefährdete Täter in ihrer Lebensführung in der Freiheit über gewisse kritische Zeiträume hinweg zu unterstützen, voll gerecht wird.[7] Nicht zuletzt dient die Resozialisierung dem Schutz der Gemeinschaft: Diese hat ein unmittelbar eigenes Interesse daran, dass der Täter nicht wieder rückfällig wird und die Gemeinschaft schädigt. Insoweit stellen die dem Verurteilten auferlegten Pflichten auch einen Ausdruck seiner Gemeinschaftsgebundenheit dar.[8]

B. Erläuterung

I. Anordnung oder Eintritt der Maßregel

6   **1. Anordnung.** Führungsaufsicht kann nach § 34 BtMG iVm § 68 StGB angeordnet werden, wenn der Täter wegen eines besonders schweren Falles des Verstoßes gegen das Gesetz, insbesondere wegen gewerbsmäßigen Handelns oder, weil durch sein Handeln die Gesundheit mehrerer Menschen gefährdet wurde, verurteilt wurde. Sie kann ferner angeordnet werden, wenn der Täter einen der in den §§ 29a, 30 und 30a des Gesetzes umschriebenen Verbrechenstatbestände erfüllt hat und zu einer Freiheitsstrafe (Jugendstrafe) von mindestens sechs Monaten verurteilt wurde (§ 68 Abs. 1 StGB).

7   **2. Eintritt kraft Gesetzes.** Daneben kann Führungsaufsicht nach § 68f StGB aber auch in Betäubungsmittelsachen kraft Gesetzes eintreten, wenn eine Freiheitsstrafe (Jugendstrafe) von mindestens zwei Jahren verbüßt worden ist (§ 68f Abs. 1 StGB) Der Verbüßung der Strafe stehen die Unterbringung in einer Entziehungsanstalt (§ 64 StGB) und der angerechnete Aufenthalt in einer Drogentherapieeinrichtung (§ 36 Abs. 1) gleich.[9] § 68e Abs. 1 Nr. 3 StGB, der die befristete Führungsaufsicht mit Eintritt einer neuen Führungsaufsicht entfallen lässt, steht dem gleichzeitigen Eintritt der Führungsaufsicht gemäß § 67f Abs. 1 S. 1 StGB in zwei Verfahren nicht entgegen.[10]

8   Ferner tritt Führungsaufsicht ein, wenn die **Unterbringung in einer Entziehungsanstalt zur Bewährung ausgesetzt** wird (§§ 67b Abs. 2, 67c Abs. 2 S. 4, 67d Abs. 2 S. 2 StGB) oder wenn sie durch **Erreichen der Höchstfrist oder** infolge **Abbruchs** endet (§ 67d Abs. 5 StGB). In BtM-Sachen liegt eine „Entlassung aus dem Strafvollzug" iS von § 68f Abs. 1 S. 1 StGB auch bei einer Zurückstellung der weiteren Strafvollstreckung nach § 35 Abs. 1 BtMG vor. Während einer Zurückstellung der Strafvollstreckung läuft zwar die Vollstreckung im weiteren Sinne weiter. Für die „Entlassung aus dem Strafvollzug" genügt aber nach Sinn und Zweck des § 68f Abs. 1 S. 1 StGB die Beendigung der Strafvollstreckung im engeren Sinne, dh die tatsächliche Entlassung aus der Strafhaft.[11]

9   **3. Entfallen.** Die Anordnung des Entfallens der Maßregel (§ 68f Abs. 2 StGB) hat **Ausnahmecharakter** und kann nur getroffen werden, wenn konkrete Tatsachen für eine günstige Prognose vorliegen, die eine höhere als die zur Reststrafenaussetzung nach § 57 Abs. 1 StGB genügende Wahrscheinlichkeit künftiger Straffreiheit verlangt.[12]

---

[7] BVerfG 15.8.1980 – 2 BvR 495/80, BVerfGE 55, 28 = NStZ 1981, 21.
[8] BVerfG 21.4.1993 – 2 BvR 930/93, NStZ 1983, 482.
[9] OLG München 16.5.1990 – 2 Ws 508/90, NStZ 1990, 454 mAnm *Stree.*
[10] OLG Köln 13.1.2010 – 2 Ws 20/10; 2 Ws 21/10, BeckRS 2010, 07517.
[11] KG 31.8.2005 – 5 Ws 389/05, NStZ 2005, 580.
[12] KG 31.8.2005 – 5 Ws 389/05, NStZ 2005, 580; OLG Dresden 25.3.2010 – 2 Ws 113/10; OLG Hamm 15.4.2010 – III-2 Ws 59/10, BeckRS 2010, 09859 = NStZ-RR 2010, 355 (L); OLG Köln 13.1.2010 – 2 Ws 20/10; 2 Ws 21/10, BeckRS 2010, 07517.

II. Aufsichtsstelle, Bewährungshilfe, Forensische Ambulanz

Da es das Ziel der Maßregel ist, dem Verurteilten nach Strafverbüßung eine Hilfestellung **10** zur Wiedereingliederung in die Gesellschaft zu geben und ihn davon abzuhalten, neuerlich Straftaten zu begehen, sind als begleitende Maßnahmen die Unterstellung unter eine Aufsichtsstelle, die Beiordnung eines Bewährungshelfers und die Erteilung von Weisungen vorgesehen.

1. Unterstellung unter eine Aufsichtsstelle (§ 68a Abs. 1 StGB). Nach Art. 295 **11** Abs. 1 EGStGB gehören die Aufsichtsstellen dem **Geschäftsbereich der Landesjustizverwaltungen** an. Ihre Aufgaben werden von Beamten des höheren Dienstes, von staatlich anerkannten Sozialarbeitern oder Sozialpädagogen oder von Beamten des höheren Dienstes wahrgenommen (Art. 295 Abs. 2 S. 1 EGStGB). Die Aufsichtsstelle steht dem Verurteilten (im Einvernehmen mit dem Bewährungshelfer) helfend und betreuend zur Seite und überwacht (im Einvernehmen mit dem Gericht und mit Unterstützung des Bewährungshelfers) das Verhalten des Verurteilten und die Erfüllung der Weisungen. Zur Durchführung ihres Auftrags kann die Aufsichtsstelle von der Polizei oder anderen Behörden (zB Meldebehörde) **weitere Ermittlungen** oder die **Ausschreibung zur polizeilichen Beobachtung** verlangen (§ 463a StPO).

2. Beiordnung eines Bewährungshelfers (§ 68a Abs. 1 StGB). Der Verurteilte **12** erhält vom Bewährungshelfer die **nämliche Unterstützung** wie durch die Aufsichtsstelle (§ 56d Abs. 3 S. 1 StGB). Auch der Bewährungshelfer ist dazu berufen, die Erfüllung der Weisungen zu überwachen (§ 56d Abs. 3 S. 1 StGB).

3. Forensische Ambulanz (§ 68a Abs. 7 StGB). Es handelt sich um eine Einrichtung **13** zur (psychiatrischen, psychotherapeutischen, sozialtherapeutischen) Nachsorge.[13]

III. Erteilung von Weisungen

Nach § 68b StGB kann das Gericht dem Verurteilten Weisungen nach dem Katalog **14** des Absatzes 1 oder auch andere Weisungen (Abs. 2 S. 1) erteilen, die allerdings an die Lebensführung des Verurteilten keine unzumutbaren Anforderungen stellen dürfen (Abs. 3). Im Unterschied zur Auflage etwa nach § 56b StGB, die der Genugtuung für begangenes Unrecht dient, muss die Weisung einen **spezialpräventiven Inhalt** aufweisen und zumindest auch den Zweck verfolgen, dem Verurteilten bei der Vermeidung von Straftaten in seiner künftigen Lebensführung zu helfen. Weisungen im Rahmen der Führungsaufsicht können sich schon deshalb als **nachhaltig und dadurch als effektiv** erweisen, weil der Verstoß gegen sie nach § 145a StGB gesondert unter Strafbewehrung steht. Da es sich bei dem Straftatbestand um eine Blankettbestimmung[14] handelt, erfordert Art. 103 Abs. 2 GG, dass die Weisungen **genau bestimmt** (§ 68b Abs. 1 S. 2 StGB) sind, da sie erst dadurch überprüfbar werden; die bloße Wiedergabe des Gesetzeswortlauts nach § 68b StGB ohne individuelle Konkretisierung für den Einzelfall genügt nicht;[15] denn der Verurteilte muss präzise wissen, was von ihm verlangt wird, woraus sich für das Gericht die Pflicht ergibt, auch die unbenannten Weisungen nach § 68b Abs. 2 StGB möglichst genau zu bestimmen.[16]

1. Örtliches Aufenthaltsverbot (§ 68b Abs. 1 S. 1 Nr. 2 StGB). Eine Weisung, „sich **15** nicht an Orten aufzuhalten, die erfahrungsgemäß Menschen zum Treffpunkt dienen, die illegal Betäubungsmittel konsumieren oder handeln", genügt nicht dem Bestimmtheitsge-

---

[13] *Fischer* StGB § 68a Rn. 8.
[14] OLG Dresden 25.3.2010 – 2 Ws 113/10.
[15] OLG Dresden 27.10.2009 – 2 Ws 509/09, BeckRS 2009, 88154 = NStZ-RR 2010, 228 (bei *Kotz/ Rahlf*).
[16] OLG Frankfurt a. M. 27.8.2008 – 3 Ws 765/08, NStZ-RR 2009, 27.

bot, weil sie den Ort nicht bezeichnet und darüber hinaus unklar bleibt, auf wessen Erfahrung abzustellen ist.[17]

16   **2. Subjektives Kontaktverbot (§ 68b Abs. 1 S. 1 Nr. 3 StGB).** Die Weisung, „keinen Kontakt zu Personen aus der ‚Drogenszene'" zu unterhalten, ist gesetzwidrig, weil die „Drogenszene" keine bestimmte Gruppe im Sinne der Vorschrift ist. Zur näheren Eingrenzung müssen einzelne Personen oder Gruppen benannt werden, auf die sich das ausgesprochene Verbot bezieht.[18]

17   **3. Besitzverbot von Gegenständen (§ 68b Abs. 1 S. 1 Nr. 5 StGB).** Die Weisung, „Betäubungsmittel im Sinne des Betäubungsmittelgesetzes oder Gegenstände zur Aufbereitung von Betäubungsmitteln nicht zu besitzen, zu erwerben, bei sich zu führen, zu verwahren oder für sich verwahren zu lassen", ist nicht präzise genug.[19] Soweit das Gericht auf verbotene Substanzen abzielen will, ohne dass sie diese in geeigneter Form konkretisiert hätte, würde sich eine Anordnung wegen der ohnehin gegebenen Strafbarkeit nach dem BtMG erübrigen. Aber auch der Begriff der "Gegenstände" (welche?) zur "Aufbereitung" (was ist hierunter zu verstehen?) von Betäubungsmitteln ist ohne Konkretisierung mit dem verfassungsrechtlichen Bestimmtheitsgebot nicht zu vereinbaren.[20]

18   **4. Kontakthaltungspflicht (§ 68b Abs. 1 S. 1 Nr. 7 StGB).** Die Unterstellung des Verurteilten unter die Leitung und Aufsicht eines Bewährungshelfers ist im Falle der Führungsaufsicht ausdrücklich in § 68a StGB vorgesehen und wird durch die Weisung nach § 68b Abs. 1 S. 1 Nr. 7 StGB ergänzt.[21] Daraus rechtfertigt sich eine Weisung, sich am Entlassungstag, spätestens aber innerhalb von drei Tagen nach der Entlassung in der Dienststelle des Bewährungshelfers persönlich vorzustellen.[22]

19   **5. Anzeigepflicht bei Wechsel von Wohnung bzw. Arbeitsplatz (§ 68b Abs. 1 S. 1 Nr. 8 StGB).** Die Weisung, jeden Wohnsitz- und Arbeitsstellenwechsel unverzüglich der Führungsaufsichtsstelle zu melden hat, ist nicht zu beanstanden. Gesetzeswidrig ist es dagegen, wenn beim Wechsel von Wohnung und Arbeitsstelle statt einer unverzüglichen (nachträglichen) Meldung eine *„vorherige Rücksprache mit dem Bewährungshelfer"* gefordert wird.[23]

20   **6. Konsumverbot und -kontrolle (§ 68b Abs. 1 S. 1 Nr. 10 StGB). a) Konsumverbot.** Das Gericht kann die verurteilte Person anweisen, keine alkoholischen Getränke oder andere berauschende Mittel zu sich zu nehmen oder sich Konsumkontrollen, die nicht mit einem körperlichen Eingriff verbunden sind, zu unterziehen. Diese Weisungsmöglichkeit, die vor allem für im Vollzug erfolgreich behandelte rauschmittelabhängige Probanden in Betracht kommt, setzt voraus, dass bestimmte Tatsachen die Annahme begründen, dass der Rauschmittelkonsum zur Gefahr weiterer Straftaten beitragen könnte.[24] Diese Weisungsmöglichkeit setzt voraus, dass bestimmte Tatsachen die Annahme begründen, dass der Rauschmittelkonsum zur Gefahr weiterer Straftaten beitragen könnte, was zu bejahen ist, wenn von einem Alkohol- und Drogenmissbrauch des Verurteilten im Vorfeld der Taten auszugehen ist.[25] Gegen einen langjährig suchtkranken, bislang nicht erfolgreich behandelten Verurteilten darf die Weisung jedoch grundsätzlich nicht verhängt werden.[26]

---

[17] OLG Dresden 12.3.2008 – 2 Ws 125/08, NStZ-RR 2008, 326; 27.10.2009 – 2 Ws 509/09, BeckRS 2009, 88154 = NStZ-RR 2010, 228 (bei *Kotz/Rahlf*).
[18] OLG Hamm 28.9.2010 – III-3 Ws 393/10, BeckRS 2010, 29839.
[19] OLG Dresden 27.10.2009 – 2 Ws 509/09, BeckRS 2009, 88154 = NStZ-RR 2010, 228 (bei *Kotz/Rahlf*).
[20] OLG Dresden 25.3.2010 – 2 Ws 113/10.
[21] OLG Hamm 11.3.2010 – III-2 Ws 39/10, BeckRS 2010, 06146 = NStZ-RR 2010, 262 (L).
[22] OLG Hamm 28.9.2010 – III-3 Ws 393/10, BeckRS 2010, 29839.
[23] OLG Hamm 28.9.2010 – III-3 Ws 393/10, BeckRS 2010, 29839.
[24] OLG Hamm 11.3.2010 – III-2 Ws 39/10, BeckRS 2010, 06146 = NStZ-RR 2010, 262 (L).
[25] OLG Hamm 15.4.2010 – III-2 Ws 59/10, BeckRS 2010, 09859 = NStZ-RR 2010, 355 (L).
[26] OLG Celle 16.10.2009 – 2 Ws 228/09, NStZ-RR 2010, 91.

b) Konsumkontrolle. Von der Vorschrift erfasst sind im Wesentlichen die Atemalkohol- 21
und die Urinkontrolle. Eine Weisung, sich „auf Aufforderung des Bewährungshelfers" entsprechenden Kontrollen zu unterziehen", ist gesetzeswidrig, weil für Weisungen allein das
Gericht zuständig ist; dies hat gute Gründe, weil die auf unterschiedlichsten Dimensionen
der allgemeinen Lebensführung gerichteten Weisungen grundrechtlich geschützte Selbstbe-
stimmungsfreiheiten berühren können. Deshalb darf das Gericht dieser Zuständigkeitszu-
weisung nicht dadurch ausweichen, dass es die Konkretisierung dem Bewährungshelfer
überlässt.[27]

Die Abnahme einer **Haarprobe** zur Drogenkonsumkontrolle stellt nach Auffassung des 22
1. und 2. Senats OLG München[28] keinen körperlichen Eingriff iS der §§ 68b Abs. 1 S. 1
Nr. 10, Abs. 2 StGB dar, da auch die Rechtsprechung zur Körperverletzung eine bestimmte
Erheblichkeit des Eingriffs fordere, an der es beim Abschneiden weniger Haare fehle. Eine
entsprechende Kontrollweisung könne auch ohne Einwilligung des Verurteilten erteilt werden, da sie dem verfassungsrechtlichen Bestimmtheits- und Verhältnismäßigkeitsgebot
genüge, wenn sie einerseits die Art und Umstände der angeordneten Suchtmittelkontrollen
und andererseits eine zeitbezogene Höchstzahl zulässiger Probenentnahmen festlegten. Dem
Grundsatz der Verhältnismäßigkeit werde gerade dadurch Rechnung getragen, dass die
zeitbezogen zulässige Höchstzahl an Probenentnahmen einerseits keine vorhersehbar kont-
rollfreien Zeiträume belasse, andererseits nur bei konkretem Anlass ausgeschöpft werden
dürfe. **Dagegen** begegnet die angeordnete Entnahme von Haarproben nach Auffassung des
3. Senats des OLG[29] insoweit Bedenken, als diese vom Wortlaut des § 68b Abs. 1 S. 1
Nr. 10 StGB nicht umfasst sei. Dort seien lediglich Kontrollen erlaubt, die nicht mit einem
körperlichen Eingriff verbunden seien. Da jedoch auch die menschlichen Haare zur Körpersubstanz gehören, stelle eine Haarprobe, also das Abschneiden von Haaren, einen – wenn
auch nur geringfügigen – körperlichen Eingriff dar. Dass Kontrollmaßnahmen, die mit
körperlichen Eingriffen – und sei es auch nur geringfügiger Art – verbunden sind, nur mit
der Einwilligung des Verurteilten möglich seien, habe der Gesetzgeber in § 68b Abs. 2 S. 4
StGB ausdrücklich klargestellt.

Im Ergebnis ist der **Auffassung des 3. Strafsenats der Vorzug** zu geben;[30] denn der 23
Wortlaut der Vorschrift bildet auch hier die Grenze der Auslegung. Der Sache nach handelt
es sich eindeutig um eine Maßnahme des § 68b Abs. 2,[31] die der Einwilligung des Verurteilten bedarf. Dass dabei nicht der materiell-rechtliche Gehalt des Eingriffs iS. von § 223 StGB
im Vordergrund stehen kann, ergibt sich aus Folgendem: § 145a StGB bewehrt nur die
in § 68b Abs. 1 StGB enumerativ aufgeführten Weisungsverstöße mit Strafe. Von einer
Strafbewehrung der nach § 68b Abs. 2 StGB möglichen Weisungen hat der Gesetzgeber –
bewusst – abgesehen. Allein die hier erforderliche Einwilligung des Verurteilten schützt ihn
nämlich davor, dass über den Umweg der Einführung einer Erheblichkeitsschwelle bei
einem körperlichen Eingriff zu seinen Lasten der *Nemo-tenetur*-Grundsatz verletzt wird.
Nicht unproblematisch ist deshalb auch die Inbezugnahme von § 81a StPO in der Gesetzesbegründung,[32] die – sicherlich ungewollt – als mittelbare Ausweitung der Strafbarkeit nach
§ 145a StGB[33] auf körperliche Eingriffe ohne Einwilligung missverstanden werden könnte.

7. Vorstellung beim Therapeuten (§ 68b Abs. 1 S. 1 Nr. 11 StGB). Die Vorschrift 24
beinhaltet lediglich eine Vorstellungs-, nicht hingegen eine Behandlungspflicht.[34] Eine Weisung, „aufzunehmende Therapeutengespräche nicht ohne Zustimmung der Therapeuten

[27] OLG Dresden 25.3.2010 – 2 Ws 113/10.
[28] OLG München 7.2010 – 2 Ws 571/10, NJW 2010, 3527 (2. Sen.); 6.7.2010 – 1 Ws 655/10; 1 Ws 656/10, (1. Sen.).
[29] OLG München 9.6.2010 – 3 Ws 457/10, NStZ 2011, 94.
[30] Wie hier auch: OLG Nürnberg 14.12.2011 – 1 Ws 551/11; 1 Ws 552/11, BeckRS 2011, 29312.
[31] Schönke/Schröder/*Stree/Kinzig* StGB § 68b Rn. 14a, 23.
[32] BT-Drs. 16/1993, 19.
[33] NK-StGB/*Ostendorf* StGB § 68b Rn. 18; s. dazu: OLG München 9.11.2011 – 5 StRR (II) 295/11, BeckRS 2012, 03272.
[34] OLG Dresden 6.9.2007 – 2 Ws 423/07, NStZ-RR 2008, 27.

zu beenden" ist in mehrfacher Weise gesetzwidrig. Abgesehen davon, dass sie für sich genommen zu unbestimmt ist, kann das Gericht die ihm vorbehaltene Entscheidung darüber, ob (Therapie-)Gespräche fortzudauern haben, nicht dem Ermessen eines (vom Gericht noch nicht einmal benannten) Therapeuten überlassen.[35]

25   **8. Elektronische Aufenthaltsüberwachung (§ 68b Abs. 1 S. 1 Nr. 12 StGB).** Die durch das SiVerwNOG[36] eingeführte und seit dem 1.1.2011 geltende Vorschrift erlaubt die Aufenthaltsüberwachung mit Hilfe der sog **elektronischen Fußfessel.** Zwar ist eine Weisung, „die für eine elektronische Überwachung seines Aufenthaltsortes erforderlichen technischen Mittel ständig in betriebsbereitem Zustand bei sich zu führen und deren Funktionsfähigkeit nicht zu beeinträchtigen", nur unter weiter eingeschränkten Voraussetzungen zulässig, vom Anwendungsbereich her jedenfalls auch auf BtM-Straftäter anwendbar.

26   **9. Weisungen nach § 68b Abs. 2 StGB.** Im Rahmen des Abs. 2, der keine abschließende Aufzählung enthält, ist das Gericht über die beispielhaft aufgeführten Weisungsgegenstände hinaus auch zu anderen zweckmäßig erscheinenden Weisungen befugt.[37] Neben der Bestimmtheit und der Zweckmäßigkeit hängt die Zulässigkeit einer solchen Weisung davon ab, dass der Verurteilte bei solchen, die mit einem körperlichen Eingriff verbunden sind (im Gesetzgebungsverfahren wurde hier die Blutentnahme angesprochen[38]), in seiner Lebensführung nicht unzumutbar tangiert ist. Weisungen nach Abs. 2 sind nicht strafbewehrt.

27   Die mögliche und von einer Zustimmung des Verurteilten unabhängige **Therapieweisung** (Abs. 2 S. 2) legt nur die Art der abzuleistenden Behandlungsmaßnahme fest. Die Wirksamkeit einer solchen Weisung setzt hinsichtlich der Bestimmung der Einrichtung, in der die Therapie zu absolvieren ist, sowie der Art und Häufigkeit der wahrzunehmenden Termine und auch der Gesamtdauer der Maßnahme einer näheren Ausgestaltung der Weisung durch das Gericht voraus, die weder dem Bewährungshelfer, noch der Gerichtshilfe und erst Recht nicht dem Verurteilten selbst überlassen werden darf; inhaltlich ist sie darüber hinaus zu unbestimmt, wenn der Verurteilte „jeden zweiten Monat seinem Bewährungshelfer Nachweise über seine regelmäßige Teilnahme an einer Selbsthilfegruppe für suchtgefährdete Personen oder seine Drogenabstinenz vorlegen" soll, weil sie weder die Anzahl der Screenings noch die Art der Suchtmittelkontrollen festgelegt.[39]

28   **10. Beeinträchtigung der Lebensführung (§ 68b Abs. 3 StGB).** Die Anforderungen, die an die Zumutbarkeit der strafbewehrten Weisungen aus dem Katalog des § 68b Abs. 1 StGB zu stellen sind, weichen von den Anforderungen an die Weisungen, die im Rahmen der Strafaussetzung zur Bewährung gemäß § 56c Abs. 1 S. 2 StGB verhängt werden können, ab.[40] Eine Weisung, „keine berauschenden Mittel zu sich zu nehmen", ist infolge ihres zu weiten Rahmens geeignet, die Lebensführung des Verurteilten in unzumutbarer Weise einzuschränken, da sie sich auch auf den Konsum grundsätzlich erlaubter Substanzen (Alkohol) erstreckt.[41] Bei anerkannt suchtabhängigen Personen, die nicht oder nicht erfolgreich behandelt werden konnten, wird eine Weisung, jeglichen Konsum von Rauschmitteln zu unterlassen, nicht erteilt werden dürfen, weil es in der Regel an der Zumutbarkeit des verlangten Verhaltens fehlen wird.[42]

IV. Beginn und Ende der Maßregel

29   **1. Anordnung.** Angeordnet wird Führungsaufsicht in dem Urteil, das die Strafe gegen den Verurteilten verhängt. Die Maßregel beginnt mit der Rechtskraft des Urteils (§ 68c

---

[35] OLG Dresden 25.3.2010 – 2 Ws 113/10.
[36] Vom 22.12.2010, BGBl. I S. 2300.
[37] Schönke-Schröder/*Stree/Kinzig* StGB § 68b Rn. 23.
[38] BT-Drs. 16/1993, 19.
[39] OLG Frankfurt a. M. 27.8.2008 – 3 Ws 765/08, NStZ-RR 2009, 27.
[40] OLG Celle 16.10.2009 – 2 Ws 228/09, NStZ-RR 2010, 91.
[41] OLG Dresden 25.3.2010 – 2 Ws 113/10.
[42] OLG Celle 16.10.2009 – 2 Ws 228/09, NStZ-RR 2010, 91.

Abs. 3 S. 1 StGB). Führungsaufsicht, die **kraft Gesetzes** eintritt, beginnt mit der Entlassung des Verurteilten aus dem Vollzug (§§ 67d Abs. 5 S. 2, 68f Abs. 1 S. 1 StGB).

2. Dauer. Führungsaufsicht dauert mindestens zwei und höchstens fünf Jahre (§ 68c **30** Abs. 1 S. 1 StGB). In besonderen Fällen kann Führungsaufsicht unter Überschreitung der Höchstdauer auf unbestimmte Dauer angeordnet werden (§ 68c Abs. 2 StGB). Sie kann gerichtlich bis zur Mindestdauer **verkürzt** werden (§ 68e Abs. 1 S. 2 StGB).

3. Ende. Die Maßregel endet durch Fristablauf. Sie endet auch, wenn Unterbringung **31** in Sicherungsverwahrung angeordnet ist und deren Vollzug beginnt (§ 68e Abs. 3 StGB). Schließlich endet sie, wenn sie durch gerichtliche Entscheidung **aufgehoben** wird (§ 68e Abs. 1 S. 1 StGB). Eine kraft Gesetzes eingetretene Führungsaufsicht endet nach § 68g Abs. 3 StGB mit dem Erlass der in dieser Sache zur Bewährung ausgesetzten (Rest-) Freiheitsstrafe. Dies gilt auch dann, wenn in einer anderen Sache gegen den Verurteilten noch eine Bewährungsfrist läuft.[43]

V. Anfechtung

Nach §§ 463 Abs. 2, 453 Abs. 2 S. 2 StPO kann die Beschwerde nur darauf gestützt **32** werden, dass die getroffene Anordnung gesetzeswidrig ist. Dies ist der Fall, wenn sie im Gesetz nicht vorgesehen, unverhältnismäßig oder unzumutbar ist, die Grenzen des dem erstinstanzlichen Gericht eingeräumten Ermessens überschreitet oder gemessen am Rechtsstaatsprinzip dem Bestimmtheitsgebot nicht entspricht.

---

[43] OLG Bamberg 28.6.2010 – 1 Ws 357/10, OLGSt StGB § 68g Nr. 1; OLG Oldenburg 5.5.2009 – 1 Ws 252/09, NStZ-RR 2009, 260.

Siebenter Abschnitt. Betäubungsmittelabhängige Straftäter

§ 35 Zurückstellung der Strafvollstreckung

(1) [1]Ist jemand wegen einer Straftat zu einer Freiheitsstrafe von nicht mehr als zwei Jahren verurteilt worden und ergibt sich aus den Urteilsgründen oder steht sonst fest, daß er die Tat auf Grund einer Betäubungsmittelabhängigkeit begangen hat, so kann die Vollstreckungsbehörde mit Zustimmung des Gerichts des ersten Rechtszuges die Vollstreckung der Strafe, eines Strafrestes oder der Maßregel der Unterbringung in einer Entziehungsanstalt für längstens zwei Jahre zurückstellen, wenn der Verurteilte sich wegen seiner Abhängigkeit in einer seiner Rehabilitation dienenden Behandlung befindet oder zusagt, sich einer solchen zu unterziehen, und deren Beginn gewährleistet ist. [2]Als Behandlung gilt auch der Aufenthalt in einer staatlich anerkannten Einrichtung, die dazu dient, die Abhängigkeit zu beheben oder einer erneuten Abhängigkeit entgegenzuwirken.

(2) [1]Gegen die Verweigerung der Zustimmung durch das Gericht des ersten Rechtszuges steht der Vollstreckungsbehörde die Beschwerde nach dem Zweiten Abschnitt des Dritten Buches der Strafprozeßordnung zu. [2]Der Verurteilte kann die Verweigerung dieser Zustimmung nur zusammen mit der Ablehnung der Zurückstellung durch die Vollstreckungsbehörde nach den §§ 23 bis 30 des Einführungsgesetzes zum Gerichtsverfassungsgesetz anfechten. [3]Das Oberlandesgericht entscheidet in diesem Falle auch über die Verweigerung der Zustimmung; es kann die Zustimmung selbst erteilen.

(3) Absatz 1 gilt entsprechend, wenn
1. auf eine Gesamtfreiheitsstrafe von nicht mehr als zwei Jahren erkannt worden ist oder
2. auf eine Freiheitsstrafe oder Gesamtfreiheitsstrafe von mehr als zwei Jahren erkannt worden ist und ein zu vollstreckender Rest der Freiheitsstrafe oder der Gesamtfreiheitsstrafe zwei Jahre nicht übersteigt

und im übrigen die Voraussetzungen des Absatzes 1 für den ihrer Bedeutung nach überwiegenden Teil der abgeurteilten Straftaten erfüllt sind.

(4) Der Verurteilte ist verpflichtet, zu Zeitpunkten, die die Vollstreckungsbehörde festsetzt, den Nachweis über die Aufnahme und über die Fortführung der Behandlung zu erbringen; die behandelnden Personen oder Einrichtungen teilen der Vollstreckungsbehörde einen Abbruch der Behandlung mit.

(5) [1]Die Vollstreckungsbehörde widerruft die Zurückstellung der Vollstreckung, wenn die Behandlung nicht begonnen oder nicht fortgeführt wird und nicht zu erwarten ist, daß der Verurteilte eine Behandlung derselben Art alsbald beginnt oder wieder aufnimmt, oder wenn der Verurteilte den nach Absatz 4 geforderten Nachweis nicht erbringt. [2]Von dem Widerruf kann abgesehen werden, wenn der Verurteilte nachträglich nachweist, daß er sich in Behandlung befindet. [3]Ein Widerruf nach Satz 1 steht einer erneuten Zurückstellung der Vollstreckung nicht entgegen.

(6) Die Zurückstellung der Vollstreckung wird auch widerrufen, wenn
1. bei nachträglicher Bildung einer Gesamtstrafe nicht auch deren Vollstreckung nach Absatz 1 in Verbindung mit Absatz 3 zurückgestellt wird oder
2. eine weitere gegen den Verurteilten erkannte Freiheitsstrafe oder freiheitsentziehende Maßregel der Besserung und Sicherung zu vollstrecken ist.

(7) [1]Hat die Vollstreckungsbehörde die Zurückstellung widerrufen, so ist sie befugt, zur Vollstreckung der Freiheitsstrafe oder der Unterbringung in einer Ent-

ziehungsanstalt einen Haftbefehl zu erlassen. [2]Gegen den Widerruf kann die Entscheidung des Gerichts des ersten Rechtszuges herbeigeführt werden. [3]Der Fortgang der Vollstreckung wird durch die Anrufung des Gerichts nicht gehemmt. [4]§ 462 der Strafprozeßordnung gilt entsprechend.

Schrifttum: *Adams/Eberth,* Die Therapievorschriften des Betäubungsmittelgesetzes in der Praxis, NStZ 1983, 193; *Becker/van Lück,* Die Therapievorschriften des Betäubungsmittelgesetzes, 1990; *Baumgart,* Illegale Drogen – Strafjustiz – Therapie, 1994; *Egg* (Hrsg.), Drogentherapie und Strafe, 1988; *ders.* (Hrsg.), Die Therapieregelungen des Betäubungsmittelrechts, 1992; *Endriß,* Zu den Voraussetzungen einer Zurückstellung gem. § 35 BtMG, StraFo 1997, 350; *Heimerdinger,* Alkoholabhängige Täter – justizielle Praxis und Strafvollzug: Argumente der Zurückstellung der Strafvollstreckung bei Therapieteilnahme, 2006; *Katholnigg,* Neue Verfahrensmaßnahmen in Betäubungsmittelstrafsachen, NStZ 1981, 417; *ders.,* Aus der Rechtsprechung zu den Vorschriften über betäubungsmittelabhängige Straftäter (§§ 35 ff. BtMG), NJW 1995, 1327; *Körner,* Die Vorschaltbeschwerde gegen die Verweigerung der Zurückstellung der Strafvollstreckung, NStZ 1995, 63; *ders.,* Die Zurückstellung der Strafvollstreckung, die Therapieanrechnung und Reststrafenaussetzung im Zurückstellungsverfahren, NStZ 1998, 227; *Kreuzer,* Therapie und Strafe – Versuch einer Zwischenbilanz zur Drogenpolitik und zum Betäubungsmittelgesetz von 1982, NJW 1989, 1505; *Kurze,* Empirische Daten zur Zurückstellungspraxis gem. § 35 BtMG, NStZ 1996, 178; *Schneider,* Darf dem wegen Betäubungsmittelvergehens Verurteilten nach § 35 BtMG auferlegt werden, seinen Arzt von der Schweigepflicht zu entbinden und zu ermächtigen, den Strafverfolgungsbehörden über den Therapieverlauf zu berichten?, StV 1988, 25; *Schulte,* Theorie und Praxis der Vorschriften über betäubungsmittelabhängige Straftäter (§§ 35 ff. BtMG), BewHi 1993, 38; *Slotty,* Das Betäubungsmittelgesetz 1982, NStZ 1981, 325; *Stange,* Zurückstellung der Strafvollstreckung bei Entwöhnungsbehandlung im Ausland, StV 2000, 325; *Weichert,* Aus der Rechtsprechung zu den Vorschriften über betäubungsmittelabhängige Straftäter (§§ 35 ff. BtMG), NJW 1999, 827; *Zurhold/Verthein/Reimer/Savinsky,* Medizinische Rehabilitation Drogenkranker gemäß § 35 BtMG („Therapie statt Strafe"): Wirksamkeit und Trends – Abschlussbericht August 2013, Quelle: Bundesministerium für Gesundheit.

Übersicht

A. Allgemeines

I. Zweck und Reichweite der Norm

1 **1. Rehabilitationsziel.** Durch die §§ 35 ff. soll straffällig gewordenen Drogenabhängigen eine Behandlung ihrer Abhängigkeit außerhalb des Strafvollzugs ermöglicht werden. Die Bestimmungen fußen letztlich auf der Erkenntnis, dass in der Haft eine Heilung der Suchterkrankung nur selten gelingt, weil unter den dortigen Bedingungen keine umfassende, dauerhaften Erfolg versprechende Therapie durchgeführt werden kann.[1] Im Interesse der **Beseitigung der Ursachen der Delinquenz und zur Förderung der sozialen Wiedereingliederung Drogenabhängiger** räumt das Gesetz daher unter bestimmten Voraussetzungen der Behandlung in einer Therapieeinrichtung den Vorrang vor dem Vollzug der Strafe ein: Die Strafvollstreckung kann zugunsten einer therapeutischen Behandlung zurückgestellt werden (§ 35). Zudem werden die Bemühungen des Abhängigen um seine eigene Rehabilitation dadurch honoriert, dass nach § 36 Therapiezeiten auf die Strafe angerechnet und die Vollstreckung der Reststrafe ausgesetzt werden können.

2 Die Bestimmungen des § 35 sind als **Kompromiss zwischen** dem Bemühen um eine **Resozialisierung** drogenabhängiger Straftäter und dem Interesse an einer Verteidigung der Rechtsordnung durch die **Verfolgung von BtM-Straftaten** zu verstehen. Einerseits sollen Drogenabhängigen über die sonstigen im Strafrecht gegebenen therapeutischen Ansätze (→ Rn. 6 ff.) hinaus Therapiechancen eingeräumt werden, andererseits soll durch Maßnahmen der Kontrolle, Sicherung und Repression ein Zurückweichen vor der BtM-Kriminalität vermieden werden.[2] Den Strafbedürfnissen wird nicht zuletzt dadurch Rechnung getra-

---

[1] Vgl. BT-Drs. 8/4283, 6 f.; zu den therapeutischen Möglichkeiten des Strafvollzugs s. Kreuzer/*Schäfer*/ *Schoppe* § 21 Rn. 48 ff.; Egg/*Borkenstein*, Drogentherapie und Strafe, S. 235 ff.
[2] *Slotty* NStZ 1981, 321 (327); Egg/*Egg*, Drogentherapie und Strafe, S. 23.

gen, dass die Anwendbarkeit der Therapieregelungen auf (Rest-)Freiheitsstrafen von nicht mehr als zwei Jahren begrenzt ist.[3] Die Regelungen zielen somit vorrangig auf kleinere bis mittelschwere BtM-Kriminalität ab.[4]

Der in den Vorschriften des Siebenten Abschnitts zum Ausdruck kommende Rehabilita- **3** tionsgedanke wird oftmals mit dem wenig treffenden Schlagwort **„Therapie statt Strafe"** umschrieben. Dies ist insofern missverständlich, als nur § 37 das Absehen von der Verhängung einer Strafe zulässt, iR der §§ 35, 36 auf die Sanktionierung von Straftaten btmabhängiger Personen hingegen nicht verzichtet wird. Vielmehr wollen die §§ 35, 36 den Druck der drohenden Vollstreckung einer bereits festgesetzten Strafe dazu nutzen, die Therapiebereitschaft des Drogenabhängiger zu wecken bzw. zu verstärken.[5] Die Vorschriften verwirklichen damit letztlich den Gedanken „Therapie statt Strafvollzug".

2. Sonderrecht für Drogenabhängige. Die §§ 35 ff. stellen Regelungen allein für btm- **4** abhängige Straftäter dar. Darin wird mitunter eine ungerechtfertigte und gegen den Gleichheitsgrundsatz verstoßende Bevorzugung gegenüber anderen Suchtkranken (zB Alkoholikern) gesehen.[6] Der Gesetzgeber hielt demgegenüber eine Sonderregelung für Drogenabhängige vor allem deshalb für berechtigt, weil diese zumeist schon in jugendlichem Alter, dh zu einer Zeit in die Abhängigkeit geraten, zu der sie die Tragweite ihres Tuns noch nicht zu übersehen und dem Einfluss Dritter nur schwer zu widerstehen vermögen. Ferner wurde die besondere Situation BtM-Abhängiger darin gesehen, dass diese regelmäßig bereits mit der Befriedigung ihrer Sucht gegen Strafvorschriften verstoßen und sie die vergleichsweise teure Droge auf Dauer nur erwerben können, wenn sie sich die hierzu erforderlichen Mittel auf illegalem Wege verschaffen.[7] Diese nachvollziehbaren Gesetzesmotive entkräften sicherlich den Vorwurf einer willkürlichen Ungleichbehandlung verschiedener Suchterkrankungen.[8] Unbeschadet dessen ist es vorstellbar, etwa auch für alkoholabhängige Straftäter Regelungen zu schaffen, die den §§ 35 ff. nachgebildet sind.[9] De lege lata ist eine Einbeziehung alkoholabhängiger Täter jedoch nicht möglich; eine analoge Anwendung der §§ 35 ff. auf andere Abhängigkeitsformen kommt aufgrund des gegensätzlichen Willens des Gesetzgebers und wegen des Ausnahmecharakters der Bestimmungen nicht in Betracht.[10]

3. Rechtsnatur der Vorschriften. Rechtssystematisch ist § 35 ebenso wie § 36 eine **5** vollstreckungsrechtliche Bestimmung, die als lex specialis den allgemeinen Vorschriften der Strafvollstreckung vorgeht.[11] Die Zurückstellung nach § 35 führt nicht zu einer Beendigung der Strafvollstreckung, sondern lediglich zu einer „Herausnahme" des Verurteilten aus dem Strafvollzug.[12] Sie bedeutet ein Absehen vom Vollzug der Strafe eigener Art, das weder als offener Vollzug oder Vollzugslockerung iS der Strafvollzugsgesetze noch als Vollstreckungsaufschub bzw. -unterbrechung gemäß §§ 455 ff. StPO einzuordnen ist.

4. Verhältnis zu anderen Regelungen. Neben der Zurückstellung der Strafvollstre- **6** ckung nach § 35 kennt das geltende Strafrecht noch eine Reihe anderer Möglichkeiten, der Therapiebedürftigkeit eines drogenabhängigen Straftäters Rechnung zu tragen. § 35 ist insofern vor allem von folgenden Regelungen abzugrenzen:

---

[3] Für eine Aufhebung dieser Grenze *Malek* Kap. 5 Rn. 6.
[4] Vgl. BT-Drs. 9/27, 26.
[5] Vgl. *Malek* Kap. 5 Rn. 1; *Körner* Rn. 26.
[6] *Malek* Kap. 5 Rn. 3 f. mwN.
[7] Siehe BT-Drs. 9/27, 27; sehr krit. zu diesen Gesetzesmotiven *Tröndle* MDR 1982, 1 (5 f.).
[8] So auch OLG Karlsruhe 4.8.1998 – 2 VAs 26/98, Justiz 1998, 629.
[9] Für eine Gleichstellung Alkoholabhängiger *Rebsam/Bender* NStZ 1995, 158 (160); *Malek* Kap. 5 Rn. 4. Zu den rechtstatsächlichen Grundlagen solcher gesetzgeberischer Überlegungen s. *Heimerdinger*, Alkoholabhängige Täter (Ergebnisse eines diesbezüglichen Forschungsprojekts der Kriminologischen Zentralstelle eV in Wiesbaden).
[10] So auch OLG Sachsen-Anhalt 8.6.2009 – 1 VAs 2/09, OLGSt BtMG § 35 Nr. 15.
[11] BGH 24.8.1983 – 2 ARs 251/83, BGHSt 32, 58 (59) = NJW 1984, 745.
[12] Daher darf zB auch nach einer Zurückstellung der Strafvollstreckung eine Abschiebung des Verurteilten gem. § 72 Abs. 4 S. 1 AufenthG nur mit Zustimmung der Vollstreckungsbehörde vorgenommen werden, s. OLG Karlsruhe 22.12.2000 – 2 VAs 28/00, StV 2001, 467 (noch zu § 64 Abs. 3 AuslG).

7   **a) Absehen von Strafe.** Die an § 35 angeglichenen Regelungen des § 37 eröffnen die Möglichkeit, nicht erst von der Strafvollstreckung, sondern schon von der Erhebung der öffentlichen Klage oder von der Festsetzung einer Strafe abzusehen. Anders als bei § 35 ist hierfür erforderlich, dass der Abhängige spätestens zum Zeitpunkt der letzten Tatsachenverhandlung die Drogentherapie bereits angetreten hat. Unter Durchbrechung des Prinzips, dass Therapiebemühungen ein Straferkenntnis nicht entbehrlich machen, soll mit den Bestimmungen des § 37 verhindert werden können, dass ein Abhängiger durch das Strafverfahren oder durch die Verurteilung aus einer Therapie herausgerissen wird.[13] Die Vorschrift hat allerdings in der Praxis nur geringe Bedeutung erlangt (→ § 37 Rn. 4).

8   **b) Strafaussetzung zur Bewährung.** In Verbindung mit einer Strafaussetzung zur Bewährung kann der Verurteilte angewiesen werden, sich einer Heilbehandlung oder Entziehungskur zu unterziehen (§ 56c Abs. 3 Nr. 1 StGB, § 23 Abs. 1 S. 3 iVm § 10 Abs. 2 JGG). Liegen ggf. mit Blick auf eine solche Weisung die Voraussetzungen des § 56 StGB oder des § 21 JGG vor, so muss die Strafvollstreckung zur Bewährung ausgesetzt werden. Die Strafaussetzung geht somit dem § 35 stets vor.[14] Dass nach Verhängung einer unbedingten Strafe eine Zurückstellung nach § 35 erfolgen könnte, darf bei der Entscheidung über eine Strafaussetzung keine Rolle spielen,[15] denn als Regelung der Strafvollstreckung kann § 35 keinen Einfluss auf das vorangehende Erkenntnisverfahren haben.[16] Die Therapieregelungen des § 35 sollen mithin gerade den drogenabhängigen Straftätern zugute kommen, denen etwa aufgrund einer ungünstigen Sozialprognose eine Strafaussetzung zur Bewährung nicht bewilligt werden kann.[17]

9   Entsprechendes gilt für die Aussetzung eines Strafrestes nach § 57 StGB, § 88 JGG. Auch insoweit liegt der Sinn des § 35 nicht darin, die Regelungen der Aussetzung einzuschränken oder zu modifizieren.

10   **c) Unterbringung in einer Entziehungsanstalt.** Vorrang hat ebenfalls die Unterbringung in einer Entziehungsanstalt. Diese Maßregel ist zwingend anzuordnen, wenn die Voraussetzungen des § 64 StGB vorliegen. Ein Ermessensspielraum steht dem Tatrichter dabei – unbeschadet des Gesetzeswortlauts „soll" – idR nicht zu.[18] Deshalb kann von der Anordnung einer Unterbringung nach § 64 StGB auch nicht etwa deshalb abgesehen werden, weil der Weg über § 35 Erfolg versprechender erscheint.[19]

11   **d) Strafaufschub und Strafunterbrechung.** Die Behandlungsbedürftigkeit einer BtM-Abhängigkeit stellt für sich allein regelmäßig keinen hinreichenden Grund für vollstreckungsaufschiebende oder -unterbrechenden Entscheidungen gem. §§ 455, 456 StGB, 45 ff. StVollStrO dar. Möglich ist allerdings, dass eine Begleit- oder Folgeerkrankung des Drogenmissbrauchs zu einer Vollzugsuntauglichkeit führt, welche den Aufschub oder die Unterbrechung der Haft erfordert. Somit können in Ausnahmefällen auch solche Entscheidungen für die Einleitung therapeutischer Behandlungen genutzt werden.[20] Diese gegenüber § 35 nachrangigen Maßnahmen lassen aber stets nur ein vorübergehendes Absehen von der Strafvollstreckung zu und befreien nicht von der weiteren Strafverbüßung nach Wegfall des Vollstreckungshindernisses.

---

[13] Siehe *Slotty* NStZ 1981, 321 (327).
[14] AllgM, s. zB *Franke/Wienroeder* Rn. 1; KPV/*Patzak* Rn. 54; *Weber* Vor § 35 Rn. 12.
[15] Vgl. OLG Oldenburg 23.11.1990 – Ss 483/90, StV 1991, 420.
[16] So auch *Malek* Kap. 5 Rn. 8 u. Rn. 76.
[17] Vgl. BT-Drs. 8/4283, 7.
[18] Siehe zB BGH 14.5.1992 – 4 StR 178/92, StV 1993, 302 mAnm *Wagner*; BGH 15.6.2010 – 4 StR 229/10, NStZ-RR 2010, 319; 5.4.2016 – 3 StR 554/15, NStZ-RR 2016, 209; *Fischer* StGB § 64 Rn. 22 ff. und 26.
[19] BGH 14.5.1992 – 4 StR 178/92, StV 1993, 302; vgl. aber Kreuzer/*Kühne* § 22 Rn. 4, der die Ansicht vertritt, dass in der praktischen Rechtsanwendung aufgrund von Beurteilungsspielräumen gleichwohl „Wahlmöglichkeiten" eröffnet sind.
[20] Siehe KPV/*Patzak* Rn. 12 ff.

II. Kriminalpolitische Bedeutung

1. Justizpraxis. Die Zahl der Zurückstellungen und die Ergebnisse kriminologischer **12** Untersuchungen zeigen, dass die 1982 in das BtMG aufgenommenen Therapieregelungen nach gewissen Anlaufschwierigkeiten von den Staatsanwaltschaften und Gerichten gut angenommen wurden und sich in den Verfahrensabläufen Routinen herausgebildet haben, die es der Praxis ermöglichen, mit den recht komplexen Bestimmungen zurecht zu kommen. Beigetragen hat zu dieser Entwicklung die obergerichtliche Rechtsprechung, die seit langem die Tendenz erkennen lässt, den Anwendungsbereich der Therapieregelungen eher auszudehnen als einzuschränken. Als Folge davon hat sich § 35 **zum dominierenden Instrument der justiziellen Einleitung von Therapien für drogenabhängige Straftäter** herauskristallisiert.[21]

a) Zahl der Zurückstellungen. Empirische Daten zur Zurückstellungspraxis bieten **13** eine von 1987 bis 1992 durchgeführte Strichlistenerhebung der Bundesregierung und eine von 1993 bis 2003 jährlich erfolgende Sonderauswertung des Bundeszentralregisters[22]Hiernach hat sich die Gesamtzahl der Zurückstellungen im Bundesgebiet vom Jahr 1987 (1.962 Zurückstellungen) bis zum Jahr 2003 (10.957) mehr als verfünffacht. Proportional hierzu stieg die Zahl der Abhängigen, die von solchen Entscheidungen profitierten; im Jahr 2003 wurden 6.517 Verurteilten durch eine oder mehrere Sachbehandlungen nach § 35 eine Therapie ermöglicht.[23] Die Ergebnisse einer im Auftrag des Bundesministeriums für Gesundheit durchgeführten, im August 2013 abgeschlossenen Untersuchung des Zentrums für Interdisziplinäre Suchtforschung (ZIS) der Universität Hamburg deuten darauf hin, dass sich seit 2001 der Anteil an Zurückstellungen der Strafvollstreckung nach § 35 bei inhaftierten Drogenabhängigen kaum verändert hat, die Zahl an Drogenabhängigen, die nach § 64 StGB in einer Entziehungsanstalt untergebracht wurden, sich hingegen mehr als verdoppelt hat.[24]

b) Verdrängung der „Bewährungslösung"? Die schon bei Einführung der Therapie- **14** regelungen häufig geäußerte Befürchtung, die §§ 35 ff. könnten in einschlägigen Fällen die Strafaussetzung zur Bewährung gem. § 56 StGB verdrängen und somit dazu führen, dass die Therapiebemühungen lediglich vom Bewährungsverfahren in das Strafvollstreckungsverfahren verlagert werden, wurde in ersten empirischen Untersuchungen nicht bestätigt.[25] Spätere Zahlen deuten jedoch darauf hin, dass tatsächlich der „Vollstreckungslösung" zunehmend der Vorzug gegenüber der „Bewährungslösung" gegeben wird. Der zu beobachtende erhebliche Zuwachs der Zurückstellungszahlen ging nämlich einher mit einem drastischen Rückgang der Strafaussetzungsquote. Bei den Verurteilungen mit Feststellung der BtM-Abhängigkeit nahm der Anteil der Strafaussetzungen zur Bewährung von 47 % im Jahr 1995 stetig auf 19,3 % im Jahr 2003 ab.[26]

2. Kriminologische Erkenntnisse. Nach einer empirischen Untersuchung der Kri- **15** minologische Zentralstelle eV in Wiesbaden (KrimZ), in der neben Befragungen von Praktikern und Analysen von Bundeszentralregisterauszügen 262 Strafakten einer bundesweiten Stichprobe aus dem Urteilsjahrgang 1984 ausgewertet wurden, fanden 90 % der Therapien gem. § 35 in staatlich anerkannten, stationären Einrichtungen statt; ambulanten oder teilstationären Therapien wurde von justizieller Seite (jedenfalls damals noch) ein nicht zu übersehendes Misstrauen entgegengebracht.[27] Die in den verschiedenen Thera-

---

[21] *Kurze* NStZ 1996, 178 (182) spricht sogar von einem „Königsweg".
[22] Quelle: Bundesministerium der Justiz.
[23] Die Zahl der begünstigten Verurteilten ist geringer als die Gesamtzahl der Zurückstellungen, weil einem Verurteilten nebeneinander oder nacheinander mehrere Zurückstellungen bewilligt werden können.
[24] *Zurhold/Verthein/Reimer/Savinsky* S. 62.
[25] Näher KPV/*Patzak* Rn. 34 ff. mwN.
[26] Quelle: Bundesministerium der Justiz (Sonderauswertung des Bundeszentralregisters).
[27] *Egg/Kurze,* Die Therapieregelungen des Betäubungsmittelrechts, S. 64; vgl. auch *Zurhold/Verthein/Reimer/Savinsky* S. 139.

piekonzepten vorgesehenen Behandlungszeiten reichten von wenigen Wochen bis zu 18 Monaten; die durchschnittliche Dauer erfolgreich abgeschlossener Therapien betrug 341 Tage.[28] Bei der Klientel des § 35 handelte es sich überwiegend um Straftäter, die sich bereits in einem fortgeschrittenen Stadium ihrer Suchterkrankung befanden und ansonsten keine oder nur geringe Chancen auf eine Therapie außerhalb des Strafvollzugs gehabt hätten.[29]

16   Die Untersuchung ergab ferner, dass nach einer Zurückstellung der Strafvollstreckung neun von zehn Verurteilten die Therapie antraten. Rund **43 % der Verurteilten beendeten die Behandlung regulär,** etwa 11 % wurden aus disziplinarischen Gründen entlassen, der Rest (ca. 36 %) brach die Therapie ab. Im Vergleich mit freiwillig in Therapie befindlichen Klienten schnitten die strafjustiziell übergeleiteten Drogenabhängigen damit zumindest nicht schlechter ab.[30] Die Quote einer regulären Therapiebeendigung hing nicht unmittelbar von der Höhe der ursprünglich verhängten Strafe oder den bereits vollstreckten Strafzeiten ab, wohl aber von den noch zu verbüßenden Strafanteilen, die sich mit entsprechenden Therapiezeiten verrechnen ließen. Anders ausgedrückt: Die Bereitschaft, eine Therapie anzutreten und bis zum Ende durchzuhalten, sank, wenn durch die Therapie nur noch geringe Strafreste anrechenbar waren.[31]

17   Die Ergebnisse einer Bundeszentralregisteranalyse zur **Legalbewährung** machten deutlich, wie schwierig es ist, mit einer therapeutischen Maßnahme dauerhafte Wirkung zu erzielen. Drei von vier Probanden wurden in einem Beobachtungszeitraum von fünf Jahren erneut verurteilt, etwa die Hälfte davon wurde aufgrund der neuen Straftaten mit einer zu vollstreckenden Freiheitsstrafe sanktioniert und in den Strafvollzug eingewiesen. Immerhin rund 25 % der Probanden jedoch waren über den gesamten Beobachtungszeitraum strafrechtlich unauffällig, womit Berechtigung zur Annahme bestand, dass sie mit der über § 35 eingeleiteten Therapie eine länger andauernde Abstinenzphase begonnen hatten.[32]

III. Historie

18   Die Regelungen des Siebenten Abschnitts (§§ 35–38) wurden durch das am 1.1.1982 in Kraft getretene Gesetz zur Neuordnung des Betäubungsmittelrechts vom 31.7.1981[33] geschaffen, dem besonders heftige Auseinandersetzungen in Bundestag und Bundesrat vorangegangen waren. Der ursprüngliche Regierungsentwurf aus dem Jahr 1979[34] hatte noch keine entsprechenden Therapieregelungen vorgesehen, weil diese als politisch nicht konsensfähig eingeschätzt worden waren. Erst durch Ausschussempfehlungen des Bundestags[35] gelangte die „Vollstreckungslösung" in das Gesetzgebungsverfahren, wo nach intensiven Debatten ein Kompromiss gefunden wurde, der breite Mehrheit fand.[36]

19   Durch Gesetz vom 9.9.1992[37] wurden Teile des Siebenten Abschnitts mit der Zielrichtung überarbeitet, die Therapiemöglichkeiten maßvoll auszuweiten: In § 35 wurden durch die Einfügung des Abs. 2 die Rechtsmittel und Rechtsbehelfe teils ausgedehnt (S. 1, S. 3 Halbsatz 2), teils unter Übernahme der Rechtsprechung klarstellend geregelt. Ferner wurde in Abs. 5 der Entscheidungsspielraum der Vollstreckungsbehörde hinsichtlich eines Widerrufs der Zurückstellung erweitert (→ Rn. 206 ff.).

---

[28] Egg/*Kurze,* Die Therapieregelungen des Betäubungsmittelrechts, S. 70, 85.
[29] *Kurze* NStZ 1996, 178 (180).
[30] So auch *Zurhold/Verthein/Reimer/Savinsky* S. 98 f., 138.
[31] Zu alldem *Kurze* NStZ 1996, 178 (181).
[32] *Kurze* NStZ 1996, 178 (181 f.).
[33] BGBl. I S. 681.
[34] BR-Drs. 546/79.
[35] BT-Drs. 8/4267, 32–34, s. auch den Bericht BT-Drs. 8/4283, 6–9.
[36] Ausführlich zur Entstehungsgeschichte *Slotty* NStZ 1981, 251; *Tröndle* MDR 1982, 1; HJLW Vor § 35 Rn. 1.3.
[37] BGBl. I S. 1593.

B. Erläuterung

I. Voraussetzungen der Zurückstellung (Abs. 1)

Die zahlreichen Tatbestandsvoraussetzungen der Zurückstellung der Strafvollstreckung 20 lassen sich grob in vier Merkmalsgruppen unterteilen: Erstens die zugrunde liegende Verurteilung/Strafe (→ Rn. 21 ff.), zweitens die BtM-Abhängigkeit des Verurteilten als Ursache der Straffälligkeit (→ Rn. 37 ff.), drittens die (beabsichtigte) Therapie und die Therapiebereitschaft des Verurteilten (→ Rn. 61 ff.) sowie viertens formale Anforderungen (Antrag des Verurteilten, Zustimmung des Gerichts, → Rn. 109 f.).

1. Die zugrunde liegende Verurteilung. Zurückgestellt werden können nur die 21 wegen einer Straftat festgesetzte Freiheitsstrafe (Abs. 1 S. 1) oder Jugendstrafe (§ 38) sowie eine daneben angeordnete Unterbringung in einer Entziehungsanstalt gem. § 64 StGB.

a) Straftat. Straftat ist jede tatbestandsmäßige, rechtswidrige und schuldhafte Handlung, 22 die nach deutschem Recht mit Strafe bedroht ist. Auf Ordnungswidrigkeiten findet § 35 keine Anwendung. Es muss sich nicht um ein Delikt nach dem BtMG, sondern nur um eine Tat aufgrund von BtM-Abhängigkeit handeln (→ Rn. 37 ff.). Die Zurückstellung kommt daher insbes. bei direkter oder indirekter Beschaffungskriminalität in Betracht, daneben aber zB auch bei abhängigkeitsbedingten Straßenverkehrs- und Körperverletzungsdelikten sowie Rauschtaten nach § 323a StGB.[38] Die Tat kann im Ausland begangen worden sein, doch muss deutsches Strafrecht zur Anwendung kommen. Der Täter kann Jugendlicher (s. § 38) oder Erwachsener, deutscher oder ausländischer Staatsangehöriger sein.[39]

b) Rechtskräftige Verurteilung. Als „Vollstreckungslösung" greift § 35 im Gegensatz 23 zu § 37 erst nach einer Verurteilung ein. Unerheblich ist, ob die Sanktion durch Urteil, durch Strafbefehl (§ 407 Abs. 2 S. 2 StPO) oder durch einen nachträglichen Gesamtstrafenbeschluss (§ 460 StPO) festgesetzt wurde.

Da die Strafvollstreckung nur zurückgestellt werden kann, wenn sie ohne die Zurückstel- 24 lung zulässig wäre, muss die Verurteilung rechtskräftig sein (§§ 449, 410 Abs. 3 StPO). Nicht erforderlich ist hingegen, dass das Urteil bereits schriftlich vorliegt. Auch hängt die Zurückstellung nicht davon ab, dass bereits die Strafvollstreckung eingeleitet oder gar schon mit dem Vollzug der Strafe oder Maßregel begonnen worden ist.[40] Bei einem allseitigen Rechtsmittelverzicht kann daher mit Zustimmung des Gerichts die Zurückstellung sofort nach der Urteilsverkündung vorgenommen werden.[41]

c) Freiheitsstrafe. Die Zurückstellung kommt nur bei der Verurteilung zu einer Frei- 25 heitsstrafe oder Jugendstrafe (§ 38 Abs. 1 S. 1) in Betracht. Diesen gleichgestellt sind unter den Voraussetzungen des Abs. 3 **Gesamtfreiheitsstrafen und Einheitsjugendstrafen** (→ Rn. 58 ff.). Die Strafe muss zu vollstrecken sein, wobei irrelevant ist, ob sie unbedingt ausgesprochen wurde oder erst aufgrund eines Bewährungswiderrufs zu vollziehen ist.

Andere freiheitsentziehende Rechtsfolgen wie etwa ein Jugendarrest oder eine **iso-** 26 **liert** angeordnete Maßregel der Unterbringung (§§ 63, 64 StGB) **eröffnen den Anwendungsbereich des § 35 nicht.**[42] Dies gilt auch für **Ersatzfreiheitsstrafen,** weil diesen die Verurteilung zu einer Geldstrafe zugrunde liegt und die jederzeit gegebene Möglichkeit, den Vollzug der Ersatzfreiheitsstrafe durch Zahlung der festgesetzten Geldstrafe abzuwenden, mit den auf die Teilnahme an einer längerfristigen Therapie ausgelegten Regelungen des § 35 nicht vereinbar wäre.[43]

---

[38] *Franke/Wienroeder* Rn. 3; KPV/*Patzak* Rn. 52.
[39] Zu ausländerrechtlichen Aspekten → Rn. 144–147.
[40] BGH 16.8.1984 – 4 StR 461/84, NStZ 1984, 573; *Weber* Rn. 4 f.
[41] *Franke/Wienroeder* Rn. 2; KPV/*Patzak* Rn. 53.
[42] OLG München 10.1.1983 – 1 VAs 13/82, NStZ 1983, 236; *Weber* Rn. 8 mwN.
[43] AllgM, s. zB *Körner* Rn. 114; *Weber* Rn. 8 jeweils mwN. Bei einer Geldstrafe bzw. Ersatzfreiheitsstrafe kommt daher nur die Anwendung der §§ 459d–459f StPO in Betracht, vgl. KPV/*Patzak* Rn. 114.

27   Nicht erforderlich ist indessen, dass **ausschließlich eine Freiheits- oder Jugend-strafe** verhängt wurde. So hindert es die Zurückstellung nicht, wenn **neben** der Freiheits-strafe auf andere Rechtsfolgen wie Geldstrafen (zB § 41 StGB), Nebenstrafen oder Neben-folgen (§§ 44 ff. StGB) oder Maßregeln der Besserung und Sicherung (§§ 61 ff. StGB) erkannt wurde.[44] Eine Ausnahme gilt insoweit allerdings für die Anordnung einer Unter-bringung in einem psychiatrischen Krankenhaus gem. § 63 StGB. Solange diese Maßregel zu vollziehen ist, kann vom Verurteilten keine Drogentherapie iS des § 35 begonnen und somit auch nicht zu seinen Gunsten eine Zurückstellung der Strafvollstreckung vorgenom-men werden. Die neben einer Freiheitsstrafe angeordnete **Unterbringung in einer Ent-ziehungsanstalt** gem. § 64 StGB kann hingegen zugleich mit der Strafvollstreckung zurückgestellt werden (→ Rn. 35).[45]

28   **d) Von nicht mehr als zwei Jahren.** Nur Freiheitsstrafen, die zwei Jahre nicht übersti-gen, können zurückgestellt werden. Die Zweijahresgrenze lehnt sich an die Regelungen der Strafaussetzung zur Bewährung (§ 56 Abs. 2 StGB) an und trägt außerdem dem Umstand Rechnung, dass die Dauer von Therapieprogrammen in aller Regel ebenfalls nicht über diesen Zeitraum hinausgeht.[46]

29   **aa) Festgesetzte Strafe.** Die Obergrenze von zwei Jahren bezieht sich auf die erkannte Strafe, nicht auf die zu erwartende Vollstreckungsdauer. Die Möglichkeit einer vorzeitigen Entlassung nach § 57 StGB, § 88 JGG spielt mithin keine Rolle;[47] denn iR des § 35 kann nicht die von der Strafvollstreckungskammer bzw. in Jugendsachen vom Vollstreckungsleiter zu treffende Entscheidung über eine Reststrafaussetzung vorweggenommen werden.

30   **bb) Strafreste. Abs. 3 Nr. 2** erweitert die Zurückstellungsmöglichkeiten wesentlich durch den Einbezug von Strafresten bis zu zwei Jahren. Damit sind auch längere Freiheitsstra-fen einer Zurückstellung zugänglich, sobald nach teilweiser Vollstreckung oder sonstiger Erledigung der **noch zu verbüßende Strafrest zwei Jahre nicht übersteigt.** Maßgebend ist insofern der **Zeitpunkt der Entscheidung** über den Zurückstellungsantrag; der Antrag selbst kann bereits früher gestellt werden.[48] Hinsichtlich des verbleibenden Strafrests ist auf den Endstrafenzeitpunkt abzustellen; die Möglichkeit einer Reststrafenaussetzung gem. § 57 StGB, § 88 JGG bleibt außer Betracht (vgl. → Rn. 29). Zu berücksichtigen sind hinge-gen Anrechnungen von Untersuchungshaft (§ 51 Abs. 1 StGB, § 450 StPO), Auslieferungs-haft (§ 450a StPO) und Maßregelvollzug (§ 67 Abs. 4 StGB) sowie sonstige Anrechnungen (§ 51 Abs. 2–4 StGB).[49] Bei einer Gesamtfreiheitsstrafe kann die Zurückstellung somit zB auch dadurch zulässig werden, dass auf eine einbezogene Strafe Zeiten einer früheren Thera-pie gem. § 36 Abs. 1 S. 1 oder Abs. 3 angerechnet werden; denn solche Anrechnungen greifen auf die Gesamtstrafe durch (§ 51 Abs. 2 StGB).[50]

31   Der Zurückstellung steht nicht entgegen, dass bereits mehr als zwei Drittel der Strafe vollstreckt sind und deshalb eine Anrechnung von Therapiezeiten nach § 36 nicht möglich ist.[51]

32   **cc) Mehrere Strafen.** Möglich ist auch die Zurückstellung mehrerer Strafen, aus denen keine Gesamtstrafe gebildet werden kann. Dies gilt nach Rechtsentscheid des BGH selbst dann, wenn die **Summe** der noch zu verbüßenden Strafen bzw. Strafreste **zwei Jahre**

---

[44] *Weber* Rn. 9.

[45] Siehe zB OLG Frankfurt a. M. 8.1.1985 – 3 Ws 1019/84, SuchtG 1986, 118.

[46] Siehe KPV/*Patzak* Rn. 115 auch zu Forderungen nach einer Anhebung der Grenze von zwei auf drei Jahre.

[47] BGH 31.3.1987 – 5 AR (VS) 13/87, BGHSt 34, 318 = NJW 1987, 1833; KG 4.1.2000 – Z. 226/99 – 4 VAs 48/99, BeckRS 2000, 16046.

[48] So zutreffend KPV/*Patzak* Rn. 116.

[49] Vgl. KG 4.1.2000 – Z. 226/99 – 4 VAs 48/99, BeckRS 2000, 16046.

[50] Vgl. *Fischer* StGB § 51 Rn. 14.

[51] *Körner* NStZ 1998, 227 (228).

übersteigt.[52] Überzeugend begründete der BGH diese, einen länger dauernden Meinungs-streit[53] abschließende Entscheidung damit, dass § 35 ein Zusammenrechnen verschiedener Strafen oder Strafreste nicht vorsieht. Die Vorschrift gleicht vielmehr den Regelungen des § 56 StGB, welche die Aussetzung mehrerer Strafen zur Bewährung auch dann zulassen, wenn die Summe der Strafen die zeitliche Grenze des § 56 Abs. 2 S. 1 StGB überschreitet. Die Voraussetzungen für eine Zurückstellung sind somit für jede Strafe gesondert zu prüfen.

Ist aber auch nur **eine der Freiheitsstrafen zu vollstrecken, kann** entspr. Abs. 6 Nr. 2   **33** auch die Vollstreckung der anderen Strafen **nicht zurückgestellt werden,** solange der Vollzug der nicht zurückstellungsfähigen Strafe den Antritt der Rehabilitationsbehandlung verhindert.[54] Somit scheitert eine Zurückstellung zB dann, wenn eine unbedingte Freiheits-strafe wegen einer Tat verhängt wurde, die nicht auf eine BtM-Abhängigkeit zurückzufüh-ren ist. Ein Abstellen auf das Übergewicht einzelner abgeurteilter Taten sieht Abs. 3 nur für Gesamtstrafen, nicht aber für mehrere nicht gesamtstrafenfähige Strafen vor.[55] Die Zurückstellung scheidet selbst dann aus, wenn die Vollstreckung der anderen, nicht zurück-stellungsfähigen Strafe nach § 454b Abs. 2 StPO unterbrochen ist.[56] Auch die in einem anderen Verfahren zu vollstreckende Ersatzfreiheitsstrafe hindert die Zurückstellung.[57] Um dem Verurteilten in solchen Fällen wenigstens zu einem späteren Zeitpunkt den Weg in die Therapie zu eröffnen, kann eine Änderung der Vollstreckungsreihenfolge angezeigt sein (→ Rn. 128 ff.).

Die Zurückstellung scheidet allerdings erst aus, wenn endgültig **feststeht,** zumindest   **34** aber **offensichtlich ist,** dass eine der Strafen **zu vollstrecken ist.** Daher kann eine Zurück-stellung nach § 35 nicht allein wegen des Vorliegens weiterer Verurteilungen versagt werden, sofern diese ebenfalls einer Sachbehandlung nach § 35 zugänglich ist oder die anderen Strafen (noch) gem. §§ 56, 57 StGB, §§ 21, 88 JGG zur Bewährung ausgesetzt sind.[58] Die Vollstreckungsbehörde hat daher, sofern die Zurückstellung nicht aus sonstigen Gründen abzulehnen ist, zu prüfen, ob die Zurückstellungsvoraussetzungen auch in den anderen zur Vollstreckung anstehenden Urteilen gegeben sind (→ Rn. 126).

dd) Freiheitsstrafe und Unterbringung in einer Entziehungsanstalt. Die **neben**   **35** der Freiheitsstrafe angeordnete Unterbringung in einer Entziehungsanstalt (§ 64 StGB) schließt die Zurückstellung nach § 35 nicht aus. Vielmehr können in diesem Falle sowohl die Strafvollstreckung als auch der Maßregelvollzug zurückgestellt werden. Gemäß § 67 Abs. 1 StGB wird die Maßregel der Unterbringung im Regelfall vor einer daneben festge-setzten Freiheitsstrafe vollzogen. Die Zurückstellung der Vollstreckung ist dann möglich, sobald der nach Anrechnung des Maßregelvollzugs (§ 67 Abs. 4 StGB) verbleibende Strafrest zwei Jahre nicht übersteigt (Abs. 3 Nr. 2). Die ohne die Zurückstellung zu erwartende weitere Dauer des Maßregelvollzugs spielt dabei keine Rolle. Prinzipiell das Gleiche gilt, wenn die Strafe ausnahmsweise vor der Maßregel vollzogen wird (§ 67 Abs. 2 StGB). Auch hier kommt es grundsätzlich nur auf die Dauer der (noch) zu vollstreckenden Freiheitsstrafe an; dass daneben auch noch eine Unterbringung zu vollziehen ist, rechtfertigt eine Versa-gung der Zurückstellung grds. nicht. Eine Zurückstellung ist auch noch möglich, wenn die Strafe bereits vollständig vollstreckt und damit nur noch die daneben angeordnete Maßregel zu vollziehen ist. Allerdings hat das Gericht gemäß § 67c StGB **vorrangig zu prüfen, ob der Zweck der Maßregel die Unterbringung noch erfordert.** Eine Zurückstellung

---

[52] BGH 11.12.1984 – 5 AR (VS) 20/84, BGHSt 34, 94 = NJW 1985, 753.
[53] Ausführlich hierzu KPV/*Patzak* Rn. 127.
[54] OLG Hamm 28.10.1982 – 7 VAs 26/82, NStZ 1983, 287; 2.3.2000 – 1 VAs 7/2000, NStZ 2000, 557; OLG Koblenz 20.12.1990 – 2 VAs 21/90, JMBl. RhPf. 1991, 82; OLG München 10.1.1983 – 1 VAs 13/82, NStZ 1983, 236; 2.11.1999 – 2 Ws 1168 – 1170/99, DRsp Nr. 2000/4357; *Franke/Wienroeder* Rn. 9; KPV/*Patzak* Rn. 125; *Weber* Rn. 16.
[55] OLG Hamm 28.10.1982 – 7 VAS 26/82, NStZ 1983, 287; *Franke/Wienroeder* Rn. 9.
[56] OLG Bamberg 17.3.2014 – VAs 1/14, BeckRS 2014, 09278.
[57] KG 5.7.1999 – 4 VAs 11/99, BeckRS 1999, 16376.
[58] OLG Hamm 2.3.2000 – 1 VAs 7/2000, NStZ 2000, 557; 22.11.2004 – 1 VAs 64/04, StraFo 2005, 128; KG 6.8.2014 – VAs 26/14, BeckRS 2014, 16348.

nach § 35 kommt deshalb nur in Betracht, wenn der Vollzug der Maßregel der Unterbringung nicht nach § 67c Abs. 1 S. 2 StGB zur Bewährung ausgesetzt werden kann.[59]

36 Die Vollstreckung der in einem **anderen Verfahren angeordneten selbstständigen Unterbringung** steht der Zurückstellung hingegen **zwingend entgegen.** Dies ergibt sich mittelbar aus der Widerrufsregelung des Abs. 6 Nr. 2 und dem Erfordernis, dass der Beginn der beabsichtigten Behandlung gewährleistet sein muss (Abs. 1 S. 1, → Rn. 102 ff.). Steht zum Zeitpunkt der Entscheidung über die Zurückstellung fest, dass wegen der Vollstreckung in anderer Sache der Zweck der Zurückstellung nicht erreichbar ist, kommt die Zurückstellung nicht in Betracht.[60]

37 **2. Auf Grund einer BtM-Abhängigkeit begangen.** Die Zurückstellung setzt weiter voraus, dass die Tat auf eine BtM-Abhängigkeit des Täters zurückzuführen ist.

38 **a) BtM-Abhängigkeit.** Die Weltgesundheitsorganisation (WHO) definiert Drogenabhängigkeit als „psychischen und zuweilen auch physischen Zustand, der sich aus der Wechselwirkung zwischen einem lebenden Organismus und einer Droge ergibt und sich äußert im Verhalten und in anderen Reaktionen, die stets den Zwang einschließen, die Droge dauernd oder in Abständen zu nehmen, um deren psychische Wirkungen zu erleben und das durch ihr Fehlen mitunter auftretende Unbehagen zu vermeiden".[61] Charakteristisch für die BtM-Abhängigkeit ist hiernach vor allem das zwanghafte Verlangen, sich eine Substanz laufend oder periodisch zu verabreichen, um deren – je nach Wirkstoff variierende – Wirkung auf das zentrale Nervensystem herbeizuführen.[62]

39 Allein aus einem regelmäßigen **BtM-Missbrauch,** dh nicht medizinisch indiziertem Drogenkonsum, kann noch nicht auf eine Abhängigkeit iS des § 35 geschlossen werden.[63] Nach dem Zweck der Vorschrift muss vielmehr eine Behandlungsbedürftigkeit festgestellt sein.[64] Entscheidend wird mithin sein, ob der Verurteilte voraussichtlich einer therapeutischen Behandlung bedarf, um dem Verlangen nach dem Konsum der Droge dauerhaft widerstehen zu können.

40 Andererseits ist für die Anwendung des § 35 nicht erforderlich, dass die Abhängigkeit einen **Grad**[65] erreicht hat, der zur Annahme **erheblich verminderter Schuldfähigkeit** iS des § 21 StGB berechtigt. Ansonsten bliebe die Zurückstellung entgegen der Intention des Gesetzes auf Ausnahmefälle beschränkt.[66] Auch muss nicht zugleich körperliche und seelische Abhängigkeit vorliegen, psychische Abhängigkeit genügt.[67] Damit kommt eine Zurückstellung prinzipiell auch bei einer Abhängigkeit von sog **„weichen Drogen"** wie Cannabis in Betracht, die nicht mit körperlichen Abhängigkeitserscheinungen verbunden ist.[68] Da das Suchtpotential von Cannabis aber auch in Bezug auf eine psychische Abhängigkeit als eher gering einzuschätzen ist,[69] wird selbst bei regelmäßigem Konsum eine Zurückstellung der Strafvollstreckung zugunsten einer Therapie im Regelfall nicht veranlasst sein. Bei Dauermissbrauch von Cannabis in ungewöhnlichen Mengen[70] oder ungewöhnlicher

---

[59] Vgl. KPV/*Patzak* Rn. 124.
[60] OLG München 10.1.1983 – 1 VAs 13/82, NStZ 1983, 236.
[61] Zit. nach *Joachimski/Haumer* § 1 Rn. 42; näher zu Abhängigkeitsdefinitionen Kreuzer/*Uchtenhagen* § 1 Rn. 3 ff.
[62] Vgl. OLG Stuttgart 7.12.1988 – 3 Ws 211/88, MDR 1989, 285; HJLW Rn. 4.1.2 f.; *Malek* Kap. 5 Rn. 16 ff.; KPV/*Patzak* Rn. 57.
[63] OLG Hamm 12.9.2013 – III-1 VAs 105/13, BeckRS 2013, 17411; *Körner* Rn. 65.
[64] So mit Recht *Baumgart* S. 462 f.
[65] Zu verschiedenen Abhängigkeitsformen und -graden *Theune* NStZ 1997, 57.
[66] OLG Stuttgart 7.12.1988 – 3 Ws 211/88, MDR 1989, 285 (286); zum Verhältnis von BtM-Abhängigkeit und § 21 StGB s. zB BGH 20.9.1988 – 1 StR 369/88, StV 1989, 386.
[67] OLG Stuttgart 7.12.1988 – 3 Ws 211/88, MDR 1989, 285 (286).
[68] KPV/*Patzak* Rn. 67.
[69] Vgl. BVerfG 9.3.1994 – 2 BvL 43/92 ua, NJW 1994, 1577 (1580 f.) mwN; *Geschwinde,* Rauschdrogen, 1998, Rn. 205 ff.; *Gerkens/Hüllinghorst/Wimmer,* Handbuch Sucht, 3.3–12; *Kleiber/Kovar,* Auswirkungen des Cannabiskonsums, 1997, S. 162 ff.
[70] Vgl. BGH 12.2.1993 – 2 StR 9/93, NStZ 1993, 339 mit krit. Anm. *Gebhardt.*

Konsumart kann jedoch ausnahmsweise eine die Sachbehandlung nach § 35 rechtfertigende Behandlungsbedürftigkeit vorliegen.[71]

Nur eine Abhängigkeit, die sich auf die in den **Anlagen I bis III zu § 1 Abs. 1** aufge- **41** führten BtM bezieht, kann eine Zurückstellung begründen. Eine solche Abhängigkeit ist nach hM auch dann anzunehmen, wenn zwar nicht das konsumierte Mittel, aber sein **Wirkstoff** in den genannten Anlagen enthalten ist;[72] denn für die Behandlungsbedürftigkeit spielt es keine entscheidende Rolle, welche Form der Aufnahme letztlich zur Abhängigkeit geführt hat.[73] § 35 findet daher auch Anwendung, wenn die Abhängigkeit auf dem Missbrauch ausgenommener Zubereitungen, etwa von DHC-Saft oder Rohypnol, beruht.[74]

Alkohol- und **Medikamentenabhängigkeit** erfüllen hingegen für sich allein die **42** Voraussetzungen des § 35 **nicht**. Die Vorschrift ist insoweit auch keiner analogen Anwendung zugänglich, weil der Gesetzgeber die Therapieregelungen bewusst auf den Bereich der illegalen Drogen beschränkt hat (→ Rn. 4). Konsumiert ein alkohol- oder medikamentenabhängiger Verurteilter gelegentlich auch BtM, so stellt dies noch keine Abhängigkeit iS des Abs. 1 S. 1 dar.[75] Anders zu beurteilen sind die Fälle der **Polytoxikomanie,** dh der gleichzeitigen Abhängigkeit von mehreren Drogen. Eine Sachbehandlung nach § 35 kommt auch für den Verurteilten in Betracht, der aufgrund seiner Abhängigkeit abwechselnd oder gleichzeitig sowohl BtM iS des § 1 als auch andere Suchtstoffe einnimmt.[76] Gleiches gilt, wenn der von BtM abhängige Verurteilte phasenweise auf legale Ersatzdrogen ausweicht, etwa um Versorgungslücken zu überbrücken oder auch um strafbaren Umgang mit illegalen Drogen zu meiden.[77] Eine Zurückstellung ist hier grds. selbst dann möglich, wenn der Verurteilte zum Zeitpunkt der Tat überwiegend oder gar ausschließlich unter dem Einfluss von nicht unter § 1 Abs. 1 fallenden Drogen stand.[78] Denn die Therapiebedürftigkeit, der die Regelungen des § 35 Rechnung tragen, hängt nicht von der Zufälligkeit ab, welcher der aufgrund der Polytoxikomanie abwechselnd konsumierten Suchtstoffe zur Tatzeit gerade dominierte.

Aufgrund der BtM-Abhängigkeit kann die Tat denknotwendig nur begangen worden **43** sein, wenn die Abhängigkeit **zur Tatzeit** bereits bestand. Wurde die BtM-Abhängigkeit erst in einem späteren Urteil festgestellt, kann daraus nicht geschlossen werden, dass sie schon zur Tatzeit vorlag.[79] Der Therapiezweck des § 35 erfordert ferner zwingend, dass die Abhängigkeit und deren Behandlungsbedürftigkeit im **Zeitpunkt der Entscheidung** über den Zurückstellungsantrag noch **andauern**.[80] Allerdings wird noch nicht ohne weiteres ein Entfallen der Therapiebedürftigkeit angenommen werden können, wenn der Verurteilte zwischenzeitlich bereits einen körperlichen Entzug erreicht und einige Zeit drogenfrei gelebt hat; denn die Therapie strebt das weiter gehende Ziel der psychischen Entwöhnung an.[81] Selbst wenn der Abhängige zwischen Tat und Zurückstellungsentscheidung ein vollständiges Therapieprogramm zunächst erfolgreich abgeschlossen hat, danach aber wieder in die Abhängigkeit zurückfällt, dürfte eine Zurückstellung in Betracht kommen.[82] Anderes

---

[71] Kreuzer/*Körner* § 18 Rn. 15.

[72] *Malek* Kap. 5 Rn. 22; HJLW Rn. 4.1.4; *Joachimski/Haumer* Rn. 9; *Weber* Rn. 26; aA OLG Koblenz 5.10.2009 – 2 VAs 8/09, BeckRS 2010, 06697.

[73] Ebenso *Malek* Kap. 5 Rn. 22.

[74] OLG Karlsruhe 7.9.1998 – 2 VAs 29/98, StV 1998, 672; *Weber* Rn. 26; aA *Körner* NStZ 1998, 227 (229).

[75] Näher KPV/*Patzak* Rn. 68 ff. mwN.

[76] *Malek* Kap. 5 Rn. 73; KPV/*Patzak* Rn. 72 ff.; *Weber* Rn. 29.

[77] Vgl. KPV/*Patzak* Rn. 75.

[78] OLG Stuttgart 17.7.1999 – 4 VAs 19/99, NStZ 1999, 626; OLG Dresden 20.9.2005 – 2 VAs 26/05, StV 2006, 585; OLG Nürnberg 30.11.2015 – 2 VAs 11/15, BeckRS 2016, 01226.

[79] KPV/*Patzak* Rn. 76; *Weber* Rn. 30.

[80] OLG Hamm 19.1.2015 – III-1 VAs 87/14.

[81] So auch OLG Frankfurt a. M. 5.5.2009 – 3 VAs 16/09, NStZ-RR 2009, 214; HJLW Rn. 4.2.2.

[82] Wohl enger *Körner* NStZ 1998, 227 (229) und *Weber* Rn. 32, die es – was aus Wortlaut und Zweck des § 35 aber nicht zwingend herzuleiten ist – ferner als erforderlich ansehen, dass die Abhängigkeit gerade auch zur Zeit der Verurteilung vorliegt.

mag in dem – wohl eher theoretischen – Fall gelten, in dem die zum Zeitpunkt der Zurückstellungsentscheidung vorliegende Abhängigkeit nicht mit der gleichzusetzen ist, die zu der Straftat geführt hatte, sondern als neue, andersartige Suchterkrankung anzusehen ist.

44 **b) Kausalität zwischen BtM-Abhängigkeit und Straftat.** Die der Freiheitsstrafe zugrunde liegende Straftat muss **aufgrund** der Abhängigkeit begangen worden sein. Dieser Kausalzusammenhang liegt nach hM nur vor, wenn die Abhängigkeit nicht hinweggedacht werden kann, ohne dass die Straftat entfällt **(conditio sine qua non).**[83] Zu weit geht es, einen Ursachenzusammenhang bereits dann anzunehmen, wenn der Verurteilte zur Tatzeit btm-abhängig war und die Tat allgemein aus der Abhängigkeit erklärt werden kann.[84] Diese Auffassung berücksichtigt nicht hinreichend, dass der Zweck des § 35 vor allem darin liegt, durch die Behandlung der BtM-Abhängigkeit der Ursache der Straffälligkeit entgegenzuwirken.[85] Die Abhängigkeit darf daher nicht nur begleitender Umstand, sondern muss Bedingung der Straffälligkeit sein.[86]

45 Alleiniger Grund der Tatbegehung braucht die Abhängigkeit hingegen nicht zu sein; **Mitursächlichkeit reicht aus.** Auch kommt es nicht entscheidend darauf an, ob die Tat überwiegend auf die Abhängigkeit oder mehr noch auf eine andere Ursache zurückzuführen ist.[87] An dem Kausalzusammenhang fehlt es jedoch, wenn der Verurteilte die Tat auch ohne Abhängigkeit begangen hätte, etwa weil sie aus nicht abhängigkeitsbedingten Neigungen oder Lebensumständen erwuchs.[88] Gleiches gilt, wenn Straffälligkeit und Abhängigkeit unabhängig voneinander auf einer gemeinsamen sonstigen Ursache, zB einer psychischen Erkrankung, beruhen.[89]

46 Der Kausalzusammenhang zwischen BtM-Abhängigkeit und Tat wird hiernach in aller Regel problemlos **zu bejahen** sein, wenn der Täter das Delikt im akuten **Rauschzustand** oder aufgrund der Belastungen einer **Entzugsphase** begangen hat[90] oder wenn langjähriger Drogenkonsum bereits zu einer erheblichen **Minderung der Steuerungsfähigkeit** geführt hat und diese bei der Tatbegehung zum Tragen kam. Ursächlich ist die BtM-Abhängigkeit regelmäßig auch für **Beschaffungskriminalität,** wobei es keinen entscheidenden Unterschied macht, ob der Verurteilte sich durch die Straftat unmittelbar in Besitz von BtM gebracht (direkte Beschaffungskriminalität) oder Geld für den Erwerb von Drogen verschafft (indirekte Beschaffungskriminalität) hat.[91] Gleiches gilt, wenn die der Verurteilung zugrunde liegende Tat der Beschaffung von Ausweichmitteln wie Codein diente.[92] Auch bereits die Angst vor einem Entzug kann die Straffälligkeit bedingen.[93] Ein Ursachenzusammenhang iS des § 35 kann ferner bei sog **Milieutaten** gegeben sein, die (mit) auf die abhängigkeitsbedingten Lebensumstände des Verurteilten zurückzuführen sind, zB darauf, dass er wegen seiner Abhängigkeit keiner geregelten Arbeit mehr nachgeht und von Straftaten lebt.[94]

47 Ein Indiz für das **Fehlen des Kausalzusammenhangs** ist zB darin zu sehen, dass der Verurteilte zur Tatzeit über ausreichend BtM verfügte und daher keinem Beschaffungsdruck ausgesetzt war. Veräußert ein drogenabhängiger Dealer BtM, nicht um seinen – bereits

---

[83] KG 2.12.1985 – 4 VAs 30/85, DRsp Nr. 1994/460; OLG Frankfurt a. M. 20.7.1998 – 3 VAs 29/98, NStZ-RR 1998, 314 (315); *Franke/Wienroeder* Rn. 6; HJLW Rn. 4.3; *Joachimski/Haumer* Rn. 13; KPV/*Volkmer* Rn. 96; *Weber* Rn. 33.

[84] So aber wohl *Eberth/Müller* (1982) Rn. 32; *Endriß/Malek* 1986 Rn. 628.

[85] Ebenso *Franke/Wienroeder* Rn. 6.

[86] OLG Rostock 23.4.2013 – VAs 2/13, NStZ-RR 2013, 250; ausführlich KPV/*Patzak* Rn. 98 ff.

[87] Vgl. KPV/*Patzak* Rn. 96.

[88] Ebenso *Weber* Rn. 34; aA wohl *Malek* Kap. 5 Rn. 25.

[89] AA *Eberth/Müller* 1982 Rn. 32.

[90] AllgM, s. zB *Joachimski/Haumer* Rn. 13; vgl. auch BGH 17.2.1981 – 1 StR 807/80, NJW 1981, 1221.

[91] OLG Frankfurt a. M. 12.3.1990 – 3 VAs 9/90, DRsp Nr. 1994/483; *Franke/Wienroeder* Rn. 6; *Körner* Rn. 97, 100.

[92] So zutreffend OLG Karlsruhe 7.9.1998 – 2 VAs 29/98, StV 1998, 672.

[93] *Joachimski/Haumer* Rn. 13.

[94] So auch KPV/*Patzak* Rn. 100; *Weber* Rn. 39; vgl. auch OLG Saarbrücken 12.4.1996 – VAs 3/96, NStZ-RR 1996, 246.

gedeckten – eigenen Drogenbedarf, sondern um seinen aufwändigen Lebensstil zu finanzieren, wird die Tat nicht auf die Abhängigkeit zurückzuführen sein.[95] Dasselbe gilt für Taten, die aufgrund sonstigen Profitstrebens, zur Befriedigung eines sexuellen Verlangens[96] oder aus Geltungssucht[97] begangen werden. Nicht abhängigkeitsbedingt werden im Regelfall auch Delikte sein, mit denen eine bereits **vor der Abhängigkeit begonnene „kriminelle Karriere" lediglich fortgesetzt** wird.[98] Gegen das Vorliegen des notwendigen Kausalzusammenhangs spricht daher, wenn der Drogenabhängige bereits früher wegen gleichartiger oder ähnlicher Delikte verurteilt wurde und diese Taten in keinem Zusammenhang mit BtM-Abhängigkeit standen.[99] Die Kausalität wird aber zu bejahen sein, wenn die Drogenabhängigkeit die Delinquenz des Verurteilten wesentlich verstärkt hat.

c) Feststellung und Nachweis von Abhängigkeit und Kausalzusammenhang. 48
Dass die Tat aufgrund der BtM-Abhängigkeit begangen wurde, muss sich aus den Urteilsgründen ergeben oder in sonstiger Weise feststehen (Abs. 1 S. 1).

aa) Urteilsgründe. Enthält das Urteil in der Liste der angewandten Vorschriften den 49
unter den Voraussetzungen des § 260 Abs. 5 S. 2 StPO vorgeschriebenen Hinweis auf die
Registervergünstigung des § 17 Abs. 2 BZRG, belegt dies eindeutig, dass das Gericht
die BtM-Abhängigkeit und die Kausalität festgestellt hat.[100] Anderseits kann aus dem Fehlen
des Hinweises nicht der umgekehrte Schluss gezogen werden, weil diese Bestimmungen
nicht selten übersehen werden.[101] Einschlägige Feststellungen können sich dann aus den
schriftlichen Urteilsgründen (§ 275 Abs. 1 StPO) ergeben, so etwa aus der Darstellung
der „Drogenkarriere" des Verurteilten und seiner bisherigen Therapiebemühungen iR der
Schilderung der persönlichen Verhältnisse des Verurteilten und der Hintergründe der Tat,
aus der Beschreibung des Drogenkonsums vor der Tat in den Sachverhaltsfeststellungen
sowie aus der Würdigung dieser Tatsachen iR der Strafzumessung. Die bloße Erwähnung,
dass sich der Verurteilte auf eine Drogenabhängigkeit berufen hat, reicht allerdings nicht
aus.[102]

Str. ist, inwieweit die Vollstreckungsbehörde bei der Entscheidung über die Zurückstel- 50
lung an die **Urteilsfeststellungen gebunden** ist. Eine Meinung folgert aus dem Gesetzeswortlaut und aus der Rechtskraftwirkung der gerichtlichen Entscheidung, dass dann, wenn
im Urteil der Ursachenzusammenhang zwischen BtM-Abhängigkeit und Straftat festgestellt
sei, die Vollstreckungsbehörde dies nicht anders beurteilen dürfe. Die Vollstreckungsbehörde
sei nur befugt, eigene Feststellungen zu treffen, wenn das Gericht in den Urteilsgründen
nicht zu einer Tatsächlichkeit der Abhängigkeit gelangt sei.[103] Die Gegenauffassung sieht
es jedenfalls bei **beachtlichen neuen Anhaltspunkten**[104] als nicht ausgeschlossen an, dass
die Vollstreckungsbehörde die betreffenden gerichtlichen **Feststellungen widerlegt** und
deshalb die Zurückstellung ablehnt.[105] Auch soll die Vollstreckungsbehörde an die Feststellung im Urteil, wonach die Tat aufgrund einer Betäubungsmittelabhängigkeit begangen

---

[95] KPV/*Patzak* Rn. 98.
[96] Siehe KPV/*Patzak* Rn. 111 mwN.
[97] Vgl. OLG Hamm 28.10.1982 – 7 VAS 26/82, NStZ 1983, 287.
[98] Siehe HJLW Rn. 5.4.2 mwN.
[99] Wohl aA *Weber* Rn. 40.
[100] Im Fall einer Gesamtfreiheitsstrafe zeigt dies auch, dass das Gericht den überwiegenden Teil der Taten als abhängigkeitsbedingt angesehen hat, vgl. OLG Stuttgart 5.6.2001 – 4 VAs 9/01, NStZ-RR 2001, 343.
[101] HJLW Rn. 4.2.3.
[102] Vgl. zur ähnlichen Problematik bei der Feststellung der Voraussetzungen des § 21 StGB BGH 17.2.1981 – 1 StR 807/80, NJW 1981, 1221.
[103] So *Malek* Kap. 5 Rn. 25; Kreuzer/*Körner* § 18 Rn. 17; *Joachimski/Haumer* Rn. 8.
[104] Siehe OLG Hamm 17.5.1983 – 7 VAs 27/83, BeckRS 9998, 33392, NStZ 1983, 525 (Leitsatz) = MDR 1984, 75.
[105] HJLW Rn. 4.2.3 u. 4.2.5; *Weber* Rn. 54; einschränkend OLG Oldenburg 9.1.2003 – 1 VAs 26/02, StV 2004, 385, wonach die Bindungswirkung nur entfällt, wenn im Rahmen der Hauptverhandlung die Fragen der BtM-Abhängigkeit keine entscheidende Rolle gespielt haben und entsprechende Behauptungen nicht überprüft wurden.

wurde, jedenfalls dann nicht gebunden sein, wenn diese Feststellung im Widerspruch zu den übrigen Urteilsfeststellungen steht.[106]

51   ME gilt Folgendes: Eine **uneingeschränkte Bindungswirkung** kann den gerichtlichen Urteilsfeststellungen schon insofern **nicht zukommen,** als die Vollstreckungsbehörde die Zurückstellung jedenfalls dann zu versagen hat, wenn zum Zeitpunkt ihrer Entscheidung keine zu behandelnde BtM-Abhängigkeit gegeben ist (→ Rn. 39). Stellt sich zB nachträglich heraus, dass der Verurteilte im Strafverfahren die Abhängigkeit nur vorgetäuscht hat, fehlt es im Vollstreckungsverfahren an der für die Sachbehandlung nach § 35 unerlässlichen Behandlungsbedürftigkeit. Keinesfalls kann die Vollstreckungsbehörde „sehenden Auges" einen nicht abhängigen Verurteilten anstelle der Strafverbüßung an einer Therapie teilnehmen lassen. Aber auch dann, wenn die BtM-Abhängigkeit gegeben ist und nur deren Tatursächlichkeit in Frage steht, hindert die Rechtskraft des Urteils, die nur den Rechtsfolgenausspruch (Tenor), nicht aber die zugrunde liegenden tatsächlichen Feststellungen umfasst,[107] eine Widerlegung der gerichtlichen Annahmen nicht.[108] Nach Abs. 1 S. 1 *können* sich zwar BtM-Abhängigkeit und Kausalzusammenhang aus dem Urteil ergeben, dem Wortlaut der Bestimmung ist jedoch nicht zu entnehmen, dass die diesbezüglichen Feststellungen des Gerichts bindend wären.

52   Den **Urteilsfeststellungen** kommt aber jedenfalls dann, wenn sie sich auf eine **eingehende Beweiserhebung und -würdigung stützen,** im Vollstreckungsverfahren **erhebliches Gewicht** zu. Eine abweichende Beurteilung durch die Vollstreckungsbehörde wird nur in Betracht kommen, wenn aufgrund eindeutiger und beweiskräftiger Tatsachen **neue Erkenntnisse** vorliegen, welche die gerichtlichen Feststellungen erschüttern,[109] etwa das Geständnis des Verurteilten oder eines Zeugen, falsche Angaben gemacht zu haben, ein erst nach der Hauptverhandlung erstelltes Sachverständigengutachten oder widersprechende Feststellungen in nachfolgenden Urteilen. Zu eng wäre es jedoch, nachträgliche Ermittlungen der Vollstreckungsbehörde nur zuzulassen, wenn die Voraussetzungen einer Wiederaufnahme des Verfahrens gem. §§ 359 ff. StPO vorliegen.[110]

53   **bb) Sonstige Feststellungen.** Für die Fälle, in denen das Urteil keine (näheren) Ausführungen zu einer etwaigen BtM-Abhängigkeit des Verurteilten oder dem Ursachenzusammenhang zwischen Abhängigkeit und Straftat enthält, etwa weil es sich um abgekürzte Urteilsgründe gem. § 267 Abs. 4 StPO handelt, sieht Abs. 1 S. 1 die Heranziehung anderer Erkenntnisquellen vor. Diese Möglichkeit besteht selbst dann, wenn der Antragsteller, zB um einer ansonsten drohenden Unterbringung nach § 64 StGB zu entgehen, im Strafverfahren seine Abhängigkeit gezielt verheimlicht hat.[111] Die Gefahr, dass durch die Berücksichtigung sonstiger Erkenntnisquellen bei der Zurückstellungsentscheidung für Täter ein Anreiz geschaffen werden kann, ihre Abhängigkeit möglichst lange zu verbergen, hat der Gesetzgeber im Interesse der therapeutischen Behandlung auch solcher Verurteilten, deren Abhängigkeit im Verfahren nicht erkannt wird, in Kauf genommen.[112] Zudem soll der Täter durch § 35 nicht zu einer vorzeitigen Aufgabe seiner Verteidigungsrechte und -strategien gezwungen werden.[113]

---

[106] OLG München 30.5.2008 – 4 VAs 14/08, BeckRS 2008, 11365; vgl. auch OLG Karlsruhe 17.11.2014 – 2 VAs 11-12/14, BeckRS 2014, 23244.

[107] Siehe zB BGH 17.2.1982 – 2 StR 762/81, NJW 1982, 1239 (1240 re. Sp.); KK-StPO/*Fischer* Einl. Rn. 482.

[108] Vgl. OLG Stuttgart 17.7.1999 – 4 VAs 19/99, NStZ 1999, 626.

[109] So zutreffend *Weber* Rn. 55; ähnlich KPV/*Patzak* Rn. 92 f.; vgl. auch KG 7.12.1987 – 4 VAs 38/87, StV 1988, 213; OLG Frankfurt a. M. 2.8.1993 – 3 Ws 435/93, DRsp Nr. 1999/4998, wo die Frage der Bindungswirkung letztlich aber jeweils offen gelassen wurde.

[110] Ebenso HJLW Rn. 4.2.4.

[111] OLG Karlsruhe 28.2.2012 – 2 VAs 1/12, StraFo 2012, 206; HJLW Rn. 4.2.5; aA offenbar *Tröndle* MDR 1982, 1 (2).

[112] Siehe zu diesem im Gesetzgebungsverfahren besonders umstrittenen Aspekt OLG Hamm 17.5.1983 – 7 VAs 27/83, NStZ 1983, 525 (Leitsatz) = MDR 1984, 75 (76); *Joachimski/Haumer* Rn. 8; *Weber* Rn. 46.

[113] So zutreffend HJLW Rn. 4.2.5.

Eigene Feststellungen hat die Vollstreckungsbehörde aber nur dann zu treffen, wenn **54** **beachtliche Anhaltspunkte**[114] oder **ausreichender Anlass**[115] für die Annahme bestehen, dass die Tat des Verurteilten – entgegen den Urteilsfeststellungen oder darüber hinaus – auf einer BtM-Abhängigkeit beruhen könnte.[116] Entsprechende Hinweise können sich aus den im Ermittlungsverfahren gewonnenen Erkenntnissen, aber zB auch aus beigezogenen Akten anderer Strafverfahren, vorgelegten ärztlichen Gutachten oder Attesten, Stellungnahmen von Bediensteten der Justizvollzugsanstalt oder Bestätigungen von Therapieeinrichtungen ergeben.[117] Vor allem bei einem abgekürzten Urteil gem. § 267 Abs. 4 StPO kann ferner der dienstlichen Äußerung des befassten Richters besonderes Gewicht zukommen (vgl. auch → Rn. 121).[118]

Die Vollstreckungsbehörde hat solche Anhaltspunkte zu beachten und zu würdigen, **55** sie ist aber **nicht gehalten,** selbst **schwierige und umfangreiche Beweiserhebungen anzustellen.**[119] Langwierige Ermittlungen wären weder mit dem Ziel des § 35, Drogenabhängige möglichst schnell einer Therapie außerhalb des Strafvollzugs zuzuführen, noch mit dem Gebot einer nachdrücklichen und beschleunigten Vollstreckung richterlicher Entscheidungen vereinbar.[120] Es obliegt primär dem Verurteilten, geeignete Nachweise seiner BtM-Abhängigkeit zur Tatzeit beizubringen und der Vollstreckungsbehörde damit eine für ihn günstige Entscheidung zu ermöglichen.[121]

Die **Tatsächlichkeit der BtM-Abhängigkeit muss feststehen,** der Zweifelsgrund- **56** satz gilt insoweit nicht.[122] Die bloße Möglichkeit, dass die Tat auf einer Abhängigkeit beruhte, genügt nicht.[123] Erst recht kann es nicht ausreichen, dass sich der Verurteilte nachträglich auf eine BtM-Abhängigkeit beruft und/oder ärztliche Bescheinigungen vorlegt, die nur auf seinen Angaben basieren. Bloße **Gefälligkeitsatteste** sind als Nachweis ungeeignet.[124] Zwar dürfen die Anforderungen an die Feststellung der Abhängigkeit und des Kausalzusammenhangs nicht überspannt werden; der Nachweis wäre ansonsten bei bereits länger zurückliegenden Taten mit kaum überwindbaren Schwierigkeiten verbunden.[125] Die Vollstreckungsbehörde muss jedoch stets die Möglichkeit im Auge behalten, dass der Verurteilte die BtM-Abhängigkeit nur vortäuscht, um sich dem Strafvollzug zu entziehen. Diese Gefahr kann nur durch eine sorgfältige Prüfung des Zurückstellungsantrags ausgeräumt werden.[126]

Selbst wenn **im Strafurteil** die BtM-Abhängigkeit oder deren Tatsächlichkeit **aus-** **57** **drücklich verneint** wurde, ist der nachträgliche Nachweis dieser Voraussetzungen des § 35 nicht schlechthin ausgeschlossen; die Urteilsfeststellungen sind grds. **widerlegbar.**[127] Hierzu bedarf es allerdings gewichtiger und beweiskräftiger Tatsachen (→ Rn. 52). Je eingehender sich das Gericht in den Gründen der Entscheidung mit den Fragen einer Abhängigkeit befasst hat, desto höhere Anforderungen sind an nachträgliche gegenteilige Feststellungen zu stellen. Stützen sich die gerichtlichen Feststellungen auf ein Sachverstän-

[114] OLG Hamm 17.5.1983 – 7 VAs 27/83, NStZ 1983, 525 (Leitsatz) = MDR 1984, 75 (76).
[115] OLG Frankfurt a. M. 20.7.1998 – 3 VAs 29/98, NStZ-RR 1996, 314 (315).
[116] KPV/*Patzak* Rn. 87; *Weber* Rn. 47.
[117] Kreuzer/*Körner* § 18 Rn. 17; *Weber* Rn. 48.
[118] OLG Saarbrücken 12.4.1996 – VAs 3/96, NStZ-RR 1996, 246.
[119] KG 31.8.2007 – 1 Zs 1552/06, NStZ-RR 2008, 185.
[120] OLG Frankfurt a. M. 11.8.1984 – 3 VAs 18/84, DRsp Nr. 1994/441.
[121] Eingehend KPV/*Patzak* Rn. 84.
[122] KG 22.3.2013 – 4 VAs 17/13, StV 2013, 711.
[123] OLG Rostock 24.4.2009 – VAs 2/09, NStZ 2010, 524, m. krit. Anm. *Malek* StraFo 2009, 471.
[124] HJLW Rn. 4.2.4; *Weber* Rn. 51.
[125] Vgl. OLG Frankfurt a. M. 20.7.1998 – 3 VAs 29/98, NStZ-RR 1998, 314 (315).
[126] *Adams/Eberth* NStZ 1983, 193 (196); *Tröndle* MDR 1982, 1 (3 ff.); *Eberth/Müller,* 1982, Rn. 36; KPV/*Patzak* Rn. 89 ff.; *ders.* NJW 1982, 673 (677); *Weber* Rn. 53.
[127] OLG Oldenburg 7.6.2000 – 1 VAs 13/00, StV 2001, 467 („widerlegliche Vermutung"); OLG Stuttgart 17.7.1999 – 4 VAs 19/99, NStZ 1999, 626; OLG Karlsruhe 19.2.2009 – 2 VAs 2/09, StraFo 2009, 470, m. zust. Anm. *Malek* StraFo 2009, 471; vgl. auch OLG Karlsruhe 17.11.2014 – 2 VAs 11-12/14, NStZ-RR 2015, 47, für den Fall widersprüchlicher Urteilsausführungen.

digengutachten und eine eingehende Würdigung des Vorlebens des Verurteilten, dürfte eine abweichende Entscheidung der Vollstreckungsbehörde kaum in Betracht kommen.[128]

58   **d) Kausalzusammenhang bei Gesamtfreiheitsstrafen.** Die Zurückstellung (des Restes) einer Gesamtfreiheitsstrafe oder Einheitsjugendstrafe (s. § 38) von nicht mehr als zwei Jahren setzt **nicht** voraus, dass **alle** abgeurteilten Taten auf einer BtM-Abhängigkeit beruhten. Nach Abs. 3 reicht aus, dass dies für **den seiner Bedeutung nach überwiegenden Teil** der Fall ist. Maßgebend ist nicht die Zahl der auf die Abhängigkeit zurückzuführenden Taten, sondern deren Gewicht.[129] Ein wichtiger Anhaltspunkt hierfür ist die Höhe der auf die abhängigkeitsbedingten Taten entfallenden Einzelstrafen: Übersteigt deren Summe die Summe der wegen anderer Taten festgesetzten Einzelstrafen, liegen die Voraussetzungen des Abs. 3 regelmäßig vor. Abweichend von dieser rein rechnerischen Bewertung kann sich aber im Einzelfall das Schwergewicht der abhängigkeitsbedingten Taten auch aus anderen Aspekten ergeben, etwa daraus, dass eine Tat als „Auslöser" der nachfolgenden Straffälligkeit besonderen Einfluss auf die Lebensführung des Verurteilten hatte.[130]

59   Eine **Aufspaltung** der Gesamtstrafe in einen zurückstellungsfähigen und einen nicht zurückstellungsfähigen Teil ist **unzulässig.** Liegen die Zurückstellungsvoraussetzungen für den ihrer Bedeutung nach überwiegenden Teil der Taten vor, ist die Gesamtstrafe insgesamt zurückzustellen.[131]

60   Im **Jugendstrafrecht** ist unabhängig vom Vorliegen einer Gesamtstrafenlage grds. eine **Einheitsstrafe** zu bilden (§ 31 JGG). Führt dabei die Einbeziehung von Strafen, die im allg. Strafrecht nicht gesamtstrafenfähig wären, dazu, dass die Zweijahresgrenze der zurückstellungsfähigen Strafe überschritten wird oder der Schwerpunkt der Straftaten iS des Abs. 3 – rechnerisch – bei den nicht abhängigkeitsbedingten Taten liegt, folgt hieraus uU eine gewisse Benachteiligung Jugendlicher bzw. Heranwachsender gegenüber erwachsenen Tätern. IdR kann dies dadurch vermieden werden, dass aus **erzieherischen Gründen** von der **Bildung einer Einheitsjugendstrafe abgesehen** wird (§§ 31 Abs. 3, 105 Abs. 1, 2 JGG).[132] Wurde von dieser Möglichkeit kein Gebrauch gemacht, wird es die nach § 38 sinngemäße Geltung des Abs. 3 grds. auch zulassen, bei der Beurteilung des Übergewichts der Strafen iS des Abs. 3 den abhängigkeitsbedingten Delikten besonderes Gewicht beizumessen, wenn die dadurch ermöglichte Teilnahme an einer Therapie dem Erziehungsziel jugendstrafrechtlicher Sanktionen am besten gerecht wird.[133] Zu weit geht hingegen die Auffassung, bei der Prüfung der Voraussetzungen des Abs. 3 müssten zur Vermeidung einer Benachteiligung Jugendlicher bzw. Heranwachsender die außerhalb einer Gesamtstrafenlage begangenen, nicht abhängigkeitsbedingten Straftaten stets unberücksichtigt bleiben.[134] Ein allg. Grundsatz, dass ein nach Jugendstrafrecht Verurteilter durch die Bildung einer Einheitsjugendstrafe nicht schlechter gestellt werden darf, als er bei Bildung einer Gesamtfreiheitsstrafe stünde, lässt sich aus dem geltenden Jugendstrafrecht nicht herleiten.[135]

61   **3. Therapiebezogene Voraussetzungen.** Für die Zurückstellung ist ferner erforderlich, dass entweder der Antragsteller sich wegen der Abhängigkeit bereits in einer seiner

---

[128] OLG Hamm 17.5.1983 – 7 VAs 27/83, NStZ 1983, 525 (Leitsatz) = MDR 1984, 75 (76); *Körner* NStZ 1998, 227 (230), OLG Hamm 28.10.2003 – 1 VAs 46/03, BeckRS 2003, 30331711; *Weber* Rn. 50.
[129] OLG Hamm 18.6.2014 – III-1 VAs 21/14, BeckRS 2014, 16348.
[130] *Joachimski/Haumer* Rn. 28; *Weber* Rn. 214; *Katholnigg* NStZ 1981, 417 (418); vgl. auch OLG Stuttgart 5.6.2001 – 4 VAs 9/01, NStZ-RR 2001, 343, wonach bereits die Anbringung des Registervermerks gem. § 260 Abs. 5 S. 2 StPO, § 17 Abs. 2 BZRG erkennen lasse, dass das Tatgericht den btm-abhängigen Taten höheres Gewicht beigemessen habe.
[131] AllgM, s. zB *Katholnigg* NStZ 1981, 417 (418).
[132] Vgl. BGH 8.4.1997 – 4 StR 31/97, NStZ 1997, 387; 31.10.1995 – 5 StR 470/94, NStZ-RR 1996, 120; *Eisenberg* JGG § 31 Rn. 35.
[133] Weiter gehend *Weber* Rn. 218.
[134] So aber KPV/*Patzak* Rn. 120 f.; ähnlich *Weber* Rn. 218.
[135] Siehe zB *Geisler* NStZ 2002, 449 (452). Ein generelles Benachteiligungsverbot wird allenfalls de lege ferenda gefordert, so etwa im Abschlussbericht der 2. Jugendstrafrechtsreform-Kommission der DVJJ, DVJJ-Journal 3/2002, 227 (231 f.).

Rehabilitation dienenden Behandlung befindet oder er zusagt, sich einer solchen Behandlung zu unterziehen und deren Beginn gewährleistet ist (Abs. 1 S. 1). Einer Rehabilitationsbehandlung gleichgestellt ist der Aufenthalt in einer staatlich anerkannten Einrichtung, die dazu dient, die Abhängigkeit zu beheben oder einer erneuten Abhängigkeit entgegenzuwirken (Abs. 1 S. 2, → Rn. 84 ff.).

a) Der Rehabilitation dienende Behandlung gem. Abs. 1 S. 1. Von näheren **62** Bestimmungen zu Art und Umfang der Behandlungen, die nach § 35 eine Zurückstellung der Strafvollstreckung rechtfertigen können, hat der Gesetzgeber abgesehen. Er trug damit dem Umstand Rechnung, dass sich bislang keine wissenschaftlich allseits anerkannten Standards der Behandlung Drogenabhängiger durchsetzen konnten, vielmehr eine große Vielfalt an – teils auf Art und Schweregrad der Suchterkrankung abgestimmten – Therapiekonzepten und Behandlungsmethoden existiert, deren Wirksamkeit in der medizinisch-therapeutischen Fachwelt oftmals kontrovers beurteilt werden.[136] § 35 ist daher offen für unterschiedlichste Behandlungsmethoden. Unbeschadet dessen müssen die Therapien und Therapieeinrichtungen gewisse Mindestanforderungen erfüllen.

aa) (Stationäre) Behandlung. Leitbild des **Abs. 1 S. 1** ist die stationäre Langzeitbe- **63** handlung, die nach einem fachlich anerkannten Therapiekonzept in einer hierauf spezialisierten Fachklinik durchgeführt wird.[137] Die Regelungen der Zurückstellung schließen jedoch die Berücksichtigung anderer Behandlungsformen nicht von vornherein aus.[138] Eine staatliche Anerkennung der Therapieeinrichtung ist – wie im Umkehrschluss aus Abs. 1 S. 2 folgt – nach Abs. 1 S. 1 nicht erforderlich, die Anerkennung spielt erst für die Anrechnung der Therapiezeiten auf die Strafe nach § 36 Abs. 1 S. 3, Abs. 3 eine Rolle.

(1) Therapieziel. Das Therapieziel wird durch den Begriff der **Rehabilitation** um- **64** schrieben. Bezogen auf die Drogenabhängigkeit sind unter einer Rehabilitationsbehandlung Maßnahmen zu verstehen, die auf die Beseitigung der Abhängigkeit und der aus ihr resultierenden Beeinträchtigungen der Lebenstüchtigkeit gerichtet sind und darauf abzielen, den Betroffenen möglichst dauerhaft in die Gesellschaft (wieder) einzugliedern.[139] Enger als nach manchen medizinischen, psychologischen oder psychosozialen Therapiedefinitionen[140] geht es iR des § 35 speziell auch um die künftige Legalbewährung des Verurteilten und damit um dessen **dauerhafte Freiheit vom Umgang mit illegalen Drogen.**[141] Daher können Therapien, welche nicht primär auf eine BtM-Abstinenz ausgerichtet sind, sondern die soziale Wiedereingliederung durch andere Maßnahmen, etwa lebenspraktische Alltagshilfen oder allgemeine psychosoziale Betreuung, zu erreichen suchen, eine Zurückstellung der Strafvollstreckung nicht rechtfertigen. Dies gilt erst recht für Hilfsangebote nach dem Konzept der akzeptierenden Drogenarbeit, das eine Abstinenzorientierung ausdrücklich ablehnt.[142] Auch eine medizinische Behandlung allein zur Verbesserung oder Stabilisierung des allgemeinen Gesundheitszustands des BtM-Abhängigen stellt für sich allein keine Rehabilitationsbehandlung iS des § 35 dar. Die Freiheit von illegalen Suchtmitteln muss mithin oberstes Ziel der Therapie sein. Dies bedeutet indes **nicht,** dass die vollständige **Drogenfreiheit sofort erreicht** werden muss[143] (zur Substitutionsbehandlung → Rn. 78 ff.).

(2) Therapiekonzepte und -maßnahmen. In welcher Weise das vorgegebene Thera- **65** pieziel erreicht werden soll, schreibt das Gesetz nicht vor.[144] Erforderlich erscheint aber

[136] Vgl. KPV/*Patzak* Rn. 134 ff.
[137] Vgl. BT-Drs. 8/4283, 7, 8.
[138] Vgl. *Malek* Kap. 5 Rn. 32 f.; HJLW Rn. 5.1.4; *Joachimski/Haumer* Rn. 24.
[139] Ähnlich *Malek* Kap. 5 Rn. 31; *Körner* Rn. 134; *Weber* Rn. 61.
[140] Hierzu ausführlich HJLW Rn. 5.1.3.
[141] Vgl. BT-Drs. 8/4283, 8; BT-Drs. 9/500, 3.
[142] Siehe hierzu Kreuzer/*Bühringer* § 5 Rn. 78 ff.
[143] *Weber* Rn. 63.
[144] Vgl. KG 10.9.1987 – 4 VAs 30/87, StV 1988, 24.

zumindest ein konkretes, an fachwissenschaftlichen Erkenntnissen ausgerichtetes Therapie-konzept, das Art, Umfang und Dauer der Behandlung und Kontrolle des Abhängigen festlegt.[145] Traditionell wird die Behandlung Drogenabhängiger in drei Phasen unterteilt, nämlich den Entzug (Entgiftung) zur Beseitigung der körperlichen Abhängigkeit, die Ent-wöhnung zur Überwindung der psychischen Abhängigkeit und zur Behandlung begleiten-der Störungen sowie die Nachsorge als Betreuung und Unterstützung im Alltagsleben zur Vermeidung eines Rückfalls.[146] Hinzu kommt ggf. der Aufenthalt in einer Übergangsein-richtung, welche zwischen Entgiftung und Entwöhnung die Voraussetzungen für eine Lang-zeittherapie schaffen oder diese Übergangszeit bis zum Freiwerden eines Therapieplatzes therapeutisch nutzen will.[147] Grds. kann jede dieser Behandlungsphasen eine Zurückstellung der Strafvollstreckung begründen.[148] Eine bloße Entzugsbehandlung wird dies allerdings in aller Regel nicht rechtfertigen, weil die körperliche Entgiftung wegen der fortbestehenden psychischen Abhängigkeit zumeist nicht ausreicht, um die durch die Sachbehandlung nach § 35 angestrebte dauerhafte Drogenabstinenz zu erreichen.[149] Daher wird idR zu fordern sein, dass eine unmittelbar an die Entgiftung anknüpfende, weiterführende Behandlung in einer Entwöhnungstherapie oder einer Übergangseinrichtung sichergestellt ist.[150] Noch keine Behandlung iS des Abs. 1 S. 1 sind Maßnahmen zur Vorbereitung einer Entgiftung, etwa Beratungsgespräche oder niederschwellige, also an keine Aufnahmebedingungen geknüpfte Angebote,[151] die primär der Verbesserung der Lebens- und Konsumbedingungen von Drogenabhängigen dienen (zB Kontaktläden).[152]

66   **(3) Fachpersonal.** Die Sonderbestimmung des Abs. 1 S. 2 für Einrichtungen ohne fach-therapeutische Leitung und Betreuung (→ Rn. 84 ff.) zeigt im Umkehrschluss, dass die Zurückstellung nach Abs. 1 S. 1 eine durch Fachkräfte durchgeführte Behandlung voraus-setzt. In Betracht kommen Therapeuten, Psychologen, Sozialarbeiter und Pädagogen ver-schiedener Fachrichtungen. Dass die Leitung der Einrichtung einem Arzt obliegt, ist nicht zwingend erforderlich,[153] unerlässlich ist die ärztliche Mitwirkung aber bei Entzugs- oder Substitutionsbehandlungen.

67   **(4) Kontrolle des Verurteilten.** Aus dem Zweck und Gesamtzusammenhang der Regelungen des § 35 ergibt sich, dass während der Zurückstellung eine hinreichende Kontrolle des Probanden und seiner therapeutischen Bemühungen gewährleistet sein muss. Die Ausgestaltung der Therapie und das Zusammenwirken von Therapieeinrich-tung und Vollstreckungsbehörde müssen dem Umstand Rechnung tragen, dass die Zurückstellung nicht zu einer Beendigung der Strafvollstreckung führt, sondern der Straf-anspruch im Grundsatz fortbesteht und die Vollstreckungsbehörde ggf. zu prüfen hat, ob die Zurückstellung zu widerrufen ist (→ Rn. 198 ff.).[154] Zweifel an einer ausreichenden Überwachung des Verurteilten können sich in der Praxis vor allem bei ambulanten Thera-pien ergeben (→ Rn. 75 f.), doch gelten die Kontrollanforderungen prinzipiell für alle Therapieformen.

68   Die Kontrolle des Verurteilten obliegt primär der Therapieeinrichtung. Die Betreuung und Überwachung des Patienten müssen so intensiv ausgestaltet sein, dass den behandelnden Personen eine verlässliche Beurteilung des Therapieverhaltens des Abhängigen möglich

---

[145] Vgl. zur ambulanten Therapie *Körner* NStZ 1998, 227 (231).
[146] *Kreuzer/Bühringer* § 5 Rn. 17.
[147] Näher KPV/*Patzak* Rn. 161.
[148] Zu Nachsorgebehandlungen vgl. KG 31.12.1990 – 3 Ws 294/90, NStZ 1991, 244.
[149] So auch *Eberth/Müller,* 1993, Rn. 347. Zum besonders hohen Rückfallrisiko während und kurz nach der Entzugsphase sowie zur Bedeutung ergänzender psychotherapeutischer und sozialer Maßnahmen s. Kreu-zer/*Bühringer* § 5 Rn. 179 ff.
[150] Vgl. *Eberth/Müller,* 1993, Rn. 351.
[151] Näher Kreuzer/*Bühringer* § 5 Rn. 75 f.
[152] *Körner* NStZ 1998, 227 (231); *Weber* Rn. 74.
[153] So auch KPV/*Patzak* Rn. 136; *Weber* Rn. 58.
[154] OLG Hamm 7.11.1985 – 1 VAs 89/85, StV 1986, 66 (67).

ist. Das bloße Anbieten therapeutischer Hilfen ohne Kontrolle und Dokumentation der Mitwirkung des Verurteilten kann nicht genügen. Insbes. muss sichergestellt sein, dass während der Therapie die **Drogenfreiheit** des Verurteilten **überwacht** wird, weil nur so beurteilt werden kann, ob dieser hinreichende Anstrengungen unternimmt, um die Fortdauer der Zurückstellung zu rechtfertigen. Notwendig sind daher häufige und auch unangemeldete Untersuchungen auf Drogenkonsum (zB Urinkontrollen).[155]

(5) Kooperationsbereitschaft der Therapieeinrichtung. Ferner muss die Gewähr 69 bestehen, dass die Therapieeinrichtung im erforderlichen Umfang mit der Vollstreckungsbehörde kooperiert.[156] Sie muss der Vollstreckungsbehörde den zur Beurteilung der Voraussetzungen des § 35 notwendigen Einblick in das Behandlungskonzept und die Inhalte der Therapie gewähren,[157] dem Verurteilten die nach Abs. 4 erforderlichen Behandlungsnachweise erteilen sowie vor allem willens sein, der Vollstreckungsbehörde unverzüglich einen Abbruch der Therapie mitzuteilen und über sonstige Umstände Auskunft zu geben, die für die Entscheidung über einen Widerruf der Zurückstellung von maßgebender Bedeutung sind (vgl. → Rn. 187 ff.). Zwischen der Therapieeinrichtung und der Vollstreckungsbehörde sollte daher auch geklärt sein, was als Abbruch der Therapie gewertet sowie wann und in welcher Weise dieser der Vollstreckungsbehörde mitgeteilt wird.[158] Die Gegenauffassung, die im Interesse der therapeutischen Freiheit die Beurteilung eines Therapieabbruchs allein der Einzelfallentscheidung der Therapiestelle überlassen will,[159] lässt außer Acht, dass die Vollstreckungsbehörde auch nach der Zurückstellung die Verantwortung für den weiteren Verlauf der Strafvollstreckung trägt, also zB Sicherheitsinteressen der Bevölkerung zu wahren hat. Sie kann daher die Entscheidung, wann von einem Therapieabbruch auszugehen ist, nicht völlig aus der Hand geben.[160]

(6) Behandlung im Inland. Eine hinreichende Überwachung des Verurteilten wird 70 nur dann möglich sein, wenn die Behandlung im Inland erfolgt; zugunsten einer Therapie im Ausland kann die Strafvollstreckung daher in aller Regel nicht zurückgestellt werden. Die gegenteilige Auffassung[161] übersieht, dass die Vollstreckungsbehörde im Ausland zu keinem hoheitlichen Zugriff befugt ist, ein solcher Zugriff iR der Strafvollstreckung, die durch die Zurückstellung nicht beendet wird (→ Rn. 5), aber möglich sein sollte. Bei einer Therapie im Ausland können Antritt und Fortführung der Behandlung idR kaum kontrolliert und ein Widerruf der Zurückstellung nicht sofort vollstreckt werden.[162]

bb) Besonderheiten bei ambulanten und teilstationären Therapien. In der Praxis 71 dominieren bei der Anwendung des § 35 stationäre Therapieformen, die Bestimmung lässt aber auch die Zurückstellung zugunsten einer ambulanten oder teilstationären Therapie zu. Vollstreckungsbehörden und Gerichte haben im Laufe der Jahre von dieser Möglichkeit immer häufiger Gebrauch gemacht. Dies dürfte in erster Linie auf die Zunahme nichtstationärer Therapieangebote zurückzuführen sein.[163] Aber auch der Gesetzgeber hat zu dieser Entwicklung beigetragen: Mit dem G zur Änderung des BtMG vom 9.9.1992 wurde in § 36 Abs. 1 S. 1 die bis dahin geltende Regelung, wonach die Anrechnung von Therapiezeiten voraussetzte, dass die freie Gestaltung der Lebensführung des Probanden während der Behandlung erheblichen Beschränkungen unterlag, gestrichen. Nach der Gesetzesbegründung sollte durch die Aufhebung dieser einengenden Bestimmung der Praxis die Möglichkeit eingeräumt werden, die in jüngerer Zeit entwickelten ambulanten

---

[155] Vgl. zB OLG Stuttgart 28.9.1993 – 4 VAs 21/93, StV 1994, 30 (31); OLG Frankfurt a. M. 6.1.1995 – 3 VAs 2/95, DRsp Nr. 1998/560.
[156] Vgl. HJLW Rn. 8.3.
[157] Vgl. KPV/*Patzak* Rn. 151 f. mwN.
[158] Kreuzer/*Körner* § 18 Rn. 32.
[159] *Malek* Kap. 5 Rn. 66.
[160] OLG Hamm 7.11.1985 – 1 VAs 89/85, StV 1986, 66.
[161] LG Kleve 24.2.2000 – 1 KLs 76/99, StV 2000, 235 mAnm *Stange.*
[162] Vgl. HJLW Rn. 5.5; *Körner* Rn. 193; *Weber* Rn. 99.
[163] KPV/*Patzak* Rn. 149; vgl. auch den Bericht der BReg. v. 24.11.1987, BT-Drs. 10/6546.

Therapiemodelle iR der Zurückstellung der Strafvollstreckung in breiterem Umfang zu nutzen.[164]

72   Als **ambulante Maßnahmen** kommen bspw. in Betracht, dass der Proband regelmäßig die Hilfen einer Suchtberatungsstelle, einer Fachambulanz, eines Therapeuten und/oder eines niedergelassenen Arztes in Anspruch nimmt und sich darüber hinaus – zB durch die Teilnahme an einer Berufsausbildung – um seine soziale Integration bemüht. **Teilstationäre Behandlungseinrichtungen** gibt es in recht unterschiedlichen Ausgestaltungen, etwa in Form von Tageskliniken, in denen der Abhängige tagsüber therapeutisch betreut wird, während er die Nächte und uU auch die Wochenenden außerhalb der Einrichtung verbringt. Neben den eigentlichen einzel- oder gruppentherapeutischen Behandlungen umfasst das Konzept solcher Einrichtung zumeist auch tagesstrukturierende Maßnahmen, Angebote zur Freizeitgestaltung, die Unterstützung beim Aufbau eines drogenfreien Umfelds, Maßnahmen zur beruflichen Integration ua.[165]

73   Dass auch nichtstationäre Therapien **grds. geeignet für eine Zurückstellung** nach Abs. 1 S. 1 sein können, ist weitgehend unstr. Einen absoluten Erfahrungssatz, dass nur die stationäre Behandlung zum Erfolg führen kann, gibt es nicht.[166] Daher wird eine Zurückstellung der Strafvollstreckung zugunsten einer ambulanten Therapie nicht allein deshalb abgelehnt werden können, weil auch eine stationäre Behandlung möglich wäre.[167] Konkrete therapeutische Erwägungen können hingegen durchaus gegen eine nichtstationäre Behandlungsform sprechen; entscheidend ist, welche Therapieform im Einzelfall für den Abhängigen geeignet und Erfolg versprechend erscheint.[168]

74   Ambulante bzw. teilstationäre Therapieformen werden für eine Sachbehandlung nach § 35 insbesondere dann in Betracht kommen, wenn der Proband (noch) über ein weitgehend **intaktes soziales Umfeld** verfügt und die außerstationäre Behandlung den Vorteil bietet, dass positiv stabilisierende Faktoren, wie etwa ein festes Arbeitsverhältnis und familiäre Bindungen, erhalten bleiben.[169] Namentlich Klienten, die bereits in Begriff sind, die Drogenabhängigkeit zu überwinden und sich in die Gesellschaft zu integrieren, bedürfen uU keiner stationären Langzeitbehandlung, sondern können ggf. auch durch individuell abgestimmte ambulante Hilfen rehabilitiert werden.[170] Dementsprechend werden ambulante Maßnahmen desto eher geeignet und ausreichend sein, je mehr sie sich als Fortführung und Ergänzung bereits durchgeführter stationärer Behandlungen darstellen.[171] Ferner ist die Zurückstellung zugunsten einer nichtstationären Therapie insbes. dann in Erwägung zu ziehen, wenn sich der Verurteilte bereits in einer solchen Therapie befindet, diese Erfolg versprechend erscheint und eine Änderung der Therapieform negative Auswirkungen auf den Therapieverlauf befürchten ließe.[172]

75   Die **Problematik nichtstationärer Therapien** liegt darin, dass sie dem Patienten deutlich mehr Gelegenheit für Missbrauch und Ausweichverhalten bieten als stationäre Behandlungen.[173] Daher bedarf es gerade bei ambulanten Therapieformen einer sorgfälti-

---

[164] BT-Drs. 12/934, 6, 7; vgl. auch OLG Stuttgart 28.9.1993 – 4 VAs 21/93, StV 1994, 30.

[165] Siehe Kreuzer/*Bühringer* § 5 Rn. 200–203.

[166] So OLG Düsseldorf 29.1.1993 – 2 Ss 444/92 – 8/93 II, StV 1993, 476.

[167] OLG Saarbrücken 4.8.1995 – VAs 3/95, DRsp Nr. 1998, 769; KPV/*Patzak* Rn. 150 mwN; wohl aA *Weber* Rn. 104.

[168] Vgl. OLG Koblenz 4.11.1194 – 2 Ws 622/94, NStZ 1995, 294; KPV/*Patzak* Rn. 151; s. auch die Begr. des Gesetzes vom 9.9.1992, wonach die Heranziehung von Einrichtungen mit deutlich geringeren Anforderungen an den Verurteilten einer besonders sorgfältigen Prüfung bedürfe, BT-Drs. 12/934, 7.

[169] Siehe OLG Karlsruhe 13.1.2000 – 2 VAs 30/99, StV 2000, 631; vgl. auch OLG Hamm 2.8.1990 – 2 Ws 337/90, NStZ 1990, 605; s. ferner Nr. 1.2 u. 1.4 der „Kriterien der Spitzenverbände der Krankenkassen und Rentenversicherungsträger für die Entscheidung zwischen ambulanter und stationärer Rehabilitation (Entwöhnung) bei Abhängigkeitserkrankungen" (Anlage 3 zur „Vereinbarung Abhängigkeitserkrankungen" vom 4.5.2001), abgedr. in *Gerkens/Hüllinghorst/Wimmer,* Handbuch Sucht, 11.2.

[170] Zu besonderen Fallgruppen s. KPV/*Patzak* Rn. 165.

[171] *Joachimski/Haumer* Rn. 24; HJLW Rn. 5.3.2; vgl. auch OLG Düsseldorf 23.8.1985 – 4 Ws 166/85, StV 1986, 25.

[172] OLG Zweibrücken 18.12.1983 – 1 VAs 11/83, StV 1984, 124.

[173] HJLW Rn. 5.3.2; vgl. auch OLG Koblenz 4.11.1194 – 2 Ws 622/94, NStZ 1995, 294.

gen Prüfung, ob die Therapiebedingungen eine hinreichende Betreuung und Kontrolle des Abhängigen sicherstellen.[174] Nach herrschender Rspr. dürfen die iR der ambulanten oder teilstationären Therapie **an den Verurteilten gestellten Anforderungen** nicht deutlich niedriger als bei stationären Therapieformen sein.[175] Dieser Ansatz erscheint insoweit nicht ganz treffend, als es nach der Zielrichtung der Regelungen des § 35 nicht entscheidend auf die Vergleichbarkeit mit stationären Therapien, sondern darauf ankommt, ob die Therapiemaßnahmen geeignet und ausreichend sind, die angestrebte Überwindung der Drogenabhängigkeit zu fördern und bestenfalls zu erreichen.[176] Eine andere Frage ist, welche Beschränkungen der persönlichen Freiheit des Betroffenen aus therapeutischen Gesichtspunkten veranlasst erscheinen. Je nach Therapiebereitschaft und Schwere der Abhängigkeit wird der Patient gerade auch bei außerstationären Behandlungen einer stringenten Tagesstrukturierung und des Einübens eines normalen Tagesablaufs, möglichst häufiger Kontakte mit einem Therapeuten, einer engmaschigen Kontrolle auf Drogenfreiheit, begleitender Alltagshilfen ua bedürfen.[177] Insoweit werden also regelmäßig die **Betreuungs- und Kontrollintensität** des Therapieprogramms und damit mittelbar auch die vom Verurteilten geforderten Anstrengungen von maßgebender Bedeutung für die Eignung der Behandlung sein.[178] So können zB lediglich sporadische Kontakte mit einer Drogenberatungsstelle oder die lockere Betreuung in einer Wohngemeinschaft ohne drogenspezifische therapeutische Maßnahmen eine Zurückstellung der Strafvollstreckung in aller Regel nicht rechtfertigen.

Das Therapiekonzept muss gewährleisten, dass sich der Abhängige ernsthaft und intensiv **76** mit seiner Abhängigkeit auseinanderzusetzen und **an seiner Rehabilitation mitzuarbeiten** hat.[179] Unverzichtbar ist auch, dass während der ambulanten oder teilstationären Therapie durch **häufige, nicht vorher angekündigte Kontrollen** (zB Urinuntersuchungen) die **Drogenabstinenz** des Verurteilten überwacht wird[180] und aus einer Rückfälligkeit die erforderlichen therapeutischen Konsequenzen gezogen werden. Auch muss sichergestellt sein, dass die Begehung neuer BtM-Delikte oder die Weigerung des Verurteilten, an den therapeutischen Maßnahmen mitzuwirken, als Abbruch der Therapie gewertet und der Vollstreckungsbehörde mitgeteilt werden.[181]

Daneben müssen die **persönlichen Lebensumstände des Abhängigen** eine nichtstationäre Therapie als geeignet erscheinen lassen. Unerlässlich wird dabei sein, dass er über ein **77** stabiles Wohnverhältnis in einer drogenfreien Umgebung verfügt. Notwendig ist idR ferner, dass der Verurteilte etwa aufgrund eines ganztägigen Arbeits- oder Ausbildungsverhältnisses oder der Tagesbetreuung in der Therapieeinrichtung einen geregelten Tagesablauf hat. Ferner muss er ausreichend mobil, dh in der Lage sein, die Therapiestelle mit öffentlichen Verkehrsmitteln in angemessener Zeit zu erreichen.[182]

cc) Besonderheiten bei Substitutionsbehandlungen. Bei der medikamentenunter- **78** stützten (ambulanten) Substitutionsbehandlung wird die Abhängigkeit von illegalen Drogen kurzfristig, vorübergehend oder auf Dauer durch die Abhängigkeit von legal verschriebenen

---

[174] OLG Zweibrücken 21.2.1983 – VAs 1/83, StV 1983, 249; KPV/*Patzak* Rn. 152 f.

[175] So zB OLG Stuttgart 28.9.1993 – 4 VAs 21/93, StV 1994, 30 (31); OLG Frankfurt a. M. 6.1.1995 – 3 VAs 2/95, DRsp Nr. 1998/560; OLG Köln 15.8.1995 – 2 Ws 202/95, StV 1995, 649; OLG Karlsruhe 13.1.2000 – 2 VAs 30/99, StV 2000, 631; vgl. auch BT-Drs. 12/934, 6, 7; KPV/*Patzak* Rn. 151; *Weber* Rn. 83.

[176] So auch *Malek* Kap. 5 Rn. 38.

[177] Vgl. Kreuzer/*Bühringer* § 5 Rn. 237 f., 267.

[178] Vgl. OLG Jena 25.1.2007 – 1 VAs 3/06, BeckRS 2007, 05404.

[179] Zutreffend *Körner* NStZ 1989, 227 (231).

[180] Vgl. OLG Frankfurt a. M. 6.1.1995 – 3 VAs 2/94, DRsp Nr. 1998/560; OLG Köln 15.8.1995 – 2 Ws 202/95, StV 1995, 649; OLG Oldenburg 1.2.1994 – 1 VAs 10/93, StV 1994, 262; OLG Stuttgart 28.9.1993 – 4 VAs 21/93, StV 1994, 30 (31).

[181] Vgl. KPV/*Patzak* Rn. 152.

[182] So Nr. 1.9 der in Fn. 170 genannten „Kriterien der Spitzenverbände der Krankenkassen und Rentenversicherungsträger …", wo als noch angemessen ein Zeitraum von ca. 45 min. angesehen wird.

Drogen (zB Methadon oder L-Polamidon) ersetzt.[183] Mit dem G zur Änderung des BtMG v. 9.9.1992[184] wurde durch eine Ergänzung des § 13 Abs. 1. S. 1 klargestellt, dass eine solche Substitution unter bestimmten Voraussetzungen eine rechtlich zulässig Behandlungsmethode darstellt.[185] Nach § 13 dürfen die in Anlage III zu § 1 (nicht jedoch die in den Anlagen I und II) aufgeführten BtM iR der ärztlichen Behandlung einer BtM-Abhängigkeit verschrieben und verabreicht werden, wenn ihre Anwendung begründet ist, dh, der verabreichte Ersatzstoff nach den Regeln der ärztlichen Kunst für das Leiden des Patienten als Heilmittel geeignet ist[186] und der beabsichtigte Zweck auf andere Weise nicht erreicht werden kann. Die näheren Anforderungen an eine fachgerecht durchgeführte Substitution regelt § 5 BtMVV. Darin ist ua festgelegt, dass die Substitution iR eines darüber hinausgehenden Behandlungskonzepts zu erfolgen hat, das erforderliche begleitende psychiatrische, psychotherapeutische oder psychosoziale Behandlungs- und Betreuungsmaßnahmen mit einbezieht, und der Arzt auf die Durchführung dieser begleitenden Behandlungs- und Betreuungsmaßnahmen hinzuwirken hat (§ 5 Abs. 2 Nr. 2, 3 BtMVV).[187]

79   Lange Zeit wurden Substitutionstherapien nicht als Behandlung iS des § 35 Abs. 1 S. 1 anerkannt. Dies wurde vor allem damit begründet, dass Therapiekonzepte, welche eine Abhängigkeit gegen eine andere austauschten, nicht der Rehabilitation dienten, sondern lediglich eine ärztlich begleitete Fortsetzung der Sucht im Wege des Ersetzens eines illegalen durch ein legales, ärztlich verordnetes BtM bedeuteten.[188] Inzwischen hat sich eine differenziertere Betrachtungsweise durchgesetzt: Unter engen Voraussetzungen kann im Einzelfall auch eine **Substitutionstherapie als eine der Rehabilitation dienende Behandlung iS des Abs. 1 S. 1** angesehen werden.[189]

80   Für eine Zurückstellung der Strafvollstreckung ist in jedem Falle erforderlich, dass die Substitutionsbehandlung in **rechtlich zulässiger Weise durchgeführt** wird, also den Anforderungen des § 13 und der BtMVV entspricht. Bereits aus § 13 Abs. 1 S. 2 folgt, dass eine Substitutionsbehandlung ausscheidet, wenn die Heilung der Suchterkrankung auch durch eine Abstinenztherapie erreicht werden kann. Mit Recht geht daher das KG in stRspr davon aus, dass die Zurückstellung der Strafvollstreckung zur Durchführung einer Substitutionstherapie nur in **Ausnahmefällen als letztes Mittel** in Betracht kommt und eine **besondere Eignungsprüfung** durch die Vollstreckungsbehörde voraussetzt.[190] Ob zudem – wie das KG ferner annimmt – iR des § 35 eine Substitutionstherapie ausnahmslos nur dann zugelassen werden kann, wenn zuvor bereits mehrere Langzeittherapien gescheitert waren, erscheint zweifelhaft. Sicherlich richtig ist, dass im Anfangsstadium einer Drogenabhängigkeit eine Substitutionsbehandlung nicht in Frage kommen wird.[191] Auch wird häufig erst die Erfolglosigkeit drogenfreier Therapien die Einschätzung rechtfertigen, dass eine Heilungschance nur noch in einer Substitutionsbehandlung gesehen werden kann. Medizi-

[183] Eingehend zur Praxis und zu den rechtlichen Voraussetzungen der Substitutionsbehandlung → BtMVV § 16 Rn. 1 ff.; *Körner* § 13 Rn. 34 ff.
[184] BGBl. I S. 1539.
[185] Zur Gesetzgebungsgeschichte und zu der in Deutschland über viele Jahre geführten „Substitutionsdiskussion" s. zB Kreuzer/*Bühringer* § 5 Rn. 151 ff.; *Weber* § 13 Rn. 65 ff.
[186] BGH 8.5.1979 – 1 StR 118/79, NJW 1979, 1943.
[187] Fachliche Standards der Substitutionsbehandlung enthalten die „Richtlinien der Bundesärztekammer zur substitutionsgestützten Behandlung Opiatabhängiger" vom 19.2.2010. Diese Richtlinien umfassen ua Regelungen zu der Indikation einer Substitution sowie den Zielen und Inhalten einer solchen Behandlung (näher: → BtMVV § 16 Rn. 58 f.). Der sachliche Anwendungsbereich dieser Richtlinien geht allerdings ebenso wie der des § 5 BtMVV über die Rehabilitationsbehandlung iS des § 35 Abs. 1 S. 1 hinaus, weil er zB auch Notfall- und Überbrückungsmaßnahmen (zB gesundheitliche Stabilisierung zur Behandlung von Begleiterkrankungen) umfasst, die – jedenfalls für sich allein – keine nach Abs. 1 S. 1 berücksichtigungsfähige Therapie darstellen.
[188] Vgl. OLG Oldenburg 1.2.1994 – 1 VAs 10/93, StV 1994, 262; *Eberth/Müller*, 1982, Rn. 57; *Körner*, 3. Aufl., Rn. 39.
[189] Zum Meinungsstand s. zB HJLW Rn. 5.4.1; KPV/*Patzak* Rn. 167 ff. jeweils mwN.
[190] Siehe zB KG 8.11.1993 – 4 VAs 27/93, NStE Nr. 10 zu § 35 BtMG, und KG 17.3.1999 – 4 VAs 39/98, BeckRS 2014, 10841; vgl. auch HJLW Rn. 5.4.1.
[191] Vgl. Nr. 2 der Richtlinien zur substitutionsgestützten Behandlung Opiatabhängiger, Fn. 187.

nisch indiziert kann eine Substitutionsbehandlung aber – unabhängig von vorherigen Versuchen einer Abstinenztherapie – bspw. auch bei schweren Suchtbegleit- oder Suchtfolgeerkrankungen[192] sowie bei schwangeren drogenabhängigen Frauen sein.[193]

Eine Behandlung iS des Abs. 1 S. 1 kann die Substitutionstherapie darstellen, wenn **81** über eine gesundheitliche Stabilisierung eine soziale und berufliche Wiedereingliederung angestrebt wird, die den Probanden befähigen soll, ein drogenfreies Leben zu führen.[194] Dies setzt voraus, dass mit der Vergabe des Substitutionsmittels nicht lediglich eine Leidensminderung, sondern **zumindest langfristig eine Drogenabstinenz erreicht** werden soll. Endziel der Behandlung muss eine vollständige Rehabilitation des Betroffenen, also ein Leben auch ohne die Ersatzdroge sein.[195] Dies bedeutet allerdings nicht, dass die völlige Drogenfreiheit bereits in kurzer Zeit oder innerhalb des Zurückstellungszeitraums gelingen muss; als Rehabilitationsbehandlung kann auch eine Substitutionstherapie angesehen werden, welche die Drogenabstinenz durch eine **schrittweise Reduzierung der Dosen** über einen längeren Zeitraum hinweg zu erreichen sucht.[196] Das Fernziel der Abstinenz muss aber stets erhalten bleiben.[197] Ein nachgewiesener Beikonsum steht der Eignung dieser Therapieform nicht zwingend entgegen, wenn ansonsten bei deutlichen Entwicklungsschritten von einer ernsthaften Therapiebereitschaft des Verurteilten auszugehen ist.[198]

Die **bloße Vergabe eines Substitutionsmittels** stellt auch dann, wenn sie ärztlich **82** indiziert ist und letztlich zur Drogenfreiheit führen soll, noch **keine Rehabilitationsbehandlung iS des Abs. 1 S. 1** dar.[199] Positive Begleiterscheinungen einer Substitution wie etwa der Wegfall des Beschaffungsdrucks und die regelmäßige Durchführung allgemeiner gesundheitlicher Kontrollen können für sich allein eine Zurückstellung nicht rechtfertigen.[200] Die Substitution muss vielmehr in ein **therapeutisches Gesamtprogramm** eingebunden sein, das sich um die Bewältigung der aus der Abhängigkeit resultierenden Defizite bemüht[201] und das Ziel einer vollständigen Rehabilitation des Verurteilten verfolgt.[202] Daher ist erforderlich, dass die Substitution von einer **psychiatrischen bzw. psychotherapeutischen Behandlung und/oder einer psychosozialen Betreuung** (vgl. § 5 Abs. 2 S. 1 Nr. 2 BtMVV) begleitet wird[203] und der Verurteilte an dieser auch ernsthaft mitwirkt.[204] Eine ausreichende psychosoziale Betreuung erfordert, dass der Therapeut gemeinsam mit dem Abhängigen daran arbeitet, die Dosierung der Substitutionsdroge zu vermindern und die soziale Integration in Privat- und Berufsleben zu erreichen.[205]

Stets muss ferner durch regelmäßige ärztliche Untersuchungen (zB Urinkontrollen) **83** **überwacht** werden, dass der Verurteilte neben den ihm verabreichten Substitutionsmitteln

---

[192] S. § 5 Abs. 1 Nr. 2 BtMVV.

[193] § 5 Abs. 1 Nr. 3 BtMVV; *Körner* Rn. 155.

[194] OLG Hamburg 31.1.2003 – 1 VAs 7/02, StV 2003, 290; OLG Köln 15.8.1995 – 2 Ws 202/95, StV 1995, 649; LG Berlin 6.8.1992 – 524 Qs 11/91, StV 1992, 481; *Joachimski/Haumer* Rn. 24; *Körner* NStZ 1998, 227 (231); *Weber* Rn. 87.

[195] KG 8.11.1993 – 4 VAs 27/93, NStE Nr. 10 zu § 35.

[196] Vgl. KPV/*Patzak* Rn. 167.

[197] OLG Oldenburg 22.12.1993 – 1 VAs 8 – 9/93, NStZ 1994, 347 (348); *Weber* Rn. 88.

[198] OLG Hamburg 31.1.2003 – 1 VAs 7/02, StV 2003, 290.

[199] Kreuzer/*Körner* § 18 Rn. 36.

[200] Kreuzer/*Körner* § 18 Rn. 36.

[201] OLG Frankfurt a. M. 4.11.1994 – 3 VAs 23/94, NJW 1995, 1626.

[202] *Katholnigg* NJW 1995, 1327 (1328); *Weber* Rn. 87 f.

[203] OLG Köln 15.8.1995 – 2 Ws 202/95, StV 1995, 649; OLG Frankfurt a. M. 4.11.1994 – 3 VAs 23/94, NJW 1995, 1626; KPV/*Patzak* Rn. 152; *Weber* Rn. 89; vgl. auch Nr. 3 der Richtlinien zur substitutionsgestützten Behandlung Opiatabhängiger, Fn. 187. Hingegen bezweifelt *Malek* Kap. 5 Rn. 37 die Allgemeingültigkeit dieser Auffassung, weil Fälle denkbar seien, in denen eine Substitution auch ohne begleitende therapeutische Behandlung zu einer ausreichenden gesundheitlichen und psychosozialen Stabilisierung führe, die künftige Legalbewährung erwarten lasse; Kreuzer/*Körner* § 18 Rn. 37 schlägt für solche Fälle die Prüfung einer Strafaussetzung zur Bewährung im Gnadenwege vor.

[204] OLG Oldenburg 1.2.1994 – 1 VAs 10/93, StV 1994, 262.

[205] KPV/*Patzak* Rn. 170.

keine weiteren BtM konsumiert.[206] Zwar ist nicht jeder verbotene Beikonsum bereits als Scheitern der Therapie zu bewerten. Ein an die Vollstreckungsbehörde zu meldender Abbruch der Therapie wird aber dann vorliegen, wenn eine Ausweitung oder Verfestigung des Gebrauchs von Suchtstoffen neben der Substitution vorliegt.[207] Das Gleiche gilt, wenn aufgrund sonstigen therapiewidrigen Verhaltens des Probanden, etwa einer nicht bestimmungsgemäßen Verwendung des Substitutionsmittels oder der dauerhaften Nichtteilnahme an begleitenden Therapiemaßnahmen,[208] der angestrebte Therapieerfolg mit einer Weiterführung der Behandlung nicht erreichbar erscheint.

84   **b) Einrichtungen gem. Abs. 1 S. 2.** Einer Behandlung iS des S. 1 stellt S. 2 den Aufenthalt in einer staatlich anerkannten Einrichtung gleich, die dazu dient, die Abhängigkeit zu beheben oder einer erneuten Abhängigkeit entgegenzuwirken. Die Regelung ermöglicht die Zurückstellung auch für den Aufenthalt in Einrichtungen, die nicht über eine fachtherapeutische Leitung und Betreuung verfügen und damit auch keine „Behandlung" iS des S. 1 durchführen können, die aber gleichwohl geeignet sind, bei der Überwindung der Drogenabhängigkeit Hilfe zu leisten.[209] Im Blick hatte der Gesetzgeber dabei vor allem **Selbsthilfegruppen** wie zB Synanon, die sich zum Ziel setzen, das „Selbstwertgefühl des Abhängigen zu stärken und sein soziales Verhalten zu trainieren".[210] S. 2 entbindet lediglich vom Erfordernis der „Behandlung", die übrigen Tatbestandsvoraussetzungen des Abs. 1 S. 1 müssen hingegen erfüllt sein.[211]

85   Als Ersatz für die fachwissenschaftliche Behandlung verlangt S. 2 die **staatliche Anerkennung** der Einrichtung. Das Anerkennungsverfahren liegt als Aufgabe des Gesundheitswesens in der Zuständigkeit der Länder.[212] Die staatliche Anerkennung iS des Abs. 1 S. 2 ist nicht identisch mit der nach § 36 Abs. 1,[213] sondern stellt, da sie sich nur auf Einrichtungen ohne Leitung durch Fachkräfte bezieht, eine spezielle Anerkennung von Therapieeinrichtungen dar. Einrichtungen, die professionelle therapeutische Behandlungen durchführen, werden unabhängig von einer staatlichen Anerkennung bereits von S. 1 erfasst, so dass die Anerkennung dort nur für die Frage der Anrechnung von Therapiezeiten nach § 36 Abs. 1 von Bedeutung ist.

86   Aus der Formulierung „*in einer Einrichtung*" folgt die wohl hM, dass nach S. 2 **nur stationäre Therapieformen** berücksichtigt werden können.[214] Diese allein am Gesetzeswortlaut orientierte Auslegung erscheint nicht zwingend; letztlich dürfte der Frage aber keine praktische Bedeutung zukommen, da nichtstationäre Therapieformen ohne fachtherapeutische Leitung ohnehin nicht die in den geltenden Länderbestimmungen festgelegten Anforderungen an eine staatliche Anerkennung erfüllen, ambulante oder teilstationäre Therapien unter Mitwirkung von Fachkräften indes unabhängig von einer staatlichen Anerkennung nach S. 1 eine Zurückstellung rechtfertigen können.

87   **c) Prüfungskompetenz von Vollstreckungsbehörde und Gericht.** Die Entscheidung über einen Zurückstellungsantrag hat der Offenheit des § 35 für unterschiedlichste Therapiekonzepte Rechnung zu tragen. Da Staatsanwaltschaften und Gerichte iR des Zurückstellungsverfahrens regelmäßig schwerlich beurteilen können, welche konkreten Therapiemaßnahmen am ehesten Erfolg versprechen, ist es grds. nicht ihre Aufgabe, den

---

[206] OLG Köln 15.8.1995 – 2 Ws 202/95, StV 1995, 649; OLG Oldenburg 1.2.1994 – 1 VAs 10/93, StV 1994, 262; OLG Stuttgart 28.9.1993 – 4 VAs 21/93, StV 1994, 30 (31); *Joachimski/Haumer* Rn. 24; Rn. 972; *Weber* Rn. 89.
[207] Vgl. Nr. 11 und 12 der Richtlinien zur substitutionsgestützten Behandlung Opiatabhängiger, Fn. 187.
[208] Siehe Nr. 12 der Richtlinien zur substitutionsgestützten Behandlung Opiatabhängiger, Fn. 187.
[209] HJLW Rn. 5.2; *Weber* Rn. 176 ff.
[210] So BT-Drs. 8/4283, 8; allg. zu Selbsthilfekonzepten und -gruppen Kreuzer/*Bühringer* § 5 Rn. 209–235.
[211] Vgl. *Weber* Rn. 177.
[212] → § 36 Rn. 12.
[213] So zutreffend HJLW Rn. 5.2.
[214] *Joachimski/Haumer* Rn. 27; *Weber* Rn. 180; aA *Malek* Kap. 5 Rn. 40.

Inhalt einer Therapie mitzubestimmen oder auf therapeutische Entscheidungen Einfluss zu nehmen.[215]

Verfehlt wäre es aber, der Vollstreckungsbehörde jegliche Kompetenz abzusprechen, **88** **die Eignung der Therapie und der Therapieeinrichtung zu überprüfen.** Es versteht sich von selbst, dass die Staatsanwaltschaft etwa rechtlich unzulässige Therapiemethoden, Behandlungen, die zur finanziellen Ausbeutung oder zur Einbindung des Abhängigen in totalitäre Gemeinschaften (zB Sekten) missbraucht werden,[216] fragwürdige Therapieexperimente[217] oder Scharlatanerie nicht akzeptieren kann. Gleiches gilt für Behandlungen in Therapieeinrichtungen, die sich als unzuverlässig erwiesen haben oder nicht die in § 35 geforderte Kooperation mit der Justiz gewährleisten (→ Rn. 69). Aber auch darüber hinaus hat die Vollstreckungsbehörde jedenfalls bei Anlass zu Zweifeln zu prüfen, ob die Inhalte und Bedingungen der Therapie den sich aus dem Rehabilitationszweck des § 35 ergebenden Anforderungen genügen und ob die Therapieform (etwa eine ambulante Therapie) für den Verurteilten grds. geeignet erscheint.[218] Keineswegs kann es allein dem Gutdünken des Verurteilten überlassen werden, welche therapeutischen Anstrengungen er auf sich nimmt.[219]

Handelt es sich um eine staatlich anerkannte Therapieeinrichtung, wird deren grundsätz- **89** liche fachliche Eignung regelmäßig nicht in Frage stehen. Liegt die Kostenzusage einer Krankenkasse oder Rentenversicherung vor, wird die Vollstreckungsbehörde idR darauf vertrauen können, dass auch die Anforderungen an die fachliche Qualifikation der Therapiestelle und die therapeutisch-ärztliche Eignung der Behandlung erfüllt sind, welche diese Kostenträger an eine Kostenübernahme zu stellen pflegen. Bleiben Zweifel, kann die Vollstreckungsbehörde sachkundige Stellungnahmen etwa von Ärzten oder Drogenberatern einholen. Nicht zuletzt wird sie außerdem häufig auf eigene Erfahrungen aus der Zusammenarbeit mit bestimmten Therapieeinrichtungen zugreifen können.

d) Zusage des Verurteilten. Das Gesetz macht die Zurückstellung der Strafvollstre- **90** ckung ferner davon abhängig, dass der Verurteilte entweder sich bereits in Behandlung befindet oder er zusagt, sich der Behandlung zu unterziehen, und der Beginn der Behandlung gewährleistet ist.

aa) Bereits begonnene Therapie. Befindet sich der Täter zum Zeitpunkt der Entschei- **91** dung über eine Zurückstellung der Strafvollstreckung bereits in einer seiner Rehabilitation dienenden Behandlung gem. Abs. 1 S. 1 oder in einer Einrichtung gem. Abs. 1 S. 2, kann die Zurückstellung ohne vorherige Einleitung der Strafvollstreckung sofort erfolgen (vgl. → Rn. 24). Von der Therapiebereitschaft des Verurteilten kann in diesem Falle ausgegangen werden.[220]

bb) Beabsichtigte Therapie. In der Praxis häufiger sind die Fälle, in denen der Verur- **92** teilte zum Zeitpunkt der Entscheidung über die Zurückstellung die Therapie noch nicht angetreten hat, sondern sich in Haft befindet. Bei dieser Sachlage bedarf es der Zusage des Verurteilten, sich der Behandlung zu unterziehen.

(1) Zusage. Mit der Zusage, die bereits im Antrag auf Zurückstellung enthalten sein **93** kann,[221] muss sich der Verurteilte bereit erklären, die Therapie anzutreten. Die Erklärung

---

[215] Ebenso zB *Malek* Kap. 5 Rn. 38.

[216] Ausführlich KPV/*Patzak* Rn. 157 f., 179 ff.

[217] Vgl. zB KPV/*Patzak* Rn. 158 zu „Selbsterfahrungsexperimenten" mit synthetischen Drogen in einer Meditations- und Hypnosepraxis.

[218] OLG Karlsruhe 31.10.2008 – 2 VAs 16/08, NStZ-RR 2009, 122; OLG Hamm 6.7.2010 – III-1 VAs 39/10.

[219] OLG Koblenz 4.11.1994 – 2 Ws 622/94, NStZ 1995, 294 (295); *Weber* Rn. 104; wohl aA Kreuzer/ *Körner* § 18 Rn. 41; s. aber auch *ders.* Rn. 150 („Es ist das Therapieprogramm zu akzeptieren, das dem Verurteilten zur Zeit den größten Erfolg verspricht.") und Rn. 197 („Auswahlentscheidung liegt bei der Vollstreckungsbehörde.").

[220] Kreuzer/*Körner* § 18 Rn. 23; *Weber* Rn. 107.

[221] *Malek* Kap. 5 Rn. 42.

muss sich auf eine konkrete Behandlung nach einem festgelegten Therapiekonzept bei einer konkret bezeichneten Einrichtung oder Person beziehen und sich auf den gesamten vorgesehenen Therapieumfang erstrecken.[222] Eine pauschale Zusage, an irgendeiner Therapie teilzunehmen, genügt nicht.[223] Die Zusage muss auch die Bereitschaft umfassen, sich therapiebegleitenden Untersuchungen auf Drogenabstinenz zu unterziehen. Als Prozesshandlung kann die Zusage nicht an eine Bedingung geknüpft werden.[224] Bei Jugendlichen ist neben der Zusage des Verurteilten auch die Einwilligung des Erziehungsberechtigten und des gesetzlichen Vertreters notwendig (§ 38 Abs. 1 S. 3).

94   **(2) Tatsächliche Therapiebereitschaft.** Die Zurückstellung setzt ferner voraus, dass der Verurteilten tatsächlich den Willen hat, sich der Therapie zu unterziehen.[225] Denn die Strafvollstreckung kann ermessensfehlerfrei nur dann zurückgestellt werden, wenn die Vollstreckungsbehörde die Überzeugung gewonnen hat, dass der Beginn der Behandlung gewährleistet ist.[226]

95   Bloße Zweifel an einer hinreichenden Therapiebereitschaft rechtfertigen allerdings eine Versagung der Zurückstellung nicht, da mangelnde Therapiemotivation für eine Abhängigkeit geradezu charakteristisch ist.[227] Die **Anforderungen an die Therapiefähigkeit und Therapiewilligkeit dürfen nicht überspannt werden,** weil die Zurückstellung auch nicht oder kaum therapieeinsichtige Probanden in die Therapie führen soll. Eine tragfähige Motivation zur Therapie kann daher nur das erstrebte Ergebnis, nicht aber die Voraussetzung therapeutischer Bemühungen sein.[228] Deshalb ist nicht erforderlich, dass der Verurteilten eine besondere Eignung für die Therapie mitbringt, eine besondere Willensstärke oder ein besonderes Durchhaltevermögen erwarten lässt oder bereits klare Vorstellungen von seinem weiteren Lebensweg hat.[229] Eine Zurückstellung kann auch nicht mit dem Argument abgelehnt werde, die erklärte Therapiebereitschaft sei nur durch den Druck der Strafvollstreckung zustande gekommen; denn es ist gerade die Intention des § 35, die Drohung mit dem Strafübel als Motivationsförderung einzusetzen.[230] Angesichts des im Vordergrund stehenden Rehabilitationsinteresses darf die Zurückstellungslösung nicht nur Musterpatienten, sondern muss auch Risikoprobanden offen stehen.[231] Es ist ein gewisses Maß an Vertrauen einzusetzen und grds. das Risiko eines Therapieabbruchs des Verurteilten in Kauf zu nehmen.[232]

96   Eine **Motivationsüberprüfung** durch die Vollstreckungsbehörde ist daher im Allgemeinen **nicht veranlasst.** Die Vollstreckungsbehörde, die kaum über ausreichendes psychologisches Fachwissen verfügen wird, um eine tragfähige Therapiemotivation von einer unzureichenden oder gar vorgetäuschten zu unterscheiden, sollte sich nicht als „Motivationsdetektivin" betätigen, zumal idR nicht vorherzusehen ist, ob sich eine hinreichende Therapiemotivation nicht noch im Laufe der Behandlung einstellt.[233]

97   Anderes gilt jedoch, wenn aufgrund **konkreter Anhaltspunkte** gewichtige **Zweifel an der Ernsthaftigkeit der behaupteten Therapiebereitschaft** bestehen und/oder zu

---

[222] *Joachimski/Haumer* Rn. 25; *Weber* Rn. 109.

[223] *Eberth/Müller,* 1982, Rn. 63; *Weber* Rn. 109.

[224] *Joachimski/Haumer* Rn. 25.

[225] OLG Hamm 26.7.1982 – 7 VAs 27/82, NStZ 1982, 483.

[226] So zutreffend HJLW Rn. 6.1.1.

[227] OLG Karlsruhe 21.12.1982 – 4 VAs 140/82, StV 1983, 112; 25.1.1999 – 2 VAs 41/98, NStZ 1999, 253; OLG Zweibrücken 23.11.1999 – 1 VAs 14/99, StV 2000, 157; OLG Frankfurt 15.4.2013 – 3 VAs 11/13, StraFo 2013, 351.

[228] OLG Zweibrücken 23.11.1999 – 1 VAs 14/99, StV 2000, 157.

[229] OLG Karlsruhe 28.9.2005 – 2 VAs 9/05, StV 2006, 588, und 10.10.2006 – 2 VAs 33/06, StV 2007, 308; KPV/*Patzak* Rn. 206.

[230] OLG Hamm 15.7.1982 – 7 VAs 23/82, StV 1982, 429.

[231] Vgl. OLG Hamburg 10.7.1997 – 1 Ws 183, 97, StV 1998, 390; OLG Zweibrücken 23.11.1999 – 1 VAs 14/99, StV 2000, 157; *Joachimski/Haumer* Rn. 17; *Malek* Kap. 5 Rn. 42; KPV/*Patzak* Rn. 206.

[232] OLG Hamm 26.7.1982 – 7 VAs 27/82, NStZ 1982, 483 (485).

[233] OLG Zweibrücken 23.11.1999 – 1 VAs 14/99, StV 2000, 157 (158); *Adams/Eberth* NStZ 1983, 193 (196); KPV/*Patzak* Rn. 200.

erwarten ist, dass der Verurteilte eine Zurückstellung der Strafvollstreckung missbrauchen wird.[234] Hier ist es nicht nur gerechtfertigt, sondern unerlässlich, die Zusage des Verurteilten auf ihren Wirklichkeitsgehalt zu überprüfen.[235]

Anzeichen für eine Therapieunwilligkeit können sich uU aus dem **Versagen des Verur-** **98** **teilten bei früheren Therapiebemühungen** ergeben.[236] Da zu einem Behandlungserfolg sehr häufig mehrere Therapieversuche erforderlich sind und die Therapie ein langes prozesshaftes Geschehen darstellt, in dem es gilt, schrittweise auf einen Erfolg hinzuarbeiten, drogenfreie Intervalle zu vergrößern und Drogenrückfälle zu verarbeiten,[237] vermögen aber selbst mehrfache Therapieabbrüche nicht ohne weiteres die Ernsthaftigkeit der Therapiebereitschaft des Verurteilten in Zweifel zu ziehen.[238] Es wird insoweit auch auf die „Qualität der Abbrüche"[239] ankommen, also etwa auf die Gründe und Umstände des Scheiterns vormaliger Behandlungen[240] sowie darauf, ob der Abhängige bei vorangegangenen Versuchen zumindest Therapieanstrengungen gezeigt hat. Früherem therapierelevanten Fehlverhalten kommt dabei desto geringere Bedeutung zu, je länger es zurückliegt.[241] Selbst massive Regelverstöße bei vorangegangenen Therapieversuchen werden für die Frage der Therapiebereitschaft und der Erfolgsaussichten der Therapie keine entscheidende Rolle mehr spielen, wenn der Verurteilte durch den erstmaligen Strafvollzug sichtlich beeindruckt ist, sich beanstandungsfrei verhält und eine positive Entwicklung zu verzeichnen ist.[242]

Ein deutlicher **Hinweis auf das Fehlen einer ernsthaften Therapiebereitschaft** kann **99** jedoch bspw. darin zu sehen sein, dass der Verurteilte wiederholt nach einer Zurückstellung der Strafvollstreckung die Therapie erst gar nicht angetreten hat.[243] Gleiches gilt, wenn der Abhängige bei vorangegangenen Therapieversuchen jegliche Mitarbeit verweigert oder ständig Regelverstöße begangen hat und ein Einstellungswandel nicht erkennbar ist.[244] Nach besonders gravierendem Fehlverhalten in früheren Therapien, wie etwa Verletzungen oder Bedrohungen therapeutischen Personals oder umfangreichem HTs mit BtM während der Therapie, wird eine Zurückstellung der Strafvollstreckung nur in Betracht kommen, wenn konkrete Anhaltspunkte die Annahme rechtfertigen, dass der Verurteilte nunmehr zu einer grundlegenden Verhaltensänderung bereit ist.

Verfehlt wäre es, eine mangelnde Therapiebereitschaft des Verurteilten allein aus Verhal- **100** tensweisen herzuleiten, die – wie zB Antriebslosigkeit, Unbeständigkeit, Reizbarkeit u. dgl. – als **typische Krankheitssymptome** des nicht entwöhnten Drogenabhängigen anzusehen sind und durch die Therapie erst behoben werden sollen.[245] Dasselbe gilt für Lebensumstände, die eine Folge der Suchterkrankung darstellen, etwa für den Mangel an persönlichen Beziehungen außerhalb des Drogenmilieus.

---

[234] OLG Frankfurt a. M. 28.12.1993 – 3 VAs 25/93, DRsp Nr. 1998/564: OLG Karlsruhe 11.11.2004 – 2 VAs 37/04, NStZ-RR 2005, 57.

[235] Ebenso HJLW Rn. 6.1.1; KPV/*Patzak* Rn. 210 ff.; *Weber* Rn. 118; vgl. auch OLG Karlsruhe 25.1.1999 – 2 VAs 41/98, NStZ 1999, 253 (254); OLG Zweibrücken 23.11.1999 – 1 VAs 14/99, StV 2000, 157 (158).

[236] OLG Hamm 26.7.1982 – 7 VAs 27/82, NStZ 1982, 483 (484); KG 9.9.1998 – 4 VAs 24/98, BeckRS 2014, 10807; OLG Karlsruhe 10.10.2006 – 2 VAs 33/06, StV 2007, 308; *Joachimski/Haumer* Rn. 17.

[237] *Kreuzer* NJW 1989, 1505 (1511); HJLW Rn. 6.1.3.

[238] OLG Karlsruhe 25.1.1999 – 2 VAs 41/98, NStZ 1999, 253 (254); OLG Karlsruhe 5.2.2002 – 2 VAs 51/01, StV 2002, 263; OLG Zweibrücken 23.11.1999 – 1 VAs 14/99, StV 2000, 157 (158); OLG Hamm 12.5.2009 – 1 VAs 26/09, StV 2010, 147; *Körner* Rn. 207.

[239] OLG Zweibrücken 23.11.1999 – 1 VAs 14/99, StV 2000, 157 (158).

[240] OLG Zweibrücken 21.2.1983 – VAs 1/83, StV 1983, 249 (250); OLG Koblenz 26.3.2015 – 2 VAs 4 – 9/14, NStZ-RR 2014, 375.

[241] OLG Hamm 9.5.1983 – 7 VAs 103/82, JMBl. NRW 1983, 222; HJLW Rn. 6.1.3.

[242] OLG Karlsruhe 13.1.2000 – 2 VAs 30/99, StV 2000, 631; *Joachimski/Haumer* Rn. 17; vgl. auch OLG Frankfurt a. M. 9.2.1994 – 3 VAs 5/94, DRsp Nr. 1994/394.

[243] OLG Karlsruhe 17.10.2013 – 2 VAs 77/13, NStZ-RR 2014, 14; KPV/*Patzak* Rn. 214 mwN.

[244] Vgl. KG 6.8.2014 – VAs 26/14, BeckRS 2014, 16348; KPV/*Patzak* Rn. 216 ff., 227.

[245] OLG Zweibrücken 23.11.1999 – 1 VAs 14/99, StV 2000, 157 (158); OLG Hamm 22.4.2003 – 1 VAs 17/03, NStZ-RR 2004, 133; OLG München 4.6.2008 – 4 VAs 7/08, StV 2009, 370, für disziplinarische Verfehlungen im Strafvollzug; *Adams/Eberth* NStZ 1983, 193 (196); *Körner* Rn. 203.

101   Gegen das Vorliegen einer ernsthaften Therapiebereitschaft spricht aber bspw., wenn der Abhängige **im Strafvollzug die Mitwirkung** an drogentherapeutischen Maßnahmen **verweigert,**[246] nicht bereit ist, mit Drogenberatern zu sprechen, keinerlei Interesse an Inhalt und Modalitäten der zugesagten Therapie zeigt, sich in keiner Weise um den konkreten Therapiebeginn bemüht oder versucht, aus der Haft zu entweichen. Liegen gar Beweise dafür vor, dass der Verurteilte die Zurückstellung der Strafvollstreckung für eine Flucht oder ein Untertauchen nutzen will, kommt eine Sachbehandlung nach § 35 nicht in Betracht.[247]

102   **e) Gewährleistung des Behandlungsbeginns.** Die Strafvollstreckung kann nur für die Durchführung einer Therapie zurückgestellt werden, deren Beginn gewährleistet ist. Dies setzt voraus, dass keine weitere Freiheitsstrafe, Ersatzfreiheitsstrafe, freiheitsentziehende Maßregel oder Untersuchungshaft zu vollziehen ist (→ Rn. 33), die Behandlungsstelle einen Therapieplatz zugesagt hat und eine Kostenübernahmeerklärung des Kostenträgers vorliegt. Daneben kann der Behandlungsbeginn im Einzelfall von weiteren Voraussetzungen abhängen,[248] zB davon, dass bereits eine körperliche Entgiftung stattgefunden hat, der Verurteilte bestimmte Anforderungen der Therapieeinrichtung (zB ärztliche Untersuchungen, Beibringung von Unterlagen) erfüllt hat und ein nahtloser (ggf. überwachter) Übergang von der Justizvollzugsanstalt in die Therapieeinrichtung gewährleistet ist (→ Rn. 107 f.).

103   **aa) Zusage der Therapieeinrichtung.** Erforderlich ist eine unbedingte Bestätigung der Therapieeinrichtung, dass der Verurteilte zu einem festen Aufnahmetermin die Therapie beginnen kann. Die unverbindliche Aussicht auf einen Therapieplatz genügt nicht.[249] Feststehen müssen auch die Therapiekonzeption und die voraussichtliche Dauer der Behandlung (vgl. → Rn. 65).

104   **bb) Zusage des Kostenträgers.** Ferner muss sichergestellt sein, dass die Kosten der Therapie aufgebracht werden. Die Finanzierung muss für die gesamte Dauer der Therapie gewährleistet sein.[250] Mit Ausnahme der – kaum vorkommenden – Fälle, in denen der Verurteilte die Behandlungskosten selbst bezahlt, bedarf es der verbindlichen Zusage eines Kostenträgers.[251] Als Kostenträger kommen – neben Privatpersonen[252] – die gesetzliche Rentenversicherung, die gesetzliche[253] oder private[254] Krankenversicherung, die Arbeitslosenversicherung oder subsidiär der überörtlichen Träger der Sozialhilfe in Betracht.[255]

105   Aufgrund dieses vielgliedrigen Sozialleistungssystems, das diverse Abgrenzungen zwischen den verschiedenen Sozialleistungsbereichen erforderlich macht, kann die Ermittlung des zuständigen Kostenträgers im Einzelfall erhebliche Probleme aufwerfen. Erleichtert wird die Situation Therapiewilliger insofern jedoch durch die zwischen Krankenversicherungsträ-

---

[246] OLG Celle 14.10.2015 – 2 VAs 9/15, BeckRS 2016, 03665; nach OLG Frankfurt a. M. 2.6.2003 – 3 VAs 10/03, NStZ-RR 2003, 246, soll aber aus der Weigerung des Gefangenen, im Vollzug Urinkontrollen auf Drogenkonsum durchführen zu lassen, nicht auf das Fehlen eines ernsthaften Therapiewillens geschlossen werden können.

[247] Vgl. OLG Hamm 6.7.2010 – III-1 VAs 39-42/10, BeckRS 2010, 28895; KPV/*Patzak* Rn. 215 mwN.

[248] Vgl. Kreuzer/*Körner* § 18 Rn. 24.

[249] *Körner* NStZ 1998, 227 (233); *Weber* Rn. 124.

[250] OLG Hamm 27.11.2014 – III-1 VAs 55-57/14, NStZ-RR 2015, 95, wonach eine Kostenzusage für eine stationäre Entwöhnungsbehandlung nur unter dem Vorbehalt „des Bestehens eines Versicherungsverhältnisses" einer Zurückstellung der Strafvollstreckung nicht entgegensteht, da das Versicherungsverhältnis während der Dauer der Inhaftierung lediglich ruht und mit der Entlassung aus der Strafhaft kraft Gesetzes fortgesetzt wird.

[251] Zu Mitwirkungspflichten der Justizvollzugsanstalt bei der Erlangung der Kostenzusage s. OLG Nürnberg 25.3.2010 – 2 Ws 65/10, NStZ-RR 2010, 262.

[252] Vgl. OLG Hamm 27.11.2014 – III-1 VAs 55-57/14, NStZ-RR 2015, 95.

[253] Vgl. OLG Karlsruhe 4.3.2016 – 2 VAs 72/15, NStZ 2016, 618.

[254] Bei privaten Krankenversicherungen besteht nach den generell verwendeten Musterversicherungsbedingungen an sich keine vertragliche Leistungspflicht des Versicherers für Maßnahmen der Suchtentwöhnung, doch werden entspr. einer Empfehlung des Verbands der privaten Krankenversicherungen in bestimmten Rahmen freiwillige Leistungen für Entziehungsmaßnahmen erbracht, s. *Gerkens/Hüllinghorst/Wimmer,* Handbuch Sucht, 10.5.

[255] Näher Kreuzer/*Krasney* Rn. 77 ff.; *Weber* Rn. 127 f.

gern und Rentenversicherungsträgern geschlossenen Vereinbarungen über die Zusammenarbeit bei der Behandlung Abhängigkeitskranker.[256] Diese Vereinbarungen umfassen im Interesse einer raschen Hilfe auch die Erbringung vorläufiger Leistungen.[257] Zur Vermeidung von Nachteilen für den Betroffenen durch Zuständigkeitsstreitigkeiten zwischen verschiedenen Leistungsträgern ist außerdem in § 43 Abs. 1 S. 1 SGB I die Gewährung vorläufiger Leistungen bis zur Klärung der Kostenträgerschaft vorgesehen.[258] Die Erteilung einer Kostenzusage kann ggf. sogar im Wege einer einstweiligen Anordnung des Sozialgerichts erreicht werden.[259]

cc) Unmittelbarer Behandlungsbeginn. § 35 schreibt nicht vor, dass der *unmittelbare* **106** Beginn der Behandlung gewährleistet sein muss; eine diesbezügliche Forderung des Bundesrats ist nicht in das Gesetz eingegangen.[260] Bei Verurteilten, die sich in Haft befinden, wird jedoch stets ein **nahtloser Übergang vom Strafvollzug in die Therapie** (oder wenigstens in eine Übergangseinrichtung) geboten sein.[261] Den Verurteilten aus der Haft zu entlassen, obgleich die angestrebte Therapie noch nicht angetreten werden kann, ist in aller Regel weder aus therapeutischen Gesichtspunkten gerechtfertigt noch mit dem Gebot einer beschleunigten Strafvollstreckung zu vereinbaren.

dd) Begleitung zum Therapieantritt. Um den unmittelbaren Übergang von der **107** Haft in die Therapie sicherzustellen und um von einem Nichtantritt der Therapie sofort in Kenntnis gesetzt zu werden, bestehen Vollstreckungsbehörden mit Recht häufig darauf, dass der Verurteilte durch eine vertrauenswürdige Person von der Justizvollzugsanstalt in die Therapieeinrichtung gebracht wird. In der besonders kritischen Phase unmittelbar nach der Entlassung aus der Haft[262] sollte der Abhängige möglichst nicht allein auf sich gestellt sein, um nicht der Verlockung zu erliegen, die Therapie erst gar nicht anzutreten.[263] In der Praxis wird der Transport Verurteilter in die Therapieeinrichtungen teils von Bediensteten der Justizvollzugsanstalten, teils von im Justizvollzug tätigen externen Drogenberatern, teils auch von Mitarbeiter der betreffenden Therapieeinrichtung vorgenommen. Manche Vollstreckungsbehörden erklären sich auch mit der Begleitung durch einen Angehörigen, den Verteidiger oder einen sonstigen vertrauenswürdigen Dritten einverstanden. Die unterschiedliche Handhabung durch die Vollstreckungsbehörden scheint dabei nicht allein sachlich begründet zu sein, sondern vor allem auch davon abzuhängen, inwieweit Justizvollzugsanstalten oder Therapiestellen bereit und personell in der Lage sind, solche „Therapiefahrten" zu übernehmen. Eine rechtliche Verpflichtung zum Transport des Verurteilten in die Therapieeinrichtung besteht grds. für keine der genannten Stellen bzw. Personen; in Betracht kommt allenfalls eine vertragliche Verpflichtung der Therapieeinrichtung, wenn die begleitete Fahrt in die Einrichtung bereits als Teil der vereinbarten Behandlung anzusehen ist.

Die Begleitung des Verurteilten in die Einrichtung dient dessen Beistand sowie einer **108** gewissen Kontrolle; **unmittelbaren Zwang** kann die Begleitperson gegenüber dem Verurteilten aber **nicht** anwenden. Dies gilt wohl selbst dann, wenn die Justizvollzugsanstalt den

---

[256] So die „Vereinbarung über die Zusammenarbeit der Krankenkassen und Rentenversicherungsträger bei der Akutbehandlung (Entzugsbehandlung) und medizinischen Rehabilitation (Entwöhnungsbehandlung) Abhängigkeitskranker" (Vereinbarung Abhängigkeitserkrankungen) v. 4.5.2001, abgedr. in *Gerkens/Hüllinghorst/Wimmer*, Handbuch Sucht, 11.2.

[257] Siehe die „Empfehlungsvereinbarung über die Zusammenarbeit und das Verfahren bei der Gewährung vorläufiger Leistungen für stationäre Entwöhnungsbehandlung Drogenabhängiger" v. 1.1.1982.

[258] Siehe Kreuzer/*Krasney* Rn. 7 f.

[259] SG Braunschweig 6.5.1988 – S. 5 J (EA) 65/88, StV 1989, 70.

[260] Vgl. BT-Drs. 8/4407, 4 f.

[261] HJLW Rn. 6.3.1.

[262] Nach der → Rn. 15 dargestellten Untersuchung der KrimZ in Wiesbaden schafften ca. 10 % der Verurteilten den Wechsel aus dem Strafvollzug in die Therapie nicht, Egg/*Kurze*, Drogentherapie und Strafe, S. 65.

[263] Anderes kann gelten, wenn es Teil des Behandlungskonzepts ist, dass sich der Verurteilte eigenverantwortlich in der Therapieeinrichtung einfindet, vgl. *Weber* Rn. 126.

Verurteilten durch eigene Bedienstete in die Behandlungseinrichtung bringen lässt. Der Verurteilte wird sich nämlich – begleitet oder unbegleitet – erst dann auf den Weg in die Therapieeinrichtung begeben können, wenn die Zurückstellung der Strafvollstreckung bereits wirksam geworden ist. Mit Wirksamwerden der Zurückstellung sind aber der Strafvollzug und die damit verbundenen (freiheitsentziehenden) Eingriffsbefugnisse aufgehoben. Regelmäßig wird der Abhängige also bereits vor der Fahrt in die Einrichtung aus dem Strafvollzug entlassen werden. Anderes mag dann gelten, wenn die Vollstreckungsbehörde – was von manchen Staatsanwaltschaften praktiziert wird – im Zurückstellungsbescheid bestimmt, dass die Zurückstellung erst mit Betreten der Therapieeinrichtung bzw. mit „Übernahme" des Verurteilten durch die Einrichtung wirksam wird.

109   **4. Formale Voraussetzungen der Zurückstellung.** Für die Zurückstellung der Strafvollstreckung bedarf es ferner eines Antrags des Verurteilten sowie der Zustimmung des Gerichts des ersten Rechtszuges.

110   **a) Antrag des Verurteilten.** Zwar ist in § 35 ein Zurückstellungsantrag nicht erwähnt, doch folgt mittelbar aus den materiellen Voraussetzungen der Zurückstellung, dass die Vollstreckungsbehörde nicht von Amts wegen, sondern nur auf Antrag des Verurteilten tätig werden kann.[264] Es obliegt dem Verurteilten, der Vollstreckungsbehörde die in seiner Sphäre liegenden materiellen Voraussetzungen einer Zurückstellung, insbes. seine unbedingte Bereitschaft, sich anstelle der Strafverbüßung der vorgesehenen Therapie zu unterziehen (→ Rn. 93 ff.), darzulegen. Einer besonderen Form bedarf der Zurückstellungsantrag an sich nicht, doch wird sich stets empfehlen, dass er entweder bereits in der Hauptverhandlung zu Protokoll des Gerichts erklärt oder nachträglich gegenüber der Vollstreckungsbehörde schriftlich abgegeben wird.[265]

111   Ein **vor Rechtskraft des Urteils gestellter Antrag** ist zwar nicht unzulässig, es fehlt jedoch an einer materiellen Voraussetzung der Zurückstellung (→ Rn. 24). Von den Umständen des Einzelfalls und insbes. von Zweckmäßigkeitserwägungen wird es abhängen, ob die Vollstreckungsbehörde bei Vorliegen eines solchen, nur vorübergehenden Zurückstellungshindernisses den Antrag ablehnt oder mit ihrer Entscheidung bis zum Wegfall des Hindernisses zuwartet;[266] rechtlich erscheint grds. beides möglich, solange die Entscheidung nicht zu Lasten des Verurteilten unangemessen verzögert wird.[267] Ein abgelehnter Antrag kann jederzeit erneut gestellt werden; eine dem § 57 Abs. 6 StGB entsprechende Möglichkeit der Festsetzung einer Sperrfrist besteht nach § 35 nicht.

112   **b) Zustimmung des Gerichts.** Vor allem im Hinblick darauf, dass mit der Zurückstellung der Strafvollstreckung von der „normalen" Folge des gerichtlichen Strafausspruchs, nämlich dem Vollzug der verhängten Freiheitsstrafe, abgewichen wird,[268] verlangt das Gesetz hierfür die Zustimmung des Gerichts; die Ausnahme von der regelmäßigen Vollstreckung soll vom Gericht mitverantwortet werden. Die gesetzliche Regelung ähnelt insofern zB der der §§ 153, 153a, 153b StPO. Im Falle einer Zustimmung hat das Gericht zugleich über die Anrechnungsfähigkeit nach § 36 Abs. 1 S. 2 zu entscheiden (→ § 36 Rn. 31 ff.).

113   **aa) Zuständigkeit.** Die Erteilung oder Versagung der Zustimmung obliegt stets dem **Prozessgericht erster Instanz,** und zwar auch dann, wenn die Freiheitsstrafe erst vom Berufungsgericht verhängt wurde.[269]

114   Treffen in **Jugendsachen** Vollstreckungsleiter (§ 82 JGG) und Gericht des ersten Rechtszuges in einer Person zusammen, führt dies weder zu einem Entfallen des Zustimmungser-

---

[264] Ebenso zB *Malek* Kap. 5 Rn. 46; Kreuzer/*Körner* § 18 Rn. 27.

[265] Vgl. *Joachimski/Haumer* Rn. 25; KPV/*Patzak* Rn. 252.

[266] Zur diesbezüglich uneinheitlichen Praxis der Vollstreckungsbehörden s. Egg/*Kurze*, Drogentherapie und Strafe, S. 58.

[267] Etwas aA *Malek* Kap. 5 Rn. 46, der der Ansicht ist, dass über einen vor Rechtskraft der Entscheidung gestellten Antrag stets erst nach Eintritt der Rechtskraft zu entscheiden ist.

[268] OLG Hamm 6.3.1990 – 1 VAs 78/89, NStZ 1990, 407; *Franke/Wienroeder* Rn. 14.

[269] *Weber* Rn. 130.

forderniſses noch zu einer Verlagerung der Zuständigkeit für die Erteilung der Zustimmung auf die Jugendkammer gem. § 83 Abs. 2 Nr. 1 JGG.[270] Die praktische Bedeutung des Zustimmungserfordernisses liegt in diesen Fällen darin, dass der Jugendrichter in seiner Funktion als Gericht des ersten Rechtszuges in richterlicher Unabhängigkeit über die Erteilung oder Versagung der Zustimmung entscheidet, während er in seiner Eigenschaft als Vollstreckungsleiter als weisungsgebundenes Organ der Justizverwaltung tätig wird.

bb) Rechtsnatur und Inhalt. Die Erteilung oder Versagung der Zustimmung ist keine   **115** eigene gerichtliche Sachentscheidung, sondern nur eine Prozesserklärung;[271] daher bedarf es vor der Entscheidung nicht der Gewährung rechtlichen Gehörs (vgl. § 33 Abs. 2 StPO). Als Voraussetzung einer Abweichung von der Regel, dass eine verhängte Freiheitsstrafe auch vollzogen wird, muss die **Zustimmung eindeutig erklärt** sein. Das Gericht des ersten Rechtszuges muss sich ohne Wenn und Aber für eine Zurückstellung der Vollstreckung aussprechen. Äußert sich das Gericht mehrdeutig oder ist das „Ja" mit Einschränkungen verbunden, liegt keine Zustimmung, sondern allenfalls eine unverbindliche Stellungnahme vor.[272] Erforderlich ist ferner, dass sich die Zustimmung auf die konkrete Zurückstellungsentscheidung bezieht. Daher bedarf eine erneute Zurückstellung nach einem Zurückstellungswiderruf (Abs. 5 S. 3) wiederum der gerichtlichen Zustimmung.[273]

Die **Versagung der Zustimmung** ist im Hinblick auf die Anfechtbarkeit nach Abs. 2   **116** S. 1 **zu begründen** (§ 34 StPO).[274] Das Fehlen der Zustimmung des Gerichts ändert aber nichts daran, dass die Ablehnung der Zurückstellung eine Entscheidung der Vollstreckungsbehörde ist. Die gerichtliche Erklärung ist deshalb für den Verurteilten nicht gesondert anfechtbar (Abs. 2 S. 2).[275]

cc) Richterliches Ermessen. Die Erteilung der Zustimmung steht im Ermessen des   **117** Gerichts, wobei das Gericht die gleichen Kriterien anzulegen hat wie die Vollstreckungsbehörde bei ihrer Entscheidung über den Zurückstellungsantrag (→ Rn. 134 ff.).[276] Eine fehlerfreie Ermessensausübung setzt eine hinreichende Sachaufklärung und die Berücksichtigung aller bekannten entscheidungserheblichen Tatsachen voraus. Das Gericht darf sich daher nicht auf die in der Hauptverhandlung gewonnenen Erkenntnisse beschränken, sondern hat der Entscheidung auch die nach Urteilserlass von der Vollstreckungsbehörde ermittelten oder sonst bekannt gewordenen Umstände zugrunde zu legen.[277] Ggf. hat es die Vollstreckungsbehörde um Übermittlung näherer Informationen zu entscheidungserheblichen Tatsachen zu ersuchen.

dd) Zeitpunkt. Die gerichtliche Zustimmung kann grundsätzlich bereits in der Haupt-   **118** verhandlung erklärt und/oder in die Urteilsgründe aufgenommen werden,[278] wobei die Erklärung erst mit Rechtskraft des Urteils rechtliche Wirkungen entfaltet und sich daher auch nur auf diesen Zeitpunkt beziehen kann.[279] Für die Zustimmung muss allerdings schon eine ausreichende Entscheidungsgrundlage bestehen. Da das Gericht alle Voraussetzungen des § 35, mithin auch die Geeignetheit der Behandlung (→ Rn. 87 ff.), selbst zu prüfen hat,[280] wird die bereits in der Hauptverhandlung erklärte Zustimmung voraussetzen, dass

---

[270] OLG Stuttgart 21.11.1985 – 4 VAs 53/85, NStZ 1986, 141; OLG München 16.4.1993 – 3 VAs 8/93, NStZ 1993, 455 = JR 1994, 296 mit zust. Anm. *Katholnigg*; *Weber* Rn. 131.

[271] KPV/*Patzak* Rn. 255 mwN.

[272] OLG Hamm 6.3.1990 – 1 VAs 78/89, MDR 1990, 744.

[273] KPV/*Patzak* Rn. 261.

[274] *Joachimski/Haumer* Rn. 15.

[275] OLG Hamm 5.2.2009 – 3 Ws 32/09, BeckRS 2009, 08386.

[276] Vgl. *Malek* Kap. 5 Rn. 48; *Weber* Rn. 132.

[277] So zutreffend *Weber* Rn. 132.

[278] *Katholnigg* NStZ 1989, 493 (494); *Weber* Rn. 134.

[279] OLG Frankfurt a. M. 19.3.1986 – 3 VAs 13/86, NStZ 1987, 42; *Joachimski/Haumer* Rn. 15; HJLW Rn. 7.1.

[280] *Weber* Rn. 132.

zu diesem Zeitpunkt bereits feststeht, welcher konkreten Therapie der Verurteilte sich unterziehen will, und dass der Beginn der Behandlung gewährleistet ist.[281]

119 **ee) Bindungswirkung.** Nach hM kann die vom Gericht erteilte Zustimmung zur Zurückstellung der Strafvollstreckung aus Gründen des Vertrauensschutzes und der Rechtssicherheit nicht widerrufen werden, soweit sich die Umstände, die für die Zustimmungserklärung bestimmend gewesen sind, nicht verändert haben.[282] Stimmt das Kollegialgericht in den Urteilsgründen der Zurückstellung der Vollstreckung zu, darf die Vollstreckungsbehörde den entsprechenden Antrag nicht allein mit der Begründung ablehnen, der Vorsitzende des Spruchkörpers habe die Zustimmung später versagt.[283] Gestützt auf eine Änderung der relevanten Umstände oder neu bekannt gewordene Gesichtspunkte ist ein Widerruf der gerichtlichen Zustimmung hingegen möglich. Dies gilt allerdings nur, solange die Vollstreckungsbehörde die Strafvollstreckung noch nicht zurückgestellt hat; danach ist eine Rücknahme der Zustimmungserklärung wegen der Bestandskraft der Zurückstellungsentscheidung wirkungslos.[284]

120 **ff) Beteiligung des Gerichts bei beabsichtigter Versagung der Zurückstellung.** In Rspr. und Lit. wird teilweise die Auffassung vertreten, auch für eine rechtsfehlerfreie Versagung der Zurückstellung sei erforderlich, dass die Vollstreckungsbehörde zuvor eine Erklärung des Erstgerichts zum Zurückstellungsgesuch eingeholt habe.[285] Dies erscheint – wenigstens so allgemein – nicht richtig. Der Gesetzeswortlaut zeigt eindeutig, dass es einer Zustimmung des Gerichts nur für die Zurückstellung, nicht aber für deren Ablehnung bedarf. Der Begriff „Zustimmung" kann auch nicht dahingehend ausgelegt werden, dass stets eine „Anhörung" oder „Stellungnahme" geboten wäre.[286] Der Gesetzgeber hat vielmehr nur die Abweichung von der Regel, dass rechtskräftig festgesetzte Freiheitsstrafen auch zu vollziehen sind, von der Billigung des Gerichts abhängig gemacht und auch nur für diesen Fall eine gerichtliche Äußerung vorgesehen, im Übrigen jedoch die Verantwortung für die Zurückstellungsentscheidung der Vollstreckungsbehörde auferlegt.[287] Daher bedarf es keiner Stellungnahme des Gerichts, wenn die Vollstreckungsbehörde schon aufgrund der ihr obliegenden eigenen Prüfung zu einer Versagung der Zurückstellung entschlossen ist.[288] Dies gilt nicht nur, wenn eine gesetzliche Voraussetzung der Zurückstellung nicht erfüllt ist, sondern auch dann, wenn die Vollstreckungsbehörde den Zurückstellungsantrag aus Ermessenserwägungen ablehnen will.

121 Hiervon zu unterscheiden ist die Frage, ob die Erholung einer Äußerung des Gerichts für eine hinreichende **Sachaufklärung** erforderlich ist.[289] Unabhängig davon, zu welcher Entscheidung die Vollstreckungsbehörde tendiert, kann sich im Einzelfall die Notwendigkeit einer Anhörung des Gerichts aus dem Gebot ergeben, alle für die Zurückstellungsentscheidung bedeutsamen Gesichtspunkte bei der Ermessensausübung zu berücksichtigen. Die Vollstreckungsbehörde hat insbes. auch die in und aufgrund der Hauptverhandlung gewonnenen Erkenntnisse über den btm-abhängigen Straftäter zu nutzen. Die Erholung einer Stellungnahme des erkennenden Gerichts ist daher veranlasst, wenn ansonsten die Gefahr

---

[281] Vgl. KPV/*Patzak* Rn. 258.

[282] OLG Frankfurt a. M. 19.3.1986 – 3 VAs 13/86, NStZ 1987, 42; *Franke/Wienroeder* Rn. 14; *Weber* Rn. 135.

[283] OLG Frankfurt a. M. 19.3.1986 – 3 VAs 13/86, NStZ 1987, 42.

[284] Vgl. KG 15.3.2001 – 1 AR 1521/00 – 5 Ws 832/00, BeckRS 2014, 10176; KPV/*Patzak* Rn. 259.

[285] OLG Frankfurt a. M. 20.7.1982 – 3 VAs 34/82, MDR 1983, 156; KG 10.9.1987 – 4 VAs 30/87, StV 1988, 24; OLG Karlsruhe 20.2.1986 – 4 VAs 24/85, NStZ 1986, 288; *Malek* Kap. 5 Rn. 50; HJLW Rn. 7.1.

[286] Ausführlich OLG Frankfurt a. M. 26.4.1989 – 3 Ws 1023/88, StV 1989, 439, unter Darlegung der sonstigen Verwendung des Begriffs „Zustimmung" im Strafprozessrecht.

[287] KPV/*Patzak* Rn. 256 ff.

[288] Ebenso OLG Frankfurt a. M. 26.4.1989 – 3 Ws 1023/88, StV 1989, 439, unter ausdrücklicher Aufgabe seiner früheren Rspr.; OLG Hamm 12.5.1998 – 1 VAs 16/98, NStZ-RR 1998, 315; *Katholnigg* NStZ 1981, 417 (418); *ders.* NJW 1987, 1457; *ders.* NStZ 1989, 493; *ders.* NJW 1990, 2296 (2297); *Reisinger* NStZ 1990, 57; *Weber* Rn. 136.

[289] So mit Recht *Weber* Rn. 137.

besteht, dass der Vollstreckungsbehörde nicht alle entscheidungserheblichen Umstände bekannt werden und sie sich nur ein unzureichendes Bild vom Verurteilten macht.[290] Verfehlt ist aber die Annahme, die Vollstreckungsbehörde sei stets nur dann in der Lage, das ihr gesetzlich eingeräumte Ermessen rechtsfehlerfrei auszuüben, wenn sie die vorher eingeholte Erklärung des Gerichts zugrunde lege.[291] **Entbehrlich ist die Einschaltung des Gerichts** zB dann, wenn die Staatsanwaltschaft als Vollstreckungsbehörde aufgrund ihrer Teilnahme an der Hauptverhandlung und/oder aufgrund der Darlegungen des Gerichts in den Urteilsgründen schon über die erforderlichen Erkenntnisse aus der Hauptverhandlung verfügt.[292] Erst recht bedarf es keiner Beteiligung des Gerichts, wenn es auf die in der Verhandlung erörterten Umstände nicht ankommt, weil die Vollstreckungsbehörde die Zurückstellung aus anderen Gründen abzulehnen beabsichtigt.[293]

II. (Ermessens-)Entscheidung der Vollstreckungsbehörde

Über die Zurückstellung der Strafvollstreckung entscheidet die zuständige Vollstreckungs- **122** behörde (→ Rn. 123) auf der Grundlage der vom Verurteilten dargelegten und von ihr selbst ermittelten Tatsachen (→ Rn. 124 ff.) nach pflichtgemäßem Ermessen (→ Rn. 134 ff.). Gibt die Vollstreckungsbehörde dem Antrag statt, hat sie auch den Beginn und die Dauer der Zurückstellung sowie etwaige Auflagen und Bedingungen (→ Rn. 150 ff.) festzulegen. Eine ablehnende Entscheidung ist zu begründen (→ Rn. 154).

1. Zuständigkeit. Die zuständige Vollstreckungsbehörde ist bei erwachsenen Verurteil- **123** ten und bei Heranwachsenden, die nach **allgemeinem Strafrecht** verurteilt wurden, die **Staatsanwaltschaft** (§ 451 StPO, § 4 StVollStrO). Bei Verurteilungen nach **Jugendstrafrecht** ist der Jugendrichter als **Vollstreckungsleiter** zuständig (§§ 82 Abs. 1, 84, 85 Abs. 2, 105 Abs. 1, 110 Abs. 1 JGG), sofern er nicht die Vollstreckung gem. § 85 Abs. 5 JGG an einen anderen Jugendrichter oder gem. § 85 Abs. 6 JGG an die Staatsanwaltschaft abgegeben hat.[294] Funktionell zuständig ist gem. § 31 Abs. 2 RPflG grds. der **Rechtspfleger** (Ausnahmen: § 31 Abs. 2a–2c RPflG). Die RpflBegrV, die in § 1 Nr. 3 Anträge, Stellungnahmen und Entscheidungen nach den §§ 35 ff. von der grundsätzlichen Übertragung der Geschäfte der Vollstreckungsbehörde in Straf- und Bußgeldsachen auf den Rechtspfleger ausgenommen hatte, wurde durch Art. 12 1. Justizmodernisierungsgesetz[295] aufgehoben.

2. Vorbereitung der Zurückstellungsentscheidung. Zwar obliegt es dem Verurteil- **124** ten, die therapiebezogenen Voraussetzungen der Zurückstellung darzulegen (→ Rn. 110), wozu insbes. der Nachweis eines Therapieplatzes zu einem bestimmten Termin und die Zusage des Kostenträgers gehören. Die Vollstreckungsbehörde sollte aber dem therapiebereiten Verurteilten zB durch die Aufklärung über den erforderlichen Inhalt eines Zurückstellungsantrags oder die Vermittlung an eine geeignete Drogenberatungsstelle behilflich sein, Hindernisse einer Zurückstellung zu überwinden.[296] Nach Auffassung des Thüringer Oberlandesgerichts[297] kann für ein Zurückstellungsverfahren in analoger Anwendung des § 140 Abs. 2 StPO die Bestellung eines Pflichtverteidigers geboten sein. Befindet sich der Verur-

---

[290] OLG Karlsruhe 20.2.1986 – 4 VAs 24/85, NStZ 1986, 288; OLG Stuttgart 10.1.1989 – 2 Ws 44/88, NStZ 1989, 492 mAnm *Katholnigg.*
[291] So noch OLG Frankfurt a. M. 20.7.1982 – 3 VAs 34/82, MDR 1983, 156.
[292] Vgl. OLG Frankfurt a. M. 26.4.1989 – 3 Ws 1023/88, StV 1989, 439.
[293] Ähnlich OLG Hamm 12.5.1998 – 1 VAs 16/98, NStZ-RR 1998, 315.
[294] Von den Aufgaben des Jugendrichters als Vollstreckungsbehörde (Entscheidung über die Zurückstellung und deren Widerruf) zu unterscheiden sind die Aufgaben des Jugendrichters als Gericht des ersten Rechtszuges (Zustimmung zur Zurückstellung, → Rn. 113 f., Entscheidungen gem. § 35 Abs. 7 S. 2, § 36 Abs. 1–3 iVm Abs. 5 S. 1); zu Einzelheiten s. *Katholnigg* NJW 1990, 2296.
[295] Vom 24.8.2004, BGBl. I S. 2198.
[296] Vgl. BGH 18.6.1991 – 5 StR 217/91, NStZ 1992, 325, zu diesbezüglichen „Fürsorgepflichten" des Gerichts iR eines Bewährungsverfahrens.
[297] ThürOLG 1.10.2008 – 1 Ws 431/08, NStZ 2010, 525; ebenso AG Erfurt 17.6.2016 – 941 Js 30995/15 – 421 Ls, StraFo 2016, 305; AG Arnstadt 27.6.2013 – 506 Js 6476/12 – 1 Ls, StRR 2013, 363.

teilte in Haft, kann es außerdem erforderlich sein, diesem durch einen Ausgang oder eine Ausführung ein **Vorstellungsgespräch in der Therapieeinrichtung** zu ermöglichen; zuständig für diese Entscheidung ist der Leiter der Justizvollzugsanstalt (§ 35 StVollzG). Die in Rspr. und Lit. mitunter befürwortete Unterbrechung der Haft zu diesem Zweck[298] ist hingegen mangels gesetzlicher Grundlage nicht möglich.[299]

125   Zur **Überprüfung** der Angaben des Verurteilten im Zurückstellungsantrag und sonstiger Zurückstellungsvoraussetzungen hat die Vollstreckungsbehörde nötigenfalls Stellungnahmen Fachkundiger, zB von befassten Drogenberatern, der Therapieeinrichtung oder des Kostenträgern, einzuholen.[300] Stets muss die Vollstreckungsbehörde ferner prüfen, ob andere Freiheitsstrafen oder freiheitsentziehende Maßregeln einer Zurückstellung entgegenstehen.

126   **a) Koordinierung mehrerer Entscheidungen.** Stehen noch weitere Freiheitsstrafen zur Vollstreckung an, hat die Vollstreckungsbehörde zu eruieren, ob auch diese einer Sachbehandlung nach § 35 zugänglich sind (→ Rn. 34). Ggf. sollte sie den Verurteilten auf die Möglichkeit hinweisen, auch dort eine Zurückstellung zu beantragen.[301] Werden die Strafen von **verschiedenen Staatsanwaltschaften bzw. Jugendrichtern** vollstreckt, bedarf es einer **gegenseitigen Information und Abstimmung.**[302] Zu vermeiden ist, dass in einem Verfahren die Vollstreckung zurückgestellt und in einem anderen die Zurückstellung verweigert wird, was letztlich dazu führen würde, dass die gewährte Zurückstellung widerrufen werden müsste (Abs. 6 Nr. 2).

127   Eine Koordinierung der Entscheidungen wird sich regelmäßig auch dann empfehlen, wenn in einem Verfahren eine Zurückstellung nach § 35 in Betracht kommt und in anderer Sache die Entscheidung über den Widerruf einer zur **Bewährung ausgesetzten Strafe** (§ 56f StGB) ansteht;[303] denn einerseits hängt die Durchführbarkeit der Therapie davon ab, ob die Aussetzung der anderen Strafe bestehen bleibt, andererseits kann die beabsichtigte Drogentherapie als günstige Voraussetzung für eine Resozialisierung des Verurteilten angesehen werden und damit uU die Bewährungsentscheidung positiv beeinflussen. Ggf. kann die Therapie durch eine entsprechende Bewährungsweisung (§§ 56c Abs. 3 Nr. 1, 57 Abs. 3 S. 1 StGB, § 26 Abs. 2 JGG) unterstützt[304] oder die Entscheidung über den Widerruf der Strafaussetzung bis zum Vorliegen hinreichender Erkenntnisse über den Therapieverlauf zurückgestellt werden.[305]

128   **b) Änderung der Vollstreckungsreihenfolge.** Steht fest, dass wegen einer zu vollstreckenden anderen Strafe eine Zurückstellung nicht möglich ist, kommt ggf. eine Änderung der Vollstreckungsreihenfolge (§ 43 Abs. 4 StVollstrO) dahingehend in Betracht, dass zunächst die (noch) nicht zurückstellungsfähige Strafe, zB eine zwei Jahre überschreitende Freiheitsstrafe oder eine Ersatzfreiheitsstrafe, (teilweise) vollzogen wird, um danach eine Sachbehandlung nach § 35 vornehmen zu können.[306] Das Anliegen, dem Verurteilten wenigstens zu einem späteren Zeitpunkt die Teilnahme an einer Therapie zu ermöglichen, stellt regelmäßig einen wichtigen Grund für die Änderung der Vollstreckungsreihenfolge iS des § 43 Abs. 4 StVollstrO dar.[307]

129   Ist aber auch eine Freiheitsstrafe zu vollstrecken, die – zB weil sie nicht auf BtM-Abhängigkeit beruht – auch zu einem späteren Zeitpunkt nicht zurückgestellt werden kann, kann

[298] So LG Köln 30.4.1984 – Ns 108 – 32/84, StV 1984, 343; *Katholnigg* NJW 1987, 1456 (1459).
[299] Zutreffend *Joachimski/Haumer* Rn. 26.
[300] Krit. zur Erholung von Stellungnahmen der Justizvollzugsanstalt *Adams/Eberth* NStZ 1983, 393 (396).
[301] KPV/*Patzak* Rn. 286.
[302] KG 6.8.2014 – VAs 26/14, BeckRS 2014, 16348.
[303] Vgl. OLG Koblenz 20.12.1990 – 2 VAs 21/90, JMBl. RhPf. 1991, 82.
[304] OLG Düsseldorf 20.9.1993 – 2 Ws 369/93, StV 1994, 199; HJLW Rn. 7.4.1; *Weber* Rn. 17.
[305] OLG Celle 2.9.1996 – 3 Ws 215/96, StV 1998, 216; OLG Düsseldorf 16.12.1988 – 3 Ws 594/88, StV 1989, 159 mAnm *Hellebrand* StV 1989, 160; HJLW Rn. 7.4.1; *Katholnigg* NJW 1990, 2296 (2300); *Weber* Rn. 18.
[306] KG 5.7.1999 – 4 VAs 11/99, BeckRS 1999, 16376; OLG Karlsruhe 6.4.2006 – 2 VAs 37/05, NStZ-RR 2006, 287 (jeweils zu einer Ersatzfreiheitsstrafe); *Joachimski/Haumer* Rn. 2.
[307] Pohlmann/Jabel/Wolf/*Wolf* StVollstrO § 43 Rn. 26; KPV/*Patzak* Rn. 287.

dem Abhängigen durch eine Änderung der Vollstreckungsreihenfolge idR nicht geholfen werden.[308] Das Zurückstellungshindernis würde nämlich erst entfallen, wenn die nicht zurückstellungsfähige Freiheitsstrafe vollständig vollstreckt oder der noch nicht vollzogene Rest dieser Strafe zur Bewährung ausgesetzt ist. Beide Wege sind aber regelmäßig durch **§ 454b StPO** versperrt: Die Regelung des § 454b Abs. 2 S. 1 StPO schließt es aus, eine von mehreren Freiheitsstrafe vor einer anderen vollständig zu vollziehen; vielmehr ist die Vollstreckung zwingend zu unterbrechen, wenn die zeitlichen Voraussetzungen der §§ 57, 57a StGB erfüllt sind. Nach der Unterbrechung kann der Rest der zunächst vollzogenen Strafe auch noch nicht zur Bewährung ausgesetzt werden, weil das Gericht nach § 454b Abs. 3 StPO diese Entscheidung erst treffen darf, wenn über die Aussetzung aller Strafen entschieden werden kann. § 454b Abs. 2 StPO ermöglicht außerdem eine **Unterbrechung der Vollstreckung** zum Zweidrittelzeitpunkt **lediglich zum Zweck der Vollstreckung** weiterer Freiheitsstrafen; die Vorschrift schafft hingegen nicht die Grundlage, die Strafvollstreckung zur Ermöglichung einer Therapie nach Zurückstellung der Strafvollstreckung nach § 35 zu unterbrechen. Eine Zurückstellung nach § 35 kann somit erst erfolgen, wenn alle Freiheitsstrafen, also auch die grds. zurückstellungsfähige Strafe, so weit vollstreckt sind, dass die zeitlichen Voraussetzungen der §§ 57, 57a StGB vorliegen.[309] Durch eine Änderung der Vollstreckungsreihenfolge kann hiernach ein frühzeitigerer Therapieantritt allenfalls in Fällen erreicht werden, in denen § 454b Abs. 2 S. 1 StPO nicht greift, also bei Jugendstrafen, Ersatzfreiheitsstrafen sowie in den Fällen des § 454b Abs. 2 S. 2 StPO, sowie in Fällen, in denen nach Teilvollzug der Rest der zunächst noch nicht zurückstellungsfähigen Strafe nach Abs. 3 Nr. 2 zurückgestellt werden kann.

Mit Blick auf die Zielrichtung des § 35, Therapie statt Strafvollzug zu ermöglichen, mag   **130** dieses Ergebnis wenig befriedigend erscheinen.[310] Letztlich spricht aber auch der **Normzweck des § 35 Abs. 6 S. 2** dafür, die Zurückstellung einer Strafe erst nach der Entscheidung über die Reststrafenaussetzung einer nicht zurückstellungsfähigen Strafe zu ermöglichen. Die Vorschrift will verhindern, dass ein erfolgreich therapierter Verurteilter nach Beendigung der Therapie wieder in den Strafvollzug gelangt und dadurch der Behandlungserfolg gefährdet wird. Eine solche Gefahr wäre in den betroffenen Fällen nicht auszuschließen. Es ist nämlich denkbar, dass die Prognose hinsichtlich der Begehung von Straftaten aufgrund Betäubungsmittelabhängigkeit im Hinblick auf die erfolgreich durchlaufene Therapie positiv ausfällt, wohingegen die Legalbewährung des betroffenen (Vielfach-)Täters aufgrund dessen Neigung, auch unabhängig von seiner Drogensucht Straftaten zu begehen, negativ zu beurteilen ist. Wegen des etwas unterschiedlichen Beurteilungsmaßstabs (→ § 36 Rn. 50 ff.) kann daher die Entscheidung über eine Reststrafenaussetzung nach § 36 zu einem anderen Ergebnis führen als die über eine Aussetzung nach § 57 StGB bei der nicht zurückstellungsfähigen Strafe. Überdies sind in der Regel verschiedene Spruchkörper zuständig (bei der Reststrafenaussetzung nach § 57 StGB gem. § 462a StPO zumeist die Strafvollstreckungskammer; bei der Reststrafenaussetzung nach § 36 gem. § 36 Abs. 5 S. 1 das Gericht des ersten Rechtszuges), so dass auch deswegen **divergierende Entscheidungen zu besorgen wären.**[311]

c) Beschleunigungsgebot. Der Gesetzgeber ging davon aus, dass die Voraussetzungen   **131** einer Zurückstellung der Strafvollstreckung idR bereits in der Hauptverhandlung erörtert werden und in engem zeitlichen Zusammenhang dazu die Zurückstellungsentscheidung

---

[308] Eingehend hierzu *Schöfberger* NStZ 2005, 441 mwN.

[309] BGH 4.8.2010 – 5 AR (VS) 23/19, NStZ-RR 2010, 353; KG 4.11.2010 – 1 Z. 571/10; OLG München 2.11.1999 – 2 Ws 1168 – 1170/99, NStZ 2000, 223; aA noch OLG Karlsruhe 18.3.2002 – 2 VAs 50/01, StV 2003, 287; OLG Frankfurt a. M. 25.2.2010 – 3 VAs 7/10, NStZ-RR 2010, 185.

[310] Vgl. *Schöfberger* NStZ 2005, 441, der deshalb zugunsten der Therapie eine analoge Anwendung des § 454b StPO vorschlägt; s. auch HJLW Rn. 7.4.3, die zur Ermöglichung der Zurückstellung eine gnadenweise Unterbrechung der Vollstreckung der nicht zurückstellungsfähigen Strafe in Betracht ziehen; ebenso KPV/ *Patzak* Rn. 292.

[311] BGH 4.8.2010 – 5 AR (VS) 23/19, NStZ-RR 2010, 353.

ergeht.[312] Diese Erwartung hat sich nicht erfüllt, überwiegend wird erst nach Rechtskraft des Urteils und Vollstreckungseinleitung mit den Therapievorbereitungen begonnen. Ein Großteil der Verurteilten befindet sich daher bei Stellung des Zurückstellungsantrags bereits in Strafhaft.[313] Die Intention des Gesetzgebers, die **Zurückstellung möglichst frühzeitig** vorzunehmen und damit Haftzeiten zu vermeiden, erscheint indes berechtigt. Mit zunehmender Haftdauer und damit geringer werdendem Strafrest sinken idR die Therapiemotivation und Eigeninitiative des Verurteilten und als Folge die Erfolgsaussichten der Therapie.[314] Im Idealfall wird daher die Zurückstellungsentscheidung bereits in der Hauptverhandlung vorbereitet.[315] Sofern möglich sollte das Gericht schon in der Verhandlung oder im Urteil erklären, ob es einer Zurückstellung der Strafvollstreckung zugestimmt. In aller Regel kontraproduktiv ist es, trotz Vorliegens der Voraussetzungen einer Zurückstellung eine gewisse Mindestverbüßungszeit der Freiheitsstrafe abzuwarten.[316]

132   **3. Ablehnung mangels Voraussetzung.** Sind nicht sämtliche gesetzlichen Voraussetzungen der Zurückstellung (→ Rn. 20–121) gegeben, hat die Vollstreckungsbehörde den Antrag abzulehnen; ein Ermessensspielraum steht ihr insoweit nicht zu. Dasselbe gilt bei Vorliegen eines Zurückstellungshindernisses wie einer zu vollstreckenden anderen Freiheitsstrafe (→ Rn. 33).

133   Scheitert die Zurückstellung allerdings lediglich daran, dass das **Gericht des ersten Rechtszuges die Zustimmung versagt** hat, kann die Vollstreckungsbehörde die Beschwerde gem. Abs. 2 S. 1 einlegen (→ Rn. 156 ff.). Hält die Staatsanwaltschaft die Versagung der Zustimmung durch das Gericht für rechtswidrig oder ermessensfehlerhaft, wird sie grds. zur Einlegung dieses Rechtsmittels auch verpflichtet sein.[317] Allein die Verweigerung der Zustimmung des Gerichts stellt daher keinen hinreichenden Ablehnungsgrund dar, wenn die Vollstreckungsbehörde von ihrer Beschwerdemöglichkeit keinen Gebrauch gemacht hat, obwohl dies geboten gewesen wäre.[318] Bleibt das Rechtsmittel erfolglos, sind die Vollstreckungsbehörde und – bei der Entscheidung über die Vorschaltbeschwerde (→ Rn. 161 ff.) – auch der Generalstaatsanwalt an die ablehnende Entscheidung des Gerichts gebunden, die Zurückstellung ist daher zwingend zu versagen. Erst das Oberlandesgericht kann in seiner Rechtsmittelentscheidung nach Abs. 2 S. 3 die Zustimmung des erstinstanzlichen Gerichts ersetzen (→ Rn. 177).

134   **4. Ermessensentscheidung.** Auch wenn alle gesetzlichen Voraussetzungen einer positiven Bescheidung des Zurückstellungsantrags erfüllt sind, hat der Verurteilte grds. keinen Anspruch auf die Zurückstellung der Strafvollstreckung, sondern nur auf eine ermessensfehlerfreie Entscheidung.[319] Unter Berücksichtigung insbes. der Zielsetzungen des § 35 und des Gleichbehandlungsgebots wird sich dieses Ermessen allerdings zugunsten des Verurteilten auf Null reduzieren, wenn kein tragfähiger Ablehnungsgrund gegeben ist.[320]

135   Ermessensfehlerhaft ist eine Entscheidung insbes. dann, wenn sie Gesichtspunkte berücksichtigt, die nach Sinn und Zweck des § 35 unberücksichtigt bleiben müssen, oder umgekehrt maßgebliche Aspekte außer Acht lässt oder wenn sie von unzutreffenden tatsächlichen oder rechtlichen Voraussetzungen ausgeht.[321]

---

[312] Vgl. BT-Drs. 8/4283, 7.

[313] Siehe Egg/*Kurze*, Drogentherapie und Strafe, S. 55.

[314] Egg/*Kurze*, Drogentherapie und Strafe, S. 74 f.; *Körner* Rn. 303 mwN.

[315] HJLW Rn. 7.5.

[316] Abzulehnen ist daher die Auffassung von *Katholnigg* NStZ 1986, 188, dass die Strafvollstreckung erst zurückgestellt werden soll, wenn das voraussichtliche Ende der erfolgreichen Behandlung mit dem Erreichen des Halbstrafenzeitpunkts zusammenfällt.

[317] OLG Celle 20.11.1995 – 1 VAs 15/95, NStZ 1996, 304 mit abl. Anm. *Katholnigg* NStZ 1996, 615. Anderes könnte zB dann gelten, wenn das Rechtsmittel aufgrund einer gefestigten Rspr. des Beschwerdegerichts aussichtslos erscheint.

[318] Noch weiter gehend *Malek* Kap. 5 Rn. 55.

[319] Siehe zB OLG Hamm 26.7.1982 – 7 VAs 27/82, NStZ 1982, 483.

[320] Ähnlich OLG Karlsruhe 7.11.2007 – 2 VAs 37/07, NStZ 2008, 576; *Malek* Kap. 5 Rn. 52; HJLW Rn. 7.3.1.

[321] Vgl. auch § 28 Abs. 3 EGGVG.

a) Gesetzeszweck. Mit den Regelungen des § 35 räumt das Gesetz im Interesse der　**136**
Rehabilitation des Verurteilten und der Beseitigung der Ursachen der Delinquenz einer
therapeutischen Behandlung grds. den Vorrang gegenüber dem Vollzug der Strafe ein, soweit
nicht aufgrund der Schwere der Tat(en) die (Rest-)Freiheitsstrafe zwei Jahre übersteigt und
deshalb das Strafbedürfnis überwiegt. Ein Ermessen hat der Gesetzgeber der Vollstreckungsbehörde insbes. deshalb gewährt, damit diese den günstigsten Zeitpunkt für die Überführung
des Verurteilten in die Therapie wählen[322] und einen Missbrauch der Zurückstellungsmög-
lichkeit verhindern kann. Unter Berücksichtigung dieser ratio legis kann die Versagung
einer Zurückstellung ermessensfehlerfrei zB nicht damit begründet werden, dass der Vollzug
der Strafe als prinzipiell vorrangig, die Zurückstellung mithin als (seltener) Ausnahmefall
betrachtet wird, der Nutzen von Therapien allgemein in Frage gestellt wird oder bestimmte
Täter (zB Dealer) generell von der Vergünstigung einer Zurückstellung ausgeschlossen werden.

b) Strafzumessungsgründe. Gesichtspunkte, die bereits in die Strafzumessung einge-　**137**
flossen sind, etwa die Anzahl und Schwere der der Verurteilung zugrunde liegenden Taten,
können die Versagung der Zurückstellung grds. nicht rechtfertigen.[323] Der Gesetzgeber hat
insoweit mit der Zweijahresgrenze der zurückstellungsfähigen Strafe eine abschließende
Regelung getroffen; eine darüber hinausgehende Einschränkung in Bezug auf den Unrechts-
und Schuldgehalt der Tat(en) ist vom Gesetz nicht gewollt.

c) Zahl und Höhe der Strafen. Demgegenüber wird man dann, wenn ein Therapiean-　**138**
tritt die Zurückstellung der Vollstreckung mehrerer Strafen voraussetzen würde, deren Zahl
und Höhe bei der Ermessensausübung durchaus berücksichtigt können.[324] Dass eine
Zurückstellung mehrerer Strafvollstreckungen grds. auch dann möglich ist, wenn die Summe
der Strafen zwei Jahre übersteigt (→ Rn. 32), bedeutet nicht, dass es auf den Gesamtumfang
der Straffälligkeit des Verurteilten und das daraus resultierende öffentliche Strafbedürfnis
nicht ankäme.[325] Die Regelungen des § 35 sind – was insbes. in den Strafobergrenzen des
Abs. 1 und 3 zum Ausdruck kommt – auf btm-abhängige Täter im Bereich kleinerer bis
mittlerer Kriminalität zugeschnitten.[326] Es kann daher je nach Lage des Falles zweifelhaft
sein, ob ein zu mehreren erheblichen Freiheitsstrafen verurteilter Drogenabhängiger noch
zu dem Personenkreis gerechnet werden kann, dem das Gesetz die Vergünstigung der
Zurückstellung gewähren will.[327]

d) Sozialprognose. Da die Zurückstellung gerade für Fälle gedacht ist, in denen die　**139**
Voraussetzungen einer Strafaussetzung zur Bewährung nicht erfüllt sind (→ Rn. 8), stellt
eine ungünstige Sozialprognose grds. keinen Grund für eine Versagung der Zurückstellung
dar.[328] Insbes. verbietet es der Zweck des § 35, zu Lasten des Antragstellers negative
Umstände zu berücksichtigen, die auf die Drogenabhängigkeit zurückzuführen sind und
damit durch die Rehabilitationsbehandlung gerade beseitigt werden sollen.[329]

e) Erfolgsaussichten der Therapie. Nach hM soll die Zurückstellung auch nicht von　**140**
den Erfolgsaussichten der beabsichtigten Therapie abhängen.[330] Dies wird insbes. damit

---

[322] *Adams/Eberth* NStZ 1983, 193 (195).
[323] OLG Karlsruhe 21.12.1982 – 4 VAs 140/82, StV 1983, 112 mit abl. Anm. *Katholnigg* JR 1983, 388;
7.11.2007 – 2 VAs 37/07, NStZ 2008, 576.
[324] AA *Weber* Rn. 151.
[325] So aber OLG Karlsruhe 18.3.2002 – 2 VAs 50/01, StV 2003, 287 (288), und 7.11.2007 – 2 VAs 37/
07, NStZ 2008, 576.
[326] Vgl. BT-Drs. 8/4283, 3.
[327] KG 10.2.1983 – 2 VAs 24/82, StV 1983, 291 (292); OLG Hamm 7.1.1985 – 1 VAs 19/84, DRsp
Nr. 1994, 439.
[328] OLG Zweibrücken 23.11.1999 – 1 VAs 14/99, StV 2000, 157 (158); *Weber* Rn. 153 mwN.
[329] *Weber* Rn. 153; KPV/*Patzak* Rn. 203.
[330] KG 7.10.1998 – Zs 993/98 – 4 VAs 21/98, DRsp Nr. 2001/6197; OLG Celle 26.8.1997 – 1 VAs 13/
97, StraFo 1998, 245; OLG Hamburg 10.7.1997 – 1 Ws 183/97, StV 1998, 390; OLG Jena 25.1.2007 – 1
VAs 3/06, BeckRS 2007, 05404; *Weber* Rn. 157.

begründet, dass der Wortlaut des § 35 etwa im Gegensatz zu Regelungen der Reststrafenaussetzung (§§ 57, 57a StGB, § 36 BtMG) keine Prognose des künftigen Verhaltens des Verurteilten verlange.[331] Außerdem würden Vollstreckungsbehörde und Gericht im Allgemeinen nicht über die zur Beurteilung der Therapieaussichten notwendigen psychologischen und medizinischen Kenntnisse verfügen, zumal eine solche Prognose im Regelfall nicht einmal von Fachleuten mit einiger Sicherheit zu treffen sei.[332]

141   Zutreffend erscheint, dass das Gesetz die Möglichkeit einer Zurückstellung der Strafvollstreckung **nicht auf Fälle günstiger Therapiechancen beschränkt,** sondern – wie auch Abs. 5 S. 3 erkennen lässt – bewusst die Gefahr vergeblicher Therapiebemühungen in Kauf nimmt.[333] Damit erübrigt sich im Regelfall eine Erfolgsprognose. Allerdings lässt sich eine Zurückstellung der Strafvollstreckung nicht rechtfertigen, wenn ausnahmsweise Erkenntnisse vorliegen, welche die Therapie von vornherein als völlig oder nahezu aussichtslos erscheinen lassen.[334] Im Einzelfall kann sich eine solche eindeutig negative Rehabilitationsprognose zB aus dem Verhalten des Verurteilten in einem kurze Zeit vorher gescheiterten Therapieversuch ergeben[335] (vgl. aber → Rn. 98).

142   Nicht mit der Beurteilung der individuellen Erfolgsaussichten der Therapie zu verwechseln sind die Fragen, ob die vorgesehene **Behandlung grds. geeignet erscheint,** den angestrebten Erfolg zu fördern (→ Rn. 87 ff.), und ob der Verurteilte **ernsthaft bereit ist, die Therapie anzutreten** (→ Rn. 94 ff.). Die Eignung der Therapie und die tatsächliche Therapiebereitschaft des Verurteilten sind unerlässliche Voraussetzungen einer Zurückstellung, die nach Überzeugung der Vollstreckungsbehörde vorliegen müssen, wobei ihr ein gewisser Beurteilungsspielraum eingeräumt ist.[336] Die grundsätzliche Entbehrlichkeit einer günstigen Prognose des Therapieerfolgs bedeutet mithin weder, dass Art und Umfang der Therapie dem Belieben des Verurteilten überlassen bleiben, noch dass die Vollstreckungsbehörde hinsichtlich der tatsächlichen Therapiebereitschaft stets auf die Zusage des Verurteilten vertrauen darf.

143   f) **Sicherheitsinteressen der Allgemeinheit.** Die im Zusammenhang mit § 35 zu sehenden Regelungen des § 36 Abs. 1 S. 3, Abs. 2 zeigen, dass bei den Bemühungen um eine Resozialisierung des Verurteilten Sicherheitsbelange der Allgemeinheit nicht außer Acht bleiben dürfen. Der Gesetzgeber hat mit der Änderung der Prognoseformel durch G vom 26.1.1998[337] die Bedeutung des Sicherheitsaspekts noch bekräftigt; seither kann eine Aussetzung des Strafrestes nur erfolgen, wenn sie unter Berücksichtigung der Sicherheitsinteressen der Allgemeinheit verantwortet werden kann (→ § 36 Rn. 47). Entsprechendes muss aber auch bereits für die Zurückstellung der Strafvollstreckung gelten.[338] Wenn auch im Interesse der Therapie ein gewisses Maß an Risiko in Kauf zu nehmen ist,[339] so kann nicht jedes Wagnis des Scheiterns der Therapie mit der Folge künftiger strafbarer Handlungen (etwa in der Form des HTs mit BtM) und der damit verbundenen Schäden für die Opfer der Straftaten hingenommen werden.[340] Bei der deshalb gebotenen Abwägung zwischen dem Rehabilitationsinteresse und Sicherheitsbelangen kommt es maßgeblich auf die unter Berücksichtigung der Persönlichkeit des Verurteilten und seines strafrechtlich relevanten Vorlebens einzuschätzende **Gefahr,** dass der Verurteilte die Zurückstellung zur **Begehung weiterer Straftaten** nutzen wird, und die **Schwere der in diesem Falle zu befürchtenden Rechtsgutsverletzungen** an.[341]

---

[331] Vgl. OLG Frankfurt a. M. 10.1.2000 – 3 VAs 41/99, NStZ-RR 2000, 152 (153).
[332] OLG Karlsruhe 21.12.1982 – 4 VAs 140/82, StV 1983, 112; *Malek* Kap. 5 Rn. 57.
[333] Vgl. BT-Drs. 8/4283, 7.
[334] OLG Karlsruhe 21.12.1982 – 4 VAs 140/82, StV 1983, 112; *Weber* Rn. 158.
[335] Vgl. OLG Karlsruhe 3.6.2015 – 2 VAs 8/15; HJLW Rn. 6.1.3.
[336] OLG Karlsruhe 11.11.2004 – 2 VAs 37/04, NStZ-RR 2005, 57; *Körner* NStZ 1998, 227 (232).
[337] G zur Bekämpfung von Sexualdelikten und anderen gefährlichen Straftaten, BGBl. I S. 160.
[338] AA OLG Karlsruhe 24.8.2009 – 2 VAs 13/09, StV 2010, 148.
[339] OLG Hamm 15.7.1982 – 7 VAs 23/82, NStZ 1982, 485.
[340] Vgl. OLG Hamm 7.1.1985 – 1 VAs 19/84, DRsp Nr. 1994/439.
[341] Siehe *Weber* Rn. 155.

g) Ausländerrechtliche Aspekte. Unstr. ist, dass die Therapiemöglichkeiten des § 35 **144** grds. auch nichtdeutschen drogenabhängigen Verurteilten eröffnet sind. Einschränkungen können sich aber aus ausländerrechtlichen Gesichtspunkten ergeben. In der Lit. und der veröffentlichten Rspr. überwiegt die Auffassung, dass eine Zurückstellung nach § 35 nicht in Betracht kommt, wenn gegen den Verurteilten eine **bestandskräftige Abschiebungs-verfügung** vorliegt, weil in diesem Falle der erfolgreiche Abschluss der Therapie nicht gewährleistet sei.[342] Gleiches soll uU bereits dann gelten, wenn die Anordnung der Abschiebung zu erwarten ist.[343]

Dieser Argumentation wurde unter Berufung auf § 64 Abs. 3 AuslG (nunmehr § 72 **145** Abs. 4 AufenthG) mit Recht entgegengehalten, dass die Zurückstellung die Strafvollstreckung nicht beendet und daher eine **Abschiebung nur im Einvernehmen mit der Vollstreckungsbehörde** vollzogen werden darf.[344] Ebenso wenig wie es in Betracht kommen kann, einen Strafgefangenen, der Hafturlaub erhalten hat, ohne Zustimmung der Vollstreckungsbehörde aufzugreifen und abzuschieben, wäre eine solche ausländerrechtliche Maßnahme während einer Zurückstellung nach § 35 statthaft. Die Vollstreckungsbehörde hat es daher selbst in der Hand, durch eine Verweigerung der Zustimmung zur Abschiebung die Durchführung der Therapie zu ermöglichen.

Gleichwohl wird es im Regelfall nicht ermessensfehlerhaft sein, wenn die Vollstreckungs- **146** behörde im Hinblick auf eine ergangene oder zu erwartende Anordnung der Abschiebung eine Zurückstellung der Strafvollstreckung versagt. Der Grundsatz der Einheit der Rechts-ordnung verlangt es, dass die Vollstreckungsbehörde bei ihren nach § 72 Abs. 4 AufenthG, § 35 zu treffenden Ermessensentscheidungen den **ausländerrechtlichen Belangen ange-messen Rechnung trägt.**[345] Es ist im Regelfall nicht zu beanstanden, wenn sie der ausländer-rechtlich gebotenen Abschiebung des Verurteilten den Vorrang vor den Rehabilitations-zielen des § 35 einräumt. Dies wird jedenfalls dann gelten, wenn der Vollzug der Abschiebung unmittelbar bevorsteht und der Verurteilte bis dahin die Therapie nicht been-den könnte.[346]

Zudem kann und muss die Vollstreckungsbehörde iR der nach § 35 gebotenen Abwägung **147** auch die nahe liegende **Gefahr** berücksichtigen, dass der Verurteilte die Zurückstellung nutzt, um sich der **Abschiebung zu entziehen.** Zum einen ist die Möglichkeit in Betracht zu ziehen, dass der Ausländer die Therapiebereitschaft vorspiegelt, um Gelegenheit zu erhalten, illegalen Aufenthalt zu nehmen, zum anderen wird aber auch für den therapiebereiten Verurteilten, dem Abschiebung droht, idR eine große Versuchung bestehen, während einer Therapiekrise, bei einem Scheitern der Therapie oder spätestens gegen deren Ende „unterzutauchen" und sich der Abschiebung zu entziehen.[347]

5. Höchstdauer der Zurückstellung. Die Dauer der Zurückstellung ist auf **höchstens** **148** **zwei Jahre** begrenzt (Abs. 1). Innerhalb dieser Höchstfrist liegt die Festsetzung der Zurück-stellungsdauer im Ermessen der Vollstreckungsbehörde. Diese wird sich dabei regelmäßig an der voraussichtlichen Therapiezeit orientieren,[348] sie kann aber auch von einer Befristung absehen und die Strafvollstreckung für „längstens zwei Jahre" zurückstellen. Tritt der Behandlungserfolg bereits zu einem früheren Zeitpunkt ein, kann die Zurückstellung nach-träglich verkürzt bzw. die gerichtliche Entscheidung über eine Aussetzung des Strafrests

---

[342] OLG Frankfurt a. M. 10.1.2000 – 3 VAs 41/99, NStZ-RR 2000, 152; OLG Hamm 8.4.1999 – 1 VAs 8/99, NStZ 1999, 591; OLG Karlsruhe 3.9.1998 – 2 VAs 43/97; OLG Stuttgart 24.6.1998 – 4 VAs 16/98, StV 1998, 671 (672); *Körner* NStZ 1998, 227 (233).
[343] OLG Frankfurt a. M. 10.1.2000 – 3 VAs 41/99, NStZ-RR 2000, 152; OLG Hamm 8.4.1999 – 1 VAs 8/99, NStZ 1999, 591.
[344] So zB OLG Karlsruhe 22.12.2000 – 2 VAs 28/00, StV 2001, 467.
[345] OLG Frankfurt a. M. 10.1.2000 – 3 VAs 41/99, NStZ-RR 2000, 152.
[346] Vgl. KG 1.12.2000 – 4 VAs 44/00, DRsp Nr. 2005/4214; eine ausländerrechtlich unklare Situation genügt hingegen nicht, OLG Karlsruhe 24.8.2009 – 2 VAs 13/09, StV 2010, 148.
[347] OLG Frankfurt a. M. 10.1.2000 – 3 VAs 41/99, NStZ-RR 2000, 152.
[348] *Joachimski/Haumer* Rn. 18.

gem. § 36 Abs. 1 S. 3, Abs. 2 herbeigeführt werden. Umgekehrt ist auch die nachträgliche Verlängerung der festgesetzten Zurückstellungsdauer möglich.

149   Da wohl kein Therapieprogramm eine reguläre Dauer von mehr als zwei Jahren aufweist, kann die Höchstfrist der Zurückstellung nur dann Bedeutung erlangen, wenn sich die Behandlung zB aufgrund von Rückschlägen unplanmäßig in die Länge zieht. § 35 lässt allerdings offen, welche **Rechtsfolge** eintritt, wenn der Verurteilte sich nach zwei Jahren noch immer in Therapie befindet oder erneut eine Therapie anstrebt. Es ist davon auszugehen, dass mit Fristablauf die Zurückstellung endet, ohne dass es hierzu einer Widerrufsentscheidung bedarf.[349] Nach Ansicht des OLG Nürnberg[350] steht der **Ablauf der Höchstfrist** zudem einer weiteren bzw. nochmaligen Zurückstellung entgegen. Dies soll auch dann gelten, wenn nach einem Widerruf der Zurückstellung über einen neuen Zurückstellungsantrag zu entscheiden ist. Diese Auffassung kann nicht überzeugen. Dass bei der in Abs. 5 S. 3 ausdrücklich vorgesehenen erneuten Zurückstellung nach Widerruf nur noch der nicht verstrichene Teil der Zweijahres-Höchstfrist aus der ersten Zurückstellung zur Verfügung stünde, findet im Gesetzeswortlaut keine Stütze. Zudem widerspräche dies der aus Abs. 5 S. 3 ersichtlichen ratio legis, dem Verurteilten auf dem zumeist mühsamen Weg aus der Sucht nötigenfalls mehrmals die Möglichkeit einer Therapie zu eröffnen. Daher ist davon auszugehen, dass der **Sinn** der Zweijahresfrist allein darin liegt, spätestens nach zwei Jahren eine erneute Prüfung und Entscheidung durch Vollstreckungsbehörde und Gericht herbeizuführen. Es handelt sich mithin um eine **Überwachungsfrist,** die nach jeder positiven Zurückstellungsentscheidung neu zu laufen beginnt.[351] Freilich können nach Ablauf der Frist andere Gründe einer erneuten Zurückstellung entgegenstehen. So wird sich nach einer erfolglosen Zurückstellung über die Dauer von zwei Jahren insbes. die Frage stellen, ob (noch) von einer tatsächlichen Therapiebereitschaft des Verurteilten ausgegangen werden kann.[352]

150   **6. Auflagen und Bedingungen.** Entspr. § 36 VwVfG kann die Zurückstellung mit Nebenbestimmungen versehen sein. Zulässig sind namentlich Auflagen und Bedingungen, die sicherstellen sollen, dass die gesetzlichen Voraussetzungen der Zurückstellung erfüllt werden (vgl. § 36 Abs. 1 VwVfG). Hierzu gehören etwa die Bedingung, dass der Transport des Verurteilten von der Justizvollzugsanstalt in die Therapieeinrichtung wie vorgesehen durchgeführt werden kann[353] und damit der Beginn der Behandlung gewährleistet ist (vgl. → Rn. 107 f.), oder die Auflage an den Verurteilten, zu festgelegten Zeitpunkten und in bestimmter Form die in Abs. 4 S. 1 vorgeschriebenen Behandlungsnachweise zu erbringen.

151   Darüber hinaus kann die Vollstreckungsbehörde nach **pflichtgemäßem Ermessen,** insbes. unter Beachtung des Verhältnismäßigkeitsgrundsatzes, auch **Nebenbestimmungen** treffen, die sich zwar nicht unmittelbar aus den in § 35 normierten Voraussetzungen der Zurückstellung ergeben, die der Vollstreckungsbehörde aber im Einzelfall zur **Förderung der Rehabilitation** geboten erscheinen (vgl. § 36 Abs. 2 VwVfG). Vor allem bei ambulanten Therapieformen kann es aufgrund der geringeren Kontrolldichte zusätzlicher Verhaltensanweisungen an den Verurteilten bedürfen, die möglichst mit der Therapieeinrichtung abgestimmt sein sollten.[354] In Betracht kommen zB Konkretisierungen der erforderlichen Mitwirkung des Verurteilten an therapeutischen Maßnahmen und begleitenden Drogen-Screenings[355] oder auch Weisungen, die den Verurteilten verpflichten, eine Berufs- bzw. Ausbildungstätigkeit fortzusetzen, jeden Wechsel seines gewöhnlichen Auf-

[349] OLG Düsseldorf 23.12.2010 – III-3 Ws 434/10; OLG Hamm 30.7.2013 – 5 Ws 268/13, BeckRS 2013, 14306.
[350] OLG Nürnberg 12.5.1997 – VAs 458/97, StraFo 1997, 349 mit krit. Anm. *Endriß.*
[351] So auch KPV/*Patzak* 323 f.; *Weichert* NJW 1999, 827; zu weit gehend *Endriß* StraFo 1997, 350, der der Regelung jeglichen Sinn abspricht und sie für ein Redaktionsversehen hält.
[352] Vgl. *Körner* Rn. 324.
[353] Vgl. OLG Karlsruhe 25.1.1999 – 2 VAs 41/98, NStZ 1999, 253.
[354] Kreuzer/*Körner* § 18 Rn. 44; aA *Malek* Kap. 5 Rn. 60.
[355] Zur verfassungsrechtlichen Zulässigkeit solcher Weisungen BVerfG 21.4.1993 – 2 BvR 930/92, NJW 1993, 3315.

enthaltsorts mitzuteilen, Orte zu meiden, an denen BtM konsumiert werden etc. Zwar hat die Vollstreckungsbehörde nach Wirksamwerden der Zurückstellung keine Handhabe, die Einhaltung solcher Anordnungen zu erzwingen, doch kann ein Verstoß gegen die Nebenbestimmungen als Abbruch der Therapie und damit als Widerrufsgrund gem. Abs. 5 S. 1 zu werten sein, wenn die Erfüllung der Weisungen für die angestrebte Therapie unerlässlich ist (→ Rn. 202).

Regelmäßig wird es sich auch empfehlen, die Zurückstellung davon abhängig zu machen, **152** dass der Drogenabhängige die behandelnden Ärzte und Therapeuten von der **Schweigepflicht entbindet.**[356] Dies erscheint jedenfalls zulässig, soweit sich die Entbindung von der Schweigepflicht auf die Auskünfte bezieht, welche die **Vollstreckungsbehörde** zur **Erfüllung ihrer gesetzlichen Aufgaben,** insbes. zur Prüfung eines etwaigen Widerrufs der Zurückstellung gem. Abs. 5, **benötigt.**[357] Stellt sich etwa die Frage, ob nach einem Abbruch der Therapie mit einer alsbaldigen Wiederaufnahme der Behandlung zu rechnen ist (Abs. 5 S. 1), muss die Therapieeinrichtung in der Lage sein, Angaben zB zur Therapiewilligkeit des Abhängigen und zu dem in der Therapie bislang Erreichten zu machen. Dies liegt durchaus auch im Interesse des Verurteilten. So kann es vorkommen, dass die Vollstreckungsbehörde – etwa wenn der Verurteilte die Therapieeinrichtung verlassen hat und selbst nicht (sofort) erreichbar ist – erst durch Auskünfte der Therapieeinrichtung von Umständen Kenntnis erlangt, die sie (noch) davon absehen lässt, die Zurückstellung zu widerrufen und Haftbefehl nach Abs. 7 S. 1 zu erlassen.[358] Zu entsprechenden Angaben wird der Therapeut gem. Abs. 4 Hs. 2 ohnehin befugt sein; eine Entbindung von der Schweigepflicht macht deutlich, dass er diese Auskünfte auch erteilen muss.[359] Bezüglich darüber hinausgehender Angaben, etwa zu therapeutischen Interna, wird hingegen eine Schweigepflichtsentbindung mangels entsprechender gesetzlicher Grundlage nicht verlangt werden können.[360]

7. Bescheid der Vollstreckungsbehörde. Der dem Zurückstellungsantrag **stattge-** **153** **bende** Bescheid der Vollstreckungsbehörde hat den Zeitpunkt und die Dauer der Zurückstellung anzugeben und die Therapie, der sich der Verurteilte zu unterziehen hat, genau zu bezeichnen. Möglichst konkret zu umschreiben sind außerdem die mit der Zurückstellung verbundenen Pflichten des Verurteilten. In jedem Falle geboten ist die Festlegung, wann und wo er die Therapie anzutreten hat sowie wann und in welcher Weise die Nachweise über den Antritt und die Fortsetzung der Therapie zu erbringen sind (zu weiteren Auflagen und Weisungen → Rn. 150 ff.). Empfehlenswert erscheinen zudem deutliche Hinweise auf die gesetzlichen Folgen eines Nichtantritts oder Abbruchs der Therapie oder der Nichterbringung von Therapienachweisen (Abs. 5, Abs. 7 S. 1).[361]

Eine **Versagung der Zurückstellung** ist wegen der Anfechtbarkeit der Entscheidung **154** zu **begründen** (§ 34 StPO). Die tragenden Entscheidungsgründe sind so umfassend darzulegen, dass geprüft werden kann, ob die Entscheidung ermessensfehlerfrei ergangen ist. Der bloße Hinweis auf die Verweigerung der Zustimmung des erkennenden Gerichts wird als Begründung einer ablehnenden Entscheidung nicht genügen; notwendig erscheint vielmehr, dass das Gericht die Versagung der Zustimmung auf stichhaltige Gründe gestützt hat und die Vollstreckungsbehörde sich in ihrem Bescheid dieser Argumentation anschließt; denn teilt die Vollstreckungsbehörde die Auffassung des Gerichts nicht, ist sie grds. gehalten, die nach Abs. 2 S. 1 statthafte Beschwerde einzulegen (→ Rn. 133).[362]

---

[356] OLG Hamm 7.11.1985 – 1 VAs 89/85, StV 1986, 66 = NStZ 1986, 333 mit abl. Anm. *Kreuzer;* OLG Hamm 17.12.1985 – 1 VAs 117/85, StV 1986, 24; bestätigt durch BVerfG 25.3.1986 – 2 BvR 201/86, DRsp Nr. 1995/3322; aA *Katholnigg* NJW 1987, 1456 (1457); *Kreuzer* NJW 1989, 1505 (1509 f.); *Schneider* StV 1988, 25; *Malek* Kap. 5 Rn. 61.

[357] Egg/*Körner,* Drogentherapie und Strafe, S. 93 f.; vgl. auch *Weber* Rn. 246.

[358] So zutreffend KPV/*Patzak* Rn. 326, 417.

[359] *Weber* Rn. 170 f.

[360] Vgl. BVerfG 6.6.2006 – 2 BvR 1349/05, MedR 2006, 586, zu einer Weisung im Rahmen der Führungsaufsicht.

[361] Siehe Kreuzer/*Körner* § 18 Rn. 42 sowie die Musterverfügungen Rn. 86 f.

[362] *Körner* Rn. 273 f. und 334 f. mwN.

III. Rechtsmittel und Rechtsbehelfe (Abs. 2)

155   Der durch Gesetz vom 9.9.1992[363] eingefügte Abs. 2 regelt die Anfechtbarkeit ablehnender Zurückstellungsentscheidungen.

156   **1. Beschwerde der Staatsanwaltschaft nach S. 1.** Gegen die Versagung der Zustimmung durch das Gericht des ersten Rechtszuges steht der Vollstreckungsbehörde die unbefristete Beschwerde zu (Abs. 1 S. 1). Gleiches gilt, wenn das Gericht eine Stellungnahme verweigert oder sich nicht eindeutig äußert.[364] Der Verurteilte hingegen kann die Zustimmungsverweigerung des erstinstanzlichen Gerichts nicht gesondert, sondern nur zusammen mit der Ablehnung der Zurückstellung durch die Vollstreckungsbehörde anfechten (Abs. 2 S. 2). Eine Beschwerde des Verurteilten gegen die gerichtliche Entscheidung ist auch dann nicht zulässig, wenn das Gericht eine bereits erteilte Zustimmung widerrufen hat.[365]

157   **a) Beschwerdeverfahren.** Das Beschwerdeverfahren richtet sich nach den §§ 304–310 StPO. Das erstinstanzliche Gericht kann der Beschwerde abhelfen, also die Zustimmung erteilen; andernfalls legt es die Beschwerde dem Beschwerdegericht vor (§ 306 Abs. 2 StPO). Das Beschwerdegericht hat grds. in der Sache zu entscheiden, eine Zurückverweisung kommt regelmäßig nicht in Betracht.[366] Eine weitere Beschwerde gegen die Entscheidung des Beschwerdegerichts ist nicht zulässig.

158   Fraglich erscheint, ob das Beschwerdegericht die erstinstanzliche Entscheidung uneingeschränkt, also etwa auch auf ihre Zweckmäßigkeit hin, zu überprüfen hat oder ob die Überprüfung im Hinblick auf das dem Erstgericht eingeräumte Ermessen entspr. § 28 Abs. 3 EGGVG auf Gesetzeswidrigkeit und Ermessensfehler beschränkt bleibt.[367] Letzteres verdient wohl den Vorzug, weil kein durchgreifender Grund dafür ersichtlich ist, dass dem Beschwerdegericht eine umfassendere Prüfung obliegt als dem Oberlandesgericht im Verfahren nach Abs. 2 S. 3 (→ Rn. 172 f.).

159   **b) Zuständigkeit im Jugendstrafverfahren.** Ist im Jugendstrafverfahren der Vollstreckungsleiter zugleich derjenige, der als Jugendrichter oder Vorsitzender des Jugendschöffengerichts (§ 30 Abs. 2 GVG) die Zustimmung des Gerichts des ersten Rechtszuges verweigert hat, so ist offensichtlich, dass er nicht bei sich selbst Beschwerde einlegen kann. Nach der gem. § 38 Abs. 1 S. 1 gebotenen sinngemäßen Anwendung des Abs. 2 S. 1 ist das Beschwerderecht deshalb von der vorgesetzten Behörde, also dem Generalstaatsanwalt, wahrzunehmen.[368]

160   **2. Rechtsmittel des Verurteilten (S. 2 und S. 3).** Die Entscheidung der Vollstreckungsbehörde über einen Zurückstellungsantrag stellt einen Justizverwaltungsakt gem. § 23 Abs. 1 S. 1 EGGVG dar.[369] Mit Einfügung des Abs. 2 S. 2[370] wurde daher in Übereinstimmung mit der bereits damals herrschenden Rspr. klargestellt, dass gegen eine Ablehnung der Zurückstellung der Rechtsweg gem. §§ 23 ff. EGGVG gegeben ist. Anfechtbar sind neben einer Versagung der Zurückstellung auch die Untätigkeit der Vollstreckungs- oder Beschwerdebehörde sowie die mit einem stattgebenden Zurückstellungsbescheid verbundenen, belastenden Nebenbestimmungen (→ Rn. 171). Auch die Ablehnung einer vom Verurteilten beantragten Änderung der Vollstreckungsreihenfolge, mit der die Voraussetzungen einer Zurückstellung herbeigeführt werden soll, unterliegt (allein) der Rechtskontrolle nach

[363] BGBl. I S. 1593.
[364] KPV/*Patzak* Rn. 268.; *Weber* Rn. 185.
[365] KG 27.11.2001 – 1 AR 1449/01 – 5 Ws 736/01, NStZ-RR 2003, 165 *(Kotz/Rahlf)*.
[366] Vgl. Meyer-Goßner/Schmitt/*Meyer-Goßner* StPO § 309 Rn. 7 ff.
[367] Allg. zu dieser Problematik in Beschwerdeverfahren Meyer-Goßner/Schmitt/*Meyer-Goßner* StPO § 309 Rn. 4 mwN.
[368] OLG München 16.4.1993 – 3 VAs 8/93, NStZ 1993, 455; *Weber* Rn. 187.
[369] Siehe *Weber* Rn. 189.
[370] Gesetz vom 9.9.1992, BGBl. I S. 1593.

§§ 23 ff. EGGVG.[371] Rechtsmittelbefugt ist nur der Verurteilte, nicht aber zB eine Therapieeinrichtung.[372]

a) Vorschaltbeschwerde. Gem. § 24 Abs. 2 EGGVG muss dem Antrag[373] auf gerichtli- **161** che Entscheidung die sog Vorschaltbeschwerde vorausgehen, sofern der angegriffene Justizverwaltungsakt der Beschwerde oder einem anderen förmlichen Rechtsbehelf im Verwaltungsverfahren unterliegt. Dabei macht es keinen Unterschied, ob der Rechtsbehelf durch Gesetz, Verordnung oder Verwaltungsvorschrift eingeführt ist.[374] Nach nahezu einhelliger Auffassung folgt hieraus, dass der Antragsteller gegen die Versagung der Zurückstellung **zunächst die nach § 21 StVollstrO statthafte Beschwerde zum Generalstaatsanwalt einlegen muss.**[375] Die vereinzelt vertretene Gegenauffassung, der Gesetzgeber habe durch die Neufassung des Abs. 2 im Interesse einer Verfahrensbeschleunigung die unmittelbare Anrufung des Oberlandesgerichts ermöglichen wollen,[376] konnte sich nicht durchsetzen. Sie ist unvereinbar damit, dass die Verweisung auf die §§ 23–30 EGGVG die Regelung des § 24 Abs. 2 EGGVG mit einschließt und außerdem den Gesetzesmaterialien keine Anhaltspunkte dafür zu entnehmen sind, dass der Gesetzgeber den sich aus der StVollstrO, dh aus bundeseinheitlichen Verwaltungsvorschriften, ergebenden Rechtsbehelf einschränken wollte.[377]

In besonderen Fallkonstellationen erscheint die sachliche Berechtigung des Vorschaltver- **162** fahrens jedoch zweifelhaft. Hierzu zählen namentlich die Fälle, in denen das **Gericht des ersten Rechtzuges die Zustimmung versagt hat.** Da der Generalstaatsanwalt die gerichtliche Zustimmung nicht ersetzen und folglich die ablehnende Entscheidung der unteren Vollstreckungsbehörde nicht abändern kann, erscheint es nahe liegend, dem Verurteilten den „Umweg" über die Generalstaatsanwaltschaft zu ersparen und ihm das Recht einzuräumen, unmittelbar das OLG anzurufen.[378] In der Rspr. der Oberlandesgerichte überwiegt indessen die Auffassung, dass auch in solchen Fällen das Vorschaltverfahren durchzuführen ist.[379] Der Sinn des Verfahrens wird dabei vor allem darin gesehen, dass der Generalstaatsanwalt Gelegenheit erhält, die Versagung der gerichtlichen Zustimmung selbst oder durch die Vollstreckungsbehörde mit der Beschwerde nach Abs. 2 S. 1 anzugreifen oder auch nur die Akte nochmals dem erstinstanzlichen Gericht zuzuleiten und eine Änderung der Entscheidung anzuregen. Allerdings ist unverkennbar, dass diese Verfahrensweise zu unnötigem Verwaltungsaufwand und vermeidbaren Verfahrensverzögerungen führen kann.[380] Mit Recht hat daher das KG wenigstens in dem speziellen Fall, dass über die Beschwerde nach Abs. 2 S. 1 gegen die Verweigerung der Zustimmung des Landgerichts als Erstgericht derselbe Spruchkörper zu entscheiden hätte wie über den Antrag nach Abs. 2 S. 2, die Vorschaltbeschwerde als entbehrlich angesehen.[381] Ebenso sollten Fälle behandelt werden, in denen eine Beschwerde nach Abs. 2 S. 1 erhoben wurde, aber erfolglos blieb.

Die Vorschaltbeschwerde ist weder an eine besondere **Form** noch an eine **Frist** gebunden **163** und bedarf auch keiner **Begründung.**[382] Sie kann sowohl bei der Vollstreckungsbehörde

---

[371] OLG Karlsruhe 31.7.2015 – 2 Ws 319 – 322/15, BeckRS 2015, 13635.

[372] *Weber* Rn. 203.

[373] Nach KG 5.1.2009 – 1 VAs 64/08, Rpfleger 2009, 412, ist es allerdings unschädlich, wenn der Beschwerdebescheid erst nach Stellung des Antrags auf gerichtliche Entscheidung ergangen ist, es genügt, wenn das Vorschaltverfahren im Zeitpunkt der gerichtlichen Entscheidung abgeschlossen ist.

[374] Meyer-Goßner/Schmitt/ *Schmitt* EGGVG § 24 Rn. 5 mwN.

[375] Siehe zB OLG München 16.4.1993 – 3 VAs 8/93, NStZ 1993, 455; OLG Zweibrücken 14.5.1998 – 1 VAs 2/98, NStZ-RR 1999, 59; *Franke/Wienroeder* Rn. 19; KPV/*Patzak* Rn. 345 f.; *ders.* NStZ 1995, 63 (64); Pohlmann/Jabel/Wolf/ *Wolf* StVollstrO § 21 Rn. 12; krit. *Joachimski/Haumer* Rn. 19; *Weber* Rn. 195.

[376] OLG Oldenburg 26.4.1995 – 1 VAs 5/95, NStZ-RR 1996, 50; die Rechtsauffassung aufgegeben mit 14.10.1999 – 1 VAs 15/99, StV 2000, 325.

[377] Vgl. zB OLG Zweibrücken 14.5.1998 – 1 VAs 2/98, NStZ-RR 1999, 59.

[378] Vgl. *Körner* NStZ 1995, 63 (64).

[379] OLG Stuttgart 28.9.1993 – 4 VAs 21/93, StV 1994, 30; OLG München 16.4.1993 – 3 VAs 8/93, NStZ 1993, 455; OLG Zweibrücken 14.5.1998 – 1 VAs 2/98, NStZ-RR 1999, 59.

[380] *Weber* Rn. 196.

[381] KG 24.6.1993 – Zs 414/93 – 4 VAs 20/93, DRsp Nr. 1999/4981.

[382] AA KPV/*Patzak* Rn. 355, wonach eine nicht begründete Beschwerde mangels Rechtsschutzbedürfnisses unzulässig sei.

als auch bei der Generalstaatsanwaltschaft eingelegt werden. Über die Beschwerde entscheidet nach § 21 Abs. 1 Nr. 1 StVollstrO die Generalstaatsanwaltschaft, und zwar auch dann, wenn die Zurückstellung vom Jugendrichter als Vollstreckungsleiter abgelehnt wurde.[383] Der Generalstaatsanwalt kann die Entscheidung umfassend, dh ohne Beschränkung auf Rechts- oder Ermessensfehler, überprüfen und wie in jedem Beschwerdeverfahren auch selbst Ermittlungen anstellen oder veranlassen. Er kann der Beschwerde durch Aufhebung des Bescheids der Vollstreckungsbehörde abhelfen oder die Akten zur nochmaligen Überprüfung an die Vollstreckungsbehörde zurückleiten.[384] Eine unbegründete Beschwerde weist er durch einen mit Gründen versehenen Bescheid zurück. Eine Rechtsmittelbelehrung ist nicht vorgeschrieben,[385] aber im Hinblick auf die Frist des § 26 Abs. 1 EGGVG und die Möglichkeit einer Wiedereinsetzung in den vorigen Stand bei schuldloser Fristversäumung (§ 26 Abs. 2 EGGVG) zweckmäßig.[386]

164   **b) Antrag auf gerichtliche Entscheidung.** Nach erfolgloser Durchführung des Vorschaltverfahrens kann der Verurteilte die Entscheidung des Strafsenats des Oberlandesgerichts herbeiführen.

165   **aa) Antrag.** Der Antrag auf gerichtliche Entscheidung muss innerhalb eines Monats nach Zustellung oder schriftlicher Bekanntgabe des Bescheids der Generalstaatsanwaltschaft gem. § 24 Abs. 2 EGGVG schriftlich oder zur Niederschrift der Geschäftsstelle des zuständigen Oberlandesgerichts oder eines Amtsgerichts gestellt werden (§ 26 Abs. 1 EGGVG). Er muss innerhalb der Frist des § 26 Abs. 1 EGGVG auch begründet werden, die Ankündigung einer Begründung genügt nicht.[387] Bei schuldloser Fristversäumnis ist dem Verurteilten unter den Voraussetzungen des § 26 Abs. 2–4 EGGVG Wiedereinsetzung in den vorigen Stand zu gewähren.

166   Der Antragsteller hat **darzulegen**, durch die Ablehnung der Zurückstellung, durch das Unterlassen einer Entscheidung der Vollstreckungsbehörde (§ 27 EGGVG) oder durch Nebenbestimmungen eines stattgebenden Zurückstellungsbescheids (→ Rn. 171) in **seinen Rechten verletzt zu sein** (§ 24 Abs. 1 EGGVG). Zur Begründung des Antrags gehört daher eine aus sich selbst heraus verständliche Sachdarstellung, aus der sich ergibt, aus welchen Gründen sich der Betroffene gegen welche konkrete Entscheidung der Strafvollstreckungsbehörde wendet.[388] Ferner bedarf es des Vortrags von Tatsachen, aus denen sich schlüssig eine Rechtsverletzung ergibt. Eine solche schlüssige Darstellung hat neben der BtM-Abhängigkeit des Antragstellers zur Tatzeit und zum Entscheidungszeitpunkt insbesondere den unmittelbaren Kausalzusammenhang zwischen Abhängigkeit und Straftat zu umfassen.[389] Die für das Klageerzwingungsverfahren geltenden Grundsätze sind allerdings nicht auf das Verfahren nach §§ 23 ff. EGGVG übertragbar; im Gegensatz zu einem Klageerzwingungsantrag kann daher in einer Antragsschrift nach §§ 23 ff. EGGVG zur Darstellung des Sachverhalts auf Anlagen Bezug genommen werden.[390]

167   **bb) Zuständigkeit.** Zuständig ist das Oberlandesgericht, in dessen Bezirk die Generalstaatsanwaltschaft oder, sofern ein Vorschaltverfahren nicht vorausgegangen ist, die untere Vollstreckungsbehörde ihren Sitz hat (§ 25 Abs. 1 EGGVG). Länder mit mehreren Oberlan-

---

[383] OLG München 16.4.1993 – 3 VAs 8/93, NStZ 1993, 455; Pohlmann/Jabel/Wolf/*Wolf* StVollstrO § 21 Rn. 6.
[384] Siehe KPV/*Patzak* Rn. 364 f.
[385] Die gegenteilige Auffassung von *Malek* Kap. 5 Rn. 70 ließe sich allenfalls auf eine analoge Anwendung des § 35a StPO stützen.
[386] Pohlmann/Jabel/Wolf/*Wolf* StVollstrO § 21 Rn. 9.
[387] So zutreffend *Weber* Rn. 201.
[388] KG 1.2.2012 – 4 VAS 6/12; KPV/*Patzak* Rn. 393 mwN.
[389] KG 22.3.2013 – 4 VAs 17/13, StV 2013, 711; OLG Koblenz 17.8.2015 – 2 VAs 15/15.
[390] BVerfGE 5.4.2012 – 2 BvR 211/12, NStZ-RR 2013, 187; OLG Frankfurt 15.4.2013 – 3 VAs 11/13, StraFo 2013, 351.

desgerichten können die Zuständigkeit auf ein Gericht konzentrieren (§ 25 Abs. 2 EGGVG). Hiervon hat NRW mit der Konzentration auf das OLG Hamm Gebrauch gemacht.[391]

cc) Gegenstand. Gegenstand der gerichtlichen Überprüfung ist der Bescheid der Voll- **168** streckungsbehörde in der Gestalt, die er im Vorschaltverfahren gefunden hat,[392] der Beschwerdebescheid nur, soweit er eine zusätzliche Beschwer enthält.[393] Das Oberlandesgericht entscheidet ohne Bindung an die Feststellungen der Vollstreckungsbehörde, es prüft den Sachverhalt mithin auch in tatsächlicher Hinsicht.[394]

Wendet sich der Antragsteller gegen die **Versagung der Zurückstellung** handelt es **169** sich in der Sache um einen Verpflichtungsantrag gem. § 23 Abs. 2 EGGVG. Für die Beurteilung der Begründetheit kommt es entspr. der im allgemeinen Verwaltungsrecht hierzu entwickelten Grundsätze auf die **Sach- und Rechtslage im Zeitpunkt der gerichtlichen Entscheidung** an; Änderungen nach Erlass der Entscheidung der Vollstreckungsbehörde, etwa der Wegfall eines Zurückstellungshindernisses, sind demnach zu berücksichtigen.[395] Dass die Vollstreckungsbehörde bei ihrer Entscheidung über den Zurückstellungsantrag einen Ermessens- und Beurteilungsspielraum hat, steht der Berücksichtigung nachträglicher Änderungen nicht entgegen.[396]

Entsprechendes gilt, wenn der Betroffene die **Untätigkeit der Vollstreckungsbehörde** **170** rügt. Nach § 27 EGGVGV kann der Antrag auf gerichtliche Entscheidung gestellt werden, wenn die Vollstreckungsbehörde über einen Zurückstellungsantrag bzw. die Generalstaatsanwaltschaft über eine Beschwerde nach § 21 StVollstrO ohne zureichenden Grund nicht innerhalb von drei Monaten entschieden hat. Bei Vorliegen besonderer Umstände ist auch eine frühere Antragstellung zulässig (§ 27 Abs. 1 S. 2 EGGVG).

Der Antrag auf gerichtliche Entscheidung kann sich ferner **gegen** die mit einer positiven **171** Zurückstellungsentscheidung verbundenen **Auflagen und Weisungen richten,** weil auch sie den Antragsteller unmittelbar beschweren können.[397] Verfehlt wäre es, den Betroffenen auf die Möglichkeit zu verweisen, einen etwaigen, auf die Nichterfüllung von Nebenbestimmungen gestützten Widerruf der Zurückstellung nach Abs. 7 S. 2 gerichtlich überprüfen zu lassen; denn schon aufgrund der Gefahr, dass die Vollstreckungsbehörde bei Nichtbeachtung der Auflagen und Weisungen die Zurückstellung gemäß Abs. 5 widerruft, sind solche Nebenbestimmungen grds. geeignet, die Lebensführung der Betroffenen zu beeinträchtigen. Insofern gilt dasselbe wie für Auflagen und Weisungen iR einer Strafaussetzung zur Bewährung, die gemäß §§ 268a Abs. 1, 2, 305a, 453 Abs. 2 StPO gleichfalls isoliert anfechtbar sind.[398]

dd) Prüfungsumfang. Da der Vollstreckungsbehörde bei der Entscheidung über die **172** Zurückstellung ein Ermessen eingeräumt ist (→ Rn. 134 ff.), besteht für das Oberlandesgericht nur eine **eingeschränkte Nachprüfungsmöglichkeit:** Nach § 28 Abs. 3 EGGVG hat es nur zu prüfen, ob die Vollstreckungsbehörde die gesetzlichen Grenzen des Ermessens überschritten oder von dem Ermessen in einer dem Zweck des § 35 nicht entsprechenden Weise Gebrauch gemacht hat.[399] Ermessensfehlerhaft ist die Entscheidung auch dann, wenn

---

[391] G v. 8.11.1960, GVBl. NRW S. 352.

[392] Vgl. OLG Hamburg 17.2.1998 – 2 VAs 11/97, StV 1999, 105.

[393] Meyer-Goßner/Schmitt/ *Schmitt* EGGVG § 24 Rn. 7 mwN.

[394] Vgl. Meyer-Goßner/Schmitt/ *Schmitt* EGGVG § 28 Rn. 3.

[395] Str., wie hier OLG Frankfurt a. M. 18.10.1985 – 3 Ws 819, 820/85, NStZ 1986, 240; *Kissel* Gerichtsverfassungsgesetz, EGGVG § 28 Rn. 7; Meyer-Goßner/Schmitt/ *Schmitt* EGGVG § 28 Rn. 3; *Körner* Rn. 399; aA OLG Frankfurt a. M. 16.1.1991 – 3 VAs 41/90, DRsp Nr. 1998/594, das den Betroffenen auf die Stellung eines neuen Zurückstellungsantrags verweist.

[396] Vgl. zB *Kopp/Schenke* VwGO § 113 Rn. 217.

[397] OLG Hamm 7.11.1985 – 1 VAs 89/85, NStZ 1986, 187 mAnm *Katholnigg* NStZ 1986, 188; OLG Hamm 17.12.1985 – 1 VAs 117/85, StV 1986, 24.

[398] OLG Hamm 17.12.1985 – 1 VAs 117/85, StV 1986, 24.

[399] Siehe zB KG 10.2.1983 – 2 VAs 24/82, StV 1983, 291 (292); OLG Saarbrücken 26.9.1995 – VAs 8/ 95, NStZ-RR 1996, 50; OLG Stuttgart 5.6.2001 – 4 VAs 9/01, NStZ-RR 2001, 343; KPV/ *Patzak* Rn. 397; *Weber* Rn. 204 jeweils mwN.

die Vollstreckungsbehörde den Sachverhalt nicht in dem gebotenen Umfang unter Ausschöpfung der ihr zur Verfügung stehenden Erkenntnisquellen geprüft hat[400] oder von einem unzutreffenden Sachverhalt ausgegangen ist. Enthält die Entscheidung der Vollstreckungsbehörde keine die Nachprüfung der Ermessensausübung ermöglichende Begründung, so ist sie grds. aufzuheben;[401] die Gründe können aber im gerichtlichen Verfahren nachgeschoben werden.[402]

173   Für den Erfolg des Antrags **genügt** es hingegen **nicht,** dass auch eine für den Antragsteller **günstigere Entscheidung** der Vollstreckungsbehörde **vertretbar** wäre. Das Gericht darf nicht sein Ermessen an die Stelle des Ermessens der Vollstreckungsbehörde setzen.[403] Entsprechendes gilt, soweit der Vollstreckungsbehörde bei Tatbestandsmerkmalen des § 35 (zB Ernsthaftigkeit der Therapiezusage des Verurteilten) ein Beurteilungsspielraum zukommt.[404]

174   **ee) Entscheidungsinhalt bei begründetem Antrag.** Liegt ein Gesetzesverstoß oder Ermessensfehler vor, hebt das OLG die Bescheide der Vollstreckungsbehörde und des Generalstaatsanwalts auf (§ 28 Abs. 1 S. 1 EGGVG). IdR wird es ferner die Sache zur erneuten Bescheidung unter Beachtung der Rechtsauffassung des Senats zurückverweisen (§ 28 Abs. 2 S. 2 EGGVG). Ist die Sache aber spruchreif, also nur eine positive Zurückstellungsentscheidung ermessensfehlerfrei (Ermessensreduktion auf Null), verpflichtet es die Vollstreckungsbehörde, die Strafvollstreckung zurückzustellen (§ 28 Abs. 1 S. 1 EGGVG).[405] Nach einer zwar pragmatischen, aber im Hinblick auf den Wortlaut des § 28 Abs. 2 EGGVG rechtlich zweifelhaften Auffassung soll das OLG die Zurückstellung auch selbst vornehmen können.[406]

175   **ff) Mitüberprüfung der Verweigerung der gerichtlichen Zustimmung (S. 3).** Die Überprüfung durch das OLG schließt nach Abs. 2 S. 3 ggf. die Verweigerung der Zustimmung des Gerichts des ersten Rechtszuges mit ein. Hierfür ist nicht erforderlich, dass sich der Antrag auf gerichtliche Entscheidung ausdrücklich auch gegen die Versagung der Zustimmung des Erstgerichts richtet.[407] Da auch die Erteilung bzw. Nichterteilung der Zustimmung des Gerichts des ersten Rechtzuges eine Ermessensentscheidung ist, kann sie wie die Entscheidung der Vollstreckungsbehörde nur in den Grenzen des § 28 Abs. 3 EGGVG überprüft werden (→ Rn. 172 f.).

176   Hat auf die Beschwerde der Staatsanwaltschaft nach Abs. 2 S. 1 das Beschwerdegericht die Entscheidung des Erstgerichts bestätigt, so **kann das OLG auch über die Beschwerdeentscheidung befinden;**[408] denn auch in diesem Falle wurde die Zustimmung durch das Gericht des ersten Rechtszuges verweigert.[409] Abs. 2 S. 2 bietet keinen Anhaltspunkt dafür, dass das OLG an die Beschwerdeentscheidung gebunden wäre.

177   Eine **ermessensfehlerhaft versagte Zustimmung kann das OLG selbst erteilen** (Abs. 2 S. 3 Hs. 2). Nach Auffassung des OLG Stuttgart soll die Zustimmung des Erstgerichts selbst dann durch die Entscheidung des OLG ersetzt werden können, wenn die Vollstreckungsbehörde den Zurückstellungsantrag ohne vorherige Äußerung des Gerichts abgelehnt hat, dieses mit der Frage einer Zustimmung zur Zurückstellung also noch gar nicht befasst war.[410] Dies erscheint problematisch. Abgesehen davon, dass in diesem Falle nicht die nach dem Wortlaut des Abs. 2 S. 2 und S. 3 erforderliche „*Verweigerung* der Zustimmung" vorliegt,

---

[400] Vgl. OLG Karlsruhe 20.7.1998 – 3 VAs 29/98, NStZ-RR 1998, 314 (315); 11.11.2004 – 2 VAs 37/04, NStZ-RR 2005, 57.
[401] KPV/*Patzak* Rn. 398.
[402] Str., vgl. Meyer-Goßner/Schmitt/*Schmitt* EGGVG § 28 Rn. 10 mwN.
[403] Siehe zB OLG Frankfurt a. M. 26.9.1995 – 3 VAs 29/98, NStZ-RR 1998, 314.
[404] OLG Frankfurt a. M. 28.12.1993 – 3 VAs 25/93, DRsp Nr. 1998/564.
[405] *Malek* Kap. 5 Rn. 71; *Weber* Rn. 206.
[406] Vgl. OLG Oldenburg 9.10.1995 – 1 VAs 14/95, StV 1995, 650; OLG Dresden 20.9.2005 – 2 VAs 26/05, StV 2006, 585; aA OLG Celle 20.11.1995 – 1 VAs 14/95, NStZ 1996, 304.
[407] KG 5.7.1999 – Zs 39/99 – 4 VAs 11/99, DRsp Nr. 2001/6194.
[408] *Weber* Rn. 211; zweifelnd *Katholnigg* NStZ 1996, 615 (616).
[409] *Weber* Rn. 211.
[410] OLG Stuttgart 5.6.2001 – 4 VAs 9/01, NStZ-RR 2001, 343.

setzt das OLG damit sein Ermessen an die Stelle des – noch nicht ausgeübten – Ermessens des Erstgerichts. Zulässig wäre dies wohl nur, wenn auch hinsichtlich der Modalitäten der Zurückstellung (zB Zeitpunkt und Dauer) und etwaiger Nebenbestimmungen (→ Rn. 150 ff.) nur noch eine einzige Entscheidung rechtsfehlerfrei möglich wäre. Ein solcher Fall ist indessen kaum denkbar.

Die Ersetzung der Zustimmung durch das OLG nach Abs. 2 S. 3 Hs. 2 **setzt nicht** **178** **voraus, dass die Staatsanwaltschaft** gegen die ablehnende Entscheidung des Erstgerichts vergeblich die **Beschwerde nach Abs. 2 S. 1 eingelegt** hat.[411] Der Erfolg des Rechtsmittels des Verurteilten kann nicht davon abhängen, ob die Staatsanwaltschaft, also gerade die Behörde, deren Entscheidung angegriffen wird, ihrerseits von einer Beschwerdemöglichkeit Gebrauch gemacht hat. Keinesfalls führt daher die Nichteinlegung der Beschwerde durch die Staatsanwaltschaft zur Unzulässigkeit oder Unbegründetheit des Antrags des Verurteilten auf gerichtliche Entscheidung.[412]

IV. Gesamtfreiheitsstrafen und Strafreste (Abs. 3)

Abs. 3 enthält zwei, aufgrund Sachzusammenhangs bereits unter I. erläuterte Ergänzun- **179** gen der in Abs. 1 geregelten Voraussetzungen der Zurückstellung. Zum einen bestimmt Abs. 3 Nr. 1, dass die Regelungen des Abs. 1 für Gesamtfreiheitsstrafen entsprechend gelten, sofern der ihrer Bedeutung nach überwiegende Teil der abgeurteilten Taten gem. Abs. 1 S. 1 aufgrund einer BtM-Abhängigkeit begangen wurde (→ Rn. 58 ff.), zum anderen erweitert Abs. 3 Nr. 2 die Möglichkeit der Zurückstellung auf Strafreste, die zwei Jahre nicht übersteigen (→ Rn. 30 f.). Die sonstigen Voraussetzungen der Zurückstellung lässt Abs. 3 unberührt.

V. Nachweis- und Mitteilungspflichten (Abs. 4)

Als Mindestkontrolle des Abhängigen während der Zurückstellungszeit statuiert Abs. 4 **180** Nachweispflichten des Verurteilten und Mitteilungspflichten der Therapieeinrichtung. Die Regelungen sollen ua gewährleisten, dass die Vollstreckungsbehörde auf ein Scheitern der therapeutischen Bemühungen rasch mit einem Widerruf der Zurückstellung und ggf. Erlass eines Haftbefehls reagieren und hierdurch ein erneutes Abgleiten des Abhängigen in das Drogenmilieu verhindern kann.[413]

1. Nachweispflichten des Verurteilten. Der Verurteilte ist verpflichtet, zu Zeitpunk- **181** ten, welche die Vollstreckungsbehörde festsetzt, den Nachweis über die Aufnahme und über die Fortführung der Behandlung zu erbringen.

a) Festlegung der Zeitpunkte. Die Festlegung der Zeitpunkte, zu denen die Nach- **182** weise zu erbringen sind, ist für die Verpflichtung konstitutiv; von sich aus braucht der Verurteilte nicht tätig werden.[414] Deshalb kann sich eine förmliche Zustellung der die Zeitpunkte festlegenden Verfügung empfehlen.[415] Die Zeitpunkte kann die Vollstreckungsbehörde nach ihrem Ermessen bestimmen, wobei idR zwei- bis dreimonatige Abstände ausreichen werden.[416] Die Mitteilungsintervalle können auch im Laufe der Therapie vergrößert werden.

---

[411] *Weber* Rn. 210; *Weichert* NJW 1999, 830.

[412] Sehr fragwürdig daher auch der vom OLG Celle 20.11.1995 – 1 VAs 14/95, NStZ 1996, 304, eingeschlagene Weg, das Verfahren auszusetzen, um zunächst der Staatsanwaltschaft die Nachholung der Beschwerde nach Abs. 2 S. 1 zu ermöglichen; krit. hierzu *Katholnigg* NStZ 1996, 615; *Weber* Rn. 210; *Weichert* NJW 1999, 830. Diese Sachbehandlung mag allenfalls in Betracht kommen, wenn die Versagung der Zustimmung durch das erstinstanzliche Gericht zB wegen unzureichender Begründung rechtsfehlerhaft war, die Sache jedoch noch nicht so weit entscheidungsreif ist, als dass das OLG die Zustimmung des Erstgerichts ersetzen könnte.

[413] BT-Drs. 8/4283, 7.

[414] AllgM, s. zB *Malek* Kap. 5 Rn. 60; *Weber* Rn. 224.

[415] HJLW Rn. 8.1.

[416] KPV/*Patzak* Rn. 413.

183   **b) Form der Nachweise.** Das Gesetz hat den Nachweis nicht der Therapieeinrichtung, sondern dem Verurteilten auferlegt, um den Therapeuten nicht als „verlängerten Arm der Justiz" erscheinen zu lassen und um dem Abhängigen seine Eigenverantwortung vor Augen zu führen.[417] Gleichwohl können die Nachweise auch unmittelbar durch die Therapieeinrichtung eingereicht werden. Eine besondere Form schreibt das Gesetz nicht vor, die Vollstreckungsbehörde kann jedoch im Zurückstellungsbescheid näher bestimmen, wie die Nachweise zu erbringen sind (→ Rn. 150).[418] Zur Rechtssicherheit sollten idR schriftliche Nachweise (Bestätigungen der Therapieeinrichtung) gefordert werden.[419]

184   **c) Inhalt der Nachweise.** Nachzuweisen ist zunächst die **Aufnahme der Behandlung.** Angesichts der Häufigkeit der Fälle, in denen dem Verurteilten der Übergang vom Strafvollzug in die therapeutische Behandlung nicht gelingt (→ Rn. 16), und im Hinblick darauf, dass die Therapieeinrichtung grds. nicht verpflichtet ist, einen Nichtantritt der Therapie zu melden (→ Rn. 191), kommt diesem Nachweis des Verurteilten besondere Bedeutung zu. Die Vollstreckungsbehörde muss nicht nur im Interesse der Strafvollstreckung, sondern auch zum Schutz des Abhängigen vor Selbstschädigungen innerhalb kurzer Zeit auf ein Untertauchen in die Drogenszene reagieren können.[420] Die Frist zum Nachweis der Therapieaufnahme sollte daher nicht viel länger als eine Woche sein.[421]

185   Weiter hat der Verurteilte zu den festgelegten Zeitpunkten die **Fortführung der Behandlung** nachzuweisen. Gemeint ist damit lediglich die fortgesetzte äußere Teilnahme an der Therapie, nicht jedoch etwa der Nachweis von Therapiefortschritten oder konkreten therapeutischen Anstrengungen.[422]

186   **Darüber hinausgehende Nachweis- und Mitteilungspflichten** lassen sich zwar nicht aus Abs. 4 herleiten, doch können sie von der Vollstreckungsbehörde in den Grenzen einer fehlerfreien Ermessensausübung durch entsprechende Auflagen und Weisungen begründet werden (→ Rn. 151).[423] Die Gegenmeinung, die Abs. 4 als abschließende Regelung der Mitteilungs- und Nachweispflichten ansieht,[424] lässt unberücksichtigt, dass durch entsprechende Nebenbestimmungen uU erst die Voraussetzungen einer Zurückstellung geschaffen werden, diese also anderenfalls von der Vollstreckungsbehörde abgelehnt werden müsste oder jedenfalls ermessensfehlerfrei abgelehnt werden könnte. Ist etwa bei einer ambulanten Behandlung aus therapeutischen Gründen eine Tagesstrukturierung durch ein ganztägiges Arbeitsverhältnis erforderlich, so kann die Vollstreckungsbehörde vom Abhängigen auch den Nachweis der Fortsetzung dieser Arbeit verlangen (→ Rn. 74 f.). Entsprechendes gilt für andere Bestandteile eines therapeutischen Gesamtkonzepts.

187   **2. Mitteilungspflichten der Therapieeinrichtung.** Die Regelung des Abs. 4 Hs. 2 ist als Schnittstelle zwischen Strafvollstreckung und therapeutischem Vertrauensverhältnis seit jeher besonders konfliktträchtig.[425] Eine gedeihliche Zusammenarbeit zwischen Justiz und Drogenarbeit erfordert gerade hier die beiderseitige Bereitschaft, die Aufgaben der jeweils anderen Seite zu respektieren. Weder soll die Therapieeinrichtung lediglich Erfüllungsgehilfe der Justiz sein, noch wird der Verurteilte mit der Zurückstellung in einen rechtsfreien Raum entlassen, in dem er jeglicher Kontrolle der Justizbehörden entzogen wäre.

---

[417] KPV/*Patzak* Rn. 414.
[418] Vgl. OLG Hamm 17.12.1985 – 1 VAs 117/85, StV 1986, 24; *Joachimski/Haumer* Rn. 30.
[419] HJLW Rn. 8.1; *Weber* Rn. 225; aA *Joachimski/Haumer* Rn. 30 (telefonische Mitteilung regelmäßig ausreichend).
[420] *Weber* Rn. 220.
[421] KPV/*Patzak* Rn. 416: 10 Tage.
[422] *Joachimski/Haumer* Rn. 30.
[423] Siehe *Weber* Rn. 165 ff. mwN; aA in Bezug auf die Entbindung des Therapeuten von der Schweigepflicht OLG Hamm 17.12.1985 – 1 VAs 117/85, StV 1986, 24; ebenso *Joachimski/Haumer* Rn. 30; krit. hierzu HJLW Rn. 8.3.
[424] So zB *Malek* Kap. 5 Rn. 61.
[425] Ausführlich KPV/*Patzak* Rn. 421; HJLW Rn. 8.2.

a) Gegenstand der Mitteilung. Nach Abs. 4 Hs. 2 sind die behandelnden Personen **188** bzw. Einrichtungen verpflichtet, einen Abbruch der Behandlung mitzuteilen.[426]

aa) Abbruch der Therapie. Eine Definition des Therapieabbruchs enthält das Gesetz **189** nicht.[427] Im Allgemeinen wird als Abbruch ein Verhalten anzusehen sein, das erkennen lässt, dass der Proband die Behandlung, dh die konkrete Therapie, zu deren Gunsten die Strafvollstreckung zurückgestellt wurde,[428] nicht fortsetzen will.[429] Dem gleichzusetzen ist ein Therapieausschluss des Abhängigen durch den Behandelnden zB wegen eines Verstoßes gegen Therapiebedingungen oder gegen die Hausordnung der Therapieeinrichtung.[430] Vor allem bei einer ambulanten Therapie ist außerdem von einem Therapieabbruch auszugehen, wenn die Bedingungen und Auflagen, unter denen die Vollstreckungsbehörde die Vollstreckung zurückgestellt hat (→ Rn. 150 f.), nicht erfüllt sind und daher die Behandlung nicht in der vorgesehenen Weise durchgeführt werden kann.[431] Dass bei Aufnahme einer neuen Therapie unter veränderten Bedingungen uU nach Abs. 5 S. 1 von einem Widerruf der Zurückstellung abgesehen werden kann, ändert nichts an der Notwendigkeit, die Vollstreckungsbehörde vom Scheitern der zugesagten Therapie zu unterrichten.

Ein **Verlassen der Therapieeinrichtung** gegen den Willen der Behandelnden kann je **190** nach den Umständen des Einzelfalls als Therapieabbruch oder auch nur als Unterbrechung der Therapie zu werten sein.[432] Ein wesentliches, aber nicht das einzige Kriterium hierfür ist die **Dauer der Abwesenheit**.[433] Die mitunter genannte Faustformel, dass eine Unterrichtung der Vollstreckungsbehörde geboten ist, wenn sich der Abhängige mehr als eine Woche unerlaubt von der Therapie entfernt hat,[434] erscheint aus justizieller Sicht schon deshalb bedenklich, weil sie auch oftmaliges ungenehmigtes Fernbleiben von der Therapie zulassen würde. Da jedes Verlassen der Therapie mit der Gefahr eines Rückfalls und der erneuten Begehung von Straftaten verbunden sein kann, bedarf es grds. schon bei kürzeren Abwesenheitszeiten der Information der Vollstreckungsbehörde.[435] Dieser obliegt es dann zu entscheiden, ob ein sofortiger Widerruf der Zurückstellung veranlasst ist oder noch abgewartet werden kann, ob der Verurteilte in Kürze die Therapie fortsetzt. Unabhängig von der Dauer der Abwesenheit ist ein Abbruch jedenfalls dann anzunehmen, wenn aufgrund konkreter Umstände nicht zu erwarten ist, dass der Abhängige in die Therapieeinrichtung zurückkehren wird, so zB, wenn er Vorkehrungen für eine Flucht ins Ausland getroffen hat.[436] Ebenso ist der Vollstreckungsbehörde mitzuteilen, wenn wegen eines wiederholten therapiewidrigen Verlassens der Einrichtung nicht mehr vom Vorliegen einer tragfähigen Therapiebereitschaft ausgegangen werden kann.

bb) Nichtantritt der Therapie. Die Vollstreckungsbehörde ist nach Abs. 4 Hs. 2 nur **191** vom Abbruch der Therapie zu unterrichten, was voraussetzt, dass der Abhängige diese

---

[426] Diese gesetzliche Verpflichtung durchbricht die ärztliche oder andere Schweigepflicht gem. § 203 StGB, die Mitteilung eines Behandlungsabbruchs ist daher nicht strafbar; näher *Weber* Rn. 249 f.

[427] Zur Vermeidung etwaiger Unsicherheiten oder Differenzen können sich daher vorherige Absprachen zwischen der Vollstreckungsbehörde und der Therapieeinrichtung empfehlen, in denen in Bezug auf die konkrete Therapieform festgelegt wird, bei welchen Vorkommnissen ein Therapieabbruch anzunehmen ist und deshalb eine Mitteilung zu erfolgen hat (→ Rn. 200 ff.).

[428] Vgl. OLG Koblenz 4.11.1994 – 2 Ws 622/94, NStZ 1995, 294; LG Mannheim 16.9.2005 – 6 Qs 36/05, StraFo 2005, 523 (kein Widerruf bei Scheitern einer anschließenden freiwilligen Behandlung in einer Adaptionseinrichtung).

[429] HJLW Rn. 9.1; KPV/*Patzak* Rn. 422; *Weber* Rn. 224; vgl. auch → Rn. 83 zur Substitutionsbehandlung.

[430] AG Osnabrück 29.7.1988 – 34 VRs 399/85, StV 1989, 69; *Adams/Eberth* NStZ 1983, 193 (197); HJLW Rn. 9.1; einschränkend AG Braunschweig 17.5.1999 – 9 Ls 309 Js 47 087/83, StV 1990, 415; *Joachimski/Haumer* Rn. 34; KPV/*Patzak* Rn. 459 f.

[431] Vgl. KPV/*Patzak* Rn. 451; *Weber* Rn. 237.

[432] Vgl. BT-Drs. 8/4283, 8; *Eberth/Müller*, 1982, Rn. 95; HJLW Rn. 9.2; *Weber* Rn. 235.

[433] HJLW Rn. 9.2 f.

[434] Vgl. die Nachweise bei *Körner*, 6. Aufl., Rn. 399.

[435] So auch *Joachimski/Haumer* Rn. 31.

[436] *Körner* Rn. 398 f. Rn. 423.

zumindest aufgenommen hatte. Es besteht daher **keine gesetzliche Verpflichtung** der Therapieeinrichtung, auch den **Nichtantritt der Therapie zu melden.** Zwar erscheint dies im Hinblick darauf, dass der Abhängige gerade in der besonders kritischen Phase nach der Entlassung aus dem Strafvollzug einer engen Kontrolle unterzogen werden sollte, unbefriedigend. Der Wortlaut des Abs. 4, insbesondere die hinsichtlich der Therapieaufnahme unterschiedliche Ausgestaltung der Regelungen des Halbsatzes 1 und des Halbsatzes 2, sowie die für eine enge Auslegung sprechende Entstehungsgeschichte der Vorschrift, erlauben es jedoch nicht, Abbruch und Nichtantritt der Therapie gleichzusetzen.[437]

192   Die Pflicht, auch den Nichtantritt zu melden, kann von den behandelnden Personen bzw. Verantwortlichen der Einrichtung jedoch **freiwillig übernommen werden.**[438] Möglich ist zum einen, dass sich die Therapieeinrichtung gegenüber der Vollstreckungsbehörde ausdrücklich zu entsprechenden Mitteilungen verpflichtet. Zum anderen kann eine Mitteilungspflicht aber auch durch tatsächliches Handeln begründet werden, etwa dadurch, dass der Behandelnde auch im Interesse des staatlichen Vollstreckungsanspruchs schon vor dem eigentlichen Beginn der Therapie eine Beaufsichtigung des Verurteilten übernimmt. So kann eine Mitteilungspflicht zB gegeben sein, wenn sich der Behandelnde bereit erklärt hat, den Verurteilten von der Vollzugsanstalt zur Therapieeinrichtung zu bringen. Je nach Lage des Falles kann diese **Begleitung zur Therapieeinrichtung** bereits als Beginn der Behandlung anzusehen sein, so dass das unerlaubte Sichentfernen des Verurteilten einen Therapieabbruch darstellt.[439] Daneben kommt die tatsächliche Übernahme der Pflicht, den Nichtantritt der Therapie mitzuteilen, in Betracht, und zwar vor allem dann, wenn die Begleitung in Absprache mit der Vollstreckungsbehörde vorgenommen wird und gerade dem Zweck dient, den Therapieantritt des Verurteilten zu überwachen.[440]

193   **b) Mitteilungspflichtige Personen.** Zur Meldung verpflichtet sind nach Abs. 4 Hs. 2 die behandelnden Personen oder Einrichtungen. Wird der Abhängige in einer Therapieeinrichtungen von mehreren Personen behandelt, ist regelmäßig der Leiter der Einrichtung für die Erfüllung der Pflicht verantwortlich. Er hat ggf. durch organisatorische Vorkehrungen dafür Sorge zu tragen, dass die Mitteilungen vorgenommen werden.[441]

194   **c) Frist, Form und Inhalt der Mitteilung.** Die Mitteilung eines Therapieabbruchs hat nach dem Willen des Gesetzgebers unverzüglich, dh ohne schuldhaftes Zögern zu erfolgen.[442] Eine bestimmte Form ist hierfür nicht vorgeschrieben, der Mitteilungspflicht genügt daher zB auch eine telefonische Meldung.

195   Nach dem Gesetzeswortlaut reicht die bloße Nachricht aus, dass die Behandlung abgebrochen wurde. Damit die Vollstreckungsbehörde auf den Abbruch individuell und sachgerecht reagieren kann, sollte ihr jedoch idR wenigstens in Grundzügen auch über den Therapieverlauf und die Hintergründe des Therapieabbruchs berichtet werden.[443] Nur so ist sichergestellt, dass die Vollstreckungsbehörde zu beurteilen vermag, ob ein sofortiger Widerruf der Zurückstellung und ggf. der Erlass eines Haftbefehls veranlasst sind oder hiervon aufgrund der Erwartung, dass der Verurteilte die Therapie alsbald wieder aufnimmt (Abs. 5 S. 1), noch abgesehen werden kann.

196   **d) Folgen eines Verstoßes gegen die Mitteilungspflicht.** Bei Verstößen gegen die Meldepflichten riskiert die Therapieeinrichtung die Meidung durch die Justiz bei künftigen Zurückstellungsanträgen sowie, sofern die Einrichtung staatlich anerkannt ist, den Widerruf

---

[437] BayObLG 9.2.1989 – RReg 3 St 4/89, NStZ 1990, 85 mAnm *Kreuzer*; *Körner* Rn. 398 f. Rn. 420.
[438] BayObLG 9.2.1989 – RReg 3 St 4/89, NStZ 1990, 85.
[439] *Weber* Rn. 240.
[440] Zurückhaltend hinsichtlich einer hieraus resultierenden Meldepflicht KPV/*Patzak* Rn. 419 f.; *Weber* Rn. 241 ff.
[441] *Eberth/Müller*, 1982, Rn. 86.
[442] BT-Drs. 8/4283, 8; *Adams/Eberth* NStZ 1983, 193 (197); HJLW Rn. 9.5; *Joachimski/Haumer* Rn. 31; *Weber* Rn. 248.
[443] So mit Recht KPV/*Patzak* Rn. 424; *Weber* Rn. 246; HJLW Rn. 9.6.

der Anerkennung.[444] Zudem kann sich der Mitteilungspflichtige wegen Vollstreckungsvereitelung strafbar machen. Die Mitteilungspflicht des Abs. 4 Halbs. 2 besteht ausdrücklich gegenüber der Vollstreckungsbehörde, sie dient somit auch der Verwirklichung des staatlichen Strafanspruchs. Daraus resultiert eine Garantenpflicht gegenüber der Rechtspflege, so dass bei Missachtung der Mitteilungspflichten eine Vollstreckungsvereitelung durch Unterlassen gem. §§ 13 Abs. 1, 258 Abs. 2 StGB in Betracht kommt.[445]

VI. Widerruf der Zurückstellung (Abs. 5–7)

1. Voraussetzungen des Widerrufs. Die Zurückstellung der Strafvollstreckung ist zu **197** widerrufen, wenn einer der therapiebezogenen Widerrufsgründe des Abs. 5 oder ein nachträgliches Zurückstellungshindernis nach Abs. 6 eingetreten ist. Die Aufzählung der Widerrufsgründe ist abschließend.[446] Liegt einer der Gründe vor, muss die Zurückstellung widerrufen werden; ein Ermessen ist der Vollstreckungsbehörde nur insoweit eingeräumt, als sie bei Erbringung nachträglicher Behandlungsnachweise gem. Abs. 5 S. 2 vom Widerruf absehen kann.

a) Behandlungsbezogene Gründe des Abs. 5 S. 1 Alt. 1 und 2. Ein Widerrufs- **198** grund liegt vor, wenn die Behandlung nicht begonnen bzw. nicht fortgeführt wird und nicht zu erwarten ist, dass der Verurteilte eine Behandlung derselben Art alsbald beginnt oder wieder aufnimmt.

aa) Nichtantritt oder Abbruch der Therapie. Die Behandlung ist **nicht begonnen,** **199** wenn der Verurteilte den für ihren Beginn vorgesehenen Termin nicht unerheblich überschreitet.[447] Ergreift er auf dem Weg von der Justizvollzugsanstalt in die Therapieeinrichtung die Flucht, ist idR ein sofortiger Widerruf veranlasst.[448]

Nicht fortgeführt ist die Behandlung, wenn sie vor Erreichen des Therapieendes abge- **200** brochen wird. Insoweit kann zunächst auf die Ausführungen bei → Rn. 189 f. verwiesen werden. Auf ein Verschulden des Abhängigen soll es nach den Vorstellungen des Gesetzgebers dabei nicht ankommen.[449] Ist eine eigenmächtig beendete Behandlung bereits als erfolgreich zu bewerten, kann von einem Widerruf der Zurückstellung abgesehen werden.[450]

Die Feststellung eines Therapieabbruchs wird idR auf einer entsprechenden Mitteilung **201** der behandelnden Personen beruhen; zwingend ist dies allerdings nicht. Die endgültige **Entscheidung, ob ein Verhalten als Abbruch zu werten ist, obliegt** nach Abs. 5 S. 1 **der Vollstreckungsbehörde.** Diese ist dabei nicht an die Auffassung des Therapeuten gebunden.[451] Erst recht steht es einem Widerruf nicht entgegen, wenn die Behandlungseinrichtung – aus welchen Gründen auch immer – die Meldung eines Therapieabbruchs unterlassen hat, die Vollstreckungsbehörde hiervon aber auf andere Weise Kenntnis erlangt.

Die Beurteilung, ob ein Therapieabbruch vorliegt, kann in der Praxis vor allem bei **202** **ambulanten Therapieformen** Schwierigkeiten bereiten. Während bei stationären Behandlungen mit dem nicht nur vorübergehenden Verlassen der Therapieeinrichtung ein einigermaßen klares Kriterium zur Feststellung des Abbruchs zur Verfügung steht, kommt es bei nichtstationären Behandlungen auf die uU schwierige Frage an, ob der Verurteilte an der Therapie in ausreichendem Maße mitwirkt und die Bedingungen und Auflagen der Zurückstellung erfüllt.[452] Entscheidend wird sein, ob die wesentlichen Bestandteile des

---

[444] *Katholnigg* NStZ 1981, 417 (419); *Körner* Rn. 424.
[445] BayObLG 9.2.1989 – RReg 3 St 4/89, NStZ 1990, 85 (87) mAnm *Kreuzer* NStZ 1990, 87; KPV/ *Patzak* Rn. 426 mwN; aA *Adams/Eberth* NStZ 1983, 193 (197).
[446] *Joachimski/Haumer* Rn. 34.
[447] *Joachimski/Haumer* Rn. 37.
[448] So KPV/*Patzak* Rn. 446.
[449] Siehe BT-Drs. 8/4283, 8.
[450] Vgl. LG Köln 23.10.1986 – 104 Qs 239/86, StV 1987, 210.
[451] Ebenso *Joachimski/Haumer* Rn. 37; *Weber* Rn. 267; aA offenbar *Eberth/Müller*, 1982, Rn. 109.
[452] So zutreffend KPV/*Patzak* Rn. 451.

Therapieprogramms verwirklicht werden oder nicht. Von einem Therapieabbruch kann zB auszugehen sein, wenn der Verurteilte weisungswidrig keinen regelmäßigen Kontakt zu dem Therapeuten hält, sich weigert, Urinproben abzugeben, das für die Wahl einer ambulanten Therapieform maßgebliche Arbeits- oder Ausbildungsverhältnis aufgibt, Substitutionsmittel bestimmungswidrig gebraucht etc.

203   Str. ist, inwieweit auch die **Begehung neuer Straftaten** als Therapieabbruch oder als sonstiger Widerrufsgrund anzusehen sein kann. Ein Abbruch liegt jedenfalls dann vor, wenn gegen den Abhängigen aufgrund neuer Straftaten eine **Untersuchungshaft** vollzogen wird. Entgegen dem KG[453] ist nicht zusätzlich erforderlich, dass sich die Vollstreckungsbehörde unter Beachtung der Unschuldsvermutung eine sichere Überzeugung von der Täterschaft des Abhängigen verschafft haben muss; denn bereits die zeitlich nicht absehbare, faktische Unmöglichkeit der Fortsetzung der Therapie lässt die Grundlage der Zurückstellung entfallen.[454] Nach einer Aufhebung oder Außervollzugsetzung des Haftbefehls können ggf. eine erneute Zurückstellung vorgenommen und damit etwaige unbillige Folgen des Widerrufs ausgeglichen werden.[455]

204   Darüber hinaus ist ein Widerruf bei einer erneuten **Straffälligkeit** angezeigt, die so **gravierend ist,** dass sie das Fehlen jeglichen „guten Willens" des Verurteilten erkennen lässt und daher als Scheitern des Therapieversuchs angesehen werden muss.[456] Betätigt sich der Verurteilte während der Zurückstellung zB in erheblichem Umfang als Drogendealer, stellt dies eine so eklatante Nichterfüllung der jeder Therapie zugrunde liegenden Mindesterwartungen an das Verhalten des Abhängigen dar, dass von einem Therapieabbruch ausgegangen werden muss. Zumeist wird in solchen Fällen ohnehin Untersuchungshaft angeordnet werden und/oder ein Therapieausschluss durch den Behandelnden erfolgen. Ist ausnahmsweise beides nicht der Fall, hat die Vollstreckungsbehörde die Zurückstellung gleichwohl zu widerrufen, wenn sie unter Beachtung der Unschuldsvermutung von der Täterschaft des Verurteilten überzeugt ist.[457]

205   Dagegen reicht eine sonstige neue Straffälligkeit, insbes. die **mit einem Rückfall verbundene Begehung von Konsumdelikten,** für einen Widerruf der Zurückstellung grds. nicht aus, sofern sich der Verurteilte weiterhin in Behandlung befindet.[458] Dies dürfte sich mittelbar bereits aus Abs. 6 Nr. 2 ergeben, wo lediglich die Vollstreckung einer freiheitsentziehenden Sanktion, nicht aber bereits eine erneute Verurteilung oder gar schon neuerliches strafbares Verhalten als Widerrufsgrund genannt ist. Ein Drogenrückfall und damit verbundene Straffälligkeit lassen regelmäßig auch noch nicht auf eine Therapieresistenz des Abhängigen schließen; vielmehr sind gelegentliche Rückfälle im Laufe einer Therapie eher die Regel als die Ausnahme.[459] Entscheidend wird sein, ob trotz der Rückfälligkeit noch von einem Fortbestehen der Therapiebereitschaft des Verurteilten ausgegangen werden kann und ob die Therapieeinrichtung sich weiterhin in der Lage sieht und willens ist, den Probanden zu behandeln.[460]

206   **bb) Nicht zu erwartende Aufnahme bzw. Fortsetzung der Therapie.** Ein Widerruf hat zu unterbleiben, wenn zu erwarten ist, dass der Verurteilte eine Behandlung derselben

---

[453] KG 3.5.1999 – 1 AR 403/99 – 5 Ws 220/99, StV 1999, 442, und 5.11.2001 – 1 AR 1262/01 – 5 Ws 685/01, StV 2002, 264.

[454] Ebenso HJLW Rn. 10.1; *Weber* Rn. 274; aA *Malek* Kap. 5 Rn. 85.

[455] HJLW Rn. 10.1.

[456] Ähnlich KPV/*Patzak* Rn. 467 und *Weber* Rn. 281, die analog § 37 Abs. 1 S. 3 Nr. 3 einen Widerrufsgrund dann als gegeben erachten, wenn der Verurteilte durch die Straftat gezeigt hat, dass sich die Erwartung, die der Zurückstellung zugrunde lag, nicht erfüllt hat.

[457] Vgl. KG 3.5.1999 – 1 AR 403/99 – 5 Ws 220/99, StV 1999, 442, und 5.11.2001 – 1 AR 1262/01 – 5 Ws 685/01, StV 2002, 264; nach LG Hildesheim 13.11.2009 – 12 KLs 21 Js 7588/01, StV 2010, 150, soll ein Widerruf aber wegen der Unschuldsvermutung nur in Betracht kommen, wenn entweder eine rechtskräftige Verurteilung wegen der neuen Straftat oder aber ein diesbezügliches glaubhaftes Geständnis vorliegt.

[458] So auch *Weber* Rn. 278.

[459] → Rn. 98; s. ferner *Joachimski/Haumer* Rn. 38; KPV/*Patzak* Rn. 448 ff.; *Weber* Rn. 278.

[460] Einschränkend zum Therapieausschluss des Verurteilten aus disziplinarischen Gründen KPV/*Patzak* Rn. 459 f.; *Weber* Rn. 234 jeweils mwN.

Art alsbald beginnt oder wieder aufnimmt. Mit der Einfügung dieser Erwartensklausel durch Gesetz vom 9.9.1992[461] sollte die als zu starr empfundene Regelung, dass ein Nichtantritt oder Abbruch der Therapie stets einen Widerruf zur Folge hat, zugunsten einer flexibleren Handhabung gelockert werden.

(1) Ausreichend ist die begründete **Erwartung**, also eine überwiegende Wahrschein- **207** lichkeit für den Beginn bzw. die Wiederaufnahme der Behandlung.[462] Erforderlich sind Tatsachen, die diese Erwartung rechtfertigen, so etwa erkennbare Bemühungen des Verurteilten um einen Therapieplatz in einer anderen Einrichtung. Anhaltspunkte für eine insoweit günstige Prognose können sich auch aus Umständen und Hintergründen des Therapieabbruchs ergeben. Nicht immer ist der Verurteilte für ein Scheitern der Behandlung verantwortlich. Ursächlich können etwa auch die Ungeeignetheit der gewählten Therapieeinrichtung oder ein Versagen des Therapeuten sein.[463] Auch kann das Verlassen der Therapieeinrichtung im Einzelfall auf achtenswerten Motiven beruhen, etwa wenn der Verurteilten in der Einrichtung mit Personen zusammentraf, die er im Strafverfahren belastet hatte.[464] Eine solch plausible Erklärung für den Abbruch der Therapie kann die Annahme rechtfertigen, dass die Therapiebereitschaft fortbesteht und deshalb mit der Wiederaufnahme der Behandlung zu rechnen ist. Die Vollstreckungsbehörde sollte daher möglichst den Grund eines Therapieabbruchs aufklären.[465]

(2) Notwendig ist ferner, dass „alsbald" mit dem (Wieder-)Beginn der Behandlung zu **208** rechnen ist. Teils wird der Begriff „alsbald" mit „unverzüglich" gleichgesetzt und gefordert, aber auch als genügend angesehen, dass sich der Verurteilte ohne schuldhaftes Zögern um einen erneuten Therapiebeginn bemüht.[466] Richtig erscheint indessen, darauf abzustellen, ob **sämtliche Voraussetzungen für die baldige Aufnahme bzw. Fortsetzung der Therapie** erfüllt sind, also insbes. die Therapiezusage des Verurteilten, die Kostenübernahmeerklärung des Kostenträgers und die Therapieplatzzusage der Behandlungseinrichtung vorliegen.[467] Möglich dürfte ein Absehen vom Widerruf auch dann noch sein, wenn diese Voraussetzungen zwar noch nicht vollständig gegeben sind, aber kurzfristig mit ihrem Vorliegen zu rechnen ist. Hingegen ist eine Fortdauer der Zurückstellung nicht gerechtfertigt, wenn noch weitgehend unklar ist, ob und ggf. wann der Verurteilte die von ihm angestrebte Therapie beginnen kann. Im Hinblick auf die Notwendigkeit, den Verurteilten durch ein rasches Handeln der Vollstreckungsbehörde vor einer Rückkehr in das Drogenmilieu zu bewahren, kann eine nicht absehbare Zeitdauer, in der sich der Abhängige weder im Strafvollzug noch in therapeutischer Behandlung befindet, nicht hingenommen werden. Allein das Bemühen des Verurteilten um einen neuen Therapieplatz kann für ein Absehen vom Widerruf daher nicht genügen.

(3) Str. ist auch die Auslegung des Tatbestandsmerkmals der **Behandlung derselben** **209** **Art.** Teile der Rspr. erachten es als ausreichend, dass es sich um eine nach Abs. 1 berücksichtigungsfähige Therapie handelt. Daher soll von einem Widerruf auch dann abzusehen sein, wenn der Verurteilte anstelle der mit der Zurückstellung angestrebten stationären Therapie eine ambulante Behandlung durchführen will.[468] Dem ist entgegenzuhalten, dass mit einem solchen Wechsel der Therapieform nicht nur der Zurückstellungsentscheidung der Vollstreckungsbehörde, sondern auch der Zustimmung des erstinstanzlichen Gerichts zu dieser Zurückstellung die Grundlage entzogen ist.[469] Vor der Zurückstellung

---

[461] BGBl. I S. 1593.
[462] Ähnlich *Weber* Rn. 260.
[463] Vgl. KPV/*Patzak* Rn. 463.
[464] Siehe OLG Zweibrücken 21.2.1983 – VAs 1/83, StV 1983, 249.
[465] OLG Nürnberg 1.12.2003 – Ws 1212/03, StV 2004, 385; KPV/*Patzak* Rn. 463.
[466] So *Körner* StV 1994, 514 (517); *Franke/Wienroeder* Rn. 20; ähnlich OLG Karlsruhe 26.5.2003 – 1 Ws 133/03, StV 2003, 630; OLG Frankfurt a. M. 2.8.2006 – 3 Ws 699/06, BeckRS 2006, 09098.
[467] So OLG Koblenz 4.11.1194 – 2 Ws 622/94, NStZ 1995, 294; *Weber* Rn. 264 f.
[468] Siehe OLG Köln 15.8.1995 – 2 Ws 202/95, StV 1995, 649; OLG Nürnberg 1.12.2003 – Ws 1212/03, StV 2004, 385.
[469] So mit Recht OLG Koblenz 4.11.1994 – 2 Ws 622/94, NStZ 1995, 294.

der Strafvollstreckung hat die Vollstreckungsbehörde zu prüfen, ob die gewählte – bereits begonnene oder anstehende – Rehabilitationsbehandlung unter den konkreten Behandlungsbedingungen geeignet und Erfolg versprechend ist. Gleiches gilt für die Entscheidung des Gerichts über eine Zustimmung zu der Zurückstellung; die Zustimmung bezieht sich mithin auf die konkret beabsichtigte Therapie. Es kann daher nicht angehen, dass der Verurteilte sich nachträglich nach Gutdünken irgendeine andere Behandlung aussucht.[470] Von einem Widerruf der Zurückstellung wird daher grds. nur dann abgesehen werden können, wenn der Verurteilte die Therapie ohne grundlegende konzeptionelle Änderung in der vorgesehenen oder einer vergleichbaren Einrichtung beginnen bzw. fortsetzen will.[471] In anderen Fällen bleibt die Möglichkeit eines erneuten Zurückstellungsantrags gem. Abs. 5 S. 3.

210   **cc) Nachträglicher Behandlungsnachweis.** Abwendbar ist der Widerruf wegen Nichtantritts oder Abbruchs der Therapie ferner durch den vom Verurteilten nachträglich erbrachten Nachweis, dass er sich in Behandlung befindet (Abs. 5 S. 2). Die zu früherem Recht zT vertretene Auffassung, dass diese Ausnahme vom Widerruf nur bei dem Widerrufsgrund der Verletzung der Nachweispflichten zugelassen sei,[472] ist nach Einfügung der Erwartensklausel in Abs. 5 S. 1 nicht mehr haltbar. Wenn bereits die Erwartung eines alsbaldigen Therapiebeginns das Absehen vom Widerruf begründen kann, muss dies erst recht für eine bereits begonnene Behandlung gelten.

211   Auch hier kann jedoch nicht irgendeine Rehabilitationsbehandlung iS des § 35 genügen. Aus den oben dargelegten Gründen (→ Rn. 209) ist vielmehr zu fordern, dass sie konzeptionell der ursprünglich angestrebten Therapie vergleichbar ist.[473]

212   **b) Nichterbringung von Nachweisen (Abs. 5 S. 1 Alt. 3).** Der Widerruf ist ferner begründet, wenn der Verurteilte die nach Abs. 4 Halbsatz 1 erforderlichen Nachweise über die Aufnahme und über die Fortführung der Behandlung nicht erbringt. Entsprechendes gilt bei nicht rechtzeitiger oder unvollständiger Vorlage der Nachweise.[474] Allerdings erscheint ein Widerruf nur gerechtfertigt, wenn das Versäumnis auf einem Verschulden des Verurteilten beruht. Auch im Hinblick darauf wird es idR angezeigt sein, vor einem Widerruf dem Verurteilten eine Nachfrist zur Erbringung der Nachweise zu setzen.[475]

213   Von dem **Widerruf kann abgesehen werden,** wenn der Verurteilte die Nachweise nachträglich erbringt **(Abs. 5 S. 2).** Angesichts der für Suchtkranke typischen Unzuverlässigkeit und Antriebsschwäche wird hierbei tendenziell großzügig zu verfahren sein.

214   **c) Nachträgliche Gesamtstrafenbildung (Abs. 6 Nr. 1).** Ein Widerruf erfolgt ferner, wenn die der Zurückstellung zugrunde liegende Strafe gem. §§ 55 StGB, 460 StPO in eine nachträglich gebildete Gesamtstrafe einbezogen und deren Vollstreckung nicht zurückgestellt wird. Entsprechendes muss gelten, wenn der Vollzug einer Gesamtstrafe zurückgestellt ist, diese bei der nachträgliche Gesamtstrafenbildung aufgelöst wird und ein Teil der Einzelstrafen in die neue, zu vollstreckende Gesamtstrafe einbezogen wird. Der Widerruf setzt voraus, dass die Gesamtstrafenentscheidung rechtskräftig ist. Zuständig für den Widerruf ist die Vollstreckungsbehörde, welche die Gesamtstrafe zu vollstrecken hat, weil dieser auch die Prüfung obliegt, ob die neue Gesamtstrafe nach Abs. 1, Abs. 3 zurückgestellt werden kann.[476]

---

[470] OLG Koblenz 4.11.1994 – 2 Ws 622/94, NStZ 1995, 294; ihm folgend KPV/*Patzak* Rn. 454.
[471] Vgl. HJLW Rn. 10.3; demgegenüber will *Franke/Wienroeder* Rn. 20 danach differenzieren, ob die Therapie bereits am Anfang oder erst in einem fortgeschrittenen Behandlungsstadium abgebrochen wird; ähnlich *Weber* Rn. 271.
[472] So zB OLG Karlsruhe 28.9.1984 – 1 Ws 211/84, MDR 1985, 165.
[473] Ähnlich HJLW Rn. 10.3; vgl. auch OLG Karlsruhe 28.9.1984 – 1 Ws 211/84, NStZ 1985, 80; aA OLG Köln 15.8.1995 – 2 Ws 202/95, StV 1995, 649.
[474] *Joachimski/Haumer* Rn. 38.
[475] So zutreffend *Malek* Kap. 5 Rn. 86.
[476] *Eberth/Müller*, 1982, Rn. 114; *Weber* Rn. 285 f.

d) Weitere zu vollstreckende Strafe (Abs. 6 Nr. 2). Ferner muss die Zurückstellung 215 der Strafvollstreckung widerrufen werden, wenn gegen den Verurteilten eine weitere Freiheitsstrafe oder eine freiheitsentziehende Maßregel zu vollstrecken ist. Dadurch soll vermieden werden, dass die Therapie bis zu ihrem regulären Abschluss durchgeführt, ein etwaiger Erfolg der Behandlung dann aber durch die anschließende Vollstreckung der weiteren Sanktion wieder gefährdet wird. Nur eine Freiheitsstrafe oder Maßregel, die zu vollstrecken ist, hat den Widerruf nach Abs. 6 Nr. 2 zur Folge. Der Widerrufsgrund ist daher nicht gegeben, wenn die Vollstreckung der weiteren Freiheitsstrafe zur Bewährung ausgesetzt[477] oder ebenfalls nach § 35 zurückgestellt wird.[478]

2. Widerrufsverfahren. Für die Widerrufsentscheidung ist allein die Vollstreckungsbe- 216 hörde zuständig; einer Beteiligung des Gerichts bedarf es nicht. Eine vorherige Anhörung des Verurteilten ist – ebenso wie bei vergleichbaren anderen vollstreckungsrechtlichen Entscheidungen (zB §§ 457, 459e StPO) – nicht erforderlich;[479] dem Anspruch des Verurteilten auf Gewährung rechtlichen Gehörs wird ggf. im Rechtsmittelverfahren nach Abs. 7 S. 2 genüge getan. Die vorherige Anhörung des Abhängigen kann aber zur Klärung der Widerrufsvoraussetzungen zweckmäßig sein. Die Widerrufsentscheidung ist zu begründen und dem Verurteilten bekannt zu machen.

3. Vollstreckungshaftbefehl nach Widerruf (Abs. 7 S. 1). Neben dem Widerruf der 217 Zurückstellung kann die Vollstreckungsbehörde zur Vollstreckung der Freiheitsstrafe oder Maßregel einen **Vollstreckungshaftbefehl** gem. §§ 33, 53 StVollstrO erlassen.[480] Der schnellen Reaktion der Vollstreckungsbehörde durch Erlass eines Haftbefehls und begleitende Fahndungsmaßnahmen kann auch zum Schutz des Abhängigen vor einem erneuten Abgleiten in das Drogenmilieu entscheidende Bedeutung zukommen. Je schneller der Zugriff desto höher werden die Chancen sein, dass die Therapie fortgesetzt werden kann.[481] Gleichwohl ist der Erlass des Haftbefehls nicht generell, sondern nur dann veranlasst, wenn der Aufenthalt des Verurteilten unbekannt ist oder er einer Ladung zum Strafantritt nicht nachkommt oder damit zu rechnen ist, dass er einer Ladung nicht nachkommen wird.[482] Ist zu erwarten, dass mildere Mittel, etwa allein schon die Zustellung des Widerrufs, den Verurteilten zu einer Wiederaufnahme der Therapie bewegen werden, gehen diese dem Haftbefehl vor.[483]

Zuständig für den Erlass des Haftbefehls ist gem. § 31 Abs. 2 RPflG der **Rechtspfleger.** 218 Die hiergegen unter Berufung auf den Richtervorbehalt des Art. 104 GG erhobenen verfassungsrechtlichen Bedenken[484] greifen nicht durch, weil die Freiheitsentziehung bereits im Urteil durch Straferkenntnis eines Richters angeordnet wurde und diese richterliche Entscheidung auch nach Zurückstellung der Strafvollstreckung und Widerruf der Zurückstellung die Grundlage des Vollzugs der Sanktion bildet.[485]

4. Rechtsmittel gegen die Widerrufsentscheidung (Abs. 7 S. 2). Die Widerrufs- 219 entscheidung der Vollstreckungsbehörde kann der Verurteilte durch das Gericht des ersten Rechtszuges überprüfen lassen (Abs. 7 S. 2). Die Anrufung des Gerichts hat keine aufschiebende Wirkung; die Vollstreckung der Strafe wird mithin fortgesetzt (Abs. 7 S. 3). Das

---

[477] LG Köln 23.10.1986 – 104 Qs 239/86, StV 1987, 210.

[478] AA offenbar *Joachimski/Haumer* Rn. 40 mit dem Hinweis darauf, dass Abs. 1 und 3 lediglich von *einer* zu vollstreckenden Strafe ausgehen, hierzu aber → Rn. 32–34.

[479] HJLW Rn. 11.3; *Joachimski/Haumer* Rn. 34; *Katholnigg* NStZ 1981, 417 (419); *Weber* Rn. 276; aA *Eberth/Müller*, 1982, Rn. 104.

[480] So zutreffend HJLW Rn. 11.1; *Weber* Rn. 289; aA *Eberth/Müller*, 1982, Rn. 104, die von einem Sicherungshaftbefehl nach § 453c StPO ausgehen.

[481] Vgl. KPV/*Patzak* Rn. 471.

[482] *Adams/Eberth* NStZ 1983, 193 (198); *Joachimski/Haumer* Rn. 41; *Körner* Rn. 471; *Weber* Rn. 291.

[483] *Joachimski/Haumer* Rn. 41.

[484] So *Eberth/Müller*, 1982, Rn. 118.

[485] Zutreffend *Joachimski/Haumer* Rn. 41; HJLW Rn. 11.2.

Gericht entscheidet nach Anhörung des Verurteilten ohne mündliche Verhandlung durch Beschluss (Abs. 7 S. 4, § 462 StPO).

220   Im **Jugendstrafverfahren** ist für die gerichtliche Entscheidung nach S. 2 die Jugendkammer zuständig, wenn der Jugendrichter als Vollstreckungsleiter die Zurückstellung widerrufen hat und dieser als Jugendrichter oder Vorsitzender des Jugendschöffengerichts an der Verurteilung mitgewirkt hat (§ 38 Abs. 1 S. 3 BtMG iVm § 83 Abs. 2 Nr. 1 JGG). Die Entscheidung des Jugendrichters, die Zurückstellung nicht zu widerrufen, kann durch die Staatsanwaltschaft weder mit der Beschwerde noch mit einem Antrag nach S. 2 angefochten werden; die Staatsanwaltschaft hat lediglich die Möglichkeit, eine sachdienliche Weisung des Generalstaatsanwalts herbeizuführen.

221   Der nach S. 2 ergangene gerichtliche Beschluss kann mit der sofortigen Beschwerde angefochten werden (§§ 462 Abs. 3, 311 StPO). Die sofortige Beschwerde der Staatsanwaltschaft gegen den Beschluss, der den Widerruf der Zurückstellung aufhebt, hat entspr. § 462 Abs. 3 S. 2 StPO aufschiebende Wirkung.

222   **5. Erneute Zurückstellung (Abs. 5 S. 3).** Abs. 5 S. 3 stellt klar, dass der Widerruf der Zurückstellung einer erneuten Zurückstellung nicht entgegensteht. Der Bestimmung liegt die Erkenntnis zugrunde, dass der Weg zu einer Überwindung der Drogenabhängigkeit selten geradlinig verläuft und ein dauerhafter Erfolg häufig erst nach mehreren Therapieversuchen erreicht werden kann.

223   Obgleich in Abs. 5 angesiedelt, gilt die Vorschrift für alle Widerrufsgründe. Die Möglichkeit der wiederholten Gewährung einer Zurückstellung besteht grds. unabhängig von einer zwischenzeitlichen Inhaftierung und auch unabhängig von Zahl und Dauer früherer Zurückstellungen (zur Höchstdauer der Zurückstellung → Rn. 148 f.). Maßgebend ist allein, ob erneut die Zurückstellungsvoraussetzungen nach Abs. 1, Abs. 3 erfüllt sind. Allerdings kann je nach den Umständen des Einzelfalls ein Therapieversagen des Abhängigen auch darauf hindeuten, dass dieser (noch) nicht tatsächlich willens ist, sich einer Therapie zu unterziehen (→ Rn. 98 f.). Fehlt diese Bereitschaft ist die Vollstreckung der Strafe unvermeidbar.

§ 36 Anrechnung und Strafaussetzung zur Bewährung

(1) ¹Ist die Vollstreckung zurückgestellt worden und hat sich der Verurteilte in einer staatlich anerkannten Einrichtung behandeln lassen, so wird die vom Verurteilten nachgewiesene Zeit seines Aufenthaltes in dieser Einrichtung auf die Strafe angerechnet, bis infolge der Anrechnung zwei Drittel der Strafe erledigt sind. ²Die Entscheidung über die Anrechnungsfähigkeit trifft das Gericht zugleich mit der Zustimmung nach § 35 Abs. 1. ³Sind durch die Anrechnung zwei Drittel der Strafe erledigt oder ist eine Behandlung in der Einrichtung zu einem früheren Zeitpunkt nicht mehr erforderlich, so setzt das Gericht die Vollstreckung des Restes der Strafe zur Bewährung aus, sobald dies unter Berücksichtigung des Sicherheitsinteresses der Allgemeinheit verantwortet werden kann.

(2) Ist die Vollstreckung zurückgestellt worden und hat sich der Verurteilte einer anderen als der in Absatz 1 bezeichneten Behandlung seiner Abhängigkeit unterzogen, so setzt das Gericht die Vollstreckung der Freiheitsstrafe oder des Strafrestes zur Bewährung aus, sobald dies unter Berücksichtigung des Sicherheitsinteresses der Allgemeinheit verantwortet werden kann.

(3) Hat sich der Verurteilte nach der Tat einer Behandlung seiner Abhängigkeit unterzogen, so kann das Gericht, wenn die Voraussetzungen des Absatzes 1 Satz 1 nicht vorliegen, anordnen, daß die Zeit der Behandlung ganz oder zum Teil auf die Strafe angerechnet wird, wenn dies unter Berücksichtigung der Anforderungen, welche die Behandlung an den Verurteilten gestellt hat, angezeigt ist.

(4) Die §§ 56a bis 56g und 57 Abs. 5 Satz 2 des Strafgesetzbuches gelten entsprechend.

(5) [1]Die Entscheidung nach den Absätzen 1 bis 3 trifft das Gericht des ersten Rechtszuges ohne mündliche Verhandlung durch Beschluß. [2]Die Vollstreckungsbehörde, der Verurteilte und die behandelnden Personen oder Einrichtungen sind zu hören. [3]Gegen die Entscheidungen ist sofortige Beschwerde möglich. [4]Für die Entscheidungen nach Absatz 1 Satz 3 und nach Absatz 2 gilt § 454 Abs. 4 der Strafprozeßordnung entsprechend; die Belehrung über die Aussetzung des Strafrestes erteilt das Gericht.

Schrifttum: *Baumgart,* Illegale Drogen – Strafjustiz – Therapie, 1994; *Katholnigg,* Die Aussetzung der Vollstreckung von Freiheitsstrafenresten nach erfolgreicher Drogentherapie, JR 1990, 350; *Kreuzer/Oberheim,* Zur Frage der Mindestverbüßungsdauer bei der Strafaussetzung zur Bewährung gemäß § 36 Abs. 1 Satz 3 BtMG, NStZ 1984, 557; *Maatz,* Bildet eine Freiheitsstrafe von 2 Jahren für die Anrechnung von Therapiezeiten nach § 36 Abs. 3 des Betäubungsmittelgesetzes eine absolute Schranke?, MDR 1985, 11; *ders.,* Aussetzung der Unterbringung in einer Entziehungsanstalt nach Zurückstellung der Vollstreckung? – §§ 35 Abs. 1, 36 Abs. 1 BtMG, §§ 67d Abs. 2, 67e Abs. 1 StGB, MDR 1988, 10; *Stree,* Gilt die auf die Verbüßung einer Freiheitsstrafe angerechnete Zeit der Behandlung des Verurteilten in einer Entziehungsanstalt als Strafverbüßung im Sinne des § 68f Abs. 1 StGB?, NStZ 1990, 455; *Werner,* Die Anrechnung einer erfolglosen Drogentherapie auf die Strafe nach § 36 BtMG, StV 1989, 505.

Übersicht

A. Allgemeines

I. Normzweck

Die Regelungen des § 36 ergänzen die Zurückstellung der Strafvollstreckung nach § 35 **1** und sollen zusammen mit dieser die therapeutische Behandlung und Resozialisierung

BtM-abhängiger Verurteilter unterstützen (→ § 35 Rn. 1–4). Der Sinn des § 36 liegt dabei vorrangig in der **Förderung der Therapiebereitschaft** des Verurteilten. Die Zurückstellung der Strafvollstreckung nach § 35 würde für verurteilte Drogenabhängige häufig noch keinen hinreichenden Anreiz bieten, Therapieanstrengungen auf sich zu nehmen, wenn selbst bei einem erfolgreichen Abschluss der Therapie danach die verhängte Strafe zu verbüßen wäre. § 36 will daher durch die Anrechnung von Therapiezeiten auf die Strafe und durch die Möglichkeit einer Strafaussetzung zur Bewährung nach erfolgreicher Therapie den BtM-Abhängigen motivieren, sich der Behandlung zu unterziehen und diese durchzuhalten. Zugleich soll **verhindert werden,** dass ein etwaiger **Erfolg der Therapie** durch eine anschließende Strafvollstreckung **wieder gefährdet oder gar zunichte** gemacht wird.

2   Im Ergebnis stellt § 36 die freiwillige Behandlung in einer Therapieeinrichtung weitgehend der gerichtlich angeordneten Unterbringung in einer Entziehungsanstalt nach § 64 StGB gleich und berücksichtigt damit, dass die persönlichen Belastungen einer Drogentherapie mit denen des Maßregelvollzugs zumindest vergleichbar sind.[1]

II. Kriminalpolitische Bedeutung

3   Nach einer – später nicht mehr vorgenommenen – Auswertung des Bundeszentralregisters wurden im Jahr 2003 in Deutschland 3.686 Strafen bzw. Gesamtstrafen nach § 36 zur Bewährung ausgesetzt.[2] Der weit überwiegende Teil (3.312) der Strafaussetzungen erfolgte nach Abs. 1 S. 3, also im Anschluss an eine Therapie in einer staatlich anerkannten Einrichtung. In 374 Verfahren stützte sich die Entscheidung auf Abs. 2, wobei in 261 Fällen ein Strafrest und in 113 Fällen die gesamte Strafe ausgesetzt wurde.

4   Die Zahl der Verfahren, in denen Therapiezeiten auf die Strafe angerechnet wurden, ist nicht bekannt, doch liegt diese sicher deutlich höher als die Zahl der Strafaussetzungen, da Anrechnungen anders als Aussetzungen regelmäßig auch nach einem erfolglosen Therapieversuch vorgenommen werden.

III. Historie

5   Zur Entstehungsgeschichte der Therapieregelungen des BtMG kann auf → § 35 Rn. 18, 19 verwiesen werden. Durch Gesetz vom 9.9.1992[3] wurde in § 36 Abs. 1 S. 1 die Anrechnungsvoraussetzung, dass die freie Gestaltung der Lebensführung des Verurteilten erheblichen Beschränkungen unterworfen sein muss, gestrichen, um der Praxis eine vermehrte Berücksichtigung ambulanter Therapieformen zu ermöglichen (→ Rn. 14–17).

B. Erläuterung

6   In seinen recht komplizierten und im Aufbau wenig geglückten Bestimmungen, die manche Auslegungsprobleme aufwerfen, befasst sich § 36 mit zwei grds. verschiedenen Fragen: Zum einen mit der Anrechnung von Therapiezeiten auf die Strafe, zum anderen mit der Strafaussetzung zur Bewährung. Dabei lassen sich zumindest drei Regelungskomplexe unterscheiden: Die obligatorische Anrechnung von Behandlungszeiten in einer staatlich anerkannten Einrichtung (Abs. 1 S. 1 und 2), die Aussetzung der (Rest-)Strafe nach einer solchen Behandlung (Abs. 1 S. 3) oder nach einer anderen Therapie (Abs. 2) sowie die fakultative Anrechnung von Behandlungszeiten nach Abs. 3, wenn die Voraussetzungen des Abs. 1 S. 1 nicht vorliegen.

---

[1] Siehe *Malek* Kap. 5 Rn. 102; HJLW Rn. 1.2.1; *Joachimski/Haumer* Vor § 35 Rn. 2.
[2] Quelle: Bundesministerium der Justiz.
[3] BGBl. I S. 1593.

I. Obligatorische Anrechnung nach Abs. 1 S. 1 und S. 2

S. 1 regelt die Voraussetzungen und den Umfang der zwingend vorzunehmenden 7
Anrechnung von Therapiezeiten. S. 2 sieht eine der eigentlichen Entscheidung über die
Anrechnung vorgelagerte Entscheidung über die Anrechnungsfähigkeit der Therapie vor.

1. Voraussetzungen der Anrechnung (Abs. 1 S. 1). Die obligatorische Anrechnung 8
nach Abs. 1 S. 1 setzt voraus, dass die Strafvollstreckung zurückgestellt worden ist, der
Verurteilte in einer staatlich anerkannten Einrichtung behandelt wurde und er die Behandlungszeiten nachweist.

a) Nach Zurückstellung der Strafvollstreckung. Die Anrechnung nach Abs. 1 S. 1 9
knüpft an die Zurückstellung der Strafvollstreckung an; es muss mithin eine förmliche
Entscheidung nach § 35 ergangen sein. Das bloße faktische Nichtbetreiben der Strafvollstreckung kann nach dem insoweit eindeutigen Wortlaut des § 36 Abs. 1 S. 1 nicht genügen.
In Fällen, in denen keine Zurückstellung vorgenommen wurde, kommt allenfalls eine
Anrechnung nach Abs. 3 in Betracht.[4] Da Abs. 3 derartige Fälle erfasst, scheidet mangels
einer Regelungslücke auch eine analoge Anwendung des Abs. 1 S. 1 aus.[5]

b) Behandlung in einer staatlich anerkannten Einrichtung. Weitere Voraussetzung 10
ist, dass der Verurteilte in einer staatlich anerkannten Einrichtung behandelt wurde.

aa) Behandlung. Unter dem Begriff „Behandlung" ist die äußerliche Teilnahme des 11
Verurteilten an der Therapie zu verstehen. Ob der Abhängige an den therapeutischen
Maßnahmen aktiv mitgewirkt oder sich destruktiv verhalten hat,[6] ist für die Anrechnung
ebenso wenig von Bedeutung wie Erfolg oder Misserfolg der Behandlung (→ Rn. 24).

bb) Staatliche Anerkennung. Nur die Behandlung in einer staatlich anerkannten Ein- 12
richtung erfüllt den Tatbestand des Abs. 1 S. 1. Als Aufgabe des Gesundheitswesens ist
es Sache der Länder, geeigneten Therapieeinrichtungen diese staatliche Anerkennung zu
verleihen. In Baden-Württemberg, Bayern, Berlin, Hessen, Niedersachsen, Nordrhein-
Westfalen und Rheinland-Pfalz sind die Voraussetzungen einer staatlichen Anerkennung
durch Gesetz oder Verwaltungsvorschrift geregelt.[7] In anderen Ländern fehlen spezielle
Regelungen bzw. orientiert sich das Anerkennungsverfahren an Empfehlungen der Drogenbeauftragten von Bund und Ländern.
Die für eine staatliche Anerkennung von den Einrichtungen zu erfüllenden Anforderun- 13
gen bestehen regelmäßig vor allem darin, dass die Therapie nach einem fachlich anzuerkennenden Behandlungskonzept durchgeführt wird, eine hinreichende Ausstattung mit Fachpersonal und geeigneten Räumlichkeiten vorhanden ist, der Leiter der Einrichtung
persönlich zuverlässig ist und die Einrichtung die Gewähr dafür bietet, dass sie nach Maßgabe
des § 35 Abs. 4 mit der Vollstreckungsbehörde zusammenarbeitet.[8]

cc) Stationärer Aufenthalt? Aus den Gesetzesformulierungen, wonach die Behand- 14
lung „in" einer Einrichtung erfolgen muss und die Zeit des „Aufenthalts in dieser Einrichtung" anzurechnen ist, wird von Teilen der Lit. und Rspr. geschlossen, dass nach Abs. 1
S. 1 nur stationäre Therapien anrechnungsfähig seien.[9] Dem kann nicht gefolgt werden,

---
[4] So zutreffend KPV/*Patzak* Rn. 13; *Weber* Rn. 8; vgl. auch OLG Düsseldorf 6.11.1991 – 4a Ws 291/91,
NStZ 1992, 244; OLG Stuttgart 24.2.1987 – 3 Ws 359/86, StV 1987, 208. Für eine entsprechende Anwendung des Abs. 1 S. 1 demgegenüber OLG Celle 27.12.1985 – 1 Ws 276/85, StV 1986, 113; *Malek* Kap. 5
Rn. 110.
[5] Hiervon zu unterscheiden ist die Frage, ob in solchen Fällen die Regelung des Abs. 1 S. 3 über eine
Aussetzung des Strafrestes entsprechend anzuwenden ist, hierzu → Rn. 37.
[6] Siehe OLG Düsseldorf 24.2.1997 – 1 Ws 148/97, StV 1997, 542; AG Neuwied 1.12.2000 – 18 VR Js
279/98, StV 2001, 468.
[7] Siehe die Zusammenstellung bei HJLW Rn. 1.4.
[8] *Baumgart*, Illegale Drogen – Strafjustiz – Therapie, 1994, S. 61; *Joachimski/Haumer* Rn. 5; *Weber* Rn. 15 ff.
[9] So LG Heidelberg 12.2.2004 – 1 Qs 7/04, BeckRS 2004, 02613; *Katholnigg* NJW 1995, 1327 (1329);
HJLW Rn. 1.3.2; ähnlich *Weber* Rn. 21.

weil der Gesetzgeber **ambulante Therapieformen** in Bezug auf die Anrechnungsfähigkeit **stationären Therapien gleichstellen** wollte, indem er durch das G zur Änderung des BtMG vom 9.9.1992 die Anrechnungsvoraussetzung, dass die freie Gestaltung der Lebensführung des Verurteilten erheblichen Beschränkungen unterworfen sein muss, gestrichen hat.

15   In der Begründung des Gesetzes vom 9.9.1992 wird dargelegt, dass mit der genannten Einschränkung der Praxis die Möglichkeit verbaut werde, ambulante Therapiemodelle im Rahmen der Zurückstellung der Strafvollstreckung zu nutzen, da diese nur dann in Frage kämen, wenn die jeweilige Therapiezeit auch auf die Strafe angerechnet werden könne. Die Streichung der einengenden Bestimmungen zur Qualifizierung der Therapieeinrichtung solle die gebotene **Ausweitung** ermöglichen.[10] Die Heranziehung von Einrichtungen mit deutlich geringeren Anforderungen an den Verurteilten bedürfe allerdings einer besonders sorgfältigen Prüfung.[11]

16   Die Gesetzesbegründung ist damit zwar nicht frei von Ungereimtheiten,[12] insbes. stellt die Erwägung, eine Zurückstellung der Strafvollstreckung komme nur in Betracht, wenn die Therapiezeit auch auf die Strafe angerechnet werden könne, ersichtlich eine Fehlinterpretation des § 35 dar (auch → § 35 Rn. 31, 63), die auch auf Gegenäußerung der Bundesregierung[13] im Gesetzgebungsverfahren nicht mehr korrigiert wurde. Unbeschadet dessen lässt die Gesetzesbegründung eindeutig die Absicht erkennen, die Anrechnungsmöglichkeiten des Abs. 1 S. 1 auf ambulante Therapieformen zu erweitern. Daher sind nunmehr **auch Behandlungszeiten in staatlich anerkannten ambulanten Therapieprogrammen nach Abs. 1 S. 1 anzurechnen.**[14]

17   Allerdings ist nicht zu übersehen, dass diese Gleichstellung von ambulanten und stationären Therapien zu Ergebnissen führen kann, die **unter Gerechtigkeitserwägungen erheblichen Bedenken begegnen.** Die mit ambulanten Behandlungsmaßnahmen verbundenen Belastungen für den Verurteilten reichen uU bei weitem nicht an die einer stationären Therapie heran; bei einer therapeutischen Inanspruchnahme des Verurteilten nur stundenweise und ggf. an wenigen Tagen des Monats stellt eine vollumfängliche Anrechnung des Behandlungszeitraums eine kaum mehr zu rechtfertigende Vergünstigung dar.[15] Eine entsprechende Korrektur der Anrechnungssystematik des § 36 muss jedoch dem Gesetzgeber vorbehalten bleiben.[16]

18   **c) Nachweis durch den Verurteilten.** Der Verurteilte muss die Dauer seines Aufenthalts in der Therapieeinrichtung nachweisen; das Gericht ist nicht verpflichtet, insoweit Amtsermittlungen anzustellen.[17] Zu berücksichtigen hat das Gericht aber die vom Verurteilten bereits der Vollstreckungsbehörde gegenüber erbrachten Nachweise nach § 35 Abs. 4. Obgleich das Gesetz nur vom Nachweis durch den Verurteilten spricht, sind Behandlungszeiten auch dann nachgewiesen, wenn sie unmittelbar von der Therapieeinrichtung der Vollstreckungsbehörde oder dem Gericht mitgeteilt werden (→ § 35 Rn. 183).[18]

19   **2. Umfang der Anrechnung.** Angerechnet wird die nachgewiesene Zeit des Aufenthalts, bis infolge der Anrechnung zwei Drittel der Strafe erledigt sind.

---

[10] BT-Drs. 12/934, 6 f.

[11] BT-Drs. 12/934, 7.

[12] Ausführlich hierzu HJLW Rn. 1.3.1, die das Gesetzgebungsverfahren deshalb als kurios bezeichnen.

[13] BT-Drs. 12/934, 9.

[14] So auch LG Berlin 28.8.2008 – 517 Qs 13/08, NStZ 2009, 396, und 2.9.2008 – 525 Qs 138/08, StV 2009, 371; *Malek* Kap. 5 Rn. 108; *Franke/Wienroeder* Rn. 4; *Joachimski/Haumer* Rn. 5; KPV/*Patzak* Rn. 21.

[15] Ebenso HJLW Rn. 4.2.

[16] Für eine Anrechnung nur derjenigen Tage, an denen therapeutische Behandlungsmaßnahmen erfolgten, KG 27.5.2009 – 4 Ws 58/09, NStZ-RR 2009, 321 (322 f.); dies erscheint problematisch, weil es § 36 Abs. 1 anders als Abs. 3 nicht vorsieht, Therapiezeiten nur teilweise anzurechnen.

[17] KPV/*Patzak* Rn. 15.

[18] Ähnlich *Weber* Rn. 34; weiter gehend *Malek* Kap. 5 Rn. 113, wonach es ausreichen soll, wenn das Gericht oder die Vollstreckungsbehörde „aufgrund anderer Umstände das Vorliegen der Voraussetzungen für die Anrechnung überprüfen kann".

a) Aufenthaltszeiten. Im Hinblick darauf, dass die tatsächlichen Therapiebemühungen **20** des Verurteilten ebenso wenig sicher feststellbar sind wie die durch die Therapie erzielten Erfolge, stellt das Gesetz für die Anrechnung allein auf das formale Kriterium der nachgewiesenen Behandlungszeiten ab.

aa) In der vorgesehenen Therapieeinrichtung. Da nach der Gesetzessystematik der **21** Anrechnung nach Abs. 1 S. 1 stets die Zurückstellung der Strafvollstreckung gem. § 35 zugrunde liegt, ist grds. nur der Aufenthalt des Verurteilten in der Behandlungseinrichtung anzurechnen, die in der Zurückstellungsentscheidung nach § 35 bestimmt ist. Hat der Verurteilte diese Therapie abgebrochen und die Behandlung in einer anderen staatlich anerkannten Therapieeinrichtung fortgesetzt, so werden jedoch auch die Behandlungszeiten in der zweiten Einrichtung nach S. 1 zu berücksichtigen sein, wenn sich die Vollstreckungsbehörde, ggf. auch stillschweigend durch das Absehen von einem Widerruf der Zurückstellung gem. § 35 Abs. 5 S. 2, mit diesem Wechsel der Therapieeinrichtung einverstanden erklärt hat. Dagegen ist eine Anrechnung nach Abs. 1 S. 1 nicht möglich, wenn der Drogenabhängige sich ohne Billigung durch die Vollstreckungsbehörde einer im Zurückstellungsbescheid nicht vorgesehenen Behandlung unterzogen hat.

bb) Im nachgewiesenen Umfang. Die Anrechnung ist lediglich in dem Umfang mög- **22** lich, in dem der Verurteilte den Nachweis von Behandlungszeiten geführt hat. Nachweislücken oder Zweifel über Behandlungszeiten gehen zu Lasten des Verurteilten.[19] Erkennbare Gefälligkeitsbescheinigungen einer Therapieeinrichtung können als Nachweis nicht akzeptiert werden.[20] Vollstreckungsbehörde und Gericht haben daher etwaigen Hinweisen auf die Unrichtigkeit vorgelegter Bescheinigungen nachzugehen.

cc) Aufenthalt. Trotz des vom Gesetz verwendeten Begriffs „Aufenthalt" sind nicht **23** nur die Zeiten, in denen sich der Verurteilte in Räumen der Therapieeinrichtung befunden hat, sondern die gesamte Dauer der Behandlung zu berücksichtigen. Ähnlich wie bei Lockerungen im Strafvollzug umfasst die Anrechnung daher auch Zeiten, die der Abhängige mit Einverständnis des Behandelnden, etwa zum Einüben einer eigenverantwortlichen Lebensführung, außerhalb des räumlichen Bereichs der Einrichtung verbracht hat.[21] **Nicht anzurechnen** sind hingegen Zeiten einer **eigenmächtigen Unterbrechung** der Behandlung.[22]

dd) Unabhängig vom Therapieerfolg. Nach allgA kommt es für die Anrechnung **24** weder auf einen Erfolg noch auf eine reguläre Beendigung der Behandlung an.[23] Ein Vorschlag des Bundesrates, wonach das Gericht erst nach erfolgreichem Abschluss der Therapie über die Anrechnung entscheiden solle,[24] konnte sich im Gesetzgebungsverfahren nicht durchsetzen. Auch nach einem Widerruf der Zurückstellung der Strafvollstreckung sind die bis dahin erreichten Behandlungszeiten anzurechnen. Dies gilt selbst dann, wenn sich der Verurteilte unkooperativ verhalten oder als therapieresistent erwiesen hat.[25]

ee) Im Zurückstellungszeitraum. Aus dem Umstand, dass Abs. 1 S. 1 im Gegensatz **25** zu Abs. 3 die Anrechnung von Therapiezeiten auf die Zurückstellung der Strafvollstreckung nach § 35 bezieht, wird zu folgern sein, dass die obligatorische Anrechnung nur die in den Zurückstellungszeitraum fallenden Behandlungszeiten umfasst.

Erfolgt die Zurückstellung während einer laufenden Behandlung, so sind mithin die **vor 26 der Zurückstellungsentscheidung liegenden Behandlungszeiten nicht** nach Abs. 1 S. 1 anrechnungsfähig; sie können aber nach Abs. 3 anzurechnen sein.[26] Die Gegenauffas-

---

[19] So auch *Eberth/Müller*, 1982, Rn. 19; HJLW Rn. 1.5.2; KPV/*Patzak* Rn. 15.
[20] KPV/*Patzak* Rn. 18.
[21] So zutreffend *Weber* Rn. 23, 24 und 28; vgl. auch KG 21.12.1990 – 3 Ws 294/90, NStZ 1991, 244.
[22] *Eberth/Müller*, 1982, Rn. 19; *Weber* Rn. 28.
[23] Siehe zB KPV/*Patzak* Rn. 17; *Weber* Rn. 31 jeweils mwN; krit. *Werner* StV 1989, 505 ff.
[24] BR-Drs. 387/80, 15.
[25] Siehe OLG Düsseldorf 24.2.1997 – 1 Ws 148/97, StV 1997, 542.
[26] Sehr str., wie hier OLG Zweibrücken 1.8.1990 – 1 Ws 398/90, NStZ 1991, 92; *Eberth/Müller*, 1982, Rn. 23; HJLW Rn. 1.5.5.

sung[27] will unter Berufung auf den Gesetzeszweck alle nach der Tat liegenden Behandlungszeiten anrechnen und dadurch verhindern, dass der Verurteilte, der sich frühzeitig für eine
Therapie entschieden hat, schlechter gestellt wird als derjenige, der erst durch den Druck
der Strafvollstreckung Therapiebereitschaft erlangte. Diese Benachteiligung kann indes auch
durch eine Anrechnung nach Abs. 3 vermieden werden. Andererseits könnte eine obligatorische Anrechnung von vor der Zurückstellungsentscheidung liegenden Therapiezeiten den
Verurteilten ungerechtfertigt bevorzugen, so uU dann, wenn die Behandlung bereits vor
der letzten Tatsachenverhandlung begonnen und damit im Urteil schon strafmildernd
berücksichtigt wurde. Solchen Fällen wird die Anwendung des flexibleren Abs. 3, der auch
eine nur teilweise Anrechnung zulässt, deutlich mehr gerecht als die obligatorische Anrechnung nach Abs. 1 S. 1.

27   Eine Anrechnung ist ferner nur möglich, **solange die Strafvollstreckung zurückgestellt** war. Wird die Zurückstellung widerrufen, sind nur die Behandlungszeiten bis zum
Widerruf anrechnungsfähig.[28] Da ein Rechtsmittel gegen den Widerruf keine aufschiebende
Wirkung hat (§ 35 Abs. 7 S. 3), endet der Anrechnungszeitraum mit Erlass der Widerrufsentscheidung, nicht erst mit deren Rechtskraft.

28   **b) Bis zur Erledigung von zwei Dritteln der Strafe.** Therapiezeiten können nur
angerechnet werden, bis zwei Drittel der Strafe durch die Anrechnung erledigt sind. Ein
Drittel ist von der Anrechnung ausgenommen, um den Drogenabhängigen durch den Druck
der drohenden Vollstreckung des Strafrestes zu motivieren, die Therapie zu Ende zu führen
und nach Abschluss der Therapie nicht rückfällig zu werden.[29] Diesem Gesetzeszweck
entsprechend kann das letzte Drittel auch nicht nach Abs. 3 angerechnet werden.[30]

29   Nicht anrechnungsfähig ist ein Drittel **der ursprünglich erkannten Strafe,** unabhängig
davon, welcher Strafrest zum Zeitpunkt der Zurückstellung noch zu vollstrecken war.[31]
Daher scheidet eine Anrechnung aus, wenn der Verurteilte bei Wirksamwerden der Zurückstellung bereits zwei Drittel der Strafe verbüßt hatte.[32]

30   Wurden **mehrere Strafvollstreckungen zurückgestellt,** soll nach verbreiteter Meinung die Behandlungszeit zunächst auf die zuerst zurückgestellte Strafe und der verbleibende
Rest dann auf die nächste zurückgestellte Strafe anzurechnen sein.[33] Diese Regel hilft
allerdings nicht weiter, wenn – wie nicht selten der Fall – mehrere Vollstreckungen gleichzeitig zurückgestellt wurden. Vorzugswürdig ist es daher, die Anrechnung in der Reihenfolge
vorzunehmen, in der die zurückgestellten Strafen gem. § 43 StVollstrO zu vollstrecken
wären.[34] Die Therapiezeiten werden damit im Ergebnis so behandelt, als wäre der Verurteilte im Strafvollzug gewesen. Damit orientiert sich die Anrechnung an den allgemeinen
Regelungen der Vollstreckungsreihenfolge, bspw. der, dass kürzere Freiheitsstrafen grds. vor
den längeren zu vollstrecken sind.

31   **3. Vorabentscheidung über die Anrechnungsfähigkeit (Abs. 1 S. 2).** Der Entscheidung, in welchem Umfang Therapiezeiten auf die Strafe angerechnet werden, ist nach
Abs. 1 S. 2 die Entscheidung über die grundsätzliche Anrechnungsfähigkeit der Therapie
vorgelagert. Durch die frühzeitige Feststellung, dass die Zeiten einer beabsichtigten Therapie
anzurechnen sind, sollen die Motivation des Verurteilten gefördert und sein Durchhaltevermögen gestärkt werden.

---

[27] KPV/*Patzak* Rn. 19; *Pfeil/Hempel/Slotty* Rn. 16; *Weber* Rn. 29.
[28] So auch *Joachimski/Haumer* Rn. 1; *Weber* Rn. 33.
[29] Kreuzer/*Körner* § 18 Rn. 64; *Weber* Rn. 36; vgl. auch BT-Drs. 8/4283, 6.
[30] OLG Celle 26.1.1993 – 1 Ws 8/93, StV 1993, 318 (319); LG München 24.8.1988 – 17 AR 18/88,
NStZ 1988, 559 (560); KPV/*Patzak* Rn. 42; *Pfeil/Hempel/Slotty* Rn. 29; *Franke/Wienroeder* Rn. 14.
[31] HJLW Rn. 1.5.2; KPV/*Patzak* Rn. 24; *Weber* Rn. 37.
[32] OLG Düsseldorf 23.12.1986 – 1 Ws 1065/86, MDR 1987, 608.
[33] *Malek* Kap. 5 Rn. 116; *Pfeil/Hempel/Slotty* Rn. 16; KPV/*Patzak* Rn. 25. Eine flexible, für den Verurteilten möglichst günstige Verteilung der anzurechnenden Zeiten befürwortet OLG Frankfurt a. M. 8.1.1985 –
3 Ws 1019/84, SuchtG 1986, 118.
[34] So auch *Weber* Rn. 38.

Die Entscheidung hat das Gericht des ersten Rechtszuges durch **Beschluss zugleich** 32
mit der Zustimmung zu der Zurückstellung der Strafvollstreckung zu treffen. Die
Feststellung der Anrechnungsfähigkeit bezieht sich auf die obligatorische Anrechnung nach
Abs. 1 S. 1; ob eine Anrechnung nach Abs. 3 in Betracht kommt, braucht das Gericht iR
der Vorabentscheidung nicht zu prüfen.

Nachdem die Anrechnung gem. Abs. 1 S. 1 seit der Gesetzesänderung vom 9.9.1992 33
nicht mehr davon abhängt, wie weit die Therapie die Lebensführung des Verurteilten
einschränkt (→ Rn. 14–17), kommt es für die Entscheidung nach Abs. 1 S. 2 nur noch
darauf an, ob die Therapieeinrichtung **staatlich anerkannt ist und ob die Behandlung**
„in" dieser Einrichtung erfolgt.[35] Bestehen insoweit Zweifel, sind der Verurteilte und
die Einrichtung gem. Abs. 5 S. 2 anzuhören.[36]

Wurde die Anrechnungsfähigkeit **bejaht,** ist eine gegenteilige Beurteilung bei der späte- 34
ren Entscheidung über die Anrechnung von Therapiezeiten aus Gründen des Vertrauensschutzes ausgeschlossen. **Str. ist, ob auch die Verneinung der Anrechnungsfähigkeit**
bindend ist. Von Teilen der Lit. wird es als Gebot der materiellen Gerechtigkeit angesehen,
dem Verurteilten einen Anspruch auf die obligatorische Anrechnung nach S. 1 auch dann
zu gewähren, wenn in der Entscheidung nach S. 2 die Anrechnungsfähigkeit rechtsfehlerhaft
abgelehnt wurde, zumal nach dem Wortlaut des S. 1 die Anrechnung nicht eine positive
Vorabentscheidung voraussetzt.[37] Dem wird entgegengehalten, dass damit die mit der
gerichtlichen Entscheidung nach S. 2 erstrebte Klarheit nicht erreicht würde; eine zwingende Anrechnung trotz ablehnender Vorabentscheidung würde dem Verurteilten nur den
Eindruck von Inkonsequenz gerichtlicher Entscheidungen vermitteln.[38] Die praktische
Bedeutung dieser Streitfrage erscheint indes sehr gering, weil in Fällen, in denen die Anrechnungsfähigkeit in der Vorabentscheidung nach S. 2 zu Unrecht verneint wurde, eine (vollumfängliche) Anrechnung nach Abs. 3 möglich und idR auch geboten sein wird.[39]

II. (Rest-)Strafaussetzung (Abs. 1 S. 3, Abs. 2)

Das Gesetz trennt – gesetzessystematisch wenig überzeugend (→ Rn. 57) – zwischen der 35
Strafrestaussetzung nach Durchführung einer gem. Abs. 1 S. 1 zwingend anzurechnenden
Therapie (Abs. 1 S. 3) und der Aussetzung nach einer anderen, die Voraussetzungen des
Abs. 1 S. 1 nicht erfüllenden Behandlung (Abs. 2).

1. Strafrestaussetzung nach Abs. 1 S. 3. Die Aussetzungsregelung des Abs. 1 S. 3 36
greift ein, wenn sich der Verurteilte einer Behandlung iS des Abs. 1 S. 1 unterzogen hat.
Da die Zeiten einer solchen Therapie obligatorisch anzurechnen sind, handelt es sich bei
Abs. 1 S. 3 zwangsläufig um die Aussetzung eines Strafrestes.

a) Nach Zurückstellung der Strafvollstreckung. Aufgrund des gesetzessystemati- 37
schen Zusammenhangs mit Abs. 1 S. 1 ist für eine Strafrestaussetzung nach Abs. 1 S. 3
grds. eine vorangegangene Zurückstellung der Strafvollstreckung nach § 35 erforderlich
(→ Rn. 9). Allerdings kann in Fällen, in denen sich der Verurteilte einer Behandlung in
einer staatlich anerkannten Einrichtung iS des Abs. 1 S. 1 unterzogen hat, ohne dass eine
Zurückstellung nach § 35 vorgenommen wurde, eine **entsprechende Anwendung** des
Abs. 1 S. 3 geboten sein.[40] Dies gilt insbes. dann, wenn eine Zurückstellung nicht erfolgte,
weil die Behandlung bereits vor Rechtskraft der Verurteilung erfolgreich abgeschlossen

---

[35] Zutreffend HJLW Rn. 1.3.2; aA anscheinend KG 27.5.2009 – 4 Ws 58/09, NStZ-RR 2009, 321
(322 f.).

[36] KG 15.3.2001 – 1 AR 1521/00 – 5 Ws 832/00, BeckRS 2014, 10176; KPV/*Patzak* Rn. 3; *Weber*
Rn. 40.

[37] So *Baumgart*, Illegale Drogen – Strafjustiz – Therapie, S. 90; *Malek* Kap. 5 Rn. 112.

[38] *Weber* Rn. 42.

[39] Abzulehnen ist die Auffassung von *Eberth/Müller*, 1982, Rn. 39, dass bei einer ablehnenden Entscheidung
nach Abs. 1 S. 2 auch keine fakultative Anrechnung nach Abs. 3 möglich sei; hiergegen überzeugend HJLW
Rn. 4.4; KPV/*Patzak* Rn. 29.

[40] Zweifelnd HJLW Rn. 2.1.3.

war,[41] oder wenn über einen Antrag des Verurteilten nicht rechtzeitig entschieden wurde.[42] Abs. 3 sieht für solche Fälle zwar die Möglichkeit einer Anrechnung der Therapiezeiten vor, enthält aber keine dem Abs. 1 S. 3 entsprechende Regelung der Strafaussetzung zur Bewährung. Je nach Lage des Falles ist durch eine analoge Anwendung des Abs. 1 S. 3 zu vermeiden, dass der bereits vor der Verurteilung zur Therapie motivierte drogenabhängige Straftäter grundlos schlechter gestellt ist als der erst durch den Druck der Strafvollstreckung zur Therapie bewegte Täter.[43]

38   **b) Zeitpunkt der Strafaussetzung.** Die Aussetzung zur Bewährung setzt voraus, dass entweder zwei Drittel der Strafe durch die Anrechnung erledigt sind oder die Behandlung zu einem früheren Zeitpunkt nicht mehr erforderlich ist.

39   **aa) Erledigung von zwei Dritteln der Strafe.** Dass nach Verbüßung von zwei Drit-teln der Strafe ein Anspruch des Verurteilten auf eine Strafrestaussetzung bestehen kann und eine Erledigung durch Anrechnung insoweit einer Verbüßung gleichzusetzen ist, folgt an sich bereits aus § 57 Abs. 1, Abs. 4 StGB. Die Nennung des Zwei-Drittel-Zeitpunkts in Abs. 1 S. 3 hat daher im Wesentlichen nur deklaratorische Bedeutung. Bei Erreichen des Zwei-Drittel-Termins ist die Reststrafe auch dann auszusetzen, wenn zwar die Behandlung noch nicht abgeschlossen, die Prognose (→ Rn. 45 ff.) jedoch gleichwohl günstig ist. Käme eine Aussetzung stets erst nach Abschluss der Therapie in Betracht, wäre die ausdrückliche Erwähnung des Zwei-Drittel-Zeitpunkts in Abs. 1 S. 3 unverständlich.

40   In der **praktischen Rechtsanwendung** ergibt sich dabei jedoch die **Schwierigkeit,** dass die Feststellung, wann zwei Drittel der Strafe erledigt sind, die vorherige Entscheidung des Gerichts über eine Anrechnung der Therapiezeiten voraussetzt. Solange diese gerichtli-che Entscheidung noch nicht ergangen ist, kann die Vollstreckungsbehörde den Zwei-Drittel-Zeitpunkt prinzipiell noch gar nicht sicher bestimmen. Besonders deutlich zeigt sich dies, wenn Zweifel hinsichtlich der Anrechnung von Unterbrechungszeiten oder hin-sichtlich der Vollständigkeit von Therapienachweisen bestehen oder wenn neben einer Anrechnung nach Abs. 1 S. 1 auch eine Anrechnung nach Abs. 3 in Betracht kommt und noch nicht feststeht, wie das Gericht sein diesbezügliches Ermessen ausüben wird.

41   Vorwiegend aus pragmatischen Gründen sollte man es deshalb zulassen, dass vor Abschluss der Therapie **nicht** entspr. § 57 Abs. 1 StGB, § 454 StPO **von Amts wegen** über eine Strafrestaussetzung zum Zwei-Drittel-Zeitpunkt entschieden,[44] sondern **die Beendigung der Behandlung abgewartet** wird. **Beantragt** der Verurteilte jedoch bereits vor Therapie-ende die Anrechnung von Therapiezeiten auf die Strafe und die Strafrestaussetzung zum Zwei-Drittel-Zeitpunkt, so hat das Gericht hierüber zu entscheiden.[45] Die Auffassung, bei negativer oder zweifelhafter Prognose könne mit der Aussetzungsentscheidung über den Zwei-Drittel-Termin hinaus zugewartet werden,[46] vermengt die Frage des Entscheidungs-zeitpunkts mit der Frage, ob die materiell-rechtlichen Voraussetzungen der Aussetzung gegeben sind. Ob eine günstige Prognose vorliegt, soll durch den gerichtlichen Beschluss ja gerade geklärt werden, wobei dem Verurteilten nicht die Möglichkeit genommen werden darf, diese (Prognose-)Entscheidung im Rechtsmittelweg überprüfen zu lassen. Die Argu-mentation, eine Ablehnung der Aussetzung könne den Verurteilten demotivieren[47] oder den Therapieverlauf stören,[48] kann einem Antrag des Verurteilten auf gerichtliche Entscheidung

---

[41] OLG Celle 27.12.1985 – 1 Ws 276/85, StV 1986, 113; OLG Düsseldorf 6.11.1991 – 4 a Ws 291/91, NStZ 1992, 244; LG Bremen 11.12.1991 – KLs 940 Js 7380/90, StV 1992, 184.
[42] OLG Stuttgart 24.2.1987 – 3 Ws 359/86, NStZ 1987, 246.
[43] Ebenso KPV/*Patzak* Rn. 65; *Weber* Rn. 80.
[44] So aber *Malek* Kap. 5 Rn. 118; allg. zur Prüfung von Amts wegen nach § 454 StPO Meyer-Goßner/ Schmitt/*Schmitt* StPO § 454 Rn. 5.
[45] So auch *Weber* Rn. 58.
[46] So *Joachimski/Haumer* Rn. 8; HJLW Rn. 2.1.3; KPV/*Patzak* Rn. 68.
[47] *Weber* Rn. 58.
[48] HJLW Rn. 2.1.3.

schwerlich entgegengehalten werden, zumal dieser Gefahr durch eine nachvollziehbare Begründung der Entscheidung begegnet werden kann.

bb) Entbehrlichkeit weiterer Behandlung. Die eigentliche Bedeutung der Regelung 42 des Abs. 1 S. 3 liegt darin, dass sie nach erfolgreichem Abschluss der Therapie eine Strafrestaussetzung schon vor Ablauf von zwei Dritteln der Strafzeit ermöglicht.[49] Die Vorschrift **entbindet** mithin **von der Notwendigkeit einer Mindestverbüßungszeit.** Dadurch soll vermieden werden, dass der Erfolg einer Therapie durch den anschließenden Vollzug der Strafe bis zum Zwei-Drittel-Zeitpunkt wieder gefährdet wird.[50]

Nach hM ist auch **nicht erforderlich,** dass mindestens die **Hälfte der Strafe verbüßt** 43 oder durch Anrechnung erledigt ist.[51] Die Gegenauffassung, die insbes. unter Gleichbehandlungsgesichtspunkten eine Halbstrafenverbüßung entspr. § 57 Abs. 2 StGB als unerlässlich ansieht,[52] findet weder im Wortlaut noch in der Systematik des Gesetzes eine Stütze. Abs. 1 S. 3 stellt einen eigenständigen Aussetzungstatbestand dar, der als Sonderregelung den Bestimmungen des § 57 StGB vorgeht.[53] Die Verweisung auf die allgemeinen Vorschriften der §§ 56a–56g StGB in Abs. 4 umfasst gerade nicht die Regelungen des § 57 StGB. Hätte der Gesetzgeber eine Strafaussetzung zur Bewährung bei einem drogenabhängigen Täter von einer Mindeststrafverbüßung abhängig machen wollen, hätte sich indessen eine Verweisung auf § 57 Abs. 1 und Abs. 2 StGB geradezu aufgedrängt. Die mit der Befreiung von einer Mindestverbüßungszeit verbundene Privilegierung drogenabhängiger Straftäter erklärt sich daraus, dass die Regelungen der §§ 35 ff. im Interesse der zur Wiedereingliederung BtM-Abhängiger erforderlichen therapeutischen Behandlung andere Strafzwecke in den Hintergrund treten lassen. Die Strafvollstreckung bis zum Halbstrafenzeitpunkt im Anschluss an eine abgeschlossene Therapie würde den therapeutischen Erfolg in erheblichem Maße gefährden und damit dem Zweck der §§ 35, 36 zuwiderlaufen.[54]

Nicht mehr erforderlich iS des Abs. 1 S. 3 ist eine weitere Behandlung nur dann, 44 wenn sie mit dem Erfolg einer **Überwindung der Drogenabhängigkeit abgeschlossen** wurde. Der erfolgreiche Therapieabschluss ist vom Verurteilten zB durch Vorlage einer entsprechenden Bestätigung der Behandlungseinrichtung nachzuweisen.[55] Besteht die BtM-Abhängigkeit fort, ist aber aufgrund einer Substitutionsbehandlung zu erwarten, dass der Verurteilte sich künftig straffrei verhalten wird, so kann zwar eine „reguläre" Strafrestaussetzung zum Zwei-Drittel-Zeitpunkt gerechtfertigt sein,[56] die Voraussetzungen für eine Aussetzung bereits vor diesem Zeitpunkt liegen wegen der fortdauernden Behandlungsbedürftigkeit jedoch nicht vor.

c) Günstige Prognose. Die Strafaussetzung setzt weiter voraus, dass sie unter Berück- 45 sichtigung des Sicherheitsinteresses der Allgemeinheit verantwortet werden kann. Dieser günstigen Prognose bedarf es sowohl bei der Aussetzung nach Erledigung von zwei Dritteln der Strafe als auch bei der Aussetzung nach erfolgreichem Therapieabschluss.

aa) Allgemeines. Die Prognoseformel entspricht im Wesentlichen der des § 57 Abs. 1 46 S. 1 Nr. 2 StGB. Daher kann weitgehend auf die Kommentierungen zu § 57 StGB verwiesen werden.

---

[49] Vgl. *Joachimski/Haumer* Rn. 8.
[50] Vgl. *Eberth/Müller*, 1982, Rn. 30; *Weber* Rn. 71.
[51] So OLG Celle 27.12.1985 – 1 Ws 276/85, StV 1986, 113; OLG Düsseldorf 2.1.1990 – 1 Ws 1060/89, StV 1990, 214; OLG Stuttgart 12.11.1985 – 3 Ws 304/85, NStZ 1986, 187 mAnm *Katholnigg* NStZ 1986, 188; *Kreuzer/Oberheim* NStZ 1984, 557; *Eberth/Müller*, 1982, Rn. 30; *Malek* Kap. 5 Rn. 119; *Franke/Wienroeder/Franke* Rn. 8; HJLW Rn. 2.2.2; *Joachimski/Haumer* Rn. 10; KPV/*Patzak* Rn. 66 f.; *Weber* Rn. 72.
[52] OLG München 28.4.1983 – Ws 377/83, MDR 1984, 513; *Katholnigg* NStZ 1981, 417 (419), s. aber ders. StV 1986, 111.
[53] So auch *Malek* Kap. 5 Rn. 119; HJLW Rn. 2.2.2; KPV/*Patzak* Rn. 67.
[54] *Kreuzer/Oberheim* NStZ 1984, 557 (558); HJLW Rn. 2.2.1.
[55] Vgl. *Joachimski/Haumer* Rn. 8.
[56] OLG Hamm 5.4.1991 – 2 Ws 124/91, StV 1991, 427; vgl. auch BayObLG 10.10.1991 – RReg 4 St 136/91, StV 1992, 15.

47   Die **Prognoseformel** des Abs. 1 S. 3 ist ebenso wie die des § 57 Abs. 1 S. 1 Nr. 2 StGB durch das G zur Bekämpfung von Sexualdelikten und anderen gefährlichen Straftaten vom 28.1.1998[57] neugefasst worden. Nach altem Recht setzte eine Strafaussetzung voraus, dass verantwortet werden konnte *zu erproben,* ob der Verurteilte keine Straftaten mehr begehen wird. Durch die Streichung der Worte „zu erproben" sollte dem möglich erscheinenden Eindruck begegnet werden, eine Strafrestaussetzung sei auch ohne günstige Sozialprognose zu Lasten der öffentlichen Sicherheit möglich.[58] Mit der Neufassung wurden zwar die Kriterien, die für die Erfolgswahrscheinlichkeit einer Aussetzung ausschlaggebend sind, nicht substanziell geändert, doch wurde klargestellt, dass dem Sicherheitsanliegen der Allgemeinheit besonderes Gewicht zukommt und nicht von einem Vorrang des Resozialisierungsinteresses ausgegangen werden kann.[59]

48   Die Prognose bezieht sich auf die **Wahrscheinlichkeit zukünftigen straffreien Verhaltens.** Eine Gewissheit künftiger Straffreiheit kann nicht verlangt werden, doch wird sich eine Aussetzung regelmäßig nur verantworten lassen, wenn unter Berücksichtigung der Bewährungsanordnungen (Weisungen, Bewährungshilfe) eine reelle Chance dafür gegeben ist, dass der Verurteilte künftig keine Straftaten mehr begehen wird.[60] Das Gericht muss von einer solchen Erfolgsaussicht überzeugt sein, verbleibende Zweifel gehen zu Lasten des Verurteilten.[61] Welches Maß an Erfolgswahrscheinlichkeit notwendig ist, hängt vom bedrohten Rechtsgut und dem damit korrespondierenden Sicherheitsbedürfnis der Allgemeinheit ab.[62] Daher ist insbes. von Bedeutung, welcher Art die Straftaten sind, die bei einem Fehlschlagen der Strafaussetzung von dem Verurteilten zu erwarten wären.[63]

49   Die Beurteilung der Resozialisierungsaussichten erfordert eine **Gesamtwürdigung** der Umstände des Einzelfalles. Dabei sind vor allem die in § 57 Abs. 1 S. 2 StGB genannten Umstände zu berücksichtigen (aber → Rn. 50 ff.). Nach hM zeigt das Fehlen einer dem § 56 Abs. 3 StGB entsprechenden Regelung, dass in die Entscheidung über eine Aussetzung des Strafrestes generalpräventive Gesichtspunkte ebenso wenig einfließen dürfen wie die Schuldschwere der begangenen Tat.[64] Es sind auch kaum Fallgestaltungen denkbar, in denen es sachlich gerechtfertigt wäre, zwar zunächst die Strafvollstreckung nach § 35 zurückzustellen, nach einem etwaigen erfolgreichen Therapieabschluss dann aber aus generalpräventiven oder schuldbezogenen Erwägungen den Strafrest noch zu vollstrecken. Den Aspekten der Generalprävention und des Schuldausgleichs ist vielmehr bereits bei der Entscheidung über eine Zurückstellung der Strafvollstreckung Rechnung zu tragen.

50   **bb) Spezifische Aspekte der Prognose nach Abs. 1 S. 3.** Die Entscheidung nach Abs. 1 S. 3 ist insoweit durch die vorangegangene Zurückstellung der Strafvollstreckung präjudiziert, als eine Strafaussetzung schwerlich versagt werden kann, wenn der Verurteilte die bei der Zurückstellung in ihn gesetzten Erwartungen erfüllt hat und die Behandlung uneingeschränkt erfolgreich verlief. Es erschiene inkonsequent, dem Verurteilten zunächst unter Verzicht auf den Strafvollzug die Durchführung einer Drogentherapie zu ermöglichen, nach erfolgreichem Abschluss der Behandlung dann aber, ohne dass neue negative Gesichtspunkte hinzugetreten wären, auf eine weitere, den Therapieerfolg wieder gefährdende Strafverbüßung zu bestehen.

---

[57] BGBl. I S. 160.
[58] Siehe BT-Drs. 13/7163, 7.
[59] OLG Bamberg 28.7.1998 – Ws 507/98, NJW 1998, 3508; Schönke/Schröder/*Kinzig/Stree* StGB § 57 Rn. 9.
[60] Vgl. Schönke/Schröder/*Kinzig/Stree* StGB § 57 Rn. 14.
[61] OLG Düsseldorf 10.7.1991 – 3 Ws 376/91, StV 1992, 287.
[62] Ähnlich schon zu früherem Recht KG 25.5.1973 – 1 AR 462/73 – 1 Ws 98/73, NJW 1973, 1420 (1421); OLG Karlsruhe 11.5.1992 – 2 Ws 75/92, StV 1993, 260.
[63] Vgl. zB OLG Saarbrücken 24.8.1998 – 1 Ws 159/98, NJW 1999, 439.
[64] Siehe zB OLG München 25.5.1999 – 1 Ws 466/99, StV 1999, 550; Schönke/Schröder/*Kinzig/Stree* StGB § 57 Rn. 12 f. mwN; aA für Straftaten nach dem BtMG *Weber* Rn. 67 ff., der dies mit Art. 3 Abs. 7 ÜK 1988 begründet.

Bei der Prognoseentscheidung nach Abs. 1 S. 3 kommt daher den **sucht- und therapie-** 51
bezogenen Umständen besondere Bedeutung zu. Eine entscheidende Rolle spielen
regelmäßig der Verlauf und die Ergebnisse der Behandlung, das Verhalten des Verurteilten
während und nach der Therapie sowie die Einschätzung des Risikos künftiger Drogenrückfälle. Je höher die Wahrscheinlichkeit ist, dass der Verurteilte die BtM-Abhängigkeit dauerhaft überwunden und damit die Ursache seiner Delinquenz beseitigt hat, desto weniger
Gewicht werden dem Vorleben des Verurteilten und den Tatumständen beizumessen sein.[65]
Zu berücksichtigen ist dabei allerdings, inwieweit die Delinquenz des Verurteilten allein
auf seine Abhängigkeit oder auch auf andere Umstände zurückzuführen war.

Trotz Fortbestehens der BtM-Abhängigkeit kann eine Strafrestaussetzung zum Zwei- 52
Drittel-Zeitpunkt (→ Rn. 39–41, 44) in Betracht kommen, wenn aufgrund einer professionellen **Substitutionsbehandlung** mit begleitender psychosozialer Behandlung die berechtigte Erwartung besteht, dass der Verurteilte nach seiner Entlassung nicht mehr dem ständigen Beschaffungsdruck ausgesetzt ist und beruflich wieder Fuß fassen wird, und deshalb
mit einer Legalbewährung gerechnet werden kann.[66]

Neben den Ergebnissen der Therapie sind vor allem **Veränderungen der Lebensum-** 53
stände des Drogenabhängigen von Bedeutung. So spricht zB für eine günstige Prognose,
wenn der Verurteilte eine Berufstätigkeit oder Fortbildung aufnimmt, den Umgang mit
Bekannten aus der Drogenszene aufgegeben hat, Kontakt zu einer Drogenberatungsstelle
oder Nachsorgeeinrichtung unterhält und in einem gefestigten sozialen Umfeld lebt.[67]

Wie bei § 57 StGB kommt es auch für die Entscheidung nach Abs. 1 S. 3 im besonderen 54
Maße auf das **Gewicht des bei einem Rückfall bedrohten Rechtsguts** an. Ist angesichts
der früheren Delinquenz des Verurteilten bei einem Rückfall mit schweren Straftaten der
Beschaffungskriminalität wie zB Raub zu rechnen, wird das Wagnis einer Strafaussetzung
zur Bewährung deutlich weniger leicht zu verantworten sein, als wenn „nur" die Begehung
von Konsumdelikten zu erwarten ist.[68]

Eine ungünstige Prognose kann sich ua aus einer **erneuten Straffälligkeit** des Verurteil- 55
ten nach der Zurückstellung der Strafvollstreckung ergeben. Ein mit der Begehung von
Konsumdelikten verbundener Drogenrückfall **während der Therapie** wird allerdings idR
noch keinen durchschlagenden Grund für die Versagung der Aussetzung darstellen, sofern
die Behandlung nach dem Rückfall noch erfolgreich abgeschlossen werden konnte. Erhebliches Gewicht kommt einer erneuten BtM-Straftat **nach Abschluss der Behandlung** zu,
da sie den Erfolg der Behandlung zumindest stark in Zweifel zieht. Die neue Straftat ist
zu berücksichtigten, wenn ihre Begehung zur Überzeugung des Gerichts feststeht, eine
rechtskräftige Verurteilung ist nicht vorausgesetzt.[69] Die Unschuldsvermutung des Art. 6
Abs. 2 MRK steht der Verwertung einer noch nicht rechtskräftig abgeurteilten Tat nicht
entgegen, weil es nicht um die Verfolgung der neu begangenen Straftat, sondern um die
Weitervollstreckung einer bereits rechtskräftig erkannten Strafe geht.[70] Es reicht daher aus,
wenn aufgrund eines glaubhaften Geständnisses vor einem Richter oder einer erstinstanzlichen, noch nicht rechtskräftigen Verurteilung keine vernünftigen Zweifel an Täterschaft
und Schuld des Verurteilten bestehen.[71]

2. Straf- oder Strafrestaussetzung nach Abs. 2. Die Vorschrift ermöglicht eine Aus- 56
setzung der Strafe oder des Strafrestes zur Bewährung auch nach Durchführung einer Therapie, welche die Voraussetzungen einer obligatorischen Anrechnung gem. Abs. 1 S. 1 nicht

---

[65] Vgl. KPV/*Patzak* Rn. 70, *Weber* Rn. 60.
[66] OLG Hamm 5.4.1991 – 2 Ws 124/91, StV 1991, 427.
[67] KPV/*Patzak* Rn. 71.
[68] Vgl. *Weber* Rn. 62.
[69] Str., siehe zB BVerfG 14.8.1987 – 2 BvR 235/87, NJW 1988, 1715; OLG Düsseldorf 13.6.1991 – 3
Ws 323 – 325/91, NStZ 1992, 131 mit abl. Anm. *Blumenstein*; OLG Düsseldorf 29.1.1992 – 2 Ws 18/92,
NJW 1992, 1183; OLG Karlsruhe 7.2.1996 – 1 Ws 19/96, NStZ-RR 1997, 87; *Fischer* StGB § 56f Rn. 4
mwN; *Weber* Rn. 64.
[70] OLG Karlsruhe 7.2.1996 – 1 Ws 19/96, NStZ-RR 1997, 87.
[71] Vgl. *Fischer* StGB § 56f Rn. 7.

erfüllt. Dazu gehören namentlich die Fälle, in denen sich der Verurteilte in einer Einrichtung behandeln ließ, die nicht über eine staatliche Anerkennung verfügt.

57   Dass das Gesetz bei der Strafaussetzung danach unterscheidet, ob eine obligatorische Anrechnung erfolgt (Abs. 1 S. 3) oder nicht erfolgt (Abs. 2), erscheint gesetzestechnisch wenig sinnvoll; denn die Voraussetzungen und Wirkungen der beiden Aussetzungen sind identisch. Der dogmatische Unterschied zwischen den Aussetzungsregelungen liegt lediglich darin, dass nach Abs. 2 auch die **Aussetzung der gesamten Strafe** zur Bewährung möglich ist, während sich Abs. 1 S. 3 zwangsläufig auf einen Strafrest bezieht, weil ein Teil der Strafe durch die nach Abs. 1 S. 1 obligatorisch vorzunehmende Anrechnung erledigt ist. Die Anrechnung von Therapiezeiten beeinflusst daher den Umfang der auszusetzenden (Rest-) Strafe, spielt aber keine Rolle für die Frage, ob überhaupt eine Aussetzung zu erfolgen hat. Insoweit erfordert Abs. 2 ebenso wie Abs. 1 S. 3 die vorherige Zurückstellung der Strafvollstreckung nach § 35 sowie das Vorliegen einer günstigen Prognose, so dass vollumfänglich auf die obigen Ausführungen → Rn. 36, 37, 45 ff. verwiesen werden kann.

58   Auch hinsichtlich des in Abs. 2 nicht ausdrücklich geregelten **Zeitpunkts der Strafaussetzung** wird nichts anderes gelten als bei der Aussetzung nach Abs. 1 S. 3. Demnach kommt eine Aussetzung zum einen in Betracht, wenn zwei Drittel der Strafe erledigt sind. Dass in den Fällen des Abs. 2 nicht die Voraussetzungen für eine obligatorische Anrechnung nach Abs. 1 S. 1 vorliegen, schließt es nicht aus, dass durch Anrechnung von Therapiezeiten eine Erledigung von zwei Dritteln der Strafe eintritt; denn vor oder zugleich mit der Aussetzungsentscheidung kann das Gericht, sofern dies unter Berücksichtigung der durch die Behandlung an den Verurteilten gestellten Anforderungen angezeigt ist, Behandlungszeiten nach Abs. 3 anrechnen.[72] Zum anderen ist entspr. Abs. 1 S. 3 bereits vor Erledigung von zwei Dritteln der Strafe eine Aussetzung möglich, wenn eine Fortsetzung der Behandlung nicht mehr erforderlich ist, der Verurteilte also die Therapie erfolgreich abgeschlossen hat (→ Rn. 42–44).

59   **3. Aussetzung einer Unterbringung.** Nach § 35 Abs. 1 kann auch der Vollzug einer neben einer Freiheitsstrafe angeordneten Unterbringung in einer Entziehungsanstalt zurückgestellt werden (→ § 35 Rn. 35). § 36 trifft jedoch – wohl aufgrund eines Redaktionsversehens – keine ausdrückliche Regelung über die Aussetzung des weiteren Vollzugs der Maßregel zur Bewährung. Die hM wendet insofern § 67d Abs. 2 StGB analog an,[73] teils wird auch die unmittelbare Anwendbarkeit dieser Bestimmung angenommen.[74]

60   Die weitere Vollstreckung der Unterbringung ist hiernach zur Bewährung auszusetzen, wenn zu erwarten ist, dass der Untergebrachte außerhalb des Maßregelvollzugs keine rechtswidrigen Taten mehr begehen wird. Für diese Prognose sind weitgehend dieselben Kriterien maßgebend wie für die Strafrestaussetzung nach Abs. 1 S. 3 oder nach § 57 Abs. 1 Satz 1 StGB.[75] Allerdings kommt es iR des § 67d Abs. 2 StGB wegen der Bindung der Prognose an den Zweck der Unterbringung nur auf solche Taten an, die der Art und Schwere nach ausreichen, die Anordnung der Maßregel zu rechtfertigen, also auf erhebliche Taten iS des § 64 Abs. 1 StGB.[76] Die Aussetzung kann auch schon vor Vollstreckungsbeginn erfolgen, § 67d Abs. 2 StGB erfordert mithin keine Mindestvollzugsdauer.[77] Mit der Aussetzung des Vollzugs der Maßregel tritt gem. § 67d Abs. 2 S. 2 StGB Führungsaufsicht ein.[78]

---

[72] So auch HJLW Rn. 4.1; aA offenbar *Weber* Rn. 81, der Abs. 2 – was dem Gesetzeswortlaut aber nicht zu entnehmen ist – nur auf Fälle anwenden will, in denen Therapiezeiten nicht (also auch nicht nach Abs. 3) auf die Strafe angerechnet werden.

[73] OLG Frankfurt a. M. 8.1.1985 – 3 Ws 1019/84, SuchtG 1986, 118 mit zust. Anm. *Kreuzer*; LG München I 24.8.1988 – 17 AR 18/88, NStZ 1988, 559; KPV/*Volkmer* Rn. 79; HJLW Rn. 3.

[74] BT-Drs. 10/843, 36; *Maatz* MDR 1988, 10 (12).

[75] Siehe zB LK-StGB/*Horstkotte* StGB § 67d Rn. 34 ff.

[76] OLG Düsseldorf 23.4.1980 – 1 Ws 124/80, MDR 1980, 779; *Fischer* StGB § 67d Rn. 10 mwN.

[77] Siehe *Maatz* MDR 1988, 10 (12).

[78] HJLW Rn. 3.

Rn. 84 ff.) befunden haben.[91] Ein Hauptanwendungsfall des Abs. 3 ist die Behandlung in einer Einrichtung, die zwar den Anforderungen des § 35 Abs. 1 genügt, aber keine staatliche Anerkennung iS des § 36 Abs. 1 S. 1 besitzt, etwa weil das betreffende Bundesland nicht über ein Anerkennungsverfahren verfügt oder die Einrichtung die staatliche Anerkennung nicht beantragt hat.[92]

Die Anrechnungsmöglichkeit nach Abs. 3 ist im Grundsatz nicht auf stationäre Therapien **69** beschränkt und setzt auch keine Mindestdauer der Behandlung voraus. Einschränkungen ergeben sich nur daraus, dass die an den Abhängigen gestellten Anforderungen eine Anrechnung der Therapiezeit angezeigt erscheinen lassen müssen (→ Rn. 72 f.).

cc) Zeitraum der Behandlung. In zeitlicher Hinsicht grenzt Abs. 3 die anrechnungsfä- **70** higen Therapien lediglich insofern ein, als die Behandlung **nach der Tat** erfolgt sein muss. Erfasst werden damit jedenfalls die Zeiten einer Behandlung, der sich der Abhängige **zwischen der Rechtskraft des Urteils und der Einleitung der Strafvollstreckung** unterzogen hat. Gleiches gilt für Behandlungszeiten **zwischen der Verurteilung und einer Zurückstellung** der Strafvollstreckung nach § 35,[93] sofern man nicht der von Teilen der Rspr. und Lit. vertretenen Auffassung folgt, wonach diese Zeiten schon nach Abs. 1 S. 1 anzurechnen sind (→ Rn. 26). Nicht unproblematisch ist hingegen die Anrechnung von Therapien, die **vor der Rechtskraft** der Verurteilung durchgeführt wurden. Gegen eine Anwendung des Abs. 3 spricht in diesen Fällen die Erwägung, dass mit der Anrechnung solcher Therapiezeiten diese im Ergebnis einer anzurechnenden Untersuchungshaft oder vorläufigen Unterbringung gleichgestellt werden, eine solche Anrechnung aber gesetzessystematisch eher in § 51 StGB zu regeln wäre und aufgrund der deutlichen Unterschiede zwischen den in § 51 StGB genannten staatlichen Zwangsmaßnahmen und einer ohne staatliche Einflussnahme aufgenommenen Therapie auch einer ausdrücklichen Regelung bedürfte.[94] Noch bedenklicher erscheint die Anrechnung von **vor der letzten Tatsachenverhandlung** liegenden Therapiezeiten, weil die Behandlung hier regelmäßig bereits im Urteil strafmildernd berücksichtigt wurde.[95] Gleichwohl wird es die in Abs. 3 verwendete Formulierung „nach der Tat" nicht erlauben, zwischen Tat und Verurteilung bzw. letzter Tatsachenverhandlung liegende Therapiezeiten gänzlich von der Möglichkeit einer Anrechnung auszuschließen. Je nach Lage des Falles wird den gegen eine Anrechnung sprechenden Gesichtspunkten aber bei der Bemessung des Anrechnungs*umfangs* Rechnung zu tragen sein.[96]

dd) Notwendigkeit eines Therapieerfolgs? Die Anrechnung nach Abs. 3 ist grds. **71** nicht davon abhängig, dass die Therapie erfolgreich beendet wurde.[97] Der Zweck der §§ 35 ff. liegt nicht vorrangig darin, Therapieerfolge zu honorieren, sondern darin, Therapiebemühungen des Drogenabhängigen zu fördern. Im Hinblick auf die Erkenntnis, dass für die dauerhafte Überwindung der Drogenabhängigkeit oftmals mehrere Therapieversuche erforderlich sind, hindert ein Therapieversagen des Verurteilten grds. weder eine erneute Zurückstellung der Strafvollstreckung (s. § 35 Abs. 5 S. 3) noch die obligatorische Anrechnung von Therapiezeiten nach Abs. 1 S. 1. Es erschiene systemfremd, demgegenüber bei der fakultativen Anrechnung nach Abs. 3 entscheidend auf den Erfolg der Therapie abzustellen. Insbes. wäre es unbillig, dem Drogenabhängigen, der die Behandlung in einer Einrichtung ohne staatliche Anerkennung abgebrochen hat, jegliche Anrechnung zu verwehren, während derjenige, der eine vergleichbare Behandlung in einer staatlich anerkannten Einrichtung nicht beenden konnte, nach Abs. 1 S. 1 in den Genuss der vollen Anrechnung der Therapie-

---

[91] Ebenso *Eberth/Müller*, 1982, Rn. 38; aA KPV/*Patzak* Rn. 32.
[92] *Franke/Wienroeder* Rn. 11; HJLW Rn. 4.4; *Weber* Rn. 101.
[93] KPV/*Patzak* Rn. 29 mwN.
[94] So mit Recht HJLW Rn. 4.5.
[95] HJLW Rn. 4.6.
[96] So auch *Weber* Rn. 98.
[97] So KPV/*Patzak* Rn. 37; *Weber* Rn. 109; *Werner* NStZ 1989, 505; für eine Berücksichtigungsfähigkeit im Einzelfall *Joachimski/Haumer* Rn. 12; HJLW Rn. 4.9; unklar *Franke/Wienroeder* Rn. 11.

zeit kommt (→ Rn. 24). Ebenso wäre es ungerecht, wenn ein Täter, der sich spontan alsbald nach seiner Tat in eine Behandlungseinrichtung begibt, bei der späteren Anrechnung seiner Behandlungszeit auf die verhängte Strafe insoweit strengere Anforderungen erfüllen müsste als ein Täter, dessen Therapiebereitschaft erst durch die Zurückstellung der Strafvollstreckung geweckt wurde.[98] Anrechnungsfähig sind daher grds. auch Behandlungszeiten einer erfolglos verlaufenen Therapie. Eine andere Frage ist, inwieweit bei der Festsetzung des Anrechnungsumfangs der Therapiewille und die tatsächliche Therapiebemühungen des Verurteilten berücksichtigt werden (→ Rn. 78).

72   **b) Durch die Therapie gestellte Anforderungen.** Die Anrechnung setzt ferner voraus, dass sie unter Berücksichtigung der Anforderungen, welche die Behandlung an den Abhängigen gestellt hat, angezeigt ist. Die **Kriterien** für die Anrechenbarkeit werden hiernach in erster Linie der Zeitaufwand für die Teilnahme an den Therapiemaßnahmen und die damit verbundenen Auswirkungen auf die Lebensgestaltung des Verurteilten sein; daneben kommt auch den Anforderungen Bedeutung zu, die durch Konzept und Dauer der Therapie an das Durchhaltevermögen des Verurteilten gestellt werden.[99]

73   Nicht erforderlich ist, dass die mit der Therapie verbundenen Belastungen dem Straf- oder Maßregelvollzug nahe kommen.[100] Dies widerspräche dem Zweck der §§ 35 ff., die nicht das Strafübel, sondern die Resozialisierung des Täters in den Vordergrund stellen.[101] Daher sind grds. auch **teilstationäre und ambulante Therapien anrechnungsfähig.**[102] Allerdings wird bei einer ambulanten Therapie idR die zeitliche Beanspruchung des Verurteilten durch Therapiemaßnahmen und Kontrollen für sich allein eine Anrechnung kaum rechtfertigen können. Für eine Anrechnung kann aber sprechen, wenn über die zeitliche Belastung hinaus weitere an den Verurteilten gestellte Anforderungen zu berücksichtigen sind. Insoweit kommen zB die aus dem Nebeneinander von Therapie und Berufsleben resultierenden **Mehrfachbelastungen** oder ggf. auch der Umstand in Betracht, dass die ambulante Behandlung mehr noch als der stationäre Aufenthalt in einer Therapieeinrichtung **Eigeninitiative und aktive Mitwirkung** an therapeutischen und begleitenden Maßnahmen verlangt.[103] Bei einer langen Dauer der Behandlung kann ferner der vom Verurteilten geforderte **Durchhaltewille** Berücksichtigung finden.[104] Die im Vergleich zu einer stationären Behandlung geringeren Einschränkungen der Lebensführung des Verurteilten werden allerdings bei dem Umfang der Anrechnung zu berücksichtigen sein (→ Rn. 77).

74   **2. Umfang der Anrechnung.** Das Gesetz lässt offen, nach welchen Kriterien der Anrechnungsumfang zu bestimmen ist. Es verwundert daher nicht, dass die diesbezügliche Entscheidungspraxis der Gerichte sehr uneinheitlich ist.

75   **a) Allgemeine Grundsätze.** Im Gegensatz zu Abs. 1 S. 1 ist die Anrechnung nach Abs. 3 nicht zwingend, sondern in das **Ermessen** des Gerichts gestellt. Zudem lässt es Abs. 3 anders als die obligatorische Anrechnung zu, die Therapiezeit **nur teilweise** auf die Strafe anzurechnen. Dabei kann das Gericht in den Grenzen einer fehlerfreien Ermessensausübung, insbes. unter Beachtung des Gesetzeszwecks, auch Gesichtspunkte berücksichtigen, die bei der Anrechnung nach Abs. 1 S. 1 keine Rolle spielen. Diese größere Entscheidungsfreiheit ermöglicht es, den Besonderheiten des Einzelfalls Rechnung zu tragen, begründet aber auch die Verpflichtung des Gerichts, Art, Umfang und Auswirkungen der

---

[98]   LG Hamburg 13.3.1989 – 84 Qs 7/89 – 50 Js 12/88, StV 1989, 354 (355).
[99]   OLG Köln 18.2.2000 – 2 Ws 56/00, NStZ 2001, 55.
[100] So auch *Malek* Kap. 5 Rn. 124; KPV/*Patzak* Rn. 32; *Weber* Rn. 103; aA *Pfeil/Hempel/Slotty* Rn. 34.
[101] Zutreffend *Malek* Kap. 5 Rn. 124.
[102] OLG Köln 18.2.2000 – 2 Ws 56/00, NStZ 2001, 55; LG Bochum 13.1.1997 – 1 Qs 98/96, StV 1997, 316; *Joachimski/Haumer* Rn. 13; KPV/*Patzak* Rn. 32 und Rn. 40 f.; *Weber* Rn. 101; zweifelnd *Franke/Wienroeder* Rn. 12; HJLW Rn. 4.2.
[103] Vgl. KPV/*Volkmer* Rn. 40 f.; LG Oldenburg 19.8.2004 – 4 Qs 365/04, StV 2005, 284.
[104] OLG Köln 18.2.2000 – 2 Ws 56/00, NStZ 2001, 55; *Weber* Rn. 106.

Therapie nötigenfalls unter Erholung der Stellungnahme Sachkundiger eingehend zu prüfen.[105]

In erster Linie wird sich der Umfang der Anrechnung danach bemessen, inwieweit die **76**
durch die Therapie an den Drogenabhängigen gestellten **Anforderungen mit denen einer
nach Abs. 1 S. 1 zwingend anzurechnenden Behandlung vergleichbar** sind. Hat sich
der Verurteilte einer stationären Therapie in einer staatlich anerkannten Einrichtung unterzogen und scheitert eine Anrechnung nach Abs. 1 S. 1 lediglich daran, dass (noch) keine
Zurückstellungsentscheidung nach § 35 ergangen war, so liegt es nahe, die Behandlungszeit
ebenso wie bei der obligatorischen Anrechnung nach Abs. 1 S. 1 in vollem Umfang anzurechnen.[106] Etwas anderes mag allerdings gelten, soweit die Behandlung bereits vor der
letzten Tatsachenverhandlung begonnen worden war und deshalb im Urteil bereits strafmildernd berücksichtigt wurde (vgl. → Rn. 70). Eine vollumfängliche Anrechnung wird idR
ebenfalls geboten sein, wenn die Behandlungseinrichtung zwar nicht über eine staatliche
Anerkennung verfügt, die Behandlung aber hinsichtlich ihrer Anforderungen an den Patienten der in staatlich anerkannten stationären Einrichtungen entspricht.

b) Anrechnung nichtstationärer Therapien. Ist bei einer ambulanten oder teilstatio- **77**
nären Therapie die vorrangige Frage, ob überhaupt eine Anrechnung angezeigt ist, zu
bejahen (→ Rn. 72), wird sich der Umfang der Anrechnung ebenfalls am Vergleich mit
einer nach Abs. 1 S. 1 berücksichtigungsfähigen stationären Behandlung orientieren.[107]
Stellt eine ambulante Therapie an die Lebensführung des Verurteilten Anforderungen,
die völlig denen in einer staatlich anerkannten stationären Therapie entsprechen, so ist
die Therapiezeit ganz anzurechnen.[108] Beschränkt sich der mit einer ambulanten Therapie
verbundene zeitliche Aufwand auf einige Stunden im Monat erscheint allenfalls eine
teilweise Anrechnung des Behandlungszeitraums und diese auch nur dann gerechtfertigt,
wenn neben der zeitlichen Beanspruchung sonstige an den Verurteilten gestellte Anforderungen berücksichtigt oder dessen besonderer Durchhaltewille honoriert werden können
(→ Rn. 73).[109] Erfolgt die Behandlung teils stationär, teils ambulant, kann das Gericht
für die einzelnen Therapieabschnitte auch unterschiedliche Anrechnungsquoten bestimmen.[110]

c) Tatsächliche Therapieanstrengungen. Obwohl sich die fakultative Anrechnung **78**
vor allem an den Anrechnungsprinzipien des Abs. 1 S. 1 orientiert, nach denen es lediglich
auf die Dauer des Aufenthalts in der Therapieeinrichtung ankommt, erscheint es nicht
ermessensfehlerhaft, bei der Bemessung der Anrechnung nach Abs. 3 auch das tatsächliche
Therapieverhalten des Verurteilten zu berücksichtigen; denn ein Härtefall, den es dem Sinn
des Abs. 3 entsprechend durch die fakultative Anrechnung zu korrigieren gilt, wird kaum
angenommen werden können, wenn der Verurteilten die durch das Therapiekonzept an
ihn gestellten Anforderungen überhaupt nicht erfüllt, die Therapiebereitschaft nur vorgetäuscht oder sich in sonstiger Weise massiv therapiewidrig verhalten hat.[111] Wenn auch die
Anrechnung nach Abs. 3 grds. keinen Therapieerfolg voraussetzt (→ Rn. 71),[112] so muss
doch verlangt werden, dass der Verurteilte sich ernsthaft um einen solchen bemüht hat. Nur

---

[105] KPV/*Volkmer* Rn. 41; *Weber* Rn. 108.
[106] Vgl. *Joachimski/Haumer* Rn. 12.
[107] So zutreffend KPV/*Patzak* Rn. 41.
[108] KPV/*Patzak* Rn. 41 mwN.
[109] OLG Köln 18.2.2000 – 2 Ws 56/00, NStZ 2001, 55: Anrechnung einer knapp einjährigen ambulanten
Behandlung mit monatlich drei einstündigen Therapiegesprächen und begleitenden Kontrollen mit einem
Monat auf eine – teilweise verbüßte – Freiheitsstrafe von 2 Jahren 10 Monaten; etwas großzügiger LG Waldshut-Tiengen 12.4.2001 – Kls 14 Js 4825/98, StV 2003, 291 m. krit. Anm. *Endriß*; bedenklich weit gehend
dagegen LG Bochum 13.1.1997 – 1 Qs 98/96, StV 1997, 316: Anrechnung einer ähnlichen ambulanten
Behandlung mit 50 % im Hinblick auf die Mehrbelastungen durch Therapie, Familie und Beruf.
[110] Vgl. KG 7.2.1992 – 4 Ws 2/92, NStE Nr. 11 zu § 36.
[111] Vgl. KPV/*Patzak* Rn. 36; *Weber* Rn. 108.
[112] Siehe aber LG Berlin 13.5.2004 – (534) 3OpJs 1332/01, NStZ-RR 2004, 348, wonach der Therapieerfolg im Rahmen des Anrechnungsumfangs zu berücksichtigen sein soll.

auf diese Weise kann ein Missbrauch der Anrechnungsmöglichkeiten nach Abs. 3 verhindert werden.

79   **d) Nachweis der Therapiezeiten.** Wie auch bei der obligatorischen Anrechnung nach Abs. 1. S. 1 können nur die vom Verurteilten nachgewiesenen Behandlungszeiten angerechnet werden. Insoweit kann auf Rn. 18 verwiesen werden. Soweit es für die Anrechnung auf den Umfang der durch die Therapie gestellten Anforderungen und deren Erfüllung ankommt, obliegt dem Verurteilen auch der Nachweis der diesbezüglich maßgeblichen Tatsachen.

80   **e) Bis zur Erledigung von zwei Drittel der Strafe.** Obgleich diese in Abs. 1 S. 1 genannte Begrenzung der Anrechnung in Abs. 3 nicht erwähnt ist, können auch hier Therapiezeiten nur angerechnet werden, bis zwei Drittel der Strafe erledigt sind.[113] Abs. 3 soll nicht den Umfang der Anrechnungsmöglichkeiten gegenüber der obligatorischen Anrechnung erweitern, was auf eine Privilegierung desjenigen hinausliefe, der es vermeidet, sich in einer staatlich anerkannten Einrichtung behandeln zu lassen. Vielmehr kommt der fakultativen Anrechnung nur die Aufgabe zu, als Auffangvorschrift Unbilligkeiten des obligatorischen Anrechnungsmodus des Abs. 1 zu verhindern. Es wäre unverständlich, wenn unter den engeren Voraussetzungen des Abs. 1 S. 1 lediglich eine Anrechnung bis zum Zwei-Drittel-Zeitpunkt möglich wäre, nach Abs. 3 hingegen eine Anrechnung bis zum Strafende erfolgen könnte. Zwar ließe sich dieser Wertungswiderspruch dadurch vermeiden, dass in Fällen der obligatorischen Anrechnung das letzte Drittel der Strafe, das nicht nach Abs. 1 S. 1 angerechnet werden kann, als nach Abs. 3 anrechnungsfähig angesehen wird.[114] Dies widerspräche jedoch ersichtlich der Funktion der Zwei-Drittel-Regelung (→ Rn. 28); diese würde damit praktisch ins Leere laufen.

IV. Ausgestaltung der Bewährung (Abs. 4)

81   Hinsichtlich der Ausgestaltung der Strafaussetzung zur Bewährung erklärt Abs. 4 die allgemeinen Vorschriften der §§ 56a–56g StGB für entsprechend anwendbar. Für jugendliche und heranwachsende Täter gelten über § 38 die §§ 22–26a JGG. Das Gericht bestimmt eine **Bewährungszeit** zwischen zwei und fünf Jahren (§ 56a Abs. 1 StGB; im Jugendstrafrecht zwei bis drei Jahre, § 22 Abs. 1 JGG) und unterstellt den Verurteilten, sofern dies zur Verhinderung erneuter Straffälligkeit angezeigt ist, der Aufsicht und Leitung eines **Bewährungshelfers** (§ 56d StGB; zwingend nach § 24 JGG). Dem Verurteilten können zudem **Auflagen** und **Weisungen** (§§ 56b, 56c StGB, 23 JGG) erteilt werden. Diese müssen bestimmt und in ihrer Einhaltung überprüfbar sein. Die Ausgestaltung der Weisungen darf nicht im Wesentlichen dem Bewährungshelfer überlassen werden; vielmehr muss das Gericht selbst hinreichend präzise Handlungsvorgaben machen, die dem Bewährungshelfer nur noch in organisatorischen Detailfragen eine Konkretisierungsbefugnis einräumen.[115] Üblich sind in den einschlägigen Fällen bspw. die Weisungen, keine BtM zu sich zu nehmen, sich nicht an Orten aufzuhalten, wo BtM konsumiert werden, Kontakt mit einer Nachsorgeeinrichtung zu halten und Urinproben zur Untersuchung der Drogenabstinenz abzugeben. Solche Weisungen sind wegen ihrer präventiven und die Lebensführung stabilisierenden Wirkung zulässig, sie stellen insbes. keinen unzulässigen Eingriff in Grundrechte dar.[116] Fraglich ist allerdings, ob dem Verurteilten aufgegeben werden kann, die Kosten von Urinuntersuchungen zu tragen.[117] Die Weisung an den Verurteilten, sich (weiterhin) einer Dro-

---

[113] Sehr str.; wie hier OLG Celle 26.1.1993 – 1 Ws 8/93, StV 1993, 318; LG München I 24.8.1988 – 17 AR 18/88, NStZ 1988, 559; *Joachimski/Haumer* Rn. 13; HJLW Rn. 4.5; KPV/*Patzak* Rn. 42; *Weber* Rn. 112; aA *Eberth/Müller*, 1982, Rn. 42; *Malek* Kap. 5 Rn. 127; *Franke/Wienroeder* Rn. 14; *Maatz* MDR 1985, 11; *Pfeil/Hempel/Slotty* Rn. 29; *Tröndle* MDR 1982, 1 (2).
[114] So *Malek* Kap. 5 Rn. 127.
[115] OLG Stuttgart 21.5.2014 – 4 Ws 158/14, NStZ 2014, 249.
[116] BVerfG 21.4.1993 – 2 BvR 930/92, NJW 1993, 3315; OLG Zweibrücken 22.8.1989 – 1 Ws 371/89, NStZ 1989, 578.
[117] Verneinend LG Baden-Baden 27.7.2000 – 1 Qs 87/00, StV 2001, 240.

gentherapie zu unterziehen, darf nach § 56c Abs. 3 Nr. 1 StGB nur mit dessen Einwilligung erteilt werden.[118] Die Einwilligung muss bei Erteilung der Weisung vorliegen und ist nur so lange rücknehmbar, wie noch über die Strafaussetzung entschieden werden kann; durch eine spätere Rücknahme der Einwilligung wird die Weisung nicht unrechtmäßig.[119] Wegen Verstoßes gegen den Verhältnismäßigkeitsgrundsatz unzulässig ist eine Therapieweisung, wenn eine solche Behandlung bereits erfolgreich abgeschlossen wurde.[120] Entscheidungen nach den §§ 56b–56d StGB können auch nachträglich getroffen, geändert oder aufgehoben werden (§ 56e StGB, § 23 Abs. 1 S. 3 JGG).

Begeht der Verurteilte eine **neue Straftat,** durch die sich die der Strafaussetzung **82** zugrunde liegende Erwartung als unzutreffend erweist, so ist die **Strafaussetzung zu widerrufen** (§ 56f Abs. 1 S. 1 Nr. 1 StGB, § 26 Abs. 1 Nr. 1 JGG).[121] Gleiches gilt, wenn er gröblich oder beharrlich gegen Auflagen verstößt oder wenn wegen des gröblichen oder beharrlichen Verstoßes gegen Weisungen oder der beharrlichen Entziehung der Aufsicht und Leitung des Bewährungshelfers Anlass zur Besorgnis besteht, dass er erneut Straftaten begehen wird (§ 56f Abs. 1 S. 1 Nr. 2, 3 StGB, § 26 Abs. 1 Nr. 2, 3 JGG). Vom Widerruf ist jedoch abzusehen, wenn weniger einschneidende Maßnahmen ausreichend erscheinen (§ 56f Abs. 2 StGB, § 26 Abs. 2 JGG).

Der Widerruf wegen einer neuen Straftat **setzt nicht deren rechtskräftige Aburtei- 83 lung voraus,** doch muss die Tat zur Überzeugung des Widerrufsgerichts feststehen.[122] Hieran kann es fehlen, wenn wegen langjähriger Drogenabhängigkeit Zweifel an der Schuldfähigkeit des Täters bestehen.[123] Die Tat muss in der Bewährungszeit begangen worden sein; eine vor der Strafaussetzung begangene, dem Gericht bei dieser Entscheidung aber nicht bekannte Tat rechtfertigt keinen Widerruf der Aussetzung und berechtigt – mangels entsprechender Rechtsgrundlage – auch nicht zu einer Aufhebung der Strafaussetzungsentscheidung.[124]

Der **Abbruch einer** durch Bewährungsweisung angeordneten **Therapie** oder Nachsor- **84** gebehandlung kann nach § 56f Abs. 1 S. 1 Nr. 2 StGB grds. einen Widerruf rechtfertigen; dies gilt insbes. dann, wenn er auf Therapieunwilligkeit zurückzuführen ist oder der Verurteilte die Therapiebereitschaft von Anfang an nur vorgetäuscht hat.[125] Nachvollziehbare sachliche Gründe für den Abbruch der Behandlung oder die Rücknahme der Einwilligung in die Therapieweisung machen jedoch eine genaue Prüfung erforderlich, ob die Voraussetzungen eines Widerrufs, namentlich ein gröblicher Weisungsverstoß, vorliegen.[126] Bestehen verständliche Gründe für die Weigerung des Probanden, sich einer bestimmten Therapie zu unterziehen, kann anstelle eines Widerrufs eine Abänderung der Therapieweisung angezeigt sein.

Erfolgt kein Widerruf, wird die Strafe nach Ablauf der Bewährungszeit erlassen (§ 56g **85** StGB, § 26a JGG). Die Entscheidung ergeht durch ausdrücklichen Beschluss nach § 453 StPO, der von der Staatsanwaltschaft mit sofortiger Beschwerde angefochten werden kann.[127]

V. Zuständigkeit und Verfahren (Abs. 5)

Abs. 5 enthält Zuständigkeits- und Verfahrensregelungen sowohl für die Entscheidungen **86** über die Anrechnungsfähigkeit und Anrechnung von Therapiezeiten als auch für die Strafaussetzung zur Bewährung.

---

[118] LG Berlin 12.8.1997 – 517 Qs 90/97, StV 1997, 642.
[119] OLG Celle 24.6.1987 – 1 Ws 166/87, MDR 1987, 956.
[120] HJLW Rn. 5.2 mwN.
[121] Ausführlich hierzu KPV/*Patzak* Rn. 98 ff.
[122] BVerfG 4.12.1986 – 2 BvR 796/86, NStZ 1987, 118; *Fischer* StGB § 56f Rn. 4 ff. mwN.
[123] KG 29.9.1987 – 1 AR 995/87 – 4 Ws 221/87, StV 1988, 26.
[124] OLG München 9.3.2000 – 1 Ws 121/00, StV 2000, 566.
[125] HJLW Rn. 5.4 mwN.
[126] Vgl. OLG Düsseldorf 1.7.1999 – 2 Ws 198/99, NStZ-RR 2002, 166.
[127] Siehe Meyer-Goßner/Schmitt/*Schmitt* StPO § 453 Rn. 13 mwN.

87   **1. Zuständigkeit (Abs. 5 S. 1).** Abs. 5 S. 1 erklärt für die Entscheidungen nach Abs. 1–3 das Gericht des ersten Rechtszuges für zuständig. Dies gilt auch für Verfahren gegen Jugendliche und Heranwachsende; die Bestimmungen der §§ 88 ff. JGG werden durch diese Sonderregelung verdrängt.[128] Diese Sonderzuständigkeit gilt unabhängig davon, ob die Voraussetzungen einer Anrechnung oder Reststrafenaussetzung tatsächlich vorliegen.[129] Für die Entscheidung über die Strafaussetzung zur Bewährung nach Abs. 1 S. 3 ist das Prozessgericht auch dann zuständig, wenn die Therapiezeit nicht auf die Strafe angerechnet wird, weil der Verurteilte vor der Therapie bereits zwei Drittel der Strafe verbüßt hat.[130] Bei der Bewilligung der Strafaussetzung obliegen dem Gericht des ersten Rechtszuges ferner die erstmaligen Anordnungen nach §§ 56a–56d StGB.[131]

88   Die besondere Zuständigkeitsregelung des Abs. 5 S. 1 umfasst aber nur die Entscheidungen über eine Strafaussetzung, die in **Zusammenhang mit der Sachbehandlung nach §§ 35, 36** stehen; sie greift hingegen nicht ein, wenn eine Aussetzung nach Abs. 1 S. 3, Abs. 2 etwa wegen des Abbruchs der Behandlung und anschließender Weitervollstreckung der Strafe von vorneherein nicht in Betracht kommt, sondern allenfalls eine Aussetzung nach § 57 StGB möglich ist.[132] Nach Auffassung des OLG Braunschweig[133] soll außerdem aufgrund der Konzentrationsmaxime des § 462a StPO ausnahmsweise die Strafvollstreckungskammer zuständig sein, wenn zugleich in einem anderen Verfahren über eine Reststrafaussetzung nach Vollzug einer Unterbringung nach § 64 StGB zu entscheiden ist.

89   Die Sonderzuständigkeit des Prozessgerichts für die Entscheidung über eine Strafaussetzung erstreckt sich außerdem **nicht** auf die **Bewährungsaufsicht** und die in diesem Zusammenhang zu treffenden gerichtlichen Entscheidungen.[134] Erkennbar wird dies daraus, dass die Zuständigkeitsregelung des S. 1 nicht auf den die Gestaltung der Bewährungsaufsicht betreffenden Abs. 4 Bezug nimmt. Zudem bestünde auch kein sachlicher Grund für die Fortdauer der Sonderzuständigkeit des Prozessgerichts, weil sich das aufgrund der Aussetzung nach Abs. 1 S. 3 oder Abs. 2 durchzuführende Bewährungsverfahren nicht von anderen Bewährungsverfahren unterscheidet.[135] Nachträgliche Anordnungen zur Dauer der Bewährungszeit, Änderungen der Bewährungsauflagen und -weisungen, nachträgliche Entscheidungen betreffend die Unterstellung unter die Bewährungshilfe sowie die Entscheidungen über einen Bewährungswiderruf oder den Erlass der Strafe obliegen daher dem nach den allgemeinen Regelungen zuständigen Gericht. War die Freiheitsstrafe schon teilweise vollstreckt worden, bleibt somit für die Bewährungsaufsicht und die Folgeanordnungen nach § 462a Abs. 1 S. 2, Abs. 4 S. 1 und 3 StPO die Strafvollstreckungskammer zuständig, und zwar unabhängig davon, ob sich der Proband zum Zeitpunkt der Strafaussetzung oder zum Zeitpunkt der Nachtragsentscheidung in Haft befindet oder nicht.[136]

---

[128] BGH 11.4.2001 – 2 ARs 67/01, BGHR JGG § 58 Abs. 3 S. 2 Übertragung 2; OLG Hamm 16.7.1996 – 3 Ws 355/96, MDR 1997, 187; *Franke/Wienroeder* Rn. 16.

[129] OLG Stuttgart 3.4.2009 – 4 Ws 49/09, StraFo 2009, 272.

[130] BGH 23.4.2003 – 2 ARs 89/03, BGHSt 48, 275 = NJW 2003, 2252.

[131] BGH 5.3.2003 – 2 ARs 50/03 – 2 AR 26/03, BGHSt 48, 252 = NStZ-RR 2003, 215; 5.3.2008 – 2 ARs 24/08, NStZ 2008, 472.

[132] KG 12.6.2001 – 1 AR 499/01 – 5 ARs 11/01, BeckRS 2014, 10176; OLG Saarbrücken 15.5.2014 – 1 Ws 63/14, BeckRS 2014, 11288.

[133] 11.2.2016 – 1 Ws 21/16, BeckRS 2016, 04442.

[134] BGH 27.2.1991 – 2 ARs 29/91, BGHSt 37, 338 = NJW 1991, 2162; 3.2.1995 – 2 ARs 459/94, NStZ-RR 1996, 56; 9.5.2001 – 2 ARs 101/01, NStZ-RR 2001, 343 (Leitsatz); OLG Koblenz 30.8.2010 – 2 Ws 390/10, NStZ-RR 2011, 26; OLG Bamberg 11.10.2016 – 22 Ws 84/16, BeckRS 2016, 19041; *Franke/Wienroeder* Rn. 16; HJLW Rn. 6.4; *Weber* Rn. 118; aA OLG Düsseldorf 26.11.1986 – 1 Ws 1060/86, MDR 1987, 520.

[135] HJLW Rn. 6.4.

[136] BGH 9.5.2001 – 2 ARs 101/01, NStZ-RR 2001, 343 (Leitsatz); LG Waldshut-Tiengen 27.12.2013 – 1 Qs 77/13, BeckRS 2014, 06644, einschränkend OLG Schleswig-Holstein 29.3.2001 – 2 Ws 81/01, SchlHA 2001, 188, wonach die Strafvollstreckungskammer nur dann zuständig sein soll, wenn sie während des Vollzugs der Freiheitsstrafe bereits mit der Sache befasst war; hiergegen überzeugend OLG Düsseldorf 22.1.2002 – 3 Ws 530/01, BeckRS 2002, 30233955; etwas anders auch Löwe/Rosenberg/*Wendisch* StPO § 462a Rn. 27, der für die Widerrufsentscheidung gegen einen in Freiheit befindlichen Probanden das Gericht des ersten Rechtszuges für zuständig erachtet.

2. Verfahren (Abs. 5 S. 1, 2). Das Gericht entscheidet ohne mündliche Verhandlung **90** durch Beschluss **(Abs. 5 S. 1).** Vor Abschluss der Therapie wird es über eine Strafaussetzung nur auf Antrag des Verurteilten entscheiden (→ Rn. 41); danach ergeht die Entscheidung hingegen von Amts wegen.[137] Spätestens mit der Entscheidung über eine Strafaussetzung muss auch über die Anrechnung von Therapiezeiten entschieden werden, da ansonsten die Höhe der auszusetzenden Reststrafe nicht feststünde.[138] Eines Antrags des Verurteilten bedarf es auch insoweit nicht.[139] Beide Entscheidungen können miteinander verbunden werden; das Anhörungsverfahren nach S. 2 braucht dann nur einmal durchgeführt zu werden.[140] Eine (teilweise) ablehnende Entscheidung ist gem. § 34 StPO zu begründen; das Fehlen einer Begründung stellt idR einen unheilbaren Verfahrensfehler dar.[141]

Vor der Entscheidung sind grds. die Vollstreckungsbehörde, der Verurteilte und die **91** behandelnden Personen oder Einrichtung **zu hören (S. 2);** dies gilt auch für die Entscheidung über die Anrechnungsfähigkeit gem. Abs. 1 S. 2.[142] Unterlässt das Gericht erster Instanz die erforderlichen Anhörungen, so stellt dies idR einen Aufklärungsmangel von solchem Gewicht dar, dass auf die sofortige Beschwerde hin die Entscheidung aufzuheben und die Sache an die Vorinstanz zurückzuverweisen sind.[143] Ergeben sich nach der Anhörung neue erörterungsbedürftige Gesichtspunkte, ist eine erneute Anhörung notwendig.[144] Eine **mündliche Anhörung ist nicht vorgeschrieben,** kann aber im Einzelfall zweckmäßig sein.[145] Die Anhörung der Vollstreckungsbehörde kann unterbleiben, soweit deren Antrag entsprochen wird.[146] Gleiches gilt für die Anhörung des Verurteilten, soweit seinem Antrag vollumfänglich stattgegeben bzw. – sofern kein Antrag vorliegt – die dem Verurteilten denkbar günstigste Entscheidung getroffen wird (vgl. § 454 Abs. 1 S. 4 Nr. 1 StPO). Entbehrlich ist die Anhörung ferner, wenn der Verurteilte zweifelsfrei auf sie verzichtet hat.[147]

Obligatorisch ist auch die Anhörung der **behandelnden Personen** bzw. des Leiters der **92** Behandlungseinrichtung; das Unterlassen der Anhörung wird auf sofortige Beschwerde in aller Regel die Zurückverweisung der Sache an das Gericht des ersten Rechtszuges begründen.[148] Bei einem Wechsel des Therapeuten nach Beendigung einer Therapie iR der Zurückstellung erstreckt sich die Pflicht zur Anhörung auch auf die Person, welche auf Wunsch des Verurteilten die Weiterbehandlung übernommen hat.[149] Von der Anhörung kann entspr. § 454 Abs. 1 S. 4 StPO allenfalls dann abgesehen werden, wenn bereits eine den Antrag des Verurteilten befürwortende Stellungnahme der Therapieeinrichtung vorliegt und das Gericht dem Antrag entsprechen will.[150]

Die behandelnden Personen sind nicht als Zeugen oder Sachverständige, sondern als **93** **Verfahrensbeteiligte** anzuhören.[151] Aus S. 2 folgt daher nur ein Äußerungsrecht, nicht aber eine Äußerungspflicht des Behandelnden. Gesetzliche Mitteilungspflichten der Therapieeinrichtung begründet allein § 35 Abs. 4 Hs. 2 (→ § 35 Rn. 187 ff.). Über die dort vorgeschriebene Mitteilung eines Behandlungsabbruchs hinausgehende **Informationen der Therapieeinrichtung über den Behandlungsverlauf** sind damit zwar nicht gesetz-

---

[137] Anders KPV/*Patzak* Rn. 51, der für die Entscheidung von Amts wegen auf die Erledigung von zwei Dritteln der Strafe abstellt, was aber deshalb problematisch ist, weil ohne vorherige gerichtliche Entscheidung über eine Anrechnung der Zwei-Drittel-Zeitpunkt überhaupt nicht feststeht.

[138] OLG Frankfurt a. M. 14.10.1997 – 3 Ws 801/97, NStZ-RR 1998, 77.

[139] *Joachimski/Haumer* Rn. 17.

[140] KPV/*Patzak* Rn. 10; *Weber* Rn. 4.

[141] KG 15.3.2001 – 1 AR 1521/00 – 5 Ws 832/00, BeckRS 2014, 10176.

[142] KG 15.3.2001 – 1 AR 1521/00 – 5 Ws 832/00, BeckRS 2014, 10176.

[143] KG 7.6.2013 – 4 Ws 64/13, NStZ-RR 2013, 377.

[144] KG 4.6.2013 – 2 WS 224/13, NStZ 2014, 413.

[145] *Eberth/Müller*, 1982, Rn. 48; *Weber* Rn. 122.

[146] Siehe *Weber* Rn. 123.

[147] KPV/*Patzak* Rn. 61.

[148] OLG Hamm 1.7.1999 – 2 Ws 198/99, StV 2000, 40; HJLW Rn. 6.1.

[149] OLG Karlsruhe 7.11.2002 – 1 Ws 323/02, BeckRS 2002, 17530; OLG Dresden 27.1.2006 – 2 Ws 31/06, NStZ 2006, 458.

[150] Vgl. *Weber* Rn. 124.

[151] So mit Recht *Weber* Rn. 125.

lich geregelt, jedoch im Interesse der bei Sachbehandlungen nach §§ 35, 36 erforderlichen engen Zusammenarbeit zwischen Justiz und Therapieeinrichtungen in aller Regel geboten (→ § 35 Rn. 69, 195). Das Gericht benötigt für die Sozialprognose eine Unterrichtung über das in der Therapie Erreichte und eine Stellungnahme zu fortbestehenden Risiken. Eine Verweigerung solcher Auskünfte würde sich in vielen Fällen zu Lasten des Verurteilten auswirken, weil mangels ausreichender Entscheidungsgrundlage eine günstige Prognose nicht gestellt werden könnte. Aber auch Misserfolge oder negative Prognosegesichtspunkte sollen von der Therapieeinrichtung nicht verschwiegen werden. Das Vertrauensverhältnis zwischen Therapeuten und Verurteiltem rechtfertigt es nicht, der Justiz, die durch das Absehen von der Vollstreckung einer Strafe die Therapie erst ermöglicht, die Informationen über den Therapieverlauf vorzuenthalten, die nach dem Gesetzeszweck für die anschließende gerichtliche Entscheidung ausschlaggebend sind.[152]

94   Die strafrechtliche **Geheimhaltungspflicht gem. § 203 StGB** hindert entsprechende Äußerungen der Behandelnden jedenfalls dann nicht, wenn der Verurteilte sie von der Schweigepflicht entbunden hat (auch → § 35 Rn. 152). Aber auch ansonsten werden sie zu Auskünften befugt sein, weil das Gesetz ihre Anhörung ausdrücklich vorsieht und der Sinn der Anhörung nur darin liegen kann, dass sie sich zum Therapieverlauf äußern.[153]

95   Erzwungen werden kann eine Äußerung der behandelnden Personen allerdings nicht.[154] Insofern würde aufgrund der **Zeugnisverweigerungsrechte**[155] der Ärzte (§ 53 Abs. 1 Nr. 3 StPO) und der Berater für Fragen der BtM-Abhängigkeit in einer anerkannten Beratungsstelle (§ 53 Abs. 1 Nr. 3b StPO) sowie ihrer Berufshelfer (§ 53a StPO) regelmäßig auch nichts anderes gelten, wenn die Behandelnden nicht nur als Verfahrensbeteiligte angehört, sondern als Zeugen vernommen werden.[156] Eine mangelnde Mitwirkung der Behandelnden im gerichtlichen Verfahren kann jedoch eine Meidung der Einrichtung bei künftigen Anträgen auf Zurückstellung der Strafvollstreckung nach § 35 begründen.

96   **3. Rechtsmittel (Abs. 5 S. 3).** Gegen die Entscheidungen des Gerichts nach Abs. 1–3 ist die **sofortige Beschwerde** statthaft **(Abs. 5 S. 3).** Dieses binnen einer Woche nach Bekanntmachung der Entscheidung einzulegende (§ 311 Abs. 2, § 35 StPO) Rechtsmittel hat keine aufschiebende Wirkung (§ 311 Abs. 1, § 307 StPO). Dies gilt auch für die Beschwerde der Staatsanwaltschaft, § 454 Abs. 3 S. 2 StPO greift nicht ein.[157]

97   Die spezielle Regelung des S. 3 **umfasst nicht** die mit der Aussetzung verbundene **Anordnung von Auflagen und Weisungen** gem. Abs. 4 iVm §§ 56b, 56c StGB. Insoweit ist daher gem. § 305a StPO das Rechtsmittel der einfachen, nicht fristgebundenen Beschwerde gegeben, die nur darauf gestützt werden kann, dass eine getroffene Anordnung gesetzeswidrig ist (§ 305 Abs. 1 S. 2 StPO).[158]

98   **4. Entsprechende Geltung des § 454 Abs. 4 StPO (S. 4).** Für die Entscheidung über die Aussetzung zur Bewährung (Abs. 1 S. 3, Abs. 2) gelten über die Verweisung auf § 454 Abs. 4 StPO die Vorschriften des § 453 StPO (Nachtragsentscheidungen über die Strafaussetzung), des § 453b StPO (Überwachung während der Bewährungszeit) und des § 453c StPO (Sicherungshaftbefehl) sowie die die Belehrung des Verurteilten über die Strafaussetzung betreffenden Bestimmungen des § 453a Abs. 1 und 3 StPO und § 268a Abs. 3 StPO entsprechend.

---

[152] HJLW Rn. 6.3.3 mwN.
[153] So zutreffend HJLW Rn. 6.2; *Weber* Rn. 125; aA *Eberth/Müller*, 1982, Rn. 51 f.
[154] So auch *Eberth/Müller*, 1982, Rn. 51.
[155] Ausführlich HJLW Rn. 6.3.1 ff.; KPV/*Patzak* § 35 Rn. 428 ff.
[156] Kein Zeugnisverweigerungsrecht haben allerdings andere Personen, die in Betäubungsmittelangelegenheiten beraten oder behandeln; s. Meyer-Goßner/Schmitt/*Schmitt* StPO § 53 Rn. 22; HJLW Rn. 6.3.1. Auch erstreckt sich das Zeugnisverweigerungsrecht nicht auf sog Rahmendaten der Therapie wie etwa Beginn und Ende der Behandlung, s. BT-Drs. 12/2738, 5; *Weber* § 35 Rn. 247 mwN.
[157] So auch *Joachimski/Haumer* Rn. 18.
[158] Ebenso HJLW Rn. 6.5.

Ergänzend regelt **S. 4 Hs. 2,** dass die Belehrung ausschließlich dem Gericht obliegt. Die **99** Belehrung kann aber einem ersuchten Richter, etwa am Therapieort, übertragen werden.[159]

§ 37 Absehen von der Erhebung der öffentlichen Klage

(1) [1]Steht ein Beschuldigter in Verdacht, eine Straftat auf Grund einer Betäubungsmittelabhängigkeit begangen zu haben, und ist keine höhere Strafe als eine Freiheitsstrafe bis zu zwei Jahren zu erwarten, so kann die Staatsanwaltschaft mit Zustimmung des für die Eröffnung des Hauptverfahrens zuständigen Gerichts vorläufig von der Erhebung der öffentlichen Klage absehen, wenn der Beschuldigte nachweist, daß er sich wegen seiner Abhängigkeit der in § 35 Abs. 1 bezeichneten Behandlung unterzieht, und seine Resozialisierung zu erwarten ist. [2]Die Staatsanwaltschaft setzt Zeitpunkte fest, zu denen der Beschuldigte die Fortdauer der Behandlung nachzuweisen hat. [3]Das Verfahren wird fortgesetzt, wenn
1. die Behandlung nicht bis zu ihrem vorgesehenen Abschluß fortgeführt wird,
2. der Beschuldigte den nach Satz 2 geforderten Nachweis nicht führt,
3. der Beschuldigte eine Straftat begeht und dadurch zeigt, daß die Erwartung, die dem Absehen von der Erhebung der öffentlichen Klage zugrunde lag, sich nicht erfüllt hat, oder
4. auf Grund neuer Tatsachen oder Beweismittel eine Freiheitsstrafe von mehr als zwei Jahren zu erwarten ist.
[4]In den Fällen des Satzes 3 Nr. 1, 2 kann von der Fortsetzung des Verfahrens abgesehen werden, wenn der Beschuldigte nachträglich nachweist, daß er sich weiter in Behandlung befindet. [5]Die Tat kann nicht mehr verfolgt werden, wenn das Verfahren nicht innerhalb von zwei Jahren fortgesetzt wird.

(2) [1]Ist die Klage bereits erhoben, so kann das Gericht mit Zustimmung der Staatsanwaltschaft das Verfahren bis zum Ende der Hauptverhandlung, in der die tatsächlichen Feststellungen letztmals geprüft werden können, vorläufig einstellen. [2]Die Entscheidung ergeht durch unanfechtbaren Beschluß. [3]Absatz 1 Satz 2 bis 5 gilt entsprechend. [4]Unanfechtbar ist auch eine Feststellung, daß das Verfahren nicht fortgesetzt wird (Abs. 1 Satz 5).

(3) Die in § 172 Abs. 2 Satz 3, § 396 Abs. 3 und § 467 Abs. 5 der Strafprozeßordnung zu § 153a der Strafprozeßordnung getroffenen Regelungen gelten entsprechend.

Übersicht

---

[159] HJLW Rn. 6.5.

A. Allgemeines

I. Normzweck

1   § 37 eröffnet bei BtM-abhängigen Tatverdächtigen eine besondere Nichtverfolgungsmöglichkeit, die sich in ihrer gesetzestechnischen Ausgestaltung an § 153a StPO und in ihren materiellen Voraussetzungen an § 35 anlehnt. Ähnlich der Zielrichtung der §§ 35, 36 räumt die Vorschrift unter bestimmten Voraussetzungen **der therapeutischen Behandlung BtM-abhängiger Straftäter den Vorrang gegenüber dem staatlichen Strafverfolgungsinteresse ein,** um der Abhängigkeit als Ursache der Delinquenz Erfolg versprechend entgegenwirken zu können. Die Regelungen des § 37 greifen dabei in früheren Verfahrensstadien als die §§ 35, 36, weil nicht erst vom Vollzug einer Strafe, sondern bereits von der Erhebung der Anklage oder von der Verurteilung abgesehen werden kann, sofern der Beschuldigte zu dem jeweiligen Zeitpunkt bereits eine Therapie angetreten hat. Mit den Einstellungsmöglichkeiten des § 37 soll verhindert werden können, dass durch die Hauptverhandlung bzw. die Verhängung einer Strafe der Verlauf einer bereits begonnenen Therapie gestört oder deren schon erzielte Erfolge gefährdet werden.[1] Zugleich will § 37 BtM-abhängigen Straftätern einen Anreiz bieten, frühzeitig eine Drogentherapie anzutreten und diese durchzustehen.[2]

2   Als Bestimmung, welche die grundsätzliche Verfolgungspflicht (**Legalitätsprinzip** gem. § 152 Abs. 2 StPO) der Staatsanwaltschaft **durchbricht,** gleicht § 37 zB den §§ 153, 153a StPO, § 45 JGG, § 31a BtMG. Im Gegensatz zu diesen Vorschriften stellt § 37 jedoch nicht vorrangig auf die geringe Schuld oder ein fehlendes oder zu beseitigendes öffentliches Interesse an der Strafverfolgung ab,[3] sondern rückt das Bedürfnis einer therapeutischen Behandlung und Rehabilitation des Täters in den Vordergrund.[4] Erst bei Taten mit einer Straferwartung von über zwei Jahren Freiheitsstrafe schließt das Maß der Schuld eine Anwendung des § 37 aus. Da somit die Einstellungsmöglichkeiten des § 37 auch bei durchaus schwerwiegenden und erheblich sozialschädlichen Straftaten eröffnet sind, stellt die Vorschrift einen für das deutsche Strafrecht ungewöhnlich weit reichenden Eingriff in das Legalitätsprinzip dar. Nicht unbedenklich erscheinen in dieser Hinsicht insbes. die Anwendbarkeit der Vorschrift auch auf Verbrechen sowie der uneingeschränkte Strafklageverbrauch nach endgültiger Einstellung des Verfahrens (→ Rn. 63).

3   Nicht gesetzlich geregelt ist das **Konkurrenzverhältnis** zu sonstigen Bestimmungen, die nach dem Opportunitätsprinzip eine Verfahrenseinstellung zulassen, so insbes. zu den §§ 153 ff. StPO, §§ 45, 47 JGG, § 31a BtMG. Im Grundsatz wird davon auszugehen sein, dass § 37 die Anwendbarkeit dieser Regelungen unberührt lässt und Gleiches umgekehrt gilt. Daher sind Fälle möglich, in denen Staatsanwaltschaft und Gericht nach pflichtgemäßem Ermessen zwischen verschiedenen dieser Sachbehandlungen wählen können.[5] Im Hinblick

---

[1] Vgl. *Adams/Gerhardt* NStZ 1981, 246.

[2] S. auch BT-Drs. 8/4283, 9.

[3] Allerdings ist in die Ermessensabwägung, ob die Vorschrift angewandt wird, auch das Strafverfolgungsinteresse einzubeziehen, → Rn. 34.

[4] Zur sachlichen Berechtigung einer solchen Sonderbehandlung btm-abhängiger Straftäter *Malek* Kap. 5 Rn. 137.

[5] Ausführlich Löwe/Rosenberg/*Beulke* StPO § 153a Rn. 20 ff.

darauf, dass die sonstigen Verfahrenseinstellungen an völlig andere Voraussetzungen anknüpfen und sich auch in den Rechtsfolgen unterscheiden, besteht zwischen ihnen und § 37 kein festes Rangverhältnis.[6] Allerdings wird in aller Regel kein hinreichender Anlass für die langwierige und umständliche Vorgehensweise nach § 37 gegeben sein, wenn die Tat so geringfügig ist, dass das Verfahren ohne weitere Folgen eingestellt werden kann (§ 153 StPO, § 45 Abs. 1 JGG, § 31a BtMG).

II. Kriminalpolitische Bedeutung

Von den Regelungen des § 37 wird in der staatsanwaltschaftlichen und gerichtlichen **4** Praxis nur zurückhaltend Gebrauch gemacht. So haben die Staatsanwaltschaften im Jahr 2014 deutschlandweit in lediglich 33 Fällen nach § 37 Abs. 1 von einer Anklageerhebung abgesehen.[7] Eine Einstellung durch das Gericht nach § 37 Abs. 2 erfolgte im Jahr 201 in 111 Verfahren.[8] Die ohnehin schon geringe Anwendungshäufigkeit ist damit in den letzten Jahren noch erheblich zurückgegangen. Die Gründe für diese geringe Akzeptanz der Bestimmungen dürften ua darin liegen, dass die Vorgehensweise nach § 37 für die Staatsanwaltschaften und Gerichte vor allem aufgrund der langen Überwachungsdauer verhältnismäßig aufwändig ist, für den Fall einer Fortsetzung des Verfahrens schon wegen des Zeitablaufs eine Schwächung der Beweislage droht sowie der völlige Verzicht auf eine Verurteilung und Eintragung im BZR von der justiziellen Praxis teils als ungerechtfertigte Bevorzugung des Straftäter angesehen und deshalb der Weg über §§ 35, 36 bevorzugt wird.[9] Hinzu kommt, dass bei einem Großteil der Anwendungsfälle des § 37 auch nach § 153a StPO mit einer entsprechenden Therapieweisung vorgegangen werden kann, wobei § 153a StPO gegenüber § 37 den Vorteil hat, dass die Behandlungsweisung problemlos mit anderen Weisungen und Auflagen kombiniert werden kann.[10]

III. Historie

Die Regelungen des § 37, die durch das am 1.1.1982 in Kraft getretene Gesetz zur **5** Neuordnung des Betäubungsmittelrechts vom 31.7.1981[11] geschaffen wurden, waren im Gesetzgebungsverfahren äußerst umstritten.[12] Kritisiert wurden insbesondere der Eingriff in das Legalitätsprinzip und die damit verbundene Schwächung der Strafverfolgung selbst bei Taten mit hohem Unrechtsgehalt und großer Sozialschädlichkeit.[13] Letztlich wurde jedoch ein parteiübergreifender Konsens erzielt (→ § 35 Rn. 18).

B. Erläuterung

I. Absehen von der Anklageerhebung (Abs. 1)

Unter den Voraussetzungen des Abs. 1 kann die Staatsanwaltschaft (vorläufig) von der **6** Anklageerhebung absehen; die Vorschrift lässt aber keinen Verzicht auf die Strafverfolgung insgesamt zu. Dies bedeutet, dass die Anwendung der Bestimmung erst nach Ausermittlung des Sachverhalts in Betracht kommt.[14] Anders als uU die §§ 153, 153a StPO, die in gewissem Umfang auch Entlastungs- und Beschleunigungszwecken dienen, rechtfertigt § 37 mit seiner

---

[6] So auch *Weber* Rn. 4 u. Rn. 68; Löwe/Rosenberg/*Beulke* StPO § 153a Rn. 22; aA (Vorrang des § 37) *Malek* Kap. 5 Rn. 137.
[7] Statistisches Bundesamt, Rechtspflege – Fachserie 10/Reihe 2.6 – Tabelle 2.2.1.1.
[8] Statistisches Bundesamt, Rechtspflege – Fachserie 10/Reihe 2.3 – Tabellen 2.2. u. 5.2.
[9] Vgl. *Kreuzer* NJW 1989, 1505 (1510); HJLW Rn. 2.1.
[10] Löwe/Rosenberg/*Beulke* StPO § 153a Rn. 23; *Weber* Rn. 2.
[11] BGBl. I S. 681.
[12] Näher HJLW Rn. 1.
[13] S. zB die Anrufung des Vermittlungsausschusses im Jahre 1980 BT-Drs. 8/4407, 5 f.
[14] AllgM, s. zB KPV/*Volkmer* Rn. 1; *Weber* Rn. 8.

ausschließlich therapeutischen Zielrichtung keine Beschränkung der Ermittlungen.[15] Zudem erfordert die etwaige spätere Fortsetzung des Verfahrens (Abs. 1 S. 3) eine möglichst umfassende Sicherung der Beweise.

7   **1. Voraussetzungen des vorläufigen Absehens (S. 1).** Die Sachbehandlung nach § 37 ist zweigeteilt: Zunächst wird das Verfahren nach Abs. 1 S. 1 vorläufig eingestellt. Erfolgt dann bis zum Ablauf der Frist des Abs. 1 S. 5 keine Verfahrensfortsetzung, tritt die endgültige Verfahrensbeendigung ein. Das vorläufige Absehen der Staatsanwaltschaft von der Anklage-erhebung ist an folgende Voraussetzungen geknüpft:

8   **a) Tatverdacht.** Die Anwendung des Abs. 1 S. 1 durch die Staatsanwaltschaft ist nur zulässig, wenn die Anklageerhebung möglich und nicht durch Fehlen einer Prozessvorausset-zung gehindert wäre. Erforderlich ist hiernach ein hinreichender Tatverdacht iS des § 203 StPO, dh, bei vorläufiger Tatbewertung muss **die Wahrscheinlichkeit einer Verurteilung** bestehen.[16] Der Staatsanwaltschaft ist insofern ein gewisser Beurteilungsspielraum einge-räumt.[17] Der Grundsatz „in dubio pro reo" gilt für diese Prognose nicht, doch setzt die Verurteilungswahrscheinlichkeit auch die begründete Annahme voraus, dass für die Straftat des Beschuldigten genügender Beweis vorhanden ist.[18]

9   **b) Straftat aufgrund einer BtM-Abhängigkeit.** Der Beschuldigte muss einer Straftat verdächtig sein, die auf seine BtM-Abhängigkeit zurückzuführen ist. Dies entspricht den Tatbestandsvoraussetzungen des § 35 Abs. 1 S. 1; auf die dortigen Ausführungen (→ § 35 Rn. 37–60) kann verwiesen werden.

10   Während für die Straftat ein hinreichender Verdacht genügt, muss die **BtM-Abhängig-keit** des Beschuldigten **nachgewiesen** sein;[19] denn es wäre unsinnig, Straftäter zu einer Therapie zu bewegen, der sie mangels Abhängigkeit gar nicht bedürfen. Über die Abhängig-keit hinaus wird – ggf. durch Erholung eines Sachverständigengutachtens[20] – auch die Behandlungsbedürftigkeit des Beschuldigten festgestellt werden müssen (→ § 35 Rn. 39).

11   Demgegenüber genügt bezüglich des **Ursachenzusammenhangs** zwischen BtM-Abhängigkeit und Straftat ein begründeter Verdacht.[21] Da die Tatbegehung nicht nachge-wiesen, sondern nur hinreichend wahrscheinlich sein muss, sollte folgerichtig auch für das Beruhen der Straffälligkeit auf der Abhängigkeit keine Gewissheit verlangt werden.

12   Ist der Beschuldigte **mehrerer Taten** verdächtig, so ist zu unterscheiden: Die Anwen-dung des § 37 nur hinsichtlich eines Teils einer Tat iS des § 264 StPO ist ausgeschlossen; eine Tat im prozessualen Sinne kann nur einheitlich eingestellt oder angeklagt werden.[22] Besteht die prozessuale Tat aus mehreren, materiell-rechtlich in Realkonkurrenz stehenden Taten,[23] scheidet eine vorläufige Einstellung aus, wenn auch nur eine der Taten nicht auf der BtM-Abhängigkeit beruht, da insoweit die Tatbestandsvoraussetzungen des Abs. 1 S. 1 nicht erfüllt sind.[24] Die Sachbehandlung nach § 37 rechtfertigt es auch nicht von der Verfol-gung der nicht suchtbedingten Tatteile nach § 154a StPO abzusehen.[25] Demgegenüber ist es bei mehreren selbstständigen Taten iS des § 264 StPO grds. möglich, nur die abhängig-keitsbedingten Taten nach Abs. 1 einzustellen und hinsichtlich der übrigen Taten zB Anklage zu erheben.[26] Allerdings wird sich eine solche Vorgehensweise zumeist aus prozess-

[15] Vgl. *Joachimski/Haumer* Rn. 2, die dies auch mit der sanktionsähnlichen Wirkung der Therapieauflage begründen.
[16] Vgl. Meyer-Goßner/Schmitt/*Meyer-Goßner* StPO § 203 Rn. 2.
[17] BGH 18.6.1970 – III ZR 95/68, NJW 1970, 1543.
[18] Vgl. Meyer-Goßner/Schmitt/*Meyer-Goßner* StPO § 203 Rn. 2.
[19] So auch *Weber* Rn. 10; aA *Eberth/Müller*, 1982, Rn. 10, wonach der Verdacht genügen soll.
[20] HJLW Rn. 2.2; *Weber* Rn. 10.
[21] Ebenso *Eberth/Müller*, 1982, Rn. 10; aA *Weber* Rn. 11.
[22] Vgl. Löwe/Rosenberg/*Beulke* StPO § 153 Rn. 8.
[23] S. zB Meyer-Goßner/Schmitt/*Meyer-Goßner* StPO § 264 Rn. 6.
[24] Ähnlich KPV/*Volkmer* Rn. 9; *Weber* Rn. 12. Gleiches dürfte für Einzelakte eines Dauerdelikts gelten.
[25] KPV/*Volkmer* Rn. 9.
[26] S. zur entsprechenden Frage bei §§ 153, 153a StPO Löwe/Rosenberg/*Beulke* StPO § 153 Rn. 8.

ökonomischen und sachlichen Gründen nicht empfehlen, so insbes. dann nicht, wenn die wegen der angeklagten Taten zu erwartende Strafe voraussichtlich der Fortsetzung der Therapie im Wege stehen wird.[27]

c) Straferwartung von bis zu zwei Jahren. Die Verfahrenseinstellung ist nicht auf **13** Vergehen beschränkt, sondern auch bei Verbrechen möglich.[28] Sie ist aber nur zulässig, wenn die Straferwartung zwei Jahre Freiheitsstrafe, Gesamtfreiheitsstrafe[29] oder Jugendstrafe (§ 38 Abs. 2) nicht übersteigt.

aa) Strafe. Die zu erwartende Strafe kann somit – anders als bei § 35 – auch eine **14** Geldstrafe, ein Jugendarrest oder eine sonstige unterhalb der Freiheits- oder Jugendstrafe angesiedelte Sanktion sein.[30] Dass zusätzlich zur Strafe die Nebenstrafe des Fahrverbots (§ 44 StGB), sonstige Nebenfolgen (§§ 45 ff. StGB) oder eine Maßregel der Besserung und Sicherung (§§ 61 ff. StGB) zu erwarten sind, schließt eine Sachbehandlung nach Abs. 1 grds. nicht aus, doch wird die Staatsanwaltschaft iR ihres Ermessens von der Einstellungsmöglichkeit keinen Gebrauch machen, wenn die gerichtliche Anordnung einer dieser Rechtsfolgen auch bei Abwägung mit dem Interesse an der ungestörten Fortsetzung der Therapie geboten erscheint.

Str. ist, ob die Erwartung einer **Unterbringung** der Anwendung des § 37 zwingend **15** entgegensteht.[31] Richtig erscheint, ähnlich wie bei § 35 (→ § 35 Rn. 27) zwischen der Unterbringung in einem psychiatrischen Krankenhaus nach § 63 StGB und der Unterbringung in einer Entziehungsanstalt nach § 64 StGB zu unterscheiden.

Die Unterbringung nach **§ 63 StGB** ist wegen ihrer grds. unbefristeten und regelmäßig **16** nicht genau vorhersehbaren Dauer schon keine Rechtsfolge, die generell unterhalb einer zweijährigen Freiheitsstrafe einzuordnen wäre. Vor allem aber wird bei der auf einer psychischen Störung beruhenden Gefährlichkeit des Täters, welche die Unterbringung veranlasst, aus Sicherheitsgründen nicht auf die freiheitsentziehende Maßregel verzichtet werden können.[32] Dies gilt unabhängig davon, ob mit der Unterbringung neben einer Strafe oder gem. § 71 Abs. 1 StGB isoliert zu rechnen ist.

Steht hingegen wegen des auf der BtM-Abhängigkeit beruhenden Hangs zur Straffällig- **17** keit die Unterbringung in einer Entziehungsanstalt nach **§ 64 StGB** im Raum, erscheint eine Anwendung des § 37 grds. nicht ausgeschlossen; denn die durch § 37 geförderte Drogentherapie zielt ebenso wie die Maßregel nach § 64 StGB auf die Beseitigung der Abhängigkeit als Ursache der Delinquenz ab.[33] Aus entsprechenden Gründen kann nach § 35 auch der Vollzug einer bereits angeordneten Unterbringung in einer Entziehungsanstalt zu Gunsten einer Drogentherapie zurückgestellt werden (→ § 35 Rn. 35). Zwar fehlt im Falle eines Abbruchs der Therapie oder neuer Straffälligkeit die in § 35 Abs. 7 S. 1 vorgesehene schnelle Reaktionsmöglichkeit des Vollstreckungshaftbefehls,[34] doch besteht dafür nach Fortsetzung des Verfahrens gem. Abs. 1 S. 3 uU die als Sofortmaßnahme ebenso geeignete Möglichkeit der vorläufigen Unterbringung nach § 126a StPO.

bb) Prognose. Das Tatbestandsmerkmal der Straferwartung von bis zu zwei Jahren **18** verlangt von der Staatsanwaltschaft eine Prognose unter Einbeziehung aller relevanten

---

[27] *Weber* Rn. 12.

[28] AllgM, s. zB KPV/*Volkmer* Rn. 6; *Franke/Wienroeder* Rn. 2.

[29] S. *Joachimski/Haumer* Rn. 3; *Weber* Rn. 14.

[30] *Joachimski/Haumer* Rn. 3; *Weber* Rn. 14.

[31] Gegen die Anwendbarkeit des § 37 in allen Fällen einer zu erwartenden Unterbringung *Franke/Wienroeder* Rn. 7; *Weber* Rn. 15; gegen die Anwendbarkeit nur bei zu erwartender selbständiger Anordnung der Unterbringung gem. § 71 Abs. 1 StGB *Katholnigg* NStZ 1981, 417 (420); HJLW Rn. 2.3; *Joachimski/Haumer* Rn. 3; für eine generelle Anwendbarkeit *Eberth/Müller*, 1982, Rn. 13.

[32] So auch *Franke/Wienroeder* Rn. 7; *Weber* Rn. 15.

[33] Ähnlich *Körner*, 6. Aufl. 2007, Rn. 8.

[34] Dies spricht nach Auffassung von *Franke/Wienroeder* Rn. 7 und *Weber* Rn. 16 in den einschlägigen Fällen gegen die Anwendung des § 37.

Strafzumessungserwägungen und etwaiger **Strafrahmenverschiebungen.**[35] Der Sachverhalt muss daher auch insoweit ausermittelt sein. Der Grundsatz „in dubio pro reo" gilt allein für die tatrichterliche Entscheidung nach abgeschlossener Beweiswürdigung[36] und findet daher auf die Prognoseentscheidung der Staatsanwaltschaft keine Anwendung.[37] Auch kann nicht allgemein davon ausgegangen werden, dass bei Taten im Grenzbereich von zwei Jahren Freiheitsstrafe im Zweifel das Interesse an einer Fortsetzung der therapeutischen Behandlung das öffentliche Strafbedürfnis überwiegt;[38] denn ab einer Straferwartung von mehr als zwei Jahren hat der Gesetzgeber eben gerade dem staatlichen Interesse an der Festsetzung einer schuldangemessenen Strafe den Vorrang gegenüber therapeutischen Belangen eingeräumt. Andererseits lässt sich aus Abs. 1 S. 1 aber auch nicht herleiten, dass in Zweifelsfällen stets Anklage zu erheben wäre.[39] Eine Einstellung des Verfahrens erscheint vielmehr immer dann möglich, wenn die Staatsanwaltschaft eine Strafe von nicht mehr als zwei Jahren als wahrscheinlicher erachtet als eine von über zwei Jahren; dass eine höhere Strafe nicht ausgeschlossen werden kann, steht der Sachbehandlung nach Abs. 1 noch nicht entgegen.[40]

19   **d) Nachweis einer Rehabilitationsbehandlung.** Der Beschuldigte muss nachweisen, dass er sich wegen seiner Abhängigkeit einer Behandlung iS des § 35 Abs. 1 unterzieht.

20   **aa) Therapieformen.** Nur **die der Rehabilitation dienende Behandlung** gem. § 35 Abs. 1 S. 1 oder der Aufenthalt in einer staatlich anerkannten Einrichtung gem. § 35 Abs. 1 S. 2 können eine Verfahrenseinstellung rechtfertigen. Wegen der Anforderungen an solche Therapien wird auf → § 35 Rn. 62–89 verwiesen.

21   Wie iR des § 35 kommen sowohl stationäre als auch – unter den Voraussetzungen einer hinreichenden Behandlungs- und Kontrolldichte (→ § 35 Rn. 75 f.) – teilstationäre und ambulante Behandlungsformen in Betracht. Ein genereller Vorrang stationärer Therapien ist dem Gesetz nicht zu entnehmen.[41] UU kann auch eine professionell durchgeführte Substitution die Verfahrenseinstellung rechtfertigen.[42] Die bloße Inanspruchnahme niederschwelliger Hilfen wie zB Drogenberatungen stellt hingegen noch keine Behandlung iS des § 35 Abs. 1 dar.[43]

22   **bb) Beginn der Behandlung.** Die vorläufige Einstellung des Verfahrens setzt ferner voraus, dass die Rehabilitationsbehandlung bereits begonnen wurde. Der Staatsanwaltschaft ist es allerdings nicht verwehrt, einen baldigen Behandlungsbeginn abzuwarten, wenn sich der Beschuldigte ersichtlich um einen solchen ernsthaft bemüht.[44] Eine **Mindestdauer** der bereits durchgeführten Behandlung ist **nicht vorgeschrieben.** Das in Abs. 1 S. 1 ursprünglich enthaltene Erfordernis einer bereits dreimonatigen Therapiedauer wurde durch Gesetz vom 9.9.1992[45] gestrichen, weil es als eine der Hauptursachen für die seltene Anwendung der Vorschrift angesehen wurde.[46] Nach dem Willen des Gesetzgebers ist es daher nicht mehr notwendig, dass der Beschuldigte die Ernsthaftigkeit seines Therapiewillens und die begründete Erwartung einer Resozialisierung schon durch eine gewisse Behandlungsdauer unter Beweis gestellt hat.

---

[35] *Malek* Kap. 5 Rn. 142; *Franke/Wienroeder* Rn. 6; HJLW Rn. 2.3; *Weber* Rn. 17.
[36] S. zB *Fischer* StGB § 1 Rn. 20.
[37] Für eine entsprechende Anwendung dagegen *Joachimski/Haumer* Rn. 3.
[38] So aber *Malek* Kap. 5 Rn. 142.
[39] In diese Richtung gehen aber *Franke/Wienroeder* Rn. 6.
[40] *Weber* Rn. 16.
[41] Vgl. *Malek* Kap. 5 Rn. 143; einschränkend *Franke/Wienroeder* Rn. 8; *Weber* Rn. 20 (ambulante Therapien nur in Ausnahmefällen).
[42] AG Hannover 5.1.1993 – 248 – 397/92, StV 1993, 313.
[43] Sehr bedenklich daher AG Hannover 12.1.1994 – 231 Ds 129 Js 75 448/93, StV 1994, 263, das wöchentliche Gespräche mit einem Sozialpädagogen in einer Drogenberatungsstelle als ausreichend angesehen hat.
[44] Ebenso *Joachimski/Haumer* Rn. 5; *Weber* Rn. 21; vgl. auch BT-Drs. 9/500 (neu), 3.
[45] BGBl. I S. 1593.
[46] S. BT-Drs. 11/7585; BT-Drs. 12/934.

Eine Anwendung des § 37 kommt auch dann in Betracht, wenn der Beschuldigte zum   23
Zeitpunkt der Entscheidung **die Therapie bereits abgeschlossen** hat.[47] Zwar spricht der
Wortlaut des Abs. 1 S. 1 für die Notwendigkeit der Fortdauer der Behandlung, doch wäre
es weder mit der Intention des § 37, einen Anreiz für die frühzeitige Aufnahme einer
Therapie zu bieten, noch mit Gerechtigkeitserwägungen vereinbar, wenn ausgerechnet der
hochmotivierte Beschuldigte, der die Therapie frühzeitig antritt und bereits vor Abschluss
der Ermittlungen beendet, von der Vergünstigung des § 37 ausgeschlossen wäre. Zudem
dürfen etwaige Verzögerungen des Ermittlungsverfahrens nicht zu Lasten des therapiewilli-
gen Beschuldigten gehen.

cc) Nachweis. Der Therapieantritt muss vom Beschuldigten nachgewiesen werden,   24
wobei als Nachweis insbesondere die Vorlage einer schriftlichen Bestätigung der Therapieeinrichtung in Betracht kommt. Zweifel gehen zu Lasten des Beschuldigten;[48] die Staatsanwaltschaft ist nicht verpflichtet (allerdings auch nicht daran gehindert), Ermittlungen zum
Therapiebeginn anzustellen. Anhaltspunkten für die Unrichtigkeit vorgelegter Nachweise
hat die Staatsanwaltschaft jedoch nachzugehen; Gefälligkeitsatteste können als Nachweis
nicht akzeptiert werden.

e) Erwartung der Resozialisierung. § 37 erfordert ferner die Erwartung der Resozia-   25
lisierung des Beschuldigten. Der mit dem Begriff der Rehabilitation iS des § 35 gleichzuset-
zende[49] Begriff der Resozialisierung meint die **Überwindung der Drogenabhängigkeit**
und Beseitigung der aus der Abhängigkeit resultierenden Gefahr erneuter Straffälligkeit
(→ § 35 Rn. 1). Resozialisierungsmaßnahmen, die nicht auf die Drogenfreiheit abzielen,
können die Anwendung des § 37 nicht rechtfertigen; denn die §§ 35 ff. streben gerade die
künftige Legalbewährung durch dauerhafte Freiheit vom Umgang mit illegalen Drogen an
(→ § 35 Rn. 64).

Anders als § 35 verlangt § 37 ausdrücklich eine **Prognose des Therapieerfolgs.** Ange-   26
sichts der recht hohen Misserfolgsquoten von Drogentherapien (→ § 35 Rn. 16) kann an
sich in den meisten Fällen nicht ohne weiteres prognostiziert werden, dass die Behandlung zu
einer Resozialisierung des Beschuldigten führen wird. Eine dementsprechende allgemeine
Skepsis gegenüber Drogentherapien würde indes schwerlich der Zielrichtung des § 37
gerecht, solche Behandlungen zu fördern. Hinsichtlich der Anforderungen an die Resoziali-
sierungserwartung wird daher ein eher großzügiger Maßstab anzulegen sein. Dem Beschuldigten ist grds. ein gewisser **Vertrauensvorschuss** einzuräumen.[50] Ausreichend erscheint
die realistische Chance, dass der Beschuldigte durch die Behandlung die Drogenfreiheit und
Wiedereingliederung in die Gesellschaft erreichen wird.

Zu weit geht es jedoch, allein aus dem freiwilligen Antritt der Therapie auf eine günstige   27
Prognose zu schließen.[51] Die Erwartung der Resozialisierung ist jedenfalls dann nicht
berechtigt, wenn konkrete Anhaltspunkte gegen die Ernsthaftigkeit der Therapieabsicht des
Beschuldigten sprechen oder zB der bisherige Therapieverlauf, die Lebensumstände des
Beschuldigten oder die Bedingungen der Behandlung die Therapie als wenig aussichtsreich
erscheinen lassen. Dass es sich bei dem Beschuldigten um einen **Wiederholungstäter**
handelt, steht der Verfahrenseinstellung aber nicht zwingend entgegen.[52]

f) Zustimmung des Gerichts. Die Ausnahme vom Legalitätsprinzip soll vom Gericht   28
mitgetragen werden. Die vorläufige Einstellung des Verfahrens erfordert daher die Zustimmung des Gerichts, das für die Eröffnung des Hauptverfahrens zuständig wäre. Einer Beteiligung des Gerichts bedarf es hingegen nicht, wenn die Staatanwaltschaft von der Einstellungs-

---

[47] AG Cochem 5.6.1992 – 103 a Js 23 699/91, StV 1992, 482; AG Bremen 11.3.1993 – 83 (74) Ls 505
Js 25 972/91, StV 1993, 319; KPV/*Volkmer* Rn. 13; *Weber* Rn. 22.
[48] KPV/*Volkmer* Rn. 14.
[49] So auch HJLW Rn. 3; *Weber* Rn. 25.
[50] *Franke/Wienroeder* Rn. 9; HJLW Rn. 3.
[51] So aber *Malek* Kap. 5 Rn. 144; hingegen wie hier: *Franke/Wienroeder* Rn. 9; *Weber* Rn. 27.
[52] AG Cochem 5.6.1992 – 103 a Js 23 699/91, MDR 1992, 1077.

möglichkeit keinen Gebrauch machen will. Ist in einer Sache die **Zuständigkeit mehrerer Gerichte** begründet, hat die Staatsanwaltschaft die Wahl, bei welchem sie um die Zustimmung nachsucht. Sie ist an die getroffene Wahl gebunden, kann also nicht im Falle einer Verweigerung der Zustimmung die Angelegenheit an ein anderes Gericht herantragen.[53]

29   Die Staatsanwaltschaft ist durch die erteilte Zustimmung des Gerichts nicht in ihrer Ermessensfreiheit eingeschränkt, sie kann gleichwohl die öffentliche Klage erheben. Das Gericht kann, solange die Einstellung nicht erfolgt ist, die erklärte Zustimmung widerrufen. Das Erfordernis der Zustimmung des Gerichts ändert nichts daran, dass die Verfahrenseinstellung eine Entscheidung der Staatsanwaltschaft ist. Das Fehlen einer – ordnungsgemäßen – Zustimmung macht diese Einstellung nicht unwirksam.[54]

30   Die Erteilung oder Versagung der Zustimmung des Gerichts ist keine Entscheidung, sondern nur eine **Prozesserklärung;** daher bedarf es nicht der Gewährung rechtlichen Gehörs (§ 33 Abs. 2 StPO).[55] Auch kann der Beschuldigte die Verweigerung der Zustimmung nicht mit der Beschwerde anfechten.[56] Der Staatsanwaltschaft steht ebenfalls kein Rechtsmittel zu.[57]

31   Der **Zustimmung oder gar eines Antrags des Beschuldigten** bedarf es nicht. Er ist durch die vorläufige Einstellung des Verfahrens nicht beschwert. Will er – etwa um seine Unschuld zu beweisen – die Fortsetzung des Verfahrens, kann er dies idR durch Nichterbringen der Therapienachweise erreichen.[58] Unbeschadet dessen wird die Anwendung der Vorschrift im Allgemeinen nicht in Betracht kommen, wenn der Beschuldigte der vorläufigen Einstellung ausdrücklich widerspricht.[59]

32   **2. Entscheidung der Staatsanwaltschaft.** Die Staatsanwaltschaft kann die Sachbehandlung nach Abs. 1 S. 1 vornehmen, solange sie nicht öffentliche Klage erhoben hat (§ 170 Abs. 1 StPO), wenn sie die öffentliche Klage zulässigerweise zurückgenommen hat (§ 156 StPO) oder wenn eine vorläufige Einstellung zB nach § 153a StPO oder auch nach § 37 Abs. 1 S. 1 nicht zur endgültigen Verfahrenserledigung geführt hat.[60]

33   **a) Ermessen.** Die Ausgestaltung als Kann-Vorschrift zeigt, dass es auch bei Vorliegen sämtlicher Voraussetzungen des Abs. 1 S. 1 im Ermessen der Staatsanwaltschaft steht, ob sie von der Erhebung der öffentlichen Klage absieht.[61] Der Beschuldigte hat daher nur einen Anspruch auf eine fehlerfreie Ermessensausübung. Die Frage, ob und ggf. unter welchen Voraussetzungen sich dieser Ermessensspielraum so reduzieren kann, dass allein eine vorläufige Einstellung des Verfahrens eine fehlerfreie Entscheidung darstellt, ist wegen der Unanfechtbarkeit (→ Rn. 43) einer ablehnenden Entscheidung der Staatsanwaltschaft rein theoretischer Natur.

34   Im Rahmen der Ermessensausübung hat die Staatsanwaltschaft das **individuelle und allgemeine Interesse an einer Resozialisierung** des Beschuldigten, insbes. auch die zu erwartenden positiven Auswirkungen eines Therapieerfolgs auf das künftige Legalverhalten, gegen das **öffentliche Interesse an einer konsequenten und nachhaltigen Strafverfolgung abzuwägen.** Dem staatlichen Strafverfolgungsinteresse kommt dabei desto mehr Gewicht zu, je schwerer die Schuld und je höher die Straferwartung ist.[62] Zu berücksichtigen sind dabei insbes. auch die verschuldeten Folgen der Tat für Dritte. Bei Drogenkonsum-

---

[53] Vgl. KK-StPO/*Diemer* StPO § 153 Rn. 18.
[54] Vgl. Meyer-Goßner/Schmitt/*Schmitt* StPO § 153 Rn. 10 mit Hinweis auf § 44 Abs. 3 Nr. 4 VwVfG.
[55] Vgl. Meyer-Goßner/Schmitt/*Schmitt* StPO § 153 Rn. 11.
[56] KPV/*Volkmer* Rn. 18; *Malek* Kap. 5 Rn. 151; vgl. auch Meyer-Goßner/Schmitt/*Schmitt* StPO § 153 Rn. 11; KK-StPO/*Diemer* § 153 Rn. 19.
[57] Vgl. KK-StPO/*Diemer* § 153 Rn. 19 mwN.
[58] KPV/*Volkmer* Rn. 20.
[59] Löwe/Rosenberg/*Rieß*, 24. Aufl., StPO § 153a Rn. 117.
[60] Vgl. KK-StPO/*Diemer* § 153a Rn. 27.
[61] *Franke/Wienroeder* Rn. 6; HJLW Rn. 2.1; *Joachimski/Haumer* Rn. 6; KPV/*Volkmer* Rn. 21; *Weber* Rn. 29; aA *Eberth/Müller*, 1982, Rn. 27.
[62] So auch Körner/Patzak/Volkmer, 6. Aufl. 2007, Rn. 15.

delikten wird eine vorläufige Verfahrenseinstellung eher in Betracht kommen als bei Taten, durch die Dritte geschädigt wurden.[63] Ferner kann in die Ermessensentscheidung der Gedanke der **Generalprävention** einzubeziehen sein.[64] Die Staatsanwaltschaft sollte daher auch erwägen, ob die Durchführung des Hauptverfahrens und die Verhängung einer Strafe zur Abschreckung Dritter geboten erscheinen.[65]

Die Staatsanwaltschaft wird von der Möglichkeit einer vorläufigen Einstellung des Verfah-   35
rens außerdem nur dann Gebrauch machen, wenn die berechtigte Erwartung besteht, dass der Beschuldigte auch ohne den Eindruck eines Gerichtsverfahrens und **ohne die Drohung der sofortigen Vollstreckung** einer bereits festgesetzten Strafe seine **Therapieanstrengungen fortsetzen** wird.[66] Für die Entscheidung der Staatsanwaltschaft wird überdies eine Rolle spielen, inwieweit die BtM-Abhängigkeit des Beschuldigten als primäre oder gar alleinige Ursache der bisherigen Straffälligkeit einzuschätzen ist und deshalb im Falle eines Therapieerfolgs eine künftige Legalbewährung erwartet werden kann. War die Delinquenz des Beschuldigten wesentlich auch auf andere Gründe zurückzuführen, wird ein Absehen von der Anklageerhebung weniger leicht zu vertreten sein.

b) Form und Inhalt der Entscheidung (S. 2). Die vorläufige Einstellung wird dem   36
Beschuldigten grds. formlos mitgeteilt, sofern nicht die Festsetzung der Nachweistermine (→ Rn. 37) oder sonstiger Nebenbestimmungen (→ Rn. 38) eine förmliche Zustellung geboten erscheinen lässt. Die Frist des § 9 Abs. 1 S. 4 StrEG gibt keinen Anlass für eine förmliche Zustellung, weil eine Entschädigung für Strafverfolgungsmaßnahmen (§ 3 StrEG) allenfalls nach endgültiger Einstellung in Betracht kommt.[67]

Mit der Einstellungsverfügung fordert die Staatsanwaltschaft den Beschuldigten auf, zu   37
bestimmten Zeitpunkten die **Fortsetzung der Behandlung nachzuweisen (Abs. 1 S. 2).** Hierdurch soll gewährleistet werden, dass die Staatsanwaltschaft rasch von einem Therapieabbruch Kenntnis erlangt und das Verfahren fortsetzen kann. Die Nachweispflicht ist hierfür von entscheidender Bedeutung, da anders als nach § 35 Abs. 4 keine gesetzliche Verpflichtung der Therapieeinrichtung besteht, den Abbruch der Behandlung mitzuteilen.

Die Staatsanwaltschaft kann die Verfahrenseinstellung von der Erfüllung weiterer **Aufla-**   38
gen und Weisungen abhängig machen, zB dem Beschuldigten aufgeben, neben einer ambulanten Therapie ein Arbeitsverhältnis fortzusetzen, sich ärztlicher Untersuchungen auf Drogenkonsum zu unterziehen, die behandelnden Therapeuten von der Schweigepflicht zu entbinden etc (→ § 35 Rn. 150 ff.).[68]

Entsprechend Nr. 89 Abs. 3 RiStBV sollte die Verfahrenseinstellung auch dem **Anzei-**   39
geerstatter formlos **mitgeteilt** werden. Die Mitteilung erfolgt durch Übersendung eines mit Gründen versehenen Bescheids, aber ohne Bekanntgabe erteilter Auflagen und Weisungen.[69]

c) Folgen der vorläufigen Einstellung. Ist das Ermittlungsverfahren vorläufig einge-   40
stellt worden, sind nach Ansicht des LG Hamburg ein etwaiger **Haftbefehl und Haftver-**
schonungsbeschluss wegen des durch die Einstellung entstehenden Verfolgungshindernisses und wegen des Wegfalls der Haftgründe **aufzuheben**.[70]

Auch bereits nach nur vorläufiger Einstellung des Ermittlungsverfahrens kann ein **objek-**   41
tives Einziehungsverfahren gem. §§ 440 ff. StPO durchgeführt werden; die Staatsanwaltschaft braucht dafür nicht abzuwarten, bis das endgültige Verfahrenshindernis eingetreten ist.[71] In der Regel wird sich ein Einziehungsverfahren indes erübrigen, weil sich derjenige,

---

[63] *Körner/Patzak/Volkmer*, 6. Aufl. 2007, Rn. 15.
[64] Näher *Weber* Rn. 31.
[65] So auch HJLW Rn. 3.
[66] S. *Joachimski/Haumer* Rn. 5; *Weber* Rn. 32.
[67] *Kunz* StrEG § 2 Rn. 22, 24 und StrEG § 3 Rn. 17 ff.
[68] So auch KPV/*Volkmer* Rn. 24.
[69] Vgl. KK-StPO/*Diemer* § 153a Rn. 34.
[70] LG Hamburg 20.11.1995 – 612 Qs 66/95, StV 1996, 389.
[71] *Joachimski/Haumer* Rn. 7; *Pfeil/Hempel/Schiedermaier/Slotty* Rn. 38; vgl. auch Meyer-Goßner/Schmitt/ *Schmitt* StPO § 153a Rn. 59 und StPO § 440 Rn. 7.

der eine Einstellung des Ermittlungsverfahrens begehrt, mit der formlosen Einziehung einverstanden erklären wird.[72]

42   Anscheinend übersehen hat der Gesetzgeber, zu regeln, ob während der vorläufigen Einstellung des Verfahrens die **Verjährung ruht.** Im Hinblick darauf, dass § 37 weitgehend dem § 153a StPO nachgebildet ist und sich die Verjährungsproblematik bei beiden Vorschriften gleicht, erscheint eine analoge Anwendung des § 153a Abs. 3 StPO angezeigt.[73] Hiernach ruht die Verjährung von der vorläufigen Einstellung bis zur Fortsetzung des Verfahrens, also bis zur ersten Maßnahme, durch die das Verfahren mit dem Ziel der Herbeiführung einer Sachentscheidung weiter betrieben wird.

43   **d) Unanfechtbarkeit.** Sowohl die vorläufige Einstellung des Verfahrens als auch deren Ablehnung sind nicht mit förmlichen Rechtsmitteln anfechtbar.[74] Als Prozesshandlung kann die Verfahrenseinstellung auch nicht durch einen Verpflichtungsantrag nach § 23 Abs. 2 EGGVG erzwungen werden.[75] Möglich ist mithin allein der formlose Rechtsbehelf der Aufsichtsbeschwerde.

44   **3. Fortsetzung des Verfahrens.** Abs. 1 S. 3 und 4 regeln, unter welchen Voraussetzungen das vorläufig eingestellte Verfahren fortzusetzen ist. Liegt ein Fortsetzungsgrund nach S. 3 vor, besteht eine Fortsetzungspflicht, soweit nicht S. 4 ausnahmsweise ein Absehen von der Fortsetzung zulässt.

45   **a) Gründe einer Fortsetzung (Abs. 1 S. 3).** Die Gründe für eine Fortsetzung sind in Abs. 1 S. 3 abschließend aufgezählt. Der Staatsanwaltschaft ist es daher verwehrt, sich ohne oder aus anderem Anlass für eine Fortsetzung des Verfahrens zu entscheiden. Daraus folgt, dass bereits mit der vorläufigen Einstellung ein bedingtes **Verfolgungshindernis** eintritt, welches nur unter den Voraussetzungen des Abs. 1 S. 3 entfällt.[76] Im Falle einer späteren Anklageerhebung hat das Gericht von Amts wegen zu prüfen, ob das Verfahrenshindernis tatsächlich entfallen ist, ob also die Staatsanwaltschaft das Verfahren zu Recht fortgesetzt hat. Ein Ermessensspielraum steht der Staatsanwaltschaft dabei nur hinsichtlich der Möglichkeit eines Absehens von der Fortsetzung des Verfahrens gem. S. 4 zu.[77] Gelangt das Gericht zu dem Ergebnis, dass keiner der Fortsetzungsgründe des S. 3 gegeben ist, hat es die Eröffnung des Verfahrens nach § 204 Abs. 1 StPO wegen des Verfahrenshindernisses abzulehnen.[78] Stellt sich Gleiches erst während des Hauptverfahrens heraus, so ist das Verfahren durch Beschluss nach § 206 StPO oder in der Hauptverhandlung durch Urteil nach § 260 Abs. 3 StPO einzustellen.

46   **aa) Abbruch der Behandlung (Nr. 1).** Das Verfahren ist fortzusetzen, wenn die Behandlung nicht bis zu ihrem vorgesehenen Abschluss fortgeführt wird. Dies ist bei jedem endgültigen Therapieabbruch (im Gegensatz zur bloßen Unterbrechung der Therapie, → § 35 Rn. 189 f.) vor Erreichen des angestrebten Therapieerfolgs der Fall, sei es, dass der Beschuldigte die aus therapeutischer Sicht weiterhin erforderliche Behandlung nicht fortsetzen will, sei es, dass er wegen eines Verstoßes gegen Therapiebedingungen vom Behandelnden von der Therapie ausgeschlossen wird oder aus sonstigen Gründen (zB wegen der in einem anderen Verfahren vollstreckten Untersuchungshaft) die Therapie nicht fortsetzen kann. Auf ein Verschulden des BtM-Abhängigen kommt es dabei nicht an (→ § 35 Rn. 200). Eine Fortsetzung des Verfahrens ist hingegen nicht zulässig, wenn der Beschuldigte die Therapie früher als vorgesehen mit Erfolg abschließt.[79]

---

[72] So auch *Weber* Rn. 86.
[73] Ausführlich Löwe/Rosenberg/*Rieß*, 24. Aufl., StPO § 153a Rn. 120.
[74] *Franke/Wienroeder* Rn. 21; *Joachimski/Haumer* Rn. 6; *Weber* Rn. 38 f.
[75] *Joachimski/Haumer* Rn. 6; Meyer-Goßner/Schmitt/*Schmitt* EGGVG § 23 Rn. 9.
[76] Vgl. *Joachimski/Haumer* Rn. 8; *Weber* Rn. 44; zulässig bleiben jedoch Ermittlungen zur Feststellung, ob die Voraussetzungen einer Verfahrensfortsetzung nach Abs. 1 S. 3 Nr. 3 und 4 vorliegen, sowie Maßnahmen der Beweissicherung, s. Löwe/Rosenberg/*Rieß*, 24. Aufl., StPO § 153a Rn. 119.
[77] *Malek* Kap. 5 Rn. 153, 157.
[78] *Eberth/Müller*, 1982, Rn. 47; *Weber* Rn. 62.
[79] So auch KPV/*Volkmer* Rn. 28.

Im Falle eines Therapieabbruchs kann die Staatsanwaltschaft dem Beschuldigten Gelegen- **47** heit geben, die Behandlung unverzüglich **in einer anderen Einrichtung fortzusetzen.**[80] Dies wird sich insbesondere dann anbieten, wenn die Therapie nicht an der mangelnden Therapiebereitschaft des Abhängigen, sondern an der Ungeeignetheit der gewählten Therapieeinrichtung scheiterte.

bb) Nichterbringen von Behandlungsnachweisen (Nr. 2). Ein Fortsetzungsgrund **48** liegt ferner vor, wenn der Beschuldigte[81] die ihm von der Staatsanwaltschaft nach S. 2 auferlegten Behandlungsnachweise nicht oder unvollständig erbringt. Allerdings erscheint die Verfahrensfortsetzung nicht gerechtfertigt, wenn der Nachweis allein aufgrund von Umständen unterblieb, die der Abhängige nicht zu vertreten hatte. Um eine voreilige Fortsetzung (s. auch S. 4) zu vermeiden, sollte dem säumigen Beschuldigten daher idR zunächst eine Nachfrist gesetzt werden.[82]

cc) Neue Straffälligkeit (Nr. 3). Das Verfahren wird ferner fortgesetzt, wenn der **49** Beschuldigte eine neue Straftat begangen hat und sich dadurch die der vorläufigen Einstellung zugrunde liegende günstige Resozialisierungsprognose als unzutreffend erweist. Es muss es sich dabei nicht um ein BtM-Delikt handeln.[83] Zu berücksichtigen sind alle Straftaten, die nach der vorläufigen Verfahrenseinstellung begangen wurden. Eine vor der Einstellungsverfügung verübte, der Staatsanwaltschaft aber erst später bekannt gewordene Straftat erfüllt den Tatbestand der Nr. 3 nicht, kann aber uU nach Nr. 4 eine Fortsetzung des Verfahrens begründen.[84] Ordnungswidrigkeiten rechtfertigen die Fortsetzung nicht.

Nicht erforderlich ist, dass der Abhängige wegen der neuen Tat bereits **rechtskräftig 50 verurteilt** ist; vielmehr reicht aus, dass die Staatsanwaltschaft – etwa aufgrund eines glaubhaften Geständnisses – von der Begehung der Tat überzeugt ist.[85] Ein rechtskräftiger Freispruch oder eine rechtskräftige Verurteilung sind andererseits für die Staatsanwaltschaft bindend und nicht nachprüfbar.[86]

Die **günstige Prognose,** die dem Absehen von der öffentlichen Klage zugrunde lag **51** (→ Rn. 25 ff.), ist dann **widerlegt,** wenn die Staatsanwaltschaft unter Würdigung der neuen Tat und aller sonstigen maßgeblichen Umstände nicht mehr die Erwartung hegt, dass die Behandlung zu einer Resozialisierung des Beschuldigten führen wird.[87] Einzelne Fahrlässigkeitstaten oder Bagatelldelikte werden hierfür zumeist nicht ausreichen.[88] Auch die mit einem Drogenrückfall einhergehende Begehung eines BtM-Delikts wird häufig die begründete Aussicht auf eine Resozialisierung des Beschuldigten noch nicht entfallen lassen, sofern sich der Beschuldigte weiterhin in Behandlung befindet (→ § 35 Rn. 205).[89] Hierbei ist zu berücksichtigen, dass auch schließlich zum Erfolg führende Therapien selten geradlinig verlaufen, sondern zumeist mit Rückschlägen verbunden sind. Bei einer schwerwiegenden Nachtat (zB Drogenhandel), insbesondere einer solchen, die das Fehlen einer hinreichenden Therapiebereitschaft erkennen lässt,[90] ist indessen die Fortsetzung des Verfahrens idR unvermeidbar.

dd) Änderung der Straferwartung (Nr. 4). Das Verfahren ist auch dann fortzusetzen, **52** wenn sich aufgrund neuer Tatsachen oder Beweismittel eine Straferwartung von mehr als zwei Jahren ergibt. Neu sind solche Tatsachen oder Beweismittel, die zum Zeitpunkt der

---

[80] KPV/*Volkmer* Rn. 28.

[81] Obgleich das Gesetz die Nachweisobliegenheit dem Beschuldigten auferlegt, kann der Nachweis auch unmittelbar durch die Therapieeinrichtung erbracht werden (→ § 35 Rn. 183).

[82] So auch *Malek* Kap. 5 Rn. 154.

[83] *Malek* Kap. 5 Rn. 155.

[84] *Eberth/Müller*, 1982, Rn. 38.

[85] *Franke/Wienroeder* Rn. 17; *Joachimski/Haumer* Rn. 12; ähnl. KPV/*Volkmer* Rn. 34; *Weber* Rn. 49.

[86] *Eberth/Müller*, 1982, Rn. 38.

[87] Vgl. *Weber* Rn. 51.

[88] *Malek* Kap. 5 Rn. 155; *Joachimski/Haumer* Rn. 12; enger für Bagatelldelikte *Weber* Rn. 51.

[89] HJLW Rn. 4.1.2; KPV/*Volkmer* Rn. 32.

[90] Vgl. *Eberth/Müller*, 1982, Rn. 40.

vorläufigen Verfahrenseinstellung weder aktenkundig noch der Staatsanwaltschaft und dem Gericht bekannt waren.[91] In Betracht kommen alle Tatsachen und Beweismittel, welche die Wahrscheinlichkeit einer höheren Strafe begründen. Hierzu zählen zB Straftaten, die vor der Verfahrenseinstellung begangen wurden, von denen die Staatsanwaltschaft zum Zeitpunkt der Einstellung aber noch keine Kenntnis hatte oder für die damals noch keine hinreichenden Beweise vorlagen, ferner Umstände, die wie zB die Gewerbsmäßigkeit iS des § 29 Abs. 3 S. 2 Nr. 1 einen besonders schweren Fall begründen, sowie alle für die Bewertung der Schuld relevanten Gesichtspunkte iS des § 46 StGB. Neue Beweismittel sind nach wohl richtiger Auffassung auch solche, deren sich die Staatsanwaltschaft bislang nicht bedient hat, etwa weil ihre Bedeutung nicht erkannt wurde.[92] Eine Erhärtung des bereits der Sachbehandlung nach S. 1 zugrunde gelegten Tatverdachts genügt hingegen nicht.[93] Gleiches gilt für eine abweichende rechtliche Bewertung der schon bei der vorläufigen Einstellung bekannten Tatsachen.

53   Die neuen Tatsachen oder Beweismittel müssen eine **Straferwartung von mehr als zwei Jahren** rechtfertigen.[94] Dabei sind alle für die Strafzumessung wesentlichen Aspekte zu berücksichtigen. Hierzu gehört auch, dass sich die Aufnahme einer therapeutischen Behandlung als positives Nachtatverhalten bei der Bemessung der Strafe zu Gunsten des Beschuldigten auswirken kann.[95]

54   **b) Absehen von einer Fortsetzung (S. 4).** Im Falle eines Therapieabbruchs (S. 3 Nr. 1) oder der Nichterbringung der Therapienachweise (S. 3 Nr. 2) kann von einer Fortsetzung des Verfahrens absehen werden, wenn der Beschuldigte nachträglich nachweist, dass er sich weiter in Behandlung befindet. Dieses Absehen liegt im pflichtgemäßen Ermessen der Staatsanwaltschaft. Für die Entscheidung wird es insbes. darauf ankommen, ob unter Berücksichtigung des bisherigen Therapieverhaltens des Beschuldigten nach wie vor die begründete Aussicht auf einen erfolgreichen Abschluss der Behandlung besteht. Unter dieser Maßgabe ist ein Absehen von der Fortsetzung des Verfahrens auch dann möglich, wenn der Beschuldigte die Behandlung in einer anderen Einrichtung oder in einer anderen Therapieform fortsetzt.[96]

55   Zweifelhaft erscheint, ob auch dann noch von der Möglichkeit des S. 4 Gebrauch gemacht werden kann, **wenn das Verfahren bereits fortgesetzt wurde,** also zB weitere Ermittlungen vorgenommen worden sind. Lässt man dies mit der wörtlichen Auslegung der Bestimmung („absehen") nicht zu, so wird man verlangen müssen, dass dem Beschuldigten in den Fällen des S. 3 Nr. 1 und Nr. 2 vor einer Fortsetzung des Verfahrens Gelegenheit gegeben wird, den in S. 4 genannten nachträglichen Nachweis zu erbringen; denn andernfalls liefe die Bestimmung des S. 4 praktisch ins Leere. Sachgerechter erscheint indes eine Auslegung der Vorschrift dahingehend, dass die Staatsanwaltschaft, sofern nicht bereits die Zuständigkeit des Gerichts nach Abs. 2 begründet ist (→ Rn. 32), unter den Voraussetzungen des S. 4 eine bereits vorgenommene Verfahrensfortsetzung „abbrechen" und damit die vorläufige Einstellung des Verfahrens wiederherstellen kann.[97] Im Unterschied zu einer nochmaligen vorläufigen Einstellung nach Abs. 1 S. 1 läuft dabei die Frist des Abs. 1 S. 5 weiter.

56   **c) Verfahren und Folgen der Fortsetzung.** Für die Wiederaufnahme des Ermittlungsverfahrens bedarf es weder einer Beteiligung des Gerichts noch einer vorherigen **Anhörung** des Beschuldigten.[98] Letztere kann aber insbes. in den Fällen des S. 3 Nr. 1 und Nr. 2 wegen

[91] *Malek* Kap. 5 Rn. 156; *Joachimski/Haumer* Rn. 13; KPV/*Volkmer* Rn. 36; *Weber* Rn. 52.
[92] *Joachimski/Haumer* Rn. 13; vgl. auch Meyer-Goßner/Schmitt/*Meyer-Goßner* StPO § 359 Rn. 32; aA *Malek* Kap. 5 Rn. 156; *Weber* Rn. 53.
[93] So zutreffend *Eberth/Müller*, 1982, Rn. 41.
[94] Sofern sich die höhere Straferwartung im Strafverfahren dann nicht bestätigt, hält Löwe/Rosenberg/ *Rieß*, 24. Aufl., StPO § 153a Rn. 125 es für möglich, dass das Gericht das Verfahren durch Einstellung beendet.
[95] *Malek* Kap. 5 Rn. 156; *Weber* Rn. 54.
[96] *Eberth/Müller*, 1982, Rn. 48; *Weber* Rn. 57.
[97] So Löwe/Rosenberg/*Rieß*, 24. Aufl., StPO § 153a Rn. 123.
[98] HJLW Rn. 4.1.1.

der Möglichkeit des Absehens nach S. 4 zweckmäßig sein. Eine **Mitteilung** der Fortsetzung an den Beschuldigten ist nicht vorgeschrieben, erscheint aber aus Gründen der Rechtsklarheit wünschenswert.[99]

Dem Beschuldigten stehen gegen die Verfahrensfortsetzung **keine selbstständigen** 57 **Rechtsbehelfe** zu. Das Nichtvorliegen der Voraussetzungen für eine Verfahrensfortsetzung und das hieraus folgende Fortbestehen des Verfahrenshindernisses (→ Rn. 45) kann er nach einer im weiteren Verfahren ergangenen Sachentscheidung mit den hiergegen zulässigen Rechtsmitteln geltend machen.[100]

Die Fortsetzung des Verfahrens bedeutet nicht zwangsläufig, dass die Staatsanwaltschaft 58 die öffentliche Klage erhebt. So kann etwa auch die Einstellung nach einer anderen Vorschrift (zB §§ 153a, 154 StGB) in Betracht kommen. Auch ist nicht ausgeschlossen, das Verfahren zu Gunsten eines neuen Therapieversuchs des Beschuldigten **nochmals nach S. 1 vorläufig einzustellen**.[101]

Unter den Voraussetzungen des § 36 Abs. 3 können auf die nach Fortsetzung des Verfahrens 59 rens verhängte Strafe die Zeiten der bis dahin durchgeführten Therapie ganz oder teilweise **angerechnet** werden.[102] Dies gilt auch dann, wenn das Verfahren aufgrund einer nachträglich entdeckten zweiten Tat wiederaufgenommen wurde.[103] Bei der Bestimmung des Anrechnungsumfangs wird jedoch zu berücksichtigen sein, ob und ggf. inwieweit sich die Therapieanstrengungen des Verurteilten bereits strafmildernd ausgewirkt haben (→ § 36 Rn. 70).

4. Endgültige Einstellung nach Ablauf von zwei Jahren (S. 5). Wird das Verfahren 60 nicht binnen zwei Jahren[104] fortgesetzt, ist eine weitere Verfolgung der Tat(en) ausgeschlossen. Die Staatsanwaltschaft hat somit zwei Jahre lang zu überwachen, ob die Behandlung abgebrochen wird oder einer der sonstigen Fortsetzungsgründe des S. 3 eintritt. Im Hinblick auf die Fortsetzungsgründe des S. 3 Nr. 3 und Nr. 4 darf das Verfahren auch dann nicht vor Ablauf dieser Frist endgültig eingestellt werden, wenn die Therapie wesentlich früher erfolgreich beendet wird. Da nach S. 3 Nr. 3 auch eine neue Straftat die Fortsetzung des Verfahrens veranlassen kann, hat die Vorschrift insoweit auch den Charakter einer „materiellstrafrechtlich, antizipierten Strafaussetzung zur Bewährung".[105]

Mit Ablauf der Frist entsteht ein von Amts wegen zu beachtendes (vgl. § 206a StPO) 61 **endgültiges Verfahrenshindernis,** ohne dass es hierzu einer staatsanwaltschaftlichen oder gerichtlichen Entscheidung bedarf.[106] Zur Klarstellung empfiehlt es sich jedoch, die endgültige Erledigung des Verfahrens deklaratorisch auszusprechen und dem Beschuldigten mitzuteilen.[107] Die Feststellung der Beendigung des Verfahrens ist dem Beschuldigten im Hinblick auf § 9 Abs. 1 S. 3 StrEG förmlich zuzustellen, sofern ihr eine entschädigungsfähige (s. § 3 StrEG) Strafverfolgungsmaßnahme vorausgegangen ist.[108] Eine Eintragung der Entscheidung im BZR erfolgt nicht (§§ 2, 3 BZRG).

Das Verfahrenshindernis tritt nur dann nicht ein, wenn das Verfahren innerhalb der Frist 62 **tatsächlich fortgesetzt worden ist,** dh eine Maßnahme getroffen wurde, die bezweckte, das Verfahren mit dem Ziel einer Sachentscheidung weiter zu betreiben.[109] Dagegen wird

---

[99] *Weber* Rn. 60.
[100] Löwe/Rosenberg/*Rieß*, 24. Aufl., StPO § 153a Rn. 124.
[101] AllgM, s. zB *Malek* Kap. 5 Rn. 158; *Weber* Rn. 59.
[102] *Weber* Rn. 61; KPV/*Volkmer* Rn. 38.
[103] LG München I 28.1.1985 – 17 AR 5/85, StV 1985, 199.
[104] Mit Gesetz v. 9.9.1992, BGBl. I S. 1593, wurde diese Frist von vier Jahren auf zwei Jahren herabgesetzt, weil die vierjährige Frist als überzogen angesehen wurde (s. BT-Drs. 11/7585, 7; 12/934, 7).
[105] So zutreffend Löwe/Rosenberg/*Rieß*, 24. Aufl., StPO § 153a Rn. 119.
[106] S. zB *Weber* Rn. 63; anders offenbar *Joachimski/Haumer* Rn. 7; KPV/*Volkmer* Rn. 39, die von einer Einstellung nach § 170 Abs. 2 StPO ausgehen.
[107] *Weber* Rn. 63; *Malek* Kap. 5 Rn. 162; vgl. auch KK-StPO/*Diemer* § 153a Rn. 46.
[108] Näher *Kunz* StrEG § 9 Rn. 11 f.
[109] Löwe/Rosenberg/*Rieß*, 24. Aufl., StPO § 153a Rn. 126.

der Strafklageverbrauch nicht schon dadurch verhindert, dass ein Fortsetzungsgrund nach
S. 3 vorlag.

63   Das **Verfahrenshindernis ist unbeschränkt.** Es umfasst alle Taten, die den Gegenstand
des Verfahrens bildeten. Eine weitere Verfolgung der Taten ist selbst dann ausgeschlossen,
wenn sich später herausstellt, dass diese weit gravierender waren als zunächst angenommen.
Anders als bei § 153a StPO erstreckt sich der Strafklageverbrauch auch auf die Verfolgung der
Tat als Verbrechen. Das Verfahrenshindernis umfasst ferner auch eine in der Tat enthaltene
Ordnungswidrigkeit; S. 5 geht insoweit dem § 21 Abs. 2 OWiG als Spezialregelung vor.[110]

64   Da die staatsanwaltschaftliche Verfügung der vorläufigen Einstellung nach S. 1 nicht
rechtsmittelfähig und damit auch nicht zustellungsbedürftig ist, **beginnt der Lauf der
Zweijahresfrist** nicht erst mit der Bekanntmachung der Entscheidung an den Beschuldigten,[111] sondern bereits mit deren Erlass.[112] Ein erfolgreicher Abschluss der Therapie hat auf
die Frist keinen Einfluss. Die zweijährige Überwachungsdauer gilt daher selbst dann, wenn
der Beschuldigte zum Zeitpunkt der vorläufigen Einstellung die Behandlung bereits mit
Erfolg beendet hat (→ Rn. 23).

II. Verfahrenseinstellung durch das Gericht (Abs. 2)

65   Nach Erhebung der öffentlichen Klage kann unter den in Abs. 1 S. 1 genannten Voraussetzungen das Gericht das Verfahren vorläufig einstellen. Die Regelung ist insoweit konzeptionell an § 153a Abs. 2 StPO angelehnt.

66   **1. Zuständigkeit des Gerichts.** Zuständig ist das Tatgericht in erster Instanz oder in
der Berufungsinstanz; das Revisionsgericht kann hingegen nicht nach § 37 verfahren.[113]
Möglich ist die vorläufige Einstellung nach Abs. 2 einerseits ab Erhebung der Anklage (also
auch bereits im Zwischenverfahren), doch nicht mehr nach deren zulässiger Rücknahme
gem. § 156 StPO, weil diese wieder zur Anwendbarkeit des Abs. 1 führt. Die vorläufige
Einstellung ist andererseits zulässig bis zur Verkündung des Urteils (§ 260 Abs. 1 StPO) in
der Hauptverhandlung, in der die tatsächlichen Feststellungen letztmals geprüft werden
konnten.[114] Nach Zurückverweisung durch das Revisionsgericht entsteht die Einstellungsmöglichkeit von neuem.

67   Die Anwendung des Abs. 2 ist auch dann nicht ausgeschlossen, wenn durch die Beschränkung der Berufung auf das Strafmaß der **Schuldspruch bereits rechtskräftig** ist;[115] denn
§ 37 dient nicht primär der Vermeidung des Schuldspruchs, sondern der Ermöglichung der
ungestörten Fortsetzung der Therapie.[116] Gleiches gilt bei Teilrechtskraft des Urteils nach
Zurückverweisung durch das Revisionsgericht.[117]

68   **2. Materielle Voraussetzungen der vorläufigen Einstellung.** Aus dem Regelungszusammenhang des § 37 ergibt sich, dass für die gerichtliche Verfahrenseinstellung die gleichen Voraussetzungen gegeben sein müssen wie für das Absehen von der Anklageerhebung
nach Abs. 1 S. 1; das Fehlen einer Verweisung auf diese Bestimmungen stellt ein Redaktionsversehen dar.[118] Hinsichtlich der Einstellungsvoraussetzungen kann daher auf → Rn. 7–27
Bezug genommen werden.

69   **3. Zustimmung der Staatsanwaltschaft.** Die vorläufige Einstellung nach Abs. 2
bedarf stets der Zustimmung der Staatsanwaltschaft. Deren Verweigerung ist nicht anfechtbar.[119] Eine Zustimmung des Angeschuldigten ist nicht notwendig.

---

[110] Vgl. Meyer-Goßner/Schmitt/*Schmitt* StPO § 153a Rn. 52.
[111] So aber *Katholnigg* NStZ 1981, 417 (420).
[112] *Malek* Kap. 5 Rn. 160; *Franke/Wienroeder* Rn. 22; HJLW Rn. 4.2; KPV/*Volkmer* Rn. 40; *Weber* Rn. 65.
[113] AllgM, s. zB *Eberth/Müller*, 1982, Rn. 54; *Joachimski/Haumer* Rn. 14.
[114] So zutreffend *Malek* Kap. 5 Rn. 148; *Weber* Rn. 70.
[115] Str., wie hier *Eberth/Müller*, 1982, Rn. 54; *Joachimski/Haumer* Rn. 14; KPV/*Volkmer* Rn. 45; *Weber*
Rn. 70; vgl. auch Meyer-Goßner/Schmitt/*Schmitt* StPO § 153a Rn. 47; aA HJLW Rn. 5.
[116] Ähnlich *Joachimski/Haumer* Rn. 14.
[117] Vgl. Meyer-Goßner/Schmitt/*Schmitt* StPO § 153a Rn. 47.
[118] AllgM, s. zB *Malek* Kap. 5 Rn. 148; *Weber* Rn. 69.
[119] Vgl. OLG Hamm 25.4.1985 – 1 VAs 149/84, NStZ 1985, 472.

4. Entscheidung des Gerichts über die vorläufige Einstellung. Ebenso wie das **70** Absehen der Staatsanwaltschaft von der Anklageerhebung nach Abs. 1 S. 1 stellt auch die vorläufige Einstellung durch das Gericht eine Ermessensentscheidung dar. Die hierfür maßgebenden Gesichtspunkte entsprechen den bei → Rn. 33 ff. dargestellten.

Stellt das Gericht das Verfahren vorläufig ein, so geschieht dies auch in der Hauptverhand- **71** lung **durch Beschluss.** Dieser enthält, da er das Verfahren noch nicht zum Abschluss bringt, weder eine Kostenentscheidung noch eine Entscheidung über eine Entschädigung für Strafverfolgungsmaßnahmen; hierüber wird erst mit der endgültigen Einstellung entschieden.

Mit der vorläufigen Einstellung setzt das Gericht die **Termine** fest, zu denen der Beschul- **72** digte die **Fortdauer der Behandlung nachzuweisen** hat (Abs. 2 S. 3, Abs. 1 S. 2). Das Gericht kann die Einstellung ferner mit Auflagen und Weisungen verbinden.[120] Solche Nebenbestimmungen sind als „minus" gegenüber einer Ablehnung der vorläufigen Verfahrenseinstellung zulässig und ggf. auch nötig, um sicherzustellen, dass die Therapie zB hinsichtlich der erforderlichen Kontrolle des Abhängigen die Anforderungen an eine Rehabilitationsbehandlung iS des § 35 Abs. 1 erfüllt (→ § 35 Rn. 150–152).[121]

Will das Gericht der Anregung eines Verfahrensbeteiligten, das Verfahren vorläufig einzu- **73** stellen, nicht folgen, so steht es ihm frei, ob es einen **ablehnenden Beschluss** erlässt oder die Ablehnung in sonstiger Weise kundtut. Jedenfalls aber sollte das Gericht eine auf die Anwendung des Abs. 2 gerichtete Anregung nicht stillschweigend übergehen.[122]

Die vorläufige Einstellung des Verfahrens ist **weder für den Angeschuldigten noch** **74** **für die Staatsanwaltschaft anfechtbar (S. 2).** Eine Ausnahme wird von der hM für den Fall angenommen, dass das Gericht das Verfahren ohne die erforderliche Zustimmung der Staatsanwaltschaft vorläufig einstellt; diese Entscheidung kann von der Staatsanwaltschaft mit der Beschwerde nach § 304 StPO angegriffen werden.[123] Ausnahmslos unanfechtbar ist eine die vorläufige Einstellung ablehnende Entscheidung.[124]

5. Fortsetzung des Verfahrens. Unter den in Abs. 1 S. 3 und 4 genannten Vorausset- **75** zungen (→ Rn. 44–55) hat das Gericht das Verfahren fortzusetzen (Abs. 2 S. 3). Da eine Fortsetzung aber auch nur aus den in Abs. 1 S. 3 genannten Gründen zulässig ist, hat die vorläufige Einstellung die Wirkung eines beschränkten Verfahrenshindernisses.[125]

Die Wiederaufnahme des Verfahrens kann formlos erfolgen, etwa dadurch, dass sie dem **76** Angeschuldigten zusammen mit einer Terminsladung mitgeteilt wird.[126] Zur Klarstellung kann es sich jedoch empfehlen, die Fortsetzung in einem förmlichen Beschluss auszusprechen.[127] So kann es im Hinblick auf die Zweijahresfrist des Abs. 1 S. 5 geboten sein, durch den Beschluss den exakten Zeitpunkt der Fortsetzung festzuhalten. Die vorherige Anhörung des Angeschuldigten ist nicht zwingend, kann aber zur Klärung der Fortsetzungsvoraussetzungen zweckmäßig sein. Die Entscheidung des Gerichts, das Verfahren fortzusetzen, ist **nicht selbstständig anfechtbar** (§ 305 StPO).[128] Unanfechtbar ist ebenfalls die Feststellung, dass das Verfahren nicht fortgesetzt wird **(S. 4).**

Das fortgesetzte Verfahren muss nicht notwendig durch Urteil enden. Möglich ist auch **77** eine Einstellung zB nach § 153a StPO. Auch eine erneute Anwendung des § 37 Abs. 2 ist nicht ausgeschlossen (→ Rn. 58).

---

[120] AG Hannover 5.1.1993 – 248 – 397/92, StV 1993, 313; aA *Joachimski/Haumer* Rn. 14.
[121] Vgl. auch KPV/*Volkmer* Rn. 46.
[122] Vgl. Löwe/Rosenberg/*Beulke* StPO § 153a Rn. 124.
[123] *Eberth/Müller*, 1982, Rn. 56; HJLW Rn. 5; *Weber* Rn. 74; vgl. auch OLG Stuttgart 6.11.1979 – 1 Ws 358/79, MDR 1980, 250; KK-StPO/*Diemer* § 153a Rn. 55; Meyer-Goßner/Schmitt/*Schmitt* StPO § 153a Rn. 57 mwN; aA *Malek* Kap. 5 Rn. 150.
[124] Vgl. KK-StPO/*Diemer* StPO § 153a Rn. 55 mwN.
[125] Vgl. Meyer-Goßner/Schmitt/*Schmitt* StPO § 153a Rn. 52.
[126] Vgl. Löwe/Rosenberg/*Beulke* StPO § 153a Rn. 126.
[127] So auch *Weber* Rn. 79; vgl. auch KK-StPO/*Diemer* § 153a Rn. 59 mwN.
[128] *Joachimski/Haumer* Rn. 15; vgl. auch OLG Stuttgart 6.11.1979 – 1 Ws 358/79, MDR 1980, 250.

78   **6. Endgültige Einstellung.** Wird das Verfahren nicht binnen zwei Jahren fortgesetzt, tritt ein endgültiges Verfahrenshindernis ein (Abs. 2 S. 3; Abs. 1 S. 5). Ein entsprechender – deklaratorischer – **Beschluss** ist wie bei der staatsanwaltschaftlichen Einstellung nach Abs. 1 nicht ausdrücklich vom Gesetz vorgeschrieben, doch wird er in § 467 Abs. 5 StPO iVm § 37 Abs. 3 vorausgesetzt.[129] Der deshalb erforderliche Beschluss ergeht regelmäßig außerhalb der Hauptverhandlung. Er ist mit der Entscheidung, dass die Kosten des Verfahrens (nicht aber die Auslagen des Angeschuldigten, s. Abs. 3 iVm § 467 Abs. 5 StPO) der Staatskasse zur Last fallen (vgl. § 467 Abs. 1 StPO), und ggf. mit einer Entscheidung über die Entschädigung für Strafverfolgungsmaßnahmen (§§ 3, 8 StrEG) zu versehen. Vor der endgültigen Einstellung sind die Staatsanwaltschaft und ggf. der Nebenkläger zu hören (§ 33 Abs. 2, 3 StPO). Die Entscheidung wird nicht in das BZR eingetragen.

79   Die **Frist** von zwei Jahren **beginnt** mit dem Erlass der Entscheidung über die vorläufige Einstellung, dh mit dem Tag, an dem die Geschäftsstelle die Entscheidung an eine Behörde oder Person außerhalb des Gerichts hinausgibt.[130] Wurde das Verfahren zwar wegen der vom Angeschuldigten angetretenen Drogentherapie vorläufig eingestellt, diese Einstellung aber nicht auf den an sich einschlägigen § 37 Abs. 2, sondern auf eine (analoge) Anwendung des § 205 StPO gestützt, so beginnt nach wohl zutreffender Auffassung des LG Stuttgart[131] die Frist des Abs. 1 S. 5 bereits mit der Einstellung nach § 205 StPO. Sonstige Fälle der Einstellung nach § 205 StPO, insbes. der Regelfall des unbekannten Aufenthalts des Angeschuldigten, können wegen des völlig anderen Regelungsgegenstands dieser Vorschrift die Frist des Abs. 1 S. 5 hingegen nicht in Lauf setzen.[132]

80   Die Frist beträgt stets zwei Jahre, **unabhängig davon, wann der Angeschuldigte die Therapie abschließt.** Das Gericht hat daher selbst dann zwei Jahre zu überwachen, ob ein Fortsetzungsgrund des Abs. 1 S. 3 eintritt, wenn der Angeschuldigte zum Zeitpunkt der vorläufigen Einstellung die Therapie bereits erfolgreich beendet hatte. Die gegenteilige Auffassung des AG Cochem,[133] die vorläufige Einstellung könne hier sogleich mit der Feststellung verbunden werden, dass das Verfahren nicht fortgesetzt werde, findet im Gesetz keine Stütze und wird dem Zweck der Vorschrift nicht gerecht. Die Überwachungsfrist will nämlich durch das Offenhalten des Verfahrens dem Gericht auch die Prüfung auferlegen, ob der Erfolg der Therapie über einen gewissen Zeitraum Bestand hat und der Angeschuldigte auch in Bezug auf seine Legalbewährung die in ihn gesetzten Erwartungen erfüllt.[134] Außerdem soll die analoge Anwendung des Abs. 2 auf Fälle, in denen die Therapie zum Zeitpunkt der gerichtlichen Entscheidung bereits abgeschlossen war, zwar eine ungerechtfertigte Schlechterstellung des Angeschuldigten vermeiden, ihn aber auch nicht besser stellen als denjenigen, der sich noch in Therapie befindet.[135]

III. Klageerzwingungsverfahren, Nebenklage, Kosten (Abs. 3)

81   Abs. 3 verweist hinsichtlich des Klageerzwingungsverfahrens, der Nebenklage und der Kosten des Verfahrens auf die zu § 153a StPO getroffenen Regelungen. Hiernach ist ein **Klageerzwingungsverfahren** nicht zulässig (§ 172 Abs. 2 S. 3 StPO). Der Antragsteller hat somit nur die Möglichkeit der Dienstaufsichtsbeschwerde. Ist **Nebenklage** erhoben und erwägt das Gericht, das Verfahren nach Abs. 2 einzustellen, so muss es zunächst über die Berechtigung zum Anschluss als Nebenkläger entscheiden (§ 396 Abs. 3 StPO). Die Verfahrenskosten fallen gem. § 467 Abs. 1 StPO der Staatskasse zur Last. Notwendige Auslagen

---

[129] Vgl. KK-StPO/*Diemer* StPO § 153a Rn. 61.
[130] So zutreffend *Weber* Rn. 80.
[131] LG Stuttgart 15.7.1996 – 38 Ns 321/94, NStZ-RR 1996, 375.
[132] So auch HJLW Rn. 5; *Weber* Rn. 81.
[133] AG Cochem 5.6.1992 – 103a Js 23 699/91, StV 1992, 482.
[134] HJLW Rn. 5; *Katholnigg* NJW 1995, 1327 (1331).
[135] AG Bremen 11.3.1993 – 83 (74) Ls 505 Js 25 972/91, StV 1993, 319; aA *Malek* Kap. 5 Rn. 161.

des Beschuldigten werden nicht erstattet (§ 467 Abs. 5 StPO). Da Abs. 3 nicht auf § 472 Abs. 2 S. 2 StPO verweist, können die notwendigen Auslagen eines Nebenklägers nicht dem Angeschuldigten auferlegt werden.

§ 38 Jugendliche und Heranwachsende

(1) ¹Bei Verurteilung zu Jugendstrafe gelten die §§ 35 und 36 sinngemäß. ²Neben der Zusage des Jugendlichen nach § 35 Abs. 1 Satz 1 bedarf es auch der Einwilligung des Erziehungsberechtigten und des gesetzlichen Vertreters. ³Im Falle des § 35 Abs. 7 Satz 2 findet § 83 Abs. 2 Nr. 1, Abs. 3 Satz 2 des Jugendgerichtsgesetzes sinngemäß Anwendung. ⁴Abweichend von § 36 Abs. 4 gelten die §§ 22 bis 26a des Jugendgerichtsgesetzes entsprechend. ⁵Für die Entscheidungen nach § 36 Abs. 1 Satz 3 und Abs. 2 sind neben § 454 Abs. 4 der Strafprozeßordnung die §§ 58, 59 Abs. 2 bis 4 und § 60 des Jugendgerichtsgesetzes ergänzend anzuwenden.

(2) § 37 gilt sinngemäß auch für Jugendliche und Heranwachsende.

Übersicht

I. Allgemeines

Die Vorschrift regelt die sinngemäße Geltung der Therapienormen des Siebenten **1** Abschnitts in Verfahren, in denen Jugendstrafrecht zur Anwendung kommt (§§ 1, 105 JGG). Gerade bei Jugendlichen und Heranwachsenden kommt den Regelungen der §§ 35 ff. große Bedeutung zu. Zum einen sind diese Altersgruppen im Drogenbereich stärker gefährdet und relativ häufiger vertreten als Erwachsene. Zum anderen entspricht es dem Erziehungsziel¹ jugendstrafrechtlicher Sanktionen, das allgemeine Strafzwecke wie Schuldausgleich und Generalprävention in den Hintergrund treten lässt, die therapeutischen Chancen der §§ 35 ff. so weit wie möglich zu nutzen, um eine günstige Persönlichkeitsentwicklung des jungen Straftäters zu fördern und ihn zu einem künftig straffreien Leben zu befähigen.

II. Erläuterung

1. Zurückstellung der Strafvollstreckung (Abs. 1). Die Bestimmung ordnet an, dass **2** die §§ 35, 36 bei einer Verurteilung zu Jugendstrafe entsprechend gelten. Damit bestehen grds. auch bei zur Tatzeit minderjährigen Tätern und bei Heranwachsenden (§ 1 Abs. 2 JGG), auf deren Taten nach § 105 Abs. 1 JGG materielles Jugendstrafrecht zur Anwendung kam, die Möglichkeit, die Vollstreckung der Strafe zurückzustellen (§ 35) sowie Therapiezeiten anzurechnen und die (Rest-)Strafe zur Bewährung auszusetzen (§ 36).

a) Zuständigkeit. Die Zuständigkeit für Entscheidungen nach den §§ 35, 36 richtet **3** sich gem. § 2 JGG nach den §§ 82 ff. JGG. Über die Zurückstellung der Strafvollstreckung und den Widerruf der Zurückstellung entscheidet daher nicht die Staatsanwaltschaft, sondern der **Jugendrichter als Vollstreckungsleiter** (§ 82 Abs. 1 S. 1 JGG).² In dieser Funk-

---

¹ Siehe zB *Brunner/Dölling* JGG Einf. II Rn. 4–10.
² Zu Einzelheiten s. *Katholnigg* NJW 1990, 2296.

tion untersteht der Jugendrichter nach hM der Dienstaufsicht des Generalstaatsanwalts (§ 21 Buchst. a StVollstrO)[3] und ist er weisungsgebunden.

4   Von den Aufgaben des Jugendrichters als Vollstreckungsbehörde sind die **Aufgaben des Jugendrichters als Gericht des ersten Rechtszuges** zu unterscheiden. Hierzu gehören die Zustimmung zur Zurückstellung gem. § 35 Abs. 1 S. 1 sowie Entscheidungen nach § 35 Abs. 7 S. 2, § 36 Abs. 1–3 iVm Abs. 5 S. 1. Diese Entscheidungen trifft der Jugendrichter in richterlicher Unabhängigkeit (auch → § 35 Rn. 114).

5   Ist nach Zurückstellung der Strafvollstreckung eine Entscheidungen nach § 35 Abs. 5 oder § 36 Abs. 1–3 zu treffen, kann der als Vollstreckungsleiter zuständige Jugendrichter gem. § 85 Abs. 5 JGG **die Vollstreckung dem Gericht des ersten Rechtszuges übertragen;** denn die §§ 35 ff., die als Sonderbestimmungen den allgemeinen Vorschriften über die Strafvollstreckung vorgehen, räumen bei Entscheidungen nach der Zurückstellung dem Gericht des ersten Rechtszuges gegenüber der Vollstreckungsbehörde den Vorrang ein.[4] Dies gilt selbst dann, wenn aufgrund dessen bei mehreren zu treffenden Aussetzungsentscheidungen entgegen dem Konzentrationsprinzip des § 462a Abs. 4 StPO in einem Verfahren die Strafvollstreckungskammer in einem anderen die Jugendkammer zuständig ist.[5] Die der Aussetzungsentscheidung nachfolgenden Entscheidungen obliegen dann aber wieder dem Vollstreckungsleiter.[6]

6   **b) Sinngemäße Geltung der §§ 35, 36 (S. 1).** Die Bestimmung stellt bezüglich der Anwendung der §§ 35, 36 die Jugendstrafe der Freiheitsstrafe gleich. Entsprechendes gilt für Einheitsjugendstrafe und Gesamtfreiheitsstrafe (→ § 35 Rn. 58–60). Nicht anwendbar sind die §§ 35, 36 auf andere freiheitsentziehende Maßnahmen wie Jugendarrest (§ 16 JGG) oder Heimerziehung (§§ 12 Nr. 2, 71 Abs. 2 JGG).

7   Die Höchstgrenze von zwei Jahren (§ 35 Abs. 1, Abs. 3 Nr. 2) gilt wie alle anderen materiellen Voraussetzungen der Zurückstellung der Strafvollstreckung auch für die Jugendstrafe. Ob die Jugendstrafe wegen schädlicher Neigungen oder wegen Schwere der Schuld verhängt wurde (§ 17 Abs. 2 JGG), spielt für die Entscheidungen nach den §§ 35, 36 keine Rolle. Solange die Vollstreckung (§ 21 JGG) oder die Verhängung (§ 27 JGG) der Jugendstrafe zur Bewährung ausgesetzt ist, kommt eine Zurückstellung der Strafvollstreckung nicht in Betracht (→ § 35 Rn. 25, 26).

8   Nach § 35 Abs. 1 S. 1 kann auch der Vollzug einer **Unterbringung in einer Erziehungsanstalt** nach § 64 StGB zurückgestellt werden, allerdings nur, sofern diese Maßregel **neben einer Jugendstrafe** angeordnet wurde. Hieraus resultiert eine gewisse Spannung zwischen den therapeutischen Zielen des § 35 und dem Gebot des § 5 Abs. 3 JGG. Während die Therapieregelungen des § 35 eine zu vollstreckende Jugendstrafe voraussetzen, soll nach § 5 Abs. 3 JGG von der Verhängung einer Jugendstrafe gerade abgesehen werden, wenn die Unterbringung in einer Entziehungsanstalt die Ahndung entbehrlich macht. Dass der Jugendrichter entgegen § 5 Abs. 3 JGG auf Jugendstrafe erkennt, um die Sachbehandlung nach §§ 35, 36 zu ermöglichen, stellt allerdings keinen geeigneten Ausweg dar.[7] Denn als reine Vollstreckungsregelung darf § 35 die Rechtsfolgenbestimmung im Urteil nicht beeinflussen. Zudem hätte diese Vorgehensweise zur Folge, dass im Falle eines Widerrufs der Zurückstellung eine nach der Wertung des § 5 Abs. 3 JGG nicht gebotene Jugendstrafe zu vollstrecken wäre. Daher ist hinzunehmen, dass eine nach § 5 Abs. 3 JGG gebotene isolierte Anordnung der Maßregel nach § 64 StGB die Möglichkeiten der §§ 35, 36 ausschließt.[8]

---

[3] BVerfG 4.5.1994 – 2 BvL 22/91, NJW 1994, 2750; *Brunner/Dölling* JGG § 83 Rn. 1; *Eisenberg* JGG § 83 Rn. 2; aA Diemer/Schoreit/Sonnen/*Sonnen* JGG § 83 Rn. 2; Ostendorf/*Rose* JGG § 83 Rn. 2 (Weisungsbefugnis des Landgerichtspräsidenten).

[4] BGH 24.8.1983 – 2 ARs 251/83, BGHSt 32, 58 = NJW 1984, 745.

[5] KG 4.6.2013 – 2 WS 224/13, NStZ 2014, 413; anders für das Erwachsenenstrafrecht OLG Braunschweig 11.2.2016 – 1 Ws 21/16.

[6] BGH 28.2.2007 – 2 ARs 48/07, StraFo 2007, 258.

[7] Ebenso *Brunner/Dölling* JGG § 17 Rn. 27d; aA *Meyer* MDR 1982, 177 (178); HJLW Rn. 2; *Körner* Rn. 3.

[8] *Joachimski/Haumer* Rn. 2.

c) Einwilligung des Erziehungsberechtigten (S. 2). Nach § 35 Abs. 1 S. 1 bedarf es   **9**
für die Zurückstellung der Vollstreckung der Jugendstrafe der Zusage des Verurteilten, sich
der Behandlung zu unterziehen. Darüber hinaus[9] ist die Einwilligung des Erziehungsberechtigten und des gesetzlichen Vertreters erforderlich, sofern der Verurteilte zum Zeitpunkt
der Zusage noch minderjährig ist.[10] Wird die Einwilligung grundlos und gegen das Interesse
des Verurteilten versagt, kann sie durch das Familiengericht ersetzt werden (§ 1666 BGB).[11]

d) Zuständigkeit der Jugendkammer für Entscheidungen nach § 35 Abs. 7 S. 2   **10**
(S. 3). Hat der Vollstreckungsleiter (§ 82 Abs. 1 JGG) eine Jugendstrafe zu vollstrecken, auf
die er selbst als Jugendrichter oder das Jugendschöffengericht unter seinem Vorsitz erkannt
hat, ist nach § 83 Abs. 2 Nr. 1 JGG für gerichtliche Entscheidungen über eine vom Vollstre-
ckungsleiter getroffene Anordnung anstelle des Gerichts des ersten Rechtszuges die Jugend-
kammer zuständig. Durch diese Zuständigkeitsverlagerung soll verhindert werden, dass der
Jugendrichter über Einwendungen gegen seine eigenen Entscheidungen zu befinden hat.
Durch die Verweisung auf § 83 Abs. 2 Nr. 1 JGG vermeidet S. 3 dies entsprechend bei
Entscheidungen nach § 35 Abs. 7 S. 2: Über den Widerruf der Zurückstellung hat in solchen
Fällen ebenfalls die Jugendkammer zu entscheiden.[12]

In dem gerichtlichen Verfahren nach § 35 Abs. 7 S. 2 findet ferner § 83 Abs. 3 Satz 2   **11**
JGG sinngemäß Anwendung, welcher wiederum auf § 67 JGG **(Beteiligung des Erzie-**
hungsberechtigten), § 68 JGG **(notwendige Verteidigung)** und § 69 JGG **(Bestellung**
eines Beistands) verweist.

e) Die Ausgestaltung der Strafaussetzung (S. 4). Statt der in § 36 Abs. 4 genannten   **12**
§§ 56a–56g StGB gelten die §§ 22–26a JGG. Die Höchstdauer der Bewährungszeit beträgt
hiernach grundsätzlich drei Jahre mit der Möglichkeit der nachträglichen Verlängerung auf
vier Jahre (§ 22 JGG). Der Richter soll für die Dauer der Bewährungszeit die Lebensführung
des Jugendlichen durch Weisungen erzieherisch beeinflussen (§ 23 Abs. 1 S. 1 JGG). Ferner
kann er dem Jugendlichen Auflagen erteilen (§ 23 Abs. 1 S. 2 JGG). Bei Verstößen gegen
Bewährungsweisungen oder –auflagen kann Jugendarrest verhängt werden (§§ 23 Abs. 1 S. 4,
15 Abs. 2 S. 2, 11 Abs. 3 JGG). Der Verurteilte ist obligatorisch der Aufsicht und Leitung
eines Bewährungshelfers zu unterstellen (§§ 24, 25 JGG). Der Widerruf der Strafaussetzung
richtet sich nach § 26 JGG; den Erlass der Strafe regelt § 26a JGG.

f) Verfahren bei der Strafaussetzung (S. 5). Bei einer Strafaussetzung nach § 36   **13**
Abs. 1 S. 3 oder § 36 Abs. 2 finden ergänzend zu § 454 Abs. 4 StPO die §§ 58, 59 Abs. 2–
4, 60 JGG Anwendung. Diese betreffen das Verfahren bei weiteren Entscheidungen, die
infolge der Strafaussetzung erforderlich werden (§ 58 JGG), und regeln ua die Pflicht zur
Anhörung des Probanden im Falle des drohenden Widerrufs der Strafaussetzung oder der
Anordnung von Jugendarrest (§ 58 Abs. 1 S. 3 JGG), ferner die Anfechtbarkeit von Entschei-
dungen (§ 59 JGG) sowie die Erstellung eines Bewährungsplans und die diesbezügliche
Belehrung des Jugendlichen bzw. Heranwachsenden (§ 60 JGG).

2. Absehen von der Anklageerhebung (Abs. 2). Die Vorschrift stellt klar, dass die   **14**
Einstellungsmöglichkeiten des § 37 auch im Jugendstrafverfahren eröffnet sind. Das jugendstrafrechtliche Instrumentarium der Diversion wird durch § 37 nicht verdrängt, sondern
ergänzt.[13] Die Auffassung, § 37 gehe als Spezialregelung den **§§ 45, 47 JGG** vor,[14] würde
zu einer nicht gebotenen und – insbes. bei Taten mit geringer Schuld – auch nicht sachdienlichen Einengung der jugendstrafrechtlichen Reaktionsmöglichkeiten führen und ist daher

---

[9] Dagegen kann nach dem eindeutigen Wortlaut der Bestimmung die Zusage des jugendlichen Verurteilten
nicht durch die Einwilligung der Erziehungsberechtigten oder des gesetzlichen Vertreters ersetzt werden; aA
Eberth/Müller, 1982, Rn. 14.
[10] *Weber* Rn. 6.
[11] *Brunner/Dölling* JGG § 17 Rn. 27c; *Eisenberg* JGG § 82 Rn. 5c.
[12] Vgl. auch OLG München 16.4.1993 – 3 VAs 8/93, NStZ 1993, 455.
[13] So zutreffend *Weber* Rn. 10.
[14] So *Eberth/Müller*, 1982, Rn. 19; HJLW Rn. 3.

abzulehnen. So besteht etwa in Fällen, in denen aufgrund bereits durchgeführter oder eingeleiteter erzieherischer Maßnahmen (wozu auch therapeutische Maßnahmen gehören können) eine strafrechtliche Ahndung gem. § 45 Abs. 2 JGG entbehrlich erscheint, in aller Regel kein Anlass, das langwierige und aufwändige Verfahren nach § 37 durchzuführen. Dies gilt umso mehr als bei Straftaten im Bagatellbereich, den typischen Anwendungsfällen der §§ 45, 47 JGG, die Straferwartung nicht so erheblich sein wird, als dass sie wesentlich zur Therapiemotivation des Beschuldigten beitragen könnte.[15]

15   Wie im allgemeinen Strafrecht kommt auch im Jugendstrafverfahren eine Sachbehandlung nach § 37 Abs. 1 nur nach Ausermittlung aller für den Tat- und Schuldvorwurf maßgeblichen Umstände in Betracht. Die Ansicht, Feststellungen zur strafrechtlichen Verantwortlichkeit eines Jugendlichen gem. § 3 JGG seien entbehrlich, überzeugt nicht.[16] Bei einer Tat, die dem Jugendlichen nach § 3 JGG nicht angelastet werden kann, sind jegliche strafrechtliche Maßnahmen und damit auch ein Vorgehen nach § 37 unzulässig.

---

[15] Ebenso KPV/*Volkmer* Rn. 7.
[16] So aber *Eberth/Müller*, 1982, Rn. 18.

Achter Abschnitt. Übergangs- und Schlußvorschriften

§ 39 Übergangsregelung

[1]Einrichtungen, in deren Räumlichkeiten der Verbrauch von mitgeführten, ärztlich nicht verschriebenen Betäubungsmitteln vor dem 1. Januar 1999 geduldet wurde, dürfen ohne eine Erlaubnis der zuständigen obersten Landesbehörde nur weiterbetrieben werden, wenn spätestens 24 Monate nach dem Inkrafttreten der Dritten BtMG-Änderungsgesetzes vom 28. März 2000 (BGBl. I S. 302) eine Rechtsverordnung nach § 10a Abs. 2 erlassen und ein Antrag auf Erlaubnis nach § 10a Abs. 1 gestellt wird. [2]Bis zur unanfechtbaren Entscheidung über einen Antrag können diese Einrichtungen nur weiterbetrieben werden, soweit die Anforderungen nach § 10a Abs. 2 oder einer nach dieser Vorschrift erlassenen Rechtsverordnung erfüllt werden. [3]§ 29 Abs. 1 Satz 1 Nr. 10 und 11 gilt auch für Einrichtungen nach Satz 1.

Siehe die Kommentierung in der 1. Auflage.   1

§ 39a Übergangsregelung aus Anlass des Gesetzes zur Änderung arzneimittelrechtlicher und anderer Vorschriften

Für eine Person, die die Sachkenntnis nach § 5 Absatz 1 Nummer 2 nicht hat, aber am 22. Juli 2009 die Voraussetzungen nach § 141 Absatz 3 des Arzneimittelgesetzes erfüllt, gilt der Nachweis der erforderlichen Sachkenntnis nach § 6 Absatz 1 Nummer 1 als erbracht.

§§ 40, 40a (gegenstandslos)

§ 41 (weggefallen)

Anlagen
(Die Anlagen sind oben als Anlagen zu § 1 abgedruckt)

IV. Verordnung über das Verschreiben, die Abgabe und den Nachweis des Verbleibs von Betäubungsmitteln (Betäubungsmittel-Verschreibungsverordnung – BtMVV)[1]

Vom 20.1.1998, BGBl. I S. 74

Zuletzt geändert durch Art. 2 31. BtMÄndV vom 22.5.2017, BGBl. I S. 1275

FNA 2121-6-24-4

§ 1 Grundsätze

(1) [1]Die in Anlage III des Betäubungsmittelgesetzes bezeichneten Betäubungsmittel dürfen nur als Zubereitungen, Cannabis auch in Form von getrockneten Blüten verschrieben werden. [2]Die Vorschriften dieser Verordnung gelten auch für Salze und Molekülverbindungen der Betäubungsmittel, die nach den Erkenntnissen der medizinischen Wissenschaft ärztlich, zahnärztlich oder tierärztlich angewendet werden. [3]Sofern im Einzelfall nichts anderes bestimmt ist, gilt die für ein Betäubungsmittel festgesetzte Höchstmenge auch für dessen Salze und Molekülverbindungen.

(2) Betäubungsmittel für einen Patienten oder ein Tier und für den Praxisbedarf eines Arztes, Zahnarztes oder Tierarztes dürfen nur nach Vorlage eines ausgefertigten Betäubungsmittelrezeptes (Verschreibung), für den Stationsbedarf, den Notfallbedarf nach § 5d und den Rettungsdienstbedarf nach § 6 Absatz 1 nur nach Vorlage eines ausgefertigten Betäubungsmittelanforderungsscheines (Verschreibung für den Stationsbedarf, den Notfallbedarf und den Rettungsdienstbedarf), abgegeben werden.

(3) Der Verbleib und der Bestand der Betäubungsmittel sind lückenlos nachzuweisen:
1. in Apotheken und tierärztlichen Hausapotheken,
2. in Praxen der Ärzte, Zahnärzte und Tierärzte,
3. auf Stationen der Krankenhäuser und der Tierkliniken,
4. in Alten- und Pflegeheimen sowie in Hospizen,
5. in Einrichtungen der Rettungsdienste,
6. in Einrichtungen nach § 5 Absatz 9b sowie
7. auf Kauffahrteischiffen, die die Bundesflagge führen.

§ 2 Verschreiben durch einen Arzt

(1) Für einen Patienten darf der Arzt innerhalb von 30 Tagen verschreiben:
a) bis zu zwei der folgenden Betäubungsmittel unter Einhaltung der nachstehend festgesetzten Höchstmengen:

1.	Amfetamin	600 mg,
2.	Buprenorphin	800 mg,
2a.	Cannabis in Form von getrockneten Blüten	100 000 mg,
2b.	Cannabisextrakt (bezogen auf den Δ^9-Tetrahydrocannabinol-Gehalt)	1 000 mg,
3.	Codein als Substitutionsmittel	40 000 mg,
3a.	Dexamfetamin	600 mg,
3b.	Diamorphin	30 000 mg,
4.	Dihydrocodein als Substitutionsmittel	40 000 mg,

5.	Dronabinol	500 mg,
6.	Fenetyllin	2 500 mg,
7.	Fentanyl	500 mg,
7a.	Flunitrazepam	30 mg,
8.	Hydrocodon	1 200 mg,
9.	Hydromorphon	5 000 mg,
10.	[aufgehoben]	
11.	Levomethadon	1 800 mg,
11a.	Lisdexamfetamindimesilat	2 100 mg,
12.	Methadon	3 600 mg,
13.	Methylphenidat	2 400 mg,
14.	[aufgehoben]	
15.	Morphin	24 000 mg,
16.	Opium, eingestelltes	4 000 mg,
17.	Opiumextrakt	2 000 mg,
18.	Opiumtinktur	40 000 mg,
19.	Oxycodon	15 000 mg,
20.	Pentazocin	15 000 mg,
21.	Pethidin	10 000 mg,
22.	[aufgehoben]	
23.	Piritramid	6 000 mg,
23a.	Tapentadol	18 000 mg,
24.	Tilidin	18 000 mg

oder

b) eines der weiteren in Anlage III des Betäubungsmittelgesetzes bezeichneten Betäubungsmittel außer Alfentanil, Cocain, Etorphin, Remifentanil und Sufentanil.

(2) [1]In begründeten Einzelfällen und unter Wahrung der erforderlichen Sicherheit des Betäubungsmittelverkehrs darf der Arzt für einen Patienten, der in seiner Dauerbehandlung steht, von den Vorschriften des Absatzes 1 hinsichtlich
1. der Zahl der verschriebenen Betäubungsmittel und
2. der festgesetzten Höchstmengen
abweichen. [2]Eine solche Verschreibung ist mit dem Buchstaben „A" zu kennzeichnen.

(3) [1]Für seinen Praxisbedarf darf der Arzt die in Absatz 1 aufgeführten Betäubungsmittel sowie Alfentanil, Cocain bei Eingriffen am Kopf als Lösung bis zu einem Gehalt von 20 vom Hundert oder als Salbe bis zu einem Gehalt von 2 vom Hundert, Remifentanil und Sufentanil bis zur Menge seines durchschnittlichen Zweiwochenbedarfs, mindestens jedoch die kleinste Packungseinheit, verschreiben. [2]Die Vorratshaltung soll für jedes Betäubungsmittel den Monatsbedarf des Arztes nicht überschreiten. [3]Diamorphin darf der Arzt bis zur Menge seines durchschnittlichen Monatsbedarfs verschreiben. [4]Die Vorratshaltung soll für Diamorphin den durchschnittlichen Zweimonatsbedarf des Arztes nicht überschreiten.

(4) [1]Für den Stationsbedarf darf nur der Arzt verschreiben, der ein Krankenhaus oder eine Teileinheit eines Krankenhauses leitet oder in Abwesenheit des Leiters beaufsichtigt. [2]Er darf die in Absatz 3 bezeichneten Betäubungsmittel unter Beachtung der dort festgelegten Beschränkungen über Bestimmungszweck, Gehalt und Darreichungsform verschreiben. [3]Dies gilt auch für einen Belegarzt, wenn die ihm zugeteilten Betten räumlich und organisatorisch von anderen Teileinheiten abgegrenzt sind.

§ 3 Verschreiben durch einen Zahnarzt

(1) Für einen Patienten darf der Zahnarzt innerhalb von 30 Tagen verschreiben:
a) eines der folgenden Betäubungsmittel unter Einhaltung der nachstehend festgesetzten Höchstmengen:

1.	Buprenorphin	40 mg,
2.	Hydrocodon	300 mg,
3.	Hydromorphon	1 200 mg,
4.	Levomethadon	200 mg,
5.	Morphin	5 000 mg,
6.	Oxycodon	4 000 mg,
7.	Pentazocin	4 000 mg,
8.	Pethidin	2 500 mg,
9.	Piritramid	1 500 mg,
9a.	Tapentadol	4 500 mg,
10.	Tilidin	4 500 mg

oder
b) eines der weiteren in Anlage III des Betäubungsmittelgesetzes bezeichneten Betäubungsmittel außer Alfentanil, Amfetamin, Cannabis, Cocain, Diamorphin, Dronabinol, Etorphin, Fenetyllin, Fentanyl, Levacetylmethadol, Methadon, Methylphenidat, Nabilon, Normethadon, Opium, Papaver somniferum, Pentobarbital, Remifentanil, Secobarbital und Sufentanil.

(2) ¹Für seinen Praxisbedarf darf der Zahnarzt die in Absatz 1 aufgeführten Betäubungsmittel sowie Alfentanil, Fentanyl, Remifentanil und Sufentanil bis zur Menge seines durchschnittlichen Zweiwochenbedarfs, mindestens jedoch die kleinste Packungseinheit, verschreiben. ²Die Vorratshaltung soll für jedes Betäubungsmittel den Monatsbedarf des Zahnarztes nicht übersteigen.

(3) ¹Für den Stationsbedarf darf nur der Zahnarzt verschreiben, der ein Krankenhaus oder eine Teileinheit eines Krankenhauses leitet oder in Abwesenheit des Leiters beaufsichtigt. ²Er darf die in Absatz 2 bezeichneten Betäubungsmittel unter Beachtung der dort festgelegten Beschränkungen über Bestimmungszweck, Gehalt und Darreichungsform verschreiben. ³Dies gilt auch für einen Belegzahnarzt, wenn die ihm zugeteilten Betten räumlich und organisatorisch von anderen Teileinheiten abgegrenzt sind.

§ 4 Verschreiben durch einen Tierarzt

(1) Für ein Tier darf der Tierarzt innerhalb von 30 Tagen verschreiben:
a) eines der folgenden Betäubungsmittel unter Einhaltung der nachstehend festgesetzten Höchstmengen:

1.	Amfetamin	600 mg,
2.	Buprenorphin	150 mg,
3.	Hydrocodon	1 200 mg,
4.	Hydromorphon	5 000 mg,
5.	Levomethadon	750 mg,
6.	Morphin	20 000 mg,
7.	Opium, eingestelltes	12 000 mg,
8.	Opiumextrakt	6 000 mg,
9.	Opiumtinktur	120 000 mg,
10.	Pentazocin	15 000 mg,
11.	Pethidin	10 000 mg,
12.	Piritramid	6 000 mg,
13.	Tilidin	18 000 mg

oder

b) eines der weiteren in Anlage III des Betäubungsmittelgesetzes bezeichneten Betäubungsmittel außer Alfentanil, Cannabis, Cocain, Diamorphin, Dronabinol, Etorphin, Fenetyllin, Fentanyl, Levacetylmethadol, Methadon, Methylphenidat, Nabilon, Oxycodon, Papaver somniferum, Pentobarbital, Remifentanil, Secobarbital und Sufentanil.

(2) [1]In begründeten Einzelfällen und unter Wahrung der erforderlichen Sicherheit des Betäubungsmittelverkehrs darf der Tierarzt in einem besonders schweren Krankheitsfall von den Vorschriften des Absatzes 1 hinsichtlich
1. der Zahl der verschriebenen Betäubungsmittel und
2. der festgesetzten Höchstmengen
abweichen. [2]Eine solche Verschreibung ist mit dem Buchstaben „A" zu kennzeichnen.

(3) [1]Für seinen Praxisbedarf darf der Tierarzt die in Absatz 1 aufgeführten Betäubungsmittel sowie Alfentanil, Cocain zur Lokalanästhesie bei Eingriffen am Kopf als Lösung bis zu einem Gehalt von 20 vom Hundert oder als Salbe bis zu einem Gehalt von 2 vom Hundert, Etorphin nur zur Immobilisierung von Tieren, die im Zoo, im Zirkus oder in Wildgehegen gehalten werden, durch eigenhändige oder in Gegenwart des Verschreibenden erfolgende Verabreichung, Fentanyl, Methadon, Pentobarbital, Remifentanil und Sufentanil bis zur Menge seines durchschnittlichen Zweiwochenbedarfs, mindestens jedoch die kleinste Packungseinheit, verschreiben. [2]Die Vorratshaltung soll für jedes Betäubungsmittel den Monatsbedarf des Tierarztes nicht übersteigen.

(4) [1]Für den Stationsbedarf darf nur der Tierarzt verschreiben, der eine Tierklinik oder eine Teileinheit einer Tierklinik leitet oder in Abwesenheit des Leiters beaufsichtigt. [2]Er darf die in Absatz 3 bezeichneten Betäubungsmittel, ausgenommen Etorphin, unter Beachtung der dort festgelegten Beschränkungen über Bestimmungszweck, Gehalt und Darreichungsform verschreiben.

§ 5 Substitution, Verschreiben von Substitutionsmitteln

(1) [1]Substitution im Sinne dieser Verordnung ist die Anwendung eines Substitutionsmittels. [2]Substitutionsmittel im Sinne dieser Verordnung sind ärztlich verschriebene Betäubungsmittel, die bei einem opioidabhängigen Patienten im Rahmen eines Therapiekonzeptes zur medizinischen Behandlung einer Abhängigkeit, die durch den Missbrauch von erlaubt erworbenen oder durch den Missbrauch von unerlaubt erworbenen oder erlangten Opioiden begründet ist, angewendet werden.

(2) [1]Im Rahmen der ärztlichen Therapie soll eine Opioidabstinenz des Patienten angestrebt werden. [2]Wesentliche Ziele der Substitution sind dabei insbesondere
1. die Sicherstellung des Überlebens,
2. die Besserung und Stabilisierung des Gesundheitszustandes,
3. die Abstinenz von unerlaubt erworbenen oder erlangten Opioiden,
4. die Unterstützung der Behandlung von Begleiterkrankungen oder
5. die Verringerung der durch die Opioidabhängigkeit bedingten Risiken während einer Schwangerschaft sowie während und nach der Geburt.

(3) [1]Ein Arzt darf einem Patienten Substitutionsmittel unter den Voraussetzungen des § 13 Absatz 1 des Betäubungsmittelgesetzes verschreiben, wenn er die Mindestanforderungen an eine suchtmedizinische Qualifikation erfüllt, die von den Ärztekammern nach dem allgemein anerkannten Stand der medizinischen Wissenschaft festgelegt werden (suchtmedizinisch qualifizierter Arzt). [2]Zudem muss er die Meldeverpflichtungen nach § 5b Absatz 2 erfüllen.

(4) [1]Erfüllt der Arzt nicht die Mindestanforderungen an eine suchtmedizinische Qualifikation nach Absatz 3 Satz 1 (suchtmedizinisch nicht qualifizierter Arzt), muss er zusätzlich zu der Voraussetzung nach Absatz 3 Satz 2

1. sich zu Beginn der Behandlung mit einem suchtmedizinisch qualifizierten Arzt abstimmen sowie

2. sicherstellen, dass sich sein Patient zu Beginn der Behandlung und mindestens einmal in jedem Quartal dem suchtmedizinisch qualifizierten Arzt nach Nummer 1 im Rahmen einer Konsiliarbehandlung vorstellt.

[2]Ein suchtmedizinisch nicht qualifizierter Arzt darf gleichzeitig höchstens zehn Patienten mit Substitutionsmitteln behandeln. [3]Er darf keine Behandlung nach § 5a durchführen.

(5) [1]Im Vertretungsfall soll der substituierende Arzt von einem suchtmedizinisch qualifizierten Arzt vertreten werden. [2]Gelingt es dem substituierenden Arzt nicht, einen Vertreter nach Satz 1 zu bestellen, so kann er von einem suchtmedizinisch nicht qualifizierten Arzt vertreten werden. [3]In diesem Fall darf die Vertretung einen zusammenhängenden Zeitraum von bis zu vier Wochen und höchstens insgesamt zwölf Wochen im Jahr umfassen. [4]Der Vertreter hat sich mit dem zu vertretenden Arzt grundsätzlich vor Beginn des Vertretungsfalles abzustimmen. [5]Notfallentscheidungen bleiben in allen Vertretungsfällen unberührt. [6]Der Vertreter fügt den Schriftwechsel sowie die sonstigen Aufzeichnungen zwischen den an der Vertretung beteiligten Ärzten der Dokumentation nach Absatz 11 bei. [7]Der Vertreter nach Satz 2 darf im Rahmen seiner Vertretung keine Behandlung nach § 5a durchführen.

(6) [1]Als Substitutionsmittel im Sinne von Absatz 1 darf der substituierende Arzt nur Folgendes verschreiben:

1. ein zur Substitution zugelassenes Arzneimittel, das nicht den Stoff Diamorphin enthält,

2. eine Zubereitung von Levomethadon, von Methadon oder von Buprenorphin oder

3. in begründeten Ausnahmefällen eine Zubereitung von Codein oder Dihydrocodein.

[2]Die in Satz 1 genannten Substitutionsmittel dürfen nicht zur intravenösen Anwendung bestimmt sein. [3]Die Verschreibung eines in Satz 1 genannten Substitutionsmittels ist mit dem Buchstaben „S" zu kennzeichnen. [4]Für die zur Substitution zugelassenen Arzneimittel mit dem Stoff Diamorphin gilt § 5a.

(7) [1]Dem Patienten ist das vom Arzt verschriebene Substitutionsmittel zum unmittelbaren Verbrauch von den in Absatz 10 Satz 1 und 2 bezeichneten Personen oder dem dort bezeichneten Personal in den in Absatz 10 Satz 1 und 2 genannten Einrichtungen zu überlassen. [2]Im Fall des Verschreibens von Codein oder Dihydrocodein kann dem Patienten nach der Überlassung jeweils einer Dosis zum unmittelbaren Verbrauch die für einen Tag zusätzlich benötigte Menge des Substitutionsmittels in abgeteilten Einzeldosen ausgehändigt und ihm die eigenverantwortliche Einnahme gestattet werden, sofern dem Arzt keine Anhaltspunkte für eine nicht bestimmungsgemäße Einnahme des Substitutionsmittels vorliegen.

(8) [1]Abweichend von Absatz 7 Satz 1 darf der substituierende Arzt dem Patienten das Substitutionsmittel zur eigenverantwortlichen Einnahme gemäß gemäß den Feststellungen der Bundesärztekammer nach Absatz 12 Satz 1 Nummer 3 Buchstabe b ausnahmsweise dann verschreiben, wenn

1. die Kontinuität der Substitutionsbehandlung des Patienten nicht anderweitig gewährleistet werden kann,

2. der Verlauf der Behandlung dies zulässt,

3. Risiken der Selbst- oder Fremdgefährdung so weit wie möglich ausgeschlossen sind und
4. die Sicherheit und Kontrolle des Betäubungsmittelverkehrs nicht beeinträchtigt werden.

[2]In diesem Fall darf das Substitutionsmittel nur in folgenden Mengen verschrieben werden:

1. in der für bis zu zwei aufeinanderfolgende Tage benötigten Menge oder
2. in der Menge, die benötigt wird für die Wochenendtage Samstag und Sonntag und für dem Wochenende vorangehende oder folgende Feiertage, auch einschließlich eines dazwischen liegenden Werktages, höchstens jedoch in der für fünf Tage benötigten Menge.

[3]Der substituierende Arzt darf dem Patienten innerhalb einer Kalenderwoche nicht mehr als eine Verschreibung aushändigen. [4]Er darf die Verschreibung nur im Rahmen einer persönlichen Konsultation aushändigen. [5]Die Verschreibung ist nach dem Buchstaben „S" zusätzlich mit dem Buchstaben „Z" zu kennzeichnen.

(9) [1]Sobald und solange der substituierende Arzt zu dem Ergebnis kommt, dass eine Überlassung des Substitutionsmittels zum unmittelbaren Verbrauch nach Absatz 7 nicht mehr erforderlich ist, darf er dem Patienten Substitutionsmittel zur eigenverantwortlichen Einnahme gemäß den Feststellungen der Bundesärztekammer nach Absatz 12 Satz 1 Nummer 3 Buchstabe b in folgenden Mengen verschreiben:

1. grundsätzlich in der für bis zu sieben Tage benötigten Menge oder
2. in begründeten Einzelfällen in der für bis zu 30 Tage benötigten Menge.

[2]Ein Einzelfall nach Satz 1 Nummer 2 kann durch einen medizinischen oder einen anderen Sachverhalt begründet sein. [3]Ein durch einen anderen Sachverhalt begründeter Einzelfall liegt vor, wenn der Patient aus wichtigen Gründen, die seine Teilhabe am gesellschaftlichen Leben oder seine Erwerbstätigkeit betreffen, darauf angewiesen ist, eine Verschreibung des Substitutionsmittels zur eigenverantwortlichen Einnahme für bis zu 30 Tage zu erhalten. [4]Der Patient hat dem Substitutionsarzt diese Sachverhalte glaubhaft zu machen. [5]Medizinische Sachverhalte, die einen Einzelfall begründen, werden im Rahmen von Absatz 12 Satz 1 Nummer 3 Buchstabe b durch die Bundesärztekammer festgestellt. [6]Der substituierende Arzt darf die Verschreibung nach Satz 1 Nummer 1 und 2 nur im Rahmen einer persönlichen Konsultation an den Patienten aushändigen. [7]Die Verschreibung ist nach dem Buchstaben „S" zusätzlich mit dem Buchstaben „T" zu kennzeichnen. [8]Der substituierende Arzt kann patientenindividuelle Zeitpunkte festlegen, an denen Teilmengen des verschriebenen Substitutionsmittels in der Apotheke an den Patienten oder an die Praxis des substituierenden Arztes abgegeben oder zum unmittelbaren Verbrauch überlassen werden sollen.

(10) [1]Substitutionsmittel nach Absatz 6 Satz 1 dürfen dem Patienten zum unmittelbaren Verbrauch nur überlassen werden von
1. dem substituierenden Arzt in der Einrichtung, in der er ärztlich tätig ist,
2. dem vom substituierenden Arzt in der Einrichtung nach Nummer 1 eingesetzten medizinischen Personal oder
3. dem medizinischen, pharmazeutischen oder pflegerischen Personal in
   a) einer stationären Einrichtung der medizinischen Rehabilitation,
   b) einem Gesundheitsamt,
   c) einem Alten- oder Pflegeheim,
   d) einem Hospiz oder
   e) einer anderen geeigneten Einrichtung, die zu diesem Zweck von der zuständigen Landesbehörde anerkannt sein muss,
   sofern der substituierende Arzt nicht selber in der jeweiligen Einrichtung tätig ist und er mit der jeweiligen Einrichtung eine Vereinbarung getroffen hat.

²Außerdem darf ein Substitutionsmittel nach Absatz 6 Satz 1 dem Patienten zum unmittelbaren Verbrauch überlassen werden

1. bei einem Hausbesuch
   a) vom substituierenden Arzt oder dem von ihm eingesetzten medizinischen Personal oder
   b) vom medizinischen oder pflegerischen Personal, das von einem ambulanten Pflegedienst oder von einer Einrichtung der spezialisierten ambulanten Palliativversorgung eingesetzt wird, sofern der substituierende Arzt für diesen Pflegedienst oder diese Einrichtung nicht selber tätig ist und er mit diesem Pflegedienst oder dieser Einrichtung eine Vereinbarung getroffen hat,
2. in einer Apotheke von dem Apotheker oder von dem dort eingesetzten pharmazeutischen Personal, sofern der substituierende Arzt mit dem Apotheker eine Vereinbarung getroffen hat,
3. in einem Krankenhaus von dem dort eingesetzten medizinischen oder pflegerischen Personal, sofern der substituierende Arzt für dieses Krankenhaus nicht selber tätig ist und er mit dem Krankenhaus eine Vereinbarung getroffen hat, oder
4. in einer staatlich anerkannten Einrichtung der Suchtkrankenhilfe von dem dort eingesetzten und dafür ausgebildeten Personal, sofern der substituierende Arzt für diese Einrichtung nicht selber tätig ist und er mit der Einrichtung eine Vereinbarung getroffen hat.

³Der substituierende Arzt hat sicherzustellen, dass das Personal nach den Sätzen 1 und 2 fachgerecht in das Überlassen des Substitutionsmittels zum unmittelbaren Verbrauch eingewiesen wird. ⁴Die Vereinbarung nach den Sätzen 1 und 2 hat schriftlich oder elektronisch zu erfolgen und muss bestimmen, wie das eingesetzte Personal einer Einrichtung nach den Sätzen 1 und 2 fachlich eingewiesen wird und muss daneben mindestens eine verantwortliche Person in der jeweiligen Einrichtung benennen sowie Regelungen über die Kontrollmöglichkeiten durch den substituierenden Arzt enthalten. ⁵Der substituierende Arzt darf die benötigten Substitutionsmittel in den in den Sätzen 1 und 2 genannten Einrichtungen unter seiner Verantwortung lagern. ⁶Die Einwilligung des über die jeweiligen Räumlichkeiten Verfügungsberechtigten bleibt unberührt.

(11) ¹Der substituierende Arzt hat die Erfüllung seiner Verpflichtungen nach den Absätzen 1 bis 10 sowie nach § 5a Absatz 1 bis 4 und § 5h Absatz 2 und 4 gemäß den von der Bundesärztekammer nach Absatz 12 Satz 3 bestimmten Anforderungen zu dokumentieren. ²Die Dokumentation ist auf Verlangen der zuständigen Landesbehörde zur Einsicht und Auswertung vorzulegen oder einzusenden.

(12) ¹Die Bundesärztekammer stellt den allgemein anerkannten Stand der Erkenntnisse der medizinischen Wissenschaft für die Substitution in einer Richtlinie fest, insbesondere für

1. die Ziele der Substitution nach Absatz 2,
2. die allgemeinen Voraussetzungen für die Einleitung und Fortführung einer Substitution nach Absatz 1 Satz 1,
3. die Erstellung eines Therapiekonzeptes nach Absatz 1 Satz 2, insbesondere
   a) die Auswahl des Substitutionsmittels nach Absatz 1 Satz 2 und Absatz 6,
   b) die Voraussetzungen für das Verschreiben des Substitutionsmittels zur eigenverantwortlichen Einnahme nach den Absätzen 8 und 9,
   c) die Entscheidung über die Erforderlichkeit einer Einbeziehung psychosozialer Betreuungsmaßnahmen sowie
   d) die Bewertung und Kontrolle des Therapieverlaufs.

²Daneben kann die Bundesärztekammer nach dem allgemein anerkannten Stand der Erkenntnisse der medizinischen Wissenschaft weitere als die in Absatz 2 Satz 2 bezeichneten wesentliche Ziele der Substitution in dieser Richtlinie feststellen. ³Sie

bestimmt auch die Anforderungen an die Dokumentation der Substitution nach Absatz 11 Satz 1 in dieser Richtlinie. [4]Die Einhaltung des allgemein anerkannten Standes der Erkenntnisse der medizinischen Wissenschaft wird vermutet, wenn und soweit die Feststellungen nach den Sätzen 1 und 2 beachtet worden sind.

(13) [1]Vor der Entscheidung der Bundesärztekammer über die Richtlinie nach Absatz 12 Satz 1 bis 3 ist dem Gemeinsamen Bundesausschuss nach § 91 des Fünften Buches Sozialgesetzbuch Gelegenheit zur Stellungnahme zu dem allgemein anerkannten Stand der Erkenntnisse der medizinischen Wissenschaft für die Substitution zu geben. [2]Die Stellungnahme ist von der Bundesärztekammer in ihre Entscheidung über die Richtlinie nach Absatz 12 Satz 1 bis 3 einzubeziehen.

(14) [1]Die Bundesärztekammer hat dem Bundesministerium für Gesundheit die Richtlinie nach Absatz 12 Satz 1 bis 3 zur Genehmigung vorzulegen. [2]Änderungen der vom Bundesministerium für Gesundheit genehmigten Richtlinie sind dem Bundesministerium für Gesundheit von der Bundesärztekammer ebenfalls zur Genehmigung vorzulegen. [3]Das Bundesministerium für Gesundheit kann von der Bundesärztekammer im Rahmen des Genehmigungsverfahrens zusätzliche Informationen und ergänzende Stellungnahmen anfordern. [4]Das Bundesministerium für Gesundheit macht die genehmigte Richtlinie und genehmigte Änderungen der Richtlinie im Bundesanzeiger bekannt.

(15) Die Absätze 3 bis 11 sind entsprechend anzuwenden, wenn das Substitutionsmittel aus dem Bestand des Praxis- oder Stationsbedarfs zum unmittelbaren Verbrauch überlassen oder nach Absatz 7 Satz 2 ausgehändigt wird.

§ 5a Verschreiben von Substitutionsmitteln mit dem Stoff Diamorphin

(1) [1]Zur Behandlung einer schweren Opioidabhängigkeit können zur Substitution zugelassene Arzneimittel mit dem Stoff Diamorphin verschrieben werden. [2]Der substituierende Arzt darf diese Arzneimittel nur verschreiben, wenn
1. er ein suchtmedizinisch qualifizierter Arzt ist und sich seine suchtmedizinische Qualifikation auf die Behandlung mit Diamorphin erstreckt oder er im Rahmen des Modellprojektes „Heroingestützte Behandlung Opiatabhängiger" mindestens sechs Monate ärztlich tätig war,
2. bei dem Patienten eine seit mindestens fünf Jahren bestehende Opioidabhängigkeit verbunden mit schwerwiegenden somatischen und psychischen Störungen bei derzeit überwiegend intravenösem Konsum vorliegt,
3. ein Nachweis über zwei erfolglos beendete Behandlungen der Opioidabhängigkeit vorliegt, von denen mindestens eine eine sechsmonatige Behandlung nach § 5 sein muss, und
4. der Patient das 23. Lebensjahr vollendet hat.
[3]§ 5 Absatz 1, 2, 3 Satz 2, Absatz 6 Satz 3 und Absatz 12 gilt entsprechend. [4]Die Verschreibung darf der Arzt nur einem pharmazeutischen Unternehmer vorlegen.

(2) [1]Die Behandlung mit Diamorphin darf nur in Einrichtungen durchgeführt werden, denen eine Erlaubnis durch die zuständige Landesbehörde erteilt wurde. [2]Die Erlaubnis wird erteilt, wenn
1. nachgewiesen wird, dass die Einrichtung in das örtliche Suchthilfesystem eingebunden ist,
2. gewährleistet ist, dass die Einrichtung über eine zweckdienliche personelle und sachliche Ausstattung verfügt und
3. eine sachkundige Person benannt worden ist, die für die Einhaltung der in Nummer 2 genannten Anforderungen, der Auflagen der Erlaubnisbehörde sowie der Anordnungen der Überwachungsbehörde verantwortlich ist (Verantwortlicher).

(3) [1]Diamorphin darf nur innerhalb der Einrichtung nach Absatz 2 verschrieben, verabreicht oder unter Aufsicht des substituierenden Arztes oder des sachkundigen Personals nach Absatz 2 Satz 2 Nummer 2 zum unmittelbaren Verbrauch überlassen werden. [2]In den ersten sechs Monaten der Behandlung müssen Maßnahmen der psychosozialen Betreuung stattfinden.

(4) [1]Die Behandlung mit Diamorphin ist nach jeweils spätestens zwei Jahren Behandlungsdauer daraufhin zu überprüfen, ob die Voraussetzungen für die Behandlung noch gegeben sind und ob die Behandlung fortzusetzen ist. [2]Die Überprüfung erfolgt, indem eine Zweitmeinung eines suchtmedizinisch qualifizierten Arztes, der nicht der Einrichtung angehört, eingeholt wird. [3]Ergibt diese Überprüfung, dass die Voraussetzungen für die Behandlung nicht mehr gegeben sind, ist die diamorphingestützte Behandlung zu beenden.

(5) Die Absätze 1 bis 4 und § 5 Absatz 11 sind entsprechend anzuwenden, wenn Diamorphin aus dem Bestand des Praxis- oder Stationsbedarfs nach Absatz 3 Satz 1 verabreicht oder zum unmittelbaren Verbrauch überlassen wird.

§ 5b Substitutionsregister

(1) [1]Das Bundesinstitut für Arzneimittel und Medizinprodukte (Bundesinstitut) führt für die Länder als vom Bund entliehenes Organ ein Register mit Daten über das Verschreiben von Substitutionsmitteln (Substitutionsregister). [2]Die Daten des Substitutionsregisters dürfen nur verwendet werden, um
1. das Verschreiben eines Substitutionsmittels durch mehrere Ärzte für denselben Patienten und denselben Zeitraum frühestmöglich zu unterbinden,
2. zu überprüfen, ob die ein Substitutionsmittel verschreibenden Ärzte die Mindestanforderungen nach § 5 Absatz 3 Satz 1 oder die Anforderungen nach § 5 Absatz 4 Satz 1 erfüllen sowie
3. das Verschreiben von Substitutionsmitteln entsprechend den Vorgaben nach § 13 Abs. 3 Nr. 3 Buchstabe e des Betäubungsmittelgesetzes statistisch auszuwerten.
[3]Das Bundesinstitut trifft organisatorische Festlegungen zur Führung des Substitutionsregisters.

(2) [1]Jeder Arzt, der ein Substitutionsmittel für einen Patienten verschreibt, hat dem Bundesinstitut unverzüglich schriftlich oder kryptiert auf elektronischem Wege folgende Angaben zu melden:
1. den Patientencode,
2. das Datum der ersten Anwendung eines Substitutionsmittels,
3. das verschriebene Substitutionsmittel,
4. das Datum der letzten Anwendung eines Substitutionsmittels,
5. Name, Vorname, Geburtsdatum, dienstliche Anschrift und Telefonnummer des verschreibenden Arztes sowie
6. im Falle des Behandelns nach § 5 Absatz 4 Satz 1 Nummer 1 Name, Vorname, dienstliche Anschrift und Telefonnummer des suchtmedizinisch qualifizierten Arztes, bei dem sich der jeweilige Patient nach § 5 Absatz 4 Satz 1 Nummer 2 vorzustellen hat.
[2]Der Patientencode setzt sich wie folgt zusammen:
a) erste und zweite Stelle: erster und zweiter Buchstabe des ersten Vornamens,
b) dritte und vierte Stelle: erster und zweiter Buchstabe des Familiennamens,
c) fünfte Stelle: Geschlecht („F" für weiblich, „M" für männlich),
d) sechste bis achte Stelle: jeweils letzte Ziffer von Geburtstag, -monat und -jahr.

³Es ist unzulässig, dem Bundesinstitut Patientendaten uncodiert zu melden. ⁴Der Arzt hat die Angaben zur Person durch Vergleich mit dem Personalausweis oder Reisepass des Patienten zu überprüfen.

(3) ¹Das Bundesinstitut verschlüsselt unverzüglich den Patientencode nach Absatz 2 Satz 1 Nr. 1 nach einem vom Bundesamt für Sicherheit in der Informationstechnik vorgegebenen Verfahren in ein Kryptogramm in der Weise, dass er daraus nicht oder nur mit einem unverhältnismäßig großen Aufwand zurückgewonnen werden kann. ²Das Kryptogramm ist zusammen mit den Angaben nach Absatz 2 Satz 1 Nr. 2 bis 6 zu speichern und spätestens sechs Monate nach Bekanntwerden der Beendigung des Verschreibens zu löschen. ³Die gespeicherten Daten und das Verschlüsselungsverfahren nach Satz 1 sind durch geeignete Sicherheitsmaßnahmen gegen unbefugte Kenntnisnahme und Verwendung zu schützen.

(4) ¹Das Bundesinstitut vergleicht jedes neu gespeicherte Kryptogramm mit den bereits vorhandenen. ²Ergibt sich keine Übereinstimmung, ist der Patientencode unverzüglich zu löschen. ³Liegen Übereinstimmungen vor, teilt das Bundesinstitut dies jedem beteiligten Arzt unter Angabe des Patientencodes, des Datums der ersten Verschreibung und der Namen und Vornamen, dienstlichen Anschriften und Telefonnummern der anderen beteiligten Ärzte unverzüglich mit. ⁴Die Ärzte haben zu klären, ob der Patientencode demselben Patienten zuzuordnen ist. ⁵Wenn dies zutrifft, haben sie sich darüber abzustimmen, wer künftig für den Patienten Substitutionsmittel verschreibt, und über das Ergebnis das Bundesinstitut unter Angabe des Patientencodes zu unterrichten. ⁶Wenn dies nicht zutrifft, haben die Ärzte darüber ebenfalls das Bundesinstitut unter Angabe des Patientencodes zu unterrichten. ⁷Das Substitutionsregister ist unverzüglich entsprechend zu bereinigen. ⁸Erforderlichenfalls unterrichtet das Bundesinstitut die zuständigen Überwachungsbehörden der beteiligten Ärzte, um das Verschreiben von Substitutionsmitteln von mehreren Ärzten für denselben Patienten und denselben Zeitraum unverzüglich zu unterbinden.

(5) ¹Die Ärztekammern haben dem Bundesinstitut auf dessen Anforderung, unter Angabe von Vorname, Name, dienstlicher Anschrift und Geburtsdatum eines nach Absatz 2 Satz 1 Nummer 5 oder Nummer 6 gemeldeten Arztes, unverzüglich zu melden, ob der Arzt die Mindestanforderungen nach § 5 Absatz 3 Satz 1 erfüllt. ²Die Ärztekammern haben dem Bundesinstitut unverzüglich nach Bekanntwerden die Angabe „Hinweis: Suchttherapeutische Qualifikation liegt nicht mehr vor." zu denjenigen Ärzten, welche zuvor von den Ärztekammern dem Bundesinstitut gemeldet wurden, zu übermitteln, die die Mindestanforderungen nach § 5 Absatz 3 Satz 1 bisher erfüllt haben, aktuell aber nicht mehr erfüllen. ³Das Bundesinstitut kann zum Zweck der Datenbereinigung von den Ärztekammern auch Meldungen zu allen Kammermitgliedern, die die Mindestanforderungen nach § 5 Absatz 3 Satz 1 erfüllen, mit folgenden Angaben verlangen:
1. Name und Vorname,
2. dienstliche Anschrift,
3. Geburtsdatum.
⁴Das Bundesinstitut unterrichtet aus dem Datenbestand des Substitutionsregisters unverzüglich die zuständigen Überwachungsbehörden der Länder über Name, Vorname, Anschrift und Telefonnummer
1. der Ärzte, die ein Substitutionsmittel nach § 5 Absatz 3 Satz 1 verschrieben haben, und
2. der nach Absatz 2 Satz 1 Nummer 6 gemeldeten suchtmedizinisch qualifizierten Ärzte,
wenn die in Nummer 1 und 2 genannten Ärzte die Mindestanforderungen nach § 5 Absatz 3 Satz 1 in Verbindung mit den nach den Sätzen 1 bis 3 übermittelten Daten nicht erfüllen.

(6) ¹Das Bundesinstitut teilt den zuständigen Überwachungsbehörden zum 30. Juni und 31. Dezember eines jeden Jahres folgende Angaben aus dem Datenbestand des Substitutionsregisters mit:

1. Namen, Vornamen, Anschriften und Telefonnummern der Ärzte, die nach § 5 Absatz 3 Satz 1 Substitutionsmittel verschrieben haben,

2. Namen, Vornamen, Anschriften und Telefonnummern der Ärzte, die nach § 5 Absatz 4 Substitutionsmittel verschrieben haben,

3. Namen, Vornamen, Anschriften und Telefonnummern der Ärzte, die nach Absatz 2 Satz 1 Nummer 6 als suchtmedizinisch qualifizierter Arzt gemeldet worden sind, sowie

4. Anzahl der Patienten, für die ein unter Nummer 1 oder Nummer 2 genannter Arzt ein Substitutionsmittel verschrieben hat.

²Die zuständigen Überwachungsbehörden können auch jederzeit im Einzelfall vom Bundesinstitut entsprechende Auskunft verlangen.

(7) ¹Das Bundesinstitut teilt den obersten Landesgesundheitsbehörden für das jeweilige Land zum 31. Dezember eines jeden Jahres folgende Angaben aus dem Datenbestand des Substitutionsregisters mit:

1. die Anzahl der Patienten, denen ein Substitutionsmittel verschrieben wurde,

2. die Anzahl der Ärzte, die nach § 5 Absatz 3 Satz 1 Substitutionsmittel verschrieben haben,

3. die Anzahl der Ärzte, die nach § 5 Absatz 4 Substitutionsmittel verschrieben haben,

4. die Anzahl der Ärzte, die nach Absatz 2 Satz 1 Nummer 6 als suchtmedizinisch qualifizierter Arzt gemeldet worden sind, sowie

5. Art und Anteil der verschriebenen Substitutionsmittel.

²Auf Verlangen erhalten die obersten Landesgesundheitsbehörden die unter den Nummern 1 bis 5 aufgeführten Angaben auch aufgeschlüsselt nach Überwachungsbereichen.

§ 5c Verschreiben für Patienten in Alten- oder Pflegeheimen, Hospizen und in der spezialisierten ambulanten Palliativversorgung

(1) ¹Der Arzt, der ein Betäubungsmittel für einen Patienten in einem Alten- oder Pflegeheim, einem Hospiz oder in der spezialisierten ambulanten Palliativversorgung verschreibt, kann bestimmen, dass die Verschreibung nicht dem Patienten ausgehändigt wird. ²In diesem Falle darf die Verschreibung nur von ihm selbst oder durch von ihm angewiesenes oder beauftragtes Personal seiner Praxis, des Alten- oder Pflegeheimes, des Hospizes oder der Einrichtung der spezialisierten ambulanten Palliativversorgung in der Apotheke vorgelegt werden.

(2) Das Betäubungsmittel ist im Falle des Absatzes 1 Satz 1 dem Patienten vom behandelnden Arzt oder dem von ihm beauftragten, eingewiesenen und kontrollierten Personal des Alten- oder Pflegeheimes, des Hospizes oder der Einrichtung der spezialisierten ambulanten Palliativversorgung zu verabreichen oder zum unmittelbaren Verbrauch zu überlassen.

(3) ¹Der Arzt darf im Falle des Absatzes 1 Satz 1 die Betäubungsmittel des Patienten in dem Alten- oder Pflegeheim, dem Hospiz oder der Einrichtung der spezialisierten ambulanten Palliativversorgung unter seiner Verantwortung lagern; die Einwilligung des über die jeweiligen Räumlichkeiten Verfügungsberechtigten bleibt unberührt. ²Für den Nachweis über den Verbleib und Bestand gelten die §§ 13 und 14 entsprechend.

(4) Betäubungsmittel, die nach Absatz 3 gelagert wurden und nicht mehr benötigt werden, können von dem Arzt

1. einem anderen Patienten dieses Alten- oder Pflegeheimes, dieses Hospizes oder dieser Einrichtung der spezialisierten ambulanten Palliativversorgung verschrieben werden,
2. an eine versorgende Apotheke zur Weiterverwendung in einem Alten- oder Pflegeheim, einem Hospiz oder einer Einrichtung der spezialisierten ambulanten Palliativversorgung zurückgegeben werden oder
3. in den Notfallvorrat nach § 5c Absatz 1 Satz 1 überführt werden.

§ 5d Verschreiben für den Notfallbedarf in Hospizen und in der spezialisierten ambulanten Palliativversorgung

(1) [1]Hospize und Einrichtungen der spezialisierten ambulanten Palliativversorgung dürfen in ihren Räumlichkeiten einen Vorrat an Betäubungsmitteln für den unvorhersehbaren, dringenden und kurzfristigen Bedarf ihrer Patienten (Notfallvorrat) bereithalten. [2]Berechtigte, die von der Möglichkeit nach Satz 1 Gebrauch machen, sind verpflichtet,
1. einen oder mehrere Ärzte damit zu beauftragen, die Betäubungsmittel, die für den Notfallvorrat benötigt werden, nach § 2 Absatz 4 Satz 2 zu verschreiben,
2. die lückenlose Nachweisführung über die Aufnahme in den Notfallvorrat und die Entnahme aus dem Notfallvorrat durch interne Regelungen mit den Ärzten und Pflegekräften, die an der Versorgung von Patienten mit Betäubungsmitteln beteiligt sind, sicherzustellen und
3. mit einer Apotheke die Belieferung für den Notfallvorrat sowie eine mindestens halbjährliche Überprüfung der Notfallvorräte insbesondere auf deren einwandfreie Beschaffenheit sowie ordnungsgemäße und sichere Aufbewahrung schriftlich zu vereinbaren; der unterzeichnende Apotheker zeigt die Vereinbarung der zuständigen Landesbehörde vor der ersten Belieferung schriftlich oder elektronisch an; § 6 Absatz 3 Satz 2 bis 4 gilt entsprechend.

(2) [1]Der oder die Ärzte nach Absatz 1 Satz 2 Nummer 1 dürfen die für den Notfallvorrat benötigten Betäubungsmittel bis zur Menge des durchschnittlichen Zweiwochenbedarfs, mindestens jedoch die kleinste Packungseinheit, verschreiben. [2]Die Vorratshaltung darf für jedes Betäubungsmittel den durchschnittlichen Monatsbedarf für Notfälle nicht überschreiten.

§ 6 Verschreiben für Einrichtungen des Rettungsdienstes

(1) Für das Verschreiben des Bedarfs an Betäubungsmitteln für Einrichtungen und Teileinheiten von Einrichtungen des Rettungsdienstes (Rettungsdienstbedarf) finden die Vorschriften über das Verschreiben für den Stationsbedarf nach § 2 Abs. 4 entsprechende Anwendung.

(2) [1]Der Träger oder der Durchführende des Rettungsdienstes hat einen Arzt damit zu beauftragen, die benötigten Betäubungsmittel nach § 2 Abs. 4 zu verschreiben. [2]Die Aufzeichnung des Verbleibs und Bestandes der Betäubungsmittel ist nach den §§ 13 und 14 in den Einrichtungen und Teileinheiten der Einrichtungen des Rettungsdienstes durch den jeweils behandelnden Arzt zu führen.

(3) [1]Der Träger oder der Durchführende des Rettungsdienstes hat mit einer Apotheke die Belieferung der Verschreibungen für den Rettungsdienstbedarf sowie eine mindestens halbjährliche Überprüfung der Betäubungsmittelvorräte in den Einrichtungen oder Teileinheiten der Einrichtungen des Rettungsdienstes insbesondere auf deren einwandfreie Beschaffenheit sowie ordnungsgemäße und sichere Aufbewahrung schriftlich zu vereinbaren. [2]Mit der Überprüfung der Betäubungsmittelvorräte ist ein Apotheker der jeweiligen Apotheke zu beauftragen. [3]Es ist

ein Protokoll anzufertigen. ⁴Zur Beseitigung festgestellter Mängel hat der mit der Überprüfung beauftragte Apotheker dem Träger oder Durchführenden des Rettungsdienstes eine angemessene Frist zu setzen und im Falle der Nichteinhaltung die zuständige Landesbehörde zu unterrichten.

(4) ¹Bei einem Großschadensfall sind die benötigten Betäubungsmittel von dem zuständigen leitenden Notarzt nach § 2 Abs. 4 zu verschreiben. ²Die verbrauchten Betäubungsmittel sind durch den leitenden Notarzt unverzüglich für den Großschadensfall zusammengefasst nachzuweisen und der zuständigen Landesbehörde unter Angabe der nicht verbrauchten Betäubungsmittel anzuzeigen. ³Die zuständige Landesbehörde trifft Festlegungen zum Verbleib der nicht verbrauchten Betäubungsmittel.

§ 7 Verschreiben für Kauffahrteischiffe

(1) ¹Für das Verschreiben und die Abgabe von Betäubungsmitteln für die Ausrüstung von Kauffahrteischiffen gelten die §§ 8 und 9. ²Auf den Betäubungsmittelrezepten sind die in Absatz 4 Nr. 4 bis 6 genannten Angaben anstelle der in § 9 Abs. 1 Nr. 1 und 5 vorgeschriebenen anzubringen.

(2) ¹Für die Ausrüstung von Kauffahrteischiffen darf nur ein von der zuständigen Behörde beauftragter Arzt Betäubungsmittel verschreiben; er darf für diesen Zweck bei Schiffsbesetzung ohne Schiffsarzt das Betäubungsmittel Morphin verschreiben. ²Für die Ausrüstung von Kauffahrteischiffen bei Schiffsbesetzung mit Schiffsarzt und solchen, die nicht die Bundesflagge führen, können auch andere der in der Anlage III des Betäubungsmittelgesetzes bezeichneten Betäubungsmittel verschrieben werden.

(3) Ausnahmsweise dürfen Betäubungsmittel für die Ausrüstung von Kauffahrteischiffen von einer Apotheke zunächst ohne Verschreibung abgegeben werden, wenn
1. der in Absatz 2 bezeichnete Arzt nicht rechtzeitig vor dem Auslaufen des Schiffes erreichbar ist,
2. die Abgabe nach Art und Menge nur zum Ersatz
   a) verbrauchter,
   b) unbrauchbar gewordener oder
   c) außerhalb des Geltungsbereichs des Betäubungsmittelgesetzes von Schiffen, die die Bundesflagge führen, beschaffter und entsprechend dem vom Bundesministerium für Verkehr und digitale Infrastruktur nach § 108 Absatz 2 Satz 1 des Seearbeitsgesetzes bekanntgemachten Stand der medizinischen Erkenntnisse auszutauschender
   Betäubungsmitteln erfolgt,
3. der Abgebende sich vorher überzeugt hat, daß die noch vorhandenen Betäubungsmittel nach Art und Menge mit den Eintragungen im Betäubungsmittelbuch des Schiffes übereinstimmen, und
4. der Abgebende sich den Empfang von dem für die ordnungsgemäße Durchführung der medizinischen Betreuung nach den seearbeitsrechtlichen Vorschriften Verantwortlichen bescheinigen läßt.

(4) Die Bescheinigung nach Absatz 3 Nr. 4 muß folgende Angaben enthalten:
1. Bezeichnung der verschriebenen Arzneimittel nach § 9 Abs. 1 Nr. 3,
2. Menge der abgegebenen Arzneimittel nach § 9 Abs. 1 Nr. 4,
3. Abgabedatum,
4. Name des Schiffes,
5. Name des Reeders,
6. Heimathafen des Schiffes und

7. Unterschrift des für die medizinische Betreuung nach den seearbeitsrechtlichen Vorschriften Verantwortlichen.

(5) [1]Der Abgebende hat die Bescheinigung nach Absatz 3 Nr. 4 unverzüglich dem von der zuständigen Behörde beauftragten Arzt zum nachträglichen Verschreiben vorzulegen. [2]Dieser ist verpflichtet, unverzüglich die Verschreibung auf einem Betäubungsmittelrezept der Apotheke nachzureichen, die das Betäubungsmittel nach § 7 Abs. 3 beliefert hat. [3]Die Verschreibung ist mit dem Buchstaben „K" zu kennzeichnen. [4]Die Bescheinigung nach § 7 Abs. 3 Nr. 4 ist dauerhaft mit dem in der Apotheke verbleibenden Teil der Verschreibung zu verbinden. [5]Wenn die Voraussetzungen des Absatzes 3 Nr. 1 und 2 nicht vorgelegen haben, ist die zuständige Behörde unverzüglich zu unterrichten.

(6) Für das Verschreiben und die Abgabe von Betäubungsmitteln für die Ausrüstung von Schiffen, die keine Kauffahrteischiffe sind, sind die Absätze 1 bis 5 entsprechend anzuwenden.

§ 8 Betäubungsmittelrezept

(1) [1]Betäubungsmittel für Patienten, den Praxisbedarf und Tiere dürfen nur auf einem dreiteiligen amtlichen Formblatt (Betäubungsmittelrezept) verschrieben werden. [2]Das Betäubungsmittelrezept darf für das Verschreiben anderer Arzneimittel nur verwendet werden, wenn dies neben der eines Betäubungsmittels erfolgt. [3]Die Teile I und II der Verschreibung sind zur Vorlage in einer Apotheke, im Falle des Verschreibens von Diamorphin nach § 5a Absatz 1 zur Vorlage bei einem pharmazeutischen Unternehmer, bestimmt, Teil III verbleibt bei dem Arzt, Zahnarzt oder Tierarzt, an den das Betäubungsmittelrezept ausgegeben wurde.

(2) [1]Betäubungsmittelrezepte werden vom Bundesinstitut für Arzneimittel und Medizinprodukte auf Anforderung an den einzelnen Arzt, Zahnarzt oder Tierarzt ausgegeben. [2]Das Bundesinstitut für Arzneimittel und Medizinprodukte kann die Ausgabe versagen, wenn der begründete Verdacht besteht, daß die Betäubungsmittelrezepte nicht den betäubungsmittelrechtlichen Vorschriften gemäß verwendet werden.

(3) [1]Die nummerierten Betäubungsmittelrezepte sind nur zur Verwendung des anfordernden Arztes, Zahnarztes oder Tierarztes bestimmt und dürfen nur im Vertretungsfall übertragen werden. [2]Die nicht verwendeten Betäubungsmittelrezepte sind bei Aufgabe der ärztlichen, zahnärztlichen oder tierärztlichen Tätigkeit dem Bundesinstitut für Arzneimittel und Medizinprodukte zurückzugeben.

(4) [1]Der Arzt, Zahnarzt oder Tierarzt hat die Betäubungsmittelrezepte gegen Entwendung zu sichern. [2]Ein Verlust ist unter Angabe der Rezeptnummern dem Bundesinstitut für Arzneimittel und Medizinprodukte unverzüglich anzuzeigen, das die zuständige oberste Landesbehörde unterrichtet.

(5) Der Arzt, Zahnarzt oder Tierarzt hat Teil III der Verschreibung und die Teile I bis III der fehlerhaft ausgefertigten Betäubungsmittelrezepte nach Ausstellungsdaten oder nach Vorgabe der zuständigen Landesbehörde geordnet drei Jahre aufzubewahren und auf Verlangen der nach § 19 Abs. 1 Satz 3 des Betäubungsmittelgesetzes zuständigen Landesbehörde einzusenden oder Beauftragten dieser Behörde vorzulegen.

(6) [1]Außer in den Fällen des § 5 dürfen Betäubungsmittel für Patienten, den Praxisbedarf und Tiere in Notfällen unter Beschränkung auf die zur Behebung des Notfalls erforderliche Menge abweichend von Absatz 1 Satz 1 verschrieben werden. [2]Verschreibungen nach Satz 1 sind mit den Angaben nach § 9 Abs. 1 zu versehen und mit dem Wort „Notfall-Verschreibung" zu kennzeichnen. [3]Die Apotheke hat

den verschreibenden Arzt, Zahnarzt oder Tierarzt unverzüglich nach Vorlage der Notfall-Verschreibung und möglichst vor der Abgabe des Betäubungsmittels über die Belieferung zu informieren. [4]Dieser ist verpflichtet, unverzüglich die Verschreibung auf einem Betäubungsmittelrezept der Apotheke nachzureichen, die die Notfall-Verschreibung beliefert hat. [5]Die Verschreibung ist mit dem Buchstaben „N" zu kennzeichnen. [6]Die Notfall-Verschreibung ist dauerhaft mit dem in der Apotheke verbleibenden Teil der nachgereichten Verschreibung zu verbinden.

§ 9 Angaben auf dem Betäubungsmittelrezept

(1) Auf dem Betäubungsmittelrezept sind anzugeben:

1. Name, Vorname und Anschrift des Patienten, für den das Betäubungsmittel bestimmt ist; bei tierärztlichen Verschreibungen die Art des Tieres sowie Name, Vorname und Anschrift des Tierhalters,
2. Ausstellungsdatum,
3. Arzneimittelbezeichnung, soweit dadurch eine der nachstehenden Angaben nicht eindeutig bestimmt ist, jeweils zusätzlich Bezeichnung und Gewichtsmenge des enthaltenen Betäubungsmittels je Packungseinheit, bei abgeteilten Zubereitungen je abgeteilter Form, Darreichungsform,
4. Menge des verschriebenen Arzneimittels in Gramm oder Milliliter, Stückzahl der abgeteilten Form,
5. Gebrauchsanweisung mit Einzel- und Tagesgabe oder im Falle, daß dem Patienten eine schriftliche Gebrauchsanweisung übergeben wurde, ein Hinweis auf diese schriftliche Gebrauchsanweisung; im Fall des § 5 Absatz 8 und 9 zusätzlich die Reichdauer des Substitutionsmittels in Tagen und im Fall des § 5 Absatz 9 Satz 8 Vorgaben zur Abgabe des Substitutionsmittels oder, im Fall, dass dem Patienten schriftliche Vorgaben zur Abgabe oder zum Überlassen zum unmittelbaren Verbrauch des Substitutionsmittels übergeben wurden, ein Hinweis auf diese schriftlichen Vorgaben,
6. in den Fällen des § 2 Abs. 2 Satz 2 und des § 4 Abs. 2 Satz 2 der Buchstabe „A", in den Fällen des § 5 Absatz 6 Satz 3 und § 5a Absatz 1 Satz 1 der Buchstabe „S", in den Fällen des § 5 Absatz 8 Satz 5 zusätzlich der Buchstabe „Z", in den Fällen des § 5 Absatz 9 Satz 7 zusätzlich der Buchstabe „T", in den Fällen des § 7 Abs. 5 Satz 3 der Buchstabe „K", in den Fällen des § 8 Abs. 6 Satz 5 der Buchstabe „N",
7. Name des verschreibenden Arztes, Zahnarztes oder Tierarztes, seine Berufsbezeichnung und Anschrift einschließlich Telefonnummer,
8. in den Fällen des § 2 Abs. 3, § 3 Abs. 2 und § 4 Abs. 3 der Vermerk „Praxisbedarf" anstelle der Angaben in den Nummern 1 und 5,
9. Unterschrift des verschreibenden Arztes, Zahnarztes oder Tierarztes, im Vertretungsfall darüber hinaus der Vermerk „i.V.".

(2) [1]Die Angaben nach Absatz 1 sind dauerhaft zu vermerken und müssen auf allen Teilen der Verschreibung übereinstimmend enthalten sein. [2]Die Angaben nach den Nummern 1 bis 8 können durch eine andere Person als den Verschreibenden erfolgen. [3]Im Falle einer Änderung der Verschreibung hat der verschreibende Arzt die Änderung auf allen Teilen des Betäubungsmittelrezeptes zu vermerken und durch seine Unterschrift zu bestätigen.

§ 10 Betäubungsmittelanforderungsschein

(1) [1]Betäubungsmittel für den Stationsbedarf nach § 2 Abs. 4, § 3 Abs. 3 und § 4 Abs. 4, den Notfallbedarf nach § 5d und den Rettungsdienstbedarf nach § 6 Absatz 1 dürfen nur auf einem dreiteiligen amtlichen Formblatt (Betäubungsmit-

telanforderungsschein) verschrieben werden. ²Die Teile I und II der Verschreibung für den Stationsbedarf, den Notfallbedarf und den Rettungsdienstbedarf sind zur Vorlage in der Apotheke bestimmt, Teil III verbleibt bei dem verschreibungsberechtigten Arzt, Zahnarzt oder Tierarzt.

(2) Betäubungsmittelanforderungsscheine werden vom Bundesinstitut für Arzneimittel und Medizinprodukte auf Anforderung ausgegeben an:
1. den Arzt oder Zahnarzt, der ein Krankenhaus oder eine Krankenhausabteilung leitet,
2. den Tierarzt, der eine Tierklinik leitet,
3. einen beauftragten Arzt nach § 5d Absatz 1 Satz 2 Nummer 1,
4. den nach § 6 Absatz 2 beauftragten Arzt des Rettungsdienstes oder
5. den zuständigen leitenden Notarzt nach § 6 Absatz 4.

(3) ¹Die nummerierten Betäubungsmittelanforderungsscheine sind nur zur Verwendung in der Einrichtung bestimmt, für die sie angefordert wurden. ²Sie dürfen vom anfordernden Arzt, Zahnarzt oder Tierarzt an Leiter von Teileinheiten oder an einen weiteren beauftragten Arzt nach § 5c Absatz 1 Satz 2 Nummer 1 weitergegeben werden. ³Über die Weitergabe ist ein Nachweis zu führen.

(4) Teil III der Verschreibung für den Stationsbedarf, den Notfallbedarf und den Rettungsdienstbedarf und die Teile I bis III von fehlerhaft ausgefertigten Betäubungsmittelanforderungsscheinen sowie die Nachweisunterlagen gemäß Absatz 3 sind vom anfordernden Arzt, Zahnarzt oder Tierarzt drei Jahre, von der letzten Eintragung an gerechnet, aufzubewahren und auf Verlangen der nach § 19 Abs. 1 Satz 3 des Betäubungsmittelgesetzes zuständigen Landesbehörde einzusenden oder Beauftragten dieser Behörden vorzulegen.

§ 11 Angaben auf dem Betäubungsmittelanforderungsschein

(1) Auf dem Betäubungsmittelanforderungsschein sind anzugeben:
1. Name oder die Bezeichnung und die Anschrift der Einrichtung, für die die Betäubungsmittel bestimmt sind,
2. Ausstellungsdatum,
3. Bezeichnung der verschriebenen Arzneimittel nach § 9 Abs. 1 Nr. 3,
4. Menge der verschriebenen Arzneimittel nach § 9 Abs. 1 Nr. 4,
5. Name des verschreibenden Arztes, Zahnarztes oder Tierarztes einschließlich Telefonnummer,
6. Unterschrift des verschreibenden Arztes, Zahnarztes oder Tierarztes, im Vertretungsfall darüber hinaus der Vermerk „i.V.".

(2) ¹Die Angaben nach Absatz 1 sind dauerhaft zu vermerken und müssen auf allen Teilen der Verschreibung für den Stationsbedarf, den Notfallbedarf und den Rettungsdienstbedarf übereinstimmend enthalten sein. ²Die Angaben nach den Nummern 1 bis 5 können durch eine andere Person als den Verschreibenden erfolgen. ³Im Falle einer Änderung der Verschreibung für den Stationsbedarf, den Notfallbedarf und den Rettungsdienstbedarf hat der verschreibende Arzt die Änderung auf allen Teilen des Betäubungsmittelanforderungsscheines zu vermerken und durch seine Unterschrift zu bestätigen.

§ 12 Abgabe

(1) Betäubungsmittel dürfen vorbehaltlich des Absatzes 2 nicht abgegeben werden:
1. auf eine Verschreibung,

a) die nach den §§ 1 bis 4 oder § 7 Abs. 2 für den Abgebenden erkennbar nicht ausgefertigt werden durfte,

b) bei deren Ausfertigung eine Vorschrift des § 7 Abs. 1 Satz 2, des § 8 Abs. 1 Satz 1 und 2 oder des § 9 nicht beachtet wurde,

c) die bei Vorlage vor mehr als sieben Tagen ausgefertigt wurde, ausgenommen bei Einfuhr eines Arzneimittels nach § 73 Abs. 3 Arzneimittelgesetz, oder

d) die mit dem Buchstaben „K" oder „N" gekennzeichnet ist;

2. auf eine Verschreibung für den Stationsbedarf, den Notfallbedarf und den Rettungsdienstbedarf,

a) die nach den §§ 1 bis 4, § 7 Abs. 1 oder § 10 Abs. 3 für den Abgebenden erkennbar nicht ausgefertigt werden durfte oder

b) bei deren Ausfertigung eine Vorschrift des § 10 Abs. 1 oder des § 11 nicht beachtet wurde;

3. auf eine Verschreibung nach § 8 Abs. 6, die

a) nicht nach Satz 2 gekennzeichnet ist oder

b) vor mehr als einem Tag ausgefertigt wurde;

4. auf eine Verschreibung nach § 5 Absatz 8 oder Absatz 9, wenn sie nicht in Einzeldosen und in kindergesicherter Verpackung konfektioniert sind.

(2) ¹Bei Verschreibungen und Verschreibungen für den Stationsbedarf, den Notfallbedarf und den Rettungsdienstbedarf, die einen für den Abgebenden erkennbaren Irrtum enthalten, unleserlich sind oder den Vorschriften nach § 9 Abs. 1 oder § 11 Abs. 1 nicht vollständig entsprechen, ist der Abgebende berechtigt, nach Rücksprache mit dem verschreibenden Arzt, Zahnarzt oder Tierarzt Änderungen vorzunehmen. ²Angaben nach § 9 Abs. 1 Nr. 1 oder § 11 Abs. 1 Nr. 1 können durch den Abgebenden geändert oder ergänzt werden, wenn der Überbringer der Verschreibung oder der Verschreibung für den Stationsbedarf, den Notfallbedarf und den Rettungsdienstbedarf diese Angaben nachweist oder glaubhaft versichert oder die Angaben anderweitig ersichtlich sind. ³Auf Verschreibungen oder Verschreibungen für den Stationsbedarf, den Notfallbedarf und den Rettungsdienstbedarf, bei denen eine Änderung nach Satz 1 nicht möglich ist, dürfen die verschriebenen Betäubungsmittel oder Teilmengen davon abgegeben werden, wenn der Überbringer glaubhaft versichert oder anderweitig ersichtlich ist, daß ein dringender Fall vorliegt, der die unverzügliche Anwendung des Betäubungsmittels erforderlich macht. ⁴In diesen Fällen hat der Apothekenleiter den Verschreibenden unverzüglich über die erfolgte Abgabe zu benachrichtigen; die erforderlichen Korrekturen auf der Verschreibung oder der Verschreibung für den Stationsbedarf, den Notfallbedarf und den Rettungsdienstbedarf sind unverzüglich vorzunehmen. ⁵Änderungen und Ergänzungen nach den Sätzen 1 und 2, Rücksprachen nach den Sätzen 1 und 4 sowie Abgaben nach Satz 3 sind durch den Abgebenden auf den Teilen I und II, durch den Verschreibenden, außer im Falle des Satzes 2, auf Teil III der Verschreibung oder der Verschreibung für den Stationsbedarf, den Notfallbedarf und den Rettungsdienstbedarf zu vermerken. ⁶Für die Verschreibung von Diamorphin gelten die Sätze 2 bis 4 nicht.

(3) Der Abgebende hat auf Teil I der Verschreibung oder der Verschreibung für den Stationsbedarf, den Notfallbedarf und den Rettungsdienstbedarf folgende Angaben dauerhaft zu vermerken:

1. Name und Anschrift der Apotheke,

2. Abgabedatum und

3. Namenszeichen des Abgebenden.

(4) ¹Der Apothekenleiter hat Teil I der Verschreibungen und Verschreibungen für den Stationsbedarf, den Notfallbedarf und den Rettungsdienstbedarf nach Abgabedaten oder nach Vorgabe der zuständigen Landesbehörde geordnet drei

Jahre aufzubewahren und auf Verlangen dem Bundesinstitut für Arzneimittel und Medizinprodukte oder der nach § 19 Abs. 1 Satz 3 des Betäubungsmittelgesetzes zuständigen Landesbehörde einzusenden oder Beauftragten dieser Behörden vorzulegen. ²Teil II ist zur Verrechnung bestimmt. ³Die Sätze 1 und 2 gelten im Falle der Abgabe von Diamorphin für den Verantwortlichen für Betäubungsmittel des pharmazeutischen Unternehmers entsprechend.

(5) Der Tierarzt darf aus seiner Hausapotheke Betäubungsmittel nur zur Anwendung bei einem von ihm behandelten Tier und nur unter Einhaltung der für das Verschreiben geltenden Vorschriften der §§ 1 und 4 Abs. 1 und 2 abgeben.

§ 13 Nachweisführung

(1) ¹Der Nachweis von Verbleib und Bestand der Betäubungsmittel in den in § 1 Abs. 3 genannten Einrichtungen ist unverzüglich nach Bestandsänderung nach amtlichem Formblatt zu führen. ²Es können Karteikarten oder Betäubungsmittel-bücher mit fortlaufend numerierten Seiten verwendet werden. ³Die Aufzeichnung kann auch mittels elektronischer Datenverarbeitung erfolgen, sofern jederzeit der Ausdruck der gespeicherten Angaben in der Reihenfolge des amtlichen Formblattes gewährleistet ist. ⁴Im Falle des Überlassens eines Substitutionsmittels zum unmittelbaren Verbrauch nach § 5 Absatz 7 Satz 1 oder eines Betäubungsmittels nach § 5c Absatz 2 ist der Verbleib patientenbezogen nachzuweisen.

(2) ¹Die Eintragungen über Zugänge, Abgänge und Bestände der Betäubungs-mittel sowie die Übereinstimmung der Bestände mit den geführten Nachweisen sind
1. von dem Apotheker für die von ihm geleitete Apotheke,
2. von dem Tierarzt für die von ihm geleitete tierärztliche Hausapotheke und
3. von dem in den §§ 2 bis 4 bezeichneten, verschreibungsberechtigten Arzt, Zahnarzt oder Tierarzt für den Praxis- oder Stationsbedarf,
4. von einem nach § 5d Absatz 1 Satz 2 Nummer 1 beauftragten Arzt für Hospize und Einrichtungen der spezialisierten ambulanten Palliativversorgung sowie von dem nach § 6 Absatz 2 beauftragten Arzt für Einrichtungen des Rettungs-dienstes,
5. vom für die Durchführung der medizinischen Betreuung nach den seearbeits-rechtlichen Vorschriften Verantwortlichen für das jeweilige Kauffahrteischiff, das die Bundesflagge führt,
6. im Falle des Nachweises nach Absatz 1 Satz 4 von den in § 5 Absatz 10 Satz 1 und 2 oder den in § 5c Absatz 2 benannten Personen,
7. vom Verantwortlichen im Sinne des § 5a Absatz 2 Satz 2 Nummer 3
am Ende eines jeden Kalendermonats zu prüfen und, sofern sich der Bestand geändert hat, durch Namenszeichen und Prüfdatum zu bestätigen. ²Für den Fall, daß die Nachweisführung mittels elektronischer Datenverarbeitung erfolgt, ist die Prüfung auf der Grundlage zum Monatsende angefertigter Ausdrucke durchzu-führen. ³Sobald und solange der Arzt die Nachweisführung und Prüfung nach Satz 1 Nummer 6 nicht selbst vornimmt, hat er sicherzustellen, dass er durch eine Person nach § 5 Absatz 10 Satz 1 und 2 oder § 5c Absatz 2 am Ende eines jeden Kalendermonats über die erfolgte Prüfung und Nachweisführung schriftlich oder elektronisch unterrichtet wird.

(3) ¹Die Karteikarten, Betäubungsmittelbücher oder EDV-Ausdrucke nach Absatz 2 Satz 2 sind in den in § 1 Abs. 3 genannten Einrichtungen drei Jahre, von der letzten Eintragung an gerechnet, aufzubewahren. ²Bei einem Wechsel in der Leitung einer Krankenhausapotheke, einer Einrichtung eines Krankenhauses, einer Tierklinik oder einem Wechsel des beauftragten Arztes nach § 5c Absatz 1 Satz 2

Nummer 1 oder § 6 Absatz 2 Satz 1 sind durch die in Absatz 2 genannten Personen das Datum der Übergabe sowie der übergebene Bestand zu vermerken und durch Unterschrift zu bestätigen. [3]Die Karteikarten, die Betäubungsmittelbücher und die EDV-Ausdrucke sind auf Verlangen der nach § 19 Abs. 1 Satz 3 des Betäubungsmittelgesetzes zuständigen Landesbehörde einzusenden oder Beauftragten dieser Behörde vorzulegen. [4]In der Zwischenzeit sind vorläufige Aufzeichnungen vorzunehmen, die nach Rückgabe der Karteikarten und Betäubungsmittelbücher nachzutragen sind.

§ 14 Angaben zur Nachweisführung

(1) [1]Beim Nachweis von Verbleib und Bestand der Betäubungsmittel sind für jedes Betäubungsmittel dauerhaft anzugeben:
1. Bezeichnung, bei Arzneimitteln entsprechend § 9 Abs. 1 Nr. 3,
2. Datum des Zugangs oder des Abgangs,
3. zugegangene oder abgegangene Menge und der sich daraus ergebende Bestand; bei Stoffen und nicht abgeteilten Zubereitungen die Gewichtsmenge in Gramm oder Milligramm, bei abgeteilten Zubereitungen die Stückzahl; bei flüssigen Zubereitungen, die im Rahmen einer Behandlung angewendet werden, die Menge auch in Millilitern,
4. Name oder Firma und Anschrift des Lieferers oder des Empfängers oder die sonstige Herkunft oder der sonstige Verbleib,
5. in Apotheken im Falle der Abgabe auf Verschreibung für Patienten sowie für den Praxisbedarf der Name und die Anschrift des verschreibenden Arztes, Zahnarztes oder Tierarztes und die Nummer des Betäubungsmittelrezeptes, im Falle der Verschreibung für den Stationsbedarf, den Notfallbedarf sowie den Rettungsdienstbedarf der Name des verschreibenden Arztes, Zahnarztes oder Tierarztes und die Nummer des Betäubungsmittelanforderungsscheines,
5a. in Krankenhäusern, Tierkliniken, Hospizen sowie in Einrichtungen der spezialisierten ambulanten Palliativversorgung und des Rettungsdienstes im Falle des Erwerbs auf Verschreibung für den Stationsbedarf, den Notfallbedarf sowie den Rettungsdienstbedarf der Name des verschreibenden Arztes, Zahnarztes oder Tierarztes und die Nummer des Betäubungsmittelanforderungsscheines,
6. beim pharmazeutischen Unternehmen im Falle der Abgabe auf Verschreibung von Diamorphin Name und Anschrift des verschreibenden Arztes und die Nummer des Betäubungsmittelrezeptes.
[2]Bestehen bei den in § 1 Abs. 3 genannten Einrichtungen Teileinheiten, sind die Aufzeichnungen in diesen zu führen.

(2) [1]Bei der Nachweisführung ist bei flüssigen Zubereitungen die Gewichtsmenge des Betäubungsmittels, die in der aus technischen Gründen erforderlichen Überfüllung des Abgabebehältnisses enthalten ist, nur zu berücksichtigen, wenn dadurch der Abgang höher ist als der Zugang. [2]Die Differenz ist als Zugang mit „Überfüllung" auszuweisen.

§ 15 Formblätter

Das Bundesinstitut für Arzneimittel und Medizinprodukte gibt die amtlichen Formblätter für das Verschreiben (Betäubungsmittelrezepte und Betäubungsmittelanforderungsscheine) und für den Nachweis von Verbleib und Bestand (Karteikarten und Betäubungsmittelbücher) heraus und macht sie im Bundesanzeiger bekannt.

§ 16 Straftaten

Nach § 29 Abs. 1 Satz 1 Nr. 14 des Betäubungsmittelgesetzes wird bestraft, wer

1. entgegen § 1 Abs. 1 Satz 1, auch in Verbindung mit Satz 2, ein Betäubungsmittel nicht als Zubereitung verschreibt,
2. a) entgegen § 2 Abs. 1 oder 2 Satz 1, § 3 Abs. 1 oder § 5 Absatz 6 Satz 1 für einen Patienten,
   b) entgegen § 2 Abs. 3 Satz 1, § 3 Abs. 2 Satz 1 oder § 4 Abs. 3 Satz 1 für seinen Praxisbedarf oder
   c) entgegen § 4 Abs. 1 für ein Tier
   andere als die dort bezeichneten Betäubungsmittel oder innerhalb von 30 Tagen mehr als ein Betäubungsmittel, im Falle des § 2 Abs. 1 Buchstabe a mehr als zwei Betäubungsmittel, über die festgesetzte Höchstmenge hinaus oder unter Nichteinhaltung der vorgegebenen Bestimmungszwecke oder sonstiger Beschränkungen verschreibt,
3. entgegen § 2 Abs. 4, § 3 Abs. 3 oder § 4 Abs. 4
   a) Betäubungsmittel für andere als die dort bezeichneten Einrichtungen,
   b) andere als die dort bezeichneten Betäubungsmittel oder
   c) dort bezeichnete Betäubungsmittel unter Nichteinhaltung der dort genannten Beschränkungen verschreibt oder
4. entgegen § 7 Abs. 2 Betäubungsmittel für die Ausrüstung von Kauffahrteischiffen verschreibt,
5. entgegen § 5a Absatz 3 Satz 1 Diamorphin verschreibt, verabreicht oder überlässt.

Schrifttum: *Bühringer/Gastpar/Heinz/Kovar/Ladewig/Naber/Täschner/Uchtenhagen/Wanke,* Methadon-Standards, 1995; *Köhler,* Selbstbestimmung und ärztliche Therapiefreiheit im Betäubungsmittelstrafrecht, NJW 1993, 762; *Butzer/Kaltenborn,* Die demokratische Legitimation des Bundesausschusses der Ärzte und Krankenkassen, MedR 2001, 333; *Hess,* Darstellung der Aufgaben des Gemeinsamen Bundesausschusses, MedR 2005, 385; *Möller/Lander,* Geänderte betäubungsmittelrechtliche Vorschriften über das Verschreiben von Substitutionsmitteln, 2001; *Kotz,* „Betäubungsmittelrecht" in *Rieger/Dahm/Steinhilper,* Heidelberger Kommentar Arztrecht – Krankenhausrecht – Medizinrecht [HK-AKM], Loseblatt, 2012; *Musshoff/Dettmeyer/Banaschak/Madea,* Rechtsmedizinische Erfahrungen zum Verschreibungsverhalten von Methadon, Rechtsmedizin 2002, 164; *N. Nestler/Laubenthal,* Betäubungsmittelstrafrechtliche Risiken bei der Substitutionsbehandlung, MedR 2009, 211; *Spickhoff/Malek,* Medizinrecht, 2011: Abschnitt 145: BtMVV; *Uchtenhagen,* Substitutionsbehandlung, in: *Uchtenhagen/Ziegelgänsberger,* Suchtmedizin, München/Jena 2000, S. 353.

Übersicht

A. Überblick

I. Rechtliche Einordnung

Die Strafvorschrift des § 16 BtMVV verweist auf die Blankettvorschrift des § 29 Abs. 1 **1**
S. 1 Nr. 14 betreffend Zuwiderhandlungen gegen Rechtsverordnungen und damit auf den
dort gesetzten Rahmen (keine Versuchs- und Fahrlässigkeitsstrafbarkeit, Strafrahmen). Die
Vorschrift stellt bestimmte, **vorsätzlich begangene schwerwiegende Verstöße gegen
die Regelungen der BtMVV über das Verschreiben von Betäubungsmitteln** unter
Vergehensstrafe, während leichtere oder fahrlässig begangene Verstöße dagegen und alle
Verstöße gegen die Regelungen über die Abgabe und den Nachweis des Verbleibs von
Betäubungsmitteln lediglich als Ordnungswidrigkeiten verfolgbar sind.

Mit den Sanktionierungen in §§ 16 und 17 soll zur Sicherheit und Kontrolle des Betäu- **2**
bungsmittelverkehrs beigetragen und im Interesse der Betäubungsmittelabhängigen eine
ordnungsgemäße Durchführung des Verschreibens durchgesetzt werden.[1] Die sehr ausufernde Reglementierung, die durchaus als „Verschreibungsverfahrensrecht" bezeichnet
werden kann, wird gerade in Anbetracht der Strafbewehrung kritisch gesehen (bereits
→ BMG § 29 Rn. 1208 ff.), zumal die Regelungen stetig Änderungen unterworfen sind.
Diese Dynamik betrifft allerdings in erster Linie die Verschreibungshöchstmengen, während
der Verweisungskatalog des § 16 BtMVV selbst zuletzt 2009 geändert wurde.

II. Regelungstechnik

§ 13 Abs. 3 BtMG ermächtigt die Bundesregierung in ihrer Gesamtheit, mit Zustimmung **3**
des Bundesrats das Verschreiben der dazu zugelassenen Betäubungsmittel, ihre Abgabe auf
Grund einer Verschreibung und das Aufzeichnen ihres Verbleibs durch Rechtsverordnung
zu regeln. Dies ist mit der BtMVV geschehen. § 29 Abs. 1 S. 1 Nr. 14 BtMG gibt dem
Verordnungsgeber die Möglichkeit, durch **ausdrückliche Verweisung** in der Verordnung
auf § 29 Abs. 1 S. 1 Nr. 14 BtMG bestimmte Zuwiderhandlungen gegen die Bestimmungen
der Verordnung als Straftatbestände auszugestalten. Dies ist durch § 16 geschehen: „Nach
§ 29 Abs. 1 S. 1 Nr. 14 des Betäubungsmittelgesetzes wird bestraft, wer ...". § 16 BtMVV
ist also immer im Zusammenhang mit § 29 Abs. 1 S. 1 Nr. 14 BtMG zu verstehen und
anzuwenden. Zugleich konkretisiert die BtMVV zumindest partiell auch die Anforderungen
an eine begründete Verschreibung, wobei freilich umstritten ist, inwiefern Verstöße gegen
die BtMVV zu einer Unbegründetheit der Verschreibung (und somit zu einer potentiellen

---

[1] Begründung der Bundesregierung zum Entwurf der 10. BtMÄndVO vom 6.11.1997, BR-Drs. 881/97,
58.

Strafbarkeit des Arztes gem. § 29 Abs. 1 S. 1 Nr. 6a, b) führen, → BtMG § 29 Rn. 1222 f. Zur Verfassungsmäßigkeit der Blankettechnik bereits → BtMG § 29 Rn. 1608 f.

III. Kriminalpolitische Bedeutung

4 In der gerichtlichen Praxis kommt dem Tatbestand der strafbaren Zuwiderhandlungen gegen die BtMVV **keine Bedeutung** zu, wenn man zu ihrer Ermittlung ausschließlich auf statistische Falldaten abstellt; geht es aber um die Behandlung und Erörterung der Vorschrift in der Weiter- und Fortbildung der Ärzte zur Erlangung der besonderen suchttherapeutischen Qualifikation (§ 5 Abs. 1 Nr. 6) und in den Qualitätszirkeln der substituierenden Ärzte oder in der suchtmedizinischen Fachliteratur, so kann ihre Bedeutung gar nicht hoch genug eingeschätzt werden. Es ist allerdings zu erwarten, dass **mit zunehmender Verbreitung der substitutionsgestützten Behandlung Opiatabhängiger** auch „Verdachtsfälle" missbräuchlicher Verschreibung zunehmen werden, die vereinzelt schon beobachtet worden sind.[2] Gerade diese Entwicklung hat allerdings wiederum zur Folge, dass rein tatsächlich das Angebot **substitutionsgestützter Behandlung** als solches eher abnimmt, jedenfalls das Berufsfeld gerade aufgrund der strafrechtlichen Risiken an Attraktivität erhebliche Einbußen hinnehmen muss.

4a Die Bundesregierung hat auf diese Entwicklung mit Erlass der Dritten Verordnung zur Änderung der Betäubungsmittel-Verschreibungsverordnung vom 22.5.2017, BGBl. I S. 1275, reagiert und die **Vorschriften zur Substitution vollständig neu gefasst.** Regelungen zur Sachverhalten, „die unmittelbar ärztlich-therapeutische Bewertungen betreffen", wurden aus dem Rahmen unmittelbar bundesrechtlicher Regelungen der BtMVV in die Richtlinienkompetenz der BÄK überführt (insb. Feststellungen zu den Voraussetzungen für die Einleitung der Substitution, zum Beikonsum und zur Einbeziehung psychosozialer Betreuungsmaßnahmen). Mit der Neufassung sollte die Struktur der Substitutionsregelungen in der BtMVV mit dem Ziel der Rechtsklarheit und eines besseren Normenvollzugs fortentwickelt werden (vgl. bereits → § 13 Rn. 4). Die Intention des Verordnungsgebers ist angesichts der bei → § 13 Rn. 32 ff. dargelegten Kritik absolut zu begrüßen, und bereits der Begründung der Novellierung dürfte ihr eine nicht zu unterschätzende Signalwirkung für die Substitutionspraxis zukommen: Schließlich wurden nicht nur verwaltungstechnische Fallstricke der Substition abgeschafft, sondern auch das Strafbarkeitsrisiko nach § 29 Abs. 1 Nr. 14 BtMG iVm § 16 BtMVV durch eine Einschränkung der Bezugsnormen wesentlich verringert.

4b Da die ärztliche-therapeutische Entscheidung in die ärztliche Richtlinienkompetenz fallen sollte, wurde der bislang existente Strafbewehrung des Verstoßes gegen die Therapieziele in § 5 Abs. 1 BtMVV aufgehoben; strafbewehrt bleibt damit nur die Verschreibung substitutionsrechtlich nicht erlaubter Mittel, nunmehr in § 5 Abs. 6 S. 1 geregelt (§ 5 Abs. 4 S. 2 aF BtMVV), darüber hinaus gehendes Fehlverhalten kann allenfalls über § 13 BtMG (unbegründete Verschreibung) erfasst werden, siehe BR-Drs. 222/17, 29.

IV. Rechtsentwicklung

5 Zur Geschichte der Tatbestände strafbarer Zuwiderhandlungen gegen die BtMVV, vgl. die Darstellung bei → BtMG § 29 Rn. 1656.[3] § 16 wurde zuletzt geändert durch Hinzufügung von Nr. 5 durch Art. 3 des Gesetzes zur diamorphingestützten Substitutionsbehandlung vom 15.7.2009,[4] in Kraft seit 21.7.2009. Die neueren Änderungen der BtMVV (§ 2 Abs. 1 Buchst. a) haben zumindest auch mittelbare Auswirkungen auf eine potentielle Strafbarkeit gem. § 29 Abs. 1 Nr. 14 iVm § 16 BtMVV.

---

[2] Vgl. *Musshoff/Dettmeyer/Banaschak/Madea*, Rechtsmedizinische Erfahrungen zum Verschreibungsverhalten von Methadon, Rechtsmedizin 2002, 164.
[3] Zur Entstehungsgeschichte der BtMVV vgl. auch die Darstellung bei HJLW/*Winkler* Anm. 1 – 10 vor § 1 BtMVV.
[4] BGBl. I S. 1801.

Durch die 26. BtMÄndV[5] wurden Höchstverschreibungsmengen für diverse BtM **6** (Dexamfetamin, Fertigarzneimittel auf Cannabisbasis) entsprechend den Erfordernissen der medizinischen Therapie festgelegt bzw. angepasst,[6] was sich auf § 16 Abs. 1 Nr. 2 auswirkt (noch → Rn. 13). Durch die Verordnung zum Erlass seearbeitsrechtlicher Vorschriften im Bereich der medizinischen Betreuung auf Seeschiffen vom 14.8.2014 (MariMedVEV)[7] erfuhr § 7 eine Änderung, um die Verschreibungsverordnung den Änderungen im Bereich der maritimen Medizin anzupassen, insb. wird die Beibehaltung der bisherigen Zuständigkeit der Hafenärztlichen Dienste und Gesundheitsämter für die Verschreibung von Betäubungsmitteln für die Ausrüstung von Kauffahrteischiffen klargestellt.[8] Eine zumindest technisch umfangreiche Änderung des § 5a brachte die 28. BtMÄndV vom 5.12.2014 mit sich (bereits → BtMG Vor § 1 Rn. 113),[9] welche (neben der Festlegung einer Höchstverschreibungsmenge für Lisdexamfetamindimesilat) hauptsächlich dazu diente, die Regelungen zum Substitutionsregister den geänderten Erfordernissen der praktischen Anwendung sowie dem Datenschutz Rechnung zu tragen; insb. sollten die Ziele des Substitutionsregisters mit geringerem Aufwand in besserer Qualität erreicht sowie die Sicherheit und Kontrolle des Betäubungsmittelverkehrs verbessert werden.[10] Eine unmittelbare Auswirkung auf die in diesem Zusammenhang begehbaren Pflichtwidrigkeiten, die ohnehin nur als Ordnungswidrigkeit geahndet werden, war damit nicht verbunden. Auch die 30.BtMÄndV vom 11.11.2015[11] brachte im Hinblick auf die BtMVV lediglich die Erhöhung von Höchstverschreibungsmengen für bestimmte BtM mit sich.[12]

Hingegen wurde mit der 31. BtMÄndV vom 31.5.2016[13] die Verschreibung methadon- **7** haltiger Fertigarzneimittel für Tierärzte ermöglicht, da bereits seit dem Jahr 2011 Tierarzneimittel mit dem Wirkstoff Methadon in Deutschland als Fertigarzneimittel zur Analgesie und als Prämedikation zur Anästhesie bei Tieren zugelassen sind. Tierärzte, die keine tierärztliche Hausapotheke führen, sollen in Zukunft ebenfalls die Möglichkeit haben, Methadon als Fertigarzneimittel für ihren Praxisbedarf zu verschreiben.[14] Die Ermöglichung der Verschreibung von Cannabis durch das Betäubungsmitteländerungsgesetz vom 6.3.2017[15] erforderte auch eine entsprechende Anpassung der BtMVV. In § 2 wird für Cannabis in Form von getrockneten Blüten eine Höchstverschreibungsmenge von 100.000 mg (innerhalb von 30 Tagen) festgelegt, wobei der Gesetzgeber auf die Gewichtsmenge abstellend auch vor Augen hatte, dass die Wirkstoffmenge der Blüten von Sorte zu Sorte erheblich divergiert. Mit Erlass der Dritten Verordnung zur **Änderung der Betäubungsmittel-Verschreibungsverordnung vom 22.5.2017**, BGBl. I S. 1275, wurden die Vorschriften zur Substitution vollständig neu gefasst, die Diamorphinbehandlung eigenständig im neu gefassten § 5a geregelt (und der frühere § 5a entsprechend umbenannt in § 5b usw.), zum Ganzen auch → BtMG § 13 Rn. 28.

B. Erläuterung

I. Geltungsbereich

Der Geltungsbereich der Straftatbestände erstreckt sich auf das Staatsgebiet der Bundesrepublik Deutschland (§ 3 StGB) sowie auf Schiffe oder Luftfahrzeuge, die berechtigt sind, die **8**

---

[5] BGBl. I S. 1639.
[6] Begründung: http://dipbt.bundestag.de/dip21/brd/2012/0317-12.pdf (zuletzt abgerufen 18.4.2017).
[7] BGBl. I S. 1383.
[8] http://dipbt.bundestag.de/dip21/brd/2014/0120-14.pdf (Stand: 18.4.2017).
[9] BGBl. I S. 1999.
[10] Begründung: http://dipbt.bundestag.de/dip21/brd/2014/0490-14.pdf (Stand: 18.4.2017).
[11] BGBl. I S. 1992.
[12] Begründung: http://dipbt.bundestag.de/dip21/brd/2015/0399-15.pdf (Stand: 18.4.2017).
[13] BGBl. I S. 1282.
[14] http://dipbt.bundestag.de/dip21/brd/2016/0147-16.pdf (Stand: 18.4.2017).
[15] BGBl. I S. 403 (Geltung ab 10.3.2017).

Bundesflagge oder das Staatszugehörigkeitskennzeichen der Bundesrepublik Deutschland zu führen (§ 4 StGB).

9   Inlandstaaten unterliegen dem Betäubungsmittelstrafrecht unabhängig davon, ob die Tat durch einen Ausländer oder einen Deutschen begangen wurde.

10   **Auslandstaaten** sind kaum vorstellbar. Die Tathandlung (Verstoß gegen Vorschriften einer deutschen Rechtsverordnung) ist nur in der Bundesrepublik Deutschland ahndbar, zumal ausländische Apotheken – jedenfalls noch – deutsche Betäubungsmittelrezepte nicht einlösen. Sollten Verschreibungen unter Verstoß gegen die BtMVV im Ausland vorgenommen werden mit dem Ziel, sie in Deutschland einzulösen, so gälte wiederum deutsches Strafrecht (Erfolgsort).

II. Objektiver Tatbestand (Modalitäten im Einzelnen)

11   Tathandlungen sind ausschließlich solche Verstöße, die bei Gelegenheit ärztlich indizierter Verschreibungen unter Verletzung wesentlicher Regelungen über die Verschreibung selbst begangen wurden.

12   **1. Verschreibung von Betäubungsmitteln als Stoff (Nr. 1).** Nach § 1 Abs. 1 S. 1 BtMG müssen Betäubungsmittel der Anlage III (andere sind ohnehin nicht verschreibungsfähig) **als Zubereitung** verschrieben werden; als reinen Stoff darf der Arzt sie nicht verschreiben. Gleiches gilt für Verschreibungen von Salzen und Molekülverbindungen der Betäubungsmittel der Anlage III (§ 1 Abs. 1 S. 2 BtMG). Der Arzt, der dennoch ein Betäubungsmittel als reinen Stoff und nicht als Zubereitung verschreibt, macht sich strafbar nach § 16 Nr. 1 BtMVV, § 29 Abs. 1 S. 1 Nr. 14 BtMG. Die Gefahr, dass auf diese Weise Betäubungsmittel als Stoffe in den Verkehr gelangen, ist sehr gering, weil der Apotheker ein derartiges Rezept nicht beliefern wird (vgl. § 17 Abs. 5 S. 2 ApoBetrO).

13   **2. Verschreibung von Betäubungsmitteln für einen Patienten, für den Praxisbedarf oder für ein Tier unter Missachtung der dafür geltenden Bestimmungen (Nr. 2).** Nr. 2 stellt ärztliche, zahnärztliche und tierärztliche Verschreibungen von Betäubungsmitteln unter Missachtung
– der Beschränkung auf bestimmte Betäubungsmittel,
– der Beschränkung auf höchstens zwei (humanärztlich) bzw. eines (zahn- und tierärztlich) der zugelassenen Betäubungsmittel,
– der Höchstmengenbegrenzung
– bei Substitutionspatienten: entweder der Beschränkung auf die zugelassenen Substitutionsmittel oder der in § 5 Abs. 1 BtMVV normierten Substitutionszwecke
mit den Regelungsbereichen
– für den Patienten (Nr. 2a),
– für den Praxisbedarf (Nr. 2d),
– für ein Tier (Nr. 2c),
unter Androhung der Kriminalstrafe. Entsprechende Vorschriften für Verschreibungen für den Regelungsbereich des ärztlichen, zahnärztlichen oder tierärztlichen Stationsbedarfs sind in Nr. 3 enthalten.

14   Durch ein **Redaktionsversehen**[16] bei der Neufassung des Nr. 2 durch die 15. BtMÄndV[17] hat der Wortlaut der geltenden Fassung des Nr. 2 eine **unzutreffende Verknüpfung** erhalten, die durch Auslegung zu korrigieren ist:

15   Die Änderung durch Art. 2 Nr. 12b der 15. BtMÄndV sollte klarstellen, dass auch der Verstoß gegen die in § 2 Abs. 1 Buchst. b, § 3 Abs. 1 und § 4 Abs. 1 vorgenommene Beschränkung der Zahl der Betäubungsmittel als Straftat sanktioniert werden kann; auch sollten die „vorgegebenen Bestimmungszwecke" mit aufgenommen werden.[18] Dabei wurde

---

[16] Die folgende Darstellung ist *Weber* Rn. 2 ff. zu verdanken.
[17] → BtMG Vor § 1 Rn. 101.
[18] BR-Drs. 252/01, 55.

jedoch übersehen, vor den Worten „über die festgesetzte Höchstmenge hinaus" (wie in der früheren Fassung) noch einmal die Worte „oder ein Betäubungsmittel" einzufügen. Daher knüpft nun der als Alternative gedachte Satzteil „über die festgesetzte Höchstgrenze hinaus oder unter Nichteinhaltung der vorgegebenen Bestimmungszwecke oder sonstiger Beschränkungen" unmittelbar an die Worte „mehr als ein Betäubungsmittel, im Falle des § 2 Abs. 1 Buchst. a mehr als zwei Betäubungsmittel" an und erweckt auf diese Weise den Eindruck, dass er zur kumulativen Voraussetzung für die Strafbarkeit werden würde. Es ist nicht nachvollziehbar, warum der Verordnungsgeber seitdem untätig geblieben und diese redaktionelle Ungenauigkeit nicht aus der Welt geschaffen hat.

a) Verschreibung von Betäubungsmitteln für einen Patienten unter Missach- 16 **tung der dafür geltenden Bestimmungen (Nr. 2a).** Nr. 2a enthält Strafvorschriften gegen die Verschreibung von Betäubungsmitteln **für einen Patienten** unter Missachtung der dafür geltenden Bestimmungen. Folgende Fälle sind unter Strafe gestellt:

aa) (Patienten-) Verschreibung anderer BtM als der in § 2 Abs. 1, § 3 Abs. 1 17 **genannten.** Nur die in § 2 Abs. 1 bezeichneten Betäubungsmittel darf der Arzt, nur die in § 3 Abs. 1 darf der Zahnarzt verschreiben. Wer als Arzt, Zahnarzt oder Tierarzt andere als die zugelassenen Betäubungsmittel verschreibt, macht sich nach § 16 Nr. 2a BtMVV, § 29 Abs. 1 S. 1 Nr. 14 BtMG strafbar.

Für **Substitutionszwecke** darf der Arzt nur die in § 5 Abs. 6 BtMVV aufgeführten 18 Substitutionsmittel verschreiben. **Uneingeschränkt zulässige Substitutionsmittel** sind
– Zubereitungen von
  – Levomethadon (Fertigarzneimittel: L-Polamidon),
  – Methadon (Fertigarzneimittel: Methaddict),
  – Buprenorphin (Fertigarzneimittel: Subutex),
– oder ein zur Substitution zugelassenes Arzneimittel, das nicht den Stoff Diamorphin enthält.

Eingeschränkt zulässige Substitutionsmittel sind Codein oder Dihydrocodein (vgl. § 5 19 Abs. 6: „in **begründeten** Ausnahmefällen"). Ihr Einsatz als Substitutionsmittel wird dann als vertretbar angesehen, wenn
– eine Unverträglichkeit gegenüber Methadon oder anderen uneingeschränkt zugelassenen Substitutionsmitteln vorliegt,
– die substitutionsgestützte Behandlung unter Codein oder Dihydrocodein deutlich besser verläuft oder
nach mehrjähriger Substitution mit Codein oder Dihydrocodein der Patient zur Umstellung auf Methadon oder ein anderes uneingeschränkt zugelassenes Substitutionsmittel nicht motiviert werden kann.

Die in Satz 1 genannten Substitutionsmittel dürfen nicht zur intravenösen Anwendung 20 bestimmt sein. Die Verschreibung eines in Satz 1 genannten Substitutionsmittels ist mit dem Buchstaben „S" zu kennzeichnen. [4]Für die zur Substitution zugelassenen Arzneimittel mit dem Stoff Diamorphin gilt nunmehr der neu gefasste § 5a Abs. 3, der Verstoß gegen diese Vorschrift ist nach § 16 Nr. 5 BtMVV iVm § 29 Abs. 1 Nr. 14 BtMG strafbar.

Wer **andere Betäubungsmittel** als die in § 5 Abs. 6 S. 1 **zugelassenen Substitutions-** 21 **mittel** zur Substitution („unter Nichteinhaltung der vorgegebenen Bestimmungszwecke") verschreibt, macht sich nach § 16 Nr. 2a BtMVV, § 29 Abs. 1 S. 1 Nr. 14 BtMG strafbar.

bb) (Patienten-) Verschreibung von mehr als einem Betäubungsmittel (im Falle 22 **des § 2 Abs. 1 Buchst. a: von mehr als zwei Betäubungsmitteln) innerhalb von 30 Tagen.** Wer als Zahnarzt entgegen § 3 Abs. 1 oder als Arzt entgegen § 2 Abs. 1 **innerhalb von 30 Tagen** für einen Patienten **mehr als ein Betäubungsmittel** (oder im Falle des § 2 Abs. 1a mehr als zwei Betäubungsmittel) verschreibt, macht sich nach § 16 Nr. 2a BtMVV, § 29 Abs. 1 S. 1 Nr. 14 BtMG strafbar. Dieser Verstoß betrifft also die BtM-Art und noch nicht die BtM-Wirkstoffmenge, vgl. dazu sogleich → Rn. 26 f.

23   Dabei ist aber zu beachten, dass § 2 Abs. 2 (zur Erleichterung der Schmerztherapie **bei Dauerpatienten**) in beträchtlichem Ausmaß von den Beschränkungen des § 2 Abs. 1 (auch in Bezug auf die Zahl der verschriebenen Betäubungsmittel) freistellt, wenn ein **begründeter Einzelfall** vorliegt und die Sicherheit des Betäubungsmittelverkehrs gewährleistet bleibt, also missbräuchliche Verwendung ausgeschlossen erscheint. Ein begründeter Einzelfall ist gegeben, wenn ein durch die Schwere der Krankheit begründetes Bedürfnis besteht, wobei Betäubungsmittelabhängigkeit als Krankheit ausscheidet.[19] Dieses Bedürfnis besteht zB dann, wenn die in § 2 Abs. 1 vorgesehene Menge des Betäubungsmittels keine Linderung der Schmerzen auf ein erträgliches Maß für den Erkrankten bringt.[20]

24   **cc) Verstoß gegen § 2 Abs. 2 nach § 16 Abs. 1 Nr. 2a?** Die Formulierung des Nr. 2a erweckt den unzutreffenden Anschein,[21] als ob ein Verstoß gegen § 2 Abs. 2 eigens sanktioniert wäre. Tatsächlich ist gemeint, dass eine Verschreibung von mehr als zwei Betäubungsmitteln strafbar ist, wenn kein begründeter Einzelfall nach § 2 Abs. 2 vorliegt. Bei einem Verstoß gegen § 2 Abs. 1 ist also zunächst zu prüfen, ob die Verschreibung nach § 2 Abs. 2 begründet ist; erst wenn feststeht, dass dies nicht der Fall ist, kommt eine Strafbarkeit nach § 16 Nr. 2a BtMVV, § 29 Abs. 1 S. 1 Nr. 14 BtMG in Betracht.

25   Insb. ist eine Verschreibung nach § 2 Abs. 2 von Betäubungsmitteln über die Beschränkung des § 2 Abs. 1 in Bezug auf die Zahl der verschriebenen Betäubungsmittel hinaus mit der **Kennzeichnung „A"** auf dem Rezept zu versehen (§ 2 Abs. 2 S. 2). Fehlt der Vermerk, so darf das Rezept nicht beliefert werden (§ 2 Abs. 2 S. 2, § 9 Abs. 1 Nr. 6, § 12 Abs. 1 Nr. 1b). Der Verstoß gegen die Kennzeichnungspflicht ist (nur) Ordnungswidrigkeit gem. § 2 Abs. 2 S. 2, § 9 Abs. 1 Nr. 6, § 17 Nr. 1.

26   **dd) (Patienten-) Verschreibung von Betäubungsmitteln über die in § 2 Abs. 1 oder § 3 Abs. 1 festgesetzten Höchstmengen hinaus.** Wer als Zahnarzt entgegen § 3 Abs. 1 oder als Arzt entgegen § 2 Abs. 1 innerhalb von 30 Tagen für einen Patienten Betäubungsmittel über die dort festgesetzten Höchstgrenzen hinaus verschreibt, macht sich nach § 16 Nr. 2a BtMVV, § 29 Abs. 1 Satz 1 Nr. 14 BtMG strafbar.

27   **(1) Verschreibungshöchstmengenregelung.** Bis zum Inkrafttreten der Änderungen von § 2 Abs. 1 und § 3 Abs. 1 durch Art. 3 10. BtÄndVO[22] waren Tageshöchstmengen für die Verschreibung von Betäubungsmitteln festgelegt. Zur Erleichterung der Schmerztherapie hat der Verordnungsgeber die Beschränkung der Tageshöchstmenge (durch die 10. BtMÄndVO) – im Falle der humanärztlichen Verschreibung nach § 2 Abs. 1 auf maximal ein Zehntel der jeweils angegebenen Verschreibungshöchstmenge für 30 Tage – entfallen lassen. Für die unter § 2 Abs. 1a aufgeführten Betäubungsmittel sind die Höchstmengen so bestimmt, dass sie in jedem Fall bei durchschnittlicher Dosierung eine Reichdauer von 30 Tagen gewährleisten.[23] Sofern mit den verschriebenen Mengen die in § 2 Abs. 1a angegebenen **Verschreibungshöchstmengen** nicht überschritten werden, kann die Reichdauer der verschriebenen Betäubungsmittel den Zeitraum von 30 Tagen auch überschreiten.[24] (Bei der zahnärztlichen Verschreibung nach § 3 Abs. 1a ist hinsichtlich der Reichdauer der Verschreibungshöchstmengen von ca. einer Woche unter Berücksichtigung der akuten zahnmedizinischen Indikationen ausgegangen worden.[25])

28   **(2) Verschreibungshöchstmengen als Obergrenzen.** Die in § 2 Abs. 1a genannten Mengen sind **Obergrenzen.** Sie dürfen nur dann voll ausgeschöpft werden, wenn ihre Verschreibung nach § 13 Abs. 1 BtMG ärztlich begründet ist. Wenn der Arzt bei der Verschreibung von Betäubungsmitteln weiß, dass er die verordnete Menge beim Kranken nicht

---

[19] Erbs/Kohlhaas/Pelchen/*Bruns* § 2 Rn. 2.
[20] *Weber* § 2 Rn. 12.
[21] *Weber* § 2 Rn. 15.
[22] → BtMG Vor § 1 Rn. 71, in Kraft seit 1.2.1998.
[23] BR-Drs. 881/97, 46.
[24] BR-Drs. 881/97, 46.
[25] BR-Drs. 881/97, 48.

anwenden werde, so ist die Verschreibung einer größeren Menge auch dann insoweit **ärztlich unbegründet** (mit der Folge der Strafbarkeit nach § 29 Abs. 1 Satz 1 Nr. 6a BtMG), wenn die dann tatsächlich angewandte Menge ärztlich begründet ist.[26]

(3) Mögliche Befreiung von der Begrenzung der Höchstmengenbegrenzung. 29
Auch hier ist aber zu beachten, dass § 2 Abs. 2 (zur Erleichterung der Schmerztherapie **bei Dauerpatienten**) von den Beschränkungen des § 2 Abs. 1 (in Nr. 2 in Bezug auf die Höchstmengenbegrenzung) freistellt, wenn ein **begründeter Einzelfall** vorliegt und die Sicherheit des Betäubungsmittelverkehrs gewährleistet bleibt, also missbräuchliche Verwendung ausgeschlossen erscheint. Ein begründeter Einzelfall ist gegeben, wenn ein durch die Schwere der Krankheit begründetes Bedürfnis besteht, wobei Betäubungsmittelabhängigkeit als Krankheit ausscheidet.[27] Dieses Bedürfnis besteht zB dann, wenn die in § 2 Abs. 1 vorgesehene Menge des Betäubungsmittels keine Linderung der Schmerzen auf ein erträgliches Maß für den Erkrankten bringt.[28]

(4) Kennzeichnung der Verschreibung nach § 2 Abs. 2. Die Verschreibung nach 30
§ 2 Abs. 2 von Betäubungsmitteln über die Höchstmengenbegrenzung des § 2 Abs. 1 hinaus ist mit der **Kennzeichnung „A"** auf dem Rezept zu versehen (§ 2 Abs. 2 Satz 2). Fehlt der Vermerk, so darf das Rezept nicht beliefert werden (§ 2 Abs. 2 Satz 2, § 9 Abs. 1 Nr. 6, § 12 Abs. 1 Nr. 1b). Der Verstoß gegen die Kennzeichnungspflicht ist (nur) Ordnungswidrigkeit gem. § 2 Abs. 2 Satz 2, § 9 Abs. 1 Nr. 6, § 17 Nr. 1.

ee) (Patienten-) Verschreibung von Betäubungsmitteln zur Substitution unter 31
Verstoß gegen die Substitutionszwecke und –voraussetzungen des § 5 Abs. 1. Bei der Durchführung einer Substitution konnte sich der Arzt nach alter Rechtslage gem. § 16 Nr. 2a BtMVV, § 29 Abs. 1 Satz 1 Nr. 14 BtMG strafbar machen, wenn er
– die generellen Bestimmungen (30-Tages-Frist, Zahl der Betäubungsmittel, Höchstmengen) nicht einhält, die für die Verschreibung aller Betäubungsmittel gelten,
– andere als die zugelassenen Substitutionsmittel verschreibt (→ Rn. 17 ff.), allerdings jedoch auch, wenn er
– Betäubungsmittel „unter Nichteinhaltung der vorgegebenen Bestimmungszwecke oder sonstiger Beschränkungen" verschrieb.
Diese letztgenannten Formulierungen waren, nachdem § 16 Nr. 2a insoweit nur auf § 5 32
Abs. 1 verweist, als **Verstoß gegen die Substitutionszwecke und –voraussetzungen** des § 5 Abs. 1 zu verstehen. Diese Bezugnahme in Nr. 2a wurde allerdings vom Verordnungsgeber vollständig gestrichen und damit eine „BÄK-richtlinienakzessorische" Strafbarkeit von Ärzten weitestgehend abgeschafft (vgl. noch 2. Aufl., Rn. 42 ff.)
(nicht belegt) 33–96

b) Verschreibung von Betäubungsmitteln für den Praxisbedarf unter Missach- 97
tung der dafür geltenden Bestimmungen (Nr. 2b). Wer als Arzt entgegen § 2 Abs. 3 Satz 1, als Zahnarzt entgegen § 3 Abs. 2 Satz 1 oder als Tierarzt entgegen § 4 Abs. 3 Satz 1
– andere als die dort bezeichneten Betäubungsmittel oder
– Betäubungsmittel über die dort festgesetzten Höchstgrenzen hinaus oder
– Betäubungsmittel unter Nichteinhaltung der vorgegebenen Bestimmungszwecke oder sonstiger Beschränkungen
für den Praxisbedarf verschreibt, macht sich nach § 16 Nr. 2b BtMVV, § 29 Abs. 1 Satz 1 Nr. 14 BtMG strafbar.

aa) Für den Praxisbedarf verschreibungsfähige Betäubungsmittel. Aus dem Ver- 98
weis auch § 2 Abs. 1 insgesamt, und damit insbesondere auf § 2 Abs. 1b, sowie aufgrund

---

[26] BGH 25.9.1951 – 2 StR 287/51, BGHSt 1, 318 = NJW 1951, 970 für § 6 der Verordnung über das Verschreiben Betäubungsmittel enthaltender Arzneien und ihre Abgabe in den Apotheken iVm § 10 Abs. 1 Nr. 6 OpiumG.
[27] Erbs/Kohlhaas/*Pelchen/Bruns* Rn. 2.
[28] *Weber* Rn. 12.

der Hinzufügungen in § 2 Abs. 3 ergibt sich, dass der **Arzt nahezu alle Betäubungsmittel der Anlage III** für den Praxisbedarf verschreiben kann – mit Ausnahme von Etorphin. Bei Verschreibungen von **Cocain** für den Praxisbedarf bestehen Einschränkungen in Bezug auf den Bestimmungszweck, die Darreichungsform und den Gehalt. Bei der Verschreibung von Remifentanil und Sufentanil für den Praxisbedarf bestehen Mengenbeschränkungen, bei der Verschreibung von **Diamorphin** für den Praxisbedarf (der Einrichtung nach § 9b) bestehen Beschränkungen in Bezug auf die Menge und die Vorratshaltung.

99   Bei der Verschreibung für den Praxisbedarf des Zahnarztes ergibt der Abgleich der Beschränkungen des § 3 Abs. 1b mit den Zulassungen des § 3 Abs. 3, dass der **Zahnarzt die Betäubungsmittel der Anlage III mit folgenden Ausnahmen** für den Praxisbedarf verschreiben kann:
– Amphetamin,
– Cocain,
– Diamorphin,
– Dronabinol,
– Etorphin,
– Fenetyllin,
– Levacetylmethadol,
– Methadon,
– Methylphenidat,
– Nabilon,
– Normethadon,
– Opium,
– Papaver somniferum,
– Pentobarbital und
– Secobarbital.

100 Bei der Verschreibung für den Praxisbedarf des Tierarztes ergibt der Abgleich der Beschränkungen des § 4 Abs. 1b mit den Zulassungen des § 4 Abs. 3, dass der **Tierarzt die Betäubungsmittel der Anlage III mit folgenden Ausnahmen** für den Praxisbedarf verschreiben kann:
– Diamorphin,
– Dronabinol,
– Etorphin,
– Fenetyllin,
– Levacetylmethadol,
– Methadon,
– Methaqualon,
– Methylphenidat,
– Nabilon,
– Oxycodon,
– Papaver somniferum und
– Secobarbital.

101 Bei Verschreibungen von **Cocain** für den Praxisbedarf bestehen Einschränkungen in Bezug auf den Bestimmungszweck, die Darreichungsform und den Gehalt, bei Verschreibungen von **Etorphin** für den Praxisbedarf bestehen Einschränkungen in Bezug auf den Bestimmungszweck und die Verabreichung, bei Verschreibungen von **Fentanyl, Pentobarbital, Remifentanil und Sufentanil** für den Praxisbedarf bestehen Mengenbeschränkungen.

102 **bb) Praxis.** Unter „Arztpraxis" versteht man die Gesamtheit dessen, was die gegenständliche und personelle Grundlage der Tätigkeit des in freier Praxis tätigen Arztes bei Erfüllung der ihm obliegenden Auflagen bildet.[29]

---

[29] *Rieger*, Lexikon des Arztrechts, 2. Aufl. 2002, Rn. 196.

(1) Niederlassung. Die nicht abhängige, freiberufliche Ausübung des ärztlichen, zahn- **103** ärztlichen und tierärztlichen Berufs ist nach den jeweiligen Berufsordnungen an die Niederlassung in eigener Praxis an einem Tätigkeitsort gebunden.[30]

(2) Bereitschafts- und Notfalldienst des nicht niedergelassenen Arztes. Um **104** jedoch auch nicht niedergelassene Ärzte in die Lage zu versetzen, den Erfordernissen des Bereitschafts- und Notfalldienstes genügen zu können, war in einem Änderungsentwurf der Bundesregierung vorgeschlagen, den Begriff „Praxisbedarf" durch den von der Ärzteschaft begrüßten Begriff **„Bereitschaftsbedarf"** zu ersetzen.[31] Hierdurch sollte klargestellt werden, dass die Berechtigung, Betäubungsmittel zu verschreiben, nicht auf die therapeutischen Tätigkeiten innerhalb einer räumlich abgegrenzten Praxis beschränkt ist. Demzufolge sind auch BtM für Hausbesuche, die für den Bedarf eines Belegarztes, der im Rahmen seiner stationären Tätigkeit nur Betten in räumlich und organisatorisch nicht festgelegter Verteilung (Streubetten) nutzen kann, sowie die für den Bereitschafts- und Notfalldienst eines nicht niedergelassenen Arztes notwendigen Betäubungsmittel einbezogen.[32] Der Bundesrat hat diese Änderung jedoch nicht vorgenommen, sondern an dem Begriff „Praxisbedarf" festgehalten.[33]

Obwohl sich also der Änderungsvorschlag, den Begriff „Praxisbedarf" durch „Bereit- **105** schaftsbedarf" zu ersetzen, nicht durchgesetzt hat, besteht Übereinstimmung darüber, dass die Befugnis, Betäubungsmittel zu verschreiben, nicht auf eine räumlich abgegrenzte Praxis beschränkt ist.[34] Unter „Praxisbedarf" fallen daher auch die **Betäubungsmittel, die zu Hausbesuchen, für den Bereitschafts- oder Notfalldienst eines nicht niedergelassenen Arztes, Zahnarztes oder Tierarztes** oder für den Bedarf eines Belegarztes (soweit nicht Absatz 4 Satz 3 Anwendung findet) **benötigt werden.**

Zur Sicherung (§ 15 BtMG) der Betäubungsmittel für den Bereitschaftsbedarf **106** wird es als ausreichend angesehen, wenn sie in einer verschließbaren Tasche für Unbefugte nicht zugänglich aufbewahrt werden; diese Tasche kann bei Hausbesuchen oder bei Einsätzen im Bereitschafts- und Notfalldienst in einem Fahrzeug zwar mitgeführt, darf jedoch nicht ständig darin aufbewahrt werden.[35]

(3) Ärzte, Zahnärzte und Tierärzte in einer Gemeinschaftspraxis oder Praxis- **107** **gemeinschaft.** Bei einer Gemeinschaftspraxis[36] ist ebenso wie bei einer Praxisgemeinschaft[37] **jeder der beteiligten Ärzte, Zahnärzte bzw. Tierärzte** – wie in einer Einzelpraxis – grundsätzlich **selbst** für die Beschaffung der im Rahmen seiner therapeutischen Tätigkeit benötigten Betäubungsmittel, die ordnungsgemäße Aufbewahrung des „Praxisbedarfs" wie auch den Nachweis des Verbleibs und damit für die Einhaltung der betäubungsmittelrechtlichen Vorschriften **verantwortlich.**[38]

---

[30] Vgl. zB (Muster-) Berufsordnung für die deutschen Ärztinnen und Ärzte – MBO-Ä 1997 idF der Beschlüsse des 100. Deutschen Ärztetages 1997, zuletzt geändert durch den Beschluss des Vorstands der Bundesärztekammer am 24.11.2006, http://www.bundesaerztekammer.de/downloads/MBOStand2006 1124.pdf (zuletzt abgerufen 18.4.2017), § 17 Abs. 1; Berufsordnung für die Ärzte Bayerns idF der Bek. v. 6.8.2007 (http://www.blaek.de/pdf_rechtliches/haupt/Berufsordnung.pdf, zuletzt abgerufen 18.4.2017) § 17 Abs. 1; Berufsordnung für die Bayerischen Zahnärzte v. 18.1.2006 (http://www.blzk.de/itdaten/datred/ berufsrecht/berufsordnung.pdf), § 9 Abs. 1; Berufsordnung für die Tierärzte in Bayern v. 27.6.1986, zuletzt geändert am 1.1.2011 (http://www.bltk.de/index.php?option=com_content&view=article&id=71&Itemid= 147, zuletzt abgerufen 18.4.2017), § 6 Abs. 1 Satz 1.
[31] Vgl. BR-Drs. 423/8 1, 3, 5, 8.
[32] Vgl. HJLW/*Winkler* § 2 Rn. 6.1.
[33] Vgl. BR-Drs. 423/8 1 (Beschluss), 7.
[34] Vgl. HJLW/*Winkler* § 2 Rn. 6.2; *Weber* § 2 Rn. 18.
[35] Vgl. HJLW/*Winkler* § 2 Rn. 6.2; *Weber* § 2 Rn. 19.
[36] Gemeinsame Ausübung ärztlicher Tätigkeit durch mehrere Ärzte der gleichen oder ähnlichen Fachrichtung in gemeinsamen Räumen mit gemeinsamer Praxiseinrichtung, gemeinsamer Karteiführung und Abrechnung sowie mit gemeinsamem Personal auf gemeinsame Rechnung, *Laufs/Kern,* Handbuch des Arztrechts, § 18 Rn. 11 f.
[37] Zusammenschluss von Ärzten gleicher und/oder verschiedener Fachrichtung zum Zwecke gemeinsamer Nutzung von Praxisräumen und/oder -einrichtungen und/oder zur gemeinsamen Inanspruchnahme von Praxispersonal bei sonst selbständiger Praxisführung, *Laufs/Kern,* Handbuch des Arztrechts, § 18 Rn. 11.
[38] Vgl. HJLW/*Winkler* § 2 Rn. 6.3; Vgl. hierzu auch Bericht der Bundesregierung über die Erfahrungen mit dem Gesetz zur Neuordnung des Betäubungsmittelrechts (BT-Drs. 10/84, 14).

108   **cc) Bedarf.** Durch die 4. BtMÄndV[39] waren die bis dahin auch für einen „Praxisbedarf" geltenden Höchstmengenbeschränkungen nach dem Gewicht, zB für Morphin 200 mg, dahingehend erweitert worden, dass der Arzt, Zahnarzt oder Tierarzt für diesen Bereich nunmehr bis zur Menge seines durchschnittlichen **Zweiwochenbedarfs** verschreiben darf, wobei der Bestand (zur Sicherung des Betäubungsmittelverkehrs, aber auch der Arztpraxen, die bei größerer Vorratshaltung kriminelle Begehrlichkeiten erwecken könnten) einen Monatsbedarf jedoch nicht überschreiten soll.

109   Obwohl Arzt, Zahnarzt und Tierarzt im Rahmen einer Behandlung nicht an die im Handel befindlichen Packungseinheiten gebunden sind (sie können oder müssen sogar, wenn nicht mehr benötigt wird, zB nur eine Ampulle verordnen), muss eine Verschreibung für einen „Praxisbedarf" mindestens die kleinste Packungseinheit beinhalten.[40]

110   **dd) Kennzeichnung.** Bei Verschreibungen für den Praxisbedarf ist auf dem Betäubungsmittelrezept anstelle der Personalien des Patienten und der Gebrauchsanweisung der Vermerk „Praxisbedarf" anzugeben (§ 9 Abs. 1 Nr. 8). Fehlt der Vermerk, so darf das Rezept grundsätzlich nicht beliefert werden (§ 12 Abs. 1 Nr. 1b, Abs. 2). Die Zuwiderhandlung gegen die Kennzeichnungspflicht ist bußgeldbewehrt nach § 17 Nr. 1 OWiG

111   **ee) Höchstmenge.** Der Zweiwochenbedarf (mindestens aber die kleinste Packungseinheit) ist, wie aus der unterschiedlichen Formulierung gegenüber dem Monatsbedarf (§ 2 Abs. 3 Satz 2) folgt, auch im Sinne des § 16 Nr. 2, eine **Höchstmenge.**

112   **ff) Keine Abgabe aus den für den Praxisbedarf verschriebenen Betäubungsmitteln.** Die Abgabe von Betäubungsmitteln aus dem Praxisbedarf ist **auch im Rahmen einer Behandlung nicht zulässig** (§ 13 Abs. 1 Satz 1 BtMG)[41] und als unerlaubtes Abgeben von Betäubungsmitteln gem. § 29 Abs. 1 Satz 1 Nr. 1 BtMG strafbar. Aus dem Praxisbedarf dürfen Betäubungsmittel lediglich verabreicht oder zum unmittelbaren Verbrauch in der Praxis überlassen werden.

113   **gg) Zusammenfassung.** Nach § 16 Nr. 2b BtMVV, § 29 Abs. 1 Satz 1 Nr. 14 BtMG macht sich strafbar, wer
– als Arzt entgegen § 2 Abs. 3 Satz 1,
– als Zahnarzt entgegen § 3 Abs. 2 Satz 1 oder
– als Tierarzt entgegen § 4 Abs. 3 Satz 1
für den Praxisbedarf
– **andere** als die für den Praxisbedarf zugelassenen Betäubungsmittel oder
– Betäubungsmittel über den als Höchstgrenze iS des § 16 Nr. 2 anzusehenden **Zweiwochenbedarf** hinaus oder
– Betäubungsmittel unter Nichteinhaltung der vorgegebenen Bestimmungszwecke oder sonstiger Beschränkungen, nämlich
    – als Arzt bei Verschreibungen von **Cocain** gegen die Einschränkungen in Bezug auf den Bestimmungszweck, die Darreichungsform und den Gehalt,
    – als Tierarzt bei Verschreibungen von **Cocain** gegen die Einschränkungen in Bezug auf den Bestimmungszweck, die Darreichungsform und den Gehalt, bei **Etorphin** in Bezug auf den Bestimmungszweck,
verschreibt. **Nicht strafbewehrt**[42] ist der Verstoß gegen die Regelung über die **Monatsgrenze** (§ 2 Abs. 3 Satz 2 für den Arzt, § 3 Abs. 2 Satz 2 für den Zahnarzt, § 4 Abs. 3 Satz 2 für den Tierarzt).

114   **c) Verschreibung von Betäubungsmitteln für ein Tier unter Missachtung der dafür geltenden Bestimmungen (Nr. 2c).** Wer als Tierarzt

---

[39] → BtMG Vor § 1 Rn. 61.
[40] Vgl. HJLW/*Winkler* § 2 Rn. 6.4.
[41] Vgl. BT-Drs. 8/3551, 32.
[42] So auch Erbs/Kohlhaas/Pelchen/*Bruns* § 2 Rn. 3; *Weber* § 2 Rn. 24, § 3 Rn. 8, § 4 Rn. 11; missverständlich HJLW/*Winkler* Rn. 3.3.

– andere als die in § 4 zugelassenen Betäubungsmittel,
– innerhalb von 30 Tagen mehr als ein Betäubungsmittel,
– Betäubungsmittel über die in § 4 Abs. 1 festgesetzten Höchstgrenzen hinaus oder

verschreibt, macht sich nach § 16 Nr. 2c BtMVV, § 29 Abs. 1 Satz 1 Nr. 14 BtMG strafbar.

Auch wenn – anders als beim Arzt (Nr. 2a) – die Verweisung in Nr. 2c auf die **Abwei- 115
chungsmöglichkeit des § 4 Abs. 2** nicht ausdrücklich erfolgt ist, ergibt sich doch aus dem Zusammenhang beider Bestimmungen, dass ein Verstoß gegen § 4 Abs. 1 nicht vorliegt, wenn die Verschreibung auf § 4 Abs. 2 gestützt werden kann. Dies ist in begründeten Einzelfällen und unter Wahrung der Sicherheit des Betäubungsmittelverkehrs dann gegeben, wenn „ein besonders schwerer Krankheitsfall" bei einem Tier vorliegt. Dem Tierarzt wird so in Bezug auf Zeitraum, Zahl der Mittel und Höchstmengen eine flexiblere Verordnung ermöglicht – vergleichbar dem Humanmediziner bei der Dauerbehandlung eines Patienten.

Eine Verschreibung nach § 4 Abs. 2 ist mit der **Kennzeichnung „A"** auf dem Rezept 115a
zu versehen (§ 4 Abs. 2 Satz 2). Fehlt der Vermerk, so darf das Rezept nicht beliefert werden (§ 4 Abs. 2 Satz 2, § 9 Abs. 1 Nr. 6, § 12 Abs. 1 Nr. 1b). Der Verstoß gegen die Kennzeichnungspflicht ist (nur) Ordnungswidrigkeit gem. § 4 Abs. 2 Satz 2, § 9 Abs. 1 Nr. 6, § 17 Nr. 1.

d) Form der Anwendung von Substitutionsmitteln. Zur Vermeidung von Miss- 116
brauch hat der Verordnungsgeber für unverzichtbar gehalten,[43] eine Bestimmung einzufügen, nach der die verschriebene Arzneiform des Substitutionsmittels generell **nicht zur parenteralen Anwendung** bestimmt (und verwendbar), also nicht injizierbar sein darf (§ 5 Abs. 4 Satz 3). Üblich ist daher die Verschreibung als Mixtur in Fruchtsaft.[44] Entgegen der dieser Regelung vom Verordnungsgeber beigemessenen Bedeutung sind dennoch Verstöße gegen die Applikationsbestimmung **weder straf- noch bußgeldbewehrt.** Einzige Ausnahme: Zur Behandlung einer schweren Opiatabhängigkeit kann das **Substitutionsmittel Diamorphin** zur parenteralen Anwendung verschrieben werden (§ 5 Abs. 9a S. 1).

**3. Verschreibung von Betäubungsmitteln für den Stationsbedarf unter Missach- 117
tung der dafür geltenden Bestimmungen (Nr. 3).** Wer als verschreibungsberechtigter
– Arzt entgegen § 2 Abs. 4,
– Zahnarzt entgegen § 3 Abs. 3 oder
– Tierarzt entgegen § 4 Abs. 4
für den Stationsbedarf
Betäubungsmittel für andere als die dort bezeichneten Einrichtungen oder
– andere als die dort bezeichneten Betäubungsmittel oder
– dort bezeichnete Betäubungsmittel unter Nichteinhaltung der vorgegebenen Bestimmungszwecke oder sonstiger Beschränkungen
verschreibt, macht sich nach § 16 Nr. 3 BtMVV, § 29 Abs. 1 Satz 1 Nr. 14 BtMG strafbar.

a) Von den Vorschriften erfasste Einrichtungen. Für den Humanmediziner und den 118
Zahnarzt gleichlautend spricht das Gesetz von „Krankenhäusern oder Teileinheiten eines Krankenhauses" (§ 2 Abs. 4 bzw. § 3 Abs. 3), für den Tierarzt von „Tierkliniken oder Teileinheiten einer Tierklinik" (§ 4 Abs. 4).

aa) Krankenhaus. Krankenhäuser sind *„Einrichtungen, in denen durch ärztliche und pflegeri- 119
sche Hilfeleistung Krankheiten, Leiden oder Körperschäden festgestellt, geheilt oder gelindert werden oder Geburtshilfe geleistet wird und in denen die zu versorgenden Personen untergebracht und verpflegt werden können."*[45]

---

[43] So BR-Drs. 252/01, 50.
[44] Vorkommen von Injektionen von Mixturen häufen sich gleichwohl, Vgl. *Musshoff/Dettmeyer/Banaschak/ Madea*, Rechtsmedizinische Erfahrungen zum Verschreibungsverhalten von Methadon, Rechtsmedizin 2002, 164.
[45] § 2 Nr. 1 Krankenhausfinanzierungsgesetz – KHG idF der Bek. vom 10.4.1991, BGBl. I S. 886 (FNA 2126-9).

120   **bb) Kur- und Spezialeinrichtungen.** Den Krankenhäusern stehen hinsichtlich der Arzneimittelversorgung ... Kur- und Spezialeinrichtungen gleich, *„die der Gesundheitsvorsorge oder der medizinischen oder beruflichen Rehabilitation dienen, sofern sie*
1. *Behandlung oder Pflege sowie Unterkunft und Verpflegung gewähren,*
2. *unter ständiger hauptberuflicher ärztlicher Leitung stehen und*
3. *insgesamt mindestens 40 vom Hundert der jährlichen Leistungen für Patienten öffentlich-rechtlicher Leistungsträger oder für Selbstzahler abrechnen, die keine höheren als die den öffentlich-rechtlichen Leistungsträgern berechneten Entgelte zahlen".*[46]

121   **cc) Altenheime.** Für die reguläre Versorgung der Heiminsassen in Altenheimen, die keine Krankenhäuser iSv § 14 Abs. 8 ApoG sind, können von einem Arzt Betäubungsmittel nur für den einzelnen Patienten und nur auf Betäubungsmittelrezept verschrieben werden.[47]

122   **b) Verschreibungsberechtigte.** Verschreibungsberechtigt ist der **leitende Arzt (bzw. Zahn- oder Tierarzt)** des Krankenhauses (bzw. der Klinik) oder der Abteilung des Hauses oder bei dessen Abwesenheit sein **Vertreter.**

123   Als Leiter einer Teileinheit eines Krankenhauses wird auch ein **Belegarzt** angesehen, dem aufgrund seines Belegarztvertrages Betten in einem räumlich und organisatorisch von anderen Bereichen des Krankenhauses abgegrenzten Bereich zur Verfügung stehen.[48] Diese Voraussetzung ist nicht gegeben, wenn eine derartige Situation nicht gegeben ist und lediglich „Streubetten" genutzt werden können. In diesem Falle ist der Belegarzt nur berechtigt, Betäubungsmittel für den jeweiligen Patienten nach § 2 Abs. 1, ggf. nach § 2 Abs. 2 oder für den Bedarf seiner (stationären und/oder ambulanten) Praxis nach § 2 Abs. 3 zu verschreiben.

124   Ein Belegarzt ist ein nicht am Krankenhaus angestellter niedergelassener Arzt, der berechtigt ist, seine *„Patienten (Belegpatienten) im Krankenhaus unter Inanspruchnahme der hierfür bereitgestellten Dienste, Einrichtungen und Mittel vollstationär oder teilstationär zu behandeln, ohne hierfür vom Krankenhaus eine Vergütung zu erhalten."*[49]

125   Der Belegarzt handelt als freiberuflicher Arzt auch in seiner stationären therapeutischen Tätigkeit eigenverantwortlich und unabhängig. Er ist weder in eine hierarchische Krankenhausstruktur eingegliedert, noch steht er zum Krankenhausträger in einem Arbeitsverhältnis oder arbeitnehmerähnlichen Verhältnis. Auch wenn ein Belegarzt in einem Belegkrankenhaus als leitender Arzt fungiert, ist er somit nur berechtigt, Betäubungsmittel für den von ihm eigenverantwortlich wahrgenommenen Teilbereich zu verschreiben.[50]

126   **c) Betäubungsmittelanforderungsschein.** Betäubungsmittel für den Stationsbedarf dürfen nur auf einem Betäubungsmittelanforderungsschein (§ 10) verschrieben werden, auf dem je nach Bedarf ein oder mehrere Betäubungsmittel verschrieben werden können.

127   **d) Für den Stationsbedarf verschreibungsfähige Betäubungsmittel.** Humanmediziner und Zahnärzte können für den Stationsbedarf dieselben Betäubungsmittel verschreiben, die für den Praxisbedarf unter den dort festgelegten Beschränkungen über Bestimmungszweck, Gehalt und Darreichungsform verschreibungsfähig sind. Insoweit – auch in Bezug auf den unterschiedlichen Kreis der Betäubungsmittel bei den Humanmedizinern und den Zahnärzten – wird auf die Darstellung bei → Rn. 110 ff. verwiesen. Für den Stationsbedarf einer Tierklinik oder einer Abteilung einer Tierklinik können grundsätzlich auch dieselben Betäubungsmittel verschrieben werden, die für den Praxisbedarf unter den dort festgelegten Beschränkungen über Bestimmungszweck, Gehalt und Darreichungsform verschreibungsfähig sind – ausgenommen ist aber Etorphin, das nur zur Immobilisierung

---

[46] Vgl. § 14 Abs. 8 Nr. 2 Gesetz über das Apothekenwesen – ApoG – idF der Bek. vom 15.10.1980, BGBl. I S. 1993 (FNA 2121-2).
[47] Vgl. HJLW/*Winkler* § 2 Rn. 7.1.
[48] HJLW/*Winkler* § 2 Rn. 7.5.
[49] Vgl. § 121 Abs. 2 Sozialgesetzbuchs – Fünftes Buch – (SGB V) – Gesetzliche Krankenversicherung vom 20.12.1988, BGBl. I S. 2477 (FNA 860-5).
[50] HJLW/*Winkler* § 2 Rn. 7.6.

von Zoo-, Zirkus- und Tieren in Wildgehegen verschreiben werden darf und daher nicht zum klinischen Einsatz gelangt.

e) Höchstmengen. Eine Höchstmengenbegrenzung für Verschreibungen für den Stati- **128** onsbedarf ist nicht vorhanden, wie sich aus dem Fehlen der Verweisung in § 2 Abs. 4 Satz 2 auch auf § 2 Abs. 3 Satz 2 (bzw. in § 3 Abs. 3 Satz 2 eben nicht auf § 3 Abs. 2 Satz 2 beim Zahnarzt und in § 4 Abs. 4 Satz 2 eben nicht auf § 4 Abs. 3 Satz 2 für den Tierarzt) ergibt. Aus Sicherheitsgründen (§ 15 BtMG) sollten die Bestände den durchschnittlichen Monatsbedarf aber nicht überschreiten.

f) Keine Abgabe aus den für den Stationsbedarf verschriebenen Betäubungs- 129 mitteln. Die Abgabe von Betäubungsmitteln aus dem Stationsbedarf ist **auch im Rahmen einer Behandlung nicht zulässig** (§ 13 Abs. 1 Satz 1 BtMG)[51] und als unerlaubtes Abgeben von Betäubungsmitteln gem. § 29 Abs. 1 Satz 1 Nr. 1 BtMG strafbar. Aus dem Stationsbedarf dürfen Betäubungsmittel lediglich verabreicht oder zu in unmittelbaren Verbrauch in der Praxis überlassen werden.

4. Verschreibung von Betäubungsmitteln für die Ausrüstung von Kauffahrtei- 130 schiffen unter Missachtung der dafür geltenden Bestimmungen (Nr. 4). Wer **ohne Auftrag** der zuständigen Behörde für die Ausrüstung von Kauffahrteischiffen Betäubungsmittel oder andere als das bei Kauffahrteischiffen ohne Schiffsarzt allein zugelassene Betäubungsmittel Hydromorphon verschreibt, macht sich nach § 16 Nr. 4 strafbar.

a) Kauffahrteischiffe. Unter „Kauffahrteischiffen" werden nur die **zur See fahrenden 131 Handelsschiffe,** die Güter und/oder Fahrgäste befördern, und Fischereifahrzeuge verstanden,[52] nicht Fahrzeuge der Binnenschifffahrt. Gem. § 7 Abs. 6 sind die für das Verschreiben von Betäubungsmitteln für Kauffahrteischiffe geltenden Bestimmungen auch für die **Ausrüstung anderer Seeschiffe,** wie zB Forschungs- und Traditionsschiffe,[53] anzuwenden. Die Zuwiderhandlung hiergegen ist aber, da § 7 Abs. 6 in § 16 Nr. 4 nicht in Bezug genommen wurde, nicht strafbar.

b) Verschreibungsberechtigte Ärzte. Verschreibungsberechtigt ist nur ein von der 132 zuständigen Behörde beauftragter Arzt, das ist im Allgemeinen ein Arzt des hafenärztlichen Dienstes.

c) Zugelassene Betäubungsmittel. Mit welchen Betäubungsmitteln in welchen Men- 133 gen Kauffahrteischiffe ausgerüstet werden müssen, ist in der Maritime-Medizin-VO[54] festgelegt. Für die Ausrüstung der Kauffahrteischiffe ohne Schiffsarzt darf seit der Änderung durch die 23. BtMÄndVO[55] **nur Morphin** als „Mittel gegen sehr stark wirkende Schmerzen" verschrieben werden, während für die Ausrüstung von Kauffahrteischiffen mit Schiffsarzt oder von Seeschiffen, die nicht die Bundesflagge führen, auch andere Betäubungsmittel der Anlage III verschrieben werden können, damit sie „entsprechend international üblicher Praxis auch in deutschen Häfen im erforderlichen Umfang mit Betäubungsmitteln ausgerüstet werden können".[56]

5. Verschreibung, Verabreichung oder Überlassung von Diamorphin außerhalb 134 einer zugelassenen Einrichtung (Nr. 5). Die Vorschrift wurde eingefügt durch Art. 3 Nr. 10 Gesetz zur diamorphingestützten Substitutionsbehandlung vom 15.7.2009.[57] Dadurch wurde der Straftatenkatalog des § 16 für die Diamorphinsubstitution angepasst.

---

[51] Vgl. BT-Drs. 8/3551, 32.
[52] HJLW/*Winkler* § 7 Rn. 1.
[53] BR-Drs. 881/97, 55.
[54] Maritime-Medizin-Verordnung vom 14.8.2014, BGBl. I S. 1383 (FNA 9513-21-1).
[55] → BtMG Vor § 1 Rn. 89, in Kraft seit 25.3.2009: in § 7 Absatz 2 Satz 1 wurden die Wörter „entweder das Betäubungsmittel Hydromorphon oder" gestrichen.
[56] BR-Drs. 881/97, 55.
[57] BGBl. I S. 1801, 1803.

135   **a) Einrichtung.** § 5 Abs. 9b knüpft an den neuen § 13 Abs. 3 Satz 2 Nr. 2a BtMG an, wonach eine Substitutionstherapie mit Diamorphin nur in Einrichtungen durchgeführt werden darf, denen durch die zuständige **Landesbehörde eine entsprechende Erlaubnis** erteilt wurde. Die Vorschrift nennt die Voraussetzungen für die Erteilung dieser Erlaubnis im Hinblick auf ihre Einbindung in das örtliche Suchthilfesystem und die personelle und sachliche Ausstattung der Einrichtung. Die sachliche Ausstattung schließt auch geeignete Sicherheitsvorkehrungen für die mit Diamorphin substituierenden Einrichtungen mit ein. Die näheren Einzelheiten der sachlichen Ausstattung sowie der Sicherheitsvorkehrungen sollen (möglichst einheitlich) in Richtlinien der Länder geregelt werden.

136   **b) Tathandlungen.** Die Tatbestandsalternativen des § 16 Nr. 5 (Verschreiben, Verabreichen und Verbrauchsüberlassung) haben dieselbe Bedeutung wie bei den Grundtatbeständen des § 29 Abs. 1 S. 1 Nr. 6 BtMG. Auf die dortigen Kommentierungen wird verwiesen.

137   **aa) Verschreiben.** Gemeint ist nicht nur die Verschreibung ausschließlich zur Verabreichung und Verbrauchsüberlassung ausschließlich innerhalb der Einrichtung, sondern auch die Verschreibung selbst innerhalb der Einrichtung. Darin kommt das Bemühen um hohe Sicherheit beim Umgang mit Diamorphin zum Ausdruck.

138   **bb) Verabreichen und Verbrauchsüberlassung.** § 5 Abs. 9c bestimmt, dass das Überlassen und der Verbrauch von Diamorphin nur innerhalb der Einrichtung und nur unter Aufsicht des Arztes oder des sachkundigen Personals und nur bei psychosozialer Betreuung während der ersten sechs Monate erfolgen darf. Strafbewehrt ist allerdings nur der Verstoß gegen das erstgenannte Erfordernis (nur innerhalb der Einrichtung), Verstöße gegen die anderen Erfordernisse sind nicht einmal bußgeldbewehrt.

139   **c) Nur innerhalb der Einrichtung.** Die Beschränkung der Verschreibung, Verabreichung und Verbrauchsüberlassung ausschließlich auf die Einrichtung soll die lückenlose Überwachung des Verbleibs des Diamorphins sicherstellen. Diamorphin darf die Einrichtung nicht verlassen.

140   **aa) Kein Take-home.** Die Aushändigung einer Verschreibung über eine für bis zu sieben Tage benötigte Menge an eine Patientin oder einen Patienten gemäß § 5 Abs. 8 (sog. Take-home), ist bei der Diamorphinsubstitution ausgeschlossen.

141   **bb) Keine Ausnahme bei Krankenhausaufenthalt.** Verabreichung und Überlassung zum alsbaldigen Verbrauch sind an den Aufenthalt des Patienten in den Räumen der Einrichtung gebunden. Es ist daher auch für den Behandelnden nicht erlaubt, die für einen Patienten benötigte Dosis aus dem Vorrat zu entnehmen und dem Patienten anderswo zur Verfügung zu stellen, selbst nicht bei einem Aufenthalt in einem Krankenhaus.[58]

III. Der subjektive Tatbestand

142   Die Strafbarkeit eines der vorstehenden Verstöße gegen die BtMVV setzt **vorsätzliche** Begehungsweise voraus; bedingter Vorsatz genügt. **Fahrlässige** Tatbegehung ist nicht strafbar (vgl. § 29 Abs. 4 BtMG).

C. Täterschaft und Teilnahme

143   Die Abgrenzung zwischen (Mit-)Täterschaft und Teilnahme erfolgt nach allgemeinen Grundsätzen des Strafrechts über die Abgrenzung zwischen diesen Beteiligungsformen.

---

[58] HJLW/*Winkler* § 5 Rn. 19.1.

D. Deliktsverwirklichungsstufen

Der Versuch ist nicht strafbar (§ 29 Abs. 2 BtMG).   **144**

E. Konkurrenzen

Für die **Konkurrenzen** gelten die allgemeinen Regeln, insbesondere die des § 21 Abs. 1 **145**
OWiG über den Vorrang des Strafgesetzes beim Zusammentreffen einer Straftat mit einer
Ordnungswidrigkeit.

F. Rechtsfolgen

Der von § 29 Abs. 1 S. 1 Nr. 14 BtMG eröffnete Strafrahmen reicht von Geldstrafe bis **146**
zu 5 Jahren Freiheitsstrafe. Ein (unbenannter) besonders schwerer Fall gem. § 29 Abs. 3
Satz 1 BtMG führt zu einem Strafrahmen von einem Jahr Mindeststrafe bis zu 15 Jahren
Freiheitsstrafe (§ 38 Abs. 2 StGB).

Als Maßregel der Besserung und Sicherung kommt die Anordnung eines **Berufsverbots** **147**
(§ 70 StGB) in Betracht. Es sind aber auch berufsrechtliche Folgen bis hin zum Entzug der
Approbation möglich.

§ 17 Ordnungswidrigkeiten

**Ordnungswidrig im Sinne des § 32 Abs. 1 Nr. 6 des Betäubungsmittelgesetzes
handelt, wer vorsätzlich oder leichtfertig**
1. **entgegen § 5b Absatz 2, § 7 Abs. 1 Satz 2 oder Abs. 4, § 8 Abs. 6 Satz 2, § 9
   Abs. 1, auch in Verbindung mit § 2 Abs. 2 Satz 2, § 4 Abs. 2 Satz 2, § 5 Absatz 6
   Satz 3, § 7 Abs. 5 Satz 3 oder § 8 Abs. 6 Satz 5, § 11 Abs. 1 oder § 12 Abs. 3,
   eine Angabe nicht, nicht richtig, nicht vollständig oder nicht in der vorgeschriebenen Form macht,**
2. **entgegen § 5 Absatz 11 die erforderlichen Maßnahmen nicht oder nicht vollständig dokumentiert oder der zuständigen Landesbehörde die Dokumentation nicht zur Einsicht und Auswertung vorlegt oder einsendet,**
3. **entgegen § 8 Abs. 1 Satz 1, auch in Verbindung mit § 7 Abs. 1, Betäubungsmittel nicht auf einem gültigen Betäubungsmittelrezept oder entgegen § 10 Abs. 1
   Satz 1 Betäubungsmittel nicht auf einem gültigen Betäubungsmittelanforderungsschein verschreibt,**
4. **entgegen § 8 Abs. 3 für seine Verwendung bestimmte Betäubungsmittelrezepte überträgt oder bei Aufgabe der Tätigkeit dem Bundesinstitut für Arzneimittel und Medizinprodukte nicht zurückgibt,**
5. **entgegen § 8 Abs. 4 Betäubungsmittelrezepte nicht gegen Entwendung sichert
   oder einen Verlust nicht unverzüglich anzeigt,**
6. **entgegen § 8 Abs. 5, § 10 Abs. 4 oder § 12 Abs. 4 Satz 1 die dort bezeichneten
   Teile der Verschreibung oder der Verschreibung für den Stationsbedarf, den
   Notfallbedarf und den Rettungsdienstbedarf nicht oder nicht vorschriftsmäßig
   aufbewahrt,**
7. **entgegen § 8 Abs. 6 Satz 4 die Verschreibung nicht unverzüglich der Apotheke
   nachreicht,**
8. **entgegen § 10 Abs. 3 Satz 3 keinen Nachweis über die Weitergabe von Betäubungsmittelanforderungsscheinen führt,**

9. **einer Vorschrift des § 13 Abs. 1 Satz 1, Abs. 2 oder 3 oder des § 14 über die Führung von Aufzeichnungen, deren Prüfung oder Aufbewahrung zuwiderhandelt oder**

10. **entgegen § 5 Absatz 3 Satz 1 oder Absatz 4 oder Absatz 5 oder § 5a Absatz 1 Satz 2 Nummer 1 ein Substitutionsmittel verschreibt, ohne die Mindestanforderungen an die Qualifikation zu erfüllen oder ohne einen Konsiliarius in die Behandlung einzubeziehen oder ohne sich als Vertreter, der die Mindestanforderungen an die Qualifikation nicht erfüllt, abzustimmen oder ohne die diamorphinspezifischen Anforderungen an die Qualifikation nach § 5a Absatz 1 Satz 2 Nummer 1 zu erfüllen.**

Übersicht

A. Überblick

I. Rechtliche Einordnung

§ 17 über die Ahndung bestimmter Zuwiderhandlungen gegen Regelungen der BtMVV **1** verweist auf die Blankettvorschrift des 32 Abs. 1 Nr. 6 BtMG. Während § 16 schwerwiegende Verstößen gegen die BtMVV unter Strafe stellt, enthält § 17 Bestimmungen über die Verfolgbarkeit **leichterer oder fahrlässig begangener Verstöße gegen die Regelungen der BtMVV über das Verschreiben von BtM und aller Verstöße gegen die Regelungen der BtMVV über die Abgabe und den Nachweis des Verbleibs von BtM** als Ordnungswidrigkeiten. Mit den Sanktionierungen in §§ 16 und 17 soll zur Sicherheit und Kontrolle des BtM-Verkehrs beigetragen und im Interesse der BtM-Abhängigen eine ordnungsgemäße Durchführung des Verschreibens durchgesetzt werden.[1]

II. Regelungstechnik

§ 13 Abs. 3 BtMG ermächtigt die Bundesregierung in ihrer Gesamtheit, mit Zustimmung **2** des Bundesrats das Verschreiben der dazu zugelassenen BtM, ihre Abgabe auf Grund einer Verschreibung und das Aufzeichnen ihres Verbleibs durch Rechtsverordnung zu regeln. Dies ist mit der BtMVV geschehen. § 32 Abs. 1 Nr. 6 BtMG gibt dem Verordnungsgeber die Möglichkeit, durch **ausdrückliche Verweisung** in der Verordnung auf § 32 Abs. 1 Nr. 5 BtMG bestimmte Zuwiderhandlungen gegen die Bestimmungen der Verordnung als Ordnungswidrigkeiten auszugestalten. Dies ist durch die Rückverweisung in § 17 BtMVV geschehen: „*Ordnungswidrig im Sinne des § 32 Abs. 1 Nr. 6 BtMG handelt, wer …*". § 17 ist also im Zusammenhang mit § 32 Abs. 1 Nr. 6 BtMG zu verstehen und anzuwenden.

III. Unbewehrbarkeit von Regelungen auf der Grundlage von § 11 Abs. 2 Satz 2 Nr. 1 und § 13 Abs. 3 Satz 2 Nr. 1 und 5 BtMG

§ 32 Abs. 1 Nr. 6 BtMG bezieht sich auf Rechtsverordnungen auf Grund von §§ 11 **3** Abs. 2 Satz 2 Nr. 2–4, 12 Abs. 4, 13 Abs. 3 Satz 2 Nr. 2, 3 oder 4, 20 Abs. 1 BtMG (bisher nicht ausgefüllt) und § 28 Abs. 2 BtMG (bisher nicht ausgefüllt). Im Falle des § 12 BtMG ist also umfassend auf dessen Abs. 4 verwiesen; dagegen ist die Verweisung in den Fällen der §§ 11 und 13 BtMG insofern unvollkommen, als auf die Grundnormen (§ 11 Abs. 2 Satz 1 und § 13 Abs. 3 Satz 1 BtMG) nicht Bezug genommen wird. Lediglich § 11 Abs. 2 Satz 2 Nr. 2–4 bzw. § 13 Abs. 3 Satz 2 Nr. 2, 3 oder 4 BtMG sind einbezogen. Regelungen in Rechtsverordnungen, die über § 11 Abs. 2 Satz 2 Nr. 2–4 BtMG bzw. § 13 Abs. 3 Satz 2 Nr. 2, 3 oder 4 BtMG hinausgehen und sich nur auf § 11 Abs. 2 Satz 1 BtMG bzw. auf § 13 Abs. 3 Satz 1 BtMG stützen können, sind daher nicht bewehrbar.[2] Bei dieser eingeschränkten Möglichkeit der Bewehrung von Verstößen handelt es sich wohl – wie aus dem Gegenbeispiel der umfassenden Bewehrung des § 12 Abs. 4 BtMG geschlossen werden darf – gerade nicht um ein **gesetzgeberisches Versehen**.[3] Dies hat allerdings kaum Auswirkungen auf § 17 BtMVV: Nr. 1, da die Ordnungswidrigkeiten allesamt Pflichtverstöße betreffen, die den formalen Teil der Verschreibungen betreffen, deren Rechtsgrundlage wiederum § 13 Abs. 3 Satz 2 Nr. 3 und 4 BtMG ist. Auch wenn es sich um eine missglückte Formulierung handelt, dürfte der Begriff „amtliches Formblatt" denjenigen der Verschreibung umfassen, sodass § 9 BtMVV als Konkretisierung speziell des § 13 Abs. 2 Nr. 4 anzusehen und nicht lediglich auf § 13 Abs. 3 S. 1 zu stützen ist. Anderes dürfte wohl für § 17 Nr. 2 BtMVV gelten, dessen Verweisungsnorm (§ 5 Abs. 10) sich wohl nur auf die allgemeine Ermächti-

---

[1] Begründung der Bundesregierung zum Entwurf der 10. BtMÄndVO vom 6.11.1997, BR-Drs. 881/97, 58.

[2] *Katholnigg*, Besprechung der 1. Aufl. von: *Weber*, BtMG, GA 1999, 500 (501/502) und *Weber* BtMG § 11 Rn. 33, BtMG § 32 Rn. 12, in der 2. (→ BtMG § 11 Rn. 34, § 13 Rn. 133, § 32 Rn. 12) und 3. Aufl. darauf Bezug nehmend.

[3] AA *Weber* BtMG § 32 Rn. 12 sowie 2. Aufl.

gung in § 13 Abs. 1 S. 1 stützen, aber nicht unter Nr. 2–4 subsumieren lässt. § 17 Nr. 3–9 BtMVV können sich – wie Nr. 1 – auf § 13 Abs. 3 Satz 2 Nr. 4 BtMG berufen, – § 17 Nr. 10 BtMVV lässt sich auf § 13 Abs. 3 Satz 2 Nr. 2 BtMG stützen (auch soweit es um die Einbeziehung eines entsprechend qualifizierten Konsiliararztes geht).

IV. Kriminalpolitische Bedeutung

4   In der gerichtlichen Praxis kommt den Tatbeständen des § 17 BtMVV **keine Bedeutung** zu. Statistische Falldaten sind nicht vorhanden.

B. Erläuterung

I. Geltungsbereich

5   Der Geltungsbereich der Tatbestände des § 17 erstreckt sich nach dem Gebietsgrundsatz auf das Staatsgebiet der Bundesrepublik Deutschland sowie außerhalb dieses Gebiets auf Schiffe oder Luftfahrzeuge, die berechtigt sind, die Bundesflagge oder das Staatszugehörigkeitskennzeichen der Bundesrepublik Deutschland zu führen (§ 5 OWiG).

6   **Inlandstaten** unterliegen der Bestimmung des § 17 unabhängig davon, ob die Tat durch einen Ausländer oder einen Deutschen begangen wurde.

7   **Auslandstaten** sind kaum vorstellbar, weil die Tathandlung (Verstoß gegen Vorschriften einer deutschen Rechtsverordnung) nur in der Bundesrepublik Deutschland ahndbar ist und weil ausländische Apotheken – zurzeit jedenfalls – deutsche BtM-Rezepte nicht einlösen. Sollten Verschreibungen unter Verstoß gegen die BtMVV im Ausland vorgenommen werden mit dem Ziel, sie in Deutschland einzulösen, so gälte wiederum deutsches Strafrecht (Erfolgsort nach § 7 Abs. 1 OWiG).

II. Objektiver Tatbestand (Modalitäten im Einzelnen)

8   Tathandlungen sind ausschließlich die nicht als Vergehen eingestuften **Verstöße, die bei Gelegenheit grundsätzlich erlaubter Tätigkeit bei der Verschreibung, der Abgabe und des Nachweises von Verbleib und Bestand von BtM** unter Verletzung der betreffenden Regelungen der BtMVV selbst begangen wurden, während das unerlaubte Verschreiben von BtM und die unerlaubte Abgabe bzw. Apothekenabgabe nach § 29 Abs. 1 Satz 1 Nr. 6a bzw. Nr. 1 bzw. 7 BtMG strafbar ist.

9   **1. Verstöße gegen die Verpflichtung zu bestimmten Angaben (Nr. 1).** Nr. 1 fasst die Tathandlungen zusammen, die unterlassene, unvollkommene oder sonst unrichtige Angaben betreffen.[4]

Übersicht über die Tathandlungen des § 17 Nr. 1	
§ 5 Abs. 9 Satz 2 und 3	Angaben auf der Substitutionsbescheinigung
§ 5 Abs. 9 Satz 2 und 3 iVm. § 5 Abs. 12	Angaben auf der Substitutionsbescheinigung im Falle der Vergabe aus dem Praxis- oder Stationsbedarf
§ 5a Abs. 2 Satz 1 bis 4	Angaben zum Substitutionsregister
§ 7 Abs. 1 Satz 2 oder Abs. 4	Angaben auf Rezepten für Kauffahrteischiffe oder Angaben auf einer Empfangsbescheinigung für die Ausrüstung von Kauffahrteischiffen
§ 8 Abs. 6 Satz 2	Angabe „Notfall-Verschreibung" auf Normalrezept bei Notfallverschreibungen
§ 9 Abs. 1	Angaben auf dem BtM-Rezept
§ 9 Abs. 1 iVm. § 2 Abs. 2 Satz 2	Angabe „A" auf dem BtM-Rezept
§ 9 Abs. 1 iVm. § 4 Abs. 2 Satz 2	Angabe „A" auf dem BtM-Rezept

---

[4] Vgl. auch KPV/*Patzak* § 32 Rn. 26.

Übersicht über die Tathandlungen des § 17 Nr. 1	
§ 9 Abs. 1 iVm. § 5 Abs. 4 Satz 1	Angabe „S" auf dem BtM-Rezept
§ 9 Abs. 1 iVm. § 7 Abs. 5 Satz 3	Angabe „K" auf dem BtM-Rezept
§ 9 Abs. 1 iVm. § 8 Abs. 6 Satz 5	Angabe „N" auf dem BtM-Rezept
§ 11 Abs. 1	Angaben auf dem BtM-Anforderungsschein
§ 12 Abs. 3	Apothekenvermerke auf dem BtM-Rezept

a) Angaben auf der Substitutionsbescheinigung. Die Substitutionsbescheinigung **10** (§ 5 Abs. 9) soll den **zeitweiligen oder endgültigen Arztwechsel** bei bestehender Substitution ermöglichen. Dabei hat der bisher behandelnde Arzt vor allem das verschriebene Substitutionsmittel, die Tagesdosis, den Beginn des Verschreibens und der Abgabe bei täglicher Vergabe oder ggf. den Beginn des Verschreibens von Take-home-Dosen anzugeben, um dem nunmehr behandelnden Arzt die nötigen Kenntnisse über den aktuellen Stand der Substitution zu vermitteln und insbesondere zu verhindern, dass der Patient die regelhafte Sechsmonatsfrist bis zum Beginn der Take-home-Verschreibung (vgl. Nr. 9 Abs. 2 BÄK-Richtlinien) beim neuen Arzt neu durchlaufen muss. Die Regelung betrifft nicht die **ärztliche Vertretung** in den Räumen der Praxis des behandelnden Arztes; hierfür ist eine Substitutionsbescheinigung nicht erforderlich.[5] Die Regelung stellt klar, dass für den neu behandelnden Arzt eine Übernahme der bisherigen Behandlungsstandards und vor allem auch die **Fortsetzung einer Take-home-Verschreibung** auf der Grundlage einer Substitutionsbescheinigung möglich ist.[6] Seit den Änderungen durch die 10. BtMÄndVO wird auf die Übersendung einer Kopie der Substitutionsbescheinigung an die zuständige Landesbehörde verzichtet. Wer **entgegen § 5 Abs. 9 Satz 2 und 3** auch nur eine der dort vorgeschriebenen Angaben auf der Substitutionsbescheinigung unterlässt, fehlerhaft, unvollständig oder nicht in der vorgeschriebenen Form (zB nicht unter Verwendung eines BtM-Rezepts) macht, handelt ordnungswidrig gem. §§ 5 Abs. 9 Satz 2 und 3, 17 Nr. 1 BtMVV iVm § 32 Abs. 1 Nr. 6 BtMG.[7]

b) Angaben auf der Substitutionsbescheinigung im Falle der Vergabe aus dem 11 Praxis- oder Stationsbedarf. § 5 Abs. 12 stellt klar, dass die Vorschriften nach den Absätzen 2 bis 10 auch entsprechend anzuwenden sind, wenn das Substitutionsmittel nicht auf einem patientenbezogenen Rezept, sondern als Praxis- oder Stationsbedarf verschrieben wurde. Entsprechend sind diese Daten der Vergabe an den Patienten auf der Substitutionsbescheinigung anzugeben. Auf die vorstehenden Ausführungen (→ Rn. 10) wird verwiesen.

c) Angaben zum Substitutionsregister. § 5a BtMVV beruht auf der Ermächtigung **12** der Bundesregierung in § 13 Abs. 3 Nr. 3 BtMG, ein Meldesystem über das Verschreiben von Substitutionsmitteln (Substitutionsregister) einzuführen. Mit dem Substitutionsregister sollen **Mehrfachsubstitutionen desselben Patienten vermieden** werden. § 5a Abs. 2 bestimmt den Zeitpunkt („unverzüglich") und den Inhalt der zu erstattenden Meldungen sowie den Patientencode zur Anonymisierung der Patientendaten. Wer **entgegen § 5a Abs. 2** (der Zusatz „Satz 1 bis 4" in § 17 Nr. 1 ist bei der derzeit geltenden Fassung der BtMVV überflüssig) auch nur eine der dort vorgeschriebenen Angaben unterlässt oder fehlerhaft, unvollständig, nicht in der vorgeschriebenen Zeit („unverzüglich"), uncodiert (§ 5a Abs. 2 Satz 3) oder unüberprüft (§ 5a Abs. 2 Satz 3) zum Substitutionsregister meldet, handelt ordnungswidrig gem. §§ 17 Nr. 1, 5a Abs. 2 BtMVV iVm § 32 Abs. 1 Nr. 6 BtMG. § 5a Abs. 2 ist am 1.7.2002 in Kraft getreten.[8] Erst ab diesem Zeitpunkt kommen Ordnungswidrigkeiten in Betracht.

d) Angaben auf Rezepten für Kauffahrteischiffe oder Angaben auf einer Empfangsbescheinigung für die Ausrüstung von Kauffahrteischiffen. Diese Tathandlung **13**

---

[5] BR-Drs. 881/97, 54.
[6] BR-Drs. 881/97, 54/55.
[7] KPV/*Patzak* § 32 Rn. 26.
[8] Art. 4 15. BtMÄndVO.

kann vom Arzt oder vom Apotheker begangen werden: Auf BtM-Rezepten für die Aus-
rüstung von Kauffahrteischiffen sind gem. § 7 Abs. 1 Satz 2 in Abweichung von den
normalen BtM-Rezepten **vom Arzt** (vgl. § 7 Abs. 2 Satz 1) der Name des Schiffes, der
Name des Reeders und der Heimathafen des Schiffes (§ 7 Abs. 4 Nr. 4–6) anstelle des
Namens des Patienten und der Gebrauchsanweisung mit Einzel- und Tagesangabe (§ 9
Abs. 1 Nr. 1 und 5) anzugeben.[9] Gibt **der Apotheker** ausnahmsweise ohne ärztliche
Verschreibung BtM für die Ausrüstung von Kauffahrteischiffen gem. § 7 Abs. 3 ab, so hat
er sich den Empfang von dem auf dem Schiff für die Krankenfürsorge Verantwortlichen
bescheinigen zu lassen. Die Bescheinigung muss – entsprechend den BtM-Rezepten für
die Ausrüstung von Kauffahrteischiffen gem. § 7 Abs. 1 Satz 2 – enthalten (§ 7 Abs. 4):
die Bezeichnung der verschriebenen Arzneimittel nach § 9 Abs. 1 Nr. 3, die Menge der
abgegebenen Arzneimittel nach § 9 Abs. 1 Nr. 4, das Abgabedatum, den Namen des Schiffes, den Namen des Reeders, den Heimathafen des Schiffes und die Unterschrift des
für die Krankenfürsorge Verantwortlichen. Die Verantwortung für die Richtigkeit und
Vollständigkeit der Bescheinigung trägt der abgebende Apotheker. Wer **entgegen § 7
Abs. 1 Satz 2** (als Arzt) oder **entgegen § 7 Abs. 4** (als Apotheker) auch nur eine der
dort vorgeschriebenen Angaben unterlässt, fehlerhaft, unvollständig oder nicht in der
vorgeschriebenen Form (zB im Falle des Arztes nicht unter Verwendung eines BtM-
Rezepts) macht, handelt ordnungswidrig gem. §§ 17 Nr. 1, 7 Abs. 1 Satz 2 bzw. § 7 Abs. 4
BtMVV iVm § 32 Abs. 1 Nr. 6 BtMG.

14   **e) Angabe „Notfall-Verschreibung" auf Normalrezepten bei Notfallverschreibungen.** Mit der durch die 10. BtMÄndVO eingeführten Regelung des § 8 Abs. 6 BtMVV
ist das Verschreiben von BtM in Notfällen auch ohne BtM-Rezept ermöglicht worden.
Der Verordnungsgeber hat damit Forderungen einzelner Länder und medizinischer Fachgesellschaften entsprochen.[10] Eine derartige Verschreibung ist mit dem Wort „Notfall-Verschreibung" zu kennzeichnen (§ 8 Abs. 6 Satz 2). Wer **entgegen § 8 Abs. 6** diese Kennzeichnung unterlässt, fehlerhaft, unvollständig oder nicht in der vorgeschriebenen Form
macht, handelt ordnungswidrig gem. §§ 17 Nr. 1, § 8 Abs. 6 Satz 2 BtMVV iVm § 32 Abs. 1
Nr. 6 BtMG.

15   **f) Angaben auf dem BtM-Rezept.** § 9 Abs. 1 legt fest, welche notwendigen Angaben
auf dem BtM-Rezept zu machen sind. Durch die 10. BtMÄndVO ist das Ausfertigen eines
BtM-Rezeptes spürbar erleichtert worden, zB wurde durch die geänderte Formulierung in
Nummer 3 darauf verzichtet, solche Angaben zu wiederholen, die bereits in der Arzneimittelbezeichnung enthalten sind; mit der neuen Formulierung erübrigt sich auch die zuvor
nötige Differenzierung zwischen Fertigarzneimittel, Rezeptur und homöopathischem Fertigarzneimittel; darüber hinaus wurde auf die Wiederholung angegebener Stückzahlen in
Worten verzichtet.[11] Durch die in § 9 Abs. 2 durch die 10. BtMÄndVO vorgenommenen
Änderungen sind nunmehr bei der Ausfertigung eines BtM-Rezeptes außer der Unterschrift
des verschreibenden Arztes **keine weiteren handschriftlichen Eintragungen** mehr
gefordert. Damit soll insbesondere auch die rechnergestützte Ausfertigung von BtM-Rezepten ermöglicht werden.[12] Das bedeutet, dass alle Angaben mit Ausnahme der Unterschrift
auch von Assistenzkräften erstellt werden können. Die Verantwortung für die Vollständigkeit
und Richtigkeit trägt dennoch der Arzt. Verschreibungen, bei deren Ausfertigung eine
Bestimmung des § 9 nicht beachtet wurde, dürfen **nicht beliefert** werden (§ 12 Abs. 1
Nr. 1b). Wer **entgegen § 9 Abs. 1** auch nur eine Angabe unterlässt oder sie fehlerhaft,
unvollständig oder nicht in der vorgeschriebenen Form (zB nicht unter Verwendung des
richtigen Rezeptformulars) macht, handelt ordnungswidrig gem. §§ 17 Nr. 1, 9 Abs. 1
BtMVV iVm § 32 Abs. 1 Nr. 6 BtMG.

---

[9] KPV/*Patzak* § 32 Rn. 27.
[10] BR-Drs. 881/97, 56.
[11] Vgl. BR-Drs. 881/97, 56.
[12] BR-Drs. 881/97, 56.

g) Angaben auf Rezepten in Sonderfällen der Verschreibung von BtM. § 9 Abs. 1 **16**
Nr. 6 verlangt in bestimmten Sonderfällen von BtM-Verschreibungen die Erfüllung
bestimmter Kennzeichnungspflichten: **Angabe „A"** auf dem BtM-Rezept bei Abweichung
von den Beschränkungen der BtMVV hinsichtlich der Zahl der BtM oder hinsichtlich der
Höchstmengen (§ 9 Abs. 1 iVm § 2 Abs. 2 Satz 2) beim Humanmediziner, **Angabe „A"**
auf dem BtM-Rezept bei Abweichung von den Beschränkungen der BtMVV hinsichtlich
der Zahl der BtM oder hinsichtlich der Höchstmengen (§ 9 Abs. 1 iVm § 4 Abs. 2 Satz 2)
beim Tierarzt, **Angabe „S"** auf dem BtM-Rezept bei Verschreibungen über ein Substitutionsmittel (§ 9 Abs. 1 iVm § 5 Abs. 4 Satz 1), **Angabe „K"** auf dem BtM-Rezept bei
nachzureichenden Verschreibungen im Falle der Abgabe von BtM durch den Apotheker
für die Ausrüstung eines Kauffahrteischiffes zunächst ohne ärztliche Verschreibung (§ 9
Abs. 1 iVm § 7 Abs. 5 Satz 3), **Angabe „N"** auf dem BtM-Rezept bei nachzureichenden
Verschreibungen im Falle von belieferten Notfallverschreibungen (§ 9 Abs. 1 iVm § 8 Abs.
6 Satz 5). Wer entgegen den zuvor aufgeführten Vorschriften seine **Kennzeichnungspflichten verletzt,** indem er ihnen überhaupt nicht nachkommt oder sie fehlerhaft, unvollständig
oder nicht in der vorgeschriebenen Form (zB nicht unter Verwendung des richtigen Rezeptformulars) erfüllt, handelt ordnungswidrig gem. §§ 17 Nr. 1, 9 Abs. 1 Nr. 6 iVm der betreffenden Vorschrift über die Kennzeichnungspflicht der BtMVV iVm § 32 Abs. 1 Nr. 6
BtMG. Die Verletzung der **Pflicht zur „unverzüglichen" Nachlieferung** entsprechend
gekennzeichneter BtM-Rezepte im Falle der Abgabe an Kauffahrteischiffe durch den Apotheker oder der Notfallverschreibung ist jeweils keine Ordnungswidrigkeit, da § 17 Nr. 1
nur auf § 7 Abs. 5 Satz 3, nicht auch auf § 7 Abs. 5 Satz 3 und § 8 Abs. 6 Satz 5, nicht auch
auf § 8 Abs. 6 Satz 4 verweist.

h) Angaben auf dem BtM-Anforderungsschein. § 11 Abs. 1 legt entsprechend der **17**
Regelung in § 9 Abs. 1 (für die BtM-Rezepte) fest, welche notwendigen Angaben auf dem
BtM-Anforderungsschein zu machen sind. Nunmehr ist klargestellt, dass auch die nach § 6
Abs. 2 beauftragten Ärzte der Rettungsdienste BtM-Anforderungsscheine anfordern können. Auch bei der Ausfertigung eines BtM-Anforderungsscheins sind außer der Unterschrift
des anfordernden Arztes **keine weiteren handschriftlichen Eintragungen** mehr nötig.
Dennoch trägt die Verantwortung für die Vollständigkeit und Richtigkeit der Arzt. Wer
entgegen § 11 Abs. 1 auch nur eine Angabe unterlässt oder sie fehlerhaft, unvollständig
oder nicht in der vorgeschriebenen Form (zB nicht unter Verwendung des richtigen Formulars) macht, handelt ordnungswidrig gem. §§ 17 Nr. 1, 11 Abs. 1 BtMVV iVm § 32 Abs. 1
Nr. 6 BtMG.

i) Apothekenvermerke auf dem BtM-Rezept. Dies ist – neben der Vorschrift des **18**
§ 7 Abs. 3 (Abgabe von BtM ohne ärztliche Verschreibung für die Ausrüstung von Kauffahrteischiffen nur gegen Empfangsbescheinigung) – die andere den Apotheker treffende Möglichkeit, eine Ordnungswidrigkeit nach § 17 Nr. 1 verwirklichen zu können. § 12 Abs. 3
erlegt dem Apotheker auf, bestimmte Abgabevermerke dauerhaft auf dem von ihm aufzubewahrenden Formular über die Verschreibung oder dem Anforderungsschein anzubringen.
Wer entgegen § 12 Abs. 3 auch nur einen der dort geforderten Vermerke nicht macht oder
sie fehlerhaft, unvollständig oder nicht in der vorgeschriebenen Form (zB nicht auf Teil I
des Formulars) macht, handelt ordnungswidrig gem. §§ 17 Nr. 1, 12 Abs. 3 BtMVV iVm
§ 32 Abs. 1 Nr. 6 BtMG.

2. Verstöße gegen Dokumentationspflichten bei der Substitution (Nr. 2). Eine **19**
ordnungsgemäße Dokumentation ist die unzweifelhafte Voraussetzung einer fundierten
Diagnose und eines erfolgversprechenden Therapieplans.[13] Dieser Grundsatz ist ärztliche
Berufsregel und gilt für alle Bereiche ärztlichen Handelns. Für den Bereich der Substitution
kommt ein weiterer Gesichtspunkt hinzu: Die Dokumentation der Erfüllung ärztlicher
Pflichten im Rahmen der Substitution ist wesentliche Grundlage für die Überwachung der

---

[13] BGH 27.6.1978 – VI ZR 183/76, BGHZ 72, 133; vgl. auch KPV/*Patzak* § 32 Rn. 28.

Vorschriften über das Verschreiben eines Substitutionsmittels bei den Ärzten durch die Überwachungsbehörden und die ärztliche Selbstverwaltung.[14] Unter diesem Gesichtspunkt ist die Einhaltung der Dokumentationspflichten von elementarer Bedeutung für den substituierenden Arzt und für die Überwachung der Einhaltung der Substitutionsregeln. (Verstöße können dennoch nicht verfolgt werden, → Rn. 20). Gem. § 5 Abs. 10 S. 1 hat der Arzt die Erfüllung seiner Verpflichtungen im Rahmen einer Substitution (auch nach § 5a Abs. 2 und 4) im erforderlichen Umfang und **nach dem allgemeinen Stand der medizinischen Wissenschaft zu dokumentieren.** Die Bundesärztekammer hat auf Grund der ihr mit § 5 Abs. 11 S. 1 zugewiesenen Kompetenz auch insoweit den Stand der medizinischen Wissenschaft festgestellt und Richtlinien für die Dokumentation der substitutionsgestützten Behandlung Opiatabhängiger erlassen (Nr. 14 der Richtlinien).[15] Die Einhaltung der Richtlinien gewährt dem Arzt Schutz vor Verfolgung insoweit, weil die Einhaltung des allgemein anerkannten Stands der medizinischen Wissenschaft vermutet wird (§ 5 Abs. 11 S. 2), wenn und soweit die aus der Richtlinie sich ergebenden Dokumentationsstandards beachtet werden. Auf Verlangen der zuständigen Landesbehörde[16] hat der Arzt die Dokumentation **zur Einsicht und Auswertung vorzulegen oder einzusenden** (§ 5 Abs. 10 S. 2). Der Arzt ist nicht berechtigt, die Vorlage unter Berufung auf seine Verschwiegenheitspflicht zu verweigern; die gesetzliche Vorlagepflicht bedeutet eine Durchbrechung der ärztlichen Verschwiegenheitspflicht. Wer **entgegen § 5 Abs. 10** die Erfüllung seiner Verpflichtungen im Rahmen einer Substitution **nicht oder nicht vollständig** (anders als bei § 17 Nr. 1 fehlt hier „nicht richtig") **dokumentiert** oder die Dokumentation der zuständigen Landesbehörde nicht auf deren Verlangen zur Einsicht und Auswertung vorlegt oder einsendet (je nach dem Inhalt des Verlangens), handelt daher entgegen 5 Abs. 10 BtMVV.

20 Verstöße gegen die Pflichten aus § 5 Abs. 10 BtMVV zur Dokumentation oder zu deren Vorlage können dennoch nicht geahndet werden: die Dokumentationspflicht und die Vorlagepflicht können nicht aus den Bestimmungen des § 13 Abs. 3 Satz 2 Nr. 2–4 BtMG hergeleitet werden, zu denen über § 32 Abs. 1 Nr. 6 BtMG eine funktionierende Verbindung bestünde; ihre Rechtsgrundlage ist allein § 13 Abs. 3 Satz 1 BtMG, der von § 32 Abs. 1 Nr. 6 BtMG nicht in Bezug genommen ist.[17] Damit ist die **Bewehrung unwirksam.**[18]

21 **3. Verstöße gegen die Verpflichtung zur Verwendung von BtM-Rezepten oder BtM-Anforderungsscheinen bei der Verschreibung (Nr. 3).** Um der Gefahr der Fälschung, Verfälschung oder des Missbrauchs der Verschreibung eines BtM zu begegnen, bestimmt § 8 Abs. 1, dass BtM nur auf einem besonderen (dreiteiligen) amtlichen Formblatt (BtM-Rezept) verschrieben werden dürfen. Ähnlich verhält es sich bei Verschreibungen für den Stationsbedarf: hier bestimmt § 10 Abs. 1, dass dazu ein anderes, besonderes (dreiteiliges) amtliches Formblatt (BtM-Anforderungsschein) verwendet werden muss; auch hier wird dem Missbrauchsvermeidungsgedanken Rechnung getragen, weil die Sammelverschreibung für den Stationsbedarf eine Vielzahl von Einzelverschreibungen ersetzt und so den umfangreichen und daher vermehrt der Gefahr missbräuchlicher Verwendung ausgesetzten Bedarf an Einzelrezepten reduziert.[19] Die Verwendung des Begriffs „gültig" in Nr. 3 erscheint unglücklich,[20] da er in den Bezugsnormen nicht vorkommt. Gemeint ist offenbar: auf einem „amtlich ausgegebenen" … (BtM-Rezept oder -anforderungsschein). Wer BtM **entgegen § 8 Abs. 1 Satz 1** nicht auf einem BtM-Rezept (das gilt auch für Verschreibungen nach § 7 Abs. 1 für Kauffahrteischiffe) oder **entgegen § 10 Abs. 1 Satz 1** nicht auf einem

---

[14] BR-Drs. 881/97, 55.
[15] Richtlinien der Bundesärztekammer zur Durchführung der substitutionsgestützten Behandlung Opiatabhängiger, Stand: 19.2.2010 (http://www.bundesaerztekammer.de/downloads/RL-Substitution_19-Februar-2010.pdf, zuletzt abgerufen 18.4.2017).
[16] S. die Übersicht bei → BtMG § 4 Rn. 29.
[17] Dies wird von KPV/*Patzak* § 32 Rn. 28 nicht aufgegriffen.
[18] So auch *Weber* Rn. 4.
[19] Vgl. Erbs/Kohlhaas/Pelchen/*Bruns* § 10 Rn. 1.
[20] So auch HJLW/*Winkler* Rn. 4.

BtM-Anforderungsschein verschreibt, handelt ordnungswidrig gem. §§ 17 Nr. 3, 8 Abs. 1 Satz 1 (evtl. iVm § 7 Abs. 1) oder § 10 Abs. 1 Satz 1 (evtl. iVm § 6 Abs. 1) BtMVV iVm § 32 Abs. 1 Nr. 6 BtMG.[21]

4. Verstöße gegen die Beschränkung der Verwendung der BtM-Rezepte auf den **22** **anfordernden Arzt (Nr. 4).** Zur Sicherung gegen Missbrauch werden BtM-Rezepte nummeriert und mit dem Ausgabedatum sowie mit der BtM-Nummer des einzelnen Arztes (Zahnarztes, Tierarztes) versehen; die so gekennzeichneten BtM-Rezepte sind **nur zur Verwendung** durch den Arztes (Zahnarzt, Tierarzt) bestimmt, für den sie ausgegeben sind. Eine **Übertragung auf andere** ist gem. § 8 Abs. 3 verboten, ausgenommen im Vertretungsfall (Krankheit oder Urlaub). Bei Aufgabe der ärztlichen Tätigkeit müssen nicht verbrauchte BtM-Rezepte dem BfArm zurückgegeben werden; eine Vernichtung erfüllt die Verpflichtung aus § 8 Abs. 3 Satz 2 nicht. Bei der **Rückgabe** handelt es sich um eine Bringschuld,[22] die Bereithaltung der Rezepte zur Abholung reicht nicht. Wer **entgegen § 8 Abs. 3** BtM-Rezepte auf andere (außer im Vertretungsfall) überträgt oder nicht verwendete BtM-Rezepte bei Aufgabe der ärztlichen Tätigkeit nicht (wie man wohl hinzusetzen muss: innerhalb angemessener Zeit) an das BfArM zurückgibt, handelt ordnungswidrig gem. §§ 17 Nr. 4, 8 Abs. 3 Satz 1 bzw. 2 BtMVV iVm § 32 Abs. 1 Nr. 6 BtMG.

5. Verstöße gegen die Verpflichtung zur Sicherung der BtM-Rezepte (Nr. 5). **23** Zum Schutz vor Missbrauch müssen BtM-Rezepte **gegen Entwendung gesichert** werden (§ 8 Abs. 4 Satz 1). Wie die Sicherung zu erfolgen hat, ist nicht geregelt; hierzu kann bei einfacher Praxiseinrichtung bereits ein unauffälliges Schubfach, das sicher verschlossen werden kann, genügen[23] – ist aber ein BtM-Schrank oder auch nur ein verschließbarer Arzneimittelschrank vorhanden, so sind die aktuell nicht benötigten BtM-Rezepte dort aufzubewahren. Der Schluss auf mangelhafte Sicherung liegt jedenfalls nahe, wenn BtM-Rezepte ohne Spuren von Gewalt gegen Sachen gestohlen werden konnten.[24] Der **Verlust** von BtM-Rezepten ist unverzüglich nach Entdeckung dem BfArM anzuzeigen (§ 8 Abs. 4 Satz 2). Das BfArM seinerseits wird dann die zuständige Landesbehörde unterrichten, die sodann die in Betracht kommenden Apotheken verständigt, damit diese ihr Augenmerk auf evtl. unberechtigte Verschreibungen richten können. Verlust liegt aber nicht nur bei Diebstahl vor, sondern bei jeder Abweichung der Zahl der vorhandenen Rezepte von der Differenz der bezogenen und der nachgewiesenermaßen ausgegebenen Rezepte (Schwund). In einem solchen Fall wird man dem Arzt eine gewisse Zeit für eigene Nachforschungen (Nachrechnen, Nachsuche) zubilligen. Je näher aber die Vermutung eines Diebstahls liegt, umso dringlicher erscheint die Meldung.[25] Wer **entgegen § 8 Abs. 4** BtM-Rezepte nicht gegen Entwendung sichert oder einen Verlust von BtM-Rezepten nicht unverzüglich anzeigt, handelt ordnungswidrig gem. §§ 17 Nr. 5, 8 Abs. 4 Satz 1 bzw. 2 BtMVV iVm § 32 Abs. 1 Nr. 6 BtMG.

6. Verstöße gegen die Verpflichtung zur Aufbewahrung und Vorlage der BtM- **24** **Rezepte (Nr. 6).** Der Arzt, Zahnarzt oder Tierarzt hat Teil III des Formularsatzes über die BtM-Verschreibung drei Jahre lang, geordnet nach Ausstellungsdatum (oder nach einer anderen, von der Landesbehörde vorgegebenen Ordnung), aufzubewahren und auf Verlangen bei der zuständigen Landesbehörde einzusenden oder Beauftragten dieser Behörde vorzulegen (§ 8 Abs. 5); dies gilt auch für die Teile I bis III der fehlerhaft ausgefertigten und deshalb nicht ausgegebenen BtM-Rezepte. Wer **entgegen § 8 Abs. 5** BtM-Rezepte nicht oder nicht geordnet oder nicht drei Jahre lang aufbewahrt, handelt ordnungswidrig gem. §§ 17 Nr. 6, 8 Abs. 5 BtMVV iVm § 32 Abs. 1 Nr. 6 BtMG. (Die Verletzung von Einsende- oder Vorlagepflichten nach § 8 Abs. 5 BtMVV ist nicht bußgeldbewehrt.)

---

[21] KPV/*Patzak* § 32 Rn. 29.
[22] HJLW/*Winkler* Rn. 5.
[23] *Weber* § 8 Rn. 4.
[24] HJLW/*Winkler* Rn. 6.
[25] HJLW/*Winkler* Rn. 6; vgl. auch KPV/*Patzak* § 32 Rn. 31 (ohne schuldhafte Zögerung).

25 **7. Verstöße gegen die Verpflichtung zur Nachreichung einer Verschreibung auf einem BtM-Rezept nach einer Notfallverschreibung (Nr. 7).** Mit der seit der 10. BtMÄndVO[26] eingeführten Möglichkeit der Notfall-Verschreibung (§ 8 Abs. 6) besteht die Gefahr der Ausgabe eines BtM ohne Verschreibung auf einem BtM-Rezept und damit dem Herausfallen dieses Vorgangs aus der sonst lückenlosen Überwachung des BtM-Verkehrs. Um dieser Gefahr zu begegnen, verpflichtet § 8 Abs. 6 Satz 4 den Arzt, Zahnarzt oder Tierarzt, der die Notfall-Verschreibung ausgestellt hat, die Verschreibung auf einem BtM-Rezept unverzüglich nachzureichen. (Dieses mit „N" zu kennzeichnende BtM-Rezept ist in der Apotheke dauerhaft mit der vorläufigen Notfall-Verschreibung zu versehen.). Wer entgegen § 8 Abs. 6 einer vorläufigen Notfall-Verschreibung nicht unverzüglich die Verschreibung auf einem BtM-Rezept nachreicht, handelt ordnungswidrig gem. §§ 17 Nr. 7, 8 Abs. 6 Satz 4 BtMVV iVm § 32 Abs. 1 Nr. 6 BtMG. (Die Verletzung der Pflicht zur Kennzeichnung eines solchen nachgereichten Rezepts mit „N" nach § 8 Abs. 6 Satz 5 ist nach § 17 Nr. 1 BtMV bußgeldbewehrt, → Rn. 16.)

26 **8. Verstöße gegen die Verpflichtung zum Nachweis der Weitergabe von BtM-Anforderungsscheinen (Nr. 8).** Die auf den Leitenden Arzt (Zahnarzt, Tierarzt) einer Klinik (Tierklinik) ausgegebenen (§ 10 Abs. 2) BtM-Anforderungsscheine dürfen von diesem an Leiter von Teileinheiten weitergegeben werden (§ 10 Abs. 3 Satz 2), um die schnelle und verzögerungslose Versorgung der Teileinheit (dh die Abteilung oder die Station) der Klinik mit den benötigten BtM zu ermöglichen. Über die Weitergabe der BtM-Anforderungsscheine ist ein Nachweis zu führen (§ 10 Abs. 3 Satz 3). Die Verpflichtung zur Nachweisführung trifft den Leitenden Arzt (Zahnarzt, Tierarzt) der Klinik (Tierklinik), für den die BtM-Anforderungsscheine ausgegeben sind. Wer **entgegen § 10 Abs. 3 Satz 3** über die Weitergabe der BtM-Anforderungsscheine keinen Nachweis führt, handelt ordnungswidrig gem. §§ 17 Nr. 8, 10 Abs. 3 Satz 3 BtMVV iVm § 32 Abs. 1 Nr. 6 BtMG. (Nur das gänzliche Unterlassen der Nachweisführung, nicht jedoch eine nur unzulängliche Dokumentation ist nach Nr. 1 bußgeldbewehrt.)

27 **9. Verstöße gegen die Verpflichtung zur Führung von Aufzeichnungen sowie zu deren Prüfung und Aufbewahrung (Nr. 9).** In Apotheken, tierärztlichen Hausapotheken, Praxen der Ärzte, Zahnärzte oder Tierärzte, auf den Stationen der Krankenhäuser oder der Tierkliniken, in den Einrichtungen der Rettungsdienste sowie auf den Kauffahrteischiffen, die die Bundesflagge führen, ist der **Nachweis von Verbleib und Bestand der BtM unverzüglich nach Bestandsänderung in fortlaufenden Aufzeichnungen** (Karteikarten, BtM-Bücher oder Dateien der elektronischen Datenverarbeitung) nach amtlichen Mustervorgaben[27] zu führen (§ 13 Abs. 1). „Fortlaufende Aufzeichnungen" sind nur solche, die auch in unmittelbarem zeitlichen Zusammenhang mit den eintragungspflichtigen Vorgängen, insbesondere alsbald nach Zugang und Abgang eines BtM, vorgenommen werden.[28] Die Eintragungen über Zugänge, Abgänge und Bestände der BtM sowie die Übereinstimmung der Bestände mit den geführten Nachweisen sind **am Ende eines jeden Kalendermonats zu prüfen** und, sofern sich der Bestand geändert hat, durch Namenszeichen und Prüfdatum zu bestätigen (§ 13 Abs. 2).

28 **Zur Prüfung verpflichtet** ist der Apotheker für die von ihm geleitete Apotheke, der Tierarzt für die von ihm geleitete tierärztliche Hausapotheke, der verschreibungsberechtigte Arzt, Zahnarzt oder Tierarzt für den Praxis- oder Stationsbedarf, der nach § 6 Abs. 2 beauftragte Arzt für die Einrichtungen des Rettungsdienstes, der für die Durchführung der Krankenfürsorge Verantwortliche für das jeweilige Kauffahrteischiff, das die Bundesflagge führt, der behandelnde Arzt im Falle des patientenbezogenen Nachweises bei einer Substitution. Für den Fall, dass die Nachweisführung mittels elektronischer Datenverarbeitung erfolgt, ist die Prüfung auf der Grundlage zum Monatsende angefertigter Ausdrucke durch-

---

[26] → BtMG Vor § 1 Rn. 71.
[27] Bekanntmachung vom 5.8.1985 (BAnz. S. 9941, ber. S. 10741).
[28] BayObLG 2.8.1991 – 3 ObOWi 55/91, NJW 1992, 1577 (ergangen zu § 9 Abs. 1 BtMVV [aF]).

zuführen. Die Karteikarten, BtM-Bücher oder EDV-Ausdrucke sind drei Jahre, von der letzten Eintragung an gerechnet, **aufzubewahren** und auf Verlangen der zuständigen Landesbehörde **einzusenden** oder Beauftragten dieser Behörde **vorzulegen** (§ 13 Abs. 3). § 14 schreibt den **Umfang der (dauerhaft vorzunehmenden) Angaben** beim getrennt für jedes BtM zu führenden Nachweis von Verbleib und Bestand der BtM vor. Wer **entgegen § 13 Abs. 1** keine fortlaufenden Aufzeichnungen über Verbleib und Bestand des BtM (beim Überlassen eines Substitutionsmittels) führt, entgegen § 13 Abs. 2 die Eintragungen über Zugänge, Abgänge und Bestände der BtM sowie die Übereinstimmung der Bestände mit den geführten Nachweisen nicht am Ende eines jeden Kalendermonats überprüft und bei Bestandsveränderung die Prüfung nicht durch Namenszeichen und Prüfdatum bestätigt oder entgegen § 13 Abs. 3 die Aufzeichnungen nicht drei Jahre lang aufbewahrt (Die Verletzung von Einsende- oder Vorlagepflichten nach § 13 Abs. 3 ist nicht bußgeldbewehrt.),[29] entgegen § 14 die Nachweise über Verbleib und Bestand der Betäubungsmittel nicht im dort geforderten Umfang oder nicht in der dort geforderten Art oder nicht dauerhaft führt, handelt ordnungswidrig gem. §§ 17 Nr. 9, 13 Abs. 1 bzw. Abs. 2 bzw. Abs. 3 bzw. § 14 BtMVV iVm § 32 Abs. 1 Nr. 6 BtMG.

10. Verstöße gegen Qualifikationsanforderungen bei der Verschreibung eines 29 **Substitutionsmittels (Nr. 10).** Die Vorschrift wurde geändert durch Art. 1 Nr. 7 der 23. BtMÄndVO[30] und durch Art. 3 Nr. 11 des Gesetzes zur diamorphingestützten Substitutionsbehandlung.[31] Der Arzt darf, sofern auch die übrigen Voraussetzungen vorliegen, ein Substitutionsmittel nur dann verschreiben, wenn er die Mindestanforderungen an eine suchttherapeutische Qualifikation erfüllt, die von den Ärztekammern nach dem allgemein anerkannten Stand der medizinischen Wissenschaft festgelegt werden (§ 5 Abs. 2 S. 1 Nr. 6). Der Gesetzgeber hat die Ausgestaltung dieser Qualifikation den ärztlichen Selbstverwaltungsgremien überlassen, die dazu Regelungen im Rahmen der berufsbegleitenden Weiterbildung erlassen konnten. Von dieser Möglichkeit hat die Bundesärztekammer Gebrauch gemacht[32] durch die Einführung einer entsprechenden Fachkunde und der Zusatzbezeichnung „Suchtmedizinische Grundversorgung" im Rahmen der fachärztlichen Weiterbildung. Für die Heroinsubstitution gelten die besonderen Voraussetzungen des § 5 Abs. 9a S. 2 Nr. 1.

Nr. 10 behandelt die folgenden fünf Verstöße gegen Qualifikationsanforderungen beim 30 Verschreiben eines Substitutionsmittels:
– Verschreibung ohne ausreichende Sachkunde bzw. ohne Beratung durch einen Konsiliarius,
– Verschreibung als Vertreter, der die Mindestqualifikation nicht besitzt, ohne Beratung durch einen Konsiliarius,
– Verschreibung als Vertreter, der die Mindestqualifikation nicht besitzt, ohne Abstimmung mit dem zu vertretenden Arzt,
– Verschreibung als Vertreter, der die Mindestqualifikation nicht besitzt, bei erforderlich werdender Änderung der Substitutionstherapie
  – ohne Abstimmung mit dem zu vertretenden Arzt oder
  – bei dessen Nichterreichbarkeit ohne Beratung durch einen Konsiliarius,
– Verschreibung von Diamorphin ohne diamorphinspezifische Qualifikation.

a) Verschreibung ohne ausreichende Sachkunde unter Verstoß gegen die Pflicht 31 **zur Beratung durch einen Konsiliarius (§ 5 Abs. 2 S. 1 Nr. 6 und Abs. 3 Satz 1**

---

[29] KPV/*Patzak* § 32 Rn. 35.
[30] 23. Verordnung zur Änderung betäubungsmittelrechtlicher Vorschriften (23. BtMÄndV) vom 19.3.2009, BGBl. I S. 560; in Kraft ab 25.3.2009.
[31] Gesetz zur diamorphingestützten Substitutionsbehandlung vom 15.7.2009, BGBl. I S. 1801, 1803 (Nr. 41), in Kraft ab 21.7.2009.
[32] Beschl. der Bundesärztekammer v. 11.9.1999, zuletzt geändert durch Beschluss des Vorstands der Bundesärztekammer vom 24.9.2010, und Beschlussprotokoll des 107. Deutschen Ärztetages vom 18.–21.5.2004 in Bremen (http://www.bundesaerztekammer.de/page.asp?his=0.2.23.2054.2107.2112&all=true, zuletzt abgerufen 18.4.2017).

Nr. 2 und 3). Ein Arzt, der die **Mindestanforderungen** an eine suchttherapeutische Qualifikation (noch) **nicht erfüllt,** darf Betäubungsmittel zur Substitution nicht verschreiben. Als Ausnahme zur Behebung des Mangels an Substitutionsplätzen lässt die BtMVV zu, dass der Arzt, der die Sachkunde (noch) nicht besitzt, dennoch für höchstens drei Patienten gleichzeitig ein Substitutionsmittel verschreiben darf, wenn er zu Beginn der Behandlung diese mit einem Arzt abstimmt, der die Qualifikationsvoraussetzungen erfüllt **(Konsiliarius),** und wenn er sichergestellt hat, dass sein Patient zu Beginn der Behandlung und mindestens einmal im Quartal dem Konsiliarius vorgestellt wird (§ 5 Abs. 3 Satz 1 Nr. 2 und 3).

32   Wer **als Arzt entgegen § 5 Abs. 2 Nr. 6 und Abs. 3 Satz 1 Nr. 2 und 3** Substitutionsmittel verschreibt, obwohl er die Mindestanforderungen an eine suchttherapeutische Qualifikation nicht erfüllt und entweder keinen Konsiliarius zu Beginn der Behandlung des Patienten hinzugezogen oder die geforderten Untersuchungen des Patienten durch den Konsiliarius nicht einhalten lässt, handelt ordnungswidrig gem. §§ 17 Nr. 10, 5 Abs. 2 Nr. 6 und Abs. 3 Satz 1 Nr. 2 und 3 BtMVV iVm § 32 Abs. 1 Nr. 6 BtMG. Verstößt der Arzt gegen das Konsil, so stellt dies keine Ordnungswidrigkeit gem. §§ 1 Nr. 10 BtMVV dar, kann aber uU als Verstoß gegen Grundregeln der Substitution strafbar sein.

33   **b) Verschreibung als Vertreter, der die Mindestqualifikation nicht besitzt, ohne Abstimmung mit einem Konsiliarius (§ 5 Abs. 3 S. 2 iVm S. 1 Nr. 1 und 2).** Wird der Arzt, der die Mindestanforderungen an eine suchttherapeutische Qualifikation nicht erfüllt und dennoch unter Beachtung der Konsiliariusregel bis zu höchstens drei Patienten Substitutionsmittel verschreibt, durch einen Arzt vertreten, der die suchttherapeutische Qualifikation ebenfalls nicht besitzt, so hat der Vertreter zu Beginn der Vertretung die Weiterbehandlung mit einem Arzt, der die Mindestanforderungen nach § 5 Abs. 2 S. 1 Nummer 6 erfüllt (Konsiliarius), abzustimmen. (§ 5 Abs. 2 S. 2 verweist nicht auf § 5 Abs. 2 Satz 1 Nr. 3, der für den Vertretenen gilt: Vorstellung des Patienten beim Konsiliarius; es wird davon ausgegangen, dass die Vertretungszeit jedenfalls wesentlich kürzer ist als ein Quartal.). Wer als Vertreter, der die suchttherapeutische Zusatzqualifikation nicht besitzt, einen Arzt vertritt, der die suchttherapeutische Zusatzqualifikation ebenfalls nicht besitzt, Substitutionsmittel ohne Abstimmung mit dem Konsiliarius verschreibt, handelt ordnungswidrig gem. §§ 17 Nr. 10, 5 Abs. 3 S. 2 iVm S. 1 Nr. 1 und 2 BtMVV iVm § 32 Abs. 1 Nr. 6 BtMG. **Verstößt** der Arzt gegen das Ergebnis der Abstimmung oder gegen den Rat des Konsiliarius, so stellt dies keine Ordnungswidrigkeit gem. §§ 1 Nr. 10 dar, kann aber uU als Verstoß gegen Grundregeln der Substitution strafbar sein.

34   **c) Verschreibung als Vertreter, der die Mindestqualifikation nicht besitzt, ohne Abstimmung mit dem zu vertretenden Arzt (§ 5 Abs. 3 S. 5).** Ein substituierender Arzt mit Zusatzqualifikation soll grundsätzlich von einem anderen Arzt, der diese Voraussetzungen auch erfüllt, vertreten werden (§ 5 Abs. 3 S. 3). Gelingt es dem substituierenden Arzt nicht, einen qualifizierten Vertreter zu bestellen, so kann er von einem Arzt, der die suchttherapeutischen Voraussetzungen nicht erfüllt, für einen Zeitraum von bis zu vier Wochen und längstens insgesamt 12 Wochen im Jahr vertreten werden (§ 5 Abs. 3 S. 4). In diesem Falle hat der vertretende Arzt, der die Qualifikation nicht besitzt, die Substitutionsbehandlung vor Vertretungsbeginn mit dem vertretenen Arzt abzustimmen. Tut er das nicht, so handelt er (und nicht der Vertretene!) ordnungswidrig gem. §§ 17 Nr. 10, 5 Abs. 3 S. 5 BtMVV iVm § 32 Abs. 1 Nr. 6 BtMG. **Verstößt** der Arzt gegen das Ergebnis der Abstimmung mit dem vertretenen Arzt, so stellt dies keine Ordnungswidrigkeit gem. §§ 1 Nr. 10 BtMVV dar, kann aber uU als Verstoß gegen Grundregeln der Substitution strafbar sein.

35   **d) Verschreibung als Vertreter, der die Mindestqualifikation nicht besitzt, bei erforderlich werdender Änderung der Substitutionstherapie ohne Abstimmung mit dem zu vertretenden Arzt oder bei dessen Nichterreichbarkeit ohne Beratung durch einen Konsiliarius (§ 5 Abs. 3 S. 6 und 7).** Wird während der Vertretung des

suchttherapeutisch qualifizierten Arztes eine unvorhergesehene Änderung der Substitutionstherapie erforderlich, stimmt sich der Vertreter, der die Qualifikation nicht besitzt, erneut mit
dem vertretenen Arzt ab (§ 5 Abs. 3 S. 6). Ändert er die Substitution, zB durch Erhöhung
der Dosis oder durch Verschreibung eines anderen Substitutionsmittels, ohne diese erneute
Abstimmung, so handelt er ordnungswidrig gem. §§ 17 Nr. 10, 5 Abs. 3 S. 6 BtMVV iVm
§ 32 Abs. 1 Nr. 6 BtMG (Notfallentscheidungen ausgenommen, § 5 Abs. 3 S. 8, diese sollten
dann aber besonders gründlich dokumentiert werden) **Verstößt** der Arzt gegen das Ergebnis
der Abstimmung mit dem vertretenen Arzt, so stellt dies keine Ordnungswidrigkeit gem. §§ 1
Nr. 10 dar, kann aber uU als Verstoß gegen Grundregeln der Substitution strafbar sein.

Ist diese erneute Abstimmung (§ 5 Abs. 3 S. 6) rechtzeitig nicht möglich, so bezieht der **36**
vertretende Arzt, der die suchttherapeutische Qualifikation nicht besitzt, einen anderen
Arzt, der Qualifikation erfüllt, konsiliarisch ein (§ 5 Abs. 3 S. 7 BtMVV). Tut er dies nicht,
so handelt er ordnungswidrig gem. §§ 17 Nr. 10, 5 Abs. 3 S. 7 BtMVV iVm § 32 Abs. 1
Nr. 6 BtMG (Notfallentscheidungen ausgenommen, § 5 Abs. 3 S. 8, diese sollten dann aber
besonders gründlich dokumentiert werden). **Verstößt** der Arzt gegen das Konsil, so stellt
dies keine Ordnungswidrigkeit gem. §§ 1 Nr. 10 dar, kann aber uU als Verstoß gegen
Grundregeln der Substitution strafbar sein.

**e) Verschreibung von Diamorphin ohne diamorphinspezifische Qualifikation 37
(§ 5 Abs. 9a S. 2 Nr. 1).** Der Arzt, der in einer dafür zugelassenen Einrichtung tätig ist,
darf Diamorphin nur verschreiben, wenn er selbst eine suchttherapeutische Qualifikation
im Sinne des § 5 Abs. 2 S. 1 Nr. 6 erworben hat, die sich auf die Behandlung mit Diamorphin erstreckt, oder wenn er im Rahmen des Modellprojektes „Heroingestützte Behandlung
Opiatabhängiger" mindestens sechs Monate ärztlich tätig war (§ 5 Abs. 9a S. 2 Nr. 1). Wer
ein Substitutionsmittel verschreibt, ohne die diamorphinspezifischen Anforderungen an die
Qualifikation nach Abs. 9a Satz 2 Nummer 1 zu erfüllen, handelt ordnungswidrig gem.
§§ 17 Nr. 10, 5 Abs. 9a S. 2 Nr. 1 BtMVV iVm § 32 Abs. 1 Nr. 6 BtMG.

III. Subjektiver Tatbestand

In subjektiver Hinsicht setzt § 17 **vorsätzliche oder leichtfertige** Begehungsweise **38**
voraus; **schlicht fahrlässige** Tatbegehung ist nicht bußgeldbewehrt. Der Begriff der
„**Leichtfertigkeit**" bedeutet einen höheren Grad von Fahrlässigkeit, der mit grober Fahrlässigkeit gleichzusetzen ist, und erfordert eine schwerwiegende Sorgfaltspflichtverletzung;
leichtfertig handelt daher, wer grob pflichtwidrig handelt, zB weil er ganz naheliegende
Überlegungen versäumt, weil er unbeachtet lässt, was jedem einleuchten muss.[33] Leichtfertiges Verhalten im Sinn des § 17 liegt mithin vor, wenn der Arzt oder der Apotheker die ihm
nach seinen persönlichen Fähigkeiten subjektiv zumutbare Sorgfalt bei der Befolgung der
ihn treffenden Pflichten gröblich verletzt hat.[34]

IV. Täterschaft und Teilnahme

Für die Beteiligung mehrerer Personen an einer Ordnungswidrigkeit nach § 17 BtMVV **39**
gelten die allgemeinen Grundsätze des § 14 OWiG.

V. Deliktsverwirklichungsstufen

Der Versuch kann nicht geahndet werden (§ 13 Abs. 2 OWiG).   **40**

VI. Konkurrenzen

Für die Konkurrenzen gelten die allgemeinen Regeln, insbesondere die des § 21 Abs. 1 **41**
OWiG über den Vorrang des Strafgesetzes beim Zusammentreffen einer Straftat mit einer

[33] BayObLG 12.4.1990 – 3 ObOWi 74/89, DRsp-ROM Nr. 1998/10644 = LRE 25, 36; 3.9.1998 – 3
ObOWi 97/98, DRsp-ROM Nr. 1999/372 = wistra 1999, 70.
[34] Vgl. OLG Köln 25.7.1997 – Ss 381/97 (B), NStZ 1997, 556.

Ordnungswidrigkeit, des § 19 OWiG über das tateinheitliche Zusammentreffen mehrerer Ordnungswidrigkeiten, des § 20 OWiG über das tatmehrheitliche Zusammentreffen mehrerer Ordnungswidrigkeiten.

VII. Rechtsfolgen

42   Durch die Verweisung in § 17 BtMVV auf § 32 BtMG wird der dortige Bußgeldrahmen in Bezug genommen. Die **vorsätzlich** begangene Ordnungswidrigkeit kann von einer Geldbuße von 5 Euro (§ 17 Abs. 1 OWiG) bis zu 25.000 Euro (§ 32 Abs. 2 BtMG) geahndet werden, bei der **fahrlässig (leichtfertig)** begangenen Ordnungswidrigkeit reicht der Bußgeldrahmen von 5 Euro (§ 17 Abs. 1 OWiG) bis zu 12.500 Euro (§ 17 Abs. 1 OWiG). Hält das Gericht eine Ahndung nicht für geboten, kann das Verfahren gem. § 47 Abs. 2 OWiG eingestellt werden.

§ 18 Übergangsvorschrift

(1) ¹**Die Bundesärztekammer hat die Richtlinie nach § 5 Absatz 12 Satz 1 bis 3 und Absatz 14 Satz 3 dem Bundesministerium für Gesundheit spätestens bis zum 31. August 2017 zur Genehmigung vorzulegen. ²Das Bundesministerium für Gesundheit macht die genehmigte Richtlinie unverzüglich im Bundesanzeiger bekannt.**

(2) **Bis zur Bekanntmachung der Richtlinie gemäß Absatz 1 Satz 2 findet die Verordnung in ihrer bis zum 29. Mai 2017 geltenden Fassung weiter Anwendung.**

V. Gesetz zur Überwachung des Verkehrs mit Grundstoffen, die für die unerlaubte Herstellung von Betäubungsmitteln missbraucht werden können (Grundstoffüberwachungsgesetz – GÜG)

Vom 11.3.2008, BGBl. I S. 306
zuletzt geändert durch Gesetz vom 13.4.2017, BGBl. I S. 872

FNA 2121-6-27

Schrifttum: *Gebhardt,* Drogenpolitik, in *Kreuzer,* Handbuch des Betäubungsmittelrechts, 1998, § 9 (S. 583 ff.); *Hoffmann* Kontrolle der Grundstoffe, zB Essigsäureanhydrid, MDR 1983, 444; *Reichardt,* Das Gesetz zur Neuregelung des Grundstoffüberwachungsrechts, StoffR 2008, 76.

Vorbemerkung zu § 1. Phänomenologie, Systematik und Gesetzgebungsgeschichte

Übersicht

A. Einleitung

I. Das Grundstoffüberwachungsgesetz und sein Gegenstand

Das Grundstoffüberwachungsgesetz (GÜG) vom 11.3.2008 regelt in Deutschland den **1** Handel sowie die Ein- und Ausfuhr von Stoffen, die möglicherweise zur unerlaubten Herstellung von Betäubungsmitteln verwendet werden können. Es hat somit die Vorstufe der (unerlaubten) Herstellung synthetischer BtM zum Gegenstand und verlagert die Drogenbekämpfung in einem spezifischen Teilbereich der Betäubungsmittelkriminalität nochmals vor. Das Gesetz setzt hierbei durch einen Verweis auf EG-Verordnungen fest, welche Substanzen der Grundstoffkontrolle unterliegen; mithin wird auch hier wie im BtMG der Gegenstand des Gesetzes durch eine abschließende und enumerative Bezeichnung der Stoffe festgelegt, wobei die neuere EuGH-Rechtsprechung deutlich macht, dass die konstitutive Funktion der Verordnungen ernst zu nehmen ist (noch → § 1 Rn. 16; wenn auch wegen der Außenverweisung nicht von einer „Positivliste" im engeren Sinne gesprochen werden kann, hierzu → BtMG § 1 Rn. 7 f.).

Materieller **Gesetzeszweck** ist die Verhinderung der Abzweigung bestimmter chemi- **2** scher Substanzen (Grundstoffe), die zur Herstellung von BtM geeignet und als solche ausgewiesen sind.[1] Die Vorschriften gehen insofern auch auf das Übereinkommen von 1988 zurück, das seinerseits eine weitere Reaktion auf die zunehmende Verbreitung synthetisch hergestellter Betäubungsmittel in den Achtziger Jahren darstellt.[2] Im Zeitalter der NPS ist das Gesetz zweifellos überholt, als Grundstoffe, die nicht zur Herstellung von BtM dienen (sondern eben anderen, neuen psychoaktiven Substanzen), gerade nicht dem umfassenden Verbot des § 3 unterliegen (ggf. aber der EU-rechtlichen Kontrolle, im Folgenden → Rn. 3; zumal für bestimmte NPS auch dieselben Zutaten verwendet werden wie für die Herstellung von Amphetaminen).

3   Das Gesetz setzt sich aus **nationalen** und europäischen Rechtssetzungsakten (EG-Verordnungen) zusammen, wobei schwerlich von einer „Synthese" als vielmehr von einem „Nebeneinander" verschiedener Verbotsregelungen, Meldepflichten und Überwachungsmaßnahmen gesprochen werden kann.[3] Dies äußert sich bereits darin, dass die europarechtlich angelegte Differenzierung zwischen den verschiedenen Stoffkategorien (ursprünglich 1 – 3, nunmehr trat eine weitere Kategorie 4 hinzu) in den national initiierten Verbotsgesetzen aufgegeben wird, als sich das Umgangsverbot pauschal bzw. einheitlich auf alle Grundstoffe bezieht (noch → § 3 Rn. 5). Infolge der Überlagerung unmittelbar durch Unionsrecht geregelter Bereiche hat das Gesetz heute seine Schwerpunkte in der administrativen Kontrolle und Überwachung des Verkehrs mit Grundstoffen sowie in der Umsetzung der Sanktionsgebote durch Straf- und Bußgeldvorschriften. Auch dieses Gesetz ist damit den ökonomischen Konzepten der Drogenkontrolle zuzurechnen.[4] Das in den verbliebenen Regelungsbereichen **ähnlich wie das BtMG aufgebaute Gesetz**[5] enthält in seinem 1. Abschnitt neben Begriffsbestimmungen (§ 1) die Ausdehnung des Anwendungsbereichs auf nicht zum Zollgebiet der Gemeinschaft gehörender Teile des deutschen Hoheitsgebiets (§ 2)[6] und das Instrumentarium, mit Hilfe dessen die Zielvorstellungen des Gesetzes umgesetzt werden sollen, insbesondere ein generelles Umgangsverbot in § 3 sowie allgemeine Vorkehrungen gegen die Abzweigung von Grundstoffen (§ 4).

4   **1. Drei Säulen der Grundstoffüberwachung.** Das GÜG samt seiner ausfüllenden europarechtlichen Vorschriften ist nur eines von **drei Säulen der Grundstoffüberwachung** in Deutschland.[7]

5   **a) Ermittlungs- und Kontrollbehörden.** Daneben treten als **Zweite Säule** repressive wie auch präventiv-polizeiliche Maßnahmen der Zoll- und Ermittlungsbehörden. Wie auch im Rahmen des BtM-Verkehrs ist die zentrale Erlaubnis- und Genehmigungsbehörde das **Bundesinstitut für Arzneimittel und Medizinprodukte;** sie prüft Meldungen nach § 18, erteilt die ggf. erforderliche Vorausfuhrunterrichtung bei Exporten und wertet die nach § 9 eingegangenen Daten aus. Die Zollbehörden und das Zollkriminalamt sind für die Überwachung der Ein- und Ausfuhr von bzw. des innergemeinschaftlichen Warenverkehrs mit Grundstoffen zuständig (§ 5 Abs. 1 Nr. 2), wobei sie in entsprechenden Verdachtsfällen auf das in der StPO bereitgestellte Repertoire an Ermittlungsmaßnahmen zurückgreifen können. Als weitere Institution ist die **GÜS** (die **Gemeinsame Grundstoffüberwachungsstelle beim Bundeskriminalamt,** vgl. § 6) zu nennen, die als Bindeglied zwischen den nationalen Genehmigungs-, Überwachungs- und Ermittlungsbehörden sowie zuständige nationale Behörde ("Competent National Authority") für den internationalen Informationsaustausch im Grundstoffbereich fungiert. Neben der Entgegennahme von Verdachtsmeldungen werden von der GÜS relevante Informationen ausgewertet, angereichert, bewertet und ggf. an die zuständigen Stellen im In- und Ausland weitergeleitet. Darüber

---

[1] BR-Drs. 719/07; vgl. auch BT-Drs. 16/7414, 12 sowie KPV/*Volkmer* GÜG § 19 Rn. 2; *Hoffmann* MDR 1983, 444.
[2] Vgl. hierzu nochmals → BtMG Vor § 1 Rn. 4.
[3] Weniger kritisch KPV/*Volkmer* Vorb. Rn. 8.
[4] *Gebhardt* Rn. 91.
[5] KPV/*Volkmer* Vorb. Rn. 14.
[6] ZB Insel Helgoland, Büsingen.
[7] Vgl. auch KPV/*Volkmer* Vorb Rn. 1.

hinaus werden Sensibilisierungsmaßnahmen im Hinblick auf Abzweigungen für Verbände und Wirtschaftsbeteiligte durchgeführt sowie Analysen, Lageberichte und Statistiken gefertigt, über die gem. § 12 auch Bericht zu erstatten ist.[8]

b) Monitoring-Systeme. Als Dritte Säule, die bereits 10 Jahre vor Inkrafttreten des **6** Grundstoffüberwachungsgesetzes eingerichtet wurde, sind sog. Monitoring-Systeme zu nennen, welche auf der freiwilligen Zusammenarbeit zwischen Beteiligten der Chemie- und Pharmawirtschaft und den Strafverfolgungsbehörden basieren. Dies geschieht in Form wechselseitiger Meldungen bzgl. neu auftretender chemischer Substanzen (vgl. zur Meldung sog. „NPS" auch → BtMG § 1 Rn. 30), dem Schwund größerer Grundstoffmengen aus Lagerbeständen bzw. umgekehrt des häufigeren Handels speziell mit einem bestimmten Grundstoff auf dem illegalen Markt. Mittelbar wird das „Monitoring-System" auch durch Forschungsinstitutionen und den zentralen Beobachtungsstellen für Drogen und Drogensucht (DBDD, EBDD) unterstützt. Die freiwillige Zusammenarbeit basiert vor allem auf einer Vereinbarung zwischen den deutschen Dachverbänden der chemischen Industrie und des Handels sowie der Bundesregierung.[9] Hierbei hat die Kommission Leitlinien in Bezug auf Substanzen erarbeitet, die zwar nicht unter die Regelungen für Drogenausgangsstoffe fallen, aber dennoch zur illegalen Herstellung synthetischer Drogen verwendet werden, welche u.a. die Verpflichtung enthalten, verdächtige Transaktionen mit den im Einzelnen aufgeführten Stoffen der Gemeinsamen Grundstoffüberwachungsstelle ZKA/BKA – GÜS – zu melden.[10] Diese Verpflichtung findet sich auch in § 4 Abs. 1 wieder, wonach Wirtschaftsbeteiligte verpflichtet sind, im Rahmen der im Verkehr erforderlichen Sorgfalt Vorkehrungen zu treffen, um eine Abzweigung von Grundstoffen zur unerlaubten Herstellung von Betäubungsmitteln zu verhindern. Freilich bleibt diese Verpflichtung „freiwilliger" Natur, da der Verstoß gegen diese Verpflichtung keine straf- oder ordnungswidrigkeitenrechtlichen Konsequenzen nach sich zieht.

2. Fundamentalkritik. Nach Einschätzung des Gesetzgebers sind die vorgesehenen **7** nationalen und internationalen Kontrollverfahren in der Lage, der Abzweigung von Grundstoffen zur unerlaubten Herstellung von BtM wirksam entgegenzutreten.[11] Dies erscheint jedoch zweifelhaft. Während das Monitoring-System aufschlussreiche Informationen über den illegalen Betäubungsmittelmarkt – insb. hinsichtlich etwaiger Trends – gibt und v.a. damit auch den präventiv-polizeilichen Zugriff unterstützt, muss die repressive Säule und damit auch das gesamte normative Gefüge der Grundstoffüberwachung in Frage gestellt werden. Das derzeitige System der Grundstoffüberwachung ist in seiner Ausgestaltung als Mixtur aus rudimentärem, „inländischen" Grundstoffrecht und EU-Recht-,,Versatzstücken" vollkommen unausgegoren und bedarf **dringender Überarbeitung.** Bereits aus § 1 des Regelwerks ergibt sich eindeutig, dass der Gesetzgeber das „episodenhafte" europäische Grundstoffrecht eher toleriert und als „Zwangskorsett" empfunden denn als echte gemeinsame Grundlage einer EU-weiten-Grundstoffüberwachung verstanden hat. Dabei fragt man sich zunächst ohnehin, warum hinsichtlich des Betäubungsmittelverkehrs als „Endziel" des vom GÜG zu unterbindenden Umgangs eine supranationale Lösung proklamiert wird und der Einfluss des EU-Rechts hierauf marginal ist,[12] während das „Zwischenziel" als europäische Rechtssetzungsmaterie durch und durch ausgestaltet wurde.

a) Europäisches Strafrecht contra nationaler Strafgesetzgeber. Dies gilt – um auf **8** die Metapher des Zwangskorsetts wieder zurückzukommen – zumindest vorgeblich, da die im § 1 aufzufindenden europarechtlichen Definitionen für die zentrale Strafvorschrift des § 19 Abs. 1 Nr. 1 keine Rolle spielen. Vielmehr hat sich der Gesetzgeber für ein dem

---

[8] Vgl. https://www.bka.de/DE/UnsereAufgaben/Kooperationen/Grundstoffueberwachung/grundstoff-ueberwachung_node.html (zuletzt aufgerufen 18.4.2017).
[9] KPV/*Volkmer* Vorb. Rn. 10 f.
[10] KPV/*Volkmer* Vorb. Rn. 10 f.
[11] KPV/*Volkmer* Vorb. Rn. 2.
[12] → BtMG Vor § 1 Rn. 116 ff.

deutschen Betäubungsmittelstrafrecht „analoges" Modell entschieden. Dies hat nicht nur die bereits systematisch und im Hinblick auf Art. 103 Abs. 2 GG bedenkliche Folge, dass zwanghaft unterschiedliche Begrifflichkeiten verwendet und etablierte Begriffsverständnisse aufgegeben werden (vgl. noch zum Inverkehrbringen → § 1 Rn. 26), sondern verkehrt das durch einen gemeinsamen Rechtsetzungsakt erklärte Ziel, Rechtsharmonie über die Grenzen hinaus zu schaffen, geradezu in sein Gegenteil.

9   Dies spiegelt auch die auseinanderdriftende Ausgestaltung der Verbotsnormen wider: Während der „traditionelle" § 19 Abs. 1 Nr. 1 an ein allgemeines Verbot (§ 3) knüpfend jeden erdenklichen Umgang mit Grundstoffen überwiegend unter Rückgriff auf ubiquitäre Tathandlungen pönalisiert, sind die europarechtlichen Modalitäten (§ 19 Abs. 1 Nr. 2–5) fragmentarischer und v.a. differenzierter (vgl. etwa Nr. 4 der für die Ausfuhr Grundstoffe von Kategorie 1 – 3 einbezieht, während bei der Einfuhr nach Nr. 5 lediglich Stoffe der Kategorie 1 betroffen sind). Damit wird suggeriert, dass zwischen einem „illegalen" und „legalen" Grundstoffverkehr zu differenzieren ist, obwohl diese Unterscheidung mangels Erlaubnisvorbehalt nicht vorgenommen werden kann, mithin eigentlich gerade der Verstoß gegen die EU-Kontrollmaßnahmen als „Manifestation" der Missbrauchsabsicht verstanden werden müsste.[13] Von der auf dem europäischen Binnenmarkt vorgenommenen Differenzierung nach Grundstoffkategorien bleibt beim § 19 Abs. 1 Nr. 1 nichts übrig, obwohl bspw. Grundstoffe der Kategorie drei einfache Lösungsmittel darstellen und mit den Naturprodukten der Kategorie 1 nicht vergleichbar sind (→ Rn. 12 f.).

10   **b) Uneinheitliches Konzept der Verbotsmaterie.** Dass das gesamte System nicht konsequent zu Ende gedacht ist, ergibt sich auch schon aus dem Verbot selbst, das teils „materiell-rechtliche" Elemente enthält, als es auf die objektive Zweckwidmung abstellt (bzw. abstellen muss, wenn man nicht die gesamte Chemie- und Arzneimittelindustrie lahm legen will). Wegen der im Einzelfall nur schwierig nachzuweisenden Zweckwidmung der Stoffe zur Betäubungsmittelherstellung (noch → § 3 Rn. 8), ist das sanktionsbewehrte Verbot kaum geeignet, den vom Gesetzgeber **angestrebten Zweck zu erreichen.** Das Verbot erschwert die Anschaffung der Grundstoffe sicherlich (als ein irgendwie gearteter legaler Anschein hergestellt werden muss), macht diese aber nicht schlechthin unverfügbar. Dass der Umgang im Anschluss „ungemütlicher" wird, hat allenfalls regulierende Wirkung dahingehend, dass die Hersteller auf andere „Zutaten" **ausweichen** (müssen), weniger aus Angst vor Repression, sondern schlicht im Hinblick auf geringere Profite aufgrund erschwerter Beschaffung der Stoffe.[14]

11   **c) Uneinheitliche Behandlung der Grundstoffe.** Hinzu tritt, dass das Verbot des § 3 trotz des Erfordernisses einer objektiven Zweckwidmung (wie die GÜG-Vorschriften im Übrigen) auf ein mit dem Betäubungsmittelrecht vergleichbares Listensystem zurückgreift, wobei die Konkretisierung EU-Verordnungen überlassen wird. Da zumindest die Strafvorschrift sich seit Neufassung des GÜG einer **statischen Verweisung** bedient (vgl. § 19 Abs. 5), bleibt zumindest der strafrechtliche Schutz bei neu entdeckten bzw. in Mode gekommenen Grundstoffen nicht selten auf der Strecke. Zuletzt hat die als bedrohend empfundene Verbreitung der Droge Crystal Meth die EU-Kommission dazu bewegt, den Zugang zu **Chlorephedrin** und **Chlorpseudoephedrin** zu erschweren (aufgrund der

---

[13] Dabei soll nicht gänzlich unterschlagen werden, dass auch Art. 2 Abs. 1d des EU-Rahmenbeschlusses 2004/757/JI vom 25.10.2004 zeitlich kurz vor Erlass der VO die Mitgliedsstaaten dazu verpflichtet hat, das Herstellen, Befördern oder Verteilen von Grundstoffen in der Kenntnis, dass sie der illegalen Erzeugung oder der illegalen Herstellung von Drogen dienen unter Strafe zu stellen (vgl. auch KPV/*Volkmer* Vorb. Rn. 9. Dabei hätte man bei diesen dem Rahmenbeschluss folgenden unmittelbaren Rechtsetzungsakten wenigstens klarstellen können, in welchem Umfang die Richtlinie bereits durch die unmittelbar geltende Verordnung als „abgegolten" gilt.

[14] Vgl. auch KPV/*Volkmer* Vorb. Rn. 12a: „Hierbei handelt es sich indessen nicht um ein lediglich Drogenausgangsstoffe betreffendes Phänomen. Ausweichbewegungen der Akteure sind vielmehr auch in anderen reglementierten Marktsegmenten zu beobachten und etwa im Kontext der sog. „legal-high"-Produkte zur Umgehung der BtMG-Vorschriften hinreichend bekannt."

statischen Verweisung sah sich der Gesetzgeber gezwungen, mit dem Gesetz zur Änderung betäubungsmittelrechtlicher und anderer Vorschriften v. 6.3.2017[15] die Verweisung entsprechend zu „aktualisieren").[16]

    Die meisten Grundstoffe sind extrahierbare Naturprodukte (aus Pflanzen, Pilzen etc.) und **12** spielen in der chemischen Industrie eine große Rolle bei der Herstellung von Arzneimitteln, Kosmetika und Textilien oder als Reinigungs-, Desinfektions- und Lösungsmittel. Meist haben sie bereits selbst unmittelbar stimulierende, halluzinogene oder sedative Wirkung. Sie könnten daher auch unmittelbar als „BtM" klassifiziert werden; dass dies nicht der Fall ist, lässt sich wohl auf die Einschätzung des Gesetzgebers dieser Stoffe als weniger gefährlich zurückführen (zur Austauschbarkeit der Maßstäbe im Rahmen der Zuordnung bereits → BtMG § 1 Rn. 31 ff.). Nicht selten fungieren sie lediglich als „Zutat" bei der Herstellung von BtM (bzw. sonstige berauschende Substanzen, die noch nicht als „Endprodukt" dem BtMG unterliegen, sog. Neue Psychoaktive Substanzen[17]). Grundstoffe sind auch in (rezeptfreien) Medikamenten enthalten, was wiederum eine Erweiterung der Listen durch eine weitere VO (EU) 1259/2013 v. 20.11.2013 dahingehend erforderlich machte, dass auch Arzneimittel vom Grundstoffbegriff „erfasst" sind (dazu noch → Rn. 16 f.), wenn die Stoffe mit wenig Aufwand extrahiert werden können. Zur Veranschaulichung sei die Wirkung und alternative Verwendbarkeit der vom GÜG erfassten Stoffe (zur Geltung und Regelungssystematik im Einzelnen noch → § 1 Rn. 1 ff.) in der folgenden Tabelle skizziert:

Erfasster Stoff	Hergestellte Substanz	Wirkung, sonstige Verwendung (exemplarisch)
Kategorie 1		
Ephedrin	Amphetamine/ Methamphetamin	Sympathomimetikum (Abschwellung der Schleimhäute, Antiasthmatikum)
Ergometrin	LSD	Geburtshilfe (Lösung der Plazenta, Stillung von Blutungen)
Ergotamin	LSD	Migräne, Cluster-Kopfschmerzen
Lysergsäure	LSD	Auslösen von Wehen (früher)
1-Phenyl-2-Propanon (BMK)	Amphetamine/ Methamphetamine	Synthese von Pestiziden (Rattengift) und Pharmaka
Pseudo-Ephedrin	Amphetamine/ Methamphetamine	Siehe Ephedrin
Phenylpropanolamin (PPA)	Amphetamine/ Methamphetamine	Siehe Ephedrin
N-Acetylanthranilsäure (2-Acetamidobenzoesäure)	Methaqualon	

---

[15] BGBl. S. 403.

[16] ABl. 2016 VO (EU) 2016/1443 L 235/6.

[17] Damit wird partiell auch der Umgang mit Stoffen unter Strafe gestellt, bei denen der Umgang mit dem „Endprodukt" keine Strafe nach sich ziehte (nämlich nach § 19 Abs. 1 Nr. 2 der gerade nicht an das Verbot nach § 3 GÜG knüpft und somit das Erfordernis einer objektiven Zweckwidmung entfallen lässt, statt dessen lediglich ein Handeln ohne Erlaubnis der zuständigen Behörde erfordert, noch → § 19 Rn. 23 f.; soweit das Verhalten zur Herstellung von NPS dient, dürfte es im Ermessen der Erlaubnisbehörde stehen, bei solch einer Zweckwidmung diese zu versagen). Würde diese Diskrepanz wiederum durch eine (nach hier vertretener Auffassung ebenso kritisch zu sehenden) Einführung eines Gesetzes für neue psychoaktive Substanzen – NPSG – beseitigt, entfiele wiederum eine zentrale kriminalpolitische Erwägung, die zur Legitimation herangezogen wird.

Erfasster Stoff	Hergestellte Substanz	Wirkung, sonstige Verwendung (exemplarisch)
3,4-Methylendioxyphenylpropan-2-on (PMK) Piperonyl-Methyl-Keton Benzo-Dioxol-Propam	MDA-MDMA-MDE	
Isosafrol	MDA-MDMA-MDE	
Piperonal (Piperonylaldehyd, Heliotropin, Methylen-Dioxy-Benzaldehyd)	MDA-MDMA-MDE	Aromen
Safrol	MDA-MDMA-MDE	Aromen
Alpha-Phenylacetyl-Acetonitril (APAAN)	siehe 1-Phenyl-2-Propanon	
(1R-2S)-(-)- Chlorephedrin	Crystal-Meth	
(1S-2R)-(+)- Chlorephedrin	Crystal-Meth	
(1S-2S)-(+)- Chlorpseudoephedrin	Crystal-Meth	
(1R-2R)-(-)- Chlorpseudoephedrin	Crystal-Meth	
Kategorie 2		
Essigsäureanhydrid (EA)	Heroin, Methaqualon	Umsetzung mit Alkoholen zu Acetaten (Paracetamol) und Acetylsalicylsäur (Aspirin)e
Anthranilsäure	Methaqualon	Riechstoffe, Farbstoff (Indigo), Pflanzenschutzmittel
Phenylessigsäure	Amphetamine/Methamphetamine	Riechstoff, Zusatzstoff in Tabak, Synthese von Penicillin
Piperidin	Phenycyclidin	Lösungsmittel, Kautschukhilfsmittel
Kaliumpermanganat	Kokain	Desinfektionsmittel, Deodorant, Bestimmung chemischer Substanzen
Kategorie 3		
Aceton	Kokain, Heroin	Plexiglas, Lösungsmittel für Harze, Fette und Öle
Ethylether (Diethylether)	Kokain, Heroin	
Methylethylketon (MEK) (Butanon)	Kokain	Lösungsmittel, Sterilisation medizinischer Instrumente
Toluol	Kokain	Lösungsmittel
Schwefelsäure	Kokain, Heroin	
Salzsäure (Hydrogenchlorid)	Kokain, Heroin	

Erfasster Stoff	Hergestellte Substanz	Wirkung, sonstige Verwendung (exemplarisch)
Kategorie 4		
Ephedrin oder seine Salze enthaltende Arzneimittel und Tierarzneimittel	Siehe Ephedrin	
Pseudoephedrin oder seine Salze enthaltende Arzneimittel und Tierarzneimittel	Siehe Pseudoephedrin	

Die Einschätzungsprärogative besteht selbstverständlich auch hinsichtlich der Einordnung **13** einer Substanz als Grundstoff überhaupt. Schließlich gibt es eine ganze Reihe gesetzlich nicht überwachter, aber für die Betäubungsmittel-Herstellung wesentlicher Laborchemikalien, *Patzak* nennt u.a. a) *Acetondicarbonsäure,* b) *Ameisensäure,* c) *Benzaldehyd,* d) *Formamid,* e) *Methylamin,* f) *Methylisobutylketon (MIBK),* g) *Nitroethan,* h) *N-Methylformamid,* i) *Sassafrasöl (aus dem das der Liste unterliegende Safrol gewonnen werden kann),* j) *Succiudialdehyd.* Konsequenz einer umfassenden, lückenlosen Grundstoffüberwachung wäre die staatliche Kontrolle jeder erdenklichen Ware bzw. Substanz, die als „Hauptzutat" bei der Herstellung von BtM in Betracht kommt. Dies wird allerdings nicht ernsthaft in Betracht gezogen.

Die derzeitige Ausgestaltung ist also in vielerlei Hinsicht kaum geeignet, die gesetzgeberi- **14** schen Ziele zu erreichen. Dabei können die im Rahmen des Betäubungsmittelstrafrechts gemachten Zweckmäßigkeitserwägungen und verfassungsrechtlichen Bedenken – gerade im Hinblick auf die „analoge" Ausgestaltung des GÜG – hier entsprechend herangezogen werden (→ BtMG Vor § 1 Rn. 7 ff. sowie → BtMG Vor § 29 Rn. 29 ff.). Sie gelten hier umso mehr, da es sich um Stoffe handelt, die allenfalls im Verdacht stehen, zur Herstellung „unerwünschter" Substanzen verwendet zu werden. Die Bedenken, die bereits beim Betäubungsmittelbegriff im Hinblick auf die Zufälligkeit der Strafbewehrung gemacht wurden, werden bei Grundstoffen nochmals potenziert. Sie werden durch den Umstand geringerer Strafrahmen (bzw. dem Fehlen „etablierter" Strafrahmenverschiebungen) allenfalls entschärft, aber nicht vollständig beseitigt. Das derzeitige „Mischkonzept" des Gesetzgebers kann auch nicht aufgehen, solange das Gesetz, an dem es sich ausrichtet (das BtMG) noch derart viele Diskrepanzen aufweist.

II. Gesetzgebungsgeschichte

Das geltende GÜG (Gesetz zur Neuregelung des Grundstoffüberwachungsrechts vom **15** 11.3.2008) in seiner jetzigen Fassung[18] ersetzte das GÜG vom 7.10.1994[19] sowie die Verordnung über die Verstöße gegen das Grundstoffüberwachungsgesetz (GÜG-VV) vom 24.7.2002.[20] Dieses basierte wiederum auf der supranationalen Verpflichtung, auch den Verkehr mit Grundstoffen zu überwachen (Art. 12 Übk. 1988), wonach die Vertragsstaaten von ihnen als zweckmäßig erachtete Maßnahmen zu treffen hatten, um zu verhindern, dass (die im Tabellenanhang aufgeführten) Stoffe zur unerlaubten Herstellung von Suchtstoffen und psychotropen Stoffen abgezweigt werden.[21]

Noch die EWG hatte bereits 1990 das Übk. 1988 im Namen der Wirtschaftsgemeinschaft **16** genehmigt[22] und 1992 für ihre Mitgliedstaaten eine Richtlinie über die Herstellung und das Inverkehrbringen bestimmter Stoffe, die zur unerlaubten Herstellung von Suchtstoffen

---

[18] BGBl. 2008 I 306.
[19] BGBl. 1994 I 2835.
[20] BGBl. 2002 I 2915. Da das neue GÜG die Straf- und Bußgeldvorschriften vollständig selbst regelt, konnte die Verordnung ersatzlos gestrichen werden, vgl. KPV/*Volkmer* § 19 Rn. 3.
[21] KPV/*Volkmer* Vorb. Rn. 3.
[22] Beschluss 90/611/EWG des Rates vom 22.10.1990, ABl. L 326, 56.

und psychotropen Stoffen verwendet werden, erlassen.[23] Der Drittlandshandel war bereits 1990[24] geregelt worden. Ebenfalls 1992[25] erließ die Kommission entsprechende Durchführungsvorschriften. Die zustandegekommenen Verordnungen (EWG Nr. 3677/90 vom 13.12.1990 sowie Nr. 900/92 vom. 31.3 1992) berücksichtigten zugleich die Empfehlungen der G7-Länder zur Kontrolle von Grundstoffen (CATF = Chemical Action Task Force). Das ursprüngliche GÜG diente somit in erster Linie der innerstaatlichen Umsetzung der genannten Richtlinien und Verordnungen. Die Richtlinie 92/109/EWG wurde durch das GÜG vom 7.10.1994[26] und die GÜG-VV vom 24.7.2002[27] umgesetzt.

17   Infolge der EU-Erweiterung erschien es Rat und Parlament zur Vermeidung langwieriger Umsetzungsprozesse innerhalb der Mitgliedstaaten erforderlich, die Materie durch unmittelbar geltendes EU-Recht zu regeln. Dies führte zunächst zur
– Verordnung (EG) Nr. 273/2004[28] vom 11.2.2004 (in Kraft ab 18.8.2005), mit der der Grundstoffverkehr zwischen den Mitgliedstaaten und sodann zur
– Verordnung (EG) Nr. 111/2005[29] vom 22.12.2004 (in Kraft ab 18.8.2005), die den Grundstoffverkehr mit Drittstaaten regelte. Zu beiden Verordnungen erließ die Kommission mit der
– Verordnung (EG) Nr. 1277/2005[30] vom 27.7.2005 Durchführungsvorschriften.

18   Die EU-Verordnungen führten zu einer Inkompabilität bzw. Ungültigkeit des damals geltenden GÜG von 1994, sodass der Gesetzgeber zwischenzeitlich entstehende Strafbarkeitslücken durch eine Änderung der §§ 2, 3, 29 GÜG aF übergangsweise schließen musste.[31] Erst durch Gesetz zur Neuregelegung des GÜG vom 11.3.2008 wurden die erforderlichen Änderungen (insb. die Implementierung der Steuerbarkeit des Grundstoffrechts durch EU-Verordnungen) am Regelwerk vorgenommen und das Gesetz, das zunächst noch 37 Paragraphen enthielt, um den Umfang auf 22 Vorschriften gekürzt.

19   Seitdem war das Grundstoffüberwachungsrecht nur insofern Änderungen unterworfen, als die Liste der Grundstoffe mehrmals erweitert wurde. Zunächst wurden mit der
– Verordnung (EU) Nr. 1259/2013 vom 20.11.2013[32] die Liste um eine weitere **Kategorie 4** erweitert, in der **ephedrin- sowie pseudoephedrinhaltige Arzneimittel** zu Grundstoffen deklariert werden (zu den Hintergründen dieses Vorgehens vgl. noch → § 1 Rn. 16) sowie **APAAN** (Alpha-Phenyl-acetoacetonitril) in die Liste der Grundstoffe aufgenommen, das als Vorläuferstoff für die Herstellung von Methamphetamin/Amphetamin bzw. PMK (3,4-Methylenedioxyphenyl-2-Propanon) dient. Die konkrete Bezeichnung des Stoffes, der zunächst als alpha-Phenylacetoacetonitril aufgelistet wurde, wurde mit der
– Verordnung (EU) Nr. 1258/2013 v. 30.12.2013[33] in „Alpha-Phenylacetyl-Acetonitril" (KN-Code 2926 90 95, CAS Nr. 4468-48-8) korrigiert und die Fassung der Stoffkategorie 2 in zwei Unterkategorien (für weitere Differenzierungen hinsichtlich etwaiger Melde- und Registrierungspflichten) umgewandelt; die VO (EG) 1277/2005 ist durch die
– Verordnung (EU) Nr. 1011/2015 vom 24.4.2015[34] ersetzt worden. Zuletzt ist die
– Verordnung (EU) Nr. 1443/2016 vom 29.6.2016[35]

---

[23] Richtlinie 92/109/EWG des Rates vom 14.12.1992, ABl. L 370, 76.
[24] VO (EWG) Nr. 3677/90 des Rates vom 13.12.1990, ABl. L 357, 1.
[25] VO (EWG) Nr. 3769/90 der Kommission vom 21.12.1992, ABl. L 383, 17.
[26] BGBl. I S. 2835.
[27] BGBl. I S. 2915.
[28] ABl. 47, 1, Anhang 1.
[29] ABl. 2005 L 22, 1, Anhang 2.
[30] ABl. L 202, 7, Anhang 3.
[31] Hierzu ausführlich KPV/*Volkmer* Vorb. Rn. 7.
[32] ABl. 2013 L 330, 30.
[33] ABl. 2013 L 330, 21.
[34] ABl. 2015 L 162, 12.
[35] ABl. 2016 L 235, 6.

zu nennen, mit der die zur Herstellung von Crystal-Meth verwendeten Ausgangsstoffe Chlorphedrin und Chlorpseudeephedrin der Grundstoffüberwachung unterstellt wurden.

Für das Grundstoffstrafrecht haben diese Erweiterungen (vorerst) allerdings keine Bedeu- **20** tung, da die Modifikation der Listen bei der Anwendung der Strafvorschrift des § 19 Abs. 1– 4 gem. § 19 Abs. 5 GÜG unberücksichtigt bleibt. Diese Vorschrift ordnet nämlich an, dass die am 18. August 2005 geltende Fassung der Verordnung (EG) Nr. 273/2004 oder der Verordnung (EG) Nr. 111/2005 maßgeblich ist, soweit auf diese Bezug genommen wird (sog. „statische Verweisung", vgl. bereits → Rn. 11 sowie nochmals → § 1 Rn. 5).

III. In Bezug genommene Vorschriften des Unionsrechts

GÜG	Verordnung (EG) Nr.	Artikel/Anhang
§ 1	273/2004	Art. 2c, 2d, Anhang
	111/2005	Art. 2a, 2c, 2d, 2e, 2f, Anhang
§ 4	273/2004	Art. 8 Abs. 1
	111/2005	Art. 9 Abs. 1
§ 5	273/2004	Art. 3, 8 Abs. 2, 11 Abs. 1, Abs. 2
	111/2005	Art. 12 Abs. 2, 13 Abs. 2, 14. Abs. 1, 15, 16, 17, 18, 19, 20, 21 Abs. 2, 23, 24, 25, 26 Abs. 5, 27 S. 2
	1277/2005	Art. 3. 5, 7, 8, 9, 10, 11, 17, 18, 19, 21, 23, 25, 26 Abs. 2, 27 Abs. 1, Abs. 3, 31
§ 12	273/2004	Art. 13 Abs. 1
	111/2005	Art. 32 Unterabs. 1
	1277/2005	Art. 29 Abs. 1
§ 13	273/2004	Art. 3 Abs. 4
	111/2005	Art. 6 Abs. 1
§ 14	273/2004	Art. 3 Abs. 6
	111/2005	Art. 7 Abs. 1
§ 15	273/2004	Art. 3 Abs. 7
	111/2005	Art. 26 Abs. 5
§ 16	273/2004	Art. 5 Abs. 2, Abs. 3, Abs. 6
	111/2005	Art. 3, 4
	273/2004	Art. 3 Abs. 2
	111/2005	Art. 6 Abs. 1, 12 Abs. 1, 20
§ 19	273/2004	Art. 3 Abs. 3, Abs. 6, 5 Abs. 1, Abs. 2, Abs. 3, Abs. 5, Abs. 6, Art. 7
§ 20	111/2005	Art. 3, 4, 5, 7 Abs. 1, 13 Abs. 1, 14 Abs. 1, 21 Abs. 1, Anhang
	1277/2005	Art. 5, 14 Abs. 1, 17, 18, 19, Anhang II

21

Abschnitt 1. Allgemeine Vorschriften

§ 1 Begriffsbestimmungen

Im Sinne dieses Gesetzes ist

1. Grundstoff: ein erfasster Stoff im Sinne des Artikels 2 Buchstabe a in Verbindung mit Anhang I der Verordnung (EG) Nr. 273/2004 des Europäischen Parlaments und des Rates vom 11. Februar 2004 betreffend Drogenausgangsstoffe (ABl. EU Nr. L 47 S. 1) in ihrer jeweils geltenden Fassung und des Artikels 2

Buchstabe a in Verbindung mit dem Anhang der Verordnung (EG) Nr. 111/
2005 des Rates vom 22. Dezember 2004 zur Festlegung von Vorschriften für
die Überwachung des Handels mit Drogenausgangsstoffen zwischen der
Gemeinschaft und Drittländern (ABl. EU 2005 Nr. L 22 S. 1, 2006 Nr. L 61
S. 23) in ihrer jeweils geltenden Fassung;

2. **Gemeinschaft:** die Europäischen Gemeinschaften;
3. **Drittstaat:** ein Staat außerhalb der Gemeinschaft;
4. **Einfuhr:** jede Verbringung von Grundstoffen in das Zollgebiet der Gemeinschaft im Sinne des Artikels 2 Buchstabe c der Verordnung (EG) Nr. 111/2005
   oder in einen nicht zum Zollgebiet der Gemeinschaft gehörenden Teil des
   Hoheitsgebietes der Bundesrepublik Deutschland;
5. **Ausfuhr:** jede Verbringung von Grundstoffen aus dem Zollgebiet der Gemeinschaft im Sinne des Artikels 2 Buchstabe d der Verordnung (EG) Nr. 111/2005
   oder aus einem nicht zum Zollgebiet der Gemeinschaft gehörenden Teil des
   Hoheitsgebietes der Bundesrepublik Deutschland;
6. **Vermittlungsgeschäft:** jede Tätigkeit zur Anbahnung des Ankaufs, des Verkaufs
   oder der Lieferung von Grundstoffen im Sinne des Artikels 2 Buchstabe e der
   Verordnung (EG) Nr. 111/2005;
7. **Inverkehrbringen:** jede Abgabe von Grundstoffen im Sinne des Artikels 2 Buchstabe c der Verordnung (EG) Nr. 273/2004;
8. **Herstellen:** das Gewinnen, Synthetisieren, Anfertigen, Zubereiten, Be- oder
   Verarbeiten und Umwandeln von Grundstoffen;
9. **Wirtschaftsbeteiligter:** eine in Artikel 2 Buchstabe d der Verordnung (EG)
   Nr. 273/2004 oder in Artikel 2 Buchstabe f der Verordnung (EG) Nr. 111/2005
   bezeichnete natürliche oder juristische Person.

Übersicht

I. Grundstoff (Nr. 1)

1   Grundstoffe sind „**erfasste** Stoffe" im Sinne des Artikels 2 a in Verbindung mit Anhang
I der Verordnung (EG) Nr. 273/2004 des Europäischen Parlaments und des Rates vom
11. Februar 2004 betreffend Drogenausgangsstoffe (ABl. EU Nr. L 47, 1) in ihrer jeweils
geltenden Fassung. Ähnlich wie im Betäubungsmittelstrafrecht wird also auf Anhänge der
Verordnungen verwiesen, in denen die erfassten Stoffe abschließend aufgelistet sind.

1. Kategorien. Die EG-Verordnungen differenzieren hierbei ursprünglich zwischen 2 drei, nunmehr (→ Rn. 6) vier Kategorien, wobei die Kategorie 2 infolge der Verordnung (EU) 1258/2013 vom 30.12.2013[1] nochmals in zwei Unterkategorien aufgeteilt wurde. Die Unterscheidung knüpft an unterschiedlich strenge Regelungen hinsichtlich des Umgangs mit den Grundstoffen, wobei das umfassende Verbot des § 3 GÜG für alle Grundstoffe gleichsam gilt, soweit eine Absicht zur Betäubungsmittelherstellung festgestellt ist. Kategorie I und II listet Grundstoffe bzw. Ausgangsstoffe im engeren Sinne auf, während Kategorie III eher triviale Lösungsmittel wie Aceton oder Salzsäure beinhaltet, weswegen diese Stoffe innerhalb der EU ohne jegliche Reglementierung frei handelbar sind (zumal der Nachweis einer Missbrauchsabsicht iSd § 3 GÜG bei diesen Stoffen kaum gelingen wird). Lediglich der Außenhandel in Drittländer (Afghanistan, Iran, etc.) unterliegt der Reglementierung.

In der **Gesetzesbegründung** heißt es diesbezüglich:[2] 3

„Die 23 international gelisteten Chemikalien sind in den Rechtsakten der Europäischen Gemeinschaft in drei Kategorien eingeteilt, die unterschiedlich strengen Kontrollen unterliegen. Die Kontrollverfahren berücksichtigen je nach Stoffkategorie die Eigenschaften, den Handelsumfang und Verwendungszweck sowie die Bestimmungsländer der Grundstoffe. Diesen Gegebenheiten ist der Kontrollaufwand so angepasst, dass der normale Handelsverkehr nicht über Gebühr erschwert wird. Die Kontrollverfahren für Grundstoffe der Kategorie 1 sehen sowohl für das innergemeinschaftliche Inverkehrbringen als auch für den Außenhandel mit Drittländern die Verpflichtung der Wirtschaftsbeteiligten vor, eine generelle Erlaubnis für den Verkehr mit diesen Stoffen einzuholen. Zudem bedürfen alle Ein- und Ausfuhren dieser Stoffe einer vorherigen Genehmigung. Ausfuhren sind der zuständigen Behörde im Bestimmungsland von der zuständigen Behörde in der Gemeinschaft zusätzlich durch eine so genannte Vorausfuhrunterrichtung anzukündigen. Vor dem Verkehr mit Grundstoffen der Kategorie 2 müssen Wirtschaftsbeteiligte die Anschriften ihrer Geschäftsräume bei der zuständigen Behörde registrieren lassen. Bei diesen Stoffen bedürfen nur die Ausfuhren einer vorherigen Genehmigung. Vorausfuhrunterrichtungen sind nur bei bestimmten Ziellländern erforderlich. Für beide Stoffkategorien sind darüber hinaus vorgangsbezogene Dokumentations- und Meldeverpflichtungen der Wirtschaftsbeteiligten vorgesehen. Die Kontrollmaßnahmen für den Verkehr mit Grundstoffen der Kategorie 3 beschränken sich auf den Außenhandel. Neben Dokumentations- und bestimmten Meldeverpflichtungen, die auch bei Kategorie 3-Stoffen bestehen, müssen Wirtschaftsbeteiligte nur im Falle von Ausfuhrgeschäften die Registrierung der Geschäftsräume bei der zuständigen Behörde vornehmen lassen und auch nur, wenn festgelegte Jahresmengen überschritten werden. Die Einholung einer Ausfuhrgenehmigung und die Vorausfuhrunterrichtung sind nur für bestimmte Ziellländer vorgeschrieben. "

2. Dynamisches und statisches Verweisungssystem. Die einschlägigen EG-Verord- 4 nungen betreffen zum Teil unterschiedliche Pflichten und beinhalten jeweils mehrere Anhänge. Während die Anhänge I die von der jeweiligen Verordnung umfassten **Stoffe** abschließend aufzählen, beinhalten die Anlagen II **Höchstmengen.** In Anlage III sind **Mustererklärungen** für einmalige Vorgänge (hier nicht abgedruckt) enthalten. Sie unterliegen zwar in größeren zeitlichen Abständen, aber doch kontinuierlichen **Änderungen** (bereits → Vor § 1 Rn. 12). Der Rechtsadressat hat somit stets zu überprüfen, auf welche Fassung die jeweils anzuwendende Vorschrift verweist. Zwar ist der Verweis in § 1 Nr. 1 **„dynamisch"** (da er auf die EG-Verordnungen „in ihrer jeweils geltenden Fassung" verweist) und damit auch das zentrale Umgangsverbot nach § 3 GÜG. Indessen hat sich der Gesetzgeber zumindest im Rahmen der Straf- und Ordnungswidrigkeitenvorschriften für eine **statische** Verweisung entschieden,[3] sodass zunächst lediglich die **„Ursprungsfassung"** der Listen v. 18.8.2005 auf diese Anwendung fand,[4] §§ 19 Abs. 5, 20 Abs. 4 GÜG

---

[1] ABl. 2013 L 330, 21.
[2] BT-Dr. 16/7414, 12 f.; auch bei KPV/*Volkmer* § 19 Rn. 5.
[3] Vgl. hierzu bereits BGH 17.3.2011 – 5 StR 543/10.
[4] Wobei die VO 1277/2005 vollständig aufgehoben wurde und der Verweis diesbezüglich gegenstandslos ist, vgl. auch KPV/*Volkmer* § 19 Rn. 7.

(weswegen in der Übergangszeit die in der folgenden Tabelle grau unterlegten Stoffe[5] per se aus dem Bereich strafbaren bzw. ahndbaren Verhaltens fallen, wenn auf sie die frühere Fassung gem. § 2 Abs. 3 StGB Anwendung findet). Dasselbe gilt im Übrigen für alle Erweiterungen der Verbote sowie konkretisierende Definitionen, weswegen der Rechtsstand von 2005 maßgeblich ist, soweit das Grundstoffüberwachungs*straf*recht in Rede steht.

5   Durch das Gesetz zur Änderung betäubungsmittelrechtlicher und anderer Vorschriften vom 6.3.2017 wurde die Verweisung nunmehr entsprechend „aktualisiert". § 19 Abs. 4 nimmt nunmehr auf alle Kategorien (1 – 4) Bezug, während in Abs. 5 die Angabe „18. August 2005" durch die Angabe „30. Dezember 2013" ersetzt wurde.

6   **3. Die Anhänge im Einzelnen. a) Anhang I Verordnung (EG) Nr. 273/2004.**
Erfasste Stoffe nach Anhang I der Verordnung (EG) Nr. 273/2004:
– **Kategorie 1**

Stoff	KN-Bezeichnung (sofern anders lautend)	KN-Code ([1])	CAS-Nr. ([2])	Fassung
1-Phenyl-2-Propanon	Phenylaceton	2914 31 00	103–79–7	
N-Acetylanthranilsäure	2-Acetamidobenzoesäure	2924 23 00	89–52–1	
Isosafrol (*cis* + *trans*)		2932 91 00	120–58–1	
3,4-Methylendioxyphenyl-propan-2-on	1-(1,3-Benzodioxol-5-yl)propan-2-on	2932 92 00	4676–39–5	
Piperonal		2932 93 00	120–57–0	
Safrol		2932 94 00	94–59–7	
Ephedrin		2939 41 00	299–42–3	
Pseudoephedrin		2939 42 00	90–82–4	
Norephedrin		ex 2939 49 00	14 838–15–4	
Ergometrin		2939 61 00	60–79–7	
Ergotamin		2939 62 00	113–15–5	
Lysergsäure		2939 63 00	82–58–6	
Alpha-Phenylacetyl-Acetonitril (APAAN)		2926 90 95	4468-48-8	30.12.2013
(1R-2S)-(-)- Chlorephedrin		2939 99 00	110925-64-9	29.6.2016
(1S-2R)-(+)- Chlorephedrin		2939 99 00	1384199-95-4	29.6.2016
(1S-2S)-(+)- Chlorpseudo-ephedrin		2939 99 00	73393-61-0	29.6.2016
(1R-2R)-(-)- Chlorpseudo-ephedrin		2939 99 00	771434-80-1	29.6.2016

Die stereoisomerischen Formen der in dieser Kategorie aufgeführten Stoffe außer Cathin ([3]), sofern das Vorhandensein solcher Formen möglich ist.

Die Salze der in dieser Kategorie aufgeführten Stoffe, sofern das Vorhandensein solcher Salze möglich ist und es sich nicht um Salze von Cathin handelt.

([1]) ABl. 2002 L 290, S. 1.
([2]) Die CAS-Nummer ist die „Chemical Abstracts Service Registry Number", bei der es sich um eine einzige numerische Identifikation handelt, die für jeden Stoff und seine Struktur spezifisch ist. Die CAS-Nummer ist spezifisch für jedes Isomer und jedes Salz eines Isomers. Es versteht sich, dass die CAS-Nummern für die Salze der vorstehend aufgeführten Stoffe von den angegebenen Nummern abweichen.
([3]) Auch (+)-Norpseudoephedrin genannt, KN-Code 2939 43 00, CAS-Nr. 492–39–7.

7   – **Kategorie 2**

Stoff	KN-Bezeichnung (sofern anders lautend)	KN-Code ([1])	CAS-Nr. ([2])	Fassung
Unterkategorie 2 A				30.12.2013
Essigsäureanhydrid[6]		2915 24 00	108–24–7	
Unterkategorie 2 B				30.12.2013
Phenylessigsäure		2916 34 00	103–82–2	

[5] Diese schematische Vereinfachung verwendet auch KPV/*Volkmer* Vorb. Rn. 27.
[6] BGH 17.3.2011 – 5 StR 543/10, BeckRS 2011, 07396.

Stoff	KN-Bezeichnung (sofern anders lautend)	KN-Code (^{1})	CAS-Nr. (^{2})	Fassung
Anthranilsäure		2922 43 00	118–92–3	
Piperidin		2933 32 00	110–89–4	
Kaliumpermanganat		2841 61 00	7722–64–7	

Die Salze der in dieser Kategorie aufgeführten Stoffe, sofern das Vorhandensein solcher Salze möglich ist.

(^{1}) ABl. 2002 L 290, S. 1.
(^{2}) Die CAS-Nummer ist die „Chemical Abstracts Service Registry Number", bei der es sich um eine einzige numerische Identifikation handelt, die für jeden Stoff und seine Struktur spezifisch ist. Die CAS-Nummer ist spezifisch für jedes Isomer und jedes Salz eines Isomers. Es versteht sich, dass die CAS-Nummern für die Salze der vorstehend aufgeführten Stoffe von den angegebenen Nummern abweichen.

– **Kategorie 3**   8

Stoff	KN-Bezeichnung (sofern anders lautend)	KN-Code (^{1})	CAS-Nr. (^{2})
Salzsäure	Chlorwasserstoff	2806 10 00	7647–01–0
Schwefelsäure		2807 00 10	7664–93–9
Toluol		2902 30 00	108–88–3
Ethylether	Diethylether	2909 11 00	60–29–7
Aceton		2914 11 00	67–64–1
Methylethylketon	Butanon	2914 12 00	78–93–3

Die Salze der in dieser Kategorie aufgeführten Stoffe, sofern das Vorhandensein solcher Salze möglich ist und es sich nicht um Salze von Salzsäure und Schwefelsäure handelt.

(^{1}) ABl. 2002 L 290, S. 1.
(^{2}) Die CAS-Nummer ist die „Chemical Abstracts Service Registry Number", bei der es sich um eine einzige numerische Identifikation handelt, die für jeden Stoff und seine Struktur spezifisch ist. Die CAS-Nummer ist spezifisch für jedes Isomer und jedes Salz eines Isomers. Es versteht sich, dass die CAS-Nummern für die Salze der vorstehend aufgeführten Stoffe von den angegebenen Nummern abweichen.

b) Anhang II Verordnung (EG) Nr. 273/2004. Erfasste Stoffe nach Anhang II Ver-   9
ordnung (EG) Nr. 273/2004:

Stoff	Schwellenwert
Essigsäureanhydrid	100 l
Kaliumpermanganat	100 kg
Anthranilsäure und ihre Salze	1 kg
Phenylessigsäure und ihre Salze	1, kg
Piperidin und seine Salze	0,5 kg

c) Anhang Verordnung (EG) Nr. 111/2005. Erfasste Stoffe nach dem Anhang der   10
Verordnung (EG) Nr. 111/2005:
– **Kategorie 1**

Stoff	KN-Bezeichnung (falls abweichend)	KN-Code (^{1})	CAS-Nr. (^{2})	Fassung
1-Phenyl-2-Propanon	Phenylaceton	2914 31 00	103–79–7	
N-Acetylanthranilsäure	2-Acetamidobenzoesäure	2924 23 00	89–52–1	
Isosafrol (cis + trans)		2932 91 00	120–58–1	
3,4-Methylendioxyphenyl-propan-2-on	1-(1,3-Benzodioxol-5-yl)propan-2-on	2932 92 00	4676–39–5	
Piperonal		2932 93 00	120–57–0	
Safrol		2932 94 00	94–59–7	
Ephedrin		2939 41 00	299–42–3	
Pseudoephedrin		2939 42 00	90–82–4	
Norephedrin		ex 2939 49 00	14 838–15–4	
Ergometrin		2939 61 00	60–79–7	
Ergotamin		2939 62 00	113–15–5	
Lysergsäure		2939 63 00	82–58–6	

Stoff	KN-Bezeichnung (falls abweichend)	KN-Code (¹)	CAS-Nr. (²)	Fassung
Alpha-Phenylacetyl-Acetonitril (APAAN)		2926 90 95	4468-48-8	30.12.2013
(1R-2S)-(-)- Chlorephedrin		2939 99 00	110925-64-9	29.6.2016
(1S-2R)-(+)- Chlorephedrin		2939 99 00	1384199-95-4	29.6.2016
(1S-2S)-(+)- Chlorpseudo-ephedrin		2939 99 00	73393-61-0	29.6.2016
(1R-2R)-(-)- Chlorpseudo-ephedrin		2939 99 00	771434-80-1	29.6.2016

Die Stereoisomerie der in dieser Kategorie aufgeführten Stoffe mit Ausnahme von Cathin(³), sofern das Bestehen solcher Formen möglich ist.

Die Salze der in dieser Kategorie aufgeführten Stoffe, soweit das Bestehen solcher Salze möglich ist und es sich nicht um Salze des Cathins handelt.

(¹) ABl. 2002 L 290, S. 1.
(²) Die CAS-Nr. ist die Registriernummer des „Chemical Abstract Service", bei der es sich um eine eindeutige Codierung für jeden Stoff und seine Struktur handelt. Jedes Isomer und jedes Salz jedes Isomers erhalten eine eigene CAS-Nr. Daher weichen die CAS-Nummern für die Salze der oben genannten Stoffe von den angegebenen Nummern ab.
(³) Auch (+)-Norpseudoephedrin genannt, KN-Code 2939 43 00, CAS-Nr. 492–39–7.

11 – Kategorie 2

Stoff	KN-Bezeichnung (falls abweichend)	KN-Code (¹)	CAS-Nr. (¹)
Essigsäureanhydrid		2915 24 00	108–24–7
Phenylessigsäure		2916 34 00	103–82–2
Anthranilsäure		2922 43 00	118–92–3
Piperidin		2933 32 00	110–89–4
Kaliumpermanganat		2841 61 00	7722–64–7

Die Salze der in dieser Kategorie aufgeführten Stoffe, soweit das Bestehen solcher Salze möglich ist.

(¹) ABl. 2002 L 290, S. 1.
(²) Die CAS-Nr. ist die Registriernummer des „Chemical Abstract Service", bei der es sich um eine eindeutige Codierung für jeden Stoff und seine Struktur handelt. Jedes Isomer und jedes Salz jedes Isomers erhalten eine eigene CAS-Nr. Daher weichen die CAS-Nummern für die Salze der oben genannten Stoffe von den angegebenen Nummern ab.

12 – Kategorie 3

Stoff	KN-Bezeichnung (falls abweichend)	KN-Code (¹)	CAS-Nr. (¹)
Salzsäure	Chlorwasserstoff (Salzsäure)	2806 10 00	7647–01–0
Schwefelsäure		2807 00 10	7664–93–9
Toluol		2902 30 00	108–88–3
Ethylether	Diethylether	2909 11 00	60–29–7
Aceton		2914 11 00	67–64–1
Methylethylketon	Butanon	2914 12 00	78–93–3

(¹) ABl. 2002 L 290, S. 1.
(²) Die CAS-Nr. ist die Registriernummer des „Chemical Abstract Service", bei der es sich um eine eindeutige Codierung für jeden Stoff und seine Struktur handelt. Jedes Isomer und jedes Salz jedes Isomers erhalten eine eigene CAS-Nr. Daher weichen die CAS-Nummern für die Salze der oben genannten Stoffe von den angegebenen Nummern ab.

– Kategorie 4

Stoff	KN-Bezeichnung (falls abweichend)	KN-Code (¹)	CAS-Nr. (²)
Ephedrin oder seine Salze enthaltende Arzneimittel und		3003 40 20	

Stoff	KN-Bezeichnung (falls abwei-chend)	KN-Code ([1])	CAS-Nr. ([2])
Tierarzneimittel Pseudoephedrin oder seine Salze enthaltende Arzneimittel und Tierarzneimittel		3003 40 30	

d) Anhang II der Verordnung (EG) Nr. 1277/2005. Erfasste Stoffe nach Anhang II **13** der Verordnung (EG) Nr. 1277/2005:

Stoff	Menge
Aceton ([1])	50 kg
Ethylether ([1])	20 kg
Methylethylketon ([1])	50 kg
Toluol ([1])	50 kg
Schwefelsäure	100 kg
Salzsäure	100 kg
([1]) Einschließlich der Salze dieser Stoffe, soweit das Vorhandensein solcher Salze möglich ist.	

e) Anhang I der Verordnung (EU) Nr. 1011/2015.   **14**

Stoff	Menge
Aceton ([1])	50 kg
Ethylether ([1])	20 kg
Methylethylketon ([1])	50 kg
Toluol ([1])	50 kg
Schwefelsäure	100 kg
Salzsäure	100 kg
([1]) Einschließlich der Salze dieser Stoffe, soweit das Vorhandensein solcher Salze möglich ist.	

4. „Erfasste" Stoffe iSd Art. 2a der VO (EG) Nr. 273/2004 sowie (EG) Nr. 111/ 15 2005. a) Grundstoffe enthaltende Arzneimittel. § 1 Nr. 1 verweist unmittelbar auf Art. 2a der **Verordnungen (EG) Nr. 273/2004** sowie **(EG) Nr. 111/2005,** die den Begriff des erfassten Stoffs folgendermaßen definieren:

„Im Sinne dieser Verordnung bezeichnet der Ausdruck „erfasste Stoffe" alle in Anhang I aufge-führten Stoffe, einschließlich Mischungen und Naturprodukten, die derartige Stoffe enthalten. **Aus-genommen** sind Arzneimittel gemäß der Definition der Richtlinie 2001/83/EG des Europäischen Parlaments und des Rates vom 6. November 2001 zur Schaffung eines Gemeinschaftskodexes für Humanarzneimittel (6), pharmazeutische Zubereitungen, Mischungen, Naturprodukte und sonstige Zubereitungen, die erfasste Stoffe enthalten und so zusammengesetzt sind, dass sie nicht einfach verwendet oder leicht und wirtschaftlich extrahiert werden können"[7]

Dieser missglückte Satzbau hat zur Frage geführt, ob sich der Relativsatz am Ende auch **16** auf Arzneimittel bezieht, bei denen die darin enthaltenen Grundstoffe leicht extrahierbar sind (etwa Pseudoephedrin) und diese damit ebenfalls von der Grundstoffüberwachung „erfasst" sind. Dass es auf diese Rechtsfrage ankam, ist damit erklärbar, dass zahlreiche Betäubungsmittelhersteller nach der strengen Überwachung der Reinsubstanzen dazu über-gegangen waren, die legal erhältlichen Arzneimittel zu erwerben und die darin enthaltenen Grundstoffe zu extrahieren.[8] Der BGH hatte in einem Vorabentscheidungsersuchen diese Rechtsfrage (Sind Arzneimittel gem. der Definition der Richtlinie 2001/83/EG des Europä-ischen Parlaments und des Rates vom 6.11.2001 zur Schaffung eines Gemeinschaftskodexes für Humanarzneimittel, die von den Verordnungen (EG) Nr. 273/2004 und (EG) Nr. 111/ 2005 „erfasste Stoffe" enthalten, gem. Art. 2a dieser Verordnungen stets von deren Anwen-

---

[7] ABl. 47, 1, 5.
[8] KPV/*Volkmer* Vorb. Rn. 9a.

dungsbereich ausgenommen, oder ist dies lediglich dann anzunehmen, wenn die Arzneimittel so zusammengesetzt sind, dass sie iSd genannten Verordnungen nicht einfach verwendet oder leicht und wirtschaftlich extrahiert werden können?) dem EuGH vorgelegt.[9] Dieser hat die pauschale Einbeziehung von Arzneimitteln zutreffend verneint.[10] Demnach seien die einschlägigen Verordnungen dahin auszulegen, dass ein **Arzneimittel** im Sinne der Definition als solches, selbst wenn es einen in Anhang I der Verordnung Nr. 273/2004 und im Anhang der Verordnung Nr. 111/2005 genannten Stoff enthält, der einfach verwendet oder leicht und wirtschaftlich extrahiert werden kann, nicht als „erfasster Stoff" eingestuft werden kann.

17   Zwischenzeitlich hatte der Verordnungsgeber die Formulierung der Definition „erfasster Stoffe" folgendermaßen klargestellt:[11]

> „erfasster Stoff' jeden im Anhang aufgeführten Stoff, der zur unerlaubten Herstellung von Suchtstoffen oder psychotropen Stoffen verwendet werden kann, einschließlich Mischungen und Naturprodukte, die derartige Stoffe enthalten, jedoch ausgenommen Mischungen und Naturprodukte, die erfasste Stoffe enthalten und so zusammengesetzt sind, dass diese nicht einfach verwendet oder leicht und wirtschaftlich extrahiert werden können, Arzneimittel gemäß Artikel 1 Nummer 2 der Richtlinie 2001/83/EG des Europäischen Parlaments und des Rates (…) und Tierarzneimittel gemäß Artikel 1 Nummer 2 der Richtlinie 2001/82/EG des Europäischen Parlaments und des Rates (…), mit Ausnahme der im Anhang aufgeführten Human- und Tierarzneimittel;"

18   Erforderlich ist somit in jedem Fall eine explizite Auflistung von Arzneimitteln in den Anhängen der Verordnungen,[12] wie mit dem nunmehr angefügten Kategorie 4 bei ephedrinhaltigen und pseudoephedrinhaltigen Arzneimitteln geschehen (→ Rn. 13). *Volkmer* weist zutreffend darauf hin, dass die neue „Klarstellung" die Differenzierung zwischen Human- und Tierarzneimitteln mit sich brachte, welche der ursprünglichen Fassung noch gefehlt hat. Seiner Auffassung, dass allerdings keine unterschiedliche Behandlung im Hinblick auf die statische Strafvorschrift bezweckt sein dürfte, ist uneingeschränkt zuzustimmen.[13] Für nicht gelistete Arzneimittel gilt (allein) das Arzneimittelrecht. Bei den nachträglich aufgelisteten Stoffen kommt *daneben* das GÜG zur Anwendung. Etwas anderes gilt, wenn der Extrahierungsprozess bereits abgeschlossen ist, die Täter also bereits den Reinstoff besitzen bzw. unmittelbar zum Gewinnungsprozess angesetzt haben; in derartigen Fällen stellt die Anwendbarkeit des GÜG kein Problem dar, wenn der extrahierte Stoff in den Anhängen der Verordnung gelistet ist.[14]

19   **b) Noch nicht gelistete Grundstoffe.** Eine ähnliche Entstehungsgeschichte wie die Listung der ephedrinhaltigen Arzneimittel hatte die nachträgliche Aufnahme von APAAN durch den Verordnungsgeber. Die leichte Möglichkeit der Umwandlung von APAAN in den Kategorie 1-Stoff BMK hatte dazu verleitet, dieses „analog" als Grundstoff klassifizieren zu wollen.[15] Der EuGH ist hier ähnlich streng wie die nationalen Gerichte hinsichtlich der konstitutiven Wirkung der Positivliste im BtMG (→ § 1 Rn. 7 f.). Soweit nicht der konkrete Stoff in der jeweiligen chemischen Zusammensetzung im Anhang genannt ist, muss im Hinblick auf die abschließende Wirkung der Listen die Frage, ob der Stoff iSd Art. 2a „erfasst" ist, verneint werden.[16] Ob insofern das BtMG oder das AMG (im Hinblick auf die neuere Rechtsprechung des EuGH zweifelhaft) Anwendung finden kann, bleibt eine Frage des Einzelfalls.[17]

---

[9] BGH 5.12.2013 – 1 StR 388/13, NStZ-RR 2014, 83.
[10] EuGH 5.2.2015 – C-627/13, PharmR 2015, 108.
[11] ABl. 2013 L 330, 30 (32).
[12] KPV/*Volkmer* Vorb. Rn. 23a.
[13] KPV/*Volkmer* Vorb. Rn. 24b.
[14] Zutr. KPV/*Volkmer* Vorb. Rn. 26.
[15] KPV/*Volkmer* Vorb. Rn. 9b.
[16] EuGH 12.2.2015 – C-369/13, BeckRS 2015, 80241.
[17] KPV/*Volkmer* Vorb. Rn. 16.

II. Gemeinschaft (Nr. 2)

Unter „Gemeinschaft" sind die Europäischen Gemeinschaften, also die Europäische **20** Union, Montanunion und Euratom zu verstehen. Nicht zur Gemeinschaft iS des Gesetzes gehören die Vertragsstaaten des Abkommens über den Europäischen Wirtschaftsraum (EWR).

III. Drittstaat (Nr. 3)

Als Drittstaaten gelten sämtliche Staaten außerhalb der Europäischen Gemeinschaften. **21**

IV. Einfuhr, Ausfuhr und Durchfuhr (Nr. 4, 5)

1. Einfuhr. Das Gesetz definiert die Einfuhr als jede Verbringung von Grundstoffen in **22** das Zollgebiet der Gemeinschaft im Sinne des Art. 2 Buchst. c Verordnung (EG) Nr. 111/ 2005 oder – nach § 2 – in einen nicht zum Zollgebiet der Gemeinschaft gehörenden Teil des Hoheitsgebietes der Bundesrepublik Deutschland,[18] also jede Verbringung von erfassten Stoffen, die den Status von Nichtgemeinschaftswaren haben, einschließlich der vorüberge-henden Lagerung, der Verbringung in eine Freizone oder ein Freilager, der Überführung in ein Nichterhebungsverfahren und der Überführung in den zollrechtlich freien Verkehr im Sinne der Verordnung (EWG) Nr. 2913/92;[19] bei einem **Einführer** handelt es sich um eine natürliche oder juristische Person, die die Hauptverantwortung für die Einfuhr auf-grund ihrer wirtschaftlichen und rechtlichen Beziehung zu den erfassten Stoffen und dem Empfänger trägt und von dem oder in deren Namen die Zollanmeldung gegebenenfalls abgegeben wird.[20]

2. Ausfuhr. Ausfuhr ist der gegenüber der Einfuhr umgekehrte tatsächliche Vorgang, **23** also die Verbringung von erfassten Grundstoffen aus dem Zollgebiet der Gemeinschaft oder in einen nicht zum Zollgebiet der Gemeinschaft gehörenden Teil des Hoheitsgebiets der Bundesrepublik Deutschland.[21] Bei einem **Ausführer** handelt es sich um eine natürliche oder juristische Person, die die Hauptverantwortung für die Ausfuhr aufgrund ihrer wirt-schaftlichen und rechtlichen Beziehung zu den erfassten Stoffen und dem Empfänger trägt und von dem oder in deren Namen die Zollanmeldung gegebenenfalls abgegeben wird.[22]

3. Durchfuhr. Die nicht legal definierte Durchfuhr dagegen umschreibt die Beförderung **24** von Grundstoffen zwischen Drittländern durch das Zollgebiet der Gemeinschaft oder durch einen nicht zum Zollgebiet der Gemeinschaft gehörenden Teil des Hoheitsgebiets der Bun-desrepublik Deutschland. Da die Definitionen von Ein- und Ausfuhr in der Verordnung (EG) Nr. 111/2005 durch eine detaillierte Bezugnahme auf festgelegte Begriffe des Zollko-dex dergestalt erweitert wurden, geht die Durchfuhr nunmehr in diesen beiden Begriffen auf. Sie bedingt das Verbringen von Waren in den Geltungsbereich des Gesetzes (Einfuhr) sowie das anschließende Verbringen aus diesem (Ausfuhr).[23]

V. Vermittlungsgeschäft (Nr. 6)

Der Begriff des Vermittlungsgeschäfts geht auf Art. 2 Buchst. e Verordnung (EG) **25** Nr. 111/2005 zurück und betrifft ausschließlich den Außenhandel mit Drittstaaten. Erfasst sind ausdrücklich auch die so genannten „**Streckengeschäfte**", also diejenigen Geschäfte, die von einer natürlichen oder juristischen Person mit Wohnsitz bzw. Sitz in der Gemein-

---

[18] ZB Helgoland, BT-Drs. 16/7414, 14.
[19] ABl. 1992 L 302, S. 1, zuletzt geändert durch die Beitrittsakte von 2003.
[20] Art. 2 Buchst. h VO (EG) Nr. 111/2005. KPV/*Volkmer* Rn. 23a dort auch zur Neufassung des Einfuhr-begriffs durch die VO (EU) 1259/2013, die strafrechtlich allerdings keine Berücksichtigung findet.
[21] Vgl. Art. 2 Buchst. d VO (EG) Nr. 111/2005.
[22] Art. 2 Buchst. g VO (EG) Nr. 111/2005; KPV/*Volkmer* Rn. 24.
[23] KPV/*Volkmer* Rn. 25; Zu den Auswirkungen auf die Verbotsnorm des § 3 → Rn. 4 ff.

schaft getätigt werden und die den Ankauf, den Verkauf oder die Lieferung von Grundstoffen beinhalten, ohne dass diese Stoffe in das Zollgebiet der Gemeinschaft verbracht werden, wobei der sachliche Anwendungsbereich der Verordnung (EG) Nr. 111/2005 ausdrücklich auf diese Geschäfte ausgedehnt wurde.

VI. Inverkehrbringen (Nr. 7)

26   Die Definition des Inverkehrbringens ist Art. 2 Buchst. c Verordnung (EG) Nr. 273/2004 zu entnehmen, der sich nur auf den innergemeinschaftlichen Grundstoffverkehr bezieht. Erfasst ist jegliche Abgabe von Grundstoffen in der Gemeinschaft. Tätigkeiten wie Lagerung, Herstellung, Erzeugung, Weiterverarbeitung, Handel, Vertrieb oder Vermittlung von Grundstoffen sind ausdrücklich in die Begriffsbestimmung des „Inverkehrbringens" mit einbezogen, sofern sie zum Zweck der Abgabe von Grundstoffen in der Gemeinschaft erfolgen. Die hier gewählte Konstruktion führt insbesondere bei der Herstellung und Weiterverarbeitung von Grundstoffen zu unerwünschten Ergebnissen im Bereich der administrativen Kontrolle, da Herstellung und Weiterverarbeitung von Grundstoffen von den vorgesehenen Regularien ausgenommen sind, wenn sie nicht der späteren Abgabe von Grundstoffen in der Gemeinschaft dienen. Dies ist zum Beispiel in der Arzneimittelherstellung der Fall. Außerdem geht der Begriff weiter, als derjenige nach deutschem Recht, da letzterer nur die Fälle des (nicht umsatzbezogenen und beim „sonstigen Inverkehrbringen" nicht einvernehmlichen) Verfügungswechsels erfasst. Aus diesem Grund umschreibt das Verbot des § 3 GÜG den Begriff des Inverkehrbringens auch (und zwar in Form der Definition nach deutschem Recht, wenn es in § 3 GÜG heißt: „Es ist verboten, ... in sonstiger Weise einem anderen die Möglichkeit zu eröffnen, die tatsächliche Verfügung über ihn [ein Grundstoff] zu erlangen").[24]

VII. Herstellen (Nr. 8)

27   Hingegen deckt sich Herstellungsbegriff des GÜG weitgehend mit dem des BtMG in den Handlungsvarianten des Gewinnens, Anfertigens, Zubereitens, Be- oder Verarbeitens und des Umwandelns. Er enthält darüber hinaus das **Synthetisieren.** Zwar umfasst bereits die Definition des Inverkehrbringens in Art. 2 Buchst. c Verordnung (EG) Nr. 273/2004 auch die Herstellung von Grundstoffen; gleichwohl konnte in der Neuregelung – insbesondere im Hinblick auf die Verbotsnorm des § 3 – auf eine gesonderte Begriffsbestimmung für das „Herstellen" nicht verzichtet werden, da Art. 2 Buchst. c Verordnung (EG) Nr. 273/2004 alle Einzeltatbestände des innergemeinschaftlichen Inverkehrbringens von Grundstoffen ausdrücklich an den Zweck ihrer Abgabe in der Gemeinschaft bindet.[25] § 1 Nr. 7 verdeutlicht, dass der Begriff des „Herstellens" darüber hinausgeht und grundsätzlich an keine spätere Zweckbestimmung gebunden ist, was im Ergebnis auch keinen Widerspruch zur Definition des Inverkehrbringens entstehen lässt.

28   **1. Gewinnen.** Gewinnen ist die auf die Erzielung von Naturerzeugnissen gerichtete Tätigkeit.[26] Dadurch grenzt sich der Begriff von der *Anfertigung* ab,[27] unter der man die Erzeugung von Stoffen mittels chemischer Synthese,[28] also die Schaffung eines Kunstprodukts[29] versteht, wobei sowohl manuelle als auch maschinelle Produktion[30] möglich ist.[31]

29   **2. Zubereiten.** Zubereiten bedeutet die Erzeugung entweder eines festen, flüssigen oder gasförmigen **Gemischs** aus Stoffen, von denen mindestens einer kategorisiert ist, oder einer

---

[24] KPV/*Volkmer* § 19 Rn. 34.
[25] KPV/*Volkmer* § 19 Rn. 22.
[26] BayObLG 10.9.1959 – RReg 4 St 247/59, BayObLGSt 1959, 273.
[27] → BtMG § 29 Rn. 137 ff.
[28] BGH 3.12.1997 – 2 StR 270/97, BGHSt 43, 336 = NJW 1998, 836.
[29] Erbs/Kohlhaas/*Pelchen* BtMG § 29 Rn. 4.
[30] *Weber* BtMG § 2 Rn. 31.
[31] → BtMG § 29 Rn. 141.

Lösung eines oder mehrerer Stoffe in (oder mit) einem Lösungsmittel jeweils in einer Form, die in der Natur nicht vorkommt.[32]

3. Be- oder Verarbeiten. Durch das *Bearbeiten* wird auf einen Stoff mit Hilfe eines 30 physikalischen oder chemischen Verfahrens eingewirkt und dabei die äußere Erscheinungsform verändert, aber die Substanz des Stoffs erhalten (zB Schälen, Schneiden, Pressen oder Pulverisieren). *Verarbeiten* ist die Einwirkung auf einen solchen Stoff und dessen dadurch bewirkte Veränderung der Substanz, ohne dass dessen chemische Zusammensetzung berührt wird.[33]

4. Umwandeln. Umwandeln ist die Veränderung eines Stoffs in einen anderen Stoff.[34] 31

5. Synthetisieren. Unter Synthetisieren wird das chemische Vermischen vorhandener 32 Stoffe verstanden. Nach Auffassung des BGH[35] liegt, wenn durch die Synthese verschiedener Stoffe die Vorstufe eines Arzneimittels, ein Zwischenprodukt oder ein Endprodukt erarbeitet wird, *Anfertigen* vor.

VIII. Wirtschaftsbeteiligter (Nr. 9)

Der Begriff ergibt sich aus Art. 2 Buchst. d Verordnung (EG) Nr. 273/2004 sowie aus 33 Art. 2 Buchst. f Verordnung (EG) Nr. 111/2005. Das Gesetz fasst für seinen Anwendungsbereich die den Wirtschaftsbeteiligten EU-rechtlich für den innergemeinschaftlichen Handel (Inverkehrbringen) und für den Außenhandel (Einführen, Ausführen, Vermittlungsgeschäft) zugeordneten Tätigkeiten unter einem Begriff zusammen. Wirtschaftsbeteiligter ist jede natürliche oder juristische Person, die entweder Grundstoffe in der Gemeinschaft in den Verkehr bringt oder mit diesen Außenhandel betreibt oder beide Bereiche abdeckt.[36] Auch Behörden und die Einrichtungen der **Bundeswehr** fallen unter den Begriff. Zar handelt es sich bei diesen nicht um natürliche oder juristische Personen und damit nicht um Wirtschaftsbeteiligte im engeren Sinn; sie werde aber dennoch in den EG-Verordnungen als Wirtschaftsbeteiligte angesehen und sollen bestimmten Regelungen unterliegen.[37]

§ 2 Anwendung der Verordnungen (EG) Nr. 111/2005 und Nr. 1277/2005

Soweit die Verordnung (EG) Nr. 111/2005 und die Verordnung (EG) Nr. 1277/ 2005 der Kommission vom 27. Juli 2005 mit Durchführungsvorschriften zu der Verordnung (EG) Nr. 273/2004 des Europäischen Parlaments und des Rates betreffend Drogenausgangsstoffe und zur Verordnung (EG) Nr. 111/2005 des Rates zur Festlegung von Vorschriften für die Überwachung des Handels mit Drogenausgangsstoffen zwischen der Gemeinschaft und Drittländern (ABl. EU Nr. L 202 S. 7) in ihrer jeweils geltenden Fassung auf das Zollgebiet der Gemeinschaft Bezug nehmen, sind sie auch auf den nicht zum Zollgebiet der Gemeinschaft gehörenden Teil des Hoheitsgebietes der Bundesrepublik Deutschland anzuwenden.

§ 2 erstreckt den **räumlichen Geltungsbereich** der den Außenhandel betreffenden 1 Verordnungen (EG) Nr. 111/2005 und Nr. 1277/2005 auf diejenigen Teile des Hoheitsgebietes der Bundesrepublik Deutschland, die nicht zum Zollgebiet der Gemeinschaft gehören (zB die Insel Helgoland und Büsingen).

---

[32] → BtMG § 29 Rn. 146 ff.

[33] → BtMG § 29 Rn. 150 ff.

[34] → BtMG § 29 Rn. 158 ff.

[35] BGH 3.12.1997 – 2 StR 270/97, BGHSt 43, 336 = NJW 1998, 836.

[36] Hierzu auch EuGH 12.2.2015 – C-369/13, BeckRS 2015, 80241, der die Frage, ob auch derjenige Wirtschaftsbeteiligter ist, der den Stoff lediglich in Besitz hält, mangels Entscheidungserheblichkeit offenlassen konnte.

[37] S. Art. 3 Abs. 2 und 6 Verordnung (EG) Nr. 273/2004 iVm Art. 12 Abs. 2 Verordnung (EG) Nr. 1277/ 2005 sowie Art. 13 Verordnung (EG) Nr. 1277/2005; vgl. auch KPV/*Patzak* § 19 Rn. 51.

§ 3 Verbote

Es ist verboten, einen Grundstoff, der zur unerlaubten Herstellung von Betäubungsmitteln verwendet werden soll, zu besitzen, herzustellen, mit ihm Handel zu treiben, ihn, ohne Handel zu treiben, einzuführen, auszuführen, durch den oder im Geltungsbereich dieses Gesetzes zu befördern, zu veräußern, abzugeben oder in sonstiger Weise einem anderen die Möglichkeit zu eröffnen, die tatsächliche Verfügung über ihn zu erlangen, zu erwerben oder sich in sonstiger Weise zu verschaffen.

I. Normzweck

1   **1. Anknüpfungstatbestand.** Die Verbotsnorm ist erforderlich, damit Verstöße gegen die Verbote als Straftat (§ 19 Abs. 1 Nr. 1) bzw. Ordnungswidrigkeit (§ 20 Abs. 1) sanktioniert werden können.[1] Die in der Vorschrift genannten Tathandlungen sind dann verboten, wenn sie der unerlaubten Herstellung von Betäubungsmitteln dienen sollen. Die Vorschrift orientiert sich einerseits wie bisher an § 29 Abs. 1 Nr. 1, 3 und 5 BtMG, andererseits trägt sie den durch EU-Recht vorgegebenen neuen Begriffsbestimmungen für die Einfuhr, die Ausfuhr und das Inverkehrbringen von Grundstoffen Rechnung.

2   **2. Fehlende Anwendungsbeschränkung.** Nach wie vor muss allerdings bezweifelt werden, ob die Verbotsnorm insoweit praxistauglich ausgestaltet wurde, da die missbrauchsfähigen Grundstoffe zugleich für die Herstellung von Arzneimitteln, Kosmetika, Haushaltsgeräten aus Plastik uä benötigt werden (auch → § 1 Rn. 2).[2]

II. Verbotene Handlungen

3   Der Katalog verbotener Handlungen, der sich auch in der Strafnorm des § 19 Abs. 1 wiederfindet, entspricht sowohl in seiner Terminologie als auch in seinem Begriffsinhalt weitgehend dem des § 29 Abs. 1 BtMG.

4   Der Verbotsnorm unterliegen das
– Ausführen,
– **Befördern,**
– Besitzen,
– Durchführen,
– Einführen,
– Erwerben,
– Handeltreiben,
– Herstellen,
– Sichverschaffen in sonstiger Weise,
– „**Verfügbarmachen**" und das
– Veräußern
von zur Herstellung von BtM geeigneten und erfassten Grundstoffen.

III. Verbotsobjekte

5   **Verbotsobjekte** sind die in den drei – unterschiedlich strengen Kontrollen unterliegenden – Kategorien erfassten Grundstoffe (§ 1 Nr. 1), da sie allesamt allein oder zusammen zur BtM-Herstellung geeignet sind. Vom Verbot **nicht umfasst** sind zunächst Arzneimittel und daneben auch Zubereitungen, die zwar erfasste Stoffe enthalten, aber so zusammengesetzt sind, dass diese Stoffe nicht ohne weiteres anhand leicht anwendbarer Mittel verwendet

---

[1] Die strafrechtlichen Sanktionierungsgebote ergibt sich aus Art. 3 Abs. 1 Buchst. a iv und Buchst. c ii und iv des Übk. 1988, aus Art. 2 Abs. 1 Buchst. d des Rahmenbeschlusses 2004/757/JI des Rates vom 25.10.2004, ABl. L 335, 8) zur Festlegung von Mindestvorschriften über die Tatbestandsmerkmale strafbarer Handlungen und die Strafen im Bereich des illegalen Drogenhandels, aus Art. 12 der Verordnung (EG) Nr. 273/2004 sowie aus Art. 31 Verordnung (EG) Nr. 111/2005.

[2] *Körner* (VI) § 29 Rn. 2251.

oder wieder gewonnen werden können (hierzu bereits → § 1 Rn. 2). Die Verbotsvorschrift nimmt auf den dynamischen Grundstoffbegriff des § 1 Nr. 1 Bezug. Soweit sie allerdings zur Begründung einer Strafbarkeit nach § 19 Abs. 1 Nr. 1 herangezogen werden soll, wird sie durch die Vorschrift des § 19 Abs. 5 überlagert.

IV. Kein erlaubter Grundstoffverkehr

Verboten ist der Umgang mit solchen Grundstoffen deren objektive Zweckbestimmung **6** die unerlaubte Herstellung von BtM ist. Unter welchen Voraussetzungen die Herstellung von BtM erlaubt ist, bestimmt sich nach § 3 BtMG.

1. BtM-rechtliche Erlaubnis. Zur Erlaubnis als Merkmal des objektiven Tatbestands, **7** zum uneinheitlichen Gesetzeswortlaut im Zusammenhang mit der Erlaubnis, zur strafgerichtlichen Wirksamkeitsprüfung einer Erlaubnis sowie zum Nachweis des Fehlens einer Erlaubnis wird auf die Erläuterungen zu § 3 BtMG verwiesen.[3] Unerlaubt handelt bei der Herstellung nicht nur derjenige, der ohne Erlaubnis herstellt, sondern auch, wer den Erlaubnisrahmen zeitlich oder inhaltlich überschreitet.[4]

2. Zweckbestimmung. Erforderlich ist die Feststellung einer objektivierten Zweckbe- **8** stimmung, die im Einzelfall nur schwer **nachgewiesen** werden kann, wenn der Täter Forschungs- oder Testzwecke angibt. Die Ermittlungsbehörden bzw. das Tatgericht muss allerdings nicht jede Schutzbehauptung hinnehmen, sondern kann anhand entsprechender **Indizien** solch eine Zweckwidmung ex post zuschreiben (wie dies stets bei Merkmalen der inneren Tatseite der Fall ist).[5] Dabei lassen sich ähnliche Faktoren heranziehen, die den (vorsätzlichen) Umgang mit BtM im Allgemeinen betreffen (hierzu etwa → BtMG Vor § 29 Rn. 61 ff.). *Volkmer* nennt u.a. die Zugehörigkeit der Besteller zur illegalen Rauschgiftszene, das Fehlen behördlicher Erlaubnisse, die Verwendung von Briefkastenfirmen und der Mitwirkung von Strohleuten (verallgemeinernd könnte man von einem insgesamt **intransparenten bzw. verdeckten Vorgehen** sprechen).[6] Dabei ist *Volkmer* zuzustimmen, wenn er darauf hinweist, dass die strafrechtlich relevante Zweckbestimmung jedenfalls nicht allein aus dem Umstand abgeleitet werden darf, dass der betreffende Grundstoff für die Herstellung eines bestimmten Betäubungsmittels benötigt wird.[7]

§ 4 Allgemeine Vorkehrungen gegen Abzweigung

(1) Wirtschaftsbeteiligte sind verpflichtet, im Rahmen der im Verkehr erforderlichen Sorgfalt Vorkehrungen zu treffen, um eine Abzweigung von Grundstoffen zur unerlaubten Herstellung von Betäubungsmitteln zu verhindern.

(2) [1]**Meldungen nach Artikel 8 Abs. 1 der Verordnung (EG) Nr. 273/2004 und Artikel 9 Abs. 1 der Verordnung (EG) Nr. 111/2005 sind an die Gemeinsame Grundstoffüberwachungsstelle nach § 6 zu richten.** [2]**Mündliche Meldungen sind**

---

[3] → BtMG § 3 Rn. 9 ff.

[4] LG Koblenz 16.12.1983 – 102 Js 6968/81 – 9 KLs, NStZ 1984, 272.

[5] Wobei diese Frage dann auch am subjektiven Tatbestand aufgehängt wird, vgl. etwa BGH 13.12.1995 – 3 StR 514/95, NStZ 1996, 236 zu §§ 29 Abs. 1 S. 1 Nr. 11, 18a BtMG aF. Hier hat der BGH ua die fehlende Gesamtwürdigung verdachtsbegründender Umstände beanstandet, die darin lagen, dass ein niederländischer Unternehmer, der dort eine Im- und Exportfirma betrieb, um mit allen möglichen Gegenständen, mit denen Geld zu verdienen war, Handel zu treiben, ohne nähere Begründung dafür in Deutschland eine Zweigniederlassung errichtete, von dort aus in Kenntnis, dass der Grundstoff zur Amphetaminherstellung geeignet ist, aus Frankreich Benzylmethylketon (BMK) in größerem Umfang bestellte, wozu er sich mit Hilfe unrichtiger Angaben zuvor eine Unbedenklichkeitsbescheinigung des BfArM erschlichen hatte, dabei ein Handelsvolumen mit so hohen Gewinnspannen einräumte, dass allein dies gegen die Durchführung legaler Geschäfte sprechen konnte und dass er bei seiner anlässlich des Grenzübertritts erfolgten Verhaftung ungewöhnlich viel Bargeld mit sich führte.

[6] KPV/*Volkmer* § 19 Rn. 15.

[7] KPV/*Volkmer* § 19 Rn. 15 aE.

innerhalb von drei Tagen schriftlich oder elektronisch zu wiederholen. [3]Die übermittelten personenbezogenen Daten dürfen nur verwendet werden, um Straftaten
und Ordnungswidrigkeiten nach den §§ 19 und 20, die Abzweigung von Grundstoffen, die für die unerlaubte Herstellung von Betäubungsmitteln verwendet werden können, die unerlaubte Herstellung von Betäubungsmitteln und die mit den
zuvor genannten Handlungen in unmittelbarem Zusammenhang stehenden Straftaten, Straftaten nach § 95 des Arzneimittelgesetzes und den §§ 324, 324a, 326, 330
und 330a des Strafgesetzbuchs sowie die in § 100a Abs. 2 der Strafprozessordnung
genannten Straftaten zu verhindern und zu verfolgen.

(3) Wer nach Absatz 2 Satz 1 Tatsachen mitteilt, die auf eine Straftat nach § 19
schließen lassen, kann wegen dieser Mitteilung nicht verantwortlich gemacht werden, es sei denn, die Mitteilung ist vorsätzlich oder grob fahrlässig unrichtig erstattet worden.

I. Normzweck

1   Das System der Kontrolle und Überwachung des Grundstoffverkehrs setzt eine enge
Zusammenarbeit zwischen den zuständigen Behörden und den Wirtschaftsbeteiligten
voraus. Der Zweckerreichung dient es dabei einerseits, den Wirtschaftsbeteiligten organisatorische Verpflichtungen aufzuerlegen und andererseits die Zusammenarbeit mit den Überwachungsbehörden zu konkretisieren.

II. Monitoring-System

2   In Deutschland wurde die gemeinschaftsrechtlich vorgegebene Verpflichtung vor der
nationalen Umsetzung der Rechtsakte zum Teil schon dadurch erfüllt, dass die Bundesregierung mit den zuständigen Wirtschaftsverbänden ein Überwachungssystem für den Verkehr
mit Chemikalien, die häufig zur unerlaubten Drogenherstellung missbraucht werden, vereinbart hatte. Diese Zusammenarbeit der Mitgliedsunternehmen der Verbände mit staatlichen Institutionen im Rahmen eines freiwilligen Monitoring-Systems ging im Hinblick
auf die Anzahl der überwachten Chemikalien und Zubereitungen einerseits über die
gemeinschaftsrechtlichen Vorschriften hinaus, andererseits wurde die Einhaltung dieses
Überwachungssystems aber nur von den Mitgliedsfirmen der beteiligten Wirtschaftsver-
bände, nicht jedoch von allen im Gebiet der Bundesrepublik Deutschland tätigen Wirtschaftsbeteiligten gewährleistet.

III. Pflichtenkreis

3   Sämtliche Wirtschaftsbeteiligte trifft nunmehr in Ablösung des bisherigen Monitoring-
Systems die gesetzliche Verpflichtung, Vorkehrungen gegen die Abzweigung von Grundstoffen zu treffen.

4   **1. Generalklausel (Abs. 1).** Mit der Statuierung dieser Verpflichtung soll der Verantwortung der Wirtschaftsbeteiligten für die stoffimmanenten Risiken im Rahmen des legalen
Grundstoffverkehrs Rechnung getragen werden. Sie umfasst sowohl technische wie auch
organisatorische Vorkehrungen und ist dabei auf den Rahmen der im Verkehr erforderlichen
Sorgfalt beschränkt.

5   **2. Melde- und Auskunftspflicht (Abs. 2).** Nach EU-Recht[1] haben die Wirtschaftsbeteiligten unverzüglich sämtliche Umstände, wie ungewöhnliche Bestellungen erfasster Stoffe
die in Verkehr gebracht werden sollen, oder Vorgänge mit derartigen Stoffen bzw. Bestellungen, bei denen „*merkwürdige Umstände*" zutage treten, zu melden. In solchen Meldungen
enthaltene personenbezogene Daten dürfen nur für die in der Vorschrift bestimmten Zwecke
verwendet werden. Hauptzweck ist die Verhinderung und Verfolgung von Verstößen gegen

---

[1] Art. 8 Abs. 1 Verordnung (EG) Nr. 273/2004 und Art. 9 Abs. 1 Verordnung (EG) Nr. 111/2005.

das Grundstoff- und Betäubungsmittelrecht und damit im unmittelbaren Zusammenhang stehenden Straftaten. In Einzelfällen kann Zweck aber auch die Verhinderung und Verfolgung der in § 100a StPO genannten schweren Straftaten gegen die Umwelt oder im Arzneimittelbereich sein, was damit zusammenhängt, dass die als Grundstoffe gelisteten Chemikalien wegen ihrer zB entzündlichen, brandfördernden, giftigen, gesundheitsschädlichen oder umweltgefährdenden Eigenschaften auch zur Begehung anderer Straftaten missbraucht werden können (zB zur Herstellung von Explosivstoffen oder Brandbeschleunigern) oder Gefahren durch unsachgemäße Entsorgung drohen.

3. Haftungsausschluss (Abs. 3). Die Vorschrift sieht – vergleichbar mit § 13 GwG 6 einen Haftungsausschluss für denjenigen vor, der einen Vorgang in redlicher anzeigt, damit beabsichtigte Verdachtsmeldungen nicht aus Angst vor rechtlichen Nachteilen unterlassen werden.

Abschnitt 2. Zuständigkeit und Zusammenarbeit der Behörden

§ 5 Zuständige Behörden

(1) Das Bundesinstitut für Arzneimittel und Medizinprodukte ist zuständige Behörde
1. **nach Artikel 3 (Mitteilung des verantwortlichen Beauftragten, Erlaubnis, Registrierung, Gebührenerhebung) und Artikel 8 Abs. 2 (Auskunft über Vorgänge mit erfassten Stoffen) der Verordnung (EG) Nr. 273/2004,**
2. **nach Artikel 6 (Erlaubnis), Artikel 7 Abs. 1 (Registrierung), Artikel 9 Abs. 2 (Auskunft über Ausfuhr-, Einfuhr- und Vermittlungstätigkeiten), Artikel 11 (Vorausfuhrunterrichtung), Artikel 12 Abs. 2, Artikel 13 Abs. 2, Artikel 14 Abs. 1 Unterabs. 1 und den Artikeln 15 bis 19 (Ausfuhrgenehmigung), den Artikeln 20, 21 Abs. 2 und den Artikeln 23 bis 25 (Einfuhrgenehmigung) und Artikel 26 Abs. 5 (Gebührenerhebung) der Verordnung (EG) Nr. 111/2005 und**
3. **nach Artikel 3 (Mitteilung des verantwortlichen Beauftragten), den Artikeln 5, 7 und 8 bis 11 (Erlaubnis), den Artikeln 17 bis 19 (Auskünfte und Meldungen), Artikel 21 (Vorausfuhrunterrichtung), den Artikeln 23, 25, 26 Abs. 2 und Artikel 27 Abs. 1 und 3 (Ausfuhr- und Einfuhrgenehmigung) und Artikel 31 (Widerruf offener Einzelausfuhrgenehmigungen) der Verordnung (EG) Nr. 1277/2005.**

(2) Zuständige Behörden für die Überwachung der Ein- und Ausfuhr von Grundstoffen sowie des Warenverkehrs mit diesen Stoffen zwischen den Mitgliedstaaten der Gemeinschaft sind die Zollbehörden.

(3) ¹Benannte Behörden im Sinne des Artikels 11 Abs. 1 und 2 Satz 2 der Verordnung (EG) Nr. 273/2004 und des Artikels 27 Satz 2 der Verordnung (EG) Nr. 111/2005 sind das Bundesinstitut für Arzneimittel und Medizinprodukte, das Zollkriminalamt und die Gemeinsame Grundstoffüberwachungsstelle nach § 6. ²Für die Entgegennahme von Informationen, einschließlich personenbezogener Daten, die das Erlaubnis- und Genehmigungsverfahren sowie die innerstaatliche Überwachung betreffen, ist das Bundesinstitut für Arzneimittel und Medizinprodukte, für die Entgegennahme von Informationen zur Überwachung der Ein- und Ausfuhr sowie des Warenverkehrs zwischen den Mitgliedstaaten der Gemeinschaft ist das Zollkriminalamt, und für die Entgegennahme von Informationen zu strafrechtlichen und anderen Ermittlungen ist die Gemeinsame Grundstoffüberwachungsstelle nach § 6 zuständig.

§ 6 Gemeinsame Grundstoffüberwachungsstelle des Zollkriminalamtes und des Bundeskriminalamtes beim Bundeskriminalamt

(1) ¹Die Gemeinsame Grundstoffüberwachungsstelle des Zollkriminalamtes und des Bundeskriminalamtes ist beim Bundeskriminalamt eingerichtet. ²Sie

nimmt Aufgaben des Zollkriminalamtes und des Bundeskriminalamtes im Bereich der Grundstoffüberwachung wahr. [3]Die Aufgaben der Gemeinsamen Grundstoffüberwachungsstelle sowie die Verteilung der Aufgaben und Zuständigkeiten innerhalb dieser Stelle werden im Einzelnen von dem Bundesministerium des Innern und dem Bundesministerium der Finanzen einvernehmlich festgelegt.

(2) Soweit es zur Verhinderung und Verfolgung der in § 4 Abs. 2 Satz 3 genannten Straftaten und Ordnungswidrigkeiten erforderlich ist, leitet die Gemeinsame Grundstoffüberwachungsstelle Mitteilungen nach § 4 Abs. 2, § 5 Abs. 3 Satz 2 und § 11 Abs. 1 Satz 2 und 3 unverzüglich weiter an

1. das Bundeskriminalamt zur Erfüllung seiner Aufgaben nach den §§ 2 bis 4 Abs. 1 und 2 des Bundeskriminalamtgesetzes,

2. das zuständige Landeskriminalamt zur Erfüllung seiner Aufgabe als Zentralstelle und zur Verhinderung und Verfolgung von Straftaten,

3. das Zollkriminalamt zur Erfüllung seiner Aufgaben nach den §§ 3 und 4 des Zollfahndungsdienstgesetzes oder

4. das zuständige Zollfahndungsamt zur Verhinderung und Verfolgung von Straftaten und Ordnungswidrigkeiten nach § 24 Abs. 2 des Zollfahndungsdienstgesetzes.

(3) Die Gemeinsame Grundstoffüberwachungsstelle leitet die Mitteilungen nach § 4 Abs. 2 und § 5 Abs. 3 Satz 2 unverzüglich an das Bundesinstitut für Arzneimittel und Medizinprodukte weiter, soweit aus ihrer Sicht die Kenntnis der Daten zur Erfüllung der Aufgaben des Bundesinstituts für Arzneimittel und Medizinprodukte nach diesem Gesetz erforderlich ist.

(4) Im Übrigen darf die Gemeinsame Grundstoffüberwachungsstelle die in den Mitteilungen nach Absatz 2 enthaltenen personenbezogenen Daten nur zu den in § 4 Abs. 2 Satz 3 genannten Zwecken verwenden.

§ 7 Mitwirkung der Bundespolizei

[1]Das Bundesministerium der Finanzen kann im Einvernehmen mit dem Bundesministerium des Innern die Beamten der Bundespolizei, die mit Aufgaben des Grenzschutzes nach § 2 des Bundespolizeigesetzes betraut sind, mit der Wahrnehmung von Aufgaben betrauen, die nach § 5 Abs. 2 den Zollbehörden obliegen. [2]In diesem Fall gilt § 67 Abs. 2 des Bundespolizeigesetzes entsprechend.

§ 8 Befugnisse der Zollbehörden

[1]Bei Straftaten und Ordnungswidrigkeiten nach den §§ 19 und 20 kann die zuständige Verfolgungsbehörde Ermittlungen (§ 161 Abs. 1 Satz 1 der Strafprozessordnung, § 46 Abs. 1 des Gesetzes über Ordnungswidrigkeiten) auch durch die Hauptzollämter oder die Behörden des Zollfahndungsdienstes und deren Beamte vornehmen lassen. [2]§ 21 Absatz 2 bis 4 des Außenwirtschaftsgesetzes gilt entsprechend.

§ 9 Daten beim Bundesinstitut für Arzneimittel und Medizinprodukte

(1) Das Bundesinstitut für Arzneimittel und Medizinprodukte darf die in den Meldungen nach den Artikeln 17 und 18 der Verordnung (EG) Nr. 1277/2005 enthaltenen personenbezogenen Daten nur verwenden, um Straftaten nach § 19 zu verhindern und Ordnungswidrigkeiten nach § 20 zu verhindern und zu verfolgen.

(2) Soweit es zur Verhinderung und Verfolgung der in § 4 Abs. 2 Satz 3 genannten Straftaten und Ordnungswidrigkeiten erforderlich ist, darf das Bundesinstitut

für Arzneimittel und Medizinprodukte die in den Meldungen nach den Artikeln 17 und 18 der Verordnung (EG) Nr. 1277/2005 enthaltenen personenbezogenen Daten übermitteln an

1. das Bundeskriminalamt zur Erfüllung seiner Aufgaben nach den §§ 2 bis 4 Abs. 1 und 2 des Bundeskriminalamtgesetzes,

2. das Zollkriminalamt zur Erfüllung seiner Aufgaben nach den §§ 3 und 4 des Zollfahndungsdienstgesetzes und

3. die zuständige Zollbehörde zur Erfüllung ihrer Aufgaben nach § 5 Abs. 2 und zur Verhinderung und Verfolgung von Straftaten und Ordnungswidrigkeiten.

§ 10 Automatisierter Datenabruf

(1) ¹Das Zollkriminalamt darf die beim Bundesinstitut für Arzneimittel und Medizinprodukte gespeicherten Daten aus den Meldungen nach Artikel 18 der Verordnung (EG) Nr. 1277/2005, einschließlich personenbezogener Daten, im automatisierten Verfahren abrufen. ²Das Bundesinstitut für Arzneimittel und Medizinprodukte trifft nach § 9 des Bundesdatenschutzgesetzes dem jeweiligen Stand der Technik entsprechende angemessene Maßnahmen zur Sicherstellung von Datenschutz und Datensicherheit, die insbesondere die Vertraulichkeit, Authentizität und Integrität der Daten gewährleisten. ³Im Falle der Nutzung allgemein zugänglicher Netze sind dem jeweiligen Stand der Technik entsprechende Verschlüsselungsverfahren anzuwenden.

(2) ¹Für die Festlegungen zur Einrichtung eines automatisierten Abrufverfahrens gilt § 10 Abs. 2 bis 5 des Bundesdatenschutzgesetzes. ²Das Bundesinstitut für Arzneimittel und Medizinprodukte unterrichtet den Bundesbeauftragten für den Datenschutz und die Informationsfreiheit über die Einrichtung des Abrufverfahrens und die getroffenen Festlegungen.

(3) ¹Das Bundesinstitut für Arzneimittel und Medizinprodukte und das Zollkriminalamt protokollieren die Zeitpunkte der Abrufe, die abgerufenen Daten sowie Angaben, die eine eindeutige Identifizierung der für den Abruf verantwortlichen Person ermöglichen. ²Die Protokolldaten dürfen ohne Einwilligung des Betroffenen nur für die Kontrolle der Zulässigkeit der Abrufe verwendet werden und sind nach sechs Monaten zu löschen.

§ 11 Gegenseitige Unterrichtung

(1) ¹Sofern tatsächliche Anhaltspunkte für den Verdacht einer Straftat nach § 19 vorliegen, unterrichten die nach § 5 Abs. 2 zuständigen Zollbehörden sowie die nach § 7 betrauten Beamten der Bundespolizei unverzüglich das Zollkriminalamt zur Erfüllung seiner Aufgaben nach den §§ 3 und 4 des Zollfahndungsdienstgesetzes. ²Das Zollkriminalamt leitet diese Informationen unter Beachtung des § 30 der Abgabenordnung unbeschadet sonstiger Meldepflichten unverzüglich an die Gemeinsame Grundstoffüberwachungsstelle weiter. ³Sofern tatsächliche Anhaltspunkte für den Verdacht einer Straftat nach § 19 vorliegen, unterrichten das Bundesinstitut für Arzneimittel und Medizinprodukte und das Bundeskriminalamt unverzüglich die Gemeinsame Grundstoffüberwachungsstelle. ⁴Die Gemeinsame Grundstoffüberwachungsstelle darf die nach den Sätzen 2 und 3 übermittelten Informationen nur für die in § 4 Abs. 2 Satz 3 genannten Zwecke einschließlich der Weiterleitung nach § 6 Abs. 2 verwenden.

(2) ¹Das Bundeskriminalamt, die Landeskriminalämter und das Zollkriminalamt übermitteln dem Bundesinstitut für Arzneimittel und Medizinprodukte unverzüglich Erkenntnisse über Tatsachen, einschließlich personenbezogener

Daten, die aus ihrer Sicht für Entscheidungen des Bundesinstitutes für Arzneimittel und Medizinprodukte nach diesem Gesetz, der Verordnung (EG) Nr. 273/2004, der Verordnung (EG) Nr. 111/2005 oder der Verordnung (EG) Nr. 1277/2005 erforderlich sind. ²Eine Übermittlung unterbleibt, wenn sie den Untersuchungszweck gefährden kann oder besondere gesetzliche Verwendungsregelungen entgegenstehen.

(3) Bei Verdacht von Verstößen gegen Vorschriften, Verbote und Beschränkungen dieses Gesetzes, der Verordnung (EG) Nr. 111/2005 oder der Verordnung (EG) Nr. 1277/2005, der sich im Rahmen der Wahrnehmung der Aufgaben nach § 5 Abs. 2 ergibt, unterrichten die Zollbehörden sowie die nach § 7 mitwirkende Bundespolizei unverzüglich das Bundesinstitut für Arzneimittel und Medizinprodukte und das Zollkriminalamt, soweit es für deren Aufgabenerfüllung erforderlich ist.

(4) Das Bundesinstitut für Arzneimittel und Medizinprodukte übermittelt die ihm bei der Erfüllung seiner Aufgaben nach diesem Gesetz bekannt gewordenen Informationen an die Zollbehörden, soweit dies zum Zwecke der Überwachung des Außenwirtschaftsverkehrs mit Grundstoffen erforderlich ist.

(5) Das Bundeskriminalamt, die Landeskriminalämter und das Zollkriminalamt übermitteln der Gemeinsamen Grundstoffüberwachungsstelle die zur Erfüllung der Berichtspflichten nach § 12 Abs. 1 und 3 erforderlichen Informationen.

(6) ¹Dritte, an die die Daten übermittelt werden, dürfen die Daten nur zu dem Zweck verwenden, für den sie übermittelt worden sind. ²Eine Verwendung für andere Zwecke ist zulässig, soweit die Daten auch für diese Zwecke hätten übermittelt werden dürfen.

§ 12 Berichterstattung

(1) ¹Die Gemeinsame Grundstoffüberwachungsstelle berichtet dem Bundesinstitut für Arzneimittel und Medizinprodukte über
1. die ihr im Inland bekannt gewordenen Sicherstellungen von Grundstoffen nach Art und Menge und
2. die Methoden der Abzweigung einschließlich der unerlaubten Herstellung von Grundstoffen.
²Der Bericht ist jährlich bis zum 15. April für das vergangene Kalenderjahr abzugeben.

(2) Die nach Artikel 13 Abs. 1 der Verordnung (EG) Nr. 273/2004 und in Artikel 32 Unterabs. 1 der Verordnung (EG) Nr. 111/2005 vorgeschriebene Berichterstattung obliegt dem Bundesinstitut für Arzneimittel und Medizinprodukte.

(3) Die nach Artikel 29 Abs. 1 der Verordnung (EG) Nr. 1277/2005 vorgeschriebene Berichterstattung obliegt der Gemeinsamen Grundstoffüberwachungsstelle.

Abschnitt 3. Verkehr mit Grundstoffen

§ 13 Versagung der Erlaubnis nach Artikel 6 Abs. 1 der Verordnung (EG) Nr. 111/2005

Für die Versagung der Erlaubnis nach Artikel 6 Abs. 1 der Verordnung (EG) Nr. 111/2005 gilt Artikel 3 Abs. 4 Satz 2 der Verordnung (EG) Nr. 273/2004 entsprechend.

§ 14 Registrierung

Das Bundesinstitut für Arzneimittel und Medizinprodukte bestätigt dem Anzeigenden innerhalb eines Monats die Registrierung nach Artikel 3 Abs. 6 der Verordnung (EG) Nr. 273/2004 oder Artikel 7 Abs. 1 der Verordnung (EG) Nr. 111/2005.

§ 15 Gebühren und Auslagen[1]

(1) Das Bundesinstitut für Arzneimittel und Medizinprodukte kann für die in Artikel 3 Abs. 7 der Verordnung (EG) Nr. 273/2004 und Artikel 26 Abs. 5 der Verordnung (EG) Nr. 111/2005 bezeichneten individuell zurechenbaren öffentlichen Leistungen Gebühren zur Deckung des Verwaltungsaufwands sowie Auslagen erheben.

(2) [1]Das Bundesministerium für Gesundheit wird ermächtigt, im Einvernehmen mit dem Bundesministerium des Innern, dem Bundesministerium der Finanzen und dem Bundesministerium für Wirtschaft und Energie durch Rechtsverordnung ohne Zustimmung des Bundesrates die gebührenpflichtigen Tatbestände und Gebühren nach Absatz 1 zu bestimmen und dabei feste Sätze oder Rahmensätze vorzusehen. [2]Das Bundesgebührengesetz ist nach Maßgabe von Artikel 3 Abs. 7 der Verordnung (EG) Nr. 273/2004 und Artikel 26 Abs. 5 der Verordnung (EG) Nr. 111/2005 anzuwenden.

Abschnitt 4. Überwachung

§ 16 Überwachungsmaßnahmen

(1) [1]Die für die Überwachung des Verkehrs mit Grundstoffen zuständigen Behörden oder die mit der Überwachung beauftragten Personen sind befugt,
1. von Wirtschaftsbeteiligten alle für die Überwachung erforderlichen Auskünfte zu verlangen;
2. die in Artikel 5 Abs. 2 und 3 der Verordnung (EG) Nr. 273/2004 und Artikel 3 der Verordnung (EG) Nr. 111/2005 bezeichneten Unterlagen einzusehen und hieraus Abschriften anzufertigen sowie Einsicht in die nach Artikel 5 Abs. 6 der Verordnung (EG) Nr. 273/2004 oder Artikel 4 Satz 3 der Verordnung (EG) Nr. 111/2005 angelegten elektronischen Dokumente zu nehmen und Ausdrucke dieser Dokumente zu verlangen, soweit diese für die Aufdeckung oder Verhinderung der unerlaubten Abzweigung von Grundstoffen erforderlich sind;
3. die Datenverarbeitungssysteme von Wirtschaftsbeteiligten zur Prüfung der Unterlagen nach Nummer 2 zu nutzen; sie können auch verlangen, dass die Daten nach ihren Vorgaben automatisiert ausgewertet oder ihnen auf automatisiert verarbeitbaren Datenträgern zur Verfügung gestellt werden, soweit dies für die Aufdeckung oder Verhinderung der unerlaubten Abzweigung von Grundstoffen erforderlich ist;
4. Grundstücke, Gebäude, Gebäudeteile, Einrichtungen und Transportmittel, die zum Verkehr mit Grundstoffen genutzt werden, zu betreten und zu besichtigen, um zu prüfen, ob die Vorschriften dieses Gesetzes sowie der Verordnung (EG) Nr. 273/2004, der Verordnung (EG) Nr. 111/2005 und der Verordnung (EG) Nr. 1277/2005 beachtet werden. Zur Abwehr dringender Gefahren für die öffentliche Sicherheit, insbesondere zur Verhinderung einer Straftat nach § 19 oder einer Ordnungswidrigkeit nach § 20, dürfen die bezeichneten Grundstücke, Gebäude, Gebäudeteile, Einrichtungen und Transportmittel auch außer-

---

[1] § 15 aufgehoben mit Wirkung vom 1.10.2021 durch Gesetz vom 18.7.2016, BGBl. I S. 1666.

halb der Betriebs- und Geschäftszeit sowie zu Wohnzwecken dienende Räume betreten werden; das Grundrecht der Unverletzlichkeit der Wohnung (Artikel 13 des Grundgesetzes) wird insoweit eingeschränkt;

5. zur Verhütung dringender Gefahren für die Sicherheit und Kontrolle des Grundstoffverkehrs vorläufige Anordnungen zu treffen, soweit Tatsachen die Annahme rechtfertigen, dass

   a) ein Grundstoff zur unerlaubten Herstellung von Betäubungsmitteln abgezweigt werden soll oder

   b) Vorschriften dieses Gesetzes, der Verordnung (EG) Nr. 273/2004, der Verordnung (EG) Nr. 111/2005 oder der Verordnung (EG) Nr. 1277/2005 nicht eingehalten werden.

Insbesondere können sie die weitere Teilnahme am Grundstoffverkehr ganz oder teilweise untersagen und die Grundstoffbestände sicherstellen. Die zuständige Behörde hat innerhalb eines Monats nach Erlass einer vorläufigen Anordnung endgültig zu entscheiden. Maßnahmen der mit der Überwachung beauftragten Personen werden einen Monat nach ihrer Bekanntgabe unwirksam. Erfolgt eine Bekanntgabe nicht, werden sie einen Monat nach ihrer Vornahme unwirksam. Die zuständige Behörde kann Maßnahmen jeder mit der Überwachung beauftragten Person bereits vorher aufheben.

(2) ¹Die Zollbehörden prüfen im Rahmen ihrer Zuständigkeiten nach § 5 Abs. 2 die Einhaltung dieses Gesetzes und der auf diesem Gebiet erlassenen Rechtsakte der Europäischen Gemeinschaften. ²Sie können zu diesem Zweck von den am Warenverkehr mittelbar oder unmittelbar beteiligten Personen Auskünfte und die Vorlage von Unterlagen verlangen. ³Bestehen Zweifel an der Einhaltung der zuvor genannten Vorschriften, ordnen die Zollbehörden im Falle des innergemeinschaftlichen Warenverkehrs die Beschlagnahme, im Falle der Ein- und Ausfuhr die Aussetzung der Überlassung oder die Zurückhaltung der Waren an. ⁴Werden die Zweifel nicht innerhalb einer Frist von sieben Werktagen ausgeräumt, können die Zollbehörden die Einziehung der Waren anordnen, soweit nicht die Einziehung nach § 21 in Betracht kommt. ⁵Die Kosten für die in dieser Vorschrift genannten Sicherungsmaßnahmen können den Verfügungsberechtigten auferlegt werden.

(3) ¹Die auf Grund von Überwachungsmaßnahmen nach Absatz 1 und 2 erlangten Informationen dürfen nur zu den in § 4 Abs. 2 Satz 3 genannten Zwecken verwendet werden. ²Die für die Überwachung des Verkehrs mit Grundstoffen zuständigen Behörden dürfen die Informationen auch ohne Ersuchen an die Gemeinsame Grundstoffüberwachungsstelle übermitteln, soweit aus ihrer Sicht die Kenntnis der Informationen für die in § 4 Abs. 2 Satz 3 genannten Zwecke erforderlich ist.

Übersicht

I. Normzweck und Ausgestaltung des 4. Abschnitts

Die §§ 16–18 regeln die Überwachung des Grundstoffverkehrs in Konkretisierung der **1** in Art. 10 Abs. 1 Verordnung (EG) Nr. 273/2004 bzw. Art. 26 Abs. 3 Verordnung (EG) Nr. 111/2005 enthaltenen unionsrechtlichen Vorgaben. Bei der Ausgestaltung hat sich der Gesetzgeber an den §§ 22–24 BtMG orientiert und zwischen Befugnis- (§§ 16, 17) und Verpflichtungsnorm (§ 18) unterschieden.

II. Regelungsgehalt

Abs. 1 umschreibt bestimmte Pflichten der Wirtschaftsbeteiligten beim Verkehrs mit **2** Grundstoffen und die zur Überwachung den zuständigen Behörden eingeräumten Befugnisse. Abs. 2 regelt die Befugnisse der Zollbehörden. Abs. 3 grenzt den Verwendungszweck der im Zusammenhang mit Überwachungsmaßnahmen erlangten Informationen und deren Weitergabe ein.

III. Pflichten des Abs. 1

1. Normzweck. Ziel der in dieser Vorschrift normierten Pflichten ist es, bereits im **3** Vorfeld eines strafrechtlichen Verdachts tätig werden zu können, weil der Abzweigung von Grundstoffen zur unerlaubten BtM-Herstellung nur dann wirksam vorgebeugt werden kann, wenn eine lückenlose Überwachung der gesamten Handelskette vom Hersteller bis zum Empfänger stattfindet.

2. Verkehrsweisen. Vor dem Hintergrund der Verbotsnorm des § 3 betreffen die hier **4** statuierten Pflichten die **Ein-** und **Ausfuhr** von Grundstoffen sowie der innergemeinschaftliches **Inverkehrbringen.**

IV. Auskunftspflicht (Abs. 1 Nr. 1)

Die Wirtschaftsbeteiligten haben Behörden (§§ 5, 6) und beauftragten Personen auf deren **5** Verlangen Auskunft zu erteilen (Mitwirkungspflicht). Die Vorschrift entspricht inhaltlich § 22 Abs. 1 Nr. 2 BtMG. Die beauftragten (Privat-)Personen, bei denen eine entsprechende Qualifikation vorausgesetzt ist, werden als sog Verwaltungshelfer tätig, deren Handeln unmittelbar der beauftragenden Behörde zugerechnet wird.[1] Ihrem Umfang nach erstreckt sich die Verpflichtung auf alle mit dem Grundstoffverkehr zusammenhängenden Vorgänge und Tatsachen.[2]

V. Pflicht zur Gewährung von Einsicht in Geschäftsunterlagen (Abs. 1 Nr. 2)

Die Verpflichtung umfasst zum einen die **Offenlegung** bestimmter geschäftlichen **6** Unterlagen (Mitwirkungs- und Duldungspflicht), gleichgültig, ob sie in Papier- oder in elektronischer Form geführt werden, zum anderen die Pflicht zur **Anfertigung** von **Kopien** bzw. **Ausdrucken** (Mitwirkungspflicht). Die Vorschrift lehnt sich damit an § 22 Abs. 1 Nr. 1 BtMG an.

Zu den **Unterlagen** zählen Handelspapiere wie Rechnungen, Ladungsverzeichnisse, **7** Verwaltungsunterlagen, Fracht- und sonstige Versandpapiere,[3] Kundenerklärungen,[4] Zoll- und Handelspapiere wie summarische Erklärungen, Zollanmeldungen, Rechnungen, Ladungsverzeichnisse sowie Fracht- und sonstige Versandpapiere,[5] darüber hinaus auf einem Bildträger oder auf anderen Datenträgern gespeicherte Unterlagen.[6]

---

[1] *Weber* BtMG § 22 Rn. 2.
[2] *Weber* BtMG § 22 Rn. 11.
[3] Art. 5 Abs. 2 Verordnung (EG) Nr. 273/2004.
[4] Art. 5 Abs. 3 Verordnung (EG) Nr. 273/2004.
[5] Art. 3 Verordnung (EG) Nr. 111/2005.
[6] Art. 5 Abs. 6 Verordnung (EG) Nr. 273/2004; Art. 4 S. 3 Verordnung (EG) Nr. 111/2005.

VI. Einbeziehung der Datenverarbeitungssysteme des Unternehmens (Abs. 1 Nr. 3)

8   Zur Prüfung der vorgenannten Unterlagen müssen die Wirtschaftsbeteiligten ihre Datenverarbeitungssysteme zugänglich machen (Mitwirkungs- und Duldungspflicht) oder auf Verlangen auch eine Auswertung der elektronisch gespeicherten Daten vornehmen (Mitwirkungspflicht), wobei allerdings der Verhältnismäßigkeitsgrundsatz zu beachten ist.[7]

VII. Betretungsrechte (Abs. 1 Nr. 4)

9   **1. Betretung während der Geschäftszeiten.** Die Vorschrift ermöglicht in S. 1 die Besichtigung von zum Verkehr mit Grundstoffen genutzten Grundstücken, Gebäuden, Gebäudeteilen, Einrichtungen und Transportmitteln sowie deren Betretung (Duldungspflicht). Sie entspricht § 22 Abs. 1 Nr. 3 BtMG. Eine vorherige Ankündigung ist nicht vorgesehen.[8]

10   **2. Betretung zur Abwehr dringender Gefahren für die öffentliche Sicherheit.** S. 2 lässt ein Betreten unter der genannten Voraussetzung für **Wohnräume,** für die in S. 1 genannten **Immobilien** und **Einrichtungen** außerhalb der Geschäftszeiten zu. Beschränkungen des Grundrechts der Unverletzlichkeit der Wohnung sind ua dann zulässig, wenn sie auf Grund eines Gesetzes zur Verhütung dringender Gefahren für die öffentliche Sicherheit vorgenommen werden, wobei eine dringende Gefahr für die öffentliche Sicherheit nicht bereits eingetreten zu sein braucht; es genügt, dass die Beschränkung des Grundrechts dem Zweck dient, einen Zustand nicht eintreten zu lassen, der seinerseits eine dringende Gefahr für die öffentliche Sicherheit darstellen würde.[9] Allerdings darf bei Maßnahmen zur Verhinderung von Ordnungswidrigkeiten wegen des Verhältnismäßigkeitsgrundsatzes die Schwere des Rechtsverstoßes nicht außer Betracht bleiben.[10]

VIII. Anordnung vorläufiger Maßnahmen (Abs. 1 Nr. 5)

11   Die Vorschrift entspricht inhaltlich § 22 Abs. 1 Nr. 4 BtMG und erlaubt das Ergreifen vorläufiger Maßnahmen, von denen die einschneidendste die Untersagung der Teilnahme am Grundstoffverkehr ganz oder teilweise und die Sicherstellung von Grundstoffbeständen ist (Duldungspflicht). Über diese vorläufigen Maßnahmen muss dann aber innerhalb Monatsfrist eine endgültige Entscheidung herbeigeführt werden.

IX. Befugnisse der Zollbehörden (Abs. 2)

12   Die Vorschrift überträgt die in Abs. 1 Nr. 1 und Nr. 2 genannten Befugnisse bei Überwachung der Ein- und Ausfuhr auf die Zollbehörden, die darüber hinaus ermächtigt sind, im Zweifelsfall Beschlagnahmen vorzunehmen, die Aussetzung der Überlassung oder die Zurückhaltung von Waren anzuordnen und, sofern die Zweifel nicht rechtzeitig beseitigt werden, die Einziehung der Waren anordnen können.

X. Informationsverwertung (Abs. 3)

13   Nach Abs. 3 unterliegen die auf Grund der Überwachungsmaßnahmen gewonnenen Erkenntnisse aus Gründen des Datenschutzes der Beschränkung des § 4 Abs. 2 S. 3 dergestalt, dass sie von den Überwachungsbehörden (§ 5 Abs. 3) nur zur Verhinderung oder Verfolgung von Straftaten nach § 19, § 95 AMG, §§ 324, 324a, 326, 330 und 330a StGB sowie von den in § 100a Abs. 2 StPO genannten Straftaten und von Ordnungswidrigkeiten nach § 20 verwendet werden dürfen. Damit ist zugleich auch § 11 Rechnung getragen.

---

[7] Erbs/Kohlhaas/*Anders* Rn. 3.
[8] *Weber* BtMG § 22 Rn. 13.
[9] BVerfG 13.2.1964 – 1 BvL 17/61 ua, BVerfGE 17, 232 = NJW 1964, 1067.
[10] BVerfG 26.3.2007 – 2 BvR 1006/01, NVwZ 2007, 1047.

§ 17 Probenahmen

(1) [1]Soweit es zur Durchführung dieses Gesetzes, der Verordnung (EG) Nr. 273/2004, der Verordnung (EG) Nr. 111/2005 oder der Verordnung (EG) Nr. 1277/2005 erforderlich ist, sind die mit der Überwachung beauftragten Personen befugt, gegen Empfangsbescheinigung Proben nach ihrer Auswahl zum Zwecke der Untersuchung zu fordern oder zu entnehmen. [2]Soweit nicht ausdrücklich darauf verzichtet wird, ist ein Teil der Probe, oder sofern die Probe nicht oder ohne Gefährdung des Untersuchungszwecks nicht in Teile von gleicher Qualität teilbar ist, ein zweites Stück der gleichen Art wie das als Probe entnommene zurückzulassen.

(2) [1]Zurückzulassende Proben sind amtlich zu verschließen oder zu versiegeln. [2]Sie sind mit dem Datum der Probenahme und dem Datum des Tages zu versehen, nach dessen Ablauf der Verschluss oder die Versiegelung als aufgehoben gelten.

I. Regelungsgehalt des § 17

Die § 23 Abs. 1 und Abs. 2 BtMG nachgebildete Vorschrift enthält die Befugnis zur **1** Anforderung einer Probe und zu deren Entnahme (Abs. 1 S. 1), wobei der Wirtschaftsbeteiligte bei der tatsächlichen Probenahme ausdrücklich darauf verzichten muss, dass ein Teil der entnommenen Probe (Gegenprobe, „B-Probe") bei ihm zurückgelassen wird. Verzichtet er nicht darauf, ist nach Abs. 2 zu verfahren. Anders als nach § 23 Abs. 3 BtMG ist eine Entschädigung des Wirtschaftsbeteiligten nicht vorgesehen.

II. Pflichtenkombination

Der Wirtschaftsbeteiligte hat einerseits daran mitzuwirken, dass die Forderung nach einer **2** Probe (zB durch Bereitstellen) erfüllt wird, andererseits zu dulden, dass von den in seinem Betrieb befindlichen Grundstoffen Proben entnommen werden.

§ 18 Duldungs- und Mitwirkungspflichten

(1) Jeder Wirtschaftsbeteiligte ist verpflichtet, Maßnahmen nach den §§ 16 und 17 zu dulden und bei der Durchführung der Überwachung mitzuwirken, insbesondere auf Verlangen der mit der Überwachung beauftragten Personen die Stellen zu bezeichnen, an denen der Verkehr mit Grundstoffen stattfindet, umfriedete Grundstücke, Gebäude, Räume, Behälter und Behältnisse zu öffnen, Auskünfte zu erteilen, Unterlagen vorzulegen sowie die Entnahme von Proben zu ermöglichen.

(2) [1]Der zur Auskunft Verpflichtete kann die Auskunft auf solche Fragen verweigern, deren Beantwortung ihn selbst oder einen seiner in § 383 Abs. 1 Nr. 1 bis 3 der Zivilprozessordnung bezeichneten Angehörigen der Gefahr strafgerichtlicher Verfolgung oder eines Verfahrens nach dem Gesetz über Ordnungswidrigkeiten aussetzen würde. [2]Der zur Auskunft Verpflichtete ist vor der Auskunft über sein Recht zur Auskunftsverweigerung zu belehren.

I. Regelungsgehalt

Die Vorschrift fasst in Abs. 1 – unter teilweiser Konkretisierung der in §§ 16, 17 aufge- **1** führten Mitwirkungs- und Duldungspflichten – diese nochmals unter dem Gesichtspunkt der **Verpflichtung** des Wirtschaftsbeteiligten zusammen. Abs. 2 regelt das Auskunftsverweigerungsrecht und die diesbezüglich erforderliche Belehrungspflicht.

II. Konkretisierung der Pflichten (Abs. 1)

Die Verpflichtung umfasst die Erteilung von Auskünften, insbesondere hinsichtlich der **2** Örtlichkeiten des Grundstoffverkehrs, die Vorlage von Unterlagen, die Mitwirkung beim

Betreten von Immobilien und darin enthaltenen Behältnissen und bei der Entnahme von Proben.

III. Beschränkung der Auskunftspflicht

3   Die zu erteilende Auskunft ist durch das Recht, weder sich selbst noch nahe Angehörige belasten zu müssen, begrenzt.

Abschnitt 5. Straf- und Bußgeldvorschriften

§ 19 Strafvorschriften

(1) Mit Freiheitsstrafe bis zu fünf Jahren oder mit Geldstrafe wird bestraft, wer

1. entgegen § 3 einen Grundstoff besitzt, herstellt, mit ihm Handel treibt, ihn, ohne Handel zu treiben, einführt, ausführt, durch den oder im Geltungsbereich dieses Gesetzes befördert, veräußert, abgibt oder in sonstiger Weise einem anderen die Möglichkeit eröffnet, die tatsächliche Verfügung über ihn zu erlangen, erwirbt oder sich in sonstiger Weise verschafft,

2. entgegen Artikel 3 Abs. 2 der Verordnung (EG) Nr. 273/2004 einen in Kategorie 1 des Anhangs I dieser Verordnung bezeichneten Grundstoff ohne Erlaubnis besitzt oder in den Verkehr bringt,

3. entgegen Artikel 6 Abs. 1 der Verordnung (EG) Nr. 111/2005 einen in Kategorie 1 des Anhangs dieser Verordnung bezeichneten Grundstoff ohne Erlaubnis einführt, ausführt oder ein Vermittlungsgeschäft mit ihm betreibt,

4. entgegen Artikel 12 Abs. 1 der Verordnung (EG) Nr. 111/2005 einen in Kategorie 1, 2, 3 oder 4 des Anhangs dieser Verordnung bezeichneten Grundstoff ohne Ausfuhrgenehmigung ausführt oder

5. entgegen Artikel 20 der Verordnung (EG) Nr. 111/2005 einen in Kategorie 1 des Anhangs dieser Verordnung bezeichneten Grundstoff ohne Einfuhrgenehmigung einführt.

(2) Der Versuch ist strafbar.

(3) ¹In besonders schweren Fällen des Absatzes 1 ist die Strafe Freiheitsstrafe nicht unter einem Jahr. ²Ein besonders schwerer Fall liegt in der Regel vor, wenn der Täter

1. gewerbsmäßig oder

2. als Mitglied einer Bande, die sich zur fortgesetzten Begehung solcher Taten verbunden hat, handelt.

(4) Handelt der Täter in den Fällen des Absatzes 1 fahrlässig, so ist die Strafe Freiheitsstrafe bis zu einem Jahr oder Geldstrafe.

(5) Soweit auf die Verordnung (EG) Nr. 273/2004 oder die Verordnung (EG) Nr. 111/2005 Bezug genommen wird, ist jeweils die am 21. September 2016 geltende Fassung maßgeblich.

A. Überblick

I. Rechtliche Einordnung

Die Vorschrift stellt Verstöße gegen die Verbotsvorschrift sowie gegen die in den EG- **1**
Verordnungen normierten Verpflichtungen unter Strafe. Sie dient der Umsetzung der nach
Art. 3 Abs. 1 Buchst. a iv sowie Buchst. c ii und iv Übk. 1988 sowie Art. 2 Abs. 1 Buchst. d
Rahmenbeschlusses 2004/757/JI vom 25.10.2004 zur Festlegung von Mindestvorschriften
über die Tatbestandsmerkmale strafbarer Handlungen und die Strafen im Bereich des illegalen Drogenhandels erforderlichen Strafvorschrift. **Abs. 1 Nr. 1** stellt Verstöße gegen die
Verbotsnorm des § 3 unter Strafe, wobei das Verbot seinerseits an die Erlaubnisfähigkeit in
§§ 3, 4 BtMG anknüpft. Die Handlungsvarianten des Abs. 1 entsprechen hierbei denjenigen
des § 29 Abs. 1 S. 1 Nr. 1, Nr. 3, Nr. 5 BtMG, wobei das Inverkehrbringen von BtM seman-
tisch durch das Verfügbarmachen ersetzt wird, weil ersterer Begriff europarechtlich bereits
besetzt ist. Ferner nennt § 3 GÜG, anders als § 3 BtMG, das Befördern als ggf. verbotene
Handlung. Umgekehrt ist (naturgemäß) die Begehungsform des Anbauens ausgenommen.
Abs. 1 Nr. 2–5 bewehren Verstöße gegen die Verordnungen (EG) Nr. 273/2004 und (EG)
Nr. 111/2005, deren Sanktionierung den Mitgliedsstaaten der Gemeinschaft verbindlich
vorgeschrieben ist.[1]

1. Deliktsnatur. Hinsichtlich der Deliktsnatur der einzelnen Modalitäten gilt das zum **2**
Betäubungsmittelstrafrecht erläuterte jeweils entsprechend. Ähnlich wie der Anbau bzw. das
Herstellen wird man das Befördern als schlichtes Tätigkeitsdelikt klassifizieren, die Tatbe-
stände insgesamt als abstrakte Gefährdungsdelikte einordnen müssen.

2. Verfassungsmäßigkeit. Gegen die Verfassungsmäßigkeit der Vorschrift (und dem **3**
dazugehörigen, weitgehend „analogen" Rechtsgutskonzept) lassen sich ähnliche Bedenken
anbringen,[2] wie sie bereits gegen das Betäubungsmittelstrafrecht geltend gemacht wurden
(wobei hinzutritt, dass der Abstraktionsgrad der Gefährdung der benannten Gemeinschafts-
interessen nochmals höher ist und sich das Gesetz an einem seinerseits illegitimen Konzept
ausrichtet). Hinzu treten die bei → Vor § 1 Rn. 10 ff. gemachten Erwägungen, wonach
das Gesetz bei solch einer Ausgestaltung auch nicht geeignet ist, die erwünschte effektive
Grundstoffkontrolle herbeizuführen. Indessen ist die Ausfüllung der Strafvorschriften durch

---

[1] S. Art. 12 Verordnung (EG) Nr. 273/2004; Art. 31 Verordnung (EG) Nr. 111/2005.
[2] BGH 12.4.2011 – 5 StR 463/10.

unmittelbar geltendes Unionsrecht seit Neufassung des § 19 Abs. 5 weniger problematisch, als diese mit einer einfachen „Binnenverweisung" vergleichbar ist, da der Grundstoffbegriff bzw. die Verbotsregelungen – soweit sie strafrechtlich von Relevanz sein sollen – lediglich durch einen parlamentarischen Akt (der wohl im Hinblick auf die zwischenzeitlich ergangenen Verordnungen ansteht) verändert werden können.

4   **3. Verhältnis zum Betäubungsmittelstrafrecht.** Als „Vorfeldhandlung" zum Handeltreiben mit BtM führt die alleinige Feststellung des Umgangs mit Grundstoffen, mögen diese offensichtlich zur Herstellung von Rauschgift bestimmt sein, noch nicht zur Strafbarkeit nach § 29 Abs. 1 Nr. 1 BtMG. Vielmehr betonen sowohl der Erste Senat als auch der Dritte Senat[3] in den bereits zitierten Pseudoephedrin-Entscheidungen nochmals das Erfordernis der Notwendigkeit der Konkretisierung einer (zumindest versuchten) Haupttat nochmals,[4] hierzu auch → BtMG § 29 Rn. 454. Soweit es zu einem BtM-Umsatz kommt, geht die Herstellung der BtM und somit erst Recht der Umgang mit den Grundstoffen in diesem Unrecht auf.

II. Kriminalpolitische Bedeutung

5   Die Strafverfolgungsstatistik des Statistischen Bundesamts,[5] die Vergehen gegen das GÜG erst seit 2007 erfasst, weist dazu aus:

	2007	2008	2009	2010	2011	2012	2013	2014
Abgeurteilte	7	10	4	11	31	12	9	5
Verurteilte	6	7	2	9	31	10	7	2

B. Erläuterung

I. Geltungsbereich

6   Der Geltungsbereich des Straftatbestands erstreckt sich auf das Staatsgebiet der Bundesrepublik Deutschland (§ 3 StGB) sowie auf Schiffe oder Luftfahrzeuge, die berechtigt sind, die Bundesflagge oder das Staatszugehörigkeitskennzeichen der Bundesrepublik Deutschland zu führen (§ 4 StGB). Soweit die Verordnungen (EG) Nr. 111/2005 und (EG) Nr. 1277/2005 in ihrer jeweils geltenden Fassung auf das Zollgebiet der Gemeinschaft Bezug nehmen, sind sie auch auf den nicht zum Zollgebiet der Gemeinschaft gehörenden Teil des Hoheitsgebietes der Bundesrepublik Deutschland anzuwenden (§ 2).

7   Im **Inland** begangene Straftaten unterliegen dem Gesetz unabhängig davon, ob die Tat durch einen Ausländer oder einen Deutschen begangen wurde. **Auslandstaten** sind nach deutschem Recht strafbar, wenn der im Ausland Handelnde Deutscher ist (§ 7 Abs. 2 Nr. 1 StGB) und/oder in Mittäterschaft mit einem im Inland Handelnden (§ 9 Abs. 2 S. 1 StGB) tätig geworden war.[6] Der Vertrieb von Grundstoffen zur BtM-Herstellung unterliegt nicht dem Weltrechtsprinzip des § 6 Nr. 5 StGB.

II. Tatobjekte

8   Tatobjekte sind die in den – unterschiedlich strengen Kontrollen unterliegenden[7] – in den Kategorien 1–3 erfassten **Grundstoffe,** da sie allesamt allein oder zusammen zur BtM-Herstellung geeignet sind. Dies allein ist maßgeblich; auf eine (bereits bestehende) Konsumfähigkeit der BtM kommt es nicht an.[8] Auf die Tabellen und den Ausführungen zur einge-

---

[3] BGH 27.10.2015 – 3 StR 124/13, PharmR 2016, 40.
[4] BGH 30.4.2015 – 1 StR 388/13, NStZ 2015, 598.
[5] Fachserie 10 Reihe 3 – Tabelle 2 Strafverfolgung 2.1.
[6] BGH 3.8.2005 – 2 StR 360/04, BeckRS 2005, 10132.
[7] BT-Drs. 12/6961, 14.
[8] *Körner* (VI) § 29 Rn. 2214.

schränkt dynamischen Verweisung wegen Abs. 5 wird Bezug genommen → (§ 1 Rn. 4 f. sowie → Rn. 11)

III. Objektive Tatbestände im Einzelnen

1. Umgang mit Grundstoffen in der Absicht der BtM-Herstellung (Abs. 1 9 **Nr. 1). Strafbar macht sich nach der an § 29 Abs. 1 Nr. 1 BtMG angelehnten Vorschrift** gem. Abs. 1 Nr. 1, wer mit einem Grundstoff, der zur unerlaubten Herstellung von BtM verwendet werden soll, ohne Erlaubnis oder Genehmigung (→ § 3 Rn. 16 ff.), umgeht, ihn also besitzt, unerlaubt herstellt, mit ihm Handel treibt, ihn ohne Handel zu treiben einführt, ausführt durch den Geltungsbereich des GÜG durchführt, im Geltungsbereich des GÜG befördert, veräußert, abgibt, in sonstiger Weise einem anderen die Möglichkeit eröffnet, die tatsächliche Verfügung über ihn zu erlangen (sie in sonstiger Weise in den Verkehr bringt), erwirbt oder sich in sonstiger Weise verschafft.

a) Grundstoff zur BtM-Herstellung. Soweit auf die Verbotsvorschrift des § 3 Bezug 10 genommen wird, ist die Absicht der BtM-Herstellung erforderlich. Hier ergeben sich naturgemäß **Nachweisprobleme,** da neben der objektiven Eignung der Grundstoffe zur BtM-Herstellung, wie sie sich aus der gemeinschaftsrechtlichen Kategorisierung ergibt, auch die subjektive Zielrichtung des Handelns festgestellt werden muss (bereits → § 3 Rn. 8). Der Umgang mit anderen objektiv zur Herstellung von BtM geeigneten Grundstoffen, die in den Kategorien 1–3 nicht aufgeführt sind, ist weder nach BtMG noch nach dem GÜG strafbar (→ § 1 Rn. 19).

b) Tathandlungen im Einzelnen. aa) Abgeben. Abgeben bedeutet iS von § 29 Abs. 1 11 S. 1 Nr. 1 BtMG – in Abgrenzung zum Veräußern und Handeltreiben – die Übertragung der tatsächlichen Verfügungsgewalt auf einen Anderen ohne Entgelt. Unionsrechtlich wird unter Abgeben, wie sich mittelbar aus der Definition des Inverkehrbringens (→ Rn. 34) ergibt, auch die entgeltliche Übertragung der tatsächlichen Verfügungsgewalt verstanden.[9] Da der Begriff der Abgabe allerdings als Begriffsbestandteil des europarechtlichen Begriffs des Inverkehrbringens der Abgabe iSd § 3 gegenübergestellt werden kann, lässt sich davon ausgehen, dass der in § 19 Abs. 1 Nr. 1 bzw. in § 3 verwendete Begriff der Abgabe derjenigen des BtMG entspricht,[10] sodass im Übrigen auch auf die Ausführungen bei → BtMG § 29 Rn. 865 ff. verwiesen werden kann.

bb) Ausführen. Einen (erfassten) Grundstoff führt aus, wer ihn aus dem Zollgebiet der 12 Gemeinschaft (§ 1 Nr. 5).[11] Dies gilt auch, wenn der Grundstoff aus einen nicht zum Zollgebiet der Gemeinschaft gehörenden Teil des Hoheitsgebiets der Bundesrepublik Deutschland (§ 2) verbracht wird.

cc) Befördern. Der Begriff ist legal nicht definiert, findet aber sowohl im allgemeinen 13 wie auch im Nebenstrafrecht häufig Verwendung.[12] Darunter zu verstehen ist jede Herbeiführung einer Ortsveränderung, jede Fortbewegung mit Hilfe eines Verkehrsträgers,[13] zusammengefasst jede Art des Transports.[14] § 2 GGBefG normiert, dass „Befördern" auch die Übernahme und die Ablieferung, zeitweilige Aufenthalte im Verlauf der Beförderung sowie Vorbereitungs- und Abschlusshandlungen, einschließlich der Be- und Entladevorgänge umfasst.[15]

dd) Besitzen. Besitz an einem Grundstoff der Kategorien 1, 2 oder 3 hat, wer über 14 ihn – wie in § 29 Abs. 1 S. 1 Nr. 3 – mit entsprechendem Willen über eine nennenswerte

[9] KPV/*Volkmer* § 19 Rn. 27.
[10] KPV/*Volkmer* § 19 Rn. 28.
[11] Vgl. Art. 2 Buchst. d VO (EG) Nr. 111/2005.
[12] Vgl. §§ 328, 329 StGB, § 2 AtomG, § 10 GGBefG, §§ 49, 61 KrW-/AbfG, §§ 20a, 22a KrWaffG.
[13] S. 2. Aufl., § 328 Rn. 16; vgl. auch KPV/*Volkmer* Rn. 26.
[14] S. u., 1. Aufl., KrWaffG § 22a Rn. 47.
[15] Vgl. Satzger/Schmitt/Widmaier/*Saliger* StGB § 328 Rn. 12.

Zeitspanne die tatsächliche Sachherrschaft innehat. Wie im BtMG soll auch bei der Grundstoffüberwachung zur Schließung möglicher Strafbarkeitslücken ein Auffangtatbestand[16] bestehen, vgl. zum Besitz umfassend → BtMG § 29 Rn. 1108 ff.

15   **ee) Durchführen.** Auch die Durchfuhr stellt nach wie vor eine verbotene Handlung dar, da lediglich ihre auf die Außengrenzen der Gemeinschaft bezogene Definition weggefallen ist. Um eine Verwechslung mit dem früher im GÜG verwendeten und dem heute noch in § 11 Abs. 1 S. 2 BtMG enthaltenen Begriff zu vermeiden,[17] wird die Durchfuhr nunmehr damit umschrieben, dass jemand Grundstoffe *durch den oder im Geltungsbereich dieses Gesetzes befördert*,[18] wodurch nicht nur eine tatsächliche Durchfuhr verboten, sondern auch ein auf den Geltungsbereich des GÜG beschränktes **generelles Beförderungsverbot** normiert ist.

16   **ff) Einführen.** Einfuhr ist jedes Verbringen von Grundstoffen in das Zollgebiet der Gemeinschaft im Sinne des Artikels 2 Buchst. c Verordnung (EG) Nr. 111/2005 (§ 1 Nr. 4) oder – nach § 2 – in einen nicht zum Zollgebiet der Gemeinschaft gehörenden Teil des Hoheitsgebietes der Bundesrepublik Deutschland,[19] also jede Verbringung von erfassten Stoffen, die den Status von Nichtgemeinschaftswaren haben, einschließlich der vorübergehenden Lagerung, der Verbringung in eine Freizone oder ein Freilager, der Überführung in ein Nichterhebungsverfahren und der Überführung in den zollrechtlich freien Verkehr im Sinne der Verordnung (EWG) Nr. 2913/92.[20]

17   **gg) Erwerben.** Einen Grundstoff erwirbt, wer über ihn die tatsächliche Verfügungsgewalt auf abgeleitetem Weg erlangt.[21]

18   **hh) Handeltreiben.** Das Handeltreiben bildet – wie im BtMG auch – die zentrale **Tathandlung,** hinter dem alle anderen Handlungen entweder bereits begrifflich („ohne Handel zu treiben") oder in der strafrechtlichen Bewertung zurücktreten (wobei freilich die praktische Bedeutung nicht im Ansatz mit derjenigen des HT mit BtM vergleichbar ist, da die kriminalpolitische Bedeutung der Strafvorschriften als solches marginal ist). Mit dem Begriff des Handeltreibens, den der Gesetzgeber iS der BtM-Rechtsprechung verstanden wissen will[22] und auf das GÜG für übertragbar hält, sollen möglichst lückenlos alle Begehungsformen erfasst werden, die geeignet sind, Grundstoffe unkontrolliert in den Verkehr gelangen zu lassen.[23] Handeltreiben ist demnach jede eigennützige, auf Umsatz gerichtete Tätigkeit, auch wenn sich diese nur einmalig oder vermittelnd darstellt (zur Kritik am weiten Verständnis → BtMG § 29 Rn. 242, 356 ff.).[24]

19   **ii) Herstellen.** In den Handlungsvarianten des Gewinnens, Anfertigens, Zubereitens, Be- oder Verarbeitens und des Umwandelns entspricht das Herstellen von Grundstoffen § 29 Abs. 1 S. 1 Nr. 1 BtMG,[25] enthält darüber hinaus aber noch das Synthetisieren solcher Stoffe (§ 1 Nr. 8), hierzu bereits → § 1 Rn. 27 ff.

20   **jj) Verfügbarmachen.** Ferner nennt Abs. 1 Nr. 1 das in sonstiger Weise einem anderen die Möglichkeit Eröffnen, die tatsächliche Verfügung über Grundstoffe zu erlangen, wobei die Umschreibung der Änderung des Begriffs in Art. 2 Buchst. c Verordnung (EG) Nr. 273/ 2004 Rechnung trägt. Die mehrfache Verwendung eines unterschiedlich verstandenen Begriffs sollte vermieden werden.[26] Gemeint ist dabei jede Handlung, die insoweit dem

---

[16] Vgl. auch Art. 3 Abs. 1 Buchst. c ii Übk. 1988; KPV/*Volkmer* Rn. 20.
[17] KPV/*Volkmer* Rn. 25.
[18] BT-Drs. 16/7414, 15.
[19] ZB Helgoland, BT-Drs. 16/7414, 14.
[20] ABl. 1992 L 302, 1, zuletzt geändert durch die Beitrittsakte von 2003.
[21] → BtMG § 29 Rn. 987 ff.; KPV/*Volkmer* Rn. 37 f.
[22] KPV/*Volkmer* Rn. 18.
[23] Vgl. BGH 17.3.2011 – 5 StR 543/10, BeckRS 2011, 07396.
[24] KPV/*Volkmer* § 19 Rn. 18 f.
[25] → BtMG § 2 Rn. 31 ff.
[26] KPV/*Volkmer* Rn. 34.

Inverkehrbringen iSd § 29 Abs. 1 S. 1 Nr. 1 BtMG[27] unterfallen würde, bereits → § 1 Rn. 26.

kk) Sichverschaffen in sonstiger Weise. In sonstiger Weise verschafft sich derjenige 21 einen Grundstoff, der über ihn die tatsächliche Verfügungsmacht erlangt, ohne darüber mit deren vorherigen Inhaber Einvernehmen erzielt zu haben – dann Erwerb – und diese Verfügungsmacht ausüben will.[28] Darunter fallen insbesondere alle Handlungsvarianten der Erlangung tatsächlicher Verfügungsgewalt durch die Begehung von Eigentumsdelikten, die per se nicht erlaubnisfähig sind. Insoweit bestand noch in § 29 Abs. 1 GÜG aF eine Strafbarkeitslücke, die zu der Kuriosität führte, dass der erlaubnislose Erwerb nach GÜG zu bestrafen war, während etwa der Diebstahl von Grundstoffen nur nach dem allgemeinen Strafrecht geahndet werden konnte.

ll) Veräußern. Einen Grundstoff veräußert, wer ihn an einen Anderen gegen Entgelt 22 abgibt, ohne dabei einen Gewinn zu erzielen.[29]

2. Tathandlungen des Abs. 1 Nr. 2. Tathandlungen sind das Besitzen (→ Rn. 28) 23 und das Inverkehrbringen (→ § 1 Rn. 26) jeweils ohne Erlaubnis. Wirtschaftsbeteiligte benötigen für den Besitz oder das Inverkehrbringen erfasster Stoffe der **Kategorie 1 des Anhangs I der Verordnung (EG) Nr. 273/2004** nach Art. 3 Abs. 2[30] der Verordnung eine vorherige Erlaubnis der zuständigen Behörde, gem. § 5 Abs. 1 Nr. 1 also das BfArM in Bonn. Maßgeblich ist also nur der entsprechende Umgang mit den Grundstoffen der bei Kategorie 1, die durch Änderungsverordnungen nachträglich eingefügten Substanzen ausgenommen (vgl. nochmals die Tabelle bei → § 1 Rn. 12). Zudem gilt der europarechtlich definierte Begriff des Inverkehrbringens. Strafbar sind die Begehungsweisen nicht nur, wenn die Erlaubnis gänzlich fehlt, sondern auch schon, wenn sie nicht rechtzeitig vorliegen.

Durch das BfArM wurde **Inhabern einer Apothekenbetriebserlaubnis** nach § 1 24 Abs. 2 ApoG als „bestimmter Kategorie von Wirtschaftsbeteiligten" iS des Art. 2 Buchst. f der Verordnung eine Sondererlaubnis gemäß Art. 3 Abs. 2 S. 2 der Verordnung für den Besitz und das Inverkehrbringen von Grundstoffen der Kategorie 1 erteilt,[31] weshalb Betreiber von Apotheken nicht gegen Art. 3 Abs. 2 S. 1 der Verordnung verstoßen, solange sich ihre Tätigkeiten auf apothekenübliche Grundstoffmengen beziehen. Dasselbe gilt für die Bundeswehr,[32] die Polizei[33]- sowie Zollbehörden.[34] Die wesentlichen Vorschriften zum Erlaubnisverfahren finden sich in Art. 3 Abs. 4 und Abs. 5 der VO (EG) 273/2004.[35]

3. Tathandlungen des Abs. 1 Nr. 3. Tathandlungen sind die Ein- und Ausfuhr 25 (→ Rn. 29, 25) und das Betreiben von Vermittlungsgeschäften (§ 1 Nr. 6) jeweils ohne Erlaubnis. Wirtschaftsbeteiligte, die erfasste Stoffe der Kategorie 1 des Anhangs der Verordnung (EG) Nr. 111/2005 ein- oder ausführen oder diesbezügliche Vermittlungsgeschäfte (hierzu → § 1 Rn. 25) durchführen, müssen nach Art. 6 Abs. 1 der Verordnung – ebenfalls vor Einleitung des jeweiligen Geschäftsvorgangs – im Besitz einer Erlaubnis sein.[36]

Unter Strafe gestellt sind wegen des Sanktionsgebots des Art. 31 der Verordnung (EG) 26 Nr. 111/2005 gesondert die unerlaubte Ein- und Ausfuhr von Grundstoffen der Kategorie

27 Vgl. BGH 12.9.1991 – 4 StR 418/91, NStE Nr. 75 zu § 29 BtMG.
28 KPV/*Volkmer* Rn. 40 f.
29 → BtMG § 29 Rn. 813 ff.; KPV/*Volkmer* Rn. 31 f.
30 Im Wortlaut: „Wirtschaftsbeteiligte benötigen für den Besitz oder das Inverkehrbringen erfasster Stoffe der Kategorie I des Anhangs I eine vorherige Erlaubnis der zuständigen Behörden. Die Behörden können Apotheken, Ausgabestellen für Tierarzneimittel, bestimmten öffentlichen Stellen oder Streitkräften eine Sondererlaubnis erteilen. Die Sondererlaubnis gilt nur für die Verwendung von Drogenausgangsstoffen im Rahmen des amtlichen Aufgabenbereichs der betreffenden Wirtschaftsbeteiligten."
31 Bekanntmachung vom 2.8.2005, Bundesanzeiger Nr. 151 vom 12.8.2005, S. 12297.
32 BAnz. Nr. 20 vom 28.1.2006, 591.
33 BAnz. Nr. 20 vom 28.1.2006, 592.
34 BAnz. Nr. 20 vom 28.1.2006, 592.
35 Vgl. auch KPV/*Volkmer* Rn. 59 f.
36 KPV/*Volkmer* Rn. 67.

1 der Verordnung. Auch diese Vorschrift ist lex specialis zu Abs. 1 Nr. 1, der unter Bezugnahme auf § 3 die unerlaubte Ein- oder Ausfuhr sämtlicher zur BtM-Herstellung geeigneter
Grundstoffe mit Strafe bedroht.

27   **4. Tathandlung des Abs. 1 Nr. 4.** Tathandlung ist die Ausfuhr (→ Rn. 25) ohne
Genehmigung, denn für jeden der in **Kategorie 1, 2 oder 3** der Verordnung (EG) Nr. 111/
2005 erfassten Stoffe, für die eine Zollmeldung abzugeben ist, einschließlich der Ausfuhr
erfasster Stoffe, die nach einer mindestens zehntägigen Lagerung in einer Freizone des
Kontrolltyps I[37] oder einem Freilager aus dem Zollgebiet der Gemeinschaft verbracht werden, ist die vorherige Genehmigung erforderlich (Art. 12 Abs. 1 der Verordnung). Werden
erfasste Stoffe innerhalb von zehn Tagen[38] ab dem Zeitpunkt ihrer Überführung in ein
Nichterhebungsverfahren oder in eine Freizone des Kontrolltyps II[39] wieder ausgeführt, ist
eine Ausfuhrgenehmigung nicht erforderlich. Die Ausfuhr von Grundstoffen der Kategorie
3 unterliegt nach Art. 12 Abs. 1 UAbs. 3 VO (EG) 111/2005 – in der am 18.8.2005 geltenden Fassung (vgl. § 19 Abs. 5 GÜG) – nur dann der Genehmigung, wenn eine Vorausfuhrunterrichtung erforderlich ist oder wenn diese Stoffe in bestimmte, nach dem Ausschlussver-
fahren festzulegende Bestimmungsländer ausgeführt werden, Art. 12 Abs. 1 UAbs. 3 VO
(EG) 111/2005.[40]

28   **5. Tathandlung des Abs. 1 Nr. 5.** Tathandlung ist die Einfuhr (→ Rn. 29) ohne
Genehmigung, da erfasste Stoffe der Kategorie 1 des Anhangs der Verordnung (EG)
Nr. 111/2005 nur nach Vorliegen einer entsprechenden Genehmigung eingeführt werden
dürfen (Art. 20 der Verordnung). Werden die in Absatz 1 genannten Stoffe jedoch ab-
oder umgeladen, vorübergehend verwahrt, in einer Freizone des Kontrolltyps I oder einem
Freilager gelagert oder in das gemeinschaftliche Versandverfahren überführt, so ist diese
Einfuhrgenehmigung nicht erforderlich.

IV. Subjektiver Tatbestand

29   Auf der inneren Tatseite setzt die Strafbarkeit entweder Vorsatz oder Fahrlässigkeit
(Abs. 4) voraus.

30   **1. Bezugspunkte des Vorsatzes.** Der Vorsatz umfasst die die Kenntnis der Tatumstände
(vgl. § 16 Abs. 1 StGB), den Willen zur Tatbestandverwirklichung und die Vorstellung von
der Beherrschung der Tathandlung.[41] Als Wissenselement setzt der Vorsatz voraus, dass der
Täter zumindest **für möglich hält,** durch sein Verhalten mit als zur BtM-Herstellung
geeigneten, kategorisierten Grundstoffen umzugehen. Insbesondere muss der Täter wissen
oder zumindest mit der Möglichkeit rechnen, dass sich seine Aktivitäten auf **Grundstoffe**
beziehen. Der Täter muss die nach Gegenstand, Zeit und Ort bestimmte **Zuwiderhandlung** gegen ein Gesetz wenigstens in allen wesentlichen Beziehungen, wenn auch nicht
mit sämtlichen Einzelheiten der Ausführung, in seine Vorstellung (und seinen Willen) aufgenommen haben.[42] Bei einem Verstoß muss der Täter darüber hinaus um die **Erlaubnispflicht** wissen und dennoch dagegen verstoßen. Die Kenntnis der Tatumstände setzt auch
eine hinreichende Vorstellung des Täters über den **künftigen Handlungsablauf** voraus.

---

[37] Freihäfen Bremen, Bremerhaven, Cuxhaven, Emden, Hamburg und Kiel, vgl. auch KPV/*Volkmer* § 19
Rn. 77.
[38] Frist für die sog „Wiederausfuhr", vgl. Art. 84 Abs. 1 Buchst. a Zollkodex.
[39] Freihäfen Deggendorf und Duisburg.
[40] Da diese Bestimmung wiederum mit Wirkung vom 30.12.2013 durch VO (EU) 1259/2013dahingehend
eingeschränkt, dass nur in den Fällen der Vorausfuhrunterrichtung eine Genehmigung erforderlich ist, dürfte
diese bei Anwendung der Strafvorschrift trotz Abs. 5 nicht unberücksichtigt bleiben, vgl. KPV/*Volkmer* § 19
Rn. 86.
[41] AllgM, wenn auch mit vielfältig unterschiedlicher Nomenklatur, vgl. → StGB § 16 Rn. 10 ff.; Begrifflichkeit hier nach *Fischer* StGB § 15 Rn. 3, 4.
[42] BGH 2.2.1994 – 2 StR 682/93.

Zur Abweichung des Kausalverlaufs[43] und zur Abgrenzung von bedingtem Vorsatz und bewusster Fahrlässigkeit[44] wird auf die Erläuterungen Vor §§ 29 ff. BtMG verwiesen.

2. Irrtumskonstellationen. Zu den möglichen Irrtumskonstellationen in Bezug auf Art **31** und Eigenschaft des Grundstoffs[45] wird auf die Erläuterungen Vor § 29 BtMG verwiesen. Zu Irrtumsfragen in Zusammenhang mit der Erlaubnis[46] siehe die Erläuterungen zu § 3 BtMG.

3. Fahrlässigkeit. Gem. Abs. 4 ist die fahrlässige Begehung unter Strafe gestellt. Fahrläs- **32** sig handelt, wer nach einer Sorgfaltspflichtverletzung bei objektiver Vorhersehbarkeit sowie subjektiver Pflichtwidrigkeit und Vorhersehbarkeit[47] das Risiko einer der aufgeführten Handlungsweisen auf sich nimmt, ohne damit einverstanden zu sein. **Beispielsfälle** lassen sich dem BtM-Recht entnehmen, weshalb auf die dortigen Erläuterungen zu § 29 Abs. 4 BtMG und zu den einzelnen Tatbeständen verwiesen wird.

Ist vorsätzliches Handeln nicht nachweisbar, hat der Tatrichter im Rahmen der ihm **33** obliegenden Kognitionspflicht zu prüfen, ob Fahrlässigkeit gegeben ist.[48] Sofern diese Prüfung unterbleibt, stellt dies einen sachlich-rechtlichen Mangel dar, der zur Aufhebung des Urteils in vollem Umfang und zur Zurückverweisung der Sache zwingt (zur Fahrlässigkeit ausführlich → BtMG Vor § 29 Rn. 64).[49]

V. Täterschaft, Teilnahme

Die Fragen nach Täterschaft, Anstiftung und Beihilfe sind nach den allgemeinen Kriterien **34** zu beurteilen. Hinsichtlich der einzelnen Begehungsweisen wird auf die Erläuterungen zu § 29 BtMG verwiesen **Mittelbare Täterschaft** kann bei Ein-, Aus- oder Durchfuhr durch einen Kurier oder mittels Versendung in Betracht kommen.

Nach der hier vertretenen Auffassung würde der vom BGH vor der Erweiterung der **35** Strafbarkeit auf den Umgang mit zur BtM-Herstellung geeigneten Grundstoffen entschiedene Fall,[50] in dem sich der Tatbeitrag des Angeklagten in der **Lieferung von Chemikalien und Herstellungsgeräten** erschöpfte, auch nach Inkrafttreten des GÜG nur als Beihilfe zum unerlaubten Handeltreiben mit BtM anzusehen sein, infolge des gleichzeitigen Verstoßes gegen § 19 Abs. 1 Nr. 1 allerdings mit der Maßgabe, dass die obligatorische Strafmilderung nach §§ 27, 49 StGB ausgeschlossen wäre.

VI. Versuch und Rücktritt, Vollendung und Beendigung

1. Versuchstrafbarkeit. Bei sämtlichen Tatbeständen des Abs. 1 ist Versuchstrafbarkeit **36** gegeben (Abs. 2), also auch – anders als in § 29 BtMG – für den versuchten Besitz, wobei aus der Natur des Tatbestands ein solcher jedoch schwer vorstellbar ist, weil dem Besitz idR ein Erwerb oder ein Sichverschaffen in sonstiger Weise vorangeht.

2. Versuch und Rücktritt vom Versuch. Die inhaltliche und strukturellen Anlehnung **37** der Strafvorschriften an diejenigen des BtMG bietet bei Tathandlungen, die überwiegend als schlichte Tätigkeitsdelikte (→ Rn. 5) ausgestaltet sind, naturgemäß wenig Raum für eine Versuchsstrafbarkeit, weshalb sie vorwiegend in Bezug auf Erfolgsdelikte praktische Bedeutung hat.

a) Vorbereitungshandlungen. Vorbereitungshandlungen sind Tätigkeiten, die auf die **38** Verwirklichung des Tatbestands gerichtet sind, aber noch vor der Handlung liegen, mit der

---

[43] → BtMG Vor § 29 Rn. 59.
[44] → BtMG Vor § 29 Rn. 61.
[45] → BtMG Vor § 29 Rn. 78 f.
[46] → BtMG § 3 Rn. 44 ff.
[47] *Weber* BtMG § 29 Rn. 1777 ff.
[48] BGH 16.12.1982 – 4 StR 644/82, NStZ 1983, 174.
[49] BGH 16.12.1982 – 4 StR 644/82, NStZ 1983, 174.
[50] BGH 21.7.1993 – 2 StR 331/93, NStZ 1993, 584.

nach dem Tatplan unmittelbar zur Tatbestandsverwirklichung angesetzt werden soll. Bei der Frage, welches Handeln sich noch im Bereich der Vorbereitung bewegt, ist nach den einzelnen Begehungsweisen zu differenzieren, wobei auch hier vorwiegend auf die diesbezüglichen Erläuterungen und die Ausführungen zu § 29 Abs. 2 BtMG[51] verwiesen werden kann.

39 **b) Abgrenzung Vorbereitung – Versuch.** Diesbezüglich wird zunächst auf die Erläuterungen zu den Tathandlungen des § 29 Abs. 1 BtMG Abgeben, Ausführen, Durchführen, Einführen, Erwerbern, Handeltreiben, Herstellen, Sichverschaffen in sonstiger Weise und Veräußern verwiesen. Dies gilt auch für die entsprechenden Tathandlungen des § 19 Nr. 2–5.

40 Bei der **Beförderung** muss die geplante Ortsveränderung vor dem Hintergrund des Schutzzwecks der Norm in Richtung auf den Zielort eingeleitet worden sein. Deshalb stellt es noch keine – strafbare – Ortsveränderung dar, wenn etwa der beladene Verkehrsträger auf dem Hof eines Lieferantenunternehmens lediglich hin- und herrangiert wird.

41 Beim **Inverkehrbringen** wird unmittelbar zur Tatbestandsverwirklichung angesetzt, wenn Aktivitäten zur Lagerung, Herstellung, Erzeugung, Weiterverarbeitung, zum Handel, Vertrieb oder zur Vermittlung von Grundstoffen entfaltet werden. Hier wird also je nach Teilakt zu differenzieren sein.

42 **3. Vollendung, Beendigung. a) Tatvollendung.** Diesbezüglich wird zunächst auf die Ausführungen zu den Tathandlungen des § 29 Abs. 1 BtMG Abgeben, Ausführen, Durchführen, Einführen, Erwerben, Handeltreiben, Herstellen, Sichverschaffen in sonstiger Weise und Veräußern verwiesen.

43 Die **Beförderung** ist vollendet, wenn der Grundstoff seinen Zielort erreicht hat und dort ausgeladen (→ Rn. 27) worden ist.

44 **Inverkehrgebracht** ist der Grundstoffe, wenn die tatsächliche Verfügungsgewalt im unionsrechtlichen Sinne der Abgabe übertragen wurde.

45 **b) Tatbeendigung.** Beendet ist die Tat, wenn der Grundstoff zur Ruhe gekommen ist.

VII. Konkurrenzen

46 **1. Verstöße gegen das GÜG.** Bei gleichzeitigen Verstößen gegen mehrere Tatbestände des Abs. 1 Nr. 1 gelten die Grundsätze, die im BtM-Recht entwickelt wurden. Die Vorschriften des Abs. 1 Nr. 2–5 sind gegenüber der Nr. 1 leges speciales.

47 **2. GÜG zu AMG.** Werden durch die Tat sowohl arzneimittelrechtliche Tatbestände als auch Tatbestände des GÜG verletzt, besteht insoweit Tateinheit.[52]

48 **3. GÜG zu BtMG, Vorrang der BtM-Straftat.** Liegt der unerlaubte Umgang mit BtM nahe, ist zunächst stets zu prüfen ob nicht ein Tatbestand des BtMG verwirklicht wurde, da die Vorschriften des GÜG hinter den Strafvorschriften des BtMG insoweit zurücktreten, als der Unrechtsgehalt bereits von deren Strafvorschriften hinreichend erfasst wird.[53] **Gleichzeitige Verstöße gegen das GÜG und BtMG.** Die Strafvorschriften des BtMG erfassen den Unrechtsgehalt der Tat indessen dann nicht, wenn sich der mit Grundstoffen unerlaubt verkehrende Täter lediglich der Beihilfe zum unerlaubten Handeltreiben mit BtM schuldig gemacht hat, zugleich aber auch das unerlaubte banden- und gewerbsmäßige Handeltreiben mit Grundstoffen aber als Mittäter verwirklicht hat.[54] In derartigen Fällen besteht zwischen der BtM-Straftat und der Straftat nach GÜG Tateinheit.[55]

49 Bei gleichzeitiger Verletzung von Tatbeständen, die die **körperliche Integrität** oder das **Leben** schützen, liegt Tateinheit vor. Bei Straftaten gegen das **Eigentum,** also Unter-

---

[51] → BtMG § 29 Rn. 1624 ff.
[52] BGH 12.4.2011 – 5 StR 463/10, NStZ 2011, 583.
[53] BGH 3.8.2005 – 2 StR 360/04, BeckRS 2005, 10132.
[54] BGH 3.8.2005 – 2 StR 360/04, BeckRS 2005, 10132.
[55] BGH 3.8.2005 – 2 StR 360/04, BeckRS 2005, 10132; 12.4.2011 – 5 StR 463/10.

schlagung, Diebstahl und Raub kann ein Sichverschaffen von Grundstoffen in sonstiger Weise rechtlich zusammentreffen. Mit **Steuerdelikten** kann Tateinheit bestehen, weil Grundstoffe – anders als BtM[56] – Gegenstand des legalen Warenverkehrs sein können.[57]

VIII. Rechtsfolgen

1. Strafzumessung. a) Strafrahmenwahl. Der (Normal-)Strafrahmen reicht von   **50** Geldstrafe bis zu 5 Jahren Freiheitsstrafe, in besonders schweren Fällen (Abs. 3) von einem bis zu 15 Jahren Freiheitsstrafe (§ 38 Abs. 2 StGB). Das Gesetz nennt als besonders schwere Fälle die gewerbsmäßige (§ 19 Abs. 3 S. 2 Nr. 1) und die bandenmäßige (§ 19 Abs. 3 S. 2 Nr. 2) Tatbegehung. Zur **gewerbsmäßigen Tatbegehung** wird auf die Erläuterungen zu § 29 Abs. 3 BtMG und zu den Erläuterungen der jeweiligen Begehungsweisen, zur **bandenmäßigen Tatbegehung** auf die Erläuterungen bei § 29a BtMG und zum **unbenannten besonders schweren Fall** auf die Ausführungen zu § 29 Abs. 3 BtMG hingewiesen.

b) Strafzumessung im engeren Sinn. Die Strafzumessung richtet sich zunächst nach   **51** den allgemeinen, sodann nach den zum BtM-Recht entwickelten besonderen Grundsätzen.[58] § 19 enthält Begehungsformen mit unterschiedlichem Unrechtsgehalt, so dass hinsichtlich ihrer Schwere eine Differenzierung bezüglich der einzelnen Varianten innerhalb desselben Tatbestandes[59] geboten ist. Das **Handeltreiben** begründet unmittelbarer als konsumorientierte Begehungsweisen primär und typischerweise eine Gefährdung fremder Rechtsgüter und stellt schon von daher die gefahrintensivste Norm des unerlaubten Umgangs mit … (Grundstoffen) dar. Der Handel deckt und unterhält die Nachfrage nach (… Grundstoffen), beutet die Schwäche und Abhängigkeit anderer aus und führt zu einer unkontrollierten Verbreitung auch in den besonders gefährdeten Personenkreisen.[60] Damit ist es als die verwerflichste Form strafbaren Unrechts im Rahmen unerlaubten GÜG-Verkehrs anzusehen.[61] Dem unerlaubten Handeltreiben stehen die auf den Endverbraucher zielenden Begehungsformen der übrigen Entäußerungsdelikte wie **Abgabe, Veräußerung** und **Sonstiges Inverkehrbringen** nahezu gleich, da sie sich vom Gefährdungspotential her vom Handeltreiben nicht unterscheiden. **Einfuhr** und **Herstellen** von Grundstoffen, also die Nachschubdelikte, ermöglichen erst die Begehung von Weitergabedelikten und sind nach Maßgabe des Umstands, dass die unmittelbare Gefährdung des Rechtsguts des Zwischenaktes der Entäußerung bedarf, in ähnlicher Weise als gefährlich anzusehen. Mit der Strafbarkeit der **Ausfuhr** von Grundstoffen, die sich nicht auf das Rechtsgut der Volksgesundheit stützen kann, kommt die Bundesrepublik einer internationalen Verpflichtung nach Sinn und Zweck von Art. 71 Abs. 2 SDÜ nach. Durch die Verkehrsform der **Durchfuhr** ist das Rechtsgut der Volksgesundheit weit weniger gefährdet als zB bei der Einfuhr[62] mit der Folge dass der Unrechtsgehalt der Tatbestandsvariante sowohl unter dem der Entäußerungsdelikte wie auch unter dem der Einfuhr einzustufen ist. Die konsumorientierten Begehungsweisen des **Erwerbs, Besitzens** und des **Sichverschaffens in sonstiger Weise** treten in ihrem Unrechtsgehalt spürbar hinter die übrigen Tatbestandsvarianten zurück.

aa) Strafmilderungserwägungen. Als Strafmilderungsgrund ist die **Aufklärungshilfe**   **52** (§ 46b StGB) von besonderem Gewicht. Strafmilderung ist auch angezeigt bei **Tatprovokation.** Lieferte ein verdeckter Ermittler 80 Liter BMK und 8 kg Lithiumaluminiumhydrid

---

[56] Vgl. EuGH 5.2.1981 – C-50/80, NStZ 1981, 185 = ZfZ 1981, 109 mAnm *Chemnitz*; EuGH 26.10.1982 – C-240/81, NStZ 1983, 79 mAnm *Endriß*.

[57] HJLW/*Winkler* Rn. 3.4.

[58] Vgl. *Weber* BtMG Vor §§ 29 ff. Rn. 593 ff.

[59] BGH 22.8.2001 – 1 StR 339/01, BeckRS 2001, 30.200.596 zum Verhältnis von Anbau und Handeltreiben in § 29 BtMG.

[60] BVerfG 9.3.1994 – 2 BvL 43/92 ua, BVerfGE 90, 145 = NJW 1994, 1577.

[61] Pfeil/Hempel/Schiedermair/*Slotty* BtMG § 29 Rn. 55.

[62] *Weber* BtMG § 3 Rn. 71.

besteht die Besonderheit darin, dass das Bemühen der Ermittlungsbehörden, in die Szene einzudringen, sich nicht erst auf der Handelsstufe, das heißt beim Umgang mit bereits vorhandenen BtM, sondern schon bei Beginn seiner Herstellung, die hier zugleich der Beginn des Handeltreibens war, auswirkte. Auch wenn die durch den verdeckten Ermittler getätigte Lieferung, die in ein bereits betriebsbereites Labor erfolgte und erstmals die für eine Aufnahme der BtM-Herstellung ausreichenden Grundstoffe umfasste, für die Tatbestandserfüllung lediglich mitbegründend wurde, kann ein solcher Sachverhalt – ebenso wie die strafbegründende Einwirkung eines agent provocateur – im Rahmen der Strafzumessung zugunsten des Täters Bedeutung erlangen.[63]

53   Dagegen kann es nicht als Strafmilderungsgrund angesehen werden, dass der Grundstoff **„nicht für den deutschen Markt bestimmt"** war; denn die Bekämpfung von BtM-Delikten ist – im Interesse des über die deutschen Staatsgrenzen hinausreichenden Schutzes vor Gesundheitsbeeinträchtigungen – ein weltweites Anliegen (vgl. § 6 Nr. 5 StGB).[64]

54   **bb) Strafschärfungserwägungen.** Hier gelten ebenfalls die zum BtM-Recht entwickelten Grundsätze, also insbesondere Art, Menge und Gefährdungspotential (Kategorien) der Grundstoffe, wobei allerdings § 46 Abs. 3 StGB zu beachten ist.

55   **2. Absehen von Strafe bzw. Strafverfolgung.** Das Gericht kann in den Fällen des Abs. 1 von Strafe nach § 60 StGB absehen. Da auch eine dem § 31a BtMG vergleichbare Vorschrift fehlt, verbleiben für die Anwendung des Opportunitätsprinzips nur die §§ 153 ff. StPO.[65]

56   **3. Entziehung der Fahrerlaubnis.** Die Tatbestandsverwirklichung unter Zuhilfenahme eines Pkw rechtfertigt im Allgemeinen nicht die Entziehung der Fahrerlaubnis, da diese voraussetzt, dass der Täter für die Sicherheit des Straßenverkehrs eine Gefahr darstellt und bereit ist, die Verkehrssicherheit seinen kriminellen Zielen unterzuordnen. Hingegen hat die Maßregel nicht das Ziel der allgemeinen Verbrechensvorbeugung.[66]

§ 20 Bußgeldvorschriften

(1) Ordnungswidrig handelt, wer vorsätzlich oder fahrlässig

1. in einem Antrag nach Artikel 5 der Verordnung (EG) Nr. 1277/2005 eine unrichtige Angabe macht oder eine unrichtige Unterlage beifügt,
2. entgegen Artikel 3 Abs. 3 der Verordnung (EG) Nr. 273/2004 einen in Kategorie 1 des Anhangs I dieser Verordnung bezeichneten Grundstoff in der Gemeinschaft abgibt,
3. entgegen Artikel 3 Abs. 6 der Verordnung (EG) Nr. 273/2004 dem Bundesinstitut für Arzneimittel und Medizinprodukte die Anschrift der Geschäftsräume, in denen ein in Kategorie 2 des Anhangs I dieser Verordnung bezeichneter Grundstoff hergestellt oder von denen aus mit ihm Handel betrieben wird, vor dem Inverkehrbringen nicht, nicht richtig, nicht vollständig oder nicht rechtzeitig anzeigt oder deren Änderung nicht, nicht richtig, nicht vollständig oder nicht rechtzeitig mitteilt,
4. entgegen Artikel 7 Abs. 1 der Verordnung (EG) Nr. 111/2005 dem Bundesinstitut für Arzneimittel und Medizinprodukte die Anschrift der Geschäftsräume, von denen ein in Kategorie 2 des Anhangs der Verordnung (EG) Nr. 111/2005 bezeichneter Grundstoff eingeführt, ausgeführt oder ein Vermittlungsgeschäft mit ihm betrieben wird, nicht, nicht richtig, nicht vollständig oder nicht rechtzeitig anzeigt oder deren Änderung nicht, nicht richtig, nicht vollständig oder nicht rechtzeitig mitteilt,

---

[63] BGH 21.7.1993 – 2 StR 331/93, NStZ 1993, 584.
[64] BGH 6.9.1995 – 2 StR 378/95, NStZ-RR 1996, 116.
[65] *Körner* (VI) § 29 Rn. 2270.
[66] BGH 27.4.2005 – GSSt 2/04, BGHSt 50, 93 = NJW 2005, 1957.

5. entgegen Artikel 7 Abs. 1 der Verordnung (EG) Nr. 111/2005, auch in Verbindung mit Artikel 14 Abs. 1 Unterabs. 2 oder Abs. 2 Unterabs. 2 und Anhang II der Verordnung (EG) Nr. 1277/2005, dem Bundesinstitut für Arzneimittel und Medizinprodukte die Anschrift der Geschäftsräume, von denen ein in Kategorie 3 des Anhangs der Verordnung (EG) Nr. 111/2005 bezeichneter Grundstoff ausgeführt wird, nicht, nicht richtig, nicht vollständig oder nicht rechtzeitig anzeigt oder deren Änderung nicht, nicht richtig, nicht vollständig oder nicht rechtzeitig mitteilt,

6. entgegen Artikel 5 Abs. 1 und 2 der Verordnung (EG) Nr. 273/2004 einen Vorgang, der zum Inverkehrbringen eines in Kategorie 1 oder 2 des Anhangs I dieser Verordnung bezeichneten Grundstoffs führt, nicht ordnungsgemäß in Handelspapieren wie Rechnungen, Ladungsverzeichnissen, Verwaltungsunterlagen oder Fracht- und sonstigen Versandpapieren dokumentiert oder entgegen Artikel 5 Abs. 3 dieser Verordnung eine Erklärung des Kunden nicht beifügt,

7. entgegen Artikel 3 der Verordnung (EG) Nr. 111/2005 Einfuhren oder Ausfuhren von Grundstoffen oder Vermittlungsgeschäfte mit Grundstoffen nicht ordnungsgemäß in Zoll- und Handelspapieren wie summarischen Erklärungen, Zollanmeldungen, Rechnungen, Ladungsverzeichnissen oder Fracht- und sonstigen Versandpapieren dokumentiert,

8. entgegen Artikel 5 Abs. 5, auch in Verbindung mit Abs. 6 der Verordnung (EG) Nr. 273/2004, die in Artikel 5 Abs. 2 und 3 dieser Verordnung bezeichneten Handelspapiere nicht oder nicht mindestens drei Jahre nach Ende des Kalenderjahres, in dem der in Artikel 5 Abs. 1 dieser Verordnung bezeichnete Vorgang stattgefunden hat, aufbewahrt,

9. entgegen Artikel 4 der Verordnung (EG) Nr. 111/2005 die in Artikel 3 dieser Verordnung bezeichneten Zoll- und Handelspapiere nicht oder nicht mindestens drei Jahre nach Ende des Kalenderjahres, in dem der in Artikel 3 dieser Verordnung bezeichnete Vorgang stattgefunden hat, aufbewahrt,

10. entgegen Artikel 7 der Verordnung (EG) Nr. 273/2004 einen in Kategorie 1 oder 2 des Anhangs I dieser Verordnung bezeichneten Grundstoff, einschließlich Mischungen und Naturprodukte, die derartige Grundstoffe enthalten, vor deren Abgabe in der Gemeinschaft nicht oder nicht in der vorgeschriebenen Form kennzeichnet,

11. entgegen Artikel 5 der Verordnung (EG) Nr. 111/2005 einen Grundstoff, einschließlich Mischungen und Naturprodukte, die Grundstoffe enthalten, vor der Einfuhr oder Ausfuhr nicht oder nicht in der vorgeschriebenen Form kennzeichnet,

12. entgegen Artikel 17 Unterabs. 1 in Verbindung mit Artikel 19 Unterabs. 1 der Verordnung (EG) Nr. 1277/2005 dem Bundesinstitut für Arzneimittel und Medizinprodukte eine Meldung über die Mengen von in Kategorie 1 oder 2 des Anhangs I der Verordnung (EG) Nr. 273/2004 bezeichneten Grundstoffen, die von ihm im zurückliegenden Kalenderjahr innerhalb der Gemeinschaft geliefert wurden, nicht, nicht richtig, nicht vollständig oder nicht rechtzeitig erstattet,

13. entgegen Artikel 18 in Verbindung mit Artikel 19 Unterabs. 1 der Verordnung (EG) Nr. 1277/2005 dem Bundesinstitut für Arzneimittel und Medizinprodukte eine Meldung über Ausfuhren, Einfuhren oder Vermittlungsgeschäfte, die von ihm im zurückliegenden Kalenderjahr getätigt wurden, nicht, nicht richtig, nicht vollständig oder nicht rechtzeitig erstattet,

14. entgegen Artikel 13 Abs. 1 der Verordnung (EG) Nr. 111/2005 in einem Antrag auf Ausfuhrgenehmigung eine Angabe nicht, nicht richtig oder nicht vollständig macht,

15. einer vollziehbaren Auflage zur Ausfuhrgenehmigung nach Artikel 14 Abs. 1 Unterabs. 1 Satz 1 der Verordnung (EG) Nr. 111/2005 zuwiderhandelt, indem er am Ort der Verbringung aus dem Zollgebiet der Gemeinschaft eine Angabe über den Beförderungsweg oder das Transportmittel nicht, nicht richtig oder nicht vollständig macht,

16. entgegen Artikel 21 Abs. 1 der Verordnung (EG) Nr. 111/2005 in einem Antrag auf Einfuhrgenehmigung eine Angabe nicht, nicht richtig oder nicht vollständig macht oder

17. entgegen § 18 Abs. 1 einer Duldungs- oder Mitwirkungspflicht nicht nachkommt.

(2) Die Ordnungswidrigkeit kann mit einer Geldbuße bis zu fünfundzwanzigtausend Euro geahndet werden.

(3) Verwaltungsbehörde im Sinne des § 36 Abs. 1 Nr. 1 des Gesetzes über Ordnungswidrigkeiten ist das Bundesinstitut für Arzneimittel und Medizinprodukte.

(4) Soweit auf die Verordnung (EG) Nr. 273/2004, die Verordnung (EG) Nr. 111/2005 oder die Verordnung (EG) Nr. 1277/2005 Bezug genommen wird, ist jeweils die am 18. August 2005 geltende Fassung maßgeblich.

Übersicht

I. Überblick

1   **1. Normzweck. a) Rechtsgut.** Während sich die Straftatbestände der § 19 gegen den illegalen Verkehr mit Grundstoffen richten, erfasst § 20 den **legalen Grundstoffverkehr,** dessen **Überwachung** er dadurch dient, dass er bereits Verstöße gegen Verfahrensvorschriften sanktioniert, deren Einhaltung für das erfolgreiche Aufspüren verdächtiger Lieferungen von Grundstoffen maßgebliche Bedeutung hat. Daneben sind Verstöße gegen die Verfahrensvorschriften zugleich wettbewerbsschädlich und können die Abwicklung des regulären Warenverkehrs mit Grundstoffen empfindlich stören.[1]

2   **b) Deliktsnatur.** Die in § 20 aufgeführten Verstöße enthalten anders als die Grundstoffverkehrsstraftaten kein ethisch vorwerfbares Unrecht, stellen vielmehr sog Verwaltungsunrecht dar, weshalb sie als **Ordnungswidrigkeiten** ausgestaltet wurden.

3   **2. Verfassungsmäßigkeit.** Gegen die Verfassungsmäßigkeit der Vorschrift bzw. von Teilen hiervon bestehen keine Bedenken. Die Verordnungen (EG) Nr. 273/2004 und (EG) Nr. 111/2005 stellen unmittelbar geltendes Unionsrecht dar. Die in der Vorauflage geäußerten Bedenken bestehen darüber hinaus derzeit schon deshalb nicht, weil Abs. 4 auf den Rechtszustand vom 18.8.2005 Bezug nimmt, der sich hinsichtlich der Stoffe und ihrer Kategorisierung bis zum 1.1.2011 nicht geändert hat.

---

[1] Erbs/Kohlhaas/*Anders* Rn. 1.

II. Erläuterung

1. Norminhalt. Die 17 Bußgeldvorschriften, die teilweise mehrere Begehungsformen **4** enthalten, betreffen Verstöße ua im Zusammenhang mit Mitteilungen, Anzeigen, der Dokumentations- und Aufbewahrungspflicht oder Verstöße bei der Abgabe bzw. dem Inverkehrbringen von Grundstoffen. Zur Vermeidung von Verstößen sollten sich die Wirtschaftsbeteiligten der Hilfestellung durch das BfArM (http://www.bfarm.de)[2] bedienen.

2. Pflichten und Verstöße. a) Abgeben von Grundstoffen. Erfasste Stoffe der Kate- **5** gorie 1 des Anhangs I der Verordnung (EG) Nr. 273/2004 dürfen nach Art. 3 Abs. 3 der Verordnung nur an natürliche oder juristische Personen ab, die Inhaber einer solchen Erlaubnis sind und eine Kundenerklärung nach Artikel 4 Absatz 1 unterzeichnet haben, abgegeben werden (Abs. 1 Nr. 2).

Durch das BfArM wurde der **Bundeswehr** sowie **Polizei- und Zollbehörden** als **6** „bestimmter Kategorie von Wirtschaftsbeteiligten" iS des Art. 2 Buchst. f der Verordnung eine Sondererlaubnis gemäß Art. 3 Abs. 2 S. 2 der Verordnung von Grundstoffen der Kategorie 1 erteilt,[3] die deshalb an diese Institutionen abgegeben werden dürfen.

b) Angaben. Wer gegenüber der Erlaubnis- oder Genehmigungsbehörde als **Antrag-** **7** **steller** auftritt, den trifft die Pflicht, Sachangaben zu machen. Angaben sind Schilderungen von Tatsachen,[4] also Mitteilungen über konkrete Geschehnisse oder Zustände in Gegenwart oder Vergangenheit.[5] Schlussfolgerungen oder Werturteile unterfallen hingegen dem Angabenbegriff nicht.[6] Ob ein **Dritter,** der nicht Antragsteller ist, den Tatbestand erfüllen kann,[7] erscheint zweifelhaft.

aa) (Gänzliches) Fehlen von Angaben. Im Zusammenhang mit der Ausfuhrgenehmi- **8** gung verlangen Art. 13 Abs. 1 und Art. 14 Abs. 1 UAbs. 1 S. 1 der Verordnung (EG) Nr. 111/2005 bestimmte Angaben. Der Wirtschaftsbeteiligte handelt ordnungswidrig, wenn sie unterlässt (Abs. 1 Nr. 14, Nr. 15).[8]

bb) Unvollständige Angaben. Eine Angabe ist unvollständig, wenn sie zwar wahrheits- **9** gemäß ist, aber wesentliche Umstände oder Mängel verschweigt.[9] Die Verpflichtung (→ Rn. 7) erstreckt sich auch darauf, dass Angaben vollständig gemacht werden. Dies gilt in Bezug auf die
– Ausfuhrgenehmigung gem. Art. 13 Abs. 1 und Art. 14 Abs. 1 UAbs. 1 S. 1 der Verordnung (EG) Nr. 111/2005 (Abs. 1 Nr. 14, Nr. 15),
– Einfuhrgenehmigung gem. Art. 21 Abs. 1 der Verordnung (EG) Nr. 111/2005 (Abs. 1 Nr. 16).

cc) Unrichtige Angaben. Die Angaben müssen **objektiv unrichtig** sein.[10] Irrefüh- **10** rende Angaben fallen darunter, wenn sie zu einem objektiv unrichtigen Schluss auf Seiten der Erlaubnisbehörde führen können.[11] Neben den Angaben für die in → Rn. 8 und 9 genannten Geschäftsvorfälle trifft dies vor allem für das Antragsverfahren auf Erteilung einer **Erlaubnis zur Teilnahme am Grundstoffverkehr** gem. Art. 3 Abs. 2 Verordnung (EG) Nr. 273/2004 bzw. Art. 6 Abs. 1 Verordnung (EG) Nr. 111/2005 zu, in dem der Antragsteller die in Art. 5 Abs. 1 Verordnung (EG) Nr. 1277/2005 genannten Angaben zu machen haben (Abs. 1 Nr. 1).

---

[2] Zuletzt abgerufen 18.5.2017.
[3] Bekanntmachung vom 16.1.2006, BAnz. Nr. 20 vom 28.1.2006, S. 591.
[4] *Joachimski/Haumer* Rn. 199; *Weber* BtMG § 29 Rn. 1419.
[5] OLG Koblenz 13.11.1975 – 1 Ss 199/75, NJW 1976, 63 zum Tatsachenbegriff des § 263 StGB.
[6] *Fischer* StGB § 263 Rn. 9; *Weber* BtMG § 29 Rn. 1419.
[7] So *Körner* (VI) § 32 Rn. 8.
[8] KPV/*Volkmer* Rn. 54 f., 60.
[9] KPV/*Volkmer* Rn. 60 f.
[10] *Joachimski/Haumer* BtMG § 32 Rn. 3; *Weber* BtMG § 32 Rn. 5.
[11] IErg *Weber* BtMG § 32 Rn. 5.

11   **c) Anzeigen der Geschäftsräume.** Bei bestimmten Umgangsformen, wenn sie bestimmte Grundstoffe betreffen, muss dem BfArM die **Anschrift** der Geschäftsräume, in denen mit den Grundstoffen gearbeitet wird, angezeigt werden. Die davon betroffenen **Grundstoffe** sind die der Kategorie 2 Verordnung (EG) Nr. 273/2004, wenn sie hergestellt werden oder mit ihnen Handel getrieben wird (Abs. 1 Nr. 3)[12] sowie der Kategorien 2 und 3 Verordnung (EG) Nr. 111/2005, wenn sie ein- oder ausgeführt werden bzw. Gegenstand eines Vermittlungsgeschäfts sind (Abs. 1 Nr. 4, 5).[13]

12   **aa) Unrichtige/unvollständige Anzeige.** Zur Vollständigkeit und Richtigkeit → Rn. 9, 10.

13   **bb) Nicht rechtzeitige Anzeige.** Beim Umgang mit Grundstoffen der Kategorie 2 Verordnung (EG) Nr. 273/2004 ist die Anzeige nur dann rechtzeitig, wenn sie **vor dem Inverkehrbringen** erfolgt (Art. 6 Abs. 3 Verordnung). Die in Art. 7 Abs. 1 der Verordnung (EG) Nr. 111/2005 geforderte Registrierung hat der Wirtschaftsbeteiligte **unverzüglich** (vgl. § 121 Abs. 1 BGB) vorzunehmen.

14   **d) Dokumentieren.** Geschäftsvorgänge, die zum Inverkehrbringen von Grundstoffen führen sind nach Art. 5 Abs. 1 und 2 Verordnung (EG) Nr. 273/2004, Ein- und Ausfuhren sowie Vermittlungsgeschäfte nach Art. 3 er Verordnung (EG) Nr. 111/2005 in Zoll- und Handelspapieren wie summarischen Erklärungen, Zollanmeldungen, Rechnungen, Ladungsverzeichnissen oder Fracht- und sonstigen Versandpapieren ordnungsgemäß zu dokumentieren (Abs. 1 Nr. 6, 7).

15   **e) Dulden/Mitwirken.** § 18 Abs. 1 normiert die Duldungs- und Mitwirkungspflichten der Wirtschaftsbeteiligten; ein Verstoß gegen diese Pflichten ist in Abs. 1 Nr. 17 mit Bußgeld bewehrt.

16   **f) Handelspapiere aufbewahren.** Nach Art. 5 Abs. 5, auch in Verbindung mit Abs. 6 Verordnung (EG) Nr. 273/2004 und Art. 4 Verordnung (EG) Nr. 111/2005 haben die Wirtschaftsbeteiligten bestimmte Handelspapiere über bestimmte Zeiträume aufzubewahren (Abs. 1 Nr. 8, 9).

17   **g) Kennzeichnen.** Vor der Abgabe innerhalb der Gemeinschaft sind Grundstoffe der Kategorie 1 oder 2, einschließlich Mischungen und Naturprodukte, die derartige Grundstoffe enthalten, nach Art. 7 der Verordnung (EG) Nr. 273/2004, vor der Ein- oder Ausfuhr sind sämtliche Grundstoffe nach Art. 5 Verordnung (EG) Nr. 111/2005 in vorgeschriebener Form zu kennzeichnen (Abs. 1 Nr. 10, 11).

18   **h) Kundenerklärung beifügen.** Geschäftsvorgängen, die zum Inverkehrbringen von Grundstoffen führen sind nach Art. 5 Abs. 3 Verordnung (EG) Nr. 273/2004 die Kundenerklärungen beizufügen (Abs. 1 Nr. 6).

19   **i) Meldungen erstatten.** Aus Art. 17 UAbs. 1, 19 UAbs. 1 Verordnung (EG) Nr. 1277/2005 ergibt sich die Verpflichtung, dem BfArM Meldung über die innerhalb der Gemeinschaft gelieferten Mengen von Grundstoffen der Kategorie 1 oder 2 Verordnung (EG) Nr. 273/2004 zu erstatten (Abs. 1 Nr. 12). Die gleiche Verpflichtung besteht nach Art. 18, 19 UAbs. 1 Verordnung (EG) Nr. 1277/2005 bezüglich der Aus- oder Einfuhren sowie der Vermittlungsgeschäfte (Abs. 1 Nr. 13). Ablauf der Meldefrist ist der 14. Februar des Folgejahres. Zur Vollständigkeit und Richtigkeit → Rn. 9, 19.

20   **j) Mitteilen von Änderungen.** Die Pflicht zur Anzeige der Anschrift der Geschäftsräume (→ Rn. 11 ff.) erstreckt sich auch darauf, dem BfArM Mitteilung zu machen, wenn sich die Anschrift geändert hat (Abs. 1 Nr. 3, 4, 5).

---

[12] KPV/*Volkmer* Rn. 14.
[13] KPV/*Volkmer* Rn. 19.

k) Unterlagen beifügen. Wer gegenüber der Erlaubnis- oder Genehmigungsbehörde 21 als Antragsteller auftritt, den trifft die Pflicht, seinem Antrag die erforderlichen Unterlagen beizufügen. Die Unterlagen müssen **objektiv unrichtig** sein.[14] Irreführende Unterlagen fallen darunter, wenn sie zu einem objektiv unrichtigen Schluss auf Seiten der Erlaubnisbehörde führen können.[15]

3. Subjektiver Tatbestand. Auf der inneren Tatseite setzt die Strafbarkeit entweder 22 **Vorsatz oder Fahrlässigkeit** (Abs. 4) voraus. Zu den einzelnen Voraussetzungen → § 19 Rn. 44 ff.

4. Ordnungswidrigkeitenrecht. Das Verfahren, teilweise aber auch die Anwendung 23 des materiellen Rechts, richtet sich nach dem Gesetz über Ordnungswidrigkeiten (OWiG) vom 19.2.1987.[16]

a) Versuch. Der Versuch einer Ordnungswidrigkeit ist nicht verfolgbar. 24

b) Konkurrenzen, Ordnungswidrigkeiten. Die einzelnen Ordnungswidrigkeiten des 25 § 20 können zueinander in Tateinheit (§ 19 OWiG) oder Tatmehrheit (§ 20 OWiG) stehen. Bei Zusammentreffen von Ordnungswidrigkeit und Straftat, tritt die Ordnungswidrigkeit zurück (§ 21 OWiG).

c) Verjährung. Vorsätzlich begangene Ordnungswidrigkeit **verjähren** in drei Jahren, 26 fahrlässig begangene in zwei Jahren (§ 31 Abs. 2 OWiG).

d) Bußgeldbehörde. Die für die die Ahndung zuständige Behörde (§ 36 Abs. 1 Nr. 1 27 OWiG) ist das **Bundesinstitut für Arzneimittel und Medizinprodukte** in Bonn.

§ 21 Einziehung

[1]**Gegenstände, auf die sich eine Straftat nach § 19 oder eine Ordnungswidrigkeit nach § 20 bezieht, können eingezogen werden.** [2]**§ 74a des Strafgesetzbuchs und § 23 des Gesetzes über Ordnungswidrigkeiten sind anzuwenden.**

Die Vorschrift ist mit § 33 Abs. 2 BtMG inhaltsgleich, weshalb auf die dortigen Erläute- 1 rungen, insb. nun → § 33 Rn. 6–7, verwiesen werden kann.

Abschnitt. 6. Schlussbestimmungen

§ 22 Bundeswehr

(1) Dieses Gesetz sowie die Verordnung (EG) Nr. 273/2004, die Verordnung (EG) Nr. 111/2005 und die Verordnung (EG) Nr. 1277/2005 sind auf die Bundeswehr entsprechend anzuwenden.

(2) Im Bereich der Bundeswehr obliegt die Überwachung des Verkehrs mit Grundstoffen den zuständigen Stellen und Sachverständigen der Bundeswehr.

(3) Das Bundesministerium der Verteidigung kann für seinen Geschäftsbereich im Einvernehmen mit dem Bundesministerium für Gesundheit in Einzelfällen Ausnahmen von diesem Gesetz sowie von der Verordnung (EG) Nr. 273/2004, der Verordnung (EG) Nr. 111/2005 und der Verordnung (EG) Nr. 1277/2005 zulassen, soweit zwingende Gründe der Verteidigung dies erfordern und die internationalen Suchtstoffübereinkommen dem nicht entgegenstehen.

---

[14] *Joachimski/Haumer* BtMG § 32 Rn. 3; *Weber* BtMG § 32 Rn. 5.
[15] IErg *Weber* BtMG § 32 Rn. 5.
[16] BGBl. I S. 602 (FNA 454-1).

Anhang. Fundstellen wichtiger Verordnungen und Richtlinien

1. Verordnung (EG) Nr. 273/2004 betreffend Drogenausgangsstoffe vom 11.2.2004, ABl. EU L 47, 1
2. Verordnung (EG) Nr. 111/2005 zur Festlegung von Vorschriften für die Überwachung des Handels mit Drogenausgangstoffen zwischen der Gemeinschaft und Drittländern vom 22.12.2004, ABl. EU 2005 L 22, 1
3. Verordnung (EG) Nr. 1277/2005 mit Durchführungsvorschriften zu der Verordnung (EG) Nr. 273/2004 des Europäischen Parlaments und des Rates betreffend Drogenausgangsstoffe und zur Verordnung (EG) Nr. 111/2005 des Rates zur Festlegung von Vorschriften für die Überwachung des Handels mit Drogenausgangsstoffen zwischen der Gemeinschaft und Drittländern vom 27.7.2005, ABl. EU L 202, 7
4. Verordnung (EU) Nr. 1258/2013 zur Änderung der Verordnung (EG) Nr. 273/2004 betreffend Drogenausgangsstoffe vom 20.11.2013, ABl. L 330, 21
5. Verordnung (EU) Nr. 1259/2013 zur Änderung der Verordnung (EG) Nr. 111/2005 des Rates zur Festlegung von Vorschriften für die Überwachung des Handels mit Drogenausgangsstoffen zwischen der Gemeinschaft und Drittländern vom 20.11.2013, ABl. L 330, 30
6. Verordnung (EU) 2015/1011 zur Ergänzung der Verordnung (EG) Nr. 273/2004 des Europäischen Parlaments und des Rates und der Verordnung (EG) Nr. 111/200 des Rates zur Festlegung von Vorschriften für die Überwachung de Handels mit Drogenausgangsstoffen zwischen der Gemeinschaft und Drittländern sowie zur Aufhebung der Verordnung (EG) Nr. 1277/2005 der Kommission vom 24.4.2015, ABl. L 162, 12, ber. ABl. 2015, L 185, 31
7. Verordnung (EU) 2016/1443 zur Änderung der Verordnung (EG) Nr. 273/2004 des Europäischen Parlaments und des Rates und der Verordnung (EG) Nr. 111/2005 des Rates betreffend die Aufnahme bestimmter Drogenausgangsstoffe in die Liste der erfassten Stoffe vom 29.6.2016, ABl. L 235, 6

VI. Neue-psychoaktive-Stoffe-Gesetz (NpSG)

vom 21.11.2016, BGBl. I S. 2615
Zuletzt geändert durch Gesetz vom 13.4.2017, BGBl. I S. 8721
FNA 2121-12

Vorbemerkung zu § 1

Schrifttum: *Auwärter/Dresen/Weinmann/Ferreirós*, ‚Spice' and other herbal blends: harmless incense or cannabinoid designer drugs?, J Mass Spectrom, 2009 May; 44(5):832-7. 2008; *Auwärter/Kneisel/Hutter/Thierauf*, Synthetische Cannabinoide. Forensische Relevanz und Interpretation analytischer Befunde, Rechtsmedizin 2012, 259 ff.; *Berger/Schäffler*, Neue Drogen – Eine Betrachtung der aktuellen Substanzlandschaft, neuer Vermarktungsformen und Aufgaben für Drogenprävention und Soziale Arbeit, Akzeptanzorientierte Drogenarbeit 2014, S. 112; *Duttge/Waschkewitz*, „Legal Highs" – Herausforderung für eine Kriminalpolitik von rechtsstaatlichem Maße, in: FS-Rössner, 2015, S. 737; *Egger/Werse*, Neue psychoaktive Substanzen als Kollateralschaden der Prohibition, ADS 2015, 104; *Ewald/Volkmer* Neue psychoaktive Substanzen sind keine Funktionsarzneimittel, NStZ 2014, 461; *Fährmann/Harrach/Kohl/Ott/Schega/Schmolke/Werse*, Wie mit NpS zukünftig umgehen? Kritik an dem Referentenentwurf zum Neue-psychoaktive-Stoffe-Gesetz (NpSG), ADS 2016, 18; *Meinecke/v. Harten,* Neue psychoaktive Substanzen und Arzneimittelstrafrecht – Hilfsstrafbarkeit oder konsequente Rechtsanwendung? StraFo 2014, 9; *Löhner*, Synthetische Cannabinoide – Cannabisersatzstoffe mit hohem Risikopotenzial, ADS 2016, 161; *Nobis,* „Legal-High"-Produkte – wirklich illegal? Oder: Wie ein Aufsatz sich verselbstständigt!, NStZ 2012, 422; *Oğlakcıoğlu,* Über die Bestrafung des Umgangs mit neuen (vielleicht – sicherlich – hoffentlich?) gefährlichen, psychoaktiven Substanzen, NK 2016, 19; *Ort et al.,* Challenges of surveying wastewater drug loads of small populations and generalizable aspects onoptimizing monitoring design, Addiction 109 (3), 472 ff.; *Rössner*, FS Streng, im Erscheinen 2017, 541; *Patzak/Volkmer*, „Legal-High"-Produkte – wirklich legal? Kräutermischungen, Badezusätze und Lufterfrischer aus betäubungs- und arzneimittelrechtlicher Sicht, NStZ 2011, 498; *Rössner/Voit*, Gutachten zur Machbarkeit der Einführung einer Stoffgruppenregelung im Betäubungsmittelgesetz, 2011, abrufbar unter http://www.drogenbeauftragte.de/fileadmin/dateien-dba/DrogenundSucht/Illegale_Drogen/Heroin_andere/downloads/Endfassung_Gutachten_zur_Machbarkeit_der_Einfuehrung_einer_generischen_Klausel_im_BtMG.pdf (Stand: 18.4.2017); *Schäper/Thiemt/Wende*, 2011, Assessment of supposedly legal designer drugs and „legal highs" according to the Medicinal Products Act (AMG), Act. Toxichem Krimtech, 78, 176; *Seely/Lapoint/Moran/Fattore*, Spice drugs are more than harmless herbal blends: a review of the pharmacology and toxicology of synthetic cannabinoids. 2012, Prog Neuropsychopharmacol Biol Psychiatry, 39 (2): 234 – 43; *Tzanetakis/v. Laufenberg*, Harm Reduction durch anonyme Drogenmärkte und Diskussionsforen im Internet?, ADS 2016, 189; *Van Hout/Bingham*, Surfing the Silk Road': a study of users' experiences, Journal of Drug Policy, 2013, 24 (6): 524; *Werse/Müller*, Abschlussbericht – Spice, Smoke, Sence & Co. – Cannabinoidhaltige Räuchermischungen; *Werse/Müller*, Pilotstudie 2009: Spice, Smoke, Sence & Co. – Cannabinoidhaltige Räuchermischungen: Konsum und Konsummotivation vor dem Hintergrund sich wandelnder Gesetzgebung; ders., Zur Verbreitung von neuen psychoaktiven Substanzen, ASD 2014, S. 22; ders./*Morgenstern*, Abschlussbericht – Online-Befragung zum Thema „Legal Highs"; ders./*Morgenstern*, Abschlussbericht Online Befragung zum Thema „legal highs"; ders./*Morgenstern/Sarvari*, Jahresbericht MoSyD; *Weidig*, Zur Strafbarkeit von „Legal Highs", Blutalkohol 2013, 57.

Übersicht

A. Phänomenologie

I. Designerdrogen 2.0

1   Bei Designerdrogen, denen das NpSG den Kampf angesagt hat, handelt es sich um kein neues Phänomen der Drogenkriminalität (→ BtMG Vor § 1 Rn. 4 und → BtMG § 1 Rn. 30). Selbst die erst durch die neuere „legal-high"-Welle bekannt gewordene molekulare Verbindung JWH-018[1] – besser bekannt als **„Spice"** – geht auf Forschungen des Amerikaners *John W. Huffmann* aus dem Jahre 1984 zurück.[2] Die Pioniere der Designerdrogen, das russische Ehepaar *Ann* und *Alexander Shulgin* stellten bereits in den 60er Jahren das Synthetisieren zahlreicher Phenylethylamin-Verbindungen enzyklopädisch dar.[3] In den 80er Jahren handelte es sich bei Designer-Drogen im Regelfall nur um „Szene-Drogen". Das ist heute anders, da den Produzenten nunmehr das Medium **„Internet"** bzw. das „Darknet" für den Vertrieb ihrer Ware zur Verfügung steht.[4] Im **digitalen Drogenumschlagplatz** können die meist im asiatischen Raum hergestellten[5] Substanzen (mit poppiger Aufmachung[6]) zum Verkauf angeboten werden. In Foren können sich Konsumenten über die Wirkweisen, die Dosierung und auch über die rechtliche Situation austauschen.[7]

2   Die Drogen werden oft verharmlosend als Kräutermischungen, Badesalze, Lufterfrischer oder Pflanzendünger deklariert, verpackt und verkauft. Eine Angabe zu den darin enthaltenen psychotropen Wirkstoffen fehlt meist. Zudem wird von den Verkäufern der Eindruck vermittelt, die Produkte seien gesundheitlich unbedenklich.[8] Das Produkt soll sich möglichst gut verkaufen, sodass es auch weniger die Gesundheit des Konsumenten,[9] sondern der perfekte, „mimetische Rausch" im Mittelpunkt steht. Insofern überrascht auch der Trend zu immer **potenteren Wirkstoffen** nicht.[10] Die legal highs der neueren Generation entstammen gleich mehreren – in ihren Wirkweisen kaum vergleichbaren – Stoffklassen.[11] Grob lässt sich zwischen den **synthetischen Cannabinoiden**[12] (die allenfalls partiell in

---

[1] Die Kürzel gehen oftmals auf die Entdecker der synthetischen Substanzen zurück, so etwa auch das Cannabinoid AM-2201, welches nach dem an der Universität Boston tätigen Professor Alexandros Makriyannis benannt ist.

[2] Das berüchtigte „Spice" als prominentestes Beispiel der legal highs neuerer Generation und deren Wirkstoffe CP47, 497 und das Aminoalkylindol JWH-018 wurden 2008 mit der 24. BtMÄndV dauerhaft dem BtMG unterstellt. Zum Phänomen „Spice" statt vieler *Werse/Müller* Pilotstudie 2009.

[3] In seinen Büchern PiHKAL: A Chemical Love Story (1992) und TiHKAL: The Continuation (1997) fasst *Shulgin* die Ergebnisse seiner Forschung zusammen.

[4] Europäischer Drogenbericht 2015, S. 14; Bundeslagebild Rauschgift 2014, S. 20; *Tzanetakis/v. Laufenberg,* ADS 2016, 189. Aufsehen erregt hat v.a. die inzwischen gesperrte Plattform „silk road" als internationales Verbrecher- und Syndikatforum, vgl. hierzu Van *Hout/Bingham,* Journal of Drug Policy, 2013, 24 (6): 524. Eine Art Erfahrungsbericht liefert *Bartlett,* The Dark Net, S. 156 ff. http://www.andrew.cmu.edu/user/nicolasc/publications/TR-CMU-CyLab-12-018.pdf. (zuletzt abgerufen 18.4.2017).

[5] *Berger/Schäffler,* Akzeptanzorientierte Drogenarbeit 2014, S. 112 (113).

[6] Zu den weiteren Marktvorteilen beim Vertrieb von NpS *Rössner* FS Streng, 2016, 541 (543 f.).

[7] *Meinecke/v. Harten* StraFo 2014, 9; *Oğlakcıoğlu* NK 2016, 19 (25); freilich ist hierbei auch der positive Effekt von Foren zu sehen, die es den Konsumenten ermöglichen, sich zumindest digital im Hinblick auf die probierten Substanzen beraten zu lassen, *Werse/Morgenstern,* Abschlussbericht – Online-Befragung zum Thema „Legal Highs". Vgl. zur „harm reduction" durch die Anonymität des Drogenmarkts auch *Tzanetakis/v. Laufenberg* ADS 2016, 189.

[8] Vgl. auch BT-Drs. 18/8579, 15 f.

[9] Zutr. *Egger/Werse* ADS 2015, 104 (105), die hierin den großen Unterschied zu den traditionellen Drogen sehen, die ursprünglich zu medizinischen Zwecken hergestellt wurden (Kokain, Heroin und Amphetamin). Hingegen war der „Erfinder" der Cannabimimetika Huffmann bei seinen Untersuchungen zu synthetischen Cannabinoiden auf der Suche nach deren therapeutischen Nutzen, *Berger/Schäffler,* Akzeptanzorientierte Drogenarbeit 2014, S. 112 (114). Zu den gesundheitlichen Gefahren durch NpS-Konsum zusf. *Rössner* FS Streng, 2016, 541 (544).

[10] Vgl. *Auwärter/Kneisel/Hutter/Thierauf* Rechtsmedizin 2012 (22), 259.

[11] BT-Drs. 18/8579, 15.

[12] Hierzu *Auwärter/Kneisel/Hutter/Thierauf* Rechtsmedizin 2012 (22), 259; zum Risikopotential der Cannabisersatzstoffe auf Basis der Erkenntnisse des Drogen-Info-Projekts „drug scouts" *Löhner* ADS 2016, 161.

ihren Wirkweisen Cannabis gleichen[13]), den synthetischen **Opioiden** und den „**research chemicals**" (als NpS in Reinform, die das gesamte Spektrum an Wirkweisen, sedierend – stimulierend – halluzinogen erfassen) unterscheiden. Innerhalb der letzteren Stoffkategorie sind v.a. die Tryptamin- und Phenylethylaminderivate (**Cathinone**[14] und **Piperazine**[15]) von besonderer Bedeutung.[16]

Allen NpS ist gemeinsam, dass ihre chemische Zusammensetzung ohne Aufwand 3 „umgestellt" bzw. erweitert werden kann. Die Resynthetisierung eines neuen Stoffs gestaltet sich also nicht als besonders aufwendig. Leichte Veränderungen in der Kernstruktur (bzw. im Ringsystem) oder in den Seitenketten bzw. -brücken können zu einer neuen chemischen Verbindung führen, die zwar in ihrer Wirkung vergleichbar, aber (noch) nicht in den Anlagen des BtMG aufgeführt ist.[17] Allein im Jahr 2015 wurden laut Jahresbericht des Internationalen Suchtstoffkontrollrats hatten die Mitgliedsstaaten 602 neuartiger Stoffe gemeldet.[18] Dies führt zu einem **Katz-und-Maus-Spiel**[19] zwischen Verordnungsgeber/Strafverfolgung und den Produzenten jener neuen chemischen Verbindungen. In der Zwischenzeit unterfällt der Handel mit den neu synthetisierten Stoffen nicht dem Erlaubnisvorbehalt des § 3 BtMG (und ist damit auch nicht strafbar nach § 29 Abs. 1 Nr. 1 BtMG). Der Verkauf lässt sich allenfalls **gefahrenabwehrrechtlich** unterbinden.[20]

Es handelt sich um ein **länderübergreifendes** Problem der Drogenkriminalität, was 4 im Hinblick darauf, dass die Betäubungsmittelgesetzgebung auf supranationalen Abkommen basiert und zahlreiche Staaten auf das Listensystem zurückgreifen, nicht überrascht. Auch der Begriff, der sich für derartige Designerdrogen etabliert hat und der dem Regelwerk auch seinen Namen gibt – die psychoaktive Substanz bzw. der psychoaktive Stoff – hat internationalen Hintergrund: Er wird in dem Beschluss des Europäischen Rates betreffend den Informationsaustausch, die Risikobewertung und die Kontrolle bei neuen *psychoaktiven Substanzen*[21] erstmals verwendet (vgl. noch → Rn. 13).[22] Als Synonym zum Begriff des **psychotropen** Stoffs ist er per se neutraler als derjenige des BtM. Er erfasst nämlich das gesamte Wirkspektrum der aufgelisteten Substanzen, von sedativ über halluzinogen bis stimulierend (zu terminologischen Aspekten vgl. bereits → BtMG § 1 Rn. 1).

---

[13] Zur cannabisähnlichen Wirkung des in „Spice" befindlichen Stoffs JWH-018, *Werse/Müller* Abschlussbericht – Spice, Smoke, Sence & Co. – Cannabinoidhaltige Räuchermischungen: Konsum und Konsummotivation vor dem Hintergrund sich wandelnder Gesetzgebung; zur Wirkweise der synthetischen Cannabinoide vgl. auch *Auwärter/Dresen/Weinmann/Ferreirós,* 2008, „SPICE" sowie weitere Räuchermischungen; abrufbar unter https://www.gtfch.org/cms/images/stories/media/tk/tk75_3/auwaerter.pdf, zuletzt abgerufen am 18.5.2017; *Seely/Lapoint/Moran/Fattore,* 2012, Prog Neuropsychopharmacol Biol Psychiatry, 39 (2): 234 – 43.

[14] Angesprochen sind damit die berüchtigten „Badesalze", die unter Namen wie „cloud nine" oder „vanilla sky" vermarktet wurden; das ursprüngliche Methcathinon wurde 1928 entdeckt; zur Zusammensetzung der Badesalze vgl. nur *German/Fleckenstein/Hanson,* Life Sci 2013, 97 (1): 2; *Gregg/Rawls,* Life Sci 2013, 97 (1): 27; zu den – nunmehr dem BtMG unterfallenden, bekanntesten Cathinonen zählen Mephedron (MDPV), Pentedron und MDPV (3,4-Methylendioxypyrovaleron). Zusf. *Berger/Schäffler,* Akzeptanzorientierte Drogenarbeit 2014, S. 112 (115).

[15] In der Szene als „legal ecstasy" angepriesen; der häufig enthaltene Wirkstoff mCPP (meta-Chlorphnelypiperazin) kann sowohl im positiven wie auch negativen Wirkspektrum mit MDMA verglichen werden, *Berger/Schäffler,* Akzeptanzorientierte Drogenarbeit 2014, S. 112 (115).

[16] Vgl. etwa *Morgenstern* ADS 2014, 53 (54).

[17] Zufs. auch *Rössner* FS Streng, 2016, 541.

[18] INCB-Bericht 2015; vgl. auch World Drug Report 2015, Executive Summary, S. XVIII. Vgl. Europäischer Drogenbericht 2015, S. 16, 31. Man ist daher auch stetig versucht, das von der EU eingerichtete Frühwarnsystem zu erweitern und zu optimieren, siehe S. 34.

[19] *Nobis* NStZ 2012, 422.

[20] *Weidig* Blutalkohol 2013, 57 (69).

[21] ABl. L 127, 32.

[22] Und nach im Anschluss an den Beschluss bildet er den zentralen Begriff in einem Vorschlag der Kommission vom 17.9.2013 zur Änderung des Rahmenbeschlusses 2004/757/JI (→ Rn. 26 f.), der um die Komponente neuer Designerdrogen erweitert werden sollhttp://eur-lex.europa.eu/LexUriServ/LexUriServ.do?uri= COM:2013:0618:FIN:DE:PDF.

II. NpS in der Gesellschaft (Konsumverhalten)

5   Die Datenlage zum Konsum von legal highs in der Allgemeinbevölkerung ist noch dünn; erste Untersuchungen[23] lassen den Schluss zu, dass zwischen den verschiedenen Stoffklassen erhebliche Unterschiede hinsichtlich des Konsumverhaltens bestehen können. Bei einer 30-Tages-Prävalenz von 1 % (und Lebenszeitprävalenz von 6–7 % zwischen 2011–2012) kann die Bedeutung des Konsums von Kräutermischungen als geringfügig bewertet werden, wobei insgesamt eine rückläufige Tendenz beim Konsum cannabinoidhaltiger Stoffe zu erkennen sei.[24] Zurückgeführt wird dies unter anderem auch darauf, dass der Konsum aufgrund der unklaren gesundheitlichen Folgen als stark **risikobehaftet** gilt,[25] zumal die Angaben zu den Inhaltsstoffen meist lücken- oder fehlerhaft sind.[26] Abwägungsentscheidungen des Konsumenten führen dazu, dass vor allem synthetische Cannabinoide gerade auch wegen ihrer Legalität häufiger konsumiert werden, während dieser Gesichtspunkt nicht die „Gefährlichkeitsprognose" bei research chemicals überlagert.[27]

6   Inzwischen scheint die Bedeutung der **Legalität als Konsummotiv** abgenommen zu haben,[28] eine vollständige Substitution des Konsums illegaler Drogen durch zwischenzeitlich legale Substanzen nehmen die wenigsten vor;[29] lediglich in Regionen, in denen auch der Eigenkonsum streng gehandhabt und verfolgt wird (Bayern), sieht sich der Konsument zum „Rückgriff" auf die (noch) legalen synthetischen Cannabinoide veranlasst.[30] Im Hinblick auf die straßenverkehrsrechtlichen Folgen spielt die ggf. **wesentlich erschwerte Nachweisbarkeit** des psychotropen Stoffs im Körper ebenfalls eine Rolle. Dies bestätigen Kritiker, welche darauf hinweisen, dass potentielle Erst- bzw. Probierkonsumenten durch das Verbot von Cannabis dazu verleitet würden, gefährlichere synthetische Drogen zu probieren.[31] Auch im Bereich der NpS gilt also das **„Iron Law of Prohibition".**[32]

B. Gesetzgebungsgeschichte

7   Der Umgang mit neuen psychoaktiven Stoffen konnte nach alter Rechtslage so lange nicht bestraft werden, bis der konkrete Wirkstoff durch eine Änderungsverordnung in die Positivliste des Betäubungsmittelgesetzes aufgenommen wurde.

I. NpS als Arzneimittel (§§ 95 ff. AMG)

8   Die zwischenzeitlich entstehenden Lücken hatte man ursprünglich mit einem Rückgriff auf das Arzneimittelrecht schließen wollen.[33] Wie sich auch aus § 81 AMG (und dem

---

[23] Zu nennen sind der ESA (Epidemiologischer Suchtsurvey) 2009 und 2013 sowie das lokale Monitoring-System „MoSyD" in Frankfurt; in den bundesweiten Repräsentativerhebungen (Drogenaffinitätsstudie der BZgA), ESPAD und HBSC, vgl. hierzu → Rn. 17 wurden NpS bis 2014 noch nicht in die Fragebögen aufgenommen, zusf. *Werse* ADS 2014, S. 22 (23) mwN.

[24] Reitox-Bericht 2015, Workbook Drogen, S. 30 mwN; 2013 hat sich die Lebenszeitprävalenz in Frankfurt auf 5 % reduziert, vgl. *Werse/Morgenstern/Sarvari*, Jahresbericht MoSyD. Drogentrends in Frankfurt am Main 2013. In Europa liegen die Prävalenzraten bei 3 % (12-Monatsprävalenz) und 8 % (Lebenszeitprävalenz).

[25] Reitox-Bericht 2015, Neue Entwicklungen und Trends, S. 54; der Europäische Drogenbericht 2015 hebt besonders gefährliche Substanzen, die mit Schädigungen der Gesundheit und Todesfällen in Verbindung gebracht werden als Stoffe, die einer „Risikobewertung" unterzogen wurden, besonders hervor, vgl. S. 33 f.

[26] *Berger/Schäffler*, Akzeptanzorientierte Drogenarbeit 2014, S. 112 (113), unter Verweis auf *Järbe/Gifford* Life Sciences 2013, 97 (1), 64.

[27] Reitox-Bericht 2015, Workbook Drogen, S. 46.

[28] Reitox-Bericht 2015, Workbook Drogen, S. 47.

[29] *Werse/Morgenstern*, Abschlussbericht Online Befragung zum Thema „legal highs", S. 5.

[30] *Werse/Morgenstern* Abschlussbericht Online Befragung zum Thema „legal highs", S. 5; nochmals *Werse* ADS 2014, S. 22 (25).

[31] *Egger/Werse* ADS 2015, 104 (108).

[32] Die Wendung geht auf den Cannabis Aktivisten Richard Cowan zurück, wonach die Prohibition zum Umlauf stärkerer bzw. gefährlicherer Drogen führe (Schnaps statt Bier).

[33] Zusf. auch *Duttge/Waschkewitz* FS Rössner, 2015, 737.

Umstand, dass viele Betäubungsmittel als Arznei verschrieben werden) ergibt, können Betäubungsmittel auch zugleich Arzneimittel sein. Dementsprechend hatte der BGH in zwei Entscheidungen bereits entschieden, dass Stoffe, die noch nicht dem BtMG unterstellt sind (damals Methyl-Methaqualon[34] sowie Gamma-Butyro-Lacton[35]) unter den Begriff des Arzneimittels (§ 2 AMG) subsumiert werden könnten und ihr Inverkehrbringen damit strafbar ist. Diese Entscheidungen ergingen jedoch zu § 2 Abs. 1 Nr. 5 AMG aF, der die Arzneimitteleigenschaft von einer Zweckbestimmung abhängig machte (ähnlich wie beim Präsentationsarzneimittel heute).[36] Obwohl die Rechtsprechung des BGH somit überholt war und der neue europarechtliche Arzneimittelbegriff zwischen Präsentations- und Funktionsarzneimitteln differenzierte, hielten vornehmlich Strafverfolgungsbehörden an dem Ansatz fest, wonach Stoffe, die noch nicht dem BtMG unterstellt sind, Arzneimittel sein könnten.[37] Da der Begriff des **„Funktionsarzneimittels"** (§ 2 Abs. 1 Nr. 2 AMG) ausweislich seines Wortlauts nur eine pharmakologische Wirkung erfordert, die beim Konsum derartiger Stoffe unzweifelhaft gegeben ist, sprach zumindest der Wortlaut nicht gegen solch einen Ansatz. Dieser Ansicht haben sich einige Verwaltungs- und Strafobergerichte angeschlossen.[38] Dementsprechend war dann auch häufig zu lesen, dass es sich bei der Formulierung „legal highs" um eine fälschliche bzw. Verwirrung stiftende Bezeichnung handle.

Die Auffassung war aber sowohl systematisch als auch teleologisch **Kritik** ausgesetzt, 9 da sie die restriktive Haltung des EuGH im Rahmen der Subsumtion unter den Arzneimittelbegriff (basierend auf Art. 1 Nr. 2 der Richtlinie 2001/83/EG vom 6.11.2001 in der durch die Richtlinie 2004/27/EG geänderten Fassung) außer Acht ließ.[39] Auch in Anbetracht des vollkommen unterschiedlichen Regelungsgehalts von AMG auf der einen und dem BtMG auf der anderen Seite (mit all seinen Konsequenzen[40]) lag es fern, mit einer extensiven Auslegung des § 2 AMG einen „provisorisch" materiell-rechtlichen Betäubungsmittelbegriff zu schaffen bzw. das AMG in ein **Auffangbecken** für „Betäubungsmittel in spe" umzuwandeln. Dem hat sich der EuGH angeschlossen, als er die Frage zur Entscheidung vorgelegt bekam,[41] ob neue psychoaktive Substanzen als Arzneimittel klassifiziert werden könnten. Er stellte klar, dass Stoffe nicht erfasst werden, deren Wirkungen sich auf eine schlichte Beeinflussung der physiologischen Funktionen beschränken, ohne dass sie geeignet wären, der menschlichen Gesundheit unmittelbar oder mittelbar **zuträglich** zu sein; die nur konsumiert werden, **um einen Rauschzustand hervorzurufen,** und die dabei gesundheitsschädlich sind.[42] Über das „Zuträglichkeitskriterium" wurde im Anschluss noch diskutiert,[43] zumindest dem subjektiven Kriterium (die Rauschabsicht des Konsumenten als Ausprägung eines volenti non fit iniuria) ist ohne Einschränkungen zuzustimmen.[44] Was die arzneimittelrechtliche Zuordnung angeht, ist die Frage damit

---

[34] BGHSt 43, 336 = NJW 1998, 836.
[35] BGHSt 54, 243 = NJW 2010, 2528.
[36] Vgl. auch *Weidig*, Blutalkohol 2013, 57 (65); *Voit* PharmR 2012, 241.
[37] Vgl. hierzu *Patzak/Volkmer* NStZ 2011, 498.
[38] LG Limburg PharmR 2013, 190; OLG Nürnberg PharmR 2013, 94; OVG Saarlouis 3.2.2006 – 3 R 7/05, ZLR 2006, 173; VG Potsdam PharmR 2009, 250; *Deutsch/Lippert/Koyuncu* § 2 Rn. 18, 21; KMH/ *Müller* § 2 Rn. 91; *Diehm/Pütz* Kriminalistik 2009, 131, 135.
[39] Vgl. OVG Münster 23.4.2012 – 13 B 127/12, ZVR-online 11/2012 Rn. 25 ff.; VG Köln 20.3.2012 – 7 K 3169/11; OVG Magdeburg PharmR 2012, 298 sowie *Rennert* NVwZ 2008, 1179; *Müller* PharmR 2012, 137; *Voit* PharmR 2012, 241; *Krumdiek* StRR 2011, 213; *Nobis* NStZ 2012, 422; *Weidig* Blutalkohol 2013, 57 (63 ff.); vgl. auch *Duttge/Waschkewitz* FS Rössner, 2015, 737 (740).
[40] Hinsichtlich der Tathandlungen, Strafandrohungen, Strafzumessungsaspekten etc., vgl. hierzu *Oğlakcıoğlu* StV 2015, 166.
[41] Vgl. 28.5.2013 – 3 StR 437/12, NStZ-RR 2014, 180; hierzu auch OLG Koblenz 20.1.2014 –2 Ws 759/13, BeckRS 2014, 03691.
[42] EuGH 10.7.2014 – C-358/13; C-181/14, MedR 2015, 184.
[43] Abl. *Ewald/Volkmer* NStZ 2014, 461.
[44] *Oğlakcıoğlu* StV 2015, 166. Dabei darf trotz zwischenzeitlich entstehender kriminalpolitischer Lücken nicht aus dem Blick geraten, dass der EuGH die Entscheidung im „Interesse" des Arzneimittelrechts und damit auch aus dem Arzneimittelrecht heraus getroffen hat.

geklärt (und Obergerichte[45] wie auch der BGH haben die Auffassung des EuGH übernommen[46]).

II. NpS als Lebensmittel, Gift und Tabakerzeugnisse

10 Zwischenzeitlich hat man versucht, die Stoffe bis zu ihrer Aufnahme in die Anlagen des BtMG anderweitig zu „verorten" und Ausschau nach weiteren potentiell einschlägigen Vorschriften im Nebenstrafrecht gehalten. Die repressive Grundhaltung der Verfolgungsorgane war beispiellos und hat sich im Falle der „legal highs" in einer Art und Weise manifestiert, die bei einem rationalen Normanwender nur noch Kopfschütteln auslöst. Mag der „hilfsweise" Rückgriff auf das AMG im Hinblick auf die Weite des Begriffs „Funktionsarzneimittel" noch nachvollziehbar (inzwischen allerdings unvertretbar) sein, gab es auch Behörden, die das verwirklichte Unrecht über die Vorschriften des **Lebensmittelgesetzes** erfasst wissen wollten. Im Auffangbecken des Nebenstrafrechts wurde nach jedem denkbaren Strohhalm repressiver Strafverfolgung gegriffen, das Risiko der Aufhebung von Urteilen und Beschlüssen durch Obergerichte bewusst in Kauf nehmend. Meist ergibt sich allerdings aus der systematischen Ausgestaltung des Gesetzes, der Historie oder unmittelbar aus dem Wortlaut, dass neue psychoaktive Substanzen keine **Lebensmittel,**[47] keine **Kosmetika,** kein **„Gift"** im Sinne des ChemG darstellen. Trauriger Höhepunkt aus neuerer Zeit ist der Fall vor dem LG Kaiserslautern,[48] in dem die Staatsanwaltschaft das Inverkehrbringen von Kräutermischungen unter den Tatbestand der **gemeingefährlichen Vergiftung (§ 314 StGB)** subsumiert wissen wollte und sich die eindeutige Unvertretbarkeit ihrer Rechtsauffassung vom OLG Zweibrücken attestieren ließ.[49]

11 Streiten kann man darüber (und dies tut man derzeit auch, als ein Anfrageverfahren beim BGH läuft[50]), ob zumindest die cannabinoidhaltigen Kräutermischungen als Tabakerzeugnissen ähnliche Waren den Vorschriften des **vorläufigen Tabakgesetzes** unterliegen (besser unterlagen, da zwischenzeitlich – am 20.5.2016 – das neue Tabakerzeugnisgesetz in Kraft getreten ist) und deren Inverkehrbringen damit gem. § 52 Abs. 2 Nr. 1, 20 Abs. 1 Nr. 1, 2 VTabakG strafbar ist.[51] Nach hier vertretener Auffassung kann die rechtliche Beurteilung nicht „analog" zum AMG erfolgen, handelt es sich schließlich auch bei Tabakerzeugnissen um per se schädliche Substanzen (die aus diesem Grund auch aus dem Lebensmittelrecht „ausgekoppelt" wurden[52]). Außerdem wird Kräutermischungen häufig Tabak beigemischt und das Ritual des „Bauens" eines Kräutermischung-Joints samt anschließendem Rauchen entspricht demjenigen sonstiger Tabakerzeugnisse. Die systematischen Bedenken – das TabakG soll „Produktqualität" sichern und nicht, ggf. auch nur „bald" verbotene Substanzen erfassen[53] – bleiben hingegen bestehen,[54] sodass man auch hier von einer bedarfsweisen Auslegung absehen sollte. Im Übrigen gilt, unabhängig davon, wie man sich in dieser

---

[45] OLG Köln 11.9.2015 – III-1 RVs 131/15, III-1 RVs 136/15, 1 RVs 131/15, 1 RVs 136/15, NStZ-RR 2016, 50 (Produkte der Kratompflanze – mitragyna speciosa – unterfallen weder dem AMG noch den Vorschriften des LFGB).

[46] BGH 23.7.2014 – 1 StR 47/14, BGH NStZ-RR 2014, 312; BGH 13.8.2014 – 2 StR 22/13; BGH 4.9.2014 – 3 StR 437/12; BGH 4.11.2015 – 4 StR 403/14, PharmR 2016, 13.

[47] Für die Kratom-Pflanze, die nicht dem BtMG unterstellt ist, aber opiatähnliche Wirkungen hervorrufen kann vgl. OLG Köln 11.9.2015 – III-1 RVs 131/15, III-1 RVs 136/15, NStZ-RR 2016, 50.

[48] LG Kaiserslautern 19.2.2016 – 4 KLs 6114 Js 9315/15.

[49] OLG Zweibrücken 21.4.2016 – 1 Ws 75/16, 1 Ws 76/16.

[50] BGH 5.11.2014 – 5 StR 107/14, NStZ 2015, 597.

[51] So BGH (5. Senat) 5.11.2014 – 5 StR 107/14, NStZ 2015, 597; dem folgend BGH 23.12.2015 – 2 ARs 434/14; aA BGH (3. Senat) 20.1.2015 – 3 ARs 28/14, NStZ-RR 2015, 142.

[52] Weil „es nicht der Philosophie eines Verbraucherschutzgesetzes entspricht, Regelungen für per se gesundheitsschädliche Produkte zu treffen", vgl. Erbs/Kohlhaas/*Rohnfelder/Freytag* Vor § 1 Rn. 3.

[53] Schließlich handelt es sich bei Betäubungsmitteln, die bereits den Anlagen unterfallen, unzweifelhaft nicht um Tabakerzeugnisse (so auch BGH 5.11.2014 – 5 StR 107/14, NStZ 2015, 597).

[54] Diese extensive Betrachtung überträgt der Fünfte Senat auf nikotinhaltige Verbrauchsstoffe für elektronische Zigaretten, BGH 23.12.2015 – 2 StR 525/13, BeckRS 2016, 02553 = NJW 2016, 1251 m krit Anm *Brand.*

Frage positioniert, dass man dem Phänomen der legal highs mit solch einer „Notlösung"–
präferierte man ein sofortiges repressives Einschreiten – nicht effektiv begegnen können
wird, da neue psychoaktive Substanzen nicht zwingend in „rauchbarer" Form (sondern
etwa als **„Flüssig-Spray"**,[55] Tabletten oder Tinkturen) angeboten werden. Diese unterfallen
aber unzweifelhaft weder dem neuen Gesetz über Tabakerzeugnisse noch dem VTabakG,
das zur Tatzeit galt.

III. Erlass des NpSG

1. Erste Schritte zu einer stoffgruppenbezogenen Regelung. Noch bevor man   12
dazu überging, das Arzneimittelrecht als „vorläufiges Betäubungsmittelstrafrecht" heranzuziehen, hatte sich der Gesetzgeber daran gemacht, dem Phänomen neuer psychoaktiver
Substanzen durch ein entsprechendes Gesetz beizukommen, das die Schwächen der Positivliste ausmerzen soll.[56] Vorgeschlagen wurde u.a. die Einführung eines § 1 Abs. 5 BtMG,
der die Einbeziehung ganzer Stoffgruppen in die Anlagen des BtMG ermöglichen sollte.[57]
Der erste Versuch der Einführung einer **Generic-Klausel**[58] war schon im Jahre 1990
gescheitert. Damals beabsichtigte man einen § 29 Abs. 7 BtMG einzuführen, mit dem die
Herstellung von Stoffen und Zubereitungen unter Strafe gestellt werden sollte, die in ihrer
chemischen Struktur einem Betäubungsmittel vergleichbar sind und wie ein Betäubungsmittel missbraucht werden können.[59] Das Vorhaben konnte sich ebenso wie ein nochmaliger
Entwurf aus dem Jahre 1997 nicht durchsetzen, weil Bedenken im Hinblick auf das
Bestimmtheitsgebot in Art. 103 Abs. 2 GG laut wurden.[60]

2. Europarechtliche Intervention. Zwischenzeitlich hatte der Europäische Rat in   13
einem Beschluss vom 10.5.2005 betreffend den **Informationsaustausch, die Risikobewertung und die Kontrolle bei neuen psychoaktiven Substanzen** (auf den auch der
Name des Regelwerks zurückgehen dürfte) festgestellt, dass „die mit der Entwicklung von
psychoaktiven Substanzen verbundenen besonderen Gefahren" ein rasches Tätigwerden der
Mitgliedstaaten erforderlich machten.[61] Der Rahmenbeschluss zur Festlegung von Mindestvorschriften über die Tatbestandsmerkmale strafbarer Handlungen und die Strafen im
Bereich des illegalen Drogenhandels (vom 25.10.2004[62]) enthielt indessen keine ausdrücklichen Vorgaben zum Erlass von Vorschriften betreffend Designerdrogen bzw. neuer psychoaktiver Stoffe. Daher wurde von der Kommission eine **Änderung** bzw. Erweiterung des
Rahmenbeschlusses angeregt, der eine europaweite „Einbeziehung" sog. neuer psychoaktiver Substanzen ermöglichen soll.[63]

Für die schädlichsten der neuen psychoaktiven Substanzen sollten dieselben Strafrechtsbe-   14
stimmungen gelten wie für Substanzen, die in den VN-Übereinkommen erfasst sind. Dies
würde zur Vereinheitlichung und klareren Regelung der für Drogen geltenden Bestimmungen des Unionsrechts beitragen (hierzu noch → Rn. 26 f.).[64] Die Kommission erachtet
eine **Richtlinie** gem. Art. 83 Abs. 1 AEUV als geeignetes Instrument für eine Mindesthar-

---

[55] Oft sind willkürlich gewählte Kräuter nur das Trägermedium, welche mit synthetischen Cannabinoiden
besprüht werden, vgl. *Berger/Schäffler*, Akzeptanzorientierte Drogenarbeit 2014, S. 112 (113).
[56] Auch in der Gesetzesbegründung zum NpSG wird die Entscheidung des EuGH als Anstoß für den
Gesetzesentwurf genannt, vgl. BT-Drs. 18/8579, 1.
[57] *Weidig* Blutalkohol 2013, 57 (69).
[58] *Schäper/Thiemt/Wende*, 2011, Act. Toxichem Krimtech, 78, 176; KPV/*Patzak* § 1 Rn. 38.
[59] Hierauf Bezug nehmend BGHSt 43, 336.
[60] *Meinecke/v. Harten* StraFo 2014, 9 (12); vgl. auch *Rössner/Voit*, Gutachten zur Machbarkeit der Einführung einer Stoffgruppenregelung im Betäubungsmittelgesetz, 2011, abrufbar unter http://www.drogenbeauf-
tragte.de/fileadmin/dateien-dba/DrogenundSucht/Illegale_Drogen/Heroin_andere/downloads/Endfassung_
Gutachten_zur_Machbarkeit_der_Einfuehrung_einer_generischen_Klausel_im_BtMG.pdf (zuletzt abgerufen
18.4.2017). Zum Ganzen auch KPV/*Patzak* § 1 Rn. 38 f.
[61] ABl. L 127, 32.
[62] ABl L 335, 84.
[63] Europäische Kommission, 2013/0304 (COD), S. 3.
[64] Europäische Kommission, 2013/0304 (COD), S. 5.

monisierung auf EU-Ebene im Bereich.[65] Entsprechend wurde unlängst ein Richtlinientwurf vorgelegt, der insbesondere die Aufnahme bestimmter Stoffe (abhängig von Verbreitungsgrad und Toxizität) in einer Durchführungsverordnung vorsieht.[66]

15   **3. Entwurf, Diskussion und Inkrafttreten.** Die Mühlen in Brüssel mahlten aus Sicht des deutschen Gesetzgebers allzu langsam, zumal der Aktionsbedarf von Luxemburg aus ausgelöst wurde. Statt die Richtlinie abzuwarten bzw. das weitere Vorgehen gemeinsam zu planen, reichte das Bundesgesundheitsministerium bereits am 15.10.2015, also knapp drei Monate nach der EuGH-Entscheidung, die der „vorübergehenden" Lösung der Kriminalisierung über das AMG eine Absage erteilte, einen ersten Entwurf ein. In dem Entwurf entschied man sich für ein **eigenständiges Gesetz.** Auf eine Sondervorschrift im BtMG bzw. eine arzneimittelrechtliche Ergänzung wurde verzichtet. Der Umstand, dass die NpS „zwischenzeitlich" als Arzneimittel qualifiziert wurden, scheint aber Einfluss auf den Entwurf gehabt zu haben. Denn dieser lehnte sich hinsichtlich der Reichweite des Verbots bzw. der Kriminalisierung, der Strafrahmen und Strafzumessungsvorschriften an das Arzneimittelstrafrecht an, während die verwendeten Begrifflichkeiten, Tathandlungen und die Regelungssystematik im Übrigen dem Betäubungsmittelstrafrecht ähneln (vgl. noch → Rn. 21). In Anbetracht der Kreuzung zweier vollkommen unterschiedlicher Gesetzesgattungen (AMG als Verbraucherschutzgesetz einerseits, BtMG als Prohibitionsgesetz andererseits) war aber solch eine **„Hybridregelung"** nur zu erwarten.

16   Eine wesentliche Änderung erfuhr der ursprüngliche Entwurf nur insoweit, dass das Verbot nach § 3 im letztlich umgesetzten Entwurf der Bundesregierung um die **konsumorientierten Verhaltensweisen** des Erwerbs und des Besitzes erweitert wurde.[67] Unter dem Strich hatte dies allerdings keine erheblichen Auswirkungen, da die Strafvorschrift des § 4 weiterhin nur auf diejenigen Verbote Bezug nimmt, welche die absatzorientierten Verhaltensweisen zum Gegenstand haben. Das rein verwaltungsrechtliche Verbot soll also lediglich den Zugriff auf die Stoffe beim Konsumenten vereinfachen,[68] nicht hingegen eigenständig kriminalisiert werden wie im Betäubungsmittelstrafrecht (vgl. hierzu noch → Rn. 33. Freilich wäre solch eine Sicherstellung beim Konsumenten auch über die Vorschriften des Gefahrenabwehrrechts ohne Weiteres möglich). Die Einbeziehung der genannten Verhaltensweisen führte aber zumindest zwischenzeitlich zur Frage, ob auch diese Verhaltensweisen unter Strafe zu stellen sind[69] bzw. nicht insgesamt eine Angleichung an das Betäubungsmittelstrafrecht – auch im Hinblick auf die Strafrahmen und Qualifikationen – erfolgen müsste.[70] Umgekehrt wurde auch die Verfassungs- und Zweckmäßigkeit des Regelwerks insgesamt in Frage gestellt.[71] Außerdem wurde darauf aufmerksam gemacht, dass es an einer spezifischen **Kronzeugenregelung** fehlt (vgl. noch → § 4 Rn. 39).[72] Doch haben sich

---

[65] Europäische Kommission, 2013/0304 (COD), S. 5.

[66] Vorschlag für eine RL des Europäischen Parlaments und des Rates zur Änderung des Rahmenbeschlusses 2004/757/JI des Rates vom 25. Oktober 2004 zur Festlegung von Mindestvorschriften über die Tatbestandsmerkmale strafbarer Handlungen und die Strafen im Bereich des illegalen Drogenhandels hinsichtlich der Drogendefinition, COM(2013) 618 final, online abrufbar unter: http://eur-lex.europa.eu/LexUriServ/LexUriServ.do?uri=COM:2013:0618:FIN:DE:PDF.

[67] BT-Drs. 18/8579, 19.

[68] BT-Drs. 18/8579, 19.

[69] BR-Drs. 231/1/16, 2.

[70] BR-Drs. 18/8964, 2.

[71] BT-Drs. 18/9699, 8.

[72] BR-Drs. 18/8964, 2 ff. Der Bundesrat hatte vorgeschlagen, den Entwurf um einen § 4a (Strafmilderung oder Absehen von Strafe) zu erweitern: „Das Gericht kann die Strafe nach § 49 Absatz 1 des Strafgesetzbuches mildern oder, wenn der Täter keine Freiheitsstrafe von mehr als drei Jahren verwirkt hat, von Strafe absehen, wenn der Täter 1. durch freiwilliges Offenbaren seines Wissens wesentlich dazu beigetragen hat, dass eine Straftat nach § 4, die mit seiner Tat im Zusammenhang steht, aufgedeckt werden konnte, oder 2. freiwillig sein Wissen so rechtzeitig einer Dienststelle offenbart, dass eine Straftat nach § 4 Absatz 3, die mit seiner Tat im Zusammenhang steht und von deren Planung er weiß, noch verhindert werden kann. War der Täter an der Tat beteiligt, muss sich sein Beitrag zur Aufklärung nach Satz 1 Nummer 1 über den eigenen Tatbeitrag hinaus erstrecken. § 46b Absatz 2 und 3 des Strafgesetzbuches gilt entsprechend." Die Bundesregierung hat diesen Vorschlag allerdings abgelehnt: „Die in Artikel 2 Nummer 1 des Gesetzentwurfs vorgesehene Ergänzung

derlei Anfragen im Ergebnis nicht durchgesetzt.[73] Der hybride Charakter des Regelungswerks blieb somit erhalten (hierzu noch → Rn. 21).

Sollte die erwähnte Richtlinie erlassen werden, wird der Gesetzgeber nochmals nachjus- **17**
tieren müssen, aber nur in Form eines europarechtlichen „**Abklopfens**". Der Gesetzgeber
weist in der Begründung darauf hin, dass das Gesetz über die Mindestvorgaben hinausgeht.
Eine Umsetzung der Richtlinie auf nationaler Ebene dürfte – in Anbetracht eines in Relation zum nationalen Recht restriktiven Begriffs von NpS (vgl. noch → Rn. 26) – dieselbe
„Mischform" zur Folge haben, wie sie bereits vom GÜG bekannt ist (denkbar wäre eine
Erweiterung des § 4 NpSG, der mittels statischer Verweisung den Verstoß gegen die Durchführungsverordnung kriminalisiert).

C. Das NpSG im Überblick

Durch das Neue-psychoaktive-Stoffe-Gesetz (NpSG) wird das deutsche Stoffrecht um **18**
eine weitere Stoffkategorie erweitert. § 1 legt den **Anwendungsbereich** des Gesetzes fest
und grenzt es im Abs. 2 zu den übrigen Regelwerken (BtMG und AMG) ab. Der Begriff
des neuen psychoaktiven Stoffs erfährt eine starre – rein normative – Abgrenzung von
demjenigen des Betäubungsmittels, indem Abs. 2 die Anwendung der Regelwerke wechselseitig ausschließt. Das NpSG ist nach dem eindeutigen Wortlaut des § 1 Abs. 2 des Gesetzgebers dann nicht anzuwenden, wenn ein Stoff zwar unter eine der in der Anlage des NpSG
gelisteten Stoffgruppen fällt, zugleich aber auch als einzelner Stoff bereits vom BtMG oder
AMG erfasst ist.[74] Es folgen im § 2 **Begriffsbestimmungen,** wobei Nr. 1 parallel zu § 1
BtMG festlegt, dass ein npS ein Stoff oder eine Zubereitung eines Stoffes aus einer der in
der Anlage genannten Stoffgruppen ist.

In § 3 findet sich das **Verbot** für zahlreiche Umgangsformen mit einem Stoff i.S.d. **19**
Regelwerks, wobei diese – anders als im Betäubungsmittelrecht – auch nicht unter einen
Erlaubnisvorbehalt gestellt sind. Das verwaltungsrechtliche Verbot erfasst neben dem Handeltreiben, Inverkehrbringen, Verabreichen, Herstellen und Verbringen von NpS in den
und aus dem Geltungsbereich dieses Gesetzes (gemeint ist die Ein-, Aus- und Durchfuhr[75])
auch den Erwerb und Besitz zum Eigenkonsum. Anerkannte Verwendungen zu legitimen
Zwecken sind von dem Verbot ausgenommen. Es handelt sich um **Privilegierungstatbe-
stände,** wie sie auch in § 3 Abs. 2 BtMG enthalten sind (mit dem Unterschied, dass diese
nicht von der Erlaubnispflicht ausgenommen werden, sondern vom Verbot): das Gesetz
nennt industrielle und gewerbliche Verwendungen eines NpS im konkreten Einzelfall sowie
Verwendungen zu Forschungszwecken als so genannte Legalverwendungen, die nicht dem
Konsum und der Erzielung einer psychoaktiven Wirkung dienen. Damit soll erreicht werden, dass die Forschung in der pharmazeutischen und chemischen Industrie nicht mit einem
strafrechtlichen Risiko behaftet ist.[76] § 3 Abs. 2 Nr. 2 stellt hingegen das Pendant zu § 4
Abs. 2 BtMG dar und gestattet folglich insbesondere Polizei- und Zollbehörden, für den
Bereich ihrer dienstlichen Tätigkeit, zum Beispiel für kriminaltechnische Untersuchungen,
mit NpS umzugehen, vgl. hierzu → BtMG § 4 Rn. 33 ff.[77]

Bei Abs. 3 handelt es sich um eine polizeirechtliche Vorschrift, die hinsichtlich der **20**
Voraussetzungen für eine der Sicherstellung und Vernichtung von NpS durch die Polizeibe-

---

von § 100a der Strafprozessordnung (StPO) eröffnet bereits die Anwendbarkeit der allgemeinen Kronzeugenregelung des § 46b des Strafgesetzbuches (StGB) für Offenbarungen zu banden- oder gewerbsmä- ßigen Fällen
des Handeltreibens, Inverkehrbringens oder Verabreichens von NpS, wenn der Offenbarende selbst eine solche
Tat oder eine andere damit in Zusammenhang stehende Tat begangen hat, die mit erhöhter Mindeststrafe
bedroht ist. In dem nicht von § 46b StGB erfassten Fällen kann eine solche Offenbarung hinreichend über
§ 46 StGB oder § 153a StPO berücksichtigt werden".

[73] BR-Drs. 18/8964, 4.
[74] BT-Drs. 18/8579, 18.
[75] BT-Drs. 18/8579, 16.
[76] BT-Drs. 18/8579, 19.
[77] BT-Drs. 18/8579, 19.

hörden auf die Regelungen im **Bundespolizeigesetz** und in den **Polizeigesetzen der Länder** verweist. Damit wird klargestellt, dass es für eine Sicherstellung beim „Dritten" (also insb. des Erwerbers) keines Anfangsverdachts für eine Straftat bedarf.[78] In Abs. 4 findet sich eine ähnliche Sicherstellungsermächtigung für Bundeszollbehörden.[79]

21   Der **Straftatbestand des § 4** sieht für Verstöße gegen das Umgangsverbot eine Freiheitsstrafe von Geldstrafe bis zu drei Jahren vor. Erfasst sind nicht die Modalitäten des Erwerbs und des Besitzes von npS. Strafbar ist gem. Abs. 2 auch die **versuchte Begehung.** Es folgt im Abs. 3 eine im Wortlaut dem Regelbeispiel des § 95 Abs. 3 Nr. 1a und b AMG im Wesentlichen entsprechende Vorschrift, die allerdings als **Qualifikation** einzuordnen ist und auch in den Straftatenkatalog des § 100a StPO aufgenommen wurde.[80] Bei Vorliegen der Qualifikationsmerkmale ist im Anschluss zu überprüfen, ob ein **minder schwerer Fall** in Betracht kommt. Zuletzt erfolgt die obligatorische Anordnung der Fahrlässigkeitsstrafbarkeit, wobei der Gesetzgeber zwischen der qualifiziert **fahrlässigen Begehung** (Abs. 5) und der Fahrlässigkeit hinsichtlich des Grundtatbestands differenziert, Abs. 6. Der Gesetzgeber verzichtete auf mehrgliedrige und **ausdifferenzierte Qualifikationsvorschriften.** Eine Strafschärfung, welche an den Umgang mit nicht geringen Mengen knüpft, fehlt – glücklicherweise (hierzu → BtMG Vor § 29a Rn. 24) – ebenso wie eine Qualifikation des Mitsichführens von Waffen oder der leichtfertigen Todesverursachung. Dies liegt schlicht daran, dass man sich – trotz Gegenwinds aus dem Bundesrat (→ Rn. 15) – hinsichtlich der Reichweite und Strafrahmen an § 95 Abs. 1, 3 AMG orientiert hat (was sich auch darin äußert, dass das Inverkehrbringen arzneimittelrechtlich definiert wird, vgl. noch → § 4 Rn. 19).

22   § 5 stellt das **Pendant zu § 33 BtMG** dar, ermöglicht also die Einziehung der NpS und unterstellt bei gewerbs- oder bandenmäßigem Handeln Gegenstände, die Täter oder Teilnehmer für rechtswidrige Taten oder aus ihnen erlangt haben, dem erweiterten Verfall aF). Die Vorschrift musste kurz nach Inkrafttreten infolge der Reform der Vermögensabschöpfung nochmals umformatiert bzw. gekürzt werden (zum Ganzen → § 33 Rn. 6–7). § 6 dient der Intensivierung bzw. Verbesserung des **Informationsaustauschs** zwischen Polizeibehörden und Zollverwaltung und stellt eine Offenbarungs- bzw. Übermittlungsbefugnis im Sinne des § 30 Abs. 4 Nr. 2 AO, des § 487 Abs. 5 StPO sowie des § 33 Abs. 1 Satz 2 Zollfahndungsdienstgesetz dar.[81] In § 7 findet sich eine dem § 1 Abs. 3 vergleichbare **Verordnungsermächtigung,** welche eine Änderung der Listen des NpSG kraft Rechtsverordnung ermöglicht.[82] Der Gesetzgeber geht selbst davon aus, dass der Markt auf „andere Zutaten" ausweichen könnte und will mit etwaigen Änderungsverordnungen schnell und flexibel auf eventuelle Ausweichbewegungen reagieren können.

D. Kritik

I. Feuer mit Feuer bekämpfen (oder: eine noch umfangreichere Liste statt einer umfangreichen)

23   Der Inhalt des Gesetzes erschöpft sich in der simpel gestrickten Idee, leicht abwandelbare Ringsysteme und potentielle Kombinationen vorab einzubeziehen. Dass man auch hier wieder auf das **Anlagensystem** zurückgreifen muss, macht deutlich, dass sich an der Ausgangssituation nicht viel ändert, weil im Laufe der Zeit sicherlich noch zahlreiche Stoffkombinationen (sozusagen mit anderen „Zutaten") entwickelt werden, die nicht von den Anla-

---

[78] BT-Drs. 18/8579, 19.
[79] BT-Drs. 18/8579, 20.
[80] Was wiederum dazu führt, dass nur in diesen Fällen eine Aufklärungshilfe zur obligatorischen Strafrahmenmilderung nach § 46b StGB möglich ist (→ § 4 Rn. 39), da es an einer NpS-spezifischen Aufklärungshilfevorschrift fehlt.
[81] BT-Drs. 18/8579, 21.
[82] *Rössner* FS Streng, 2016, 541 (549); *Oğlakcıoğlu* NK 2016, 19 (23).

gen umfasst sind. Während manche Substanzklassen wie die Cathinone in ihrer chemischen Struktur homogen und damit verhältnismäßig einfach zu erfassen sind (v.a. im Hinblick auf eine „Voraberfassung" wie sie nach dem NpSG erfolgt), handelt es sich bei den Cannabinoiden um eine **heterogene Stoffgruppe.**[83] Schon jetzt sind Stoffe aufgetaucht, die nicht dem Begriff der NpS (iSd § 1 NpSG) unterfallen.[84] Insofern wird es bei zwischenzeitlich straflosen Umgangsformen bleiben und der Markt geradezu motiviert, neue Stoffgruppen zu erforschen, die nicht der Liste den Anlagen des NpSG unterfallen, mithin hat solch ein Ansatz (auch in anderen europäischen Ländern) lediglich zur Folge, dass der Markt auf andere Stoffklassen **umsteigt.**[85]

II. Aus neu wird alt – Der „zeitige" Charakter der NpS als Pferdefuß

Wesentlich problematischer erscheint der per se nur **zeitige Charakter** des Regelungs-   24
werks, der sich bereits aus dem Attribut „neu" in seinem Namen ergibt. Es stellt sich die Frage, was einen neuen psychoaktiven Stoff von anderen Stoffen – insbesondere „alten" Stoffen in Form der Betäubungsmittel – unterscheidet bzw. ob überhaupt solch eine Unterscheidung gewollt ist, welche über die Einordnung des Stoffes in die eine oder eben andere Liste hinausgeht. Die gesetzgeberische Ausgestaltung deutet zunächst darauf hin, das NpS keine Betäubungsmittel sind, was dementsprechend auch eine unterschiedliche Behandlung legitimiert. Umgekehrt werden NpS a priori nur deswegen so bezeichnet, weil sie nicht in den Listen des BtMG aufgeführt sind.

Der Gesetzgeber hält sich zu der Frage, ob es sich bei NpS um eine eigenständige   25
Stoffkategorie handelt weitestgehend bedeckt. Lediglich in einer Passage der **Gesetzesbegründung** heißt es etwas diffus: „Um einen Wertungswiderspruch zu bereits in die Anlagen I bis III des BtMG einzeln aufgenommenen und damit einer erweiterten Strafdrohung unterliegenden Stoffen zu vermeiden, werden den Stoffgruppen unterfallende Einzelstoffe, die sich als nicht nur gering psychoaktiv und als in besonderer Weise gesundheitsgefährdend erweisen sowie in größerem Ausmaß missbräuchlich verwendet werden, auch weiterhin enumerativ in die Anlagen des BtMG aufgenommen. In diesen Fällen gehen die Regelungen des BtMG denen des NpSG vor."[86] Wenn aber damit gemeint sein sollte, dass es sich bei npS um eine von Betäubungsmitteln **abzugrenzende Stoffkategorie** handelt, setzt man sich in einen offenen Widerspruch zur selbst formulierten Intention, den Umgang mit Stoffen zu verbieten, die nicht von der Liste des BtMG erfasst sind, aber in ihrem Gefährdungspotential den BtM ähneln. Die Erwägung mag darauf zurückgehen, dass die Ungleichbehandlung der beiden Stoffkategorien auf irgendeine Weise legitimiert werden muss. Aber so oder so bleibt es bei jenen **„Wertungswidersprüchen"**, die man vermeiden will, denn:

---

[83] Reitox-Bericht 2015, Rechtliche Rahmenbedingungen, S. 15.

[84] Problematisch schien auch die Annäherung des NpSG an den Tathandlungskatalog des AMG, *Oğlakcıoğlu* NK 2016, 19 (23). Im Entwurf der Bundesregierung wurde dieser „Mittelweg" zwischenzeitlich wieder aufgegeben und ein im Wesentlichen in seiner Reichweite dem BtMG ähnelndes Verbotsgesetz geschaffen, statt den Strafrahmen und die Handlungsmodalitäten des BtMG zu übernehmen. Dass solch eine „Gleichschaltung" (die nicht durch besondere Vorschriften im NpSG durchbrochen wird) bereits indiziert, dass gerade die Besonderheiten des Designerdrogenmarktes unberücksichtigt bleiben bzw. nicht einmal Anstrengungen normativer Art unternommen werden, diesen zu begegnen, ist ebenso kritisch zu sehen, *Rössner* FS Streng, 2016, 541 (550).

[85] *Werse* ADS 2014, 22; *v. Amsterdam et al.* Psychopharmacol 2013, 317 ff.; vgl. auch Europäischer Drogenbericht 2015, S. 16; Länder, denen ebenso wie im deutschen Recht ein Listensystem zugrundliegt, sehen ebenso mit dieser Problematik konfrontiert, *German/Fleckenstein/Hanson* Life Sci 2013, 97 (1): 2.

[86] BT-Drs. 18/8579, S. 17. Und noch BT-Drs. 18/8964, S. 4: „Sobald den Stoffgruppen des Neue-psychoaktive-Stoffe-Gesetzes (NpSG) unterfallende Einzelstoffe sich allerdings als in besonderer Weise psychoaktiv und als in besonderer Weise gesundheitsgefährdend erweisen sowie in größerem Ausmaß missbräuchlich verwendet werden, ist vorgesehen, dass diese aus dem NpSG in die Anlagen des BtMG überführt werden mit der Folge, dass dann die Strafvorschriften des BtMG in ihrer gesamten Breite Anwendung finden.". Damit setzt man sich einen offenen Widerspruch zum Begriff des NpS wie er von den europäischen Gesetzgebungsorganen verstanden wird, die gerade bei einem besonderen Ausmaß an missbräuchlicher Verwendung und Gesundheitsgefährdung von einem NpS ausgehen, → Rn. 26. Dies ist eben darauf zurückzuführen, dass der europäische Gesetzgeber eine weitere Stoffkategorie gerade vermeiden will.

jedenfalls bei einem Stoff, der „vorübergehend" ein NpS ist, aber dann – durch die Aufnahme in Anlagen BtMG – in ein BtM „mutiert", führt der einfache Akt der Aufnahme kraft Verordnung zu einer Andersbehandlung des Stoffs.[87]

26   Diese Unklarheiten werden von § 7 NpSG, welcher Kriterien benennt, die eine Änderung bzw. Erweiterung der Anlagen kraft Verordnung ermöglichten, nicht beseitigt, sondern nur potenziert. Die Verordnungsermächtigung stellt einerseits auf das **Ausmaß der Verwendung ab** und verlangt andererseits eine **„unmittelbare oder mittelbare Gefährdung"** der Gesundheit (vgl. noch → Rn. 27). Bei dem Kriterium des „Ausmaßes" der Verwendung handelt es sich – mit Blick auf § 1 BtMG – um einen neuen Aspekt, der allerdings auch in den europarechtlichen Gesetzgebungsunterlagen auftaucht.[88] Die Schädlichkeit des Stoffes (in Form der Toxizität) spielt zumindest partiell auch im Rahmen der Aufnahme des Stoffes in Listen des BtMG eine Rolle. Aber auch hier verunsichert der notwendige Blick in die europäischen Gesetzesunterlagen. In einem Vorschlag zum Erlass einer Richtlinie betreffend den Umgang mit NpS wird die Aufnahme des Stoffes (in einen Durchführungsbeschluss) kumulativ neben dem Verwendungsausmaß von einer **„lebensbedrohlichen" Wirkung** abhängig gemacht: „Der gesundheitliche Schaden gilt als lebensbedrohlich, wenn die neue psychoaktive Substanz voraussichtlich zum Tod führt oder tödliche Verletzungen, schwere Krankheiten, schwere körperliche oder geistige Beeinträchtigung oder eine erhebliche Ausbreitung von Krankheiten einschließlich der Übertragung von Viren durch Blut bewirkt" (dies dürfte – sollte die Richtlinie auf diese Weise verabschiedet werden – noch für Zündstoff im Hinblick auf die Formulierung de lege lata sorgen).[89]

27   Im Übrigen ergibt sich auch aus den europarechtlichen Unterlagen zu etwaigen gesetzgeberischen Schritten hinsichtlich des Umgangs mit NpS, dass nur für **„die schädlichsten** der neuen psychoaktiven Substanzen (…) dieselben Strafrechtsbestimmungen gelten"[90] sollen wie für Substanzen, die in den VN-Übereinkommen erfasst sind. „Dies würde zur Vereinheitlichung und klareren Regelung der für Drogen geltenden Bestimmungen des Unionsrechts beitragen."[91] Dieser Passus kann nur dahingehend verstanden werden, dass unterschiedliche Stoffklassen gerade nicht gewollt, sondern eine direkte Angleichung, mithin die unmittelbare Aufnahme der NpS in das Regime des Betäubungsmittelrechts gewollt ist. Solch ein restriktiver Begriff von NpS deutet zudem darauf hin, dass mitnichten Fälle vorstellbar sind, in denen die Erforschung der Substanz zu Tage bringen wird, dass es sich *nur* um einen „neuen" psychoaktiven Stoff, allerdings nicht um ein Betäubungsmittel handelt. Bei solch einer Gemengenlage wird die Willkürlichkeit der Einordnung bzw. Positivliste des BtMG (§ 1 BtMG Rn. 31 ff.) um einen Faktor „x" erweitert. Da auch innerhalb des BtMG Stoffe aufgelistet sind, die sich in ihrem Gefährdungspotential und in ihrer Wirkweise erheblich voneinander unterscheiden, ist auch nicht zu erwarten, dass eine Konturierung mit der Zeit gelingen wird.

28   Im Gegenteil: Wo keine Möglichkeit des Gegenbeweises – betreffend der Legitimität der Aufnahme eines Stoffes in eine bestimmte Liste – eröffnet wird (die Liste bzw. ihre Zusammensetzung also nicht **justiziabel** ist), besteht auch erst einmal kein Forschungsbedürfnis mehr. Dabei ist das Verordnungsverfahren und seine Verlängerung (insb. die Notwendigkeit der Zustimmung des Bundesrats) eigentlich kein Selbstzweck, sondern soll dem Umstand Rechnung tragen, dass es bei neuen Substanzen gänzlich an wissenschaftlichen

---

[87] So auch der Bundesrat, der daher eine Anpassung an das BtMG forderte, vgl. BR-Drs. 18/8964, 2.

[88] Vorschlag für eine Richtlinie (EU)…/… des europäischen Parlaments und des Rates vom … zur Änderung des Rahmenbeschlusses 2004/757/JI des Rates zur Festlegung von Mindestvorschriften über die Tatbestandsmerkmale strafbarer Handlungen und die Strafen im Bereich des illegalen Drogenhandels, damit neue psychoaktive Substanzen in die Drogendefinition aufgenommen werden, 14810/16, S. 8.

[89] Vorschlag für eine Richtlinie (EU)…/… des euopäischen Parlaments und des Rates vom … zur Änderung des Rahmenbeschlusses 2004/757/JI des Rates zur Festlegung von Mindestvorschriften über die Tatbestandsmerkmale strafbarer Handlungen und die Strafen im Bereich des illegalen Drogenhandels, damit neue psychoaktive Substanzen in die Drogendefinition aufgenommen werden, 14810/16, S. 8.

[90] Europäische Kommission, 2013/0304 (COD), S. 3.

[91] Europäische Kommission, 2013/0304 (COD), S. 3.

Erkenntnissen zum Abhängigkeits- und Missbrauchspotential fehlt.[92] Überdies macht § 1 BtMG die Einordnung des Stoffes nicht von einem bestimmten Forschungsgrad abhängig, sodass auch dieser Aspekt nicht als Differenzierungskriterium herangezogen werden kann.

Damit sind zwei Szenarien vorstellbar: Entweder entwickelt sich das NpSG zum „Fried- **29** hof" neuer psychoaktiver Stoffe und das Stoffrecht wird um eine weitere Klasse erweitert, deren materieller Gehalt nicht ermittelt werden kann. Oder man stellt sich die Folgefrage, wann aus einer „en vogue-Substanz" eine „alte" Substanz, also ein Betäubungsmittel wird? Die Antwort ist – wie bereits angedeutet – viel zu einfach: Wenn der Verordnungsgeber den jeweiligen Stoff in die Anlagen des BtMG überführt.[93] Dies ist der zentrale Punkt, der das Gesetz, soweit es an die Sanktion der Strafe knüpft, illegitim, irrational, unverhältnismäßig und somit **verfassungswidrig** macht: Die Reaktion des Verordnungsgebers entscheidet nicht nur über den Strafrahmen, sondern auch über die Reichweite des Verbots.

NpS sind in materieller Hinsicht Betäubungsmittel, nur lässt das normative Fundament **30** diese Zuschreibung nicht zu. Dass man das Gesetz nicht Neue-Betäubungsmittel-Gesetz nennen wollte oder konnte, ändert hieran nichts. Interessanterweise wollte der Gesetzgeber diesem Umstand gerade mit einer differenzierten Ausgestaltung begegnen, mithin soll die Ausrichtung an den „milderen Vorschriften" des AMG als strafrechtliches bzw. verfassungsrechtliches „Zugeständnis" fungieren.[94] Damit wird aber das Problem (Unbestimmtheit des Stoffbegriffs) an der vollkommen falschen Stelle angepackt, insbesondere wird suggeriert, dass die Überführung in das BtMG bestimmten Regeln folgt. Der „differenzierte Ansatz" des Gesetzgebers kann damit keinesfalls überzeugen, vielmehr führt er zu einer wechselseitigen **Illegitimität der Strafvorschriften** von BtMG und NpSG.

Die Lösung liegt in einer **Angleichung der Sanktionsnormen,** idealiter durch eine **31** einheitliche Entkriminalisierung der konsumorientierten Verhaltensweisen und nicht – wie vom Bundesrat angeregt aber letztlich nicht durchgesetzt[95] – in einer Gleichschaltung von BtMG und NpSG. Alternative wäre eine Neukonzeption des Anlagensystems, bei der neue Unterscheidungskriterien (Toxizität, Abhängigkeitspotential, Verwendungsausmaß oder das Verwendungsmuster[96]) die gesetzgeberische Unterscheidung auch tragen. Anders gewendet: ein npS dürfte niemals das Potential haben, als BtM klassifiziert zu werden. Da aber wiederum unklar ist, was als BtM klassifiziert werden kann, muss der Betäubungsmittelbegriff konturiert werden, damit im Anschluss derjenige des npS von diesem abgegrenzt oder integriert werden kann.

III. Gesetzespolitische Bedenken

Auch wenn man diese Bedenken (und auch die sonstigen verfassungsrechtlichen Kritik- **32** punkte, vgl. noch → § 4 Rn. 4 ff.) nicht teilt bzw. der Auffassung ist, dass diese nicht derart schwer wiegen, als sie das Verdikt der Verfassungswidrigkeit tragen könnten, wird man einräumen müssen, dass das Vorhaben insgesamt gesetzespolitisch keine Glanzleistung darstellt. Die Ungleichbehandlung von Konsumenten von NpS und denjenigen, welche die Stoffe erwerben, nachdem sie zu Betäubungsmittel erklärt werden, schadet nicht nur einem seriösen Normbefehl. Es droht auch eine Verzerrung der Wahrnehmung hinsichtlich der **Gefährlichkeitsprognose** durch den Konsumenten, bei dem die Straflosigkeit des Erwerbs u.U. falsche Assoziationen weckt.[97] Die Differenzierung hinterlässt in jedem Fall einen

---

[92] *Meinecke/v. Harten* StraFo 2014, 9 (11); *Oğlakcıoğlu* NK 2016, 19 (25).

[93] Vgl. auch BT-Drs. 18/8964, 4.

[94] BT-Drs. 18/8964, 4.

[95] BT-Drs. 18/8964, 2.

[96] Vorschlag für eine Richtlinie (EU).../... des europäischen Parlaments und des Rates vom ... zur Änderung des Rahmenbeschlusses 2004/757/JI des Rates zur Festlegung von Mindestvorschriften über die Tatbestandsmerkmale strafbarer Handlungen und die Strafen im Bereich des illegalen Drogenhandels, damit neue psychoaktive Substanzen in die Drogendefinition aufgenommen werden, 14810/168.

[97] Und im Übrigen sind die Erwerber auch nicht vollkommen „vogelfrei", mithin sind auch Verhaltensweisen denkbar, die zwar konsumorientiert sind, aber als Teilnahmehandlung dennoch bestraft werden können, vgl. BT-Drs. 18/8964, S. 20: „Bei demjenigen, der beispielsweise bei einem ausländischen Online-Shop NpS

faden Beigeschmack, und es mutet fast schon zynisch an, dass der Gesetzgeber diese mit einem Rückgriff auf das Übermaßverbot begründet.

33 Ob der Gesetzgeber bei der Entkriminalisierung als „Überzeugungstäter" agierte, lässt sich im Hinblick auf seine repressive Grundhaltung nicht ernsthaft annehmen. Vielmehr dürfte die verfassungsgerichtliche **Rechtsprechung zum Cannabiserwerb zum Eigenkonsum** einer Kriminalisierung entgegenstehen: Denn das Verfassungsgericht hat die Verfassungsmäßigkeit der Strafvorschriften zum Erwerb und Besitz „weicher Drogen" an die Möglichkeit der Einstellung nach § 31a BtMG gekoppelt (→ BtMG § 31a Rn. 2 sowie → BtMG Vor § 29 Rn. 36). Der Gesetzgeber hätte also eine dem § 31a BtMG vergleichbare Vorschrift in das NpSG einfügen müssen, die eine Einstellung beim Umgang mit geringen Mengen ermöglicht. Bei solch einer Vorschrift stünde man dann allerdings vor dem Problem, dass **mangels Konsumgewohnheiten** keine Grenzwerte festgelegt werden könnten, mithin die Vorschrift vollkommen unpraktibel wäre (das Problem wird in jedem Fall Kopfzerbrechen bereiten, da im Betäubungsmittelstrafrecht die von der Eigenverbrauchsmenge abzugrenzende Handelsmenge als wesentliches Indiz für die Zuschreibung eines Umsatzwillens fungiert, vgl. noch → § 4 Rn. 16).

34 Unter dem Strich ist festzuhalten: Schon im Hinblick auf die europarechtlichen Entwicklungen wäre ein „kühler Kopf" statt aktionistische Gesetzgebungspolitik die bessere Entscheidung gewesen. Mit dem Erlass des NpSG wurde der laufende Feldversuch „Prohibition" (BtMG) contra „strafloser Umgang mit NpS" ohne große Not abgebrochen. Und dass gerade im Zuge des Verbotsgesetzes nicht zugleich über die Institutionalisierung npsspezifischer **harm reduction** sowie **suchtpräventiver Maßnahmen**[98] nachgedacht wurde, insb. keine gesetzliche Regelung zum drug-checking ergangen ist, geht nicht an.[99] Neuseeland reagierte 2013 etwa auf die NpS-Welle, indem es den Verkauf von bestimmten, risikoärmeren neuen psychoaktiven Substanzen erlaubte. Nicht zuletzt wäre gerade unter Zugrundelegung des gesetzgeberischen Konzepts eine erweiterte Grundstoffkontrolle erforderlich, weswegen es als weiteres Versäumnis angesehen werden muss, das die einzige Modifikation des GÜG nunmehr darin besteht, dass der statische Verweis aktualisiert wurde (vgl. hierzu auch → GÜG Vor § 1 Rn. 11).

§ 1 Anwendungsbereich

(1) Dieses Gesetz ist anzuwenden auf neue psychoaktive Stoffe im Sinne des § 2 Nummer 1.

(2) Dieses Gesetz ist nicht anzuwenden auf
1. Betäubungsmittel im Sinne des § 1 Absatz 1 des Betäubungsmittelgesetzes und
2. Arzneimittel im Sinne des § 2 Absatz 1, 2, 3a und 4 Satz 1 des Arzneimittelgesetzes.

§ 2 Begriffsbestimmungen

Im Sinne dieses Gesetzes ist
1. neuer psychoaktiver Stoff ein Stoff oder eine Zubereitung eines Stoffes aus einer der in der Anlage genannten Stoffgruppen;
2. Zubereitung ohne Rücksicht auf den Aggregatzustand ein Stoffgemisch oder die Lösung eines Stoffes oder mehrerer Stoffe außer den natürlich vorkommenden Gemischen und Lösungen;

---

bestellt, kommt eine Strafbarkeit wegen Anstiftung zum Verbringen von NpS in den Geltungsbereich dieses Gesetzes in Betracht. Wer bei einem anderen den Tatentschluss zum Verbringen in den Geltungsbereich dieses Gesetzes oder zum Inverkehrbringen hervorruft, kann sich daher ebenfalls strafbar machen."

[98] *Fährmann/Harrach/Kohl/Ott/Schega/Schmolke/Werse* ADS 2016, 18 (22).

[99] Vgl. auch *Berger/Schäffler*, Akzeptanzorientierte Drogenarbeit 2014, S. 112 (125) dort auch zu lebensweltbezogenen Präventionsprojekten wie mindzone oder drugscout.

3. Herstellen das Gewinnen, das Anfertigen, das Zubereiten, das Be- oder Verarbeiten, das Reinigen, das Umwandeln, das Abpacken und das Umfüllen einschließlich Abfüllen;
4. Inverkehrbringen das Vorrätighalten zum Verkauf oder zu sonstiger Abgabe sowie das Feilhalten, das Feilbieten, die Abgabe und das Überlassen zum unmittelbaren Verbrauch an andere.

§ 3 Unerlaubter Umgang mit neuen psychoaktiven Stoffen

(1) Es ist verboten, mit einem neuen psychoaktiven Stoff Handel zu treiben, ihn in den Verkehr zu bringen, ihn herzustellen, ihn in den, aus dem oder durch den Geltungsbereich dieses Gesetzes zu verbringen, ihn zu erwerben, ihn zu besitzen oder ihn einem anderen zu verabreichen.

(2) Vom Verbot ausgenommen sind
1. nach dem jeweiligen Stand von Wissenschaft und Technik anerkannte Verwendungen eines neuen psychoaktiven Stoffes zu gewerblichen, industriellen oder wissenschaftlichen Zwecken und
2. Verwendungen eines neuen psychoaktiven Stoffes durch Bundes- oder Landesbehörden für den Bereich ihrer dienstlichen Tätigkeit sowie durch die von ihnen mit der Untersuchung von neuen psychoaktiven Stoffen beauftragten Behörden.

(3) In den Fällen des Absatzes 1 erfolgen die Sicherstellung, die Verwahrung und die Vernichtung von neuen psychoaktiven Stoffen nach den §§ 47 bis 50 des Bundespolizeigesetzes und den Vorschriften der Polizeigesetze der Länder.

(4) [1]Unbeschadet des Absatzes 3 können die Zollbehörden im Rahmen ihrer Aufgabenwahrnehmung nach § 1 Absatz 3 des Zollverwaltungsgesetzes Waren, bei denen Grund zu der Annahme besteht, dass es sich um neue psychoaktive Stoffe handelt, die entgegen Absatz 1 in den, aus dem oder durch den Geltungsbereich dieses Gesetzes verbracht worden sind oder verbracht werden sollen, sicherstellen. [2]Die §§ 48 bis 50 des Bundespolizeigesetzes gelten entsprechend.

Fassung ab 1.10.2019:

(4) [1]Unbeschadet des Absatzes 3 können die Zollbehörden im Rahmen ihrer Aufgabenwahrnehmung nach § 1 Absatz 3 des Zollverwaltungsgesetzes Waren, bei denen Grund zu der Annahme besteht, dass es sich um neue psychoaktive Stoffe handelt, die entgegen Absatz 1 in den, aus dem oder durch den Geltungsbereich dieses Gesetzes verbracht worden sind oder verbracht werden sollen, sicherstellen. [2]Die §§ 48 bis 50 des Bundespolizeigesetzes gelten entsprechend. [3]Kosten, die den Zollbehörden durch die Sicherstellung und Verwahrung entstehen, sind vom Verantwortlichen zu tragen; die §§ 17 und 18 des Bundespolizeigesetzes gelten entsprechend. [4]Mehrere Verantwortliche haften als Gesamtschuldner. [5]Die Kosten können im Verwaltungsvollstreckungsverfahren beigetrieben werden.

§ 4 Strafvorschriften

(1) Mit Freiheitsstrafe bis zu drei Jahren oder mit Geldstrafe wird bestraft, wer entgegen § 3 Absatz 1
1. mit einem neuen psychoaktiven Stoff Handel treibt, ihn in den Verkehr bringt oder ihn einem anderen verabreicht oder
2. einen neuen psychoaktiven Stoff zum Zweck des Inverkehrbringens
   a) herstellt oder
   b) in den Geltungsbereich dieses Gesetzes verbringt.

(2) Der Versuch ist strafbar.

(3) Mit Freiheitsstrafe von einem Jahr bis zu zehn Jahren wird bestraft, wer
1. in den Fällen
   a) des Absatzes 1 gewerbsmäßig oder als Mitglied einer Bande handelt, die sich
      zur fortgesetzten Begehung solcher Taten verbunden hat, oder
   b) des Absatzes 1 Nummer 1 als Person über 21 Jahre einen neuen psychoakti-
      ven Stoff an eine Person unter 18 Jahren abgibt oder ihn ihr verabreicht oder
      zum unmittelbaren Verbrauch überlässt oder
2. durch eine in Absatz 1 genannte Handlung
   a) die Gesundheit einer großen Zahl von Menschen gefährdet oder
   b) einen anderen der Gefahr des Todes oder einer schweren Schädigung an
      Körper oder Gesundheit aussetzt.

(4) In minder schweren Fällen des Absatzes 3 ist die Strafe Freiheitsstrafe von
drei Monaten bis zu fünf Jahren.

(5) Handelt der Täter in den Fällen des Absatzes 3 Nummer 1 Buchstabe b oder
Nummer 2 in Verbindung mit Absatz 1 Nummer 1 fahrlässig, ist die Strafe Freiheitsstrafe bis zu drei Jahren oder Geldstrafe.

(6) Handelt der Täter in den Fällen des Absatzes 1 Nummer 1 fahrlässig, ist die
Strafe Freiheitsstrafe bis zu einem Jahr oder Geldstrafe.

Übersicht

A. Überblick

I. Normzweck

1   Das weit reichende verwaltungsrechtliche Verbot des Umgangs mit NpS dient ebenso
wie die Strafbewehrung der Bekämpfung der Verbreitung dieser Stoffe und soll die Gesundheit der Bevölkerung sowie des Einzelnen schützen.[1] Insbesondere Jugendliche und junge
Erwachsene sollen vor den häufig unkalkulierbaren und schwerwiegenden Gefahren, die

---

[1] BT-Drs. 18/8579, 1, 12.

mit dem Konsum von NpS verbunden sind, geschützt werden.[2] Dabei wird auf die schweren gesundheitlichen Folgen aufmerksam gemacht, die ggf. mit dem Konsum von npS verbunden sein können (Übelkeit, heftigem Erbrechen, Herzrasen und Orientierungsverlust über Kreislaufversagen, Ohnmacht, Lähmungserscheinungen und Wahnvorstellungen bis hin zum Versagen der Vitalfunktionen). Der Gesetzgeber verzichtet auf den überholten Terminus der **„Volksgesundheit"**, meint aber mit der Gesundheit der Bevölkerung dasselbe inhaltsleere, hypostasierte Rechtsgut (ein terminologisch aufpoliertes Rechtsgut der „Bevölkerungsgesundheit" bleibt insofern abzulehnen) und nimmt daneben auf den Jugendschutz sowie auf die körperliche Integrität des Einzelnen Bezug. Insofern gelten die zum Betäubungsmittelstrafrecht gemachten Bedenken an dieser Stelle ebenso, sie bleiben trotz Entkriminalisierung des Erwerbs bestehen (vgl. aber → Vor § 29 Rn. 36, 22).

II. Rechtliche Einordnung

1. Deliktsnatur. Die Deliktsnatur der Vorschrift hängt von der jeweiligen Modalität ab: **2** allen Verhaltensformen ist gemeinsam, dass deren Verwirklichung nicht die „Verletzung" der vom NpSG geschützten „Rechtsgüter" bedeutet, mithin handelt es sich durchweg um **abstrakte Gefährdungsdelikte**. Im Übrigen gelten die Ausführungen hinsichtlich der Deliktsnatur zu den einzelnen Tatbestandsmodalitäten entsprechend: Das Herstellen ist ebenso wie das Handeltreiben als **multiples Tätigkeitsdelikt** einzuordnen (→ BtMG § 29 Rn. 221 sowie → BtMG § 29 Rn. 242). Anders als im Betäubungsmittelstrafrecht wird das Inverkehrbringen durch die Definition in § 2 Nr. 3 nochmals näher umschrieben, wobei diese Umschreibung überwiegend schlichte Tätigkeitsdelikte (Vorrätighalten, Feilhalten, Feilbieten), allerdings auch das Erfolgsdelikt der Abgabe (→ BtMG § 29 Rn. 865) enthält. Das Verabreichen stellt ebenso ein schlichtes Tätigkeitsdelikt dar. Hingegen sind die Verbringungstatbestände der Ein- Aus- und Durchfuhr als **Erfolgsdelikte** zu klassifizieren (→ BtMG § 29 Rn. 645), was sich vornehmlich auf die Abgrenzung von Täterschaft und Teilnahme sowie auf die Deliktsverwirklichungsstufen auswirkt (hierzu → BtMG Vor § 29 Rn. 103 ff.).

2. Kriminalpolitische Bedeutung. Welche Bedeutung den Vorschriften des NpSG **3** praktisch zukommen wird, lässt sich kaum abschätzen. Für statistische Erhebungen ist das Gesetz noch zu aktuell. Bedenkt man allerdings, dass die Tathandlungen des Besitzes und Erwerbs zum Eigenkonsum einen großen Anteil der Betäubungsmittelkriminalität machen, und dieser Anteil im polizeistatistischen „Kuchen" bei npS wegfällt, lässt sich schon einmal eine **wesentlich geringere Bedeutung** prognostizieren. Bei kleineren Gewichtsmengen wird der Nachweis eines Handeltreibens nur selten gelingen. Der Zugriff auf die Händler bleibt darüberhinaus, da die Ware nicht selten aus dem Ausland (und per Paketdienst) bezogen wird, ohnehin schwierig, zumal der Gesetzgeber auf eine Erstreckung des Weltrechtsprinzips auf NpS verzichtet hat, vgl. noch → Rn. 9. Die Polizeiarbeit wird sich also auf die **Sicherstellung und Analyse der chemischen Zusammensetzung** von Erwerbern mitgeführter Substanzen konzentrieren, v.a. auch, um die Verbreitung (und damit auch Bedeutung) ganz bestimmter Substanzen möglichst früh zu erkennen. Dann kann eine Überführung in das BtMG angeregt und es können zumindest intern schon einmal Grenzmengen festgelegt werden.

III. Verfassungsmäßigkeit

1. Bestimmtheitsgrundsatz (Art. 103 Abs. 2 GG). Der Begriff des psychoaktiven **4** Stoffs **als solches** dürfte den verfassungsrechtlichen Anforderungen an die **„Bestimmtheit"** von Strafvorschriften (Art. 103 Abs. 2 GG) genügen: Die konstitutive Wirkung des Anlagensystems bringt in Relation zu anderen normativen Tatbestandsmerkmalen sogar im Gegenteil einen erhöhten Grad an Bestimmtheit mit sich.[3] Dabei ist auch unschädlich, dass

---

[2] BT-Drs. 18/8579, 12.
[3] Vgl. auch BT-Drs. 18/8579, 18.

die Anlage einem **Chemielehrbuch** gleicht, da sich (jedenfalls die Strafvorschriften) an Adressaten richten, welche den fraglichen Stoff gegebenenfalls in den Verkehr bringen möchten und sich damit auch mit der konkreten chemischen Zusammensetzung auseinanderzusetzen haben.

5   Freilich soll das Anlagensystem gerade die materielle Unbestimmtheit und Unbestimmbarkeit der zwei Stoffklassen (npS wie auch BtM) überbrücken. Also wird das Problem nur von der Ebene des Art. 103 Abs. 2 GG auf **Art. 20 Abs. 3 GG** verlagert: Eine rechtsstaatliche und rationale Gesetzgebung verlangt **eindeutige Kriterien,** welche die unterschiedliche Reichweite von Umgangsverboten und die Kriminalisierung etwaiger Verhaltensweisen bezüglich der Stoffklassen nachvollziehbar machen (zu diesen Bedenken bereits → Vor § 1 Rn. 26). Derartige Kriterien fehlten bereits für die Einordnung eines Stoffes als Betäubungsmittel, mit der Einführung einer weiteren Stoffklasse wurden diese Unklarheiten potenziert. Zieht man den bei → BtMG § 1 Rn. 9 dargestellten materiellen Betäubungsmittelbegriff heran (Stoffe, die nach wissenschaftlicher Erkenntnis wegen ihrer Wirkungsweise eine Abhängigkeit hervorrufen können oder deren betäubende Wirkungen wegen des Ausmaßes einer missbräuchlichen Verwendung unmittelbar oder mittelbar Gefahren für die Gesundheit begründen können[4]), fragt es sich, worin sich eine Definition der psychoaktiven Substanz unterscheidete. Besonders deutlich wird dies in der Definition der Europäischen Beobachtungsstelle für Drogen und Drogensucht (EBDD), die unter den Begriff npS neue Suchtstoffe oder psychotrope Stoffe fasst, die nicht nach dem Einheits-Übereinkommen der Vereinten Nationen von 1961 über Suchtstoffe oder nach dem Übereinkommen der Vereinten Nationen von 1971 über psychotrope Stoffe kontrolliert werden, die aber eine Gefahr für die öffentliche Gesundheit darstellen können und *vergleichbar* sind mit den Stoffen, die in diesen Abkommen aufgelistet sind.[5] Zuletzt unterscheiden sich die Substanzen auch nicht hinsichtlich des Kenntnisstands, da § 1 BtMG keinen bestimmten „Forschungsgrad" für die Aufnahme des Stoffes in die Anlagen des BtMG erfordert (vgl. bereits → Vor § 1 Rn. 28).

6   **2. Schuldgrundsatz (Verdachtsstrafe).** Problematisch erscheint darüberhinaus die massenhafte Unterstellung „potentiell" gefährlicher Stoffe unter das allumfassende Verbot. Somit wird der Umgang mit Substanzen, die nicht oder nicht mit hinreichender Wahrscheinlichkeit psychoaktive und gesundheitsgefährdende Wirkungen haben, nicht nur verboten, sondern sogar kriminalisiert.[6] Eine etwaige **Ausschlussklausel** fehlt, dh der Umgang mit den Stoffen wird **„auf Verdacht"** unter Strafe gestellt.[7] Zwar kann der Gesetzgeber selbst das Inverkehrbringen zweifellos ungefährlicher Stoffe im Interesse des Gesundheitsschutzes regulieren. Ein ausnahmsloses Verbot bei Strafe wird man aber bei einem vollkommen ungefährlichen Stoff nicht begründen können. Dies kann – entgegen den Erwägungen des Gesetzgebers – kaum mit der Entkriminalisierung des Erwerbs aufgewogen werden, da jedes Verhalten isoliert betrachtet werden muss, mithin auch beim Handeltreiben oder

---

[4] BVerfG 4.5.1997 – 2 BvR 509/96 und 2 BvR 511/96, NJW 1998, 669.

[5] Hierauf nimmt auch die Gesetzesbegründung Bezug, vgl. BT-Drs. 18/8579, 15.

[6] *Oğlakcıoğlu*, NK 2016, 19 (28 f.). Vgl. aber *Rössner* FS Streng, 2016, 541 (550), der darauf hinweist, dass die Stoffgruppe idealtypisch „durchgeprüft" wurde (was eine „Ausschlussklausel" wie sie hier angemahnt wird, allerdings nicht überflüssig machte).

[7] *Oğlakcıoğlu* NK 2016, 19 (28 f.); in diesem Sinne auch *Rössner* FS Streng, 2016, 541 (552); ebenso *Fährmann/ Harrach/Kohl/Ott/Schega/Schmolke/Werse* ADS 2016, 18 (21 f.), die ein „risk assessment"-Modell für zweckdienlich erachten; krit. zum Entwurf auch *Duttge/Waschkewitz* FS Rössner, 2015, 737 (747), dort auch zur Irrelevanz einer „Irrelevanz-Klausel" wie sie im österreichischen Suchtmittelrecht zu finden ist und zum zweistufigen Kontrollverfahren. Explizit heißt es in der Gesetzesbegründung, BT-Drs. 18/8579, 22: „Mit Blick auf drohende schwerwiegende Schäden an bedeutenden Rechtsgütern (Gesundheit, Leben) ist es deshalb erforderlich, aber auch angemessen, auch den Umgang mit solchen Stoffen unter Strafe zu stellen, deren Gefährlichkeit aufgrund der strukturellen Ähnlichkeit mit in der Literatur beschriebenen Stoffen mit einer bestimmten Wahrscheinlichkeit lediglich zu vermuten ist. Wenngleich nicht abschließend feststeht, dass alle erfassten Verbindungen der jeweiligen Stoffgruppe in einer Weise psychoaktiv wirken, die zum Missbrauch geeignet ist, so besteht doch im Hinblick auf jede einzelne Verbindung ein Gefahrenverdacht. Bei objektiver Einschätzung der Sach- und Gefahrenlage ex ante besteht eine Anscheinsgefahr bzw. der begründete Verdacht schädlicher Wirkungen, die bzw. der ein gesetzgeberisches Handeln zur Risiko- und Gesundheitsvorsorge rechtfertigt."

Inverkehrbringen die Gefährlichkeit des Stoffs einen Parameter darstellt, welcher die Verhältnismäßigkeit der Sanktion betrifft.

3. Verhältnismäßigkeit im engeren Sinn. Darüberhinaus gelten diejenigen verfassungsrechtlichen Bedenken, die im Hinblick auf eine ausufernde Bestrafung des Umgangs mit psychoaktiven Stoffen bestehen und vornehmlich das Betäubungsmittelrecht betreffen, für das NpSG selbstverständlich auch (vgl. hierzu ausführlich → BtMG Vor § 29 Rn. 22 ff.). Die **Geeignetheit** und **Erforderlichkeit** der Sanktion „Strafe" zum Erreichen der vom Gesetzgeber angepeilten Ziele erscheinen in Frage gestellt. Es ist kein Grund ersichtlich, warum die Bekämpfung des Inverkehrbringens von neuen psychoaktiven Stoffen bei einer wesentlich schlechteren Ausgangssituation (mehr Variabilität, kostengünstige Herstellung, einfachere Abwicklung hinsichtlich der Bestellung und des Transports) mit demselben Mittel besser gelingen sollte als im Betäubungsmittelstrafrecht.

IV. Rechtsentwicklung

Die Genese des Regelwerks und der Einfluss des internationalen Rechts auf die Entwicklung der Vorschriften wurde bei → Vor § 1 Rn. 7 ff. ausführlich dargestellt. Ergänzend wird auf die Darstellung der EU-Maßnahmen zur Bekämpfung des illegalen Drogenhandels bei → BtMG Vor § 1 Rn. 116 ff. verwiesen.

B. Erläuterung

I. Geltungsbereich

Hinsichtlich des Geltungsbereichs der Vorschriften gelten die allgemeinen Regeln, insb. die §§ 3–7 StGB (Territorialitäts- und Personalprinzip). Es ist zu begrüßen, dass der Gesetzgeber auf eine Erstreckung des (ohnehin in vielerlei Hinsicht kritisch zu sehenden) **Weltrechtsprinzips** gem. § 6 Nr. 5 StGB auf den Vertrieb von neuen psychoaktiven Stoffen verzichtet hat. Zwar ist die Grenzüberschreitung für den Handel mit research chemicals geradezu phänotypisch, doch wäre das Aufschwingen zur Weltpolizei gerade auch in Anbetracht des Umstands, dass die Nachbarländer gesetzgebungstechnisch noch nachziehen müssen (ggf. weil sie – anders als der deutsche Gesetzgeber – geduldig genug sind, die europarechtliche Entwicklung abzuwarten) vollkommen unangebracht.

II. Objektiver Tatbestand

1. Neuer psychoaktiver Stoff. Der Täter muss „entgegen § 3" handeln, mithin müssen sich alle Tathandlungen auf einen npS beziehen, da das Verbot nach § 3 wiederum nur im Falle des Vorliegens eines npS einschlägig ist, §§ 1 Abs. 1, 2 Nr. 1. Die npS sind in der Anlage des Gesetzes abschließend aufgelistet, es gelten im Grundsatz die Ausführungen zur Positivliste (→ BtMG § 1 Rn. 7 ff.). Ein materieller Begriff des neuen psychoaktiven Stoffs lässt sich nicht formulieren. Vielmehr ließe sich allenfalls die Definition des Betäubungsmittels übertragen, die ihrerseits unzulänglich ist (vgl. bereits → § 1 Rn. 24 ff.). BtM und npS unterscheiden sich nur dadurch, dass sie in unterschiedlichen Listen aufgeführt sind. Da aber auch die Liste des NpSG abschließend und konstitutiv ist, müssen sich die Regelwerke gegenseitig ausschließen (vgl. § 1 Abs. 1).

a) Positivliste. Anders als die Positivliste des BtMG enthält die Anlage des NpSG keine chemischen „Endverbindungen", sondern listet kombinierbare Verbindungsstoffe auf. Es handelt sich dann um eine Kombination, die gerade noch nicht in der Positivliste des BtMG aufgeführt ist. Die Anlage ist – auf den ersten Blick überraschend – übersichtlich, da sie lediglich zwei Arten chemischer Verbindungen auflistet, nämlich die von 2- Phenethylamin abgeleiteten Verbindungen (1), zu denen auch die Cathinone und sonstigen Amphetamine zählen und die **Cannabimimetika** bzw. synthetischen Cannabinoide (2). Dabei werden die kombinierbaren Strukturelemente nicht nur beim Namen genannt, sondern es wird auch die jeweilige Strukturformel dargestellt. Bei den Phenethylaminen werden die zwei Haupt-strukturelemente als „A" (Ringsystem) und „B" (koppelbares Seitenelement in Form einer 2-Aminoethylseitenkette) gekennzeichnet, und ihre denkbare Beschaffenheit näher erläu-tert. Im Anschluss an die Strukturformeln nennt die Liste „substituierbare Elemente" und schränkt die Reichweite der **Kettenlänge** (bzw. der Maximalanzahl von Atomen) ein. Dies hängt damit zusammen, dass der Gesetzgeber durchaus bemüht war, die Anzahl der erfassten Stoffe, die möglicherweise psychoaktiv weniger wirksam sind, auf ein **Minimum zu redu-zieren**[8] (was in Anbetracht der verfassungsrechtlichen Bedenken nicht überrascht, → Rn. 4 ff.). Daher wird auch die Gesamtgröße des Moleküls auf eine Molekülmasse von 500 u begrenzt, da die Penetration der Stoffe ins Gehirn, die Voraussetzung für eine psychoaktive Wirkung ist, mit steigender Molmasse abnimmt.[9]

12   Auch bei den **Cannabimimetika** der Ziffer 2 (deren Konstruktion nach dem „Baukas-tenprinzip" erfolgt:[10] Kernstruktur + Brücke + Brückenrest + Seitenkette) war beherr-schender Grundgedanke, die für die Rezeptorbindung hauptsächlich verantwortlichen Strukturelemente sehr stark einzugrenzen und besonders genau zu beschreiben, während bei den für die Rezeptorbindung weniger bedeutsamen Strukturelementen solch eine Beschränkung nicht vorgenommen wurde, da hier größere Variationsmöglichkeiten bestün-den, ohne die Wirksamkeit zu beeinträchtigen.[11] Die Liste erläutert entsprechend, wie die „Bausteine" beschaffen sein und inwiefern ihre Teilelemente substituiert sein können.

13   **b) Zubereitung.** Da es sich um synthetisch hergestellte Stoffe handelt, braucht es keiner Erweiterung des Stoffbegriffs auf ihre natürlichen Träger (Pflanzen, Tiere, Organismen); meist werden die Stoffe jedoch in eine bestimmte Form gepresst bzw. zubereitet. § 1 Nr. 1 erfasst daher auch die **Zubereitung,** wobei dessen Definition in § 2 Nr. 2 derjenigen in § 2 Abs. 1 Nr. 2 BtMG entspricht.[12]

14   **c) Zwischenzeitliche Überführung von NpS in die Anlagen des BtMG.** Wird aus einem NpS – noch bevor es zur Abwicklung des Geschäfts kommt – ein Betäubungsmittel (kraft Überführung des Stoffes in die Anlagen des BtMG), ist nicht die **lex mitior Regelung** nach § 2 Abs. 3 StGB einschlägig (schließlich handelt es sich ab dem Geltungszeitraum des Gesetzes nicht um einen „Altfall"). Vielmehr kommt ein Handeltreiben mit BtM gem. § 29 Abs. 1 Nr. 1 BtMG in Betracht, wenn ein weiterer Teilakt im Anschluss festgestellt ist (Übergabe, sonstige Abwicklung, weiteres Feilhalten von Restmengen etc.). Da sich der Güterumsatz auf denselben Stoff bezieht und sich die Regelwerke gegenseitig ausschließen, steht der bis dahin verwirklichte § 4 NpSG nicht in Tateinheit, vielmehr wandelt sich die Strafbarkeit in eine nach dem BtMG um (insofern ist auf den subjektiven Tatbestand beson-deres Augenmerk zu legen).

15   **2. Tathandlungen im Einzelnen.** Die in § 4 aufgelisteten Tathandlungen tauchen alle-samt auch im Betäubungsmittelstrafrecht auf. Insofern entspricht es dem gesetzgeberischen Willen, die Definitionen und die zum Betäubungsmittelstrafrecht ergangene Rechtspre-chung im Wesentlichen auf das NpSG zu übertragen. Einzige Ausnahmen stellen – gesetzge-berisch missglückt – das Herstellen und das Inverkehrbringen dar, die gem. § 2 Nr. 3 und 4 arzneimittelrechtlich definiert werden (→ Rn. 18, 19).

16   **a) Handeltreiben.** Der Begriff des Handeltreibens erfasst in Anlehnung an die von der Rechtsprechung vorgenommene Auslegung des gleichlautenden Begriffs im BtMG alle eigennützigen, auf den Umsatz von NpS abzielenden Handlungen. Damit soll den Beson-

---

[8] BT-Drs. 18/8579, 22.
[9] BT-Drs. 18/8579, 22.
[10] BT-Drs. 18/8579, 24.
[11] BT-Drs. 18/8579, 24.
[12] BT-Drs. 18/8579, 18.

derheiten des Handels mit NpS Rechnung getragen werden, der durch arbeitsteilige Handlungsschritte gekennzeichnet ist. Mithin wird auf dieselben Erwägungen abgestellt, mit denen auch die uferlose Auslegung des Handeltreibens im Bereich der Betäubungsmittelkriminalität legitimiert wird. Es kann insofern vollumfänglich auf die Ausführungen bei → BtMG § 29 Rn. 242 ff. verwiesen werden:[13] Es gelten die Ausführungen zum Eigennutz, zum Umsatzwillen, zur (eigentlich unmöglichen) Abgrenzung von Täterschaft und Teilnahme, zu den Deliktsverwirklichungsstufen und zur Bildung von Bewertungseinheiten ebenso wie die **Fundamentalkritik** zur extensiven Auslegung dieser Tathandlung (→ BtMG § 29 Rn. 356, 384, 449, 477 ff.).

Diese wiegt an dieser Stelle sogar noch ein bisschen schwerer, da mit der Modalität des **17** Inverkehrbringens eine Alternative existiert, die als „fleisch gewordenes" Katalogmodell bezeichnet werden kann, wie sie der Dritte Senat in seinem Anfragebeschluss vorgeschlagen hatte. Soweit bereits das Vorrätig- und Feilhalten über das Inverkehrbringen erfasst wird, braucht es keines weiteren Tatbestands, welcher ermöglicht, frühzeitig und umfassend gegen illegale Händler, insbesondere auch gegen Formen der organisierten Kriminalität, vorzugehen. Interessant wird freilich zu beobachten sein, wie die Rechtsprechung die Überschneidungen, die sich zwischen den Modalitäten des Inverkehrbringens und Handeltreibens ergeben werden, auflöst. Schließlich ist auch zu erwarten, dass die fehlenden Konsumgewohnheiten bei NpS die Feststellung einer **Handelsmenge** (jedenfalls bei noch nicht weit verbreiteten Stoffen) erschweren und damit eine **praktische Restriktion** dahingehend eintritt, dass die Verfolgungsbehörden mehr denn je darauf aus sein müssen, klassische Tätigkeiten, in denen sich der Umsatzwille manifestiert, auszuermitteln (Verkauf, ernstes Angebot). Dies würde letztlich auf die Anwendung einer „**Erklärungstheorie**" – wie sie diesseits vorgeschlagen wird (→BtMG § 29 Rn. 252) – hinauslaufen, es sei denn, es wird durchweg hilfsweise auf das Inverkehrbringen zurückgegriffen.

b) Herstellen. Das NpSG enthält in § 2 Nr. 3 eine **Legaldefinition** des Begriffs „Her- **18** stellen". Danach ist „Herstellen" das **Gewinnen, Anfertigen, Zubereiten, Be- oder Verarbeiten, Reinigen, Umwandeln, das Abpacken und das Umfüllen, einschließlich Abfüllen.** Der Begriff umfasst die verschiedenen Schritte in der Handlungskette, die vor dem Umsatz von NpS typischerweise durchgeführt werden. Dies sei im Hinblick auf den Zweck des Gesetzes, zum Schutz der Gesundheit der Bevölkerung die Verbreitung von NpS zu verhindern, gerechtfertigt.[14] Freilich braucht es dieser extensiven Ausgestaltung nur, soweit nicht auf einen Umsatzwillen geschlossen werden kann. Im Falle des Handeltreibens geht die Herstellung als Teilakt in diesem Begriff auf. Im Übrigen ist der sich am Arzneimittelrecht orientierende Begriff des Herstellens weiter gefasst als derjenige des BtMG, bei dem das Abpacken, das Umfüllen samt Abfüllen allesamt nur **Beendigungshandlungen** des Herstellens bzw. Teilakte des Handeltreibens darstellen, wenn diese Handlungen umsatzbezogen erfolgen. Praktisch dürfte dies allerdings kaum Auswirkungen haben. Zur Konkretisierung der einzelnen Erscheinungsformen des Herstellens kann auf die arzneimittelrechtliche Kommentierung bzw. vom „Gewinnen" bis zum „Umwandeln" auch auf die Ausführungen bei → BtMG § 29 Rn. 137 ff. verwiesen werden.

c) Inverkehrbringen. Der Begriff des „Inverkehrbringens" in § 3 Nr. 4 entspricht im **19** Wesentlichen der **Definition in § 4 Absatz 17 AMG.** Inverkehrbringen ist das Vorrätighalten zum Verkauf oder zu sonstiger Abgabe sowie das Feilhalten, das Feilbieten, die Abgabe, ergänzt um das Überlassen zum unmittelbaren Verbrauch an andere. Daher konnte der Gesetzgeber auch auf eine eigenständige Ergänzung des Verabreichens um die Modalitäten des Überlassens und der Abgabe (wie sie aus dem Betäubungsmittelstrafrecht bekannt ist) verzichten. Hinsichtlich der Definition der Einzelbestandteile der Tathandlung wird insofern auf die Kommentierung im AMG – soweit es die Abgabe und die Verbrauchsüberlassung

---

[13] BT-Drs. 18/8579, 19.
[14] BT-Drs. 18/8579, 18.

betrifft auch auf die → BtMG § 29 Rn. 865 und 1272 verwiesen. Die weite Definition wird ebenso mit dem **Schutzzweck des Gesetzes** begründet.[15] Auch das Inverkehrbringen (Abs. 1 Nr. 1) führe zu einer Weiterverbreitung von NpS und bewirke damit eine Gefährdung fremder Rechtsgüter.[16]

20   **aa) Verhältnis zum Handeltreiben.** Die Gesetzesbegründung verliert im Übrigen kein einziges Wort zum insoferen **betäubungsmittelrechtlich** emanzipierten Begriff des Inverkehrbringens, was überraschen muss, da bezüglich des Handeltreibens auf das Betäubungsmittelstrafrecht verwiesen wird. Dort hat das Inverkehrbringen nur eine Auffangfunktion und ist darüberhinaus als reines Erfolgsdelikt ausgestaltet (jede Handlung, welche den Wechsel der Verfügungsgewalt über BtM verursacht, → BtMG § 29 Rn. 928).[17] Die Anlehnung an das Arzneimittelrecht kann jedenfalls – ebenso wie im GÜG – dann nicht überzeugen, wenn die Tathandlung des Handeltreibens derart extensiv ausgelegt wird. Eine der beiden Modalitäten kann damit gestrichen werden. Doch in Anbetracht der besonderen Anforderungen an das Handeltreiben und den prognostizierten Schwierigkeiten im Hinblick auf die Feststellung eines Umsatzwillens, ist zu erwarten, dass häufiger auf die Tathandlung des Inverkehrbringens zurückgegriffen wird.

21   **bb) Varianten des Inverkehrbringens.** § 2 Nr. 4 konkretisiert den Begriff des Inverkehrbringens dahingehend, dass hierunter das Vorrätighalten zum Verkauf oder zu sonstiger Abgabe sowie das Feilhalten, das Feilbieten, die Abgabe und das Überlassen zum unmittelbaren Verbrauch zu verstehen ist. **Vorrätighalten** bezeichnet das funktional „angehauchte" Innehaben, den Gewahrsam oder auch nur mittelbaren Besitz (→ AMG § 4 Rn. 24). Das **Feilhalten** ist das nach außen erkennbare körperliche Bereitstellen zum Verkauf (wobei man darüber streiten kann, ob die Ware als solche bereits zum Verkauf bereit stehen muss, vgl. hierzu → AMG § 4 Rn. 29 f.). **Feilbieten** ist der an potentielle Erwerber gerichtete Hinweis auf feilgehaltene Ware (→ AMG § 4 Rn. 31), während unter einer **Abgabe** die Übertragung der Verfügungsgewalt an einen Dritten zu verstehen ist (mithin die Definition dieser Modalität derjenigen des Betäubungsmittelrechts entspricht, → BtMG § 29 Rn. 865). Der Begriff der unmittelbaren Verbrauchsüberlassung taucht in der arzneimittelrechtlichen Definition nicht auf, sondern wurde als Besonderheit des Betäubungsmittelstrafrechts in die Definition übertragen. Dementsprechend gelten die Ausführungen zu → BtMG § 29 Rn. 12 entsprechend.

22   In keinem Fall genügt schon der **einfache Besitz** an NpS für eine Tatbestandsverwirklichung. Einfache **Kuriertätigkeiten** lassen sich weder unter den Begriff des Vorrätighaltens noch denjenigen des Feilbietens und Feilhaltens subsumieren. Auch das Überlassen des Drogenpakets, das mit der Kuriertätigkeit einhergeht, lässt sich nicht unter das Inverkehrbringen (in Form der Abgabe) fassen: Denn dies setzte voraus, dass der Kurier Verfügungsmacht über die NpS hat, was im Regelfall nicht angenommen werden kann.[18] Der BGH nimmt den Charakter der Abgabe als Erfolgsdelikt ernst und lässt die **bloße Versendung** des fraglichen Stoffs (im konkreten Fall Arzneimittel) nicht genügen, wenn sich die tatrichterlichen Feststellungen nicht zur Lagerung bzw. zum Feilhalten von Betäubungsmitteln verhalten, sondern lediglich auf die Abgabe stützen. Bleibt also in solch einem Fall die Abgabe im Versuchsstadium stecken (etwa weil die per Luftfracht transportierte Sendung aber nicht bei dem jeweiligen Adressaten ankam, sondern von den Zollbehörden beim Eintreffen am inländischen Zielflughafen abgefangen wurde), scheidet ein vollendetes Inverkehrbringen aus.[19]

---

[15] BT-Drs. 18/8579, 18.

[16] BT-Drs. 18/8579, 18.

[17] RG 23.11.1928 – I 286/28, RGSt 62, 369 (389); 9.5.1932 – 2 D 460/32, JW 1932, 3346; BayObLG 28.7.1960 – RevReg. 4 St 84/60, BayObLGSt 1960, 182 (184); BGH 25.11.1980 – 1 StR 508/80, NStZ 1982, 190; 12.9.1991 – 4 StR 418/91.

[18] BayObLG 25.4.1951 – RevReg. Nr. III 53/51, BayObLGSt 1950/51, 385; BGH 9.10.1974 – 3 StR 245/74; OLG München 8.10.2014 – 4 OLG 13 Ss 452/14, BeckRS 2015, 15173.

[19] BGH 18.9.2013 – 2 StR 535/12, NJW 2014, 326 (zum AMG).

Da das Inverkehrbringen gleich mehrere unterschiedliche Handlungsmodalitäten erfasst, **23** müssen die einzelnen Teilakte zu einer **Bewertungseinheit** verklammert werden, soweit dasselbe Gut betroffen ist (von einem Güterumsatz sollte nicht gesprochen werden, da das Inverkehrbringen zwar im Regelfall, aber nicht zwingend einen Umsatz verlangt; im Übrigen wird man sich allerdings an den Grundsätzen zur Bildung von Bewertungseinheiten orientieren, → BtMG § 29 Rn. 477 ff.).

d) Verabreichen. Nach Abs. 1 Nr. 1 ist auch das Verabreichen, das heißt die unmittel- **24** bare Anwendung von NpS bei einer anderen Person, mit Strafe bedroht. Es gelten die bei → BtMG § 29 Rn. 1271 gemachten Ausführungen.

e) Verbringen. Das Verbringen fungiert als Oberbegriff für die Transitdelikte der Ein- **25** Aus- und Durchfuhr. Damit stellen die Verbringungsmodalitäten (neben der Abgabe als Teilakt des Inverkehrbringens) die einzigen Erfolgsdelikte im NpSG dar. Hinsichtlich ihrer Definition und den unterschiedlichen Erscheinungsformen wird vollumfänglich auf die Ausführungen bei BtMG → BtMG § 29 Rn. 645 (Einfuhr), → BtMG § 29 Rn. 772 (Ausfuhr) und → BtMG § 29 Rn. 1181 (Durchfuhr) verwiesen. Auch wenn das jeweilige Verbringen von NpS objektiv den Tatbestand des Bannbruchs (§ 372 AO) erfüllt, scheidet eine Bestrafung nach dieser Vorschrift wegen der in § 372 Abs. 2 AO enthaltenen Subsidiaritätsklausel aus.[20]

III. Subjektiver Tatbestand

Auch hinsichtlich des subjektiven Tatbestands kann weitestgehend auf die allgemeinen **26** Ausführungen zum Vorsatz, allerdings auch an die speziellen Anforderungen bei bestimmten Modalitäten (insbesondere Handeltreiben → BtMG § 29 Rn. 374 ff. und Einfuhr → BtMG § 29 Rn. 649 ff.) verwiesen werden.

1. Zweckbindung/Finalität bei Herstellen und Verbringen. Zu beachten bleibt, **27** dass bei den Handlungsvarianten des Herstellens und des Verbringens diese zum Zwecke des Inverkehrbringens erfolgen müssen. Das Verhalten des Täters muss **final** auf das Inverkehrbringen von npS ausgerichtet sein. Führt der Täter bspw. zunächst nur zum Zwecke des Eigenkonsum npS ein und entschließt sich erst später dazu, die npS in den Verkehr zu bringen, kann für eine Strafbarkeit nicht an das Verbringen geknüpft werden, vielmehr müsste unmittelbar auf das Inverkehrbringen zurückgegriffen werden.[21]

2. Irrtumskonstellationen. Im Hinblick darauf, dass das Stoffrecht mit dem neuen **28** psychoaktiven Stoff um eine weitere Kategorie ergänzt wurde, kann es häufiger als bisher zu **Fehlvorstellungen** im Hinblick auf die konkrete Substanz, ihrer Einordnung bzw. zwischenzeitlichen Überführung in das Betäubungsmittelstrafrecht kommen. Ausgehend von der klassischen Unterscheidung – wie sie die bisherige Rechtsprechung auch bei Irrtümern im Betäubungsmittelstrafrecht – vornimmt, wirken Tatsachenirrtümer **vorsatzausschließend,** während Rechtsirrtümer dem § 17 StGB zugeschlagen werden, wo bekanntermaßen ein strenger Maßstab hinsichtlich der Vermeidbarkeit des Irrtums angelegt wird (→ BtMG Vor § 29 Rn. 94 f.). Die Zuordnung der Fehlvorstellung kann im Einzelfall jedoch Probleme bereiten, insbesondere wenn der Täter nicht von einem ganz konkreten Stoff ausgeht, sondern – bei nps durchaus vorstellbar – eben von einer „Stoffgruppe", die noch nicht dem BtMG unterfällt.

In Anbetracht der Tatsache, dass die Strafvorschriften des NpSG den Kreis der Konsu- **29** menten nicht erfassen, stellt sich die Problematik des Irrtums bei einem Erwerber, der einen Stoff besitzt, von dem er nur eine Vorstellung dahingehend hat, dass dieser „high" macht

---

[20] BT-Drs. 18/8579, 20.

[21] Dies mag zu Wertungswidersprüchen hinsichtlich des Teilnehmers führen, der mit Eigenkonsumsabsicht agiert: Denn eine Bestellung von NpS aus dem Ausland zum Eigenkonsum ist als Anstiftung zum Verbringen strafbar. Freilich lässt sich dies aber mit der Überlegung legitimieren, dass der Anstifter einen Tatentschluss anderer Qualität hervorruft und gerade nicht selbst verbringt, sondern Dritte zum Zwecke des Inverkehrbringens „verbringen lässt".

(→ BtMG Vor § 29 Rn. 79 f.) im NpSG nicht. Was die **Inverkehrbringenden** angeht, wollen diese im Regelfall mit Stoffen, die psychoaktiv wirken, Profit machen. Entweder sie kennen als Hersteller sogar die konkrete Zusammensetzung, oder nehmen eine chemische Kombination in Kauf, die (zumindest) von der Anlage des NpSG erfasst ist. Da sich die beiden Regelwerke wechselseitig ausschließen, kann bei einem **alternativen Vorsatz** nur das Gesetz zur Anwendung gelangen, das denjenigen Stoff betrifft, auf den sich das Täterverhalten objektiv bezieht. Dies hat zur Folge, dass man in denjenigen Fällen, in denen der Täter keine konkrete Vorstellung von der chemischen Zusammensetzung hat, den Vorsatz des Täters in irgendeine bestimmte Richtung „zuweisen" kann, wenn er von der psychoaktiven Wirkung ausgeht. Selbst wenn man es angesichts der jetzigen gesetzgeberischen Ausgestaltung für zu weit gehend erachtet, bei Kenntnis des Täters um die psychoaktiven Wirkung einen Eventualvorsatz hinsichtlich der Betäubungsmitteleigenschaft anzunehmen (hierzu bereits → BtMG Vor § 29 Rn. 78 ff.), wird dies jedenfalls für einen Vorsatz hinsichtlich einer neuen psychoaktiven Substanz ausreichen. Somit wird auch die Einlassung, man habe nicht gewusst, dass dieser psychoaktive Stoff ein solches sei, das dem NpSG unterfalle, ebenso wie der Einwand, man habe nicht gewusst, dass gerade diese Stoffkombination in der Liste aufgeführt sei, als unbeachtlicher Subsumtionsirrtum zurückgewiesen.

30   **3. Fahrlässigkeit.** Die Abs. 5 und 6 stellen fahrlässiges Handeln bei den Qualifikationen des Absatzes 3 und bei dem Grundtatbestand des Absatzes 1 insoweit unter Strafe, als eine fahrlässige Begehungsweise möglich ist. Fahrlässiges Handeln kommt insbesondere dann in Betracht, wenn der Täter fahrlässig nicht erkennt, dass es sich bei einem Stoff um einen NpS handelt (wobei diese Annahme wiederum davon abhängig ist, in welche Richtung sich die Irrtumslehre in diesem Bereich entwickelt, vgl. bereits → Rn. 29). Der **gesetzgeberische Fahrlässigkeitsexzess** ist freilich auch an dieser Stelle kritisch zu sehen (→ BtMG Vor § 29 Rn. 64). Aufgrund des ohnehin eingeschränkten Tathandlungskatalogs, den faktisch seltenen Konstellationen fahrlässiger Begehung und dem niedrigen Strafrahmen (Abs. 6: Geldstrafe oder Freiheitsstrafe bis zu einem Jahr) ist auch hier eine praktisch äußerst geringe Bedeutung zu prognostizieren. Häufig wird eine Einstellung nach Opportunitätsvorschriften gem. §§ 153a ff. StPO erfolgen.

IV. Täterschaft und Teilnahme

31   Hinsichtlich der Beteiligungsformen gelten die **allgemeinen Regeln** (→ BtMG Vor § 29 Rn. 107 ff.). Die Abgrenzung gelingt bei den Erfolgsdelikten des Verbringens nach den anerkannten Kriterien der Tatherrschaft und des Willens zur Tatbestandsverwirklichung (→ BtMG § 29 Rn. 108). Hingegen führt die extensive Auslegung beim multiplen Tätigkeitsdelikt des Handeltreibens zu einer **faktischen Einheitstäterschaft,** welche die Rechtsprechung eher kasuistisch, denn eindeutigen Kriterien folgend, auflöst (→ BtMG Vor § 29 Rn. 109, sowie → BtMG § 29 Rn. 384 ff.). Der Gesetzgeber scheint auch davon auszugehen, dass die Rechtsprechung zu den einzelnen Tatmodalitäten auf das NpSG zu übertragen ist. So wird bspw. darauf hingewiesen, dass beim Besteller von NpS aus einem Online-Shop, eine Strafbarkeit wegen Anstiftung zum Inverkehrbringen bzw. zur Einfuhr in Betracht komme.[22] Dementsprechend wird man auch die **„Kurierrechtsprechung"** auf das NpSG übertragen können, der auch Bedeutung zukäme, weil man die insgesamt (also auch im Hinblick auf etwaige Qualifikationen) „gleichgeschaltete" Tathandlung des Inverkehrbringens bei einer Kuriertätigkeit nicht bejahen kann. (→ Rn. 390).

V. Deliktsverwirklichungsstufen

32   Abs. 2 regelt die **Strafbarkeit des Versuchs.** Die spezifischen Erläuterungen zu den einzelnen Deliktsverwirklichungsstufen der Tatmodalitäten gelten entsprechend (für das Handeltreiben → BtMG § 29 Rn. 449, für die Einfuhr → BtMG § 29 Rn. 688, für die

---

[22] BT-Drs. 18/8579, 20.

Abgabe→ BtMG § 29 Rn. 883, für das Verabreichen → BtMG § 29 Rn. 1285). Während bei den Verbringungs- und Verfügungswechseldelikten ein **praktisch relevanter Anteil** an Versuchskonstellationen verbleibt, gilt dies nicht für das Handeltreiben, Verabreichen oder die sonstigen Erscheinungsformen des Inverkehrbringens. Freilich wird man in Anbetracht des geringen Strafrahmens bei einfachen Versuchskonstellationen ebenso von den Einstellungsmöglichkeiten nach §§ 153 ff. StPO Gebrauch machen. Die Anordnung der Versuchsstrafbarkeit ist damit **kriminalpolitisch verfehlt** (etwas anderes dürfte nur im Falle des Versuchs einer Qualifikation nach Abs. 3 gelten, wofür es aufgrund der Mindeststrafe allerdings keiner expliziten Anordnung braucht).

VI. Qualifikationen

Abs. 3 sieht für bestimmte Qualifikationstatbestände Freiheitsstrafe von einem Jahr bis 33 zu zehn Jahren vor. Diese Tatbestände sind erfüllt, wenn der Täter **gewerbsmäßig** oder als Mitglied einer **Bande** handelt (Abs. 3 Nr. 1 Buchst. a), die **Gesundheit einer großen Zahl von Menschen** gefährdet (Abs. 3 Nr. 2 Buchst. a) oder einen anderen der **Gefahr des Todes** oder einer **schweren Schädigung** an Körper oder Gesundheit aussetzt (Abs. 3 Nr. 2 Buchst. b). Auch wenn sich Abs. 3 am Regelbeispiel des § 95 Abs. 3 AMG orientiert, kommen diese Merkmale auch im Betäubungsmittelstrafrecht, teils als Regelbeispiele (Gewerbsmäßigkeit, Gesundheitsgefährdung, § 29 Abs. 3 BtMG), teils als Qualifikationsmerkmale vor. Insoweit kann auch hier vollumfänglich auf die Ausführungen bei → BtMG § 29 Rn. 1656 sowie → BtMG § 30 Rn. 24 ff. (zur bandenmäßigen Begehung) verwiesen werden.

Zum **Schutz von Kindern und Jugendlichen** findet sich zudem für die Abgabe von 34 NpS an Minderjährige, für die unmittelbare Anwendung von NpS bei Minderjährigen sowie für die Aushändigung an Minderjährige zur sofortigen Verwendung in Abs. 3 Nr. 1b ein Qualifikationstatbestand, der inhaltlich weitestgehend § 29a Abs. 1 Nr. 1 BtMG entspricht, vgl. also → BtMG § 29a Rn. 13 ff. Hingegen fehlt es an einer besonderen **Erfolgsqualifikation** der Verbrauchsüberlassung, Abgabe und des Verabreichens mit **Todesfolge** (vgl. § 30 Abs. 1 Nr. 3 BtMG), insofern kommt allenfalls eine Strafbarkeit wegen Tötungsdelikten des Kernstrafrechts gem. §§ 212, 222 StGB in Betracht.[23] Soweit dann überhaupt nachgewiesen werden kann, dass ein npS ursächlich für den Todeseintritt bei einem Konsumenten geworden ist (vgl. hierzu → BtMG § 30 Rn. 146 ff.), wird man sich dann noch die Frage stellen müssen, ob die Zurechnung des Todeseintritts nicht an einer eigenverantwortlichen Selbstgefährdung des Konsumenten scheitert (→ BtMG Vor § 29 Rn. 50 ff. mwN).

VII. Konkurrenzen

Die Konkurrenzen werden im NpSG weniger Kopfzerbrechen bereiten als im Betäu- 35 bungsmittelstrafrecht. Dies liegt schlicht daran, dass v.a. die Probleme, die aus der Überschneidung verschiedener Qualifikationstatbestände samt unterschiedlicher Mindeststrafrahmen resultieren, mangels vergleichbarer Ausgestaltung im NpSG nicht auftreten können. Handelt der Täter mit Umsatzwillen, werden alle Handlungen des Handeltreibens zu einer **Bewertungseinheit** verklammert, insofern gehen dann alle Teilakte (insbesondere auch Verbringungsakte) im weiteren Begriff des Handeltreibens auf. Alle sonstigen Tathandlungen, die nicht den Güterumsatz betreffen stehen zueinander oder zum Handeltreiben in Tateinheit. Darüberhinaus bleibt eine Tateinheit nach den allgemeinen Regeln vorstellbar, wobei der Streit, inwiefern Überschneidungen der Umsatzgeschäfte eine **Klammerwirkung** entfalten können, noch im Gange ist (vgl. hierzu→ BtMG § 29 Rn. 477 ff.).

---

[23] Dies mag in Anbetracht des Umstands, dass gerade im Kontext des Konsums von NpS auch von Todesfällen infolge einer Intoxikation berichtet wird, überraschen, ist aber in Anbetracht der ergangenen Rechtsprechung zum § 30 Abs. 1 Nr. 3 BtMG (wonach eine Anwendung der Grundsätze über die eigenverantwortlichen Selbstgefährdung bei dieser Erfolgsqualifikation abzulehnen sei) und seiner geringen Bedeutung in der Praxis nur zu begrüßen.

36   Dabei dürfte das Handeltreiben auch den seinerseits weiten Begriff des Inverkehrbringens „konsumieren" bzw. umgekehrt formuliert: alle Teilakte des Inverkehrbringens (die ggf. ihrerseits zu einem Inverkehrbringen verklammert wurden) gehen im Handeltreiben auf, wenn der Täter mit Umsatzwillen agiert. Im Übrigen ist selbstverständlich auch denkbar, dass Idealkonkurrenz zu **sonstigen Delikten des Kern- und Nebenstrafrechts** besteht (Geldwäsche, Eigentumsdelikte, Fahrlässige Körperverletzung und Tötung, vgl. hierzu → BtMG § 29 Rn. 101, 110). Handelt der Täter sowohl mit NpS als auch mit BtM, stehen § 4 NpSG und § 29 BtMG in Tateinheit, § 52 StGB. Zur Frage der Behandlung von Tathandlungen in Bezug auf NpS, die während des gegenständlichen Tatzeitraums in die Anlagen des BtMG aufgenommen werden, vgl. bereits → Rn. 14.

VIII. Rechtsfolgen

37   **1. Strafzumessung.** Der Grundtatbestand sieht Freiheitsstrafe bis zu drei Jahren oder Geldstrafe vor. Bei Verwirklichung der Qualifikation nach Abs. 3 beträgt der Strafrahmen ein Jahr bis zu zehn Jahren. Zur Reihenfolge der Prüfung (insb. wenn die Verwirklichung von Qualifikationen und deren minder schwere Fälle in Betracht zu ziehen ist), → BtMG § 29a Rn. 120 ff.

38   **a) Strafrahmenwahl. aa) Vertypte Milderungsgründe.** Bei der Strafrahmenwahl sind zunächst vertypte Milderungsgründe in Betracht zu ziehen und – soweit einschlägig – anzuwenden. Zu den vertypten Milderungsgründen zählen exemplarisch der Verbotsirrtum (§ 17 S. 1 StGB), die verminderte Einsichts-/Steuerungsfähigkeit gem. § 21 StGB, der Versuch gem. § 23 Abs. 2 StGB und die Stellung als Gehilfe gem. § 27 Abs. 2 StGB.

39   **bb) Aufklärungshilfe.** Aufklärungshilfe kann bei Verwirklichung des Grundtatbestands dagegen nur im Rahmen der Strafzumessung im engeren Sinne berücksichtigt werden. Der gefährlichere Täter hingegen, welcher die Qualifikation des Abs. 3 verwirklicht (§ 46b StGB setzt voraus, dass die abzuurteilende Tat mit einer im Mindestmaß erhöhten Freiheitsstrafe aufwartet) und zugleich auch Informationen hinsichtlich einer Tat nach Abs. 3 preisgibt, kommt potentiell in den „Genuss" einer Strafrahmenverschiebung nach § 46b StGB. Denn nur die Qualifikation des Abs. 3 hat der Gesetzgeber mit Einführung des NpSG zu einer Katalogtat nach § 100a Abs. 2 StPO erhoben. Eine analoge Anwendung des § 31 BtMG kommt nicht in Betracht. In den nicht von § 46b StGB erfassten Fällen kann eine Offenbarung aber zumindest über § 46 StGB oder § 153a StPO berücksichtigt werden.

40   **cc) Minder schwerer Fall bei qualifizierten Begehung nach Abs. 4.** In minder schweren Fällen des Absatzes 3 ist die Strafe Freiheitsstrafe von drei Monaten bis zu fünf Jahren. Es gelten zunächst die allgemeinen Regeln zur Annahme eines minder schweren Falles, → BtMG § 29a Rn. 117 ff., insbesondere ist zu prüfen, ob ein vertypter Milderungsgrund für sich oder unter Hinzuziehung weiterer mildernder Strafzumessungsaspekte die Annahme eines minder schweren Falles rechtfertigt. Im Übrigen haben sich in der Rechtsprechung zum Arzneimittel- und Betäubungsmittelstrafrecht v.a. im Hinblick auf konkrete Qualifikationsmerkmale spezifische Kriterien herausgebildet, welche die Annahme eines minder schweren Falles tragen, insb. zur bandenmäßigen Begehung und der Abgabe an Minderjährige, nicht hingegen bzgl. der Gewerbsmäßigkeit und den Gesundheitsgefährdungstatbeständen (da diese Regelbeispiele darstellen, mithin der minder schwere Fall keine Rolle spielt).

41   Soweit die in diesem Zusammenhang entwickelten Aspekte nicht an die Beschaffenheit des Stoffes knüpfen (vgl. hierzu noch im Folgenden → Rn. 42), dürften derartige Kriterien auf Abs. 3 übertragbar sein. Was die **Abgabe von npS an Minderjährige** angeht, kann also die Übertragung an **szeneerfahrene** Jugendliche[24] ebenso mildernd berück-

---

[24] LG Darmstadt 27.1.1999 – 17 Js 23 216/98 – 3 KLs.

sichtigt werden, wie der Umstand, dass die **Initiative vom Minderjährigen** ausgeht.[25] Im Übrigen vgl. die Ausführungen zu → BtMG § 29a Rn. 122 sowie → BtMG § 30 Rn. 219 ff.

b) Strafzumessung im engeren Sinne. Da der Handel mit und das Inverkehrbringen **42** von NpS in weiten Teilen vom Schuldgehalt und von der Phänomenologie her mit dem unerlaubten Umgang mit Betäubungsmitteln vergleichbar ist, lassen sich v.a. diejenigen betäubungsmittelstrafrechtsspezifischen Strafzumessungskriterien auf das NpSG übertragen, welche **nicht „stoffbezogen"** sind. Als strafmildernde Gesichtspunkte lassen sich diesbezüglich nennen, u.a. die beihilfenahe oder versuchsnahe Tatbegehung, die polizeiliche Überwachung des Geschäfts bzw. die Sicherstellung der npS, die Tatprovokation oder eine Drogenabhängigkeit des Täters. Umgekehrt können ein übersteigertes Gewinnstreben, eine außergewöhnlich professionelle Weise der Herstellung sowie verwerfliche Verkaufsmethoden u.U. strafschärfend berücksichtigt werden (zum Ganzen → BtMG § 29 Rn. 616 ff.).

Schwieriger wird es hingegen bei Strafzumessungskriterien, die an die Beschaffenheit **43** des Stoffs knüpfen. Hierzu zählen im Wesentlichen die **Gefährlichkeit des Stoffes** und die umgesetzte oder umzusetzende **Menge.** Schon die Macht der Gewohnheit mag Staatsanwaltschaft und Gericht dazu verleiten, diese Kriterien maßgeblich in die Strafzumessung einzubeziehen, obwohl der Gesetzgeber (aus Praktikabilitätsgründen) auf eine Hervorhebung des Merkmals verzichtet hat. Gegebenenfalls wird man auf den angepeilten **Gewinn** bzw. auf die **Gewichtsmenge** ausweichen, solange sich keine besonderen Grenzmengen (atypisch große einerseits, typische Handelsmengen andererseits) herausgebildet haben; freilich ist in jedem Einzelfall die Heranziehung eines **Gutachtens** denkbar, das sich mit der Gefährlichkeit des Stoffes befasst und sich zur festgestellten Wirkstoffmenge äußert. Im Übrigen gelten die allgemeinen Grundsätze zur Strafzumessung, vgl. hierzu → BtMG § 29a Rn. 117 ff.

2. Einziehung (und Verfall aF). Einziehung und Verfall aF richten sich nach § 5 **44** NpSG, dessen im Wortlaut mutatis mutandis demjenigen des § 33 BtMG entspricht und damit die dortigen Ausführungen entsprechend gelten, siehe insb. → § 33 Rn. 6–7.

§ 5 Einziehung

¹Gegenstände, auf die sich eine Straftat nach § 4 bezieht, können eingezogen werden. ²§ 74a des Strafgesetzbuches ist anzuwenden.

§ 6 Datenübermittlung

¹Das Zollkriminalamt darf zu Straftaten nach § 4 Informationen, einschließlich personenbezogener Daten nach der aufgrund des § 7 Absatz 11 des Bundeskriminalamtgesetzes erlassenen Rechtsverordnung, dem Bundeskriminalamt zur Erfüllung von dessen Aufgaben als Zentralstelle übermitteln, soweit Zwecke des Strafverfahrens dem nicht entgegenstehen. ²Übermittlungen nach Satz 1 sind auch zulässig, sofern sie Daten betreffen, die dem Steuergeheimnis nach § 30 der Abgabenordnung unterliegen. ³Übermittlungsbefugnisse nach anderen Rechtsvorschriften bleiben unberührt.

§ 7 Verordnungsermächtigung

Das Bundesministerium für Gesundheit wird ermächtigt, durch Rechtsverordnung, die der Zustimmung des Bundesrates bedarf, im Einvernehmen mit dem

---

[25] BGH 20.1.2000 – 4 StR 400/99, NJW 2000, 1877.

Bundesministerium des Innern, mit dem Bundesministerium der Justiz und für Verbraucherschutz und mit dem Bundesministerium der Finanzen und nach Anhörung von Sachverständigen die Liste der Stoffgruppen in der Anlage zu ändern, wenn dies nach wissenschaftlicher Erkenntnis wegen der Wirkungsweise von psychoaktiv wirksamen Stoffen, wegen des Ausmaßes ihrer missbräuchlichen Verwendung und wegen der unmittelbaren oder mittelbaren Gefährdung der Gesundheit erforderlich ist.

Anlage

1. Von 2-Phenethylamin abgeleitete Verbindungen

Eine von 2-Phenethylamin abgeleitete Verbindung ist jede chemische Verbindung, die von einer 2-Phenylethan-1-amin-Grundstruktur abgeleitet werden kann, eine maximale Molekülmasse von 500u hat und dem nachfolgend beschriebenen modularen Aufbau aus Strukturelement A und Strukturelement B entspricht.

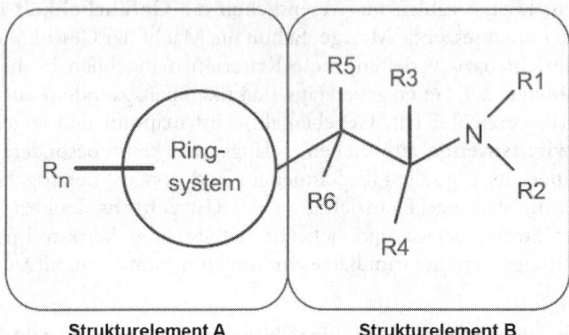

Strukturelement A   Strukturelement B

Dies schließt chemische Verbindungen mit einer Cathinon-Grundstruktur (2-Amino-1-phenyl-1-propanon) ein:

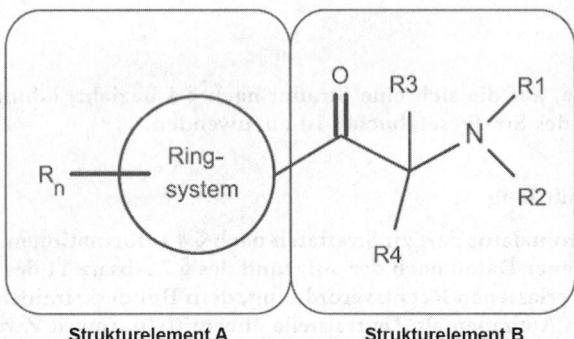

Strukturelement A   Strukturelement B

1.1 Strukturelement A. Für das Strukturelement A sind die folgenden Ringsysteme bzw. Strukturen eingeschlossen, wobei sich das Strukturelement B an jeder Position des Strukturelements A befinden kann:

Phenyl-, Naphthyl-, Tetralinyl-, Methylendioxyphenyl-, Ethylendioxyphenyl-, Furyl-, Pyrrolyl-, Thienyl-, Pyridyl-, Benzofuranyl-, Dihydrobenzofuranyl-, Indanyl-, Indenyl-, Tetrahydrobenzodifuranyl-, Benzodifuranyl-, Tetrahydrobenzodipyranyl-, Cyclopentyl-, Cyclohexyl-

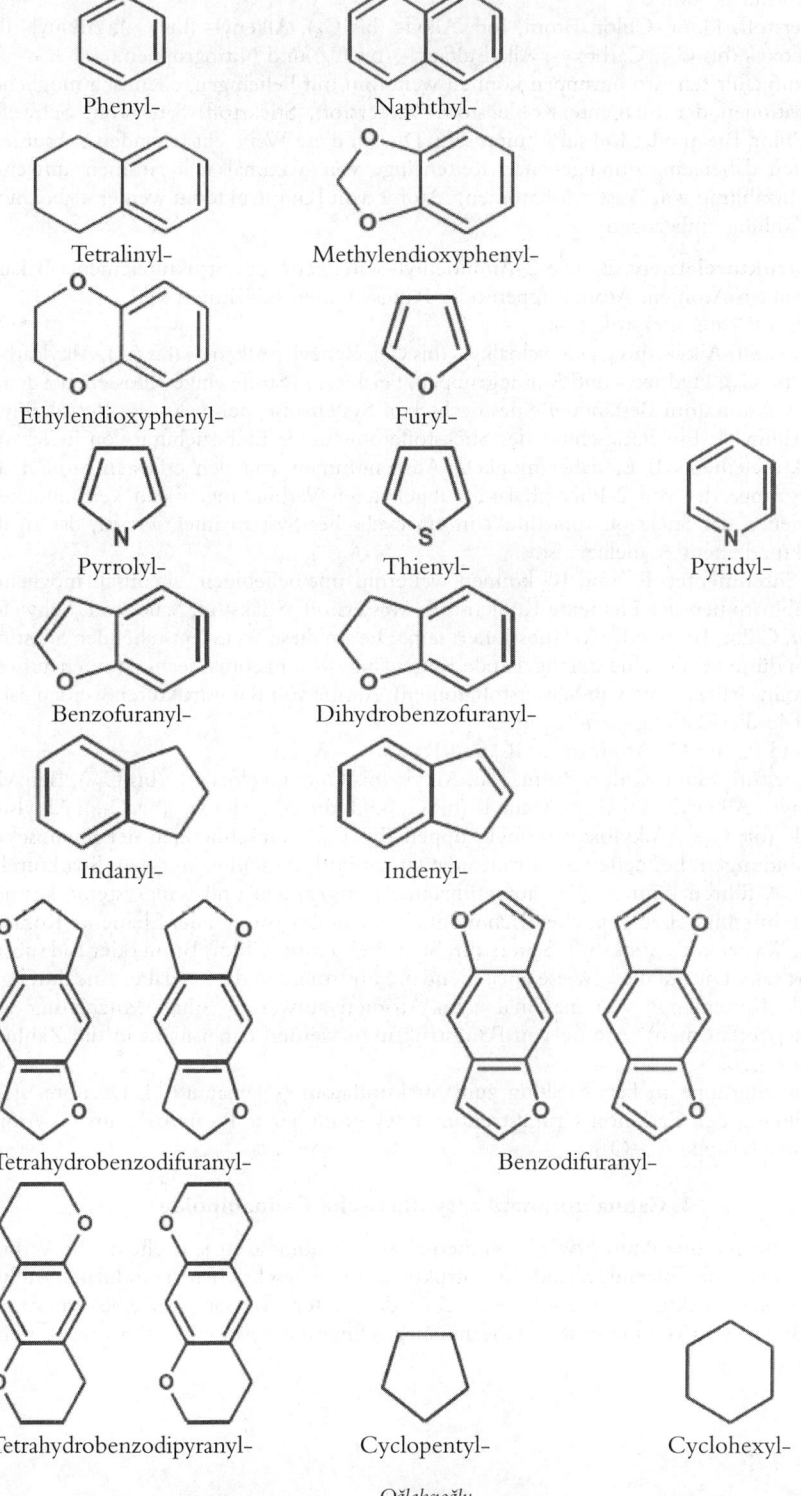

Phenyl–

Naphthyl–

Tetralinyl–

Methylendioxyphenyl–

Ethylendioxyphenyl–

Furyl–

Pyrrolyl–

Thienyl–

Pyridyl–

Benzofuranyl–

Dihydrobenzofuranyl–

Indanyl–

Indenyl–

Tetrahydrobenzodifuranyl–

Benzodifuranyl–

Tetrahydrobenzodipyranyl–

Cyclopentyl–

Cyclohexyl–

Diese Ringsysteme können an jeder Position mit folgenden Atomen oder Atomgruppen (R_n) substituiert sein:

Wasserstoff, Fluor, Chlor, Brom, Iod, Alkyl- (bis C_6), Alkenyl- (bis C_6), Alkinyl- (bis C_6), Alkoxy- (bis C_6), Carboxy-, Alkylsulfanyl- (bis C_6) und Nitrogruppen.

Die aufgeführten Atomgruppen können weiterhin mit beliebigen, chemisch möglichen Kombinationen der Elemente Kohlenstoff, Wasserstoff, Stickstoff, Sauerstoff, Schwefel, Fluor, Chlor, Brom oder Iod substituiert sein. Die auf diese Weise entstehenden Substituenten dürfen dabei eine durchgehende Kettenlänge von maximal acht Atomen aufweisen (ohne Mitzählung von Wasserstoffatomen). Atome von Ringstrukturen werden dabei nicht in die Zählung einbezogen.

1.2 Strukturelement B. Die 2-Aminoethyl-Seitenkette des Strukturelements B kann mit folgenden Atomen, Atomgruppen oder Ringsystemen substituiert sein:

a) R_1 und R_2 am Stickstoffatom:

Wasserstoff, Alkyl- (bis C_6), Cycloalkyl- (bis C_6), Benzyl-, Alkenyl- (bis C_6), Alkylcarbonyl- (bis C_6), Hydroxy- und Aminogruppen. Ferner sind Stoffe eingeschlossen, bei denen das Stickstoffatom Bestandteil eines cyclischen Systems ist (beispielsweise Pyrrolidinyl-, Piperidinyl-). Ein Ringschluss des Stickstoffatoms unter Einbeziehung von Teilen des Strukturelements B ist dabei möglich. Ausgenommen von den erfassten Stoffen der Stoffgruppe der von 2-Phenethylamin abgeleiteten Verbindungen sind Verbindungen, bei denen das Stickstoffatom direkt in ein cyclisches System integriert ist, das an das Strukturelement A anelliert ist.

Die Substituenten R_1 und R_2 können weiterhin mit beliebigen, chemisch möglichen Kombinationen der Elemente Kohlenstoff, Wasserstoff, Stickstoff, Sauerstoff, Schwefel, Fluor, Chlor, Brom oder Iod substituiert sein. Die auf diese Weise entstehenden Substituenten dürfen dabei eine durchgehende Kettenlänge von maximal sechs Atomen aufweisen (ohne Mitzählung von Wasserstoffatomen). Atome von Ringstrukturen werden dabei nicht in die Zählung einbezogen.

b) R_3 und R_4 am C_1-Atom sowie R_5 und R_6 am C_2-Atom:

Wasserstoff, Fluor, Chlor, Brom, Iod, Alkyl- (bis C_{10}), Cycloalkyl- (bis C_{10}), Benzyl-, Phenyl-, Alkenyl- (bis C_{10}), Alkinyl- (bis C_{10}), Hydroxy-, Alkoxy- (bis C_{10}), Alkylsulfanyl- (bis C_{10}), Alkyloxycarbonylgruppen (bis C_{10}), einschließlich der chemischen Verbindungen, bei denen Substitutionen zu einem Ringschluss mit dem Strukturelement A führen können. Die aufgeführten Atomgruppen und Ringsysteme können weiterhin mit beliebigen, chemisch möglichen Kombinationen der Elemente Kohlenstoff, Wasserstoff, Stickstoff, Sauerstoff, Schwefel, Fluor, Chlor, Brom oder Iod substituiert sein. Die auf diese Weise entstehenden Substituenten dürfen dabei eine durchgehende Kettenlänge von maximal zehn Atomen aufweisen (ohne Mitzählung von Wasserstoffatomen). Atome von Ringstrukturen werden dabei nicht in die Zählung einbezogen.

c) Carbonylgruppe in beta-Stellung zum Stickstoffatom (sogenannte bk-Derivate, siehe Abbildung der Cathinon-Grundstruktur unter Nummer 1: R_5 und R_6 am C_2-Atom: Carbonylgruppe (C=O)).

2. Cannabimimetika/synthetische Cannabinoide

Ein Cannabimimetikum bzw. ein synthetisches Cannabinoid ist jede chemische Verbindung, die dem nachfolgend anhand eines Strukturbeispiels beschriebenen modularen Aufbau mit einer Kernstruktur entspricht, die an einer definierten Position über eine Brücke mit einem Brückenrest verknüpft ist und die an einer definierten Position der Kernstruktur eine Seitenkette trägt.

Die Abbildung verdeutlicht den modularen Aufbau am Beispiel des 1-Fluor-JWH-018:

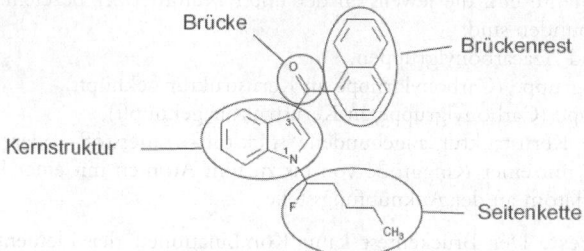

1-Fluor-JWH-018 besitzt eine Indol-1,3-diyl-Kernstruktur, eine Carbonyl-Brücke in Position 3, einen 1-Naphthyl-Brückenrest und eine 1-Fluorpentyl-Seitenkette in Position 1.
Kernstruktur, Brücke, Brückenrest und Seitenkette werden wie folgt definiert:

2.1 Kernstruktur/Gerüst. Die Kernstruktur bzw. das Gerüst schließt die nachfolgend beschriebenen Ringsysteme (Buchstabe a bis e) ein. Diese Ringsysteme können in den Positionen 5, 6 und 7 mit den folgenden Atomen oder Atomgruppen substituiert sein: Wasserstoff, Fluor, Chlor, Brom, Iod, Methyl-, Methoxy- und Nitrogruppen.

In den nachfolgenden Abbildungen (Buchstabe a bis e) werden diese Substituenten als R_1 bis R_3 bezeichnet. Die Wellenlinie gibt den Bindungsort für die Brücke an, die durchbrochene Linie gibt den Bindungsort für die Seitenkette an:

a) Indol-1,3-diyl
   (Bindungsort für die Brücke in Position 3, Bindungsort
   für die Seitenkette in Position 1)

b) 2-Methylindol-1,3-diyl
   (Bindungsort für die Brücke in Position 3, Bindungsort
   für die Seitenkette in Position 1)

c) Indazol-1,3-diyl
   (Bindungsort für die Brücke in Position 3, Bindungsort
   für die Seitenkette in Position 1)

d) Benzimidazol-1,2-diyl-Isomer I
   (Bindungsort für die Brücke in Position 2, Bindungsort
   für die Seitenkette in Position 1)

e) Benzimidazol-1,2-diyl-Isomer II
   (Bindungsort für die Brücke in Position 1, Bindungsort
   für die Seitenkette in Position 2)

2.2 Brücke an der Kernstruktur. Die Brücke an der Kernstruktur schließt die folgenden Strukturelemente ein, die jeweils an der unter Nummer 2.1 bezeichneten Stelle der Kernstruktur gebunden sind:
a) Carbonyl- und Azacarbonylgruppen,
b) Carboxamidogruppe (Carbonylgruppe an Kernstruktur geknüpft),
c) Carboxylgruppe (Carbonylgruppe an Kernstruktur geknüpft),
d) direkt an die Kernstruktur angebundene stickstoff-, sauerstoff- oder schwefelhaltige Heterozyklen mit einer Ringgröße von bis zu fünf Atomen mit einer Doppelbindung zum Stickstoffatom an der Anknüpfungsstelle.

2.3 Brückenrest. Der Brückenrest kann Kombinationen der Elemente Kohlenstoff, Wasserstoff, Stickstoff, Sauerstoff, Schwefel, Fluor, Chlor, Brom oder Iod enthalten, die eine maximale Molekülmasse von 400u haben und folgende Strukturelemente beinhalten können:
a) beliebig substituierte gesättigte, ungesättigte oder aromatische Ringstrukturen einschließlich Polyzyklen und Heterozyklen, wobei eine Anbindung auch über einen Substituenten an die Brücke möglich ist,
b) beliebig substituierte Kettenstrukturen, die unter Einbeziehung der Heteroatome eine durchgehende Kettenlänge von maximal zwölf Atomen (ohne Mitzählung von Wasserstoffatomen) aufweisen.

2.4 Seitenkette. Die Seitenkette schließt folgende Strukturelemente ein, die jeweils an der unter Nummer 2.1 bezeichneten Stelle der Kernstruktur gebunden sind:
a) gesättigte und einfach ungesättigte, verzweigte und nicht verzweigte Kohlenwasserstoffketten, die in der Kette auch Sauerstoff und Schwefelatome enthalten können, inklusive Halogen-, Trifluormethyl- und Cyanosubstituenten sowie sauerstoff- und schwefelhaltige Substituenten mit einer durchgehenden Kettenlänge einschließlich Heteroatomen von drei bis sieben Atomen (ohne Mitzählung von Wasserstoffatomen),
b) über eine Methylen-, Ethylen- oder 2-Oxoethylenbrücke gekoppelte oder direkt angebundene gesättigte, ungesättigte oder aromatische Ringe mit fünf, sechs oder sieben Ringatomen einschließlich Stickstoff-, Sauerstoff- oder Schwefelheterozyklen inklusive am Ring fluor-, chlor-, brom-, iod-, trifluormethyl-, methoxy- oder cyanosubstituierte sowie am Ringstickstoff methyl- oder ethylsubstituierte Derivate.

3. Kapitel. Medizinrecht

I. Gesetz über die Spende, Entnahme und Übertragung von Organen und Geweben (Transplantationsgesetz – TPG)

In der Fassung der Bekanntmachung vom 4.9.2007, BGBl. I S. 2206
Zuletzt geändert durch Gesetz vom 18.7.2017, BGBl. I S. 2757[1]

FNA 212-2

Gesetzesmaterialien: Arbeitsentwurf für ein Transplantationsgesetz der Bund-Länder-Arbeitsgruppe, 1975; Bericht der Bund-Länder-Arbeitsgruppe zur Vorbereitung einer gesetzlichen Regelung der Transplantation und Sektion, 1976; RegE eines Gesetzes über Eingriffe an Verstorbenen zu Transplantationszwecken (Transplantationsgesetz) v. 16.3.1979 (BT-Drs. 8/2681); Stellungnahme des BR (BT-Drs. 8/2681, Stellungnahme des BR); Transplantationsgesetz für das Land Rheinland-Pfalz (LT-Drs. 12/2094/5037) v. 23.6.1994, aufgehoben durch Gesetz v. 25.8.1994; Gesetzesantrag der Länder Hessen und Bremen (BR-Drs. 682/94) v. 30.6.1994; Transplantationskodex, geändert 1992, Transplantationsmedizin 7 [1995], S. 154 bis 156; Gesetzesentwurf der Abgeordneten Knoche, Häfner und der Fraktion BÜNDNIS 90/DIE GRÜNEN eines Gesetzes über die Spende, die Entnahme und die Übertragung von Organen (Transplantationsgesetz – TPG) v. 7.11.1995 (BT-Drs. 13/2926); Gesetzesentwurf der Fraktionen der CDU/CSU, SPD und F. D. P. eines Gesetzes über die Spende, die Entnahme und die Übertragung von Organen (Transplantationsgesetz – TPG) v. 16.4.1996 (BT-Drs. 13/4355);[2] Änderungsantrag zur zweiten Beratung des Gesetzentwurfs der Fraktionen der CDU/CSU, SPD und F.D.P eines Gesetzes über die Spende, die Entnahme und die Übertragung von Organen (Transplantationsgesetz – TPG) v. 24.6.1997 (BT-Drs. 13/8027); Änderungsantrag der Abgeordneten Dr. Gesine Lötzsch und Petra Pau zu der zweiten Beratung des Gesetzentwurfs der Bundesregierung v. 22.11.2004 (BT-Drs. 15/4355); Zwischenbericht der Enquete-Kommission Ethik und Recht der modernen Medizin, Organlebendspende v. 17.3.2005 (BT-Drs. 15/5050); RegE eines Gesetzes über Qualität und Sicherheit von menschlichen Geweben und Zellen (Gewebegesetz) v. 11.8.2006 (BR-Drs. 543/06); Stellungnahme des Bundesrates v. 11.8.2006 (BR-Drs. 543/06 (Beschluss)); RegE eines Gesetzes über Qualität und Sicherheit von menschlichen Geweben und Zellen (Gewebegesetz) v. 25.10.2006 (BT-Drs. 16/3146); 1. Beratung des Deutschen Bundestag v. 9.11.2006 (PlPr 16/63); Beschlussempfehlung und Bericht des AfGesundheit v. 23.5.2007 (BR-Drs. 16/5443); Gewebegesetz v. 20.7.2007 (BGBl. I S. 1574), Inkrafttreten am 1.8.2007; RegE eines Gesetzes zur Änderung arzneimittelrechtlicher und anderer Vorschriften v. 16.3.2009 (BT-Drs. 16/12256); Stellungnahme des Bundesrates und Gegenäußerung der Bundesregierung v. 22.4.2009 (BT-Drs. 16/12677); Bericht der Bundesregierung zur Situation der Transplantationsmedizin in Deutschland zehn Jahre nach Inkrafttreten des Transplantationsgesetzes v. 30.6.2009 (BT-Drs. 16/13740); Beschlussempfehlung und Bericht des AfGesundheit (BT-Drs. 16/3428) v. 22.7.2009 (BGBl. I Nr. 43), Inkrafttreten am 23.7.2010; RegE eines Gesetzes zur Änderung des Transplantationsgesetzes v. 19.10.2011(BT-Drs. 17/7376); Gesetzesentwurf des Abgeordneten Kauder et al. eines Gesetzes zur Regelung der Entscheidungslösung im Transplantationsgesetz v. 21.3.2012 (BT-Drs. 17/9030); Beschlussempfehlung und Bericht des AfGesundheit (BT-Drs. 17/13947); Gesetz zur Beseitigung sozialer Überforderung bei Beitragsschulden in der Krankenversicherung v. 15.7.2013 (BGBl. I S. 2423); Unterrichtung durch die Bundesregierung am 12.12.2014 (BT-Drs. 18/3566); Stellungnahme des Deutschen Ethikrates v. 24.2.2015 (BT-Drs. 18/4256); RegE eines Gesetzes zur Änderung des Transplantationsregisters der Bundesregierung, Stand Dezember 2015; Unterrichtung durch die Bundesregierung am 11.1.2016 (BT-Drs. 18/7269); Gesetzentwurf der Bundesregierung eines Gesetzes zur Errichtung eines Transplantationsregisters v. 25.4.2016 (BT-Drs. 18/8209); Entwurf eines Gesetzes zur Fortschreibung der Vorschriften für Blut- und Gewebezubereitungen und zur Änderung anderer Vorschriften v. 13.3.2017 (BT-Drs. 18/11488).

Schrifttum: *Amelung*, Irrtum und Täuschung als Grundlage von Willensmängeln bei der Einwilligung, 1998; *ders.*, Über die Einwilligungsfähigkeit, ZStW 1992 (104), 522; *ders.*, Vetorechte beschränkt Einwilligungsfähiger in Grenzbereichen medizinischer Interventionen, 1995; Arbeitskreis Organspende, Organspende

---

[1] Ich danke Frau *Claudia Wyss*, MLaw und Frau *Raphaela Holliger*, Mlaw, für die Unterstützung bei der Überarbeitung der 3. Auflage.
[2] Nähere Angaben zum Gesetzgebungsverfahren bei *Nickel/Schmidt-Preisigke/Sengler* Einführung Rn. 18 ff.; *Schroth/König/Gutmann/Oduncu/König* Einl. Rn. 2 ff.

rettet Leben!, Antworten auf Fragen, 1998; *Bachmann/Bachmann,* Aspekte zur Crossover-Transplantation, MedR 2007, 94; *Bader,* Organmangel und Organverteilung, 2010; *Bausch/Kohlmann,* Die erklärte Spendenbereitschaft als verfassungsrechtlich zulässiges Kriterium der Organallokation, NJW 2008, 1562; *Bavastro,* Das Hirnversagen und das Transplantationsgesetz, ZRP 1999, 114; *Beckmann/Brem/Eigler/Günzburg/Hammer/Müller-Ruchholz/Neumann-Held/Schreiber,* Xenotransplantation von Zellen, Geweben oder Organen. Wissenschaftliche Entwicklungen und ethisch-rechtliche Implikationen, 2000; *v. Blume,* Fragen des Totenrechts, AcP 1914 (112), 367, 390; *Bock,* Rechtliche Voraussetzungen der Organentnahme von Lebenden und Verstorbenen, 1999; *Bockelmann,* Strafrecht des Arztes, 1968; *Bondolfi/Kostka/Seelmann,* Hirntod und Organspende, 2003; *Bowary,* Die postmortale Organentnahme und ihre zivilrechtlichen Folgen, 2000; *Brudermüller/Seelmann* (Hrsg.), Organtransplantation, 2000; *Darshak/Sanghavi,* When does death start?, New York Times, 20.12.2009; *Dettmeyer/Madea,* Aufklärung und Einwilligung bei der Beschaffung und Verarbeitung von menschlichen Zellen und Geweben, Rechtsmedizin 2004, 85 ff.; *Deutsch/Spickhoff,* Medizinrecht. Arztrecht, Arzneimittelrecht, Medizinprodukterecht und Transfusionsrecht, 7. Aufl. 2014; *Dölling,* Einwilligung und überwiegende Interessen, FS Gössel, 2002, 209 ff.; *Dufková,* Zur Frage der Zulässigkeit von sog. Cross-Spenden bei Nierentransplantationen lebender Organspender unter Berücksichtigung der Entscheidung des Bundesverfassungsgerichts v. 11.8.1999 zur altruistischen fremdnützigen Lebendspende, MedR 2000, 408; *Fateh-Moghadam,* Die Einwilligung in die Lebendspende, Diss. München 2008; *ders.,* Anmerkung zu OLG Braunschweig, Beschl. v. 20.3.2013 – Ws 49/13, MedR 2014, 665; *ders.,* Strafrechtliche Risiken der Organtransplantation, in *Saliger/Tsambikakis* (Hrsg.), Strafrecht der Medizin, Handbuch für Wissenschaft und Praxis, 2015; *Forkel,* Das Persönlichkeitsrecht am Körper, JURA 2001, 73; *ders.,* Verfügungen über Teile des Körpers, JZ 1994, 593; *Frahm/Nixdorf,* Arzthaftungsrecht, 5. Aufl. 2013; *Geilen,* Medizinischer Fortschritt und juristischer Todesbegriff, FS Heinitz, 1972, 373; *Gragert,* Strafrechtliche Aspekte des Organhandels, 1997; *Gutmann,* Rechtsphilosophische Probleme der Lebendspende von Organen – zehn Thesen, in *Albert/Land/Zwierlein* (Hrsg.), Transplantationsmedizin und Ethik, 1995; *ders.,* Gesetzgeberischer Paternalismus ohne Grenzen? Zum Beschluß des Bundesverfassungsgerichts zur Lebendspende von Organen, NJW 1999, 3387; *ders./Schroth,* Recht, Ethik und die Lebendspende von Organen – der gegenwärtige Problemstand, Transplantationsmedizin, 2001; *ders./Schroth,* Organlebendspende in Europa, 2002; *ders.,* Für ein neues Transplantationsgesetz, Eine Bestandsaufnahme des Novellierungsbedarfs im Recht der Transplantationsmedizin, 2006; *ders./Wiese,* Die Domino-Transplantation von Organen, MedR 2015, 315; *Herrig,* Die Gewebetransplantation nach dem Transplantationsgesetz, 2002; *Heuer/Conrads,* Der aktuelle Stand der Transplantationsgesetzgebung, MedR 1997, 195; *Hillenkamp,* Wann ist die Einwilligung in eine Lebendorganspende (LOS) „nicht freiwillig"?, MedR 2016, 109; *Hirsch,* „Anenzephalus als Organspender: Rechtsfragen", in *Hiersche/Hirsch/Graf-Baumann* (Hrsg.), Rechtliche Fragen der Organtransplantation, 1990, S. 118 ff.; *Hoff/in der Schmitten* (Hrsg.), Wann ist der Mensch tot? Organverpflanzung und Hirntodkriterium, 1994; *Höfling,* Verfassungsrechtliche Grundfragen des Transplantationswesens, in *Höglinger/Kleinert* (Hrsg.), Hirntod und Organtransplantation, 1998, S. 87; *ders.* (Hrsg.), Kommentar zum Transplantationsgesetz, 2. Aufl. 2013; *Holznagel,* Aktuelle verfassungsrechtliche Fragen der Transplantationsmedizin, DVBl. 2001, 1629; *Kern/Laufs,* Die ärztliche Aufklärungspflicht, 1983; *Kirste,* Zum Stand der Lebendorganspende, BGBl. 2002, 768; *Klinge,* Todesbegriff, Totenschutz und Verfassung, 1996; *König,* Strafbarer Organhandel?, Der kommerzielle Handel mit menschlichen Organen, 1999; *ders.,* Das strafbewehrte Verbot des Organhandels, in *Roxin/Schroth* (Hrsg.), Medizinstrafrecht, 4. Aufl. 2010, S. 501 ff.; *Kreß,* Uterustransplantation und In-vitro-Fertilisation mit nachfolgender Schwangerschaft, MedR 2016, 242; *Kudlich,* Die strafrechtliche Aufarbeitung des „Organspende-Skandals", NJW 2013, 917; *Kühn,* Das neue deutsche Transplantationsgesetz, MedR 1998, 455; *Laufs/Reiling,* Schmerzensgeld wegen schuldhafter Vernichtung deponierten Spermas?, NJW 1994, 775; *ders./Kern,* Handbuch des Arztrechts, 4. Aufl. 2010; *ders./Katzenmeier/Lipp,* Arztrecht, 7. Aufl. 2015; *Linke,* Kostenerstattung gemäß § 18 Abs. 1 SGB V für eine Organtransplantation im Ausland? – Zugleich zum Urteil des BSG v. 17.2.2004, Az.: B1 KR 5/02 R, NZS 2005, 467; *Lippert,* Zur Zulässigkeit medizinischer Forschung an menschlichen Körpermaterialien, MedR 1997, 457; *Lüttger,* Der Tod und das Strafrecht, JR 1971, 309; *Maier,* Der Verkauf von Körperorganen, Zur Sittenwidrigkeit von Übertragungsverträgen, 1991; *Maurer,* Die medizinische Organtransplantation in verfassungsrechtlicher Sicht, DÖV 1980, 7; *Merkel,* Hirntod und kein Ende, JURA 1999, 113; *Mühlbacher,* Transplantation heute, Radiologe 1997 (37), 191; *Neft,* Die Überkreuz-Lebendspende im Lichte der Restriktionen des Transplantationsgesetzes, NZS 2004, 519; *Nickel,* Die Entnahme von Organen und Geweben beim Verstorbenen zum Zwecke der Transplantation, 1999; *Oduncu/Schroth/Vossenkuhl* (Hrsg.), Transplantation. Organgewinn und -allokation, 2003; *Oğlakcioğlu,* Aus aktuellem Anlass: Zum strafbaren Handeltreiben mit Organen gem. §§ 17, 18 TPG, HRRS 8-9/2012, 381; *Parzeller/Rüdiger,* Analyse des Gewebegesetzentwurfes, StoffR 2007, 70; *ders.,* Der Nachweis des Todes vor der postmortalen Gewebespende – Kritische Analyse des Gesetzeswortlautes de lege lata und de lege ferenda in *Wienke/Rothschild/Janke,* Rechtsfragen der Obduktion und postmortalen Gewebespende, 2012; *Pater/Raman,* Organhandel – Ersatzteile aus der Dritten Welt, 1991; *Paul,* Zur Auslegung des Handeltreibens nach dem Transplantationsgesetz, MedR 1999, 214; *Pfeiffer A.,* Die Regelung der Lebendorganspende im Transplantationsgesetz, 2004; *Pühler/Middel/Hübner,* Praxisleitfaden Gewebegesetz, 2009; *dies.,* Regelungssystematische Vorschläge zur Umsetzung der Richtlinie 2004/23/EG (Gewebrichtlinie), MedR 2007,16; *dies.,* Pankreasinseln – Was tun wenn ein Organ zum Gewebe wird?, MedR 2010, 23; *Quaas/Zuck,* Medizinrecht, 3. Aufl. 2014; *Rehmann,* Arzneimittelgesetz (AMG), 4. Aufl. 2014; *Rissing-van Saan,* Der sog. „Transplantationsskandal" – eine strafrechtliche Zwischenbilanz, NStZ 2014, 233; *Rittner/Besold/Wandel,* Die anonymisierte Lebendspende nach § 9 Satz 1 TPG geeigneter Organe (§ 8 I 2 TPG lege ferenda) – ein Plädoyer pro vita und gegen ärztlichen und staatlichen Paternalismus, MedR 2001, 118; *Rittner/Besold,* Über die Alternativen zur Lebendspende im

Transplantationsgesetz: Die Überkreuz-Lebendspende – warum nicht auch in Deutschland?, MedR 2005, 502; *Rixen,* Die Regelungen des Transplantationsgesetzes zur postmortalen Organspende vor dem Bundesverfassungsgericht, NJW 1999, 3389; *ders.,* Lebensschutz am Lebensende. Das Grundrecht auf Leben und die Hirntodkonzeption – zugleich ein Beitrag zur autonomierechtlichen Begriffsbildung, 1999; *Rosenau,* Strafbarkeit bei der Manipulation der Organallokation, FS Schünemann, 689; *Roxin,* Zur Tatbestandsmäßigkeit und Rechtswidrigkeit der Entfernung von Leichenteilen (§ 168 StGB), insbesondere zum rechtfertigenden strafrechtlichen Notstand (§ 34 StGB) – OLG Frankfurt, NJW 1975, 271, JuS 1976, 505; *ders./Schroth* (Hrsg.), Handbuch des Medizinstrafrechts, 4. Aufl. 2010; *Sasse,* Zivil- und strafrechtliche Aspekte der Veräußerung von Organen Verstorbener und Lebender, 1996; *Schachtschneider/Siebold,* Die „erweiterte" Zustimmungslösung des Transplantationsgesetzes im Konflikt mit dem Grundgesetz, DÖV 2000, 129; *Schenck/Albert/Butz,* Die elektronische Gesundheitskarte als Ablageort der Erklärung zu Organ- und Gewebespende?, in *Middel/Pühler/Lilie/Vilmar* (Hrsg.), Förderung der Organspende, Bestandsaufnahme und Bewertung, 2012, S. 115 ff.; *Schmidt,* Verfahrensökonomie und Gewissensfreiheit bei der Verabschiedung des Transplantationsgesetzes, in Parlamentsfragen, Deutsche Vereinigung für Parlamentsfragen (Hrsg.), 1998, S. 263 ff.; *Schmidt-Recla,* Kontraindikation und Kindeswohl. Die „zulässige" Knochenmarkspende durch Kinder, GesR 2009, 566; *Schneider,* Der Lebensretter als Mörder?, Der Organspendeskandal an den Grenzen der Strafrechtsdogmatik, Neue Kriminalpolitik 2013, 362; *Schröder,* Gegen die Spendenlösung bei der Organvergabe, ZRP 1997, 265; *ders./Taupitz,* Menschliches Blut, Verwendbar nach Belieben des Arztes?, 1991; *Schroth,* Die strafrechtlichen Tatbestände des Transplantationsgesetzes, Aporien einer Gesetzgebung, in *Brudermüller/Seelmann* (Hrsg.), Organtransplantation 2000, 159 (aktualisierte Fassung des Beitrags JZ 1997, 1149); *ders./König/Gutmann/Oduncu* (Hrsg.), Transplantationsgesetz, Kommentar, 2005; *ders.,* Die strafrechtlichen Grenzen der Organ- und Gewebelebendspende, in *Roxin/Schroth* (Hrsg.), Handbuch des Medizinstrafrechts, 4. Aufl. 2010, S. 466 ff.; *ders.,* Spenderautonomie und Schadensvermeidung, MedR 2012, 573; *ders.,* Die strafrechtliche Beurteilung der Manipulationen bei der Leberallokation, NStZ 2013, 437; *ders.,* § 19 Abs. 2a TPG – ein missglückter medizinstrafrechtlicher Schnellschuss, MedR 2013, 645; *ders./Hofmann,* Die strafrechtliche Beurteilung der Manipulation bei der Leberallokation – kritische Anmerkungen zu einem Zwischenbericht, NStZ 2014, 486; *Schünemann,* Die Rechte am menschlichen Körper, 1985; *Seelmann,* Organtransplantation – die strafrechtlichen Grundlagenprobleme, in *Brudermüller/Seelmann* (Hrsg.), Organtransplantation 2000, S. 29; *Seidenath,* Lebendspende von Organen – Zur Auslegung des § 8 Abs. 1 S. 2 TPG, MedR 1998, 253; *ders.,* Anmerkung zu BVerfGE, MedR 2000, 28, 33; *Sengler/Schmidt,* Organentnahme beim Hirntoten als „noch Lebenden"?, MedR 1997, 241; *Spickhoff (Hrsg.),* Medizinrecht, 2. Aufl. 2014; *Spilker,* Postmortale Organspende auf verfassungsrechtlichem Prüfstand – Auswirkungen der Schutzpflicht des Art. 2 II GG, ZRP 2014, 112; *Spittler,* Der menschliche Körper im Hirntod, ein dritter Zustand zwischen lebendem Menschen und Leichnam?, JZ 1997, 747; *Spranger,* Die Rechte des Patienten bei der Entnahme und Nutzung von Körpersubstanzen, NJW 2005, 1084; *Stengel-Steike/Steike,* Xenotransplantation – medizinische Probleme und Rechtsfragen, AnwBl 2000, 574; *Stoecker,* Zum Novellierungsbedarf der gesetzlichen Regelungen zur Lebendspende unter besonderer Berücksichtigung europäischer und internationaler Vorschriften, Diss. Göttingen 2012; *Straßburger/Meilicke/Cichutek,* Arzneimittelrechtliche Anforderungen an Arzneimittel für neuartige Therapien aus humanen Therapien Pankreata, MedR 2010, 835; *Tag,* Zum Umgang mit der Leiche, Rechtliche Aspekte der dauernden Konservierung menschlicher Körper- und Körperteile durch Plastination, MedR 1998, 387; *dies.,* Der Körperverletzungstatbestand im Spannungsfeld zwischen Patientenautonomie und Lex artis, 2000; *dies.,* „Hier dient der Tod dem Leben" – Rechtsfragen zur Anatomie im Museum, DÄBl. 2002 (99), A 1001; *dies.,* Gedanken zur Zulässigkeit von Sektionen, FS Laufs, 2005, 1079; *dies.,* Obduktionen in der Schweiz, Deutschland und Österreich, Der Pathologe 2011, 1 ff.; *Taupitz,* Gutachten A zum 63. Deutschen Juristentag, 2000; *ders.,* Menschenrechtsübereinkommen zur Biomedizin: Einheitlicher Mindestschutz, DÄBl. 1998 (95), A 1078; *ders.,* Richtlinien in der Transplantationsmedizin, NJW 2003, 1145; *Tröndle,* Der Hirntod, seine rechtliche Bedeutung und das neue Transplantationsgesetz, FS Hirsch, 1999, 779; *Ulsenheimer,* Arztstrafrecht in der Praxis, 5. Aufl. 2015; *van Raemdonck et al.,* Initial experience with transplantation of lungs recovered from donors after euthanasia, Applied Cardiopulmonary Pathophysiology (15) 2011, 38; *Verrel,* Manipulation von allokationsrelevanten Patientendaten – ein (versuchtes) Tötungsdelikt?, MedR 2014, 464; *Wagner/Broker,* Hirntodkriterium und Lebensgrundrecht, ZRP 1996, 226; *Walter,* Organentnahme nach dem Transplantationsgesetz: Befugnisse der Angehörigen, FamRZ 1998, 206; *Weber/Dindo/Demartines/Ambühl/Clavien,* Kidney Transplantation from Donors without a Heartbeat, N Engl J Med 2002; 248; *Weck,* Vom Mensch zur Sache?, 2003; *Wetz/Tag* (Hrsg.), Schöne neue Körperwelten, 2001.

Konventionen/Richtlinien/Verordnungen/Stellungnahmen: Übereinkommen über Menschenrechte und Biomedizin des Europarates (Bioethikkonvention) vom 4.4.1997, Art. 19–22; Stellungnahme des Wissenschaftlichen Beirats der Bundesärztekammer, Organentnahme nach Herzstillstand, DÄBl. 1998 (95), A 3235; Stellungnahme der Zentralen Ethikkommission bei der Bundesärztekammer, Übertragung von Nervenzellen in das Gehirn von Menschen, DÄBl. 1998 (95), A 1869; Stellungnahme des Wissenschaftlichen Beirats der Bundesärztekammer zur Xenotransplantation, DÄBl. 1999 (96), A 1920; Richtlinie der Bundesärztekammer für die Transplantation außerhalb des ET-Bereichs postmortal entnommener Organe in Deutschland, DÄBl. 2000 (97), A 3290; Richtlinien zur Qualitätssicherung in der Transplantationsmedizin „Anforderungen an die im Zusammenhang mit einer Organentnahme und -übertragung erforderlichen Maßnahmen zur Qualitätssicherung", DÄBl. 2001 (98), A 2147; Wissenschaftlicher Beirat der Bundesärztekammer, Erklärung zum Hirntod, DÄBl. 2001 (98), A 1417; Zusatzprotokoll über die Transplantation von Organen und

Geweben zum Übereinkommen über Menschenrechte und Biomedizin vom 24.1.2002, idF vom 3.4.2013; Stellungnahme des Wissenschaftlichen Beirats der Bundesärztekammer „Autopsie", DÄBl. 2005 (102), A 3537; Richtlinie der Bundesärztekammer zur Organtransplantation gemäß § 16 Abs. 1 S. 1 Nr. 3 TPG zur ärztlichen Beurteilung nach § 11 Abs. 4 S. 2 TPG, DÄBl. 2007 (104), A 3428; Stellungnahme des Deutschen Ethikrates, Die Zahl der Organspenden erhöhen – Zu einem drängenden Problem der Transplantationsmedizin in Deutschland, 2007; Verordnung über die Anforderungen an Qualität und Sicherheit der Entnahme von Geweben und deren Übertragung nach dem Transplantationsgesetz vom 26.3.2008, BGBl. 2008 I, 512, zuletzt geändert durch Artikel 1 der Verordnung vom 28.5.2014, BGBl. I, 600; Verordnung (EG) Nr. 596/2009 des Europäischen Parlaments und des Rates vom 18.6.2009 zur Anpassung einiger Rechtsakte, für die das Verfahren des Artikels 251 des Vertrags gilt, an den Beschluss 1999/468/EG des Rates in Bezug auf das Regelungsverfahren mit Kontrolle, ABl. EU Nr. L 188 (Änderung der Richtlinie 2004/23/EG, ABl. EU Nr. L 102); Richtlinie (EU) 2010/53 des Europäischen Parlaments und des Rates vom 7.7.2010 über Qualitäts- und Sicherheitsstandards für zur Transplantation bestimmte menschliche Organe, ABl. EU Nr. L 207 (Berichtigung, ABl. EU Nr. L 243/68); Verordnung (EU) Nr. 1235/2010 des Europäischen Parlaments und des Rates vom 15.12.2010 zur Änderung der Verordnung (EG) Nr. 726/2004 zur Festlegung von Gemeinschaftsverfahren für die Genehmigung und Überwachung von Human- und Tierarzneimitteln und zur Errichtung einer Europäischen Arzneimittel-Agentur hinsichtlich der Pharmakovigilanz von Humanarzneimitteln und der Verordnung (EG) Nr. 1394/2007 über Arzneimittel für neuartige Therapien, ABl. EU Nr. L 348; Richtlinie (EU) 2012/39 der Kommission vom 26.11.2012 zur Änderung der Richtlinie 2006/17/EG hinsichtlich bestimmter technischer Vorschriften für die Testung menschlicher Gewebe und Zellen, ABl. EU Nr. L 327; Empfehlungen der Bundesärztekammer und der Zentralen Ethikkommission bei der Bundesärztekammer, Umgang mit Vorsorgevollmacht und Patientenverfügung in der ärztlichen Praxis, DÄBl. 2013 (110), A 1580; Neufassung der Deklaration von Helsinki des Weltärzteverbunds von Oktober 2013; Richtlinie (EU) 2015/565 der Kommission vom 8.4.2015 zur Änderung der Richtlinie 2006/86/EG hinsichtlich bestimmter technischer Vorschriften für die Kodierung menschlicher Gewebe und Zellen, ABl. EU Nr. L 93; Richtlinien der Bundesärztekammer für die Wartelistenführung und die Organvermittlung gemäß § 16 Abs. 1 Nr. 2 und 5, insbes. zur Herz-, Herz-Lungen- und Lungen-Transplantation, zur Lebertransplantation (idF vom 23.4.2015), zur Nierentransplantation, zur Pankreastransplantation, zur Dünndarmtransplantation; Richtlinie der Bundesärztekammer zur Gewinnung von Spenderhornhäuten und zum Führen einer Augenhornhautbank, DÄBl. 2014 (111), A 1386; Richtlinie der Bundesärztekammer zur medizinischen Beurteilung von Organspendern und zur Konservierung von Spenderorganen gemäß § 16 Abs. 1 S. 1 Nr. 4a) und b) TPG, DÄBl. 2015 (112), A 1348; Richtlinie der Bundesärztekammer gemäss § 16 Abs. 1 S. 1 Nr. 1 TPG für die Regeln zur Feststellung des Todes nach § 3 Abs. 1 S. 1 Nr. 2 TPG und die Verfahrensregeln zur Feststellung des endgültigen, nicht behebbaren Ausfalls der Gesamtfunktion des Grosshirns, des Kleinhirns und des Hirnstamms nach § 3 Abs. 2 Nr. 2 TPG, 4. Fortschreibung, DÄBl. 2015 (112), A 1256; Stellungnahme des Deutschen Ethikrates, Hirntod und Entscheidung zur Organspende, v. 24.2.2015; Entwurf einer Beschlussempfehlung der Ständigen Kommission Organtransplantation für eine Änderung der Richtlinie für die Wartelistenführung und Organvermittlung zur Lebertransplantation, Stand nach 1. Lesung am 25.11.2015, veröffentlicht am 11.1.2016.

Vorbemerkung zu § 1

1   Das TPG regelt die grundsätzlichen Bedingungen der Spende und Entnahme von menschlichen Organen, Organteilen und Geweben sowie ihre Übertragung auf andere Menschen. Ferner wird für die Organisation und Durchführung der im Zusammenhang mit der Spende, Entnahme, Vermittlung und Übertragung von Organen erforderlichen Maßnahmen ein rechtlicher Rahmen festgelegt. Das Regelwerk enthält zudem Vorschriften zur Strafbarkeit des Handels mit menschlichen Organen sowie unrechtmäßigen Verhaltens bei der Organentnahme, der Organübertragung und der Verwendung medizinischer Angaben und personenbezogener Daten Beteiligter.

2   Das TPG ist trotz aller gesetzgeberischer Nachbesserungen **fragmentarischer** Natur. Wegen der Vielschichtigkeit des Themenkreises hatte der Gesetzgeber ursprünglich davon abgesehen, eine alle ärztlichen Eingriffe in den lebenden und toten menschlichen Körper sowie eine die Verwendung von Substanzen menschlichen Ursprungs umfassende Regelung vorzulegen. Aufgrund europäischer Vorgaben wurde das TPG durch das Gewebegesetz (dazu → Rn. 6) neu strukturiert und angepasst. Als Konsequenzen aus den Manipulationen an Patientendaten in deutschen Transplantationskliniken wurden §§ 10, 16 und 19 ergänzt.[1] Zudem soll ein Transplantationsregister, § 15a TPG, eine Verbesserung und Weiterentwicklung der transplantationsmedizinischen Versorgung sowie eine Erhöhung der Transparenz erreichen.[2]

---

[1] Vgl. BT-Drs. 17/13947, 21, 40.
[2] Vgl. BT-Drs. 18/8209.

Das TPG wird damit stückweise ergänzt, namentlich weil die durch das TPG geschaffenen 3
Strukturen und Grenzen des Transplantationswesens sich als weniger belastbar erwiesen haben,
wie zunächst erhofft wurde. Ein Grund dafür mag darin liegen, dass das TPG bereits vor
seinem Inkrafttreten politisch umstritten war und damit auch einen Kompromiss darstellte.
Weitere Gründe liegen in dem beständigen Organmangel und den Manipulationen der Patientendaten, die zu einem großen Einbruch bei der Zahl der Organspenden führten.

Das Bemühen des Gesetzgebers, Rechtsklarheit und Rechtssicherheit auf dem Gebiet 4
der Transplantationsmedizin zu schaffen,[3] ist daher zu begrüßen. Die massiven Manipulationen haben aufgezeigt, dass das TPG etliche Lücken enthielt, die dringend geschlossen
werden mussten, um das Vertrauen der Bevölkerung in ein zuverlässiges Transplantationswesen nicht zu verlieren. Zu Recht ist dadurch die Diskussion um die erweiterte Zustimmungslösung bzw. Widerspruchslösung in den Hintergrund getreten. Denn ein Transplantationswesen, das – wenn auch durch Einzelfälle – in Verdacht gerät, manipulierbar zu sein, kann
seine Probleme nicht lösen, indem die Anforderungen an die aktive Mitwirkung potentieller
Spender heruntergesetzt und in ein passives Dulden im Sinne der Widerspruchslösung
umgemünzt werden.[4]

Die **Zuständigkeit** des Bundes zum Erlass des TPG folgt aus Art. 74 Abs. 1 Nr. 26 5
GG. Danach hat der Bund die konkurrierende Gesetzgebungskompetenz zur Regelung der
Transplantation von Organen und Geweben.[5] Für die strafrechtlichen Regelungen ergibt
sich die Gesetzgebungskompetenz des Bundes zudem aus Art. 74 Abs. 1 Nr. 1 GG. Das
Bedürfnis einer bundesgesetzlichen Regelung ist zur Wahrung der Rechtseinheit im gesamt-
staatlichen Interesse erforderlich.

Das **Gesetz über Qualität und Sicherheit von menschlichen Geweben und Zellen** 6
(Gewebegesetz) setzt die Regelungen der Richtlinie 2004/23/EG des Europäischen Parlaments und des Rates vom 31.3.2004 zur Festlegung von Qualitäts- und Sicherheitsstandards
für die Spende, Beschaffung, Testung, Verarbeitung, Konservierung, Lagerung und Verteilung von menschlichen Geweben und Zellen – EG-Geweberichtlinie[6] – in nationales Recht
um. Diese Umsetzung beschränkt sich nicht nur auf die zwingenden europäisch vorgegebenen Regelungsinhalte, vielmehr geht das Gewebegesetz in mehreren Regelungen weit über
die europarechtlichen Vorgaben hinaus.

Das als Artikelgesetz gestaltete Gesetz änderte das ursprüngliche TPG, um Qualitäts- und 7
Sicherheitsaspekte besser einzuhalten, die sich namentlich im Zusammenhang mit der Entnahme, Gewinnung, Untersuchung, Be- und Verarbeitung, Aufbewahrung und Konservierung der Gewebe und Zellen sowie deren Abgabe an Einrichtungen der medizinischen
Versorgung stellen.[7] Zugleich wurden das AMG, das TFG und die Apothekenbetriebsverord-
nung sowie die Betriebsverordnung für Arzneimittelgroßhandelsbetriebe geändert und
ergänzt. Insbes. wurde die Betriebsverordnung für pharmazeutische Unternehmer durch die
Arzneimittel- und Wirkstoffherstellungsverordnung (AMWHV)[8] abgelöst. Das Gewebegesetz
erfasst humanbiologische Materialien, die zur unmittelbaren Übertragung bei Menschen
bestimmt sind und Gewebe, die zunächst be- oder verarbeitet werden, bevor sie bei Menschen
verwendet werden. Aufgrund der Unterschiedlichkeit dieser Substanzen, ihrer Entnahme,
Verarbeitung und Verwendungsformen sieht das Gewebegesetz differenzierte gesetzliche

---

[3] Vgl. bereits BR-Drs. 119/91.
[4] Zum Organverteilungsskandal vgl. zB *Rissing-van Saan* NStZ 2014, 233; kritisch *Schroth/Hofmann* NStZ
2014, 486. Eine Dokumentation der Geschehnisse findet sich unter <http://www.sueddeutsche.de/thema/
Organspende-Skandal>, zuletzt aufgerufen am 11.4.2017.
[5] Der hiervon nicht erfasste, sonstige Umgang mit der Leiche verblieb in der Gesetzgebungskompetenz
der Länder. Hier gelten deshalb außer eigenen Bestattungsgesetzen auch vereinzelt Sektionsgesetze, vgl. *Tag*
FS Laufs, 2005, 1079. Stellungnahme des Wissenschaftlichen Beirats der Bundesärztekammer „Autopsie",
DÄBl. 2005 (102), A 3537 ff.
[6] ABl. EU L 102, 48, geändert durch Verordnung (EG) Nr. 596/2009, ABl. EU L 188, 14.
[7] BT-Drs. 16/3146, 21.
[8] Verordnung über die Anwendung der Guten Herstellungspraxis bei der Herstellung von Arzneimitteln
und Wirkstoffen und über die Anwendung der Guten fachlichen Praxis bei der Herstellung von Produkten
menschlicher Herkunft vom 3.11.2006, BGBl. I S. 2523.

Regelungen vor. Zentral ist die Erweiterung des Anwendungsbereichs des Transplantationsgesetzes auf Knochenmark sowie embryonale und fötale Organe und Gewebe und menschliche Zellen. Demzufolge werden die Voraussetzungen der postmortalen Spende spezifisch für die zusätzlich erfassten menschlichen Organe und Gewebe geregelt. Dies betrifft insbes. die Entnahme von Organen und Geweben bei toten Föten und Embryonen, die unter engen Voraussetzungen auf eine gesetzliche Grundlage gestellt wurde. Des Weiteren werden die Entnahme von Knochenmark, die Spende von mittelbar extrakorporal gewonnenen Organen oder Geweben aufgrund einer vorangegangenen medizinischen Behandlung und die Spende von menschlichen Samenzellen für eine medizinisch unterstützte Befruchtung geregelt. Auch die Entnahme von Organen und Geweben zur Rückübertragung, soweit diese nicht innerhalb ein und desselben chirurgischen Eingriffs übertragen werden, wird erfasst, Art. 1 Abs. 3. Ein weiterer Aspekt des Gewebegesetzes betrifft die Entnahme und Untersuchung der Gewebe durch Gewebeeinrichtungen. Hierzu werden spezielle Anforderungen an die Qualität und Sicherheit bei der Entnahme von Gewebe, einschließlich der Spenderidentifikation und der Entnahmeverfahren, die Spenderuntersuchung und Spenderauswahl sowie die umfassende Dokumentation, die eine unverzügliche und vollständige Rückverfolgung gewährleisten soll, festgehalten. Auch die Grundlage eines Organ- und Gewebespenderegisters wird gelegt. Konkretisiert werden diese durch das Gewebegesetz verankerten Pflichten durch die TPG-Gewebeverordnung (TPG-GewV). Der Anwendungsbereich der TPG-GewV umfasst jedoch nicht die technischen und organisatorischen Anforderungen an die Gewebeentnahme, welche in der daneben geltenden AMWHV festgelegt sind.[9]

8   Die Umsetzung der Richtlinie 2010/53/EU des Europäischen Parlaments und des Rates vom 7. Juli 2010 über Qualitäts- und Sicherheitsstandards für zur Transplantation bestimmte menschliche Organe ist mit dem zum 1.8.2012 in Kraft getretenen Gesetz zur Änderung des Transplantationsgesetzes erfolgt. Regelungsziele sind insbes. die Festlegung EU-weiter, einheitlicher Qualitäts- und Sicherheitsstandards für Entnahmekrankenhäuser, Transplantationszentren und anderen Bereitstellungsorganisationen sowie Anforderungen an die Charakterisierung des Spenderorgans und das System der Rückverfolgbarkeit und die Meldung schwerwiegender Zwischenfälle und schwerwiegender unerwünschter Reaktionen. Das Gesetz zur Regelung der Entscheidungslösung im Transplantationsgesetz trat zum 1.11.2012 in Kraft. Es soll jede urteilsfähige Person in die Lage versetzen, sich mit der Frage seiner eigenen Spendebereitschaft ernsthaft zu befassen. Die bislang geltende erweiterte Zustimmungslösung wurde dazu in eine Entscheidungslösung umgewandelt. Ferner wurden die Krankenkassen und privaten Krankenversicherungsunternehmen verpflichtet, ihren Versicherten geeignetes Informationsmaterial zur Organ- und Gewebespende einschließlich eines Organspendeausweises im Zusammenhang mit ua der Abgabe der elektronischen Gesundheitskarte zur Verfügung zu stellen. Beide Novellierungen sollen grundsätzliche rechtliche und ethische Aspekte berücksichtigen, vorrangig mit dem Ziel der Erhöhung der Zahl der Organspender. Die Bedeutung der Förderung der Organspende hat sich im Rahmen der Novellierung auf zwei bedeutsame Bestrebungen konzentriert, zum einen auf die Verminderung von Ungleichheiten und zum anderen auf die Stärkung der Patientenautonomie. Die Entscheidungslösung basiert nach wie vor auf einer freiwilligen Einwilligung der Bürger und Bürgerinnen.

Abschnitt 1. Allgemeine Vorschriften

§ 1 Ziel und Anwendungsbereich des Gesetzes[1]

(1) [1]Ziel des Gesetzes ist es, die Bereitschaft zur Organspende in Deutschland zu fördern. [2]Hierzu soll jede Bürgerin und jeder Bürger regelmäßig im Leben in

---
[9] BT-Drs. 939/07, 20.
[1] Hierzu BT-Drs. 12/4355 und BT-Drs. 13/8017.

die Lage versetzt werden, sich mit der Frage seiner eigenen Spendebereitschaft ernsthaft zu befassen und aufgefordert werden, die jeweilige Erklärung auch zu dokumentieren. [3]Um eine informierte und unabhängige Entscheidung jedes Einzelnen zu ermöglichen, sieht dieses Gesetz eine breite Aufklärung der Bevölkerung zu den Möglichkeiten der Organ- und Gewebespende vor.

(2) [1]Dieses Gesetz gilt für die Spende und die Entnahme von menschlichen Organen oder Geweben zum Zwecke der Übertragung sowie für die Übertragung der Organe oder der Gewebe einschließlich der Vorbereitung dieser Maßnahmen. [2]Es gilt ferner für das Verbot des Handels mit menschlichen Organen oder Geweben.

(3) Dieses Gesetz gilt nicht für

1. Gewebe, die innerhalb ein und desselben chirurgischen Eingriffs einer Person entnommen werden, um auf diese ohne Änderung ihrer stofflichen Beschaffenheit rückübertragen zu werden,
2. Blut und Blutbestandteile.

Übersicht

I. Überblick

Der Regelungsbereich des TPG umfasst nach Abs. 2 S. 1 Maßnahmen, die mit Blick auf **1** die Organ- und Gewebespende durchgeführt werden, sowie alle Eingriffe in den menschlichen Körper, bei denen Organe und Gewebe zum Zweck entnommen werden, sie zu übertragen. Vom Geltungsbereich erfasst werden auch die entsprechenden Vorbereitungsmaßnahmen für Eingriffe zur Entnahme und Übertragung von Organen oder Gewebe. Hierzu zählen ua die nach den §§ 9–11 zur Organentnahme, -vermittlung und -übertragung erforderlichen Handlungen. Abs. 1 wurde im Rahmen der Einführung der Entscheidungslösung verfasst und soll nach dem gesetzgeberischen Willen jeder Bürgerin und jedem Bürger eine informierte und unabhängige Entscheidung ermöglichen.[2]

II. Begriffe

1. Organ, Organteile, Gewebe. Die bis vor dem Gewebegesetz geltende Unterschei- **2** dung zwischen Organen, Organteilen oder Geweben gemäß § 1 Abs. 1 S. 1 TPG aF ist weggefallen. Der Gesetzgeber hat vorstehende Begriffe in § 1a neu gefasst. Damit wird nun begrifflich zwischen Organen einerseits und Geweben andererseits differenziert. Diese Änderung soll eine Schnittstelle zwischen der Gewebemedizin und der Organtransplantation schaffen, so dass Gewebe nicht mehr ausschließlich den Regelungen des TPG unterfallen, sondern unter bestimmten Voraussetzungen dem Anwendungsbereich des AMG unterliegen. Die Neufassung und einhergehende Unterwerfung von klassischen Gewebetransplantaten unter die Vorschriften des AMG wird zu Recht kritisch diskutiert,[3] zumal die Abgrenzung im Einzelfall mit großen Problemen behaftet sein kann.[4]

---

[2] BT-Drs. 17/9030, 16.
[3] Vgl. bereits *Parzeller/Rüdiger* StoffR 2007, 70 mwN.
[4] Spickhoff/*Middel/Scholz* § 1a Rn. 7.

3   **2. Rechtsnatur der entnommenen Körpersubstanzen.** Während das Verhältnis des Menschen zu seinem Körper personenrechtlicher Natur ist,[5] werden vom lebenden Körper abgetrennte natürliche Körperteile, Organe und Gewebe, unabhängig davon, ob die Trennung gewollt war, zur Sache.[6] Gegen den vollständigen Untergang des Persönlichkeitsrechts und damit gegen eine rein sachenrechtliche Betrachtung der abgelösten Körperteile und Substanzen spricht jedoch deren „menschliche" Herkunft. Zudem weist die Rechtsposition des Eigentümers etliche Besonderheiten auf, die nach Umfang und Inhalt mit der Berechtigung des Organ- oder Gewebespenders nicht zu vereinbaren sind. § 903 BGB erlaubt dem Eigentümer, mit der Sache nach seinem Gutdünken umzugehen, so zB sie zu veräußern oder an ihr Sicherungseigentum oder Eigentumsvorbehalt zu vereinbaren. Darüber hinaus ist an beweglichen, nicht abhanden gekommenen Sachen gutgläubiger Erwerb möglich. Diese rechtlichen Möglichkeiten auf Explantate angewandt, bedingen zwangsläufig deren Deklassierung zum verkehrsfähigen Handelsgut. Das Verbot des Organhandels, § 17, sowie Art. 21 des von Deutschland nicht unterzeichneten, aber als Orientierungspunkt dennoch Bedeutung erlangenden[7] Menschenrechtsübereinkommens zur Biomedizin des Europarates[8] sprechen gegen eine solche Einordnung. Die individuelle körperliche Urheberschaft, deren Bedeutung gerade auch aufgrund der medizinischen Entwicklung im Bereich der Entschlüsselung des menschlichen Genoms mit einer rein sachenrechtlichen Beziehung nicht in Einklang zu bringen ist, überdauert vielmehr den Akt der Entnahme.[9]

4   Damit ist festzuhalten: Die Entnahme lockert, zerschneidet aber nicht vollständig das persönlichkeitsrechtliche Band zwischen dem Spender und seinem Organ oder Gewebe. Die explantierten Organe oder Gewebe sind **nicht** zu **beliebigen** Sachen geworden. Die Entnahme bewirkt jedoch eine die Rechtsgutsidentität verändernde **Rechtsgutsmodifizierung.** Diese zum Teil[10] beklagte Diskontinuität des Rechts am Körper und an seinen Teilen ist wesensmäßig vorgegeben. Nur in engen Grenzen besteht von diesem Grundsatz dann eine Ausnahme, wenn das entnommene Organ bzw. Gewebe nur kurzfristig vom Körper getrennt wird, um es im Rahmen derselben Behandlung wieder in den Ursprungskörper zu integrieren und damit in einen engen räumlichen und zeitlichen Zusammenhang zurückzuversetzen. In diesem Ausnahmefall ist das Band zwischen menschlichem Körper und entnommenem Organ oder Gewebe so eng gewoben, die Struktur- und Wertegleichheit mit den fest verbundenen natürlichen Körperteilen dergestalt gegeben, dass die kurzfristige Ausgliederung das entnommene Organ oder Gewebe nicht zur beliebigen Sache umgestaltet. § 1 Abs. 3 Nr. 1 gliedert daher zu Recht Gewebe, die innerhalb ein und desselben chirurgischen Eingriffs einer Person entnommen werden, um auf diese rückübertragen zu werden, aus seinem Geltungsbereich aus.[11]

5   **3. Blut, Blutbestandteile und Knochenmark, Gene, Ei-, Samenzelle, embryonale und fötale Gewebe.** Die Entnahme und Übertragung von Blut und Blutbestandteilen sind vom Anwendungsbereich des Gesetzes ausgenommen. Im Hinblick auf die Blut- und Plasmaspende gelten die Bestimmungen des TFG.[12] Die Knochenmarkspende war zunächst allein im ärztlichen Berufsrecht geregelt, ist aber durch das Gewebegesetz über §§ 3, 4 sowie § 8 erfasst und hat in § 8a eine eigene Regelung bezüglich der Entnahme bei minderjährigen Personen erhalten. Das TPG erstreckt sich in § 4a auch auf fötale und embryonale Organe, Gewebe und Zellen. § 8b Abs. 1 und 2 sehen das Erfordernis der Aufklärung und Einwilli-

---

[5] *Kindhäuser* BT/1 § 7 Rn. 1; NK-StGB/*Paeffgen* StGB § 223 Rn. 2; *Tag* S. 95 f.; *Wessels/Hillenkamp* BT/2 Rn. 65.

[6] Schönke/Schröder/*Eser/Bosch* StGB § 242 Rn. 10; Palandt/*Ellenberger* BGB § 90 Rn. 3; *Kallmann* FamRZ 1969, 572, 577.

[7] Laufs/Katzenmeier/Lipp/*Lipp* VI. Rn. 7.

[8] Näher *Taupitz* DÄBl. 1998 (95), A 1078 ff.

[9] Hierzu *Forkel* JZ 1994, 593, 595; *Schröder/Taupitz* S. 42 ff.; BGH in Zivilsachen 9.11.1993 – VI ZR 62/93, NJW 1994, 127 (Spermaentscheidung).

[10] So *Schünemann* S. 89 ff.

[11] Zur Herkunft der Regelung aus der Geweberichtlinie vgl. BT-Drs. 16/3146, 23.

[12] Näher → TFG § 1 Rn. 1 f., → TFG § 2 Rn. 6.

gung des Samenspenders sowie § 4a die Voraussetzungen der Entnahme von Organen und Geweben bei einem toten Fötus oder Embryo vor. Für menschliche Zellen, insbes. Samen- und Eizellen einschließlich imprägnierter Eizellen (Keimzellen), gilt das TPG „jedoch nur, soweit Regelungen zur Sicherheit und Qualität getroffen werden und deren Gewinnung und Verwendung zur Übertragung nach den Vorschriften des Embryonenschutzgesetzes (EschG) im Rahmen von Maßnahmen der medizinisch unterstützten Befruchtung erlaubt ist".[13]

Der nach wie vor fragmentarische Schutz der betreffenden Körpersubstanzen bedingt **6** Strafbarkeitslücken. In vitro und in vivo gezeugte Embryonen unterfallen bis zur Nidation nicht dem Schutz des Strafgesetzbuches, § 218 Abs. 1 S. 2 StGB. Ein Teil dieser Lücke füllen das EschG und das StZG. Vor eigenmächtiger Entnahme von Organen und Gewebe embryonalen oder fötalen Ursprungs[14] zu einem anderen Zweck als dem zum Zwecke der Übertragung bieten weder das TPG noch das StGB, namentlich § 168 StGB, adäquaten Schutz.[15] § 168 StGB Abs. 1 Alt. 1 StGB setzt die Wegnahme und damit die Entziehung der toten Leibesfrucht aus dem Obhutsverhältnis des Berechtigten voraus. Hierfür ist nach überwiegender,[16] wenngleich nicht unbestrittener[17] Meinung zumindest eine faktische Beziehung der berechtigen Person zur toten Leibesfrucht nötig. Viele der aus einem Schwangerschaftsabbruch stammenden toten Embryonen bzw. Föten werden freilich im Krankenhaus zurückgelassen. Die Weggabe toter Embryonen bzw. Föten[18] an Forschungs- zentren oder auch die eigenmächtige Gewebeentnahme vor Ort zu Forschungszwecken durch die Anstaltsleitung wird daher nicht von § 168 StGB erfasst.[19]

Regelungen, wie sie sich zB in Art. 39 f. Schweizer Humanforschungsgesetz (HFG) **7** finden, könnten insoweit auch in Deutschland mehr Rechtssicherheit schaffen.

4. Künstliche Produkte. Das TPG gilt für menschliche Organe oder Gewebe. In den **8** menschlichen Körper eingefügte, künstliche Produkte sind nicht erfasst. Die Gesetzesbe- gründung erwähnt beispielhaft den Herzschrittmacher und Endoprothesen. Diese Ein- schränkung ist folgerichtig. Zwar hat die biotechnische Entwicklung zahlreiche künstliche Implantate und Substanzen[20] hervorgebracht, die sich im Körper auflösen oder so mit ihm verwachsen, dass nach einiger Zeit eine Identifizierung als künstlicher Gegenstand oder eine Trennung vom natürlichen Gewebe kaum noch möglich erscheint. Die tatsächliche und rechtliche Unterscheidung zwischen künstlichem Implantat und natürlichem Organ oder Gewebe ist in einem solchen Fall kaum durchführbar. Trotz dieser medizintechnischen Entwicklung wurden die künstlichen Implantate mit gutem Grund aus dem Anwendungs- bereich des TPG ausgenommen: Denn die gesetzliche Intention, die Rechtsunsicherheit im Rahmen der Organspende zu beseitigen und der hiermit einhergehende Mangel an geeigneten Spenderorganen betrifft jene menschlichen Ursprungs. Als Medizinprodukt ein- gestufte künstliche Implantate unterfallen dem MPG. Die künstlich in Nährlösungen gezüchteten Substanzen, wie zB Knorpelgewebe bzw. Knorpelzellen, Hautpräparate, sind Arzneimittel iS von § 2 Abs. 1 AMG.

5. Tierische Organe und Gewebe. Tierische Organe und Gewebe sind nicht vom **9** Geltungsbereich des TPG erfasst,[21] sodass der Geltungsbereich sich nicht auf die Xenotrans-

---

[13] BT-Drs. 16/3146, 23.
[14] Vgl. Richtlinien des Wissenschaftlichen Beirats der Bundesärztekammer zur Verwendung fetaler Zellen und fetaler Gewebe, DÄBl. 1991 (88), A 4296.
[15] Zum Schutzumfang → StGB § 168 Rn. 1 ff.; HK-StGB/*Tag* StGB § 168 Rn. 2.
[16] *Fischer* StGB § 168 Rn. 8; Schönke/Schröder/*Lenckner/Bosch* StGB § 168 Rn. 6; Laufs/Kern/*Ulsenheimer* ArztR-HdB § 142 Rn. 12.
[17] LK-StGB/*Dippel* StGB § 168 Rn. 26.
[18] BT-Drs. 10/3758, 4; 10/6568, 3.
[19] Schönke/Schröder/*Lenckner/Bosch* StGB § 168 Rn. 6; aA LK-StGB/*Dippel* StGB § 168 Rn. 26.
[20] So zB Implantate, wie künstliche Hüftgelenke, Kniegelenke oder auch Zahnersatzimplantate, die im Regelfall in das Gewebe völlig einwachsen.
[21] *Stengel-Steike/Steike* AnwBl 2000, 575; anders zB das schweizerische Bundesgesetz über die Transplanta- tion von Organen, Geweben und Zellen, Art. 41 ff., SR 810.21.

plantation, dh die Transplantation lebender[22] Organe, Gewebe und Gewebsteile über Art-
grenzen hinweg,[23] insbes. die Transplantation tierischer Organe auf den Menschen,
erstreckt. § 1 begrenzt seinen Geltungsbereich auf die Spenden und Entnahmen menschlicher Organe zum Zwecke der Übertragung auf andere Menschen. Es verbietet ferner nur
den Handel mit menschlichen Organen. Selbst wenn Tierorgane durch Einschleusung von
menschlichen Genen „humanisiert" werden, bleibt der Ursprung tierisch.[24] Die Züchtung,
Entnahme, Implantation und der Handel mit transgenen Spenderorganen unterfallen mithin
nicht dem TPG. Die Xenotransplantation bemisst sich derzeit nach den lückenhaften Vorschriften des Tierschutzgesetzes (TierSchG), insbes. § 6 Abs. 1 S. 2 Nr. 4 TierSchG, des
AMG und ggf. des GentechnikG.[25] Im ersten Stadium der klinischen Anwendung ist die
Xenotransplantation als Versuch am Menschen zu betrachten. Es handelt sich hierbei um
biomedizinische Forschung am Menschen gemäß § 15 MBO-Ä.[26]

10   **6. Spende.** Das TPG stellt Regeln für die Spende und Entnahme der Organe und
Gewebe auf. Die Spendeverfügung der zur Organ- oder Gewebespende bereiten Person ist
Ausdruck ihres allgemeinen Persönlichkeitsrechts.[27] Sie ermächtigt die transplantierenden
Stellen durch Realakt in den Rechtskreis des Organ- oder Gewebespenders einzugreifen.
Damit handelt es sich hierbei nicht um eine Willenserklärung im rechtsgeschäftlichen Sinne,
sondern um eine sonstige Rechtshandlung. Sie gibt kund, ob und in welcher Weise der
Spender gegenwärtig über das ihm zugeordnete Rechtsgut und Rechtsobjekt – in diesem
Falle über seine körperliche Unversehrtheit und sein Organ bzw. Gewebe – verfügt. Bei
der Lebendspende kann der Organ- oder Gewebespender seine Verfügung zumindest bis
zur Entnahme jederzeit ohne Bindung an bestimmte Gründe oder Fristen frei widerrufen,
§ 8 Abs. 2 S. 6. Die Entscheidung zur postmortalen Organ- oder Gewebespende ist von der
spendenden Person bis zum Eintritt des Todes widerrufbar. Dies steht zwar im Unterschied
zur Lebendspende nicht ausdrücklich im Gesetz, folgt aber daraus, dass die Befugnis des
möglichen Organ- oder Gewebespenders, den Eingriff in seine spätere Leiche zu legitimieren, in seinem Selbstbestimmungsrecht begründet ist.[28] Die Bezeichnung **„Spende"** soll die
hierin zum Ausdruck kommende mitmenschliche Solidarität unterstreichen und zugleich
Hinweis auf deren Unentgeltlichkeit sein.

11   **7. Entnahme.** Die Entnahme ist in § 1a Nr. 6 legaldefiniert und regelmäßig ein fremdnütziger invasiver Eingriff in den Körper des Spenders. Bei der **postmortalen Organ-
und Gewebespende** bemisst sich seine Zulässigkeit nach §§ 3–7. Die Missachtung von § 3
Abs. 1 S. 1 oder Abs. 2, § 4 Abs. 1 S. 2 oder § 4a Abs. 1 S. 1 ist in § 19 Abs. 2, 4 und 5 mit
Strafe bedroht. Das Handeln entgegen § 5 Abs. 2 S. 3 oder Abs. 3 S. 3 ist bußgeldbewehrt,
§ 20 Abs. 1 Nr. 1.

12   Bei einer Entnahme zu Transplantationszwecken findet § 168 StGB **keine** Anwendung.
Das postmortal entnommene und dem Transplantationszentrum übergebene Organ oder
Gewebe ist bei Vorliegen einer wirksamen Spendeverfügung für die Zeit nach der Entnahme
zur fremden – wenngleich nicht beliebigen – Sache geworden und damit dem Normbereich
von § 168 StGB entzogen.[29] Darüber hinaus schließt die wirksame Spende sowohl eine
Wegnahme des Organs bzw. der Gewebe als auch das Verüben beschimpfenden Unfugs bei
einer lege artis durchgeführten Entnahme aus. Liegt eine wirksame Organ- oder Gewebe-

---

[22] Nicht zur Xenontransplantation zählen avitale Substrate, wie zB denaturierte Rinderherzklappen.
[23] Stellungnahme des Wissenschaftlichen Beirats der Bundesärztekammer zur Xenotransplantation,
DÄBl. 1999 (96), A 1920 ff.
[24] *Beckmann ua*, Xenotransplantation von Zellen, Geweben oder Organen, 2000.
[25] Näher *Quaas/Zuck* Rn. 167 ff.
[26] Stellungnahme des Wissenschaftlichen Beirats der Bundesärztekammer zur Xenotransplantation,
DÄBl. 1999 (96), A 1920 ff.
[27] Zum Schutz des allgemeinen Persönlichkeitsrechts bei der Lebendspende vgl. BT-Drs. 13/4355, 14.
[28] So auch *Walter* FamRZ 1998, 206.
[29] HK-StGB/*Tag* StGB § 168 Rn. 6. Zur Parallelproblematik der Körperspendeverfügung vgl. *Tag* in *Wetz/
Tag* (Hrsg.), Rn. 144.

spendeerklärung – sei es seitens des Spenders, vgl. § 3, seiner Angehörigen § 4 Abs. 1 S. 2 oder der Frau, die schwanger war, § 4a Abs. 1 S. 1 – nicht vor, ist die Entnahme in § 19 Abs. 2, 4 und 5 strafbewehrt. Sollte die Entnahme zugleich eine Wegnahme von Leichenteilen gemäß § 168 Abs. 1 StGB sein, spricht die identische Strafdrohung für den Vorrang der neueren und speziellen Regelung des § 19.[30] Der Hinweis auf eine Rechtsgutsverschiedenheit der angesprochenen Strafrechtsnormen vermag kein anderes Ergebnis zu begründen. Der Annahme, § 168 StGB schütze die Pietät der Angehörigen und der Allgemeinheit[31] und damit im Unterschied zu § 19 nicht die postmortale Menschenwürde, ist entgegen zu halten, dass § 168 StGB zum einen seinen Schutz entfaltet unabhängig vom Vorhandensein naher Angehöriger.[32] Zum anderen ist der inhaltliche Kern des generalklauselartigen, ethisch geprägten Begriffs der „Pietät der Allgemeinheit" im Sinne einer konkreten Rechtsgutsbestimmung kaum fassbar,[33] mithin aufgrund der Ultima ratio des Strafrechts nur in eng begrenzten Ausnahmefällen als Schutzgut heranzuziehen.[34]

Die Entnahme im Rahmen der **Lebendspende** bedarf einer differenzierteren Betrachtung. Im Regelfall[35] dient die Transplantation der Heilbehandlung des Empfängers, ist aber keine zugunsten des Spenders.[36] Daher bewertet die überwiegende Ansicht in Rechtsprechung und Schrifttum die Entnahme als tatbestandliche Körperverletzung, deren Unrecht im Einzelfall durch die die Entnahme rechtfertigende Spendeverfügung aufgehoben werden kann. Demgegenüber will sich ein Teil der Literatur von der heileingriffsbezogenen Körperverletzungsdoktrin lösen, wenn der ärztliche Eingriff lege artis und mit aufgeklärter Einwilligung des Spenders erfolgt.[37] **13**

Das Gesetz schweigt auch bei der Lebendspende zum Verhältnis zu den Bestimmungen des StGB über die strafbaren Handlungen gegen Leib und Leben, insbes. denjenigen über die vorsätzliche oder fahrlässige Tötung, §§ 212, 222 StGB, und die Tatbestände der vorsätzlichen bzw. fahrlässigen Körperverletzung, §§ 223 ff. und § 229 StGB. Der Gesundheitsausschuss wollte die Klärung des Konkurrenzverhältnisses Rechtsprechung und Wissenschaft überlassen,[38] während der Gesetzesentwurf der Fraktionen CDU/CSU, SPD und FDP zurecht davon ausging, dass ein Verstoß gegen § 19 Abs. 1 (vor der Einführung des Gewebegesetzes waren die strafrechtlich relevanten Verstöße in Bezug auf die Lebendspende noch in § 19 Abs. 2 aF geregelt) auch nach den allgemeinen Regelungen strafbar sein kann. **14**

Das Vorsatzdelikt des § 19 Abs. 1 erfasst allein die Organ- und Gewebeentnahme entgegen § 8 Abs. 1 S. 1 Nr. 1 Buchstabe a oder Buchstabe b oder Nr. 4 oder § 8c Abs. 1 Nr. 1 oder Nr. 3, Abs. 2 S. 1, auch in Verbindung mit Abs. 3 S. 2, oder § 8c Abs. 3 S. 1. Eine Strafbarkeit wegen vorsätzlich oder fahrlässig fehlerhafter sowie fahrlässig eigenmächtiger Entnahme[39] sieht das TPG nicht vor.[40] Auch die Qualifikationstatbestände der gefährlichen und schweren Körperverletzung, der Körperverletzung mit Todesfolge sowie die Bestimmungen der vorsätzlichen und fahrlässigen Tötung sind vom Schutzbereich des TPG nicht erfasst. Bereits dieser sehr fragmentarische Schutz zeigt, dass § 19 Abs. 1 keine Sperrwirkung zu den §§ 212, 222, 223 ff., 229 StGB entfalten kann und soll.[41] **15**

---

[30] So auch Schroth/König/Gutmann/Oduncu/*Schroth* § 19 Rn. 38 f.; HK-StGB/*Tag* § 168 Rn. 3; Lackner/Kühl/*Heger* StGB § 168 Rn. 4a.
[31] So aber *Nickel/Schmidt-Preisigke/Senger* § 19 Rn. 9; kritisch hierzu LK-StGB/*Dippel* StGB § 168 Rn. 2.
[32] Zu Recht oben LK-StGB/*Dippel* StGB § 168 Rn. 2.
[33] *Tag* MedR 1998, 387, 392.
[34] Vgl. BGH 22.4.2005 – 2 StR 310/04.
[35] Erfasst werden aber auch Übertragungen zu anderen, zB kosmetischen, Zwecken vgl. BT-Drs. 13/4355, 16.
[36] Zur Begriffsvielfalt von Heileingriff, Heilbehandlung vgl. *Tag* S. 31 ff.
[37] *Tag* S. 54.
[38] BT-Drs. 13/4355, 31.
[39] Zur Abgrenzung von fehlerhaften, dh nicht lege artis durchgeführten, und eigenmächtigen, dh ohne wirksame Einwilligung durchgeführten, ärztlichen Behandlungen vgl. *Tag* S. 166 ff.
[40] Zum Schutzumfang der Körperverletzungsdelikte *Tag* S. 165 ff.
[41] So iE auch *Schroth* JZ 1997, 1149 (1153); *Rissing-van Saan* NStZ 2014, 233 (238).

16   **8. Zum Zweck der Übertragung.** Der Geltungsbereich umfasst insbes.[42] die Entnahme menschlicher Organe, Gewebe oder Zellen zum Zwecke der Übertragung auf andere Menschen. Die frühere Beschränkung des Anwendungsbereichs, wonach die Übertragung auf andere Menschen zwingende Voraussetzung war, wurde durch die EG-Gewebrichtlinie aufgehoben. Dh nun ist auch der Fall der autologen Transplantation erfasst, soweit die Rückübertragung nicht innerhalb desselben chirurgischen Eingriffs erfolgt. Wird im Rahmen einer Operation zB ein Augapfel vorübergehend entfernt, um an das dahinter liegende Gewebe zu gelangen und ihn innerhalb des chirurgischen Eingriffs wieder an seinen angestammten Platz zurückzuversetzen[43] oder dient die Entnahme wissenschaftlichen Zwecken, ohne dass damit eine Übertragung auf andere Menschen verbunden ist, oder beschränkt sich die Gewebeentnahme beim toten Körper auf die Zwecke der anatomischen, pathologischen oder gerichtsmedizinischen Sektion,[44] gilt das TPG nicht.[45]

17   Vom Anwendungsbereich des TPG ist demnach die forschungsbedingte Nutzung menschlicher Organe, Gewebe und Zellen nicht erfasst, sofern diese nicht in klinischen Versuchen im oder am menschlichen Körper eingesetzt werden und der Übertragungszweck beim jeweiligen Vorgang überwiegt.[46] Problematisch sind die Fälle, in denen die Entnahme eines Organs oder Gewebes zunächst zwar aus Transplantationszwecken erfolgt, sich jedoch nach Feststellung der Untransplantierbarkeit – bspw. wegen mangelnder Geeignetheit des Organs oder Gewebes aufgrund einer Kontraindikation – eine sich entgegen des ursprünglichen Verwendungsvorhabens anschließende forschungsbedingte Nutzung ergeben könnte. Dieser Zweck gehört nicht mehr in den Anwendungsbereich des TPG und erfordert grundsätzlich eine gesonderte, auf diesen neuen Zweck bezogene Einwilligung. Die Einwilligung in die Entnahme zu Transplantationszwecken umfasst weder ausdrücklich noch stillschweigend zugleich diejenige in die Verwendung der Materialien zu wissenschaftlichen Zwecken.[47]

18   Darüber hinaus kann es zu Situationen kommen, bei denen Organe oder Gewebe zu einem transplantationsfremden Zweck entnommen werden und sich im Nachhinein ergibt, dass sie sich für eine Spende eignen. So zB wenn sich im Rahmen einer Herztransplantation herausstellt, dass das zu ersetzende Organ noch funktionstüchtige und damit transplantierbare Teile aufweist, oder wenn im Rahmen einer Operation aufgrund einer unvorhergesehenen Komplikation eine gesunde Niere auf Dauer entfernt werden muss. Für diese besonderen Fälle wurde durch das Gewebegesetz die strafbewehrte Norm des § 8b eingefügt. Denn ein der Entnahme nachfolgender Entschluss, das Organ oder Gewebe entgegen ursprünglicher Absicht zu Transplantationszwecken zu verwenden, wirkt auf die Entnahme der Substanz nicht zurück, so dass das Organ oder Gewebe regelmäßig nur weiterverwendet werden kann, wenn der einwilligungsfähige Spender entsprechend der sonstigen rechtlichen Vorgaben aufgeklärt worden ist und eingewilligt hat. § 8b gilt jedoch nur bei der Lebendspende.

19   **9. Handelsverbot.** Abs. 2 thematisiert das **Verbot** des Organ- oder Gewebehandels. Es entfaltet Wirkung für Organe und Gewebe, soweit sie einer Heilbehandlung zu dienen bestimmt sind, vgl. § 17 Abs. 1 S. 1. Das Verbot gilt sowohl für die Transplantation als auch für die Herstellung nicht transplantierbarer Arzneimittel, die aus oder unter Verwendung der Organe bzw. Gewebe hergestellt werden.[48] Zum Handel gehören Akte wie etwa das Beschaffen oder Vermitteln der „Ware", deren Übernahme, der Transport, die Übergabe

---

[42] Zur autologen Transplantation, dh der Rückübertragung auf den Patienten vgl. Rn 20.
[43] Zum fehlgegangenen Versuch, da der Augapfel unwiederbringlich vernichtet wurde vgl. *Taupitz*, Der deliktsrechtliche Schutz des Körpers und seiner Teile, NJW 1995, 745.
[44] Vgl. zB Sektionsgesetz Hamburg v. 9.2.2000, HbgGVBl. 2000, Nr. 5, S. 38; Sektionsgesetz Berlin v. 18.6.1996, GVBl. 237, geändert durch Gesetz v. 24.7.2001, GVBl. 302. Vgl. auch *Rixen*, Lebensschutz am Lebensende, 1999, § 1 Rn. 71 ff. sowie die Empfehlungen zum Umgang mit Präparaten aus menschlichem Gewebe, 2003; *Tag* Der Pathologe 2011, 1.
[45] Eine Sonderreglung enthält zB Art. 5 schweizerisches Bundesgesetz über die Transplantation von Organen, Geweben und Zellen, SR 810.21.
[46] BT-Drs. 16/3146, 23; BR-Drs. 543/06, 50.
[47] So auch schon *Lippert* MedR 1997, 457 mwN.
[48] Siehe hierzu § 17.

an andere Personen, mit Einbezug aller Verhandlungen, die dabei zu führen sind. Handel treibt, wer Geschäfte dieser Art abschließt oder abzuschließen beabsichtigt und mit diesem Verhalten einen eigenen materiellen Vorteil erstrebt.

10. Rückübertragung. Die frühere Beschränkung des Anwendungsbereichs auf die **20** Übertragung auf andere Menschen (allogene Transplantation) wurde durch das Gewebege-setz aufgehoben. Heute ist auch die Rückübertragung von Gewebe und Zellen auf den Spender erfasst (autologe Transplantationen). Vom Anwendungsbereich ausgenommen sind jedoch die Gewebe und Zellen, welche innerhalb desselben chirurgischen Eingriffs rück-übertragen werden, Abs. 3 S. 1 Nr. 1. Die Ausnahmeregelung beruht auf Art. 2 Abs. 2 lit. a der Richtlinie 2004/23/EG. Betroffen sind ua Behandlungsvorgänge, die länger dauern oder sogar unterbrochen werden und an denen mehrere Ärzte beteiligt sein können. Die Rückübertragung muss aber im Rahmen eines Behandlungsvorgangs stehen.[49] Dies trifft zB bei einer medizinisch erforderlichen Entnahme der Schädelkalotte zu, die erst nach der Abnahme des Hirndrucks auf den Patienten rückübertragen werden kann oder auch die Entnahme von Knochenmark, das nach Bestrahlung außerhalb des Körpers wieder rück-übertragen wird. § 8c regelt hierzu die Details.

§ 1a Begriffsbestimmungen

Im Sinne dieses Gesetzes

1. **sind Organe, mit Ausnahme der Haut, alle aus verschiedenen Geweben beste-henden, differenzierten Teile des menschlichen Körpers, die in Bezug auf Struktur, Blutgefäßversorgung und Fähigkeit zum Vollzug physiologischer Funktionen eine funktionale Einheit bilden, einschließlich der Organteile und einzelnen Gewebe eines Organs, die unter Aufrechterhaltung der Anforderun-gen an Struktur und Blutgefäßversorgung zum gleichen Zweck wie das ganze Organ im menschlichen Körper verwendet werden können, mit Ausnahme solcher Gewebe, die zur Herstellung von Arzneimitteln für neuartige Thera-pien im Sinne des § 4 Absatz 9 des Arzneimittelgesetzes bestimmt sind;**
2. **sind vermittlungspflichtige Organe die Organe Herz, Lunge, Leber, Niere, Bauchspeicheldrüse und Darm im Sinne der Nummer 1, die nach § 3 oder § 4 entnommen worden sind;**
3. **sind nicht regenerierungsfähige Organe alle Organe, die sich beim Spender nach der Entnahme nicht wieder bilden können;**
4. **sind Gewebe alle aus Zellen bestehenden Bestandteile des menschlichen Kör-pers, die keine Organe nach Nummer 1 sind, einschließlich einzelner mensch-licher Zellen;**
5. **sind nächste Angehörige in der Rangfolge ihrer Aufzählung**
   a) **der Ehegatte oder der eingetragene Lebenspartner,**
   b) **die volljährigen Kinder,**
   c) **die Eltern oder, sofern der mögliche Organ- oder Gewebespender zur Todeszeit minderjährig war und die Sorge für seine Person zu dieser Zeit nur einem Elternteil, einem Vormund oder einem Pfleger zustand, dieser Sorgeinhaber,**
   d) **die volljährigen Geschwister,**
   e) **die Großeltern;**
6. **ist Entnahme die Gewinnung von Organen oder Geweben;**
7. **ist Übertragung die Verwendung von Organen oder Geweben in oder an einem menschlichen Empfänger sowie die Anwendung beim Menschen außerhalb des Körpers;**

---

[49] BR-Drs. 16/5443, 56.

8. ist Gewebeeinrichtung eine Einrichtung, die Gewebe zum Zwecke der Übertragung entnimmt, untersucht, aufbereitet, be- oder verarbeitet, konserviert, kennzeichnet, verpackt, aufbewahrt oder an andere abgibt;

9. ist Einrichtung der medizinischen Versorgung ein Krankenhaus oder eine andere Einrichtung mit unmittelbarer Patientenbetreuung, die fachlich-medizinisch unter ständiger ärztlicher Leitung steht und in der ärztliche medizinische Leistungen erbracht werden;

10. sind Verfahrensanweisungen schriftliche Anweisungen, die die Schritte eines spezifischen Verfahrens beschreiben, einschließlich der zu verwendenden Materialien und Methoden und des erwarteten Ergebnisses;

11. ist Rückverfolgbarkeit die Möglichkeit, das Organ in jeder Phase von der Spende bis zur Übertragung oder Verwerfung zu verfolgen und zu identifizieren; dies umfasst auch die Möglichkeit, den Spender, das Entnahmekrankenhaus und den Empfänger im Transplantationszentrum zu identifizieren sowie alle sachdienlichen, nicht personenbezogenen Daten über Produkte und Materialien, mit denen das Organ in Berührung kommt, zu ermitteln und zu identifizieren.

Übersicht

I. Allgemeines

1 § 1a, eingefügt durch das Gewebegesetz, bestimmt bedeutsame transplantationsrechtliche Begriffe, welche im Wesentlichen auf den in Art. 3 der EG-Geweberichtlinie enthaltenen Begriffsbestimmungen sowie einigen bereits im TPG enthaltenen Legaldefinitionen beruhen.[1]

II. Begriffsbestimmungen

2 **1. Organe.** Nach der Legaldefinition des § 1a Nr. 1 sind Organe „alle aus verschiedenen Geweben bestehenden, differenzierten Teile des menschlichen Körpers, die in Bezug auf Struktur, Blutgefäßversorgung und Fähigkeit zum Vollzug physiologischer Funktionen eine funktionelle Einheit bilden. Eingeschlossen sind Organteile und einzelne Gewebe eines Organs, die unter Aufrechterhaltung der Anforderungen an Struktur und Blutgefäßversorgung zum gleichen Zweck wie das ganze Organ im menschlichen Körper verwendet werden können". Ausgenommen vom Organbegriff in Nr. 4. Im Rahmen der 15. AMG-Novelle wurde klargestellt, dass Gewebe die zur Herstellung von Arzneimitteln für neuartige Therapien iS des § 4 Abs. 9 AMG bestimmt sind, keine Organe iS des TPG sind.[2] Damit werden auch bspw. aus Bauchspeicheldrüsen gewonnene Pankreasinseln nunmehr als Gewebe und nicht als vermittlungspflichtige Organe eingeordnet.[3] Weiterhin sind Organteile und ein-

---

[1] Vgl. BT-Drs. 16/3146, 24.
[2] Vgl. auch VO (EG) Nr. 1394/2007.
[3] Zum rechtlichen Status von Pankreasinselzellen vgl. *Pühler/Middel/Hübner* MedR 2010, 23; *Straßburger/Meilicke/Cichutek* MedR 2010, 835.

zelne Gewebe eines Organs als Organ anzusehen, wenn die Anforderungen an Struktur und Blutgefäßversorgung wie beim ganzen Organ bestehen, zB bei der Splittleberspende.[4]

2. Vermittlungspflichtige Organe. Die Begriffsbestimmung der vermittlungspflichti- **3** gen Organe in § 1a Nr. 2 gilt ausschließlich für postmortal entnommene Organe nach § 3 oder § 4. Die dazu in §§ 9 ff. befindlichen Regelungen für vermittlungspflichtige Organe betreffen „Herz, Lunge, Leber, Niere, Bauchspeicheldrüse und Darm". Im Umkehrschluss unterliegen Organe von Lebendspendern[5] sowie Organe, welche nur extrakorporal verwendet werden sollen,[6] nicht der Vermittlungspflicht.

3. Nicht regenerierungsfähige Organe. Darunter werden Organe verstanden, die sich **4** nicht wieder bilden können. Die Definition dient der Klarstellung. Im Sinne des Gesetzes sind Organteile, bspw. wie die entnommenen Teile einer Leber (Leberlappen), ein nicht regenerationsfähiges Organ, da diese Leberlappen sich beim Spender nach der Entnahme nicht wieder bilden können, ungeachtet der Fähigkeit der beim Spender verbliebenen Leberlappen, sich zu vergrößern und an Zellmasse zuzunehmen, um den Gewebeverlust auszugleichen.[7]

4. Gewebe, Zellen, Gewebezubereitungen. Die Definition in § 1a Nr. 4 bestimmt **5** den Gewebebegriff. Danach sind Gewebe alle aus Zellen bestehenden Bestandteile des menschlichen Körpers, die keine Organe nach Nummer 1 sind, einschließlich einzelner menschlicher Zellen. Darunter fallen bspw. Herzklappen, Augenhornhäute, Knochen, Knorpel, Sehnen, Faszien, Bänder, Blutgefäße, Operations-, Obduktions- und Sektionsreste sowie Haut und Knochenmark.

Der Gewebebegriff beinhaltet auch einzelne menschliche Zellen. Zellen sind Bestandteile **6** des menschlichen Körpers, die durch eine Zellmembran umschlossen werden und metabolisch aktiv und weder Organe noch Gewebe sind. Der Begriff „Zellen" erfasst auch funktionell einheitliche Zellansammlungen.[8] Beispiele sind Stammzellen (ausgenommen Blutstammzellen aus dem peripheren Blut und aus Nabelschnurblut; für sie gilt das TFG) und Pankreasinselzellen.[9]

Gewebezubereitungen sind nach § 4 Abs. 30 AMG legaldefiniert. Danach versteht man **7** darunter Arzneimittel, die Gewebe iSv § 1a Nr. 4 sind oder aus solchen Geweben hergestellt wurden, einschließlich einzelner menschlicher Zellen. Menschliche Samen- und Eizellen einschließlich imprägnierter Eizellen (Keimzellen) und Embryonen sind weder Gewebezubereitungen noch Arzneimittel.[10]

5. Kreis und Rangfolge der nächsten Angehörigen. In § 1a Nr. 5 definiert das **8** Gesetz den Kreis der nächsten Angehörigen und bestimmt ihre Rangfolge. Die aufgeführte Nennung der nächsten Angehörigen ist im Rahmen der TPG-Novellierung durch das Gewebegesetz von der Regelung des § 4 TPG aF inhaltsgleich übernommen worden.[11] Bedeutsam ist die Vorschrift insbes. für die erweiterte Zustimmungslösung im Hinblick auf die Zulässigkeit der Organspende. Hinterlässt ein Verstorbener mehrere nächste Angehörige, so stellt sich im transplantationsrechtlichen Kontext regelmäßig die Frage, welcher von ihnen dazu berufen ist, über das Schicksal der Leiche zu bestimmen. Es entspräche nicht der höchstpersönlichen Natur dieser Befugnis, wenn sie sich nach der testamentarischen bzw. gesetzlichen Erbfolge richten würde. Zudem würde eine der Organentnahme vorangehende Testamentseröffnung im Regelfall dazu führen, dass die Organe infolge Zeitablaufs nicht mehr für Transplantationszwecke verwendbar wären. Mit der Bezeichnung „nächster"

[4] BT-Drs. 17/7376, 17.
[5] Spickhoff/*Middel*/*Scholz* Rn. 4.
[6] Vgl. BT-Drs. 16/3146, 24.
[7] Vgl. BT-Drs. 16/3146, 24.
[8] Vgl. BT-Drs. 16/3146, 24.
[9] *Straßburger*/*Meilicke*/*Cichutek* MedR 2010, 835; zT aA *Pühler*/*Middel*/*Hübner* MedR 2010, 23.
[10] Vgl. § 4 Abs. 30 S. 2 AMG.
[11] Vgl. BT-Drs. 16/3146, 24.

Angehöriger soll vielmehr die unverzichtbare Nähebeziehung des Angehörigen zum Verstorbenen zum Ausdruck gebracht werden.

9   Wenn aber das Totensorgerecht den Angehörigen oder sonstigen vom Verstorbenen beauftragten Personen obliegt, ist die Entscheidungsbefugnis über die Organentnahme in erster Linie demjenigen zuzuerkennen, der mit dem Verstorbenen persönlich am engsten verbunden war.[12] Daher ist es folgerichtig, das Entscheidungsrecht über den Leichnam primär dem in § 1a Nr. 5 lit. a benannten überlebenden **Ehegatten oder eingetragenen Lebenspartner** zuzuerkennen. Ergibt sich aber durch Befragen des Angehörigen, dass in den letzten zwei Jahren vor dem Tod des potenziellen Organspenders kein persönlicher Kontakt,[13] insbes. zwischen den Ehegatten oder eingetragenen Lebenspartner keine Lebensgemeinschaft mehr bestand, sind die weiteren im Gesetz genannten Angehörigen zu befragen. Dies gilt auch, wenn die Ehe rechtskräftig aufgelöst wurde.

10   **6. Verlobte.** Verlobte gelten im Verhältnis zueinander zwar als Angehörige iSv § 11 Nr. 1a StGB, aber noch nicht als Eheleute. Gemäß der Regelung in § 4 Abs. 2 S. 5 steht dem nahen Angehörigen jedoch eine volljährige Person gleich, die dem möglichen Organ- oder Gewebespender bis zu seinem Tode in besonderer persönlicher Verbundenheit offenkundig nahegestanden hat, was bei Verlobten regelmäßig der Fall sein wird.[14]

11   **7. Eltern.** Hat ein potenzieller Organ- oder Gewebespender noch nicht das 18. Lebensjahr vollendet und keine wirksame Erklärung zur Organspende abgegeben, sind idR die Eltern, die zur Todeszeit Sorgeinhaber waren, zur Entscheidung berufen. War zur Todeszeit eines Minderjährigen nur ein Elternteil Sorgeinhaber, ist dieser entscheidungsbefugt. Ist den Eltern die Personensorge entzogen worden, hat der Arzt den Vormund oder Pfleger zu unterrichten; in diesem Fall steht den Eltern auch kein nachrangiges Entscheidungsrecht über die Organentnahme bei ihrem toten Kind zu.[15]

12   Die in **§ 4 Abs. 2 S. 5** aufgestellte Regel, wonach die dort bezeichneten Personen ebenfalls zur Entscheidung berufen sind, verdeutlicht, dass tatsächliche Verhältnisse, die den besonders genannten Angehörigenverhältnissen angenähert sind, allein unter diese Sonderregelung fallen. Zu denken ist zB an eine auf Dauer angelegte **nichteheliche** Lebensgemeinschaft **oder nicht eingetragene Lebenspartnerschaft** oder ein **Pflegeeltern-** und -kindesverhältnis, das ähnlich dem natürlichen Eltern-Kind-Verhältnis auf Dauer angelegt ist und ein gleichwertiges Band zwischen den Verbundenen herstellt.

13   **8. Volljährigkeit.** Das Gesetz knüpft die subsidiäre Entscheidungsbefugnis an die **Volljährigkeit** der Kinder, Geschwister bzw. der sonstigen nahestehenden Personen. Dies gilt nicht bei den Ehegatten und Eltern des minderjährig Verstorbenen. Insoweit ist nur die Altersgrenze des § 2 Abs. 2 S. 3 zu beachten, wonach die Urteilsfähigkeit für die (eigene) Organ- oder Gewebespendeerklärung ab dem 16. Lebensjahr vermutet wird.

14   **9. Entnahme.** § 1a Nr. 6 definiert den Begriff der Entnahme. Darunter versteht das Gesetz die Gewinnung von Organen und Geweben. Nach der Gesetzesbegründung erfasst der Begriff die Eingriffe im und am menschlichen Körper, insbes. die mittelbare extrakorporale Gewinnung, wie im Falle von Sektions- und Operationsresten sowie von Plazenta zur Be- und Weiterverarbeitung.[16] Der Gewinnungsbegriff ist entsprechend dem arzneimittelrechtlichen Begriff der Gewinnung in § 4 Abs. 14 AMG zu verstehen, wonach die Gewinnung ein Unterfall der Herstellung ist. Der transplantationsrechtliche Entnahmebegriff ist jedoch enger gefasst als der arzneimittelrechtliche Herstellungsbegriff. Die Vorschriften §§ 18, 19 enthalten eine Strafbewehrung für eine verbotswidrige Entnahme von Organen und Geweben.

---

[12] *Schaich-Walch* (SPD): Rede vor dem Deutschen Bundestag am 25.6.1997.
[13] Vgl. § 4 Abs. 2 S. 1.
[14] BT-Drs. 13/8027, 11.
[15] BT-Drs. 13/8027, 10.
[16] BT-Drs. 16/3146, 24.

10. Übertragung. Das Gesetz stellt klar, dass die spezifischen transplantationsrechtlichen 15 Vorschriften zur Übertragungen nur die direkte oder extrakorporale Verwendung der Organe und Gewebe beim Menschen betreffen.

11. Gewebeeinrichtung. Die Definition für eine Gewebeeinrichtung ist in § 1a Nr. 8[17] 16 bestimmt, sie umfasst auch die Entnahmeeinrichtung. Eine spezielle Definition der Entnahmeeinrichtung findet sich in § 20b Abs. 1 AMG.[18] Das Europarecht hingegen differenziert zwischen einer Entnahmeeinrichtung, die nicht zwingend als Gewebeeinrichtung zugelassen sein muss und der Gewebeeinrichtung.[19] § 8d regelt hierzu besondere Pflichten zur Qualitätssicherung und Dokumentation.

12. Einrichtung der medizinischen Versorgung. Eine Einrichtung der medizinischen Versorgung, § 1a Nr. 9, ist ein Krankenhaus oder eine andere Einrichtung der unmittelbaren Patientenbetreuung, die fachlich-medizinisch unter ständiger ärztlicher Leitung steht und in der ärztliche Leistungen erbracht werden. Gemeint sind weitere – neben den Gewebeeinrichtungen – mit der Transplantation befasste Institutionen. Der Wortlaut „andere" schließt auch ambulante Einrichtungen wie Arztpraxen und Gewebebanken mit ein.[20] Das Gesetz regelt hier in §§ 13a, 13b sowie 7 TPG-GewV besondere Melde- und Dokumentationspflichten, deren Missachtung als Ordnungswidrigkeit geahndet werden kann, § 20 Abs. 1 Nr. 9 bis Nr. 11.

13. Verfahrensanweisung, Rückverfolgbarkeit. § 1a Nr. 10 setzt die Begriffsbestimmung zu den Verfahrensanweisungen nach Art. 3 Buchstabe p der Richtlinie 2010/53/EU, Nr. 11 zur Rückverfolgbarkeit nach Art. 3 Buchstabe s. der Richtlinie 2010/53/EU um. Die zuvor in Nr. 10 und 11 aF in Umsetzung des Art. 3 lit. n und o der EG-Geweberichtlinie eingefügten Begriffsbestimmungen „schwerwiegender Zwischenfall" und „schwerwiegende unerwünschte Reaktion" wurden wegen unterschiedlicher Definitionen in der EG-Geweberichtlinie und der Richtlinie 2010/53/EU gestrichen und für den Bereich der Organe im sachlichen Zusammenhang mit den materiellen Regelungen zu den Meldungen der beiden Begriffe in der Rechtsverordnung nach § 13 Abs. 4 übernommen. Bei Geweben gelten für die Verpflichtungen der Gewebeeinrichtungen die § 63i Abs. 6 und 7 AMG.

§ 2 Aufklärung der Bevölkerung, Erklärung zur Organ- und Gewebespende, Organ- und Gewebespenderegister, Organ- und Gewebespendeausweis

(1) [1]Die nach Landesrecht zuständigen Stellen, die Bundesbehörden im Rahmen ihrer Zuständigkeit, insbesondere die Bundeszentrale für gesundheitliche Aufklärung, sowie die Krankenkassen sollen auf der Grundlage dieses Gesetzes die Bevölkerung aufklären über
1. die Möglichkeiten der Organ- und Gewebespende,
2. die Voraussetzungen der Organ- und Gewebeentnahme bei toten Spendern einschließlich der Bedeutung einer zu Lebzeiten abgegebenen Erklärung zur Organ- und Gewebespende, auch im Verhältnis zu einer Patientenverfügung, und der Rechtsfolge einer unterlassenen Erklärung im Hinblick auf das Entscheidungsrecht der nächsten Angehörigen nach § 4 sowie
3. die Bedeutung der Organ- und Gewebeübertragung im Hinblick auf den für kranke Menschen möglichen Nutzen einer medizinischen Anwendung von Organen und Geweben einschließlich von aus Geweben hergestellten Arzneimitteln und die Bedeutung der Erhebung transplantationsmedizinischer Daten im Transplantationsregister nach Abschnitt 5a.

---

[17] Entspricht Art. 3 lit. f EG-Geweberichtlinie.
[18] Näher dazu *Rehmann*, Arzneimittelgesetz (AMG) 4. Aufl. 2014, § 20b Rn. 1.
[19] Vgl. für die Entnahmeeinrichtung Art. 1 lit. h RL 2006/17/EG und Art. 2 lit. i RL 2006/86/EG sowie für die Gewebeeinrichtung Art. 3 lit. o RL 2004/23/EG.
[20] Pühler/Middel/Hübner/*Krüger/Lautenschläger/Lilie* S. 69.

²Die Aufklärung hat die gesamte Tragweite der Entscheidung zu umfassen und muss ergebnisoffen sein. ³Die in Satz 1 benannten Stellen sollen auch Ausweise für die Erklärung zur Organ- und Gewebespende (Organspendeausweis) zusammen mit geeigneten Aufklärungsunterlagen bereithalten und der Bevölkerung zur Verfügung stellen. ⁴Bund und Länder stellen sicher, dass den für die Ausstellung und die Ausgabe von amtlichen Ausweisdokumenten zuständigen Stellen des Bundes und der Länder Organspendeausweise zusammen mit geeigneten Aufklärungsunterlagen zur Verfügung stehen und dass diese bei der Ausgabe der Ausweisdokumente dem Empfänger des Ausweisdokuments einen Organspendeausweis zusammen mit geeigneten Aufklärungsunterlagen aushändigen.

(1a) ¹Die Krankenkassen haben, unbeschadet ihrer Pflichten nach Absatz 1, die in Absatz 1 Satz 3 genannten Unterlagen ihren Versicherten, die das 16. Lebensjahr vollendet haben, zur Verfügung zu stellen, wenn ihnen die elektronische Gesundheitskarte nach § 291a des Fünften Buches Sozialgesetzbuch ausgestellt wird. ²Die privaten Krankenversicherungsunternehmen haben die in Absatz 1 Satz 3 genannten Unterlagen ihren Versicherten, die das 16. Lebensjahr vollendet haben, alle fünf Jahre zusammen mit der Beitragsmitteilung nach § 10 Absatz 2a Satz 9 des Einkommensteuergesetzes zur Verfügung zu stellen. ³Ist den Krankenkassen und den privaten Krankenversicherungsunternehmen ein erstmaliges Erfüllen der Verpflichtungen nach den Sätzen 1 und 2 innerhalb von zwölf Monaten nach Inkrafttreten dieses Gesetzes nicht möglich, haben sie die Unterlagen nach Absatz 1 Satz 3 ihren Versicherten innerhalb des vorgenannten Zeitraums in anderer geeigneter Weise zur Verfügung zu stellen. ⁴Solange die Möglichkeit zur Speicherung der Erklärungen der Versicherten zur Organ- und Gewebespende nach § 291a Absatz 3 Satz 1 Nummer 7 des Fünften Buches Sozialgesetzbuch nicht zur Verfügung steht, haben die Krankenkassen und die privaten Krankenversicherungsunternehmen die in Absatz 1 Satz 3 genannten Unterlagen ihren Versicherten alle zwei Jahre zu übersenden. ⁵Mit der Zurverfügungstellung der Unterlagen fordern die Krankenkassen und die privaten Krankenversicherungsunternehmen die Versicherten auf, eine Erklärung zur Organ- und Gewebespende zu dokumentieren und benennen ihnen gegenüber fachlich qualifizierte Ansprechpartner für Fragen zur Organ- und Gewebespende sowie zur Bedeutung einer zu Lebzeiten abgegebenen Erklärung zur Organ- und Gewebespende, auch im Verhältnis zu einer Patientenverfügung.

(2) ¹Wer eine Erklärung zur Organ- und Gewebespende abgibt, kann in eine Organ- und Gewebeentnahme nach § 3 einwilligen, ihr widersprechen oder die Entscheidung einer namentlich benannten Person seines Vertrauens übertragen (Erklärung zur Organ- und Gewebespende). ²Die Erklärung kann auf bestimmte Organe oder Gewebe beschränkt werden. ³Die Einwilligung und die Übertragung der Entscheidung können vom vollendeten sechzehnten, der Widerspruch kann vom vollendeten vierzehnten Lebensjahr an erklärt werden.

(2a) Niemand kann verpflichtet werden, eine Erklärung zur Organ- und Gewebespende abzugeben.

(3) ¹Das Bundesministerium für Gesundheit kann durch Rechtsverordnung mit Zustimmung des Bundesrates einer Stelle die Aufgabe übertragen, die Erklärungen zur Organ- oder Gewebespende auf Wunsch der Erklärenden zu speichern und darüber berechtigten Personen Auskunft zu erteilen (Organ- und Gewebespenderegister). ²Die gespeicherten personenbezogenen Daten dürfen nur zum Zwecke der Feststellung verwendet werden, ob bei demjenigen, der die Erklärung abgegeben hatte, eine Organ- oder Gewebeentnahme nach § 3 oder § 4 zulässig ist. ³Die Rechtsverordnung regelt insbesondere
1. die für die Entgegennahme einer Erklärung zur Organ- oder Gewebespende oder für deren Änderung zuständigen öffentlichen Stellen (Anlaufstellen), die

Verwendung eines Vordrucks, die Art der darauf anzugebenden Daten und die Prüfung der Identität des Erklärenden,

2. die Übermittlung der Erklärung durch die Anlaufstellen an das Register sowie die Speicherung der Erklärung und der darin enthaltenen Daten bei den Anlaufstellen und dem Register,

3. die Aufzeichnung aller Abrufe im automatisierten Verfahren nach § 10 des Bundesdatenschutzgesetzes sowie der sonstigen Auskünfte aus dem Register zum Zwecke der Prüfung der Zulässigkeit der Anfragen und Auskünfte,

4. die Speicherung der Personendaten der nach Absatz 4 Satz 1 auskunftsberechtigten Ärzte bei dem Register sowie die Vergabe, Speicherung und Zusammensetzung der Benutzerkennungen und Passwörter für ihre Auskunftsberechtigung,

5. die Löschung der gespeicherten Daten und

6. die Finanzierung des Registers.

(4) ¹Die Auskunft aus dem Register darf ausschließlich an den Erklärenden sowie an einen von einem Krankenhaus dem Register als auskunftsberechtigt benannten Arzt erteilt werden, der weder an der Entnahme noch an der Übertragung der Organe oder Gewebe des möglichen Organ- oder Gewebespenders beteiligt ist und auch nicht Weisungen eines Arztes untersteht, der an diesen Maßnahmen beteiligt ist. ²Die Anfrage darf erst nach der Feststellung des Todes gemäß § 3 Abs. 1 Satz 1 Nr. 2 erfolgen. ³Die Auskunft darf nur an den Arzt weitergegeben werden, der die Organ- oder Gewebeentnahme vornehmen oder unter dessen Verantwortung die Gewebeentnahme nach § 3 Abs. 1 Satz 2 vorgenommen werden soll, und an die Person, die nach § 3 Abs. 3 Satz 1 über die beabsichtigte oder nach § 4 über eine in Frage kommende Organ- oder Gewebeentnahme zu unterrichten ist.

(5) Die Bundesregierung kann durch allgemeine Verwaltungsvorschrift mit Zustimmung des Bundesrates ein Muster für den Organ- und Gewebespendeausweis festlegen und im Bundesanzeiger bekannt machen.

Die Einführung der Entscheidungslösung betrifft die postmortale Organ- und Gewebe- **1** spende, §§ 3 f., nicht aber die Lebendspende bzw. die Verwendung von Organen oder Geweben zu Forschungszwecken. Die Entscheidungslösung ergänzt die bisher alleinig geltende erweiterte Zustimmungslösung, indem die in § 2 Abs. 1 S. 1 verankerten Aufklärungspflichten konkretisiert werden und die Bevölkerung ausdrücklich aufgefordert wird, freiwillig eine Entscheidung zur Organspende abzugeben. Die in §§ 3 und 4 geregelte erweiterte Zustimmungslösung bleibt ansonsten unverändert bestehen. Auch soll vermehrt über das Verhältnis zwischen einer Organspendeerklärung und einer Patientenverfügung informiert werden, um eine gut fundierte, selbstbestimmte Entscheidung der Bürger und Bürgerinnen zu ermöglichen.[1] Das Verhältnis zwischen Patientenverfügung und Spendeverfügung ist indes nicht abschließend geklärt.[2] Es ist dem Spender jedoch unbenommen, Patienten- und Spendeverfügung in einem Dokument zusammenzufassen.

Unter Hinweis darauf, dass niemand verpflichtet werden kann, eine entsprechende Erklä- **2** rung abzugeben, vgl. Abs. 2a, zeigt Abs. 2 verschiedene Möglichkeiten auf, ab dem vollendeten 16. Lebensjahr in eine Organ- oder Gewebespende einwilligen, einer Spende ab dem vollendeten 14. Lebensjahr zu widersprechen oder diese Entscheidung einer namentlich benannten Person des Vertrauens zu übertragen. Die Erklärung setzt keine weitergehende Aufklärung voraus, ist formfrei. Anhaltspunkte für die Ermittlung des mutmaßlichen Willens des Verstorbenen geben. Ist er nicht zu ermitteln, geht auf den nächsten Angehörige die Entscheidungsbefugnis über.

---

[1] BT-Drs. 17/9030, 16 f.
[2] Vgl. BT-Drs. 18/4256, 17 f., 63 sowie die Empfehlungen der Bundesärztekammer und der Zentralen Ethikkommission bei der Bundesärztekammer DÄBl. 2013 (110), A 1580, 1582.

3   Die Bereitstellung von entsprechenden Organspendeausweisen und geeignetem Aufklärungsmaterial obliegt den nach § 2 Abs. 1 S. 1 benannten Stellen. Nach § 2 Abs. 1a werden die Krankenkassen und privaten Krankenversicherungsunternehmen zudem verpflichtet, vorstehendes Material im Zusammenhang mit der Abgabe der elektronischen Gesundheitskarte nach § 291a SGB V oder der Beitragsmitteilung nach § 10 Abs. 2a S. 9 EStG zur Verfügung zu stellen und diese zur Dokumentation einer Erklärung zur postmortalen Organ- und Gewebespende aufzufordern. Die Nutzung des entsprechenden Datenfeldes ist für den/die Patienten/innen freiwillig, erleichtert jedoch dem Arzt im Rahmen der Notfallversorgung ein schnelleres Auffinden der Willenserklärung des Spenders.[3]

Abschnitt 2. Entnahme von Organen und Geweben bei toten Spendern

§ 3 Entnahme mit Einwilligung des Spenders

(1) [1]Die Entnahme von Organen oder Geweben ist, soweit in § 4 oder § 4a nichts Abweichendes bestimmt ist, nur zulässig, wenn
1. der Organ- oder Gewebespender in die Entnahme eingewilligt hatte,
2. der Tod des Organ- oder Gewebespenders nach Regeln, die dem Stand der Erkenntnisse der medizinischen Wissenschaft entsprechen, festgestellt ist und
3. der Eingriff durch einen Arzt vorgenommen wird.
[2]Abweichend von Satz 1 Nr. 3 darf die Entnahme von Geweben auch durch andere dafür qualifizierte Personen unter der Verantwortung und nach fachlicher Weisung eines Arztes vorgenommen werden.

(2) Die Entnahme von Organen oder Geweben ist unzulässig, wenn
1. die Person, deren Tod festgestellt ist, der Organ- oder Gewebeentnahme widersprochen hatte,
2. nicht vor der Entnahme bei dem Organ- oder Gewebespender der endgültige, nicht behebbare Ausfall der Gesamtfunktion des Großhirns, des Kleinhirns und des Hirnstamms nach Verfahrensregeln, die dem Stand der Erkenntnisse der medizinischen Wissenschaft entsprechen, festgestellt ist.

(3) [1]Der Arzt hat den nächsten Angehörigen des Organ- oder Gewebespenders über die beabsichtigte Organ- oder Gewebeentnahme zu unterrichten. [2]Die entnehmende Person hat Ablauf und Umfang der Organ- oder Gewebeentnahme aufzuzeichnen. [3]Der nächste Angehörige hat das Recht auf Einsichtnahme. [4]Er kann eine Person seines Vertrauens hinzuziehen.

Übersicht

---

[3] *Schenck/Albert/Butz*, Die elektronische Gesundheitskarte als Ablageort der Erklärung zu Organ- und Gewebespende?, in *Middel/Pühler/Lilie/Vilmar* (Hrsg.), S. 115 ff.

I. Postmortale Organ- oder Gewebespende

Lebenswichtige Organe dürfen nur einer verstorbenen Person entnommen werden. Eine **1**
Entnahme vor dem Tod ist mit dem deutschen Recht nicht zu vereinbaren[1] und würde
eine vorsätzliche bzw. fahrlässige Tötung darstellen. Vor diesem Hintergrund regelt Abs. 1
drei Zulässigkeitsvoraussetzungen der postmortalen Organspende:[2] Die zu Lebzeiten erteilte
Einwilligung des Spenders in die post mortem zu erfolgende Organentnahme, die Feststellung des Todeseintritts nach Regeln, die dem Stand der Erkenntnisse der medizinischen
Wissenschaft entsprechen und die Vornahme der Entnahme durch einen Arzt.

Diese Anforderungen gelten auch für die postmortale Gewebespende, ergänzt durch **2**
einige Abweichungen. Eine davon ist die durch S. 2 bestehende Einschränkung des sog.
Arztvorbehalts in Nr. 3 (→ Rn. 20).

II. Voraussetzungen

1. Spendeverfügung. Die Organ- oder Gewebeentnahme ist zunächst an die Bedin- **3**
gung geknüpft, dass der Spender der Organe oder Gewebe in die Entnahme **eingewilligt**
hat. Damit verdeutlicht das TPG, dass das Bestimmungsrecht des Menschen über das Schicksal seines Leichnams oder Teile davon, nicht allein auf die Wahl zwischen den üblichen
Bestattungsarten beschränkt ist, sondern ua auch die Befugnis umfasst, Organe oder Gewebe
zur postmortalen Transplantation zu spenden. Diese Verfügungsbefugnis folgt aus der Verfassung. Zwar hat die Rechtsprechung den Inhalt des allgemeinen Persönlichkeitsrechts[3] nicht
vollständig entfaltet, sondern seinen Schutzbereich jeweils anhand des zu entscheidenden
Falls bestimmt.[4] So ist die Freiheit zur Krankheit,[5] das Recht auf den eigenen Tod[6] sowie
die Spende der Organe oder Gewebe als Schutzgut des allgemeinen Persönlichkeitsrechts
anerkannt. Zwar findet das personale „Seins- und Bestimmungsfeld"[7] des Menschen mit
dem Tod sein Ende. Damit wird der leblose Körper aber nicht zur beliebigen Sache. Er
zeugt von der durchlebten Geschichte einer konkreten Personalität, ist für Hinterbliebene
Gegenstand von Trauer, Respekt und Pietät.

Die grundlegende Bedeutung dieser Umstände ergibt sich unmittelbar aus einigen gesetz- **4**
lichen Regelungen, wie den Bestattungsgesetzen der Länder, den Sektionsgesetzen, dem
Erbrecht und seit 1997 aus dem TPG. Zudem hat das Bundesverfassungsgericht bereits in der
„Mephisto-Entscheidung"[8] zu Recht festgestellt, dass selbst Rechte mit höchstpersönlichem
Charakter nach dem Tode des Rechtsgutsträgers gerichtlich geltend gemacht werden kön-
nen.

Hieraus erschließt sich, dass der Todeseintritt zwar das persönlichkeitsrechtliche Band **5**
zwischen dem Verstorbenen und seinem leblosen Körper lockert, es aber nicht vollständig
zerschneidet.[9] Das hat zur Folge, dass der Wille der verstorbenen Person die Hinterbliebenen
bindet: einerlei, ob sie sich für (Abs. 1) oder gegen (Abs. 2) die postmortale Organ- oder
Gewebespende entschieden hat. Aufgrund der über den Tod hinauswirkenden Menschenwürde[10] tragen letztwillige Anordnungen **kein** Verfallsdatum mit dem Inhalt: „Gültig bis
zum Eintritt des Todes" in sich.[11]

Diese **Selbstbestimmung** über den Tod hinaus konkretisiert das individuelle Wertever- **6**
hältnis und somit auch das Verfügungsinteresse am eigenen Körper. Sie ermächtigt den

---

[1] Zur Schutzpflicht des Staates vgl. BVerfG 25.2.1975 – 1 BvF 1, 2, 3, 4, 5, 6/74, BVerfGE 39, 1, 42.
[2] Amtliche Begründung, vgl. BT-Drs. 13/4355, 18.
[3] Art. 2 Abs. 1 iVm Art. 1 Abs. 1 GG.
[4] BVerfG 3.6.1980 – 1 BvR 185/77; BVerfGE 54, 148 (153 f.).
[5] BVerfG 23.3.1998 – 2 BvR 2270/96, NJW 1998, 1774; BGH 7.2.1984 – VI ZR 174/82, BGHZ 90,
103 (105 f.).
[6] BGH 8.5.1991 – 3 StR 467/90, BGHSt 37, 376 (378); *Taupitz,* Gutachten A S. A 32 ff., 105 ff.
[7] BGH 9.11.1993 – VI ZR 62/93, BGHZ 124, 52.
[8] BVerfG 24.2.1971 – 1 BvR 435/68, NJW 1971, 1645.
[9] BT-Drs. 13/4355, 19 zu § 6.
[10] BVerfG 24.2.1971 – 1 BvR 435/68, BVerfGE 30, 173 (194).
[11] Für den Bereich der Patientenverfügung vgl. *Taupitz,* Gutachten A S. A 32 ff., 105 ff.

Arzt bzw. die Ärztin in den postmortalen Rechtskreis des Organ- oder Gewebespenders einzugreifen[12] (→ § 1 Rn. 12). Um rechtliche Wirksamkeit zu erlangen, muss die Organ- oder Gewebespendeverfügung sowohl auf der **inneren Bereitschaft** des Spenders beruhen als auch ausdrücklich **erklärt** werden, ohne dass das Gesetz eine bestimmte Form der Organ- oder Gewebespendeerklärung zwingend[13] vorschreiben würde.[14]

7   **2. Einsichts- und Einwilligungsfähigkeit.** Die Wirksamkeit der Organ- oder Gewebespendeverfügung setzt zudem die Einsichts- und Einwilligungsfähigkeit des Verfügenden voraus. Diese Fähigkeit ist weder von der zivilrechtlichen Geschäftsfähigkeit noch von der strafrechtlichen Schuldfähigkeit abhängig. Sie bestimmt sich vielmehr ua danach, ob der Verfügende die erforderliche Einsichts- und Urteilsfähigkeit hat, um die Bedeutung und Tragweite der Organ- oder Gewebespende zu ermessen. Entscheidend ist grds. die jeweilige Sachlage unter Abwägung von Art, Umfang und Schwere der geplanten Spende im Einzelfall. Analog der **Altersgrenze** der Testierfreiheit[15] hat der Gesetzgeber jedoch als **Mindestalter** der Einwilligung und der Übertragung der Entscheidung auf Dritte die Vollendung des **sechzehnten** Lebensjahrs festgelegt. Der **Widerspruch** gegen die Organ- oder Gewebespende kann vom vollendeten **vierzehnten** Lebensjahr an erklärt werden, vgl. § 2 Abs. 2 S. 3. Vor Vollendung dieser Altersgrenzen sind grds. die ehemals Personensorgeberechtigten als Träger der Totensorge zur Entscheidung berufen.[16]

8   **3. Informierte Einwilligung.** Die Autonomie des Spenders verkörpert keinen absoluten Wert, sondern bewegt sich auf einer Skala zwischen Selbstbestimmung einerseits sowie Unfreiheit andererseits. Von einer selbstbestimmten Organ- oder Gewebespende kann allerdings nur gesprochen werden, soweit die entsprechende Spendeentscheidung ernstlich und freiwillig getroffen wurde, mithin der „Spender bei der Spende in Übereinstimmung mit seinem Wertesystem entscheidet".[17] Im Hinblick auf den würdigen Umgang mit dem Körper des Verstorbenen genügt es daher nicht, dass der Spender zu Lebzeiten eine Spendeverfügung abgibt. Er muss sich auch der damit verbundenen Konsequenzen sowie des Inhalts seiner Spendeverfügung bewusst sein. Dies setzt im Regelfall eine vorherige Information über die Eckpunkte der Organ- oder Gewebeentnahme voraus.

9   Dass der Wortlaut von § 3 – insbes. im Vergleich zur umfassenden Aufklärungsregel des § 8 – keine Angaben zur Aufklärung über die Konsequenzen für den Spender macht, und § 2 Abs. 1 nur die allgemeine Aufklärung der Bevölkerung betrifft, ist unschädlich. Denn wenn das Erfordernis der postmortalen Einwilligung ernst genommen wird, mithin die Organ- und die mitunter sehr weitreichende Gewebespende sich auch im Tod als ein Akt wirklicher Selbstbestimmung erweisen soll, muss der Spender zumindest im Großen und Ganzen den Inhalt erfasst haben. Nicht erforderlich ist, dass die Information durch Ärzte vorgenommen wird. Ausreichend ist, wenn die Praxis sich besonderer Merk- und Informationsblätter bedient, um die Organ- oder Gewebespende, ihre Ziele und ihre Besonderheiten in einer für den spendenden medizinischen Laien verständlichen Sprache schriftlich zu erläutern.

10   Liegt eine wirksame Spendeverfügung vor, kann sie von **Angehörigen nicht widerrufen** werden. Anderenfalls würde der Körper der spendebereiten Person nach ihrem Tode gegen ihren Willen geschützt. Damit würden ihr fremde Wertmaßstäbe übergestülpt. Dem widerspricht das jeweilige Selbstbestimmungsrecht der potentiellen Organ- oder Gewebespender, die eine rationale Entscheidung zugunsten der Spende getroffen haben. Sie können aber den ethischen und rechtlichen Anspruch erheben, in diesem höchstpersönlichen Entschluss auch nach dem Tod respektiert zu werden.

---

[12] Allgemein zur Einwilligung *Tag* S. 364 ff.
[13] Weder § 2 noch § 4 Abs. 1 postulieren die Schriftform für die Wirksamkeit der Spendererklärung oder auch des Wiederspruchs. Allerdings ist sie aus Gründen der Rechtssicherheit anzuraten.
[14] Zum Widerruf durch nahe Angehörige vgl. nachfolgend → Rn. 10.
[15] Vgl. § 5 RelKErzG.
[16] Nähere Erläuterungen zu § 4 siehe dort Rn. 17; vgl. auch *Klinge* S. 59 ff.; *Nickel* MedR 1995, 139 (144).
[17] *Amelung* S. 41.

4. Todesfeststellung. Weitere **Zulässigkeitsvoraussetzung** der Organ- oder Gewebe- **11** entnahme ist die **Feststellung** des **Todes** des Organ- oder Gewebespenders nach Regeln, die dem Stand der Erkenntnisse der medizinischen Wissenschaft entsprechen. Denn jeder Eingriff zur Entnahme lebenswichtiger Organe führt kausal zum Herz-Kreislauf-Stillstand beim Organspender.[18] Mit Blick auf die zentrale Bedeutung der Todesfeststellung, des Bestimmtheitsgebots, der Rechtsklarheit und Rechtssicherheit, des Wesentlichkeitsprinzips und des Zitiergebots wäre es unabdingbar, dass der Gesetzgeber das Hirntodkriterium selbst bezeichnet und die Festlegung des Todeszeitpunkts nicht an Fachgruppen, wie zB Ärzte, delegiert.[19]

Während das Sterben – nach unseren medizinisch-technischen Erkenntnissen – einen **12** von einem bestimmten Zeitpunkt an unumkehrbaren, sich entsprechend den einzelnen Gewebsarten unterschiedlich schnell vollziehenden biologischen Prozess beschreibt,[20] stellt der **Tod** ein je nach den Umständen des konkreten Falls schnell oder weniger schnell eintretendes gravierendes Ereignis innerhalb dieses Vorgangs dar. Da die Organentnahmen heute vor allem bei künstlich beatmeten, warmen und „rosig" im Bett liegenden[21] Hirntoten durchgeführt werden, deren Herz noch schlägt, steht die Bestimmung des Todeszeitpunkts im Mittelpunkt der rechtlichen Würdigung.[22]

5. Todeskriterium: Herztod. Zu früheren Zeiten, so zB bei den Beratungen zum **13** Bürgerlichen Gesetzbuch, wurde der Herztod als so selbstverständlich erachtet, dass keine Notwendigkeit gesehen wurde, den Todeszeitpunkt im BGB explizit zu regeln.[23] Auch in der Folge existierten keine gesetzlichen Umschreibungen des Todeskriteriums. Angesichts dieser offenbar eindeutigen Ansicht schien dies auch nicht erforderlich. Der seinerzeitige Erkenntnisstand sprach nur für den endgültigen und irreversiblen Stillstand von Herz und Kreislauf, der zwangsläufig das Absterben aller Zellen und allen Gewebes zur Folge hatte, als verlässliches Kriterium für den Tod eines Menschen. Nachdem das Herz zu schlagen aufgehört hatte und die Atmung ausgefallen war, zeigten sich bald die eindeutigen Todeszeichen, wie das gebrochene Auge, Fehlen des Pulses, die Reflexlosigkeit, später gefolgt von Totenstarre und Leichenflecken. Diese Hinweise zeigten dem Arzt die tatsächlichen Grenzen seiner Heilbehandlung und stellten aus juristischer Sicht ein einfach festzustellendes, zeitlich mit einiger Sicherheit zu bestimmendes Ereignis auf der Scheidelinie zwischen Leben und Tod dar.

Durch die Entwicklung auf dem Gebiet der künstlichen Reanimation eröffneten sich **14** jedoch Möglichkeiten, den noch frischen Stillstand von Herz und Kreislauf durch unterschiedlichste Maßnahmen künstlich aufzuheben. Damit war es zugleich gelungen, klinisch toten Menschen „wieder Leben einzuhauchen", soweit der biologische Zerfall noch nicht eingesetzt hatte. Von diesem Zeitpunkt an wurde der Atem- und Herzstillstand als **klinischer Tod** bezeichnet, der sich zum biologischen Tod im Sinne der irreversiblen Strukturveränderung der Organe entwickeln kann. Die seit Ende der 1960er Jahre sprunghaft angestiegenen medinisch-technischen Möglichkeiten[24] führten demzufolge auch dazu, die ehemals kurze Zeitspanne zwischen Herz- und Hirntod künstlich hinauszuschieben, was nicht zuletzt die Entwicklung auf dem Gebiet der Organtransplantation entscheidend voranbrachte.

[18] *Sengler/Schmidt* MedR 1997, 241 mwN.
[19] Vgl. *Nickel/Schmidt-Preisigke/Sengler* Rn. 1 f. Zu Unstimmigkeiten das gesetzliche Nachweisverfahren betreffend vgl. *Parzeller* S. 105 ff.
[20] *Fuchs*, Außerkörperliche Erfahrungen und Nahtoderlebnisse bei Wiederbelebten, Berliner Medizinethische Schriften, Heft 13, 1997, S. 19; *Russegger*, Der Hirntod als Individualtod – eine medizin-ethische Gratwanderung in *Joerden* (Hrsg.), Der Mensch und seine Behandlung in der Medizin, 1999, S. 283 f.
[21] *Spittler* JZ 1997, 749.
[22] Zur Entwicklung des Todesbegriffs vgl. *Lüttger* JR 1971, 309.
[23] In den Beratungen über den 1. Entwurf des BGB findet sich der Vorschlag, in § 3 des Entwurfs „die Rechtsfähigkeit des Menschen beginnt mit der Geburt und endigt mit dem Tode" den letzten Halbsatz als überflüssig und selbstverständlich zu streichen, vgl. Protokolle der Kommission für die zweite Lesung des Entwurfs des Bürgerlichen Gesetzbuches, Bd. 1, 1897, S. 4; Bd. 6, S. 106. Diesem Vorschlag wurde im 3. Entwurf Rechnung getragen.
[24] Ein wichtiges Datum ist die erste Herzverpflanzung von *Prof. Christiaan Barnard*. Sie verdeutlichte, dass das Herz als ursprüngliches Zentrum des Menschen durchaus ersetzbar ist. Näher *Geilen* FS Heinitz, 1972, 373.

15   **6. Todeskriterium: Kortikaltod.**[25] Die These, dass „es offensichtlich Teile des Gehirns gibt, die mit den Funktionen, die wir als wesentlich für die Personalität ansehen, nicht wesentlich assoziiert sind", daher „[…] es also auch nicht erforderlich [ist], dass diese Hirnareale tot sind, wenn der Mensch als Person tot ist",[26] wird als Argument für den Kortikal- oder **Teilhirntod** angeführt. Den Vertretern geht die Festlegung des Gesamthirntod-Kriteriums (→ Rn. 16 ff.) nicht weit genug, da sie Tote für lebend erkläre. Der Versuch, das Lebensrecht des Menschen an die Merkmale des geistbegabten Organismus zu binden,[27] gerät freilich in die unakzeptable Gefahr, das Lebensrecht mit kaum objektivierbaren, noch unzureichend erforschten Eigenschaften wie Bewusstsein, Interessen und damit auch der Fähigkeit, Person zu sein, zu verknüpfen.[28] Denn Apalliker, dh Patienten, bei denen das quantitative Bewusstsein (Wachheit) erhalten bleibt, qualitative Bewusstseinsinhalte dagegen idR unwiederbringlich erloschen sind und Anenzephale, dh Neugeborene, bei denen der Kopf durch charakteristische Fehlbildungen gekennzeichnet ist (Fehlen des Gehirnschädels, des Großhirns und der Hirnhäute, ev. auch des Klein-, Mittel- und Zwischenhirns), sind lebende Menschen. Sie dürfen unter rechtlichen und ethischen Aspekten nicht in Gefahr geraten, zu Zwecken der Organtransplantation herangezogen zu werden. Die normative Festlegung des Todeszeitpunkts auf den Kortikaltod ist aufgrund der bei weitem noch nicht vollständig erforschten komplexen Hirnfunktionen nach dem heutigen medizinischen Erkenntnisstand nicht überzeugend.

16   **7. Gesamthirntod.** Abs. 1 Nr. 2 iVm Abs. 2 Nr. 2 liegt demgegenüber das sog. Gesamthirntodkonzept zugrunde, welches sich in vielen Ländern etabliert hat.[29] Es geht davon aus, dass der Tod eingetreten ist, wenn das Gehirn seine Tätigkeit endgültig eingestellt hat.[30] Im Unterschied zum Herztod ist maßgeblich, dass die **Gesamtfunktionen** des Großhirns, des Kleinhirns und des Hirnstamms irreversibel erloschen sind.[31] Dieser unumkehrbare Bewusstseinsverlust, the point of no return, auch als unsichtbarer Tod bezeichnet, ist für den Laien häufig erst über Hilfsmittel wie die 30-minütige EEG-Null-Linie[32] erkennbar. Denn bei einem Menschen, der künstlich beatmet wird, lässt sich der „Hirntod" an rein äußeren Zeichen nicht feststellen. Bleibt der Kreislauf aufrechterhalten, unterscheidet er sich äußerlich nicht von einem bewusstlosen, aber ansonsten gesunden Menschen.[33] Diese Besonderheit verursacht große psychologische Schwierigkeiten, namentlich für das Transplantationsteam und die Angehörigen, einen hirntoten Menschen nicht mehr als schwerkrank und damit hilfebedürftig, sondern als Leiche anzusehen.

17   Bereits in den 60er Jahren des 20. Jahrhunderts waren die Stellungnahme der Deutschen Gesellschaft für Chirurgie[34] und die Deklaration der Ad-Hoc-Kommission an der Harvard Medical School[35] für das Hirntodkonzept wegbereitend. Zwar hatten schon die französi-

---

[25] Oder auch neocortical Death, vgl. *Merkel* JURA 1999, 113 (116 Fn 23); *Kurthen/Linke* in *Hoff/in der Schmitten* (Hrsg.), S. 82 ff.

[26] *Kurthen/Linke* in *Hoff/in der Schmitten* (Hrsg.) S. 82, 87.

[27] Näher *Angstwurm* in *Hoff/in der Schmitten* (Hrsg.) S. 41, 44 f.; *Birnbacher* in *Hoff/in der Schmitten* (Hrsg.), S. 25.

[28] Daher kritisch *Höfling* JZ 1995, 26 (32).

[29] Vgl. BT-Drs. 18/4256.

[30] Näher Bundesärztekammer DÄBl. 1993 (90), B 2177; Wissenschaftlicher Beirat der Bundesärztekammer, Erklärung zum Hirntod, DÄBl. 2001 (98), A 1417 ff.

[31] Grundlegend Richtlinie gemäß § 16 Abs. 1 S. 1 Nr. 1 für die Regeln zur Feststellung des Todes nach § 3 Abs. 1 S. 1 Nr. 2 und die Verfahrensregeln zur Feststellung des endgültigen, nicht behebbaren Ausfalls der Gesamtfunktion des Großhirnes, des Kleinhirns und des Hirnstamms nach § 3 Abs. 2 Nr. 2 der Bundesärztekammer, 4. Fortschreibung, DÄBl. 2015 (112), DOI: 10.3238/arztebl.2015.rl_hirnfunktionsausfall_01.

[32] Durch die EEG-Ableitung einer hirnelektrischen Stille, sog Null-Linien-EEG, kann die Irreversibilität des Hirnfunktionsausfalls ohne weitere Beobachtungszeit festgestellt werden. Die Registrierung muss mindestens 30 Minuten kontinuierlich, einwandfrei auswertbar und artefaktarm erfolgen, vgl. Wissenschaftlicher Beirat der Bundesärztekammer DÄBl. 1998 (95), C 1381, 1384 Anm. Nr. 6.

[33] *Spittler* JZ 1997, 749.

[34] Veröffentlicht in Der Chirurg 1968, 196 näher zur Frage, wann ist der Mensch Tod? vgl. *Fischer* Vor § 211 StGB Rn. 5–9.

[35] *Beecher* et al., A Definition of Irreversible Coma, Report of the Ad Hoc Committee of the Harvard Medical School to Examine the Definition of Brain Death, JAMA 1968, 337.

schen Neurologen Mollaret und Goulon den Zustand des „coma dépassé" beschrieben und festgestellt, dass beim Vorliegen des „coma dépassé" trotz anfänglich erfolgreicher Reanimation der Tod bei fortgeführter künstlicher Beatmung nicht aufgehalten werden konnte. Es war aber das Ad Hoc-Komitee der Harvard Medical School, das 1968 zum ersten Mal die Ansicht vertrat, Patientinnen und Patienten seien im Zustand des „coma dépassé" tot und den Begriff des „Hirntodes" einführte. In den 1980er und 1990er Jahren galt dies für die Stellungnahme des Wissenschaftlichen Beirats der Bundesärztekammer.[36] Aber auch die gemeinsame Erklärung des Rates der Evangelischen Kirche in Deutschland und der Deutschen Bischofskonferenz anerkannte im Jahr 1990 das Hirntodkonzept im Kontext von Organtransplantationen.[37] Trotz des scheinbar breiten Konsenses ist die Diskussion um das maßgebliche Todeskriterium aber keineswegs beendet.[38] Denn nach wie vor stehen sich unterschiedliche Positionen bei der Frage gegenüber, ob die normative Wertung des Hirntodkonzepts mit dem tatsächlichen Tod übereinstimmt. In diesem Zusammenhang steht die mit Blick auf die Organknappheit wieder neu angefachte Diskussion über den Non-Heart-Beating-Donor (NHB-Donor).[39] Danach sollen Patienten bereits mit einem Herzstillstand, der eine bestimmte Zeit dauert (zB. zwischen zwei und zehn Minuten), als Organspender in Frage kommen. Denn durch den Herz- und Kreislaufstillstand ohne Reanimationsbemühungen kommt es zu einer Unterbrechung der Durchblutung des Gehirns und dadurch zum Tod. Die NHB-Donation wird rechtlich und ethisch kontrovers diskutiert, ist aber in Deutschland aufgrund des Hirntodkonzepts nicht erlaubt. In anderen Ländern wird sie jedoch praktiziert.[40] Die hiermit verbundene Problematik zeigt sich daran, dass sie derzeit kein sicheres Äquivalent zur Hirntoddiagnostik ist.[41]NHB-Donors sind Organspender, bei denen der Hirntod kurz nach Herzkreislaufstillstand zwar erwartet, aber vor der Entnahme der Organe nicht nachgewiesen wird. Wird der Herzkreislaufstillstand bewusst herbeigeführt, zB im Rahmen der Sterbehilfe, und werden die Organe von dem NHB-Spender entnommen, häufen sich die hiermit verbundenen rechtlichen und ethischen Fragen.[42]

Den Gesamthirntod als Zeitpunkt des Todes zu erklären, bedarf der **normativen Wertung.** 18 Dies hat sich nicht nur während der Beratung des TPG im Bundestag deutlich gezeigt. Das Hirntodkonzept war bis zur letzten Abstimmung ein zentrales, kontroverses Thema.[43] Denn es ist nicht aus sich selbst heraus verständlich, dass zB bei weiterschlagendem Herzen oder auch anhaltenden biologischen Lebensvorgängen, wie innere Atmung, Stoffwechselvorgänge, Ausscheidungen, Schwitzen, Hormonausschüttung, anhaltende Schwangerschaft oder auch Kontraktion der Muskeln[44] der Mensch nicht mehr am Leben sein soll, falls alle Gehirnfunktionen endgültig ausgefallen sind.

[36] DÄBl. 1982 (79), 45; DÄBl. 1986 (83), 2940; DÄBl. 1991 (88), B 2855 ff.; DÄBl. 1993 (90), B 2177.
[37] Die Erklärung ist als Sonderdruck des Arbeitskreises Organspende herausgegeben.
[38] Eine nach wie vor vertretene Ansicht ist, dass Hirntote als sterbende und damit lebende Menschen zu begreifen sind, vgl. *Höfling*, Verfassungsrechtliche Grundfragen des Transplantationswesens in *Höglinger/Kleinert* (Hrsg.), S. 87; *Rixen*, Lebensschutz am Lebensende, 1999, S. 292; *Wagner/Broker* ZRP 1996, 226; *Spittler* JZ 1997, 747 (749); *Merkel* JURA 1999, 113; kritisch auch Hoff/*in der Schmitten* Anhang zu § 3 Rn. 36 ff.
[39] Ausführlich und im Ergebnis ablehnend hierzu die Stellungnahme des Deutschen Ethikrats, Hirntod und Entscheidung zur Organspende, 24.2.2015, S. 96 ff.
[40] Für die Schweiz SAMW Richtlinie „Feststellung des Todes mit Bezug auf Organtransplantationen", 24. Mai 2011, Rn. 2.2 ff. Zu einem Fall aus den USA *Darshak/Sanghavi*, When does death start? New York Times, 20.12.2009; zu einem Fall aus Spanien *Keller*, Tatort Klinik Madrid, Geo Heft 5 2011, S. 105 ff.
[41] Gemeinsame Stellungnahme der Deutschen Gesellschaft für Neurologie, (DGN), Deutschen Gesellschaft für Neurochirurgie (DGNC) und Deutschen Gesellschaft für Neurointensiv- und Notfallmedizin (DGNI) zur Feststellung des Hirntodes vor Organentnahmen v. 5.3.2014, ergänzt am 21.3.2014.
[42] So eine Entwicklung in Belgien, vgl. *van Raemdonck et al.* Applied Cardiopulmonary Pathophysiology (15) 2011, S. 38 ff.
[43] Die Abgeordneten entschieden sich mit 424 zu 201 Stimmen für das „Hirntod"-Konzept, vgl. *Schmidt,* Verfahrensökonomie und Gewissensfreiheit bei der Verabschiedung des Transplantationsgesetzes in: Deutsche Vereinigung für Parlamentsfragen, 1998.
[44] Näher *Bavastro* ZRP 1999, 114 (115); *Tröndle* FS Hirsch, 1999, 779 (785); Sachverständigenanhörung, Bundestag, 13. Wahlperiode, Ausschuss für Gesundheit, Prot. Nr. 17, Ausschuss-Drs. 13/136 f.; Bundestag, Ausschuss-Drs. 600/13.

19   Der sichere, deduktive Schluss von der festzustellenden Tatsache, dass das Bewusstsein eines Menschen für immer verloren gegangen ist, auf die wertende Aussage, durch dieses Ereignis sei der biologische Tod eingetreten, kann anhand des gegenwärtig noch nicht vollständig abgesicherten medizinischen Wissens[45] über den tatsächlichen Todeseintritt nicht gezogen werden. Die Festlegung des Todeszeitpunkts ist vielmehr eine Wertung, mit deren Hilfe die natürliche Tatsache des irreversiblen Ausfalls des Gesamthirns als Todeszeitpunkt interpretiert wird. Diese Definitionsmacht kommt weder allein der Medizin, der Rechtswissenschaft, der Theologie und der Ethik noch staatlichen Instanzen zu. Ob ein fachübergreifender Mindestkonsens in Bezug auf das Hirntodkonzept zum gegenwärtigen Zeitpunkt tatsächlich vorhanden ist, erscheint vor dem Hintergrund der unterschiedlichen internationalen Konzepte zur Feststellung des Hirntodes zweifelhaft.[46] Denn das Sterben ist aus Sicht der Hirnforschung kein plötzliches Ereignis, das Gehirn ist nicht die entscheidende Instanz für die Aufrechterhaltung des biologischen Lebens. Auch die Tatsache, dass, wie im **Erlanger Fall**[47] die Schwangerschaft einer hirntoten Mutter[48] – wenngleich unter vehementer intensivmedizinischer Unterstützung – fortbestehen kann und daher biologische Abläufe im Körper zweifellos vorliegen,[49] zeigt, dass die Festlegung des Todeszeitpunkts eine Wertung bleibt[50] mit einem mehr oder weniger großen Rest an Ungewissheit.[51] Im Rahmen des TPGs ist es jedoch ein hinnehmbarer Kompromiss, aufgrund des gegenwärtigen Erkenntnisstands den Hirntod als Zeitpunkt des Todes normativ festzulegen.

20   **8. Entnahme durch einen Arzt.** Das Gesetz schreibt in Abs. 1 Nr. 3 vor, dass die Organentnahme von einem Arzt[52] durchzuführen ist. Die Begründung führt insoweit an, dass die Regelung einer sachgerechten Entnahme dem Schutz des Organempfängers diene.[53] Abs. 1 Satz 2 sieht jedoch eine Lockerung des Arztvorbehalts für die postmortale Gewebeentnahme vor. Hier genügt es, dass eine qualifizierte nichtärztliche Person unter ärztlicher Verantwortung und Weisung die Entnahme vornimmt.[54] Dies soll die Organisation der Gewebeentnahme vereinfachen, wenn die Entnahme bspw. wie bei der Corneaspende an verschiedenen Orten durchgeführt werden kann. Eine chirurgische Entnahme durch einen Arzt ist – im Gegensatz zur postmortalen Organentnahme und dem hierfür bedeutsamen Sicherungszweck des Arztvorbehalts für die Transplantierfähigkeit der Organe – nicht unbedingt erforderlich.

21   **9. Widerspruch des potentiellen Organ- oder Gewebespenders.** Bei ausdrücklichem Widerspruch des potentiellen Organ- oder Gewebespenders darf eine Entnahme **nicht** erfolgen. Diese Vorschrift ist Ausdruck des postmortalen Persönlichkeitsrechts und verdeutlicht, dass selbst nach Eintritt des Todes der Körper des Menschen nicht instrumentalisiert werden darf.[55] Der Widerspruch ist ebenso wie die Einwilligung in die Organ- oder Gewebespende an keine bestimmte Form gebunden, wenngleich auch hier eine schriftliche

---

[45] Dies zeigt sich ua daran, dass sich international drei zT deutlich voneinander abweichende Konzepte durchgesetzt haben.

[46] Eine Zunahme der kritischen Stimmen stellt auch der Deutsche Ethikrat, 2015, S. 95 f. fest.

[47] Näher hierzu AG Hersbruck 16.10.1992 – XVII 1556/92, NJW 1992, 3245; *Beckmann* MedR 1993, 121; *Bockenheimer-Lucius/Seidler* (Hrsg.), Hirntod und Schwangerschaft, 1993; *Hilgendorf* NJW 1996, 758; *Kiesecker*, Die Schwangerschaft einer Toten, Strafrecht an der Grenze von Leben und Tod, Der Erlanger und Stuttgarter Baby-Fall, 1996; *Kopetzki* RdM 1994, 67; *Janus* Ethik Med 1993 (5), 34.

[48] Zu den verfassungsrechtlichen Aspekten vgl. *Höfling* JZ 1995, 26 (31 ff.); *Klinge* S. 239 ff.

[49] *Kern* MedR 1993, 111 (112 f.), wonach zwar Hirntote intensivmedizinisch funktionsfähig nicht länger als eine Woche erhalten werden können, dies aber bei Schwangeren sogar über Wochen und Monate möglich ist. Vgl. auch *Beckmann* MedR 1993, 121; *Spittler* JZ 1997, 747 (749); *Bavastro* ZRP 1999, 114 (116).

[50] *Eser* ZStW 1985 (97), 1 (29 ff.).

[51] *Kress*, Organentnahme nach dem Hirntod bei Kindern. Ethische und rechtliche Gratwanderung, MedR 2015, 855, plädiert daher für eine intensiv zu führende Diskussion über die Organentnahme bei Kindern, da in diesen Fällen keine selbstbestimmte Entscheidung des Spenders, sondern eine Stellvertreterentscheidung der Eltern vorliegt.

[52] Näher *Miserok/Sasse/Krüger* Rn. 16 ff.

[53] BT-Drs. 13/4355, 18.

[54] BT-Drs. 16/3146, 26.

[55] BT-Drs. 13/4355, 18.

Erklärung aus Beweisgründen ratsam erscheint. Für die Erklärung des Widerspruchs sieht § 2 Abs. 2 S. 3 eine Mindestaltersgrenze von 14 Jahren vor.

10. Feststellung des Gesamthirntodes. In Abs. 2 Nr. 2 legt das Gesetz fest, dass die 22 Entnahme unzulässig ist, wenn nicht vor dieser Entnahme bei dem Organ- oder Gewebespender der endgültige, nicht behebbare Ausfall der Gesamtfunktionen des Großhirns, des Kleinhirns und des Hirnstamms nach Verfahrensregeln, die dem Stand der Erkenntnisse der medizinischen Wissenschaft entsprechen, **festgestellt** ist. Obgleich § 3 Abs. 1 Nr. 2 für den Tod auf die Regeln der medizinischen Wissenschaft abstellt, legt § 3 Abs. 2 Nr. 2 den Gesamthirntod als Mindestvoraussetzung der Organ- oder Gewebeentnahme fest. Damit hat der Gesetzgeber zunächst als Mindestgrenze den Hirntod anerkannt, es bleibt aber offen, ob die Medizin hinsichtlich des Todes insgesamt noch zu anderen Regelungen der Todesfeststellung kommen wird. Die Regelung verhindert aber, dass die Todesfeststellung nach den Regeln über den „Non-Heart-Beating-Donation" vorgenommen wird (→ Rn. 17).

In diesem Kontext ist darauf hinzuweisen, dass international über die **Todesfeststel-** 23 **lungskriterien** keine Einigkeit besteht. Zudem kommen insbes. im Ausland ergänzende Untersuchungen in Betracht, die sich durchaus deutlich unterscheiden.

Aufgrund dieser unterschiedlichen Kriterien kann es durchaus dazu kommen, dass im 24 Ausland der Tod zu einem Zeitpunkt festgestellt und das Organ oder Gewebe entnommen wird, zu welchem in Deutschland der Spender noch als lebend gegolten hätte. Um das hieraus entstehende ethische und rechtliche Spannungsfeld abzumildern, weist § 12 Abs. 1 darauf hin, dass nur solche Organe vermittelt werden dürfen, die im Einklang mit den am Ort der Entnahme geltenden Rechtsvorschriften entnommen worden sind, soweit deren Anwendung nicht zu einem Ergebnis führt, das mit wesentlichen Grundsätzen des deutschen Rechts, insbes. mit den Grundrechten, offensichtlich unvereinbar ist. Im Bereich der Gewebemedizin fehlt es an einer derartigen Bestimmung, zumal § 12 Abs. 1 ausdrücklich nur von Organen spricht. Insoweit kann zwar auf Empfehlungen der Fachgesellschaften zurückgegriffen werden. Eine Verbesserung der Rechtslage ist hier dringend anzumahnen.

Die Verfahren zur Feststellung des Gesamthirntods regeln nicht, wann der Tod eintritt. 25 Festgehalten wird vielmehr der Zeitpunkt des bereits eingetretenen Todes. Als Todeszeit muss die Uhrzeit gelten, zu der die Diagnose der Todesfeststellung abgeschlossen ist, da erst zu diesem Zeitpunkt von der Irreversibilität der klinischen Ausfallssymptome ausgegangen werden kann.

11. Unterrichtung. Der nächste Angehörige ist über die Organ- oder Gewebeentnahme 26 und darüber zu unterrichten, dass er in das Protokoll über die Organ- oder Gewebeentnahme, in die Unterlagen über die Feststellung des Todes nach Abs. 1 Nr. 2 und des endgültigen, nicht behebbaren Ausfalls der gesamten Hirnfunktionen, Abs. 2 S. 2 Einsicht, vgl. § 5 Abs. 2 S. 4, und den Leichnam nach der Organ- oder Gewebeentnahme in Augenschein nehmen kann, vgl. § 6 Abs. 2 S. 2. Diese Regelung trägt dem Totensorgerecht der nächsten Angehörigen Rechnung,[56] das von diesen treuhänderisch wahrzunehmen ist. Es beinhaltet, mit dem Leichnam unter Beachtung der jeweiligen Rechtsvorschriften zu verfahren, unberechtigte Einwirkungen Dritter auszuschließen und den zu Lebzeiten geäußerten Willen des Verstorbenen zu wahren. Diese Pflicht des Arztes gilt auch bei einer nur unter seiner Verantwortung und Weisung erfolgten Gewebeentnahme entsprechend, vgl. Abs. 1 S. 2. Die Verletzung dieser Informations- und Unterrichtungspflicht ist nicht mit Strafe bzw. Busse bedroht.

§ 4 Entnahme mit Zustimmung anderer Personen

(1) ¹Liegt dem Arzt, der die Organ- oder Gewebeentnahme vornehmen oder unter dessen Verantwortung die Gewebeentnahme nach § 3 Abs. 1 Satz 2 vorgenommen werden soll, weder eine schriftliche Einwilligung noch ein schriftlicher

---

[56] BT-Drs. 13/4355, 18.

Widerspruch des möglichen Organ- oder Gewebespenders vor, ist dessen nächster Angehöriger zu befragen, ob ihm von diesem eine Erklärung zur Organ- oder Gewebespende bekannt ist. ²Ist auch dem nächsten Angehörigen eine solche Erklärung nicht bekannt, so ist die Entnahme unter den Voraussetzungen des § 3 Abs. 1 Satz 1 Nr. 2 und 3, Satz 2 und Abs. 2 Nr. 2 nur zulässig, wenn ein Arzt den nächsten Angehörigen über eine in Frage kommende Organ- oder Gewebeentnahme unterrichtet und dieser ihr zugestimmt hat. ³Kommt eine Entnahme mehrerer Organe oder Gewebe in Betracht, soll die Einholung der Zustimmung zusammen erfolgen. ⁴Der nächste Angehörige hat bei seiner Entscheidung einen mutmaßlichen Willen des möglichen Organ- oder Gewebespenders zu beachten. ⁵Der Arzt hat den nächsten Angehörigen hierauf hinzuweisen. ⁶Der nächste Angehörige kann mit dem Arzt vereinbaren, dass er seine Erklärung innerhalb einer bestimmten, vereinbarten Frist widerrufen kann; die Vereinbarung bedarf der Schriftform.

(2) ¹Der nächste Angehörige ist nur dann zu einer Entscheidung nach Absatz 1 befugt, wenn er in den letzten zwei Jahren vor dem Tod des möglichen Organ- oder Gewebespenders zu diesem persönlichen Kontakt hatte. ²Der Arzt hat dies durch Befragung des nächsten Angehörigen festzustellen. ³Bei mehreren gleichrangigen nächsten Angehörigen genügt es, wenn einer von ihnen nach Absatz 1 beteiligt wird und eine Entscheidung trifft; es ist jedoch der Widerspruch eines jeden von ihnen beachtlich. ⁴Ist ein vorrangiger nächster Angehöriger innerhalb angemessener Zeit nicht erreichbar, genügt die Beteiligung und Entscheidung des zuerst erreichbaren nächsten Angehörigen. ⁵Dem nächsten Angehörigen steht eine volljährige Person gleich, die dem möglichen Organ- oder Gewebespender bis zu seinem Tode in besonderer persönlicher Verbundenheit offenkundig nahegestanden hat; sie tritt neben den nächsten Angehörigen.

(3) Hatte der mögliche Organ- oder Gewebespender die Entscheidung über eine Organ- oder Gewebeentnahme einer bestimmten Person übertragen, tritt diese an die Stelle des nächsten Angehörigen.

(4) ¹Der Arzt hat Ablauf, Inhalt und Ergebnis der Beteiligung der nächsten Angehörigen sowie der Personen nach Absatz 2 Satz 5 und Absatz 3 aufzuzeichnen. ²Die nächsten Angehörigen sowie die Personen nach Absatz 2 Satz 5 und Absatz 3 haben das Recht auf Einsichtnahme.

Übersicht

I. Organspendeverfügung durch Angehörige oder sonstige Personen

1   Liegt keine schriftliche Spendeverfügung bzw. ein schriftlicher Widerspruch des Verstorbenen vor, beantwortet § 4 die Frage, ob dennoch Organe oder Gewebe zu Transplantationszwecken entnommen werden dürfen. Die Regelung billigt den nächsten Angehörigen oder

vom Verstorbenen bestimmte Personen (Abs. 3) ein subsidiäres Entscheidungsrecht zu, wenn eine schriftliche Zustimmung oder Ablehnung des Verstorbenen nicht existiert. Sie haben bei ihren Entscheidungen den mutmaßlichen Willen der verstorbenen Person zu beachten. Dies gilt nach Abs. 1 S. 1 erst recht, wenn ihnen der tatsächliche, aber nicht schriftlich dokumentierte Wille bekannt ist (→ Rn. 5). Mit Blick auf eine Verletzung des Selbstbestimmungsrechts des potenziellen Organ- oder Gewebespenders nicht unproblematisch ist die Regelung, wonach dem zur Entscheidung Berufenen, dem weder der tatsächliche noch der mutmaßliche Wille bekannt ist, stellvertretend für die verstorbene Person eine eigene Entscheidung treffen darf. Diese Vorgehensweise entspricht dem Konzept der bereits vor dem Inkrafttreten des TPGs praktizierten und intensiv diskutierten[1] **erweiterten Zustimmungslösung**. Sie wurde im Gesetzgebungsverfahren lange und höchst kontrovers erörtert und stellt einen guten Kompromiss zwischen der Informationslösung, der Widerspruchslösung und der engen Zustimmungslösung dar.[2]

II. Widerspruchslösung

1. Die im Gesetzgebungsverfahren diskutierten Konzepte. Als Widerspruchslösung[3] wurden die enge und erweiterte diskutiert.[4] Nach der **engen** Widerspruchslösung dürfen Organe oder Gewebe postmortal entnommen werden, wenn sich der Verstorbene zu Lebzeiten nicht gegen einen solchen Eingriff ausgesprochen hat. Das Fehlen eines Widerspruchs wird mithin wie eine Einwilligung in eine Organ- oder Gewebeentnahme behandelt. Das Modell wird primär damit begründet, dass diejenigen, die schweigen, zustimmen. Angesichts der lebensrettenden Bedeutung der Transplantationsmedizin könne den potenziellen Spendern zugemutet werden, ihren Widerspruch zu erklären, wenn sie mit der Entnahme nicht einverstanden seien. Die **erweiterte Widerspruchslösung** gewährt auch nächsten Angehörigen ein Widerspruchsrecht.   **2**

2. Informationslösung. Die Informationslösung[5] setzt voraus, dass die Widerspruchsberechtigten – also der potentielle Organspender bzw. seine Angehörigen – zusätzlich über ihr Widerspruchsrecht informiert werden. Fehlen Widerspruch oder Zustimmung der verstorbenen Person, werden die Angehörigen über eine mögliche Entnahme informiert und über ihr Widerspruchsrecht belehrt. Wenn die Angehörigen innerhalb einer bestimmten Frist nicht widersprechen, dürfen die Organe oder Gewebe entnommen werden. Denn diejenigen, die zu Lebzeiten nicht widersprechen, hätten kein wirkliches Interesse an der Unversehrtheit ihres Leichnams.[6] Damit interpretiert sowohl die Widerspruchs- als auch die Informationslösung das **Schweigen** als **Zustimmung**.   **3**

Gegen die Widerspruchslösung spricht, dass die These, wonach derjenige, der schweigt, zustimmt, dem deutschen Recht fremd ist.[7] Zudem wird der potentielle Organ- oder Gewebespender gezwungen, sich mit dem Schicksal seiner späteren Leiche und dem Zeitpunkt des Todes auseinander zu setzen – was trotz § 2 dem verfassungsrechtlich abgesicherten Recht auf Nichtwissen entgegensteht. Denn das Widerspruchsrecht kann nur dann wirklich in Anspruch genommen werden, wenn die betreffende Person über Informationen verfügt   **4**

---

[1] Instruktiv *Maurer* DÖV 1980, 7.

[2] Die Verfassungsbeschwerde von 254 Beschwerdeführer(innen) bezüglich der Notwendigkeit, einen Widerspruch zu erklären, um nicht dem Risiko der postmortalen Organspende ausgesetzt zu sein, wurde von der 1. Kammer des BVerfG nicht zur Entscheidung angenommen, BVerfG 18.2.1999 – 1 BvR 2156/98, NJW 1999, 3403 mit kritischer Besprechung *Rixen* NJW 1999, 3389.

[3] *Ruth Fuchs* (PDS): Rede vor dem Deutschen Bundestag am 25.6.1997.

[4] Die Widerspruchslösung wurde 1978 von der Bundesregierung im Anschluss an Empfehlungen der Bund-Länder-Gruppe, BR-Drs. 395/79 empfohlen. Sie wurde zudem in der früheren DDR praktiziert, VO über die Durchführung von Organtransplantationen vom 4.7.1975, GBl. Nr. 32, S. 597, geändert durch VO v. 5.8.1987, GBl. Nr. 19, S. 199; näher *Lemke* MedR 1991, 281 (287). Sie lag außerdem dem noch vor seiner Verkündigung wieder aufgehobenen Transplantationsgesetz von Rheinland-Pfalz zugrunde.

[5] Näher *Taupitz*, Um Tod und Leben – Die Diskussion um ein Transplantationsgesetz, JuS 1997, 205.

[6] BT-Drs. 8/2681, 7.

[7] So bereits *Maurer* DÖV 1980, 12.

und sich mit der Thematik beschäftigt hat. Es kann aber keineswegs als gesichert gelten, dass derjenige, der sich nicht entscheidet, reines Desinteresse an den Tag legt. Es ist ebenso möglich, dass der eine oder andere, der sich noch nicht entschieden hat, seinen Entscheidungsprozess bei Eintritt des Todes noch nicht abgeschlossen hatte. Vor diesem Hintergrund erscheint es fraglich, ob die Widerspruchslösung – selbst in Form der Informationslösung – vor der Verfassung standhalten würde.[8]

5   **3. Zustimmungslösung.** Die Zustimmungslösung wurde im Gesetzgebungsverfahren in der engen und in der erweiterten Form diskutiert. Nach der **engen** Zustimmungslösung ist die Organ- oder Gewebeentnahme nur dann zulässig, wenn die verstorbene Person dieser zu Lebzeiten zugestimmt hat.[9] Liegt eine Zustimmung nicht vor, so wird dies als Verweigerung gewertet. Eine Entnahme ist in diesem Fall unzulässig. Die **erweiterte** Zustimmungslösung behandelt die fehlende Erklärung der verstorbenen Person als Nichterklärung. Um dieses Vakuum auszufüllen, werden die nahen Angehörigen bzw. sonstige nahestehende Personen befragt. Diesen steht im Hinblick auf die Organ- oder Gewebespende ein **subsidiäres Entscheidungsrecht** zu. Die Entnahme ist dann zulässig, wenn die Angehörigen ihr unter Beachtung des mutmaßlichen Willens des Verstorbenen zustimmen. Ist ihnen der mutmaßliche Wille des Verstorbenen nicht bekannt, erstarkt das subsidiäre Entscheidungsrecht in ein nach eigenen Maßstäben auszufüllendes Recht der Angehörigen.[10]

6   **4. Gesetzliche Entscheidung.** Obgleich die enge Zustimmungslösung der Wahrung des Selbstbestimmungsrechts des potenziellen Spenders am ehesten entsprechen würde, hat sich der Gesetzgeber für die erweiterte Zustimmungslösung entschieden.[11] Das Bundesverfassungsgericht hat die Verfassungsbeschwerden gegen die hierdurch implizierte Widerspruchsregelung zurückgewiesen.[12] Die erweiterte Zustimmungslösung kennzeichnet daher einen Kompromiss, der die unterschiedlichen Rechte und Interessen in einen angemessenen Ausgleich zu bringen versucht.[13]

III. Mutmaßlicher Wille

7   **1. Mutmaßlicher Wille des Verstorbenen.** Ein Handeln aufgrund mutmaßlichen Willens ist der Rechtsordnung nicht fremd. Unter diesen Umständen greift der zur Entscheidung Berufene in die Rechtsgüter des Verstorbenen anhand eines auf objektiven Kriterien beruhenden Werturteils ein. Wenngleich der Inhalt des Willens primär aus den persönlichen Umständen des Verstorbenen, seinen ehemals individuellen Wertvorstellungen und Wünschen zu ermitteln ist, besteht dennoch die Möglichkeit, dass die Entnahme vom wirklichen, zu Lebzeiten gebildeten Willen der für die Organspende in Frage kommenden Person abweicht. Denn gerade bei persönlichen Entscheidungen, wie der Organ- oder Gewebespendeverfügung, hat der Betroffene im Regelfall die Möglichkeit der Meinungsänderung

---

[8] *Spilker* ZRP 2014, 112, die das Ziel, das Organaufkommen zu erhöhen, stark in den Mittelpunkt ihrer Betrachtungen stellt. Ob dieser Weg der Richtige ist, kann gerade vor dem Hintergrund des schwindenden Vertrauens der Bevölkerung in die Transplantationsmedizin bezweifelt werden.

[9] *Herta Däubler-Gmelin* (SPD); *Wolfgang Götzer* (CDU/CSU); *Burkhard Hirsch* (FDP); *Barbara Höll* (PDS); *Christina Schenk* (PDS); *Otto Schily* (SPD); *Horst Schmidbauer* (SPD); *Ezard Schmidt-Jortzig* (FDP); *Rita Süssmuth* (CDU/CSU): jeweils Rede vor dem Deutschen Bundestag am 25.6.1997. Enge Zustimmungslösung, wobei Angehörige als Bote die Zustimmungserklärung überbringen dürfen, *Gerald Häfner* (BÜNDNIS 90/DIE GRÜNEN): Rede vor dem Deutschen Bundestag am 25.6.1997.

[10] *Rudolf Dressler* (SPD); *Peter Hintze* (CDU/CSU); *Jürgen W. Möllemann* (FDP); *Jürgen Rüttgers* (CDU/CSU); *Gudrun Schaich-Walch* (SPD); *Horst Seehofer* (CDU/CSU); *Eckhard von Klaeden* (CDU/CSU): jeweils Rede vor dem Deutschen Bundestag am 25.6.1997.

[11] Zum Verfahren der Abstimmungen bei der Verabschiedung des TPGs vgl. *Schmidt* S. 263.

[12] BVerfG 18.2.1999 – 1 BvR 2156/98, NJW 1999, 3403; *Schachtschneider/Sieboldt* DÖV 2000, 135, bewerten die erweiterte Zustimmungslösung als rechtswidrig.

[13] Der Deutsche Ethikrat hatte sich seit seiner Stellungnahme von 2007 „Die Zahl der Organspenden erhöhen" für eine Kombination von Erklärungs- und Widerspruchslösung eingesetzt, S. 8. Auf diesen Vorschlag geht er in seiner Stellungnahme im Jahr 2015 jedoch nicht mehr ein.

bis zum Eintritt des Todes. Eine Garantie der Authentizität der Willensentscheidung ist bei der Suche nach dem mutmaßlichen Willen nicht in dem Maße gegeben wie bei der vom Spender persönlich verfügten Organ- oder Gewebespende. Die sich hieraus ergebende Möglichkeit der Abweichung darf nicht vernachlässigt werden, selbst wenn sie nicht nach Außen tritt. Damit sind hier die allgemeinen Grundsätze der Bestimmung des mutmaßlichen Willens heranzuziehen.

2. Subsidiarität. Damit entsteht aber auch bei Würdigung aller erkennbaren Umstände **8** die konkrete Gefahr für den gemäß § 4 zur Entscheidung Berufenen, eine andere Entscheidung zu treffen, als sie der Verstorbene zu Lebzeiten getroffen hätte. Diese Spendeverfügung als Einwilligung in die Aufhebung der Unversehrtheit der Leiche ist daher dem erlaubten Risiko angenähert. Eine Verletzung des postmortalen Persönlichkeitsrechts des Verstorbenen ist nicht von vornherein auszuschließen, so dass Veranlassung besteht, die Organ- oder Gewebespende gemäß § 3 und die gemäß § 4 ungleich zu behandeln. Letztere stellt lediglich eine Hilfskonstruktion dar, falls eine wirksame Spendeerklärung nicht vorliegt. Daher gilt der Grundsatz der **Subsidiarität.** Der Rückgriff auf die Spendeverfügung der nach § 4 unter Beachtung des mutmaßlichen Willens des Verstorbenen zur Entscheidung Berufenen kommt nur in Betracht, wenn der tatsächliche Wille nicht bekannt ist. Ist er bekannt, aber nicht schriftlich fixiert, dann muss der gemäß Abs. 1 S. 1 zu befragende nahe Angehörige die Verfügung entsprechend dem tatsächlichen Willen bekannt geben, selbst wenn der mutmaßliche Wille zu einer anderen Entscheidung geführt hätte. In diesem Fall richtet sich die Entnahme nach § 3.[14]

Gesetzlich nicht geregelt ist der Fall, dass der potenzielle Spender mündlich seinen ernst- **9** haften Willen bekundete, Organe oder Gewebe zu spenden, diese Erklärung jedoch nicht von dem nahen Angehörigen, sondern einem **Dritten,** zB dem Pfleger oder dem Krankenhausseelsorger, entgegengenommen wurde. Nach Abs. 1 S. 1 sind nur die nahen Angehörigen über den tatsächlich bekundeten Willen zu befragen, nicht aber Dritte. Würde das Wissen des Dritten, da ihre Befragung gesetzlich nicht vorgesehen ist, kein Gehör finden, liefe jedoch das postmortale Persönlichkeitsrecht des Verstorbenen in diesem Punkt leer, soweit nahe Angehörige bzw. ihnen gleichgestellte Personen nicht vorhanden sind oder sie die Entnahme verweigern. Eine interessengerechte Lösung des Problems ist mithilfe der teleologischen Auslegung von Abs. 3 möglich. Diese Regelung eröffnet dem Organ- oder Gewebespender die Möglichkeit, die Entscheidung über eine Organ- oder Gewebeentnahme einer bestimmten Person zu übertragen, die nicht Angehöriger sein muss. Wenn aber das Gesetz bei dieser persönlichen Entscheidung eine Vertretung im Willen zulässt, so muss erst recht die Möglichkeit bestehen, einen Dritten als Bote der Spendeverfügung einzusetzen. Geht diese Erklärung dem Krankenhausarzt zu und bestehen keine Zweifel an der Authentizität der Erklärung, ist die Rechtslage so, als wenn der Angehörige den bekannten Willen des Verstorbenen mitgeteilt hätte.[15] Falls der tatsächliche Wille des Spenders nicht bekannt ist, besteht die strafbewehrte Pflicht des Arztes zur Unterrichtung des nächsten Angehörigen über eine in Betracht kommende Organ- oder Gewebeentnahme beim Verstorbenen. Zudem muss die Zustimmung des Angehörigen eingeholt werden. Eine Organ- oder Gewebeentnahme entgegen Abs. 1 S. 2 ist ein Vergehen nach § 19 Abs. 1.

3. Erforschung des mutmaßlichen Willens. Ist der Wille des Verstorbenen nicht **10** bekannt, hat der gemäß § 4 zur Entscheidung Berufene dessen mutmaßlichen Willen zu ermitteln. Hierbei sind frühere mündliche oder schriftliche Äußerungen des Verstorbenen ebenso wie seine religiöse Überzeugung und sonstigen persönlichen Wertvorstellungen und andere wesentliche Anhaltspunkte, die die Einstellung des möglichen Organspenders zur Frage einer postmortalen Organspende vermuten lassen, zu beachten.[16] Weiterhin besteht die Notwendigkeit – soweit in der ggf. knappen Zeit erforschbar – die gesamten Lebensum-

---

[14] BT-Drs. 13/8027, Begründung zu § 4 Abs. 1.
[15] Zur Anwendbarkeit des Rechtfertigungsgrunds der mutmaßlichen Einwilligung → § 19 Rn. 13 f.
[16] BT-Drs. 13/8027, Begründung zu § 4 Abs. 1.

stände zu berücksichtigen. Der im Wege des Wahrscheinlichkeitsurteils zu ermittelnde Wille kann vom Standpunkt des objektiven Betrachters durchaus unvernünftig sein. Ist der Wille ermittelt, fordert das Gesetz – beinahe überraschend – nur die **Beachtung,** nicht aber die Befolgung des mutmaßlichen Willens. Mit diesem Spagat – Beachtung (nicht Befolgung) des mutmaßlichen (nicht des tatsächlichen) Willens – bemüht sich die erweiterte Zustimmungslösung, sowohl dem Selbstbestimmungsrecht des Verstorbenen als auch dem Überlebensinteresse der zu transplantierenden Patienten (noch) angemessen Rechnung zu tragen.

11   **4. Fehlen von Indizien für den mutmaßlichen Willen.** Erst wenn Anhaltspunkte für einen mutmaßlichen Willen fehlen, ist der nächste Angehörige bzw. die sonst nach § 4 Abs. 3 zuständige Person nach eigenem, ethisch verantwortbarem Ermessen zu einer Entscheidung im Rahmen seines Totensorgerechts berufen. Konnte der mögliche Organ- oder Gewebespender aufgrund seines Alters oder aus anderen Gründen keine wirksame Erklärung zur postmortalen Organ- oder Gewebespende abgeben, hat der nächste Angehörige dessen natürlichen Willen bei seiner Entscheidung zu berücksichtigen. Dies gilt zB, wenn der mögliche Organ- oder Gewebespender bei seinem Tod noch nicht vierzehn Jahre alt war und sich zu Lebzeiten gegen eine postmortale Organspende ausgesprochen hatte.[17]

IV. Keine Angehörigen

12   **1. Fehlen von subsidiär zur Entscheidung berufenen Personen.** Sind keine Angehörigen oder sonstige vom Verstorbenen zur Entscheidung berufenen Personen vorhanden oder sind diese nicht auffindbar, muss eine Entnahme grds. unterbleiben. Nimmt man die gesetzliche Regelung ernst, kann man eine dennoch erfolgte Entnahme nicht generell über die Regeln der sozialen Adäquanz[18] oder Notstandsgesichtspunkte rechtfertigen.[19]

13   **2. Postmortales Persönlichkeitsrecht.** Die erweiterte Zustimmungslösung verdeutlicht, dass im Rahmen des postmortalen Persönlichkeitsrechts die Erwartung geschützt wird, die Disposition eines Menschen werde auch über dessen Tod hinaus eine gewisse Zeit lang beachtet. Damit ist auch die Entscheidung für oder gegen eine Organ- oder Gewebespende grds. nach den ehemaligen Maßstäben des Verstorbenen zu fällen. Dass das Gesetz die subsidiäre Entscheidung den nächsten Angehörigen zuweist, beruht auf dem Umstand, dass ihnen idR das **Totensorgerecht** obliegt. Hierbei handelt es sich um ein sogenanntes Pflichtrecht.[20] Es beinhaltet, den Anordnungen des Verstorbenen bezüglich seiner Leiche Folge zu leisten und unberechtigte Einwirkungen Dritter auszuschließen. Es ist idR von den nächsten Angehörigen treuhänderisch wahrzunehmen.[21] Das Totensorgerecht verpflichtet, mit dem Leichnam unter Beachtung der jeweiligen Rechtsvorschriften zu verfahren, unberechtigte Einwirkungen Dritter auszuschließen und den zu Lebzeiten geäußerten Willen des Verstorbenen zu wahren. Unter der generalklauselartig wirkenden Bezeichnung Pietät verbindet sich im Begriffskern die Achtung der Totenruhe, also die Unberührtheit der Leiche, sowie das mit dem Tode nicht erlöschende Zusammengehörigkeitsgefühl. Diese ethisch-rechtliche Beziehung legitimiert die nächsten Angehörigen oder vom Verstorbenen bestimmte Dritte zur subsidiären Organ- oder Gewebespendeentscheidung.

14   Weicht der Wille der Angehörigen von dem mutmaßlichen Willen des Verstorbenen ab, ist bei der Auflösung dieses Spannungsverhältnisses zu berücksichtigen, dass die Angehörigen bzw. Dritten trotz oder gerade aufgrund des treuhänderisch übertragenen Totensorgerechts gehalten sind, letztwillige Entscheidungen des Verstorbenen zu respektieren und nicht nach eigenem Gutdünken mit der Leiche zu verfahren. Das gilt auch für die Entscheidung zur Organ- oder Gewebespende.

---

[17] BT-Drs. 13/8027, Begründung zu § 4 Abs. 2.
[18] Diff. *Nickel/Schmidt-Preisigke/Sengler* Einführung Rn. 8 (eine Entnahme über Notstandsgesichtspunkte soll zulässig sein).
[19] Zu den eng begrenzten Ausnahmefällen → § 19 Rn. 16.
[20] *Maurer* DÖV 1980, 13.
[21] *Tag* MedR 1998, 387 (392).

3. Problemfälle. Trotz des in § 1a Nr. 5 normierten, scheinbar klaren Katalogs ergeben 15
sich komplizierte Fragestellungen. Bereits bei der Auswahl der zur Entscheidung Berufenen
setzen Probleme ein. So muss – häufig unter immensem Zeitdruck – bestimmt werden, ob
es zB der Ehefrau oder der Lebensgefährtin, mit welcher der Verstorbene die letzten Lebens-
jahre verbracht hat, obliegt, über die Organentnahme zu entscheiden. Zwar ist der Ehegatte
als nächster Angehöriger nur dann zu einer Entscheidung befugt, wenn er in den letzten
zwei Jahren vor dem Tod des möglichen Organspenders mit diesem persönlichen Kontakt
hatte, § 4 Abs. 2 S. 1. Liegen diese Voraussetzungen aber vor, so steht ihm ein volljähriger
Lebenspartner des möglichen Organspenders gleich, der diesem bis zu seinem Tode in
besonderer persönlicher Verbundenheit offenkundig nahegestanden hat.

Sind **gleichrangige Bezugspersonen** ermittelt, lässt das Gesetz es genügen, wenn nur 16
einer beteiligt wird und eine Entscheidung trifft. Es ist jedoch der Widerspruch eines jeden
von ihnen beachtlich, Abs. 2 S. 3. Ist ein vorrangiger Angehöriger nicht in angemessener
Zeit zu erreichen, ist der nächst erreichbare, nachrangige Angehörige zur Entscheidung
befugt. Die zeitliche Grenze, von der an die Unterrichtung des nächsterreichbaren, in der
Rangfolge nachgehenden Angehörigen erfolgen darf, ist nach der Gesetzesbegründung
insbes. danach zu beurteilen, wie lange nach Eintritt des Todes die betreffenden Organe
noch transplantierfähig entnommen werden können.[22]

Bei der Frage, wer dem Verstorbenen in besonderer persönlicher Verbundenheit offen- 17
kundig nahegestanden hat, darf sich der Arzt nicht blind auf die Aussagen der Befragten
verlassen, sondern muss im Rahmen des Zumutbaren selbst Nachforschungen anstellen über
die in Frage kommenden Personen.

V. Vom Organspender bestimmte Person

Die Regelung des **Abs. 3** ist Ausfluss des Selbstbestimmungsrechts. Ist die nach § 2 18
Abs. 2 benannte Person innerhalb einer angemessenen Frist nicht erreichbar, lehnt sie die
Übertragung der Entscheidungsbefugnis ab oder ist sie inzwischen verstorben, tritt an ihre
Stelle der zuerst erreichbare nächste Angehörige nach Abs. 2 und ggf. die Person nach
Abs. 2 S. 5, es sei denn, nach dem erklärten Willen des möglichen Organspenders soll in
diesen Fällen keine andere als die benannte Person entscheidungsbefugt sein; dann ist eine
Organentnahme unzulässig.[23]

VI. Dokumentationspflicht

Die weder straf- noch bußgeldbewehrte Pflicht zur Dokumentation nach Abs. 4 S. 1 19
dient der Transparenz und Verfahrenssicherung. Satz 2 dient der Transparenz. Ein Recht
zur Einsichtnahme haben auch Personen nach Abs. 2 und 3, die an der Entscheidung in
dem Verfahren nach Abs. 1 iVm Abs. 2 S. 4 und 5 nicht beteiligt waren. Satz 3 dient der
Rechtsklarheit und Verfahrenssicherung.

VII. Gebot der Einzügigkeit

Abs. 1 S. 3 postuliert, dass die Einholung der erforderlichen Zustimmung des nächsten 20
Angehörigen für alle in Betracht kommenden Organe und Gewebe zusammen erfolgen
soll.[24] Dies führt dazu, dass der Arzt, der eine Organ- oder Gewebeentnahme beabsichtigt,
schon vor der Einholung der Zustimmung prüfen muss, welche Organe oder Gewebe nach
seiner medizinischen Beurteilung entnommen werden können. Im jeweiligen Gespräch zur
Einholung der erforderlichen Zustimmung ist insbes. darauf zu achten, dass die Einwilligung

---

[22] BT-Drs. 13/8027 Begründung zu § 4 Abs. 2, 4, 10. Um perfundierte Organe transplantieren zu können,
müssen sie bei vorhandenem Kreislauf oder unmittelbar nach Kreislaufstillstand entnommen werden, um
relativ kurzfristig wieder transplantiert zu werden, vgl. *Mühlbacher* Radiologe 1997 (37), 191.
[23] BT-Drs. 13/8027 Begründung zu § 4 Abs. 3, 11; so auch *Nickel/Schmidt-Preisigke/Sengler* Einführung
Rn. 30.
[24] BT-Drs. 16/3146, 26.

zur Organspende nicht durch eine mögliche Ablehnung der Gewebespende gefährdet wird. Hintergrund ist die Sicherstellung des in § 9 Abs. 2 normierten Vorrangs der Organspende. Im Einzelfall kann es so notwendig sein, die Aufklärung zur Gewebespende ggf. gestuft durchzuführen oder zu beschränken[25] (bspw. auf Gewebe, die aus nicht transplantablen Herzklappen, Perikard, Leberzellen, sowie auf Gefäße und Augenhornhäute gewonnen werden).

§ 4a Entnahme bei toten Embryonen und Föten

(1) [1]Die Entnahme von Organen oder Geweben bei einem toten Embryo oder Fötus ist nur zulässig, wenn
1. der Tod des Embryos oder Fötus nach Regeln, die dem Stand der Erkenntnisse der medizinischen Wissenschaft entsprechen, festgestellt ist,
2. die Frau, die mit dem Embryo oder Fötus schwanger war, durch einen Arzt über eine in Frage kommende Organ- oder Gewebeentnahme aufgeklärt worden ist und in die Entnahme der Organe oder Gewebe schriftlich eingewilligt hat und
3. der Eingriff durch einen Arzt vorgenommen wird.
[2]In den Fällen des Satzes 1 Nr. 3 gilt § 3 Abs. 1 Satz 2 entsprechend. [3]Die Aufklärung und die Einholung der Einwilligung dürfen erst nach der Feststellung des Todes erfolgen.

(2) [1]Der Arzt hat Ablauf, Inhalt und Ergebnis der Aufklärung und der Einwilligung nach Absatz 1 Satz 1 Nr. 2 aufzuzeichnen. [2]Die entnehmende Person hat Ablauf und Umfang der Organ- oder Gewebeentnahme aufzuzeichnen. [3]Die Frau, die mit dem Embryo oder Fötus schwanger war, hat das Recht auf Einsichtnahme. [4]Sie kann eine Person ihres Vertrauens hinzuziehen. [5]Die Einwilligung kann schriftlich oder mündlich widerrufen werden.

(3) In den Fällen des Absatzes 1 gilt die Frau, die mit dem Embryo oder Fötus schwanger war, nur für die Zwecke der Dokumentation, der Rückverfolgung und des Datenschutzes als Spenderin.

1   § 4a regelt in Umsetzung der EG-Geweberichtlinie 2004/23 die Voraussetzungen für die Entnahme von Organen oder Geweben bei toten Embryonen und Föten und wurde durch das Gewebegesetz mit Wirkung zum 1.8.2007 neu eingeführt. § 1a enthält keine Legaldefinition des Embryos bzw. Fötus, vielmehr ist auf die allg. Begriffsdefinitionen abzustellen. Ob allerdings auch der Embryo in vitro erfasst wird, kann mit Blick auf Abs. 1 Nr. 2 bezweifelt werden, da die Frau mit diesem idR nicht schwanger war.[1] Die Entnahme ist nur zulässig, wenn der Tod des Embryos oder Fötus nach Regeln, die dem Stand der Erkenntnisse der medizinischen Wissenschaft entsprechen, festgestellt wurde. Zudem wurde nach § 16 Abs. 1 Nr. 1a die Richtlinienkompetenz der Bundesärztekammer zur Feststellung des Todes auf tote Föten und Embryonen erweitert. Zuvor war die Entnahme von Organen oder Geweben bei toten Embryonen oder Föten allein durch die Richtlinien zur Verwendung fötaler Zellen und fötaler Gewebe der Bundesärztekammer geregelt worden.[2] Frauen, welche mit dem Embryo oder Fötus schwanger waren, müssen nunmehr nach der Feststellung dessen Todes über die Entnahme aufgeklärt werden und schriftlich zustimmen. Ein allfälliger Widerruf kann schriftlich oder mündlich erfolgen. Der entnehmende Arzt der Organe bzw. für die Gewebeentnahme die entnehmende qualifizierte Person muss entsprechende Aufzeichnungen über die Aufklärung und die Durchführung der Entnahme führen. Der Verstoß gegen Abs. 1 Nr. 1 ist nach § 19 Abs. 2 strafbewehrt. Durch die Regelung in

---

[25] So auch der Lösungsvorschlag der BÄK im Positionspapier „Regelungen an der Schnittstelle Gewebemedizin – Organtransplantation" aus dem Jahre 2008.
[1] Anders Spickhoff/*Scholz*/*Middel* Rn. 3.
[2] DÄBl. 1991 (88), A 4296.

§ 22 wird zudem gewährleistet, dass das bestehende Schutzniveau der jeweils gültigen Fassung des Embryonenschutz- sowie Stammzellgesetzes unberührt bleibt und das TPG in dieser Hinsicht keine abschließende Regelung für den Umgang mit menschlichen Geweben und Zellen enthält.[3] Kommt infolge des Schwangerschaftsabbruchs oder einer Fehlgeburt ein lebendes Kind zur Welt, das erst in der Folge verstirbt, gelten die §§ 3 f. In diesem Fall entscheiden die nächsten Angehörigen, dh im Regelfall die personensorgeberechtigen Eltern, § 1a Nr. 5c, über eine allfällige Organ- bzw. Gewebeentnahme.

Bei einem Vergleich der deutschen Regelung zB mit den entsprechenden Bestimmungen **2** im schweizerischen Transplantationsgesetz fällt auf, dass die deutschen Regelungen und das damit verbundene Schutzniveau sehr rudimentär gehalten sind. So ist im Unterschied zB zu Art. 37 schweizerisches Transplantationsgesetz nicht geregelt, dass Zeitpunkt und Methode eines Schwangerschaftsabbruchs unabhängig von einer späteren Transplantation embryonaler oder fötaler menschlicher Gewebe oder Zellen gewählt werden müssen. Das deutsche TPG will das Entstehen möglicher Interessenkonflikte verhindern, indem gemäß § 5 Abs. 3 iVm § 4a Abs. 1 S. 3 der Arzt, der die Feststellung des Todes des Embryos oder Fötus trifft, nicht identisch sein darf mit dem Arzt, der an der Entnahme oder der Verwendung beteiligt ist. Zudem dürfen die Aufklärung und die Einholung der Einwilligung in die Entnahme erst nach der Feststellung des Todes des Embryos oder Fötus erfolgen.

In der Schweiz ist es zudem verboten, a) überzählige Embryonen nach dem siebten Tag **3** ihrer Entwicklung oder abortierte Embryonen oder Föten als Ganzes künstlich am Leben zu erhalten, um ihnen Gewebe oder Zellen zu Transplantationszwecken zu entnehmen, b) embryonale oder fötale Gewebe oder Zellen einer Person zu transplantieren, die von der Spenderin dafür bezeichnet worden ist und c) embryonale oder fötale Gewebe oder Zellen von urteilsunfähigen Frauen zu Transplantationszwecken zu verwenden. Auch unterliegt die Verwendung des embryonalen und fötalen Gewebes nach Art. 38 des schweizerischen Transplantationsgesetzes einer speziellen Bewilligungspflicht.

§ 5 Nachweisverfahren

(1) **¹Die Feststellungen nach § 3 Abs. 1 Satz 1 Nr. 2 und Abs. 2 Nr. 2 sind jeweils durch zwei dafür qualifizierte Ärzte zu treffen, die den Organ- oder Gewebespender unabhängig voneinander untersucht haben. ²Abweichend von Satz 1 genügt zur Feststellung nach § 3 Abs. 1 Satz 1 Nr. 2 die Untersuchung und Feststellung durch einen Arzt, wenn der endgültige, nicht behebbare Stillstand von Herz und Kreislauf eingetreten ist und seitdem mehr als drei Stunden vergangen sind.**

(2) **¹Die an den Untersuchungen nach Absatz 1 beteiligten Ärzte dürfen weder an der Entnahme noch an der Übertragung der Organe oder Gewebe des Spenders beteiligt sein. ²Sie dürfen auch nicht Weisungen eines Arztes unterstehen, der an diesen Maßnahmen beteiligt ist. ³Die Feststellung der Untersuchungsergebnisse und ihr Zeitpunkt sind von den Ärzten unter Angabe der zugrunde liegenden Untersuchungsbefunde unverzüglich jeweils in einer Niederschrift aufzuzeichnen und zu unterschreiben. ⁴Dem nächsten Angehörigen sowie den Personen nach § 4 Abs. 2 Satz 5 und Abs. 3 ist Gelegenheit zur Einsichtnahme zu geben. ⁵Sie können eine Person ihres Vertrauens hinzuziehen.**

(3) **¹Die Feststellung nach § 4a Abs. 1 Satz 1 Nr. 1 ist durch einen Arzt zu treffen, der weder an der Entnahme noch an der Übertragung der Organe oder Gewebe des Embryos oder Fötus beteiligt sein darf. ²Er darf auch nicht Weisungen eines Arztes unterstehen, der an diesen Maßnahmen beteiligt ist. ³Die Untersuchungsergebnisse und der Zeitpunkt ihrer Feststellung sind von den Ärzten unter Angabe der zugrunde liegenden Untersuchungsbefunde unverzüglich jeweils in einer gesonderten Niederschrift aufzuzeichnen und zu unterschreiben. ⁴Der Frau, die**

---

[3] BR-Drs. 543/06, 84.

mit dem Embryo oder Fötus schwanger war, ist Gelegenheit zur Einsichtnahme zu geben. [5]Sie kann eine Person ihres Vertrauens hinzuziehen.

§ 6 Achtung der Würde des Organ- und Gewebespenders

(1) Die Organ- oder Gewebeentnahme bei verstorbenen Personen und alle mit ihr zusammenhängenden Maßnahmen müssen unter Achtung der Würde des Organ- oder Gewebespenders in einer der ärztlichen Sorgfaltspflicht entsprechenden Weise durchgeführt werden.

(2) [1]Der Leichnam des Organ- oder Gewebespenders muss in würdigem Zustand zur Bestattung übergeben werden. [2]Zuvor ist dem nächsten Angehörigen Gelegenheit zu geben, den Leichnam zu sehen.

(3) Die Absätze 1 und 2 gelten entsprechend für tote Embryonen und Föten.

§ 7 Datenerhebung und -verwendung; Auskunftspflicht

(1) Die Erhebung und Verwendung personenbezogener Daten eines möglichen Organ- oder Gewebespenders, eines nächsten Angehörigen oder einer Person nach § 4 Absatz 2 Satz 5 oder Absatz 3 und die Übermittlung dieser Daten an die nach Absatz 3 Satz 1 auskunftsberechtigten Personen ist zulässig, soweit dies erforderlich ist
1. zur Klärung, ob eine Organ- oder Gewebeentnahme nach § 3 Absatz 1 und 2, § 4 Absatz 1 bis 3 sowie § 9 Absatz 3 Satz 2 zulässig ist und ob ihr medizinische Gründe entgegenstehen,
2. zur Unterrichtung der nächsten Angehörigen nach § 3 Absatz 3 Satz 1,
3. zur Organ- und Spendercharakterisierung nach § 10a,
4. zur Rückverfolgung nach § 13 Absatz 1 oder
5. zur Meldung schwerwiegender Zwischenfälle und schwerwiegender unerwünschter Reaktionen auf der Grundlage der Rechtsverordnung nach § 13 Absatz 4.

(2) [1]Zur unverzüglichen Auskunft über die nach Absatz 1 erforderlichen Daten sind verpflichtet:
1. Ärzte, die den möglichen Organ- oder Gewebespender wegen einer dem Tode vorausgegangenen Erkrankung behandelt hatten,
2. Ärzte, die über den möglichen Organ- oder Gewebespender eine Auskunft aus dem Organ- und Gewebespenderegister nach § 2 Abs. 4 erhalten haben,
3. die Einrichtung der medizinischen Versorgung, in der der Tod des möglichen Organ- oder Gewebespenders nach § 3 Abs. 1 Satz 1 Nr. 2 festgestellt worden ist,
4. Ärzte, die bei dem möglichen Organ- oder Gewebespender die Leichenschau vorgenommen haben,
5. die Behörden, in deren Gewahrsam oder Mitgewahrsam sich der Leichnam des möglichen Organ- oder Gewebespenders befindet oder befunden hat,
6. der Transplantationsbeauftragte des Entnahmekrankenhauses,
7. der verantwortliche Arzt des Transplantationszentrums, in dem das Organ übertragen werden soll oder übertragen worden ist, und
8. die von der Koordinierungsstelle (§ 11) oder einer gewebeentnehmenden Gewebeeinrichtung beauftragte Person, soweit sie Auskunft über nach Absatz 1 erforderliche Daten erhalten hat.
[2]Die Pflicht zur unverzüglichen Auskunft besteht erst, nachdem der Tod des möglichen Organ- oder Gewebespenders nach § 3 Abs. 1 Satz 1 Nr. 2 festgestellt ist.

(3) [1]Ein Recht auf Auskunft über die nach Absatz 1 erforderlichen Daten haben

1. Ärzte, die die Entnahme von Organen nach § 3 oder § 4 beabsichtigen und in einem Krankenhaus tätig sind, das nach § 108 des Fünften Buches Sozialgesetzbuch oder nach anderen gesetzlichen Bestimmungen für die Übertragung solcher Organe zugelassen ist oder mit einem solchen Krankenhaus zum Zwecke der Entnahme solcher Organe zusammenarbeitet, sowie der Transplantationsbeauftragte des Entnahmekrankenhauses und der verantwortliche Arzt des Transplantationszentrums, in dem das Organ übertragen werden soll oder übertragen worden ist,

2. Ärzte, die die Entnahme von Geweben nach § 3 oder § 4 beabsichtigen oder unter deren Verantwortung Gewebe nach § 3 Abs. 1 Satz 2 entnommen werden sollen und in einer Einrichtung der medizinischen Versorgung tätig sind, die solche Gewebe entnimmt oder mit einer solchen Einrichtung zum Zwecke der Entnahme solcher Gewebe zusammenarbeitet, und

3. die von der Koordinierungsstelle beauftragte Person.

[2]Die Auskunft soll für alle Organe oder Gewebe, deren Entnahme beabsichtigt ist, zusammen eingeholt werden. [3]Sie darf erst eingeholt werden, nachdem der Tod des möglichen Organ- oder Gewebespenders nach § 3 Abs. 1 Satz 1 Nr. 2 festgestellt ist.

Abschnitt 3. Entnahme von Organen und Geweben bei lebenden Spendern

§ 8 Entnahme von Organen und Geweben

(1) [1]Die Entnahme von Organen oder Geweben zum Zwecke der Übertragung auf andere ist bei einer lebenden Person, soweit in § 8a nichts Abweichendes bestimmt ist, nur zulässig, wenn

1. die Person
   a) volljährig und einwilligungsfähig ist,
   b) nach Absatz 2 Satz 1 und 2 aufgeklärt worden ist und in die Entnahme eingewilligt hat,
   c) nach ärztlicher Beurteilung als Spender geeignet ist und voraussichtlich nicht über das Operationsrisiko hinaus gefährdet oder über die unmittelbaren Folgen der Entnahme hinaus gesundheitlich schwer beeinträchtigt wird,

2. die Übertragung des Organs oder Gewebes auf den vorgesehenen Empfänger nach ärztlicher Beurteilung geeignet ist, das Leben dieses Menschen zu erhalten oder bei ihm eine schwerwiegende Krankheit zu heilen, ihre Verschlimmerung zu verhüten oder ihre Beschwerden zu lindern,

3. im Fall der Organentnahme ein geeignetes Organ eines Spenders nach § 3 oder § 4 im Zeitpunkt der Organentnahme nicht zur Verfügung steht und

4. der Eingriff durch einen Arzt vorgenommen wird.

[2]Die Entnahme einer Niere, des Teils einer Leber oder anderer nicht regenerierungsfähiger Organe ist darüber hinaus nur zulässig zum Zwecke der Übertragung auf Verwandte ersten oder zweiten Grades, Ehegatten, eingetragene Lebenspartner, Verlobte oder andere Personen, die dem Spender in besonderer persönlicher Verbundenheit offenkundig nahestehen.

(2) [1]Der Spender ist durch einen Arzt in verständlicher Form aufzuklären über

1. den Zweck und die Art des Eingriffs,

2. die Untersuchungen sowie das Recht, über die Ergebnisse der Untersuchungen unterrichtet zu werden,

3. die Maßnahmen, die dem Schutz des Spenders dienen, sowie den Umfang und mögliche, auch mittelbare Folgen und Spätfolgen der beabsichtigten Organ- oder Gewebeentnahme für seine Gesundheit,

4. die ärztliche Schweigepflicht,

5. die zu erwartende Erfolgsaussicht der Organ- oder Gewebeübertragung und die Folgen für den Empfänger sowie sonstige Umstände, denen er erkennbar eine Bedeutung für die Spende beimisst, sowie über

6. die Erhebung und Verwendung personenbezogener Daten. [2]Der Spender ist darüber zu informieren, dass seine Einwilligung Voraussetzung für die Organ- oder Gewebeentnahme ist. [3]Die Aufklärung hat in Anwesenheit eines weiteren Arztes, für den § 5 Abs. 2 Satz 1 und 2 entsprechend gilt, und, soweit erforderlich, anderer sachverständiger Personen zu erfolgen. [4]Der Inhalt der Aufklärung und die Einwilligungserklärung des Spenders sind in einer Niederschrift aufzuzeichnen, die von den aufklärenden Personen, dem weiteren Arzt und dem Spender zu unterschreiben ist. [5]Die Niederschrift muss auch eine Angabe über die versicherungsrechtliche Absicherung der gesundheitlichen Risiken nach Satz 1 enthalten. [6]Die Einwilligung kann schriftlich oder mündlich widerrufen werden. [7]Satz 3 gilt nicht im Fall der beabsichtigten Entnahme von Knochenmark.

(3) [1]Bei einem Lebenden darf die Entnahme von Organen erst durchgeführt werden, nachdem sich der Spender und der Empfänger, die Entnahme von Geweben erst, nachdem sich der Spender zur Teilnahme an einer ärztlich empfohlenen Nachbetreuung bereit erklärt hat. [2]Weitere Voraussetzung für die Entnahme von Organen bei einem Lebenden ist, dass die nach Landesrecht zuständige Kommission gutachtlich dazu Stellung genommen hat, ob begründete tatsächliche Anhaltspunkte dafür vorliegen, dass die Einwilligung in die Organspende nicht freiwillig erfolgt oder das Organ Gegenstand verbotenen Handeltreibens nach § 17 ist. [3]Der Kommission muss ein Arzt, der weder an der Entnahme noch an der Übertragung von Organen beteiligt ist, noch Weisungen eines Arztes untersteht, der an solchen Maßnahmen beteiligt ist, eine Person mit der Befähigung zum Richteramt und eine in psychologischen Fragen erfahrene Person angehören. [4]Das Nähere, insbesondere zur Zusammensetzung der Kommission, zum Verfahren und zur Finanzierung, wird durch Landesrecht bestimmt.

Übersicht

I. Einführung

1   § 8 verdeutlicht, dass sich nicht nur Verstorbene, sondern auch Lebende als Organ- oder Gewebespender zur Verfügung stellen können und dürfen. Paarige Organe, wie die Niere

oder Lunge, oder Teile unpaariger Organe, so zB der Leber oder des Darms, können von gesunden Menschen zu Transplantationszwecken gespendet werden. Bei Gewebe ist das Spektrum der Spendemöglichkeiten größer, insbes. von muskuloskelettalen oder kardiovaskulären Geweben und Gewebezubereitungen bis Cornea, Sklera, limbale Stammzellen und sonstigen Geweben wie Amniongewebe, Plazenta und Stammzellen aus dem Knochenmark sowie Tumorgewebe, embryonales und fötales Gewebe. Die Einführung des Übertragungszwecks **„auf eine andere Person"** dient der Abgrenzung zur Transplantation zum Zwecke der Rückübertragung auf dieselbe Person nach § 8c. Die Voraussetzungen des § 8 gelten auch für die Entnahme von Knochenmark sowie embryonalen und fötalen Geweben. Dies entspricht den Vorgaben der EG-Gewebrichtlinie. Ferner soll durch die Ergänzung „soweit in den §§ 8a nichts Abweichendes bestimmt ist", die Besonderheit der Übertragung von Knochenmark bei Minderjährigen und nichteinwilligungsfähigen Volljährigen berücksichtigt werden.[1]

II. Vorteile

Aufgrund der großen medizinischen Fortschritte sind die Vorteile einer Lebendspende   **2**
für den Empfänger vielfältig: die langen, physisch und psychisch belastenden, häufig tödlich endenden Wartezeiten, die bei der Allokation von vermittlungspflichtigen postmortal gespendeten Organen üblich sind, entfallen. Zudem wird die Transplantation zu einem planbaren Ereignis, so dass die involvierten Personen unter guten Voraussetzungen operiert werden können. Außerdem ist der Transplantationserfolg einer Lebendspende oft deutlich besser als der einer postmortalen Spende. Transplantatschäden sind ebenso geringer wie Abstoßungen oder sonstige Komplikationen.

III. Nachteile

Der Organ- oder Gewebespender gerät durch die fremdnützige Organ- oder Gewebeent-   **3**
nahme in die Gefahr, die jeden gravierenden ärztlichen Eingriff in die Gesundheit des Menschen begleitet. Zudem sind auch die Risiken der klinischen Voruntersuchung und möglicher postoperativer Störungen zu beachten. Wenn der Spender an Spätschäden der Entnahme leidet, treten zudem häufig finanzielle Probleme auf. Unter Abwägung der Vor- und Nachteile knüpft das Gesetz die Zulässigkeit der Lebendspende an restriktive Voraussetzungen:

– **Volljährigkeit** des Organ- oder Gewebespenders: Abs. 1 Nr. 1a verlangt zunächst die   **4**
   Volljährigkeit und Einwilligungsfähigkeit des Spenders. Einem Minderjährigen wird ungeachtet der Frage, ob er die nötige Einsichtsfähigkeit und Reife hat, um in die Entnahme einzuwilligen, eine Lebendspende untersagt. Damit unterscheidet sich die Rechtslage bei der Einwilligung in die Lebendspende deutlich von der in eine sonstige ärztliche Behandlung.[2] Hier orientieren sich die Rechtspraxis und Wissenschaft überwiegend an den von der Jurisdiktion entwickelten Kriterien.[3] Diese fragen – unabhängig von der zivilrechtlichen Geschäftsfähigkeit[4] als auch der strafrechtlichen Schuldfähigkeit und den damit verbundenen Altersgrenzen[5] – allein danach, ob der Patient „die tatsächliche Einsichts-, Urteils- und Verständnisfähigkeit hat, um die ärztliche Massnahme, ihre Folgen und Risiken zu ermessen",[6] und damit seine Einwilligung auf der Grundlage der freien Entfaltung seiner Persönlichkeit zu treffen. Entscheidend für die Bewertung der Einsichts- und Willensfähigkeit ist die Sachlage im Einzelfall.

---

[1] Zum Verhältnis von § 8 zu § 8a (→ § 8a Rn. 1).
[2] *Tag* S. 309 ff.
[3] *Amelung* ZStW 1992 (104), 522 (541 ff. mwN).
[4] BGH 5.12.1958 – IV ZR 95/58, BGHZ 29, 33 (36) = NJW 1959, 811; 28.6.1988 – VI Z. 88/87, JZ 1989, 93 mAnm *Giesen;* NK-StGB/*Paeffgen,* 2. Aufl. 2005, StGB §§ 228 Rn. 12 ff.
[5] Vgl. § 19 StGB: „Schuldunfähig ist, wer bei Begehung der Tat noch nicht vierzehn Jahre alt ist."
[6] BGH 5.12.1958 – IV ZR 95/58, BGHZ 29, 33 = NJW 1959, 811; *Amelung,* S. 1995; *Ulsenheimer* Rn. 414.

5 – **Jugendliche** können bei entsprechender geistiger Entwicklung durchaus in der Lage
sein, eigene, auch vom Willen der gesetzlichen Vertreter abweichende Entscheidungen
über eine ärztliche Behandlung zu treffen. Denn es zeigt sich, dass der Reifeprozess
vom Kind zum Jugendlichen und letztlich zum Erwachsenen zunehmend früher einsetzt
und auch vor Vollendung des 18. Lebensjahrs weit fortgeschritten sein kann. Der Ent-
wicklungsgrad eines Minderjährigen ist daher im Einzelfall festzustellen,[7] wobei eine
unflexible Altersgrenze der wachsenden Eigenständigkeit Jugendlicher entgegensteht.[8]
Des Weiteren ist die allgemeine strafrechtliche Einwilligungsfähigkeit nicht generell,
sondern für den konkreten Eingriff zu bestimmen. Wenn das TPG hiervon abweichend
die Altersgrenze für die Lebendspende an die Volljährigkeit knüpft, so kann dies zwar
einerseits mit den gravierenden Risiken für den Spender erklärt werden. Andererseits
kann aber auch der Umstand, einem nahen Angehörigen, zB einem Bruder oder einer
Schwester nicht spenden zu können, weil ein bestimmtes Lebensalter noch nicht
erreicht ist, für den einsichtsfähigen Sechzehn- oder Siebzehnjährigen ein traumatisches
Erlebnis sein. Dies gilt insbes., wenn man sich vor Augen hält, dass die Schäden, die
durch eine verzögerte und unterlassene Transplantation beim kindlichen oder jugendlichen Patienten verursacht werden, deutlich gravierender sind als beim Erwachsenen.
Der wohlmeinende **Paternalismus** des Gesetzgebers, den Jugendlichen vor Entschei-
dungssituationen zu bewahren, die ihn deutlich überfordern können, kann sich so im
Einzelfall durchaus gegen das Wohl des spendebereiten, einsichtsfähigen Jugendlichen
wenden.

6 Bei **volljährigen** Personen ist von der Einwilligungsfähigkeit auszugehen, soweit nicht
konkrete Anhaltspunkte für massivere psychische Beeinträchtigungen vorliegen. Eine
wirksame Einwilligung kommt aber nicht zustande, wenn der Patient – sei es auch
nur vorübergehend – die entscheidungserheblichen Gesichtspunkte nicht erfassen und
abwägen kann.

7 – **Fehlt** dem potenziellen Spender die erforderliche **Einsichts- und Willensfähigkeit** und
damit die Entscheidungskompetenz, entsteht weder im Bereich des Transplantationsgesetzes noch im allgemeinen Strafrecht ein rechtliches Vakuum. Während die Entscheidung
über Beginn, Fortsetzung, Eskalation oder Absetzen allgemeiner therapeutischer Maßnahmen[9] von den hierzu Berufenen – unter weitest möglicher Beachtung des Patienten-
willens – zu treffen ist, mithin die Einwilligung grundsätzlich von demjenigen einzuholen
ist, der an Stelle des Patienten – nach entsprechender Aufklärung[10] – zu entscheiden hat,
sieht das TPG insoweit keine Fremdbestimmung vor. Damit ist die Lebendspende sowohl
beim Minderjährigen als auch beim Volljährigen, aber nicht Einsichtsfähigen unzulässig.[11]
Bestehen Zweifel an der Einwilligungsfähigkeit, so soll gemäß § 8 Abs. 2 ein Facharzt
für Psychiatrie als andere sachverständige Person zu Rate gezogen werden.

IV. Aufklärung und Einwilligung

8 Weitere unabdingbare Voraussetzungen für die Entnahme von Organen oder Geweben
bei einer lebenden Person sind deren Aufklärung und Einwilligung, Abs. 1 Nr. 1b. Hinsichtlich der **inhaltlichen Ausgestaltung** der Aufklärung, als Grundlage der autonomen
Willensentschließung, verweist das Gesetz auf Abs. 2.[12] Dort ist geregelt, dass der Lebendspender[13] ua über die **Art** des Eingriffs, die Untersuchungen, die Maßnahmen, die dem

---

[7] *Helge* Zeitschrift für ärztliche Fortbildung und Qualitätssicherung 1998, 559.
[8] Näher *Rain* Die Einwilligung des Sportlers beim Doping, 1998, S. 77 ff.; *Trockel* NJW 1972, 1493 (1495).
Zur strafrechtlichen Einwilligung Minderjähriger in den HIV-Antikörpertest vgl. *Lesch* NJW 1989, 2309.
[9] Bei der Blutspende ist die Fremdbestimmung im Rahmen der allgemeinen Grundsätze zulässig, BR-
Drs. 851/97, 19 zu § 6 Abs. 1 TFG. Aufgrund der altruistischen Zielrichtung der Spende kommt dem Vetorecht des Einwilligungsunfähigen aber besonders große Bedeutung zu.
[10] Laufs/Kern/ *Laufs* ArztR-HdB § 62 Rn. 7.
[11] BT-Drs. 13/4355, 20; zusammenfassend Höfling/ *Augsberg* Rn. 17 ff.
[12] *Hart* FS Heinrich, 1998, 291 (315); *Laufs/Reiling* Anm. zu BGH LM § 823 Nr. 139, Bl. 1846 RS.
[13] Zur Lebendspende vgl. *Seidenath* MedR 1998, 253.

Spenderschutz dienen, den **Umfang** und mögliche, auch mittelbare **Folgen** und **Spätfolgen** der beabsichtigten **Organ- oder Gewebeentnahme** für seine Gesundheit sowie über die zu erwartende **Erfolgsaussicht** der **Organ- oder Gewebeübertragung** und **sonstige Umstände,** denen er erkennbar eine Bedeutung für die Organ- oder Gewebespende beimisst, durch einen Arzt, aber auch über die ärztliche Schweigepflicht und die Erhebung und Verwendung personenbezogener Daten aufzuklären ist.

1. Strafbewehrung. Die große Bedeutung der autonomen Entscheidung für die Organ- spende hat der Gesetzgeber hervorgehoben, indem der vorsätzliche Verstoß gegen die umfassende Aufklärungspflicht mit **Freiheitsstrafe** bis zu fünf Jahren oder **Geldstrafe** bewehrt wurde, § 19 Abs. 1 Nr. 1 iVm § 8 Abs. 1 Nr. 1b. Darüber hinaus soll die gutachtliche Stellungnahme der nach Landesrecht zuständigen Kommission in jedem Einzelfall sicherstellen, dass eine Lebendspende freiwillig und nicht durch Druck oder durch Vorteilsgewährung zustande kommt, Abs. 3 S. 2. Daneben gelten die Verbotsnormen des StGB. Jede Entnahme ist zugleich eine Körperverletzung, die der Rechtfertigung durch die wirksame Einwilligung des Spenders bedarf.[14] 9

2. Kreis der aufklärungspflichtigen Umstände. Abs. 2 benennt in Satz 1 und 2 den Inhalt der aufklärungspflichtigen Umstände. Der Pflichtenkreis teilt sich im Wesentlichen in drei Bereiche: Im **ersten Teil** stellt das Gesetz auf Faktoren ab, die von der richterlichen Spruchpraxis außerhalb des TPGs als sog Diagnose-, Verlaufs- und Risikoaufklärung bezeichnet werden. Im **zweiten Teil** bezieht sie sich auf die Erfolgschancen der Implantation. Im **dritten Teil** werden sonstige für den Spender bedeutsame Umstände in den Kreis des Aufklärungspflichtigen einbezogen. 10

Diese Aufteilung des Pflichtenkreises ist durch das Gewebegesetz entsprechend den Regelungen der EG-Geweberichtlinie erweitert worden. Danach muss die Aufklärung auch die möglichen Risiken, die Maßnahmen, die dem Schutz des Spenders dienen, den Hinweis auf die ärztliche Schweigepflicht und Zweck sowie Nutzen der Entnahme beinhalten. Inhaltlich fester Bestandteil der Aufklärung sind weiterhin die notwendigen Informationen über die durchzuführenden Untersuchungen und die Erhebung und Verwendung personenbezogener Daten. 11

Aufgrund dieses weit gezogenen Kreises aufklärungspflichtiger Umstände wird deutlich, dass das Gesetz die Aufklärung nicht auf die herkömmliche Selbstbestimmungsaufklärung beschränkt, sondern darüber hinaus die sog. **therapeutische Aufklärung**[15] und sonstige Umstände miteinbezieht. Die therapeutische Aufklärung bezeichnet – summarisch umschrieben – die Unterrichtungspflicht des Arztes über das im Hinblick auf das Gelingen des Eingriffs vorausgesetzte adäquate Patientenverhalten und wird grds. der Lex artis zugeschrieben. Sie soll zur Sicherung des Heilerfolgs und zu gesundheitsgerechtem Verhalten anleiten, den Spender vor Schaden bewahren bzw. drohende Gesundheitsschäden abwenden.[16] Die Selbstbestimmungsaufklärung muss darauf hinwirken, dem Spender die mit dem Eingriff verbundenen konkreten Auswirkungen auf sein körperliches Wohlergehen, seine körperliche Unversehrtheit sowie seine gesundheitliche Konstitution offen zu legen. Ihr Ziel ist, den Spender zu einer eigenverantwortlichen Entscheidung über die konkret anstehende Entnahme zu befähigen. Beide Aufklärungsarten überlappen sich jedoch, da die Einflussnahme durch therapeutische Aufklärung zugleich unmittelbar der Vorbereitung einer informierten und selbstbestimmten Entscheidung des Spenders dient. 12

Indem Abs. 2 die Aufklärung zudem auf sonstige Umstände erstreckt, denen der Spender erkennbar eine Bedeutung für die Organspende zumisst, wird deutlich, dass der Gesetzgeber 13

---

[14] Statt vieler NK-StGB/*Pfaeffgen* StGB § 228 Rn. 93.
[15] Näher Laufs/Kern/*Laufs* ArztR-HdB § 58 Rn. 1 ff.
[16] OLG Celle 10.12.1984 – 1 U 15/84, MedR 1987, 108; OLG Köln 11.12.1991 – 27 U 84/91, JR 1993, 361 mAnm *Gaisbauer* VersR 1993, 1234; *Menter,* Die therapeutische Aufklärung als Ausgleich des *Spannungsverhältnisses* zwischen Heilpflichtprimat des Arztes und Selbstbestimmungsaufklärung des Patienten, 1994, S. 52.

den durch das – von Deutschland allerdings nicht unterzeichnete[17] – Übereinkommen über Menschenrechte und Biomedizin des Europarates (Bioethikkonvention) vom 4.4.1997 bereiteten Weg beschreitet. Art. 22 regelt: „Wird bei einer Intervention ein Teil des menschlichen Körpers entnommen, so darf er nur zu dem Zweck aufgenommen und verwendet werden, zu dem er entnommen worden ist; jede andere Verwendung setzt angemessene Informations- und Einwilligungsverfahren voraus." Dieses Verbot stellt klar, dass der Betroffene auch über die Weitergabe und Verwendung der Körpersubstanz zu informieren ist. Zwar führt das Abkommen über die Regelung des in Deutschland geltenden § 8 Abs. 2 hinaus. Denn ein der Entnahme nachfolgender Entschluss, das Organ entgegen ursprünglicher Absicht anderweitig zu verwenden, kann auf die Entnahme und die entsprechende strafrechtliche Einwilligung nicht rückwirken. Art. 22 bringt jedoch aus gutem Grund größere Klarheit in die Frage, durch welche Formen der Weiterverwendung die körperbezogene Verfügungsfreiheit des Spenders tangiert ist. Dem steht die etwas vereinfachte Regelung in Art. 12 des – ebenfalls von Deutschland nicht ratifizierten – Zusatzprotokolls über die Transplantation von Organen und Geweben zum Übereinkommen über Menschenrechte und Biomedizin vom 24.1.2002 (Stand 21.1.2016) nicht entgegen, wonach die Aufklärung in geeigneter Weise über den Zweck und die Art der Entnahme sowie deren Folgen und Risiken zu erfolgen hat.

14   **3. Voraussetzungen der Aufklärung im Einzelnen.** Gemäß Abs. 2 S. 1 obliegt die Aufklärung einem Arzt. Der Arztvorbehalt soll sicherstellen, dass die Aufklärung sachkundig nach dem jeweiligen Stand der medizinischen Wissenschaft durchgeführt wird. Ein weiterer Arzt hat dem Aufklärungsgespräch zugegen zu sein, soweit es nicht um die Entnahme von Knochenmark geht, Abs. 2 S. 3 und 7.[18]

15   Wenngleich das Gesetz die einzelnen Kriterien der Aufklärung bezeichnet, herrscht über den konkreten Umfang der Aufklärung Unklarheit. Zwar besteht die Verpflichtung des Arztes, dem Spender alle für seinen Entscheidungsprozess erkennbar bedeutenden Faktoren[19] mitzuteilen. Nicht geklärt ist, ob dem Arzt die Pflicht zur Aufklärung „im Großen und Ganzen"[20] obliegt oder darüber hinaus Detailinformationen geschuldet sind. Diese Tatsache erklärt sich daraus, dass keine Entnahme und kein Aufklärungsgespräch mit anderen vergleichbar ist. Festzuhalten ist jedoch, dass der Arzt die spendende Person umfassend und eindeutig über die Art der Entnahme und der Durchführung informieren muss.[21]

16   Die Reichweite der Aufklärung bestimmt letztlich der konkret zu beurteilende Einzelfall. Entsprechend der Rechtsprechung zum allgemeinen Arztrecht ist auch im Rahmen von § 8 davon auszugehen, dass sich die Unterrichtung des Patienten im Rahmen des für den Arzt Möglichen und Zumutbaren halten muss. Das körperliche wie gesundheitliche Wohl des Spenders kann aber letztendlich weder aus der Sicht des Arztes noch eines verständigen Dritten, sondern allein aus seiner eigenen Sicht beurteilt werden. Ausgangspunkt einer auf Selbstbestimmung ausgerichteten Aufklärung muss daher sein, dass im Mittelpunkt der Spender steht, der zu einer eigenverantwortlichen und für ihn stimmigen Entscheidung befähigt werden soll.

17   Diese Sichtweise der Aufklärung ergibt sich daraus, dass die anstehenden Entscheidungen die persönliche Lebensplanung und Gesundheitsfürsorge betreffen, daher multifaktoriell

---

[17] Maßgebend hierfür waren vor allem Bedenken, dass das Übereinkommen zu viele Fragen ungeregelt lasse und bei den geregelten Fragen zu unbestimmt sei; hierzu kritisch *Taupitz* DÄBl. 1998 (95), A 1078 f.

[18] Zur Frage, ob das Fehlen des zweiten Arztes beim Aufklärungsgespräch betr. die Lebendorganspende die Unwirksamkeit der Aufklärung zur Folge hat vgl. verneinend OLG Düsseldorf 25.8.2016 – I – 8 U 115/12, VersR 2016, 1567 = BeckRS 2016, 19887 Rn. 21.

[19] *Bütikofer* DÄBl. 2002 (99), 2164; *Deutsch/Spickhoff* Rn. 455; *Giesen*, Arzthaftungsrecht 1995, Rn. 117; *Spickhoff* NJW 2006, 2075; OLG Köln 13.10.1989 – 27 W 23/89, NJW 1990, 772.

[20] Vgl. zB BGH 11.5.1971 – VI ZR 78/70, NJW 1971, 1883 (1887); 16.11.1971 – VI ZR 76/70, NJW 1972, 335; 26.2.1985 – VI ZR 124/83, NJW 1985, 2192; 19.11.1985 – VI ZR 134/84, NJW 1986, 780; 14.2.1989 – VI ZR 65/88, NJW 1989, 1533; 5.2.1991 – VI ZR 108/90, JZ 1991, 675 mit krit. Anm. *Giesen*. Wie die Rechtsprechung auch in Laufs/Kern/*Laufs* ArztR-HdB § 62 Rn. 4.

[21] BT-Drs. 16/3146, 29.

determiniert, mithin nicht allein durch medizinische Faktoren vorgegeben und vom Lebendspender in letzter Konsequenz selbst zu verantworten sind. Der Verantwortungsbereich des Arztes liegt – bezogen auf das Aufklärungsgespräch – darin, die medizinischen Faktoren korrekt zu vermitteln und zu bewerten und beim Erarbeiten der vom Lebendspender individuell verantwortbaren Entscheidung fachliche Unterstützung zu geben. Bei nicht medizinisch indizierten Eingriffen, was bei einer Lebendspende regelmäßig der Fall ist, müssen dem Spender die potentiellen Risiken aufgezeigt werden, damit er abwägen kann, ob er einen etwaigen Misserfolg des Eingriffs oder gesundheitliche Beeinträchtigungen in Kauf nehmen will, auch dann, wenn diese nur entfernt als Folge in Betracht kommen.[22] Der Hinweis auf die ärztliche Schweigepflicht gehört seit dem Gewebegesetz auch zu den aufklärungspflichtigen Umständen. Zudem ist dem Spender darzulegen, wie die prognostizierten Erfolgsaussichten der Organ- oder Gewebespende aus medizinischer Sicht bewertet werden. Die ärztliche Aufklärung darf dabei das Augenmerk nicht allein auf den erstrebten Endzweck, die Entnahme, richten, sondern muss ebenso die damit verbundenen Risiken erfassen. Ferner hat der Spender bzw. die Spenderin ein Recht auf Aufklärung über die für seine Spendetauglichkeit durchzuführenden Untersuchungen, da die spendende Person wissen muss, dass sie zB auf HIV oder Hepatitis-Viren untersucht wird.[23] Die Aufklärung umfasst zudem auch die mit der Organ- oder Gewebeentnahme verbundene Erhebung und Verwendung personenbezogener Daten.

Die Aufklärung bemisst sich an den gesundheitsrelevanten Fakten, die für den durchschnittlich interessierten und gebildeten Spender in dem Transplantationskontext erkennbar von Bedeutung sind. Diese Fokussierung soll eine Informationsbasis schaffen, auf deren Grundlage die für den Spender bedeutsamen Umstände herausgearbeitet werden können. **18**

4. Zeitpunkt. Sinn und Zweck der Aufklärung, Basis für eine selbstbestimmte Entscheidung zu sein, erfordern eine rechtzeitige Information. Dem Spender muss vor dem beabsichtigten Eingriff ausreichend Zeit bleiben, durch hinreichende Abwägung der für und gegen den Eingriff sprechenden Umstände, eine freie, eigenständige Entscheidung über den Eingriff zu treffen. Insbes. soll der Spender so jederzeit die Möglichkeit haben, sich von seiner beabsichtigen Spende zu distanzieren. **19**

5. Form der Aufklärung. Die Aufklärung des Spenders findet gemäß Abs. 2 S. 1 durch den Arzt[24] in verständlicher Form statt. Die Wortwahl muss sich daran orientieren, dass der Spender als in der Regel medizinischer Laie medizinische Fachausdrücke zwar vernehmen, kaum aber die Tragweite ihrer Bedeutung verstehen kann.[25] Die eigenverantwortliche Entscheidungsfindung setzt demgemäß eine angemessene Sprache und Gesprächssituation voraus, welche die Lebensverhältnisse, den Bildungsgrad, den Beruf,[26] die Sprachkenntnisse[27] des Spenders aber auch sein Bedarf an fachspezifischen Informationen berücksichtigt.[28] **20**

Die ärztliche Praxis bedient sich häufig besonderer **Merk- und Informationsblätter,** um den prognostizierten Verlauf des bevorstehenden Eingriffs sowie die hiermit verbundenen Risiken in einer für den medizinischen Laien verständlichen Sprache ergänzend schriftlich zu erläutern. Zwar führt ein Übermaß an vorformulierten Entscheidungshilfen schnell dazu, dass der Spender den Blick für das Wesentliche verliert, das Verhältnis zum Arzt formalisiert und damit naturgemäß auch distanziert wird, was mit einem Verlust an Vertrauen einhergehen kann. Dennoch ist der oftmals hohe Erkenntniswert dieser schriftlichen Information, mit dem Ziel, eine Grundinformation abzusichern, zu würdigen. Für den medizinischen Laien verständliche Merk- und Informationsblätter, die den in Aussicht genommenen, **21**

---

[22] OLG Düsseldorf 25.8.2016 – I – 8 U 115/12, VersR 2016, 1567 = BeckRS 2016, 19887 Rn. 28.
[23] BT-Drs. 16/3146, 29.
[24] *Hart* FS Heinrich, 1998, 291 (310); *Hollmann* NJW 1973, 1393.
[25] So ausdrücklich Nr. 1 Teil C MBO-Ä 1997, DÄBl. 1997 (94), C 1772.
[26] Zumindest im Hinblick auf die Erstberatung, vgl. BGH 15.5.1979 – VI ZR 70/77, NJW 1979, 1933 (1934).
[27] Dies ist bei ausländischen Spendern ganz besonders zu beachten.
[28] Laufs/Uhlenbruck/Kern/*Laufs,* 3. Aufl. 2002, HdB § 64 Rn. 15.

konkreten, standardisierten Eingriff im Wort und häufig auch im Bild darlegen, geben dem Spender die Möglichkeit, sich wiederholt und auch außerhalb des organisierten Klinikablaufs in Ruhe mit dem Eingriff in Körper und Gesundheit auseinander zu setzen. Unter diesem Aspekt betrachtet tragen Merkblätter wesentlich zum Verständnis eines bevorstehenden Eingriffs bei und sind als Ergänzung zum persönlichen, vertiefenden Gespräch eine sinnvolle Säule in der sogenannten Stufenaufklärung. Die ausgehändigten Formulare und Merkblätter ersetzen aber nicht das erforderliche Aufklärungsgespräch.

22   **6. Niederschrift.** Gemäß Abs. 2 S. 4 ist über den Inhalt der Aufklärung und die Einwilligungserklärung des Organ- oder Gewebespenders eine Niederschrift anzufertigen, die von dem aufklärenden und einem weiteren Arzt sowie dem Spender zu unterschreiben ist. Zwingender Bestandteil der Niederschrift ist zudem eine Angabe über die versicherungsrechtliche Absicherung der gesundheitlichen Risiken nach Abs. 2 S. 1. Der Gesetzgeber hat davon abgesehen, die Missachtung der Schriftform gemäß § 19 Abs. 1 mit Strafe zu bewehren.

23   **7. Freiwilligkeit der Einwilligung.** Die Freiwilligkeit der Spenderentscheidung ist unerlässliche Voraussetzung einer Lebendspende. Ob und inwieweit die Entscheidung freiwillig war, ist für Dritte aber nur begrenzt verifizierbar. Daher ist der deutsche Gesetzgeber davon ausgegangen, dass die Freiwilligkeit der Organspende grds. nur bei einem verwandtschaftlichen oder sonstigen besonderen persönlichen Näheverhältnis vermutet werden kann.[29] Demgemäß obliegt es nicht der gemäß Abs. 3 überprüfenden **Lebendspendenkommission,** die Freiwilligkeit der Spenderentscheidung positiv festzustellen. Es genügt darzulegen, ob im konkreten Fall tatsächliche Anhaltspunkte dafür vorliegen, dass die Einwilligung in die Organspende nicht freiwillig erfolgt oder das Organ Gegenstand verbotenen Handeltreibens nach § 17 ist. Die Zuständigkeit der Kommission bezieht sich jedoch nur auf die Lebendspende von Organen, nicht auf die von Geweben.

24   **8. Widerruf.** Abs. 2 S. 5 stellt klar, dass der Spender seine Einwilligung jederzeit, sei es schriftlich oder mündlich, widerrufen kann. Die Angabe von Gründen ist nicht erforderlich. Der Widerruf wirkt nur für die Zukunft.

V. Geeignetheit als Spender (Abs. 1 Nr. 1c)

25   Weiterhin muss der **Lebendspender** nach ärztlicher Beurteilung zur Organ- oder Gewebespende **geeignet** sein. Gerade weil es sich bei der Entnahme um einen fremdnützigen Eingriff handelt, kommt dem Schutz der Gesundheit der spendenden Person besonderes Gewicht zu. Der mit dieser Einschätzung verbundene ärztliche Beurteilungsspielraum endet spätestens dann, wenn allgemeingültige Bewertungsmaßstäbe und Erkenntnisse nicht beachtet werden.

26   Da bereits die Entnahme von Organen und Geweben wie jeder chirurgische Eingriff ein Risiko in sich birgt, darf der Spender zudem **nicht über** das allgemeine **Operationsrisiko hinaus gefährdet** werden. Durch Voruntersuchungen muss festgestellt werden, dass für das Leben oder die Gesundheit des Spenders kein ernsthaftes Risiko besteht oder er bzw. sie über die unmittelbaren Folgen der Entnahme hinaus gesundheitlich schwer beeinträchtigt wird. Die gesundheitlichen Risiken des Eingriffs sind vor der Einwilligung des Spenders ärztlich sorgfältig abzuklären.[30] Abzustellen ist hierbei auf die ärztliche Beurteilung vor dem Eingriff, wobei dem Arzt aufgrund der prognostischen Beurteilung der Erfolgsaussichten sowie des Heilungsverlaufs ein Beurteilungsspielraum zukommt. Denn die Lebendspende eröffnet – wie jede ärztliche Handlung – „ex-ante bestimmte Chancen und Gefahren".[31]

27   Aufgrund der Erfolgsunsicherheit kann das **Prognoserisiko** nicht dem Arzt aufgebürdet werden, wenn bei Abwägung der maßgeblichen Faktoren die Nachteile für den Spender

---

[29] Anders zB die Schweizer Regelung, vgl. Art. 12 ff. Transplantationsgesetz.
[30] BT-Drs. 13/4355, 20.
[31] So bereits allg. *Engisch* ZStW 58 (1939), 1 (38).

nicht überwiegen. Eine sich **nach** dem **Eingriff** ergebende schwere gesundheitliche Beeinträchtigung des Lebendspenders, die bei Anwendung der nach dem Stand der medizinischen
Wissenschaft gebotenen Sorgfalt aber nicht vorhersehbar gewesen ist, führt daher nicht
zur Rechtswidrigkeit der Organentnahme.[32] Dieselben Grundsätze gelten auch für die
Gewebeentnahme.

1. Empfängerindikation. Abs. 1 Nr. 2 verdeutlicht, dass die Lebendspende nur in **28**
Betracht kommen kann, wenn das zu übertragene **Organ oder Gewebe geeignet** ist, das
Leben eines bestimmten Menschen zu erhalten, eine schwerwiegende Krankheit dieses
Menschen zu heilen, ihre Beschwerden zu lindern oder ihre Verschlimmerung zu verhüten.
Die Organ- oder Gewebeentnahme ist unzulässig, wenn der Gesundheitszustand des Spen-
ders eine Übertragung, zB wegen der Gefahr einer Übertragung von Krankheiten, die den
Empfänger gefährden können, nicht erlaubt oder wenn das zu entnehmende Organ für den
vorgesehenen Empfänger, zB wegen mangelnder Gewebeverträglichkeit, ungeeignet ist.
Ergibt sich dieser Befund erst nachträglich und war dies aber bei Anwendung der nach dem
Stand der medizinischen Wissenschaft gebotenen Sorgfalt auch nicht vorhersehbar, ist dies
für die Rechtmäßigkeit der Entnahme unschädlich.[33]

2. Subsidiaritätsklausel. In Bezug auf die Organspende unterstreicht Abs. 1 Nr. 3, dass **29**
die Lebendspende Ultima ratio sein muss, wenn ein geeignetes Organ oder Gewebe eines
Spenders nach § 3 oder § 4 nicht bzw. im Hinblick auf die Dringlichkeit einer Organübertragung nicht rechtzeitig zur Verfügung steht. Das Risiko einer Organ- oder Gewebeentnahme
soll einer lebenden Person nur zugemutet werden, wenn für den Empfänger eine postmortale Spende nicht zur Verfügung steht, die zu vergleichbaren Ergebnissen führt. Ob die
Ablehnung einer postmortalen Organspende durch den Empfänger das Spenderorgan ebenfalls ungeeignet macht, und wenn ja, welche Voraussetzungen an die Ablehnung geknüpft
werden, ist umstritten und bedarf ebenso der weiteren wissenschaftlichen Aufarbeitung wie
der Umstand, dass die Implantation von Lebendspenderorganen für den Empfänger bessere
Erfolge erzielen als Organe aus postmortalen Spenden.

VI. Besondere persönliche Verbundenheit

1. Verwandte. Abs. 1 S. 2 legt fest, dass die Entnahme der dort bestimmten nicht regene- **30**
rierungsfähigen Organe, einschließlich der Niere oder eines Teils einer Leber, nur zulässig
ist zum Zweck der Übertragung auf **Verwandte** ersten oder zweiten Grades, Ehegatten,
eingetragene (gleichgeschlechtliche) Lebenspartnerschaften, Verlobte oder andere Personen,
die dem Spender in besonderer persönlicher Verbundenheit offenkundig nahe stehen. Diese
Vorschrift wird durch den Straftatbestand des § 19 Abs. 1 abgesichert. Danach steht es unter
Strafe, entgegen Abs. 1 S. 2 ein Organ von einer lebenden Person zu entnehmen.

Zweck der restriktiven Regelung, die auf das Merkmal der persönlichen Verbundenheit **31**
abstellt und wie sie zB das schweizerische Transplantationsgesetz, Art. 12 ff., **nicht** kennt,
ist es, die **Freiwilligkeit** der Organ- und Gewebespende zu sichern und dem **Organ-
und Gewebehandel entgegenzuwirken.**[34] Die Gesetzesbegründung ging zu Recht nicht
mehr davon aus, dass aus medizinischen Gründen nur nahe Blutsverwandte als Lebendspen-
derinnen und -spender in Frage kommen. Denn diese Ansicht ist heutzutage durch klinische
Daten widerlegt.

Motivation war vielmehr, dass eine enge verwandtschaftliche oder eine sonstige beson- **32**
ders enge Lebensbeziehung der genannten Art die **Autonomie** des Spenders vor **unzulässiger Einflussnahme bewahren** kann, indem die Motivation zugunsten der Spende auf
einer persönlichen oder sittlichen Verbundenheit beruht. Jeder Anreiz und jede Beeinträchtigung der freien Entscheidung durch das Inaussichtstellen finanzieller oder sonstiger Vor-

---

[32] BT-Drs. 13/4355, 20.
[33] BT-Drs. 13/4355, 20 (zu Organen).
[34] BT-Drs. 13/4355, 20 f., 31.

teile, die den Spender dazu bewegen sollen, Teile seines lebenden Körpers abtrennen zu lassen und für Dritte im Rahmen einer Transplantation zur Verfügung zu stellen, sollen unterbunden werden. Damit bringt der Gesetzgeber klar zum Ausdruck, dass die Selbstbestimmung des Spenders den Sekundärzweck „Verwendung des Organs" mitumfasst. Wenn er die zulässige Lebendspende und damit auch die Wirkung einer selbstbestimmten Entscheidung, zu spenden, beschränkt, indem nur die Spende für einen kleinen Personenkreis zugelassen ist, so beruht dies auf der Befürchtung, dass sich der Spender anderenfalls unter Verstoß gegen Art. 1 Abs. 1 des Grundgesetzes zum bloßen Objekt, zur vertretbaren und mit Geld bezahlbaren Größe degradieren könnte.[35] Ob der Schutz der Spenderautonomie allerdings auf diesem Weg zu erreichen und verhältnismäßig ist, wird zu Recht bezweifelt.[36]

33   **2. Nahestehende Person.** Abs. 1 S. 2 geht davon aus, dass grundsätzlich eine verwandtschaftliche oder **vergleichbare, enge persönliche Beziehung** die beste Gewähr für die Freiwilligkeit der Organ- oder Gewebespende bietet und durch die Beschränkung auf Verwandte der Gefahr eines (verdeckten) Organ- oder Gewebehandels entgegengewirkt werden kann.[37] Während die Bestimmung des verwandtschaftlichen Empfängerkreises kaum Probleme bereitet (Ehegatte, Verwandte ersten oder zweiten Grades, Verlobte), beschäftigt die Rechtswissenschaft die bedeutsame Frage, wann eine besondere persönliche Verbundenheit besteht.[38] Die Gesetzesbegründung antwortet hierauf mit dem exemplarisch genannten Beispiel der nichtehelichen, dh einer zwischen Partnern auf Dauer angelegten, nicht nur befristeten oder zufälligen, häuslichen Lebensgemeinschaft. Regelmäßig soll eine gemeinsame Lebensplanung mit innerer Bindung vorausgesetzt sein. Eine besonders enge Verbundenheit soll hingegen nicht vorliegen bei bloß ökonomisch motivierten Zweckwohngemeinschaften und häuslichen Gemeinschaften, wie zB die gemeinsame Anmietung einer Wohnung durch Studierende.

34   Die Gesetzesbegründung möchte das vorausgesetzte persönliche Verhältnis aber nicht ausschließen, wenn die Personen bei gemeinsamer Lebensplanung und innerer Bindung in räumlicher Trennung leben. Dies trägt den sogenannten (räumlichen) **Spagatlösungen** Rechnung, die sich häufig aus beruflicher Mobilität der Partner ergeben. Innerer Bezugspunkt der besonderen persönlichen Verbundenheit soll das Gefühl der sittlichen Pflicht sein, Gegenindiz jedoch, wenn die Verbundenheit primär durch vermögenswerte Vorteile bestimmt ist.[39]

35   Die **generalklauselartige** Norm der sittlichen Verbundenheit bietet aber nur wenig Anhaltspunkte dafür, wann die Schranke der nötigen Verbundenheit erreicht oder überschritten ist. Die Rechtsprechung hierzu ist im Regelfall wenig aussagekräftig. Das BSG hat in Bezug auf die Überkreuzlebendnierenspende festgestellt, dass die Dauer der Beziehung der Beteiligten und der Gleichklang ihrer Lebensverhältnisse allein keine entscheidenden Kriterien sind, vielmehr müsse die persönliche Verbundenheit zwischen den Ehepaaren so stark sein, dass „ihr Fortbestehen über die Operation hinaus erwartet werden" könne (→ Rn. 38).[40]

36   Der Einschränkung der Organlebendspende auf nahe Angehörige haftet damit ein Stück weit das Odium des **fremdbestimmten Paternalismus** an.[41] Diesen zu rechtfertigen

---

[35] So bereits vor dem Inkrafttreten des TPG LSG Nds 30.8.1995 – L 4 Kr 256/93. Kritisch *Kühn* MedR 1998, 445 (458) unter Hinweis darauf, dass der grundlegende Unterschied zwischen dem finanziellen Druck als Auslöser der Lebendspende und dem moralischen Druck etwa auf die Mutter, ihrem Kind „freiwillig" ein Organ zu spenden, nicht eindeutig darzulegen sei; vgl. auch *Maier* S. 29; *Schröder* ZRP 1997, 265.

[36] Statt vieler zB *Kreß* MedR 2016, 242; *Schroth*, Spenderautonomie und Schadensvermeidung MedR 2012, 573.

[37] BT-Drs. 13/4355, 20.

[38] *Gutmann* NJW 1999, 3387; *Gutmann/Schroth*, 2002; *König* S. 141. Das strafbewehrte Verbot des Organhandels in *Roxin/Schroth* S. 501 ff.; *Schroth*, Die strafrechtlichen Grenzen der Organ- und Gewebelebendspende in *Roxin/Schroth*, S. 466 ff.

[39] BT-Drs. 13/4355, 20.

[40] BSG 10.12.2003 – B 9 Vs 1/01 R, NZS 2004, 531 (534).

[41] Zur Verfassungsmäßigkeit vgl. BVerfG 11.8.1999 – 1 BvR 2181/98 ua, NJW 1999, 3399. Kritisch zu den gegenwärtigen Restriktionen *Höfling/Augsberg* § 8 Rn. 47 ff.; *Pfeiffer A.*, Die Regelung der Lebendorganspende im Transplantationsgesetz, S. 52 ff.; *Schroth/König/Gutmann/Oduncu/Gutmann* Rn. 26 ff. Zu den Verfahren vor den Lebendspendekommissionen vgl. *Fateh-Moghadam* MedR 2003, 245.

stehen grds. zwei Begründungsansätze zur Verfügung. So kann eine individuelle Entscheidung gegen eine objektive Konzeption des „richtigen" Lebens verstoßen. Dass die Lebendspende, ohne dass sie durch eine besondere persönliche Verbundenheit motiviert ist, solchen
Vorgaben widersprechen kann, ist mit Blick auf weltanschauliche Überzeugungen durchaus
vertretbar. Hierbei ist aber zu beachten, dass der Staat gehalten ist, den Bürgern keine
Konzeption des „richtigen" Lebens vorzuschreiben, sondern Freiheitsräume zu gewährleisten. Dass Grenzen dieser Freiheitsräume bestehen, daran gibt es keinen Zweifel, so zB bei
entsprechenden Rechten Dritter oder bei wichtigen Gemeinschaftsgütern. Im vorliegenden
Kontext besteht aber die Besonderheit, dass Rechte Dritter, dh die potenzieller Organempfänger, gerade für und nicht gegen die Lebendspende sprechen.

Die zweite Möglichkeit, paternalistische Eingriffe zu rechtfertigen, setzt voraus, dass die **37**
potenziellen Spender mit der Lebendspende ihr wohlverstandenes Selbstinteresse verletzten.
Derartige Fälle sind natürlich denkbar. So, wenn die Entnahme den Spender über das
Operationsrisiko hinaus gefährden könnte. Trifft dies aber nicht zu, werden dem Organspender fremde Wertmaßstäbe übergestülpt, wenn seine Spende an der Voraussetzung der engen
persönlichen Verbundenheit scheitert. Inwieweit dies zulässig sein soll, ist seit langem dringend klärungsbedürftig.

3. Zwischenfazit. Obgleich die Begrenzung des Empfängerkreises einer Lebendspende **38**
zunächst durchdacht und wohl abgewogen erscheint, erweist sie sich bei näherer Betrachtung als zu restriktiv.[42] So darf eine wechselseitige Transplantation nicht vorgenommen
werden, falls ein Ehepartner seinem Partner wegen Blutgruppenunverträglichkeit sein Organ
nicht spenden kann, aber mit einem anderen Paar in gleicher Situation, mit dem die Blut-
gruppenverträglichkeit „überkreuz" vorhanden ist, die sog Überkreuzlebendspende, bei der
bei je einem Partner eines Paares ein Organ zugunsten des Partners eines anderen Paares
entnommen wird **(Cross-over-Spende),**[43] medizinisch möglich wäre. Bedeutsam
erscheint in diesem Kontext, dass die Cross-over-Spende in den parlamentarischen Beratungen nicht angesprochen wurde, heute aber aufgrund der Weiterentwicklung von Immunsup-
ressiva einen immer größeren Anwendungsbereich erhalten hat. Während es bei Erlass des
TPG primär darauf ankam, ein Organ zu finden, das genetisch zu dem Empfänger passte,
haben sich in der Zwischenzeit die medizinischen Anforderungen deutlich verändert.[44]
Dennoch verbietet das TPG die Cross-over-Spende bei Fehlen eines besonderen persönlichen Näheverhältnisses.[45, 46]

Zudem verhindert das fehlende Näheverhältnis, dass Angebote zur anonymen Lebend- **39**
spende realisiert werden können. Transplantationsgesetze anderer Länder, so zB das der
Schweiz, verzichten demgemäß auf das in Abs. 1 S. 2 vorausgesetzte Näheverhältnis der
besonderen persönlichen Verbundenheit. Nicht nur in den Nachbarländern wird darauf
hingewiesen, dass es nicht einsehbar ist, weshalb die Gefahr des Organ- oder Gewebehandels
oder Druckversuche auf die spendende Person außerhalb der Familie größer sein sollen als
innerhalb.

---

[42] *Forkel* JURA 2001, 73 (78); *Heuer/Conrads* MedR 1997, 195 (199); *Kühn* MedR 1998, 445 (458);
Gutmann/Schroth, Recht, Ethik und die Lebendspende von Organen – der gegenwärtige Problemstand, Transplantationsmedizin 2001, S. 174 ff.; *Gutmann,* Rechtsphilosophische Probleme der Lebendspende von Organen – zehn Thesen in *Albert/Land/Zwierlein* (Hrsg.), Transplantationsmedizin und Ethik, 1995; *Rittner/Besold/
Wandel* MedR 2001, 118; *Rittner/Besold* MedR 2005, 502; *Gutmann,* Für ein neues Transplantationsgesetz,
2006; *Stoecker,* Zum Novellierungsbedarf der gesetzlichen Regelungen zur Lebendspende unter besonderer
Berücksichtigung europäischer und internationaler Vorschriften, Diss. Göttingen 2012.

[43] *Holznagel/Holznagel,* Rechtslage in der Transplantationsmedizin, Sicherheit, Transparenz und Kontrollierbarkeit DÄBl. 1998 (95), A 1718, 1722.

[44] *Kirste* Bundesgesundheitsblatt 2002, 768; *Holznagel* DVBl. 2001, 1633.

[45] Diff. *Holznagel* DVBl 2001, 1635; *Seidenath* MedR 1998, 253: Das vorausgesetzte Näheverhältnis könne
sich durch den gemeinsamen Leidensweg, die Gespräche etc. ergeben; zur Auslegung siehe BSG 10.12.2003 –
B 9 VS 1/01 R, NZS 2004, 531 (534).

[46] Zusammenfassend Laufs/Katzenmeier/Lipp/*Lipp* IV Rn. 35 ff.; Spickhoff/*Middel/Scholz* Rn. 9. Zu dem
Vorschlag, de lege ferenda die anonymisierte Lebendspende zu gestatten zB *Bachmann/Bachmann* MedR 2007,
94.

40   **4. Bereitschaft zur Nachbetreuung (Abs. 3 S. 1).** Die Lebendorganspende setzt voraus, dass sich Spender und Empfänger zur Teilnahme an einer ärztlich empfohlenen Nachbetreuung bereit erklärt haben. Bei Gewebe muss nur der Spender diese Bereitschaft erklären. Die Nichtbeachtung ist zwar nach dem TPG nicht strafbewehrt, kann aber zu einer Strafbarkeit nach dem Kernstrafrecht, namentlich § 222 und § 229 StGB führen, wenn der behandelnde Arzt nicht mit Nachdruck auf die Notwendigkeit der Nachbehandlung hinweist und ihr Unterbleiben kausal für den Tod oder eine Schädigung ist.

41   **5. Lebendspendekommission (Abs. 3 S. 2–4).** Die Regelungen des Abs. 3 S. 2–4 gelten nur für die Lebendspende von Organen und sie dienen der verfahrensmäßigen Sicherung des Freiwilligkeitskriteriums und des Organhandelsverbots gem. § 17.[47] Vor jeder Lebendorganspende muss das im TPG geregelte Kommissionsverfahren durchlaufen werden. Die nach dem Landesrecht zuständige, nach Fachdisziplinen besetzte Lebendspendekommission (LSK) muss begründeten tatsächlichen Anhaltspunkten dafür nachgehen, dass die Einwilligung in die Organspende nicht freiwillig[48] erfolgt oder das Organ Gegenstand verbotenen Handeltreibens nach § 17 ist. Die hierzu ergehende gutachterliche Stellungnahme begründet keine Befolgungspflicht,[49] so dass die Letztverantwortung dennoch bei dem die Entnahme durchführenden Arzt[50] liegt. Dies hat zwei Konsequenzen: der Arzt muss sich vergewissern, ob die erteilte Einwilligung des potenziellen Organspenders rechtswirksam ist und trägt bei einem positiven Votum ein Stück weit auch die Last der falschen Entscheidung. Bei einer negativen Entscheidung hingegen entfaltet das Gutachten faktische Wirkung, dh die Transplantation wird nicht weiter verfolgt.[51]

41a   Da die landesrechtlich geregelten LKS unterschiedliche Begutachtungspraxen aufweisen (können), besteht nach wie vor die Möglichkeit des Kommissionsshoppings.[52]

VII. Arzt (Abs. 1 Nr. 4)

42   Der Eingriff muss von einem Arzt durchgeführt werden. Nur der approbierte Arzt verfügt über ausreichende Kenntnisse, eine Organübertragung durchzuführen. Diese Regelung dient der Qualitätssicherung.

§ 8a Entnahme von Knochenmark bei minderjährigen Personen

[1]Die Entnahme von Knochenmark bei einer minderjährigen Person zum Zwecke der Übertragung ist abweichend von § 8 Abs. 1 Satz 1 Nr. 1 Buchstabe a und b sowie Nr. 2 mit folgender Maßgabe zulässig:
1. Die Verwendung des Knochenmarks ist für Verwandte ersten Grades oder Geschwister der minderjährigen Person vorgesehen.
2. Die Übertragung des Knochenmarks auf den vorgesehenen Empfänger ist nach ärztlicher Beurteilung geeignet, bei ihm eine lebensbedrohliche Krankheit zu heilen.
3. Ein geeigneter Spender nach § 8 Abs. 1 Satz 1 Nr. 1 steht im Zeitpunkt der Entnahme des Knochenmarks nicht zur Verfügung.
4. Der gesetzliche Vertreter ist entsprechend § 8 Abs. 2 aufgeklärt worden und hat in die Entnahme und die Verwendung des Knochenmarks eingewilligt. § 1627 des Bürgerlichen Gesetzbuchs ist anzuwenden. Die minderjährige Person ist durch einen Arzt entsprechend § 8 Abs. 2 aufzuklären, soweit dies im Hinblick

---

[47] Höfling/*Augsberg* § 8 Rn. 105.
[48] Zur Auslegung, den positiven und negativen Kriterien instruktiv *Hillenkamp* MedR 2016, 109 (111 ff.).
[49] Höfling/*Augsberg* § 8 Rn. 108.
[50] Vgl. BT-Drs. 15/4355, 30; 16/13740, 14.
[51] *Hillenkamp* MedR 2016, 110 mwN; *Fateh-Moghadam*, 2008; Höfling/*Augsberg* Rn. 106.
[52] Für „einheitliche Standards" sprach sich zB bereits die Enquete-Kommission Ethik und Recht der modernen Medizin in ihrem Zwischenbericht Organlebendspende aus, vgl. BT-Drs. 15/5050, 54.

auf ihr Alter und ihre geistige Reife möglich ist. Lehnt die minderjährige Person die beabsichtigte Entnahme oder Verwendung ab oder bringt sie dies in sonstiger Weise zum Ausdruck, so ist dies zu beachten.

5. Ist die minderjährige Person in der Lage, Wesen, Bedeutung und Tragweite der Entnahme zu erkennen und ihren Willen hiernach auszurichten, so ist auch ihre Einwilligung erforderlich.

²Soll das Knochenmark der minderjährigen Person für Verwandte ersten Grades verwendet werden, hat der gesetzliche Vertreter dies dem Familiengericht unverzüglich anzuzeigen, um eine Entscheidung nach § 1629 Abs. 2 Satz 3 in Verbindung mit § 1796 des Bürgerlichen Gesetzbuchs herbeizuführen.

I. Zweck

Infolge der Aufnahme von Knochenmark in den Anwendungsbereich des TPG wurde **1** mit § 8a eine Vorschrift in das Gesetz aufgenommen, welche katalogartig die Entnahme von Knochenmark bei minderjährigen Personen in Ergänzung zu den allgemeinen Vorgaben an die Organ- und Gewebeentnahme bei lebenden Spendern regelt. Die besonderen Voraussetzungen der Sonderregelung müssen demnach zusätzlich zu den allgemeinen Bestimmungen nach § 8 erfüllt sein. Einzig die Lebendspende von Knochenmark mit nichtverwandten Spendern war bislang durch eine Richtlinie[1] der Bundesärztekammer geregelt. Die Norm statuiert damit besondere Maßgaben, die der Sondersituation des fremdnützigen Eingriffs bei Minderjährigen gerecht werden sollen. Die Besonderheit der Vorschrift liegt also darin, dass eine medizinische Indikation beim spendenden Minderjährigen nicht vorliegt. Zweifelhaft ist, ob dies dem Kindeswohl[2] dient und der gesetzliche Vertreter überhaupt berechtigt ist, eine stellvertretende Einwilligung zu erteilen. Zu bedenken ist jedoch, dass es sich beim Knochenmark um ein regenerierbares Gewebe handelt, welches sich entsprechend seiner Funktion nach einer Teilentfernung wiederherstellen lassen kann. Der Eingriff ohne direkten medizinischen Nutzen für den Spender ist im Vergleich zur Organspende auch als „geringfügiger" anzusehen.

II. Voraussetzungen

Die Entnahme darf nur vorgenommen werden, wenn die Übertragung zur Heilung einer **2** lebensbedrohlichen Krankheit des Empfängers geeignet sein wird und ist immer subsidiär zur Knochenmarkspende eines einwilligungsfähigen volljährigen Spenders. Weiterhin ist die am Kindeswohl[3] auszurichtende Einwilligung des gesetzlichen Vertreters nach der ärztlichen Aufklärung erforderlich, so dass der Wille der minderjährigen Person entsprechend ihrer geistigen Reife zu berücksichtigen ist. Aufzuklären ist daher soweit möglich auch der Minderjährige selbst, sein ablehnender Wille ist zu beachten. Hierbei ergibt sich die bereits bei der postmortalen Spende unter Einbezug der Angehörigen gestellte Frage, welche Bedeutung „zu beachten" zukommt: Ist eine Bindung gemeint oder nur eine Mitbeachtung unter weiteren Faktoren? Jedenfalls ist die Zustimmung der minderjährigen Person zwingend notwendig, soweit sie entsprechend ihrer geistigen Entwicklung einwilligungsfähig[4] ist.

III. Spendeempfänger

Der Kreis der Empfänger der Spende wurde auf Verwandte ersten Grades (Eltern, Kinder) **3** und Geschwister begrenzt. Verwandtschaft und Grad der Verwandtschaft sind nach den Vorschriften des Bürgerlichen Gesetzbuches zu beurteilen, § 1589 iVm § 1592 ff. BGB.

---

[1] Richtlinie für die allogene Knochenmarktransplantation mit nichtverwandten Spendern von 1994 (DÄBl. 1994, (96), A 761; archiviert).
[2] Kritisch zur Problematik des Kindeswohl bei fremdnützigen Eingriffen: *Schmidt-Recla* GesR 2009, 566.
[3] Entspricht dem für fremdnützige klinische Prüfung bei Minderjährigen aufgestelltem Grundsatz in § 41 Abs. 3 Nr. 2 S. 2 iVm § 40 Abs. 4 Nr. 3 S. 3 AMG.
[4] So auch *Deutsch/Spickhoff* S. 831 Rn. 1259.

IV. Interessenskonflikt

4   Nach S. 2 ist geregelt, dass wegen des offensichtlichen Interessenskonflikts vor einer Spende zu Gunsten eines Elternteils eine obligatorische Anzeige an das Familiengericht erfolgen muss, das die Bestellung eines Ergänzungspflegers zu prüfen hat.[5] Problematisch ist dagegen auch der Interessenkonflikt dem zumeist die Eltern des Spenders und des Empfängers bei einer Spende unter Geschwistern ausgesetzt sind, da das Kindeswohl beider zu beachten ist. Eine andere Möglichkeit wäre gewesen, daß der Gesetzgeber zur Gewährleistung einer unvoreingenommenen Entscheidungsfindung eine unabhängige Instanz[6] gefordert hätte.

V. Nichteinwilligungsfähige Erwachsene

5   Die Entnahme von Knochenmark bei nichteinwilligungsfähigen Erwachsenen ist nach dem Gewebegesetz wegen ethischer Bedenken und mangels Bedeutung in der medizinischen Praxis[7] nicht in das TPG eingeführt worden und demnach unzulässig. Aus dem Umkehrschluss in § 8a folgt jedoch, dass ein nichteinwilligungsfähiger Minderjähriger bis zum vollendeten 18. Lebensjahr spenden könnte.[8]

§ 8b Entnahme von Organen und Geweben in besonderen Fällen

(1) [1]Sind Organe oder Gewebe bei einer lebenden Person im Rahmen einer medizinischen Behandlung dieser Person entnommen worden, ist ihre Übertragung nur zulässig, wenn die Person einwilligungsfähig und entsprechend § 8 Abs. 2 Satz 1 und 2 aufgeklärt worden ist und in diese Übertragung der Organe oder Gewebe eingewilligt hat. [2]Für die Aufzeichnung der Aufklärung und der Einwilligung gilt § 8 Abs. 2 Satz 4 entsprechend.

(2) Absatz 1 gilt entsprechend für die Gewinnung von menschlichen Samenzellen, die für eine medizinisch unterstützte Befruchtung bestimmt sind.

(3) Für einen Widerruf der Einwilligung gilt § 8 Abs. 2 Satz 6 entsprechend.

1   Die durch das Gewebegesetz eingeführte Vorschrift des § 8b regelt die Spende von Organen und Gewebe in besonderen Fällen, die bzw. das nicht zur unmittelbaren Übertragung auf einen anderen Menschen bestimmt sind bzw. ist, wie zB Operationsreste oder Plazenta.[1] Die Vorschrift erfasst aber auch die sog. **Domino-Transplantation.** Hierbei geht es um Fälle, in denen dem Empfänger von Organen funktionstüchtige Organe entnommen werden müssen, die sich wiederum als Spenderorgan eignen. Beispiel ist die Situation, in der dem Patienten, der eine Lunge benötigt, aus medizinisch-technischen Gründen auch das funktionstüchtige Herz entnommen wird, das wiederum als Spenderherz dienen kann.[2] Zum Schutz der extrakorporal verfügbaren Körpermaterialien und der hierauf bezogenen Dispositionsfreiheit des Spenders gelten neben den allgemeinen Regelung der Aufklärung und Einwilligung in den ärztlichen Eingriff die Bestimmung von § 8b Abs. 1. Dh der einwilligungsfähige Spender, von dem das Organ oder Gewebe stammt, muss in Bezug auf die Übertragung entsprechend § 8 Abs. 2 S. 1 und 2 aufgeklärt werden. Die Übertragung setzt weiterhin seine Einwilligung voraus.[3]

---

[5] BT-Drs. 16/5443, 54.

[6] Bspw. besteht im Schweizer Recht eine derartige Regelung in Art. 13 Abs. 4 Transplantationsgesetz.

[7] BT-Drs. 16/5443, 51, 54.

[8] Kritisch dazu: *Deutsch/Spickhoff* Rn. 1239 u. Rn. 1259.

[1] BT-Drs. 16/3146, 29 f.

[2] Näher *Fateh-Moghadam*, Strafrechtliche Risiken der Organtransplantation in *Saliger/Tsambikakis* (Hrsg.), Strafrecht der Medizin, Handbuch für Wissenschaft und Praxis 2015, Rn. 39; *Gutmann/Wiese* MedR 2015, 315.

[3] Zum Streit, ob das entnommene Organ, soweit es bei der postmortalen Spende vermittlungspflichtig wäre, auch bei der Dominospende der Vermittlungspflicht unterliegt vgl. bejahend BÄK, Richtlinien für die

Diese Bestimmung findet ihre Entsprechung in Art. 20 des von Deutschland nicht unter- **2** zeichneten Zusatzprotokolls bezüglich der Transplantation von menschlichen Organen und Gewebe. Das Schweizer Transplantationsgesetz sieht in Art. 5 auch für den, zwar nicht explizit genannten, aber mitgeregelten Fall der Dominotransplantation das Erfordernis einer ausdrücklichen und schriftlichen informierten Einwilligung des Dominospenders vor.

Die Regelung gilt nach Abs. 2 ebenfalls für die Gewinnung menschlicher Samenzellen **3** zur künstlichen Befruchtung. Volljährigkeit ist keine Voraussetzung für die Wirksamkeit der Einwilligung; die Einwilligungsfähigkeit ist ab der Altersgrenze von 16 Jahren ausreichend. Die Vorschrift ist als Spezialregelung ausgestaltet, so dass § 8 keine Anwendung findet.[4]

Der Verstoß gegen Abs. 1 und 2 ist gemäß § 19 Abs. 1 Nr. 3 strafbewehrt. **4**

§ 8c Entnahme von Organen und Geweben zur Rückübertragung

(1) Die Entnahme von Organen oder Geweben zum Zwecke der Rückübertragung ist bei einer lebenden Person nur zulässig, wenn
1. die Person
    a) einwilligungsfähig ist,
    b) entsprechend § 8 Abs. 2 Satz 1 und 2 aufgeklärt worden ist und in die Entnahme und die Rückübertragung des Organs oder Gewebes eingewilligt hat,
2. die Entnahme und die Rückübertragung des Organs oder Gewebes im Rahmen einer medizinischen Behandlung erfolgen und nach dem allgemein anerkannten Stand der medizinischen Wissenschaft für diese Behandlung erforderlich sind und
3. die Entnahme und die Rückübertragung durch einen Arzt vorgenommen werden.

(2) ¹Die Entnahme von Organen oder Geweben zum Zwecke der Rückübertragung bei einer Person, die nicht in der Lage ist, Wesen, Bedeutung und Tragweite der vorgesehenen Entnahme zu erkennen und ihren Willen hiernach auszurichten, ist abweichend von Absatz 1 Nr. 1 nur zulässig, wenn der gesetzliche Vertreter oder ein Bevollmächtigter entsprechend § 8 Abs. 2 Satz 1 und 2 aufgeklärt worden ist und in die Entnahme und die Rückübertragung des Organs oder Gewebes eingewilligt hat. ²Die §§ 1627, 1901 Abs. 2 und 3 sowie § 1904 des Bürgerlichen Gesetzbuchs sind anzuwenden.

(3) ¹Die Entnahme von Organen oder Geweben zum Zwecke der Rückübertragung bei einem lebenden Embryo oder Fötus ist unter den Voraussetzungen des Absatzes 1 Nr. 2 und 3 nur zulässig, wenn die Frau, die mit dem Embryo oder Fötus schwanger ist, entsprechend § 8 Abs. 2 Satz 1 und 2 aufgeklärt worden ist und in die Entnahme und die Rückübertragung des Organs oder Gewebes eingewilligt hat. ²Ist diese Frau nicht in der Lage, Wesen, Bedeutung und Tragweite der vorgesehenen Entnahme zu erkennen und ihren Willen hiernach auszurichten, gilt Absatz 2 entsprechend.

(4) Für die Aufzeichnung der Aufklärung und der Einwilligung gilt § 8 Abs. 2 Satz 4 entsprechend.

(5) Für einen Widerruf der Einwilligung gilt § 8 Abs. 2 Satz 6 entsprechend.

Abs. 1 normiert die Voraussetzungen für eine Organ- oder Gewebeentnahme zur Rück- **1** übertragung auf dieselbe Person (sog. autologe Transplantation). Die Entnahme und Rück-

---

Wartelistenführung und die Organvermittlung zur Herz- und Herz-Lungen-Transplantation, S. 10; strikt verneinend *Gutmann/Wieser* MedR 2015, 315 (319).
[4] BT-Drs. 16/5443, 54.

übertragung muss dabei innerhalb einer medizinischen Behandlung erfolgen, so dass zwar für einen solchen Eingriff der strikte Arztvorbehalt uneingeschränkt gilt. Die Ausnahmeregelung ist jedoch nicht an die Person des operierenden und entnehmenden Arztes gebunden, sondern an die Verwendung eines autologen Transplantats innerhalb eines chirurgischen Eingriffs. Die Rückübertragung innerhalb desselben Eingriffs ist demnach schon nicht vom Anwendungsbereich des TPG erfasst, vgl. § 1 Abs. 3 Nr. 1.

2   Für die Wirksamkeit der Einwilligung ist die natürliche Einsichts- und Entschlussfähigkeit entscheidend. Volljährigkeit ist damit nicht erforderlich. Bei einwilligungsunfähigen Personen ist für (eigennützige) ärztliche Eingriffe die zusätzliche Einwilligung eines gesetzlichen Vertreters entsprechend den allgemeinen arztrechtlichen Einwilligungsregeln erforderlich. Der Regelungsbereich von Abs. 2 enthält hierzu die für die Einwilligung notwendigen Vertreterregelungen. Damit ist im Unterschied zur Lebendorganspende die Entnahme von Organen oder Geweben zur Rückübertragung auf den nicht einwilligungsfähigen Patienten möglich, wenn der Betreuer nach entsprechender Aufklärung einwilligt und dies dem Wohl des Patienten sowie möglichst auch seinen Wünschen entspricht (Abs. 2 iVm § 1901 Abs. 2 BGB).

3   Darüber hinaus ist für die Wirksamkeit der Einwilligung des Betreuers durch den Verweis auf die zivilrechtlichen Vorschriften immer dann die Genehmigung des Vormundschaftsgerichts nach § 1904 BGB notwendig, wenn die begründete Gefahr besteht, dass der Betreute auf Grund der Maßnahme stirbt oder einen schweren und länger dauernden Gesundheitsschaden erleidet.

Des Weiteren wird klargestellt, dass das Kindeswohl sowie das Wohl des nicht einwilligungsfähigen volljährigen Patienten zu beachten ist.

Abschnitt 3a. Gewebeeinrichtungen, Untersuchungslabore, Register

§ 8d Besondere Pflichten der Gewebeeinrichtungen

(1) [1]Eine Gewebeeinrichtung, die Gewebe entnimmt oder untersucht, darf unbeschadet der Vorschriften des Arzneimittelrechts nur betrieben werden, wenn sie einen Arzt bestellt hat, der die erforderliche Sachkunde nach dem Stand der medizinischen Wissenschaft besitzt. [2]Die Gewebeeinrichtung ist verpflichtet,
1. die Anforderungen an die Entnahme von Geweben nach dem Stand der medizinischen Wissenschaft und Technik einzuhalten, insbesondere an die Spenderidentifikation, das Entnahmeverfahren und die Spenderdokumentation,
2. sicherzustellen, dass nur Gewebe von Spendern entnommen werden, bei denen eine ärztliche Beurteilung nach dem Stand der medizinischen Wissenschaft und Technik ergeben hat, dass der Spender dafür medizinisch geeignet ist,
3. sicherzustellen, dass die für Gewebespender nach dem Stand der medizinischen Wissenschaft und Technik erforderlichen Laboruntersuchungen in einem Untersuchungslabor nach § 8e durchgeführt werden,
4. sicherzustellen, dass die Gewebe für die Aufbereitung, Be- oder Verarbeitung, Konservierung oder Aufbewahrung nur freigegeben werden, wenn die ärztliche Beurteilung nach Nummer 2 und die Laboruntersuchungen nach Nummer 3 ergeben haben, dass die Gewebe für diese Zwecke geeignet sind,
5. vor und nach einer Gewebeentnahme bei lebenden Spendern Maßnahmen für eine erforderliche medizinische Versorgung der Spender sicherzustellen und
6. eine Qualitätssicherung für die Maßnahmen nach den Nummern 2 bis 5 sicherzustellen.
[3]Das Nähere regelt eine Rechtsverordnung nach § 16a.

(2) Eine Gewebeeinrichtung hat unbeschadet ärztlicher Dokumentationspflichten jede Gewebeentnahme und -abgabe und die damit verbundenen Maßnahmen

sowie die Angaben über Produkte und Materialien, die mit den entnommenen oder abgegebenen Geweben in Berührung kommen, für die in diesem Gesetz geregelten Zwecke, für Zwecke der Rückverfolgung, für Zwecke einer medizinischen Versorgung des Spenders und für Zwecke der Risikoerfassung und Überwachung nach den Vorschriften des Arzneimittelgesetzes oder anderen Rechtsvorschriften nach Maßgabe einer Rechtsverordnung nach § 16a zu dokumentieren.

(3) [1]Jede Gewebeeinrichtung führt eine Dokumentation über ihre Tätigkeit einschließlich der Angaben zu Art und Menge der entnommenen, untersuchten, aufbereiteten, be- oder verarbeiteten, konservierten, aufbewahrten, abgegebenen oder anderweitig verwendeten, eingeführten und ausgeführten Gewebe sowie des Ursprungs- und des Bestimmungsortes der Gewebe und macht eine Darstellung ihrer Tätigkeit öffentlich zugänglich. [2]Sie übermittelt innerhalb der Fristen nach Satz 5 der zuständigen Bundesoberbehörde jährlich einen Bericht mit den Angaben zu Art und Menge der entnommenen, aufbereiteten, be- oder verarbeiteten, aufbewahrten, abgegebenen oder anderweitig verwendeten sowie der eingeführten und ausgeführten Gewebe einschließlich des Ursprungs- und des Bestimmungsstaates der Gewebe. [3]Der Bericht erfolgt auf einem Formblatt, das die Bundesoberbehörde herausgegeben und im Bundesanzeiger bekannt gemacht hat. [4]Das Formblatt kann auch elektronisch zur Verfügung gestellt und genutzt werden. [5]Der Bericht ist nach Ablauf des Kalenderjahres, spätestens bis zum 1. März des folgenden Jahres zu übermitteln. [6]Die zuständige Bundesoberbehörde stellt die von den Gewebeeinrichtungen übermittelten Angaben anonymisiert in einem Gesamtbericht zusammen und macht diesen öffentlich bekannt. [7]Ist der Bericht einer Gewebeeinrichtung unvollständig oder liegt er bis zum Ablauf der Frist nach Satz 5 nicht vor, unterrichtet die zuständige Bundesoberbehörde die für die Überwachung zuständige Behörde. [8]Die Gewebeeinrichtungen übersenden der zuständigen Behörde mindestens alle zwei Jahre oder auf Anforderung eine Liste der belieferten Einrichtungen der medizinischen Versorgung.

§ 8e Untersuchungslabore

[1]Die für Gewebespender nach § 8d Abs. 1 Satz 2 Nr. 3 vorgeschriebenen Laboruntersuchungen dürfen nur von einem Untersuchungslabor vorgenommen werden, für das eine Erlaubnis nach den Vorschriften des Arzneimittelgesetzes erteilt worden ist. [2]Das Untersuchungslabor ist verpflichtet, eine Qualitätssicherung für die nach § 8d Abs. 1 Satz 2 Nr. 3 vorgeschriebenen Laboruntersuchungen sicherzustellen.

§ 8f *(aufgehoben)*

Abschnitt 4. Entnahme, Vermittlung und Übertragung von Organen, Zusammenarbeit bei der Entnahme von Organen und Geweben

§ 9 Zulässigkeit der Organentnahme und -übertragung, Vorrang der Organspende

(1) Die Entnahme von Organen bei verstorbenen Spendern darf nur in Entnahmekrankenhäusern nach § 9a durchgeführt werden.

(2) [1]Die Übertragung von Organen verstorbener Spender sowie die Entnahme und Übertragung von Organen lebender Spender darf nur in Transplantationszentren nach § 10 vorgenommen werden. [2]Sind Organe im Geltungsbereich dieses

Gesetzes entnommen worden, ist ihre Übertragung nur zulässig, wenn die Organentnahme nach § 11 Absatz 4 Satz 5 durch die Koordinierungsstelle organisiert
und unter Beachtung der weiteren Regelungen nach § 11 durchgeführt worden ist.
[3]Die Übertragung vermittlungspflichtiger Organe ist darüber hinaus nur zulässig,
wenn die Organe durch die Vermittlungsstelle unter Beachtung der Regelungen
nach § 12 Absatz 3 Satz 1 vermittelt worden sind.

(3) [1]Die mögliche Entnahme und Übertragung eines Organs hat Vorrang vor
der Entnahme von Geweben; sie darf nicht durch eine Gewebeentnahme beeinträchtigt werden. [2]Die Entnahme von Geweben bei einem möglichen Spender von
Organen nach § 9a Absatz 2 Nummer 1 ist erst dann zulässig, wenn eine von der
Koordinierungsstelle beauftragte Person dokumentiert hat, dass die Entnahme
oder Übertragung von Organen nicht möglich ist oder durch die Gewebeentnahme nicht beeinträchtigt wird.

§ 9a Entnahmekrankenhäuser

(1) [1]Entnahmekrankenhäuser sind die nach § 108 des Fünften Buches Sozialgesetzbuch oder nach anderen gesetzlichen Bestimmungen zugelassenen Krankenhäuser, die nach ihrer räumlichen und personellen Ausstattung in der Lage sind,
Organentnahmen von möglichen Spendern nach § 3 oder § 4 nach Maßgabe des
§ 11 Absatz 4 Satz 5 zu ermöglichen. [2]Die zuständige Behörde benennt gegenüber
der Koordinierungsstelle die Entnahmekrankenhäuser, die die Voraussetzungen
nach Satz 1 erfüllen, und unterrichtet die Entnahmekrankenhäuser schriftlich über
diese Benennung.

(2) Die Entnahmekrankenhäuser sind verpflichtet,
1. den endgültigen, nicht behebbaren Ausfall der Gesamtfunktion des Großhirns,
   des Kleinhirns und des Hirnstamms von Patienten, die nach ärztlicher Beurteilung als Organspender nach § 3 oder § 4 in Betracht kommen, nach § 5 festzustellen und der Koordinierungsstelle nach § 11 unverzüglich mitzuteilen; kommen diese Patienten zugleich als Gewebespender nach § 3 oder § 4 in Betracht,
   ist dies gleichzeitig mitzuteilen,
2. sicherzustellen, dass die Entnahme in einem Operationssaal durchgeführt wird,
   der dem Stand der medizinischen Wissenschaft und Technik entspricht, um
   die Qualität und Sicherheit der entnommenen Organe zu gewährleisten,
3. sicherzustellen, dass das von ihnen eingesetzte medizinische Personal für seine
   Aufgaben qualifiziert ist, und
4. die auf Grund des § 11 getroffenen Regelungen zur Organentnahme einzuhalten.

§ 9b Transplantationsbeauftragte

(1) [1]Die Entnahmekrankenhäuser bestellen mindestens einen Transplantationsbeauftragten, der für die Erfüllung seiner Aufgaben fachlich qualifiziert ist. [2]Der
Transplantationsbeauftragte ist in Erfüllung seiner Aufgaben unmittelbar der ärztlichen Leitung des Entnahmekrankenhauses unterstellt. [3]Er ist bei der Wahrnehmung seiner Aufgaben unabhängig und unterliegt keinen Weisungen. [4]Der Transplantationsbeauftragte ist soweit freizustellen, wie es zur ordnungsgemäßen
Durchführung seiner Aufgaben erforderlich ist; die Entnahmekrankenhäuser stellen organisatorisch sicher, dass der Transplantationsbeauftragte seine Aufgaben
ordnungsgemäß wahrnehmen kann und unterstützen ihn dabei.

(2) Transplantationsbeauftragte sind insbesondere dafür verantwortlich, dass
1. die Entnahmekrankenhäuser ihrer Verpflichtung nach § 9a Absatz 2 Nummer 1
   nachkommen,

2. die Angehörigen von Spendern nach § 3 oder § 4 in angemessener Weise begleitet werden,
3. die Zuständigkeiten und Handlungsabläufe in den Entnahmekrankenhäusern
zur Erfüllung der Verpflichtungen aus diesem Gesetz festgelegt werden sowie
4. das ärztliche und pflegerische Personal im Entnahmekrankenhaus über die
Bedeutung und den Prozess der Organspende regelmäßig informiert wird.

(3) ¹Das Nähere, insbesondere zu der erforderlichen Qualifikation und organisa-
tionsrechtlichen Stellung der Transplantationsbeauftragten sowie deren Freistellung von ihren sonstigen Tätigkeiten im Entnahmekrankenhaus, wird durch Landesrecht bestimmt. ²Durch Landesrecht können die Voraussetzungen festgelegt
werden, nach denen mehrere Entnahmekrankenhäuser zur Erfüllung ihrer Verpflichtung nach Absatz 1 die Bestellung eines gemeinsamen Transplantationsbeauftragten schriftlich vereinbaren können. ³Dabei ist sicherzustellen, dass der
Transplantationsbeauftragte seine Aufgaben in jedem der Entnahmekrankenhäuser ordnungsgemäß wahrnehmen kann. ⁴Im Landesrecht können auch Ausnahmen
von der Verpflichtung zur Bestellung eines Transplantationsbeauftragten vorgesehen werden, soweit und solange die Realisierung einer Organentnahme in begründeten Ausnahmefällen wegen der Besonderheiten des Entnahmekrankenhauses
ausgeschlossen ist. ⁵Die Ausnahmen können einer Genehmigung durch die zuständige Behörde unterworfen werden.

§ 10 Transplantationszentren

(1) ¹Transplantationszentren sind Krankenhäuser oder Einrichtungen an Krankenhäusern, die nach § 108 des Fünften Buches Sozialgesetzbuch oder nach anderen gesetzlichen Bestimmungen für die Übertragung von Organen verstorbener
Spender sowie für die Entnahme und Übertragung von Organen lebender Spender
zugelassen sind. ²Bei der Zulassung nach § 108 des Fünften Buches Sozialgesetzbuch sind Schwerpunkte für die Übertragung dieser Organe zu bilden, um eine
bedarfsgerechte, leistungsfähige und wirtschaftliche Versorgung zu gewährleisten
und die erforderliche Qualität der Organübertragung zu sichern.

(2) ¹Die Transplantationszentren sind verpflichtet,
1. Wartelisten der zur Übertragung von vermittlungspflichtigen Organen angenommenen Patienten mit den für die Organvermittlung nach § 12 erforderlichen Angaben zu führen sowie unverzüglich über die Annahme eines Patienten
zur Organübertragung und seine Aufnahme in die Warteliste zu entscheiden
und den behandelnden Arzt darüber zu unterrichten, ebenso über die Herausnahme eines Patienten aus der Warteliste,
2. über die Aufnahme in die Warteliste nach Regeln zu entscheiden, die dem
Stand der Erkenntnisse der medizinischen Wissenschaft entsprechen, insbesondere nach Notwendigkeit und Erfolgsaussicht einer Organübertragung,
3. die auf Grund des § 11 getroffenen Regelungen zur Organentnahme sowie bei
vermittlungspflichtigen Organen die auf Grund des § 12 getroffenen Regelungen zur Organvermittlung einzuhalten,
4. vor der Organübertragung festzustellen, dass die Organ- und Spendercharakterisierung nach § 10a abgeschlossen und dokumentiert ist und die Bedingungen
für die Konservierung und den Transport eingehalten worden sind,
5. jede Organübertragung unverzüglich so zu dokumentieren, dass eine lückenlose Rückverfolgung der Organe vom Empfänger zum Spender ermöglicht
wird; bei der Übertragung von Organen verstorbener Spender ist die Kenn-
Nummer (§ 13 Abs. 1 Satz 1) anzugeben, um eine Rückverfolgung durch die
Koordinierungsstelle zu ermöglichen,

6. die durchgeführten Lebendorganspenden aufzuzeichnen,
7. vor und nach einer Organübertragung Maßnahmen für eine erforderliche psychische Betreuung der Patienten im Krankenhaus sicherzustellen und
8. nach Maßgabe der Vorschriften des Fünften Buches Sozialgesetzbuch Maßnahmen zur Qualitätssicherung, die auch einen Vergleich mit anderen Transplantationszentren ermöglichen, im Rahmen ihrer Tätigkeit nach diesem Gesetz durchzuführen; dies gilt für die Nachbetreuung von Organspendern nach § 8 Abs. 3 Satz 1 entsprechend.
²§ 9a Absatz 2 Nummer 2 und 3 gilt entsprechend.

(3) ¹Die nach Absatz 2 Satz 1 Nummer 1 für die Organvermittlung erforderlichen Angaben sind von einem Arzt oder einer von diesem beauftragten Person zu erheben, zu dokumentieren und an die Vermittlungsstelle nach Maßgabe des § 13 Absatz 3 Satz 3 zu übermitteln. ²Den in Satz 1 genannten Personen ist es verboten,
1. für eine Meldung nach § 13 Absatz 3 Satz 3 den Gesundheitszustand eines Patienten unrichtig zu erheben oder unrichtig zu dokumentieren oder
2. bei der Meldung nach § 13 Absatz 3 Satz 3 einen unrichtigen Gesundheitszustand eines Patienten zu übermitteln,
um Patienten bei der Führung der einheitlichen Warteliste nach § 12 Absatz 3 Satz 2 zu bevorzugen.

1   Abs. 3 stellt klar, dass Manipulationen an Patientendossiers zum Zwecke der Veränderung des Wartelistenplatzes gesetzlich verboten sind. Die Rangfolge der Warteliste soll sich einzig nach medizinischen Kriterien, insbes. der Erfolgsaussicht und Dringlichkeit bestimmen, § 12 Abs. 3 S. 1. Abs. 3 erfasst gemäß nicht abschließender Aufzählung der Gesetzesbegründung die Manipulation oder den Austausch von Blutproben, die unrichtige Erhebung von Untersuchungsergebnissen, das Vortäuschen von Behandlungen, das Verschweigen von Kontraindikationen sowie falsche Angaben zum stationären Aufenthalt.[1] Die bewusste Missachtung führt zur Strafbarkeit nach § 19 Abs. 2a.

§ 10a Organ- und Spendercharakterisierung, Transport von Organen, Verordnungsermächtigung zur Organ- und Spendercharakterisierung und zum Transport

(1) ¹Die von der Koordinierungsstelle beauftragte Person stellt unter ärztlicher Beratung und Anleitung sicher, dass die Organe für eine Übertragung nur freigegeben werden, wenn nach ärztlicher Beurteilung die Organ- und Spendercharakterisierung nach dem Stand der medizinischen Wissenschaft und Technik ergeben hat, dass das Organ für eine Übertragung geeignet ist. ²Die sachdienlichen Angaben über den Spender, die zur Bewertung seiner Eignung zur Organspende erforderlich sind, und die sachdienlichen Angaben über die Merkmale des Organs, die zur Beurteilung nach Satz 1 erforderlich sind, werden nach Maßgabe einer Rechtsverordnung nach Absatz 4 erhoben, um eine ordnungsgemäße Risikobewertung vorzunehmen, die Risiken für den Organempfänger so gering wie möglich zu halten und die Organvermittlung zu optimieren. ³Bei der Erhebung dieser Angaben werden, soweit dies möglich und angemessen ist, auch die nächsten Angehörigen im Rahmen der Unterrichtung nach § 3 Absatz 3 Satz 1 oder der Befragung nach § 4 Absatz 1 Satz 1 oder weitere Personen, die Angaben zum Organspender machen können, befragt. ⁴Die Sätze 1 und 2 gelten entsprechend für die Erhebung der sachdienlichen Angaben vor der Entnahme und Übertragung

---

[1] BT-Drs. 17/13947, 40.

eines Organs eines lebenden Spenders durch den verantwortlichen Arzt des Transplantationszentrums.

(2) [1]Die Koordinierungsstelle stellt sicher, dass die für die Organ- und Spendercharakterisierung nach Absatz 1 erforderlichen Laboruntersuchungen in Laboren durchgeführt werden, die über qualifiziertes Personal und geeignete Einrichtungen und Ausrüstungen verfügen. [2]Die Labore verfügen über geeignete Verfahrensanweisungen, die gewährleisten, dass die Angaben zur Organ- und Spendercharakterisierung der Koordinierungsstelle unverzüglich übermittelt werden.

(3) [1]Der Transport von Organen erfolgt unter Beachtung der Verfahrensanweisung der Koordinierungsstelle nach § 11 Absatz 1a Satz 2 Nummer 7. [2]Das Nähere zur Kennzeichnung der Behältnisse für den Transport von Organen regelt eine Rechtsverordnung nach Absatz 4.

(4) [1]Das Bundesministerium für Gesundheit kann durch Rechtsverordnung mit Zustimmung des Bundesrates nach Anhörung der Bundesärztekammer und weiterer Sachverständiger Regelungen zur Organ- und Spendercharakterisierung und zum Transport von Organen treffen. [2]In der Rechtsverordnung können insbesondere Regelungen getroffen werden über die Anforderungen an
1. die Angaben, die nach dem Stand der medizinischen Wissenschaft und Technik bei jeder Organspende erhoben werden müssen,
2. die Angaben, die nach ärztlicher Beurteilung unter Berücksichtigung der Verfügbarkeit der entsprechenden Angaben und der besonderen Umstände des jeweiligen Falles nach dem Stand der medizinischen Wissenschaft und Technik zusätzlich erhoben werden müssen,
3. das Verfahren für die Übermittlung von Angaben über die Organ- und Spendercharakterisierung und
4. die Kennzeichnung der Behältnisse für den Transport von Organen.
[3]Wenn in einem besonderen Fall, einschließlich einem lebensbedrohlichen Notfall, eine Risiko-Nutzen-Analyse ergibt, dass der erwartete Nutzen für den Organempfänger größer ist als die Risiken auf Grund unvollständiger Daten, kann ein Organ auch dann übertragen werden, wenn nicht alle in der Rechtsverordnung nach Satz 2 Nummer 1 festgelegten Mindestangaben vor der Übertragung vorliegen.

§ 11 Zusammenarbeit bei der Entnahme von Organen und Geweben, Koordinierungsstelle

(1) [1]Die Entnahme von Organen verstorbener Spender einschließlich der Vorbereitung von Entnahme, Vermittlung und Übertragung ist gemeinschaftliche Aufgabe der Transplantationszentren und der Entnahmekrankenhäuser in regionaler Zusammenarbeit. [2]Zur Organisation dieser Aufgabe errichten oder beauftragen der Spitzenverband Bund der Krankenkassen, die Bundesärztekammer und die Deutsche Krankenhausgesellschaft oder die Bundesverbände der Krankenhausträger gemeinsam eine geeignete Einrichtung (Koordinierungsstelle). [3]Sie muss auf Grund einer finanziell und organisatorisch eigenständigen Trägerschaft, der Zahl und Qualifikation ihrer Mitarbeiter, ihrer betrieblichen Organisation sowie ihrer sachlichen Ausstattung die Gewähr dafür bieten, dass die Maßnahmen nach Satz 1 in Zusammenarbeit mit den Transplantationszentren und den Entnahmekrankenhäusern nach den Vorschriften dieses Gesetzes durchgeführt werden. [4]Die Transplantationszentren müssen in der Koordinierungsstelle angemessen vertreten sein. [5]Der Spitzenverband Bund der Krankenkassen, die Bundesärztekammer und die Deutsche Krankenhausgesellschaft oder die Bundesverbände der Krankenhausträger gemeinsam haben darauf zu achten, dass die Koordinierungsstelle die Voraus-

setzungen des Satzes 3 erfüllt und dabei nach den Grundsätzen der Wirtschaftlichkeit arbeitet. [6]Die Koordinierungsstelle hat die grundsätzlichen finanziellen und organisatorischen Entscheidungen dem Spitzenverband Bund der Krankenkassen, der Bundesärztekammer und der Deutschen Krankenhausgesellschaft oder den Bundesverbänden der Krankenhausträger gemeinsam unverzüglich vorzulegen. [7]Die Haushaltslegung und die finanzielle Eigenständigkeit kann auf Veranlassung des Spitzenverbandes Bund der Krankenkassen, der Bundesärztekammer und der Deutschen Krankenhausgesellschaft oder der Bundesverbände der Krankenhausträger gemeinsam durch unabhängige Sachverständige geprüft werden. [8]Die Koordinierungsstelle hat jährlich einen Geschäftsbericht zu veröffentlichen. [9]Der Spitzenverband Bund der Krankenkassen, die Bundesärztekammer und die Deutsche Krankenhausgesellschaft oder die Bundesverbände der Krankenhausträger gemeinsam haben sicherzustellen, dass die Koordinierungsstelle die Veröffentlichungspflicht erfüllt.

(1a) [1]Die Koordinierungsstelle hat die Zusammenarbeit zur Organentnahme bei verstorbenen Spendern und die Durchführung aller bis zur Übertragung erforderlichen Maßnahmen mit Ausnahme der Vermittlung von Organen durch die Vermittlungsstelle nach § 12 unter Beachtung der Richtlinien nach § 16 zu organisieren, um die vorhandenen Möglichkeiten der Organspende wahrzunehmen und durch die Entnahme und Bereitstellung geeigneter Spenderorgane die gesundheitlichen Risiken der Organempfänger so gering wie möglich zu halten. [2]Hierzu erstellt die Koordinierungsstelle geeignete Verfahrensanweisungen unter Beachtung der Richtlinien nach § 16, insbesondere
1. zur Meldung nach § 9a Absatz 2 Nummer 1,
2. zur Überprüfung der Spenderidentität,
3. zur Überprüfung der Einzelheiten der Einwilligung des Spenders nach § 3 oder der Zustimmung anderer Personen nach § 4,
4. zur Überprüfung des Abschlusses der Organ- und Spendercharakterisierung nach § 10a Absatz 1,
5. zur Sicherstellung, dass die Angaben zur Organ- und Spendercharakterisierung das Transplantationszentrum, bei vermittlungspflichtigen Organen die Vermittlungsstelle nach § 12, rechtzeitig erreichen,
6. für die Entnahme, Konservierung, Verpackung und Kennzeichnung von Organen,
7. für den Transport der Organe, um ihre Unversehrtheit während des Transports und eine angemessene Transportdauer sicherzustellen,
8. zur Sicherstellung der Rückverfolgung nach § 13 Absatz 1,
9. zur Sicherstellung der unverzüglichen Meldung schwerwiegender Zwischenfälle und schwerwiegender unerwünschter Reaktionen und der in diesem Zusammenhang getroffenen Maßnahmen auf der Grundlage der Rechtsverordnung nach § 13 Absatz 4.
[3]Die Koordinierungsstelle stellt sicher, dass das von ihr eingesetzte medizinische Personal für seine Aufgaben qualifiziert ist. [4]Das Nähere zur Erstellung der Verfahrensanweisungen nach Satz 2 regelt der Vertrag nach Absatz 2.

(2) [1]Der Spitzenverband Bund der Krankenkassen, die Bundesärztekammer, die Deutsche Krankenhausgesellschaft oder die Bundesverbände der Krankenhausträger gemeinsam und die Koordinierungsstelle regeln durch Vertrag das Nähere zu den Aufgaben der Koordinierungsstelle mit Wirkung für die Transplantationszentren und die Entnahmekrankenhäuser. [2]Der Vertrag regelt insbesondere
1. die Anforderungen an die im Zusammenhang mit einer Organentnahme zum Schutz der Organempfänger erforderlichen Maßnahmen sowie die Rahmenregelungen für die Zusammenarbeit der Beteiligten,

2. die Zusammenarbeit und den Erfahrungsaustausch mit der Vermittlungsstelle,
3. die Unterstützung der Transplantationszentren bei Maßnahmen zur Qualitätssicherung,
4. den Ersatz angemessener Aufwendungen der Koordinierungsstelle für die
   Erfüllung ihrer Aufgaben nach diesem Gesetz einschließlich der Abgeltung von
   Leistungen, die Entnahmekrankenhäuser im Rahmen der Organentnahme
   erbringen,
5. einen angemessenen pauschalen Zuschlag an die Entnahmekrankenhäuser für
   die Bestellung von Transplantationsbeauftragten und
6. ein Schlichtungsverfahren bei einer fehlenden Einigung über den Ersatz angemessener Aufwendungen nach Nummer 4.
[3]Der Vertrag nach Satz 1 bedarf des Einvernehmens mit dem Verband der Privaten
Krankenversicherung.

(3) [1]Der Vertrag nach den Absätzen 1 und 2 sowie seine Änderung bedarf der
Genehmigung durch das Bundesministerium für Gesundheit und ist im Bundesanzeiger bekannt zu machen. [2]Die Genehmigung ist zu erteilen, wenn der Vertrag
oder seine Änderung den Vorschriften dieses Gesetzes und sonstigem Recht entspricht. [3]Der Spitzenverband Bund der Krankenkassen, die Bundesärztekammer
und die Deutsche Krankenhausgesellschaft oder die Bundesverbände der Krankenhausträger gemeinsam überwachen die Einhaltung der Vertragsbestimmungen.
[4]Zur Erfüllung ihrer Verpflichtung nach Satz 3 setzen sie eine Kommission ein,
die jeweils aus mindestens einem Vertreter des Spitzenverbandes Bund der Krankenkassen, der Bundesärztekammer und der Deutschen Krankenhausgesellschaft
oder der Bundesverbände der Krankenhausträger gemeinsam und zwei Vertretern
der Länder zusammengesetzt ist. [5]Die Koordinierungsstelle, die Transplantationszentren und die Entnahmekrankenhäuser sind verpflichtet, der Kommission die
erforderlichen Unterlagen zur Verfügung zu stellen und die erforderlichen Auskünfte zu erteilen. [6]Die Kommission ist verpflichtet, Erkenntnisse über Verstöße
gegen dieses Gesetz oder gegen auf Grund dieses Gesetzes erlassene Rechtsverordnungen an die zuständigen Behörden der Länder weiterzuleiten. [7]Das Nähere zur
Zusammensetzung der Kommission, zur Arbeitsweise und zum Verfahren regelt
der Vertrag nach Absatz 2.

(4) [1]Die Transplantationszentren und die Entnahmekrankenhäuser sind verpflichtet, untereinander und mit der Koordinierungsstelle zur Entnahme von
Organen sowie zur Entnahme von Geweben bei möglichen Organspendern nach
§ 3 oder § 4 zusammenzuarbeiten. [2]Die Koordinierungsstelle klärt, ob die Voraussetzungen für eine Organentnahme vorliegen. [3]Hierzu erhebt sie die Personalien
dieser möglichen Organspender und weitere für die Durchführung der Organentnahme und -vermittlung erforderliche personenbezogene Daten. [4]Die Entnahmekrankenhäuser sind verpflichtet, diese Daten an die Koordinierungsstelle zu übermitteln. [5]Die Organentnahme wird durch die Koordinierungsstelle organisiert und
erfolgt durch die von ihr beauftragten Ärzte.

(5) [1]Die Koordinierungsstelle führt ein Verzeichnis über die Entnahmekrankenhäuser nach § 9a und über die Transplantationszentren nach § 10. [2]Sie dokumentiert die Tätigkeiten der Entnahmekrankenhäuser und der Transplantationszentren
und veröffentlicht jährlich einen Bericht, der die Tätigkeiten der Entnahmekrankenhäuser und der Transplantationszentren im vergangenen Kalenderjahr nach
einheitlichen Vorgaben darstellt und insbesondere folgende, nicht personenbezogene Daten enthält:
1. Zahl und Art der durchgeführten Organentnahmen nach § 9 Absatz 1, getrennt
   nach Organen von Spendern nach den §§ 3 und 4, einschließlich der Zahl und
   Art der nach der Entnahme verworfenen Organe,

2. Zahl und Art der durchgeführten Organübertragungen nach § 9 Absatz 2 und ihre Ergebnisse, getrennt nach Organen von Spendern nach den §§ 3 und 4 sowie nach § 8,
3. die Entwicklung der Warteliste nach § 10 Absatz 2 Satz 1 Nummer 1, insbesondere aufgenommene, transplantierte, aus anderen Gründen ausgeschiedene sowie verstorbene Patienten,
4. die Gründe für die Aufnahme oder Nichtaufnahme in die Warteliste nach § 10 Absatz 2 Satz 1 Nummer 2,
5. Altersgruppe, Geschlecht, Familienstand und Versichertenstatus der zu den Nummern 2 bis 4 betroffenen Patienten,
6. die Nachbetreuung der Spender nach § 8 Absatz 3 Satz 1 und die Dokumentation ihrer durch die Organspende bedingten gesundheitlichen Risiken,
7. die durchgeführten Maßnahmen zur Qualitätssicherung nach § 10 Absatz 2 Nummer 8.

[3]In dem Vertrag nach Absatz 2 können einheitliche Vorgaben für den Tätigkeitsbericht und die ihm zugrunde liegenden Angaben der Entnahmekrankenhäuser und der Transplantationszentren vereinbart werden.

§ 12 Organvermittlung, Vermittlungsstelle

(1) [1]Zur Vermittlung der vermittlungspflichtigen Organe errichten oder beauftragen der Spitzenverband Bund der Krankenkassen, die Bundesärztekammer und die Deutsche Krankenhausgesellschaft oder die Bundesverbände der Krankenhausträger gemeinsam eine geeignete Einrichtung (Vermittlungsstelle). [2]Sie muss auf Grund einer finanziell und organisatorisch eigenständigen Trägerschaft, der Zahl und Qualifikation ihrer Mitarbeiter, ihrer betrieblichen Organisation sowie ihrer sachlichen Ausstattung die Gewähr dafür bieten, dass die Organvermittlung nach den Vorschriften dieses Gesetzes erfolgt. [3]Soweit sie Organe vermittelt, die in Ländern entnommen werden, die nicht Mitgliedstaaten der Europäischen Union oder andere Vertragsstaaten des Abkommens über den Europäischen Wirtschaftsraum sind, um die Organe im Geltungsbereich dieses Gesetzes zu übertragen, oder die im Geltungsbereich dieses Gesetzes entnommen werden, um die Organe in Ländern zu übertragen, die nicht Mitgliedstaaten der Europäischen Union oder andere Vertragsstaaten des Abkommens über den Europäischen Wirtschaftsraum sind, muss sie auch gewährleisten, dass die zum Schutz der Organempfänger erforderlichen Maßnahmen nach dem Stand der Erkenntnisse der medizinischen Wissenschaft durchgeführt und die Qualitäts- und Sicherheitsanforderungen erfüllt werden, die den in diesem Gesetz und auf Grund dieses Gesetzes erlassener Rechtsverordnungen festgelegten Anforderungen gleichwertig sind, und dass eine lückenlose Rückverfolgung der Organe sichergestellt ist. [4]Es dürfen nur Organe vermittelt werden, die im Einklang mit den am Ort der Entnahme geltenden Rechtsvorschriften entnommen worden sind, soweit deren Anwendung nicht zu einem Ergebnis führt, das mit wesentlichen Grundsätzen des deutschen Rechts, insbesondere mit den Grundrechten, offensichtlich unvereinbar ist.

(2) [1]Als Vermittlungsstelle kann auch eine geeignete Einrichtung beauftragt werden, die ihren Sitz außerhalb des Geltungsbereichs dieses Gesetzes hat und die Organe im Rahmen eines internationalen Organaustausches unter Anwendung der Vorschriften dieses Gesetzes für die Organvermittlung vermittelt. [2]Dabei ist sicherzustellen, dass die Vorschriften der §§ 14 und 15 sinngemäß Anwendung finden; eine angemessene Datenschutzaufsicht muss gewährleistet sein.

(3) [1]Die vermittlungspflichtigen Organe sind von der Vermittlungsstelle nach Regeln, die dem Stand der Erkenntnisse der medizinischen Wissenschaft entspre-

chen, insbesondere nach Erfolgsaussicht und Dringlichkeit für geeignete Patienten zu vermitteln. ²Die Wartelisten der Transplantationszentren sind dabei als eine einheitliche Warteliste zu behandeln. ³Die Vermittlungsentscheidung ist für jedes Organ unter Angabe der Gründe zu dokumentieren und unter Verwendung der Kenn-Nummer dem Transplantationszentrum und der Koordinierungsstelle zu übermitteln, um eine lückenlose Rückverfolgung der Organe zu ermöglichen.

(4) ¹Der Spitzenverband Bund der Krankenkassen, die Bundesärztekammer, die Deutsche Krankenhausgesellschaft oder die Bundesverbände der Krankenhausträger gemeinsam und die Vermittlungsstelle regeln durch Vertrag die Aufgaben der Vermittlungsstelle mit Wirkung für die Transplantationszentren. ²Der Vertrag regelt insbesondere

1. die Art der von den Transplantationszentren nach §13 Abs. 3 Satz 3 zu meldenden Angaben über die Patienten sowie die Verwendung dieser Angaben durch die Vermittlungsstelle in einheitlichen Wartelisten für die jeweiligen Arten der durchzuführenden Organübertragungen,

2. die Erfassung der von der Koordinierungsstelle nach §13 Abs. 1 Satz 4 gemeldeten Organe,

3. die Vermittlung der Organe nach den Vorschriften des Absatzes 3 sowie Verfahren zur Einhaltung der Vorschriften des Absatzes 1 Satz 3 und 4,

3a. für Organe, die in einem anderen Mitgliedstaat der Europäischen Union oder anderen Vertragsstaat des Abkommens über den Europäischen Wirtschaftsraum entnommen werden, um die Organe im Geltungsbereich dieses Gesetzes zu übertragen, oder die im Geltungsbereich dieses Gesetzes entnommen werden, um diese Organe in diesen Staaten zu übertragen, die Anforderungen an die Vermittlung dieser Organe unter Einhaltung der Regelungen dieses Gesetzes und der auf Grund dieses Gesetzes erlassenen Rechtsverordnungen,

3b. die Übermittlung von Daten an die Transplantationsregisterstelle nach §15e bei Organen, die im Rahmen eines internationalen Austausches in den Geltungsbereich oder aus dem Geltungsbereich dieses Gesetzes vermittelt worden sind,

4. die Überprüfung von Vermittlungsentscheidungen in regelmäßigen Abständen,

5. die Zusammenarbeit und den Erfahrungsaustausch mit der Koordinierungsstelle und den Transplantationszentren,

6. eine regelmäßige Berichterstattung der Vermittlungsstelle an die anderen Vertragspartner,

7. den Ersatz angemessener Aufwendungen der Vermittlungsstelle für die Erfüllung ihrer Aufgaben nach diesem Gesetz,

8. eine vertragliche Kündigungsmöglichkeit bei Vertragsverletzungen der Vermittlungsstelle.

³Der Vertrag nach Satz 1 bedarf des Einvernehmens mit dem Verband der Privaten Krankenversicherung.

(5) ¹Der Vertrag nach den Absätzen 1 und 4 sowie seine Änderung bedarf der Genehmigung durch das Bundesministerium für Gesundheit und ist im Bundesanzeiger bekannt zu machen. ²Die Genehmigung ist zu erteilen, wenn der Vertrag oder seine Änderung den Vorschriften dieses Gesetzes und sonstigem Recht entspricht. ³Der Spitzenverband Bund der Krankenkassen, die Bundesärztekammer und die Deutsche Krankenhausgesellschaft oder die Bundesverbände der Krankenhausträger gemeinsam überwachen die Einhaltung der Vertragsbestimmungen. ⁴Zur Erfüllung ihrer Verpflichtung nach Satz 3 setzen sie eine Kommission ein, die jeweils aus mindestens einem Vertreter des Spitzenverbandes Bund der Krankenkassen, der Bundesärztekammer und der Deutschen Krankenhausgesellschaft

oder der Bundesverbände der Krankenhausträger gemeinsam und zwei Vertretern der Länder zusammengesetzt ist. [5]Die Vermittlungsstelle und die Transplantationszentren sind verpflichtet, der Kommission die erforderlichen Unterlagen zur Verfügung zu stellen und die erforderlichen Auskünfte zu erteilen. [6]Die Kommission ist verpflichtet, Erkenntnisse über Verstöße gegen dieses Gesetz und auf Grund dieses Gesetzes erlassene Rechtsverordnungen an die zuständigen Behörden der Länder weiterzuleiten. [7]Das Nähere zur Zusammensetzung der Kommission, zur Arbeitsweise und zum Verfahren regelt der Vertrag nach Absatz 4.

Abschnitt 5. Meldungen, Dokumentation, Rückverfolgung, Datenschutz, Fristen

§ 13 Dokumentation, Rückverfolgung, Verordnungsermächtigung zur Meldung schwerwiegender Zwischenfälle und schwerwiegender unerwünschter Reaktionen

(1) [1]Die Koordinierungsstelle verschlüsselt in einem mit den Transplantationszentren abgestimmten Verfahren die personenbezogenen Daten des Organspenders und bildet eine Kenn-Nummer, die ausschließlich der Koordinierungsstelle einen Rückschluss auf die Person des Organspenders zulässt, um eine lückenlose Rückverfolgung der Organe zu ermöglichen. [2]Die Kenn-Nummer ist in die Begleitpapiere für das entnommene Organ aufzunehmen. [3]Die Begleitpapiere enthalten daneben alle für die Organübertragung erforderlichen medizinischen Angaben, einschließlich der Angaben zur Organ- und Spendercharakterisierung nach § 10a. [4]Die Koordinierungsstelle meldet das Organ, die Kenn-Nummer und die für die Organvermittlung erforderlichen medizinischen Angaben an die Vermittlungsstelle und übermittelt nach Entscheidung der Vermittlungsstelle die Begleitpapiere an das Transplantationszentrum, in dem das Organ auf den Empfänger übertragen werden soll. [5]Das Nähere wird im Vertrag nach § 11 Abs. 2 geregelt.

(2) Die Koordinierungsstelle darf Angaben aus den Begleitpapieren mit den personenbezogenen Daten des Organspenders zur weiteren Information über diesen nur gemeinsam verwenden, insbesondere zusammenführen und an die Transplantationszentren weitergeben, in denen Organe des Spenders übertragen worden sind, soweit dies zur Abwehr einer zu befürchtenden gesundheitlichen Gefährdung der Organempfänger erforderlich ist.

(3) [1]Der behandelnde Arzt hat Patienten, bei denen die Übertragung vermittlungspflichtiger Organe medizinisch angezeigt ist, mit deren schriftlicher Einwilligung unverzüglich an das Transplantationszentrum zu melden, in dem die Organübertragung vorgenommen werden soll. [2]Die Meldung hat auch dann zu erfolgen, wenn eine Ersatztherapie durchgeführt wird. [3]Die Transplantationszentren melden die für die Organvermittlung erforderlichen Angaben über die in die Wartelisten aufgenommenen Patienten nach deren schriftlicher Einwilligung an die Vermittlungsstelle. [4]Der Patient ist vor der Einwilligung darüber zu unterrichten, an welche Stellen seine personenbezogenen Daten übermittelt werden. [5]Duldet die Meldung nach Satz 1 oder 3 wegen der Gefahr des Todes oder einer schweren Gesundheitsschädigung des Patienten keinen Aufschub, kann sie auch ohne seine vorherige Einwilligung erfolgen; die Einwilligung ist unverzüglich nachträglich einzuholen.

(4) Das Bundesministerium für Gesundheit kann durch Rechtsverordnung mit Zustimmung des Bundesrates das Verfahren regeln

1. für die Übermittlung der Angaben, die für die Sicherstellung der Rückverfolgbarkeit der Organe nach Absatz 1 notwendig sind,

2. für die Meldung, Dokumentation, Untersuchung und Bewertung schwerwiegender Zwischenfälle und schwerwiegender unerwünschter Reaktionen und,
soweit beim Organspender gleichzeitig Gewebe entnommen wurde, für die
Meldung an die Gewebeeinrichtung, die das Gewebe entgegengenommen hat,
sowie

3. zur Sicherstellung der Meldung von Vorfällen bei einer Lebendorganspende,
die mit der Qualität und Sicherheit des gespendeten Organs zusammenhängen
können, und von schwerwiegenden unerwünschten Reaktionen beim lebenden
Spender.

§ 13a Dokumentation übertragener Gewebe durch Einrichtungen der medizini-
schen Versorgung

Die Einrichtungen der medizinischen Versorgung haben dafür zu sorgen, dass
für Zwecke der Rückverfolgung oder für Zwecke der Risikoerfassung nach den
Vorschriften des Arzneimittelgesetzes oder anderer Rechtsvorschriften jedes
übertragene Gewebe von dem behandelnden Arzt oder unter dessen Verantwortung nach Maßgabe einer Rechtsverordnung nach § 16a dokumentiert wird.

§ 13b Meldung schwerwiegender Zwischenfälle und schwerwiegender uner-
wünschter Reaktionen bei Geweben

[1]Die Einrichtungen der medizinischen Versorgung haben

1. jeden schwerwiegenden Zwischenfall im Sinne des § 63i Absatz 6 des Arzneimittelgesetzes und

2. jede schwerwiegende unerwünschte Reaktion im Sinne des § 63i Absatz 7 des
Arzneimittelgesetzes, die bei oder nach der Übertragung der Gewebe beobachtet wurde und mit der Qualität und Sicherheit der Gewebe im Zusammenhang
stehen kann,

unverzüglich nach deren Feststellung zu dokumentieren und der Gewebeeinrichtung, von der sie das Gewebe erhalten haben, unverzüglich nach Satz 2 zu melden.
[2]Dabei haben sie alle Angaben, die für die Rückverfolgbarkeit und für die Quali-
täts- und Sicherheitskontrolle erforderlich sind, nach Maßgabe einer Rechtsverordnung nach § 16a mitzuteilen.

§ 13c Rückverfolgungsverfahren bei Geweben

(1) Jede Gewebeeinrichtung legt ein Verfahren fest, mit dem sie jedes Gewebe,
das durch einen schwerwiegenden Zwischenfall im Sinne des § 63i Absatz 6 des
Arzneimittelgesetzes oder eine schwerwiegende unerwünschte Reaktion im Sinne
des § 63i Absatz 7 des Arzneimittelgesetzes beeinträchtigt sein könnte, unverzüglich aussondern, von der Abgabe ausschließen und die belieferten Einrichtungen
der medizinischen Versorgung unterrichten kann.

(2) [1]Hat eine Gewebeeinrichtung oder eine Einrichtung der medizinischen Versorgung den begründeten Verdacht, dass Gewebe eine schwerwiegende Krankheit
auslösen kann, so hat sie der Ursache unverzüglich nachzugehen und das Gewebe
von dem Spender zu dem Empfänger oder umgekehrt zurückzuverfolgen. [2]Sie
hat ferner vorangegangene Gewebespenden des Spenders zu ermitteln, zu untersuchen und zu sperren, wenn sich der Verdacht bestätigt.

§ 14 Datenschutz

(1) [1]Ist die Koordinierungsstelle, die Vermittlungsstelle oder die Gewebeeinrichtung eine nichtöffentliche Stelle im Geltungsbereich dieses Gesetzes, findet § 38 des Bundesdatenschutzgesetzes mit der Maßgabe Anwendung, dass die Aufsichtsbehörde die Ausführung der Vorschriften über den Datenschutz auch insoweit kontrolliert, als deren Anwendungsbereich weiter ist, als in § 38 Abs. 1 Satz 1 des Bundesdatenschutzgesetzes vorausgesetzt. [2]Dies gilt auch für die Verwendung personenbezogener Daten durch Personen mit Ausnahme des Erklärenden, an die nach § 2 Abs. 4 Auskunft aus dem Organ- und Gewebespenderegister erteilt oder an die die Auskunft weitergegeben worden ist.

(2) [1]Die an der Erteilung oder Weitergabe der Auskunft nach § 2 Abs. 4 beteiligten Personen mit Ausnahme des Erklärenden, die an der Stellungnahme nach § 8 Abs. 3 Satz 2, die an der Mitteilung, Unterrichtung oder Übermittlung nach § 9a Absatz 2 Nummer 1 und § 11 Abs. 4 sowie die an der Organ- oder Gewebeentnahme, der Organvermittlung oder -übertragung oder der Gewebeabgabe oder -übertragung beteiligten Personen sowie die Personen, die bei der Transplantationsregisterstelle nach § 15b Absatz 2 und bei der Vertrauensstelle nach § 15c Absatz 1 Satz 2 personenbezogene Daten erheben, verarbeiten oder nutzen, dürfen personenbezogene Daten der Spender und der Empfänger nicht offenbaren. [2]Dies gilt auch für personenbezogene Daten von Personen, die nach § 3 Abs. 3 Satz 1 über die beabsichtigte oder nach § 4 oder § 4a über eine in Frage kommende Organ- oder Gewebeentnahme unterrichtet worden sind. [3]Die im Rahmen dieses Gesetzes erhobenen personenbezogenen Daten dürfen für andere als in diesem Gesetz genannte Zwecke nicht verwendet werden. [4]Sie dürfen für gerichtliche Verfahren verwendet werden, deren Gegenstand die Verletzung des Offenbarungsverbots nach Satz 1 oder 2 ist. [5]Die in Absatz 1 Satz 1 sowie in § 15b und § 15c genannten Stellen haben technische und organisatorische Maßnahmen zu treffen, damit die Daten gegen unbefugtes Hinzufügen, Löschen oder Verändern geschützt sind und keine unbefugte Weitergabe erfolgt.

(2a) [1]Ärzte und anderes wissenschaftliches Personal des Entnahmekrankenhauses, des Transplantationszentrums, der Koordinierungsstelle nach § 11 und der Vermittlungsstelle nach § 12 dürfen personenbezogene Daten, die im Rahmen der Organ- und Spendercharakterisierung beim Organ- oder Gewebespender oder im Rahmen der Organ- oder Gewebeübertragung beim Organ- oder Gewebeempfänger erhoben worden sind, abweichend von Absatz 2 Satz 3 für eigene wissenschaftliche Forschungsvorhaben verwenden. [2]Diese Daten dürfen für ein bestimmtes Forschungsvorhaben an Dritte und andere als die in Satz 1 genannten Personen übermittelt und von diesen verwendet werden, wenn

1. die Daten der betroffenen Person nicht mehr zugeordnet werden können,
2. im Falle, dass der Forschungszweck die Möglichkeit der Zuordnung erfordert, die betroffene Person eingewilligt hat oder
3. im Falle, dass weder auf die Zuordnungsmöglichkeit verzichtet noch die Einwilligung mit verhältnismäßigem Aufwand eingeholt werden kann, das öffentliche Interesse an der Durchführung des Forschungsvorhabens die schützenswerten Interessen der betroffenen Person überwiegt und der Forschungszweck nicht auf andere Weise zu erreichen ist.

[3]Die personenbezogenen Daten sind, soweit dies nach dem Forschungszweck möglich ist und keinen im Verhältnis zu dem angestrebten Schutzzweck unverhältnismäßigen Aufwand erfordert, zu anonymisieren oder, solange eine Anonymisierung noch nicht möglich ist, zu pseudonymisieren.

(3) Von diesen Vorschriften unberührt bleibt im Falle der Samenspende das Recht des Kindes auf Kenntnis der eigenen Abstammung. [2]Im Falle der Knochen-

markspende darf abweichend von Absatz 2 die Identität des Gewebespenders und des Gewebeempfängers gegenseitig oder den jeweiligen Verwandten bekannt gegeben werden, wenn der Gewebespender und der Gewebeempfänger oder ihre gesetzlichen Vertreter darin ausdrücklich eingewilligt haben.

§ 15 Aufbewahrungs- und Löschungsfristen

(1) Die Aufzeichnungen über die Beteiligung nach § 4 Abs. 4, über die Aufklärung nach § 4a Abs. 2, zur Feststellung der Untersuchungsergebnisse nach § 5 Abs. 2 Satz 3 und Abs. 3 Satz 3, zur Aufklärung nach § 8 Abs. 2 Satz 4, auch in Verbindung mit § 8a Satz 1 Nr. 4, § 8b Abs. 1 und 2, § 8c Abs. 1 Nr. 1 Buchstabe b und Abs. 2 und 3 und zur gutachtlichen Stellungnahme nach § 8 Abs. 3 Satz 2 sowie die Dokumentationen der Organentnahme, -vermittlung und -übertragung und die nach § 10a erhobenen Angaben zur Organ- und Spendercharakterisierung sind, soweit § 15h nichts anderes bestimmt, mindestens 30 Jahre aufzubewahren, um eine lückenlose Rückverfolgung der Organe zu ermöglichen.

(2) Die nach § 8d Absatz 2 zu dokumentierenden Angaben müssen mindestens 30 Jahre lang nach Ablauf des Verfalldatums des Gewebes und die nach § 13a zu dokumentierenden Daten mindestens 30 Jahre lang nach der Übertragung des Gewebes aufbewahrt werden und unverzüglich verfügbar sein.

(3) Nach Ablauf der Aufbewahrungsfrist nach den Absätzen 1 und 2 sind die Angaben zu löschen oder zu anonymisieren.

Abschnitt 5a. Transplantationsregister

§ 15a Zweck des Transplantationsregisters

Zur Verbesserung der Datengrundlage für die transplantationsmedizinische Versorgung und Forschung sowie zur Erhöhung der Transparenz in der Organspende und Transplantation wird ein Transplantationsregister eingerichtet, insbesondere
1. zur Weiterentwicklung der Regeln zur Aufnahme in die Warteliste nach § 10 Absatz 2 Satz 1 Nummer 2,
2. zur Weiterentwicklung der Organ- und Spendercharakterisierung und ihrer Bewertung nach § 10a Absatz 1 Satz 1 und 4,
3. zur Weiterentwicklung der Konservierung, Aufbereitung, Aufbewahrung und Beförderung der Organe nach § 16 Absatz 1 Satz 1 Nummer 4 Buchstabe b,
4. zur Bewertung schwerwiegender Zwischenfälle und schwerwiegender unerwünschter Reaktionen,
5. zur Weiterentwicklung der Regeln für die Organvermittlung nach § 12 Absatz 3 Satz 1,
6. zur Verbesserung der Qualität in der transplantationsmedizinischen Versorgung und Nachsorge sowie
7. zur Unterstützung der Überwachung der Organspende und Transplantation.

§ 15b Transplantationsregisterstelle

(1) [1]Der Spitzenverband Bund der Krankenkassen, die Bundesärztekammer und die Deutsche Krankenhausgesellschaft oder die Bundesverbände der Krankenhausträger gemeinsam beauftragen eine geeignete Einrichtung mit der Errichtung und dem Betrieb einer Transplantationsregisterstelle. [2]Die Transplantationsregister-

stelle muss auf Grund einer finanziell und organisatorisch eigenständigen Träger-
schaft, der Qualifikation ihrer Mitarbeiter sowie ihrer sachlichen und technischen
Ausstattung gewährleisten, dass sie die ihr nach diesem Abschnitt übertragenen
Aufgaben erfüllen kann.

(2) [1]Die Transplantationsregisterstelle führt das Transplantationsregister. [2]Sie
hat insbesondere

1. die nach § 15e Absatz 1 übermittelten Daten zu erheben, zu speichern und
   auf Plausibilität, Vollständigkeit und Vollzähligkeit zu überprüfen und, soweit
   erforderlich, die übermittelnden Stellen über die Vertrauensstelle zur Berichtigung oder Ergänzung der übermittelten Daten aufzufordern,
2. aus den übermittelten Daten einer Organspende und Transplantation Daten-
   sätze zu erstellen, diese zu pflegen und fortzuschreiben,
3. die Daten nach § 15f und § 15g zu übermitteln sowie
4. einen jährlichen Tätigkeitsbericht über ihre Arbeit, einschließlich Angaben zur
   Vollzähligkeit der übermittelten Daten, zu veröffentlichen.

[3]Die von der Vertrauensstelle nach § 15c Absatz 2 Satz 1 übermittelten Daten hat
die Transplantationsregisterstelle abweichend von Satz 2

1. getrennt von den nach Satz 2 Nummer 1 erhobenen Daten zu speichern und
2. nach § 15f Absatz 1 und § 15g Absatz 1 zu übermitteln.

(3) Die Transplantationsregisterstelle unterhält zur Erfüllung ihrer Aufgaben
und zur Unterstützung des Fachbeirats nach § 15d eine Geschäftsstelle.

(4) [1]Der Spitzenverband Bund der Krankenkassen, die Bundesärztekammer und
die Deutsche Krankenhausgesellschaft oder die Bundesverbände der Krankenhausträger gemeinsam und die Transplantationsregisterstelle regeln im Einvernehmen
mit dem Verband der Privaten Krankenversicherung durch Vertrag das Nähere zu
den Aufgaben, zu dem Betrieb und zu der Finanzierung der Transplantationsregisterstelle mit Wirkung für die zur Übermittlung der transplantationsmedizinischen
Daten nach § 15e Absatz 1 Satz 1 Verpflichteten, insbesondere

1. das Nähere zur Arbeitsweise der Geschäftsstelle nach Absatz 3,
2. die Anforderungen an die Erhebung, Verarbeitung und Übermittlung der
   Daten nach Absatz 2 Satz 2 Nummer 1 bis 3,
3. die Anforderungen an die Prüfung von Plausibilität, Vollständigkeit und Vollzähligkeit der Daten nach Absatz 2 Satz 2 Nummer 1,
4. die Zusammenarbeit mit der Vertrauensstelle nach § 15c,
5. die Unterstützung der Transplantationszentren sowie der mit der Nachsorge
   betrauten Einrichtungen und Ärzte in der ambulanten Versorgung,
6. Maßnahmen zur Einhaltung der Anforderungen an den Datenschutz nach § 14
   Absatz 2 Satz 5,
7. das Nähere zum Austausch anonymisierter Daten mit anderen wissenschaftlichen Registern nach § 15g Absatz 3,
8. die angemessene Finanzierung der Transplantationsregisterstelle aus Mitteln
   der gesetzlichen Krankenversicherung,
9. das Nähere zur Datenübermittlung nach § 15g Absatz 1 und 2 sowie
10. einheitliche Vorgaben für den Tätigkeitsbericht nach Absatz 2 Satz 2 Num-
    mer 4 und den Bericht nach § 15g Absatz 4.

[2]Die private Krankenversicherungswirtschaft kann sich an der Finanzierung der
Transplantationsregisterstelle beteiligen. [3]Der Vertrag kann auch eine stufenweise
Aufnahme des Betriebs der Transplantationsregisterstelle vorsehen. [4]Für Regelungen
nach Satz 1 Nummer 2, 4, 6, 7 und 9 ist das Einvernehmen mit der oder dem
Bundesbeauftragten für den Datenschutz und die Informationsfreiheit herzustellen.

(5) [1]Der Vertrag sowie seine Änderung bedürfen der Genehmigung durch das
Bundesministerium für Gesundheit und sind im Bundesanzeiger bekannt zu

machen. ²Die Genehmigung ist zu erteilen, wenn der Vertrag oder seine Änderung den Vorschriften dieses Gesetzes und sonstigem Recht entspricht.

(6) Der Spitzenverband Bund der Krankenkassen, die Bundesärztekammer und die Deutsche Krankenhausgesellschaft oder die Bundesverbände der Krankenhausträger gemeinsam überwachen die Einhaltung der Vertragsbestimmungen.

(7) Für die Transplantationsregisterstelle sind die §§ 21 und 24 bis 26 des Bundesdatenschutzgesetzes anzuwenden.

§ 15c Vertrauensstelle

(1) ¹Der Spitzenverband Bund der Krankenkassen, die Bundesärztekammer und die Deutsche Krankenhausgesellschaft oder die Bundesverbände der Krankenhausträger gemeinsam beauftragen eine unabhängige Vertrauensstelle, die von der Transplantationsregisterstelle räumlich, technisch, organisatorisch und personell getrennt ist. ²Die Vertrauensstelle pseudonymisiert die personenbezogenen Organspender- und Organempfängerdaten. ³Die Vertrauensstelle ist zur Wiederherstellung des Personenbezugs der Daten berechtigt, soweit dies zwingend erforderlich ist
1. zur Erfüllung der Aufgaben der Transplantationsregisterstelle nach § 15b Absatz 2 Satz 2 Nummer 1,
2. zur Erfüllung der Aufgaben der Kommissionen nach § 11 Absatz 3 Satz 4 und § 12 Absatz 5 Satz 4 oder
3. zur Ausübung des Auskunftsrechts des Betroffenen hinsichtlich der Verarbeitung seiner personenbezogenen Daten durch die Transplantationsregisterstelle.
⁴Die Vertrauensstelle hat eine Wiederherstellung des Personenbezugs der Daten gegenüber der Transplantationsregisterstelle und die Weitergabe des der Pseudonymisierung dienenden Kennzeichens an Dritte auszuschließen.

(2) ¹Die Vertrauensstelle hat die ihr nach § 15e Absatz 8 übermittelten transplantationsmedizinischen Daten zusammenzuführen, sicherzustellen, dass die Daten nicht mehr personenbeziehbar sind, und danach diese Daten an die Transplantationsregisterstelle zu übermitteln. ²Nach der Übermittlung der Daten an die Transplantationsregisterstelle sind die Daten bei der Vertrauensstelle unverzüglich zu löschen.

(3) ¹Der Spitzenverband Bund der Krankenkassen, die Bundesärztekammer und die Deutsche Krankenhausgesellschaft oder die Bundesverbände der Krankenhausträger gemeinsam und die Vertrauensstelle regeln im Einvernehmen mit dem Verband der Privaten Krankenversicherung durch Vertrag das Nähere zu den Aufgaben der Vertrauensstelle nach Absatz 1 Satz 2 bis 4 und Absatz 2, zum Verfahren der Datenpseudonymisierung nach Absatz 1 Satz 2 und zum Verfahren der Zusammenführung der Daten nach Absatz 2 Satz 1 sowie zur Finanzierung der Vertrauensstelle aus Mitteln der gesetzlichen Krankenversicherung. ²Über die Regelungen zu den Aufgaben der Vertrauensstelle und zum Verfahren der Datenpseudonymisierung nach Absatz 1 Satz 2 und der Zusammenführung der Daten nach Absatz 2 Satz 1 ist das Einvernehmen mit der oder dem Bundesbeauftragten für den Datenschutz und die Informationsfreiheit herzustellen. ³Die private Krankenversicherungswirtschaft kann sich an der Finanzierung der Vertrauensstelle beteiligen. ⁴Bei der Festlegung des Verfahrens der Datenpseudonymisierung nach Absatz 1 Satz 2 und der Zusammenführung der Daten nach Absatz 2 Satz 1 ist das Bundesamt für Sicherheit in der Informationstechnik zu beteiligen.

(4) ¹Der Vertrag sowie seine Änderung bedürfen der Genehmigung durch das Bundesministerium für Gesundheit und sind im Bundesanzeiger bekannt zu machen. ²Die Genehmigung ist zu erteilen, wenn der Vertrag oder seine Änderung den Vorschriften dieses Gesetzes und sonstigem Recht entspricht.

(5) Der Spitzenverband Bund der Krankenkassen, die Bundesärztekammer und die Deutsche Krankenhausgesellschaft oder die Bundesverbände der Krankenhausträger gemeinsam überwachen die Einhaltung der Vertragsbestimmungen.

(6) Für die Vertrauensstelle sind die §§ 21 und 24 bis 26 des Bundesdatenschutzgesetzes anzuwenden.

§ 15d Fachbeirat

(1) ¹Bei der Transplantationsregisterstelle wird ein Fachbeirat eingerichtet. ²Dem Fachbeirat gehören an jeweils zwei Vertreter
1. der Koordinierungsstelle nach § 11 Absatz 1 Satz 2,
2. der Vermittlungsstelle nach § 12 Absatz 1 Satz 1,
3. des Gemeinsamen Bundesausschusses nach § 91 des Fünften Buches Sozialgesetzbuch,
4. der Kommission nach § 11 Absatz 3 Satz 4,
5. der Kommission nach § 12 Absatz 5 Satz 4,
6. der Deutschen Transplantationsgesellschaft und
7. der Patientenorganisationen, die in der Patientenbeteiligungsverordnung genannt oder nach ihr anerkannt sind.
³Weitere Experten können im Einzelfall hinzugezogen werden. ⁴Der Fachbeirat zieht die wissenschaftlichen medizinischen Fachgesellschaften bei der Erarbeitung und bei der Fortschreibung des bundesweit einheitlichen Datensatzes nach § 15e Absatz 5 hinzu.

(2) ¹Der Fachbeirat berät und unterstützt die Transplantationsregisterstelle und die Vertrauensstelle. ²Er ist insbesondere zu beteiligen
1. bei der Festlegung der Verfahrensordnung für die Datenübermittlung an die Transplantationsregisterstelle nach § 15e Absatz 4 Satz 2 und
2. bei der Festlegung der Verfahrensordnung für die Datenübermittlung durch die Transplantationsregisterstelle nach § 15f Absatz 2 Satz 2.
³Der Fachbeirat schlägt den bundesweit einheitlichen Datensatz sowie dessen Fortschreibung nach § 15e Absatz 5 Satz 2 vor. ⁴Bei Anträgen auf Übermittlung von Daten zu Forschungszwecken nach § 15g Absatz 2 Satz 3 ist der Fachbeirat anzuhören.

(3) ¹Der Spitzenverband Bund der Krankenkassen, die Bundesärztekammer und die Deutsche Krankenhausgesellschaft oder die Bundesverbände der Krankenhausträger gemeinsam im Einvernehmen mit dem Verband der Privaten Krankenversicherung geben dem Fachbeirat eine Geschäftsordnung. ²Die Geschäftsordnung regelt insbesondere das Nähere zur Zusammensetzung, zur Arbeitsweise und zum Verfahren.

§ 15e Datenübermittlung an die Transplantationsregisterstelle und an die Vertrauensstelle

(1) ¹Zur Übermittlung transplantationsmedizinischer Daten an die Transplantationsregisterstelle sind verpflichtet:
1. die Koordinierungsstelle nach § 11 Absatz 1 Satz 2,
2. die Vermittlungsstelle nach § 12 Absatz 1 Satz 1,
3. die Transplantationszentren,
4. der Gemeinsame Bundesausschuss nach § 91 des Fünften Buches Sozialgesetzbuch sowie
5. die mit der Nachsorge betrauten Einrichtungen und Ärzte in der ambulanten Versorgung.

²Die mit der Nachsorge betrauten Einrichtungen und Ärzte in der ambulanten Versorgung können abweichend von Satz 1 die zu übermittelnden Daten an das Transplantationszentrum melden, in dem die Organübertragung vorgenommen wurde. ³Das Transplantationszentrum übermittelt diese Daten an die Transplantationsregisterstelle.

(2) Die an die Transplantationsregisterstelle nach Absatz 1 zu übermittelnden transplantationsmedizinischen Daten sind die transplantationsmedizinischen Daten von in die Warteliste aufgenommenen Patienten, Organempfängern und Organspendern, insbesondere

1. die für die Aufnahme in die Warteliste nach § 10 Absatz 2 Satz 1 Nummer 2 in Verbindung mit § 16 Absatz 1 Satz 1 Nummer 2 erforderlichen Daten der in die Warteliste aufgenommenen Patienten,
2. die nach der Aufnahme in die Warteliste von den Transplantationszentren erhobenen transplantationsmedizinisch relevanten Daten der in die Warteliste aufgenommenen Patienten,
3. die für die Organvermittlung nach § 12 Absatz 3 Satz 1 in Verbindung mit § 16 Absatz 1 Satz 1 Nummer 5 erforderlichen Daten der in die Warteliste aufgenommenen Patienten und verstorbenen Organspender,
4. die Daten des lebenden Organspenders, die im Rahmen der ärztlichen Beurteilung nach § 8 Absatz 1 Satz 1 Nummer 1 Buchstabe c erhoben werden,
5. die für die Organ- und Spendercharakterisierung nach § 10a Absatz 1 Satz 1 und 4 erforderlichen Daten der verstorbenen und lebenden Organspender,
6. die Daten der Entnahme, der Konservierung, der Verpackung, der Kennzeichnung und des Transports, die auf Grundlage der Verfahrensanweisungen nach § 11 Absatz 1a Satz 2 Nummer 6 und 7 in Verbindung mit § 16 Absatz 1 Satz 1 Nummer 4 Buchstabe b dokumentiert werden,
7. die Daten der Organübertragung von Organen verstorbener und lebender Organspender,
8. die Daten, die im Rahmen der stationären und ambulanten Nachsorge der Organempfänger und lebenden Organspender erhoben werden, sowie
9. die Daten der Qualitätssicherung, die in den Richtlinien des Gemeinsamen Bundesausschusses nach § 136 Absatz 1 Satz 1 Nummer 1 des Fünften Buches Sozialgesetzbuch festgelegt worden sind,

soweit diese Daten zur Erreichung der Zwecke des Transplantationsregisters nach § 15a erforderlich sind.

(3) Die personenbezogenen Daten sind vor der Übermittlung an die Transplantationsregisterstelle der Vertrauensstelle nach § 15c zur Pseudonymisierung zuzuleiten.

(4) ¹Der Spitzenverband Bund der Krankenkassen, die Bundesärztekammer und die Deutsche Krankenhausgesellschaft oder die Bundesverbände der Krankenhausträger gemeinsam legen im Einvernehmen mit dem Verband der Privaten Krankenversicherung und der oder dem Bundesbeauftragten für den Datenschutz und die Informationsfreiheit das Verfahren für die Übermittlung der Daten, einschließlich der erstmaligen und laufenden Übermittlung, in einer Verfahrensordnung fest. ²Der Fachbeirat nach § 15d ist zu beteiligen.

(5) ¹Die Übermittlung transplantationsmedizinischer Daten an die Transplantationsregisterstelle erfolgt auf der Grundlage des bundesweit einheitlichen Datensatzes. ²Der bundesweit einheitliche Datensatz sowie dessen Fortschreibung werden von dem Spitzenverband Bund der Krankenkassen, der Bundesärztekammer und der Deutschen Krankenhausgesellschaft oder den Bundesverbänden der Krankenhausträger gemeinsam im Einvernehmen mit dem Verband der Privaten Krankenversicherung und der oder dem Bundesbeauftragten für den Datenschutz und

die Informationsfreiheit auf Vorschlag des Fachbeirats nach § 15d vereinbart. [3]Dabei sind die Richtlinien der Bundesärztekammer nach § 16 Absatz 1 Satz 1 und die Richtlinien und Beschlüsse des Gemeinsamen Bundesausschusses nach den §§ 136 bis 136c des Fünften Buches Sozialgesetzbuch zu beachten. [4]Der bundesweit einheitliche Datensatz ist vom Bundesministerium für Gesundheit im Bundesanzeiger bekannt zu machen.

(6) [1]Die Übermittlung der personenbezogenen Daten eines in die Warteliste aufgenommenen Patienten oder eines Organempfängers ist nur zulässig, wenn eine ausdrückliche Einwilligung des in die Warteliste aufgenommenen Patienten oder des Organempfängers vorliegt. [2]Die Übermittlung der personenbezogenen Daten von einem lebenden Organspender ist nur zulässig, wenn eine ausdrückliche Einwilligung des lebenden Organspenders vorliegt. [3]Der in die Warteliste aufgenommene Patient, der Organempfänger und der lebende Organspender sind durch einen Arzt im Transplantationszentrum über die Bedeutung und Tragweite der Einwilligung aufzuklären. [4]Sie sind insbesondere darüber aufzuklären, dass im Fall des Widerrufs ihrer datenschutzrechtlichen Einwilligung nach Absatz 7 die bis dahin übermittelten Daten weiter verarbeitet werden dürfen. [5]Übermittelt ein Transplantationszentrum die von ihm erhobenen transplantationsmedizinischen Daten eines in die Warteliste aufgenommenen Patienten, eines Organempfängers oder eines lebenden Organspenders an die Vermittlungsstelle nach § 13 Absatz 3 Satz 3 oder an den Gemeinsamen Bundesausschuss auf der Grundlage von Richtlinien nach § 136 Absatz 1 Satz 1 Nummer 1 des Fünften Buches Sozialgesetzbuch, so ist auch die jeweilige Stelle über die erfolgte Aufklärung und die erklärte Einwilligung des in die Warteliste aufgenommenen Patienten, des Organempfängers oder des lebenden Organspenders zu unterrichten. [6]Wird ein in die Warteliste aufgenommener Patient, ein Organempfänger oder ein lebender Organspender durch eine mit der Nachsorge betraute Einrichtung oder durch einen Arzt in der ambulanten Versorgung im Rahmen der Nachsorge weiterbehandelt, so hat das Transplantationszentrum die Einrichtung oder den Arzt über die erfolgte Aufklärung und über die erklärte Einwilligung des in die Warteliste aufgenommenen Patienten, des Organempfängers oder des lebenden Organspenders zu unterrichten.

(7) Im Falle eines Widerrufs der Einwilligung nach Absatz 6 können die an die Transplantationsregisterstelle übermittelten Daten weiter verarbeitet werden, sofern dies für die Zwecke des Transplantationsregisters nach § 15a erforderlich ist.

(8) [1]Die Koordinierungsstelle nach § 11 Absatz 1 Satz 2, die Vermittlungsstelle nach § 12 Absatz 1 Satz 1 und der Gemeinsame Bundesausschuss nach § 91 des Fünften Buches Sozialgesetzbuch sind verpflichtet, die transplantationsmedizinischen Daten nach Absatz 2, die seit dem 1. Januar 2006 bis einschließlich 31. Oktober 2016 erhoben wurden, abweichend von Absatz 6 auf der Grundlage des bundeseinheitlichen Datensatzes nach Absatz 5 an die Vertrauensstelle zu übermitteln. [2]Die Übermittlung der transplantationsmedizinischen Daten nach Satz 1 ist nur zulässig, wenn die personenbezogenen Daten der Patienten, die in die Warteliste aufgenommen worden sind, und die personenbezogenen Daten der Organspender und Organempfänger vor der Übermittlung an die Vertrauensstelle in einem Verfahren so verändert worden sind, dass die jeweils übermittelnde Stelle einen Personenbezug nicht mehr herstellen kann, eine Zusammenführung der Daten in der Vertrauensstelle jedoch möglich ist. [3]Der Spitzenverband Bund der Krankenkassen, die Bundesärztekammer und die Deutsche Krankenhausgesellschaft oder die Bundesverbände der Krankenhausträger gemeinsam und die Vertrauensstelle legen im Einvernehmen mit dem Verband der Privaten Krankenversicherung und mit der oder dem Bundesbeauftragten für den Datenschutz und die Informationsfreiheit das Nähere zu dem Verfahren nach Satz 2 und zur Übermittlung der Daten

in einer Verfahrensordnung fest. [4]Bei der Festlegung des Verfahrens ist das Bundesamt für Sicherheit in der Informationstechnik zu beteiligen.

§ 15f Datenübermittlung durch die Transplantationsregisterstelle

(1) [1]Die Transplantationsregisterstelle übermittelt
1. der Koordinierungsstelle die zur Erfüllung ihrer Aufgaben, insbesondere der Weiterentwicklung der Organ- und Spendercharakterisierung sowie ihrer Bewertung nach § 10a Absatz 1 Satz 1 und der Bewertung schwerwiegender Zwischenfälle und schwerwiegender unerwünschter Reaktionen, erforderlichen Daten,
2. der Vermittlungsstelle die zur Weiterentwicklung der Organvermittlung nach § 12 Absatz 3 Satz 1 erforderlichen Daten,
3. der Bundesärztekammer die zur Fortschreibung der Richtlinien nach § 16 Absatz 1 Satz 1 erforderlichen Daten,
4. den Kommissionen nach § 11 Absatz 3 Satz 4 und § 12 Absatz 5 Satz 4 die zur Erfüllung ihrer Überwachungstätigkeit erforderlichen Daten,
5. den Transplantationszentren die zur Erfüllung ihrer jeweiligen Verpflichtung nach § 135a Absatz 1 des Fünften Buches Sozialgesetzbuch zur Sicherung und Weiterentwicklung der Qualität der von ihnen erbrachten transplantationsmedizinischen Leistungen erforderlichen Daten,
6. dem Gemeinsamen Bundesausschuss nach § 91 des Fünften Buches Sozialgesetzbuch die zur Weiterentwicklung von Richtlinien und Beschlüssen zur Qualitätssicherung für transplantationsmedizinische Leistungen nach den §§ 136 bis 136c des Fünften Buches Sozialgesetzbuch erforderlichen Daten sowie
7. den zuständigen Behörden der Länder die zur Erfüllung ihrer Aufgaben bei der Zulassung von Transplantationszentren nach § 10 Absatz 1 und im Rahmen der Überwachung der Vorschriften dieses Gesetzes und auf Grund dieses Gesetzes erlassenen Rechtsverordnungen erforderlichen Daten.
[2]Die Daten können in einem automatisierten Abrufverfahren übermittelt werden. [3]Das automatisierte Abrufverfahren darf nur eingerichtet werden, soweit die beteiligten Stellen die nach § 14 Absatz 2 Satz 5 erforderlichen technischen und organisatorischen Maßnahmen getroffen haben. [4]Die Verantwortung für die Zulässigkeit des einzelnen Abrufs trägt die abrufende Stelle. [5]Die Transplantationsregisterstelle dokumentiert Anlass und Zweck des einzelnen Abrufs. [6]Sie überprüft die Zulässigkeit der Abrufe durch geeignete Stichprobenverfahren und im Übrigen nur, wenn dazu Anlass besteht. [7]Die Stellen nach Satz 1 dürfen die Daten ausschließlich für ihre jeweils in Satz 1 genannten Zwecke verarbeiten und nutzen.

(2) [1]Der Spitzenverband Bund der Krankenkassen, die Bundesärztekammer und die Deutsche Krankenhausgesellschaft oder die Bundesverbände der Krankenhausträger gemeinsam legen das Verfahren für die Übermittlung der Daten im Einvernehmen mit dem Verband der Privaten Krankenversicherung und der oder dem Bundesbeauftragten für den Datenschutz und die Informationsfreiheit in einer Verfahrensordnung fest. [2]Der Fachbeirat nach § 15d ist zu beteiligen.

§ 15g Datenübermittlung durch die Transplantationsregisterstelle zu Forschungszwecken, Datenaustausch

(1) Die Transplantationsregisterstelle kann anonymisierte Daten nach Abschluss einer Nutzungsvereinbarung an Dritte zu Forschungszwecken übermitteln.

(2) [1]Die Transplantationsregisterstelle kann Dritten Daten in pseudonymisierter Form zur Verwendung für ein bestimmtes Forschungsvorhaben übermitteln,

soweit der Forschungszweck die Verwendung pseudonymisierter Daten erfordert und die betroffene Person ausdrücklich eingewilligt hat. [2]Eine Einwilligung ist nicht erforderlich, wenn

1. sie nur mit unverhältnismäßigem Aufwand eingeholt werden kann,
2. das öffentliche Interesse an der Durchführung des Forschungsvorhabens die schützenswerten Interessen der betroffenen Person überwiegt und
3. der Forschungszweck nicht auf andere Weise zu erreichen ist.

[3]Die Übermittlung der Daten erfolgt auf Antrag. [4]Über den Antrag entscheiden der Spitzenverband Bund der Krankenkassen, die Bundesärztekammer und die Deutsche Krankenhausgesellschaft oder die Bundesverbände der Krankenhausträger gemeinsam im Einvernehmen mit dem Verband der Privaten Krankenversicherung nach Anhörung des Fachbeirats nach § 15d. [5]Die Daten sind zu anonymisieren, sobald dies nach dem Forschungszweck möglich ist. [6]Sie dürfen nur für Zwecke der wissenschaftlichen Forschung verarbeitet oder genutzt werden. [7]Eine Veröffentlichung ist, sofern die Daten nicht anonymisiert sind, nur mit ausdrücklicher Einwilligung der Betroffenen zulässig.

(3) Die Transplantationsregisterstelle kann zur Förderung der Zwecke des Transplantationsregisters nach § 15a anonymisierte Daten von wissenschaftlichen Registern erheben und verarbeiten sowie diesen Registern anonymisierte Daten zur Verfügung stellen.

(4) Die Transplantationsregisterstelle veröffentlicht jährlich einen Bericht über die nach den Absätzen 1 bis 3 übermittelten Daten.

§ 15h Aufbewahrungs- und Löschungsfristen

(1) [1]Die Transplantationsregisterstelle hat
1. die Daten des in die Warteliste aufgenommen Patienten oder des Organempfängers zusammen mit den Daten des Organspenders sowie
2. die Daten des lebenden Organspenders

zu löschen und die Vertrauensstelle über die Löschung zu unterrichten, sobald diese Daten für die Zwecke der Datenübermittlung nach § 15f Absatz 1 Satz 1 nicht mehr erforderlich sind, spätestens 80 Jahre nach der Aufnahme des Patienten in die Warteliste oder nach der Organentnahme beim lebenden Organspender. [2]Soweit die Daten in der Transplantationsregisterstelle zu löschen sind, hat die Vertrauensstelle die personenbezogenen Daten des in die Warteliste aufgenommenen Patienten oder des Organempfängers zusammen mit den personenbezogenen Daten des Organspenders und die personenbezogenen Daten des lebenden Organspenders ebenfalls zu löschen.

(2) Dritte, denen Daten nach § 15g Absatz 2 übermittelt wurden, haben diese zu löschen, sobald deren Verwendung für den Forschungszweck nicht mehr erforderlich ist, spätestens 20 Jahre nach der Übermittlung.

§ 15i Verordnungsermächtigungen

(1) Kommt der Vertrag mit der Transplantationsregisterstelle nach § 15b Absatz 4 nicht bis zum 1. November 2019 zustande, bestimmt das Bundesministerium für Gesundheit durch Rechtsverordnung mit Zustimmung des Bundesrates die Transplantationsregisterstelle und regelt das Nähere zu ihren Aufgaben, zu ihrem Betrieb und zu ihrer Finanzierung nach § 15b Absatz 4.

(2) Kommt der Vertrag mit der Vertrauensstelle nach § 15c Absatz 3 nicht bis zum 1. November 2019 zustande, bestimmt das Bundesministerium für Gesundheit durch Rechtsverordnung mit Zustimmung des Bundesrates die Vertrauens-

stelle und regelt das Nähere zu ihren Aufgaben nach § 15c Absatz 1 Satz 2 bis 4 und Absatz 2, zum Verfahren der Datenpseudonymisierung nach § 15c Absatz 1 Satz 2 und zum Verfahren der Zusammenführung der Daten nach Absatz 2 Satz 1 sowie zur Finanzierung der Vertrauensstelle nach § 15c Absatz 3.

Abschnitt 5b. Richtlinien zum Stand der Erkenntnisse der medizinischen Wissenschaft, Verordnungsermächtigung

§ 16 Richtlinien zum Stand der Erkenntnisse der medizinischen Wissenschaft bei Organen

(1) [1]Die Bundesärztekammer stellt den Stand der Erkenntnisse der medizinischen Wissenschaft in Richtlinien fest für

1. die Regeln zur Feststellung des Todes nach § 3 Abs. 1 Satz 1 Nr. 2 und die Verfahrensregeln zur Feststellung des endgültigen, nicht behebbaren Ausfalls der Gesamtfunktion des Großhirns, des Kleinhirns und des Hirnstamms nach § 3 Abs. 2 Nr. 2 einschließlich der dazu jeweils erforderlichen ärztlichen Qualifikation,
1a. die Regeln zur Feststellung des Todes nach § 4a Abs. 1 Satz 1 Nr. 1,
2. die Regeln zur Aufnahme in die Warteliste nach § 10 Abs. 2 Nr. 2 einschließlich der Dokumentation der Gründe für die Aufnahme oder die Ablehnung der Aufnahme,
3. die ärztliche Beurteilung nach § 9a Absatz 2 Nummer 1,
4. die Anforderungen an die im Zusammenhang mit einer Organentnahme zum Schutz der Organempfänger erforderlichen Maßnahmen einschließlich ihrer Dokumentation ergänzend zu der Organ- und Spendercharakterisierung nach § 10a, insbesondere an
   a) die Untersuchung des Organspenders, der entnommenen Organe und der Organempfänger, um die gesundheitlichen Risiken für die Organempfänger, insbesondere das Risiko der Übertragung von Krankheiten, so gering wie möglich zu halten,
   b) die Konservierung, Aufbereitung, Aufbewahrung und Beförderung der Organe, um diese in einer zur Übertragung oder zur weiteren Aufbereitung und Aufbewahrung vor einer Übertragung geeigneten Beschaffenheit zu erhalten,
   c) die Erkennung und Behandlung von Vorfällen bei einer Lebendorganspende, die mit der Qualität und Sicherheit des gespendeten Organs zusammenhängen können, oder von schwerwiegenden unerwünschten Reaktionen beim lebenden Spender, die im Rahmen seiner Nachbetreuung festgestellt werden,
5. die Regeln zur Organvermittlung nach § 12 Abs. 3 Satz 1,
6. die Anforderungen an die im Zusammenhang mit einer Organentnahme und -übertragung erforderlichen Maßnahmen zur Qualitätssicherung und
7. die Anforderungen an die Aufzeichnung der Lebendorganspenden nach § 10 Absatz 2 Nummer 6.

[2]Die Einhaltung des Standes der Erkenntnisse der medizinischen Wissenschaft wird vermutet, wenn die Richtlinien der Bundesärztekammer beachtet worden sind.

(2) [1]Die Bundesärztekammer legt das Verfahren für die Erarbeitung der Richtlinien nach Absatz 1 und für die Beschlussfassung fest. [2]Die Richtlinien nach Absatz 1 sind zu begründen; dabei ist insbesondere die Feststellung des Standes der Erkenntnisse der medizinischen Wissenschaft nachvollziehbar darzulegen. [3]Bei der Erarbeitung der Richtlinien ist die angemessene Beteiligung von Sachverstän-

digen der betroffenen Fach- und Verkehrskreise, einschließlich des Spitzenverbandes Bund der Krankenkassen, der Deutschen Krankenhausgesellschaft, der Deutschen Transplantationsgesellschaft, der Koordinierungsstelle nach § 11, der Vermittlungsstelle nach § 12 und der zuständigen Behörden der Länder vorzusehen. [4]Darüber hinaus sollen bei der Erarbeitung der Richtlinien nach Absatz 1 Satz 1 Nr. 1, 1a und 5 Ärzte, die weder an der Entnahme noch an der Übertragung von Organen beteiligt sind, noch Weisungen eines Arztes unterstehen, der an solchen Maßnahmen beteiligt ist, bei der Erarbeitung der Richtlinien nach Absatz 1 Satz 1 Nr. 2 und 5 Personen mit der Befähigung zum Richteramt und Personen aus dem Kreis der Patienten, bei der Erarbeitung von Richtlinien nach Absatz 1 Satz 1 Nr. 5 ferner Personen aus dem Kreis der Angehörigen von Organspendern nach § 3 oder § 4 angemessen vertreten sein.

(3) [1]Die Richtlinien nach Absatz 1 sowie deren Änderungen sind dem Bundesministerium für Gesundheit zur Genehmigung vorzulegen. [2]Das Bundesministerium für Gesundheit kann von der Bundesärztekammer im Rahmen des Genehmigungsverfahrens zusätzliche Informationen und ergänzende Stellungnahmen anfordern.

1   § 16 erfuhr in Abs. 2 eine Novellierung und wurde durch Abs. 3 ergänzt. Insbes. durch Einführung des Genehmigungsvorbehalts nach Abs. 3 reagierte der Gesetzgeber auf die vielfach geäußerte Kritik der Lehre, es mangle an der Legitimation der Richtlinien der Bundesärztekammer.[1] Intention war die Schaffung eines „Instruments präventiver Rechtskontrolle zur Einhaltung der Vorgaben des TPG".[2]

§ 16a Verordnungsermächtigung

[1]Das Bundesministerium für Gesundheit kann durch Rechtsverordnung[1*] mit Zustimmung des Bundesrates nach Anhörung der Bundesärztekammer und weiterer Sachverständiger die Anforderungen an Qualität und Sicherheit der Entnahme von Geweben und deren Übertragung regeln, sofern dies zur Abwehr von Gefahren für die Gesundheit von Menschen oder zur Risikovorsorge erforderlich ist. [2]In der Rechtsverordnung kann insbesondere das Nähere zu den Anforderungen an
1. die Entnahme und Übertragung von Geweben einschließlich ihrer Dokumentation und an den Schutz der dokumentierten Daten,
2. die ärztliche Beurteilung der medizinischen Eignung als Gewebespender,
3. die Untersuchung der Gewebespender,
4. die Meldung von Qualitäts- und Sicherheitsmängeln und schwerwiegenden unerwünschten Reaktionen durch Einrichtungen der medizinischen Versorgung und
5. die Aufklärung und die Einholung der Einwilligung der Gewebespender oder der Zustimmung zu einer Gewebeentnahme geregelt werden. [3]Das Bundesministerium für Gesundheit kann die Ermächtigung nach Satz 1 durch Rechtsverordnung ohne Zustimmung des Bundesrates auf die zuständige Bundesoberbehörde übertragen.

§ 16b Richtlinien zum Stand der Erkenntnisse der medizinischen Wissenschaft zur Entnahme von Geweben und deren Übertragung

(1) [1]Die Bundesärztekammer kann ergänzend zu den Vorschriften der Rechtsverordnung nach § 16a in Richtlinien den allgemein anerkannten Stand der

---

[1] Vgl. zB *Bader* S. 194; *Dannecker/Streng*, Die Neuregelungen des Transplantationsrechts durch den Gesetzgeber und die Bundesärztekammer, FS Schiller, 2014, 137.
[2] BT-Drs. 18/3566, 13.
[1*] Siehe die TPG-Gewebeverordnung (TPG-GewV).

Erkenntnisse der medizinischen Wissenschaft im Einvernehmen mit der zuständigen Bundesoberbehörde zur Entnahme von Geweben und deren Übertragung feststellen, insbesondere zu den Anforderungen an
1. die ärztliche Beurteilung der medizinischen Eignung als Gewebespender,
2. die Untersuchung der Gewebespender und
3. die Entnahme, Übertragung und Anwendung von menschlichen Geweben.
²Bei der Erarbeitung der Richtlinien ist die angemessene Beteiligung von Sachverständigen der betroffenen Fach- und Verkehrskreise einschließlich der zuständigen Behörden von Bund und Ländern sicherzustellen. ³Die Richtlinien werden von der zuständigen Bundesoberbehörde im Bundesanzeiger bekannt gemacht.

(2) Die Einhaltung des Standes der Erkenntnisse der medizinischen Wissenschaft wird vermutet, wenn die Richtlinien der Bundesärztekammer nach Absatz 1 beachtet worden sind.

Die bestehende Pflicht der Entnahmekrankenhäuser aus § 9a Abs. 2 Nr. 1, der Mitteilung **1** des Hirntodes eines nach ärztlicher Beurteilung in Betracht kommenden Organ- oder Gewebespenders, erstreckt sich nach § 16 Abs. 1 S. 1 Nr. 3 seit der Umsetzung der Richtlinie 2010/53/EU nicht mehr lediglich auf vermittlungspflichtige Organe iSv § 1a Nr. 2, sondern auf die mögliche Spende aller vom Anwendungsbereich des TPG umfassten Organe. Die BÄK wurde zudem beauftragt, sowohl Richtlinien im Rahmen der Nachsorge bei der Organlebendspende festzulegen als auch die Aufzeichnungspflicht der Transplantationszentren näher zu konkretisieren.[1]

Mit der durch das Gewebegesetz eingeführten Norm des **§ 16a** wurde dem Bundesministe- **2** rium für Gesundheit die Ermächtigung erteilt, durch Rechtsverordnung die erforderlichen Anforderungen an Qualität und Sicherheit der Entnahme von Geweben und deren Übertragung zu treffen. Die bis dahin federführende Kompetenzrolle der BÄK im Hinblick auf Definition und Fortschreibung des „Standes von Medizin und Technik" wurde damit herabgestuft. Ergänzend zu der Vorschrift nach § 16a kann die BÄK darüber hinaus nach **§ 16b** jedoch noch in Richtlinien den allgemein anerkannten Stand der Erkenntnisse der medizinischen Wissenschaft im Einvernehmen mit der zuständigen Bundesoberbehörde zur Entnahme und Übertragung von Geweben feststellen, insbes. zu den Anforderungen an die ärztliche Beurteilung der medizinischen Eignung als Gewebespender, die Untersuchung der Gewebespender und die Entnahme, Übertragung und Anwendung von menschlichen Geweben. Die Richtlinien gehen konkurrierenden Empfehlungen der Fachgesellschaften vor. Soweit die aufgrund von § 16b getroffenen Handlungsvorschriften identisch mit den Anforderungen der TPG-Gewebeverordnung und der AMWHV sind, ergibt sich keine Konkurrenzsituation. Bei Abweichungen von den Vorschriften der genannten Verordnungen gehen letztgenannte den Richtlinien der BÄK vor, weil die Verordnungen zwingendes Recht setzen. Solange Richtlinien der BÄK nicht vorhanden sind, kann der Stand der wissenschaftlichen Erkenntnisse durch Empfehlungen der Fachgesellschaften dargestellt werden. Sollten solche Empfehlungen nicht erarbeitet oder umstritten sein, so müssen die zuständigen Behörden in Abstimmung mit dem Paul-Ehrlich-Institut eigene Erkenntnisse nutzen oder erarbeiten.[2]

Abschnitt 6. Verbotsvorschriften

Vorbemerkung zu § 17

I. Allgemeines

Die §§ 18 ff. regeln die **Straf- und Bußgeldtatbestände des TPG.** Sie beziehen sich **1** jedoch nur auf bestimmte Verhaltensweisen im Bereich der Organ- und Gewebetransplanta-

---

[1] BT-Drs. 17/7376, 26.
[2] BT-Drs. 16/9988, 8.

tion. Verletzungen oder Gefährdungen des Lebens oder der Gesundheit im Rahmen der Lebendspende bzw. der Implantation sind durch das TPG nicht oder nur sehr sporadisch mit Strafe bedroht.[1] Insoweit gelten die allgemeinen Straftatbestände des StGB oder auch die speziellen Tatbestände des weiteren Nebenstrafrechts.

2   Die Straftatbestände der §§ 18 f.[2] sind als Nebenstrafrecht aus dem StGB ausgelagert und zudem als Verweisungstatbestände ausgestaltet. Die speziellen Verbotstatbestände werden durch die Grundsätze und Vorschriften des Allgemeinen Teils des StGB ergänzt, vgl. Art. 1 Abs. 1 EGStGB, wodurch Konkretisierung bzw. Erweiterung der Strafbarkeitsvoraussetzungen erfolgen. Die nebenstrafrechtlichen Vorschriften wurden durch das Gewebegesetz angepasst und modifiziert. Die Änderungen sind jedoch aufgrund der unübersichtlichen Gesetzesformulierung sowie zahlreicher Querverweise etwas unstrukturiert und missverständlich ausgestaltet.[3]

II. Analogieverbot

3   Art. 103 Abs. 2 GG und § 1 StGB normieren den auch im Nebenstrafrecht geltenden Grundsatz „nullum crimen sine lege, nulla poena sine lege" (sog. Gesetzlichkeitsprinzip). Damit ist ua das Verbot der Analogie zur Begründung der Strafbarkeit oder der Strafe geregelt. Das Ausfüllen einer Gesetzeslücke durch Übertragung eines einem Tatbestand zugrunde liegenden Rechtssatzes auf einen nicht geregelten Sachverhalt, dh die Lückenfüllung durch entsprechende Anwendung vorhandener Straftatbestände, ist nicht zulässig. Denn das Strafrecht reagiert als Ultima ratio nur bezüglich der ausdrücklich geregelten Angriffsarten auf die Verletzung oder Gefährdung bestimmter Rechtsgüter. Zudem dürfen die im Strafgesetzbuch beschriebenen Handlungsweisen nicht zu Lasten des Beschuldigten auf ein Tun jenseits ihres Wortlauts ausgeweitet werden.

III. Zeitlicher Geltungsbereich

4   Die §§ 18 ff. traten am 1.12.1997 in Kraft und wurden seither mehrfach reformiert. Verstöße gegen diese Vorschriften sind jeweils vom Tag ihres Inkrafttretens an strafbar.

IV. Räumlicher Geltungsbereich

5   Den räumlichen Geltungsbereich regeln die §§ 3 ff. StGB,[4] wobei zu beachten ist, dass in Bezug auf den Organ- und Gewebehandel gemäß § 18 Auslandstaten unabhängig vom Recht des ausländischen Tatorts unter Strafe stehen, wenn der Täter zur Zeit der Tat Deutscher ist, § 5 Nr. 17 StGB.

V. Verbrechen, Vergehen, Ordnungswidrigkeiten

6   Das Gesetz unterscheidet bei den Strafbestimmungen je nach Schwere der Widerhandlung zwischen Verbrechen, Vergehen und Ordnungswidrigkeiten. Schwere Verletzungen hochrangiger Rechtsgüter werden als Verbrechen bzw. als Vergehen, weniger schwere Angriffe als Ordnungswidrigkeit sanktioniert. Wird die Gesundheit von Personen geschädigt, kommen zusätzlich zu den §§ 18 f. die Bestimmungen des StGB über die strafbaren Handlungen gegen Leib und Leben zur Anwendung, insbes. diejenigen über die fahrlässige oder vorsätzliche Tötung, §§ 212, 222 StGB, und die Tatbestände der Körperverletzung, §§ 223 ff. StGB.[5]

---

[1] Hierzu im Einzelnen → § 1 Rn. 15 f.
[2] Kritisch zur Notwendigkeit der Strafvorschriften *Bruns/Debong/Andreas* Arztrecht 1998 (11), 283, 286.
[3] Pühler/Middel/Hübner/*Parzeller* S. 114 ff.
[4] Vgl. hierzu BT-Drs. 13/9594, 27 f.
[5] Zum Verhältnis von StGB zu den Strafbestimmungen des TPG → § 1 Rn. 15 f.

VI. „Organverteilungsskandal"

Der Transplantationsskandal bzw. der Organverteilungsskandal in Deutschland[6] und die 7
damit verbundenen Diskussionen zum Vergabeverfahren – insbes. die vermehrte Anwendung des für Sonderfälle vorgesehenen beschleunigten Vermittlungsverfahrens – stehen in der Kritik und haben zu zahlreichen Diskussionen und Reformbestrebungen geführt. Der Gesetzgeber reagierte ua mit der Novellierung von §§ 11, 12[7] und §§ 10, 16 und 19[8] sowie der Schaffung eines Transplantationsregistergesetzes.[9] Die Bundesärztekammer revidierte ua ihre Richtlinie für die Wartelistenführung und Organvermittlung zur Lebertransplantation.[10] Zudem wurde das Gesetz durch die Regelungen über das Transplantationsregister, §§ 15a ff., ergänzt.

Anläßlich mehrerer Strafverfahren gegen am Organverteilungsskandal beteiligte Ärzte 8
wird in der Lehre ausführlich diskutiert, ob Manipulationen bei der Patientendatenerhebung, -dokumentation und -übermittlung durch den zuständigen Arzt zur Veränderung der Rangfolge der Warteliste auch Tatbestände gegen Leib und Leben – vornehmlich den vollendeten oder versuchten Totschlag – zu erfüllen vermögen.[11] Im Fall des wegen versuchten Totschlags in elf Fällen angeklagten Leiters des Lebertransplantationszentrums der Universitätsklinik Göttingen erging am 6.5.2015 ein freisprechendes Urteil des Landgerichts Göttingen.[12] Hiergegen wurde von der Staatsanwaltschaft Braunschweig Revision beim Bundesgerichtshof eingelegt.

§ 17 Verbot des Organ- und Gewebehandels

(1) [1]Es ist verboten, mit Organen oder Geweben, die einer Heilbehandlung eines anderen zu dienen bestimmt sind, Handel zu treiben. [2]Satz 1 gilt nicht für
1. die Gewährung oder Annahme eines angemessenen Entgelts für die zur Erreichung des Ziels der Heilbehandlung gebotenen Maßnahmen, insbesondere für die Entnahme, die Konservierung, die weitere Aufbereitung einschließlich der Maßnahmen zum Infektionsschutz, die Aufbewahrung und die Beförderung der Organe oder Gewebe, sowie
2. Arzneimittel, die aus oder unter Verwendung von Organen oder Geweben hergestellt sind und den Vorschriften über die Zulassung nach § 21 des Arzneimittelgesetzes, auch in Verbindung mit § 37 des Arzneimittelgesetzes, oder der Registrierung nach § 38 oder § 39a des Arzneimittelgesetzes unterliegen oder durch Rechtsverordnung nach § 36 des Arzneimittelgesetzes von der Zulassung oder nach § 39 Abs. 3 des Arzneimittelgesetzes von der Registrierung freige-

---

[6] Im sog. „Organspendeskandal", wobei präziser von einem Verteilungsskandal zu sprechen ist, dazu *Rosenau*, S. 689, liegen mehrere Verdachtsfälle auf Manipulation von Krankendaten vor. Dies hat womöglich bestimmten Patienten bevorzugt Spenderorgane verschafft, andere Patienten auf der Warteliste hingegen verstarben, vgl. ua Pressemitteilung vom 2.8.2012 des Bayerischen Staatsministeriums für Wirtschaft, Forschung und Kunst, abrufbar unter: <www.bayern.de/verdacht-auf-manipulation-von-krankendaten-bei-lebertransplantationen-am-uniklinikum-regensburg/?seite=1579> (Stand: 10.4.2017).
[7] In Kraft ab 1.8.2012. Vgl. BT-Drs. 18/7269, 8 zur Wirksamkeit der Prüfungs- und der Überwachungskommission.
[8] In Kraft ab 1.8.2013.
[9] Ziel des Gesetzes ist unter anderem die erhöhte „Transparenz im Organspendeprozess" durch nationale Erfassung transplantationsmedizinischer Daten, vgl. Referentenentwurf des Bundesministeriums für Gesundheit, Stand Dezember 2015, S. 1.
[10] Deutsches Ärzteblatt 113 (8), A 346 mwN.
[11] Den dringenden Tatverdacht bejahend OLG Braunschweig 20.3.2013 – Ws 49/13, RDG 2013, 288; bejahend ebenfalls *Rissing-van Saan* NStZ 2014, 233. Verneinend LG Göttingen 6.5.2015 – 6 Ks 4/13; *Schroth*, Die strafrechtliche Beurteilung der Manipulation bei der Leberallokation NStZ 2013, 437; *Schroth/Hofmann* NStZ 2014, 486; *Fateh-Moghadam*, Anmerkung zu OLG Braunschweig, Beschl. v. 20.3.2013 – Ws 49/13, MedR 2014, 665; *Rosenau* S. 689 ff.; *Schneider*, Der Lebensretter als Mörder? Der Organspendeskandal an den Grenzen der Strafrechtsdogmatik, Neue Kriminalpolitik 2013, 362; im Resultat auch *Verrel* MedR 2014, 464.
[12] Ausführlich dazu das Urteil des Landgerichts Göttingen Geschäfts-Nr. 6 Ks 4/13, 405 Js 1933/12 StA Braunschweig.

stellt sind, oder Wirkstoffe im Sinne des § 4 Abs. 19 des Arzneimittelgesetzes, die aus oder unter Verwendung von Zellen hergestellt sind.

(2) Ebenso ist verboten, Organe oder Gewebe, die nach Absatz 1 Satz 1 Gegenstand verbotenen Handeltreibens sind, zu entnehmen, auf einen anderen Menschen zu übertragen oder sich übertragen zu lassen.

Abschnitt 7. Straf- und Bußgeldvorschriften

§ 18 Organ- und Gewebehandel

(1) Wer entgegen § 17 Abs. 1 Satz 1 mit einem Organ oder Gewebe Handel treibt oder entgegen § 17 Abs. 2 ein Organ oder Gewebe entnimmt, überträgt oder sich übertragen lässt, wird mit Freiheitsstrafe bis zu fünf Jahren oder mit Geldstrafe bestraft.

(2) Handelt der Täter in den Fällen des Absatzes 1 gewerbsmäßig, ist die Strafe Freiheitsstrafe von einem Jahr bis zu fünf Jahren.

(3) Der Versuch ist strafbar.

(4) Das Gericht kann bei Organ- oder Gewebespendern, deren Organe oder Gewebe Gegenstand verbotenen Handeltreibens waren, und bei Organ- oder Gewebeempfängern von einer Bestrafung nach Absatz 1 absehen oder die Strafe nach seinem Ermessen mildern (§ 49 Abs. 2 des Strafgesetzbuchs).

Übersicht

I. Überblick

1   **1. Einführung.** Bereits § 1 Abs. 2 S. 2 hat das in § 17 normierte und gemäß § 18 pönalisierte Verbot des Organ- und Gewebehandels[1] in den Geltungsbereich des Gesetzes einbezogen. § 18 baut auf dem Verbot des § 17 auf, daher werden der besseren Übersichtlichkeit halber die Fragenkreise beider Vorschriften zusammen kommentiert.

2   **2. Genese.** Das strafbewehrte Verbot des Organ- und Gewebehandels der §§ 17 f. ist das Ergebnis einer langen Reihe von Referenten-, Regierungs-, Fraktions- und Interfraktionsentwürfen.[2] Der die Debatte um den strafbaren Organhandel letztlich abschließende interfraktionelle Entwurf[3] ist mit kleinen Änderungen Gesetz geworden. Die im Jahr 2007

---

[1] Hierzu im Einzelnen kritisch *König,* 1999; Schroth/König/Gutmann/Oduncu/*König* Vor §§ 17, 18 Rn. 5 ff.; *Schroth* JZ 1997, 1149.
[2] Ausführlich *König* S. 99 ff.
[3] BT-Drs. 13/4355.

eingeführte **Erfassung der Entnahme oder Gewinnung von Gewebe und Zellen** unter das Handelsverbot entspricht Art. 12 Abs. 2 S. 3 der EG-Geweberichtlinie. Damit soll sichergestellt werden, dass die Beschaffung von Gewebe und Zellen als solche auch auf einer nichtkommerziellen Grundlage erfolgt.[4] Dem Handelsverbot unterfallen seitdem demnach auch Gewebetransplantate, die nicht industriell hergestellt und in der EU hinreichend bekannt sind (wie zB Augenhornhäute, Herzklappen und Knochen).

3. Schutzgüter. Das Verbot des Organ- und Gewebehandels wird primär mit dem **3 Mangel** an geeigneten Spenderorganen und der hieraus erwachsenden Versuchung, aus wirtschaftlichen Motiven die gesundheitliche **Notlage** lebensgefährlich Erkrankter in besonders verwerflicher Weise auszunutzen, begründet. Zudem sollen finanzielle Anreize an potentielle Lebendspender, ihre Gesundheit und körperliche Integrität um wirtschaftlicher Vorteile willen zu beeinträchtigen, unterbunden werden.[5]

Die Notwendigkeit des Schutzes zeigt sich ua daran, dass skrupellose Organhändler die **4** gesundheitliche Notlage von Patienten und die **wirtschaftliche Notlage** von Spendern, insbes. in Entwicklungsländern, ausnutzen, um ihre eigennützigen Interessen zu verfolgen.[6] Darüber hinaus ist das **slippery-slope-Argument** von Bedeutung. Vermieden werden soll, dass Kommerzialisierung mit Missbrauch, hemmungsloser Bereicherung und Kriminalität einhergeht. Zwar sind die Dammbruchargumente weniger rechtlicher, sondern eher ethischer Natur. Da im Regelfall davon ausgegangen wird, dass die losgetretene Lawine unaufhaltsam dem Abgrund entgegen stürzt und damit unweigerlich unbeherrschbare Prozesse heraufbeschwört, die bei der Ausgangsfrage nicht notwendig bedacht wurden, darf bei konsequenter Anwendung des slippery-slope-Gedankens diese Kettenreaktion überhaupt nicht in Gang gesetzt werden.

Die Allgemeingültigkeit dieser Argumentation ist mit Blick auf die Eigengesetzlichkeit **5** und die Notwendigkeit des Fortschritts sowie die Erkenntnis, dass weder das Rad der Geschichte je zurückgedreht werden noch Verbote je neue Erkenntnisse unterdrücken konnten, zu Recht umstritten. Zudem ist daran zu erinnern, dass der menschliche Körper und Teile davon seit langem gehandelt werden. Bekanntestes Beispiel ist der Verkauf von unentgeltlich erlangtem Blut seitens der Blutspendezentralen an die Krankenhäuser.[7] Zudem meldet die Pharmaindustrie – bedingt durch die revolutionären Entwicklungen bio- und gentechnologischer Methoden – einen erheblichen Bedarf an menschlichen Zellen und Körpersubstanzen an, um zB im Rahmen der personalisierten Medizin bessere Medikamente entwickeln und zur Verfügung stellen zu können.

Die Bandbreite der Körperteile und -substanzen, die postmortal gewonnen und weiter- **6** verwendet werden, ist naturgemäß größer als beim Lebenden. Das Herstellen von Fertigarzneimitteln aus Körpersubstanzen,[8] das Verwenden von Organen zu kosmetischen Zwecken oder ihr Einsatz in der wissenschaftlichen und industriellen Forschung[9] ergeben ein facettenreiches Bild.[10] Es wird abgerundet durch den Verkauf menschlicher Skelette, das Ausstellen von Mumien und (Feucht-)Präparaten[11] in anatomischen und pathologischen Sammlungen sowie sonstigen naturkundlichen Museen bis hin zur Übereignung von Leichen an die Anatomie.

Trotz dieser Aufweichung des Kommerzialisierungsverbots spiegelt das Dammbruch- **7** Argument im Kontext der Organ- und Gewebeentnahme die in der Bevölkerung und

---

[4] BT-Drs. 16/3146, 35.

[5] BT-Drs. 13/4355, 15.

[6] Näher *Gragert* S. 32 f.; *Pater/Raman* S. 19 ff.

[7] *Schröder/Taupitz* S. 10 f.

[8] Zur Herstellung von Präparaten aus harter Hirnhaut, Augenhornhaut, Oberflächenhaut, Faszien- und Knochenpräparaten, vgl. BT-Drs. 13/4355, 40.

[9] *Pulisch/Heifer* NJW 1994, 2377 sowie LT-Baden-Württemberg, Drs. 11/2978 vom 24.11.1993.

[10] *Taupitz* AcP 1991 (191), 201 f.: „Kaum ein Körperteil, der nicht schon heute zu einer begehrten Grundlage der Entwicklung und Herstellung von Impfstoffen, Therapeutika, Diagnostika […] geworden ist."

[11] So zB das Deutsche medizinhistorische Museum in Ingolstadt, die Marburger Feuchtpräparatesammlung oder das Berliner medizinhistorische Museum in der *Charité*, vgl. *Krietsch/Dietel* S. 2 ff., 159.

unter den wissenschaftlichen Experten zu Recht bestehende Befürchtung, die rechtliche Anerkennung der Bezahlung für gespendete Organe bzw. Gewebe könne den notwendigen Respekt vor dem menschlichen Leben und der Integrität des menschlichen Körpers untergraben. Diese Befürchtung hat durch den Organverteilungsskandal erneut Nahrung erhalten, was seit 2013 zu einem deutlichen Einbruch der Spendezahlen führte.[12] Die Besorgnis, dass der Mensch vor oder nach seinem Tod in die Nähe des bloßen Objekts gerückt wird, ist weder für die Bereitschaft zur Organspende förderlich noch mit Art. 1 Abs. 1 GG sowie Art. 21 der Biomedizin-Konvention[13] zu vereinbaren. Die als Königsweg vielfach angedachte Widerspruchslösung[14] hilft hier nicht weiter, denn sie verdeckt die wahren Probleme und fügt neue hinzu, indem die von dem Transplantationswesen zu tragende Verantwortung für ein transparentes, gerechtes System auf die Schulter der Menschen verlagert wird.

8   Das Verbot der §§ 17 f. beschränkt sich aber nicht auf den Handel mit Organen und Geweben Lebender. Das Organ- und Gewebehandelsverbot gilt auch zum Schutz Verstorbener.[15] Verfassungsrechtliche Grundlage ist die über den Tod hinaus Wirkung entfaltende Garantie der Menschenwürde.[16] Sie wird nach hM verletzt, wenn der Mensch bzw. seine sterblichen Reste zum Objekt finanzieller Interessen werden. Nach überwiegender, wenngleich nicht unbestrittener Ansicht sind daher sowohl der Verkauf von Organen als auch Organspenden gegen Entgelt mit der Schutzgarantie des Art. 1 Abs. 1 GG nicht vereinbar.[17]

9   Als weitere Begründung wird auf die **Pietät** Bezug genommen. Darunter verbindet sich im Begriffskern die Achtung der Totenruhe, also die Unberührtheit der Leiche, mit dem Andenken des Verstorbenen, das mit seinem Tode nicht erlöschende Zusammengehörigkeitsgefühl mit ihm.[18] Dieses dem Totensorgerecht zuzuschreibende, rechtlich schützenswerte Interesse ist primär ein solches der Angehörigen, denn es fußt in der besonderen, aus einer engen Lebensbeziehung erwachsenen Verbundenheit mit dem Verstorbenen. Fraglich ist allerdings, ob bzw. inwieweit der auf sittlichen Anschauungen beruhende Gedanke der Pietät ein eigenes Recht der Allgemeinheit und als solches eigenständiges Schutzgut sein kann.[19]

10   Weiterhin sollte die **Transplantationsmedizin,** insbes. die **Verteilungsgerechtigkeit,** vor dem Anschein sachfremder Überlegungen bewahrt werden. Eine „Relativierung der medizinischen Indikation durch finanzielle Erwägungen [könne] nicht hingenommen werden".[20] Dem Schutz der Verteilungsgerechtigkeit wird zudem durch die ständig aktualisierten, für die Vermittlungsstellen grundsätzlich verbindlichen Richtlinien zur Organtransplantation gemäß § 16 und seit Herbst 2016 mit dem Transplantationsregister, vgl. § 15a ff., Rechnung getragen. Bei einem Verstoß gegen die Allokationsrichtlinien sind die Voraussetzungen für die Zulässigkeit der Organtransplantation gemäß § 9 nicht gegeben. Es liegt idR der Bußgeldtatbestand des § 20 Abs. 1 Nr. 2 vor.

11   Im Bereich der Transplantationsmedizin hat sich vor dem Inkrafttreten des Gewebegesetzes ferner gezeigt, dass eine vermehrte Entnahme von Herzklappen anstatt des Gesamtorgans erfolgte, was durch den Vorrang der Organ- vor der Gewebespende verhindert werden soll.[21] Auf eine Sanktionierung einer möglichen Verletzung des Vorrangs der Organspende wurde verzichtet.[22] Nach § 20 Abs. 1 Nr. 4 handelt jedoch ordnungswidrig, wer ein Organ

---

12 Vgl. Deutsche Stiftung Organtransplantation (DSO), Pressemitteilung vom 15.1.2016.
13 Art. 21 (Verbot der Erzielung eines finanziellen Gewinns): „Der menschliche Körper und Teile davon dürfen als solche nicht zur Erzielung eines finanziellen Gewinns verwendet werden." Das Menschenrechtsübereinkommen zur Biomedizin wurde von Deutschland bislang nicht unterzeichnet.
14 So zB *Schroth* MedR 2012, 575.
15 Einschränkend *König* S. 109 ff.
16 BT-Drs. 13/4355, 29.
17 BSG 16.7.1996 – 1 RK 15/95, NJW 1997, 823.
18 *v. Blume* AcP 1914 (112), 367, 390; *Klinge* S. 61.
19 HK-StGB/*Tag* StGB § 168 Rn. 4; *König* S. 125 f. will das Pietätsgefühl der Allgemeinheit nur „flankierend" heranziehen.
20 BT-Drs. 13/4355, 15.
21 BT-Drs. 16/5443, 56, 16/3146, 33.
22 BT-Drs. 16/5443, 52.

entgegen § 9 Abs. 1 oder Abs. 2 S. 1 oder 3 überträgt. Eine Allokationsregelung für Spendegewebe wurde durch das Gewebegesetz nicht eingeführt, so dass die Gefahr weiterhin besteht, dass der Vorrang der Organspende unterlaufen wird.[23] Der Zielkonflikt zwischen einer ganzheitlichen Verwendung der Organe und einer möglichen Gewebeentnahme im Interesse eines kommerzialisierten Gewebesektors steht damit in direktem Gegensatz zur Geweberichtlinie.

II. Erläuterung

1. Sachlicher[24] **Geltungsbereich.** Das Verbot der §§ 17, 18 gilt für die vom Geltungs- **12** bereich des § 1 erfassten Organe und Gewebe (→ § 1 Rn. 2 ff.), die einem anderen Menschen übertragen werden (sollen) und damit als Fernziel einer Heilbehandlung bei einem anderen Menschen zu dienen bestimmt sind. Die im Medizinstrafrecht seit dem Ende des 19. Jahrhunderts[25] kontrovers diskutierte Frage, welche Merkmale die **Heilbehandlung** ausmachen, und ob dieser Rechtsbegriff iS des Bestimmtheitsgebots, Art. 103 Abs. 2 GG, genügend Konturen aufweist, um hieran strafrechtlich relevante Schlussfolgerungen zu knüpfen,[26] stellt sich erneut im Lichte des Organhandelsverbots.

Die Eckpunkte der in der Transplantationsmedizin verorteten Heilbehandlung sind fol- **13** gende: Neue Behandlungsformen verdeutlichen, dass eine sachliche Beschränkung der Heilbehandlung auf invasive, chirurgische Eingriffe nicht zeitgemäß ist. Der Heilzweck liegt zB auch dann vor, wenn Spenderhaut entnommen wird, um beim Empfänger vorübergehend Brandverletzungen oder offene Knochenbrüche abzudecken. Zudem prägen objektive und subjektive Elemente den Rechtsbegriff der Heilbehandlung. Objektiver Bezugspunkt ist idR das Vorhandensein einer Krankheit, körperlicher Beschwerden oder seelischer Störungen. Die Spannbreite der Heilbehandlung erstreckt sich von der Diagnose über die Therapie hin zu Linderung und Prophylaxe.[27] Nicht endgültig geklärt ist, ob die Heilbehandlung objektiv angezeigt,[28] zweckdienlich und maßvoll,[29] erforderlich,[30] gemäß den Regeln der ärztlichen Kunst, der Übung eines gewissenhaften Arztes[31] oder entsprechend den Erkenntnissen und Erfahrungen der Heilkunde vorgenommen sein muss. Mit Blick auf die Zwecksetzung des Organhandelsverbots,[32] beim Spender und Empfänger keine Notlage für den potentiellen Organhandel auszunützen, und unter Einbezug der Grundsätze der Organallokation ist die medizinische Indikation auf Seiten der potentiellen Empfänger zwingend erforderlich, damit die Organentnahme zum Zweck der Heilbehandlung geschieht. Der Handel mit Organen und Geweben, die wissenschaftlichen Zwecken oder in präparierter Form der Weiterbildung der in medizinischen Berufen Tätigen bzw. der Aufklärung der Bevölkerung[33] dienen, wird weder vom Wortlaut noch von Sinn und Zweck des Verbots erfasst.[34]

2. Arzneimittelklausel. § 17 Abs. 1 S. 2 Nr. 2 regelt als lex specialis, dass Arzneimittel, **14** die der arzneimittelrechtlichen Zulassungs- und Registrierungspflicht unterliegen oder von

---

[23] Vgl. BR in BT-Drs. 16/3146, (Anlage 2) 56, im Ergebnis auch *Bausch/Kohlmann* NJW 2008, 1562 (1564); zu gesetzlichen Allokationsregelungen in anderen Mitgliedsstaaten s. *Pühler/Hübner/Middel* MedR 2007, 16 (19 f.).

[24] Zum räumlichen Geltungsbereich vgl. § 24.

[25] So bereits *Stooss,* Chirurgische Operationen, 1998, S. 3 ff.

[26] Dazu *Tag* S. 31 ff.

[27] *Stooss,* Chirurgische Operationen, 1998, S. 3 ff.

[28] Vgl. § 161 E 1962.

[29] *Binding,* Strafrecht Bes. Teil/1, 1905, S. 57.

[30] Vgl. § 161 E 1960.

[31] Vgl. Radbruchentwurf eines Strafgesetzbuches, 1925, § 238 E 1925.

[32] BT-Drs. 13/4355, 29; näher zum Schutzzweck → Rn. 3 ff.

[33] Zu sehen zB im Deutschen medizinhistorischen Museum in Ingolstadt sowie im Berliner medizinhistorischen Museum in der *Charité,* welches am 27.6.1899 durch die Eröffnungsrede von Rudolf Virchow im Interesse der Information und der Aufklärung der Bevölkerung über krankhafte Prozesse im menschlichen Körper dem „grossen Publicum freigegeben" wurde. Dazu *Krietsch/Dietel,* Pathologisch-Anatomisches Cabinet, 1996, S. 2, 159. Zur Plastination *Wetz/Tag,* Schöne neue Körperwelten, 2001.

[34] BT-Drs. 13/4355, 29; kritisch zu den gesetzlichen Einschränkungen *König* S. 23, 149 f.

ihr freigestellt sind,[35] aus dem **Handelsverbot ausgenommen** werden. Nicht erfasst sind damit diejenigen aus oder unter Verwendung von Organen und Geweben hergestellten Arzneimittel, die vor dem Inverkehrbringen auf Qualität, Wirksamkeit und Unbedenklichkeit behördlich überprüft werden[36] oder im Hinblick auf diese Anforderungen bestimmten Vorschriften einer Rechtsverordnung genügen müssen.[37] Da es sich bei Gewebezubereitungen gemäß § 4 Abs. 30 AMG iVm § 1a Nr. 4 um Arzneimittel handelt, fallen diese regelmäßig unter die Arzneimittelklausel.[38] Die Arzneimittelklausel vermeidet Widersprüche, da bestimmte menschliche Gewebe als zugelassene Arzneimittel nach den Vorschriften des AMG in den Verkehr gebracht und entgeltlich abgegeben werden dürfen. Der Handel mit nach Nr. 2 vom Verbot nicht ausgenommenen und damit grundsätzlich als geeignete Handelsobjekte in Betracht kommenden Organen und Geweben kann – je nach Sachlage – über die **Entgeltklausel** des § 17 Abs. 1 S. 2 Nr. 1 dem Bereich des Strafbaren entzogen sein.

15   **3. Handeltreiben. a) Tathandlung.** Verbotene Tätigkeit nach § 17 Abs. 1 S. 1 und gemäß § 18 Abs. 1 pönalisierte Tathandlung ist das nach wie vor umstrittene Merkmal[39] des Handeltreibens mit den bezeichneten Körpersubstanzen. Zur Auslegung dieses Begriffs verweist die Gesetzesbegründung auf die „umfangreiche Rechtsprechung des RG und des BGH,[40] die der Gesetzgeber im Betäubungsmittelgesetz aufgegriffen und die seither eine weitere Differenzierung erfahren[41] habe".[42] Unter Handeltreiben sei auch im TPG „jede eigennützige, auf Güterumsatz gerichtete Tätigkeit zu verstehen, selbst wenn es sich nur um eine gelegentliche, einmalige oder vermittelnde Tätigkeit handelt".[43]

16   Legt man die sehr weiten[44] Maßstäbe des § 29 Abs. 1 Nr. 1 BtMG der Auslegung des Handeltreibens in § 17 zugrunde,[45] ist das Handeltreiben ein **Unternehmensdelikt**.[46] Vorausgesetzt ist das eigennützige Bemühen, den Umsatz von Organen, Geweben oder Zellen zu ermöglichen oder zu fördern. Erforderlich sind Tätigkeiten, die auf die Ermöglichung oder Förderung eines bestimmten Umsatzgeschäfts mit Organen, Geweben oder Zellen zielen.[47] Ernsthafte Vertragsverhandlungen und Vertragsabschlüsse über den Kauf oder Weiterverkauf der entsprechenden Körpersubstanz genügen regelmäßig.[48] Eine nach außen erkennbare, auf die Veräußerung der Organe, Gewebe oder Zellen gerichtete Tätig-

---

[35] Dazu *König* S. 143 ff.

[36] Vgl. §§ 21 und 38 ff. AMG; § 1 der VO über radioaktive oder mit ionisierenden Strahlen behandelte Arzneimittel.

[37] Sog. Standardzulassungen gemäß § 36 AMG.

[38] BT-Drs. 16/3146, 37.

[39] Vgl. „10 000 Euro wären ein Einstieg": ein im SPIEGEL 2002, Heft 50, S. 178 veröffentlichtes Gespräch mit dem Transplantationschirurgen *Christoph Broelsch* über seine Forderung nach finanziellen Belohnungen für Organspender. Zur Möglichkeit des Organkaufs im Iran vgl. *Weber*, Legaler Organhandel in Iran: Ein Jahresgehalt für eine Niere, <http://www.spiegel.de/gesundheit/diagnose/organspende-in-iran-ein-jahresgehalt-fuer-eine-niere-a-1049898.html> (Stand: 11.4.2017).

[40] RG 6.10.1919 – III 246/19, RGSt 53, 310 (313, 316); 19.11.1917 – III 428/17, RGSt 51, 379 (380); 17.9.1918 – IV 419/18, RGSt 52, 169 (170); BGH 1.7.1954 – 3 StR 657/53, BGHSt 6, 246 (247).

[41] BGH 27.2.1974 – 1 StR 588/73, BGHSt 25, 290 (291); 21.2.1979 – 2 StR 663/78, BGHSt 28, 308 (309); 15.4.1980 – 5 StR 135/80, BGHSt 29, 239 (240).

[42] BT-Drs. 13/4355, 29 f.

[43] BT-Drs. 13/4355, 30; BGH 26.10.2005 – GSSt 1/05 (LG Mönchengladbach) NJW 2005, 3790 (3792); BGHGS 9.3.2006 – 4 StR 454/05, BeckRS 2006, 03743. Kritisch zur weiten Auslegung *Leipold* NJW-Spezial 2006, 40; *Roxin* StV 2003, 619; *Hardtung* NStZ 2003, 261; *Kühl* JZ 2003, 635.

[44] *Kudlich* NJW 2013 917 (919), spricht sich dafür aus, dass für das Handeltreiben (nachweisbar) eine zusätzliche Vergütung gerade für die Bevorzugung bei der Zuteilung des Organs geleistet worden sein muss.

[45] Kritisch hierzu *König* S. 150 ff.; *Paul* MedR 1999, 214; ablehnend *Oğlakcioğlu* HRRS 2012, 381.

[46] Handeltreiben setzt keinen Erfolg voraus, vgl. BGH 4.12.1981 – 3 StR 408/81, BGHSt 30, 277 (278); 5.9.1991 – 4 StR 386/91, NJW 1992, 380 (381). Zum Begriff des Unternehmensdelikts vgl. § 11 Nr. 6 StGB: „Unternehmen einer Tat ist deren Versuch und deren Vollendung." Kritisch differenzierend Schroth/König/Gutmann/Oduncu/*König* §§ 17, 18 Rn. 3.

[47] Zu § 29 Abs. 1 BtMG vgl. BGH 23.4.1993 – 3 StR 145/93, NStZ 1993, 444; 18.5.1994 – 5 StR 78/94, NStZ 1994, 501; 30.1.2001 – 1 StR 423/00, NStZ 2001, 323 (324); zu § 29 Abs. 6 BtMG vgl. BGH 20.8.1991 – 1 StR 321/91, BGHSt 38, 58 (62).

[48] BGH 10.7.2003 – 3 StR 61/02, 3 StR 243/02 mwN, NStZ 2007, 100 (101).

keit ist nicht erforderlich.[49] Weder der Abschluss eines Vertrags noch dessen Erfüllung oder die Anbahnung bestimmter Geschäfte werden vorausgesetzt.[50] Schon die Inbesitznahme von Organen, Geweben oder Zellen ist als Handeltreiben zu werten, wenn der Täter in der Absicht handelt, diese gewinnbringend zu veräußern,[51] selbst wenn es sich nur um eine gelegentliche, einmalige oder vermittelnde Tätigkeit handelt.[52] Die Förderung, von der hier die Rede ist, beschränkt sich nicht auf bestimmte, tatsächlich vorhandene Organe, Gewebe oder Zellen. Es kommt auch nicht darauf an, ob die Körpersubstanz, die der Täter anbietet oder erwerben will, überhaupt zur Verfügung steht. Vielmehr genügt es, wenn die entfaltete Tätigkeit auf die Übertragung von Organen, Gewebe oder Zellen von einer Person auf eine andere abzielt. Auf die tatsächliche Förderung des erstrebten Umsatzes kommt es ebenso wenig an wie darauf, ob die Körpersubstanz tatsächlich geliefert wurde.[53] Handeltreiben setzt keinen Erfolg voraus.[54]

Zum Handel gehören alle Akte, die der Sprachgebrauch auch sonst darunter versteht: **17** also etwa das Beschaffen oder Vermitteln der „Ware",[55] deren Übernahme, Transport sowie Übergabe an andere Personen usw, mit Einschluss aller Verhandlungen, die dabei zu führen sind. Handel treibt, wer Geschäfte dieser Art abschließt oder abzuschließen beabsichtigt. Zum Begriff des Handeltreibens gehört, dass der oder die Handelnde mit dem Verhalten einen eigenen Vorteil verfolgt. Der Austausch von Organen, Gewebe oder Zellen zwischen autorisierten Zuteilungsstellen oder durch Manipulation der Listen, § 9 Abs. 2, soweit keine Boni für die Manipulation entrichtet werden,[56] ist jedoch kein Handel iSv §§ 17 f.[57]

Fehlt es an einer erstrebten Umsatzförderung, liegt ein **eigenes** Handeltreiben bei der **18** betreffenden Person nicht vor. Zu prüfen ist jedoch die Teilnahmestrafbarkeit.

b) Eigennützig. Eigennützigkeit liegt vor, wenn das Handeln des Täters vom Streben **19** nach Gewinn geleitet wird oder er sich irgendeinen anderen persönlichen Vorteil verspricht, durch den er materiell oder immateriell bessergestellt wird. Ein Vorteil immaterieller Art kommt bei der gebotenen zurückhaltenden Auslegung nur in Betracht, wenn er einen objektiv messbaren Inhalt hat und der Empfänger in irgendeiner Weise tatsächlich bessergestellt wird.[58]

Dieser Regelung liegt der Gedanke zugrunde, dass sich der menschliche Körper und seine **20** Bestandteile **nicht** als **Handelsobjekte** eignen. Sie verdeutlicht den – auch vom Europarat sowie der europäischen Union vertretenen – ethischen Grundsatz, den lebenden Menschen sowie seine funktionsfähigen entnommenen Organe und Gewebe nicht zur Handelsware zu degradieren. Aufgrund ihrer besonderen Rechtsstellung sind vom Körper getrennte menschliche Organe und Gewebe zwar Sachen, eine uneingeschränkte Verkehrs- und Eigentumsfähigkeit im herkömmlichen sachenrechtlichen Sinn ist aber zurückzuweisen.[59]

Das TPG zieht daher europarechtskonform der entgeltlichen Weitergabe von Körper- **21** substanzen rechtliche Grenzen. Das Verbot des Handeltreibens ist auf die Abgabe von Körpersubstanzen zu Zwecken der Heilbehandlung beschränkt. Nicht erfasst wird die Weitergabe mit anderer Zielsetzung, wie zB der Körperspende zu Zwecken der anatomischen Sektion und Konservierung.

---

[49] BGH 18.3.1981 – 3 StR 68/81, NStZ 1981, 263; 20.1.1982 – 2 StR 593/81, NStZ 1982, 250 jeweils mwN; 11.6.2001 – 1 StR 111/01, BeckRS 2001 30185445.
[50] BGH 15.4.1980 – 5 StR 135/80, BGHSt 29, 239 (240).
[51] Zum BtMG vgl. BGH 18.3.1981 – 3 StR 68/81, NStZ 1981, 263; 23.9.1992 – 3 StR 275/92, NStZ 1993, 44; BGHGS, 9.3.2006 – 4 StR 454/05, BeckRS 2006, 03743.
[52] BGH 14.2.2002 – 4 StR 281/01, NStZ 2002, 375.
[53] BGH 16.11.2001 – 3 StR 371/01, BGHR BtMG § 29 Abs. 1 Nr. 1.
[54] BGH 4.12.1981 – 3 StR 408/81, BGHSt 30, 277 (278); 11.6.2001 – 1 StR 111/01, BeckRS 2001, 30185445.
[55] Näher LG München 23.5.2002 – 4 KLs 310 Js 42299/01, NJW 2002, 2655.
[56] *Schroth* NStZ 2013, 437 (446).
[57] Zu allfälligen Bußgeldtatbeständen wegen unzureichender Führung der Unterlagen vgl. § 20.
[58] StRspr: BGH 26.8.1992 – 3 StR 299/92, BGHR BtMG § 29 Abs. 1 Nr. 1 Handeltreiben 34 mwN; 16.11.2001 – 3 StR 371/01, BeckRS 2001, 30220295, BGHSt 34, 124 (126).
[59] AA BGH 3.6.1958 – 5 StR 179/58, bei *Dallinger* MDR 1958, 739.

22   **c) Täter.** Die Strafvorschrift pönalisiert zunächst denjenigen, der Organe oder Gewebe kommerziell unter Verstoß gegen § 17 Abs. 1 **vermittelt.** Aber auch ein **Arzt,** der eine entsprechende Körpersubstanz, die Gegenstand verbotenen Handeltreibens ist, entnimmt bzw. überträgt, macht sich strafbar.[60] Da zudem verboten ist, sich ein Organ oder Gewebe, das Gegenstand verbotenen Handeltreibens ist, übertragen zu lassen, kann auch der **potenzielle Empfänger** eines verbotswidrig gehandelten Organs oder Gewebes Täter sein. Ursprünglich sah der Gesetzesentwurf zwar vor, dass der im BtMG pönalisierte Erwerb für den Eigenbedarf im Bereich des TPGs vorwiegend tatbestandslos bleiben solle. Auf Empfehlung des Bundestagsausschusses für Gesundheit wurde der Verbotstatbestand jedoch auf den Empfänger ausgedehnt. Denn der zur Zahlung bereite Empfänger trage wesentlich zur Kommerzialisierung menschlicher Organe bei. Ein solches Verhalten sei ebenso wie das kommerzielle Verhalten des Spenders verwerflich.[61] Diese Regelung kann kritisch bewertet werden, da das Handelsverbot gerade auch dem Schutz des Organempfängers vor wucherischer Ausbeutung seiner gesundheitlichen Notlage durch andere dienen sollte. Vor dem Hintergrund der heutigen Gesetzeslage kann der notstandsähnlichen Situation des Empfängers, für den die Transplantation häufig die einzige Möglichkeit zur Lebensrettung darstellt, insoweit nur über §§ 34,[62] 35 StGB oder § 18 Abs. 4 Rechnung getragen werden.[63]

23   **d) Gehilfenschaft.** Die Frage, ob die Beteiligung am Organ- oder Gewebehandel Mittäterschaft oder Teilnahme darstellt, beurteilt sich nach den allgemeinen Grundsätzen. Wesentliche Anhaltspunkte sind der Grad des eigenen Interesses am Erfolg, der Umfang der Tatbeteiligung und die Tatherrschaft oder wenigstens der Wille dazu, so dass Durchführung und Ausgang der Tat maßgeblich auch vom Willen des Tatbeteiligten abhängen. Zu berücksichtigen ist, dass die Mittäterschaft Abstufungen nach dem Grad des Tatinteresses und des Tateinflusses zulässt.[64] Da auch die eigennützige Förderung fremder Umsatzgeschäfte den Begriff des Handeltreibens erfüllen kann, kann auch die Tätigkeit eines Kuriers, der gegen Entlohnung Organe oder Gewebe transportiert, ohne selbst Käufer oder Verkäufer zu sein, mittäterschaftliches Handeltreiben darstellen, wenn er den Transport selbständig gestaltet und seine Rolle nicht nur ganz untergeordnet ist. Es genügt aber nicht, dass nur der Eigennutz eines anderen mit dem Tatbeitrag unterstützt werden soll. Ferner deutet eine ganz untergeordnete Tätigkeit schon objektiv darauf hin, dass der Beteiligte nur Gehilfe ist.

24   **e) Teleologische Einschränkung.** Nach Abs. 1 S. 2 Nr. 1 handelt nicht eigennützig, wer im Rahmen dieser Tätigkeiten ein Entgelt gewährt oder annimmt, das den angemessenen Ersatz für die zur Erreichung des Ziels der Heilbehandlung gebotenen Maßnahmen nicht übersteigt. Dies schließt ein Entgelt für das Organ, Organteil oder Gewebe selbst aus. Eine angemessene Vergütung für die in diesem Zusammenhang erforderlichen Tätigkeiten sind zB die Klärung der Voraussetzungen für eine Entnahme, der Nachweis des endgültigen, nicht behebbaren Ausfalls der gesamten Hirnfunktion oder des endgültigen, nicht behebbaren Stillstands von Herz und Kreislauf sowie die ärztlichen, pflegerischen und sonstigen Leistungen im Zusammenhang mit der Entnahme oder Übertragung der Organe oder Gewebe einschließlich deren Vorbereitung.

25   Nicht eigennützig handelt demnach, wer ein angemessenes Entgelt für Maßnahmen annimmt, die bei einer Heilbehandlung geboten sind. Das gilt insbes. für die Entnahme von Organen oder Geweben, ihre Konservierung, die weitere Aufbereitung, den Infektionsschutz sowie die Aufbewahrung und Beförderung der Organe oder Gewebe. Das Verbot des Handeltreibens betrifft des Weiteren nicht Arzneimittel, die unter Verwendung von Körpern unter Einhaltung der formalen arzneirechtlichen Vorschriften hergestellt werden, § 17 Abs. 1 S. 2 Nr. 2.

---

[60] *Schroth* JZ 1997, 1149 (1150).
[61] Näher *Nickel/Schmidt-Preisigke/Sengler* § 17 Erl. 11.
[62] Näher *König* S. 208 ff.
[63] BT-Drs. 13/4355.
[64] BGH 9.10.1996 – 3 StR 220/96, BGHSt 42, 255 (258).

f) Entgelt. Der Begriff des Entgelts umfasst jeden vermögenswerten Vorteil. Angemessen 26 sind insbesondere die üblichen Vergütungen. Der Ersatz der unmittelbar mit der Organ- oder Gewebeentnahme bei einem Lebenden entstandenen Aufwendungen des Lebendspenders stellt ebenfalls keine Tathandlung im Sinne des § 17 Abs. 1 S. 1 dar. Die Geltendmachung der dem Lebendspender im Rahmen der Organ- oder Gewebeentnahme entstandenen Aufwendungen, zB des Verdienstausfalls, der Fahrt- oder Unterbringungskosten, bedeutet ebenso wenig ein Handeltreiben wie das Gewähren einer angemessenen Absicherung einer durch die Organ- oder Gewebeentnahme bedingten Erhöhung des Risikos des Spenders, berufsunfähig zu werden.

Strittig, aber wohl zu verneinen,[65] ist die Frage, ob ein sozialadäquates Dankeschön des 27 Empfängers an den Spender, das zugleich einen vermögenswerten Vorteil darstellt, aus dem Tatbestand ausgenommen werden sollte. Zu denken ist zB an einen Blumenstrauß oder eine gute Flasche Wein. Immaterielle Vorteile, soweit sie unter den Begriff des Handeltreibens subsumiert werden, sind entsprechend den vom 1. Senats des BGH zu § 331 StGB[66] entwickelten Kriterien mangels Messbarkeit hier nicht erfasst.

g) Überkreuz-Lebendspende.[67] Ob bei der Überkreuz-Lebendspende (Cross-Over) ein 28 Handeltreiben vorliegt, ist anhand der Besonderheiten des Einzelfalls zu entscheiden.[68] Besteht zwischen Spender und Empfänger eine besondere persönliche Verbundenheit, handelt der Spender weder zum Zweck, mit der Organ- oder Gewebespende Umsätze zu erzielen, und ist sein Handeln nicht durch eigennützige Gewinnmotive beherrscht, scheidet ein Handeltreiben aus. Die durch die Spende erstrebte Verbesserung des Gesundheitszustands des Empfängers oder des eigenen Partners stellt keinen kommerziellen Gewinn dar. Dass der Empfänger infolge der Spende wieder erwerbstätig sein kann, was für den Spender ggf. mittelbare finanzielle Vorteile bedingen kann, ist bei der Betrachtung grds. außer Acht zu lassen.

h) Gewerbsmäßiger Organhandel. Abs. 2 bedroht den gewerbsmäßigen Organ- oder 29 Gewebehandel mit Freiheitsstrafe von einem Jahr bis zu fünf Jahren, da dieser für die geschützten Rechtsgüter eine besondere Gefahr bedeutet.[69] Diese Qualifizierung erhebt den Vergehenstatbestand des Abs. 1 zum Verbrechen, § 12 Abs. 1 und 3 StGB.

Der im StGB und in § 29 BtMG lozierte Begriff der **Gewerbsmäßigkeit** ist im TPG 30 entsprechend auszulegen.[70] Gewerbsmäßig handelt, wem es darauf ankommt, sich eine fortlaufende Einnahmequelle zu verschaffen. Vorausgesetzt ist eine auf Gewinnerzielung gerichtete Tätigkeit von einiger Dauer und gewissem Umfang.[71] Die Einkünfte aus dem verbotenen Handeltreiben müssen nicht die Haupteinnahmequelle bilden. Andererseits wurde zu § 29 BtMG entschieden, dass die vereinbarte Vergütung in Teilbeträgen für ein einziges Geschäft nicht schon die Gewerbsmäßigkeit begründet.[72]

4. Subjektiver Tatbestand. § 18 setzt Vorsatz voraus, vgl. § 15 StGB. Grobe Fahrlässig- 31 keit reicht nicht. Der Vorsatz muss zum Zeitpunkt der Tathandlung vorliegen. Da der Gesetzgeber keine qualifizierte Vorsatzform vorschreibt, genügt bereits Eventualvorsatz zur Tatbestandsverwirklichung.

Im Unterschied zum direkten Vorsatz muss der mit Dolus eventualis handelnde Täter die 32 strafbarkeitsrelevanten Umstände nicht sicher kennen, sondern hält sie nur für möglich. Daneben bedarf es eines zusätzlichen, nicht mit emotionaler Billigung zu verwechselnden voluntativen Elements. Zudem ist zu unterscheiden zwischen den begrifflichen Voraussetzungen des Eventualvorsatzes und den Anforderungen, die an seinen Beweis zu stellen sind.[73]

[65] So auch *Nickel/Schmidt-Preisigke/Sengler* § 17 Erl. 5; *König* S. 167.
[66] BGH 23.5.2002 – 1 StR 372/01, NJW 2002, 2801; *Schäfer* in *Tag/Tröger/Taupitz* (Hrsg.), S. 65 ff.
[67] → § 8 Rn. 38.
[68] BSG 10.12.2003 – B 9 VS 1/01 R, NZS 2004, 531 (534).
[69] BT-Drs. 13/8017, 44 zu § 17 Abs. 1a Entwurf TPG v. 23.6.1997.
[70] BT-Drs. 13/4355, 29 f.
[71] StRspr: vgl. BGH 14.11.2001 – 3 StR 352/01, BeckRS 2001, 30219286.
[72] BGH 4.4.1989 – 1 StR 87/89, NStE Nr. 57 zu § 29 BtMG.
[73] Schönke/Schröder/*Sternberg-Lieben/Schuster* StGB § 15 Rn. 87.

III. Irrtum; Versuch

33   **1. Tatbestands- und Verbotsirrtum.** Gemäß § 16 Abs. 1 StGB entfällt der Vorsatz, wenn der Täter einen Umstand nicht kennt, auf den es für die Verwirklichung des Tatbestands ankommt. Jede noch so leichtfertige Verkennung der Sachlage kann nur eine fahrlässige Tat begründen, die im Rahmen von § 18 nicht strafbar ist. Demgegenüber liegt ein Verbotsirrtum nach § 17 StGB vor, wenn dem Täter das Unrechtsbewusstsein fehlt, weil er zB die Existenz der §§ 17, 18 nicht kennt oder weil er sie zwar kennt, einzelne Merkmale aber zu seinen Gunsten restriktiv interpretiert. Ein solcher Verbotsirrtum lässt den Vorsatz unberührt und nur bei Unvermeidbarkeit im Ausnahmefall die Schuld entfallen.

34   **2. Versuch.** Abs. 3 stellt den Versuch von Abs. 1,[74] §§ 22 ff. StGB, unter Strafe. Da die Rechtsprechung den Begriff des Handeltreibens weit auslegt, wird allerdings für den Versuch kaum[75] Raum bleiben, sondern idR bereits ein vollendetes Delikt anzunehmen sein.

35   **3. Strafrahmen.** Der Strafrahmen von Abs. 1 sieht Freiheitsstrafe bis zu fünf Jahren oder Geldstrafe vor, die Geldstrafe reicht gemäß § 40 Abs. 1 iVm 2 StGB von 5[76] bis 10.800.000 EUR. Die Qualifikation des Abs. 2 sieht Freiheitsstrafe von einem Jahr bis zu fünf Jahren vor.

36   **4. Absehen von Strafe bzw. Strafmilderung.** Das Gericht „kann" bei Spendern, deren Organe oder Gewebe Gegenstand verbotenen Handeltreibens waren und bei Organ- oder Gewebeempfängern von Strafe nach § 18 Abs. 1 absehen oder die Strafe nach seinem Ermessen mildern. Abs. 4 soll dem materiellen Versuchscharakter des regelmäßig formell vollendeten Unternehmensdelikts Rechnung tragen, aber auch schweren gesundheitlichen Notlagen, die den Täter nicht bereits gemäß §§ 34 StGB rechtfertigen oder nach § 35 StGB entschuldigen.

37   Das **fakultative Absehen** betrifft den Bereich der Straftatfolgen. Der Täter wird nicht freigesprochen. Ergeht der Schuldspruch in der Hauptverhandlung, erfolgt eine Verurteilung mit der Kostenfolge gemäß § 465 Abs. 1 S. 2 StPO. Im Zwischenverfahren oder im Hauptverfahren bis zum Beginn der Hauptverhandlung entscheidet das Gericht durch Beschluss, § 153b Abs. 2 StPO.

38   **5. Bestimmtheitsgrundsatz.** Gegen Abs. 4 werden mit Blick auf Art. 103 Abs. 2 GG verfassungsrechtliche Bedenken eingewandt. Kritikpunkt ist, der Gesetzgeber benenne keine konkreten Anhaltspunkte, wann das Gericht von einer Bestrafung absehen dürfe.[77] Diese Bedenken sind ernst zu nehmen. In vielen Nebenstrafgesetzen stehen nicht mehr die fragmentarische und subsidiäre Natur des Strafrechts und das Schuldprinzip an erster Stelle. Die Strafgesetze und ihre Rechtsfolgen werden vielmehr elastisch formuliert. Die im Gesetzgebungsverfahren heftig umstrittene Strafbarkeit des Organ- oder Gewebeempfängers, soweit das Organ oder Gewebe Gegenstand des Handeltreibens war, oder auch die eingeschränkte Möglichkeit der Lebendspende, führten im Ergebnis zu weitreichenden Strafbarkeitsbestimmungen. Es besteht die Tendenz, strafrechtliche Grenzen, um sie im Fall einer Überschreitung nicht zu verletzen und damit mit dem Analogieverbot zu kollidieren, vorsorglich flexibel zu gestalten. Die Korrektur der ggf. (zu) weit geratenen Tatbestände erfolgt auf der Ebene der Straftatfolgen, indem dem Gericht zur Berücksichtigung der Besonderheiten des Einzelfalls ein weiter Ermessenspielraum eingeräumt wird.

39   Durchforstet man mit Blick auf diese Thematik die höchstrichterliche Rechtsprechung auf Entscheidungen, wonach es dem Strafgesetzgeber nicht gelungen sei, das verfassungsrechtliche

---

[74] Der Versuch des gewerbsmäßigen Organhandels ist als Verbrechen kraft Gesetzes mit Strafe bedroht, vgl. §§ 12 Abs. 1 und 3, 23 Abs. 1 StGB.

[75] Zur Abgrenzung Vorbereitung, Versuch, Vollendung vgl. LG München 23.5.2002 – 4 KLs 310 Js 42 299/01, NJW 2002, 2655; beim Handeltreiben mit Betäubungsmitteln vgl. BGH 26.10.2005 – GSSt 1/05, NJW 2005, 3790.

[76] Die Geldstrafe beträgt mindestens fünf und höchstens 360 volle Tagessätze.

[77] *Schroth* JZ 1997, 1149, 1151.

Minimum an gesetzlicher Vorausbestimmung bereitzustellen, so ist das Ergebnis karg. BGH und BVerfG haben in Grundsatzentscheidungen zwar die Bedeutung des nulla-poena-Satzes – gerade auch für den Bereich der Straftatfolgen – hervorgehoben. Die regelmäßig wiederkehrende Feststellung, das Gebot der Bestimmtheit dürfe nicht übersteigert werden, die Strafgesetze müssten dem Wandel der Verhältnisse offen bleiben, spricht aber im Hinblick auf die anzuwendenden Maßstäbe eine deutliche Sprache. Zwar hat der Zweite Senat des BVerfG der weiten Elastizität des Bestimmtheitsgebots Schranken gesetzt, indem er die Verfassungswidrigkeit der Vermögensstrafe, § 43a StGB, feststellte.[78] Ob die hierbei aufgestellten Grundsätze auf § 18 Abs. 4 angewandt, zu dessen Verfassungswidrigkeit führen, erscheint aber zweifelhaft, zumal das Ermessen des Gerichts nicht frei ist, sondern durch den Gesamtzusammenhang der Norm, den Gesetzeszweck und die Besonderheiten des Einzelfalls begrenzt wird.

6. Sonstige Folgen. Wird ein Organ oder Gewebe transplantiert, das durch Organ- oder **40** Gewebehandel gewonnen wurde, so besteht keine Leistungspflicht der Sozialversicherung.[79]

§ 19 Weitere Strafvorschriften

(1) Wer
1. **entgegen § 8 Abs. 1 Satz 1 Nr. 1 Buchstabe a oder Buchstabe b oder Nr. 4 oder § 8c Abs. 1 Nr. 1 oder Nr. 3, Abs. 2 Satz 1, auch in Verbindung mit Abs. 3 Satz 2, oder § 8c Abs. 3 Satz 1 ein Organ oder Gewebe entnimmt,**
2. **entgegen § 8 Abs. 1 Satz 2 ein Organ entnimmt oder**
3. **entgegen § 8b Abs. 1 Satz 1, auch in Verbindung mit Abs. 2, ein Organ oder Gewebe zur Übertragung auf eine andere Person verwendet oder menschliche Samenzellen gewinnt,**
wird mit Freiheitsstrafe bis zu fünf Jahren oder mit Geldstrafe bestraft.

(2) Wer entgegen § 3 Abs. 1 Satz 1 oder Abs. 2, § 4 Abs. 1 Satz 2 oder § 4a Abs. 1 Satz 1 ein Organ oder Gewebe entnimmt, wird mit Freiheitsstrafe bis zu drei Jahren oder mit Geldstrafe bestraft.

(2a) Mit Freiheitsstrafe bis zu zwei Jahren oder mit Geldstrafe wird bestraft, wer absichtlich entgegen § 10 Absatz 3 Satz 2 den Gesundheitszustand eines Patienten erhebt, dokumentiert oder übermittelt.

(3) Wer
1. **entgegen § 2 Abs. 4 Satz 1 oder Satz 3 eine Auskunft erteilt oder weitergibt,**
2. **entgegen § 13 Abs. 2 eine Angabe verwendet oder**
3. **entgegen § 14 Abs. 2 Satz 1, auch in Verbindung mit Satz 2, oder Satz 3 personenbezogene Daten offenbart oder verwendet,**
wird mit Freiheitsstrafe bis zu einem Jahr oder mit Geldstrafe bestraft.

(4) In den Fällen der Absätze 1, 2 und 2a ist der Versuch strafbar.

(5) Handelt der Täter in den Fällen des Absatzes 2 fahrlässig, ist die Strafe Freiheitsstrafe bis zu einem Jahr oder Geldstrafe.

---

[78] BVerfG 20.3.2002 – 2 BvR 794/95.
[79] BSG 15.4.1997 – 1 RK 25/95, NJW 1997, 3114; BSG 10.12.2003 – B 9 VS 1/01 R, NZS 2005, 531 (533).

I. Überblick

1   § 19 stellt einige Verstöße gegen die Vorschriften des TPG unter Strafe. Daneben gelten jedoch auch die Straftatbestände des StGB.[1]

II. Absatz 1

2   **1. Objektiver Tatbestand. Abs. 1** pönalisiert Verstöße im Rahmen der Entnahme von Organen und Geweben bei **lebenden Spendern**.[2] Unter Strafe gestellt ist, wer entgegen § 8 Abs. 1 S. 1 Nr. 1 Buchstabe a oder b oder Nr. 4 oder § 8c Abs. 1 Nr. 1 oder Nr. 3, Abs. 2 S. 1, auch iVm Abs. 3 S. 2, oder § 8c Abs. 3 S. 1 ein Organ oder Gewebe entnimmt. Soweit die aus den Zulässigkeitsvoraussetzungen folgenden Verbote die Befugnis des Spenders einschränken, in eine Verletzung seiner körperlichen Integrität einzuwilligen, kann ein Verstoß gegen § 8 Abs. 1 auch als Körperverletzung strafbar sein (→ § 1 Rn. 17 f.). Verstöße gegen die ordnungsgemäße Einholung der Einwilligung und gegen den Arztvorbehalt bei der Entnahme von Organen und Geweben zur Rückübertragung entsprechend § 8c sind strafbewehrt. Abs. 1 Nr. 1 bezieht sich zudem auf die Einhaltung der Voraussetzungen der Vorschrift zur Entnahme von Knochenmark nach § 8a. Einer ausdrücklichen Nennung im Gesetzeswortlaut von § 8a bedarf es nicht, da die Entnahme nach § 8 Abs. 1 S. 1 Nr. 1 Buchstabe a oder b soweit verboten bleibt, falls die besonderen Voraussetzungen der Sonderregelung nicht eingehalten werden.

3   **2. Subjektiver Tatbestand. Abs. 1** setzt Vorsatz voraus, vgl. § 15 StGB. Grobe Fahrlässigkeit reicht nicht. Der Vorsatz muss zum Zeitpunkt der Tathandlung vorliegen. Da der Gesetzgeber keine qualifizierte Vorsatzform vorschreibt, genügt bereits Eventualvorsatz zur Tatbestandsverwirklichung. Im Unterschied zur strafrechtlichen Regelung bezüglich der postmortalen Organentnahme ist im Rahmen von Abs. 1 die fahrlässige Begehung nicht unter Strafe gestellt.

4   **3. Versuch.** Der Versuch von Abs. 1 ist mit Strafe bedroht (Abs. 4).

5   **4. Strafrahmen, Verjährung.** Der Strafrahmen von § 19 Abs. 1 sieht Freiheitsstrafe bis zu fünf Jahren oder Geldstrafe vor. Die Geldstrafe reicht gemäß § 40 Abs. 1 iVm Abs. 2 StGB[3] von 5[4] bis 10.800.000 EUR. Die Verfolgung verjährt nach fünf Jahren, § 78 Abs. 3 Nr. 4 StGB.

6   **5. Konkurrenzen.** Mit §§ 212 ff. sowie §§ 223 ff. StGB ist Tateinheit möglich.

---

[1]   Näher *Rosenau* MedR 2016, 706 ff.
[2]   Zur Verfassungsgemäßheit vgl. BVerfG 11.8.1999, NJW 1999, 3400 (bezogen auf die § 19 Abs. 2 aF).
[3]   In der Fassung des Gesetzes zur Einführung des Euro in Rechtspflegegesetzen und in Gesetzen des Straf- und Ordnungswidrigkeitenrechts vom 13.12.2001, BGBl. I S. 3574 (3577).
[4]   Die Geldstrafe beträgt mindestens fünf und höchstens 360 volle Tagessätze.

III. Absatz 2

1. Objektiver Tatbestand. Die Regelung des Abs. 2 betrifft die Entnahme von Orga- **7** nen oder Geweben bei der **postmortalen Spende** unter bestimmten Voraussetzungen: Strafbar ist insbes. der Arzt, der ein Organ oder Gewebe entnimmt, ohne dass der **8** Verstorbene zu Lebzeiten wirksam in die Entnahme eingewilligt, § 3 Abs. 1 Nr. 1, oder ohne dass (subsidiär) der nächste Angehörige oder der an seine Stelle Tretende der Entnahme zugestimmt hatte, § 4 Abs. 1 S. 2.[5] Bei einem Widerspruch ist die Entnahme unzulässig und strafbewehrt, § 3 Abs. 2 Nr. 1. Damit soll insbes. das Selbstbestimmungsrecht der als Organ- oder Gewebespender in Betracht kommenden Personen und das subsidiäre Recht anderer Personen, über eine Entnahme von Organen oder Gewebe zu entscheiden, geschützt werden. Ferner wurden Verstöße gegen die Bestimmungen zum Nachweis des endgültigen, nicht behebbaren Ausfalls der gesamten Hirnfunktion oder des endgültigen, nicht behebbaren Stillstands von Herz und Kreislauf als Voraussetzung für eine Organ- oder Gewebeentnahme, § 3 Abs. 1 S. 1 Nr. 2 iVm § 5 Abs. 1 sowie § 3 Abs. 2 Nr. 2, strafbewehrt. Die Strafbarkeit erstreckt sich bei der postmortalen Organ- und Gewebespende auch auf den Arztvorbehalt. Ergänzt wurde die bisher geltende Regelung zur postmortalen Spende um den Tatbestand des Verstoßes gegen die Voraussetzungen der Einholung der Einwilligung und des Arztvorbehalts bei der Entnahme von Organen und Geweben toter Föten und Embryonen in § 4a Abs. 1 Nr. 1, 2 oder Nr. 3. Damit wurde der durch das Gewebegesetz eingeführte Tatbestand des § 4a unter Strafe gestellt.

2. Subjektiver Tatbestand. Der subjektive Tatbestand erfordert bezüglich aller objekti- **9** ven Merkmale Vorsatz, § 15 StGB, wobei Eventualvorsatz genügt. Eine überschießende Innentendenz im Sinne einer Schädigungsabsicht ist nicht gefordert. Für den Vorsatz sind das Bewusstsein und der Wille erforderlich, das Organ oder Gewebe entgegen der in § 3 Abs. 1, 2 und § 4 Abs. 1 S. 2 oder § 4a Abs. 1 S. 1 geregelten Voraussetzungen zu entnehmen.

3. Irrtum; Versuch; Rechtfertigung; Rechtsfolgen. a) Tatbestands- und Ver- **10** **botsirrtum.** Gemäß § 16 Abs. 1 StGB entfällt der Vorsatz, wenn der Täter einen Umstand nicht kennt, auf den es für die Verwirklichung des Tatbestands ankommt. Jede noch so leichtfertige Verkennung der Sachlage kann nur eine fahrlässige Tat begründen, die im Rahmen von § 19 Abs. 5 strafbar ist. Demgegenüber liegt ein Verbotsirrtum nach § 17 StGB vor, wenn dem Täter das Unrechtsbewusstsein fehlt, weil er zB die Existenz der §§ 19, 3 Abs. 1 und 2 oder § 4 Abs. 1 S. 2, § 4a Abs. 1 S. 1 nicht kennt oder weil er sie zwar kennt, einzelne Merkmale aber zu seinen Gunsten restriktiv interpretiert. Ein solcher Verbotsirrtum lässt den Vorsatz unberührt und nur bei Unvermeidbarkeit im Ausnahmefall die Schuld entfallen.

b) Versuch, Fahrlässigkeit. Abs. 4 bedroht den Versuch, Abs. 5 die Fahrlässigkeit mit **11** Strafe. Weshalb nicht auch die schwerer bestraften Tathandlungen nach Abs. 1 von Abs. 5 erfasst werden, ist nicht einsichtig.[6] Der Strafrahmen bei der fahrlässigen Begehung ist Freiheitsstrafe bis zu einem Jahr oder Geldstrafe (§ 40 Abs. 1 und Abs. 2 StGB). Die Verfolgungsverjährung beträgt drei Jahre (§ 78 Abs. 3 Nr. 5 StGB).

c) Rechtfertigung. Der Strafdrohung des Abs. 2 liegen Verhaltensweisen zugrunde, die **12** der Normgeber im Interesse des Rechtsfriedens und der Rechtssicherheit als so wesentlich erachtet, dass er über diese die schärfste Sanktion verhängt, über die er verfügt. Obgleich der Unrechtstatbestand einen typisierten Unrechtsgehalt beschreibt, steht mit der Erfüllung des Tatbestands nicht zwingend auch seine Rechtswidrigkeit fest. Seine Verwirklichung kann lediglich als Indiz für ein rechtswidriges Verhalten gesehen werden.

d) Mutmaßliche Einwilligung. Ob die mutmaßliche Einwilligung als Rechtferti- **13** gungsgrund zur Anwendung kommt, ist umstritten. Zwar könnte man bei der zuvor geäu-

---

[5] Vgl. Höfling/*Bernsmann*/*Sickor* Rn. 60 ff.
[6] So auch Höfling/*Bernsmann*/*Sickor* Rn. 91.

ßerten Spendeverfügung des Hirntoten in die Organentnahme geneigt sein, die zu Lebzeiten erklärte Einwilligung als mutmaßliche zu begreifen. Dem widerspricht jedoch, dass auch die mutmaßliche Einwilligung grds. die Einwilligungsfähigkeit voraussetzt, was bei einem Toten ausgeschlossen ist – es sei denn, man wollte auf längst überholte altgermanische mystizistische Auffassungen bezüglich der Personalität der Leiche zurückgreifen.[7]

14 Bei der Spendeverfügung geht es vielmehr um eine Ausweitung der persönlichen Autonomie für den Fall, dass ein persönlicher Wille infolge Todeseintritts überhaupt nicht mehr gebildet werden kann. Fraglich ist daher, ob die davon zu unterscheidende mutmaßliche Einwilligung die Entnahme legitimieren kann, wenn zB ein Freund des Verstorbenen, der Kenntnis davon hat, dass der Verstorbene seine Organe spenden wollte, die konkrete Spendeerklärung aber aufgrund des tragischen Unfalltods nicht mehr zustande kam, dies dem Amt mitteilt und keine nahen Angehörigen oder ihnen gleichgestellte Personen vorhanden sind. Hierbei ist zu beachten, dass bei der postmortalen Organspende – und in noch stärkerem Maße bei der Lebendspende[8] – die Einwilligung nur in Verbindung mit dem Bestreben, hochrangige Interessen zu schützen, zur Legitimation der Tat führt. Das Interesse besteht in der Erhaltung des Lebens bzw. der Gesundheit des Empfängers und damit auch dem Organmangel generell entgegenzuwirken. Bei der Entnahme muss zuvor der Tod des Organspenders nach Regeln, die dem Stand der medizinischen Wissenschaft entsprechen, festgestellt werden. Zudem ist die Entnahme von einem Arzt durchzuführen. Das Gewicht dieser neben der Einwilligung stehenden Interessen bedingt, dass – bei Vorliegen eindeutiger Indizien für den mutmaßlichen Willen zur Organspende – im Einzelfall die Voraussetzungen an die Einwilligung reduziert werden können. Das gewichtige Interesse kann die mutmaßliche Einwilligung mithin zu einer vollwertigen Rechtfertigung erstarken lassen, soweit zweifelsfreie Indizien für die Spendebereitschaft des Verstorbenen vorliegen. In einem solchen Fall wird ein Schutzbedürfnis nicht durch die Entnahme verletzt, so dass viel dafür spricht, insoweit die mutmaßliche Einwilligung als verlängerten Arm der tatsächlichen Einwilligung zuzulassen.[9]

15   **e) Notstand (§ 34 StGB).** Umstritten[10] ist die Frage, ob § 34 StGB neben den Regelungen des TPG zur Anwendung kommen soll. Zu denken ist an einen Sachverhalt, bei welchem der Arzt gegen den Willen des Verstorbenen eine Organ- oder Gewebeentnahme durchführt, um mit der geplanten Übertragung das unmittelbar bedrohte Leben eines anderen Patienten zu retten. Im Hinblick darauf, dass § 3 Abs. 2 Nr. 1 die Organ- oder Gewebeentnahme bei vorliegendem Widerspruch des Verstorbenen ausdrücklich verbietet, schließt ein Widerspruch die Entnahme auch dann aus, wenn sie zur konkreten unmittelbaren Rettung eines anderen Menschen notwendig gewesen wäre. Unter diesen Voraussetzungen bleibt kein Anwendungsbereich für § 34 StGB.

16   Fehlt es dagegen an einem Widerspruch sowohl des Verstorbenen wie auch des nächsten Angehörigen, ist es eine Frage des Einzelfalls, ob das Überlebensinteresse des potenziellen Empfängers die postmortale Rechtsstellung des Verstorbenen zu verdrängen vermag. Sicherlich kann es aber keinen Automatismus dergestalt geben, dass bei fehlendem Widerspruch stets auf die Regeln des Notstands zurückgegriffen werden kann. Anderenfalls würde die Entscheidung des Gesetzgebers, die postmortale Organ- oder Gewebespende der erweiterten Zustimmungslösung zu unterstellen, unterlaufen und in eine Widerspruchslösung

---

    [7] Näher *Tag* S. 387 ff.
    [8] Näher *Dölling* FS Gössel, 2002, 210.
    [9] So auch *Schroth* JZ 1997, 1149 (1152); aA *Seelmann*, Organtransplantation – die strafrechtlichen Grundlagenprobleme in *Brudermüller/Seelmann* (Hrsg.), S. 37 f.
    [10] Diff. *Nickel/Schmidt-Preisigke/Sengler* Rn. 8; *Kühl* 8/72 mwN; *Fischer* StGB § 168 Rn. 15 halten § 34 allenfalls bei Vorliegen einer konkreten Notlage für nicht ausgeschlossen. Wegen der abschließenden Regelung der Organentnahme im TPG verneinen die Angemessenheit NK-StGB/*Herzog* StGB § 168 Rn. 14; Schönke/Schröder/*Lenckner/Bosch* StGB § 168 Rn. 8 sowie *Seelmann* S. 40 f.; so wohl auch Höfling/*Bernsmann/Sickor* Rn. 94 f.; *Herring* S. 123 f.; *Bowary* S. 209 ff., verneinen § 34 StGB, da die geschützte Autonomie auch im konkreten Fall abwägungsresistent sei.

umdeklariert. Ob jedoch in jedem Fall die Angemessenheit der Notstandshandlung scheitert,[11] erscheint noch weiter klärungsbedürftig.

f) Strafrahmen. Der Strafrahmen von Abs. 2 sieht Freiheitsstrafe bis zu drei Jahren oder **17** Geldstrafe vor. Der Strafrahmen der Geldstrafe reicht gemäß § 40 Abs. 1 iVm Abs. 2 StGB[12] von 5 bis 10.800.000 EUR.[13]

g) Verjährung. Die Verfolgungsverjährung bei einem Verstoß gegen Abs. 2 beträgt drei **18** Jahre, vgl. § 78 Abs. 3 Nr. 5 StGB. Zum Beginn, Ruhen und zur Unterbrechung der Verjährung vgl. §§ 78a bis c StGB.

IV. Absatz 2a[14]

1. Überblick. Der am 1.8.2013 in Kraft getretene und als Urkundendelikt ausgestaltete[15] **19** Abs. 2a sanktioniert Manipulationen von Patientenunterlagen und versucht so, die Bevorzugung von Patienten auf der Warteliste, vgl. § 10 Abs. 3 S. 2 letzter Halbsatz, zu verhindern.[16] Er ist als Reaktion des Gesetzgebers auf die im Jahr 2012 bekannt gewordenen Unregelmäßigkeiten im Vergabeverfahren ins Gesetz aufgenommen worden und bezweckt die Rückgewinnung und nachhaltige Stärkung des Vertrauens in ein gerechtes Allokationssystem.[17] In der Ausgestaltung orientiert er sich am Straftatbestand des Ausstellens unrichtiger Gesundheitszeugnisse, § 278 StGB.[18]

2. Objektiver Tatbestand. Strafbar macht sich, wer gegen das in § 10 Abs. 3 S. 2 gel- **20** tende Verbot der unrichtigen Erhebung oder Dokumentation des Gesundheitszustands eines Patienten, § 10 Abs. 3 S. 2 Nr. 1, oder dessen unrichtige Übermittlung, § 10 Abs. 3 S. 2 Nr. 2, verstößt.[19] Der Tatbestand ist als **Sonderdelikt** ausgestaltet. Täter kann einzig der behandelnde Arzt oder eine von diesem für die Erhebung, Dokumentation, Ermittlung des Gesundheitszustands beauftragte Person sein. Der Tatbestand ist aufgrund seiner komplizierten Verweiskette § 10 Abs. 3 S. 2, § 13 Abs. 3 S. 3 und schließlich § 12 Abs. 3 S. 1 ein Blaketttatbestand, der für den Rechtsanwender nur mit Mühen zu verstehen ist und der einmal mehr die Frage nach der Beachtung des Bestimmtheitsgebots nebenstrafrechtlicher Regelungen, Art. 103 Abs. 2 GG, aufwirft.

3. Subjektiver Tatbestand. Abs. 2a setzt nach seinem Wortlaut Absicht voraus, ob **21** Wissentlichkeit genügen kann, ist strittig.[20] Eventualvorsatz reicht nicht. Der Vorsatz muss zum Zeitpunkt der Tathandlung vorliegen. Zudem muss der Täter handeln, um den Patienten bei der Führung der einheitlichen Warteliste nach § 12 Abs. 3 S. 2 zu bevorzugen. Will er ihn ausschließlich[21] benachteiligen, greift § 19 Abs. 2a nicht ein.

4. Rechtfertigungs-/Entschuldigungsgründe. Eine Rechtfertigung gemäß § 34 ist **22** ausgeschlossen, da die Warteliste eine bindende Entscheidung des Gesetzgebers darstellt, die Organverteilung in der Situation der Notlage zu regeln. Ggf. kann aber im Einzelfall § 35 zur Anwendung gelangen.

---

[11] So aber Schroth/König/Gutmann/Oduncu/*Schroth* Rn. 35.
[12] In der Fassung des Gesetzes zur Einführung des Euro in Rechtspflegegesetzen und in Gesetzen des Straf- und Ordnungswidrigkeitenrechts vom 13.12.2001, BGBl. I S. 3574 (3577).
[13] Die Geldstrafe beträgt mindestens fünf und höchstens 360 volle Tagessätze, die Tagessatzhöhe beträgt mindestens 1 und höchstens 30.000 EUR.
[14] Art. 5d Gesetz zur Beseitigung sozialer Überforderung bei Beitragsschulden in der Krankenversicherung vom 15.7.2013, BGBl. I S. 2423.
[15] BT-Drs. 17/13947, 40; 18/3566, 17.
[16] Höfling/*Bernsmann/Sickor* Rn. 107; kritisch *Schroth* Abs. 2a – ein missglückter medizinstrafrechtlicher Schnellschuss MedR 2013, 645.
[17] BT-Drs. 17/13947, 40 f. *Rosenau* MedR 2016, 706, 707.
[18] *Rissing-van Saan* NStZ 2014, 233.
[19] *Rosenau* S. 689, 692.
[20] Für Absicht im eigentlichen Sinne vgl. *Schroth* Abs. 2a – ein missglückter medizinstrafrechtlicher Schnellschuss MedR 2013, 645.
[21] Zur Abgrenzung Höfling/*Bernsmann/Sickor* Rn. 121 ff.

23   **5. Versuch.** Der Versuch von Abs. 2a ist mit Strafe bedroht (Abs. 4).

24   **6. Strafrahmen.** Der Strafrahmen beträgt Freiheitsstrafe bis zu zwei Jahren oder Geldstrafe, wobei die Geldstrafe gemäß § 40 Abs. 1 iVm Abs. 2 StGB[22] von 5 bis 10.800.000
EUR[23] reicht.

V. Datenschutz

25   **1. Geheimnisschutz (Abs. 3).** Die sensiblen transplantationsmedizinischen, personenbezogenen Daten sind im Rahmen des Arzt-Patienten-Verhältnisses durch die ärztliche
Schweigepflicht geschützt. Der Gesetzgeber hat diese ausdrücklich der ärztlichen Aufklärungspflicht unterstellt, § 8 Abs. 2 S. 1. Das ärztliche Berufsgeheimnis untersagt dem Arzt,
unbefugt fremde Geheimnisse zu offenbaren, die ihm in seiner beruflichen Eigenschaft
anvertraut oder bekannt geworden sind. Das **Sonderdelikt** bezieht sich sowohl auf den
Arzt als auch seine berufsmäßig tätigen Gehilfen und Personen, die bei diesem zur Vorbereitung auf ihren Beruf tätig sind, § 203 Abs. 3 StGB. Der ärztliche Geheimnisschutz wird
durch das ärztliche Zeugnisverweigerungsrecht und das korrespondierende Beschlagnahmeverbot von Patientenkarteien erweitert.[24]

26   **2. Auskunftserteilung. § 2 Abs. 4** gestattet eine **Auskunftserteilung** aus dem Organ-
und Gewebespendenregister an den Erklärenden bzw. dem als auskunftsberechtigt benannten
Arzt. Zudem ist die Weitergabe der Information an die in § 2 Abs. 4 S. 3 genannten Personen
zulässig. Nach **§ 13 Abs. 2** darf die Koordinierungsstelle Angaben aus den Begleitpapieren
mit den personenbezogenen Daten des Spenders vermittlungspflichtiger Organe iSv § 1a
Nr. 2 zur weiteren Information über diesen nur gemeinsam verarbeiten und nutzen, insbes.
zusammenführen und an die Transplantationszentren weitergeben, in denen vermittlungspflichtige Organe des Spenders übertragen worden sind, soweit dies zur Abwehr einer zu
befürchtenden gesundheitlichen Gefährdung der Organempfänger erforderlich ist. **§ 14
Abs. 2** regelt, dass die an der Erteilung oder Weitergabe der Auskunft nach § 2 Abs. 4 beteiligten Personen mit Ausnahme des Erklärenden, die an der Stellungnahme nach § 8 Abs. 3 S. 2,
die an der Mitteilung, Unterrichtung oder Übermittlung nach § 9a Absatz 2 Nummer 1 und
§ 11 Abs. 4 sowie die an der Organ- oder Gewebeentnahme, -vermittlung oder -übertragung
beteiligten Personen sowie die Personen, die bei der Transplantationsregisterstelle nach § 15b
Abs. 2 und bei der Vertrauensstelle nach § 15c Abs. 1 S. 2 personenbezogene Daten erheben,
verarbeiten oder nutzen, personenbezogene Daten der Organ- oder Gewebespender und
deren Empfänger nicht offenbaren dürfen. Dies gilt auch für personenbezogene Daten von
Personen, die nach § 3 Abs. 3 S. 1 über die beabsichtigte oder nach § 4 über eine in Frage
kommende Organ- oder Gewebeentnahme unterrichtet worden sind. Die im Rahmen dieses
Gesetzes erhobenen personenbezogenen Daten dürfen für andere als die in diesem Gesetz
genannten Zwecke nicht verarbeitet oder genutzt werden. Soweit sich die Normbereiche von
§ 203 StGB und § 19 Abs. 3 überschneiden, ist letztere Vorschrift subsidiär.[25]

27   In Rechtsprechung und Literatur ist nicht abschließend geklärt, ob das **Verwaltungspersonal** in Krankenhäusern, das in der Regel bei einer Meldung und ihrer Vorbereitung nach
§ 13 Abs. 1 beteiligt ist, als ärztliches Hilfspersonal im Sinne des § 203 Abs. 3 StGB zu
qualifizieren ist. Das gleiche gilt für Verwaltungspersonal, das mit Aufgaben der Organ-
oder Gewebeentnahme nach § 11 oder der Organvermittlung nach § 12 befasst ist. Daher
hat sich der Gesetzgeber entschieden, mit § 19 Abs. 3 einen subsidiären Auffangtatbestand
zu schaffen zur strafrechtlichen Ahndung von Verstößen gegen die Geheimhaltungspflichten
nach § 2 Abs. 4, § 13 Abs. 2 und § 14 Abs. 2.

---

[22] In der Fassung des Gesetzes zur Einführung des Euro in Rechtspflegegesetzen und in Gesetzen des
Straf- und Ordnungswidrigkeitenrechts vom 13.12.2001, BGBl. I S. 3574 (3577).
[23] Die Geldstrafe beträgt mindestens fünf und höchstens 360 volle Tagessätze, die Tagessatzhöhe beträgt
mindestens 1 und höchstens 30.000 EUR.
[24] Vgl. BVerfG 8.3.1972 – 2 BvR 28/71, NJW 1972, 1123.
[25] Anderer Ansicht Höfling/*Bernsmann/Sikor* Rn. 106, wonach Abs. 3 als lex specialis vorgehen soll.

3. Versuch. Abs. 3 ist mit Freiheitsstrafe bis zu einem Jahr oder mit Geldstrafe bedroht 28 und damit ein Vergehen, § 12 Abs. 2 StGB. Da das Gesetz den Versuch von § 19 Abs. 3 – im Unterschied zu Abs. 1 und 2, vgl. § 19 Abs. 4 – nicht ausdrücklich unter Strafe stellt, ist er nicht strafbar.

4. Strafantragserfordernis. In der letzten Phase der Gesetzgebung wurde der für Abs. 3 29 vorgesehene Strafantrag fallen gelassen. Verstöße gegen bestimmte Datenschutzbestimmungen des **TPG** unterliegen nunmehr **unabhängig** vom Vorliegen eines Strafantrags des Verletzten der Strafverfolgung. Demgegenüber ist eine Strafverfolgung wegen **§ 203 StGB** nur bei Vorliegen eines **Strafantrags** statthaft, § 205 StGB. Wenngleich das fehlende Antragserfordernis in § 19 Abs. 3 mit dem öffentlichen Interesse im sensiblen transplantationsmedizinischen Bereich zu erklären ist, kann es dazu kommen, dass zwar die Antragsfrist gemäß § 203 StGB ungenutzt verstrichen ist, die Staatsanwaltschaft aber gegen den Arzt oder seine Hilfspersonen wegen Verstoßes gegen § 19 Abs. 3 ein Verfahren einleitet.

§ 20 Bußgeldvorschriften

(1) Ordnungswidrig handelt, wer vorsätzlich oder fahrlässig

1. **entgegen § 5 Abs. 2 Satz 3 oder Abs. 3 Satz 3 eine Aufzeichnung nicht, nicht richtig, nicht vollständig oder nicht rechtzeitig macht,**
2. **entgegen § 8d Abs. 1 Satz 2 Nr. 3 in Verbindung mit einer Rechtsverordnung nach § 16a Satz 2 Nr. 3 nicht sicherstellt, dass eine Laboruntersuchung durchgeführt wird,**
3. **entgegen § 8d Abs. 2 in Verbindung mit einer Rechtsverordnung nach § 16a Satz 2 Nr. 1 eine Gewebeentnahme, eine Gewebeabgabe, eine damit verbundene Maßnahme oder eine dort genannte Angabe nicht, nicht richtig, nicht vollständig oder nicht rechtzeitig dokumentiert,**
3a. **entgegen § 8d Absatz 3 Satz 2 einen Bericht nicht, nicht richtig, nicht vollständig oder nicht rechtzeitig übermittelt,**
4. **entgegen § 9 Absatz 1 oder Absatz 2 Satz 1 oder Satz 3 ein Organ entnimmt oder überträgt,**
5. **entgegen § 9 Absatz 2 Satz 2 ein Organ überträgt, ohne dass die Entnahme des Organs durch die Koordinierungsstelle organisiert wurde,**
6. **entgegen § 10 Absatz 2 Nummer 4 nicht, nicht richtig, nicht vollständig oder nicht rechtzeitig feststellt, dass die Organ- und Spendercharakterisierung nach § 10a Absatz 1 abgeschlossen ist oder die Bedingungen für den Transport nach § 10a Absatz 3 Satz 1 eingehalten sind,**
7. **entgegen § 10 Absatz 2 Nummer 5 die Organübertragung nicht, nicht richtig, nicht vollständig oder nicht rechtzeitig dokumentiert,**
8. **entgegen § 10a Absatz 1 Satz 1 nicht sicherstellt, dass ein Organ nur unter den dort genannten Voraussetzungen für eine Übertragung freigegeben wird,**
9. **entgegen § 13a in Verbindung mit einer Rechtsverordnung nach § 16a Satz 2 Nr. 1 nicht dafür sorgt, dass ein übertragenes Gewebe dokumentiert wird,**
10. **entgegen § 13b Satz 1 in Verbindung mit einer Rechtsverordnung nach § 16a Satz 2 Nr. 4 einen Qualitäts- oder Sicherheitsmangel oder eine schwerwiegende unerwünschte Reaktion nicht, nicht richtig, nicht rechtzeitig oder nicht vollständig dokumentiert oder eine Meldung nicht, nicht richtig, nicht vollständig oder nicht rechtzeitig macht oder**
11. **einer Rechtsverordnung nach § 10a Absatz 4 Satz 1, § 13 Absatz 4 oder § 16a Satz 1 oder einer vollziehbaren Anordnung auf Grund einer solchen Rechtsverordnung zuwiderhandelt, soweit die Rechtsverordnung für einen bestimmten Tatbestand auf diese Bußgeldvorschrift verweist.**

(2) Die Ordnungswidrigkeit kann in den Fällen des Absatzes 1 Nummer 1 bis 3 und 4 bis 11 mit einer Geldbuße bis zu dreißigtausend Euro, in den übrigen Fällen mit einer Geldbuße bis zu fünftausend Euro geahndet werden.

(3) Verwaltungsbehörde im Sinne des § 36 Absatz 1 Nummer 1 des Gesetzes über Ordnungswidrigkeiten ist in den Fällen des Absatzes 1 Nummer 3a das Paul-Ehrlich-Institut.

I. Anwendungsbereich

1   Für die Bußgeldtatbestände gelten gemäß § 2 OWiG ergänzend die allgemeinen Bestimmungen des OWiG.[1] Als Ordnungswidrigkeit kann nur vorsätzliches Handeln geahndet werden, es sei denn, das Gesetz bedroht fahrlässiges Handeln ausdrücklich mit Geldbuße, § 10 OWiG. Dies ist in § 20 geschehen.[2] Dabei handelt es sich nicht um eine Strafmilderung gemäß § 12 Abs. 3 StGB, die den Charakter des Vergehens unberührt lässt, sondern um eine qualitativ unterschiedliche Einordnung der Fahrlässigkeitstat im Vergleich zur Vorsatztat. Die Gesetzesbegründung erachtete eine Bußgeldbewehrung in den genannten Fällen für ausreichend, da diese Verstöße in der Regel zusätzlich eine Verletzung ärztlicher Berufspflichten darstellen, für die berufsgerichtliche Maßnahmen nach den Heilberufsgesetzen der Länder in Betracht kommen.[3]

II. Verbotstatbestände

2   Die Verbotstatbestände des § 20 setzen Vorsatz oder Fahrlässigkeit voraus. Durch die Umsetzung der EG-Geweberichtlinie und der Richtlinie 2010/53/EU wurde der Bußgeldkatalog neu gefasst.

3 – **Nr. 1.** Ordnungswidrig handelt der Arzt, der die Feststellung der Untersuchungsergebnisse – im Hinblick auf den Tod und den endgültigen, nicht behebbaren Ausfall der Gesamtfunktionen des Großhirns, des Kleinhirns und des Hirnstamms sowie ihren Zeitpunkt – gar nicht oder unzutreffend oder unvollständig oder nicht in der vorgeschriebenen Weise, dh unter Angabe der zugrunde liegenden Untersuchungsbefunde, jeweils in einer Niederschrift aufzeichnet und unterschreibt (Verstoß gegen § 5 Abs. 2 S. 3). Umfasst wird auch der Verstoß gegen die Aufzeichnungspflicht bei Feststellung des Todes des Fötus oder Embryos nach § 5 Abs. 3 S. 3.

4 – **Nr. 2.** Ordnungswidrig handelt derjenige, der gegen die Durchführung der erforderlichen Laboruntersuchungen nach § 8d Abs. 1 S. 2 Nr. 3 iVm einer Rechtsverordnung nach § 16a S. 2 Nr. 3 in einem Untersuchungslabor verstößt.

5 – **Nr. 3.** Bußgeldbewehrt sind die in § 8d Abs. 2 iVm einer Rechtsverordnung nach § 16a S. 2 Nr. 1 vorgesehenen Dokumentationspflichten. Dies soll eine lückenlose Rückverfolgung sicherstellen und die Einleitung entsprechender Maßnahmen ermöglichen.

6 – Eine ebensolche Maßnahme stellt **Nr. 3a** dar, hier wird die nicht richtige, nicht vollständige oder nicht rechtzeitige Übertragung eines Berichts nach § 8d Abs. 2 S. 2 geahndet. Diese Norm soll zur Verbesserung der Erfüllung der jährlichen Berichterstattung beitragen, da sich die bisherige Praxis im Umgang mit unvollständigen oder gänzlich unterbliebenen Berichten nicht bewährt hat: So berichteten 30% der Gewebeeinrichtungen gar nicht oder verspätet, wodurch das Paul-Ehrlich-Institut[4] seiner Berichtspflicht nicht nachkommen konnte und die angestrebte Transparenz im Gewebesektor nur unzureichend gewährleistet wurde.[5] Gerade im Bereich des Transplantationswesens ist Transparenz

---

[1] Gesetz über Ordnungswidrigkeiten in der Fassung der Bekanntmachung vom 19.2.1987, BGBl. I S. 602, das zuletzt durch Art. 4 Gesetz vom 21.10.2016, BGBl. I S. 2372, geändert worden ist.
[2] Zum Gesetzgebungsverfahren *Schreiber* Jahrbuch für Wissenschaft und Ethik 2000, S. 193 f.
[3] BT-Drs. 13/4322, 32.
[4] Vgl. § 20 Rn. 12.
[5] BT-Drs. 18/11488, 45.

besonders wichtig, weil dadurch das Vertrauen der Bevölkerung in die Transplantationsmedizin gestärkt wird.

- **Nr. 4 und Nr. 5.** Ordnungswidrig handelt ferner, wer entgegen § 9 Abs. 1 oder 2 ein **7**
Organ entnimmt oder überträgt. Dh ordnungswidrig ist die Übertragung von Organen
verstorbener Spender sowie die Entnahme und Übertragung von Organen lebender Spender in einem nicht dafür zugelassenen Transplantationszentrum (vgl. § 10). Im Rahmen
der postmortalen Spende entnommene Organe, vgl. § 3 oder § 4 (vermittlungspflichtige
Organe), dürfen nur übertragen werden, wenn sie durch die Vermittlungsstelle (Euro-
transplant) unter Beachtung der Regelungen nach § 12 Abs. 3 S. 1 vermittelt worden
sind. Ein ordnungswidriges Verhalten liegt vor, wenn der Arzt ein Organ ohne oder
entgegen der Vermittlungsentscheidung überträgt. Sind vermittlungspflichtige Organe
im Geltungsbereich dieses Gesetzes entnommen worden, ist ihre Übertragung darüber
hinaus nur zulässig, wenn die Entnahme nach § 11 Abs. 4 S. 5 durch die Koordinierungsstelle organisiert und unter Beachtung der weiteren Regelungen nach § 11 durchgeführt
wurde. Ein Verstoß hiergegen ist ebenfalls eine Ordnungswidrigkeit.
- **Nr. 6.** Eine Ordnungswidrigkeit liegt danach vor, wenn entgegen § 10 Abs. 2 Nr. 4 vor **8**
der Organübertragung der Abschluss der Organ- und Spendercharakterisierung nach
§ 10a Abs. 1 oder die Einhaltung der Bedingungen für den Transport nach § 10a Abs. 3
S. 1 nicht, nicht richtig, nicht vollständig oder nicht rechtzeitig festgestellt wird.
- **Nr. 7.** Die Transplantationszentren sind verpflichtet, jede Organübertragung so zu doku- **9**
mentieren, dass eine lückenlose Rückverfolgung der Organe vom Empfänger zum Spender ermöglicht wird; bei der Übertragung von Organen verstorbener Spender ist nach
§ 10 Abs. 2 Nr. 5 die Kenn-Nummer (§ 13 Abs. 1 S. 1) anzugeben, um eine Rückverfolgung durch die Koordinierungsstelle zu ermöglichen. Durch die lückenlose Dokumentation der Organübertragung sollen die Organvermittlung und ihre Vorbereitung so transparent wie möglich gestaltet und der Gesundheitsschutz potentieller Empfänger effektiv
gestaltet werden. Dies gilt sowohl bei der postmortalen Organspende wie bei der Lebendspende. § 10 Abs. 2 Nr. 5 legt dem Transplantationszentrum eine Sonderpflicht auf, um
zu gewährleisten, dass im Bereich der Transplantationsmedizin Transparenz und Sicherheit
gewährleistet werden. Die Dokumentationspflicht ist mithin eine Sonderpflicht gemäß
§ 9 OWiG, so dass (auch) derjenige, der ausdrücklich und in eigener Verantwortung zur
Dokumentation beauftragt ist und dieser Verpflichtung nicht nachkommt, ordnungswidrig handelt.
- **Nr. 8.** Wird entgegen § 10a Abs. 1 S. 1 nicht sichergestellt, dass die Freigabe eines Organs **10**
nur erfolgt, wenn sich nach ärztlicher Beurteilung aus der Organ- und Spendercharakterisierung nach dem Stand der medizinischen Wissenschaft und Technik die Eignung des
Organs für eine Übertragung ergeben hat, liegt ebenfalls eine Ordnungswidrigkeit vor.
- **Nr. 9.** Wer entgegen § 13a iVm einer Rechtsverordnung nach § 16a S. 2 Nr. 1 nicht dafür **11**
sorgt, dass ein übertragenes Gewebe zwecks der Rückverfolgung oder der Risikoerfassung
dokumentiert wird, handelt ordnungswidrig.
- **Nr. 10.** Eine Ordnungswidrigkeit besteht auch in einer entgegen § 13b S. 1 iVm einer **12**
Rechtsverordnung nach § 16a S. 2 Nr. 4 nicht, nicht richtig, nicht rechtzeitig oder nicht
vollständig erfolgenden Dokumentation oder Meldung eines Qualitäts- oder Sicherheits-
mangels oder einer schwerwiegenden unerwünschten Reaktion.
- **Nr. 11.** Ordnungswidrig ist schließlich die Zuwiderhandlung gegen eine Rechtsverord- **13**
nung nach § 10a Abs. 4 S. 1, § 13 Abs. 4 oder § 16a S. 1 oder gegen eine vollziehbare
Anordnung auf Grund einer solchen Rechtsverordnung, vorausgesetzt, dass die Rechtsverordnung für einen bestimmten Tatbestand einen Verweis auf diese Bußgeldvorschrift
nach § 20 Abs. 1 Nr. 11 enthält.

III. Rechtsfolgen

Abs. 2 steckt den Rahmen für die festzulegende Geldbuße. Dieser beträgt für die Fälle **14**
des Abs. 1 Nr. 1–3 und 4–11 eine Geldbuße bis zu 30.000 Euro und in den übrigen Fällen

eine Geldbuße bis zu 5.000 Euro.[6] Bei fahrlässiger Begehungsweise bis 15.000 Euro (Abs. 1 Nr. 1–3 und 4–11) bzw. 2.500 Euro in den übrigen Fällen vgl. § 17 Abs. 2 OWiG. Die Bußgeldbewehrung für Berichtspflichten entspricht den Vorschriften im TFG (vgl. § 32 Abs. 2 Nr. 4 iVm Abs. 3 TFG). Die Geldbuße kann sich auch gegen eine juristische Person oder Personenvereinigung richten, § 30 OWiG.

15   Aufgrund des Opportunitätsprinzips, § 47 Abs. 1 OWiG, kann die Bußgeldbehörde von einer Verfolgung, zB bei Geringfügigkeit, absehen.

IV. Verfolgungszuständigkeit

16   Das Paul-Ehrlich-Institut (PEI)[7] ist die gemäß § 36 Abs. 1 Nr. 3a OWiG zuständige sachliche Verwaltungsbehörde.

V. Verjährung

17   Die Verfolgungsverjährung beträgt bei vorsätzlichem Handeln drei Jahre, bei Fahrlässigkeit zwei Jahre, § 31 Abs. 2 Nr. 1 und 2 OWiG.

Abschnitt 8. Schlussvorschriften

§ 21 Zuständige Bundesoberbehörde

Zuständige Bundesoberbehörde im Sinne dieses Gesetzes ist das Paul-Ehrlich-Institut.

§ 22 Verhältnis zu anderen Rechtsbereichen

Die Vorschriften des Embryonenschutzgesetzes und des Stammzellgesetzes bleiben unberührt.

§ 23 Bundeswehr

Im Geschäftsbereich des Bundesministeriums der Verteidigung obliegt der Vollzug dieses Gesetzes bei der Überwachung den zuständigen Stellen und Sachverständigen der Bundeswehr.

§ 24 (Änderung des Strafgesetzbuchs)

1   § 5 Nr. 17 StGB stellt klar, dass § 18 unabhängig vom Recht des Tatorts gilt, soweit die Tat im Ausland von einem zur Zeit der Tat deutschen Staatsangehörigen begangen wird.[1] Auf die Strafbarkeit am Tatort kommt es demgemäß nicht an.

§ 25 Übergangsregelungen *(nicht abgedruckt)*

§ 26 (Inkrafttreten, Außerkrafttreten)

---

[6] BT-Drs. 18/11488, 45.
[7] Das PEI ist das Bundesinstitut für Impfstoffe und biomedizinische Arzneimittel.
[1] Kritisch zur Notwendigkeit der Auslandserstreckung *König* S. 217 ff.

II. Gesetz zur Regelung des Transfusionswesens (Transfusionsgesetz – TFG)[1]

In der Fassung der Bekanntmachung vom 28.8.2007, BGBl. I S. 2169

Zuletzt geändert durch Gesetz vom 18.7.2017, BGBl. I S. 2757

FNA 2121-52

Vorbemerkung zu § 1

Gesetzesmaterialien: Schlussbericht des 3. Untersuchungsausschusses (HIV-Infektionen durch Blut- und Blutprodukte) v. 21.10.1994 (BT-Drs. 12/8591); Verfassungsänderung, Art. 74 Nr. 26 (BT-Drs. 12/6000, S. 35; BT-Drs. 12/6633); RefE eines Gesetzes zur Regelung des Transfusionswesens v. 21.4.1997 (TFG-E 1997); RegE eines Gesetzes zur Regelung des Transfusionswesens v. 7.11.1997 (BR-Drs. 851/97); Stellungnahme des BRat v. 19.12.1997 (BT-Drs. 13/9594, S. 32), Gegenäußerung der BReg. (BT-Drs. 13/9594, S. 33); beinahe unveränderter RegE eines Gesetzes zur Regelung des Transfusionswesens v. 13.1.1998 (BT-Drs. 13/9594); Zustimmung des Ausschusses der Gesundheit zum beinahe unveränderten Entwurf (BT-Drs. 13/10 643); Entwurf eines Gesetzes zur Änderung des Grundgesetzes v. 7.3.2006 (BT-Drs. 16/813, S. 3, 14); Zuweisung an AfGs v. 28.5.2004 (BR-Drs. 434/04); 14.7.2004 (BT-Drs. 15/3593), 1. Beratung am 23.9.2004, PlPr 15/126; Beschlussempfehlung und Bericht des AfGS 10.11.2004 (BT-Drs. 15/4174), 2. und 3. Beratung, 11.11.2004, PlPr 15/138 26.11.2004 (BR-Drs. 924/04): Zuweisung an AfGesundh PlPr 807 17.12.2004: Zustimmung Gesetz vom 10.2.2005, verkündet am 18.2.2005 (BGBl. I, Nr. 10, S. 234), Inkrafttreten am 19.2.2005 bzw. 1.7.2005 bzw. 1.3.2006; RegE eines Gesetzes über Qualität und Sicherheit von menschlichen Geweben und Zellen (Gewebegesetz) v. 11.8.2006 (BR-Drs. 543/06); Stellungnahme des Bundesrates v. 13.10.2006 (BR-Drucks. 543/06 (Beschluss)); RegE eines Gesetzes über Qualität und Sicherheit von menschlichen Geweben und Zellen (Gewebegesetz) v. 25.10.2006 (BT-Drs. 16/3146); 1. Beratung, 9.11.2006, PlPr 16/63; Gewebegesetz vom 20.7.2007 (BGBl. I S. 1574), Inkrafttreten am 1.8.2007; RegE eines Gesetzes zur Änderung arzneimittelrechtlicher und anderer Vorschriften v. 16.3.2009 (BT-Drs. 16/12256); Stellungnahme des Bundesrates und Gegenäußerung der Bundesregierung zum Gesetz zur Änderung arzneimittelrechtlicher und anderer Vorschriften v. 22.4.2009 (BT-Drs. 16/12677), Beschlussempfehlung und Bericht des AfGs (BT-Drs. 16/3428), verkündet am 22.7.2009 (BGBl. I Nr. 43), Inkrafttreten am 23.7.2010. Gesetz vom 21.11.2016 zur Umsetzung der Richtlinien (EU) 2015/566 und (EU) 2015/565 zur Einfuhr und zur Kodierung menschlicher Gewebe und Gewebezubereitungen, BGBl. I 2016, 2623, Inkrafttreten am 26.11.2016; BR-Drs. 232/16 und BT-Drs. 18/8580 (Gesetzentwurf); BT-Drs. 18/8906 (Beschlussempfehlung und Bericht); Richtlinie (EU) 2015/566 v. 8.4.2015 zur Durchführung der Richtlinie 2004/23/EG hinsichtlich der Verfahren zur Prüfung der Gleichwertigkeit von Qualitäts- und Sicherheitsstandards bei eingeführten Gewebe und Zellen (Einfuhr-Richtlinie) (ABl. L 93, 9.4.2015, S. 56); Richtlinie (EU) 2015/565 vom 8.4.2015 zur Änderung der Richtlinie 2006/86/EG hinsichtlich bestimmter technischer Vorschriften für die Kodierung menschlicher Gewebe und Zellen (Kodierungs-Richtlinie) (ABl. L 93, 9.4.2015, S. 43).

Schrifttum: *Amelung,* Über die Einwilligungsfähigkeit, ZStW 1992 (104), 522; *Andreas,* Juristische Anforderungen des Transfusionsgesetzes an Krankenhäuser und leitende Ärzte, Arztrecht 2000, 212 ff.; *v. Auer,* Das neue Transfusionsgesetz, Bundesgesundheitsblatt 1999, 95; *ders./Seitz,* Gesetz zur Regelung des Transfusionswesens, 22. Lieferung 2014; *Bender,* Der Entwurf eines Transfusionsgesetzes unter Einwilligungsgesichtspunkten: ein Zwischenruf, ZRP 1997, 353; *ders.,* Der Standard in der klinischen Transfusionsmedizin, MedR 2002, 487; *ders.,* Gewinnung von Nabelschnurblut durch die Geburtsklinik nur mit Herstellungserlaubnis nach § 13 AMG?, Pharma Recht 2002, 244; *ders./Eckstein/Strasser,* Problematik des Umgangs mit noch nicht gesicherten HIV-Befunden bei Blutspenden, Pharma Recht 2002, 341; *ders.,* Dokumentationspflichten bei der Anwendung von Blutprodukten, MedR 2007, 533; *Brucklacher/Walles,* Nationale und europäische Rahmenbedingungen für Tissue Engineering, Pharma Recht 2010, 581; *Debong,* Organisationspflichten im Krankenhaus, ArztR 2002, 32; *Deutsch,* Sicherheit bei Blut und Blutprodukten: Das Transfusionsgesetz von 1998, NJW 1998, 3377; *Deutsch/Bender/Eckstein/Zimmermann,* Transfusionsrecht, 2. Aufl. 2007; *Hasskarl,* Transfusionsgesetz (TFG) vom 1. Juli 1998 (BGBl. I S. 1752), Infus Ther Transfus Med 2002, 331; *ders./Hasskarl/Ostertag,* Hämatopoetische Stammzellen aus Nabelschnurblut – Medizinische und rechtliche Aspekte, NJW 2002, 1772; *Heinemann/Löllgen,* Die Umsetzung der Europäischen Gewebe-

---

[1] Ich danke Frau MLaw *Claudia Wyss* für die Unterstützung bei der Überarbeitung der 3. Auflage.

richtlinie durch das deutsche Gewebegesetz, Pharma Recht 2007, 183; *Hutschenreuther/Reyle-Hahn,* Transfusionsgesetz, Der Urologe 2001, 243; *Kloesel/Cyran,* Arzneimittelrecht, 129. Lieferung 2015; *Krausbauer/ Kretschmer,* Der externe Transfusionsverantwortliche, Infus Ther Transfus Med 2002, 338; *Kwapisz/Dietrich/ Viehl/Hempelmann,* Risikofaktoren und Häufigkeiten von Nebenwirkungen bei autologen Blutentnahmen, Der Anästhesist 1998, 644; *Lippert/Flegel,* Kommentar zum Transfusionsgesetz (TFG) und den Hämotherapie-Richtlinien, 2. Aufl. 2011; *Miserok/Sasse/Krüger,* Transplantationsrecht des Bundes und der Länder mit Transfusionsgesetz, Kommentar, 2001; *Pelchen,* TFG, in *Erbs/Kohlhaas,* Strafrechtliche Nebengesetze, 212. Aufl. 2017; *Pühler/Middel/Hübner,* Praxisleitfaden Gewebegesetz, 2009; *ders./Hübner,* Ausschluss oder Rückstellung von der Blutspende, MedR 2015, 705; *Saame,* Der Entwurf eines Gesetzes zur Regelung des Transfusionswesens (Transfusionsgesetz), Pharma Recht 1997, 450; *Sander,* Arzneimittelrecht, 25. Aktualisierung 2013; *Schreiber, S.,* Das Transfusionsgesetz vom 1. Juli 1998, 2001; *Spahn/Schanz/Pach,* Perioperative Transfusionskriterien, Der Anästhesist 1998, 1011; *Spickhoff,* Die ärztliche Aufklärung vor der altruistisch motivierten Einwilligung in medizinische Eingriffe, NJW 2006, 2075; *Tag,* Der Körperverletzungstatbestand im Spannungsfeld zwischen Patientenautonomie und Lex artis, 2000; *Uhlenbruck,* Das TFG 1998, Arztrecht 1998, 311; *Wilke,* Das Transfusionsgesetz, Notfall & Rettungsmedizin 2000, 526; *Zimmermann/Bender/ Eckstein,* Die Gesamtnovelle 2005 der Hämotherapie-Richtlinien, BayÄBl. 2006, 129.

Richtlinien/Verordnungen: Richtlinie der Bundesärztekammer und des Paul-Ehrlich-Instituts zur Gewinnung von Blut- und Blutbestandteilen und zur Anwendung von Blutprodukten (Hämotherapie), BGBl. 2000, 555, idF vom 4.5.2010, im Bundesanzeiger am 9.7.2010 bekannt gemacht (BAnz. Nr. 101a, Jahrgang 62); Arzneimittel- und Wirkstoffherstellungsverordnung (AMWHV) vom 3.11.2006, BGBl. I 2523, zuletzt geändert durch Artikel 1 der Verordnung vom 28.10.2014, BGBl. I 1655; Verordnung über das Meldewesen nach § 21 u. § 22 des Transfusionsgesetzes (Transfusionsgesetz-Meldeverordnung, TFGMV) vom 13.12.2001, BGBl. I, 3737 (FNA 2121-52-1), zuletzt geändert durch Artikel 6a des Gesetzes vom 10.2.2005, BGBl. I 234; Richtlinie der Länder für die Überwachung der Herstellung und des Verkehrs mit Blutzubereitungen von September 1996, BGBl. II 58; Querschnitts-Leitlinien der Bundesärztekammer zur Therapie mit Blutkomponenten und Plasmaderivaten von 1995, 4. überarbeitete und aktualisierte Aufl. 2014; Richtlinien der Bundesärztekammer und des Paul-Ehrlich-Instituts für die Herstellung von Plasma für besondere Zwecke (Hyperimmunplasma) von 2000; Arzneimittel- und Wirkstoffherstellungsverordnung vom 3.11.2006, BGBl. I 2523, zuletzt geändert durch die Verordnung vom 28.10.2014, BGBl. I 1655; Richtlinien zur Gewinnung von Blut und Blutbestandteilen und zur Anwendung von Blutprodukten (Hämotherapie), idF vom 4.5.2010.

Supranationale Empfehlungen/Konventionen: Richtlinie 89/381/EWG vom 14.6.1989 zur Festlegung besonderer Vorschriften für Arzneimittel aus menschlichem Blut oder Blutplasma, ABl. 1989 L 181; Europäisches Übereinkommen vom 15.12.1958 über den Austausch therapeutischer Substanzen menschlichen Ursprungs, BGBl. 1962 II S. 1442; Empfehlungen des Rates der Europäischen Gemeinschaften – Empfehlung des Rates vom 29.6.1998 über die Eignung von Blut- und Plasmaspendern und das Screening von Blutspenden in der Europäischen Gemeinschaft (98/463/EG); Empfehlungen des Europarates – Recommendation No. R (95) 15: Guide to the preparation, use and quality assurance of blood components, in der jeweils gültigen Fassung; Empfehlung der WHO 43rd Report of the WHO Expert Committee on Biological Standardisation; Technical Report Series 840, 1994; Richtlinie 2002/98/EG des Europäischen Parlaments und des Rates vom 27.1.2003 zur Festlegung von Qualitäts- und Sicherheitsstandards für die Gewinnung, Testung, Verarbeitung, Lagerung und Verteilung von menschlichem Blut und Blutbestandteilen und zur Änderung der Richtlinie 2001/83/EG, ABl. EG L 33; Verordnung (EG) Nr. 596/2009 des Europäischen Parlaments und des Rates vom 18.6.2009 zur Anpassung einiger Rechtsakte, für die das Verfahren des Artikels 251 des Vertrags gilt, an den Beschluss 1999/468/EG des Rates in Bezug auf das Regelungsverfahren mit Kontrolle, ABl. EU Nr. L 188 (Änderung der Richtlinie 2004/23/EG, ABl. EU Nr. L 102); Richtlinie 2005/61/EG vom 30.9.2005 zur Durchführung der Richtlinie 2002/98/EG in Bezug auf die Anforderungen an die Rückverfolgbarkeit und die Meldung ernster Zwischenfälle und ernster unerwünschter Reaktionen; Richtlinie 2005/62/EG vom 30.9.2005 zur Durchführung der Richtlinie 2002/98/EG des Europäischen Parlaments und des Rates in Bezug auf gemeinschaftliche Standards und Spezifikationen für ein Qualitätssystem für Blutspendeeinrichtungen.

1   Das Gesetz zur Regelung des Transfusionswesens, kurz: Transfusionsgesetz (TFG), regelt wesentliche Grundsätze zur Blut- und Plasmaspende und zum Transfusionswesen. Es ist eine Reaktion des Gesetzgebers auf Mängel im Transfusionswesen, die anlässlich des AIDS-Skandals 1993 offenkundig wurden.[1] Die Kompetenz des Bundesgesetzgebers folgt aus Art. 74 Abs. 1 Nr. 26 GG.[2] Danach obliegt dem Bund die konkurrierende Gesetzgebungs-

---

[1] Vgl. Schlussbericht des 3. Untersuchungsausschusses (HIV-Infektionen durch Blut- und Blutprodukte), BT-Drs. 12/8591; *Uhlenbruck* Arztrecht 1998, 311.
[2] BT-Drs. 13/9594, 32.

kompetenz für Regelungen zur Transplantation von Organen und Geweben.[3] Dies schließt die Bluttransfusion mit ein.[4] Das TFG findet seine rechtliche und fachliche Grundlage in **unterschiedlichen Quellen:**[5]

– EG-Richtlinie 89/381/EWG vom 14.6.1989 zur Festlegung besonderer Vorschriften für **2** Arzneimittel aus menschlichem Blut oder Blutplasma (ABl. 1989 L 181).
– Leitfaden für die Zubereitung, Anwendung und Qualitätssicherung von Blutbestandteilen, Europarat (1995), Anhang zur Empfehlung No. R (95) 15, Dritte Ausgabe – Anforderungen an die Entnahme, Verarbeitung und Qualitätskontrolle von Blut, Blutbestandteilen und Plasmafraktionen, Weltgesundheitsorganisation (1992), WHO Technical Report Series, No. 840, 1994.
– Europäisches Übereinkommen vom 15.12.1958 über den Austausch therapeutischer Substanzen menschlichen Ursprungs (BGBl. 1962 II S. 1442).
– Ergänzende Leitlinien zum Leitfaden einer guten Herstellungspraxis für pharmazeutische Produkte der Pharmazeutischen Inspektions-Convention (PIC) (BAnz. Nr. 176 vom 18.9.1993).
– Europäisches Übereinkommen vom 14.5.1962 über den Austausch von Reagenzien zur Blutgruppenbestimmung und Zusatzprotokoll vom 29.9.1982, (ABl. 1987 L 37, 30), Veröffentlichung in UNTS, Bd. 544 S. 39 und Vertragsslg. AA Bd. 68 A 854.
– Richtlinie der Länder für die Überwachung der Herstellung und des Verkehrs mit Blutzubereitungen vom September 1996 (BGBl. II S. 58). Querschnitts-Leitlinien der Bundesärztekammer zur Therapie mit Blutkomponenten und Plasmaderivaten von 1995, 4. Aufl. 2014.
– Richtlinie der Bundesärztekammer und des Paul-Ehrlich-Instituts zur Blutgruppenbestimmung und Bluttransfusion (Hämotherapie), Zweite Richtlinienanpassung 2010.
– Richtlinien der Bundesärztekammer und des Paul-Ehrlich-Instituts für die Herstellung von Plasma für besondere Zwecke (Hyperimmunplasma) von 2000.
– Verordnung über das Meldewesen nach § 21 u. § 22 des Transfusionsgesetzes vom 13.12.2001, BGBl. I S. 3737, die durch Artikel 6a des Gesetzes vom 10.2.2005, BGBl. I S. 234 geändert worden ist.
– Regelungen für die Blutspendeeinrichtungen und Blutdepots nach der Richtlinie 2002/98/EG vom 27.1.2003 zur Festlegung von Qualitäts- und Sicherheitsstandards für Blut und Blutbestandteile, geändert durch die Verordnung (EG) Nr. 596/2009 des Europäischen Parlaments und des Rates vom 18.6.2009 zur Anpassung einiger Rechtsakte, für die das Verfahren des Artikels 251 des Vertrags gilt, an den Beschluss 1999/468/EG des Rates in Bezug auf das Regelungsverfahren mit Kontrolle, Anpassung an das Regelungsverfahren mit Kontrolle – Vierter Teil.
– Richtlinie 2004/23/EG vom 31.3.2004 zur Festlegung von Qualitäts- und Sicherheitsstandards für menschliche Gewebe und Zellen, geändert durch Verordnung (EG) Nr. 596/2009 des Europäischen Parlaments und des Rates vom 18. Juni 2009 zur Anpassung einiger Rechtsakte, für die das Verfahren des Artikels 251 des Vertrags gilt, an den Beschluss 1999/468/EG des Rates in Bezug auf das Regelungsverfahren mit Kontrolle (ABl. EU L 188, 14).
– Richtlinie 2005/61/EG vom 30.9.2005 zur Durchführung der Richtlinie 2002/98/EG in Bezug auf die Anforderungen an die Rückverfolgbarkeit und die Meldung ernster Zwischenfälle und ernster unerwünschter Reaktionen.
– Richtlinie 2005/62/EG vom 30.9.2005 zur Durchführung der Richtlinie 2002/98/EG des Europäischen Parlaments und des Rates in Bezug auf gemeinschaftliche Standards und Spezifikationen für ein Qualitätssystem für Blutspendeeinrichtungen.

---

[3] Durch die Grundgesetzänderung wird die bisherige Fassung „und Geweben" durch „und Geweben und Zellen" ersetzt; vgl. BT-Drs. 16/813, 3, 14.
[4] Begr. zum Antrag der CDU/CSU-Mitglieder der Gemeinsamen Verfassungskommission zur Ergänzung des Art. 74 Abs. 1 Nr. 26 GG, Kommissionsdrucks. Nr. 16; BT-Drs. 12/6000, 35; BT-Drs. 12/6633, BT-Drs. 15/3593, 9.
[5] Zum Gesetzgebungsverfahren *Deutsch* et al., Transfusionsrecht, Rn. 37 ff.

- Richtlinie 2015/566/EU der Kommission vom 8.4.2015 zur Durchführung der Richtlinie 2004/23/EG hinsichtlich der Verfahren zur Prüfung der Gleichwertigkeit von Qualitäts- und Sicherheitsstandards bei eingeführten Geweben und Zellen (ABl. L 93 vom 9.4.2015, S. 56, Einfuhr-Richtlinie).
- Richtlinie 2015/565/EU der Kommission vom 8.4.2015 zur Änderung der Richtlinie 2006/86/EG hinsichtlich bestimmter technischer Vorschriften für die Kodierung menschlicher Gewebe und Zellen (Abl. L 93 vom 9.4.2015, S. 43, Kodierungs-Richtlinie).
- AMG idF der Bekanntmachung vom 12.12.2005, BGBl. I S. 3394, das zuletzt durch Art. 45 Gesetz vom 25.8.2017, BGBl. I S. 626 geändert worden ist.
- Arzneimittel- und Wirkstoffherstellungsverordnung vom 3.11.2006, BGBl. I S. 2523, die zuletzt durch Art. 48 Gesetz vom 29.6.2017, BGBl. I S. 626, geändert worden ist.
- Richtlinien zur Gewinnung von Blut und Blutbestandteilen und zur Anwendung von Blutprodukten (Hämotherapie) – idF von 2010.

3 Der frühere Vorbehalt der Richtlinienkompetenz der BÄK zur Feststellung der fachlichen Anforderungen insbes. des allgemeinen anerkannten Stands der medizinischen Wissenschaft und Technik im Bereich der Gewinnung von Blut und Blutbestandteilen wurde im Zuge des Gewebegesetzes durch eine Verordnungsermächtigung für das Bundesministerium für Gesundheit (BMG) konkurrierend zu einer nachrangigen fakultativen Richtlinienkompetenz der BÄK ersetzt, vgl. § 12.[6] Die Einhaltung einer entsprechende Verordnung ist entsprechend § 64 Abs. 1 S. 2 AMG durch die zuständige Arzneimittelbehörde (Paul-Ehrlich-Institut) zu überwachen. Im Bereich der Anwendung von Blutprodukten ist die Richtlinienkompetenz der BÄK vorbehalten. Zudem sind Empfehlungen der Länder und des Arbeitskreises Blut des BMG zu beachten.

4 Für die strafrechtlichen Regelungen ergibt sich die Gesetzgebungskompetenz des Bundes zudem aus Art. 74 Abs. 1 Nr. 1 GG. § 31 pönalisiert die vorsätzliche Missachtung der Pflichten aus § 5 Abs. 3 S. 1 und zwar unabhängig davon, ob konkret Personen geschädigt worden sind. § 32 normiert einige Ordnungswidrigkeitentatbestände. Das im TFG verortete Netz nebenstrafrechtlicher und bußgeldbewehrter Vorschriften ist locker geflochten, obgleich das Werk zahlreiche ethisch und medizinisch anspruchsvolle Sachverhalte regelt, wie zB die Spenderimmunisierung und die Vorbehandlung zur Blutstammzellseparation. Auch sollen die Regelungen dazu dienen, von den spendenden und den zu behandelnden Personen Risiken bei der Gewinnung von Blut und Blutbestandteilen und der Anwendung von Blutprodukten abzuwenden, vor Übertragung erregerbedingter Krankheiten zu schützen sowie die Anwendung von Blutprodukten insgesamt sicherer zu machen.[7] Zudem dient das TFG der Umsetzung europarechtlicher Vorgaben und fachlicher Gesichtspunkte, die nur so geregelt werden können, um den erwünschten Effekt zu erzielen.[8]

5 Die deutliche Zurückhaltung der Legislative im Bereich der Sanktionen ist nicht selbstverständlich. Ein Grund mag darin liegen, dass das TFG – dem Minimalprinzip folgend[9] – nur so viel wie notwendig regelt, der Gesetzgeber die Details aber der Konkretisierung durch die Fachwelt überlassen wollte. Die Gesetzeszwecke verdeutlichen überdies, dass die Anwendung der Strafbestimmungen des Kernstrafrechts durch das TFG nicht ausgeschlossen ist.[10]

6 Im Zentrum der nachfolgenden Kommentierung sollen die für die Strafbestimmungen des TFG und des StGB wesentlichen Vorschriften des ersten und zweiten Abschnitts stehen.

---

[6] BT-Drs. 16/3146, 19, 43. Näher *Pühler/Middel/Hübner* S. 126 ff.
[7] BR-Drs. 851/97, 19.
[8] BT-Drs. 15/3593, 9.
[9] *Saame* Pharma Recht 1997, 453 sieht bereits in dieser gesetzlichen Umsetzung des Minimalprinzips eine Gefahr für die Anwendungsflexibilität.
[10] → § 29 Rn. 2 sowie *v. Auer/Seitz* Einl. Rn. 32.

Erster Abschnitt. Zweck des Gesetzes, Begriffsbestimmungen

§ 1 Zweck des Gesetzes

Zweck dieses Gesetzes ist es, nach Maßgabe der nachfolgenden Vorschriften zur Gewinnung von Blut und Blutbestandteilen von Menschen und zur Anwendung von Blutprodukten für eine sichere Gewinnung von Blut und Blutbestandteilen und für eine gesicherte und sichere Versorgung der Bevölkerung mit Blutprodukten zu sorgen und deshalb die Selbstversorgung mit Blut und Plasma auf der Basis der freiwilligen und unentgeltlichen Blutspende zu fördern.

Das TFG stellt die früheren Regelungen über die Gewinnung von Blut- und Blutbestand- **1** teilen sowie das Transfusionswesen auf eine weitgehend einheitliche Grundlage. Der Gesetzgeber bezweckt damit einen **hohen Schutzstandard** bei der Gewinnung und Anwendung von Blutprodukten.[1] Während sich das TFG bezüglich der Gewinnung von Blut und Blutbestandteilen auf die von Menschen beschränkt, erfasst die Anwendung von Blutprodukten auch Präparate tierischer Herkunft. Diese sind vom TFG mit umfasst.

Der Gesetzgeber versteht unter „gesicherter" eine **ausreichende Versorgung,** die **2** darauf gerichtet ist, den Bedarf an Blutprodukten für eine ordnungsgemäße Versorgung der zu behandelnden Personen zu decken. „Sicher" bedeutet das Einhalten des Standes der medizinischen Wissenschaft und Technik, wobei unvermeidbare Restrisiken hingenommen werden.[2]

§ 2 Begriffsbestimmungen

Im Sinne dieses Gesetzes

1. **ist Spende die bei Menschen entnommene Menge an Blut oder Blutbestandteilen, die Wirkstoff oder Arzneimittel ist oder zur Herstellung von Wirkstoffen oder Arzneimitteln und anderen Produkten zur Anwendung bei Menschen bestimmt ist,**
2. **ist Spendeeinrichtung eine Einrichtung, die Spenden entnimmt oder deren Tätigkeit auf die Entnahme von Spenden und, soweit diese zur Anwendung bestimmt sind, auf deren Testung, Verarbeitung, Lagerung und das Inverkehrbringen gerichtet ist,**
3. **sind Blutprodukte Blutzubereitungen im Sinne von § 4 Abs. 2 des Arzneimittelgesetzes, Sera aus menschlichem Blut im Sinne des § 4 Abs. 3 des Arzneimittelgesetzes und Blutbestandteile, die zur Herstellung von Wirkstoffen oder Arzneimitteln bestimmt sind.**

I. Spende

Das Gesetz enthält einige Legaldefinitionen. Die Spende (Nr. 1) verweist mittelbar auf **1** das Arzneimittelgesetz (AMG) und den Arzneimittelbegriff des § 2 AMG. Letzterer umfasst nicht nur Mittel zur Anwendung am Menschen, sondern auch Diagnostika und Mittel zur Anwendung am Tier. Damit ein solches Arzneimittel oder dessen Vorprodukt eine Spende iSv § 2 ist oder aus einer solchen Spende hergestellt wurde, muss es Blut- oder Blutbestandteile enthalten, die dem Menschen entnommen worden sind. Das einem Tier entnommene Blut sowie Produkte dieses Entnahmevorgangs sind ebenso wenig Spenden wie die daraus hergestellten Arzneimittel.[1] Ist das unmittelbare Produkt der Spende vom Menschen ein

---

[1] Näher → Vor § 1 Rn. 4; *v. Auer/Seitz* Rn. 5.
[2] BT-Drs. 13/9594, 15 f.
[1] *v. Auer/Seitz* Rn. 3.

Arzneimittel, wie zB die Vollblutspende, so decken sich die Begriffe Spende und Arzneimittel. Die Ergänzung der Nr. 1 durch die Änderung des TFG vom 10.2.2005 erweitert die Gesetzesfassung „[…] bei Menschen entnommene […]" um den Begriff der Spende, indem auch die extrakorporale Spende, zB Nabelschnurblut, einbezogen wird. Erfasst ist nun auch die entnommene Menge an Blut oder Blutbestandteilen, die nicht nur auf Arzneimittel, sondern auch auf andere Produkte zur Anwendung bei Menschen bezogen ist. Das gilt speziell für Medizinprodukte,[2] aber auch andere Produkte wie Tissue Engineering-Produkte soweit diese vom Anwendungsbereich des TFG erfasst werden.[3] Dies geht auf Art. 2 Abs. 1 und Art. 5 Abs. 1 EG-Blutrichtlinie 2002/98/EG zurück, wonach weder im Hinblick auf die Gewinnung noch im Hinblick auf die Verwendung von Blut und Blutbestandteilen bei der Herstellung von Produkten zur Anwendung bei Menschen Einschränkungen vorgesehen werden.[4]

2   Der weite Begriff „Produkte" ist als eine Art Generalklausel im Gesetz aufgenommen worden, um künftig neue Produktgruppen ohne Gesetzesänderung erfassen zu können. Die Wendung „Anwendung bei Menschen" soll auch die Einbeziehung von In-vitro-Diagnostika ermöglichen, die zur Erkennung von Krankheiten beim Menschen bestimmt sind.

3   Die Spende umfasst die Vollblut-, Plasma- und Blutzellenspende, aber auch **Eigenblut.** Unter **Eigenblutspende** wird die entnommene Menge an Blut oder Blutbestandteilen zur Anwendung an der spendenden Person verstanden.[5] In Abweichung von § 2 Abs. 2 RefE TFG 1997[6] hat das TFG auf eine eigene Definition der Eigenblutspende verzichtet.[7] Mit Blick auf die Untersuchungspflicht gemäß § 5 Abs. 3 ist in der Literatur umstritten, ob die perioperative Eigenblutspende unter den Begriff der Spende iS von § 2 fällt. Teilweise wird die Ansicht vertreten, dass Blut, das bei der Hämodilution und bei der maschinellen Autotransfusion gewonnen wird, Spende gemäß § 2 ist, teilweise[8] wird die Rückgewinnung des perioperativ angefallenen Blutes als ein Teil des Eingriffs und nicht als Arzneimittelherstellung oder Spende gemäß § 2 angesehen, selbst wenn das Blut zuvor gereinigt und für die Dauer der Operation zwischengelagert wird. Letztere Differenzierung ist nicht direkt aus dem Wortlaut des Gesetzes ableitbar. Ob eine teleologische Reduktion des Begriffs „Spende" auf Grund der sachlichen und zeitlichen Nähe der Blutgewinnung zum Eingriff erforderlich ist, erscheint fraglich. Für die Zwecke des TFG dürfte es ausreichend sein, dass der Gesetzgeber in § 5 Abs. 3 S. 2 eine Öffnungsklausel vorsieht, wonach die Untersuchungen auf Infektionsmarker nach den Besonderheiten der Eigenblutentnahme durchzuführen sind.

4   Unter Spende ist nicht der Entnahmevorgang als solcher zu verstehen, sondern das Produkt. Wenn das TFG den Entnahmevorgang meint, so wird dies entsprechend diesem Kontext formuliert (vgl. zB § 6 Abs. 1 „Spendeentnahme").

II. Spendeeinrichtung

5   Nach der Legaldefinition ist die Spendeeinrichtung (Nr. 2) eine Einrichtung, durch die Blut oder Blutbestandteile zur Herstellung von Arzneimitteln dem menschlichen Körper entnommen werden. Für die Spendeeinrichtung ist unerheblich, ob Blut aufgetrennt, gelagert und gekennzeichnet wird.[9] Gemeint ist nicht allein der Raum, in welchem die Spende entnommen wird, sondern auch die Institution, die Blut- und Plasmaspendetermine durch-

---

[2] Vgl. EG-RL 2000/70/EG hinsichtlich Medizinprodukten, die stabile Derivate aus menschlichem Blut oder Blutplasma enthalten.

[3] Vgl. die durch das Gewebegesetz und AMG-ÄndG 2009 neu konzipierte Ausnahmevorschrift des § 28 TFG.

[4] BT-Drs. 15/3593, 9 f.

[5] *Deutsch* et al., Transfusionsrecht, Rn. 565.

[6] § 2 Nr. 2 lautete: „Eigenblut ist die entnommene Menge an Blut oder Blutbestandteilen zur Anwendung an der spendenden Person." Vgl. auch *Bender* ZRP 1997, 353 (355).

[7] *Deutsch* et al., Transfusionsrecht, Rn. 565.

[8] *Deutsch* et al., Transfusionsrecht, Rn. 606 ff.

[9] BT-Drs. 13/9594, 16.

führt. Maßgebend ist insoweit die Spendeentnahme, sei es, dass die Institution als rechtlich selbständige Einrichtung nur diese Tätigkeit ausübt, als externe Betriebsstätte mit einer Spendeeinrichtung verbunden ist, oder eine Einrichtung ist, die alle Tätigkeiten von der Entnahme über die Verarbeitung bis hin zum Inverkehrbringen des fertigen Produkts (zB Erythrozytenkonzentrat) ausübt.

Mit Änderung der Nr. 2 durch Gesetz vom 10.2.2005 wird klargestellt, dass eine Spende- **6** einrichtung nicht nur eine Einrichtung ist, die Spenden wie zB Vollblut, Nabelschnurblut oder Plasma zur Fraktionierung entnimmt. Erfasst sind auch Einrichtungen, deren Tätigkeiten das Testen, Verarbeiten, Lagern und das Inverkehrbringen beinhalten – auch wenn die Entnahme in externen Betriebsstätten durchgeführt wird. Insoweit ist zu beachten, dass bei beiden Alternativen künftig eine Herstellungserlaubnis nach dem AMG bei der zuständigen Behörde beantragt werden muss. Bezüglich des TFG kommt es entscheidend auf die Tätigkeit der Spendeentnahme an, weil hieran die zentralen Pflichten, wie zB die Anforderungen nach den §§ 4–9 Abs. 1 sowie §§ 10 und 11 TFG, anknüpfen.[10]

III. Blutprodukte

Der Begriff Blutprodukte ist eine Neuschöpfung des TFG[11] und wurde durch das IfSG[12] **7** übernommen. Er umfasst Blutzubereitungen gemäß § 4 Abs. 2 AMG, Sera aus menschlichem Blut im Sinne von § 4 Abs. 3 AMG[13] und Plasma zur Fraktionierung.[14] Durch die Änderung des TFG wurde klargestellt, dass alle Blutbestandteile, die zur Wirkstoff- oder Arzneimittelherstellung bestimmt sind, unter den Begriff „Blutprodukt" fallen und damit von den Vorschriften des 2. Abschnitts des TFG erfasst werden. Das gilt zB auch für Buffy-coat, Nabelschnurblut und Plasma zur Fraktionierung.[15] Nach überwiegender Ansicht sind nur die Bestandteile des Blutes als Blutbestandteile iS des Gesetzes zu betrachten, die die originären Funktionen des Blutes ausmachen und nicht nur im Blut (mit-)transportiert werden.[16] Damit kommen Bestandteile wie Erythrozyten, Thrombozyten und Blutstammzellen, sowie Plasma und Plasmafraktionen, wie Gerinnungsfaktoren, Albumin und Immunglobuline als Blutprodukte in Betracht. Der 3. Abschnitt der Arzneimittel- und Wirkstoffherstellungsverordnung (AMWHV) enthält ebenfalls den Begriff Blutprodukte und zudem in § 31 AMWHV ergänzende Sonderregelungen für das QM-System in Blutspendeeinrichtungen.

Mit dem Gewebegesetz wurden im Bereich der Stammzellmedizin nicht unerhebliche[17] **8** Änderungen vorgenommen. Dem Regelungsbereich des TFG unterliegen nunmehr hämatopoetische Stammzellen aus peripheren Blut oder Nabelschnurblut, während die gleichen Blutstammzellen aus dem Knochenmark dem TPG zugeordnet werden, obwohl europarechtlich die Geweberichtlinie[18] hämatopoetische Stammzellen unabhängig von der Methode ihrer Gewinnung als Gewebe betrachtet. Dies hat zur Folge, dass die Gewinnung von Blutstammzellen aus peripheren Blut oder Nabelschnurblut[19] der Herstellungserlaubnis nach § 13 AMG unterliegt und für deren Entnahme der in Abschnitt 3 der AMWHV und dem EG-GMP-Leitfaden wiedergegebene arzneimittelrechtliche Standard der sog guten Herstellungspraxis – GMP (Good Manufacturing Practice) – gilt. Demgegenüber wird die Gewinnung von Blutstammzellen aus dem Knochenmark von § 20b AMG erfasst. Für die diesbezügliche Entnahme ist der GFP-Standard – Gute Fachliche Praxis – maßgeblich. Die

---

[10] BT-Drs. 15/3593, 10.
[11] Kritisch *Saame* Pharma Recht 1997, 454.
[12] BGBl. 2000 I S. 1045 ff., vgl. insbes. § 25 Abs. 2 IfSG.
[13] Beachte die Neufassung durch das AMG-ÄndG 2009, hierzu *Kloesel/Cyran* AMG § 4 Nr. 21.
[14] Ausführlich *Deutsch* et al., Transfusionsrecht, Rn. 76 ff.
[15] BT-Drs. 15/3593, 10.
[16] *v. Auer/Seitz* Rn. 8.
[17] Vgl. zu den etwas verunsichernden Regelungen: *Heinemann/Löllgen* Pharma Recht 2007, 183 (189).
[18] RL 2004/23/EG.
[19] Strittig; verneinend *Hasskarl/Hasskarl/Ostertag* NJW 2002, 1772; bejahend *Bender* Pharma Recht 2002, 244 ff., ebenso *Kloesel/Cyran* AMG § 4 Nr. 17a.

Differenzierung wirkt sich auch auf die Be- und Verarbeitung von Blutstammzellen aus. Blutstammzellen aus peripherem Blut oder Nabelschnurblut unterliegen insofern dem § 13 AMG und den GMP-Standards. Dagegen sind für die Be- und Verarbeitung von Blutstammzellen aus Knochenmark die Regelungen des § 20c AMG und des Abschnittes 5a der AMWHV entscheidend. Nur bei der Einfuhr von hämatopoetischen Stammzellen, die zur unmittelbaren Anwendung beim Menschen bestimmt sind, ist in §§ 72 Abs. 2, 72a Abs. 1a Nr. 2 AMG eine einheitliche Regelung enthalten.

9   Durch das AMG-Änderungsgesetz aus dem Jahr 2009 wurde zudem klargestellt, dass die Erlaubnis für die Gewinnung von Gewebe und die Laboruntersuchungen nach § 20b AMG nunmehr auch für autologes Blut für die Herstellung von biotechnologisch bearbeiteten Gewebeprodukten gilt, so dass Entnahmeeinrichtungen keine zusätzliche Herstellungserlaubnis nach § 13 AMG für die Gewinnung autologen Blutes mehr benötigen.[20]

Zweiter Abschnitt. Gewinnung von Blut und Blutbestandteilen

§ 3 Versorgungsauftrag

(1) Die Spendeeinrichtungen haben die Aufgabe, Blut und Blutbestandteile zur Versorgung der Bevölkerung mit Blutprodukten zu gewinnen.

(2) [1]Zur Erfüllung der Aufgabe gemäß Absatz 1 arbeiten die Spendeeinrichtungen zusammen. [2]Sie unterstützen sich gegenseitig, insbesondere im Falle des Auftretens von Versorgungsengpässen. [3]Sie legen die Einzelheiten der Zusammenarbeit in einer Vereinbarung fest.

(3) [1]Die spendenden Personen leisten einen wertvollen Dienst für die Gemeinschaft. [2]Sie sind aus Gründen des Gesundheitsschutzes von den Spendeeinrichtungen besonders vertrauensvoll und verantwortungsvoll zu betreuen.

(4) Die nach Landesrecht zuständigen Stellen und die für die gesundheitliche Aufklärung zuständige Bundesoberbehörde sollen die Aufklärung der Bevölkerung über die freiwillige und unentgeltliche Blut- und Plasmaspende fördern.

1   Vergleichbar mit § 1 des Apothekengesetzes für die Apotheken wird in § 3 Abs. 1 die Aufgabe der Spendeeinrichtungen festgestellt. Dieser öffentlich-rechtliche Versorgungsauftrag, Blut und Blutbestandteile oder auch Plasma zu gewinnen, ist an die Gesamtheit der Spendeeinrichtungen gerichtet, ohne das bestehende System der Spendeeinrichtungen anzutasten.

2   Abs. 2 verpflichtet die Spendeeinrichtungen, zur Erfüllung des gesetzlichen Versorgungsauftrags zusammenzuarbeiten und bei Versorgungsengpässen zu kooperieren. An beinahe versteckter Stelle[1] würdigt der Gesetzgeber in Abs. 3 die Blutspender, ohne deren selbstlose Bereitschaft das für die Gemeinschaft wichtige und zugleich finanzintensive Blutspende- und Transfusionswesen so nicht existieren würde.

3   In Abs. 4 betont der Gesetzgeber noch einmal, dass die Blutspende freiwillig und unentgeltlich sein muss. Dieser Hinweis wurde durch das Änderungsgesetz vom 10.2.2005 aufgenommen.

§ 4 Anforderungen an die Spendeeinrichtungen

[1]Eine Spendeeinrichtung darf nur betrieben werden, wenn
1. eine ausreichende personelle, bauliche, räumliche und technische Ausstattung vorhanden ist,

---

[20] Vgl. dazu: *Brucklacher/Walles* Pharma Recht 2010, 581 (585 f.).
[1] Ebenfalls kritisch *Deutsch* et al., Transfusionsrecht, Rn. 155; sorgloser *Lippert/Flegel* Rn. 6.

2. die Spendeeinrichtung oder der Träger von Spendeeinrichtungen eine leitende ärztliche Person bestellt hat, die die erforderliche Sachkunde nach dem Stand der medizinischen Wissenschaft besitzt, und

3. bei der Durchführung der Spendeentnahmen von einem Menschen eine ärztliche Person vorhanden ist.

²Die leitende ärztliche Person nach Satz 1 Nr. 2 kann zugleich die ärztliche Person nach Satz 1 Nr. 3 sein. ³Der Schutz der Persönlichkeitssphäre der spendenden Personen, eine ordnungsgemäße Spendeentnahme und die Voraussetzungen für eine notfallmedizinische Versorgung der spendenden Personen sind sicherzustellen.

I. Anforderungen an die Spendeeinrichtung

Die nicht abschließende Regelung des § 4 zählt einige grundlegende Anforderungen auf, **1** die an den Betrieb einer Spendeeinrichtung zu stellen sind. Satz 1 beschreibt rudimentär die Mindestanforderungen an die personelle, bauliche, räumliche und technische Ausstattung der Spendeeinrichtung. In Zusammenschau mit der AMWHV ist eine weitgehende Überwachung aller Spendeeinrichtungen gewährleistet.

II. Leiter

Seit der Reform des TFG durch das Gesetz über Qualität und Sicherheit von menschli- **2** chen Geweben und Zellen (Gewebegesetz) im Jahr 2007 muss nach Satz 1 Nr. 2 eine leitende ärztliche Person nicht mehr nur eine approbierte Ärztin oder ein approbierter Arzt sein. Dies führt dazu, dass alle ärztlichen Personen, welche die gesetzlichen Voraussetzungen erfüllen, die nach dem TFG vorgesehenen Tätigkeiten ausüben dürfen. Insoweit ist auch ausländischen Ärzten ohne deutsche Approbation gestattet, als ärztliche Person in einer Spendeeinrichtung tätig zu sein. Der ursprünglich mit dem strengeren Erfordernis der Approbation verfolgte Zweck, Ärzte im Praktikum von der Durchführung von Spendeentnahmen auszuschließen, ist hinfällig, da es nach dem ärztlichen Berufsrecht keine Ärzte im Praktikum mehr gibt.[1] Wesentlich ist, dass die leitende ärztliche Person eine auf die Anforderungen an die Spendeentnahme ausgerichtete Sachkunde nach dem Stand der medizinischen Wissenschaft[2] besitzt, der sich auch aus den Hämotherapie-Richtlinien[3] und den Richtlinien des Paul-Ehrlich-Instituts gemäß § 12 ergibt. Diese fordern bei Spendeeinrichtungen mit und ohne Anbindung an eine Einrichtung der Krankenversorgung grds.[4] die Facharztanerkennung im Bereich der Transfusionsmedizin.[5] Diese Qualifikationsanforderung betrifft die medizinische Leitung der Spendeeinrichtung, setzt aber nicht voraus, dass die (Gesamt-)Leitung der Einrichtung einer ärztlichen Person obliegt. Das Gewicht der gesetzlichen Anforderungen an die leitende ärztliche Person wird dadurch unterstrichen, dass die Nichtbeachtung eine Ordnungswidrigkeit darstellt, § 32 Abs. 2 Nr. 1.

Aufgabe der leitenden ärztlichen Person ist es vor allem, bei der Implementierung sachge- **3** rechter organisatorischer, logistischer und qualitätssichernder Maßnahmen den ärztlichen Sachverstand einzubringen. Die leitende ärztliche Person kann auch für mehrere Spendeein-

---

[1] BT-Drs. 16/5443, 59.

[2] Hierzu §§ 12, 18.

[3] Hämotherapie-Richtlinien, dh Richtlinien zur Gewinnung von Blut und Blutbestandteilen und zur Anwendung von Blutprodukten (Hämotherapie) gemäß §§ 12a und 18 des Transfusionsgesetzes vom 19.9.2005, BAnz. Nr. 209a vom 5.11.2005, geändert durch Bekanntmachung vom 17.4.2007, BAnz. S. 5075. 2. Richtlinienanpassung 2010 in der vom Vorstand der Bundesärztekammer am 16.4.2010 verabschiedeten Fassung mit Einvernehmen vom Paul-Ehrlich-Institut vom 4.5.2010; förmliche Bekanntmachung im BAnz. Nr. 101a vom 9.7.2010. Zur Entstehungsgeschichte und Bedeutung vgl. *Zimmermann/Bender/Eckstein*, Die Gesamtnovelle 2005 der Hämotherapie-Richtlinien, BayÄBl. 2006, 129 ff.

[4] Zu den Übergangsvorschriften vgl. 1.5 der Hämotherapie-Richtlinie.

[5] Vgl. 1.4.3.1 der Hämotherapie-Richtlinie unter Nennung weiterer möglicher Qualifikationsanforderungen.

richtungen desselben Trägers zuständig sein, soweit dies personell und sachlich vertretbar ist. Die Gesamtleitung der Spendeeinrichtung kann in den Händen einer anders qualifizierten Person liegen. Ist die leitende ärztliche Person zugleich Herstellungs- oder Kontrollleiter nach dem AMG, § 14 Abs. 2 S. 3 AMG lässt dies ausdrücklich zu, muss sie die Sachkundeanforderungen insbes. von § 15 Abs. 3 AMG erfüllen und ist in diesem Fall auch die „verantwortliche" Person im Sinne von Artikel 9 der EG-Blutrichtlinie 2002/98/EG. Im Falle der Stellvertretung muss die vertretende Person durch Ausbildung und Erfahrung die zur Erfüllung der Aufgaben erforderliche Qualifikation aufweisen.[6]

III. Spendeentnahme

4   Die Neufassung der Nr. 3 in Satz 1 bedingt, dass bei extrakorporalen Spendeentnahmen, also nicht im oder am menschlichen Körper, sondern bspw. bei der Gewinnung von Nabelschnurblut, die Anwesenheit einer ärztlichen Person bei der Entnahme nicht erforderlich ist, so dass in Geburtskliniken und -häusern auch Hebammen zur Entnahme befugt sein können. Voraussetzung ist, dass die entnehmende Person vom Nabelschnurblut-Arzneimittelhersteller in die Entnahmetechniken sachgerecht entsprechend § 31 Abs. 4 AMWHV eingewiesen und die Standardarbeitsverfahren beachtet wurden. Ferner muss dieser Hersteller die notwendige Gewährleistung erbringen, dass die Aufklärung und Einwilligung der Frau durch eine ärztliche Person nach den Bestimmungen des TFG erfolgt und die Dokumentationsvorschriften eingehalten werden.[7]

5   Im Falle der Entnahme von einem Menschen muss in der Spendeeinrichtung eine ärztliche Person anwesend sein. Zu beachten ist, dass die Nichteinhaltung dieser Vorgaben aus § 4 S. 1 Nr. 3 zum arzneimittelrechtlichen Versagungsgrund nach § 14 Abs. 1 AMG für die Erteilung der Herstellungserlaubnis erhoben wurde.[8] Damit soll gewährleistet werden, dass jederzeit medizinische Fragen im Rahmen der Spenderanamnese, der Feststellung des Gesundheitszustands der spendenden Personen, der Spendetauglichkeit etc. sachkundig beantwortet werden und ggf. notfallmedizinische Maßnahmen unverzüglich ergriffen werden. Die ärztliche Person hat zudem die Aufgabe, die Tauglichkeit der spendenden Personen festzustellen, § 5 Abs. 1 S. 1, wenn die leitende ärztliche Person ortsabwesend ist. Durch die Gesetzesänderung ist klargestellt, dass die leitende ärztliche Person nach Nr. 2 und die ärztliche Person nach Nr. 3 dieselbe Person sein kann. Möglich ist auch, dass die leitende ärztliche Person mit der ärztlichen Person in einer Spendeeinrichtung identisch ist, die Teil etlicher Spendeeinrichtungen ein und desselben Trägers ist.[9]

§ 5 Auswahl der spendenden Personen

(1) [1]Es dürfen nur Personen zur Spendeentnahme zugelassen werden, die unter der Verantwortung einer ärztlichen Person nach dem Stand der medizinischen Wissenschaft und Technik für tauglich befunden worden sind und die Tauglichkeit durch eine ärztliche Person festgestellt worden ist. [2]Die Zulassung zur Spendeentnahme soll nicht erfolgen, soweit und solange die spendewillige Person nach Richtlinien der Bundesärztekammer von der Spendeentnahme auszuschließen oder zurückzustellen ist.

(2) Bei der Gewinnung von Eigenblut, Blut zur Stammzellseparation und Plasma zur Fraktionierung ist die Tauglichkeit der spendenden Personen auch nach den Besonderheiten dieser Blutprodukte zu beurteilen.

(3) [1]Die für die Leitung der Qualitätskontrolle nach § 14 Absatz 1 Nummer 1 des Arzneimittelgesetzes zuständige Person hat dafür zu sorgen, dass die spen-

---

[6] BT-Drs. 15/3593, 10.
[7] BT-Drs. 16/3146, 43.
[8] Eingehend dazu Pühler/Middel/Hübner/*Bäsler/Bein/Bender* S. 133.
[9] BT-Drs. 15/3593, 10 f.

dende Person vor der Freigabe der Spende nach dem Stand der medizinischen Wissenschaft und Technik auf Infektionsmarker, mindestens auf Humanes Immundefekt Virus (HIV)-, Hepatitis B- und Hepatitis C-Virus-Infektionsmarker untersucht wird. [2]Bei Eigenblutentnahmen sind diese Untersuchungen nach den Besonderheiten dieser Entnahmen durchzuführen. [3]Anordnungen der zuständigen Bundesoberbehörde bleiben unberührt.

I. Normzweck

Die Auswahl der spendenden Personen ist Voraussetzung der Gewinnung möglichst risi- **1** koarmer Blutspenden. Hierbei geht es nicht allein um die Empfängersicherheit, sondern auch um die Sicherheit der Spender.[1]

II. Auswahl

Die Auswahl umfasst im Wesentlichen drei Bereiche: Befragung, dh sorgfältige Erhebung **2** der Anamnese der spendewilligen Person, ärztliche Untersuchung des Spenders und Untersuchung des entnommenen Blutes.[2] Die Kriterien Befragung und Untersuchung des Spenders bemessen sich gemäß Abs. 1 und 3 anhand des jeweiligen Standes der medizinischen Wissenschaft und Technik,[3] der insbes. durch die Hämotherapie-Richtlinie[4] inhaltlich konkretisiert wird. Bei der Gewinnung von Eigenblut, Blut zur Stammzellgewinnung und der Gewinnung von Plasma zur Fraktionierung gelten teilweise abweichende Kriterien.

III. Feststellung der Spendertauglichkeit

Die Feststellung der Spendertauglichkeit obliegt einer ärztlichen Person. Der bisherige **3** legal definierte Begriff „approbierte ärztliche Person" ist als einschränkende Anforderung weggefallen.[5] Während die Durchführung der Spendetauglichkeitsuntersuchung grds. an nichtärztliches Personal delegiert werden darf, soweit diese Tätigkeiten unter der Verantwortung einer ärztlichen Person vorgenommen werden,[6] obliegt die konkrete Feststellung der Spendertauglichkeit sowie die Verantwortung für diesen Aufgabenkreis allein einer ärztlichen Person und ist der Delegation entzogen.[7] Fraglich ist, wie in diesem Zusammenhang mit spendewilligen Personen umzugehen ist, die aufgrund ihres Sexualverhaltens ein gegenüber der Allgemeinbevölkerung deutlich erhöhtes Übertragungsrisiko für durch Blut übertragbare schwere Infektionskrankheiten aufweisen. Die Arbeitsgruppe „Blutspendeausschluss von Personen mit sexuellem Risikoverhalten" hat hierzu die Empfehlung erarbeitet,[8] dass eine befristete Rückstellung von der Spende nach Beendigung eines sexuellen Risikoverhaltens (mindestens ein Jahr) statt eines generellen Ausschlusses vorzugswürdig ist. Der EuGH hat in der Rechtssache C-528/13 (Léger) darauf hingewiesen, dass der Wortlaut der hier einschlägigen Richtlinie 2004/33/EG zu Unklarheiten führt. Die Richtlinie sieht vor, dass Blutspendeeinrichtungen sicherstellen, „dass Spender von Vollblut und Blutbestandteilen die in Anhang III aufgeführten Eignungskriterien erfüllen". In diesem Anhang sind auch die Ausschlusskriterien für die Spender geregelt. Dauerhaftes Ausschlusskriterium für Fremdblutspender ist ein riskantes Sexualverhalten und schließt daher Personen von der Möglichkeit einer Spende aus, deren Sexualverhalten ein hohes Übertragungsrisiko für

[1] Zu Risiken und Häufigkeiten von Nebenwirkungen bei autologen Blutentnahmen vgl. *Kwapisz/Dietrich/Viehl/Hempelmann* Der Anästhesist 1998, 644.
[2] Zur Untersuchung des Blutes vgl. Abs. 3 und § 7 Abs. 1.
[3] Eingehend *Deutsch* et al., Transfusionsrecht, Rn. 197 ff.
[4] Vgl. insbes. der Abschnitt 2. Hämotherapie-Richtlinie, BAZ v. 5.11.2005, Nr. 209a, S. 10 ff.
[5] Folgeänderung zu § 4 Abs. 1 Nr. 2.
[6] *v. Auer/Seitz* Rn. 3.
[7] BT-Drs. 13/9594, 17.
[8] Vgl. Erläuterungen und Regelungsoptionen zum Blutspende-Ausschluss bzw. zur Rückstellung von Personen, deren Sexualverhalten ein Risiko für den Empfänger von Blutprodukten birgt vom 25.4.2012 unter http://www.bundesaerztekammer.de/downloads/Blutspende_24052013.pdf. (Stand: 13.4.2017).

durch Blut übertragbare schwere Infektionskrankheiten birgt. Personen, die „nur" ein Infektionsrisiko haben, sind vom Ausschluss nicht erfasst. Es obliegt den Ländern, zu überprüfen, ob Personengruppen mit riskantem Verhalten unter epidemiologischen Aspekten aufgrund ihres Infektionsrisikos für schwere Infektionskrankheiten mit einem Ausschluss zu belegen sind.[9]

IV. Testung

4   Als Folge unkorrekten Testverhaltens und des sog Blutskandals aus dem Jahre 1993[10] normiert das Gesetz die in § 31 strafbewehrte Verpflichtung, die spendenden Personen vor Freigabe der Spenden nach dem Stand der wissenschaftlichen Erkenntnisse auf Infektionsmarker zu testen.

V. Verantwortung

5   Die Verantwortung hierfür regelt Abs. 3 durch einen Verweis auf § 14 Abs. 1 Nr. 1 AMG. Danach hat die Spendeeinrichtung die Verantwortungsbereiche der eingesetzten Mitarbeiter „nach Maßgabe des § 19 des Arzneimittelgesetzes schriftlich festzulegen". Gemäß § 19 AMG ist die nach § 14 AMG sachkundige Person dafür verantwortlich, „dass jede Charge des Arzneimittels entsprechend den Vorschriften über den Verkehr mit Arzneimitteln hergestellt und geprüft wurde". Die sachkundige Person hat insbes. die allg. PIC-Grundsätze zu beachten und ein internes Qualitätssicherungssystem gemäß der AMWHV sicherzustellen.[11] Konkretisiert werden die Aufgaben der für die Qualitätskontrolle zuständigen Person in § 12 Abs. 1 Satz 4 AMWHV.

VI. Freigabe

6   Darunter ist gemäß § 16 Abs. 2 AMWHV die Kennzeichnung als freigegeben zu verstehen. Sie ist Voraussetzung des Inverkehrbringens. Die Freigabe darf nur erfolgen, wenn das Herstellungs- und das Prüfprotokoll ordnungsgemäß unterzeichnet sind und zusätzlich zu den analytischen Ergebnissen essenzielle Informationen wie die Herstellungsbedingungen und die Ergebnisse der Inprozesskontrollen berücksichtigt wurden, die Überprüfung der Herstellungs- und Prüfunterlagen die Übereinstimmung der Produkte mit ihren Spezifikationen, einschließlich der Endverpackung, bestätigt hat und bei zugelassenen oder registrierten Arzneimitteln die Übereinstimmung mit den Zulassungs- oder Registrierungsunterlagen und bei Prüfpräparaten die Übereinstimmung mit den Unterlagen für die Genehmigung für die klinische Prüfung, in der sie zur Anwendung kommen, vorliegt. Die Arzneimittelchargen müssen vor ihrem Inverkehrbringen von der sachkundigen Person in ein fortlaufendes Register mit der entsprechenden Bestätigung eingetragen werden. Die Prüfung der Produkte vor Freigabe richtet sich grds. nach § 14 iVm § 31 AMWHV. Erst wenn feststeht, dass die erforderliche Qualität festgestellt ist, kann eine Freigabe erfolgen.

VII. Umfang der Testpflicht

7   Die Testpflicht erstreckt sich auf alle nach dem gegenwärtigen Stand der medizinischen Wissenschaft und Technik vorgeschriebenen Infektionsmarker. Mit Blick auf neue Tests, zB auf der Grundlage von Genamplifikationsverfahren, wonach ein direkter Nachweis des Erregers möglich ist, hätte es nahe gelegen, entsprechend der Regelung des § 7 Abs. 3 IfSG von einem direkten/indirekten Nachweis von Erregern zu sprechen.[12] Abs. 3 erwähnt

---

[9] Ausführlich *Pühler/Hübner* MedR 2015, 705.

[10] Schlussbericht des 3. Untersuchungsausschusses (HIV-Infektionen durch Blut- und Blutprodukte), BT-Drs. 12/8591.

[11] BGH 19.4.2000 – 3 StR 442/99, Zur Garantenstellung des Stellvertreters des Leiters eines Universitätsinstituts für Blutgerinnungswesen und Transfusionsmedizin; vgl. auch Deutsch/Lippert/*Ratzel*/Anger/Tag/Koyuncu AMG § 19 Rn. 1.

[12] So auch *Saame* Pharma Recht 1997, 455.

exemplarisch die HIV-, HBV- und HCV-Infektionsmarker als Mindesttestanforderungen. Der Begriff „Testung auf Infektionsmarker" umfasst auch die Testung auf das Virus selbst.[13]

Durch den Hinweis von Abs. 3 S. 2, wonach bei Eigenblutentnahmen die Untersuchungen nach den Besonderheiten dieser Entnahmen durchzuführen sind, wird auch der Problematik der perioperativen Verfahren zur Eigenblutrückgewinnung Rechnung getragen. Dies wird durch die Hämotherapie-Richtlinien umgesetzt, vgl. 2.8. **8**

Für **Eigenblutentnahmen,** Entnahmen zur Stammzellgewinnung und Gewinnung von Blutplasma zur Fraktionierung gelten andere Kriterien der Tauglichkeit, vgl. Abs. 2. **9**

§ 6 Aufklärung, Einwilligung

(1) ¹**Eine Spendeentnahme darf nur durchgeführt werden, wenn die spendende Person vorher in einer für sie verständlichen Form über Wesen, Bedeutung und Durchführung der Spendeentnahme und der Untersuchungen sachkundig aufgeklärt worden ist und in die Spendeentnahme und die Untersuchungen eingewilligt hat.** ²**Aufklärung und Einwilligung sind von der spendenden Person schriftlich zu bestätigen.** ³**Sie muss mit der Einwilligung gleichzeitig erklären, dass die Spende verwendbar ist, sofern sie nicht vom vertraulichen Selbstausschluss Gebrauch macht.**

(2) ¹**Die spendende Person ist über die mit der Spendeentnahme verbundene Erhebung, Verarbeitung und Nutzung personenbezogener Daten aufzuklären.** ²**Die Aufklärung ist von der spendenden Person schriftlich zu bestätigen.**

Übersicht

I. Fremdnützige Blutspende

§ 6 statuiert den verfassungsrechtlichen (vgl. Art. 2 Abs. 1 iVm Art. 1 Abs. 1 GG) und ethischen[1] Grundsatz der Freiwilligkeit der Spendeentnahme. Die fremdnützige Blutspende[2] ist kein Heileingriff. Sie wird als tatbestandsmäßige Körperverletzung, deren Strafbarkeit durch rechtfertigende Einwilligung entfallen kann,[3] oder als tatbestandslos iS von § 223 Abs. 1 StGB betrachtet. Letzteres setzt die Entnahme lege artis und die tatbestandsausschließende Einwilligung voraus.[4] § 6 Abs. 1 statuiert für die Einwilligung, sei sie rechtfertigend oder tatbestandsausschließend,[5] enge Voraussetzungen. Sie werden durch förmliche Vorgaben abgesichert und folgen den von Rechtsprechung und Lehre entwickelten Grundsätzen fremdnütziger Eingriffe. Danach muss der Spender jeder Spendeentnahme und den ihr vorangehenden Untersuchungen im Voraus zustimmen. Die korrespondierende Aufklärung muss vor der Einwilligung durchgeführt werden. Nachträgliche Aufklärung und Genehmi- **1**

---

[13] BT-Drs. 13/9594, 18.

[1] *v. Auer* BGBl. 1999, 95.

[2] Hierzu Der Anästhesist, Supplementband 2001.

[3] Vgl. zB *Fischer* StGB § 223 Rn. 9; *Hirsch* GS Zipf, 353 (364 f.); Schönke/Schröder/*Eser/Sternberg-Lieben* § 223 Rn. 50c.

[4] *Tag* S. 185 f.

[5] Die tatbestandsausschließende Einwilligung ist gerade nicht mit dem tatbestandsausschließenden Einverständnis gleichzusetzen.

gung bewirken im Strafrecht nicht die rückwirkende Beseitigung des entstandenen staatlichen Strafanspruchs.[6]

II. Schriftform

2   Die in Abs. 1 S. 2 angeordnete schriftliche Bestätigung von Aufklärung und Einwilligung soll dem Spender das Geschehen bewusst machen.[7] Ein Formverstoß hat jedoch nicht zwangsläufig Auswirkungen auf die strafrechtliche Wirksamkeit der Einwilligung. Zum einen ordnet das Gesetz – abweichend von § 7 Abs. 2 S. 1 Nr. 2 des RefE (TFG-E 1997)[8] – keine konstitutive Schriftform an. Die nachträgliche Bestätigung von Aufklärung und Einwilligung[9] genügt den Anforderungen. Die schriftliche Bestätigung ist Teil der Dokumentation und dient Beweiszwecken. Zum anderen ist die strafrechtliche Wirksamkeit von Aufklärung und Einwilligung anhand der tatsächlichen Umstände zu beurteilen. Wurde die Einwilligung mündlich oder konkludent erklärt, so kann bei irrtumsfreier Willensbildung allein an die Missachtung von (deklaratorischen) Formvorschriften strafrechtliches Unrecht nicht geknüpft werden.[10]

III. Widerruf

3   Bei ernsthaftem Widerruf der Einwilligung darf die Blutentnahme nicht durchgeführt werden. Zwar regelt § 6 den Widerruf nicht ausdrücklich und unterscheidet sich damit von § 7 TFG-E 1997 und den entsprechenden Bestimmungen über die klinische Prüfung im MPG und AMG. Aufgrund der Höchstpersönlichkeit der Willensentschließung steht der Widerruf der Einwilligung aber im freien Belieben des Spenders.[11] Erklärt er ihn während der Spende, so liegt in der bereits begonnenen, lege artis durchgeführten Blutentnahme keine strafbare Körperverletzung. Die Spende ist jedoch unverzüglich einzustellen. Wird dieser Verpflichtung zuwidergehandelt, greift die Fortsetzung der Entnahme zumindest in das Rechtsgut der körperlichen Unversehrtheit ein.

IV. Aufklärung

4   Die Einwilligung entfaltet nur dann Rechtswirksamkeit, wenn sie sich als ein Akt wirklicher Selbstbestimmung erweist.[12] Daher muss der Spender über die ärztlichen Maßnahmen, dh die Durchführung der Spendeentnahme und Untersuchungen und über die hiermit verbundenen Gefahren in verständlicher Form aufgeklärt werden.[13] Die letztgenannte **Risikoaufklärung** hat auf Grund der **Fremdnützigkeit der Spende**[14] besonders **eingehend** zu geschehen. Die spendende Person muss darüber aufgeklärt werden, was der Verlust von Blut, Blutbestandteilen oder Plasma für den Körper bedeutet, wie die Spendeintervalle angelegt sind und welche Konsequenzen für Körper und Gesundheit des Spenders entstehen bei zu kurzen Spendeabständen. Bezüglich der Untersuchung auf Infektionsmarker ist die spendende Person auf die Konsequenzen der Aufdeckung von Infektionskrankheiten – gerade auch für die eigene Person – hinzuweisen. Die Aufklärung muss zudem über den Eingriff als solchen erfolgen, dh die Punktion, Dauer der Entnahme, Vorgehensweise, mögliche Komplikationen, erforderliche Ruhepausen und sonstige Verhaltensanforderungen, wie nachfolgende Ernährungsratschläge.[15] Die wirksame Aufklärung erfordert auch einen Hin-

---

[6] *Tag* S. 339 f.
[7] BR-Drs. 851/97, 19.
[8] Instruktiv *Bender* ZRP 1997, 353.
[9] *Schreiber* S. 83.
[10] Zu den zivilrechtlichen Konsequenzen *Deutsch* NJW 1998, 3380.
[11] Zur Widerrufsmöglichkeit *Tag* S. 305 ff.
[12] Näher *Amelung* ZStW 104 (1992), 522 (541 ff.) mwN.
[13] BT-Drs. 13/9594, 18.
[14] Hämotherapie-Richtlinien, Abschnitt 2.1.2., BAZ v. 5.11.2005, Nr. 209a, S. 10 ff.; BGH 14.3.2006 – IV Z. 79/04, NJW 2006, 2108 mit Bespr. *Spickhoff* NJW 2006, 2075.
[15] Näher Hämotherapie-Richtlinien Punkt 2.1.1.

weis auf die möglichen Folgen einer irreversiblen Nervverletzung als Komplikation der Blutspende, die chronifizierte Schmerzen zur Folge haben und die Lebensführung des Spenders in erheblichem Maße beeinträchtigen kann.[16]

V. Einsichts- und Einwilligungsfähigkeit

Erforderlich ist zudem die Einsichts- und Einwilligungsfähigkeit der spendenden Person. **5** Die strafrechtliche Einwilligungsfähigkeit[17] orientiert sich weder an der zivilrechtlichen Geschäftsfähigkeit[18] noch den Altersgrenzen strafrechtlicher Schuldfähigkeit. Maßgebend ist allein, ob der Spender die tatsächliche Einsichts- und Urteilsfähigkeit besitzt, die ihn dazu befähigt, „die Bedeutung und Tragweite des mit der Spende verbundenen Eingriffs und seiner Gestattung zu ermessen"[19] und damit seine Einwilligung auf der Grundlage der freien Entfaltung seiner Persönlichkeit zu treffen.[20] Entscheidend für die Bewertung ist die Sachlage im Einzelfall.[21]

VI. Fremdbestimmungskompetenz

Fehlt dem potentiellen Spender die Einwilligungsfähigkeit, zB bei (noch) nicht einsichts- **6** fähigen Minderjährigen oder geistig behinderten Menschen, ergeben sich erhebliche Rechtsunsicherheiten. Im Unterschied zu den ausdrücklichen Regelungen der §§ 8 Abs. 1 S. 1 Nr. 1a, 8a TPG bestehen sie im Bereich des TFG weiter fort. Ob sie allerdings durch die ersatzlos gestrichene Regelung des § 7 TFG-E 1997, wonach bei Geschäftsunfähigen oder in der Geschäftsfähigkeit Beschränkten die Einwilligung des gesetzlichen Vertreters vorausgesetzt war, behoben worden wären, ist wegen der mangelnden Trennung von Einsichts- und Geschäftsfähigkeit sehr fraglich. Die fremdnützige Blutspende dient nicht unmittelbar dem **Wohl des Betroffenen,** sie setzt ihn zudem Eingriffsrisiken aus. Daher besteht hier ein deutlicher Konflikt zwischen Allgemeininteressen und Integritätsinteresse des Spenders. Die Fremdbestimmungskompetenz des gesetzlichen Vertreters mag diesen Konflikt nur im eng begrenzten Ausnahmefall, zB bei Vorliegen der Voraussetzungen, die denen des Notstands entsprechen, zugunsten der Entnahme lösen.[22]

Dem entspricht es, wenn die Hämotherapie-Richtlinien[23] bei der Prüfung der Spender- **7** tauglichkeit verlangen, dass der Spender mindestens 18 Jahre alt ist. Der Anhang II der Empfehlung 98/463/EG des Rates der EU vom 29.6.1998 über die Eignung von Blut- und Plasmaspender und das Screening von Blutspendern in der Europäischen Gemeinschaft lautet:[24] „Blut- und Plasmaspender sollten 18 bis 65 Jahre als sein. [...] Vollblutspender im Alter von 17 Jahren, die rechtlich nicht als Minderjährige eingestuft sind, können zugelassen werden."

VII. Eigenblutspende

Eigenblutspende ist die entnommene Menge an Blut oder Blutbestandteilen zur **8** Anwendung an der spendenden Person.[25] Diese autologe Blutentnahme[26] ist mit – zB wenn patienteneigenes Blut prä- oder perioperativ zur Retransfusion gesammelt wird – und ohne zeitlichen Zusammenhang mit einer Operation denkbar. Insoweit ist § 28 zu

---

[16] BGH 14.3.2006 – VI ZR 279/04, NJW 2006, 2108 mit zust. Anm. *Spickhoff* NJW 2006, 2075.
[17] Näher *Amelung* ZStW 104 (1992), 522 (541 ff.) mwN.
[18] BGH 5.12.1958 – VI Z. 66/57, BGHZ 29 (33, 36); NK-StGB/*Paeffgen* StGB § 228 Rn. 14.
[19] Insgesamt hierzu *Amelung,* Vetorechte beschränkt Einwilligungsfähiger in Grenzbereichen medizinischer Interventionen, 1995; *Ulsenheimer,* Arztstrafrecht in der Praxis, 1998, Rn. 108.
[20] Für das Zivilrecht *Kern/Laufs,* 1983, S. 35.
[21] *Amelung* ZStW 104 (1992), 525 (557 f.); *Neyen,* Die Einwilligungsfähigkeit im Strafrecht, 1991, S. 44 ff.
[22] Weiter Laufs/Katzenmeier/Lipp/*Lipp* VI Rn. 66.
[23] Hämotherapie-Richtlinien, Abschnitt 2.1.4.2., BAZ v. 5.11.2005, Nr. 209a, S. 11.
[24] ABl. 1998 L 203, 14.
[25] *Deutsch* et al., Transfusionsrecht, Rn. 565.
[26] Zu Risiken und Nebenwirkungen autologer Blutentnahme *Kwapisz* et. al. Der Anästhesist 1998, 644.

beachten, wonach das TFG[27] auf homöopathische Eigenblutprodukte keine Anwendung findet.[28]

9   In der medizinischen Wissenschaft wird die Eigenblutspende als die sicherste und risiko-ärmste Form der Blutübertragung bezeichnet, weil sie vor allem die Gefahr der Übertragung von Krankheiten erheblich reduziert.[29] Die Transfusion von Eigenblut wird daher grds.[30] als eine der Fremdbluttransfusion vorzuziehende Maßnahme betrachtet. Nach den zur Ver-laufs- und Risikoaufklärung[31] zählenden Grundsätzen der Aufklärung über Behandlungsal-ternativen[32] ist der Patient auch über die Vorzüge und Nachteile der beiden Transfusionsme-thoden zu informieren. Es ist mit ihm abzustimmen, ob die etwaige Transfusion mit eigenem oder fremdem Blut durchgeführt werden soll.[33] Ob die Pflicht zur Aufklärung in die Zustän-digkeit des Chirurgen oder des Anästhesisten fällt, ist mangels Normierung im TFG durch den Transfusionsverantwortlichen bzw. Transfusionsbeauftragten zu regeln. Anhaltspunkte gibt die Vereinbarung über die Zusammenarbeit bei der Bluttransfusion des Bundesverban-des Deutscher Anästhesisten und des Berufsverbandes Deutscher Chirurgen.[34]

10   Für die Einwilligung in die Eigenblutentnahme gelten die bei der Fremdblutspende erörterten Grundsätze entsprechend. Da hier im Regelfall keine Kollision von Allgemeinin-teressen und Integritätsinteresse des Spenders vorliegt, kann[35] der gesetzliche Vertreter für den nicht einwilligungsfähigen Spender in die Entnahme und Retransfusion nach den für die ärztliche Behandlung als solche geltenden Grundsätzen[36] einwilligen.[37]

10a   Da sich die Einwilligung hier nur auf die Eigenbehandlung erstreckt, untersagt § 17 Abs. 1 S. 3 zu Recht, die Eigenblutspende bei anderen Personen anzuwenden.

VIII. Verwendung

11   Mit der Trennung vom Körper verwandelt sich das Blut zum Verfügungsobjekt, mithin zur persönlichkeitsrechtlichen Bindungen unterliegenden Sache,[38] und fällt in das Eigentum des Spenders, § 953 BGB analog.[39] Die Verwendung durch die Spendeeinrichtung setzt voraus, dass der Spender auch darüber, was mit seinem Blut geschieht, aufgeklärt ist und darin einwilligt. Im Zurücklassen des Blutes liegt daher keine Dereliktion, § 959 BGB, sondern zumindest bei der Fremdblutspende eine willentliche Übereignung an die Spende-einrichtung, § 929 BGB.

12   Im Falle der heimlichen zweckwidrigen Verwendung durch die Spendeeinrichtung ist aus strafrechtlicher Sicht zu unterscheiden: Wurde die Entscheidung vor der Blutentnahme getroffen und der Spender über die geplante Verwendung nicht aufgeklärt, ist seine Einwilli-gung in die Entnahme grds. unwirksam. Die Blutentnahme erfüllt den Tatbestand der Körperverletzung, § 223 StGB.[40] Wird die abredewidrige Verwendungsentscheidung erst im Nachhinein getroffen, bleibt die Einwilligung nach den derzeitigen Grundsätzen rechts-

---

27 Zur Anwendbarkeit des AMG BayObLG 29.4.1998 – 4 St RZ 12/98, NJW 1998, 3430.

28 Zu den Begriffsunschärfen „klassischer Eigenblutspenden" vgl. BT-Drs. 13/9594, 27, zu den „experi-mentellen Ansätzen" *Deutsch* et al., Transfusionsrecht, Rn. 567 f.

29 *Kwapisz* et al. Der Anästhesist 1998, 644.

30 Ausnahmen zB bei Notfalleingriffen, vgl. OLG Düsseldorf 7.3.1996 – 8 U 93/95, NJW 1996, 1599, oder wenn die Eigenblutspende aus medizinischen Gründen ausscheidet, OLG Köln 17.2.1997 – 5 U 112/96, VersR 1997, 1534.

31 AA OLG Düsseldorf 7.3.1996 – 8 U 93/95, NJW 1996, 1599.

32 BGH 22.9.1987 – VI Z. 38/86, BGHZ 102, 17; 24.11.1987 – VI ZR 65/89, VersR 1988, 190 (191).

33 BGH 17.12.1991 – VI ZR 40/91, NJW 1992, 743; Hämotherapie-Richtlinien Abschnitt 2.8.1.

34 Anästhesiologie & Intensivmedizin 1989, 375.

35 BT-Drs. 13/9594, 18.

36 Hierzu *Tag* S. 312 ff.

37 *Deutsch* NJW 1998, 3380.

38 AA *Forkel* JZ 1974, 593; *Jansen,* Die Blutspende aus zivilrechtlicher Sicht, 1978, S. 82 ff.; diff. *Schüne-mann,* Die Rechte am menschlichen Körper, 1985, S. 10 ff.

39 Schönke/Schröder/*Eser/Bosch* StGB § 242 Rn. 20; *Tag* S. 102 ff.; *Wessels/Hillenkamp* BT/2 Rn. 65; BGH bei *Dallinger* MDR 1958, 739. AA *Kallmann* FamRZ 1968, 577; LG Mainz 6.1.1984 – 7 O 170/83, MedR 1984, 199: § 958 Abs. 2 BGB analog.

40 Zur Parallelproblematik der heimlichen HIV-Untersuchung vgl. StA Mainz NJW 1987, 2946.

gültig. Denn das Rechtsgut der körperlichen Unversehrtheit schützt nicht das endgültig vom Körper getrennte Blut.[41] Jedes andere Ergebnis würde die Wortlautgrenzen des fragmentarisch ausgestatteten Körperverletzungstatbestands überschreiten und wäre als verbotene Analogie mit Art. 103 Abs. 2 GG nicht zu vereinbaren.[42]

IX. Vertraulicher Selbstausschluss

Macht der Spender von einem vertraulichen Selbstausschluss Gebrauch, darf die Spende 13 nicht verwendet, sondern muss vernichtet werden. Diese Regelung dient dem Schutz vor Diskriminierung der ggf. in einer Gruppe zur Blutspende kommenden Personen und damit mittelbar auch der Sicherheit von Blut- und Blutprodukten. Ungeeignete Spender können so vermeiden, durch offene Verweigerung Anlass zu Spekulationen über ihre körperliche und gesundheitliche Verfassung zu geben.

X. Datenschutz

Auch die Erhebung, Verarbeitung und Nutzung personenbezogener Daten ist Gegen- 14 stand der Einwilligung. § 6 Abs. 2 ist insoweit missverständlich gefasst, als nur auf die Aufklärung Bezug genommen wird. Das Recht auf informationelle Selbstbestimmung ist aber als Schutzgut des allgemeinen Persönlichkeitsrechts anerkannt. Es gewährleistet die Befugnis des Einzelnen, grds. selbst zu entscheiden, wann und innerhalb welcher Grenzen persönliche Lebenssachverhalte offenbart werden.[43] Allein der Hinweis auf die Erhebung, Verarbeitung und Speicherung personenbezogener Daten würde diesen Voraussetzungen nicht genügen.[44]

§ 7 Anforderungen zur Entnahme der Spende

(1) Die anlässlich der Spendeentnahme vorzunehmende Feststellung der Identität der spendenden Person, die durchzuführenden Laboruntersuchungen und die Entnahme der Spende haben nach dem Stand der medizinischen Wissenschaft und Technik zu erfolgen.

(2) Die Entnahme der Spende darf nur durch eine ärztliche Person oder durch anderes qualifiziertes Personal unter der Verantwortung einer ärztlichen Person erfolgen.

I. Feststellungen

Abs. 1 ist als Ergänzung von § 5 Abs. 3 zu verstehen. Die gesetzliche Festlegung, die 1 Spendeentnahme und weitere damit einhergehende Voraussetzungen, wie die Feststellung der Spenderidentität und die durchzuführenden Laboruntersuchungen, müssen dem Stand der medizinischen Wissenschaft und Technik entsprechen, ist deklaratorischer Natur, da der hiermit verbundene Sorgfaltsmaßstab bereits aus allg. Grundsätzen geschuldet ist. Nach Abschnitt 2.4 der Hämotherapie-Richtlinien sind die dort aufgezählten Laboruntersuchungen durchzuführen. Einzelheiten werden in den Richtlinien der BÄK festgestellt. Wichtig ist, dass die spendenden Personen jederzeit identifiziert und die Spenden einwandfrei zugeordnet werden können.[1]

Vgl. *Amelung,* Irrtum und Täuschung als Grundlage von Willensmängeln bei der Einwilligung des Verletzten, 1998, S. 85; Lackner/Kühl/*Kühl* StGB § 228 Rn. 15; diff. *Freund/Heubel* MedR 1995, 194.

[42] *Otto* JURA 1996, 219; *Wessels/Hillenkamp* BT/2 Rn. 65; die persönlichkeitsrechtliche Lösung des Zivilrechts interpretiert das Schutzgut weiter, vgl. BGH 19.10.1993 – XI ZR 184/92, NJW 1994, 128 (kryokonserviertes Sperma); *Deutsch* et al., Transfusionsrecht, Rn. 465 ff.; *Laufs/Reiling* NJW 1994, 775; *Taupitz* VersR 1992, 1093.

[43] BVerfG 15.12.1983 – I BvR 209/83 ua; BVerfGE 65, 1 (41 f.); 9.3.1988 – I BvL 49/86 78, 77 (84), NJW 1988, 2031.

[44] Missverständlich BR-Drs. 851/97, 19.

[1] BT-Drs. 13/9594, 18; *Deutsch* et al., Transfusionsrecht, Rn. 265 f.

II. Erweiterter Arztvorbehalt

2   Abs. 2 stellt die Blutentnahme unter einen erweiterten Arztvorbehalt. Die Spendeentnahme darf durch eine ärztliche Person oder durch eine nichtärztliche Person unter der Verantwortung einer ärztlichen Person stattfinden. Eine approbierte ärztliche Person ist nicht mehr notwendig.[2] Im Rahmen dieser vertikalen Arbeitsteilung obliegt dem delegierenden Arzt die Verpflichtung zur sorgfältigen Auswahl, Anleitung und Überwachung der beauftragten Pflegekräfte. Die Einhaltung dieser Grundsätze im Rahmen der Delegation führt ausweislich des Gesetzeswortlauts nicht zur Haftungsfreistellung, vielmehr verbleibt die Gesamtverantwortung für die Entnahme bei der zuständigen ärztlichen Person.[3]

§ 8 Spenderimmunisierung

(1) [1]Eine für die Gewinnung von Plasma zur Herstellung von speziellen Immunglobulinen erforderliche Spenderimmunisierung darf nur durchgeführt werden, wenn und solange sie im Interesse einer ausreichenden Versorgung der Bevölkerung mit diesen Arzneimitteln geboten ist. [2]Sie ist nach dem Stand der medizinischen Wissenschaft und Technik durchzuführen.

(2) [1]Ein Immunisierungsprogramm darf nur durchgeführt werden, wenn und solange
1. die Risiken, die mit ihm für die Personen verbunden sind, bei denen es durchgeführt werden soll, ärztlich vertretbar sind,
2. die Personen, bei denen es durchgeführt werden soll, ihre schriftliche Einwilligung hierzu erteilt haben, nachdem sie durch eine ärztliche Person über Wesen, Bedeutung und Risiken der Immunisierung sowie die damit verbundene Erhebung, Verarbeitung und Nutzung personenbezogener Daten aufgeklärt worden sind und dies schriftlich bestätigt haben,
3. seine Durchführung von einer ärztlichen Person, die nach dem Stand der medizinischen Wissenschaft sachkundig ist, geleitet wird,
4. ein dem Stand der medizinischen Wissenschaft entsprechender Immunisierungsplan vorliegt,
5. die ärztliche Kontrolle des Gesundheitszustandes der spendenden Personen während der Immunisierungsphase gewährleistet ist,
6. der zuständigen Behörde die Durchführung des Immunisierungsprogramms angezeigt worden ist und
7. das zustimmende Votum einer nach Landesrecht gebildeten und für die ärztliche Person nach Satz 1 Nr. 3 zuständigen und unabhängigen Ethik-Kommission vorliegt.
[2]Mit der Anzeige an die zuständige Behörde und der Einholung des Votums der Ethik-Kommission nach Nummern 6 und 7 dürfen keine personenbezogenen Daten übermittelt werden. [3]Zur Immunisierung sollen zugelassene Arzneimittel angewendet werden.

(3) [1]Von der Durchführung des Immunisierungsprogramms ist auf der Grundlage des Immunisierungsplanes ein Protokoll anzufertigen (Immunisierungsprotokoll). [2]Für das Immunisierungsprotokoll gilt § 11 entsprechend. [3]Dies muss Aufzeichnungen über alle Ereignisse enthalten, die im Zusammenhang mit der Durchführung des Immunisierungsprogramms auftreten und die Gesundheit der spendenden Person oder den gewünschten Erfolg des Immunisierungsprogramms beeinträchtigen können. [4]Zur Immunisierung angewendete Erythrozytenpräparate sind zu dokumentieren und der immunisierten Person zu bescheinigen.

---

[2] Folgeänderung zu § 4 S. 1 Nr. 2.
[3] So auch *Deutsch* et al., Transfusionsrecht, Rn. 270 f.

(4) [1]Die in Absatz 3 Satz 3 genannten Ereignisse sind von der die Durchführung des Immunisierungsprogramms leitenden ärztlichen Person der Ethik-Kommission, der zuständigen Behörde und dem pharmazeutischen Unternehmer des zur Immunisierung verwendeten Arzneimittels unverzüglich mitzuteilen. [2]Von betroffenen immunisierten Personen werden das Geburtsdatum und die Angabe des Geschlechtes übermittelt.

I. Plasma

Plasma zur Herstellung von speziellen Immunglobulinen ist Plasma mit einem hohen **1** Gehalt an speziellen Antikörpern. Es wird Spendern entnommen, die diese Antikörper in ausreichender Menge im Plasma haben. Regelmäßig wird die Immunisierung aber durch die Gabe bestimmter Arzneimittel, wie zB Impfstoffen, Erythrozyten, hervorgerufen oder nachhaltig unterstützt. Ziel ist die Gewinnung spezifischer Immungluboline, die zur passiven Immunisierung, zT aber auch in der Therapie eingesetzt werden.[1]

II. Zuführung von Infektionsstoffen

Die Zuführung von Infektionsstoffen zum Zwecke der Immunisierung beeinträchtigt **2** den Gesundheitszustand des Spenders und ist regelmäßig eine Körperverletzung gemäß § 223 StGB. Sinn und Zweck des § 8 ist es, Spender vor Gefahren zu schützen. Dies bedingt eine restriktive Auslegung der Norm. Denn der ärztliche Grundsatz „nil nocere" gilt auch bei der Spenderimmunisierung. Sie ist nur dann zulässig, wenn und solange sie für die ausreichende Versorgung der Bevölkerung geboten ist. Zudem muss sie im angemessenen Verhältnis zu den gesundheitlichen Gefahren stehen, denen der Spender ausgesetzt wird. Diese Güterabwägung ist vom verantwortlichen Arzt vor Beginn der Immunisierung vorzunehmen und im Verlauf der Immunisierung zu wiederholen.

III. Aufklärung und Einwilligung

Darüber hinaus sind Aufklärung und Einwilligung bei dem zu immunisierenden Spender **3** unverzichtbar und müssen auf Grund der Fremdnützigkeit des Eingriffs besonders sorgfältig erfolgen. Die Aufklärung gemäß § 8 unterscheidet sich von der gemäß § 6, da bei der Spenderimmunisierung zusätzlich das Wesen, die Bedeutung der Immunisierung und die hiermit verbundenen Risiken erläutert werden müssen. Die Aufklärung, Abs. 2 Nr. 2, muss durch eine ärztliche Person vorgenommen werden. Sie muss Wesen, Bedeutung sowie Risiken der Immunisierung und die damit verbundene Erhebung, Verarbeitung und Nutzung personenbezogener Daten erfassen. Obgleich die doppelte Schriftlichkeit bezüglich der erteilten Einwilligung und der zuvor vorgenommenen Aufklärung vom Gesetz gefordert ist, bedingt sie nicht die strafrechtliche Wirksamkeit der Einwilligung. Maßgebend ist insoweit, ob der Spender nach der gebotenen Aufklärung willensmangelfrei seine Einwilligung kundgetan hat. Das Schriftformerfordernis hat insoweit die Bedeutung von Warn- und Beweiszwecken.

IV. Ärztliche Kontrolle

Der Katalog der in Abs. 2 vorgesehenen Maßnahmen orientiert sich weitgehend an den **4** Vorschriften zur klinischen Prüfung in den §§ 40 ff. AMG.[2] Die Sachkunde der das Programm leitenden ärztlichen Person bemisst sich nach dem Stand der medizinischen Wissenschaft. Des Weiteren soll die Immunisierung mit zugelassenen Arzneimitteln durchgeführt werden. Nur in eng begrenzten Ausnahmefällen können nicht zugelassene Arzneimittel zur Immunisierung verwendet werden, wenn gewährleistet ist, dass der angewendete Impfstoff

---

[1] Richtlinien zur Herstellung von Plasma für besondere Zwecke (Hyperimmunplasma), 1. überarbeitete Fassung 2000, DÄBl. 2000 (97), A-2876 ff.
[2] Ausführlich *Deutsch* et al., Transfusionsrecht, Rn. 335 ff.

die erforderliche Qualität hat. In diesem Kontext bedarf es der Aufklärung des Spenders über Immunisierungsalternativen, wenn es sich bei dem zu verwendenden Impfstoff um ein zulassungspflichtiges, aber nicht zugelassenes Arzneimittel handelt.[3] Unter diesen Umständen fehlt dem Impfstoff, auch wenn seine Verwendung einem international anerkannten Standard genügt, ein Gütesiegel, das unabhängig von dessen tatsächlicher Qualität für die Entscheidung des Spenders wesentlich sein kann, über das er mithin auch informiert sein muss.[4]

5   Die ärztliche Kontrolle vor, während und nach der Immunisierung ist zwingend.[5] Bevor das Immunisierungsprogramm durchgeführt wird, ist das zustimmende Votum der nach dem Landesrecht gebildeten unabhängigen Ethik-Kommission einzuholen. Ihr Votum erstreckt sich auf das gesamte Immunisierungsprogramm und gilt für alle Spendeeinrichtungen, die hieran beteiligt sind. Das Protokoll soll die Durchführung des Immunisierungsprogramms auf der Grundlage des Immunisierungsplans dokumentieren und Ereignisse aufzeichnen, die die Gesundheit der spendenden Person oder den Erfolg des Programms gefährden können.

6   Erleidet der Spender anlässlich der Immunisierung einen Unfall, gilt § 2 Abs. 1 Nr. 13b SGB VII.[6] Das im TFG-E vom 21.4.1997 vorgesehene umfassendere Versicherungserfordernis wurde nicht in die Endfassung des Gesetzes aufgenommen.[7] Damit fehlt eine subsidiäre Haftungsregelung entsprechend § 40 Abs. 1 Ziff. 8 iVm Abs. 3 AMG.[8] Die Durchführung eines Immunisierungsprogramms entgegen Abs. 2 S. 1 Nr. 4 (Immunisierungsplan) und Nr. 6 (Anzeige an die Behörde) ist eine Ordnungswidrigkeit gemäß § 32 Abs. 2 Nr. 2.

§ 9 Hämatopoetische Stammzellen aus dem peripheren Blut und andere Blutbestandteile

[1]Die für die Separation von hämatopoetischen Stammzellen aus dem peripheren Blut und von anderen Blutbestandteilen erforderliche Vorbehandlung der spendenden Personen ist nach dem Stand der medizinischen Wissenschaft durchzuführen. [2]§ 8 Abs. 2 bis 4 gilt entsprechend.

1   § 9 Abs. 1 S. 1 wurde durch Art. 7 G zur Umsetzung der RL (EU) 2015/566 und 2015/565 zur Einfuhr und zur Kodierung menschlicher Gewebe und Gewebezubereitungen vom 21.11.2016 (BGBl. I S. 2623) geändert, Abs. 2 und 3 wurden gestrichen.

2   Die Richtlinie 2004/23/EG verpflichtete die Mitgliedstaaten sicherzustellen, dass menschliche Gewebe und Zellen vom Spender zum Empfänger und umgekehrt verfolgt werden können. Um dies zu ermöglichen, wurde durch die EU-Richtlinie 2015/565 ein Einheitlicher Europäischer Code (SEC) geschaffen, dem die grundlegenden Merkmale und Eigenschaften dieser Gewebe und Zellen zu entnehmen sind. Dies betrifft die Spendenkennungssequenz bestehend aus dem EU-Gewebeeinrichtungs-Code und der eindeutigen Spendennummer sowie die Produktkennungssequenz, bestehend aus dem Produktcode, der Splitnummer und dem Verfallsdatum. Die Einzelheiten finden sich in Art. 10 ff. EU-Richtlinie 2015/565.

3   Art. 9 der EU-Richtlinie 2015/565 verpflichtet zudem die Mitgliedstaaten, dass Gewebe und Zellen zurückverfolgt werden können, insbesondere durch eine entsprechende Dokumentation und die Nutzung des Einheitlichen Europäischen Codes von der Beschaffung bis zur Verwendung beim Menschen bzw. bis zur Entsorgung und umgekehrt. Gewebe und Zellen für Arzneimittel für neuartige Therapie müssen gemäß dieser Richlinie mindestens

---

[3] Vgl. § 40 Abs. 1 Nr. 2 AMG.
[4] BGH 29.6.1995 – 4 StR 760/94, NStZ 1996, 132 mit krit. Anm. *Jordan* JR 1997, 32.
[5] BT-Drs. 13/9594, 19.
[6] Hämotherapie-Richtlinien, Abschnitt 2.9, BAZ v. 5.11.2005, Nr. 209a, S. 17.
[7] *v. Auer/Seitz* Rn. 5 erachten diese Versicherungsregelung als ausreichend.
[8] Näher *Saame* Pharma Recht 1997, 455.

bis zur Abgabe an den Hersteller der Arzneimittel für neuartige Therapien zurückverfolgt werden können. Die Gewebeeinrichtungen und für die Verwendung beim Menschen verantwortliche Organisationen müssen zudem die Daten mindestens 30 Jahre lang in einem geeigneten und lesbaren Datenarchiv speichern.

§ 10 Aufwandsentschädigung

¹Die Spendeentnahme soll unentgeltlich erfolgen. ²Der spendenden Person kann eine Aufwandsentschädigung gewährt werden, die sich an dem unmittelbaren Aufwand je nach Spendeart orientieren soll.

I. Unentgeltlichkeit

Im Unterschied zu § 17 TPG pönalisiert das TFG nicht den gewinnorientierten Umgang **1** mit menschlichem Blut und Blutbestandteilen. Lediglich im Hinblick auf die Blutspende wird der Grundsatz der Unentgeltlichkeit durch eine Soll-Vorschrift normiert. Damit wurde die – durch Art. 21 des am 19.11.1996 vom Europarat beschlossenen, von Deutschland allerdings nicht unterzeichneten Übereinkommens über Menschenrechte und Biomedizin erhobene – Forderung, wonach der menschliche Körper oder Teile davon als solche nicht zur Erzielung eines finanziellen Gewinns verwendet werden dürfen, umgesetzt, ohne ökonomisch ausgerichteten Modellen eine deutliche Absage zu erteilen.

Gesetzgeberisches Motiv der Unentgeltlichkeit der Spende waren vor allem Sicherheits- **2** erwägungen.[1] Denn es sollen wegen des finanziellen Anreizes keine unerwünschten Spendewilligen angelockt werden. Der Hinweis des Gesetzgebers, der menschliche Körper dürfe nicht zum Objekt finanzieller Interessen degradiert werden, erfolgt erst an nachgeordneter Stelle. Grund hierfür dürfte sein, dass im normalen Blutspendewesen, anders als bei der Organtransplantation, die Gefahr der Ausbeutung von Menschen erheblich geringer ist. Zudem hat der Gesetzgeber durch die im Hinblick auf das Kommerzialisierungsverbot als zurückhaltend zu bewertende Regelung des § 10 dem Umstand Rechnung getragen, dass bekanntester Gegenstand des Handels mit regenerierbaren Substanzen Lebender Blut ist, was sich eindrücklich widerspiegelt am Verkauf von unentgeltlich erlangtem Blut seitens der Blutspendezentralen an die Krankenhäuser.[2]

II. Aufwandsentschädigung

Satz 2 regelt die Aufwandsentschädigung für den Spender. Sie ist zwar keine versteckte **3** Bezahlung, soll aber in pauschalierter Form die freiwilligen, durch die Spende entstandenen Vermögenseinbußen des Spenders, wie zB Reisekosten, ausgleichen.[3] Bei besonders aufwändigen und den Spender intensiv belastenden Spendearten, wie die Thrombozytapherese, werden höhere Beträge gewährt. Dies hat der Gesetzgeber durch die Ergänzung in Satz 2 klargestellt.

§ 11 Spenderdokumentation, Datenschutz

(1) ¹Jede Spendeentnahme und die damit verbundenen Maßnahmen sind unbeschadet ärztlicher Dokumentationspflichten für die in diesem Gesetz geregelten Zwecke, für Zwecke der ärztlichen Behandlung der spendenden Person und für Zwecke der Risikoerfassung nach dem Arzneimittelgesetz zu protokollieren. ²Die Aufzeichnungen sind mindestens fünfzehn Jahre, im Falle der §§ 8 und 9 Abs. 1

---

[1] BT-Drs. 13/9594, 20; aA *v. Auer/Seitz* Rn. 1, unter Hinweis darauf, dass auf Grund der hoch entwickelten Laboruntersuchungen Sicherheitsaspekte hinter ethischen Erwägungen zurückträten.

[2] *Schröder/Taupitz*, Menschliches Blut: verwendbar nach Belieben des Arztes?, 1991, S. 10 f.

[3] Vgl. Empfehlung 98/463/EG des Rats der Europäischen Union über die Eignung von Blut- und Plasmaspendern und das Screening von Blutspenden in der Europäischen Gemeinschaft, ABl. 1998 L 203, 14.

mindestens zwanzig Jahre und die Angaben, die für die Rückverfolgung benötigt werden, mindestens dreißig Jahre lang aufzubewahren und zu vernichten oder zu löschen, wenn die Aufbewahrung nicht mehr erforderlich ist. [3]Sie müssen so geordnet sein, dass ein unverzüglicher Zugriff möglich ist. [4]Werden die Aufzeichnungen länger als dreißig Jahre nach der letzten bei der Spendeeinrichtung dokumentierten Spende desselben Spenders aufbewahrt, sind sie zu anonymisieren.

(1a) [1]Bei hämatopoetischen Stammzellzubereitungen aus dem peripheren Blut oder aus dem Nabelschnurblut ist für die Rückverfolgung zusätzlich die eindeutige Spendennummer gemäß § 2 Nummer 21 der Arzneimittel- und Wirkstoffherstellungsverordnung zu protokollieren und aufzubewahren. [2]Das Bundesministerium für Gesundheit wird ermächtigt, durch Rechtsverordnung, die der Zustimmung des Bundesrates bedarf, von der Verpflichtung nach Satz 1 Ausnahmen vorzusehen.

(2) [1]Die Spendeeinrichtungen dürfen personenbezogene Daten der spendewilligen und spendenden Personen erheben, verarbeiten und nutzen, soweit das für die in Absatz 1 genannten Zwecke erforderlich ist. [2]Sie übermitteln die protokollierten Daten den zuständigen Behörden und der zuständigen Bundesoberbehörde, soweit dies zur Erfüllung der Überwachungsaufgaben nach dem Arzneimittelgesetz oder zur Verfolgung von Straftaten oder Ordnungswidrigkeiten, die im engen Zusammenhang mit der Spendeentnahme stehen, erforderlich ist. [3]Zur Risikoerfassung nach dem Arzneimittelgesetz sind das Geburtsdatum und das Geschlecht der spendenden Person anzugeben.

I. Protokollierung

1   Das Gesetz schreibt die Protokollierung der Spendeentnahme und der damit verbundenen Maßnahmen vor. Es soll sichergestellt werden, dass die einzelnen Arbeitsschritte vor und nach der Spendeentnahme lückenlos nachvollzogen werden können.

2   Diese verschärften Anforderungen gelten „unbeschadet" und somit neben den allgemeinen ärztlichen Dokumentationspflichten. Letztere verfolgen durch Dokumentation des Krankheitsstatus therapeutische Ziele und bezwecken die Wahrung des Persönlichkeitsrechts des Patienten, dem Rechenschaft über den Gang der ärztlichen Behandlung abzulegen ist.[1]

II. Spenderdokumentation

3   Die Spenderdokumentation hingegen hat drei, sich inhaltlich zT überschneidende Zielrichtungen: Sie dient erstens den im TFG geregelten Zwecken, zweitens der Sicherstellung der ärztlichen Behandlung, dh der allgemeinen ärztlichen Dokumentation, und drittens der Risikoerfassung und Rückverfolgung nach dem AMG. Die bestehenden arzneimittelrechtlichen Aufzeichnungsvorschriften bei der Herstellung von Arzneimitteln, hier ist insbes. § 20 AMWHV zu nennen, bleiben von § 11 unberührt, vgl. § 29. Durch die Begrenzung des Inhalts auf das erforderliche Maß an Informationen wird zugleich der verfassungsrechtlichen Gewährleistung des informationellen Selbstbestimmungsrechts der Spender Rechnung getragen. Diese aus Art. 2 Abs. 1 iVm Art. 1 Abs. 1 GG, aber auch aus Art. 8 MRK abgeleitete Rechtsposition umfasst die Befugnis, über die Preisgabe und Verwendung persönlicher Daten eigenverantwortlich zu bestimmen.[2]

III. Aufbewahrungsfristen

4   Der wertsetzenden Bedeutung des Rechts auf informationelle Selbstbestimmung, gerade auch im Transfusionsrecht, hat der Gesetzgeber durch eine zeitliche Begrenzung der Aufbe-

---

[1] BGH 3.2.1987 – VI ZR 56/86, NJW 1987, 1482; Laufs/Kern/*Schlund* ArztR-HdB § 55 Rn. 5.
[2] BVerfG 15.12.1983 – I BvR 201/84 ua; 15.12.1983 – I BvR 209/83 ua, BVerfGE 65, 1 (41 f.); 9.3.1988 – I BvL 49/86, BVerfGE 78, 77 (84); 11.6.1991 – I BvR 239/90, NJW 1991, 2411.

wahrungspflichten explizit Rechnung getragen. Mit der Neufassung von Abs. 1 S. 2 werden zudem Art. 14 Abs. 3 EG-Blutrichtlinie und Art. 8 EU-Richtlinie betreffend Gewebe und Zellen umgesetzt. Danach sind die Angaben für die Rückverfolgung in den Spendeeinrichtungen mindestens 30 Jahre lang aufzubewahren. Angesprochen sind vor allem die Testergebnisse, Angaben zur spendenden Person, wie Name und Adresse, Angaben zur Spende, wie die Bezeichnung und die Nummer und die mit der Spende belieferte Stelle, und das Datum der Spendeentnahme.[3] Angaben und Aufzeichnungen, die nicht zwingend für die Rückverfolgung benötigt werden, müssen mindestens 15 Jahre[4] aufbewahrt oder gespeichert werden. Die Aufbewahrungsfristen überschreiten somit die regelmäßig zehn Jahre betragende Mindestaufbewahrungsfrist für ärztliche Aufzeichnungen, vgl. § 10 Abs. 3 MBO-Ä 2006.[5] Diese verlängerten Aufbewahrungsfristen sollen dem Umstand Rechnung tragen, dass Risiken impliziert sein können, die sich möglicherweise erst langfristig zeigen. Nach Ablauf dieser Fristen sind die Aufzeichnungen zu löschen oder zu vernichten, wenn ihre Aufbewahrung nicht mehr erforderlich ist. Diese Vorschrift räumt der Spendeeinrichtung kein pflichtgemäß auszuübendes Ermessen ein, sondern normiert einen im Einzelfall der gerichtlichen Überprüfung unterliegenden unbestimmten Rechtsbegriff. Die Erforderlichkeit bemisst sich nach den Zwecken der Dokumentationspflicht.

IV. Anonymisierung

Ergibt sich die Notwendigkeit einer länger als 30 Jahre dauernden Aufbewahrung, zB **5** zu Forschungszwecken, müssen die Daten anonymisiert werden. Die Gesetzesbegründung verweist insoweit ausdrücklich auf die 30-jährige Regelverjährungsfrist des § 195 BGB aF. Wie die Aufzeichnungen zu erfolgen haben, ergibt sich aus § 20 AMWHV.

V. Absatz 1a

Gemäß Abs. 1a ist bei der Spendenentnahme von hämatopoetischen Stammzellen aus **6** peripherem Blut oder Nabelschnurblut nun zusätzlich auch die eindeutige Spendennummer aufzuzeichnen und mit aufzubewahren. Diese Regelung ist eine Folge der Anpassung von § 9 TFG an die RL (EU) 2015/566 und 2015/565.

VI. Absatz 2

Abs. 2 ersetzt den Katalog der §§ 14 Abs. 2, 28 BDSG bereichsspezifisch. Damit soll **7** sichergestellt werden, dass personenbezogene Daten aus der Spender- und Spendeentnahmedokumentation nur für bestimmte Zwecke erhoben, verarbeitet und genutzt werden dürfen.[6] Nach der Gesetzesbegründung soll eine Einwilligung der spendenden Person daneben nicht erforderlich sein. Dies steht im Widerspruch zu § 6 Abs. 2. Die Empfehlung in der Gesetzesbegründung, in einem Merkblatt die wesentlichen Zwecke aufzuführen,[7] sollte, in Abstimmung mit der Regelung des § 6 Abs. 2, als Verpflichtung, den Spender entsprechend aufzuklären und seine Einwilligung einzuholen, verstanden werden.

Mit der Umsetzung der 15. AMG-Novelle[8] wurde der Gesetzeswortlaut geändert, so **8** dass auch Daten von spendewilligen Personen als zB Testdaten erhoben, verarbeitet und genutzt werden können, also auch dann, wenn potenzielle Spender nicht zur Spende zugelassen werden und keine Spende leisten dürfen.[9]

Die Spendeeinrichtungen sind gehalten, protokollierte Spenderdaten den zuständigen **9** Behörden zu übermitteln, soweit dies zur Erfüllung der Überwachungsaufgaben nach dem

---

[3] BT-Drs. 15/3593, 11 f.
[4] Vgl. Art. 13 Abs. 1 der EG-Blutrichtlinie; § 20 Abs. 2 S. 1 AMWHV.
[5] Zu weiteren Aufbewahrungsfristen Laufs/Kern/*Schlund* ArztR-HdB § 55 Rn. 13 mwN.
[6] Grundlegend das Volkszählungsurteil BVerfG 15.12.1983 – I BvR 201/84 ua; 15.12.1983 – I BvR 209/83 ua; BVerfGE 65, 1.
[7] BT-Drs. 13/9594, 21.
[8] AMG-ÄndG 2009.
[9] BT-Drs. 16/12256, 62.

AMG erforderlich ist. Das sind insbes. Überwachungsaufgaben der zuständigen Länder- und Bundesbehörden nach §§ 64 ff. AMG.

10   Dasselbe soll gelten, wenn Straftaten oder Ordnungswidrigkeiten verfolgt werden, die im engen Zusammenhang mit der Spendeentnahme stehen.[10] Die Gesetzesbegründung schweigt dazu, welche Straftatbestände gemeint sind, weist aber darauf hin, dass diese Offenbarungsbefugnis vor allem dem Schutz der spendenden Person dienen soll. Gegen dieses umfassende Eingriffsrecht sind freilich Bedenken anzumelden. Da die erhobenen Daten sich gerade auch auf die ärztliche Dokumentation beziehen, ergibt sich ein Abstimmungsdefizit mit der ärztlichen Schweigepflicht, § 203 Abs. 1 Nr. 1 StGB, dem strafprozessualen Zeugnisverweigerungsrecht des Arztes, § 53 Abs. 1 Nr. 3 StPO, und dem Beschlagnahmeverbot gemäß § 97 Abs. 1 Nr. 1 StPO. Die Verletzung der ärztlichen Schweigepflicht, um den Strafverfolgungsbehörden die Ahndung von Straftaten oder die Durchführung von Bußgeldverfahren zu ermöglichen, bewirkt grds. keine Rechtfertigung des hierdurch begangenen materiellen Unrechts. Sie kommt nur zum Zwecke der Verhinderung gravierender Straftaten in Betracht.[11] Mit Blick auf das informationelle Selbstbestimmungsrecht des Spenders erscheint insoweit eine verfassungskonforme und mit den allg. straf- wie strafverfahrensrechtlichen Regelungen abgestimmte Interpretation der Übermittlungsgrundsätze dringend geboten.

§ 11a Blutdepots

Für Blutdepots der Einrichtungen der Krankenversorgung, die ausschließlich für interne Zwecke, einschließlich der Anwendung, Blutprodukte lagern und abgeben, gelten die Vorschriften des § 3 Abs. 1 Satz 1, 3 und 4, § 4 Abs. 1 Satz 1 und 2, § 7 Abs. 1 Satz 1, Abs. 2 und 4 und § 20 Abs. 2 der Arzneimittel- und Wirkstoffherstellungsverordnung sowie § 16 Abs. 2 und § 19 Abs. 3 entsprechend.

1   Die Blutdepots insbes. der Krankenhäuser, die Blutprodukte ausschließlich für einrichtungsinterne Zwecke, zB für die Anwendung bei Patientinnen und Patienten, lagern und abgeben und ggf. auf Kompatibilität testen, waren bislang nicht ausdrücklich vom TFG erfasst. Dies gilt insbes. für die Dokumentationsvorschriften, wie sie zB für die Krankenhausapotheke ausdrücklich vorgesehen sind, um eine Rückverfolgung zu ermöglichen. Um Art. 6 der EG-Blutrichtlinie 2002/98/EG Rechnung zu tragen, ist die Regelung des § 11a mit Änderung des TFG am 10.2.2005 mit aufgenommen worden.[1]

§ 12 Verordnungsermächtigung

[1]Das Bundesministerium für Gesundheit kann durch Rechtsverordnung mit Zustimmung des Bundesrates nach Anhörung der Bundesärztekammer und weiterer Sachverständiger die fachlichen Anforderungen nach diesem Abschnitt regeln, sofern dies zur Abwehr von Gefahren für die Gesundheit von Menschen oder zur Risikovorsorge erforderlich ist. [2]In der Rechtsverordnung kann insbesondere das Nähere zu den Anforderungen an
1. die Spendeeinrichtungen,
2. die Auswahl und Untersuchung der spendenden Personen,
3. die Aufklärung und Einwilligung der spendenden Personen,
4. die Spendeentnahme,
5. die Spenderimmunisierung und die Vorbehandlung zur Blutstammzellentnahme und

---

[10] BT-Drs. 13/9594, 21.
[11] Lackner/Kühl/*Heger* StGB § 203 Rn. 25.
[1] BT-Drs. 15/3593, 12.

6. die Dokumentation der Spendeentnahme und den Schutz der dokumentierten Daten
geregelt werden. ³Das Bundesministerium für Gesundheit kann die Ermächtigung nach Satz 1 durch Rechtsverordnung ohne Zustimmung des Bundesrates auf die zuständige Bundesoberbehörde übertragen.

§ 12a Richtlinien zum Stand der Erkenntnisse der medizinischen Wissenschaft und Technik zur Gewinnung von Blut und Blutbestandteilen

(1) ¹Die Bundesärztekammer kann den allgemein anerkannten Stand der Erkenntnisse der medizinischen Wissenschaft und Technik zur Gewinnung von Blut und Blutbestandteilen ergänzend zu den Vorschriften der Rechtsverordnung nach § 12 im Einvernehmen mit der zuständigen Bundesoberbehörde in Richtlinien feststellen. ²Bei der Erarbeitung der Richtlinien ist die angemessene Beteiligung von Sachverständigen der betroffenen Fach- und Verkehrskreise und der zuständigen Behörden von Bund und Ländern sicherzustellen. ³Die Richtlinien werden von der zuständigen Bundesoberbehörde im Bundesanzeiger bekannt gemacht.

(2) Die Einhaltung des Standes der Erkenntnisse der medizinischen Wissenschaft und Technik wird vermutet, wenn die Richtlinien der Bundesärztekammer nach Absatz 1 beachtet worden sind.

I. Regelungskompetenz

Die Verordnungsermächtigung des BMG nach § 12 wurde durch das Gewebegesetz ein- 1
geführt. Dadurch ist die Richtlinienkompetenz der BÄK bzgl. des allgemein anerkannten Standes der medizinischen Wissenschaft und Technik für die Gewinnung von Blut und Blutbestandteilen nunmehr nach § 12a formal subsidiär und fakultativ. Die Verordnungsermächtigung steht unter dem ausdrücklichen im Wortlaut enthaltenen Gesetzesvorbehalt, dass der Erlass der Rechtsverordnung zur Abwehr von Gefahren für die Gesundheit von Menschen oder zur Risikovorsorge erforderlich ist. Dies ist nur dann der Fall, wenn die Praxis Mängel erkennen lässt, die nicht durch die betroffenen Fachkreise oder durch die zuständigen Behörden bei der Überwachung behoben werden. Die bisherige Regelungskompetenz der BÄK wird deshalb trotzdem einen hohen Stellenwert in der transfusionsmedizinischen Praxis behalten.[1] Unter Hinzuziehung von Sachverständigen und im Einvernehmen mit der zuständigen Bundesoberbehörde (nach § 27 Abs. 1 das Paul-Ehrlich-Institut), also mit deren Zustimmung, werden weiterhin im Grundsatz die von der BÄK veröffentlichten TFG-Richtlinien maßgeblich sein, soweit die Praxis keine Mängel erkennen lässt. Der Stand der medizinischen Wissenschaft und Technik im Zusammenhang mit der Gewinnung von Blut und Blutbestandteilen wird gemäß Abs. 1 und auch bzgl. der Anwendung von Blutprodukten nach § 18 durch die Hämotherapie-Richtlinie der BÄK inhaltlich konkretisiert.[2] Beim Robert Koch-Institut wurde darüber hinaus ein Arbeitskreis Blut entsprechend § 24 eingerichtet, welcher aus sachverständigen Personen aus dem Bereich der Blutprodukte und des Transfusionswesens besteht. Aufgabe des Arbeitskreises Blut ist die Beratung der für diesen Themenbereich zuständigen Behörden des Bundes und der Länder.

II. Medizinische und ärztliche Sachverhalte

Durch den Begriff „Medizinische Wissenschaft und Technik" verdeutlicht der Gesetzge- 2
ber, dass sich die Kompetenz der BÄK auf medizinische und ärztliche Sachverhalte beschränkt. Wenngleich die Regeln der Wissenschaft und Technik auf medizinische Fragen

---

[1] So auch Pühler/Middel/Hübner/*Bäsler/Bein/Bender* S. 128 f.
[2] BAZ v. 5.11.2005, Nr. 209a; *Bender* MedR 2002, 487.

beschränkt bleiben sollen, kann nicht übergangen werden, dass hier Überschneidungen mit anderen Fragenkreisen, wie zB Haftung, Sorgfaltspflichten, Risikoverteilung etc, bestehen. Ausführungen, die den geforderten medizinischen Bezug nicht aufweisen, wie Fragen der guten Herstellungspraxis, fallen nicht in den Zuständigkeitsbereich der BÄK und überschreiten den gesetzlich abgesteckten Rahmen.[3]

III. Inhalt

3   Was sich inhaltlich hinter dem Rechtsbegriff der allgemeinen wissenschaftlichen Anerkennung verbirgt, ist in einer Zeit, in der die Medizin einerseits einem raschen Wissenszuwachs unterliegt und andererseits eine Vielzahl besonderer Therapierichtungen besteht, nicht eindeutig. Wenngleich die Bestimmung des maßgebenden Standes primär Aufgabe der medizinischen Fachwelt ist,[4] ist die in diesem Kontext geforderte Beschränkung auf die wissenschaftliche Anerkennung nicht frei von Zweifeln. Selbst schulmedizinische Erkenntnisse mit limitierter Reproduzierbarkeit sowie wissenschaftlich nicht zwingend abgesicherte Entscheidungen im ärztlichen Alltag[5] vermögen diesen Anforderungen kaum standzuhalten. Das Kriterium der allgemeinen wissenschaftlichen Anerkennung birgt damit regelmäßig die Gefahr des Machtkampfs ideologisch geprägter Ansätze mit der Konsequenz der Verdrängung neuerer Erkenntnisse.

IV. Stand

4   Das TFG verwendet den Begriff „Stand" und weicht damit zumindest im Gesetzestext von der heute üblichen Bezeichnung „Standard" ab. Demgegenüber findet sich in der Gesetzesbegründung auch letztere Bezeichnung, so dass der Gesetzgeber die Begriffe wohl synonym verwendet. Standard ist die Umschreibung für das Zusammenspiel von wissenschaftlichem Erkenntnisstand und anerkannter medizinischer Praxis unter dem Aspekt der normierenden Vereinheitlichung von Leistungen.[6] Die Sorgfalt, deren Außerachtlassung zur strafrechtlichen oder auch zivilrechtlichen Haftung führen kann, gilt damit auch als Standard.[7]

V. Vermutung

5   § 12a Abs. 2 stellt die im Einzelfall widerlegbare Vermutung auf, dass bei Beachtung der Richtlinien der Stand der wissenschaftlichen Erkenntnisse eingehalten worden ist. Die gesetzliche Vermutung kann widerlegt werden, wenn bei Überarbeitung veralteter Richtlinien der Stand der medizinischen Wissenschaft und Technik von den erlassenen Richtlinien abweicht. In solchen Situationen muss der transfusionsmedizinisch tätige Arzt selbst den medizinischen Standard ermitteln. Er muss die Weiterentwicklung der wissenschaftlichen Erkenntnisse verfolgen und sich danach richten, wenn diese zwischenzeitlich anerkannter Standard sind.

VI. Überwachung

6   Soweit das BMG von der ihr zugewiesenen Verordnungsermächtigung zur Gewinnung von Blut und Blutbestandteilen nach § 12 TFG Gebrauch macht, wird die Einhaltung der Regelung einer derartigen Rechtsverordnung nach § 64 Abs. 1 S. 2 AMG durch das PEI als zuständige Behörde zu überwachen sein. Die Überwachungsbehörde muss sich auch nach § 64 Abs. 3 S. 1 AMG davon überzeugen, dass die Vorschriften des zweiten Abschnitts des TFG beachtet werden. Die Überwachungsbefugnis des PEI bezieht sich auch auf die

---

[3] *Deutsch* et al., Transfusionsrecht, Rn. 110 ff.
[4] BR-Drs. 851/97, 22.
[5] *Buchborn* MedR 1987, 221 (223).
[6] Zum Begriff „Standard" *Buchborn* MedR 1993, 328.
[7] *Deutsch* et al., Transfusionsrecht, Rn. 115 mwN.

Einhaltung der AMWHV,[8] der Richtlinien der BÄK nach § 12a TFG sowie der in § 63c AMG verorteten Dokumentations- und Meldepflichten für den Inhaber einer Zulassung oder Genehmigung zur Blut- und Gewebezubereitungen bei Verdacht auf schwerwiegende Nebenwirkungen.[9]

Dritter Abschnitt. Anwendung von Blutprodukten[1]

§ 13 Anforderungen an die Durchführung

(1) [1]Blutprodukte sind nach dem Stand der medizinischen Wissenschaft und Technik anzuwenden. [2]Es müssen die Anforderungen an die Identitätssicherung, die vorbereitenden Untersuchungen, einschließlich der vorgesehenen Testung auf Infektionsmarker und die Rückstellproben, die Technik der Anwendung sowie die Aufklärung und Einwilligung beachtet werden. [3]Ärztliche Personen, die im Zusammenhang mit der Anwendung von Blutprodukten Laboruntersuchungen durchführen oder anfordern, müssen für diese Tätigkeiten besonders sachkundig sein. [4]Die Anwendung von Eigenblut richtet sich auch nach den Besonderheiten dieser Blutprodukte. [5]Die zu behandelnden Personen sind, soweit es nach dem Stand der medizinischen Wissenschaft vorgesehen ist, über die Möglichkeit der Anwendung von Eigenblut aufzuklären.

(2) Die ärztlichen Personen, die eigenverantwortlich Blutprodukte anwenden, müssen ausreichende Erfahrung in dieser Tätigkeit besitzen.

§ 14 Dokumentation, Datenschutz[1]

(1) [1]Die behandelnde ärztliche Person hat jede Anwendung von Blutprodukten und von gentechnisch hergestellten Plasmaproteinen zur Behandlung von Hämostasestörungen für die in diesem Gesetz geregelten Zwecke, für Zwecke der ärztlichen Behandlung der von der Anwendung betroffenen Personen und für Zwecke der Risikoerfassung nach dem Arzneimittelgesetz zu dokumentieren oder dokumentieren zu lassen. [2]Die Dokumentation hat die Aufklärung und die Einwilligungserklärungen, das Ergebnis der Blutgruppenbestimmung, soweit die Blutprodukte blutgruppenspezifisch angewendet werden, die durchgeführten Untersuchungen sowie die Darstellung von Wirkungen und unerwünschten Ereignissen zu umfassen.

(2) [1]Angewendete Blutprodukte und Plasmaproteine im Sinne von Absatz 1 sind von der behandelnden ärztlichen Person oder unter ihrer Verantwortung mit folgenden Angaben unverzüglich zu dokumentieren:
1. Patientenidentifikationsnummer oder entsprechende eindeutige Angaben zu der zu behandelnden Person, wie Name, Vorname, Geburtsdatum und Adresse,
2. Chargenbezeichnung,
3. Pharmazentralnummer oder
   – Bezeichnung des Präparates
   – Name oder Firma des pharmazeutischen Unternehmers
   – Menge und Stärke,
4. Datum und Uhrzeit der Anwendung.

---

[8] § 54 AMG.
[9] Zu den Pflichten vgl. *Deutsch* et al., Transfusionsrecht § 63c Rn. 2 ff.
[1] Die Verletzung der in den Abschnitten drei bis neun (§§ 13–30) normierten. Pflichtenbereiche wurde nicht durch die §§ 31, 32 pönalisiert bzw. bußgeldbewehrt. Daher wird auf eine Kommentierung insoweit verzichtet.
[1] Hierzu *Bender* MedR 2007, 533.

[2]Bei hämatopoetischen Stammzellzubereitungen aus dem peripheren Blut oder aus dem Nabelschnurblut sind mindestens die Angaben nach Anhang VI Teil B der Richtlinie 2006/86/EG der Kommission vom 24. Oktober 2006 zur Umsetzung der Richtlinie 2004/23/EG des Europäischen Parlaments und des Rates hinsichtlich der Anforderungen an die Rückverfolgbarkeit, der Meldung schwerwiegender Zwischenfälle und unerwünschter Reaktionen sowie bestimmter technischer Anforderungen an die Kodierung, Verarbeitung, Konservierung, Lagerung und Verteilung von menschlichen Geweben und Zellen (ABl. L 294 vom 25.10.2006, S. 32), die zuletzt durch die Richtlinie (EU) 2015/565 (ABl. L 93 vom 9.4.2015, S. 43) geändert worden ist, in der jeweils geltenden Fassung zu dokumentieren. [3]Bei Eigenblut sind diese Vorschriften sinngemäß anzuwenden. [4]Die Einrichtung der Krankenversorgung (Krankenhaus, andere ärztliche Einrichtung, die Personen behandelt) hat sicherzustellen, dass die Daten der Dokumentation patienten- und produktbezogen genutzt werden können.

(2a) [1]Erfolgt die Anwendung von Gerinnungsfaktorenzubereitungen durch den Hämophiliepatienten im Rahmen der Heimselbstbehandlung, nimmt dieser die Dokumentation entsprechend den Absätzen 1 und 2 vor. [2]Die ärztliche Person, die diesen Patienten wegen Hämostasestörungen dauerhaft behandelt (hämophiliebehandelnde ärztliche Person), hat die Dokumentation des Hämophiliepatienten mindestens einmal jährlich auf Schlüssigkeit und Vollständigkeit hin zu überprüfen und in die eigene Dokumentation zu übernehmen.

(3) [1]Die Aufzeichnungen, einschließlich der EDV-erfassten Daten, müssen mindestens fünfzehn Jahre, die Daten nach Absatz 2 mindestens dreißig Jahre lang aufbewahrt werden. [2]Sie müssen zu Zwecken der Rückverfolgung unverzüglich verfügbar sein. [3]Die Aufzeichnungen sind zu vernichten oder zu löschen, wenn eine Aufbewahrung nicht mehr erforderlich ist. [4]Werden die Aufzeichnungen länger als dreißig Jahre aufbewahrt, sind sie zu anonymisieren.

(3a) Die Einrichtungen der Krankenversorgung, die behandlungsbedürftige Hämophiliepatienten zeitlich begrenzt im Rahmen eines stationären oder ambulanten Aufenthalts behandeln, übermitteln der hämophiliebehandelnden ärztlichen Person Angaben über den Anlass der Behandlung mit Blutprodukten und Plasmaproteinen im Sinne von Absatz 1 sowie ihre Dokumentation nach Absatz 2.

(4) [1]Die Einrichtungen der Krankenversorgung dürfen personenbezogene Daten der zu behandelnden Personen erheben, verarbeiten und nutzen, soweit das für die in den Absätzen 1 und 2a genannten Zwecke erforderlich ist. [2]Sie übermitteln die dokumentierten Daten den zuständigen Behörden, soweit dies zur Verfolgung von Straftaten, die im engen Zusammenhang mit der Anwendung von Blutprodukten stehen, erforderlich ist. [3]Zur Risikoerfassung nach dem Arzneimittelgesetz sind das Geburtsdatum und das Geschlecht der zu behandelnden Person anzugeben.

§ 15 Qualitätssicherung

(1) [1]Einrichtungen der Krankenversorgung, die Blutprodukte anwenden, haben ein System der Qualitätssicherung für die Anwendung von Blutprodukten nach dem Stand der medizinischen Wissenschaft und Technik einzurichten. [2]Sie haben eine ärztliche Person zu bestellen, die für die transfusionsmedizinischen Aufgaben verantwortlich und mit den dafür erforderlichen Kompetenzen ausgestattet ist (transfusionsverantwortliche Person). [3]Sie haben zusätzlich für jede Behandlungseinheit, in der Blutprodukte angewendet werden, eine ärztliche Person zu bestellen, die in der Krankenversorgung tätig ist und über transfusionsmedizinische Grundkenntnisse und Erfahrungen verfügt (transfusionsbeauftragte Person). [4]Hat

die Einrichtung der Krankenversorgung eine Spendeeinrichtung oder ein Institut für Transfusionsmedizin oder handelt es sich um eine Einrichtung der Krankenversorgung mit Akutversorgung, so ist zusätzlich eine Kommission für transfusionsmedizinische Angelegenheiten (Transfusionskommission) zu bilden.

(2) [1]Im Rahmen des Qualitätssicherungssystems sind die Qualifikation und die Aufgaben der Personen, die im engen Zusammenhang mit der Anwendung von Blutprodukten tätig sind, festzulegen. [2]Zusätzlich sind die Grundsätze für die patientenbezogene Qualitätssicherung der Anwendung von Blutprodukten, insbesondere der Dokumentation, einschließlich der Dokumentation der Indikation zur Anwendung von Blutprodukten und Plasmaproteinen im Sinne von § 14 Abs. 1, und des fachübergreifenden Informationsaustausches, die Überwachung der Anwendung, die anwendungsbezogenen Wirkungen, Nebenwirkungen und unerwünschten Reaktionen und zusätzlich erforderliche therapeutische Maßnahmen festzulegen.

§ 16 Unterrichtungspflichten

(1) [1]Treten im Zusammenhang mit der Anwendung von Blutprodukten und gentechnisch hergestellten Plasmaproteinen zur Behandlung von Hämostasestörungen unerwünschte Ereignisse auf, hat die behandelnde ärztliche Person unverzüglich die notwendigen Maßnahmen zu ergreifen. [2]Sie unterrichtet die transfusionsbeauftragte und die transfusionsverantwortliche Person oder die sonst nach dem Qualitätssicherungssystem der Einrichtung der Krankenversorgung zu unterrichtenden Personen.

(2) [1]Im Falle des Verdachts der unerwünschten Reaktion oder Nebenwirkung eines Blutproduktes ist unverzüglich der pharmazeutische Unternehmer und im Falle des Verdachts einer schwerwiegenden unerwünschten Reaktion oder Nebenwirkung eines Blutproduktes und eines Plasmaproteinpräparates im Sinne von Absatz 1 zusätzlich die zuständige Bundesoberbehörde zu unterrichten. [2]Die Unterrichtung muss alle notwendigen Angaben wie Bezeichnung des Produktes, Name oder Firma des pharmazeutischen Unternehmers, die Chargenbezeichnung und, sofern vorhanden, den Einheitlichen Europäischen Code gemäß § 4 Absatz 30a des Arzneimittelgesetzes enthalten. [3]Von der Person, bei der der Verdacht auf die unerwünschten Reaktionen oder Nebenwirkungen aufgetreten ist, sind das Geburtsdatum und das Geschlecht anzugeben.

(3) Die berufsrechtlichen Mitteilungspflichten bleiben unberührt.

§ 17 Nicht angewendete Blutprodukte

(1) [1]Nicht angewendete Blutprodukte sind innerhalb der Einrichtungen der Krankenversorgung sachgerecht zu lagern, zu transportieren, abzugeben oder zu entsorgen. [2]Transport und Abgabe von Blutprodukten aus zellulären Blutbestandteilen und Frischplasma dürfen nur nach einem im Rahmen des Qualitätssicherungssystems schriftlich oder elektronisch festgelegten Verfahren erfolgen. [3]Im Falle einer elektronischen Festlegung des Verfahrens ist sicherzustellen, dass die elektronischen Dokumente für die jeweiligen Empfänger jederzeit leicht zugänglich sind und dass sie in hinreichender Weise vor unbefugten Manipulationen geschützt sind. [4]Nicht angewendete Eigenblutentnahmen dürfen nicht an anderen Personen angewendet werden.

(2) Der Verbleib nicht angewendeter Blutprodukte ist zu dokumentieren.

§ 18 Stand der medizinischen Wissenschaft und Technik zur Anwendung von Blutprodukten

(1) [1]Die Bundesärztekammer stellt im Einvernehmen mit der zuständigen Bundesoberbehörde und nach Anhörung von Sachverständigen unter Berücksichtigung der Richtlinien und Empfehlungen der Europäischen Union, des Europarates und der Weltgesundheitsorganisation zu Blut und Blutbestandteilen in Richtlinien den allgemein anerkannten Stand der medizinischen Wissenschaft und Technik insbesondere für

1. die Anwendung von Blutprodukten, einschließlich der Dokumentation der Indikation zur Anwendung von Blutprodukten und Plasmaproteinen im Sinne von § 14 Abs. 1, die Testung auf Infektionsmarker der zu behandelnden Personen anlässlich der Anwendung von Blutprodukten und die Anforderungen an die Rückstellproben,
2. die Qualitätssicherung der Anwendung von Blutprodukten in den Einrichtungen der Krankenversorgung und ihre Überwachung durch die Ärzteschaft,
3. die Qualifikation und die Aufgaben der im engen Zusammenhang mit der Anwendung von Blutprodukten tätigen Personen,
4. den Umgang mit nicht angewendeten Blutprodukten in den Einrichtungen der Krankenversorgung

fest. [2]Bei der Anhörung ist die angemessene Beteiligung von Sachverständigen der betroffenen Fach- und Verkehrskreise, insbesondere der Träger der Spendeeinrichtungen, der Spitzenverbände der Krankenkassen, der Deutschen Krankenhausgesellschaft, der Kassenärztlichen Bundesvereinigung sowie der zuständigen Behörden von Bund und Ländern sicherzustellen. [3]Die Richtlinien werden von der zuständigen Bundesoberbehörde im Bundesanzeiger bekannt gemacht.

(2) Es wird vermutet, dass der allgemein anerkannte Stand der medizinischen Wissenschaft und Technik zu den Anforderungen nach diesem Abschnitt eingehalten worden ist, wenn und soweit die Richtlinien der Bundesärztekammer nach Absatz 1 beachtet worden sind.

Vierter Abschnitt. Rückverfolgung

§ 19 Verfahren

(1) [1]Wird von einer Spendeeinrichtung festgestellt oder hat sie begründeten Verdacht, dass eine spendende Person mit HIV, mit Hepatitis-Viren oder anderen Erregern, die zu schwerwiegenden Krankheitsverläufen führen können, infiziert ist, ist die entnommene Spende auszusondern und dem Verbleib vorangegangener Spenden nachzugehen. [2]Das Verfahren zur Überprüfung des Verdachts und zur Rückverfolgung richtet sich nach dem Stand der wissenschaftlichen Erkenntnisse. [3]Es sind insbesondere folgende Sorgfaltspflichten zu beachten:
1. der Rückverfolgungszeitraum für vorangegangene Spenden zum Schutz vor den jeweiligen Übertragungsrisiken muss angemessen sein,
2. eine als infektiös verdächtige Spende muss gesperrt werden, bis durch Wiederholungs- oder Bestätigungstestergebnisse über das weitere Vorgehen entschieden worden ist,
3. es muss unverzüglich Klarheit über den Infektionsstatus der spendenden Person und über ihre infektionsverdächtigen Spenden gewonnen werden,
4. eine nachweislich infektiöse Spende muss sicher ausgesondert werden,
5. die notwendigen Informationsverfahren müssen eingehalten werden, wobei § 16 Abs. 2 Satz 3 entsprechend gilt, und

6. die Einleitung des Rückverfolgungsverfahrens ist unverzüglich der zuständigen Behörde anzuzeigen, wenn die Bestätigungstestergebnisse die Infektiosität bestätigen, fraglich sind oder eine Nachtestung nicht möglich ist; § 16 Abs. 2 Satz 3 gilt entsprechend. [4]Die verantwortliche ärztliche Person der Spendeeinrichtung hat die spendende Person unverzüglich über den anlässlich der Spende gesichert festgestellten Infektionsstatus zu unterrichten. [5]Sie hat die spendende Person eingehend aufzuklären und zu beraten. [6]Sind Blutprodukte, bei denen der begründete Verdacht besteht, dass sie Infektionserreger übertragen, angewendet worden, so sind die Einrichtungen der Krankenversorgung verpflichtet, die behandelten Personen unverzüglich zu unterrichten und ihnen eine Testung zu empfehlen. [7]Vor der Testung ist die schriftliche Einwilligung der behandelten Person einzuholen. [8]Die behandelte Person ist eingehend zu beraten.

(2) [1]Wird in einer Einrichtung der Krankenversorgung bei einer zu behandelnden oder behandelten Person festgestellt oder besteht der begründete Verdacht, dass sie durch ein Blutprodukt gemäß Absatz 1 Satz 1 infiziert worden ist, muss die Einrichtung der Krankenversorgung der Ursache der Infektion unverzüglich nachgehen. [2]Sie hat das für die Infektion oder den Verdacht in Betracht kommende Blutprodukt zu ermitteln und die Unterrichtungen entsprechend § 16 Abs. 2 vorzunehmen. [3]Der pharmazeutische Unternehmer hat zu veranlassen, dass die spendende Person ermittelt und eine Nachuntersuchung empfohlen wird. [4]Absatz 1 Satz 8 gilt entsprechend. [5]Wird die Infektiosität der spendenden Person bei der Nachuntersuchung bestätigt oder nicht ausgeschlossen oder ist eine Nachuntersuchung nicht durchführbar, so findet das Verfahren nach Absatz 1 entsprechend Anwendung.

(3) [1]Die Einrichtungen der Krankenversorgung, die Spendeeinrichtungen und die pharmazeutischen Unternehmer haben mit den zuständigen Behörden des Bundes und der Länder zusammenzuarbeiten, um die Ursache der Infektion nach Absatz 2 zu ermitteln. [2]Sie sind insbesondere verpflichtet, die für diesen Zweck erforderlichen Auskünfte zu erteilen. [3]§ 16 Abs. 2 Satz 3 gilt entsprechend.

(4) Die nach Absatz 1 bis 3 durchgeführten Maßnahmen sind für Zwecke weiterer Rückverfolgungsverfahren und der Risikoerfassung nach dem Arzneimittelgesetz zu dokumentieren.

§ 20 Verordnungsermächtigung

[1]Das Bundesministerium für Gesundheit wird ermächtigt, nach Anhörung von Sachverständigen eine Rechtsverordnung mit Zustimmung des Bundesrates zur Regelung der Einzelheiten des Verfahrens der Rückverfolgung zu erlassen, sofern dies zur Abwehr von Gefahren für die Gesundheit von Menschen oder zur Risikovorsorge erforderlich ist. [2]Mit der Verordnung können insbesondere Regelungen zu einer gesicherten Erkennung des Infektionsstatus der spendenden und der zu behandelnden Personen, zur Dokumentation und Übermittlung von Daten zu Zwecken der Rückverfolgung, zum Zeitraum der Rückverfolgung sowie zu Sperrung und Lagerung von Blutprodukten erlassen werden.

Fünfter Abschnitt. Meldewesen

§ 21 Koordiniertes Meldewesen

(1) [1]Die Träger der Spendeeinrichtungen und die pharmazeutischen Unternehmer haben der zuständigen Bundesoberbehörde jährlich nach Satz 4 die Zahlen

zu dem Umfang der Gewinnung von Blut und Blutbestandteilen sowie zu dem Umfang der Herstellung, des Verlusts, des Verfalls, des Inverkehrbringens, des Imports und des Exports von Blutprodukten und Plasmaproteinen im Sinne von § 14 Absatz 1 zu melden. ²Die Einrichtungen der Krankenversorgung haben der zuständigen Bundesoberbehörde jährlich nach Satz 4 die Zahlen zum Verbrauch und Verfall von Blutprodukten und Plasmaproteinen im Sinne von § 14 Absatz 1 zu melden. ³Einzelheiten zu den nach Satz 2 zu meldenden Blutprodukten und Plasmaproteinen im Sinne von § 14 Absatz 1 werden in der Rechtsverordnung nach § 23 geregelt. ⁴Die Meldungen haben nach Abschluss des Kalenderjahres, spätestens zum 1. März des folgenden Jahres, zu erfolgen. ⁵Die zuständige Bundesoberbehörde unterrichtet die für die Überwachung zuständige Landesbehörde, wenn die Meldungen wiederholt nicht oder unvollständig erfolgen.

(1a)¹ ¹Die hämophiliebehandelnde ärztliche Person hat die Anzahl der Patienten mit angeborenen Hämostasestörungen, differenziert nach dem Schweregrad der Erkrankung und nach Altersgruppen, sowie die Gesamtmenge der bei diesen Patientengruppen angewendeten Gerinnungsfaktorenzubereitungen nach Satz 3 an das Deutsche Hämophilieregister nach § 21a zu melden. ²Im Fall der schriftlichen Einwilligung des behandelten Patienten sind anstelle der Meldung nach Satz 1

1. an die Vertrauensstelle nach § 21a Absatz 2 Satz 1 die personenidentifizierenden Daten nach Maßgabe des nach § 21a Absatz 2 Satz 4 festgelegten Pseudonymisierungsverfahrens und

2. an das Deutsche Hämophilieregister nach § 21a Absatz 1 Satz 1 die pseudonymisierten Daten nach Maßgabe der nach § 21a Absatz 3 Satz 3 getroffenen Festlegungen und des § 2 Absatz 4 Satz 2 Nummer 3 der Transfusionsgesetz-Meldeverordnung, insbesondere

   a) die Angaben zu Alter, Geschlecht und Wohnort des Patienten,
   b) die Behandlungsdaten,
   c) die Angaben zur Krankenkasse,
   d) die Angaben zum Widerruf der Einwilligung des Patienten oder zum Tod des Patienten

zu melden. ³Die Meldungen haben nach Abschluss des Kalenderjahres, spätestens zum 1. Juli des folgenden Jahres, zu erfolgen. ⁴Mit der Meldung nach Satz 1 oder Satz 2 wird die Meldepflicht nach Absatz 1 Satz 2 für Gerinnungsfaktorenzubereitungen erfüllt.

(2) ¹Die zuständige Bundesoberbehörde stellt die nach den Absätzen 1 und 1a gemeldeten Daten anonymisiert in einem Bericht zusammen und macht diesen bekannt. ²Sie hat melderbezogene Daten streng vertraulich zu behandeln.

(3) Die Spendeeinrichtungen übersenden der zuständigen Behörde einmal jährlich eine Liste der belieferten Einrichtungen der Krankenversorgung und stellen diese Liste auf Anfrage der zuständigen Bundesoberbehörde zur Verfügung.

§ 21a Deutsches Hämophilieregister, Verordnungsermächtigung¹*

(1) ¹Das Paul-Ehrlich-Institut führt in Zusammenarbeit mit der Gesellschaft für Thrombose- und Hämostaseforschung e. V., der Deutschen Hämophiliegesellschaft zur Bekämpfung von Blutungskrankheiten e. V. und der Interessengemeinschaft Hämophiler e. V. ein klinisches Register unter der Bezeichnung „Deutsches Hämophilieregister". ²Das Deutsche Hämophilieregister hat insbesondere folgende Aufgaben:

1. die Erhebung, Zusammenführung, Prüfung und Auswertung der Meldungen nach § 21 Absatz 1a,

2. die Festlegung der Einzelheiten zum Datensatz nach Absatz 3 Satz 3 und § 2 Absatz 4 Satz 2 Nummer 3 der Transfusionsgesetz-Meldeverordnung entsprechend dem Stand der

---

¹ Beachte die Übergangsregelung in § 34.
¹* Beachte die Übergangsregelung in § 34.

medizinischen Wissenschaft und Technik einschließlich der Fortschreibung des Datensatzes,

3. *die Festlegung der Einzelheiten des Pseudonymisierungsverfahrens nach Absatz 2 Satz 4,*

4. *die Auswertung der erfassten Daten und die Rückmeldung der Auswertungsergebnisse an die hämophiliebehandelnden ärztlichen Personen zur Verbesserung der Versorgung von Patienten mit angeborenen Hämostasestörungen,*

5. *die Bereitstellung notwendiger anonymisierter Daten zur Herstellung von Transparenz zum Versorgungsgeschehen, zu Zwecken der Versorgungsforschung und zur Weiterentwicklung der wissenschaftlichen Grundlagen auf dem Gebiet angeborener Hämostasestörungen nach Absatz 5,*

6. *die internationale Zusammenarbeit mit anderen Hämophilieregistern,*

7. *die Förderung der interdisziplinären Zusammenarbeit in der Hämophiliebehandlung.*

(2) ¹Das Paul-Ehrlich-Institut richtet unter Einbeziehung eines unabhängigen Dritten eine vom Deutschen Hämophilieregister organisatorisch, personell und technisch getrennte Vertrauensstelle ein. ²Die Vertrauensstelle erhebt die ihr nach § 21 Absatz 1a Satz 2 Nummer 1 übermittelten personenidentifizierenden Daten, erzeugt daraus ein Pseudonym, übermittelt das Pseudonym an das Deutsche Hämophilieregister und löscht die nur für die Erzeugung des Pseudonyms temporär gespeicherten personenidentifizierenden Daten unverzüglich nach der Übermittlung des Pseudonyms. ³Es ist ein Pseudonymisierungsverfahren anzuwenden, das nach dem jeweiligen Stand der Technik eine Identifizierung von Patienten ausschließt. ⁴Das Pseudonymisierungsverfahren wird vom Deutschen Hämophilieregister in Abstimmung mit der Bundesbeauftragten für den Datenschutz und die Informationsfreiheit sowie dem Bundesamt für Sicherheit in der Informationstechnik und den nach Absatz 1 Satz 1 Beteiligten festgelegt. ⁵Das von der Vertrauensstelle erzeugte Pseudonym darf nur an das Deutsche Hämophilieregister übermittelt, vom Deutschen Hämophilieregister nur für die in Absatz 1 Satz 2 genannten Aufgaben genutzt und an keine andere Stelle übermittelt werden.

(3) ¹Das Deutsche Hämophilieregister erhebt für die in Absatz 1 Satz 2 genannten Aufgaben folgende Daten:

1. *die Daten zur meldenden hämophiliebehandelnden ärztlichen Person sowie zum Zeitpunkt und zum Jahr oder Zeitraum der Meldung nach § 2 Absatz 4 Satz 2 Nummer 1 und 2 der Transfusionsgesetz-Meldeverordnung,*

2. *die von der hämophiliebehandelnden ärztlichen Person übermittelten anonymisierten Daten nach § 21 Absatz 1a Satz 1 sowie*

3. *im Fall der schriftlichen Einwilligung des behandelten Patienten*

    a) das von der Vertrauensstelle nach Absatz 2 erzeugte Pseudonym und

    b) die von der hämophiliebehandelnden ärztlichen Person übermittelten Daten nach § 21 Absatz 1a Satz 2 Nummer 2.

²Das Deutsche Hämophilieregister führt das von der Vertrauensstelle nach Absatz 2 übermittelte Pseudonym mit den dem Deutschen Hämophilieregister nach Satz 1 Nummer 3 Buchstabe b übermittelten Daten zusammen. ³Das Nähere zu Art und Umfang sowie zum Übermittlungsverfahren der an das Deutsche Hämophilieregister zu übermittelnden Daten nach § 21 Absatz 1a Satz 2 Nummer 2 und § 2 Absatz 4 Satz 2 Nummer 3 der Transfusionsgesetz-Meldeverordnung wird vom Deutschen Hämophilieregister in Abstimmung mit der Bundesbeauftragten für den Datenschutz und die Informationsfreiheit und den nach Absatz 1 Satz 1 Beteiligten festgelegt. ⁴Bei der Festlegung der Daten nach Satz 3 sind insbesondere diejenigen Daten zu bestimmen, die grundsätzlich auch für die Behandlungsdokumentation erhoben werden und die medizinisch oder methodisch notwendig sind, um

1. *die Qualität von Diagnostik oder von der Behandlung von Patienten mit angeborenen Hämostasestörungen mit Hilfe geeigneter Indikatoren zu ermitteln,*

2. *mögliche Begleiterkrankungen und Komplikationen zu erfassen,*

3. *die Sterblichkeit festzustellen,*

4. *eine Transparenz zum Versorgungsgeschehen herzustellen,*

5. *die wissenschaftlichen Grundlagen auf dem Gebiet der angeborenen Hämostasestörungen weiterzuentwickeln sowie*

6. *eine geeignete Validierung oder Risikoadjustierung bei der Auswertung der Daten zu ermöglichen.*

[5]*Das Deutsche Hämophilieregister macht eine jeweils aktuelle Übersicht über die Art und den Umfang der erfassten Daten sowie zum Übermittlungsverfahren nach Satz 3 im Bundesanzeiger bekannt.* [6]*Es ist auszuschließen, dass Patienten durch die Verarbeitung und Nutzung der Daten bei der Vertrauensstelle und dem Deutschen Hämophilieregister wieder identifiziert werden können.* [7]*Im Fall eines Widerrufs der Einwilligung des Patienten oder seines Todes sind dessen Daten zu anonymisieren.*

(4) [1]*Die hämophiliebehandelnde ärztliche Person klärt ihre Patienten mit angeborener Hämostasestörung über die Erhebung, Verarbeitung und Nutzung ihrer personenbezogenen Daten und über den Zweck des Deutschen Hämophilieregisters auf.* [2]*Die Aufklärung umfasst die Information über die Möglichkeit, in die Aufnahme der pseudonymisierten Patienten- und Behandlungsdaten in das Deutsche Hämophilieregister schriftlich einzuwilligen.* [3]*Bei fehlender Einwilligung umfasst die Aufklärung die Information, dass die hämophiliebehandelnde ärztliche Person verpflichtet ist, anonymisierte Daten nach § 21 Absatz 1a Satz 1 an das Deutsche Hämophilieregister zu melden.* [4]*Der Patient ist darüber zu informieren, dass im Fall seines Widerrufs der Einwilligung oder seines Todes seine pseudonymisierten Daten anonymisiert werden.* [5]*Die Aufklärung ist von den Patienten schriftlich zu bestätigen.*

(5) [1]*Das Deutsche Hämophilieregister kann zu Forschungszwecken anonymisierte Daten an die am Deutschen Hämophilieregister Beteiligten nach Absatz 1 Satz 1 und an Dritte übermitteln.* [2]*Die Übermittlung der anonymisierten Daten erfolgt auf Antrag und nach Abschluss einer Nutzungsvereinbarung.* [3]*Über den Antrag entscheidet der Lenkungsausschuss des Deutschen Hämophilieregisters.* [4]*Die Daten dürfen nur für die in Absatz 1 Satz 2 genannten Aufgaben und unter Beachtung der Publikationsgrundsätze des Deutschen Hämophilieregisters verarbeitet oder genutzt werden.*

(6) [1]Das Bundesministerium für Gesundheit wird ermächtigt, nach Anhörung von Sachverständigen durch Rechtsverordnung mit Zustimmung des Bundesrates die organisatorische und technische Ausgestaltung sowie die Nutzung des Deutschen Hämophilieregisters zu regeln. [2]In der Rechtsverordnung kann insbesondere das Nähere geregelt werden zu den Anforderungen an

1. die Organisationsstruktur und die Geschäftsführung des Registers,
2. die Vertretung des Registers gegenüber Dritten,
3. den Lenkungsausschuss,
4. den beratenden Fachausschuss,
5. die Geschäftsordnung der nach Absatz 1 Satz 1 am Register Beteiligten,
6. das Antrags- und Entscheidungsverfahren nach Absatz 5, die Nutzungsvereinbarung und die Publikationsgrundsätze des Registers sowie
7. die Maßnahmen zur Qualitätskontrolle und Qualitätssicherung.

§ 22 Epidemiologische Daten

(1) [1]Die Träger der Spendeeinrichtungen erstellen getrennt nach den einzelnen Spendeeinrichtungen vierteljährlich und jährlich unter Angabe der Gesamtzahl der getesteten Personen eine Liste über die Anzahl der spendenden Personen, die auf einen Infektionsmarker bestätigt positiv getestet worden sind, sowie vierteljährlich über die Anzahl der durchgeführten Untersuchungen. [2]Personen, denen Eigenblut entnommen worden ist, sind ausgenommen. [3]Die Zahlenangaben sind nach den verschiedenen Infektionsmarkern, auf die getestet wird, nach Art der Spende, nach Erstspendewilligen, Erst- und Wiederholungsspendern, nach Geschlecht und Alter, nach möglichem Infektionsweg, nach Selbstausschluss, nach

Wohnregion sowie nach Vorspenden zu differenzieren. [4]Die Liste ist bis zum Ende des auf den Berichtszeitraum folgenden Quartals der für die Epidemiologie zuständigen Bundesoberbehörde zuzuleiten. [5]Werden die Listen wiederholt nicht oder unvollständig zugeleitet, ist die für die Überwachung zuständige Landesbehörde zu unterrichten. [6]Besteht ein infektionsepidemiologisch aufklärungsbedürftiger Sachverhalt, bleibt die Befugnis, die zuständige Landesbehörde und die zuständige Bundesoberbehörde zu informieren, unberührt.

(2) [1]Die für die Epidemiologie zuständige Bundesoberbehörde stellt die Angaben in anonymisierter Form übersichtlich zusammen und macht eine jährliche Gesamtübersicht bis zum 30. September des folgenden Jahres bekannt. [2]Melderbezogene Daten sind streng vertraulich zu behandeln.

§ 23 Verordnungsermächtigung

Das Bundesministerium für Gesundheit wird ermächtigt, nach Anhörung von Sachverständigen eine Rechtsverordnung mit Zustimmung des Bundesrates zur Regelung von Art, Umfang und Darstellungsweise der Angaben nach diesem Abschnitt zu erlassen.

Sechster Abschnitt. Sachverständige

§ 24 Arbeitskreis Blut

[1]Das Bundesministerium für Gesundheit richtet einen Arbeitskreis von Sachverständigen für Blutprodukte und das Blutspende- und Transfusionswesen ein (Arbeitskreis Blut). [2]Der Arbeitskreis berät die zuständigen Behörden des Bundes und der Länder. Er nimmt die nach diesem Gesetz vorgesehenen Anhörungen von Sachverständigen bei Erlass von Verordnungen wahr. [3]Das Bundesministerium für Gesundheit beruft die Mitglieder des Arbeitskreises auf Vorschlag der Berufs- und Fachgesellschaften, Standesorganisationen der Ärzteschaft, der Fachverbände der pharmazeutischen Unternehmer, einschließlich der staatlichen und kommunalen Bluttransfusionsdienste, der Arbeitsgemeinschaft Plasmapherese und der Blutspendedienste des Deutschen Roten Kreuzes, überregionaler Patientenverbände, insbesondere der Hämophilieverbände, des Bundesministeriums der Verteidigung und der Länder. [4]Der Arbeitskreis gibt sich im Einvernehmen mit dem Bundesministerium für Gesundheit eine Geschäftsordnung. [5]Das Bundesministerium für Gesundheit bestimmt und beruft die leitende Person des Arbeitskreises. [6]Es kann eine Bundesoberbehörde mit der Geschäftsführung des Arbeitskreises beauftragen.

Siebter Abschnitt. Pflichten der Behörden

§ 25 Mitteilungspflichten der Behörden

[1]Die für die Durchführung des Gesetzes zuständigen Behörden des Bundes und der Länder teilen sich für die in diesem Gesetz geregelten Zwecke gegenseitig ihnen bekannt gewordene Verdachtsfälle schwerwiegender unerwünschter Reaktionen oder Nebenwirkungen von Blutprodukten unverzüglich mit. [2]§ 16 Abs. 2 Satz 3 gilt entsprechend.

Achter Abschnitt. Sondervorschriften

§ 26 Bundeswehr

(1) Die Vorschriften dieses Gesetzes finden auf Einrichtungen der Bundeswehr entsprechende Anwendung.

(2) Im Geschäftsbereich des Bundesministeriums der Verteidigung obliegt der Vollzug dieses Gesetzes bei der Überwachung den zuständigen Stellen und Sachverständigen der Bundeswehr.

(3) Das Bundesministerium der Verteidigung kann für seinen Geschäftsbereich im Einvernehmen mit dem Bundesministerium für Gesundheit in Einzelfällen Ausnahmen von diesem Gesetz und aufgrund dieses Gesetzes erlassenen Rechtsverordnungen zulassen, wenn dies zur Durchführung der besonderen Aufgaben gerechtfertigt ist und der Schutz der Gesundheit gewahrt bleibt.

Neunter Abschnitt. Bestimmung der zuständigen Bundesoberbehörden und sonstige Bestimmungen

§ 27 Zuständige Bundesoberbehörden

(1) Zuständige Bundesoberbehörde ist das Paul-Ehrlich-Institut.

(2) Die für die Epidemiologie zuständige Bundesoberbehörde ist das Robert Koch-Institut.

(3) Die für die gesundheitliche Aufklärung zuständige Bundesoberbehörde ist die Bundeszentrale für gesundheitliche Aufklärung.

(4) Die für die medizinische Dokumentation und Information zuständige Bundesbehörde ist das Deutsche Institut für Medizinische Dokumentation und Information.

§ 28 Ausnahmen vom Anwendungsbereich

Dieses Gesetz findet keine Anwendung auf die Entnahme einer geringfügigen Menge Blut zu diagnostischen Zwecken, auf homöopathische Eigenblutprodukte, autologes Blut zur Herstellung von biotechnologisch bearbeiteten Gewebeprodukten und auf die Entnahme einer geringfügigen Menge Eigenblut zur Herstellung von Produkten für die zahnärztliche Behandlung, sofern diese Produkte in der Zahnarztpraxis auf der Grundlage des von der Bundeszahnärztekammer festgestellten und in den Zahnärztlichen Mitteilungen veröffentlichten Standes der medizinischen Wissenschaft und Technik hergestellt und angewendet werden.

I. Ausnahme

1   Nach § 28 TFG können Blutprodukte vom Anwendungsbereich des TFG ausgenommen sein, wenn sie zu einer der im Gesetz benannten Produktgruppen gehören. Nach dem Wortlaut der Vorschrift gilt dies auch für Blut, das zur Aufbereitung oder Vermehrung von autologen Körperzellen im Rahmen der Gewebezüchtung zur Geweberegeneration bestimmt ist. Damit wird die Entnahme von Blut, das zur Herstellung autologer Tissue-Engineering-Produkte benötigt wird, vom Anwendungsbereich des TFG ausgenommen. Die einzelnen gesetzlichen Bedingungen für einen Ausschluss aus dem Geltungsbereich des TFG umfassen insbes. den Einsatz des gewonnenen Blutes im Rahmen der Gewebezüch-

tung, die ausschließliche Verwendung von autologem Blut und die Beschränkung auf die Entnahme einer geringen Menge. Maßgeblich ist die subjektive Zweckbestimmung im Zeitpunkt der Entnahme des Blutes, so dass zur Herstellung von Wirkstoffen oder Arzneimitteln zur Anwendung bei Menschen bestimmtes Blut nicht unter § 28 fällt.[1]

II. Geringfügige Menge

Der Begriff ist im Gesetz nicht legaldefiniert. Nach dem Willen des Gesetzgebers soll **2** eine geringfügige Menge bei einer Entnahme von 10 bis 14 ml Eigenblut gegeben sein.[2] Das bedeutet, dass der Anwendungsbereich des TFG bei einem einzelnen Entnahmevorgang, der mehr als 14 ml umfasst, regelmäßig eröffnet sein wird.

§ 29 Verhältnis zu anderen Rechtsbereichen

[1]Die Vorschriften des Arzneimittelrechts, des Medizinprodukterechts und des Seuchenrechts bleiben unberührt, soweit in diesem Gesetz nicht etwas anderes vorgeschrieben ist. [2]Das Transplantationsrecht findet keine Anwendung.

I. Allgemeines

Die Regelung verdeutlicht, dass die Vorschriften des Arzneimittelrechts, des Medizinpro- **1** dukterechts und des Seuchenrechts bzw. Infektionsschutzgesetzes grds. unberührt bleiben. Dies gilt insbes. für die Vorschriften zum Verbot, bedenkliche Arzneimittel in den Verkehr zu bringen (§ 5 AMG), oder zum Rückruf von Arzneimitteln (§ 69 Abs. 1 AMG). Auch Anordnungen des Paul-Ehrlich-Instituts etwa zur Testung von Blutspendern auf Infektionsmarker oder zur Inaktivierung von Plasmaprodukten sind rechtsverbindlich und gehen ggf. anders lautenden Richtlinien nach diesem Gesetz vor.[1]

II. Verhältnis TFG – StGB

§ 29 schweigt zum Verhältnis TFG und StGB. Letzteres findet dennoch Anwendung. **2** Anderenfalls entstünde das mit Blick auf effektiven Rechtsgüterschutz und die Schutzpflicht des Staates absurde Ergebnis, dass die Blutspende und auch die Spenderimmunisierung strafrechtlicher Beurteilung weitgehend entzogen wären. Dies war aber nach dem Sinn und Zweck des Gesetzes nicht gewollt.[2]

§ 30 Angleichung an Gemeinschaftsrecht

(1) Rechtsverordnungen nach diesem Gesetz können auch zum Zwecke der Angleichung der Rechtsvorschriften der Mitgliedstaaten der Europäischen Union erlassen werden, soweit dies zur Durchführung von Verordnungen oder zur Umsetzung von Richtlinien oder Entscheidungen des Rates der Europäischen Union oder der Kommission der Europäischen Gemeinschaften, die Sachbereiche dieses Gesetzes betreffen, erforderlich ist.

(2) Rechtsverordnungen nach diesem Gesetz, die ausschließlich der Umsetzung von Richtlinien oder Entscheidungen des Rates der Europäischen Union oder der Kommission der Europäischen Gemeinschaften in nationales Recht dienen, bedürfen nicht der Zustimmung des Bundesrates.

---

[1] Pühler/Middel/Hübner/*Bäsler/Bein/Bender* S. 130.
[2] BT-Drs. 15/3593, 13.
[1] BR-Drs. 851/97, 28; *v. Auer* BGBl. 1999, 97; *Wilke* Notfall- & Rettungsmedizin 2000, 526.
[2] Näher → Vor § 1 Rn. 4.

Zehnter Abschnitt. Straf- und Bußgeldvorschriften

Vorbemerkung zu § 31

1   Die §§ 31, 32 regeln **Straf- und Bußgeldtatbestände.** Diese beziehen sich jedoch nur auf bestimmte Verhaltensweisen bei der Gewinnung von Blut- und Blutbestandteilen. Verstöße gegen die Vorschriften bezüglich der Anwendung von Blutprodukten, der Rückverfolgung und des Meldewesens sind durch das TFG nicht ausdrücklich mit Strafe bedroht. Insoweit gelten die allgemeinen Straftatbestände des StGB[1] oder auch die speziellen Tatbestände des Nebenstrafrechts, wie zB des AMG.

§ 31 Strafvorschriften

Mit Freiheitsstrafe bis zu einem Jahr oder mit Geldstrafe wird bestraft, wer entgegen § 5 Abs. 3 Satz 1 nicht dafür sorgt, dass die spendende Person vor der Freigabe der Spende auf die dort genannten Infektionsmarker untersucht wird.

Übersicht

I. Überblick

1   **1. Nebenstrafrecht.** § 31 ist als Nebenstrafrecht aus dem StGB ausgelagert. Dem Minimalprinzip folgend sollen die Einzelheiten soweit wie möglich der Regelung durch die Fachwelt überlassen bleiben.[1] Aufgrund der engen Verzahnung von Sicherheitsaspekten, Bekräftigung fachlicher Grundlagen und ständiger Entwicklung wissenschaftlicher Erkenntnisse ist das TFG im Wesentlichen an Ärzte, Naturwissenschaftler sowie im Transfusionswesen Tätige gerichtet.

2   Der spezielle Verbotstatbestand wird durch die Grundsätze und Vorschriften des Allgemein Teils des StGB ergänzt, vgl. Art. 1 Abs. 1 EGStGB. Sie bewirken folgende Konkretisierung bzw. Erweiterung der Strafbarkeitsvoraussetzungen:

3   **2. Analogieverbot.** Art. 103 Abs. 2 GG und § 1 StGB normieren in wörtlicher Übereinstimmung den Grundsatz „nullum crimen sine lege, nulla poena sine lege" (sog Gesetzlichkeitsprinzip). Damit ist ua das Verbot der Analogie zur Begründung der Strafbarkeit oder der Strafe geregelt. Das Ausfüllen einer Gesetzeslücke durch Übertragung eines einem Tatbestand zugrunde liegenden Rechtssatzes auf einen nicht geregelten Sachverhalt, dh die Lückenfüllung durch entsprechende Anwendung vorhandener Straftatbestände, ist nicht möglich. Denn das Strafrecht reagiert als Ultima ratio nur bezüglich der ausdrücklich geregelten Angriffsarten auf die Verletzung oder Gefährdung bestimmter Rechtsgüter. Zudem

---

[1] Zusammenfassend *Andreas* Arztrecht 2000, 214.
[1] *Deutsch* et al., Transfusionsrecht, Rn. 41. Zu den abweichenden Vorschlägen im Lauf des Gesetzgebungsverfahrens *Schreiber* S. 183 f.

dürfen die im Strafgesetzbuch beschriebenen Handlungsweisen nicht zu Lasten des Beschuldigten auf ein Tun jenseits ihres Wortlauts ausgeweitet werden.

3. Zeitlicher und räumlicher Geltungsbereich. Der Straftatbestand des § 31 trat **4** gemäß § 39 Abs. 1 am 7.7.1998 in Kraft. Verstöße gegen § 31 sind vom Tage seines Inkrafttretens an strafbar. Den räumlichen Geltungsbereich regeln die §§ 3 ff. StGB.[2]

4. Normzweck. Ausweislich der Gesetzesbegründung wurde mit § 31 ein Tatbestand **5** geschaffen, der eine Handlung mit einem besonderen Unrechtsgehalt erfasst. Die Strafwürdigkeit gründet sich darauf, dass Spenden entnommen werden, die als Arzneimittel am Menschen angewendet oder aus denen Arzneimittel für Menschen hergestellt werden sollen.[3] Die Vorschrift gilt, auch wenn im konkreten Einzelfall unklar bleibt, ob ein aus einer Spende hergestelltes Arzneimittel bedenklich iSv § 5 AMG ist. Denn sind die spendenden Personen ungetestet, ergibt sich allein daraus ein erhebliches Gefährdungspotential für andere Menschen.[4] § 31 knüpft an die Pflicht gemäß § 5 Abs. 3 S. 1 an und pönalisiert das Außerachtlassen der gebotenen Laboruntersuchung, ohne dass es darauf ankäme, ob der Empfänger infiziert, dh Körper und Gesundheit verletzt oder zumindest konkret gefährdet wurden. Damit wurde das Gewicht von § 5 Abs. 3, einer Norm, die auf das Engste mit dem Blutskandal aus dem Jahre 1993 sowie zwei weiteren unterlassenen Testungen verbunden ist,[5] unterstrichen.

5. Deliktsart. Bei der Strafvorschrift handelt es sich um ein **abstraktes Gefährdungs-** **6** **delikt.**[6] Weder die Verletzung noch die Gefährdung eines Angriffsobjekts gehören zum Tatbestand.

II. Erläuterung

1. Objektiver Tatbestand. § 31 regelt nicht selbst, wer Täter ist, sondern verengt die **7** Strafdrohung auf denjenigen, der entgegen § 5 Abs. 3 S. 1 nicht dafür sorgt, dass die spendende Person vor der Freigabe der Spende auf die dort genannten Infektionsmarker untersucht wird. § 5 Abs. 3 S. 1 verweist auf § 14 Abs. 1 Nr. 1 AMG. Diese Normierungs- und Verweisungstechnik ist im Nebenstrafrecht häufig anzutreffen, mit Blick auf den Bestimmtheitsgrundsatz aber nicht unproblematisch. Auch wenn diese Verweisungskette in sich lückenlos ist, so ist es für den Rechtsanwender mit erheblichen Schwierigkeiten verbunden, herauszufinden, ob er Adressat der Strafrechtsnorm ist. Strafbar ist danach regelmäßig der Kontrollleiter, im Einzelfall kommt auch die Strafbarkeit des Herstellungsleiters in Betracht. Die Tat ist ein **Sonderdelikt,** da es nicht von jedermann, sondern nur von den gesetzlich bestimmten Tätern begangen werden kann.

2. Tathandlung. Tathandlung ist das „Nicht dafür sorgen", dass der Spender vor Frei- **8** gabe der Spende auf die entsprechenden Infektionsmarker untersucht wird. Der Wortlaut lässt zwei Anknüpfungspunkte strafbaren Verhaltens zu: Die Freigabe ohne vorherige Untersuchung des Spenders, ein aktives Tun, oder das Versäumen der Untersuchung, ein Unterlassen. Abstrakt geht es hier um einen Fall, in dem eine gefährliche Handlung erlaubt ist, wenn ihre Gefährlichkeit durch entsprechende Vorsichtsmaßnahmen abgemildert oder aufgefangen wird.[7] Da sich bei der Freigabe der Spende ohne vorherige Untersuchung des Spenders auf Infektionsmarker die Unterlassungskomponente im Außerachtlassen der gebotenen Sorgfalt erschöpft, wird durch § 31 primär ein aktives Tun unter Strafe gestellt.[8] Denn

---

2 Vgl. hierzu BT-Drs. 13/9594, 27 f.
3 BT-Drs. 13/9594, 28.
4 BT-Drs. 13/9594, 28.
5 *Deutsch* et al., Transfusionsrecht, Rn. 322 ff.
6 BT-Drs. 13/9594, 27 f.
7 Dieses klassische Abgrenzungsproblem findet sich häufig im Fahrlässigkeitsbereich, vgl. Ziegenhaarfall RG 23.4.1929 – I 1265/28, RGSt 63, 211.
8 Die Gesetzesbegründung spricht davon, dass ein Tun oder Unterlassen unter Strafe gestellt wird, BR-Drs. 851/97, 28.

die Verpflichtung zur Untersuchung folgt aus der Infektionsgefahr bei der Weitergabe des verseuchten Blutes. Das Gebot lautet, die Ausgabe des nach dem Stand der Wissenschaft und Technik als ungefährlich qualifizierten Blutes zu gewährleisten. Das Unterlassen der Sicherungsvorkehrung ist nur eine notwendige Begleiterscheinung dieses Tuns. Das kann sowohl mit dem Schwerpunkt der Vorwerfbarkeit[9] als auch mit dem Kriterium des positiven Energieaufwands[10] bzw. dem Kausalitätskriterium iS einer gesetzmäßigen Bedingung für den Eintritt des Erfolgs[11] begründet werden.

9   **3. Subjektiver Tatbestand.** Der subjektive Tatbestand von § 31 setzt Vorsatz voraus, vgl. § 15 StGB. Grobe Fahrlässigkeit reicht nicht. Der Vorsatz muss zum Zeitpunkt der Tathandlung vorliegen. Da der Gesetzgeber keine qualifizierte Vorsatzform vorschreibt, genügt bereits Eventualvorsatz zur Tatbestandsverwirklichung.

10   Im Unterschied zum direkten Vorsatz muss der mit nur Dolus eventualis handelnde Täter die strafbarkeitsrelevanten Umstände nicht sicher kennen, ausreichend ist, wenn er sie nur für möglich hält. Das Vorliegen dieses intellektuellen Elements ist naheliegend, wenn sich die Infektionsmarker aus den Hämotherapie-Richtlinien ergeben. Dennoch kann es nicht als Erfahrungssatz unterstellt werden. So muss es der Beurteilung im Einzelfall überlassen bleiben, wann der zuständige Kontrollleiter § 31 mit Dolus eventualis verwirklicht, wenn er im Unklaren darüber ist, welche Infektionsmarker dem Stand der Technik entsprechen. Dass der Stand der Technik nicht statisch ist, sondern sich entsprechend der Entwicklung dynamisch gestaltet, wurde bereits erläutert (→ § 12 Rn. 3). Die Hämotherapie-Richtlinien geben insoweit nur den gegenwärtigen Stand der Technik wieder. Hier erlangt die Abgrenzung von Dolus eventualis und bewusster Fahrlässigkeit an Bedeutung, zumal letztere nur als Ordnungswidrigkeit gemäß § 32 sanktioniert ist.

11   Schwierig im Einzelfall wird die Abgrenzung, da auch der bewusst fahrlässig Handelnde die Möglichkeit voraussieht, freizugeben, ohne alle erforderlichen Infektionsmarker zur Untersuchung herangezogen zu haben. Fehlt es dem Täter bereits an dieser Möglichkeitsvorstellung, so erreicht ihn nicht der Appell des von ihm bedrohten Rechtsguts. Es kann ihm nur das Fahrlässigkeitsdelikt gemäß § 32 zur Last gelegt werden, wenn die Rechtsgutsverletzung in der konkreten Situation zumindest objektiv vorhersehbar war (unbewusste Fahrlässigkeit). Aber selbst wenn der Täter die Möglichkeitsvorstellung hat, bedarf es für die Vorsatzstrafbarkeit eines zusätzlichen, nicht mit emotionaler Billigung zu verwechselnden voluntativen Elements. Für das Transfusionswesen entscheidet in der Praxis die Ansicht der höchstrichterlichen Rechtsprechung.[12] Ein Vergehen nach § 31 wird danach beurteilt, ob der Täter wusste oder damit rechnete, zuständig zu sein, dass der Spender auf die dem Stand der Technik entsprechenden Infektionsmarker untersucht wird, die Freigabe unter Verletzung dieser Pflicht erfolgt und der Täter dies zumindest billigend in Kauf nahm. Ob diese Voraussetzungen vorliegen, hat das Gericht unter Heranziehung und Würdigung der Tatumstände festzustellen. Vorsatz kann nicht unterstellt werden.

12   Zudem ist zu unterscheiden zwischen den begrifflichen Voraussetzungen des Eventualvorsatzes und den Anforderungen, die an seinen Beweis zu stellen sind.[13]

III. Irrtum, Rechtfertigung, Versuch, Konkurrenzen, Rechtsfolgen

13   **1. Tatbestands- und Verbotsirrtum.** Gemäß § 16 Abs. 1 StGB entfällt der Vorsatz, wenn der Täter einen Umstand nicht kennt, auf den es für die Verwirklichung des Tatbestands ankommt. Jede noch so leichtfertige Verkennung der Sachlage kann nur eine fahrlässige Tat begründen, die im Rahmen von § 31 nicht strafbar, sondern gemäß § 32 lediglich

---

[9] Näher zu diesem Kriterium BGH 17.2.1954 – GSSt 3/53, BGHSt 6, 46 (59); eingehend *Stoffers*, Die Formel „Schwerpunkt der Vorwerfbarkeit" bei der Abgrenzung von Tun und Unterlassen?, 1992; HK-StGB/*Tag* StGB § 13 Rn. 6.

[10] Allg. hierzu SK-StGB/*Rudolphi*/*Stein* StGB Vor § 13 Rn. 6.

[11] Allg. hierzu *Küpper*, Grenzen der normativierenden Strafrechtsdogmatik, 1990, S. 72.

[12] Näher Lackner/Kühl/*Kühl* StGB § 15 Rn. 24 f. mwN.

[13] Schönke/Schröder/*Sternberg-Lieben*/*Schuster* StGB § 15 Rn. 87.

bußgeldbewehrt ist. Demgegenüber liegt ein Verbotsirrtum nach § 17 StGB, vor, wenn dem Täter das Unrechtsbewusstsein fehlt, weil er zB die Existenz der §§ 31, 5 Abs. 3 S. 1 nicht kennt oder weil er sie zwar kennt, einzelne Merkmale aber zu seinen Gunsten restriktiv interpretiert. Ein solcher Verbotsirrtum lässt den Vorsatz unberührt und nur bei Unvermeidbarkeit im Ausnahmefall die Schuld entfallen.

2. Rechtfertigungsgründe. Das TFG enthält keine speziellen Rechtfertigungsgründe, **14** so dass insoweit auf den Allgemeinen Teil des StGB zurückzugreifen ist. Als Rechtfertigungsgrund kann Notstand gemäß § 34 StGB, in Betracht kommen.[14] Dann muss allerdings die Gefahr für das bedrohte Rechtsgut die Gefährdung der Sicherheit im Blut- und Plasmawesen deutlich überwiegen. Die nach § 34 StGB erforderliche Interessenabwägung wird die Freigabe ohne vorherige Prüfung idR nur dann gerechtfertigt erscheinen lassen, wenn sie sich als einziges oder zumindest sicherstes Mittel zur Rettung eines Patienten darstellt.

3. Vollendung. Vollendet ist die Tat mit Freigabe der Spende ohne die erforderliche **15** Untersuchung des Spenders auf Infektionsmarker. Der Versuch des Vergehens gemäß § 31 ist nicht strafbewehrt, §§ 12, 23 Abs. 1 StGB.

4. Konkurrenzen. Zu den §§ 223 ff. StGB ergeben sich sowohl im Hinblick auf die **16** körperliche Unversehrtheit der spendenden Person als auch des Empfängers folgende Konkurrenzfragen: Soweit § 223 StGB die Aufklärung und Einwilligung des Spenders einerseits sowie des Empfängers andererseits voraussetzt,[15] ist das Schutzgut des § 31 nicht mit dem der allgemeinen Körperverletzungsdelikte identisch. § 31 erfasst das deliktische Geschehen im Verhältnis zu den Körperverletzungstatbeständen des StGB nicht erschöpfend. Aufgrund der unterschiedlichen Schutzrichtung steht § 31 zu den §§ 223 ff. StGB nicht im Verhältnis der Gesetzeskonkurrenz, sondern der Tateinheit, § 52 StGB.

5. Strafrahmen. Der Strafrahmen von § 31 sieht Freiheitsstrafe bis zu einem Jahr oder **17** Geldstrafe vor. Der Strafrahmen der Geldstrafe reicht gemäß § 40 Abs. 1 iVm 2 StGB[16] von 5[17] bis 10.800.000 EUR.

IV. Prozessuales

Die **Verfolgungsverjährung** bei einem Verstoß gegen § 31 beträgt drei Jahre, vgl. § 78 **18** Abs. 3 Nr. 5 StGB. Zum Beginn, Ruhen und zur Unterbrechung der Verjährung vgl. §§ 78a–c StGB.

§ 32 Bußgeldvorschriften

(1) Ordnungswidrig handelt, wer eine in § 31 bezeichnete Handlung fahrlässig begeht.

(2) Ordnungswidrig handelt, wer vorsätzlich oder fahrlässig
1. entgegen § 4 Satz 1 Nr. 2 eine Spendeeinrichtung betreibt,
2. entgegen § 8 Abs. 2 Satz 1 Nr. 4 oder 6, jeweils auch in Verbindung mit § 9 Abs. 1 Satz 2, ein Immunisierungsprogramm oder eine Vorbehandlung durchführt,
3. einer Rechtsverordnung nach § 12 Satz 1 oder einer vollziehbaren Anordnung aufgrund einer solchen Rechtsverordnung zuwiderhandelt, soweit die Rechtsverordnung für einen bestimmten Tatbestand auf diese Bußgeldvorschrift verweist oder

---

[14] BT-Drs. 13/9594, 28.
[15] Zum Einbezug der körperbezogenen Autonomie in §§ 223 ff. StGB; *Tag* S. 62 ff., 92 ff.
[16] In der Fassung des Gesetzes zur Einführung des Euro in Rechtspflegegesetzen und in Gesetzen des Straf- und Ordnungswidrigkeitenrechts vom 13.12.2001, BGBl. I S. 3574 (3577).
[17] Die Geldstrafe beträgt mindestens fünf und höchstens 360 volle Tagessätze. Insoweit missverständlich *Schreiber* S. 186.

4. entgegen § 21 Absatz 1 Satz 1 oder Satz 2 oder Absatz 1a Satz 1, auch in Verbindung mit Satz 2, jeweils auch in Verbindung mit einer Rechtsverordnung nach § 23, eine Meldung nicht, nicht richtig, nicht vollständig oder nicht rechtzeitig macht.

(3) Die Ordnungswidrigkeit kann im Falle des Absatzes 1 mit einer Geldbuße bis zu fünfundzwanzigtausend Euro, in den Fällen des Absatzes 2 Nummer 1 bis 3 mit einer Geldbuße bis zu zehntausend Euro und in den übrigen Fällen mit einer Geldbuße bis zu fünftausend Euro geahndet werden.

(4) Verwaltungsbehörde im Sinne des § 36 Absatz 1 Nummer 1 des Gesetzes über Ordnungswidrigkeiten ist in den Fällen des Absatzes 2 Nummer 4 das Paul-Ehrlich-Institut.

I. Anwendungsbereich

1   Für die Bußgeldtatbestände gelten gemäß § 2 OWiG[1] ergänzend die allgemeinen Bestimmungen des OWiG. Als Ordnungswidrigkeit kann nur vorsätzliches Handeln geahndet werden, es sei denn, das Gesetz bedroht fahrlässiges Handeln ausdrücklich mit Geldbuße, § 10 OWiG. Dies ist in § 32 geschehen.[2] Wird die Straftat nach § 31 fahrlässig verwirklicht, so wird sie gemäß Abs. 1 als Ordnungswidrigkeit eingestuft. Dabei handelt es sich nicht um eine Strafmilderung gemäß § 12 Abs. 3 StGB, die den Charakter des Vergehens unberührt lässt, sondern um eine qualitativ unterschiedliche Einordnung der Fahrlässigkeitstat im Vergleich zur Vorsatztat. Der Fahrlässigkeitsvorwurf ist im Hinblick auf die fortlaufende und intensive Aufklärung der im Transfusionswesen Tätigen im Allgemeinen begründet, wenn der für die Testung Zuständige gegen das Gebot verstößt, Spenden nur nach Testung der Spender auf Infektionsmarker freizugeben. Die räumliche Geltung für Ordnungswidrigkeiten nach Bundes- und Landesrecht beruht auf dem Territorialitäts- und Flaggenprinzip, § 5 OWiG. Da abweichende gesetzliche Regelungen zugelassen sind, kann sich aber einfacher als im Strafrecht eine Ausdehnung des räumlichen Geltungsbereichs ergeben.[3]

II. Verbotstatbestände

2   Die Verbotstatbestände des Abs. 2 setzen Vorsatz oder Fahrlässigkeit voraus. Die Bestellung der leitenden ärztlichen Person, die die erforderliche Sachkunde nach dem Stand der medizinischen Wissenschaft besitzt, der Spendeeinrichtung, vgl. § 4 S. 1 Nr. 2, ist eine herausgehobene Verpflichtung zum Schutz der spendenden und der zu behandelnden Personen. Die Vernachlässigung dieser Pflicht soll als Ordnungswidrigkeit geahndet werden können. Entsprechend dem Rechtsgedanken des § 20 Abs. 3a TPG soll bestraft werden, wer entgegen § 21 Abs. 1 S. 1 oder S. 2 bzw. Abs. 1a S. 1 bzw. iVm S. 2, jeweils iVm einer Rechtsverordnung nach § 23, eine Meldung nicht, nicht richtig, nicht vollständig oder nicht rechtzeitig vornimmt. 25% der Einrichtungen (insbes. Einrichtungen der Krankenversorgung) berichteten bisher gar nicht, unvollständig oder verspätet, wodurch das Paul-Ehrlich-Institut[4] seiner Berichtspflicht gemäß § 21 Abs. 2 nicht nachkommen konnte und die angestrebte Transparenz im Gewebesektor dadurch nur unzureichend gewährleistet wurde.[5]

3   Das Gesetz erhebt ferner die Verletzung organisatorischer Pflichten bei der Durchführung eines Immunisierungsprogramms zur Ordnungswidrigkeit.[6] Es handelt sich um Pflichten, die für eine ordnungsgemäße Durchführung des Immunisierungsprogramms und für eventu-

---

[1] Gesetz über Ordnungswidrigkeiten, BGBl. I S. 602, Fassung vom 13.5.2015, BGBl. I S. 706.
[2] Zum Gesetzgebungsverfahren *Schreiber* S. 193 f.
[3] Näher *Göhler* OWiG § 5 Rn. 5 ff.; zu den Vorgaben des internationalen Ordnungswidrigkeitenrechts vgl. *Bohnert* OWiG § 5 Rn. 15 ff.
[4] BT-Drs. 18/11488, 53; vgl. auch → TPG § 20 Rn. 12.
[5] BT-Drs. 18/11488, 53.
[6] Zu Wertungswidersprüchen im Hinblick auf vergleichbare Pflichtverletzungen im AMG *Schreiber* S. 194 ff.

elle Maßnahmen, zB der Behörden, wichtig sind, vgl. § 8 Abs. 2 S. 1 Nr. 4 und 6. Entsprechendes gilt für die Vorbehandlung zur Blutstammzellseparation.

Die durch das Gewebegesetz eingeführte Ermächtigung des BMG zum Erlass einer Verordnung nach § 12 wird ordnungswidrigkeitenrechtlich abgesichert falls der Verordnung oder einer vollziehbaren Anordnung aufgrund der Verordnung zuwider gehandelt wird. Dies gilt jedoch nur dann, wenn die erlassene Rechtsverordnung ausdrücklich auf § 32 verweist. Eine derartige Rechtsverordnung nach § 12 ist jedoch bis dato noch nicht erlassen worden. **4**

III. Rechtsfolgen

Abs. 3 steckt den Rahmen für die festzulegende Geldbuße ab. Er beträgt im Falle von Abs. 1 bis zu 25.000 Euro, in den Fällen des vorsätzlich verwirklichten Abs. 2 Nr. 1–3 bis zu 10.000 Euro und in den übrigen vorsätzlich verwirklichten Fällen bis zu 5.000 Euro. Bei Fahrlässigkeit gilt § 17 Abs. 2 OWiG, dh der Höchstbetrag der Geldbuße beträgt dann 12.500 Euro (Abs. 1), 5.000 Euro (Abs. 2 Nr. 1–3) und 2.500 Euro in den übrigen Fällen. Durch diese Neuerung wird dem Verhältnismäßigkeitsprinzip entsprochen und eine Angleichung an § 20 Abs. 1 Nr. 3a TPG vorgenommen.[7] **5**

Das Paul-Ehrlich-Institut (PEI)[8] ist die gemäß § 36 Abs. 1 Nr. 3a OWiG zuständige sachliche Verwaltungsbehörde (vgl. auch § 32 Abs. 4). **6**

Elfter Abschnitt. Übergangsvorschriften

§ 33

Wer bei Inkrafttreten dieses Gesetzes die Tätigkeit der Anwendung von Blutprodukten ausübt und die Voraussetzungen der in diesem Zeitpunkt geltenden Vorschriften erfüllt, darf diese Tätigkeit weiter ausüben.

Zwölfter Abschnitt. Schlussvorschriften

§ 34 Übergangsregelung aus Anlass des Gesetzes zur Fortschreibung der Vorschriften für Blut- und Gewebezubereitungen und zur Änderung anderer Vorschriften

§ 21 Absatz 1a und § 21a Absatz 1 bis 5 sind ab dem 1. August 2019 anzuwenden.

§§ 35–37 *(weggefallen)*

§ 38 Rückkehr zum einheitlichen Verordnungsrang

Die auf den §§ 35 bis 37 beruhenden Teile der dort geänderten Rechtsverordnungen können aufgrund der jeweils einschlägigen Ermächtigung durch Rechtsverordnung geändert werden.

§ 39 (Inkrafttreten)

---

[7] BT-Drs. 18/11488, 53; vgl. auch → TPG § 20 Rn. 10.
[8] Das PEI ist das Bundesinstitut für Impfstoffe und biomedizinische Arzneimittel.

III. Gesetz zur Regelung der Gentechnik (Gentechnikgesetz – GenTG)

In der Fassung der Bekanntmachung vom 16.12.1993, BGBl. I S. 2066
Zuletzt geändert durch Gesetz vom 17.7.2017, BGBl. I S. 2421

FNA 2121-60-1

Schrifttum: 1. Kommentare: *Eberbach/Lange/Ronellenfitsch,* Recht der Gentechnik und Biomedizin (GenTR/BioMedR), Stand: September 2012; *Hirsch/Schmidt-Didczuhn,* GenTG, 1990; *Ibelgaufts,* Gentechnologie von A–Z, 1993.

2. Monographien: *Brocks/Pohlmann/Senft,* Das neue Gentechnikgesetz, 1991; *Gerlach,* Das Genehmigungsverfahren zum Gentechnikgesetz, 1993; *Ronellenfitsch,* Das atomrechtliche Genehmigungsverfahren, 1983; *Zivier,* Rechtsprobleme des Gentechnikgesetzes im Bereich der Gefahrenabwehr bei legalen Vorhaben, 1995.

3. Aufsätze: *Bohne,* Staat und Konfliktbewältigung bei Zukunftstechnologien, NVwZ 1999, 1; *Breuer,* Ansätze für ein Gentechnikrecht in der Bundesrepublik Deutschland, UTR 14 (1990), 37; *ders.,* Probabilistische Risikoanalysen und Gentechnikrecht, NuR 1994, 157; *Burchardi,* Die Novellierung des Gentechnikrechts, ZUR 2009, 9; *Callies/Korte,* Das neue Recht der grünen Gentechnik im europäischen Verwaltungsverbund, DÖV 2006, 10; *Chotjewitz,* Schwierigkeiten bei der Umsetzung der Richtlinie über die absichtliche Freisetzung genehmigungsbedürftiger Organismen in die Umwelt, ZUR 2003, 270; *Damm* Gentechnikhaftungsrecht, ZRP 1989, 463; *ders.,* Gentechnologie und Haftungsrecht, JZ 1989 561; *Deutsch,* Gentechnikgesetz – Ein Schritt in gesetzgeberisches Neuland, ZRP 1987, 305; *Dolde,* Gesetz zur Neuordnung des Gentechnikrechts, ZRP 2005, 25; *Eckart/Hennig,* Der Artenschutz im Gentechnikrecht, NuR 2013, 176; *Fluck,* Die anlagenbezogenen Vorschriften des Gentechnikgesetzes, BB 1990, 1716; *ders.,* Aufzeichnungs-, Aufbewahrungs- und Vorlagepflichten bei gentechnischen Arbeiten, DÖV 1991, 129; *Fritsch/Haverkamp,* Das neue Gentechnikrecht der Bundesrepublik Deutschland, BB 1990, Beil. 31, S. 4; *Führ,* Das bundesdeutsche Gentechnikgesetz, DVBl. 1991, 559; *Guckelberger,* Die Rechtsfigur der Genehmigungsfiktion, DÖV 2010, 109; *Hager,* Das neue Umwelthaftungsgesetz, NJW 1991, 134; *Helmschrott,* Das neue Gentechnikgesetz vom 1. April 2008 – ein effektiver Beitrag zur Beförderung der Anwendung der Gentechnik in Deutschland?, DVBl. 2009, 348; *Heublein,* Auslegung des Forschungsbegriffs in § 3 Nr. 5 des Gentechnikgesetzes, NuR 1993, 12; *Hirsch/Schmidt-Didczuhn,* Zum Entwurf des Gentechnikgesetzes, ZRP 1989, 458; *dies.,* Herausforderung Gentechnik: Verrechtlichung einer Technologie, NVwZ 1990, 713; *Hobom* Die Verantwortung für die Gentechnik – Chancen und Risiken aus naturwissenschaftlicher Sicht, UTR 14 (1990), 1; *Hüllmann/Zorn,* Probleme der Genehmigungsfiktion im Baugenehmigungsverfahren, NVwZ 2009, 756; *Jarass,* Europäisches Gentechnikrecht, UTR 14 (1990), 91; *Keich,* Das unbewusste Ausbringen gentechnisch verändeten Saatguts in der aktuellen nationalen Rechtsprechung, NuR 2012, 544; *ders.,* Die gentechnisch veränderte Stärkekartoffel Amflora – eine endliche Geschichte, NuR 2013, 183; *Kloepfer/Delbrück,* Zum neuen Gentechnikgesetz (GenTG), DÖV 1990, 897; *Knoche,* Der Begriff der „Forschung" im Gentechnikrecht, NVwZ 1991, 964; *ders.,* Gentechnikrecht: Selbstklonierung an Schulen, NVwZ 1998, 36; *ders.,* Auslegungsprobleme des Gentechnikgesetzes, DVBl. 1992, 1079; *ders.,* Auslegungsprobleme des Gentechnikgesetzes – Lösungen des Länderausschusses Gentechnik –, DVBl. 1993, 879; *Krekeler,* Der Anlagenbegriff des Gentechnikgesetzes, DVBl. 1995, 765; *Kutscheidt,* Die wesentliche Änderung industrieller Anlagen, NVwZ 1997, 111; *Joachim Lang,* Zur Vereinbarkeit des novellierten Gentechnikgesetzes mit Verfassungs- und Europarecht, AgrarR 2006, 301; *Lukes,* Die Gentechnologie aus der Sicht des Rechts der Technik, DVBl. 1986, 1221; *Luttermann,* Gentechnik und zivilrechtliches Haftungssystem, JZ 1998, 174; *Nicklisch,* Rechtsfragen der modernen Bio- und Gentechnologie, BB 1989, 1 (2 f.); *Ott,* Die Konkurrenzklausel in § 2 Nr. 4 des Gentechnikgesetzes, NuR 1992, 459 (462); *Palme,* Das neue Gentechnik-Gesetz, NVwZ 2005, 253; *ders.,* Die Novelle zur Grünen Gentechnik, ZUR 2005, 119; *ders.,* Verfassungsmäßigkeit des Gentechnikgesetzes, UPR 2005, 164; *ders.,* Nationaler Naturschutz und Europäisches Gentechnikrecht, NuR 2006, 78; *ders.,* Das Honigurteil des EuGH, NVwZ 2011, 1434; *Palme/Schumacher,* Die Regelungen zur FFH-Verträglichkeitsprüfung bei Freisetzung oder Inverkehrbringen von gentechnisch veränderten Organismen, NuR 2007, 16; *Pernice,* Gestaltung und Vollzug des Umweltrechts im Europäischen Binnenmarkt – Europäische Impulse und Zwänge für das deutsche Umweltrecht, NVwZ 1990, 414; *Roller,* Die Genehmigung zum Inverkehrbringen gentechnisch veränderter Produkte und ihre Anpassung an die Änderung des Standes der Wissenschaft, ZUR 2005, 113; *Sander,* Gentechnik und Landwirtschaft – Hintergründe, europarechtlicher Rahmen und Novellierung des deutschen

Gentechnikrechts, AgrarR 2008, 162; *Schmieder*, Die Neuregelung der Folgen von Auskreuzungen im Gentechnikrecht, UPR 2005, 49; *Martin Schröder*, Gentechnik im Saatgut – ein wiederkehrendes Problem, NuR 2010, 770; *Simon/Weyer*, Die Novellierung des Gentechnikgesetzes, NJW 1994, 759; *Stökl*, Die Gentechnik und die Koexistenzfrage: Zivilrechtliche Haftungsfragen, ZUR 2003, 274; *Turck*, Der Anlagenbegriff des Gentechnikgesetzes, NVwZ 1992, 650; *Uerechtritz*, Die allgemeine verwaltungsverfahrensrechtliche Genehmigungsfiktion des § 42a VwVfG, DVBl. 2010, 684; *Wahl/Melchinger*, Das Gentechnikrecht nach der Novellierung, JZ 1994, 973; *Winter*, Naturschutz bei der Ausbringung von gentechnisch veränderten Organismen, NuR 2007, 571; *Wurzel/Merz*, Gentechnologie – Gentechnikgesetz und Dritter Bericht der Bio-Ethik-Kommission Rheinland-Pfalz, BayVBl. 1991, 1.

Vorbemerkung zu § 1

I. Normzweck

1   Die **Gentechnik** bezeichnet die Gesamtheit der Methoden zur Charakterisierung und Isolierung genetischen Materials, zu dessen gezielter Neukombination sowie zur Vermehrung und Wiedereinführung des neukombinierten Erbmaterials in eine andere biologische Umgebung. Gentechnische Arbeitsmethoden finden auf vielen Arbeitsgebieten Anwendung, so bei der Erforschung der Ursachen von Krankheiten, in der Arzneimittelforschung, bei der Herstellung von Pflanzen mit erhöhter Widerstandskraft gegen Krankheitserreger, Schädlinge, Licht oder Hitze sowie zur Nutzung als „nachwachsende Rohstoffe", ferner bei der Schaffung schadstoffvertilgender Bakterien zur Bekämpfung von Boden- und Gewässerverunreinigungen.[1] Der Anbau gentechnisch veränderter landwirtschaftlicher Nutzpflanzen nimmt außerhalb Europas kontinuierlich zu; im Jahr 2009 waren weltweit auf 26 % der Maisanbaufläche „Genmaispflanzen" angebaut; bei Raps waren es 21 %. In der EU hingegen sind nur eine Mais- und eine Kartoffelsorte zugelassen.[2] Die **Gefahren der Gentechnik** liegen in der Entstehung pathogener Organismen, der unkontrollierten Verbreitung von Erregern und resistenten Bakterien, und in der Bedrohung der Artenvielfalt durch die Produktion genmanipulierter „neuer" Tiere und Pflanzen, die andere Lebewesen verdrängen. Die Risiken entstehen durch unbeabsichtigtes Entweichen gentechnisch veränderter Organismen in die Umwelt, bei beabsichtigtem Freisetzen oder beim Inverkehrbringen von Produkten, die gentechnisch veränderte Organismen enthalten.[3]

2   Um den **Schutz von Mensch und Umwelt** sicherzustellen, unterwirft das GenTG die Behandlung und den Umgang mit gentechnisch veränderten Organismen, auch unter Einschränkung der Forschungsfreiheit, lückenlos einem **eigenständigen Rechtsregime.** Im Vordergrund der Sicherheitskonzeption steht der Grundsatz, dass gentechnische Arbeiten grds. nur in gentechnischen Anlagen durchgeführt werden dürfen (§ 8 Abs. 1 Sätze 1 und 2). Je nach Art des Vorhabens und seiner potenziellen Gefährlichkeit kennt das Gesetz drei Typen der „Eröffnungskontrolle": Anzeige, Anmeldung und Genehmigung. Freisetzungen und Inverkehrbringen von gentechnischen Produkten bedürfen wegen des höheren Gefährdungspotenzials immer der Genehmigung (§§ 14 ff.). Der Betreiber (§ 3 Nr. 7) ist verpflichtet, die mit gentechnischen Vorhaben verbundenen Risiken vorher umfassend zu bewerten (**Risikoabschätzung,** § 6 Abs. 1) und die nach dem Stand von Wissenschaft und Technik notwendigen Vorkehrungen zu treffen, um Mensch und Umwelt vor möglichen Gefahren zu schützen (**Gefahrenabwehr)** und dem Entstehen solcher Gefahren vorzubeugen (**Risikovorsorge,** § 6 Abs. 2).

3   Zur Durchsetzung der vielfältigen Pflichten, welche das GenTG den Betreibern gentechnischer Vorhaben (§ 3 Nr. 7), aber auch anderen verantwortlichen Personen auferlegt, ent-

---

[1] *Bohne* NVwZ 1999, 1 (3); *Breuer* UTR (1990), 37 (39 f., 49); *Damm* JZ 1989, 561 (562); *Hobom* UTR 14 (1990), 1; *Simon/Weyer* NJW 1994, 759 (760); *Gerlach* S. 12 ff.; *Brocks/Pohlmann/Senft* S. 1, 10 f.; *Ibelgaufts* S. 246; *Kloepfer* § 16 Rn. 1, *Hirsch/Schmidt-Didczuhn* Einl. Rn. 1, 4; Landmann/Rohmer/*Wahl* Vorb. z. GenTG Rn. 2, 4.

[2] *M. Schröder* NuR 2010, 770.

[3] *Hirsch/Schmidt-Didczuhn* NVwZ 1990, 713 (714); *Lukes* DVBl 1986, 1221; *Nicklisch* BB 1989, 1 (2 f.); *Brocks/Pohlmann/Senft* S. 11; Eberbach/Lange/Ronellenfitsch/*Eberbach* Einführung zum GenTG Rn. 48; *Gerlach* S. 19, 21; *Kloepfer* § 16 Rn. 2; Landmann/Rohmer/*Wahl* Vorb. z. GenTG Rn. 9 ff.

hält das GenTG zum einen in den §§ 25, 26 Regelungen über die Überwachung und über behördliche Anordnungen, andererseits in seinem § 38 eine Fülle von **Bußgeldtatbeständen** und für einige gravierende Verstöße in § 39 auch **Strafvorschriften.** Die Bußgeldvorschriften des § 38 werden ergänzt durch Ordnungswidrigkeiten in § 20 GenTSV (→ Rn. 5 Fn. 18) und in § 5 GenTAufzV (→ Rn. 5 Fn. 20).

II. Historie

Nach einigen Turbulenzen hat der Bundestag auf Grund der ihm durch Art. 74 Abs. 1   **4** Nr. 26 GG zugewiesenen Gesetzgebungskompetenz[4] am 20.6.1990 das am 1.7.1990 in Kraft getretene Gentechnikgesetz verabschiedet.[5] Neben einigen Anpassungen an andere Rechtsvorschriften[6] brachten zunächst das 1. GenTG-ÄndG vom 16.12.1993[7] und das 2. GenTG-ÄndG[8] vom 16.8.2002 wichtige Änderungen. Zur Umsetzung der EG-Richtlinie 2001/18/EG vom 12.3.2001 über die absichtliche Freisetzung genetisch veränderter Organismen in die Umwelt[9] wurde zunächst am 21.12.2004 das Gesetz zur Neuordnung des Gentechnikrechts erlassen, das am 4.2.2005 in Kraft getreten ist,[10] und sodann am 17.3.2006 das 3. GenTG-ÄndG,[11] in Kraft seit 18.3.2006. Sie führten zur Änderung der Vorschriften des Dritten Teils (Freisetzung und Inverkehrbringen) und zur Anpassung zahlreicher weiterer Vorschriften, die zu einer Deregulierung und Vereinfachung des Genehmigungsverfahrens im Bereich der Freisetzung gentechnisch veränderter Organismen führen sollten. Weitere Änderungen erfolgten am 13.12.2007[12] und am 1.4.2008[13] zur Umsetzung der noch offenen Punkte der Freisetzungsrichtlinie 2001/18/EG. Anpassungen an geänderte Bezeichnungen im Vertrag von Lissabon, an das geänderte Gebührenrecht des Bundes und geänderte Behördenbezeichnungen erfolgten am 9.12.2010, am 7.8.2013, am 31.8.2015 und am 8.7.2016 sowie durch Einführung des Anspruchs auf Hinterbliebenengeld vom 17.7.2017.[14]

Neben das GenTG selbst treten das EG-Gentechnik-Durchführungsgesetz[15] und eine   **5** Reihe untergesetzlicher Rechtsvorschriften, für deren Erlass Ermächtigungen teils in § 30, teils im Gesetz verstreut zu finden sind:
– Gentechnik-Sicherheitsverordnung,[16]
– Gentechnik-Verfahrensverordnung,[17]

---

[4] Hierzu BVerfG 24.11.2010 – 1 BvF 2/05, BGBl. I S. 1862 = NJW 2011, 441.

[5] Als Art. 1 Gesetz zur Regelung von Fragen der Gentechnik, BGBl. I S. 1080; zur Gesetzgebungsgeschichte: *Deutsch* ZRP 1987, 305; *Breuer* UTR (1990), 37 (44 ff.); *ders.* NuR 1994, 157; *Damm* ZRP 1989, 463; *Hirsch/Schmidt-Didczuhn* ZRP 1989, 458; *dies.* NVwZ 1990, 713; *Wahl/Melchinger* JZ 1994, 973; *Wurzel/Merz* BayVBl. 1991, 1; *Gerlach* S. 60 ff.; *Zivier* S. 18 ff.; *Brocks/Pohlmann/Senft* S. 48 ff.; *Hirsch/Schmidt-Didczuhn* Einl. Rn. 6 ff.; Landmann/Rohmer/*Wahl* Vorb. z. GenTG Rn. 34; *Koch/Ibelgaufts* Einl. Rn. 2, 4.

[6] § 5 Gesetz vom 24.6.1994, BGBl. I S. 1416; Art. 4 Gesetz vom 21.9.1997, BGBl. I S. 2390; Art. 2 Gesetz vom 2.11.2000, BGBl. I S. 1477; Art. 31 Gesetz vom 29.10.2001, BGBl. I S. 2785, 2791; Art. 24 Gesetz vom 23.10.2001, BGBl. I S. 2702; Art. 9 Abs. 2 Gesetz vom 19.7.2002, BGBl. I S. 2674, 2679; Art. 1 Gesetz vom 22.3.2004, BGBl. I S. 454.

[7] BGBl. 2009 I S. 2059, mit der Bek. der Neufassung des GenTG vom 16.12.1993, BGBl. I S. 2066.

[8] BGBl. 2002 I S. 3220, in Kraft seit 24.8.2002.

[9] ABl. L 106, 1, geändert durch die VO(EG) Nr. 1830/2003, ABl. L 268, 24.

[10] BGBl. 2005 I S. 186; hierzu *Callies/Korte* DÖV 2006, 10; *Dolde* ZRP 2005, 25; *J. Lang* AgrarR 2006, 301 zur Vereinbarkeit mit Verfassungs- und Europarecht; *Palme* NVwZ 2005, 253; *ders.* ZUR 2005, 119; *ders.* UPR 2005, 164 zur Verfassungsmäßigkeit; *Roller* ZUR 2005, 113; *Schmieder* UPR 2005, 49; *Stökl* ZUR 2003, 274.

[11] BGBl. 2006 I S. 534.

[12] BGBl. 2008 I S. 2933.

[13] BGBl. 2008 I S. 497; zur Gesetzgebungsgeschichte und zu den wesentlichen Änderungen: *Burchardi* DÖV 2006, 10; *Helmschrott* DVBl 2009, 348; *Sander* AgrarR 2008, 162.

[14] BGBl. 2010 I S. 1934, 2013 I S. 3154 (3165), 2015 I S. 1474 (1483), 2016 I S. 1666 (1668), 2017 I S. 2421.

[15] EG-GenT-DVG, BGBl. I S. 1244, FNA 2121-62.

[16] GenTSV, BGBl. 1990 I S. 2340 (FNA 2121-60-1-4).

[17] GenTVfV, BGBl. 1994 I S. 2378 (FNA 2121-60-1-6).

- Gentechnik-Aufzeichnungsverordnung,[18]
- Gentechnik-Anhörungsverordnung,[19]
- VO über die Zentrale Kommission für Biologische Sicherheit,[20]
- Bundeskostenverordnung zum Gentechnikgesetz,[21]
- Gentechnik-Beteiligungsverordnung,[22]
- Gentechnik-Notfallverordnung.[23]
- Gentechnik-Pflanzenerzeugungsverordnung.[24]

III. Einfluss von EG-Recht

6   Der Rat der EG hat am 23.4.1990 mit zwei Richtlinien die Rahmenbedingungen für gesetzliche Regelungen der Gentechnik durch die Mitgliedstaaten festgelegt.
- Richtlinie über die Anwendung genetisch veränderter Mikroorganismen in geschlossenen Systemen – **System-RL** oder Containment-RL,[25]
- Richtlinie über die absichtliche Freisetzung genetisch veränderter Organismen in die Umwelt – **Freisetzungs-RL**,[26] ergänzt durch Entscheidung 94/730/EG der Kommission vom 4.11.1994 zur Festlegung von vereinfachten Verfahren für die absichtliche Freisetzung gentechnisch veränderter Pflanzen nach Artikel 6 Abs. 5 der Richtlinie 90/220 EWG des Rates.[27] Sie wurde durch die Richtlinie 2001/18/EG v. 12.3.2001 über die absichtliche Freisetzung genetisch veränderter Organismen in die Umwelt (→ Rn. 4 mit Fn. 11) aufgehoben.[28]

7   Weiter sind einschlägig:
- Richtlinie vom 26.11.1990 über den Schutz der Arbeitnehmer gegen Gefährdung durch biologische Arbeitsstoffe bei der Arbeit.[29]
- Verordnung (EG) Nr. 258/97 vom 27.1.1997 über neuartige Lebensmittel und neuartige Lebensmittelzutaten – Novel Food-Verordnung, die auch Lebensmittel erfasst, die gentechnisch veränderte Organismen iS der Freisetzungs-RL, enthalten, aus solchen bestehen oder aus gentechnisch veränderten Organismen hergestellt wurden.[30]

Erster Teil. Allgemeine Vorschriften

§ 1 Zweck des Gesetzes

Zweck dieses Gesetzes ist,
1. **unter Berücksichtigung ethischer Werte, Leben und Gesundheit von Menschen, die Umwelt in ihrem Wirkungsgefüge, Tiere, Pflanzen und Sachgüter vor**

---

[18] GenTAufzV, BGBl. 1990 I S. 2338 (FNA 2121-60-1-3).
[19] GenTAnhV, BGBl. 1996 I S. 1649 (FNA 2121-60-1-5).
[20] ZKBSV, BGBl. 1996 I S. 1230 (FNA 2121-60-1-2).
[21] BGenTGKostV, BGBl. 1991 I S. 1972 (FNA 2121-60-1-7).
[22] GenTBetV, BGBl. 1995 I S. 734 (FNA 2121-60-1-8).
[23] GenTNotfV, BGBl. 1997 I S. 2882 (FNA 2121-60-1-9).
[24] GenTPflEV, BGBl. 2008 I S. 655 (FNA 2121-60-1-10).
[25] Nr. 90/219/EWG, ABl. L 117, 1, zuletzt geändert durch Entscheidung des Rates 2001/204/EG vom 8.3.2001, ABl. L 73, 32; hierzu: *Führ* DVBl 1991, 559 (560); *Jarass* UTR 14 (1990), 91 (100 ff.); *ders.* NuR 1991, 49, 51; *Pernice* NVwZ 1990, 414 (420 f.); *Gerlach* S. 51 ff.; *Brocks/Pohlmann/Senft* S. 41 ff.; *Koch/Ibelgaufts* Einl. Rn. 17.
[26] Nr. 90/220/EWG, ABl. L 117, 15, geändert durch Richtlinie 94/15/EG vom 15.4.1994, ABl. L 103, 20; nunmehr idF der Richtlinie 97/35/EG vom 18.6.1997; hierzu: *Führ* DVBl 1991, 559 (561); *Jarass* UTR 14 (1990), 91 (107 ff.); *ders.* NuR 1991, 49 (54 ff.); *Gerlach* S. 53; *Brocks/Pohlmann/Senft* S. 41 ff.; *Koch/Ibelgaufts* Einl. Rn. 18.
[27] Hierzu OVG Berlin 9.7.1998 – 2 S 9.97, NuR 1999, 283 (284) mAnm *Voß* NuR 2001, 70.
[28] *Chotjewitz* ZUR 2003, 270; *Palme* NuR 2006, 78.
[29] Nr. 90/679/EWG, ABl. L 374, 1, geändert durch Richtlinie 93/88/EWG vom 12.10.1993, ABl. L 268, 71, ber. ABl. L 217, 18, durch Richtlinie 95/30/EG vom 30.6.1995, ABl. L 155, 41, durch Richtlinie 97/59/EG vom 7.10.1997, ABl. L 282 und durch Richtlinie 97/65/EG vom 26.11.1997, ABl. L 335.
[30] ABl. L 81, 75 ff.

schädlichen Auswirkungen gentechnischer Verfahren und Produkte zu schützen und Vorsorge gegen das Entstehen solcher Gefahren zu treffen,
2. die Möglichkeit zu gewährleisten, dass Produkte, insbesondere Lebens- und Futtermittel, konventionell, ökologisch oder unter Einsatz gentechnisch veränderter Organismen erzeugt und in den Verkehr gebracht werden können,
3. den rechtlichen Rahmen für die Erforschung, Entwicklung, Nutzung und Förderung der wissenschaftlichen, technischen und wirtschaftlichen Möglichkeiten der Gentechnik zu schaffen.

§ 2 Anwendungsbereich

(1) Dieses Gesetz gilt für
1. gentechnische Anlagen,
2. gentechnische Arbeiten,
3. Freisetzungen von gentechnisch veränderten Organismen und
4. das Inverkehrbringen von Produkten, die gentechnisch veränderte Organismen enthalten oder aus solchen bestehen; Tiere gelten als Produkte im Sinne dieses Gesetzes.

(2) [1]Die Bundesregierung wird ermächtigt, zur Umsetzung der Entscheidungen oder der Beschlüsse der Europäischen Gemeinschaften oder der Europäischen Union nach Artikel 21 der Richtlinie 90/219/EWG des Rates vom 23. April 1990 über die Anwendung genetisch veränderter Mikroorganismen in geschlossenen Systemen (ABl. EG Nr. L 117 S. 1), zuletzt geändert durch die Entscheidung 2005/174/EG der Kommission vom 28. Februar 2005 (ABl. EU Nr. L 59 S. 20), zu Anhang II Teil C, nach Anhörung der Kommission durch Rechtsverordnung mit Zustimmung des Bundesrates gentechnische Arbeiten mit Typen von gentechnisch veränderten Mikroorganismen ganz oder teilweise von den Regelungen dieses Gesetzes auszunehmen. [2]Die §§ 32 bis 37 bleiben unberührt. [3]Die Rechtsverordnung soll eine Meldepflicht an die zuständige Behörde beinhalten, die darauf beschränkt ist, den verwendeten Typ des gentechnisch veränderten Mikroorganismus, den Ort, an dem mit ihm gearbeitet wird, und die verantwortliche Person zu bezeichnen. [4]Über diese Meldungen soll die zuständige Behörde ein Register führen und es in regelmäßigen Abständen auswerten.

(2a) [1]Die Bundesregierung wird ermächtigt, nach Anhörung der Kommission durch Rechtsverordnung mit Zustimmung des Bundesrates gentechnische Arbeiten mit Typen von gentechnisch veränderten Organismen, die keine Mikroorganismen sind und in entsprechender Anwendung der in Anhang II Teil B der Richtlinie 90/219/EWG genannten Kriterien für die menschliche Gesundheit und die Umwelt sicher sind, in Anlagen, in denen Einschließungsmaßnahmen angewandt werden, die geeignet sind, den Kontakt der verwendeten Organismen mit Menschen und der Umwelt zu begrenzen, ganz oder teilweise von den Regelungen des Zweiten und Vierten Teils dieses Gesetzes auszunehmen. [2]Absatz 2 Satz 3 und 4 gilt entsprechend.

(3) Dieses Gesetz gilt nicht für die Anwendung von gentechnisch veränderten Organismen am Menschen.

(4) Dieses Gesetz lässt weitergehende Anforderungen an das Inverkehrbringen von Produkten nach anderen Rechtsvorschriften unberührt.

§ 2 definiert **die vom GenTG erfassten Bereiche.** Die genaueren Festlegungen der 1 Grenzen werden in den Begriffsbestimmungen des § 3 vorgenommen. Generell wird in Abs. 3 die Anwendung von gentechnisch veränderten Organismen am Menschen vom Anwendungsbereich des GenTG ausgenommen. Darunter fallen vor allem die Bereiche

Prävention, Diagnostik, Therapie und solche gentechnischen Arbeiten mit menschlichen Körperzellen im Bereich der zellbiologischen Grundlagenforschung, die nicht mit gentherapeutischen Maßnahmen am Menschen verbunden sind. Dagegen fallen In-vitro-Teilschritte bei Verfahren, die der unmittelbaren Anwendung am Menschen vorausgehen oder folgen, noch unter den Anwendungsbereich des GenTG.[1]

2 Das **Verbot gentechnischer Verfahren** und generell gentechnologischer Verfahren am Menschen ergibt sich aus § 5 ESchG (Verbot künstlicher Veränderungen menschlicher Keimbahnzellen), § 6 ESchG (Verbot des Klonens) und § 7 ESchG (Verbot der Chimären- und Hybridbildungen). Ist das Embryonenschutzgesetz hingegen nicht einschlägig, dann handelt es sich um eine „Anwendung am Menschen" im Sinne des § 2 Abs. 3, so dass die Anwendung des GenTG ausgeschlossen ist.[2]

3 Zu anderen Vorschriften über das Inverkehrbringen siehe die Konkurrenzregelungen in § 14 Abs. 2 und → § 14 Rn. 8.

§ 3 Begriffsbestimmungen

Im Sinne dieses Gesetzes sind
1. **Organismus**
   jede biologische Einheit, die fähig ist, sich zu vermehren oder genetisches Material zu übertragen, einschließlich Mikroorganismen,
1a. **Mikroorganismen**
   Viren, Viroide, Bakterien, Pilze, mikroskopisch-kleine ein- oder mehrzellige Algen, Flechten, andere eukaryotische Einzeller oder mikroskopisch-kleine tierische Mehrzeller sowie tierische und pflanzliche Zellkulturen,
2. **gentechnische Arbeiten**
   a) die Erzeugung gentechnisch veränderter Organismen,
   b) die Vermehrung, Lagerung, Zerstörung oder Entsorgung sowie der innerbetriebliche Transport gentechnisch veränderter Organismen sowie deren Verwendung in anderer Weise, soweit noch keine Genehmigung für die Freisetzung oder das Inverkehrbringen zum Zweck des späteren Ausbringens in die Umwelt erteilt wurde,
3. **gentechnisch veränderter Organismus**
   ein Organismus, mit Ausnahme des Menschen, dessen genetisches Material in einer Weise verändert worden ist, wie sie unter natürlichen Bedingungen durch Kreuzen oder natürliche Rekombination nicht vorkommt; ein gentechnisch veränderter Organismus ist auch ein Organismus, der durch Kreuzung oder natürliche Rekombination zwischen gentechnisch veränderten Organismen oder mit einem oder mehreren gentechnisch veränderten Organismen oder durch andere Arten der Vermehrung eines gentechnisch veränderten Organismus entstanden ist, sofern das genetische Material des Organismus Eigenschaften aufweist, die auf gentechnische Arbeiten zurückzuführen sind,
3a. **Verfahren der Veränderung genetischen Materials in diesem Sinne sind insbesondere**
   a) Nukleinsäure-Rekombinationstechniken, bei denen durch die Einbringung von Nukleinsäuremolekülen, die außerhalb eines Organismus erzeugt wurden, in Viren, Viroide, bakterielle Plasmide oder andere Vektorsysteme neue Kombinationen von genetischem Material gebildet wer-

[1] *Simon/Weyer* NJW 1994, 759 (765); Landmann/Rohmer/*Wahl* Rn. 26 f.; Eberbach/Lange/Ronellenfitsch/*Herdegen* Rn. 34; *Ibelgaufts* S. 229 ff., 246 f.; *Kloepfer* § 16 Rn. 18.
[2] *Hirsch/Schmidt-Didczuhn* Rn. 4; Landmann/Rohmer/*Wahl* Rn. 28; Eberbach/Lange/Ronellenfitsch/*Herdegen* Rn. 35.

den und diese in einen Wirtsorganismus eingebracht werden, in dem sie unter natürlichen Bedingungen nicht vorkommen,

b) Verfahren, bei denen in einen Organismus direkt Erbgut eingebracht wird, welches außerhalb des Organismus hergestellt wurde und natürlicherweise nicht darin vorkommt, einschließlich Mikroinjektion, Makroinjektion und Mikroverkapselung,

c) Zellfusionen oder Hybridisierungsverfahren, bei denen lebende Zellen mit neuen Kombinationen von genetischem Material, das unter natürlichen Bedingungen nicht darin vorkommt, durch die Verschmelzung zweier oder mehrerer Zellen mit Hilfe von Methoden gebildet werden, die unter natürlichen Bedingungen nicht vorkommen,

3b. nicht als Verfahren der Veränderung genetischen Materials gelten

a) In-vitro-Befruchtung,

b) natürliche Prozesse wie Konjugation, Transduktion, Transformation,

c) Polyploidie-Induktion,

es sei denn, es werden gentechnisch veränderte Organismen verwendet oder rekombinante Nukleinsäuremoleküle, die im Sinne von den Nummern 3 und 3a hergestellt wurden, eingesetzt.

Weiterhin gelten nicht als Verfahren der Veränderung genetischen Materials

a) Mutagenese und

b) Zellfusion (einschließlich Protoplastenfusion) von Pflanzenzellen von Organismen, die mittels herkömmlicher Züchtungstechniken genetisches Material austauschen können,

es sei denn, es werden gentechnisch veränderte Organismen als Spender oder Empfänger verwendet,

3c. sofern es sich nicht um ein Vorhaben der Freisetzung oder des Inverkehrbringens handelt und sofern keine gentechnisch veränderten Organismen als Spender oder Empfänger verwendet werden, gelten darüber hinaus nicht als Verfahren der Veränderung genetischen Materials

a) Zellfusion (einschließlich Protoplastenfusion) prokaryotischer Arten, die genetisches Material über bekannte physiologische Prozesse austauschen,

b) Zellfusion (einschließlich Protoplastenfusion) von Zellen eukaryotischer Arten, einschließlich der Erzeugung von Hybridomen und der Fusion von Pflanzenzellen,

c) Selbstklonierung nicht pathogener, natürlich vorkommender Organismen, bestehend aus

aa) der Entnahme von Nukleinsäuresequenzen aus Zellen eines Organismus,

bb) der Wiedereinführung der gesamten oder eines Teils der Nukleinsäuresequenz (oder eines synthetischen Äquivalents) in Zellen derselben Art oder in Zellen phylogenetisch eng verwandter Arten, die genetisches Material durch natürliche physiologische Prozesse austauschen können, und

cc) einer eventuell vorausgehenden enzymatischen oder mechanischen Behandlung.

Zur Selbstklonierung kann auch die Anwendung von rekombinanten Vektoren zählen, wenn sie über lange Zeit sicher in diesem Organismus angewandt wurden,

4. gentechnische Anlage

Einrichtung, in der gentechnische Arbeiten im Sinne der Nummer 2 im geschlossenen System durchgeführt werden und bei der spezifische Einschließungsmaßnahmen angewendet werden, um den Kontakt der verwende-

ten Organismen mit Menschen und der Umwelt zu begrenzen und ein dem
Gefährdungspotenzial angemessenes Sicherheitsniveau zu gewährleisten,

5. Freisetzung
das gezielte Ausbringen von gentechnisch veränderten Organismen in die
Umwelt, soweit noch keine Genehmigung für das Inverkehrbringen zum
Zweck des späteren Ausbringens in die Umwelt erteilt wurde,

6. Inverkehrbringen
die Abgabe von Produkten an Dritte, einschließlich der Bereitstellung für
Dritte, und das Verbringen in den Geltungsbereich des Gesetzes, soweit die
Produkte nicht zu gentechnischen Arbeiten in gentechnischen Anlagen oder
für genehmigte Freisetzungen bestimmt sind; jedoch gelten
   a) unter zollamtlicher Überwachung durchgeführter Transitverkehr,
   b) die Bereitstellung für Dritte, die Abgabe sowie das Verbringen in den
      Geltungsbereich des Gesetzes zum Zweck einer genehmigten klinischen
      Prüfung
nicht als Inverkehrbringen,

6a. Umgang mit gentechnisch veränderten Organismen
Anwendung, Vermehrung, Anbau, Lagerung, Beförderung und Beseitigung
sowie Verbrauch und sonstige Verwendung und Handhabung von zum Inverkehrbringen zugelassenen Produkten, die gentechnisch veränderte Organismen enthalten oder daraus bestehen,

6b. Risikomanagement
der von der Risikobewertung unterschiedene Prozess der Abwägung von
Alternativen bei der Vermeidung oder Beherrschung von Risiken,

7. Betreiber
eine juristische oder natürliche Person oder eine nichtrechtsfähige Personenvereinigung, die unter ihrem Namen eine gentechnische Anlage errichtet
oder betreibt, gentechnische Arbeiten oder Freisetzungen durchführt oder
Produkte, die gentechnisch veränderte Organismen enthalten oder aus solchen bestehen, erstmalig in Verkehr bringt; wenn eine Genehmigung nach
§ 16 Abs. 2 erteilt worden ist, die nach § 14 Abs. 1 Satz 2 das Inverkehrbringen
auch der Nachkommen oder des Vermehrungsmaterials gestattet, ist insoweit
nur der Genehmigungsinhaber Betreiber,

8. Projektleiter
eine Person, die im Rahmen ihrer beruflichen Obliegenheiten die unmittelbare Planung, Leitung oder Beaufsichtigung einer gentechnischen Arbeit
oder einer Freisetzung durchführt,

9. Beauftragter für die Biologische Sicherheit
eine Person oder eine Mehrheit von Personen (Ausschuß für Biologische
Sicherheit), die die Erfüllung der Aufgaben des Projektleiters überprüft und
den Betreiber berät,

10. Sicherheitsstufen
Gruppen gentechnischer Arbeiten nach ihrem Gefährdungspotential,

11. Laborsicherheitsmaßnahmen oder Produktionssicherheitsmaßnahmen
festgelegte Arbeitstechniken und eine festgelegte Ausstattung von gentechnischen Anlagen,

12. biologische Sicherheitsmaßnahme
die Verwendung von Empfängerorganismen und Vektoren mit bestimmten
gefahrenmindernden Eigenschaften,

13. Vektor
ein biologischer Träger, der Nukleinsäure-Segmente in eine neue Zelle einführt,

13a. Bewirtschafter

eine juristische oder natürliche Person oder eine nichtrechtsfähige Personenvereinigung, die die Verfügungsgewalt und tatsächliche Sachherrschaft über eine Fläche zum Anbau von gentechnisch veränderten Organismen besitzt.

14. **Den Beschäftigten gemäß § 2 Abs. 2 des Arbeitsschutzgesetzes stehen Schüler, Studenten und sonstige Personen, die gentechnische Arbeiten durchführen, gleich.**

I. Organismus, Mikroorganismus (Nr. 1, 1a)

Unter den Begriff des Organismus iS der Nr. 1 fallen alle pflanzlichen, tierischen und **1** menschlichen Lebewesen einschließlich der Mikroorganismen, lebende Teile dieser Lebewesen (zB Einzelzellen in einem Kulturmedium) sowie die jeweiligen Überlebens- und Fortpflanzungsformen (zB Samen, Pollen, Sporen). Nicht unter den Begriff des Organismus im Sinne des Gesetzes fallen solche biologischen Materialien, die zwar genetisches Material sind, solches aber nicht übertragen. Das betrifft rekombinante oder natürliche DNA,[1] die nicht von einer Membran oder Proteinhülle umgeben ist, sowie Plasmide,[2] Zellkerne, Chromosomen, Transponsons, Episomen, Mitochondrien, oder intracistemale A-Typ-Partikel.[3]

II. Gentechnische Arbeiten (Nr. 2)

Die **Erzeugung gentechnisch veränderter Organismen** (Nr. 2 lit. a) ist der auf eine **2** gezielte Veränderung der genetischen Eigenschaften bzw. Merkmale eines Organismus iS der Nr. 3 gerichtete Vorgang.[4] **Nr. 2 lit. b** erfasst alle möglichen Tätigkeitsvarianten mit gentechnisch veränderten Organismen. Die **Entsorgung** (vgl. § 13 GenTSV) stellt eine eigenständige gentechnische Arbeit dar, wenn Reststoffe von gentechnisch veränderten Organismen verwertet oder beseitigt werden, die ihre Eigenschaft als Organismus noch nicht durch Inaktivierung verloren haben. Wurde eine Freisetzungsgenehmigung erteilt, ist die Entsorgung keine eigenständige gentechnische Arbeit, sondern Bestandteil der Freisetzung im Sinne des Gesetzes.[5] Auch anlässlich einer Freisetzung notwendig anfallende Verwendungen wie Lagerung und Zerstörung stellen keine eigenständigen gentechnischen Arbeiten dar.[6]

Unter den **innerbetrieblichen Transport** fällt nach hM nur ein Transport innerhalb **3** der gentechnischen Anlage, nicht jedoch ein Transport von Anlage zu Anlage innerhalb desselben Betriebsgeländes, es sei denn der Transport würde in einer transportablen gentech-

---

[1] *Ibelgaufts* S. 137 ff., 398.

[2] *Ibelgaufts* S. 373 ff.

[3] *Knoche* DVBl 1993, 879; *ders.* NVwZ 1998, 36; *Brocks/Pohlmann/Senft* S. 54; *Hirsch/Schmidt-Didczuhn* Rn. 4, 5; *Landmann/Rohmer/Wahl* Rn. 14; differenzierend bzgl. Plasmiden: *Luttermann* JZ 1998, 174 (176), *Koch/Ibelgaufts* Rn. 45.

[4] *Gerlach* S. 17; *Hirsch/Schmidt-Didczuhn* Rn. 7 f.; *Landmann/Rohmer/Wahl* Rn. 18; *Koch/Ibelgaufts* Rn. 59.

[5] *Brocks/Pohlmann/Senft* S. 81; *Hirsch/Schmidt-Didczuhn* Rn. 10; *Landmann/Rohmer/Wahl* Rn. 54; *Eberbach/Lange/Ronellenfitsch* Rn. 94; *Koch/Ibelgaufts* Rn. 92 ff.

[6] *Eberbach/Lange/Ronellenfitsch/Herdegen/Dederer* § 14 Rn. 40.

nischen Anlage durchgeführt.[7] Der **außerbetriebliche Transport** ist in Nr. 6 vom Begriff des Inverkehrbringens ausgenommen und fällt auch nicht unter Freisetzung. Hier sind die Vorschriften des GGBefG[8] und die dazugehörigen Rechtsverordnungen anzuwenden.[9]

III. Gentechnisch veränderter Organismus (Nr. 3–3c)

4   Nr. 3 enthält eine allgemeine Bestimmung dieses für die Gesetzesanwendung zentralen Begriffs. Die Regelung ist mit dem GG vereinbar.[10] In **Nr. 3a** sind bereits bekannte und praktizierte Verfahren konkretisiert, die zwingend als Verfahren der Veränderung genetischen Materials anzusehen sind; sie stellen aber keine abschließende Aufzählung dar („insbesondere").[11] Die **in Nr. 3b und 3c aufgeführten Verfahren** sind als traditionelle Verfahren in der praktischen Anwendung bereits seit geraumer Zeit erprobt. Mit ihnen ist kein unbekanntes Risikopotenzial verbunden, es sei denn als Spender- oder Empfängerorganismus wird ein gentechnisch veränderter Organismus verwendet oder es werden rekombinante Nukleinsäuremoleküle eingesetzt.[12] Wenn zweifelhaft ist, ob eine Methode unter Nr. 3a fällt, so ist die Einordnung danach vorzunehmen, ob sie eine größere Nähe zu den als natürlich geltenden Methoden des Kreuzens und der natürlichen Rekombination oder einer der Ausnahmen der Nr. 3b, 3c oder zu den in Nr. 3a aufgeführten Verfahren aufweist.[13] Unter gentechnisch veränderte Organismen fallen auch die **Nachkommen** und das **Vermehrungsmaterial** solcher Organismen, soweit sie Träger der gentechnisch veränderten Erbinformation sind.[14] Pollen einer gentechnisch veränderten Maissorte, die ihre Fortpflanzungsfähigkeit verloren hat und in keiner Weise mehr fähig ist, in ihr enthaltenes genetisches Material zu übertragen, wird nicht mehr von diesem Begriff erfasst.[15]

IV. Gentechnische Anlage (Nr. 4)

5   Der Begriff der gentechnischen Anlage ist gleichbedeutend mit dem „geschlossenen System" der System-RL (→ Vor § 1 Rn. 6 mit Fn. 27).[16] Zur Anlage zählen alle Räume, Raumteile und Gegenstände, in oder mit denen gentechnische Arbeiten iS der Nr. 2 durchgeführt werden, und bei denen physikalische Schranken, ggf. in Kombination mit chemischen und/oder biologischen Schranken („Einschließungsmaßnahmen") verwendet werden, um ihren Kontakt mit der Umwelt zu begrenzen. Dazu gehören die Haupteinrichtungen wie Labor, Arbeitstisch oder Produktionsanlage, und alle Teile, die deren sicherer Einschließung dienen, ferner alle ortsfesten oder ortsbeweglichen Einrichtungen, die in einem betrieblichen und räumlichen Zusammenhang das gentechnische Arbeiten ermöglichen sollen: Materiallager, Transportbehälter, Abfülleinrichtungen, Abwasser- und Abluftsysteme, Abfallentsorgungsanlagen (soweit in ihnen gentechnisch veränderte Organismen entsorgt werden sollen), Gewächshäuser, Tierställe, Teiche, Aquarien uä. Reine Verwaltungs- oder Wohngebäude auf dem Werksgelände, die von der eigentlichen gentechnischen Anlage baulich getrennt sind und auch sonst keinen Bezug zu gentechnischen Gefahren aufwiesen,

---

[7] *Fluck* BB 1990, 1716 (1717); *Brocks/Pohlmann/Senft* S. 81; *Hirsch/Schmidt-Didczuhn* Rn. 11; *Landmann/ Rohmer/Wahl* Rn. 20, 30; *Eberbach/Lange/Ronellenfitsch* Rn. 123; aA *Koch/Ibelgaufts* Rn. 106.

[8] FNA 9241-23.

[9] *Breuer* UTR 14 (1990), 37 (55); *Fluck* BB 1990, 1716; *Knoche* DVBl 1992, 1079 (1081); *Turck* NVwZ 1992, 650 (651); *Hirsch/Schmidt-Didczuhn* § 3 Rn. 3; *Landmann/Rohmer/Wahl* Rn. 17; *Koch/Ibelgaufts* § 3 Rn. 107.

[10] BVerfG 24.11.2010 – 1 BvF 2/05, BGBl. I S. 1862, NJW 2011, 441.

[11] Erklärung der Begriffe bei *Ibelgaufts*.

[12] *Landmann/Rohmer/Wahl* Rn. 28.

[13] *Hirsch/Schmidt-Didczuhn* Rn. 16, 17; *Landmann/Rohmer/Wahl* Rn. 22 ff.

[14] *Hirsch/Schmidt-Didczuhn* Rn. 16, 17; *Landmann/Rohmer/Wahl* Rn. 22.

[15] EuGH 6.9.2011 – C-442/09, NVwZ 2011, 1312 (1313); *Palme* NVwZ 2011, 1434.

[16] *Knoche* DVBl 1992, 1079 (1080); *Krekeler* DVBl 1995, 765 (766); *Brocks/Pohlmann/Senft* S. 82; *Ibelgaufts* S. 113 ff.; Landmann/Rohmer/*Wahl* Rn. 33; aA: *Hirsch/Schmidt-Didczuhn* Rn. 25.

scheiden aus.[17] Der **innerbetriebliche Transport** macht die Transportwege nicht zum Bestandteil der gentechnischen Anlage. Die Transporteinrichtungen stellen vielmehr selbst eine eigenständige gentechnische Anlage dar (→ Rn. 3).[18] Nicht unter den Begriff der gentechnischen Anlage fallen wegen des Ausschlusses der Anwendbarkeit des GentG in § 2 Abs. 2 **medizinische Einrichtungen** der somatischen Gentherapie.[19]

V. Freisetzung (Nr. 5)

Art. 2 Abs. 3 der Richtlinie 2001/18/EG (→ Vor § 1 Rn. 4 mit Fn. 11) definiert die **6** Freisetzung als jede Art von absichtlichem Ausbringen eines gentechnisch veränderten Organismus oder einer Koordination von gentechnisch veränderten Organismen in die Umwelt, bei dem keine spezifischen Einschließungsmaßnahmen angewandt werden, um ihren Kontakt mit der Bevölkerung und der Umwelt zu begrenzen und ein hohes Sicherheitsrisiko für die Bevölkerung und die Umwelt auszuschließen. Das Freisetzen als gezieltes Ausbringen grenzt sich ab vom unbeabsichtigten Entweichen oder vom Entweichenlassen gentechnisch veränderter Organismen aus einer gentechnischen Anlage (zB im Rahmen eines Störfalles).[20] Umstritten war deshalb, ob durch unbeabsichtigtes Einkreuzen entstandene gentechnische Produkte ohne Genehmigung in den Verkehr gebracht werden durften oder vernichtet werden mussten. Dieser Streit hat sich durch § 14 Abs. 1 S. 1 Nr. 4 idF des Gesetzes vom 21.12.2004 erledigt.[21] Die Anforderungen an die Zulässigkeit der Freisetzung sind in §§ 14–16 näher geregelt. Die Aussaat von mit gentechnisch veränderten Organismen kontaminiertem Saatgut ist Freisetzung.[22] Kein Freisetzen ist das Ablassen oder Ausbringen von mit gentechnisch veränderten Organismen kontaminiertem Abwasser oder Abfall in die Umwelt.[23]

VI. Inverkehrbringen (Nr. 6)

Beim Inverkehrbringen gelangt ein Gegenstand, der ein gentechnisch veränderter Orga- **7** nismus ist, einen solchen enthält oder aus solchen besteht, aus dem unmittelbaren Besitz des Betreibers in den unmittelbaren oder mittelbaren Besitz einer anderen Person, es sei denn, es handelt sich um eine Weitergabe im Rahmen der genehmigten Abläufe eines Freisetzungsvorhabens.[24] Die Weitergabe an einen Besitzdiener, der die tatsächliche Gewalt für den Betreiber ausübt, fällt nicht darunter.[25] Ein gewerbsmäßiger Zweck muss nicht verfolgt werden.[26] Die Anforderungen an die Zulässigkeit des Inverkehrbringens sind in §§ 14–16 näher geregelt. Genehmigungspflichtig ist nur die erstmalige Abgabe; auf den folgenden Handelsstufen ist keine Genehmigung erforderlich.[27] Nicht erfasst werden das Inverkehrbringen und das Feilbieten eines Produktes, das lediglich gentechnisch hergestellt

---

[17] *Fluck* BB 1990, 1716; *Kloepfer/Delbrück* DÖV 1990, 897 (903); *Knoche* DVBl 1992, 1079 (1080); *Krekeler* S. 771 f.; *Turck* S. 650 f.; *Brocks/Pohlmann/Senft* S. 83, 125; *Gerlach* S. 70 ff.; *Hirsch/Schmidt-Didczuhn* Rn. 24 ff.; Landmann/Rohmer/*Wahl* Rn. 35 ff.; Eberbach/Lange/*Ronellenfitsch* § 8 Rn. 25, 37 für gemeinsam genutzte Einrichtungen; *Koch/Ibelgaufts* § 3 Rn. 205.
[18] Anhang IV A3 Nr. 11 zur GenTSV; *Turck* S. 652.
[19] Eberbach/Lange/Ronellenfitsch/*Herdegen* § 2 Rn. 30.
[20] *Brocks/Pohlmann/Senft* S. 98; *Hirsch/Schmid-Didczuhn* Rn. 45, 46; Landmann/Rohmer/*Wahl* Rn. 48, 50; Eberbach/Lange/Ronellenfitsch/*Herdegen/Dederer* § 14 Rn. 38; *Koch/Ibelgaufts* Rn. 219; *Kloepfer* § 16 Rn. 2, 38; Beispiele für Freisetzungen: Eberbach/Lange/Ronellenfitsch/*Meyer* Vor § 14 Rn. 9 ff.
[21] *Palme* NVwZ 2005, 253 (255); *ders.* ZUR 2005, 119 (122).
[22] VGH Kassel 19.1.2011 – 6 A 400/10, DÖV 2011,533, bestätigt durch BVerwG 29.2.2012 – 7 C 8.11, BVerwGE 142, 73 (75 ff., 81 f.) = NVwZ 2012, 1179 (1181); *M. Schröder* NuR 2010, 770 (774).
[23] *Hirsch/Schmid-Didczuhn* Rn. 46 und § 14 Rn. 8.
[24] OVG Münster 31.8.2000 – 21 B 1125/00, DVBl 2000, 1874 (1875); Eberbach/Lange/Ronellenfitsch/ *Herdegen/Dederer* § 14 Rn. 48.
[25] *Brocks/Pohlmann/Senft* S. 103; *Hirsch/Schmid-Didczuhn* Rn. 47, 53; aA Landmann/Rohmer/*Wahl* Rn. 55.
[26] *Hirsch/Schmid-Didczuhn* Rn. 52; Eberbach/Lange/Ronellenfitsch/*Herdegen/Dederer* § 14 Rn. 50.
[27] *Hirsch/Schmid-Didczuhn* Rn. 50; *Koch/Ibelgaufts* Rn. 229.

wurde, ohne selbst gentechnisch veränderte Organismen zu enthalten.[28] Inverkehrbringen liegt hingegen vor, wenn mit gentechnisch veränderten Organismen verunreinigtes Saatgut veräußert wird.[29] Nr. 6 Hs. 2 macht **Ausnahmen,** weil in diesen Fällen der gentechnisch veränderte Organismus nicht in den freien Warenverkehr bzw. an einen unbestimmten Abnehmerkreis gelangt.[30] Die Vorschrift ist mit dem GG vereinbar.[31]

8   Der Besitzwechsel und die **innerbetriebliche Beförderung** innerhalb des Herrschaftsbereichs des Betreibers sind keine Abgabe und damit kein Inverkehrbringen. Dies gilt auch für die Überlassung des gentechnisch hergestellten Produkts von einem Werk in das andere. Jedoch liegt eine Abgabe und damit ein Inverkehrbringen vor, wenn dies zwischen Unternehmen eines Konzerns erfolgt.[32]

VII. Verantwortliche Personen (Nr. 7–10, 13a)

9   **1. Betreiber (Nr. 7).** Für den Betreiber gelten grds. die Erläuterungen über den Betreiber einer Anlage iS der Strafvorschriften zum Schutz der Umwelt (§§ 325, 325a, 327 ff. StGB; → StGB § 325 Rn. 62) entspr.[33] Werden gentechnische Arbeiten an Universitäten durchgeführt, so wird im Regelfall ein Institutsleiter der Betreiber sein.[34]

10   **2. Projektleiter (Nr. 8).** Zur Verpflichtung der Bestellung siehe § 6 Abs. 4 und die Bestimmungen über die Anmelde- und Genehmigungsunterlagen (§ 12 Abs. 2 S. 1 und 2, Abs. 2a S. 1 iVm § 10 Abs. 2 S. 2 Nr. 2), über die Genehmigungsvoraussetzungen (§ 11 Abs. 1 Nr. 2), sowie über die Genehmigungsunterlagen für Freisetzungen und Inverkehrbringen (§ 15 Abs. 1 S. 2 iVm § 10 Abs. 2 S. 2 Nr. 2). Projektleiter können ein Mitarbeiter oder Angestellter des Betreibers, ein Selbständiger oder auch der Betreiber selbst sein.[35] Bei **mehreren Projektleitern** muss eine klare und nachvollziehbare Abgrenzung der jeweiligen Aufgaben- und Verantwortungsbereiche vorgenommen werden.[36] § 14 Abs. 1 S. 2 GenTSV listet die **Verantwortungsbereiche** im Einzelnen auf. Zur erforderlichen **Sachkunde** des Projektleiters siehe § 15 Abs. 1 GenTSV. § 15 Abs. 4 GenTSV enthält daneben Anforderungen an die Fortbildungsveranstaltungen nach § 15 Abs. 2 S. 1 Nr. 3 GenTSV. Der Projektleiter kann für die Einhaltung der ihn treffenden Pflichten **bußgeldpflichtig,** ggf. auch **strafrechtlich** verantwortlich sein (§§ 38, 39).

11   **3. Beauftragter für die Biologische Sicherheit (Nr. 9).** Zur Bestellungspflicht: § 6 Abs. 4 und die Bestimmungen über die Anmelde- und Genehmigungsunterlagen (§ 12 Abs. 2 S. 1 und 2 iVm § 10 Abs. 2 S. 2 Nr. 3), die Genehmigungsvoraussetzungen (§ 11 Abs. 1 Nr. 2), sowie über die Genehmigungsunterlagen für Freisetzungen und Inverkehrbringen (§ 15 Abs. 1 S. 2 iVm § 10 Abs. 2 S. 2 Nr. 2). Ein aus mehreren Beauftragten bestehender **Ausschuss für die Biologische Sicherheit** ist einzusetzen, wenn dies im Hinblick auf die Art oder den Umfang der gentechnischen Arbeiten zum Schutz der in § 1 Nr. 1 genannten Rechtsgüter erforderlich ist (§ 16 Abs. 1 GenTSV). Das Unterlassen einer Bestellung ist **ordnungswidrig** nach § 38 Abs. 1 Nr. 12 iVm § 20 Abs. 1 Nr. 8 GenTSV.

12   Nur eine **natürliche Person** kann zum Beauftragten für die Biologische Sicherheit bzw. als Mitglied eines Ausschusses für die Biologische Sicherheit bestellt werden.[37] Die Bestellung von Nicht-Betriebsangehörigen kann gestattet werden (§ 16 Abs. 2 GenTSV). Wegen

---

[28] *Hirsch/Schmid-Didczuhn* Rn. 51; *dies.* § 14 Rn. 9; *Koch/Ibelgaufts* Rn. 229.
[29] *M. Schröder* NuR 2010, 770 (772).
[30] Landmann/Rohmer/*Wahl* Rn. 57.
[31] BVerfG 24.11.2010 – 1 BvF 2/05, BGBl. I S. 1862 = NJW 2011, 441.
[32] *Brocks/Pohlmann/Senft* S. 103; *Hirsch/Schmid-Didczuhn* Rn. 53.
[33] *Hirsch/Schmid-Didczuhn* Rn. 56; Landmann/Rohmer/*Wahl* Rn. 61 ff.; *Koch/Ibelgaufts* Rn. 244.
[34] Landmann/Rohmer/*Wahl* Rn. 64.
[35] *Fritsch/Haverkamp* BB 1990, Beil. 31, S. 12; *Hirsch/Schmid-Didczuhn* Rn. 41, 59 f.; Landmann/Rohmer/*Wahl* Rn. 68, 69; *Koch/Ibelgaufts* Rn. 248.
[36] BayObLG 11.10.1996 – 3 Ob OWi 126/96, BayObLGSt 1996, 148 (152); Landmann/Rohmer/*Wahl* Rn. 70.
[37] Landmann/Rohmer/*Wahl* Rn. 76; *Koch/Ibelgaufts* Rn. 251.

möglicher Interessengegensätze dürfen der Projektleiter und der Betreiber nicht bestellt werden.[38] Zum Umfang der **Kontroll- und Beratungspflicht** gegenüber Betreiber und Projektleiter siehe § 18 Abs. 1 GenTSV.

4. Bewirtschafter (Nr. 13a). Das Unterlassen der Bestellung dieser durch G vom 1.4.2008 (→ Vor § 1 Rn. 4 und Fn. 15) eingeführten verantwortlichen Person ist nicht sanktioniert. **13**

§ 4 Kommission für die Biologische Sicherheit

(1) [1]Unter der Bezeichnung „Zentrale Kommission für die Biologische Sicherheit" (Kommission) wird bei der zuständigen Bundesoberbehörde eine Sachverständigenkommission eingerichtet. [2]Die Kommission setzt sich zusammen aus:
1. zwölf Sachverständigen, die über besondere und möglichst auch internationale Erfahrungen in den Bereichen der Mikrobiologie, Zellbiologie, Virologie, Genetik, Pflanzenzucht, Hygiene, Ökologie, Toxikologie und Sicherheitstechnik verfügen; von diesen müssen mindestens sieben auf dem Gebiet der Neukombination von Nukleinsäuren arbeiten; jeder der genannten Bereiche muss durch mindestens einen Sachverständigen, der Bereich der Ökologie durch mindestens zwei Sachverständige vertreten sein;
2. je einer sachkundigen Person aus den Bereichen der Gewerkschaften, des Arbeitsschutzes, der Wirtschaft, der Landwirtschaft, des Umweltschutzes, des Naturschutzes, des Verbraucherschutzes und der forschungsfördernden Organisationen.
[3]Für jedes Mitglied der Kommission ist aus demselben Bereich ein stellvertretendes Mitglied zu bestellen. [4]Soweit es zur sachgerechten Erledigung der Aufgaben erforderlich ist, können nach Anhörung der Kommission in einzelnen Bereichen bis zu zwei Sachverständige als zusätzliche stellvertretende Mitglieder berufen werden.

(2) [1]Die Mitglieder der Kommission werden vom Bundesministerium für Ernährung und Landwirtschaft im Einvernehmen mit den Bundesministerien für Bildung und Forschung, für Wirtschaft und Energie, für Arbeit und Soziales, für Gesundheit sowie für Umwelt, Naturschutz, Bau und Reaktorsicherheit für die Dauer von drei Jahren berufen. [2]Wiederberufung ist zulässig.

(3) [1]Die Mitglieder und die stellvertretenden Mitglieder sind in ihrer Tätigkeit unabhängig und nicht an Weisungen gebunden. [2]Sie sind zur Verschwiegenheit verpflichtet.

(4) Die Kommission berichtet jährlich der Öffentlichkeit in allgemeiner Weise über ihre Arbeit.

(5) [1]Die Bundesregierung wird ermächtigt, durch Rechtsverordnung mit Zustimmung des Bundesrates das Nähere über die Berufung und das Verfahren der Kommission, die Heranziehung externer Sachverständiger sowie die Zusammenarbeit der Kommission mit den für den Vollzug des Gesetzes zuständigen Behörden zu regeln. [2]Durch Rechtsverordnung mit Zustimmung des Bundesrates kann auch bestimmt werden, daß die Berufungsentscheidung gemäß Absatz 2 im Benehmen mit den Landesregierungen zu treffen ist.

(6) [1]Die Länder haben die bei der Kommission im Rahmen des Anzeige-, Anmelde- und Genehmigungsverfahrens entstandenen Aufwendungen zu erstatten. [2]Die Aufwendungen werden im Einzelfall festgesetzt; dabei können nach dem durchschnittlichen Personal- und Sachaufwand ermittelte feste Sätze oder Rahmensätze zugrunde gelegt werden.[1]

---

[38] *Knoche* DVBl 1992, 1079 (1084); *Hirsch/Schmid-Didczuhn* Rn. 42; Landmann/Rohmer/*Wahl* Rn. 78.
[1] Abs. 6 angefügt **mit Wirkung vom 1.10.2021** durch Gesetz vom 18.7.2016, BGBl. I S. 1666.

§ 5 Aufgaben der Kommission

[1]Die Kommission prüft und bewertet sicherheitsrelevante Fragen nach den Vorschriften dieses Gesetzes, gibt hierzu Empfehlungen und berät die Bundesregierung und die Länder in sicherheitsrelevanten Fragen zur Gentechnik. [2]Bei ihren Empfehlungen soll die Kommission auch den Stand der internationalen Entwicklung auf dem Gebiet der gentechnischen Sicherheit angemessen berücksichtigen. [3]Die Kommission veröffentlicht allgemeine Stellungnahmen zu häufig durchgeführten gentechnischen Arbeiten mit den jeweils zugrunde liegenden Kriterien der Vergleichbarkeit im Bundesanzeiger. [4]Soweit die allgemeinen Stellungnahmen Fragen des Arbeitsschutzes zum Gegenstand haben, ist zuvor der Ausschuss für biologische Arbeitsstoffe nach § 17 der Biostoffverordnung anzuhören.

§ 5a *(aufgehoben)*

§ 6 Allgemeine Sorgfalts- und Aufzeichnungspflichten, Gefahrenvorsorge

(1) [1]Wer gentechnische Anlagen errichtet oder betreibt, gentechnische Arbeiten durchführt, gentechnisch veränderte Organismen freisetzt oder Produkte, die gentechnisch veränderte Organismen enthalten oder aus solchen bestehen, als Betreiber in Verkehr bringt, hat die damit verbundenen Risiken für die in § 1 Nr. 1 genannten Rechtsgüter vorher umfassend zu bewerten (Risikobewertung) und diese Risikobewertung und die Sicherheitsmaßnahmen in regelmäßigen Abständen zu prüfen und, wenn es nach dem Prüfungsergebnis erforderlich ist, zu überarbeiten, jedoch unverzüglich, wenn
1. die angewandten Sicherheitsmaßnahmen nicht mehr angemessen sind oder die der gentechnischen Arbeit zugewiesene Sicherheitsstufe nicht mehr zutreffend ist oder
2. die begründete Annahme besteht, dass die Risikobewertung nicht mehr dem neuesten wissenschaftlichen und technischen Kenntnisstand entspricht.
[2]Bei der Risikobewertung durch die zuständige Bundesoberbehörde ist eine Verwendung von Antibiotikaresistenzmarkern in gentechnisch veränderten Organismen, die Resistenz gegen in der ärztlichen oder tierärztlichen Behandlung verwendete Antibiotika vermitteln, im Hinblick auf die Identifizierung und die schrittweise Einstellung der Verwendung von Antibiotikaresistenzmarkern in gentechnisch veränderten Organismen, die schädliche Auswirkungen auf die menschliche Gesundheit oder die Umwelt haben können, für das Inverkehrbringen bis zum 31. Dezember 2004 und für die Freisetzung bis zum 31. Dezember 2008 besonders zu berücksichtigen.

(2) [1]Der Betreiber hat entsprechend dem Ergebnis der Risikobewertung die nach dem Stand von Wissenschaft und Technik notwendigen Vorkehrungen zu treffen und unverzüglich anzupassen, um die in § 1 Nr. 1 genannten Rechtsgüter vor möglichen Gefahren zu schützen und dem Entstehen solcher Gefahren vorzubeugen. [2]Der Betreiber hat sicherzustellen, daß auch nach einer Betriebseinstellung von der Anlage keine Gefahren für die in § 1 Nr. 1 genannten Rechtsgüter ausgehen können.

(3) [1]Über die Durchführung gentechnischer Arbeiten und von Freisetzungen hat der Betreiber Aufzeichnungen zu führen und der zuständigen Behörde auf ihr Ersuchen vorzulegen. [2]Die Bundesregierung regelt durch Rechtsverordnung mit Zustimmung des Bundesrates nach Anhörung der Kommission die Einzelheiten über Form und Inhalt der Aufzeichnungen und die Aufbewahrungs- und Vorlagepflichten.

(4) Wer gentechnische Arbeiten oder Freisetzungen durchführt, ist verpflichtet, Projektleiter sowie Beauftragte oder Ausschüsse für Biologische Sicherheit zu bestellen.

In § 6 sind die Grundpflichten für den Umgang mit gentechnisch veränderten Organis- **1** men aufgeführt. Während eine erteilte Genehmigung punktuell und statisch den Rahmen beschreibt, innerhalb dessen die Errichtung und der Betrieb einer Anlage oder die Durchführung einer Arbeit zulässig ist, sind die Grundpflichten nach § 6 dynamisch ausgestaltet und bewirken, dass ein Betreiber sich an den aktuellen wissenschaftlichen und technischen Standards auszurichten hat.[1] Ähnlich wie allgemeine Betreiberpflichten, zB nach § 5 Abs. 1 BImSchG, kann die Verletzung des § 6 Abs. 1 Satz 1 bei der Durchführung gentechnischer Arbeiten noch keine Ordnungswidrigkeit oder Straftat begründen. Vielmehr bedarf es der Konkretisierung durch das Gesetz selbst (vgl. § 6 Abs. 3 S. 1) oder durch eine Verordnung (vgl. § 38 Abs. 1 Nr. 1).

Die Aufzeichnungspflicht nach § 6 Abs. 3 wird durch die GenTAufzV konkretisiert. Nach **2** deren § 4 Abs. 2 richtet sich die Aufzeichnungspflicht an den **Betreiber,** der auch den **Projektleiter** (§ 3 Nr. 8; → § 3 Rn. 10) damit beauftragen kann. Einzelheiten über Form und Inhalt der Aufzeichnungen, die Aufbewahrungs- und Vorlagepflichten enthält die GenTAufzV. Zur Beschränkung des Aufzeichnungs- und Auskunftsrechts wegen der Gefahr der Verletzung von Betriebs- oder Geschäftsgeheimnissen siehe § 17a. Der zur Aufzeichnung Verpflichtete kann die Aufzeichnungen oder deren Herausgabe nicht unter Berufung auf das in § 25 Abs. 4 iVm § 383 Abs. 1 ZPO normierte **Auskunftsverweigerungsrecht** verweigern.[2]

Die **Verletzung der Pflicht** zur regelmäßigen Risikobewertung, Überprüfung der **3** Sicherheitsmaßnahmen und deren Überarbeitung bei den nach § 9 Abs. 1 nicht anmelde- und genehmigungspflichtigen weiteren gentechnischen Arbeiten der Sicherheitsstufe 1 ist nach § 38 Abs. 1 Nr. 1 **bußgeldbewehrt.** Die **Verletzung der Aufzeichnungspflicht** des § 6 Abs. 3, insbes. der in der GenTAufzV im Einzelnen geregelten Pflichten, stellt eine **Ordnungswidrigkeit** nach § 38 Abs. 1 Nr. 12 iVm § 5 GenTAufzV dar, das Unterlassen jeglicher Aufzeichnungen nach § 38 Abs. 1 Nr. 1a. Die Verletzung der Grundpflichten kann auch haftungsrechtliche Folgen haben, da der Sorgfaltsmaßstab auch durch die entsprechenden Pflichten bestimmt wird.

Zweiter Teil. Gentechnische Arbeiten in gentechnischen Anlagen

§ 7 Sicherheitsstufen, Sicherheitsmaßnahmen

(1) [1]Gentechnische Arbeiten werden in vier Sicherheitsstufen eingeteilt:
1. **Der Sicherheitsstufe 1 sind gentechnische Arbeiten zuzuordnen, bei denen nach dem Stand der Wissenschaft nicht von einem Risiko für die menschliche Gesundheit und die Umwelt auszugehen ist.**
2. **Der Sicherheitsstufe 2 sind gentechnische Arbeiten zuzuordnen, bei denen nach dem Stand der Wissenschaft von einem geringen Risiko für die menschliche Gesundheit oder die Umwelt auszugehen ist.**
3. **Der Sicherheitsstufe 3 sind gentechnische Arbeiten zuzuordnen, bei denen nach dem Stand der Wissenschaft von einem mäßigen Risiko für die menschliche Gesundheit oder die Umwelt auszugehen ist.**
4. **Der Sicherheitsstufe 4 sind gentechnische Arbeiten zuzuordnen, bei denen nach dem Stand der Wissenschaft von einem hohen Risiko oder dem begründeten**

---

[1] BVerwG 19.4.2012 – 4 CN 3.11, NVwZ 2012, 1338 (1341).
[2] Vgl. § 52 Abs. 3 BImSchG; *Fluck* DÖV 1991, 129 (137); Landmann/Rohmer/*Wahl* Rn. 81.

Verdacht eines solchen Risikos für die menschliche Gesundheit oder die Umwelt auszugehen ist. [2]Die Bundesregierung wird ermächtigt, nach Anhörung der Kommission durch Rechtsverordnung mit Zustimmung des Bundesrates zur Erreichung der in § 1 Nr. 1 genannten Zwecke die Zuordnung bestimmter Arten gentechnischer Arbeiten zu den Sicherheitsstufen zu regeln. [3]Die Zuordnung erfolgt anhand des Risikopotentials der gentechnischen Arbeit, welches bestimmt wird durch die Eigenschaften der Empfänger- und Spenderorganismen, der Vektoren sowie des gentechnisch veränderten Organismus. [4]Dabei sind mögliche Auswirkungen auf die Beschäftigten, die Bevölkerung, Nutztiere, Kulturpflanzen und die sonstige Umwelt einschließlich der Verfügbarkeit geeigneter Gegenmaßnahmen zu berücksichtigen.

(1a) [1]Bestehen Zweifel darüber, welche Sicherheitsstufe für die vorgeschlagene gentechnische Arbeit angemessen ist, so ist die gentechnische Arbeit der höheren Sicherheitsstufe zuzuordnen. [2]Im Einzelfall kann die zuständige Behörde auf Antrag Sicherheitsmaßnahmen einer niedrigeren Sicherheitsstufe zulassen, wenn ein ausreichender Schutz für die menschliche Gesundheit und die Umwelt nachgewiesen wird.

(2) [1]Bei der Durchführung gentechnischer Arbeiten sind bestimmte Sicherheitsmaßnahmen zu beachten. [2]Die Bundesregierung regelt nach Anhörung der Kommission durch Rechtsverordnung mit Zustimmung des Bundesrates die für die unterschiedlichen Sicherheitsstufen nach dem Stand der Wissenschaft und Technik erforderlichen Sicherheitsmaßnahmen für den Labor- und Produktionsbereich, für Tierhaltungsräume und Gewächshäuser sowie die Anforderungen an die Auswahl und die Sicherheitsbewertung der bei gentechnischen Arbeiten verwendeten Empfängerorganismen und Vektoren.

§ 8 Genehmigung, Anzeige und Anmeldung von gentechnischen Anlagen und erstmaligen gentechnischen Arbeiten

(1) [1]Gentechnische Arbeiten dürfen nur in gentechnischen Anlagen durchgeführt werden. [2]Die Errichtung und der Betrieb gentechnischer Anlagen, in denen gentechnische Arbeiten der Sicherheitsstufe 3 oder 4 durchgeführt werden sollen, bedürfen der Genehmigung (Anlagengenehmigung). [3]Die Genehmigung berechtigt zur Durchführung der im Genehmigungsbescheid genannten gentechnischen Arbeiten.

(2) [1]Die Errichtung und der Betrieb gentechnischer Anlagen, in denen gentechnische Arbeiten der Sicherheitsstufe 1 oder 2 durchgeführt werden sollen, und die vorgesehenen erstmaligen gentechnischen Arbeiten sind von dem Betreiber der zuständigen Behörde vor dem beabsichtigten Beginn der Errichtung oder, falls die Anlage bereits errichtet ist, vor dem beabsichtigten Beginn des Betriebs im Falle der Sicherheitsstufe 1 anzuzeigen und im Falle der Sicherheitsstufe 2 anzumelden. [2]Abweichend hiervon kann der Betreiber einer Anlage, in der gentechnische Arbeiten der Sicherheitsstufe 2 durchgeführt werden sollen, eine Anlagengenehmigung entsprechend Absatz 1 Satz 2 beantragen.

(3) Die Genehmigung kann auf Antrag erteilt werden für
1. die Errichtung einer gentechnischen Anlage oder eines Teils einer solchen Anlage oder
2. die Errichtung und den Betrieb eines Teils einer gentechnischen Anlage (Teilgenehmigung).

(4) [1]Die wesentliche Änderung der Lage, der Beschaffenheit oder des Betriebs einer gentechnischen Anlage, in der gentechnische Arbeiten der Sicherheitsstufe 3

oder 4 durchgeführt werden sollen, bedarf einer Anlagengenehmigung. ²Für wesentliche Änderungen der Lage, der Beschaffenheit oder des Betriebs einer gentechnischen Anlage, in der gentechnische Arbeiten der Sicherheitsstufe 1 oder 2 durchgeführt werden sollen, gilt Absatz 2 entsprechend.

Übersicht

I. Allgemein

Das GenTG lässt die Durchführung gentechnischer Arbeiten nur in gentechnischen **1** Anlagen zu (§ 8 Abs. 1 S. 1). Zum **Begriff der gentechnischen Anlage:** § 3 Nr. 4 (→ § 3 Rn. 5).

Der behördlichen Kontrolle sind wegen des Gefahrenpotenzials gentechnischer Arbeiten **2** die folgenden Fallgruppen unterworfen:
– Die Errichtung und der Betrieb gentechnischer Anlagen und die Durchführung der darin vorgesehenen erstmaligen gentechnischen Arbeiten (§ 8 Abs. 1, 2),
– die Durchführung weiterer gentechnischer Arbeiten in einer bereits zulässigen bzw. zugelassenen gentechnischen Anlage (§ 9),
– die wesentliche Änderung der Lage, Beschaffenheit oder des Betriebs einer gentechnischen Anlage (§ 8 Abs. 4).
Je nach Zugehörigkeit zu einer der in § 7 definierten Sicherheitsstufen kennt das GenTG **3** verschiedene Grade der behördlichen Kontrolle: Schärfste Art der Kontrolle ist die Genehmigung; darunter liegen die Anmeldung und als lockerste Form der Kontrolle die Anzeige. Die Formerfordernisse für das Genehmigungsverfahren sind in § 10, diejenigen für das Anzeige- und Anmeldeverfahren in § 12 geregelt.

II. Anzeige und Anmeldung von Arbeiten der Sicherheitsstufe 1 und 2 (Abs. 2 S. 1)

Für Arbeiten der Sicherheitsstufe 1[1] ist nur eine Anzeigepflicht vorgesehen. Arbeiten der **4** Sicherheitsstufe 2[2] müssen angemeldet werden. Auf diese beiden Sicherheitsstufen entfällt der größte Teil der in Deutschland betriebenen Gentechnikforschung.[3] Die Anzeige oder Anmeldung muss vor dem beabsichtigten Beginn der Errichtung, oder, falls die Anlage schon errichtet ist, vor dem beabsichtigten Beginn des Betriebs erfolgen. Vor Ablauf der 90- bzw. 45-tägigen Wartefrist des § 12 Abs. 5 S. 1 darf nicht begonnen werden, es sei denn, die Behörde hätte dem Beginn vorher ausdrücklich zugestimmt.[4]

III. Anlagengenehmigung für Errichtung und Betrieb gentechnischer Anlagen (Abs. 1 S. 2, Abs. 3)

Errichtung und Betrieb einer gentechnischen Anlage, in der gentechnische Arbeiten der **5** Sicherheitsstufen 3 und 4 durchgeführt werden sollen, bedürfen der Anlagengenehmigung. Die Genehmigung muss vor dem Beginn der Errichtung vorliegen.[5] Die Bestimmung legt klar, dass die Anlagengenehmigung auch und nur die erstmaligen gentechnischen Arbeiten

---

[1] Siehe § 7 Abs. 1 S. 1 Nr. 1.
[2] Siehe § 7 Abs. 1 S. 1 Nr. 2.
[3] *Buchardi* DÖV 2006, 10 (12).
[4] Landmann/Rohmer/*Wahl* Rn. 53; Eberbach/Lange/*Ronellenfitsch* Rn. 54.
[5] *Hirsch/Schmidt-Didczuhn* Rn. 12.

umfasst.[6] Die in Abs. 2 S. 2 eingeräumte Möglichkeit, für Anlagen, in denen gentechnische Arbeit der Sicherheitsstufen 2 durchgeführt werden sollen, eine Genehmigung zu beantragen, soll dem Betreiber Bestandsschutz verschaffen.

6   Unter die **Errichtung** einer gentechnischen Anlage fallen die erstmalige Herstellung einer Anlage, die Wiedererrichtung einer vollständig zerstörten gentechnischen Anlage, die Umrüstung bereits bestehender Einrichtungen zu einer gentechnischen Anlage und die Umwidmung einer bestehenden Anlage zu einer gentechnischen Anlage.[7] Die Errichtung beginnt mit der Aufnahme der konkreten Arbeitsschritte, die der Erstellung bzw. Einrichtung der sicherheitsrelevanten Bereiche der gentechnischen Anlage dienen, nicht schon mit der Planung der Anlage. Zur Errichtung gehört auch die technisch-konstruktive Ausstattung.[8]

7   Der Begriff des **Betriebes** der gentechnischen Anlage ist weit gefasst. Er erstreckt sich nicht alleine auf die unmittelbare Vornahme gentechnischer Arbeiten, sondern auf die gesamte Tätigkeit im Zusammenhang mit der Anlage, zB auch Aufbau von Versuchsgeräten, Reparatur-, Kontroll- und Wartungsmaßnahmen oder im Vorfeld der eigentlichen Produktion stattfindende Probeläufe (→ StGB § 325 Rn. 21).[9] Auch der innerbetriebliche Transport ist Teil des zu genehmigenden Betriebes. Genehmigt werden dabei die Transportbehälter, nicht aber die diversen zum Transport genutzten Wege (zB allgemeine Flure oder Treppenhäuser).[10] Der Betrieb endet mit der vollständigen Stilllegung (→ StGB § 325 Rn. 21).[11]

8   Anwendungsfälle für **Teilgenehmigungen (Abs. 3)** sind Genehmigungen, die sich jeweils auf die Errichtung der Anlage oder eines Teils der Anlage, nur auf den Betrieb der Anlage oder eines Anlagenteils erstrecken. Das Verfahren richtet sich nach den allgemeinen Vorschriften (vgl. § 10). Zu den materiellen Voraussetzungen siehe § 11. Eine Teilerrichtungsgenehmigung berechtigt nicht zum Betrieb der Anlage. Neben der Teilgenehmigung ist auch der nicht ausdrücklich erwähnte **Vorbescheid** zulässig, der aber noch unverbindlich ist und – anders als die Genehmigung – keine Gestaltungswirkung hat (→ StGB § 324 Rn. 73).[12] Er berechtigt nicht zum Beginn der Errichtung oder zum Betrieb der Anlage.[13]

IV. Wesentliche Änderungen der gentechnischen Anlage (§ 8 Abs. 4)

9   Die Vorschrift des Abs. 4 über die Anzeige-, Anmelde- oder Genehmigungspflicht bei wesentlichen Änderungen der bereits angezeigten, angemeldeten oder genehmigten gentechnischen Anlage, in der mit den gentechnischen Arbeiten bereits begonnen wurde, orientiert sich an den vergleichbaren Regelungen des §§ 15, 16 BImSchG, § 7 Abs. 1 AtG, § 60 Abs. 3 WHG. Die hierzu vorliegende Rechtsprechung und Lit. kann zur Auslegung herangezogen werden (→ StGB § 324 Rn. 78–80).[14] Der Anwendungsbereich der Vorschrift ist abzugrenzen von den Vorschriften über die Genehmigungs- und Anmeldepflicht der „weiteren" gentechnischen Arbeiten nach § 9. Dieser geht als spezialgesetzliche Vorschrift dem Abs. 4 vor.[15] Auf Grund des Verweises auf Abs. 2 ist die wesentliche Änderung

---

[6] BT-Drs. 14/8230, 27.

[7] *Hirsch/Schmidt-Didczuhn* Rn. 12; Landmann/Rohmer/*Wahl* Rn. 32, 41; Eberbach/Lange/*Ronellenfitsch* Rn. 41, 55.

[8] *Hirsch/Schmidt-Didczuhn* Rn. 12; Landmann/Rohmer/*Wahl* Rn. 34.

[9] *Hirsch/Schmidt-Didczuhn* Rn. 14; Landmann/Rohmer/*Wahl* Rn. 33; Eberbach/Lange/*Ronellenfitsch* Rn. 43, 55.

[10] Landmann/Rohmer/*Wahl* Rn. 40.

[11] *Hirsch/Schmidt-Didczuhn* Rn. 15.

[12] BVerwG 29.3.1966 – 1 C 19.65, BVerwGE 24, 23; 19.12.1985 – 7 C 65/82, BVerwGE 72, 300 (309) = NVwZ 1986, 208 (209 f.) („Wyhl"-Entscheidung); VGH Kassel 1.11.1989 – 8 A 2901/88, NVwZ-RR 1990, 128 (130); *Fritsch/Haverkamp* BB 1990, Beil. 31, S. 10; *Ronellenfitsch,* 1983, S. 398 ff.; *Hirsch/Schmidt-Didczuhn* Rn. 55, 60; Landmann/Rohmer/*Wahl* Rn. 54, 64 ff., 67 ff.; *Koch/Ibelgaufts* Rn. 67.

[13] *Hirsch/Schmidt-Didczuhn* Rn. 58.

[14] Landmann/Rohmer/*Wahl* Rn. 71.

[15] *Breuer* UTR 14 (1990), 37 (64); *Fluck* BB 1990, 1716 (1720); *Fritsch/Haverkamp* BB 1990, Beil. 31, S. 10; *Kloepfer/Delbrück* DÖV 1990, 897 (903); *Knoche* DVBl 1992, 1079; *Brocks/Pohlmann/Senft* S. 87; *Gerlach* S. 133 f.; *Hirsch/Schmidt-Didczuhn* Rn. 77; *dies.* § 9 Rn. 3; Landmann/Rohmer/*Wahl* §§ 9, 10 GenTG Rn. 13; Eberbach/Lange/*Ronellenfitsch* Rn. 63; *ders.* § 9 Rn. 19.

der Anlage oder des Betriebs in der Sicherheitsstufe 1 nur anzeigepflichtig, in der Sicherheitsstufe 2 anmeldepflichtig.

Hat die Behörde nach § 19 S. 3 nachträgliche **Auflagen** angeordnet, dann ist zur Erfül- 10 lung der Auflagen keine Anmeldung oder Änderungsgenehmigung erforderlich, wenn die Behörde eine konkrete Auflage erteilt hat. Hat die Behörde jedoch nur eine verbindliche Zielvorgabe gesetzt und die Mittel, mit denen dieses Ziel vom Betreiber zu erreichen ist, im Einzelnen nicht festgelegt, muss – je nach Sicherheitsstufe – eine Anmeldung erfolgen oder eine Änderungsgenehmigung beantragt werden.[16]

Keine Änderungsgenehmigung nach Abs. 4 ist erforderlich, wenn Änderungen vorge- 11 nommen werden, die keine besonderen gentechnischen Fragen aufwerfen, aber nach anderen rechtlichen Regelungen, zB immissionsschutzrechtlichen, wesentlich sind. Sobald allerdings eine nach dem Fachrecht zu prüfende Änderung Auswirkungen auf das Sicherheitsniveau der Anlage haben kann, ist wiederum eine Änderungsgenehmigung nach Abs. 4 erforderlich.[17]

In Anlehnung an die Auslegung des § 15 BImSchG ist eine Änderung dann als **wesent- 12 lich** anzusehen, wenn die Schutzgüter des § 1 Nr. 1 und die Genehmigungsvoraussetzungen des § 11 Nr. 1–6 in rechtserheblicher Weise berührt sein können.[18] Maßgebliches Kriterium ist das Sicherheitsniveau der Anlage, unabhängig davon, ob es positiv oder negativ beeinflusst wird.[19] Beabsichtigte Änderungen der sicherheitsrelevanten Einrichtungen und Vorkehrungen einer gentechnischen Anlage oder Vorkommnisse, die nicht dem erwarteten Verlauf der gentechnischen Arbeiten entsprechen, sind nach § 21 Abs. 2, 3 **mitteilungspflichtig.**

V. Straf- und Bußgeldbestimmungen

Strafbar gem. § 39 Abs. 2 Nr. 2 ist der Betrieb einer gentechnischen Anlage ohne 13 Genehmigung nach § 8 Abs. 1 S. 2. Die **Errichtung** einer solchen Anlage ohne Genehmigung ist hingegen nur ordnungswidrig gem. § 38 Abs. 1 Nr. 3. **Verstöße gegen die Anzeige- oder Anmeldpflicht** des § 8 Abs. 2 S. 1 sind bußgeldbewehrt gem. § 38 Abs. 1 Nr. 4. Die wesentliche Änderung der Lage, der Beschaffenheit oder des Betriebs einer gentechnischen Anlage sind, je nachdem ob sie anzeige-, anmelde- oder genehmigungspflichtig sind, ordnungswidrig nach § 38 Abs. 1 Nr. 4 oder 5. Die Durchführung gentechnischer **Arbeiten außerhalb einer gentechnischen Anlage** unter Verstoß gegen § 8 Abs. 1 S. 1 ist ordnungswidrig gem. § 38 Abs. 1 Nr. 2, kann aber unter den Voraussetzungen des § 39 Abs. 3 zur Strafbarkeit führen. Das Unterlassen einer Mitteilung nach § 21 Abs. 2, 3 ist bußgeldbewehrt nach § 38 Abs. 1 Nr. 9, ggf. strafbar nach § 39 Abs. 3.

Unterbleibt die notwendige Anzeige oder Anmeldung oder fehlt die notwendige Geneh- 14 migung, kann die zuständige Behörde auch **Maßnahmen nach § 26** treffen; Verstöße hiergegen sind wiederum gem. § 38 Abs. 1 Nr. 8 bußgeldbewehrt, unter den Voraussetzungen des § 39 Abs. 3 auch strafbar.

§ 9 Weitere gentechnische Arbeiten

(1) Weitere gentechnische Arbeiten der Sicherheitsstufe 1 können ohne Anzeige durchgeführt werden.

(2) [1]**Weitere gentechnische Arbeiten der Sicherheitsstufe 2 sind von dem Betreiber bei der zuständigen Behörde vor dem beabsichtigten Beginn der Arbeiten**

---

[16] Landmann/Rohmer/*Wahl* Rn. 95 ff.

[17] Landmann/Rohmer/*Wahl* Rn. 90 ff.

[18] BVerwG 21.8.1996 – 11 C 9.95, BVerwGE 101, 347 = NVwZ 1997, 161 (162) („Krümmel"); VG Arnsberg 27.1.1981 – 7 K 74/79, DVBl 1981, 648 mAnm *De Witt* DVBl 1981, 649; *Fluck* BB 1990, 1716 (1721); *Fritsch/Haverkamp* BB 1990, Beil. 31, S. 5; *Kutscheidt* NVwZ 1997, 111; *Hirsch/Schmidt-Didczuhn* Rn. 78, 82; Landmann/Rohmer/*Wahl* Rn. 80 ff.; Eberbach/Lange/Ronellenfitsch Rn. 60; *Koch/Ibelgaufts* Rn. 53; *Brocks/Pohlmann/Senft* S. 86.

[19] *Hirsch/Schmidt-Didczuhn* Rn. 78; Landmann/Rohmer/*Wahl* Rn. 87.

anzuzeigen. [2]Abweichend von Satz 1 kann der Betreiber eine Genehmigung beantragen.

(3) Weitere gentechnische Arbeiten der Sicherheitsstufe 3 oder 4 bedürfen einer Genehmigung.

(4) Weitere gentechnische Arbeiten, die einer höheren Sicherheitsstufe zuzuordnen sind als die von der Genehmigung nach § 8 Abs. 1 Satz 2 oder von der Anzeige oder Anmeldung nach § 8 Abs. 2 Satz 1 umfassten Arbeiten, dürfen entsprechend ihrer Sicherheitsstufe nur auf Grund einer neuen Genehmigung nach § 8 Abs. 1 Satz 2 oder einer neuen Anmeldung nach § 8 Abs. 2 Satz 1 durchgeführt werden.

(4a) Soll eine bereits angezeigte, angemeldete oder genehmigte gentechnische Arbeit der Sicherheitsstufen 2 und 3 in einer anderen angemeldeten oder genehmigten gentechnischen Anlage desselben Betreibers, in der entsprechende gentechnische Arbeiten durchgeführt werden dürfen, durchgeführt werden, ist dies der zuständigen Behörde vor Aufnahme der Arbeit von dem Betreiber mitzuteilen.

(5) Weitere gentechnische Arbeiten der Sicherheitsstufen 2, 3 oder 4, die von einer internationalen Hinterlegungsstelle zum Zwecke der Erfüllung der Erfordernisse nach dem Budapester Vertrag vom 28. April 1977 über die internationale Anerkennung der Hinterlegung von Mikroorganismen für die Zwecke von Patentverfahren (BGBl. 1980 II S. 1104, 1984 II S. 679) durchgeführt werden, sind der zuständigen Behörde von dem Betreiber unverzüglich nach Beginn der Arbeiten mitzuteilen.

(6) Weitere gentechnische Arbeiten auf Veranlassung der zuständigen Behörde zur Entwicklung der für die Probenuntersuchung erforderlichen Nachweismethoden oder zur Untersuchung einer Probe im Rahmen der Überwachung nach § 25 können abweichend von Absatz 2 durchgeführt werden.

1 Maßgeblich für die **Abgrenzung** der weiteren gentechnischen Arbeiten von den erstmaligen Arbeiten ist der Inhalt des Genehmigungsbescheides nach § 8 Abs. 1 S. 2. Vom Genehmigungsbescheid weichen insbes. solche Arbeiten ab, deren sicherheitsrelevante Faktoren anders zu beurteilen sind.[1] So führt die Verwendung anderer als der im Genehmigungsverfahren bezeichneten Organismen, Vektoren und Nukleinsäureabschnitte idR zu der Vermutung, dass eine weitere gentechnische Arbeit vorliegt.[2]

2 **Anzeige** und **Anmeldung** müssen vor dem Beginn der Arbeiten erfolgen.[3] Beim Anzeigeerfordernis nach Maßgabe des § 9 Abs. 4a ist es nicht zwingend vorgeschrieben, dass die im Übrigen bereits angemeldete bzw. genehmigte gentechnische Arbeit schon in die praktische Durchführung gelangt ist. Die abgebende und die aufnehmende gentechnische Anlage müssen in der Verantwortung desselben Betreibers stehen.[4]

3 **Ordnungswidrig** gem. § 38 Abs. 1 Nr. 6–6b ist die Durchführung weiterer gentechnischer Arbeiten ohne die nach § 9 Abs. 2–4 erforderliche Genehmigung, Anmeldung oder Anzeige. Unterbleibt die notwendige Anzeige oder Anmeldung oder fehlt die notwendige Genehmigung, kann die zuständige Behörde auch Maßnahmen nach § 26 treffen; Verstöße hiergegen sind wiederum gem. § 38 Abs. 1 Nr. 8 bußgeldbewehrt, unter den Voraussetzungen des § 39 Abs. 3 auch strafbar.

§ 10 Genehmigungsverfahren

(1) Das Genehmigungsverfahren setzt einen schriftlichen Antrag voraus.

(2) [1]Einem Antrag auf Genehmigung einer gentechnischen Anlage sind die Unterlagen beizufügen, die zur Prüfung der Voraussetzungen der Genehmigung

---

[1] *Hirsch/Schmidt-Didczuhn* § 8 Rn. 18 ff.; Landmann/Rohmer/*Wahl* Rn. 7; Eberbach/Lange/*Ronellenfitsch* Rn. 35; *Koch/Ibelgaufts* § 3 Rn. 120.
[2] Landmann/Rohmer/*Wahl* Rn. 11.
[3] *Hirsch/Schmidt-Didczuhn* § 8 Rn. 30.
[4] Landmann/Rohmer/*Wahl* Rn. 29.

einschließlich der nach § 22 Abs. 1 mitumfaßten behördlichen Entscheidungen erforderlich sind. ²Die Unterlagen müssen insbesondere folgende Angaben enthalten:

1. die Lage der gentechnischen Anlage sowie den Namen und die Anschrift des Betreibers,
2. den Namen des Projektleiters und den Nachweis der erforderlichen Sachkunde,
3. den Namen des oder der Beauftragten für die Biologische Sicherheit und den Nachweis der erforderlichen Sachkunde,
4. eine Beschreibung der bestehenden oder der geplanten gentechnischen Anlage und ihres Betriebs, insbesondere der für die Sicherheit und den Arbeitsschutz bedeutsamen Einrichtungen und Vorkehrungen,
5. die Risikobewertung nach § 6 Abs. 1 und eine Beschreibung der vorgesehenen gentechnischen Arbeiten, aus der sich die Eigenschaften der verwendeten Spender- und Empfängerorganismen oder der Ausgangsorganismen oder gegebenenfalls verwendeten Wirtsvektorsysteme sowie der Vektoren und des gentechnisch veränderten Organismus im Hinblick auf die erforderliche Sicherheitsstufe sowie ihre möglichen sicherheitsrelevanten Auswirkungen auf die in § 1 Nr. 1 bezeichneten Rechtsgüter und die erforderlichen Einrichtungen und Vorkehrungen, insbesondere die Maßnahmen zum Schutz der Beschäftigten, ergeben,
6. eine Beschreibung der verfügbaren Techniken zur Erfassung, Identifizierung und Überwachung des gentechnisch veränderten Organismus,
7. Angaben über Zahl und Ausbildung des Personals, Notfallpläne und Angaben über Maßnahmen zur Vermeidung von Unfällen und Betriebsstörungen,
8. Informationen über die Abfall- und Abwasserentsorgung.

(3) ¹Einem Antrag auf Erteilung der Genehmigung zur Durchführung weiterer gentechnischer Arbeiten sind die Unterlagen beizufügen, die zur Prüfung der Voraussetzungen der Genehmigung erforderlich sind. ²Die Unterlagen müssen insbesondere folgende Angaben enthalten:

1. eine Beschreibung der vorgesehenen gentechnischen Arbeiten nach Maßgabe des Absatzes 2 Satz 2 Nr. 5,
1a. eine Beschreibung der verfügbaren Techniken zur Erfassung, Identifizierung und Überwachung des gentechnisch veränderten Organismus,
2. eine Erklärung des Projektleiters, ob und gegebenenfalls wie sich die Angaben nach Absatz 2 Satz 2 Nr. 1 bis 3 geändert haben,
3. Datum und Aktenzeichen des Genehmigungsbescheides zur Errichtung und zum Betrieb der gentechnischen Anlage oder der Eingangsbestätigung der Anmeldung nach § 12 Abs. 3,
4. eine Beschreibung erforderlicher Änderungen der sicherheitsrelevanten Einrichtungen und Vorkehrungen, insbesondere die Maßnahmen zum Schutz der Beschäftigten,
5. Informationen über die Abfall- und Abwasserentsorgung.

(4) ¹Die zuständige Behörde hat dem Antragsteller den Eingang des Antrags und der beigefügten Unterlagen unverzüglich schriftlich zu bestätigen und zu prüfen, ob der Antrag und die Unterlagen für die Prüfung der Genehmigungsvoraussetzungen ausreichen. ²Sind der Antrag oder die Unterlagen nicht vollständig oder lassen sie eine Beurteilung nicht zu, so fordert die zuständige Behörde den Antragsteller unverzüglich auf, den Antrag oder die Unterlagen innerhalb einer angemessenen Frist zu ergänzen.

(5) ¹Über einen Antrag nach § 8 Abs. 1 Satz 2, Abs. 2 Satz 2, Abs. 3 oder 4 oder nach § 9 Abs. 4 ist innerhalb einer Frist von 90 Tagen schriftlich zu entscheiden. ²Die zuständige Behörde hat im Falle der Genehmigung einer gentechnischen

Anlage, in der gentechnische Arbeiten der Sicherheitsstufe 2 durchgeführt werden sollen, über den Antrag unverzüglich, spätestens nach 45 Tagen zu entscheiden, wenn die gentechnische Arbeit einer bereits von der Kommission eingestuften gentechnischen Arbeit vergleichbar ist; Absatz 7 Satz 1 bis 4 findet keine Anwendung. [3]Falls die Errichtung oder der Betrieb der gentechnischen Anlage, in der gentechnische Arbeiten der Sicherheitsstufe 2 durchgeführt werden sollen, weiterer behördlicher Entscheidungen nach § 22 Abs. 1 bedarf, verlängert sich die in Satz 2 genannte Frist auf 90 Tage. [4]Die Fristen ruhen, solange ein Anhörungsverfahren nach § 18 Abs. 1 durchgeführt wird oder die Behörde die Ergänzung des Antrags oder der Unterlagen abwartet oder bis die erforderliche Stellungnahme der Kommission zur sicherheitstechnischen Einstufung der vorgesehenen gentechnischen Arbeiten und zu den erforderlichen sicherheitstechnischen Maßnahmen vorliegt.

(6) [1]Über einen Antrag nach § 9 Abs. 2 Satz 2 oder Abs. 3 ist innerhalb einer Frist von 45 Tagen schriftlich zu entscheiden. [2]Die zuständige Behörde hat im Falle der Genehmigung weiterer gentechnischer Arbeiten der Sicherheitsstufe 2 über den Antrag unverzüglich, spätestens nach 45 Tagen zu entscheiden, wenn die gentechnische Arbeit einer bereits von der Kommission eingestuften gentechnischen Arbeit vergleichbar ist; Absatz 7 Satz 1 bis 4 findet keine Anwendung. [3]Die Frist ruht, solange die Behörde die Ergänzung des Antrags oder der Unterlagen abwartet oder bis die erforderliche Stellungnahme der Kommission zur sicherheitstechnischen Einstufung der vorgesehenen gentechnischen Arbeiten und zu den erforderlichen sicherheitstechnischen Maßnahmen vorliegt.

(7) [1]Vor der Entscheidung über eine Genehmigung holt die zuständige Behörde über die zuständige Bundesoberbehörde eine Stellungnahme der Kommission zur sicherheitstechnischen Einstufung der vorgesehenen gentechnischen Arbeiten und zu den erforderlichen sicherheitstechnischen Maßnahmen ein. [2]Die Kommission gibt ihre Stellungnahme unverzüglich ab. [3]Die Stellungnahme ist bei der Entscheidung zu berücksichtigen. [4]Weicht die zuständige Behörde bei ihrer Entscheidung von der Stellungnahme der Kommission ab, so hat sie die Gründe hierfür schriftlich darzulegen. [5]Die zuständige Behörde holt außerdem Stellungnahmen der Behörden ein, deren Aufgabenbereich durch das Vorhaben berührt wird.

(8) Vor Erhebung einer verwaltungsgerichtlichen Klage findet bei einer Entscheidung über den Antrag auf Genehmigung der Errichtung und des Betriebs einer gentechnischen Anlage ein Vorverfahren nicht statt, sofern ein Anhörungsverfahren nach § 18 durchgeführt wurde.

1   Die Vorschrift gilt für alle **Anträge auf Erteilung von Genehmigungen** nach den § 8 Abs. 1 S. 2, Abs. 2 S. 2, Abs. 3 und 4 S. 1, 9 Abs. 3 und 4. Weitere verfahrensbezogene Bestimmungen enthalten § 17 (Verwendung von Unterlagen), § 17a (Vertraulichkeit von Unterlagen) und § 18 (Anhörungsverfahren). Detaillierte Regelungen hinsichtlich des Genehmigungsverfahrens enthält weiterhin die GenTVfV (→ Vor § 1 Rn. 5 mit Fn. 18). Ergänzend anzuwenden sind die Verwaltungsverfahrensgesetze des Bundes und der Länder. Verfahrensvorschriften anderer umweltrechtlicher Spezialgesetze, vornehmlich des Immissionsschutzrechts und des Atomrechts, sowie die hierzu ergangene Lit. und Rechtsprechung können zur Auslegung der gentechnischen Verfahrensvorschriften herangezogen werden.[1]

2   Hat der Antragsteller alle nach Abs. 2 oder 3 erforderlichen Unterlagen eingereicht, und finden auch die Vorschriften über das Ruhen der Frist nach Abs. 5 S. 4, Abs. 6 S. 3 nicht oder nicht mehr Anwendung, so gilt die Genehmigung mit Ablauf der Frist als erteilt **(Genehmigungsfiktion).** Der Antragsteller kann nach § 42a Abs. 3 VwVfG eine schriftliche Bescheinigung der Fiktionswirkung verlangen, die aber nur deklaratorische Bedeutung

---

[1] Landmann/Rohmer/*Wahl* § 11 Rn. 14.

hat. Die Vorschriften über die Bestandskraft eines VA gelten entsprechend (§ 42a Abs. 1 S. 2 VwVfG), so dass auch die fiktive Genehmigung nach den für alle VAe geltenden Vorschriften zurückgenommen oder widerrufen werden kann.

§ 11 Genehmigungsvoraussetzungen

(1) Die Genehmigung zur Errichtung und zum Betrieb einer gentechnischen Anlage ist zu erteilen, wenn
1. **keine Tatsachen vorliegen, aus denen sich Bedenken gegen die Zuverlässigkeit des Betreibers und der für die Errichtung sowie für die Leitung und die Beaufsichtigung des Betriebs der Anlage verantwortlichen Personen ergeben,**
2. **gewährleistet ist, daß der Projektleiter sowie der oder die Beauftragten für die Biologische Sicherheit die für ihre Aufgaben erforderliche Sachkunde besitzen und die ihnen obliegenden Verpflichtungen ständig erfüllen können,**
3. **sichergestellt ist, daß vom Antragsteller die sich aus § 6 Abs. 1 und 2 und den Rechtsverordnungen nach § 30 Abs. 2 Nr. 2, 4, 5, 6 und 9 ergebenden Pflichten für die Durchführung der vorgesehenen gentechnischen Arbeiten erfüllt werden,**
4. **gewährleistet ist, daß für die erforderliche Sicherheitsstufe die nach dem Stand der Wissenschaft und Technik notwendigen Einrichtungen vorhanden und Vorkehrungen getroffen sind und deshalb schädliche Einwirkungen auf die in § 1 Nr. 1 bezeichneten Rechtsgüter nicht zu erwarten sind,**
5. **keine Tatsachen vorliegen, denen die Verbote des Artikels 2 des Gesetzes vom 21. Februar 1983 zu dem Übereinkommen vom 10. April 1972 über das Verbot der Entwicklung, Herstellung und Lagerung bakteriologischer (biologischer) Waffen und von Toxinwaffen sowie über die Vernichtung solcher Waffen (BGBl. 1983 II S. 132) und die Bestimmungen zum Verbot von biologischen und chemischen Waffen im Ausführungsgesetz zu Artikel 26 Abs. 2 des Grundgesetzes (Gesetz über die Kontrolle von Kriegswaffen in der Fassung der Bekanntmachung vom 22. November 1990 (BGBl. I S. 2506), zuletzt geändert durch Artikel 17 des Gesetzes vom 21. Dezember 1992 (BGBl. I S. 2150)) entgegenstehen, und**
6. **andere öffentlich-rechtliche Vorschriften und Belange des Arbeitsschutzes der Errichtung und dem Betrieb der gentechnischen Anlage nicht entgegenstehen.**

(2) Die Teilgenehmigung nach § 8 Abs. 3 ist zu erteilen, wenn eine vorläufige Prüfung ergibt, daß die Voraussetzungen des Absatzes 1 im Hinblick auf die Errichtung und den Betrieb der gesamten gentechnischen Anlage vorliegen werden und ein berechtigtes Interesse an der Erteilung einer Teilgenehmigung besteht.

(3) Die Genehmigung nach § 9 Abs. 2 Satz 2 oder Abs. 3 ist zu erteilen, wenn die Voraussetzungen nach Absatz 1 Nr. 1 bis 5 für die Durchführung der vorgesehenen weiteren gentechnischen Arbeiten vorliegen.

Abs. 1 gilt für die Erteilung einer **Anlagengenehmigung** nach § 8 Abs. 1 S. 2, Abs. 2 **1** S. 2, Abs. 4, auch wenn es nur eine Teilgenehmigung ist, sowie für die Erteilung der **Tätigkeitsgenehmigung** für weitere gentechnische Arbeiten nach § 9 Abs. 2 S. 2, Abs. 3. Für den **Vorbescheid** gelten die Voraussetzungen des § 11 Abs. 1 sinngemäß.

Die Anlagengenehmigungen und die Tätigkeitsgenehmigungen sind sach- und personen- **2** bezogene Genehmigungen. Ein Wechsel in der **Person des Betreibers** ist nicht lediglich mitteilungspflichtig nach § 21, sondern lässt die Genehmigung insoweit gegenstandslos werden. Soll der Betrieb der gentechnischen Anlage unverändert fortgesetzt werden, bedarf der neue Betreiber (Erwerber, Rechtsnachfolger) einer neuen Genehmigung.[1]

---

[1] BVerwG 17.4.1990 – 7 B 111.89, DVBl 1990, 1167 für die Genehmigungspflicht des Betreiberwechsels im atomrechtlichen Verfahren.

§ 12 Anzeige- und Anmeldeverfahren

(1) Anzeige und Anmeldung bedürfen der Schriftform.

(2) [1]Bei Anzeige einer Anlage, in der gentechnische Arbeiten der Sicherheitsstufe 1 durchgeführt werden sollen, sind vorzulegen:
1. die Unterlagen nach § 10 Abs. 2 Satz 2 Nr. 1 bis 3 und 8,
2. eine allgemeine Beschreibung der gentechnischen Anlage,
3. eine Zusammenfassung der Risikobewertung nach § 6 Abs. 1,
4. eine Beschreibung der Art der vorgesehenen gentechnischen Arbeiten.
[2]Bei Anmeldung einer Anlage, in der gentechnische Arbeiten der Sicherheitsstufe 2 durchgeführt werden sollen, sind die Unterlagen nach § 10 Abs. 2 Satz 2 Nr. 1 bis 8 vorzulegen.

(2a) [1]Einer Anmeldung von weiteren gentechnischen Arbeiten der Sicherheitsstufe 2 gemäß § 9 Abs. 2 sind die Unterlagen beizufügen, die zur Beurteilung der gentechnischen Arbeit erforderlich sind. [2]Bei Anzeige von weiteren gentechnischen Arbeiten der Sicherheitsstufe 2 nach § 9 Abs. 2 sind vorzulegen:
1. eine Zusammenfassung der Risikobewertung nach § 6 Abs. 1 sowie eine Beschreibung der vorgesehenen gentechnischen Arbeiten nach Maßgabe des § 10 Abs. 2 Satz 2 Nr. 5,
2. eine Erklärung des Projektleiters, ob und wie sich die Angaben nach § 10 Abs. 2 Satz 2 Nr. 1 bis 3 und 6 geändert haben,
3. Aktenzeichen und Datum des Genehmigungsbescheides zur Errichtung und zum Betrieb der gentechnischen Anlage oder der Eingangsbestätigung der Anmeldung nach § 12 Abs. 3,
4. eine Beschreibung der erforderlichen Änderungen der sicherheitsrelevanten Einrichtungen und Vorkehrungen,
5. Informationen über Abfallentsorgung.

(3) [1]Die zuständige Behörde hat dem Anmelder den Eingang der Anmeldung und der beigefügten Unterlagen unverzüglich schriftlich zu bestätigen und zu prüfen, ob die Anmeldung und die Unterlagen für die Beurteilung der Anmeldung ausreichen. [2]Sind die Anmeldung oder die Unterlagen nicht vollständig oder lassen sie eine Beurteilung nicht zu, so fordert die zuständige Behörde den Anmelder unverzüglich auf, die Anmeldung oder die Unterlagen innerhalb einer angemessenen Frist zu ergänzen. [3]Die Sätze 1 und 2 gelten für die Anzeige entsprechend.

(4) [1]Im Falle der Sicherheitsstufe 2 holt die zuständige Behörde über die zuständige Bundesoberbehörde eine Stellungnahme der Kommission zur sicherheitstechnischen Einstufung der vorgesehenen gentechnischen Arbeiten und zu den erforderlichen sicherheitstechnischen Maßnahmen ein, wenn die gentechnische Arbeit nicht mit einer bereits von der Kommission eingestuften gentechnischen Arbeit vergleichbar ist. [2]Die Kommission gibt ihre Stellungnahme unverzüglich ab. [3]Die Stellungnahme ist bei der Entscheidung zu berücksichtigen. [4]Weicht die zuständige Behörde bei einer Entscheidung von der Stellungnahme ab, so hat sie die Gründe hierfür schriftlich darzulegen.

(5) [1]Der Betreiber kann im Falle der Sicherheitsstufe 2 mit der Errichtung und dem Betrieb der gentechnischen Anlage und mit der Durchführung der erstmaligen gentechnischen Arbeiten 45 Tage nach Eingang der Anmeldung bei der zuständigen Behörde oder mit deren Zustimmung auch früher beginnen. [2]Der Ablauf der Frist gilt als Zustimmung zur Errichtung und zum Betrieb der gentechnischen Anlage und zur Durchführung der gentechnischen Arbeit. [3]Die Frist ruht, solange die Behörde die Ergänzung der Unterlagen abwartet oder bis die erforderliche Stellungnahme der Kommission zur sicherheitstechnischen Einstu-

fung der vorgesehenen gentechnischen Arbeit und zu den erforderlichen sicherheitstechnischen Maßnahmen vorliegt.

(5a) [1]Der Betreiber kann mit der Errichtung und dem Betrieb der gentechnischen Anlage und mit der Durchführung der erstmaligen gentechnischen Arbeiten im Falle der Sicherheitsstufe 1 sowie mit der Durchführung von weiteren gentechnischen Arbeiten im Falle der Sicherheitsstufe 2 sofort nach Eingang der Anzeige bei der zuständigen Behörde beginnen. [2]Die zuständige Behörde kann die Durchführung oder Fortführung der gentechnischen Arbeiten vorläufig bis zum Ablauf von 21 Tagen nach Eingang der nach Absatz 3 angeforderten ergänzenden Unterlagen oder der nach Absatz 4 einzuholenden Stellungnahme der Kommission untersagen, soweit dies erforderlich ist, um die in § 1 Nr. 1 bezeichneten Zwecke sicherzustellen.

(6) Die zuständige Behörde kann die Durchführung der angezeigten oder angemeldeten gentechnischen Arbeiten von Bedingungen abhängig machen, zeitlich befristen oder dafür Auflagen vorsehen, soweit dies erforderlich ist, um die in § 1 Nr. 1 bezeichneten Zwecke sicherzustellen; § 19 Satz 3 gilt entsprechend.

(7) [1]Die zuständige Behörde kann die Durchführung der angezeigten oder angemeldeten gentechnischen Arbeiten untersagen, wenn die in § 11 Abs. 1 Nr. 1 bis 5 genannten Anforderungen nicht oder nicht mehr eingehalten werden oder Belange des Arbeitsschutzes entgegenstehen. [2]Die Entscheidung bedarf der Schriftform.

Das **Anmeldeverfahren** kommt in den Fällen der § 8 Abs. 2 S. 1, § 8 Abs. 4 S. 2, § 9   1
Abs. 2 zur Anwendung. Da die ausdrückliche Entscheidung der Behörde und die fiktive Zustimmung nach Abs. 5 S. 2 keine Konzentrationswirkung nach § 22 Abs. 1 haben, sind mögliche Genehmigungen nach anderen Fachgesetzen gesondert einzuholen, zB Genehmigungen nach Baurecht, BImSchG, § 24 GewO, Ausnahmegenehmigungen nach Landschafts- und Naturschutzrecht, verkehrsrechtliche Zulassungen, wasser- und abfallrechtliche Zulassungen.[1]

Das durch Gesetz vom 1.4.2008 eingeführte **Anzeigeverfahren** sieht in Abs. 5a die   2
zusätzliche Möglichkeit einer Untersagung der Arbeiten vor.

§ 13 (weggefallen)

Dritter Teil. Freisetzung und Inverkehrbringen

§ 14 Freisetzung und Inverkehrbringen

(1) [1]Einer Genehmigung der zuständigen Bundesoberbehörde bedarf, wer
1. gentechnisch veränderte Organismen freisetzt,
2. Produkte in den Verkehr bringt, die gentechnisch veränderte Organismen enthalten oder aus solchen bestehen,
3. Produkte, die gentechnisch veränderte Organismen enthalten oder aus solchen bestehen, zu einem anderen Zweck als der bisherigen bestimmungsgemäßen Verwendung in den Verkehr bringt,
4. Produkte in den Verkehr bringt, die aus freigesetzten gentechnisch veränderten Organismen gewonnen oder hergestellt wurden, für die keine Genehmigung nach Nummer 2 vorliegt.

[2]Die Genehmigung für eine Freisetzung oder ein Inverkehrbringen kann auch die Nachkommen und das Vermehrungsmaterial des gentechnisch veränderten

---

[1] *Hirsch/Schmidt-Didczuhn* Rn. 4.

Organismus umfassen. ³Die Genehmigung für ein Inverkehrbringen kann auf bestimmte Verwendungen beschränkt werden. ⁴Die Änderung einer Freisetzung bedarf keiner Genehmigung, wenn die zuständige Bundesoberbehörde feststellt, dass die Änderung keine wesentlichen Auswirkungen auf die Beurteilung der Voraussetzungen nach § 16 Abs. 1 hat. ⁵§ 19 Satz 2 und 3 bleibt unberührt.

(1a) ¹Einer Genehmigung für ein Inverkehrbringen bedarf nicht, wer Produkte, die gentechnisch veränderte Organismen enthalten oder aus solchen bestehen, in den Verkehr bringt, die

1. mit in § 3 Nr. 3c genannten Verfahren hergestellt worden sind und
2. in eine Anlage abgegeben werden, in der Einschließungsmaßnahmen nach Maßgabe des Satzes 2 angewandt werden.

²Die Einschließungsmaßnahmen müssen geeignet sein, den Kontakt der Produkte mit Menschen und Umwelt zu begrenzen und ein dem Gefährdungspotenzial angemessenes Sicherheitsniveau zu gewährleisten. ³Die Einschließungsmaßnahmen sollen ferner den Sicherheitsmaßnahmen nach § 7 Abs. 2 in Verbindung mit der dort genannten Rechtsverordnung entsprechen. ⁴Soweit Produkte nach Satz 1 keiner Genehmigung für ein Inverkehrbringen bedürfen, sind auch die übrigen Vorschriften dieses Gesetzes und der auf Grund dieses Gesetzes erlassenen Rechtsverordnungen über das Inverkehrbringen nicht anzuwenden.

(2) Soweit das Inverkehrbringen durch Rechtsvorschriften geregelt ist, die den Regelungen dieses Gesetzes und der auf Grund dieses Gesetzes erlassenen Rechtsverordnungen über die Risikobewertung, das Risikomanagement, die Kennzeichnung, Überwachung und Unterrichtung der Öffentlichkeit mindestens gleichwertig sind, gelten die Vorschriften des Dritten Teils, mit Ausnahme der §§ 16a und 16b sowie § 17b Abs. 1 und § 20 Abs. 2 nicht.

(3) Eine Genehmigung kann sich auf die Freisetzung eines gentechnisch veränderten Organismus oder einer Kombination gentechnisch veränderter Organismen am selben Standort oder an verschiedenen Standorten erstrecken, soweit die Freisetzung zum selben Zweck und innerhalb eines in der Genehmigung bestimmten Zeitraums erfolgt.

(4) Die Bundesregierung kann zur Umsetzung der Entscheidung 94/730/EG der Kommission vom 4. November 1994 zur Festlegung von vereinfachten Verfahren für die absichtliche Freisetzung genetisch veränderter Pflanzen nach Artikel 6 Absatz 5 der Richtlinie 90/220/EWG des Rates (ABl. EG Nr. L 292 S. 31) nach Anhörung der Kommission durch Rechtsverordnung mit Zustimmung des Bundesrates bestimmen, daß für die Freisetzung ein von dem Verfahren des Dritten Teils dieses Gesetzes abweichendes vereinfachtes Verfahren gilt, soweit mit der Freisetzung von Organismen im Hinblick auf die in § 1 Nr. 1 genannten Schutzzwecke genügend Erfahrungen gesammelt sind.

(4a) ¹Die Bundesregierung kann zur Umsetzung der Entscheidungen oder der Beschlüsse der Europäischen Gemeinschaften oder der Europäischen Union nach Artikel 7 Abs. 3 in Verbindung mit Artikel 30 Abs. 2 der Richtlinie 2001/18/EG nach Anhörung der Kommission durch Rechtsverordnung mit Zustimmung des Bundesrates bestimmen, dass

1. für die Genehmigung der Freisetzung ein von dem Verfahren des Dritten Teils dieses Gesetzes abweichendes vereinfachtes Verfahren gilt,
2. für Genehmigungen nach Nummer 1 der Absatz 3 entsprechend anzuwenden ist,

soweit mit der Freisetzung von Organismen im Hinblick auf die Voraussetzungen nach § 16 Abs. 1 ausreichende Erfahrungen gesammelt worden sind. ²In der Rechtsverordnung können insbesondere von § 18 Abs. 2 Satz 1 und Abs. 3, auch in

Verbindung mit der dort genannten Rechtsverordnung, abweichende Regelungen über die Anhörung getroffen werden.

(5) [1]Der Genehmigung des Inverkehrbringens durch die zuständige Bundesoberbehörde stehen Genehmigungen gleich, die von Behörden anderer Mitgliedstaaten der Europäischen Union oder anderer Vertragsstaaten des Abkommens über den Europäischen Wirtschaftsraum nach deren Vorschriften zur Umsetzung der Richtlinie 2001/18/EG erteilt worden sind. [2]Die Bundesregierung wird ermächtigt, durch Rechtsverordnung mit Zustimmung des Bundesrates Vorschriften über die Bekanntgabe von nach Satz 1 gleichgestellten Genehmigungen zu erlassen.

I. Freisetzung (Abs. 1 S. 1 Nr. 1, 3–4a)

Zum **Begriff der Freisetzung** siehe oben § 3 Nr. 5 (→ § 3 Rn. 6). Die von der zustän- 1
digen Bundesoberbehörde (§ 31 S. 2) erteilte Genehmigung bezieht und beschränkt sich auf ein **konkretes Freisetzungsprojekt,** das bestimmt ist durch Zweck, Stand, Zeitpunkt und Größenordnung des Vorhabens. Jedes weitere Ausbringen, auch des gleichen gentechnisch veränderten Organismus, in die Umwelt, zB zu einem anderen Zeitpunkt oder an einem anderen Standort, ist nicht vom Umfang der ursprünglichen Genehmigung gedeckt und daher erneut genehmigungspflichtig; ebenso das Ausbringen desselben gentechnisch veränderten Organismus unter veränderten Umständen.[1] Von der Genehmigung erfasst werden die **Nachkommen,** wenn der Bescheid diese ausdrücklich umfasst. Andernfalls darf der Organismus nur freigesetzt werden, wenn er sich nicht vermehren kann oder Vermehrungsmaterial nicht übertragen kann.[2]

Sobald eine Freisetzung mit dem Ziel, erfolgt, die ausgebrachten gentechnisch veränder- 2
ten Organismen später als Produkt oder in einem Produkt in Verkehr zu bringen, und bereits im Zeitpunkt der Freisetzung eine Genehmigung für das Inverkehrbringen erteilt wurde, gilt das Ausbringen nicht mehr als Freisetzung (§ 3 Nr. 5).

II. Inverkehrbringen (Abs. 1 S. 1 Nr. 2–4, Abs. 2, 5)

Zum **Begriff des Inverkehrbringens** siehe oben § 3 Nr. 6 (→ § 3 Rn. 7–8). Die von 3
der zuständigen Bundesoberbehörde (§ 31 S. 2) zu erteilende Genehmigung kann die einmalige Abgabe eines bestimmten Produkts an einen Dritten umfassen oder aber die sog Marktfreigabe, dh die fortlaufende Belieferung des Marktes mit einem bestimmten Erzeugnis.[3] Genehmigungspflichtig ist grds. nur das erste Inverkehrbringen eines bestimmten Produkts. Das Inverkehrbringen des Produkts auf nachfolgenden Handelsstufen bedarf keiner neuen Genehmigung, wenn für das Produkt bereits eine Genehmigung nach Abs. 1 S. 1 Nr. 2 oder 3 erteilt worden ist (Abs. 1 S. 4).[4] Dementsprechend ist nach § 3 Nr. 9 nur derjenige Betreiber, der ein Produkt erstmalig in den Verkehr bringt. Dagegen bedarf es einer neuen Genehmigung, wenn ein anderer Betreiber ein entsprechendes Produkt in den Verkehr bringen will.

Eine (neue) Genehmigung ist erforderlich, wenn das Produkt zwar bereits in den Verkehr 4
gebracht ist, aber der **Verwendungszweck geändert** wird (Abs. 1 S. 1 Nr. 3), oder das Vorhaben in anderen sicherheitsrelevanten Punkten wesentlich geändert wird.[5] Zum Inverkehrbringen von **Nachkommen** des genehmigten Produktes → Rn. 1. Zum Erfordernis einer neuen Genehmigung durch Erlöschen der Alt-Genehmigung am 17.10.2006 siehe § 41 Abs. 6.

---

[1] *Hirsch/Schmidt-Didczuhn* Rn. 6 f.; Eberbach/Lange/Ronellenfitsch/*Herdegen/Dederer* Rn. 43.
[2] *Koch/Ibelgaufts* Rn. 8; Eberbach/Lange/Ronellenfitsch/*Herdegen/Dederer* Rn. 59.
[3] *Hirsch/Schmidt-Didczuhn* Rn. 9; Eberbach/Lange/Ronellenfitsch/*Herdegen/Dederer* Rn. 51.
[4] *Hirsch/Schmidt-Didczuhn* Rn. 13 und § 3 Rn. 50; *Koch/Ibelgaufts* Rn. 7 und § 3 Rn. 229.
[5] Eberbach/Lange/Ronellenfitsch/*Herdegen/Dederer* § 14 Rn. 57 f.

5   Ist ein gentechnisches Produkt in einem EG-Mitgliedstaat mit behördlicher Erlaubnis in den Verkehr gebracht, bedarf es für das Inverkehrbringen im Bundesgebiet keiner Genehmigung der zuständigen Bundesoberbehörde mehr (**„gleichgestellte Genehmigung"**). Die **im Ausland erteilte Genehmigung** entfaltet die gleichen Rechtswirkungen wie eine inländische Genehmigung der zuständigen Bundesoberbehörde. Den ausländischen Betreiber treffen die allgemeinen Betreiberpflichten des GenTG, insbes. § 6 Abs. 2 und § 21 Abs. 3. Das in den Verkehr gebrachte Produkt unterliegt der Überwachung durch die Länderbehörden.[6]

6   Zu Forschungszwecken angebaute gentechnisch veränderte Organismen dürfen nicht ohne Genehmigung in den Verkehr gebracht werden.[7] Genehmigungspflichtig ist auch das Inverkehrbringen von Produkten, die durch eine unbeabsichtigte Freisetzung, zB durch Einkreuzen gentechnisch veränderter Organismen aus einem Nachbarfeld, gentechnisch verändert sind. Damit ist der Meinungsstreit, ob solche Produkte ohne Genehmigung in den Verkehr gebracht werden dürfen oder vernichtet werden müssen, geklärt.[8]

7   Eine dem GenTG vergleichbare Risikoabschätzung, die gem. **Abs. 2** das Erfordernis einer Inverkehrbringensgenehmigung entfallen lässt, enthalten bisher nur §§ 11 ff. PflSchG. Die Anwendung dieser „Konkurrenzklausel" scheidet dagegen mangels vergleichbarer Regelungen zum gegenwärtigen Zeitpunkt bei folgenden Bestimmungen aus: § 2 DMG, § 4 Abs. 3, 4, 5, § 30 Saatgutverkehrsgesetz,[9] § 22 AMG, § 10 TierGesG, §§ 5 ff. LFGB, §§ 4 ff. ChemG.[10] Andere Konkurrenzverhältnisse, vor allem zum Immissionsschutzrecht, zum Abfallrecht, zum Wasserrecht und zum Baurecht, beurteilen sich nach § 22.[11]

III. Straftaten, Ordnungswidrigkeiten

8   **Strafbar** macht sich nach § 39 Abs. 2 Nr. 1, wer gentechnisch veränderte Organismen ohne Genehmigung nach § 14 Abs. 1 S. 1 Nr. 1 **freisetzt.** Unter den Voraussetzungen des § 39 Abs. 3 ist eine Strafschärfung möglich.

9   **Ordnungswidrig** gem. § 38 Abs. 1 Nr. 7 verhält sich, wer Produkte, die gentechnisch veränderte Organismen enthalten oder aus solchen bestehen, ohne Genehmigung nach § 14 S. 1 Nr. 2 oder 3 **in den Verkehr bringt.** Der Verstoß gegen eine Untersagung, auch gegen eine nach § 26 Abs. 4 und 5 nach erteilter Genehmigung untersagte Freisetzung oder ein untersagtes Inverkehrbringen ist ordnungswidrig nach § 38 Abs. 1 Nr. 8 und unter den weiteren Voraussetzungen des § 39 Abs. 3 auch strafbar.

10   Fehlt die notwendige Genehmigung, kann die zuständige Behörde auch **Maßnahmen nach § 26** treffen; Verstöße hiergegen sind wiederum gem. § 38 Abs. 1 Nr. 8 bußgeldbewehrt, unter den Voraussetzungen des § 39 Abs. 3 auch strafbar.

§ 15 Zulassungsantrag bei Freisetzung und Inverkehrbringen

(1) [1]**Dem Antrag auf Genehmigung einer Freisetzung sind die zur Prüfung erforderlichen Unterlagen beizufügen.** [2]**Die Unterlagen müssen außer den in § 10 Abs. 2 Satz 2 Nr. 2 und 3 beschriebenen insbesondere folgende Angaben enthalten:**
1. **den Namen und die Anschrift des Betreibers,**
2. **die Beschreibung des Freisetzungsvorhabens hinsichtlich seines Zweckes und Standortes, des Zeitpunktes und des Zeitraums,**
3. **die dem Stand der Wissenschaft entsprechende Beschreibung der sicherheitsrelevanten Eigenschaften des freizusetzenden Organismus und der Umstände,**

---

[6] *Hirsch/Schmidt-Didczuhn* Rn. 36 f.
[7] *Palme* NVwZ 2005, 253 (255).
[8] *Palme* ZUR 2005, 119 (122).
[9] BGBl. 2004 I S. 1673 (FNA 7822-6).
[10] *Ott* NuR 1992, 459 (461 f.); *Hirsch/Schmidt-Didczuhn* Rn. 12 ff.; Landmann/Rohmer/*Wahl* Rn. 23, 24; *Kloepfer* § 16 Rn. 17.
[11] Landmann/Rohmer/*Wahl* § 2 Rn. 25.

die für das Überleben, die Fortpflanzung und die Verbreitung des Organismus von Bedeutung sind; Unterlagen über vorangegangene Arbeiten in einer gentechnischen Anlage und über Freisetzungen sind beizufügen,

4. eine Risikobewertung nach § 6 Abs. 1 und eine Darlegung der vorgesehenen Sicherheitsvorkehrungen,

4a. einen Plan zur Ermittlung der Auswirkung des freizusetzenden Organismus auf die menschliche Gesundheit und die Umwelt,

5. eine Beschreibung der geplanten Überwachungsmaßnahmen sowie Angaben über entstehende Reststoffe und ihre Behandlung sowie über Notfallpläne,

6. eine Zusammenfassung der Antragsunterlagen gemäß der Entscheidung 2002/813/EG des Rates vom 3. Oktober 2002 zur Festlegung – gemäß Richtlinie 2001/18/EG des Europäischen Parlaments und des Rates – des Schemas für die Zusammenfassung der Information zur Anmeldung einer absichtlichen Freisetzung genetisch veränderter Organismen in die Umwelt zu einem anderen Zweck als zum Inverkehrbringen (ABl. EG Nr. l. 280 S. 62).

(2) *(weggefallen)*

(3) [1]Wer einen Antrag auf Genehmigung des Inverkehrbringens stellt, muss in einem Mitgliedstaat der Europäischen Union ansässig sein oder einen dort ansässigen Vertreter benennen. [2]Dem Antrag sind die zur Prüfung der Genehmigungsvoraussetzungen erforderlichen Unterlagen beizufügen. [3]Die Unterlagen müssen insbesondere folgende Angaben enthalten:

1. den Namen und die Anschrift des Betreibers,

2. die Bezeichnung und eine dem Stand der Wissenschaft entsprechende Beschreibung des in Verkehr zu bringenden Produkts im Hinblick auf die gentechnisch veränderten spezifischen Eigenschaften; Unterlagen über vorangegangene Arbeiten in einer gentechnischen Anlage und über Freisetzungen sind beizufügen,

3. eine Beschreibung der zu erwartenden Verwendungsarten und der geplanten räumlichen Verbreitung,

3a. Angaben zur beantragten Geltungsdauer der Genehmigung,

4. eine Risikobewertung nach § 6 Abs. 1 einschließlich einer Darlegung der möglichen schädlichen Auswirkungen,

5. eine Beschreibung der geplanten Maßnahmen zur Kontrolle des weiteren Verhaltens oder der Qualität des in Verkehr zu bringenden Produkts, der entstehenden Reststoffe und ihrer Behandlung sowie der Notfallpläne,

5a. einen Beobachtungsplan unter Berücksichtigung der Beobachtungspflicht nach § 16c einschließlich der Angaben zu dessen Laufzeit,

6. eine Beschreibung von besonderen Bedingungen für den Umgang mit dem in Verkehr zu bringenden Produkt und einen Vorschlag für seine Kennzeichnung und Verpackung,

7. eine Zusammenfassung der Antragsunterlagen gemäß der Entscheidung 2002/812/EG des Rates vom 3. Oktober 2002 zur Festlegung – gemäß Richtlinie 2001/18/EG des Europäischen Parlaments und des Rates – des Schemas für die Zusammenfassung der Anmeldeinformationen zum Inverkehrbringen genetisch veränderter Organismen als Produkte oder in Produkten (ABl. EG Nr. L 280 S. 37).

(4) [1]Der Antrag auf Verlängerung der Inverkehrbringensgenehmigung ist spätestens neun Monate vor Ablauf der Genehmigung zu stellen (Ausschlussfrist). [2]Dem Antrag sind die zur Prüfung erforderlichen Unterlagen beizufügen. [3]Die Unterlagen müssen insbesondere folgende Angaben enthalten:

1. eine Abschrift der Inverkehrbringensgenehmigung,

2. einen Bericht über die Ergebnisse der Beobachtung,

3. über den Bericht nach Nummer 2 hinausgehende neue Informationen, die im
   Hinblick auf die vom Produkt ausgehenden Gefahren für die in § 1 Nr. 1
   genannten Rechtsgüter dem Antragsteller bekannt geworden sind.

[4]Hält der Antragsteller auf Grund der ihm vorliegenden Erkenntnisse eine Änderung des bisherigen Genehmigungsinhalts, insbesondere hinsichtlich des Beobachtungsplans oder der Geltungsdauer der Genehmigung, für erforderlich, hat er in
dem Antrag darauf hinzuweisen.

1   Das Verfahren der Genehmigung einer Freisetzung und des Inverkehrbringens bestimmt
sich im Einzelnen nach der GenTVfV (→ Vor § 1 Rn. 5, Fn. 18),[1] ergänzt durch verwaltungsrechtliche Verfahrensvorschriften. Weitere verfahrensbezogene Bestimmungen enthalten § 17 (Verwendung von Unterlagen), § 17a (Vertraulichkeit von Unterlagen) und § 18
(Anhörungsverfahren).

§ 16 Genehmigung bei Freisetzung und Inverkehrbringen

(1) Die Genehmigung für eine Freisetzung ist zu erteilen, wenn
1. die Voraussetzungen entsprechend § 11 Abs. 1 Nr. 1 und 2 vorliegen,
2. gewährleistet ist, daß alle nach dem Stand von Wissenschaft und Technik erforderlichen Sicherheitsvorkehrungen getroffen werden,
3. nach dem Stand der Wissenschaft im Verhältnis zum Zweck der Freisetzung
   unvertretbare schädliche Einwirkungen auf die in § 1 Nr. 1 bezeichneten
   Rechtsgüter nicht zu erwarten sind.

(2) [1]Die Genehmigung für ein Inverkehrbringen ist zu erteilen oder zu verlängern, wenn nach dem Stand der Wissenschaft im Verhältnis zum Zweck des Inverkehrbringens unvertretbare schädliche Einwirkungen auf die in § 1 Nr. 1 bezeichneten Rechtsgüter nicht zu erwarten sind. [2]Im Falle eines Antrags auf
Verlängerung der Inverkehrbringensgenehmigung gilt das Inverkehrbringen bis
zum Abschluss des Verwaltungsverfahrens nach deren Maßgabe als vorläufig
genehmigt, sofern ein solcher Antrag rechtzeitig gestellt wurde.

(3) [1]Über einen Antrag auf Genehmigung einer Freisetzung ist innerhalb einer
Frist von 90 Tagen nach Eingang des Antrags schriftlich zu entscheiden. [2]Vor der
Entscheidung über einen Antrag auf Genehmigung des Inverkehrbringens ist innerhalb von 90 Tagen nach Eingang des Antrags durch die zuständige Bundesoberbehörde ein Bewertungsbericht zu erstellen und dem Antragsteller bekannt zu geben;
über den Antrag ist nach Abschluss des Verfahrens nach den Artikeln 14, 15 und 18
der Richtlinie 2001/18/EG (EU-Beteiligungsverfahren) unverzüglich, jedoch spätestens innerhalb von 30 Tagen schriftlich zu entscheiden. [3]Die in den Sätzen 1 und 2
genannten Fristen ruhen, solange die zuständige Bundesoberbehörde vom Antragsteller angeforderte weitere Angaben, Unterlagen oder Proben abwartet; wird eine
Öffentlichkeitsbeteiligung nach § 18 Abs. 2 durchgeführt, verlängert sich die Frist
um den Zeitraum, in dem die Anhörung durchgeführt wird, jedoch höchstens um
30 Tage. [4]Vor der Entscheidung über einen Antrag auf Verlängerung der Inverkehrbringensgenehmigung ist durch die zuständige Bundesoberbehörde ein Bewertungsbericht zu erstellen und dem Antragsteller bekannt zu geben; über den Antrag ist
unverzüglich nach Abschluss des Verfahrens nach Artikel 17 der Richtlinie 2001/18/
EG, jedoch spätestens innerhalb von 30 Tagen schriftlich zu entscheiden.

(4) [1]Die Entscheidung über eine Freisetzung ergeht im Benehmen mit dem
Bundesamt für Naturschutz und dem Robert Koch-Institut sowie dem Bundesinstitut für Risikobewertung; zuvor ist eine Stellungnahme des Julius Kühn-Instituts,

---

[1] Übersichtliche Darstellung des Genehmigungsverfahrens bei Freisetzung und Inverkehrbringen: *Keich*
NuR 2013, 183.

Bundesforschungsinstitut für Kulturpflanzen, und, soweit gentechnisch veränderte Wirbeltiere oder gentechnisch veränderte Mikroorganismen, die an Wirbeltieren angewendet werden, betroffen sind, auch des Friedrich-Loeffler-Institutes einzuholen. [2]Vor der Erteilung einer Genehmigung für eine Freisetzung ist eine Stellungnahme der zuständigen Landesbehörde einzuholen. [3]Entscheidungen über die Erteilung oder Verlängerung der Genehmigung für ein Inverkehrbringen einschließlich der Abgabe von Bewertungsberichten und von Stellungnahmen zu Bewertungsberichten zuständiger Behörden anderer Mitgliedstaaten ergehen im Benehmen mit dem Bundesamt für Naturschutz, dem Robert Koch-Institut sowie dem Bundesinstitut für Risikobewertung; zuvor ist eine Stellungnahme des Julius Kühn-Instituts, Bundesforschungsinstitut für Kulturpflanzen, und, soweit gentechnisch veränderte Wirbeltiere oder gentechnisch veränderte Mikroorganismen, die an Wirbeltieren angewendet werden, betroffen sind, des Friedrich-Loeffler-Institutes und des Paul-Ehrlich-Institutes einzuholen.

(5) [1]Vor Erteilung der Genehmigung prüft und bewertet die Kommission den Antrag im Hinblick auf mögliche Gefahren für die in § 1 Nr. 1 genannten Rechtsgüter, in den Fällen des Absatzes 1 unter Berücksichtigung der geplanten Sicherheitsvorkehrungen, und gibt hierzu Empfehlungen. [2]§ 10 Abs. 7 Satz 3 und 4 gilt entsprechend.

(5a) Die Bestimmungen einer Genehmigung für das Inverkehrbringen sind auch von den übrigen am Inverkehrbringen des Produkts oder dem Umgang damit Beteiligten zu beachten, soweit diese sich auf den Verwendungszweck oder den Umgang mit dem Produkt, insbesondere seine Anwendung, Beförderung oder Lagerung, beziehen, sofern die Genehmigung öffentlich bekannt gemacht wurde.

(6) [1]Das Bundesministerium für Ernährung und Landwirtschaft wird ermächtigt, durch Rechtsverordnung mit Zustimmung des Bundesrates das Verfahren der Beteiligung der Europäischen Kommission und der Mitgliedstaaten der Europäischen Union und der anderen Vertragsstaaten des Abkommens über den Europäischen Wirtschaftsraum im Zusammenhang mit der Freisetzung gentechnisch veränderter Organismen und dem Inverkehrbringen von Produkten, die gentechnisch veränderte Organismen enthalten oder aus solchen bestehen, und die Verpflichtung der zuständigen Behörde, Bemerkungen der Mitgliedstaaten der Europäischen Union und der anderen Vertragsstaaten des Abkommens über den Europäischen Wirtschaftsraum zu berücksichtigen oder Entscheidungen oder Beschlüsse der Europäischen Kommission umzusetzen, zu regeln, soweit dies zur Durchführung der Richtlinie des Rates über die absichtliche Freisetzung genetisch veränderter Organismen in die Umwelt in ihrer jeweils geltenden Fassung erforderlich ist. [2]In der Rechtsverordnung nach Satz 1 kann vorgesehen werden, dass eine Genehmigung, auch abweichend von den Vorschriften dieses Gesetzes, zu erteilen oder zu versagen ist, soweit dies in einer Entscheidung oder in einem Beschluss der Europäischen Kommission vorgesehen ist; dies gilt entsprechend für das Ruhen einer Genehmigung nach § 20 Abs. 2 und eine Untersagung nach § 26 Abs. 5 Satz 3.

(7) Vor Erhebung einer verwaltungsgerichtlichen Klage findet bei einer Entscheidung über den Antrag auf Genehmigung einer Freisetzung ein Vorverfahren nicht statt, sofern ein Anhörungsverfahren nach § 18 durchgeführt wurde.

Zur fiktiven Genehmigung gilt das in → § 10 Rn. 2 Ausgeführte entsprechend.   1

§ 16a Standortregister

(1) [1]Zum Zweck der Überwachung etwaiger Auswirkungen von gentechnisch veränderten Organismen auf die in § 1 Nr. 1 und 2 genannten Rechtsgüter und

Belange sowie zum Zweck der Information der Öffentlichkeit werden die nach Absatz 2 mitzuteilenden Angaben über Freisetzungen gentechnisch veränderter Organismen und die nach Absatz 3 mitzuteilenden Angaben über den Anbau gentechnisch veränderter Organismen in einem Bundesregister erfasst. [2]Das Register wird von der zuständigen Bundesoberbehörde geführt und erfasst die nach Absatz 2 oder Absatz 3 gemeldeten Angaben für das gesamte Bundesgebiet. [3]Das Register muss nach Maßgabe des Absatzes 4 allgemein zugänglich sein.

(2) [1]Der Betreiber hat die tatsächliche Durchführung der genehmigten Freisetzung von gentechnisch veränderten Organismen spätestens drei Werktage vor der Freisetzung der zuständigen Bundesoberbehörde mitzuteilen. [2]Die Mitteilung umfasst folgende Angaben:
1. die Bezeichnung des gentechnisch veränderten Organismus,
2. seine gentechnisch veränderten Eigenschaften,
3. das Grundstück der Freisetzung sowie die Größe der Freisetzungsfläche,
4. den Freisetzungszeitraum.
[3]Änderungen in den Angaben sowie die Beendigung des Freisetzungsvorhabens sind unverzüglich mitzuteilen.

(3) [1]Der Anbau von gentechnisch veränderten Organismen ist von demjenigen, der die Fläche bewirtschaftet, spätestens drei Monate vor dem Anbau der zuständigen Bundesoberbehörde mitzuteilen. [2]Die Mitteilung umfasst folgende Angaben:
1. die Bezeichnung und den spezifischen Erkennungsmarker des gentechnisch veränderten Organismus,
2. seine gentechnisch veränderten Eigenschaften,
3. den Namen und die Anschrift desjenigen, der die Fläche bewirtschaftet,
4. das Grundstück des Anbaus sowie die Größe der Anbaufläche.
[3]Änderungen in den Angaben sind unverzüglich mitzuteilen.

(4) [1]Der allgemein zugängliche Teil des Registers umfasst:
1. die Bezeichnung und den spezifischen Erkennungsmarker des gentechnisch veränderten Organismus,
2. seine gentechnisch veränderten Eigenschaften,
3. das Grundstück der Freisetzung oder des Anbaus sowie die Flächengröße.
[2]Auskünfte aus dem allgemein zugänglichen Teil des Registers werden im Wege des automatisierten Abrufs über das Internet erteilt.

(5) Die zuständige Bundesoberbehörde erteilt aus dem nicht allgemein zugänglichen Teil des Registers Auskunft auch über die personenbezogenen Daten, soweit der Antragsteller ein berechtigtes Interesse glaubhaft macht und kein Grund zu der Annahme besteht, dass der Betroffene ein überwiegendes schutzwürdiges Interesse an dem Ausschluss der Auskunft hat.

(5a) Die für die Ausführung dieses Gesetzes zuständige Behörde eines Landes darf zum Zweck der Überwachung die im nicht allgemein zugänglichen Teil des Registers gespeicherten Daten im automatisierten Verfahren abrufen, soweit ein Grundstück betroffen ist, das in ihrem Zuständigkeitsbereich belegen ist; § 10 Abs. 2 bis 5 des Bundesdatenschutzgesetzes ist anzuwenden.

(6) [1]Die zuständige Bundesoberbehörde hat dem jeweiligen Stand der Technik entsprechende Maßnahmen zur Gewährleistung von Datensicherheit und Datenschutz zu treffen, die insbesondere die Unversehrtheit der Daten und die Vertraulichkeit der im nicht allgemein zugänglichen Teil des Registers gespeicherten Daten gewährleisten; im Falle der Nutzung allgemein zugänglicher Datennetze für Auskünfte nach Absatz 5 sind Verschlüsselungsverfahren anzuwenden. [2]Die Daten des Bundesregisters werden nach Ablauf von 15 Jahren nach ihrer erstmaligen Speicherung gelöscht.

(7) § 19 des Bundesdatenschutzgesetzes gilt für juristische Personen entsprechend.

§ 16b Umgang mit in Verkehr gebrachten Produkten

(1) [1]Wer zum Inverkehrbringen zugelassene Produkte, die gentechnisch veränderte Organismen enthalten oder daraus bestehen, anbaut, weiterverarbeitet, soweit es sich um Tiere handelt, hält, oder diese erwerbswirtschaftlich, gewerbsmäßig oder in vergleichbarer Weise in den Verkehr bringt, hat Vorsorge dafür zu treffen, dass die in § 1 Nr. 1 und 2 genannten Rechtsgüter und Belange durch die Übertragung von Eigenschaften eines Organismus, die auf gentechnischen Arbeiten beruhen, durch die Beimischung oder durch sonstige Einträge von gentechnisch veränderten Organismen nicht wesentlich beeinträchtigt werden. [2]Er muss diese Pflicht hinsichtlich der in § 1 Nr. 2 genannten Belange gegenüber einem anderen insoweit nicht beachten, als dieser durch schriftliche Vereinbarung mit ihm auf seinen Schutz verzichtet oder ihm auf Anfrage die für seinen Schutz erforderlichen Auskünfte nicht innerhalb eines Monats erteilt hat und die Pflicht im jeweiligen Einzelfall ausschließlich dem Schutz des anderen dient. [3]In der schriftlichen Vereinbarung oder der Anfrage ist der andere über die Rechtsfolgen der Vereinbarung oder die Nichterteilung der Auskünfte aufzuklären und darauf hinzuweisen, dass er zu schützende Rechte Dritter zu beachten hat. [4]Die zulässige Abweichung von den Vorgaben der guten fachlichen Praxis ist der zuständigen Behörde rechtzeitig vor der Aussaat oder Pflanzung anzuzeigen.

(1a) [1]Der Bewirtschafter hat ergänzend zu den Angaben nach § 16a Abs. 3 Satz 2
1. die Tatsache des Abschlusses einer Vereinbarung im Sinne des Absatzes 1 Satz 2 oder
2. die Tatsache, vom Nachbarn keine Auskunft auf eine Anfrage im Sinne des Absatzes 1 Satz 2 erhalten zu haben, soweit er die Absicht hat, von den Vorgaben der guten fachlichen Praxis auf Grund einer fehlenden Erteilung von Auskünften abzuweichen,
der zuständigen Bundesoberbehörde spätestens einen Monat vor dem Anbau unter Bezeichnung des betroffenen Grundstückes mitzuteilen. [2]Der allgemein zugängliche Teil des Registers nach § 16a Abs. 1 Satz 1 umfasst zusätzlich zu der Angabe nach § 16a Abs. 4 Satz 1 Nr. 3 die auf das betroffene Grundstück bezogene Angabe nach Satz 1. [3]Im Übrigen gilt § 16a entsprechend.

(2) Beim Anbau von Pflanzen, beim sonstigen Umgang mit Pflanzen und bei der Haltung von Tieren wird die Vorsorgepflicht nach Absatz 1 durch die Einhaltung der guten fachlichen Praxis erfüllt.

(3) Zur guten fachlichen Praxis gehören, soweit dies zur Erfüllung der Vorsorgepflicht nach Absatz 1 erforderlich ist, insbesondere
1. beim Umgang mit gentechnisch veränderten Organismen die Beachtung der Bestimmungen der Genehmigung für das Inverkehrbringen nach § 16 Abs. 5a,
2. beim Anbau von gentechnisch veränderten Pflanzen und bei der Herstellung und Ausbringung von Düngemitteln, die gentechnisch veränderte Organismen enthalten, Maßnahmen, um Einträge in andere Grundstücke zu verhindern sowie Auskreuzungen in andere Kulturen benachbarter Flächen und die Weiterverbreitung durch Wildpflanzen zu vermeiden,
3. bei der Haltung gentechnisch veränderter Tiere die Verhinderung des Entweichens aus dem zur Haltung vorgesehenen Bereich und des Eindringens anderer Tiere der gleichen Art in diesen Bereich,
4. bei der Beförderung, Lagerung und Weiterverarbeitung gentechnisch veränderter Organismen die Verhinderung von Verlusten sowie Vermischungen und Vermengungen mit anderen Erzeugnissen.

(4) Wer mit Produkten, die gentechnisch veränderte Organismen enthalten oder daraus bestehen, für erwerbswirtschaftliche, gewerbsmäßige oder vergleichbare Zwecke umgeht, muss die Zuverlässigkeit, Kenntnisse, Fertigkeiten und Ausstattung besitzen, um die Vorsorgepflicht nach Absatz 1 erfüllen zu können.

(5) Wer Produkte, die gentechnisch veränderte Organismen enthalten oder daraus bestehen, in Verkehr bringt, hat eine Produktinformation mitzuliefern, die die Bestimmungen der Genehmigung enthält, soweit diese sich auf den Umgang mit dem Produkt beziehen, und aus der hervorgeht, wie die Pflichten nach Absatz 1 bis 3 erfüllt werden können.

(6) Die Bundesregierung wird ermächtigt, durch Rechtsverordnung mit Zustimmung des Bundesrates die Grundsätze der guten fachlichen Praxis im Sinne des Absatzes 3, einschließlich des Informationsaustauschs mit Nachbarn und Behörden, die Eignung von Person und Ausstattung nach Absatz 4 und die inhaltliche Gestaltung der Produktinformation nach Absatz 5 näher zu bestimmen.

§ 16c Beobachtung

(1) Wer als Betreiber Produkte, die aus gentechnisch veränderten Organismen bestehen oder solche enthalten, in Verkehr bringt, hat diese auch danach nach Maßgabe der Genehmigung zu beobachten, um mögliche Auswirkungen auf die in § 1 Nr. 1 genannten Rechtsgüter zu ermitteln.

(2) Ziel der Beobachtung ist es,
1. zu bestätigen, dass eine Annahme über das Auftreten und die Wirkung einer etwaigen schädlichen Auswirkung eines gentechnisch veränderten Organismus oder dessen Verwendung in der Risikobewertung zutrifft (fallspezifische Beobachtung), und
2. das Auftreten schädlicher Auswirkungen des gentechnisch veränderten Organismus oder dessen Verwendung auf die menschliche Gesundheit oder die Umwelt zu ermitteln, die in der Risikobewertung nicht vorhergesehen wurden (allgemeine Beobachtung).

(3) Die Bundesregierung wird ermächtigt, mit Zustimmung des Bundesrates die allgemeinen Grundsätze der Beobachtung von gentechnisch veränderten Organismen durch den Betreiber in einer Rechtsverordnung zu regeln, insbesondere hinsichtlich der Festlegung der Mindeststandards der Beobachtung, der Einbeziehung Dritter sowie der Einbeziehung bundesbehördlicher Beobachtungstätigkeiten.

§ 16d Entscheidung der Behörde bei Inverkehrbringen

(1) Die zuständige Bundesoberbehörde entscheidet im Rahmen der Genehmigung des Inverkehrbringens eines Produkts, das gentechnisch veränderte Organismen enthält oder aus solchen besteht, über
1. den Verwendungszweck,
2. die besonderen Bedingungen für den Umgang mit dem Produkt und seine Verpackung,
3. die Bedingungen für den Schutz besonderer Ökosysteme, Umweltgegebenheiten oder geographischer Gebiete,
4. die Kennzeichnung,
5. die Anforderungen an die Einzelheiten der Beobachtung auf der Grundlage der Risikobewertung, die Laufzeit des Beobachtungsplans,
6. die Vorlagepflicht für Kontrollproben.

(2) [1]Die Genehmigung für ein Inverkehrbringen wird für höchstens zehn Jahre erteilt. [2]Eine Verlängerung der Genehmigung erfolgt für zehn Jahre. [3]Die Verlänge-

rung kann aus besonderen Gründen für einen kürzeren oder längeren Zeitraum ausgesprochen werden. [4]Im Falle eines gentechnisch veränderten Organismus, der ausschließlich als Saatgut oder Vermehrungsmaterial in Verkehr gebracht werden soll, beginnt der Lauf der in Satz 1 genannten Frist mit der Bekanntgabe der Eintragung der ersten diesen Organismus enthaltenden Pflanzensorte in einen amtlichen nationalen Pflanzensortenkatalog gemäß der Richtlinie 2002/53/EG des Rates vom 13. Juni 2002 über einen gemeinsamen Sortenkatalog für landwirtschaftliche Pflanzenarten (ABl. EG Nr. L 193 S. 1), zuletzt geändert durch die Verordnung (EG) Nr. 1829/2003 des Europäischen Parlaments und des Rates vom 22. September 2003 (ABl. EU Nr. L 268 S. 1), und der Richtlinie 2002/55/EG des Rates vom 13. Juni 2002 über den Verkehr mit Gemüsesaatgut (ABl. EG Nr. L 193 S. 33), zuletzt geändert durch die Verordnung (EG) Nr. 1829/2003 des Europäischen Parlaments und des Rates vom 22. September 2003 (ABl. EU Nr. L 268 S. 1). [5]Wird das Inverkehrbringen von forstlichem Vermehrungsgut genehmigt, so beginnt der Lauf der in Satz 1 genannten Frist mit der Bekanntgabe der Eintragung in ein amtliches nationales Ausgangsmaterialregister gemäß der Richtlinie 1999/105/EG des Rates vom 22. Dezember 1999 über den Verkehr mit forstlichem Vermehrungsgut (ABl. EG 2000 Nr. 11 S. 17). [6]Der Betreiber hat der zuständigen Bundesoberbehörde die Bekanntgabe der Eintragung nach Satz 3 und 4 unverzüglich mitzuteilen.

(3) [1]Die zuständige Bundesoberbehörde kann, soweit dies zur Abwehr nach dem Stand der Wissenschaft im Verhältnis zum Zweck des Inverkehrbringens unvertretbarer schädlicher Einwirkungen auf die in § 1 Nr. 1 bezeichneten Rechtsgüter erforderlich ist, die nach Absatz 1 Satz 1 Nr. 5 getroffene Entscheidung nachträglich ändern, soweit dies zur Anpassung der Beobachtungsmethoden, der Probenahme- oder Analyseverfahren an den Stand von Wissenschaft oder zur Berücksichtigung von erst im Verlauf der Beobachtung gewonnenen Erkenntnissen erforderlich ist. [2]Die §§ 48 und 49 des Verwaltungsverfahrensgesetzes bleiben unberührt.

Der Verstoß gegen eine Auflage nach Abs. 3 S. 1 ist ordnungswidrig nach § 38 Abs. 1 **1** Nr. 8 und unter den Voraussetzungen des § 39 Abs. 3 auch strafbar. Auf Grund des § 16b Abs. 6 wurde am 7.4.2008 die Gentechnik-PflanzenerzeugungsVO erlassen.[1] Sie ergänzt und gestaltet den Begriff der guten fachlichen Praxis.[2] Zu den zivilrechtlichen Folgen siehe § 36a Abs. 2.

§ 16e Ausnahmen für nicht kennzeichnungspflichtiges Saatgut

Die §§ 16a und 16b sind nicht auf Saatgut anzuwenden, sofern das Saatgut auf Grund eines in Rechtsakten der Europäischen Union und deren Umsetzung durch § 17b Abs. 1 Satz 2 festgelegten Schwellenwertes nicht mit einem Hinweis auf die gentechnische Veränderung gekennzeichnet werden muss oder, soweit es in den Verkehr gebracht werden würde, gekennzeichnet werden müsste.

Vierter Teil. Gemeinsame Vorschriften

§ 17 Verwendung von Unterlagen

(1) [1]Unterlagen nach § 10 Abs. 2 Satz 2 Nr. 5, Abs. 3 Satz 2 Nr. 4, auch in Verbindung mit § 12 Abs. 2, nach § 12 Abs. 2a Satz 2 Nr. 1 und 4, § 15 Abs. 1 Satz 2

---

[1] GenTGPflEV, BGBl. 2008 I S. 655 (FNA 2121-60-1-10).
[2] Siehe § 16b Abs. 3; VGH München 27.3.2012 – 22 BV 11.2175, UPR 2012, 280 zur guten fachlichen Praxis bei Anbau von gentechnisch verändertem Mais in Koexistenz mit Imkern.

Nr. 2 und 4, Abs. 3 Satz 2 Nr. 2, 4 und 5 sind nicht erforderlich, soweit der zuständigen Behörde ausreichende Kenntnisse vorliegen. ²Der Betreiber kann insoweit auch auf Unterlagen Bezug nehmen, die er oder ein Dritter in einem vorangegangenen Verfahren vorgelegt hat, es sei denn, es handelt sich um vertrauliche Unterlagen des Dritten und dieser hat seine Zustimmung zur Verwendung nicht erteilt. ³Stammen Erkenntnisse, die Tierversuche voraussetzen, aus Unterlagen eines Dritten, so teilt die zuständige Behörde diesem und dem Anmelder oder Antragsteller mit, welche Unterlagen des Dritten sie zugunsten des Anmelders oder Antragstellers zu verwenden beabsichtigt, sowie jeweils Namen und Anschrift des anderen. ⁴Sind Tierversuche nicht Voraussetzung, so bedarf es zur Verwendung von vertraulichen Unterlagen eines Dritten dessen schriftlicher Zustimmung. ⁵Die Sätze 3 und 4 gelten nicht, wenn die Anmeldung oder Genehmigung länger als zehn Jahre zurückliegt.

(2) ¹Der Dritte kann der Verwendung seiner Unterlagen im Falle des Absatzes 1 Satz 3 innerhalb einer Frist von 30 Tagen nach Zugang der Mitteilung nach Absatz 1 Satz 3 widersprechen. ²Im Falle des Widerspruchs ist das Anmelde- oder Genehmigungsverfahren für einen Zeitraum von fünf Jahren nach Anmeldung oder Stellung des Genehmigungsantrages auszusetzen, längstens jedoch bis zum Ablauf von zehn Jahren nach der Anmeldung oder der Genehmigung des Dritten. ³Würde der Anmelder oder Antragsteller für die Beibringung eigener Unterlagen einen kürzeren Zeitraum benötigen, so ist das Anmelde- oder Genehmigungsverfahren nur für diesen Zeitraum auszusetzen. ⁴Vor Aussetzung des Anmelde- oder Genehmigungsverfahrens sind der Anmelder oder Antragsteller und der Dritte zu hören.

(3) ¹Erfolgt eine Anmeldung oder wird eine Genehmigung im Falle des Absatzes 2 vor Ablauf von zehn Jahren nach der Anmeldung oder Erteilung der Genehmigung des Dritten unter Verwendung seiner Unterlagen erteilt, so hat er gegen den Anmelder oder Antragsteller Anspruch auf eine Vergütung in Höhe von 50 v. H. der vom Anmelder oder Antragsteller durch die Verwendung ersparten Aufwendungen. ²Der Dritte kann dem Anmelder oder Antragsteller das Inverkehrbringen untersagen, solange dieser nicht die Vergütung gezahlt oder für sie in angemessener Höhe Sicherheit geleistet hat.

(4) ¹Sind von mehreren Anmeldern oder Antragstellern gleichzeitig inhaltlich gleiche Unterlagen bei einer zuständigen Behörde vorzulegen, die Tierversuche voraussetzen, so teilt die zuständige Behörde den Anmeldern oder Antragstellern, die ihr bekannt sind, mit, welche Unterlagen von ihnen gemeinsam vorzulegen sind, sowie jeweils Namen und Anschrift der anderen Beteiligten. ²Die zuständige Behörde gibt den beteiligten Anmeldern oder Antragstellern Gelegenheit, sich innerhalb einer von ihr zu bestimmenden Frist zu einigen, wer die Unterlagen vorlegt. ³Kommt eine Einigung nicht zustande, so entscheidet die zuständige Behörde und unterrichtet hiervon unverzüglich alle Beteiligten. ⁴Diese sind, sofern sie ihre Anmeldung oder ihren Antrag nicht zurücknehmen oder sonst die Voraussetzungen ihrer Anmeldepflicht oder ihres Antrags entfallen, verpflichtet, demjenigen, der die Unterlagen vorgelegt hat, die anteiligen Aufwendungen für die Erstellung zu erstatten; sie haften als Gesamtschuldner.

§ 17a Vertraulichkeit von Angaben

(1) ¹Angaben, die ein Betriebs- oder Geschäftsgeheimnis darstellen, sind vom Betreiber als vertraulich zu kennzeichnen. ²Er hat begründet darzulegen, daß eine Verbreitung der Betriebs- und Geschäftsgeheimnisse ihm betrieblich oder geschäftlich schaden könnte. ³Hält die zuständige Behörde die Kennzeichnung für

unberechtigt, so hat sie vor der Entscheidung, welche Informationen vertraulich zu behandeln sind, den Antragsteller zu hören und diesen über ihre Entscheidung zu unterrichten. [4]Personenbezogene Daten stehen Betriebs- und Geschäftsgeheimnissen gleich und müssen vertraulich behandelt werden.

(2) Nicht unter das Betriebs- und Geschäftsgeheimnis im Sinne des Absatzes 1 fallen
1. allgemeine Merkmale oder Beschreibung der gentechnisch veränderten Organismen,
2. Name und Anschrift des Betreibers,
3. Ort der gentechnischen Anlage oder Freisetzung und der Freisetzungszweck,
3a. beabsichtigte Verwendung,
4. Sicherheitsstufe und Sicherheitsmaßnahmen,
5. Methoden und Pläne zur Überwachung der gentechnisch veränderten Organismen und für Notfallmaßnahmen,
6. Risikobewertung.

(3) Sofern ein Anhörungsverfahren nach § 18 durchzuführen ist, ist der Inhalt der Unterlagen, soweit die Angaben Betriebs- oder Geschäftsgeheimnisse oder personenbezogene Daten enthalten und soweit es ohne Preisgabe dieser geschützten Daten geschehen kann, so ausführlich darzustellen, daß es Dritten möglich ist zu beurteilen, ob und in welchem Umfang sie von den Auswirkungen des Vorhabens betroffen sind.

(4) Zieht der Anmelder oder Antragsteller die Anmeldung oder den Antrag auf Genehmigung zurück, so haben die zuständigen Behörden die Vertraulichkeit zu wahren.

§ 17b Kennzeichnung

(1) [1]Produkte, die gentechnisch veränderte Organismen enthalten oder aus solchen bestehen und in Verkehr gebracht werden, sind auf einem Etikett oder in einem Begleitdokument entsprechend den auf Grund des § 30 Abs. 2 Nr. 14 erlassenen Vorschriften über die Kennzeichnung mit dem Hinweis „Dieses Produkt enthält genetisch veränderte Organismen" zu kennzeichnen. [2]Die Bundesregierung kann zur Umsetzung eines nach Artikel 21 Abs. 2 Satz 2 in Verbindung mit Artikel 30 Abs. 2 der Richtlinie 2001/18/EG festgelegten Schwellenwertes für die Kennzeichnung durch Rechtsverordnung mit Zustimmung des Bundesrates solche Produkte von der Kennzeichnungspflicht ausnehmen, bei denen zufällige oder technisch nicht zu vermeidende Anteile von gentechnisch veränderten Organismen nicht ausgeschlossen werden können.

(2) [1]Gentechnisch veränderte Organismen, die einem anderen für gentechnische Arbeiten in gentechnischen Anlagen, für Arbeiten in Anlagen im Sinne des § 14 Abs. 1a oder für eine Freisetzung zur Verfügung gestellt werden, sind mit dem Hinweis „Dieses Produkt enthält genetisch veränderte Organismen" zu kennzeichnen. [2]Die auf Grund des § 30 Abs. 2 Nr. 14 erlassenen Vorschriften über die Kennzeichnung von gentechnisch veränderten Organismen gelten entsprechend, soweit diese auf Organismen nach Satz 1 der Natur der Sache nach anwendbar sind. [3]Die Bundesregierung kann zur Umsetzung der Durchführungsbestimmungen der Europäischen Gemeinschaft oder der Europäischen Union nach Artikel 26 Abs. 2 in Verbindung mit Artikel 30 Abs. 2 der Richtlinie 2001/18/EG nach Anhörung der Kommission nach § 4 durch Rechtsverordnung mit Zustimmung des Bundesrates bestimmen, wie die Kennzeichnung dieser Produkte durchgeführt wird.

(3) [1]Die Vorschriften für die Kennzeichnung und Verpackung von Produkten, die für das Inverkehrbringen genehmigte gentechnisch veränderte Organismen enthalten oder aus solchen bestehen, gelten nicht für Produkte, die für eine unmittelbare Verarbeitung vorgesehen sind und deren Anteil an genehmigten gentechnisch veränderten Organismen nicht höher als 0,9 Prozent liegt, sofern dieser Anteil zufällig oder technisch nicht zu vermeiden ist. [2]Die Bundesregierung kann einen nach Artikel 21 Abs. 3 in Verbindung mit Artikel 30 Abs. 2 der Richtlinie 2001/18/EG festgelegten niedrigeren Schwellenwert durch Rechtsverordnung mit Zustimmung des Bundesrates festsetzen.

§ 18 Anhörungsverfahren

(1) [1]Vor der Entscheidung über die Errichtung und den Betrieb einer gentechnischen Anlage, in der gentechnische Arbeiten der Sicherheitsstufen 3 oder 4 zu gewerblichen Zwecken durchgeführt werden sollen, hat die zuständige Behörde ein Anhörungsverfahren durchzuführen. [2]Für die Genehmigung gentechnischer Anlagen, in denen gentechnische Arbeiten der Sicherheitsstufe 2 zu gewerblichen Zwecken durchgeführt werden sollen, ist ein Anhörungsverfahren durchzuführen, wenn ein Genehmigungsverfahren nach § 10 des Bundes-Immissionsschutzgesetzes erforderlich wäre. [3]Im Falle des § 8 Abs. 4 entfällt ein Anhörungsverfahren, wenn nicht zu besorgen ist, daß durch die Änderung zusätzliche oder andere Gefahren für die in § 1 Nr. 1 bezeichneten Rechtsgüter zu erwarten sind.

(2) [1]Vor der Entscheidung über die Genehmigung einer Freisetzung ist ein Anhörungsverfahren durchzuführen. [2]§ 14 Abs. 4a Satz 2 bleibt unberührt.

(3) [1]Das Anhörungsverfahren regelt die Bundesregierung durch Rechtsverordnung mit Zustimmung des Bundesrates. [2]Das Verfahren muß den Anforderungen des § 10 Abs. 3 bis 8 des Bundes-Immissionsschutzgesetzes entsprechen. [3]Bei Verfahren nach Absatz 2 gilt § 10 Abs. 4 Nr. 3 und Abs. 6 des Bundes-Immissionsschutzgesetzes nicht; Einwendungen gegen das Vorhaben können schriftlich oder zur Niederschrift innerhalb eines Monats nach Ablauf der Auslegungsfrist bei der Genehmigungsbehörde oder bei der Stelle erhoben und begründet werden, bei der Antrag und Unterlagen zur Einsicht ausgelegt sind.

§ 19 Nebenbestimmungen, nachträgliche Auflagen

[1]Die zuständige Behörde kann ihre Entscheidung mit Nebenbestimmungen versehen, soweit dies erforderlich ist, um die Genehmigungsvoraussetzungen sicherzustellen. [2]Durch Auflagen können insbesondere bestimmte Verfahrensabläufe oder Sicherheitsvorkehrungen oder eine bestimmte Beschaffenheit oder Ausstattung der gentechnischen Anlage angeordnet werden. [3]Die nachträgliche Aufnahme von Nebenbestimmungen oder Auflagen ist unter den Voraussetzungen von Satz 1 zulässig.

1   Nebenbestimmungen iS des Satzes 1 sind **Auflagen, Bedingungen** und **Befristungen** (§ 36 Abs. 2 VwVfG). Auflagen können sich auf technische oder biologische Sicherheitsvorkehrungen, Maßnahmen des Arbeitsschutzes, personenbezogene Anordnungen etc beziehen. Die Behörde kann insbes. die für die einzelnen Sicherheitsstufen in der GenTSV nicht abschließend vorgeschriebenen Sicherheitsmaßnahmen auf den Einzelfall bezogen sachgerecht ergänzen und ggf. auch variieren.[1]

2   Wenn der Betreiber bei der Durchführung eines gentechnischen Vorhabens eine Bedingung oder Befristung nicht beachtet, handelt er ohne Genehmigung und begeht eine **Straf-**

---

[1] *Hirsch/Schmidt-Didczuhn* Rn. 7.

tat nach § 39 Abs. 2 oder eine **Ordnungswidrigkeit** nach § 38 Abs. 1 Nr. 3. 5, 6a, 6b, 7 bzw. unter den weiteren Voraussetzungen des § 39 Abs. 3 eine Straftat. Der Verstoß gegen eine Auflage ist nach § 38 Abs. 1 Nr. 8 bußgeldbewehrt, ggf. nach § 39 Abs. 3 strafbewehrt. Ein Verstoß gegen eine sog **modifizierende Auflage** als Inhaltsbestimmung der Genehmigung führt zu einem Betrieb ohne Genehmigung (→ § 39 Rn. 13).

Unterbleibt die notwendige Anzeige oder Anmeldung, kann die zuständige Behörde **3** auch **Maßnahmen nach § 26** treffen; Verstöße hiergegen sind wiederum gem. § 38 Abs. 1 Nr. 8 bußgeldbewehrt, unter den Voraussetzungen des § 39 Abs. 3 auch strafbar.

§ 20 Einstweilige Einstellung

(1) Sind die Voraussetzungen für die Fortführung des Betriebs der gentechnischen Anlage, der gentechnischen Arbeit oder der Freisetzung nachträglich entfallen, so kann anstelle einer Rücknahme oder eines Widerrufs der Genehmigung nach den Vorschriften der Verwaltungsverfahrensgesetze die einstweilige Einstellung der Tätigkeit angeordnet werden, bis der Betreiber nachweist, daß die Voraussetzungen wieder vorliegen.

(2) Besteht nach Erteilung einer Genehmigung des Inverkehrbringens, auch einer nach § 14 Abs. 5 gleichgestellten, auf Grund neuer oder zusätzlicher Informationen, die Auswirkungen auf die Risikobewertung haben, oder auf Grund einer Neubewertung der vorliegenden Informationen auf der Grundlage neuer oder zusätzlicher wissenschaftlicher Erkenntnisse ein berechtigter Grund zu der Annahme, dass der gentechnisch veränderte Organismus eine Gefahr für die menschliche Gesundheit oder die Umwelt darstellt, so kann die zuständige Bundesoberbehörde bis zur Entscheidung oder bis zu einem Beschluss der Europäischen Gemeinschaften oder der Europäischen Union nach Artikel 23 in Verbindung mit Artikel 30 Abs. 2 der Richtlinie 2001/18/EG das Ruhen der Genehmigung ganz oder teilweise anordnen.

Die Fortsetzung des Betriebs der Anlage oder einer Freisetzung nach Rücknahme oder **1** Widerruf der Genehmigung ist **strafbar** nach § 39 Abs. 2. Der Verstoß gegen die einstweilige Einstellung des Betriebs ist **bußgeldbewehrt** nach § 38 Abs. 1 Nr. 8, ggf. strafbar nach § 39 Abs. 3, wenn die Behörde eine vollziehbare Anordnung nach § 26 getroffen hat und der Betreiber hiergegen verstößt.

§ 21 Mitteilungspflichten

(1) [1]**Der Betreiber hat jede Änderung in der Beauftragung des Projektleiters, des Beauftragten für die Biologische Sicherheit oder eines Mitgliedes des Ausschusses für die Biologische Sicherheit der für eine Anmeldung, die Erteilung der Genehmigung und der für die Überwachung zuständigen Behörde vorher mitzuteilen.** [2]**Bei einer unvorhergesehenen Änderung hat die Mitteilung unverzüglich zu erfolgen.** [3]**Mit der Mitteilung ist die erforderliche Sachkunde nachzuweisen.**

(1a) *(aufgehoben)*

(1b) [1]**Beabsichtigt der Betreiber, den Betrieb einer Anlage einzustellen, so hat er dies unter Angabe des Zeitpunkts der Einstellung der für die Überwachung zuständigen Behörde unverzüglich mitzuteilen.** [2]**Der Mitteilung sind Unterlagen über die vom Betreiber vorgesehenen Maßnahmen zur Erfüllung der sich aus § 6 Abs. 2 Satz 2 ergebenden Pflichten beizufügen.**

(2) Mitzuteilen ist ferner jede beabsichtigte Änderung der sicherheitsrelevanten Einrichtungen und Vorkehrungen einer gentechnischen Anlage, auch wenn die gentechnische Anlage durch die Änderung weiterhin die Anforderungen der für

die Durchführung der angezeigten, angemeldeten oder genehmigten Arbeiten erforderlichen Sicherheitsstufe erfüllt.

(2a) Der zuständigen Bundesoberbehörde ist jede beabsichtigte oder bekannt gewordene unbeabsichtigt eingetretene Änderung einer Freisetzung, die Auswirkungen auf die Beurteilung der Voraussetzungen nach § 16 Abs. 1 haben kann, mitzuteilen.

(3) ¹Der Betreiber hat der für die Anzeige, die Anmeldung, die Genehmigungserteilung und der für die Überwachung zuständigen Behörde unverzüglich jedes Vorkommnis mitzuteilen, das nicht dem erwarteten Verlauf der gentechnischen Arbeit oder der Freisetzung oder des Inverkehrbringens entspricht und bei dem der Verdacht einer Gefährdung der in § 1 Nr. 1 bezeichneten Rechtsgüter besteht. ²Dabei sind alle für die Sicherheitsbewertung notwendigen Informationen sowie geplante oder getroffene Notfallmaßnahmen mitzuteilen.

(4) ¹Der Betreiber hat nach Abschluss einer Freisetzung der zuständigen Bundesoberbehörde die Ergebnisse der Freisetzung mitzuteilen, soweit diesen Erkenntnisse über eine Gefährdung der in § 1 Nr. 1 genannten Rechtsgüter entnommen werden können. ²Dies gilt auch für Gefährdungen, die sich aus einem Inverkehrbringen ergeben, wenn dieses beabsichtigt ist. ³Über die Dauer der Mitteilungspflicht ist in der Genehmigung zu entscheiden. ⁴Entscheidungen oder Beschlüsse der Europäischen Gemeinschaften oder der Europäischen Union nach Artikel 10 in Verbindung mit Artikel 30 Abs. 2 der Richtlinie 2001/18/EG, die die Form der Mitteilungen nach Absatz 4 festlegen und vom Bundesministerium für Ernährung und Landwirtschaft im Bundesanzeiger bekannt gemacht sind, sind bei der Erstellung der Mitteilungen zu beachten.

(4a) Der Betreiber hat der zuständigen Bundesoberbehörde über die Beobachtung des Inverkehrbringens nach Maßgabe der Genehmigung für das Inverkehrbringen zu berichten.

(5) Erhält der Betreiber neue Informationen über Risiken für die menschliche Gesundheit oder die Umwelt, hat er diese der zuständigen Behörde unverzüglich mitzuteilen.

(5a) ¹Erhält der Betreiber neue Informationen über Risiken für die in § 1 Nr. 1 und 2 genannten Rechtsgüter und Belange, hat er diese, soweit die Freisetzung und das Inverkehrbringen betroffen sind, der zuständigen Bundesoberbehörde unverzüglich mitzuteilen. ²Satz 1 gilt entsprechend für die übrigen am Inverkehrbringen des Produkts oder am Umgang damit Beteiligten.

(6) Eine Mitteilung nach den Absätzen 5 und 5a darf nicht zur strafrechtlichen Verfolgung des Mitteilenden oder für ein Verfahren nach dem Gesetz über Ordnungswidrigkeiten gegen den Mitteilenden verwendet werden.

1   Ein Wechsel des **Betreibers** fällt nicht unter die Mitteilungspflicht nach **Abs. 1;** in diesem Fall muss eine neue Genehmigung für den Anlagenbetrieb oder die Freisetzung beantragt werden.¹

2   Die Mitteilung der **Einstellung (Abs. 1b)** muss so rechtzeitig vor Beginn der Einstellung des Betriebs erfolgen, dass die Behörde noch ihre notwendige und begleitende Überwachungstätigkeit aufnehmen kann.² Die Mitteilungspflicht knüpft bereits an die Absicht der Betriebseinstellung an. Jedoch müssen objektiv nachprüfbare Kriterien für eine solche Absicht vorliegen.³

3   Mitteilungspflichtig ist jede Änderung **sicherheitsrelevanter Einrichtungen und Vorkehrungen (Abs. 2).** Der Betreiber hat keinen Beurteilungsspielraum, ob eine Änderung

---

¹ *Hirsch/Schmidt-Didczuhn* Rn. 2; Eberbach/Lange/Ronellenfitsch/*Fluck* Rn. 25.
² *Koch/Ibelgaufts* Rn. 11.
³ Eberbach/Lange/Ronellenfitsch/*Fluck* Rn. 56 f.

rechtsgutsgefährdend sein kann. Eine wesentliche Änderung führt zu der Notwendigkeit einer neuen Anlagengenehmigung oder -anmeldung (§ 8 Abs. 4). Was als „sicherheitsrelevante Einrichtungen und Vorkehrungen" anzusehen ist, ergibt sich aus dem Genehmigungsbescheid und den Genehmigungs- oder Anmeldeunterlagen.[4] Entsprechendes gilt für die Änderung der Umstände, die Inhalt der Freisetzungsgenehmigung sind (Abs. 2a).

Als **besondere Vorkommnisse** nach **Abs. 3** sind nicht erst Störfälle mitzuteilen, son- 4 dern bereits jede Abweichung vom geplanten Verlauf, die einen konkreten Verdacht einer Gefährdung der Rechtsgüter des § 1 Nr. 1 begründet. Die Mitteilungspflicht ist unverzüglich zu erfüllen.[5]

Abs. 3, 4, 4a und 5a erweitern die Mitteilungspflichten auf das Inverkehrbringen und 5 Freisetzen. Abs. 5a S. 2 korrespondiert mit § 16 Abs. 5a, der die „übrigen am Inverkehrbringen des Produkts oder am Umgang damit Beteiligten" in die Verpflichtungen, die sich aus einer öffentlich bekannt gemachten Inverkehrbringensgenehmigung ergeben, mit einbezieht.

Aus **Abs. 6** ergibt sich, dass – anders als die Auskunftspflicht nach § 25 Abs. 2 – die 6 Mitteilungen nach Abs. 5, 5a nicht unter Hinweis auf mögliche straf- oder bußgeldrechtliche Verfolgung verweigert werden dürfen. Unterlässt der Betreiber eine Mitteilung, so ist er für daraus entstehende straf-, bußgeld- oder zivilrechtliche Folgen haftbar.

Die Verletzung der Mitteilungspflicht ist gem. § 38 Abs. 1 Nr. 9 **bußgeldbewehrt,** ggf. 7 nach § 39 Abs. 3 **strafbar.** Dies gilt durch die Erwähnung des Abs. 5a S. 2 in § 38 Abs. 1 Nr. 9 auch für die sonst Beteiligten gem. § 16 Abs. 5. Kommt der Betreiber seiner gesetzlichen Mitteilungspflicht nicht nach, kann die Überwachungsbehörde die (wiederum nach § 38 Abs. 1 Nr. 8 bußgeldbewehrten) erforderlichen **Maßnahmen nach § 26** gegen ihn ergreifen, um ihn zur Erfüllung seiner Pflicht anzuhalten.

§ 22 Andere behördliche Entscheidungen

(1) Die Anlagengenehmigung schließt andere die gentechnische Anlage betreffende behördliche Entscheidungen ein, insbesondere öffentlich-rechtliche Genehmigungen, Zulassungen, Verleihungen, Erlaubnisse und Bewilligungen, mit Ausnahme von behördlichen Entscheidungen auf Grund atomrechtlicher Vorschriften.

(2) Vorschriften, nach denen öffentlich-rechtliche Genehmigungen, Zulassungen, Verleihungen, Erlaubnisse und Bewilligungen erteilt werden, finden auf gentechnische Anlagen, für die ein Anmeldeverfahren nach diesem Gesetz durchzuführen ist, sowie auf gentechnische Arbeiten, Freisetzungen oder das Inverkehrbringen, die nach diesem Gesetz anmelde- oder genehmigungspflichtig sind, insoweit keine Anwendung, als es sich um den Schutz vor den spezifischen Gefahren der Gentechnik handelt; Vorschriften über das Inverkehrbringen nach § 14 Abs. 2 bleiben unberührt.

(3) § 35 des Bundesnaturschutzgesetzes bleibt unberührt.

Die gentechnischen Anlagengenehmigungen nach § 8 Abs. 1 S. 2, Abs. 2 S. 2, Abs. 3 1 und 4 S. 1, § 9 Abs. 4 GenTG schließen nach dieser, dem § 13 BImSchG nachgebildeten Vorschrift alle anderen für die Anlage erforderlichen Genehmigungen (mit Ausnahme der Genehmigung nach dem AtG) ein; so insbes. alle Anlagengenehmigungen und Baugenehmigungen,[1] die Genehmigung nach §§ 4, 8, 15 BImSchG (wobei die Konzentrationsrege-

---

[4] *Brocks/Pohlmann/Senft* S. 86; *Hirsch/Schmidt-Didczuhn* Rn. 4, 5; Eberbach/Lange/Ronellenfitsch/*Fluck* Rn. 64 ff., 74 (Aufzählung solcher Gegenstände getrennt nach Sicherheitsstufen); *Koch/Ibelgaufts* Rn. 12.
[5] *Hirsch/Schmidt-Didczuhn* Rn. 6, 7; Eberbach/Lange/Ronellenfitsch/*Fluck* Rn. 83 ff.; *Koch/Ibelgaufts* Rn. 14.
[1] *Knoche* DVBl 1992, 1079 (1083); *Wurzel/Merz* BayVBl. 1991, 1 (10); *Brocks/Pohlmann/Senft* S. 135; *Hirsch/Schmidt-Didczuhn* Rn. 7 ff.

lung des § 13 BImSchG hinter § 22 zurücktritt), die Herstellungserlaubnis nach § 13 AMG, die Genehmigung nach § 8 TierSchG, artenschutzrechtliche Genehmigungen,[2] die seuchenrechtliche Umgangserlaubnis für das Arbeiten und den Verkehr mit Krankheitserregern nach § 44 IfSG, Entscheidungen aufgrund wasserrechtlicher Vorschriften (insbes. Erlaubnis und Bewilligung nach dem WHG und den Wasser- bzw. Abwassergesetzen der Länder einschließlich der Erlaubnis für die Einleitung von Abwässern).[3] Keine Konzentrationswirkung kommen dem Vorbescheid, der Tätigkeitsgenehmigung nach § 9 Abs. 3 GenTG und der fingierten Zustimmung nach § 12 Abs. 5 S. 2 GenTG zu.[4] Die Vorschrift gilt auch nicht für Genehmigungen zur Freisetzung oder zum Inverkehrbringen.

2   § 35 BNatSchG ordnet an, dass bei der Genehmigung einer Freisetzung gentechnisch veränderter Organismen und bei deren land-, forst- und fischereiwirtschaftlicher Nutzung die Voraussetzungen des § 34 BNatSchG über die Verträglichkeit von Projekten mit den Erhaltungs- und Schutzzielen für Schutzgebiete iS der europäischen Fauna-Flora-Habitat-Richtlinie zu überprüfen sind.[5]

§ 23 Ausschluß von privatrechtlichen Abwehransprüchen

[1]**Auf Grund privatrechtlicher, nicht auf besonderen Titeln beruhender Ansprüche zur Abwehr benachteiligender Einwirkungen von einem Grundstück auf ein benachbartes Grundstück kann nicht die Einstellung des Betriebs der gentechnischen Anlage, der gentechnischen Arbeiten oder die Beendigung einer Freisetzung verlangt werden, deren Genehmigung unanfechtbar ist und für die ein Anhörungsverfahren nach § 18 durchgeführt wurde; es können nur Vorkehrungen verlangt werden, die die benachteiligenden Wirkungen ausschließen.** [2]**Soweit solche Vorkehrungen nach dem Stand der Technik nicht durchführbar oder wirtschaftlich nicht vertretbar sind, kann lediglich Schadensersatz verlangt werden.**

§ 24 Gebühren, Auslagen und Aufwendungen[1]

(1) [1]**Für individuell zurechenbare öffentliche Leistungen nach diesem Gesetz und den zur Durchführung dieses Gesetzes erlassenen Rechtsvorschriften sind Gebühren und Auslagen zu erheben.** [2]**Von der Zahlung von Gebühren und Auslagen sind außer den in § 8 Absatz 1 und 2 des Bundesgebührengesetzes bezeichneten Rechtsträgern die als gemeinnützig anerkannten Forschungseinrichtungen befreit.**

(2) **Das Bundesministerium für Ernährung und Landwirtschaft wird ermächtigt, im Einvernehmen mit dem Bundesministerium für Gesundheit und dem Bundesministerium für Umwelt, Naturschutz, Bau und Reaktorsicherheit durch Rechtsverordnung ohne Zustimmung des Bundesrates die gebührenpflichtigen Tatbestände und die Gebühren durch feste Sätze, Rahmensätze oder nach dem Wert des Gegenstandes näher zu bestimmen.**

(3) [1]**Für die durch die Länder zu erhebenden Kosten gilt Landesrecht; Absatz 1 Satz 2 gilt entsprechend.** [2]**Die Länder haben die bei der Kommission im Rahmen des Anzeige-, Anmelde- und Genehmigungsverfahrens entstehenden Aufwendungen zu erstatten.** [3]**Die Aufwendungen werden im Einzelfall festgesetzt; dabei können nach dem durchschnittlichen Personal- und Sachaufwand ermittelte feste Sätze oder Rahmensätze zugrunde gelegt werden.**

---

[2] *Eckart/Hennig* NuR 2013, 176 (181).

[3] *Knoche* DVBl 1992, 1079 (1083) unter Berufung auf die Auslegung durch den „Länderausschuss-Gentechnik (LAG)" (vgl. hierzu Landmann/Rohmer/*Wahl* Vor §§ 8–13 GenTG Rn. 21); *Hirsch/Schmidt-Didczuhn* Rn. 4, 7, 8; aA: *Fluck* BB 1990, 1716 (1724); *Gerlach* S. 129 f.; *Koch/Ibelgaufts* Rn. 7.

[4] *Fluck* BB 1990, 1716 (1724); *Fritsch/Haverkamp* BB 1990, Beil. 31, S. 5; *Brocks/Pohlmann/Senft* S. 110; *Hirsch/Schmidt-Didczuhn* Rn. 2; *Koch/Ibelgaufts* Rn. 5.

[5] *Palme/Schumacher* NuR 2007, 16; *Winter* NuR 2007, 571.

[1] § 24 wird mit Wirkung vom 1.10.2021 aufgehoben durch Gesetz vom 18.7.2016, BGBl. I S. 1666.

(4) Die bei der Erfüllung von Auskunfts- und Duldungspflichten im Rahmen von Anmelde- und Genehmigungsverfahren und Überwachung entstehenden eigenen Aufwendungen des Betreibers sind nicht zu erstatten.

§ 25 Überwachung, Auskunfts-, Duldungspflichten

(1) Die zuständigen Behörden haben die Durchführung dieses Gesetzes, der auf Grund dieses Gesetzes erlassenen Rechtsverordnungen, der unmittelbar geltenden Rechtsakte der Europäischen Gemeinschaften oder der Europäischen Union im Anwendungsbereich dieses Gesetzes und der darauf beruhenden behördlichen Anordnungen und Verfügungen zu überwachen.

(2) Der Betreiber, die verantwortlichen Personen im Sinne des § 3 Nr. 8 und 9 und jede Person, die mit Produkten, die gentechnisch veränderte Organismen enthalten oder aus solchen bestehen, erwerbswirtschaftlich, gewerbsmäßig oder in vergleichbarer Weise umgeht, haben der zuständigen Behörde auf Verlangen unverzüglich die zur Überwachung erforderlichen Auskünfte zu erteilen und die erforderlichen Hilfsmittel, einschließlich Kontrollproben, im Rahmen ihrer Verfügbarkeit zur Verfügung zu stellen.

(3) [1]Die mit der Überwachung beauftragten Personen sind befugt,
1. zu den Betriebs- und Geschäftszeiten Grundstücke, Geschäftsräume und Betriebsräume zu betreten und zu besichtigen,
2. alle zur Erfüllung ihrer Aufgaben erforderlichen Prüfungen einschließlich der Entnahme von Proben durchzuführen,
3. die zur Erfüllung ihrer Aufgaben erforderlichen Unterlagen einzusehen und hieraus Ablichtungen oder Abschriften anzufertigen.
[2]Zur Verhütung dringender Gefahren für die öffentliche Sicherheit und Ordnung können Maßnahmen nach Satz 1 auch in Wohnräumen und zu jeder Tages- und Nachtzeit getroffen werden. [3]Der Betreiber und jede Person, die mit Produkten, die gentechnisch veränderte Organismen enthalten oder aus solchen bestehen, erwerbswirtschaftlich, gewerbsmäßig oder in vergleichbarer Weise umgeht, sind verpflichtet, Maßnahmen nach Satz 1 Nr. 1 und 2 und Satz 2 zu dulden, die mit der Überwachung beauftragten Personen zu unterstützen, soweit dies zur Erfüllung ihrer Aufgaben erforderlich ist, sowie die erforderlichen geschäftlichen Unterlagen vorzulegen. [4]Das Grundrecht der Unverletzlichkeit der Wohnung (Artikel 13 des Grundgesetzes) wird insoweit eingeschränkt.

(4) Auskunftspflichtige Personen können die Auskunft auf solche Fragen verweigern, deren Beantwortung sie selbst oder einen ihrer in § 383 Abs. 1 Nr. 1 bis 3 der Zivilprozeßordnung bezeichneten Angehörigen der Gefahr der Verfolgung wegen einer Straftat oder Ordnungswidrigkeit aussetzen würde.

(4a) Die bei der Erfüllung von Auskunfts- oder Duldungspflichten im Rahmen von Anmelde- und Genehmigungsverfahren entstehenden eigenen Aufwendungen des Betreibers sind nicht zu erstatten.[1]

(5) Die in Erfüllung einer Auskunfts- oder Duldungspflicht nach diesem Gesetz oder einer auf Grund dieses Gesetzes erlassenen Rechtsverordnung erhobenen personenbezogenen Informationen dürfen nur verwendet werden, soweit dies zur Durchführung dieses Gesetzes oder zur Verfolgung einer Straftat oder zur Abwehr einer Gefahr für die öffentliche Sicherheit erforderlich ist.

(6) Der zuständigen Behörde ist auf Verlangen die Risikobewertung nach § 6 Abs. 1 vorzulegen.

---

[1] Abs. 4a wird eingefügt **mit Wirkung vom 1.10.2021** durch Gesetz vom 18.7.2016, BGBl. I S. 1666.

(7) [1]Abweichend von Absatz 1 haben Behörden, die gesetzlich vorgeschriebene Prüfungen mit zum Inverkehrbringen zugelassenen gentechnisch veränderten Pflanzen durchführen oder durchführen lassen, selbst für die Einhaltung der Vorschriften dieses Gesetzes, der auf Grund dieses Gesetzes erlassenen Rechtsverordnungen sowie der unmittelbar geltenden Rechtsakte der Europäischen Gemeinschaften oder der Europäischen Union im Anwendungsbereich dieses Gesetzes zu sorgen. [2]Für die Gemeinden und Gemeindeverbände gilt dies nur, soweit ihnen durch Landesrecht diese Aufgabe übertragen worden ist.

1 **Auskunftspflichtig** sind außer dem Betreiber (§ 3 Nr. 7) der Projektleiter (§ 3 Nr. 8), der Beauftragte für die Biologische Sicherheit (§ 3 Nr. 9) und der weitere in Abs. 2 genannte Personenkreis.[2]

2 Die **Kontrollmaßnahmen** werden durch eine behördliche Verfügung gegenüber dem in Abs. 2 aufgeführten Personenkreis angeordnet und begründet.[3] Nach § 28 VwVfG ist der Betreiber idR vorher zu hören. Das Gesetz bezeichnet ausdrücklich in S. 3 als Adressaten und Verpflichteten der Kontrollmaßnahmen nur den Betreiber. Allerdings wird auch der Eigentümer, der sein Grundstück an einen Betreiber überlassen hat, verpflichtet sein, das Betreten zu gestatten.[4]

3 **Ordnungswidrig** verhält sich, wer entgegen Abs. 2 eine Auskunft nicht, nicht richtig (auch nicht vollständig) oder nicht rechtzeitig, erteilt (§ 38 Abs. 1 Nr. 10), oder wer Maßnahmen der Behörde entgegen Abs. 3 S. 3 nicht duldet (§ 38 Abs. 1 Nr. 11). Die Kontrollmaßnahmen nach Abs. 3 können aber nicht im Rahmen der Ermittlungen Anwendung finden, um Erkenntnisse für ein Straf- oder Bußgeldverfahren zu beschaffen; hier sind die Vorschriften über die Beweiserhebung und Beweisbeschaffung der StPO, die über § 46 Abs. 1 OWiG auch im Bußgeldverfahren Anwendung finden, Sondergesetz. Die Verletzung der Verpflichtung zur Vorlage der Risikobewertung nach Abs. 6 ist nach § 38 Abs. 1 Nr. 11a bußgeldbewehrt.

4 Das **Auskunftsverweigerungsrecht** nach Abs. 4 bezieht sich auch auf Einsichtnahme in Unterlagen und auch auf das Gebot, Hilfsmittel zur Verfügung zu stellen. Es lässt allerdings sonstige Mitwirkungs- und Duldungspflichten nach Abs. 3 (Betreten von Grundstücken, Besichtigen und Durchführen von Prüfungen) nicht entfallen.[5] Für juristische Personen bzw. deren Organe, soweit sie zu den auskunftspflichtigen Personen gehören, gilt Entsprechendes, soweit sie befürchten müssen, nach § 30 OWiG für Verstöße ihrer Vertreter verfolgt zu werden.[6] Das Auskunftsverweigerungsrecht bezieht sich nur auf solche Auskünfte, bei denen die Gefahr einer Verfolgung besteht. Im Übrigen bleibt der Betroffene zur Auskunft verpflichtet.

5 Die Verwertung der nach Abs. 2 und 3 gewonnenen Informationen im Straf- und Bußgeldverfahren ist zulässig (→ StGB § 324 Rn. 130).[7] Das Auskunftsverweigerungsrecht bezieht sich nicht auf die Pflicht zur Vorlage von Unterlagen.[8] Die Auskünfte sind von der Mitteilung nach § 21 zu unterscheiden. Letztere kann nicht verweigert werden, ist im Straf- und Bußgeldverfahren aber auch nicht verwertbar (§ 21 Abs. 6, → § 21 Rn. 6).

§ 26 Behördliche Anordnungen

(1) [1]Die zuständige Behörde kann im Einzelfall die Anordnungen treffen, die zur Beseitigung festgestellter oder zur Verhütung künftiger Verstöße gegen dieses Gesetz, gegen die auf Grund dieses Gesetzes erlassenen Rechtsverordnungen oder

---

[2] *Hirsch/Schmidt-Didczuhn* Rn. 13.
[3] *Hirsch/Schmidt-Didczuhn* Rn. 21.
[4] *Hirsch/Schmidt-Didczuhn* Rn. 22.
[5] *Hirsch/Schmidt-Didczuhn* Rn. 14; *Koch/Ibelgaufts* Rn. 10.
[6] *Hirsch/Schmidt-Didczuhn* Rn. 14.
[7] *Zivier* S. 173 ff.
[8] OVG Bautzen 28.11.2012 – 3 A 937/10, GewA 2013, 368 (369).

gegen unmittelbar geltende Rechtsakte der Europäischen Gemeinschaften oder
der Europäischen Union im Anwendungsbereich dieses Gesetzes notwendig sind.
[2]Sie kann insbesondere den Betrieb einer gentechnischen Anlage oder gentechnische Arbeiten ganz oder teilweise untersagen, wenn

1. die erforderliche Anzeige oder Anmeldung unterblieben ist, eine erforderliche
   Genehmigung oder eine Zustimmung nicht vorliegt,
2. ein Grund zur Rücknahme oder zum Widerruf einer Genehmigung nach den
   Verwaltungsverfahrensgesetzen gegeben ist,
3. gegen Nebenbestimmungen oder nachträgliche Auflagen nach § 19 verstoßen
   wird,
4. die vorhandenen sicherheitsrelevanten Einrichtungen und Vorkehrungen nicht
   oder nicht mehr ausreichen.

(2) Kommt der Betreiber einer gentechnischen Anlage einer Auflage, einer vollziehbaren nachträglichen Anordnung oder einer Pflicht auf Grund einer Rechtsverordnung nach § 30 nicht nach und betreffen die Auflage, die Anordnung oder
die Pflicht die Beschaffenheit oder den Betrieb der gentechnischen Anlage, so
kann die zuständige Behörde den Betrieb ganz oder teilweise bis zur Erfüllung
der Auflage, der Anordnung oder der Pflicht aus einer Rechtsverordnung nach
§ 30 untersagen.

(3) [1]Die zuständige Behörde kann anordnen, daß eine gentechnische Anlage,
die ohne die erforderliche Anmeldung oder Genehmigung errichtet, betrieben
oder wesentlich geändert wird, ganz oder teilweise stillzulegen oder zu beseitigen
ist. [2]Sie hat die vollständige oder teilweise Beseitigung anzuordnen, wenn die in
§ 1 Nr. 1 genannten Rechtsgüter auf andere Weise nicht ausreichend geschützt
werden können.

(4) [1]Die zuständige Behörde hat eine Freisetzung zu untersagen, soweit die
Voraussetzungen von Absatz 1 Satz 2 Nr. 1 und 2 vorliegen. [2]Sie kann eine Freisetzung untersagen, soweit die Voraussetzungen von Absatz 1 Satz 2 Nr. 3 und 4 vorliegen.

(5) [1]Die zuständige Behörde hat ein Inverkehrbringen zu untersagen, wenn die
erforderliche Genehmigung nicht vorliegt. [2]Sie hat ein Inverkehrbringen bis zur
Entscheidung oder bis zu einem Beschluss der Europäischen Gemeinschaften oder
der Europäischen Union nach Artikel 23 in Verbindung mit Artikel 30 Abs. 2 der
Richtlinie 2001/18/EG vorläufig zu untersagen, soweit das Ruhen der Genehmigung angeordnet worden ist. [3]Sie kann das Inverkehrbringen bis zu dieser Entscheidung oder bis zu diesem Beschluss vorläufig ganz oder teilweise untersagen,
wenn der hinreichende Verdacht besteht, dass die Voraussetzungen für das Inverkehrbringen nicht vorliegen. [4]Die zuständige Behörde sieht von Anordnungen
nach Satz 1 ab, wenn das Produkt, das nicht zum Inverkehrbringen zugelassene
gentechnisch veränderte Organismen enthält, zur unmittelbaren Verarbeitung
vorgesehen und sichergestellt ist, dass das Produkt weder in unverarbeitetem noch
in verarbeitetem Zustand in Lebensmittel oder Futtermittel gelangt, die gentechnisch veränderten Organismen nach der Verarbeitung zerstört sind und keine
schädlichen Auswirkungen auf die in § 1 Nr. 1 genannten Rechtsgüter eintreten.

Maßnahmen nach § 26 richten sich idR gegen den verantwortlichen Betreiber.[1] § 26 **1**
Abs. 4 S. 1 ermächtigt die Behörde nicht nur zur Anordnung einer Untersagung gesetzes-
widriger Handlungen, sondern auch zur Anordnung von Maßnahmen zur Beseitigung
verbotswidrig herbeigeführter Zustände.[2] Zuwiderhandlungen gegen eine vollziehbare

---

[1] *Hirsch/Schmidt-Didczuhn* Rn. 21; *Koch/Ibelgaufts* Rn. 36; Beispiel für Anwendung einer Anordnung nach
§ 26 Abs. 1 Satz 1: OVG Lüneburg 7.3.2008 – 13 ME 11/08, NuR 2008, 422.
[2] BVerwG 29.2.2012 – 7 C 8.11, BVerwGE 42, 73, NVwZ 2012, 1179.

Anordnung nach § 26 sind gem. § 38 Abs. 1 Nr. 8 **bußgeldbewehrt,** unter den Voraussetzungen des § 39 Abs. 3 auch **strafbar.**

§ 27 Erlöschen der Genehmigung, Unwirksamwerden der Anmeldung

(1) Die Genehmigung erlischt, wenn
1. innerhalb einer von der Genehmigungsbehörde gesetzten Frist, die höchstens drei Jahre betragen darf, nicht mit der Errichtung oder dem Betrieb der gentechnischen Anlage oder der Freisetzung begonnen oder
2. eine gentechnische Anlage während eines Zeitraums von mehr als drei Jahren nicht mehr betrieben worden
ist.

(2) Die Genehmigung, ausgenommen in den Fällen des § 8 Abs. 2 Satz 2, erlischt ferner, soweit das Genehmigungserfordernis aufgehoben wird.

(3) Die Genehmigungsbehörde kann auf Antrag die Fristen nach Absatz 1 aus wichtigem Grunde um höchstens ein Jahr verlängern, wenn hierdurch der Zweck des Gesetzes nicht gefährdet wird.

(4) Die Anmeldung einer Anlage, in der gentechnische Arbeiten der Sicherheitsstufe 1 oder 2 durchgeführt werden sollen, wird unwirksam, wenn
1. innerhalb von drei Jahren nicht mit der Errichtung oder dem Betrieb der gentechnischen Anlage begonnen oder
2. die gentechnische Anlage während eines Zeitraums von mehr als drei Jahren nicht mehr betrieben worden ist.

1   Die Vorschrift des Abs. 1 erfasst die Anlagengenehmigung (auch Teilgenehmigung) nach § 8 Abs. 1 S. 2, Abs. 2 S. 2, Abs. 4, § 9 Abs. 4, die fingierte Zustimmung nach § 12 Abs. 5 S. 2 sowie die Genehmigung einer Freisetzung und des Inverkehrbringens nach § 14 Abs. 1. Die Genehmigung nach § 8 Abs. 2 S. 2 erlischt seit Inkrafttreten des Gesetzes vom 1.4.2008 (→ Vor § 1 Rn. 4, Fn. 15) nur unter den Voraussetzungen des Abs. 1. Liegen die Voraussetzungen des Abs. 1 vor, so **erlischt** die betreffende Genehmigung kraft Gesetzes einschließlich die der Genehmigung vorausgegangenen Vorbescheide, Teilgenehmigungen und die davon nach § 22 mitumfassten anderen behördlichen Entscheidungen.[1] Entsprechendes gilt nach Abs. 4 für gentechnische Arbeiten, die nur anzeige- oder anmeldepflichtig sind.

2   Der Betreiber einer gentechnischen Anlage oder einer Freisetzung macht sich nach § 39 Abs. 2 Nr. 1 oder 2 **strafbar,** wenn er den Betrieb oder die Freisetzung nach dem Erlöschen der Genehmigung fortsetzt oder wiederaufnimmt. Beginn oder Fortführung der Erstellung einer gentechnischen Anlage ist in diesen Fällen **ordnungswidrig** nach § 38 Abs. 1 Nr. 3 (ggf. Nr. 8). Errichtung oder Betrieb einer nur anmeldepflichtigen gentechnischen Anlage ist ordnungswidrig nach § 38 Abs. 1 Nr. 4 (ggf. Nr. 8). In allen Fällen kann die Behörde nach § 26 Abs. 1 einschreiten.

§ 28 Informationsweitergabe

(1) Die zuständigen Behörden unterrichten die zuständige Bundesoberbehörde unverzüglich über
1. die im Vollzug dieses Gesetzes getroffenen Entscheidungen, sofern sie für die Bundesoberbehörde relevant sind,
2. Erkenntnisse und Vorkommnisse, die Auswirkungen auf die in § 1 Nr. 1 und 2 genannten Rechtsgüter und Belange haben können,
3. Zuwiderhandlungen oder den Verdacht auf Zuwiderhandlungen gegen Vorschriften dieses Gesetzes und der auf Grund dieses Gesetzes erlassenen Rechts-

---

[1] *Hirsch/Schmidt-Didczuhn* Rn. 8; aA *Fluck* BB 1990, 1716 (1723).

verordnungen, gegen unmittelbar geltende Rechtsakte der Europäischen Gemeinschaften oder der Europäischen Union sowie gegen Genehmigungen und Auflagen im Anwendungsbereich dieses Gesetzes.

(2) Die zuständige Bundesoberbehörde gibt ihre Erkenntnisse, soweit sie für den Gesetzesvollzug von Bedeutung sein können, den zuständigen Behörden bekannt.

Die **Unterrichtungspflicht** nach Abs. 1 umfasst insbes. auch bußgeld- oder strafbe- 1 wehrte Zuwiderhandlungen iS von §§ 38, 39. Zuständige Bundesoberbehörde ist das Bundesamt für Verbraucherschutz und Lebensmittelsicherheit (§ 31 S. 2).

§ 28a Unterrichtung der Öffentlichkeit

(1) [1]Die zuständige Behörde soll die Öffentlichkeit über Anordnungen nach § 26 unterrichten, sofern diese unanfechtbar geworden sind oder deren sofortige Vollziehung angeordnet worden ist, einschließlich der angeordneten Vorsichtsmaßnahmen. [2]Personenbezogene Daten dürfen nur veröffentlicht werden, soweit dies zur Gefahrenabwehr erforderlich ist.

(2) [1]Die zuständige Behörde unterrichtet die Öffentlichkeit über
1. den hinreichenden Verdacht einer Gefahr für die in § 1 Nr. 1 genannten Rechtsgüter einschließlich der zu treffenden Vorsichtsmaßnahmen,
2. die Ergebnisse der Überwachung des Inverkehrbringens in allgemeiner Weise.
[2]Personenbezogene Daten dürfen in den Fällen des Satzes 1 nur veröffentlicht werden, soweit der Betroffene eingewilligt hat oder das schutzwürdige Informationsinteresse der Öffentlichkeit das schutzwürdige Interesse des Betroffenen an dem Ausschluss der Veröffentlichung überwiegt. [3]Vor der Entscheidung über die Veröffentlichung ist der Betroffene anzuhören.

(3) [1]Informationen nach Absatz 2 dürfen nicht veröffentlicht werden,
1. soweit das Bekanntwerden der Informationen die Vertraulichkeit der Beratung von Behörden berührt oder eine erhebliche Gefahr für die öffentliche Sicherheit verursachen kann,
2. während der Dauer eines Gerichtsverfahrens, eines strafrechtlichen Ermittlungsverfahrens, eines Disziplinarverfahrens, eines ordnungswidrigkeitsrechtlichen Verfahrens hinsichtlich der Daten, die Gegenstand des Verfahrens sind,
3. soweit der Schutz geistigen Eigentums, insbesondere Urheberrechte, dem Informationsanspruch entgegenstehen oder
4. soweit durch die Informationen Betriebs- oder Geschäftsgeheimnisse oder wettbewerbsrelevante Informationen, die dem Wesen nach Betriebsgeheimnissen gleichkommen, offenbart würden, es sei denn, bestimmte Informationen müssen unter Berücksichtigung der Gesamtumstände veröffentlicht werden, um den Schutz der Sicherheit und Gesundheit der Bevölkerung zu gewährleisten; dabei ist eine Abwägung entsprechend Absatz 2 Satz 2 vorzunehmen.
[2]Vor der Entscheidung über die Veröffentlichung sind in den Fällen des Satzes 1 Nr. 3 oder 4 die Betroffenen anzuhören. [3]Soweit veröffentlichte Informationen als Betriebs- oder Geschäftsgeheimnis gekennzeichnet sind, hat die zuständige Behörde im Zweifel von der Betroffenheit des Kennzeichnenden auszugehen.

(4) Stellen sich die von der Behörde an die Öffentlichkeit gegebenen Informationen im Nachhinein als falsch oder die zu Grunde liegenden Umstände als unrichtig wiedergegeben heraus, so informiert die Behörde die Öffentlichkeit hierüber in der gleichen Art und Weise, in der sie die betreffenden Informationen zuvor bekannt gegeben hat.

§ 28b Methodensammlung

(1) Die zuständige Bundesoberbehörde veröffentlicht im Benehmen mit den nach lebens- und futtermittelrechtlichen Vorschriften zuständigen Behörden eine amtliche Sammlung von Verfahren zur Probenahme und Untersuchung von Proben, die im Rahmen der Überwachung von gentechnischen Arbeiten, gentechnischen Anlagen, Freisetzungen von gentechnisch veränderten Organismen und dem Inverkehrbringen durchgeführt oder angewendet werden.

(2) ¹Die Verfahren werden unter Mitwirkung von Sachkundigen aus den Bereichen der Überwachung, der Wissenschaft und der beteiligten Wirtschaft festgelegt. ²Die Sammlung ist laufend auf dem neuesten Stand zu halten.

§ 29 Auswertung und Bereitstellung von Daten

(1) ¹Die zuständige Bundesoberbehörde hat Daten gemäß § 28, die im Zusammenhang mit der Errichtung und dem Betrieb gentechnischer Anlagen, der Durchführung gentechnischer Arbeiten, mit Freisetzungen oder mit einem Inverkehrbringen von ihm erhoben oder ihm übermittelt worden sind, zum Zweck der Beobachtung, Sammlung und Auswertung von Sachverhalten, die Auswirkungen auf die in § 1 Nr. 1 und 2 genannten Rechtsgüter und Belange haben können, zu verarbeiten und zu nutzen. ²Sie kann Daten über Stellungnahmen der Kommission zur Sicherheitseinstufung und zu Sicherheitsmaßnahmen gentechnischer Arbeiten sowie über die von den zuständigen Behörden getroffenen Entscheidungen an die zuständigen Behörden zur Verwendung im Rahmen von Anmelde- und Genehmigungsverfahren übermitteln. ³Die Empfänger dürfen die übermittelten Daten nur zu dem Zweck verwenden, zu dem sie übermittelt worden sind.

(1a) ¹Die Einrichtung eines automatisierten Abrufverfahrens ist zulässig. ²Die zuständige Bundesoberbehörde und die zuständigen Behörden legen bei der Einrichtung des automatisierten Abrufverfahrens die Art der zu übermittelnden Daten und die nach § 9 des Bundesdatenschutzgesetzes erforderlichen technischen und organisatorischen Maßnahmen schriftlich fest. ³Die Einrichtung des automatisierten Abrufverfahrens bedarf der Genehmigung des Bundesministeriums für Ernährung und Landwirtschaft im Einvernehmen mit dem Bundesministerium für Wirtschaft und Energie. ⁴Über die Einrichtung des Abrufverfahrens ist der Bundesbeauftragte für den Datenschutz unter Mitteilung der Festlegungen nach Satz 2 zu unterrichten. ⁵Die Verantwortung für die Zulässigkeit des einzelnen Abrufs trägt der Empfänger. ⁶Die zuständige Bundesoberbehörde prüft die Zulässigkeit der Abrufe nur, wenn dazu Anlaß besteht. ⁷Sie hat zu gewährleisten, daß die Übermittlung der Daten festgestellt und überprüft werden kann.

(2) ¹Die Rechtsvorschriften über die Geheimhaltung bleiben unberührt. ²Die Übermittlung von sachbezogenen Erkenntnissen im Sinne des § 17a an Dienststellen der Europäischen Union und Behörden anderer Staaten darf nur erfolgen, wenn die anfordernde Stelle darlegt, daß sie Vorkehrungen zum Schutz von Betriebs- und Geschäftsgeheimnissen sowie zum Schutz von personenbezogenen Daten getroffen hat, die den entsprechenden Vorschriften im Geltungsbereich dieses Gesetzes gleichwertig sind.

(3) Personenbezogene Daten dürfen bei der zuständigen Bundesoberbehörde nur verarbeitet und genutzt werden, soweit dies für die Beurteilung der Zuverlässigkeit des Betreibers, des Projektleiters sowie des oder der Beauftragten für die Biologische Sicherheit oder für die Beurteilung der Sachkunde des Projektleiters oder des oder der Beauftragten für die Biologische Sicherheit erforderlich ist.

(4) Art und Umfang der Daten regelt das Bundesministerium für Ernährung und Landwirtschaft im Einvernehmen mit dem Bundesministerium für Wirtschaft und Energie durch Rechtsverordnung mit Zustimmung des Bundesrates.

§ 30 Erlaß von Rechtsverordnungen und Verwaltungsvorschriften

(1) Die Bundesregierung bestimmt nach Anhörung der Kommission durch Rechtsverordnung mit Zustimmung des Bundesrates zur Erreichung der in § 1 Nr. 1 genannten Zwecke die Verantwortlichkeit sowie die erforderliche Sachkunde des Projektleiters, insbesondere im Hinblick auf die Notwendigkeit und den Umfang von nachzuweisenden Kenntnissen in klassischer und molekularer Genetik, von praktischen Erfahrungen im Umgang mit Mikroorganismen und die erforderlichen Kenntnisse einschließlich der arbeitsschutzrechtlichen Bestimmungen über das Arbeiten in einer gentechnischen Anlage.

(2) Die Bundesregierung wird ermächtigt, nach Anhörung der Kommission durch Rechtsverordnung mit Zustimmung des Bundesrates zur Erreichung der in § 1 Nr. 1 genannten Zwecke zu bestimmen,

1. wie die Arbeitsstätte, die Betriebsanlagen und die technischen Arbeitsmittel bei den einzelnen Sicherheitsstufen beschaffen, eingerichtet und betrieben werden müssen, damit sie den gesicherten sicherheitstechnischen, arbeitsmedizinischen, hygienischen und sonstigen arbeitswissenschaftlichen Erkenntnissen entsprechen, die zum Schutz der Beschäftigten zu beachten und zur menschengerechten Gestaltung der Arbeit erforderlich sind;

2. die erforderlichen betrieblichen Maßnahmen, insbesondere
   a) wie das Arbeitsverfahren gestaltet sein muß, damit die Beschäftigten durch gentechnische Arbeiten oder eine Freisetzung nicht gefährdet werden,
   b) wie die Arbeitsbereiche überwacht werden müssen, um eine Kontamination durch gentechnisch veränderte Organismen festzustellen,
   c) wie gentechnisch veränderte Organismen innerbetrieblich aufbewahrt werden müssen und auf welche Gefahren hingewiesen werden muß, damit die Beschäftigten durch eine ungeeignete Aufbewahrung nicht gefährdet und durch Gefahrenhinweise über die von diesen Organismen ausgehenden Gefahren unterrichtet werden,
   d) welche Vorkehrungen getroffen werden müssen, damit gentechnisch veränderte Organismen nicht in die Hände Unbefugter gelangen oder sonst abhanden kommen,
   e) welche persönlichen Schutzausrüstungen zur Verfügung gestellt und von den Beschäftigten bestimmungsgemäß benutzt werden müssen,
   f) daß die Zahl der Beschäftigten, die mit gentechnisch veränderten Organismen umgehen, beschränkt und daß die Dauer einer solchen Beschäftigung begrenzt werden kann,
   g) wie sich die Beschäftigten verhalten müssen, damit sie sich selbst und andere nicht gefährden, und welche Maßnahmen zu treffen sind,
   h) unter welchen Umständen Zugangsbeschränkungen zum Schutz der Beschäftigten vorgesehen werden müssen;

3. daß und wie viele Beauftragte für die Biologische Sicherheit der Betreiber zu bestellen hat, die die Erfüllung der Aufgaben des Projektleiters überprüfen und die den Betreiber und die verantwortlichen Personen in allen Fragen der Biologischen Sicherheit zu beraten haben, wie diese Aufgaben im einzelnen wahrzunehmen sind, welche Sachkunde für die Biologische Sicherheit nachzuweisen ist und auf welche Weise der Beauftragte oder die Beauftragten für die Biologische Sicherheit unter Beteiligung des Betriebs- oder Personalrates zu bestellen sind;

4. welche Kenntnisse und Fähigkeiten die mit gentechnischen Arbeiten oder einer Freisetzung Beschäftigten haben müssen und welche Nachweise hierüber zu erbringen sind;

5. wie und in welchen Zeitabständen die Beschäftigten über die Gefahren und Maßnahmen zu ihrer Abwendung zu unterweisen sind und wie den Beschäftigten der Inhalt der im Betrieb anzuwendenden Vorschriften in einer tätigkeitsbezogenen Betriebsanweisung unter Berücksichtigung von Sicherheitsratschlägen zur Kenntnis zu bringen ist;

6. welche Vorkehrungen zur Verhinderung von Betriebsunfällen und Betriebsstörungen sowie zur Begrenzung ihrer Auswirkungen für die Beschäftigten und welche Maßnahmen zur Organisation der Ersten Hilfe zu treffen sind;

7. daß und welche verantwortlichen Aufsichtspersonen zur Aufsicht über gentechnische Arbeiten und Freisetzungen sowie über andere Arbeiten im Gefahrenbereich bestellt und welche Befugnisse ihnen übertragen werden müssen, damit die Arbeitsschutzaufgaben erfüllt werden können;

8. daß im Hinblick auf den Schutz der Beschäftigten vom Betreiber eine Gefahrenbeurteilung vorzunehmen und ein Plan zur Gefahrenabwehr aufzustellen sind, welche Unterlagen hierfür zu erstellen sind, und daß diese Unterlagen zur Überprüfung der Gefahrenbeurteilung sowie des Gefahrenabwehrplanes zur Einsichtnahme durch die zuständige Behörde bereitgehalten werden müssen;

9. daß die Beschäftigten arbeitsmedizinisch zu betreuen und hierüber Aufzeichnungen zu führen sind sowie zu diesem Zweck

   a) der Betreiber verpflichtet werden kann, die mit gentechnischen Arbeiten oder einer Freisetzung Beschäftigten ärztlich untersuchen zu lassen,

   b) der Arzt, der mit einer Vorsorgeuntersuchung beauftragt ist, im Zusammenhang mit dem Untersuchungsbefund bestimmte Pflichten zu erfüllen hat, insbesondere hinsichtlich des Inhalts einer von ihm auszustellenden Bescheinigung und der Unterrichtung und Beratung über das Ergebnis der Untersuchung,

   c) die zuständige Behörde entscheidet, wenn Feststellungen des Arztes für unzutreffend gehalten werden,

   d) die in die Aufzeichnung aufzunehmenden Daten den Trägern der gesetzlichen Unfallversicherung oder einer von ihnen beauftragten Stelle zum Zweck der Ermittlung arbeitsbedingter Gesundheitsgefahren oder Berufskrankheiten übermittelt werden;

9a. bei welchen Tätigkeiten Beschäftigten nachgehende Untersuchungen ermöglicht werden müssen;

10. daß der Arbeitgeber dem Betriebs- oder Personalrat Vorgänge mitzuteilen hat, die dieser erfahren muß, um seine Aufgaben erfüllen zu können;

11. daß die zuständigen Behörden ermächtigt werden, zur Durchführung von Rechtsverordnungen bestimmte Anordnungen im Einzelfall auch gegen Aufsichtspersonen und sonstige Beschäftigte insbesondere bei Gefahr im Verzug zu erlassen;

12. daß bei der Beendigung einer gentechnischen Arbeit oder einer Freisetzung bestimmte Vorkehrungen zu treffen sind;

13. daß die Beförderung von gentechnisch veränderten Organismen von der Einhaltung bestimmter Vorsichtsmaßregeln abhängig zu machen ist;

14. daß und wie zur Ordnung des Verkehrs und des Umgangs mit Produkten, die gentechnisch veränderte Organismen enthalten oder aus solchen bestehen, die Produkte zu verpacken und zu kennzeichnen sind, insbesondere welche Angaben über die gentechnischen Veränderungen und über die vertretbaren

schädlichen Auswirkungen im Sinne des § 16 Abs. 2 zu machen sind, soweit dies zum Schutz des Anwenders erforderlich ist;

15. welchen Inhalt und welche Form die Anzeige-, Anmelde- und Antragsunterlagen nach § 10 Abs. 2 und 3, § 12 Abs. 2 und 2a und § 15 haben müssen, insbesondere an welchen Kriterien die Risikobewertung auszurichten ist und welche Kriterien bei der Erstellung des Beobachtungsplans zu beachten sind, sowie die Einzelheiten des Anzeige-, Anmelde- und Genehmigungsverfahrens;

16. daß für den Fall eines Unfalls in einer gentechnischen Anlage

    a) die zuständige Behörde auf der Grundlage von vom Betreiber zu liefernden Unterlagen außerbetriebliche Notfallpläne zu erstellen, ihre Erstellung und Durchführung mit den zuständigen Behörden der Mitgliedstaaten der Europäischen Union oder den anderen Vertragsstaaten des Abkommens über den Europäischen Wirtschaftsraum, die von einem Unfall betroffen werden können, abzustimmen sowie die Öffentlichkeit über Sicherheitsmaßnahmen zu unterrichten,

    b) der Betreiber die Umstände des Unfalls sowie die von ihm getroffenen Maßnahmen der zuständigen Behörde zu melden,

    c) die zuständige Behörde diese Angaben der zuständigen Bundesoberbehörde zur Weiterleitung an die Europäische Kommission zu melden, die von den Mitgliedstaaten der Europäischen Union und den anderen Vertragsstaaten des Abkommens über den Europäischen Wirtschaftsraum benannten Behörden zu unterrichten, soweit diese Staaten von dem Unfall möglicherweise betroffen sind, und alle Notfallmaßnahmen und sonstigen erforderlichen Maßnahmen zu treffen

hat.

(3) *(aufgehoben)*

(4) Wegen der Anforderungen nach den Absätzen 1 und 2 kann auf jedermann zugängliche Bekanntmachungen sachverständiger Stellen verwiesen werden; hierbei ist

1. in der Rechtsverordnung das Datum der Bekanntmachung anzugeben und die Bezugsquelle genau zu bezeichnen,

2. die Bekanntmachung bei der zuständigen Bundesoberbehörde archivmäßig gesichert niederzulegen und in der Rechtsverordnung darauf hinzuweisen.

(5) Die Bundesregierung kann nach Anhörung der Kommission mit Zustimmung des Bundesrates zur Durchführung dieses Gesetzes und der auf Grund dieses Gesetzes erlassenen Rechtsverordnungen allgemeine Verwaltungsvorschriften erlassen.

Weitere Verordnungsermächtigungen enthalten §§ 2 Abs. 2a, 14 Abs. 4a, Abs. 5 S. 2, 16b **1** Abs. 6, 16c Abs. 3, 17b Abs. 1–3.[1]

§ 31 Zuständige Behörde und zuständige Bundesoberbehörde

[1]Die zur Ausführung dieses Gesetzes zuständigen Behörden bestimmt die nach Landesrecht zuständige Stelle, mangels einer solchen Bestimmung die Landesregierung; diese kann die Ermächtigung weiter übertragen. [2]Zuständige Bundesoberbehörde ist das Bundesamt für Verbraucherschutz und Lebensmittelsicherheit.

---

[1] Eine systematische Gegenüberstellung der Ermächtigungsgrundlage und der entsprechenden Bestimmungen der GenTSV bzw. GenTKostV finden sich bei *Koch/Ibelgaufts* Rn. 4.

1   Das GenTG sieht eine Vollzugszuständigkeit des Bundes nur für die Genehmigung von Freisetzung und Inverkehrbringen vor. Im Übrigen verbleibt es bei der verfassungsrechtlichen Regelzuständigkeit der Länder (Art. 83, 84 GG).

Fünfter Teil. Haftungsvorschriften

§ 32 Haftung

(1) **Wird infolge von Eigenschaften eines Organismus, die auf gentechnischen Arbeiten beruhen, jemand getötet, sein Körper oder seine Gesundheit verletzt oder eine Sache beschädigt, so ist der Betreiber verpflichtet, den daraus entstehenden Schaden zu ersetzen.**

(2) **¹Sind für denselben Schaden mehrere Betreiber zum Schadensersatz verpflichtet, so haften sie als Gesamtschuldner. ²Im Verhältnis der Ersatzpflichtigen zueinander hängt, soweit nichts anderes bestimmt ist, die Verpflichtung zum Ersatz sowie der Umfang des zu leistenden Ersatzes davon ab, inwieweit der Schaden vorwiegend von dem einen oder anderen Teil verursacht worden ist; im übrigen gelten die §§ 421 bis 425 sowie § 426 Abs. 1 Satz 2 und Abs. 2 des Bürgerlichen Gesetzbuchs.**

(3) **¹Hat bei der Entstehung des Schadens ein Verschulden des Geschädigten mitgewirkt, so gilt § 254 des Bürgerlichen Gesetzbuchs; im Falle der Sachbeschädigung steht das Verschulden desjenigen, der die tatsächliche Gewalt über die Sache ausübt, dem Verschulden des Geschädigten gleich. ²Die Haftung des Betreibers wird nicht gemindert, wenn der Schaden zugleich durch die Handlung eines Dritten verursacht worden ist; Absatz 2 Satz 2 gilt entsprechend.**

(4) **¹Im Falle der Tötung ist Ersatz der Kosten der versuchten Heilung sowie des Vermögensnachteils zu leisten, den der Getötete dadurch erlitten hat, daß während der Krankheit seine Erwerbsfähigkeit aufgehoben oder gemindert war oder seine Bedürfnisse vermehrt waren. ²Der Ersatzpflichtige hat außerdem die Kosten der Beerdigung demjenigen zu ersetzen, der diese Kosten zu tragen hat. ³Stand der Getötete zur Zeit der Verletzung zu einem Dritten in einem Verhältnis, aus dem er diesem gegenüber kraft Gesetzes unterhaltspflichtig war oder unterhaltspflichtig werden konnte und ist dem Dritten infolge der Tötung das Recht auf Unterhalt entzogen, so hat der Ersatzpflichtige dem Dritten insoweit Schadensersatz zu leisten, als der Getötete während der mutmaßlichen Dauer seines Lebens zur Gewährung des Unterhalts verpflichtet gewesen wäre. ⁴Die Ersatzpflicht tritt auch ein, wenn der Dritte zur Zeit der Verletzung gezeugt, aber noch nicht geboren war. ⁵Der Ersatzpflichtige hat zudem dem Hinterbliebenen, der zur Zeit der Verletzung zu dem Getöteten in einem besonderen persönlichen Näheverhältnis stand, für das dem Hinterbliebenen zugefügte seelische Leid eine angemessene Entschädigung in Geld zu leisten. ⁶Ein besonderes persönliches Näheverhältnis wird vermutet, wenn der Hinterbliebene der Ehegatte, der Lebenspartner, ein Elternteil oder ein Kind des Getöteten war.**

(5) **¹Im Falle der Verletzung des Körpers oder der Gesundheit ist Ersatz der Kosten der Heilung sowie des Vermögensnachteils zu leisten, den der Verletzte dadurch erleidet, daß infolge der Verletzung seine Erwerbsfähigkeit zeitweise oder dauernd aufgehoben oder gemindert oder eine Vermehrung seiner Bedürfnisse eingetreten ist. ²Wegen des Schadens, der nicht Vermögensschaden ist, kann auch eine billige Entschädigung in Geld gefordert werden.**

(6) **¹Der Schadensersatz wegen Aufhebung oder Minderung der Erwerbsfähigkeit und wegen vermehrter Bedürfnisse des Verletzten sowie der nach Absatz 4**

Sätze 3 und 4 einem Dritten zu gewährende Schadensersatz ist für die Zukunft durch eine Geldrente zu leisten. [2]§ 843 Abs. 2 bis 4 des Bürgerlichen Gesetzbuchs ist entsprechend anzuwenden.

(7) [1]Stellt die Beschädigung einer Sache auch eine Beeinträchtigung der Natur oder der Landschaft dar, so ist, soweit der Geschädigte den Zustand herstellt, der bestehen würde, wenn die Beeinträchtigung nicht eingetreten wäre, § 251 Abs. 2 des Bürgerlichen Gesetzbuchs mit der Maßgabe anzuwenden, daß Aufwendungen für die Wiederherstellung des vorherigen Zustandes nicht allein deshalb unverhältnismäßig sind, weil sie den Wert der Sache erheblich übersteigen. [2]Für die erforderlichen Aufwendungen hat der Schädiger auf Verlangen des Ersatzberechtigten Vorschuß zu leisten.

(8) Auf die Verjährung finden die für unerlaubte Handlungen geltenden Vorschriften des Bürgerlichen Gesetzbuchs entsprechende Anwendung.

§ 33 Haftungshöchstbetrag

[1]Sind infolge von Eigenschaften eines Organismus, die auf gentechnischen Arbeiten beruhen, Schäden verursacht worden, so haftet der Betreiber im Falle des § 32 den Geschädigten bis zu einem Höchstbetrag von 85 Millionen Euro. [2]Übersteigen die mehreren auf Grund desselben Schadensereignisses zu leistenden Entschädigungen den in Satz 1 bezeichneten Höchstbetrag, so verringern sich die einzelnen Entschädigungen in dem Verhältnis, in dem ihr Gesamtbetrag zu dem Höchstbetrag steht.

§ 34 Ursachenvermutung

(1) Ist der Schaden durch gentechnisch veränderte Organismen verursacht worden, so wird vermutet, daß er durch Eigenschaften dieser Organismen verursacht wurde, die auf gentechnischen Arbeiten beruhen.

(2) Die Vermutung ist entkräftet, wenn es wahrscheinlich ist, daß der Schaden auf anderen Eigenschaften dieser Organismen beruht.

§ 35 Auskunftsansprüche des Geschädigten

(1) [1]Liegen Tatsachen vor, die die Annahme begründen, daß ein Personen- oder Sachschaden auf gentechnischen Arbeiten eines Betreibers beruht, so ist dieser verpflichtet, auf Verlangen des Geschädigten über die Art und den Ablauf der in der gentechnischen Anlage durchgeführten oder einer Freisetzung zugrundeliegenden gentechnischen Arbeiten Auskunft zu erteilen, soweit dies zur Feststellung, ob ein Anspruch nach § 32 besteht, erforderlich ist. [2]Die §§ 259 bis 261 des Bürgerlichen Gesetzbuchs sind entsprechend anzuwenden.

(2) Ein Auskunftsanspruch besteht unter den Voraussetzungen des Absatzes 1 Satz 1 auch gegenüber den Behörden, die für die Anmeldung, die Erteilung einer Genehmigung oder die Überwachung zuständig sind.

(3) Die Ansprüche nach den Absätzen 1 und 2 bestehen insoweit nicht, als die Vorgänge auf Grund gesetzlicher Vorschriften geheimzuhalten sind oder die Geheimhaltung einem überwiegenden Interesse des Betreibers oder eines Dritten entspricht.

§ 36 Deckungsvorsorge

(1) [1]Die Bundesregierung bestimmt in einer Rechtsverordnung mit Zustimmung des Bundesrates, dass derjenige, der eine gentechnische Anlage betreibt,

in der gentechnische Arbeiten der Sicherheitsstufen 2 bis 4 durchgeführt werden sollen, oder der Freisetzungen vornimmt, verpflichtet ist, zur Deckung der Schäden Vorsorge zu treffen, die durch Eigenschaften eines Organismus, die auf gentechnischen Arbeiten beruhen, verursacht werden (Deckungsvorsorge). ²Der Umfang der Deckungsvorsorge für eine gentechnische Anlage hat Art und Umfang der in der Anlage durchgeführten Arbeiten zu berücksichtigen; dies gilt für Freisetzungen entsprechend. ³Die Rechtsverordnung muss auch nähere Vorschriften über die Befugnisse bei der Überwachung der Deckungsvorsorge enthalten. ⁴Nach Erlass der Rechtsverordnung gemäß Satz 1 kann das Bundesministerium der Justiz und für Verbraucherschutz durch Rechtsverordnung im Einvernehmen mit dem Bundesministerium für Wirtschaft und Energie, dem Bundesministerium für Ernährung und Landwirtschaft, dem Bundesministerium für Bildung und Forschung, dem Bundesministerium für Umwelt, Naturschutz, Bau und Reaktorsicherheit sowie dem Bundesministerium für Gesundheit die Höhe der Deckungsvorsorge unter Beachtung der auf dem Versicherungsmarkt angebotenen Höchstbeträge neu festsetzen.

(2) ¹Die Deckungsvorsorge kann insbesondere erbracht werden
1. durch eine Haftpflichtversicherung bei einem im Geltungsbereich dieses Gesetzes zum Geschäftsbetrieb befugten Versicherungsunternehmen oder
2. durch eine Freistellungs- oder Gewährleistungsverpflichtung des Bundes oder eines Landes.
²In der Rechtsverordnung nach Absatz 1 können auch andere Arten der Deckungsvorsorge zugelassen werden, insbesondere Freistellungs- oder Gewährleistungsverpflichtungen von Kreditinstituten, sofern sie vergleichbare Sicherheiten wie eine Deckungsvorsorge nach Satz 1 bieten.

(3) Von der Pflicht zur Deckungsvorsorge sind befreit
1. die Bundesrepublik Deutschland,
2. die Länder und
3. juristische Personen des öffentlichen Rechts.

1   Eine für die Strafbarkeit nach § 39 Abs. 1 relevante Verordnung ist bisher nicht erlassen worden.[1]

§ 36a Ansprüche bei Nutzungsbeeinträchtigungen

(1) Die Übertragung von Eigenschaften eines Organismus, die auf gentechnischen Arbeiten beruhen, oder sonstige Einträge von gentechnisch veränderten Organismen stellen eine wesentliche Beeinträchtigung im Sinne von § 906 des Bürgerlichen Gesetzbuchs dar, wenn entgegen der Absicht des Nutzungsberechtigten wegen der Übertragung oder des sonstigen Eintrags Erzeugnisse insbesondere
1. nicht in Verkehr gebracht werden dürfen oder
2. nach den Vorschriften dieses Gesetzes oder nach anderen Vorschriften nur unter Hinweis auf die gentechnische Veränderung gekennzeichnet in den Verkehr gebracht werden dürfen oder
3. nicht mit einer Kennzeichnung in den Verkehr gebracht werden dürfen, die nach den für die Produktionsweise jeweils geltenden Rechtsvorschriften möglich gewesen wäre.

(2) Die Einhaltung der guten fachlichen Praxis nach § 16b Abs. 2 und 3 gilt als wirtschaftlich zumutbar im Sinne von § 906 des Bürgerlichen Gesetzbuchs.

---

[1] Zum Entwurf einer VO: *Eberbach/Lange/Ronellenfitsch* nach § 36.

(3) Für die Beurteilung der Ortsüblichkeit im Sinne von § 906 des Bürgerlichen Gesetzbuchs kommt es nicht darauf an, ob die Gewinnung von Erzeugnissen mit oder ohne gentechnisch veränderte Organismen erfolgt.

(4) [1]Kommen nach den tatsächlichen Umständen des Einzelfalls mehrere Nachbarn als Verursacher in Betracht und lässt es sich nicht ermitteln, wer von ihnen die Beeinträchtigung durch seine Handlung verursacht hat, so ist jeder für die Beeinträchtigung verantwortlich. [2]Dies gilt nicht, wenn jeder nur einen Teil der Beeinträchtigung verursacht hat und eine Aufteilung des Ausgleichs auf die Verursacher gemäß § 287 der Zivilprozessordnung möglich ist.

§ 37 Haftung nach anderen Rechtsvorschriften

(1) Wird infolge der Anwendung eines zum Gebrauch bei Menschen bestimmten Arzneimittels, das im Geltungsbereich des Arzneimittelgesetzes an den Verbraucher abgegeben wurde und der Pflicht zur Zulassung unterliegt oder durch Rechtsverordnung von der Zulassung befreit worden ist, jemand getötet oder an Körper oder Gesundheit verletzt, so sind die §§ 32 bis 36 nicht anzuwenden.

(2) [1]Das gleiche gilt, wenn Produkte, die gentechnisch veränderte Organismen enthalten oder aus solchen bestehen, auf Grund einer Genehmigung nach § 16 Abs. 2 oder einer Zulassung oder Genehmigung nach sonstigen Rechtsvorschriften im Sinne des § 14 Abs. 2 in den Verkehr gebracht werden. [2]In diesem Fall findet für die Haftung desjenigen Herstellers, dem die Zulassung oder Genehmigung für das Inverkehrbringen erteilt worden ist, § 1 Abs. 2 Nr. 5 des Produkthaftungsgesetzes[1] keine Anwendung, wenn der Produktfehler auf gentechnischen Arbeiten beruht.

(3) Eine Haftung auf Grund anderer Vorschriften bleibt unberührt.

Sechster Teil. Straf- und Bußgeldvorschriften

§ 38 Bußgeldvorschriften

(1) Ordnungswidrig handelt, wer vorsätzlich oder fahrlässig

1. entgegen § 6 Abs. 1 Satz 1 in Verbindung mit einer Rechtsverordnung nach § 30 Abs. 2 Nr. 15 eine Risikobewertung für eine weitere gentechnische Arbeit der Sicherheitsstufe 1 nicht, nicht richtig, nicht vollständig oder nicht rechtzeitig durchführt,

1a. entgegen § 6 Abs. 3 Satz 1 Aufzeichnungen nicht führt,

2. entgegen § 8 Abs. 1 Satz 1 gentechnische Arbeiten durchführt,

3. ohne Genehmigung nach § 8 Abs. 1 Satz 2 eine gentechnische Anlage errichtet,

4. entgegen § 8 Abs. 2 Satz 1, auch in Verbindung mit Abs. 4 Satz 2, die Errichtung oder den Betrieb oder eine wesentliche Änderung der Lage, der Beschaffenheit oder des Betriebs einer gentechnischen Anlage oder gentechnische Arbeiten nicht, nicht richtig oder nicht rechtzeitig anzeigt oder anmeldet,

5. ohne Genehmigung nach § 8 Abs. 4 Satz 1 die Lage, die Beschaffenheit oder den Betrieb einer gentechnischen Anlage wesentlich ändert,

6. entgegen § 9 Abs. 2 Satz 1 eine Anzeige nicht, nicht richtig oder nicht rechtzeitig erstattet,

6a. ohne Genehmigung nach § 9 Abs. 3 weitere gentechnische Arbeiten durchführt,

6b. entgegen § 9 Abs. 4 weitere gentechnische Arbeiten durchführt,

---

[1] BGBl. 1989 I S. 2198 (FNA 400-8).

7.   ohne Genehmigung nach § 14 Abs. 1 Satz 1 Nr. 2 oder 3 Produkte, die gen-
     technisch veränderte Organismen enthalten oder aus solchen bestehen, in
     den Verkehr bringt,

7a. wer entgegen § 16c Abs. 1 ein Produkt nicht oder nicht richtig beobachtet,

8.   einer vollziehbaren Auflage nach § 16d Abs. 3 Satz 1 oder § 19 Satz 2 oder
     einer vollziehbaren Anordnung nach § 26 zuwiderhandelt,

9.   entgegen § 9 Abs. 4a oder 5, § 16a Abs. 2 Satz 1 oder 3 oder Abs. 3 Satz 1
     oder 3 oder § 21 Abs. 1 Satz 1 oder 2 in Verbindung mit Satz 1, Abs. 1b Satz 1,
     Abs. 2 in Verbindung mit Abs. 1 Satz 1, Abs. 3, 4 Satz 1 oder Abs. 5 oder 5a
     Satz 1 oder 2 eine Mitteilung nicht, nicht richtig oder nicht rechtzeitig macht,

10. entgegen § 25 Abs. 2 eine Auskunft nicht, nicht rechtzeitig, nicht vollständig
     oder nicht richtig erteilt oder ein Hilfsmittel nicht zur Verfügung stellt,

11. einer in § 16 Abs. 5a oder § 25 Abs. 3 Satz 3 genannten Verpflichtung zuwi-
     derhandelt,

11a. entgegen § 25 Abs. 6 die Risikobewertung nicht oder nicht rechtzeitig vorlegt
     oder

12. einer Rechtsverordnung nach § 2 Abs. 2 Satz 3, auch in Verbindung mit
     Abs. 2a Satz 2, § 6 Abs. 3 Satz 2, § 7 Abs. 2 Satz 2 oder § 30 Abs. 2 Nr. 1
     bis 14 zuwiderhandelt, soweit sie für einen bestimmten Tatbestand auf diese
     Bußgeldvorschrift verweist.

   (2) Die Ordnungswidrigkeit kann mit einer Geldbuße bis zu fünfzigtausend
Euro geahndet werden.

   (3) Soweit dieses Gesetz von Bundesbehörden ausgeführt wird, ist Verwaltungsbehörde im Sinne des § 36 Abs. 1 Nr. 1 des Gesetzes über Ordnungswidrigkeiten
die nach Landesrecht zuständige Behörde.

Übersicht

I. Allgemein

Die Anzeige- und Genehmigungserfordernisse für Errichtung und Betrieb gentechni- 1
scher Anlagen in §§ 8–10 haben sich zwischen 1990 und 2008 mehrfach geändert, was
wegen § 2 StGB Folgen für die Ordnungswidrigkeiten und Straftatbestände hatte. Zur
Rechtslage vor dem 11.4.2008 siehe 1. und 2. Auflage.

II. Einzelne Ordnungswidrigkeiten (Abs. 1)

1. Verletzung der Risikobewertungspflicht (Abs. 1 Nr. 1). Der Bußgeldtatbestand 2
betrifft nur weitere gentechnische Arbeiten der Sicherheitsstufe 1, die nach § 9 Abs. 1 ohne
Anmeldung und Anzeige durchgeführt werden dürfen. Weitere gentechnische Arbeiten
höherer Sicherheitsstufen sind anmelde- oder genehmigungspflichtig und unterliegen daher
vorheriger behördlicher Kontrolle; hier bedarf es nicht der Bußgelddrohung für eine unterlassene Risikobewertung.

2. Nichtführung von Aufzeichnungen entgegen § 6 Abs. 3 S. 1 (Abs. 1 Nr. 1a). 3
Überträgt der Betreiber die Aufzeichnungspflicht gem. § 4 Abs. 2 GenTAufzV auf den
Projektleiter, kommt dessen bußgeldrechtliche, ggf. strafrechtliche Haftung über § 9 Abs. 2
Nr. 2 OWiG in Betracht.[1] Unrichtige oder unvollständige Aufzeichnungen sind durch § 5
GenTAufzV iVm Abs. 2 Nr. 12 bußgeldbewehrt.

3. Durchführung gentechnischer Arbeiten entgegen § 8 Abs. 1 S. 1 (Abs. 1 4
Nr. 2). Erfasst werden gentechnische Arbeiten außerhalb einer gentechnischen Anlage.
Unter den Voraussetzungen des § 39 Abs. 3 kann eine Straftat vorliegen. Täter kann jeder-
mann sein.[2]

4. Errichtung einer gentechnischen Anlage ohne Genehmigung nach § 8 Abs. 1 5
S. 2 (Abs. 1 Nr. 3). Unter das **Errichten** einer gentechnischen Anlage fallen nicht die
Planung und Vorbereitung. Die Errichtung beginnt mit der konkreten Arbeit vor Ort, und
ist damit bereits vollendet, ohne dass es auf die Fertigstellung ankommt. Eine nach Beginn
der Errichtung erteilte Genehmigung hat auf Tatbestandsmäßigkeit und Rechtswidrigkeit
keinen Einfluss (→ StGB § 324 Rn. 74).[3] Die Errichtung einer nur anzeige- oder anmeldepflichtigen gentechnischen Anlage, in der gentechnische Arbeiten der Sicherheitsstufe 1
oder 2 durchgeführt werden sollen, ist nicht tatbestandsmäßig, weil die Genehmigungsfiktion nach § 12 Abs. 6 S. 2 keine „Genehmigung nach § 8 Abs. 1" ist.[4] Werden in dieser
Anlage dann allerdings gentechnische Arbeiten der Sicherheitsstufe 1 oder 2 aufgenommen,
kommt eine Ordnungswidrigkeit nach Nr. 4 in Betracht.[5] Täter kann jedermann sein.[6]

Die Vorschrift beschränkt sich auf die Errichtung solcher gentechnischer Anlagen, in 6
denen gentechnische Arbeiten der Sicherheitsstufe 3 oder 4 durchgeführt werden sollen.
Die Errichtung einer gentechnischen Anlage, in der gentechnische Arbeiten der Sicherheitsstufe 2 durchgeführt werden sollen, fällt unter Nr. 4.

5. Verstoß gegen die Anzeige- oder Anmeldepflicht nach § 8 Abs. 1 S. 2, Abs. 4 7
S. 1 (Abs. 1 Nr. 4). Die Bestimmung umfasst die nur anzeige- oder anmeldepflichtige
Errichtung und den Betrieb einer gentechnischen Anlage, in der gentechnische Arbeiten
der Sicherheitsstufe 1 und 2 durchgeführt werden sollen (§ 8 Abs. 2 S. 1, → § 8 Rn. 4),
sowie die ebenfalls nur anzeige- oder anmeldepflichtige wesentliche Änderung der Lage,
der Beschaffenheit oder des Betriebs einer gentechnischen Anlage, in der gentechnische
Arbeiten der Sicherheitsstufe 1 und 2 durchgeführt werden sollen (§ 8 Abs. 4 S. 2, → § 8
Rn. 9–12).

---

[1] BayObLG 11.10.1996 – 3 Ob OWi 126/96, BayObLGSt 1996, 148 (152) = NuR 1997, 466.
[2] BayObLG 11.10.1996 – 3 Ob OWi 126/96, BayObLGSt 1996, 148 (152) = NuR 1997, 466.
[3] *Hirsch/Schmidt-Didczuhn* Rn. 6.
[4] *Hirsch/Schmidt-Didczuhn* Rn. 7; aA *Wahl/Melchinger* JZ 1994, 973 (977).
[5] *Hirsch/Schmidt-Didczuhn* Rn. 8, 12.
[6] BayObLG 11.10.1996 – 3 Ob OWi 126/96, BayObLGSt 1996, 148 (152) = NuR 1997, 466.

8   **6. Wesentliche Änderung einer gentechnischen Anlage ohne Genehmigung entgegen § 8 Abs. 4 S. 1 (Abs. 1 Nr. 5).** Erfasst wird die wesentliche Änderung einer gentechnischen Anlage, in der gentechnische Arbeiten der Sicherheitsstufe 3 oder 4 durchgeführt werden sollen (§ 8 Abs. 4 S. 1, → § 8 Rn. 9–12). Die Tat beginnt mit der tatsächlichen Durchführung der Änderungsmaßnahme und ist mit ihr gleichzeitig **vollendet.** Die Änderung einer Anlage, in der gentechnische Arbeiten der Sicherheitsstufe 1 oder 2 durchgeführt werden sollen, ist nach § 8 Abs. 4 S. 2 nur anzeige- oder anmeldepflichtig; einschlägig ist dann Nr. 4. Ist die Änderung unwesentlich und daher nach § 21 Abs. 2 nur mitteilungspflichtig (→ § 21 Rn. 4), kann eine Ordnungswidrigkeit nach Abs. 1 Nr. 9 vorliegen. Wahlfeststellung zwischen Nr. 5 und Nr. 9 ist zulässig.[7] Wer die unter Verstoß gegen § 8 Abs. 4 S. 1 ohne Genehmigung geänderte Anlage dann tatsächlich betreibt, bewegt sich außerhalb des Bereichs der erteilten Genehmigung und macht sich strafbar nach § 39 Abs. 2 Nr. 2.[8]

9   **7. Durchführung weiterer gentechnischer Arbeiten entgegen § 9 Abs. 2–4 (Abs. 1 Nr. 6–6b).** Nr. 6 betrifft die Durchführung weiterer gentechnischer Arbeiten, die nach § 9 Abs. 2 nur anzeigepflichtig sind. Nr. 6a und 6b erfassen die Fälle der Durchführung weiterer gentechnischer Arbeiten der Sicherheitsstufe 3 oder 4 ohne Genehmigung oder ohne Anlagengenehmigung nach § 9 Abs. 4, wenn sie einer höheren als der bisherigen Sicherheitsstufe zuzuordnen sind. **Vollendet** ist die Tat, wenn mit den Arbeiten bereits begonnen wird.[9]

10   **8. Inverkehrbringen von Produkten, die gentechnisch veränderte Organismen enthalten oder aus solchen bestehen, ohne Genehmigung nach § 14 S. 1 Nr. 2 oder 3 (Abs. 1 Nr. 7).** Als Genehmigung ist auch die fiktive Genehmigung bei Stellung eines Verlängerungsantrags nach § 16 Abs. 2 S. 2 anzusehen. Die Tat ist vollendet, wenn das Produkt in den Herrschaftsbereich des Dritten gelangt ist und in diesem Zeitpunkt keine vollziehbare Genehmigung vorliegt. Einräumung mittelbaren Besitzes (§ 868 BGB) genügt.[10] Ohne Genehmigung handelt auch, wer ein gentechnisch verändertes Produkt in den Verkehr bringt, für dessen Inverkehrbringen zwar eine Genehmigung besteht, das inzwischen aber wieder gentechnisch verändert worden ist,[11] oder wer das Inverkehrbringen nach dem Erlöschen einer Altgenehmigung gem. § 41 Abs. 6 fortsetzt.

11   **9. Verstoß gegen das Beobachtungsgebot (Abs. 1 Nr. 7a).** Der Bußgeldtatbestand ist grammatikalisch fehlerhaft in das Gesamtgefüge der Regelung eingebaut. Das in einer Inverkehrbringensgenehmigung enthaltene Gebot der Beobachtung ist nur in Verbindung mit einer auf § 16c Abs. 3 zu erlassenden Verordnung verbindlich und bußgeldbewehrt.

12   **10. Zuwiderhandeln gegen eine vollziehbare Auflage nach § 16d Abs. 3 S. 1, § 19 S. 2 oder eine vollziehbare Anordnung nach § 26 (Abs. 1 Nr. 8).** Nichtbefolgung ist die nicht rechtzeitige, nicht vollständige oder nicht richtige Erfüllung von Auflagen nach § 19 S. 2 und Anordnungen der Überwachungsbehörden nach § 26. Gleichgültig ist, ob die Auflage schon im Genehmigungsbescheid enthalten ist oder nach § 19 S. 3 nachträglich angeordnet worden ist.[12] Der Bescheid der Verwaltungsbehörde muss **vollziehbar** sein. Auflagen sind selbständig anfechtbare Nebenstimmungen eines Verwaltungsakts (§ 36 Abs. 2 Nr. 4 VwVfG). Sie sind zu unterscheiden von den „modifizierende Auflagen", deren Erfüllung für den Anlagenbetrieb unverzichtbar ist und die damit den wesentlichen Inhalt und Umfang der Genehmigung bestimmen. Einzelheiten hierzu → StGB Vor § 324 Rn. 58. **Nicht bußgeldbewehrt** sind Verstöße gegen sonstige nach § 19 S. 1 zulässige Nebenbestimmungen. Allerdings können Befristungen und Bedingungen zum Erlöschen der Geneh-

---

[7]   *Hirsch/Schmidt-Didczuhn* Rn. 9.
[8]   *Hirsch/Schmidt-Didczuhn* Rn. 7, 10; *Koch/Ibelgaufts* Rn. 12; aA *Fluck* BB 1990, 1716 (1724).
[9]   *Koch/Ibelgaufts* Rn. 14.
[10] *Koch/Ibelgaufts* Rn. 16.
[11] *Koch/Ibelgaufts* Rn. 17.
[12] *Hirsch/Schmidt-Didczuhn* Rn. 15.

migung und damit zu einer nach § 39 Abs. 2 Nr. 1 und 2 strafbaren Freisetzung oder einem Anlagenbetrieb ohne Genehmigung führen.[13]

Adressat der Pflichten und damit möglicher **Täter** ist derjenige, an den sich die Anord-   **13** nung oder Auflage richtet. Im Rahmen des § 26 können bei Gefahr im Verzug Anordnungen auch unmittelbar an den Projektleiter gem. § 14 Abs. 1 S. 2 Nr. 3 GenTSV gerichtet werden.[14] Für die Tatbestandsmäßigkeit und Rechtswidrigkeit kommt es lediglich auf die **formelle Wirksamkeit und Vollziehbarkeit** des Verwaltungsakts an, nicht auf dessen materielle Rechtmäßigkeit. Die Ordnungswidrigkeit entfällt deshalb nicht dadurch, dass die Auflage oder Anordnung nachträglich im Verwaltungsrechtsweg oder Verwaltungsgerichtsverfahren aufgehoben wird oder die sofortige Vollziehbarkeit ausgesetzt wird ($\rightarrow$ § 39 Rn. 3).[15] Unter den weiteren Voraussetzungen des § 39 Abs. 3 kann der Verstoß **strafbar** sein.

11. Unterlassen von Mitteilungen (Abs. 1 Nr. 9). Die Erwähnung des § 21 Abs. 5a   **14** S. 2 erweitert die Mitteilungspflicht auf die am Inverkehrbringen sonst Beteiligten ($\rightarrow$ § 21 Rn. 6 und § 16 Abs. 5a). Unter den weiteren Voraussetzungen des § 39 Abs. 3 kann der Verstoß **strafbar** sein. Wegen des fehlenden Verweises auf § 21 Abs. 1 S. 3 ist das Fehlen des Sachkundenachweises in einer im übrigen korrekten Anzeige über den Wechsel der in § 21 Abs. 1 S. 1 genannten Personen nicht bußgeldbewehrt.[16] Eine Mitteilung kann nicht unter Hinweis auf die eigene Gefahr der Verfolgung wegen einer Straftat oder Ordnungswidrigkeit verweigert werden, weil der Inhalt der Mitteilung in einem solchen Verfahren nicht verwertbar ist (§ 21 Abs. 6).

12. Nicht-Erteilung einer Auskunft entgegen § 25 Abs. 2 (Abs. 1 Nr. 10). Täter   **15** ist, wer von der Behörde nach § 25 Abs. 2 zur Auskunft aufgefordert worden ist. Das können der Betreiber, der Projektleiter oder der Beauftragte für die biologische Sicherheit sein.[17] Die Auskunft muss unverzüglich erteilt werden. Die Auskunftspflicht wird begrenzt durch das konkrete behördliche Auskunftsverlangen.[18] Wer nach § 25 Abs. 4 zur Verweigerung der Auskunft berechtigt ist ($\rightarrow$ § 25 Rn. 4), verhält sich nicht ordnungswidrig.

13. Zuwiderhandlung gegen eine Verpflichtung nach § 16 Abs. 5a oder § 25   **16** **Abs. 3 S. 3 (Abs. 1 Nr. 11).** Die Pflicht trifft den Betreiber oder eine ihm nach § 16 Abs. 5a beim Inverkehrbringen gleichgestellte Person, die damit tauglicher Täter sein kann. Die Behörde muss eine konkrete Maßnahme angekündigt haben, deren Duldung vom Betreiber oder einer gleichgestellten Person ausdrücklich verweigert worden sein muss.[19]

14. Zuwiderhandlung gegen die Pflicht zur Vorlage der Risikobewertung   **17** **(Abs. 1 Nr. 11a).** Der Bußgeldtatbestand wurde durch Gesetz vom 21.12.2004 ($\rightarrow$ Vor § 1 Rn. 4 mit Fn. 12) eingeführt.

15. Zuwiderhandlung gegen eine Rechtsverordnung (Abs. 1 Nr. 12). a) Allge-   **18** **mein.** In den einschlägigen Verordnungen (§ 20 GenTSV, § 5 GenTAufzV) sind nur den Betreiber treffende Verpflichtungen bußgeldbewehrt. Überträgt der Betreiber allerdings die Pflichten auf den Projektleiter oder einen anderen, so kommt dessen Verantwortlichkeit als Beauftragter gem. § 9 Abs. 2 Nr. 2 OWiG in Betracht.[20] Unter den weiteren Voraussetzungen des § 39 Abs. 3 kann der Verstoß **strafbar** sein.

---

[13] *Hirsch/Schmidt-Didczuhn* Rn. 15.
[14] BayObLG 11.10.1996 – 3 Ob OWi 126/96, BayObLGSt 1996, 148 (152) = NuR 1997, 466.
[15] *Hirsch/Schmidt-Didczuhn* Rn. 17.
[16] *Hirsch/Schmidt-Didczuhn* Rn. 18.
[17] BayObLG 11.10.1996 – 3 Ob OWi 126/96, BayObLGSt 1996, 148 (152) = NuR 1997, 466.
[18] *Koch/Ibelgaufts* Rn. 21.
[19] *Koch/Ibelgaufts* Rn. 22.
[20] BayObLG 11.10.1996 – 3 Ob OWi 126/96, BayObLGSt 1996, 148 (152) = NuR 1997, 466; *Hirsch/Schmidt-Didczuhn* Rn. 21.

19   **b) Ordnungswidrigkeiten nach GenTSV.** Nach § 20 GenTSV iVm § 38 Abs. 1 Nr. 12 handelt ordnungswidrig, wer **als Betreiber** vorsätzlich oder fahrlässig folgende Vorschriften missachtet:

20   – Beachtung der Anforderungen an Anlagen oder eine dort genannte **Sicherheitsmaßnahme** (§ 20 Abs. 1 Nr. 1 Buchst. a–c GenTSV), und zwar nach §§ 9 Abs. 3 S. 1, 10 Abs. 1 S. 1 und 11 Abs. 1 S. 1 GenTSV iVm den Anhängen II, III und IV.

21   – Erstellung von **Betriebsanweisungen,** und zwar in einer den Beschäftigten verständlichen Sprache (§ 20 Abs. 1 Nr. 2 GenTSV iVm § 12 Abs. 2 S. 1 oder 2 GenTSV).

22   – Rechtzeitige **Unterweisung der Beschäftigten** in der vorgeschriebenen Weise (§ 20 Abs. 1 Nr. 3 GenTSV iVm § 12 Abs. 3 S. 1–4 GenTSV).

23   – Beachtung der in § 12 Abs. 8 GenTSV iVm Anhang VI Kapitel F oder G dieser Verordnung genannten **Maßnahmen zum Schutz der Beschäftigten** (§ 20 Abs. 1 Nr. 4 GenTSV).

24   – **Vorbehandlung von Abwasser oder Abfall** aus Anlagen, in denen gentechnische Arbeiten der Sicherheitsstufe 2 durchgeführt werden, in der vorgeschriebenen Weise (§ 20 Abs. 1 Nr. 5 GenTSV iVm § 13 Abs. 3 S. 1 GenTSV).

25   – Beachtung der Vorschriften des § 13 Abs. 5 S. 1 GenTSV über die **Sterilisierung von flüssigem oder festem Abfall** aus Anlagen, in denen gentechnische Arbeiten der Sicherheitsstufen 3 und 4 durchgeführt werden, oder über die Auslegung von Geräten zur Überprüfung der Temperatur, Dauer der Sterilisierung und Chemikaliendosierung gem. § 13 Abs. 5 S. 6 GenTSV derart, dass eine Freisetzung von Organismen ausgeschlossen ist (§ 20 Abs. 1 Nr. 6 GenTSV).

26   – **Überführung von Geräten, Teilen von Geräten oder Abfall** aus Anlagen, in denen gentechnische Arbeiten der Sicherheitsstufen 3 und 4 durchgeführt werden, in vorgeschriebenen Behältern (§ 20 Abs. 1 Nr. 7 GenTSV iVm § 13 Abs. 6 GenTSV).

27   – Bestellung eines **Beauftragten für die Biologische Sicherheit** (§ 20 Abs. 1 Nr. 8 GenTSV): Ergänzend zu § 6 Abs. 4 verpflichtet § 13 Abs. 6 GenTSV den Betreiber, nach Anhörung des Betriebs- oder Personalrats einen oder, wenn dies im Hinblick auf die Art oder den Umfang der gentechnischen Arbeiten oder der Freisetzungen zum Schutz für die in § 1 Nr. 1 genannten Rechtsgüter erforderlich ist, mehrere Beauftragte für die Biologische Sicherheit (Ausschuss für Biologische Sicherheit) schriftlich zu bestellen.

28   **c) Ordnungswidrigkeiten nach GenTAufzV.** Nach § 5 GenTAufzV handelt ordnungswidrig, wer als Betreiber vorsätzlich oder fahrlässig gegen **Aufzeichnungspflichten** verstößt, und zwar:
   – richtige und vollständige Führung der Aufzeichnungen (§ 5 Nr. 1 GenTAufzV),
   – rechtzeitige Vorlage von Aufzeichnungen, deren Aufbewahrung für zehn bzw. dreißig Jahre (§ 4 Abs. 1 GenTAufzV),
   – unverzügliche Aushändigung an die zuständige Behörde (§ 4 Abs. 3 GenTAufzV).

29   Jegliches Unterlassen von Aufzeichnungen ist nach Abs. 1 Nr. 1a bußgeldbewehrt.

III. Grundlagen der Ahndung

30   **1. Handeln ohne Genehmigung.** Das Vorliegen der Genehmigung schließt den Tatbestand aus. Siehe zu den Einzelheiten → § 39 Rn. 6 und → StGB § 324a Rn. 28.

31   **2. Täterschaft.** Die Bußgeldbestimmungen des § 38 enthalten keine ausdrückliche Beschränkung auf bestimmte Personen oder Personenkreise. Der Normadressat muss daher aus der jeweiligen pflichtbegründenden Norm abgeleitet werden. Richtet sich die Pflicht nur an den Betreiber, oder neben ihm an den Projektleiter oder den Beauftragten für die Biologische Sicherheit, ist für die Strafbarkeit anderer Personen § 9 OWiG zu beachten.[21]

---

[21] BayObLG 11.10.1996 – 3 Ob OWi 126/96, BayObLGSt 1996, 148 (152) = NuR 1997, 466.

3. Vorsatz. Das Fehlen evtl. erforderlicher Genehmigungen muss vom Vorsatz umfasst **32** sein; ebenso das Genehmigungserfordernis (→ StGB § 324a Rn. 42). Bei Abs. 1 Nr. 8, 11 muss die nicht befolgte Anordnung bekannt gewesen sein.[22] Glaubt der Betroffene irrig, er sei nicht Normadressat, unterliegt er einem **Verbotsirrtum.** Zur Vermeidbarkeit kann es darauf ankommen, ob er im Rahmen von Besprechungen mit der zuständigen Behörde hierüber aufgeklärt worden ist.[23]

4. Fahrlässigkeit. Zum Sorgfaltsmaßstab im Umweltstrafrecht → StGB § 324 Rn. 42– **33** 45. Der Betreiber einer gentechnischen Anlage oder einer Freisetzung ist verpflichtet, sich über die jeweils geltenden Vorschriften auf dem Laufenden zu halten. Waren nicht befolgte Anordnungen dem Verantwortlichen, der nicht zugleich Betreiber ist, nicht bekannt, so kann Fahrlässigkeit vorliegen, wenn der Betreiber keine oder nur unzureichende Vorkehrungen getroffen hat, damit solche Anordnungen bekannt werden.[24]

5. Tatfolgen. Der Mindestbetrag der **Geldbuße** beträgt nach § 17 Abs. 1 OWiG 5 **34** EUR, das Höchstmaß nach Abs. 2 50.000 EUR. Für die Fahrlässigkeitstat ist Höchstmaß 25.000 EUR (§ 17 Abs. 2 OWiG). Ein Verweis auf § 74a StGB, der auch die Einziehung täterfremden Eigentums ermöglicht, ist nicht in das Gesetz aufgenommen worden.

IV. Zuständige Behörde

Die Verfolgung und Ahndung von Ordnungswidrigkeiten obliegt grds. den fachlich **35** zuständigen obersten Landesbehörden bzw. den durch Landesrecht durch Weiterübertragung für zuständig erklärten Behörden (§§ 35, 36 Abs. 1 Nr. 2a, Abs. 2 OWiG). Bei der Entscheidung, ob sie wegen eines Verstoßes ein Bußgeldverfahren einleitet, unterliegt die Behörde dem **Opportunitätsprinzip** (§ 47 OWiG). Es besteht keine generelle Verpflichtung der Bußgeldbehörde zur Anzeige möglicher Straftaten, da sie keine Strafverfolgungsbehörde ist.

§ 39 Strafvorschriften

(1) Mit Freiheitsstrafe bis zu einem Jahr oder mit Geldstrafe wird bestraft, wer einer Rechtsverordnung nach § 36 Abs. 1 Satz 1 zuwiderhandelt, soweit sie für einen bestimmten Tatbestand auf diese Strafvorschrift verweist.

(2) Mit Freiheitsstrafe bis zu drei Jahren oder mit Geldstrafe wird bestraft, wer
1. ohne Genehmigung nach § 14 Abs. 1 Satz 1 Nr. 1 gentechnisch veränderte Organismen freisetzt oder
2. ohne Genehmigung nach § 8 Abs. 1 Satz 2 eine gentechnische Anlage betreibt.

(3) Mit Freiheitsstrafe von drei Monaten bis zu fünf Jahren wird bestraft, wer durch eine in Absatz 2 oder eine in § 38 Abs. 1 Nr. 2, 8, 9 oder 12 bezeichnete Handlung Leib oder Leben eines anderen, fremde Sachen von bedeutendem Wert oder Bestandteile des Naturhaushalts von erheblicher ökologischer Bedeutung gefährdet.

(4) In den Fällen der Absätze 2 und 3 ist der Versuch strafbar.

(5) Wer in den Fällen des Absatzes 2 fahrlässig handelt, wird mit Freiheitsstrafe bis zu einem Jahr oder mit Geldstrafe bestraft.

(6) Wer in den Fällen des Absatzes 3 die Gefahr fahrlässig verursacht, wird mit Freiheitsstrafe bis zu fünf Jahren oder mit Geldstrafe bestraft.

(7) Wer in den Fällen des Absatzes 3 fahrlässig handelt und die Gefahr fahrlässig verursacht, wird mit Freiheitsstrafe bis zu drei Jahren oder mit Geldstrafe bestraft.

---

[22] BayObLG 11.10.1996 – 3 Ob OWi 126/96, BayObLGSt 1996, 148 (152) = NuR 1997, 466.
[23] BayObLG 11.10.1996 – 3 Ob OWi 126/96, BayObLGSt 1996, 148 (152) = NuR 1997, 466.
[24] BayObLG 11.10.1996 – 3 Ob OWi 126/96, BayObLGSt 1996, 148 (152) = NuR 1997, 466.

I. Allgemeines

1   1. Rechtsgut. Als strafrechtliche Absicherung der sich aus dem GenTG ergebenden Rechte und Pflichten bei Herstellung von und Umgang mit gentechnisch veränderten Organismen schützt § 39 die in § 1 GenTG aufgezählten Rechtsgüter Leben und Gesundheit der Menschen, Tiere, Pflanzen und Sachgüter, die es vor schädlichen Auswirkungen gentechnischer Verfahren und Produkte zu schützen gilt. Dies entspricht dem für die Umweltdelikte entwickelten ökologisch-anthropozentrischen Rechtsgutsverständnis (→ StGB Vor § 324 Rn. 18). Der konkrete Gefährdungstatbestand des Abs. 3 führt diese Rechtsgüter namentlich auf.

2   2. Deliktsnatur. Der Tatbestand des **Abs. 2** (Betrieb einer gentechnischen Anlage oder Freisetzen gentechnisch veränderter Organismen ohne erforderliche Genehmigung) ist, wie die vergleichbaren Tatbestände des § 327 Abs. 1, 2 S. 1 StGB, abstraktes Gefährdungsdelikt (→ StGB § 327 Rn. 2). Die typischen Gefahren aus dem Umgang mit einem gentechnisch veränderten Organismus müssen sich also nicht konkretisiert oder gar verwirklicht haben. **Abs. 3** qualifiziert die Straftatbestände des Abs. 2 und einzelne Bußgeldtatbestände des § 38 durch Hinzutreten einer konkreten Gefahr für die dort genannten Rechtsgüter und ist konkretes Gefährdungsdelikt.

3   3. Historie. Der Straftatbestand hat sich nicht verändert, jedoch die ihn ausfüllenden Vorschriften über den Umfang der Genehmigungspflicht für den Betrieb gentechnischer Anlagen. Der genehmigungslose Betrieb einer gentechnischen Anlage, in der gentechnische Arbeiten der Sicherheitsstufe 2 durchgeführt werden sollen, war vor dem 24.8.2002, strafbar und ist seit dem 24.8.2002 nur noch Ordnungswidrigkeit nach § 38 Abs. 1 Nr. 4. Zum Einfluss sonstiger Gesetzesänderungen bezüglich des Umfangs von Genehmigungs-, Anmelde- und Anzeigepflichten auf die Strafbarkeit nach Abs. 3 iVm den Bußgeldtatbeständen des § 38 siehe 2. Auflage.

II. Erläuterung

4   1. Objektiver Tatbestand. a) Verpflichtung zur Deckungsvorsorge (Abs. 1). Eine solche Verordnung ist noch nicht erlassen worden (→ § 36 Rn. 1).

5   b) Abstrakte Gefährdungsdelikte (Abs. 2). aa) Allgemein. Das Freisetzen und der Betrieb einer gentechnischen Anlage ohne Genehmigung sind abstrakte Gefährdungsdelikte. Hier gilt das Gleiche wie in den Straftatbeständen des 29. Abschnitts des StGB für den genehmigungswidrigen Anlagenbetrieb (→ StGB § 327 Rn. 2). Die typischen Gefahren aus dem Umgang mit einem gentechnisch veränderten Organismus müssen sich also nicht konkretisiert oder gar verwirklicht haben.

6   Das Handeln ohne Genehmigung ist Tatbestandsmerkmal. Es muss eine **vollziehbare Genehmigung** vorliegen. Die Genehmigung darf also nicht mehr anfechtbar sein oder muss für sofort vollziehbar erklärt worden sein, ohne dass die aufschiebende Wirkung nach § 80 Abs. 5 VwGO wiederhergestellt worden ist (→ Vor § 324 Rn. 70–77). Auf die Übereinstimmung der Genehmigung mit dem materiellen Verwaltungsrecht kommt es nicht an (→ StGB Vor § 324 Rn. 78–80). Bloße Genehmigungsfähigkeit ersetzt die Genehmigung nicht (→ StGB Vor § 324 Rn. 92–95).[1] Eine die förmliche Genehmigung ersetzende Duldung des Betriebs einer gentechnischen Anlage oder einer Freisetzung durch die zuständige Behörde ist wegen des Umfangs notwendiger Prüfungen der genspezifischen Gefahren kaum denkbar.[2] Eine wirksame **fiktive Genehmigung** (§ 10 Abs. 5, 6) setzt voraus, dass der Antragsteller einen hinreichend bestimmten Antrag gestellt hat und sämtliche für die Beurteilung maßgeblichen Unterlagen vorliegen. Vor Ablauf der Frist für den Eintritt der Genehmigungsfiktion handelt es sich um einen unzulässigen Betrieb ohne Genehmigung.[3]

Ohne Genehmigung handelt ferner, wer nach Ablauf einer im Genehmigungsbescheid **7** festgesetzten Frist, Eintritt einer die Genehmigung auflösenden Bedingung, vor Eintritt einer aufschiebenden Bedingung, oder nach Erlöschen der Genehmigung gem. § 27 Abs. 1 oder 5 die Anlage betreibt (→ StGB § 324 Rn. 71–77). Liegt nur eine Teilgenehmigung vor, welche die Errichtung, nicht aber den Betrieb der gentechnischen Anlage erlaubt (→ § 8 Rn. 8), ist der Anlagenbetrieb ebenfalls strafbar nach Abs. 2 Nr. 2. Vor dem Inkrafttreten des GenTG nach dem BImSchG erteilte Genehmigungen gelten fort (§ 67 Abs. 6 BImSchG).

Liegt keine Genehmigungsbedürftigkeit vor, wurde aber das Vorhaben **nach § 26 unter- 8 sagt,** begeht der Betreiber eine Ordnungswidrigkeit nach § 38 Abs. 1 Nr. 8 oder kann sich unter den Voraussetzungen des Abs. 3 strafbar machen (→ Rn. 13, 14). Die **einstweilige Einstellung nach § 20** ist sanktionslos. Ein Verstoß hiergegen kann nur mit den verwaltungsrechtlichen Zwangsmitteln durchgesetzt werden. Jedoch kann im Hinblick auf die Voraussetzungen für eine solche Maßnahme genehmigungsloses Handeln vorliegen, das nach Abs. 2 Nr. 2 strafbar ist.

bb) Freisetzung ohne Genehmigung (Nr. 1). Zum Genehmigungserfordernis siehe **9** § 14 Abs. 1 Nr. 1. Zur Strafbarkeit des Handelns ohne erforderliche Genehmigung → Rn. 6, 7.

cc) Betrieb einer Anlage ohne Genehmigung (Nr. 2). Zum Erfordernis einer Anla- **10** gengenehmigung siehe § 8 Abs. 1 S. 2 (→ § 8 Rn. 5–8). Der Betrieb einer in Lage, Beschaffenheit oder Betrieb wesentlich geänderten Anlage, in der gentechnische Arbeiten der Sicherheitsstufe 3 oder 4 durchgeführt werden sollen, und die nach § 8 Abs. 4 S. 1 der Genehmigung bedarf (→ § 8 Rn. 9–12), ist ebenfalls strafbar, weil der Betreiber sich außerhalb des Bereichs der erteilten Genehmigung bewegt. Zum Betrieb ohne Genehmigung → Rn. 6.

Nicht strafbar, sondern nur ordnungswidrig sind: **11**
– die Durchführung gentechnischer Arbeiten außerhalb einer gentechnischen Anlage (§ 38 Abs. 1 Nr. 2), dies kann aber nach Abs. 3 strafbar sein;
– die Errichtung einer gentechnischen Anlage nach § 38 Abs. 1 Nr. 3, 4;
– der Betrieb einer gentechnischen Anlage oder die wesentliche Änderung der Lage, der Beschaffenheit oder des Betriebs einer solchen Anlage, wenn in ihr nur gentechnische Arbeiten der Sicherheitsstufe 1 oder 2 durchgeführt werden sollen, und die nach § 8 Abs. 2 S. 1, Abs. 4 S. 2 nur der Anzeige oder Anmeldung bedarf, ohne diese Anzeige oder Anmeldung (§ 38 Abs. 1 Nr. 4),[4]

---

[1] *Wahl/Melchinger* JZ 1994, 973 (977); *Brocks/Pohlmann/Senft* S. 127; *Hirsch/Schmidt-Didczuhn* Rn. 4, 5; *Koch/Ibelgaufts* Rn. 17, 18.
[2] *Hirsch/Schmidt-Didczuhn* Rn. 5.
[3] *Guckelberger* DÖV 2010, 109; *Uerechtritz* DVBl 2010, 684; *Hüllmann/Zorn* NVwZ 2009, 756 (759).
[4] *Hirsch/Schmidt-Didczuhn* Rn. 8 und § 38 Rn. 10.

– die Durchführung weiterer gentechnischer Arbeiten iS des § 9 in jeder Sicherheitsstufe ohne erforderliche Anzeige, Anmeldung oder Genehmigung (§ 38 Abs. 1 Nr. 6, 6a, 6b).

12 **Betreiben** der Anlage ist die bestimmungsgemäße Nutzung, wobei nicht vorausgesetzt ist, dass gentechnische Arbeiten durchgeführt werden.[5] Zum Begriff des Betriebes sowie zu Beginn und Ende der Tathandlung siehe die entspr. Erläuterungen → StGB § 325 Rn. 21–23.

13 Der Verstoß gegen eine **Auflage** macht den Anlagenbetrieb noch nicht zu einem ungenehmigten, sondern kann Ordnungswidrigkeit nach § 38 Abs. 1 Nr. 8 sein, kann aber unter den Voraussetzungen des Abs. 3 strafbar sein. Verstößt der Betreiber gegen einzelne oder mehrere Bestimmungen der Genehmigung, so hängt die Beantwortung der Frage, ob der Betrieb nunmehr „ohne die erforderliche Genehmigung" betrieben wird, davon ab, ob es sich um eine Inhaltsbestimmung der erteilten Genehmigung zum Betrieb der Anlage handelt oder um den Verstoß gegen eine Auflage. Der Strafrichter darf sich nicht alleine auf die von der Verwaltungsbehörde gewählte Bezeichnung stützen, sondern muss selbst prüfen, ob die Erfüllung der Bestimmung für den Anlagenbetrieb unverzichtbar ist und sie damit den wesentlichen Inhalt und Umfang der Genehmigung bestimmt. Zu Einzelheiten der Abgrenzung der Auflage von der in die Form einer Auflage gepackten Inhaltsbestimmung des Verwaltungsaktes („modifizierende Auflage") → StGB § 324 Rn. 58.

14 **c) Konkrete Gefährdungsdelikte (Abs. 3).** Grundtatbestände sind:
– Freisetzung gentechnisch veränderter Organismen ohne Genehmigung (Abs. 2 Nr. 1),
– Betrieb einer gentechnischen Anlage ohne Genehmigung (Abs. 2 Nr. 2),
– Durchführung gentechnischer Arbeiten außerhalb einer gentechnischen Anlage (§ 38 Abs. 1 Nr. 2),
– die Zuwiderhandlung gegen eine vollziehbare Auflage nach § 16d Abs. 3 S. 1, § 19 S. 2 oder eine vollziehbare Anordnung nach § 26 (§ 38 Abs. 1 Nr. 8),
– die Unterlassung von Mitteilungspflichten (§ 38 Abs. 1 Nr. 9),
– der Verstoß gegen eine Rechtsverordnung (§ 38 Abs. 1 Nr. 12).

15 **Konkret** ist eine Gefahr, wenn der Eintritt des schädlichen Erfolgs unter Berücksichtigung aller Umstände des Einzelfalls nahe liegt, der Eintritt des Schadens wahrscheinlicher ist als dessen Ausbleiben. Die Wahrscheinlichkeit eines schädigenden Ereignisses darf dabei nicht nur eine gedankliche Möglichkeit sein, sondern muss auf festgestellten tatsächlichen Umständen beruhen. Aus der abstrakt gefährlichen Tathandlung allein darf nicht auf den Eintritt einer konkreten Gefahr geschlossen werden.[6] Zum Begriff der **konkreten Gefährdung** → StGB § 315 Rn. 58–62. **Gefährdungsobjekte** sind:
– Leib oder Leben eines anderen;
– fremde Sachen von bedeutendem Wert, dh Sachen, die nach den Vorschriften des bürgerlichen Rechts (auch) in fremdem Eigentum stehen und nicht zum Bereich des gentechnischen Vorhabens gehören;[7]
– Bestandteile des Naturhaushalts von erheblicher ökologischer Bedeutung: Unter „Naturhaushalt" ist das ökologische Gleichgewicht mit dem Ziel der Erhaltung des Artenreichtums zu verstehen. Eine „erhebliche ökologische Bedeutung" liegt vor bei der Beeinträchtigung von Naturgütern, deren Vorhandensein für ein funktionsfähiges Wirkungsgefüge im Naturhaushalt notwendig ist, zB wenn die Erhaltung eines bestehenden oder die Förderung eines neuen biologischen Gleichgewichts in bestimmten Naturbereichen Voraussetzung für deren Fortbestand ist. Der Begriff ist kaum konkretisierbar und wird daher als verfassungsrechtlich bedenklich bezeichnet.[8]

16 **2. Subjektiver Tatbestand. a) Vorsatz.** Der Vorsatz muss sich auch auf den Widerspruch zum Verwaltungsrecht, also auf das Genehmigungserfordernis und auf das Fehlen

---

[5] *Hirsch/Schmidt-Didczuhn* Rn. 7; *Koch/Ibelgaufts* Rn. 6.
[6] *Schall* NStZ 1997, 420 (422); *Sack* Rn 150.
[7] → StGB § 324a Rn. 25. *Hirsch/Schmidt-Didczuhn* Rn. 13.
[8] *Hirsch/Schmidt-Didczuhn* Rn. 14.

der Genehmigung beziehen. (→ StGB § 324a Rn. 37) Im Fall des Abs. 3 muss der Vorsatz auch die konkrete Gefährdung der genannten Rechtsgüter umfassen. Bedingter Vorsatz genügt.[9]

b) Fahrlässigkeit. Unter Strafe gestellt ist die fahrlässige Begehung einer Tat nach **17** Abs. 2 und die vorsätzliche Begehung einer Tat nach Abs. 3 mit fahrlässiger Gefahrenverursachung. Bei Abs. 2 Nr. 1 wird sich der Fahrlässigkeitsvorwurf idR auf die fahrlässige Unkenntnis des Fehlens einer Freisetzungsgenehmigung oder eine Verkennung von deren Reichweite beziehen, weil § 3 Nr. 5 die Freisetzung als das „gezielte Ausbringen" von gentechnisch veränderten Organismen in die Umwelt definiert. Fahrlässiges Freisetzen kann auch bei der Aussaat von mit gentechnisch veränderten Organismen kontaminiertem Saatgut vorliegen (→ § 3 Rn. 6). Die Fälle des fahrlässigen Entweichens von gentechnisch veränderten Organismen, zB wegen mangelhafter Sicherheitsvorkehrungen beim Ablassen oder Ausbringen von mit gentechnisch veränderten Organismen kontaminiertem Abwasser oder Abfall in die Umwelt (→ § 3 Rn. 6), werden nicht unmittelbar von Abs. 2 Nr. 1, Abs. 5 erfasst.[10]

III. Rechtswidrigkeit, Täterschaft, Versuch, Rechtsfolgen, Konkurrenzen

1. Rechtswidrigkeit. Die Übereinstimmung mit dem Verwaltungsrecht ist Teil des Tat- **18** bestandes. Soweit andere verwaltungsrechtliche Gestattungen außerhalb des Gentechnikrechts, Genehmigungsfähigkeit oder Duldung nicht schon zum Ausschluss des Tatbestandes führen, vermögen sie auch keinen Einfluss auf die Rechtswidrigkeit auszuüben. Rechtfertigender **Notstand** (§ 34 StGB) wird im gesamten Umweltstrafrecht auf Not- und Katastrophenfälle beschränkt (→ StGB § 324 Rn. 86–87). Die **Einwilligung** kann wegen der Gefahren, welche gentechnisch veränderte Organismen für die Umwelt haben können, nicht rechtfertigend wirken.

2. Täterschaft. Täter der abstrakten Gefährdungsdelikte des Abs. 2 kann jedermann **19** sein. Soweit bei den konkreten Gefährdungsdelikten des Abs. 3 auf Bußgeldtatbestände des § 38 verwiesen wird, muss der Normadressat aus der jeweiligen pflichtbegründenden Norm abgeleitet werden. Richtet sich die Pflicht nur an den Betreiber, oder neben ihm an den Projektleiter oder den Beauftragten für die biologische Sicherheit, handelt es sich um ein Sonderdelikt; für die Strafbarkeit anderer Personen ist § 14 Abs. 2 StGB zu beachten.

Der **Amtsträger** ist in Fällen, in denen die Tat Sonderdelikt ist, nicht Adressat der **20** verwaltungsrechtlichen Pflicht. Erlässt er unter Verletzung gentechnischer Vorschriften einen begünstigenden VA, kommt er demnach selbst nicht als Täter, Mittäter oder mittelbarer Täter in Frage. Für eine Teilnahme fehlt es an einer Haupttat, es sei denn, die vom Amtsträger erlassene Anordnung ist nichtig oder das Verhalten des Pflichtigen erfüllt die Voraussetzungen des entsprechend anzuwendenden § 330d Abs. 1 Nr. 5 StGB; dann kann der Amtsträger als Anstifter oder Beihelfer bestraft werden. Kann die Tat hingegen von jedermann begangen werden, gelten dann für die Täterschaft oder Teilnahme des am Verfahren der Erteilung einer materiell umweltrechtswidrigen Gestattung die Grundsätze wie bei der Gewässerverunreinigung (→ StGB § 324 Rn. 107–112). Zur Strafbarkeit des Amtsträgers, der das Einschreiten gegen einen rechtswidrigen Umgang mit gentechnisch veränderten Organismen unterlässt oder einen als rechtswidrig erkannten Bescheid nicht im verwaltungsrechtlich zulässigen Rahmen widerruft → StGB Vor § 324 Rn. 120–126.

3. Versuch (Abs. 4), Vollendung. Bei den Straftatbeständen des Abs. 2 und 3 ist der **21** Versuch strafbar, nicht aber bei Verstößen gegen Vorschriften über die Deckungsvorsorge nach Abs. 1. Sobald mit der Durchführung des Vorhabens begonnen worden ist, liegt Vollen-

---

[9] *Hirsch/Schmidt-Didczuhn* Rn. 15.
[10] *Brocks/Pohlmann/Senft* S. 125; *Hirsch/Schmidt-Didczuhn* Rn. 6.

dung vor;[11] die Ausführungen zum Anlagenbetrieb → StGB § 325 Rn. 68 gelten entsprechend.

22   **4. Strafzumessung, sonstige Folgen.** Die Strafrahmen lehnen sich an vergleichbare Tatbestände des Umweltschutzstrafrechts und des AMG an. Ein Verweis auf § 74a StGB, der auch die Einziehung täterfremden Eigentums ermöglicht, ist nicht in das Gesetz aufgenommen worden.

23   **5. Konkurrenzen.** Tateinheit kann bestehen mit Körperverletzungs- und Tötungsdelikten (§§ 223 ff., 211 ff. StGB) sowie mit Umweltstraftaten nach §§ 324 ff. StGB. § 327 Abs. 2 Nr. 1 StGB (Betrieb einer Anlage ohne immissionsschutzrechtlich erforderliche Genehmigung) wird wegen § 22 Abs. 1 von Abs. 2 Nr. 2 verdrängt. Tateinheit kann aber vorliegen, wenn neben der gentechnischen Anlage auch Einrichtungen betrieben werden, die nicht zu dieser gehören, aber einer immissionsschutzrechtlichen Genehmigung bedürfen.[12]

Siebter Teil. Übergangs- und Schlußvorschriften

§ 40 *(weggefallen)*

§ 41 Übergangsregelung

(1) **Für gentechnische Arbeiten, die bei Inkrafttreten der Vorschriften dieses Gesetzes über Anmeldungen und Genehmigungspflichten in einem nach den „Richtlinien zum Schutz vor Gefahren durch in-vitro neukombinierte Nukleinsäuren" (Gen-Richtlinien) registrierten Genlabor durchgeführt werden durften und die nach den Vorschriften dieses Gesetzes nur in genehmigten oder angemeldeten gentechnischen Anlagen durchgeführt werden dürfen, angemeldet werden müssen oder einer Genehmigung bedürfen, gilt die Anmeldung als erfolgt oder die Genehmigung als erteilt; für gentechnische Arbeiten in solchen Anlagen ist § 9 anwendbar.**

(2) **¹Eine Genehmigung, die vor dem Inkrafttreten der Vorschriften dieses Gesetzes über Anmeldungen sowie Genehmigungspflichten nach dem Bundes-Immissionsschutzgesetz erteilt worden ist, gilt im bisherigen Umfang als Anmeldung oder Genehmigung im Sinne dieses Gesetzes fort. ²§ 19 findet entsprechende Anwendung.**

(3) *(aufgehoben)*

(4) **¹Auf die bis zum Inkrafttreten dieses Gesetzes begonnenen Verfahren finden die Vorschriften des Zweiten Gesetzes zur Änderung des Gentechnikgesetzes vom 16. August 2002 (BGBl. I S. 3220) keine Anwendung, sofern vollständige Antragsunterlagen vorliegen. ²Dies gilt nicht für die Genehmigung weiterer Arbeiten der Sicherheitsstufen 3 und 4 gemäß § 9 Abs. 3.**

(5) *(aufgehoben)*

(6) **Inverkehrbringensgenehmigungen, die vor dem 17. Oktober 2002 erteilt wurden, erlöschen am 17. Oktober 2006, wenn nicht bis zum 17. Januar 2006 eine Verlängerung beantragt worden ist.**

(7) **Bis zum Erlass einer Rechtsverordnung nach § 14 Abs. 4, längstens jedoch bis zum 31. Dezember 2008, treten an deren Stelle, auch soweit in diesem Gesetz auf diese Rechtsverordnung verwiesen wird, hinsichtlich des Verfahrens und des Genehmigungsumfangs die Bestimmungen der Entscheidung 94/730/EG der**

---

[11] *Hirsch/Schmidt-Didczuhn* Rn. 5.
[12] *Brocks/Pohlmann/Senft* S. 125; *Hirsch/Schmidt-Didczuhn* Rn. 17.

Kommission vom 4. November 1994 zur Festlegung von vereinfachten Verfahren für die absichtliche Freisetzung genetisch veränderter Pflanzen nach Artikel 6 Absatz 5 der Richtlinie 90/220/EWG des Rates (ABl. EG Nr. L 292 S. 31).

(8) **Bis zur Bildung der Kommission nach § 4 werden deren jeweiligen Aufgaben von einem besonderen Ausschuss wahrgenommen, der**
1. **nach Maßgabe der am 3. Februar 2005 geltenden Vorschriften für die Zentrale Kommission für die Biologische Sicherheit gebildet wird und**
2. **die Aufgaben nach Maßgabe der in Nummer 1 genannten Vorschriften wahrnimmt.**

(9) **Abweichend von den sonstigen Vorschriften dieses Gesetzes können**
1. **die Gentechnik-Verfahrensverordnung in der Fassung der Bekanntmachung vom 4. November 1996 (BGBl. I S. 1657), zuletzt geändert durch Artikel 2 des Gesetzes vom 16. August 2002 (BGBl. I S. 3220),**
2. **die Gentechnik-Beteiligungsverordnung vom 17. Mai 1995 (BGBl. I S. 734), geändert durch Artikel 1 § 2 des Gesetzes vom 22. März 2004 (BGBl. I S. 454), bis zum 1. Oktober 2006 ohne Anhörung der Kommission nach § 4 oder eines Ausschusses nach den §§ 5 und 5a einmal geändert werden.**

Die Anmelde- bzw. **Genehmigungsfiktion nach Abs. 1** umfasst unter den genannten 1 Voraussetzungen die nach §§ 8 Abs. 1 S. 2, 9 Abs. 4 S. 1 notwendige Anlagengenehmigung einschließlich der von § 22 mit umfassten Genehmigungen, die Tätigkeitsgenehmigung nach § 9 Abs. 3, die Freisetzungsgenehmigung nach § 14 Abs. 1, oder die erforderlichen Anmeldungen nach §§ 8 Abs. 2 S. 1, 9 Abs. 2 S. 1. Ab Inkrafttreten des GenTG am 1.7.1990 gelten alle materiellen Vorschriften für alle Räume und sonstigen Einrichtungen einer registrierten Anlage, in denen zum Zeitpunkt des Inkrafttretens gentechnische Arbeiten iS des § 3 Nr. 2 durchgeführt worden sind.

Für die übergeleitete **Genehmigung nach dem BImSchG (Abs. 2)** finden die Vor- 2 schriften des GenTG Anwendung, die an genehmigte oder angemeldete Anlagen oder Arbeiten anknüpfen.[1]

Die Fortsetzung des Inverkehrbringens nach dem Erlöschen einer Altgenehmigung nach 3 Abs. 6 ist gem. § 38 Abs. 1 Nr. 7 **ordnungswidrig.**

§ 41a *(weggefallen)*

§ 42 Anwendbarkeit der Vorschriften für die anderen Vertragsstaaten des Abkommens über den Europäischen Wirtschaftsraum

Bei Inkrafttreten des Abkommens über den Europäischen Wirtschaftsraum gelten die Vorschriften, die eine Beteiligung der Mitgliedstaaten der Europäischen Union vorsehen, auch für die Beteiligung der anderen Vertragsstaaten des Abkommens über den Europäischen Wirtschaftsraum ab dem 1. Januar 1995.

Das Abkommen ist gem. Bekanntmachung vom 16.12.1993, BGBl. II S. 2436, am 1 1.1.1995 in Kraft getreten.

---

[1] *Fluck* BB 1990, 1716 (1725); *Brocks/Pohlmann/Senft* S. 110; *Hirsch/Schmidt-Didczuhn* § 41 Rn. 15, 17.

4. Kapitel. Naturschutzrecht

I. Tierschutzgesetz

In der Fassung der Bekanntmachung vom 18.5.2006, BGBl. I S. 1206, ber. S. 1313
zuletzt geändert durch Gesetz vom 29.3.2017, BGBl. I S. 626

FNA 7833-3
(Auszug)

§ 17 [Straftaten]

Mit Freiheitsstrafe bis zu drei Jahren oder mit Geldstrafe wird bestraft, wer
1. ein Wirbeltier ohne vernünftigen Grund tötet oder
2. einem Wirbeltier
   a) aus Rohheit erhebliche Schmerzen oder Leiden oder
   b) länger anhaltende oder sich wiederholende erhebliche Schmerzen oder Leiden
   zufügt.

Schrifttum: Kommentare und Monographien: *Caspar,* Tierschutz im Recht der modernen Industriegesellschaft, 1999; *Caspar/Schröter,* Das Staatsziel Tierschutz in Art. 20a GG, 2003; *Eberstein,* Das Tierschutzrecht in Deutschland bis zum Erlass des Reichs-Tierschutzgesetzes vom 24. November 1933 – unter Berücksichtigung der Entwicklung in England, 1999; *Greven,* Die Tierhaltung aus strafrechtlicher Sicht, Diss. Köln, 1998; *Hackbarth/Lückert,* Tierschutzrecht, 2. Aufl. 2002; *Hirt/Maisack/Moritz,* Tierschutzgesetz, 3. Aufl. 2016; *Lorz/Metzger,* Tierschutzgesetz, 6. Aufl. 2008; *Maisack,* Zum Begriff des vernünftigen Grundes im Tierschutzrecht, 2007; *Ort/Reckewell,* Kommentierung zu § 17 Tierschutzgesetz, in: *Kluge* u. a., Tierschutzgesetz, 2002; *Röckle,* Probleme und Entwicklungstendenzen des strafrechtlichen Tierschutzes, Diss. Tübingen, 1996; *Wiegand,* Die Tierquälerei – Ein Beitrag zur historischen, strafrechtlichen und kriminologischen Problematik der Verstöße gegen § 17 Tierschutzgesetz, Diss. Frankfurt/Main, 1979.

Aufsätze: *Binder,* Der vernünftige Grund für die Tötung von Tieren, NuR 2007, 806; *Bünningmann,* Zur Zulässigkeit von Lebendhälterung beim Angeln, NuR 2014, 176; *Caspar,* Der vernünftige Grund im Tierschutzrecht, NuR 1997, 577; *Chmielewska/Bert/Grune/Hensel/Schönfelder,* Der vernünftige Grund zur Tötung von überzähligen Tieren. Eine klassische Frage des Tierschutzrechts im Kontext der biomedizinischen Forschung, NuR 2015, 677; *Dietlein,* Angelfischerei zwischen Tierquälerei und sozialer Adäquanz, NStZ 1994, 21; *Drossé,* Tierquälerei beim Wettangeln, NStZ 1990, 72; *ders.,* Die Lebendhälterung gefangener Fische in Setzkeschern, MDR 1994, 242; *Guber,* Das Verhältnis von Tier- und Artenschutz- Rechtfertigung von leidensverkürzenden Maßnahmen bei tödlich verletzten Tieren streng geschützter Arten, NuR 2012, 623; *Iburg,* Zur Unterlassungstäterschaft des Amtstierarztes bei Nichteinschreiten gegen Tiermisshandlungen, NuR 2001, 77; *Iburg,* Mängel des geltenden Tierschutzstrafrechts aus der Sicht der Staatsanwaltschaft, NuR 2010, 395; *Jendrusch/Niehaus,* Verstoß gegen § 17 TierSchG durch Lebendhälterung von Köderfischen, NuR 2008, 325; *Kemper,* Die Garantenstellung der Amtstierärztinnen und Amtstierärzte im Tierschutz, NuR 2007, 790; *Ort,* Zur Tötung unerwünschter neonater und juveniler Tiere, NuR 2010, 853; *Pfohl,* Strafbarkeit von Amtstierärzten, NuR 2009, 238; *Rau,* Praktische Probleme der Staatsanwaltschaft bei der Verfolgung von Tierschutzstraftaten, NuR 2009, 532; *Weisser,* Zur Strafbarkeit nach § 17 Nr. 2b TierSchG durch das Überladen von wirtschaftlich bedingten Rindertransporten, wistra 2015, 299.

Übersicht

I. Überblick

1   **1. Normzweck. a) Rechtsgut.** Die Frage, welches Rechtsgut von § 17[1] geschützt werden soll, kann trotz einer weitgehend übereinstimmenden hL noch nicht als geklärt angesehen werden. Überwiegend wird auf § 1 S. 1 abgestellt, der vorsieht, dass „aus der Verantwortung des Menschen für das Tier als Mitgeschöpf, dessen Leben und Wohlbefinden zu
schützen" ist. Verfolgt werde ein ethisches Anliegen, ein moralisches Postulat, das den
durch seinen Geist überlegenen Menschen zum Schutz des Tieres als seinem lebenden und
fühlenden „fremden Bruder" verpflichte[2] bzw. ein ethischer Tierschutz „im Sinne der
Mitverantwortung des Menschen für das seiner Obhut anheim gegebene Lebewesen".[3]
Geschützt wird nach dieser Auffassung somit die sittliche Ordnung in der Beziehung zwischen Mensch und Tier.[4]

---

[1] Im Folgenden sind alle §§ ohne nähere Bezeichnung solche des TierSchG.
[2] So die anschauliche Beschreibung von *Ort/Reckewell* Rn. 14.
[3] So OLG Stuttgart 1.3.2010 – 2 Ws 176/09, Die Justiz 2010, 309.
[4] So die Rechtsprechung und hL, vgl. OLG Celle 12.10.1993 – 2 Ss 147/93, NuR 1994, 515; *Greven*
S. 5; Erbs/Kohlhaas/*Metzger* T 95 Vor § 1 Rn. 3; Lorz/*Metzger* Einf. Rn. 62; *Ort/Reckewell* Rn. 14.

Andere früher diskutierte **Ansätze** einer Rechtsgutsbestimmung können im Hinblick 2
auf die klare Vorgabe des § 1 S. 1 sowie die geschichtliche Entwicklung des Regelungswerks
nicht überzeugen. So ist das Tier als eigenständiger Träger eines Rechtsguts dem deutschen
Recht unbekannt.[5] Auch kann es als bloßes Objekt der tatbestandsmäßigen Handlung des
§ 17 TierSchG nicht gleichzeitig Rechtsgut der Tierquälerei sein. Der Einordnung als ein
Umwelt- oder Naturschutzdelikt, das die natürlichen Lebensgrundlagen der Menschheit
schützen soll, steht bereits die geschichtliche Entwicklung der Norm entgegen. Während
§ 17 auf länderrechtliche Bestimmungen aus dem 19. Jahrhundert, das StGB von 1871 und
das RTierSchG des Jahres 1933 zurückgeht, stammen die zum Schutz der Umwelt dienenden Strafvorschriften aus der zweiten Hälfte des 20. Jahrhunderts und wurden erst mit dem
1. UKG 1980 in das StGB eingefügt.[6]

Der hL wird entgegengehalten, dass sie zwar den ethischen Tierschutz zur Aufgabe 3
mache, jedoch kein Rechtsgut umreiße. Die Tierquälerei sei nicht verwerflich, weil sie das
sittliche Empfinden des Menschen verletze, sondern sie verletze dieses Empfinden, weil sie
verwerflich sei.[7] § 17 diene allein der **Stärkung** der Gestaltungskraft von **Gesinnungswer-
ten,** schütze aber kein Rechtsgut.[8] Es fehle an einem „Letztbezug" zu jetzt oder in Zukunft
lebenden Menschen. Dennoch sei das Tierschutzstrafrecht auch ohne den für Straftatbestände sonst erforderlichen Rechtsgutsbezug „legitimierbar".[9]

Dass gerade im Tierschutzrecht nicht immer rein rational fassbare Erwägungen maßgeb- 4
lich sind, zeigen die Erfahrungen, die in den letzten Jahren mit den auch verfassungsrechtlichen Diskussionen zum Tierschutz gemacht worden sind: Die im Bereich der Massentierhaltung herrschenden Bedingungen, insbesondere die räumliche Enge der auf einer Fläche
von nur 420 bis 430 cm^2 gehaltenen Legehennen, erfüllen, den Tatbestand länger anhaltender und erheblicher Leiden iSd § 17 Nr. 2b (näher dazu → Rn. 82, 116). Dennoch wurden
diese Bedingungen – auch von der Gesellschaft – bis zur Entscheidung des BVerfG aus
dem Jahr 1999[10] (und auch darüber hinaus) hingenommen. Das **sittliche Empfinden der
Gemeinschaft** wurde ausgeblendet oder aber nicht hinreichend verletzt. Demgegenüber
wird Tieren bei einem lege artis durchgeführten betäubungslosen Schlachten (Schächten)
nach überwiegender Meinung nur ein kurzer erheblicher Schmerz iSd § 18 Nr. 1 zugefügt.
Die Voraussetzungen der länger anhaltenden Schmerzen oder Leiden des § 17 Nr. 2b sollen
hingegen nicht erfüllt sein. Diese Thematik hat die Gesellschaft indes so berührt, dass
nach der hierzu ergangenen Entscheidung des BVerfG[11] eine zuvor lange diskutierte, aber
mehrheitlich abgelehnte Ergänzung des Art. 20a GG, die Einführung eines Staatsziels „Tierschutz", konsensfähig wurde.

Diese Beispiele zeigen, dass im Bereich des Tierschutzes, ohne dies werten zu wollen, 5
das „sittliche Empfinden" nicht nur von der jeweiligen Verwerflichkeit einer einzelnen
Handlung abhängt, sondern auch weitere uU rational nicht erfassbare Einschätzungen eine
Rolle spielen, dh eine gegenseitige Wechselwirkung zwischen Verwerflichkeit und der Verletzung des sittlichen Empfindens stattfindet. Damit aber betrifft das TierSchG, einschließlich dessen § 17, wie von der hL vertreten, die **sittliche Ordnung zwischen Mensch
und Tier** insgesamt.

b) Deliktsnatur. Anders als viele andere Vorschriften des Nebenstrafrechts stellt § 17 6
keine ausfüllungsbedürftige Blankettnorm, sondern eine abschließende Regelung dar, die
keiner Ergänzung bedarf und zugänglich ist.[12] Die Vorschrift betrifft jedermann („wer"),

---

[5] Lorz/*Metzger* Einf. Rn. 63.
[6] *Greven* S. 22.
[7] *Gallas,* Beiträge zur Verbrechenslehre, 1968, S. 13.
[8] So *Bloy* ZStW 100 (1988), 485, 490 mwN; ihm folgend *Röckle* S. 86 ff., 93.
[9] Ausführlich dazu *Heger,* Die Europäisierung des deutschen Umweltstrafrechts, 2009, S. 214 ff.; kritisch
dazu *Schall* ZStW 123 (2011), 323.
[10] BVerfG 6.7.1999 – 2 BvF 3/90, NJW 1999, 3253.
[11] BVerfG 15.1.2002 – 1 BvR 1783/99, NJW 2002, 663.
[12] BGH 18.2.1987 – 2 StR 159/86, NJW 1987, 1833.

ist also als **Allgemeindelikt** einzustufen. Ihr Normappell richtet sich an den einzelnen Bürger, aber auch an die mit Tierschutzangelegenheiten befasste Verwaltung.[13] Für die Tatbestandserfüllung vorausgesetzt wird ein bestimmter Erfolg („tötet" in Nr. 1; Zufügen von erheblichen Schmerzen oder Leiden in Nr. 2).Es handelt sich somit um ein **Erfolgsdelikt.**[14]

7   **2. Kriminalpolitische Bedeutung.** Ausweislich der **Strafverfolgungsstatistik** wurden in den Jahren 1985–1995 jährlich etwa 600 Personen bundesweit wegen eines Vergehens nach § 17 angeklagt.[15] Rund 400 Personen wurden jährlich verurteilt. Eine Zu- oder Abnahme derartiger Verstöße war nicht feststellbar.[16] Seit 1997 sind einschlägige Verfahren leicht angestiegen: So wurden 1997 624 Personen abgeurteilt und 473 Personen wegen eines derartigen Vergehens verurteilt. Im Jahr 2004 wurden 737 Personen abgeurteilt und 528 Personen verurteilt, 2015 waren dies schließlich 994 und 743 Personen. Im Vergleich zu den abgeurteilten und verurteilten Straftaten insgesamt handelt es sich dabei zwar um eine unbedeutende Menge.[17] Die spezial- und insbesondere auch generalpräventive Wirkung derartiger Verfahren sollte jedoch nicht gering geschätzt werden, handelt es sich doch häufig um Strafsachen, die – wohl auch wegen der betroffenen Empfindsamkeiten – größeres Aufsehen erregen. Die erwachsenen Täter wurden in den Jahren 1997 bis 2015 in rund 90 % aller Fälle zu Geldstrafen verurteilt. Im Jahr 2015 wurden bei erwachsenen Tätern 675 Geldstrafen und 47 Freiheitsstrafen verhängt, wovon 2 nicht zur Bewährung ausgesetzt wurden. Die relativ milde Sanktionspraxis wurde in der Literatur darauf zurückgeführt, dass Tierschutzdelikte häufig als Bagatelltaten eingestuft wurden.[18] Nachdem der Strafrahmen im Jahr 1998 von zwei auf drei Jahre erhöht wurde, ist jedoch im Bereich der Geldstrafen eine Tendenz zur Erhöhung der Tagessatzanzahl festzustellen. So lagen im Jahr 2015 nur etwa 30 % der Geldstrafen im Bereich bis zu 30 Tagessätzen, in 62 % der Fälle wurden hingegen 31 bis 90 Tagessätze verhängt.

8   Wegen Vergehen nach § 17 verurteilt werden durchschnittlich 87 % männliche und 13 % weibliche **Täter.** Meist handelt es sich um Erwachsene zwischen 21 und 40 Jahren.[19] Gelegentlich wird in der Literatur eine hohe Dunkelziffer und ein zu zögerliches Anzeigeverhalten bemängelt.[20] Durch einschlägige empirische Untersuchungen ist beides jedoch noch nicht belegt.

9   Die in der Rechtsprechung und auch in der Literatur wiedergegebenen Fälle von Tierquälerei betreffen **meist** ein **einmaliges,** wenngleich uU krasses **Fehlverhalten** gegenüber einzelnen Tieren (zB Verhungernlassen eines Haustieres, Erschießen eines Vogels uÄ).[21] Verhältnismäßig selten werden hingegen Fälle der quälerischen Massentierhaltung vor Strafgerichten verhandelt, obwohl gerade auch in diesem Bereich viele Misshandlungen stattfinden. Hier zeigt sich, dass der Aspekt des Nutzzwecks von Tieren auch bei der strafrechtlichen Würdigung, etwa durch den Begriff „vernünftiger Grund" in § 17 Nr. 1 oder aber durch verordnungsrechtliche Vorgaben bei § 17 Nr. 2b zum Tragen kommt.

10   **3. Historie. a) Tierschutzgesetz.** Das gemeine Recht kannte noch keine tierschutzrechtlichen Bestimmungen.[22] Erste dokumentierte Ansätze einer neuzeitlichen Tierschutzgesetzgebung finden sich in England, das am 22.7.1822 den „act to prevent the cruel and improper treatment of cattle" verabschiedete.[23] Zu jener Zeit wurde die Tierschutzbewe-

---

[13] *Röckle* S. 32 sowie S. 171.
[14] *Sack* Rn. 2.
[15] Die folgenden Daten wurden der jährlichen Strafverfolgungsstatistik des Statistischen Bundesamtes Wiesbaden entnommen.
[16] *Greven* S. 189 ff., 192.
[17] So *Ort/Reckewell* Rn. 1.
[18] So *Greven* S. 189 ff.
[19] *Greven* S. 189 ff.
[20] *Ort/Reckewell* § 17 Rn. 1.
[21] Vgl. die Beispiele bei *Sack* Rn. 12b.
[22] Vgl. *Greven* S. 6 ff.; *Wiegand* S. 28 ff.
[23] Vgl. *Caspar* S. 259, sowie ausführlich zur Rechtsentwicklung in England *Eberstein* S. 24 ff.

gung auch in Deutschland zur Volksbewegung, nachdem das Verhältnis zwischen Mensch und Tier ab Ende des 16. Jahrhunderts in zunehmendem Maße auch die europäischen Philosophen beschäftigt hatte.[24]

Eine erste partikularstaatliche Regelung der Tierquälerei enthielt das **Sächsische Krimi-**   **11** **nalgesetzbuch** aus dem Jahr **1838.** In Art. 310 wurde das boshafte oder mutwillige Quälen von Tieren mit Gefängnisstrafe bis zu vier Wochen oder mit Geldbuße bedroht.[25] Auch Württemberg, die thüringischen Staaten, Hessen, Darmstadt, Preußen und Bayern folgten mit eigenen Strafbestimmungen. Dabei wichen allerdings die Regelungen Württembergs und Preußens wesentlich von der als zu liberalstaatlich erachteten sächsischen Vorschrift ab. So lautete Art. 55 des württembergischen Polizeistrafgesetzbuchs vom 2.10.1839: „Wer durch rohe Misshandlung von Tieren Ärgernis gibt, ist mit Verweis, Geldstrafe bis zu 15 Gulden oder Arrest bis zu acht Tagen zu bestrafen." § 340 Nr. 10 des Preußischen Strafgesetzbuchs aus dem Jahre 1851 stellte vergleichbar darauf ab, ob Tiere öffentlich gequält oder roh misshandelt wurden.[26]

Das mit der Gründung des Reichs verabschiedete **RStGB** vom 15.5.**1871** übernahm in   **12** § 360 Nr. 13 die restriktivere Variante. Als Übertretung wurde danach bestraft, wer öffentlich oder in Ärgernis erregender Weise Tiere boshaft quälte oder roh misshandelte.[27] Landesgesetzliche Regelungen blieben daneben bestehen. Die eng gefasste Vorschrift des § 360 RStGB widersprach jedoch schon bald dem Zeitgeist, weshalb umfassende Reformbestrebungen folgten.[28]

Die nationalsozialistische Tierschutzbewegung nahm sehr rasch eine Revision der beste-   **13** henden Normen vor: Mit dem allerdings antisemitisch und nicht tierschützerisch motivierten Gesetz über das Schlachten von Tieren (mit DVO) vom 21.4.1933 wurde angeordnet, dass warmblütige Tiere vor Beginn der Blutentziehung zu betäuben seien.[29] Am 26.5.1933 wurde § 360 Nr. 13 RStGB reformiert und der neu gefasste § 145b in das RStGB eingefügt, der die tatbestandliche Einschränkung der Öffentlichkeit beseitigte und das Strafmaß von maximal sechs Wochen Haft auf sechs Monate Gefängnis anhob.[30] Am 24.11.1933 wurde schließlich das **RTierSchG** beschlossen, das erste vom Gedanken eines ethischen Tierschutzes geprägte Gesetzeswerk, in dessen § 9 Abs. 1 auch der Straftatbestand des § 145b RStGB leicht abgewandelt übernommen wurde.[31] Statt dem zuvor verlangten absichtlichen Quälen setzte § 9 RTierSchG nunmehr ein unnötiges Quälen voraus. Das Recht der Tierversuche wurde erstmals in Form von Verboten mit Erlaubnisvorbehalten ausgestaltet.[32]

Das RTierSchG galt nach dem Kriegsende als **Bundesrecht** fort.[33] Der Straftatbestand   **14** des § 9 blieb als nicht entscheidend nationalsozialistisch beeinflusst weiterhin anwendbar,[34] anders hingegen das Schächtverbot, das als nationalsozialistische Gewaltmaßnahme eingestuft wurde.[35] Eine in § 233 des E 62 vorgeschlagene Änderung der Lokation durch Übernahme des Straftatbestands in das StGB wurde nicht Gesetz.[36]

Nachdem eine Grundgesetzänderung im Jahr 1971 in Art. 74 Nr. 20 GG eine konkurrie-   **15** rende Gesetzgebungszuständigkeit des Bundes begründet hatte, war der Weg für eine **Neufassung des TierSchG** eröffnet. Diese trat am 1.10.1972 in Kraft.[37] Sie basiert auf der Konzeption eines ethisch ausgerichteten Tierschutzes iS einer Mitverantwortung des Men-

---

[24] Vgl. dazu *Eberstein* S. 63 ff.
[25] *Eberstein* S. 82; *Greven* S. 13; *Wiegand* S. 32.
[26] Ausführlicher dazu *Eberstein* S. 109.
[27] Vgl. *Caspar* S. 26; *Greven* S. 14; *Wiegand* S. 38.
[28] Ausführlicher dazu *Caspar* S. 265; *Eberstein* S. 254 ff.
[29] RGBl. I S. 203; näher dazu *Eberstein* S. 251.
[30] RGBl. I S. 295.
[31] RGBl. I S. 987; näher dazu ua *Greven* S. 15; Erbs/Kohlhaas/*Metzger* T 95 Vor § 1 Rn. 4.
[32] *Caspar* S. 271.
[33] Lorz/*Metzger* Einf. Rn. 50.
[34] OLG Hamm 5.12.1949 – (2) 2 Ss 970/49, Der Rechtspfleger 1950, 35.
[35] BGH 27.4.1960 – IV ZR 305/59, MDR 1960, 656.
[36] Entwurf eines Strafgesetzbuchs (StGB) E 62, 1962.
[37] BGBl. I S. 1277.

schen für das seiner Obhut anheim gegebene Lebewesen.[38] Mit diesem Gesetz sollten ethische Forderungen einerseits mit wirtschaftlichen und wissenschaftlichen Erfordernissen andererseits in Einklang gebracht werden.[39] Auch der Straftatbestand des § 17 wurde damals verabschiedet und ist seither, abgesehen von einer Strafrahmenänderung, in dieser Form in Kraft.

16   Am 22.8.1986 wurde das TierSchG wesentlich **reformiert.** Änderungen wurden insbesondere hinsichtlich der Massentierhaltung, des Tierversuchs, des Schlachtrechts und der Zucht von sowie dem Handel mit Tieren vorgenommen. Qualzüchtungen wurden verboten. In § 16a wurde eine Rechtsgrundlage geschaffen, die zur Beseitigung festgestellter und zur Verhütung künftiger Verstöße notwendigen Anordnungen zu treffen. Ob allerdings die damals in §§ 2, 2a hinsichtlich der Massentierhaltung getroffenen Regelungen tatsächlich einen verbesserten Tierschutz ermöglichten, blieb umstritten.[40] Festzustellen ist jedenfalls, dass der Verordnungsgeber von seinen Ermächtigungen zur Regelung einzelner Zweige der Massentierhaltung sehr spät oder gar nicht Gebrauch machte und letztlich ein erheblicher Druck entstand, einschlägige EG-Richtlinien rechtzeitig und sachgerecht umzusetzen.[41]

17   Eine für das Tierschutzstrafrecht nur symbolische Änderung ergab sich durch das Gesetz zur Verbesserung der Rechtsstellung des Tieres im bürgerlichen Recht vom 20.8.1990, mit dem **§ 90a BGB** eingeführt wurde, demzufolge Tiere nicht mehr als Sachen iSd BGB anzusehen sind.[42] Wesentliche Änderungen des Tierschutzgesetzes erfolgten durch das Änderungsgesetz vom 25.5.1998, das insbesondere der Umsetzung einiger europarechtlicher Regelungen diente.[43] Damals wurde auch der Strafrahmen des § 17 von zwei auf bis zu drei Jahren Freiheitsstrafe erhöht.

18   Die letzten für das Tierschutzstrafrecht bedeutsamen Neuerungen erfolgten im **3. Änderungsgesetz** zum Tierschutzgesetz vom 4.7.**2013.**[44] Im Mittelpunkt der Reformen standen dabei die Bestimmungen über Tierversuche einschließlich der neu eingeführten Tierschutz-Versuchstierverordnung.[45] Daneben wurden die Verbote in § 3 Nr. 12 und 13 (Zoophilie), Auftrittsverbote von Wildtieren in Zirkussen (§ 11), das Verbot von Qualzüchtungen (§ 11b) neu gefasst und eine Ermächtigung für Katzenschutzverordnungen (§ 13b) geschaffen. Für den strafrechtlichen Bereich wurden §§ 19, 20 und 20a insoweit reformiert, als nun auch Tiere eingezogen werden können, die entgegen einem Tierhalteverbot nach §§ 20, 20a gehalten oder betreut werden. In die Tierhalteverbote selbst wurde die Variante des Betreuens eingefügt und – besonders praxisrelevant – die Möglichkeit geschaffen, ein Tierhalteverbot auch im Strafbefehlsverfahren festsetzen zu können, wenn es nicht länger als 3 Jahre gelten soll (§ 407 Abs. 2 S. 1 Nr. 2a StPO).

19   **b) Art. 20a GG.** Staatszielbestimmung des Art. 20a GG. Die Frage des verfassungsrechtlichen Stellenwerts des Tierschutzes ist in der Rechtsprechung und Literatur immer wieder bedeutsam geworden, und zwar insbesondere dann, wenn das Spannungsverhältnis zwischen den Grundrechten der Art. 4 GG (Schächten), Art. 5 Abs. 3 GG (Lehr- und Forschungsfreiheit bei Tierversuchen), Art. 5 Abs. 3 GG (künstlerische Darbietungen unter beeinträchtigender Zuhilfenahme von Tieren), Art. 12 Abs. 1 GG (Berufsfreiheit versus Tierschutz bei Tierversuchen) und dem TierSchG berührt waren. Um die Position des Tierschutzes aufzuwerten, wurde die Aufnahme einer entsprechenden Staatszielbestimmung in das GG propagiert.[46] Sie sollte „dem Gebot eines sittlich verantworteten Umgangs des Menschen

---

[38] BVerfG 2.10.1973 – 1 BvR 459, 477/72, BVerfGE 36, 47, 56 = NJW 1974, 30.
[39] BVerfG 2.10.1973 – 1 BvR 459, 477/72, BVerfGE 36, 47, 56 = NJW 1974, 30.
[40] BGBl. I S. 1309. Vgl. dazu ua *Brandhuber* NJW 1988, 1952; *Greven* S. 16; *Lorz* NJW 1987, 2049; *Röckle* S. 15.
[41] *Caspar* S. 285.
[42] BGBl. I S. 1762. Vgl. dazu ua *Braun* JuS 1992, 758.
[43] BGBl. I S. 1094.
[44] BGBl. I S. 2182, ber. S. 3911.
[45] Vom 1.8.2013, BGBl. I S. 3125, kommentiert in *Hirt/Maisack/Moritz.*
[46] Vgl. zur Diskussion ua *Caspar* ZRP 1998, 441; *Kloepfer/Rossi* JZ 1998, 369; vom *Loeper* ZRP 1996, 143; *Obergfell* ZRP 2001, 193; *Schelling* NuR 2002, 188; *Hirt/Maisack/Moritz* GG Art. 20a Rn. 2 mwN.

mit den Tieren Rechnung tragen".[47] Entsprechende Gesetzesvorschläge fanden zunächst keine Mehrheit. Das änderte sich erst nach der Entscheidung des BVerfG vom 15.1.2002, die unter Bezugnahme auf Art. 2 Abs. 1 iVm Art. 4 Abs. 1 und 2 GG eine großzügigere Handhabung der Problematik des Schächtens durch die Verwaltungspraxis anmahnte.[48] Mit dem Gesetz zur Änderung des GG vom 26.7.2002 wurde Art. 20a GG kurz danach um das **Staatsziel „Tierschutz"** erweitert.[49]

Damit wurde eine an den Staat gerichtete objektive Verpflichtung mit Rechtsverbindlich- **20** keit begründet, die den Tierschutz auf die Stufe einer verfassungsimmanenten Grundrechtsschranke hebt.[50] Als Belang von Verfassungsrang ist der Tierschutz im Rahmen von Abwägungsentscheidungen zu berücksichtigen und kann geeignet sein, ein Zurücksetzen anderer Belange von verfassungsrechtlichem Gewicht – wie etwa die Einschränkung von Grundrechten – zu rechtfertigen, er setzt sich aber andererseits gegen konkurrierende Belange von verfassungsrechtlichem Gewicht nicht notwendigerweise durch.[51] **Auswirkungen** hat dies insbesondere bei Abwägungen mit den oben angeführten Grundrechten der Forschungs-, Lehr- und Kunstfreiheit sowie der Religionsfreiheit (→ Rn. 129). Auch die allgemeine Handlungsfreiheit des Art. 2 GG kann durch die Erhebung des Tierschutzes zum Staatsziel eingeschränkt werden.[52]

4. Europäisches und internationales Recht. Das europäische Gemeinschaftsrecht hat **21** bislang nur sektorale Auswirkungen auf das nationale Tierschutzstrafrecht. Im Protokoll Nr. 10 zum Vertrag von Amsterdam wird der Tierschutz als Unionsziel aufgeführt, und zwar als ethischer Tierschutz iSd deutschen Verständnisses.[53] Als unmittelbar geltende EG-Verordnung wurden bislang nur die Verordnung (EG) Nr. 1/2005 des Rates vom 22.12.2004 über den Schutz von Tieren beim Transport und damit zusammenhängenden Vorgängen[54] …sowie die EU-Tierschutz-SchlachtVO[55] erlassen, zu deren Durchführung die Tierschutztransportverordnung[56] bzw. die Tierschutz-Schlachtverordnung[57]dienen. In das nationale Recht umzusetzen waren allerdings **Richtlinien der EG,** die ua zu Tierversuchen,[58] zur Legehennenhaltung, zum Schutz landwirtschaftlicher Nutztiere, zur Schweinehaltung, zur Kälberhaltung, zu Masthühnern und zum Tiertransport ergangen sind, wobei letztere zum 5.1.2007 durch die genannte Verordnung (EG) Nr. 1/2005 abgelöst wurde.[59] Zu beachten sind darüber hinaus bislang fünf **europäische Übereinkommen,** die zum Schutz von Tieren in landwirtschaftlichen Tierhaltungen, dem Schutz von Schlachttieren, dem Tiertransport, Tierversuchen und dem Schutz von Heimtieren abgeschlossen wurden.[60]

Völkerrechtliche Verträge zum Naturschutz haben zwar tierschutzrechtlichen Bezug, **22** aber keinen unmittelbaren tierschutzrechtlichen Gehalt.[61] Dabei sollten in Zukunft jedoch

[47] BR-Drs. 453/02.

[48] BVerfG 15.1.2002 – 1 BvR 1783/99, NJW 2002, 663; vgl. dazu ua *Caspar* NuR 2002, 402; *Cirsovius* NuR 2008, 237; *Kästner* JZ 2002, 491; *Oebbecke* NVwZ 2002, 302; *Sydow* Jura 2002, 615; *Tillmanns* NuR 2002, 578.

[49] BGBl. I S. 2862. Ausführlicher dazu *Schröter* NuR 2007, 468 sowie die Kommentierungen von *Hirt/Maisack/Moritz* und Lorz/*Metzger.*

[50] *Caspar/Geissen* NVwZ 2002, 913 mwN.

[51] BVerfG 12.10.2010 – 2 BvF 1/07, NVwZ 2011, 289 (2. Entscheidung zur Legehennenhaltung).

[52] Vgl. ausführlich zu den Auswirkungen auf die Gesetz-und Verordnungsgebung, die Verwaltungspraxis und die Rechtsprechung *Hirt/Maisack/Moritz* GG Art. 20a Rn. 15 ff.

[53] *Hirt/Maisack/Moritz* Einf. Rn. 28; Lorz/*Metzger* Einf. Rn. 79.

[54] Abgedruckt in *Hirt/Maisack/Moritz.*

[55] Verordnung (EG) Nr. 1099/2009 des Rates über den Schutz von Tieren zum Zeitpunkt der Tötung vom 24.9.2009, ABl. L 303, 1, ber. 2014 Nr. L 326, 6.

[56] Vom 11.2.2009, BGBl. I S. 375, geänd. am 12.12.2013, BGBl. I S. 4145 (FNA 7833-3-12).

[57] Vom 20.12.2012, BGBl. I S. 2982 (FNA 7833-3-11); alle vier Verordnungen werden kommentiert in *Hirt/Maisack/Moritz.*

[58] Die EU-Tierversuchsrichtlinie 2010/63/EU vom 22.9.2010 zum Schutz der für wissenschaftliche Zwecke verwendeten Tiere (ABl. 2010 L 276, 33) wurde mit dem 3. ÄndG zum TierSchG umgesetzt. Vgl. → Rn. 18.

[59] Vgl. die Zusammenstellungen bei *Hirt/Maisack/Moritz* Einf. Rn. 53 und Lorz/*Metzger* Einf. Rn. 83.

[60] Näher dazu *Hirt/Maisack/Moritz* Einf. Rn. 28; Lorz/*Metzger* Einf. Rn. 77.

[61] Lorz/*Metzger* Einf. Rn. 73.

möglichst klare **internationale Vereinbarungen** zu wesentlichen tierschutzrechtlichen Fragen getroffen werden, um, wie der Bereich der Massentierhaltung zeigt, durch unterschiedliche Anforderungen bedingte Wettbewerbsverzerrungen und wirtschaftliche Standortnachteile zu vermeiden.[62]

II. Erläuterung

23   **1. Verfassungsmäßigkeit der Norm.** § 17 enthält zwei unterschiedliche Tatbestände: Nr. 1 erfasst die rechtswidrige Tötung, Nr. 2 die quälerische Misshandlung von Tieren. Beide Tatbestände genügen dem **Bestimmtheitsgrundsatz.** Zwar weist **Nr. 1** mit seiner Bezugnahme auf den vernünftigen Grund eine bedenkliche Generalklausel auf, diese ist aber nur Ausdruck des verfassungsrechtlich vorgegebenen Verhältnismäßigkeitsprinzips und verstößt nicht gegen Art. 103 Abs. 2 GG. Bei der Mannigfaltigkeit des Lebens vermag der Gesetzgeber nicht genauer und abschließend zu umschreiben, welche Umstände als vernünftige Gründe in Betracht kommen.[63]

24   Auch die Tatbestandsmerkmale der erheblichen, länger anhaltenden Schmerzen oder Leiden in **Nr. 2** begegnen keinen verfassungsrechtlichen Bedenken. Sie sind durch eine vorhersehbare Auslegung ermittelbar. Ihr tatsächlicher Anwendungsbereich ist durch die langjährige Rechtspraxis weitgehend geklärt und festgelegt. Sie verletzen daher nicht das Bestimmtheitsgebot.[64]

25   **2. Tiertötung (Nr. 1). a) Wirbeltiere.** Während sich das TierSchG generell auf alle Tiere bezieht (§ 1 S. 1: „das Tier"), schützt der Straftatbestand des § 17 nur **Wirbeltiere.** Dies sind höher organisierte Tiere, die eine Wirbelsäule, eine zweiseitig symmetrische Entwicklung und ein Zentralnervensystem besitzen.[65] Sie zeichnen sich – daher auch der strafrechtliche Schutz – durch ein ausgeprägtes Schmerzempfindungsvermögen aus.[66]

26   Innerhalb der Gruppe der Wirbeltiere gibt es **unterschiedliche Entwicklungsstufen,** deren höchste die Säugetiere aufweisen.[67] Wirbeltiere sind aber auch Vögel, Reptilien, Kriechtiere, Lurche, Fische, ua. Nicht darunter fallen hingegen Insekten oder Schnecken.[68]

27   Maßgeblich für die strafrechtliche Subsumtion ist die **zoologische Einordnung des Tieres,** und zwar bezogen auf das jeweilige Entwicklungsstadium zur Tatzeit. Dies bedeutet, dass embryonale Entwicklungsformen von Amphibien wie Kaulquappen noch keine Wirbeltiere iS des § 17 sind.[69] Eine weitergehende Auslegung dahin, dass sämtliche Entwicklungsformen des Tieres grds. wie die Erwachsenenform geschützt werden,[70] ist mit dem Wortlaut des § 17 nicht in Einklang zu bringen. Sie bedürfte einer erweiternden gesetzlichen Klarstellung, wie sie etwa in § 7 Abs. 2 Nr. 1b BNatSchG für den Bereich des Artenschutzes erfolgt ist.

28   **b) Tathandlung.** Als Tathandlung („tötet") genügt jedes Verhalten, das den Tod eines Tieres herbeiführt. Dabei ist für den Todeszeitpunkt auf den Hirntod abzustellen.[71] Nicht entscheidend ist, wie die Tötung erfolgt, maßgeblich ist allein das „Ob" der Tötung. Tatbestandsmäßig iS des § 17 Nr. 1 kann also auch die schmerzlose Tötung eines betäubten Tieres sein. Ein Fehlverhalten beim Tötungsvorgang als solchem, dh beim „Wie" der Tötung,

---

[62] So zutreffend *Röckle* in seinem Vorwort.
[63] So auch Lorz/*Metzger* Rn. 2; skeptisch ua *Dietlein* NStZ 1994, 21; Maurach/Schroeder/*Maiwald* BT/2 § 59 Rn. 13: „bedenkliche Generalklausel".
[64] BGH 18.2.1987 – 2 StR 159/86, NJW 1987, 1833; OLG Düsseldorf 25.10.1979 – 5 Ss 461/79 I, NJW 1980, 411; *Röckle* S. 105.
[65] *Greven* S. 27; Lorz/*Metzger* § 4 Rn. 4; *Ort/Reckewell* Rn. 15.
[66] *Greven* S. 27; *Ort/Reckewell* Rn. 20.
[67] *Ort/Reckewell* Rn. 16a.
[68] *Greven* S. 28.
[69] OLG Stuttgart 26.8.1994 – 2 Ss 38/94, NStZ 1994, 590.
[70] So Lorz/*Metzger* Rn. 4.
[71] *Röckle* S. 98; *Hirt/Maisack/Moritz* Rn. 1.

kann im Falle des Zufügens erheblicher Schmerzen oder Leiden unter Nr. 2 oder aber unter den Bußgeldtatbestand des § 18 Abs. 1 Nr. 5, 6 subsumiert werden.

Die **Tathandlung** kann sowohl in einem aktiven Tun als auch in einem Unterlassen **29** bestehen.[72] Sie muss für den angestrebten Erfolg **ursächlich** sein. Dies richtet sich nach den allgemeinen zum aktiven Tun und Unterlassen entwickelten Kausalitätstheorien. Auszugehen ist also von der Äquivalenztheorie unter Berücksichtigung ihrer Besonderheiten wie der überholenden Kausalität.[73]

c) „Ohne vernünftigen Grund". Der unbestimmte Rechtsbegriff „ohne vernünftigen **30** Grund" wurde mit dem TierSchG 1972 eingeführt und löste das in § 9 RTierSchG enthaltene Merkmal „unnötig" ab.[74] Die Frage nach dem „vernünftigen Grund" wird als „Gretchenfrage" des deutschen Tierschutzrechts betrachtet, wird hier doch die Grenze zwischen ethischem Tierschutz und menschlichen Nutzungsinteressen gezogen.[75] Verlangt wird eine Entscheidung, die sich zwischen der Anerkennung des Lebens der Tiere einerseits und komplexen veterinärmedizinischen, ökonomischen, sicherheits- und gesundheitspolitischen Überlegungen andererseits bewegt.[76]

Die **systematische Einordnung** des Merkmals ist umstritten. Zumindest ein Teil der **31** Rechtsprechung und die wohl mehrheitlich vertretene Lehre gehen von einem grds. umfassenden Verbot der Tötung von Wirbeltieren aus, das über den vernünftigen Grund eine Einschränkung aus Verhältnismäßigkeitsgründen erfahre, die – am ehesten mit § 34 StGB vergleichbar – eine Interessenabwägung erfordere.[77] Die Prüfung, ob ein vernünftiger Grund vorliegt, habe daher auf der Rechtswidrigkeitsebene zu erfolgen.[78]

Das BayObLG sowie Lorz/*Metzger* sehen § 17 hingegen als einen **offenen Tatbestand 32** an, der strukturell mit § 240 StGB vergleichbar sei. Die Erfüllung des Verbotstatbestandes indiziere hier nicht die Rechtswidrigkeit.[79] Vielmehr bedürfe es zunächst einer weiteren Prüfung der allgemeinen Rechtfertigungsgründe sowie schließlich des vernünftigen Grundes, der wie § 240 Abs. 2 StGB eine Mittel-Zweck-Relation zum Ausdruck bringe.[80] Ein weiterer Teil der Lehre betrachtet „ohne vernünftigen Grund" schließlich als **Tatbestandsmerkmal,** das gesamttatbewertend dem Gesichtspunkt der Sozialadäquanz zur Geltung verhelfe.[81]

Der gewissermaßen „vermittelnden" Auffassung des BayObLG und von Lorz/*Metzger* **33** steht die formale Ausgestaltung der Norm entgegen. Während bei § 240 StGB die zusätzliche Verwerflichkeitsprüfung in einem zweiten Absatz abgesetzt und ausdrücklich hervorgehoben wird, hat der Gesetzgeber in § 17 Nr. 1 keine entsprechende Regelung getroffen.[82] Auch materiell sind die beiden Tatbestände nicht gleichzusetzen. So kann bei § 240 StGB ein die Handlungs- oder Bewegungsfreiheit des Opfers einschränkender Zustand bereits durch die bloße physische Existenz des „Täters" entstehen, weshalb Begrenzungen des andernfalls zu offenen Tatbestandes nötig sind.[83] Eine derartige „zwangsläufige Situation" spielt bei der Tiertötung jedoch keine Rolle.

Für die wohl herrschende Meinung spricht zunächst, dass sie eine klare Prüfungsreihen- **34** folge vorgibt.[84] Zunächst soll eine **Rechtfertigung** durch spezielle Gesetze, zB § 24 Tier-

[72] Lorz/*Metzger* Rn. 5; *Ort/Reckewell* Rn. 100 ff.; *Sack* Rn. 7.
[73] *Ort/Reckewell* Rn. 23.
[74] *Greven* S. 29; *Röckle* S. 107.
[75] So *Schröter* NuR 2007, 468.
[76] Ausführlich dazu *Binder* NuR 2007, 806.
[77] OLG Celle 12.10.1993 – 2 Ss 147/93, NuR 1994, 513.
[78] So *Caspar* NuR 1997, 577; *Greven* S. 34 ff.; *Hirt/Maisack/Moritz* § 1 Rn. 34; § 17 Rn. 8; *Ort/Reckewell* Rn. 29; *Sack* Rn. 8.
[79] BayObLG 21.3.1977 – RReg. 4 St 4/77, BayObLGSt 77, 41; Lorz/*Metzger* § 1 Rn. 60 ff.; Erbs/Kohlhaas/*Metzger* T 95 § 1 Rn. 1.
[80] Erbs/Kohlhaas/*Metzger* T 95 § 1 Rn. 23.
[81] *Dietlein* NStZ 1994, 21; Maurach/Schroeder/*Maiwald* BT/2 § 59 Rn. 13; *Röckle* S. 136; generell kritisch gegenüber der Lehre von den gesamttatbewertenden Merkmalen LK-StGB/*Walter* StGB Vor § 13 Rn. 55 ff.
[82] *Röckle* S. 136.
[83] So *Ort* NuR 2010, 853.
[84] Ausführlich dazu *Maisack*, Zum Begriff des vernünftigen Grundes im Tierschutzrecht, 2007.

seuchenG, geprüft werden. Dann sollen allgemeine Rechtfertigungsgründe, zB § 228 BGB, und schließlich eine Rechtfertigung aus vernünftigem Grund untersucht werden, der sich als Ausprägung des Verhältnismäßigkeitsgrundsatzes darstelle.[85] Dieser Auffassung ist auch zuzugeben, dass bei der inhaltlichen Prüfung des vernünftigen Grundes häufig eine Abwägung zumindest zweier gegenläufiger Interessen erfolgen muss, wie sie eigentlich für eine Rechtfertigungsprüfung typisch ist. Bei dieser Abwägung sind jedoch – und hier setzen sich die Überlegungen zum Schutzgut des sittlichen Empfindens fort[86] – die Anschauungen, Traditionen und das kulturelle Selbstverständnis eines überwiegenden Teils der Bevölkerung zu berücksichtigen.[87] So liegt etwa die Annahme eines vernünftigen Grundes in unserem Kulturkreis weit näher, wenn der Gastwirt ein Spanferkel statt eines Igels zu einer Spezialität verarbeitet.[88] Maßgeblich sind also der **Sozialadäquanz** zugehörige Aspekte, die im Rahmen der Tatbestandsmäßigkeit zu prüfen sind.

35   Für die Einstufung als **gesamttatbewertendes Merkmal** spricht, dass die Tötung von Wirbeltieren in unserem Rechtssystem in mehreren gesetzlichen Vorschriften als zulässig erachtet wird, ohne dass diese Normen ausdrücklich eine entsprechende Befugnis verleihen. Dies gilt ua für Art. 2 VO (EG) 178/2002 (Lebensmittel-Rahmen-VO), Anh. I Nr. 1.2 bis Nr. 1.8 der EG-HygieneVO Lebensmittel tierischen Ursprungs Nr. 853/2004 sowie § 22 Abs. 1a TierLMHVO, die jeweils auf dem Gedanken beruhen, dass es erlaubt ist, Wirbeltiere zu Ernährungszwecken zu töten. Tatsächlich wurden in Deutschland im Jahr 2011 ua 3,7 Mio. Rinder, 59,3 Mio. Schweine, rund 1 Mio. Schafe und Ziegen, 705 Mio. Hühner, Puten, Enten und Gänse geschlachtet.[89] §§ 292, 293 StGB, die das Jagd- oder Fischereirecht schützen, setzen die Zulässigkeit des Tötens von Tieren im Rahmen einer weidgerechten Jagdausübung oder Fischerei voraus. Tierversuche nach §§ 7 ff. können als Eingriffe oder Behandlungen auch den Tod von Tieren zur Folge haben. Ein Unrechtstatbestand, der diese weitgehende Akzeptanz von Tiertötungen ausblendet und jegliche Tötung eines Wirbeltieres als grundsätzliches „Unrecht" erachtet, würde diesen Gegebenheiten nicht gerecht und wäre letztlich konturenlos.[90]

36   Der gegen diese Auffassung vorgebrachte Einwand, auch der ärztliche Heileingriff würde grundsätzlich als tatbestandsmäßig und durch die Einwilligung als gerechtfertigt angesehen,[91] greift nicht durch. Bereits die gesetzliche Ausgestaltung des § 223 StGB unterscheidet sich von § 17, indem dort keine dem Merkmal „ohne vernünftigen Grund" vergleichbare Beschränkung des geschützten Guts enthalten ist. Dieser bei § **17 relativierte Schutz** ist aber wegen den oben angeführten tatsächlichen Gegebenheiten nur konsequent. Zusammenfassend ist also festzuhalten, dass der unbestimmte Rechtsbegriff „ohne vernünftigen Grund" ein gesamttatbewertendes Merkmal darstellt.

37   Als **vernünftig** wird ein Grund angesehen, wenn er als triftig, einsichtig und von einem schutzwürdigen Interesse getragen anzuerkennen ist und, wenn er unter den konkreten Umständen schwerer wiegt als das Interesse des Tieres an seiner Unversehrtheit und an seinem Wohlempfinden.[92] Abgekürzt werden in der Rechtsprechung auch die Synonyme „nachvollziehbar" und „billigenswert" herangezogen.[93]

38   Der vernünftige Grund braucht nicht zwingend, nicht notwendig iS einer Ultima ratio, sondern im Einzelfall im Rahmen einer Güter- und Interessenabwägung anzuerkennen sein.[94] **Entscheidend** abzustellen ist auf den nach **objektiver Betrachtung** zu bestimmen-

---

[85] *Hirt/Maisack/Moritz* § 17 Rn. 9.
[86] → Rn. 1–5.
[87] *Caspar* NuR 1997, 577, 582.
[88] So im Fall AG Nürtingen 20.11.1998 – 170 Js 97228/98 (nicht veröffentlicht).
[89] Zahlen übernommen von *Hirt/Maisack/Moritz* Rn. 63.
[90] Vgl. Schönke/Schröder/*Eisele* StGB Vor § 13 Rn. 66; ebenso *Roxin* StGB AT/1 § 10 Rn. 31, 45 und *Greven* S. 34 ff.
[91] So *Ort* NuR 2010, 853.
[92] *Lorz/Metzger* § 1 Rn. 61.
[93] BayObLG 5.5.1993 – 4 StRR 29/93, NJW 1993, 2760.
[94] OLG Celle 12.10.1993 – Ss 147/93, NuR 1994, 513.

den Hauptzweck der Handlung,[95] nicht auf die Auffassung des Täters über die Berechtigung seines Handelns. Notwendig ist, dass der Täter den Willen hat, den objektiv gegebenen vernünftigen Grund zu verwirklichen.[96] Rein subjektive Erwägungen, emotionale Motivationen wie Wut, Verärgerung, Langeweile oder Übermut, begründen kein schutzwürdiges Interesse und sind nicht zu berücksichtigen.[97]

Die erforderliche Interessenabwägung kann durch **gesetzliche Regelungen** vorgegeben **39** sein. So kann bei einer Zuwiderhandlung gegen die Verbote des § 3, die wiederum die Generalklausel des § 1 S. 2 konkretisieren, kein vernünftiger Grund iS des § 17 Nr. 1 angenommen werden.[98] Danach sind etwa Hahnenkämpfe gem. § 3 Nr. 8 unzulässig und „unvernünftig". Entsprechendes gilt, wenn ein Jäger seinen untauglich gewordenen Jagdhund in freier Natur an einen Baum bindet, zurück lässt und verdursten lässt (Verstoß gegen § 3 Nr. 3). Auch künstlerische Darstellungen können in diesem Sinne „unvernünftig" sein. Sie finden ihre Grenze dort, wo die Tathandlung gegen § 3 als Schranke für Art. 5 Abs. 1 und 3 GG verstößt oder das Tier zum würdelosen Objekt herabgewürdigt wird.[99] Ein eindeutiges Verbot ergibt sich auch aus § 4 Abs. 3 S. 2. Danach dürfen Hunde, Katzen und Primaten zu wissenschaftlichen Zwecken nur getötet werden, wenn sie für einen solchen Zweck gezüchtet worden sind. Weitere Verbote ergeben sich aus § 7a Abs. 3, demzufolge Tierversuche zur Entwicklung oder Erprobung von Waffen, Munition oder dazugehörigem Gerät unzulässig sind. Ein grundsätzliches Verbot gilt schließlich für Tierversuche zur Entwicklung von Tabakerzeugnissen, Waschmitteln und Kosmetika, von dem jedoch durch Rechtsverordnungen Ausnahmen zugelassen werden können (§ 7a Abs. 4).

Vernünftige Gründe können sich (nach dem Grundsatz der Einheit der Rechtsord- **40** nung) durch gesetzliche **Zulassungen** ergeben. Dies gilt zunächst für jagdrechtliche Befugnisse wie § 1 Abs. 3 BJagdG, der die weidgerechte Ausübung der Jagd anerkennt[100] oder § 22a BJagdG, demzufolge krankgeschossenes oder schwerkrankes Wild zu erlegen ist (→ Rn. 116). Weitere Zulassungen folgen aus § 20 Abs. 2 Nr. 3 Tierschutztransportverordnung, dem Tierseuchengesetz, und dem Infektionsschutzgesetz, in denen sich die Rechtsgrundlagen für eine Schädlingsbekämpfung finden (näher → Rn. 118). Die Ausübung dieser Befugnisse muss aber stets Motiv der jeweiligen Tiertötung sein. Soweit diese Gesetze unbestimmte Rechtsbegriffe und Generalklauseln enthalten, wie zB die „erforderlichen Maßnahmen" in § 17 Abs. 2 IfSG, ist bei deren Auslegung stets auch Art. 20a GG zu berücksichtigen.[101]

Im Zusammenhang mit dem verstärkten Auftreten von Wölfen ist das Verhältnis zwischen **41** Artenschutz-, Jagd- und Tierschutzrecht in die Diskussion geraten. Umstritten ist, ob ein **artenschutzrechtlich besonders geschütztes Tier,** das verletzt ist, nur schwer eingefangen und einer tierärztlichen Versorgung zugeführt werden kann, bzw. bei dem alle lebensrettenden Maßnahmen ergriffen worden sind, gemäß § 22a BJagdG getötet werden darf oder ob dafür zumindest ein vernünftiger Grund iS des § 17 angenommen werden kann. Das OLG Celle hat dies verneint.[102] Streng geschützte Tiere unterliegen nicht dem Jagdrecht. Für sie gilt das Tötungsverbot des § 44 Abs. 1 BNatSchG, von dem auch nicht allein aufgrund der Überlegung, dem Tier Leiden zu ersparen, abgewichen werden darf. Vielmehr sind hilflose oder kranke Tiere besonders geschützter Arten primär gesund zu pflegen (§ 45 Abs. 5 S. 1 BNatSchG) oder – sekundär – bei der zuständigen Naturschutzbehörde

---

[95] So KG 24.7.2009 – (4) 1 Ss 235/09, NStZ 2010, 175.

[96] BayObLG 21.3.1977 – RReg. 4 St 4/77, BayObLGSt 77, 41; *Sack* Rn. 8 mwN.

[97] OLG Stuttgart 18.8.1986 – 3 Ss 423/86, NuR 1986, 347; Lorz/*Metzger* § 1 Rn. 64; *Ort/Reckewell* Rn. 164; ausführlich *Sippel,* Untersuchung des Begriffs „vernünftiger Grund" in den §§ 1, 17 Abs. 1 und 18 Abs. 1 des Tierschutzgesetzes der Bundesrepublik Deutschland, Diss. Berlin, 1993, S. 49 ff.

[98] OLG Hamm 27.2.1985 – 4 Ss 16/85, NStZ 1985, 275; offen gelassen von KG 24.7.2009 – (4) 1 Ss 235/09, NStZ 2010, 175.

[99] LG Köln 2.2.1989 – 104 Qs 2/89, NuR 1991, 42.

[100] Vgl. *Schallenberg/Förster* NuR 2007, 161.

[101] *Hirt/Maisack/Moritz* Rn. 5a.

[102] OLG Celle 23.5.2011 – 32 Ss 31/11, NuR 2012, 367 (im Fall eines angeschossenen Wolfs).

abzugeben (§ 45 Abs. 5 S. 3 BNatSchG). Nur wenn zwingende Gründe des überwiegenden öffentlichen Interesses vorliegen, kann die Behörde nach § 45 Abs. 7 Nr. 5 BNatSchG Ausnahmen zulassen, so auch die Tötung des Tieres. Dann gründet die Tötung auf einer (rechtfertigenden) behördlichen Einzelfallentscheidung und nicht auf einer generellen gesetzlichen Zulassung. Soweit dagegen unter Bezugnahme auf die artenschutzrechtliche Unberührtheitsklausel des § 37 BNatSchG vorgebracht wird, dass der tierschutzrechtliche Individualschutz den Populationsschutz des Artenschutzrechts verdränge, die Tiertötung somit iS des § 17 vernünftig sei,[103] wird übersehen, dass der Gesetzgeber in §§ 44, 45 BNatSchG eine spezielle Interessenabwägung vorgenommen hat.

42   Ein vernünftiger Grund kann auch aus einer einschlägigen **EG-Verordnung** sowie einer umgesetzten EG-Richtlinie abgeleitet werden. Dies gilt etwa für die seit 1.7.2001 unmittelbar anwendbare, inzwischen mehrfach geänderte VO (EG) Nr. 999/2001 in Verbindung mit der Verordnung (EG) Nr. 1774/2002, der zufolge im Falle eines amtlich bestätigten TSE-Fundes gemäß Art. 13 Abs. 1c der VO bestimmte als gefährdet identifizierte Tiere zu töten sind.[104] Anders verhält es sich hingegen mit der (früheren nationalen) BSE-Schutz-VO vom 21.3.1998.[105] Das in dieser Verordnung vorgesehene generelle Tötungsgebot war mangels einer ausreichenden Ermächtigungsgrundlage nichtig.[106]

43   Auch nationale **Rechtsverordnungen** wie die Tollwutverordnung (vgl. §§ 7, 9, 11, 12)[107] oder die baden-württembergische Kormoranverordnung[108] können hier herangezogen werden. Dies gilt jedoch nicht für die auf § 2a bzw. § 4b TierSchG beruhenden Rechtsverordnungen. Sie befassen sich mit der Haltung von Tieren bzw. mit dem „Wie" einer Schlachtung, treffen jedoch keine Aussagen zum hier maßgeblichen „Ob" der Tötung.

44   Nur wenn eine gesetzliche oder verordnungsrechtliche Entscheidung über den vernünftigen Grund fehlt, hat – subsidiär, jedoch nicht bestehende ausdrückliche gesetzliche Regelungen erweiternd – eine **Güter- und Interessenabwägung** im Einzelfall stattzufinden.[109] Als grundsätzliche Kriterien dieser Verhältnismäßigkeitsprüfung sind die Zweckeignung, Erforderlichkeit[110] und Angemessenheit der Tiertötung heranzuziehen.[111] Wie das Thema Fleischverzehr zeigt, sind dabei soziale Anschauungen, Traditionen und das kulturelle Selbstverständnis eines überwiegenden Teils der Bevölkerung maßgeblich zu berücksichtigen.[112] Dies bringt etwa § 22 Abs. 1a TierLMHV zum Ausdruck, der vorsieht, dass Fleisch von Affen, Hunden und Katzen nicht zum Genuss für Menschen gewonnen werden darf.

45   Damit erkennt der Gesetzgeber (wie schon in § 1 Abs. 1 S. 4 FlhygG aF) den Fleischverzehr zum menschlichen Genuss grundsätzlich an. Werden Tiere zu Fütterungszwecken getötet, gilt grundsätzlich nichts anderes. Bei manchen Tieren, zB Großkatzen, Reptilien, Greifvögeln, ist es zur Erhaltung der Gesundheit und des Wohlbefindens erforderlich, sie mit Futtertieren zu versorgen. Auch hier ist ein vernünftiger Grund iSd Nr. 1 gegeben.[113]

46   Welche Gesichtspunkte im Rahmen der Interessenabwägung wie zu berücksichtigen sind, ist in den letzten Jahren in der Literatur verstärkt diskutiert worden.[114] Streitpunkte sind ua, ob und in welchem Umfang begrenzte Möglichkeiten zur artgerechten Haltung

---

[103] So *Guber* NuR 2012, 623.
[104] Vgl. zur Tötung von Geburtskohorten OVG Weimar 5.10.2001 – 2 ZEO 648/01, NVwZ 2002, 231.
[105] BGBl. I S. 565.
[106] BVerwG 15.2.2001 – 3 C 9.00, NuR 2002, 483.
[107] TollwutVO idF vom 4.10.2010, BGBl. I S. 1313 (FNA 7831-1-41-21).
[108] V. 20.7.2010, GBl. S. 527.
[109] *Caspar* NuR 1997, 577; *Caspar* S. 357; *Hirt/Maisack/Moritz* § 1 Rn. 38; § 17 Rn. 9.
[110] Vgl. OLG Karlsruhe 5.10.1990 – 1 St 16/90, NJW 1991, 116; weitere Beispiele bei *Hirt/Maisack/Moritz* § 1 Rn. 50.
[111] *Caspar* NuR 1997, 577; *Caspar* S. 357.
[112] *Caspar* S. 357 ff., 369; *Hirt/Maisack/Moritz* § 1 Rn. 30: „Die Grenze sind mehrheitliche Wert- und Gerechtigkeitsvorstellungen".
[113] Vgl. *Chmielewska/Bert/Grune/Hensel/Schönfelder* NuR 2015, 677 mwN.
[114] Grundlegend *Maisack*, Zum Begriff des vernünftigen Grundes im Tierschutzrecht, 2007. Vgl. des weiteren *Binder* NuR 2007, 806; *Caspar* NuR 1997, 577; *Ort* NuR 2010, 853.

von Tieren und wirtschaftliche Erwägungen als Gründe für eine Tiertötung herangezogen werden dürfen. Erörtert werden vor allem folgende **Fallgestaltungen:**[115]

– **Gesundes Heimtier:** Das Verlangen des Tierhalters, ein (weitgehend) gesundes Heim- **47** tier zu euthanasieren, erfolgt ohne vernünftigen Grund. Kann oder will der Tierhalter die ihm obliegende Verantwortung nicht mehr wahrnehmen, ist er verpflichtet, für die anderweitige Unterbringung des Tieres (uU auch mit Hilfe eines Tierheimes) zu sorgen.

– **Verletztes oder krankes Heimtier:** Hier kann ein vernünftiger Grund dann vorliegen, **48** wenn die Erkrankung oder Verletzung mit Schmerzen oder Leiden verbunden ist und eine Therapie nicht möglich bzw. Erfolg versprechend scheint oder dem Tierhalter aus Kostengründen nicht zumutbar ist. Maßgeblich können hierbei jedoch nicht die rein subjektiven Erwägungen des Tierhalters sein. Insbesondere die Zumutbarkeitsfrage muss „zumindest ansatzweise objektiviert" überprüft werden.[116]

– **Überzählige bzw. unerwünschte Heim- oder Zootiere:** Die Tötung gesunder, aber **49** (vor allem wirtschaftlich) unerwünschter Nachkommen (zB überzählige Katzen- oder Hundewelpen) ist grundsätzlich unzulässig. Anders zu beurteilen ist es allerdings, wenn das Muttertier nur eine begrenzte Zahl von Welpen aufziehen kann, ohne Schaden zu nehmen, und kein anderer Weg zur Aufzucht besteht.[117] Unvernünftig ist die Tötung von Zuchttieren, die nicht die gewünschten Eigenschaften (zB Fehlfärbungen, „falsches" Geschlecht) aufweisen,,[118] zB auch den Anforderungen einer „reinen" Erhaltungszucht nicht entsprechen.[119] Von Zoos wird erwartet, dass die Zuchtplanung so erfolgt, dass Nachkommen untergebracht oder artgerecht ausgewildert werden können. Nur wenn im Einzelfall trotz kontrollierter Zucht eine nicht vorhersehbare Überschusssituation entstanden ist, kann ein vernünftiger Grund gegeben sein.[120]

– Einen Sonderfall stellen die im Rahmen **biomedizinischer Forschung,** dh zur Vorbe- **50** reitung und Durchführung von Tierversuchen gezüchteten, dann aber überzähligen Tieren dar.[121] Dabei werden insbesondere Mäuse gezüchtet und eingesetzt. Zur Schaffung einer neuen genetischen Linie mit den erwünschten Eigenschaften wird allerdings eine Überzahl von Tieren benötigt, die dann zum Teil mangels anvisierten Phänotyps im Versuch nicht verwendbar sind. Soweit diese Tiere nur unter mehr als geringfügigen Schmerzen, Leiden oder Schäden überleben könnten, sind sie gemäß § 28 Abs. 2 TierSchVersVO unverzüglich zu töten. Ist dies nicht der Fall, sind Tiere gemäß § 28 Abs. 3 TierSchVersVO zu töten, wenn ein vernünftiger Grund vorliegt und dies nach dem Urteil einer sachkundigen Person erforderlich ist. Ein solch vernünftiger Grund ist anzunehmen, wenn die überzähligen Tiere als Futtertiere in Zoos und ähnlichen Einrichtungen verwendet werden. Ansonsten ist die Tötung überzähliger Tiere, für die es keine Verwendung gibt und bei denen (mangels Kapazitäten) keine artgerechte Unterbringung möglich ist, vernünftig, „wenn die Einrichtung im Vorfeld alle zur Verfügung stehenden Maßnahmen ergriffen hat, um die Entstehung überzähliger Versuchstiere soweit wie möglich zu vermeiden."[122]

– **Nachhaltig unerwünschte Verhaltensweisen eines Tieres:** Hier ist die Frage der **51** Zumutbarkeit wie beim kranken Heimtier im Einzelfall zu prüfen. Kann etwa ein Haustier wegen nicht zu ändernder Unsauberkeit nicht in einem Haus gehalten werden, sind zunächst andere art- und bedürfnisangemessene Unterbringungsmöglichkeiten, zB in einem Tierheim, abzuklären. Nur wenn diese nicht zur Verfügung stehen, kann ein vernünftiger Grund vorliegen. Anders verhält es sich, wenn dem Tier lediglich bestimmte

---

[115] Vgl. dazu und im Folgenden eingehend *Binder* NuR 2007, 806.
[116] So ausdrücklich *Binder* NuR 2007, 806.
[117] *Lorz/Metzger* § 1 Anh. Rn. 38.
[118] Ausführlich dazu *Ort* NuR 2010, 853.
[119] So OLG Naumburg vom 28.6.2011 – 2 Ss 82/11, BeckRS 2011, 25165 bezüglich eines zur Erhaltungszucht ungeeigneten Tigernachwuchses.
[120] *Ort* NuR 2010, 853; *Hirt/Maisack/Moritz* Rn. 58.
[121] Ausführlich dazu *Chmielewska/Bert/Grune/Hensel/Schönfelder* NuR 2015, 677.
[122] So *Chmielewska/Bert/Grune/Hensel/Schönfelder* NuR 2015, 677.

gewünschte Eigenschaften, zB ein bestimmtes Farbmuster bei Welpen, fehlen, es ansonsten aber zumutbar als Haustier gehalten werden kann.[123]

52 – **Gefährliche Tiere:** Sind Beißvorfälle bei einem Hund auf schwere, nicht oder nur mit unzumutbarem Aufwand therapierbare Verhaltensstörungen zurückzuführen, kann ein vernünftiger Grund angenommen werden.[124]

53 – **Tierheime:** Diese Einrichtungen sollen der Verwahrung und Vermittlung herrenloser Tiere dienen. Der Ablauf einer gewissen Verweildauer oder die schwere Vermittelbarkeit eines Tieres stellen keinen vernünftigen Grund dar.[125] Nur wenn ein Tier trotz fachkundiger Betreuung nach einem gewissen Zeitraum schwere Verhaltensstörungen aufweist oder aber die nicht abänderbaren Haltungsbedingungen langfristig Leiden verursachen, kann ein vernünftiger Grund in Betracht kommen.

54 – **Erkrankte oder verletzte landwirtschaftliche Nutztiere:** Hier gelten zunächst dieselben Überlegungen wie bei erkrankten Heimtieren. Allerdings sind bei der Zumutbarkeitsabwägung im Hinblick auf die Berufsausübung ökonomische Gesichtspunkte stärker zu zu gewichten als auf dem Heimtiersektor. Abzustellen ist auf den „verständigen Nutztierhalter".[126] Von dieser Normfigur ausgehend, begründet die in der Praxis nicht seltene, zeitlich verzögerte Behandlung eines erkrankten Nutztieres, die zur Einhaltung von Wartezeiten bei der Schlachtung dienen soll, eine quälerische Tiermisshandlung durch Unterlassen.

55 – **Überzählige Nutztiere:** Ein vernünftiger Grund für die Tötung überzählig „produzierter" Nutztiere kann in der Regel nicht angenommen werden. Dies gilt etwa, wenn aus Anlass der BSE-Krise zwei Millionen ältere Rinder „vom Markt genommen" oder durch die prämienbegünstigte Tötung von Kälbern (sog „Herodes-Prämie") Überkapazitäten auf dem Rindfleischmarkt abgebaut werden sollen.[127] In diesen Fällen lässt sich eine Rechtfertigung nur aus einer entsprechenden gesetzlichen oder verordnungsrechtlichen Regelung, nicht aber über eine letztlich zweifelhaft bleibende Auslegung des unbestimmten Rechtsbegriffs in Nr. 1 herleiten.

56 Dass bei der Tötung überzähliger Nutztiere in der Massentierhaltung eindeutigere gesetzliche oder verordnungsrechtliche Vorgaben wünschenswert wären, zeigt sich bei der seit Jahrzehnten praktizierten Tötung **männlicher Eintagsküken.** Die tierschutzrechtliche Literatur verneint hier mehrheitlich einen vernünftigen Grund, der allein auf ökonomischen Erwägungen beruhen könnte.[128] Eine verwaltungsrechtliche Ordnungsverfügung, die auf § 17 Nr. 1 gestützt, eine entsprechende Praxis untersagt hatte, wurde vom VG Minden[129] und vom OVG Münster[130] als rechtswidrig angesehen. Dabei ließen die Gerichte letztlich offen, ob Nr. 1 erfüllt ist. Jedenfalls stelle diese tierschutzrechtliche Norm keine hinreichend bestimmte Ermächtigungsgrundlage für eine entsprechende Verfügung dar. Auch ansonsten gebe es keine entsprechende Rechtsgrundlage. Eine strafrechtliche Ahndung der Tötung männlicher Eintagsküken nach Nr. 1 wurde vom LG Münster und vom OLG Hamm abgelehnt.[131] Die Frage, ob ein vernünftiger Grund iSd § 17 vorliege, sei anhand einer am Verhältnismäßigkeitsgrundsatz orientierten Güter- und Interessenabwägung zu ermitteln

---

[123] *Hirt/Maisack/Moritz* Rn. 75.
[124] Ausführlich dazu *Hirt/Maisack/Moritz* TierSchHundeV Einf. Rn. 12.
[125] *Ort/Reckewell* Rn. 173.
[126] So *Binder* NuR 2007,806.
[127] Ebenso Lorz/*Metzger* § 1 Anh. Rn. 65. Zur Herodesprämie: OVG Münster 19.11.1997 – 13 B 2070/97, NuR 1998, 612 (offen gelassen, ob vernünftiger Grund). Vgl. des Weiteren *Zuck* NJW 2001, 1258; *Caspar* S. 369; *Hirt/Maisack/Moritz* Rn. 71.
[128] *Caspar* NuR 1997, 577; *Ort* NuR 2010, 853; *Hirt/Maisack/Moritz* Rn. 70; Lorz/*Metzger* § 1 Anh. Rn. 17; *Ort/Reckewell* Rn. 168. Zur Diskussion des Weiteren *Köpernik* AuR 2014, 290; *Steiling* AuR 2015, 7.
[129] VG Minden. 30.1.2015 – 2K 80/14, NuR 2016, 44; kritisch dazu *Hager* NuR 2016, 108.
[130] OVG Münster 20.5.2016 – 20 A 530/15, BeckRS 2016, 46154; zustimmend *Beckmann* NuR 2016, 384; kritisch hingegen *Ogorek* NVwZ 2016, 1433.
[131] OLG Hamm 10.5.2016 – 4 Ws 113/16, NStZ 2016, 488, zur Vorinstanz LG Münster 7.3.2016 – 2 Kls 540 Js 290/15-7/15, BeckRS 2016, 05988.

und zu beurteilen. Dabei sei zu berücksichtigen, dass die Verordnung (EG) des Rates der Europäischen Union Nr. 1099/2009 vom 24.9.2009 über der Schutz von Tieren zum Zeitpunkt der Schlachtung oder Tötung und die darauf beruhende TierSchlV vom 20.12.2012 detaillierte Regelungen über das technische Verfahren zur Tötung von männlichen Eintagesküken enthielten. Die Verordnungsgeber seien also denknotwendig davon ausgegangen, dass eine derartige Tötung generell zulässig sei. Die Auffassung vertrete offenbar auch der Gesetzgeber, der in den Materialien zu einem Gesetzesvorhaben des Landes Nordrhein-Westfalen ausführe, dass die Tötung von männlichen Eintagesküken „künftig" verboten sein solle.[132] Schließlich verstoße eine andere Auslegung des Tatbestandes gegen den Gewährleistungsinhalt des Art. 103 Abs. 2 GG. Die verfassungskonforme Auslegung der Norm ergebe angesichts des für den Tierhalter geltenden Vertrauensschutzes, seiner Berufsfreiheit aus Art. 12 GG und der Einheit der Rechtsordnung, dass ein vernünftiger Grund vorliege. Die gegenteilige Auffassung beruhe nicht darauf, dass § 17 Nr. 1 seit seinem Erlass fehlerhaft angewendet worden sei, sondern auf einem gesellschaftlichen Wertewandel hin zu einer stärkeren Berücksichtigung des Tierschutzes. Unter diesen Umständen fehle es an der Vorhersehbarkeit der Bestrafung. Auch wenn die Begründung des LG Münster zumindest beim Aspekt des Vertrauensschutzes Art. 20a GG zu gering schätzt, sind die übrigen Erwägungen, insbesondere zur TierschutzschlachtVO überzeugend. Falls der Gesetzgeber hier eine strafrechtliche Ahndung wünscht, muss er dies klarstellen.

– **Keulung gesunder Tierbestände:** Die Massentötung gesunder Tierbestände aus **57** gesundheitspolizeilichen oder seuchenrechtlichen Gründen richtet sich zunächst nach dem TierseuchenG sowie darauf beruhenden verordnungsrechtlichen Vorgaben (zB die Schweinepestverordnung[133]). Zu berücksichtigen sind darüber hinaus Richtlinien der EG, aus denen ein vernünftiger Grund abzuleiten sein kann.[134]

– **„Kümmerer":** Erscheint das Verhältnis zwischen Aufwand und Ertrag bei schwächli- **58** chen, in der Entwicklung verzögerten Nutztieren als nicht ausgewogen, führt allein dieses wirtschaftliche Missverhältnis nicht zu einem vernünftigen Grund. Nur wenn der Zustand des Tieres mit Schmerzen oder Leiden verbunden oder das Tier Träger übertragbarer Krankheiten ist, kann eine Tötung im Einzelfall akzeptabel sein.

– **Fischerei:** Während die weidgerechte Fischerei zur Nahrungsgewinnung einen vernünf- **59** tigen Grund darstellt, kann dies für Veranstaltungen des Wettfischens, die aus anderen (angeblich sportlichen) Motiven erfolgen, nicht angenommen werden.[135] Die hier häufig aufgestellte Behauptung, das Wettfischen diene zur Nahrungsgewinnung, bedarf regelmäßig einer kritischen tatsächlichen Prüfung.[136] Ebenfalls unvernünftig ist die Verwendung lebender Köderfische.[137]

In der Rechtsprechung wurde ein **vernünftiger Grund** in folgenden Fällen bejaht: **60**
– Tötung eines an Tollwut erkrankten Hundes (nicht aber bei bloßem Tollwutverdacht),[138]
– Tötung eines vermeintlich angeschossenen Hundes, aber nur unter der Voraussetzung, dass das Tier nicht eingefangen und einer tierärztlichen Behandlung zugeführt werden konnte,[139]
– Tötung zur Bestandsreduzierung von Stadttauben,[140]
– Ausbildung des Jagdhundes hinter der lebenden Ente (str.).[141]

---

[132] Gesetzesantrag des Landes Nordrhein-Westfalen vom 30.6.2015, BR-Drs. 310/15 und des Bundesrates vom 11.11.2015, BT-Drs. 18/6663.
[133] Vom 29.9.2011, BGBl. I S. 3547 (FNA 7831-1-41-20).
[134] Vgl. zur Maul- und Klauenseuche sowie zur Schweinepest *Hirt/Maisack/Moritz* Rn. 47.
[135] StA Hanau 3.5.1991 – 3 Js 13 610/90, NuR 1991, 501; ebenso *Drossé* NStZ 1990, 72; *Hirt/Maisack/Moritz* Rn. 42; aA *Jendrusch/Niehaus* NuR 2007, 740; *Meyer-Ravenstein* NuR 1993, 521.
[136] Vgl. Erbs/Kohlhaas/*Metzger* T 95 § 17 Rn. 8: „unglaubwürdig".
[137] Vgl. *Hirt/Maisack/Moritz* Rn. 45.
[138] BayObLG 5.5.1993 – 4 StRR 29/93, NJW 1993, 2760.
[139] OLG Karlsruhe 5.10.1990 – 1 St 16/90, NJW 1991, 116.
[140] *Sack* Rn. 12b mwN.; kritisch dazu *Hirt/Maisack/Moritz* Rn. 42; *Ort/Reckewell* Rn. 157. Vgl. auch → Rn. 40, 118.
[141] OLG Celle 12.10.1993 – 2 Ss 147/93, NuR 1994, 515; im Ergebnis ebenso OVG Münster 30.7.1998 – 20 A 592/96, NuR 1999, 115; StA Göttingen 23.3.1990 – 21 Js 100/90, NStZ 1990, 547; bestätigt von

61 **Verneint** wurde ein **vernünftiger Grund** bei folgenden Fallgestaltungen:

- Köpfen eines Huhnes im Rahmen einer Theatervorstellung, um gegen die Verletzung von Menschenrechten zu demonstrieren,[142]
- Tötung von zwei Kaninchen im Rahmen einer Kunstinszenierung, um dem Publikum die Leichtigkeit der bewussten Tötung von Tieren der betroffenen Art vor Augen zu führen,[143]
- Tötung von Fischen beim Wettangeln, auch wenn die Fische sofort getötet und dem Verzehr zugeführt wurden,[144]
- Tötung eines Tigers, der im Rahmen eines Erhaltungszuchtprogrammes geboren wurde, aber zur Erhaltungszucht ungeeignet war.[145]

62   **d) Unterlassen.** Die im Falle des Unterlassens gem. § 13 Abs. 1 StGB erforderliche Garantenstellung wurde von der Rechtsprechung im Tierschutzstrafrecht bislang auf die allgemein entwickelten Entstehungsgründe zurückgeführt.[146] Die **Garantenstellung** kann sich also aus einem Gesetz, insbesondere den für den Tierhalter oder -betreuer maßgeblichen Pflichten des § 2 ergeben. Gemäß § 2 Nr. 1 sind beide Personenkreise verpflichtet, das Tier seiner Art und seinen Bedürfnissen entsprechend angemessen zu ernähren, zu pflegen und verhaltensgerecht unterzubringen. Damit sind all jene in der Praxis leider nicht seltenen Fälle zu erfassen, in denen gedankenlose Halter ihre Haustiere verdursten oder verhungern bzw. bei aufgetretenen Verletzungen oder Erkrankungen nicht tierärztlich versorgen lassen. Weitere praxisrelevante gesetzliche Pflichten betreffen etwa den Leiter des Tierversuchs nach § 9 Abs. 6 S. 1, § 30 TierSchVersVO oder den Jäger, der bei angeschossenem Wild gem. § 22a Abs. 2 BJagdG eine Nachsuche durchzuführen hat.

63   Als Rechtsquelle kommt auch die **freiwillige Übernahme** der dem Halter oder Betreuer obliegenden Garantenpflicht in Betracht. Sie liegt etwa vor, wenn der Halter ein Haustier vorübergehend einem Tierheim zur angemessenen Unterbringung und Pflege überlässt. Tierhüter oder Transportbetreuer können ebenso einer derartigen Pflicht unterliegen. Dies gilt auch für einen bei einem Schlachthof beschäftigten Tierarzt, wenn der Tierhalter ein tatsächliches oder rechtliches Betreuungsverhältnis mit dem Schlachthof eingegangen ist und die daraus resultierenden Pflichten gem. § 14 Abs. 2 StGB dem Tierarzt zugerechnet werden.[147] Schließlich kann sich eine Garantenstellung aus vorangegangenem, die nahe Gefahr des Erfolgseintritts begründenden pflichtwidrigen Vorverhalten (Ingerenz) ergeben, so etwa bei der unterlassenen Tötung eines versehentlich angeschossenen Jagdhundes[148] oder der unterlassenen Versorgung eines im Straßenverkehr angefahrenen, aber noch lebenden Tieres.[149]

64   Soweit die Rechtsprechung und die Lehre die Entstehungsgründe von Garantenpflichten inzwischen mehrheitlich auf die Obhutpflichten des Beschützer- und die Sicherungspflichten des Überwachungsgaranten zurückführen, hat dies in der Rechtsprechung zu § 17, soweit ersichtlich, bislang keinen Widerhall gefunden. Zurückgegriffen wurde auf diese Differenzierung jedoch in der Literatur, und zwar bei der Beurteilung des Unterlassens von Amtsträgern.[150] Dem iS des § 16 Abs. 1 zuständigen Behördenbediensteten (meist

---

GenStA Celle 12.10.1990 – Zs 532/90, MDR 1991, 562; Lorz/*Metzger* § 3 Rn. 55; aA: VGH Kassel 6.11.1996 – 11 TG 4486/96, NuR 1997, 296; OVG Koblenz 20.3.2001 – 12 A 11. 1997/00, NuR 2001, 596 (Verstoß gegen § 3 Nr. 8 TierSchG); StA Offenburg 11.12.1989 – 2 Js 455/89, NStZ 1990, 345 m. abl. Anm. vom *Lauven*.

[142] LG Köln 2.2.1989 – 104 Qs 2/89, NuR 1991, 42.

[143] KG 24.7.2009 – 4 (1) Ss 235/09, NStZ 2010, 175.

[144] StA Hanau 3.5.1991 – 3 Js 13 610/90, NuR 1991, 501; vgl. im Übrigen→ Rn. 59.

[145] OLG Naumburg 28.6.2011 – 2 Ss 82/11, BeckRS 2011, 25165.

[146] Vgl. Schönke/Schröder/*Stree/Bosch* StGB § 13 Rn. 8 mwN.

[147] BayObLG 24.10.1995 – 4 StRR 135/95, NuR 1996, 637.

[148] *Ort/Reckewell* Rn. 112.

[149] *Hirt/Maisack/Moritz* Rn. 95.

[150] Ausführlich dazu *Iburg* NuR 2001, 77; *Kemper* NuR 2007, 790; *Pfohl* NuR 2009, 238. Vgl. zu dieser Thematik des Weiteren: *Hirt/Maisack/Moritz* Rn. 67; *Ort/* Rn. 110.

der amtliche Veterinär) obliegt bei der Wahrnehmung seiner sich aus § 16a ergebenden Aufgaben eine Rechtspflicht, die ihn als Beschützergaranten betrifft.[151] Insoweit verhält es sich wie beim Amtsträger im Umweltstrafrecht.[152] Wie dort ist auch hier der dem **Amtsträger** gem. § 16a eingeräumte Ermessensspielraum zu berücksichtigen. Dabei ist zwischen § 16a Abs. 1 S. 1 und § 16a Abs. 1 S. 2 zu unterscheiden. S. 1 eröffnet kein Entschließungsermessen, sondern ordnet zwingend an, dass die Behörde unter den dort genannten Umständen einschreiten muss. S. 2 hingegen gewährt ein Auswahlermessen für ein möglichst effektives, aber verhältnismäßiges Einschreiten.[153] Werden diese Vorgaben eingehalten, liegt keine Verletzung der Garantenpflicht vor.[154] Ist hingegen ein Ermessensfehler zu konstatieren, kommt grundsätzlich eine Strafbarkeit nach § 17 in Betracht, und zwar entgegen teilweise vertretener Ansicht nicht nur in Fällen einer unterbliebenen Entscheidung bei einer Ermessensreduzierung auf null, sondern bereits bei jedem Ermessensfehler.[155] Praktisch wird dies jedoch kaum relevant, da bei einem bloß einfachen Ermessensfehler die Garantenpflicht in aller Regel nicht vorsätzlich verletzt wird. Die fahrlässige Fehlentscheidung im Rahmen der Ermessensausübung jedoch ist vom Straftatbestand des § 17 nicht erfasst.

e) Vorsatz. Nr. 1 (und Nr. 2) setzen ein vorsätzliches Handeln iS des § 15 StGB voraus. **65** Bedingter Vorsatz genügt. Dabei kann der Täter auch einen Erfolg billigen, der ihm an und für sich unerwünscht ist, den er aber um seines Endziels willen hinnimmt.[156] So reicht es zB aus, wenn im Rahmen einer zu Demonstrationszwecken erfolgten Vorführung ein Hahn geköpft wird, um auf Menschenrechtsverletzungen hinzuweisen, oder wenn eine Wiese mit dem Kreiselmäher abgemäht wird, obwohl eine hohe Wahrscheinlichkeit dafür besteht, dass sich noch Rehkitze im hohen Gras befinden.[157]

3. Rohe Tiermisshandlung (Nr. 2a). a) Verfassungsmäßigkeit/Wirbeltiere. Hin- **66** sichtlich der Verfassungsmäßigkeit dieses Tatbestandes, insbesondere seiner Konformität mit Art. 103 Abs. 2 GG sowie des Tatbestandsmerkmals „Wirbeltier", wird auf die Ausführungen → Rn. 24, 26 verwiesen

b) Schmerzen. Die rohe Tiermisshandlung der Nr. 2a setzt die Zufügung erheblicher **67** Schmerzen oder Leiden voraus. Unter Schmerzen werden dabei nur rein körperliche Schmerzen verstanden.[158] Schmerz ist eine unangenehme sensorische und gefühlsmäßige Erfahrung, die mit akuter oder potenzieller Gewebeschädigung einhergeht oder in Form solcher Schädigungen beschrieben wird.[159] Das tatsächliche Eintreten einer Schädigung oder eine erkennbare Abwehrreaktion ist dabei nicht erforderlich.[160]

Die **Schmerzfähigkeit** von Tieren ist naturwissenschaftlich grds. anerkannt, jedoch **68** noch nicht hinsichtlich aller Tierarten abschließend geklärt. Eine rechtliche Vermutung, wonach wenigstens sämtliche Wirbeltiere schmerzfähig seien, ergibt sich weder aus §§ 17, 18 Abs. 1 Nr. 1, 5 Abs. 2 Nr. 1 noch aus Art. 20a GG.[161] Zumindest für § 17 stünde eine derartige Vermutung auch im Konflikt mit dem allgemeinen strafrechtlichen Grundsatz der Unzulässigkeit von Fiktionen. Die Fähigkeit der Schmerzempfindung steigt mit der Organisationsstufe des Tieres.[162] Bei Säugetieren und Vögeln, die ein hohes Maß an Emp-

---

[151] *Iburg* NuR 2001, 77; aA Erbs/Kohlhaas/*Metzger* § 17 Rn. 33: die Beamten sind keine Beschützer des Tiers, sondern Überwacher der schutzpflichtigen Menschen.

[152] Vgl. dazu Schönke/Schröder/*Heine/Hecker* StGB Vor §§ 324 ff. Rn. 29 ff.

[153] Ausführlicher dazu *Kemper* NuR 2007, 790; *Pfohl* NuR 2009, 238; *Hirt/Maisack/Moritz* § 16a Rn. 6.

[154] *Ort/Reckewell* Rn. 110.

[155] Insoweit enger *Iburg* NuR 2001, 77.

[156] *Fischer* StGB § 15 Rn. 9b mwN.

[157] AG Biedenkopf. 23.3.2010 – 40 Ds 4 Js 8205/09, BeckRS 2011, 15656.

[158] So schon zum RTierSchG OLG Hamm 25.2.1958 – 1 Ss 28/58, GA 1958, 377; im Übrigen auch allgemeine Meinung, vgl. zB *Greven* S. 38; *Sack* Rn. 11.

[159] *Hirt/Maisack/Moritz* § 1 Rn. 12; *Lorz/Metzger* § 1 Rn. 20.

[160] *Hirt/Maisack/Moritz* § 1 Rn. 12; *Kluge/von Loeper* § 1 Rn. 21.

[161] Vgl. *Lorz/Metzger* § 1 Rn. 23; aA *Hirt/Maisack/Moritz* § 1 Rn. 17.

[162] *Lorz/Metzger* § 1 Rn. 24.

findungsvermögen haben, ist sie besonders ausgeprägt. Bei Fischen ist eine Schmerzfähigkeit nach dem derzeitigen wissenschaftlichen Erkenntnisstand noch umstritten.[163] Da inzwischen jedoch festzustehen scheint, dass Fische zwar keine Großhirnrinde besitzen, jedoch die Verarbeitung des Schmerzreizes in anderen Bereichen erfolgt, spricht viel für eine entsprechende Annahme.[164] Für die Strafrechtspraxis hat diese Streitfrage jedoch so gut wie keine Konsequenzen, weil die Leidensfähigkeit von Fischen außer Zweifel steht.[165]

69   Die **Feststellung der Schmerzen** erfolgt idR anhand äußerer Merkmale über einen Analogieschluss. Aus Reizen, die für den Menschen schmerzhaft sind, wird Entsprechendes für Tiere geschlossen.[166] Äußere Merkmale in diesem Sinne können Wunden (zB solche, die beim Transport durch den ständigen Kontakt mit der Außenwand eines Fahrzeugs entstehen[167]) oder Erkrankungen sein, aber auch bestimmte Reaktionen des Tieres, die Aufschluss über eine Störung seines Wohlbefindens geben, wie Schreien, Heulen, Stöhnen, Schweißausbrüche, Krümmen des Körpers, gestörte Bewegungsabläufe.[168] Diese Merkmale sind durch die Beobachtung des Tieres, endokrinologische Untersuchungen oder anhand anatomischer Verknüpfungspunkte festzustellen.[169] Erforderlich ist in aller Regel die Einholung eines Sachverständigengutachtens, das von einem Tierarzt oder einem Ethologen erstellt werden sollte.[170] In der Praxis bietet es sich an, zunächst gemäß § 15 Abs. 2 den beamteten Tierarzt zu konsultieren.

70   **c) Leiden.** Unter Leiden sind nach inzwischen gefestigter Rechtsprechung alle nicht vom Begriff des Schmerzes umfasste Beeinträchtigungen im Wohlbefinden zu verstehen, die über ein schlichtes Unbehagen hinausgehen und eine nicht ganz unwesentliche Zeitspanne fortdauern.[171] Leiden können sowohl körperlich (wobei es sich dann allerdings meist um Schmerzen handelt) als auch (tier-)seelisch empfunden werden.[172] Der Begriff wird ausgefüllt durch Empfindungen wie Angst, Panik, starke Aufregung, Erschöpfung, Trauer, innere Unruhe, starkes Unwohlsein, Hunger- oder Durstqualen.[173]

71   **Auslöser** von Leiden sind in aller Regel Einwirkungen, die der Wesensart, den Instinkten, dem Selbst- und Arterhaltungstrieb des Tieres zuwider laufen.[174] Hierzu zählen etwa das Fehlen artgerechter Bewegung, ungenügende Raum- oder Lichtverhältnisse, übermäßige Kälte oder Hitze, unzureichende oder falsche Ernährung, Durst, Isolation von Tieren, die stets in der Gemeinschaft leben,[175] unzureichende tierärztliche Versorgung, nicht artgerechte unhygienische Haltung ua.

72   Hinsichtlich der **Leidensfähigkeit** gelten im Wesentlichen entsprechende Überlegungen wie zur Schmerzempfindlichkeit von Tieren. Sie setzt voraus, dass ein Tier überhaupt die Fähigkeit zu einem Wohlbefinden hat. Dies ist je nach Organisationshöhe der einzelnen Art unterschiedlich zu beurteilen, wird bei Säugetieren aber grds. bejaht. Auch bei Fischen wird eine Leidensfähigkeit anerkannt, da auch sie nicht nur über ein geistiges Leistungs-

---

[163] Ablehnend StA Hannover 25.4.2003 – 1252 Js 70 329/02, NuR 2003, 578; ebenso *Jendrusch/Niehaus* NuR 2007, 740 („in dubio pro reo"); bejahend OLG Zweibrücken 22.8.1985 – 2 Ss 219/85, NStZ 1986, 230; *Bünningmann* NuR 2014, 176; *Hirt/Maisack/Moritz* § 1 Rn. 16; *Lorz/Metzger* § 1 Rn. 25; *Ort/Reckewell* Rn. 47.
[164] Vgl. *Hirt/Maisack/Moritz* § 1 Rn. 16.
[165] Ebenso Erbs/Kohlhaas/*Metzger* T 95 § 1 Rn. 11.
[166] *Greven* S. 39; *Lorz/Metzger* § 1 Rn. 28.
[167] *Weisser* wistra 2015, 300.
[168] *Greven* S. 39; *Hackbarth/Lückert*, 2. Aufl. 2002, S. 204.
[169] *Lorz/Metzger* § 1 Rn. 29.
[170] OLG Düsseldorf 20.4.1993 – 5 Ss 171/92, NStZ 1994, 43; OLG Zweibrücken 22.8.1985 – 2 Ss 219/85, NStZ 1986, 230.
[171] BGH 18.2.1987 – 2 StR 159/86, NJW 1987, 1833; ebenso BVerwG 18.1.2000 – 3 C 12.99, NuR 2001, 454; OLG Düsseldorf 20.4.1993 – 5 Ss 171/92, NStZ 1994, 43; OLG Karlsruhe 29.10.2015 – 3 Ss 433/15, Die Justiz 2016, 348.
[172] *Greven* S. 40; *Lorz/Metzger* § 1 Rn. 34.
[173] *Lorz/Metzger* § 1 Rn. 36; *Hackbarth/Lückert*, 2. Aufl. 2002, S. 204.
[174] *Lorz/Metzger* § 1 Rn. 43.
[175] Vgl. etwa zum Rotwild-Jungtier, das nach dem Abschuss des führenden Alttieres allein bleibt *Guber/Herzog* NuR 2016, 246.

und Differenzierungsvermögen, gewisse Intelligenz, ausgeprägte Ortskenntnis und die Fähigkeit zu Lernprozessen verfügen, sondern auch mit Gefühlen ausgestattet sind.[176]

Zur **Feststellung** von Leiden ist, da sie anders als etwa Wunden nicht körperlich augen- 73 scheinlich sind, meist eine Verhaltensbeobachtung vorzunehmen.[177] Es ist darauf abzustellen, ob äußerlich wahrnehmbare Auffälligkeiten im Verhalten des Tieres festzustellen sind, die als taugliches Anzeichen für das Vorliegen eines Leidens anzusehen sind.[178] Verhaltensstörungen oder Anomalien können auf zugrunde liegende Leiden hindeuten, zB Leerlaufhandlungen, Fluchtbemühungen, abnorme Bewegungsabläufe wie das Imkreisschwimmen von Seehunden[179] oder das „Weben" von Elefanten, die als Zirkustiere gehalten werden.[180]Auch diese Feststellungen lassen sich in aller Regel nur mit Hilfe tierärztlicher Sachverständiger oder Ethologen treffen.[181]

d) Erheblichkeit der Schmerzen oder Leiden. Die Schmerzen oder Leiden müssen 74 erheblich sein. Damit sollen – wie etwa in § 184h Nr. 1 StGB – Bagatellfälle ausgegrenzt werden.[182] „Erheblich" ist dabei iS von „beträchtlich", „gravierend" oder „gewichtig" zu verstehen. Es handelt sich um eine im Einzelfall zu beurteilende Tatfrage, die idR mit sachverständiger Hilfe zu klären ist. Maßgebliche Faktoren sind die Entwicklungshöhe der betroffenen Tiergattung, das betroffene Sinnesorgan, das Alter und der Gesundheitszustand des jeweiligen Tieres.[183] An die Feststellung der Erheblichkeit dürfen, da es nur um die Abgrenzung von Bagatellfällen und geringfügigen Beeinträchtigungen geht, keine übertrieben hohen Anforderungen gestellt werden.[184]

Die Beurteilung unterliegt in vollem Umfang der revisionsrichterlichen Überprüfung. 75 Im **Urteil** ist also darzulegen, worauf die Erkenntnis (auch des Sachverständigen) beruht, dass ein Tier erheblich gelitten hat.[185]

Eingehender geprüft und **bejaht** wurde die Erheblichkeit von Schmerzen oder Leiden 76 ua beim Dauerstress von Fischen, die in Setzkeschern gehältert wurden,[186] beim Kupieren von Hundeohren.[187] sowie beim übermäßigen Einsatz von Gerte, Sporen und Zügel im Rahmen des Dressurtrainings.[188] **Verneint** wurde sie ua bei Hunden, die längerfristig dem Gestank von Hundekot ausgesetzt waren[189] oder aber bei einem Wellensittich, der für fünf bis zehn Sekunden mit einer verklebenden Eimasse überschüttet und anschließend sofort gesäubert wurde.[190] Dabei stellte das OLG Frankfurt a. M. jedoch fragwürdig auf die Dauer der Beeinträchtigung und nicht des Erfolgs in Form von etwaigen Schmerzen oder Leiden ab.

e) Rohheit. Der Begriff der Rohheit war bereits in § 1 Abs. 2 S. 2 RTierSchG bestimmt. 77 Rohheit liegt danach vor, wenn das Zufügen der Schmerzen oder Leiden einer gefühllosen (fremde Leiden missachtenden) Gesinnung entspringt. Eine gefühllose Gesinnung in diesem

---

[176] OLG Düsseldorf 20.4.1993 – 5 Ss 171/92, NStZ 1994, 43; StA Hannover 25.4.2003 – 1252 Js 70 329/02, NuR 2003, 578; vgl. auch *Drossé* MDR 1988, 622.
[177] *Greven* S. 40 ff.; *Lorz/Metzger* § 1 Rn. 44.
[178] OLG Celle 28.12.2010 – 32 Ss 154/10, BeckRS 2011, 05162.
[179] OVG Schleswig 28.6.1994 – 4 L 152/92, NuR 1995, 480. Ausführlich zu Verhaltensstörungen und anderen Indikatoren für Leiden *Hirt/Maisack/Moritz* Rn. 96.
[180] Vgl. dazu *Wollenteit/Pietsch* ZRP 2010, 97.
[181] OLG Celle 28.12.2010 – 32 Ss 154/10, BeckRS 2011, 05162: „primär eine Frage der Verhaltensforschung"; vgl. auch *Lorz/Metzger* § 1 Rn. 48.
[182] BGH 18.2.1987 – 2 StR 159/86, NJW 1987, 1833; OLG Düsseldorf 20.4.1993 – 5 Ss 171/92, NStZ 1994, 43.
[183] *Greven* S. 45.
[184] OLG Karlsruhe 29.10.2015 – 3 Ss 433/15, Die Justiz 2016, 348.
[185] OLG Koblenz 17.9.1999 – 2 Ss 198/99, NStZ-RR 2000, 155.
[186] OLG Düsseldorf 20.4.1993 – 5 Ss 171/92, NStZ 1994, 43; aA StA Hannover 25.4.2003 – 1252 Js 70 329/02, NuR 2003, 578. Vgl. dazu auch *Bünningmann* NuR 2014, 176.
[187] BayObLG 8.4.1993 – 3 OB OWi 13/93, NJW 1993, 2760.
[188] LG Kiel 25.11.2008 – 7 Kls 30/08, BeckRS 2009, 19848.
[189] VG Stuttgart 14.8.1997 – 4 K 2936/97, NuR 1999, 232.
[190] OLG Frankfurt a. M. 4.6.1991 – 2 Ws (B) 242/91 OWiG, NJW 1992, 1639.

Sinne ist anzunehmen, wenn der Täter bei der Misshandlung das – notwendig als Hemmung wirkende – Gefühl für das Leiden des Misshandelten verloren hat, das sich bei jedem menschlich und verständlich Denkenden eingestellt haben würde.[191] Diese Auslegung des identischen Begriffs in § 225 StGB ist auch hier zu übernehmen.

78   Rohheit stellt ein im subjektiven Bereich liegendes Merkmal dar, das zwar Elemente der Absichtlichkeit, Grausamkeit, Boshaftigkeit oder Gemeinheit enthalten kann, mit diesen Begriffen aber nicht völlig deckungsgleich ist. Es muss sich um keine dauernde Charaktereigenschaft handeln. Vielmehr genügt auch eine vorübergehend vorhandene und zum Ausdruck kommende Gesinnung, die zB erkennbar wird, wenn der Täter stark alkoholisiert ist. Auch ein Handeln allein aus großer Erregung kann roh sein, da es eine hier zugrunde liegende grds. **gefühllose Gesinnung** offenbaren und unter Umständen erst zum Vorschein bringen kann.

79   Der Annahme eines rohen Handelns steht nicht entgegen, dass der Täter einen an und für sich vernünftigen Grund verfolgt, dabei ein Tier aber über das zur Erreichung des Ziels erforderliche Maß hinaus misshandelt.[192] Vorausgesetzt ist jedoch stets eine allgemeine oder latente **Gefühllosigkeit** des Täters, an der es fehlen kann, wenn sein grobes Misshandeln allein auf eine falsche Einschätzung der Erziehungsbedürfnisse eines Tieres zurückgeht. So wurde Rohheit verneint, als ein Hundehalter sein Tier unter übermäßigem Einsatz eines Stachelhalsbandes „erziehen" wollte.[193] Bejaht wurde ein rohes Misshandeln in der Rechtsprechung hingegen beim quälerischen Einsatz von Gerte, Sporen und Zügeln beim Dressurtraining,[194] bei sexuellen Handlungen an Tieren und bei artwidrigen Schauveranstaltungen wie Hundekämpfen.[195]

80   **f) Unterlassen.** Auch der Tatbestand des Nr. 2a kann durch Unterlassen verwirklicht werden, zB wenn der Halter sein Tier hungern oder dursten lässt. Ist dem Tierhalter ein Betreuer zur Seite gestellt und diesem gerade die Verantwortung für das Verhalten der betreuten Person hinsichtlich einer erlaubten Tierhaltung auferlegt worden, obliegt es dem Betreuer, eine Tiermisshandlung durch den Halter zu verhindern.[196] In diesen Fällen ist allerdings zu berücksichtigen, dass es sich bei der Rohheit um ein dem Tatbestand zugehöriges Gesinnungsmerkmal handelt, somit die Modalitätenäquivalenz des § 13 Abs. 1 S. 1 StGB besonders eingehender Prüfung bedarf.[197]

81   **g) Vorsatz.** Die Tatbestandsmerkmale des Nr. 2a, insbesondere auch die tatsächlichen Grundlagen der Rohheit, müssen vom Vorsatz des Täters umfasst sein. Allerdings muss er sein Verhalten nicht selbst als roh beurteilen.[198] Eine entsprechende Fehlvorstellung ist als Subsumtionsirrtum über ein normatives Tatbestandsmerkmal zu behandeln und kann nur als Verbotsirrtum iSd § 17 StGB Bedeutung gewinnen.

82   **4. Quälerische Tiermisshandlung (Nr. 2b). a) Wirbeltiere/erhebliche Schmerzen oder Leiden.** Hinsichtlich der **Tatbestandsmerkmale** Wirbeltier, erhebliche Schmerzen oder Leiden sowie des ungeschriebenen Merkmals der kausalen Tathandlung wird auf die Ausführungen zur rohen Tiermisshandlung Bezug genommen (→ Rn. 63 ff.). Besonderer Erörterung bedarf lediglich die Streitfrage, ob der Zeitfaktor im Hinblick auf die Tatbestandsvariante „länger anhaltende" Schmerzen oder Leiden auch bei dem Tatbestandsmerkmal „erhebliche" zu berücksichtigen ist (→ Rn. 85).

---

[191] So BGH 28.2.2007 – 5 StR 44/07, NStZ 2007, 405. Vgl. auch BGH 23.1.1974 – 3 StR 324/73, BGHSt 25, 277.
[192] BayObLG 27.2.1974 – 4 St 13/74, NJW 1974, 1340.
[193] OLG Hamm 27.2.1985 – 4 Ss 16/85, NStZ 1985, 275.
[194] LG Kiel 25.11.2008 – 7 Kls 30/08, BeckRS 2009, 19848.
[195] *Hirt/Maisack/Moritz* Rn. 151; *Ort/Reckewell* Rn. 35 mwN.
[196] OLG Celle 21.11.2007 – 32 Ss 99/07, NJW 2008, 1012; bespr. vom *Bosch* JA 2008, 471.
[197] Vgl. *Iburg* NuR 2001, 77.
[198] Lorz/*Metzger* Rn. 34.

b) Länger anhaltende Schmerzen oder Leiden. Länger anhaltend sind Schmerzen 83
oder Leiden, die eine gewisse Zeitspanne andauern und eine von der Dauer her nur kurzfristige Störung des Wohlbefindens als nicht strafwürdig ausschließen.[199] Wie lange diese Störung im Einzelfall anhalten muss, ist Tatfrage. Je schlimmer die Schmerzen oder Leiden
sind, desto kürzer ist die verlangte Zeitdauer zu bemessen.[200] Nicht entscheidend ist, welche
Zeit die Tathandlung in Anspruch nimmt. Maßgeblich ist allein die **Zeitdauer** des **Taterfolgs**.[201] Auch ein einmaliges, kurzzeitiges Tun oder Unterlassen kann zu solch länger
andauernden Schmerzen oder Leiden führen. So wurde zB festgestellt, dass ein nur ein bis
zwei Minuten dauernder Transport schlachtreifer Forellen von einer Hälteranlage zu einem
Angelteich bei den Tieren einen zwei bis drei Tage dauernden Stresszustand verursachte.[202]

Bei der Subsumtion ist nicht auf das **Zeitempfinden** des Menschen, sondern auf das 84
wesentlich geringere Vermögen **des Tieres** abzustellen, physischem oder psychischem
Druck standhalten zu können.[203] Auch dies kann letztlich nur mit Hilfe eines tierärztlichen
Sachverständigen oder eines Ethologen beurteilt werden.

Nach der Legehennenentscheidung des BGH ist es bei einer Überprüfung länger anhal- 85
tender Schmerzen oder Leiden unzulässig, das Element der Zeitdauer ein weiteres Mal
auch bei der Subsumtion des Tatbestandsmerkmals „erhebliche" heranzuziehen. Mit der
Erheblichkeit würde lediglich die Intensität der Schmerzen oder Leiden als solche beschrieben.[204] Diese Argumentation des BGH ist nicht unproblematisch: Während eine Berücksichtigung der Zeitdauer bei der Erheblichkeit abgelehnt wird, stellt das Gericht beim
Begriff der Leiden darauf ab, dass diese eine „nicht ganz unwesentliche Zeitspanne fortdauern" müssen, sieht sich also nicht gehindert, das zeitliche Moment dort ein zweites Mal
heranzuziehen. Auch wird bei anderen Tatbeständen, die, wie etwa § 184h Nr. 1 StGB,
Erheblichkeit verlangen, jedenfalls die Dauer als ein wesentliches Kriterium dieses Tatbestandsmerkmals berücksichtigt.[205] Dies gilt auch für Nr. 2a, bei dem die Erheblichkeit demnach – wenig plausibel – abweichend von Nr. 2b zu beurteilen ist.[206] Für die Auffassung
des BGH spricht jedoch die grammatikalische Auslegung („länger anhaltende ... erhebliche
Schmerzen", nicht aber „länger anhaltende oder erhebliche Schmerzen") ebenso wie die
praktische Erwägung, dass ein für die Erheblichkeit maßgeblicher über das „länger anhaltend" hinausgehender Zeitraum nicht zu bestimmen wäre.

Länger anhaltende Schmerzen oder Leiden wurden in der **Rechtsprechung** ua **bejaht** 86
bei:[207]
– einem 30 Sekunden bis zu einer Minute dauernden Transport schlachtreifer Forellen von
  der Hälteranlage zum Angelteich,[208]
– einem 30 bis 60 Sekunden während Drill, dh Anlanden des Fisches am Haken,[209]
– der Verwendung eines an der Angel ausgesetzten lebenden Köderfisches,[210]
– der nicht nur ganz kurzfristigen Lebendhälterung geangelter Fische in Setzkeschern,[211]

---

[199] OLG Düsseldorf 20.4.1993 – 5 Ss 171/92, NStZ 1994, 43.
[200] Lorz/*Metzger* Rn. 40.
[201] *Ort/Reckewell* Rn. 91; zweifelhaft daher OLG Frankfurt a. M. 4.6.1991 – 2 Ws (B) 242/91 OWiG,
NJW 1992, 1639.
[202] OLG Celle 6.6.1997 – 23 Ss 50/97, NStZ-RR 1997, 381.
[203] OLG Celle 6.6.1997 – 23 Ss 50/97, NStZ-RR 1997, 381; OLG Düsseldorf 20.4.1993 – 5 Ss 171/
92, NStZ 1994, 43; OLG Hamm 27.2.1985 – 4 Ss 16/85, NStZ 1985, 275.
[204] BGH 18.2.1987 – 2 StR 159/86, NJW 1987, 1833; kritisch dazu *von Loeper* NStZ 1987, 511; Lorz/
Metzger § 17 Rn. 30.
[205] Vgl. etwa Lackner/Kühl/*Heger* StGB § 184g Rn. 5.
[206] Kritisch daher auch Lorz/*Metzger* Rn. 30; Erbs/Kohlhaas/*Metzger* T 95 § 17 Rn. 19.
[207] Weitere Beispiele bei *Hirt/Maisack/Moritz* Rn. 92, 149.
[208] OLG Celle 6.6.1997 – 23 Ss 50/97, NStZ-RR 1997, 381.
[209] OLG Celle 12.1.1993 – 1 Ss 297/92, NStZ 1993, 291; ablehnend *Dietlein* NStZ 1994, 21; Lorz/
Metzger Rn. 40.
[210] LG Mainz 7.10.1985 – 11 Js 2259/85 – 7 Ns, MDR 1988, 1080.
[211] OLG Düsseldorf 20.4.1993– 5 Ss 171/92, NStZ 1994, 43; AG Hamm 18.4.1988 – 9 Ls 48 Js 1693/
86, NStZ 1988, 466; dazu *Drossé* NStZ 1990, 72; AG Düsseldorf 17.10.1990 – 301 OWi 905 Js 919/89,
NStZ 1991, 192; dazu im Übrigen auch *Bünningmann* NuR 2014, 176; *Drossé* MDR 1994, 242.

– der Aufbewahrung lebender Köderfische über eine Dauer von mindestens drei Stunden ohne genügende Sauerstoffversorgung in einem Eimer,[212]

– dem Kupieren von Ohren eines Dobermannes,[213]

– dem 10 Minuten andauernden „Erziehungsversuch" an einem Hund mittels eines Stachelhalsbandes,[214]

– dem übermäßigen Einsatz von Gerte, Sporen und dem Anbinden beim Reittraining.[215]

87 **Verneint** wurden sie ua bei

– dem Gestank nach Hundekot in einer gewerblichen Hundezucht,[216]

– nur kurzfristiger Gefangenschaft einer Katze in einer Drahtfalle, wobei allerdings unzutreffend auf den Zeitrahmen der Tathandlung und nicht des Taterfolgs abgestellt wurde,[217]

– dem Einfangen und Beringen von Vögeln.[218]

88 Unterschiedlich beurteilt wurde die Frage beim Anbringen von **Brandzeichen** auf den Schenkeln **eines Pferdes**.[219] Eine derartige Maßnahme unterliegt an und für sich dem generellen Verbot der Gewebestörung nach § 6 Abs. 1. Für die Kennzeichnung von Pferden durch Schenkelbrand sieht § 6 Abs. 1 S. 2 Nr. 1b derzeit jedoch eine Ausnahme vor, die dazu führt, dass sich ein verbotswidriges Verhalten nicht begründen lässt.[220]

89 Ob die **Jagdhundeausbildung** oder -prüfung hinter der lebenden Ente, zu länger anhaltenden Schmerzen oder Leiden des betroffenen Tieres führt, muss im konkreten Einzelfall nachgewiesen werden.[221] Wenn dies nicht gelingt, ist ein Verstoß gegen § 3 Nr. 7 und Nr. 8 anzunehmen und damit der Bußgeldtatbestand des § 18 Abs. 1 Nr. 3 einschlägig.[222] Bei der bislang nicht eindeutigen Behandlung der Frage in der Rechtsprechung dürfte indes im Zweifel ein unvermeidbarer Verbotsirrtum vorliegen.[223]

90   **c) Sich wiederholende Schmerzen oder Leiden.** Schmerzen oder Leiden werden wiederholt, wenn sie nach dem völligen Abklingen wenigstens einmal erneut auftreten.[224] Dies ist etwa dann der Fall, wenn ein Hund, dem ein Halsband mit nach innen gerichteten Stacheln angelegt ist, mehrfach zurückgerissen wird oder aber einem Hund mit einem entgegen § 3 Nr. 11 eingesetzten Teletaktgerät mehrfach schmerzhafte Stromstöße zugefügt werden.[225]

91   **d) „Ohne vernünftigen Grund".** Ob auch bei **Nr. 2b** das gesamttatbewertende Merkmal „ohne vernünftigen Grund" berücksichtigt werden darf, ist umstritten.[226] Einigkeit

---

[212] AG Hannover 29.10.2007 – 204 Ds 1252 Js 7.381.107 (42107), NuR 2008, 445 m. Bespr. *Jendrusch/Niehaus* NuR 2008, 325.

[213] AG Neunkirchen 31.1.1994 – 19 536/93, NuR 1994, 520.

[214] OLG Hamm 27.2.1985 – 4 Ss 16/85, NStZ 1985, 275.

[215] LG Kiel 25.11.2008 – 7 Kls 30/08, BeckRS 2009, 19848.

[216] VG Stuttgart 14.8.1997 – 4 K 2936/97, NuR 1999, 232.

[217] OLG Düsseldorf 6.7.1992 – 1 Ws 544/92, NJW 1993, 275; zutreffend kritisch dazu *Röckle* S. 103.

[218] GenStA Frankfurt/M. 2.3.1998 – Zs 357/98, NuR 1998, 678.

[219] Verneinend LG Freiburg 8.2.1995 – V Qs 44/94, NStZ 1995, 350; bejahend: AG Kehl 9.3.1994 – 2 Ds 150/94, NStZ 1994, 443.

[220] Kritisch dazu *Hirt/Maisack/Moritz* § 6 Rn. 122 mwN.

[221] Näher dazu *Hirt/Maisack/Moritz* § 3 Rn. 48 mwN.

[222] Verneinend OLG Celle 12.10.1993 – 2 Ss 147/93, AgrarR 1994, 374; bejahend *Hirt/Maisack/Moritz* § 3 Rn. 46 mwN. Zur Zulässigkeit der Jagdhundeausbildung und -prüfung am lebenden Fuchs VG Gießen 5.6.2001 – 10 E 644/97, NuR 2004, 130.

[223] So zutreffend Erbs/Kohlhaas/*Metzger* T 95 § 17 Rn. 31.

[224] Lorz/*Metzger* Rn. 41.

[225] OLG Hamm 27.2.1985 – 4 Ss 16/85, NStZ 1985, 275; zum Verbot des Einsatzes von Elektroreizgeräten bei der Hundeausbildung BVerwG 23.2.2006 – 3 C 14/05, NJW 2006, 2134; dazu *Metzger* NuR 2006, 706.

[226] Bejahend OLG Celle 12.10.1993 – Ss 147/93, NuR 1994, 513; OLG Düsseldorf 20.4.1993 – 5 Ss 171/92, NStZ 1994, 43; OLG Frankfurt a. M. 14.9.1984 – 5 Ws 2/84, NStZ 1985, 130; OLG Koblenz 17.9.1999 – 2 Ss 198/99, NStZ-RR 2000, 155; Maurach/Schroeder/*Maiwald* BT/2 § 59 Rn. 14; *Röckle* S. 107; verneinend OLG Celle 6.6.1997 – 23 Ss 50/97, NStZ-RR 1997, 381; 12.1.1993 – 1 Ss 297/92, NStZ 1993, 291; *Greven* S. 50; *Hirt/Maisack/Moritz* Rn. 85; Lorz/*Metzger* Rn. 48; (ausführlich) *Maisack*, Zum Begriff des vernünftigen Grundes, S. 88 ff.; skeptisch: OLG Hamm 27.2.1985 – 4 Ss 16/85, NStZ 1985, 275.

besteht zunächst nur darin, dass die Problematik bei Nr. 2a TierSchG nicht auftritt, da sich eine rohe Misshandlung und vernünftige Gründe ausschließen.

Gegen ein Hineinlesen der vernünftigen Gründe in Nr. 2b wird deren **Wortlaut** ange- 92 führt.[227] Eine Ergänzung des eindeutigen Tatbestands stelle eine unzulässige Analogie dar.[228] Sie sei auch unnötig, da einschlägige Fallgestaltungen regelmäßig über die Rechtfertigungsgründe des § 228 BGB, § 34 StGB und die Pflichtenkollision zu erfassen seien.[229]

Die Gegenansicht stellt darauf ab, dass das gesamte Tierschutzgesetz, wie vom BVerfG 93 ausdrücklich anerkannt, durch den **Leitgedanken der Verhältnismäßigkeit** geprägt sei.[230] Dies komme auch in §§ 1 S. 2, 17 Nr. 1, 18 Abs. 1 Nr. 1 und Abs. 2 zum Ausdruck, wo die vernünftigen Gründe jeweils erwähnt seien. Ihr Fehlen in § 17 Nr. 2 sei auf ein gesetzgeberisches Redaktionsversehen aus dem Jahr 1972 zurückzuführen.[231] Die Materialien zur damaligen Reform des TierSchG enthielten keinen Hinweis darauf, dass diese im RTierSchG zuvor enthaltene Einschränkung bewusst gestrichen worden sei. Auch sei es ein Wertungswiderspruch, wenn vernünftige Gründe bei der Tötung, nicht aber bei der Misshandlung von Tieren zum Tatbestandsausschluss oder zur Rechtfertigung führten.[232] Im Bereich der Massentierhaltung sei das Merkmal auch durch entsprechende Rechtsverordnungen konkretisiert. Schließlich sei es möglich, über die ungeschriebenen vernünftigen Gründe tierärztliche Heileingriffe von der Strafbarkeit auszunehmen.[233]

Die Bezugnahme auf die Rechtsprechung des BVerfG erweist sich bei näherer Betrach- 94 tung als nicht zwingend, da in den angeführten Entscheidungen zur Begründung des Verhältnismäßigkeitsprinzips nur pauschal auf den Verbotskatalog des § 3 und den Straftatbestand des § 17 Bezug genommen, nicht aber nach dessen einzelnen Tatbestandsvarianten differenziert wird.[234] Den Befürwortern wird im Übrigen entgegen gehalten,[235] dass die Verordnungen über die Massentierhaltung der Umsetzung des § 2, nicht aber des § 17 dienten, der nicht als Blankettstraftatbestand zu verstehen sei. Gegen ein gesetzgeberisches Redaktionsversehen spreche, dass dies bei späteren Reformen des TierSchG zu korrigieren gewesen wäre, dies jedoch nicht geschehen sei. Tierärztliche Heileingriffe könnten über den Gesichtspunkt der Sozialadäquanz oder aber über den nicht betroffenen Schutzbereich der Norm vom Tatbestand ausgeschlossen werden. Schließlich sei auch der vorgebrachte Wertungswiderspruch nicht gegeben. Die Tötung von Tieren zum Zwecke der Ernährung von Menschen sei sozial anerkannt, während dies bei einer quälerischen Misshandlung nicht der Fall sei.

Auch diese Argumentation ist nicht in allen Punkten zwingend. Dass der Gesetzgeber 95 Nr. 2b nicht ergänzt hat, mag daran liegen, dass angesichts der Rechtsprechung ein praktisches Bedürfnis hierfür nicht bestand. Der vorgebrachte Widerspruch zwischen Nr. 1 und Nr. 2 mag zwar nicht bestehen, soweit Tiere zum Zwecke der Ernährung getötet werden. Anders sieht dies jedoch bei Tierversuchen zur Arzneimittelforschung oder Eingriffen und Behandlungen zur Aus-, Fort- und Weiterbildung aus. Hier kann die Misshandlung ebenso „vernünftig" sein wie die Tötung von Versuchstieren. Dieser Wertungswiderspruch wird jedoch durch das vorgeschaltete behördliche Genehmigungs- und Anzeigeverfahren nach

---

[227] OLG Celle 6.6.1997 – 23 Ss 50/97, NStZ-RR 1997, 381; 12.1.1993 – 1 Ss 297/92, NStZ 1993, 291; OLG Hamm 27.2.1985 – 4 Ss 16/85, NStZ 1985, 275; *Caspar* S. 358; *Greven* S. 50.

[228] *Caspar* S. 359.

[229] *Caspar* S. 359; *Greven* S. 50.

[230] BVerfG 2.10.1973 – 1 BvR 459, 477/72, BVerfGE 36, 47, 56 = NJW 1974, 30; 20.6.1978 – 1 BvL 14/77, BVerfGE 48, 376, 389 = VerwRspr 1979, 129; OLG Düsseldorf 20.4.1993 – 5 Ss 171/92, NStZ 1994, 43; OLG Frankfurt a. M. 14.9.1984 – 5 Ws 2/84, NStZ 1985, 130; OLG Koblenz 17.9.1999 – 2 Ss 198/99, NStZ-RR 2000, 155.

[231] So *Röckle* S. 107 ff.

[232] *Röckle* S. 107 ff.

[233] OLG Düsseldorf 20.4.1993 – 5 Ss 171/92, NStZ 1994, 43; *Röckle* S. 107.

[234] Vgl. BVerfG 2.10.1973 – 1 BvR 459, 477/72, BVerfGE 36, 47 (56 ff.) = NJW 1974, 30; 20.6.1978 – 1 BvL 14/77, BVerfGE 48, 376 (389) = VerwRspr 1979, 129.

[235] Vgl. zusammenfassend hierzu *Greven* S. 50 ff.

§§ 8, 8a ff. nivelliert. Die übrigen Zweifelsfälle sind über die Sozialadäquanz bzw. die allgemeinen Rechtfertigungsgründe, insbesondere der § 228 BGB und § 34 StGB, sachgerecht zu lösen, so dass es einer über den Wortlaut der Norm hinausgehenden Heranziehung des gesamttatbewertenden Merkmals „ohne vernünftigen Grund" bei Nr. 2b nicht bedarf.

96   In der Rechtsprechung wurde ein **vernünftiger Grund** bei Nr. 2b in folgenden Fällen **bejaht:**
– beim Einsperren eines streunenden Hundes zum Schutz eigener Rinder,[236]
– beim Heißbrand von Pferden.[237]

97   **Verneint** wurden vernünftige Gründe bei
– der Batteriehaltung von Legehennen,[238]
– dem Umsetzen von Fischen aus einer Zucht in einen Angelteich,[239]
– der Lebendhälterung gefangener Fische in Setzkeschern,[240]
– der Verwendung eines lebenden Köderfisches,[241]
– der Angelpraxis des „Catch and Release",[242]
– dem Kupieren von Hundeohren[243] (vgl. dazu auch das Amputationsverbot in § 6 Abs. 1),
– dem Hochbinden kupierter Hundeohren,[244]
– der Hundeabrichtung mit Hilfe eines Stachelhalsbandes.[245]

98   **e) Unterlassen.** Auch der Tatbestand der Nr. 2b kann durch Unterlassen erfüllt werden. Dies gilt etwa für die in der Praxis immer wieder auftretenden Fälle unzureichender Futter- oder Wasserversorgung, unterlassener Pflegemaßnahmen (zB Klauenpflege) oder unterlassener tierärztlicher Betreuung. Auch das Unterlassen der gesetzlich geboten Tötung von verwendeten Versuchstieren (§ 9 Abs. 2 Nr. 6 und Nr. 8 S. 2, 3) kann länger anhaltende oder wiederholte erhebliche Schmerzen oder Leiden verursachen.[246] Im Übrigen wird auf die diesbezüglichen Ausführungen zu Nr. 1 und Nr. 2a Bezug genommen.[247]

99   **f) Vorsatz.** Wie bei Nr. 1 und Nr. 2a genügt hier ein **bedingt vorsätzliches Verhalten,** das sich auch auf die Merkmale der länger anhaltenden oder sich wiederholenden erheblichen Schmerzen oder Leiden erstrecken muss. Dabei kann den Diskussionen einschlägiger Kreise, zB der Reiter, der Hundezüchter, usw eine besondere Rolle hinsichtlich des Wissenselements des Vorsatzes zukommen. Auch etwaige Rügen oder Beanstandungen des Amtstierarztes können hier von Bedeutung sein.[248] Geht der Täter davon aus, ein Tier nur kurzfristig in seinem Wohlbefinden zu beeinträchtigen, wird ein entsprechender Irrtum nach § 16 StGB zum Vorsatzausschluss und, wenn die dortigen weiteren Voraussetzungen erfüllt sind, zu einer Ordnungswidrigkeit nach § 18 Abs. 1 führen.

100   **5. Allgemeine Rechtfertigungsgründe.** Liegt eine tatbestandsmäßige Handlung iSd Nr. 1 oder Nr. 2 vor, wird die Rechtswidrigkeit indiziert. Die Tat kann dann durch einen geschriebenen oder ungeschriebenen Erlaubnissatz (Rechtfertigungsgrund) gerechtfertigt sein.

101   **a) Notwehr.** § 32 StGB kommt hier nur in Ausnahmefällen zur Anwendung. Gemäß § 32 Abs. 2 StGB setzt Notwehr einen gegenwärtigen rechtswidrigen Angriff voraus. Angriff

---

[236] OLG Koblenz 17.9.1999 – 2 Ss 198/99, NStZ-RR 2000, 155.
[237] LG Freiburg 8.2.1995 – V Qs 44/94, NStZ 1995, 350.
[238] OLG Frankfurt a. M. 14.9.1984 – 5 Ws 2/84, NStZ 1985, 130; kritisch dazu *Kloepfer* NStZ 1985, 274.
[239] BVerwG 18.1.2000 – 3 C 12.99, NuR 2001, 454.
[240] OLG Düsseldorf 20.4.1993 – 5 Ss 171/92, NStZ 1994, 43; dazu *Bünningmann* NuR 2014, 176; *Drossé* MDR 1994, 242.
[241] LG Mainz 7.10.1985 – 11 Js 2259/85 – 7 Ns, MDR 1988, 1080 sowie *Drossé* MDR 1988, 622.
[242] OVG Münster 3.7.2015 – 20 B 209/15, NuR 2016, 54.
[243] AG Neunkirchen 31.1.1994 – 19 536/93, NuR 1994, 520.
[244] BayObLG 8.4.1993 – 3 OB OWi 13/93, NJW 1993, 2760.
[245] OLG Hamm 27.2.1985 – 4 Ss 16/85, NStZ 1985, 275.
[246] Erbs/Kohlhaas/*Metzger* § 17 Rn. 32.
[247] → Rn. 62, 80.
[248] Lorz/*Metzger* Rn. 45.

wird dabei von der ganz überwiegenden Meinung als die von einem Menschen unmittelbar drohende Verletzung rechtlich geschützter Interessen verstanden.[249] Der Angriff eines Tieres genügt nicht. Anders verhält es sich nur, wenn das Tier von einem Menschen als Angriffsmittel verwendet wird, also etwa ein Hund auf eine Person gehetzt wird. Dann kann § 32 StGB auch in Form der Nothilfe durch einen unbeteiligten Dritten zum Tragen kommen.[250]

Soweit eine Mindermeinung in der Literatur § 32 StGB auch bei **Angriffen eines Tieres** 102 anwenden will, die nicht durch Menschen veranlasst sind,[251] ist bereits fraglich, ob eine solche Auslegung noch vom Wortlaut des § 32 Abs. 2 StGB gedeckt ist. Darüber hinaus stehen dieser Auffassung rechtssystematische Bedenken entgegen. Während § 227 BGB die Notwehr gegen rechtswidrige Angriffe zulässt, dient der schwächer ausgestaltete Rechtfertigungsgrund des § 228 BGB zur Abwehr von Gefahren, die von einer Sache ausgehen. Dieser Rechtfertigungsgrund soll aber, wie sich aus § 90a S. 3 BGB ergibt, auch nach dem Gesetz zur Verbesserung der Rechtsstellung des Tieres im bürgerlichen Recht vom 20.8.1990 anwendbar bleiben.[252] Damit hat der Gesetzgeber zum Ausdruck gebracht, dass die Verteidigung gegen stets nicht vorwerfbare Angriffe durch Tiere oder Sachen immer unter dem Vorbehalt einer Verhältnismäßigkeitsprüfung stehen soll. Das hiergegen vorgebrachte Argument, dass § 228 BGB Angriffe herrenloser Tiere nicht erfasse,[253] verfängt nicht. Zum einen kann § 228 BGB in diesen Fällen analog herangezogen werden,[254] zum anderen könnte, falls dies anders gesehen wird, auf § 34 StGB zurückgegriffen werden.

b) Defensivnotstand. Der Rechtfertigungsgrund des Defensivnotstands nach § 228 103 BGB kommt bei Angriffen von Tieren am häufigsten zur Anwendung. Bevor dieser allgemeine Rechtfertigungsgrund herangezogen wird, ist jedoch stets zu prüfen, ob nicht eine speziellere Regelung eingreift. Dies gilt für die nach § 23 BJagdG erlassenen landesrechtlichen Regelungen zum Schutz vor streunenden Hunden und Katzen(→ Rn. 117) oder § 26 BJagdG, der als Spezialregelung eine gegenüber § 228 BGB weniger weitreichende Erlaubnis enthält, und zwar nur zum Verscheuchen, nicht aber zum Töten des Wildes.[255]

§ 228 BGB setzt zunächst eine **Notstandslage** voraus. Erforderlich ist eine (nicht not- 104 wendigerweise gegenwärtige) Gefahr der Verletzung eines Rechtsguts durch die Sache selbst. Nicht verlangt wird, dass von der Sache eine angriffsähnliche Wirkung ausgeht. Vielmehr genügt es, dass von der Sache durch ihre Lage oder Beschaffenheit eine Gefahr droht.[256] Das Tier als Angriffsobjekt muss nach dem Gesetzeswortlaut einem anderen gehören. Bei herrenlosen Tieren (vgl. § 960 BGB) ist die Norm jedoch nach hL entsprechend anzuwenden.[257] Daher ist es zB gerechtfertigt, herrenlose Füchse zum Schutz eines Hühnerbestandes gefangen zu nehmen. Dies gilt jedoch nicht, wenn dazu verbotene Fangmethoden, wie Tellereisen, verwendet werden, die kein angemessenes Mittel darstellen.[258]

Die **Notstandshandlung** besteht im Beschädigen oder Zerstören der Sache, von der 105 die Gefahr ausgeht. Die Notstandshandlung muss **erforderlich** sein. Dies ist bei der Tötung oder Verletzung eines angreifenden Tieres nicht der Fall, wenn ein Verscheuchen oder

---

[249] Lackner/Kühl/*Kühl* StGB § 32 Rn. 2; Schönke/Schröder/*Perron* StGB § 32 Rn. 3; *Fischer* StGB § 32 Rn. 6; weitergehend *Herzog* JZ 2016, 190, demzufolge auch Tierhaltungsbedingungen, die objektiv durch Schmerz- und Leidenszufügung iSd. § 17 gekennzeichnet sind und so die sittliche Ordnung in den Beziehungen zwischen Mensch und Tier zuwiderlaufen, einen rechtswidrigen Angriff darstellen sollen.

[250] Lorz/*Metzger* Rn. 11; Schönke/Schröder/*Perron* StGB § 32 Rn. 3 mwN.

[251] *Ort/Reckewell* Rn. 139.

[252] *Greven* S. 59.

[253] So wohl *Ort/Reckewell* Rn. 139.

[254] KG 2.8.1935 – 1 Ss 280/35, JW 1935, 2982; MüKoBGB/*Grothe,* 7. Aufl. 2015, BGB § 228 Rn. 7 (nur herrenlose Sachen einem Aneignungsrecht unterliegen); Erman/*E. Wagner,* BGB, 14. Aufl. 2014, BGB § 228 Rn. 4; Staudinger/*Repgen* BGB § 228 Rn. 22.

[255] Vgl. Satzger/Schluckebier/Widmaier/*Rosenau* StGB Vor §§ 32 ff. Rn. 9.

[256] Erman/*E. Wagner,* 14. Aufl. 2014, BGB § 228 Rn. 3 mwN.

[257] KG 2.8.1935 – 1 Ss 280/35, JW 1935, 2982; MüKoBGB/*Grothe,* 7. Aufl. 2015, BGB § 228 Rn. 7; Erman/*E. Wagner,* 14. Aufl. 2014, BGB § 228 Rn. 4; Staudinger/*Repgen* BGB § 228 Rn. 22.

[258] Vgl. hierzu die Tellereisen-VO (EWG) Nr. 3254/91, ABl. 1997 L 308.

Vergrämen ausreicht (vgl. § 26 BJagdG).[259] Bei einer Güterabwägung im jeweiligen Einzelfall muss sich zusätzlich ergeben, dass der am Tier eintretende Schaden nicht außer Verhältnis zum Schaden am bedrohten Objekt steht. Dies wurde etwa angenommen, als ein streunender Hund zwei Stunden in einer Falle gehalten wurde, um ihn am Reißen von Rindern zu hindern.[260] Dabei sind nicht nur rein materielle, sondern auch ideelle Interessen, zB die besondere Liebe zu einem Tier, zu berücksichtigen.[261] Daher kann die Tötung eines wertvollen Rassehundes zur Rettung der eigenen „Promenadenmischung" gerechtfertigt sein.[262]

106   Umstritten ist, ob die objektiv gegebene Notstandshandlung auch **subjektiv** von einem **Abwehrwillen** getragen sein muss.[263] Da die Tat nur dann rechtmäßig sein kann, wenn auch ihr Handlungsunwert entfällt, ist dies mit der zivilrechtlichen Rechtsprechung und hL zu bejahen.[264]

107   **c) Angriffsnotstand.** Beim Angriffsnotstand nach § 904 BGB richtet sich die Tat – im Gegensatz zu § 228 BGB – nicht gegen die Sache, von der die Gefahr ausgeht. Die Einwirkung auf eine (andere) Sache, dh hier ein Tier, ist durch § 904 BGB zulässig, wenn sie „zur Abwendung einer gegenwärtigen Gefahr notwendig und der drohende Schaden gegenüber dem aus der Einwirkung dem Eigentümer entstehenden Schaden unverhältnismäßig groß ist". Diese Konstellation ist in Tierschutzsachen nur selten gegeben, so etwa wenn ein aggressiver Wachhund „außer Gefecht gesetzt" werden muss, um einen Brand im bewachten Haus zu löschen.

108   **d) Selbsthilfe.** Die gem. § 229 BGB erlaubte Selbsthilfe kommt nur in Ausnahmefällen zur Anwendung.[265] Hier ist § 903 S. 2 BGB zu berücksichtigen. Danach hat der Eigentümer eines Tieres bei der Ausübung seiner Befugnisse die besonderen Vorschriften zum Schutz der Tiere zu beachten.

109   **e) Rechtfertigender Notstand.** Sind die Voraussetzungen der speziellen Notstandsregelungen der §§ 228, 904 BGB nicht erfüllt, kann der allgemeine Rechtfertigungsgrund des **§ 34 StGB** eingreifen. Dies gilt insbesondere auch dann, wenn eine entsprechende Anwendung des § 228 BGB für den Angriff herrenloser Tiere verneint wird (→ Rn. 104). Hinsichtlich der grds. Voraussetzungen des § 34 StGB wird auf die allgemeine strafrechtliche Kommentarliteratur verwiesen.

110   Im Tierschutzrecht **häufigster Anwendungsfall** des § 34 StGB ist, falls hier nicht bereits die Tatbestandsmäßigkeit abgelehnt wird, der tierärztliche Heileingriff.[266] Nicht über § 34 StGB zu rechtfertigen ist hingegen die tiermedizinische Behandlung aus kosmetischen oder modischen Gründen. Hier überwiegt das beeinträchtigte Interesse an der körperlichen Integrität des Tieres.[267] Nicht vom Wortlaut des § 34 StGB gedeckt ist der tierärztliche Heileingriff bei herrenlosen Tieren, da nicht die „Gefahr von sich oder einem anderen" abgewendet wird. In diesen Fällen ist § 34 StGB analog anzuwenden. Dies lässt sich damit rechtfertigen, dass Tiere, wie sich aus § 90a BGB ergibt, eine Stellung zwischen Rechtssubjekten und bloßen Sachen einnehmen.[268]

111   Nicht abschließend diskutiert ist, ob über § 34 StGB auch **Maßnahmen zur Reduzierung eines** nicht mehr tragbaren zu hohen **Tierbestandes** gerechtfertigt sein können.

[259] Lorz/*Metzger* Rn. 12.
[260] OLG Koblenz 17.9.1999 – 2 Ss 198/99, NStZ-RR 2000, 155; im Tatsächlichen zweifelnd Erbs/Kohlhaas/*Metzger* T 95 § 17 Rn. 34.
[261] MüKoBGB/*Grothe*, 7. Aufl. 2015, BGB § 228 Rn. 10; Erman/*E. Wagner*, BGB, 14. Aufl. 2014, BGB § 228 Rn. 7; Staudinger/*Repgen* BGB § 228 Rn. 31.
[262] OLG Koblenz 14.7.1988 – 5 U 115/88, NJW-RR 1999, 541.
[263] Dagegen etwa *Jauernig*, 16. Aufl. 2015, BGB § 228 Rn. 2.
[264] BGH 30.10.1984 – VI ZR 74, 83, BGHZ 92, 357, 359 = NJW 1985, 490; Schönke/Schröder/*Lenckner/Sternberg-Lieben* StGB Vor § 32 Rn. 13 mwN.
[265] Lorz/*Metzger* Rn. 13.
[266] Ort/*Reckewell* Rn. 140.
[267] Ort/*Reckewell* Rn. 140.
[268] *Caspar* S. 360.

Dies kann zB der Fall sein, wenn einzelne Welpen oder sonstige Tierjungen getötet werden müssen, weil das Muttertier nicht alle Jungtiere ohne Schaden großziehen kann. Die Problematik ergibt sich auch, wenn es im Einzelfall aus wirtschaftlichen Gründen nicht mehr möglich ist, den gesamten Tierbestand in einem Zirkus oder Zoo zu halten. Entsprechendes gilt, wenn in einem Tierheim kein Platz mehr besteht, um dort abgegebene, nicht mehr vermittelbare Kampfhunde aufzubewahren.

Diese Fragestellung ist – nach hier vertretener Auffassung – bereits im Rahmen der **112** gesamttatbewertenden vernünftigen Gründe zu behandeln → Rn. 30 ff. Soll die hier erforderliche Güterabwägung indes nach anderer Auffassung zur Systematik des Nr. 1 iRd § 34 StGB erfolgen, ist zunächst festzustellen, dass sowohl das Erhaltungs- als auch das Eingriffsgut jeweils Tiere sind. Da anders als beim menschlichen Leben keine höchstpersönlichen Rechtsgüter betroffen sind, steht dies einer Anwendung des § 34 StGB nicht entgegen. Im Einzelfall wird sich allerdings, wenn nur auf die Tiere als Rechtsgüter abgestellt wird, ein **überwiegendes Interesse** nicht ergeben. Dies lässt sich nur unter Berücksichtigung weiterer schutzwürdiger Rechtsgüter, insbesondere des Aufrechterhaltens eines Betriebs (Eigentum) begründen.[269] Erfahrungsgemäß sind hier vorgebrachte Argumente jedoch in tatsächlicher Hinsicht besonders kritisch zu überprüfen. Insbesondere ist zu hinterfragen, ob die Gefahr nicht durch ein milderes Mittel abwendbar gewesen wäre.

f) Einwilligung. Keine rechtfertigende Wirkung entfaltet die Einwilligung. Das hier zu **113** schützende Rechtsgut der sittlichen Ordnung zwischen Mensch und Tier steht nicht zur Disposition des Einzelnen, dh auch nicht des jeweiligen Tierhalters oder -besitzers.[270] Begründet die Tötung oder Misshandlung des Tieres zugleich eine Sachbeschädigung, kann der jeweilige Eigentümer in dieses Delikt wirksam einwilligen.[271] Auf § 17 kann sich die Einwilligung jedoch auch dann nicht erstrecken.

g) Gesetzliche Zulassungen. Sowohl die Tötung als auch die Misshandlung von Tie- **114** ren können – soweit nicht bereits vernünftige Gründe iS des § 17 Nr. 1 anzunehmen sind – durch **gesetzliche Zulassungen** gerechtfertigt sein (→ Rn. 40). Einschlägige Rechtsgrundlagen ergeben sich, ohne dass hier eine vollständige Aufzählung möglich wäre, aus dem TierSchG, Jagd-, Fischerei-[272] und Tierseuchenrecht.

Das TierSchG sieht **rechtfertigende Befugnisse** insbesondere in § 4a Abs. 2 Nr. 1 (Not- **115** schlachtungen), § 5 Abs. 2 und 3 (betäubungslose Eingriffe), § 6 Abs. 1 S. 2 (ausnahmsweise zugelassene Gewebestörungen),[273] § 7 Abs. 2 iVm. der TierSchVersV (Tierversuche, Eingriffe und Behandlungen zur Aus-, Fort- oder Weiterbildung), § 16a Abs. 1 S. 2 Nr. 2 (Anordnung durch Tierschutzbehörden) vor. §§ 6 Abs. 1a und 8a verlangen, dass die dort genannten Maßnahmen vor ihrer Durchführung gegenüber der zuständigen Behörde angezeigt werden. Nur wenn diese Anzeigepflicht, die eine behördliche Kontrolle ermöglichen soll, erfüllt ist, kann von einer gerechtfertigten Maßnahme ausgegangen werden. Verlangt das Gesetz wie bei den Tierversuchen nach § 8 eine behördliche Genehmigung, ergibt sich die Rechtfertigung nicht aus dem Gesetz selbst, sondern aus der behördlichen Einzelfallentscheidung. In diesem Fall ist § 17 verwaltungsakzessorisch ausgestaltet (→ Rn. 123).

Die weidgerechte **Jagdausübung** wird in § 1 Abs. 1, Abs. 3 und 4 BJagdG garan- **116** tiert.[274] § 22a BJagdG verpflichtet den Jagdausübungsberechtigten, krankgeschossenes Wild vor daraus resultierenden Schmerzen oder Leiden durch sofortige Tötung zu

---

[269] AA Erbs/Kohlhaas/*Metzger* T 35 § 17 Rn. 9. Vgl. zur ähnlich gelagerten Problematik im Umweltstrafrecht SK-StGB/*Schall* StGB § 324 Rn. 72 mwN.
[270] OLG Hamm 27.2.1985 – 4 Ss 16/85, NStZ 1985, 275; OLG Stuttgart 1.3.2010 – 2 Ws 176/09, Die Justiz 2010, 309; *Hirt/Maisack/Moritz* Rn. 8; *Ort/Reckewell* Rn. 141.
[271] OLG Hamm 27.2.1985 – 4 Ss 16/85, NStZ 1985, 275; Lackner/Kühl/*Heger* StGB § 303 Rn. 9; Schönke/Schröder/*Stree/Hecker* StGB § 303 Rn. 22.
[272] Vgl. ausführlicher dazu *Hirt/Maisack/Moritz* Rn. 39.
[273] Vgl. BVerfG 20.6.1994 – 1 BvL 12/94, NVwZ 1994, 894 m. Bespr. von *Kluge* NVwZ 1994, 869.
[274] OVG Münster 30.7.1998 – 20 A 592/96, NuR 1999, 115; vgl. ausführlich dazu, insbesondere zu den aus tierschutzrechtlichen Erwägungen gebotenen Einschränkungen *Hirt/Maisack/Moritz* Rn. 15.

bewahren.[275] Wechselt das krankgeschossene oder schwerkranke Wild in einen anderen Jagdbezirk, unterliegt die Wildfolge länderrechtlichen Regelungen. So verlangt etwa§ 17 LJagdG Baden-Württemberg schriftliche Wildfolgevereinbarungen und sieht weitere detaillierte Vorgaben vor.

117   § 23 BJagdG überlässt den Sonderfall des Tötens **wildernder Hunde und Katzen** länderrechtlichen Regelungen. In Baden-Württemberg ist das Jagd- und Wildtiermanagementgesetz vom 25.11.2014 maßgeblich, das in § 49 Abs. 1 und 2 den jagdausübungsberechtigten Personen nur unter sehr eingeschränkten Voraussetzungen gestattet, wildernde Hunde oder Katzen zu töten.[276] Diese neuen Vorschriften setzen eine Tendenz fort, die bereits in der Rechtsprechung angedeutet war. So prüfte das OLG Karlsruhe bei § 23 BJagdG aF eingehend, ob tatsächlich auf einen wildernden oder des Wildern verdächtigen Hund geschossen wurde.[277] Das Brandenburgische Oberlandesgericht unterstrich, dass die Befugnis zur Tötung eines sich im Jagdrevier frei bewegenden Hundes von einer Gebotenheitsprüfung abhängig ist. Die Tat könne nur dann gerechtfertigt sein, wenn schonendere Möglichkeiten zur Verteidigung des bedrohten Rechtsguts die Gefahr nicht in gleicher Weise zu beseitigen vermögen.[278]

118   Tierschädigende Eingriffe können auch durch Befugnisse des **Infektionsschutzgesetzes** und des **Tierseuchengesetzes** gerechtfertigt sein.[279] Das Tierseuchengesetz erfasst nur Krankheiten und Infektionen mit Krankheitserregern, die bei Tieren auftreten und auf Tiere oder Menschen übertragen werden können. Das Infektionsschutzgesetz betrifft die Fälle möglicher Übertragungen von Krankheitserregern durch Gesundheitsschädlinge (vgl. dazu die Begriffsbestimmung in § 2 Nr. 12 des Gesetzes) auf den Menschen. §§ 17, 18 Infektionsschutzgesetz sowie §§ 17–25 Tierseuchengesetz lassen hier im Einzelnen angeführte erforderliche Maßnahmen zu. Bedeutsam in der Praxis sind die Ratten-, Tauben- und Tollwutbekämpfung.[280] Letztere richtet sich nach der Tollwutverordnung (→ Rn. 43), die beiden anderen Maßnahmen nach den allgemeinen seuchenrechtlichen Regelungen. Vorausgesetzt wird jeweils eine „begründete" Gefahr iS des allgemeinen Polizeirechts, wofür nach herrschender Meinung bereits eine abstrakte Gefahr für die höherrangige menschliche Gesundheit genügt. So wurde zB im Falle einer spezifisch begründeten Gefahr von Krankheitsübertragungen ein vernünftiger Grund zur Bekämpfung von Stadttauben anerkannt,[281] was jedoch ebenso umstritten ist[282] wie die im Vorfeld angesiedelte und in der Rechtsprechung grundsätzlich anerkannte Möglichkeit eines Taubenfütterungsverbots.[283]

119   **h) Rechtsverordnungen.** Auch Gestattungen, die sich aus Rechtsverordnungen ergeben, können rechtfertigend wirken. Als einschlägige Verordnungen kommen hier insbesondere die Tierschutz-Nutztierhaltungsverordnung und die Tierschutz-Hundeverordnung in Betracht.[284] Rechtfertigend wirken diese Verordnungen nur, soweit sie sich im gesetzlich vorgegebenen Rahmen halten und nicht wie die für verfassungswidrig erklärte Hennenhaltungsverordnung darüber hinausgehen.[285]

---

[275] Näher dazu *Ort/Reckewell* Rn. 153.

[276] GBl. S. 550, zul. geänd. am 25.6.2015, GBl. S. 585.

[277] OLG Karlsruhe 5.10.1990 – 1 St 16/90, NJW 1991, 116.

[278] OLG Brandenburg 11.5.2009 – 1 Ss 28/09, BeckRS 2009, 15960.

[279] InfektionsschutzG vom 20.7.2000, BGBl. I S. 1045 (FNA 2126-13); TierseuchenG in der Fassung der Bekanntmachung vom 22.6.2004, BGBl. I S. 1260, ber. S. 3588 (FNA 7831-1).

[280] Vgl. *Ort/Reckewell* Rn. 157 sowie insbesondere auch zur Behandlung weiterer als „Lästlinge" oder „Schädlinge" in Betracht kommender Tierarten *Hirt/Maisack/Moritz* Rn. 50.

[281] VGH Kassel 30.4.2008 – 8 ZU 3006/06, NVwZ-RR 2008, 782. Näher dazu *Wohlfarth* DÖV 1993, 152.

[282] Vgl. insbesondere *Hirt/Maisack/Moritz* Rn. 55 sowie *Schönfelder* NuR 2017, 26.

[283] BVerfG 23.5.1980 – 2 BvR 854/79, BVerfGE 54, 143 = NJW 1980, 2572; VGH Mannheim 27.9.2005 – 1 S. 261/05, NuR 2006, 111; OLG Koblenz. 2.5.2012 – 2 SsBs 114/11, BeckRs 2012, 22942 mwN.

[284] TierSch-HundeV vom 2.5.2001, BGBl. I S. 838 (FNA 7833-3-14) und TierSch-NutztV in der Bekanntmachung der Neufassung vom 22.8.2006, BGBl. I S. 2043 (FNA 7833-3-15); zuletzt geändert am 14.4.2016 BGBl. I S. 758.

[285] Vgl. dazu BVerfG 6.7.1999 – 2 BvF 3/90, NJW 1999, 3253.

Bereits in den 80er Jahren waren zahlreiche strafrechtliche Ermittlungsverfahren wegen **120**
Vergehen der quälerischen Tiermisshandlung durch die **Käfigbatteriehaltung von Legehennen** durchgeführt worden.[286] Die Hennenhaltungsverordnung vom 10.12.1987 sollte
hier Rechtsklarheit schaffen.[287] In ihrem § 2 Nr. 2 sah sie vor, dass für jede Henne eine
uneingeschränkt benutzbare Käfigbodenfläche von mindestens 450 cm² vorhanden sein
musste. Das BVerfG gab einem Normenkontrollantrag des Landes Nordrhein-Westfalen
statt und erklärte diese Verordnung im Hinblick auf § 2 Nr. 1 für nichtig.[288] Begründet
wurde dies ua mit dem Vergleich der durchschnittlichen Masse einer leichten Legehenne
mit der vorgesehenen Käfigbodenfläche. Danach würde den Hennen nicht einmal ein unge-
störtes gleichzeitiges Ruhen ermöglicht. Auch könnten sie bei einer Futtertroglänge von
nur 10 cm ihre Nahrung nicht gleichzeitig aufnehmen. Dies sei nicht artgemäß. Damit
habe sich der Verordnungsgeber über den durch § 2a iVm §§ 1, 2 Nr. 1 und 2 vorgegebenen
Rahmen hinweggesetzt.[289]

Die Anforderungen an das Halten von Legehennen wurden im Hinblick auf diese Ent- **121**
scheidung in der 1. Verordnung zur Änderung der **Tierschutz-Nutztierhaltungsverordnung** vom 28.2.2002 erstmals neu festgelegt und am 1.8.2006 in der 2. Verordnung zur
Änderung dieser Verordnung umfassend neu bestimmt.[290] Abschnitt 3 der am 22.8.2006
bekannt gemachten Neufassung der Verordnung enthält detaillierte Vorgaben für die Hal-
tungseinrichtungen. Gemäß § 13 Abs. 2 der Verordnung müssen diese so ausgestaltet sein,
dass Legehennen sich ihrer Art und ihren Bedürfnissen entsprechend angemessen bewegen
können und artgemäß fressen, trinken, ruhen, staubbaden sowie ein Nest aufsuchen können.
Dabei wurden in § 13b der VO auch besondere Anforderungen für die Kleingruppenhaltung
statuiert. Mit der 3. und 4. Verordnung zur Änderung der TierSch- NutztV vom 30.11.2006
und vom 1.10.2009 wurden die für die Legehennenhaltung maßgeblichen Übergangsvorschriften in § 33 Abs. 3 und 4 der Verordnung (nun § 38 Abs. 3 und 4) – auch für Altanlagen
verbindlich – geregelt.[291] Da die Tierschutzkommission beim Erlass der Übergangsregelun-
gen nicht in der von § 16b Abs. 1 S. 2 geforderten Weise angehört worden war, wurden
die Normen (einschließlich § 13b der VO) vom BVerfG am 12.10.2010 wegen Verletzung
des Art. 20a GG für verfassungswidrig erklärt.[292] Die Bestimmungen sollten jedoch bis
31.3.2012 anwendbar bleiben. Eine Neuregelung ist allerdings zunächst nicht erfolgt, dh
§ 13b der VO ist ersatzlos außer Kraft getreten. Neue Kleingruppenhaltungen waren danach
nicht mehr zulässig. Die bestehenden Einrichtungen waren nach § 2 und §§ 3, 4, 13 Tier-
SchNutztV zu beurteilen.[293] Erst am 14.4.2016 wurde die 6. Verordnung zur Änderung
der TierSchNutztV erlassen, die in §§ 13, 13a besondere Anforderungen an die Haltungsein-
richtungen für Legehennen vorschreibt. Für bestehende Altanlagen werden in § 45 Abs. 3
und 4 Übergangsfristen eingeräumt.[294] Weitere Änderungen der TierSchNutztV werden
derzeit diskutiert. Es sollen besondere Anforderungen an das Halten von Legehennen-
Elterntieren und von Junghennen festgelegt werden.[295]

---

[286] Vgl. BGH 18.2.1987 – 2 StR 159/86, NJW 1987, 1833 mAnm *Lorz* NStZ 1987, 511 und *von Loeper*
NStZ 1987, 512; OLG Düsseldorf 25.10.1979 – 5 Ss 461/79 I, NJW 1980, 411; OLG Frankfurt a. M.
12.4.1979 – 4 Ws 22/79, NJW 1980, 409 mAnm *von Loeper* NJW 1980, 409 OLG Frankfurt a. M. 14.9.1984 –
5 Ws 2/84, NStZ 1985, 130.
[287] BGBl. I S. 2622.
[288] BVerfG 6.7.1999 – 2 BvF 3/90, NJW 1999, 3253; bereits zuvor kritisch zu dieser VO *Erbel* DÖV
1989, 338; *Maisack* NVwZ 1997, 761.
[289] Vgl. zu dieser Entscheidung ua *Caspar/Cirsovius* NuR 2002, 22; *von Loeper* DÖV 2001, 370; *Maisack*
ZRP 2001, 1998; *Roellecke* NJW 1999, 3245; *Schindler* NStZ 2001, 124; *Tillmanns* NVwZ 2002, 1466.
[290] Vgl. die Bekanntmachung der Neufassung der Tierschutz-Nutztierhaltungsverordnung vom 22.8.2006,
BGBl. I S. 2043 (FNA 7833-3-15).
[291] Vgl. dazu BVerwG 23.10.2008 –7 C 48/07, NVwZ 2009, 650; 23.10.2008 –7 C 4/08, NVwZ 2009,
647; 30.4.2009 – 7 C 14/08, NVwZ 2009, 1441; BVerfG 14.1.2010 – 1 BvR 1627/09, NVwZ 2010, 771.
[292] BVerfG 12.10.2010 – 2 BvF 1/07, NVwZ 2011, 289 (2. Entscheidung zur Legehennenhaltung). Vgl.
dazu *Ketterer* NuR 2011, 417.
[293] Ausführlich dazu *Hirt/Maisack/Moritz* TierSchNutztV Vor §§ 12–15 Rn. 13.
[294] BGBl. I S. 758.
[295] BR-Drs. 403/16.

122   **i) Verordnungen der EU.** Einschlägige Verordnungen der EU, aus denen sich unmittelbar rechtfertigend wirkende Gestattungen ableiten ließen, liegen bislang nicht vor. Aus umgesetzten **Richtlinien** (→ Rn. 21) sind insbesondere die Bestimmungen in der TierSchNutztV zu beachten.

123   **j) Behördliche Genehmigungen.** Insbesondere für Tierversuche (vgl. § 8 Abs. 1[296]), aber auch für das Schächten (§ 4a Abs. 2 Nr. 2) und für bestimmte Teilamputationen (§ 6 Abs. 3) kann sich eine Rechtfertigung aus einer behördlichen Genehmigung bzw. Erlaubnis ergeben. Ebenfalls rechtfertigend können Anordnungen wirken, die von der zuständigen Behörde gemäß § 16a Abs. 1 S. 2 Nr. 2 zur Beseitigung festgestellter oder zur Verhütung künftiger tierschutzrechtlicher Verstöße getroffen werden, zB die Anordnung, das Tier unter Vermeidung von Schmerzen töten zu lassen. Dabei ist entsprechend der hL zur Verwaltungsakzessorietät nicht auf die materiell-rechtliche Richtigkeit, sondern die verwaltungsrechtliche Wirksamkeit der Genehmigung abzustellen.[297] Hinsichtlich etwaiger Abweichungen bei materiell-rechtswidrigen, nichtigen oder rechtsmissbräuchlich erlangten Genehmigungen sind die zum Umweltstrafrecht entwickelten Grundsätze heranzuziehen, nicht jedoch die auf den 29. Abschnitt des StGB begrenzte Missbrauchsklausel des § 330d Abs. 1 Nr. 5 StGB.[298]

124   Im Zusammenhang mit der Käfigbatteriehaltung von Legehennen ist die **tierschutzrechtliche Reichweite immissionsschutzrechtlicher Genehmigungen** in die Diskussion geraten. Vor Inkrafttreten der 1. Verordnung zur Änderung der TierSchNutztV war fraglich, ob sich der Betreiber derartiger Massentierhaltungen zumindest für eine Übergangszeit auf zuvor erteilte bestandskräftige immissionsschutzrechtliche Genehmigungen berufen konnte, in denen noch Haltungsbedingungen entsprechend der Hennenhaltungsverordnung zugebilligt wurden. Inzwischen wurde verwaltungs- und verfassungsgerichtlich geklärt, dass die TierSchNutztV auch für bereits zugelassene Anlagen zur Haltung von Legehennen gilt.[299] Eine Anpassung immissionsschutzrechtlich genehmigter Anlagen durch eine konkretisierende behördliche Anordnung ist nicht erforderlich. Vielmehr gilt die konkrete Rechtsvorschrift der TierSchNutztV unmittelbar.[300]

125   **k) Behördliche Duldung.** Eng mit der Rechtfertigung durch behördliche Genehmigungen verknüpft ist die Frage der Auswirkungen einer behördlichen Duldung. Ihr kann bezogen auf den Tatbestand des § 17 Nr. 2 TierSchG in der Regel keine rechtfertigende Wirkung zukommen.[301] Im Gegensatz zu den Tatbeständen der §§ 324 ff. StGB, bei denen dies durch die Begriffe „unbefugt", „unter Verletzung verwaltungsrechtlicher Pflichten", ua zum Ausdruck kommt, hat der Straftatbestand des § 17 eine vom Verhalten der Verwaltungsbehörde unabhängige Existenz. Nur in Ausnahmefällen, wie bei Tierversuchen, kann eine behördliche Genehmigung und somit auch eine Duldung relevant werden. Grundsätzlich aber steht das hier geschützte Rechtsgut nicht zur behördlichen Disposition.

126   **l) Gefahrenabwehr.** Wie die bereits oben erläuterten seuchenrechtlichen Abwehrmaßnahmen (→ Rn. 118) können auch weitere nach dem Polizeirecht zugelassene Maßnahmen **zur Abwehr einer Gefahr** gerechtfertigt sein, die von einem Tier, zB einer Giftschlange, einem Kampfhund, oÄ ausgeht.[302] Nachdem § 143 StGB im April 2006 insgesamt aufgehoben

---

[296] Vgl. dazu BVerwG 20.1.2014 – 3 B 29/13, NVwZ 2014, 450.
[297] Lackner/Kühl/*Heger* StGB § 324 Rn. 10; Schönke/Schröder/*Heine/Hecker* StGB Vor §§ 324 ff. Rn. 16a ff. jeweils mwN.
[298] Vgl. zu dieser Beschränkung ua *Paetzold* NStZ 1996, 170; *Weber* FS Hirsch, 1999, 795.
[299] BVerwG 23.10.2008 – 7 C 48/07, NVwZ 2009, 650; 23.10.2008 – 7 C 4/08, NVwZ 2009, 647; 30.4.2009 –7 C 14/08, NVwZ 2009, 1441.
[300] BVerfG 14.1.2010 – 1 BvR 1627/09, NVwZ 2010, 771; OVG Lüneburg 19.12.2013 – 12 LA 72/13, NuR 2014, 432; so auch BVerwG 8.11.2016 – 3 B 11/16, NVwZ 2017, 404 bezüglich § 24 Abs. 4 Nr. 2 TierSchNutztV (Kastenstände bei der Schweinehaltung); bespr. von *Felde* NVwZ 2017, 368.
[301] OLG Celle 12.1.1993 – 1 Ss 297/92, NStZ 1993, 291; OLG Frankfurt a. M. 14.9.1984 –5 Ws 2/84, NStZ 1985, 130; ebenso Lorz/*Metzger* Rn. 15.
[302] Ort/*Reckewell* § 17 Rn. 143.

wurde,[303] ist im Zusammenhang mit gefährlichen Hunden nur noch das Hundeverbringungs- und -einführungsgesetz als bundesrechtliche Regelung zu beachten, das in § 5 einen eigenständigen Straftatbestand des unerlaubten Verbringens und Einführens bestimmter Hunde enthält sowie in § 7 eine Einziehung derartiger Hunde vorsieht.[304] Aus dieser Einziehungsmöglichkeit lässt sich jedoch kein darüber hinausgehendes Recht zur Tötung eingezogener und nicht mehr vermittelbarer Hunde ableiten. Hier ist § 16a Abs. 1 S. 2 Nr. 2 TierSchG einschlägig, der eine entsprechende Entscheidung der Verwaltungsbehörde verlangt, die sich als Konkretisierung des vernünftigen Grundes und als § 34 StGB vorausgehende Interessenabwägung darstellt.[305] Ergänzt werden die Bestimmungen durch Gesetze und Rechtsverordnungen der Bundesländer, die bei einer vermuteten oder tatsächlichen Gefährlichkeit des einzelnen Hundes verschiedene Rechtsfolgen wie die Umzäunung, den Maulkorbzwang, Haltungsverbote und im äußersten Fall auch die Wegnahme und Tötung des Tieres vorsehen.[306]

m) Handlungen der Fürsorge im Interesse des Tieres. Zweifelhaft erscheint, ob **127** auch eine bislang nur in der Literatur diskutierte allgemeine Rechtfertigung für Handlungen der Fürsorge im Interesse des Tieres anzunehmen ist, und zwar insbesondere beim Tätigwerden zur Verhinderung weiterer Leiden des Tieres.[307] Die hier denkbaren Fallgestaltungen sind bereits durch die oben genannten gesetzlichen Zulassungen → Rn. 40) bzw. das gesamttatbewertende Merkmal des vernünftigen Grundes (→ Rn. 44) „abgedeckt". Ein ausdrücklicher zusätzlicher Rechtfertigungsgrund ist daher, zumindest so lange kein zusätzlicher Regelungsbedarf offenkundig wird, nicht erforderlich.

n) Zwangsvollstreckungsrechtliche Maßnahmen. Ob zwangsvollstreckungsrechtli- **128** che Maßnahmen letztlich eine Tiertötung rechtfertigen können, ist umstritten.[308] Nach Ansicht des OLG Karlsruhe sind Tiere keine Sachen iSd § 885 Abs. 3 und 4 ZPO und „passen" auch nicht in das System dieser Vorschriften.[309] Im Fall einer Zwangsräumung, bei der es dem Schuldner unmöglich sei, die Tiere mitzunehmen, obliege es zunächst den Ordnungs- und Polizeibehörden im Wege der Gefahrenabwehr tätig zu werden. Ein Vorgehen des Gerichtsvollziehers nach § 885 Abs. 3 und 4 ZPO sei nicht gerechtfertigt. Damit aber ist noch nicht entschieden, wie es sich verhält, wenn sich bei einer anstehenden Zwangsräumung weder der Schuldner – trotz seiner ihm als Halter über §§ 17, 18 auch straf- und bußgeldrechtlich obliegenden Pflichten – noch die Ordnungs- oder gemäß § 15 zuständige Behörde um den Verbleib der Tiere kümmert.[310] In einem solchen (außergewöhnlichen) Fall hat der Gerichtsvollzieher – entgegen dem OLG Karlsruhe – die Tiere gem. § 885 Abs. 3 und 4 ZPO in Verwahrung zu bringen und zu verwerten. Ist dies nicht möglich, kann sich aus § 885 Abs. 4 S. 2 ZPO ein vernünftiger Grund iSd § 17 Nr. 1 ergeben.[311]

o) Auswirkungen der Staatszielbestimmung im Tierschutz. Die Aufnahme der **129** Staatszielbestimmung Tierschutz in Art. 20a GG wirkt sich auch bei den Rechtfertigungsgründen aus (→ Rn. 20). Während bei der Ausübung unbeschränkter Grundrechte (Art. 4, 5 Abs. 3 GG) diese idR den grundrechtlich nicht geschützten Tierrechten vorgingen und etwa die Misshandlung eines Vogels im Rahmen einer „Performance" als gerechtfertigt angesehen wurde,[312] bedürfen diese Fälle nun einer anderen Interessen- und Rechtsgüterab-

---

[303] Vgl. dazu die 2. Aufl., Rn. 122 mwN.

[304] HundeverbrEinfG vom 12.4.2001, BGBl. I S. 530 (FNA 7824-6).

[305] So auch *Ort/Reckewell* Rn. 144.

[306] Ausführlicher dazu *Hirt/Maisack/Moritz* TierschutzHundeV Einf. Rn. 3 ff.

[307] So Lorz/*Metzger* Rn. 18.

[308] Vgl. dazu ua *Ort/Reckewell* Rn. 144a; Zöller/*Stöber*, Zivilprozessordnung, 31. Aufl. 2016, ZPO § 885 Rn. 19 mwN.

[309] OLG Karlsruhe 4.12.1996 – 14 W 64/96, NJW 1997, 1789.

[310] Zutreffend kritisch *Braun* JZ 1997, 576.

[311] So im Ergebnis auch Lorz/*Metzger* § 1 Anh. Rn. 96; Zöller/*Stöber*, Zivilprozessordnung, 31. Aufl. 2016, ZPO § 885 Rn. 19; aA *Hirt/Maisack/Moritz* Rn. 82.

[312] AG Kassel 5.10.1990 – 99 OWi 626 Js 15 932.8/90, NStZ 1991, 443 mAnm von *Selk* NStZ 1991, 443; andere Gewichtung bei LG Köln 2.2.1989 – 104 Qs 2/89, NuR 1991, 42.

wägung. Auch bei schrankenlos gewährleisteten Grundrechten ist eine Abwägung mit den Interessen des Tierschutzes und ein Ausgleich im Wege der praktischen Konkordanz vorzunehmen.[313] Ein unbeschränkter Vorrang der Grundrechte und eine daraus ableitbare Rechtfertigung von Tiermisshandlungen lässt sich im Hinblick auf Art. 20a GG nicht mehr begründen.

130   Allerdings soll es die Aufnahme des Tierschutzes als Staatsziel nicht ausschließen, dass einem muslimischen Metzger nach § 4a Abs. 2 Nr. 2 eine Ausnahmegenehmigung zum betäubungslosen Schlachten **(Schächten)** von Rindern und Schafen erteilt wird, damit er seine Kunden entsprechend ihrer Glaubensüberzeugung mit Fleisch versorgen kann. Auf der Grundlage von § 4a Abs. 2 Nr. 2 soll der erforderliche Ausgleich zwischen dem zur Staatszielbestimmung erhobenen Tierschutz und den betroffenen Grundrechten weiterhin so hergestellt werden, dass beide Wirkung entfalten können.[314]

131   **6. Schuld- und Irrtumsfragen. a) Schuldausschließungsgründe.** Hinsichtlich der Schuldausschließungsgründe der Schuldunfähigkeit (§ 20 StGB) und des entschuldigenden Notstands (§ 34 StGB) gelten keine Besonderheiten. In der Justizpraxis ist allerdings festzustellen, dass Vergehen nach § 17 nicht selten von Personen mit seelischen Störungen begangen werden. Dies gilt insbesondere für Fälle der Zoophilie, aber auch für rohe, oft durch starke Trunkenheit bedingte Misshandlungen.

132   **b) Irrtum über das Vorliegen der Tatumstände.** Fehlvorstellungen über das Vorliegen der Tatumstände, die zum gesetzlichen Tatbestand des Nr. 1 oder Nr. 2 gehören, führen gem. § 16 Abs. 1 S. 1 StGB zum **Vorsatzausschluss.** So verhält es sich zB, wenn der Täter meint, das Tier, an dem sich sein Hund zu schaffen macht, sei bereits tot.[315] Verwechselt der Täter das Angriffsobjekt mit einem gleichwertigen anderen (error in persona vel in objecto), betrifft dies keinen Tatumstand iS des § 16 Abs. 1 S. 1 StGB und bleibt als Fehlvorstellung unbeachtlich. Dies gilt etwa, wenn sich ein Garteninhaber über in einem Gebüsch befindliche laute Spatzen ärgert, auf diese schießt und tatsächlich eine dort stöbernde Katze trifft.[316]

133   Fehlvorstellungen über die Tatbestandsmerkmale **„länger anhaltende oder sich wiederholende erhebliche Schmerzen oder Leiden“** werden in der Rechtsprechung bislang nicht einheitlich behandelt. Während das OLG Frankfurt a. M. (ohne dies näher auszuführen) pauschal gem. § 16 Abs. 1 StGB den Vorsatz entfallen lassen will, geht das OLG Düsseldorf davon aus, dass es sich um ein normatives Tatbestandsmerkmal handle, zu dessen Erfüllung es ausreiche, wenn es der Täter in seiner, in der gesetzlichen Bezeichnung zum Ausdruck kommenden sozialen Sinnbedeutung kenne und daher zwar rechtlich nicht genau, aber in der Laiensphäre parallel richtig werte.[317] Tatsächlich ist zu differenzieren: Fehlt dem Täter die erforderliche Tatsachen- und Bedeutungskenntnis des Sachverhalts, liegt ein nach § 16 Abs. 1 StGB zu behandelnder Irrtum vor. Unterstellt der Täter bei gegebener Tatsachen- und Bedeutungskenntnis den Sachverhalt nicht den einschlägigen Gesetzesbegriffen, weil er diese zu eng auslegt, kommt § 17 StGB zur Anwendung.[318]

134   **c) Irrtum über vernünftigen Grund.** Beim Irrtum über das gesamttatbewertende Merkmal ohne vernünftigen Grund iS der Nr. 1 ist entsprechend zu unterscheiden: Eine Fehlvorstellung über die Umstände, aus denen sich ein vernünftiger Grund ableiten lässt, ist gem. § 16 Abs. 1 StGB zu behandeln. Der Irrtum über die rechtliche Bewertung, ob

---

[313] So KG 24.7.2009 – (4) 1 Ss 235/09, NStZ 2010, 175.

[314] BVerwG 23.11.2006 – 3 C 30.05, NVwZ 2007, 461; kritisch dazu *Cirsovius* NuR 2008, 237 („ungewollte Aufwertung des islamischen Fundamentalismus") sowie Erbs/Kohlhaas/*Metzger* T 95 § 4a Rn. 17, der ein größeres und kritischeres Engagement der Tierschutzbehörden in dieser Frage fordert.

[315] Lorz/*Metzger* Rn. 8.

[316] *Ort/Reckewell* Rn. 127.

[317] OLG Düsseldorf 25.10.1979 – 5 Ss 461/79 I, NJW 1980, 411; OLG Frankfurt a. M. 12.4.1979 – 4 Ws 22/79, NJW 1980, 409 mAnm *von Loeper* NJW 1980, 409; OLG Frankfurt a. M. 14.9.1984 – 5 Ws 2/84, NStZ 1985, 130.

[318] *Greven* S. 58.

ein erkanntes Verhalten einen vernünftigen Grund darstellt, folgt hingegen den Regeln über den Verbotsirrtum.[319]

d) Irrtum über Rechtfertigungsgründe. Fehlvorstellungen über die oa Rechtferti- 135 gungsgründe sind gem. der eingeschränkten Schuldtheorie zu behandeln. Dies gilt auch, wenn das Merkmal ohne vernünftigen Grund iS der Nr. 1 (abweichend von der hier vertretenen Ansicht) als Rechtfertigungsgrund angesehen wird.[320]

§ 17 StGB kommt daher zur Anwendung, wenn ein Jäger meint, er dürfe Hunde, die 136 vorher unbeaufsichtigt in einem Jagdrevier Wild aufgescheucht hatten, anschließend im Garten eines fremden, umzäunten Wohngrundstücks erschießen, um einer erneuten Verfolgung des Wildes vorzubeugen.[321] Ebenfalls einen **Verbotsirrtum** kann es begründen, wenn der Täter einem unterlassenen behördlichen Einschreiten fälschlicherweise den Charakter einer rechtfertigenden behördlichen Duldung beimisst.[322] Entsprechendes gilt, wenn der Täter auf Grund einer uneinheitlichen Genehmigungspraxis der Behörden einen für ihn günstigen Vertrauenstatbestand behauptet, zB davon ausgeht, mangels entsprechender Untersagungen sei die Lebendhälterung gefangener Fische in Setzkeschern zulässig.[323]

e) Gebotsirrtum. § 17 StGB kommt darüber hinaus zur Anwendung, wenn sich der 137 Täter über eine ihm beim Unterlassensdelikt obliegende Handlungspflicht als solche irrt (Gebotsirrtum). Dies betrifft etwa die Fälle, in denen ein Jäger die gebotene Nachschau bei angeschossenem Wild in Unkenntnis der Rechtspflicht des § 22a BJagdG nicht vornimmt.[324]

f) Vermeidbarkeit des Verbotsirrtums. Für die Vermeidbarkeit des Verbotsirrtums 138 gelten die allgemeinen Grundsätze. Ein maßgebliches Kriterium ist dabei die bereits ergangene einschlägige Rechtsprechung. Deshalb sah etwa das OLG Frankfurt a. M. eine Fehlvorstellung über die Tatbestandserfüllung bei der Käfighaltung von Legehennen im Jahr 1984 als vermeidbar an, nachdem dasselbe Gericht bereits 1980 einen entsprechenden Verstoß festgestellt hatte.[325] Wesentlich ist auch, ob der Täter unabhängigen Rechtsrat eingeholt hat.[326] Dabei darf er allerdings auf Rechtsauskünfte von (Interessen-)Verbänden, die von der Rechtsprechung abweichen, nicht vertrauen, so dass ein darauf beruhender Irrtum vermeidbar sein kann.[327] Auf einen anwaltlichen Rat darf sich der Beschuldigte hingegen verlassen, wenn die Auskunft vertrauenswürdig, also der Berater zutreffend informiert ist, objektiv und sachkundig erscheint, die Sach- und Rechtslage pflichtgemäß geprüft und sich in verbindlicher Weise geäußert hat.[328] Der Irrtum, Tiertötungen könnten zu künstlerischen Zwecken gerechtfertigt sein, wurde nach Einführung des Art. 20a GG als (durch die Einholung von Rechtsrat) vermeidbar angesehen.[329] Demgegenüber wurde die Fehlvorstellung, der auf § 23 BJagdG beruhende § 40 BbgJagdG verlange bei der Tötung eines im Jagdrevier streunenden Hundes keine Gebotenheitsprüfung, wegen des Wortlauts der Norm als unvermeidbar angesehen.[330] Auch dürfte die (Fehl-)Vorstellung, die Ausbildung von Jagdhunden hinter der lebenden Ente erfolge trotz § 3 Nr. 7 und § 3 Nr. 8 nicht ohne vernünftigen Grund, im Hinblick auf die insoweit uneinheitliche Rechtsprechung (noch) unvermeidbar sein (→ Rn. 89).[331]

---

[319] Ebenso Schönke/Schröder/*Eisele* StGB Vor § 13 Rn. 66; *Roxin* AT/I § 10 Rn. 50; *Röckle* S. 138.

[320] Vgl. *Ort/Reckewell* Rn. 131.

[321] BayObLG 25.6.1991 – RReg. 4 St 124/90, NJW 1992, 3206.

[322] OLG Celle 12.1.1993 – 1 Ss 297/92, NStZ 1993, 291; OLG Frankfurt a. M. 14.9.1984 – 5 Ws 2/84, NStZ 1985, 130.

[323] OLG Düsseldorf 20.4.1993 – 5 Ss 171/92, NStZ 1994, 43; *Bünningmann* NuR 2014, 176.

[324] OLG Karlsruhe 5.10.1990 – 1 St 16/90, NJW 1991, 116.

[325] OLG Frankfurt a. M. 14.9.1984 – 5 Ws 2/84, NStZ 1985, 130.

[326] Vgl. etwa OLG Naumburg 28.6.2011 – 2 Ss 82/11, BeckRS 2011, 25165.

[327] OLG Düsseldorf 20.4.1993 – 5 Ss 171/92, NStZ 1994, 43.

[328] OLG Schleswig 14.12.2007 – 2 Ss OWi 44/07, NStZ-RR 2008, 24 zum Irrtum über die Reichweite des tierschutzrechtlichen Auskunfts- und Betretungsrechts der Behörde.

[329] KG 24.7.2009 – (4) 1 Ss 235/09, NStZ 2010, 175.

[330] OLG Brandenburg 11.5.2009 – 1 Ss 28/09, BeckRS 2009, 15960.

[331] AA Lorz/*Metzger* § 3 Rn. 60: „kaum mehr unvermeidbar"; *Ort/Reckewell* Rn. 131: vermeidbare Fehlvorstellung.

139   **7. Versuch.** Der Versuch eines Vergehens nach § 17 ist nicht unter Strafe gestellt (§ 22 Abs. 1 StGB).[332] Gestaltet sich der Versuch der Tiertötung als rohe Tiermisshandlung oder werden durch den Versuch länger anhaltende Schmerzen oder Leiden verursacht, kommt Nr. 2 zur Anwendung. Ist dies nicht der Fall und führt der solcher Versuch „nur" zu erheblichen Schädigungen, kommen Ordnungswidrigkeiten nach § 18 Abs. 1 Nr. 1 oder Abs. 2 in Betracht. Soll ein Tier vorsätzlich geschädigt oder zerstört werden, das einer anderen Person gehört, kann jedoch eine (strafbewehrte) versuchte Sachbeschädigung nach § 303 Abs. 1 und 2 StGB vorliegen (→ Rn. 160). § 90a BGB steht dem nicht entgegen, da der Gesetzgeber mit Einführung dieser Vorschrift den strafrechtlichen Schutz von Tieren nicht verkürzen wollte (→ Rn. 157).

140   **8. Täterschaft und Teilnahme.** Hier gelten die **allgemeinen Grundsätze der §§ 25 ff. StGB.** Bei § 17 Nr. 2a ist zu berücksichtigen, dass die rohe Misshandlung die Einstellung des Täters zur Tat charakterisiert, also als täterbezogenes Merkmal iS des § 28 Abs. 1 StGB anzusehen ist.[333] Liegt es bei einem Beteiligten nicht vor, kann er nicht Täter, sondern nur Teilnehmer eines Vergehens nach § 17 Nr. 2a sein. Die nach §§ 28 Abs. 1, 49 StGB obligatorische Strafmilderung ist dann zu berücksichtigen. Nr. 1 und Nr. 2b enthalten demgegenüber tatbezogene Merkmale. Hier kommen die allgemeinen Grundsätze der Akzessorietät zur Anwendung.

141   Zur Frage, ob und unter welchen Voraussetzungen sich eine **Strafbarkeit des Tierschutzbeauftragten** (vgl. § 10; § 5 TierSchVersV) bei rechtswidrigen Tierversuchen ergeben kann, liegen – soweit ersichtlich – keine obergerichtlichen Entscheidungen vor. In der Literatur wird eine generelle strafrechtliche Haftung des Tierschutzbeauftragten abgelehnt, jedoch für den Einzelfall in Betracht gezogen, bei dem der durch eine andere Person begangene Verstoß mitursächlich darauf zurückzuführen ist, dass der Tierschutzbeauftragte seine Pflichten nach § 5 Abs. 4 TierSchVersV verletzt hat.[334] Da die Figur des Tierschutzbeauftragten jener des Umweltschutzbeauftragten nachempfunden ist, sind die dort entwickelten Grundsätze zur strafrechtlichen Haftung sinngemäß zu übernehmen.[335]

142   **9. Konkurrenzen.** Der strafrechtlichen Konkurrenzlehre wurde bei Vergehen nach § 17 in Rechtsprechung und Lehre bislang keine besondere Bedeutung beigemessen.[336] Dabei können nach dem faktischen Wegfall der fortgesetzten Handlung in der Praxis doch einige Zweifelsfälle auftreten:

143   Ein der Konkurrenzfrage vorausgehendes Problem ist zunächst die in tatsächlicher Hinsicht hinreichende **Individualisierung und Konkretisierung der einzelnen Taten.** Dies gestaltet sich insbesondere bei quälerischen Massentierhaltungen als schwierig. Hier sind Feststellungen dazu erforderlich, wie viele und welche Tiere über einen längeren Zeitraum während (länger anhaltende) Schmerzen oder Leiden erlitten haben. Nicht zulässig ist es, von der Erkrankung eines Tieres einer Herde auf entsprechende Misshandlungen der anderen Tiere derselben Herde zurückzuschließen. So ist es nicht zwingend, dass bei einer Herde von 200 Schafen, von denen 20 nachweislich an Moderhinke erkrankt sind, auch alle anderen Tiere entsprechend leiden. Können im Tatsächlichen derartige konkrete Feststellungen getroffen werden, gilt Folgendes:

144   Beim **Zusammentreffen von Nr. 1 und Nr. 2** sowie von Nr. 2a und Nr. 2b liegt jeweils Idealkonkurrenz vor. Einer Gesetzeskonkurrenz der Nr. 2 gegenüber Nr. 1 steht entgegen, dass, wie sich aus §§ 4, 4a ergibt, eine Tiertötung weder roh erfolgen noch mit erheblich länger anhaltenden Schmerzen oder Leiden verbunden sein muss.[337] Dieser zusätzliche Unwertgehalt der Nr. 2 muss auch bei der Strafbemessung zum Ausdruck kommen.

---

[332] Vgl. zu entsprechenden Reformforderungen Rn. 168.
[333] *Ort/Reckewell* Rn. 98; *Wiegand* S. 54.
[334] *Hirt/Maisack/Moritz* TierSchVersV § 5 Rn. 18; *Rossi* NuR 2016, 733.
[335] Vgl. ausführlich *Schall* FS Amelung, 2009, 287 sowie *Böse* NStZ 2003, 636.
[336] So zutreffend *Ort/Reckewell* Rn. 190 ff.
[337] *Greven* S. 61; *Ort/Reckewell* Rn. 190.

Wird ein Tier in zeitlich getrennten Abständen immer wieder auf Grund eines **neuen**   145
Entschlusses roh misshandelt, liegen realkonkurrierend selbstständige Taten des Nr. 2a
vor. Dies kann zB dann der Fall sein, wenn ein Teletaktgerät bei jeder tatsächlichen oder
vermeintlichen „Ungezogenheit" eines Hundes im Übermaß betätigt wird. Entsprechende
Überlegungen gelten, wenn auf Grund eines jeweils neuen Entschlusses des Täters neue
länger anhaltende erhebliche Schmerzen oder Leiden durch jeweils neue Handlungen verursacht werden. Nur eine Tat iS der Nr. 2b liegt dagegen vor, wenn es auf Grund zumindest
zweier Handlungen oder Unterlassungen zu sich wiederholenden erheblichen Schmerzen
oder Leiden kommt. In diesem Fall setzt die Tatbestandserfüllung als solche bereits den
wiederholten Eintritt von Schmerzen oder Leiden voraus.

Gehen die Schmerzen oder Leiden iSd Nr. 2b auf eine einzige Willensbetätigung zurück,   146
liegt **nur eine Tat** vor.[338] Ebenfalls als eine Tat iS einer natürlichen Handlungseinheit ist
es anzusehen, wenn mehrere Tiere, vor allem im Bereich der Massentierhaltung, durch eine
Handlung oder Unterlassung getötet oder gequält werden. Dies gilt etwa, wenn zwei oder
mehr Hunde in übermäßiger Hitze in einem Pkw gehalten werden und infolgedessen
sterben.[339] Werden die Schmerzen oder Leiden oder gar der Tod mehrerer Tiere durch eine
pflichtwidrige Unterlassung verursacht, gilt Entsprechendes. Auch hier ist eine natürliche
Handlungseinheit (Unterlassungseinheit) anzunehmen.[340]

Zu **anderen Tatbeständen** gelten folgende Konkurrenzverhältnisse: Mit **§ 303 StGB**   147
besteht, wenn beide Tatbestände erfüllt sind, Tateinheit.[341] Ein Vorrang des § 17 in den
Fällen, in denen der Angriff vornehmlich dem Tier und nicht dem Eigentumsanspruch des
Tierhalters gilt, ist nicht anzunehmen.[342] Dies hätte sonst zur Folge, dass das uU kaum
feststellbare Tatmotiv nur zur Lösung der Konkurrenzfrage erforscht werden müsste. § 303
StGB allein kommt zur Anwendung, wenn ein Tier ohne Zufügen von Schmerzen und
Leiden beschädigt, dh etwa grob verunstaltet wird. Ebenso nur über § 303 StGB lässt sich
eine Versuchsstrafbarkeit begründen.

Im Verhältnis zu jagdrechtlichen Bestimmungen besteht kein genereller Vorrang des   148
BJagdG gegenüber den Vorschriften des Artenschutzes im BNatSchG und dem
TierSchG.[343] Zu § 38 BJagdG und § 292 StGB besteht Tateinheit. Dies gilt auch im besonders schweren Fall der **Wilderei** in nicht weidmännischer Weise (§ 292 Abs. 2 Nr. 2 StGB),
da diese Tat nicht in jedem Fall eine Tötung oder rohe bzw. quälerische Misshandlung
eines Tieres voraussetzt.[344] Diese besonderen Folgen sollten trotz des geringeren Strafrahmens durch eine tateinheitliche Verurteilung nach § 17 zum Ausdruck kommen. Hinsichtlich § 293 StGB gelten entsprechende Überlegungen. Vergehen nach §§ 71, 71a BNatSchG
sind ebenfalls tateinheitlich zu ahnden.[345] Dies gilt schließlich auch für etwaige **Umweltdelikte**, die mit § 17 einhergehen können, insbesondere §§ 330 Abs. 1 Nr. 3 und 329 Abs. 3
Nr. 6 StGB, die gerade auf eine Schädigung von Tieren abstellen. Auch andere Umweltdelikte, insbesondere § 324 StGB (Gewässerverunreinigung mit Fischsterben) und §§ 324a,
326 Abs. 1 Nr. 4 StGB können zu § 17 in Tateinheit stehen.

10. Räumlicher Geltungsbereich. § 17 ist für Taten anwendbar, die im Inland oder   149
auf deutschen Schiffen und Luftfahrzeugen (Tiertransport!) begangen werden (§§ 3, 4 StGB).
Für **Auslandstaten** ist § 7 Abs. 2 StGB maßgeblich. Praktisch relevante Erweiterungen des
so beschränkten Geltungsbereichs lassen sich über § 9 StGB begründen. Demzufolge sind
etwa im Ausland veranlasste quälerische Tiertransporte nach Deutschland auch im Inland

---

[338] *Greven* S. 63; *Ort/Reckewell* Rn. 197.
[339] BayObLG 12.12.1995 – 3 OB OWi 118/95, NZV 1996, 162.
[340] *Ort/Reckewell* Rn. 199.
[341] *Lorz/Metzger* Rn. 24; *Schönke/Schröder/Stree/Hecker* StGB § 303 Rn. 25.
[342] AA *Ort/Reckewell* Rn. 203.
[343] OLG Köln 5.3.2010 – 83 Ss 102/09, NStZ-RR 2010, 217.
[344] Ebenso *Ort/Reckewell* Rn. 211; aA *Schönke/Schröder/Heine/Hecker* StGB § 292 Rn. 25/26: Gesetzeskonkurrenz mit Vorrang des § 292 StGB.
[345] OLG Köln 5.3.2010 – 83 Ss 102/09, NStZ-RR 2010, 217.

begangen, wenn das Tier (erst) im Inland verstirbt oder im Inland Schmerzen oder Leiden iS der Nr. 2 auftreten.[346] Nicht mehr zum tatbestandsmäßigen Erfolg iSd § 18 Abs. 1 Nr. 1 sollen jedoch Schmerzen gehören, die bei einem Hund im Inland fortwirken, nachdem seine Ohren in Belgien erlaubtermaßen kupiert worden sind.[347] Dies kann nicht überzeugen, da in diesem Fall der tatbestandsmäßige Erfolg länger anhaltender Schmerzen oder Leiden iS der Nr. 2 auch im Inland eingetreten ist. Denkbar wäre hier allenfalls einer ausländischen Gestattung rechtfertigende Wirkung auch für unser nationales Tierschutzrecht beizumessen.[348]

150 Über § 9 Abs. 2 StGB kann eine darüber hinausgehende inländische Zuständigkeit für Teilnehmer einer im Ausland erfolgten unbefugten Tötung oder Misshandlung von Tieren begründet werden, wenn die **Teilnahme im Inland** erfolgt ist. Dies kann zB bei Tötungen von Kälbern relevant werden, die zur Erlangung der Herodes-Prämie aus Deutschland in das benachbarte Ausland verbracht werden.[349] Entsprechendes gilt für den systematischen Import von Enten- und Gänsestopflebern, wenn diese im Ausland (straffrei) unter tierquälerischen Umständen produziert werden.[350]

151 **11. Rechtsfolgen.** Vergehen nach § 17 können mit Geld- oder Freiheitsstrafe bis zu drei Jahren geahndet werden. Die ursprünglich auf zwei Jahre begrenzte Strafdrohung wurde mit dem Änderungsgesetz 1998 auf drei Jahre erhöht, um der veränderten (gestärkten) Stellung des Tieres im Rechtsgefüge Rechnung zu tragen.[351] Denkbare Nebenfolgen sind das Fahrverbot (§ 44 StGB, insbesondere bei quälerischen Tiertransporten), die Einziehung von Tatprodukten, Tatmitteln und Tatobjekten (§ 74 StGB, § 19), die Einziehung von Taterträgen (§ 73 StGB),[352] das Umgangsverbot nach § 20 TierSchG sowie das vorläufige Umgangsverbot nach § 20a. Insbesondere für therapiebedürftige Ersttäter (Beispiel Sodomie) ist, falls eine Freiheitsstrafe zur Bewährung nicht tat- und schuldangemessen ist, auf § 59 iVm § 59a Abs. 2 Nr. 4 StGB zu verweisen, der bei einem Einverständnis des Täters die Möglichkeit ambulanter Therapieweisungen bietet.

III. Besondere Verfahrensvorschriften

152 **1. Sicherstellung zur Einziehung; vorläufiges Verbot des Umgangs mit Tieren.** In tierschutzrechtlichen Ermittlungsverfahren sind insbesondere die Möglichkeiten der Sicherstellung zur Einziehung nach § 19 iVm § 111b StPO sowie das **vorläufige** Verbot des Umgangs mit Tieren nach **§ 20a** zu beachten.[353]

153 **2. Verletzteneigenschaft.** Ebenso wie ein Tierschutzverein[354] ist auch der Eigentümer eines unerlaubt getöteten oder misshandelten Tieres nicht Verletzter iS des § 172 Abs. 1 StPO. Die speziellen Eigentümer- bzw. Halterrechte werden über § 303 StGB geschützt, der allerdings als Privatklagedelikt einem Klageerzwingungsverfahren ebenfalls nicht zugänglich ist. Eine weitergehende Rechtsposition des Eigentümers oder Halters wäre mit dem in → Rn. 1 dargelegten Schutzzweck des § 17 (ethischer Tierschutz im Sinne der Mitverantwortung des Menschen für das Tier) nicht vereinbar.[355] Sie lässt sich auch nicht aus der in sieben Bundesländern eingeführten Verbandsklage herleiten.[356]

---

[346] Vgl. Lorz/*Metzger* Vor § 17 Rn. 10; sowie mit einem Beispiel aus dem englischen Recht *Wengler* JR 1980, 187.

[347] OLG Köln 17.7.1991 – Ss 508/91, NuR 1992, 497.

[348] So auch Lorz/*Metzger* Vor § 17 Rn. 9.

[349] So *Ort/Reckewell* Rn. 12.

[350] Vgl. dazu *Sailer* NuR 2005, 507; *Hirt/Maisack/Moritz* Anh. zu T § 2 Rn. 79.

[351] Lorz/*Metzger* Rn. 22; BT-Drs. 13/7015, 24.

[352] Vgl. etwa zum Verfall von Wertersatz bei quälerischen Tiertransporten *Weisser* wistra 2015, 299.

[353] *Ort/Reckewell* Vor § 17 Rn. 24.

[354] OLG Hamm 18.12.1969 – 3 Ws 596/69, MDR 1970, 946.

[355] So OLG Celle 10.1.2007 – 1 Ws 1/07, NStZ 2007, 483 mAnm *Iburg* NStZ 2007, 483; OLG Stuttgart 1.3.2010 – 2 Ws 176/09, Die Justiz 2010, 309; OLG Braunschweig 29.8.2013 – 1 Ws 227/13, NJW 2014, 174.

[356] OLG Suttgart 21.12.2016 – 4 Ws 284/16, BeckRS 2016, 112491. Zur Verbandsklage: *Kloepfer* NuR 2016, 729.

Eine in der Reformdiskussion gelegentlich geforderte **Nebenklagebefugnis** des Tierhal- **154** ters und der Tierschutzverbände besteht nicht, erscheint auch nicht angezeigt.[357] Eine solche Anschlussbefugnis wäre systemfremd. Sie ginge über den Katalog der in § 395 Abs. 1 Nr. 1 und 2 StPO angeführten höchstpersönlichen Rechtsgüter hinaus.

3. Sachverständige. Die Schmerz- und Leidensfähigkeit, die Erheblichkeit und das **155** längere Anhalten von Schmerzen und Leiden eines Tieres bedürfen idR einer **Sachverständigenbeurteilung** (→ Rn. 69, 73). Hier empfiehlt es sich von § 15 Abs. 2 Gebrauch zu machen und einen beamteten Tierarzt als Sachverständigen beizuziehen, und zwar möglichst schon dann, wenn das Tier erstmals – etwa bei einer Durchsuchung – in Augenschein genommen wird.[358]

4. Sonderdezernate. Gemäß Nr. 268 Abs. 1 RiStBV werden Tierschutzdelikte den **156** Umweltstrafsachen zugeordnet. Dies sollte sich auch in der Geschäftsverteilung der Staatsanwaltschaften widerspiegeln und die Bearbeitung derartiger Verfahren **Sonderdezernaten** übertragen werden. Dies gebieten zum einen die erforderlichen Spezialkenntnisse auf diesem Rechtsgebiet, zum anderen die notwendige regelmäßige Zusammenarbeit mit den zuständigen Verwaltungsbehörden, insbesondere den Veterinärämtern (§§ 16 ff.).

IV. Parallelvorschriften

1. Sachbeschädigung. Der Tatbestand der Sachbeschädigung des § 303 StGB ist bei **157** Tiertötungen und -misshandlungen neben § 17 am häufigsten anzuwenden. Trotz der Reform des § 90a BGB sind Tiere als Sachen iS des § 303 StGB anzusehen.[359] Bereits die Gesetzesmaterialien machen deutlich, dass mit dem Gesetz zur Verbesserung der Rechtsstellung von Tieren gerade keine Einschränkung des strafrechtlichen Schutzes bewirkt werden sollte.[360] Auch der Wortlaut der erst 1994 in dieser Form verabschiedeten §§ 324a Abs. 1, 325 Abs. 1, 325 Abs. 4 StGB („Tiere, Pflanzen oder andere Sachen von bedeutendem Wert") zeigt, dass Tiere in strafrechtlicher Hinsicht weiterhin dem Sachbegriff unterliegen sollten.[361] Ein Verstoß gegen das Analogieverbot liegt insoweit nicht vor.[362]

Umstritten ist, ob § 303 StGB auch **wertlose Sachen**, zB einen an Tollwut erkrankten **158** Hund schützt. Dies ist mangels gegenteiliger Anhaltspunkte im gesetzlichen Tatbestand zu bejahen.[363]

§ 303 StGB erfasst nur die Beschädigung oder Zerstörung fremder Sachen, enthält also **159** gegenüber § 17 die Einschränkung, dass insbesondere die Tötung oder Misshandlung eigener Tiere den Tatbestand nicht erfüllt. Eine Erweiterung gegenüber § 17 bietet die Norm jedoch hinsichtlich der **Tathandlungen.** Diese bestehen im Beschädigen oder Zerstören. Dabei bedeutet Beschädigen eine nicht ganz unerhebliche Verletzung der Substanz, der äußeren Erscheinung oder der Form einer Sache, durch welche die Brauchbarkeit der Sache zu ihrem bestimmten Zweck beeinträchtigt wird. Schmerzens- oder Leidenszufügungen wie in Nr. 2 sind also nicht vorausgesetzt, so dass auch etwa das nicht nachweisbar mit Schmerzen oder Leiden verbundene Demolieren eines Hundegebisses den Tatbestand des § 303 StGB verwirklichen kann.

---

[357] *Bohlander* MDR 1992, 736; *von Loeper* NStZ 1987, 512.

[358] Näher dazu *Rau* NuR 2009, 532.

[359] BayObLG 25.6.1991 – RReg. 4 St 124/90, NJW 1992, 3206; 5.5.1993 – 4 StRR 29/93, NJW 1993, 2760.

[360] BT-Drs. 11/7369, 6/7; vgl. darüber hinaus ua Lackner/Kühl/*Kühl* StGB § 242 Rn. 2; *Fischer* StGB § 242 Rn. 3 sowie des Weiteren *Graul* JuS 2000, 215; *Gropp* JuS 1999, 1041; *Krüger* JuS 2000, 1040; *Küper* JZ 1993, 435; kritisch insbesondere *Braun* JuS 1992, 558.

[361] OLG Karlsruhe 2.5.2001 – 3 Ss 35/01, Die Justiz 2001, 494; *Ort/Reckewell* Vor § 17 Rn. 5 f.; *Röckle* S. 51.

[362] *Graul* JuS 2000, 215; *Röckle* S. 51.

[363] Wie hier Lackner/Kühl/*Heger* StGB § 303 Rn. 2; aA BayObLG 5.5.1993 – 4 StRR 29/93, NJW 1993, 2760.

160   Anders als bei § 17 ist bei § 303 StGB auch der **Versuch** unter Strafe gestellt (Abs. 2 (→ Rn. 139). Für die Strafverfolgung ist gem. § 303c ein **Strafantrag** erforderlich, es sei denn, dass die Strafverfolgungsbehörde wegen des besonderen öffentlichen Interesses an der Strafverfolgung ein Einschreiten von Amts wegen für geboten hält. Abweichend von § 17 ist § 303 StGB ein **Privatklagedelikt** (§ 374 Abs. 1 Nr. 6 StPO). Bei einem Zusammentreffen mit dem Offizialdelikt des § 17 TierSchG ist die Privatklage jedoch ausgeschlossen.[364]

161   **2. Unterlassene Hilfeleistung.** Ob bei Unglücksfällen, die eine erhebliche Gefahr für Sachen, dh auch Tiere, mit sich bringen, eine unterlassene Hilfeleistung nach § 323c StGB in Betracht kommt, ist umstritten.[365] Grundsätzlich wird ein Unglücksfall iSd. Norm als ein plötzliches äußeres Ereignis angesehen, das eine erhebliche Gefahr für Personen oder Sachen bringt.[366] Um eine unnötige Ausweitung des Tatbestandes zu vermeiden, wird jedoch von einem beträchtlichen Teil der Lehre eine Einschränkung auf bedeutende Sachwerte[367] bzw. auf „gewichtige Gefahren für Sachen von bedeutendem Wert" vorgenommen.[368] Aus Sicht des Tierschutzstrafrechts erscheint es sinnvoll, den Schutz, um im Einklang mit § 17 zu bleiben, auf Wirbeltiere zu beschränken.[369] Grundsätzlich kann der Tatbestand also dann erfüllt sein, wenn der Täter nicht hilft, obwohl ein Wirbeltier in Lebensgefahr schwebt bzw. ihm der Eintritt oder die Fortdauer vermeidbarer schwerer Schmerzen drohen.[370] Da § 323c StGB nach ganz hM nur Individualrechtsgüter schützen soll, lässt sich der Tatbestand nicht auf herrenlose Tiere erstrecken.[371] Hinsichtlich der weiteren Tatbestandsvoraussetzungen gelten keine Besonderheiten, so dass insoweit auf die Kommentierung zu § 323c StGB verwiesen wird.

162   **3. Wilderei.** Erfolgt die Tötung oder Misshandlung eines Tieres unter Verletzung fremden Jagdrechts oder Jagdausübungsrechts, kann unter den dortigen sonstigen Voraussetzungen der Tatbestand der **Jagdwilderei** nach § 292 StGB erfüllt sein. Bei Fischen kann parallel dazu Fischwilderei nach § 293 StGB vorliegen.[372]

163   **4. Jagdfrevel.** Jagdrechtliche Zuwiderhandlungen gegen Abschussverbote, Verletzungen der Schonzeit und die verbotene Jagd auf Elterntiere sind gem. § 38 BJagdG als **Jagdfrevel** unter Strafe gestellt.[373] Abweichend von § 17 gilt dies auch für fahrlässige Tatbegehungen (§ 38 Abs. 2 BJagdG). Wenig konsequent wird der vorsätzliche oder fahrlässige Fischereifrevel hingegen als Ordnungswidrigkeit nach der Seefischereibußgeldverordnung, küstenfischereirechtlichen Regelungen und landesrechtlichen Fischgesetzen als Ordnungswidrigkeit geahndet.[374]

164   **5. Artenschutzrechtliche und tierseuchenrechtliche Tatbestände.** Betrifft die Misshandlung oder Tötung eines Tieres eine naturschutzrechtlich streng geschützte Art oder erfolgt sie gewerbs- oder gewohnheitsmäßig gegenüber einer besonders geschützten Art, sind die **artenschutzrechtlichen Tatbestände** der §§ 71 und 71a BNatSchG zu prüfen. Ist die Misshandlung oder Tötung eines Tieres auf einen Verstoß gegen tierseuchenrechtliche Bestimmungen, etwa das Verbreiten einer anzeigepflichtigen Seuche oder das verbotswidrige Verwenden von Sera, Impfstoffen oder Antigenen zurückzuführen, kommen die Straftatbestände der **§§ 74, 75 Tierseuchengesetz** in Betracht.

---

[364] RGSt 2.10.1884 – Rep. 1913/84, RGSt 11, 128; KK-StPO/*Senge* StPO § 374 Rn. 9.
[365] Ausführlich dazu *Iburg* NuR 2004, 155; vgl. des weiteren Erbs/Kohlhaas/*Metzger* T 95 § 17 Rn. 15; *Hirt/Maisack/Moritz* Einf. Rn. 141.
[366] BGH vom 10.3.1954 – GSSt 4/53, BGHSt 6,152; Lackner/Kühl/*Kühl* StGB § 323c Rn. 2 mwN.
[367] Schönke/Schröder/*Sternberg-Lieben/Hecker* StGB § 323c Rn. 5.
[368] → StGB § 323c Rn. 26.
[369] So *Iburg* NuR 2004, 155; aA unter Hinweis auf Art. 20a GG *Hirt/Maisack/Moritz* Einf. Rn. 141.
[370] So *Hirt/Maisack/Moritz* Einf. Rn. 141.
[371] *Fischer* StGB § 323c Rn. 1.
[372] Näher dazu *Ort/Reckewell* Rn. 211 f.
[373] Vgl. etwa zum Abschuss führender Rotwildtiere *Guber/Herzog* NuR 2016, 246.
[374] Kritisch zu dieser Ungleichbehandlung *Stegmann,* Artenschutzstrafrecht, 2000, S. 168 ff.

6. Bußgeldtatbestände. In Ergänzung zu § 17 sind die breit gefächerten Bußgeldtatbe- **165**
stände des § 18 sowie § 21 TierSchTrV (→ Rn. 21), § 12 TierSchHundeV (→ Rn. 119),
§ 44 TierSchNutztV (→ Rn. 119), § 16 TierSchlV (→ Rn. 21) und § 44 TierSchVersV
(→ Rn. 18) zu berücksichtigen. Diese Verordnungen sind, soweit eine strafrechtliche Ahndung von tierschutzrechtlichen Verstößen im Raum steht, nicht als lex specialis gegenüber
dem TierSchG anzusehen.[375]

V. Reformüberlegungen

Wesentliche in der Vorauflage dargestellte Reformforderungen wurden mit dem 3. ÄndG **166**
zum TierSchG umgesetzt (→ Rn. 18). Weitere Reformen des Tierschutzstrafrechts sind,
soweit ersichtlich, vorerst nicht zu erwarten. In der Diskussion bleiben jedoch Vorschläge
der Deutschen Juristischen Gesellschaft für Tierschutzrecht e.V. (DJGT), die für weitere
Verschärfungen des geltenden Tierschutzstrafrechts plädiert.[376]

So soll der **Strafrahmen** des § 17 von drei auf fünf Jahre Freiheitsstrafe erhöht werden. **167**
Begründet wird dies damit, dass andere „normale" Vergehen wie Diebstahl oder Betrug
mit einer solchen Sanktionsdrohung versehen sind und nach Einführung des Art. 20a GG
eine entsprechende Anhebung geboten sei. Eine derart pauschale Erhöhung des Strafrahmens begegnet indes grundsätzlichen Bedenken, zumal die Forderung zusätzlich mit dem
nicht belegten und fragwürdigen Argument der „Erhöhung des Sicherheitsaspekts für die
Bevölkerung" begründet wird. Wenn schon eine Strafrahmenerhöhung als notwendig
erachtet wird, wäre es plausibler, hier einen früheren Vorschlag aufzugreifen und einen
Qualifikationstatbestand oder ein Regelbeispiel des besonders schweren Falls zu schaffen.
Als Qualifikationsmerkmale kämen (wie in §§ 283 und 330 StGB) Gewinnsucht oder (wie
etwa in § 71 BNatSchG) die Gewerbs- oder Gewohnheitsmäßigkeit in Betracht.[377]

Durch die Einführung einer **Versuchsstrafbarkeit** soll eine Lücke geschlossen wer- **168**
den.[378] Für eine solche Reform spricht, dass § 303 StGB in Abs. 2 eine entsprechende
Regelung enthält, obwohl dieser Vergehenstatbestand mit zwei Jahren eine geringere Strafdrohung aufweist als § 17. Auch ist es kaum einsichtig, dass zB das erfolglose Auslegen von
Giftködern oder Schlingen im Wald nur dann zu einer Versuchsstrafbarkeit führen kann,
wenn fremde Tiere in Gefahr geraten, nicht aber, wenn es sich „nur" um herrenlose Tiere
handelt.[379]

Die ebenfalls geforderte Sanktionierungsmöglichkeit **fahrlässiger** Tierschädigungen ist **169**
hingegen abzulehnen. Hier wäre, auch wenn nur eine Ahndung als Ordnungswidrigkeit
erfolgen sollte, die Sanktionsschwelle zu schnell überschritten.[380]

Die DJGT schlägt des Weiteren vor, § 20 Abs. 3 dahin zu ergänzen, dass auch **Zuwider-** **170**
handlungen gegen verwaltungsrechtlich gemäß § 16a Abs. 1 S. 2 Nr. 3 **angeordnete**
Tierhalteverbote strafbar sein sollten. Eine derartige Gleichsetzung von Anordnungen der
Verwaltungsbehörde mit strafrechtlichen Entscheidungen nach § 20 Abs. 1 erscheint indes
zweifelhaft, da ein entsprechendes, im förmlichen Strafverfahren ausgesprochenes Verbot
eindringlicher erfolgt. Dementsprechend stellt auch der für § 20a als Vorbild dienende § 145c
StGB nur den Verstoß gegen strafgerichtlich angeordnete Berufs- oder Gewerbeuntersagun-
gen unter Strafe. Der Verstoß gegen entsprechende verwaltungsrechtliche Verfügungen wird
hingegen als Ordnungswidrigkeit (vgl. § 146 Abs. 1 Nr. 1a GewO) und nur im Fall der
beharrlichen Zuwiderhandlung als Vergehen (§ 148 Nr. 1 GewO) sanktioniert. Hier sollte
auch das Tierschutzstrafrecht keinen Sonderweg beschreiten.

---

[375] BayObLG 28.11.1996 – 4 St RR 184/96, NStZ-RR 1997, 118 zur TierSchTrV.
[376] Vgl. die im Internet abrufbaren Anmerkungen der Deutschen Juristischen Gesellschaft für Tierschutzrecht e.V. zum Entwurf eines Dritten Gesetzes zur Änderung des Tierschutzgesetzes.
[377] Näher dazu *Röckle* S. 142.
[378] *Greven* S. 246 mwN.
[379] So zu Recht kritisch *Iburg* NuR 2010, 395.
[380] Vgl. *Greven* S. 245 mwN.

171   Die Rechtsprechung der Oberlandesgerichte zur Verletzteneigenschaft des Tierhalters
(→ Rn. 153) wird von der DJGT als unbefriedigend erachtet und daher verlangt, einen
weiteren Absatz in § 17 einzufügen, wonach der Eigentümer oder Halter des getöteten oder
misshandelten Tieres Verletzter im Sinne der StPO, somit **klagebefugt** sei. Abgesehen von
der fragwürdigen Verortung einer entsprechenden Regelung im Tierschutzgesetz steht dieser
Forderung das überzeugende Schutzzweckargument der OLG-Rechtsprechung entgegen.

§§ 18, 18a *(nicht abgedruckt)*

§ 19 [Einziehung]

(1) Tiere, auf die sich
1. eine Straftat nach den §§ 17, 20 Absatz 3 oder § 20a Absatz 3 oder
2. eine Ordnungswidrigkeit nach § 18 Absatz 1 Nummer 1 oder 3, soweit die Ordnungswidrigkeit eine Rechtsverordnung nach den §§ 2a, 5 Absatz 4, § 9
Absatz 1 bis 3, 4 Satz 2 oder Absatz 6 Satz 2, § 11b Absatz 4 Nummer 2 oder
§ 12 Absatz 2 Nummer 4 oder 5 betrifft, Nummer 4, 8, 12, 17, 20a, 21a, 22 oder
Nummer 23

bezieht, können eingezogen werden.

(2) Ferner können Tiere eingezogen werden, auf die sich eine Ordnungswidrigkeit
1. nach § 18 Abs. 3 Nr. 1 bezieht, soweit die Ordnungswidrigkeit eine unmittelbar
geltende Vorschrift in Rechtsakten der Europäischen Gemeinschaft oder der
Europäischen Union betrifft, die inhaltlich einem in § 18 Absatz 1 Nummer 4,
8, 12, 17, 21a, 22 oder Nummer 23 bezeichneten Gebot oder Verbot entspricht,
2. nach § 18 Abs. 3 Nr. 2 bezieht, soweit die Ordnungswidrigkeit eine unmittelbar
geltende Vorschrift in Rechtsakten der Europäischen Gemeinschaft oder der
Europäischen Union betrifft, die inhaltlich einer Rechtsverordnung nach den
§§ 2a, 5 Abs. 4, § 9 Absatz 1 bis 4 oder Absatz 6 Satz 2, § 11b Absatz 4 Nummer 2 oder § 12 Abs. 2 Nr. 4 oder 5 entspricht.

Schrifttum: Siehe bei § 17.

1   Bei Straftaten bzw. Ordnungswidrigkeiten nach §§ 17, 20 Abs. 3 und 20a Abs. 3 bzw.
18 sind zunächst die **allgemeinen Vorschriften** über die Einziehung von Tatprodukten,
Tatmitteln und Tatobjekten anzuwenden, also **§§ 74 ff. StGB** und **§§ 22 ff. OWiG**. Im
Falle vorsätzlicher rechtswidriger Vergehen nach §§ 17, 20 Abs. 3, 20a Abs. 3 können danach
Gegenstände, die durch die Tat hervorgebracht oder zu ihrer Begehung oder Vorbereitung
gebraucht worden oder bestimmt gewesen sind, eingezogen werden. Dabei kann es sich
um Sachen oder Rechte handeln.[1] Eingezogen werden kann zum einen das productum
sceleris, dh ein in seiner Entstehung unmittelbar aus der Tat hervorgegangener Gegenstand.
Dies ist insbesondere der bei einer Tiertötung nach § 17 Nr. 1 angefallene Körper des toten
Tieres. Zum anderen kann es sich um ein instrumentum sceleris handeln, dh einen zur
Begehung, Förderung oder Vorbereitung der Tat bestimmten Gegenstand, also etwa die
beim quälerischen Dressurtraining eingesetzten Gerten und Sporen[2] oder das zum Abtransport des Tieres verwendete Kraftfahrzeug. Gemäß § 74 Abs. 3 StGB muss der Gegenstand
dem Täter oder Teilnehmer zurzeit der Entscheidung gehören oder zustehen. Dies ist bei
Alleineigentum, nach der Rspr. auch bei Vorbehalts- und Sicherungseigentum des Täters

---

[1] Lackner/Kühl/*Heger* StGB § 74 Rn. 4.
[2] LG Kiel 25.11.2008 – 7 Kls 30/08, BeckRs 2009, 19848.

der Fall.[3] Bei Mit- oder Gesamthandseigentum ist eine Einziehung danach aber nur zulässig, wenn die anderen Mit- oder Gesamthandseigentümer Täter oder Teilnehmer sind.[4]

§ 74b StGB sieht eine von Eigentumsverhältnissen unabhängige Einziehungsmöglichkeit 2 vor (Sicherungseinziehung). Die Norm setzt voraus, dass der Gegenstand nach Art und Umständen die Allgemeinheit gefährden kann oder aber die Gefahr besteht, dass er in der Hand des Täters oder anderer Täter zur Begehung rechtswidriger Taten dienen wird.[5] Die Einziehung nach § 74b StGB liegt im pflichtgemäßen Ermessen des Gerichts.

§ 19 geht über diese allgemeine Einziehungsvorschriften hinaus (vgl. § 74 Abs. 2 StGB). 3 Entsprechende gesetzliche Zulassungen finden sich ua in §§ 201 Abs. 5, 261 Abs. 7, 264 Abs. 6, 286 Abs. 2, 295, 330c StGB und § 72 BNatSchG. Die Norm erstreckt die Einziehungsmöglichkeiten auch auf sogenannte **Beziehungsgegenstände,** dh die jeweils geschützten Tiere, auf die sich die Straftat des § 17 oder in § 19 im Einzelnen angeführte Ordnungswidrigkeit bezieht. Ebenfalls anwendbar ist § 19 nun bei Taten nach §§ 20 Abs. 3 und 20a Abs. 3. Die insoweit vorhanden gewesene Gesetzeslücke[6] wurde durch das 3.ÄndG zum TierSchG geschlossen (→ § 17 Rn. 18).

Eingezogen werden kann das fortwährend unzureichend ernährte und nicht tierärztlich 4 betreute Tier oder das laufend gequälte Tier, zB der mit einem Stachelhalsband malträtierte Hund. Über § 19 iVm § 17 können indes nur **Vorsatztaten** erfasst werden. Bei fahrlässigen Verstößen kann die Einziehung von Tieren jedoch über § 22 OWiG hinaus gem. § 19 iVm den einzelnen dort genannten Bußgeldtatbeständen des § 18 erfolgen. Die **erweiterte Einziehung** von Tieren tatunbeteiligter Dritter ist in § 19 mangels eines Verweises auf § 74a StGB nicht vorgesehen.[7] Dass der Täter ohne Schuld gehandelt hat (zB schuldunfähig iS des § 20 StGB war), steht der Sicherungseinziehung nicht entgegen (vgl. § 74b Abs. 1 Nr. 1 StGB und § 22 Abs. 3 OWiG). Entsprechendes gilt, wenn die Tat bereits verjährt ist (§ 76a Abs. 2 S. 2 StGB und § 27 Abs. 2 Nr. 1 OWiG).

Wie sich bereits aus dem Wortlaut der Norm ergibt („können eingezogen werden"), ist 5 die Einziehung nicht obligatorisch anzuordnen, sondern liegt im Ermessen des Gerichts bzw. der Verfolgungsbehörde.[8] Bei allen Einziehungsentscheidungen ist stets der in § 74f StGB konkretisierte **Grundsatz der Verhältnismäßigkeit** zu beachten. Die Einziehung darf also bei verständiger Würdigung nicht außer Verhältnis zum Unrechtsgehalt der Tat und zu der den Angeklagten treffenden Schuld stehen.[9] Dies gilt insbesondere für die Einziehung von Tieren. Hier ist stets zu prüfen, ob es nicht mildere Möglichkeiten als die Beschlagnahme und anschließende Verwertung gibt. So kann zB einem Landwirt, der mit der Haltung und Pflege von Rindern überfordert ist, auferlegt werden, diese Tiere innerhalb einer bestimmten Frist zu verkaufen (§ 74f Abs. 1 S. 3 Nr. 3 StGB).[10] Unter den Voraussetzungen des § 74c StGB ist die Einziehung eines Wertersatzes möglich. Zur weiteren Erläuterung der §§ 74–74c, 74e–76a StGB, insbesondere auch des hier ebenfalls anwendbaren § 76a (selbstständige Einziehung), wird auf die gängige Kommentierung verwiesen.

Strafprozessual sind hinsichtlich der Einziehung §§ 111b ff. StPO zu beachten. Gemäß 6 § 111c Abs. 1 StPO können Tiere als zu beschlagnahmende Einziehungsgegenstände in Gewahrsam genommen werden. Für die Strafverfolgungsorgane bedeutet dies, dass, wenn irgend möglich, bereits vor der Beschlagnahme abgeklärt werden muss, wo lebende, aber auch getötete Tiere anschließend zuverlässig verwahrt werden können.

Da die angemessene Unterbringung und Pflege sichergestellter Tiere außerordentlich 7 kostspielig sein kann, sollte bereits im Ermittlungsverfahren von der gem. § 111p StPO bestehenden Möglichkeit der **Notveräußerung** Gebrauch gemacht werden. Bei artenge-

---

[3] Vgl. Lackner/Kühl/*Heger* StGB § 74 Rn. 7 mwN.
[4] *Hirt/Maisack/Moritz* Rn. 6.
[5] Lackner/Kühl/*Heger* StGB § 74 Rn. 8.
[6] Zu Recht bemängelt von *Iburg* NuR 2010, 395; *Rau* NuR 2009, 532.
[7] *Greven* S. 70.
[8] Erbs/Kohlhaas/*Metzger* T 95 § 19 Rn. 5.
[9] OLG Karlsruhe 2.5.2001 – 3 Ss 35/01, Die Justiz 2001, 494.
[10] BayObLG 18.5.1998 – 3 Ob OWi 53/98, NJW 1998, 3287.

schützten Tieren ist dabei jedoch darauf zu achten, dass nicht geschützte Arten unerlaubt in den Verkehr gebracht werden.[11] Die Verwertung richtet sich nach §§ 814–825 ZPO, wobei der freihändige Verkauf vorzugswürdig ist.[12]

8   Die Entscheidung über die Einziehung muss im **Tenor des Urteils** oder Strafbefehls erfolgen. Das Urteil muss erkennen lassen, dass sich der Richter des ihm eingeräumten Ermessensspielraums bewusst war und der Grundsatz der Verhältnismäßigkeit berücksichtigt wurde.[13] Der Betroffene kann auch auf die Rückgabe der beschlagnahmten Tiere verzichten. Dies stellt zwar keine Übereignung iSd. § 929 BGB dar, bewirkt aber die Rechtsfolgen des § 75 StGB bzw. § 26 OWiG sofort und kann für den Betroffenen im Hinblick auf sonst anfallende Unterbringungskosten vorteilhaft sein.[14]

9   Gemäß **§ 16a Abs. 1 S. 2 Nr. 2** kann die zuständige Tierschutzbehörde ein Tier unter den dort genannten Voraussetzungen dem Halter fortnehmen und so lange auf dessen Kosten anderweitig pfleglich unterbringen, bis eine tierschutzgemäße Haltung des Tieres durch den Halter sichergestellt ist. Unter den dort ebenfalls aufgeführten Voraussetzungen kann sie das Tier auch veräußern.[15] Schließlich kann sie das Tier unter den dort im Einzelnen dargestellten Voraussetzungen auf Kosten des Halters unter Vermeidung von Schmerzen töten lassen. Derartige Maßnahmen iS des § 16a Abs. 1 S. 2 Nr. 2, die mittels eines Verwaltungsakts erfolgen müssen,[16] liegen im pflichtgemäßen Ermessen der Tierschutzbehörde. Zu berücksichtigen ist dabei der bereits im abgestuften Maßnahmenkatalog zum Ausdruck kommende Grundsatz der Verhältnismäßigkeit. Anordnungen nach § 16a Abs. 1 S. 2 Nr. 2 erfolgen unabhängig von einem Straf- oder Bußgeldverfahren. Die Maßnahmen dienen allein dem Tierschutz und haben keinen Sanktionscharakter. Gegen derartige Anordnungen ist der Verwaltungsrechtsweg zu beschreiten.

10   Auch wenn beide Einziehungsmöglichkeiten unabhängig voneinander gegeben sind und kein Subsidiaritätsverhältnis besteht,[17] sprechen nicht nur bestehende praktische Schwierigkeiten, sondern auch die bei den zuständigen Verwaltungsbehörden idR höhere Fachkompetenz in Tierschutzbelangen dafür, auf die **präventiv-polizeilichen Möglichkeiten** zurückzugreifen. Dass die strafprozessualen Zwangsmaßnahmen ua wegen der Möglichkeit der Notveräußerung nach § 111p StPO kostengünstiger und effizienter erscheinen mögen, kann im Einzelfall zu einer anderen Beurteilung und Entscheidung führen.[18]

11   Im Falle einer rechtskräftigen strafrichterlichen Einziehungsentscheidung geht das **Eigentum** an der Sache oder das eingezogene Recht auf den Staat über (§ 75 Abs. 1 StGB), und zwar auf das jeweilige Bundesland. Die Einziehungsentscheidung verleiht dem neuen Tiereigentümer indes keine Befugnis zur Tötung von Tieren. Eine solche Maßnahme ist nur dann zulässig, wenn ein vernünftiger Grund iS des § 17 Nr. 1 vorliegt.[19]

§ 20 [Verbot der Tierhaltung]

(1) Wird jemand wegen einer nach § 17 rechtswidrigen Tat verurteilt oder nur deshalb nicht verurteilt, weil seine Schuldunfähigkeit erwiesen oder nicht auszuschließen ist, so kann ihm das Gericht das Halten oder Betreuen von sowie den Handel oder den sonstigen berufsmäßigen Umgang mit Tieren jeder oder einer bestimmten Art für die Dauer von einem Jahr bis zu fünf Jahren oder für immer

---

[11] Vgl. *Rau* NuR 2009, 532 sowie → BNatSchG § 72 Rn. 5.

[12] Näher dazu *Ort/Reckewell* Rn. 22 ff.

[13] BayObLG 18.5.1998 – 3 Ob OWi 53/98, NJW 1998, 3287.

[14] *Hirt/Maisack/Moritz* Rn. 16.

[15] Vgl. zur Vollstreckung eines tierschutzrechtlichen Verbots, Schafe zu halten und dem Gebot, den vorhandenen Schafbestand aufzulösen: VGH Mannheim 17.3.2005 – 1 S. 381/05, NuR 2006, 441.

[16] BVerwG 12.1.2012 – 7 C 5/11, NVwZ 2012, 1184.

[17] Näher zur gleich gelagerten Problematik im Artenschutzrecht → BNatSchG § 72 Rn. 6.

[18] Für eine grundsätzliche Präferenz der strafprozessualen Möglichkeiten *Rau* NuR 2009, 532 sowie *Hirt/Maisack/Moritz* Rn. 17.

[19] *Lorz/Metzger* Rn. 8.

verbieten, wenn die Gefahr besteht, dass er weiterhin eine nach § 17 rechtswidrige Tat begehen wird.

(2) [1]Das Verbot wird mit Rechtskraft des Urteils oder des Strafbefehls wirksam. [2]In die Verbotsfrist wird die Zeit, in welcher der Täter in einer Anstalt verwahrt wird, nicht eingerechnet. [3]Ergibt sich nach der Anordnung des Verbots Grund zu der Annahme, dass die Gefahr, der Täter werde nach § 17 rechtswidrige Taten begehen, nicht mehr besteht, so kann das Gericht das Verbot aufheben, wenn es mindestens sechs Monate gedauert hat.

(3) Wer einem Verbot nach Absatz 1 zuwiderhandelt, wird mit Freiheitsstrafe bis zu einem Jahr oder mit Geldstrafe bestraft.

Schrifttum: Siehe oben bei § 17 sowie *Weisser*, Zu den Möglichkeiten und Grenzen der Tierumgangsverbote nach § 20 TierSchG, NuR 2016, 395.

Die Vorschrift des § 20 wurde 1972 in das TierSchG eingefügt.[1] Sie ist im Wesentlichen **1** der Regelung über das Berufsverbot in § 70 Abs. 1 StGB nachgebildet. Es handelt sich um eine dem vorbeugenden Tierschutz dienende **Maßregel.** Sie bezweckt, Personen, die eine Straftat an Tieren begangen haben und zu solchen Taten neigen, im Interesse der Tiere vom Umgang mit Tieren fernzuhalten.[2] Es handelt sich um keine abschließende Sonderregelung, so dass auch Weisungen gemäß § 56c StGB, welche die Haltung und Betreuung von Tieren betreffen und uU sogar verbieten, auch dann zulässig sind, wenn sie in ihrer Wirkung einem Tierhaltungsverbot gemäß § 20 TierSchG gleichkommen.[3]

Eine Anordnung nach § 20 setzt die Begehung einer rechtswidrigen Tat nach § 17 voraus. **2** Der Täter muss wegen dieser Tat verurteilt oder nur deshalb nicht verurteilt sein, weil seine Schuldunfähigkeit erwiesen oder nicht auszuschließen ist. Neben einer Verwarnung mit Strafvorbehalt ist die Anordnung der Maßregel nicht zulässig (§ 59 Abs. 2 S. 2 StGB). Es muss die Gefahr bestehen, dass der Täter weiterhin eine nach § 17 rechtswidrige Tat begehen wird. Zu treffen ist also eine **Prognoseentscheidung,** die eine Gesamtwürdigung des Täters und der Tat verlangt. Erforderlich ist eine einfache Wahrscheinlichkeit, somit mehr als eine bloße Möglichkeit, aber weniger als eine hochgradige Wahrscheinlichkeit.[4] Wie auch bei § 70 StGB kommt es für die Beurteilung auf den Zeitpunkt der Hauptverhandlung an.[5]

Dem Täter kann das Halten,[6] der Handel oder der sonstige berufsmäßige Umgang mit **3** Tieren (zB Züchten, Dressieren[7]) verboten werden. Erfasst ist nunmehr auch das Betreuen von Tieren, da dies gelegentlich dazu genutzt wurde, das Verbot durch eine pro forma Übertragung der Haltereigenschaft zu umgehen.[8]

Auf der Grundlage des § 17 kann sich das Verbot nur auf Wirbeltiere und, wie sich aus **4** dem Wortlaut ergibt, auf Tiere einer bestimmten oder auf Tiere jeder Art beziehen. Umstritten ist, ob das Verbot auch hinsichtlich eines einzelnen Tieres ausgesprochen werden kann.[9] Wenngleich der Wortlaut („Tieren") eher, aber nicht zwingend dagegen spricht, ist dies doch auf Grund der ratio legis anzunehmen. So kann es, wenn ein Halter immer wieder nur sein einziges Haustier misshandelt, zwingend erforderlich, aber auch verhältnismäßig sein, nur die Haltung dieses einzelnen Tieres zu verbieten. Zwar wird in diesen Fällen meist eine Einziehung des Tieres gemäß § 19 erfolgen.[10] Ist jedoch etwa ein anderes

---

[1] *Greven* S. 72.
[2] Lorz/*Metzger* Rn. 2.
[3] OLG Hamm 6.3.2008 – 3 Ws 90/08, NStZ-RR 2009, 44.
[4] *Hirt/Maisack/Moritz* Rn. 5.
[5] Lackner/Kühl/*Heger* StGB § 70 Rn. 7 mwN.
[6] Vgl. zu diesem Begriff Lorz/*Metzger* § 2 Rn. 7.
[7] LG Kiel 25.11.2008 – 7 Kls 30/08, BeckRs 2009, 19848.
[8] Vgl. OLG Hamm 23.1.1985 – 4 Ss 1536/84, NuR 1985, 200; *Iburg* NuR 2010, 395.
[9] Dafür *Greven* S. 72; dagegen Lorz/*Metzger* Rn. 9; *Weisser* NuR 2016, 395.
[10] So die Argumentation von *Weisser* NuR 2016, 395.

zuverlässiges Familienmitglied bereit, die Tierhaltung zu übernehmen, könnte eine Anordnung nach § 19 unverhältnismßig und die täterbezogene Entscheidung nach § 20 vorzugswürdig sein. Die **Anordnung** muss, da sie auch Grundlage des Straftatbestandes des Abs. 3 ist, **bestimmt** sein, dh. Verbotsobjekte, Verbotsarten und Verbotsdauer müssen genau festgelegt werden.[11]

5   Das Tierhalte-, -betreuungs-, -handels- oder -umgangsverbot kann für die Dauer von ein bis fünf Jahren, aber auch lebenslang angeordnet werden. Ein unbefristetes Verbot setzt jedoch außergewöhnliche Umstände voraus.[12] Wie bei allen Maßregelentscheidungen ist der **Grundsatz der Verhältnismäßigkeit** zu beachten (§ 62 StGB). Es ist also insbesondere das Prinzip des geringst möglichen Eingriffs zu wahren.[13] Die Entscheidung als solche liegt im richterlichen Ermessen. Sie ist im Urteil zu begründen. Die jeweiligen Ermessenserwägungen sind nachprüfbar niederzulegen.

6   Das Verbot kann in einem strafrichterlichen Urteil **und seit dem** 13.7.2013 (→ § 17 Rn. 18) auch **im Strafbefehlsverfahren** festgesetzt werden (vgl. § 407 Abs. 2 S. 1 Nr. 2a StPO). Somit kann es nun im Interesse der Verfahrensökonomie, gelegentlich auch im Interesse des Beschuldigten, im schriftlichen Verfahren angeordnet werden.[14] Da Tierschutzstraftaten häufiger von Personen begangen werden, die mit behördlichen oder gar gerichtlichen Angelegenheiten nicht vertraut sind, sollte jedoch vom Strafbefehlsverfahren nur dann Gebrauch gemacht werden, wenn davon auszugehen ist, dass der Betroffene die Rechtsfolgen eines Tierhalteverbots, insbesondere auch die Strafdrohung des § 20 Abs. 3 versteht.

7   Eine selbstständige Anordnung im **Sicherungsverfahren** nach § 413 StPO kann mangels einer § 71 StGB entsprechenden ausdrücklichen Norm nicht erfolgen.[15] Stellt also bereits die Staatsanwaltschaft ein Verfahren wegen nicht nachweisbarer Schuldfähigkeit ein, können mit § 20 vergleichbare tierschützende Anordnungen nur über das Vormundschaftsgericht oder durch entsprechende verwaltungsrechtliche Anordnungen nach § 16a Abs. 1 S. 2 Nr. 3 getroffen werden.

8   Die Maßregel nach Abs. 1 kann sich mit einem strafrechtlichen Berufsverbot iSd § 70 Abs. 1 StGB, aber auch mit **verwaltungsrechtlichen Verboten** nach § 16a Abs. 1 S. 2 Nr. 3,[16] § 11 Abs. 3 S. 2 und gewerberechtlichen Untersagungsverfügungen nach § 35 GewO überschneiden.[17] Um eine höhere Akzeptanz der Entscheidungen zu erreichen, sollten behördliche Anordnungen nach § 16a Abs. 1 S. 2 Nr. 3 und strafrichterlich verfügte Tierhalte-,-betreuungs-, -handels- und -umgangsverbote aufeinander abgestimmt sein und sich möglichst nicht widersprechen. Aus diesem Grunde empfiehlt es sich, in strafrechtlichen Ermittlungs- und Hauptverfahren im Falle einer uU vorgesehenen Anordnung nach § 20 TierSchG abzuklären, ob und ggf. welche Entscheidung die Tierschutzbehörde getroffen hat oder zu treffen beabsichtigt.[18] Dies bedeutet aber nicht, dass von einem strafrechtlichen Verbot abgesehen werden kann, weil die Verwaltungsbehörde ein Verbot nach § 16a Abs. 1 Nr. 3 beabsichtigt. Die strafrechtliche Entscheidung ist zum Zeitpunkt der Hauptverhandlung zu treffen. Ändert die Verwaltungsbehörde ihre Einschätzung danach, könnte eine strafrechtliche Anordnung nicht nachgeholt werden.[19]

9   Die Wirksamkeit der Entscheidung und die Berechnung der Verbotsfrist sind in Abs. 2 S. 1 und 2 geregelt. Abs. 2 S. 3 bietet die Möglichkeit einer **vorzeitigen Aufhebung**

---

[11] *Weisser* NuR 2016, 395.

[12] Lorz/*Metzger* Rn. 10.

[13] *Greven* S. 72.

[14] Vgl. zu entsprechenden Forderungen bereits *Iburg* NuR 2010, 395; *Rau* NuR 2009, 532.

[15] OLG Karlsruhe 17.12.1987 – 4 Ss 198/97, NuR 1989, 144; *Ort/Reckewell* Rn. 8. Zutreffend für eine Änderung de lege ferenda *Weisser* NuR 2016, 395.

[16] Vgl. zum Beispiel eines verwaltungsrechtlichen Pferdehaltungsverbots VGH Mannheim 25.4.2002 – 1 S. 1900/00, NuR 2002, 607.

[17] Lorz/*Metzger* Rn. 3.

[18] Vgl. zum (angeblichen) Vorrang des strafrechtlichen Tierhalteverbots VG Stuttgart 25.9.2014 – 4K 2119/14, BeckRS 2015, 48980.

[19] OLG Karlsruhe 29.10.2015 – 3 Ss 433/15, Die Justiz 2016, 348.

des Verbots, wenn sich nachträglich eine neue günstigere Prognoseentscheidung ergibt. Vorausgesetzt ist dann aber, dass das Verbot mindestens sechs Monate gedauert hat.

Abs. 3 begründet einen **eigenen Vergehenstatbestand,** der an § 145c StGB ausgerichtet **10** ist. Erfasst wird jede Handlung, die sich als die untersagte Tierhaltung oder Tierbetreuung, der untersagte Tierhandel oder sonstige berufsmäßige Umgang mit Tieren darstellt. Dies gilt auch, wenn das Verbot des Abs. 1 durch rein formale Vereinbarungen mit einem Strohmann umgangen werden soll.[20] Wurde im früheren Strafverfahren (nach altem Recht) nur ein Tierhalte- und kein Betreuungsverbot ausgesprochen, ist die spätere bloße Tierbetreuung nicht unter Strafe gestellt. Wurde die Tierbetreuung zusätzlich gemäß § 16a Abs. 1 S. 2 Nr. 3 durch die Verwaltungsbehörde untersagt, kommt eine Ordnungswidrigkeit nach § 18 Nr. 20a in Betracht. Die Zuwiderhandlung des § 20 Abs. 3 muss zumindest bedingt vorsätzlich erfolgen. Bloße Fahrlässigkeit genügt nicht. Bezieht sich die Zuwiderhandlung auf ein Tier oder mehrere Tiere gleichzeitig, liegt nur ein Vergehen vor. Bei mehreren voneinander unabhängigen Tätigkeiten handelt es sich hingegen um jeweils einzelne Taten.

Durch das 3. ÄndG zum TierSchG (→ § 17 Rn. 18) wurden §§ 20 Abs. 3 und 20a Abs. 3 **11** in die Einziehungsvorschrift des § 19 Abs. eingefügt. Damit sind nun auch bei Verstößen gegen ein im Strafverfahren verfügtes Tierhalteverbot die **Einziehungsmöglichkeiten** des § 19 einschließlich der strafprozessualen Möglichkeiten der §§ 111b und 111p StPO eröffnet.

§ 20a [Vorläufiges Verbot der Tierhaltung]

(1) Sind dringende Gründe für die Annahme vorhanden, dass ein Verbot nach § 20 angeordnet werden wird, so kann der Richter dem Beschuldigten durch Beschluss das Halten oder Betreuen von sowie den Handel oder den sonstigen berufsmäßigen Umgang mit Tieren jeder oder einer bestimmten Art vorläufig verbieten.

(2) Das vorläufige Verbot nach Absatz 1 ist aufzuheben, wenn sein Grund weggefallen ist oder wenn das Gericht im Urteil oder im Strafbefehl ein Verbot nach § 20 nicht anordnet.

(3) Wer einem Verbot nach Absatz 1 zuwiderhandelt, wird mit Freiheitsstrafe bis zu einem Jahr oder mit Geldstrafe bestraft.

Schrifttum: Siehe oben bei § 17.

§ 20a ist dem **vorläufigen** Berufsverbot des § 132a StPO nachgebildet. Die Norm gestat- **1** tet einen Vorgriff auf das Urteil, in dem ein **Tierhalteverbot** nach § 20 angeordnet wird.

Abs. 1 verlangt: **2**
– einen dringenden Tatverdacht,
– eine hohe Wahrscheinlichkeit, dass die Voraussetzungen des § 20 gegeben sind,
– eine hohe Wahrscheinlichkeit, dass das Gericht sein Ermessen durch eine Anordnung nach § 20 wahrnehmen wird.[1]

Unter diesen Umständen kann der Richter (im Rahmen einer Ermessensentscheidung) im **3** Beschlusswege ein vorläufiges Verbot iS des § 20 festsetzen. Untersagt werden darf das Halten oder Betreuen von, der Handel oder sonst berufsmäßige Umgang mit Tieren. Zuständig ist insoweit der Ermittlungsrichter des Amtsgerichts (§ 162 StPO). Nach Anklageerhebung ist das mit der Sache befasste Gericht zuständig. Gegen die anordnende oder ablehnende Entscheidung ist das Rechtsmittel der Beschwerde nach § 304 Abs. 1 StPO gegeben.

Entsprechend zu § 132a StPO ist die Maßnahme gemäß **§ 20a Abs. 2** aufzuheben, wenn **4** ihr Grund weggefallen ist oder wenn das Gericht im Urteil oder im Strafbefehl ein Verbot nach § 20 nicht anordnet.

---

[20] OLG Hamm 23.1.1985 – 4 Ss 1536/84, NuR 1985, 200.
[1] Vgl. Lorz/*Metzger* Rn. 2.

5   **Abs. 3** stellt die vorsätzliche Zuwiderhandlung gegen das vorläufige Verbot des Abs. 1 unter Strafe. Zur Auslegung dieses Vergehenstatbestands wird auf die Ausführungen zum parallel ausgestalteten § 20 Abs. 3 verwiesen.

II. Gesetz über Naturschutz und Landschaftspflege (Bundesnaturschutzgesetz – BNatSchG)

Vom 29.7.2009, BGBl. I S. 2542
zuletzt geändert durch Gesetz vom 15.9.2017, BGBl. I S. 3434
(FNA 791-9)

(Auszug)

§ 71 Strafvorschriften

(1) Mit Freiheitsstrafe bis zu fünf Jahren oder mit Geldstrafe wird bestraft, wer eine in

1. § 69 Absatz 2 Nummer 1 Buchstabe a, Nummer 2, 3 oder Nummer 4 Buchstabe a,
2. § 69 Absatz 2 Nummer 1 Buchstabe b oder Nummer 4 Buchstabe b oder
3. § 69 Absatz 3 Nummer 21, Absatz 4 Nummer 1 oder Absatz 5

bezeichnete vorsätzliche Handlung begeht, die sich auf ein Tier oder eine Pflanze einer streng geschützten Art bezieht.

(2) Ebenso wird bestraft, wer entgegen Artikel 8 Absatz 1 der Verordnung (EG) Nr. 338/97 des Rates vom 9. Dezember 1996 über den Schutz von Exemplaren wildlebender Tier- und Pflanzenarten durch Überwachung des Handels (ABl. L 61 vom 3.3.1997, S. 1), die zuletzt durch die Verordnung (EG) Nr. 398/2009 (ABl. L 126 vom 21.5.2009, S. 5) geändert worden ist, ein Exemplar einer in Anhang A genannten Art

1. verkauft, kauft, zum Verkauf oder Kauf anbietet oder zu Verkaufszwecken vorrätig hält oder befördert oder
2. zu kommerziellen Zwecken erwirbt, zur Schau stellt oder verwendet.

(3) Wer in den Fällen der Absätze 1 oder 2 die Tat gewerbs- oder gewohnheitsmäßig begeht, wird mit Freiheitsstrafe von drei Monaten bis zu fünf Jahren bestraft.

(4) Erkennt der Täter in den Fällen der Absätze 1 oder 2 fahrlässig nicht, dass sich die Handlung auf ein Tier oder eine Pflanze einer dort genannten Art bezieht, so ist die Strafe Freiheitsstrafe bis zu drei Jahren oder Geldstrafe.

(5) Handelt der Täter in den Fällen des Absatzes 1 Nummer 2 leichtfertig, so ist die Strafe Freiheitsstrafe bis zu zwei Jahren oder Geldstrafe.

(6) Die Tat ist nicht nach Absatz 5 strafbar, wenn die Handlung eine unerhebliche Menge der Exemplare betrifft und unerhebliche Auswirkungen auf den Erhaltungszustand der Art hat.

§ 69 Bußgeldvorschriften

(1) ...

(2) Ordnungswidrig handelt, wer

1. entgegen § 44 Absatz 1 Nummer 1
   a) einem wild lebenden Tier nachstellt, es fängt oder verletzt oder seine Entwicklungformen aus der Natur entnimmt oder beschädigt oder

b) ein wild lebendes Tier tötet oder seine Entwicklungsformen zerstört

2. entgegen § 44 Absatz 1 Nummer 2 ein wild lebendes Tier erheblich stört,

3. entgegen § 44 Absatz 1 Nummer 3 eine Fortpflanzungs- oder Ruhestätte aus der Natur entnimmt, beschädigt oder zerstört,

4. entgegen § 44 Absatz 1 Nummer 4

   a) eine wild lebende Pflanze oder ihre Entwicklungsformen aus der Natur entnimmt oder sie oder ihren Standort beschädigt oder

   b) eine wild lebende Pflanze oder ihre Entwicklungsformen zerstört oder ...

(3) Ordnungswidrig handelt, wer vorsätzlich oder fahrlässig

...

21. entgegen § 44 Absatz 2 Satz 1 Nummer 2, auch in Verbindung mit § 44 Absatz 3 Nummer 1 oder Nummer 2, diese in Verbindung mit einer Rechtsverordnung nach § 54 Absatz 4, ein Tier, eine Pflanze oder eine Ware verkauft, kauft, zum Verkauf oder Kauf anbietet, zum Verkauf vorrätig hält oder befördert, tauscht oder entgeltlich zum Gebrauch oder zur Nutzung überlässt, zu kommerziellen Zwecken erwirbt, zur Schau stellt oder auf andere Weise verwendet,

...

(4) Ordnungswidrig handelt, wer gegen die Verordnung (EG) Nr. 338/97 des Rates vom 9. Dezember 1996 über den Schutz von Exemplaren wildlebender Tier- und Pflanzenarten durch Überwachung des Handels (ABl. L 61 vom 3.3.1997, S. 1, L 100 vom 17.4.1997, S. 72, L 298 vom 1.11.1997, S. 70, L 113 vom 27.4.2006, S. 26), die zuletzt durch die Verordnung (EG) Nr. 318/2008 (ABl. L 95 vom 8.4.2008, S. 3) geändert worden ist, verstößt, indem er vorsätzlich oder fahrlässig

1. entgegen Artikel 4 Absatz 1 Satz 1 oder Absatz 2 Satz 1 oder Artikel 5 Absatz 1 oder Absatz 4 Satz 1 eine Einfuhrgenehmigung, eine Ausfuhrgenehmigung oder eine Wiederausfuhrbescheinigung nicht, nicht richtig, nicht vollständig oder nicht rechtzeitig vorlegt,

2. ...

3. entgegen Artikel 8 Absatz 1, auch in Verbindung mit Absatz 5, ein Exemplar einer dort genannten Art kauft, zum Kauf anbietet, zu kommerziellen Zwecken erwirbt, zur Schau stellt oder verwendet oder ein Exemplar verkauft oder zu Verkaufszwecken vorrätig hält, anbietet oder befördert oder

4. ...

(5) Ordnungswidrig handelt, wer gegen die Verordnung (EWG) Nr. 3254/91 des Rates vom 4. November 1991 zum Verbot von Tellereisen in der Gemeinschaft und der Einfuhr von Pelzen und Waren von bestimmten Wildtierarten aus Ländern, die Tellereisen oder den internationalen humanen Fangnormen nicht entsprechende Fangmethoden anwenden (ABl. L 308 vom 9.11.1991, S. 1), verstößt, indem er vorsätzlich oder fahrlässig

1. entgegen Artikel 2 ein Tellereisen verwendet oder

2. entgegen Artikel 3 Absatz 1 Satz 1 einen Pelz einer dort genannten Tierart oder eine dort genannte Ware in die Gemeinschaft verbringt.

...

Schrifttum: Kommentare und Monographien: *Frenz/Müggenborg,* Bundesnaturschutzgesetz, 2. Aufl. 2016; GK-BNatSchG (Hrsg. *Schlacke*), 2. Aufl. 2017; *Gassner/Bendomir/Kahlo/Schmidt-Räntsch,* Bundesnaturschutzgesetz, 2. Aufl. 2003; *Gassner/Heugel,* Das neue Naturschutzrecht, 2010; *Gütschow,* Der Artenschutz im Umweltstrafrecht, strafrechtlicher Schutz der Tier- und Pflanzenarten de lege lata und de lege ferenda, 1998; *Kolodziejcok/Recken/Apfelbacher/Iven,* Naturschutz, Landschaftspflege, Loseblatt, 2016; *Landmann/Rohmer,* Umweltrecht, Bd. IV, Naturschutzrecht, Loseblatt 2015; *Lenz,* Illegaler Tierhandel, Diss. Frankfurt/M., 1990; *Lorz/Konrad/Mühlbauer/Müller-Walter/Stöckel,* Naturschutzrecht, 3. Aufl. 2013; *Louis,* Bundesnaturschutzgesetz, 1994; 2. Aufl. des 1. Bandes, 2000; *Lütkes/Ewer,* Bundesnaturschutzgesetz, 2011; *Marzik/Wilrich,* Bundesnaturschutzgesetz, 2004; *Pohlit,* BNatSchG, in *Graf/Jäger/Wittig,* Wirtschafts- und Steuerstrafrecht, 2. Aufl.

2017; *Sack,* Umweltschutz-Strafrecht,Loseblatt, 5. Aufl. 2015; *Schumacher/Fischer-Hüftle,* Bundesnaturschutzgesetz, 2. Aufl. 2011; *Stegmann,* Artenschutz-Strafrecht, 2000; *Friedrich Karl Weber,* Naturschutz mit den Mitteln des Straf- und Ordnungswidrigkeitenrechts, 1991.

Aufsätze: *Bick/Wulfert,* Der Artenschutz in der Vorhabenzulassung aus rechtlicher und naturschutzfachlicher Sicht, NVwZ 2017, 346; *Emonds/Emonds,* Komplexität des Artenschutzrechts am Beispiel des Elefantenschutzes, NuR 1997, 65; *Gellermann,* Naturschutzrecht nach der Novelle des Bundesnaturschutzgesetzes, NVwZ 2010, 73; *Hefendehl,* Die Strafvorschriften im Naturschutzrecht, NuR 2001, 498; *Henzler,* Die Griechische Landschildkröte und der Strafrichter – eine Darstellung anhand eines artenschutzrechtlichen Falles aus der Praxis, NuR 2005, 646; *Klinkhammer/König,* Bekämpfung der Artenschutzkriminalität durch die deutsche Zollverwaltung, ZfZ 1995, 194; *Louis,* Das neue BNatSchG, NuR 2010, 77; *Pfohl,* Artenschutz-Strafrecht, wistra 1999, 161; *Philipp,* Artenschutz in Genehmigung und Planfeststellung, NVwZ 2008, 593; *Szesny/ Görtz,* Das neue Umweltstrafrecht? Kritisches zur Umsetzung der neuen Richtlinie Umweltstrafrecht ZuR 2012, 405.

Übersicht

I. Überblick

1 **1. Normzweck. a) Rechtsgut.** §§ 69, 71, 71a[1] sollen in Anbetracht des fortschreitenden Artenschwundes[2] in der jüngeren Vergangenheit und Gegenwart das „hoch zu bewertende" **Rechtsgut der Artenvielfalt**[3] schützen. Anders als die Tatbestände des 29. Abschnitts im StGB, die zumindest teilweise (zB §§ 325, 325a, 328 Abs. 3 StGB) einen gemischt ökologisch-anthropozentrischen Ansatz verfolgen,[4] richtet sich der Blick hier allein auf die Tier- und Pflanzenwelt als Bestandteil der Umwelt. Verfolgt wird ein rein **ökologischer Rechtsgüterschutz**.[5] Tiere und Pflanzen sollen vor Beeinträchtigungen durch den Menschen bewahrt werden, ein Schutz vor anderen natürlichen Einflüssen, Ereignissen oder anderen wildlebenden Tierarten ist nicht bezweckt.[6] Einen Fremdkörper in dieser hinsichtlich des Schutzguts ansonsten homogenen Vorschrift bildet nur der über § 69 Abs. 5 sanktionierte Verstoß gegen die Tellereisen-VO, der sich nicht gegen das Ob, sondern das Wie der Tötung bestimmter Arten richtet, somit eher dem ethischen Tierschutz verpflichtet ist.[7]

2 §§ 71, 69 in der Tatbestandsausgestaltung des § 69 Abs. 2 betreffen **unmittelbare Eingriffe** in die Natur und den Pflanzenhaushalt. Dazu zählen auch noch die über §§ 71, 69 Abs. 2 Nr. 3 sanktionierten Beschädigungen von Fortpflanzungs- oder Ruhestätten. Die für den heimischen Artenrückgang ebenfalls wesentlichen mittelbaren Beeinträchtigungen, insbesondere die zunehmende Zerstörung natürlicher Lebensräume durch Landschaftsverbrauch, Bodenversiegelung, Gewässer-, Luft- und Bodenverunreinigung, werden hingegen – allerdings nicht vollständig und unter dem jeweiligen Vorbehalt der Verwaltungsakzessorietät – über den 29. Abschnitt des StGB geschützt.[8]

3 Eher einem **mittelbaren Schutz** insbesondere **fremder Arten** sollen die Vorschriften über die Ein- und Ausfuhr von sowie den Handel mit bestimmten besonders geschützten Arten (§ 69 Abs. 3 Nr. 21, 69 Abs. 4 Nr. 1 und 3 sowie Art. 8 Abs. 1, Abs. 5 der VO (EG) Nr. 338/97) dienen (→ Rn. 26). Hier soll – entsprechend den bereits mit dem Washingtoner Artenschutzübereinkommen (→ Rn. 22) verfolgten Intentionen – über die Regulierung und Beschränkung des Handels mit besonders bedrohten Arten sowie daraus hergestellten Erzeugnissen ein Beitrag dazu geleistet werden, die Artenvielfalt in wirtschaftlich schwächeren Regionen der Erde zu erhalten. Dabei kann mit den gemeinschaftsrechtlichen und nationalen Vorschriften allerdings nur ein Segment der Ursachen für das **globale Artensterben** überhaupt erfasst werden. Weiteren wesentlichen Faktoren, zB dem Roden des Urwaldes, dem Klimawandel,[9] der Bodenerosion kann mit strafrechtlichen Bestimmungen nur mittelbar betroffener Staaten nicht wirksam begegnet werden.[10] Dennoch sollte zumindest, was den Handel mit besonders geschützten Arten betrifft, die generalpräventive Wirkung des nationalen Artenschutzstrafrechts insbesondere für die möglicherweise betroffenen Kreise gewerbsmäßiger Händler nicht ganz gering geschätzt werden.[11]

4 **b) Deliktsnatur.** Die auf § 69 bzw. die VO (EG) Nr. 338/97 bezogenen Tatbestände des § 71 stellen jeweils Begehungsdelikte dar, die entweder als **Tätigkeits-** oder aber als

---

[1] Im folgenden sind alle §§ ohne nähere Bezeichnung solche des BNatSchG.

[2] Aufschlussreich hierzu der Artenschutzreport 2015 des Bundesamts für Naturschutz – Download von der Homepage des BfN, www.bfn.de.

[3] BT-Drs. 10/5064, 36.

[4] Vgl. *Rengier* NJW 1990, 2506; *Franzheim/Pfohl* Rn. 6 mwN.

[5] So auch GK-BNatSchG/*Engelstätter* Vorb. zu §§ 69–73 Rn. 5; *Klinkhammer/König* ZfZ 1995, 194; *Gütschow* S. 23; *Stegmann* S. 93 ff.; aA *Hefendehl* NuR 2001, 498: Vorschriften weitgehend symbolischer Natur ohne zu schützende Rechtsgüter.

[6] Erbs/Kohlhaas/*Stöckel/Müller-Walter* N 16 § 39 Rn. 5.

[7] Ebenso *Hefendehl* NuR 2001, 498 und *Stegmann* S. 148; relativierend Landmann/Rohmer/*Sanden* § 69 Rn. 19.

[8] Kritisch dazu ua mit Vorschlägen für einen verbesserten strafrechtlichen Biotopenschutz *Gütschow* S. 64 ff.

[9] Vgl. dazu *Frisch* GA 2015, 427.

[10] Kritisch dazu *Gütschow* S. 17, der die Vorschriften des internationalen Artenschutzes nur als „minimalen Faktor" gegen das globale Artensterben ansieht.

[11] Weit skeptisch *Gütschow* S. 17: Kein wirksamer Schutz durch das deutsche Strafrecht.

Verletzungsdelikte ausgestaltet sind.[12] So enthält die Bezugsnorm des § 69 Abs. 2 Nr. 1 Tathandlungen eines schlicht aktiven Tuns („Nachstellen"), aber auch solche, die einen über die Handlung hinausgehenden Erfolg verlangen („verletzt", „tötet", „beschädigt", „zerstört"). Bei § 69 Abs. 2 Nr. 3 und 4 verhält es sich entsprechend. Auch § 69 Abs. 3 Nr. 21 weist beide Deliktstypen auf (zB „anbietet" einer- und „verkauft" andererseits). Die Bezugsnorm des § 69 Abs. 4 Nr. 1 führt zu einem echten Unterlassungsdelikt („nicht, nicht richtig … vorlegt"), während § 71 Abs. 2 wieder unterschiedliche Handlungsformen aufweist. § 69 Abs. 5 begründet wiederum ein reines Tätigkeitsdelikt.

2. Kriminalpolitische Bedeutung. Ausweislich der **Strafverfolgungsstatistik** führen 5 Vergehen nach § 71 (früher § 66, davor § 30a) selten zu Verfahren vor den Strafgerichten. So wurden 1997 65 Artenschutzstrafsachen bei den Strafgerichten in den alten Bundesländern und Berlin anhängig, die zu 45 rechtskräftigen Verurteilungen von Erwachsenen führten.[13] In den Jahren 2010 bzw. 2015 waren dies bei (nun bundesweit) 69 bzw. 50 anhängig gewordenen Verfahren 48 bzw. 34 rechtskräftige Verurteilungen. Dabei wurden 1997 in 12, 2010 in 5 und 2015 in 4 Fällen Freiheitsstrafen, im Übrigen Geldstrafen festgesetzt. Diese verhältnismäßig niedrigen Zahlen deuten zunächst auf eine geringe Bedeutung der Artenschutzkriminalität hin. Tatsächlich soll hier jedoch eine weit überdurchschnittliche Dunkelziffer vorliegen.[14]

Empirische kriminologische Untersuchungen über die **einzelnen Tätergruppen** und 6 auftretende **Varianten der Tatbegehung** liegen, soweit ersichtlich, noch nicht vor. Erfahrungen der Strafverfolgungspraxis deuten darauf hin,[15] dass sich die Verfahren häufig gegen Touristen richten, die gedanken- oder rücksichtslos Urlaubsmitbringsel besonders geschützter Arten einführen. Einige Verfahren scheinen auch Liebhaber exotischer Exemplare zu betreffen, etwa Orchideen-, Kakteen- oder Schmetterlingssammler, die sich nicht allen artenschutzrechtlichen Reglementierungen unterwerfen wollen. Sie profitieren gelegentlich auch vom Online- Handel, der weltweit boomen soll.[16] Besondere Aufmerksamkeit bei der Strafverfolgung verdienen die zum Teil aus Gewinnsucht heraus vorgehenden professionellen Händler bestimmter besonders gesuchter Arten, etwa im Bereich des organisierten illegalen Handels mit Greifvögeln, wie Falken oder Steinadlern.[17] Hier sollen Preise wie in der organisierten Kriminalität[18] verlangt und auch bezahlt werden, so etwa 125.000 Euro für einen nordischen Gerfalken.[19] Auch der Preis von 43.000 Euro für 2 Nashornhörner zeigt, dass es sich hier nicht um Petitessen handelt.[20]

Dieser Markt hat auf nationaler und internationaler Ebene einen deutlichen Anstieg von 7 Wilderei und illegalen Entnahmen gefährdeter Tiere zur Folge. So soll sich die Zahl gewilderter Nashörner in Simbabwe und Südafrika von 50 im Jahr 2007 auf über 1000 im Jahr 2013 erhöht haben. Auch heimische Tierarten, darunter schwerpunktmäßig Vögel und Reptilien, sollen betroffen sein. Für viele Arten soll der illegale Handel aus Deutschland abgewickelt werden.[21] So wurden etwa im Jahr 2016 auf dem Flughafen in Berlin-Schönefeld elf Boxen beschlagnahmt, die zuvor als Kaminuhren aus Marmor zur Ausfuhr angemeldet worden waren, aber 625 kg Elefantenelfenbein enthielten.[22]

3. Historie. Eine erste nationale Kodifikation mit artenschutzrechtlichem Gehalt 8 begründete das Vogelschutzgesetz vom 22.3.1888.[23] Ihm folgte das **RNatSchG** vom

---

[12] So auch *Stegmann* S. 104.

[13] Vgl. Statistisches Bundesamt, Arbeitsunterlagen Strafverfolgung, 1997–2015. Vgl. dazu auch *Hefendehl* NuR 2001, 498 sowie mit weiteren statistischen Daten GK-BNatSchG/*Engelstätter* Vorb. zu §§ 69–73 Rn. 2.

[14] *Lenz* S. 92.

[15] *Klinkhammer/König* ZfZ 1995, 194; *Pfohl* wistra 1999, 161.

[16] Vgl. Pressemeldung des BfN vom 21.4.2015, abzurufen von dessen Homepage, www.bfn.de.

[17] Vgl. etwa den Sachverhalt in BGH 16.8.1996 – 1 StR 745/95, BGHSt 42, 219 = NJW 1996, 3220.

[18] Näher dazu *Albrecht*, FS Eser, 2005, 1273 (1287).

[19] Vgl. *Lenz* S. 100.

[20] Vgl. den Fall OLG Frankfurt/M. 24.9.2014 – 1 Ss 122/14, NuR 2015, 875.

[21] Vgl. BT-Drs. 18/11272, 23 mwN sowie auch BT-Drs. 18/9593 und 18/9624.

[22] Artenschutzinfo des Bundesamtes für Naturschutz Nr. 002/2016 vom 10.10.2016.

[23] Näher dazu *Stegmann* S. 74 ff.

26.6.1935,[24] das gemeinsam mit der Durchführungsverordnung vom 31.10.1935[25] eine erste einheitliche Kodifizierung des Naturschutzrechts für das deutsche Staatsgebiet schuf.[26] Diese Vorschriften betrafen heimische Pflanzen und nicht dem Jagdrecht unterliegende heimische Tiere. Gemäß § 2 RNatSchG richtete sich der Schutz dabei auf die „Erhaltung seltener oder in ihrem Bestande bedrohter Pflanzenarten und Tierarten und auf die Verhütung missbräuchlicher Aneignung und Verwertung von Pflanzen und Pflanzenteilen oder Tieren …".

9   Im Einzelnen geregelt wurden die Schutzvorschriften in der Verordnung zum Schutze der wild wachsenden Pflanzen und der nicht jagdbaren wildlebenden Tiere (RNatSchVO).[27] Dieses Regelungswerk sah für wildlebende Arten einen allgemeinen Mindestschutz vor, so etwa ein Verbot des mutwilligen Beunruhigens, Fangens und Tötens von Tieren bzw. der missbräuchlichen Nutzung oder Bestandsverwüstung von Pflanzen.[28] Bestimmten Tieren und Pflanzen wurde ein weitergehender Schutz mit darüber hinausgehenden Entnahme-, Schädigungs- und Störungsverboten zuteil. Verstöße wurden mit Hilfe der Strafnorm des § 30 **RNatSchVO** sanktioniert, die vorsätzliche oder fahrlässige Verstöße mit Haft oder Geldstrafe bis zu 150 Reichsmark ahndete. Für gewerbs- und gewohnheitsmäßige Tatbegehungen oder sonstige besonders schwere Fälle war eine erhöhte Strafdrohung von Gefängnis bis zu zwei Jahren vorgesehen.

10   Auch nach Inkrafttreten des GG galt das RNatSchG als Landesrecht fort.[29] Eine bundesweite Neuregelung erfolgte erst mit dem **BNatSchG** vom 20.12.**1976**,[30] in dessen fünften Abschnitt die Vorschriften über den Schutz und die Pflege wildlebender Tier- und Pflanzenarten aufgenommen und dabei (hinsichtlich des besonderen Artenschutzes) erheblich ausgeweitet wurden. Zur Ahndung im Einzelnen aufgeführter Verstöße sah § 30 BNatSchG aF eine Bußgeldnorm vor, ein Straftatbestand war nicht enthalten. Das BNatSchG wurde ergänzt durch die Bundesartenschutzverordnung vom 25.8.1980,[31] in der ua die unter besonderen Schutz gestellten Arten aufgelistet waren.

11   Unter anderem zur Anpassung an und zur Umsetzung von internationalen und EG-rechtlichen Regelungen wurde das BNatSchG durch ein erstes ÄndG vom 10.12.1986 wesentlich reformiert.[32] Mit dieser sog Artenschutznovelle, die zum 1.1.1987 in Kraft trat, wurde in § 30a BNatSchG aF erstmals ein **Straftatbestand** eingeführt, der dazu dienen sollte, dem fortschreitenden Artenschwund in der jüngeren Vergangenheit mit einem Straftatbestand für bestimmte schwere Zuwiderhandlungen gegen den Artenschutz zu begegnen.[33] Ebenfalls am 19.12.1986 wurde die Bundesartenschutzverordnung neu gefasst.[34]

12   Nachdem das zugrunde liegende Gemeinschaftsrecht, insbesondere durch die zum 1.6.1997 in Kraft getretene VO (EG) Nr. 338/97 (→ Rn. 26) wiederum maßgeblich geändert worden war, musste das nationale Artenschutzrecht erneut angeglichen werden. Die erforderliche Reform erfolgte mit erheblicher Zeitverzögerung durch das **2. ÄndG zum BNatSchG** vom 30.4.1998,[35] das vor allem Neuregelungen über die Ein- und Ausfuhr geschützter Arten mit sich brachte. Dies hatte wiederum wesentliche Änderungen der Bußgeldnorm des § 30 BNatSchG aF und somit auch des darauf aufbauenden Straftatbestandes des § 30a BNatSchG aF zur Folge. Zwischenzeitlich aufgetretene Strafbarkeitslü-

---

[24] RGBl. I S. 821.
[25] RGBl. I S. 1275.
[26] Vgl. zur Rechtsentwicklung auch Erbs/Kohlhaas/*Stöckel/Müller-Walter* N 16 Vorb. Rn. 4 ff.
[27] Vom 18.3.1936, RGBl. I S. 181.
[28] §§ 12, 23 RNatSchVO.
[29] BVerfG 14.10.1958 – 2 BvO 2/57, BVerfGE 8, 192.
[30] BGBl. I S. 3573.
[31] BGBl. I S. 1565.
[32] BGBl. I S. 2349.
[33] So die Begr. BT-Drs. 10/5064, 36. Vgl. auch die Übersichtsbeiträge zu dieser Artenschutznovelle von *Apfelbacher* NuR 1987, 241; *Schmidt* NVwZ 1987, 1038.
[34] BGBl. I S. 2705.
[35] BGBl. I S. 823. Vgl. dazu *Apfelbacher/Adenauer/Iven* NuR 1998, 509.

cken konnten durch Anpassung der BArtSchVO nur unvollkommen ausgeglichen werden.[36]

Durch das am 4.4.2002 in Kraft getretene Gesetz zur Neuregelung des Rechts des Natur- **13** schutzes und der Landschaftspflege wurde das BNatSchG erneut geändert.[37] Diese Reform brachte hinsichtlich der artenschutzrechtlichen Bestimmungen nur wenige inhaltliche Änderungen (hinsichtlich Faunenverfälscher und des Vogelschutzes an Energiefreileitungen) mit sich. Durch eine **neue Gliederung** wurden die Vorschriften jedoch etwas übersichtlicher gestaltet. Die Bußgeldnorm des § 30 und der Straftatbestand des § 30a BNatSchG aF wurden zu §§ 65, 66 BNatSchG aF. § 65 aF wurde an die neu gefassten Verbots- und Gebotsnormen des 5. Abschnitts des BNatSchG (§§ 39 ff. aF) angepasst.

Am 10.1.2006 wurde Deutschland vom EuGH ua wegen der unzureichenden Umsetzung **14** der FFH-Richtlinie (→ Rn. 30) verurteilt.[38] Bemängelt wurden insbesondere die Vorschrift und die Auslegung des § 43 Abs. 4 BNatSchG in der damals geltenden Fassung, die für den Bereich der Land-, Forst- und Fischereiwirtschaft sowie bau- und straßenrechtlicher Eingriffsvorhaben eine zu weitgehende Freistellung von den artenschutzrechtlichen Verboten ermöglichten (→ Rn. 75). Diese Problematik wurde durch die sog „kleine Artenschutznovelle" vom 12.12.2007 bereinigt, mit der ua der heutige § 44 geschaffen wurde.[39]

Nachdem die Bemühungen um ein einheitliches Umweltgesetzbuch im Jahr 2009 **15** gescheitert waren, traf der Bundesgesetzgeber aufgrund der ihm im Rahmen der Föderalismusreform übertragenen Gesetzgebungskompetenzen vier sektorale Neuregelungen, ua des WHG und des BNatSchG. Das Bundesgesetz zur **Neuregelung** des Rechts des Naturschutzes und der Landschaftspflege vom **23.7.2009** trat am 1.3.2010 in Kraft.[40] Diese Neuregelung behielt zwar die Systematik des früheren Rechts bei, nahm jedoch einige neue Vorschriften auf, die dazu führten, dass die in der 1. Auflage erläuterten §§ 65, 66 BNatSchG aF zu §§ 69, 71 BNatSchG wurden.

Die vorletzte maßgebliche Änderung des Artenschutzstrafrechts erfolgte durch das **16** **45. Strafrechtsänderungsgesetz** zur Umsetzung der Richtlinie des Europäischen Parlaments und des Rates über den strafrechtlichen Schutz der Umwelt vom 6.12.2011, das am 13.6.2012 in Kraft getreten ist.[41] Mit dieser Reform wurde der ursprünglich in einer Vorschrift enthaltene Straftatbestand des § 71 in zwei Normen (§§ 71, 71a) aufgegliedert. Die zuvor in § 71 Abs. 1 aF geregelte gewohnheits- oder gewerbsmäßige Tatbegehung wurde in § 71a übernommen. § 71 Abs. 1 und Abs. 2 wurden (mit Ausnahme von § 71 Abs. 1 Nr. 3 iVm § 69 Abs. 5) streng tatobjektbezogen (streng geschützte Art) ausgestaltet, wobei Verletzungen des europäischen Vermarktungsverbots in Abs. 2 eine gesonderte Regelung erfuhren. Mit § 71a wurde der bisherige Artenschutzstraftatbestand erweitert: § 71a Abs. 1 Nr. 1, Nr. 2b stellten erstmals einzelne Verstöße unter Strafe, die sich auf „nur" besonders geschützte Arten beziehen, allerdings beschränkt auf Arten, die in der europäischen Vogelschutzrichtlinie aufgeführt sind. In § 71a Abs. 1 Nr. 2a wurde der zuvor nur bußgeldbewehrte Verstoß gegen das Besitzverbot zu einem Vergehen hochgestuft, soweit es sich um streng geschützte Arten nach der FFH-Richtlinie handelt. § 71a Abs. 2 ergänzte § 71 Abs. 2, indem auch der Verstoß gegen das europäische Vermarktungsverbot für Arten des Anhangs

---

[36] Näher dazu die 2. Aufl., § 71 Rn. 12 sowie die Kommentierung zu § 66 Rn. 30 und zu § 69 Abs. 2 BNatSchG aF in der 1. Auflage.

[37] BGBl. I S. 1193; näher dazu *Gellermann* NVwZ 2002, 1025; *Lange* ZUR 2002, 368; *Louis* NuR 2002, 385; *Stich* UPR 2002, 161.

[38] Vgl. zur FFH-Richtlinie Rn. 30.

[39] BGBl. I S. 2873. Vgl. zu dieser Novelle BT-Drs. 16/5100 sowie *Dolde* NVwZ 2008, 121; *Gassner* NuR 2008, 613; *Gellermann* NuR 2007, 783; *Lau/Steeck* NuR 2008, 386; *Louis* NuR 2008, 65; *Lütkes* NVwZ 2008, 598; *Möckel* ZUR 2008, 57; *Philipp* NVwZ 2008, 593; Frenz/Müggenborg/*Lau* § 44 Rn. 1 ff.

[40] Vgl. dazu BT-Drs. 16/12785; 16/122274; 16/13298 sowie *Gellermann* NVwZ 2010, 73; *Louis* NuR 2010, 77; *Gassner/Heugel* Rn. 9 ff.

[41] BGBl. I S. 2557. Vgl. dazu BR-Drs. 58/11; *Heger* HRRS 2012, 211; *Möhrenschlager* wistra 3/2011, S. V; *Möhrenschlager* wistra 4/2011, S. V.; *Szesny/Görtz* ZUR 2012, 405; *Kloepfer/Heger*, Das Umweltstrafrecht nach dem 45. Strafrechtsänderungsgesetz, 2015 sowie insbesondere zu §§ 71, 71a GK-BNatSchG/*Engelstätter* Vorbem. zu §§ 69–73 Rn. 10.

B nicht mehr nur als Ordnungswidrigkeit, sondern als Vergehen behandelt wurde. Während § 71 Abs. 4 den Irrtum über den Schutzstatus des Tieres oder der Pflanze auch bei bloßer Fahrlässigkeit als Straftat kategorisierte, wurde in § 71a Abs. 3 erstmals auf ein leichtfertiges Verkennen des Schutzstatus abgestellt. Ebenfalls neu war § 71a Abs. 4 (nun Abs. 5) der in Form einer Minima-Klausel eine Strafbarkeit nach § 71a Abs. 1 Nr. 1 oder Nr. 2, Abs. 2 oder Abs. 3 ausschließt, wenn die Handlung eine unerhebliche Menge der Exemplare betrifft und unerhebliche Auswirkungen auf den Erhaltungszustand der Art hat. Auf § 71a Abs. 1 Nr. 3 bezieht sich dieser Strafausschließungsgrund nicht.

17   Besonders zu beachten ist, dass die mit dem 45. StrÄndG neu gefassten §§ 71 Abs. 2, 71a Abs. 1 Nr. 1, Nr. 1a und Nr. 2a zwar, wie sich aus § 7 Abs. 3 ergibt, trotz ausdrücklicher Angabe der Fundstelle im ABl. **dynamisch** auf das europäische Recht **verweisen,** die Strafvorschriften jedoch bei jeder Aufhebung und Neufassung des zugrundeliegenden Gemeinschaftsrechts anzupassen sind. Ob dies tatsächlich immer rechtzeitig gelingen wird, ist nach den bisherigen Erfahrungen mit dem BNatSchG zu bezweifeln.[42]

18   Mit dem 45. StrÄndG wurde die europäische Richtlinie über den strafrechtlichen Schutz der Umwelt hinsichtlich der artenschutzrechtlichen Normen nur unvollständig in das deutsche Recht umgesetzt. Dies wurde von der Europäischen Kommission moniert und ein Verfahren eingeleitet. Beanstandet wurde, dass die Mitgliedstaaten sowohl die vorsätzliche als auch die **fahrlässige Tötung und Zerstörung** geschützter wild lebender Arten unter Strafe stellen müssten.[43] Nach §§ 71, 71a sei es jedoch nicht strafbar, wenn der Täter nicht erkennt, dass er eine einschlägige Tathandlung vornimmt, also nur fahrlässig ein Tier oder eine Pflanze tötet oder zerstört.

19   Um den Mangel zu beseitigen, legte das Bundesministerium der Justiz und für Verbraucherschutz im November 2015 einen Diskussionsentwurf zur (erneuten) Änderung des BNatSchG vor, der letztlich in das **Gesetz** zur effektiveren und praxistauglicheren Ausgestaltung des Strafverfahrens **vom 17.8.2017** aufgenommen wurde.[44] Mit dieser Reform werden § 69 Abs. 2 Nr. 1 und Nr. 4 jeweils in Buchstaben a) und b) untergliedert. Unter a) werden die weniger gewichtigen Tathandlungen (Nachstellen, Fangen, Verletzen eines wild lebenden Tieres, Entnahme, Beschädigung von Entwicklungsformen), unter b) das Töten und Zerstören aufgenommen. § 71 wird entsprechend ausdifferenziert. Im Falle des Tötens oder Zerstörens wird in einem neuen Abs. 5 die leichtfertige Tatbegehung bezüglich streng geschützter Arten unter Strafe gestellt. Dieser Leichtfertigkeitstatbestand wird um eine Bagatellklausel ergänzt, die dem bisherigen § 71a Abs. 4, nun Abs. 5 (→ § 71a Rn. 31) nachgebildet ist. In § 71a wird in einem neuen Abs. 4 eine **Leichtfertigkeitsstrafbarkeit** eingeführt, die sich auf die Tötung oder Zerstörung eines wild lebenden Tieres iSd. § 71a Abs. 1 Nr. 1 bezieht. Die Minima-Klausel des bisherigen Abs. 4 bleibt in einem neuen Abs. 5 aufrecht erhalten.

20   Das BNatSchG wird durch die **BArtSchV**[45] **ergänzt,** die auf der Ermächtigung des § 54 BNatSchG (früher § 52, davor § 20e) beruht, deren Wirksamkeit allerdings wegen einer etwaigen Verletzung des Zitiergebots in Frage gestellt wird.[46] Gemäß dieser Ermächtigung dürfen durch Rechtsverordnung ua.

– weitere heimische Tier- und Pflanzenarten oder Populationen solcher Arten unter besonderen Schutz gestellt werden (vgl. § 54 Abs. 1),
– bestimmte, bereits durch das europäische Recht oder das BNatSchG als besonders geschützt kategorisierte heimische Arten zu streng geschützten Arten heraufgestuft werden (vgl. § 54 Abs. 2),

---

[42] Vgl. nur § 69 Abs. 2 aF sowie die Kommentierung dazu in der 1. Aufl. Beispielhaft auch OLG Stuttgart 6.11.1998 – 1 Ss 437/98, NStZ-RR 1999, 161.

[43] Bereits früher bemängelt von *Heger* HRRS 2012, 211 sowie in Kloepfer/*Heger* Rn. 350.

[44] BGBl. I S. 3202, beruhend auf BT-Drs. 18/11272.

[45] In der Fassung v. 16.2.2005, BGBl. I S. 258, ber. S. 896, zul. geänd. am 21.1.2013, BGBl. I S. 95 (FNA 791-8-1). Näher dazu Erbs/Kohlhaas/*Stöckel*, N 18. Vgl. zur Novelle aus dem Jahr 2005 *Adams* NuR 2005, 299.

[46] Näher dazu Lütkes/Ewer/*Kraft* § 69 Rn. 21.

– nähere Bestimmungen über die Begriffe der Teile und Erzeugnisse iSd § 10 Abs. 2 Nr. 1c und d, Nr. 2c und d getroffen werden (§ 54 Abs. 3 Nr. 1),
– Ausnahmen von den Verboten des § 44 festgelegt werden (§ 54 Abs. 3 Nr. 2).
Weitere wesentliche Ermächtigungen finden sich in § 54 Abs. 4–8.   21

4. Europäisches und internationales Recht. a) Washingtoner Artenschutzüber- 22
einkommen. Grundlage der heute geltenden EU-weiten Artenschutzbestimmungen ist das Washingtoner Artenschutzübereinkommen vom 3.3.1973 (WA), das am 20.6.1976 in unmittelbar geltendes deutsches Recht transformiert wurde und in der Bundesrepublik in Kraft trat.[47] Seine englische Bezeichnung als Convention on International Trade in endangered Species of wild fauna and flora (= CITES) deutet zwar darauf hin, dass das WA vornehmlich ein Handelsabkommen darstellt. Ziel des Vertragswerks ist es jedoch auch, die vom Handel ausgehenden Gefahren für bedrohte Tier- und Pflanzenarten zu regulieren und diesen Handel nötigenfalls zu verbieten. Dazu wurden Tiere und Pflanzen in drei verschiedene Gefährdungskategorien eingestuft, die sich in den **Anhängen** des Abkommens wieder finden:[48]
– Anhang I: Von der Ausrottung bedrohte Arten,
– Anhang II: Arten, deren Erhaltungssituation zumeist noch eine geordnete wirtschaftliche Nutzung unter wissenschaftlicher Kontrolle zulässt,
– Anhang III: Arten, die von einer Vertragspartei in ihrem Hoheitsbereich einer besonderen Regelung unterworfen sind.
Aus der jeweiligen Einstufung in eine bestimmte Gefährdungskategorie folgen bestimmte 23
Dokumenten- und Erlaubnispflichten oder gar Verbote des Handels mit bestimmten Arten.

Diese Anhänge des WA werden bei regelmäßigen **Vertragsstaatenkonferenzen** aktuali- 24
siert. Dabei können einzelne Arten je nach ihrem tatsächlichen Gefährdungsgrad, aber auch nach wirtschaftlichen Interessen einzelner Mitgliedstaaten, in einen anderen Anhang umgestuft werden. Dies zeigt etwa der wechselvolle Schutzstatus des afrikanischen Elefanten,[49] dessen am 1.8.1990 erfolgte generelle Einstufung in Anhang I seit der Harare-Konferenz wieder durchbrochen wurde. Nunmehr gelten Sonderregelungen für Populationen aus Botswana, Namibia, Südafrika und Simbabwe.[50]

b) VO (EWG) Nr. 3626/82. Für den Bereich der EU wurde das WA erstmals mit der 25
VO (EWG) Nr. 3626/82 vom 3.12.1982[51] umgesetzt und dadurch auch bisherige „nicht WA-Staaten" zur Anwendung des Abkommens nach gemeinschaftlichem Recht verpflichtet. Die EWG-VO nahm nicht nur die in Anhang I des WA aufgelisteten Arten unter besonderen Schutz, sondern unterwarf einen Teil der in Anhang II und III WA genannten Arten in Anhang C der VO (EWG) ebenfalls strengeren Schutzbestimmungen und stellte sie den in Anhang I WA aufgeführten Arten für den Bereich der EWG gleich. Die Anhänge der europäischen Verordnung wurden insbesondere durch die VO (EWG) Nr. 197/90 vom 17.1.1990[52] und die VO (EWG) Nr. 558/95 vom 10.3.1995[53] erneuert und erweitert.

c) VO (EG) Nr. 338/97. Die VO (EWG) Nr. 3626/82 wurde mit Wirkung vom 26
1.6.1997 durch die VO (EG) Nr. 338/97 des Rates vom 9.12.1996 über den Schutz von Exemplaren wildlebender Tier- und Pflanzenarten durch Überwachung des Handels[54]

---

[47] Näher zum Washingtoner Artenschutzübereinkommen *Emonds* NuR 1979, 52; *Klinkhammer/König* ZfZ 1995, 194; *Lenz* S. 14 ff.; *Gassner/Bendomir-Kahlo* Vor § 39 Rn. 12 ff.; *Erbs/Kohlhaas/Stöckel/Müller-Walter* N 17.
[48] Vgl. dazu *Klinkhammer/König* ZfZ 1995, 194; *Erbs/Kohlhaas/Stöckel* N 17 Vor E.
[49] Vgl. BVerwG 21.9.1995 – 4 B 263.94, NuR 1996, 201 sowie *Emonds/Emonds* NuR 1997, 65.
[50] Genauer dargelegt unter Bemerkungen 102/605 der VO (EG) Nr. 2724/00 der Kommission vom 30.11.2000, ABl. 2000 L 320, 1. Vgl. dazu auch BT-Drs. 18/9593.
[51] ABl. 1982 L 384. Ausführlich zur Entwicklung der EU-rechtlichen Regelungen *Gassner/Bendomir-Kahlo* Vor § 39 Rn. 27 ff.
[52] Verordnung vom 31.1.1990, ABl. L 29, 1.
[53] ABl. 1995 L 57.
[54] ABl. 1997 L 61, zuletzt geändert durch ÄndVO (EU) 2017/128 vom 20.1.2017, ABl. 2017 L 21, S. 1.

ersetzt. Mit dieser Neuregelung sollte ein besserer Schutz gefährdeter Arten erreicht werden (Gründe Nr. 2). Dazu wurde ua auch gefordert, „dass die Mitgliedstaaten Verstöße mit Sanktionen ahnden, die im Hinblick auf Art und Schwere des Verstoßes ausreichend und angemessen sind" (Gründe Nr. 17).

27   Der Geltungsbereich der VO ergibt sich aus Art. 3, welcher zunächst auf **Anhang A** verweist, der rund 1.000 vom Aussterben bedrohte Tier- und Pflanzenarten aufführt. Dabei handelt es sich um die in Anhang I des Washingtoner Artenschutzübereinkommens sowie um einen Großteil der bisher in Anhang C Teil 1 der VO (EWG) Nr. 3626/82 erfassten Arten. In **Anhang B** sind etwa 24.000 Tier- und Pflanzenarten aufgenommen, die im Wesentlichen den Anhängen II und III des WA entsprechen. Bei diesen Gattungen droht eine Ausrottung, wenn der Handel nicht zumindest überwacht wird. **Anhang C** enthält die in Anhang III des WA aufgeführten rund 200 Arten. Hier wird nur die Einfuhr aus den Vertragsstaaten des WA reglementiert, die ihre eigenen Arten haben schützen lassen. In **Anhang D,** einem sogenannten „Monitoring-Anhang", sind derzeit nur wenige Gattungen aufgenommen. Hier sollen solche Arten aufgeführt werden, bei denen der Umfang der Einfuhren in die Gemeinschaft eine Überwachung rechtfertigt.[55]

28   **Art. 4–7** regeln (mit praxisrelevanten Abweichungen in Art. 7) die Einfuhr in sowie die Ausfuhr und Wiederausfuhr aus der Gemeinschaft. **Art. 8** enthält Bestimmungen über die Kontrolle des Handels, dabei in Abs. 1 ein weitreichendes Vermarktungsverbot für Exemplare der Arten des Anhangs A.

29   Die EG-Artenschutzverordnung wird ergänzt durch die **Durchführungsverordnung EG Nr. 865/2006,**[56] mit der die vorherige DVO Nr. 1808/01 aufgehoben wurde. Diese DVO enthält ua inhaltliche Konkretisierungen der GrundVO und ua Vorschriften über die Verwendung von Dokumenten der Zucht und künstlichen Vermehrung, der persönlichen Gegenstände, der Ausnahmen vom Vermarktungsverbot und Kennzeichnungsregelungen.

30   **d) Flora-Fauna-Habitat-Richtlinie.** Die Richtlinie 92/43/EWG des Rates vom 21.5.1992 zur Erhaltung der natürlichen Lebensräume sowie der wildlebenden Tiere und Pflanzen (Flora-Fauna-Habitat-Richtlinie)[57] verpflichtet die Mitgliedstaaten der Europäischen Gemeinschaft ua, unter dem Namen „Natura 2000" ein kohärentes europäisches Netz von besonderen Schutzgebieten einzurichten (Art. 3 Abs. 1 der Richtlinie). Darüber hinaus ordnet sie ein allgemeines Schutzsystem für bestimmte in Anhängen aufgeführte Arten (ausgenommen Vogelarten) im europäischen Gebiet der Mitgliedstaaten an.[58] Anhang IV sieht für streng zu schützende Arten von gemeinschaftlichem Interesse strikte Verbote der absichtlichen Beeinträchtigung und Naturentnahme, der absichtlichen Störung von Tieren sowie der Vermarktung solcher Exemplare vor, die der Natur entnommen worden sind. Anhang V enthält weniger strenge Vorgaben für nicht obligatorisch zu schützende Arten von gemeinschaftlichem Interesse. Für das Artenschutzstrafrecht hat diese Richtlinie durch die Neuregelung des § 71a Abs. 1 Nr. 2b erstmals Bedeutung erlangt, indem dort einzelne Zuwiderhandlungen gegen die Richtlinie ausdrücklich unter Strafe gestellt werden (→ § 71a Rn. 14). Darüber hinaus bildet sie die Grundlage des § 329 Abs. 4 StGB.

31   **e) Vogelschutzrichtlinie.** Die Richtlinie 79/409/EWG des Rates über die Erhaltung der wildlebenden Vogelarten vom 2.4.1979[59] (Vogelschutzrichtlinie) war das erste gemein-

---

[55] Näher dazu *Stüwe* ZfZ 1997, 254.

[56] VO (EG) Nr. 865/2006 der Kommission v. 4.5.2006 mit Durchführungsbestimmungen zur VO (EG) Nr. 338/97 des Rates über den Schutz von Exemplaren wildlebender Tier- und Pflanzenarten durch Überwachung des Handels, ABl.2006 L 166, S. 1, zuletzt geändert durch die ÄndVO (EU) 2015/870 vom 5.6.2015, ABl. L 142, 3.

[57] ABl. 1992 L 206, S. 7, zuletzt geändert am 13.5.2013, ABl. L 158, 193. Näher dazu *Louis* NuR 2012, 385; NuR 2012, 467 sowie *Tholen*, Das Artenschutzregime der Flora-Fauna-Habitat-Richtlinie im deutschen Recht, 2014.

[58] Vgl. *Apfelbacher/Adenauer/Iven* NuR 1998, 509.

[59] ABl. 1979 L 103, 1.

same Naturschutz-Regelwerk der Europäischen Gemeinschaft. Sie wurde 30 Jahre nach ihrem Inkrafttreten durch die Richtlinie 2009/147/EG vom 30.11.2009 novelliert und trat am 15.2.2010 in der neuen Fassung in Kraft.[60] Sie enthält ebenfalls nicht handelsbezogene Regelungen zum Schutz sämtlicher wildlebender Vogelarten, die im europäischen Gebiet der Mitgliedstaaten heimisch sind. Hierzu statuiert sie Maßnahmen zur Erhaltung und Wiederherstellung der Lebensstätten und Lebensräume und weist ua Verbote über das Töten, Fangen, Stören und Vermarkten wildlebender Vögel auf.[61] Durch das 45. StRÄndG wurden in § 329 Abs. 4 StGB sowie in § 71a Abs. 1 Nr. 1 und Nr. 2b erstmals unmittelbar auf die Vogelschutzrichtlinie bezogene Straftatbestände geschaffen, indem Verletzungen des Zugriffs- und des Besitzverbots bei besonders geschützten Arten sanktioniert werden (→ § 71a Rn. 9, 14).

f) Tellereisen-Verordnung. Die Tellereisen-Verordnung (EWG) Nr. 3254/91,[62] ver- **32** bietet seit dem 1.1.1995 die Verwendung von Tellereisen in der Gemeinschaft. Seit 1.1.1996 wird des Weiteren die Einfuhr von Pelzen solcher Tierarten und daraus hergestellter Waren in die Gemeinschaft untersagt, die in den Anhängen der VO aufgeführt sind, wobei sich einige dieser Arten auch im Anhang II des Washingtoner Artenschutzübereinkommens finden.[63] Zulässig sind danach nur Einfuhren aus Ländern, in denen angemessene Rechts- und Verwaltungsvorschriften über das Verbot von Tellereisen in Kraft sind oder die Fangmethoden den international vereinbarten humanen Fangnormen entsprechen. Welche Staaten diese Voraussetzungen erfüllen, lässt sich aus einer von der Kommission veröffentlichten und regelmäßig aktualisierten Liste entnehmen.[64]

g) Jungrobben-Richtlinie. Die Richtlinie 83/129/EWG[65] (Jungrobben-Richtlinie) **33** verpflichtet die Mitgliedstaaten sicherzustellen, dass Felle und Pelze von Jungtieren der Sattel- und Mützenrobbe und daraus hergestellte Waren nicht in die Gemeinschaft verbracht werden.

II. Erläuterung

1. Rechtliche Ausgestaltung des Straftatbestandes. a) Blankettstraftatbestand **34** **und Demokratieprinzip.** Abs. 1 und Abs. 2 sind jeweils als Blankettstraftatbestände ausgestaltet, zu deren Überprüfung stets eine längere Kette zugrunde liegender Vorschriften nachvollzogen werden muss. In der Literatur wurde daher (bezogen auf §§ 30a, 30 Abs. 1 Nr. 3 BNatSchG aF iVm VO (EWG) Nr. 3626/82 als blankettausfüllender Norm) in Zweifel gezogen, ob diese Vorschriften noch dem **Demokratieprinzip** genügten oder nicht vielmehr die normativen Voraussetzungen der Strafbarkeit durch den nationalen bzw. den europäischen Verordnungsgeber bestimmt würden.[66] Diese Bedenken hat der BGH nicht geteilt:[67] Das Demokratieprinzip hindere den Gesetzgeber nicht, zur weiteren Spezifizierung des Straftatbestandes auf EG-Verordnungen zu verweisen, die unter Übernahme des Washingtoner Artenschutzübereinkommens in das europäische Recht eine ins Einzelne gehende Bezeichnung der vom Aussterben bedrohten Tierarten vornehmen. Der Gesetzgeber entspreche damit zugleich seiner völkervertraglichen Verpflichtung, die dort genannten Tiere besonders zu schützen. Tatsächlich werden die Voraussetzungen der Strafbarkeit im förmlichen Gesetz festgelegt und dem Verordnungsgeber lediglich gewisse Spezifizierungen

---

[60] ABl. 2010 L 20, 7, zul. geänd. am 13.5.2013, ABl. L 150, 193.
[61] Vgl. dazu *Möckel* NuR 2014, 381; *Stegmann* S. 79 mwN.
[62] VO (EWG) Nr. 3254/91 des Rates v. 4.11.1991 zum Verbot von Tellereisen in der Gemeinschaft, ABl. 1991 L 308, 1; vgl. dazu *Apfelbacher/Adenauer/Iven* NuR 1998, 509; *Gassner/Bendomir-Kahlo* Vor § 39 Rn. 138.
[63] Vgl. *Landmann/Rohmer/Sanden* § 69 Rn. 19.
[64] Vgl. zuletzt ABl. 1998 L 286, 56.
[65] Richtlinie 83/129/EWG des Rates vom 28.3.1983 betreffend die Einfuhr in die Mitgliedstaaten von Fellen bestimmter Jungrobben und Waren daraus, ABl. 1983 L 91, 30, zuletzt geändert durch Richtlinie 89/370/EWG vom 8.6.1989, ABl. L 163, 37.
[66] So etwa *F.K. Weber* S. 86 ff.
[67] BGH 16.8.1996 – 1 StR 745/95, BGHSt 42, 219 = NJW 1996, 3220.

überlassen.[68] Dies wurde etwa beim 2. ÄndG zum BNatSchG deutlich, als bei der Anpassung der §§ 30, 30a BNatSchG aF an die VO (EG) Nr. 338/97 in der Strafnorm bewusst differenziert nur auf bestimmte Grundtatbestände verwiesen und einzelne Fallgestaltungen unterschiedlich als Ordnungswidrigkeit oder aber als Straftat eingestuft wurden. Diese Vorgehensweise wiederholte sich beim 45. StrÄndG, mit dem der Gesetzgeber noch weitergehende Differenzierungen vornahm.

35   **b) Bestimmtheitsgebot.** Bei der in §§ 71, 71a gewählten Regelungstechnik dynamischer Blankettverweisungen (§ 7 Abs. 3) auf das europäische Recht ist das verfassungsrechtliche Bestimmtheitsgebot besonders zu beachten.[69] Der nationale Gesetzgeber hat die wesentlichen Voraussetzungen der Straf- und Ahndbarkeit hinreichend genau festzulegen und darf dem Gemeinschaftsgesetzgeber lediglich die nähere Spezifizierung des Tatbestandes überlassen. Auch die vom Strafblankett in Bezug genommene gemeinschaftsrechtliche Vorschrift hat dem Bestimmtheitsgrundsatz zu genügen.

36   Entgegen entsprechender, auf diese strengen Anforderungen gestützte Bedenken in der Literatur[70] sah der **BGH** den aus §§ 30, 30a BNatSchG aF iVm der VO (EWG) Nr. 3626/82 zusammengesetzten Straftatbestand als **hinreichend bestimmt** iS der Art. 103 Abs. 2, 104 Abs. 1 S. 1 GG an.[71] Die Verweisung auf die Verordnung der EWG diene ausschließlich der weiteren Präzisierung des bereits bestimmten Straftatbestandes. Allein eine lange Verweisungskette, die eine Mehrzahl von Einzelvorschriften zusammenfasse, führe noch nicht zur Unbestimmtheit. Diese Regelungstechnik sei im Nebenstrafrecht üblich und diene der lückenlosen Erfassung komplexer Materien. Unüberwindliche Probleme für die Rechtsanwendungspraxis hätten sich daraus bisher nicht ergeben.

37   Diese Einschätzung könnte indes vor allem in Fällen der Bezugnahme auf die VO (EG) Nr. 338/97 und die darauf beruhende DVO zu optimistisch sein. Es darf nicht außer Betracht bleiben, dass hier, anders als bei Sonderdelikten wie etwa § 327 StGB,[72] nicht von einer besonderen Sachkunde des von der Strafnorm betroffenen Personenkreises ausgegangen werden kann. § 71 BNatSchG stellt ein Allgemeindelikt dar, das – wie gerade die Fälle der gedankenlosen Einfuhr von Touristensouvenirs zeigen – auch von nicht einschlägig Vorgebildeten begangen wird. Ob diese Tätergruppe die einschlägige Verweisungskette des § 71 Abs. 2 BNatSchG iVm Art. 8 Abs. 1 VO (EG) Nr. 338/97 iVm der Ausnahmevorschrift des Art. 7 Nr. 3 der VO sowie der Rückausnahme des Art. 57 Abs. 2 der DVO in vollem Umfang nachvollziehen kann, erscheint zweifelhaft.[73] Eine wertvolle **Verständnishilfe** für die Verwaltungsbehörden, aber auch für Strafjuristen, stellen hier die „Vollzugshinweise zum Artenschutzrecht" dar, die von der Homepage des Bundesamts für Naturschutz abrufbar sind.[74]

38   **c) Lücken in der Verweisungskette.** Wie bei Blankettstraftatbeständen generell, ist auch hier erforderlich, dass die ausfüllende Kette von Gesetzen im materiellen Sinn lückenlos sein muss. Dies war bei § 30a BNatSchG aF nicht immer der Fall: Bis zum Inkrafttreten des 2. ÄndG zum BNatSchG am 9.5.1998 verwies diese Norm über §§ 30 Abs. 1 Nr. 3, 20f Abs. 2 Nr. 2, 20e Abs. 1 und 3 BNatSchG aF auf Art. 6 der VO (EWG) Nr. 3626/82, obwohl diese VO mit Wirkung vom 1.6.1997 durch die VO (EG) Nr. 338/97 ersetzt worden war. Diese Ahndungslücke war zu beachten und hatte auch unter Berücksichtigung des § 2 Abs. 3 StGB einen vorübergehenden Wegfall der Strafdrohung zur Folge.[75] Für vor

---

[68] *Stegmann* S. 119 ff.

[69] Ausführlicher dazu GK-BNatSchG/*Engelstätter* § 69 Rn. 14 f.

[70] *F. K. Weber* S. 86 ff.

[71] BGH 16.8.1996 – 1 StR 745/95, BGHSt 42, 219 = NJW 1996, 3220; ebenso OLG Stuttgart 6.11.1998 – 1 Ss 437/98, NStZ-RR 1999, 161; beachtliche Kritik an der BGH-Entscheidung bei *Hammer* DVBl 1997, 401 (404).

[72] Vgl. BVerfG 6.5.1987 – 2 BvL 11/85, BVerfGE 75, 329.

[73] Vgl. *Pfohl* NuR 2012, 307. Skeptisch auch Landmann/Rohmer/*Sanden* § 65 Rn. 5 sowie Lütkes/Ewer/*Kraft* § 69 Rn. 5: „Grenze des Zulässigen erreicht".

[74] www.bfn.de

[75] Vgl. *Pfohl* wistra 1999, 161.

dem 1.6.1997 begangene Straftaten wurde dieses unbefriedigende Ergebnis durch die in § 69 Abs. 2 (früher § 39 Abs. 2 BNatSchG aF) enthaltene Derogierung des § 2 Abs. 3 StGB korrigiert.

Nach Inkrafttreten der neuen Vogelschutzrichtlinie am 15.2.2010 verwiesen § 7 Abs. 2 **39** Nr. 12 und somit auch § 7 Abs. 2 Nr. 13b bb auf die nicht mehr existente (Vogelschutz-) Richtlinie 79/409/EWG, die durch die Richtlinie 2009/147/EG vom 30.11.2009 ersetzt wurde. Soweit bestimmte **Vogelarten** nur über die Vogelschutzrichtlinie (und nicht auch über die EG-Artenschutz-VO, die FFH-Richtlinie oder die BArtSchVO) unter besonderen Schutz gestellt waren, ging die Verweisung ins Leere. Größere Ahndungslücken dürften indes nicht entstanden sein.[76] Eine Angleichung an die aktuelle Richtlinie ist erst mit dem 45. StrÄndG erfolgt, indem die Bezugnahmen in § 7 Abs. 1 Nr. 7, Nr. 9, Abs. 2 Nr. 12 und Abs. 3 Nr. 3 aktualisiert worden sind. Dabei ist allerdings zu beachten, dass auch diese Änderungen erst zum 13.6.2012 in Kraft getreten sind, der Gesetzgeber also die fehlerhafte Verweisung in der Zwischenzeit sehenden Auges hingenommen hat. Vergleichbare Lücken werden auch in Zukunft immer wieder auftreten, und zwar auch dann, wenn der Straftatbestand im BNatSchG in dynamischer Weise auf eine bestimmte Richtlinie oder EG-Verordnung verweist, da diese erfahrungsgemäß häufiger aufgehoben und neu gefasst werden.

d) Blankettausfüllende Grundtatbestände. §§ 69, 71, 71a befassen sich mit Zuwider- **40** handlungen gegen Vorschriften des allgemeinen und des besonderen Artenschutzes nach §§ 39 ff. Bis zur Neuregelung des BNatSchG im Jahr 2009 war der **allgemeine Artenschutz** gem. §§ 40, 41 aF den Ländern überlassen, die insbesondere Regelungen zum Schutz von Tieren und Pflanzen vor dem menschlichen Zugriff, mutwilligen Störungen und dem Schutz von Lebensstätten treffen sollten.[77] Mit der Neufassung wurde auch der allgemeine Artenschutz in §§ 37 ff. bundesweit geregelt. So sieht § 39 Abs. 1 ua ein Verbot zum Schutz von Tieren vor mutwilliger Beunruhigung oder vernunftloser Verletzung oder Tötung vor. § 40 regelt den Schutz vor einer Gefährdung durch nichtheimische, gebietsfremde und invasive Arten. §§ 41–43 betreffen den Vogelschutz an Energiefreileitungen, die Einrichtung und den Betrieb von Zoos und Tiergehegen. Verstöße gegen diese Vorschriften des allgemeinen Artenschutzes können gem. § 69 Abs. 1, Abs. 3 Nr. 7–19 als Ordnungswidrigkeit verfolgt werden (vgl. hierzu den Wortlaut des Bußgeldtatbestandes, der hier aus räumlichen Gründen nicht wiedergegeben und erläutert werden kann).

Ein **besonderer Schutz** kommt einzelnen bedrohten Arten zu (vgl. §§ 14 ff.). Nur für **41** diese Objekte gelten die strafrechtlichen Bestimmungen, die sich auf vier unterschiedliche Gruppen von Grundtatbeständen beziehen: § 69 Abs. 2 befasst sich mit **Zuwiderhandlungen gegen das nationale Naturschutzrecht.** In Abs. 2 wird auf die Nachstellungs-, Entnahme-, Störungs-, Verletzungs- und Schädigungsverbote des § 44 Abs. 1 sowie auf das nationale Besitz- oder Gewahrsamsverbot des § 44 Abs. 2 S. 1 Nr. 1 Bezug genommen. § 69 Abs. 3 Nr. 21 betrifft das nationale Vermarktungsverbot des § 44 Abs. 2 S. 1 Nr. 2, und zwar auch, soweit sich dies aus der BArtSchVO ableiten lässt. Über § 69 Abs. 4 Nr. 1 werden **Verstöße** gegen die Ein-, Aus- und Wiederausfuhrbestimmungen der **VO (EG) Nr. 338/ 97** erfasst. § 69 Abs. 3 Nr. 3 sanktioniert Zuwiderhandlungen gegen das sich aus Art. 8 Abs. 1 und 5 der EG-Verordnung ergebende Vermarktungsverbot, das gegenüber dem nationalen, in § 44 Abs. 2 S. 1 Nr. 1 enthaltenen Vermarktungsverbot vorrangig ist. Über den Grundtatbestand des § 69 Abs. 5 können schließlich **Zuwiderhandlungen** gegen die **Tellereisen-VO** strafrechtlich geahndet werden.

Die genannten Verstöße gegen die vier Gruppen von Grundtatbeständen werden in § 69 **42** zunächst als **Ordnungswidrigkeiten** behandelt. Zur Straftat werden die Zuwiderhandlungen in § 71 Abs. 1 und 2 dann heraufgestuft, wenn sich die vorsätzlichen Handlungen auf ein Tier oder eine Pflanze einer streng (nicht nur besonders) geschützten Art beziehen (→ Rn. 52). Der sehr differenziert ausgestaltete § 71a erfasst in Abs. 1 Nr. 1 und Nr. 1a

---

[76] Vgl. dazu Lütkes/Ewer/*Kraft* § 69 Rn. 6.
[77] Vgl. dazu *Louis* § 20e Rn. 1; Gassner/*Schmidt-Räntsch* § 41 Rn. 1 ff.

den Verstoß gegen das Störungs- und Schädigungsverbot des § 44 Abs. 1 Nr. 1, wenn es sich um eine besonders geschützte Art nach der Vogelschutzrichtlinie handelt. In § 71a Abs. 1 Nr. 2 wird die Verletzung des Besitz- oder Gewahrsamsverbots des § 44 Abs. 2 S. 1 Nr. 1 unter Strafe gestellt, soweit es sich um eine streng geschützte Art nach der FFH-Richtlinie oder um besonders geschützte Arten nach der Vogelschutzrichtlinie handelt. In § 71a Abs. 1 Nr. 3 findet sich (im Wesentlichen) der früher in § 71 Abs. 1 aF geregelte Tatbestand einer gewerbs- oder gewohnheitsmäßigen Tatbegehung wieder, der auf einzelne Grundtatbestände des § 69 verweist und auch für „nur" besonders geschützte Arten gilt. Schließlich regelt § 71a Abs. 2 die Verletzung des europäischen Vermarktungsverbots bei „nur" besonders geschützten Arten.

43   Wohl durch die zahlreichen Gesetzesänderungen bedingt, sind die einzelnen **Tatbestände unterschiedlich ausgestaltet.** So verweisen die im Rahmen des 45. StrÄndG neu geschaffenen § 71a Abs. 1 Nr. 1 und Nr. 2 sowie §§ 71 Abs. 2 und 71a Abs. 2 gleich unmittelbar auf die zugrunde liegenden Verbotstatbestände des § 44 Abs. 1 Nr. 1 und Abs. 2 Nr. 1 bzw. der VO (EG) Nr. 338/97. Die anderen, im Wesentlichen aus älteren Fassungen des BNatSchG übernommenen Tatbestände haben hingegen den Bußgeldtatbestand des § 69 zwischengeschaltet, was einen weiteren Verweisungsschritt bedeutet, der die Normen zwar kürzer, aber auch unübersichtlicher macht. Für die strafrechtliche Subsumtion bedeutet diese Ausgestaltung der Tatbestände, dass bei § 71 Abs. 1, § 71a Abs. 1 Nr. 3 zunächst zu prüfen ist, ob einer der angeführten Bußgeldtatbestände erfüllt ist. Bei § 71 Abs. 2, § 71a Abs. 1 Nr. 1, Nr. 1a und Nr. 2, Abs. 2 ist jeweils zu prüfen, ob eine Zuwiderhandlung gegen die im Einzelnen genannten Fälle des § 44 oder aber der europäischen Vermarktungsvorschriften vorliegt.

44   **2. Abs. 1 Nr. 1. a) Verstoß gegen das Zugriffsverbot für Tiere (§§ 69 Abs. 2 Nr. 1a, 44 Abs. 1 Nr. 1).** Zur Auslegung der Zuwiderhandlungen iSd § 69 Abs. 2 sind zunächst die Begriffsbestimmungen des § 7 Abs. 2 Nr. 1, 3, 13 und 14 heranzuziehen:

45   **aa) Tatobjekte.** Die Definition des § 7 Abs. 2 Nr. 1 zeigt, dass der Gesetzgeber bestrebt ist, einen möglichst umfassenden Artenschutz zu gewährleisten: **Tiere** sind danach nicht nur lebende Tiere, die im Mittelpunkt der tierschutzrechtlichen Regelungen stehen oder gar nur Wirbeltiere iSd § 17 TierSchG. Tiere sind vielmehr
– wild lebende, gefangene oder gezüchtete und nicht herrenlos gewordene sowie tote Tiere wild lebender Art,
– Eier auch im leeren Zustand, Larven, Puppen und sonstige Entwicklungsformen von Tieren wild lebender Arten.

46 Geschützt werden zunächst **wild lebende Tiere.** Nicht unter diese Vorschriften fallen somit domestizierte Tierarten wie Hunde, Katzen sowie Nutztiere.[78] Höckerschwäne, die häufig als halb domestizierte Parkvögel auftreten, sind hingegen als wild lebend einzustufen.[79] Gezüchtete Tiere sind gem. § 7 Abs. 2 Nr. 15 „Tiere, die in kontrollierter Umgebung geboren oder auf andere Weise erzeugt und deren Elterntiere rechtmäßig erworben worden sind." Nicht herrenlos gewordene Tiere sind der Vollständigkeit halber aufgeführt, wobei davon ausgegangen wird, dass herrenlos gewordene (vgl. § 960 BGB) wild lebende Tiere sind. Tote Tiere werden nur erfasst, sofern sie im Wesentlichen vollständig erhalten sind (zB ausgestopfte Exemplare). Andernfalls handelt es sich um Teile eines Tieres iSd § 7 Abs. 2 Nr. 1c.

47   **Entwicklungsformen** sind zB Eier, Larven oder Puppen (vgl. § 7 Abs. 2 Nr. 1b). Eier brauchen noch nicht brutfähig oder überhaupt befruchtet zu sein. Auch nicht bebrütete, selbst verdorbene, jedoch nicht erkennbar beschädigte Eier oder bloße Eierschalen sind erfasst.[80]

---

[78] Gassner/*Bendomir-Kahlo* § 10 Rn. 20; Lorz/Konrad/Mühlbauer/*Müller-Walter*/Stöckel § 7 Rn. 13; Schumacher/Fischer-Hüftle/*Kratsch* § 7 Rn. 22.
[79] OVG Koblenz 6.11.2014 – 8 A 10469/14, NuR 2015, 41.
[80] Erbs/Kohlhaas/*Stöckel/Müller-Walter* N 16 § 44 Rn. 14.

Ua um der mit Souvenirs, Jagdtrophäen uä verbundenen mittelbaren Gefährdung **48** bestimmter Arten entgegenzuwirken, werden auch ohne Weiteres erkennbare **Teile von Tieren** wild lebender Arten (§ 7 Abs. 2 Nr. 1c) und ohne Weiteres erkennbar aus Tieren wild lebender Arten gewonnene Erzeugnisse (§ 7 Abs. 2 Nr. 1d) als Tiere iSd Gesetzes definiert. Eine konkretisierende Begriffsbestimmung findet sich in § 5 BArtSchVO. Teile in diesem Sinne sind vom Ganzen abgetrennte Teilstücke, deren ursprüngliche Beschaffenheit noch erhalten ist, also zB ein Elefantenstoßzahn[81] oder Schneckengehäuse.[82] **Erzeugnisse** sind vom Menschen durch Be- und Verarbeitung hergestellte Gegenstände, also etwa Kleidungsstücke, Decken, Wandbehänge, Handtaschen, Bekleidungszubehör, Schmuck, Klaviertasten aus Elfenbein oder Lederwaren aus Elefantenleder.[83]

Aus der Bezugnahme auf § 44 Abs. 1 Nr. 1 und Nr. 2 ergibt sich, dass über das Zugriffs- **49** verbot nur wild lebende Tiere oder ihre Entwicklungsformen geschützt werden. Anders verhält es sich bei den Besitz- und Vermarktungsverboten des § 44 Abs. 2, die sich jeweils umfassend auf Tiere und Pflanzen iSd. § 7 Abs. 2 Nr. 1 und § 7 Abs. 2 Nr. 2 beziehen (→ Rn. 93).

Unter **Art** wird gem. § 7 Abs. 2 Nr. 3 „jede Art, Unterart oder Teilpopulation einer Art **50** oder Unterart" verstanden. Für die Bestimmung der Art ist die jeweilige wissenschaftliche Bezeichnung maßgeblich. Gemeint sind jedoch nur existierende Einheiten von Lebewesen, nicht aber ausgestorbene Arten, wie etwa der Mammut.[84]

Die Qualifikation von Tieren und Pflanzen als **besonders geschützte Arten** kann sich **51** gem. § 7 Abs. 2 Nr. 13 zunächst aus den Anhängen A und B der VO (EG) Nr. 338/97 in ihrer letzten Fassung vom 12.8.2010 ergeben. Sofern damit noch nicht erfasst,[85] gelten auch die in Anhang IV der FFH-Richtlinie aufgeführten Tier- und Pflanzenarten als besonders geschützt (§ 7 Abs. 2 Nr. 13b). Hinsichtlich der europäischen Vogelarten, dh der in Europa natürlich kommenden Vogelarten iSd Art. 1 der Vogelschutzrichtlinie (vgl. § 7 Abs. 2 Nr. 12) ist in § 7 Abs. 2 Nr. 13b bb) eine entsprechende Regelung vorgesehen. Schließlich sind die unter den Prämissen des § 54 Abs. 1 in der BArtSchVO entsprechend gekennzeichneten Arten (§ 7 Abs. 2 Nr. 13c) besonders geschützt. Dies dürfen nur solche Arten sein, die nicht bereits unter § 7 Abs. 2 Nr. 13a und b fallen. Unter besonderen (nationalen) Schutz können danach heimische Arten gestellt werden, die im Inland durch den menschlichen Zugriff in ihrem Bestand gefährdet sind, oder solche Arten, die mit solchen gefährdeten oder nach den Vorgaben der FFH- bzw. der Vogelschutzrichtlinie besonders geschützten Arten verwechselt werden könnten. Dementsprechend sind in der zu § 1 BArtSchVO erlassenen Anlage 1 Spalte 2 (mit Kreuz) ua der Eisvogel und die Ringelnatter aufgeführt.[86] Die frühere Einschränkung, wonach dies nicht für Arten galt, die bundesrechtlich dem Jagdrecht unterliegen,[87] ist entfallen, so dass auch diese Arten unter besonderen Schutz gestellt werden können, ohne dass dies am grundsätzlich in § 37 Abs. 2 („Unberührtheitsklausel") geregelten Verhältnis zwischen Jagdrecht und Artenschutz etwas ändert.

Seit Inkrafttreten des 2. ÄndG zum BNatSchG werden die zuvor als „vom Aussterben **52** bedrohten Arten" als **streng geschützte Arten** bezeichnet. Streng geschützt sind gem. § 7 Abs. 2 Nr. 14 besonders geschützte Arten (iS der Nr. 13), die im Anhang A der VO (EG) Nr. 338/97 und in Anhang IV der FFH-Richtlinie aufgeführt sind. Nach der BArtSchVO können darüber hinaus bestimmte besonders geschützte Tier- und Pflanzenarten des Anhangs B der VO (EG) Nr. 338/97, europäische Vogelarten und sonstige Tier- und Pflan-

---

[81] OLG Düsseldorf 15.11.1985 – 1 Ws 933/85, ZfZ 1986, 183; vgl. weiter zum Elfenbeinhandel BVerwG 21.9.1995 – 4 B 263.94, NuR 1996, 201; LG Erfurt 26.4.1995 – 1 Qs 84/95, NStZ 1996, 561. Zur Definition der „Teile" Gassner/*Bendomir-Kahlo* § 10 Rn. 27.
[82] Frenz/Müggenborg/*Klages* § 7 Rn. 14.
[83] *Emonds/Emonds* NuR 1997, 65; Lorz/Konrad/Mühlbauer/*Müller-Walter*/Stöckel § 7 Rn. 15.
[84] *Louis* § 20a Rn. 5.
[85] Vgl. BT-Drs. 14/6378, 42.
[86] Näher dazu Erbs/Kohlhaas/*Stöckel/Müller-Walter* N 18 § 1 Rn. 29 ff.
[87] Vgl. etwa noch die Prüfung des VGH Mannheim 1.12.1997 – 5 S. 1486/96, NuR 2000, 149 zur Unterschutzstellung des Eichelhähers.

zenarten iSd § 54 Abs. 1 unter strengen Schutz gestellt werden, soweit es sich um heimische Arten handelt, die im Inland vom Aussterben bedroht sind oder für die die Bundesrepublik Deutschland in besonders hohem Maße verantwortlich ist (§ 54 Abs. 2). Derartige nationale Unterschutzstellungen, die über das EU-Recht hinausgehen, sind durch die Vorbemerkung 3 der VO (EG) Nr. 338/97 ausdrücklich zugelassen.[88]

53   Gemäß Anhang A der VO (EG) Nr. 338/97 **streng geschützt** sind etwa bestimmte Menschenaffenarten wie Gorillas, Schimpansen, Orang-Utans, Bärenarten wie der Braunbär, Tiger, Jaguar, Leopard, Gepard, der indische und der afrikanische Elefant[89] sowie der Wolf.[90] In der zu § 1 BArtSchVO erlassenen Anlage 1, Spalte 3 mit Kreuz versehen und somit streng geschützt sind ua der Eisvogel, das Steinhuhn, der Grünspecht, viele Schmetterlinge, Käfer und Libellen.[91] Besonders geschützt nach Anhang B der VO (EG) sind zB alle Herrentiere (Affen), Bären, soweit sie nicht im Einzelnen in Anhang A aufgenommen sind. Nach der BArtSchVO sind ua der Moschusochse, die Ringelrobbe und zahlreiche Kriechtiere wie die Ringelnatter besonders geschützt.

54   **bb) Tathandlungen.** § 44 Abs. 1 Nr. 1 begründet ein individuenbezogenes[92] **Zugriffsverbot** für wildlebende Tiere der besonders geschützten Arten. Untersagt ist, diesen Tieren nachzustellen, sie zu fangen, zu verletzen, zu töten oder ihre Entwicklungsformen aus der Natur zu entnehmen, zu beschädigen oder zu zerstören. Dieses einheitliche Zugriffsverbot wurde durch die Reform im Jahr 2017 aufgegliedert (→ Rn. 19). Die Tathandlungen des Tötens und Zerstörens wurden aus § 71 Abs. 1 Nr. 1 herausgenommen und in einen neuen § 71 Abs. 1 Nr. 2 eingestellt. Damit sollte eine differenzierte Sanktionierung der leichtfertigen Tatbegehung ermöglicht werden, die nun in § 71 Abs. 5 nur bezogen auf die schwerwiegenderen Handlungen des Tötens und Zerstörens, nicht aber der übrigen in § 71 Abs. 1 Nr. 1 verbliebenen Handlungen vorgesehen ist.[93]

55   Die Verbotstatbestände sind anders als Art. 12 Abs. 1a–c und Art. 13 Abs. 1a der FFH-Richtlinie sowie Art. 5a, b und d der Vogelschutzrichtlinie rein objektiv gefasst. Sie verlangen keine subjektiven Merkmale. Die Frage des Vorsatzes oder der Fahrlässigkeit stellt sich hier nur bei der Prüfung des Bußgeldtatbestandes nach § 69 Abs. 2 bzw. eines Vergehens nach §§ 71, 71a.[94]

56   **Nachstellen** ist ein aus der Jägersprache entlehnter Begriff, der sich in § 292 StGB wieder findet[95] und auch als Erscheinungsform des Stalking in § 238 StGB aufgenommen wurde.[96] Gemeint ist jede Handlung, die das Fangen, Verletzen oder Töten eines Tieres vorbereitet, also zB das Aufstellen von Fallen, Auslegen von Ködern, Anlocken, Anschleichen, Auflauern.[97] Damit wird de facto bereits der Versuch der übrigen Tathandlungen sanktioniert.[98] Schon begrifflich erfordert das Nachstellen ein vorsätzliches Vorgehen.[99] Nicht davon umfasst ist ein Verhalten, das nur eine Störung (dazu § 44 Abs. 1 Nr. 2) darstellt oder auf ein Beunruhigen der Tiere zielt, wie etwa das Hetzen von Hirschen, die so zum Abwerfen von Stangen veranlasst werden sollen (sog „Hirschsprengen") oder das Aufspüren zum Fotografieren. Auch wenn § 44 Abs. 1 Nr. 1 einen möglichst umfassenden Schutz bezweckt, ergibt sich aus den weiteren in der Vorschrift aufgeführten Tathand-

---

[88] So bereits zum BNatSchG aF BGH 16.8.1996 – 1 StR 745/95, BGHSt 42, 219 = NJW 1996, 3220.

[89] Beachte aber die Ausnahmen → Rn. 24.

[90] Ausführlicher dazu *Wolf* NuR 2014. 463.

[91] Unter www.wisia.de findet sich im Internet eine vom Bundesamt für Naturschutz betreute alphabetische Zusammenstellung der besonders und der streng geschützten Tier- und Pflanzenarten.

[92] Näher dazu Landmann/Rohmer/*Gellermann* § 44 Rn. 9 mwN.

[93] Vgl. BT-Drs. 18/11272, 26.

[94] *Gassner/Heugel* Rn. 568.

[95] Vgl. zur Definition dort Schönke/Schröder/*Heine/Hecker* StGB § 292 Rn. 12 mwN.

[96] Vgl. dazu Schönke/Schröder/*Eisele* StGB § 238 Rn. 6.

[97] *Louis* § 20f Rn. 5; Lorz/Konrad/Mühlbauer/*Müller-Walter*/Stöckel § 44 Rn. 9; *Marzik/Wilrich* § 42 Rn. 10; Schumacher/Fischer-Hüftle/*Kratsch* § 44 Rn. 14.

[98] So zutreffend Lütkes/Ewer/*Kraft* § 69 Rn. 12.

[99] Erbs/Kohlhaas/*Stöckel/Müller-Walter* N 16 § 44 Rn. 9.

lungen, dass mit „Nachstellen" nur die Vorstufe zum Fangen, Verletzen oder Töten gemeint ist.[100]

Fangen bedeutet den Zugriff auf ein Tier in der Absicht, es lebend in seine Gewalt zu **57** bekommen, ohne ihm alsbald und am Ort des Zugriffs die Freiheit wiedergeben zu wollen.[101] Nach dieser Auslegung dürfte eine kurzzeitige Besitznahme, die keinen Schaden verursacht, nicht tatbestandsmäßig sein.[102] Der Wortlaut der Norm und der Vergleich mit den übrigen weit gefassten Tathandlungen sprechen allerdings eher für eine großzügigere Auslegung.[103] Der Tatbestand kann also schon bei der wissenschaftlichen Vogelberingung erfüllt sein.[104] Das Fangen wird häufig gleichzeitig ein „In Besitz nehmen" iSd § 44 Abs. 2 Nr. 1 darstellen.[105] Der Verstoß gegen diese Verbotsnorm kann gemäß § 71a Abs. 1 Nr. 2 sanktioniert werden (vgl. zum Konkurrenzverhältnis → § 71a Rn. 41).

Verletzen ist in Anlehnung an § 223 StGB die Beeinträchtigung der körperlichen Unver- **58** sehrtheit und die Beschädigung der Gesundheit.[106]

Gemäß § 44 Abs. 1 Nr. 1 ist des Weiteren verboten, **Entwicklungsformen** (→ Rn. 47) **59** aus der Natur zu entnehmen, zu beschädigen oder zu zerstören. Dies gilt, wie sich aus § 1 Abs. 1 BNatSchG ergibt, sowohl für den besiedelten als auch für den unbesiedelten Bereich.[107]

Eine **Entnahme** iSd § 44 Abs. 1 Nr. 1 liegt vor, wenn der geschützte Gegenstand aus **60** der Natur entfernt wird. Anders als in § 40 Abs. 4 ist damit nicht nur die „freie Natur" gemeint. Auch innerörtliche Bereiche sind geschützt. Nicht der Natur zurechenbar sind bewohnte Innenräume, hingegen werden Fassaden,[108] Loggien, Dächer, sowie nicht vom Menschen bewohnte Bereiche von Gebäuden (zB das Schwalbennest in der Garage)[109] vom Schutz mit umfasst.[110] Unter Entnahme versteht das Kammergericht jede Handlung, die dem Tier seinen Aufenthaltsort auf nennenswerte Dauer entzieht, also etwa auch das Anbringen eines großen Plakats an einer Hauswand, durch welches dahinter befindliche Dohlennester unerreichbar werden.[111] Ob diese Auslegung noch vom Wortlaut gedeckt ist, erscheint allerdings zweifelhaft.

Beschädigen ist wie in § 303 StGB zu verstehen.[112] Beschädigt wird eine Sache, wenn **61** körperlich derart auf sie eingewirkt wird, dass ihre Substanz nicht unerheblich verletzt oder ihre bestimmungsgemäße Brauchbarkeit nicht nur unerheblich beeinträchtigt wird.[113]

b) Verstoß gegen das Störungsverbot (§§ 69 Abs. 2 Nr. 2, 44 Abs. 1 Nr. 2). **62**
aa) Tatobjekte. Gemäß § 44 Abs. 1 Nr. 2 dürfen wild lebende Tiere (→ Rn. 43) der streng geschützten Arten (§ 7 Abs. 2 Nr. 14) und der europäischen Vogelarten (§ 7 Abs. 2 Nr. 12) während der Fortpflanzungs-, Aufzucht-, Mauser-, Überwinterungs- und Wanderungszeiten nicht erheblich gestört werden. Anders als die Vorgängernorm des § 42 Abs. 1 Nr. 3 aF

---

[100] Gassner/*Schmidt-Räntsch* § 42 Rn. 5.
[101] OVG Koblenz 6.11.2014 – 8 A 10469/14, NuR 2015, 41.
[102] So auch *Louis* NuR 2012, 467; Frenz/Müggenborg/*Lau* § 39 Rn. 4; Schumacher/Fischer-Hüftle/ *Kratsch* § 42 Rn. 11.
[103] In diesem Sinne Lütkes/Ewer/*Heugel* § 44 Rn. 8.
[104] So Lütkes/Ewer/*Heugel* § 44 Rn. 8.
[105] OVG Koblenz 6.11.2014 – 8 A 10469/14, NuR 2015, 41.
[106] Erbs/Kohlhaas/*Stöckel/Müller-Walter* N 16 § 44 Rn. 10.
[107] So auch VGH München 8.7.1998 – 9 B 97 468, NuR 1999, 338; ebenso *Louis* § 20f Rn. 8; *Louis* in Dolde (Hrsg.), Umweltrecht im Wandel, 2001, S. 493, 520; Gassner/*Schmidt-Räntsch* § 42 Rn. 6; Lorz/Konrad/ Mühlbauer/*Müller-Walter*/Stöckel § 44 Rn. 24; aA OLG Düsseldorf 1.3.1989 – 1 Ws (OWi) 609/610/88, NuR 1990, 185; differenzierend KG 4.5.2000 – 2 Ss 344/99, NuR 2001, 176.
[108] OVG Lüneburg 14.5.2004 – 8 ME 65/04, NuR 2004, 612: Mehlschwalbennester an der Außenfassade eines Einkaufszentrums.
[109] AA OLG Düsseldorf 1.3.1989 – 1 Ws (OWi) 609/610/88, NuR 1990, 185.
[110] Vgl. Schumacher/Fischer-Hüftle/*Kratsch* § 44 Rn. 38 mwN; Graf/Jäger/Wittig/*Pohlit* § 69 Rn. 3.
[111] KG 4.5.2000 – 2 Ss 344/99, NuR 2001, 176; ebenso VG Berlin 31.10.2001 – 1 A 274.96, NuR 2002, 311 (Verhängen von Loggien mit Netzen); VG Potsdam 18.12.2002 – 4 L 648/01, NuR 2002, 567 (Sanierung einer Fassade); Gassner/*Schmidt-Räntsch* § 42 Rn. 7.
[112] KG 4.5.2000 – 2 Ss 344/99, NuR 2001, 176.
[113] Schönke/Schröder/*Stree/Hecker* StGB § 303 Rn. 7.

stellt diese neu gefasste Vorschrift nicht mehr auf bestimmte Orte ab, in denen eine Störung verboten ist, sondern auf bestimmte **Zeiten,** in denen Tiere besonders störungsempfindlich sind.[114]

63   Zur **Fortpflanzungszeit** gehört die Phase der Paarbildung (Balzzeit), der Verpaarung und des Nestbaus.[115] Aufzucht betrifft die Phase zwischen der Ablage eines Eis bzw. dem Gebären und der Erreichung der selbständigen Überlebensfähigkeit der Jungen.[116] Der Begriff ist mit jenem der Schonzeit nicht identisch.[117] „Mauser" betrifft Vögel und bezeichnet das Abwerfen und das neue Wachstum von Federn. Die Wanderungszeit bezieht sich auf die periodische, jahreszeitliche örtliche Veränderung bestimmter Populationen, die Überwinterungszeit auf den Zeitraum, in dem Tiere nicht aktiv sind und in einem Schlaf-, Starre- oder Ruhezustand verweilen.[118]

64   **bb) Tathandlung.** Der Begriff der **Störung** setzt vorbeugend schon im Vorfeld einer etwaigen Schädigung an. Die Störung wird als jede zumindest in Kauf genommene negative Einwirkung auf die physische Verfassung eines geschützten Tieres verstanden, die zu einem abweichenden Verhalten führt.[119] Sie kann durch verschiedene Handlungen und Quellen, etwa Beunruhigen, Verscheuchen, Vergrämen, durch Bewegung, Lärm, Licht, aber auch durch statische Strukturen (zB die Silhouettenwirkung von Gebäuden)[120] sowie durch Zerschneidungs-, Trenn- und Barrierewirkungen[121] verursacht werden. Dieses weite Begriffsverständnis entspricht auch der Rechtsprechung des EuGH, der zB eine Störung angenommen hat, als die Lebensräume einer zyprischen Ringelnatter durch Gewässereingriffe teilweise trockenfielen.[122]

65   Nach der Ergänzung in § 44 Abs. 1 Nr. 2 Hs. 2 liegt eine **erhebliche Störung** vor, wenn sich durch die Störung der Erhaltungszustand der lokalen Population einer Art verschlechtert.[123] Diese Formulierung zeigt, dass für das Störungsverbot anders als beim individuenbezogenen Zugriffsverbot eine populationsbezogene Sichtweise gilt.[124] Der Begriff „Erhaltungszustand" ist der FFH-Richtlinie entnommen und dort in Art. 1i definiert. Unter lokaler Population werden diejenigen (Teil-)Habitate und Aktivitätsbereiche der Individuen einer Art verstanden, die in einem für die Lebensraumansprüche einer Art ausreichenden räumlich-funktionalen Zusammenhang stehen.[125] Eine Verschlechterung des Zustandes wird dann angenommen, wenn die Überlebenschancen, der Bruterfolg oder die Reproduktionsfähigkeit vermindert werden, wobei dies artenspezifisch festgestellt werden muss.[126] Gelingt es, die Beeinträchtigung durch Ausgleichsmaßnahmen aufzufangen, liegt eine Verschlechterung nicht vor.[127] Im Rahmen eines strafrechtlichen Ermittlungsverfahrens werden sich die geschilderten Tatbestandsmerkmale des § 44 Abs. 1 Nr. 2 nur mit Hilfe eines Sachverständigen, zB eines Biologen, nachweisen lassen.

66   **c) Verstoß gegen das Zugriffsverbot für Fortpflanzungs- oder Ruhestätten (§§ 69 Abs. 2 Nr. 3, 44 Abs. 1 Nr. 3). aa) Tatobjekte.** In § 42 Abs. 1 Nr. 1 aF war der

---

[114] BT-Drs. 16/5100, 11; *Gassner/Heugel* Rn. 570.
[115] Schumacher/Fischer-Hüftle/*Kratsch* § 44 Rn. 20.
[116] Schumacher/Fischer-Hüftle/*Kratsch* § 44 Rn. 20.
[117] OVG Berlin 11.8.2009 – 11 S. 580/08, NuR 2009, 898.
[118] Schumacher/Fischer-Hüftle/*Kratsch* § 44 Rn. 20.
[119] VG Frankfurt/Oder 16.7.2014 – 5 K 1181/12, NuR 2015, 69; ähnlich OVG München 6.11.2012 – 8 B 441/12, NuR 2012, 870.
[120] Ausführlich dazu *Louis* NuR 2012, 467; *Gassner/Heugel* Rn. 571.
[121] Frenz/Müggenborg/*Lau* § 44 Rn. 16 mwN.
[122] EuGH 15.3.2012 – C 340/10, NuR 2012, 259.
[123] Näher zur Erheblichkeit Frenz/Müggenborg/*Lau* § 44 Rn. 17; *Lütkes* NVwZ 2008, 598; Lütkes/Ewer/ *Heugel* § 44 Rn. 13.
[124] *Lütkes* NVwZ 2008, 598.
[125] BT-Drs. 16/5100, 11. OVG Münster 6.11.2012 – 8 B 441/12, NuR 2012, 870; vgl. zu Bedenken im Hinblick auf die Unbestimmtheit des Begriffs Frenz/*Müggenborg* § 69 Rn. 19.
[126] OVG Münster 6.11.2012 – 8 B 441/12, NuR 2012, 870; Schumacher/Fischer-Hüftle/*Kratsch* § 44 Rn. 25.
[127] BVerwG 6.11.2012 – 9 A 17.11, NuR 2014, 344; BVerwG 23.4.2014 – 9 A 25.12, NuR 2014, 706.

unerlaubte Zugriff auf Nist-, Brut-, Wohn- oder Zufluchtstätten in das generelle Zugriffsverbot für wild lebende Tiere eingestellt.[128] Durch die Neufassung des BNatSchG wurde
der Schutz dieser Refugien in § 44 Abs. 1 Nr. 3 gesondert geregelt. Danach ist es verboten,
Fortpflanzungs- oder Ruhestätten wild lebender Tiere der besonders geschützten Arten
(vgl. § 7 Abs. 2 Nr. 13) aus der Natur zu entnehmen, zu beschädigen oder zu zerstören.

Die Begriffe Fortpflanzungs- und Ruhestätten sind aus der **FFH-Richtlinie** entnom- 67
men, die insoweit jedoch keine Legaldefinition enthält. Die Auslegung soll sich an der
ökologischen Funktionalität orientieren. Fortpflanzungsstätten umfassen danach Bereiche,
die für die Balz, die Paarung, den Nestbau, die Eiablage und -entwicklung oder die Nach-
wuchspflege benötigt werden.[129] Ruhestätten sind Gebiete, die für das Überleben eines
Tieres oder einer Gruppe von Tieren während einer nicht aktiven Phase (zB Schlaf, Über-
winterung) erforderlich sind.[130] Durch das Beschädigungs- und Zerstörungsverbot wird
allerdings nicht der gesamte Lebensraum der Art geschützt, der Schutz umfasst selektiv nur
die Lebensstätten, die durch bestimmte Funktionen für die jeweilige Art geprägt sind.[131]
In den Schutz nicht einbezogen sind also zB Nahrungs- und Jagdreviere sowie Wanderungs-
korridore.[132] In zeitlicher Hinsicht betrifft die Verbotsnorm primär die Phase aktueller
Nutzung der Lebensstätte. Der Schutz ist aber auch auf Abwesenheitszeiten auszudehnen,
wenn nach den Lebensgewohnheiten der Art eine regelmäßig wiederkehrende Nutzung zu
erwarten ist.[133]

bb) Tathandlungen. Als **Beschädigung** wird jede Einwirkung auf eine Fortpflan- 68
zungs- oder Ruhestätte angesehen, die zu einer Verminderung des Fortpflanzungserfolgs
bzw. der Ruhemöglichkeiten führt, zB die Entfernung von Nistplätzen der Mehlschwalbe.[134] Auch graduelle oder indirekte Beeinträchtigungen der ökologischen Funktionalität von Lebensstätten können dazu zählen. Dies gilt etwa für Habitatveränderungen
durch Grundwasserveränderungen[135] oder die mittelbare Beeinträchtigung von Nester und
Nistbäumen von Saatkrähen durch den mobilen Einsatz sog. Krähenklappen.[136] Dagegen
wird eingewandt, dass die Lebensstätte bei solchen Vergrämungsmaßnahmen körperlich
unberührt bleibt, somit allenfalls der Störungstatbestand des § 44 Abs. 1 Nr. 2 verwirklicht
sein könne.[137] Für die weite Auffassung der Rechtsprechung spricht jedoch der Blick auf
die ökologischen Funktionen. Die Tathandlungen des Entnehmens und des Zerstörens sind
wie in § 44 Abs. 1 Nr. 1 zu verstehen, dh beim Entnehmen ist auch hier nicht die „freie
Natur" gemeint (→ Rn. 60).

Anders als bei § 69 Abs. 2 Nr. 1 und Nr. 4 (→ Rn. 86, 90) wurde die Tathandlung des 69
Zerstörens bei der Reform im Jahr 2017 nicht „ausgeklammert" und hier belassen. Dies
hat zur Konsequenz, dass sich der Leichtfertigkeitstatbestand des § 71 Abs. 5 auf diese Tathandlung hier nicht bezieht.

d) Verstoß gegen das Zugriffsverbot für Pflanzen (§§ 69 Abs. 2 Nr. 4a, 44 Abs. 1 70
Nr. 4). aa) Tatobjekte. Das Zugriffsverbot für **wild lebende Pflanzen** entspricht im
Wesentlichen jenem des § 44 Abs. 1 Nr. 1. Nach § 44 Abs. 1 Nr. 4 ist es verboten, wild
lebende Pflanzen der besonders geschützten Arten oder ihre Entwicklungsformen aus der
Natur zu entnehmen, sie oder ihre Standorte zu beschädigen oder zu zerstören. Nach der

---

[128] Vgl. dazu noch die 1. Aufl., Rn. 41.
[129] *Gassner/Heugel* Rn. 574; Landmann/Rohmer/*Gellermann* § 44 Rn. 15; Schumacher/Fischer-Hüftle/
Kratsch § 44 Rn. 29.
[130] *Gassner/Heugel* Rn. 574; Landmann/Rohmer/*Gellermann* § 44 Rn. 16; Schumacher/Fischer-Hüftle/
Kratsch § 44 Rn. 29.
[131] BVerwG 13.5.2009 – 9A 73/07, NVwZ 2009, 1296.
[132] BVerwG 8.3.2007 – 9 B 19/06, NuR 2007, 269.
[133] BVerwG 28.3.2015 – 9A 22.11, NuR 2013,565; aA Landmann/Rohmer/*Gellermann* § 44 Rn. 10: nur
bei Anwesenheitszeiten.
[134] OVG Bautzen 10.10.2012 – 1 A 389/12, NuR 2013, 724.
[135] *Gassner/Heugel* Rn. 575.
[136] VG Stade 15.4.2011 – 1A 1490/10, NuR 2014, 520.
[137] So Frenz/Müggenborg/*Lau* § 44 Rn. 25.

zu § 7 Abs. 2 Nr. 1 (→ Rn. 45) parallel ausgestalteten Begriffsbestimmung des § 7 Abs. 2
Nr. 2 sind **Pflanzen**
– wild lebende, durch künstliche Vermehrung gewonnene (vgl. § 7 Abs. 2 Nr. 16) sowie
tote Pflanzen wild lebender Arten,
– Samen, Früchte oder sonstige Entwicklungsformen von Pflanzen wild lebender Arten,
– ohne weiteres erkennbare Teile von Pflanzen wild lebender Arten und
– ohne weiteres erkennbar aus Pflanzen wild lebender Arten gewonnene Erzeugnisse.

71   Auch **Flechten und Pilze** gelten als Pflanzen iS dieses Gesetzes.

72   Geschützt werden **wild lebende** Pflanzen, ihre Teile und Entwicklungsformen, nicht
aber angebaute Exemplare, tote Pflanzen, bereits abgetrennte Teile oder tote Entwicklungsformen. Sie unterliegen jedoch den Besitz- und Vermarktungsverboten des § 44 Abs. 2.
(→ Rn. 92) Dies ergibt sich aus einer Gegenüberstellung von § 44 Abs. 2 mit der Begriffs-
bestimmung des § 7 Abs. 2 Nr. 2, wo zwischen lebenden und toten Pflanzen wild lebender
Arten unterschieden wird, letztere aber in § 44 Abs. 1 Nr. 4 gerade nicht erwähnt werden.[138]
Nicht als wild lebend erfasst werden durch Anbau gewonnene Pflanzen, anders jedoch
verwilderte oder sich selbst überlassene Pflanzen, wobei der Übergang fließend sein kann.
Entwicklungsformen (vgl. § 7 Abs. 2 Nr. 2b) sind ua Samen, Früchte, Wurzelstöcke,
Knollen, Zwiebeln, Tulpen, Keimlinge, Saaten und ähnliche Jungpflanzen.[139]

73   **bb) Tathandlungen.** Bei den Tathandlungen steht die Beschädigung der Pflanze im
Mittelpunkt, dh die nicht völlig unerhebliche Verletzung ihrer Substanz oder äußeren
Erscheinung (→ Rn. 61 zu § 44 Abs. 1 Nr. 1). Ein bloßes Zurückschneiden soll demnach
nicht genügen Auch die Kappung einer Baumkrone allein soll noch keine tatbestandsmäßige
Beschädigung darstellen.[140] Der Erfolg kann nicht nur durch mechanische Einwirkungen
mit Händen und Geräten herbeigeführt werden, auch der Einsatz chemischer Mittel, zB
Pflanzenschutzmittel, ist tatbestandsmäßig.[141] Als weitere Tathandlungen sieht § 44 Abs. 1
Nr. 4 das Beschädigen der Standorte wild lebender Pflanzen und die unerlaubte Entnahme
aus der Natur (→ Rn. 60) vor. Die in § 44 Abs. 1 Nr. 4 ebenfalls vorgesehene Tathandlung
des Zerstörens wurde mit der Reform des Jahres 2017 hier ausgegliedert und in den neu
gefassten § 71 Abs. 1 Nr. 2 übernommen (→ Rn. 86).

74   **e) Ausnahmen von den Zugriffs- und Störungsverboten.** Bei den Ausnahmen von
den Verboten des § 44 Abs. 1 ist zunächst die sog **Unberührtheitsklausel** des § 37 Abs. 2
zu berücksichtigen. Danach bleiben die Vorschriften des Pflanzenschutz-, des Tierschutz-,
des Seuchen- sowie des Forst-, Jagd- und Fischereirechts von den Vorschriften des 5. Kapitels
des BNatSchG unberührt. Soweit in jagd- oder fischereirechtlichen Vorschriften keine besonderen Bestimmungen zum Artenschutz bzw. der Artenpflege bestehen oder erlassen werden,
sind vorbehaltlich der Rechte der Jagdausübungs- oder Fischereiberechtigten die Vorschriften
des Artenschutzrechts, dh des 5. Kapitels, anzuwenden. Die Unberührtheitsklausel bedeutet
also keinen generellen Vorrang der anderen Rechtsgebiete vor dem Artenschutzrecht, sondern stellt nur klar, dass der jeweilige Vorrang nach allgemeinen Auslegungsregeln zu bestimmen ist.[142] Danach kann das Aneignungsrecht des Jagdausübungsberechtigten (§ 1 Abs. 1 S. 1
und Abs. 5 BJagdG) den artenschutzrechtlichen Zugriffs- und Besitzverboten vorgehen. Dieses Aneignungsrecht gestattet jedoch nicht den Verkauf des betroffenen Wildes, wenn ein
entsprechendes artenschutzrechtliches Verbot besteht.[143]

75   Die Abwägung nach § 37 Abs. 2 kann im Einzelfall kompliziert sein. So war etwa bei
der Tötung eines angeschossenen Wolfs zu berücksichtigen, dass es sich um kein jagdbares

---

[138]   Wie hier *Apfelbacher* in *Kolodziejcok/Recken* Rn. 1229 Rn. 19; aA Gassner/*Schmidt-Räntsch* § 42 Rn. 8.
[139]   Erbs/Kohlhaas/*Stöckel/Müller-Walter* N 16 § 7 Rn. 18.
[140]   VG Arnsberg 15.3.2010 – 1 K 33005/09, NuR 2010, 511.
[141]   *Louis* § 20f Rn. 15.
[142]   BT-Drs. 10/5064, 18; *Lütkes*/Ewer § 37 Rn. 42; Schumacher/Fischer-Hüftle/*Kratsch* § 37 Rn. 10
mwN.
[143]   *Gassner/Heugel* Rn. 513; *Lütkes*/Ewer § 37 Rn. 42.

Tier handelt, somit jagdrechtliche Bestimmungen nicht zur Anwendung kamen. Zu klären war daher nur, ob tier- oder artenschutzrechtliche Vorschriften im Vordergrund standen (näher dazu → § 17 TierSchG Rn. 41 mwN.).

Von den Verboten des § 44 Abs. 1 sehen § 44 Abs. 4–6 praxisrelevante **Legalausnahmen** **76** vor.[144] So gilt das Verbot des § 44 Abs. 1 nicht (oder nicht in vollem Umfang) für
– die land-, forst- und fischereiwirtschaftliche[145] Bodennutzung, die den in § 44 Abs. 4 im Einzelnen genannten Anforderungen entspricht,[146]
– die Verwertung der dabei gewonnenen Erzeugnisse, wenn wiederum die in § 44 Abs. 4 genannten Anforderungen erfüllt sind,
– nach § 15 BNatSchG zugelassene Eingriffe in Natur und Landschaft (§ 44 Abs. 5),
– Vorhaben iSd § 18 Abs. 2 S. 1, die baurechtlich zulässig sind (§ 44 Abs. 5),
– bestimmte Handlungen, die zur Vorbereitung gesetzlich vorgeschriebener Prüfungen erforderlich sind (Abs. 6).

Besondere Probleme hat das Verhältnis des artenschutzrechtlichen Zugriffsverbots zum **77** Recht der **Land-, Forst- und Fischereiwirtschaft** sowie insbesondere zum **Bau- und Planungsrecht** bereitet. Nach § 43 Abs. 4 iVm § 19 BNatSchG idF aus dem Jahr 2002 sollte das artenschutzrechtliche Zugriffsverbot bei einer (vereinfacht) ordnungsgemäßen land-, forst- und fischereiwirtschaftlichen Bodennutzung sowie bei bau- und planungsrechtlich zugelassenen Vorhaben nicht gelten. Eine Rückausnahme war jedoch vorgesehen, wenn Arten im Sinne der FFH-Richtlinie, europäische Vogelarten oder nach der BArtSchVO geschützte Arten betroffen waren (§ 43 Abs. 4 S. 2 aF). In diesen Fällen war es unzulässig, Tiere streng geschützter Arten oder aber Tiere einschließlich ihrer Nist-, Brut-, Wohn- oder Zufluchtsstätten und Pflanzen der besonders geschützten Arten absichtlich zu beeinträchtigen (§ 43 Abs. 4 S. 1 aF). Eine entsprechende Regelung mit **Legalausnahmen** und **Rückausnahmen** sah § 43 Abs. 5 aF für Eingriffe in Natur und Landschaft vor, die nach den Vorschriften des Baugesetzbuchs (BauGB) zulässig waren. Absichtlich wurde dabei von der Rechtsprechung des BVerwG zunächst restriktiv nicht iSd strafrechtlichen Vorsatzbegriffes, sondern iS einer gezielten Beeinträchtigung ausgelegt.[147] Beeinträchtigungen, die sich als unausweichliche Konsequenz rechtmäßigen (gemeint war wohl ansonsten rechtmäßigen) Handelns ergaben, wurden als zulässig erachtet. Diese enge Auslegung des Absichtsbegriffs war bereits nach der sog „Caretta-Entscheidung" des EuGH fragwürdig.[148] Mit einer weiteren Entscheidung vom 10.1.2006 machte der EuGH dann deutlich, dass § 43 Abs. 4 aF in der geschildert engen Auslegung mit Art. 12 Abs. 1 der FFH-Richtlinie nicht im Einklang stand.[149] Auch das BVerwG gab seine frühere Rechtsprechung in einem Urteil zur Ortsumgehung von Stralsund auf. § 43 Abs. 4 aF entspreche nicht dem europäischen Prüfprogramm der FFH-Richtlinie und könne daher nicht herangezogen werden, um ein Vorhaben zuzulassen, das gegen gemeinschaftsrechtliche Verbote des Artenschutzrechts verstößt.[150]

Mit der sog **„kleinen Artenschutznovelle"** vom 12.12.2007 fand der Gesetzgeber **78** eine zwar europarechtskonforme, aber doch sehr komplizierte Lösung der Problematik (→ Rn. 14). Danach sind die Ausnahmeregelungen der Abs. 4 und 5 zweispurig ausgestaltet.[151] Die Ausnahmemöglichkeiten gelten grundsätzlich für alle besonders geschützten Arten iSd § 7 Abs. 2 Nr. 13. Bei Einhaltung der in § 44 Abs. 1 S. 1 unter Bezugnahme auf

[144] Ausführlicher dazu Frenz/Müggenborg/*Lau* § 44 Rn. 37 ff.
[145] Vgl. zu diesen Begriffen Lütkes/Ewer/*Vagedes* § 5 Rn. 9 ff.
[146] Vgl. dazu die Begr. des Gesetzesentwurfs BT-Drs. 14/6378, 39 sowie *Gassner* § 5 Rn. 24 ff.
[147] BVerwG 11.1.2001 – 4 C 6/00, NVwZ 2001, 1040 sowie BVerwG 12.4.2005 – 9 VR 41.04, NuR 2005, 538.
[148] EuGH 30.11.2002 – C-103/00, NuR 2004, 596.
[149] EuGH 10.1.2006 – C-98/03, NuR 2006, 166; eingehend dazu *Baum* NuR 2006, 145; *Lütkes* NVwZ 2008, 598; *Mayr/Sanktjohanser* NuR 2006, 412.
[150] BVerwG 21.6.2006 – 9 A 28/05, NVwZ 2006, 1161; besprochen v. *Dolde* NVwZ 2007, 7; dazu auch *Philipp* NVwZ 2008, 593.
[151] BT-Drs. 16/5100, 11; kritisch dazu *Philipp* NVwZ 2008, 593.

§ 5 Abs. 2–4 genannten Voraussetzungen (ua Einhaltung der guten fachlichen Praxis[152]) verstoßen die land-, forst- und fischereiwirtschaftliche Bodennutzung[153] und die Verwertung der dabei gewonnenen Erzeugnisse nicht gegen die Zugriffs-, Besitz- und Vermarktungsverbote.[154] Sind jedoch europäische Vogelarten oder Arten betroffen, die nach der FFH-Richtlinie oder der BArtSchVO besonders geschützt sind, gilt dies nur, soweit sich der Erhaltungszustand der lokalen Population einer Art durch die Bewirtschaftung nicht verschlechtert (§ 44 Abs. 4 S. 2).[155] Im Falle eines ungünstigen Erhaltungszustandes der Population einer betroffenen Art sind gemäß Art. 16 Abs. 1 der FFH-Richtlinie Ausnahmen zulässig, wenn nachgewiesen ist, dass die Maßnahmen weder den Erhaltungszustand dieser Population weiter verschlechtern noch die Wiederherstellung eines günstigen Erhaltungszustandes behindern.[156] Weitere Einzelheiten regeln § 44 Abs. 4 S. 3 und 4.

79   Das besonders problematische Verhältnis der Eingriffe in Natur und Landschaft zum **Bau- und Planungsrecht** regelt § 44 Abs. 5.[157] Bezogen auf die bereits in § 44 Abs. 4 S. 2 genannten, nach der FFH-Richtlinie, der Vogelschutzrichtlinie oder nach der BArtSchVO besonders geschützten Arten gelten die Zugriffs-, Besitz- und Vermarktungsverbote nur nach Maßgabe des im September 2017 neu gefassten § 44 Abs. 5 S. 2–5.[158] Danach können auch vorgezogene Ausgleichsmaßnahmen festgesetzt werden (§ 44 Abs. 5 S. 3). Für Standorte wild lebender Pflanzen gelten diese Vorschriften entsprechend (§ 44 Abs. 5 S. 4). Die grundsätzliche Bestimmung für die übrigen besonders geschützten Arten findet sich in § 44 Abs. 5 S. 5. Für sie gilt, dass bei Handlungen zur Durchführung eines Eingriffs oder Vorhabens (iSd § 44 Abs. 5 S. 1) kein Verstoß gegen die Zugriffs-, Besitz- und Vermarktungsverbote vorliegt.

80   Ob und inwieweit die Zugriffsverbote für streng geschützte Arten, insbesondere das Tötungsverbot des § 44 Abs. 1 Nr. 1, im Rahmen bau- und planungsrechtlicher Entscheidungen zu berücksichtigen sind, hat die verwaltungsgerichtliche Rechtsprechung in den letzten Jahren vielfältig, und zwar ua bei der immissionsschutzrechtlichen Genehmigung von **Windkraftanlagen,**[159] Planfeststellungsbeschlüssen im **Verkehrswegeausbau**[160] oder Festlegungen von **Baugebieten** beschäftigt (vgl. → Rn. 88).[161] Grundsätzlich gilt hier, dass die Verbote des § 44 Abs. 1 einen Versagungsgrund iSd § 6 Abs. 1 BImSchG darstellen bzw. Baugenehmigungen oder Planfeststellungsbeschlüssen entgegenstehen können. Bei § 44 Abs. 1 Nr. 1 gilt dies jedoch nur, wenn durch die geplante Maßnahme das Tötungsrisiko einer besonders geschützten Art signifikant erhöht wird (→ Rn. 88). So kann der Straßenneubau in einem Habitat niedrig fliegender Vogelarten wie der Schleiereule oder der Waldohreule gegen das Zugriffsverbot des § 44 Abs. 1 Nr. 1 verstoßen.[162] Alternativen, die das Tötungsrisiko vermindern, zB bestimmte Abschaltzeiten bei Windenergieanlagen, sind in diese Betrachtung mit einzubeziehen.[163] Bei dieser Beurteilung, die artenschutzfachliche Untersuchungen und Bestandserfassungen vor Ort und Auswertungen bereits vorhandener Erkenntnisse über die spezifischen Verhaltensweisen der Arten im Bereich des Vorhabens

---

[152] Kritisch gegenüber dieser „wenig aussagekräftigen Umschreibung" *Gellermann* NVwZ 2010, 73.
[153] Näher zum Begriff der Bodennutzung Lorz/Konrad/Mühlbauer/*Müller-Walter*/Stöckel § 44 Rn. 36.
[154] Näher dazu *Gassner/Heugel* Rn. 577 ff.
[155] Kritisch dazu Landmann/Rohmer/*Gellermann* § 44 Rn. 36.
[156] BVerwG 17.4.2010 – 9 B 5/10, NJW 2010, 2534.
[157] Vgl. Erbs/Kohlhaas/*Stöckel/Müller-Walter* N 16 § 44 Rn. 46 ff.; Frenz/Müggenborg/*Lau* § 44 Rn. 42 ff.; *Gassner/Heugel* Rn. 581 ff.; Landmann/Rohmer/*Gellermann* § 44 Rn. 37; Lorz/Konrad/Mühlbauer/*Müller-Walter*/Stöckel § 44 Rn. 46 Schumacher/Fischer-Hüftle/*Kratsch* § 44 Rn. 64 ff. jew. mwN.
[158] BGBl. I S. 3434.
[159] Vgl. etwa VGH München 29.3.2016 – 22 B 14.1875 und 14.1876, NuR 2016, 564 mwN. Ausführlich dazu auch *Bick/Wulfert* NuR 2017, 346; *Frenz* NuR 2016, 251; *Grothe/Frey* NuR 2016, 316. *Müller-Mitschke* NuR 2015, 741.
[160] Näher dazu *Lau* UPR 2015, 361.
[161] Vgl. ausführlicher dazu Landmann/Rohmer/*Gellermann* § 44 Rn. 9 mwN.
[162] BVerwG 9.7.2008 – 9 A 14.07, NuR 2009, 112, 119.
[163] OVG Weimar 14.10.2009 – 1 KO 372/06, NuR 2010, 369; VG Halle 24.3.2011 – 4 A 46/10, NuR 2012, 580 mwN.

voraussetzt, wird der zuständigen Behörde eine Einschätzungsprärogative eingeräumt. Damit wird die gerichtliche Prüfung auf eine Vertretbarkeitskontrolle beschränkt.[164]

Noch nicht entschieden, aber auch noch nicht thematisiert wurde, wie sich die verwaltungsrechtliche Entscheidung auf die strafrechtliche Würdigung auswirkt. Diese Frage könnte sich etwa stellen, wenn ein Rotmilan in die Rotoren einer Windkraftanlage gerät, die immissionsschutzrechtlich genehmigt wurde. In diesem Fall liegt zwar eine Tötung iSd § 44 Abs. 1 Nr. 1 vor, die jedoch – wie bei der Kollision im Straßenverkehr (vgl. → Rn. 80, 88) – als sozialadäquat oder durch die immissionsschutzrechtliche Genehmigung gerechtfertigt anzusehen wäre. Auch sonst muss bei der strafrechtlichen Prüfung in solchen Fällen das verwaltungsrechtliche System von Ausnahmen und Rückausnahmen lückenlos nachvollzogen werden. Angesichts der Komplexität der verwaltungsrechtlichen Vorgaben drängt sich allerdings auch hier die Frage auf, ob das **strafrechtliche Bestimmtheitsgebot** noch gewahrt ist (vgl. bereits → Rn. 32). Fehlvorstellungen über die tatbestandliche Reduktion des Zugriffsverbots oder über die tatsächlichen oder rechtlichen Voraussetzungen einer Legalausnahme nach § 44 Abs. 4 oder 5 dürften nicht immer vermeidbar sein. **81**

Eine Ausnahme von den Zugriffs-, Besitz- und Vermarktungsverboten gilt auch für Handlungen zur Vorbereitung gesetzlich vorgeschriebener **(Umwelt-) Prüfungen,** die von fachkundigen Personen vorgenommen werden. Diesbezüglich wird auf den Gesetzeswortlaut des § 44 Abs. 6 sowie die erläuternde verwaltungsrechtliche Literatur verwiesen.[165] **82**

Eine **weitere Ausnahme** vom Zugriffsverbot des § 44 Abs. 1 Nr. 1 sieht § 45 Abs. 5 für den Fall vor, dass – vorbehaltlich jagdrechtlicher Vorschriften[166] – verletzte, hilflose oder kranke Tiere aufgenommen werden, um sie gesund zu pflegen. Auch diese Ausnahme enthält jedoch Einschränkungen: Können sich die Tiere in der Freiheit selbstständig erhalten, sind sie unverzüglich dorthin zu entlassen.[167] Ist eine Gesundpflege mit dem Ziel der Wiederaussetzung hingegen nicht möglich, ist das verletzte bzw. kranke Tier bei der zuständigen Behörde abzugeben. Ein Recht zur Tötung verletzter Tiere folgt aus der Vorschrift nicht.[168] Ein solches Recht kann sich auch nicht aus einem „vernünftigen Grund" ergeben, da § 44 im Gegensatz zu § 39 Abs. 1 keine entsprechende Einschränkung kennt. Bei Tieren streng geschützter Arten hat der Besitzer die Aufnahme darüber hinaus der zuständigen Behörde zu melden. **83**

Gemäß § 45 Abs. 7[169] und 8 können die Landesbehörden sowie das Bundesamt für Naturschutz unter den dort bezeichneten Voraussetzungen **im Einzelfall** weitere Ausnahmen von den Verboten des § 44 zulassen, soweit dies unter den ebenfalls dort genannten Bedingungen erforderlich ist.[170] Gestattet ist dies allerdings nur, wenn zumutbare Alternativen nicht gegeben sind und sich der Erhaltungszustand einer Art nicht verschlechtert.[171] Dabei ist eine gebietsbezogene Gesamtbetrachtung anzustellen.[172] Wenn es sich nicht um Tiere der streng geschützten Arten handelt, können die Landesregierungen derartige Ausnahmen auch durch Rechtsverordnungen zulassen (vgl. § 45 Abs. 7 S. 4). Hierauf beruhen etwa landesrechtliche Verordnungen über Ausnahmen von den Schutzvorschriften für Rabenvögel, Kormorane und Graureiher.[173] **84**

Die geschilderten durch das BNatSchG oder aber durch Rechtsverordnungen der Länder begründeten Ausnahmen vom Zugriffsverbot des § 44 Abs. 1 Nr. 1 schränken dessen Reich- **85**

---

[164] *Bick* NuR 2016, 73; kritisch dazu *Gellermann* NuR 2014, 597.

[165] Vgl. Frenz/Müggenborg/*Lau* § 44 Rn. 55; *Gassner/Heugel* Rn. 587.

[166] Vgl. dazu OVG Koblenz 6.11.2014 – 8 A 10469/14, NuR 2015, 41.

[167] OVG Koblenz 28.2.2012 – 8A 11278/11, NuR 2012, 273 (Auswilderung eines Habichts).

[168] OLG Celle 23.5.2011 – 32 Ss 31/11, NuR 2012, 366.

[169] Ausführlich dazu *Louis* NuR 2012, 467; Frenz/Müggenborg/*Lau* § 45 Rn. 13 mwN.

[170] Vgl. zB BVerwG 22.6.2015 – 4 B 59.14, NuR 2015, 773. Zur Anwendbarkeit des § 45 Abs. 7 bei der immissionsschutzrechtlichen Genehmigung von Windenergieanlagen → Rn. 80.

[171] Näher dazu Frenz/Müggenborg/*Lau* § 45 Rn. 25 ff.; *Gassner/Heugel* Rn. 595 ff. Vgl. zB zum Abfang und Töten von Bibern VG Frankfurt/O. 7.1.2015 – 5 L 289/14, NuR 2015, 584.

[172] BVerwG 28.3.2013 – 9A 22.11, NuR 2013, 565.

[173] Näher dazu Schumacher/Fischer-Hüftle/*Kratsch* § 45 Rn. 25 ff. mwN sowie *Thum* NuR 2004, 580. Vgl. etwa die baden-württembergische Kormoranverordnung vom 20.7.2010, GBl. 2010, 527.

weite unmittelbar ein, begrenzen somit bereits den Blanketttatbestand des § 69 Abs. 2 Nr. 1 iVm § 44 Abs. 1 Nr. 1.[174] Anders verhält es sich bei den im Einzelfall nach § 18 oder § 45 Abs. 7 von den zuständigen Behörden zu erteilenden Zulassungen oder Ausnahmebewilligungen. Vergleichbar mit der Befreiung nach § 67 Abs. 2 sind dies ermessensgebundene Einzelfallentscheidungen, die lediglich einzelne Ausnahmen vom generellen (allerdings mit den Legalausnahmen durchsetzten) repressiven Verbot mit Befreiungsvorbehalt gestatten, somit **Rechtfertigungsgründe** darstellen.[175]

86   **3. Abs. 1 Nr. 2. a) Verstoß gegen das Zugriffsverbot für Tiere (§ 69 Abs. 2 Nr. 1b iVm § 44 Abs. 1 Nr. 1).** Mit der **Reform** des Jahres **2017** wurde die zuvor einheitliche Behandlung des Verstoßes gegen das Zugriffsverbot für Tiere aufgelöst. Die Tathandlungen des Tötens und des Zerstörens von Entwicklungsformen eines wild lebenden Tieres wurden „herausgetrennt" und in den neu gestalteten § 69 Abs. 2 Nr. 1b sowie den darauf beruhenden § 71 Abs. 1 Nr. 2 übernommen.

87   Hinsichtlich der **Tatobjekte** der wild lebenden Tiere und ihrer Entwicklungsformen kann auf die Erläuterungen zu Abs. 1 Nr. 1 (→ Rn. 45) verwiesen werden. Auch die Überlegungen zu den Ausnahmen von den Zugriffsverboten (→ Rn. 74) sind in vollem Umfang heranzuziehen.

88   **Töten** ist jede Handlung, die das Leben eines Tieres beendet, ohne Rücksicht auf die angewendeten Mittel oder Verfahren.[176] Die Verwirklichung sozialadäquater Risiken, wie zB eine unabwendbare Tierkollision im Straßenverkehr, soll jedoch vom Tatbestand ausgenommen sein.[177] Entsprechende Tatbestandsreduktionen werden in der verwaltungsgerichtlichen Rechtsprechung vorgenommen, wenn es um die Zulässigkeit immissionsschutzrechtlich genehmigungsbedürftiger Anlagen (zB Windkraftanlagen), UVP-pflichtiger oder planfeststellungsbedürftiger Vorhaben (zB im Straßenbau) geht. Hier wird maßgeblich darauf abgestellt, ob bei Durchführung der vorgesehenen Maßnahme das individuenbezogene Tötungsrisiko für bestimmte Arten signifikant erhöht wird (näher dazu → Rn. 80).[178]

89   Hinsichtlich der Entwicklungsformen wird auf → Rn. 47 Bezug genommen. Die Tathandlung **Zerstören** ist wie in § 303 StGB zu verstehen (vgl. → Rn. 61)[179] Zerstört ist eine Sache, wenn sie infolge der körperlichen Einwirkung vernichtet oder so wesentlich beschädigt wird, dass sie ihre bestimmungsgemäße Brauchbarkeit verliert.[180]

90   **b) Verstoß gegen das Zugriffsverbot für Pflanzen (§ 69 Abs. 2 Nr. 4b iVm § § 44 Abs. 1 Nr. 4).** Hier verhält es sich wie beim „ausgegliederten" Zugriffsverbot für Tiere (→ Rn. 86). Hinsichtlich der **Tatobjekte** der Pflanzen und Entwicklungsformen sowie den Ausnahmen von den Zugriffsverboten wird auf die Ausführungen zu § 69 Abs. 2 Nr. 4a verwiesen (→ Rn. 70).

91   Der Begriff **Zerstören** ist wie in → Rn. 89 zu verstehen. Nicht nachvollziehbar ist, weshalb bei der Aufgliederung des bisher einheitlichen Tatbestandes im Jahr 2017 nur das Zerstören von Pflanzen und ihren Entwicklungsformen tatbestandsmäßig geblieben, das bisher strafbewehrte Zerstören ihres Standortes jedoch weggefallen ist. Das Beschädigen des Standortes ist allerdings in § 71 Abs. 1 Nr. 1 strafbewehrt geblieben (→ Rn. 73).

92   **4. Abs. 1 Nr. 3. a) Verstoß gegen das nationale Vermarktungsverbot (§ 69 Abs. 3 Nr. 21 iVm § 44 Abs. 2 S. 1 Nr. 2).** Der Verstoß gegen die Besitzverbote des § 44 Abs. 2 S. 1 Nr. 1 ist gem. § 71a Abs. 2 Nr. 2 nur bezüglich streng geschützter Arten iSd FFH-

---

[174] So auch *Sack* § 71 Rn. 18.
[175] AA *Sack* § 71 Rn. 18. Vgl. des Weiteren *Sparwasser/Engel/Voßkuhle,* Umweltrecht, 5. Aufl. 2003, Kapitel 2, Rn. 21; GK-BNatSchG/*Schütte/Gerbig* § 45 Rn. 2.
[176] *Louis* § 20f Rn. 9.
[177] BT-Drs. 16/5100, 11.
[178] *Schreiber* NuR 2017, 5; Frenz/Müggenborg/*Lau* § 44 Rn. 9; *Gassner/Heugel* Rn. 569; Schumacher/Fischer-Hüftle/*Kratsch* § 44 Rn. 16 mwN.
[179] KG 4.5.2000 – 2 Ss 344/99, NuR 2001, 176.
[180] Schönke/Schröder/*Stree/Hecker* StGB § 303 Rn. 14.

Richtlinie und besonders geschützter Arten der Vogelschutzrichtlinie unter Strafe gestellt und ist ansonsten nur bußgeldbewehrt. Zuwiderhandlungen gegen die Vermarktungsverbote des § 44 Abs. 2 S. 1 Nr. 2 werden über § 69 Abs. 3 Nr. 21 vom Straftatbestand des § 71 Abs. 1 Nr. 2 auch nur erfasst, soweit es sich um streng geschützte Arten handelt. Das hier einschlägige Vermarktungsverbot ist allerdings gegenüber jenem, das sich aus Art. 8 und 9 der VO (EG) Nr. 338/97 ergibt, subsidiär (vgl. § 44 Abs. 2 S. 2).[181] Bei der strafrechtlichen Subsumtion sind daher zunächst die Voraussetzungen des Art. 8 EG-Artenschutzverordnung zu prüfen (→ Rn. 129). Nur wenn diese nicht erfüllt sind, ist auf das Verbot des § 44 Abs. 2 S. 1 Nr. 2 einzugehen. Dabei ist stets zu berücksichtigen, dass das nationale Vermarktungsverbot auf den Geltungsbereich des BNatSchG beschränkt ist und nur innerhalb Deutschlands bzw. den zwölf Seemeilen vorgelagerten Territorialgewässern gilt.[182]

aa) Tatobjekte. Für streng geschützte Arten nach § 7 Abs. 2 Nr. 14a gilt das Vermark- **93** tungsverbot des Art. 8 der VO (EG) Nr. 338/97 unmittelbar. Insoweit bedarf es keiner nationalen Regelung. Diese kann sich nur auf weitere, besonders schutzwürdige Tatobjekte erstrecken. § 44 Abs. 2 S. 1 Nr. 2 betrifft zunächst über die Bezugnahme auf § 7 Abs. 2 Nr. 13b und c **Tiere und Pflanzen,** die nach der FFH-Richtlinie, der Vogelschutzrichtlinie und der BArtSchVO besonders geschützt sind (→ Rn. 20, 30, 31). Da sich § 71 Abs. 1 aber nur auf streng geschützte Arten bezieht, kommen hier nur die gemäß § 7 Abs. 2 Nr. 14 im Anhang IV der FFH-Richtlinie und in der zu § 1 BArtSchVO erlassenen Anlage 1 Spalte 3 mit Kreuz versehenen Arten als taugliche Tatobjekte in Betracht. Hinsichtlich der übrigen von § 44 Abs. 2 S. 1 Nr. 2 angeführten besonders geschützten Arten ergibt sich die Strafbarkeit aus § 71a Abs. 1 Nr. 3 (→ § 71a Rn. 17) Für den hier geprüften Verstoß gegen das nationale Vermarktungsverbot bleibt daher nur ein kleiner Anwendungsbereich.

bb) Tathandlungen. Gemäß § 44 Abs. 2 S. 1 Nr. 2 ist es verboten, die genannten Tatob- **94** jekte zu verkaufen, zu kaufen, zum Verkauf oder Kauf anzubieten, zum Verkauf vorrätig zu halten oder zu befördern, zu tauschen oder entgeltlich zum Gebrauch oder zur Nutzung zu überlassen, zu kommerziellen Zwecken zu erwerben, zur Schau zu stellen oder sonst zu verwenden. Dabei ist unter **Verkaufen** der Abschluss eines Vertrages nach § 433 BGB zu verstehen, dh die Zusage der Eigentumsübertragung einer Sache gegen Zahlung eines Kaufpreises. Die tatsächliche Übergabe des Gegenstandes ist nicht erforderlich. Um denkbare Gesetzesumgehungen zu vermeiden, wird in § 44 Abs. 2 S. 1 Nr. 2 das Tauschen und das unentgeltliche Überlassen zum Gebrauch oder zur Nutzung dem Verkaufen gleichgestellt.

Kaufen bedeutet wie in § 433 Abs. 2 BGB die Abnahme der Kaufsache gegen Entrich- **95** tung des Kaufpreises. Das Anbieten zum **Verkauf** oder **Kauf** umfasst gem. der Legaldefinition des § 7 Abs. 2 Nr. 17 die Erklärung der Bereitschaft zu verkaufen oder zu kaufen und ähnliche Handlungen, einschließlich der Werbung, der Veranlassung zur Werbung oder der Aufforderung zu Verkaufs- oder Kaufverhandlungen. Tatbestandsmäßig sind somit bereits die Aufgabe von Inseraten, das Anbieten im Internet und das Abhalten von Verkaufsbörsen.[183] Nicht erforderlich ist, dass der Anbieter die Ware bereits im Besitz hat. Es genügt seine Bereitschaft, sie sich ggf. auch aus dem Ausland zu verschaffen.[184] Zum Verkauf vorrätig gehalten werden Exemplare, die im Besitz gehalten werden, um diesen bei Gelegenheit iSd § 7 Abs. 2 Nr. 17 BNatSchG an Dritte zu übertragen.[185] Unter Befördern zum Verkauf fällt schließlich jeder Transport eines Exemplars zu Verkaufs- oder Kaufzwecken.[186]

Gemäß § 44 Abs. 2 S. 1 Nr. 2b ist es ebenfalls verboten, die genannten Exemplare **zu** **96** **kommerziellen Zwecken** zu erwerben, zur Schau zu stellen oder sonst zu verwenden. Dabei ist das Erwerben wie in § 4 Abs. 1 WaffG zu verstehen. Erwerben bedeutet die

---

[181] Erbs/Kohlhaas/*Stöckel/Müller-Walter* N 16 § 44 Rn. 31.
[182] GK-BNatSchG/*Engelstätter* § 69 Rn. 16.
[183] BT-Drs. 10/5064, 22.
[184] BayObLG 2.6.1987 – 3 Ob OWi 75/87, NuR 1987, 376.
[185] Enger *Louis* § 20f Rn. 29, der nur Übertragungen gegen Entgelt genügen lässt.
[186] *Louis* § 20f Rn. 31.

tatsächliche Gewalt über einen Gegenstand zu erlangen. Darauf, dass die Verfügungsgewalt auf abgeleitetem Weg, dh in einverständlichem Zusammenwirken mit dem Vorbesitzer übergeht, kommt es im Hinblick auf den beabsichtigten umfassenden Schutz nicht an.[187] Der Erwerb kann also auch durch Fund oder Diebstahl erfolgen.[188] Der geforderte kommerzielle Zweck ist erfüllt, wenn ein wirtschaftlicher Vorteil oder Nutzen angestrebt ist.[189]

97   **Zur Schau gestellt** werden Exemplare, wenn sie willentlich der Betrachtung durch Menschen zugänglich gemacht werden.[190] Das sonst Verwenden ist als allgemeiner Auffangtatbestand gedacht. In Anlehnung an die Tathandlung des § 9 VereinsG ist damit jeder Gebrauch gemeint, der das Exemplar für Dritte wahrnehmbar macht. Alle drei Tathandlungen müssen zu kommerziellen Zwecken erfolgen, dh entweder gegen Entgelt oder mittelbar wirtschaftlichen Zwecken dienend, wie etwa bei der Werbung, Dekoration, beim Zirkus oder bei Delphinarien.[191]

98   In räumlicher Hinsicht gilt das **Tatortprinzip,** dh die Vermarktungsverbote sind auf den Geltungsbereich des BNatSchG beschränkt. Sie sind somit nur innerhalb Deutschlands und den bis auf zwölf Seemeilen vorgelagerten Territorialgewässern anwendbar.[192]

99   **cc) Ausnahmen.** Auch von diesen Verboten sieht § 45 unmittelbar wirksame **Legalausnahmen** vor.[193] die allerdings nach dem Wortlaut der Norm nur für besonders geschützte Arten gelten sollen.[194] Da jedoch streng geschützte Arten stets auch besonders geschützt sind, im Übrigen in Abs. 2 S. 2 eine ausdrückliche Sonderregelung für streng geschützte Arten getroffen wird, gelten die Legalausnahmen auch für streng geschützte Arten.[195] So sind gem. § 45 Abs. 2 zunächst die Tiere und Pflanzen von den Vermarktungsverboten ausgenommen, die gem. § 45 Abs. 1 keinen Besitzverboten unterliegen. Dies sind Tiere und Pflanzen der besonders geschützten Arten, die rechtmäßig in der Gemeinschaft gezüchtet[196] und nicht herrenlos geworden sind, durch künstliche Vermehrung gewonnen oder der Natur entnommen worden sind bzw. aus Drittstaaten in die Gemeinschaft gelangt sind.[197] Vom Vermarktungsverbot weiterhin ausgenommen sind Tiere und Pflanzen, die rechtmäßig in der Gemeinschaft erworben wurden, bevor sie als „Faunenverfälscher" in die BArtSchVO aufgenommen worden sind (§ 45 Abs. 1 Nr. 2). Auf eine Ausnahmeberechtigung kann sich der Besitzer eines Exemplars aber nur berufen, wenn er deren Voraussetzungen nachweist. Dabei handelt es sich um eine Umkehr der materiellen Beweislast in dem Sinn, dass der Besitzer das Risiko der Nichtaufklärbarkeit seiner Berechtigung trägt.[198]

100   **Rechtmäßig** in diesem Sinne bedeutet gem. § 7 Abs. 2 Nr. 19 „in Übereinstimmung mit den jeweils geltenden Rechtsvorschriften zum Schutz der betreffenden Art im jeweiligen Staat sowie mit Rechtsakten der Europäischen Gemeinschaften auf dem Gebiet des Artenschutzes und dem Washingtoner Artenschutzübereinkommen im Rahmen ihrer jeweiligen räumlichen und zeitlichen Geltung oder Anwendbarkeit." Hinsichtlich der gezüchteten Tiere gilt die Legaldefinition des § 7 Abs. 2 Nr. 15 (→ Rn. 46), hinsichtlich der künstlich vermehrten Pflanzen jene des § 7 Abs. 2 Nr. 16 (→ Rn. 70). Für den Zeitraum vom 3.4.2002 bis 28.2.2010 galten nur die Exemplare als iSd § 45 Abs. 1 Nr. 1 rechtmäßig in die Gemeinschaft gelangt, für die eine Ausnahmegenehmigung nach § 43 Abs. 8 S. 2 BNatSchG 2002 erteilt wurde. Seit 1.3.2010 ist insoweit eine Ausnahme durch das Bundesamt für Naturschutz gemäß § 45 Abs. 8 erforderlich.

---

[187]   Also abweichend von § 29 BtMG, dazu BGH 7.7.1994 – 1 StR 313/94, BGHSt 40, 208.
[188]   Ebenso GK-BNatSchG/*Engelstätter* § 69 Rn. 17.
[189]   Graf/Jäger/Wittig/*Pohlit* § 69 Rn. 30.
[190]   *Louis* § 20f Rn. 27.
[191]   Gassner/*Schmidt-Räntsch* § 42 Rn. 23, 37.
[192]   Gassner/*Schmidt-Räntsch* § 42 Rn. 25.
[193]   Näher dazu Lorz/Konrad/Mühlbauer/*Müller-Walter*/Stöckel § 45 Rn. 1 ff.
[194]   So auch noch die 2. Aufl., § 71 Rn. 89.
[195]   Überzeugend Lorz/Konrad/Mühlbauer/*Müller-Walter*/Stöckel § 45 Rn. 2.
[196]   Näher dazu Lütkes/Ewer/*Fellenberg* § 45 Rn. 5.
[197]   BVerwG 21.9.1995 – 4 B 263.94, NuR 1996, 201 für Elfenbein afrikanischer Elefanten.
[198]   OVG Münster 11.8.2014 – 8A 2587/12, BeckRS 2015, 49226.

§ 45 Abs. 1 S. 2 sieht eine **Rückausnahme** von der Ausnahme des § 45 Abs. 2 für **101** bestimmte Exemplare vor, die nach der FFH-Richtlinie (→ Rn. 30) bzw. der europäischen Vogelschutzrichtlinie (→ Rn. 31) besonders geschützt sind. Insoweit wird auf den Wortlaut des § 45 Abs. 1 verwiesen. Eine „Rückausnahme von der Rückausnahme", dh eine Ausnahme von den Vermarktungsverboten gilt für tote Vögel, die nach der europäischen Vogelschutzrichtlinie besonders geschützt sind, soweit diese dem Jagdrecht unterliegen, zum persönlichen Gebrauch oder als Hausrat (zu diesem Begriff→ Rn. 114) aus einem Drittstaat in das Inland verbracht werden (§ 45 Abs. 1 S. 3). Eine weitere Rückausnahme gilt gem. § 45 Abs. 2 S. 2 für der Natur entnommene Tiere und Pflanzen der streng geschützten Arten und Vögel europäischer Arten. Schließlich können in einer Rechtsverordnung nach § 54 Abs. 5 weitere Ausnahmen vorgesehen werden.

Weitere Ausnahmen von den Vermarktungsverboten des § 44 Abs. 2 Nr. 2 sieht **102** § 45 Abs. 3 für die dort im Einzelnen aufgeführten Tiere und Pflanzen der streng geschützten Arten (Nr. 1), Vögel europäischer Arten (Nr. 2) und bestimmte Tiere und Pflanzen iSd FFH- Richtlinie und der Vogelschutzrichtlinie (Nr. 3) vor. Dieses komplizierte System vom Grundsatz des § 44 Abs. 2, Abs. 3 mit Ausnahme des § 45 Abs. 2 iVm Abs. 1, Rückausnahme des §§ 45 Abs. 1 S. 2, 45 Abs. 2 S. 2 sowie Ausnahmen in § 45 Abs. 3 ist bei der strafrechtlichen Subsumtion der §§ 71, 69 Abs. 3 Nr. 21, 44 Abs. 2 S. 1 Nr. 2 stets in vollem Umfang nachzuvollziehen.

Als wesentlicher weiterer Ausnahmetatbestand von den Vermarktungsverboten ist auch **103** hier **§ 44 Abs. 4** (land-, forst- und fischereiwirtschaftliche Bodennutzung ua) zu beachten (vgl. bereits → Rn. 76).[199] Wie die Zugriffsverbote haben auch die Vermarktungsverbote bei bestimmten, nach § 15 zulässigen Eingriffen in Natur und Landschaft sowie bestimmten bau- bzw. planungsrechtlich zugelassenen Vorhaben (vgl. § 44 Abs. 5) keine Geltung.

§ 45 Abs. 4 gewährt ein Inbesitznahmerecht für sog **Totfunde,** die auch vom Vermark- **104** tungsverbot ausgenommen werden (vgl. den Gesetzeswortlaut). Dabei ist allerdings zu beachten, dass für Exemplare streng geschützter Arten stets eine Pflicht zur Ablieferung an die zuständige Naturschutzbehörde besteht.

Gemäß § 45 Abs. 6 können die zuständigen Behörden weitere Ausnahmen vom Vermark- **105** tungsverbot zulassen, soweit dies für die **Verwertung beschlagnahmter oder eingezogener Exemplare** (vgl. §§ 94 ff. StPO: Beweisgegenstände; §§ 111b ff. StPO: Einziehungsgegenstände) erforderlich ist und EG-Recht nicht entgegensteht. Damit soll die Möglichkeit eröffnet werden, diese Exemplare im Interesse des Artenschutzes an einen Sachkundigen zu verkaufen oder zur Nutzung, etwa zur Zucht abzugeben. Besonders zu beachten ist dabei jedoch, dass ein Verkauf lebender Exemplare streng geschützter Arten nicht zulässig ist, diese vielmehr in den Ausfuhrstaat zurückzuführen oder in einer geeigneten Einrichtung unterzubringen sind. Allerdings soll eine unentgeltliche Überlassung zB an einen Zoo oder ein Notverkauf in analoger Anwendung von § 111p StPO zulässig sein.[200]

§ 45 Abs. 7 und 8 ermächtigen die zuständigen Landesbehörden und das Bundesamt für **106** Naturschutz im Einzelfall weitere Ausnahmen zuzulassen. Zu den Voraussetzungen hierfür ist aus räumlichen Gründen auf den Wortlaut der einschlägigen Normen sowie die weiterführende Literatur zu verweisen.[201] Gemäß § 45 Abs. 7 S. 4 können diese **Ausnahmen** auch hier durch **Rechtsverordnungen** von Landesregierungen zugelassen werden.

Wie bei den Zugriffsverboten sind die Legalausnahmen als **negative Tatbestands-** **107** **merkmale** zu behandeln, während die behördlichen Einzelfallentscheidungen, mit denen Ausnahmen bewilligt werden, **rechtfertigenden Charakter** haben (→ Rn. 85). Dafür spricht – als erstes Indiz – bereits der Wortlaut des in § 44 Abs. 2 Nr. 2 abschließend

---

[199] Näher dazu Schumacher/Fischer-Hüftle/*Kratsch* § 43 Rn. 17.
[200] LG Hannover 20.4.2009 – 96 AR 3/09, NuR 2009, 639 mAnm *Iburg* NuR 2009, 639.
[201] Frenz/Müggenborg/*Lau* § 45 Rn. 13; Schumacher/Fischer-Hüftle/*Kratsch* § 45 Rn. 25 ff. Vgl. als Beispiel: VG Stuttgart 10.11.2000 – 6 K 2297/00, NuR 2001, 353: Antrag auf Ausnahmegenehmigung zur Präparation einer Waldohreule; OVG Berlin 26.2.2015 – OVG 11 S 3.15, NuR 2015, 326: Bescheid an Gewässerverband über Ausnahmen zum Fangen und Töten von Bibern.

gefassten Vermarktungsverbots, das im Gegensatz etwa zu §§ 325, 327 StGB gerade nicht verlangt, dass „ohne die erforderliche Genehmigung" gehandelt wird. Auch materiell handelt es sich bei § 44 Abs. 2 Nr. 2 in den durch die Legalausnahmen vorgegebenen Grenzen um ein repressives Verbot mit Befreiungsvorbehalt, von dem nur im Einzelfall ermessensgebundene Ausnahmen bewilligt werden dürfen, die mehr darstellen als eine bloße Kontrollerlaubnis für ein gesellschaftlich generell akzeptiertes Verhalten.[202] Die Vermarktung stellt vielmehr einen an und für sich missbilligten Angriff auf das Rechtsgut des Schutzes der Artenvielfalt dar, der als Sonderfall des rechtfertigenden Notstands[203] nur ausnahmsweise gestattet wird.

108   **b) Verstoß gegen die Ein- und Ausfuhrbestimmungen der VO (EG) Nr. 338/97.** § 69 Abs. 4 Nr. 1 sanktioniert im Einzelnen bestimmte Verstöße gegen die Ein-, Aus- und Wiederausfuhrbestimmungen der VO (EG) Nr. 338/97 (→ Rn. 26).

109   **aa) Einfuhrgenehmigung.** Die VO sieht in Art. 4 Abs. 1 Satz 1 vor, dass bei der Einfuhr von Exemplaren der Arten des Anhangs A in die Gemeinschaft die erforderlichen Überprüfungen vorzunehmen sind und der Einfuhrzollstelle zuvor eine Einfuhrgenehmigung einer Vollzugsbehörde des Bestimmungsmitgliedstaats vorzulegen ist (vgl. auch § 50).[204] Für Arten des Anhangs B enthält Art. 4 Abs. 2 S. 1 eine entsprechende Regelung.

110   Als **Einfuhr** ist dabei wie in § 29 Abs. 1 Nr. 1 BtMG das durch menschliches Zutun erfolgende Einbringen über die Grenze in den Geltungsbereich der EG-ArtenschutzVO zu verstehen.[205] Die Einfuhr ist mit dem Grenzübergang und nicht erst mit der nachfolgenden Abfertigung zum freien Verkauf vollendet.[206] Der Begriff des Exemplars wird in Art. 2t definiert. Die Überprüfungen zum Zeitpunkt der Einfuhr werden in Art. 2x der Verordnung bestimmt, worauf verwiesen wird.

111   Für **streng geschützte Arten** darf die Einfuhrgenehmigung eines Mitgliedstaats nur gem. den Bedingungen des Art. 4 Abs. 1 und den Einschränkungen des Art. 4 Abs. 6a erteilt werden. Für Exemplare der Arten des Anhangs B ergeben sich diese Anforderungen aus Art. 4 Abs. 2 und (hinsichtlich der Einschränkungen) aus Art. 4 Abs. 6b und c.[207] Die in Art. 4 Abs. 1 und 2 festgelegten Bedingungen für die Erteilung einer Einfuhrgenehmigung werden in Art. 4 Abs. 5 für Wiedereinfuhren (definiert in Art. 2o) und vor mehr als 50 Jahren erworbene verarbeitete Exemplare (vgl. hierzu Art. 2w) aufgehoben. Erforderlich dabei ist allerdings, dass der Antragsteller dies mit Hilfe von Dokumenten belegt. Hinsichtlich weiterer Einzelheiten muss hier auf die Lektüre dieser Vorschriften verwiesen werden.[208]

112   **bb) Abweichungen.** Wesentliche auch praxisrelevante Abweichungen vom Erfordernis einer Einfuhrgenehmigung sind in **Art. 7 VO (EG) Nr. 338/97** festgelegt.[209] Das Vorliegen dieser Legalausnahmen ist – wie oben bei den Zugriffsverboten – in jedem Einzelfall zu prüfen. In der Gefangenschaft geborene und gezüchtete oder künstlich vermehrte Exemplare (Art. 7 Nr. 1) der Arten des Anhangs A werden herabgestuft und wie Arten des Anhangs B behandelt (Nr. 1a). Für künstlich vermehrte Pflanzen werden in Nr. 1b ebenso Ausnahmen vorgesehen. Die Kriterien zur Feststellung, ob es sich um ein derart in Gefangenschaft geborenes, gezüchtetes oder vermehrtes Exemplar handelt, werden gemäß Art. 7 Nr. 1c von der Kommission festgelegt. Näheres hierzu findet sich in Art. 54 ff. der VO (EG) Nr. 865/2006 der Kommission (sog DurchführungsVO).[210]

---

[202] Vgl. grds. hierzu ua *Rengier* ZStW 101, 874; *Winkelbauer* NStZ 1988, 201.
[203] *Jescheck/Weigend* § 33 VI; *Roxin* AT/I § 17 Rn. 50.
[204] Näher zu den Einfuhrvoraussetzungen Schumacher/Fischer-Hüftle/*Kratsch* § 50 Rn. 1 ff.
[205] Grundlegend zum Begriff der Einfuhr BGH 22.7.1992 – 3 StR 35/92, BGH NJW 1993, 74 mwN; zur Einfuhr nach dem BNatSchG: Erbs/Kohlhaas/*Stöckel/Müller-Walter* N 16 § 50 Rn. 3; vgl. zum Begriff Einfuhr auch § 2 Abs. 11 AWG sowie § 22a KrWaffG.
[206] Erbs/Kohlhaas/*Stöckel/Müller-Walter* N 16 § 50 Rn. 3.
[207] Näher dazu *Gassner/Heugel* Rn. 605 ff.
[208] Näher dazu *Stüwe* ZfZ 1997, 254 sowie Gassner/Bendomir-Kahlo Vor § 39 Rn. 73 ff.
[209] Ausführlich dazu Gassner/Bendomir-Kahlo Vor § 39 Rn. 103 ff.
[210] ABl. 2006 L 166, 1.

Die **Beweislast** für das Vorliegen einer Ausnahme obliegt verwaltungsrechtlich demjeni- 113
gen, der ein solches Exemplar einführt. Es gilt der Grundsatz, dass derjenige, der sich auf
eine Ausnahmeregelung beruft, ihre Voraussetzungen nachzuweisen hat.[211] Diese Beweislastverteilung gilt (ohne dass dies gegen die Unschuldsvermutung verstößt) auch im Strafverfahren, da dort entsprechend den unten (→ Rn. 120) geschilderten Grundsätzen auf die formelle
Bestandskraft der verwaltungsrechtlichen Entscheidung abgestellt wird. Eine unzulässige strafprozessuale Beweislastverteilung zu Ungunsten des Beschuldigten ist damit nicht verbunden.
Die gegenteilige Lösung hätte zur Folge, dass § 69 Abs. 4 Nr. 1 iVm Art. 4 VO (EG) Nr. 338/
97 ins Leere liefe: Die wahrheitswidrige Einlassung, ein bestimmtes Exemplar sei in Gefangenschaft geboren oder gezüchtet worden, wäre nur in wenigen Ausnahmefällen widerlegbar.

Gemäß Art. 7 Nr. 3 EG-ArtenschutzVO gilt das Erfordernis der Einfuhrgenehmigung 114
nicht für tote Exemplare, Teile und Erzeugnisse aus Exemplaren von Arten der Anhänge A
bis D, wenn es sich um **persönliche Gegenstände** oder **Haushaltsgegenstände** handelt
(der englische Text lautet insoweit „specimens that are personal or households effects").
Gemäß der Legaldefinition in Art. 2j EG-ArtenschutzVO sind dies: „Im Besitz einer Privatperson befindliche tote Exemplare, Teile und Erzeugnisse aus solchen, die Teile des normalen
Hab und Guts einer Person sind oder hierzu bestimmt sind." Diese konturenlose Begriffsbestimmung geht sehr weit und erfasst – zumindest bei entsprechender Einlassung – beinahe
alle Privateinfuhren.[212] Verwirrend sind zudem die unterschiedlichen Übersetzungen der
Begriffe in „Haushaltsgegenstände" (Art. 7 Nr. 3 EG-ArtenschutzVO) und „Hausrat" (so
bei den Nachweispflichten des § 46 Abs. 2) sowie in „persönliche Gegenstände" (Art. 7
Nr. 3 EG-ArtenschutzVO) und „Gegenstände zum persönlichen Gebrauch" (§ 46 Abs. 2).

Einschränkungen der Ausnahmevorschrift ergeben sich bereits nach dem Wortlaut 115
des Art. 2j EG-ArtenschutzVO insoweit, als lebende Exemplare nicht erfasst sind.[213]
Ansonsten ist eine Eingrenzung der von Art. 7 Nr. 3 erfassten Objekte nur über die (kleine)
Menge denkbar.[214]

Um der Bestandsschwächung exotischer Arten durch ihre Verarbeitung zu Touristensouve- 116
nirs wirksam zu begegnen, sieht Art. 57 Abs. 1 und 2 der DVO praxisrelevante **Rückausnahmen** von Art. 7 Nr. 3 vor. Danach findet die Ausnahme für persönliche Gegenstände oder
Haushaltsgegenstände keine Anwendung, wenn mit derartigen Exemplaren Handel getrieben
wird. Nach Art. 57 Abs. 2 der DVO gilt die Ausnahme auch nicht für die erste Einfuhr von
persönlichen und Haushaltsgegenständen von Exemplaren der im Anhang A aufgeführten
Arten, wenn sie durch Personen geschieht, die ihren gewöhnlichen Aufenthalt in der Gemeinschaft (vgl. dazu Art. 1 Nr. 5 der DVO) haben oder sich dort niederlassen. Führt also der
tunesische Gast Schildpatt einer Strahlenschildkröte als sein persönliches Schmuckstück in die
Gemeinschaft ein, ist er vom Genehmigungserfordernis des Art. 4 Abs. 1 der EG-ArtenschutzVO befreit. Anders verhält es sich bei einem Urlauber, der seinen gewöhnlichen Aufenthalt in der Gemeinschaft hat und ein entsprechendes Schmuckstück importiert.[215]

Eine weitere Legalausnahme enthält Art. 7 Nr. 4 für bestimmte dort im Einzelnen 117
bezeichnete Fälle des nicht kommerziellen Warenaustausches wissenschaftlicher Einrichtungen. Hier ist ein vereinfachtes Etikettenverfahren anzuwenden (vgl. Art. 7 der VO (EG)
Nr. 338/97 iVm Art. 2 Abs. 6, Anh. VI der DVO).

cc) Tathandlungen. Wie sich aus dem eindeutigen Wortlaut ergibt, wird ein Verstoß 118
iSd § 69 Abs. 4 Nr. 1 dadurch begangen, dass eine der genannten Genehmigungen „nicht,
nicht richtig, nicht vollständig oder nicht rechtzeitig" vorgelegt wird. Diese Formulierung

---

[211] *Böhne* NuR 2001, 257; GK-BNatSchG/*Engelstätter* § 69 Rn. 19, 29. Vgl. zu den Voraussetzungen für
den Nachweis OVG Lüneburg 6.7.2005 – 8 LA 121/04, NuR 2005, 659 sowie zur Glaubhaftmachung eines
Altbesitzes OVG Weimar 29.4.2010 – 1 KO 225/09, NuR 2011, 597.
[212] Vgl. dazu Gassner/*Bendomir-Kahlo* Vor § 39 Rn. 125 f.
[213] Anders Lorz/Konrad/Mühlbauer/*Müller-Walter*/Stöckel § 46 Rn. 10, die bei den Nachweispflichten
des § 46 auch lebende Tiere zum Hausrat iSd § 49 Abs. 2 zählen.
[214] Vgl. Gassner/*Bendomir-Kahlo* Vor § 39 Rn. 126.
[215] Weitere Beispiele und Erläuterungen (auch zur Sonderregelung für Kaviar) bei *Böhne* NuR 2001, 257.

findet sich erstmals im BNatSchG vom 29.7.2009. Zuvor war, wenngleich der Wortlaut der Vorgängernorm nicht eindeutig war, die unerlaubte Einfuhr als solche bußgeldbewehrt bzw. unter Strafe gestellt.[216] Mit der Neufassung hat der Gesetzgeber, ohne dies in den Materialien kenntlich zu machen, den Charakter der Norm geändert.[217] Sanktioniert wird nun nicht mehr der materielle Verstoß einer illegalen Einfuhr, Ausfuhr oder Wiederausfuhr, sondern der Formalverstoß der unterlassenen, unrichtigen, unvollständigen oder verspäteten Vorlage der erforderlichen Dokumente, somit ein reiner **Verwaltungsungehorsam.**[218] Vergleichbare Tatbestände finden sich vor allem im Ordnungswidrigkeitenrecht, etwa in §§ 58 Abs. 1 Nr. 1 und 2 BAföG, 63 Abs. 1 Nr. 3 SGB II oder § 62 Abs. 2 Nr. 7 BImSchG.

119   Nach der Neufassung der Norm handelt es sich um ein **echtes Unterlassungsdelikt,** das keine Garantenstellung iSd § 13 StGB voraussetzt.[219] Dabei ist „nicht" als überhaupt nicht, „nicht richtig" als in der falschen Form, „nicht vollständig" als lückenhaft und „nicht rechtzeitig" als verspätet, dh insbesondere nicht vor dem Vorgang der Einfuhr als solchem, zu verstehen.

120   Aus dem Wortlaut ergibt sich, dass es bei dem Fehlverhalten nicht um den materiellen Gehalt der Genehmigung geht, sondern nur die Formalien des Dokumentationsvorgangs abgesichert werden sollen. Es kommt somit nicht auf die materielle Richtigkeit der Genehmigung an. Maßgeblich ist allein die **formelle Bestandskraft** der Genehmigung. Insoweit verhält es sich wie bei der tatbestandsausschließenden oder rechtfertigenden behördlichen Genehmigung, Bewilligung oder sonstigen Erlaubnissen im 29. Abschnitt des StGB bzw. der ausländerrechtlichen Genehmigung.[220]

121   Art. 4 Abs. 1 der VO (EG) Nr. 338/97 verlangt, dass die **Einfuhrgenehmigung** einer Vollzugsbehörde des **Bestimmungsmitgliedstaats** vorliegt. Dies bedeutet, dass auch in bußgeld- und strafrechtlicher Hinsicht die wirksame Einfuhrgenehmigung jedes anderen Mitgliedstaats der EU zu beachten ist. Liegt also zB eine Genehmigung der zuständigen italienischen Behörde vor, kann das dort eingeführte Exemplar anschließend in alle anderen Mitgliedstaaten der EU weitergegeben werden, ohne dass es einer weiteren Einfuhrgenehmigung iSd Art. 4 bedarf.

122   Nicht geregelt ist, wie Einfuhrgenehmigungen zu behandeln sind, die durch **Täuschung, Drohung** oder **Bestechung** des zuständigen Behördenbediensteten oder durch ein sonst kollusives Zusammenwirken mit ihm erlangt wurden. Ein Nichtigkeitsgrund iSd § 44 VwVfG liegt in diesen Fällen nicht vor, weshalb der Verwaltungsakt der Genehmigung formell Bestand hat. § 330d Abs. 1 Nr. 5 kann hier nicht herangezogen werden, da diese sektorale Missbrauchsklausel auf den 29. Abschnitt des StGB beschränkt ist.[221] Ob über allgemeine Grundsätze des Rechtsmissbrauchs eine Berufung auf eine solchermaßen erlangte Genehmigung versagt werden kann, erscheint zweifelhaft.[222] Eine derartige Auslegung würde den Wortlaut der Norm überdehnen. Auch wenn die Einfuhrgenehmigung erschlichen wurde, wird doch eine Einfuhrgenehmigung vorgelegt. Dass der Genehmigungsempfänger von seiner unlauteren Begünstigung weiß, er somit eigentlich auch nicht auf die Anerkennung dieses Verwaltungsakts vertrauen durfte, kann über die Hürde des Wortlauts nicht hinweg helfen.[223]

---

[216] Vgl. die 1. Aufl., Rn. 74 mwN.

[217] AA Graf/Jäger/Wittig/*Pohlit* § 69 Rn. 38: „Eine wesentliche inhaltliche Änderung dürfte damit nicht verbunden sein".

[218] AA GK-BNatSchG/*Engelstätter* § 69 Rn. 27 unter Verweis auf den „leicht missverständlichen Wortlaut". Entgegen diesem Wortlaut meine ich die Vorschrift „ungenehmigte Einfuhr".

[219] Grundsätzlich dazu Schönke/Schröder/*Stree/Bosch* Vor §§ 13 ff. StGB Rn. 134 ff.

[220] Vgl. dazu Schönke/Schröder/*Heine/Hecker* Vor §§ 324 ff. StGB Rn. 16a; Lackner/Kühl/*Heger* StGB § 324 Rn. 10 jeweils mwN. Zum Ausländerrecht BGH 27.4.2005 – 2 StR 457/04, NJW 2005, 2095.

[221] Vgl. ua *Paetzold* NStZ 1996, 170; *Weber* FS Hirsch, 1999, 795.

[222] Vgl. zu diesen allgemeinen Grundsätzen Schönke/Schröder/*Heine/Hecker* Vor §§ 324 ff. StGB Rn. 17 mwN.

[223] AA wohl GK-BNatSchG/*Engelstätter* § 69 Rn. 31: Entfallen des objektiv vorliegenden Rechtfertigungsgrundes.

dd) Aus- und Wiederausfuhr. Bei der Ausfuhr oder Wiederausfuhr von Exemplaren 123
des Anhangs A aus der Gemeinschaft sind ebenfalls die erforderlichen Überprüfungen vorzunehmen und ist der Abfertigungszollstelle zuvor eine von einer Vollzugsbehörde des Mitgliedstaats, in dem sich die Exemplare befinden, erteilte Ausfuhrgenehmigung oder Wiederausfuhrbescheinigung vorzulegen (Art. 5 Abs. 1). Dabei ist unter **Ausfuhr** – wie in § 2
Abs. 3 Nr. 1 AWG – die Lieferung von Exemplaren aus dem Inland in ein Drittland zu
verstehen. **Wiederausfuhr** ist die Ausfuhr eines früher eingeführten Exemplars aus der
Gemeinschaft (Art. 2n der VO (EG) Nr. 338/97). Eine **Ausfuhrgenehmigung** darf nur
unter den in Art. 5 Abs. 2 im Einzelnen aufgeführten Bedingungen erteilt werden. Für die
Wiederausfuhrbescheinigung ist insoweit Art. 5 Abs. 3 maßgeblich. Die Ausfuhr und
Wiederausfuhr von Exemplaren des Anhangs B ist mit geringeren Anforderungen strukturell
vergleichbar in Art. 5 Abs. 4 geregelt.

Die Maßgaben für die Erteilung einer Ausfuhrgenehmigung oder Wiederausfuhrbeschei- 124
nigung werden wesentlich eingeschränkt, wenn es sich um **Antiquitäten,** dh um vor mehr
als 50 Jahren erworbene verarbeitete Exemplare (Art. 5 Abs. 6i) handelt. Entsprechendes gilt
für tote Exemplare und Erzeugnisse, bei denen der frühere rechtmäßige Erwerb mit Hilfe
von Dokumenten nachgewiesen werden kann (vgl. im Einzelnen Art. 5 Abs. 6ii).

Zur **Tathandlung** der unzureichenden Vorlage der Ausfuhrgenehmigung und Wieder- 125
ausfuhrbescheinigung, der Maßgeblichkeit ihrer formellen Bestandskraft und etwaigen
Rechtsmissbrauchsfällen wird auf die auch hier einschlägigen Erläuterungen zur Einfuhrge-
nehmigung oben verwiesen (→ Rn. 121). Dies gilt auch für die in Art. 7 vorgesehenen
Abweichungen, die bei der Ausfuhrgenehmigung und Wiederausfuhrbescheinigung iSd
Art. 5 ebenso zu beachten sind (→ Rn. 112).

c) Verstoß gegen die Tellereisen-Verordnung (§ 69 Abs. 5 iVm Art. 2 und 3 Tel- 126
lereisen-VO). Die Tellereisen-VO soll dazu dienen, wildlebenden Tierarten, denen wegen
ihres Felles mit Tellereisen nachgestellt wird, unnötige Qualen und Leiden zu ersparen.[224]
Tellereisen in diesem Sinne sind Fanggerätschaften zum Festhalten und Fangen von Tieren
durch Bügel, die über einen Lauf oder mehrere Läufe der Tiere zuschnappen und so verhindern, dass das Tier sich befreit (§ 1 Tellereisen-VO). Gemäß Art. 2 der VO ist es verboten,
derartige Gerätschaften zu verwenden.

Um dem Tellereisenverbot auch außerhalb der EU Wirksamkeit zu verschaffen, werden 127
spätestens seit dem 1.1.1996 Erzeugnisse von Tieren mit einem **Importverbot** belegt, die
aus Ländern stammen, in denen Tellereisen Verwendung finden. Art. 3 Abs. 1 S. 1 der
Tellereisen-VO sieht daher vor, dass die Einfuhr von Pelzen der in Anhang I genannten
Tierarten und der anderen in Anhang II aufgeführten Waren, sofern diese Waren Pelze der
in Anhang I genannten Arten enthalten, in die Gemeinschaft verboten ist, es sei denn, die
Kommission hat nach einem festgelegten Verfahren festgestellt, dass in dem Ursprungsland
der Pelze
– angemessene Rechts- oder Verwaltungsvorschriften über das Verbot der Verwendung von
  Tellereisen in Kraft sind oder
– die Fangmethoden für die in Anhang I genannten Tierarten den international vereinbarten humanen Fangnormen entsprechen.
Über § 69 Abs. 5 Nr. 2 wird damit die Einfuhr von Pelzen und Waren aus jenen Drittländern 128
sanktioniert, die weder selbst die Verwendung von Tellereisen verboten noch sonst das
Übereinkommen über internationale humane Fangnormen paraphiert haben.[225] Länder,
bei denen eine derartige Einfuhr bedenkenfrei ist, lassen sich aus einer im Anhang der
Entschließung 97/602 EG des Rates vom 22.7.1997 enthaltenen **Positivliste** entnehmen.[226] Dass eine solche Liste letztlich als Grundlage einer Strafnorm dienen soll, ist allerdings im Hinblick auf den Bestimmtheitsgrundsatz nicht unproblematisch.[227]

---

[224] *Stegmann* S. 148.
[225] *Stegmann* S. 203.
[226] Vgl. zuletzt VO (EG) Nr. 1791/2006, ABl. 2006 L 363, 1.
[227] Näher dazu *Pfohl* NuR 2012, 307.

129   **5. Verstoß gegen europarechtliche Vermarktungsverbote (Abs. 2).**
a) 45. StrÄndG. Der Verstoß gegen das europarechtliche Vermarktungsverbot wurde mit
dem 45. StrÄndG in § 71 Abs. 2 neu geregelt. Da die Vorschriften der VO (EG) Nr. 338/97
unmittelbar gelten, wurde der nicht erforderliche Bezug über § 69 Abs. 4 Nr. 3 gestrichen,
wodurch die Vorschrift etwas „schlanker" geraten ist. Zugleich wurde der Tatbestand allerdings auch in zwei Handlungsvarianten (Nr. 1 und 2) aufgegliedert. Zwingend erforderlich
war dies nicht, handelt es sich doch um rein formale, nicht aber um inhaltliche Änderungen.
Systematisch konsequent ist der völlig neue § 71a Abs. 2 parallel ausgestaltet.

130   **b) Tathandlungen.** Das EU-rechtliche innergemeinschaftliche Vermarktungsverbot fin-
det sich in Art. 8 Abs. 1 VO (EG) Nr. 338/97. Danach sind Kauf, Angebot zum Kauf,
Erwerb zu kommerziellen Zwecken, Zurschaustellung und Verwendung zu kommerziellen
Zwecken sowie Verkauf, Vorrätighalten, Anbieten oder Befördern zu Verkaufszwecken von
Exemplaren der Arten des Anhangs A verboten. Diese Tätigkeiten werden in § 71 Abs. 2
in zwei Gruppen aufgeteilt: Nr. 1 erfasst die mit dem Kauf oder Verkauf verbundenen
Vorgänge, Nr. 2 betrifft die Fälle des Erwerbs, zur Schaustellens oder Verwendens zu kom-
merziellen Zwecken.

131   Ein Teil der Tathandlungen wird in Art. 2 der VO definiert: Gemäß Art. 2p ist **Verkauf**
„jede Form des Verkaufs". Das Vermieten, der Tausch oder Austausch werden dem Verkauf
gleichgesetzt.

132   Unter **Angebot zum Verkauf** wird gem. Art. 2i das „Angebot zum Verkauf und jegliche
Tätigkeit, die in diesem Sinne ausgelegt werden kann, einschließlich der Werbung oder der
Veranlassung zur Werbung oder der Aufforderung zu Kaufverhandlungen" verstanden. Die
übrigen Tathandlungen des Kaufs, Angebots zum Kauf, Erwerbs zu kommerziellen Zwecken, Zurschaustellung und Verwendung zu kommerziellen Zwecken, des Vorrätighaltens
oder Beförderns zu Verkaufszwecken sind wie beim nationalen Vermarktungsverbot zu
bestimmen. Auf die Ausführungen oben wird daher verwiesen (→ Rn. 94).

133   **c) Ausnahmen.** Gemäß Art. 8 Abs. 5 gelten die geschilderten Verbote des Art. 8 Abs. 1
VO (EG) Nr. 338/97 grds. auch für Exemplare der Arten des Anhangs B. Eine Ausnahme
besteht jedoch dann, wenn nachgewiesen werden kann, dass diese Exemplare gemäß den
(artenschutzrechtlichen) Rechtsvorschriften **erworben** oder, falls sie von außerhalb der
Gemeinschaft stammen, entsprechend rechtmäßig in diese **eingeführt** wurden. Zur Auslegung des Begriffs „gemäß den Rechtsvorschriften" kann § 7 Abs. 2 Nr. 19 (Legaldefinition
für „rechtmäßig") herangezogen werden.

134   Art. 8 Abs. 5 der VO bindet die Annahme eines solchen Ausnahmefalls an die Vorlage
eines lückenlosen, formell einwandfreien Nachweises. Eine gegenteilige **Beweislastvertei-**
lung, etwa eine Regelung dergestalt, wonach grds. ein rechtmäßiger Erwerb oder eine
rechtmäßige Einfuhr vermutet wird, würde eine wirksame Kontrolle vereiteln, da bei fehlenden Unterlagen häufig bereits die bloße (auch bewusst unwahre) Behauptung des rechtmäßigen Erwerbs nicht zu widerlegen wäre. Diese verwaltungsrechtliche Beweislastverteilung ist
auch für das Strafrecht zu übernehmen, ohne dass dies gegen den Grundsatz in dubio pro
reo verstößt, da Art. 8 Abs. 5 VO (EG) Nr. 338/97 lediglich die Modalitäten vorgibt, unter
denen überhaupt eine Ausnahme vom präventiven Vermarktungsverbot in Betracht kommt
(vgl. → Rn. 113 zur ähnlichen Problematik bei der Einfuhrgenehmigung).

135   Art. 8 Abs. 3 sieht wesentliche (gemäß Art. 10 behördlich zu bescheinigende) **Einzelaus-**
nahmen von den Verboten des Art. 8 Abs. 1 und 5 für folgende Exemplare vor:
– die vor Inkrafttreten des Washingtoner Artenschutzübereinkommens bzw. der EWG-VO
  (vgl. im Einzelnen den Wortlaut) in der Gemeinschaft erworben oder in diese eingeführt
  wurden,
– die zu Gegenständen verarbeitet sind, die vor mehr als 50 Jahren erworben wurden
  („Antiquitäten"),
– die gem. dieser Verordnung in die Gemeinschaft eingeführt wurden und für Zwecke
  verwendet werden, die dem Überleben der betreffenden Art nicht abträglich sind,

– in Gefangenschaft geborene oder gezüchtete oder künstlich vermehrte Exemplare,
– Exemplare, die für wissenschaftliche Versuchszwecke verwendet werden,
– Exemplare, die zu Zucht- und Fortpflanzungszwecken verwendet werden,
– Exemplare, die Forschungs- oder Bildungszwecken dienen,
– Exemplare, die aus einem Mitgliedstaat stammen und dort rechtmäßig dem natürlichen Lebensraum entnommen wurden.

Dabei sind auch die jeweiligen sonstigen gemeinschaftsrechtlichen Rechtsvorschriften zu **136** beachten, also etwa jene der Vogelschutzrichtlinie oder etwa, insbesondere bei Greifvögeln von Bedeutung, die Vorgaben der damit zusammenhängenden Bundeswildschutzverordnung.[228] Zur näheren Erläuterung dieser Ausnahmebestimmungen wird auf die hierzu ergangene DVO, insbesondere deren Art. 59 ff. verwiesen.[229]

Art. 8 Abs. 3 VO (EG) Nr. 338/97 setzt voraus, dass die Vollzugsbehörde eine **Ausnah-** **137** **mebescheinigung** ausstellt. Dabei ist es der Behörde nicht verwehrt, für bestimmte Arten, zB Rhinozeroshörner, eine Vermarktungsgenehmigung generell zu verweigern, um ein Austrocknen des Marktes zu erreichen.[230] Liegt jedoch eine derartige Bestätigung vor, ist der Verbotstatbestand des § 71 Abs. 2 iVm Art. 8 Abs. 1 VO (EG) Nr. 338/97 nicht erfüllt. Maßgeblich ist dabei die formelle, nicht die materielle Wirksamkeit des Verwaltungsakts der Ausnahmebescheinigung (vgl. → Rn. 120). Auch eine materiell rechtswidrige Bescheinigung schließt den Verbotstatbestand aus. Wird die Bescheinigung von der zuständigen Verwaltungsbehörde rechtswidrig verweigert, handelt der dennoch Vermarktende tatbestandsmäßig. Eine etwaige spätere Korrektur der unrichtigen behördlichen Entscheidung entfaltet entsprechend den allerdings umstrittenen Grundsätzen zum 29. Abschnitt des StGB in strafrechtlicher Hinsicht keine rückwirkende Kraft.[231]

6. Vorsätzlichkeit der Handlung iSd § 69 Abs. 2, Abs. 3 Nr. 21, Abs. 4 Nr. 1, **138** **Abs. 5, Art. 8 Abs. 1 VO (EG) Nr. 338/97.** Der Straftatbestand des § 71 Abs. 1 verlangt, dass die den Blanketttatbestand ausfüllende Zuwiderhandlung **vorsätzlich,** dh zumindest bedingt vorsätzlich, begangen wird. Ist dies nicht der Fall, liegt nur eine Ordnungswidrigkeit nach der jeweiligen Grundnorm des § 69 vor. Im Falle des § 71 Abs. 2, der unmittelbar auf Art. 8 Abs. 1 VO (EG) Nr. 338/97 verweist, ist der Bußgeldtatbestand des § 69 Abs. 4 Nr. 3 einschlägig. Gemäß § 71 Abs. 1 und 2 muss der Täter vom tauglichen Tatobjekt, insbesondere der Einstufung als besonders geschützte Art,[232] und von der einschlägigen Tathandlung Kenntnis haben.[233] Er muss die einzelne Zuwiderhandlung wollen, zumindest aber billigend in Kauf nehmen. Handelt der Täter nur bezüglich des besonderen Schutzstatus fahrlässig, kommt § 71 Abs. 4 zur Anwendung.

7. Gewerbs- oder gewohnheitsmäßiges Begehen (Abs. 3). Wird die Tat nach Abs. 1 **139** oder Abs. 2 gewerbs- oder gewohnheitsmäßig begangen, sieht Abs. 3 einen erhöhten Strafrahmen von 3 Monaten bis zu 5 Jahren Freiheitsstrafe vor.

a) Gewerbsmäßigkeit der Handlung. Gewerbsmäßig ist wie im StGB, etwa in dessen **140** § 260 Abs. 1 Nr. 1, zu verstehen. Es genügt nicht, wenn der Täter seines Vorteils wegen handelt. Erforderlich ist vielmehr die Absicht, sich durch die wiederholte Begehung rechtswidriger Taten iSd § 71 aus deren Vorteilen eine fortlaufende Einnahmequelle von einigem Umfang und einiger Dauer zu verschaffen. Dabei kommt es nicht darauf an, dass der Täter

---

[228] Bundeswildschutzverordnung vom 25.10.1985, BGBl. I S. 2040 (FNA 792-1-4). Vgl. zur Vogelschutzrichtlinie Rn. 29.
[229] Näher dazu Gassner/*Schmidt-Räntsch* § 42 Rn. 40 ff.
[230] So VG Karlsruhe 28.1.2015 – 4 K 1326/13, NuR 2015, 347.
[231] So auch GK-BNatSchG/*Engelstätter* § 69 Rn. 30 sowie Erbs/Kohlhaas/*Diemer* zum vergleichbaren § 33 AWG, A 217, § 33 Rn. 5a; aA die wohl hM zum Umweltstrafrecht, die einen Strafaufhebungsgrund annehmen will, vgl. Schönke/Schröder/*Heine/Hecker* Vor §§ 324 ff. StGB Rn. 21 mwN; dagegen überzeugend *Kloepfer/ Heger* Rn. 104.
[232] BGH 30.7.1996 – 5 StR 37/96, BGHSt 42, 200 = NJW 1996, 3219.
[233] Vgl. AG Burg 12.5.2010 – 21a Ds 444 JE 8652/09, NuR 2011, 222: Täter verwechselt Wolf mit einem wildernden Hund; krit. dazu *Effen* NuR 2011, 194.

den wesentlichen Teil seiner Einkünfte aus dem Verkauf bezieht oder beziehen will, ein Nebeneinkommen genügt.[234] Auch eine einzige Tat kann ausreichen.[235] Sammelleidenschaft als Tatmotiv steht der Gewerbsmäßigkeit nicht entgegen.[236]

141   **b) Gewohnheitsmäßigkeit der Handlung.** Gewohnheitsmäßig handelt derjenige, der einen durch wiederholte Begehung erzeugten, eingewurzelten und selbstständigen Hang zu einem Delikt nach § 71 aufweist.[237] Sowohl die Gewerbs- als auch die Gewohnheitsmäßigkeit müssen (vom Vorsatz umfasst) als besondere persönliche Merkmale in der Person des jeweiligen Tatbeteiligten vorliegen. Fehlen sie etwa beim Gehilfen der Tat, kann er nur wegen Beihilfe zum Grundtatbestand des Abs. 1 oder Abs. 2 verfolgt werden.[238]

142   **8. Fahrlässigkeitstat (Abs. 4).** Die Zuwiderhandlungen gegen die Grundtatbestände des § 69 bzw. des Art. 8 VO (EG) Nr. 338/97 müssen jeweils vorsätzlich begangen werden. Nach der früheren Fassung des BNatSchG war umstritten, ob die Vergehensnorm voraussetzt, dass der Täter sämtliche Merkmale des Grundtatbestands des § 65 (nun § 69) vorsätzlich verwirklichen und nur hinsichtlich der Einstufung als streng geschützte Art Fahrlässigkeit vorliegen muss.[239] Alternativ wäre es möglich gewesen, über § 66 Abs. 4 aF (nun § 71 Abs. 4 aF) auch hinsichtlich des Grundtatbestandes Fahrlässigkeit ausreichen zu lassen. Betroffen waren insbesondere die Fälle, in denen sich der Täter über die Einstufungen als besonders geschützte und streng geschützte Art irrte. Auf Divergenzvorlage des KG sah der BGH in § 71 Abs. 4 eine **Vorsatz-Fahrlässigkeitskombination,** die stets eine vorsätzliche Verwirklichung des Grundtatbestandes (nun § 69), also auch hinsichtlich der Einschätzung als besonders geschützte Art verlangt.[240] Dies wurde vor allem mit dem damaligen Wortlaut des § 66 Abs. 4 begründet. Für die Praxis hatte dies zur Konsequenz, dass die Vorgängernorm des § 71 Abs. 4 nur in wenigen Ausnahmefällen zur Anwendung kommen konnte, in denen sich ein ungeschickter, rechtlich nicht vorgebildeter Beschuldigter dahin einließ, ihm sei zwar bekannt gewesen, dass ein bestimmtes Exemplar artengeschützt, nicht jedoch, dass es vom Aussterben bedroht und daher streng geschützt sei.[241] In der Literatur wurde diese Auslegung des BGH als kriminalpolitisch zweifelhaft einengende Interpretation des Gesetzes kritisiert.[242]

143   Mit der Neufassung des BNatSchG vom 29.7.2009 wurde der Wortlaut des Gesetzes geändert und klargestellt, dass sich der Gesetzgeber der engen Auslegung des BGH anschließen und die bloß fahrlässigen Verstöße iSd § 69 auch nur als Ordnungswidrigkeiten behandelt wissen möchte.[243] Der Anwendungsbereich der Norm wird ausdrücklich auf den Fall beschränkt, in dem der Täter fahrlässig den **Schutzstatus** der streng geschützten Art **verkennt.**[244] In den übrigen Fällen wird der fahrlässige Verstoß gemäß § 69 Abs. 3 Nr. 21 oder § 69 Abs. 4 Nr. 1 oder Nr. 3 bzw. § 69 Abs. 5 als Ordnungswidrigkeit verfolgt. Der nur fahrlässige Verstoß gegen die Zugriffs- oder Störungsverbote des § 44 bleibt hingegen sanktionslos, da § 69 Abs. 2 nur vorsätzliches Fehlverhalten erfasst. Rechtspolitisch ist dies zweifelhaft, da damit auch jene Fälle nicht einmal bußgeldbewehrt sind, in denen zwar einschlägige Tathandlungen iSd § 69 Abs. 2 vorliegen, der Beschuldigte sich aber nicht widerlegbar dahin einlässt, den Schutzstatus der betroffenen Tier- oder Pflanzenart (als besonders geschützte Art) – auch wenn ein solcher auf der Hand lag – nicht gekannt zu haben.

---

[234]   BGH 16.8.1996 – 1 StR 745/95, BGHSt 42, 219 = NJW 1996, 3220.

[235]   OLG Düsseldorf 19.3.1997 – 5 Ss 59/97, NuR 1997, 620. Vgl. auch den Beispielsfall von *Henzler* NuR 2005, 647.

[236]   BGH 16.8.1996 – 1 StR 745/95, BGHSt 42, 219 = NJW 1996, 3220.

[237]   BGH 28.2.1961 – 1 StR 467/60, BGHSt 15, 377.

[238]   OLG Düsseldorf 19.3.1997 – 5 Ss 59/97, NuR 1997, 620.

[239]   Ausführlich dazu *Jana Schumacher,* Illegaler Artenhandel nach dem Bundesnaturschutzgesetz – § 66 Abs. 4 – Ein reiner Fahrlässigkeitstatbestand oder eine Vorsatz-Fahrlässigkeits-Kombination, Diss. Münster, 2006.

[240]   BGH 30.7.1996 – 5 StR 37/96, BGHSt 42, 200 = NJW 1996, 3219.

[241]   So ausnahmsweise im Fall OLG Stuttgart 6.11.1998 – 1 Ss 437/98, NStZ-RR 1999, 161.

[242]   So insbesondere *Jana Schumacher,* Illegaler Artenhandel, S. 37 ff.

[243]   Ebenso Lütkes/Ewer/*Kraft* Rn. 11; *Szesny/Görtz* ZUR 2012, 405.

[244]   So auch *Sack* § 71 Rn. 23.

9. Leichtfertige Tat (Abs. 5 iVm Abs. 1 Nr. 2). Eine gewisse Abhilfe gegenüber dem **144** in Rn. 142 geschilderten Missstand soll der im Jahr 2017 neu geschaffene Abs. 5 bieten. Danach ist auch das leichtfertige Töten und Zerstören von streng geschützten wild lebenden Tier- und Pflanzenarten unter Strafe gestellt. Für bestimmte wild lebende besonders geschützte Vogelarten gilt § 71a Abs. 4.

Leichtfertig ist entsprechend der allgemein üblichen Definition als grob fahrlässig zu **145** verstehen, dh es ist ein erhöhter Grad von bewusster oder unbewusster Fahrlässigkeit vorausgesetzt.[245] Objektiv entspricht der Begriff der groben Fahrlässigkeit des bürgerlichen Rechts.

10. Minima-Klausel (Abs. 6). Entsprechend Art. 3f und g der Richtlinie Umweltstraf- **146** recht sieht § 71 Abs. 6 eine sogenannte Minima-Klausel für die Fälle vor, in denen die Handlung eine **unerhebliche Menge** der Exemplare betrifft **und unerhebliche Auswirkungen** auf den Erhaltungszustand der Art hat. In diesem Fall ist die Tat nicht nach § 71 Abs. 5 strafbar.

Die Klausel ist **§ 326 Abs. 6 StGB** nachgebildet. Sie stellt einen Strafausschließungs- **147** grund dar.[246] Anhaltspunkte dafür, wann eine „unerhebliche Menge der Exemplare" anzunehmen ist, sind dem bislang geltenden Recht nicht zu entnehmen. Der Begriff des Erhaltungszustands einer bestimmten Art ist aus der FFH-Richtlinie übernommen. Er wird dort in Art. 1i definiert (→ § 71 Rn. 30). Er dient auch als Maßstab für die Erheblichkeit einer Störung iSd § 44 Abs. 1 Nr. 2 Hs. 2, wobei dort allerdings auf den Erhaltungszustand der lokalen Population einer Art, hier hingegen auf den Erhaltungszustand der Art überhaupt abgestellt wird. Der Bundesrat hat daher zu Recht darauf verwiesen, dass bei nur geringer lokaler Population eine „unerhebliche Menge der Exemplare" gleichwohl sehr bedeutsam sein kann. Hier könnte die Klausel zu einer Straffreiheit führen, obwohl eine Population in der betreffenden Region endgültig vernichtet wäre.[247] Eine daher vorgeschlagene Ergänzung des Gesetzes, wonach der Erhaltungszustand der lokalen Population maßgeblich sein sollte, wurde bei der Reform im Jahr 2017 jedoch nicht vorgenommen.

Sowohl die Beurteilung der unerheblichen Menge als auch jene der unerheblichen Auswir- **148** kungen auf den Erhaltungszustand einer Art wird nur mit der Hilfe von Sachverständigen erfolgen können, somit zu einem erheblichen Verfahrensaufwand führen.[248] Wenn überhaupt, wird es Aufgabe der Rechtsprechung sein, hier Leitlinien zur Auslegung der reichlich unbestimmten Begriffe zu entwickeln. Zu befürchten ist allerdings, dass sich die Praxis hier, wie bei der Grenzziehung zur unerheblichen nachteiligen Veränderung von Gewässereigenschaften in § 324 Abs. 1 StGB, mit §§ 153, 153a StPO behelfen und die Rechtsfragen keiner Klärung zuführen wird.

Auch wenn dies in den Materialien und dem Gesetzeswortlaut nicht ausdrücklich **149** erwähnt wird, ist die Minima-Klausel wie jene des § 326 Abs. 6 mit einer **umgekehrten Zweifelsregelung** verbunden.[249] Die Strafbarkeit entfällt nur dann, wenn die unerhebliche Menge bzw. die unerheblichen Auswirkungen nachgewiesen sind. Die gegenteilige Auffassung würde dazu führen, dass § 71 Abs. 5 ins Leere liefe.

III. Besonderheiten des Allgemeinen Teils

1. Rechtfertigungsgründe. Als besondere Rechtfertigungsgründe sind zunächst die **150** behördlichen Genehmigungen und Bescheinigungen nach § 45 Abs. 7 und 8, Art. 4 Abs. 1,

---

[245] Lackner/Kühl/*Kühl* StGB § 15 Rn. 55; Schönke/Schröder/*Sternberg-Lieben/Schuster* StGB § 15 Rn. 205.

[246] So auch *Szesny/Görtz* ZUR 2012, 405. Vgl. zu § 326 Abs. 6 Lackner/Kühl/*Heger* StGB § 326 Rn. 12; Schönke/Schröder/*Heine/Hecker* StGB § 326 Rn. 17; Satzger/Schluckebier/Widmaier/*Saliger* StGB § 326 Rn. 38.

[247] BT-Drs. 18/11272, 50.

[248] Kritisch dazu *Szesny/Görtz* ZUR 2012, 405; befürwortend hingegen *Heger* HRRS 2012, 211.

[249] AA *Szesny/Görtz* ZUR 2012, 405: in dubio pro reo. Vgl. zu § 326 Abs. 6 die 2. Aufl., StGB § 326 Rn. 115; Schönke/Schröder/*Heine/Hecker* StGB § 326 Rn. 19.

2; Art. 5 Abs. 1–4; Art. 8 Abs. 3 VO (EG) Nr. 338/97 zu erwähnen, die zT bereits oben erläutert worden sind (→ Rn. 84, 106, 135).

Ebenfalls einen besonderen Rechtfertigungsgrund stellt die **Befreiung** dar. Allerdings sieht § 67 Abs. 1 S. 1 die Möglichkeit einer Befreiung nur von den allgemeinen artenschutz-rechtlichen Bestimmungen der §§ 39, 40, 42 und 43 vor. Eine Befreiung von den Verboten und Geboten der EU-Regelung über die Ein- und Ausfuhr sowie über die gemeinschafts-rechtlichen Vermarktungsvorschriften ist bereits nach dem Gesetzeswortlaut nicht möglich. Hinsichtlich der besonderen artenschutzrechtlichen Bestimmung des § 44, dh hier dem Zugriffs- und nationalen Vermarktungsverbot kann gemäß § 67 Abs. 2 eine Befreiung gewährt werden, wenn die Durchführung der Vorschriften im Einzelfall zu einer unzumut-baren Belastung führen würde. Da aber bereits §§ 44, 45 zahlreiche Ausnahmen von den dort genannten Verboten vorsehen, dürften die für die Zumutbarkeit maßgeblichen Gesichtspunkte in der Regel bereits dort abgewogen sein, so dass für eine zusätzliche Befrei-ung nur wenig Raum verbleibt.[250] Eine Befreiung kann hier zur Wahrung des Verhältnismä-ßigkeitsgrundsatzes nur dann in Betracht kommen, wenn es in Verbindung mit grundrechtli-chen Gewährleistungen geboten ist, unangemessene Auswirkungen auch im Hinblick auf private Interessen zu vermeiden.[251] So ist etwa eine Befreiung vom Fangverbot des § 44 Abs. 1 denkbar, wenn Lärmbeeinträchtigungen durch nächtliches Froschquaken das 28-fache des im Gebiet zulässigen Richtwerts für Lärm überschreiten.[252] Mit Auflagen zugelas-sen wurde auch die Beseitigung geschützter Nistplätze der Mehlschwalbe, um die hochwas-serbedingte Sanierung einer Außenfassade zu ermöglichen.[253] Anders als die geschilderten Legalausnahmen beruht eine solche Befreiung aber nicht auf einer grundlegenden Ein-schränkung des Verbots als solchem, sondern gestattet lediglich einzelfallbezogene Ausnah-men vom grds. erhalten gebliebenen Verbot. Die Befreiung ist daher als **Rechtfertigungs-grund** zu betrachten.

151   Von den **allgemeinen Rechtfertigungsgründen** entfaltet hier nur das Notstandsrecht des **§ 228 BGB** praktische Relevanz. Dies gilt vor allem dann, wenn sich geschützte Tier- und Pflanzenarten in der Nähe menschlicher Siedlungen ausbreiten und es zu Konflikten mit dem Interesse an einem ungestörten Lebens- und Wohnbereich des Menschen kommt (zB Wespen im Rollladenkasten; Schwalbennest in der Garage).[254] Die Rechtsprechung hat solche Konfliktsituationen zum Teil über eine einschränkende Auslegung des Zugriffsverbots und des § 69 Abs. 2 Nr. 1 gelöst, indem die Schutzwirkung der genannten Vorschriften im Wege einer teleologischen Reduktion nur Lebensstätten in der freien Natur zugedacht wurde.[255] Dieser Auslegung steht indes § 1 Abs. 1 S. 1 entgegen. Danach sind Natur und Landschaft im besiedelten und unbesiedelten Bereich so zu schützen, dass die biologische Vielfalt, die Leistungs- und Funktionsfähigkeit des Naturhaushalts, ua auf Dauer gesichert sind. Richtiger-weise wird man daher in einem solchen Fall eine Ausnahmebewilligung nach § 45 Abs. 7 oder eine Befreiung nach § 67 verlangen müssen. Werden durch die besonders geschützten Arten auch nur mittelbare Gefahren für Hausbewohner heraufbeschworen, ist darüber hinaus der Rechtfertigungsgrund des § 228 BGB heranzuziehen, der, da er nur von fremden Sachen spricht, bei herrenlosen wildlebenden Tieren analog anzuwenden ist.[256]

152   In Betracht kommen kann auch ein **rechtfertigender Notstand nach § 34 StGB**. Die **Einwilligung** des jeweiligen Eigentümers eines betroffenen Exemplars ist hingegen in Anbe-tracht des hier verfolgten Schutzes der Artenvielfalt als allgemeinem Rechtsgut unbeachtlich.

---

[250] Schumacher/*Fischer-Hüftle* § 67 Rn. 25: „eher unwahrscheinlich".

[251] *Gassner/Heugel* Rn. 653; so nun auch Frenz/Müggenborg/*Lau* § 67 Rn. 10.

[252] Vgl. BGH 20.11.1992 – VZR 82/91, NJW 1993, 925; VGH München 8.7.1998 – 9 B 97 468, NuR 1999, 338.

[253] OVG Bautzen 10.10.2012 – 1 A 389/12, NuR 2013, 724.

[254] Näher dazu *Louis* NuR 1992, 119; *Stegmann* S. 146; Lorz/Konrad/Mühlbauer/*Müller-Walter*/Stöckel § 44 Rn. 24; Gassner/*Schmidt-Räntsch* § 42 Rn. 6a.

[255] OLG Düsseldorf 19.3.1997 – 5 Ss 59/97, NuR 1997, 620.

[256] KG 2.8.1935 – 1 Ss 280/35, JW 1935, 2982; MüKoBGB/*Grothe*, 7. Aufl. 2015, BGB § 228 Rn. 7; Erman/*E. Wagner*, 14. Aufl. 2014, BGB § 228 Rn. 4; Staudinger/*Repgen* BGB § 228 Rn. 22; *Stegmann* S. 147.

2. Schuld- und Irrtumsfragen. Keine Besonderheiten gelten hinsichtlich etwaiger   **153**
Schuldausschließungsgründe. In Anbetracht der komplexen Materie, aber auch des nur
schwer nachvollziehbaren Normengeflechts liegen Fehlvorstellungen der Täter nahe. Dabei
sind folgende Fälle zu unterscheiden: **Irrt** sich der Täter über das **Tatobjekt,** nimmt er
also etwa an, das von ihm verkaufte Elfenbein-Schmuckstück stamme von einem Mammut
und nicht von einem Elefanten[257] und sei somit nicht besonders oder streng geschützt,
kommt § 16 StGB zur Anwendung. Die dann allenfalls fahrlässige Zuwiderhandlung iSd
§ 69 ist als Ordnungswidrigkeit, nicht aber als Straftat nach § 71 verfolgbar, da dort eine
vorsätzliche Handlung nach § 69 vorausgesetzt wird.

Irrt sich der Täter über den **Schutzstatus** eines zutreffend erkannten Tatobjekts, meint   **154**
er also, der afrikanische Elefant sei nicht besonders geschützt, ist ebenfalls § 16 StGB einschlägig. Die erforderliche Parallelwertung in der Laiensphäre lässt sich bei der komplexen
Materie hier nur in Kenntnis des Schutzstatus einer Art vornehmen. Eine Fehlvorstellung
über den Schutzstatus führt daher zu einem Vorsatzausschluss.[258] Ordnet der Täter ein
Objekt zwar als besonders geschützt, nicht aber, was zutreffend wäre, als streng geschützt
ein, führt dies bei § 71 Abs. 1 und 2 BNatSchG über § 16 StGB zur (praktisch seltenen)
Annahme eines Fahrlässigkeitsdelikts nach § 71 Abs. 4 BNatSchG.[259]

Noch nicht höchstrichterlich entschieden ist, wie eine **Fehlvorstellung** über ein   **155**
Genehmigungs- oder Bewilligungserfordernis zu behandeln ist. Stuft man die Genehmigung – wie hier – als Rechtfertigungsgrund ein (→ Rn. 85), ist zu differenzieren: Geht
der Täter davon aus, für fünf eingeführte Exemplare eine Einfuhrgenehmigung zu haben,
obwohl er tatsächlich nur vier solcher Bescheinigungen besitzt, kommt § 16 StGB analog
zur Anwendung: Der Täter handelt nur fahrlässig. Geht er hingegen irrtümlich davon aus,
keine Einfuhrgenehmigung zu benötigen, ist seine Fehlvorstellung als Verbotsirrtum nach
§ 17 StGB zu behandeln.[260] Für die Vorwerfbarkeit des Verbotsirrtums gelten die allgemeinen, zu § 17 StGB entwickelten Grundsätze.[261] Sieht man die naturschutzrechtliche Genehmigung oder Bewilligung hingegen, abweichend von der hier vertretenen Auffassung, als
negatives Tatbestandsmerkmal, sind sowohl der Irrtum über das Vorhandensein einer entsprechenden Genehmigung als auch jener über das entsprechende rechtliche Erfordernis
gem. § 16 StGB zu behandeln.[262]

3. Versuch. Wie oben dargelegt, sind einzelne Tathandlungen des § 71 iVm § 69 Abs. 2,   **156**
Abs. 3 Nr. 21, Abs. 4 Nr. 1, Abs. 5 bzw. Art. 8 Abs. 1 VO (EG) Nr. 338/97 bereits im
Vorfeld einer unmittelbaren Artenschädigung angesiedelt. Dies gilt etwa für das Nachstellen
in § 69 Abs. 2 Nr. 1, das zum Verkauf oder Kauf Anbieten, zum Verkauf Vorrätighalten
oder Zurschaustellen in § 69 Abs. 3 Nr. 21 und Art. 8 Abs. 1 VO (EG) Nr. 338/97. Die
Normierung einer Versuchsstrafbarkeit wurde daher nicht für erforderlich gehalten und ist
unterblieben. Strafbarkeitslücken konnten jedoch früher bei § 65 Abs. 3 Nr. 3, der Aus- oder
Wiederausfuhr, entstehen. Das bloße Verladen eines Exemplars in ein Transportfahrzeug
und Befördern in Richtung Grenze wurde noch nicht als die dort erforderliche Tathandlung
der grenzüberschreitenden Aus- oder Wiederausfuhr angesehen. Durch die Reform des
§ 69 Abs. 4 Nr. 1, der nun in Form eines echten Unterlassungsdelikts den reinen Dokumen-
tationsverstoß sanktioniert, hat sich diese Problematik jedoch erledigt.

4. Täterschaft und Teilnahme. § 71 Abs. 1 und die Grundtatbestände des § 69 Abs. 2,   **157**
Abs. 3 Nr. 21, Abs. 4 Nr. 1, Abs. 5 sowie § 71 Abs. 2 sind als **Allgemeindelikte** ausgestaltet

---

[257] Vgl. eine ähnliche Fallgestaltung bei BGH 30.7.1996 – 5 StR 37/96, BGHSt 42, 200 = NJW 1996,
3219: „Horn" statt Elfenbein.
[258] Näher dazu *Pfohl* wistra 1999, 161.
[259] OLG Stuttgart 6.11.1998 – 1 Ss 437/98, NStZ-RR 1999, 161.
[260] Vgl. zu einer noch weitergehenden Differenzierung zwischen streng und besonders geschützten Arten
Stegmann S. 201 ff.
[261] OLG Düsseldorf 22.9.1992 – 2 Ss (OWi) 196/92, NuR 1993, 179.
[262] Vgl. etwa OLG Braunschweig 2.2.1998 – Ss 97/97, NStZ-RR 1998, 175 mAnm *Brede* NStZ 1999,
137 (zu § 327 StGB).

und können von jedermann begangen werden. Ob ein Beteiligter als Täter oder Teilnehmer anzusehen ist, richtet sich nach den allgemeinen Regeln (s. o. § 25 StGB). § 71 Abs. 3 verlangt, dass über die genannten Grundtatbestände des § 71 Abs. 1 oder Abs. 2 hinaus die besonderen persönlichen Merkmale der Gewerbs- oder Gewohnheitsmäßigkeit erfüllt sind. Gemäß § 28 Abs. 2 StGB gilt diese Strafschärfung nur für den Beteiligten (Täter oder Teilnehmer), bei dem sie vorliegen.

158 **5. Rechtsfolgen.** Vergehen nach Abs. 1 oder Abs. 2 können mit Freiheitsstrafe bis zu 5 Jahren oder Geldstrafe bestraft werden. Wird die Tat gewerbs- oder gewohnheitsmäßig begangen, ist nach Abs. 3 eine erhöhte gesetzliche Mindeststrafe von 3 Monaten Freiheitsstrafe vorgesehen. Die fahrlässige Tat nach Abs. 4 iVm Abs. 1 oder Abs. 2 kann mit Freiheitsstrafe bis zu 3 Jahren oder Geldstrafe geahndet werden. Die mit der Reform 2017 erhöhte Strafdrohung wird damit begründet, dass es um Verstöße im Bezug auf streng geschützte, also Arten der höchsten Schutzkategorie geht. Auch erscheine im Hinblick auf den illegalen Wildtierhandel eine stärkere Abschreckung erforderlich.[263] Im Falle der Leichtfertigkeit nach Abs. 5 beträgt die maximale Strafdrohung 2 Jahre Freiheitsstrafe. Bei der Strafbemessung ist auch der Wert eingezogener Gegenstände zu berücksichtigen. Durch die Einziehung entstehende Nachteile können zu einer Strafmilderung führen.[264]

159 **6. Auslandstaten.** Insbesondere Verstöße gegen die Vermarktungsverbote stellen häufig Taten mit Auslandsbezug dar. In diesen Fällen sollte zunächst geprüft werden, ob es sich nicht doch um eine Inlandstat handelt, weil Teile der Tathandlung oder der Taterfolg im Inland liegen. Ist dies nicht der Fall, sind etwaige Auslandsstraftaten nur unter den Voraussetzungen des § 7 Abs. 2 StGB verfolgbar.

IV. Verfahrensvorschriften

160 Die Ermittlungen wegen Artenschutzdelikten werden nach den allgemeinen Vorschriften der StPO durch Beamte des **Polizeidienstes** vorgenommen (§ 161 StPO). Handelt es sich um Fälle der illegalen Ein- oder Ausfuhr von Tieren und Pflanzen, können die Ermittlungen gem. § 73 auch den **Hauptzollämtern** oder **Zollfahndungsämtern** übertragen werden, was in der Praxis regelmäßig allein schon wegen der besonderen Sachnähe und -kunde der Zollbehörden geschieht. § 21 Abs. 2–4 AWG gelten hier entsprechend.

161 Die Zuständigkeit für die **Ahndung** von Ordnungswidrigkeiten ist nach § 70 drei verschiedenen Behörden übertragen. Je nach Art der Zuwiderhandlung können das Bundesamt für Naturschutz, das Hauptzollamt oder aber in allen übrigen Fällen die nach Landesrecht zuständigen Behörden (in Baden-Württemberg die Naturschutzbehörde beim Landkreis) zuständig sein.

V. Parallelvorschriften

162 Bei der Bearbeitung von Artenschutzdelikten sind eine Reihe anderer Straf- und Ordnungswidrigkeitentatbestände zu beachten: In den Fällen illegaler Einfuhren kann bei der unterlassenen Anmeldung von Waren eine **Abgabenhinterziehung** nach § 370 Abs. 1 Nr. 2 AO vorliegen, und zwar die Hinterziehung einer anfallenden Einfuhrzollschuld.[265] Eine entsprechende Schuld entsteht gem. Art. 202 Abs. 1a Zollkodex (VO EWG Nr. 2913/ 92), wenn eine einfuhrabgabenpflichtige Ware vorschriftswidrig in das Zollgebiet der Gemeinschaft gebracht wird. Bei sog Inlandsaufgriffen entsteht die Zollschuld gem. Art. 201 ZK. Nach § 21 Abs. 2 UStG gelten für die Einfuhrumsatzsteuer die Vorschriften für Zölle sinngemäß. Zwischen § 71 BNatSchG und § 370 AO besteht Idealkonkurrenz.[266]

---

[263] BT-Drs. 18/11272 S. 36.
[264] So OLG Frankfurt/M. 24.9.2014 – 1 Ss 122/14, NuR 2015, 815 (bei eingezogenen Nashornhörnern im Wert von 43.000 Euro).
[265] Näher dazu *Pfohl* wistra 1999, 161.
[266] *Lenz* S. 82.

Bei einem Verstoß gegen Einfuhrverbote kann auch der Tatbestand des **Bannbruchs** 163
nach § 372 AO erfüllt sein, der jedoch beim Vorliegen eines Vergehens nach § 71 BNatSchG
gem. § 372 Abs. 2 AO subsidiär ist. Diese Subsidiaritätsklausel gilt nach überwiegender
Meinung auch dann, wenn der artenschutzrechtliche Verstoß nur als Ordnungswidrigkeit
und nicht als Straftat geahndet werden kann.[267]

Wird die artenschutzrechtliche Zuwiderhandlung unter Verletzung jagdrechtlicher Vor- 164
schriften vorbereitet oder begangen, kommen auch Vergehen der **Jagd- oder Fischwilderei** nach §§ 292, 293 StGB in Betracht. Ebenso können Zuwiderhandlungen gegen die
Schonzeitvorschriften, dh Vergehen des **Jagdfrevels** nach § 38 BJagdG bzw. der demgegenüber nur als Ordnungswidrigkeit eingestufte Fischereifrevel gegeben sein.[268] Diese Vergehen
stehen mit artenschutzrechtlichen Verstößen gegen das Zugriffsverbot nach §§ 71 Abs. 1,
69 Abs. 2, 44 Abs. 1 in Tateinheit.[269] Werden unter Verletzung jagdrechtlicher Vorschriften
und/oder des artenschutzrechtlichen Zugriffsverbots erlangte Exemplare anschließend illegal
vermarktet, steht das dann vorliegende Delikt nach §§ 71 Abs. 1, 69 Abs. 3 Nr. 21 oder § 71
Abs. 2 dazu in Tatmehrheit (§ 53 StGB).

Erfolgt der Verstoß gegen die artenschutzrechtlichen Zugriffsverbote nach § 69 Abs. 2 165
entgegen einer zum Schutz eines Naturschutzgebiets erlassenen Rechtsvorschrift oder vollziehbaren Untersagung, kann ein Vergehen nach **§ 329 Abs. 3 Nr. 6 und 7 StGB** vorliegen,
und zwar bereits dann, wenn sich die Tat „nur" auf eine besonders geschützte Art bezieht.
Vorausgesetzt ist dabei, dass durch die Tat der jeweilige Schutzzweck nicht unerheblich
beeinträchtigt wird. Ggf. besteht mit Vergehen nach § 71 Tateinheit. Entsprechendes gilt
im Verhältnis zu § 329 Abs. 4 StGB, der die erhebliche Schädigung von Lebensräumen einer
Art, die nach der Vogelschutzrichtlinie oder der FFH-Richtlinie in einem Natura-2000-
Gebiet geschützt sind (Nr. 1) bzw. in einem entsprechenden natürlichen Lebensraumtyp
(Nr. 2) mit Freiheitsstrafe bis zu 5 Jahren bedroht.[270]

Führt eine vorsätzliche Tat nach den §§ 324–329 StGB dazu, dass ein Bestand von Tieren 166
oder Pflanzen der vom Aussterben bedrohten Arten nachhaltig geschädigt wird, kann die
Qualifikation des **besonders schweren Falls einer Umweltstraftat** nach § 330 Abs. 1
Nr. 3 StGB eingreifen. Aus dem StGB zu beachten sind schließlich gelegentlich vorkommende Vergehen der Urkundenfälschung oder der **mittelbaren Falschbeurkundung,** zB
durch die Vorlage unechter CITES- Bescheinigungen.[271]

Wird ein streng geschütztes Tier entgegen § 44 Abs. 1 Nr. 1 vorsätzlich getötet, kann 167
neben dem Vergehen nach § 71 Abs. 1 Nr. 1 eine Tiertötung ohne vernünftigen Grund
nach § 17 Nr. 1 TierSchG vorliegen, die mit dem artenschutzrechtlichen Vergehen in Tateinheit steht. Vor allem bei illegalen Einfuhren lebender Tiere werden immer wieder Mindeststandards einer ordnungsgemäßen Beförderung missachtet und Tieren länger anhaltende
erhebliche Schmerzen oder Leiden zugefügt. Das dann in Betracht kommende Vergehen
nach § 17 Nr. 2b TierSchG,[272] gelegentlich auch der rohen Tiermisshandlung nach § 17
Nr. 2a TierSchG, steht zu artenschutzrechtlichen Verstößen nach § 71 BNatSchG in Tateinheit.

Werden Bestände von Pflanzen besonders geschützter Arten iS des § 10 Nr. 9 durch die 168
Verbreitung von Schadorganismen (vgl. § 2 Nr. 7 PflSchG) gefährdet, greift **§ 39 Abs. 1
Nr. 1 PflSchG** ein, der allerdings ein vorsätzliches Fehlverhalten voraussetzt.

Die Verbote des Tötens, Verletzens, Fangens oder Berührens der in der **Antarktis** 169
heimischen Säugetiere und Vögel sowie der Entnahme oder Beschädigung von antarkti-

---

[267] OLG Düsseldorf 19.3.1997 – 5 Ss 59/97, NuR 1997, 620.
[268] Näher dazu *Stegmann* S. 157 ff.
[269] *Lenz* S. 81.
[270] Vgl. dazu *Möhrenschlager* wistra 4/2011, S. V, der zu Recht fragt, ob die Vorschrift wegen ihres Sachzusammenhangs nicht besser im BNatSchG loziert gewesen wäre. Ausführlicher zu § 329 Abs. 4 StGB *Pfohl*
NuR 2013, 311; NK-StGB/*Ransiek* § 329 StGB Rn. 19.
[271] Anschaulich *Henzler* NuR 2005, 646.
[272] → TierSchG § 17 Rn. 82 ff.

schen Pflanzen sind nach §§ 37 Abs. 1, 36 Abs. 1 Nr. 3 und 4 UmwSchProtAG[273] strafbewehrt. Zur Erläuterung dieser Tatbestände wird auf die Dissertation von *Stegmann* verwiesen.[274]

§ 71a Strafvorschriften

(1) Mit Freiheitsstrafe bis zu drei Jahren oder mit Geldstrafe wird bestraft, wer
1. entgegen § 44 Absatz 1 Nummer 1 ein wildlebendes Tier einer besonders geschützten Art, die in Artikel 4 Absatz 2 oder Anhang I der Richtlinie 2009/147/EG des Europäischen Parlaments und des Rates vom 30. November 2009 über die Erhaltung der wildlebenden Vogelarten (ABl. L 20 vom 26.1.2010, S. 7) aufgeführt ist, tötet oder seine Entwicklungsformen zerstört,
1a. entgegen § 44 Absatz 1 Nummer 1 Entwicklungsformen eines wild lebenden Tieres, das in Artikel 4 Absatz 2 oder Anhang I der Richtlinie 2009/147/EG aufgeführt ist, aus der Natur entnimmt,
2. entgegen § 44 Absatz 2 Satz 1 Nummer 1 ein Tier oder eine Pflanze in Besitz oder Gewahrsam nimmt, in Besitz oder Gewahrsam hat oder be- oder verarbeitet, das oder die
   a) einer streng geschützten Art angehört, die in Anhang IV der Richtlinie 92/43/EWG des Rates vom 21. Mai 1992 zur Erhaltung der natürlichen Lebensräume sowie der wildlebenden Tiere und Pflanzen (ABl. L 206 vom 22.7.1992, S. 7), die zuletzt durch die Richtlinie 2006/105/EG (ABl. L 363 vom 20.12.2006, S. 368) geändert worden ist, aufgeführt ist oder
   b) einer besonders geschützten Art angehört, die in Artikel 4 Absatz 2 oder Anhang I der Richtlinie 2009/147/EG aufgeführt ist, oder
3. eine in § 69 Absatz 2 Nummer 1 bis 4, Absatz 3 Nummer 21, Absatz 4 Nummer 1 oder Absatz 5 bezeichnete vorsätzliche Handlung gewerbs- oder gewohnheitsmäßig begeht.

(2) Ebenso wird bestraft, wer entgegen Artikel 8 Absatz 5 in Verbindung mit Absatz 1 der Verordnung (EG) Nr. 338/97 ein Exemplar einer in Anhang B genannten Art
1. verkauft, kauft, zum Verkauf oder Kauf anbietet oder zu Verkaufszwecken vorrätig hält oder befördert oder
2. zu kommerziellen Zwecken erwirbt, zur Schau stellt oder verwendet.

(3) Erkennt der Täter in den Fällen des Absatzes 1 Nummer 1, Nummer 1a oder Nummer 2 oder des Absatzes 2 leichtfertig nicht, dass sich die Handlung auf ein Tier oder eine Pflanze einer dort genannten Art bezieht, so ist die Strafe Freiheitsstrafe bis zu zwei Jahren oder Geldstrafe.

(4) Handelt der Täter in den Fällen des Absatzes 1 Nummer 1 leichtfertig, so ist die Strafe Freiheitsstrafe bis zu einem Jahr oder Geldstrafe.

(5) Die Tat ist nicht nach Absatz 1 Nummer 1, 1a oder Nummer 2, Absatz 2, 3 oder Absatz 4 strafbar, wenn die Handlung eine unerhebliche Menge der Exemplare betrifft und unerhebliche Auswirkungen auf den Erhaltungszustand der Art hat.

Schrifttum: Vgl. zu § 71 BNatSchG.

---

[273] Gesetz zur Ausführung des Umweltschutzprotokolls vom 22.9.1994 zum Antarktisvertrag vom 4.10.1991, BGBl. I S. 2593 (FNA 2129-28).
[274] Vgl. *Stegmann* S. 170.

I. Überblick

1. Normzweck. a) Rechtsgut. Wie § 71 soll auch § 71a das Rechtsgut der **Artenviel-** **1** **falt** schützen. Auf die dortigen Ausführungen wird daher Bezug genommen. Abs. 1 Nr. 1 und 2 betreffen unmittelbare Eingriffe in die Natur und den Pflanzenhaushalt. Dies gilt auch für Abs. 1 Nr. 3, soweit dort auf § 69 Abs. 2 verwiesen wird. Abs. 2 soll die Artenvielfalt über das Vermarktungsverbot ebenso mittelbar schützen wie Abs. 1 Nr. 3 über die Bezug-nahmen auf § 69 Abs. 3 Nr. 21 und § 69 Abs. 4 Nr. 1. Der Verweis auf die Tellereisenverord-nung (§§ 71a Abs. 1 Nr. 3, 69 Abs. 5) stellt sich wie bei § 71 als ein Fremdkörper dar, da damit das Anliegen eines ethischen Tierschutzes verfolgt wird.

b) Deliktsnatur. Wie bei § 71 stellen die verschiedenen Tatbestände des § 71a entweder **2** Verletzungs- oder reine Tätigkeitsdelikte dar. Abs. 1 Nr. 1 ist als Verletzungsdelikt („tötet", „zerstört"), Abs. 1 Nr. 1a als Tätigkeitsdelikt („aus der Natur entnimmt") gefasst. Abs. 1 Nr. 2 enthält reine Tätigkeitsdelikte. Abs. 1 Nr. 3 ist parallel zu § 71 Abs. 1 ausgestaltet § 71a Abs. 2 entspricht bei den Tathandlungen § 71 Abs. 2. Insoweit kann daher jeweils auf die Ausführungen zu § 71 Abs. 1 und Abs. 2 verwiesen werden (→ § 71 Rn. 54, 64, 68, 73, 88, 94, 130).

2. Kriminalpolitische Bedeutung. In der Strafverfolgungsstatistik (→ § 71 Rn. 5) **3** werden Vergehen nach §§ 71 und 71a ohne Differenzierung einheitlich als Vergehen nach dem BNatSchG erfasst. Weitere empirische Untersuchungen speziell zu der am 13.6.2012 in Kraft getretenen Norm liegen, soweit ersichtlich, nicht vor.

3. Historie. Zur Geschichte des Artenschutzstrafrechts wird auf die Ausführungen **4** → § 71 Rn. 8 verwiesen. § 71a wurde mit dem 45. StRÄndG vom 6.12.2011 als 2. ergänzen-der Artenschutzstraftatbestand völlig neu gefasst und ist am 13.6.2012 in Kraft getreten. In der ersten Fassung des § 71a Abs. 1 Nr. 3 ist dem Gesetzgeber ein Zitierfehler unterlaufen, indem auf § 69 Abs. 3 Nr. 20 statt auf § 69 Abs. 3 Nr. 21 verwiesen wurde.[1] Dieser faux

---

[1] Vgl. die 2. Aufl., § 71a Rn. 15.

pas wurde durch Gesetz vom 21.1.2013 mit Wirkung vom 29.1.2013 korrigiert.[2] Für Taten, die im dazwischen liegenden Zeitraum begangen wurden, ist § 2 StGB zu beachten.

5   Mit dem Änderungsgesetz des Jahres 2017 (→ § 71 Rn. 19) wurde auch § 71a noch weiter aufgegliedert. Die Tathandlung „seine Entwicklungsformen aus der Natur entnimmt" wurde aus Abs. 1 Nr. 1 herausgetrennt und in eine neue Nr. 1a eingestellt. Für die Fälle des verbliebenen Abs. 1 Nr. 1 wurde in einem neuen Abs. 4 eine Leichtfertigkeitsstrafbarkeit vorgesehen. In Abs. 3 wurde der Strafrahmen von einem Jahr auf zwei Jahre Freiheitsstrafe erhöht.

6   **4. Europäisches und internationales Recht.** Insoweit wird auf → § 71 Rn. 22 verwiesen.

II. Erläuterung

7   **1. Rechtliche Ausgestaltung des Straftatbestandes.** Diesbezüglich wird zunächst auf die Ausführungen bei § 71 verwiesen (→ § 71 Rn. 34). § 71a wurde mit dem 45. StrÄndG zur Umsetzung der Richtlinie des Europäischen Parlaments und des Rates über den strafrechtlichen Schutz der Umwelt vom 6.12.2011 in das BNatSchG eingefügt. Mit dieser Vorschrift sollen die in Art. 3f und 3g der Richtlinie enthaltenen Vorgaben für das Artenschutzstrafrecht erfüllt werden. Diese waren zwar durch § 71 BNatSchG bereits weitgehend eingehalten, bedurften jedoch noch einer Ergänzung hinsichtlich des unerlaubten Besitzes streng geschützter Arten sowie hinsichtlich der Verletzung des Zugriffs-, Besitz- und Vermarktungsverbots bei bestimmten besonders geschützten Arten. Abs. 1 Nr. 1 und Nr. 1a stellen eine Erweiterung der bereits bisher strafbewehrten Verletzung des Zugriffsverbots auf besonders geschützte Vogelarten der Vogelschutzrichtlinie dar (→ § 71 Rn. 44). Abs. 1 Nr. 2 stuft erstmals zuvor nur als Ordnungswidrigkeiten verfolgbare Verstöße gegen das naturschutzrechtliche Besitzverbot zu einem Vergehen hoch, wenn es sich um Tiere oder Pflanzen handelt, die nach Anh. IV der FFH-Richtlinie (→ § 71 Rn. 30) streng geschützt oder nach der Vogelschutzrichtlinie besonders geschützt sind. In § 71a Abs. 1 Nr. 3 wurde im Wesentlichen der früher in § 71 Abs. 1 enthaltene Straftatbestand zu den übrigen mit maximal 3 Jahren Freiheitsstrafe bedrohten Vergehen übernommen. § 71a Abs. 2 sanktioniert parallel zu § 71 Abs. 2 Verstöße gegen das europäische Vermarktungsverbot, und zwar bezüglich der in Anhang B der europäischen Artenschutzverordnung genannten Arten. § 71a Abs. 3 begründet ein (abgeschwächtes) Pendant zu § 71 Abs. 4, § 71a Abs. 4 ein solches zu § 71 Abs. 5. Schließlich sieht Abs. 5 eine aus der Richtlinie abgeleitete, inhaltlich zweifelhafte Minima-Klausel vor, die im Jahr 2017 auch in § 71 Abs. 6 übernommen wurde.

8   Auch bei § 71a stellen sich die mit der Ausgestaltung als **Blankettatbestand** verbundenen Zweifelsfragen des Demokratieprinzips, des Bestimmtheitsgebots sowie etwaiger Lücken in der Verweisungstechnik. Insoweit wird auf die Überlegungen zu § 71 Bezug genommen (→ § 71 Rn. 34).

9   **2. Abs. 1. a) Verstoß gegen das Zugriffsverbot der europäischen Vogelschutzrichtlinie (Abs. 1 Nr. 1). aa) Tatobjekt.** Der Tatbestand ergänzt die Sanktionsnorm des § 71 Abs. 1 Nr. 2 iVm § 69 Abs. 2 Nr. 1b, die für alle streng geschützten Tiere iSd § 7 Abs. 2 Nr. 14, somit auch für gewisse Vogelarten, gilt. § 71a Abs. 1 Nr. 1 erweitert den Anwendungsbereich auf die davon nicht umfassten Arten, die nach Art. 4 Abs. 2 oder Anh. I der Vogelschutzrichtlinie besonders geschützt sind. Anhang I enthält eine in lateinischen Bezeichnungen aufgegliederte Aufstellung der geschützten **Vogelarten.** Ob ein bestimmtes Tier von diesem Anhang erfasst wird, ist in der Regel mit sachverständiger Hilfe zu prüfen. Art. 4 Abs. 2 der Vogelschutzrichtlinie sieht vor, dass die Mitgliedstaaten für die nicht in Anhang I aufgeführten Zugvogelarten Schutzmaßnahmen treffen. Eine ausdrückliche Auflistung der danach geschützten Arten findet sich in dieser Norm jedoch nicht, so dass die diesbezügliche Verweisung in Abs. 1 Nr. 1 nicht so recht nachvollziehbar ist.

---

[2] BGBl. I S. 95.

Wie in § 71 Abs. 1 Nr. 1 und Nr. 2 werden über die Verweisung des § 69 Abs. 2 Nr. 1 **10** auf § 44 Abs. 1 nur wild lebende Tiere, nicht aber Tiere iSd umfassenden in § 7 Abs. 2 Nr. 1 legal definierten Begriffs geschützt.

bb) Tathandlungen. Sanktioniert werden bestimmte Verstöße gegen das in § 44 Abs. 1 **11** Nr. 1 enthaltene Zugriffsverbot. § 71a Abs. 1 Nr. 1 nimmt nicht alle Zuwiderhandlungen auf, sondern beschränkt sich auf die Tathandlungen des Tötens sowie des Zerstörens seiner Entwicklungsformen, die auch bereits in § 71 Abs. 1 Nr. 2 iVm § 69 Abs. 2 Nr. 1b enthalten sind. Auf die Ausführungen dort wird verwiesen (→ § 71 Rn. 88). Die weiteren Verstöße des Nachstellens, Fangens, Verletzens und Beschädigens, die in § 69 Abs. 2 Nr. 1a aufgeführt sind, werden hier nicht unter Strafe gestellt.

Abweichend von der herkömmlichen Systematik der Artenschutzstraftatbestände in § 71 **12** aF verlangt Abs. 1 Nr. 1 **kein weiteres straftatbegründendes Merkmal** wie die streng geschützte Art in § 71 Abs. 1 und 2 oder die gewerbs- oder gewohnheitsmäßige Tatbegehung in Abs. 1 Nr. 3. Vielmehr genügt der bloße Verstoß gegen das für die geschilderten Tatobjekte geltende Zugriffsverbot.

b) Weiterer Verstoß gegen das Zugriffsverbot der europäischen Vogelschutz- **13** **richtlinie (Abs. 1 Nr. 1a).** Mit der Reform des Jahres 2017 wurde die unerlaubte **Naturentnahme der Entwicklungsformen** eines wild lebenden Tieres aus der zuvor einheitlichen Norm des § 71a Abs. 1 Nr. 1 ausgeklammert, um die Leichtfertigkeitsstrafbarkeit des § 71a Abs. 4 (→ Rn. 30) zu begrenzen. Sie wurde in Abs. 1 Nr. 1a gesondert geregelt. Hinsichtlich der Tatobjekte wird auf die Ausführungen zu Abs. 1 Nr. 1 Bezug genommen (→ Rn. 9). Die erfassten Tathandlungen entsprechen jenen des § 71 Abs. 1 Nr. 1 iVm § 69 Abs. 2 Nr. 1a. Insoweit wird auf § 71 Rn. 54 verwiesen.

c) Verstoß gegen das Besitzverbot der FFH-Richtlinie oder der Vogelschutz- **14** **richtlinie (Abs. 1 Nr. 2). aa) Tatobjekte.** Abs. 1 Nr. 2a bezieht sich zum einen auf Tiere oder Pflanzen einer streng geschützten Art, die im Anhang IV der FFH-Richtlinie aufgeführt sind (→ § 71 Rn. 30). Nach Abs. 1 Nr. 2b erfasst die Norm aber auch Tiere oder Pflanzen einer besonders geschützten Art, die in Art. 4 Abs. 2 oder Anhang I der Vogelschutzrichtlinie gelistet sind, somit die selben Tatobjekte, die bereits nach Abs. 1 Nr. 1 geschützt werden.

bb) Tathandlungen. Der Täter muss das Tatobjekt in Besitz oder Gewahrsam nehmen, **15** in Besitz oder Gewahrsam haben, be- oder verarbeiten. Damit wird die sonst nur als Ordnungswidrigkeit (§ 69 Abs. 2 Nr. 5, vormals § 69 Abs. 3 Nr. 20[3]) eingestufte vorsätzliche Zuwiderhandlung gegen das Besitzverbot des § 44 Abs. 2 S. 1 Nr. 1 für die genannten, nach der FFH-Richtlinie streng oder nach der Vogelschutzrichtlinie besonders geschützten Arten **zur Straftat heraufgestuft.** Das Verbot knüpft an den zivilrechtlichen Besitzbegriff an.[4] Besitz umfasst sowohl den Eigen- als auch den Fremdbesitz. Gewahrsam hat, wer die tatsächliche Verfügungsgewalt ausübt.[5] Die Begriffe Be- oder Verarbeiten sind wie in § 328 Abs. 3 Nr. 1 StGB oder § 1 Nr. 8 GÜG zu verstehen.[6] Bei der Bearbeitung wird auf eine Sache eingewirkt, die aber erhalten bleibt, wie zB beim Präparieren eines Tieres. Bei der Verarbeitung wird aus dem geschützten Objekt hingegen eine neue Sache hergestellt, zB eine Pelzmütze.[7] Das in Besitz oder in Gewahrsam nehmen wird häufiger mit dem Fangen iSd § 44 Abs. 1 Nr. 1 zusammen fallen, das bei einer streng geschützten Art nach § 71 Abs. 1 Nr. 1 sanktioniert wird (→ § 71 Rn. 57). Während die übrigen Tathandlungen Tätigkeitsdelikte begründen, stellt das „in Besitz" oder „in Gewahrsam haben" ein Dauerdelikt dar. Dies hat zur Konsequenz, dass auch Besitzverhältnisse die vor Inkrafttreten der Norm am

---

[3] Vgl. zur gesetzlichen Änderung BT-Drs. 18/11272, S. 35.
[4] Erbs/Kohlhaas/*Stöckel/Müller-Walter* N 16 § 44 Rn. 29.
[5] Erbs/Kohlhaas/*Stöckel/Müller-Walter* N 16 § 44 Rn. 29.
[6] → GÜG § 1 Rn. 23.
[7] Frenz/Müggenborg/*Lau* § 44 Rn. 22.

13.6.2012 begonnen und danach fortgedauert haben, als Vergehen zu verfolgen sind (§ 2 Abs. 2 StGB).

16   Wie in Abs. 1 Nr. 1 wird auch hier nicht vorausgesetzt, dass die Handlung gewerbs- oder gewohnheitsmäßig begangen wird. Allerdings betrifft Abs. 1 Nr. 2a **nur Arten des höheren Schutzstatus,** nämlich streng und – anders als in Nr. 2b – nicht nur besonders geschützte Arten.

17   **d) Gewerbs- oder gewohnheitsmäßiger Verstoß gegen das Zugriffsverbot, das Vermarktungsverbot, die EG-Artenschutzverordnung, die Tellereisenverordnung (Abs. 1 Nr. 3). aa) Tatobjekte.** Abs. 1 Nr. 3 hat im Wesentlichen die Regelung des § 71 Abs. 1 aF übernommen. Der Gesetzgeber hat das bislang mit maximal 3 Jahren Freiheitsstrafe bedrohte Vergehen konsequent in die Rubrik der weniger gewichtigen Verstöße nach § 71a eingegliedert.

18   Die geschützten Tatobjekte lassen sich wie bei § 71 Abs. 1 jeweils nur aus längeren **Verweisungsketten** entnehmen. Umfasst sind
– gemäß § 69 Abs. 2 Nr. 1a und 1b iVm § 44 Abs. 1 Nr. 1 wild lebende Tiere der besonders geschützten Arten (vgl. § 7 Abs. 2 Nr. 13),
– gemäß § 69 Abs. 2 Nr. 2 iVm § 44 Abs. 1 Nr. 2 wild lebende Tiere der streng geschützten Arten sowie europäische Vogelarten zu bestimmten Zeiten (vgl. den Gesetzeswortlaut in § 44 Abs. 2 Nr. 1; im Übrigen § 7 Abs. 2 Nr. 14),
– gemäß § 69 Abs. 2 Nr. 3 iVm § 44 Abs. 1 Nr. 3 Fortpflanzungs- oder Ruhestätten der wild lebenden Tiere besonders geschützter Arten,
– gemäß § 69 Abs. 2 Nr. 4a und 4b iVm § 44 Abs. 1 Nr. 4 wild lebende Pflanzen der besonders geschützten Arten und ihre Entwicklungsformen.

19 Von § 69 Abs. 3 Nr. 21 iVm § 44 Abs. 2 S. 1 Nr. 2, Abs. 3 werden folgende Objekte erfasst (→ § 71 Rn. 93):
– über die Bezugnahme auf § 7 Abs. 2 Nr. 13b und c **Tiere und Pflanzen,** die nach der FFH-Richtlinie, der Vogelschutzrichtlinie und der BArtSchVO besonders geschützt sind,
– über § 44 Abs. 3 S. 1 Nr. 1 Waren iSd Anhangs der Jungrobben-Richtlinie (→ § 71 Rn. 33),[8] die entgegen Art. 1 und 3 dieses Regelungswerks nach dem 3.9.1983 in die Gemeinschaft gelangt sind. Dieser Sonderregelung bedarf es, weil die betroffenen Sattel- und Mützenrobben nicht zu den besonders geschützten Arten iSd § 7 Abs. 2 Nr. 13 zählen.[9]

20 Nach § 44 Abs. 3 S. 1 Nr. 2 gelten die Besitz- und Vermarktungsverbote, somit auch der Straftatbestand des § 71a Abs. 1 Nr. 3 iVm § 69 Abs. 3 Nr. 21 auch für Tiere und Pflanzen, die durch die BArtSchVO näher bestimmt sind. Dies sind insbesondere nicht heimische, nicht besonders geschützte Arten, bei denen die Gefahr besteht, dass sie als **Faunen- oder Florenverfälscher** auftreten oder den Bestand bestimmter Arten gefährden (vgl. im Einzelnen § 54 Abs. 4). Diese (derzeit vier) Arten sind in § 3 BArtSchVO abschließend aufgezählt (amerikanischer Biber, Schnapp- und Geierschildkröte, Grauhörnchen).

21   Über § 69 Abs. 4 Nr. 1 iVm Art. 4 Abs. 1 der VO (EG) Nr. 338/97 werden hinsichtlich der Vorlage von **Einfuhr-** oder **Ausfuhrgenehmigungen** bzw. Wiederausfuhrbescheinigungen Tiere oder Pflanzen der streng bzw. besonders geschützten Arten iSd Anhänge A und B der EG-ArtenschutzVO erfasst. Schließlich bezieht sich die Norm über § 69 Abs. 5 auf die Tatobjekte der Tellereisen-VO (→ § 71 Rn. 32).

22   **bb) Tathandlungen.** Insoweit kann auf die **parallel ausgestalteten § 71 Abs. 1 Nr. 1** bis **Nr. 3** Bezug genommen werden (→ § 71 Rn. 54, 88, 94). Über § 69 Abs. 2 werden Verstöße gegen folgende Verbote erfasst:
– das Zugriffsverbot für Tiere (§ 44 Abs. 1 Nr. 1),
– das Störungsverbot (§ 44 Abs. 1 Nr. 2),

---

[8] Näher dazu Frenz/Müggenborg/*Lau* § 44 Rn. 33.
[9] Vgl. Landmann/Rohmer/*Gellermann* § 44 Rn. 31.

– das Zugriffsverbot für Fortpflanzungs- oder Ruhestätten (§ 44 Abs. 1 Nr. 3),
– das Zugriffsverbot für Pflanzen (§ 44 Abs. 1 Nr. 4).

§ 69 Abs. 3 Nr. 21 bezieht sich auf das nationale Vermarktungsverbot des § 44 Abs. 2 S. 1 **23**
Nr. 2 (→ § 71 Rn. 92). Über § 69 Abs. 4 wird das echte Unterlassungsdelikt der unterbliebenen Dokumentenvorlage erfasst(→ § 71 Rn. 108). Die Verweisung auf § 69 Abs. 5 führt
zu den nach der TellereisenVO inkriminierten Tathandlungen (→ § 71 Rn. 126).

cc) Strafbarkeitsbegründende Merkmale der Gewerbs- oder Gewohnheitsmä- **24**
ßigkeit. Die geschilderten Tathandlungen des § 71a Abs. 1 Nr. 3 müssen gewerbs- oder
gewohnheitsmäßig begangen werden. Auf die Ausführungen zu § 71 Abs. 3 wird insoweit
verwiesen.[10]

3. Verstoß gegen das europäische Vermarktungsverbot bei Arten des Anhangs B **25**
(Abs. 2). a) Abs. 2 Nr. 1. aa) Tatobjekte. In Erweiterung von § 71 Abs. 2 werden hier
die im Anhang B der VO (EG) Nr. 338/97 aufgeführten Arten ebenfalls strafrechtlich und
nicht nur (wie bis zum 45. StRÄndG) bußgeldrechtlich geschützt.

bb) Tathandlungen. Die einzelnen inkriminierten Verletzungen des europäischen Ver- **26**
marktungsverbots entsprechen jenen des § 71 Abs. 2. Auf die dortigen Ausführungen wird
daher verwiesen (→ § 71 Rn. 130). Zu beachten ist jedoch, dass das Vermarktungsverbot
für Arten des Anhangs B schwächer ausgestaltet ist. Zwar ist auch hier die Vermarktung
gemäß Art. 8 Abs. 5 grundsätzlich untersagt, dies gilt jedoch nicht, wenn der zuständigen
Behörde nachgewiesen werden kann, dass die Exemplare gemäß den Rechtsvorschriften
über die Erhaltung der wildlebenden Tier- und Pflanzenarten erworben – und falls sie von
außerhalb der Gemeinschaft stammen – in diese eingeführt wurden. Wie bei § 71 Abs. 2
sind bei der strafrechtlichen Subsumtion auch hier sämtliche Voraussetzungen des Verbots
und der Ausnahmen zu prüfen (vgl. im Einzelnen → § 71 Rn. 133).

b) Abs. 2 Nr. 2. Wie in Abs. 1 Nr. 1 werden Arten des Anhangs B der VO (EG) **27**
Nr. 338/97 geschützt. Die Tathandlungen entsprechen jenen des § 71 Abs. 2. Auf die dortigen Ausführungen wird daher Bezug genommen (→ § 71 Rn. 130). Wie bei Abs. 2 Nr. 1
sind auch hier die nach europäischem Recht zugelassenen Ausnahmen zu beachten.

4. Vorsätzlichkeit der Handlung. Der Straftatbestand des Abs. 1 verlangt, dass die **28**
den Blanketttatbestand ausfüllende Zuwiderhandlung **vorsätzlich,** dh zumindest bedingt
vorsätzlich, begangen wird. Handelt der Täter in den Fällen des Abs. 1 Nr. 1 leichtfertig,
ist § 71a Abs. 4 einschlägig (→ § 71a Rn. 30). Ansonsten liegt bei fehlendem Vorsatz nur
eine Ordnungswidrigkeit nach der jeweiligen Grundnorm des § 69 vor. Im Falle des § 71a
Abs. 2, der unmittelbar auf Art. 8 Abs. 1 VO (EG) Nr. 338/97 verweist, kommt § 69 Abs. 4
Nr. 3 zur Anwendung. Gemäß § 71a Abs. 1 und 2 muss der Täter vom tauglichen Tatobjekt,
insbesondere der Einstufung unter den jeweiligen Schutzstatus,[11] und von der einschlägigen
Tathandlung Kenntnis haben.[12] Er muss die einzelne Zuwiderhandlung wollen, zumindest
aber billigend in Kauf nehmen. Auch die Gewerbs- oder Gewohnheitsmäßigkeit bei Abs. 1
Nr. 3 muss vom Vorsatz des jeweiligen Tatbeteiligten umfasst sein. Bei einem Irrtum des
Täters kann Abs. 3 zur Anwendung kommen.

5. Leichtfertige Tat (Abs. 3). Irrt sich der Täter über das beeinträchtigte Tatobjekt **29**
oder über dessen Schutzstatus, ist eine bloße Fahrlässigkeitsstrafbarkeit anders als beim Irrtum
über den Status der streng geschützten Art in § 71 Abs. 4 nicht vorgesehen. Nur im Fall
des **leichtfertigen Verkennens** kann gemäß Abs. 3 mit Freiheitsstrafe bis zu 2 Jahren oder
Geldstrafe reagiert werden. Nach dem Wortlaut der Norm werden daher zwei unterschiedliche Fehlvorstellungen erfasst: Zum einen der Irrtum über das Tatobjekt als solches (zB:

---

[10] Vgl. → § 71 Rn. 139.
[11] BGH 30.7.1996 – 5 StR 37/96, BGHSt 42, 200 = NJW 1996, 3219.
[12] Vgl. AG Burg 12.5.2010 – 21a Ds 444 JE 8652/09, NuR 2011, 222: Täter verwechselt Wolf mit einem
wildernden Hund; krit. dazu *Effen* NuR 2011, 194.

Täter meint auf einen Spielzeugvogel aus Pappe zu schießen, der aber tatsächlich ein Eisvogel ist), zum anderen der Irrtum über den Schutzstatus (Täter meint, ein Eisvogel sei nicht besonders geschützt). Leichtfertig ist dabei entsprechend der allgemein üblichen Definition als grob fahrlässig zu verstehen, dh es ist ein erhöhter Grad von bewusster oder unbewusster Fahrlässigkeit vorausgesetzt.[13] Objektiv entspricht der Begriff der groben Fahrlässigkeit des bürgerlichen Rechts.

30   **6. Leichtfertige Tat (Abs. 4 iVm Abs. 1 Nr. 1).** Abs. 4 wurde mit der Reform 2017 eingefügt. Die Norm beruht auf der EU-Richtlinie zum Umweltstrafrecht, die eine Strafbewehrung der grob fahrlässigen Tötung von **bestimmen Vogelarten** und der grob fahrlässigen Zerstörung von deren Entwicklungsformen verlangt.[14] Die Vorschrift bezieht sich nur auf Tatobjekte und Tathandlungen des Abs. 1 Nr. 1. Hinsichtlich der Leichtfertigkeit gelten die Ausführungen → § 71 Rn. 145 entsprechend.

31   **7. Minima-Klausel (Abs. 5).** Entsprechend Art. 3f und g der Richtlinie Umweltstrafrecht sieht § 71a Abs. 5 eine sogenannte Minima-Klausel für die Fälle vor, in denen die Handlung eine **unerhebliche Menge** der Exemplare betrifft **und unerhebliche Auswirkungen** auf den Erhaltungszustand der Art hat. Ausgenommen ist hier aber die gewerbs- oder gewohnheitsmäßige Tatbegehung nach Abs. 1 Nr. 3.

32   Zur weiteren Erläuterung der Minima-Klausel wird auf → § 71 Rn. 146 verwiesen. Die dortigen Ausführungen gelten hier entsprechend.

III. Besonderheiten des Allgemeinen Teils

33   Hinsichtlich der Besonderheiten des Allgemeinen Teils (Rechtfertigungsgründe, Schuld- und Irrtumsfragen, Versuch, Täterschaft und Teilnahme sowie Rechtsfolgen) wird zunächst auf die Ausführungen zu § 71 Bezug genommen, die hier mit wenigen Abweichungen entsprechend gelten (→ § 71 Rn. 150).

34   **1. Rechtfertigungsgründe.** Zur Strafnorm über die Verletzung des Besitzverbots (Abs. 1 Nr. 2) ist ergänzend anzuführen, dass die Möglichkeit der Befreiung nach § 67 Abs. 2 auch das Besitzverbot nach § 44 Abs. 2 umfasst. Allerdings wird auch hier wegen der sonst zahlreichen Ausnahmen vom Verbot für eine solche Befreiung kaum Raum bleiben (→ § 71 Rn. 150).

35   **2. Schuld/Irrtum.** Eine weitere wesentliche Abweichung von den Ausführungen zu § 71 gilt für den Irrtum über den Schutzstatus einer Art. Anders als bei § 71 Abs. 4, der auch bei fahrlässigem Verkennen zu einer Straftat führt, wird bei dem weniger gewichtigen Vergehen in Abs. 3 Leichtfertigkeit vorausgesetzt (→ § 71a Rn. 29).

36   **3. Versuch.** Wie § 71 sieht auch § 71a keine Versuchsstrafbarkeit vor.

37   **4. Täterschaft und Teilnahme.** Abs. 1 Nr. 1 und 2 sowie Abs. 2 stellen Allgemeindelikte dar, die von jedermann begangen werden können. Ob ein Beteiligter als Täter oder Teilnehmer anzusehen ist, richtet sich nach den allgemeinen Regeln (s. o. § 25 StGB). § 71a Abs. 1 Nr. 3 verlangt, dass über die genannten Grundtatbestände des § 69 Abs. 2 Nr. 1–3, Abs. 3 Nr. 21, Abs. 4 Nr. 1 oder Abs. 5 hinaus die besonderen persönlichen Merkmale der Gewerbs- oder Gewohnheitsmäßigkeit erfüllt sein müssen. Gemäß § 28 Abs. 2 StGB gilt diese Strafschärfung nur für den Beteiligten (Täter oder Teilnehmer), bei dem sie vorliegen.

38   **5. Rechtsfolgen.** Für vorsätzliche Taten nach Abs. 1 und Abs. 2 sieht das Gesetz Freiheitsstrafe bis zu drei Jahren oder Geldstrafe vor. Im Falle des leichtfertigen Verkennens der Art nach § 71a Abs. 3 ist der Strafrahmen auf Freiheitsstrafe von bis zu zwei Jahren, im Falle des § 71a Abs. 4 auf Freiheitsstrafe bis zu einem Jahr oder Geldstrafe reduziert.

---

[13] Lackner/Kühl/ *Kühl* StGB § 15 Rn. 55; Schönke/Schröder/ *Sternberg-Lieben*/*Schuster* StGB § 15 Rn. 205.
[14] BT-Drs. 18/11272 S. 36.

6. § 2 StGB. Bei der Anwendung des früheren und des ab 13.6.2012 bzw. nach der **39** letzten Reform ab 24.8.2017 geltenden Rechts ist § 2 StGB besonders zu beachten. Es ist jeweils das zum Entscheidungszeitpunkt maßgebliche Recht mit dem zur Tatzeit gültigen Recht abzugleichen. Hatte jemand etwa eine europäische Sumpfschildkröte schon vor dem Inkrafttreten des § 71a am 13.6.2012 ebenso wie danach im Besitz, ist dieses Dauerdelikt als Vergehen gemäß § 71a Abs. 1 Nr. 2a zu ahnden (§ 2 Abs. 2 StGB). Anders verhält es sich, wenn ein Tier ohne Herkunftsnachweis vor dem 13.6.2012 zur Schau gestellt wurde. In diesem Fall handelt es sich nicht um ein Dauerdelikt, weshalb sich die strafrechtliche Würdigung nach § 2 Abs. 1 StGB richtet. Da §§ 71 und 71a in der Fassung des 45. StrÄndG im Wesentlichen Strafschärfungen vorsehen und zum Teil, wie beim Verstoß gegen Besitzverbote, bisherige Bußgeldtatbestände zu Vergehen heraufstufen, wird es in der Regel nicht um die Anwendung des § 2 Abs. 3 StGB gehen. Auch die Minima-Klausel des Abs. 5 begründet de facto keine Milderung, da sie für den einzigen „alten" Tatbestand in § 71a, die gewerbs- oder gewohnheitsmäßige Tat nach Abs. 1 Nr. 3, nicht gilt.

IV. Verfahrensvorschriften

Insoweit wird auf die Ausführungen → § 71 Rn. 160 verwiesen. **40**

V. Parallelvorschriften

Auch hier wird zunächst auf die Erläuterungen zu § 71 Bezug genommen (→ § 71 **41** Rn. 162). Sind sowohl die Voraussetzungen des § 71 als auch jene des § 71a erfüllt, zB § 71 Abs. 2 Nr. 1 und § 71a Abs. 2 Nr. 1, tritt § 71a als weniger gewichtiges Delikt zurück. § 71a Abs. 1 Nr. 1 überschneidet sich in seinem Anwendungsbereich mit § 69 Abs. 2 Nr. 1. Soweit Handlungen unter den Straftatbestand fallen, wird die Ordnungswidrigkeit verdrängt (§ 21 Abs. 1 OWiG). Entsprechendes gilt im Verhältnis zwischen § 71a Abs. 1 Nr. 2 und § 69 Abs. 2 Nr. 5.

§ 72 Einziehung

[1]Ist eine Ordnungswidrigkeit nach § 69 Absatz 1 bis 5 oder eine Straftat nach § 71 oder § 71a begangen worden, so können
1. Gegenstände, auf die sich die Straftat oder die Ordnungswidrigkeit bezieht, und
2. Gegenstände, die zu ihrer Begehung oder Vorbereitung gebraucht worden oder bestimmt gewesen sind,
eingezogen werden. [2]§ 23 des Gesetzes über Ordnungswidrigkeiten und § 74a des Strafgesetzbuches sind anzuwenden.

Schrifttum: Vgl. zu § 71.

Bei Straftaten und Ordnungswidrigkeiten nach §§ 71, 71a und 69 sind zunächst die **1** **allgemeinen Vorschriften** über die Einziehung von Tatprodukten, Tatmitteln und Tatobjekten anzuwenden, also **§§ 74 ff. StGB** und **§§ 22 ff. OWiG.** Im Falle vorsätzlicher rechtswidriger Vergehen nach § 71 Abs. 1–3, § 71a Abs. 1 und 2 können danach Gegenstände, die durch die Tat hervorgebracht oder zu ihrer Begehung oder Vorbereitung gebraucht worden oder bestimmt gewesen sind, eingezogen werden. Dabei kann es sich um Sachen oder Rechte handeln.[1] Eingezogen werden kann zum einen das productum sceleris, dh ein in seiner Entstehung unmittelbar aus der Tat hervorgegangener Gegenstand. Zum anderen kann es sich um ein instrumentum sceleris handeln, dh einen zur Begehung, Förderung oder Vorbereitung der Tat bestimmten Gegenstand, also etwa das zum Abschneiden einer

---

[1] Vgl. Lackner/Kühl/*Heger* StGB § 74 Rn. 4.

Pflanze bestimmte Messer, zum Abtransport des Tieres verwendete Kraftfahrzeug oder verbotswidrig eingesetzte Tellereisen. Gemäß § 74 Abs. 3 StGB muss der Gegenstand dem Täter oder Teilnehmer zurzeit der Entscheidung gehören oder zustehen oder muss der Gegenstand gem. § 74b StGB nach Art und Umständen die Allgemeinheit gefährden oder die Gefahr bestehen, dass er in der Hand des Täters oder anderer Täter zur Begehung rechtswidriger Taten dienen wird.[2] Eine derartige Gefährdung kann sich etwa aus der Giftigkeit einer Pflanze oder der Gefährlichkeit eines Tieres ergeben. Die Einziehung nach §§ 74 und 74b StGB liegt im pflichtmäßigen Ermessen des Gerichts.

2   § 72 geht über diese allgemeinen Einziehungsvorschriften hinaus. Die Norm erstreckt die Einziehungsmöglichkeiten auch auf sog **Beziehungsgegenstände,** dh die jeweils geschützten Gegenstände, auf die sich die Straftat oder Ordnungswidrigkeit bezieht (S. 1 Nr. 1). Eingezogen werden kann daher zB der entgegen § 71a Abs. 2 Nr. 1 BNatSchG iVm Art. 8 VO (EG) Nr. 338/97 zu Verkaufszwecken angebotene besonders geschützte Greifvogel. § 72 S. 1 Nr. 2 ermöglicht die Einziehung sog **Hilfsgegenstände** (vgl. den Wortlaut der Norm). Gemeint sind etwa Käfige, Aquarien, aber auch Transportmittel und Fangvorrichtungen.[3] Über § 74 StGB hinaus kann die Einziehung auch bei einer bloß **fahrlässigen Tat** iS der §§ 69, 71 Abs. 4 bzw. einer nur leichtfertigen Tat nach § 71 Abs. 5, § 71a Abs. 3, Abs. 4 erfolgen. Schließlich können gem. S. 1 Nr. 2 auch Gegenstände eines **Dritten** eingezogen werden, der nicht Täter oder Teilnehmer eines Vergehens nach § 71 oder einer Ordnungswidrigkeit nach § 69 gewesen ist. Dabei ist § 74a StGB zu beachten: Der von der Einziehung betroffene Eigentümer oder Inhaber des Gegenstandes muss im Zusammenhang mit der Tat mindestens leichtfertig gehandelt (§ 74a Nr. 1 StGB) oder aber den Gegenstand in verwerflicher Weise erworben haben (§ 74a Nr. 2 StGB). Im Einzelnen ist hier auf die Kommentierung der §§ 74, 74a StGB zu verweisen.

3   Bei allen Einziehungsentscheidungen ist stets der in § 74f StGB konkretisierte **Grundsatz der Verhältnismäßigkeit** zu beachten. Die Einziehung darf also bei verständiger Würdigung nicht außer Verhältnis zum Unrechtsgehalt der Tat und zu der den Angeklagten treffenden Schuld stehen.[4] Dies gilt insbesondere für die Einziehung von Tieren. Hier ist stets zu prüfen, ob es nicht mildere Möglichkeiten als die Beschlagnahme und anschließende Verwertung gibt, wobei besonders zu berücksichtigen ist, dass die Legalisierung zB des unrechtmäßigen Besitzes überhaupt zulässig sein muss. Wird eine entsprechende Einziehungsentscheidung getroffen, sind die dem Täter daraus entstehenden Nachteile bei der Strafzumessung zu berücksichtigen.[5]

4   Unter den Voraussetzungen des § 74c StGB ist die Einziehung eines Wertersatzes möglich. Zur weiteren Erläuterung der §§ 74–76a StGB, insbesondere auch des hier ebenfalls anwendbaren § 76a **(selbstständige Einziehung),** wird auf dessen Kommentierung Bezug genommen.

5   Im Rahmen des strafrechtlichen Ermittlungsverfahrens sind für die Einziehung **§§ 111b ff. StPO** heranzuziehen. Gemäß § 111c Abs. 1 StPO können Tiere und Pflanzen als zu beschlagnahmende Einziehungsgegenstände in Gewahrsam genommen werden. Für die Strafverfolgungsorgane bedeutet dies, dass, wenn irgend möglich, bereits vor der Beschlagnahme abgeklärt werden muss, wo lebende Tiere oder empfindliche Pflanzen anschließend zuverlässig verwahrt werden können. Zurückhaltung ist bei der im Ermittlungsverfahren gem. § 111p StPO möglichen Notveräußerung geboten, die häufig wegen der Unterbringungskosten für Tiere und Pflanzen nahe liegen mag.[6] Bei einem unbedachten Vorgehen besteht hier die Gefahr, dass die Strafverfolgungsbehörden besonders geschützte Arten unbefugt vermarkten. Im Hinblick auf die vereinfachten Zulassungsmöglichkeiten des

---

[2] Lackner/Kühl/*Heger* StGB § 74 Rn. 8.
[3] Vgl. Frenz/*Müggenborg* § 72 Rn. 19.
[4] OLG Karlsruhe 2.5.2001 – 3 Ss 35/01, Die Justiz 2001, 494 (zu § 19 TierSchG); VG Münster 23.9.2009 – 7 Ls 52/09, NuR 2010, 374.
[5] So OLG Frankfurt/M. 24.9.2014 – 1 Ss 122/14, NuR 2015, 875.
[6] Vgl. dazu LG Hannover 20.4.2009 – 96 AR 3/09, NuR 2009, 659 mAnm *Iburg* NuR 2009, 659.

§ 45 Abs. 7 empfiehlt es sich daher stets Kontakt mit den zuständigen Naturschutzbehörden aufzunehmen.

Auch wenn beide Einziehungsmöglichkeiten unabhängig voneinander gegeben sind und **6** kein Subsidiaritätsverhältnis besteht,[7] ist es nicht nur wegen der bestehenden praktischen Schwierigkeiten, sondern auch wegen der bei den zuständigen Verwaltungsbehörden in der Regel höheren Fachkompetenz in Artenschutzbelangen vorzugswürdig, auf die **präventiv-polizeilichen Einziehungs- und Beschlagnahmemöglichkeiten** zurückzugreifen.[8] Gemäß § 47 können die zuständigen Naturschutzbehörden Tiere oder Pflanzen einziehen, für die der erforderliche Nachweis oder die erforderliche Glaubhaftmachung nicht erbracht wird.[9] Insoweit besteht keine Ermittlungspflicht der Behörde. Vielmehr hat der Besitzer eines geschützten Tieres seine Berechtigung nachzuweisen und alle Möglichkeiten auszuschöpfen, um bestehende Zweifel auszuräumen.[10] Dies gilt auch, wenn eine Trennung von artenschutzrechtlich illegal und legal gehaltenen Tieren in einem Tierbestand nicht möglich ist.[11] Betroffen hiervon sind in § 46 Abs. 1–3 im Einzelnen angeführte Exemplare. Nach § 47 iVm § 51 steht der Naturschutzbehörde in diesen Fällen auch die Möglichkeit offen, Tiere oder Pflanzen auf Kosten des Verfügungsberechtigten (bis zur Klärung von Zweifeln über die Berechtigung) in Verwahrung zu nehmen oder einem anderen in Verwahrung zu geben. Die Einziehung nach § 47 liegt im pflichtgemäßen Ermessen der Naturschutzbehörde.[12] Zu berücksichtigen ist dabei insbesondere der **Grundsatz der Verhältnismäßigkeit.** Diesem wird jedoch unter Berücksichtigung der unter bestimmten Umständen gegebenen Entschädigungspflicht (§ 51 Abs. 1 S. 3, Abs. 4) und der Möglichkeit, je nach den Gegebenheiten des Einzelfalles eine Frist von bis zu sechs Monaten zur Beschaffung der erforderlichen Papiere zu geben (§ 51 Abs. 2), ausreichend Rechnung getragen.[13] Die Beschlagnahme und Einziehung erfolgt unabhängig von einem Straf- oder Bußgeldverfahren in einem **objektiven Verfahren.** Die Maßnahme hat keinen Sanktionscharakter und setzt daher weder Vorsatz noch Fahrlässigkeit voraus. Als Präventivmaßnahme dient sie dazu, Exemplare dem illegalen Verkehr zu entziehen.[14]

Ohne die erforderliche Genehmigung ein- oder ausgeführte Exemplare werden gem. **7** § 51 Abs. 2 BNatSchG beschlagnahmt. Ein Ermessensspielraum der Zollstelle ist insoweit nicht gegeben.[15] Werden die vorgeschriebenen Genehmigungen oder sonstigen Dokumente nicht innerhalb eines Monats, längstens innerhalb von sechs Monaten vorgelegt, ordnet die **Zollbehörde** die Einziehung an. Auch hier besteht kein Ermessensspielraum. Darf für ein bestimmtes Exemplar eine Ein- oder Ausführgenehmigung gar nicht erteilt werden, wird es gem. § 51 Abs. 2 Satz 4 sofort eingezogen. Entsprechendes gilt, wenn festgestellt wird, dass der Ein- oder Ausfuhr Besitz- und Vermarktungsverbote entgegenstehen (§ 51 Abs. 3). Gemäß § 51 Abs. 5 werden die durch die Beschlagnahme und Einziehung, insbesondere für die Pflege, Unterbringung ua entstandenen **Kosten** dem Ein- oder Ausführer auferlegt.[16] Über § 47 S. 2 gilt für denjenigen Entsprechendes, der die dort genannten Exemplare besitzt oder die tatsächliche Gewalt darüber ausübt, ohne die entsprechende Berechtigung nachweisen zu können (vgl. § 46).

---

[7] Ebenso Erbs/Kohlhaas/*Stöckel/Müller-Walter* N 16 § 72 Rn. 9; aA Frenz/*Müggenborg* Rn. 2: § 47 geht als Spezialregelung vor.
[8] Ebenso GK-BNatSchG/*Engelstätter* Rn. 14; Landmann/Rohmer/*Sanden* Rn. 4.
[9] Vgl. zB VG Münster 23.9.2009 – 7 Ls 52/09, NuR 2010, 374.
[10] OVG Münster 11.8.2014 – 8 A 2587/12, BeckRS 2015, 49226; VG Bremen 10.5.2012 – 5 V 532/12, NuR 2012, 735.
[11] OVG Münster 15.11.2011 – 8 B 1184/11, NuR 2012, 417.
[12] BayObLG 22.8.1997 – 30 B OWi 87/97, NuR 1998, 55; OLG Düsseldorf 8.3.1996 – 5 Ss (OWi) 373/95, NVwZ 1996, 934; OLG Hamm 19.11.1992 – 3 Ss OWi 899/92, NVwZ 1993, 508.
[13] BVerfG 19.1.1989 – 2 BvR 554/88, NJW 1990, 1229; LG Erfurt 26.4.1995 – 1 Qs 84/95, NStZ 1996, 561.
[14] AG Darmstadt 8.2.1991 – 240 OWi 15/91, NuR 1992, 41; Lütkes/Ewer/*Fellenberg* § 47 Rn. 4.
[15] Gassner/*Bendomir-Kahlo* § 47 Rn. 7; Lorz/*Müller/Müller-Walter* § 47 Rn. 3.
[16] Vgl. etwa VG Gießen 5.7.2002 – 2 E 2380/99 (2), NuR 2002, 763.

8   Diese hier nur skizzierten verwaltungsrechtlichen Beschlagnahme- und Einziehungsmöglichkeiten sind verfassungsgemäß. Sie zielen nicht auf Repression und Vergeltung für ein
rechtswidriges Verhalten. Sie sind vielmehr Teil eines Systems wirksamer Handelsbeschrän-
kungen, mit denen die wirtschaftliche Nutzung gefährdeter Arten eingedämmt werden soll.
Sie stellen daher **keine Enteignung,** sondern eine verfassungsrechtlich nicht zu beanstandende Inhalts- und Schrankenbestimmung des Eigentums gem. Art. 14 Abs. 1 S. 2 GG
dar.[17]

9   Das BNatSchG sah in seiner alten Fassung vor, dass gegen die präventiv-polizeilichen
Beschlagnahme- und Einziehungsentscheidungen die nach dem OWiG vorgesehenen
Rechtsbehelfe zu ergreifen waren.[18] Diese Regelung wurde im Rahmen des 2. ÄndG
zum BNatSchG ersatzlos gestrichen. Mangels einer ausdrücklichen Bestimmung ist daher
bei Entscheidungen der Naturschutzbehörden der Verwaltungsrechtsweg, bei Entscheidungen der Zollverwaltung der Weg zum Finanzgericht zu beschreiten.[19]

10   Mit Rechtskraft der Entscheidung geht **das Eigentum** an den eingezogenen Gegenständen **auf den Staat** über, und zwar im Falle gerichtlicher Entscheidungen auf das jeweilige
Bundesland. Art. 8 Abs. 6 VO (EG) Nr. 338/97 (beschränkt auf Arten der Anhänge B bis
D) und § 45 Abs. 6 BNatSchG lassen es zu, dass die hierfür zuständigen Landesbehörden
die beschlagnahmten oder eingezogenen Exemplare unter vereinfachten Voraussetzungen
verwerten.

---

[17] BVerfG 19.1.1989 – 2 BvR 554/88, NJW 1990, 1229; 17.1.1996 – 2 BvR 589/92, NVwZ 1997, 159.
[18] Vgl. zur dabei entstandenen uneinheitlichen Rechtsprechung in Zuständigkeitsfragen *Pfohl* wistra 1999,
161 (168) mwN.
[19] Erbs/Kohlhaas/*Stöckel/Müller-Walter* N 16 § 51 Rn. 18; Landmann/Rohmer/*Gellermann* § 47 Rn. 2.

5. Kapitel. Vereins- und Versammlungsrecht

I. Gesetz zur Regelung des öffentlichen Vereinsrechts (Vereinsgesetz)

Vom 5.8.1964, BGBl. I S. 593
zuletzt geändert durch Gesetz vom 10.3.2017, BGBl. I 419

FNA 2180-1
(Auszug)

Stichwortverzeichnis

Die angegebenen Zahlen beziehen sich auf die §§ und Randnummern bzw. die Fußnoten des Textes.
Hauptfundstellen sind durch Fettdruck hervorgehoben.

Vorbemerkung zu § 1[1]

Schrifttum: 1. Zum öffentlichen Vereinsrecht (Kommentare, Monografien): *Albrecht*/*Roggenkamp*, Vereinsgesetz, 2014; *Copič,* Grundgesetz und politisches Strafrecht neuer Art, 1967; *Erbs*/*Kohlhaas*/*Wache,* Strafrechtliche Nebengesetze, 212. Ergänzungslieferung, Stand 01/2017, Kommentierung des Vereinsgesetzes, V 52, 210. Ergänzungslieferung, Stand: 1.7.2016; *v. Feldmann,* Vereinigungsfreiheit und Vereinigungsverbot, 1972; *Füßlein,* Vereins- und Versammlungsfreiheit, in: *Neumann*/*Nipperdey*/*Scheuner,* Die Grundrechte, Bd. II, 1954, S. 425; *Gastroph,* Die politischen Vereinigungen, 1970; *Gerlach,* Die Vereinsverbotspraxis der streitbaren Demokratie, 2012; *Groh,* Selbstschutz der Verfassung gegen Religionsgemeinschaften, 2003; *dies.,* in: Das Deutsche Bundesrecht, 1257. Aktualisierung Stand 2017. Erläuterungen zum Gesetz zur Regelung des öffentlichen Vereinsrechts (Vereinsgesetz), I F 10, 1095. Lieferung Stand: 9/2010 (die Kommentierung ist identisch mit derjenigen im Nomos Onlinekommentar zum Vereinsgesetz, 1. Aufl. 2012); *Grundmann,* Das fast vergessene öffentliche Vereinsrecht, 1999; *Heghmanns,* Grundzüge einer Dogmatik der Straftatbestände zum Schutz von Verwaltungsrecht oder Verwaltungshandeln, 2000; *J. Heinrich,* Vereinigungsfreiheit und Vereinigungsverbot – Dogmatik und Praxis des Art. 9 Abs. 2 GG, 2005; *Kaub,* Das Grundrecht der Vereinsfreiheit im Bonner Grundgesetz, Diss. Würzburg 1955; *Lengsfeld,* Das Recht zum Verbot verfassungswidriger Vereinigungen und der Ausgleich zwischen Interessen des Staates und Rechten der Individualsphäre, Diss. München 1965; *Planker,* Das Vereinsverbot gem. Art. 9 Abs. 2 GG/§§ 3 ff. VereinsG – Eine systematische Darstellung von Tatbestand und Rechtsfolge, Diss. Bonn 1994; *Rudroff,* Das Vereinigungsverbot nach Art. 9 Abs. 2 GG und dessen verwaltungsrechtliche Auswirkungen, Diss. Köln 1995; *Rütters,* Die strafrechtliche Absicherung des Verbots eines ausländischen Vereins. Zur Auslegung des § 20 Abs. 1 Nr. 4 VereinsG, Diss. Münster 2009; Schenke/ Graulich/Ruthig/*Roth,* Sicherheitsrecht des Bundes, 2015, Kommentierung des Vereinsgesetzes, unter J (S. 983 ff.); *Schmidt,* Das Verbot von Religions- und Weltanschauungsgemeinschaften nach Grundgesetz und Vereinsgesetz nach Fall des Religionsprivilegs, 2012; *Schnorr,* Öffentliches Vereinsrecht, Kommentar zum Vereinsgesetz, 1965;[2] *Seifert,* in: Das Deutsche Bundesrecht. Erläuterungen zum Gesetz zur Regelung des öffentlichen Vereinsrechts (Vereinsgesetz), I F 10, 544. Lieferung Stand 9/1985, S. 13; *Spiller,* Das Vereinsverbot nach geltendem Verfassungsrecht, Diss. Würzburg 1967; *Veelken,* Das Verbot von Weltanschauungs- und Religionsgemeinschaften, Diss. Münster 1999.

2. Zum öffentlichen Vereinsrecht (Aufsätze und Anmerkungen): *Albrecht,* „BFFB – Bandidos Forever – Forever Bandidos"? – Zur Vereinsrechtlichen Zulässigkeit des bundesweiten Verbots eines Outlaw Motorcycle Clubs, VR 2013, 8; *ders.,* Der Streit um die Rockerkutten, HRRS 2015, 167; *Albrecht*/*Braun,* Bekämpfung der Rockerkriminalität. Möglichkeiten und Grenzen der Verwendung von Rockersymbolen, NJOZ 2014, 1481; *Baudewin,* Das Vereinsverbot, NVwZ 2013, 1049; *van der Behrens*/*Lücke,* Zur Auslegung des § 20 Abs. 1 Nr. 5 Vereinsgesetz: Das Fortbestehen einer Strafbarkeitslücke, HRRS 2011, 120; *Beyer,* Die Stellung von Verbandsorganisationen im Verfassungsrechtsstreit, DÖV 1955, 176; *Bock,* Zur Strafbarkeit des Tragens von (modifizierten) Kutten durch Mitglieder verbotener Motorradclubs, HRRS 2012, 83; *Dannbeck,* Das öffentliche Vereinsrecht, DÖV 1965, 29; *Deres,* Die Praxis des Vereinsverbotes – Eine Darstellung der materiellen Voraussetzungen, VR 1992, 421; *v. Feldmann,* Nochmals: Das neue Vereinsgesetz, DÖV 1965, 29; *Fröhlich,* Die Grundzüge des Gesetzes zur Regelung des öffentlichen Vereinsrechts (Vereinsgesetz) vom 5.8.1964 (BGBl. I S. 593), DVBl. 1964, 799; *Gastroph,* Vereinigungsverbot und Verwirkungsverfahren, BayVBl. 1969, 229; *Groh,* Das Religionsprivileg des Vereinsgesetzes, KritV 2002, 39; *Hartmann,* Anm. zum Urteil des BGH vom 12.3.1997, StV 1998, 138; *B. Heinrich,* Anm. zum Beschluss des BGH vom 5.3.2002, NStZ 2003, 43; *ders.,* Der Verstoß gegen ein vereinsrechtliches Betätigungsverbot durch öffentliche Erklärung der eigenen Mitgliedschaft, NStZ 2010, 429; *Huber,* Anm. zum Urteil des BVerwG vom 14.5.2014, NVwZ

---

[1] Mein besonderer Dank gilt meiner Mitarbeiterin *Tamara Rapo,* die die Kommentierung des Vereinsgesetzes mit betreut hat.
[2] Rezensiert von vom *Münch* JZ 1969, 88; *Petzold* NJW 1966, 874.

2014, 1582; *Klemm,* Zur Anwendbarkeit des § 20 VereinsG vor dem Hintergrund des Ermächtigungserfordernisses in § 129b StGB, NStZ 2012, 128; *Köbler,* Die Strafbarkeit von Verstößen gegen das Kennzeichenverbot in Fällen des Betätigungsverbotes nach § 18 S. 2 VereinsG, NStZ 1995, 531; *Lenski,* Nach dem Verbot ist vor dem Verbot – Vollstreckung von Parteiverboten und Verbot von Ersatzorganisationen, MIP 2013, 37; *Meine,* Abgrenzungsprobleme bei § 20 Abs. 1 Nr. 1 VereinsG, MDR 1990, 204; *Michael,* Verbote von Religionsgemeinschaften, JZ 2002, 482; *Mitsch,* Anm. zum Urteil des BGH vom 30.3.2001, NStZ 2002, 159; *v. Mutius,* Die Vereinigungsfreiheit gem. Art. 9 Abs. 1 GG, JURA 1984, 193; *Nolte/Planker* Vereinigungsfreiheit und Vereinsbetätigung, JURA 1993, 635; *Petzold,* Rechtsstaatliches Verfahren für verfassungswidrige Vereine – das neue Vereinsgesetz, NJW 1964, 2281; *Pieroth/Kingreen,* Das Verbot von Religions- und Weltanschauungsgemeinschaften, NVwZ 2001, 841; *Planker,* Das Vereinsverbot – einsatzbereites Instrument gegen verfassungsfeindliche Glaubensgemeinschaften, DÖV 1997, 101; *ders.,* Das Vereinsverbot in der verwaltungsgerichtlichen Rechtsprechung, NVwZ 1998, 113; *Poscher,* Vereinsverbot gegen Religionsgemeinschaften, KritV 2002, 298; *Puppe,* Anm. zum Beschluss des BGH vom 11.2.2000, JZ 2000, 735; *Putzke/Morber,* Die Preußische Treuhand – Adressat einer vereinsrechtlichen Verbotsverfügung?, ThürVBl. 2007, 273; *Rösemann,* Verbotene türkische und kurdische Organisationen, Kriminalistik 1996, 795; *Roewer,* Eine Nebenorganisation als politische Partei?, DVBl. 1984, 1202; *Ruhrmann,* Das Verbot von Ersatzorganisationen aufgelöster verfassungswidriger Vereinigungen, GA 1959, 129; *Schiffer,* Zum öffentlich-rechtlichen Vereinsbegriff, insbesondere zum Merkmal der „Leitung" oder „Organisation", DÖV 1962, 167; *Schmidt,* Das neue Vereinsgesetz und Artikel 9 Abs. 2, 18 des Grundgesetzes, NJW 1965, 424; *Schnorr,* Der Regierungsentwurf eines neuen Vereinsgesetzes und seine Bedeutung für das Arbeitsrecht, RdA 1962, 169; *ders.,* Das neue Vereinsgesetz, RdA 1964, 317; *Scholz,* Anm. zum Urteil des BGH vom 24.1.1996, NStZ 1996, 602; *Seifert,* Vereinsverbindungen im öffentlichen Recht, DÖV 1962, 408; *ders.,* Das neue Vereinsgesetz, DÖV 1964, 685; *ders.,* Nochmals – Das neue Vereinsgesetz, II. Antwort, DÖV 1965, 35; *Willms,* Die Organisationsdelikte, NJW 1957, 565; *ders.,* Das Vereinigungsverbot des Art. 9 Abs. 2 GG und seine Vollziehung, NJW 1957, 1617; *ders.,* Der strafrechtliche Staatsschutz nach dem neuen Vereinsgesetz, JZ 1965, 86.

3. Allgemein zum Vereinsrecht: *Burhoff,* Vereinsrecht, 9. Aufl. 2014;[3] *Märkle/Alber,* Der Verein im Zivil- und Steuerrecht, 13. Aufl. 2017; *Reichert,* Handbuch des Vereins- und Verbandrechts, 13. Aufl. 2015;[4] *Sauter/Schweyer/Waldner,* Der eingetragene Verein, 20. Aufl. 2016;[5] *Stöber,* Handbuch zum Vereinsrecht, 11. Aufl. 2016.[6]

4. Zum früheren Recht: *Caspar,* Das Preußische Versammlungs- und Vereinsrecht, 1894; *Delius,* Deutsches Vereinsrecht und Versammlungsrecht, 4. Aufl. 1908; *Hieber/Bazille,* Das Vereinsgesetz vom 19. April 1908, 1908; *v. Jan,* Das Vereinsgesetz für das Deutsche Reich mit Nebengesetzen, 1931; *Müller/Schmid,* Vereinsgesetz, 1908; *Schneidewind,* Vereinsgesetz. Vom 19. April 1908, Kommentar, in: *Stenglein,* Kommentar zu den strafrechtlichen Nebengesetzen des Deutschen Reiches, Bd. II, 5. Aufl. 1931; *Stier-Somlo,* Reichsvereinsgesetz, 1909; *v. Zengen,* Das Vereinswesen im heutigen Deutschland, 1922.

I. Überblick und Historie[7]

1   Die in Art. 9 Abs. 1 GG[8] verbürgte Vereinigungsfreiheit („Alle Deutschen[9] haben das Recht, Vereine und Gesellschaften zu bilden") gehört zum Katalog der unabdingbaren **Grundrechte,** die nach Art. 19 Abs. 2 GG auch durch den Gesetzgeber in seinem Wesensgehalt nicht angetastet werden dürfen. Sie gilt allerdings nicht unbeschränkt. So bestimmt Art. 9 Abs. 2 GG: „Vereinigungen, deren Zweck oder Tätigkeit den Strafgesetzen zuwiderlaufen oder die sich gegen die verfassungsmäßige Ordnung oder gegen den Gedanken der Völkerverständigung richten, sind verboten". Die Vereinigungsfreiheit ist ferner Inhalt der Deklaration der Vereinten Nationen über die Menschenrechte vom

---

[3] Rezensiert von *Hanschke* NJW 2012, 1562 (8. Aufl.).

[4] Rezensiert von *Fischer* NJW 1993, 2088 (5. Aufl.).

[5] Rezensiert von *Grziwotz* NJW 2011, 1197 (19. Aufl.).

[6] Rezensiert von *Winkler* NJW 1999, 271 (7. Aufl.); *Terner* NJW 2012, 1496 (10. Aufl.).

[7] Vgl. zur geschichtlichen Entwicklung ausführlich *Schnorr* Einl. A; ferner *Deres* VR 1992, 421 (423); Erbs/Kohlhaas/*Wache* Vorb. Rn. 2 ff.; *Groh* in Das Deutsche Bundesrecht, I F 10, Einl. Rn. 3.

[8] Vgl. zu Art. 9 GG die entsprechenden Leitentscheidungen BVerfG 18.10.1961 – 1 BvR 730/57, BVerfGE 13, 174 = NJW 1961, 2251 (Verbot des DFD); 24.2.1971 – 1 BvR 438, 456, 484/68 und 1 BvR 40/60, BVerfGE 30, 227 = NJW 1971, 1123; 18.12.1974 – 1 BvR 430/65 und 259/66, BVerfGE 38, 281 = NJW 1975, 1265 (Arbeitnehmerkammern); 1.3.1979 – 1 BvR 532, 533/77, 419/78 und 1 BvL 21/78, BVerfGE 50, 290 = NJW 1979, 699 (Mitbestimmungsgesetz); zu weiteren Entscheidungen (Parteiverbotsverfahren) vgl. → § 20 Fn. 274; ferner *Füßlein* in *Neumann/Nipperdey/Scheuner,* Bd. II, S. 425; Maunz/Dürig/*Scholz* GG Art. 9; v. Münch/Kunig/*Löwer* GG Art. 9; *Murswiek* JuS 1992, 116.

[9] Zu Herkunft und Inhalt des Art. 9 Abs. 1 GG als „Bürger"recht vgl. *Schnorr* Einl. A I 2 und 3; zur Frage der Anwendbarkeit des Grundrechts auf EU-Ausländer → § 20 Rn. 28.

10.12.1948 (Art. 20, 23 Abs. 4).[10] Auch Art. 11 Abs. 1 der (Europäischen) Konvention zum Schutze der Menschenrechte und Grundfreiheiten (EMRK) vom 4.11.1950, die in Deutschland im Range eines (einfachen) Bundesgesetzes gilt,[11] gewährt allen Menschen das Recht, sich frei mit anderen zusammenzuschließen. Eine entsprechende Regelung findet sich zudem in Art. 22 des Internationalen Paktes über bürgerliche und politische Rechte vom 19.12.1966[12] sowie in Art. 12 der Charta der Grundrechte der Europäischen Union.[13]

Die verfassungsrechtlichen Vorgaben des Art. 9 GG wurden vom Gesetzgeber (relativ **2** spät) im **Gesetz zur Regelung des öffentlichen Vereinsrechts (Vereinsgesetz)** vom 5.8.1964[14] umgesetzt. Das Vereinsgesetz trat nach dem damaligen § 34 (jetzt: § 33) am 13.9.1964 in Kraft und wurde zwischenzeitlich mehrfach – allerdings nicht grundlegend – geändert.[15] Inhaltlich regelt es weniger das materielle Vereinsrecht, es stellt vielmehr ein Gesetz über die Durchführung von Vereinsverboten dar und ist daher ausschließlich dem Recht der Gefahrenabwehr und damit dem Polizeirecht zuzuordnen.[16]

Vorläufer des heutigen VereinsG war das **Vereinsgesetz für das Deutsche Reich** vom **3** 19.4.1908.[17] Dieses erfuhr wesentliche Änderungen durch den „Aufruf des Rates der Volksbeauftragten an das deutsche Volk" vom 12.11.1918.[18] Die in der Folgezeit auch durch die verfassungsrechtliche Garantie in Art. 124 (allgemeine Vereinigungsfreiheit), Art. 130 Abs. 2 (Vereinigungsfreiheit der Beamten), Art. 137 Abs. 2 und 3 (Freiheit der Vereinigung zu Religionsgesellschaften) und Art. 159 (Vereinigungsfreiheit zur Wahrung und Förderung der Arbeits- und Wirtschaftsbedingungen) der Weimarer Reichsverfassung (WRV)[19] abgesicherte Vereinsfreiheit machte die durch das Vereinsgesetz auferlegten Beschränkungen allerdings weitgehend hinfällig.[20] Die gewährte Vereinsfreiheit wurde dann aber im Laufe der

---

[10] Resolution der UN-Generalversammlung, 217 III, Doc A/810, S. 71.

[11] Gesetz über die Konvention zum Schutze der Menschenrechte und Grundfreiheiten vom 7.8.1952, BGBl. II S. 685, berichtigt S. 953; für die Bundesrepublik in Kraft getreten am 3.9.1953, vgl. die Bekanntmachung vom 15.12.1952, BGBl. 1954 II S. 14.

[12] Vgl. das Gesetz zu dem Internationalen Pakt vom 19.12.1966 über bürgerliche und politische Rechte vom 15.11.1973, BGBl. II S. 1533. Weitere völkerrechtliche Regelungen im Hinblick auf die Gewährleistung der Vereinigungsfreiheit finden sich im Übereinkommen Nr. 11 der ILO über das Vereins- und Koalitionsrecht der landwirtschaftlichen Arbeiter vom 25.10.1921 (vgl. hierzu das Vertragsgesetz vom 25.5.1925, RGBl. II S. 171, und zum Inkrafttreten die Bekanntmachung vom 30.7.1925, RGBl. II S. 738); im Übereinkommen Nr. 87 der ILO über die Vereinigungsfreiheit und den Schutz des Vereinigungsrechts vom 9.7.1948 (vgl. hierzu das Vertragsgesetz vom 20.12.1956, BGBl. II S. 2072) und im Übereinkommen Nr. 98 der ILO über die Anwendung der Grundsätze des Vereinigungsrechts und des Rechts zu Kollektivverhandlungen vom 1.7.1949 (vgl. hierzu das Vertragsgesetz vom 23.12.1955, BGBl. II S. 1122).

[13] ABl. 2007 C 303/01.

[14] BGBl. I S. 593; vgl. zu den Gesetzesmaterialien BT-Drs. IV/430 (Gesetzentwurf der Bundesregierung); BT-Drs. IV/2145 (Schriftlicher Bericht des Ausschusses für Inneres); hierzu vom *Feldmann* DÖV 1965, 29; *Fröhlich* DVBl 1964, 799; *Petzold* NJW 1964, 2281; *Schmidt* NJW 1965, 424; *Schnorr* RdA 1962, 169; *ders.* RdA 1964, 317; *Seifert* DÖV 1964, 685; *ders.* DÖV 1965, 35; *Willms* JZ 1965, 86.

[15] Zu den Änderungsgesetzen im Einzelnen *Erbs/Kohlhaas/Wache* Vorb. Rn. 10.

[16] *Groh* Einl. Rn. 3, 4; *Seifert* in Das deutsche Bundesrecht, I F 10, S. 14; *ders.* DÖV 1964, 685.

[17] RGBl. S. 151, zuletzt geändert durch Gesetz vom 19.4.1917, RGBl. S. 361; vgl. ferner das Gesetz betreffend das Vereinswesen vom 11.12.1899, RGBl. S. 699. Hinzuweisen ist schließlich darauf, dass auch die preußische Verordnung über die Verhütung eines die gesetzliche Freiheit und Ordnung gefährdenden Missbrauchs des Versammlungs- und Vereinigungsrechts vom 11.3.1850 (GS S. 277) in §§ 8, 16 bereits Strafbestimmungen enthielt; hierzu aus der Rspr. RG 10.11.1887 – Rep 2105/87, RGSt 16, 383; 2.11.1888 – Rep 2416/88, RGSt 18, 169; 22.9.1890 – Rep 1329/90, RGSt 21, 71; 25.1.1892 – Rep 407 091, RGSt 22, 337; 6.12.1895 – Rep 3791/95, RGSt 28, 66; Preußisches OVG 13.12.1893 – I/1176, GA 41 (1893), 455; vgl. zur geschichtlichen Entwicklung bis zum Erlass des Reichsvereinsgesetzes 1908 *Schnorr* Einl. A I; zur Reichsweite einer auf der Grundlage des VereinsG 1908 ausgesprochenen Verbots in heutiger Zeit BVerwG 4.12.1973 – I C 31/62, DÖV 1974, 284; VG Wiesbaden 18.6.1980 – III/1 E 186/80, DuR 1981, 94 m. abl. Anm. *Offczors*.

[18] RGBl. S. 1303; vgl. hier die Ziff. 2; hierzu *Schnorr* Einl. A III 1.

[19] Verfassung des Deutschen Reiches vom 11.8.1919, RGBl. S. 1383.

[20] Zwar wurde das Reichsvereinsgesetz durch die nunmehr weitgehend gewährleistete Vereinigungs- und Versammlungsfreiheit nicht aufgehoben, entgegenstehende Vorschriften durften jedoch nicht mehr angewendet werden, so dass am Ende im Wesentlichen nur noch § 2 Reichsvereinsgesetz Bestand hatte.

Weimarer Republik durch mehrere Gesetze wieder eingeschränkt,[21] bis sie durch § 1 der „Verordnung des Reichspräsidenten zum Schutze von Volk und Staat" vom 28.2.1933[22] vollständig abgeschafft wurde.

4   Nach dem Ende des Zweiten Weltkrieges wurde die Vereinigungsfreiheit durch Verordnungen der Militärregierungen in beschränktem Maße wiederhergestellt,[23] bis sie zunächst durch die einzelnen Landesverfassungen und am 23.5.1949 durch das Grundgesetz wieder im heute geltenden Umfang garantiert wurde. Was die verfassungsrechtlichen Voraussetzungen angeht, so ist darauf hinzuweisen, dass Art. 9 GG in mehrerer Hinsicht restriktiver ausgestaltet ist als Art. 124 WRV.[24] Grundsätzlich beibehalten wurde die Beschränkung der Vereinigungsfreiheit auf „Deutsche", dh deutsche Staatsbürger.[25] Art. 124 WRV ließ ein Verbot aber nur zu, wenn die Vereine **zu Zwecken** gegründet wurden, die den Strafgesetzen zuwider liefen. Dagegen bestimmt Art. 9 Abs. 2 GG neben den strafbaren **Zwecken** auch die strafbare **Tätigkeit** als ausdrückliche Schranke der Vereinigungsfreiheit. Darüber hinaus ist zu beachten, dass nach dem Wortlaut des Art. 124 WRV Vereine, die die Verbotsvoraussetzungen erfüllten, (lediglich) durch konstitutiven Verwaltungsakt verboten werden **konnten,** wohingegen diese Vereinigungen nach Art. 9 Abs. 2 GG nunmehr bereits kraft Verfassung verboten **sind.** Eine entsprechende Verbotsverfügung der Verwaltungsbehörde hat daher (jedenfalls dem Wortlaut nach) keine konstitutive, sondern nur eine feststellende Wirkung.[26] Somit unterscheidet sich das Vereinsverbot vom Verbot einer politischen Partei: auch wenn letztere verfassungsfeindliche Ziele verfolgt, setzt ein Verbot eine konstitutive Feststellung durch das BVerfG nach Art. 21 Abs. 2 GG, §§ 13 Nr. 2, 43 ff. BVerfGG voraus. Schließlich erweitert Art. 9 Abs. 2 GG die Verbotsgründe auf Zwecke und Tätigkeiten, die sich gegen die **verfassungsmäßige Ordnung** oder gegen den **Gedanken der Völkerverständigung** richten.

II. Ergänzende Vorschriften

5   Das Vereinsgesetz wird durch mehrere Ausführungsbestimmungen des Bundes und der Länder ergänzt:

6   – **Verordnung zur Durchführung des Gesetzes zur Regelung des öffentlichen Vereinsrechts (Vereinsgesetz)** des Bundes (DVO VereinsG) vom 28.7.1966.[27] Diese – auf der Grundlage des § 19 VereinsG erlassene – Ausführungsverordnung regelt insbes. nähere Fragen des Vollzugs eines Vereinsverbots sowie der vermögensrechtlichen Abwicklung und der Einziehung des Vermögens nach einem Vereinsverbot. Da diese Vorschriften strafrechtlich nicht von Bedeutung sind, wurde von einem Abdruck abgesehen. Darüber hinaus finden sich in der DVO zum VereinsG aber auch Vorschriften über die Anmelde- und Auskunftspflicht von Ausländervereinen und ausländischen Vereinen (§ 19 Nr. 4 Ver-

---

[21] §§ 14 ff. Gesetz zum Schutze der Republik vom 21.7.1922, RGBl. I S. 585 (588); §§ 9 ff. Gesetz zum Schutze der Republik vom 25.3.1930, RGBl. I S. 91; Verordnung des Reichspräsidenten zur Erhaltung des inneren Friedens vom 19.12.1932, RGBl. I S. 548; hierzu *Schnorr* Einl. A IV 1.

[22] RGBl. I S. 83; hierzu *Schnorr* Einl. A IV 2.

[23] Vgl. im Einzelnen *Schnorr* Einl. A IV 3; die Regelungen der Militärregierungen wurden aufgehoben durch das Gesetz Nr. A-2 der Alliierten Hohen Kommission vom 17.3.1950 (Amtsblatt der Alliierten Hohen Kommission für Deutschland, S. 138).

[24] Art. 124 Abs. 1 WRV lautete: „Alle Deutschen haben das Recht, zu Zwecken, die den Strafgesetzen nicht zuwiderlaufen, Vereine oder Gesellschaften zu bilden. Dies Recht kann nicht durch Vorbeugemaßregeln beschränkt werden. Für religiöse Vereine und Gesellschaften gelten dieselben Bestimmungen". Hierzu auch BVerfG 15.6.1989 – 2 BvL 4/87, BVerfGE 80, 244 (253) = NJW 1990, 37 (38).

[25] Vgl. aber zur Erweiterung der Vereinigungsfreiheit auf Ausländer durch § 1 VereinsG → § 20 Rn. 27 ff.

[26] Dieser Grundsatz wurde allerdings nicht strikt durchgehalten. So wurde im Urteil des BVerwG 6.12.1956 – I C 37/54, BVerwGE 4, 188 = NJW 1957, 685, auch schon vor dem Erlass des Vereinsgesetzes 1961 die Ansicht vertreten, dass in Art. 9 Abs. 2 GG enthaltene Vereinsverbot werde erst „wirksam", wenn es von der zuständigen Verwaltungsbehörde durch Verwaltungsakt festgestellt sei; anders noch LG Frankfurt 12.6.1953 – 2/9 T 291/53, NJW 1953, 1748; hierzu noch näher → § 20 Rn. 22.

[27] BGBl. 1966 I S. 457 (FNA 2180-1-1).

einsG, §§ 19–21 DVO VereinsG). Ein Verstoß gegen diese Vorschriften ist über § 21 VereinsG als Ordnungswidrigkeit zu ahnden.[28]

– **Landesrechtliche Durchführungsverordnungen.** Auffallend ist, dass lediglich einige 7 Bundesländer auf Grund der Ermächtigungsnorm des § 5 Abs. 1 ausdrücklich Ausführungsvorschriften zum VereinsG erlassen haben, die allerdings im Wesentlichen Zuständigkeitsfragen betreffen. Zu nennen sind hier die Bundesländer Baden-Württemberg,[29] Bayern,[30] Bremen,[31] Hessen,[32] Nordrhein-Westfalen,[33] Mecklenburg-Vorpommern,[34] Sachsen,[35] Saarland[36] und Schleswig-Holstein.[37] Regelungen im Rahmen allgemeiner Zuständigkeitsverordnung finden sich in den Bundesländern Rheinland-Pfalz[38] und Thüringen.[39]

III. Strafrechtliche Vorschriften

Das VereinsG enthält in seinem fünften Abschnitt (Schlussbestimmungen) in § 20 Abs. 1 8 S. 1 Nr. 1–5 einen Katalog von Straftatbeständen sowie in § 21 einen Bußgeldtatbestand. Dennoch ist hier lediglich ein vergleichsweise kleiner Teil des „Vereinsstrafrechts" geregelt. Denn auf Grund der in § 20 Abs. 1 S. 1 aE ausdrücklich angeordneten Subsidiarität zu den Straftatbeständen der §§ 84, 85, 86a und 129 bis 129b StGB verbleibt für § 20 VereinsG nur ein verhältnismäßig geringer Anwendungsbereich.[40] Daher führte die Norm lange Zeit ein Schattendasein[41] und hat erst seit dem Verbot der PKK im Jahre 1993 und den

---

[28] Vgl. zur näheren Erläuterung unten § 21; hier findet sich auch ein Abdruck der entsprechenden Vorschriften der DurchführungsVO.

[29] Gemeinsame Verordnung der Landesregierung und des Innenministeriums über die Zuständigkeiten nach dem Vereinsgesetz (VereinsGGem VBW) vom 28.2.1994, GBl. 1994, S. 160.

[30] Gesetz zur Ausführung des Vereinsgesetzes (AGVereinsG) vom 15.12.1965, GVBl. 1965, S. 346, geändert durch Gesetz vom 25.10.1966, GVBl. 1996, S. 331, berichtigt S. 501; zuletzt geändert durch § 1 Nr. 200 VO zur Anpassung des LandesR an die geltende Geschäftsverteilung vom 22.7.2014, GVBl. 2014, S. 286; nunmehr findet sich eine Regelung in der Zuständigkeitsverordnung (ZustV) vom 16.6.2015, GVBl. 2015, S. 184), zuletzt geändert durch § 1 ÄndV vom 8.12.2015, GVBl. 2015, S. 438.

[31] Verordnung über die Zuständigkeit der Verwaltungsbehörden nach dem Vereinsgesetz (VereinsGZustVO) vom 14.11.1966, GVBl. 1966, S. 174; zuletzt geändert durch Geschäftsverteilung des Senats vom 4.11.2003.

[32] Anordnung über Zuständigkeiten nach dem Vereinsgesetz und der Verordnung zur Durchführung des Vereinsgesetzes (VereinsRZustVHE) vom 6.9.1966, GVBl. I 1966, S. 273, geändert durch Art. 18 OWiG-Anpassungsgesetz vom 5.10.1970, GVBl. I 1970, S. 598 (603); vgl. auch GVBl II 315-3; zuletzt geändert durch ÄndVO vom 13.12.2010, GVBl. I 2010, S. 698. Die Verordnung tritt gemäß § 3 S. 2 mit Ablauf des 31.12.2012 außer Kraft.

[33] Verordnung über die Regelungen von Zuständigkeiten nach dem öffentlichen Vereinsrecht (VRZustVO) vom 15.9.2009, GV NRW 2009, S. 501, zuletzt geändert durch Art. 5 der Verordnung vom 9.9.2014, GV NRW 2014, S. 500.

[34] Landesverordnung zur Bestimmung der zuständigen Behörden auf dem Gebiet des öffentlichen Vereinsrechts (ÖVereinsRZustBehVMV) vom 26.4.1991, GVOBl. 1991, S. 149, geändert durch Verordnung vom 23.8.1994, GVOBl. 1994, S. 848.

[35] Verordnung der sächsischen Staatsregierung und des sächsischen Staatsministeriums des Innern zur Ausführung des Vereinsgesetzes (AVO VereinsG) vom 29.3.1995, GVBl. 1995, S. 125), zuletzt geändert durch Art. 13 der VO vom 1.3.2012, GVBl. 2012, S. 157).

[36] Verordnung über die Regelung von Zuständigkeiten nach dem Vereinsgesetz vom 1.12.1964, ABl. 1964, S. 1107, zuletzt geändert durch Verordnung vom 24.1.2006, ABl. 2006, S. 174; vgl. auch die Verordnung über Zuständigkeiten nach der Durchführungsverordnung zum Vereinsgesetz vom 18.1.1974, ABl. 1974, S. 119, zuletzt geändert durch Verordnung vom 21.11.2007, ABl. 2007, S. 2393.

[37] Landesverordnung über die zuständigen Behörden für das öffentliche Vereinsrecht (VereinRZustBehVSH) vom 1.2.1973, GVOBl. 1973, S. 28, zuletzt geändert durch Art. 8 der VO vom 16.3.2015, GVOBl. 2015, S. 96.

[38] § 2 Nr. 5 und Nr. 6 der Landesverordnung über die Zuständigkeit der allgemeinen Ordnungsbehörden (OBZustV RP) vom 31.10.1978, GVBl. 1978, S. 695, zuletzt geändert durch Art. 9 des Gesetzes vom 28.9.2010, GVBl. 2010, S. 280.

[39] § 7 der Thüringer Verordnung zur Bestimmung von Zuständigkeiten im Geschäftsbereich des Innenministeriums (InMinZustV TH 2008) vom 15.4.2008, GVBl. 2008, S. 102, zuletzt geändert durch VO vom 8.10.2013, GVBl. 2013, S. 311.

[40] Vgl. hierzu noch näher → § 20 Rn. 3 ff.

[41] *Van der Behrens/Lücke* HRRS 2011, 120; *B. Heinrich* NStZ 2003, 43; *Rütters* S. 2.

daran anknüpfenden Strafverfahren nach § 20 Abs. 1 S. 1 Nr. 4 eine gewisse Bedeutung erlangt.[42]

§ 20 Zuwiderhandlungen gegen Verbote

(1) [1]Wer im räumlichen Geltungsbereich dieses Gesetzes durch eine darin ausgeübte Tätigkeit
1. den organisatorischen Zusammenhalt eines Vereins entgegen einem vollziehbaren Verbot oder entgegen einer vollziehbaren Feststellung, daß er Ersatzorganisation eines verbotenen Vereins ist, aufrechterhält oder sich in einem solchen Verein als Mitglied betätigt,
2. den organisatorischen Zusammenhalt einer Partei oder eines Vereins entgegen einer vollziehbaren Feststellung, daß sie Ersatzorganisation einer verbotenen Partei sind (§ 33 Abs. 3 des Parteiengesetzes), aufrechterhält, oder sich in einer solchen Partei oder in einem solchen Verein als Mitglied betätigt,
3. den organisatorischen Zusammenhalt eines Vereins oder einer Partei der in den Nummern 1 und 2 bezeichneten Art oder deren weitere Betätigung unterstützt,
4. einem vollziehbaren Verbot nach § 14 Abs. 3 Satz 1 oder § 18 Satz 2 zuwiderhandelt oder
5. Kennzeichen einer der in den Nummern 1 und 2 bezeichneten Vereine oder Parteien oder eines von einem Betätigungsverbot nach § 15 Abs. 1 in Verbindung mit § 14 Abs. 3 Satz 1 betroffenen Vereins während der Vollziehbarkeit des Verbots oder der Feststellung verbreitet oder öffentlich oder in einer Versammlung verwendet,
wird mit Freiheitsstrafe bis zu einem Jahr oder mit Geldstrafe bestraft, wenn die Tat nicht in den §§ 84, 85, 86a oder den §§ 129 bis 129b des Strafgesetzbuches mit Strafe bedroht ist. [2]In den Fällen der Nummer 5 gilt § 9 Absatz 1 Satz 2, Absatz 2 oder 3 entsprechend.

(2) Das Gericht kann von einer Bestrafung nach Absatz 1 absehen, wenn
1. bei Beteiligten die Schuld gering oder deren Mitwirkung von untergeordneter Bedeutung ist oder
2. der Täter sich freiwillig und ernsthaft bemüht, das Fortbestehen der Partei oder des Vereins zu verhindern; erreicht er dieses Ziel oder wird es ohne sein Bemühen erreicht, so wird der Täter nicht bestraft.

(3) Kennzeichen, auf die sich eine Straftat nach Absatz 1 Nr. 5 bezieht, können eingezogen werden.

Übersicht

---

[42] Vgl. hierzu noch näher → § 20 Rn. 92 ff.

I. Überblick

1. Beschränkung strafbaren Verhaltens auf den räumlichen Geltungsbereich des **1** **VereinsG.** In Anlehnung an § 91a StGB (der sich auf die Strafvorschriften der §§ 84, 85 und 87 StGB bezieht) beschränkt auch § 20 Abs. 1 die Strafbarkeit auf Handlungen im „räumlichen Geltungsbereich dieses Gesetzes".[1] Dies hat zur Folge, dass derjenige, der ausschließlich vom Ausland aus agiert, auch dann straflos ist, wenn er seine gesamte Lebensgrundlage im Inland hat[2] oder sich seine Handlungen – im Gegensatz zum allgemeinen

---

[1] Ohne dass diese Beschränkung ausdrücklich genannt ist, wird dies teilweise auch für §§ 129, 129a StGB zumindest insoweit angenommen, als dass die hier genannte Vereinigung nur eine solche sein könne, die im Inland bestehe; vgl. BGH 5.1.1992 – 1 BJs 350/81 – StB 53/81, BGHSt 30, 328 = NStZ 1982, 198; daher wurde mit § 129b StGB auch eine Strafvorschrift geschaffen, die ausdrücklich für kriminelle und terroristische Vereinigungen im Ausland gilt.

[2] Vgl. Albrecht/Roggenkamp/*Seidl* § 20 Rn. 7; Erbs/Kohlhaas/*Wache* § 20 Rn. 2; ferner BGH 5.1.1992 – 1 BJs 350/81 – StB 53/81, BGHSt 30, 328 (331 f.) = NStZ 1982, 198 (zu § 129a StGB); kritisch zu dieser Regelung noch *Fischer*, 56. Aufl. 2009, StGB § 84 Rn. 10 („irreführende Regelung"); anders inzwischen *ders.*, 64. Aufl. 2017, StGB § 84 Rn. 10.

Grundsatz des § 9 StGB – (ausschließlich) im Inland auswirken.[3] Insoweit fällt zB das Ausstrahlen eines Fernsehprogrammes per Satellit, welches vom Ausland aus vorgenommen wird, aber auf einen Empfang im Inland zielt, nicht unter die Strafnormen des VereinsG.[4] Allerdings ist es ausreichend, wenn sich nur ein Teil der Tätigkeit im Geltungsbereich des VereinsG abspielt, was insbes. bei Teilakten einer natürlichen Handlungseinheit[5] oder eines Dauerdelikts[6] eine gewisse Relevanz besitzen kann.[7] Hier müssen allerdings die außerhalb des Bereiches vorgenommenen Einzelakte unberücksichtigt bleiben.[8] Bei Unterlassungstaten[9] (zB ein Polizeibeamter unterstützt den organisatorischen Zusammenhalt einer verbotenen Vereinigung dadurch, dass er bestimmte Handlungen der Vereinsmitglieder pflichtwidrig nicht verhindert) ist darauf abzustellen, wo der Täter hätte handeln müssen, nicht darauf, wo er sich zu dieser Zeit gerade befindet.[10] Ansonsten könnte sich der Täter dadurch, dass er sich vorübergehend ins Ausland begibt, seiner Handlungspflichten entziehen. Unter dem „räumlichen Geltungsbereich dieses Gesetzes" wird letztlich das gesamte Inland verstanden, dh dasjenige Gebiet, in dem die Gesetzgebungsgewalt des Bundes besteht, also Hoheitsgewalt ausgeübt wird.[11]

2   Die Beschränkung der Strafbarkeit auf Handlungen im Inland und somit eine Abweichung vom allgemeinen Grundsatz des § 9 StGB gilt auch für den **Teilnehmer.** Entgegen der Regelung des § 9 Abs. 2 StGB ist somit derjenige Teilnehmer (Anstifter oder Gehilfe) straflos, der seinen Teilnehmerbeitrag ausschließlich im Ausland erbringt, selbst wenn die Haupttat im Inland stattfindet, sich sein Beitrag also hier auswirkt.[12] Umstritten ist der umgekehrte Fall, dass nämlich die Teilnahmehandlung im Inland, die Haupttat hingegen im Ausland stattfindet. Da die im Ausland begangene Tat jedoch nicht tatbestandsmäßig ist (eben weil sie keine im räumlichen Geltungsbereich des Vereinsgesetzes begangene Tat darstellt), kann es auf Grund der Akzessorietät der Teilnahme auch keine Teilnehmerstrafbarkeit geben, selbst wenn der Anstifter oder der Gehilfe vom Inland aus agiert.[13]

3   **2. Gesetzlich angeordnete Subsidiarität.** § 20 stellt einen Auffangtatbestand dar und besitzt auf Grund der in Abs. 1 S. 1 aE ausdrücklich angeordneten gesetzlichen Subsidiarität zu §§ 84, 85, 86a und §§ 129–129b StGB nur einen verhältnismäßig geringen Anwendungsbereich.[14] Dieser erstreckt sich – bis auf die sogleich noch zu schildernden Ausnahmen – auf die Zeit zwischen der Vollziehbarkeit und der Unanfechtbarkeit eines Vereinsverbots (so jedenfalls für § 20 Abs. 1 S. 1 Nr. 1, 2, 3 und 5, während § 20 Abs. 1 S. 1 Nr. 4 den

---

[3] Albrecht/Roggenkamp/*Seidl* § 20 Rn. 7; vgl. zur Kritik an dieser Regelung LK-StGB/*Laufhütte/Kuschel* StGB § 91 Rn. 1; *Lüttger* JR 1969, 121 (129) (jeweils zu § 91 aF StGB); Schönke/Schröder/*Sternberg-Lieben* StGB § 91a Rn. 8.

[4] BVerwG 14.5.2009 – 6 VR 3/08, NVwZ 2010, 459 (460); 14.5.2009 – 6 VR 4/08, *Buchholz* 402.45 VereinsG Nr. 48; 24.2.2010 – 6 A 7/08, NVwZ 2010, 1372.

[5] Vgl. hierzu RG 24.5.1917 – C 60/16, RGSt 50, 425.

[6] RG 6.5.1897 – Rep 1318/97, RGSt 30, 100.

[7] Dies wird insbes. bei den Organisationsdelikten des § 20 Abs. 1 S. 1 Nr. 1 bis Nr. 3 relevant; vgl. → Rn. 58.

[8] Lackner/Kühl/*Kühl* StGB § 91a Rn. 1; LK-StGB/*Laufhütte/Kuschel* StGB § 91 Rn. 3 (die allerdings die Tätigkeitsakte im Ausland bei der Strafzumessung berücksichtigen möchten); Schönke/Schröder/*Sternberg-Lieben* StGB § 91a Rn. 7; SK-StGB/*Rudolphi* StGB § 91a Rn. 2; aM wohl *Fischer* StGB § 91a Rn. 3.

[9] Vgl. zur Strafbarkeit wegen Unterlassens mit besonderer Bezugnahme auf Verbotszuwiderhandlungen gemäß § 20 Abs. 1 S. 1 Nr. 4 *Rütters* S. 159 ff.; hierzu auch BGH 11.2.2000 – 3 StR 486/99, BGHSt 46, 6 (10) = NJW 2000, 2118.

[10] Albrecht/Roggenkamp/*Seidl* § 20 Rn. 7; Schönke/Schröder/*Sternberg-Lieben* StGB § 91a Rn. 5; LK-StGB/*Laufhütte/Kuschel* StGB § 91 Rn. 4; aM *Fischer* StGB § 91a Rn. 4; NK-StGB/*Paeffgen* § 91a Rn. 6.

[11] BGH 26.11.1980 – 3 StR 393/80, BGHSt 30, 1 = NJW 1981, 531; Schönke/Schröder/*Sternberg-Lieben* StGB Vorb. §§ 80 ff. Rn. 12/13.

[12] AK/*Sonnen* § 91a Rn. 6; Albrecht/Roggenkamp/*Seidl* § 20 Rn. 8; LK-StGB/*Laufhütte/Kuschel* StGB § 91 Rn. 6.

[13] *Fischer* StGB § 91a Rn. 5; Lackner/Kühl/*Kühl* StGB § 91a Rn. 1; LK-StGB/*Laufhütte/Kuschel* StGB § 91 Rn. 6; SK-StGB/*Rudolphi* StGB § 91a Rn. 4; aM Schönke/Schröder/*Sternberg-Lieben* StGB § 91a Rn. 6.

[14] Vgl. hierzu Albrecht/Roggenkamp/*Seidl* Rn. 1; Erbs/Kohlhaas/*Wache* Rn. 1; *Groh* in Das Deutsche Bundesrecht, I F 10, § 20 Rn. 1; *B. Heinrich* NStZ 2010, 429; LK-StGB/*Laufhütte/Kuschel* StGB § 85 Rn. 19; *Rütters* S. 12 ff.; *Schmidt* NJW 1965, 424 (428); *Wagner* MDR 1966, 287 (288).

einzigen vereinsrechtlichen Straftatbestand darstellt, der keine Subsidiarität im Vergleich zu einer Strafnorm des StGB kennt[15] und dem daher auch eine gewisse Bedeutung zukommt[16]). So stellt **§ 84 StGB** die Fortführung einer für verfassungswidrig erklärten Partei,[17] **§ 85 StGB** als lex specialis zu § 20 Abs. 1 S. 1 Nr. 1, 2 und 3 den Verstoß gegen ein Vereinigungsverbot[18] und **§ 86a StGB** als lex specialis zu § 20 Abs. 1 S. 1 Nr. 5 das Verwenden von Kennzeichen verfassungswidriger Organisationen[19] unter Strafe.[20] Voraussetzung für die Anwendbarkeit der Strafnormen des StGB ist allerdings, wie erwähnt, jeweils ein **unanfechtbar gewordenes Verbot** der Vereinigung (oder Partei), während es bei § 20 bereits ausreicht, dass das Verbot „vollziehbar" ist. Für politische Parteien ist diese Differenzierung im Übrigen irrelevant, da ein durch das BVerfG ausgesprochenes Verbot nach Art. 21 Abs. 2 GG, §§ 13 Nr. 2, 43 ff. BVerfGG mit Rechtsmitteln nicht anfechtbar ist, Vollziehbarkeit und Unanfechtbarkeit also zusammenfallen. Daher betrifft § 20 Abs. 1 S. 1 Nr. 2 auch nicht die Parteien selbst, sondern nur deren Ersatzorganisationen. Ein weiteres Anwendungsfeld eröffnet sich im Rahmen des Abs. 1 dadurch, dass die Vorschriften des StGB voraussetzen, dass die Partei verfassungswidrige Ziele verfolgt oder sich die Vereinigung gegen die verfassungsmäßige Ordnung oder den Gedanken der Völkerverständigung richtet. Von den Vorschriften des StGB nicht erfasst ist also ein Verbot, welches allein deswegen ausgesprochen wurde, weil die Vereinigung von ihrem Zweck oder ihrer Tätigkeit her darauf gerichtet ist, den **Strafgesetzen** zuwiderzulaufen.[21] Einen „originären" Anwendungsbereich besitzt Abs. 1 darüber hinaus auch bei Tätigkeiten im Zusammenhang mit einem Ausländerverein, der (lediglich) aus den in § 14 Abs. 2 genannten Gründen verboten wurde.[22] Infolge des Anknüpfens an ein vorausgegangenes Verbot werden – jedenfalls vom BVerwG – sowohl die §§ 84 ff. StGB als auch § 20 Abs. 1 VereinsG als **„Ungehorsamsdelikte"** bezeichnet.[23] Dies rührt daher, dass eine Strafbarkeit nur dann vorliegt, wenn die Vereinigung oder Partei durch eine behördliche Verfügung oder ein Gerichtsurteil verboten wurde. Insoweit liege der Unwert der Tat nicht im Charakter oder im Zweck der Vereinigung selbst, sondern in der Missachtung eines staatlichen Hoheitsaktes.[24] Dies hat zur Folge, dass auch bei einer nachträglichen (gerichtlichen) Aufhebung des Vereinsverbots keine rückwirkende Strafbefreiung eintritt,[25] diese Aufhebung kann daher höchstens bei

---

[15] Vgl. hierzu auch *Rütters* S. 15 ff.

[16] Vgl. zu § 20 Abs. 1 S. 1 Nr. 4 ausführlich → Rn. 77 ff.

[17] Eine dem § 84 StGB vergleichbare Vorschrift fand sich bis 1964 in §§ 42, 47 BVerfGG aF und später bis 1968 in § 90a StGB aF. Zu §§ 42, 47 BVerfGG aF vgl. BGH 7.1.1955 – 6 StR 280/54, BGHSt 7, 104 (106 ff.) = NJW 1955, 428 (429); 11.12.1958 – 3 StR 35/58, BGHSt 12, 174 = NJW 1959, 156; 4.10.1960 – 1 StE 3/60, BGHSt 15, 167 (177 f.); 15.12.1960 – 3 StR 37/60, BGHSt 15, 257 = NJW 1961, 375; 14.3.1961 – 1 StE 5/60, BGHSt 16, 15; 20.3.1963 – 3 StR 5/63, BGHSt 18, 296 = NJW 1963, 1315; 9.10.1964 – 3 StR 32/64, BGHSt 20, 74 = NJW 1965, 160; 30.10.1964 – 3 StR 45/64, BGHSt 20, 89 = NJW 1965, 260; 25.7.1960 – 3 StR 24/60, NJW 1960, 1772.

[18] Eine dem § 85 StGB entsprechende Vorschrift fand sich bis 1969 in § 90b StGB aF; vgl. zum Anwendungsbereich auch noch im Einzelnen → Rn. 50.

[19] Eine dem § 86a StGB entsprechende Vorschrift fand sich bis 1969 in § 96a StGB aF.

[20] Insofern bezeichnet *Rütters* S. 13 f., die Nr. 1, 2, 3, 5 des Abs. 1 S. 1 VereinsG auch als „Komplementärnormen".

[21] *B. Heinrich* NStZ 2010, 429 (429 f.); *Rütters* S. 13.

[22] Vgl. hierzu *Rütters* S. 13; zu den Ausländervereinen vgl. noch → Rn. 27 ff.

[23] BVerwG 24.2.2010 – 6 A 7/08, NVwZ 2010, 1372 (1375); so auch Albrecht/Roggenkamp/*Seidl* § 20 Rn. 2; *Groh* Rn. 2; *Klemm* NStZ 2012, 128 (134); Schenke/Graulich/Ruthig/*Roth*, J, § 20 Rn. 5; in diese Richtung bereits *Ruhrmann* GA 1959, 129; *Seifert* DÖV 1965, 35; anders hingegen der BGH, der lediglich § 20 Abs. 1 S. 1 Nr. 4 als „Ungehorsamstatbestand", § 20 Abs. 1 S. 1 Nr. 1–3 hingegen als „Organisationsdelikte" bezeichnet; vgl. BGH 19.11.1997 – 3 StR 574/97, BGHSt 43, 312 (314) = NJW 1998, 1652; ferner BGH 11.2.2000 – 3 StR 486/99, BGHSt 46, 6 (10) = NJW 2000, 2118; 16.2.2000 – 3 StR 565/99, NStZ 2000, 377; ebenso BVerwG 9.11.2005 – 6 VR 6/05, DVBl 2006, 264; in diese Richtung auch *Köbler* NStZ 1995, 531 (532); kritisch zum Ganzen *Rütters* S. 5 ff., 33 f.

[24] So auch Albrecht/Roggenkamp/*Seidl* Rn. 2; *Schnorr* Vorb. §§ 20–22 Rn. 1.

[25] Albrecht/Roggenkamp/*Seidl* Rn. 2; *Groh* Rn. 2; *Seifert* DÖV 1964, 685 (690); *ders.* DÖV 1965, 35; so auch *Schmidt* NJW 1965, 424 (428), der dies zum Anlass für seine verfassungsrechtlichen Bedenken nimmt, aM vom *Feldmann* DÖV 1965, 29 (34).

der Strafzumessung berücksichtigt werden.[26] Im Gegensatz dazu ist beispielsweise **§ 129 StGB** als **reines Organisationsdelikt**[27] ausgestaltet und stellt Tätigkeiten im Zusammenhang mit einer kriminellen Vereinigung, dh einer Vereinigung, deren Zweck oder Tätigkeit darauf gerichtet ist, Straftaten zu begehen, unter Strafe. Anders als bei §§ 84, 85, 86a StGB, § 20 VereinsG setzt § 129 StGB daher auch kein vorheriges Verbot der Vereinigung voraus. Die Strafbarkeit setzt allein bei der verbotenen Tätigkeit als solcher an. Gleiches gilt für die Strafvorschriften der § 129a StGB (Bildung terroristischer Vereinigungen) und § 129b StGB (Kriminelle und terroristische Vereinigungen im Ausland).

4   Nicht ausdrücklich genannt ist in § 20 Abs. 1 S. 1 aE die Vorschrift des **§ 86 StGB** (Verbreiten von Propagandamitteln verfassungswidriger Organisationen). Dies hat zur Folge, dass § 20 neben dieser Strafvorschrift prinzipiell zur Anwendung kommen kann, insoweit also keine Subsidiarität vorliegt.[28]

5   Die gesetzlich angeordnete Subsidiarität hat ihren Grund darin, dass der Gesetzgeber dem Verstoß gegen § 20 Abs. 1 einen wesentlich geringeren Unwertgehalt zumisst als dem Verstoß gegen die genannten Strafvorschriften des StGB. So ist auch ein Verstoß gegen Abs. 1 „lediglich" mit Freiheitsstrafe bis zu einem Jahr oder mit Geldstrafe bedroht, während §§ 85 Abs. 2, 86a Abs. 1 StGB Freiheitsstrafe bis zu drei Jahren oder Geldstrafe, §§ 84 Abs. 3 und 4, 85 Abs. 1 und § 129 StGB Freiheitsstrafe bis zu fünf Jahren oder Geldstrafe sowie § 84 Abs. 1 StGB sogar Freiheitsstrafe von 3 Monaten bis zu fünf Jahren (ohne die Möglichkeit der Verhängung einer Geldstrafe) vorsehen. Auch kennen §§ 84 Abs. 1 S. 2, 85 Abs. 1 S. 2 und § 129 Abs. 3 StGB eine Versuchsstrafbarkeit, die sich in § 20 VereinsG nicht findet.[29] Fraglich ist, ob die gesetzlich angeordnete Subsidiarität auch in denjenigen Fällen gilt, in denen eine Strafverfolgung bei kriminellen oder terroristischen Vereinigungen außerhalb der Mitgliedstaaten der Europäischen Union daran scheitert, dass das Bundesministerium der Justiz die nach § 129b Abs. 1 S. 3 StGB erforderliche Ermächtigung nicht erteilt.[30] Während der Wortlaut des § 20 Abs. 1 S. 1 („mit Strafe bedroht") eher dafür spricht, eine Subsidiarität bereits dann anzunehmen, wenn die materiellen Voraussetzungen der Straftat vorliegen, folgt aus dem Sinn und Zweck der Ermächtigung des § 129b Abs. 1 S. 3 StGB, dass hier eine Strafbarkeit nach § 20 VereinsG weiter möglich sein muss. Denn bei der Frage, ob eine Ermächtigung erteilt wird oder nicht, finden vor allem die außenpolitischen Interessen der Bundesrepublik Berücksichtigung,[31] die für § 20 VereinsG nicht in gleicher Weise gelten, da diese Strafnorm ohnehin ein bereits bestehendes Vereins- oder Betätigungsverbot voraussetzt.[32]

6   **3. Tatbestandsmerkmal: Verein.** Zentraler Begriff im Rahmen der Strafnormen des VereinsG ist derjenige des **Vereins.** Dabei ist es als erstes auffallend, dass der Gesetzgeber in verschiedenen Gesetzen unterschiedliche Terminologien verwendet. So wird in Art. 9 Abs. 1 GG dem „Verein" die „Gesellschaft" gegenübergestellt. In Art. 9 Abs. 2 GG ist dann die Rede von der „Vereinigung". §§ 85, 129, 129a, 129b StGB sprechen ebenfalls von „Vereinigungen", während in § 20 VereinsG nur von „Vereinen" die Rede ist, aber eine gesetzliche Subsidiarität zu §§ 85, 129, 129a, 129b StGB angeordnet wird.[33] Schon dies legt nahe, dass es sich bei den Begriffen „Verein" und „Vereinigung" um austauschbare Begriffe handelt und nicht, wie es Art. 9 GG nahelegen könnte, die „Vereinigung" als Oberbegriff der Begriffe „Verein" und „Gesellschaft" anzusehen ist.[34]

---

[26] *Albrecht/Roggenkamp/Seidl* Rn. 41; *Groh* Rn. 2.
[27] → § 129 StGB Rn. 5; vgl. hierzu aber auch die abweichende Terminologie bei *Rütters* S. 6 f., der zwischen verbotsabhängigen (§§ 84 ff. StGB) und verbotsunabhängigen (§§ 129, 129a StGB) Organisationsdelikten unterscheidet.
[28] LK-StGB/*Laufhütte/Kuschel* StGB § 86 Rn. 47.
[29] Hierzu auch *Rütters* S. 157 ff., unter besonderer Berücksichtigung des § 20 Abs. 1 S. 1 Nr. 4.
[30] Vgl. hierzu ausführlich *Klemm* NStZ 2012, 128.
[31] Vgl. hierzu → StGB § 129b Rn. 24.
[32] So im Ergebnis auch *Klemm* NStZ 2012, 128 (134).
[33] Vgl. hierzu auch *Schiffer* DÖV 1962, 167 (168 f.).
[34] Vgl. hierzu bereits RG 21./23.12.1885 – Rep 3074/85, RGSt 13, 273 (276 f.); BGH 7.11.1956 – 6 StR 137/55, BGHSt 10, 16 (17) = NJW 1957, 69; 22.10.1959 – 1 StE 2/58, BGHSt 14, 194 (195) = JZ 1960, 61; vgl. aber auch *Schiffer* DÖV 1962, 167 (169).

a) Relevanz der Fragestellung. Fraglich ist, ob es für die Auslegung des Tatbestandes **7** des § 20 überhaupt erforderlich ist, genau zu bestimmen, welche Voraussetzungen ein „Verein" erfüllen muss. Könnte man doch davon ausgehen, dass infolge des Umstandes, dass sowohl § 85 StGB als auch § 20 VereinsG ein durch Verwaltungsakt ausgesprochenes Verbot voraussetzen, insoweit eine Verwaltungs(akts)akzessorietät des Strafrechts gegeben ist. Dies hätte zur Folge, dass die behördliche Entscheidung darüber, ob ein zu beurteilender Personenzusammenschluss als Verein anzusehen ist, für das Strafrecht verbindlich ist. Hiergegen spricht jedoch zweierlei: Erstens hat infolge der grds. Unabhängigkeit strafrechtlicher Begriffsbildung (Stichwort: **Relativität der Rechtsbegriffe**)[35] stets eine eigenständige Beurteilung unter strafrechtlichen Gesichtspunkten zu erfolgen. Gewichtiger ist jedoch der zweite Grund: Um einen strafrechtlichen Vorwurf begründen zu können, muss der jeweilige Personenzusammenschluss auch zum Zeitpunkt der Tat (noch) die Voraussetzungen erfüllen, die für das Vorliegen eines Vereins erforderlich sind. Erscheint es doch möglich, dass durch eine nachträgliche Veränderung von Zusammensetzung und Struktur der Zusammenschluss zwar zum Zeitpunkt des Verbots, nicht aber zu dem zu beurteilenden späteren Zeitpunkt als „Verein" anzusehen ist. Insofern liegt eine **Verwaltungsrechtsakzessorietät** des Strafrechts auf Grund der ausdrücklichen gesetzlichen Anordnung zwar darin, dass Voraussetzung der Strafbarkeit jedenfalls ein behördliches Verbot des Vereins ist. Dies enthebt den Strafrichter aber nicht von der Prüfung, ob der jeweilige Zusammenschluss, dessen organisatorischen Zusammenhalt der Angeklagte aufrechterhält oder unterstützt etc, zum Tatzeitpunkt (noch) als Verein anzusehen ist. Das behördliche Verbot ist insoweit also eine notwendige, aber nicht hinreichende Bedingung der Strafbarkeit.

b) Definition. Eine gesetzliche Definition des Begriffs des „Vereins", welche dem in **8** Rechtsprechung und Literatur seit langem entwickelten Vereinsbegriff[36] entspricht und zugleich eine authentische Interpretation des Vereinsbegriffs des Art. 9 Abs. 1 GG darstellt,[37] enthält § 2. Die Vorschrift lautet:

§ 2 Begriff des Vereins

(1) Verein im Sinne dieses Gesetzes ist ohne Rücksicht auf die Rechtsform jede Vereinigung, zu der sich eine Mehrheit natürlicher oder juristischer Personen für längere Zeit zu einem gemeinsamen Zweck freiwillig zusammengeschlossen und einer organisierten Willensbildung unterworfen hat.

**(2) Vereine im Sinne dieses Gesetzes sind nicht
1. politische Parteien im Sinne des Artikels 21 des Grundgesetzes,
2. Fraktionen des Deutschen Bundestages und der Parlamente der Länder.**

Die hier niedergelegte Definition des (öffentlich-rechtlichen) Vereinsbegriffs ist sehr **9** weit und geht über denjenigen des bürgerlich-rechtlichen Vereinsbegriffs der §§ 21 ff. BGB hinaus.[38] Insbes. werden vom Vereinsbegriff iS des VereinsG auch Personen- und Handelsgesellschaften (§ 705 BGB, §§ 105, 161 HGB), aber auch, was sich aus § 17[39] ergibt, Genossenschaften, Versicherungsvereine und Kapitalgesellschaften (AG, GmbH etc) einschließlich ihrer gesellschaftsrechtlichen Zusammenschlüsse wie Konzerne und

---

[35] Vgl. hierzu *B. Heinrich,* Der Amtsträgerbegriff im Strafrecht, 2001, S. 204 ff.
[36] RG 2.11.1888 – Rep 2416/88, RGSt 18, 169 (172); 6.12.1895 – Rep 3791/95, RGSt 28, 66 (67 f.); 10.11.1896 – Rep 3298/96, RGSt 29, 161 (162); vgl. hierzu *Schiffer* DÖV 1968, 167 (168).
[37] Erbs/Kohlhaas/*Wache* § 2 Rn. 2; *Groh* § 2 Rn. 2; v. Münch/Kunig/*Löwer* GG Art. 9 Rn. 35; *Planker* NVwZ 1998, 113; *Schnorr* § 2 Rn. 2; *Seifert* in: Das deutsche Bundesrecht, I F 10, S. 16; vgl. zum Vereinsbegriff schon BGH 2.8.1954 – StE 68/52, 11/54, BGHSt 7, 222 (223); 22.10.1959 – 1 StE 2/58, BGHSt 14, 194 = JZ 1960, 61; VGH München 28.1.1965 – Nr. 317 VIII 64, BayVBl. 1965, 170 (171).
[38] Albrecht/Roggenkamp/*Roggenkamp* § 2 Rn. 9; *Deres* VR 1992, 421 (423); Erbs/Kohlhaas/*Wache* § 2 Rn. 3; *Fröhlich* DVBl 1964, 799; *Groh* § 2 Rn. 3; *Grundmann* S. 20 f.; *J. Heinrich* S. 32; *Petzold* NJW 1964, 2281; *Rütters* S. 73 f.; *Schiffer* DÖV 1962, 167 (168 ff.); *Schnorr* § 2 Rn. 8; *Seifert* DÖV 1962, 408 (408 f.); vgl. auch BVerwG 14.5.2014 – 6 A 3/13, NVwZ 2014, 1573 (1575).
[39] Zur speziellen Problematik, ob sog Solidaritätszentren oder -büros dem § 17 nF unterfallen vgl. *Rütters* S. 130 f.

Unternehmensfusionen oder Kartellvereinigungen etc erfasst.[40] Insoweit ist die Definition in Art. 9 Abs. 1 GG missverständlich. Die hierin vorgenommene zusätzliche Nennung der „Gesellschaften" hat nur klarstellende Wirkung und soll deutlich machen, dass die Vereinigungsfreiheit über den Vereinsbegriff der §§ 21 ff. BGB hinaus allen Zusammenschlüssen natürlicher und juristischer Personen zusteht.[41] Einschränkend ist allerdings darauf hinzuweisen, dass der Vereinsbegriff des § 2 nur **privatrechtliche Vereinigungen,** nicht aber Körperschaften des öffentlichen Rechts erfasst.[42] Die Begründungen hierfür sind vielfältig und decken sich weitgehend mit den zu Art. 9 Abs. 1 GG entwickelten Kriterien. So fehlt es hier regelmäßig schon an der „Freiwilligkeit" des Zusammenschlusses.[43] Auch wird bei öffentlich-rechtlichen Körperschaften als Teil der mittelbaren Staatsverwaltung vielfach schon die Fähigkeit verneint, überhaupt Träger von Grundrechten zu sein.[44] Etwas anderes gilt allerdings für Religionsgemeinschaften, die teilweise auch als Körperschaften des öffentlichen Rechts organisiert sind.[45] Deren Streichung aus der früheren Privilegierungsnorm des § 2 Abs. 2 Nr. 3 aF sollte ja gerade dazu dienen, sie voll umfänglich dem Vereinsgesetz zu unterwerfen.[46]

10 **aa) Zusammenschluss.** Entscheidend ist, dass es sich um einen Zusammenschluss von **natürlichen oder juristischen Personen** handeln muss, wobei nach ausdrücklicher gesetzlicher Bestimmung deren Rechtsform unbeachtlich sein soll.[47] Insoweit sind auch Personenzusammenschlüsse als Vereine anzusehen, die sowohl natürliche als auch juristische Personen als Mitglieder haben.[48] Der Zusammenschluss erfordert ein gewolltes Handeln sowie einen konstitutiven Gründungsakt, der durch Vertrag, Wahl,[49] aber auch durch eine stillschweigende Übereinkunft getroffen werden kann.[50] Ein bloßes Zusammenwirken mehrerer Personen zur Erreichung eines gemeinsamen Zwecks reicht nicht aus.[51] Dass dem Zusammenschluss eine schriftliche Satzung zugrunde liegt,[52] ist jedoch ebenso wenig erforderlich wie die Tatsache, dass der Verein einen Namen besitzt. Gleichgültig ist es auch, ob der Bestand des Vereins an die Mitgliedschaft bestimmter (oder sämtlicher) Mitglieder gebunden ist oder von dem Bestand seiner Mitglieder unabhängig sein soll.[53]

11 **bb) Mitgliederzahl.** Umstritten ist, ob die Existenz einer Vereinigung eine bestimmte **Mindestanzahl von Mitgliedern** voraussetzt. Während einige davon ausgehen, dass der

---

[40] Erbs/Kohlhaas/*Wache* § 2 Rn. 5; *Gastroph* BayVBl. 1969, 229; Maunz/Dürig/*Scholz* GG Art. 9 Rn. 63 ff.; vom *Mutius* Jura 1984, 193 (194); *Petzold* NJW 1964, 2281; *Schnorr* RdA 1962, 169; *Seifert* S. 18; vgl. auch VGH München 28.1.1965 – Nr. 317 VIII 64, BayVBl. 1965, 170 (171); *Putzke/Morber* ThürVBl. 2007, 273 (274).

[41] Erbs/Kohlhaas/*Wache* § 2 Rn. 3; *Schnorr* § 2 Rn. 5; Maunz/Dürig/*Scholz* GG Art. 9 Rn. 57; *Seifert* DÖV 1962, 408 (408 f.); *Spiller*, Das Vereinsverbot nach geltendem Verfassungsrecht, 1967, S. 28.

[42] BVerfG 29.7.1959 – 1 BvR 394/58, BVerfGE 10, 89 (102) = NJW 1959, 1675 (1676); 18.12.1974 – 1 BvR 430/65 und 259/66, BVerfGE 38, 281 (297 f.) = NJW 1975, 1265 mwN; Albrecht/Roggenkamp/ *Roggenkamp* § 1 Rn. 15, § 2 Rn. 10; Erbs/Kohlhaas/*Wache* § 2 Rn. 2, 11; *Fröhlich* DVBl 1964, 799 (800); *Petzold* NJW 1964, 2281; *Planker* DÖV 1997, 101 (104); *Schnorr* § 2 Rn. 4; Maunz/Dürig/*Scholz* GG Art. 9 Rn. 66, 73 f.; *Spiller* S. 29 f.; aM *Groh* § 2 Rn. 2.

[43] Hierzu noch → Rn. 14.

[44] Hierzu v. Münch/Kunig/*Krebs* GG Art. 19 Rn. 41 ff.

[45] Albrecht/Roggenkamp/*Roggenkamp* § 2 Rn. 10.

[46] Hierzu → Rn. 19 f.

[47] Albrecht/Roggenkamp/*Roggenkamp* § 2 Rn. 26; Erbs/Kohlhaas/*Wache* § 2 Rn. 5; *Fröhlich* DVBl 1964, 799 (799 f.); vgl. in diesem Zusammenhang auch BVerfG 1.3.1979 – 1 BvR 532, 533/77, 41 978 und 1 BvL 21/78, BVerfGE 50, 355 = NJW 1979, 699 (706); hierzu ferner Maunz/Dürig/*Scholz* GG Art. 9 Rn. 30.

[48] Erbs/Kohlhaas/*Wache* § 2 Rn. 7; *Schnorr* § 2 Rn. 9.

[49] RG 2.11.1888 – Rep 2416/88, RGSt 18, 168 (173); RG 6.12.1895 – Rep 3791/95, RGSt 28, 66.

[50] BVerwG 14.5.2014 – 6 A 3/13, NVwZ 2014, 1573 (1575) – DawaFFM; OVG Magdeburg 20.10.2010 – 3 K 380/10, BeckRS 2010, 54949; OVG Niedersachsen 3.9.2013 – 11 KS 288/12, DVBl 2013, 1406 (1408); Albrecht/Roggenkamp/*Roggenkamp* § 2 Rn. 13; *Groh* § 2 Rn. 3; *Schnorr* § 2 Rn. 7.

[51] Albrecht/Roggenkamp/*Roggenkamp* § 2 Rn. 13; *Deres* VR 1992, 421 (424); Erbs/Kohlhaas/*Wache* § 2 Rn. 4; *Schnorr* § 2 Rn. 7; Maunz/Dürig/*Scholz* GG Art. 9 Rn. 58.

[52] BVerwG 14.5.2014 – 6 A 3/13, NVwZ 2014, 1573 (1575) – DawaFFM.

[53] Erbs/Kohlhaas/*Wache* § 2 Rn. 6; *Schnorr* § 2 Rn. 8.

Vereinsbegriff jedenfalls des Art. 9 Abs. 1 GG von einer bestimmten Mitgliederanzahl völlig unabhängig sei,[54] so dass sich konsequenterweise auch eine Ein-Personen-Gesellschaft im Handelsrecht auf die Vereinigungsfreiheit berufen könnte,[55] gehen andere davon aus, dass für eine Vereinigung jedenfalls **zwei**[56] oder **drei Mitglieder**[57] erforderlich sind. Eine analoge Anwendung der Regelung des § 56 BGB (ein Verein iS des BGB erfordert zum Zeitpunkt der Eintragung einen Zusammenschluss von mindestens sieben Personen) wird dagegen durchweg abgelehnt.[58] Im Ergebnis wird man jedenfalls an einer Mindestanzahl von drei Personen festhalten müssen, um begrifflich noch von einem Verein sprechen zu können. Zwar ist der zivilrechtliche Vereinsbegriff hier nicht einschlägig, da er hinsichtlich der Eintragung zu hohe Anforderungen stellt. Dennoch kann die Regelung des § 73 BGB ergänzend herangezogen werden, wonach jedenfalls bei einem Absinken der Mitgliederzahl unter drei Personen dem Verein die Rechtsfähigkeit zu entziehen ist. Schließlich spricht auch § 2 Abs. 1 ausdrücklich von einer „**Mehrheit**" natürlicher oder juristischer Personen, so dass jedenfalls die Ein-Personen-Gesellschaft schon kraft gesetzlicher Definition ausscheidet.[59]

cc) Zeitdauer. Der Zusammenschluss muss **auf längere Zeit** angelegt sein. Dies dient　12 dazu, „ad-hoc" Vereinigungen oder Versammlungen auszugrenzen, die sich spontan und auch lediglich zur Verfolgung eines bestimmten Zwecks zusammenschließen, der sich regelmäßig nach Beendigung der Zusammenkunft wieder erledigt. Darüber hinaus sind die Anforderungen jedoch nicht zu hoch anzusetzen, denn auch der Zusammenschluss zur Verfolgung eines **vorübergehenden Zwecks** (Bsp.: Gründung einer Bürgerinitiative zur Verhinderung des Baus einer bestimmten Einrichtung) muss als Vereinigung iS des Art. 9 GG, § 2 VereinsG angesehen werden können.[60] Insoweit ist es also nicht erforderlich, dass die Vereinigung „auf unbestimmte Zeit" gegründet wird. Bei der Beurteilung ist – in Abgrenzung zur bloßen Versammlung – entscheidend darauf abzustellen, ob die jeweiligen Mitglieder auch außerhalb der konkreten Zusammenkunft (zB auf einem Kongress etc) noch durch ein gemeinsames rechtliches Band zusammengehalten werden.[61]

dd) Zweck. Der Personenzusammenschluss muss zudem einen **gemeinsamen Zweck**　13 verfolgen. Auch bezüglich dieses Merkmals ist eine weite Auslegung geboten.[62] Welcher Art der verfolgte Zweck ist und wem die Zweckverfolgung zu Gute kommen soll, ist dabei unbeachtlich (sog **Zweckoffenheit**). Es werden also sowohl wirtschaftliche als auch politische, religiöse, künstlerische, aber auch gesellige Zwecke erfasst.[63] Selbst die Verfolgung

---

[54] Maunz/Dürig/*Scholz* GG Art. 9 Rn. 59.
[55] Dagegen zu Recht Erbs/Kohlhaas/*Wache* § 2 Rn. 8; *Fröhlich* DVBl 1964, 799 (800); v. Münch/Kunig/*Löwer* GG Art. 9 Rn. 28; *Murswiek* JuS 1996, 116 (117); vom *Mutius* Jura 1984, 193 (194); Schenke/Graulich/Ruthig/*Roth*, J, § 2 Rn. 6; *Seifert* S. 16.
[56] Albrecht/Roggenkamp/*Roggenkamp* § 2 Rn. 12; *Deres* VR 1992, 421 (424); Mangoldt v./Klein/Starck/*Kemper* Art. 9 GG Abs. 1 Rn. 13.
[57] Erbs/Kohlhaas/*Wache* § 2 Rn. 8; *Schnorr* § 2 Rn. 8 (der jedoch davon ausgeht, es sei eine Einzelfallbetrachtung erforderlich, wobei man zuweilen die Zahl auch wesentlich höher ansetzen müsse); Schönke/Schröder/*Sternberg-Lieben* StGB § 85 Rn. 8; vgl. auch BGH 11.10.1978 – 3 StR 105/78, BGHSt 28, 147 = NJW 1979, 172 = JR 1979, 425 mAnm *Volk*.
[58] Albrecht/Roggenkamp/*Roggenkamp* § 2 Rn. 13; Erbs/Kohlhaas/*Wache* § 2 Rn. 8; *Füßlein*, Vereins- und Versammlungsfreiheit, in: *Neumann/Nipperdey/Scheuner*, Die Grundrechte, Bd. II, 1954, S. 432; *Groh* § 2 Rn. 5; *Schnorr* § 2 Rn. 8.
[59] *Groh* § 2 Rn. 5.
[60] Albrecht/Roggenkamp/*Roggenkamp* § 2 Rn. 15; Erbs/Kohlhaas/*Wache* § 2 Rn. 9; *Groh* § 2 Rn. 6; Maunz/Dürig/*Scholz* GG Art. 9 Rn. 65; v. Münch/Kunig/*Löwer* GG Art. 9 Rn. 37; *vom Mutius* Jura 1984, 193 (194); Schenke/Graulich/Ruthig/*Roth*, J, § 2 Rn. 10; *Schnorr* § 2 Rn. 14; *Spiller* S. 30; missverständlich RG 22.9.1890 – Rep 1329/90, RGSt 21, 71; hier wurde die Abgrenzung eines Vereins von einer Versammlung letztlich dadurch vorgenommen, dass der Verein ein „dauerndes Ziel", die Versammlung dagegen nur einen „vorübergehenden Zweck" verfolge.
[61] Erbs/Kohlhaas/*Wache* § 2 Rn. 10; *Schnorr* § 2 Rn. 14; *Seifert* S. 16; *Spiller* S. 30.
[62] Erbs/Kohlhaas/*Wache* § 2 Rn. 13; *Groh* § 2 Rn. 7; Maunz/Dürig/*Scholz* GG Art. 9 Rn. 72; v. Münch/Kunig/*Löwer* GG Art. 9 Rn. 39; vom *Mutius* Jura 1984, 193 (194); *Schnorr* § 2 Rn. 23.
[63] Erbs/Kohlhaas/*Wache* § 2 Rn. 13; v. Münch/Kunig/*Löwer* GG Art. 9 Rn. 39; *Spiller* S. 28.

sittenwidriger oder verbotener Zwecke ist nicht ausgeschlossen.[64] Durch die Hervorhebung des „gemeinsamen" Zwecks wird jedoch klar gestellt, dass der Zweck für die Vereinsgründung ursächlich geworden sein muss.[65] Dabei muss der Zweck nicht ausdrücklich oder schriftlich niedergelegt sein. Eine faktische Übereinstimmung über die wesentlichen Ziele des Zusammenschlusses reicht aus.[66]

14   **ee) Freiwilligkeit.** Die Vereinsgründung (nicht nur der Beitritt der einzelnen Mitglieder) muss ferner auf einen **freiwilligen Akt** zurückzuführen sein.[67] Auch unter diesem Aspekt fallen öffentlich-rechtliche (zB Rechtsanwalts-, Ärzte-, Handwerks-, Industrie- und Handelskammern) oder privatrechtlich organisierte (zB die technischen Überwachungsvereine) **Zwangszusammenschlüsse** aus dem Begriff der Vereinigung iS des Art. 9 GG, § 2 VereinsG heraus.[68] Auch Vereinigungen, die zwar keine Zwangsmitgliedschaft kennen, bei denen aber der Gründungsakt dennoch nicht auf einer privatrechtlichen Vereinigung, sondern auf einem staatlichen Organisationsakt beruht (zB die Innungen, §§ 52 Abs. 1, 53 HandwO), sind nicht erfasst.[69]

15   **ff) Organisierte Willensbildung.** Erforderlich ist zudem eine organisierte Willensbildung. Über eine bloße Zusammenarbeit selbstständig handelnder Einzelpersonen hinaus muss also eine Gesamtwillensbildung erfolgen, die vom Willen der einzelnen Mitglieder losgelöst ist und der sich jedes einzelne Mitglied kraft der rechtlich wirksamen Verbandsdisziplin unterordnen muss.[70] Auch hier ist die jeweilige **Form,** in der sich die Willensbildung vollzieht, gleichgültig. Weder muss der Verein Organe (Vorstand, Mitgliederversammlung) noch eine Satzung haben, noch muss er nach außen als organisierte Einheit auftreten.[71] Die Vereinsorganisation muss lediglich faktisch auf eine organisierte Willensbildung schließen lassen (zB in Form von Mehrheitsbeschlüssen),[72] wobei auch hier keine allzu hohen Anforderungen zu stellen sind.[73] Dass die Organisationsstrukturen nicht offenkundig, sondern auf Geheimhaltung angelegt sind, steht der Annahme eines verbotsfähigen Vereins im Übrigen nicht entgegen.[74]

16   **gg) Ausnahmen.** Schließlich werden in **§ 2 Abs. 2** einige Personenvereinigungen ausdrücklich aus dem Vereinsbegriff ausgenommen, obwohl sie die Voraussetzungen des Abs. 1 an sich erfüllen würden.[75] Dies hat seinen Grund nicht darin, dass ihnen die Vereinigungsfreiheit des Art. 9 GG nicht zusteht, sondern darin, dass sie nicht nach den Vorschriften des Vereinsgesetzes, sondern nur unter erschwerten Bedingungen verboten werden können. Genannt werden **Parteien** und **Parlamentsfraktionen.**

---

[64] Albrecht/Roggenkamp/*Roggenkamp* § 2 Rn. 19; Erbs/Kohlhaas/*Wache* § 2 Rn. 13; *Groh* § 2 Rn. 7; Maunz/Dürig/*Scholz* GG Art. 9 Rn. 72; *Michael* JZ 2002, 482 (483); vom *Mutius* Jura 1984, 193 (194); *Seifert* S. 16.

[65] Erbs/Kohlhaas/*Wache* § 2 Rn. 13; *Schnorr* § 2 Rn. 23.

[66] BVerwG 14.5.2014 – 6 A 3/13, NVwZ 2014, 1573 (1575) – DawaFFM; vgl. schon → Rn. 10.

[67] Vgl. zum Begriff der Freiwilligkeit bereits BGH 21.10.1961 – 2 StE 2/61, BGHSt 16, 298.

[68] BVerfG 19.12.1962 – 1 BvR 541/57, BVerfGE 15, 235 (239 ff.) = NJW 1963, 195; BVerwG 27.6.1967 – I C 152.60, BVerwGE 27, 228 (230) = MDR 1967, 1033; 4.7.1969 – VII C 29.67, BVerwGE 32, 308 (311 f.) = DVBl 1969, 751 (752); *Deres* VR 1992, 421 (424); Erbs/Kohlhaas/*Wache* § 2 Rn. 11; *Groh* § 2 Rn. 8; v. Münch/Kunig/*Löwer* GG Art. 9 Rn. 38; *vom Mutius* Jura 1984, 193 (194); *Schnorr* RdA 1962, 169; vgl. schon → Rn. 9.

[69] Maunz/Dürig/*Scholz* GG Art. 9 Rn. 66.

[70] OVG Magdeburg 20.10.2010 – 3 K 380/10, BeckRS 2010, 54949; OVG Niedersachsen 3.9.2013 – 11 KS 288/12, DVBl 2013, 1406 (1408); Erbs/Kohlhaas/*Wache* § 2 Rn. 12; *Groh* § 2 Rn. 9; Maunz/Dürig/*Scholz* GG Art. 9 Rn. 67; *vom Mutius* Jura 1984, 193 (195); *Schnorr* § 2 Rn. 17.

[71] Erbs/Kohlhaas/*Wache* § 2 Rn. 12; *Groh* § 2 Rn. 9; Maunz/Dürig/*Scholz* GG Art. 9 Rn. 67; v. Münch/Kunig/*Löwer* GG Art. 9 Rn. 40; *Schnorr* § 2 Rn. 17; aM noch RG 6.12.1895 – Rep 3791/95, RGSt 28, 66 (68).

[72] *Groh* § 2 Rn. 9; *Schnorr* § 2 Rn. 17 Schenke/Graulich/Ruthig/*Roth, J,* § 2 Rn. 19.

[73] *Groh* § 2 Rn. 9; Maunz/Dürig/*Scholz* GG Art. 9 Rn. 67.

[74] OVG Berlin-Brandburg 20.11.2013 – OVG 1 A 4-12, BeckRS 2013, 58797.

[75] So zB BGH 9.10.1964 – 3 StR 34/64, BGHSt 20, 45 (48) = NJW 1965, 53 (54), für die politische Partei.

Für die **Parteien** ergibt sich dies schon aus deren Privilegierung in Art. 21 Abs. 2 GG.[76]　**17**
Für sie ist ausschließlich das Parteiengesetz[77] anwendbar, dh für sie gilt Art. 9 Abs. 2 GG
auch nicht subsidiär.[78] Was unter einer Partei zu verstehen ist, ergibt sich aus § 2 Abs. 1
ParteienG.[79] Hiernach sind Parteien „Vereinigungen von Bürgern, die dauernd oder für
längere Zeit für den Bereich des Bundes oder eines Landes auf die politische Willensbildung
Einfluss nehmen und an der Vertretung des Volkes im Deutschen Bundestag oder einem
Landtag mitwirken wollen, wenn sie nach dem Gesamtbild der tatsächlichen Verhältnisse,
insb. nach Umfang und Festigkeit ihrer Organisation, nach der Zahl ihrer Mitglieder und
nach ihrem Hervortreten in der Öffentlichkeit eine ausreichende Gewähr für die Ernsthaftigkeit dieser Zielsetzung bieten". Mangels möglicher Kandidatur für den Bundestag oder
einzelner Landtage sind demnach freie Wählervereinigungen und Wahlvereinigungen auf
ausschließlich kommunaler Grundlage (sog „Rathausparteien") nicht als Parteien anzusehen.[80] Von Art. 21 Abs. 2 GG erfasst sind dagegen die Gebietsverbände (Landes-, Kreis-
und Ortsverbände) sowie die Teilorganisationen (Jugend-, Frauen- und Berufsgruppen,
Parteischulen, Verlage, Druckereien etc) der Parteien, dh diejenigen Untergruppierungen,
die in eine Partei eingegliedert sind.[81] Für sie ist daher ausschließlich das Parteiengesetz
anwendbar. Etwas anderes gilt jedoch für ihre (organisatorisch und vielfach auch rechtlich
verselbstständigten) Neben- oder Hilfsorganisationen, die als Vereine (ausschließlich) unter
das VereinsG fallen.[82]

Fraktionen des Bundestages und der Länderparlamente stellen zwar freiwillige Zusam-　**18**
menschlüsse dar, sind aber letztlich keine Geschöpfe der Privat-, sondern der Parlamentsau-
tonomie.[83] Sie sind daher als Institutionen des Parlamentsrechts Teil des Verfassungslebens[84]
und daher als Vereinigungen des öffentlichen Rechts ebenfalls aus dem VereinsG auszunehmen. Gleiches gilt, obwohl weniger eindeutig, auch für Fraktionen von kommunalen Ver-
tretungskörperschaften, zumindest dann, wenn sie aus politischen Parteien hervorgehen.[85]

---

[76] *Fröhlich* DVBl 1964, 799 (800).

[77] Gesetz über die politischen Parteien (Parteiengesetz) vom 24.7.1967, BGBl. I S. 773, idF der Bekanntmachung vom 31.1.1994, BGBl. I S. 149 (FNA 112-1).

[78] BVerfG 23.10.1952 – 1 BvB 1/51, BVerfGE 2, 1 (13) = NJW 1952, 1407 (1408); 21.3.1961 – 2 BvR
27/60, BVerfGE 12, 296 (304) = NJW 1961, 723; 30.10.1963 – 2 BvL 7/61, 2, 9/63, BVerfGE 17, 166 =
NJW 1964, 539 (540); BVerwG 16.7.1954 – I A 23/53, BVerwGE 1, 184 = NJW 1954, 1947; *Erbs/Kohlhaas/
Wache* § 2 Rn. 14; *Seifert* DÖV 1956, 1 (5).

[79] Vgl. zum Begriff der politischen Partei ferner BVerfG 21.10.1993 – 2 BvC 7/91 ua, BVerfGE 89, 266 =
NVwZ 1994, 157; 17.11.1994 – 2 BvB 1/93, BVerfGE 91, 262 = NVwZ 1996, 54; 17.11.1994 – 2 BvB
2/93, 3/93, BVerfGE 91, 276 = NVwZ 1996, 54; BVerwG 13.5.1986 – 1 A 1/84, BVerwGE 74, 176 =
NJW 1986, 2654; 25.3.1993 – 1 ER 301/92, NJW 1993, 3213; 30.8.1995 – 1 A 14/92, NVwZ 1997, 66;
6.8.1997 – 1 A 13/92, *Buchholz* 402.45 VereinsG Nr. 28; zur Abgrenzung auch VGH München 26.1.1994 –
4 A 93 2151, NVwZ-RR 1995, 200 (201); vgl. ferner *Richter* RdJB 2002, 172 (177 f.); *Roewer* DVBl 1984,
1202 (1203 ff.); *Seifert* DÖV 1956, 1 (3 ff.).

[80] BVerfG 7.5.1957 – 2 BvH 1/56, BVerfGE 6, 367 (372 f.) = NJW 1957, 985; Albrecht/Roggenkamp/
Roggenkamp § 2 Rn. 33; *Erbs/Kohlhaas/Wache* § 2 Rn. 14; *Groh* § 2 Rn. 11; *Maunz/Dürig/Scholz* GG Art. 9
Rn. 75; v. *Münch/Kunig/Löwer* GG Art. 9 Rn. 42; *Ruhrmann* GA 1959, 129 (135); *Sachs* JuS 1990, 228;
Schnorr § 2 Rn. 32; *Seifert* DÖV 1956, 1 (3); *ders.* S. 17; vgl. auch *Berg/Dragonski* JuS 1995, 238 (239);
differenzierend *Spiller* S. 47 f.; offen gelassen in OVG Lüneburg 16.9.1953 – II OVG A 230/52, OVGE 7,
300 (310); vgl. zum Ganzen auch *Morlok/Merten* DÖV 2011, 125.

[81] BVerfG 23.10.1952 – 1 BvB 1/51, BVerfGE 2, 1 (78) = NJW 1952, 1407 (1408); *Erbs/Kohlhaas/Wache*
§ 2 Rn. 15; *Groh* § 2 Rn. 10; *Maunz/Dürig/Scholz* GG Art. 9 Rn. 75; v. *Münch/Kunig/Löwer* GG Art. 9
Rn. 42; *Ruhrmann* GA 1959, 129 (130); *Schnorr* § 2 Rn. 33; *Seifert* DÖV 1956, 1 (4 f.); *ders.* DÖV 1962, 408
(412); vgl. zu den Teilorganisationen im Vereinsrecht allgemein → Rn. 42.

[82] BVerfG 23.10.1952 – 1 BvB 1/51, BVerfGE 2, 1 (78) = NJW 1952, 1407 (1408); 17.8.1956 – 1 BvB
2/51, BVerfGE 5, 85 (392) = NJW 1956, 1393; BGH 10.11.1976 – 3 StR 354/76, NJW 1977, 396 (396 f.);
Erbs/Kohlhaas/Wache § 2 Rn. 15; *Maunz/Dürig/Scholz* GG Art. 9 Rn. 75; *Seifert* DÖV 1956, 1 (5); *ders.*
DÖV 1962, 408; *ders.* DÖV 1964, 685 (687); *ders.* S. 17; vgl. hierzu auch *Ruhrmann* GA 1959, 129 (130 ff.);
Spiller S. 49 f.; ausführlich *Kölble* AÖR 87 (1962), 48; aM *Groh* § 2 Rn. 10; vom *Weber* JZ 1953, 293 (296
Fn. 27).

[83] *Seifert* DÖV 1964, 685 (687); vgl. zur rechtlichen Stellung auch *Borchert* AÖR 102 (1977), 210; *Moecke*
NJW 1965, 276, 567.

[84] BVerfG 14.7.1959 – 2 BvE 2, 3/58, BVerfGE 10, 4 (14) = NJW 1959, 1723; *Seifert* S. 17.

[85] *Erbs/Kohlhaas/Wache* § 2 Rn. 16; *Groh* § 2 Rn. 13; *Schnorr* § 2 Rn. 35; *Seifert* DÖV 1964, 685 (687).

19   Von der Ausnahmeregelung des § 2 Abs. 2 nicht mehr erfasst sind die **Religions- und Weltanschauungsgemeinschaften,** die bis zum Jahre 2001 in § 2 Abs. 2 Nr. 3 aF noch eigens genannt waren.[86] Sie unterfallen nunmehr als gewöhnliche Vereine dem VereinsG, sofern die Voraussetzungen des § 2 Abs. 1 vorliegen, was regelmäßig der Fall sein dürfte. Zwar genießen sie über Art. 4, 140 GG iVm Art. 137 Abs. 2 und Abs. 7 WRV einen besonderen Schutz, sie müssen sich jedoch nach Art. 137 Abs. 3 WRV „innerhalb der Schranken des für alle geltenden Gesetzes" bewegen, wozu auch die „verfassungsmäßige Ordnung" iS des Art. 9 Abs. 2 gehört. Insoweit kann eine Religionsgesellschaft verboten werden, wenn sie sich in kämpferisch-aggressiver Weise gegen die Prinzipien von Demokratie und Rechtsstaat oder den in Art. 1 GG verankerten Grundsatz der Menschenwürde richtet.[87] Die neue Rechtslage ermöglicht somit eine Abwägung im Einzelfall. Die bisherige Privilegierung war dagegen nicht gerechtfertigt.[88]

20   Sind die Religions- und Weltanschauungsgemeinschaften, wie dies bei den großen Religionsgesellschaften der Fall ist, als öffentlich-rechtliche Körperschaften organisiert, erfüllen sie jedoch, wie oben[89] festgestellt, an sich nicht die Voraussetzungen des Vereinsbegriffs, da dieser nur privatrechtliche Vereinigungen erfasst. Dennoch wird man hier auf Grund des Sonderstatus der Religionsgemeinschaften eine Ausnahme machen müssen, die auch sachlich gerechtfertigt ist, da es sich bei Religionsgemeinschaften gerade nicht um eine „staatlich gelenkte" Vereinigung handelt.[90] Werden insoweit die Voraussetzungen des Vereinsbegriffs angenommen, kann grds. ein Verbot nach § 3 erfolgen.[91] Bei der Entscheidung über ein Verbot ist aber stets zu beachten, dass neben Art. 9 GG auch Art. 4 GG zugunsten der religiösen Vereinigung zu berücksichtigen ist.[92] Dieses Grundrecht steht dabei – im Gegensatz zu Art. 9 GG – nicht nur Deutschen zu und enthält darüber hinaus auch keine ausdrücklichen Schranken. Insgesamt kann ein religiöser Verein dann als verfassungswidrig eingestuft werden, wenn er sich nicht darauf beschränkt, sich mit religiös begründeten, im Widerspruch zu grundlegenden Verfassungsprinzipien stehenden Lehren als Glaubensinhalt zu befassen und in diesem Sinne für sie zu werben, sondern darüber hinaus die konkrete

---

[86] Vgl. die Streichung des § 2 Abs. 1 Nr. 3 aF durch das Erste Gesetz zur Änderung des Vereinsgesetzes vom 4.12.2001, BGBl. I S. 3319; Materialien BT-Drs. 14/7026 (Gesetzentwurf der Bundesregierung); BT-Drs. 14/7354 (Beschlussempfehlung und Bericht des Innenausschusses); vgl. zum bisherigen Recht BT-Drs. IV/430, 11; BVerwG 23.3.1971 – I C 54/66, BVerwGE 37, 344 = JR 1971, 519; 8.8.2005 – 6 A 1/04, BeckRS 2005, 29687 – Hizb ut-Tahrir; ferner BVerfG 17.8.1956 – 1 BvB 2/51, BVerfGE 5, 141 = NJW 1956, 1393; *Pieroth/Kingreen* NVwZ 2001, 841; *Planker* DÖV 1997, 101; *Veelken,* Das Verbot von Weltanschauungs- und Religionsgemeinschaften, 1999. Zur neuen Rechtslage BVerwG 14.5.2014 – 6 A 3/13, NVwZ 2014, 1573 – DawaFFM (hierzu *Huber* NVwZ 2014, 1582); Albrecht/Roggenkamp/*Roggenkamp* § 2 Rn. 38; *Michael* JZ 2002, 482; *ders.* JZ 2007, 146; *Nolte* DVBl 2002, 573; *Poscher* KritV 2002, 298; zum Begriff der „Religionsgemeinschaft" vgl. *Pieroth/Görisch* JuS 2002, 937.

[87] BVerfG 2.10.2003 – 1 BvR 536/03, NJW 2004, 47 – Kalifatstaat; BVerwG 27.11.2002 – 6 A 4/02, NVwZ 2003, 986 – Kalifatstaat (hierzu *Sachs* JuS 2003, 2021; *ders.* JuS 2004, 12); 25.1.2006 – 6 A 6/05, NVwZ 2006, 694 – Kalifatstaat (hierzu *Michael* JZ 2007, 146); 14.5.2014 – 6 A 3/13, NVwZ 2014, 1573 (1576 f.) – DawaFFM; ferner BVerwG 27.11.2002 – 6 A 1/02, NVwZ 2003, 990 – Kalifatstaat; OVG Münster 23.8.2002 – 5 E 993/01, NVwZ 2003, 113 – Kalifatstaat; 4.9.2003 – 5 E 112/02, NVwZ 2003, 113 – Kalifatstaat; für die Möglichkeit eines Verbots auch *Planker* DÖV 1997, 101 (106); anders wohl *Michael* JZ 2002, 482 (488); *Pieroth/Kingreen* NVwZ 2001, 841 (844); sehr restriktiv auch *Groh* § 2 Rn. 14; *Schmieder* VBlBW 2002, 146 (148, 151); differenzierend *Poscher* KritV 2002, 298 (304 f.), der einer religiösen Vereinigung bei Überwiegen des politischen Zwecks die Eigenschaft als Religionsgemeinschaft abspricht und sie als „religiöse Vereine" den allgemeinen Vorschriften unterwirft, während er das Verbot der „echten" Religionsgemeinschaften weiterhin als unzulässig ansieht; zum Verbot von Religionsgemeinschaften aus verfassungsrechtlicher Sicht *Groh* KritV 2002, 39.

[88] Hierzu Erbs/Kohlhaas/*Wache* Rn. 17; *Listl* DÖV 1973, 181 (182); *Nolte* DVBl 2002, 573 (574); *Planker* DÖV 1997, 101 (106, 109: die Privilegierung sei zwar zulässig, aber nicht zwingend); *Schnorr* § 2 Rn. 36; aM *Michael* JZ 2002, 482 (484).

[89] Vgl. → Rn. 9.

[90] Albrecht/Roggenkamp/*Roggenkamp* § 2 Rn. 10; *Groh* § 2 Rn. 2; *Planker* DÖV 1997, 101 (104); *Spiller* S. 34; anders noch die Voraufl.

[91] Anders *Michael* JZ 2002, 482 (488).

[92] Vgl. BVerfG 2.10.2003 – 1 BvR 536/03, NJW 2004, 47 – Kalifatstaat; BT-Drs. 14/7026, 6; *Schmieder* VBlBW 2002, 146 (149).

Umsetzung dieser Lehren – oder aus ihnen hergeleiteter Verhaltenspflichten – in Deutschland propagiert.[93]

hh) Sonderfall: Koalitionen des Arbeitsrechts. Vom Vereinsbegriff erfasst sind auch **21** **Koalitionen des Arbeitsrechts** iS des Art. 9 Abs. 3 GG. Unter den hier genannten Vereinigungen zur Wahrung und Förderung der Arbeits- und Wirtschaftsbedingungen sind insbes. Gewerkschaften und Arbeitgeberverbände zu verstehen.[94] Sie unterfallen daher grds. dem VereinsG, hinsichtlich eines möglichen Vereinsverbots nach § 3 Abs. 1 oder einer Verfügung nach § 8 Abs. 2 gilt jedoch die Sonderregelung des § 16 Abs. 1: Die getroffenen Verwaltungsentscheidungen werden erst wirksam, wenn das Gericht ihre Rechtmäßigkeit bestätigt.[95] Insoweit liegt bis zu diesem Zeitpunkt noch kein **vollziehbares** Vereinsverbot iS des § 20 vor. Gegen diese Regelung wurden verfassungsrechtliche Bedenken geltend gemacht, insbes. deshalb, weil sich aus dem Aufbau des Art. 9 GG ergebe, dass die Einschränkung des Art. 9 Abs. 2 GG nur für Vereinigungen nach Abs. 1, nicht aber für solche nach Abs. 3 gelten könne.[96]

4. Vorliegen eines (Vereins-)Verbots. Der Gesetzgeber knüpft die Strafbarkeit des § 20 **22** durchweg nicht allein an die bloße Betätigung in einem Verein, der von der Rechtsordnung missbilligte Ziele verfolgt. Eine solche Anknüpfung allein an die Tätigkeit findet sich lediglich in §§ 129, 129a, 129b StGB im Hinblick auf kriminelle oder terroristische Vereinigungen. § 20 VereinsG setzt hingegen – wie auch § 85 StGB – ein vorheriges **Verbot** des Vereins durch die Verwaltungsbehörde voraus. Zwar ist in Art. 9 Abs. 2 GG davon die Rede, dass Vereinigungen, welche die hier genannten Zwecke verfolgen, verboten **sind.** Die Regelungen des Vereinsgesetzes gehen jedoch über den Wortlaut des Art. 9 Abs. 2 GG hinaus und fordern eine **konstitutive Feststellung** des Vereinsverbots durch die Verwaltungsbehörde.[97] Dabei werden allerdings – von §§ 14, 15 einmal abgesehen – im Vergleich zu Art. 9 Abs. 2 GG keine neuen Verbotstatbestände normiert, sondern es wird lediglich das Verfahren zur Verwirklichung der Vereinsverbote geregelt.

a) Verbot nach § 3. In § 3 findet sich die entsprechende Regelung über das Verbot **23** von Vereinen, die sich an den Katalog der Verbotsgründe des Art. 9 Abs. 2 GG anlehnt und das Verbot an einige wesentliche Förmlichkeiten knüpft.[98] Diese sind auch für die

---

[93] BVerwG 14.5.2014 – 6 A 3/13, NVwZ 2014, 1573 (1577) – DawaFFM.
[94] *Schnorr* RdA 1964, 317 (318); *Seifert* S. 18; vgl. ferner *Nipperdey* RdA 1964, 361.
[95] Vgl. zur Motivation des Gesetzgebers BT-Drs. IV/430, 24. Diese Sonderbehandlung folgt über Art. 9 GG Abs. 3 GG hinaus aus Art. 4 des Übereinkommen Nr. 87 der ILO über die Vereinigungsfreiheit und den Schutz des Vereinigungsrechts vom 9.7.1948, dem die Bundesrepublik am 20.12.1956 beigetreten ist (vgl. BGBl. II S. 2072). Hier ist festgelegt, dass „die Organisationen der Arbeitnehmer und der Arbeitgeber im Verwaltungswege weder aufgelöst noch zeitweilig eingestellt werden dürfen"; vgl. ferner auch das Übereinkommen Nr. 98 der ILO über die Anwendung der Grundsätze des Vereinigungsrechts und des Rechts zu Kollektivverhandlungen vom 1.7.1949, dem die Bundesrepublik am 23.12.1955 beigetreten ist (vgl. BGBl. II S. 1122).
[96] Zu verfassungsrechtlichen Bedenken *Hamann/Lenz* GG Art. 9 Anm. B 7; *Schmidt* NJW 1965, 424 (425); kritisch auch *Petzold* NJW 1964, 2281 (2283); *Seifert* DÖV 1964, 689; vgl. ferner vom *Feldmann* DÖV 1965, 29 (30); *Reichel* ArbuR 1965, 79; gegen diese Bedenken allerdings zu Recht *Schnorr* RdA 1962, 169 (171); *ders.* RdA 1964, 317 (318); aus der Rspr. BVerwG 28.2.1978 – I A 9/72, *Buchholz* 402.45 VereinsG Nr. 2.
[97] VG Kassel 31.10.1956 – I 369/56, DVBl 1957, 105; VG Regensburg 25.5.1955 – Nr. 174 II 55, NJW 1955, 1126; Erbs/Kohlhaas/*Wache* § 3 Rn. 1, 4; *Fröhlich* DVBl 1964, 799 (800); *Michael* JZ 2002, 482 (488); *Murswiek* JuS 1992, 116 (121); vom *Mutius* Jura 1984, 193 (200); *Petzold* NJW 1964, 2281; *Planker* DÖV 1997, 101 (103); *Putzke/Morber* ThürVBl. 2007, 273 (274); *Reißmüller* JZ 1960, 529 (533); *Richter* RdJB 2002, 172 (173); *Schmidt* NJW 1965, 424 (428); *Schnorr* § 3 Rn. 1 f.; *Seifert* S. 18; *ders.* DÖV 1954, 353 (354); *Willms* NJW 1957, 1617 (1617 ff.). Dies ergibt sich zwingend aus dem Grundrecht der Vereinigungsfreiheit, das nicht mehr gewährleistet wäre, wenn jede beliebige Behörde im Einzelfall zu beurteilen hätte, ob der Zweck einer Vereinigung gegen die verfassungsmäßige Ordnung gerichtet ist; hierzu auch BT-Drs. IV/430, 12; vgl. aus der Rechtsprechung BVerwG 6.12.1956 – I C 37/54, BVerwGE 4, 188 = NJW 1957, 685; 25.1.1978 – 1 A 3/76, BVerwGE 55, 175 (177 f.) = NJW 1978, 2164 (2165); VGH München 21.8.1989 – 4 A 88 1000, NJW 1990, 62 (62 f.); anders noch (vor Erlass des VereinsG) LG Frankfurt a. M. 12.6.1953 – 2/9 T 291/53, NJW 1953, 1748; kritisch hierzu *Albrecht* VR 2013, 8 (11).
[98] Vgl. zu den bisher in der Bundesrepublik Deutschland verfügten Vereinsverboten auch den Überblick bei *Baudewin* NVwZ 2013, 1049.

strafrechtliche Beurteilung von Bedeutung, weil nur ein formell wirksames Vereinsverbot die entsprechenden strafrechtlichen Sanktionen auslösen kann. Nicht erforderlich ist hingegen, dass das Verbot auch materiell rechtmäßig ist, sofern die Verbotsverfügung nicht als nichtig anzusehen ist.[99] Verboten werden kann eine Vereinigung demnach, wenn ihr Zweck oder ihre Tätigkeit den Strafgesetzen zuwiderläuft oder sich gegen die verfassungsmäßige Ordnung oder gegen den Gedanken der Völkerverständigung richtet. Die Vorschrift des § 3 lautet:

§ 3 Verbot

(1) [1]Ein Verein darf erst dann als verboten (Artikel 9 Abs. 2 des Grundgesetzes) behandelt werden, wenn durch Verfügung der Verbotsbehörde festgestellt ist, daß seine Zwecke oder seine Tätigkeit den Strafgesetzen zuwiderlaufen oder daß er sich gegen die verfassungsmäßige Ordnung oder den Gedanken der Völkerverständigung richtet; in der Verfügung ist die Auflösung des Vereins anzuordnen (Verbot). [2][...][100]

(2) [1]Verbotsbehörde ist
1. die oberste Landesbehörde oder die nach Landesrecht zuständige Behörde für Vereine und Teilvereine, deren erkennbare Organisation und Tätigkeit sich auf das Gebiet eines Landes beschränken;
2. der Bundesminister des Innern für Vereine und Teilvereine, deren Organisation oder Tätigkeit sich über das Gebiet eines Landes hinaus erstreckt.

[2]Die oberste Landesbehörde oder die nach Landesrecht zuständige Behörde entscheidet im Benehmen mit dem Bundesminister des Innern, wenn sich das Verbot gegen den Teilverein eines Vereins richtet, für dessen Verbot nach Satz 1 Nr. 2 der Bundesminister des Innern zuständig ist. [3]Der Bundesminister des Innern entscheidet im Benehmen mit den Behörden, die nach Satz 1 Nr. 1 für das Verbot von Teilvereinen zuständig gewesen wären.

...

24   § 3 Abs. 1 nennt somit drei Fallgruppen möglicher Verbotsgründe. Ein Verbot ist erstens möglich, wenn der Zweck oder die Tätigkeit einer Vereinigung **den Strafgesetzen zuwiderläuft**.[101] Dies ist nicht nur dann der Fall, wenn durch das Verhalten unmittelbar gegen Strafgesetze verstoßen wird, sondern auch dann, wenn durch das Verhalten Straftaten hervorgerufen, ermöglicht oder erleichtert werden.[102] Die bloße Begehung von Ordnungswidrigkeiten ist dagegen nicht erfasst.[103] Dabei genügt es, wenn eines der beiden Merkmale (Zweck oder Tätigkeit) vorliegt.[104] Der **Zweck** der Vereinigung kann sich entweder unmittelbar aus der Satzung oder mittelbar aus in anderer Form ausdrücklich proklamierten oder tatsächlich geltenden Zielen ergeben, ohne Rücksicht darauf, wo diese Ziele festgelegt

---

[99] Vgl. hierzu ausführlich *Rütters* S. 35 ff., 38 ff.; im Hinblick auf § 20 Abs. 1 S. 1 Nr. 1 allerdings kritisch *Heghmanns* S. 315 f. Fn. 131; zur ansonsten durchaus umstrittenen Problematik, ob ein zwar formell wirksamer, aber materiell rechtswidriger Verwaltungsakt für den Strafrichter bindend ist, vgl. dies annehmend BGH 23.7.1969 – 4 StR 371/68, BGHSt 23, 86 = NJW 1969, 2023; kritisch hierzu *Janicki* JZ 1968, 94 (96); *Kühl* FS Lackner, 1987, 815 (855 ff.); vgl. zudem die Einschränkung → Rn. 3.

[100] § 3 Abs. 1 S. 2 betrifft die Beschlagnahme und die Einziehung des Vereinsvermögens sowie ähnliche Rechtsfolgen. Die Vorschrift ist strafrechtlich nicht von Bedeutung.

[101] Vgl. aus der Rspr. BVerwG 18.10.1988 – 1 A 89/93, BVerwGE 80, 299 = NJW 1989, 993 – Hell's Angels; 1.2.2000 – 1 A 4/98, *Buchholz* 402.45 VereinsG Nr. 32; 5.8.2008 – 6 A 3/08, BVerwGE 134, 275 = NVwZ 2010, 446 – Collegium Humanum; 14.5.2009 – 6 VR 3/08, NVwZ 2010, 459 = ZUM 2009, 686; 14.5.2009 – 6 VR 4/08, *Buchholz* 402.45 VereinsG Nr. 48; 19.12.2012 – 6 A 6/11, NVwZ 2013, 870 – HNG; VGH Mannheim 31.7.1989 – 1 S 3675/88, NJW 1990, 61 – MC Gremium; 9.1.2012 – 1 S 2823/11, VBlBW 2012, 218; VGH München 21.8.1989 – 4 A 88 1000, NJW 1990, 62; 4.8.1999 – 4 A 96/2675, NVwZ-RR 2000, 496 – Skinheads Allgäu; ferner *Richter* RdJB 2002, 172, (179) und *Albrecht* VR 2013, 8 (13), der allerdings „schwerwiegende Missachtungen strafrechtlicher Verbote" fordert.

[102] BVerwG 19.12.2012 – 6 A 6/11, NVwZ 2013, 870 (874) – HNG.

[103] VGH München 21.8.1989 – 4 A 88 1000, NJW 1990, 62 (63); BK/*v. Münch* GG Art. 9 Rn. 61; Erbs/Kohlhaas/*Wache* § 3 Rn. 11; *Groh* § 3 Rn. 8; *Albrecht/Roggenkamp*/Albrecht § 3 Rn. 26; vom *Mutius* Jura 1984, 193 (199).

[104] VGH München 21.8.1989 – 4 A 88 1000, NJW 1990, 62 (63); Erbs/Kohlhaas/*Wache* § 3 Rn. 9; *Albrecht* VR 2013, 8 (14).

sind.[105] Eine besondere Bewertung des Zwecks als Haupt- oder Nebenzweck ist nicht erforderlich.[106] Es genügt jeder Nebenzweck, falls er nicht im Verhältnis zu den anderen Zwecken derart unbedeutend ist, dass ein Verbot dem Übermaßverbot zuwider liefe.[107] Hinsichtlich der strafrechtswidrigen **Betätigung** gelten die gleichen Grundsätze, wobei es allerdings erforderlich ist, dass das strafrechtlich relevante Verhalten der einzelnen Vereinsmitglieder dem Verein als solchem zuzurechnen ist.[108] Dies ist dann der Fall, wenn die strafbaren Handlungen entweder von den Vereinsorganen angeordnet oder wenn sie mit ihrem Wissen und ihrer Billigung begangen wurden und in einem inneren Zusammenhang mit dem Verein stehen.[109] Dabei weist das strafrechtlich relevante Verhalten der Vereinsfunktionäre eine höhere Indizwirkung in Richtung einer „Repräsentation des Gruppenwillens" auf als die Tätigkeit einzelner Mitglieder.[110] Allerdings kann das Verhalten einzelner Mitglieder der Vereinigung dann zugerechnet werden, wenn diese zwar spontan und auf Grund eines eigenen Entschlusses Straftaten begehen, dabei aber immer wieder geschlossen als Vereinigung auftreten.[111] In diesem Fall ist es jedoch erforderlich, dass die Straftaten sich nach außen als Vereinsaktivitäten darstellen und die Vereinigung diesen Umstand kennt und billigt oder jedenfalls widerspruchslos hinnimmt. Ferner ist zu fordern, dass diese Tätigkeiten letztlich den Charakter der Vereinigung prägen.[112] Eine Zurechnung ist schließlich dann möglich, wenn die Vereinigung die strafbaren Verhaltensweisen ihrer Mitglieder deckt, indem sie ihnen durch eigene Hilfestellung Rückhalt bietet.[113] Für das Verbot einer strafgesetzwidrigen Vereinigung ist es hingegen **nicht erforderlich,** dass gegen die einzelnen Mitglieder bereits ein Strafverfahren, zB gem. § 129 Abs. 1 StGB (Bildung krimineller Vereinigungen) eingeleitet oder gar eine entsprechende Verurteilung erfolgt ist.[114] Eine Auslegungshilfe gibt § 3 Abs. 5 (der für sämtliche Verbotsgründe des § 3 Abs. 1 gilt):

[105] VGH München 21.8.1989 – 4 A 88 1000, NJW 1990, 62 (63); *Albrecht* VR 2013, 8 (13); BK/*v. Münch* GG Art. 9 Rn. 57; *Groh* § 3 Rn. 9; Maunz/Dürig/*Scholz* GG Art. 9 Rn. 123.

[106] BVerwG 18.10.1988 – 1 A 89/93, BVerwGE 80, 299 (307 f.) = NJW 1989, 993 (995); 5.8.2008 – 6 A 3/08, BVerwGE 134, 275 (279) = NVwZ 2010, 446 (447); 14.5.2009 – 6 VR 3/08, NVwZ 2010, 459 (461); 14.5.2009 – 6 VR 4/08, *Buchholz* 402.45 VereinsG Nr. 48; VGH Mannheim 31.7.1989 – 1 S 3675/88, NJW 1990, 61 (61 f.); 9.1.2012 – 1 S 2823/11, VBlBW 2012, 218 (219); VGH München 21.8.1989 – 4 A 88 1000, NJW 1990, 62 (63); *Planker* NVwZ 1998, 113 (114); differenzierend *Albrecht* VR 2013, 8 (13); *Groh* § 3 Rn. 10.

[107] VGH München 21.8.1989 – 4 A 88 1000, NJW 1990, 62 (63); Maunz/Dürig/*Scholz* GG Art. 9 Rn. 123.

[108] BVerwG 18.10.1988 – 1 A 89/93, BVerwGE 80, 299 (306 f.) – NJW 1989, 993 (995); VGH Mannheim 31.7.1989 – 1 S 3675/88, NJW 1990, 61; 9.1.2012 – 1 S 2823/11, VBlBW 2012, 218 (219); VGH München 21.8.1989 – 4 A 88 1000, NJW 1990, 62 (63); *Albrecht* VR 2013, 8 (14); BK/*v. Münch* GG Art. 9 Rn. 60; Maunz/Dürig/*Scholz* GG Art. 9 Rn. 124; *vom Mutius* Jura 1984, 193 (199); *Richter* RdJB 2002, 172 (185 f.); *Schnorr* § 3 Rn. 9 f.

[109] VGH München 21.8.1989 – 4 A 88 1000, NJW 1990, 62 (63); Albrecht/Roggenkamp/*Albrecht* § 3 Rn. 31; *Groh* § 3 Rn. 11 f.; *Schnorr* § 3 Rn. 9.

[110] *Planker* NVwZ 1998, 113 (115); hierzu auch *Groh* § 3 Rn. 12; Schenke/Graulich/Ruthig/*Roth*, J, § 3 Rn. 30.

[111] VGH Mannheim 9.1.2012 – 1 S 2823/11, VBlBW 2012, 218 (219).

[112] BVerwG 18.10.1988 – 1 A 89/93, BVerwGE 80, 299 (307) = NJW 1989, 993 (995); 5.8.2008 – 6 A 3/08, BVerwGE 134, 275 (279, 291 f.) = NVwZ 2010, 446 (447, 450); 14.5.2009 – 6 VR 3/08, NVwZ 2010, 459 (461); 14.5.2009 – 6 VR 4/08, *Buchholz* 402.45 VereinsG Nr. 48; 29.1.2013 – 6 B 40/122, NVwZ 2013, 521 (525) – Hells Angels; 19.12.2012 – 6 A 6/11, NVwZ 2013, 870 (874) – HNG; VGH Mannheim 31.7.1989 – 1 S 3675/88, NJW 1990, 61; 9.1.2012 – 1 S 2823/11, VwBlBW 2012, 218 (219); VGH München 21.8.1989 – 4 A 88 1000, NJW 1990, 62 (63); *Albrecht* VR 2013, 8 (14); Albrecht/Roggenkamp/*Albrecht* § 3 Rn. 36; *Groh* § 3 Rn. 13; *Richter* RdJB 2002, 172 (186); *Planker* NVwZ 1998, 113 (114 f.); vgl. ferner *Gielen* JR 1989, 7 (9); VGH Mannheim 9.1.2012 – 1 S 2823/11, VBlBW 2012, 218 (219); *Klemm* NStZ 2012, 128 (130); *Schmidt-Preuss* FG 50 Jahre BVerwG, 2003, 455 (475).

[113] BVerwG 18.10.1988 – 1 A 89/93, BVerwGE 80, 299 (307) = NJW 1989, 993 (995); 5.8.2008 – 6 A 3/08, BVerwGE 134, 275 (279 f.) = NVwZ 2010, 446 (447); VGH Mannheim 31.7.1989 – 1 S 3675/88, NJW 1990, 61; 9.1.2012 – 1 S 2823/11, VBlBW 2012, 218 (219); VGH München 21.8.1989 – 4 A 88 1000, NJW 1990, 62 (64); *Albrecht* VR 2013, 8 (14); *Groh* § 3 Rn. 9; *Planker* NVwZ 1998, 113 (114 f.); *Schmidt-Preuss* FG 50 Jahre BVerwG, 2003, 455 (476).

[114] BVerwG 18.10.1988 – 1 A 89/93, BVerwGE 80, 299 (305) = NJW 1989, 993 (995); 5.8.2008 – 6 A 3/08, BVerwGE 134, 275 (280) = NVwZ 2010, 446 (447); VGH Mannheim 9.1.2012 – 1 S 2823/11, VBlBW 2012, 218 (219).

§ 3 Abs. 5 [Zurechnung von Handlungen]
 (5) Die Verbotsbehörde kann das Verbot auch auf Handlungen von Mitgliedern des Vereins stützen, wenn
 1. ein Zusammenhang zur Tätigkeit im Verein oder zu seiner Zielsetzung besteht,
 2. die Handlungen auf einer organisierten Willensbildung beruhen und
 3. nach den Umständen anzunehmen ist, daß sie vom Verein geduldet werden.

25   Ferner ist ein Verbot möglich, wenn sich der Zweck oder die Tätigkeit gegen die **verfassungsmäßige Ordnung** richten.[115] Diese umfasst nicht – wie etwa im Rahmen des Art. 2 Abs. 1 GG – die gesamte verfassungsgemäße Rechtsordnung, sondern ist im Rahmen des § 3 Abs. 1 GG gleichbedeutend mit der im Grundgesetz verankerten freiheitlich demokratischen Grundordnung.[116] Hierunter versteht man eine unter Ausschluss jeglicher Gewalt- und Willkürherrschaft existierende rechtsstaatliche Herrschaftsordnung auf der Grundlage der Selbstbestimmung des Volkes nach dem Willen der jeweiligen Mehrheit und der Freiheit und Gleichheit.[117] Zu den grundlegenden Prinzipien dieser Ordnung sind mindestens zu rechnen: die Achtung vor den im Grundgesetz konkretisierten Menschenrechten, vor allem die Achtung vor dem Recht der Persönlichkeit auf Leben und freie Entfaltung, die Volkssouveränität, die Gewaltenteilung, die Verantwortlichkeit der Regierung, die Gesetzmäßigkeit der Verwaltung, die Unabhängigkeit der Gerichte, das Mehrparteienprinzip und die Chancengleichheit für alle politischen Parteien mit dem Recht auf verfassungsmäßige Bildung und Ausübung einer Opposition.[118]

---

[115] Vgl. hierzu aus der Rspr. BVerwG 23.3.1971 – I C 54/66, BVerwGE 37, 344 = JR 1971, 519 – Ludendorff; 2.12.1980 – 1 A 3/80, BVerwGE 61, 218 (220) = NJW 1981, 1796 = DÖV 1981, 870 mAnm *Schmidt* – Wehrsportgruppe Hoffmann (hierzu *Offczors* DuR 1982, 415); 13.5.1986 – 1 A 12/82, *Buchholz* 402.45 VereinsG Nr. 8 – Volkssozialistische Bewegung Deutschlands/Partei der Arbeit; 25.3.1993 – 1 ER 301/92, NJW 1993, 3213 – Nationalistische Front; 21.4.1995 – 1 VR 9/94, NJW 1995, 2505 – Wiking-Jugend (hierzu *Gielen* JR 1995, 273); 30.8.1995 – 1 A 14/92, NVwZ 1997, 66 – Deutsche Alternative; 6.8.1997 – 1 A 13/92, *Buchholz* 402.45 VereinsG Nr. 28 – Nationalistische Front; 24.3.1998 – 1 A 13/92, *Buchholz* 402.45 VereinsG Nr. 29 – Nationalistische Front; 13.4.1999 – 1 A 3/94, NVwZ-RR 2000, 70 – Wiking-Jugend; 27.11.2002 – 6 A 4/02, NVwZ 2003, 986 – Kalifatstaat; 5.8.2008 – 6 A 3/08, BVerwGE 134, 275 = NVwZ 2010, 446 – Collegium Humanum; 11.8.2009 – 6 VR 2/09, NVwZ-RR 2009, 803 – Heimattreue Deutsche Jugend; 1.9.2010 – 6 A 4/09, NVwZ-RR 2011, 14 – Heimattreue Deutsche Jugend; 19.12.2012 – 6 A 6/11, NVwZ 2013, 870 – HNG; 19.11.2013 – 6 B/13, *Buchholz* 402.45 VereinsG Nr. 61 – Hells Angels; 14.5.2014 – 6 A 3/13, NVwZ 2014, 1573 – DawaFFM; OVG Berlin-Brandenburg 21.12.2012 – OVG 1 L 82/12, NVwZ-RR 2013, 410 – Widerstandsbewegung in Südbrandenburg; OVG Bremen 10.6.2014 – 1 D 126/11, NordÖR 2014, 505 – Mongols MC Bremen; VGH München 28.1.1965 – Nr. 317 VIII 64, BayVBl. 1965, 170 – Ludendorff; 20.9.2006 – 4 AS 06/2036, BeckRS 2009, 37045 – Multi-Kultur-Haus-Verein; 24.1.2007 – 4 A 06/52, BeckRS 2007, 29064 – Multi-Kultur-Haus-Verein; VGH Mannheim 5.8.1970 – V 531/70, JZ 1971, 457 – SDS Heidelberg; Hess VGH 24.8.1961 – B II 48/61, DÖV 1961, 830 – Ludendorff; VGH Kassel 16.2.1993 – 11 TJ 185, 186/93, NJW 1993, 2827 – Deutsche Alternative; 21.2.2013 – 8 C 2118/11, DVBl. 2013, 933 – Hells Angels MC Charter Frankfurt; VGH Mannheim 11.4.1994 – 1 S 1909/93, NStZ-RR 1995, 198 – Heimatlose Vereinigung Deutschlands; VGH München 26.1.1994 – 4 A 93 2151, NVwZ-RR 1995, 200 = BayVBl. 1994, 439 – Nationaler Block; 4.8.1999 – 4 A 96/2675, NVwZ-RR 2000, 496 – Skinheads Allgäu; OVG SchlH 26.2.2014 – 4 KS 1/12, BeckRS 2014, 47925 – Hells Angels; FG Hamburg 20.5.2014 – 3 K 94/14, EFG 2014, 1805 – Germanitien; ferner *Richter* RdJB 2002, 172 (179 ff.).

[116] Vgl. nur BGH 2.8.1954 – StE 68/52, 11/54, BGHSt 7, 222 (227); 9.3.1956 – 6 StR 125/55, BGHSt 9, 101 (102 f.); BVerwG 25.3.1993 – 1 ER 301/92, NJW 1993, 3213 (3215); 30.8.1995 – 1 A 14/92, NVwZ 1997, 66; Albrecht/Roggenkamp/*Albrecht* § 3 Rn. 38; *vom Feldmann* DÖV 1965, 29; *Groh* § 3 Rn. 14; *Kölble* AÖR 87 (1962), 48 (50 f.); *Murswiek* JuS 1992, 116 (121); vom *Mutius* Jura 1984, 193 (200); *Schmidt-Preuss* FG 50 Jahre BVerwG, 2003, 455 (477); *Schmieder* VBlBW 2002, 146 (148); *Richter* RdJB 2002, 172 (180); *Ridder* DÖV 1963, 322 (325); anders wohl BVerwG 16.7.1954 – I A 23/53, BVerwGE 1, 184 (186) = NJW 1954, 1947; *Michael* JZ 2002, 482 (486).

[117] BVerfG 23.10.1952 – 1 BvB 1/51, BVerfGE 2, 1 (12) = NJW 1952, 1407 (1408); BVerwG 16.7.1954 – 1 A 23/53, BVerwGE 1, 184 (187) = NJW 1954, 1947; 25.3.1993 – 1 ER 301/92, NJW 1993, 3213 (3215); BGH 4.6.1956 – StE 49/52, BGHSt 9, 285 (286); VGH Mannheim 5.8.1970 – V 531/70, JZ 1970, 457 (458); Erbs/Kohlhaas/*Wache* § 3 Rn. 14; *Planker* NVwZ 1998, 113 (116).

[118] BVerfG 23.10.1952 – 1 BvB 1/51, BVerfGE 2, 1 (12 f.) = NJW 1952, 1407 (1408); BVerwG 25.3.1993 – 1 ER 301/92, NJW 1993, 3213 (3215); 21.4.1995 – 1 VR 9/94, NJW 1995, 2505; 6.8.1997 – 1 A 13/92, *Buchholz* 402.45 VereinsG Nr. 28 S. 115 (122); 13.4.1999 – 1 A 3/94, NVwZ-RR 2000, 70 (71); 5.8.2009 – 6 A 3/08, BVerwGE 134, 275 (292) = NVwZ 2010, 446 (451); 11.8.2009 – 6 VR 2/09, NVwZ-RR 2009, 803 (804); 1.9.2010 – 6 A 4/09, NVwZ-RR 2011, 14; 19.12.2012 – 6 A 6/11, NVwZ 2013,

Ein Verstoß hiergegen liegt jedenfalls dann vor, wenn die Vereinigung in Programm, Vorstellungswelt und Gesamtstil eine Wesensverwandtschaft mit dem Nationalsozialismus aufweist.[119] Dies ist regelmäßig dann der Fall, wenn sie sich zur NSDAP und zu deren maßgeblichen Funktionsträgern bekennt, die demokratische Staatsform verächtlich macht, eine mit dem Diskriminierungsverbot des Art. 3 Abs. 3 GG unvereinbare Rassenlehre propagiert und eine entsprechende Überwindung der verfassungsmäßigen Ordnung anstrebt.[120] Gegen die freiheitlich demokratische Grundordnung gerichtet ist eine Vereinigung allerdings nicht schon dann, wenn sie die zentralen Prinzipien dieser Ordnung nicht anerkennt. Erforderlich ist vielmehr eine **aktiv kämpferische, aggressive Haltung** gegen die bestehende Ordnung.[121] Das ist aber nicht nur dann der Fall, wenn sie unmittelbar auf die Beseitigung oder Änderung der bestehenden Ordnung hinwirkt, sondern auch dann, wenn ihre Tätigkeit darauf gerichtet ist, die verfassungsmäßige Ordnung zu untergraben,[122] ihre Geltung und Verbindlichkeit in Frage zu stellen, ihre Anerkennung durch das Volk und die Bereitschaft zu ihrer Verteidigung zu zersetzen oder Zustände im politischen Leben herbeizuführen, die die Geltung der Verfassungsgrundsätze in Frage stellen und zur Folge haben, dass diese Verfassungsgrundsätze nicht mehr im politischen Leben wirken können.[123] Dabei kommt es maßgeblich auf die Ziele und die Tätigkeit der Organe des Vereins an, die sich vor allem ihrem Auftreten in der Öffentlichkeit, ihren Publikationen sowie den Äußerungen und der Grundeinstellung ihrer Funktionsträger entnehmen lassen.[124] Unschädlich ist es hingegen, wenn einzelne Mitglieder verfassungsfeindliche Ziele verfolgen, solange deren Verhalten die Vereinigung nicht „prägt".[125] Hinzuweisen ist schließlich darauf, dass in denjenigen Fällen, in denen sich eine Vereinigung gegen die verfassungsmäßige Ordnung richtet oder ihre Zwecke oder ihre Tätigkeit den Strafgesetzen zuwiderlaufen und sie deswegen nach Art. 9 Abs. 2 GG als verboten anzusehen ist, eine entsprechende Feststellung der Verbotsbehörde und die mit dieser nach § 3 verknüpften weiteren Entscheidungen nicht als **unverhältnismäßig** angesehen werden können. Eine besondere Feststellung der Verhältnismäßigkeit des Vereinsverbotes auf Rechtsfolgenseite hat somit nicht zu erfolgen.[126] Die Anforderungen des verfassungsrechtlichen Verhältnismäßigkeitsgrundsatzes sind daher bereits auf Tatbe-

---

870 (871) – HN; 14.5.2014 – 6 A 3/13, NVwZ 2014, 1573 (1576) – DawaFFM; VGH Mannheim 5.8.1970 – V 531/70, JZ 1970, 457 (458); Erbs/Kohlhaas/*Wache* § 3 R.n. 14.

[119] BVerfG 23.10.1952 – 1 BvB 1/51, BVerfGE 2, 1 (70) = NJW 1952, 1407 (1408); BVerwG 6.8.1997 – 1 A 13/92, *Buchholz* 402.45 VereinsG Nr. 28 S. 115 (122); 5.8.2009 – 6 A 3/08, BVerwGE 134, 275 (292) = NVwZ 2010, 446 (451); 11.8.2009 – 6 VR 2/09, NVwZ-RR 2009, 803 (804); 19.12.2012 – 6 A 6/11, NVwZ 2013, 870 (871) – HNG.

[120] BVerwG 19.12.2012 – 6 A 6/11, NVwZ 2013, 870 (871) – HNG.

[121] BVerfG 17.8.1956 – 1 BvB 2/51, BVerfGE 5, 85 (141) = NJW 1956, 1393; BVerwG 23.3.1971 – I C 54/66, BVerwGE 37, 345 (358 f.) = JR 1971, 519 (521 f.); 2.12.1980 – 1 A 3/80, BVerwGE 61, 218 (220) = NJW 1981, 1796; 21.4.1995 – 1 VR 9/94, NJW 1995, 2505; 13.4.1999 – 1 A 3/94, NVwZ-RR 2000, 70 (71); 5.8.2008 – 6 A 3/08, BVerwGE 134, 275 (292) = NVwZ 2010, 446 (451); 11.8.2009 – 6 VR 2/09, NVwZ-RR 2009, 803 (804); 19.12.2012 – 6 A 6/11, NVwZ 2013, 870 (871) – HNG; 14.5.2014 – 6 A 3/13, NVwZ 2014, 1573 (1576 f.) – DawaFFM; BGH 25.7.1963 – 3 StR 64/62, BGHSt 19, 51 (55) = NJW 1963, 2132, (2133); VGH München 24.1.2007 – 4 A 06/52, BeckRS 2007, 29064; OVG Lüneburg 29.3.2000 – 11 K 854/98, NdsRpfl. 2000, 370 (371); Albrecht/Roggenkamp/*Albrecht* § 3 Rn. 41; *Groh* § 3 Rn. 15; vom *Mutius* Jura 1984, 193 (199); kritisch hierzu *Richter* RdJB 2002, 172 (191).

[122] BGH 2.8.1954 – StE 68/52, 11/54, BGHSt 7, 222 (228); 25.7.1963 – 3 StR 64/62, BGHSt 19, 51 (55) = NJW 1963, 2132 (2133); BVerwG 19.12.2012 – 6 A 6/11, NVwZ 2013, 870 (871) – HNG; 14.5.2014 – 6 A 3/13, NVwZ 2014, 1573 (1576) – DawaFFM.

[123] BGH 2.8.1954 – StE 68/52, 11/54, BGHSt 7, 222 (228); 4.6.1956 – StE 49/52, BGHSt 9, 285 (286); VGH Mannheim 5.8.1970 – V 531/70, JZ 1970, 457 (458 f.); 11.4.1994 – 1 S 1909/93, NVwZ-RR 1995, 198 (200); ferner *Richter* RdJB 2002, 172 (183 f.); *Planker* NVwZ 1998, 113 (116).

[124] BVerwG 19.12.2012 – 6 A 6/11, NVwZ 2013, 870 (871) – HNG; 14.5.2014 – 6 A 3/13, NVwZ 2014, 1573 (1576) – DawaFFM.

[125] Vgl. hierzu bereits BGH 2.8.1954 – StE 68/52, 11/54, BGHSt 7, 222 (225).

[126] BVerwG 5.8.2008 – 6 A 3/08, BVerwGE 134, 275 = NVwZ 2010, 446 (455) – Collegium Humanum; 19.12.2012 – 6 A 6/11, NVwZ 2013, 870 (875) – HNG; 14.5.2014 – 6 A 3/13, NVwZ 2014, 1573 (1581) – DawaFFM.

standsebene der Norm zu berücksichtigen und in die Prüfung, ob die Voraussetzungen eines Verbotsgrundes vorliegen, mit einzubeziehen.[127]

26   Als dritter möglicher Verbotsgrund ist der Verstoß gegen den **Gedanken der Völkerverständigung** genannt.[128] Unter dem Begriff der Völkerverständigung versteht man in erster Linie die Erhaltung des Friedens und die Ächtung von Angriffskriegen (vgl. auch Art. 26 Abs. 1 GG). Er findet seinen Ausdruck aber auch in den allgemeinen Grundrechten der Staaten, insbes. in dem Recht auf politische Unabhängigkeit sowie dem Recht auf Selbsterhaltung, auf Gleichheit, Ehre und Teilnahme am völkerrechtlichen Verkehr.[129] Erfasst sind daher Vereinigungen, deren Zweck oder Tätigkeit der friedlichen Überwindung der Interessensgegensätze von Völkern zuwider läuft, was zB auch dann der Fall ist, wenn Gewalt in das Verhältnis von Völkern hineingetragen wird.[130] In diesem Fall ist es dann auch nicht erforderlich, dass der Verein selbst Gewalt ausübt oder dass gerade die friedlichen Beziehungen Deutschlands zu fremden Völkern betroffen sind.[131] Der Gedanke der Völkerverständigung ist auch dann betroffen, wenn sich die Tätigkeit auf die friedlichen Beziehungen zwischen fremden Völkern auswirkt. Gegen den Gedanken der Völkerverständigung richten sich insbes. solche Vereinigungen, die eine rassische oder nationale Minderwertigkeit bestimmter Gruppen propagieren oder das Existenzrecht bestimmter Staaten in Frage stellen und zu dessen gewaltsamer Beseitigung aufrufen. Auch hier ist jedoch eine kämpferisch-aggressive Verhaltensweise erforderlich.[132]

27   **b) Verbot nach § 14 (Ausländervereine).** Unter den Voraussetzungen des § 3 können nicht nur „deutsche" Vereine, sondern auch Vereine verboten werden, deren Mitglieder oder Leiter sämtlich oder überwiegend Ausländer sind (Ausländervereine;[133] Definition in § 14 Abs. 1 S. 1).[134] Über die Voraussetzungen des Art. 9 Abs. 2 GG, § 3 VereinsG hinaus können nach § 14 Ausländervereine aber auch dann verboten werden, wenn einer der in § 14 Abs. 2 genannten Verbotsgründe vorliegt.

---

[127] BVerwG 5.8.2008 – 6 A 3/08, BVerwGE 134, 275 = NVwZ 2010, 446 (455) – Collegium Humanum; 19.12.2012 – 6 A 6/11, NVwZ 2013, 870 (875) – HNG; 14.5.2014 – 6 A 3/13, NVwZ 2014, 1573 (1581) – DawaFFM.

[128] Vgl. hierzu BVerwG 3.12.2004 – 6 A 10/02, NVwZ 2005, 1435 – Al Aqsa; 8.8.2005 – 6 A 1/04, BeckRS 2005, 29687 – Hizb ut-Tahrir; 14.5.2014 – 6 A 3/13, NVwZ 2014, 1573 (1579 f.) – DawaFFM; *Baldus* ZRP 2002, 400 (403).

[129] Erbs/Kohlhaas/*Wache* § 3 Rn. 16; Maunz/Dürig/*Scholz* GG Art. 9 Rn. 131; *Schnorr* § 3 Rn. 21; vgl. hierzu auch BVerwG 14.5.2009 – 6 VR 3/08, NVwZ 2010, 459 (462); 14.5.2009 – 6 VR 4/08, Buchholz 402.45 VereinsG Nr. 48; 24.2.2010 – 6 A 7/08, NVwZ 2010, 1372; VGH München 28.1.1965 – Nr. 317 VIII 64, BayVBl. 1965, 170 (172); 24.1.2007 – 4 A 06/52, BeckRS 2007, 29064; *Groh* § 3 Rn. 19; *Putzke/Morber* ThürVBl. 2007, 273 (275 ff.); *Richter* RdJB 2002, 172 (184).

[130] BVerwG 8.8.2005 – 6 A 1/04, BeckRS 2005, 29687 Rn. 26 – Hizb ut-Tahrir; 14.5.2014 – 6 A 3/13, NVwZ 2014, 1573 (1579) – DawaFFM.

[131] BVerwG 8.8.2005 – 6 A 1/04, BeckRS 2005, 29687 Rn. 26 – Hizb ut-Tahrir; 14.5.2014 – 6 A 3/13, NVwZ 2014, 1573 (1579) – DawaFFM.

[132] Albrecht/Roggenkamp/*Albrecht* § 3 Rn. 56; Erbs/Kohlhaas/*Wache* § 3 Rn. 17; *Murswiek* JuS 1992, 116 (121); vgl. aus der Rspr. BVerwG 27.11.2002 – 6 A 4/02, NVwZ 2003, 986; 21.1.2004 – 6 A 1/04, NVwZ 2004, 887 = DVBl 2004, 713; 3.12.2004 – 6 A 10/02, NVwZ 2005, 1435 – Al Aqsa; 25.1.2006 – 6 A 6/05, NVwZ 2006, 694; kritisch zu der zu engen Begriffsbestimmung durch das BVerwG *Putzke/Morber* ThürVBl. 2007, 273 (275, 277); ferner *Groh* § 3 Rn. 20, die stattdessen darauf abstellt, dass der Zweck oder die Tätigkeit des Vereins objektiv geeignet und subjektiv vom Willen getragen sein muss, den Gedanken der Völkerverständigung schwerwiegend, ernst und nachhaltig zu beeinträchtigen.

[133] Vgl. zu den Voraussetzungen für das Vorliegen eines Ausländervereins BVerwG 6.9.1995 – 1 VR 2/95, NVwZ 1997, 68 (69).

[134] Vgl. hier ua das Verbot der 1978 in der Türkei gegründeten linksextremistischen Organisation „Devrimici Sol" (Revolutionäre Linke) und ihrer Teilorganisationen „HALK DER" (Volksvereine) durch den Bundesminister des Innern vom 27.1.1983 (BAnz. 1983, S. 1181), bestandskräftig seit 1989; hierzu *Rösemann* Kriminalistik 1996, 795; die Organisation spaltete sich 1992 in zwei konkurrierende Flügel (Karatas, Yagan), von denen sich der Karatas-Flügel am 30.3.1994 in „Revolutionäre Volkspartei/-front", abgekürzt DHKP-C, umbenannte; diese wurde als Ersatzorganisation durch Verfügung des Bundesministers des Innern vom 6.8.1998 (BAnz. 1998, S. 11 945) ebenfalls verboten; hierzu BGH 11.6.1997 – 3 StR 132/97, BGHR VereinsG § 20 Abs. 1 Nr. 3 Unterstützen 1; 16.7.1997 – 3 StR 168/97, NStZ 1997, 603 (hierzu *Schmidt* NStZ 1998, 610 [612]); 4.2.1998 – 3 StR 269/97, NJW 1998, 1653; 4.2.1998 – 3 StR 390/97, NStZ 1998, 304 (305); 30.3.2001 – 3 StR 342/00, NJW 2001, 2644; KG 3.4.1997 – 1 Hes 62/97 (juris); BVerwG 28.10.1999 –

Diese Erweiterung der Verbotsgründe ist verfassungsrechtlich zulässig, da das Grundrecht **28**
des Art. 9 Abs. 1 GG auf Grund des ausdrücklichen Wortlauts nur „Deutschen" zusteht
und daher die Einschränkung des Art. 9 Abs. 2 GG für Ausländervereine nicht gilt.[135] Diese
können sich daher ausschließlich auf die allgemeine Handlungsfreiheit, Art. 2 Abs. 1 GG,
berufen.[136] Allerdings ist es umstritten, ob Staatsangehörige der EU-Mitgliedstaaten in
diesem Zusammenhang als Ausländer anzusehen[137] sind oder ob sie vom Schutzbereich des
Art. 9 Abs. 2 GG erfasst werden (wofür die Regelung der §§ 14 Abs. 1 S. 2, 15 Abs. 2
VereinsG spricht).[138] Die Vereinsfreiheit wird zwar nach § 1 Abs. 1 VereinsG auch Ausländern gewährt, kann aber nach § 1 Abs. 2 in den gesetzlich vorgesehenen Fällen „zur Wahrung der öffentlichen Sicherheit und Ordnung" eingeschränkt werden. Eine solche Einschränkung findet sich im genannten § 14. Diese Einschränkung gilt jedoch nicht – obwohl
in § 14 nicht ausdrücklich erwähnt – für ausländische Gewerkschaften und Arbeitgeberverbände (vgl. § 16) sowie allgemein für ausländische Kapitalgesellschaften (§ 17).[139] Aus dem
Zusammenhang mit § 15 ergibt sich ferner, dass unter „Ausländervereinen" nur solche
Vereinigungen zu verstehen sind, die ihren Sitz im Inland haben. Haben sie ihren Sitz im
Ausland, gelten sie als „ausländische Vereine".[140]

Als „milderes Mittel" gegenüber einem (Total-)Verbot des Vereins können bei Auslän- **29**
dervereinen aber auch lediglich **einzelne Betätigungsverbote** nach § 14 Abs. 3 erlassen
werden.[141] Dabei ist die Anordnung eines Vereinsverbots, welches ausschließlich auf die
in § 14 Abs. 2 genannten Gründe gestützt ist, nur zulässig, wenn ein nach Abs. 3 mögliches
Betätigungsverbot nicht ausreicht. Ein solches genügt dann nicht, wenn die in Abs. 2
genannten Rechtsgüter[142] nicht oder nicht nur durch das Verhalten einzelner Funktionäre
oder Mitglieder gefährdet werden, sondern durch die Zielsetzung und Organisation der
betroffenen Vereinigung als solche.[143] Eine konkrete Gefahr ist hierfür weder ausreichend
noch erforderlich.[144] Ein Verstoß gegen ein solches Betätigungsverbot ist nac Abs. 1 S. 1
Nr. 4 eigenständig unter Strafe gestellt.[145] Allerdings ist darauf hinzuweisen, dass ein

---

1 A 4/98, *Buchholz* 402.45 VereinsG Nr. 31; 1.2.2000 – 1 A 4/98, *Buchholz* 402.45 VereinsG Nr. 32; der
BGH stuft die DHKP-C inzwischen als ausländische terroristische Vereinigung iS des § 129b StGB ein, vgl.
BGH 15.2.2007 – StB 19/06, NStZ 2007, 401; 29.5.2009 – AK 8-10/09, BeckRS 2011, 15465; 16.9.2011 –
AK12/10, NStZ 2011, 153 = NStZ-RR 2010, 369; 16.2.2012 – 3 StR 243/11, BGHSt 57, 160 = NJW
2012, 1973; vgl. auch BGH 28.10.2010 – 3 StR 179/10, BGHSt 56, 28 (37) = NJW 2011, 542 (546); zum
Verbot von Ausländervereinen vgl. ferner aus der Rspr. BVerwG 25.1.1978 – 1 A 3/76, BVerwGE 55, 175 =
NJW 1978, 2164 (Exilkroaten); BVerwG 6.9.1995   1 VR 2/95, NVwZ 1997, 68 (Kurdistan Komitee).
[135] Albrecht/Roggenkamp/*Albrecht* § 14 Rn. 2; Erbs/Kohlhaas/*Wache* § 14 Rn. 1; *Fröhlich* DVBl 1964, 799
(802); *Groh* § 14 Rn. 1; zur verfassungsrechtlichen Zulässigkeit dieser Regelung BVerfG 16.6.2000 – 1 BvR
1539/94 ua, NVwZ 2000, 1281; hierzu *Sachs* JuS 2001, 179; vgl. zur Kritik an dieser Vorschrift *Zuleeg* JZ
1980, 425 (427), der für eine Streichung eintritt, da die unterschiedliche Behandlung von Deutschen und
Ausländern in diesem Bereich nicht mehr angebracht sei. Bei Religionsgemeinschaften ist in diesem Zusammenhang noch zu beachten, dass Art. 4, 140 GG iVm Art. 136 ff. WRV im Gegensatz zu Art. 9 GG keine
Beschränkung des Grundrechts auf „Deutsche" enthält. Zum Verbot ausländischer Religionsgemeinschaften
auch *Michael* JZ 2002, 482 (488 f.); *ders.* JZ 2007, 146.
[136] *Groh* Einl. Rn. 2.
[137] Vgl. auch *Groh* § 1 Rn. 2, der in § 14 Abs. 1 S. 2 „zumindest" eine einfachgesetzliche Gleichstellung
sieht.
[138] So Albrecht/Roggenkamp/*Albrecht* § 14 Rn. 19; *Groh* § 14 Rn. 4; Jarass/Pieroth/*Jarass* GG Art. 9
Rn. 10; *Rütters* S. 1; vgl. auch BVerwG 3.12.2004 – 6 A 10/02, NVwZ 2005, 1435 (1440) – Al Aqsa.
[139] BT-Drs. IV/430, 23; Erbs/Kohlhaas/*Wache* § 14 Rn. 2; *Groh* § 14 Rn. 2; vgl. hierzu auch BVerwG
20.12.2005 – 6 A 4/05, ZUM-RD 2006, 416.
[140] Hierzu noch → Rn. 32 ff.
[141] Dies ist – mangels Ermächtigungsgrundlage – bei „Inländervereinen" nicht möglich, obwohl sich auch
hier ein Betätigungsverbot als milderes Mittel anbieten würde; vgl. hierzu *Groh* § 3 Rn. 5; *Michael* JZ 2002,
482 (489).
[142] Vgl. zu den Verbotsgründen des § 14 Abs. 2 ausführlich *Rütters* S. 56 ff.
[143] BVerwG 25.1.1978 – 1 A 3/76, BVerwGE 55, 175 (181) = NJW 1978, 2164 (2166); 3.12.2004 – 6
A 10/02, NVwZ 2005, 1435 (1440) – Al Aqsa; hierzu auch *Barbey* JR 1978, 276 (278); *Groh* § 14 Rn. 20;
Richter RdJB 2002, 172 (186 f.).
[144] Vgl. allerdings auch *J. Heinrich* S. 179; *Rütters* S. 56, wonach bereits die Störereigenschaft der Vereinigung
hinsichtlich der zu schützenden Rechtsgüter ausreichen soll.
[145] Hierzu → Rn. 77 ff.

solches Betätigungsverbot in der Praxis kaum eine Rolle spielt.[146] Die Vorschrift des § 14 lautet:

§ 14 Ausländervereine

(1) [1]Vereine, deren Mitglieder oder Leiter sämtlich oder überwiegend Ausländer sind (Ausländervereine), können über die in Artikel 9 Abs. 2 des Grundgesetzes genannten Gründe hinaus unter den Voraussetzungen des Absatzes 2 verboten werden. [2]Vereine, deren Mitglieder oder Leiter sämtlich oder überwiegend ausländische Staatsangehörige eines Mitgliedstaates der Europäischen Union sind, gelten nicht als Ausländervereine. [3]§ 3 Abs. 1 Satz 2 und § 12 Abs. 1 und 2 sind mit der Maßgabe anzuwenden, dass die Beschlagnahme und die Einziehung von Forderungen und Sachen Dritter auch im Falle des Absatzes 2 zulässig sind.

(2) Ausländervereine können verboten werden, soweit ihr Zweck oder ihre Tätigkeit
1. die politische Willensbildung in der Bundesrepublik Deutschland oder das friedliche Zusammenleben von Deutschen und Ausländern oder von verschiedenen Ausländergruppen im Bundesgebiet, die öffentliche Sicherheit oder Ordnung oder sonstige erhebliche Interessen der Bundesrepublik Deutschland beeinträchtigt oder gefährdet,
2. den völkerrechtlichen Verpflichtungen der Bundesrepublik Deutschland zuwiderläuft,
3. Bestrebungen außerhalb des Bundesgebiets fördert, deren Ziele oder Mittel mit den Grundwerten einer die Würde des Menschen achtenden staatlichen Ordnung unvereinbar sind,
4. Gewaltanwendung als Mittel zur Durchsetzung politischer, religiöser oder sonstiger Belange unterstützt, befürwortet oder hervorrufen soll oder
5. Vereinigungen innerhalb oder außerhalb des Bundesgebiets unterstützt, die Anschläge gegen Personen oder Sachen veranlassen, befürworten oder androhen.

(3) [1]Anstelle des Vereinsverbots kann die Verbotsbehörde gegenüber Ausländervereinen Betätigungsverbote erlassen, die sie auch auf bestimmte Handlungen oder bestimmte Personen beschränken kann. [2]Im übrigen bleiben Ausländervereinen gegenüber die gesetzlichen Vorschriften zur Wahrung der öffentlichen Sicherheit oder Ordnung unberührt.

30   An erster Stelle ist die Beeinträchtigung oder Gefährdung der **politischen Willensbildung** in Deutschland genannt.[147] Zwar ist dabei hinsichtlich der Gefährdung keine **konkrete** Gefährdung zu fordern,[148] allerdings müssen sich Anhaltspunkte dafür finden lassen, dass eine solche Gefährdung eintreten könnte. Eine bloß vage Vermutung reicht nicht aus.[149] Als weitere geschützte Rechtsgüter werden in § 14 Abs. 2 Nr. 1 genannt: das friedliche Zusammenleben von Deutschen und Ausländern oder von verschiedenen Ausländergruppen im Bundesgebiet,[150] die öffentliche Sicherheit oder Ordnung[151] oder sonstige erhebliche Belange der Bundesrepublik Deutschland oder eines ihrer Länder. Bei den **„sonstigen erheblichen Belangen"** ist vor allem an die guten Beziehungen der Bundesrepublik zu auswärtigen Staaten und ihr internationales Ansehen zu denken.[152] Auch die weiteren, in § 14 Abs. 2 Nr. 2 bis Nr. 5 genannten Verbotsgründe sind letztlich

---

[146] *Grundmann* S. 140 f.; *B. Heinrich* NStZ 2010, 429 (430); *Rütters* S. 2 f.; vgl. zu den Gründen hierfür auch *J. Heinrich* S. 317 f.; *Michael* JZ 2002, 482 (489).

[147] Nach § 14 Abs. 1 aF mussten die jetzt in § 14 Abs. 2 Nr. 1 genannten Rechtsgüter durch „politische Betätigung" verletzt oder gefährdet werden; hierunter verstand man einen (dauerhaften) Versuch, auf die Gestaltung von Staat und Gesellschaft Einfluss zu nehmen; vgl. hierzu RG 28.4.1911 – IV 167/11, RGSt 44, 424 (426); *Seifert* DÖV 1956, 1 (3); *ders.* DÖV 1964, 685 (689); die Vorschrift wurde geändert durch das Gesetz zur Bekämpfung des internationalen Terrorismus vom 9.1.2002 (BGBl. I S. 361); zur Begründung BT-Drs. 14/7386, 50 ff.; vgl. hierzu auch die Kritik von *Rütters* S. 56 f.

[148] BVerwG 25.1.1978 – 1 A 3/76, BVerwGE 55, 175 (182) = NJW 1978, 2164 (2166); Albrecht/Roggenkamp/*Ullrich* § 14 Rn. 39; Erbs/Kohlhaas/*Wache* § 14 Rn. 6; *Groh* § 14 Rn. 12.

[149] Erbs/Kohlhaas/*Wache* § 14 Rn. 6; *Schnorr* §§ 14, 15 Rn. 14.

[150] Vgl. zur Begründung BT-Drs. 14/7386, 51; zur Kritik *Rütters* S. 57 f.

[151] Vgl. in diesem Zusammenhang auch *Nolte* DVBl 2002, 573 (576), der es für bedenklich ansieht, ein (dauerhaftes) Vereinsverbot allein auf den Verstoß gegen die öffentliche Ordnung zu stützen; kritisch auch *Rütters* S. 58 f.; vgl. auch *Groh* § 14 Rn. 11.

[152] *Seifert* DÖV 1964, 685 (689); vgl. ferner Erbs/Kohlhaas/*Wache* § 14 Rn. 11; Schenke/Graulich/Ruthig/*Roth, J.* § 14 Rn. 40; kritisch zu diesem Verbotsgrund wiederum *Rütters* S. 59 f.

auf die Verhinderung einer Gefährdung der inneren und äußeren Sicherheit zugeschnitten.[153]

Verfassungsrechtlich problematisch ist ein ausschließlich auf § 14 Abs. 1 gestütztes Vereins- **31** verbot insbes. bei **Mischvereinen.** Hierunter versteht man Vereine, die zwar Ausländervereine darstellen, weil ihre Mitglieder oder Leiter **überwiegend** Ausländer sind, die aber darüber hinaus auch deutsche Mitglieder oder Leiter besitzen. Für diese sind aber „an sich" nur die in Art. 9 Abs. 2 GG genannten Verbotsgründe zulässig.[154] Man wird daher eine verfassungsrechtliche Unbedenklichkeit nur dann annehmen können, wenn die Anzahl der deutschen Mitglieder sehr gering ist, die Vereinigung nicht durch deutsche Mitglieder beherrscht wird (wobei auf eine faktische Beherrschung abzustellen ist, die Einsetzung deutscher Vorstände als „Strohmänner" genügt nicht) und auch ihren Gesamtcharakter, insbes. ihre Ziele, bei der Entscheidung mit berücksichtigt werden.[155]

c) Verbot nach § 15 (ausländische Vereine). Unter den Voraussetzungen des § 3 kön- **32** nen nicht nur Vereine mit Sitz im Inland, sondern auch Vereine mit Sitz im Ausland (ausländische Vereine; Definition in § 15 Abs. 1 S. 1) verboten werden. Über die in § 3 genannten Gründe hinaus gelten aber auch für sie die für Ausländervereine anwendbaren besonderen Verbotsgründe des § 14 Abs. 2,[156] sofern nicht die Mitglieder oder Leiter sämtlich oder überwiegend Deutsche oder ausländische Unionsbürger sind (§ 15 Abs. 2). Zu beachten ist jedoch, dass in beiden Fällen nach § 18 Satz 1 das Verbot nicht die ausländische Organisation als solche erfassen kann, sondern sich nur auf deren **Teilorganisationen im Inland** erstreckt.[157] Ausländische Vereine ohne Organisation im Inland sind somit von dem Verbot nicht betroffen. Gegen sie kann lediglich ein **Betätigungsverbot** nach § 18 Satz 2 erlassen werden.[158] Der Verstoß gegen das (vollziehbare) Verbot einer inländischen Teilorganisation eines ausländischen Vereins wird nach § 20 Abs. 1 S. 1 Nr. 1 (bzw. bei Unanfechtbarkeit nach § 85 StGB, wenn die hier genannten Verbotsgründe vorliegen) unter Strafe gestellt.[159] Dagegen ist ein Verstoß gegen ein Betätigungsverbot (§ 18 Abs. 2) nach § 20 Abs. 1 S. 1 Nr. 4 strafrechtlich eigenständig erfasst (und findet auch in den Strafnormen des StGB keine Entsprechung).[160] Die in Bezug genommenen Vorschriften lauten:

§ 15 Ausländische Vereine

(1) [1]Für Vereine mit Sitz im Ausland (ausländische Vereine), deren Organisation oder Tätigkeit sich auf den räumlichen Geltungsbereich dieses Gesetzes erstreckt, gilt § 14 entsprechend. [2]Zuständig für das Verbot ist der Bundesminister des Innern.

(2) Ausländische Vereine und die einem ausländischen Verein eingegliederten Teilvereine, deren Mitglieder und Leiter sämtlich oder überwiegend Deutsche oder ausländische Unionsbürger sind, können nur aus den in Artikel 9 Abs. 2 des Grundgesetzes genannten Gründen verboten oder in ein Verbot einbezogen werden.

---

[153] Vgl. zu diesen einzelnen Verbotsgründen ausführlich Albrecht/Roggenkamp/*Ullrich* § 14 Rn. 31; *Groh* § 14 Rn. 13 ff.

[154] Vgl. hierzu Erbs/Kohlhaas/*Wache* § 14 Rn. 5; *Seifert* DÖV 1965, 35; zu Mischvereinen auch BVerwG 6.9.1995 – 1 VR 2/95, NVwZ 1997, 68 (69); zur verfassungsrechtlichen Unbedenklichkeit der Einbeziehung von Mischvereinen in den Anwendungsbereich des § 14 vgl. BVerfG 16.6.2000 – 1539/94 ua, NVwZ 2000, 1281; hierzu *Sachs* JuS 2001, 179; für eine Verfassungswidrigkeit vom *Feldmann* DÖV 1965, 29 (34); *Spiller* S. 66 ff.

[155] Vgl. zu den Kriterien auch Albrecht/Roggenkamp/*Ullrich* § 14 Rn. 13 ff.; *Groh* § 14 Rn. 5; gegen eine solche Einschränkung Schenke/Graulich/Ruthig/*Roth*, J, § 14 Rn. 18.

[156] Vgl. zu diesen Verbotsgründen näher → Rn. 30; zur Motivation des Gesetzgebers vgl. BT-Drs. IV/430, 23.

[157] BGH 9.10.1964 – 3 StR 34/64, BGHSt 20, 45 (47) = NJW 1965, 53 (54); BVerwG 25.1.1978 – 1 A 3/76, BVerwGE 55, 175 (176) = NJW 1978, 2164 (2164 f.); vgl. hierzu auch *Groh* Albrecht/Roggenkamp/*Albrecht* § 18 Rn. 5; § 18 Rn. 2; *Rütters* S. 15.

[158] BGH 9.10.1964 – 3 StR 34/64, BGHSt 20, 45 (47) = NJW 1965, 53 (55); BVerwG 8.8.2005 – 6 A 1/04, BeckRS 2005, 29687 – Hizb ut-Tahrir; zum Unterschied von Betätigungs- und Vereinsverbot vgl. *Rütters* S. 8 f.

[159] Hierzu → Rn. 50 ff.

[160] Hierzu → Rn. 92 ff.

§ 18 Räumlicher Geltungsbereich von Vereinsverboten

[1]Verbote von Vereinen, die ihren Sitz außerhalb des räumlichen Geltungsbereichs dieses Gesetzes, aber Teilorganisationen innerhalb dieses Bereichs haben, erstrecken sich nur auf die Teilorganisationen innerhalb dieses Bereichs. [2]Hat der Verein im räumlichen Geltungsbereich dieses Gesetzes keine Organisation, so richtet sich das Verbot (§ 3 Abs. 1) gegen seine Tätigkeit in diesem Bereich.

33   Für die Beurteilung, ob ein **ausländischer Verein** vorliegt, ist es entscheidend, wo dieser seinen Sitz hat. Die Beurteilung richtet sich danach, von wo aus die Verwaltungsgeschäfte tatsächlich geführt werden und nicht danach, an welchem Ort der Verein nominell seinen Sitz angemeldet hat (faktische Betrachtungsweise).[161] Liegt ein ausländischer Verein vor, so reicht eine gelegentliche Betätigung im Inland für ein (Betätigungs-)Verbot nicht aus.[162] Erforderlich ist, dass im Inland tatsächlich organisatorische Einrichtungen (Niederlassungen, Agenturen, Vertretungen, Büros, Teilvereine) geschaffen werden (§ 18 S. 1) oder eine regelmäßige Betätigung im Inland stattfindet (§ 18 S. 2).[163] In der Praxis oftmals problematisch ist, ob tatsächlich eine **Teilorganisation** des entsprechenden (verbotenen) ausländischen Vereins oder eine von ihm unabhängige Organisation vorliegt.[164] Eine Teilorganisation ist dabei nur gegeben, wenn die „nationale Sektion" in den ausländischen Gesamtverein so fest eingegliedert ist, dass sie als deren Bestandteil erscheint.[165] Ansonsten liegt ein Inlandsverein vor, der nach den üblichen Regelungen des VereinsG zu beurteilen ist, also entweder nach § 3 (sofern er überwiegend aus deutschen Mitgliedern besteht) oder zusätzlich auf der Grundlage des § 14 (sofern es sich um einen Ausländerverein handelt) verboten werden kann. Unter die ausländischen Vereine fallen auch **politische Parteien** des Auslands, da für sie das Parteienprivileg nicht gilt.[166]

34   Eine Ausnahme gilt, wie bereits erwähnt, für solche ausländischen Vereine (oder deutsche Teilvereine ausländischer Vereine), deren Mitglieder und Leiter sämtlich oder überwiegend Deutsche oder ausländische Unionsbürger sind (§ 15 Abs. 2). Für sie gilt Art. 9 Abs. 2 GG uneingeschränkt, dh ein Verbot kann nur aus den in Art. 9 Abs. 2 GG, § 3 Abs. 1 VereinsG genannten Gründen erfolgen.[167]

35   Da § 18 lediglich einen allgemeinen Grundsatz des internationalen Verwaltungsrechts normiert[168] – Maßnahmen der hoheitlichen Gewalt müssen auf den Bereich der Gebietshoheit des jeweiligen Staates beschränkt bleiben[169] –, kann sich im Übrigen ein Verbot eines inländischen Vereins, gleichgültig ob es nach § 3 oder § 14 ergeht, nicht auf Teil- oder Nebenorganisationen im Ausland erstrecken.[170] Aus § 18 folgt ferner, dass das Verbot von Ersatzorganisationen[171] sich nur auf im Inland bestehende Organisationen erstrecken kann. Bilden sich Organisationen sowohl im Inland als auch im Ausland, so kann nur die im Inland festgestellte Gruppierung Ersatzorganisation iS des § 8 sein.[172]

36   **d) Auflösung eines Vereins nach § 39 Abs. 2 BVerfGG.** Neben den Vereinsverboten auf der Grundlage des VereinsG ist hier noch das Auflösungsverfahren nach § 39 Abs. 2

---

[161] Albrecht/Roggenkamp/*Ullrich* § 15 Rn. 4; Erbs/Kohlhaas/*Wache* § 15 Rn. 1; *Schnorr* §§ 14, 15 Rn. 6.

[162] BT-Drs. IV/430, 23.

[163] BT-Drs. IV/430, 23; Erbs/Kohlhaas/*Wache* § 15 Rn. 3; Schenke/Graulich/Ruthig/*Roth*, J, § 15 Rn. 6.

[164] Vgl. hierzu auch BGH 9.10.1964 – 3 StR 34/64, BGHSt 20, 45 (52) = NJW 1965, 53 (55); BVerwG 9.11.2005 – 6 VR 6/05, DVBl 2006, 264; 24.2.2010 – 6 A 7/08, NVwZ 2010, 1372; zu Teilorganisationen ausführlich → Rn. 42 ff.

[165] BT-Drs. IV/430, 23; Albrecht/Roggenkamp/*Ullrich* § 15 Rn. 7; Erbs/Kohlhaas/*Wache* § 15 Rn. 3.

[166] BGH 25.7.1963 – 3 StR 64/62, BGHSt 19, 51 (53 f.) = NJW 1963, 2132, (2132); *Seifert* DÖV 1964, 685 (689); vgl. ferner BGH 9.10.1964 – 3 StR 34/64, BGHSt 20, 45 (49) = NJW 1965, 53 (54) zu der Frage, inwieweit § 18 auch für Partei-Ersatzorganisationen entsprechend angewandt werden kann.

[167] Vgl. zur Motivation des Gesetzgebers BT-Drs. IV/430, 24.

[168] *B. Heinrich* NStZ 2003, 43; *Schnorr* § 18; ebenso *Rütters* S. 11.

[169] Vgl. speziell für das Vereinsrecht BVerwG 25.1.1978 – 1 A 3/76, BVerwGE 55, 175 (176) = NJW 1978, 2164.

[170] Erbs/Kohlhaas/*Wache* § 18 Rn. 2; *Wagner* MDR 1966, 18 (19); *Willms* JZ 1965, 86 (88 Fn. 21); aM *Seifert* DÖV 1964, 685 (689).

[171] Zum Begriff der Ersatzorganisation → Rn. 38.

[172] BGH 9.10.1964 – 3 StR 34/64, BGHSt 20, 45 = NJW 1965, 53.

BVerfGG zu nennen, der nach § 30 Abs. 2 Nr. 1 VereinsG ausdrücklich neben den Vorschriften des VereinsG anwendbar ist. Grundlage ist die in Art. 18 GG geregelte „Verwirkung von Grundrechten".[173] Nach § 39 Abs. 2 BVerfGG kann das BVerfG als Rechtsfolge der Verwirkung eines Grundrechts „bei juristischen Personen ihre Auflösung anordnen". Eine solche Auflösung kommt aber – faktisch – einem Verbot gleich. Dies wirft die Frage auf, ob das Aufrechterhalten des organisatorischen Zusammenhalts eines nach § 39 Abs. 2 BVerfG aufgelösten Vereins über § 85 Abs. 1 Nr. 1 StGB oder § 20 Abs. 1 S. 1 Nr. 1 VereinsG auch strafrechtlich sanktioniert werden kann, ob also eine Auflösung nach § 39 Abs. 2 BVerfGG ein „Verbot" iS des VereinsG darstellt.

Das Verhältnis der Verfahren nach §§ 36 ff. BVerfGG und § 3 VereinsG ist umstritten. **37** Während einerseits der Vorrang des Art. 18 GG und somit des Auflösungsverfahrens betont wird,[174] geht eine andere Ansicht von einer alternativen Zuständigkeit aus.[175] Entscheidend sei hiernach, welches Verfahren zuerst eingeleitet worden sei (Prioritätsgrundsatz). Eine dritte Ansicht trennt sachlich zwischen dem Verein als juristischer Person (für den allein § 3 VereinsG als lex specialis gegenüber Art. 18 GG anwendbar sein soll) und den einzelnen Vereinsmitgliedern (bei denen eine Feststellung der Verwirkung ihres Grundrechts allein nach §§ 36 ff. BVerfGG iVm Art. 18 GG erfolgen kann).[176] Diese Ansicht überzeugt insbes. deswegen, weil es ansonsten zu einer kaum nachvollziehbaren Aufspaltung im Rahmen des Art. 9 Abs. 2 GG kommen würde. Denn Art. 18 GG erfasst nur den Kampf gegen die freiheitlich demokratische Grundordnung, also letztlich nur diejenigen Verbote, die sich auf einen Verstoß gegen die verfassungsmäßige Ordnung stützen. Für die darüber hinausgehenden Fälle müssten ohnehin Art. 9 Abs. 2 GG, § 3 Abs. 1 VereinsG ergänzend herangezogen werden. Wird der Ansicht gefolgt, dass hinsichtlich des Vereins das Verbotsverfahren nach Art. 9 Abs. 2 GG, § 3 Abs. 1 VereinsG als lex specialis anzusehen ist, dann erübrigt sich auch die Frage, ob eine Auflösung nach § 39 Abs. 2 BVerfGG stets zugleich als „Verbot" iS des VereinsG angesehen werden könnte, welches unabdingbare Voraussetzung einer möglichen Bestrafung nach § 85 Abs. 1 Nr. 1 StGB oder § 20 Abs. 1 S. 1 Nr. 1 VereinsG wäre. Diese Einordnung der Auflösung als „Verbot" wäre nämlich zumindest vom Wortlaut der entsprechenden Vorschriften her fraglich. Daher sind im Hinblick auf das Verbot von Vereinen ausschließlich die Regelungen des VereinsG anwendbar.

5. Tatbestandsmerkmal: Ersatzorganisationen. Die Strafvorschrift des § 20 knüpft **38** an mehreren Stellen an eine vollziehbare Feststellung an, dass es sich bei der Vereinigung um eine **Ersatzorganisation einer verbotenen Vereinigung** oder Partei handele.[177] Die Bildung einer solchen Organisation oder die Fortsetzung der Organisation als Ersatzorgani-

---

[173] Art. 18 GG lautet: „Wer […] die Vereinigungsfreiheit (Artikel 9) […] zum Kampfe gegen die freiheitlich demokratische Grundordnung missbraucht, verwirkt diese Grundrechte. Die Verwirkung und ihr Ausmaß werden durch das Bundesverfassungsgericht ausgesprochen".

[174] *Reißmüller* JZ 1960, 529 (533); vgl. ferner *Ridder* DÖV 1963, 322 (325 f.).

[175] *Copič* S. 65; vom *Feldmann* S. 49 ff.; *ders.* DÖV 1965, 29 (30); *Gastroph* BayVBl. 1969, 229 (231 f.); *Lengsfeld* S. 86; *Schnorr* § 1 Rn. 19.

[176] BVerwG 16.7.1954 – I A 23/53, BVerwGE 1, 184 = NJW 1954, 1947; VGH München 28.1.1965 – Nr. 317 VIII 64, BayVBl. 1965, 170 (172); Erbs/Kohlhaas/*Wache* § 1 Rn. 12; *Groh* § 1 Rn. 7; Mangoldt v./ Klein/Starck/*Brenner* GG Art. 18 Rn. 75 ff.; v. Münch/Kunig/*Krebs* GG Art. 18 Rn. 22; vom *Mutius* Jura 1984, 193 (201); *Schmidt* NJW 1965, 425 (425 f., 427); *Spiller* S. 71 ff.; *Willms* NJW 1964, 225 (227); in diese Richtung wohl auch BVerfG 18.10.1961 – 1 BvR 730/57, BVerfGE 13, 174 (177) = NJW 1961, 2251: hier wird ausgeführt, dass das Verfahren nach Art. 18 GG nicht erforderlich sei, wenn eine Vereinigung nach Art. 9 Abs. 2 GG verboten ist; ferner Albrecht/Roggenkamp/*Roggenkamp* § 1 Rn. 30.

[177] Vgl. aus der Rspr. BVerfG 21.3.1957 – 1 BvB 2/51, BVerfGE 6, 300 = NJW 1957, 785; BGH 7.1.1955 – 6 StR 280/54, BGHSt 7, 104 (107) = NJW 1955, 428 (429); 11.12.1958 – 3 StR 35/58, BGHSt 12, 174 (176) = NJW 1959, 156; 15.12.1960 – 3 StR 37/60, BGHSt 15, 257 = NJW 1961, 375; 18.9.1961 – 3 StR 25/61, BGHSt 16, 264 = NJW 1961, 2217; 25.7.1963 – 3 StR 64/62, BGHSt 19, 51 (59 ff.) = NJW 1963, 2132 (2134); 9.10.1964 – 3 StR 34/64, BGHSt 20, 45 (59) = NJW 1965, 53 (57); 30.10.1964 – 3 StR 42/64, BGHSt 20, 87 = NJW 1965, 162; BVerwG 6.9.1995 – 1 VR 2/95, NVwZ 1997, 68; 28.10.1999 – 1 A 4/98, *Buchholz* 402.45 VereinsG Nr. 31; 1.10.2000 – 1 A 4/98, *Buchholz* 402.45 VereinsG Nr. 32; OVG Lüneburg 16.9.1953 – II OVG A 230/52, OVGE 7, 300; ferner *Ruhrmann* GA 1959, 129 (136).

sation ist nach § 8 verboten (eine vom Wortlaut her nahezu identische Regelung findet sich in § 33 Abs. 1 ParteienG für politische Parteien[178]). Die Norm das § 8 lautet:

§ 8 Verbot der Bildung von Ersatzorganisationen

(1) Es ist verboten, Organisationen zu bilden, die verfassungswidrige Bestrebungen (Artikel 9 Abs. 2 des Grundgesetzes) eines nach § 3 dieses Gesetzes verbotenen Vereins an dessen Stelle weiterverfolgen (Ersatzorganisationen) oder bestehende Organisationen als Ersatzorganisationen fortzuführen.

(2) [1]Gegen eine Ersatzorganisation, die Verein im Sinne dieses Gesetzes ist, kann zur verwaltungsmäßigen Durchführung des in Absatz 1 enthaltenen Verbots nur auf Grund einer besonderen Verfügung vorgegangen werden, in der festgestellt wird, daß sie Ersatzorganisation des verbotenen Vereins ist. [2]Die §§ 3 bis 7 und 10 bis 13 gelten entsprechend. [3]Widerspruch und Anfechtungsklage gegen die Verfügung haben keine aufschiebende Wirkung. [4]Die für die Wahrung der öffentlichen Sicherheit oder Ordnung zuständigen Behörden und Dienststellen sind bei Gefahr im Verzug zu vorläufigen Maßnahmen berechtigt, die außer Kraft treten, wenn die Verbotsbehörde nicht binnen zweier Wochen die in Satz 1 bestimmte Verfügung trifft.

39   Als Ersatzorganisationen sind demnach sowohl neu gegründete Organisationen mit gleicher Zielsetzung wie der verbotene Verein anzusehen, als auch solche, die bereits vor dem Verbot bestanden haben, nun aber dazu verwendet (oder umfunktioniert) werden, die Ziele der verbotenen Vereinigung weiterzuverfolgen (zB durch Unterwanderung[179]). Dabei versteht man unter einer Ersatzorganisation einen Personenzusammenschluss, der an Stelle der aufgelösten Vereinigung deren verfassungsfeindliche Nah-, Teil- oder Endziele ganz oder teilweise über kürzere oder längere Zeit, örtlich oder überörtlich, offen oder verhüllt weiterverfolgt oder weiterverfolgen will.[180] Es kommt also darauf, an, dass die Organisation gerade die **verfassungswidrigen Bestrebungen** iS des Art. 9 Abs. 2 GG des nach § 3 verbotenen Vereins an dessen Stelle weiterverfolgen will. Unter diesen verfassungswidrigen Bestrebungen sind infolge des pauschalen Verweises auf Art. 9 Abs. 2 GG sämtliche dort genannten verbotenen Bestrebungen zu verstehen, also auch der Verstoß gegen (an sich unpolitische) Strafgesetze.[181] Entscheidend für die Einstufung als Ersatzorganisation ist die Frage, ob erkennbare Anhaltspunkte oder Zusammenhänge dahingehend bestehen, dass die neu gebildete Organisation dazu bestimmt ist, die verbotene Vereinigung zu ersetzen. Kriterien sind: die Art der Betätigung der Organisation, die Verfolgung entsprechender Ziele, die in der Organisation wirkenden Kräfte, der Kreis der von ihr Angesprochenen, die Haltung ihrer Anhänger und die zeitliche Abfolge des Geschehens (Verbot der Vereinigung und nachfolgende Schaffung eines Ersatzes).[182] Nicht ausreichend ist es, wenn lediglich die Ziele des verbotenen und des neu gegründeten Vereins übereinstimmen.[183] Andererseits kommt es nicht darauf an, ob die Ersatzorganisation sämtliche Ziele der verbotenen Vereinigung ohne

---

[178] Kritisch hierzu *Lenski* MIP 2013, 37 (42 f.).

[179] Vgl. BGH 7.1.1955 – 6 StR 280/54, BGHSt 7, 104 (106) = NJW 1955, 428 (429); 12.10.1965 – 3 StR 20/65, BGHSt 20, 287 (288) = NJW 1966, 61 (62); *Groh* § 8 Rn. 6.

[180] BGH 18.9.1961 – 3 StR 25/61, BGHSt 16, 264 = NJW 1961, 2217; 25.7.1963 – 3 StR 64/62, BGHSt 19, 51 (60) = NJW 1963, 2132 (2134); vgl. auch BVerfG 21.3.1957 – 1 BvB 2/51, BVerfGE 6, 300 (307) = NJW 1957, 785; Albrecht/Roggenkamp/*Albrecht* § 8 Rn. 9; *Groh* § 8 Rn. 5.

[181] BVerwG 6.9.1995 – 1 VR 2/95, NVwZ 1997, 68 (69); Erbs/Kohlhaas/*Wache* § 8 Rn. 3; *Schnorr* § 8 Rn. 3.

[182] BVerfG 21.3.1957 – 1 BvB 2/51, BVerfGE 6, 300 (307) = NJW 1957, 785; BGH 18.9.1961 – 3 StR 25/61, BGHSt 16, 264 (267) = NJW 1961, 2217 (2218); 25.7.1963 – 3 StR 64/62, BGHSt 19, 51 (60) = NJW 1963, 2132 (2134); BVerwG 28.10.1999 – 1 A 4/98, *Buchholz* 402.45 VereinsG Nr. 31 S. 16 (19); OVG Lüneburg 16.9.1953 – II OVG A 230/52, OVGE 7, 300 (hier wird auch festgestellt, dass es ausreichend ist, wenn eine kommunale Wählervereinigung jedenfalls in ihrem räumlich beschränkten Bereich, in dem sie tätig wird, die verbotene Vereinigung ersetzen will); Albrecht/Roggenkamp/*Albrecht* § 8 Rn. 11; Erbs/Kohlhaas/*Wache* § 8 Rn. 3; *Groh* § 8 Rn. 7; Schenke/Graulich/Ruthig/*Roth*, J, § 14 Rn. 11; vgl. zu dieser Abgrenzung im Einzelnen ausführlich *Meine* MDR 1990, 204 (205 f.); vgl. zum Begriff der Ersatzorganisation ferner BVerwG 16.5.1958 – VII C 3/58, BVerwGE 6, 333 = NJW 1958, 1362; BayVGH 21.5.2014 – 4 AS 13.2448, BeckRS 2014, 52184 *Ruhrmann* GA 1959, 129; *Seifert* DÖV 1961, 81 (88 f.).

[183] Erbs/Kohlhaas/*Wache* § 8 Rn. 3; *Schnorr* § 8 Rn. 3.

jede Abweichung verfolgt[184] oder ob dieselbe Organisationsform gewählt wurde.[185] Entscheidend ist vielmehr, ob sich die neue Organisation gerade diejenigen Ziele zu eigen macht und weiterverfolgt, die zur Feststellung der Verfassungswidrigkeit der Vereinigung oder der Partei geführt haben.[186] Als weiteres entscheidendes Kriterium für die Beurteilung wird man auf die (weitgehende) Identität der Funktionäre und Mitglieder abzustellen haben, wobei eine vollständige Identität nicht gegeben sein muss.[187] Auch ist es nicht erforderlich, dass sämtliche Mitglieder den (verbotenen) Zweck kennen. Entscheidend sind der Wille und die Zwecksetzung der maßgeblichen Funktionäre, die die Willensbildung der Organisation tatsächlich bestimmen oder ausschlaggebend beeinflussen.[188] Als weitere Kriterien können schließlich die Verwendung derselben Parolen, die Übernahme der ehemaligen Vereinssymbole oder Publikationsorgane sowie eine identische Ausdrucksweise beachtlich sein.[189]

Im Gegensatz zur sonstigen Verwendung des Begriffs der „Organisation" (in Abgrenzung **40** zum Begriff der „Vereinigung")[190] ist es für § 8 Abs. 2 infolge des eindeutigen Wortlauts erforderlich, dass die Ersatzorganisation alle Merkmale des Vereinsbegriffs iS des § 2 Abs. 1 erfüllt.[191] Zwar könnte eine solche Organisation dann auch im Wege eines eigenständigen Verbotsverfahrens nach §§ 3, 14, 15 verboten werden. § 8 Abs. 2 bringt insoweit aber eine wesentliche Verfahrensvereinfachung: Statt des Verbotsverfahrens reicht eine bloße **Feststellung** seitens der Verwaltungsbehörde, dass es sich um eine Ersatzorganisation handelt, aus, um den Anwendungsbereich des § 20 zu eröffnen. Das genannte Verfahren gilt im Übrigen auch für Ersatzorganisationen verbotener Ausländervereine, wenn sie deren – nach § 14 Abs. 1 gesetzeswidrige – politische Betätigung weiterverfolgen.[192] Hinzuweisen ist an dieser Stelle noch darauf, dass eine **Ersatzorganisation einer verbotenen Partei** nicht die Voraussetzungen erfüllen muss, die an das Vorliegen einer „Partei" zu stellen sind. Insoweit genügt es, wenn sie als „Verein" iS des § 3 anzusehen ist.[193]

Neben der Gründung einer neuen Organisation ist auch die **Unterwanderung einer** **41** **bereits bestehenden Organisation** untersagt. Hierfür ist jedoch erforderlich, dass die zum Zeitpunkt der Verbotsverfügung bereits bestehende Vereinigung nicht nur die gleichen Ziele wie die verbotene Vereinigung verfolgt, sondern dass eine Veränderung insbes. in der Leitungs- und Organisationsstruktur der bestehenden Vereinigung stattgefunden hat, die sie als Ersatzorganisation der verbotenen Vereinigung erscheinen lässt.[194] In diesem Falle ist es

---

[184] BGH 18.9.1961 3 StR 25/61, BGHSt 16, 264 (267) = NJW 1961, 221/ (2218); 9.10.1964 – 3 StR 34/64, BGHSt 20, 45 (59) = NJW 1965, 53 (57); *Groh* § 8 Rn. 5; *Meine* MDR 1990, 204 (205); *Ruhrmann* GA 1959, 129 (133).

[185] BGH 18.9.1961 – 3 StR 25/61, BGHSt 16, 264 (267) = NJW 1961, 2217 (2218); Erbs/Kohlhaas/ *Wache* § 8 Rn. 5; *Schnorr* § 8 Rn. 3.

[186] BGH 9.10.1964 – 3 StR 34/64, BGHSt 20, 45 (59) = NJW 1965, 53 (57); Albrecht/Roggenkamp/ *Albrecht* § 8 Rn. 8; *Groh* § 8 Rn. 7; *Ruhrmann* GA 1959, 129 (133).

[187] BGH 18.9.1961 – 3 StR 25/61, BGHSt 16, 264 (267 f.) = NJW 1961, 2217 (2218); OVG Lüneburg 16.9.1953 – II OVG A 230/52, OVGE 7, 300 (311); *Meine* MDR 1990, 204 (205); *Ruhrmann* GA 1959, 129 (134).

[188] *Ruhrmann* GA 1959, 129 (132 ff.); vgl. auch BGH 2.8.1954 – StE 68/52, 11/54, BGHSt 7, 222 (223).

[189] BGH 18.9.1961 – 3 StR 25/61, BGHSt 16, 264 (268) = NJW 1961, 2217 (2218 f.); *Groh* § 8 Rn. 7; *Meine* MDR 1990, 204 (205 f.).

[190] Überwiegend wird davon ausgegangen, dass eine „Organisation" lockerer gefügt sein kann als eine Vereinigung, insbes. muss kein Zusammenschluss für längere Zeit oder eine organisierte Willensbildung vorliegen; vgl. nur BGH 18.9.1961 – 3 StR 25/61, BGHSt 16, 264 (266) = NJW 1961, 2217 (2218); 9.10.1964 – 3 StR 34/64, BGHSt 20, 45 (53) = NJW 1965, 53 (55); *Seifert* DÖV 1961, 81 (88); *Willms* JZ 1965, 86 (89 f.).

[191] BGH 9.10.1964 – 3 StR 34/64, BGHSt 20, 45 (52) = NJW 1965, 53 (55); Erbs/Kohlhaas/ *Wache* § 8 Rn. 4; vgl. allerdings auch *Groh* § 8 Rn. 3.

[192] BVerwG 28.10.1999 – 1 A 4/98, *Buchholz* 402.45 VereinsG Nr. 31 S. 16 (19); BayVGH 21.5.2014 – 4 AS 13.2448, BeckRS 2014, 52184; *Groh* § 8 Rn. 1.

[193] Vgl. hierzu BGH 7.1.1955 – 6 StR 280/54, BGHSt 7, 104 (107) = NJW 1955, 428 (429); 18.9.1961 – 3 StR 25/61, BGHSt 16, 264 (267) = NJW 1961, 2217 (2218); BVerwG 16.5.1958 – VII C 3/53, BVerwGE 6, 333 = NJW 1958, 1362; *Groh* § 8 Rn. 1; *Ruhrmann* GA 1959, 129 (135 f.).

[194] Albrecht/Roggenkamp/*Albrecht* § 8 Rn. 12; Erbs/Kohlhaas/*Wache* § 8 Rn. 7; vom *Feldmann* S. 87; *Groh* § 8 Rn. 6; Schenke/Graulich/Ruthig/*Roth*, J, § 8 Rn. 21.

dann aber unschädlich, wenn die Organisation neben den bisherigen Zielen der verbotenen Vereinigung ihre früheren Zwecke (teilweise) weiterverfolgt.[195] Hinzuweisen ist allerdings noch darauf, dass von dem Verbot des § 8 nur solche Ersatzorganisationen erfasst werden können, die organisatorisch (jedenfalls auch) im Inland verankert sind.[196] Wird – insbes. im Anschluss an ein Verbot nach § 3 – eine Ersatzorganisation ausschließlich im Ausland gegründet, die kein eigenes Organisationsnetz im Inland unterhält, greift § 8 nicht.

42   **6. Sonderproblem: Teilorganisationen.** Probleme – insbes. im Hinblick auf die Reichweite einer Verbotsverfügung – ergeben sich dann, wenn Vereine nicht als organisatorische Einheit konstituiert, sondern organisatorisch in mehrere Vereinigungen aufgesplittet sind, die sowohl in ihrer Zielsetzung als auch über gemeinsame Gremien miteinander kooperieren.[197] Eine gesetzliche Regelung findet sich in § 3 Abs. 3:

§ 3 Abs. 3 [Erstreckung des Verbots auf Teilvereine]
   (3) ¹Das Verbot erstreckt sich, wenn es nicht ausdrücklich beschränkt wird, auf alle Organisationen, die dem Verein derart eingegliedert sind, daß sie nach dem Gesamtbild der tatsächlichen Verhältnisse als Gliederung dieses Vereins erscheinen (Teilorganisationen). ²Auf nichtgebietliche Teilorganisationen mit eigener Rechtspersönlichkeit erstreckt sich das Verbot nur, wenn sie in der Verbotsverfügung ausdrücklich benannt sind.

43   Teilorganisationen sind somit vom Verbot grds. miterfasst. Voraussetzung für das Vorliegen einer Teilorganisation ist eine Identität zwischen dem Verein als Ganzem und seiner (Unter-)Gliederungen. Die Gliederung muss tatsächlich in die Gesamtorganisation eingebunden sein und im Wesentlichen von ihr beherrscht werden, auch wenn eine totale organisatorische Eingliederung etwa in dem Sinne, dass ausschließlich Mitglieder oder Sympathisanten der Gesamtorganisation der Teilorganisation angehören dürfen, nicht notwendig ist.[198] Für den Begriff der Teilorganisation ist es dabei unerheblich, ob sie selbst die Voraussetzungen eines Vereins iS des § 2 Abs. 1 erfüllt (begrifflich dann: Teilverein).[199] Unerheblich ist es ferner, ob sie rechtliche Selbstständigkeit genießt (in diesem Falle ist lediglich § 3 Abs. 3 S. 2 zu beachten).[200] Da im Hinblick auf die Teilorganisationen mehrere Formen denkbar sind, ist letztlich stets eine Einzelfallentscheidung erforderlich.[201] Maßgebend für die Beurteilung sind die personelle Zusammensetzung, ihre Geschichte, ihr Selbstverständnis, die Ziele, die Tätigkeiten, die Finanzierung sowie die satzungsmäßigen oder tatsächlichen Verflechtungen bei der Willensbildung.[202] Eine Teilorganisation liegt in der Regel

---

[195] *Schnorr* § 8 Rn. 4.
[196] BGH 9.10.1964 – 3 StR 34/64, BGHSt 20, 45 (47) = NJW 1965, 53 (54); *Willms* JZ 1965, 86 (90); abweichend allerdings noch RG 13./18.6.1887 – Rep C 3/87, RGSt 13, 165 (171); BGH 4.10.1960 – 1 StE 3/60, BGHSt 15, 167 (173).
[197] Aus der Rspr. BVerwG 6.7.1994 – 1 VR 20/93, NVwZ 1995, 590; 28.1.1997 – 1 A 13/93, NVwZ 1998, 174; 27.11.2002 – 6 A 1/02, NVwZ 2003, 990; 10.1.2003 – 6 VR 13/02, *Buchholz* 402.45 VereinsG Nr. 38; 3.4.2003 – 6 A 5/02, *Buchholz* 402.45 VereinsG Nr. 39; 14.5.2014 – 6 A 3/13, NVwZ 2014, 1573 (1581 f.) – DawaFFM; vgl. ferner *Planker* NVwZ 1998, 113 (116 f.).
[198] BVerwG 6.7.1994 – 1 VR 20/93, NVwZ 1995, 590 (591); 27.11.2002 – 6 A 1/02, NVwZ 2003, 990; 22.11.2002 – 6 A 9/02, *Buchholz* 402.45 VereinsG Nr. 37; 10.1.2003 – 6 VR 13/02, *Buchholz* 402.45 VereinsG Nr. 38, S. 60 (62); 3.4.2003 – 6 A 5/02, *Buchholz* 402.45 VereinsG Nr. 39, S. 66 (67); 5.8.2009 – 6 A 2/08, NVwZ 2010, 455 (457); 14.5.2014 – 6 A 3/13, NVwZ 2014, 1573 (1581) – DawaFFM; vgl. zur Motivation des Gesetzgebers BT-Drs. IV/430, 15.
[199] BGH 9.10.1964 – 3 StR 34/64, BGHSt 20, 45 (52) = NJW 1965, 53 (55); vgl. hierzu auch *Fröhlich* DVBl 1964, 799 (800); *Groh* § 3 Rn. 29; *Seifert* DÖV 1962, 408 (410 ff.); ein Unterschied besteht lediglich darin, dass Teilvereine Gegenstand eigener Vereinsverbote sein können, was bei den bloßen Teilorganisationen nicht möglich ist; zu Teilorganisationen bereits BGH 7.11.1956 – 6 StR 137/55, BGHSt 10, 16.
[200] BT-Drs. IV/430, 15; BVerwG 5.8.2009 – 6 A 2/08, NVwZ 2010, 455 (457 f.); Albrecht/Roggenkamp/ *Albrecht* § 3 Rn. 77; Erbs/Kohlhaas/*Wache* § 3 Rn. 23.
[201] Hierzu bereits *Seifert* DÖV 1962, 408.
[202] BT-Drs. IV/430, 10; BVerwG 11.10.1988 – 1 A 14/83, NJW 1989, 996; 6.7.1994 – 1 VR 20/93, NVwZ 1995, 590; 28.1.1997 – 1 A 13/93, NVwZ 1998, 174 (175); 22.11.2002 – 6 A 9/02, *Buchholz* 402.45 VereinsG Nr. 37; 27.11.2002 – 6 A 1/02, NVwZ 2003, 990; 5.8.2009 – 6 A 2/08, NVwZ 2010, 455 (457); 24.2.2010 – 6 A 5/08, NVwZ-RR 2010, 562; 14.5.2014 – 6 A 3/13, NVwZ 2014, 1573 (1581) – DawaFFM; Albrecht/Roggenkamp/*Albrecht* § 3 Rn. 77; *Groh* § 3 Rn. 29; *Ruhrmann* GA 1959, 129 (130); ausführlich *Planker* NVwZ 1998, 113 (116 f.).

dann vor, wenn die Hauptorganisation durch ihre Organe in der Lage ist, unmittelbar, zB durch Weisungen, oder mittelbar, etwa durch Geldzuweisung oder durch die Versagung finanzieller Mittel, auf die Organisation einzuwirken.[203] Typische Beispiele sind territoriale (Landes-, Kreis- oder Ortsverbände) oder funktionale (vereinseigene Verlage und Wirtschaftsunternehmen) Untergliederungen.[204] Dabei ist hinsichtlich der funktionalen („nichtgebietlichen") Teilorganisationen stets zu beachten, dass sie – sofern sie eine eigene Rechtspersönlichkeit besitzen – nur dann vom Verbot erfasst sind, wenn sie in der Verbotsverfügung ausdrücklich benannt wurden (§ 3 Abs. 3 S. 2).[205] Zu beachten ist in diesem Zusammenhang jedoch wiederum § 18: Das Verbot erstreckt sich bei ausländischen Vereinen nur auf solche Teilorganisationen, die ihren Sitz im Inland haben. Werden Personengruppen von ausländischen Vereinen „gesteuert", so ist stets zu untersuchen, ob es sich auch tatsächlich um eine eigenständige „Organisation" im Inland handelt.[206] Hierzu ist es zwar nicht erforderlich, dass sich sämtliche Mitglieder untereinander kennen oder miteinander in Verbindung stehen, sie müssen aber jedenfalls davon Kenntnis haben, dass neben ihnen noch andere Personen in gleicher Weise für ein gemeinsames Ziel arbeiten.[207]

Von den Teilorganisationen zu unterscheiden sind die **Neben- und Hilfsorganisatio-** **44** **nen.** Hierbei handelt es sich regelmäßig um satzungsmäßig selbstständige – wenn auch vom Gesamtverein abhängige – Organisationen mit größtenteils anderem Mitgliederbestand. Kennzeichnend für sie ist regelmäßig eine eigene Rechtspersönlichkeit sowie eine eigene, dem Gesamtverband nicht formell unterstellte Führungsorganisation sowie eine eigene Finanzierung.[208] Für sie gilt die Regelung des § 3 Abs. 3 nicht.[209] Vielmehr erfordert ihr Verbot, dass sie selbst einen Verbotstatbestand erfüllen und gegen sie eine selbstständige Verbotsverfügung erlassen wurde.

7. Sonderproblem: Nachfolgeorganisationen. Fraglich ist, wann eine Vereinigung **45** als (identische) Nachfolgeorganisation, Ersatzorganisation oder Neugründung anzusehen ist. Dies ist zB dann problematisch, wenn sich eine verbotene Vereinigung in mehrere Flügel aufspaltet.[210] Bedeutung erlangt dies deshalb, weil sich ein ergangenes Vereinsverbot zwar auf eine identische Nachfolgeorganisation erstreckt, bei einer Ersatzorganisation (und erst recht bei einer völligen Neugründung) aber eine erneute vollziehbare Feststellung bzw. ein erneutes Verbot seitens der Behörde erforderlich ist. Voraussetzung für die Identität eines verbotenen Vereins mit einem bestehenden ist dabei, dass der organisatorische Zusammenhalt aufrechterhalten wird und die die Vereinstätigkeit tragende Organisation bewahrt bleibt.[211] Zwar wird die Organisationsidentität nicht dadurch beseitigt, dass eine Vereinigung nur einen neuen Namen annimmt. Erforderlich ist jedoch stets, dass der organisatorische Apparat und seine Träger im Wesentlichen dieselben geblieben sind.[212]

[203] Erbs/Kohlhaas/*Wache* § 3 Rn. 23.
[204] BT-Drs. IV/430, 10; vgl. auch *Seifert* DÖV 1956, 1 (4 f.).
[205] Vgl. hierzu Albrecht/Roggenkamp/*Albrecht* § 3 Rn. 83; *Groh* § 3 Rn. 35; ferner auch *Rütters* S. 134 f. zu einem Fall, in dem zwar die ausländische (Haupt-)Organisation (PKK/ERNK), nicht aber deren nichtgebietliche Teilorganisation (ARGK) mit einem Betätigungsverbot nach § 18 S. 2 belegt war; vgl. hierzu auch BayObLG 6.11.1995 – 3 St Ob Ws 2/95, NStZ-RR 1996, 121, wo diese Differenzierung nicht gesehen und davon ausgegangen wird, dass „die ARGK als abhängiger Teil der PKK deren rechtliches Schicksal teilt".
[206] BGH 9.10.1964 – 3 StR 34/64, BGHSt 20, 45 (54) = NJW 1965, 53 (56).
[207] BGH 9.10.1964 – 3 StR 34/64, BGHSt 20, 45 (54) = NJW 1965, 53 (56).
[208] Vgl. zu den Nebenorganisationen aus der Rspr. BGH 9.10.1964 – 3 StR 34/64, BGHSt 20, 45 (55) = NJW 1965, 53 (56); BVerwG 6.7.1994 – 1 VR 20/93, NVwZ 1995, 590; ferner Erbs/Kohlhaas/*Wache* § 3 Rn. 25; zur Frage der Nebenorganisation einer politischen Partei *Beyer* DÖV 1955, 176; *Kölble* AÖR 87 (1962), 48; *Roewer* DVBl 1984, 1202.
[209] BGH 9.10.1964 – 3 StR 34/64, BGHSt 20, 45 (55) = NJW 1965, 53 (56); vgl. auch *Groh* § 3 Rn. 36.
[210] Vgl. hierzu BGH 16.7.1997 – 3 StR 168/97, NStZ 1997, 603 (604); ferner BGH 11.6.1997 – 3 StR 132/97, BGHR VereinsG § 20 Abs. 1 Nr. 3 Unterstützen 1; 4.2.1998 – 3 StR 269/97, NJW 1998, 1653; 4.2.1998 – 3 StR 390/97, NStZ 1998, 304 (305); *Groh* § 8 Rn. 4.
[211] BGH 4.2.1998 – 3 StR 269/97, NJW 1998, 1653; 4.2.1998 – 3 StR 390/97, NStZ 1998, 304 (305); Schönke/Schröder/*Sternberg-Lieben* StGB § 84 Rn. 12; vgl. auch *Groh* § 8 Rn. 4.
[212] BGH 4.2.1998 – 3 StR 269/97, NJW 1998, 1653; 4.2.1998 – 3 StR 390/97, NStZ 1998, 304 (305).

Um der Gefahr zu begegnen, dass das den vereinsrechtlichen Strafbestimmungen zugrundeliegende Verbots- und Feststellungsprinzip durch vorschnelle Annahme von Identität oder Teilidentität ausgehöhlt wird, bedarf es im Einzelfall einer genauen Abgrenzung zwischen einer mit der verbotenen Organisation „(teil-)identischen" Vereinigung und einer zwar inhaltlich und sachlich gleichgerichteten, formal aber nicht identischen Ersatzorganisation.[213] Hierzu müssen in einem Urteil ausreichende Feststellungen zur personellen und organisatorischen Identität und zur Kontinuität der Sachelemente getroffen werden.[214] Identisch sind insbes. der nichtrechtsfähige und der später eingetragene Verein sowie die nichtrechtsfähige Gründergesellschaft und die später entstehende Kapitalgesellschaft.[215]

46   **8. Vollziehbarkeit des Verbots.** Im Gegensatz zu § 85 Abs. 1 Nr. 2 StGB wird im Rahmen des § 20 VereinsG lediglich die Vollziehbarkeit des Verbots, nicht aber dessen **Unanfechtbarkeit** verlangt.[216] Denn der Gesetzgeber hielt es für unerlässlich, „den Ungehorsam gegen ein Vereinsverbot in gewissem Umfang vor Eintritt der Unanfechtbarkeit mit einer Kriminalstrafe zu bedrohen".[217] Eventuellen verfassungsrechtlichen Bedenken gegen die Bestrafung wegen eines Verstoßes gegen ein noch nicht unanfechtbar gewordenes Verbot erteilte das BVerfG eine Absage.[218]

47   Das nach § 3 erlassene Verbot muss nach § 3 Abs. 4 schriftlich abgefasst, begründet und dem Verein zugestellt sowie hinsichtlich des verfügenden Teils im Bundesanzeiger bekannt gemacht werden.[219] Nach § 3 Abs. 4 S. 3 wird das Verbot mit der Zustellung, spätestens aber mit der Bekanntmachung im Bundesanzeiger wirksam und vollziehbar. Die innerhalb einer Frist von einem Monat nach Bekanntgabe ohne vorheriges Widerspruchsverfahren zulässige Anfechtungsklage (vgl. § 74 Abs. 1 iVm § 68 Abs. 1 S. 2 Nr. 1 VwGO) hat zwar grds. gem. § 80 Abs. 1 VwGO aufschiebende Wirkung. Die Verwaltungsbehörde kann in diesen Fällen jedoch nach § 80 Abs. 2 Nr. 4 VwGO die sofortige Vollziehbarkeit anordnen. Da zur Annahme des nach dieser Vorschrift notwendigen **öffentlichen Interesses** bereits der dringende Verdacht ausreicht, dass einer der Verbotsgründe nach Art. 9 Abs. 2 vorliegt,[220] wird dies jedoch regelmäßig der Fall sein.

48   **9. Subjektiver Tatbestand.** Die Strafbarkeit nach § 20 erfordert in allen Varianten ein **vorsätzliches Verhalten** (§ 15 StGB). Da im VereinsG keine Sonderregelungen getroffen wurden, genügt auch hier, wie sonst üblich, bedingter Vorsatz.[221] Der Vorsatz muss sich dabei zum einen darauf richten, dass es sich um eine verbotene Vereinigung bzw. eine Ersatzorganisation[222] handelt. Kennt der Täter das Verbot bzw. dessen Vollziehbarkeit nicht, so liegt ein Tatbestandsirrtum nach § 16 Abs. 1 S. 1 StGB vor, der den Vorsatz ausschließt.[223] Zum anderen muss sich der Vorsatz auf die jeweilige Tathandlung beziehen.

---

[213] Vgl. hierzu BGH 16.7.1997 – 3 StR 168/97, NStZ 1997, 603 (604); 4.2.1998 – 3 StR 269/97, NJW 1998, 1653; 4.2.1998 – 3 StR 390/97, NStZ 1998, 304 (305); Erbs/Kohlhaas/*Wache* § 8 Rn. 3, 6; *Schnorr* § 3.

[214] BGH 4.2.1998 – 3 StR 269/97, NJW 1998, 1653; 4.2.1998 – 3 StR 390/97, NStZ 1998, 304 (305).

[215] Erbs/Kohlhaas/*Wache* § 8 Rn. 6; *Schnorr* § 8 Rn. 3.

[216] Erbs/Kohlhaas/*Wache* § 20 Rn. 7; kritisch hierzu *Schnorr* § 20 Rn. 2; *Willms* JZ 1965, 91.

[217] BT-Drs. IV/430, 26; kritisch hierzu *Schmidt* NJW 1965, 424 (428).

[218] Vgl. noch näher hierzu → Rn. 49.

[219] Vom Abdruck der Vorschrift des § 3 Abs. 4 wurde abgesehen.

[220] VGH Mannheim 5.8.1970 – V 53/70, JZ 1971, 457; 31.7.1989 – 1 S 3675/88, NJW 1990, 61; Erbs/Kohlhaas/*Wache* § 3 Rn. 33.

[221] Albrecht/Roggenkamp/*Seidl* § 20 Rn. 31.

[222] Vgl. (noch zu §§ 42, 47 BVerfGG aF) BGH 15.12.1960 – 3 StR 37/60, BGHSt 15, 257 (258) = NJW 1961, 375: „Wenn … [der Täter] weiß oder billigend damit rechnet, dass die Organisation im Bundesgebiet die Ziele weiterverfolgt, die zum Verbot der Partei geführt haben, dann weiß er zugleich, daß die Organisation in tatsächlicher Beziehung an die Stelle der Partei getreten, also eine Ersatzorganisation ist." Daran ändert sich auch nichts, wenn die Organisation nach Prüfung durch einen kommunalen Wahlausschuss zu einer Kommunalwahl zugelassen wurde; vgl. ferner BGH 18.9.1961 – 3 StR 25/61, BGHSt 16, 264 (270) = NJW 1961, 2217 (2219); 9.10.1964 – 3 StR 34/64, BGHSt 20, 45 (58) = NJW 1965, 53 (57).

[223] Albrecht/Roggenkamp/*Seidl* § 20 Rn. 31.

Der Täter muss also wissen, dass er die jeweilige Vereinigung durch sein Handeln fördert oder unterstützt etc. Dabei reicht eine Kenntnis der jeweiligen tatsächlichen Umstände aus.

10. Verfassungsrechtliche Bedenken. Die Strafnormen des VereinsG erfassen infolge **49** der angesprochenen Subsidiarität[224] in den überwiegenden Fällen nur Verhaltensweisen in der Zeit zwischen der Vollziehbarkeit und der Unanfechtbarkeit eines Vereinsverbots. Gegen eine Bestrafung von Verhaltensweisen während dieses Zeitraumes wurden allerdings verfassungsrechtliche Bedenken erhoben.[225] So wurde argumentiert, die Strafvorschriften würden die Grenze der Vereinigungsfreiheit enger ziehen, als dies in Art. 9 Abs. 2 GG vorgesehen wäre.[226] Denn das Grundrecht aus Art. 9 GG würde nicht genügend respektiert, wenn ein Verein einer auf seine sofortige und gänzliche Beseitigung abzielenden Vorschrift unterworfen werde, solange das Verbot selbst noch nicht unanfechtbar festgestellt sei. Die gesetzliche Regelung dürfe daher nicht dazu führen, dass infolge des noch nicht rechtskräftigen Verbots und des damit verbundenen Verbots der Aufrechterhaltung des organisatorischen Zusammenhalts von dem Verein bereits zum einem Zeitpunkt nichts mehr übrigbleibe, zu dem das Anfechtungsverfahren noch läuft. Dies gelte insbes. dann, wenn sich die Anfechtungsklage gegen das Vereinsverbot als begründet herausstellt.[227] Ausreichend sei in dieser Phase ein Verbot des öffentlichen Auftretens der Vereinigung, nicht zulässig dagegen die Zerschlagung ihres organisatorischen Zusammenhalts, die erst nach der Unanfechtbarkeit des Verbots erfolgen dürfe.[228] Jedenfalls aber müssten – im Wege der verfassungskonformen Auslegung des § 20 VereinsG – diejenigen organisatorischen Maßnahmen und mitgliedschaftlichen Betätigungen zulässig sein, die zur Durchführung der Klage gegen das für vollziehbar erklärte Vereinsverbot dienen (zB die Abhaltung einer Mitgliederversammlung, um dort zu beschließen, ob gegen das Verbot ein Rechtsmittel eingelegt werden soll, Einziehung von Mitgliedsbeiträgen, um die Prozesskosten zu finanzieren, Einlegung eines Antrags auf Wiederherstellung der aufschiebenden Wirkung nach § 80 Abs. 5 VwGO).[229] Ansonsten läge jedenfalls ein Verstoß gegen Art. 19 Abs. 4 GG vor.[230] Das BVerfG erteilte diesen verfassungsrechtlichen Bedenken jedoch eine Absage.[231] Ein Verstoß gegen Art. 9 Abs. 2 GG bzw. Art. 19 Abs. 4 GG liege nicht vor, da die verfassungsrechtliche Vorgabe des Art. 9 Abs. 2 GG auch und gerade verlange, drohenden Gefährdungen des Staates, seines Bestandes und seiner Grundordnung, die aus kollektiven strafbaren oder verfassungswidrigen Bestrebungen erwachsen können, rechtzeitig und wirksam entgegenzutreten.[232] Dies erfordere ein sofortiges Wirksamwerden des Verbots, sobald dessen Voraussetzungen vorliegen und von einer obersten Bundes- oder Landesbehörde festgestellt worden sind. Eine verfassungskonforme Auslegung des § 20 ergebe allerdings in der Tat, dass Maßnahmen und Handlungen, die der Ausschöpfung

---

[224] → Rn. 3 ff.

[225] Vgl. LG Hamburg 26.2.1987 – (93) 1/87 KLs, NStZ 1987, 418 = NStE § 20 VereinsG Nr. 1; AK/*Sonnen* § 85 Rn. 16; *Backes,* Rechtsstaatsgefährdungsdelikte und Grundgesetz, 1970, S. 195; vom *Feldmann* DÖV 1965, 29 (33 f.); *Hamann/Lenz* Art. 9 GG Anm. 7; LK-StGB/*Willms,* 10. Aufl., StGB § 85 Rn. 13; *Schmidt* NJW 1965, 424 (428 f.); *Schnorr* § 20 Rn. 2; *Spiller* S. 107; *Willms* NJW 1957, 1617 (1617 f.); *ders.* JZ 1965, 86 (88, 90 f.); dagegen *Seifert* S. 41.

[226] Vgl. LG Hamburg 26.2.1987 – (93) 1/87 KLs, NStZ 1987, 418 = NStE § 20 VereinsG Nr. 1; *Schmidt* NJW 1965, 424 (429).

[227] LG Hamburg 26.2.1987 – (93) 1/87 KLs, NStZ 1987, 418 = NStE § 20 VereinsG Nr. 1; *Willms* NJW 1957, 1617 (1619), *ders.* JZ 1965, 86 (90 f.).

[228] *Willms* NJW 1957, 1617 (1619).

[229] *Rütters* S. 44; *Seifert* DÖV 1965, 35.

[230] LG Hamburg 26.2.1987 – (93) 1/87 KLs, NStZ 1987, 418 = NStE § 20 VereinsG Nr. 1; vom *Feldmann* DÖV 1965, 29 (33 f.); zu den hierfür notwendigen Maßnahmen im Einzelnen auch *Willms* JZ 1965, 86 (90).

[231] BVerfG 15.6.1989 – 2 BvL 4/87, BVerfGE 80, 244 = NJW 1990, 37 = MDR 1990, 217 mAnm *Meine* MDR 1990, 204 (zu § 20 Abs. 1 S. 1 Nr. 1); hierzu auch *Sachs* JuS 1990, 320; BVerfG 15.11.2001 – 1 BvR 98/97, NStZ-RR 2002, 120 = NVwZ 2002, 709 (zu § 20 Abs. 1 S. 1 Nr. 4); vgl. auch BGH 2.8.1989 – 3 StR 342/88, NStE § 20 VereinsG Nr. 3; zustimmend *Groh* § 20 Rn. 4.

[232] BVerfG 15.6.1989 – 2 BvL 4/87, BVerfGE 80, 244 (254) = NJW 1990, 37 (38); so auch *Groh* Rn. 4.

von Rechtsbehelfen gegen die Verbotsverfügung dienen, von dem Verbot und damit auch von der Strafnorm des § 20 nicht erfasst werden.[233]

II. Einzelne Strafbestimmungen des Abs. 1 S. 1

50   **1. Aufrechterhaltung des organisatorischen Zusammenhalts (Nr. 1 Alt. 1).** Die Strafvorschrift[234] ist im Zusammenhang mit der (auf Grund der angeordneten Subsidiarität vorrangig anzuwendenden) Norm des § 85 Abs. 1 S. 1 Nr. 2 StGB zu sehen.[235] Nach dieser Vorschrift macht sich strafbar, „wer als Rädelsführer oder Hintermann im räumlichen Geltungsbereich dieses Gesetzes den organisatorischen Zusammenhalt [...] einer Vereinigung, die unanfechtbar verboten ist, weil sie sich gegen die verfassungsmäßige Ordnung oder gegen den Gedanken der Völkerverständigung richtet, oder von der unanfechtbar festgestellt ist, dass sie eine Ersatzorganisation einer solchen verbotenen Vereinigung ist, aufrechterhält". Trotz des teilweise abweichenden Wortlauts sind die Anwendungsbereiche des § 20 Abs. 1 S. 1 Nr. 1 Alt. 1 VereinsG und des § 85 Abs. 1 S. 1 Nr. 2 StGB weitgehend deckungsgleich.[236] Für § 20 bleiben lediglich folgende drei Fallkonstellationen übrig:[237] (1) Vereinsverbote, die nicht wegen eines Verstoßes gegen die verfassungsmäßige Ordnung oder die Gedanken der Völkerverständigung ergangen sind.[238] Ein solches Verbot ist nach § 3 möglich gegen Vereine, die gegen Strafgesetze verstoßen. Ferner ist ein solches Verbot unter den Voraussetzungen des § 14 gegen Ausländervereine bzw. unter den Voraussetzungen des § 15 gegen ausländische Vereine mit Teilorganisationen in der Bundesrepublik ua dann möglich, wenn diese durch ihre politische Betätigung die innere und äußere Sicherheit der Bundesrepublik gefährden; (2) Vereinsverbote, die noch nicht unanfechtbar, aber nach § 3 Abs. 4 S. 3 bereits vollziehbar sind[239] und (3) Vereinsverbote, die zwar bereits unanfechtbar geworden sind, bei denen der Täter aber irrtümlich glaubt, sie seien noch nicht unanfechtbar, da ihm in diesen Fällen – im Hinblick auf eine Strafbarkeit nach § 85 StGB – der Vorsatz fehlt.[240]

51   **a) Täterkreis; Täterschaft und Teilnahme.** Während § 85 StGB den Täterkreis auf den „Rädelsführer oder Hintermann" beschränkt, ist nach dem Wortlaut des § 20 Abs. 1 S. 1 keine Einschränkung des Täterkreises vorgesehen. Somit kann jeder, der dazu beiträgt, den organisatorischen Zusammenhalt des verbotenen Vereins aufrechtzuerhalten, als Täter angesehen werden. Aus der Systematik des Abs. 1 folgt ferner, dass jedenfalls eine **Beihilfe** im Hinblick auf sämtliche Tatvarianten des Abs. 1 S. 1 Nr. 1–3 regelmäßig ausscheidet.[241] Denn es werden, wie später noch gezeigt werden soll,[242] durch die Tathandlung der „Unterstützung" in Abs. 1 S. 1 Nr. 3 Teilnahmehandlungen als täterschaftliche Delikte verselbstständigt. Für eine eigene Teilnehmerstrafbarkeit ist daher in Abs. 1 S. 1 Nr. 1 und Nr. 2 kein

---

[233] BVerfG 15.6.1989 – 2 BvL 4/87, BVerfGE 80, 244 (250 f.) = NJW 1990, 37; daraus ergibt sich ua auch, dass eine verbotene Vereinigung im Verbotsverfahren beteiligungsfähig ist; vgl. VGH Mannheim 5.8.1970 – V 531/70, JZ 1971, 457 (458); vgl. hierzu auch Albrecht/Roggenkamp/*Seidl* § 20 Rn. 6; *Groh* Rn. 8; *Rütters* S. 44.

[234] Vgl. aus der Rspr. BGH 2.8.1989 – 3 StR 342/88, NStE § 20 VereinsG Nr. 3 = BGHR VereinsG § 20 Vollziehbar 1; 30.3.2001 – 3 StR 342/00, NJW 2001, 2643 = NStZ 2001, 436 = BGHR VereinsG § 20 Abs. 1 Nr. 1 Organisationsdelikt 1 mAnm *Mitsch* NStZ 2002, 159; 3.3.2004 – 3 StR 10/04, NStZ-RR 2004, 201 = StraFo 2004, 247; 15.2.2007 – StB 19/06, NStZ 2007, 401.

[235] Vgl. zur grundsätzlichen Subsidiarität der Strafnormen des § 20 Abs. 1 bereits → Rn. 3 ff.

[236] Albrecht/Roggenkamp/*Seidl* Rn. 10.

[237] So auch Albrecht/Roggenkamp/*Seidl* Rn. 10.

[238] Vgl. zur Unanwendbarkeit des § 85 StGB in diesen Fällen *Fischer* StGB § 85 Rn. 6; LK-StGB/*Laufhütte*/*Kuschel* StGB § 85 Rn. 6; ferner *Wagner* MDR 1966, 287 (288); vgl. ferner bereits → Rn. 3.

[239] Schönke/Schröder/*Sternberg-Lieben* StGB § 85 Rn. 7; vgl. auch BVerfG 15.6.1989 – 2 BvL 4/87, BVerfGE 80, 244 (245) = NJW 1990, 37; LG Hamburg 26.2.1987 – (93) 1/87 KLs, NStZ 1987, 418 = NStE § 20 VereinsG Nr. 1.

[240] Vgl. Albrecht/Roggenkamp/*Seidl* Rn. 10; Erbs/Kohlhaas/*Wache* Rn. 6.

[241] Albrecht/Roggenkamp/*Seidl* Rn. 33.

[242] → Rn. 74 ff.

Platz. Dies ist im Hinblick auf die **Beihilfe** relativ unstreitig,[243] da eine „Unterstützung" iS des Abs. 1 S. 1 Nr. 3 regelmäßig eine „Hilfeleistung" iS des § 27 StGB darstellt. Aber auch auf die **Anstiftung** sind diese Gedanken weitgehend übertragbar, da auch die Bestimmung eines anderen zur Aufrechterhaltung des organisatorischen Zusammenhalts einer verbotenen Vereinigung eine Unterstützung dieser Vereinigung darstellen wird.[244] Mag möglicherweise für §§ 84, 85 StGB etwas anderes gelten, da hier die Täterschaft auf „Rädelsführer" und „Hintermänner" beschränkt ist,[245] gilt dies jedenfalls für § 20 Abs. 1 S. 1 Nr. 1 und Nr. 2 VereinsG nicht. Somit kann also auch in denjenigen Fällen, in denen § 20 Abs. 1 S. 1 Nr. 3 abgelehnt wird, nicht auf eine Teilnahmestrafbarkeit nach § 20 Abs. 1 S. 1 Nr. 1 oder Nr. 2 zurückgegriffen werden.[246]

b) Vorliegen eines vollziehbaren (Vereins-)Verbots etc. Anknüpfungspunkt für eine **52** Strafbarkeit ist das Vorliegen eines Vereins, der nach §§ 3, 14 oder 15 verboten wurde, sofern dieses Verbot vollziehbar ist. Es muss also einerseits festgestellt werden, ob es sich bei dem betreffenden Personenzusammenschluss (noch) um einen Verein handelt, andererseits, dass gegen ihn ein solches (vollziehbares) Verbot ergangen ist.[247] Neben den verbotenen Vereinen kann auch eine Ersatzorganisation eines solchen Vereins Anknüpfungspunkt für eine Straftat nach § 20 Abs. 1 S. 1 Nr. 1 sein. Voraussetzung ist hier, dass es sich einerseits um eine Ersatzorganisation eines verbotenen Vereins handelt, andererseits, dass eine entsprechende vollziehbare Feststellung der Verwaltungsbehörde nach § 8 Abs. 2 vorliegt.[248]

c) Tathandlung: Aufrechterhalten des organisatorischen Zusammenhalts. In **53** Abs. 1 S. 1 Nr. 1 finden sich mit dem „Aufrechterhalten" des organisatorischen Zusammenhalts und der Betätigung als Mitglied in einem verbotenen Verein zwei verschiedene Tathandlungen unterschiedlicher Intensität, die jedoch beide voraussetzen, dass sie nur von **Vereinsmitgliedern** selbst begangen werden können.[249] Die bloße Unterstützung durch **Außenstehende** ist in Abs. 1 S. 1 Nr. 3 („Unterstützung") geregelt. Die Tathandlungen entsprechen denjenigen in §§ 84, 85 StGB.[250]

Der **organisatorische Zusammenhalt** wird dann aufrechterhalten, wenn der Täter **54** darauf hinwirkt, dass der Verein als solches, die bestehende Vereinsstruktur und der ent-

---

[243] Albrecht/Roggenkamp/*Seidl* § 20 Rn. 33; Erbs/Kohlhaas/*Wache* Rn. 31; vgl. auch BGH 30.10.1964 – 3 StR 45/64, BGHSt 20, 89 = NJW 1965, 260; unklar hingegen (in Bezug auf § 84 StGB) BGH 17.12.1975 – 3 StR 4/71 I, BGHSt 26, 258 (261) = NJW 1976, 575 (576), da hier davon gesprochen wird, untergeordnete Hilfeleistungen, denen eine messbare organisationswirksame Bedeutung nicht zukomme, seien nicht mehr zu den Beihilfehandlungen zu zählen, die im Tatbestand des § 84 Abs. 2 StGB zur Täterschaft verselbstständigt sind. Dies legt auf den ersten Blick nahe, dass es darüber hinaus durchaus noch „einfache" Beihilfehandlungen geben kann, die zwar nicht dem § 84 Abs. 2 StGB unterfallen, dennoch aber als Beihilfe (zu § 84 Abs. 1 StGB) strafbar sind. Dem entzieht der BGH jedoch insofern den Boden, als weiter ausgeführt wird, dass diese Handlungen dann „straflos" blieben (BGH 17.12.1975 – 3 StR 4/71 I, BGHSt 26, 258 (261) = NJW 1976, 575 (576).

[244] Zustimmend Albrecht/Roggenkamp/*Seidl* Rn. 33; unklar Erbs/Kohlhaas/*Wache* Rn. 31, der einerseits ausführt, eine Unterstützung sei regelmäßig eine Unterstützung iS der Nr. 3, andererseits aber eine Anstiftung zu Nr. 1 „im Einzelfall" dennoch zulassen will; vgl. auch *Schnorr* Rn. 11, der jedenfalls „Zweifel" an einer möglichen Strafbarkeit wegen einer Anstiftung hegt.

[245] Für die Möglichkeit einer Anstiftung, jedoch gegen die Möglichkeit einer Beihilfe im Rahmen des § 84 StGB *Fischer* StGB § 84 Rn. 6; Lackner/Kühl/*Kühl* StGB § 84 Rn. 3; LK-StGB/*Laufhütte*, 11. Aufl., StGB § 84 Rn. 15 (aM inzwischen LK-StGB/*Laufhütte/Kuschel*, 12. Aufl., StGB § 84 Rn. 26); SK-StGB/*Rudolphi* StGB § 84 Rn. 14; für die Möglichkeit sowohl einer Anstiftung als auch einer Beihilfe Schönke/Schröder/*Sternberg-Lieben* StGB § 84 Rn. 17; vgl. zu dieser Problematik auch *Sommer* JR 1981, 490.

[246] Vgl. zu dem vergleichbaren Problem in § 90a StGB aF BGH 12.5.1954 – 6 StR 92/54, BGHSt 6, 159 = NJW 1954, 1252; 17.12.1975 – 3 StR 4/71 I, BGHSt 26, 261 = NJW 1976, 575 (576); Erbs/Kohlhaas/*Wache* § 20 Rn. 31; zu § 84 StGB *Fischer* StGB § 84 Rn. 6 und (differenzierend) LK-StGB/*Laufhütte/Kuschel* StGB § 84 Rn. 26.

[247] Bei der Beurteilung gelten die oben dargestellten Grundsätze; zum Vereinsbegriff → Rn. 6 ff.; zu den Arten des Verbots → Rn. 22 ff.; zur Vollziehbarkeit → Rn. 46 f.

[248] Vgl. zur Ersatzorganisation ausführlich → Rn. 38 ff. Hier ist auch die Vorschrift des § 8 Abs. 2 abgedruckt.

[249] Albrecht/Roggenkamp/*Seidl* Rn. 13; *Groh* Rn. 9.

[250] Vgl. hierzu ua Schönke/Schröder/*Sternberg-Lieben* StGB § 84 Rn. 12, 15.

sprechende Organisationsapparat im Kern beibehalten wird.[251] Hierzu notwendig ist das Fortbestehen einer Verbundenheit, die ihren Grund in der gemeinschaftlichen Förderung der verfolgten Ziele und der bewussten Unterordnung unter die Führung oder den Gesamtwillen der Organisation hat.[252] Nicht entscheidend ist es, dass der Zusammenhalt gerade durch diejenigen Mitglieder aufrechterhalten wird, die dem Verein zum Zeitpunkt des Verbots angehörten. Aufrechterhalten werden kann der organisatorische Zusammenhang auch dann, wenn nur ein Teil der früheren Mitglieder weitermacht oder auch, wenn sich neu geworbene Mitglieder anschließen.[253] Dabei kann jeder als Täter angesehen werden, der den Zusammenhalt in irgendeiner Weise aufrechterhält, es findet, wie oben erörtert, im Gegensatz zu § 85 StGB keine Beschränkung auf „Rädelsführer" oder „Hintermänner" statt.[254]

55   Auch im „Ruhenlassen" der Vereinstätigkeit kann ein Aufrechterhalten des organisatorischen Zusammenhalts gesehen werden, wenn die Mitglieder ihre früheren Ziele nicht ernsthaft aufgegeben haben. Voraussetzung dafür ist, dass sie den Organisationsapparat im Kern weiter bestehen lassen, damit sie ihn in einem geeigneten Zeitpunkt wieder aufleben lassen können, um ihre Ziele ganz oder teilweise weiterzuverfolgen. Diese Weiterverfolgung der Ziele muss dann allerdings nach außen erkennbar sein, wobei jedoch nicht verlangt werden kann, dass die Weiterverfolgung öffentlich geschieht.[255]

56   Tätigkeiten, die der täterschaftlichen **Aufrechterhaltung** des organisatorischen Zusammenhaltes dienen, sind jedenfalls diejenigen, die sich unmittelbar auf die Organisation als solche beziehen, also zB die Innehabung einer zum „Apparat" gehörenden Stellung (Vereinsamt) oder der Aufbau und die Führung von Organisationseinheiten wie Wohnbetriebsgruppen oder Betriebszellen.[256] Ferner kann auch die Wahrnehmung von Aufgaben zum Zwecke der Fortsetzung der Vereinsarbeit dazu beitragen, den organisatorischen Zusammenhalt aufrechtzuerhalten, wie zB das Organisieren von Veranstaltungen, Kundgebungen und Versammlungen, das Kassieren und Abführen von Mitgliedsbeiträgen, die Entgegennahme von Zuwendungen Dritter oder die Herstellung und Verbreitung der Vereinszeitschrift.[257] Hier ist jedoch eine Beurteilung des Einzelfalls, insbes. die Abgrenzung zur bloßen mitgliedschaftlichen Betätigung erforderlich. Wer lediglich in untergeordneter Stellung einzelne Aufträge ausführt, zB Schriften, Flugblätter oder Plakate verteilt, erfüllt diese Anforderungen regelmäßig noch nicht.[258]

57   Von einer Aufrechterhaltung des **organisatorischen** Zusammenhalts kann ferner dann nicht mehr gesprochen werden, wenn die Mitglieder des verbotenen Vereins nur noch persönliche oder gesellige Beziehungen aufrechterhalten, selbst wenn diese Beziehungen auf derjenigen gemeinsamen Gesinnung beruhen, die zu dem Verbot des Vereins geführt hat.[259] Entscheidend ist vielmehr, ob sie weiterhin diejenigen **Ziele** verfolgen, die zum

---

[251] Vgl. insbes. BGH 12.10.1965 – 3 StR 20/65, BGHSt 20, 287 = NJW 1966, 61; Albrecht/Roggenkamp/*Seidl* Rn. 14; *Groh* Rn. 7.

[252] BGH 12.10.1965 – 3 StR 20/65, BGHSt 20, 287 (289, 291) = NJW 1966, 61 (62); Erbs/Kohlhaas/*Wache* § 20 Rn. 9; *Groh* Rn. 7; Schenke/Graulich/Ruthig/*Roth*, J, § 20 Rn. 36.

[253] BGH 9.10.1964 – 3 StR 34/64, BGHSt 20, 45 (53) = NJW 1965, 53 (55); Erbs/Kohlhaas/*Wache* Rn. 9; *Groh* Rn. 7; vgl. auch *Meine* MDR 1990, 204 (205).

[254] Erbs/Kohlhaas/*Wache* § 20 Rn. 10; vgl. hierzu schon → Rn. 51.

[255] BGH 12.10.1965 – 3 StR 20/65, BGHSt 20, 287 (289 f.) = NJW 1966, 61 (62); Erbs/Kohlhaas/*Wache* Rn. 9; *Groh* Rn. 7.

[256] BGH 12.10.1965 – 3 StR 20/65, BGHSt 20, 287 (291) = NJW 1966, 61 (62); *Schnorr* Rn. 5.

[257] Vgl. hierzu BGH 12.10.1965 – 3 StR 20/65, BGHSt 20, 287 (291) = NJW 1966, 61 (62); 30.3.2001 – 3 StR 342/00, NJW 2001, 2643 (2645); OVG Hamburg 11.6.2002 – 10 VG 468/01, NordÖR 2002, 471; Erbs/Kohlhaas/*Wache* Rn. 10; *Groh* Rn. 7; *Ruhrmann* GA 1959, 129 (131); Schenke/Graulich/Ruthig/*Roth*, J, § 20 Rn. 40; *Schnorr* § 20 Rn. 5; *Seifert* S. 41.

[258] BGH 12.10.1965 – 3 StR 20/65, BGHSt 20, 287 (291 f.) = NJW 1966, 61 (62); aM noch BGH 23.10.1957 – 3 StR 37/57, NJW 1957, 1846 (1847).

[259] BGH 12.10.1965 – 3 StR 20/65, BGHSt 20, 287 (289) = NJW 1966, 61 (62); OVG Hamburg 11.6.2002 – 10 VG 468/01, NordÖR 2002, 471; *Albrecht* VerwArch 2013, 8 (15); Albrecht/Roggenkamp/*Seidl* Rn. 14; Erbs/Kohlhaas/*Wache* Rn. 9; *Groh* Rn. 7; *Meine* MDR 1990, 204 (205); Schenke/Graulich/Ruthig/*Roth*, J, § 20 Rn. 37; *Schnorr* Rn. 5; *Seifert* S. 41; aM noch BGH 7.1.1955 – 6 StR 280/54, BGHSt 7, 104 (107) = NJW 1955, 428 (429); hier wurde eine Tatbestandsmäßigkeit erst dann abgelehnt, wenn die

entsprechenden Verbot geführt haben. Keine Aufrechterhaltung des Zusammenhalts gerade des **verbotenen Vereins** liegt ferner dann vor, wenn sich die ehemaligen Mitglieder zu einer neuen Vereinigung zusammenschließen, die nicht mehr die verbotenen, sondern andere Ziele weiterverfolgt,[260] oder aber wenn sie sich einer **anderen Vereinigung** anschließen. Hier wird allerdings genau zu prüfen sein, ob und inwieweit sich die verfolgten Ziele inhaltlich decken, um feststellen zu können, ob eine (mit der verbotenen Vereinigung identische) Nachfolgeorganisation, eine Ersatzorganisation (durch Neugründung oder Unterwanderung einer bereits bestehenden Organisation) oder eine völlig neue Vereinigung vorliegt.[261] Die bereits oben angesprochene verfassungskonforme Auslegung des Abs. 1[262] ergibt ferner, dass Maßnahmen und Handlungen, die der Ausschöpfung von Rechtsbehelfen gegen die (noch anfechtbare) Verbotsverfügung dienen, vom Tatbestand nicht erfasst sind.[263] Hierzu gehören etwa auch Mitgliederversammlungen mit dem Zweck der Erörterung der Rechtslage, die Neuwahl eines Vorstandes zur sachgerechten Vertretung im Prozess und die Sammlung von Mitgliedsbeiträgen für die Prozesskosten.[264]

d) Konkurrenzen. Abs. 1 S. 1 Nr. 1 stellt (ebenso wie auch die Nr. 2 und 3) einen **58** Organisationstatbestand dar, dh die Tathandlung besteht in der Aufrechterhaltung der Organisation.[265] Dabei gelten hinsichtlich der Konkurrenzen die gleichen Grundsätze wie bei §§ 129, 129a StGB.[266] Mit der Handlungsbeschreibung des „Aufrechterhaltens des organisatorischen Zusammenhaltes", welches auf einen organisatorischen Erfolg abzielt, wird somit ein Verhalten erfasst, welches nach seinem Sinn in erster Linie auf ein über den Einzelfall hinausreichendes, auf gleichartige Tatwiederholung gerichtetes Tätigwerden abzielt. Die Fassung des Tatbestandes soll damit ganze Handlungs**komplexe** treffen. Dies hat zur Folge, dass mehrere Handlungen zu einer rechtlichen Einheit verbunden werden.[267] Somit können verschiedene, die tatbestandlichen Voraussetzungen erfüllende Einzelakte ein und desselben Täters materiell-rechtlich eine **einheitliche Tat** darstellen, sofern sie auf Grund eines einheitlichen Willensentschlusses vorgenommen werden. Allerdings ist es umstritten, ob hier die Grundsätze der natürlichen Handlungseinheit[268] oder der Dauerstraftat[269] anwendbar sind. Kommt es bei einer Organisation zu strukturellen Veränderungen (etwa durch Spaltung), so liegt hingegen eine neue Tat vor, wenn nicht nur eine Namensumbenennung erfolgte, sondern damit auch ein inhaltlicher oder programmatischer Wandel verknüpft

---

ehemaligen Mitglieder der verbotenen Organisation ihren geselligen Zusammenkünften eine andere organisatorische Form geben würden, was nicht der Fall sei, wenn die typischen organisatorischen Merkmale wie die besondere Namensgebung, Mitgliedskarten, Beiträge oder gemeinsamen Willenskundgebungen nach außen beibehalten werden und sich lediglich die Zwecksetzung geändert habe; ebenso *Ruhrmann* GA 1959, 129 (131 f.).

[260] BGH 12.10.1965 – 3 StR 20/65, BGHSt 20, 287 (289) = NJW 1966, 61 (62); Albrecht/Roggenkamp/ *Seidl* Rn. 14; Erbs/Kohlhaas/*Wache* Rn. 9; aM *Everling* JW 1930, 1154.

[261] Vgl. zur Abgrenzung → Rn. 38 ff., 42 ff., 45; zu dieser Problematik auch *Meine* MDR 1990, 204 (205).

[262] → Rn. 49.

[263] BVerfG 15.6.1989 – 2 BvL 4/87, BVerfGE 80, 244 = NJW 1997, 37; hierzu auch *Groh* Rn. 8; *Sachs* JuS 1990, 320; *Seifert* DÖV 1965, 35.

[264] BVerfG 15.6.1989 – 2 BvL 4/87, BVerfGE 80, 244 (251) = NJW 1997, 37; *Groh* Rn. 8; vom *Feldmann* DÖV 1965, 29 (34); *Seifert* DÖV 1965, 35; vgl. bereits → Rn. 49.

[265] Dies ist im Hinblick auf die Konkurrenzfrage unstreitig, auch wenn das BVerwG (BVerwG 24.2.2010 – 6 A 7/08, NVwZ 2010, 1372 (1375), im Hinblick auf den gesamten § 20 von einem „Ungehorsamstatbestand" spricht; vgl. hierzu bereits → Rn. 3.

[266] BGH 30.3.2001 – 3 StR 342/00, NJW 2001, 2643 (2645); LK-StGB/*Rissing-van Saan* StGB Vor §§ 52 Rn. 24.

[267] BGH 3.5.1994 – GSSt 2 und 3/93, BGHSt 40, 138 (164) = NStZ 1994, 383 (387); 30.3.2001 – 3 StR 342/00, NJW 2001, 2643 (2645); 15.2.2007 – StB 19/06, NStZ 2007, 401; vgl. auch BGH 19.11.1997 – 3 StR 574/97, BGHSt 43, 312 (314 f.) = NJW 1998, 1652; 3.3.2004 – 3 StR 10/04, NStZ-RR 2004, 271 (272); *Groh* Rn. 7; Schenke/Graulich/Ruthig/*Roth*, J, § 20 Rn. 82.

[268] BGH 19.11.1997 – 3 StR 574/97, BGHSt 43, 312 (314 f.); vgl. auch die ähnlich zu beurteilende Problematik bei §§ 84, 85; hierzu *Fischer* StGB § 84 Rn. 16; SK-StGB/*Rudolphi* StGB § 84 Rn. 20.

[269] LK-StGB/*Laufhütte* 11. Aufl., StGB § 84 Rn. 20; differenzierend nunmehr LK-StGB/*Laufhütte/Kuschel* 12. Aufl., StGB § 84 Rn. 32 ff.

ist.[270] Dies ist etwa auch dann der Fall, wenn eine bislang nur als kriminelle Vereinigung anzusehende Gruppierung nunmehr terroristische Ziele verfolgt.[271] Mit diesen Grundsätzen nicht vereinbar ist es jedoch, wenn der BGH es für eine Zäsur bereits ausreichen lässt, wenn sich die Gesetzeslage (wie bei der Einführung des Straftatbestandes der Bildung von terroristischen Vereinigungen im Ausland, § 129b StGB) ändert,[272] da damit regelmäßig keine strukturelle Veränderung der Organisationsstruktur der Vereinigung verknüpft ist. Darüber hinaus stehen nach § 20 Abs. 1 S. 1 Nr. 1 strafbare Verhaltensweisen in Tateinheit zu denjenigen Straftaten, die der Täter als Mitglied der Vereinigung oder in Verfolgung der Ziele der Vereinigung begangen hat,[273] wobei allerdings mehrere schwerere Delikte, die jeweils mit Abs. 1 S. 1 Nr. 1 in Tateinheit stehen, durch diese Vorschrift nicht zu einer Tat im Rechtssinne verklammert werden können.[274]

59   **2. Mitgliedschaftliche Betätigung (Nr. 1 Alt. 2).** Diese Strafvorschrift ist ebenfalls im Zusammenhang mit der (auf Grund der angeordneten Subsidiarität vorrangig anzuwendenden) Norm des § 85 Abs. 2 StGB zu sehen. Hiernach macht sich strafbar, wer sich in einer (unanfechtbar verbotenen) Vereinigung (oder entsprechenden Ersatzorganisation) als Mitglied betätigt.[275] Trotz der teilweise abweichenden Wortwahl sind auch hier die Anwendungsbereiche des § 20 Abs. 1 S. 1 Nr. 1 Alt. 2 VereinsG und des § 85 Abs. 2 StGB weitgehend deckungsgleich.

60   **a) Täterkreis; Täterschaft und Teilnahme.** Eine Beschränkung des Täterkreises auf den „Rädelsführer oder Hintermann", wie in § 85 StGB vorgesehen, findet auch hier nicht statt, so dass sich die Abgrenzung von Täterschaft und Teilnahme nach den allgemeinen Vorschriften richtet. Dabei ist infolge der als Täterschaft verselbstständigten Teilnahmehandlung des „Unterstützens" in Abs. 1 S. 1 Nr. 3 wiederum eine eigenständige Teilnahme zu Abs. 1 S. 1 Nr. 1 nicht möglich.[276]

61   **b) Vorliegen eines vollziehbaren (Vereins-)Verbots etc.** Die 2. Alt. des Abs. 1 S. 1 Nr. 1 unterscheidet sich von der 1. Alt. lediglich im Hinblick auf die unterschiedliche Tathandlung. Voraussetzung für eine Strafbarkeit ist somit auch hier das Vorliegen eines vollziehbaren Vereinsverbots oder einer vollziehbaren Feststellung, dass es sich um eine Ersatzorganisation eines verbotenen Vereins handelt. Es muss also auch hier festgestellt werden, ob es sich bei dem betreffenden Personenzusammenschluss (noch) um einen Verein oder eine Ersatzorganisation handelt, gegen den ein solches (vollziehbares) Verbot ergangen oder eine vollziehbare Feststellung getroffen worden ist.[277]

62   **c) Tathandlung: Mitgliedschaftliche Betätigung.** Der Begriff der mitgliedschaftlichen Betätigung entspricht im Wesentlichen demjenigen der §§ 84 Abs. 2, 85 Abs. 2 StGB.[278] Demnach erfordert die **Mitgliedschaft** in einer Vereinigung eine Willensübereinstimmung zwischen dem Mitglied und der zur Vertretung des Vereins berufenen Person(en) bzw. dem zuständigen Gremium.[279] Diese Willensübereinstimmung muss darauf gerichtet sein, dass das Mitglied dem Kreis der Vereinigung angehört und in dieser Eigenschaft tätig

---

[270] BGH 15.2.2007 – StB 19/06, NStZ 2007, 401 (401 f.).

[271] BGH 15.2.2007 – StB 19/06, NStZ 2007, 401 (402).

[272] BGH 15.2.2007 – StB 19/06, NStZ 2007, 401 (402).

[273] BGH 30.3.2001 – 3 StR 342/00, NJW 2001, 2643 (2645).

[274] BGH 30.3.2001 – 3 StR 342/00, NJW 2001, 2643 (2645 f.); so schon zu §§ 129, 129a StGB BGH 11.6.1980 – 3 StR 9/80, BGHSt 29, 288 (295) = NJW 1980, 2718 (2719).

[275] Vgl. aus der Rspr. BGH 23.3.1965 – 3 StR 2/65, bei *Wagner* GA 1966, 289 (293, Nr. 22); 3.3.2004 – 3 StR 10/04, NStZ-RR 2004, 271; 15.2.2007 – StB 19/06, NStZ 2007, 401.

[276] Hierzu näher → Rn. 51.

[277] Bei der Beurteilung gelten die oben dargestellten Grundsätze; zum Vereinsbegriff → Rn. 6 ff.; zu den Arten des Verbots → Rn. 22 ff.; zur Vollziehbarkeit → Rn. 46 f.; zur Ersatzorganisation → Rn. 38 ff.

[278] Vgl. hierzu ua Schönke/Schröder/*Sternberg-Lieben* StGB § 84 Rn. 15.

[279] BGH 20.3.1963 – 3 StR 5/63, BGHSt 18, 296 (300) = NJW 1963, 1315 (1316); 14.8.2009 – 3 StR 502/08, BGHSt 54, 69 (114 f.) = NJW 2009, 3448 (3461 f.); Albrecht/Roggenkamp/*Seidl* Rn. 15; Erbs/Kohlhaas/*Wache* Rn. 11; *Fischer* StGB § 84 Rn. 4.

wird. Nicht ausreichend ist es, wenn der Handelnde auf Grund eines nur einseitigen Willensentschlusses für den Verein handelt.[280] Zur Begründung der Mitgliedschaft ist keine förmliche Beitrittserklärung erforderlich.[281] Es genügt eine ausdrückliche oder stillschweigende
Erklärung bzw. eine tatsächliche Unterordnung unter den Gesamtwillen.[282] Allerdings ist
stets im Einzelfall zu prüfen, ob eine Tätigkeit im Interesse des Vereins bereits eine solche
Mitgliedschaft begründet.[283]

    Tathandlung ist dabei nicht die bloße (passive) Mitgliedschaft in einem (verbotenen) Verein   **63**
als solche. Erforderlich ist vielmehr eine mitgliedschaftliche **Betätigung**[284] im Sinne einer
aktiven Tätigkeit zur Förderung der Ziele des Vereins.[285] Die Tätigkeit muss auf eine gewisse
Dauer gerichtet sein, so dass ein einmaliges Handeln nicht genügt.[286] Allerdings kann bei
einer auf Dauer angelegten Tätigkeit bereits die erstmalige aktive Beteiligung am Vereinsleben
genügen.[287] Das mit der Tätigkeit ein bestimmter Nutzen verbunden ist, ist nicht erforderlich.[288] Als Beispiele für eine solche mitgliedschaftliche Betätigung sind anerkannt: die Abfassung von Druckschriften,[289] die Erteilung von Druckaufträgen,[290] die Verbreitung von Schriften, Flugblättern und Plakaten,[291] organisationsbezogene Werbung für den Verein,[292] die
Aufbewahrung von Material[293] oder das Kassieren von Mitgliedsbeiträgen.[294] In der bloßen
Bezahlung des Mitgliedsbeitrags kann dagegen keine „Betätigung" für den Verein gesehen
werden.[295] Ebenso wenig reicht der bloße Bezug der Vereinszeitschrift aus.[296]

---

[280] BGH 20.3.1963 – 3 StR 5/63, BGHSt 18, 296 (300) = NJW 1963, 1315 (1316); Albrecht/Roggen-
kamp/*Seidl* § 20 Rn. 15; Erbs/Kohlhaas/*Wache* Rn. 11; vgl. auch BGH 14.8.2009 – 3 StR 502/08, BGHSt
54, 69 (113) = NJW 2009, 3448 (3461).

[281] Schenke/Graulich/Ruthig/*Roth*, J, § 20 Rn. 45.

[282] BGH 25.6.1960 – 3 StR 24/60, NJW 1960, 1772 (1773); 20.3.1963 – 3 StR 5/63, BGHSt 18, 296
(300) = NJW 1963, 1315 (1316); 10.3.2005 – 3 StR 245/04, NJW 2005, 2164 (2166); 14.8.2009 – 3 StR
502/08, BGHSt 54, 69 (113) = NJW 2009, 3448 (3461); RG 17.10.1893 – Rep 2572/93, RGSt 24, 328
(330); 23.2.1931 – 2 D 834/30, JW 1931, 3667; Erbs/Kohlhaas/*Wache* Rn. 11; *Groh* Rn. 9; *Schnorr* Rn. 6;
Fischer StGB § 84 Rn. 4.

[283] Vgl. die bei *Fischer* StGB § 84 Rn. 4 genannten Beispiele.

[284] Albrecht/Roggenkamp/*Seidl* Rn. 15; Erbs/Kohlhaas/*Wache* Rn. 12; *Schnorr* Rn. 6; Schönke/Schrö-
der/*Sternberg-Lieben* StGB § 84 Rn. 15; vgl. auch *Rütters* S. 154 ff.

[285] BGH 17.12.1975 – 3 StR 4/71 I, BGHSt 26, 261 = NJW 1976, 575 (576); Albrecht/Roggenkamp/
Seidl Rn. 15; Erbs/Kohlhaas/*Wache* Rn. 12; Schenke/Graulich/Ruthig/*Roth*, J, § 20 Rn. 45; vgl. auch *Fischer*
StGB § 84 Rn. 4.

[286] BGH 22.10.1979 – 52/79, BGHSt 29, 114 (122) = NJW 1980, 462 (464); 11.6.1980 – 3 StR 9/80,
BGHSt 29, 288 (294) = NJW 1980, 2718 (2719); 14.8.2009 – 3 StR 502/08, BGHSt 54, 69 (111 f.) – NJW
2009, 3448 (3460 f.); vgl. ferner BGH 23.3.1965 – 3 StR 1/65, bei *Wagner* GA 1966, 289 (293, Nr. 21);
Albrecht/Roggenkamp/*Seidl* Rn. 15; Erbs/Kohlhaas/*Wache* Rn. 12; *Groh* Rn. 9.

[287] BGH 22.10.1979 – 52/78, BGHSt 29, 114 (122 f.) = NJW 1980, 462 (464) mwN; Albrecht/Roggen-
kamp/*Seidl* Rn. 15; Erbs/Kohlhaas/*Wache* Rn. 12; *Groh* Rn. 9; Schenke/Graulich/Ruthig/*Roth*, J, § 20
Rn. 45.

[288] BGH 24.1.1996 – 3 StR 530/95, BGHSt 42, 30 (36 f.) = NJW 1996, 1906 (1907) m. zust. Anm.
Scholz NStZ 1996, 602 (603); ferner *Groh* Rn. 9; Schönke/Schröder/*Sternberg-Lieben* StGB § 84 Rn. 15.

[289] *Fischer* StGB § 84 Rn. 4.

[290] BGH 17.12.1975 – 3 StR 4/71 I, BGHSt 26, 258 (260) = NJW 1976, 575 (576); *Fischer* StGB § 84
Rn. 4; Schönke/Schröder/*Sternberg-Lieben* StGB § 84 Rn. 15.

[291] BGH 12.10.1965 – 3 StR 20/65, BGHSt 20, 287 (291 f.) = NJW 1966, 61 (62); Erbs/Kohlhaas/*Wache*
Rn. 12.

[292] BGH 17.12.1975 – 3 StR 4/71 I, BGHSt 26, 258 (261) = NJW 1976, 575 (576); Erbs/Kohlhaas/
Wache Rn. 12; *Fischer* StGB § 84 Rn. 4.

[293] BGH 24.3.1966 – 3 StR 37/65, bei *Wagner* GA 1967, 97 (99, Nr. 32); Erbs/Kohlhaas/*Wache* Rn. 12;
Fischer StGB § 84 Rn. 4.

[294] *Fischer* StGB § 84 Rn. 4.

[295] Albrecht/Roggenkamp/*Seidl* Rn. 15; Erbs/Kohlhaas/*Wache* Rn. 12; *Fischer* StGB § 84 Rn. 4; SK-
StGB/*Rudolphi* StGB § 84 Rn. 12; differenzierend LK-StGB/*Laufhütte/Kuschel* StGB § 84 Rn. 19, die ange-
sichts der Bedeutung einer ausreichenden finanziellen Ausstattung für den Fortbestand der Organisation auch
in der Geldzuwendung eine aktive Förderung sehen, sofern im Einzelfall nicht nur die Zahlung eines geringen
Mitgliedsbeitrages ohne Bindungsinteresse oder aus Trägheit erfolgt; kritisch auch *Rütters* S. 145 ff., der auf
S. 154 ff. davon ausgeht, dass die Bezahlung von Mitgliedsbeiträgen jedenfalls dem Tatbestand des § 20 Abs. 1
S. 1 Nr. 4 unterfällt.

[296] BGH 3.11.2005 – 3 StR 333/05, NJW 2006, 709; Albrecht/Roggenkamp/*Seidl* Rn. 15; hierzu auch
Rütters S. 142 f.; ferner *Fischer* StGB § 84 Rn. 4.

64   **3. Aufrechterhaltung des organisatorischen Zusammenhalts bzw. mitgliedschaftliche Betätigung in einer Ersatzorganisation einer verbotenen Partei (Nr. 2).** Der Anwendungsbereich des Abs. 1 S. 1 Nr. 2 erschließt sich erst mit Blick auf die in §§ 84, 85 Abs. 1 S. 1 Nr. 1 StGB vorgenommene Differenzierung: § 84 StGB erfasst ausschließlich Parteien (bzw. deren Ersatzorganisationen), die vom **Bundesverfassungsgericht** nach Art. 21 Abs. 2 GG, §§ 13 Nr. 2, 43 ff. BVerfGG (Parteien) bzw. § 33 Abs. 2 ParteienG, § 46 BVerfGG (Ersatzorganisationen) verboten wurden.[297] Dagegen erfasst § 85 Abs. 1 S. 1 Nr. 1 StGB Parteien bzw. Vereine, hinsichtlich derer eine **Verwaltungsbehörde** nach § 33 Abs. 3 ParteienG iVm § 8 Abs. 2 VereinsG festgestellt hat, dass es sich um eine Ersatzorganisation einer verbotenen Partei handelt. Da, wie gesehen,[298] § 20 VereinsG infolge der angeordneten Subsidiarität zu §§ 84, 85 StGB regelmäßig nur für die Zeit zwischen der Vollziehbarkeit und der Unanfechtbarkeit eines Verbots Bedeutung erlangt, Entscheidungen des BVerfG jedoch sofort rechtskräftig werden, musste im VereinsG lediglich der Bereich der zwar vollziehbaren, aber noch nicht unanfechtbaren Entscheidungen nach § 33 Abs. 3 ParteienG (dh der Bereich der von der **Verwaltungsbehörde** getroffenen Entscheidung) geregelt werden. Die Fortführung einer vom **BVerfG** für verfassungswidrig erklärten Partei oder Ersatzorganisation ist dagegen ausschließlich von § 84 StGB erfasst.[299] Hinzuweisen ist darüber hinaus auch darauf, dass als ErsatzOrganisation für eine Partei nur eine im Inland bestehende Organisation angesehen werden kann. Besteht die Organisation sowohl innerhalb als auch außerhalb der Bundesrepublik, so kann nur die im Inland bestehende Teil-Organisation Ersatzorganisation sein (vgl. auch § 18 S. 1).[300]

65   Dabei findet Abs. 1 S. 1 Nr. 2 in der (infolge der angeordneten Subsidiarität vorrangig anzuwendenden) Vorschrift des § 85 Abs. 1 S. 1 Nr. 1 StGB eine weitgehende Entsprechung.[301] Hiernach wird bestraft, „wer als Rädelsführer oder Hintermann im räumlichen Geltungsbereich dieses Gesetzes den organisatorischen Zusammenhalt einer Partei oder Vereinigung, von der im Verfahren nach § 33 Abs. 3 des ParteienG festgestellt ist, dass sie Ersatzorganisation einer verbotenen Partei ist, [...] aufrechterhält". Wie schon in den vorgenannten Alternativen decken sich die Anwendungsbereiche der beiden genannten Vorschriften weitgehend. Eigenständige Bedeutung erlangt § 20 Abs. 1 S. 1 Nr. 2 VereinsG somit nur dann, wenn die Feststellung zwar vollziehbar, jedoch noch nicht unanfechtbar geworden ist.[302]

66   **a) Täterkreis; Täterschaft und Teilnahme.** Eine Beschränkung des Täterkreises auf den „Rädelsführer oder Hintermann" (vgl. § 85 StGB) findet auch in Abs. 1 S. 1 Nr. 2 nicht statt, so dass sich die Abgrenzung von Täterschaft und Teilnahme wiederum nach den allgemeinen Vorschriften richtet. Auch hier ist infolge der als Täterschaft verselbstständigten Teilnahmehandlung des „Unterstützens" in Abs. 1 S. 1 Nr. 3 eine eigenständige Teilnahme zu Abs. 1 S. 1 Nr. 2 nicht möglich.[303]

67   **b) Ersatzorganisationen einer Partei iS des § 33 Abs. 3 ParteienG.** Im Hinblick auf die Bestimmung derjenigen Organisationen, die von § 33 Abs. 3 ParteienG erfasst werden, ist zu beachten: Nach § 33 Abs. 1 ParteienG ist es verboten, Organisationen zu bilden, die verfassungswidrige Bestrebungen verbotener Parteien an deren Stelle weiterverfolgen (Bildung von Ersatzorganisationen), oder bestehende Organisationen als Ersatzorganisation

---

[297] Vgl. zu den bisherigen Parteiverbotsverfahren BVerfG 23.10.1952 – 1 BvB 1/51, BVerfGE 2, 1 = NJW 1952, 1407 (Verbot der SRP); hierzu vom *Weber* JZ 1953, 293; BVerfG 17.8.1956 – 1 BvB 2/51, BVerfGE 5, 85 = NJW 1956, 1393 (Verbot der KPD); 21.3.1957 – 1 BVB 2/51, BVerfGE 6, 300 = NJW 1957, 785 (Verbot der KPD Saarland als Ersatzorganisation); vgl. auch BVerfG 21.3.1961 – 2 BvR 27/60, BVerfGE 12, 296 = NJW 1961, 723.
[298] → Rn. 3 ff.
[299] Vgl. zur Zuständigkeit für eine solche Feststellung noch ausführlich → Rn. 67.
[300] Vgl. BGH 9.10.1964 – 3 StR 34/64, BGHSt 20, 45 (49 f.) = NJW 1965, 53 (54).
[301] Albrecht/Roggenkamp/*Seidl* Rn. 16.
[302] Albrecht/Roggenkamp/*Seidl* Rn. 16.
[303] Hierzu näher → Rn. 51.

fortzuführen.[304] Wird hiergegen verstoßen, gilt für ein entsprechendes Verbotsverfahrens im Hinblick auf diese Organisationen Folgendes: Bestand die Ersatzorganisation bereits vor dem Verbot der ursprünglichen Partei oder ist sie im Bundestag oder einem Landtag vertreten (Fälle der Unterwanderung bestehender Organisationen), so ist nach § 33 Abs. 2 ParteienG für ein Verbot das BVerfG zuständig. In den übrigen Fällen (dh bei Ersatzorganisationen, die erst nach dem Verbot der ursprünglichen Partei gegründet wurden und nicht im Bundestag oder einem Landtag vertreten sind) kommt über § 33 Abs. 3 ParteienG das Verfahren nach § 8 Abs. 2 VereinsG zur Anwendung.[305] Nur diese Fälle sind von § 20 Abs. 1 S. 1 Nr. 2 VereinsG (bzw. § 85 Abs. 1 Nr. 1 StGB) erfasst. Dabei ist es entscheidend, dass die Ersatzorganisationen selbst nicht die Voraussetzungen erfüllen müssen, die an das Vorliegen einer „Partei" zu stellen sind,[306] es müssen lediglich die Merkmale vorliegen, die ein Verein iS des § 2 erfüllen muss.[307] Insoweit kann auch ein lockerer Zusammenschluss in Form einer unabhängigen kommunalen Wählergemeinschaft als Ersatzorganisation angesehen werden.[308]

c) Vorliegen einer vollziehbaren Feststellung. Hinsichtlich der Voraussetzungen der **68** Vollziehbarkeit der Feststellung gelten keine Besonderheiten.[309]

d) Tathandlung: Aufrechterhalten des organisatorischen Zusammenhalts bzw. 69 mitgliedschaftliche Betätigung. Im Hinblick auf die Tathandlungen des Aufrechterhaltens des organisatorischen Zusammenhangs bzw. der mitgliedschaftlichen Betätigung gibt es keine Besonderheiten im Vergleich zu Abs. 1 S. 1 Nr. 1.[310] Es ist lediglich zu beachten, dass auch dann eine Mitgliedschaft vorliegen kann, wenn diese rechtlich nicht wirksam ist, zB bei denjenigen, die nach § 10 Abs. 1 S. 4 ParteienG nicht Mitglied werden können.[311]

4. Unterstützung des organisatorischen Zusammenhalts oder der weiteren 70 Betätigung eines verbotenen Vereins oder einer verbotenen Partei (Nr. 3). Auch diese Norm findet in der (infolge der angeordneten Subsidiarität vorrangig anzuwendenden) Vorschrift des § 85 Abs. 2 StGB eine weitgehende Entsprechung. Nach dieser Vorschrift wird bestraft, wer den organisatorischen Zusammenhalt oder die weitere Betätigung einer unanfechtbar verbotenen Partei oder Vereinigung oder entsprechenden Ersatzorganisation **unterstützt.**[312] Wie schon in den vorgenannten Alternativen decken sich die Anwendungsbereiche des § 20 Abs. 1 S. 1 Nr. 3 VereinsG und des § 85 Abs. 2 StGB weitgehend.[313]

---

[304] Vgl. zum Begriff der Ersatzorganisation bereits → Rn. 38 ff.; aus der Rspr. BGH 11.12.1958 – 3 StR 35/58, BGHSt 12, 174 = NJW 1959, 156; 4.10.1960 – 1 StE 3/60, BGHSt 15, 167 (177 f.); 15.12.1960 – 3 StR 37/60, BGHSt 15, 257 = NJW 1961, 375 (SED als Ersatzorganisation der verbotenen KPD); 14.3.1961 – 1 StE 5/60, BGHSt 16, 15; 18.9.1961 – 3 StR 25/61, BGHSt 16, 264 = NJW 1961, 2217; 30.10.1964 – 3 StR 45/64, BGHSt 20, 89 = NJW 1965, 260 (FDGB als verbotene Ersatzorganisation der verbotenen KPD).

[305] Vgl. hierzu auch *Henke* JZ 1973, 293 (294, Fn. 9); die Vorschrift des § 8 Abs. 2 ist abgedruckt → Rn. 38.

[306] → Rn. 17, 40.

[307] BGH 7.1.1955 – 6 StR 280/54, BGHSt 7, 104 (107) = NJW 1955, 428 (429); 18.9.1961 – 3 StR 25/61, BGHSt 16, 264 (267) = NJW 1961, 2217 (2218); BVerwG 16.5.1958 – VII C 3/53, BVerwGE 6, 333 = NJW 1958, 1362; *Ruhrmann* GA 1959, 129 (135 f.).

[308] BGH 18.9.1961 – 3 StR 25/61, BGHSt 16, 264 (266) = NJW 1961, 2217 (2218); 9.10.1964 – 3 StR 34/64, BGHSt 20, 45 (53) = NJW 1965, 53 (55).

[309] Hierzu → Rn. 46 f.

[310] Vgl. zum Aufrechterhalten → Rn. 53 ff.; zur mitgliedschaftlichen Betätigung → Rn. 62 f.

[311] Schönke/Schröder/*Sternberg-Lieben* StGB § 84 Rn. 15.

[312] Vgl. hierzu aus der Rspr. BGH 11.6.1997 – 3 StR 132/97, BGHR VereinsG § 20 Abs. 1 Nr. 3 Unterstützen 1; 16.7.1997 – 3 StR 168/97, NStZ 1997, 603 = BGHR VereinsG § 20 Abs. 1 Nr. 3 Vereinsverbot 1; 4.2.1998 – 3 StR 269/97, NJW 1998, 1653 = NStZ-RR 1998, 217; 4.2.1998 – 3 StR 390/97, NStZ 1998, 304 = BGHR VereinsG § 20 Abs. 1 Nr. 3 Vereinsverbot 2 = StraFo 1998, 125; 10.3.2005 – 3 StR 245/04, NJW 2005, 2164; 3.11.2005 – 3 StR 333/05, NJW 2006, 709; OVG Münster 30.8.2012 – 5 B 1025/12, BeckRS 2012, 56881; 29.4.2013 – 5 B 467/13, BeckRS 2013, 50273; VG Aachen 2.4.2013 – 6 L 123/13, BeckRS 2013, 49771; VG Gelsenkirchen 29.8.2012 – 14 L 1048/12, BeckRS 2012, 56955.

[313] Albrecht/Roggenkamp/*Seidl* Rn. 19.

Wiederum verbleiben für die Strafbarkeit nach dem VereinsG nur die oben bei Abs. 1 S. 1 Nr. 1 genannten Bereiche.[314]

71   **a) Täterkreis; Täterschaft und Teilnahme.** Abs. 1 S. 1 Nr. 3 stellt eine zur Täterschaft verselbstständigte Teilnahmehandlung unter Strafe. Durch das Tatbestandsmerkmal der Unterstützung wird ein Verhalten, welches an sich lediglich eine Beihilfehandlung darstellt, zur Täterschaft hochgestuft.[315] Da Abs. 1 S. 1 Nr. 1 und Nr. 2 insoweit Sonderdelikte darstellen, als sie nur von Mitgliedern des Vereins begangen werden können, erfasst Nr. 3 die Tätigkeit von Außenstehenden, die den Verein oder die Partei unterstützen, ohne selbst Mitglied zu sein.[316] Anstiftung und Beihilfe zu einer Unterstützungshandlung nach Abs. 1 S. 1 Nr. 3 sind zwar begrifflich nicht ausgeschlossen, können aber regelmäßig selbst als täterschaftliche Unterstützungshandlungen angesehen werden.[317]

72   **b) Verein oder Partei iS von Abs. 1 S. 1 Nr. 1 oder Nr. 2.** Abs. 1 S. 1 Nr. 3 unterscheidet sich von Abs. 1 S. 1 Nr. 1 lediglich im Hinblick auf die unterschiedliche Tathandlung. Im Hinblick auf das Merkmal des (verbotenen) Vereins, der (verbotenen) Ersatzorganisation eines solchen Vereins oder der (verbotenen) Ersatzorganisation einer Partei kann daher auf die dortigen Ausführungen verwiesen werden.[318]

73   **c) Vorliegen eines vollziehbaren Verbots etc.** Auch hinsichtlich der Voraussetzungen für die Vollziehbarkeit des Verbots oder der Feststellung gelten keine Besonderheiten.[319]

74   **d) Tathandlung: Unterstützung.** Wie bereits erwähnt, sollen durch das Merkmal der „Unterstützung" Verhaltensweisen von Außenstehenden, dh Nichtmitgliedern erfasst werden, die im Hinblick auf die Aufrechterhaltung des organisatorischen Zusammenhangs oder der weiteren Betätigung eines verbotenen Vereins oder einer Ersatzorganisation konstruktiv eine Beihilfehandlung darstellen. Insoweit deckt sich das Merkmal der Unterstützung mit dem „Hilfeleisten" iS des § 27 StGB. Darüber hinaus sind jedoch auch Anstiftungshandlungen erfasst, da auch sie regelmäßig eine Unterstützung des organisatorischen Zusammenhalts oder der weiteren Betätigung bedeuten.[320] Während es bis zur gesetzlichen Änderung im Jahr 2016[321] erforderlich war, dass sich die Unterstützung gerade auf den **organisatorischen Zusammenhalt** bezog, eine bloße Unterstützung der Vereinstätigkeit also nicht ausreichte,[322] ist nunmehr auch die Unterstützung der **weiteren Betätigung** erfasst.

75   **Unterstützung** des organisatorischen Zusammenhalts leistet derjenige, der in objektiv geeigneter Weise dazu beiträgt, dass der organisatorische Zusammenhalt der Vereinigung aufrechterhalten bleibt[323] oder die Organisation in ihren Bestrebungen oder in ihrer Tätigkeit gefördert wird.[324] Dabei reicht es allerdings aus, dass das Handeln des Täters auf die Aufrechterhaltung des organisatorischen Zusammenhangs abzielt und geeignet ist,

---

[314] Hierzu → Rn. 50.

[315] BT-Drs. V/2860, 6 (zu § 84 StGB aF); BGH 30.10.1964 – 3 StR 45/64, BGHSt 20, 89 = NJW 1965, 260 (261); 12.10.1965 – 3 StR 20/65, BGHSt 20, 287 (288) = NJW 1966, 61; Albrecht/Roggenkamp/*Seidl* Rn. 19; Erbs/Kohlhaas/*Wache* Rn. 16, 31; *Fischer* § 84 Rn. 6; *Rütters* S. 14; *Schnorr* Rn. 11; *Sommer* JR 1981, 490 (491); vgl. hierzu schon → Rn. 51.

[316] BGH 30.10.1964 – 3 StR 45/64, BGHSt 20, 89 = NJW 1965, 260 (261); Albrecht/Roggenkamp/*Seidl* Rn. 19; Erbs/Kohlhaas/*Wache* Rn. 16; *Groh* Rn. 14; Schenke/Graulich/Ruthig/*Roth*, J, § 20 Rn. 49.

[317] Albrecht/Roggenkamp/*Seidl* Rn. 19.

[318] Vgl. zum Merkmal des (verbotenen) Vereins → Rn. 6 ff.; zur (verbotenen) Ersatzorganisation eines solchen Vereins → Rn. 38 ff.

[319] Hierzu → Rn. 46 f.

[320] Erbs/Kohlhaas/*Wache* Rn. 31; *Schnorr* Rn. 11.

[321] Durch Art. 6 des Gesetzes zum besseren Informationsaustausch bei der Bekämpfung des internationalen Terrorismus, BGBl. I S. 1818 (1821).

[322] Albrecht/Roggenkamp/*Seidl* Rn. 20.

[323] Schönke/Schröder/*Sternberg-Lieben* StGB § 84 Rn. 16; vgl. auch BGH 14.8.2009 – 3 StR 502/08, BGHSt 54, 69 (116) = NJW 2009, 3448 (3462).

[324] BGH 30.10.1964 – 3 StR 45/64, BGHSt 20, 89 (90) = NJW 1965, 260 (261); 10.3.2005 – 3 StR 245/04, NJW 2005, 2164 (2165); 3.11.2005 – 3 StR 333/05, NJW 2006, 709 (710).

eine für den organisatorischen Zusammenhalt der verbotenen Vereinigung vorteilhafte Wirkung hervorzurufen. Da der Bereich der „Förderung" hier recht weit geht (auch die bloße Zurverfügungstellung einer Schreibmaschine zum Abfassen eines Flugblattes stellt eine solche Förderung dar)[325] ist, wie schon bei § 84 StGB, eine restriktive Auslegung geboten.[326] Der Unterstützungshandlung muss eine „messbare organisatorische Bedeutung zukommen".[327] Rein untergeordnete Hilfstätigkeiten scheiden aus.[328] Dabei ist es nicht erforderlich, dass die Unterstützung der verbotenen Vereinigung unmittelbar gewährt wird.[329] Ausreichend ist eine mittelbare Unterstützung etwa dadurch, dass man einzelnen Mitgliedern Hilfe gewährt und dadurch die Organisation der Vereinigung stützt, etwa durch Verbergen oder Unterstützen von einzelnen Vereinsmitgliedern. Nicht erforderlich ist es, dass der Täter die Vereinigung „offen" unterstützt, sich also nach außen hin als Unterstützender zu erkennen gibt.[330] Eine Unterstützung ist allerdings erst dann gegeben, wenn sich die Handlung für die Vereinigung in irgendeiner Weise vorteilhaft ausgewirkt hat, wobei es wiederum nicht erforderlich ist, dass der Organisation nachweisbar ein vom Täter verursachter messbarer Nutzen in Bezug auf ihr politisches Ziel oder ihre Tätigkeit entstanden ist. Insoweit ist also ein auf Grund der Tat eingetretener „Erfolg" nicht erforderlich.[331] Handelt der Täter, ohne dass sich eine solche Auswirkung feststellen lässt, liegt lediglich ein Versuch der Unterstützung vor, der straflos ist.[332] Neben der Unterstützung des organisatorischen Zusammenhalts ist seit 2016 auch die Unterstützung der weiteren Betätigung des verbotenen Vereins oder einer Ersatzorganisation unter Strafe gestellt.[333] Hierdurch wollte der Gesetzgeber Strafbarkeitslücken schließen, „die bei der Unterstützung der Weiterbetätigung verbotener Vereinigungen bestehen".[334] Damit werden viele Fälle, die bislang infolge der notwendigen restriktiven Auslegung des „organisatorischen Zusammenhalts" nicht strafbar waren, künftig erfasst sein.

Als **Beispiele** für typische Unterstützungshandlungen sind zu nennen: die Zurverfü- 76 gungstellung von Räumlichkeiten sowie Geldzuwendungen an die Vereinigung,[335] die Herstellung und Verbreitung von Propagandamitteln zum Zweck der Werbung für die Vereinigung – und zwar unabhängig von der Frage, ob das hergestellte oder verbreitete Material geeignet ist, bei der Masse von vereins- oder parteifremden Bürgern eine Wirkung zu erzielen. Allerdings muss ein solches Verhalten jedenfalls auf die tatsächlich

---

[325] Diese Tätigkeiten werden im Allgemeinen nicht erfasst; vgl. Erbs/Kohlhaas/*Wache* Rn. 16; Schönke/Schröder/*Sternberg-Lieben* StGB § 84 Rn. 16; SK-StGB/*Rudolphi* StGB § 84 Rn. 13.

[326] Erbs/Kohlhaas/*Wache* Rn. 16; *Groh* Rn. 13.

[327] BGH 17.12.1975 – 3 StR 4/71 I, BGHSt 26, 258 (260 f.) = NJW 1976, 575 (576); 14.8.2009 – 3 StR 502/08, BGHSt 54, 69 (116) = NJW 2009, 3448 (3462); Erbs/Kohlhaas/*Wache* Rn. 16; *Groh* Rn. 13; vgl. auch Schönke/Schröder/*Sternberg-Lieben* StGB § 84 Rn. 16: „in erheblichem Umfang die Organisation gefördert haben".

[328] BGH 17.12.1975 – 3 StR 4/71 I, BGHSt 26, 258 (261) = NJW 1976, 575 (576); hier findet sich die interessante Aussage, dass es sich bei untergeordneten Hilfstätigkeiten jedenfalls nicht um diejenigen „Beihilfehandlungen" handele, die durch § 84 Abs. 2 StGB zur Täterschaft verselbstständigt wurden; vgl. ferner Albrecht/Roggenkamp/*Seidl* Rn. 20.

[329] BGH 30.10.1964 – 3 StR 45/64, BGHSt 20, 89 = NJW 1965, 260 (261); Erbs/Kohlhaas/*Wache* Rn. 16; *Schnorr* Rn. 8; vgl. auch Schönke/Schröder/*Sternberg-Lieben* StGB § 84 Rn. 16, hier wird ausgeführt, erforderlich sei, dass der Handelnde entweder unmittelbar oder in erheblichem Umfang tätig werde.

[330] Erbs/Kohlhaas/*Wache* Rn. 16; nach LK-StGB/*Laufhütte/Kuschel* StGB § 84 Rn. 20 können hier auch Fälle erfasst sein, in denen sich der Täter nicht einmal der verbotenen Organisation gegenüber zu erkennen gibt, sofern sein Handeln jedenfalls einen organisationsbezogenen Erfolg aufweist.

[331] BGH 30.10.1964 – 3 StR 45/64, BGHSt 20, 89 (90) = NJW 1965, 260 (261); 10.3.2005 – 3 StR 245/04, NJW 2005, 2164 (2165); Albrecht/Roggenkamp/*Seidl* Rn. 20; Erbs/Kohlhaas/*Wache* Rn. 17.

[332] BGH 30.10.1964 – 3 StR 45/64, BGHSt 20, 89 (90) = NJW 1965, 260 (261); Erbs/Kohlhaas/*Wache* Rn. 17.

[333] BGBl. I S. 1818 (1821).

[334] BT-Drs. 18/8702 S. 12.

[335] *Arndt* NJW 1965, 430 (432); Erbs/Kohlhaas/*Wache* Rn. 16; *Groh* Rn. 13; Schenke/Graulich/Ruthig/*Roth*, J, § 20 Rn. 52; vgl. zur Tatbestandsmäßigkeit von Geldspenden an die Vereinigung nach Abs. 1 S. 1 Nr. 4 noch → Rn. 85.

bestehende Organisation eine integrierende und festigende Kraft ausüben[336] oder jedenfalls die Betätigung des Vereins fördern.

77   **5. Zuwiderhandlung gegen ein vollziehbares Betätigungsverbot bei Ausländervereinen (Nr. 4 Alt. 1).** Ordnet die Behörde gegen einen Verein, dessen Mitglieder oder Leiter sämtlich oder überwiegend Ausländer sind (Ausländerverein; § 14 Abs. 1 S. 1)[337] ein Vereinsverbot nach § 3 oder § 14 an, dann greifen die Strafvorschriften des § 85 StGB oder des § 20 Abs. 1 S. 1 Nr. 1 VereinsG[338] ein. Statt eines solchen (Total-)Verbots kann die Behörde aber auch ein bloßes **Betätigungsverbot** nach § 14 Abs. 3 erlassen.[339] Aufgrund des Verhältnismäßigkeitsgrundsatzes ist sie hierzu sogar verpflichtet, wenn ein Betätigungsverbot ausreicht, um die gefährdeten Rechtsgüter[340] zu schützen.[341] Zwar richtet sich das Betätigungsverbot im verwaltungsrechtlichen Sinne an den davon betroffenen Ausländerverein. Im strafrechtlichen Sinne sind Normadressaten jedoch ausschließlich diejenigen Personen, durch die der selbst nicht handlungsfähige Verein tätig wird.[342] Ein Verstoß gegen ein solches verhängtes Betätigungsverbot ist strafbar nach Abs. 1 S. 1 Nr. 4. Alt. 1.[343] Im Gegensatz zu Abs. 1 S. 1 Nr. 1, 2, 3, 5 kennt Abs. 1 S. 1 Nr. 4 dabei keine vorrangige Strafvorschrift aus dem StGB, die infolge der grundsätzlichen Subsidiarität des Abs. 1 ab der Unanfechtbarkeit des Verbots eingriffe. Insoweit stellt Abs. 1 S. 1 Nr. 4 die einzige „originäre" Strafvorschrift des VereinsG dar.

78   **a) Täterkreis; Täterschaft und Teilnahme.** Während sich der Verstoß gegen ein vollziehbares Vereins- oder Parteiverbot nach Abs. 1 S. 1 Nr. 1 bis Nr. 3 danach richtet, ob der Handelnde entweder als Vereins- oder Parteimitglied agiert (Abs. 1 S. 1 Nr. 1 und 2) oder die Vereinigung von außen unterstützt (Abs. 1 S. 1 Nr. 3), kennt Abs. 1 S. 1 Nr. 4 eine solche Trennung nicht. Als Täter kommen hier somit sowohl **Vereinsmitglieder** (oder sonst organisatorisch in die Vereinigung eingebundene Personen) als auch außenstehende **Dritte** (zB sog Solidaritätsbüros, die für die Ziele der Vereinigung werben bzw. deren Mitglieder[344]) in Betracht, die, ohne mitgliedschaftlich oder sonst organisatorisch eingebunden zu sein, für den Verein in einer Weise aktiv werden, dass ihr Handeln als Tätigkeit des Vereins erscheint oder wenigstens geeignet ist, das mit dem Verbot belegte Tätigwerden des Vereins zu unterstützen.[345] Bedeutung kann diese Differenzierung zwischen Vereinsmitgliedern und Dritten allerdings bei der Beurteilung der Frage gewinnen, wann eine Förderungshandlung vorliegt.[346] Obwohl auch im Rahmen des Abs. 1 S. 1 Nr. 4 eine Unterstützungshandlung außenstehender Dritter im Hinblick auf die Aufrechterhaltung des organisatorischen Zusammenhalts der Vereinigung letztlich eine zur Täter-

---

[336] BGH 17.12.1975 – 3 StR 4/71 I, BGHSt 26, 258 (260) = NJW 1976, 575 (576); Erbs/Kohlhaas/*Wache* Rn. 16; vgl. nunmehr aber auch BGH 10.3.2005 – 3 StR 245/04, NJW 2005, 2164 (2165); 3.11.2005 – 3 StR 333/05, NJW 2006, 709 (710).

[337] Vgl. zu den Ausländervereinen bereits ausführlich → Rn. 27 ff.

[338] Hierzu → Rn. 50 ff.

[339] Die Vorschrift des § 14 Abs. 3 ist abgedruckt → Rn. 29; hier wurde auch auf die mangelnde Bedeutung dieser Vorschrift in der Praxis hingewiesen.

[340] Vgl. ausführlich zur Rechtsgutsbestimmung im Rahmen des Abs. 1 S. 1 Nr. 4 *Rütters* S. 54 ff.

[341] Vgl. BVerwG 25.1.1978 – 1 A 3/76, BVerwGE 55, 175 (181) = NJW 1978, 2164 (2166); *von der Behrens*/*Lücke* HRRS 2011, 120 (122); siehe hierzu bereits → Rn. 29.

[342] BVerfG 5.6.2000 – 2 BvR 566/00, NJW 2000, 3637; BGH 24.1.1996 – 3 StR 530/95, BGHSt 42, 30 (36) = NJW 1996, 1906 (1907); 11.2.2000 – 3 StR 486/99, BGHSt 46, 6 (9) = NJW 2000, 2118; vgl. in diesem Zusammenhang zur Strafbarkeit von Mitgliedern sog „Solidaritätsbüros", die von außen Werbung für die Ziele der Vereinigung machen *Rütters* S. 125 ff.

[343] Vgl. zur Strafnorm des § 20 Abs. 1 S. 1 Nr. 4 ausführlich *Rütters*, Die strafrechtliche Absicherung des Verbots eines ausländischen Vereins, 2009.

[344] Vgl. hierzu auch *Rütters* S. 125 ff.

[345] Vgl. nur BGH 24.1.1996 – 3 StR 530/95, BGHSt 42, 30 (36) = NJW 1996, 1906 (1907); 9.4.1997 – 3 StR 387/96, BGHSt 43, 41 (42) = NJW 1997, 2248 (2249); 11.2.2000 – 3 StR 486/99, BGHSt 46, 6 (9 f.) = NJW 2000, 2118; Erbs/Kohlhaas/*Wache* Rn. 21; *Groh* Rn. 17; so im Ergebnis auch nach kritischer Diskussion und eigener Stellungnahme *Rütters* S. 68 ff.

[346] Hierzu noch näher → Rn. 83 f.

schaft verselbstständigte Beihilfehandlung darstellt, ist es im Gegensatz zu Abs. 1 S. 1 Nr. 1 bis Nr. 3 anerkannt, dass im Rahmen der Nr. 4 daneben eine Bestrafung wegen Anstiftung und Beihilfe rechtlich möglich ist.[347] Dies soll zB dann vorliegen, wenn es sich um eine Unterstützung der Vereinigung durch Verbreitung fremder Texte in Presseerzeugnissen handelt, sofern der Handelnde als verantwortlicher Redakteur im Hinblick auf die veröffentlichten Texte nicht einschreitet.[348] Auch soll eine Teilnahme in Form der psychischen Beihilfe vorliegen, wenn Außenstehende einer Demonstration des verbotenen Vereins erkennbare Zustimmung (zB durch Applaudieren) spenden.[349] Hingegen soll bei Zuwendungen in Form von Geld- oder Sachspenden immer ein täterschaftliches Zuwiderhandeln vorliegen, unabhängig davon, ob diese von Vereinsmitgliedern oder Außenstehenden erbracht werden.[350] Allgemein kann gesagt werden, dass von einer Beihilfe (eines Nichtmitglieds bzw. Dritten) auszugehen ist, wenn ein Außenstehender – ohne dass er sich (auch nicht in untergeordneter Weise) für den Verein selbst engagiert – lediglich andere bei ihrer (verbotenen) Tätigkeit unterstützt.[351]

b) Ausländervereine. Abs. 1 S. 1 Nr. 4 Alt. 1 betrifft ausschließlich Ausländervereine **79** nach § 14 Abs. 1, also Vereine, deren Mitglieder oder Leiter sämtlich oder überwiegend Ausländer sind.[352]

c) Vorliegen eines vollziehbaren Betätigungsverbots. Voraussetzung ist auch hier, **80** dass das Betätigungsverbot vollziehbar (wenn auch noch nicht unanfechtbar) ist.[353] Da Abs. 1 S. 1 Nr. 4 im Gegensatz zu den übrigen Strafvorschriften des Abs. 1 S. 1 im Hinblick auf unanfechtbar gewordene Verbote allerdings keine entsprechende Strafnorm im StGB kennt und daher die Subsidiaritätsklausel nicht greift, findet die Norm auch bei bestandskräftig gewordenen Betätigungsverboten Anwendung.[354] Denn auch diese sind „vollziehbare" Betätigungsverbote iS des Abs. 1 S. 1 Nr. 4.

d) Tathandlung: Zuwiderhandeln. Tathandlung ist die **Zuwiderhandlung** gegen **81** das ausgesprochene Betätigungsverbot. Eine solche Zuwiderhandlung liegt regelmäßig im Ausüben, Veranlassen oder Fördern der weiteren Tätigkeit der mit dem Betätigungsverbot belegten Vereinigung. Dies gilt jedoch nur, soweit das Verhalten im Hinblick auf die Verbotsgründe einschlägig, auf die verbotene (inländische) Tätigkeit des betroffenen Vereins bezogen und konkret geeignet ist, eine für die verbotene Vereinstätigkeit **vorteilhafte Wirkung** zu erzielen.[355] Eine rein passive Mitgliedschaft in einer solchen Vereinigung reicht auch

---

[347] BGH 9.4.1997 – 3 StR 387/96, BGHSt 43, 41 (49 ff.) = NJW 1997, 2248 (2250 f.); Albrecht/ Roggenkamp/*Seidl* Rn. 33; Erbs/Kohlhaas/*Wache* Rn. 31; vgl. auch *Rütters* S. 136 f. mit entsprechenden Beispielen; vgl. für § 129 StGB BGH 20.10.1990 – 3 StR 278/89, BGHSt 36, 363 (368, 371) = NJW 1990, 2828 (2831).

[348] BGH 9.4.1997 – 3 StR 387/96, BGHSt 43, 41 (51) = NJW 1997, 2248 (2251); hierzu noch → Rn. 86 ff.

[349] *Rütters* S. 136 f.

[350] *Rütters* S. 153 f., 157; hierzu noch → Rn. 85.

[351] *Rütters* S. 108 f.

[352] Hierzu näher → Rn. 27 ff.

[353] Verfassungsrechtlichen Bedenken gegen diese Regelung tritt der BGH 24.1.1996 – 3 StR 530/95, BGHSt 42, 30 (37) = NJW 1996, 1906 (1907) unter Hinweis auf die Rechtsprechung des BVerfG 15.6.1989 – 2 BvL 4/87, BVerfGE 80, 244 = NJW 1990, 37, entgegen. Vgl. hierzu auch die zust. Anmerkung von *Scholz* NStZ 1996, 602 (603); zu dieser Problematik bereits → Rn. 46 f.

[354] BGH 24.1.1996 – 3 StR 530/95, BGHSt 42, 30 (34) = NJW 1996, 1906 (1906 f.); 13.3.1996 – 3 StR 610/95, NStZ-RR 1996, 219; vgl. auch Albrecht/Roggenkamp/*Seidl* Rn. 23; *Groh* Rn. 1; *Wilms* JZ 1965, 86 (90).

[355] BVerfG 5.6.2000 – 2 BvR 566/00, NJW 2000, 3637; 15.11.2001 – 1 BvR 98/97, NStZ-RR 2002, 120 = NVwZ 2002, 709; 26.9.2006 – 1 BvR 605/04 und 1 BvR 1580/04, BVerfGK 9, 245 (254); BGH 24.1.1996 – 3 StR 530/95, BGHSt 42, 30 (36 f.) = NJW 1996, 1906 (1907) = NStZ 1996, 340 (hierzu *Schmidt* NStZ 1998, 610 [611]); 24.1.1996 – 3 StR 540/95, NJW 1996, 1905; 24.1.1996 – 3 StR 545/95, NStZ-RR 1996, 218; 13.3.1996 – 3 StR 610/95, NStZ-RR 1996, 219; 12.3.1997 – 3 StR 607/ 96, NJW 1997, 2251 (2252); 9.4.1997 – 3 StR 387/96, BGHSt 43, 41 (42 f.) = NJW 1997, 2248 (2249); 7.5.1997 – 3 StR 185/97, NStZ 1997, 497; 18.6.1997 – 3 StR 206/97, NStZ 1997, 604; 19.11.1997 – 3 StR 574/97, BGHSt 43, 312 (313) = NJW 1998, 1652; 17.3.1999 – 3 StR 637/98, NStZ 1999, 411 (412);

hier – ebenso wie bei Abs. 1 S. 1 Nr. 1[356] – nicht aus.[357] Dies hat zur Folge, dass – insbes. bei Funktionsträgern – jede Zuwiderhandlung im Einzelfall festgestellt werden muss und nicht aus der organisatorischen Einbindung des Betreffenden in die jeweilige Vereinigung auf seine Beteiligung an einer bestimmten Aktion und daher auf seine Zuwiderhandlung geschlossen werden kann.[358] Dabei ist es allerdings **nicht** erforderlich, dass die Handlung im Sinne der Bedingungstheorie für eine bestimmte Vereinstätigkeit **ursächlich** geworden ist. Auf die Feststellung eines tatsächlich eingetretenen messbaren Nutzens kommt es daher nicht an.[359] Denn die Vorschrift stellt insoweit ein reines **Ungehorsamsdelikt** und kein Erfolgsdelikt dar.[360] Dabei kann die Zuwiderhandlung auch in einem pflichtwidrigen Unterlassen bestehen.[361] Die Förderung muss auch nicht auf den organisatorischen Fortbestand des Vereins abzielen, ausreichend ist es, wenn sie allgemein auf die Verwirklichung seiner Handlungsziele gerichtet ist.[362] Obwohl die möglichen Zuwiderhandlungen in Abs. 1 S. 1 Nr. 4 nicht einzeln aufgezählt sind und diese sich regelmäßig auch nicht aus der Verbotsverfügung ergeben, lassen sie sich aus dem Sinn und Zweck des Betätigungsverbots ermitteln, so dass die Vorschrift dem Bestimmtheitsgebot des Art. 103 Abs. 2 GG entspricht.[363]

82   **aa) Restriktive Auslegung.** Wie schon beim Tatbestandsmerkmal des „Unterstützens" muss aber auch hier eine restriktive Auslegung erfolgen.[364] Bagatellfälle, die lediglich eine Beihilfe zu den eigentlichen Förderungshandlungen darstellen, sind – jedenfalls was die täterschaftliche Begehung angeht – aus dem Tatbestand auszugrenzen. Die entfaltete Tätigkeit muss also eine gewisse Erheblichkeitsschwelle überschreiten.[365] Objektiv ungeeignete Verhaltensweisen, die im Hinblick auf einen zu erzielenden Erfolg konstruktiv einem

---

11.2.2000 – 3 StR 486/99, BGHSt 46, 6 (10) = NJW 2000, 2118; 5.3.2002 – 3 StR 514/01, NJW 2002, 2190 (2191); 27.3.2003 – 3 StR 377/02, NJW 2003, 2621 (2622); BVerwG 15.3.2005 – 1 C 26/03, DVBl 2005, 1203 (1206); 14.5.2009 – 6 VR 3/08, NVwZ 2010, 459 (460); 14.5.2009 – 6 VR 4/08, *Buchholz* 402.45 VereinsG Nr. 48; BayObLG 6.11.1995 – 3 St Ob Ws 2/95, NStZ-RR 1996, 121; OLG Düsseldorf 26.9.1996 – 1 Ws 803/96, NStZ-RR 1997, 59; Albrecht/Roggenkamp/*Seidl*Rn. 25; Erbs/Kohlhaas/*Wache* Rn. 19; *Groh* Rn. 18; *B. Heinrich* NStZ 2003, 43 (43 f.); *ders.* NStZ 2010, 429 (430); *Klemm* NStZ 2012, 128 (129); Schenke/Graulich/Ruthig/*Roth*, J, § 20 Rn. 59; *Scholz* NStZ 1996, 602 (603).

[356] → Rn. 63.

[357] BGH 11.2.2000 – 3 StR 486/99, BGHSt 46, 6 (10) = NJW 2000, 2118 (2118 f.); *B. Heinrich* NStZ 2010, 429 (430); ferner *Rütters* S. 154 ff.

[358] BGH 11.2.2000 – 3 StR 486/99, BGHSt 46, 6 (11) = NJW 2000, 2118 (2119).

[359] BVerfG 15.11.2001 – 1 BvR 98/97, NStZ-RR 2002, 120 (121); BGH 24.1.1996 – 3 StR 530/95, BGHSt 42, 30 (37) = NJW 1996, 1906 (1907); 24.1.1996 – 3 StR 540/95, NJW 1996, 1905; 24.1.1996 – 3 StR 545/95, NStZ-RR 1996, 218; 13.3.1996 – 3 StR 610/95, NStZ-RR 1996, 219; 9.4.1997 – 3 StR 387/96, BGHSt 43, 41 (43) = NJW 1997, 2248 (2249); 27.3.2003 – 3 StR 377/02, NJW 2003, 2621 (2622); 27.6.2013 – 3 StR 109/13, NStZ 2013, 733 (734); BayObLG 6.11.1995 – 3 St Ob Ws 2/95, NStZ-RR 1996, 121; OLG Düsseldorf 26.9.1996 – 1 Ws 803/96, NStZ-RR 1997, 59; Erbs/Kohlhaas/*Wache* Rn. 19; *Groh* Rn. 18; *B. Heinrich* NStZ 2003, 43 (43 f.); *ders.* NStZ 2010, 429 (430); *Klemm* NStZ 2012, 128 (129); *Scholz* NStZ 1996, 602 (603); vgl. auch *Köbler* NStZ 1995, 531; dagegen eine Ursächlichkeit für die weitere Tätigkeit des Vereins fordernd OLG Düsseldorf 11.9.1996 – 4 Ws 140/96, NStZ-RR 1997, 123 (124).

[360] BT-Drs. IV/430, 25 f.; BGH 19.11.1997 – 3 StR 574/97, BGHSt 43, 312 (314) = NJW 1998, 1652; 11.2.2000 – 3 StR 486/99, BGHSt 46, 6 (9) = NJW 2000, 2118 (2118); BVerwG 20.12.2005 – 6 A 4/05, ZUM-RD 2006, 416; Albrecht/Roggenkamp/*Seidl* Rn. 25; *Rösemann* Kriminalistik 1996, 795 (796); vgl. bereits → Rn. 3; zur Kritik an der Unterscheidung von Organisations- und Ungehorsamsdelikten *Rütters* S. 5 ff.

[361] BGH 11.2.2000 – 3 StR 486/99, BGHSt 46, 6 (10) = NJW 2000, 2118; zustimmend *Rütters* S. 159 ff.

[362] BGH 24.1.1996 – 3 StR 540/95, NJW 1996, 1905; BayObLG 6.11.1995 – 3 St Ob Ws 2/95, NStZ-RR 1996, 121.

[363] BVerfG 15.11.2001 – 1 BvR 98/97, NStZ-RR 2002, 120 (122); vgl. ferner BGH 24.1.1996 – 3 StR 530/95, BGHSt 42, 30 (37) = NJW 1996, 1906 (1907); ebenso Erbs/Kohlhaas/*Wache* Rn. 18; *Scholz* NStZ 1996, 602 (603); vgl. hierzu auch ausführlich mit eigener Stellungnahme *Rütters* S. 26 ff.

[364] BGH 12.3.1997 – 3 StR 607/96, NJW 1997, 2251; 7.5.1997 – 3 StR 185/97, NStZ 1997, 497; 18.6.1997 – 3 StR 206/97, NStZ 1997, 604; 16.7.1997 – 3 StR 314/97, NStZ-RR 1997, 349; so auch Erbs/Kohlhaas/*Wache* Rn. 18; *Groh* Rn. 18; vgl. zum Tatbestandsmerkmal des Unterstützens → Rn. 74 ff.

[365] BGH 27.6.2013 – 3 StR 109/13, NStZ 2013, 733 (734); OLG Düsseldorf 26.9.1996 – 1 Ws 803/96, NStZ-RR 1997, 59; Albrecht/Roggenkamp/*Seidl* Rn. 25; Erbs/Kohlhaas/*Wache* Rn. 18; vgl. zur „Erheblichkeit" auch BGH 27.3.2003 – 3 StR 377/02, NJW 2003, 2621 (2622); hierzu *B. Heinrich* NStZ 2010, 429 (431 ff.).

untauglichen Versuch entsprechen, werden ebenfalls nicht erfasst.[366] Ansonsten würde hier die Tatsache nicht beachtet, dass der Gesetzgeber den Versuch der Zuwiderhandlung nicht unter Strafe gestellt hat.[367] Auch reine Vorbereitungshandlungen sollen nicht ausreichen,[368] wobei die Rechtsprechung davon ausgeht, dass allgemeine Grundsätze für die Festlegung des Vollendungszeitpunktes hier nur begrenzt aufgestellt werden können und daher in jedem Einzelfall unter Berücksichtigung aller Umstände geprüft und entschieden werden müsse, ob die Ungehorsamshandlung gegenüber dem Betätigungsverbot nach natürlicher Anschauung als vollendet anzusehen ist.[369] Insbes. bei Vereinsmitgliedern wird man dabei vorbereitende Tätigkeiten, zB die Vorbereitung von Veranstaltungen und Plakataktionen jedoch als geradezu „klassische" Verstöße gegen das Betätigungsverbot ansehen müssen.[370] So wertete auch der BGH das Übergeben von Plakaten einer mit einem Verbot belegten Vereinigung an Dritte verbunden mit der Aufforderung, diese Plakate an verschiedenen Orten in einer Stadt anzukleben, als Verstoß gegen § 20 Abs. 1 S. 1 Nr. 4.[371] Nicht als Verstoß gegen das Betätigungsverbot sind dagegen bloße Sympathiekundgebungen anzusehen. Diese sind vom Grundrecht auf Meinungsfreiheit nach Art. 5 Abs. 1 GG ebenso gedeckt, wie die bloße – wenn auch nach außen dringende – Forderung nach einer Aufhebung des Betätigungsverbotes,[372] sofern nicht weitere Umstände hinzukommen, die als unerlaubte Betätigung für die Vereinigung angesehen werden können, wie etwa die Meinungskundgabe im Rahmen einer groß angelegten Kampagne oder einer Demonstration.[373] So wurde vom BGH ein Verstoß gegen das Betätigungsverbot darin gesehen, dass ca. 100.000 Personen in einer Massenkampagne vorformulierte Selbstbezichtigungserklärungen („Auch ich bin eine PKK'lerin") unterschrieben, in denen sie ein Bekenntnis ablegten, Sympathisanten der PKK (einer mit einem Betätigungsverbot belegten ausländischen Vereinigung[374]) zu sein, eine Aufhebung des Verbots forderten und auch angaben, die Konsequenzen tragen zu wollen, die ihr Verhalten möglicherweise nach sich ziehen würde.[375]

bb) Differenzierung: Vereinsmitglieder – Außenstehende. Bei der Beurteilung, ob 83 und inwieweit eine Zuwiderhandlung gegen ein Betätigungsverbot im konkreten Fall vorliegt, kann der Umstand eine Rolle spielen, ob der Betreffende als Vereinsmitglied bzw. organisatorisch in die Vereinigung eingegliederte Person oder aber als Außenstehender handelt.[376] Ist der Täter **Mitglied** des mit einem Betätigungsverbot belegten Vereins, so reicht grds. jede Handlung aus, die vom Verbot erfasst wird und im Zusammenhang mit dem Verein steht, selbst wenn keine erkennbare Außenwirkung festgestellt werden kann.[377] Bei **außenstehenden Dritten** hingegen wurde von der Rspr. zumindest bislang verlangt, dass ihr Handeln eine **Außenwirkung** zu Gunsten des mit dem Betätigungsverbot belegten

---

[366] *Rütters* S. 159.

[367] BGH 7.5.1997 – 3 StR 185/97, NStZ 1997, 497; Erbs/Kohlhaas/*Wache* Rn. 18; ausführlich *Rütters* S. 157 ff.

[368] BGH 16.7.1997 – 3 StR 314/97, NStZ-RR 1997, 349 (350); hierzu auch BGH 3.9.1997 – 3 StR 410/97, NStZ-RR 1998, 218; *Hartmann* StV 1998, 138 (139); vgl. aber auch *Rütters* S. 116.

[369] BGH 7.5.1997 – 3 StR 185/97, NStZ 1997, 497; 18.6.1997 – 3 StR 206/97, NStZ 1997, 604; zustimmend Erbs/Kohlhaas/*Wache* Rn. 18.

[370] *Rütters* S. 113 f., 116; vgl. hierzu noch ausführlich → Rn. 83.

[371] BGH 24.1.1996 – 3 StR 530/95, BGHSt 42, 30 = NJW 1996, 1906; hierzu *Rütters* S. 109 ff.

[372] Vgl. hierzu ausführlich *Rütters* S. 118 ff.

[373] BGH 27.3.2003 – 3 StR 377/02, NJW 2003, 2621 (2622); hierzu *B. Heinrich* NStZ 2010, 429 (431 ff.); *Rütters* S. 120 ff.; zum Aspekt der Meinungsfreiheit auch BVerfG 15.11.2001 – 1 BvR 98/97, NStZ-RR 2002, 120; 26.9.2006 – 1 BvR 605/09, 1 BvR 674/04 und 1 BvR 1580/04, BVerfGK 9, 245 (251 ff.).

[374] Vgl. zur PKK und ihrer Gruppierungen bereits oben Fn. 205 und → Rn. 92.

[375] BGH 27.3.2003 – 3 StR 377/02, NJW 2003, 2621 (2622); hierzu *B. Heinrich* NStZ 2010, 429 (431 ff.); *Rütters* S. 120 ff.; ferner BVerfG 26.9.2006 – 1 BvR 605/09, 1 BvR 674/04 und 1 BvR 1580/04, BVerfGK 9, 245; BGH 26.5.2004 – 3 StR 149/04, BeckRS 2004, 05922.

[376] BGH 12.3.1997 – 3 StR 607/96, NJW 1997, 2251; 7.5.1997 – 3 StR 185/97, NStZ 1997, 497; 14.1.1998 – 3 StR 667/97, NStZ-RR 1998, 286; Albrecht/Roggenkamp/*Seidl* Rn. 25; vgl. zum Täterkreis bereits → Rn. 78.

[377] BGH 7.5.1997 – 3 StR 185/97, NStZ 1997, 497; Albrecht/Roggenkamp/*Seidl* Rn. 25; Erbs/Kohlhaas/*Wache* Rn. 21.

Vereins entfaltet.[378] Dies kann beispielsweise Bedeutung erlangen, wenn der Handelnde, ohne hierzu von der Vereinsführung beauftragt zu sein, Propagandamaterial lediglich für den Verein lagert, ein Verhalten, welches zwar für ein Vereinsmitglied, nicht aber für einen Externen als Verstoß gegen ein Betätigungsverbot angesehen wurde.[379] Während für ein Vereinsmitglied das Vorbereiten und Steuern von Propagandaveranstaltungen (wie das Anmieten von Bussen und das Organisieren der Anreise zum Veranstaltungsort) als für einen Verstoß ausreichend angesehen wurden,[380] stellen solche Handlungen für Außenstehende noch keine strafrechtlich relevante Unterstützung der Vereinigung dar. Auch reicht zB die bloße Anreise eines außenstehenden Dritten zum Demonstrationsort oder dessen Bemühungen, sich einer verbotenen Demonstration anzuschließen, noch nicht aus, um das Tatbestandsmerkmal der Zuwiderhandlung iS einer Förderung der Vereinstätigkeit zu erfüllen.[381] Denn auch in diesen Fällen ist es erforderlich, dass der Täter mit seiner werbenden Tätigkeit irgendwie nach außen hervorgetreten ist oder einen nach außen wirksamen Beitrag zu der von anderen organisierten Propagandierung der Ideen und Parolen der verbotenen Vereinigung geleistet hat.[382] Liegt dagegen eine eindeutige bzw. unmissverständliche Werbung für den von einem Verbot betroffenen Verein vor, so muss einem Dritten ein Bezug oder sogar eine Beauftragung durch die verbotene Organisation nicht nachgewiesen werden.[383]

84   Allerdings ist es auch für eine solche Außenwirkung nicht erforderlich, dass sie **ursächlich** für eine konkrete organisatorische Vereinstätigkeit wird, so dass das Tragen eines Ansteckers mit dem Symbol der mit dem Betätigungsverbot belegten Vereinigung ausreichen kann, selbst wenn im Einzelfall keine konkrete Förderung der Vereinstätigkeit festzustellen ist.[384] Erforderlich ist in diesem Fall jedoch, dass die Handlung eines Nichtmitglieds in einem **gewollten Zusammenhang** mit der Vereinstätigkeit steht, dh in ihrer Zielrichtung auf die weitere Betätigung des Vereins gerichtet ist.[385]

85   **cc) Beispiele.** Als für beide Tätergruppen ausreichende Förderungshandlung im Rahmen des Abs. 1 S. 1 Nr. 4 wurde zB die aktive Teilnahme an einer verbotenen Demonstration angesehen, aus der heraus Propaganda[386] für die Ziele der Vereinigung gemacht wird.[387] Dies gilt jedoch nicht bereits für die vorgelagerte Anreise eines Außenstehenden[388] oder

---

[378] BVerfG 15.11.2001 – 1 BvR 289/00, NVwZ 2002, 712; 15.11.2001 – 1 BvR 2180/98, NVwZ 2002, 711; BGH 12.3.1997 – 3 StR 607/96, NJW 1997, 2251 (2252); 7.5.1997 – 3 StR 185/97, NStZ 1997, 497; 18.6.1997 – 3 StR 206/97, NStZ 1997, 604; 16.7.1997 – 3 StR 314/97, NStZ-RR 1997, 349 (350); 3.9.1997 – 3 StR 410/97, NStZ-RR 1998, 218; 14.1.1998 – 3 StR 667/97, NStZ-RR 1998, 286; Albrecht/Roggenkamp/*Seidl* Rn. 25; Erbs/Kohlhaas/*Wache* Rn. 21; *Groh* Rn. 19; *Hartmann* StV 1998, 138, *B. Heinrich* NStZ 2010, 429 (431); vgl. auch BVerfG 15.11.2001 – 1 BvR 98/97, NStZ-RR 2002, 120 (121); unklar aber BGH 27.3.2003 – 3 StR 377/02, NJW 2003, 2621 (2622): „Bei einer unmittelbaren Förderung der verbotenen Vereinstätigkeit [...] kommt es auf eine Außenwirkung von vornherein nicht an".
[379] So BGH 12.3.1997 – 3 StR 607/96, NJW 1997, 2251; zustimmend Erbs/Kohlhaas/*Wache* Rn. 21; *Groh* Rn. 19; *Hartmann* StV 1998, 138; hierzu auch BGH 17.3.1999 – 3 StR 637/98, NStZ 1999, 411.
[380] BGH 7.5.1997 – 3 StR 185/97, NStZ 1997, 497; zustimmend Erbs/Kohlhaas/*Wache* Rn. 21; *Groh* Rn. 19; *Schmidt* NStZ 1998, 610 (612); vgl. auch BGH 27.3.2003 – 3 StR 377/02, NJW 2003, 2621 (2622).
[381] BGH 7.5.1997 – 3 StR 185/97, NStZ 1997, 497; 18.6.1997 – 3 StR 206/97, NStZ 1997, 604; 16.7.1997 – 3 StR 314/97, NStZ-RR 1997, 349; 3.9.1997 – 3 StR 410/97, NStZ-RR 1998, 218; 14.1.1998 – 3 StR 667/97, NStZ-RR 1998, 286; zustimmend Erbs/Kohlhaas/*Wache* Rn. 21; *Schmidt* NStZ 1998, 610 (612).
[382] BGH 7.5.1997 – 3 StR 185/97, NStZ 1997, 497; 14.1.1998 – 3 StR 667/97, NStZ-RR 1998, 286.
[383] *Rütters* S. 108, 117.
[384] BayObLG 6.11.1995 – 3 St Ob Ws 2/95, NStZ-RR 1996, 121; vgl. dazu, dass eine „Ursächlichkeit" iS der Bedingungstheorie nicht erforderlich ist, bereits → Rn. 81.
[385] BayObLG 6.11.1995 – 3 St Ob Ws 2/95, NStZ-RR 1996, 121.
[386] Vgl. zum Begriff der „Propaganda" in diesem Zusammenhang *Rütters* S. 91 ff.
[387] BGH 7.5.1997 – 3 StR 185/97, NStZ 1997, 497 (hierzu *Rütters* S. 131 ff.); 16.7.1997 – 3 StR 314/97, NStZ-RR 1997, 349; vgl. auch BGH 9.11.2000 – 3 StR 430/00, NStZ 2001, 158; ferner auch die Beteiligung an einer groß angelegten Kampagne, bei der durch Selbstbezichtigungen eine so große Zahl von Strafverfahren herbeigeführt werden sollte, dass den Strafverfolgungsorganen eine Sanktionierung unmöglich werde; vgl. BGH 27.3.2003 – 3 StR 377/02, NJW 2003, 2621; hierzu *B. Heinrich* NStZ 2010, 429 (431 ff.); *Rütters* S. 120 ff.
[388] BGH 7.5.1997 – 3 StR 185/97, NStZ 1997, 497; zustimmend *Rütters* S. 131 ff.

die bloßen Sympathiebekundungen eines Dritten im Hinblick auf die Demonstranten.[389] Problematisch ist eine solche Einordnung auch bei einer genehmigten Versammlung, bei denen den Behörden bekannt war, dass sie von einer mit einem Betätigungsverbot belegten Vereinigung veranstaltet wird.[390] Strafbare Handlungen sind weiter das Tragen von Ansteckern mit dem Symbol der betreffenden Vereinigung,[391] die aktive Verbreitung von Propagandamaterial oder die Plakatierung desselben,[392] unter Umständen auch das bloße Lagern und Bereithalten von Propagandamaterial zur Verteilung im Auftrag der Vereinigung,[393] Propagandatätigkeit im Sinne der sogenannten Sympathiewerbung,[394] die Mitwirkung an der Verwaltung und der Weiterleitung von Geldern, die zur Unterstützung der Vereinigung bestimmt sind,[395] das „Sammeln" von Spendengeldern[396] sowie die Unterstützung der Vereinigung durch Spenden.[397] Bei den Spenden kommt allerdings die Besonderheit hinzu, dass hier im Einzelfall die subjektive Tatseite im Hinblick auf das Merkmal der „Unterstützung" fraglich sein kann, wenn die Spende unter dem Druck von „Spendensammlern" eingetrieben wird.[398] Dies gilt auch dann, wenn der „Druck" noch nicht den Grad erpresserischen Handelns erreicht, der die Anwendbarkeit des § 35 StGB (entschuldigender Notstand) eröffnen würde.[399] Liegt jedoch ein ausgeübter Druck von erpresserischem Potenzial vor, so kann zu Gunsten des Genötigten ein sog Nötigungsnotstand vorliegen.[400] Problematisch ist ferner die Frage, ob auch die bloße Bezahlung von Mitgliedsbeiträgen eine verbotene Betätigung sein kann, was in der Regel unter dem Gesichtspunkt, dass eine solche auch die Anforderung an die mitgliedschaftliche Betätigung iS des Abs. 1 S. 1 Nr. 1 nicht erfüllt, straflos sein muss.[401] Insgesamt ist die Problematik der materiellen Zuwendungen

---

[389] *Rütters* S. 136 f.

[390] *B. Heinrich* NStZ 2010, 429 (431 f.).

[391] BayObLG 6.11.1995 – 3 St Ob Ws 2/95, NStZ-RR 1996, 121; zurückhaltender *Köbler* NStZ 1995, 531, der hier zwar eine Strafbarkeit nach § 20 Abs. 1 S. 1 Nr. 5 für möglich hält, eine solche nach Nr. 4 jedoch ablehnt, da sich das Zeigen der Symbole nicht als Tätigkeit „des Vereins", sondern ausschließlich als eine solche der jeweiligen Einzelperson darstellt; hierzu auch *Rütters* S. 134 f.

[392] BVerfG 15.11.2001 – 1 BvR 98/97, NStZ-RR 2002, 120; 15.11.2001 – 1 BvR 2180/98, NVwZ 2002, 711; BGH 24.1.1996 – 3 StR 540/95, NJW 1996, 1905; 24.1.1996 – 3 StR 545/95, NStZ-RR 1996, 218; 13.3.1996 – 3 StR 610/95, NStZ-RR 1996, 219; 12.3.1997 – 3 StR 607/96, NJW 1997, 2251 (2252); so auch Erbs/Kohlhaas/*Wache* Rn. 22.

[393] BVerfG 15.11.2001 – 1 BvR 289/00, NVwZ 2002, 712; BGH 12.3.1997 – 3 StR 607/96, NJW 1997, 2251 (2252); hier wurde die Außenwirkung gerade in der Bereitstellung des Materials zur Verteilung gesehen, was jedoch äußerst fraglich ist; hierzu auch *Rütters* S. 141, 152; Schenke/Graulich/Ruthig/*Roth*, J, § 20 Rn. 63; ferner BGH 11.2.2000 – 3 StR 486/99, BGHSt 46, 6 (15 f.) = NJW 2000, 2118 (2120); 16.2.2000 – 3 StR 565/99, NStZ 2000, 377; hierzu bereits → Rn. 83.

[394] BGH 9.4.1997 – 3 StR 387/96, BGHSt 43, 41 (43) = NJW 1997, 2248 (2249); BayObLG 6.11.1995 – 3 St Ob Ws 2/95, NStZ-RR 1996, 121; vgl. allerdings auch *Rütters* S. 83 ff. mit dem Hinweis *(Rütters* S. 90) darauf, dass die Sympathiewerbung seit dem 34. StrÄndG nicht mehr den objektiven Tatbestand der §§ 129, 129a StGB erfüllt. *Rütters* S. 100 f. weist zudem auch auf die Sperrwirkung des § 86 StGB im Hinblick auf Dritte hin.

[395] BGH 17.3.1999 – 3 StR 637/98, NStZ 1999, 411 (412); 16.2.2000 – 3 StR 565/99, NStZ 2000, 377.

[396] Vgl. BVerfG 5.6.2000 – 2 BvR 566/00, NJW 2000, 3637; BGH 13.11.1996 – 3 StR 482/96, NStZ-RR 1997, 262; hier geht der BGH auch darauf ein, inwieweit in Bezug auf die eingesammelten Spendengelder nach §§ 73, 76a StGB der Verfall erklärt werden kann; ferner BGH 10.12.1997 – 3 StR 389/97, NStZ-RR 1998, 276; 16.2.2000 – 3 StR 565/99, NStZ 2000, 377 (378); 10.9.1999 – 3 StR 224/99, StV 2000, 242; 9.11.2000 – 3 StR 430/00, NStZ 2001, 158; vgl. auch BGH 5.3.2002 – 3 StR 514/01, NJW 2002, 2190; 27.3.2003 – 3 StR 377/02, NJW 2003, 2621 (2622).

[397] BGH 19.11.1997 – 3 StR 574/97, BGHSt 43, 312 (313) = NJW 1998, 1652; hierzu auch *Rütters* S. 141 f., 145 ff.; vgl. auch BGH 6.3.1961 – 3 StR 4/61, bei *Wagner* GA 1963, 225 (245, Nr. 27).

[398] Vgl. zu dieser Problematik ausführlich *Rütters* S. 165 ff.; kritisch zu dieser Differenzierung Schenke/Graulich/Ruthig/*Roth*, J, § 20 Rn. 65.

[399] BGH 19.11.1997 – 3 StR 574/97, BGHSt 43, 312 (313) = NJW 1998, 1652; anders jedoch *Rütters* S. 165 ff.; Schenke/Graulich/Ruthig/*Roth*, J, § 20 Rn. 65.

[400] Zu den Voraussetzungen und zur dogmatischen Einordnung eines solchen Nötigungsnotstandes allgemein *B. Heinrich,* Strafrecht Allgemeiner Teil, 4. Aufl. 2014, Rn. 437, 580; hierzu auch *Rütters* S. 167 ff.

[401] → Rn. 63; hierzu auch Erbs/Kohlhaas/*Wache* Rn. 12; *Fischer* StGB § 84 Rn. 4; SK-StGB/*Rudolphi* StGB § 84 Rn. 12; differenzierend LK-StGB/*Laufhütte/Kuschel* StGB § 84 Rn. 19; im Ergebnis abweichend *Rütters* S. 143 ff., 154 ff.

an mit einem Betätigungsverbot belegte Organisationen aber noch nicht abschließend geklärt, denn es ist fraglich, warum Mitglieder bei einer bloßen (Weiter-)Bezahlung des Mitgliedsbeitrages straflos bleiben sollen, während außenstehende Dritte bei einer Geldspende in gleicher Höhe dem Abs. 1 S. 1 Nr. 4 unterfallen sollen.[402] Schließlich kann auch die bloße Übernahme eines Amts oder einer leitenden Funktion innerhalb der Vereinigung als verbotene Betätigung angesehen werden, wobei hier allerdings zu beachten ist, dass die anschließende bloße Innehabung eines solchen Amts nicht als andauernder Verstoß gegen das Betätigungsverbot anzusehen ist, da Abs. 1 S. 1 Nr. 4 gerade kein Dauerdelikt darstellt.[403]

86   **dd) Sonderfall: Publikationen.** Grundsätzlich kann auch eine Veröffentlichung von Texten eines mit einem Betätigungsverbot belegten Vereins (oder die Ausstrahlung einer Rundfunk- oder Fernsehsendung) durch eine außenstehende Person eine Zuwiderhandlung darstellen.[404] Hierbei kommt allerdings dem Grundrecht der Meinungs-, Presse- und Rundfunkfreiheit (Art. 5 GG) entscheidende Bedeutung zu.[405] Insoweit muss eine Abwägung stattfinden, bei der die Grundsätze heranzuziehen sind, die bei der Anwendung der §§ 129, 129a StGB entwickelt worden sind.[406] Dabei steht es den Strafgerichten nicht zu, die materielle Berechtigung der einzelnen Verbotsgründe in Zweifel zu ziehen.[407] Zu berücksichtigen ist ferner, dass sich die Bestrafung letztlich nicht gegen die Meinungsäußerung als solche richten, sondern lediglich die durch die Veröffentlichung angestrebte gezielte Förderung der mit dem Betätigungsverbot belegten Vereinigung zum Gegenstand haben darf.[408]

87   Eine Verurteilung ist dabei nur möglich, wenn sich die Publizierenden gleichsam „als Sprachrohr" bzw. „verlängerter Arm" der mit einem Betätigungsverbot belegten Vereinigung in deren Dienst stellen.[409] Dies ist unter folgenden Voraussetzungen anzunehmen: a) die veröffentlichten Texte müssen objektiv geeignet sein, von den angesprochenen Adressaten als Werbung oder Unterstützung der Vereinstätigkeit aufgefasst zu werden, b) die Zielrichtung der Unterstützung der verbotenen Vereinstätigkeit muss eindeutig erkennbar sein und c) die Wiedergabe der die Vereinstätigkeit eindeutig unterstützenden Aussagen in den Texten muss vom angesprochenen Leserkreis als eine sich die unterstützende Tendenz zu eigen machende Meinungsäußerung der Publizierenden verstanden werden.[410] Dabei ist neben der Aufmachung und Hervorhebung sowie etwaigen zustimmenden Erläuterungen seitens der Publizierenden insbes. auch der redaktionelle und journalistische Zusammenhang maßgebend, in dem die Veröffentlichungen stehen.

88   Nicht ausreichend ist es, wenn in einem Publikationsorgan lediglich inhaltlich dieselben Ziele vertreten werden, ohne dass ein Hinweis auf die mit dem Betätigungsverbot belegte Vereinigung stattfindet.[411] Ebenfalls genügt es nicht, wenn zwar ein Hinweis auf die Vereini-

---

[402] Vgl. zu diesem – sich auch im Rahmen des § 20 Abs. 1 S. 1 Nr. 1 stellenden – Problem ausführlich *Rütters* S. 139 ff., mit einem eigenen Lösungsansatz S. 154 ff.

[403] BGH 11.2.2000 – 3 StR 486/99, BGHSt 46, 6 (13) = NJW 2000, 2118 (2119); BGH 9.11.2000 – 3 StR 430/00, NStZ 2001, 158.

[404] Vgl. hierbei zur Verjährungsfrist → Rn. 126.

[405] BVerfG 15.11.2001 – 1 BvB 289/00, NVwZ 2002, 712; BGH 9.4.1997 – 3 StR 387/96, BGHSt 43, 41 (43) = NJW 1997, 2248 (2249); 9.4.1997 – 3 StR 584/96, NStZ 1997, 282; BVerwG 14.5.2009 – 6 VR 3/08, NVwZ 2010, 459 (460); 14.5.2009 – 6 VR 4/08, *Buchholz* 402.45 VereinsG Nr. 48; Erbs/Kohlhaas/ *Wache* Rn. 22; vgl. hierzu auch *Groh* Rn. 21; *Rütters* S. 82 f.; *Schmidt* NStZ 1998, 610 (612).

[406] So ausdrücklich BGH 9.4.1997 – 3 StR 387/96, BGHSt 43, 41 (43) = NJW 1997, 2248 (2249); nach eingehender Diskussion zustimmend *Rütters* S. 85 ff.; vgl. zu §§ 129, 129a StGB auch BGH 25.7.1984 – 3 StR 62/84, BGHSt 33, 16 = NJW 1984, 2956.

[407] BGH 9.4.1997 – 3 StR 387/96, BGHSt 43, 41 (45) = NJW 1997, 2248 (2249).

[408] BGH 9.4.1997 – 3 StR 387/96, BGHSt 43, 41 (45) = NJW 1997, 2248 (2249); *Groh* Rn. 21.

[409] BGH 9.4.1997 – 3 StR 387/96, BGHSt 43, 41 (44) = NJW 1997, 2248 (2249); 9.4.1997 – 3 StR 584/96, NStZ-RR 1997, 282 (283); vgl. in diesem Zusammenhang auch OVG Lüneburg 29.3.2000 – 11 K 854/98, NdsRpfl. 2000, 370 (371).

[410] BGH 9.4.1997 – 3 StR 387/96, BGHSt 43, 41 (44) = NJW 1997, 2248 (2249); 9.4.1997 – 3 StR 584/96, NStZ-RR 1997, 282; vgl. auch BGH 25.7.1984 – 3 StR 62/84, BGHSt 33, 16 (18 f.) = NJW 1984, 2956 (2957); für Ausstrahlungen im Rundfunk: BVerwG 14.5.2009 – 6 VR 3/08, NVwZ 2010, 459 (461); 14.5.2009 – 6 VR 4/08, *Buchholz* 402.45 VereinsG Nr. 48.

[411] BGH 9.4.1997 – 3 StR 387/96, BGHSt 43, 41 (44) = NJW 1997, 2248 (2249); BVerwG 14.5.2009 – 6 VR 3/08, NVwZ 2010, 459 (461); 14.5.2009 – 6 VR 4/08, *Buchholz* 402.45 VereinsG Nr. 48.

gung gegeben wird, die Texte jedoch lediglich im Wege einer bewertungsfreien Dokumentation wiedergegeben werden bzw. im Darstellungszusammenhang mit einer distanzierten und kritischen Berichterstattung stehen (arg. §§ 86 Abs. 3, 130 Abs. 5, 130a Abs. 3 StGB).[412] Die Grenze zur Strafbarkeit ist aber dann überschritten, wenn der Anspruch auf Information der Öffentlichkeit über Propagandatexte verbotener Vereinigungen nur ein Vorwand ist, um in Wahrheit die mit den Texten angestrebte propagandistische Wirkung zu erzielen.[413] Im Falle periodisch erscheinender Presseerzeugnisse kommt es für die Beurteilung der die Vereinstätigkeit unterstützenden Tendenz im Wesentlichen auf die jeweilige Ausgabe („Tatausgabe") an, in welcher der fremde Text veröffentlicht wird.[414] Darüber hinaus kann jedoch die sich aus der Gesamtschau einer Vielzahl von Ausgaben ergebende und für den Leser offensichtliche Tendenz des Publikationsorgans ergänzend Berücksichtigung finden.[415] So kann sich selbst bei der unkommentierten Wiedergabe fremder unterstützender und werbender Texte aus der Art der einseitig ausgerichteten Zusammenstellung der Beiträge und aus der dabei offenbar werdenden eindeutigen propagandistischen Zielrichtung ergeben, dass sich die Publizierenden die Sache der vom Verbot betroffenen Vereinigung zu eigen machen.[416]

e) Konkurrenzen. Zu beachten ist, dass jedes Zuwiderhandeln gegen ein Betätigungs- 89 verbot, dh jede einzelne Unterstützungshandlung, eine selbstständige Straftat darstellen kann, wenn nicht ausnahmsweise im Hinblick auf die verschiedenen Handlungen von einer natürlichen Handlungseinheit oder einer Bewertungseinheit auszugehen ist.[417] Denn im Gegensatz zu den Delikten desAbs. 1 S. 1 Nr. 1–3 kommt im Rahmen der Nr. 4 keine Verklammerung der verschiedenen Handlungen zu einer tatbestandlichen Handlungseinheit in Frage.[418] Dies folgt daraus, dass hier die tatbestandliche Handlungsbeschreibung („einem Verbot [...] zuwiderhandelt") nicht darauf gerichtet ist, ein über den Einzelfall hinausreichendes, auf gleichartige Tatwiederholung gerichtetes Verhalten zu erfassen,[419] insoweit also keinen „organisatorischen Erfolg" voraussetzt,[420] sondern einen reinen Ungehorsamstatbestand darstellt.[421] Insoweit kann eine bloße Mitgliedschaft in einer mit einem Betätigungsverbot belegten Vereinigung ebenso wenig wie ein bloßer Unterstützungswille oder

---

[412] BGH 9.4.1997 – 3 StR 387/96, BGHSt 43, 41 (45) = NJW 1997, 2248 (2249); 9.4.1997 – 3 StR 584/96, NStZ-RR 1997, 282 (283); vgl. auch BGH 4.8.1995 – 2 BjS 183/91 – 3 StB 31/95, NJW 1995, 3395 (3396); OLG Düsseldorf 26.9.1996 – 1 Ws 803/96, NStZ-RR 1997, 59; zum Ganzen auch *Erbs/Kohlhaas/Wache* Rn. 22.

[413] BGH 9.4.1997 – 3 StR 387/96, BGHSt 43, 41 (45) = NJW 1997, 2248 (2249); 9.4.1997 – 3 StR 584/96, NStZ-RR 1997, 282 (283).

[414] BGH 20.2.1990 – 3 StR 278/89, BGHSt 36, 363 (371) = NJW 1990, 2828 (2831); 9.4.1997 – 3 StR 387/96, BGHSt 43, 41 (44) = NJW 1997, 2248 (2249); *Groh* Rn. 21; vgl. zu dieser Entscheidung ausführlich *Rütters* S. 116 ff.

[415] BGH 9.4.1997 – 3 StR 387/96, BGHSt 43, 41 (44) = NJW 1997, 2248 (2249); 9.4.1997 – 3 StR 584/96, NStZ-RR 1997, 282 (282 f.); im Hinblick auf Fernsehsender BVerwG 14.5.2009 – 6 VR 3/08, NVwZ 2010, 459 (461); 14.5.2009 – 6 VR 4/08, *Buchholz* 402.45 VereinsG Nr. 48; vgl. auch Schenke/Graulich/Ruthig/*Roth*, J, § 20 Rn. 68.

[416] BGH 9.4.1997 – 3 StR 584/96, NStZ-RR 1997, 282 (283).

[417] BGH 9.4.1997 – 3 StR 387/96, BGHSt 43, 41 (44) = NJW 1997, 2248 (2249); 19.11.1997 – 3 StR 574/97, BGHSt 43, 312 (314) = NJW 1998, 1652; 10.12.1997 – 3 StR 389/97 (juris – in NStZ-RR 1998, 276 nicht abgedruckt); 26.8.1998 – 3 StR 259/98, NStZ 1999, 38; 17.3.1999 – 3 StR 637/98, NStZ 1999, 411 (412); 11.2.2000 – 3 StR 486/99, BGHSt 46, 6 (10 ff.) = NJW 2000, 2118 (2119); 16.2.2000 – 3 StR 565/99, NStZ 2000, 377; 9.11.2000 – 3 StR 430/00, NStZ 2001, 158; 1.10.2002 – 3 StR 325/02, NStZ 2003, 492 (493); 12.1.2010 – 3 StR 466/09, NStZ 2010, 455; Erbs/Kohlhaas/*Wache* Rn. 18, 39; *B. Heinrich* NStZ 2003, 43 (44); aM OLG Düsseldorf 11.9.1996 – 4 Ws 140/96, NStZ-RR 1997, 123; ablehnend auch *Rütters* S. 171 ff., 196 ff., 204.

[418] Zu den daraus folgenden Konsequenzen für die Strafzumessung, die Verjährung, die Anklageerstreckung und den Strafklageverbrauch *Rütters* S. 174 ff.

[419] Ablehnend *Rütters* S. 196 ff., 204.

[420] Anders wiederum *Rütters* S. 189 ff.

[421] BGH 19.11.1997 – 3 StR 574/97, BGHSt 43, 312 (314) = NJW 1998, 1652; 10.12.1997 – 3 StR 389/97 (juris – in NStZ-RR 1998, 276 nicht abgedruckt); vgl. ferner BGH 24.1.1996 – 3 StR 530/95, BGHSt 42, 30 (35 f.) = NJW 1996, 1906 (1907); 26.8.1998 – 3 StR 259/98, NStZ 1999, 38; 11.2.2000 – 3 StR 486/99, BGHSt 46, 6 (10) = NJW 2000, 2118 (2119); 16.2.2000 – 3 StR 565/99, NStZ 2000, 377.

die Innehabung eines bestimmten Amts mehrere Unterstützungshandlungen zu einer Tat im Rechtssinne verbinden,[422] sofern nicht eine der folgenden Ausnahmen vorliegt.

90   Von einer **natürlichen Handlungseinheit** kann – nach den allgemeinen Grundsätzen[423] – nur ausgegangen werden, wenn zwischen den einzelnen Verhaltensweisen (objektiv) ein derart enger zeitlicher und räumlicher Zusammenhang besteht, dass sie nach der natürlichen Anschauung des Lebens als eine Einheit erscheinen und auch (subjektiv) von einem einheitlichen Willen getragen werden.[424] Hierfür kann es auch entscheidend sein, ob die vorgeworfenen Tätigkeiten Begehungs- oder Unterlassungsdelikte darstellen.[425] Die bloße Mitgliedschaft in der betreffenden Vereinigung ist dabei nicht geeignet, mehrere Zuwiderhandlungen gegen ein Betätigungsverbot zu einer Handlungseinheit zu verklammern.[426] Eine solche kommt allerdings dann in Frage, wenn aus der Mitgliedschaft eine fortlaufende, in gleicher Weise gegen das Betätigungsverbot gerichtete Tätigkeit entspringt.[427] Nach der insbes. von *Rütters*[428] vertretenen Gegenansicht kommt aber darüber hinaus auch eine **tatbestandliche Handlungseinheit** in Frage, was jedoch voraussetzt, dass man § 20 Abs. 1 S. 1 Nr. 4 als „zeitlich gestreckte Straftat ansieht" – ebenso wie ua §§ 99 Abs. 1 Nr. 1, 145c, 283b Abs. 1 Nr. 1 StGB, § 29 Abs. 1 Nr. 1 BtMG sowie auch §§ 129, 129a StGB. Dies ergebe sich nach dieser Ansicht bereits aus der pauschal gefassten tatbestandlichen Handlungsbeschreibung der Norm („Zuwiderhandeln"), welche gerade darauf angelegt sei, die unterschiedlichsten zeitlich und räumlich weit auseinanderliegenden Verhaltensweisen zu erfassen.[429] Dem ist jedoch entgegenzuhalten, dass sich dies aus dem Begriff des „Zuwiderhandelns" gerade nicht ergibt, da ein solches auch und gerade durch eine einmalige Tätigkeit verwirklicht werden kann.

91   Ferner können nach der Rechtsprechung mehrere Zuwiderhandlungen gegen ein vereinsrechtliches Betätigungsverbot im Wege der **Bewertungseinheit** zu einer Tat zusammengefasst werden, wenn sie der Täter in Ausübung eines auf eine gewisse Dauer angelegten Amtes oder einer Funktion begangen hat, das oder die er im Interesse der Vereinigung und mit deren Willen übernommen hat.[430] Dies gilt jedoch nur dann, wenn die nachfolgenden Tätigkeiten als Folge des übernommenen Amtes bzw. als Ausfluss der Amtsträgereigenschaft anzusehen sind und nicht nur gelegentlich oder lediglich zeitgleich mit der Innehabung des Amtes vorgenommen wurden.[431] Faktisch führt dies im Ergebnis zu einer Privilegierung der Tätigkeit der Vereinsfunktionäre gegenüber anderen Personen, welche dem Betätigungsverbot zuwider handeln, ohne dass dies auf der Grundlage eines übernommenen Amtes geschieht.[432] Notwendig ist nach der Rechtsprechung allerdings, dass der Betreffende das Amt ohne Unterbrechung ausübt. Nimmt er nach vorübergehendem Ruhen eine Funktion wieder auf oder übernimmt er eine andere, auf eine gewisse Dauer angelegte neue Aufgabe, so beginnt damit jeweils eine neue Tat.[433] Lässt sich dies nicht sicher klären, bestehen jedoch konkrete Anhaltspunkte für die dauernde Innehabung eines solchen Amtes, ist nach dem

---

[422] BGH 9.11.2000 – 3 StR 430/00, NStZ 2001, 158; hierzu schon → Rn. 85 aE.

[423] Vgl. hierzu ua Schönke/Schröder/*Stree/Sternberg-Lieben* StGB Vorb. §§ 52 ff. Rn. 22 ff.

[424] BGH 19.11.1997 – 3 StR 574/97, BGHSt 43, 312 (315) = NJW 1998, 1652 (1653); 26.8.1998 – 3 StR 259/98, NStZ 1999, 38; 17.3.1999 – 3 StR 637/98, NStZ 1999, 411 (412); 11.2.2000 – 3 StR 486/99, BGHSt 46, 6 (12) = NJW 2000, 2118 (2119); vgl. hierzu auch das Beispiel bei *Rütters* S. 172 f.

[425] BGH 17.3.1999 – 3 StR 637/98, NStZ 1999, 411.

[426] BGH 11.2.2000 – 3 StR 486/99, BGHSt 46, 6 (11 f.) = NJW 2000, 2118 (2119).

[427] BGH 19.11.1997 – 3 StR 574/97, BGHSt 43, 312 (315 f.) = NJW 1998, 1652 (1653); 11.2.2000 – 3 StR 486/99, BGHSt 46, 6 (12) = NJW 2000, 2118 (2119).

[428] *Rütters* S. 191 ff., 204.

[429] *Rütters* S. 196 ff.

[430] BGH 11.2.2000 – 3 StR 486/99, BGHSt 46, 6 (13 f.) = NJW 2000, 2118 (2119); 16.2.2000 – 3 StR 565/99, NStZ 2000, 377 (378); 1.10.2002 – 3 StR 325/02, NStZ 2003, 492; 12.1.2010 – 3 StR 466/09, NStZ 2010, 455; ablehnend *Puppe* JZ 2000, 735; vgl. auch Erbs/Kohlhaas/*Wache* Rn. 39; *Groh* Rn. 20; Schenke/Graulich/Ruthig/*Roth*, J, § 20 Rn. 87: ferner auch *Rütters* S. 173 f., 179 ff., der zudem auch die (Zuwider-)Handlungen einfacher Vereinsmitglieder zu einer Handlungseinheit zusammenfassen will, S. 202 f.

[431] BGH 11.2.2000 – 3 StR 486/99, BGHSt 46, 6 (14) = NJW 2000, 2118 (2120).

[432] Vgl. hierzu *Puppe* JZ 2000, 735; *Rütters* S. 176, 188.

[433] BGH 16.2.2000 – 3 StR 565/99, NStZ 2000, 377 (378).

Grundsatz in-dubio-pro-reo von einer Tat auszugehen.[434] Allerdings enthebt eine solche Zusammenfassung das Gericht nicht des Nachweises und der Feststellung konkreter einzelner Tätigkeiten, die auf einer hinreichenden Tatsachengrundlage beruhen und aus objektivierbaren Beweisumständen abgeleitet werden müssen.[435] Wird der Täter allerdings wegen eines solchen, zu einer Bewertungseinheit zusammengefassten Delikts verurteilt, so stellt diese Verurteilung eine Zäsur dar mit der Folge, dass eine Fortsetzung der Tätigkeit nach dem Urteil als selbstständige neue Tat zu bewerten ist.[436] Dies gilt jedoch nur dann, wenn die abgeurteilten Taten tatsächlich Teile der Bewertungseinheit sind, nicht jedoch dann, wenn eine Verurteilung wegen anderer Taten nach Abs. 1 S. 1 Nr. 4 erfolgte.[437] Die Anwendung der Rechtsfigur der Bewertungseinheit auf diese Fälle wird allerdings insbes. deswegen kritisiert, weil die Bewertungseinheit üblicherweise nur mehrere Handlungen „verklammern" kann, die auf die Herbeiführung desselben Erfolges gerichtet sind; bei einem erlassenen Betätigungsverbot verursacht aber jeder einzelne Verstoß einen neuen „Erfolg".[438] Schließlich führt die Annahme einer Bewertungseinheit für denjenigen, der dem Betätigungsverbot als Träger eines Funktionärsamts zuwider gehandelt hat, auch dazu, dass mitunter einzelne Betätigungen, welche bereits nach § 78 Abs. 3 Nr. 5 StGB verjährt wären, auch nach Ablauf der dortigen dreijährigen Frist noch verfolgt werden können.[439]

6. Zuwiderhandlung gegen ein vollziehbares Betätigungsverbot bei ausländischen Vereinen (Nr. 4 Alt. 2). Unter den Voraussetzungen des § 3 können nicht nur Vereine mit Sitz im Inland, sondern auch Vereine mit Sitz im Ausland (ausländische Vereine; § 15 Abs. 1 S. 1) verboten werden, wenn sich ihre Organisation oder Tätigkeit auf das Inland erstreckt. Zudem gilt für sie nach § 15 auch der für Ausländervereine geltende besondere Verbotsgrund des § 14 (Gefährdung der inneren oder äußeren Sicherheit etc).[440] Nach § 18 S. 1[441] kann sich das Verbot jedoch nur auf Teilorganisationen im Inland erstrecken. Ausländische Vereine ohne Organisation im Inland kann das Verbot somit als solches nicht treffen. Eine gegen diese Organisation gerichtete auflösende Verbotsverfügung wäre angesichts der Begrenztheit deutscher Staatsgewalt auf das Territorium Deutschlands auch rechtlich wirkungslos.[442] Nach § 18 S. 2 wirkt für sie ein erlassenes Verbot jedoch als **Betätigungsverbot** im Hinblick auf Tätigkeiten, die nach § 14 Abs. 1 als gefährdend anzusehen sind.[443] Die Ausführungen zu § 14 Abs. 1 S. 2[444] gelten hier entsprechend. Auch § 20 Abs. 1 S. 1 Nr. 4 Alt. 2 besitzt – wie schon die Alt. 1[445] – im Gegensatz zu den sonstigen Strafnormen des § 20 Abs. 1 keine vorrangige Strafvorschrift aus dem StGB, da hierdurch ein bloßer Verstoß gegen ein Betätigungsverbot nicht geahndet wird.[446] Die Regelung entspricht dem

92

---

[434] BGH 1.10.2002 – 3 StR 325/02, NStZ 2003, 492 (493); vgl. hierzu ausführlich *Rütters* S. 180 f.

[435] BGH 16.2.2000 – 3 StR 565/99, NStZ 2000, 377 (378); zur Anwendung des in-dubio-pro-reo Grundsatzes BGH 1.10.2002 – 3 StR 325/02, NStZ 2003, 492 (493).

[436] BGH 12.1.2010 – 3 StR 466/09, NStZ 2010, 455 (455 f.).

[437] BGH 12.1.2010 – 3 StR 466/09, NStZ 2010, 455 (456).

[438] *Puppe* JZ 2000, 735 (736); dagegen jedoch *Rütters* S. 185 ff.

[439] Vgl. hierzu auch *Rütters* S. 176, 185 ff.; ferner zur Verjährungsfrage auch *B. Heinrich* NStZ 2003, 43 (44).

[440] Vgl. zu diesem Verbotsgrund näher → Rn. 29 f.

[441] Die Vorschrift des § 18 ist abgedruckt → Rn. 32.

[442] BVerfG 15.11.2001 – 1 BvR 98/97, NStZ-RR 2002, 120; 26.9.2006 – 1 BvR 605/09, 1 BvR 674/04 und 1 BvR 1580/04, BVerfGK 9, 245 (254); *B. Heinrich* NStZ 2010, 429 (430); *Köbler* NStZ 1995, 531 (532); vgl. auch *Rütters* S. 8 f., der zutreffend darauf hinweist, dass das Betätigungsverbot insoweit – im Gegensatz zu § 14 Abs. 3 – hier kein „milderes", sondern eben das „einzige" Mittel ist, Aktivitäten auf dem Bundesgebiet zu untersagen; vgl. ferner den Bericht in DRiZ 1964, 349 (350).

[443] Albrecht/Roggenkamp/*Seidl* Rn. 22; Erbs/Kohlhaas/*Wache* Rn. 18; *B. Heinrich* NStZ 2010, 429 (430); vgl. *Seifert* DOV 1964, 685 (689); *Willms* JZ 1975, 86 (88); ferner *Köbler* NStZ 1995, 531 (532), der jedoch davon ausgeht, bei dem Betätigungsverbot nach § 18 S. 2 handele es sich darüber hinaus auch um ein echtes Vereinsverbot nach § 3, dh um ein echtes Organisationsverbot.

[444] → Rn. 81 ff.

[445] Hierzu → Rn. 77.

[446] BGH 24.1.1996 – 3 StR 530/95, BGHSt 42, 30 (34) = NJW 1996, 1906 (1906 f.); 12.3.1997 – 3 StR 607/96, NJW 1997, 2251; *Köbler* NStZ 1995, 531 (533 f.); *Rütters* S. 15 ff.; im Hinblick auf § 86a StGB

verfassungsrechtlich garantierten Bestimmtheitsgebot[447] und stellt ein die Grundrechte des Art. 5 Abs. 1 GG in zulässiger Weise einschränkendes „allgemeines" Gesetz iS des Art. 5 Abs. 2 GG dar.[448] In der strafgerichtlichen Praxis wurde die Vorschrift in jüngster Zeit insbes. im Rahmen des Verbots der Arbeiterpartei Kurdistans (Partya Karkeren Kurdistan – PKK) und ihrer Teilorganisation, der „nationalen Befreiungsfront Kurdistans" (Eniya Rizgariya Netewa Kurdistan – ERNK[449]), durch Verfügung des Bundesministers des Innern vom 22.11.1993[450] relevant, welches die Rechtsprechung in der Folgezeit häufiger beschäftigte.[451] Beide Gruppierungen sind bzw. waren – nach derzeitigem Erkenntnisstand – orga-

---

abweichend *Reuter*, Verbotene Symbole, 2005, S. 115; missverständlich OLG Düsseldorf 11.9.1996 – 4 Ws 140/96, NStZ-RR 1997, 123 (124).

[447] BVerfG 5.6.2000 – 2 BvR 566/00, NJW 2000, 3637; 15.11.2001 – 1 BvR 98/97, NStZ-RR 2002, 120 (122); 26.9.2006 – 1 BvR 605/09, 1 BvR 674/04 und 1 BvR 1580/04, BVerfGK 9, 245 (252); BGH 13.3.1996 – 3 StR 610/95, NStZ-RR 1996, 219; vgl. hierzu auch ausführlich *Rütters* S. 26 ff.

[448] BVerfG 15.11.2001 – 1 BvR 98/97, NStZ-RR 2002, 120 (121); 15.11.2001 – 1 BvR 2180/98, NVwZ 2002, 711; 15.11.2001 – 1 BvR 289/00, NVwZ 2002, 712; 26.9.2006 – 1 BvR 605/09, 1 BvR 674/04 und 1 BvR 1580/04, BVerfGK 9, 245 (252).

[449] Als eine Nachfolgeorganisation der ERNK ist die „Kurdische Demokratische Volksunion (YDK)" anzusehen; vgl. BVerfG 26.9.2006 – 1 BvR 605/09, 1 BvR 674/04 und 1 BvR 1580/04, BVerfGK 9, 245 (248).

[450] Bekanntmachung 22.11.1993 (BAnz. 1993, S. 10 313 f.), bestandskräftig seit dem 26.3.1994 (BAnz. 1994, S. 6629). Nicht erfasst ist hingegen die Militärorganisation der PKK, die „Volksbefreiungsarmee Kurdistans" (ARGK); vgl. BGH 9.4.1997 – 3 StR 387/96, BGHSt 43, 41 (46 f.) = NJW 1997, 2248 (2250); aM wohl BayObLG 6.11.1995 – 3 St Ob Ws 2/95, NStZ-RR 1996, 121; hierzu *Rütters* S. 134 f.; ebenfalls nicht erfasst ist die Vereinigung „Kurdischer Roter Halbmond" (Heyva Sor A Kurdistan – HSK); vgl. BGH 5.3.2002 – 514/01, NJW 2002, 2190; vgl. zu den verbotenen türkischen und kurdischen Organisationen auch *Rösemann* Kriminalistik 1996, 795; zur Entwicklung der PKK vgl. auch BGH 21.10.2004 – 3 StR 94/04, BGHSt 49, 268 = NJW 2005, 80; 28.10.2010 – 3 StR 179/10, NJW 2011, 542 (542 f.) – in BGHSt 56, 28 nicht abgedruckt; zur (Fort-)Geltung des Verbots ferner OVG Bremen 21.2.2011 – 1 A 227/09, BeckRS 2011, 48379.

[451] Vgl. aus der Rspr. BVerfG 5.6.2000 – 2 BvR 566/00, NJW 2000, 3637; 15.11.2001 – 1 BvR 98/97, NStZ-RR 2002, 120 = NVwZ 2002, 709 = DVBl 2002, 469; 15.11.2001 – 1 BvR 289/00, NVwZ 2002, 712; 15.11.2001 – 1 BvR 2180/98, NVwZ 2002, 711; 26.9.2006 – 1 BvR 605/09, 1 BvR 674/04 und 1 BvR 1580/04, BVerfGK 9, 245; BGH 24.1.1996 – 3 StR 530/95, BGHSt 42, 30 = NJW 1996, 1906 = NStZ 1996, 340 = BGHR VereinsG § 20 Auslandsverein 1; 24.1.1996 – 3 StR 540/95, NJW 1996, 1905 = NStZ 1996, 393; 24.1.1996 – 3 StR 545/95, NStZ-RR 1996, 218; 13.3.1996 – 3 StR 610/95, NStZ-RR 1996, 219; 13.11.1996 – 3 StR 482/96, NStZ-RR 1997, 262; 12.3.1997 – 3 StR 607/96, NJW 1997, 2251 = BGHR VereinsG § 20 Abs. 1 Nr. 4 Dritthandeln 1 = StV 1997, 594 = NVwZ 1997, 1038 Ls. mAnm *Hartmann* StV 1998, 138; 9.4.1997 – 3 StR 387/96, BGHSt 43, 41 = NJW 1997, 2248 = NStZ 1997, 393 = BGHR VereinsG § 20 Abs. 1 Nr. 4 VereinsG Dritthandeln 2; 9.4.1997 – 3 StR 584/96, NStZ-RR 1997, 282; 7.5.1997 – 3 StR 185/97, NStZ 1997, 497; 18.6.1997 – 3 StR 206/97, NStZ 1997, 604; 16.7.1997 – 3 StR 314/97, NStZ-RR 1997, 349; 19.11.1997 – 3 StR 574/97, BGHSt 43, 312 = NJW 1998, 1652 = BGHR VereinsG § 20 Abs. 1 Dritthandeln 4 = BGHR VereinsG § 20 Abs. 1 Nr. 4 Tatmehrheit 1; 10.12.1997 – 3 StR 389/97, NStZ-RR 1998, 276 = StV 1999, 80; 14.1.1998 – 3 StR 667/97, NStZ-RR 1998, 286; 26.8.1998 – 3 StR 259/98, NStZ 1999, 38 = BGHR VereinsG § 20 Abs. 1 Nr. 4 Tatmehrheit 2; 17.3.1999 – 3 StR 637/98, NStZ 1999, 411 = BGHR VereinsG § 20 Abs. 1 Nr. 4 Tatmehrheit 3; 10.9.1999 – 3 StR 224/99, StV 2000, 242; 11.2.2000 – 3 StR 486/99, BGHSt 46, 6 = NJW 2000, 2118 = NStZ 2002, 322 = JZ 2000, 733 mAnm *Puppe* = BGHR VereinsG § 20 Abs. 1 Nr. 4 Tatmehrheit 4; 16.2.2000 – 3 StR 565/99, NStZ 2000, 377; 9.11.2000 – 3 StR 430/00, NStZ 2001, 158 = BGHR VereinsG § 20 Abs. 1 Nr. 4 Tatmehrheit 5; 5.3.2002 – 3 StR 514/01, NJW 2002, 2190 = NStZ 2003, 43 = BGHR VereinsG § 20 Abs. 1 Nr. 4 Betätigungsverbot 1 (mAnm *B. Heinrich* NStZ 2003, 43 [44]); 1.10.2002 – 3 StR 325/02, NStZ 2003, 492 = StV 2003, 451 = StraFo 2003, 96; 21.11.2002 – 3 StR 299/02, StraFo 2003, 165 = BGHR VereinsG § 20 Abs. 1 Nr. 4 Zuwiderhandeln 1 = BGHR VereinsG § 20 Abs. 1 Nr. 4 Strafzumessung 1; 27.3.2003 – 3 StR 377/02, NJW 2003, 2621 = NStZ 2003, 491 (hierzu *B. Heinrich* NStZ 2010, 429 [431 ff.]); 26.5.2004 – 3 StR 149/04, BeckRS 2004, 05922; BVerwG 6.7.1994 – 1 VR 20/93, NVwZ 1995, 590; 28.1.1997 – 1 A 13/93, NVwZ 1998, 174; 15.3.2005 – 1 C 26/03, DVBl 2005, 1203; 18.10.2005 – 6 VR 5/05, NVwZ 2006, 214; 9.11.2005 – 6 VR 6/05, DVBl 2006, 264; 20.12.2005 – 6 A 4/05, ZUM-RD 2006, 416; 27.6.2013 – 3 StR 109/13, NStZ 2013, 733; BVerwG 24.2.2010 – 6 A 7/08, NVwZ 2010, 1372, BayObLG 6.11.1995 – 3 St Ob Ws 2/95, NStZ-RR 1996, 121 = BayObLGSt 1995, 190; OLG Düsseldorf 26.9.1996 – 1 Ws 803/96, NStZ-RR 1997, 59 = wistra 1997, 30; 11.9.1996 – 4 Ws 140/96, NStZ-RR 1997, 123 = MDR 1997, 90 = StV 1997, 344; OVG Berlin-Brandenburg 25.1.2011 – OVG 1 S 187/11, BeckRS 2011, 56493; OVG Bremen 25.10.2005 – 1 A 144/05, BeckRS 2006, 24299; 21.2.2011 – 1 A 227/09, BeckRS 2011, 48379; zur Frage, inwieweit die PKK als kriminelle oder terroristische Vereinigung iS der §§ 129, 129a, 129b StGB anzusehen

nisatorisch im Bundesgebiet nicht verankert,[452] bzw. handeln bzw. handelten, auch sofern Teilorganisationen bestehen oder bestanden, nicht ausschließlich durch diese,[453] so dass lediglich ein (Betätigungs-)Verbot nach § 18 und kein Vereinsverbot nach §§ 3, 14 in Frage kam. Dies gilt auch für den KONGRA-GEL (Kongra Gele Kurdistan – Volkskongress Kurdistans), einer Nachfolgeorganisation der PKK.[454] Weitere Betätigungsverbote nach § 18 S. 2 ergingen gegen die TKHP/-C-Devrimei Sol,[455] die Hizb ut-Tahrir[456] und die Mesopotamia Broadcast AIS METV sowie den Fernsehsender Roj TV AIS.[457] Ein Verstoß gegen ein solches nach § 18 S. 2 ergangenes Betätigungsverbot ist – seine Vollziehbarkeit vorausgesetzt – nach § 20 Abs. 1 S. 1 Nr. 4 eigenständig unter Strafe gestellt.[458]

a) Täterkreis. Als Täter kommen hier wiederum sowohl Vereinsmitglieder (oder sonst **93** organisatorisch in die Vereinigung eingebundene Personen) als auch außenstehende Dritte in Betracht.[459] Bedeutung kann diese Differenzierung wiederum bei der Beurteilung der Frage gewinnen, wann eine Zuwiderhandlung vorliegt bzw. welche Anforderungen an eine solche zu stellen sind.[460]

b) Ausländischer Verein. Betätigungsverbote nach § 18 S. 2 können nur gegen Vereini- **94** gungen ergehen, die ihren Sitz im Ausland haben, also „ausländische Vereine" nach § 15 darstellen.[461] Fraglich ist, ob sich ein solches Betätigungsverbot auch auf Teilorganisationen erstreckt, ob also § 3 Abs. 3,[462] der sich ausdrücklich nur auf ein Vereinsverbot nach § 3 Abs. 1 bezieht, auch auf ein Betätigungsverbot nach § 18 S. 2 anwendbar ist.[463] Daran könnte man deswegen zweifeln, weil § 18 S. 2 ausdrücklich nur auf § 3 Abs. 1, nicht aber auf § 3 Abs. 3 verweist. Dem ist jedoch entgegen zu halten, dass der Verweis in § 18 S. 2 lediglich klarstellen soll, dass ein Organisationsverbot iS des § 3 Abs. 1 bei ausländischen Vereinen mangels innerstaatlicher Organisation als Betätigungsverbot wirkt. § 3 Abs. 3 hingegen, der nicht die Voraussetzungen, sondern die **Wirkungen** dieses Verbots betrifft (nämlich die Erstreckung des Verbots auf nicht-gebietliche Teilorganisationen), musste daher in § 18 S. 2 nicht eigens aufgenommen werden.[464] Aus der Besonderheit des § 18 S. 2 ergibt sich jedoch, dass sich das erlassene Betätigungsverbot jedenfalls nicht auf Teilorganisationen beziehen kann, die nicht in Deutschland tätig sind.[465] Befindet sich die Teilorganisation allerdings in Deutschland, so muss sie nicht zwingend die Eigenschaft eines Teilvereins

---

ist vgl. BGH 21.10.2004 – 3 StR 94/04, NJW 2005, 80; 28.10.2010 – 3 StR 179/10, BGHSt 56, 28 (31) = NJW 2011, 542 (544).

[452] Vgl. nur *B. Heinrich* NStZ 2010, 429 (430); *Rösemann* Kriminalistik 1996, 795 (796); *Scholz* NStZ 1996, 602; vgl. auch BGH 28.10.2010 – 3 StR 179/10, BGHSt 56, 28 (34 ff.) = NJW 2011, 542 (545 f.).

[453] BVerfG 15.11.2001 – 1 BvR 98/97, NStZ-RR 2002, 120 (121).

[454] Vgl. aus der Rspr. BGH 12.1.2010 – 3 StR 466/09, NStZ 2010, 455 = BGHR VereinsG § 20 Abs. 1 Nr. 4 Tatmehrheit 7.

[455] Verbot vom 6.8.1998, BAnz. Nr. 149 vom 13.8.1998, S. 11945, bestandskräftig seit dem 14.11.1998, BAnz. Nr. 214 vom 13.11.1998, S. 16118.

[456] Verbot vom 10.1.2003, BAnz. Nr. 9 vom 15.1.2003, S. 581, bestandskräftig seit dem 3.2.2006, BAnz. Nr. 23 vom 2.2.2006, S. 715.

[457] Verbot vom 13.6.2008 (BAnz. Nr. 90 vom 19.6.2008, S. 2142).

[458] Vgl. hierzu aus der Rspr. neben den oben in Fn. 451 genannten Urteilen BGH 9.10.1964 – 3 StR 34/64, BGHSt 20, 45 = NJW 1965, 53; 11.6.1997 – 3 StR 132/97, BGHR VereinsG § 20 Abs. 1 Nr. 3 Unterstützen 1; 16.7.1997 – 3 StR 168/97, NStZ 1997, 603 = BGHR VereinsG § 20 Abs. 1 Nr. 3 Vereinsverbot 1; 3.9.1997 – 3 StR 410/97, NStZ-RR 1998, 218; BVerwG 14.5.2009 – 6 VR 3/08, NVwZ 2010, 459 = ZUM 2009, 686; 14.5.2009 – 6 VR 4/08, *Buchholz* 402.45 VereinsG Nr. 48; ausführlich zu dieser Strafnorm *Rütters* Die strafrechtliche Absicherung des Verbots eines ausländischen Vereins, 2009.

[459] → Rn. 78.

[460] Hierzu sogleich → Rn. 96 f.

[461] Hierzu → Rn. 32 ff.

[462] Die Vorschrift des § 3 Abs. 3 ist abgedruckt → Rn. 42.

[463] Diese Frage wurde in BGH 5.3.2002 – 3 StR 514/01, NJW 2002, 2190 ausdrücklich offen gelassen. Bejaht wurde sie von BVerwG 28.1.1997 – 1 A 13/93, NVwZ 1998, 174 (175); ausführlich hierzu *Rütters* S. 12.

[464] *B. Heinrich* NStZ 2003, 43 (44); so auch *Rütters* S. 11.

[465] BGH 9.4.1997 – 3 StR 387/96, BGHSt 43, 41 (47) = NJW 1997, 2248 (2250); Erbs/Kohlhaas/*Wache* § 18 Rn. 4; *Rütters* S. 11 f.; vgl. auch BGH 9.10.1964 – 3 StR 34/64, BGHSt 20, 45 = NJW 1965, 53.

aufweisen, dh für sich genommen sämtliche Merkmale eines Vereins nach § 2 Abs. 1 erfüllen.[466] Darüber hinaus wird man allerdings aus dem Umstand, dass die jeweiligen Teilorganisationen im verfügenden Teil der Verbotsverfügung nach § 18 S. 2 ausdrücklich genannt werden, schließen können, dass hierin nicht aufgenommene Teilorganisationen von dem Verbot auch nicht betroffen sein können.[467] In der Aufnahme einer Vielzahl von Teilorganisationen in die Verbotsverfügung ist somit eine ausdrückliche Beschränkung iS des § 3 Abs. 3 zu sehen.[468] Zu prüfen bleibt jedoch stets, ob durch die Unterstützung der Tätigkeit der (nicht mit einem Betätigungsverbot belegten) Teilorganisation zugleich eine Förderung der Ziele der Hauptorganisation verbunden ist.[469] Hierbei ist allerdings zu beachten, dass sich eine solche mittelbare Förderung stets auf die verbotene **inländische** Tätigkeit des verbotenen Vereins beziehen und konkret geeignet sein muss, eine für die verbotene Vereinstätigkeit **im Inland** vorteilhafte Wirkung zu erzielen.[470] Nach Ansicht des BVerwG reicht es dabei nicht aus, wenn ein Fernsehsender vom Ausland aus Programme ausstrahlt, die auch in Deutschland empfangen werden können, da hier keine im Bundesgebiet ausgeübte Tätigkeit vorliege. Der Umstand, dass nur der Erfolg der Handlung in Deutschland eintrete, genüge nicht.[471]

95   **c) Vorliegen eines vollziehbaren Betätigungsverbots.** Voraussetzung ist wiederum, dass das Betätigungsverbot vollziehbar (wenn auch noch nicht unanfechtbar) ist.[472] Dabei stellt die Vollziehbarkeit auch hier lediglich eine Mindestanforderung dar.[473] Unschädlich ist es also, wenn das Betätigungsverbot bereits unanfechtbar geworden ist.

96   **d) Tathandlung.** Tathandlung ist auch hier die Zuwiderhandlung gegen das angeordnete Betätigungsverbot nach § 18 S. 2. Dabei gelten die oben im Hinblick auf § 20 Abs. 1 S. 1 Nr. 4 Alt. 1 aufgezeigten Grundsätze entsprechend.[474] Zu beachten ist allerdings, dass sich in dieser Tatvariante die Handlung auf eine Förderung der Tätigkeit des verbotenen Vereins **gerade im Inland** beziehen muss. Hat das Verhalten lediglich Auswirkungen auf die Tätigkeit des – im Inland mit einem Betätigungsverbot belegten – Vereins im Ausland, ohne dass sich dies im Inland auswirkt oder auswirken kann, scheidet eine Strafbarkeit aus.[475] Bei Verhaltensweisen, die sich sowohl im Inland als auch im Ausland auswirken können, ist als erstes zu prüfen, ob das Verhalten objektiv geeignet ist, die Tätigkeit des Vereins auch im Inland zu fördern, und als zweites, ob der Täter diesbezüglich auch mit zumindest bedingtem Vorsatz gehandelt hat. Dies wurde ua bejaht bei einer freiwilligen Spende an einen im Inland mit einem Betätigungsverbot belegten Verein, bei der es dem Spender gleichgültig war, ob die Spenden im Inland oder Ausland verwendet werden sollten.[476] Allerdings ist auch hier ein bestimmter Inlandsbezug zu fordern, wobei es ausreicht, dass eine Spende im Inland einem Mitglied der Organisation übergeben wird. Dagegen kann eine im Inland veranlasste Banküberweisung auf ein ausländisches Konto der Organisation seitens eines

---

[466] BGH 9.10.1964 – 3 StR 34/64, BGHSt 20, 45 (52) = NJW 1965, 53 (55).

[467] BGH 5.3.2002 – 3 StR 514/01, NJW 2002, 2190 mAnm *B. Heinrich* NStZ 2003, 43 zur Vereinigung HSK (Heyva Sor A Kurdistan = Kurdischer roter Halbmond).

[468] BGH 9.4.1997 – 3 StR 387/96, BGHSt 43, 41 (47 f.) = NJW 1997, 2248 (2250); 5.3.2002 – 3 StR 514/01, NJW 2002, 2190; *B. Heinrich* NStZ 2003, 43 (44); *Rütters* S. 12; aM BayObLG 6.11.1995 – 3 St ObWs 2/95, NStZ-RR 1996, 121.

[469] BGH 9.4.1997 – 3 StR 387/96, BGHSt 43, 41 (48) = NJW 1997, 2248 (2250); 5.3.2002 – 3 StR 514/01, NJW 2002, 2190; BayObLG 6.11.1995 – 3 St Ob Ws 2/95, NStZ-RR 1996, 121.

[470] BGH 5.3.2002 – 3 StR 514/01, NJW 2002, 2190 (2191); Albrecht/Roggenkamp/*Seidl* Rn. 25; *Groh* Rn. 18; *B. Heinrich* NStZ 2003, 43 (44); vgl. hierzu sogleich → Rn. 96.

[471] BVerwG 14.5.2009 – 6 VR 3/08, NVwZ 2010, 459 = ZUM 2009, 686; 14.5.2009 – 6 VR 4/08, *Buchholz* 402.45 VereinsG Nr. 48.

[472] Hierzu → Rn. 46 f.

[473] BGH 24.1.1996 – 3 StR 530/95, BGHSt 42, 30 (34) = NJW 1996, 1906 (1906 f.); 13.3.1996 – 3 StR 610/95, NStZ-RR 1996, 219; vgl. auch *Groh* Rn. 1, 16; *Wilms* JZ 1965, 86 (90).

[474] Hierzu → Rn. 81 ff.

[475] Erbs/Kohlhaas/*Wache* Rn. 20; Schenke/Graulich/Ruthig/*Roth*, J, § 20 Rn. 60.

[476] BGH 19.11.1997 – 3 StR 574/97, BGHSt 43, 312 (313) = NJW 1998, 1652; zustimmend Erbs/Kohlhaas/*Wache* Rn. 20; kritisch hingegen *Rütters* S. 149 ff.

Nichtmitgliedes noch kein Zuwiderhandeln gegen das inländische Betätigungsverbot darstellen.

Abweichend von Abs. 1 S. 1 Nr. 4 Alt. 1 ist hier allerdings zu beachten, dass im Hinblick **97** auf eine auch hier grds. erforderliche restriktive Auslegung dieses Merkmals nicht darauf abgestellt werden kann, ob durch die Betätigung möglicherweise das Organisationsgefüge der Vereinigung stabilisiert oder gestärkt wurde.[477] Denn ein Betätigungsverbot nach § 18 S. 2 setzt ja gerade voraus, dass eine solche Organisationsstruktur im Inland nicht vorliegt.[478]

e) Konkurrenzen. Wie schon bei Abs. 1 S. 1 Nr. 4 Alt. 1, so stellt auch beim Verstoß **98** gegen ein Betätigungsverbot nach § 18 S. 2 jedes Zuwiderhandeln, dh jede einzelne Unterstützungshandlung, eine selbstständige Straftat dar, wenn nicht im Hinblick auf die verschiedenen Handlungen von einer natürlichen Handlungseinheit oder einer (in ihrer Existenz umstrittenen) Bewertungseinheit ausgegangen werden kann.[479]

7. Verbreitung oder öffentliche Verwendung von Kennzeichen verbotener **99** **Organisationen (Nr. 5).** Nach § 9 dürfen Kennzeichen eines verbotenen Vereins für die Dauer der Vollziehbarkeit des Verbots nicht mehr verbreitet oder öffentlich bzw. in einer Versammlung verwendet werden.[480] Ein Verstoß hiergegen wird durch § 20 Abs. 1 S. 1 Nr. 5 unter Strafe gestellt.[481] Die Vorschrift ist auf Grund der ausdrücklich angeordneten Subsidiarität nur anwendbar, wenn nicht § 86a StGB[482] eingreift. Wiederum verbleiben somit nur die bereits im Hinblick auf § 20 Abs. 1 S. 1 Nr. 1 aufgezeigten Anwendungsbereiche,[483] im Wesentlichen also der Zeitraum zwischen der Vollziehbarkeit und der Unanfechtbarkeit eines Verbots[484] sowie die Fälle, in denen eine Vereinigung entweder nur nach § 14 Abs. 1 (Ausländerverein) oder nach § 3 lediglich wegen Zuwiderhandelns gegen die Strafgesetze verboten wurde. § 20 Abs. 1 S. 1 Nr. 5 stellt jedoch nicht pauschal einen Verstoß gegen das Verbot des § 9 unter Strafe, sondern normiert einzelne Tatbestandsmerkmale, die inhaltlich der Verbotsvorschrift des § 9 entsprechen, sich jedoch nicht vollständig decken.[485] Die Verbotsvorschrift des § 9 lautet:

§ 9 Kennzeichenverbot

(1) **¹Kennzeichen des verbotenen Vereins dürfen für die Dauer der Vollziehbarkeit des Verbots nicht mehr**
1. öffentlich, in einer Versammlung oder
2. in Schriften, Ton- oder Bildträgern, Abbildungen oder Darstellungen, die verbreitet werden oder zur Verbreitung bestimmt sind,

verwendet werden. ²Ausgenommen ist eine Verwendung von Kennzeichen im Rahmen der staatsbürgerlichen Aufklärung, der Abwehr verfassungswidriger Bestrebungen und ähnlicher Zwecke.

---

[477] *Rütters* S. 89.
[478] BGH 24.1.1996 – 3 StR 530/95, BGHSt 42, 30 (36) = NJW 1996, 1906 (1907).
[479] Hierzu ausführlich → Rn. 89 ff.
[480] Zum Hintergrund dieser Regelung BT-Drs. IV/430, 18; ferner *Köbler* NStZ 1995, 531 (532 f.); *Rütters* S. 111 ff.
[481] Vgl. aus der Rspr. BGH 24.1.1996 – 3 StR 530/95, BGHSt 42, 30 = NJW 1996, 1906 = NStZ 1996, 340 = BGHR VereinsG § 20 Auslandsverein 1; 7.10.1998 – 3 StR 370/98, NJW 1999, 435 = NStZ 1999, 87 = StraFo 1999, 63 = BGHR VereinsG § 20 Abs. 1 Nr. 5 Kennzeichen 1; 9.7.2015 – 3 StR 33/15, BGHSt 61, 1 = NStZ 2016, 86 – Bandidos; KG 6.4.2000 – 1 Ss 34/00, BeckRS 2000, 15993; OLG Celle 19.3.2007 – 32 Ss 4/07, NStZ 2008, 159 = Nds. Rpfl. 2007, 185 (hierzu auch die Bespr. vom *Rau/Zschjeschack* NStZ 2008, 131); OLG Hamburg 7.4.2014 – 1-31/13 Rev, NStZ 2014, 656; OVG Bremen 21.2.2011 – 1 A 227/09, BeckRS 2011, 48379; LG Cottbus 28.2.2002 – 26 Qs 464/01, StraFo 2002, 407; LG Hamburg 13.2.2013 – 705 Ns 58/12, BeckRS 2013, 06363.
[482] Albrecht/Roggenkamp/*Seidl* Rn. 27; zu § 86a StGB vgl. *Kurth* StraFo 2006, 483; *Stegbauer* JR 2002, 182.
[483] → Rn. 50.
[484] Zur Notwendigkeit, auch Handlungen in diesem Zeitraum unter Strafe zu stellen, vgl. BT-Drs. IV/430, 18.
[485] Zu den Abweichungen → Rn. 104 und Rn. 105.

(2) ¹Kennzeichen im Sinne des Absatzes 1 sind insbesondere Fahnen, Abzeichen, Uniformstücke, Parolen und Grußformen. ²Den in Satz 1 genannten Kennzeichen stehen solche gleich, die ihnen zum Verwechseln ähnlich sind.

(3) ¹Absatz 1 gilt entsprechend für Kennzeichen eines verbotenen Vereins, die in im Wesentlichen gleicher Form von anderen nicht verbotenen Teilorganisationen oder von selbständigen Vereinen verwendet werden. ²Ein Kennzeichen eines verbotenen Vereins wird insbesondere dann in im Wesentlichen gleicher Form verwendet, wenn bei ähnlichem äußerem Gesamterscheinungsbild das Kennzeichen des verbotenen Vereins oder Teile desselben mit einer anderen Orts- oder Regionalbezeichnung versehen wird.

(4) Diese Vorschriften gelten auch für die Verwendung von Kennzeichen einer Ersatzorganisation für die Dauer der Vollziehbarkeit einer Verfügung nach § 8 Abs. 2 Satz 1.

100   **a) Täterkreis.** Als Täter kommen hier wiederum sowohl Vereinsmitglieder (oder sonst organisatorisch in die Vereinigung eingebundene Personen) als auch außenstehende Dritte in Betracht.[486]

101   **b) Verbotene Vereinigung.** In Abs. 1 S. 1 Nr. 5 werden mehrere Vereinigungen genannt: (1.) die nach § 3 Abs. 1 verbotenen Vereine,[487] (2.) Vereinigungen, bei denen nach § 8 Abs. 2 S. 1 festgestellt ist, dass sie Ersatzorganisationen von verbotenen Vereinen sind,[488] (3.) Parteien oder Vereinigungen, von denen festgestellt ist, dass sie Ersatzorganisationen einer verbotenen Partei sind[489] und (4.) ausländische Vereine, die nach § 15 iVm § 14 Abs. 2 mit einem Betätigungsverbot betroffen sind.[490] Bei den zuletzt genannten Vereinigungen kann eine Verwendung von Kennzeichen allerdings zudem nach § 20 Abs. 1 S. 1 Nr. 4 als Verstoß gegen das Betätigungsverbot als solches geahndet werden, wenn die hier erforderlichen Voraussetzungen vorliegen.[491] In § 20 Abs. 1 S. 1 Nr. 5 nicht erwähnt ist hingegen der Ausländerverein nach § 14, weshalb das Verwenden eines Kennzeichens eines solchen Vereins lediglich nach § 20 Abs. 1 S. 1 Nr. 4 strafrechtlich geahndet werden kann.[492] Fraglich ist hingegen, ob das Verwenden von Kennzeichen ausländischer Vereine, die im Inland keine Organisation besitzen und gegen die insoweit „lediglich" ein Betätigungsverbot nach § 18 S. 2 verhängt werden kann, unter diese Strafnorm fällt.[493] Dagegen spricht, dass hier kein „Betätigungsverbot nach § 15 Abs. 1 in Verbindung mit § 14 Abs. 1 Satz 3", sondern eben „nur" ein solches nach § 18 S. 2 ausgesprochen wurde, § 18 S. 2 aber in § 20 Abs. 1 Nr. 5 keine Erwähnung findet.[494]

102   **c) Kennzeichen.** Als Kennzeichen werden sämtliche Gegenstände und Verhaltensweisen erfasst, die durch ihren Symbolwert auf den Vereinszweck hinweisen, den Zusammenhalt der Vereinsmitglieder stärken und die Vereinigung von anderen Organisationen unterschei-

---

[486] Speziell zu § 20 Abs. 1 S. 1 Nr. 5 Albrecht/Roggenkamp/*Seidl* Rn. 28; Erbs/Kohlhaas/*Wache* § 9 Rn. 4; vom *Feldmann* S. 84; *Rütters* S. 107 f.

[487] Hierzu → Rn. 23 ff.

[488] Hierzu → Rn. 38 ff.

[489] Hierzu → Rn. 67.

[490] Hierzu → Rn. 92 ff.; diese Tatvariante wurde erst durch 6. StrRG vom 26.1.1998, BGBl. I S. 164, in § 20 Abs. 1 S. 1 Nr. 5 aufgenommen. Dadurch wurde eine Lücke geschlossen, die durch BGH 24.1.1996 – 3 StR 530/95, BGHSt 42, 30 (33) = NJW 1996, 1906 (1907), aufgedeckt wurde; vgl. hierzu auch *Rütters* S. 107 ff., 134 f.; *Scholz* NStZ 1996, 602 (603); ferner *Schmidt* NStZ 1998, 610; aM damals *Köbler* NStZ 1995, 531 (532 ff.); vgl. ferner KG 6.4.2000 – 1 Ss 34/00, BeckRS 2000, 15993; *Rösemann* Kriminalistik 1996, 795 (796 f.).

[491] BGH 24.1.1996 – 3 StR 530/95, BGHSt 42, 30 (33 f.) = NJW 1996, 1906 (1907 f.); vgl. hierzu auch BayObLG 6.11.1995 – 3 St Ob Ws 2/95, NStZ-RR 1996, 121; VG Bremen 28.5.2009 – 5 K 1408/08 (juris) – Öcalan-Bild; *Rösemann* Kriminalistik 1996, 795 (796 f.); *Rütters* S. 110 ff.; *Scholz* NStZ 1996, 602 (603).

[492] Vgl. hierzu *Groh* Rn. 23.

[493] Dies wird bejaht von OVG Bremen 25.10.2005 – 1 A 144/05, BeckRS 2006, 24299; VG Bremen 28.5.2009 – 5 K 1408/08 (juris); dagegen *von der Behrens*/*Lücke* HRRS 2011, 120 (121 ff.).

[494] So *von der Behrens*/*Lücke* HRRS 2011, 120 (121 ff.), die darauf hinweisen, dass sich die beiden Betätigungsverbote sowohl bezüglich des Adressaten (Ausländische Vereine mit und ohne Organisation im Inland) als auch hinsichtlich der Auswahl des Mittels (Betätigungsverbot als milderes Mittel gegenüber dem Organisationsverbot und Betätigungsverbot als einzige Sanktionsmöglichkeit) unterscheiden.

den.[495] Erfasst werden somit alle optisch und akustisch wahrnehmbaren Sinnesäußerungen, die nach der Verkehrsauffassung mit der verbotenen Vereinigung in Verbindung gebracht werden, wobei das Kennzeichen nicht körperlich fixiert sein muss.[496] Dabei kommt es nicht darauf an, ob das Symbol einen gewissen Bekanntheitsgrad als Erkennungszeichen einer bestimmten Vereinigung oder Organisation besitzt.[497] Gleichgültig ist auch, ob das Kennzeichen mehrdeutig ist und deshalb auch in unverfänglichen Zusammenhängen benutzt wird.[498] Entscheidend ist allein, dass sich die Organisation ein bestimmtes Kennzeichen durch langandauernde Übung oder durch einen formalen Autorisierungsakt zu Eigen gemacht hat.[499] So stellt zB auch der „Hitlergruß" bzw. „Deutscher Gruß" ein solches Kennzeichen dar.[500] Dagegen ist der bloße Name der verbotenen Vereinigung nicht als Kennzeichen anzusehen.[501] Etwas anderes kann allerdings dann gelten, wenn der Name der verbotenen Vereinigung eine charakteristische Formgebung erfahren hat (zB die Sigrunen der SS).[502] Anzumerken ist, dass es einem Verein auch zumutbar ist, die von ihm verwendeten und propagierten Kennzeichen abzuändern und umzustellen, wenn sie durch die Verwendung durch einen verbotenen Drittverein diskreditiert und zum Symbol gesetzwidriger Aktivitäten geworden ist.[503] Obwohl in § 20 Abs. 1 S. 1 Nr. 5 nicht ausdrücklich auf § 9 Abs. 2 S. 1, sondern in § 20 Abs. 1 S. 2 lediglich auf die Einschränkung in § 9 Abs. 1 S. 2 und die Erweiterung in § 9 Abs. 2 und Abs. 3 verwiesen wird, kann bei der Bestimmung des Begriffs des Kennzeichens auf den – ohnehin nicht abschließenden („insbesondere") – Beispielskatalog in § 9 Abs. 2 S. 1 zurückgegriffen werden. Darüber hinaus können aber auch Lieder,[504] Symbole, Abkürzungen, Firmennamen, Bilder[505] oder ähnliches unter den Kennzeichenbegriff fallen.

Verboten ist auch die Verwendung von Kennzeichen, die lediglich geringfügig verändert **103** wurden, sofern sie trotz der Veränderung aus der Sicht eines unbefangenen, nicht besonders

[495] Albrecht/Roggenkamp/*Albrecht* § 9 Rn. 17; Erbs/Kohlhaas/*Wache* § 9 Rn. 3; zum Kennzeichenbegriff vgl. auch BGH 1.10.2008 – 3 StR 164/08, BGHSt 52, 364 (371 f.) = NJW 2009, 928 (929 f.); 13.8.2010 – 3 StR 228/09, BGHSt 54, 61 (66) = NJW 2010, 163 (165); 9.7.2015 – 3 StR 33/15, BGHSt 61, 1 (3 f.) = NStZ 2016, 86 (87) – Bandidos; OVG Bremen 25.10.2005 – 1 A 144/05, BeckRS 2006, 24299.

[496] Albrecht/Roggenkamp/*Albrecht* § 9 Rn. 17; Erbs/Kohlhaas/*Wache* § 9 Rn. 3; *Groh* § 9 Rn. 7; *Schnorr* § 9 Rn. 4; *Stegbauer* JR 2002, 182 (184).

[497] BGH 31.7.2002 – 3 StR 495/01, BGHSt 47, 354 = NJW 2002, 3186; 1.10.2008 – 3 StR 164/08, BGHSt 52, 364 (374) = NJW 2009, 928 (930); 13.8.2010 – 3 StR 228/09, BGHSt 54, 61 (66) = NJW 2010, 163 (165); OLG Rostock 9.9.2011 – 1 Ss 31-11 I 47/11, NStZ 2012, 572.

[498] BGH 1.10.2008 – 3 StR 164/08, BGHSt 52, 364 (372) = NJW 2009, 928 (930); 13.8.2010 – 3 StR 228/09, BGHSt 54, 61 (66) = NJW 2010, 163 (165); 9.7.2015 – 3 StR 33/15, BGHSt 61, 1 (4) = NStZ 2016, 86 (87).

[499] BGH 13.8.2010 – 3 StR 228/09, BGHSt 54, 61 (66) = NJW 2010, 163 (165); 9.7.2015 – 3 StR 33/15, BGHSt 61, 1 (4) = NStZ 2016, 86 (87); OLG Rostock 9.9.2011 – 1 Ss 31-11 I 47/11, NStZ 2012, 572.

[500] BGH 18.10.1972 – 3 StR 1/71 I, BGHSt 25, 30 = NJW 1973, 106; 14.2.1973 – 3 StR 3/72 I, BGHSt 25, 133 (136) = NJW 1973, 766 (767); OLG Celle 10.5.1994 – 1 Ss 71/94, 440; *Greiser* NJW 1969, 1155; *B. Heinrich* NStZ 2000, 533; LK-StGB/*Laufhütte/Kuschel* StGB § 86a Rn. 6; *Lüttger* GA 1960, 129 (137); Schönke/Schröder/*Sternberg-Lieben* StGB § 86a Rn. 3; *Stegbauer* JR 2002, 182 (185).

[501] BGH 13.8.2010 – 3 StR 228/09, BGHSt 54, 61 (66) = NJW 2010, 163 (164 f.) m. abl. Anm. *Stegbauer* NStZ 2010, 444; vgl. auch *ders.* NStZ 2012, 79; BGH 9.7.2015 – 3 StR 33/15, BGHSt 61, 1 (5) = NStZ 2016, 86 (87); aM OLG Hamm 8.10.2003 – 2 Ss 407/03, NStZ 2004, 444 (zur Abkürzung „NSDAP"); *Groh* § 9 Rn. 7.

[502] BGH 13.8.2010 – 3 StR 228/09, BGHSt 54, 61 (67) = NJW 2010, 163 (165); 9.7.2015 – 3 StR 33/15, BGHSt 61, 1 (5) = NStZ 2016, 86 (87); vgl. auch BGH 10.12.1982 – 2 StR 601/82, NStZ 1983, 261; *Becker*, NStZ 2016, 90 (91).

[503] LG Hamburg vom 13.2.2013 – 705 Ns 58/12, BeckRS 2013, 06363.

[504] Vgl. BT-Drs. IV/430, 18; ferner BGH 9.8.1965 – 1 StE 1/65, MDR 1965, 923; 13.8.2010 – 3 StR 228/09, BGHSt 54, 61 (67) = NJW 2010, 163 (165); BayObLG 19.7.1962 – RReg 4 St 171/62, NJW 1962, 1878; OLG Oldenburg 5.10.1987 – Ss 481/87, NStZ 1988, 74; *Groh* § 9 Rn. 7; vgl. zur Strafbarkeit der Abbildung der Anfangszeile des „Horst-Wessel-Liedes" (Die Fahne hoch) auf einem T-Shirt BVerfG 18.5.2009 – 2 BvR 2202/08, NJW 2009, 2805.

[505] BGH 9.8.1965 – 1 StE 1/65, MDR 1965, 923; 14.2.1973 – 3 StR 3/72 I, BGHSt 25, 133 (134 f.) = NJW 1973, 766; 13.8.2010 – 3 StR 228/09, BGHSt 54, 61 (66) = NJW 2010, 163 (165); OLG Frankfurt a. M. 18.3.1998 – 1 Ss 407/97, NStZ 1998, 356; OVG Bremen 25.10.2005 – 1 A 144/05, BeckRS 2006, 24299 – Öcalan-Bild; 21.2.2011 – 1 A 227/09, BeckRS 2011, 48379 – Öcalan-Bild; *Groh* § 9 Rn. 7; aM OLG Rostock 12.12.2001 – I Ws 146/01, NStZ 2002, 320 (für das Kopfbild von Rudolph Heß).

sachkundigen und nicht genau prüfenden Betrachters, der das Original nicht kennt, den Eindruck eines verbotenen Kennzeichens und zugleich dessen Symbolgehalt vermitteln.[506] Dies ist nunmehr ausdrücklich in § 9 Abs. 2 S. 2 geregelt, wonach auch Zeichen, die den nach § 9 Abs. 2 S. 1 umschriebenen Kennzeichen verbotener Vereinigungen **zum Verwechseln ähnlich** sehen, erfasst sind.[507] Allerdings muss das Zeichen in seinem auf die verbotene Vereinigung hinweisenden Symbolgehalt aus sich heraus verständlich sein.[508] Zudem muss nach dem Gesamteindruck eines durchschnittlichen Betrachters, Hörers oder Lesers eine Verwechslung mit dem Original möglich sein.[509] Objektiv erforderlich ist hierfür eine Übereinstimmung in wesentlichen Vergleichspunkten mit dem verbotenen Originalkennzeichen.[510] Dabei bedarf es allerdings – wie der BGH im Falle des „Keltenkreuzes" als Kennzeichen der verbotenen Volkssozialistischen Bewegung Deutschlands/Partei der Arbeit (VSBD/PdA) entschieden hat – auch bei zum Verwechseln ähnlichen Zeichen keines zusätzlichen Hinweises auf die Organisation.[511] Der in eine andere Sprache übersetzte Leitspruch einer verbotenen Vereinigung (hier: „Blood & Honor"[512]) ist hingegen kein solches Kennzeichen, welches der Originalparole zum Verwechseln ähnlich ist.[513] Sofern das (verbotene) Kennzeichen durch die Veränderung die Gestalt eines Zeichens annimmt, das von legalen Vereinigungen oder Institutionen benutzt wird und vom unbefangenen Beobachter auch diesen zugeordnet wird, so scheidet eine Strafbarkeit nach § 20 Abs. 1 S. 1 Nr. 5 aus.[514] Ebenso fällt eine **karikaturistisch verzerrte Darstellung** eines Kennzeichens, mit der die scharfe Ablehnung der Vereinigung, die dieses Kennzeichen üblicherweise verwendet (hat), zum Ausdruck gebracht werden soll, nicht unter den Kennzeichenbegriff.[515] Wird ein Kennzeichen hingegen lediglich durchgestrichen, um die Ablehnung zu bekunden, ist der Kennzeichenbegriff erfüllt (es kommt dann lediglich eine anderweitige Tatbestandsrestriktion in Frage).[516] Nicht erfasst sind auch sog **„Fantasiekennzeichen"**, die lediglich den Anschein erwecken, als seien sie ein – tatsächlich nie gebrauchtes – Kennzeichen der betreffenden Organisation.[517]

---

[506] BGH 31.7.2002 – 3 StR 495/01, BGHSt 47, 354 (357, 361) = NJW 2002, 3186 (3187 f.); OLG Köln 9.5.1984 – 3 Ss 886–887/83 (69/84), NStZ 1984, 508; OLG Hamburg 27.5.1981 – 1 Ss 45/81, NStZ 1981, 393; OLG Oldenburg 5.10.1987 – Ss 481/87, NStZ 1988, 74; vgl. aber auch BGH 14.2.1973 – 3 StR 1/72 I, BGHSt 25, 128 (130) = NJW 1973, 768; Erbs/Kohlhaas/*Wache* Rn. 26.

[507] Vgl. hierzu BVerfG 18.5.2009 – 2 BvR 2202/08, NJW 2009, 2806; BGH 31.7.2002 – 3 StR 495/01, BGHSt 47, 354 = NJW 2002, 3186; 28.7.2005 – 3 StR 60/05, NJW 2005, 3223 = NStZ 2006, 335 mAnm *Steinmetz* („Ruhm und Ehre der Waffen-SS"); OLG Karlsruhe 15.11.2002 – 1 Ws 179/02, NJW 2003, 1200; OLG Rostock 9.9.2011 – 1 Ss 31-11 I 47/11, NStZ 2012, 572; vgl. ferner → StGB § 86a Rn. 17 ff.; hierzu Albrecht/Roggenkamp/*Albrecht* § 9 Rn. 20; *Groh* § 9 Rn. 8; *Horsch* JR 2008, 99; *Kurth* StraFo 2006, 483; LK-StGB/*Laufhütte/Kuschel* StGB § 86a Rn. 10; NK-StGB/*Paeffgen* StGB § 86a Rn. 9; Schönke/Schröder/*Sternberg-Lieben* StGB § 86a Rn. 4; *Steinmetz* NStZ 2002, 118; bedenklich BayObLG 7.12.1988 – 5 St RR 151/98, NStZ 1999, 190 m. abl. Anm. *Bartels/Kollorz* NStZ 2000, 648.

[508] BGH 7.10.1998 – 3 StR 370/98, NJW 1999, 435; OLG Hamburg 7.4.2014 – 1-31/13 Rev, NStZ 2014, 656 (657).

[509] BGH 13.8.2010 – 3 StR 228/09, BGHSt 54, 61 (63) = NJW 2010, 163 (164); OLG Rostock 9.9.2011 – 1 Ss 31-11 I 47/11, NStZ 2012, 572.

[510] BGH 13.8.2010 – 3 StR 228/09, BGHSt 54, 61 (63) = NJW 2010, 163 (164); OLG Rostock 9.9.2011 – 1 Ss 31-11 I 47/11, NStZ 2012, 572.

[511] BGH 1.10.2008 – 3 StR 164/08, BGHSt 52, 364 = NJW 2009, 928 mAnm *Stegbauer* JZ 2009, 164; aM BayObLG 30.7.1998 – 5 St RR 87/98, BeckRS 1998, 14078; OLG Bamberg 18.9.2007 – 2 Ss 43/07, NStZ 2008, 631 Ls.; OLG Karlsruhe 20.3.1997 – 3 Ss 128/96, NStZ-RR 1998, 10.

[512] Bei dem Begriffspaar „Blut und Ehre" handelt es sich als Parole der Hitlerjugend um ein Kennzeichen einer nationalsozialistischen Organisation iS des §§ 86a Abs. 2 S. 1, 86 Abs. 1 Nr. 4 StGB; vgl. BGH 3.4.2008 – 3 StR 394/07, NStZ-RR 2009, 13.

[513] BGH 13.8.2010 – 3 StR 228/09, BGHSt 54, 61 = NJW 2010, 163 mAnm *Stegbauer* NStZ 2010, 444.

[514] BGH 7.10.1998 – 3 StR 370/98, NJW 1999, 435; Erbs/Kohlhaas/*Wache* Rn. 26.

[515] BGH 14.2.1973 – 3 StR 1/72 I, BGHSt 25, 128 = NJW 1973, 758; vgl. auch BGH 14.2.1973 – 3 StR 3/72 I, BGHSt 25, 133 = NJW 1973, 766; Erbs/Kohlhaas/*Wache* § 9 Rn. 3.

[516] BGH 15.3.2007 – 3 StR 486/06, BGHSt 51, 244 = NJW 2007, 1602; zustimmend *Weber* ZRP 2008, 21 (23); kritisch *Hörnle* JZ 2007, 698 (699 f.); ferner *Schroeder* JZ 2007, 851.

[517] BVerfG 1.6.2006 – 1 BvR 150/03, NJW 2006, 3050; BGH 28.7.2005 – 3 StR 60/05, NJW 2005, 3223; zustimmend *Kurth* StraFo 2006, 483; anders noch die Vorinstanz OLG Karlsruhe 15.11.2002 – 1 Ws 179/02, NJW 2003, 1200; OLG Rostock 9.9.2011 – 1 Ss 31-11 I 47/11, NStZ 2012, 572 (573); vgl. ferner

Hinzuweisen ist schließlich noch auf die Vorschrift des § 9 Abs. 3, wonach auch Kennzei- **104**
chen mit einbezogen werden, die (auch) von anderen nicht verbotenen Teilorganisationen
(„Schwesternvereine") verwendet werden. Gleiches gilt für solche Kennzeichen, die von
selbstständigen Vereinen verwendet werden, die die Zielrichtung des verbotenen Vereins teilen.[518] Da bis zur Gesetzesänderung im Jahr 2017[519] § 20 Abs. 1 S. 2 jedoch nur auf § 9 Abs. 1
S. 2 und Abs. 2, nicht jedoch auf § 9 Abs. 3 verwies, war das Tragen dieser Kennzeichen zwar
verboten, jedoch nicht strafbewehrt.[520] Es steht zu vermuten, dass der Gesetzgeber bei der
Schaffung des § 9 Abs. 3 im Jahre 2002[521] die entsprechende Ergänzung des § 20 Abs. 1 S. 2
schlicht übersehen hatte. Dieses Versäumnis holte der Gesetzgeber im Jahre 2017 nach[522] und
nahm in § 20 Abs. 1 S. 2 noch einen zusätzlichen Verweis auf § 9 Abs. 3 auf, um auch Kennzeichen effektiv aus der Öffentlichkeit zu verbannen, die mit denen eines bereits verbotenen
Vereins in Zusammenhang stehen.[523] Gleichzeitig wurde der in Bezug genommene § 9 Abs. 3
um einen Satz 2 erweitert. Hierdurch soll sichergestellt werden, das in Fällen, in denen eine
Vereinigung durch mehrere Untergruppen (zB Ortsgruppen) repräsentiert wird und nur eine
dieser Untergruppen verboten wurde, die Kennzeichen auch dann nicht mehr verwendet
werden dürfen, wenn lediglich die Orts- oder Regionalbezeichnung ausgetauscht wird.[524]

d) Tathandlung. In Abs. 1 S. 1 Nr. 5 werden drei verschiedene Tathandlungen genannt: **105**
die Verbreitung, die öffentliche Verwendung und die Verwendung in einer Versammlung.
Insoweit decken sich vom Wortlaut her die Anwendungsbereiche des § 20 Abs. 1 S. 1 Nr. 5
und des § 9 Abs. 1 nicht. Denn § 20 Abs. 1 S. 1 Nr. 5 fordert – neben dem öffentlichen
Verwenden oder dem Verwenden in einer Versammlung – ein „Verbreiten", während es nach
§ 9 Abs. 1 bereits verboten ist, „Kennzeichen [...] in Schriften [...], die verbreitet werden
oder zur Verbreitung bestimmt sind", zu verwenden. Insofern erfasst § 9 Abs. 1 S. 1 Nr. 2 auch
die nichtöffentliche Verwendung von Kennzeichen in Schriften, die lediglich **zur Verbreitung
bestimmt** sind, es muss hier also noch nicht zur Verbreitung selbst gekommen sein. Diese
Verhaltensweise ist vom Begriff der „Verbreitung" in § 20 Abs. 1 S. 1 Nr. 5 jedoch nicht erfasst.

aa) Verbreitung. Unter einer Verbreitung eines Kennzeichens versteht man die Weiter- **106**
gabe an einen anderen mit dem Ziel, das Kennzeichen einem größeren, für den Täter
nicht kontrollierbaren Personenkreis zugänglich zu machen.[525] Das Merkmal entspricht im

---

BGH 13.8.2010 – 3 StR 228/09, BGHSt 54, 61 (63) = NJW 2010, 163 (164); hierzu *Stegbauer* NStZ 2012,
79; für die Einbeziehung von Fantasiekennzeichen auch *Horsch* JR 2008, 99 (102).
[518] Vgl. hierzu BayObLG 8.3.2005 – 4 St RR 207/04, BeckRS 2005, 18598; OLG Celle 19.3.2007 –
32 Ss 4/07, NStZ 2008, 159; OVG Koblenz 22.3.2005 – 12a 12101/04, BeckRS 2005, 25672; LG Berlin
2.10.2002 – 537 Qs 104/02, StraFo 2003, 30; LG Cottbus 28.2.2002 – 26 Qs 464/01, StraFo 2002, 47:
Während die Ortsgruppen Hamburg, Düsseldorf, Frankfurt und Flensburg ua des Motorradclubs „Hells Angels
MC Germany" von den jeweils zuständigen Ministerien mit rechtskräftiger Verfügung verboten wurden, trifft
dies auf andere Ortsgruppen, die jedoch (teilweise) dieselben Vereinswappen tragen (stilisierter weißer behelm-
ter Totenkopf mit rechtsschwingenden Engelsflügeln und dem Schriftzug „Hells Angels", teilweise mit Ortsan-
gabe), nicht zu. Fraglich ist zudem, verneint man eine Tatbestandsmäßigkeit bei Verwendung des Symbols
mit einem anderen Ortszusatz, ob es ausreicht, wenn sich das verbotene Symbol (neben anderen Symbolen)
auf der Rückseite einer „Motorradkutte" befindet, der Ortszusatz jedoch auf einem gesonderten Abnäher
auf der Vorderseite; dies ablehnend OLG Celle 19.3.2007 – 32 Ss 4/07, NStZ 2008, 159; *Rau/Zschieschack*
NStZ 2008, 131; zum Ganzen ausführlich *Bock* HRRS 2012, 83.
[519] Zweites Gesetz zur Änderung des Vereinsgesetzes vom 10.3.2017, BGBl. I S. 419.
[520] Vgl. hierzu BGH 9.7.2015 – 3 StR 33/15, BGHSt 61, 1 (11 ff.) = NStZ 2016, 86 (89 f.); LG Berlin
2.10.2002 – 537 Qs 104/02, StraFo 2003, 30; *Becker,* NStZ 2016, 90 (92); *Groh* § 9 Rn. 12, § 20 Rn. 25;
Schenke/Graulich/Ruthig/*Roth,* J, § 20 Rn. 77; aM BayObLG 23.9.2003 – 4 St RR 104/03, BeckRS 2003,
09557; OLG Celle 19.3.2007 – 32 Ss 4/07, NStZ 2008, 159; *Rau/Zschieschack* NStZ 2008, 131 (134); kritisch
zur Vorschrift des § 9 Abs. 3 *Gubitz* StraFo 2003, 7 und *Nolte* DVBl 2002, 573 (576), der jedoch von einer
strafrechtlichen Sanktionierung eines Verstoßes gegen § 9 Abs. 3 auszugehen scheint.
[521] Durch das Gesetz zur Bekämpfung des internationalen Terrorismus vom 9.1.2002, BGBl. I S. 361 ber.
S. 3142; vgl. zur Begründung BT-Drs. 14/7386, 48 f.
[522] Zweites Gesetz zur Änderung des Vereinsgesetzes v. 10.3.2017, BGBl. I 419.
[523] BT-Drs. 18/9758, 8.
[524] In der Praxis tauchte dieses Problem insbes. bei verschiedenen „Chaptern" von Motorradclubs auf;
vgl. BGH 9.7.2015 – 3 StR 33/15, BGHSt 61, 1 = NStZ 2016, 86 – Bandidos.
[525] BGH 6.10.1959 – 5 StR 384/59, BGHSt 13, 257 (258) = NJW 1959, 2125 (2126); 25.7.1963 – 3
StR 4/63, BGHSt 19, 63 (71) = NJW 1963, 2034 (2036); Erbs/Kohlhaas/*Wache* § 9 Rn. 13; § 20 Rn. 27;

Wesentlichen demjenigen der §§ 74 Abs. 4, 86, 86a StGB.[526] Bei dem größeren, nicht kontrollierbaren Personenkreis kann es sich auch um Mitglieder des Vereins selbst handeln.[527] Die Verbreitung muss dabei nicht öffentlich erfolgen.[528] Selbst die Weitergabe eines Kennzeichens an **eine Person** kann genügen, wenn der Täter weiß oder damit rechnet, dass der Empfänger das Kennzeichen weiteren Personen zugänglich machen wird.[529] In diesen Fällen ist die Tat bereits mit der Weitergabe an diese Person und nicht erst dann vollendet, wenn diese das Kennzeichen selbst weitergibt.[530] Ferner reicht es auch aus, wenn der Täter eine größere Anzahl von Kennzeichen irgendwo liegen lässt in der Hoffnung, der Finder würde sie einem größeren Personenkreis weitergeben.[531] Beim Versenden mit der Post ist die Tat vollendet, wenn der Täter den Gegenstand an die Post übergibt.[532] Im Gegensatz zur Verwendung erfordert die Verbreitung die **körperliche Weitergabe** des Kennzeichens an einen anderen, dh das Kennzeichen muss seiner Substanz nach an einen anderen gelangen. Dies gilt uneingeschränkt für jedes in Betracht kommende Tatmittel bzw. Medium, durch das ein Kennzeichen verkörpert wird.[533] Nicht ausreichend ist daher zB das bloße Abspielen eines Liedes oder das Vorlesen eines Textes (welches insoweit allerdings eine „öffentliche Verwendung" darstellen kann).[534] Aber auch das bloße Anschlagen von Plakaten oder das Ankleben von Aufklebern, auf dem ein verbotenes Kennzeichen abgebildet wird, kann nicht genügen, da auch hier keine körperliche Weitergabe stattfindet (auch hier kommt allerdings ein „öffentliches Verwenden" in Frage).[535]

107   In § 9 Abs. 1 Nr. 2 werden hinsichtlich möglicher Verbreitungsformen die Verbreitung in „Schriften, Ton- und Bildträgern, Abbildungen oder Darstellungen" genannt.[536] Dieser Bereich deckt sich weitgehend mit § 86a StGB iVm § 11 Abs. 3 StGB. Problematisch ist lediglich, dass in § 11 Abs. 3 noch zusätzlich die Datenspeicher genannt sind,[537] die sich in der Aufzählung des § 9 Abs. 1 S. 1 Nr. 2 nicht finden. Obwohl dies möglicherweise auf ein Redaktionsversehen des Gesetzgebers zurückzuführen ist, wird man die Verbreitung mittels Datenspeicher von § 20 Abs. 1 S. 1 Nr. 5 zurzeit nicht als erfasst ansehen können.[538] Denn die Datenspeicher lassen sich auch nicht unter die ansonsten als Oberbegriff verwendete „Darstellung" fassen, da hierunter nur **körperliche** Gebilde fallen, die sinnlich unmittelbar wahrnehmbar sind.[539] Allerdings könnte man sich fragen, ob infolge der unterschiedlichen Wortwahl für die Auslegung des § 20 Abs. 1 S. 1 Nr. 5 überhaupt auf § 9 Abs. 1 S. 1 Nr. 2 Rückgriff genommen werden kann. Denn in § 20 Abs. 1 S. 1 Nr. 5 wird die Strafbarkeit

---

Groh § 9 Rn. 4; *Fischer* StGB § 74d Rn. 4; LK-StGB/*Laufhütte/Kuschel* StGB § 86 Rn. 11; vgl. auch BVerfG 9.11.2011 – 1 BvR 461/08, NJW 2012, 1498 (1500).

[526] Vgl. ua Schönke/Schröder/*Sternberg-Lieben* StGB § 86a Rn. 8.

[527] BGH 6.10.1959 – 5 StR 384/59, BGHSt 13, 257 (258) = NJW 1959, 2125 (2126); *Erbs/Kohlhaas/ Wache* Rn. 27.

[528] Erbs/Kohlhaas/*Wache* § 9 Rn. 13.

[529] RG 8.3.1921 – II 1560/20, RGSt 55, 276 (277); BGH 25.7.1963 – 3 StR 4/63, BGHSt 19, 63 (71) = NJW 1963, 2034 (2036) mwN; BayObLG 14.5.1981, RReg 3 St 32/81, NStZ 1983, 120 (121); Erbs/ Kohlhaas/*Wache* § 9 Rn. 13; § 20 Rn. 27; LK-StGB/*Laufhütte/Kuschel* StGB § 86 Rn. 21.

[530] *Keltsch* NStZ 1983, 121 (122); LK-StGB/*Laufhütte/Kuschel* StGB § 86 Rn. 21.

[531] Erbs/Kohlhaas/*Wache* § 9 Rn. 13; § 20 Rn. 27; *Groh* § 9 Rn. 4.

[532] *Rütters* S. 112 f., 114.

[533] *Rütters* S. 112 f., 114.

[534] BGH 3.10.1962 – 3 StR 35/62, BGHSt 18, 63 = NJW 1963, 60; BayObLG 14.5.1981 – RReg 3 St 32/81, NJW 1979, 2162 = NStZ 1983, 120 (121); Erbs/Kohlhaas/*Wache* § 9 Rn. 13.

[535] NK-StGB/*Paeffgen* § 86 Rn. 31; *Rütters* S. 112 f., 114; aM allerdings BGH 8.5.1964 – 3 StR 9/64, BGHSt 19, 308 (310); LK-StGB/*Laufhütte/Kuschel* StGB § 86 Rn. 26; Schönke/Schröder/*Sternberg-Lieben* StGB § 86 Rn. 14.

[536] Hinsichtlich der Auslegung dieser Merkmale ist auf die Kommentierung zu § 11 Abs. 3 StGB zu verweisen, → StGB § 11 Rn. 112 ff.

[537] Diese Variante wurde ins StGB erst durch Art. 4 Nr. 1 des Gesetzes zur Regelung der Rahmenbedingungen für Informations- und Kommunikationsdienste IuDG vom 22.7.1997 eingefügt, BGBl. I S. 1870 (1876).

[538] Vgl. zweifelnd Erbs/Kohlhaas/*Wache* § 9 Rn. 12; vgl. auch *Groh* § 9 Rn. 4.

[539] Erbs/Kohlhaas/*Wache* § 9 Rn. 12; selbst die Einordnung der Darstellung als Oberbegriff ist jedoch zweifelhaft, da § 9 Abs. 1 Nr. 2 lediglich von „Darstellung" spricht, während in § 11 Abs. 3 StGB von „anderer Darstellung" die Rede ist.

allgemein an die „Verbreitung" von Kennzeichen geknüpft, ein ausdrücklicher Verweis auf § 9 Abs. 1 S. 1 Nr. 2 (etwa in Form einer Nennung in einem Klammerzusatz) findet nicht statt. Dies kann jedoch nicht dazu führen, dass über § 20 Abs. 1 S. 1 Nr. 5 Tätigkeiten unter Strafe gestellt werden, die durch § 9 Abs. 1 gar nicht verboten sind. Der fehlende Verweis kann lediglich zur **Einschränkung,** nicht aber zur Erweiterung der Strafbarkeit herangezogen werden. Eine Einschränkung findet, wie bereits erwähnt, insoweit statt, als vom allgemeinen Verbreitungsbegriff die in § 9 Abs. 1 S. 1 Nr. 2 genannte Variante der Verwendung von Kennzeichen, die lediglich „zur Verbreitung bestimmt" sind, nicht erfasst wird.[540]

bb) Öffentliche Verwendung. Der Begriff ist weit auszulegen und erfasst jeden **108** Gebrauch von Kennzeichen, der dieselben in irgendeiner Weise optisch oder akustisch wahrnehmbar macht, ohne dass es auf eine körperliche Überlassung, wie bei der Verbreitung, ankommt.[541] Insbes. fallen hierunter das Tragen, Zeigen, Ausstellen, Vorführen, Vorsprechen oder Ausrufen von Kennzeichen.[542] Zwar muss der Täter, um vorsätzlich zu handeln, wissen dass er anderen gegenüber das Kennzeichen wahrnehmbar macht. Darüber hinaus ist jedoch keine besondere Absicht,[543] insbes. kein dadurch zum Ausdruck kommendes Bekenntnis zu den Zielen der verbotenen Organisation erforderlich.[544] Tatbestandlich auszugrenzen sind jedoch die Fälle des § 9 Abs. 1 S. 2.[545]

Die Verwendung muss dabei **öffentlich** geschehen, so dass die Verwendung eines Kennzeichens im (rein) privaten Kreis nicht untersagt ist. Für die Erfüllung des Merkmals der Öffentlichkeit ist es – ähnlich wie bei der Tathandlung der Verbreitung – erforderlich, dass das Kennzeichen von unbestimmt vielen Personen wahrgenommen werden kann, die mit dem Täter nicht durch persönliche Beziehungen verbunden sind.[546] Darüber hinaus kann das Merkmal der Öffentlichkeit jedoch auch dann bejaht werden, wenn der Personenkreis an sich begrenzt ist, jedoch eine so große Zahl von Personen erfasst, dass sie vom Täter nicht mehr überschaubar ist, wie zB die Arbeiter in einer Fabrik, die Soldaten in einer Kaserne oder die Schüler in einer Schule.[547] Dabei erfordert die Tathandlung des „Verwendens" nicht, dass jemand das Kennzeichen tatsächlich optisch oder akustisch wahrgenommen hat. Ausreichend ist es, wenn der Täter das Kennzeichen an einem Ort verwendet, an dem es von einer unbestimmten Anzahl von Personen (üblicherweise) hätte wahrgenommen werden können.[548] Insoweit stellt Abs. 1 S. 1 Nr. 5 in der Variante des Verwendens also **kein**

---

[540] Hierzu bereits → Rn. 105.

[541] BGH 29.5.1970 – 3 StR 2/70 I, BGHSt 23, 267 (269) = NJW 1970, 1693; OLG Frankfurt a. M. 18.3.1998 – 1 Ss 407/97, NStZ 1999, 356 (357); OLG Koblenz 17.2.1981 – 1 Ws 66/81, MDR 1981, 600 (601); OLG Rostock 9.9.2011 – 1 Ss 31-11 I 47/11, NStZ 2012, 572 (573); *Bohnefeld* DRiZ 1993, 430 (433); Albrecht/Roggenkamp/*Albrecht* § 9 Rn. 5; Erbs/Kohlhaas/*Wache* § 9 Rn. 5; *Fischer* StGB § 86a Rn. 14; *Groh* § 9 Rn. 2; LK-StGB/*Laufhütte/Kuschel* StGB § 86a Rn. 13; *Lüttger* GA 1960, 129 (137); *Rütters* S. 113; Schönke/Schröder/*Sternberg-Lieben* StGB § 86a Rn. 6; *Stegbauer* JR 2002, 182 (187); vgl. aber auch *Schroeder* JZ 2006, 851 (852), der eine tatbestandliche Restriktion bei offenkundiger Gegnerschaft zu der betreffenden Organisation über eine einschränkende Auslegung des „Verwendens" erreichen will, auch in BGH 9.7.2015 – 3 StR 33/15, BGHSt 61, 1 (8 f.) = NStZ 2016, 86 (89) wird von einer erforderlichen restriktiven Auslegung des Tatbestandes gesprochen.

[542] Erbs/Kohlhaas/*Wache* § 9 Rn. 5; *Fischer* StGB § 86a Rn. 14; *Groh* § 9 Rn. 2; *Lüttger* GA 1960, 129 (137).

[543] OLG Schleswig 14.12.1977 – 1 Ss 706/77, MDR 1978, 333; Erbs/Kohlhaas/*Wache* Rn. 5; *Greiser* NJW 1969, 1155.

[544] BGH 29.5.1970 – 3 StR 2/70 I, BGHSt 23, 267 (268) = NJW 1970, 1693; 18.10.1972 – 3 StR 1/71 I, BGHSt 25, 30 (32) = NJW 1973, 106; 25.4.1979 – 3 StR 89/79, BGHSt 28, 394 (396) = NJW 1979, 1555; OLG Frankfurt a. M. 18.3.1998 – 1 Ss 407/97, NStZ 1999, 356 (357); Erbs/Kohlhaas/*Wache* § 9 Rn. 5; *Greiser* NJW 1969, 1155; *Nöldeke* NJW 1972, 2120; vgl. aber auch Schönke/Schröder/*Sternberg-Lieben* StGB § 86a Rn. 6; SK-StGB/*Rudolphi* StGB § 86a Rn. 6.

[545] Hierzu noch → Rn. 112 ff.

[546] BGH 13.3.1958 – 4 StR 27/58, BGHSt 11, 282 = NJW 1958, 757; OLG Köln 28.4.1953 – Ss 31/53, NJW 1953, 1076; Albrecht/Roggenkamp/*Albrecht* § 9 Rn. 6; Erbs/Kohlhaas/*Wache* § 9 Rn. 6; *Groh* § 9 Rn. 3.

[547] Erbs/Kohlhaas/*Wache* Rn. 6; *Groh* § 9 Rn. 3.

[548] BGH 3.4.1957 – 4 StR 144/57, BGHSt 10, 194 = NJW 1957, 880; 2.9.1958 – 5 StR 339/58, BGHSt 12, 42 (46) = NJW 1958, 1788 (1789); RG 27.1.1938 – 5 D 691/37, RGSt 72, 67 (68); OLG Hamburg 26.9.1956 – Ss 131/56, NJW 1957, 152; OLG Koblenz 11.11.1976 – 1 Ss 524/76, MDR 1977, 334; Erbs/Kohlhaas/*Wache* § 9 Rn. 6; *Groh* § 9 Rn. 3.

Erfolgsdelikt, sondern ein schlichtes Tätigkeitsdelikt dar. Hinzuweisen ist noch darauf, dass es im Hinblick auf die Öffentlichkeit nicht darauf ankommt, dass der Ort tatsächlich öffentlich, dh für jedermann zugänglich ist.[549] Wie in den oben genannten Fällen (Fabrik, Schule etc) bereits klargestellt wurde, kommt es allein darauf an, inwieweit der Täter zu den (möglicherweise) anwesenden Personen durch persönliche Beziehungen verbunden ist, so dass zB auch die Verwendung von Kennzeichen in einem Theater oder einer sonstigen Veranstaltung mit nur beschränkt zugelassenem Besucherkreis öffentlich sein kann.[550]

110   **cc) Verwendung in einer Versammlung.** Durch das Merkmal der Verwendung eines Kennzeichens in einer Versammlung sollen – in Abgrenzung zur öffentlichen Verwendung – auch die Fälle erfasst werden, in denen das Kennzeichen in geschlossenen Veranstaltungen einem überschaubaren Kreis von Personen optisch oder akustisch wahrnehmbar gemacht wird.[551] Unter einer Versammlung versteht man hierbei eine räumliche Zusammenkunft mehrerer Personen zu einem bestimmten Zweck, wobei im Einzelfall bereits drei Personen ausreichen können.[552]

111   **e) Zeitraum: während der Vollziehbarkeit des Verbots.** Nach § 3 Abs. 4 wird ein Vereinsverbot mit der Zustellung, spätestens aber mit der Bekanntmachung im Bundesanzeiger wirksam und vollziehbar.[553] Gleiches gilt im Hinblick auf eine entsprechende Ersatzorganisation nach § 8 Abs. 2 S. 2 iVm § 3 Abs. 4. Mit der Klarstellung in § 20 Abs. 1 S. 1 Nr. 5 (ebenso in § 9 Abs. 1), dass die Verwendung der Kennzeichen „während der Vollziehbarkeit des Verbots oder der Feststellung" strafbewehrt ist, soll nun einerseits darauf hingewiesen werden, dass das Verbot bereits ab diesem Zeitpunkt gilt, dh nicht erst ab dem Zeitpunkt der Unanfechtbarkeit (ab dann wird ohnehin regelmäßig § 86a StGB eingreifen).[554] Andererseits wird aber auch klargestellt, dass das Verbot erlischt, wenn das Verbot oder die Feststellung von der Verwaltungsbehörde oder im Verwaltungsgerichtsverfahren später **wieder aufgehoben** wird. In diesen Fällen der nachträglichen Aufhebung entfällt die Strafbarkeit der verbotenen Verbreitung oder Verwendung von Kennzeichen jedoch **nicht rückwirkend,** da § 20 Abs. 1 S. 1 Nr. 5 ausdrücklich den Verstoß gegen ein vollziehbares Verbot oder eine vollziehbare Feststellung unter Strafe stellt.[555] Insoweit kommt also auch eine Wiederaufnahme des Verfahrens nach § 359 Nr. 4 StPO nicht in Betracht. Hierdurch wird erneut deutlich, dass in diesen Fällen lediglich der Ungehorsam gegenüber einem verwaltungsrechtlichen Verbot unter Strafe gestellt wird.[556]

112   **f) Ausnahmeregelung des § 9 Abs. 1 S. 2.** Das Verbot der Verbreitung und Verwendung gilt nach § 9 Abs. 1 S. 2 dann nicht, wenn die Verwendung von Kennzeichen im Rahmen der staatsbürgerlichen Aufklärung, der Abwehr verfassungswidriger Bestrebungen und ähnlicher Zwecke vorgenommen wurde. Diese „Sozialadäquanzklausel" entspricht im Wesentlichen der Vorschrift des § 86a Abs. 3 StGB iVm § 86 Abs. 3 StGB, die darüber hinaus allerdings noch weitere dieser „ähnlichen Zwecke" (Weitergabe zum Zwecke „der Kunst oder der Wissenschaft, der Forschung oder der Lehre, der Berichterstattung über Vorgänge des Zeitgeschehens oder der Geschichte") ausdrücklich benennt. Alle diese Zwecke können jedoch auch ohne ausdrückliche Nennung als „ähnliche Zwecke" iS des § 9 Abs. 1 S. 2 angesehen werden. Liegen die Voraussetzungen des § 9 Abs. 1 S. 2 vor, so entfällt bereits die Tatbestandsmäßigkeit des Verhaltens und nicht erst die Rechtswidrig-

---

[549] RG 19.1.1915 – IV 1058/14, RGSt 49, 147 mwN; Erbs/Kohlhaas/*Wache* § 9 Rn. 6.
[550] Vgl. OLG Celle 22.4.1971 – 1 Ss 380/70, GA 1971, 251; OLG Hamm 19.12.1972 – 5 Ss 1200/72, NJW 1973, 817; Erbs/Kohlhaas/*Wache* § 9 Rn. 6.
[551] Vgl. Albrecht/Roggenkamp/*Albrecht* § 9 Rn. 8; Erbs/Kohlhaas/*Wache* § 9 Rn. 7; *Stegbauer* JR 2002, 182 (187).
[552] Erbs/Kohlhaas/*Wache* § 9 Rn. 7.
[553] Hierzu ausführlich → Rn. 46 f.
[554] BT-Drs. IV/430, 18; Erbs/Kohlhaas/*Wache* § 9 Rn. 21; *Schnorr* § 9 Rn. 6.
[555] *Seifert* DÖV 1964, 685 (690); *ders.* DÖV 1965, 35; Erbs/Kohlhaas/*Wache* § 20 Rn. 24; aM vom *Feldmann* DÖV 1965, 29 (34); vgl. hierzu schon → Rn. 3.
[556] Hierzu bereits → Rn. 3.

keit.[557] Leitgedanke dieser Ausnahmen ist es, dass das Verwenden und Verbreiten der Kennzeichen in Umkehrung ihres ursprünglichen Sinngehaltes hier gerade dem Schutz der verfassungsmäßigen Ordnung dient,[558] die Kennzeichen also benutzt werden, um sie zum Gegenstand einer kritischen Diskussion zu machen. Dies setzt voraus, dass sie dem Publikum in einem offenen Diskurs präsentiert werden, um hierdurch die verfassungsfeindlichen Ziele zu bekämpfen.[559] Daher scheidet § 9 Abs. 1 S. 2 in allen denjenigen Fällen aus, in denen – trotz Vorschiebens der genannten Gründe – das Verwenden letztlich doch der Agitation und Propaganda (und sei es auch seitens der politischen Gegner) dienen soll.[560]

Als **staatsbürgerliche Aufklärung** sind alle Handlungen anzusehen, die der Vermittlung **113** von Wissen zur Anregung der politischen Willensbildung und Verantwortungsbereitschaft der Staatsbürger und dadurch der Förderung ihrer politischen Mündigkeit durch Information dienen.[561] Hiernach scheidet eine Strafbarkeit aus, wenn Kennzeichen in Aufklärungsfilmen, Schulfunksendungen, Ausstellungen, Geschichtsbüchern, als Schaubilder und Tonwiedergaben in politischen Seminaren oder sonst zu Unterrichtszwecken eingesetzt werden.[562] Die staatsbürgerliche Aufklärung ist dabei kein Privileg von Schulen und sonstigen politischen Bildungsstätten, sondern kann auch durch die Presse, Rundfunk und Fernsehen durchgeführt werden.[563] Dem oben genannten Schutzzweck des § 9 Abs. 1 S. 2 entsprechend kann eine staatsbürgerliche Aufklärung aber nicht durch die verbotene Vereinigung selbst erfolgen.[564]

Zur **Abwehr verfassungsfeindlicher Bestrebungen** dürfen Kennzeichen verbotener **114** Vereinigungen insbes. dann verwendet werden, wenn das Verhalten dazu dient, bestimmte Behörden oder die Bevölkerung zur Mitwirkung bei der Aufdeckung dieser Bestrebungen aufzurufen.[565] Als verfassungswidrige Bestrebungen sind dabei sämtliche politischen Erscheinungsformen anzusehen, die nach Ansicht eines größeren Bevölkerungsteils den Verdacht grundgesetzwidriger Bestrebungen rechtfertigen können.[566] Wiederum ist im Hinblick auf die Ausnahmeregelung allerdings eine Tätigkeit durch die verbotene Vereinigung selbst ebenso ausgeschlossen wie eine Handlung, die in erster Linie der Propaganda, Agitation oder Werbung seitens des politischen Gegners dient.[567] Auch die Verwendung von Kennzeichen verbotener Vereinigungen durch in diese Gruppierungen eingeschleuste „V-Leute" kann nach dem Sinn und Zweck der Sozialadäquanzklausel nicht zu einem Tatbestandsausschluss führen.[568]

Unter die **ähnlichen Zwecke** fällt eine Verwendung oder Verbreitung eines Kennzeichens, **115** wenn dies sozial üblich oder nützlich ist und einer historisch überlieferten und sozialethisch gebilligten Gepflogenheit entspricht.[569] Maßstab der Beurteilung muss letztlich aber auch hier stets sein, dass die Verhaltensweisen den Schutzzweck der Vorschriften der § 86a StGB § 20 Abs. 1 Nr. 5 VereinsG offensichtlich nicht beeinträchtigen.[570] Erfasst sind hier in erster Linie

---

[557] Erbs/Kohlhaas/*Wache* Rn. 29; *Fischer* StGB § 86a Rn. 20; Schönke/Schröder/*Sternberg-Lieben* StGB § 86a Rn. 10; aM *Greiser* NJW 1969, 1155 (1156); *ders.* NJW 1972, 1556 (1557).

[558] Erbs/Kohlhaas/*Wache* § 9 Rn. 16; *Greiser* NJW 1972, 1556 (1557).

[559] *Kubiciel* NStZ 2003, 57 (58).

[560] Vgl. hierzu *Greiser* NJW 1972, 1556 (1557).

[561] BGH 18.2.1970 – 3 StR 2/69 I, BGHSt 23, 226 (227) = NJW 1970, 818; Albrecht/Roggenkamp/ *Albrecht* § 9 Rn. 13; Erbs/Kohlhaas/*Wache* § 9 Rn. 16; *Groh* § 9 Rn. 5; LK-StGB/*Laufhütte*/*Kuschel* StGB § 86 Rn. 37; hierzu auch *Kohlmann* JZ 1971, 681.

[562] Erbs/Kohlhaas/*Wache* § 9 Rn. 17, § 20 Rn. 29; *Groh* § 9 Rn. 5; *Schnorr* § 9 Rn. 3.

[563] BGH 18.2.1970 – 3 StR 2/69 I, BGHSt 23, 226 (229) = NJW 1970, 818 (819); Erbs/Kohlhaas/*Wache* § 9 Rn. 17; *Groh* § 9 Rn. 5.

[564] BGH 18.2.1970 – 3 StR 2/69 I, BGHSt 23, 226 (228 f.) = NJW 1970, 818 (819); Erbs/Kohlhaas/ *Wache* § 9 Rn. 17; *Groh* § 9 Rn. 5; aM *Kohlmann* JZ 1971, 681 (682 f.).

[565] Albrecht/Roggenkamp/*Albrecht* § 9 Rn. 14; Erbs/Kohlhaas/*Wache* § 9 Rn. 18; *Groh* § 9 Rn. 5; *Schnorr* § 9 Rn. 3.

[566] Vgl. hierzu Erbs/Kohlhaas/*Wache* § 9 Rn. 18; *Greiser* NJW 1969, 1155 (1156); *ders.* NJW 1972, 1556 (1557).

[567] Vgl. hierzu *Greiser* NJW 1969, 1155 (1156); *ders.* NJW 1972, 1556 (1557).

[568] *Kubiciel* NStZ 2003, 57 (58).

[569] Erbs/Kohlhaas/*Wache* § 9 Rn. 19; *Greiser* NJW 1969, 1155 (1156); *ders.* NJW 1972, 1556 (1557); *Lüttger* GA 1960, 129 (144).

[570] BGH 18.10.1972 – 3 StR 1/71 I, BGHSt 25, 30 = NJW 1973, 106; 14.2.1973 – 3 StR 3/72 I, BGHSt 25, 133 (136) = NJW 1973, 766 (767); 25.4.1979 – 3 StR 89/79, BGHSt 28, 394 (396) = NJW 1979, 1555;

die in § 86 Abs. 3 StGB aufgezählten Zwecke, worunter insbes. das Verwenden von Kennzeichen in Theaterstücken, Hörspielen, Filmen und kabarettistischen Darstellungen fällt. Entscheidend muss aber auch hier stets die Beurteilung des Einzelfalles sein. So fällt eine Verwendung solcher Kennzeichen aus Übermut oder Scherz regelmäßig nicht hierunter.[571] Dies kann jedoch anders sein bei einer scherzhaften Verwendung in einer Faschingsveranstaltung.[572] Von § 9 Abs. 1 S. 2 erfasst ist das Verwenden von Kennzeichen als offenkundige Warnung vor dem Wiederaufleben einer verfassungswidrigen Organisation[573] oder die Verwendung historischer Fotos zB in einem Lexikon. Im Einzelfall kann auch der Zuruf einer Grußform als offensichtlicher Protest gegen staatliches Vorgehen ein „ähnlicher Zweck" iS des § 9 Abs. 1 S. 2 sein.[574] In einer früheren Entscheidung hat der BGH allerdings bei einer Verwendung und Verbreitung zu rein wirtschaftlichen Zwecken, zB der Vermarktung als Souvenirstücke oder zur reißerischen Werbung,[575] eine Tatbestandsmäßigkeit angenommen. Hiervon rückte der BGH später zutreffender Weise ab, indem er unmissverständlich klar stellte, dass auch bei einer kommerziellen Verwendung der Gebrauch des Kennzeichens einer verfassungswidrigen Organisation in einer Darstellung, deren Inhalt in offenkundiger und eindeutiger Weise die Gegnerschaft zu der Organisation und die Bekämpfung ihrer Ideologie zum Ausdruck bringt, dem Schutzzweck der Strafnorm ersichtlich nicht zuwiderlaufe und daher vom Tatbestand nicht erfasst werde.[576] Einen Grenzfall stellt hingegen die Herstellung originalgetreuen Spielzeuges, wie etwa die Verwendung von Hakenkreuzen auf Spielzeugflugzeugen dar, welche, je nach Art des Spielzeuges, noch als zulässig anzusehen ist.[577]

116   **g) Konkurrenzen.** Während Abs. 1 S. 1 Nr. 5 auf Grund der ausdrücklich angeordneten gesetzlichen Subsidiarität hinter § 86a StGB und § 129 StGB[578] zurücktritt, ist Tateinheit mit einem Verstoß gegen § 28 VersammlG möglich.[579]

III. Der Strafaufhebungsgrund nach Abs. 2

117   In Abs. 2 sind mit der „Geringfügigkeitsklausel" (Nr. 1) und der „Tätigen Reue" (Nr. 2) zwei Fälle normiert, bei deren Vorliegen ein **Absehen von Strafe** möglich ist. Die Anwendung („kann") ist dabei jedoch in das Ermessen des Gerichts gestellt (vgl. aber auch das obligatorische Absehen von Strafe in Nr. 2 Hs. 2). Wird Abs. 2 angewendet, so ist der

---

OLG Köln 9.5.1984 – 3 Ss 886–887/83 (69/84), NStZ 1984, 508; Erbs/Kohlhaas/*Wache* § 9 Rn. 5; *Groh* § 9 Rn. 5; Schönke/Schröder/*Sternberg-Lieben* StGB § 86a Rn. 6; vgl. auch OLG Celle 16.7.1970 – 1 Ss 114/70, NJW 1970, 2257; *Greiser* NJW 1972, 1556 (1557 f.).

[571] Vgl. BayObLG 19.7.1962 – RReg 4 St 171/62, NJW 1962, 1878; Erbs/Kohlhaas/*Wache* § 9 Rn. 19; vgl. auch BGH 18.10.1972 – 3 StR 1/71 I, BGHSt 25, 30 (34) = NJW 1973, 106.

[572] AG Münsingen 1.9.1977 – 2 Ds 79/77, MDR 1978, 72; Erbs/Kohlhaas/*Wache* § 9 Rn. 19; *Lüttger* GA 1960, 129 (144); *Schnorr* § 9 Rn. 3; Schönke/Schröder/*Sternberg-Lieben* StGB § 86a Rn. 6.

[573] OLG Stuttgart 28.9.1981 – 3 Ss (13) 671/81, MDR 1982, 246; Schönke/Schröder/*Sternberg-Lieben* StGB § 86a Rn. 6 („offene Gegnerschaft"); vgl. aber auch OLG Frankfurt a. M. 29.3.1982 – 4 Ss 173/81, NStZ 1982, 333.

[574] OLG Oldenburg 28.11.1985 – Ss 575/85, NJW 1986, 1275; Schönke/Schröder/*Sternberg-Lieben* StGB § 86a Rn. 6; vgl. aber auch BGH 18.10.1972 – 3 StR 1/71 I, BGHSt 25, 30 (32 f.) = NJW 1973, 106.

[575] BGH 23.6.1969 – 3 StR 326/68, BGHSt 23, 64 (78 f.) = NJW 1969, 1970 (1974); so auch Erbs/Kohlhaas/*Wache* § 9 Rn. 20; *Greiser* NJW 1972, 1556 (1558); *Groh* § 9 Rn. 5; *Schnorr* § 9 Rn. 3.

[576] BGH 15.3.2007 – 3 StR 486/06, BGHSt 51, 244 = NJW 2007, 1602; vgl. hierzu *Gau* Jura 2007, 777; *Hörnle* JZ 2007, 698; *Kaspar* JR 2008, 70; *Schroeder* JZ 2007, 851; *Vormbaum* JR 2007, 524; die Entscheidung erging zu § 86a StGB. Der BGH stützte seine Entscheidung insoweit nicht auf die Sozialadäquanzklausel, sondern nahm eine allgemeine Tatbestandsreduktion vor; vgl. ferner BVerfG 18.5.2009 – 2 BvR 2202/08, NJW 2009, 2805 (2806); BGH 1.10.2008 – 3 StR 164/08, BGHSt 52, 364 (375 f.) = NJW 2009, 928 (931) mAnm *Stegbauer* JZ 2009, 164; ferner auch BGH 9.7.2015 – 3 StR 33/15, BGHSt 61, 1 (8 f.) = NStZ 2016, 86 (89); in diese Richtung allerdings auch schon BGH 18.10.1972 – 3 StR 1/71 I, BGHSt 25, 30 (34) = NJW 1973, 106.

[577] Differenzierend Schönke/Schröder/*Sternberg-Lieben* StGB § 86a Rn. 6; ablehnend aber BGH 25.4.1979 – 3 StR 89/79, BGHSt 28, 394 (396) = NJW 1979, 1555; Erbs/Kohlhaas/*Wache* § 9 Rn. 20.

[578] LK-StGB/*v. Bubnoff*, 11. Aufl., StGB § 129 Rn. 89; aM (aber ohne Begründung) Erbs/Kohlhaas/*Wache* Rn. 40; ferner auch LK-StGB/*Krauß*, 12. Aufl., StGB § 129 Rn. 199 (Subsidiarität nur für § 20 Abs. 1 S. 1 Nr. 1 bis Nr. 4).

[579] Erbs/Kohlhaas/*Wache* Rn. 40.

Angeklagte aber dennoch schuldig zu sprechen und hat die Kosten des Verfahrens zu tragen. Insofern unterscheidet sich § 20 Abs. 2 von der allgemeinen Rücktrittsregelung des § 24 StGB.

1. Geringwertigkeitsklausel (Nr. 1). In dieser Vorschrift werden zwei Fälle genannt, **118** in denen das Gericht von einer Bestrafung nach Abs. 1 absehen kann: die **geringe Schuld** und die **Mitwirkung von untergeordneter Bedeutung** (sog „Mitläuferklausel“).[580] Auffallend ist, dass im Gegensatz zu der vergleichbaren Norm des § 84 Abs. 4 StGB nicht beide Voraussetzungen kumulativ vorliegen müssen, sondern das Vorliegen einer der genannten Voraussetzungen genügt. Ferner fehlt bei § 20 Abs. 2 die Möglichkeit einer Strafmilderung nach § 49 Abs. 2 StGB. Insofern gilt hier also das „Alles oder Nichts“-Prinzip. Durch diese Vorschrift wird es ermöglicht, Tätern, die lediglich unbedeutende oder nebensächliche Tatbeiträge geleistet haben, über die ohnehin schon restriktive Auslegung zB der Tathandlung der „Unterstützung“ hinaus[581] ein Absehen von Strafe zu ermöglichen. Hieran ist zB dann zu denken, wenn Personen zum Tätigwerden gezwungen werden, ohne dass darin bereits ein entschuldigender Nötigungsnotstand zu sehen ist.[582]

2. Tätige Reue (Nr. 2). Eine weitere Möglichkeit, von Strafe abzusehen, sieht Abs. 2 **119** Nr. 2 Hs. 1 dann vor, wenn sich der Täter freiwillig und ernsthaft bemüht, das Fortbestehen der verbotenen Partei oder des verbotenen Vereins zu verhindern und (arg. § 20 Abs. 2 Nr. 2 Hs. 2) das Bemühen des Täters erfolglos war. Hierdurch wird, ebenso wie in § 84 Abs. 5 Hs. 1 StGB, der Rücktritt von der vollendeten Tat (= tätige Reue) prämiert. Hinsichtlich der Freiwilligkeit und der Ernsthaftigkeit gelten die zu § 24 StGB, entwickelten Grundsätze.[583] Ernsthaftigkeit wird man nur dann annehmen können, wenn der Täter bereits Schritte unternommen hat, die der Verhütung weiterer Zuwiderhandlungen gegen das Organisationsverbot dienen sollen. Eine bloße diesbezügliche Absicht reicht ebenso wenig aus wie ein bloßes Handeln zum Schein.[584] Die Ernsthaftigkeit entfällt auch dann, wenn der Täter von der weiteren Tatbegehung nur deswegen absieht, weil ihm ein anderer, gefahrloserer Weg zur Erreichung des angestrebten Zieles möglich erscheint.[585]

Darüber hinaus normiert § 20 Abs. 2 Nr. 2 Hs. 2 noch einen **obligatorischen** („wird **120** nicht bestraft“) persönlichen Strafaufhebungsgrund, wenn der Täter sein Ziel, das Fortbestehen der verbotenen Partei oder des verbotenen Vereins zu verhindern, tatsächlich erreicht oder diese Verhinderung ohne sein Bemühen erreicht wird. Im zuletzt genannten Fall wird der Täter also auch dann nicht bestraft, wenn sein Verhalten für die Beendigung der Existenz der verbotenen Partei oder des verbotenen Vereins nicht kausal war.

IV. Die Einziehungsvorschrift des Abs. 3

Kennzeichen, auf die sich eine Straftat nach Abs. 1 S. 1 Nr. 5 bezieht, können nach **121** Abs. 3 eingezogen werden. Diese über die allgemeine Einziehungsvorschrift des § 74 StGB hinausgehende Regelung war erforderlich, da § 74 StGB nur Gegenstände betrifft, die entweder als Tatwerkzeuge verwendet oder aber durch die Straftat hervorgebracht wurden. Hierunter fallen die zur Tat verwendeten Kennzeichen jedoch gerade nicht, da sie nicht „zur Begehung“ der Straftat verwendet wurden, sondern die Straftat sich lediglich auf ihre Verwendung bezieht. Solche **Beziehungsgegenstände** erfasst § 74 StGB aber gerade nicht.[586] Nach § 74 Abs. 4 StGB sind jedoch die §§ 74 Abs. 2 und 3 StGB auch dann

---

[580] Hierzu auch *Rütters* S. 169 f., der hinsichtlich der systematischen Stellung der Norm auch von einem (nur) „halben Entschuldigungsgrund“ spricht.
[581] Vgl. hierzu → Rn. 75.
[582] Zum Nötigungsnotstand vgl. bereits → Rn. 85.
[583] *Groh* Rn. 27; vgl. hierzu → StGB § 24 Rn. 122 ff. und Rn. 174 ff.
[584] Erbs/Kohlhaas/*Wache* Rn. 35; Schenke/Graulich/Ruthig/*Roth*, J, § 20 Rn. 95.
[585] Erbs/Kohlhaas/*Wache* Rn. 35; *Schnorr* Rn. 16; vgl. auch BGH 30.11.1956 – 5 StR 371/56, NJW 1957, 190.
[586] BGH 5.12.1956 – 4 StR 406/56, BGHSt 10, 28 = NJW 1957, 351 mwN; Erbs/Kohlhaas/*Wache* Rn. 33; *Groh* Rn. 27; vgl. auch Schönke/Schröder/*Eser* StGB § 74 Rn. 12a.

anwendbar, wenn die Einziehung, wie hier, durch eine Spezialvorschrift auf andere als die in § 74 Abs. 1 StGB genannten Gegenstände ausgedehnt wird.

122   Die nach Abs. 1 S. 1 Nr. 5 unerlaubt verbreiteten oder verwendeten Kennzeichen können daher stets eingezogen werden, wenn sie dem Täter oder Teilnehmer gehören (§ 74 Abs. 2 Nr. 1 StGB). Gehören die Gegenstände einem Dritten, können sie eingezogen werden, wenn sie entweder nach ihrer Art und den Umständen die Allgemeinheit gefährden oder die Gefahr besteht, dass sie der Begehung (weiterer) rechtswidriger Taten dienen werden (§ 74 Abs. 2 Nr. 2 StGB). Dies wird bei den genannten Kennzeichen regelmäßig der Fall sein. Darüber hinaus fällt auf, dass der Gesetzgeber den Verstoß gegen § 20 Abs. 1 S. 1 Nr. 5 (wohl) als weniger gravierend angesehen hat als den Verstoß gegen § 86a StGB, da für § 20 Abs. 1 S. 1 Nr. 5 eine die „erweiterte Einziehung" nach § 74a StGB anordnende Norm fehlt. Dagegen wird durch § 86a StGB die Anwendbarkeit des § 74a StGB durch § 92b S. 2 StGB ausdrücklich bestimmt. Die Einziehung von Dritteigentum ist daher über die Fälle des § 74 Abs. 2 Nr. 2 StGB hinaus im Rahmen des § 20 Abs. 1 S. 1 Nr. 5 nicht möglich. Hinsichtlich der Einziehung selbst gelten ansonsten keine Abweichungen zur Einziehung nach allgemeinem Strafrecht. Sie ist nach Abs. 1 S. 1 Nr. 5 („können") ausdrücklich in das Ermessen des Gerichts gestellt.

V. Konkurrenzen

123   Wie bereits mehrfach erwähnt,[587] ist der Anwendungsbereich des Abs. 1 deswegen recht gering, weil das Gesetz selbst ausdrücklich eine Subsidiarität gegenüber den Vorschriften der §§ 84, 85, 86a und 129 StGB anordnet. In den Fällen, in denen ein Verbot nach § 3 wegen Verstoßes gegen die verfassungsmäßige Ordnung oder gegen den Gedanken der Völkerverständigung vorliegt, greift § 20 Abs. 1 S. 1 Nr. 1 und Nr. 3 somit lediglich im Zeitraum zwischen der Vollziehbarkeit und der Unanfechtbarkeit des Verbots ein. Nachdem das Verbot unanfechtbar geworden ist, ist allein § 85 StGB anwendbar. Wird eine Tathandlung zur Zeit der Vollziehbarkeit begonnen und fortgesetzt, wenn das Verbot unanfechtbar geworden ist, liegt nur **eine Tat** vor, die nach § 85 StGB zu beurteilen ist.[588] Wird ein Verstoß gegen § 20 Abs. 1 S. 1 Nr. 1 bis Nr. 3 von einem einheitlichen Vorsatz getragen und über eine längere Zeit hinweg fortgesetzt, so liegt ebenfalls nur **eine Tat** im Rechtssinne vor, wobei umstritten ist, ob hier die Grundsätze der natürlichen Handlungseinheit oder der Dauerstraftat anwendbar sind.[589]

124   In der Aufrechterhaltung des organisatorischen Zusammenhalts eines (verbotenen) Vereins, einer (verbotenen) Partei oder Ersatzorganisation durch ein Mitglied dieser Vereinigung ist stets auch eine mitgliedschaftliche Betätigung zu sehen,[590] die jedoch zurücktritt.[591] Problematisch ist das Verhältnis, wenn der Täter zuerst als Außenstehender die Vereinigung unterstützt (Abs. 1 S. 1 Nr. 3) und ihr dann als Mitglied beitritt und sich entsprechend mitgliedschaftlich betätigt oder dazu beiträgt, den organisatorischen Zusammenhalt aufrechtzuerhalten. Die Annahme eines Fortsetzungszusammenhangs[592] ist nach der neueren Rechtsprechung des BGH zu dieser Rechtsfigur[593] kaum mehr haltbar. Man wird hier Abs. 1 S. 1 Nr. 3 als schwächere Form hinter Abs. 1 S. 1 Nr. 1 zurücktreten lassen müssen.

125   Wie bereits ausgeführt, stellt dagegen – zumindest nach der Rechtsprechung des BGH – jedes Zuwiderhandeln gegen ein Betätigungsverbot nach Abs. 1 S. 1 Nr. 4 eine selbstständige Straftat dar, wenn nicht ausnahmsweise die Voraussetzungen für die Annahme einer natürlichen Handlungseinheit oder einer (in ihrer Existenz umstrittenen) Bewertungseinheit

---

[587] → Rn. 3 ff.
[588] Erbs/Kohlhaas/*Wache* Rn. 38.
[589] Vgl. hierzu bereits ausführlich → Rn. 58.
[590] *Fischer* StGB § 84 Rn. 4, 17.
[591] BGH 9.10.1964 – 3 StR 32/64, BGHSt 20 (74 (76) = NJW 1965, 160 (162).
[592] So noch BGH 17.2.1966 – 3 StR 27/65, bei *Wagner* GA 1967, 97 (98, Nr. 29); Erbs/Kohlhaas/*Wache* Rn. 39.
[593] BGH 3.5.1994 – GSSt 2 und 3/93, BGHSt 40, 138 = NJW 1994, 1663.

vorliegen.[594] Gleiches muss für die Verwendung von Kennzeichen nach Abs. 1 S. 1 Nr. 5 gelten.[595]

VI. Verjährung

Die Verjährungsfrist von Straftaten nach § 20 Abs. 1 S. 1 beträgt nach § 78 Abs. 3 Nr. 5 **126** StGB regelmäßig 3 Jahre.[596] Diese Frist gilt auch dann, wenn die Tat, insbes. bei einer mitgliedschaftlichen Betätigung oder Unterstützung der Vereinigung, mittels Herstellung und Verbreitung von Druckschriften begangen wird. Die ansonsten bei der Verbreitung von Druckschriften geltende kürzere presserechtliche Verjährungsfrist nach den Landespressegesetzen findet insoweit keine Anwendung, da die Strafbarkeit bei den Verstößen gegen das Vereinsgesetz an die Tätigkeit als solche (Förderung, Verstoß gegen ein Betätigungsverbot etc), nicht aber an den konkreten Inhalt der Druckschriften anknüpft.[597] Die Privilegierung der kurzen presserechtlichen Verjährung ist hingegen nur dann einschlägig, wenn sich die Strafbarkeit gerade auf den Inhalt der jeweiligen Presseerzeugnisse bezieht und nicht durch sonstige Umstände wie die Handlungsakte des Herstellens und Vertreibens etc bestimmt wird.[598] Auf den Inhalt der verbreiteten Druckschriften kommt es hier aber nur insoweit an, als es um die Feststellung geht, ob eine fördernde Tätigkeit für die jeweilige Vereinigung vorliegt.[599]

VII. Prozessuales

Zuständig für ein Verfahren nach Abs. 1 S. 1 Nr. 1–4 ist nach § 74a Abs. 1 Nr. 4 GVG **127** die **Staatsschutzstrafkammer** bei den Landgerichten. Für § 20 Abs. 1 S. 1 Nr. 5 verbleibt es bei einer Zuständigkeit des Amtsgerichtes (§§ 24, 25 GVG).[600]

§ 21 Zuwiderhandlungen gegen Rechtsverordnungen

(1) Ordnungswidrig handelt, wer vorsätzlich oder fahrlässig einer Vorschrift einer nach § 19 Nr. 4 erlassenen Rechtsverordnung zuwiderhandelt, wenn die Rechtsverordnung für einen bestimmten Tatbestand auf diese Bußgeldvorschrift verweist.

(2) Die Ordnungswidrigkeit kann mit einer Geldbuße bis zu *zweitausend Deutsche Mark*[1] geahndet werden.

In § 21 findet sich ein Bußgeldtatbestand, der als Blankettvorschrift Verstöße gegen eine **1** nach § 19 Abs. 4 erlassene Rechtsverordnung sanktioniert. Der Verstoß kann vorsätzlich oder fahrlässig begangen werden, wobei zu beachten ist, dass sich bei einer fahrlässigen Begehung der Höchstbetrag der zu entrichtenden Geldbuße nach § 17 Abs. 2 OWiG auf maximal die Hälfte des angedrohten Höchstbetrages verringert. Die in Bezug genommene Vorschrift lautet:

---

594 Vgl. hierzu ausführlich *Rütters* S. 171 ff. sowie bereits → Rn. 89.
595 Erbs/Kohlhaas/*Wache* Rn. 39.
596 Vgl. zur Verjährung auch BGH 5.3.2002 – 3 StR 514/01, NJW 2002, 2190.
597 Vgl. auch *Rütters* S. 95 f.
598 BGH 18.12.1974 – 3 StR 105/74, BGHSt 26, 40 (44) = NJW 1975, 1039 (1039 f.); 15.2.1978 – 3 StR 495/77, BGHSt 27, 353 (354) = NJW 1978, 1171; 24.1.1996 – 3 StR 540/95, NJW 1996, 1905; OLG Düsseldorf 26.9.1996 – 1 Ws 803/96, NStZ-RR 1997, 59; ausdrücklich offen gelassen allerdings in BGH 9.4.1997 – 3 StR 584/96, NStZ-RR 1997, 292; vgl. hierzu auch *Franke* GA 1982, 404; *Groß* NStZ 1994, 312 (313).
599 *Rütters* S. 95 f.
600 Vgl. hierzu auch *Köbler* NStZ 1995, 531 (534); zur Frage (und Begründung) der Sonderzuständigkeit der Staatsschutzkammer bei Verstößen gegen das VereinsG vgl. *Dürig* NJ 1997, 402.
1 Betrag noch nicht auf Euro umgestellt; 1 Euro = 1,95583 DM.

§ 19 Rechtsverordnungen

Die Bundesregierung kann durch Rechtsverordnung mit Zustimmung des Bundesrates
1.–3. (im bußgeldrechtlichen Zusammenhang nicht relevant)
4. Ausländervereine und ausländische Vereine einer Anmelde- und Auskunftspflicht
unterwerfen, Vorschriften über Inhalt, Form und Verfahren der Anmeldung erlassen
und die Auskunftspflicht näher regeln.

2 Eine solche Rechtsverordnung hat die Bundesregierung mit Zustimmung des Bundesrates in Form einer Durchführungsverordnung (DVO) am 28.7.1966 erlassen.[2] Hinsichtlich der genannten Ausländervereine (§ 14) und ausländischen Vereine (§ 15) finden sich hierin Regelungen in den §§ 19–23 dieser Durchführungsverordnung. Dabei normieren §§ 19–21 der DVO die verschiedenen Anmelde- und Auskunftspflichten, § 23 DVO enthält den hier einschlägigen Ordnungswidrigkeitstatbestand, der an einen Verstoß gegen die in §§ 19–21 DVO normierten Anmelde- und Auskunftspflichten anknüpft und den Voraussetzungen des § 21 VereinsG entspricht. Insbes. verweist die Vorschrift ausdrücklich auf § 21 VereinsG. Die Vorschrift lautet:

§ 23 DVO Zuwiderhandlungen gegen Anmelde- und Auskunftspflichten

Ordnungswidrig im Sinne des § 21 des Vereinsgesetzes handelt, wer den Anmelde- oder
Auskunftspflichten nach den §§ 19 bis 21 zuwiderhandelt.

3 Dabei normiert § 19 DVO eine Anmeldepflicht für Ausländervereine, § 20 DVO unterwirft diese Vereine der Auskunftspflicht. Für ausländische Vereine finden sich diese Pflichten in § 21 DVO. Die Vorschriften lauten:

§ 19 DVO Anmeldepflicht für Ausländervereine

(1) ¹Ausländervereine, die ihren Sitz im Geltungsbereich des Vereinsgesetzes haben, sind
innerhalb von zwei Wochen nach ihrer Gründung bei der für ihren Sitz zuständigen Behörde
anzumelden. ²Zur Anmeldung verpflichtet sind der Vorstand oder, wenn der Verein keinen
Vorstand hat, die zur Vertretung berechtigten Mitglieder. ³Ausländervereine, die bei Inkraft-
treten dieser Verordnung bereits bestehen, haben die Anmeldung innerhalb eines Monats
nach Inkrafttreten dieser Verordnung vorzunehmen.

(2) ¹Die Anmeldung hat zu enthalten
1. die Satzung oder, wenn der Verein keine Satzung hat, Angaben über Name, Sitz und
Zweck des Vereins,
2. Namen und Anschriften der Vorstandsmitglieder oder der zur Vertretung berechtigten
Personen,
3. Angaben, in welchen Ländern der Verein Teilorganisationen hat.

²Die zur Anmeldung verpflichteten Personen haben der zuständigen Behörde jede Änderung
der in Satz 1 genannten Angaben sowie die Auflösung des Vereins innerhalb von zwei
Wochen mitzuteilen.

(3) Ausländervereine, deren Zweck auf einen wirtschaftlichen Geschäftsbetrieb gerichtet
ist, sind zur Anmeldung nur verpflichtet, wenn sie von der nach Absatz 1 Satz 1 zuständigen
Behörde dazu aufgefordert werden.

(4) ¹Anmeldungen und Mitteilungen nach den Absätzen 1 bis 3 sind in deutscher Sprache
zu erstatten. ²Die Behörde erteilt hierüber eine Bescheinigung, für die keine Gebühren und
Auslagen erhoben werden.

4 § 19 DVO betrifft Ausländervereine nach § 14 VereinsG,[3] also Vereine, deren Mitglieder oder Leiter sämtlich oder überwiegend Ausländer sind. Nach § 19 Abs. 1 S. 1 DVO besteht hier die Pflicht zur Anmeldung dieser Vereine bei der zuständigen Behörde innerhalb von 2 Wochen nach der Gründung. Eine Ausnahme gilt nach § 19 Abs. 3 DVO lediglich für Vereine, die einen wirtschaftlichen Zweck verfolgen. Diese sind nur anzumelden, wenn sie diesbezüglich von der zuständigen Behörde aufgefordert wurden.

---

[2] Verordnung zur Durchführung des Gesetzes zur Regelung des öffentlichen Vereinsrechts (Vereinsgesetz) 28.7.1966, BGBl. I S. 457 (FNA 2180-1-1); → Vor § 1 Rn. 6.
[3] Die Vorschrift ist abgedruckt in → § 20 Rn. 29.

§ 20 DVO Auskunftspflicht für Ausländervereine

(1) Ausländervereine mit Sitz im Geltungsbereich des Vereinsgesetzes haben der nach § 19 Abs. 1 Satz 1 zuständigen Behörde auf Verlangen Auskunft zu geben
1. über ihre Tätigkeit;
2. wenn sie sich politisch betätigen,
   a) über Namen und Anschrift ihrer Mitglieder,
   b) über Herkunft und Verwendung ihrer Mittel.

(2) Die Auskunftspflicht obliegt den in § 19 Abs. 1 Satz 2 bezeichneten Personen.

§ 20 DVO betrifft wiederum nur Ausländervereine nach § 14 VereinsG. Neben der in   **5** § 19 Abs. 1 DVO geregelten grds. Anmeldepflicht normiert § 20 Abs. 1 DVO gewisse Auskunftspflichten. Diese entstehen jedoch erst dann, wenn der Verein zur Erteilung bestimmter Auskünfte von der zuständigen Behörde aufgefordert wurde.

§ 21 DVO Anmelde- und Auskunftspflicht ausländischer Vereine

(1) [1]Für ausländische Vereine, die im Geltungsbereich des Vereinsgesetzes organisatorische Einrichtungen gründen oder unterhalten, gelten die §§ 19, 20 entsprechend. [2]Die Anmelde- und Auskunftspflicht obliegt auch den Personen, die diese organisatorischen Einrichtungen leiten. [3]Zuständig sind die Behörden der Länder, in denen sich organisatorische Einrichtungen des Vereins befinden. [4]Besteht in einem Land der organisatorische Schwerpunkt, ist nur die Behörde dieses Landes zuständig.

(2) Absatz 1 gilt entsprechend für Ausländervereine, die ihren Sitz in Deutschland, jedoch außerhalb des Geltungsbereichs des Vereinsgesetzes haben.[4]

§ 21 DVO betrifft im Gegensatz zu §§ 19, 20 DVO nicht Ausländervereine nach § 14   **6** VereinsG, sondern ausländische Vereine nach § 15 VereinsG,[5] also Vereine mit Sitz im Ausland, deren Organisation oder Tätigkeit sich auf das Gebiet der Bundesrepublik Deutschland erstreckt. Für sie gelten die Anmelde- und Auskunftspflichten der §§ 19, 20 DVO entsprechend.

Anlässlich einer späteren Änderung des Vereinsgesetzes plant der Gesetzgeber, die in § 21   **7** Abs. 2 angegebenen DM-Beträge in exakte Euro-Beträge umzurechnen.

---

[4] Diese Regelung betraf ausschließlich das Bundesland (West-)Berlin vor der Wiedervereinigung Deutschlands. Die Regelung hat seit dem 3.10.1990 keine praktische Bedeutung mehr.
[5] Die Vorschriften sind abgedruckt in → § 20 Rn. 29, 32.

II. Gesetz über Versammlungen und Aufzüge
(Versammlungsgesetz)

In der Fassung der Bekanntmachung vom 15.11.1978, BGBl. I S. 1789
zuletzt geändert durch Gesetz vom 8.12.2008, BGBl. I S. 2366

FNA 2180-4
(Auszug)

Schrifttum: *Amelung,* Stellungnahme zum Artikelgesetz, StV 1989, 72; *Bemmann,* Friedlicher Landfriedensbruch, FS Gerd Pfeiffer, 1988, 53; *Brause,* Landfriedensbruch und Individualangriff, NJW 1983, 1640; *Breitbach,* Die Crux mit der Anmeldepflicht: Strafrechtliche Verantwortlichkeit von Versammlungsleitern?, NJW 1984, 841; *Brenneisen/Wilksen,* Versammlungsrecht, 2001; *Dencker,* Gefährlichkeitsvermutung statt Tatschuld?, StV 1988, 262; *Deutscher Richterbund,* Gewaltbekämpfung, Vermummung, Kronzeugenregelung. Aus der Stellungnahme des DRB zu dem Referentenentwurf des BMJ, DRiZ 1988, 153; *Dietel/Gintzel/Kniesel,* Demonstrations- und Versammlungsfreiheit, 16. Aufl. 2011; *Dose,* Informationsfreiheit der Presse und Beteiligung an Demonstrationen, DRiZ 1969, 75; *Enders/Hoffmann-Riem/Kniesel/Poscher/Schultze-Fielitz,* Musterentwurf zum Versammlungsgesetz, 2011; *Frowein,* Versammlungsfreiheit und Versammlungsrecht, NJW 1969, 1081; *ders.,* Die Versammlungsfreiheit vor dem Bundesverfassungsgericht, NJW 1985, 2376; *Geis,* Die „Eilversammlung" als Bewährungsprobe verfassungskonformer Auslegung, NVwZ 1992, 1025; *Heghmanns,* Grundzüge einer Dogmatik der Straftatbestände zum Schutz von Verwaltungsrecht oder Verwaltungshandeln, 2000; *Huber,* Stenografischer Bericht, 14. Sitzung vom 17.5.2006, http://www.bundestag.de/ausschuesse/a06/foederalismusreform/protokolle/02 justiz-inneres.pdf; *Jahn,* Verfassungsrechtliche Probleme eines strafbewehrten Vermummungsverbotes, JZ 1988, 545; *Kast,* Das neue Demonstrationsrecht, 1986; *Köhler/Dürig-Friedl,* Demonstrations- und Versammlungsrecht, 4. Aufl. 2001; *Kostaras,* Zur strafrechtlichen Problematik der Demonstrationsdelikte, 1982; *Kretschmer,* Ein Blick in das Versammlungsstrafrecht, NStZ 2015, 504; *Kühl,* Demonstrationsfreiheit und Demonstrationsstrafrecht, NJW 1985, 2379; *ders.,* Landfriedensbruch durch Vermummung und Schutzbewaffnung, NJW 1986, 874; *Kunert,* Neue Sicherheitsgesetze – mehr Rechtssicherheit?, NStZ 1989, 449; *Lisken/Denninger,* Handbuch des Polizeirechts, 3. Aufl. 2001; *Maatz,* Zur Strafbewehrung des Verbots der Vermummung, MDR 1990, 577; *Meiski,* Der strafrechtliche Versammlungsschutz, 1995; *Murr,* Die Akzessorietät des Strafrechts zum Versammlungsrecht, 2002; *Odenthal,* Strafbewehrter Versammlungsakt und verwaltungsrechtliches Eilverfahren, NStZ 1991, 418; *Ott,* Demonstrationsfreiheit und Strafrecht, NJW 1969, 454; *ders.,* Demonstrationsrecht im Zwielicht, DuR 1982, 186; *Ott/Wächter,* Gesetz über Versammlungen und Aufzüge, 6. Aufl. 1996; *Pewestorf/Söllner/Tölle,* Polizei- und Ordnungsrecht – Berliner Kommentar – 2009; *Niethammer,* Die neuen Bestimmungen zur inneren Sicherheit – insbesondere Änderungen des Versammlungsrechts, BayVBl 1990, 513; *Ridder/Breitbach/Rühl/Steinmeier,* Versammlungsrecht, Kommentar, 1992 (zit.: Ridder/*Bearbeiter*); *Rösling,* Kleidung als Gefahr?, 2004; *Rudolphi,* Stellungnahme zum Artikelgesetz, StV 1989, 74; *Schieder,* Defizite des föderalen Versammlungsrechts, NVwZ 2013, 1325; *Strohmaier,* Das Demonstrationsrecht und seine Reglementierung, ZRP 1985, 153; *ders.,* Das neue Demonstrationsrecht, StV 1985, 469; *Werbke,* Das Dilemma der Anmeldepflicht im Versammlungsgesetz, NJW 1970, 1; *Weingärtner,* Demonstration und Strafrecht, 1986; *Werner,* Formelle und materielle Versammlungsrechtswidrigkeit, 2001; *Wolski,* Die Wende im Demonstrationsrecht, KJ 1983, 272; *Wolters,* Das Unternehmensdelikt, 2001.

Vorbemerkung zu § 1

Durch die Föderalismusreform im Jahre 2006[1] wurde die Gesetzgebungszuständigkeit für **1** das Versammlungsrecht mit Art. 74 Abs. 1 Nr. 3 GG auf die Länder übertragen. Davon haben durch Erlass umfassender Landesversammlungsgesetze bis zum 31.3.2016 nur die Länder Bayern, Niedersachsen, Sachsen-Anhalt, Sachsen und Schleswig-Holstein Gebrauch gemacht,[2]

---

[1] Gesetz zur Änderung des Grundgesetzes vom 28.8.2006, BGBl. I S. 2034.

[2] Bayerisches Versammlungsgesetz (BayVersG) vom 22.7.2008, GVBl. 2008, S. 421, zuletzt geändert durch Gesetz vom 23.11.2015, GVBl. S. 410, Niedersachsen (Niedersächsisches Versammlungsgesetz, NVersG, vom 7.10.2010 – Nds. GVBl. Nr. 24/2010 S. 465), Sachsen-Anhalt (Gesetz des Landes Sachsen-Anhalt über Versammlungen und Aufzüge – Landesversammlungsgesetz – VersammlG-LSA – vom 3.12.2009, GVBl. LSA 2009, 558); Sachsen (Sächsisches Versammlungsgesetz – SächsVersG – vom 25.1.2012, SächsGVBl. S. 54) und Schleswig-Holstein (Versammlungsfreiheitsgesetz für das Land Schleswig-Holstein – VersFG SH – vom 18.6.2015, GVOBl 2015, 135).

wobei Sachsen das Versammlungsgesetz des Bundes weitestgehend wortgleich, allerdings mit teils abweichender Nummerierung als Landesrecht übernommen hat. Die Länder Berlin und Brandenburg haben nur partiell vom Bundesgesetz abweichende Regelungen getroffen.[3] Sofern und soweit die Länder von ihrer Gesetzgebungskompetenz (noch) keinen Gebrauch gemacht haben, gilt gemäß Art. 125a Abs. 1 GG das Versammlungsgesetz des Bundes fort. Grund für die Übertragung der Gesetzgebungskompetenz war die Annahme, dass das Versammlungsrecht mit dem Polizeirecht so eng verbunden ist, dass eine Übertragung auf die Länder angezeigt erschien.[4] Ob allein diese Annahme es auch praktisch rechtfertigt, diese Zuständigkeit zu verlagern, ist zweifelhaft. In der Sache ist das Versammlungsrecht in seinen wesentlichen Regelungen durch eine umfassende Rechtsprechung des Bundesverfassungsgerichts so festgelegt, dass dem jeweiligen Landesgesetzgeber nur ein geringer Gestaltungsspielraum, der sich im Wesentlichen auf die Straf- und Bußgeldvorschriften beschränkt, verbleibt. Hier zeigt sich schon jetzt, dass die einzelnen Regelungen recht unterschiedlich und damit unübersichtlich werden.[5] Dies ist nur schwer mit dem Sicherheitskonzept der Bundesrepublik Deutschland zu vereinbaren, das vorsieht, dass sich die geschlossenen Einheiten der Länder und des Bundes jeweils wechselseitig auch bei großen Versammlungslagen unterstützen. Hier unterschiedliche Straf- und Bußgeldvorschriften zu schaffen, trägt nicht zur Rechtssicherheit der jeweils angeforderten Unterstützungskräfte bei. Der Nutzen der Dezentralisierung wird diesen Nachteil kaum aufwiegen können.

Abschnitt I. Allgemeines

§ 1 [Versammlungsrecht]

(1) Jedermann hat das Recht, öffentliche Versammlungen und Aufzüge zu veranstalten und an solchen Veranstaltungen teilzunehmen.

(2) Dieses Recht hat nicht,
1. wer das Grundrecht der Versammlungsfreiheit gemäß Artikel 18 des Grundgesetzes verwirkt hat,
2. wer mit der Durchführung oder Teilnahme an einer solchen Veranstaltung die Ziele einer nach Artikel 21 Abs. 2 des Grundgesetzes durch das Bundesverfassungsgericht für verfassungswidrig erklärten Partei oder Teil- oder Ersatzorganisation einer Partei fördern will,
3. eine Partei, die nach Artikel 21 Abs. 2 des Grundgesetzes durch das Bundesverfassungsgericht für verfassungswidrig erklärt worden ist, oder
4. eine Vereinigung, die nach Artikel 9 Abs. 2 des Grundgesetzes verboten ist.

§ 2 [Namensangabe des Veranstalters, Störungs- u. Waffentragungsverbot]

(1) Wer zu einer öffentlichen Versammlung oder zu einem Aufzug öffentlich einlädt, muß als Veranstalter in der Einladung seinen Namen angeben.

(2) Bei öffentlichen Versammlungen und Aufzügen hat jedermann Störungen zu unterlassen, die bezwecken, die ordnungsmäßige Durchführung zu verhindern.

(3) [1]Niemand darf bei öffentlichen Versammlungen oder Aufzügen Waffen oder sonstige Gegenstände, die ihrer Art nach zur Verletzung von Personen oder zur

---

[3] Brandenburg in Bezug auf § 16 VersG: Gesetz über Versammlungen und Aufzüge an und auf Gräberstätten, Gräberstätten-Versammlungsgesetz – GräbVersammlG vom 26.10.2006, GVBl. I/06 Nr. 11, S. 114; Berlin in Bezug auf § 19a VersG: Gesetz über Aufnahmen und Aufzeichnungen von Bild und Ton bei Versammlungen unter freiem Himmel vom 27.4.2013, GVBl. 2013, 103.

[4] *Huber* S. 48.

[5] So auch *Schieder* NVwZ 2013, 1325.

Beschädigung von Sachen geeignet und bestimmt sind, mit sich führen, ohne dazu behördlich ermächtigt zu sein. ²Ebenso ist es verboten, ohne behördliche Ermächtigung Waffen oder die in Satz 1 genannten Gegenstände auf dem Weg zu öffentlichen Versammlungen oder Aufzügen mit sich zu führen, zu derartigen Veranstaltungen hinzuschaffen oder sie zur Verwendung bei derartigen Veranstaltungen bereitzuhalten oder zu verteilen.

§ 3 [Uniformverbot]

(1) Es ist verboten, öffentlich oder in einer Versammlung Uniformen, Uniformteile oder gleichartige Kleidungsstücke als Ausdruck einer gemeinsamen politischen Gesinnung zu tragen.

(2) ¹Jugendverbänden, die sich vorwiegend der Jugendpflege widmen, ist auf Antrag für ihre Mitglieder eine Ausnahmegenehmigung von dem Verbot des Absatzes 1 zu erteilen. ²Zuständig ist bei Jugendverbänden, deren erkennbare Organisation oder Tätigkeit sich über das Gebiet eines Landes hinaus erstreckt, der Bundesminister des Innern, sonst die oberste Landesbehörde. ³Die Entscheidung des Bundesministers des Innern ist im Bundesanzeiger und im Gemeinsamen Ministerialblatt, die der obersten Landesbehörden in ihren amtlichen Mitteilungsblättern bekanntzumachen.

§ 4 (weggefallen)

Abschnitt II. Öffentliche Versammlungen in geschlossenen Räumen

§ 5 [Verbot von Versammlungen in geschlossenen Räumen]

Die Abhaltung einer Versammlung kann nur im Einzelfall und nur dann verboten werden, wenn
1. der Veranstalter unter die Vorschriften des § 1 Abs. 2 Nr. 1 bis 4 fällt, und im Falle der Nummer 4 das Verbot durch die zuständige Verwaltungsbehörde festgestellt worden ist,
2. der Veranstalter oder Leiter der Versammlung Teilnehmern Zutritt gewährt, die Waffen oder sonstige Gegenstände im Sinne von § 2 Abs. 3 mit sich führen,
3. Tatsachen festgestellt sind, aus denen sich ergibt, daß der Veranstalter oder sein Anhang einen gewalttätigen oder aufrührerischen Verlauf der Versammlung anstreben,
4. Tatsachen festgestellt sind, aus denen sich ergibt, daß der Veranstalter oder sein Anhang Ansichten vertreten oder Äußerungen dulden werden, die ein Verbrechen oder ein von Amts wegen zu verfolgendes Vergehen zum Gegenstand haben.

§ 6 [Ausschlussrecht bestimmter Personen]

(1) Bestimmte Personen oder Personenkreise können in der Einladung von der Teilnahme an einer Versammlung ausgeschlossen werden.

(2) Pressevertreter können nicht ausgeschlossen werden; sie haben sich dem Leiter der Versammlung gegenüber durch ihren Presseausweis ordnungsgemäß auszuweisen.

§ 7 [Versammlungsleiter]

(1) Jede öffentliche Versammlung muß einen Leiter haben.

(2) ¹Leiter der Versammlung ist der Veranstalter. ²Wird die Versammlung von einer Vereinigung veranstaltet, so ist ihr Vorsitzender der Leiter.

(3) Der Veranstalter kann die Leitung einer anderen Person übertragen.

(4) Der Leiter übt das Hausrecht aus.

§ 8 [Aufgaben des Versammlungsleiters]

¹Der Leiter bestimmt den Ablauf der Versammlung. ²Er hat während der Versammlung für Ordnung zu sorgen. ³Er kann die Versammlung jederzeit unterbrechen oder schließen. ⁴Er bestimmt, wann eine unterbrochene Versammlung fortgesetzt wird.

§ 9 [Ordner]

(1) ¹Der Leiter kann sich bei der Durchführung seiner Rechte aus § 8 der Hilfe einer angemessenen Zahl ehrenamtlicher Ordner bedienen. ²Diese dürfen keine Waffen oder sonstigen Gegenstände im Sinne von § 2 Abs. 3 mit sich führen, müssen volljährig und ausschließlich durch weiße Armbinden, die nur die Bezeichnung „Ordner" tragen dürfen, kenntlich sein.

(2) ¹Der Leiter ist verpflichtet, die Zahl der von ihm bestellten Ordner der Polizei auf Anfordern mitzuteilen. ²Die Polizei kann die Zahl der Ordner angemessen beschränken.

§ 10 [Folgepflicht der Versammlungsteilnehmer]

Alle Versammlungsteilnehmer sind verpflichtet, die zur Aufrechterhaltung der Ordnung getroffenen Anweisungen des Leiters oder der von ihm bestellten Ordner zu befolgen.

§ 11 [Ausschluss von Störern]

(1) Der Leiter kann Teilnehmer, welche die Ordnung gröblich stören, von der Versammlung ausschließen.

(2) Wer aus der Versammlung ausgeschlossen wird, hat sie sofort zu verlassen.

§ 12 [Polizeibeamte]

¹Werden Polizeibeamte in eine öffentliche Versammlung entsandt, so haben sie sich dem Leiter zu erkennen zu geben. ²Es muß ihnen ein angemessener Platz eingeräumt werden.

§ 12a [Bild- und Tonaufnahmen durch die Polizei]

(1) ¹Die Polizei darf Bild- und Tonaufnahmen von Teilnehmern bei oder im Zusammenhang mit öffentlichen Versammlungen nur anfertigen, wenn tatsächliche Anhaltspunkte die Annahme rechtfertigen, daß von ihnen erhebliche Gefahren für die öffentliche Sicherheit oder Ordnung ausgehen. ²Die Maßnahmen dürfen auch durchgeführt werden, wenn Dritte unvermeidbar betroffen werden.

(2) [1]Die Unterlagen sind nach Beendigung der öffentlichen Versammlung oder zeitlich und sachlich damit unmittelbar im Zusammenhang stehender Ereignisse unverzüglich zu vernichten, soweit sie nicht benötigt werden

1. für die Verfolgung von Straftaten von Teilnehmern oder
2. im Einzelfall zur Gefahrenabwehr, weil die betroffene Person verdächtig ist, Straftaten bei oder im Zusammenhang mit der öffentlichen Versammlung vorbereitet oder begangen zu haben, und deshalb zu besorgen ist, daß von ihr erhebliche Gefahren für künftige öffentliche Versammlungen oder Aufzüge ausgehen.

[2]Unterlagen, die aus den in Satz 1 Nr. 2 aufgeführten Gründen nicht vernichtet wurden, sind in jedem Fall spätestens nach Ablauf von drei Jahren seit ihrer Entstehung zu vernichten, es sei denn, sie würden inzwischen zu dem in Satz 1 Nr. 1 aufgeführten Zweck benötigt.

(3) Die Befugnisse zur Erhebung personenbezogener Informationen nach Maßgabe der Strafprozeßordnung und des Gesetzes über Ordnungswidrigkeiten bleiben unberührt.

§ 13 [Polizeiliche Auflösung von Versammlungen]

(1) [1]Die Polizei (§ 12) kann die Versammlung nur dann und unter Angabe des Grundes auflösen, wenn

1. der Veranstalter unter die Vorschriften des § 1 Abs. 2 Nr. 1 bis 4 fällt, und im Falle der Nummer 4 das Verbot durch die zuständige Verwaltungsbehörde festgestellt worden ist,
2. die Versammlung einen gewalttätigen oder aufrührerischen Verlauf nimmt oder unmittelbare Gefahr für Leben und Gesundheit der Teilnehmer besteht,
3. der Leiter Personen, die Waffen oder sonstige Gegenstände im Sinne von § 2 Abs. 3 mit sich führen, nicht sofort ausschließt und für die Durchführung des Ausschlusses sorgt,
4. durch den Verlauf der Versammlung gegen Strafgesetze verstoßen wird, die ein Verbrechen oder von Amts wegen zu verfolgendes Vergehen zum Gegenstand haben, oder wenn in der Versammlung zu solchen Straftaten aufgefordert oder angereizt wird und der Leiter dies nicht unverzüglich unterbindet.

[2]In den Fällen der Nummern 2 bis 4 ist die Auflösung nur zulässig, wenn andere polizeiliche Maßnahmen, insbesondere eine Unterbrechung, nicht ausreichen.

(2) Sobald eine Versammlung für aufgelöst erklärt ist, haben alle Teilnehmer sich sofort zu entfernen.

Abschnitt III. Öffentliche Versammlungen unter freiem Himmel und Aufzüge

§ 14 [Anmeldungspflicht]

(1) Wer die Absicht hat, eine öffentliche Versammlung unter freiem Himmel oder einen Aufzug zu veranstalten, hat dies spätestens 48 Stunden vor der Bekanntgabe der zuständigen Behörde unter Angabe des Gegenstandes der Versammlung oder des Aufzuges anzumelden.

(2) In der Anmeldung ist anzugeben, welche Person für die Leitung der Versammlung oder des Aufzuges verantwortlich sein soll.

§ 15 [Verbot von Versammlungen im Freien, Auflagen, Auflösung]

(1) Die zuständige Behörde kann die Versammlung oder den Aufzug verbieten oder von bestimmten Auflagen abhängig machen, wenn nach den zur Zeit des Erlasses der Verfügung erkennbaren Umständen die öffentliche Sicherheit oder Ordnung bei Durchführung der Versammlung oder des Aufzuges unmittelbar gefährdet ist.

(2) ¹Eine Versammlung oder ein Aufzug kann insbesondere verboten oder von bestimmten Auflagen abhängig gemacht werden, wenn
1. die Versammlung oder der Aufzug an einem Ort stattfindet, der als Gedenkstätte von historisch herausragender, überregionaler Bedeutung an die Opfer der menschenunwürdigen Behandlung unter der nationalsozialistischen Gewalt- und Willkürherrschaft erinnert, und
2. nach den zur Zeit des Erlasses der Verfügung konkret feststellbaren Umständen zu besorgen ist, dass durch die Versammlung oder den Aufzug die Würde der Opfer beeinträchtigt wird.
²Das Denkmal für die ermordeten Juden Europas in Berlin ist ein Ort nach Satz 1 Nr. 1. ³Seine Abgrenzung ergibt sich aus der Anlage zu diesem Gesetz. ⁴Andere Orte nach Satz 1 Nr. 1 und deren Abgrenzung werden durch Landesgesetz bestimmt.

(3) Sie kann eine Versammlung oder einen Aufzug auflösen, wenn sie nicht angemeldet sind, wenn von den Angaben der Anmeldung abgewichen oder den Auflagen zuwidergehandelt wird oder wenn die Voraussetzungen zu einem Verbot nach Absatz 1 oder 2 gegeben sind.

(4) Eine verbotene Veranstaltung ist aufzulösen.

§ 16 [Bannkreise]

(1) ¹Öffentliche Versammlungen unter freiem Himmel und Aufzüge sind innerhalb des befriedeten Bannkreises der Gesetzgebungsorgane der Länder verboten. ²Ebenso ist es verboten, zu öffentlichen Versammlungen unter freiem Himmel oder Aufzügen nach Satz 1 aufzufordern.

(2) Die befriedeten Bannkreise für die Gesetzgebungsorgane der Länder werden durch Landesgesetze bestimmt.

(3) Das Weitere regeln die Bannmeilengesetze der Länder.

§ 17 [Ausnahme für religiöse Feiern usw., Volksfeste]

Die §§ 14 bis 16 gelten nicht für Gottesdienste unter freiem Himmel, kirchliche Prozessionen, Bittgänge und Wallfahrten, gewöhnliche Leichenbegängnisse, Züge von Hochzeitsgesellschaften und hergebrachte Volksfeste.

§ 17a [Schutzwaffenverbot, Vermummungsverbot]

(1) Es ist verboten, bei öffentlichen Versammlungen unter freiem Himmel, Aufzügen oder sonstigen öffentlichen Veranstaltungen unter freiem Himmel oder auf dem Weg dorthin Schutzwaffen oder Gegenstände, die als Schutzwaffen geeignet und den Umständen nach dazu bestimmt sind, Vollstreckungsmaßnahmen eines Trägers von Hoheitsbefugnissen abzuwehren, mit sich zu führen.

(2) Es ist auch verboten,
1. an derartigen Veranstaltungen in einer Aufmachung, die geeignet und den Umständen nach darauf gerichtet ist, die Feststellung der Identität zu verhin-

dern, teilzunehmen oder den Weg zu derartigen Veranstaltungen in einer solchen Aufmachung zurückzulegen,

2. bei derartigen Veranstaltungen oder auf dem Weg dorthin Gegenstände mit sich zu führen, die geeignet und den Umständen nach dazu bestimmt sind, die Feststellung der Identität zu verhindern.

(3) ¹Die Absätze 1 und 2 gelten nicht, wenn es sich um Veranstaltungen im Sinne des § 17 handelt. ²Die zuständige Behörde kann weitere Ausnahmen von den Verboten der Absätze 1 und 2 zulassen, wenn eine Gefährdung der öffentlichen Sicherheit oder Ordnung nicht zu besorgen ist.

(4) ¹Die zuständige Behörde kann zur Durchsetzung der Verbote der Absätze 1 und 2 Anordnungen treffen. ²Sie kann insbesondere Personen, die diesen Verboten zuwiderhandeln, von der Veranstaltung ausschließen.

§ 18 [Besondere Vorschriften für Versammlungen unter freiem Himmel]

(1) Für Versammlungen unter freiem Himmel sind § 7 Abs. 1, §§ 8, 9 Abs. 1, §§ 10, 11 Abs. 2, §§ 12 und 13 Abs. 2 entsprechend anzuwenden.

(2) ¹Die Verwendung von Ordnern bedarf polizeilicher Genehmigung. ²Sie ist bei der Anmeldung zu beantragen.

(3) Die Polizei kann Teilnehmer, welche die Ordnung gröblich stören, von der Versammlung ausschließen.

§ 19 [Besondere Vorschriften für Aufzüge]

(1) ¹Der Leiter des Aufzuges hat für den ordnungsmäßigen Ablauf zu sorgen. ²Er kann sich der Hilfe ehrenamtlicher Ordner bedienen, für welche § 9 Abs. 1 und § 18 gelten.

(2) Die Teilnehmer sind verpflichtet, die zur Aufrechterhaltung der Ordnung getroffenen Anordnungen des Leiters oder der von ihm bestellten Ordner zu befolgen.

(3) Vermag der Leiter sich nicht durchzusetzen, so ist er verpflichtet, den Aufzug für beendet zu erklären.

(4) Die Polizei kann Teilnehmer, welche die Ordnung gröblich stören, von dem Aufzug ausschließen.

§ 19a [Bild- und Tonaufnahmen durch die Polizei]

Für Bild- und Tonaufnahmen durch die Polizei bei Versammlungen unter freiem Himmel und Aufzügen gilt § 12a.

§ 20 [Einschränkung des Grundrechts der Versammlungsfreiheit]

Das Grundrecht des Artikels 8 des Grundgesetzes wird durch die Bestimmungen dieses Abschnitts eingeschränkt.

Abschnitt IV. Straf- und Bußgeldvorschriften

§ 21 [Störung von Versammlungen und Aufzügen]

Wer in der Absicht, nichtverbotene Versammlungen oder Aufzüge zu verhindern oder zu sprengen oder sonst ihre Durchführung zu vereiteln, Gewalttätigkei-

ten vornimmt oder androht oder grobe Störungen verursacht, wird mit Freiheitsstrafe bis zu drei Jahren oder mit Geldstrafe bestraft.

Übersicht

I. Überblick

1   **1. Normzweck. a) Rechtsgut.** § 21 schützt die **Versammlungsfreiheit** (Art. 8 GG, § 1 Abs. 1) der Teilnehmer erlaubter öffentlicher oder nicht öffentlicher Versammlungen und Aufzüge.[1] Die hM spricht demgegenüber vom Schutz der Versammlung und Aufzüge.[2] Jedoch sind Versammlungen und Aufzüge nicht um ihrer selbst willen schutzwürdig. Schutzwürdig ist allein das subjektive Recht der Teilnehmer, diese Versammlung oder diesen Aufzug durchzuführen. Da sich dieses Recht auf den Vorgang des Sich-Versammelns und den Zugang zur Versammlung erstreckt,[3] schützt § 21 auch vor Gewalttätigkeiten und Drohungen mit Gewalttätigkeiten im Vorfeld und außerhalb von Versammlungen, die darauf gerichtet sind, die Durchführung der Versammlung zu vereiteln.

2   **b) Deliktsnatur.** § 21 setzt nicht voraus, dass der Täter die Versammlung oder den Aufzug verhindert, sprengt oder vereitelt. Es genügt, dass er in dieser Absicht eine Gewalttätigkeit vornimmt, androht oder eine grobe Störung verursacht. § 21 stellt somit bereits den **Versuch der Versammlungssprengung** unter Strafe.[4] Mit dem Gesetzeswortlaut und der fehlenden Versuchsstrafbarkeit unvereinbar ist es jedoch, bereits den Versuch einer Gewalttätigkeit oder groben Störung als vollendeten § 21 anzusehen.[5]

3   **2. Historie.** Der Tatbestand des § 21 ist unverändert seit der Verkündung des VersammlG am 24.7.1953.[6] Der Sanktionsausspruch, der ursprünglich Gefängnis und kumulativ Geldstrafe vorsah, wurde später in Freiheitsstrafe bis zu fünf Jahren geändert und dann auf Freiheitsstrafe bis zu drei Jahren oder Geldstrafe abgesenkt.[7] § 21 ist Nachfolger des § 107a StGB aF,[8] der in Abs. 1 für das vollendete Delikt verlangte, dass die Tat mittels (körperlicher) Gewalt oder Drohung mit einem Verbrechen begangen und die Versammlung dadurch gesprengt oder verhindert wurde, und in Abs. 2 den Versuch unter Strafe stellte. § 21 entspricht inhaltlich weitgehend Art. 20 Abs. 1 Nr. 2 BayVersG, § 20 Abs. 1 Nr. 2 NVersG, § 20 VersammlG-LSA und § 23 Abs. 1 VersFG SH. § 22 SächsVersG ist wortgleich mit § 21 VersammlG.

II. Erläuterung

4   **1. Objektiver Tatbestand.** § 21 hat **drei Tatbestandsvarianten:** Der Täter nimmt eine Gewalttätigkeit vor, droht sie an oder verursacht eine grobe Störung. Das Gesetz spricht

---

[1] *Kostaras* S. 89; *Meiski* S. 103.
[2] Erbs/Kohlhaas/*Wache* V 55 Rn. 1; *Köhler/Dürig-Friedl* Rn. 1; *Ott/Wächtler* Rn. 1; Ridder/*Pawlita/Steinmeier* Rn. 9.
[3] BVerfG 14.5.1985 – 1 BvR 233, 341/81, BVerfGE 69, 315 (349); 11.6.1991 – 1 BvR 772/90, BVerfGE 84, 203 (209).
[4] RG 23.12.1920 – III 1002/20, RGSt 55, 190; Erbs/Kohlhaas/*Wache* V 55 Rn. 1; *Kostaras* S. 89.
[5] Ridder/*Pawlita/Steinmeier* Rn. 26; aA *Ott/Wächtler* § 1 Rn. 10.
[6] BGBl. I S. 684, 686.
[7] Art. 81 Nr. 2 EGStGB vom 2.3.1974, BGBl. I S. 469, 555.
[8] Eingefügt durch Gesetz zur Änderung des StGB vom 23.5.1923, RGBl. I S. 296; aufgehoben durch § 30 Abs. 2, BGBl. 1953 I S. 684, 687.

im **Plural** von „Gewalttätigkeiten" und „Störungen". Die dadurch auf den ersten Blick nahe liegende Tatbestandseinschränkung, dass eine einzelne Gewalttätigkeit oder grobe Störung nicht ausreicht (zB Erschießen des Redners), wäre jedoch mit dem Schutzzweck des § 21 unvereinbar. Die deshalb gebotene extensive, diese Fälle einbeziehende Auslegung überschreitet nicht die Wortlautgrenze (Art. 103 Abs. 2 GG),[9] da der Plural in § 21 nicht als Tatbestandsmerkmal verwendet wird.[10] Andernfalls müsste der Täter auch die Absicht haben, mindestens zwei Versammlungen oder Aufzüge zu stören, da das Gesetz auch insoweit den Plural verwendet. Das wäre unsinnig.

Täter kann jeder sein, auch ein Versammlungsteilnehmer oder Presseberichterstatter.[11]   5

a) Vornahme oder Androhen einer Gewalttätigkeit. Anders als die grobe Störung   6 muss die Gewalttätigkeit oder ihre Androhung nicht in oder während der Versammlung erfolgen. Sie muss sich auch nicht gegen Versammlungsteilnehmer richten (zB Androhung, eine Geisel zu erschießen, falls die Versammlung stattfindet). Die Gewalttätigkeit muss lediglich in der Absicht verübt oder angedroht werden, eine aktuell oder künftig stattfindende Versammlung zu verhindern, zu sprengen oder zu stören. Es reicht folglich aus, wenn der Täter schon im Vorfeld einer Versammlung eine Gewalttätigkeit vornimmt oder androht (zB Verprügeln von Personen, die zur Versammlung anreisen; gewalttätiges Besetzen des Versammlungslokals; Einsperren des Versammlungsleiters in seiner Wohnung; Anbringen einer Zeitzünderbombe vor der Versammlung im Versammlungslokal).[12]

aa) Gewalttätigkeit. Der Begriff entspricht dem in § 125 StGB[13] und ist enger als der   7 der Gewalt in § 240 StGB. Gewalttätigkeit ist aggressives (dh nicht auf Verteidigung gerichtetes), gegen den Körper eines anderen Menschen oder die Substanz einer fremden Sache gerichtetes Tun von einiger Erheblichkeit und unter Einsatz physischer Kraft.[14] Sie setzt keine Verletzung oder konkrete Gefährdung voraus. Die Handlung muss allerdings geeignet sein, einen Menschen zu verletzen oder eine Sache zu beschädigen.[15] Ein dazu ungeeignetes Handeln (zB Werfen von Gegenständen, bei dem kein Mensch und keine Sache getroffen werden kann; Wegdrängen einer Person; Beschmieren einer Sache; Sitzblockade; Besetzen eines Versammlungssaals) oder ein Unterlassen genügt daher nicht.[16]

bb) Vornahme. Die Formulierung des Gesetzes ist missglückt. Eine Gewalttätigkeit ist   8 schon begrifflich ein Tun, so dass dem Erfordernis „vornimmt" keine eigene Bedeutung zukommt.

cc) Androhen. Der Begriff entspricht dem des Bedrohens in §§ 125, 241 StGB und   9 des Androhens in § 126 StGB.[17] Eine Gewalttätigkeit droht an, wer ausdrücklich oder

---

[9] AA *Kostaras* S. 77, 89; zu § 125 StGB: *Brause* NJW 1983, 1641; NK-StGB/*Ostendorf* StGB § 125 Rn. 25; Ridder/*Bertuleit/Herkströter* StGB § 125 Rn. 25.

[10] Ebenso zu § 125 StGB: RG 19.10.1920 – V 722/20, RGSt 55, 102; OLG Düsseldorf 1.12.1992 – 2 Ss 267/92–87/92 II, NJW 1993, 869; LK-StGB/*v. Bubnoff* StGB § 125 Rn. 47; Lackner/Kühl/*Heger* StGB § 125 Rn. 4; Schönke/Schröder/*Lenckner/Sternberg-Lieben* StGB § 125 Rn. 5; → StGB § 125 Rn. 20.

[11] *Dietel/Gintzel/Kniesel* Rn. 1, § 11 Rn. 6; *Dose* DRiZ 1969, 75; Ridder/*Pawlita/Steinmeier* Rn. 11.

[12] *Dietel/Gintzel/Kniesel* Rn. 8; Erbs/Kohlhaas/*Wache* V 55 Rn. 6; *Köhler/Dürig-Friedl* Rn. 2; *Ott/Wächtler* Rn. 3.

[13] Näher → StGB § 125 Rn. 20 ff.; aA *Meiski* S. 120.

[14] BGH 10.12.1965 – 4 StR 578/65, BGHSt 20, 305 (308); 8.8.1969 – 2 StR 171/69, BGHSt 23, 46 (52) = NJW 1969, 1770; 20.7.1995 – 1 StR 126/95, NJW 1995, 2643 (2644); BayObLG 11.8.1989 – RReg. 2 St 88/89, NStZ 1990, 37 (38); OLG Düsseldorf 1.2.1992 – 2 Ss 267/92 – 87/92 II, NJW 1993, 869; OLG Hamburg 27.5.1982 – 1 Ss 27/82, NJW 1983, 2273; OLG Karlsruhe 26.4.1979 – 2 Ss 40/79, NJW 1979, 2415 (2416); *Dietel/Gintzel/Kniesel* Rn. 8; Erbs/Kohlhaas Rn. 4; *Ott/Wächtler* Rn. 2; Ridder/*Pawlita/Steinmeier* Rn. 14; zT abweichend *Meiski* S. 122.

[15] OLG Köln 12.11.1996 – Ss 491/96, NStZ-RR 1997, 234; OLG Düsseldorf 1.12.1992 – 2 Ss 267/92 – 87/92 II, NJW 1993, 869; Tröndle/*Fischer* StGB § 125 Rn. 4; *Kindhäuser* StGB § 125 Rn. 4; Lackner/Kühl/*Heger* StGB § 125 Rn. 4; der Sache nach auch NK-StGB/*Ostendorf* StGB § 125 Rn. 24, der allerdings von einer konkreten Gefahr spricht.

[16] *Dietel/Gintzel/Kniesel* Rn. 8; Erbs/Kohlhaas/*Wache* V 55 Rn. 4; *Köhler/Dürig-Friedl* Rn. 2; *Ott* NJW 1969, 456; *Ott/Wächtler* Rn. 2; aA *Meiski* S. 124.

[17] Näher → StGB § 125 Rn. 26 f., → StGB § 126 Rn. 10 ff.

stillschweigend eine Gewalttätigkeit in Aussicht stellt und dabei ihre Begehung als von seinem Willen abhängig darstellt („Ich habe im Versammlungslokal eine Bombe versteckt!").[18] Kündigt der Täter die Gewalttätigkeit eines Dritten an („Im Versammlungslokal haben Terroristen eine Bombe versteckt!"), so handelt es sich lediglich um eine nach § 21 straflose Warnung, es sei denn, der Täter gibt vor, Einfluss auf den Dritten zu haben. Dass der Täter eine Gewalttätigkeit androht, muss der Ankündigung zu entnehmen sein. Bloße Beschimpfungen oder allgemein gehaltene Drohungen („Ihr werdet noch was erleben!") reichen daher nicht aus.[19] Die Ankündigung muss nicht ernst gemeint sein. Es kommt allein darauf an, dass sie nach ihrem Inhalt, der Art und Weise ihres Vorbringens und den Umständen, unter denen sie erfolgt, vom Empfänger vernünftigerweise ernst genommen werden kann. Dass der Empfänger sie auch ernst nimmt, ist hingegen nicht erforderlich,[20] da § 21 bereits den Versuch der Versammlungsstörung unter Strafe stellt (→ Rn. 2). Ebenso wenig müssen der Bedrohte und das Opfer der angedrohten Gewalttätigkeit identisch sein.[21] Kann die Gewalttätigkeit später gerade wegen ihrer Androhung verhindert werden (zB weil der Täter so präzise Angaben zu Zeit und Ort gemacht hat), ändert das an der Tatbestandsmäßigkeit der Androhung nichts, da die spätere Vereitelung der Gewalttätigkeit im Zeitpunkt der Tathandlung noch ungewiss ist.

10   **b) Störung einer Versammlung.** Der Täter muss durch sein Verhalten eine grobe Störung einer nicht verbotenen Versammlung oder eines nicht verbotenen Aufzugs verursachen. Anders als bei den Tatbestandsvarianten der Vornahme und der Androhung einer Gewalttätigkeit muss hier tatsächlich eine Versammlung oder ein Aufzug stattfinden.

11   **aa) Versammlung oder Aufzug. (1) Versammlung.** Sie ist eine örtliche Zusammenkunft mehrerer Personen zur gemeinschaftlichen, auf die Teilhabe an der öffentlichen Meinungsbildung gerichteten Erörterung (Diskussionsversammlungen) oder Kundgebung (Kundgebungen, Demonstrationen).[22]

12   Die **Mindestanzahl** der Teilnehmer einer Versammlung ist streitig. Eine beachtliche Meinung verlangt **drei** Personen,[23] nach neuerer Ansicht können sogar schon zwei Personen eine Versammlung bilden.[24] Die früher hM verlangte demgegenüber eine „nicht allzu kleine" Anzahl von Personen.[25] Abweichend von der Vorauflage ist der neueren Ansicht (zwei Personen) zu folgen. Sie ist nicht nur in bisher zwei Ländergesetzen Realität geworden, es ist auch bei dem Verständnis des Versammlungsrechts als Minderheitenrecht nicht nachzuvollziehen, weshalb nicht auch bereits zwei Personen unter den Schutz der kollektiven Meinungsbildung und -kundgabe fallen sollen.[26]

---

[18] Erbs/Kohlhaas/*Wache* V 55 Rn. 5.

[19] Ridder/*Pawlita*/*Steinmeier* Rn. 15.

[20] Ebenso die hM zu § 241 StGB; Schönke/Schröder/*Eser* StGB § 241 Rn. 4; wie hier wohl auch *Ott*/ *Wächtler* Rn. 4. AA *Dietel*/*Gintzel*/*Kniesel* Rn. 9; Ridder/*Pawlita*/*Steinmeier* Rn. 15, wonach zumindest einige Teilnehmer die Ankündigung ernst nehmen müssen.

[21] Auch deshalb ist es unrichtig zu verlangen, Versammlungsteilnehmer müssten die Drohung ernst nehmen; so aber *Dietel*/*Gintzel*/*Kniesel* Rn. 9; Ridder/*Pawlita*/*Steinmeier* Rn. 15.

[22] BVerfG 24.10.2001 – 1 BvR 1190/90, 2173/93, 433/96, BVerfGE 104, 92; 12.7.2001 – 1 BvQ 28/ 01 und 1 BvQ 30/01, NJW 2001, 2459 (2460); 26.3.2001 – 1 BvQ 16/01, NVwZ-RR 2001, 442 (443); 14.5.1985 – 1 BvR 233, 341/81, BVerfGE 69, 315 (343) = NJW 1985, 2395; BVerwG 21.4.1989 – BVerwG 7 C 50.88, BVerwGE 82, 34 (38 f.); KG 31.10.1984 – AR (B) 173/84 – 5 Ws (B) 331/84, NJW 1985, 209; *Dietel*/*Gintzel*/*Kniesel* § 1 Rn. 201.

[23] BayObLG 16.12.1965 – RReg. 4 a St 120/1965, BayObLGSt 1965, 157; 13.2.1979 – RReg. 4 St 170/ 78, NJW 1979, 1895; OLG Düsseldorf 23.3.1981 – 5 Ss 74/81 I, NStZ 1981, 226; OLG Hamburg 14.12.1964 – VAs 53/64, MDR 1965, 319; OLG Köln 28.5.1980 – 3 Ss 121/80, MDR 1980, 1040; OLG Saarbrücken 15.9.1998 – Ss Z 225–98 (106–98), NStZ-RR 1999, 119; Erbs/Kohlhaas/*Wache* § 1 Rn. 23; *Merten* JR 1982, 301.

[24] Art. 2 Abs. 1 BayVersG, § 2 NVersG; *Brenneisen*/*Wilksen* S. 47; *Dietel*/*Gintzel*/*Kniesel* § 1 Rn. 18; *Enders*/ *Hoffmann*/*Kniesel*/*Poscher*/*Schultze-Fielitz* § 2 Abs. 1; *Kostaras* S. 26; Lisken/Denninger/*Kniesel* H Rn. 12, 233; *Pewestorf*/*Söllner*/*Tölle* Teil 2 Kap. 2 53; Ridder/*Ladeur* GG Art. 8 Rn. 17.

[25] RG 22.9.1890 – Rep. 1329/90, RGSt 21, 71 (75); 10.11.1896 – Rep. 3298/96, RGSt 29, 161 (165).

[26] *Dietel*/*Gintzel*/*Kniesel* § 1 Rn. 80.

Dass es sich um eine **örtliche Zusammenkunft** handelt, ergibt sich aus dem Begriff **13** der Versammlung (Sich-Versammeln, Art. 8 GG).[27] Aus ihm folgt auch die zeitliche Begrenztheit. Im Unterschied zur Vereinigung sind Versammlungen als örtliche Zusammenkünfte von Menschen **nicht auf Dauer** angelegt. Eine Höchstdauer besteht jedoch nicht (zB eine sich über Monate hinziehende Mahnwache).[28]

Mit der Zusammenkunft muss ein **gemeinsamer Zweck** verfolgt werden. Darin unter- **14** scheidet sich die Versammlung von der Ansammlung, bei der zwar ggf. auch alle Personen denselben Zweck verfolgen, aber nicht gemeinsam (zB Schaulustige nach einem Unglück; Passanten an einem Informationsstand; Zuschauer eines Fußballspiels; Besucher eines Konzerts, einer Filmvorführung im Kino oder einer Vorlesung an der Universität).[29] Es genügt nicht, dass die Teilnehmer durch irgendeinen Zweck miteinander verbunden sind. Der sie verbindende Zweck muss die Teilhabe an der öffentlichen Meinungsbildung in einer Angelegenheit von allgemeinem Interesse sein (**enger Versammlungsbegriff**).[30] Das beschränkt sich nicht auf politische Themen. Doch reicht es nicht aus, wenn die Zusammenkunft ausschließlich oder in erster Linie öffentlich-rechtlichen (zB öffentliches Gelöbnis) oder rein privaten Zwecken, dem Spaß oder der Unterhaltung dient (zB Geburtstagsfeier; Massenparty [„Love-Parade"]).[31] Die weitergehenden Auffassungen, die jede auf Meinungsbildung oder -äußerung gerichtete Zusammenkunft, auch wenn sie keine im allgemeinen Interesse stehen Themen aufgreift (erweiterter Versammlungsbegriff),[32] oder unter Verzicht auf die Meinungsäußerung und -bildung jede auf Persönlichkeitsverwirklichung in Gemeinschaft mit anderen gerichtete Zusammenkunft (weiter Versammlungsbegriff) ausreichen lassen,[33] lösen sich von den historischen Wurzeln des Versammlungsrechts als Freiheit zu kollektiver Meinungskundgabe, widersprechen der Differenzierung zwischen Versammlungen und sonstigen Veranstaltungen in § 17a, übersehen in ihrer einseitig die Freiheit der Versammlungsteilnehmer ausdehnenden Sicht die freiheitsbeschränkenden Konsequenzen für Dritte als potentielle Störer und führen hier zu einem uferlosen, in vielen Fällen jenseits aller Strafwürdigkeit liegenden Straftatbestand (zB Stören einer Skatrunde als Straftat?).[34]

Sind diese Voraussetzungen erfüllt, so steht es der Annahme einer Versammlung nicht **15** entgegen, dass sie keinen Veranstalter oder Leiter hat, dass sie nicht angemeldet worden ist,[35] dass die Teilnehmer keine einheitliche Meinung haben (zB Diskussionsversammlung), dass sie ihre Meinung nicht ausdrücklich kundtun (zB Schweigemarsch), dass die Teilnehmer zwischenzeitlich wechseln (zB bei einer sich über Tage hinziehenden Mahnwache), dass die Versammlung nicht auf einen Platz begrenzt ist (zB Menschenkette) oder Eintrittsgelder oder Unkostenbeiträge erhoben werden. Da § 21 im Unterschied zu § 1 ohne weitere

---

[27] Eine Online-Demonstration ist keine Versammlung; AG Frankfurt 1.7.2005 – 991 DS 6100 Js 22631/01, MMR 2005, 863.

[28] OVG Münster NVwZ-RR 1992, 360; Lisken/Denninger/*Kniesel* H Rn. 55.

[29] OLG Karlsruhe 15.4.1976 – 3 Ss (B) 231/75, NJW 1976, 1360; OLG Koblenz 29.6.1981 – 1 Ss 298/81, NStZ 1981, 484; LG Frankfurt 9.3.1982 – 50 Js 1602/80, NStZ 1983, 25; Erbs/Kohlhaas/*Wache* V 55, § 1 Rn. 20; aA *Meiski* S. 128, 131. Differenzierend zum Infostand insoweit aber BVerwG DÖV 2008, 32 ff.; *Pewestorf/Söllner/Tölle*, Teil 2, Kap. 2, 63.

[30] BVerfG 24.10.2001 – 1 BvR 1190/90, 2173/93, 433/96, BVerfGE 104, 92 (104); NJW 2001, 2459 (2460); BVerwG 7.6.1978 – BVerwG 7 C 5.78, BVerwGE 56, 63 (69); 21.4.1989 – 7 C 50/88, NJW 1989, 2411 (2412); VGH Mannheim 27.5.1994 – 1 S 1397/94, NVwZ-RR 1995, 271; VGH 26.1.1998 – 1 S 3280/96, NVwZ 1998, 761 (763); VG Frankfurt 6.2.1998 – 5 E 3536/96 (3), NVwZ 1998, 770; LG Freiburg 6.5.1976 – VI Qs 193/76, NJW 1976, 2175; *Brenneisen/Wilksen* S. 52; *Dietel/Gintzel/Kniesel* § 1 Rn. 202; Erbs/Kohlhaas/*Wache* V 55, § 1 Rn. 21; *Ott/Wächtler* § 1 Rn. 11; *Ridder/Ladeur* GG Art. 8 Rn. 17.

[31] BVerfG 24.10.2001 – 1 BvR 1190/90, 2173/93, 433/96, BVerfGE 104, 92 (104); NJW 2001, 2459 (2460 f.); VG Weimar 29.8.1997 – 2 ZEO 1037/97 u. 2 EO 1038/97, NVwZ-RR 1998, 498; KG 12.6.2003 – 1 Ss 270/02, NStZ 2004, 45 (46); VG Lüneburg 29.4.2003 – JA 249/01, Nds. VBl 2003, 249 (250); Erbs/Kohlhaas/*Wache* § 1 Rn. 21.

[32] Ridder/*Bertuleit/Steinmeier* § 1 Rn. 12 ff., 22 f.

[33] Lisken/Denninger/*Kniesel* H Rn. 227 ff.; *Meiski* S. 111.

[34] Zu der Konturlosigkeit des Versammlungsbegriffs vgl. auch *Pewestorf/Söllner/Tölle*, Teil 2, Kap. 2 Rn. 61 ff.

[35] KG 31.10.1984 – AR (B) 173/84 – 5 Ws (B) 331/84, NJW 1985, 209; s. zur Spontanversammlung § 26 Rn. 10.

Einschränkungen von „Versammlungen und Aufzügen" spricht, gilt er auch für **nicht öffentliche Versammlungen.**[36]

16   **(2) Aufzug.** Der Aufzug ist ein Unterfall der Versammlung. Er ist eine sich fortbewegende Versammlung unter freiem Himmel zur Kundgabe einer kollektiven Meinung.[37] Keine Aufzüge, weil keine Versammlungen, sind deshalb zB hupende Autokolonnen nach Fußballspielen, Prozessionen, Wallfahrten, Karnevals- oder Leichenzüge, Wander- oder Ausflugsgruppen. Die Zusammenkunft der Teilnehmer am Aufstellungsort, die Formierung des Aufzugs, Halte und Pausen sind Teil des Aufzugs.[38] Eine etwaige Abschlusskundgebung gehört nicht mehr zum Aufzug, sondern ist eine Versammlung. Unerheblich ist, wie sich die Teilnehmer fortbewegen (zB zu Fuß, mit dem Fahrrad, im Auto), ob der Aufzug über öffentliche Wege führt oder ob er einer vorgegebenen Route folgt.

17   **bb) Nicht verboten.** Da § 21 die Versammlungsfreiheit schützt (→ Rn. 1), greift er nicht ein bei verbotenen Versammlungen und Aufzügen. Verboten ist eine Versammlung entweder **kraft Gesetzes** (§ 16 Abs. 1) oder **auf Grund Verwaltungsaktes** (§§ 5, 15). Ist die Versammlung nicht bereits kraft Gesetzes verboten, muss das Gericht feststellen, ob zurzeit der Tat eine Verbotsverfügung ergangen war. War sie nicht erlassen worden, wurde sie zuvor zurückgenommen oder widerrufen oder war sie nichtig (§ 44 VwVfG), so war die Versammlung nicht verboten. Die Verbotsverfügung muss **nicht vollziehbar** oder bestandskräftig sein. Das zeigt der Vergleich mit § 23, der ausdrücklich die Vollziehbarkeit verlangt, und ergibt sich aus der Besonderheit des § 21: Vollziehbarkeit wäre nur erforderlich, wenn die Strafbarkeit an den Verstoß gegen die Verbotsverfügung anknüpfen würde. Die Verbotsverfügung untersagt jedoch die Versammlung, nicht die sie störende Handlung. Gegen die Verbotsverfügung verstößt der Täter nicht.

18   Nach einer in der Literatur vertretenen Ansicht ist der objektive Tatbestand bereits bei Bestehen eines Verbots nicht erfüllt. § 21 finde keine Anwendung, wenn die Versammlung kraft Gesetzes verboten sei oder durch eine Verbotsverfügung untersagt worden sei. Unerheblich sei, ob die Verbotsverfügung rechtmäßig oder **rechtswidrig** sei. Auch eine zu Unrecht verbotene Versammlung genieße nicht den Schutz des § 21.[39] Hebe die Behörde oder das Verwaltungsgericht die rechtswidrige Anordnung später mit rückwirkender Kraft auf, ändere das an der Existenz der Verbotsverfügung im Zeitpunkt der Tat und damit an der Straflosigkeit des Täters nichts.

19   Diese Ansicht ist abzulehnen. Sie verkürzt den **Schutz der Teilnehmer materiell rechtmäßiger Versammlungen.** Auch die Teilnehmer einer zu Unrecht verbotenen Versammlung nehmen ihr Versammlungsrecht wahr.[40] Sie verdienen deshalb denselben Schutz vor Störungen wie Teilnehmer nicht verbotener rechtmäßiger Versammlungen. Das Verhalten des Störers wird nicht dadurch rechtmäßig und die Versammlung nicht dadurch „vogelfrei", dass eine nicht an ihn gerichtete Verfügung zu Unrecht die Versammlung untersagt. Auch das Argument, die materielle Rechtmäßigkeit der Verbotsverfügung sei unbeachtlich, weil § 21 nur darauf abstelle, ob die Versammlung verboten oder nicht verboten sei, überzeugt nicht. Die Formulierung „nicht verboten" erlaubt nicht den Schluss, allein die Existenz einer Verbotsverfügung schließe schon den Tatbestand aus. Da folglich § 21 nicht die eindeutige Entscheidung des Gesetzgebers entnommen werden kann, dass es auf die Rechtmäßigkeit des Verbots nicht ankomme, ist wegen der Bedeutung des betroffenen Grundrechts auf Seiten der Versammlungsteilnehmer davon auszugehen, dass § 21 nur dann

---

[36] Erbs/Kohlhaas/*Wache* Rn. 2; *Dietel/Gintzel/Kniesel* § 1 Rn. 218; *Ott/Wächtler* Rn. 1; zu den historischen Gründen Ridder/*Pawlita/Steinmeier* Rn. 9; Anders jetzt § 20 VersammlG-LSA, der nur von öffentlichen Versammlungen spricht.
[37] VGH München 21.7.1971 – Nr. 202 IV 69, BayVBl. 1971, 475; VG Köln 10.12.1981 – 6 (13) K 3721/79, NJW 1983, 1212; *Dietel/Gintzel/Kniesel* § 1 Rn. 213.
[38] Erbs/Kohlhaas/*Wache* § 1 Rn. 33 f.; *Dietel/Gintzel/Kniesel* § 1 Rn. 213.
[39] *Murr* S. 198 f.; Erbs/Kohlhaas/*Wache* Rn. 2; Ridder/*Pawlita/Steinmeier* Rn. 19.
[40] Das übersieht *Murr* S. 198.

nicht eingreift, wenn die im Augenblick der Tat vorliegende Verbotsverfügung rechtmäßig war.[41]

cc) Grobe Störung. Eine Versammlung wird grob gestört, wenn ihr ordnungsgemäßer **20** Verlauf so schwer beeinträchtigt wird, dass ihre Unterbrechung, Aufhebung oder Auflösung droht. Es genügt nicht, wenn nur einzelne Teilnehmer gestört werden. Es reicht auch nicht aus, wenn die Versammlung – sei es auch wiederholt und trotz Zurechtweisung durch den Leiter oder einen Ordner – lediglich gestört wird (§ 29 Abs. 1 Nr. 4).[42] Die Störung muss vielmehr so stark sein, dass die Durchführung der Versammlung nicht nur erschwert, sondern insgesamt ungewiss wird. Ob das der Fall ist, hängt auch vom Zweck der Versammlung und der Art ihrer (geplanten) Durchführung ab. Dient die Versammlung in erster Linie der Information, die durch das Abspielen eines Films vermittelt werden und in dessen Anschluss erst eine Aussprache erfolgen soll, so stört grob, wer während der Filmvorführung durch lautstarken Protest, Auffordern zu Diskussion, sonstige Zwischenrufe oder gar durch Abschalten des Vorführgeräts die Wahrnehmung des Films durch die Teilnehmer verhindert.[43] Dient die Versammlung in erster Linie der Meinungskundgebung durch Rede und Diskussion, so stört nicht grob, wer nur – wenn auch nachdrücklich, in scharfem Ton oder lautstark – an der Versammlung teilnimmt und sich kritisch oder ablehnend mit ihrem Thema auseinandersetzt (zB Zwischenrufe, Missfallenskundgebungen). Ein solches Verhalten ist im Gegenteil grundrechtlich geschützt.[44] Grob stört, wer darüber hinausgeht, indem er zB den Redner nicht zu Wort kommen lässt (zB Niederschreien, Lärmen, Sprechchöre, andauerndes unbegründetes Applaudieren), ihn mit anderen Mitteln übertönt (zB Drucklufthupen, Trillerpfeifen, Feuerwerkskörper), mit Eiern bewirft oder Stink- oder Rauchbomben in die Versammlung wirft, das Mikrofon entwendet oder die Ton- oder Lichtanlage ausschaltet.[45] Das Austeilen von Flugblättern, Entrollen eines Transparents, Schwenken einer Fahne oder Aufstellen von Plakaten genügt für sich allein ebenso wenig wie das Beleidigen des Redners oder der Versammlungsteilnehmer.[46] Es stellt zwar zumeist eine Störung dar; hinzukommen muss aber noch, dass dadurch der Fortgang der Versammlung gefährdet wird (zB wenn die Beleidigungen des Täters zu Tumulten führen). Unter denselben Voraussetzungen kann auch ein Verhalten, das nach dem (abzulehnenden) vergeistigten Gewaltbegriff Gewalt iSd § 240 StGB darstellt,[47] aber unterhalb der Schwelle zur Gewalttätigkeit bleibt, eine grobe Störung sein (zB Besetzen oder Blockieren des Versammlungsraums).[48] Eine Sitzblockade ist aber jedenfalls dann nicht als grobe Störung einzustufen, wenn der Aufzug die Sperre ohne Weiteres umgehen kann.[49]

dd) Verursachen. Der Täter muss nicht in Person selbst zugegen sein und die Versamm- **21** lung stören. Es genügt jedes Verhalten, durch das er objektiv zurechenbar die grobe Störung verursacht. Ausreichend ist es deshalb auch, wenn der Täter ein ihm zurechenbares grob störendes Verhalten Dritter veranlasst.

2. Subjektiver Tatbestand. § 21 setzt in allen drei Tatbestandsvarianten Vorsatz (§ 15 **22** StGB) und die Absicht voraus, eine nicht verbotene Versammlung oder einen nicht verbotenen Aufzug zu verhindern, zu sprengen oder sonst die Durchführung zu vereiteln.

---

[41] Ebenso BVerfG 1.12.1992 – 1 BvR 88, 576/91, BVerfGE 87, 399 (408 f.) = NJW 1993, 581 zu § 29 Abs. 1 Nr. 2; *Meiski* S. 116.

[42] Erbs/Kohlhaas/*Wache* Rn. 7.

[43] OLG Hamm 11.12.1991 – 2 Ss 814/91.

[44] BVerfG 11.6.1991 – 1 BvR 772/90, BVerfGE 84, 203 (209); VGH Mannheim 12.2.1990 – 1 S. 1646/89, NVwZ 1990, 602 (604); VG Karlsruhe 7.4.1990 – 8 K 198/88, NVwZ-RR 1990, 192 (193); *Ott/Wächtler* § 26 Rn. 11 f.

[45] Erbs/Kohlhaas/*Wache* Rn. 7; *Köhler/Dürig-Friedl* Rn. 3; *Meiski* S. 121, 129.

[46] AA Erbs/Kohlhaas/*Wache* § 11 Rn. 2.

[47] Näher → StGB § 240 Rn. 34.

[48] Zu weitgehend BayObLG 16.10.1995 – 4 StRR 186/95, BayObLGSt 1995, 167 (169), das eine durch Sitzblockade bewirkte zehnminütige Verzögerung eines Aufzugs als grobe Störung ansieht.

[49] LG Braunschweig 9.9.2015 – 13 Qs 171/15, BeckRS 2015, 16164 Rn. 4.

23   **a) Vorsatz.** Die Tat kann auch bedingt vorsätzlich verübt werden. Wie sich aus der Formulierung „nicht verboten" ergibt, muss der Täter keinen Vorsatz dahingehend haben, dass er die Versammlung für erlaubt hält.[50] Erforderlich ist nur, dass er sie nicht für verboten hält. Macht er sich also keine Gedanken über ein Verbot, so steht das seiner Strafbarkeit nicht entgegen. Ist die Versammlung verboten, weiß der Täter das aber nicht oder hält er sie im Gegenteil sogar für erlaubt, so begeht er einen straflosen Versuch. Ist die Versammlung nicht verboten, hält der Täter sie aber für verboten, so handelt er ohne Vorsatz (§ 16 StGB).[51] Dasselbe gilt, wenn die Versammlung zu Unrecht verboten worden ist, der Täter aber annimmt, das Verbot sei rechtmäßig (zB ein Polizist, der die Versammlung auflösen will). Weiß der Täter aber, dass das Verbot rechtswidrig oder nichtig ist, so handelt er vorsätzlich.[52]

24   **b) Vereitelungsabsicht. aa) Absicht.** Dem Täter muss es gerade darauf ankommen, durch sein Verhalten die Versammlung zu vereiteln. Nicht erforderlich ist, dass dies auch sein Endziel ist.[53] An einer Absicht fehlt es zB, wenn jemand aus Verärgerung oder Empörung über die geäußerten Meinungen eine Versammlung grob stört, ohne dadurch die Versammlung vereiteln zu wollen. Warum der Täter die Absicht hat, die Versammlung zu vereiteln, ist unerheblich (zB bezahlter Störer).

25   **bb) Sprengen, Verhindern oder Vereiteln.** Vereiteln ist, wie die Gesetzesformulierung zeigt („oder sonst ihre Durchführung zu vereiteln"), der Oberbegriff.[54] Verhindert wird eine Versammlung, wenn schon das Zusammenkommen der Teilnehmer vereitelt wird; gesprengt wird sie, wenn die Zusammenkunft beendet wird (zB durch Auseinandertreiben der Teilnehmer). Nicht erforderlich ist, dass der Täter auch verhindern will, dass sich die Teilnehmer später an einem anderen Ort erneut versammeln.[55] Auf sonstige Weise wird ihre Durchführung vereitelt, wenn sie nicht so stattfinden oder fortgesetzt werden kann, wie sie geplant ist. Da die Versammlungsfreiheit das Recht einschließt zu bestimmen, wann und wo die Versammlung stattfinden soll,[56] beabsichtigt auch derjenige die Vereitelung der Versammlung, der ihre Verschiebung oder Verlegung erreichen will.[57] Die Absicht, die Versammlung zu stören, genügt noch nicht, da andernfalls das Absichtsmerkmal weitgehend bedeutungslos wäre. Erforderlich ist, dass der Täter durch sein tatbestandsmäßiges Verhalten die geplante Durchführung der Versammlung insoweit unmöglich machen will, dass sie ihre Ziele nicht mehr erreichen kann (zB das Lärmen des Täters soll die Diskussion unmöglich machen; das Einsperren des Redners oder die Beschädigung der Lautsprecheranlage soll die Rede verhindern; „Umfunktionieren" einer Versammlung).[58] Nur dann kommt die beabsichtigte Einflussnahme auf die Durchführung einer Verhinderung oder Sprengung der Versammlung gleich, wie es der Tatbestand mit der Formulierung „oder sonst" verlangt.[59]

III. Rechtsfolgen, Verjährung, Konkurrenzen

26   Der Strafrahmen beträgt Freiheitsstrafe von einem Monat (§ 38 Abs. 2 StGB) bis zu 3 Jahren oder Geldstrafe zwischen fünf und dreihundertsechzig Tagessätzen (§ 40 Abs. 1 StGB).

27   Die Tat verjährt drei Jahre (§ 78 Abs. 2 Nr. 5 StGB) nach Beendigung der Gewalttätigkeit, des Androhens oder der groben Störung (§ 78a StGB).

---

[50] AA Ridder/*Pawlita*/*Steinmeier* Rn. 19; *Dietel*/*Gintzel*/*Kniesel* Rn. 12.
[51] Erbs/Kohlhaas/*Wache* Rn. 8; Ridder/*Pawlita*/*Steinmeier* Rn. 19; *Dietel*/*Gintzel*/*Kniesel* Rn. 12.
[52] AA Ridder/*Pawlita*/*Steinmeier* Rn. 19.
[53] *Ott*/*Wächtler* § 1 Rn. 12.
[54] Ridder/*Pawlita*/*Steinmeier* Rn. 22.
[55] Erbs/Kohlhaas/*Wache* V 55 Rn. 11; *Köhler*/*Dürig-Friedl* Rn. 5; *Ott*/*Wächtler* § 1 Rn. 8.
[56] BVerfG 14.5.1985 – 1 BvR 233, 341/81, BVerfGE 69, 315 (343).
[57] Erbs/Kohlhaas/*Wache* V 55 Rn. 10; *Köhler*/*Dürig-Friedl* Rn. 5; *Ott*/*Wächtler* § 1 Rn. 7; Ridder/*Pawlita*/*Steinmeier* Rn. 23, die ein Verhindern annehmen.
[58] *Köhler*/*Dürig-Friedl* Rn. 5; *Kostaras* S. 89; *Ott*/*Wächtler* § 1 Rn. 9.
[59] Ridder/*Pawlita*/*Steinmeier* Rn. 25.

§ 21 verdrängt § 240 StGB im Wege der Gesetzeseinheit, da § 240 StGB zwar ein anderes, **28** aber nur ein Auffangrecht schützt.[60] Idealkonkurrenz besteht zu den §§ 123, 211 ff., 223 ff. StGB und zu § 125 StGB, dessen Subsidiaritätsklausel wegen des anderen Schutzzwecks nicht eingreift.[61]

§ 22 [Beeinträchtigung und Bedrohung der Versammlungsleitung und Ordner]

Wer bei einer öffentlichen Versammlung oder einem Aufzug dem Leiter oder einem Ordner in der rechtmäßigen Ausübung seiner Ordnungsbefugnisse mit Gewalt oder Drohung mit Gewalt Widerstand leistet oder ihn während der rechtmäßigen Ausübung seiner Ordnungsbefugnisse tätlich angreift, wird mit Freiheitsstrafe bis zu einem Jahr oder mit Geldstrafe bestraft.

Übersicht

I. Überblick

1. Normzweck. a) Rechtsgut. § 22 schützt das **Recht des Leiters einer öffentlichen 1 Versammlung zur Wahrung der Ordnung** (§§ 8, 18 Abs. 1, 19 Abs. 1 S. 1).[1] In Ausübung dieses Rechts sprechen der Leiter und seine Ordner Anweisungen gegenüber Teilnehmern (§§ 10, 18 Abs. 1, 19 Abs. 2) und Dritten aus (zB zur Durchsetzung eines Teilnahmeverbots nach § 6 Abs. 1). Der von den Teilnehmern oder Dritten gegen die Durchsetzung solcher Anweisungen geübte Widerstand ist strafbar, wenn er unter Einsatz von oder Drohung mit Gewalt erfolgt. Das Recht des Versammlungsleiters zur Wahrung der Ordnung kann darüber hinaus dadurch verletzt werden, dass er oder ein Ordner schon an der Ausübung des Rechts gehindert werden. § 22 stellt deshalb den tätlichen Angriff auf den Leiter oder einen Ordner unter Strafe. Die Strafwürdigkeit gründet in allen Tatbestandsvarianten nicht allein im Widerstand oder in der Rechtshinderung. Das zeigt § 29 Abs. 1 Nr. 4, wonach die einfache Nichtbefolgung einer Anweisung gar nicht und die wiederholte Nichtbefolgung nur als Ordnungswidrigkeit belangt werden. Strafwürdig sind Ungehorsam und Rechtshinderung nur dann, wenn sie unter Einsatz von oder Drohung mit Gewalt oder mittels eines tätlichen Angriffs erfolgen.

Wegen dieser besonderen Anforderungen an die Tathandlung wird vorherrschend die **2** Auffassung vertreten, § 22 diene auch „dem persönlichen **Schutz von Leiter und Ordnern vor Gewaltakten**".[2] Das ist jedoch abzulehnen. Konsequenz der hM ist, dass die §§ 223,

---

[60] Ridder/*Pawlita*/*Steinmeier* Rn. 29. Für Idealkonkurrenz hingegen *Dietel*/*Gintzel*/*Kniesel* Rn. 16.

[61] OLG Köln 12.11.1996 – Ss 491/96, NStZ-RR 1997, 234 (235); *Dietel*/*Gintzel*/*Kniesel* Rn. 16; Erbs/ Kohlhaas/*Wache* Rn. 15; *Köhler*/*Dürig-Friedl* Rn. 6; Lackner/Kühl/*Heger* StGB § 125 Rn. 16; LK vom *Bubnoff* StGB § 125 Rn. 75; → StGB § 125 Rn. 53; *Ott*/*Wächtler* § 1 Rn. 15; Ridder/*Pawlita*/*Steinmeier* Rn. 29; Schönke/Schröder/*Lenckner*/*Sternberg-Lieben* StGB § 125 Rn. 32.

[1] *Dietel*/*Gintzel*/*Kniesel* Rn. 1; Erbs/Kohlhaas/*Wache* Rn. 1; Ridder/*Pawlita*/*Steinmeier* Rn. 1 (anders Rn. 8). Ungenau wird zT vom Schutz des Versammlungsleiters und seiner Ordner bei der Ausübung ihrer Ordnungsbefugnisse gesprochen: BayObLG 28.10.1955 – RReg. 3 St 223/55, NJW 1956, 153; *Ott*/*Wächtler* Rn. 1; *Köhler*/*Dürig-Friedl* Rn. 1.

[2] BayObLG 28.10.1955 – RReg. 3 St 223/55, NJW 1956, 153; *Dietel*/*Gintzel*/*Kniesel* Rn. 1; Erbs/Kohlhaas/*Wache* Rn. 1; Ridder/*Pawlita*/*Steinmeier* Rn. 8; *Köhler*/*Dürig-Friedl* Rn. 1.

240 StGB, die dem Schutz der körperlichen Unversehrtheit und der Willensfreiheit dienen, im Wege der Gesetzeskonkurrenz hinter den milderen § 22 zurücktreten (→ Rn. 23). Es ist jedoch nicht ersichtlich, warum derjenige, der in Ausübung seines Versammlungsrechts eine Versammlung leitet oder den Leiter als Ordner unterstützt, geringeren Schutz vor Angriffen auf seine körperliche Unversehrtheit oder seine Willensfreiheit genießen soll als jeder andere Versammlungsteilnehmer. Die zu § 113 StGB vorgebrachte Begründung (Privilegierung wegen der „verständlichen" Erregung bei der Konfrontation mit der Staatsmacht)[3] lässt sich auf § 22 nicht übertragen, weil Leiter und Ordner keine hoheitliche Gewalt ausüben[4] und zur Anwendung unmittelbaren Zwangs nicht berechtigt sind. Erblickt man den Zweck des § 22 deshalb allein im Schutz des Rechts des Leiters zur Wahrung der Ordnung (→ Rn. 1), so verdrängt § 22 nicht die §§ 223, 240 StGB, sondern tritt neben sie, weil der Täter dieses weitere, von jenen Tatbeständen nicht geschützte Recht angegriffen hat. Dies folgt nicht nur aus dem Sinn und Zweck der Vorschrift, sondern auch aus ihrer Entstehungsgeschichte. Wenn Versammlungsleiter und Ordner einerseits die Obliegenheit haben, für einen ordnungsgemäßen Verlauf der Versammlung zu sorgen, andererseits aber nicht über entsprechende Zwangsbefugnisse verfügen, ist es nur folgerichtig, den strafrechtlichen Schutz – und damit die hoheitlichen Eingriffsbefugnisse – entsprechend vorzuverlagern.[5]

3   **b) Deliktsnatur.** § 22 ist § 113 StGB nachgebildet. Bei beiden Tatbeständen reicht zur Vollendung auch der erfolglose, die Ordnungsmaßnahme nicht verhindernde Widerstand oder Angriff aus. Beide sind **unechte Unternehmensdelikte.**[6] Diese etablierte Bezeichnung für Tätigkeitsdelikte mit finaler, dh auf die Bewirkung eines vom Tatbestand nicht vorausgesetzten Erfolgs gerichteter Handlungsbeschreibung, wird hier übernommen, obwohl sie irreführend ist, weil sie eine Parallele zu den echten Unternehmensdelikten (§ 11 Abs. 1 Nr. 6 StGB) nahe legt, die so nicht besteht. Weder erfasst § 22 den untauglichen Handlungsversuch (→ Rn. 17), noch finden die Vorschriften über tätige Reue analoge Anwendung (→ Rn. 22).

4   **2. Historie.** Der Tatbestand des § 22 ist – bis auf eine Angleichung an den Sprachgebrauch des StGB[7] – unverändert seit der Verkündung des VersammlG am 24.7.1953.[8] Während der Bundesrat die Bestimmung für entbehrlich hielt, weil die allgemeinen Vorschriften des StGB ausreichend seien, erachtete die Bundesregierung die Vorschrift für notwendig, weil „den besonderen Obliegenheiten des Leiters oder der Ordner" der im StGB gewährte allgemeine Strafschutz nicht genüge.[9] Die Regelung entspricht Art. 20 Abs. 2 Nr. 2 BayVersG, § 21 VersammlG-LSA und § 23 Abs. 3 VersFG SH. Das NVersG enthält dagegen zugunsten der allgemeinen Strafvorschriften keine eigene Regelung mehr. § 22 wurde vom Sächsischen Landesgesetzgeber wörtlich als § 23 SächsVersG übernommen.

II. Erläuterung

5   **1. Objektiver Tatbestand.** § 22 hat **drei Tatbestandsvarianten:** Der Täter leistet mit Gewalt Widerstand gegen eine rechtmäßige Anweisung des Leiters oder eines Ordners, er leistet durch Drohung mit Gewalt Widerstand oder er greift den Leiter oder einen Ordner bei der rechtmäßigen Ausübung seiner Befugnisse tätlich an.

---

[3] BT-Drs. VI/502, 4; Lackner/Kühl/*Heger* StGB § 113 Rn. 1; LK vom *Bubnoff* StGB § 113 Rn. 3; NK-StGB/*Paeffgen* StGB § 113 Rn. 3; Schönke/Schröder/*Eser* StGB § 113 Rn. 3; *Fischer* StGB § 113 Rn. 2.

[4] *Dietel/Gintzel/Kniesel* § 1 Rn. 235, § 8 Rn. 1; Lisken/Denninger/*Kniesel* H Rn. 252; Ridder/*Breitbach* § 8 Rn. 13.

[5] OLG Dresden 7.12.2009 – 2 Ss 542/09, 2 Ss, BeckRS 2010, 2219.

[6] Ridder/*Pawlita/Steinmeier* Rn. 15.

[7] In der ursprünglichen Fassung hieß es „durch Gewalt oder durch Bedrohung"; geändert durch Art. 81 Nr. 3 EGStGB vom 2.3.1974, BGBl. I S. 469, 555.

[8] BGBl. I S. 684, 686.

[9] BT-Drs. I/1102, 16, 20.

a) Täter. § 22 kann von **jedermann** begangen werden.[10] Zwar sind in erster Linie die **6** Teilnehmer der Versammlung verpflichtet, die zur Aufrechterhaltung der Ordnung getroffenen Anweisungen des Leiters oder der Ordner zu befolgen (§§ 10, 18 Abs. 1, 19 Abs. 2). Doch können auch Personen, die keine Versammlungsteilnehmer sind, Adressaten solcher Anweisungen sein (→ Rn. 1). Außerdem sind sie faktisch in der Lage, Widerstand gegen die Durchsetzung an die Teilnehmer gerichteter Anweisungen zu leisten oder den Leiter oder die Ordner tätlich anzugreifen. Dass sich § 22 auf sie erstreckt, zeigt die Formulierung „bei" einer öffentlichen Versammlung. Hieße es stattdessen „in" einer öffentlichen Versammlung, wäre der Täterkreis auf Versammlungsteilnehmer beschränkt.[11]

b) Bei einer öffentlichen Versammlung. Eine Versammlung[12] ist **öffentlich,** wenn **7** jedermann Zutritt hat; sie ist nicht öffentlich (geschlossen), wenn der Teilnehmerkreis individuell bestimmt ist (zB auf Vereinsmitglieder, Parteimitglieder und ihre Ehefrauen).[13] Unerheblich ist, ob die Teilnahme der Allgemeinheit gestattet ist und ob sich Dritte der Versammlung tatsächlich angeschlossen haben. Entscheidend ist allein, dass der Anschluss einer beliebigen Zahl anderer Personen möglich ist.[14] Öffentlich können sowohl Versammlungen unter freiem Himmel (§ 14) als auch Versammlungen in geschlossenen Räumen (§ 5) sein. Eine Versammlung unter freiem Himmel auf öffentlichem, dem Gemeingebrauch dienenden Grund ist öffentlich, weil jedermann freien Zugang hat und wegen des Gemeingebrauchs nicht von der Versammlung ausgeschlossen werden kann. Ein Aufzug[15] ist eine sich fortbewegende Versammlung unter freiem Himmel. Führt er – wie das regelmäßig der Fall ist – über öffentliche Straßen und Plätze, so ist er öffentlich.[16] Wird bei einer Versammlung in einem geschlossenen Raum der Teilnehmerkreis beschränkt, indem bestimmte Personen oder Personenkreise von der Teilnahme ausgeschlossen werden (§ 6 Abs. 1), ist sie trotzdem öffentlich, solange die Beschränkung nicht dazu führt, dass nur noch ein individuell bestimmter, beschränkter Personenkreis Zutritt hat.

Die Tat wird „**bei**" einer öffentlichen Versammlung begangen, wenn sie direkt am **8** Versammlungsort und zur Versammlungszeit oder im unmittelbaren räumlichen und zeitlichen Umfeld dazu erfolgt.[17] Erfasst wird damit der Zeitraum vom Eintreffen der ersten bis zum Entfernen der letzten Teilnehmer. Räumlich erfolgen „bei" der Versammlung auch Taten, die bei einer Versammlung in einem geschlossenen Raum in einem angrenzenden, vom Versammlungsraum aus zugänglichem Raum (zB Vorraum, Flur) oder bei einer Versammlung unter freiem Himmel in nur geringer Distanz von ihr begangen werden (zB bei der Einweisung der Teilnehmer wenige Meter vor dem Versammlungsort).[18]

c) Leiter oder Ordner. aa) Leiter. Nur eine natürliche, grundrechtsmündige Person **9** kann Leiter sein; Volljährigkeit ist nicht erforderlich.[19] Bei einer Versammlung in einem geschlossenen Raum ist Leiter **kraft Gesetzes** der Veranstalter oder, wenn der Veranstalter eine Vereinigung ist, deren Vorsitzender (§ 7 Abs. 2). Eine andere Person ist nur dann Leiter, wenn ihr die Leitung vom Veranstalter oder Vorsitzenden übertragen worden ist (§ 7 Abs. 3). Bei einer Versammlung unter freiem Himmel ist Leiter, wer bei der **Anmeldung** als solcher benannt worden ist (§ 14 Abs. 2). Eine andere Person kann hier – von Ausnahmefällen abgesehen, in denen der Veranstalter wegen tatsächlicher Verhinderung (zB Tod, schwere Erkrankung) nachträglich einen Dritten zum Leiter bestimmt – nicht

---

[10] *Dietel/Gintzel/Kniesel* Rn. 2; *Erbs/Kohlhaas/ Wache* V 55 Rn. 2; *Ridder/Pawlita/Steinmeier* Rn. 10; *Köhler/Dürig-Friedl* Rn. 2; *Ott/Wächtler* Rn. 4.
[11] *Ridder/Pawlita/Steinmeier* Rn. 10.
[12] Zum Begriff → § 21 Rn. 11 ff.
[13] BayObLG 25.11.1994 – 4 St RR 154/94, NStZ 1995, 242.
[14] OLG Schleswig 17.11.1980 – 1 Ss 509/80, SchlHA 1981, 52.
[15] Zum Begriff → § 21 Rn. 16.
[16] *Ott/Wächtler* § 1 Rn. 31, 34.
[17] *Ridder/Pawlita/Steinmeier* Rn. 12.
[18] *Ridder/Pawlita/Steinmeier* Rn. 12.
[19] *Ridder/Breitbach* § 7 Rn. 16.

Leiter werden. Hinzukommen muss immer die faktische Übernahme der Leitung der Versammlung.[20]

10   Andere als die genannten gesetzlichen Möglichkeiten der Übertragung der Leitung bestehen nicht, da ansonsten für die Teilnehmer nicht mehr klar ist, ob die §§ 11, 22 eingreifen.[21] Deshalb genügen die Übernahme der Leitung vom Leiter, die Wahl durch die Versammlungsteilnehmer oder die faktische Übernahme der Leitung allein nicht. Der **faktische Leiter,** der ohne Bestellung durch den Veranstalter die Leitung ausübt, ist folglich kein Leiter iSd § 22[22] und damit kein taugliches Opfer. Seine Einbeziehung verstieße gegen das Analogieverbot (Art. 103 Abs. 2 GG) und stünde auch nicht in Einklang mit dem Schutzzweck, weil ihm kein Recht zur Wahrung der Ordnung zukommt. Der Widerstand gegen seine Anordnung oder ein tätlicher Angriff auf ihn ist somit nicht tatbestandsmäßig.

11   Die Stellung als Leiter **beginnt** mit dem ersten Eintreffen der Teilnehmer (→ Rn. 8). Sie bleibt auch während einer vom Leiter selbst angeordneten Unterbrechung der Versammlung (§ 8 S. 3, 4) bestehen und **endet** mit der Schließung (§ 8 S. 3, § 18 Abs. 1), Beendigung (§ 19 Abs. 3) oder Auflösung (§§ 13, 15 Abs. 2, 3) der Versammlung. Während der Leiter bei der von ihm selbst angeordneten Schließung und Beendigung seine Stellung erst nach dem Auseinandergehen der Versammlungsteilnehmer verliert und er deshalb auch noch zur Anordnung der zur Durchsetzung der Schließung oder Beendigung notwendigen Räumungsmaßnahmen befugt ist,[23] endet seine Stellung bei der polizeilich verfügten Auflösung sofort. Der Leiter verliert seine Stellung bereits während der Versammlung, wenn er sein Amt durch Erklärung gegenüber der Versammlung niederlegt – was auch in den Fällen des § 7 Abs. 2 möglich ist –, oder wenn die Übertragung der Leitungsbefugnis vom Veranstalter oder Vorsitzenden widerrufen wird. Schlichte Untätigkeit,[24] Verlassen der Versammlung[25] oder Abwahl durch die Versammlungsteilnehmer reichen zur Beendigung nicht aus. Hat die Stellung als Leiter noch nicht begonnen oder ist sie beendet, so ist der Betreffende kein Leiter, und der Widerstand gegen seine Anordnung oder ein tätlicher Angriff auf ihn ist nicht tatbestandsmäßig. Im Ergebnis nicht anders zu behandeln ist der Fall der von der Polizei unterbrochenen Versammlung (§ 13 Abs. 1 S. 2). Hier bleibt der Leiter zwar im Amt, doch sind seine Befugnisse vorübergehend suspendiert; eine trotzdem von ihm ausgesprochene Anordnung ist daher rechtswidrig und der gegen sie geleistete Widerstand deshalb nicht tatbestandsmäßig.[26]

12   **bb) Ordner.** Sie sind Gehilfen des Leiters (§ 9 Abs. 1 S. 1). Er allein bestellt und entlässt sie. Von ihm leiten sie ihre Befugnisse ab. Ordner ist nur, wer vom Leiter rechtmäßig bestellt worden ist und die gesetzlichen Anforderungen an einen Ordner erfüllt. Fehlt es an der Bestellung (zB freiwilliger Helfer) oder ist die Bestellung rechtswidrig, weil die Verwendung von Ordnern nicht genehmigt ist (§§ 18 Abs. 2 S. 1, 19 Abs. 1 S. 2), oder sind die gesetzlichen Anforderungen nicht erfüllt, weil die bestellte Person nicht volljährig ist (§ 9 Abs. 1 S. 1) oder nicht ehrenamtlich tätig wird (§ 9 Abs. 1 S. 2), so ist der Betreffende kein Ordner und der Widerstand gegen seine Anordnung oder ein tätlicher Angriff auf ihn nicht tatbestandsmäßig. Erfüllt der Ordner bei der Wahrnehmung seines Amtes die daran gestellten gesetzlichen Anforderungen nicht, weil er eine Waffe oder einen sonstigen Gegenstand iSd § 2 Abs. 3 bei sich führt, weil er uniformiert ist oder weil er nicht die vorgeschriebene

---

[20] *Dietel/Gintzel/Kniesel* Rn. 3.
[21] OLG Köln 6.12.1980 – 3 Ss 300/80, NStZ 1981, 227; *Köhler/Dürig-Friedl* § 7 Rn. 4; eingehend *Breitbach* NJW 1984, 843; *Ridder/Breitbach* § 7 Rn. 23, § 26 Rn. 37.
[22] Zur früher aA bei § 26 s. dort Rn. 7.
[23] *Erbs/Kohlhaas/Wache* V 55 Rn. 4; *Köhler/Dürig-Friedl* Rn. 4.
[24] OLG Köln 6.12.1980 – 3 Ss 300/80, NStZ 1981, 227.
[25] Wird der Leiter oder Ordner nach Verlassen der Versammlung tätlich angegriffen, scheidet § 22 trotzdem aus, weil die Tat nicht „bei" der Versammlung und nicht gegen ihn „während" der Ausübung seiner Ordnungsbefugnisse verübt wird.
[26] *Erbs/Kohlhaas/Wache* Rn. 4; *Köhler/Dürig-Friedl* Rn. 4; *Kostaras* S. 90 f.; *Ridder/Pawlita/Steinmeier* Rn. 12.

Armbinde trägt (§ 9 Abs. 1 S. 2), so ändert das an seiner Stellung als Ordner nichts. § 22 greift jedoch auch hier nicht ein, weil er sein Amt nicht rechtmäßig ausübt.[27]

Endet die Stellung des Leiters (→ Rn. 10), so **endet** auch die des Ordners, es sei denn, **13** ein umgehend bestellter neuer Leiter belässt den Ordner durch ausdrückliche oder stillschweigende Erklärung in seinem Amt. Wird die Versammlung von der Polizei unterbrochen, verlieren auch die Ordner vorübergehend ihre Befugnisse (→ Rn. 10).

d) In oder während der rechtmäßigen Ausübung seiner Ordnungsbefugnisse. 14 aa) Ordnungsbefugnisse. Der Begriff meint nicht nur Maßnahmen nach § 8 S. 2. Andernfalls hätte der Gesetzgeber in § 22 gezielt verwiesen, wie er es in anderen Straftatbeständen getan hat (§§ 25 ff.). Ordnungsbefugnisse sind alle in der Versammlungsfreiheit wurzelnden, im VersammlG niedergelegten, dem Leiter oder Ordner zukommenden, die Durchführung der Versammlung betreffenden Befugnisse. Nicht erfasst ist das dem Leiter vom Eigentümer, Mieter oder Pächter übertragene Hausrecht für den Versammlungsraum (§ 7 Abs. 4), das durch die §§ 123, 124 StGB geschützt wird. Zu den Ordnungsbefugnissen zählen das Eröffnen, Unterbrechen, Fortsetzen und Schließen der Versammlung, das Bestimmen ihres Ablaufs im Einzelnen (zB Aufstellen einer Rednerliste, Erteilen und Entzug des Wortes), das Aufrechterhalten der Ordnung (zB Unterbinden von Störungen), der Ausschluss von Störern, das Verhindern des Zutritts ausgeschlossener Personen und die Kontrolle von Pressevertretern. Zur Durchführung dieser Aufgaben kann sich der Leiter der Hilfe von Ordnern bedienen (§ 9 Abs. 1 S. 1). Ihre Befugnisse gehen nicht über die des Leiters hinaus.

bb) Rechtmäßigkeit. Die Rechtmäßigkeit der Maßnahme und der Ausübung der Ord- **15** nungsbefugnisse ist **Tatbestandsmerkmal.**[28] Die Maßnahme des Leiters muss die gesetzlichen Voraussetzungen erfüllen (§§ 6–11, 18 Abs. 1, 19 Abs. 1). Ist die Anordnung des Leiters rechtswidrig, so gilt das auch für die auf sie gestützte Maßnahme des Ordners. Eine rechtswidrige Anordnung des Leiters rechtfertigt das Verhalten des Ordners nicht.[29] Der (umstrittene) Rechtfertigungsgrund des „rechtswidrigen verbindlichen Befehls" greift nicht ein, da Leiter und Ordner keine hoheitlichen Befugnisse wahrnehmen, sondern Selbstverwaltungstätigkeiten der Versammlung (→ Rn. 2).[30] Eine Maßnahme des Ordners ist auch dann rechtswidrig, wenn sie einer rechtmäßigen Anordnung des Leiters widerspricht oder ohne Zustimmung des Leiters erfolgt. Maßnahmen gegen Personen, die nicht an der Versammlung teilnehmen, sind nur ausnahmsweise rechtmäßig (Bsp. in → Rn. 1), da sie nicht der Ordnungsgewalt des Leiters unterstehen (§ 10).

cc) Tatzeit. Der Zeitpunkt der Tathandlung wird für Widerstand und Angriff unter- **16** schiedlich bestimmt: Der Widerstand muss **„in",** der Angriff **„während"** der rechtmäßigen Ausübung der Ordnungsbefugnisse durch den Leiter oder Ordner erfolgen. Die Differenzierung resultiert aus dem Umstand, dass sich der Widerstand gegen eine bestimmte Maßnahme richtet, während der tätliche Angriff gegen den Leiter oder Ordner selbst geführt wird (→ Rn. 1). Der Widerstand muss folglich zu einem Zeitpunkt erfolgen, in dem die bekämpfte Maßnahme gerade durchgesetzt wird oder ihre Durchsetzung unmittelbar bevorsteht (Bsp.: um ihn mit Gewalt zu entfernen, geht der Ordner auf einen nach § 11 Abs. 1 ausgeschlossenen Teilnehmer zu, der die Versammlung nicht sofort verlässt).[31] Demgegenüber genügt es für den tätlichen Angriff, dass er „während" der rechtmäßigen Ausübung der Ordnungsbefugnisse vonstattengeht, also zu irgendeinem Zeitpunkt, in dem der Ange-

---

[27] Ridder/*Breitbach* § 9 Rn. 19; Ridder/*Pawlita/Steinmeier* Rn. 11; *Dietel/Gintzel/Kniesel* Rn. 3; im Ergebnis ebenso Erbs/Kohlhaas/*Wache* Rn. 3; *Ott/Wächtler* Rn. 1; *Köhler/Dürig-Friedl* Rn. 3.

[28] *Dietel/Gintzel/Kniesel* Rn. 6; Erbs/Kohlhaas/*Wache* Rn. 8; *Kostaras* S. 91; *Köhler/Dürig-Friedl* Rn. 6; *Murr* S. 199 f.; *Ott/Wächtler* Rn. 2; Ridder/*Pawlita/Steinmeier* Rn. 8, 13.

[29] Erbs/Kohlhaas/*Wache* V 55 Rn. 8; *Köhler/Dürig-Friedl* Rn. 6; *Dietel/Gintzel/Kniesel* Rn. 3.

[30] Deshalb ist auch die Rechtmäßigkeit Tatbestandsmerkmal; Ridder/*Pawlita/Steinmeier* Rn. 8.

[31] BayObLG 28.10.1955 – RReg. 3 St 223/55, NJW 1956, 153; Erbs/Kohlhaas/*Wache* Rn. 6, 7, 13; *Dietel/Gintzel/Kniesel* Rn. 9; *Köhler/Dürig-Friedl* Rn. 5.

griffene Ordnungsbefugnisse hat (→ Rn. 10, 12) und in seiner Funktion als Leiter oder Ordner an der Versammlung teilnimmt. Wer auf den Leiter einschlägt, der zu Beginn der Versammlung Ruhe verlangt hat, leistet keinen Widerstand „in" der Ausübung der Ordnungsbefugnisse, weil er sich nicht gegen eine gegenwärtige Maßnahme wendet; er begeht aber einen tätlichen Angriff „während" der Ausübung der Ordnungsbefugnisse.[32] § 22 scheidet ganz aus, wenn sich der Angriff gegen einen Ordner richtet, der zwecks Pause die Versammlung vorübergehend verlassen hat.[33]

17   **e) Tathandlung.** Die Handlungsvarianten des § 22 entsprechen denen des § 113 StGB.[34] Wie dort stellt sich auch hier die – zumeist unter dem Stichwort „unechtes Unternehmensdelikt" erörterte (→ Rn. 3) – Frage, ob der Tatbestand untaugliche Versuchshandlungen erfasst (→ Rn. 17) und ob der Täter nach vollendeter Tat durch tätige Reue Straffreiheit erlangen kann (→ Rn. 22).

18   **aa) Widerstandleisten.** Widerstand leistet, wer die Durchsetzung einer bestimmten Maßnahme des Leiters oder Ordners tatsächlich erschwert. Nicht erforderlich ist, dass der Täter die Durchsetzung ganz oder zum Teil vereitelt (→ Rn. 3). Seine Handlung muss aber dazu **objektiv geeignet** sein.[35] Nach der weitergehenden, zu § 113 StGB vorherrschend vertretenen Ansicht reicht es sogar aus, dass die Handlung nur subjektiv, dh aus der Sicht des Täters, geeignet ist, die Durchsetzung zu vereiteln oder zu behindern.[36] Das verstößt aus zwei Gründen gegen Art. 103 Abs. 2 GG: Zum einen ist es mit dem Wortlaut unvereinbar, weil eine faktisch wirkungslose, den Leiter oder Ordner in der Ausübung ihrer Ordnungsbefugnisse nicht behindernde Handlung schon begrifflich kein Widerstand ist. Zum anderen wird damit eine Analogie zum echten Unternehmensdelikt (§ 11 Abs. 1 Nr. 6 StGB) gezogen (→ Rn. 3), die unzulässig ist, weil der untaugliche Versuch nur dann bestraft werden kann, wenn das Gesetz dies ausdrücklich anordnet.

19   Der Widerstand muss mit Gewalt oder durch Drohung mit Gewalt geleistet werden. Bloßer Ungehorsam genügt nicht. Da mit der **Gewalt** Widerstand geleistet werden muss, ist eine durch tätiges Handeln gegen den Leiter oder Ordner gerichtete Entfaltung physischer Kraft erforderlich, die beim Betroffenen einen körperlich empfundenen Zwang auslöst. Nicht ausreichend ist deshalb passiver Widerstand (zB der ausgeschlossene Teilnehmer bleibt sitzen),[37] Hypnose oder das (selbst nicht gewaltsame) Einflößen von berauschenden oder betäubenden Mitteln.[38] Gewalt gegen Sachen oder Dritte genügt nur, wenn durch sie auf den Ordner oder Leiter eingewirkt wird (zB Einschließen eines Ordners; Entreißen eines Stuhls).[39]

20   **Drohung mit Gewalt** ist die vom Leiter oder Ordner ernst genommene Ankündigung gegen ihn gerichteter Gewalt. Gewalt ist hier ebenso zu verstehen wie in der anderen Tatvariante (→ Rn. 17). Deshalb ist die Drohung mit Gewalt gegen Sachen oder Dritte nur dann tatbestandsmäßig, wenn sich die angedrohte Gewalt mittelbar auch gegen den

---

[32] BayObLG 28.10.1955 – RReg. 3 St 223/55, NJW 1956, 153.

[33] Ridder/*Pawlita*/*Steinmeier* Rn. 14.

[34] Vgl. zu den Einzelheiten deshalb auch NK-StGB/*Paeffgen* StGB § 113 Rn. 18 ff.

[35] Ebenso wohl die hM zu § 22: Widerstand sei das „Bereiten eines Hindernisses" (Erbs/Kohlhaas/*Wache* Rn. 10; *Köhler*/*Dürig-Friedl* Rn. 7 [die aber zugleich pauschal auf die abweichende hM bei § 113 StGB verweisen]), das die Ausübung der Ordnungsbefugnisse „verhindern oder erschweren soll" (Ridder/*Pawlita*/*Steinmeier* Rn. 16). Hindernis impliziert, dass die Handlung objektiv geeignet ist, die Durchsetzung der Maßnahme zu erschweren. In diesem Sinne wohl auch *Dietel*/*Gintzel*/*Kniesel* Rn. 6, wonach die Handlung „geeignet" sein muss, die Ausübung der Ordnungsfunktion zu erschweren.

[36] → StGB § 113 Rn. 17; NK-StGB/*Paeffgen* StGB § 113 Rn. 20.

[37] Erbs/Kohlhaas/*Wache* Rn. 10; *Kostaras* S. 90; *Ott*/*Wächtler* Rn. 8.

[38] AA Erbs/Kohlhaas/*Wache* Rn. 11.

[39] *Köhler*/*Dürig-Friedl* Rn. 7; *Ott*/*Wächtler* Rn. 6; enger Ridder/*Pawlita*/*Steinmeier* Rn. 16, deren Beispiele (Anklammern an einer Bank, Stemmen der Füße gegen den Boden) aber auch nach der hier vertretenen Ansicht keine Gewalt darstellen, weil sich die Gewalt nicht mittelbar gegen den Körper des Ordners oder Leiters richtet. Das wäre anders, wenn der Ordner oder Leiter unmittelbaren Zwang anwenden würde, wozu er aber nicht befugt ist (das übersieht Erbs/Kohlhaas/*Wache* Rn. 10).

Leiter oder Ordner richten würde.[40] Da das Gesetz keine Gegenwärtigkeit voraussetzt, ist nicht erforderlich, dass die angedrohte Gewalt sofort oder im Verlauf der Versammlung erfolgen soll.[41] Tatbestandsmäßig ist daher auch die Drohung, den Ordner nach der Versammlung auf dem Heimweg zu verprügeln.

bb) Tätlicher Angriff. Ein tätlicher Angriff ist eine unmittelbar gegen den Körper des 21 Leiters oder Ordners gerichtete Handlung. Unerheblich ist, ob der Angriff den Körper tatsächlich trifft (zB der Ordner weicht dem Schlag aus).

2. Subjektiver Tatbestand. In allen Tatvarianten ist Vorsatz erforderlich, gleichgültig 22 in welcher Form (§ 15 StGB). Der Vorsatz muss sich auch auf die Rechtmäßigkeit der Ausübung der Ordnungsbefugnisse erstrecken. Nimmt der Täter irrig an, der Ordner oder Leiter handele rechtswidrig, so handelt er in einem **Tatbestandsirrtum** (§ 16 Abs. 1 S. 1 StGB).[42] Der Täter muss den tätlichen Angriff gegen den Leiter oder Ordner gerade deshalb führen, weil der Angegriffene diese Funktion wahrnimmt. Kein Fall des § 22 liegt vor, wenn der tätliche Angriff nur „bei Gelegenheit" der Ausübung der Ordnungsbefugnisse geschieht (zB der Täter schießt aus privaten Motiven auf den Versammlungsleiter).[43]

III. Tätige Reue, Rechtsfolgen, Verjährung, Konkurrenzen

§ 22 greift auch dann ein, wenn der Widerstand oder tätliche Angriff die Ausübung der 23 Ordnungsbefugnisse nicht verzögert oder vereitelt. Fraglich ist, ob in solchen Fällen, in denen das geschützte Recht (→ Rn. 1) nur gefährdet wird, eine analoge Anwendung der Regeln über die **tätige Reue** (vgl. §§ 83a, 306e, 314, 320 StGB) möglich ist (zB der Täter nimmt seine Drohung zurück, nachdem der Leiter den Sinn der Ordnungsmaßnahme erklärt hat).[44] Das ist abzulehnen, weil andernfalls die bewusste Entscheidung des Gesetzgebers unterlaufen würde, der statt eines Verletzungsdelikts mit Versuchsstrafbarkeit einen Vorfeldtatbestand geschaffen hat, in dem bereits das Widerstandleisten unter Strafe steht, und dabei von einer spezialgesetzlichen Vorschrift über tätige Reue abgesehen hat.[45]

Der **Strafrahmen** beträgt Freiheitsstrafe von einem Monat (§ 38 Abs. 2 StGB) bis zu 24 einem Jahr oder Geldstrafe zwischen fünf und dreihundertsechzig Tagessätzen (§ 40 Abs. 1 StGB).

Die Tat **verjährt** drei Jahre (§ 78 Abs. 2 Nr. 5 StGB) nach Beendigung des Widerstands 25 oder des tätlichen Angriffs (§ 78a StGB).

Tateinheit kann vorliegen mit § 113 StGB, wenn sich der Angriff zugleich gegen Ordner 26 und Polizeibeamte richtet,[46] und mit §§ 123 f., 125, 185 ff., 211 ff., 223 ff., 303 StGB sowie mit § 21. Tateinheit liegt auch vor mit § 240 StGB. Die gegenteilige hM, der zufolge § 22 den § 240 StGB verdrängt, beruht auf einer abzulehnenden Rechtsgutkonzeption (→ Rn. 2).

§ 23 [Öffentliche Aufforderung zur Teilnahme an verbotener Versammlung]

Wer öffentlich, in einer Versammlung oder durch Verbreiten von Schriften, Ton- oder Bildträgern, Abbildungen oder anderen Darstellungen zur Teilnahme

---

[40] AA Erbs/Kohlhaas/*Wache* Rn. 12; *Köhler/Dürig-Friedl* Rn. 7.

[41] Erbs/Kohlhaas/*Wache* Rn. 12; *Köhler/Dürig-Friedl* Rn. 7; *Ridder/Pawlita/Steinmeier* Rn. 16; enger *Ott/Wächtler* Rn. 7: nur unmittelbar bevorstehende Gewaltanwendung.

[42] HM; anders nur *Kostaras* S. 91 (§ 113 Abs. 4 StGB analog, aber ohne die Zumutbarkeitsklausel).

[43] *Dietel/Gintzel/Kniesel* Rn. 5; *Ridder/Pawlita/Steinmeier* Rn. 14.

[44] Bejahend zu § 113 StGB Schönke/Schröder/*Eser* StGB § 113 Rn. 49 iVm § 11 Rn. 55.

[45] Ebenso grds. zu den unechten Unternehmensdelikten: *Jakobs* 25/7; LK-StGB/*Gribbohm* StGB § 11 Rn. 97; SK/*Rudolphi/Stein* StGB § 11 Rn. 47; *Fischer* StGB § 11 Rn. 28a; *Wolters* S. 324 ff.; aA *Jescheck/Weigend* S. 526, 548; *Kindhäuser* § 11 Rn. 36; Schönke/Schröder/*Eser* StGB § 11 Rn. 55; differenzierend → StGB § 11 Rn. 94.

[46] OLG Dresden 7.12.2009 – 2 Ss 542/09, 2 Ss, BeckRS 2010, 2219; Erbs/Kohlhaas/*Wache* Rn. 16; *Köhler/Dürig-Friedl* Rn. 10; *Ott/Wächtler* Rn. 12.

an einer öffentlichen Versammlung oder einem Aufzug auffordert, nachdem die Durchführung durch ein vollziehbares Verbot untersagt oder die Auflösung angeordnet worden ist, wird mit Freiheitsstrafe bis zu einem Jahr oder mit Geldstrafe bestraft.

Übersicht

I. Überblick

1   **1. Normzweck. a) Rechtsgut.** § 23 schützt die **staatlichen Rechte zum Verbot und zur Auflösung einer Versammlung** (§§ 5, 13, 15) vor der Gefahr kollektiven Ungehorsams. Die gegenläufige Ansicht, wonach § 23 in der Variante des Aufforderns zur Teilnahme an einer verbotenen Versammlung ein „reiner Ungehorsamstatbestand" ist,[1] der kein Rechtsgut schützt, beruht auf der unzutreffenden Ansicht, dass auch die Aufforderung zu einer zu Unrecht verbotenen Versammlung strafbar ist (→ Rn. 22). Weil der Verwaltungsakt, zu dessen Missachtung der Täter aufruft, eindeutig bestimmt ist, genügt § 23 auch dem Bestimmtheitsgebot des Art. 103 Abs. 2 GG.[2]

2   Die **Strafwürdigkeit** der öffentlichen Aufforderung ergibt sich aus ihrer besonderen Gefährlichkeit, der (vom Gesetzgeber festgestellten)[3] fehlenden Abschreckungswirkung des § 116 OWiG und den unzureichenden Möglichkeiten, eine Aufforderung durch polizeiliche Maßnahmen zu unterbinden. Aus diesen drei Gründen erklärt sich der scheinbare Wertungswiderspruch, dass die Teilnahme an einer verbotenen Versammlung und die Anstiftung dazu Ordnungswidrigkeiten sind, während die öffentliche Aufforderung zur Teilnahme eine Straftat ist.[4] Während die Befolgung eines vollziehbaren Verbots oder einer Auflösungsverfügung gegenüber dem Teilnehmer einer verbotenen oder aufgelösten Versammlung mit polizeilichen Maßnahmen (zB Platzverweis, unmittelbarer Zwang) durchgesetzt werden kann, ist das bei einer Anstiftung oder öffentlichen Aufforderung kaum möglich. Während aber eine Anstiftung nur einzelne Personen anspricht, richtet sich eine öffentliche Aufforderung an eine **unbestimmte Vielzahl von Personen.** Sie begründet dadurch die Gefahr, dass eine unbestimmte Vielzahl von Personen an der verbotenen oder aufgelösten Versammlung teilnimmt und eine Situation entsteht, in der das vollziehbare Verbot oder die Auflösungsverfügung wegen der Masse der Teilnehmer nicht mehr durchgesetzt werden können, weil wegen der Masse der Teilnehmer polizeiliche Maßnahmen nicht ausreichen und wegen der aus ihr resultierenden Anonymität die Androhung von Geldbußen (§ 29 Abs. 1 Nr. 1, 2) wirkungslos ist.[5]

3   **b) Deliktsnatur.** § 23 entspricht § 111 StGB und ist wie dieser ein **unechtes Unternehmensdelikt.**[6] Anders als § 111 StGB unterscheidet § 23 beim Strafmaß nicht danach, ob

---

[1] Ridder/*Rühl* Rn. 3.
[2] *Heghmanns* S. 284.
[3] BT-Drs. 11/2834, 12.
[4] *Kunert* NStZ 1989, 455, spricht vom „Zustand der dogmatischen Sündhaftigkeit".
[5] BT-Drs. 11/2834, 12 (→ Rn. 4). Deshalb überzeugt die Kritik von *Kunert* (NStZ 1989, 455; ebenso: *Dietel/Güntzel/Kniesel* Rn. 1; Lisken/Denninger/*Kniesel* H Rn. 588) nicht, § 23 sei kein wirksames Mittel zur Durchsetzung der Verbote und Auflösungsverfügungen, weil er sich nicht an die Teilnehmer richte.
[6] Zum Begriff → § 22 Rn. 3. Ebenso für § 111 StGB LK-StGB/*Gribbohm* StGB § 11 Rn. 94.

die öffentliche Aufforderung erfolgreich war oder nicht. Der Grund dafür ist, dass die Anstiftung zur Teilnahme an einer verbotenen Versammlung nur als Ordnungswidrigkeit belangt wird (§ 14 OWiG), weil die Teilnahme selbst nur eine Ordnungswidrigkeit ist (§ 29 Abs. 1 Nr. 1, 2). Da der Straftatbestand die Ordnungswidrigkeit verdrängt (§ 21 OWiG), wird auch die erfolgreiche öffentliche Aufforderung immer nach § 23 bestraft.

2. Historie. § 23 wurde 1989 in das VersammlG **wieder aufgenommen,**[7] nachdem **4** sein fast wortgleicher und praktisch bedeutungsloser[8] Vorgänger 1970 aufgehoben worden war.[9] In der Zwischenzeit war das Auffordern zur Teilnahme an einer verbotenen Versammlung – ebenso wie bis heute die Teilnahme daran (§ 29 Abs. 1 Nr. 1, 3) – eine Ordnungswidrigkeit (§ 116 OWiG). Die Wiedereinführung des Straftatbestands, durch den das Auffordern zur Tat schwerer geahndet wird als die Tat selbst (→ Rn. 2), wurde damit begründet, dass gerade bei verbotenen Versammlungen die Gefahr gewalttätiger Ausschreitungen besonders groß sei, § 116 OWiG zur Abschreckung nicht ausreiche und deshalb den Behörden „ein wirksames Mittel in die Hand gegeben werden (müsse), um Verbote und Auflösungsverfügungen durchzusetzen".[10]

§ 23 ist einerseits enger als sein Vorgänger, weil er die fahrlässige Tatbegehung bei **5** Unkenntnis des Verbots (§ 23 Abs. 2 aF) nicht mehr unter Strafe stellt. Er ist andererseits weiter, weil er auch die Auflösung der Versammlung einbezieht. Im Unterschied zu seinem Vorläufer spricht § 23 nicht von „einer verbotenen öffentlichen Versammlung", sondern verlangt, dass die öffentliche Versammlung durch „ein vollziehbares Verbot untersagt" ist. Die Gesetzesmaterialien geben keinen Hinweis darauf, dass der Gesetzgeber mit der Aufnahme des Tatbestandsmerkmals der **Vollziehbarkeit** erreichen wollte, dass die Aufforderung zur Teilnahme unabhängig von der materiellen Rechtmäßigkeit des Verbots strafbar sein soll (→ Rn. 22). Die Vorschrift wurde wortgleich in § 24 SächsVersG übernommen. Inhaltlich entsprechende Regelungen finden sich in Art. 20 Abs. 2 Nr. 3 Fall 1 BayVersG (Verstoß gegen ein „vollziehbares Verbot" oder eine „vollziehbare Auflösung"), § 20 Abs. 2 Nr. 2a NVersG (nach Abs. 2 Satz 2 nur strafbar, wenn die Anordnung rechtmäßig ist) und in § 22 VersammlG-LSA. § 24 Abs. 1 Nr. 2 VersFG SH enthält ebenfalls einen inhaltlich weitgehend § 23 entsprechenden Tatbestand, der jedoch zu einer Ordnungswidrigkeit herabgestuft ist.

II. Erläuterung

1. Objektiver Tatbestand. Täter des § 23 kann jedermann sein.[11] Tathandlung ist das **6** Auffordern zur Teilnahme an einer verbotenen oder aufgelösten Versammlung.

a) Auffordern. Eine Aufforderung ist eine Erklärung, durch die der Erklärende den **7** Eindruck erweckt, er wolle, dass der Empfänger an einer bestimmten Versammlung (weiterhin) teilnimmt.[12] Die Erklärung muss den Eindruck der Ernstlichkeit machen, braucht aber nicht ernst gemeint zu sein. An einer geäußerten Verhaltenserwartung fehlt es, wenn der Erklärende nur über eine fremde Aufforderung berichtet oder sie lediglich veröffentlicht,[13] wenn er die Teilnahme an der Versammlung nur befürwortet (zB indem er sie als begrüßenswert, notwendig oder unvermeidbar bezeichnet), ohne dabei den Willen kundzugeben, jemanden zur Teilnahme bringen zu wollen,[14] oder wenn er zu ihr lediglich anreizt (§ 13

---

[7] Art. 3 Nr. 4 Gesetz zur Änderung des StGB, der StPO und des VersammlG und zur Einführung einer Kronzeugenregelung bei terroristischen Straftaten vom 9.6.1989, BGBl. I S. 1059, 1060.

[8] Ridder/*Rühl* Rn. 14.

[9] Art. 3 Nr. 1 3. StrRG vom 20.5.1970, BGBl. I S. 505 (506).

[10] BT-Drs. 11/2834, 12; ebenso *Niethammer* BayVBl. 1990, 517; näher dazu → Rn. 2.

[11] *Köhler/Dürig-Friedl* StGB § 111 Rn. 2.

[12] *Köhler/Dürig-Friedl* StGB § 111 Rn. 2; *Ott/Wächtler* § 13 Rn. 20.

[13] OLG Frankfurt a. M. 27.12.1982 – 2 Ss 554/82, NJW 1983, 1207 (zu § 111 StGB); *Köhler/Dürig-Friedl* StGB § 111 Rn. 2; Ridder/*Rühl* Rn. 9.

[14] Ebenso zu § 111 StGB: BGH 14.3.1984 – 3 StR 36/84, BGHSt 32, 310 (311) = NJW 1984, 1631; LG Koblenz 18.4.1988 – 2 Qs 36/88, NJW 1988, 1609 (1610); *Köhler/Dürig-Friedl* StGB § 111 Rn. 2.

Abs. 1 Nr. 4). Eine Aufforderung kann ausdrücklich oder durch schlüssige Handlung geschehen.[15] Erfolgt die Erklärung in einer Schrift, so muss sich die Aufforderung aus der Schrift selbst ergeben. Umstände, die außerhalb der Schrift liegen, sind unerheblich, wenn sie nicht selbst hinreichende Äußerungen enthalten.[16]

8 Die Aufforderung muss nicht erfolgreich sein. Eine nur **versuchte Aufforderung** genügt allerdings nicht. Eine mündliche Aufforderung muss von Dritten gehört werden können. Eine schriftliche Aufforderung muss vom Täter so enthäußert werden, dass Dritte sie wahrnehmen können. Dass sie sie zur Kenntnis nehmen, ist nicht erforderlich.[17]

9 **b) Öffentlich, in einer Versammlung, durch Verbreiten von Schriften.** Weil das Auffordern zur Teilnahme an einer verbotenen oder aufgelösten Versammlung nur dann strafwürdig ist, wenn es sich an eine unbestimmte Vielzahl von Personen richtet (→ Rn. 2), muss es entweder öffentlich, in einer Versammlung oder durch Verbreiten von Darstellungen erfolgen.

10 **aa) Öffentlich.** Eine Aufforderung ist öffentlich, wenn sie von einem größeren, nach Zahl und Individualität unbestimmten Personenkreis wahrgenommen werden kann.[18] Bei der mündlichen Aufforderung müssen die Personen in Hörweite sein und gleichzeitig (nicht einzeln nacheinander) angesprochen werden. Während bei einer mündlichen Aufforderung der Ort nicht öffentlich sein muss, muss bei einer Aufforderung, die auf einem Plakat, Transparent, einer WWW-Seite oder auf andere Weise für Dritte wahrnehmbar gemacht wird, der Ort oder Speicherplatz unbestimmt vielen Personen zugänglich sein.

11 **bb) In einer Versammlung.** Der Begriff der Versammlung ist der des VersammlG.[19] Ein abweichender Versammlungsbegriff, der teilweise bei entsprechenden Formulierungen in Straftatbeständen des StGB zugrunde gelegt wird,[20] ist im VersammlG ohne Hinweis im Gesetz nicht vertretbar. Die Aufforderung erfolgt in einer Versammlung, wenn sie von einem Teilnehmer (zB Rede, Zwischenruf, Hochhalten eines Plakats, Entrollen eines Transparents) an die anderen Teilnehmer der Versammlung gerichtet wird. Die Versammlung muss nicht öffentlich sein.[21] Eine Aufforderung in einer öffentlichen Versammlung ist nicht notwendig zugleich auch öffentlich (→ Rn. 10), da die Anzahl der Teilnehmer im Einzelfall nicht unbestimmt groß sein muss. Die Anzahl der Anwesenden darf aber nicht so klein sein, dass der Täter durch das Ansprechen aller Teilnehmer gezielt Personen anspricht, weil dann kein Auffordern, sondern ein (versuchtes) Anstiften vorliegt.[22]

12 **cc) Verbreiten von Schriften.** Oberbegriff ist die Darstellung.[23] Schriften, Ton- und Bildträger sowie Abbildungen sind Speziesbegriffe. Eine **Darstellung** ist ein sinnlich wahrnehmbarer, körperlicher Gegenstand von gewisser Dauer, der einen Vorgang oder ein Geschehen ausdrückt. **Schriften** sind körperliche Gegenstände, auf die mit Zeichen, insbesondere Buchstaben, aber auch Geheim-, Bilder- oder Kurzschrift, eine Vorstellung oder ein Gedanke niedergelegt ist, der mit dem Auge oder Tastsinn, unmittelbar oder mit Hilfsmitteln (zB Vergrößerungs-, Projektionsgeräte) wahrgenommen werden kann (zB Briefe, Bücher, Comics, Flug-, Notenblätter, Plakate, Prospekte, Zeitungen).[24] **Ton- und Bildträger** sind körperliche Gegenstände, auf denen einzelne Töne oder Tonfolgen, sei es Sprache oder Musik, oder Bilder oder Bildfolgen dauerhaft gespeichert sind, die über Hilfsmittel

---

[15] AA *Ott/Wächtler* § 13 Rn. 20 zu § 13.

[16] Ebenso zu § 111 StGB: LG Koblenz 18.4.1988 – 2 Qs 36/88, NJW 1988, 1609 (1610); LG Berlin 17.8.1982 – 521 Qs 547/82, StV 1982, 472.

[17] *Dietel/Gintzel/Kniesel* Rn. 9; missverständlich Erbs/Kohlhaas/*Wache* Rn. 2.

[18] *Dietel/Gintzel/Kniesel* Rn. 3; *Ott/Wächtler* Rn. 6; Ridder/*Rühl* Rn. 7.

[19] *Ott/Wächtler* Rn. 7; zum Begriff → § 21 Rn. 11 ff.

[20] *Köhler/Dürig-Friedl* StGB § 111 Rn. 7.

[21] *Dietel/Gintzel/Kniesel* Rn. 4; *Ott/Wächtler* Rn. 7; Ridder/*Rühl* Rn. 8.

[22] *Köhler/Dürig-Friedl* StGB § 111 Rn. 8.

[23] *Ott/Wächtler* Rn. 8.

[24] BGH 22.12.1959 – 3 StR 52/59, BGHSt 13, 375 (376) zu § 93 StGB.

akustisch oder optisch wahrnehmbar gemacht werden können (zB Schallplatte, CD, Dia, Film, Musik-, Videokassette, Tonband, sowie CD-ROM, Diskette und Festplatte, auf denen Töne oder Bilder gespeichert sind). **Abbildungen** sind körperliche Gegenstände, auf denen unmittelbar durch Auge oder Tastsinn wahrnehmbare Wiedergaben der Außenwelt aufgebracht sind (zB Foto, Gemälde, Postkarte, Zeichnung).

Verbreiten ist eine mit der körperlichen Übergabe der Schrift verbundene Tätigkeit, **13** die darauf gerichtet ist, die Schrift ihrer Substanz nach einem größeren Personenkreis zugänglich zu machen.[25] Die Mitteilung oder das Ermöglichen der Wahrnehmung des Inhalts genügen nicht, können aber ein öffentliches Auffordern sein (→ Rn. 10). Eine Wahrnehmung durch Dritte ist nicht erforderlich. In Anlehnung an die modifizierte Entäußerungslehre im Presserecht[26] genügt eine Tätigkeit, die darauf abzielt, einem nach Zahl und Individualität unbestimmten oder wegen seiner Größe für den Täter nicht mehr kontrollierbaren[27] Personenkreis die Kenntnisnahme der Aufforderung zu ermöglichen. Das kann vergleichbar zur sog Mengenverbreitung geschehen, wenn der Täter die Schrift an eine Vielzahl von Personen versendet, oder im Wege sog Kettenverbreitung, wenn die Schrift nacheinander an verschiedene Personen und somit letztlich an einen größeren Personenkreis weitergeleitet werden soll.[28] Das Bereithalten zur Verbreitung ist straflose Vorbereitung.[29]

Anders als in §§ 111, 11 Abs. 3 StGB hat der Gesetzgeber den Datenspeicher nicht in § 23 **14** aufgenommen. Das schließt seine Anwendung bei Aufforderungen, die über das **Internet** verbreitet werden, zwar nicht von vornherein aus, weil die als Datei gespeicherte Aufforderung unter den Oberbegriff der Darstellung fällt. Eine Strafbarkeit nach § 23 scheidet aber deshalb aus, weil die Aufforderung beim Versenden über Computernetze nicht im Wege körperlicher Weitergabe verbreitet wird. Verbreitet wird nur ihr Inhalt. Anders als bei den Tatbeständen, deren Anwendungsbereich der Gesetzgeber durch die Einbeziehung des Datenspeichers auf Inhalte in Computernetzen ausgedehnt hat, ist es bei § 23 nicht möglich, vom herkömmlichen Begriff des Verbreitens abzugehen und auf eine Gewahrsamsübertragung zu verzichten.[30] Der Täter, der eine Aufforderung im Internet zugänglich macht oder per E-Mail versendet, verbreitet sie somit nicht.[31] Er fordert jedoch öffentlich auf, wenn die Aufforderung im Internet unbestimmt vielen Personen, die nicht durch persönliche Beziehungen miteinander verbunden sind, zugänglich ist (zB allgemein zugängliche Website oder Newsgroup).

c) Zur Teilnahme an einer öffentlichen Versammlung. Der Täter muss zur Teil- **15** nahme an einer öffentlichen Versammlung oder einem Aufzug auffordern.[32] Aus der Aufforderung muss **eindeutig** hervorgehen, an welcher Versammlung teilgenommen werden soll. Die allgemein gehaltene Aufforderung, verbotene Versammlungen zu besuchen, genügt nicht. Teilnahme ist die körperliche Anwesenheit in Kenntnis dessen, dass es sich um eine Versammlung handelt.

aa) Vollziehbares Verbot. § 23 meint nur Verbote, die von der Versammlungsbehörde **16** ausgesprochen und auf das VersammlG gestützt werden (§§ 5, 15 Abs. 1, 2). Nicht erfasst werden Verbote kraft Gesetzes – im Fall des § 16 greift § 29a ein[33] – und Verbote, die auf

---

[25] BGH 3.10.1962 – 3 StR 35/62, BGHSt 18, 63 zu § 3 nwPrG; *Dietel/Gintzel/Kniesel* Rn. 5; *Erbs/Kohlhaas/Wache* V 55 Rn. 5; *Köhler/Dürig-Friedl* StGB § 111 Rn. 8; *Ott/Wächtler* Rn. 7; *Ridder/Rühl* Rn. 9.
[26] BGH 14.12.1988 – 3 StR 295/88, BGHSt 36, 51 (56) zu § 11 bayPrG.
[27] BGH 6.10.1959 – 5 StR 384/59, BGHSt 13, 257 (258) zu § 184 StGB.
[28] BGH 25.7.1963 – 3 StR 4/63, BGHSt 19, 63 (71) zu § 93 StGB; *Köhler/Dürig-Friedl* StGB § 111 Rn. 8; *Ott/Wächtler* Rn. 7.
[29] KG 21.7.1983 – (4) Ss 81/83 (15/83), JR 1984, 249 zu § 111 StGB; *Ridder/Rühl* Rn. 9.
[30] BGH 27.6.2001 – 1 StR 66/01, BGHSt 47, 55 = NJW 2001, 3558 (3559) zu § 184 StGB.
[31] Erbs/Kohlhaas/*Wache* Rn. 5, der aber übersieht, dass ein öffentliches Auffordern vorliegen kann; widersprüchlich *Dietel/Gintzel/Kniesel* Rn. 5.
[32] Zu Versammlung und Aufzug → § 21 Rn. 11 ff., 16; zur öffentlichen Versammlung → § 22 Rn. 7.
[33] *Köhler/Dürig-Friedl* Rn. 6.

anderer gesetzlicher Grundlage erlassen werden. Eine Verbotsverfügung ergeht vor oder zu Beginn einer bestimmten Versammlung mit dem Ziel, deren Durchführung zu verhindern. Sie muss wirksam, vollziehbar und rechtmäßig (→ Rn. 22) sein. Wirksamkeit und Vollziehbarkeit sind Tatbestandsmerkmale,[34] die Rechtmäßigkeit ist eine objektive Bedingung der Strafbarkeit.

17   **(1) Wirksamkeit.** Eine Verbotsverfügung ist wirksam, wenn sie bekannt gegeben wurde, nicht nichtig ist und nicht zwischenzeitlich zurückgenommen, widerrufen oder auf andere Weise aufgehoben worden ist (§§ 43, 44 VwVfG). Eine nichtige Verbotsverfügung ist demnach unbeachtlich und eine Aufforderung zur Teilnahme an der Versammlung nicht tatbestandsmäßig. Wird das Verbot vor der Aufforderung zurückgenommen oder widerrufen (§§ 48, 49 VwVfG), so handelt der Täter nicht tatbestandsmäßig. Wird es nach der Tat mit rückwirkender Kraft zurückgenommen oder aufgehoben, weil es rechtswidrig ist (§ 48 VwVfG, §§ 72, 113 Abs. 1 S. 1 VwGO), ändert das am Vorliegen eines wirksamen Verbots im Augenblick der Tathandlung nichts; die Tat ist jedoch wegen der Rechtswidrigkeit des Verbots nicht strafbar (→ Rn. 22 f.).

18   **(2) Vollziehbarkeit.** Vollziehbarkeit ist Vollstreckbarkeit (§ 6 Abs. 1 VwVG).[35] Eine Verbotsverfügung ist folglich vollziehbar, wenn sie **unanfechtbar** ist, weil die Frist zur Einlegung von Widerspruch und Klage verstrichen ist („formelle Bestandskraft"), oder wenn sie **sofort vollziehbar** ist, weil ihr sofortiger Vollzug angeordnet worden ist (§ 80 Abs. 2 S. 1 Nr. 4 VwGO) oder einem gegen sie eingelegten Rechtsmittel von vornherein keine aufschiebende Wirkung zukommt (§ 80 Abs. 2 S. 1 Nr. 2 VwGO). Der Zeitpunkt der Vollziehbarkeit ist in allen drei Fällen unterschiedlich, so dass auch der Tatbestand zu unterschiedlichen Zeitpunkten eingreift: Im ersten Fall wird die Verbotsverfügung mit Fristablauf vollziehbar, im zweiten mit Wirksamwerden der Anordnung (§ 43 VwVfG), im dritten mit Wirksamwerden der Verbotsverfügung.

19   Die Vollziehbarkeit entfällt, wenn das Verbot zurückgenommen, widerrufen oder aufgehoben wird (§§ 48, 49, 51 VwVfG). Erfolgt die Rücknahme des Verbots ex tunc, ändert das an der zuvor bestehenden Vollziehbarkeit nichts.[36] Die sofortige Vollziehbarkeit endet auch dann, wenn die Vollziehung ausgesetzt wird (§ 80 Abs. 4 S. 1 VwGO) oder wenn die **aufschiebende Wirkung** eines gegen die Verbotsverfügung eingelegten Rechtsmittels **wiederhergestellt oder angeordnet** wird (§ 80 Abs. 5 S. 1 VwGO). Eine Aufforderung, die nach Wirksamwerden einer die sofortige Vollziehbarkeit beseitigenden Entscheidung erfolgt, ist nicht tatbestandsmäßig. Eine Aufforderung, die vorher erfolgt ist, bleibt auch dann tatbestandsmäßig, wenn die Entscheidung über die Beseitigung der Vollziehbarkeit in dem Zeitraum zwischen der Aufforderung und der Versammlung ergeht oder wenn die Entscheidung ex tunc wirkt.[37] Ruft also der Täter zur Teilnahme an einer Versammlung auf, die im Zeitpunkt seiner Tathandlung durch ein vollziehbares Verbot untersagt ist, und wird nachträglich mit rückwirkender Kraft die aufschiebende Wirkung angeordnet oder wiederhergestellt, so ändert das an der einmal begründeten Tatbestandsmäßigkeit nichts. Auch wenn die Wiederherstellung der aufschiebenden Wirkung deshalb erfolgt, weil die Anordnung der sofortigen Vollziehbarkeit (§ 80 Abs. 2 S. 1 Nr. 4 VwGO) rechtswidrig war, steht das der Tatbestandsmäßigkeit des Verhaltens des Täters nicht entgegen.[38] Die Rechtswidrigkeit der Anordnung führt dazu, dass demjenigen, der gegen das Verbot ein Rechtsmittel einlegt, zu Unrecht die Suspensivwirkung genommen wird. Sie ändert aber nichts daran, dass der Täter, der zur Teilnahme an der zu Recht verbotenen Versammlung auffordert, das von § 23 geschützte Recht verletzt.

---

[34] *Dietel/Gintzel/Kniesel* Rn. 10; *Ott/Wächtler* Rn. 9; aA ohne Begründung Erbs/Kohlhaas/*Wache* Rn. 7; Ridder/*Rühl* Rn. 10: objektive Bedingung der Strafbarkeit.

[35] *Heghmanns* S. 306 f.

[36] Im Ergebnis ebenso *Heghmanns* S. 329 ff., 340.

[37] OLG Karlsruhe 15.3.1988 – 4 Ss 214/87, NJW 1988, 1604 (1605) zu § 116 OWiG; *Odenthal* NStZ 1991, 420; aA *Heghmanns* S. 341.

[38] AA *Heghmanns* S. 328 f.

bb) Anordnung der Auflösung. Die Auflösung ist ein Verwaltungsakt (Allgemeinver- **20** fügung, § 35 S. 2 Alt. 1 VwVfG), durch den eine bereits existierende Versammlung mit dem Ziel beendet wird, die Personenansammlung zu zerstreuen (§§ 13, 15 Abs. 3, 4).[39] Sie muss wirksam (→ Rn. 17) und rechtmäßig (→ Rn. 22) sein. Anders als beim Verbot verlangt das Gesetz nicht, dass die Anordnung der Auflösung **vollziehbar** ist.[40] Hintergrund dieser gesetzgeberischen Unterscheidung ist, dass eine Auflösungsanordnung als unaufschiebbare Maßnahme eines Polizeivollzugsbeamten grds. sofort vollzogen werden kann (§ 80 Abs. 2 Nr. 2 VwGO). Ihre sofortige Vollziehbarkeit entfällt, wenn das Verwaltungsgericht ex post auf Grund eines gegen die Auflösung eingelegten Rechtsmittels die aufschiebende Wirkung anordnet (§ 80 Abs. 5 S. 1 VwGO). Hätte der Gesetzgeber bei dieser Rechtslage das Erfordernis der Vollziehbarkeit der Auflösungsanordnung in § 23 eingefügt, hätte das nur den Schluss zugelassen, dass nach dem Willen des Gesetzgebers künftig der Täter straflos ausgehen soll, der zur Teilnahme an einer Versammlung aufruft, deren wirksame und rechtmäßige (→ Rn. 22) Auflösung im Augenblick der Tathandlung vollziehbar ist, deren Vollziehbarkeit aber später ex tunc beseitigt wird. Das hätte dem Grundsatz widersprochen, dass es für die strafrechtliche Beurteilung allein auf die Sach- und Rechtslage zum Tatzeitpunkt ankommt (→ Rn. 19). Indem er bei der Auflösung auf die Einfügung des Erfordernisses der Vollziehbarkeit verzichtet, bestätigt der Gesetzgeber diesen Grundsatz.

2. Subjektiver Tatbestand. Vorsatz ist erforderlich, gleichgültig in welcher Form (§ 15 **21** StGB). Der Täter muss den Vorsatz haben, eine Erklärung abzugeben, die von Dritten als Aufforderung verstanden werden kann. Er muss jedoch deren Teilnahme an der Versammlung nicht wollen. Deshalb handelt auch der agent provocateur tatbestandsmäßig.[41] Nimmt der Täter irrig an, seine Erklärung werde nicht ernst genommen, so handelt er ohne Vorsatz. Der Vorsatz muss sich des Weiteren auf das Verbot oder die Auflösung beziehen. Der Täter macht sich nur strafbar, wenn er weiß oder für möglich hält, dass die Versammlung verboten oder aufgelöst worden ist und dass – im Falle des Verbots – dieser Verwaltungsakt auch vollziehbar ist. Der Vorsatz muss sich jedoch nicht auf die Rechtmäßigkeit des Verbots oder der Auflösung erstrecken (→ Rn. 23). Nimmt der Täter an, es sei kein Verbot ergangen oder das Verbot sei nicht vollziehbar, so handelt er in einem Tatbestandsirrtum (§ 16 Abs. 1 S. 1 StGB).

3. Objektive Bedingung der Strafbarkeit. Das Verbot oder die Auflösung der Ver- **22** sammlung, an der teilgenommen werden soll, muss **rechtmäßig** sein.[42] Andernfalls wäre der schlichte Verwaltungsungehorsam strafbar. Dass der Gesetzgeber das will, darf wegen der Bedeutung der Versammlungsfreiheit nur angenommen werden, wenn sich das eindeutig aus dem Gesetz ergibt.[43] Das ist hier nicht der Fall: § 23 verzichtet nicht ausdrücklich auf die Rechtmäßigkeit des Verbots oder der Auflösung. Auch das Erfordernis der Vollziehbarkeit des Verbots erlaubt nicht den Schluss, dass es für die Strafbarkeit des Aufrufs zur Teilnahme an einer verbotenen Versammlung nur auf sie und nicht auf die Rechtmäßigkeit ankommt.[44] Dagegen spricht zweierlei: Erstens wäre es unerklärlich, wenn beim Aufruf zur Teilnahme an einer verbotenen Versammlung die Frage der Rechtmäßigkeit unerheblich wäre, nicht aber beim Aufruf zur Teilnahme an einer aufgelösten Versammlung.[45] Zweitens beruht ausweislich der Gesetzesmaterialien die Aufnahme des Merkmals der Vollziehbarkeit auf ganz anderen Erwägungen: Es wurde eingefügt, „um klarzustellen, dass das Verbot der Verwaltungsbehörde einerseits ohne Bedeutung ist, wenn nicht die Vollziehbarkeit der

---

[39] BVerfG 26.10.2004 – 1 BvR 1726/01, NVwZ 2005, 80, 81.
[40] Ridder/*Rühl* Rn. 5.
[41] *Köhler/Dürig-Friedl* Rn. 4.
[42] *Dietel/Gintzel/Kniesel* Rn. 10; *Köhler/Dürig-Friedl* Rn. 5; *Ott/Wächtler* Rn. 9; nur für die Auflösung Ridder/*Rühl* Rn. 15.
[43] BVerfG 1.12.1992 – 1 BvR 88, 576/91, BVerfGE 87, 399 (408 f.) = NJW 1993, 581 zu § 29 Abs. 1 Nr. 2.
[44] Ebenso grds. *Heghmanns* S. 325 mwN.
[45] So aber die Auslegung durch Ridder/*Rühl* Rn. 3, 5, 14.

Verfügung angeordnet ist, und dass das Verbot andererseits nicht unanfechtbar zu sein braucht".[46] Nur damit lässt sich auch der Verzicht auf die Vollziehbarkeit bei der Auflösungsanordnung in Einklang bringen (→ Rn. 20).

23   Die ungeschriebene Voraussetzung der Rechtmäßigkeit des Verbots und der Auflösung ist **objektive Bedingung der Strafbarkeit.**[47] § 23 schützt die staatlichen Rechte zur Untersagung und Auflösung einer Versammlung vor einem Verhalten, das mit den Mitteln des Verwaltungszwangs nicht verhindert werden kann (→ Rn. 2). Der Täter des § 23 soll dem Teilnehmer einer Versammlung gleichgestellt werden, der die Durchsetzung des Verbots oder der Auflösung mit den Mitteln des Verwaltungszwangs hinzunehmen hat, obwohl die Möglichkeit besteht, dass sich nachträglich deren Rechtswidrigkeit herausstellt. Er kann sich gegenüber der Zwangsmaßnahme nicht auf seine Einschätzung berufen, das Verbot oder die Auflösung seien rechtswidrig. Um die Durchsetzung des Verbots oder der Auflösung zu gewährleisten, wird durch § 23 das Aufrufen zur Teilnahme an einer verbotenen oder aufgelösten Versammlung bei Strafe untersagt. Auch der Aufrufende soll sich gegenüber diesem Verhaltensappell nicht auf seine Einschätzung berufen können, das Verbot oder die Auflösung seien rechtswidrig. Doch entfällt das Strafbedürfnis, wenn sich nachträglich die Rechtswidrigkeit des Verbots oder der Auflösung herausstellt. Die deshalb gebotene deliktssystematische Zuordnung der Rechtmäßigkeit des Verbots als objektive Bedingung der Strafbarkeit führt nicht dazu, dass Strafgrund des § 23 der schlichte Verwaltungsungehorsam ist. Denn geschützt wird die Durchsetzbarkeit des Rechts zum Verbot oder zur Auflösung einer Versammlung. Für die Strafbarkeit muss dieser Verwaltungsakt zudem auch im Augenblick der Tathandlung rechtmäßig sein. Nicht erforderlich ist jedoch, dass der Täter ihn für rechtmäßig hält. Der Täter trägt somit das Irrtumsrisiko, wenn er den rechtmäßigen Verwaltungsakt irrig als rechtswidrig einstuft. Weil der Täter nur strafbar ist, wenn das Verbot oder die Auflösung rechtmäßig ist, wird nicht der schlichte Ungehorsam unter Strafe gestellt, sondern das Recht zur Untersagung oder zur Auflösung einer Versammlung auch vor betätigter, tatsächlicher oder unwiderlegbar behaupteter, Rechtsunkundigkeit geschützt.

III. Rechtsfolgen, Verjährung, Konkurrenzen

24   Der **Strafrahmen** beträgt Freiheitsstrafe von einem Monat (§ 38 Abs. 2 StGB) bis zu einem Jahr oder Geldstrafe zwischen fünf und dreihundertsechzig Tagessätzen (§ 40 Abs. 1 StGB).

25   Die Tat **verjährt** drei Jahre (§ 78 Abs. 2 Nr. 5 StGB) nach der Aufforderung (§ 78a StGB).

26   § 21 **verdrängt** § 116 OWiG iVm § 29 Abs. 1 Nr. 1, 2 (§ 21 OWiG). Nach hM ist § 23 lex specialis gegenüber § 111 StGB.[48] Doch lassen sich Fälle einer Gesetzeskonkurrenz nicht vorstellen: § 111 StGB erfasst die Aufforderung zur Teilnahme an einer verbotenen oder aufgelösten Versammlung nicht, da diese Tat nur als Ordnungswidrigkeit belangt wird (§ 29 Abs. 1 Nr. 1, 2). Fordert der Täter zugleich zu Straftaten auf (zB §§ 223, 240 StGB), besteht Idealkonkurrenz.

§ 24 [Verwendung bewaffneter Ordner]

Wer als Leiter einer öffentlichen Versammlung oder eines Aufzuges Ordner verwendet, die Waffen oder sonstige Gegenstände, die ihrer Art nach zur Verletzung von Personen oder Beschädigung von Sachen geeignet und bestimmt sind, mit sich führen, wird mit Freiheitsstrafe bis zu einem Jahr oder mit Geldstrafe bestraft.

---

[46] BT-Drs. 7/550, 375 zu § 26 Abs. 1 Nr. 1 (der wie § 23 den Fall der verbotenen Versammlung betrifft, nur dass dort derjenige mit Strafe bedroht wird, der trotz vollziehbaren Verbots eine solche Versammlung als Veranstalter oder Leiter durchführt); missverstanden von OLG Oldenburg 31.10.1979 – 1 Ss 404/79, MDR 1980, 255.

[47] *Dietel/Gintzel/Kniesel* Rn. 10; *Köhler/Dürig-Friedl* Rn. 5; *Ott/Wächtler* Rn. 9; *Ridder/Rühl* Rn. 15; Schönke/Schröder/*Lenckner* StGB Vor §§ 32 ff. Rn. 130; aA *Heghmanns* S. 345 f.; *Murr* S. 202.

[48] *Dietel/Gintzel/Kniesel* Rn. 12; Erbs/Kohlhaas/*Wache* Rn. 9; *Köhler/Dürig-Friedl* Rn. 6; *Ridder/Rühl* Rn. 13.

Übersicht

I. Überblick

1. Normzweck. a) Rechtsgut. § 24 schützt die **Versammlungsfreiheit** (Art. 8 GG, **1**
§ 1 Abs. 1) der Teilnehmer erlaubter öffentlicher Versammlungen und Aufzüge.[1] Niemand
soll durch die Anwesenheit bewaffneter Ordner davon abgehalten werden, an einer Versammlung teilzunehmen und eine Meinung zu äußern, die von der des Veranstalters, des
Leiters oder der Mehrheit der Versammlungsteilnehmer abweicht. Zu diesem Zweck wird
der Leiter mit Strafe bedroht, der einen Ordner unter Verstoß gegen das Verbot des § 9
Abs. 1 S. 2 (§§ 18 Abs. 1, 19 Abs. 1 S. 2) verwendet. Der Ordner selbst macht sich gem.
§ 27 Abs. 1 S. 1 strafbar.

b) Deliktsnatur. § 24 ist ein **echtes Sonderdelikt.** Täter kann nur der Leiter einer **2**
Versammlung sein. Diese Sondereigenschaft und die mit ihr bei allen öffentlichen Versamm-
lungen verbundene Pflicht, keine bewaffneten Ordner zu verwenden (§§ 9 Abs. 1 S. 2, 18
Abs. 1, 19 Abs. 1 S. 2) sind strafbegründend.

2. Historie. § 24 wurde auf Vorschlag des Bundesrates in das Gesetz aufgenommen, um **3**
die Einhaltung der Pflicht des Leiters zur Bestellung unbewaffneter Ordner zu sichern.[2] Er
war in seiner ersten Fassung beschränkt auf die Verwendung bewaffneter Ordner.[3] Abgesehen von der vier Jahre zuvor erfolgten Aufnahme der Geldstrafe[4] blieb § 24 –1978 unverändert. Er erhielt dann seine heutige Fassung:[5] Einbezogen wurde nun auch das Verwenden
von Ordnern, die sonstige Gegenstände mit sich führen, die ihrer Art nach zur Verletzung
von Personen oder Beschädigung von Sachen geeignet und bestimmt sind. Diese Änderung
war Folge des entsprechend erweiterten Waffenverbots in § 2 Abs. 3.[6] Die Regelung entspricht Art. 20 Abs. 2 Nr. 1 iVm 4 Abs. 2 Satz 3 BayVersG, § 20 Abs. 2 Nr. 1 NVersG, § 23
VersammlG-LSA und § 23 Abs. 2 Satz 3 VersFG SH. Wörtlich übernommen wurde die
Vorschrift des § 24 in § 25 SächsVersG.

II. Erläuterung

1. Objektiver Tatbestand. a) Täter. Nur derjenige kann Täter sein, der Leiter einer **4**
öffentlichen Versammlung in geschlossenen Räumen (§ 9 Abs. 1 S. 2), unter freiem Himmel (§ 18 Abs. 1) oder eines Aufzugs (§ 19 Abs. 1 S. 2) ist.[7] Er kann die Tat nur in dem
Zeitraum begehen, in dem er Leiter ist.[8] Bestellt er in dieser Zeit einen bewaffneten

---

[1] Ridder/*Breitbach*/*Pawlita*/*Steinmeier* Rn. 3.
[2] BT-Drs. I/1102, 17. Der vom Bundesrat vorgeschlagene § 25 (heute: § 24) stellte auch die Verletzung
anderer Pflichten des Leiters aus § 7 (heute § 9) unter Strafe, wurde in den Ausschussberatungen aber eingeschränkt; BT-Drs. I/2759, 9; I/4079, 9; I/4291, 9.
[3] BGBl. 1953 I S. 684 (686).
[4] Art. 81 Nr. 4 EGStGB vom 2.3.1974, BGBl. I S. 469 (555).
[5] Art. 1 Nr. 7 Gesetz zur Änderung des Gesetzes über Versammlungen und Aufzüge vom 25.9.1978,
BGBl. I S. 1571.
[6] BT-Drs. 8/1845, 11.
[7] Siehe zum Begriff der Versammlung und des Aufzugs → § 21 Rn. 11 ff., 16, zur öffentlichen Versammlung → § 22 Rn. 7.
[8] Siehe zum Begriff des Leiters und zu den zeitlichen Grenzen dieser Funktion → § 22 Rn. 9 ff.

Ordner oder unterlässt er es, einen solchen zu entlassen (→ Rn. 6), macht er sich strafbar. Wer erst im Laufe der Versammlung zum Leiter bestellt wird oder während der Versammlung seine Stellung als Leiter verliert, kann die Tat vor bzw. nach diesem Zeitpunkt nicht verüben.[9]

5   Dritte können allenfalls wegen **Teilnahme** an § 24 strafbar sein:[10] So ist der Veranstalter, der nicht zugleich Leiter ist, wegen Anstiftung strafbar, wenn er den Leiter dazu bestimmt, bewaffnete Ordner zu bestellen. Hat er vor Beginn der Versammlung bewaffnete Ordner bestellt und bestimmt er den Leiter, diese Ordner zu übernehmen, so macht er sich ebenfalls wegen Anstiftung strafbar. Unternimmt er nichts, ist er wegen Beihilfe durch Unterlassen (an § 24 durch Unterlassen; Rn. 6) zu bestrafen, wenn er weiß, dass der Leiter die Ordner trotz Kenntnis ihrer Bewaffnung übernimmt. Der bewaffnete Ordner ist nach § 27 Abs. 1 S. 1 strafbar. Eine Beihilfe zu § 24 scheidet aus, da der Ordner keine Hilfe dazu leistet, dass er bestellt, angewiesen oder nicht entlassen wird.

6   **b) Verwenden eines Ordners.** Tathandlung ist das Verwenden bewaffneter Ordner.[11] Die Gesetzesfassung ist in doppelter Hinsicht missglückt. Zum einen spricht das Gesetz von Ordnern, „die Waffen oder sonstige Gegenstände … mit sich führen", und erweckt so den Anschein, dass mehrere Ordner gegen das Verbot des § 9 verstoßen müssen. Es genügt jedoch schon ein bewaffneter Ordner, da der Plural (wie auch in § 21)[12] nicht als Tatbestandsmerkmal verwandt wird.[13] Zweitens ist die Wortwahl „verwendet" verfehlt. Werkzeuge können verwendet werden (vgl. § 250 Abs. 2 StGB), nicht Menschen. Wegen dieses sprachlichen Missgriffs entsteht der Anschein eines aktiven Verhaltens, obwohl die Leitung einer Versammlung, deren Ordner bewaffnet sind, bezüglich der Ordner nicht notwendig ein Tun ist. Ein Tun liegt nur vor, wenn der Leiter während der Versammlung eine bewaffnete Person zum Ordner bestellt oder einen bewaffneten Ordner mit einer bestimmten Aufgabe betraut.[14] Duldet er, dass eine schon zum Ordner bestellte Person trotz seiner Aufforderung, diese abzulegen, eine Waffe trägt, oder unternimmt er gar nichts, so handelt er nicht. Es liegt ein **Unterlassen** vor, weil er den Ordner nicht entlässt. Dieses Unterlassen ist gem. § 24 iVm § 13 StGB strafbar, weil den Leiter aus § 9 Abs. 1 S. 2 (iVm §§ 18 Abs. 1, 19 Abs. 1 S. 2) die Garantenpflicht trifft, bewaffnete Ordner sofort zu entlassen. Ein Verwenden ist somit nur die zu Beginn oder während der Versammlung erfolgende Bestellung eines Ordners, der eine Waffe oder einen sonstigen Gegenstand mit sich führt, der seiner Art nach zur Verletzung von Personen oder Beschädigung von Sachen geeignet und bestimmt ist. Verwenden durch Unterlassen liegt vor, wenn der Leiter einen Ordner nicht entlässt, obwohl dieser eine Waffe oder einen sonstigen Gegenstand mit sich führt.

7   Verwenden setzt zudem voraus, dass der Betreffende erkennbar **als Ordner** an der Versammlung teilnimmt. Eine Armbinde (§ 9 Abs. 1 S. 2) ist jedoch nicht erforderlich. Der Ordner muss nicht bereits von seinen Ordnungsbefugnissen Gebrauch gemacht haben oder machen. Seine Bewaffnung braucht für Dritte weder erkennbar zu sein, noch muss er die Waffe einsetzen.[15]

8   **c) Mitführen einer Waffe oder eines sonstigen Gegenstands.** Das Gesetz unterscheidet zwischen Waffen im technischen Sinn („Waffen") und Waffen im funktionellen Sinn („sonstige Gegenstände, die ihrer Art nach zur Verletzung von Personen oder Beschädigung von Sachen geeignet und bestimmt sind").

---

[9] Erbs/Kohlhaas/*Wache* Rn. 2; Ridder/*Breitbach/Pawlita/Steinmeier* Rn. 4, 13.
[10] *Dietel/Gintzel/Kniesel* Rn. 3; Erbs/Kohlhaas/*Wache* V 55 Rn. 2, 9; *Köhler/Dürig-Friedl* Rn. 2; *Kostaras* S. 92; Ridder/*Breitbach/Pawlita/Steinmeier* Rn. 5.
[11] Siehe zum Begriff des Ordners und zu den zeitlichen Grenzen dieser Funktion → § 22 Rn. 12 f.
[12] → § 21 Rn. 4.
[13] Ebenso Ridder/*Breitbach/Pawlita/Steinmeier* Rn. 12.
[14] *Dietel/Gintzel/Kniesel* Rn. 2.
[15] Ridder/*Breitbach/Pawlita/Steinmeier* Rn. 4, 12; *Köhler/Dürig-Friedl* Rn. 3 (missverständlich Rn. 2).

aa) Waffe. Mit dem Begriff der Waffe verwendet der Gesetzgeber bewusst denselben 9
Begriff wie in § 2 Abs. 3 und Art. 8 GG. Gemeint ist immer die **Waffe im technischen
Sinn.**[16] Darunter fallen alle Gegenstände, die nach ihrer Konstruktion oder nach der Ver-
kehrsanschauung allgemein dazu bestimmt und geeignet sind, Menschen durch ihre mecha-
nische oder chemische Wirkung körperlich zu verletzen. Das schließt die in § 1 Abs. 2
WaffG iVm Anlage I zu § 1 Abs. 4 WaffG[17] genannten Waffen (zB Schuss-, Hieb- und
Stoßwaffen, Gaspistolen, Spring-, Faust- und Butterflymesser, Elektroschocker, Stahlruten,
Totschläger, Schlagringe) und die in der Kriegswaffenliste (§ 1 Abs. 1 KrWaffG) aufgeführten
Kriegswaffen mit ein (zB Handgranaten). Dass der Ordner waffenrechtlich außerhalb der
Versammlung zum Führen der Waffe berechtigt ist, spielt wegen des anderen Schutzzwecks
des § 24 (→ Rn. 1) keine Rolle.[18]

Da das VersammlG zwischen Waffen (§ 2 Abs. 3) und **Schutzwaffen** (§ 17a) unterschei- 10
det, sind letztere vom Wortlaut des § 24 nicht umfasst; sie können jedoch bei Verwendungsvorsatz sonstige Gegenstände (→ Rn. 9) sein.[19]

bb) Gefährlicher Gegenstand. Neben Waffen im technischen Sinn nennt § 24 sonstige 11
Gegenstände, die ihrer Art nach zur Verletzung von Personen oder Beschädigung von
Sachen geeignet und bestimmt sind (Waffen im „nichttechnischen" oder „funktionalen"
Sinn). Anders als beim technischen Waffenbegriff müssen diese Gegenstände nicht so kons-
truiert sein, dass sie *allgemein* zur Verletzung geeignet und bestimmt sind. Zudem reicht die
Beschädigung von *Sachen* aus. Nicht erfasst sind Gegenstände, die sich entgegen ihrem
Aussehen oder der Behauptung des Ordners nicht zur Verletzung oder Beschädigung eignen
(„**Scheinwaffen**"; zB Spielzeugpistolen).

Die erste Erweiterung hat zur Folge, dass jeder Gegenstand genügt, den ein Ordner mit 12
dem Vorsatz mit sich führt, ihn zur Verletzung von Menschen oder Beschädigung von
Sachen einzusetzen, und der dazu auch geeignet ist. Missverständlich und unnötig ist die
Forderung, der Gegenstand müsse objektiv zur Verletzung oder Beschädigung geeignet
sein.[20] Da es für diese objektive Eignung nicht auf die Konstruktion zur Verletzung von
Menschen ankommen kann, weil das zum technischen Waffenbegriff zurückführen und die
Alternative des sonstigen Gegenstands überflüssig machen würde, kann nur maßgeblich sein,
dass mit dem Gegenstand auf irgendeine Weise eine Verletzung oder Beschädigung bewirkt
werden kann. Diese Eignung hat bei genügender Phantasie jeder Gegenstand.[21] Relevant
ist deshalb allein die Eignung, nach der Art des geplanten Einsatzes verletzen oder beschädigen zu können. Weil das Gesetz – anders als bei der Waffe – nicht auf die Konstruktion oder
Verkehrsanschauung abhebt, sondern auf den **Verwendungswillen,** werden zB Stöcke,
Knüppel, Zaunlatten, Steine, Äxte, Beile, Mistgabeln, Sensen erfasst, ebenso Stockschirme
oder Gehstöcke, wenn sie mit Verwendungsvorsatz mitgeführt werden (nicht aber, wenn
sie zum Schutz vor Regen oder als Gehhilfe dienen sollen).[22] Wegen der Nennung neben
den Waffen und wegen der Formulierung „sonstiger" Gegenstand ist jedoch immer erforderlich, dass mit dem Gegenstand eine erhebliche Verletzung oder Beschädigung herbeigeführt
werden kann.[23] Auch deshalb ist die – im Kontext des § 24 allemal praktisch bedeutungs-

---

[16] *Köhler/Dürig-Friedl* § 2 Rn. 8; *Ott/Wächtler* Einf. Rn. 24; *Ridder/Breitbach* § 2 Rn. 56.
[17] § 1 WaffG und Anlage I idF durch Art. 1 Gesetz zur Neuregelung des Waffenrechts vom 11.10.2002,
BGBl. I S. 3970 (3972, 3999 f.).
[18] *Ridder/Breitbach/Pawlita/Steinmeier* Rn. 9.
[19] *Ott/Wächtler* § 2 Rn. 12; *Dietel/Gintzel/Kniesel* Rn. 2; *Ridder/Breitbach* § 2 Rn. 58; *Ridder/Breitbach/
Pawlita/Steinmeier* Rn. 8.
[20] So aber *Dietel/Gintzel/Kniesel* § 2 Rn. 17; *Köhler/Dürig-Friedl* § 2 Rn. 9; *Ott/Wächtler* § 2 Rn. 13; *Rid-
der/Breitbach* § 2 Rn. 63 ff.
[21] Nicht anders als bei der „objektiven Beschaffenheit" des gefährlichen Werkzeugs; s. dazu *Fischer* StGB
§ 224 Rn. 9 mwN.
[22] OVG Münster 10.6.1981 – 4 A 2607/79, NVwZ 1982, 46; *Erbs/Kohlhaas/Wache* V 55, § 2 Rn. 12;
Köhler/Dürig-Friedl § 2 Rn. 9; *Ott/Wächtler* Einf. Rn. 25; *Ridder/Breitbach* § 2 Rn. 64.
[23] Das übersehen *Dietel/Gintzel/Kniesel* § 2 Rn. 18, die auch bloße Verunreinigungen erfassen wollen; im
Ergebnis wie hier *Ridder/Breitbach* § 2 Rn. 67.

lose – Streitfrage zu verneinen, ob weiche Wurfgeschosse sonstige Gegenstände sind, wenn sie nach der Art ihres (geplanten) Einsatzes gerade nicht verletzen oder beschädigen sollen (zB Eier, Tomaten, faule Früchte, Farbbeutel, Pudding).[24] Dasselbe gilt für harte Körper, die nach der Art ihrer geplanten Verwendung (zB Wurf aus zu großer Entfernung) nicht verletzen können.[25]

13   Geringe praktische Bedeutung hat wegen der von § 2 Abs. 3 abweichenden Schutzrichtung des § 24 (→ Rn. 1) auch die Erweiterung auf die **Beschädigung von Sachen.** Durch sie werden insbesondere Gegenstände einbezogen, die zur Überwindung von Hindernissen (zB Absperrgitter, Zäune) oder Beschädigung von Kraftfahrzeugen eingesetzt werden können (zB Bolzenschneider, Drahtscheren, Krähenfüße, Rammböcke).[26]

14   **cc) Mitführen.** Der Begriff des Mitführens entspricht dem des Beisichführens in § 244 Abs. 1 Nr. 1 StGB.[27] Es genügt, dass der Ordner die Waffe oder den gefährlichen Gegenstand in Griffweite hat oder dass er sich ihrer jederzeit ohne nennenswerten Zeitaufwand bedienen kann. Er muss sie nicht zur Versammlung mitgebracht haben, nicht am Körper tragen oder in der Hand halten.

15   **2. Subjektiver Tatbestand.** Vorsatz ist erforderlich, gleichgültig in welcher Form (§ 15 StGB). Der Leiter muss wissen oder für möglich halten, dass ein Ordner eine Waffe oder einen gefährlichen Gegenstand mit Verwendungswillen mit sich führt.

III. Rechtsfolgen, Verjährung, Konkurrenzen

16   Der **Strafrahmen** beträgt Freiheitsstrafe von einem Monat (§ 38 Abs. 2 StGB) bis zu einem Jahr oder Geldstrafe zwischen fünf und dreihundertsechzig Tagessätzen (§ 40 Abs. 1 StGB).

17   Die Tat **verjährt** drei Jahre (§ 78 Abs. 2 Nr. 5 StGB) nach Beendigung der Verwendung des Ordners (§ 78a StGB).

18   Hat der Leiter den Ordner zum Mitführen der Waffe angestiftet oder ihm (zB durch Übergabe der Waffe) geholfen, so wird er nur aus § 24 bestraft; § 27 Abs. 1 S. 1 iVm §§ 26, 27 StGB treten zurück.

§ 25 [Abweichende Durchführung von Versammlungen und Aufzügen]

Wer als Leiter einer öffentlichen Versammlung unter freiem Himmel oder eines Aufzuges
1. **die Versammlung oder den Aufzug wesentlich anders durchführt, als die Veranstalter bei der Anmeldung angegeben haben, oder**
2. **Auflagen nach § 15 Abs. 1 oder 2 nicht nachkommt,**

wird mit Freiheitsstrafe bis zu sechs Monaten oder mit Geldstrafe bis zu einhundertachtzig Tagessätzen bestraft.

Übersicht

---

[24] Ebenfalls verneinend: Erbs/Kohlhaas/*Wache* § 2 Rn. 12; *Köhler/Dürig-Friedl* § 2 Rn. 9; *Ott/Wächtler* Einf. Rn. 26, § 2 Rn. 14; Ridder/*Breitbach* § 2 Rn. 65; zT bejahend *Dietel/Gintzel/Kniesel* § 2 Rn. 18 unter unberechtigter Berufung auf die Gesetzesmaterialien.

[25] *Ott/Wächtler* § 2 Rn. 14.

[26] BT-Drs. 8/1845, 10; Erbs/Kohlhaas/*Wache* § 2 Rn. 12; *Köhler/Dürig-Friedl* § 2 Rn. 9; *Ott/Wächtler* § 2 Rn. 13.

[27] Ebenso zu § 30a Abs. 2 Nr. 2 BtMG BGH 14.1.1997 – 1 StR 580/96, BGHSt 42, 368 (371). Zu den Einzelheiten s. deshalb → StGB § 244 Rn. 21 ff.

I. Überblick

1. Normzweck. a) Rechtsgut. § 25 schützt in Nr. 1 die **öffentliche Sicherheit und** 1
Ordnung – genauer: die Rechte der Individuen und des Staates, die durch eine Versammlung verletzt werden können – und in Nr. 2 das staatliche Recht zur **Erteilung von Auflagen** bei öffentlichen Versammlungen und Aufzügen (§ 15 Abs. 1, 2).[1] Auch dieses Recht dient der Wahrung der öffentlichen Sicherheit und Ordnung vor unmittelbaren Gefahren. Deshalb wird vereinzelt die öffentliche Sicherheit und Ordnung als einziges Rechtsgut des § 25 genannt.[2] § 25 gilt nicht für Versammlungen in geschlossenen Räumen, da sie nicht nach § 14 anmeldepflichtig sind und bei ihnen keine Auflagen nach § 15 Abs. 1, 2 gemacht werden können. Die Verletzung anderer Auflagen, auch nach § 15 Abs. 3, ist unerheblich.[3]

b) Deliktsnatur. § 25 ist ein **echtes Sonderdelikt.** Täter kann nur der Versammlungs- 2
leiter sein. Diese Sondereigenschaft und die mit ihr bei öffentlichen Versammlungen unter freiem Himmel und Aufzügen verbundene Pflicht, sie wie angemeldet durchzuführen und die festgesetzten Auflagen einzuhalten, sind strafbegründend.

2. Historie. Der Tatbestand des § 25 blieb seit der Verkündung des VersammlG am 3
24.7.1953[4] fast unverändert. Der Regierungsentwurf hatte in Abs. 1 Nr. 1 jede Abweichung von den Angaben bei der Anmeldung unter Strafe stellen wollen,[5] setzte sich jedoch nicht durch. In Abs. 1 Nr. 2 wurde durch Art. 1 Nr. 2 des Gesetzes zur Änderung des VersammlG und des StGB vom 24.3.2005 der Verweis auf den neu geschaffenen § 15 Abs. 2 aufgenommen.[6] Der Sanktionsausspruch, der ursprünglich Gefängnis bis zu sechs Monaten oder Geldstrafe vorsah, wurde später in Freiheitsstrafe geändert und durch das EGStGB in die heutige Fassung gebracht.[7] § 25 Nr. 1 VersG entspricht § 24 Nr. 1 VersammlG-LSA. § 21 Nr. 7 NVersG beschränkt den Tatbestand auf Abweichungen bezüglich des Ortes, Beginns und Endes der Versammlung unter freiem Himmel, außerdem handelt es sich dort nur noch um eine Ordnungswidrigkeit. Das BayVersG enthält keine vergleichbare Regelung. § 25 Nr. 2 entspricht § 24 Nr. 2 VersammlG-LSA. Art. 20 Abs. 2 Nr. 4 Fälle 3–5 BayVersG enthalten zusätzlich den Verstoß gegen gerichtliche Beschränkungen, die Höchststrafe ist auf ein Jahr angehoben. Differenzierter ist der Tatbestand im NVersG: Nach § 20 Abs. 2 Nr. 3 ist die Durchführung der Versammlung durch den Leiter trotz jeweils rechtmäßigen (§ 21 Abs. 2 Satz 2) vollziehbaren Verbots oder vollziehbarer Auflösung mit einer Höchststrafe von einem Jahr bewährt. Der Verstoß gegen eine rechtmäßige und vollziehbare behördliche oder gerichtliche Beschränkung ist dagegen zur Ordnungswidrigkeit herabgestuft (§ 21 Abs. 1 Nr. 10 Fall 1). Das SächsVersG übernimmt auch hier den Wortlaut von § 25 (vgl. § 26 SächsVersG), allerdings ist zu beachten, dass die Beschränkungsmöglichkeiten in § 15 SächsVersG weiter gehen als die in § 15 VersammlG. Eine Parallelvorschrift zu § 25 Abs. 1 und 2 VersammlG findet sich auch in § 24 Abs. 1 Nr. 4 und 5 VersFG SH, dort sind jedoch beide Tatbestände lediglich als Ordnungswidrigkeiten ausgestaltet.

II. Erläuterung

1. Objektiver Tatbestand. a) Täter. Nur der Leiter einer öffentlichen Versammlung 4
unter freiem Himmel oder eines Aufzugs kann Täter sein. Leiter ist derjenige, der mit seiner

---

[1] Erbs/Kohlhaas/*Wache* Rn. 1; *Köhler/Dürig-Friedl* Rn. 1; *Werner* S. 108 f.
[2] Ridder/*Breitbach* Rn. 14.; *Werner* S. 108 f.
[3] Erbs/Kohlhaas Rn. 1; *Köhler/Dürig-Friedl* Rn. 1.
[4] BGBl. I S. 684 (686).
[5] BT-Drs. I/1102, 6.
[6] BGBl. I S. 969.
[7] Art. 81 Nr. 5 EGStGB vom 2.3.1974, BGBl. I S. 469 (555).

Zustimmung vom Veranstalter als Leiter benannt worden ist (§ 14 Abs. 2) und die Leitung auch tatsächlich übernommen hat.[8] Eine andere Möglichkeit der Bestellung eines Leiters besteht – von Ausnahmefällen bei tatsächlicher Verhinderung des in der Anmeldung benannten Leiters abgesehen (zB Tod, schwere Erkrankung) – nicht.[9] Der **faktische Leiter,** der ohne Bestellung durch den Veranstalter die Leitung ausübt, ist kein tauglicher Täter.[10] Seine Einbeziehung verstößt gegen das Analogieverbot (Art. 103 Abs. 2 GG) und steht in Widerspruch dazu, dass ihm die rechtlichen Möglichkeiten fehlen, die ordnungsgemäße Durchführung der Versammlung durchzusetzen.

5   Der Leiter kann die Tat nur **in dem Zeitraum** begehen, in dem er Leiter ist.[11] Wer erst im Laufe der Versammlung zum Leiter bestellt wird oder während der Versammlung seine Stellung als Leiter verliert, kann die Tat vor bzw. nach diesem Zeitpunkt nicht verüben. Spätestens mit der Schließung der Versammlung verliert der Leiter seine Stellung. Auflagen, die einen späteren Zeitpunkt betreffen (zB dass die Teilnehmer den Versammlungsort nicht in geschlossener Formation verlassen sollen), binden den Leiter nicht und sind rechtswidrig.[12]

6   Der Täter muss Leiter einer öffentlichen Versammlung unter freiem Himmel oder eines Aufzugs sein.[13] Eine öffentliche Versammlung findet **unter freiem Himmel** statt, wenn sie nicht auf allen Seiten von Wänden umgeben ist.[14] Ob der Versammlungsort überdacht ist, ist trotz des Wortlauts unerheblich. Nach dem Zweck der verfassungsrechtlichen (Art. 8 Abs. 2 GG) und einfachgesetzlichen Unterscheidung (§§ 5, 14) zwischen Versammlungen unter freiem Himmel und in geschlossenen Räumen ist allein maßgeblich, ob die Versammlung innerhalb eines umschlossenen, für Dritte nur durch bestimmte Eingänge betretbaren Raumes stattfindet oder ob sie allgemein zugänglich ist. Können unbestimmt viele Personen hinzukommen, besteht jederzeit die Möglichkeit, dass die Versammlung vom Leiter nicht mehr gelenkt und kontrolliert werden kann, sie dadurch anfälliger für Störungen wird und von ihr Gefahren für Dritte ausgehen. Deshalb ist zB eine Versammlung in einem unüberdachten Stadion keine Versammlung unter freiem Himmel.[15] Hingegen handelt es sich trotz eines Dachs um eine Versammlung unter freiem Himmel, wenn der Versammlungsort nicht von allen Seiten umschlossen ist.[16] Auch eine Versammlung in einem zumindest nach einer Seite offenen Raum erfolgt nicht in einem „geschlossenen" Raum. Differenziert zu beurteilen ist der Fall einer Versammlung in einem geschlossenen Raum, bei der Personen außerhalb des Raums unter freiem Himmel die Möglichkeit haben, durch technische Übertragung (zB Großbildleinwand, Lautsprecher) teilzunehmen. Hier ist die Versammlung im Raum eine geschlossene Versammlung, die außerhalb des Raums eine Versammlung unter freiem Himmel.[17]

7   Dritte können allenfalls wegen **Teilnahme** an § 25 strafbar sein:[18] Wenn er nicht zugleich Leiter ist,[19] fällt der Veranstalter nicht unter § 25, obwohl er in der Regel die Anmeldung

---

[8] *Breitbach* NJW 1984, 843; Ridder/*Breitbach* Rn. 16.

[9] OLG Köln 6.12.1980 – 3 Ss 300/80, NStZ 1981, 227; vgl. → § 22 Rn. 9 f.

[10] Zur früher aA bei § 26 → StGB § 26 Rn. 7.

[11] Siehe zum Begriff des Leiters und zu den zeitlichen Grenzen dieser Funktion → § 22 Rn. 9 ff.

[12] OLG Köln 6.12.1980 – 3 Ss 300/80, NStZ 1981, 227.

[13] Siehe zum Begriff der Versammlung und des Aufzugs → § 21 Rn. 11 ff., 16, zur öffentlichen Versammlung § 22 Rn. 7.

[14] *Dietel/Gintzel/Kniesel* Vor § 5 Rn. 8, Vor § 14 Rn. 11; Erbs/Kohlhaas/*Wache* § 1 Rn. 28; *Frowein* NJW 1969, 1083; *Köhler/Dürig-Friedl* Vor § 5 Rn. 4; *Ott/Wächtler* Vor § 5 Rn. 6; aA Ridder/*Breitbach/Deiseroth/Rühl* § 15 Rn. 62: jede Versammlung an einem nach oben offenen Ort.

[15] AA *Dietel/Gintzel/Kniesel* Vor § 14 Rn. 11 wegen des Wortlauts. Allerdings ist unverständlich, warum sich der rechtliche Status einer Versammlung in einem modernen Stadion ändern soll, wenn während der Veranstaltung das Dach eingefahren wird.

[16] *Frowein* NJW 1969, 1083.

[17] *Ott/Wächtler* Vor § 5 Rn. 7; aA Erbs/Kohlhaas/*Wache* § 1 Rn. 28; *Köhler/Dürig-Friedl* § 1 Rn. 5: eine Versammlung unter freiem Himmel.

[18] *Dietel/Gintzel/Kniesel* Rn. 1; Erbs/Kohlhaas/*Wache* Rn. 2; *Köhler/Dürig-Friedl* Rn. 2; *Ott/Wächtler* Rn. 1; Ridder/*Breitbach* Rn. 17 f.

[19] Die Vermutung des § 7 Abs. 2 gilt bei Versammlungen unter freiem Himmel nicht, da § 18 Abs. 1 nicht auf ihn verweist.

verfasst hat. Er ist jedoch wegen Anstiftung strafbar, wenn er den Leiter dazu bestimmt, die Versammlung wesentlich anders abzuhalten oder den Auflagen nicht nachzukommen.

b) Tathandlung. Bei beiden Tatbestandsvarianten muss der abweichende Ablauf der Ver- **8** anstaltung – das wesentliche Abweichen von der Anmeldung (Nr. 1), das Nichtbefolgen der Auflage (Nr. 2)[20] – **dem Leiter zurechenbar** sein. Die Tatsache allein, dass die Teilnehmer vom angegebenen Aufzugsweg abweichen oder eine Auflage nicht einhalten, genügt nicht.[21] Die Abweichung ist dem Leiter zuzurechnen, wenn er sie durch eine Handlung verursacht (zB der Leiter schlägt einen anderen Zugweg ein, erteilt einem nicht zugelassenen Redner das Wort, benutzt eine nicht erlaubte Lautsprecheranlage, schwenkt eine verbotene Fahne und fordert dadurch die Teilnehmer zu solchem Tun auf) oder wenn er es unterlässt, gegen sie einzuschreiten, obwohl er sie verhindern kann (zB er schreitet nicht gegen untersagte Spruchbänder und Plakate ein; er verhindert nicht, dass die Redner verbotene Reden führen). Das Begehen durch Unterlassen (§ 13 StGB) ist strafbar, weil den Leiter die Pflicht trifft, die Versammlung entsprechend der Anmeldung und der Auflagen durchzuführen (§§ 8 S. 2, 18 Abs. 1), und soweit er mittels seiner Leitungsbefugnisse (§§ 8, 9 Abs. 1, 11, 18 Abs. 1) in der Lage ist, das gegenläufige Verhalten der Teilnehmer zu unterbinden.[22] Hat er keine Möglichkeit sich gegen die Teilnehmer durchzusetzen, ist ihm der abweichende Verlauf der Versammlung nicht zuzurechnen. Unterlässt er es in einem solchen Fall, den Aufzug für beendet zu erklären, obwohl er dazu verpflichtet ist (§ 19 Abs. 3), führt das nicht zu seiner Strafbarkeit aus § 25, da es gerade die Voraussetzung dieser Pflicht ist, dass er faktisch keine Verhinderungsmöglichkeit hat.[23] Dass er die Rechtsmacht hat, durch die Beendigung der Ansammlung ihr die rechtliche Stellung als Aufzug zu nehmen, so dass sie formal keine von der Anmeldung oder den Auflagen abweichende Versammlung mehr ist, ändert nichts daran, dass er tatsächlich keine Möglichkeit hat, das Verhalten der Teilnehmer zu beeinflussen. Der Verstoß gegen § 19 Abs. 3 führt deshalb nicht zur Strafbarkeit des Leiters aus § 25.[24]

aa) Wesentlich andere Durchführung (Nr. 1). Geschützt wird das staatliche Recht **9** auf Einhaltung der Angaben in der Anmeldung durch den Versammlungsleiter. Erste Voraussetzung ist also, dass die Versammlung überhaupt **angemeldet** worden ist. Fehlt eine Anmeldung (zB Spontanversammlung) oder ist die Anmeldung unvollständig, greift § 25 Nr. 1 nicht oder nur insoweit ein, als die Versammlung von einer Angabe in der unvollständigen Anmeldung abweicht.[25]

Zweite Voraussetzung ist, dass der Punkt, von dem die Versammlung abweicht, auch **10** **anmeldepflichtig** ist.[26] Andernfalls wird das geschützte Recht nicht verletzt, weil auf die betreffende Angabe in der Anmeldung gar kein Anspruch bestand. Nr. 1 gewährleistet der Behörde keinen Vertrauensschutz. In der Anmeldung sind anzugeben: Name und Anschrift des Veranstalters, Name des Leiters, Thema der Versammlung, Ort oder Zugweg und Zeit. Nicht notwendig ist zB die Mitteilung, wie viele Teilnehmer die Versammlung voraussichtlich haben wird, ob Lautsprecher eingesetzt oder ob Tiere oder Fahrzeuge mitgeführt werden.[27]

Dritte Voraussetzung ist, dass die Versammlung **wesentlich** von der Anmeldung ab- **11** weicht. Das ist der Fall, wenn sie in einem Punkt, dessen Anmeldung § 14 vorschreibt,

---

[20] Zweifel, ob § 25 mit Art. 103 Abs. 2 GG vereinbar ist, weil er die Angaben und Auflagen nicht nennt (*Heghmanns* S. 290, 293; Ridder/*Breitbach* Rn. 5 ff.), erscheinen unberechtigt. Mit der Bezugnahme auf die §§ 14, 15 Abs. 1 wird der Kreis der tatbestandsmäßigen Angaben und Auflagen hinreichend bestimmt.

[21] Ridder/*Breitbach* Rn. 17.

[22] Eine bloß subjektive Übereinstimmung mit dem Verhalten der Teilnehmer genügt nicht; so aber Ridder/ *Breitbach* Rn. 18.

[23] Das übersehen OLG Celle 4.9.1980 – 3 Ss 184/80, NdsRpfl. 1981, 126 (127); Erbs/Kohlhaas/*Wache* Rn. 5, 7; *Köhler/Dürig-Friedl* Rn. 6; *Weingärtner* S. 37.

[24] Ridder/*Breitbach* Rn. 17; ebenso wohl *Ott/Wächtler* Rn. 4.

[25] Ridder/*Breitbach* Rn. 20 f.

[26] *Dietel/Gintzel/Kniesel* Rn. 4; *Ott/Wächtler* Rn. 3; *Werner* S. 109; aA Ridder/*Breitbach* Rn. 22.

[27] *Ott/Wächtler* § 14 Rn. 21; Erbs/Kohlhaas/*Wache* § 14 Rn. 9 ff.; zum Teil aA *Dietel/Gintzel/Kniesel* § 14 Rn. 14; *Köhler/Dürig-Friedl* § 14 Rn. 5: auch Lautsprecher und andere Hilfsmittel anmeldepflichtig.

anders abläuft und es der Polizei dadurch nicht mehr möglich ist, die zum Schutz der Versammlung und der Rechtsgüter Dritter notwendigen Maßnahmen zu ergreifen.[28] Diesen Bezug zum Schutzzweck der §§ 14, 25 lässt die weitergehende Ansicht vermissen, der zufolge schon das Erschweren der polizeilichen Überwachung genügt.[29] Eine wesentliche Abweichung liegt regelmäßig vor, wenn die Versammlung an einem anderen Ort, zu einer anderen Zeit (zB Vorverlegung) oder auf einem anderen Zugweg stattfindet und den dadurch entstehenden Gefahren von der Polizei nicht mehr begegnet werden kann. Geringfügige Abweichungen (zB Verspätung des Aufzugs) genügen deshalb nicht; ebenso wenig Abweichungen, die zuvor mit der Polizei abgesprochen worden oder denen die Polizei nach einer entsprechenden Mitteilung nicht widersprochen hat. Weil es gerade die Aufgabe der Polizei ist, solche Situationen von vornherein einzuplanen, zu verhindern oder zu bewältigen, ist auch das Abweichen vom Zugweg wegen eines Staus unerheblich.[30] Das Auswechseln einzelner Ordner ist unwesentlich, weil die Verwendung von Ordnern nicht anmeldepflichtig (§ 14), sondern genehmigungspflichtig (§§ 18 Abs. 2, 19 Abs. 1 S. 2) ist.

12   **bb) Nichtbefolgen einer Auflage (Nr. 2).** Die Gesetzesfassung ist missglückt. Wie auch in anderen Straftatbeständen des VersammlG (zB §§ 21, 24) verwendet der Gesetzgeber den **Plural** und erweckt so den Anschein, dass der Leiter gleich mehreren Auflagen nicht nachkommen müsse. Es genügt jedoch bereits das Nichtbeachten einer Auflage, da der Plural (wie auch in §§ 21, 24)[31] nicht als Tatbestandsmerkmal verwandt wird.

13   § 25 gilt ausdrücklich nur für Verstöße gegen Auflagen iSd § 15 Abs. 1 und 2, die von der Versammlungsbehörde vor Beginn der Versammlung erlassen worden sind. Eine solche **Auflage** ist ein selbstständiger belastender Verwaltungsakt, der vom Veranstalter ein Tun, Dulden oder Unterlassen verlangt. Sie ist keine Nebenbestimmung zu einem Verwaltungsakt (§ 36 Abs. 2 Nr. 4 VwVfG), weil die Versammlung selbst keiner Erlaubnis bedarf.[32] Die Auflage wird von der Versammlungsbehörde erlassen; ihr Adressat ist der Veranstalter der Versammlung.

14   Die Auflage muss **wirksam**[33] und **vollziehbar** (dh vollstreckbar) sein.[34] Die Nichterwähnung der Vollziehbarkeit ist, wie § 29 Abs. 1 Nr. 3 zeigt, der den Teilnehmer nur beim Verstoß gegen eine vollziehbare Auflage mit einer Geldbuße bedroht, ein gesetzgeberisches Versehen. Die Vollziehbarkeit ist erforderlich, weil andernfalls der Leiter bei Missachtung der nicht vollziehbaren Auflage zwar strafbar wäre, das abweichende Verhalten der Versammlung aber nicht mit verwaltungsrechtlichen Mitteln unterbunden werden könnte. Das Gegenargument, der Veranstalter habe es in der Hand, durch Einlegung eines Rechtsmittels kurz vor Versammlungsbeginn die Auflage zu unterlaufen,[35] verfängt nicht. Will die Behörde dies verhindern, so kann sie die sofortige Vollziehbarkeit anordnen (§ 80 Abs. 2 Nr. 4 VwGO). Tut sie das nicht, so bringt sie damit zum Ausdruck, dass kein öffentliches Interesse an einer strikten Befolgung der Auflage besteht. Dann aber wäre es ein Wertungswiderspruch, die Missachtung der Auflage mit dem Mittel des Strafrechts zu bekämpfen. Zudem würde dadurch der Suspensiveffekt des Rechtsmittels (§ 80 Abs. 1 S. 1 VwGO) aufgehoben. Suspensiveffekt bedeutet, dass der angefochtene Verwaltungsakt keine nachteiligen Folgen für die Betroffenen hat. Er wäre bedeutungslos, wenn die Nichtbeachtung der

---

[28] *Dietel/Gintzel/Kniesel* Rn. 3; *Ott/Wächtler* Rn. 3; *Ridder/Breitbach* Rn. 22 ff.; *Werner* S. 110.
[29] OLG Koblenz 21.2.1980 – 1 Ss 8/80, GA 1981, 175; Erbs/Kohlhaas/*Wache* Rn. 4; *Köhler/Dürig-Friedl* Rn. 3.
[30] AA Erbs/Kohlhaas/*Wache* Rn. 7. Der Annahme eines Rechtfertigungsgrundes bedarf es deshalb nicht; so aber *Ott/Wächtler* Rn. 8.
[31] → § 21 Rn. 4, → § 24 Rn. 6.
[32] OLG Koblenz 29.1.1981 – 1 Ss 535/80, NStZ 1981, 187; OLG Köln 6.12.1980 – 3 Ss 300/80, NStZ 1981, 227 (228).
[33] → § 23 Rn. 17.
[34] *Dietel/Gintzel/Kniesel* Rn. 7 ff.; Erbs/Kohlhaas/*Wache* Rn. 6; *Köhler/Dürig-Friedl* Rn. 4; *Murr* S. 206 f.; *Ridder/Breitbach* Rn. 42, 44; *Weingärtner* S. 37; *Werner* S. 113. Näher zur Vollziehbarkeit → § 23 Rn. 18 f.
[35] Das OLG Koblenz 29.1.1981 – 1 Ss 535/80, NStZ 1981, 187 hält in solchen Fällen eine Unwirksamkeit des Rechtsmittels wegen Rechtsmissbrauchs für möglich; dagegen *Ridder/Breitbach* Rn. 43.

Auflage trotzdem eine Strafe nach sich ziehen könnte. Der Betroffene müsste dann der Auflage trotz der aufschiebenden Wirkung des Rechtsmittels nachkommen. Die neben Wirksamkeit und Vollziehbarkeit ebenfalls zu fordernde Rechtmäßigkeit der Auflage ist kein Tatbestandsmerkmal, sondern objektive Bedingung der Strafbarkeit (→ Rn. 18).

Anders als bei Nr. 1 setzt Nr. 2 **keine Wesentlichkeit** voraus. Jede Nichtbefolgung einer **15** Auflage genügt. Grund hierfür ist, dass eine Auflage nur erlassen werden darf, wenn sie zur Beseitigung einer konkreten Gefahr unerlässlich ist (§ 15 Abs. 1). Folglich ist jede Abweichung von einer (rechtmäßigen; Rn. 17) Auflage auch immer wesentlich.[36] Kann die Auflage aus tatsächlichen Gründen nicht befolgt werden oder besteht bei einer Abweichung keine konkrete Gefahr für die öffentliche Sicherheit und Ordnung, so ist die Auflage rechtswidrig und das Verhalten des Leiters nicht strafbar (→ Rn. 18).

2. Subjektiver Tatbestand. Vorsatz ist erforderlich, gleichgültig in welcher Form (§ 15 **16** StGB). Der Leiter muss seine Stellung und die Anmeldung oder Auflage kennen. Fahrlässige oder leichtfertige Unkenntnis schadet nicht. Das bewusste nicht zur Kenntnisnehmen des Inhalts der Anmeldung oder der Auflage, um § 25 zu umgehen, bleibt nicht straflos, wenn der Täter sich überhaupt die Vorstellung macht, dass es eine Anmeldung oder Auflage gibt, und in Kauf nimmt, diese – gleichgültig welchen Inhalts sie ist – nicht einzuhalten. Der Leiter muss zudem erkennen, dass die Versammlung der Anmeldung nicht entspricht oder von der Auflage wesentlich abweicht. Er muss diese Entwicklung jedoch weder gewollt haben noch mit ihr einverstanden sein. Die Wesentlichkeit der Abweichung ist ein sachverhaltsbewertendes Tatbestandsmerkmal. Insoweit genügt die Kenntnis der das Urteil der Wesentlichkeit tragenden Tatsachen.[37] Auf die Rechtmäßigkeit der Auflage muss sich der Vorsatz nicht beziehen, da sie kein Tatbestandsmerkmal ist (→ Rn. 18).

3. Objektive Bedingung der Strafbarkeit. Die Auflage muss **rechtmäßig** sein.[38] **17** Andernfalls wäre der schlichte Verwaltungsungehorsam strafbar. Dass der Gesetzgeber das will, darf wegen der Bedeutung der Versammlungsfreiheit nur angenommen werden, wenn sich das eindeutig aus dem Gesetz ergibt.[39] Das ist hier nicht der Fall: Nr. 2 verzichtet nicht ausdrücklich auf die Rechtmäßigkeit der Auflage. Das Erfordernis der Rechtmäßigkeit folgt zudem aus dem Schutzzweck des Nr. 2: Da der Straftatbestand das staatliche Recht auf Erlass von Auflagen schützt (→ Rn. 1), kann das Nichtbefolgen einer Auflage auch nur dann strafbar sein, wenn die Auflage rechtmäßig ist.

Die Rechtmäßigkeit der Auflage ist **objektive Bedingung der Strafbarkeit.**[40] Die **18** Auflage ist materiell rechtmäßig, wenn nach den zum Zeitpunkt ihres Erlasses erkennbaren Umständen bei der Durchführung der Versammlung eine konkrete Gefahr für die öffentliche Sicherheit und Ordnung besteht und die Auflage das geeignete, erforderliche und verhältnismäßige Mittel zu ihrer Abwendung ist. Diese Voraussetzungen müssen noch im Zeitpunkt der Tathandlung erfüllt sein.[41] Besteht die von der Versammlungsbehörde angenommene Gefahr nicht mehr oder kann die Auflage auf Grund unvorhersehbarer Umstände (zB Unwetter unterspült den Zugweg) nicht eingehalten werden, so ist die Auflage zu widerrufen. Die erlassene Auflage wird rechtswidrig, und ein Verstoß gegen sie bleibt straflos.[42]

---

[36] Ridder/*Breitbach* Rn. 44; aA *Werner* S. 111, der geringfügige Abweichungen ausschließt.

[37] Ebenso die hM bei sachverhaltsbewertenden Tatbestandsmerkmalen; NK-StGB/*Puppe* StGB § 16 Rn. 58 mwN; aA Ridder/*Breitbach* Rn. 28, der zusätzlich eine Parallelwertung in der Laiensphäre verlangt.

[38] OLG Celle 9.12.1976 – 2 Ss (OWi) 388/76, NJW 1977, 444; 4.9.1980 – 3 Ss 184/80, NdsRpfl. 1981, 126; OLG Hamm 3.11.1981 – 5 Ss OWi 2225/80, StV 1982, 170 (172); OLG Koblenz 29.1.1981 – 1 Ss 535/ 80, NStZ 1981, 187; OLG Köln 6.12.1980 – 3 Ss 300/80, NStZ 1981, 227; *Dietel/Gintzel/Kniesel* Rn. 12; *Köhler/Dürig-Friedl* Rn. 5; *Ott/Wächtler* Rn. 5; *Werner* S. 115 ff.; unklar Erbs/Kohlhaas/*Wache* V 55 Rn. 6.

[39] BVerfG 1.12.1992 – 1 BvR 88, 576/91, BVerfGE 87, 399 (408 f.) = NJW 1993, 581 zu § 29 Abs. 1 Nr. 2.

[40] HM; s. die in Fn. 38 Genannten; zur Begründung § 23 Rn. 23; aA *Murr* S. 206; Ridder/*Breitbach* Rn. 29, 46; *Werner* S. 119: Tatbestandsmerkmal.

[41] Ridder/*Breitbach* Rn. 35; *Werner* S. 120; aA OLG Hamm 3.11.1981 – 5 Ss OWi 2225/80, StV 1982, 170 (172); OLG Koblenz 29.1.1981 – 1 Ss 535/80, NStZ 1981, 187: ausschließlich der Zeitpunkt des Erlasses.

[42] Ridder/*Breitbach* Rn. 37, 41.

Eine rechtswidrige Auflage wird nicht dadurch rechtmäßig, dass der Leiter oder Veranstalter ihr zustimmt.[43]

III. Rechtsfolgen, Verjährung, Konkurrenzen

19   Der **Strafrahmen** beträgt Freiheitsstrafe von einem Monat (§ 38 Abs. 2 StGB) bis zu sechs Monaten oder Geldstrafe zwischen fünf und einhundertachtzig Tagessätzen (§ 40 Abs. 1 StGB).

20   Die Tat **verjährt** drei Jahre (§ 78 Abs. 2 Nr. 5 StGB) nach Durchführung der Versammlung (§ 78a StGB).

21   Hat der Leiter die Teilnehmer zur Abweichung von der Auflage angestiftet, so wird er nur aus § 25 bestraft; § 29 Abs. 1 Nr. 3 iVm § 14 OWiG treten zurück (§ 21 OWiG).

§ 26 [Abhaltung verbotener oder nicht angemeldeter Versammlungen und Aufzüge]

Wer als Veranstalter oder Leiter

1. **eine öffentliche Versammlung oder einen Aufzug trotz vollziehbaren Verbots durchführt oder trotz Auflösung oder Unterbrechung durch die Polizei fortsetzt oder**
2. **eine öffentliche Versammlung unter freiem Himmel oder einen Aufzug ohne Anmeldung (§ 14) durchführt, wird mit Freiheitsstrafe bis zu einem Jahr oder mit Geldstrafe bestraft.**

Übersicht

I. Überblick

1   **1. Normzweck. a) Rechtsgut.** § 26 schützt in Nr. 1 die **staatlichen Rechte auf Verbot, Auflösung und Unterbrechung** einer öffentlichen Versammlung oder eines Aufzugs (§§ 5, 13 Abs. 1, 15).[1] Nr. 2 schützt die öffentliche Sicherheit und Ordnung – genauer: die Rechte der Individuen und des Staates, die durch eine Versammlung verletzt werden können – unmittelbar (→ Rn. 16).[2]

2   **b) Deliktsnatur.** § 25 ist ein **echtes Sonderdelikt.** Täter können nur der Veranstalter und der Leiter sein. Diese Sondereigenschaften und die mit ihnen verbundenen Pflichten, verbotene, aufgelöste oder unterbrochene Versammlungen nicht durchzuführen, sind strafbegründend.

3   **2. Historie.** Der Tatbestand des § 26 entspricht dem ursprünglichen § 26 Abs. 1, der allerdings in Nr. 1 noch nicht ausdrücklich die Vollziehbarkeit des Verbots verlangte und lediglich eine Gefängnisstrafe bis zu sechs Monaten vorsah.[3] Der Regierungsentwurf hatte

---

[43] OLG Köln 6.12.1980 – 3 Ss 300/80, NStZ 1981, 227, 228; Ridder/*Breitbach* Rn. 33.
[1] Erbs/Kohlhaas/*Wache* Rn. 1; *Köhler/Dürig-Friedl* Rn. 1.
[2] LG Freiburg 6.5.1976 – VI Qs 193/76, NJW 1976, 2175.
[3] BGBl. 1953 I S. 684 (686).

sogar nur die Verletzung der Anmeldepflicht durch den Veranstalter unter Strafe stellen wollen.[4] Das Erfordernis der Vollziehbarkeit und der heutige Sanktionsausspruch wurden durch das EGStGB eingefügt.[5] Zugleich wurde § 26 Abs. 2 gestrichen, der dem Täter bei fahrlässiger Unkenntnis des Verbots, der Auflösung oder des Mangels bei der Anmeldung eine Geldstrafe angedroht hatte. § 26 Nr. 1 VersG in seiner aktuellen Fassung entspricht § 25 VersammlG-LSA. Art. 20 Abs. 2 Nr. 4 Fälle 1 und 2 BayVersG erweitert den Tatbestand auf gerichtliche Beschränkungen. Nach § 20 Abs. 2 Nr. 3 NVersG müssen das vollziehbare Verbot oder die vollziehbare Auflösung rechtmäßig sein (§ 20 Abs. 2 Satz 2). Eine wortgleiche Parallelvorschrift enthält § 27 SächsVersG. Die in § 26 Nr. 2 VersG strafbewehrte Verletzung der Anmeldepflicht ist in den übrigen bisherigen neuen Ländergesetzen nur noch eine Ordnungswidrigkeit. Art. 20 Abs. 1 Nr. 7 BayVersG gilt nicht bei Spontanversammlungen. Ähnlich entfällt nach § 28 Abs. 1 Nr. 2 VersammlG-LSA die Ordnungswidrigkeit bei Eilversammlungen, wenn der Versammlungszweck bei Einhaltung der Anmeldefrist verfehlt wäre. § 21 Abs. 1 Nr. 4 NVersG beschränkt den Ordnungswidrigkeitentatbestand auf das vollständige Unterlassen der Anzeige. Nach § 24 Abs. 1 Nr. 1 VersFG SH stellt eine unter Verstoß gegen die Anmeldepflicht durchgeführte Versammlung eine Ordnungswidrigkeit dar (das VersFG SH spricht allerdings nicht von „Anmeldung", sondern von „Anzeige", vgl. § 11 VersFG SH). Ebenfalls eine Ordnungswidrigkeit ist nach § 24 Abs. 1 Nr. 2 VersFG SH der Aufruf zu einer vollziehbar verbotenen oder aufgelösten Versammlung.

II. Erläuterung

1. Objektiver Tatbestand. a) Täter. Nur Veranstalter und Leiter können Täter des 4 § 26 sein, der Leiter jedoch nur der Nr. 1 (→ Rn. 2). Verwirklichen Veranstalter und Leiter den § 26, so sind sie Nebentäter. Mittäterschaft scheidet aus, weil sie unterschiedliche Pflichten verletzen.[6] Veranstalter und Leiter können die Tat zudem nur in dem Zeitraum begehen, in dem sie ihre Stellungen innehaben. Wer erst im Laufe der Versammlung zum Leiter bestellt wird oder während der Versammlung diese Stellung verliert, kann die Tat vor bzw. nach diesem Zeitpunkt nicht verüben. Spätestens mit der Schließung der Versammlung enden auch das Amt des Veranstalters und des Leiters. Auflagen, die einen späteren Zeitpunkt betreffen (zB dass die Teilnehmer den Versammlungsort nicht in geschlossener Formation verlassen sollen), binden sie nicht mehr und sind rechtswidrig.[7] Dritte können allenfalls wegen Teilnahme an § 26 strafbar sein.

aa) Veranstalter. Veranstalter ist, wer im eigenen Namen zu der Versammlung oder 5 dem Aufzug einlädt oder öffentlich zur Teilnahme auffordert.[8] Es kommt nicht auf die organisatorische Leitung an, sondern auf das **Auftreten nach außen.** Der Täter muss für jedermann deutlich zum Ausdruck bringen, dass *er* zu der Versammlung aufruft. Er muss so auftreten, dass die spätere Versammlung den Eindruck erweckt, die Teilnehmer seien (auch) *seinem* Aufruf gefolgt. Es ist deshalb möglich, dass eine Versammlung mehrere Veranstalter hat (zB bei einer Großdemonstration) oder dass ein Veranstalter erst in einem späteren Stadium der Vorbereitung einer Versammlung hinzukommt (zB Aufruf zur Teilnahme an einer Versammlung, zu der auch schon Dritte aufgefordert haben).[9] Dazu reicht jedoch nicht jede Äußerung aus, die Dritte zur Teilnahme motiviert (zB Zustimmung zu einem Demonstrationsvorhaben in einem Fernsehinterview). Veranstalter ist nur, wer die potentiellen Teilnehmer zur Beteiligung an (auch) *seiner* Versammlung auffordert.

---

[4] Entwurf der Bundesregierung, BT-Drs. I/1102, 6 (§ 27 Abs. 1); präzisiert durch den Bundesrat, S. 17 (§ 27 Abs. 2); erweitert auf den Leiter durch den Ausschuss zum Schutze der Verfassung, BT-Drs. I/2759, 9 (§ 26a Abs. 1).

[5] Art. 81 Nr. 6 EGStGB vom 2.3.1974, BGBl. I S. 469 (555).

[6] AA ohne Begründung *Dietel/Gintzel/Kniesel* Rn. 1; Erbs/Kohlhaas/*Wache* Rn. 2; *Köhler/Dürig-Friedl* Rn. 2.

[7] OLG Köln 6.12.1980 – 3 Ss 300/80, NStZ 1981, 227.

[8] Ridder/*Bertuleit/Steinmeier* § 1 Rn. 49, 53; *Werner* S. 36.

[9] BGH 27.9.1983 – 5 StR 294/83, NStZ 1984, 28.

6   Diese auf das Auftreten nach außen abstellende Definition ist der hM vorzuziehen, die weitergehend jeden als Veranstalter betrachten, der **Urheber** der Versammlung ist, worunter sie denjenigen versteht, der die Versammlung eigenverantwortlich ins Werk setzt oder bewirkt, dass sie stattfindet. Veranstalter ist danach nicht nur, wer im eigenen Namen einlädt oder öffentlich zur Teilnahme auffordert, sondern auch jeder, der in anderen den Willen zum sich Versammeln hervorruft (zB gezieltes Starten einer Spontanversammlung), an der Vorbereitung oder Organisation der Versammlung mitwirkt oder sonst die äußeren Voraussetzungen für ihr Stattfinden schafft und dabei ein gewisses Maß an Verantwortungsbewusstsein für die Veranstaltung hat oder zumindest durch seine Handlungsweise dokumentiert.[10] Allerdings sollen geringfügige Organisationshandlungen, allgemein gehaltene Aufforderungen oder die Initiative zu einer unverbindlichen Verabredung einer Versammlung nicht ausreichen. Abgesehen davon, dass ihre Definition uferlos ist und, wie die Ausnahmen zeigen, in verwirrender Kasuistik endet, missachtet die hM auch, dass § 26 implizit den Einfluss des Veranstalters voraussetzt, die Durchführung der Versammlung zu verhindern. Nicht bereits die Verletzung der Anmeldepflicht, sondern erst die Durchführung der unangemeldeten Versammlung ist strafbar. Diesen Einfluss hat, wer die Teilnehmer zu seiner Versammlung aufgerufen hat. Indem er sich gegenüber den potentiellen Teilnehmern ernsthaft von der Versammlung distanziert, kann er erreichen, dass sie seinen Aufruf nicht mehr befolgen. Die hM übergeht zudem die **§§ 14, 25 StGB.** Indem sie jeden Urheber der Versammlung als Veranstalter betrachtet, bezieht sie auch Personen in den Tatbestand ein, die einer juristischen Person oder einer Personenvereinigung, die die Versammlung veranstaltet, angehören, wenn sie innerhalb derselben, „maßgeblichen Einfluss" haben oder auf die Veranstaltung „organisatorisch bestimmend" einwirken.[11] Ob der Einfluss einer Person auf das Verhalten einer juristischen Person oder eine Gruppe anderer natürlicher Personen ausreicht, ihr deren Verhalten zuzurechnen, bestimmt sich jedoch allein nach § 14 StGB bzw. § 25 StGB.

7   **bb) Leiter.** Leiter ist nur, wer kraft Gesetzes (§ 7 Abs. 2) oder auf eine gesetzlich vorgesehene Weise dazu bestellt ist (§§ 7 Abs. 3, 14 Abs. 2) und die Leitung tatsächlich übernommen hat.[12] Der **faktische Leiter,** der ohne Bestellung durch den Veranstalter die Leitung ausübt, ist kein tauglicher Täter.[13] Diese Rechtsfigur wurde geschaffen, um bei Spontanversammlungen die Möglichkeit zu haben, denjenigen belangen zu können, der die Versammlung tatsächlich leitet, ohne auf gesetzlich vorgesehene Weise zum Leiter bestellt worden zu sein.[14] Seine Einbeziehung verstößt jedoch gegen das Analogieverbot (Art. 103 Abs. 2 StGB) und steht in Widerspruch dazu, dass ihm die rechtlichen Möglichkeiten fehlen, die ordnungsgemäße Durchführung der Versammlung durchzusetzen.

8   **b) Öffentliche Versammlung.** § 26 gilt nur für öffentliche Versammlungen und Aufzüge.[15] Nr. 2 setzt zudem voraus, dass die Versammlung unter freiem Himmel erfolgt, weil sie nur dann anmeldepflichtig ist (§ 14).[16] § 26 setzt erst mit der Eröffnung der Versammlung ein. In der **Ansammlungsphase** besteht noch keine Versammlung.[17]

---

[10] BayObLG 28.3.1978 – RReg 4 St 212/77, MDR 1979, 79 (80); 13.2.1979 – RReg 4 St 170/78, NJW 1979, 1895 (1896); BayObLG 8.9.1982 – RReg 4 St 125/82, StV 1983, 243; OLG Düsseldorf 8.9.1977 – 5 Ss 296/77, NJW 1978, 118; OLG Stuttgart 15.12.1980 – 3 Ss (13) 688/80, NStZ 1981, 186; LG Freiburg 8.3.1988 – XI AK 71/87, StV 1988, 533; *Dietel/Gintzel/Kniesel* § 1 Rn. 229; Erbs/Kohlhaas/*Wache* § 1 Rn. 35; *Köhler/Dürig-Friedl* § 1 Rn. 9; Lisken/Denninger/*Kniesel* H Rn. 240 f.; *Ott/Wächtler* Rn. 2, 13, § 1 Rn. 36 ff.; *Weingärtner* S. 25.

[11] OLG Jena 19.1.2004 – 6 W 579/03, ThürVBl 2004, 94 (96).

[12] Siehe zum Begriff des Leiters und zu den zeitlichen Grenzen dieser Funktion § 22 Rn. 9 ff.

[13] *Ott/Wächtler* Rn. 1 (unklar Rn. 7, § 14 Rn. 16); Ridder/*Rühl* § 14 Rn. 12; Ridder/*Breitbach* Rn. 13, 37; → § 22 Rn. 10.

[14] BayObLG 19.11.1969 – RReg. 4 a St 125/69, NJW 1970, 479 (480); 28.3.1978 – RReg. 4 St 212/77, MDR 1979, 79 (80); OLG Düsseldorf 8.9.1977 – 5 Ss 296/77, NJW 1978, 118; *Dietel/Gintzel/Kniesel* Rn. 1, 9; Erbs/Kohlhaas/*Wache* V 55 Rn. 3; *Köhler/Dürig-Friedl* Rn. 3.

[15] Siehe zum Begriff der Versammlung und des Aufzugs → § 21 Rn. 11 ff., 16, zur öffentlichen Versammlung § 22 Rn. 7.

[16] Siehe zum Begriff der Versammlung unter freiem Himmel → § 25 Rn. 6.

[17] *Dietel/Gintzel/Kniesel* Rn. 3; Ridder/*Breitbach* Rn. 20; aA Erbs/Kohlhaas/*Wache* Rn. 8; *Köhler/Dürig-Friedl* Rn. 6; *Ott/Wächtler* Rn. 4.

§ 26 gilt bei **verfassungskonformer Auslegung** nicht für Spontanversammlungen und 9
nur eingeschränkt für Eilversammlungen und Großdemonstrationen.[18]

aa) Spontanversammlung. Bei ihr greift § 26 nicht ein.[19] Eine Spontanversammlung 10
(Sofortversammlung) entsteht ohne Planung und Vorbereitung aus einem aktuellen Anlass
heraus (zB als Abspaltung einer Versammlung, als Folgeversammlung im Anschluss an eine
Versammlung). Sie hat daher keinen Veranstalter.[20] Zwar kann es im Einzelfall so sein, dass
eine Person andere zur Teilnahme auffordert. Doch fällt diese Aufforderung zeitlich und
örtlich mit dem Beginn und der Durchführung der Versammlung zusammen. Der Auffor-
dernde ist deshalb ebenso wenig Veranstalter wie jeder andere Teilnehmer einer öffentlichen
Versammlung, der durch seine Teilnahme bewirkt, dass sich weitere Personen der Versammlung anschließen. Weil die Spontanversammlung keinen Veranstalter hat, hat sie auch keinen
Leiter. Leiter einer Versammlung kann nur der Veranstalter selbst sein oder eine von ihm
angemeldete oder bestellte Person. Der lediglich faktische Leiter ist kein Leiter im Sinne
des Gesetzes (→ Rn. 7). Die Anwendung des § 26 scheitert somit am Fehlen tauglicher
Täter. § 26 Nr. 2 greift zudem auch deshalb nicht ein, weil § 14 Abs. 1 bei verfassungskonformer Auslegung nicht für Spontanversammlungen gilt.[21] Andernfalls wären Spontanversammlungen generell unzulässig, weil bei ihnen eine Anmeldung immer unmöglich ist. Das
aber verstieße gegen Art. 8 GG.

bb) Eilversammlung. Sie hat regelmäßig einen Veranstalter und einen Leiter. § 26 greift 11
deshalb grds. ein. Jedoch ist bei Nr. 2 nicht jede verspätete Anmeldung tatbestandsmäßig.
Eine Eilversammlung (Blitzversammlung) wird aus einem aktuellen Anlass heraus kurzfristig
angesetzt und kann noch vorbereitet und organisiert werden. Anders als bei der Spontanversammlung fallen also der Entschluss zur Versammlung und ihre Durchführung nicht zusammen. Die Zeit dazwischen ist aber so kurz bemessen, dass die Anmeldefrist des § 14 Abs. 1
ohne Gefährdung des Versammlungszwecks nicht eingehalten werden kann. Da eine Eilversammlung bei uneingeschränkter Anwendung des § 14 Abs. 1 somit generell unzulässig
wäre, was mit Art. 8 GG unvereinbar wäre, ist diese Vorschrift und in ihrem Gefolge auch
§ 26 Nr. 2 dahingehend auszulegen, dass eine Eilversammlung so früh wie möglich und
spätestens unmittelbar nach der Bekanntgabe des Entschlusses anzumelden ist.[22] Nr. 2 greift
somit nur dann ein, wenn diese verkürzte Frist nicht eingehalten wird.

cc) Großdemonstration. Bei ihr handelt es sich um eine Versammlung, die von einer 12
Vielzahl von Personen und Gruppen initiiert wird und in der sich ohne vorherige zentrale
Planung, Anmeldung und Koordination verschiedene Gruppierungen zusammenfinden. Sie
hat regelmäßig nicht einen, sondern mehrere Veranstalter, von denen aber keiner über alle
von allen Veranstaltern geplanten Vorhaben Bescheid weiß. Bei uneingeschränkter Anwendung des § 14 Abs. 1 wäre bei Großdemonstrationen somit generell eine Anmeldung nicht

---

[18] Kritisch zur verfassungskonformen Auslegung: Sondervotum *Seibert/Henschel* BVerfGE 85, 69 (77);
Breitbach NJW 1984, 845; *Dietel/Gintzel/Kniesel* Rn. 16 ff.; Lisken/Denninger/*Kniesel* H Rn. 595; *Frowein*
NJW 1969, 1085; *ders.* NJW 1985, 2377; *Geis* NVwZ 1992, 1030; *Ott/Wächtler* Rn. 8; Ridder/*Breitbach*
Rn. 38 ff.; *Rösling* S. 158 f.; dagegen eingehend *Werner* S. 47 ff., 53 ff., 104 ff.
[19] *Ott/Wächtler* Rn. 1, 2, 7; aA diejenigen, die den faktischen Leiter anerkennen, vgl. Fn. 13.
[20] *Dietel/Gintzel/Kniesel* § 14 Rn. 21; *Köhler/Dürig-Friedl* § 1 Rn. 7, § 14 Rn. 2; *Ott/Wächtler* Rn. 1, 7;
Ridder/*Rühl* § 14 Rn. 12; *Werner* S. 100 Fn. 319.
[21] BVerfG 14.5.1985 – 1 BvR 233/81, BVerfGE 69, 315 (350 f.) = NJW 1985, 2395; 23.10.1991 – 1
BvR 850/88, BVerfGE 85, 69 (75) = NJW 1992, 890; OLG Düsseldorf 12.6.1984 – 5 Ss (OWi) 163/84–
133/84 I, NStZ 1984, 513 (514); *Dietel/Gintzel/Kniesel* Rn. 11, § 14 Rn. 21; Erbs/Kohlhaas/*Wache* V 55
Rn. 11; *Geis* NVwZ 1992, 1029; *Köhler/Dürig-Friedl* Rn. 7, § 1 Rn. 7, § 14 Rn. 2; *Ott/Wächtler* Rn. 7, § 14
Rn. 16; Ridder/*Rühl* § 14 Rn. 5, 12; *Werner* S. 51 ff., 106 ff.
[22] BVerfG 23.10.1991 – 1 BvR 850/88, BVerfGE 85, 69 (75); BVerfG 7.3.1995 – 1 BvR 1564/92,
BVerfGE 92, 191 (202) = NJW 1995, 3110; BGH 8.8.1969 – 2 StR 171/69, BGHSt 23, 46 (58) = NJW
1969, 1770; OLG Düsseldorf 12.6.1984 – 5 Ss (OWiG) 163/84 – 133/8 I, NStZ 1984, 513 (514); *Dietel/
Gintzel/Kniesel* Rn. 12, § 14 Rn. 22; Erbs/Kohlhaas/*Wache* Rn. 11; *Köhler/Dürig-Friedl* Rn. 7; Ridder/*Rühl*
§ 14 Rn. 5, 11; *Weingärtner* S. 33; *Werner* S. 56 ff., 106 ff.

möglich. Im Wege verfassungskonformer Auslegung genügt deshalb die Teilanmeldung jedes einzelnen Veranstalters.[23]

13   **c) Durchführen oder Fortsetzen trotz Verbots (Nr. 1).** Der Täter muss die Versammlung oder den Aufzug trotz Verbots durchführen oder trotz Auflösung oder Unterbrechung fortsetzen.

14   **aa) Durchführen oder Fortsetzen.** Der Begriff des Durchführens ist für Veranstalter und Leiter entsprechend ihrer unterschiedlichen Rollen vor und in der Versammlung unterschiedlich auszulegen. Er steht für die Ausübung der spezifischen Tätigkeit des Veranstalters und des Leiters und damit für das Veranstalten und das Leiten der Versammlung selbst. Statt „wer als Veranstalter oder Leiter eine öffentliche Versammlung durchführt" könnte es auch heißen: „Wer eine öffentliche Versammlung veranstaltet oder leitet." Der Leiter führt eine Versammlung durch, wenn und sobald er ihre Leitung faktisch übernimmt. Die Durchführung endet mit seiner Stellung als Leiter, also regelmäßig mit der Versammlung. Der Veranstalter führt eine Versammlung durch, wenn er zu ihr aufruft, sie vorbereitet und plant. Ergehen die in Nr. 1 genannten Verwaltungsakte, nachdem er gehandelt hat – das kann bereits bei einem vor Versammlungsbeginn ausgesprochenen Verbot der Fall sein und ist grds. so bei der erst während der Versammlung erfolgenden Auflösung oder Unterbrechung –, bleibt der Veranstalter regelmäßig straflos. Eine Strafbarkeit wegen Unterlassens (§ 13 StGB) scheidet aus, weil er nicht verpflichtet ist, seinen vor Erlass des Verbots ergangenen Aufruf zurückzunehmen. Der Leiter setzt eine Versammlung fort, wenn er nach Erlass der Auflösungs- oder Unterbrechungsverfügung mit dem Programm fortfährt oder auf sonstige Weise darauf hinwirkt, dass sich die Teilnehmer nicht unverzüglich entfernen.[24] Das bloße Hinnehmen des Verbleibens der Teilnehmer am Ort genügt nicht.[25] Eine Fortführung durch den Veranstalter, der nicht zugleich Leiter ist, ist nur möglich, wenn er erneut als Veranstalter auftritt, etwa indem er an die Teilnehmer appelliert, die aufgelöste Versammlung fortzusetzen.

15   **bb) Vollziehbares Verbot, Auflösung, Unterbrechung.** Nr. 1 greift nur ein bei Verfügungen auf Grund des VersammlG, nicht bei Verboten kraft Gesetzes[26] – im Fall des § 16 bedarf es einer Auflösungsverfügung, andernfalls gilt allein § 29a – und bei Verfügungen auf anderen gesetzlichen Grundlagen (zB polizeirechtlicher Platzverweis). Das Verbot (§§ 5, 15 Abs. 1, 2) muss wirksam, vollziehbar und rechtmäßig sein.[27] Auflösung und Unterbrechung (§§ 13 Abs. 1, 15 Abs. 3, 4) müssen ebenfalls wirksam und rechtmäßig sein. Ihre Vollziehbarkeit wird nicht verlangt, da sie im Regelfall von Polizeivollzugsbeamten ausgesprochen werden und daher kraft Gesetzes sofort vollziehbar sind (§ 80 Abs. 2 Nr. 2 VwGO). Wirksamkeit und Vollziehbarkeit sind Tatbestandsmerkmale, die Rechtmäßigkeit ist eine objektive Bedingung der Strafbarkeit.

16   **d) Durchführen ohne Anmeldung (Nr. 2). aa) Verfassungskonforme Auslegung.** Während Nr. 1 voraussetzt, dass der Täter einer Verbots-, Auflösungs- oder Unterbrechungsverfügung zuwiderhandelt, die nur ergehen darf, wenn dies zum Schutz der öffentlichen Sicherheit und Ordnung erforderlich und geboten ist, stellt Nr. 2 nach dem Wortlaut jede Durchführung einer unangemeldeten Versammlung unter Strafe, gleichgültig, ob von der Versammlung eine Gefahr für die öffentliche Sicherheit und Ordnung ausgeht oder

---

[23] BVerfG 14.15.1985 – 1 BvR 233/81, BVerfGE 69, 315 (358 f.); *Frowein* NJW 1985, 2377; *Ott/Wächtler* § 14 Rn. 9 f.; Ridder/*Rühl* § 14 Rn. 6; *Werner* S. 59.

[24] Nach Erbs/Kohlhaas/*Wache* Rn. 9 auch dann, wenn er eine sich unmittelbar im Anschluss an die Auflösung bildende Spontanversammlung leitet; ebenso *Köhler/Dürig-Friedl* Rn. 6.

[25] Ridder/*Breitbach* Rn. 25; aA *Dietel/Gintzel/Kniesel* Rn. 5; s. zur Zurechnung des Teilnehmerverhaltens → § 25 Rn. 8.

[26] Ridder/*Breitbach* Rn. 16; aA *Murr*, Die Akzessorietät des Strafrechts zum Versammlungsrecht, S. 208.

[27] Zu den Einzelheiten → § 23 Rn. 16 ff.; dort auch zum Erfordernis der Rechtmäßigkeit. Die Gegenansicht, der zufolge das vollziehbare Verbot nicht rechtmäßig sein muss, stützt sich auf Urteile, die nach der Rechtsprechung des BVerfG überholt sind; OLG Oldenburg 31.10.1979 – 1 Ss 404/79, MDR 1980, 255; OLG Schleswig 17.11.1980 – 1 Ss 509/80, SchlHA 1981, 52 (53); Erbs/Kohlhaas/*Wache* Rn. 7; wie hier: *Köhler/Dürig-Friedl* Rn. 5; *Murr* S. 208; Ridder/*Breitbach* Rn. 18, 22 f.; *Weingärtner* S. 35 f.

nicht. Nach hM ist Nr. 2 deshalb ein **Ungehorsamstatbestand.**[28] Diese Auslegung ist verfassungsrechtlich bedenklich. Eingriffe in die Versammlungsfreiheit sind nur bei Vorliegen einer Gefahr für die öffentliche Sicherheit und Ordnung zulässig. Die Strafbarkeit der Durchführung einer ungefährlichen Versammlung allein wegen des Fehlens einer möglichen, sachlich aber nicht erforderlichen Anmeldung ist deshalb nicht gerechtfertigt. Das wird nochmals deutlich, wenn man mit der hM bei Nr. 1 – ebenfalls aus verfassungsrechtlichen Gründen – die Rechtmäßigkeit des Verwaltungsakts und also bei einem Verbot nach § 15 das Vorliegen einer unmittelbaren Gefahr für die öffentliche Sicherheit und Ordnung verlangt. Wie es dann bei Nr. 2 möglich sein soll, von der Notwendigkeit einer solchen Gefahr abzusehen, obwohl § 14 gerade dem Schutz vor solchen Gefahren dient, ist unverständlich. Nr. 2 setzt somit bei verfassungskonformer Auslegung das Bestehen einer unmittelbaren Gefahr für die öffentliche Sicherheit und Ordnung voraus.[29] Sie ist – wie auch die Rechtmäßigkeit der Verfügung bei Nr. 1 – objektive Bedingung der Strafbarkeit (→ Rn. 21).

bb) Durchführen. Tatbestandsmäßiges Verhalten ist das Durchführen einer nicht ange- **17** meldeten Versammlung.[30] Die Gegenansicht, der zufolge das tatbestandsmäßige Verhalten bereits im Unterlassen der Anmeldung liegt,[31] widerspricht dem Wortlaut, macht die Nr. 2 zu einem verfassungswidrigen Ungehorsamstatbestand (→ Rn. 16) und steht nicht in Einklang damit, dass auch der Leiter Täter der Nr. 2 sein kann. Der Leiter darf nicht wegen des Unterlassens der Anmeldung bestraft werden, weil er weder zur Anmeldung verpflichtet ist (§ 14 Abs. 1), noch für das vor Beginn seiner Stellung erfolgte Unterlassen des Veranstalters mitverantwortlich ist.[32]

cc) Ohne Anmeldung. Versammlungen unter freiem Himmel und Aufzüge sind grds. **18** anzumelden (§ 14). Nicht anmeldepflichtig sind Versammlungen iSd § 17 und Spontanversammlungen (→ Rn. 10); Frist und Inhalt der Anmeldung sind reduziert bei Eilversammlungen und Großdemonstrationen (→ Rn. 11 f.). Nr. 2 greift ein, wenn eine Versammlung ohne eine Anmeldung nach § 14 durchgeführt wird. Erfasst werden damit nicht nur die Fälle der unterlassenen Anmeldung, sondern auch die der verspäteten[33] und der unvollständigen Anmeldung. Der Tatbestand der Nr. 2 ist auch erfüllt, wenn die Behörde auf andere Weise von der Versammlung erfahren hat. Es wird dann jedoch regelmäßig am Gefahreneintritt und damit an der objektiven Bedingung der Strafbarkeit fehlen.[34]

2. Subjektiver Tatbestand. Vorsatz ist erforderlich, gleichgültig in welcher Form (§ 15 **19** StGB). Veranstalter und Leiter müssen ihre Stellung, die Verfügung (Nr. 1) oder das Unterlassen der Auflage (Nr. 2) kennen. Fahrlässige oder leichtfertige Unkenntnis schadet nicht. Weiß der Täter, dass die Anmeldung fehlt, nimmt er aber irrig an, sie sei auch nicht erforderlich (zB weil er die Versammlung zu Unrecht für eine Spontanversammlung hält), so erliegt er keinem Tatbestandsirrtum, sondern einem Verbotsirrtum.[35] Auf die Rechtmä-

---

[28] BGH 8.8.1969 – 2 StR 171/69, BGHSt 23, 46 (58 f.); Erbs/Kohlhaas/*Wache* Rn. 10; *Köhler/Dürig-Friedl* Rn. 7; Ridder/*Breitbach* Rn. 30.

[29] Ebenso mit eingehender Begründung *Werner* S. 105 ff.; s. auch *Kostaras* S. 93; *Werbke* NJW 1970, 5. Hingegen verneint das LG Freiburg 6.5.1976 – VI Qs 193/76, NJW 1976, 2175; bei Fehlen einer Gefahr (im konkreten Fall bestand die Versammlung nur aus Veranstalter und Leiter) aus Schutzzweckerwägungen den Tatbestand.

[30] BVerfG 8.8.1969 – 2 StR 171/69, BGHSt 24, 46, BVerfGE 85, 69 (73); *Dietel/Gintzel/Kniesel* Rn. 10; Lisken/Denninger/*Kniesel* H Rn. 594; Erbs/Kohlhaas/*Wache* V 55 Rn. 13; *Köhler/Dürig-Friedl* Rn. 9.

[31] BGH 8.8.1969 – 2 StR 171/69, BGHSt 24, 46 (59); *Breitbach* NJW 1984, 842; Ridder/*Breitbach* Rn. 30.

[32] Konsequent sind jene Vertreter der Minderheitsauffassung, die den Leiter von Nr. 2 ausnehmen wollen (*Werbke* NJW 1970, 5) oder Nr. 2 für verfassungswidrig halten (*Breitbach* NJW 1984, 842; Ridder/*Breitbach* Rn. 35 ff.).

[33] KG 31.10.1984 – AR (B) 173/84 – 5 Ws (B) 331/84, NJW 1985, 209; Ridder/*Breitbach* Rn. 31, 41; *Werner* S. 101 Fn. 321; aA BGH 8.8.1969 – 2 StR 171/69, BGHSt 24, 46; Erbs/Kohlhaas/*Wache* Rn. 13; *Köhler/Dürig-Friedl* Rn. 9; Lisken/Denninger/*Kniesel* H Rn. 596.

[34] Wer in Nr. 2 hingegen einen Ungehorsamstatbestand erblickt, kommt zur Strafbarkeit; so die hM: BGH 8.8.1969 – 2 StR 171/69, BGHSt 24, 46; KG 31.10.1984 – AR (B) 173/84 – 5 Ws (B) 331, 84, NJW 1985, 209.

[35] AA *Ott/Wächtler* Rn. 14.

ßigkeit des Verbots, der Auflösung oder Unterbrechung muss sich der Vorsatz nicht beziehen, da sie kein Tatbestandsmerkmal ist (→ Rn. 20).

20   **3. Objektive Bedingung der Strafbarkeit.** Bei **Nr. 1** muss das Verbot, die Auflösung oder die Unterbrechung **rechtmäßig** sein.[36] Andernfalls wäre der schlichte Verwaltungsungehorsam strafbar. Dass der Gesetzgeber das will, darf wegen der Bedeutung der Versammlungsfreiheit nur angenommen werden, wenn sich das eindeutig aus dem Gesetz ergibt.[37] Das ist hier nicht der Fall: Nr. 1 verzichtet nicht ausdrücklich auf die Rechtmäßigkeit der Verfügung. Das Erfordernis der Rechtmäßigkeit folgt zudem aus dem Schutzzweck des § 26: Da der Straftatbestand das staatliche Recht auf Untersagung, Auflösung und Unterbrechung schützt (→ Rn. 1), kann das Nichtbefolgen eines solchen Verwaltungsakts auch nur strafbar sein, wenn dieser rechtmäßig ist.

21   Bei **Nr. 2** muss durch die nicht angemeldete Versammlung eine **unmittelbare Gefahr für die öffentliche Sicherheit und Ordnung** bestehen, die bei rechtzeitiger Anmeldung nicht eingetreten oder verhindert worden wäre (→ Rn. 16).[38] Das gilt für den Veranstalter uneingeschränkt, für den Leiter nur bezüglich solcher Gefahren, die erst nach Aufnahme seiner Tätigkeit entstehen. Da seine Stellung erst mit der Versammlung beginnt, ist die Bestrafung für eine schon in diesem Augenblick bestehende Gefahr ausgeschlossen.

III. Rechtsfolgen, Verjährung, Konkurrenzen

22   Der **Strafrahmen** beträgt Freiheitsstrafe von einem Monat (§ 38 Abs. 2 StGB) bis zu einem Jahr oder Geldstrafe zwischen fünf und dreihundertsechzig Tagessätzen (§ 40 Abs. 1 StGB).

23   Die Tat **verjährt** drei Jahre (§ 78 Abs. 2 Nr. 5 StGB) nach Beendigung der Durchführung oder Fortführung der Versammlung (§ 78a StGB).

24   Hat der Täter die Teilnehmer zur Durchführung der verbotenen oder zur Fortsetzung der aufgelösten oder unterbrochenen Versammlung angestiftet, so wird er nur aus § 26 bestraft; § 29 Abs. 1 Nr. 1, 2 iVm § 14 OWiG treten zurück (§ 21 OWiG). Die Teilnahme an einer nicht angemeldeten Versammlung bleibt sanktionslos.

§ 27 [Führung von Waffen]

(1) ¹Wer bei öffentlichen Versammlungen oder Aufzügen Waffen oder sonstige Gegenstände, die ihrer Art nach zur Verletzung von Personen oder Beschädigung von Sachen geeignet und bestimmt sind, mit sich führt, ohne dazu behördlich ermächtigt zu sein, wird mit Freiheitsstrafe bis zu einem Jahr oder mit Geldstrafe bestraft. ²Ebenso wird bestraft, wer ohne behördliche Ermächtigung Waffen oder sonstige Gegenstände im Sinne des Satzes 1 auf dem Weg zu öffentlichen Versammlungen oder Aufzügen mit sich führt, zu derartigen Veranstaltungen hinschafft oder sie zur Verwendung bei derartigen Veranstaltungen bereithält oder verteilt.

(2) Wer

1. entgegen § 17a Abs. 1 bei öffentlichen Versammlungen unter freiem Himmel, Aufzügen oder sonstigen öffentlichen Veranstaltungen unter freiem Himmel oder auf dem Weg dorthin Schutzwaffen oder Gegenstände, die als Schutzwaf-

---

[36] Nach *Murr* S. 208 f. Tatbestandsmerkmal.

[37] BVerfG 1.12.1992 – 1 BvR 88, 576/91, BVerfGE 87, 399 (408 f.) = NJW 1993, 581 zu § 29 Abs. 1 Nr. 2.

[38] Ebenso für die Auflösung einer nicht angemeldeten Versammlung (§ 15 Abs. 3): BVerfG 14.5.1985 – 1 BvR 233, 341/81, BVerfGE 69, 315 (350 f.); *Dietel/Gintzel/Kniesel* § 15 Rn. 121; *Köhler/Dürig-Friedl* § 15 Rn. 20; *Ott/Wächtler* § 15 Rn. 51; zum Teil abweichend KG 31.10.1984 – AR (B) 173/84 – 5 Ws (B) 331/84, NJW 1985, 209 (210), das auf die Unmittelbarkeit der Gefahr verzichtet; aA, aber durch das Urteil des BVerfG überholt: BVerwG 31.1.1967 – 1 C 98/64, BVerwGE 26, 135 (138 ff.); OLG Düsseldorf 12.6.1984 – 5 Ss (OWi) 163/84 – 133/84 I, NStZ 1984, 513 (514).

fen geeignet und den Umständen nach dazu bestimmt sind, Vollstreckungsmaßnahmen eines Trägers von Hoheitsbefugnissen abzuwehren, mit sich führt,

2. entgegen § 17a Abs. 2 Nr. 1 an derartigen Veranstaltungen in einer Aufmachung, die geeignet und den Umständen nach darauf gerichtet ist, die Feststellung der Identität zu verhindern, teilnimmt oder den Weg zu derartigen Veranstaltungen in einer solchen Aufmachung zurücklegt
   oder

3. sich im Anschluß an oder sonst im Zusammenhang mit derartigen Veranstaltungen mit anderen zusammenrottet und dabei
   a) Waffen oder sonstige Gegenstände, die ihrer Art nach zur Verletzung von
      Personen oder Beschädigung von Sachen geeignet und bestimmt sind, mit
      sich führt,
   b) Schutzwaffen oder sonstige in Nummer 1 bezeichnete Gegenstände mit sich
      führt oder
   c) in der in Nummer 2 bezeichneten Weise aufgemacht ist,

wird mit Freiheitsstrafe bis zu einem Jahr oder mit Geldstrafe bestraft.

Übersicht

I. Überblick

1. Normzweck. a) Rechtsgut. § 27 bedroht in Abs. 1 den Verstoß gegen das Verbot **1**
des Waffentragens (§ 2 Abs. 3), in Abs. 2 Nr. 1 den Verstoß gegen das Verbot passiver Bewaffnung (§ 17a Abs. 1) und in Abs. 2 Nr. 2 den Verstoß gegen das Vermummungsverbot (§ 17a
Abs. 2 Nr. 1). Abs. 2 Nr. 3 stellt ein eigenständiges, mit Strafe bewehrtes Verbot der Zusammenrottung bewaffneter oder vermummter Personen auf. § 27 dient in allen Varianten dem
Schutz von **Leben, körperlicher Unversehrtheit und Eigentum.**[1] Der Schutzbereich
ist dabei zum Teil sehr weit vorgelagert: Abs. 1 S. 1 soll der Gefahr begegnen, dass es bei
einer Versammlung zu gewalttätigen Ausschreitungen kommt, indem von vornherein versucht wird, den von mitgeführten Waffen und gefährlichen Gegenständen ausgehenden
Anreiz zu unterbinden, sie bei einer Auseinandersetzung zu verwenden. Abs. 1 S. 2 soll
schon im Vorfeld dieser Vorfeldkriminalisierung verhindern, dass solche Gegenstände an
den Versammlungsort gelangen. Eine zweite Vorfeldkriminalisierung zur Vermeidung von
Gewalttaten enthält Abs. 2 Nr. 1 in der Variante des Mitführens einer Schutzwaffe: Die
Anwesenheit derart bewaffneter Personen ist nach Ansicht des Gesetzgebers typischerweise
geeignet, die Aggressionsbereitschaft zu stärken und dadurch gewalttätige Ausschreitungen
zu begünstigen. Das soll nicht nur dann der Fall sein, wenn gewaltbereite Personen selbst
Schutzwaffen mitführen, weil sie dann das Risiko geringer einschätzen, von der Polizei
verletzt oder verfolgt zu werden. Sondern es soll auch dann gelten, wenn friedliche Personen – die sich zB aus Furcht vor gewalttätigen Gegendemonstranten schützen wollen – mit
Schutzwaffen ausgestattet sind. Dadurch werde bei gewaltbereiten Personen der Eindruck

---

[1] KG 20.9.1996 – (5) 1 Ss 207/93 (38/93), NStZ-RR 1997, 185 (186); ähnlich Ridder/Bertuleit/Breitbach/
Herkströter Rn. 11, die vom Schutz der durch den Begriff der öffentlichen Sicherheit erfassten Rechtsgüter
sprechen; *Werner,* Formelle und materielle Versammlungsrechtswidrigkeit, 2001, S. 192, der daneben auch
öffentliche Sicherheit, inneren Frieden und die Versammlungsfreiheit der friedlichen Teilnehmer nennt. AA
LK-StGB/*v. Bubnoff* StGB § 125 Rn. 24: öffentliche Sicherheit; *Meiski* S. 158 f., 172 ff.: Versammlungsfreiheit.

erweckt, von Gleichgesinnten umgeben zu sein, und ihnen die Möglichkeit geboten, sich unter diese friedlichen Personen zu mischen.[2] Nochmals in das Vorfeld verlagert ist das Verbot, auf dem Weg zur Versammlung Schutzwaffen mitzuführen. Eine dritte Vorfeldkriminalisierung zur Vermeidung von Gewalttaten bringen Abs. 2 Nr. 1 Alt. 2 und Abs. 2 Nr. 2: Gegenstände, die die Täter zur Abwehr von Vollstreckungsmaßnahmen mitführen, oder Aufmachungen, die sie zur Verhinderung ihrer Identifizierung tragen, werden bei Strafe verboten, weil der Gesetzgeber davon ausgeht, dass jemand, der solche Absichten hegt und sich dementsprechend ausstattet, auch zu Gewalttätigkeiten bereit ist. Eine vierte Vorfeldkriminalisierung sieht schließlich Abs. 2 Nr. 3 vor, der das Zusammenrotten mit anderen Personen nach oder am Rande einer Veranstaltung unter Strafe stellt, wenn der Täter dabei bewaffnet, schutzbewaffnet oder vermummt ist.

2   **b) Verfassungsrechtliche Problematik.** § 27 ist ein **abstraktes Gefährdungsdelikt.**[3] Während Abs. 1 verfassungsrechtlich unbedenklich ist, weil die Versammlungsfreiheit nur für Versammlungen ohne Waffen gilt (Art. 8 Abs. 1 GG), ist die Verfassungsmäßigkeit des Abs. 2 umstritten. Der Gesetzgeber bejaht sie. Er hält die weit reichende Vorfeldkriminalisierung der Passivbewaffnung und Vermummung für notwendig, weil nur sie abschreckend wirke und der Polizei „effektives Einschreiten" erleichtere, „insbesondere durch die Möglichkeit der vorläufigen Festnahme (§ 127 StPO)". Erhöhte Abschreckung und effektives Einschreiten seien notwendig, weil bei öffentlichen Versammlungen Ausschreitungen häufiger und brutaler geworden seien und sich zunehmend auch gegen Leib und Leben von Polizeibeamten richteten. Die Erfahrung zeige, dass Vermummung und Schutzbewaffnung „in aller Regel eine Vorstufe zum Gewaltausbruch" seien. Danach bieten Vermummte und passiv Bewaffnete „einen Rückhalt für andere Gewalttäter, bestärken diese in ihrer Aggressionsbereitschaft und tragen durch ihr martialisches Erscheinungsbild zur Gewaltbereitschaft Dritter und damit zum Umschlagen friedlicher Veranstaltungen in unfriedliche bei". Die in Abs. 2 Nr. 3 genannten Zusammenrottungen neigten „in hohem Maße zur Begehung von Straftaten".[4]

3   Nach hM ist der Gesetzgeber mit Abs. 2 über das berechtigte Ziel, gewalttätige Ausschreitungen bei öffentlichen Veranstaltungen zu verhindern, weit hinausgeschossen. Abs. 2 sei **verfassungswidrig,** weil er mit der Bestrafung friedlicher Teilnehmer, die sich mit Schutzwaffen versehen, um sich vor gewalttätigen Störern oder Teilnehmern zu schützen, oder sich aus Furcht vor Repressalien vermummen (zB bei einer Demonstration gegen Rechtsextremismus in einer sog „national befreiten Zone"), unverhältnismäßig in die Versammlungsfreiheit (Art. 8 GG) eingreife.[5] Zudem verstoße er mit Tatbestandsmerkmalen wie „Schutzwaffe", „Gegenstände, die als Schutzwaffe geeignet sind …", „Aufmachung, die geeignet …" und „auf dem Weg" gegen das Bestimmtheitsgebot (Art. 103 Abs. 2 GG).[6]

4   Diese Bedenken sind hinsichtlich der Tatbestandsbestimmtheit unberechtigt, weil die Begriffe nicht derart vage sind, dass ihre Auslegung beliebig erscheint (→ Rn. 10, 17,

---

[2] Schönke/Schröder/*Lenckner,* 23. Aufl. 1988, StGB § 125 Rn. 27; *Bemmann* FS Pfeiffer, 1997, 55 f. (58); Deutscher Richterbund DRiZ 1988, 153.

[3] AA diejenigen, die bei Abs. 2 eine Eignung zur Friedensstörung oder die konkrete Gefahr einer Störung der öffentlichen Sicherheit fordern und deshalb von einem potentiellen (LK-StGB/*v. Bubnoff* StGB § 125 Rn. 24) oder konkreten Gefährdungsdelikt sprechen (Lisken/Denninger/*Kniesel* H Rn. 611; *Werner* S. 205; siehe dazu Fn. 46, 51.

[4] BT-Drs. 11/2834, 7, 12; s. auch 11/1932, 8; 10/3580, 2, 4; zu Recht kritisch *Amelung* StV 1989, 73; Ridder/*Bertuleit/Herkströter* § 17a Rn. 5 ff.

[5] *Jahn* JZ 1988, 5450 f.; *Köhler/Dürig-Friedl* Rn. 4; Schönke/Schröder/*Lenckner/Sternberg-Lieben* StGB § 125 Rn. 1; SK-StGB/*Rudolphi/Stein* StGB § 125 Rn. 16b; *dies.* StV 1989, 75 f.; Wolski KJ 1983, 282, 285; kritisch auch *Dencker* StV 1988, 264; *Kühl* NJW 1985, 2384; *Weingärtner* S. 327. Ebenso zu § 17a: *Ott* DuR 1982, 188 f.; *Ott/Wächtler* § 17a Rn. 2, 28 ff., 42 ff.; *Strohmaier* ZRP 1985, 156; *ders.* StV 1985, 470, die auch eine Verletzung des Art. 2 Abs. 2 S. 1 GG annehmen; dagegen Ridder/*Bertuleit/Herkströter* § 17a Rn. 20; Schönke/Schröder/*Lenckner,* 23. Aufl. 1988, StGB § 125 Rn. 28.

[6] *Amelung* StV 1989, 74; Erbs/Kohlhaas/*Wache* Rn. 11; *Dietel/Gintzel/Kniesel* Rn. 11; *Jahn* JZ 1988, 548; *Ott/Wächtler* Rn. 22; kritisch auch *Kühl* NJW 1985, 2384.

18 ff., 21 ff.),[7] und können im Übrigen durch teleologische und **verfassungskonforme Auslegung** ausgeräumt werden, die im objektiven Tatbestand verlangt, dass Schutzbewaffnung und Vermummung den Eindruck der Gewaltbereitschaft erwecken (→ Rn. 19, 23), und im subjektiven Tatbestand auch beim Mitführen einer Schutzwaffe eine Verwendungsabsicht fordert (→ Rn. 17, 29), die Verwendungsabsicht in Abs. 2 Nr. 2, 3b auf die Absicht der Abwehr rechtswidriger Vollstreckungsmaßnahmen beschränkt (→ Rn. 29) und die Verwendungsabsicht in Abs. 2 Nr. 2, 3c auf Identifizierungen zum Zwecke der Gefahrenabwehr oder Strafverfolgung eingrenzt (→ Rn. 30). Die dadurch verschärften Beweisschwierigkeiten lassen sich in einem verfassungskonformen Strafrecht nicht ausräumen. Eine allein auf die äußere Tatsache der Vermummung oder Schutzbewaffnung gegründete Vermutung der Gewaltbereitschaft und damit der „Unfriedlichkeit" berechtigt nicht zur Versagung des Schutzes des Art. 8 GG.[8] Ein auf sie gestützter Straftatbestand greift in unverhältnismäßiger Weise in diesen ein.

c) Deliktsnatur. § 27 ist ein **eigenhändiges Delikt.** Täter kann nur sein, wer selbst **5** bewaffnet, schutzbewaffnet oder vermummt ist. Die Teilnahme richtet sich nach den allgemeinen Regeln (§§ 26, 27 StGB). Das gilt auch für Abs. 2 Nr. 3. Die Gegenauffassung, der zufolge bei Abs. 2 Nr. 3 keine Teilnahme möglich sein soll, zieht zu Unrecht eine Parallele zur Einheitstäterschaft bei § 125 StGB,[9] obwohl hier anders als dort nicht jeder als Täter bestraft wird, der sich „als Täter oder Teilnehmer beteiligt", sondern nur derjenige, der sich „mit anderen zusammenrottet". § 27 ist zudem ein **Dauerdelikt,** das erst mit dem Entfernen von der Versammlung oder Rotte oder dem Ablegen der Bewaffnung, Schutzbewaffnung oder Vermummung beendet ist.

2. Historie. Abs. 1 S. 1 entspricht weitgehend dem ursprünglichen § 27, der allerdings **6** auf Waffen beschränkt war und eine Gefängnisstrafe androhte.[10] Die Geldstrafe wurde erst 1974 eingeführt.[11] Abs. 1 S. 1 erhielt seine endgültige Fassung 1978. Zugleich wurde Satz 2 angefügt.[12] Einbezogen wurden in Satz 1 die sonstigen Gegenstände, die ihrer Art nach zur Verletzung von Personen oder Beschädigung von Sachen geeignet und bestimmt sind. Diese Änderung und die Erweiterung des Tatbestandes auf das Vorfeld von Versammlungen in Satz 2 waren Folge des entsprechend erweiterten Waffenverbots in § 2 Abs. 3.[13] § 27 Abs. 1 VersG entspricht § 26 Abs. 1 VersammlG-LSA. Art. 20 Abs. 1 Nr. 1 BayVersG und § 20 Abs. 1 Nr. 1 NVersG heben das Strafmaß auf zwei Jahre an. § 20 Abs. 1 Nr. 1 NVersG greift zudem nur, wenn die Tat nicht nach § 52 Abs. 3 Nr. 9 WaffG mit Strafe bedroht ist. § 23 Abs. 2 Satz 1 VersFG SH entspricht inhaltlich sowie vom Strafrahmen § 27 Abs. 1, enthält allerdings die gleiche formelle Subsidiaritätsklausel wie § 20 Abs. 1 Nr 1 NVersG.

Abs. 2 wurde 1989 in das Gesetz aufgenommen.[14] Er ersetzt das erst 1985 geschaffene **7** und 1989 wieder gestrichene Verbot der passiven Bewaffnung und Vermummung im Straftatbestand des Landfriedensbruchs (§ 125 StGB). Dort waren jedoch nur die Tatvarianten des Mitführens von Schutzwaffen und als solcher geeigneter Gegenstände (heute in Abs. 2 Nr. 1) und die vermummte Teilnahme (heute in Abs. 2 Nr. 2) unter Strafe gestellt, und auch sie nur dann, wenn aus der Menschenmenge Gewalttätigkeiten und Bedrohungen mit

---

[7] KG 20.9.1996 – (5) 1 Ss 207/93 (38/93), NStZ-RR 1997, 185 (186); LK-StGB/*v. Bubnoff* StGB § 125 Rn. 28; *Meiski* S. 184; Ridder/*Bertuleit/Breitbach/Herkströter* Rn. 12, § 17a Rn. 21; Schönke/Schröder/*Lenckner*, 23. Aufl. 1988, StGB § 125 Rn. 28; *Werner* S. 209.

[8] *Jahn* JZ 1988, 546; *Maatz* MDR 1990, 580; *Werner* S. 184 f., 186 f.; aA BT-Drs. 11/4359, 14; *Frowein* NJW 1985, 2378, der sich zu Unrecht auf die „Brokdorf"-Entscheidung des BVerfG (14.5.1985 – 1 BvR 233/81, 1 BvR 341/81, BVerfGE 69, 315 [345]) beruft.

[9] Ridder/*Bertuleit/Breitbach/Herkströter* Rn. 28.

[10] BGBl. 1953 I S. 684 (686).

[11] Art. 81 Nr. 7 EGStGB vom 2.3.1974, BGBl. I S. 469 (555).

[12] Art. 1 Nr. 8 Gesetz zur Änderung des Gesetzes über Versammlungen und Aufzüge vom 25.9.1978, BGBl. I S. 1571.

[13] BT-Drs. 8/1845, 11.

[14] Art. 3 Nr. 5 Gesetz zur Änderung des StGB, der StPO und des VersammlG und zur Einführung einer Kronzeugenregelung bei terroristischen Straftaten vom 9.6.1989, BGBl. I S. 1059 (1060).

Gewalttätigkeiten gegen Menschen begangen wurden.[15] Ohne diese Voraussetzung waren Passivbewaffnung und Vermummung nur Ordnungswidrigkeiten (§ 29 Abs. 1 Nr. 1a, 1b). Die Gesetzesänderung von 1989 führte in drei Punkten zu einer erheblichen Ausweitung der Strafbarkeit: (1) Abs. 2 verzichtet auf die Gewalttätigkeit der Versammlung und stellt die Passivbewaffnung und Vermummung selbst dann unter Strafe, wenn die Versammlung friedlich verläuft. (2) Nr. 1 und 2 erfassen darüber hinaus bereits eine Passivbewaffnung und Vermummung auf dem Weg zur Versammlung. (3) Schließlich bezieht Nr. 3 Zusammenrottungen am Rande oder im Anschluss an Versammlungen in den § 27 ein und droht den zugehörigen Personen Strafe an, wenn sie im Sinne des Abs. 1 bewaffnet oder im Sinne der Nr. 1 und 2 des Abs. 2 passiv bewaffnet oder vermummt sind. Zu beachten ist, dass Abs. 2 – wegen seines Ursprungs im Landfriedensbruch – nicht nur für Versammlungen gilt, sondern allgemein für öffentliche Veranstaltungen unter freiem Himmel. § 27 Abs. 2 Nr. 1 VersG entspricht § 26 Nr. 1 VersammlG-LSA und inhaltlich Art. 21 Abs. 1 Nr. 8 BayVersG, der als Sanktion jedoch nur eine Ordnungswidrigkeit vorsieht. Nach § 20 Abs. 2 Nr. 4 NVersG reicht allein das Mitführen einschlägiger Gegenstände nicht aus, es muss einer rechtmäßigen (§ 20 Abs. 2 Nr. 2) und vollziehbaren Maßnahme nach § 10 Abs. 2 zuwidergehandelt werden. § 27 Abs. 2 Nr. 2 VersG entspricht § 26 Abs. 2 Nr. 2 VersammlG-LSA und inhaltlich Art. 21 Abs. 1 Nr. 9 BayVersG, der auch hier nur eine Ordnungswidrigkeit normiert. Für den entsprechenden Straftatbestand des § 20 Abs. 2 Nr. 5 NVersG bedarf es ebenfalls wieder der Rechtmäßigkeit der Maßnahme (§ 20 Abs. 2 Satz 2). § 27 Abs. 2 Nr. 3 entspricht § 20 Abs. 2 Nr. 6 NVersG und § 26 Abs. 2 Nr. 3 VersammlG-LSA. Das BayVersG differenziert dagegen: Art. 20 Abs. 1 Nr. 3 entspricht § 27 Abs. 2 Nr. 3a (Mitführen von Waffen) mit der Maßgabe, dass anstelle des „Zusammenrottens" der „Zusammenschluss zu einem gemeinschaftlichen friedenstörenden Handeln" bei einer Höchststrafe von zwei Jahren bestimmt ist; Art. 20 Nr. 5 entspricht dann wieder tatbestandlich und im Strafmaß § 27 Abs. 2 Nr. 3b und c VersG. § 24 Abs. 1 Nr. 2 VersFG SH erklärt Verstöße gegen Anordnungen zur Durchsetzung des Vermummungs- und Schutzausrüstungsverbot des § 17 VersFG SH zur Ordnungswidrigkeit. § 28 SächsVersG übernimmt § 27 wörtlich.

II. Erläuterung

8   **1. Objektiver Tatbestand. a) Mitführen einer Waffe (Abs. 1).** Täter kann jeder sein. Das folgt aus der Formulierung „bei" (statt „in") der Versammlung[16] und den Tatvarianten des Satzes 2 (→ Rn. 11). Neben Teilnehmern, Ordnern und Leiter kommen deshalb auch Dritte als Täter in Betracht, die zB am Versammlungsort zugegen sind, ohne an der Versammlung teilzunehmen. Wie § 2 Abs. 3 gilt § 27 Abs. 1 für alle öffentlichen Versammlungen, ob sie in geschlossenen Räumen oder unter freiem Himmel stattfinden, und Aufzüge.[17]

9   Tathandlung ist in Abs. 1 S. 1 das **Mitführen**[18] einer **Waffe**[19] oder eines **Gegenstandes,** der seiner Art nach zur Verletzung von Personen oder Beschädigung von Sachen geeignet und bestimmt ist.[20] Abs. 1 S. 2 stellt Vorbereitungshandlungen unter Strafe.

10   **Auf dem Weg** zur Versammlung befindet sich, wer sich erkennbar zielgerichtet auf den Versammlungsort zu bewegt. Der Täter muss nicht bei der Versammlung angelangen; er muss jedoch auf dem Weg sein, um an ihr teilzunehmen.[21] Streitig ist, ob er bereits dann auf dem Weg ist, wenn er mit der Waffe zur Versammlung aufbricht. Das bejaht die hM,

---

[15] Art. 1 Nr. 1 Gesetz zur Änderung des Gesetzes über Versammlungen und Aufzüge vom 25.9.1978, BGBl. I S. 1571.

[16] Näher dazu → § 22 Rn. 8.

[17] Siehe zum Begriff der Versammlung und des Aufzugs → § 21 Rn. 11 ff., 16, zur öffentlichen Versammlung → § 22 Rn. 7.

[18] Näher dazu → § 24 Rn. 14.

[19] Näher dazu → § 24 Rn. 9; s. dort auch zur unbeachtlichen Verwendung des Plurals, Rn. 6.

[20] Näher dazu → § 24 Rn. 11 ff.; aA AG Frankfurt 16.7.1986 – 50 Js 34 369/85, NStE § 27 Nr. 1, das auf einen Verwendungswillen verzichtet und den Vorsatz ausreichen lässt, einen zur Verletzung von Personen (abstrakt) bestimmten Gegenstand mitzuführen.

[21] LG Bochum 3.6.1988 – Ns 28 Cs 33 Js 604/87, StV 1989, 22; aA *Ott/Wächtler* Rn. 8.

der zufolge es auf die Länge des Weges ebenso wenig ankommt wie darauf, ob der Täter Pausen oder Umwege macht.[22] Dagegen spricht, dass Abs. 1 nicht das Mitführen von Waffen und gefährlichen Gegenständen an sich verhindern soll, sondern nur ihr Verbringen durch den späteren Teilnehmer zur Versammlung. Deshalb befindet sich nur derjenige auf dem Weg zur Versammlung, der sich in einer räumlich-zeitlichen Nähe zur Versammlung erkennbar zielgerichtet auf den Versammlungsort zu bewegt.[23] Wer von Berlin nach München unterwegs ist, um dort an einer Versammlung teilzunehmen, ist nicht schon in Berlin auf dem Weg, sondern erst dann, wenn er sich dem Versammlungsort in München derart nähert, dass spätestens jetzt eingegriffen werden muss, um zu verhindern, dass er mit der Waffe an den Versammlungsort gelangt. Nur diese Auslegung ist auch im Hinblick auf Abs. 2 Nr. 1 und 2 sinnvoll. Wer auf dem Weg von Berlin nach München kurz hinter Berlin für kurze Zeit sein Gesicht vermummt, erfüllt dadurch noch nicht den objektiven Tatbestand des Abs. 2 Nr. 2. Erst im unmittelbaren räumlich-zeitlichen Vorfeld der Versammlung entsteht die Gefahr ihres unfriedlichen Verlaufs.

Hinschaffen ist der Transport einer Waffe oder eines gefährlichen Gegenstands zum **11** Versammlungsort. Diese Tatbestandsvariante gilt für Personen, die nicht an der Versammlung teilnehmen wollen, da Versammlungsteilnehmer bereits unter die erste Variante fallen. **Bereithalten** heißt Lagern, Verwahren oder Sammeln, um die Waffe oder den gefährlichen Gegenstand bei einer Versammlung mitzuführen oder Dritten dazu zur Verfügung zu stellen. **Verteilen** ist die Übergabe an einen Dritten, damit dieser sie bei einer Versammlung mitführt oder sie dorthin schafft. Dass es dazu kommt, ist nicht erforderlich. Verteilen setzt den Besitz von mindestens zwei Waffen oder gefährlichen Gegenständen voraus. Wer nur eine Waffe hat und einem anderen gibt, verteilt sie nicht.

Der Täter muss **ohne behördliche Ermächtigung** handeln. Gemeint ist die Ermäch- **12** tigung nach § 2 Abs. 3. Andere Erlaubnisse zum Führen von Waffen (zB Waffenschein) genügen nicht, sind aber auch nicht erforderlich.[24] Waffen oder gefährliche Gegenstände, die ausschließlich aus künstlerischen Gründen mitgeführt werden, bedürfen keiner Genehmigung.[25] Die Ermächtigung wird vor der Durchführung der Versammlung erteilt (Ausnahmen: Spontan-, Eilversammlung). Sie wird in der Regel einer bestimmten Person für eine bestimmte Versammlung gewährt. Sie kann aber auch für Personengruppen oder für einen bestimmten Zeitraum erfolgen. Amtsträger, die zum Tragen von Waffen befugt sind (zB Polizisten, Soldaten), müssen aus dienstlichen Gründen bei der Versammlung anwesend sein.[26] Liegt keine Ermächtigung vor, hätte sie aber erteilt werden müssen, so handelt der Täter zwar tatbestandsmäßig, bleibt jedoch straflos (→ Rn. 32). Liegt eine rechtswidrige, aber nicht nichtige Ermächtigung vor, handelt der Täter nicht tatbestandsmäßig.[27]

b) Schutzbewaffnung, Vermummung, Zusammenrottung (Abs. 2). aa) Ge- **13** **meinsame Voraussetzungen.** Täter des Abs. 2 kann jeder sein (→ Rn. 8). Eine Ausnahme bildet Nr. 2, wonach dem insoweit eindeutigen Wortlaut („teilnimmt") nur der **Teilnehmer** oder derjenige Täter sein kann, der sich zu der Veranstaltung begibt, um an ihr teilzunehmen.[28]

Abs. 2 gilt nur für **öffentliche Veranstaltungen unter freiem Himmel.** Er ist damit **14** einerseits enger als Abs. 1, weil er nicht eingreift bei Versammlungen in geschlossenen

---

[22] BayObLG 10.5.1994 – 4 St RR 57/94, NStZ 1994, 497; *Dietel/Gintzel/Kniesel* Rn. 2, § 2 Rn. 26; Erbs/Kohlhaas/*Wache* Rn. 13, § 17a Rn. 4; *Köhler/Dürig-Friedl* § 2 Rn. 11; *Ridder/Breitbach* § 2 Rn. 80.

[23] LK-StGB/*v. Bubnoff* StGB § 125 Rn. 24; *Maatz* MDR 1990, 585; Ridder/*Bertuleit/Herkströter* § 17a Rn. 31.

[24] *Ridder/Breitbach* § 2 Rn. 49.

[25] *Ridder/Breitbach* § 2 Rn. 50, 61; aA wohl VGH München 12.9.1980 – 21 CE/CS 80 A.1618, NJW 1981, 2428 f.

[26] *Ridder/Breitbach* § 2 Rn. 51; *Köhler/Dürig-Friedl* § 2 Rn. 7.

[27] *Murr* S. 210 f.

[28] AA für Personen, die auf dem Weg sind, *Ott/Wächtler* Rn. 10, § 17a Rn. 18, was zwar mit dem Wortlaut vereinbar, aber nicht plausibel ist.

Räumen und bei Versammlungen iSd § 17 (§ 17a Abs. 3 S. 1).[29] Er geht aber andererseits auch über den Anwendungsbereich des Abs. 1 und des Versammlungsgesetzes insgesamt hinaus, indem er sonstige öffentliche Veranstaltungen unter freiem Himmel einbezieht. Der Begriff der Veranstaltung bezeichnet eine örtliche Zusammenkunft von Personen, die einen bestimmten Gegenstand hat und organisiert wird (zB Open-Air-Konzert, Fußballspiel).[30] Zufällige Zusammenkünfte von Personen (zB Schaulustige bei einem Unfall) sind keine Veranstaltungen. Der Gesetzgeber hat keine Mindestzahl von Teilnehmern festgelegt, so dass, über den ursprünglichen Anlass hinaus, nicht nur Großveranstaltungen erfasst werden.[31]

15   Anders als in Abs. 1 wird in Abs. 2 nicht ausdrücklich verlangt, dass der Täter **ohne behördliche Ermächtigung** handeln muss. Trotzdem ist dies auch hier erforderlich. Die Behörde kann eine passive Bewaffnung oder Vermummung erlauben (§ 17a Abs. 3 S. 2). Insoweit gilt bei Abs. 2 dasselbe wie bei Abs. 1 (→ Rn. 12).[32] Hat der Täter eine Ermächtigung, rottet er sich aber außerhalb der Veranstaltung mit anderen zusammen, so deckt die Ermächtigung dieses Verhalten nicht mehr ab, weil die Behörde nur eine Bewaffnung, Schutzbewaffnung oder Vermummung bei der Versammlung oder Veranstaltung erlauben darf.[33]

16   **bb) Mitführen einer Schutzwaffe (Nr. 1).** Tathandlung ist das Mitführen[34] einer Schutzwaffe oder eines Gegenstandes, der als Schutzwaffe geeignet und den Umständen nach dazu bestimmt ist, Vollstreckungsmaßnahmen eines Trägers von Hoheitsbefugnissen abzuwehren (Schutzgegenstand), bei[35] einer Veranstaltung oder auf dem Weg zu ihr (→ Rn. 10).

17   **Schutzwaffen** sind Gegenstände, die nach ihrer Konstruktion oder nach der Verkehrsanschauung allgemein dazu bestimmt und geeignet sind, die Gefahr einer körperlichen Verletzung durch einen Angreifer auszuschließen oder zumindest abzumildern (zB Schutzschild, Stahlhelm, ABC-Schutzmaske, Ausrüstungsgegenstände zum Schutz bei Kampfsportarten, selbst gefertigte Panzerungen sowie der auf den Kauflächen der Zähne getragene Mundschutz).[36] Nach dem Gesetzeswortlaut genügt das bloße Mitführen, ohne dass der Täter beabsichtigen muss, mit der Schutzwaffe Vollstreckungsmaßnahmen abzuwehren. Doch besteht Einigkeit darüber, dass Abs. 2 Nr. 1 seinem Schutzzweck nach nicht eingreift, wenn die Schutzwaffe eindeutig erkennbar allein zu anderen (zB symbolischen, künstlerischen) Zwecken mitgeführt wird, weil von ihr dann keine aggressionsstimulierende Wirkung ausgeht.[37] Gleiches gilt für den Reporter, der sich mit einem Helm schützt, um nicht von zu erwartenden Flaschen- und Steinewürfen verletzt und von seiner Berichterstattung abgehalten zu werden. Wegen der gebotenen verfassungskonformen Auslegung (→ Rn. 4) ist darüber hinaus zu verlangen, dass der Täter auch bei einer Schutzwaffe die Absicht haben muss, sie zur Abwehr einer rechtmäßigen Vollstreckungsmaßnahme eines Trägers von Hoheitsbefugnissen einzusetzen (→ Rn. 29). Der friedliche Teilnehmer, der sich gegen befürchtete Ausschreitungen schützen will, genießt das Grundrecht des Art. 8 GG ebenso wie derjenige, der zu demselben Zweck einen Schutzgegenstand mitführt. Die Annahme, der schutzbewaffnete Teilnehmer sei immer auch selbst gewaltbereit, steht in Widerspruch zu der Tatsa-

---

[29] Siehe zum Begriff der Versammlung unter freiem Himmel → § 25 Rn. 6.
[30] *Köhler/Dürig-Friedl* § 17a Rn. 4; *Niethammer* BayVBl. 1990, 517.
[31] BT-Drs. 11/2834, 11; kritisch deshalb *Ott/Wächtler* § 17a Rn. 47.
[32] Ebenso *Murr* S. 212.
[33] *Ott/Wächtler* Rn. 20.
[34] Näher dazu → § 24 Rn. 14.
[35] Näher dazu → § 22 Rn. 8.
[36] BT-Drs. 10/3580, 4; zum Mundschutz: OLG Frankfurt a. M. 11.4.2011 – 2 Ss 36/11, NStZ-RR 2011, 257, und LG Dresden 28.2.2007 – 3 Qs 20/07, BeckRS 2007, 11368; *Dietel/Gintzel/Kniesel* Rn. 20 zu § 17a; aA LG Cottbus NStZ-RR 2007, 282.
[37] BT-Drs. 10/3580, 4; Erbs/Kohlhaas/*Wache* § 17a Rn. 3; *Köhler/Dürig-Friedl* § 17a Rn. 2; Ridder/*Bertuleit/Herkströter* § 17a Rn. 18, 24; Schönke/Schröder/*Lenckner*, 23. Aufl. 1988, StGB § 125 Rn. 31; im Ergebnis ebenso *Ott/Wächtler* § 17a Rn. 13, der erwägt, ob eine behördliche Ermächtigung iSd § 17a Abs. 3 S. 2 erforderlich ist; aA *Werner* S. 180 f., der eine Ermächtigung verlangt.

che, dass er sich ausschließlich passiv bewaffnet, und führt zu einer verfassungsrechtlich unzulässigen Verdachtsstrafe.[38] Die Behauptung, er reize Dritte zur Gewalt an, berechtigt nicht dazu, in sein Grundrecht einzugreifen. Die Annahme, sein Verhalten begründe die Gefahr späterer Gewalttätigkeiten Dritter, wäre nur dann haltbar, wenn ihm, was nicht der Fall ist, das freiverantwortliche Handeln der Dritten schon deshalb zugerechnet werden könnte, weil sie seine Schutzbewaffnung, die er zum Schutz vor ihnen (!) mitführt, für ihre Zwecke umfunktionieren können.[39]

Schutzgegenstände sind Sachen, die ebenfalls **geeignet** sind, die Gefahr einer körperli- **18** chen Verletzung durch einen Angreifer auszuschließen oder abzumildern, die aber nicht zu diesem Zweck konstruiert oder nach der Verkehrsanschauung allgemein bestimmt sind (zB Motorradhelm, Arbeitsschutzhelm, Holzlatte).[40] Sie werden erst dadurch zu tatbestandsmäßigen Schutzgegenständen, dass der Täter die Absicht fasst, sie zur Abwehr von Vollstreckungsmaßnahmen eines Trägers von Hoheitsbefugnissen[41] einzusetzen. Nicht tatbestandsmäßig sind Gegenstände, die nur geeignet sind, die Auswirkungen einzelner Maßnahmen der Polizei gegen gewalttätige Ausschreitungen abzumildern, die aber nicht zur Abwehr bei körperlichen Auseinandersetzungen taugen (zB Lederschutzkleidung; „Ostfriesennerze" oder Regenmäntel zum Schutz vor Wasserwerfern).[42]

Der Gegenstand muss zudem **den Umständen nach darauf gerichtet** sein, die Vollstre- **19** ckungsmaßnahmen eines Trägers von Hoheitsbefugnissen abzuwehren. Diese Voraussetzung beseitigt nicht das Erfordernis einer Verwendungsabsicht,[43] sondern soll ihm noch ein weiteres hinzufügen: Notwendig ist, dass die „zweckwidrige Verwendungsabsicht unter Berücksichtigung der Gesamtumstände klar zutage tritt". Dieses Erfordernis hat – trotz seiner Bezeichnung im Gesetzgebungsverfahren als „notwendige Eingrenzung"[44] – praktisch geringe Bedeutung, weil im Strafverfahren allemal nur auf Grund solcher Umstände die Absicht des von seinem Schweigerecht Gebrauch machenden Täters nachgewiesen werden kann. Es handelt sich auch nicht um eine – der Unschuldsvermutung widersprechende – Beweisregel; das Gericht muss sich seine Überzeugung selbst bilden.[45] Es führt jedoch bei der Prüfung der Tatbestandsmäßigkeit dazu, dass schon der objektive Tatbestand nicht erfüllt ist, wenn der Gegenstand nicht auch aus der Sicht eines unabhängigen Dritten eindeutig zu dem Zweck mitgeführt wird, Vollstreckungsmaßnahmen eines Trägers von Hoheitsbefugnissen abzuwehren. Das **verdeckte Mitführen** genügt daher nicht (zB Gegenstände, die der Täter unauffällig in der Tasche oder unter seiner Kleidung trägt).[46] Das ergibt sich auch aus dem Schutzzweck, der in der aggressionsstimulierenden Wirkung eines „martialischen Erscheinungsbildes"[47] gründet (→ Rn. 1), und aus der Parallelstellung zum Vermummungsverbot (Abs. 2 Nr. 2). Der Gegenstand muss somit offen und in einer Weise mitgeführt werden, dass durch das Erscheinungsbild des Täters für Dritte der Eindruck der Gewaltbereitschaft entsteht.[48] Wegen des weiteren Erfordernisses der Geeignetheit (→ Rn. 18) reicht eine martialische Bekleidung allein nicht aus (zB Armeebekleidung).

---

[38] *Rudolphi* StV 1989, 75 f.

[39] *Bemmann* FS Pfeiffer, 1997, 58; *Kühl* NJW 1986, 880; kritisch auch *Amelung* StV 1989, 72; *Rudolphi* StV 1989, 75; grds. *Jakobs* ZStW 1985, 781; *Altenhain,* Das Anschlussdelikt, 2002, S. 244.

[40] OLG Hamm 22.10.1997 – 2 Ss 735/97, NStZ-RR 1998, 87; *Köhler/Dürig-Friedl* § 17a Rn. 3; *Meiski* S. 184.

[41] Näher dazu NK-StGB/*Paeffgen* StGB § 113 Rn. 13 ff.

[42] BT-Drs. 10/3580, 4; *Bemmann* FS Pfeiffer, 1997, 54; *Dietel/Gintzel/Kniesel* § 17a Rn. 15; Erbs/Kohlhaas/*Wache* § 17a Rn. 4; *Kast,* Das neue Demonstrationsrecht, 1986, S. 39; *Köhler/Dürig-Friedl* § 17a Rn. 3; Ridder/*Bertuleit/Herkströter* § 17a Rn. 22; *Werner* S. 181; aA *Ott/Wächtler* § 17a Rn. 22 mit dem Bsp. eines Taschentuchs zum Schutz gegen chemische Reizmittel.

[43] Ridder/*Bertuleit/Herkströter* § 17a Rn. 23, 26.

[44] Beide Zitate aus BT-Drs. 11/2834, 11.

[45] LK-StGB/*v. Bubnoff* StGB § 125 Rn. 25; *Maatz* MDR 1990, 584; Ridder/*Bertuleit/Herkströter* § 17a Rn. 23.

[46] AA *Dietel/Gintzel/Kniesel* § 17a Rn. 16; *Ott/Wächtler* § 17a Rn. 9.

[47] BT-Drs. 10/3580, 4.

[48] Ähnlich LK-StGB/*v. Bubnoff* StGB § 125 Rn. 26, der eine friedensstörende Eignung verlangt; *Werner* S. 205, der eine unmittelbare Gefahr für die öffentliche Sicherheit fordert.

Trotz offenen Mitführens ist der Tatbestand beispielsweise dann nicht erfüllt, wenn der Gegenstand eindeutig erkennbar zu einem anderen – auch symbolischen oder künstlerischen – Zweck mitgeführt wird (zB Schirm zum Regenschutz).

20   **cc) Vermummung (Nr. 2).** Tathandlung ist die Teilnahme an oder das Zurücklegen des Wegs zu der Veranstaltung in einer Aufmachung, die geeignet und den Umständen nach darauf gerichtet ist, die Feststellung der Identität zu verhindern. Der Täter muss also vermummt sein. Das bloße Mitführen von Gegenständen, mit denen sich eine Aufmachung iSd Abs. 2 Nr. 2 herstellen lässt (§ 17a Abs. 2 Nr. 2), ist eine Ordnungswidrigkeit (§ 29 Abs. 1 Nr. 1a).

21   Gleichgültig ist, welche Mittel der Täter für die **Aufmachung** verwendet (zB Bemalen oder Verhüllen des Gesichts, künstlicher Bart, Maske, Wollmaske mit Sehschlitzen, Schutzbrille, vor das Gesicht gezogener Schal, Helm mit geschlossenem Visier). Tatbestandlich ist dies jedoch nur, wenn die Vermummung auch „angelegt" ist. Erforderlich ist also die unmittelbare Veränderung des körperlichen Erscheinungsbildes durch Verkleidung, Maskierung oder Bemalung. Das situationsbedingte Verdecken des Gesichts mit einem Transparent oder Plakat etc erfüllt diese Voraussetzungen nicht.[49] Notwendig ist, dass er mit ihnen das **Gesicht** verbirgt oder verändert.[50] Das ergibt sich aus dem Strafgrund des Abs. 2 Nr. 2: Die Identifizierung eines Menschen erfolgt über seine Augen-Nase-Mund-Partie. Zwar können zur Überführung eines Täters auch andere Merkmale herangezogen werden (zB Kleidung); sie sind aber immer nur Indizien, die auch auf Dritte zutreffen können. Das gilt auch für Veränderungen der Haar- oder Barttracht. Die Veränderung solcher Umstände vermittelt dem Täter noch nicht das Gefühl, unerkannt bleiben zu können. Auf dieser psychologischen Wirkung beruht jedoch der Strafgrund des Abs. 2 Nr. 2 (→ Rn. 1).

22   Durch die Aufmachung muss die Identifizierung nicht unmöglich sein. Es genügt, wenn die Aufmachung dazu lediglich **geeignet** ist. Auch das beurteilt sich danach, ob sie dem Täter das Gefühl der Sicherheit zu vermitteln vermag, unerkannt Straftaten begehen zu können. Das ist nicht schon dann der Fall, wenn die Aufmachung die Identifizierung des Täters nur bei einem flüchtigen Blick verhindert. Erforderlich ist, dass er selbst dann nicht beschrieben oder wieder erkannt werden kann, wenn er genauer betrachtet wird.[51] Unerheblich ist, ob eine Identifizierung anhand von Bildern in Ausweispapieren möglich ist.[52] Denn die Abweichung von den dortigen Fotografien schließt weder eine Identifizierung aus, noch ist der Bürger verpflichtet, sein Äußeres diesen Bildern entsprechend zu erhalten. Ebenfalls bedeutungslos ist, ob die Aufmachung geeignet ist, eine Identifikation durch den Abgleich von Fotografien mit Bildern in polizeilichen Dateien oder Registern zu erschweren oder unmöglich zu machen. Zwar erfolgt in der Praxis die Identifizierung gewalttätiger Personen in einer Menschenmenge häufig anhand solcher Fotografien. Das Vermummungsverbot dient aber nicht dem Schutz der Eingriffsermächtigung zum Fotografieren von Versammlungsteilnehmern (§§ 12a, 19a).

23   Die Aufmachung muss zudem **den Umständen nach darauf gerichtet** sein, die Feststellung der Identität zu verhindern. Die Aufmachung muss also auch aus der Sicht eines unabhängigen Dritten eindeutig den Zweck haben, die Identifizierung zu vereiteln. Der objektive Tatbestand des Abs. 2 Nr. 2 ist somit nicht erfüllt, wenn wegen des Wetters offensichtlich ist, dass der Täter den Schal oder Rollkragenpullover wegen der Kälte oder die Sonnenbrille zum Schutz seiner Augen trägt. Dasselbe gilt, wenn der Täter ersichtlich ausschließlich zu anderen – etwa künstlerischen oder symbolischen Zwecken (zB Strahlenschutzanzug bei einer Anti-Atomkraft-Demonstration; Maske mit dem Gesicht eines kriti-

---

[49]   KG 12.6.2002 – (5) 1 Ss 424/00 (6/01), NJW 2002, 3789.

[50]   KG 20.9.1996 – (5) 1 Ss 207/93 (38/93), NStZ-RR 1997, 185 (186); Ridder/*Bertuleit*/*Herkströter* § 17a Rn. 25; weitergehend *Dietel*/*Gintzel*/*Kniesel* § 17a Rn. 23 ff.; aA *Ott*/*Wächtler* § 17a Rn. 37 mit dem Bsp. eines „künstlichen Höckers".

[51]   *Maatz* MDR 1990, 584; Ridder/*Bertuleit*/*Herkströter* § 17a Rn. 25; Schönke/Schröder/*Lenckner*, 23. Aufl. 1988, StGB § 125 Rn. 31a; s. auch *Kast* S. 39.

[52]   AA *Dietel*/*Gintzel*/*Kniesel* § 17a Rn. 24 f.

sierten Politikers; Schal eines Fußballfans) – vermummt ist.[53] Außerdem ist wie bei den Schutzgegenständen (→ Rn. 19) erforderlich, dass durch die Aufmachung für Dritte der Eindruck der Gewaltbereitschaft entsteht (zB „schwarzer Block").[54]

dd) Zusammenrotten (Nr. 3). Eine **Rotte** besteht aus mindestens drei („mit ande- **24** ren")[55] Personen, die räumlich zusammenhalten, geschlossen auftreten, erkennbar feindselig gesonnen und zu gemeinschaftlichem gewalttätigem Handeln bereit sind. Die hM lässt jeden friedensstörenden Willen ausreichen.[56] Das steht jedoch mit dem gemeinsamen Schutzzweck aller Varianten des § 27 nicht in Einklang (→ Rn. 1) und führt zu einer bedenklichen tatbestandlichen Unbestimmtheit. Die hM übernimmt die Definition der Zusammenrottung aus den §§ 121, 124 StGB, die jedoch zusätzlich ein Verhalten der Rotte verlangen, das gewalttätig ist oder in der Absicht vorgenommen wird, Gewalttätigkeiten zu verüben. Da Nr. 3 hierauf verzichtet, muss der Begriff der Rotte enger interpretiert und eine **nach außen erkennbare Gewaltbereitschaft** verlangt werden.[57] Nicht erforderlich ist, dass die Personen schon bei ihrem Zusammentreten gewaltbereit sind. Entwickelt sich die Gewaltbereitschaft erst später oder wird sie erst später nach außen hin erkennbar, so bilden sie erst ab diesem Zeitpunkt eine Rotte. Eine friedliche Versammlung kann so zu einer Rotte werden, ebenso eine sich von einer Versammlung abspaltende, äußerlich geschlossene Gruppe. Die Rotte muss nicht organisiert sein; erforderlich ist allein der nach außen erkennbare gemeinsame Wille. Dass einzelne Personen innerhalb einer größeren Gruppe diesen Willen nicht haben, nimmt der Gruppe nicht ihren Charakter als Rotte. Ebenso wenig wird allerdings eine Versammlung durch die Anwesenheit einzelner erkennbar gewaltbereiter Personen zu einer Rotte.

Die Rotte muss im Anschluss an oder sonst **im Zusammenhang mit derartigen** **25** **Veranstaltungen** entstehen. „Im Anschluss an" heißt ohne zeitliche Unterbrechung nach der Beendigung oder Auflösung der Veranstaltung.[58] „Sonst im Zusammenhang mit" ist der Oberbegriff. Er ist erfüllt, wenn sich die Personen in unmittelbarer räumlicher und zeitlicher Nähe zur Veranstaltung unter freiem Himmel zusammenrotten und ihr Handeln in Bezug zu der Veranstaltung steht.[59] Ein Zusammenhang fehlt zB, wenn sich Personen erst eine Stunde nach Beendigung der Versammlung oder anlässlich der Veranstaltung an einem anderen Ort zusammenrotten. An einem sachlichen Bezug zur Veranstaltung mangelt es, wenn die Zusammenrottung in der Nähe der Versammlung nur Zufall ist, weil sie keinerlei Bezug zur Versammlung aufweist und auch ohne sie erfolgt wäre.

Tathandlung ist das sich **Zusammenrotten** mit anderen unter Mitführen einer Waffe **26** oder eines gefährlichen Gegenstands iSd Abs. 1 oder einer Schutzwaffe oder eines Schutzgegenstands iSd Abs. 2 Nr. 1 oder in einer Aufmachung iSd Abs. 2 Nr. 2. Der Täter rottet sich mit anderen regelmäßig dadurch zusammen, dass er mit ihnen zu einer Rotte zusammentritt oder zu einer schon bestehenden Rotte hinzutritt. Das Verbleiben in einer Gruppe, die gewalttätig wird, ist noch nicht tatbestandsmäßig, da Nr. 3 mit der Formulierung „sich zusammenrottet" ein aktives Tun und nicht nur ein Unterlassen (des Entfernens) verlangt. Trägt der Betreffende jedoch durch aktives Verhalten zu dem gewaltbereiten Eindruck bei (zB Beteiligung an einem Sprechchor), so gliedert er sich damit in die Rotte ein. Das Zusammenrotten mit anderen ist jedoch nur tatbestandsmäßig, wenn der Täter **bewaffnet,**

---

[53] Ridder/*Bertuleit*/*Herkströter* § 17a Rn. 18, 26; *Kast* S. 39; *Strohmaier* ZRP 1985, 156; *ders.* StV 1985, 471.

[54] Ähnlich LK-StGB/*v. Bubnoff* StGB § 125 Rn. 25, Lisken/Denninger/*Kniesel* H Rn. 611, *Maatz* MDR 1990, 584, *Werner* S. 206 f., die eine konkrete Eignung zur Friedensstörung, eine konkret Gewalt fördernde Wirkung bzw. eine unmittelbare Gefahr für die öffentliche Sicherheit verlangen; aA KG 20.9.1996 – (5) 1 Ss 207/93 (37/93), NStZ-RR 1997, 185.

[55] *Ott*/*Wächtler* Rn. 15.

[56] BT-Drs. 11/2834, 12; LK-StGB/*v. Bubnoff* StGB § 125 Rn. 27; *Köhler*/*Dürig-Friedl* Rn. 7; Lisken/Denninger/*Kniesel* H Rn. 615; *Niethammer* BayVBl. 1990, 517; *Ott*/*Wächtler* Rn. 16.

[57] Noch restriktiver Ridder/*Bertuleit*/*Breitbach*/*Herkströter* Rn. 18, 23, die eine mit vereinten Kräften begangene Gewalttätigkeit verlangen.

[58] Ridder/*Bertuleit*/*Breitbach*/*Herkströter* Rn. 25.

[59] *Ott*/*Wächtler* Rn. 12.

schutzbewaffnet oder vermummt ist. Nicht erfasst werden zB Personen, die durch lautes Skandieren von Parolen einen bedrohlichen Eindruck erwecken, aber nicht in der geforderten Ausrüstung oder Aufmachung erscheinen.[60] Nach dem Wortlaut ist nicht erforderlich, dass neben dem Täter weitere Personen ebenfalls bewaffnet, schutzbewaffnet oder vermummt sind. Umgekehrt genügt es auch nicht, dass andere Personen so ausgestattet sind, der Täter selbst aber nicht. Erforderlich und ausreichend ist, dass der Täter selbst bewaffnet, schutzbewaffnet oder vermummt ist.[61]

27   **2. Subjektiver Tatbestand. Vorsatz** ist erforderlich, gleichgültig in welcher Form (§ 15 StGB). Bei Schutzgegenständen und Vermummung muss er sich zudem des gewaltbereiten Eindrucks bewusst sein, den seine Ausstattung oder Aufmachung auf Dritte macht.[62] Die irrige Annahme einer Ermächtigung ist ein Tatbestandsirrtum. Die Annahme, die Duldung der Bewaffnung, Schutzbewaffnung oder Vermummung durch die Polizei stelle eine Ermächtigung dar, ist ein vermeidbarer Verbotsirrtum.[63]

28   Bei Gegenständen iSd Abs. 1 und des Abs. 2 Nr. 1, 3a, 3b und bei der Aufmachung iSd Abs. 2 Nr. 2, 3c ist zudem die **Absicht** erforderlich, sie, sei es auch nur im Notfall, zu dem bezeichneten Zweck zu verwenden. Der Täter muss die Absicht nicht während der ganzen Versammlung haben. Es reicht aus, wenn er sie erst im Laufe der Versammlung fasst (zB während der Versammlung ergreift er einen auf dem Boden liegenden Stock, um sich zu verteidigen, oder benutzt ein Bekleidungsstück, um sein Gesicht vor der Polizei zu verbergen). Die verbotswidrige Absicht muss nicht die Einzige sein. Verfolgt der Täter auch einen rechtlich gebilligten Zweck (zB Teilnehmer einer Demonstration von Motorradfahrern tragen ihre Helme zur Kennzeichnung ihrer Zugehörigkeit und zur Abwehr polizeilicher Maßnahmen), steht das seiner Strafbarkeit nicht entgegen. Die Verfolgung eines rechtmäßigen (auch eines durch ein vorbehaltloses Grundrecht gewährten) Zwecks rechtfertigt nicht die eines rechtswidrigen.[64]

29   Abs. 2 Nr. 1 (Nr. 3b) greift nicht ein, wenn der Täter den Gegenstand nur zur Verteidigung gegen **gewalttätige Störer** oder Gegendemonstranten mitführt. Dasselbe gilt bei verfassungskonformer Auslegung, wenn der Täter eine Schutzwaffe zu diesem Zweck mitführt (→ Rn. 17). Keine Verwendungsabsicht hat auch der Täter, der den Schutzgegenstand oder die Schutzwaffe ausschließlich deshalb mitführt, um sich vor der **Streuwirkung polizeilicher Maßnahmen** zu schützen, die sich gegen Dritte richten.[65] Er hat nicht die Absicht, eine gegen ihn gerichtete Maßnahme abzuwehren. Ebenso zu beurteilen ist der Täter, der zum Schutz vor **rechtswidrigen polizeilichen Maßnahmen** handelt, die sich gegen ihn richten.[66] Andernfalls wäre die Vorsorge gegen einen befürchteten rechtswidrigen Angriff strafbar, obwohl seine Abwehr, wenn er erfolgt, gerechtfertigt ist (§ 32 StGB). Den Täter in einem solchen Fall aus Abs. 2 Nr. 1 zu bestrafen, weil er, wenn auch ungewollt, Dritte zur Gewalt ermutigen und damit die Polizei zum Einschreiten bewegen könnte, hieße, ihn im Vorhinein für einen rechtswidrigen Angriff auf sich selbst haftbar zu machen. Außerdem wäre der Täter, der den Schutzgegenstand anfangs zur Verteidigung gegen Störer mitführt und dann unfreiwillig in eine Auseinandersetzung zwischen Gewalttätern und Polizei gerät, aus der er nicht herauskommen kann, bei Strafe gezwungen, sich schutzlos den Aggressionen der Gewalttäter und etwaigen rechtswidrigen Maßnahmen der Polizei auszusetzen.

30   Abs. 2 Nr. 2 (Nr. 3c) verlangt, dass der Täter die Absicht hat, durch seine Aufmachung die Feststellung seiner Identität zu verhindern.[67] Ob Nr. 2 (Nr. 3c) nur eingreift, wenn sich

---

[60] BT-Drs. 11/2823, 12.

[61] Zur Teilnahme → Rn. 5.

[62] Ähnlich *Maatz* MDR 1990, 584.

[63] *Maatz* MDR 1990, 584.

[64] Ridder/*Bertuleit*/*Herkströter* § 17a Rn. 19.

[65] *Ott*/*Wächtler* § 17a Rn. 21; *Werner* S. 181.

[66] Schönke/Schröder/*Lenckner*, 23. Aufl. 1988, StGB § 125 Rn. 31; aA OLG Hamm 22.10.1997 – 2 Ss 735/97, NStZ-RR 1988, 87; *Köhler*/*Dürig-Friedl* § 17a Rn. 3; *Ott*/*Wächtler* § 17a Rn. 21.

[67] Zu den subjektiven Anforderungen KG 11.12.2012 – (4) 161 Ss 198/12 (310/12), NStZ-RR 2013, 178.

der Täter vermummt, um seine **Identifizierung zum Zwecke der Gefahrenabwehr oder Strafverfolgung** durch inländische Behörden zu verhindern,[68] ist zweifelhaft. Nach Wortlaut und Sinn der Vorschrift kommt es allein auf die Eignung und Zweckbestimmung der Vermummung, die Feststellung der Identität zu verhindern, an. Weitere Voraussetzungen oder Einschränkungen enthält der Tatbestand – anders als beim Verbot der Verwendung von Schutzwaffen – nicht.[69] Auch der Gesetzgeber ist bei der Begründung der Vorschrift davon ausgegangen, dass schon die Vermummung als solche innerhalb einer Demonstration ein Indikator für Gewalttätigkeiten ist und die entsprechenden Hemmschwellen nicht hinnehmbar herabsenkt.[70]

Insbesondere bei Gegenständen, deren Besitz sich auch ungezwungen mit alltäglichen **31** Gebrauchsabsichten erklären lässt, ist der **Nachweis** der Verwendungsabsicht schwierig. Dass der Täter einen Gegenstand mitführt, der wie eine Waffe (zB Schirm, Wagenheber, Kreuzschlüssel, Feuerlöscher im Auto) zur Abwehr (zB Motorradfahrer mit Helm auf dem Weg zur Versammlung) oder zur Vermummung (zB Schal, Kopftuch, Sonnenbrille) eingesetzt werden kann, erlaubt allein nicht den Schluss auf eine entsprechende Absicht. Zwar können Gegenstände unter § 27 fallen, wenn der Täter bezüglich ihrer eine Verwendungsabsicht hat,[71] doch ist ohne weitere Indizien zugunsten des Täters davon auszugehen, dass er ausschließlich die legale Verwendung will.[72]

3. Objektive Bedingung der Strafbarkeit. Bei Abs. 1 und 2 (→ Rn. 15) muss das **32** **Fehlen der Ermächtigung rechtmäßig** sein. Eine Strafbarkeit scheidet aus, wenn dem Täter auf seinen Antrag hin eine Ermächtigung hätte erteilt werden müssen.[73] Das setzt eine Ermessensreduzierung auf Null voraus. Da § 2 Abs. 3 keine Voraussetzungen für die Erteilung der Ermächtigung nennt, sind wegen der vergleichbaren Situation die waffenrechtlichen Regeln über die Erlaubnis zum Führen von Waffen entsprechend heranzuziehen (§§ 4 ff. WaffG).[74] Danach muss der Antragsteller mindestens achtzehn Jahre alt sein, die erforderliche Zuverlässigkeit, Eignung und Sachkunde besitzen, ein nachweisbares Bedürfnis zum Mitführen der Waffe bei der Versammlung haben (zB Versammlung in historischen Kostümen, von Jägern, Burschenschaftlern, Schützen) und kein gesetzliches Verbot bestehen (zB für Ordner, § 9 Abs. 1 S. 2). Eine Ermächtigung nach § 17a Abs. 3 S. 2 ist zu erteilen, wenn keine Gefahr für die öffentliche Sicherheit oder Ordnung zu besorgen ist. Dabei ist zu beachten, dass Art. 8 GG nicht verlangt, dass Versammlungsteilnehmer auf eine passive Bewaffnung oder Vermummung verzichten. Die Absicht, solche Gegenstände mitzuführen oder vermummt teilzunehmen, begründet noch keine Versagung der Ermächtigung.[75] Maßgeblich ist der Zweck, den der Antragsteller verfolgt. Deshalb dürften genehmigungsfähige Fälle regelmäßig schon mangels tatbestandsmäßiger Verwendungsabsicht straflos sein.

III. Rechtsfolgen, Verjährung, Konkurrenzen

Der **Strafrahmen** beträgt Freiheitsstrafe von einem Monat (§ 38 Abs. 2 StGB) bis zu **33** einem Jahr oder Geldstrafe zwischen fünf und dreihundertsechzig Tagessätzen (§ 40 Abs. 1 StGB). Waffen, Schutzwaffen und Gegenstände können eingezogen werden (§ 30).

Die Tat **verjährt** drei Jahre (§ 78 Abs. 2 Nr. 5 StGB) nach Beendigung der tatbestandsmä- **34** ßigen Handlung (§ 78a StGB).

---

[68] So die 1. Aufl. und LG Hannover 20.1.2009 – 62 c 69/08, BeckRS 2009, 07119.
[69] KG 7.10.2008 – 1 Ss 486/07, BeckRS 2009, 21012; LG Dortmund 12.3.2010 – 45 Ns 140/09, BeckRS 2010, 09155.
[70] BT-Drs. 11/4359, 14.
[71] Das übersehen *Ott/Wächtler* Rn. 3.
[72] *Dietel/Gintzel/Kniesel* § 17a Rn. 21; *Ridder/Breitbach* § 2 Rn. 74 f.; zu weitgehend deshalb OVG Münster 10.6.1981 – 4 A 2607/79, NVwZ 1982, 46 (47), das selbst die Sicherstellung des gem. § 53a Abs. 2 Nr. 1 StVZO mitzuführenden Warndreiecks wegen des Verdachts eines Verstoßes gegen § 2 Abs. 3 billigt.
[73] *Ridder/Bertuleit/Breitbach/Herkströter* Rn. 30; aA wohl *Murr* S. 210 f.
[74] Neu gefasst durch Art. 1 Gesetz zur Neuregelung des Waffenrechts vom 11.10.2002, BGBl. I S. 3970 (3972).
[75] *Werner* S. 196.

35   Verwirklicht der Täter **mehrere Varianten** des § 27, so handelt es sich nur um eine Tatbestandsverwirklichung (zB er ist vermummt und bewaffnet;[76] er hat die Waffe schon auf dem Weg zur Versammlung mitgeführt;[77] er rottet sich auf dem Weg zur oder in der Versammlung mit anderen zusammen).[78] Tatmehrheit kommt jedoch in Betracht, wenn er sich nach Beendigung der Veranstaltung mit anderen zusammenrottet.[79] **Abs. 1** verdrängt als speziellere Regelung für Versammlungen den schwereren § 52 Abs. 3 Nr. 9 WaffG.[80] Tateinheit ist möglich mit § 52 Abs. 1, 3 Nr. 1 WaffG, wenn der Täter nicht im Besitz der waffenrechtlichen Erlaubnis ist,[81] mit § 24, wenn der bewaffnete Leiter bewaffnete Ordner verwendet,[82] und mit § 125.[83] § 125a Nr. 2 verdrängt Abs. 1, da dessen Unrechtsgehalt von der Verurteilung wegen schweren Landfriedensbruchs miterfasst wird.[84] **Abs. 2** tritt als Vorfeldtatbestand im Wege der Gesetzeskonkurrenz hinter den zugleich verwirklichten § 125 StGB zurück.[85] Das gilt auch, wenn der Täter des Abs. 2 nur Teilnehmer des § 125 ist.[86] Ist § 125 subsidiär zu anderen Tatbeständen, lebt der tateinheitlich verwirklichte Abs. 2 wieder auf. War der Landfriedensbruch schon beendet, so tritt der später verwirklichte Abs. 2 dazu in Tatmehrheit. Idealkonkurrenz ist möglich mit §§ 21, 22.[87]

§ 28 [Verstöße gegen Uniform- und politisches Kennzeichenverbot]

Wer der Vorschrift des § 3 zuwiderhandelt, wird mit Freiheitsstrafe bis zu zwei Jahren oder mit Geldstrafe bestraft.

I. Überblick

1   **1. Normzweck. a) Rechtsgut.** §§ 3, 28 schützen die **Meinungsfreiheit** (Art. 5 Abs. 1), indem sie eine einschüchternde, weil Gewaltbereitschaft signalisierende militärische Uniformierung als Mittel politischer Meinungsäußerung untersagen, um den freien politi-

[76] AA Ridder/*Bertuleit/Breitbach/Herkströter* Rn. 32: Tateinheit.

[77] AA Ridder/*Bertuleit/Breitbach/Herkströter* Rn. 32: mitbestrafte Vortat.

[78] AA Ott/*Wächtler* Rn. 20; Ridder/*Bertuleit/Breitbach/Herkströter* Rn. 32: Spezialität der Nr. 3.

[79] Ridder/*Bertuleit/Breitbach/Herkströter* Rn. 32.

[80] Ridder/*Bertuleit/Breitbach/Herkströter* Rn. 10; aA Erbs/Kohlhaas/*Wache* Rn. 19; *Köhler/Dürig-Friedl* Rn. 10: § 52 WaffG verdränge wegen seiner höheren Strafdrohung Abs. 1.

[81] Erbs/Kohlhaas/*Wache* Rn. 19; *Köhler/Dürig-Friedl* Rn. 10.

[82] Erbs/Kohlhaas/*Wache* Rn. 19; *Köhler/Dürig-Friedl* Rn. 10; Ott/*Wächtler* Rn. 4; Ridder/*Bertuleit/Breitbach/Herkströter* Rn. 10.

[83] Lackner/Kühl/*Heger* StGB § 125 Rn. 16; → StGB § 125 Rn. 53; aA Ridder/*Bertuleit/Breitbach/Herkströter* Rn. 10.

[84] BGH 12.6.1984 – 3 StR 228/84, NStZ 1984, 453; 21.9.1984 – 3 StR 395/84, NJW 1985, 501; LK-StGB/*v. Bubnoff* StGB § 125 Rn. 77; *Köhler/Dürig-Friedl* Rn. 10; → StGB § 125a Rn. 47; Ridder/*Bertuleit/Breitbach/Herkströter* Rn. 10; Schönke/Schröder/*Lenckner/Sternberg-Lieben* StGB § 125a Rn. 18; Ott/*Wächtler* Rn. 4.

[85] LK-StGB/*v. Bubnoff* StGB § 125 Rn. 77; Erbs/Kohlhaas/*Wache* Rn. 19; Lackner/Kühl/*Heger* StGB § 125 Rn. 16; Schönke/Schröder/*Lenckner/Sternberg-Lieben* StGB § 125 Rn. 32; SK-StGB/*Rudolphi/Stein* StGB § 125 Rn. 26; *Fischer* StGB § 125 Rn. 22; → StGB § 125 Rn. 53; ebenso für Abs. 2 Nr. 3 Ridder/*Bertuleit/Breitbach/Herkströter* Rn. 32.

[86] AA *Fischer* StGB § 125 Rn. 22; → StGB § 125 Rn. 53.

[87] Ridder/*Bertuleit/Breitbach/Herkströter* Rn. 32.

schen Meinungskampf vor Beeinträchtigungen in suggestiv-militanter Form zu bewahren.[1] § 28 ist ein abstraktes Gefährdungsdelikt. Die Gefährlichkeit der Uniformierung wird unwiderleglich vermutet;[2] auf das Eintreten einer einschüchternden Wirkung im Einzelfall wird verzichtet.

b) Deliktsnatur. § 28 ist ein **eigenhändiges Delikt.** Täter kann nur sein, wer selbst 2 uniformiert ist. Die Teilnahme richtet sich nach den allgemeinen Regeln (§§ 26, 27 StGB). § 28 ist zudem ein **Dauerdelikt,** das erst beendet ist, wenn der Täter die Uniform ablegt, die Versammlung verlässt oder sich nicht öffentlich zeigt.

2. Historie. Die Einführung eines Uniformverbots in § 3 und seine Strafbewehrung 3 in § 28 waren im Gesetzgebungsverfahren zum Versammlungsgesetz von 1953 umstritten und erfolgten schließlich im Hinblick auf die Erfahrungen in der Weimarer Republik, als das Tragen von Uniformen durch Kampfverbände der Parteien „zu einer erheblichen Verschärfung im Kampf der Meinungen und in der politischen Auseinandersetzung geführt", „militanten Bestrebungen radikaler Elemente Vorschub geleistet und die Bevölkerung in unerträglicher Weise provoziert" hatte.[3] Das Verbot zielte auf den Ausschluss der Uniform als Symbol der Gewalt.[4] § 28 stellte daneben Verstöße gegen § 4 unter Strafe, der das Verwenden der Kennzeichen nationalsozialistischer Organisationen untersagte.[5] 1960 wurde § 4 gestrichen und das Verbot in den § 90a StGB (heute § 86a) übernommen. Als Folge davon erhielt der Tatbestand des § 28 seine bis heute gültige Fassung.[6] Die Strafandrohung wurde redaktionell angepasst und 1974 um die Geldstrafe erweitert.[7] § 29 SächsVersG ist wortlautidentisch mit § 28 VersammlG. Nach Art. 21 Abs. 1 Nr. 2 BayVersG ist der Verstoß gegen das Uniformverbot nur noch eine Ordnungswidrigkeit, gleiches gilt nach § 24 Abs. 1 Nr. 7, 1. Alt. VersFG SH für Verstöße gegen Anordnungen zur Durchsetzung des Uniformverbots Auch nach § 21 Abs. 1 Nr. 1 NVersG ist ein Verstoß gegen das Uniformverbot unter den einschränkenden Voraussetzungen Eindruck von Gewaltbereitschaft oder Verstoß gegen eine rechtmäßige vollziehbare Maßnahme nur noch eine Ordnungswidrigkeit. § 27 VersammlG-LSA senkt den Strafrahmen auf höchstens sechs Monate ab und verlangt ebenfalls eine von den Uniformen etc ausgehende einschüchternde Wirkung.

II. Erläuterung

1. Objektiver Tatbestand. a) Öffentlich oder in einer Versammlung. § 28 kann 4 von jedermann begangen werden. Die Tat kann in einer – öffentlichen oder geschlossenen, unter freiem Himmel oder in geschlossenen Räumen stattfindenden – **Versammlung**[8] oder einem Aufzug, der als Unterfall der öffentlichen Versammlung ebenfalls erfasst ist,[9] verübt werden. Doch ist das nicht erforderlich. Die §§ 3 Abs. 1, 28 überschreiten den üblichen (weitere Ausnahme: § 27 Abs. 2) Regelungsbereich des Versammlungsgesetzes und verbieten jedes öffentliche Uniformtragen als Ausdruck gemeinsamer politischer Gesinnung. Erlaubt ist es nur im privaten Kreis und dies auch nur dann, wenn es in einem geschlossenen

---

[1] BVerfG 27.4.1982 – 1 BvR 1138/81, NJW 1982, 1803; OVG Bautzen 9.11.2001 – 3 BS 257/01, NVwZ-RR 2002, 435; BayObLG 20.1.1987 – RReg. 4 St 209/86, NJW 1987, 1778; LG Hamburg 7.3.1983 – (34) 172/81 Kls, NStZ 1983, 419; StA Konstanz, Verfügung 23.2.1984 – 11 Js 16/84, NStZ 1984, 322; s. auch BT-Drs. I/4387, 2.
[2] Deshalb halten *Ott/Wächtler* § 3 Rn. 3 die §§ 3, 28 für verfassungswidrig; s. auch *Rösling,* Kleidung als Gefahr?, S. 134, 154, der deshalb eine „qualifizierte Gefahr" verlangt, was der hM entspricht, → Rn. 6.
[3] *Zimmer* BR-Prot. 108. Sitzung vom 22.5.1953, S. 242.
[4] *Ridder/Breitbach/Steinmeier* § 3 Rn. 23.
[5] BGBl. I S. 684 (686).
[6] Art. 3 Nr. 2 6. StrRÄndG vom 30.6.1960, BGBl. I S. 478.
[7] Art. 81 Nr. 8 EGStGB vom 2.3.1974, BGBl. I S. 469 (555).
[8] Zum Begriff der Versammlung → § 21 Rn. 11 ff.
[9] Zum Begriff des Aufzugs → § 21 Rn. 16.

Raum oder auf einem nicht frei zugänglichen und nicht von außen für jedermann einsehbaren Grundstück erfolgt.[10]

5   Die Tat geschieht **öffentlich,** wenn sie entweder von einem nach Zahl und Zusammensetzung unbestimmten Personenkreis oder von einem bestimmten, aber nicht durch persönliche Beziehungen miteinander verbundenen Personenkreis (zB Mitglieder eines großen Vereins, Arbeitnehmer eines großen Betriebs, Besucher einer Gaststätte oder eines Theaters, Schüler einer Schule, Soldaten einer Kaserne) wahrgenommen werden kann.[11] Ob Letzteres der Fall ist, hängt von den Umständen ab. Es fehlt, wenn zwischen den einzelnen, diesen Kreis bildenden Personen, insbesondere nach der Art und dem Zweck ihres Zusammenseins, ein inneres Band wechselseitiger persönlicher Beziehungen besteht, das ihnen das Wesen eines in sich geschlossenen Personenkreises gibt.[12] Der Wirkungsbereich der Tat kann dann noch übersehen werden, und sie erscheint nicht als besonders gefährlich. Dass tatsächlich eine Person die Uniform wahrnimmt, ist nicht erforderlich.[13] Hat der Täter also in einer belebten Fußgängerzone gehandelt, bedarf es keines Nachweises, dass jemand seine Uniform gesehen hat. Es ist darüber hinaus nicht einmal notwendig, dass dann, wenn die Tat von einem unbestimmten Personenkreis wahrgenommen werden kann, auch nur eine Person anwesend ist, die die Tathandlung wahrnehmen könnte. Ausreichend ist, dass unbestimmt viele Personen, die den Vorgang wahrnehmen könnten, nach den örtlichen Verhältnissen im Augenblick der Tat zur Stelle sein könnten, ohne dass der Täter in der Lage ist, dies zu verhindern.[14] Danach handelt auch öffentlich, wer nachts uniformiert durch eine menschenleere Straße geht. Hat der Täter Vorkehrungen getroffen, die verhindern, dass er von unbestimmt vielen Personen gesehen werden kann, so handelt er selbst dann nicht öffentlich, wenn er sich auf einer öffentlichen Straße befindet. Wird die Tat vor einem bestimmten, nicht durch persönliche Beziehungen miteinander verbundenen Personenkreis begangen, ist dessen Anwesenheit erforderlich. Doch muss auch hier nicht jede Person jederzeit den Täter wahrnehmen können. Erforderlich ist lediglich, dass jederzeit einzelne, vorher nicht individuell bestimmbare Personen die Tathandlung wahrnehmen können.[15]

6   **b) Tragen einer Uniform.** Der Täter muss mit einer Uniform, einem Uniformteil oder einem gleichartigen Kleidungsstück bekleidet sein. **Uniformen** sind nach Form, Farbe, Schnitt und Ausstattung (zB Besatz, Knöpfe) gleichartige Kleidungsstücke, die als Einheitskleidung für bestimmte Personengruppen von der allgemein üblichen Kleidung abweichen.[16] Die Uniform muss keine auch von Hoheitsträgern (zB Bundeswehr, Polizei) getragene sein. **Uniformteile** sind Kleidungsstücke (nicht genügend deshalb Abzeichen, Bänder, Kokarden, Anstecknadeln), die zu einer Uniform gehören und deren Zugehörigkeit auch ohne Schwierigkeiten von einem unabhängigen Betrachter erkannt werden kann (zB Waffenröcke, Mützen, Stiefel, Koppeln; nicht aber ein rotes Halstuch).[17] Die Tatbestandsvariante des Tragens **gleichartiger Kleidungsstücke** ist nicht schon dann verwirklicht, wenn mehrere Personen gleichartige Kleidungsstücke tragen (zB Parteimitglieder, die auf einer Wahl-

[10] Ridder/*Breitbach*/*Steinmeier* § 3 Rn. 50; enger *Rösling* S. 148 f., der § 3 nur bei öffentlichen Versammlungen unter freiem Himmel für verfassungskonform hält.

[11] Näher dazu die Erläuterungen zu §§ 80a, 86a, 183a StGB.

[12] BGH 3.3.1958 – 4 StR 27/58, BGHSt 11, 282 (284).

[13] OLG Hamburg 26.9.1956 – Ss 131/56, NJW 1957, 152; OLG Koblenz 17.2.1981 – 1 Ws 66/81, MDR 1981, 600.

[14] BGH 3.4.1957 – 4 StR 144/87, BGHSt 10, 194; 2.9.1958 – 5 StR 339/58, BGHSt 12, 42 (46); 25.7.1979 – 3 StR 182/79, BGHSt 29, 73 (83); 28.2.1969 – 2 StR 13/69, NJW 1969, 853; OLG Koblenz 11.11.1976 – 1 Ss 524/76, MDR 1977, 334 (335); Ridder/*Breitbach*/*Steinmeier* § 3 Rn. 49; Schönke/Schröder/ *Lenckner*/*Perron*/*Eisele* StGB § 183a Rn. 4; *Köhler*/*Dürig-Friedl* § 3 Rn. 2; LK-StGB/*Laufhütte* StGB § 183a Rn. 3.

[15] BGH 3.3.1958 – 4 StR 27/58, BGHSt 11, 282 (284); OLG Celle 22.4.1971 – 1 Ss 380/70, GA 1971, 251; OLG Köln 10.10.1969 – Ss 348/69, NJW 1970, 670; Schönke/Schröder/*Lenckner*/*Perron*/*Eisele* StGB § 183a Rn. 4.

[16] BayObLG 20.1.1987 – RReg. 4 St 209/86, NJW 1987, 1778; Erbs/Kohlhaas/*Wache* V 55, § 3 Rn. 5.

[17] KG 19.3.2001 – 1 Ss 344/00, BeckRS 2001, 04398; Erbs/Kohlhaas/*Wache* V 55, § 3 Rn. 5.

kampfreise gleiche Regenmäntel tragen).[18] Die Kleidungsstücke müssen zudem nach dem Zweck des § 3 (→ Rn. 1) Uniformen oder Uniformteilen gleichartig sein (deshalb nicht: Sport- und Wanderbekleidung, Roben, Talare, Trachten).[19] Das ist nur dann der Fall, wenn sie von einer **auf physische Einschüchterung und Bedrohung abzielenden Militanz** sind (zB Bomberjacke und Springerstiefel).[20] Die Tatbestandsvariante erfasst insbesondere Umgehungshandlungen, in denen die Täter alltägliche Kleidungsstücke tragen, die im Wesentlichen einheitlich aussehen und die in ihrer Zusammenstellung bekannten Uniformen historischer militanter Gruppen gleichen (zB schwarze Hosen, deren Enden in schwarzen Stiefeln stecken, Jacken und Hemden in Anlehnung an die SS-Uniform). Sie ist auf solche Fälle aber nicht beschränkt.[21] Zwar muss die Bekleidung selbst einer Uniform gleichkommen. Es schadet jedoch nicht, wenn der unabhängige Betrachter die Gleichartigkeit nicht ohne weiteres erkennt, sondern erst unter Einbeziehung weiterer äußerer Umstände (zB Abzeichen, Armbinden, Fackelzug, Totenkopfembleme, Koppel, Marschieren, Hitler-Gruß).

c) Ausdruck gemeinsamer politischer Gesinnung. Die Uniform, das Uniformteil 7 oder das gleichartige Kleidungsstück muss als Ausdruck einer gemeinsamen politischen Gesinnung getragen werden. Das setzt zunächst eine gemeinsame politische Gesinnung der Uniformträger voraus, bedeutet aber nicht, dass mehrere Personen gemeinsam in Uniform auftreten müssen. Auch wer allein in Uniform erscheint und dadurch eine gemeinsame politische Gesinnung zum Ausdruck bringt, erfüllt den Tatbestand.[22] Die gemeinsame Gesinnung muss allgemein politischer – nicht notwendig parteipolitischer – Art sein. Das Uniformtragen zu religiösen, beruflichen, wirtschaftlichen, geselligen, kulturellen oder sportlichen Zwecken ist nicht untersagt. Auf den Inhalt der politischen Gesinnung kommt es nicht an, auch nicht darauf, ob der Täter einer politischen Organisation angehört und ob diese verboten ist. Auch das Tragen der Uniform einer erlaubten Organisation kann strafbar sein.

Die Gemeinsamkeit der politischen Gesinnung muss **zum Ausdruck** kommen. Das 8 bedeutet nicht, das die Uniform, das Uniformteil oder das Kleidungsstück bereits für sich gesehen dazu geeignet sein muss.[23] Andernfalls wäre § 28 von vornherein nicht erfüllt, wenn der Täter eine auch von Hoheitsträgern benutzte Uniform trägt (zB Mitglieder einer Wehrsportgruppe tragen grüne Bundeswehr- oder Bundesgrenzschutzhosen, Bundeswehr-Tarnjacken und Stiefel). Es muss für unabhängige Betrachter erkennbar sein, dass durch die Gleichartigkeit der Kleidung eine die Träger dieser Kleidung verbindende Gemeinsamkeit in der politischen Grundhaltung zum Ausdruck gebracht wird.[24] Dabei ist zwar grds. unerheblich, ob die gleichartig Bekleideten einzeln oder in Gruppen auftreten. Doch wird die gemeinsame politische Gesinnung eher zum Ausdruck kommen, wenn die gleichartig Gekleideten in Gruppen auftreten. Je eindeutiger die Gleichartigkeit mit Uniformen in Erscheinung tritt, desto eher kann auch das scheinbar verstreute demonstrative Auftreten entsprechend gekleideter Gruppenmitglieder in der Öffentlichkeit eine gemeinsame politi-

---

[18] StA Konstanz, Verfügung 23.2.1984 – 11 Js 16/84, NJW 1984, 322; aA *Dietel/Gintzel/Kniesel* § 3 Rn. 6, die auch Nonnen als uniformiert ansehen.

[19] BVerfG 20.1.1987 – RReg. 4 St 209/86, NJW 1987, 1778; BayObLG 20.1.1987 – RReg. 4 St 209/86, NJW 1987, 1778; KG 19.3.2001 – 1 Ss 344/00, BeckRS 2001, 04398; StA Konstanz, Verfügung 23.2.1984 – 11 Js 16/84, NJW 1984, 322; Erbs/Kohlhaas/*Wache* V 55, § 3 Rn. 5; Ridder/*Breitbach/Steinmeier* § 3 Rn. 33 f.

[20] OVG Bautzen 9.11.2001 – 3 BS 257/01, NVwZ-RR 2002, 435; OLG Koblenz 11.1.2011 – 2 Ss 156/10, NStZ-RR 2011, 187; *Köhler/Dürig-Friedl* § 3 Rn. 3; Ridder/*Breitbach/Steinmeier* § 3 Rn. 35, 39 f.; *Rösling* S. 153; zu weitgehend deshalb *Ott/Wächtler* § 3 Rn. 6, 12, die T-Shirts mit Parteiaufdruck und Trachten einbeziehen; *Dietel/Gintzel/Kniesel* § 3 Rn. 4, die die weiße Kleidung einer Pazifistengruppe unter § 3 fassen.

[21] BayObLG 20.1.1987 – RReg. 4 St 209/86, NJW 1987, 1778; Ridder/*Breitbach/Steinmeier* § 3 Rn. 31, 40; aA *Ott/Wächtler* § 3 Rn. 9, die BVerfG 27.4.1982 – 1 BvR 1138/81, NJW 1982, 1803 falsch interpretieren.

[22] OLG Köln 30.8.1977 – Ss 447/77, MDR 1978, 76.

[23] So aber LG Hamburg 7.3.1983 – (34) 172/81 Kls, NStZ 1983, 419.

[24] BGH 29.11.1983 – 5 StR 811/83, NStZ 1984, 123; aA die dadurch aufgehobene Entscheidung des LG Hamburg 7.3.1983 – (34) 172/81 Kls, NStZ 1983, 419.

sche Gesinnung ausdrücken.[25] Demonstrieren Personen, die beruflich Uniformen tragen (zB Polizisten in Uniform für bessere Bezahlung), so dient die Uniform nur der Kennzeichnung der Versammlungteilnehmer, bringt aber keine politische Aussage zum Ausdruck.[26]

9   **2. Subjektiver Tatbestand.** Vorsatz ist erforderlich, gleichgültig in welcher Form (§ 15 StGB). Der Täter muss sich des Charakters seiner Kleidung bewusst sein und mit ihr eine politische Gesinnung zum Ausdruck bringen wollen.

III. Rechtsfolgen, Verjährung, Konkurrenzen

10   Der **Strafrahmen** beträgt Freiheitsstrafe von einem Monat (§ 38 Abs. 2 StGB) bis zu zwei Jahren oder Geldstrafe zwischen fünf und dreihundertsechzig Tagessätzen (§ 40 Abs. 1 StGB). Uniform, Uniformteile und Kleidungsstücke können eingezogen werden (§ 30).

11   Die Tat **verjährt** drei Jahre (§ 78 Abs. 2 Nr. 5 StGB) nach Beendigung oder Verlassen der Versammlung oder Ablegen der Uniform (§ 78a StGB).

12   § 28 steht in Tateinheit mit § 27, wenn der uniformierte Täter bewaffnet ist, und mit § 86a StGB, wenn er Kennzeichen einer verfassungswidrigen Organisation verwendet.[27]

§ 29 [Ordnungswidrigkeiten]

(1) Ordnungswidrig handelt, wer

1. an einer öffentlichen Versammlung oder einem Aufzug teilnimmt, deren Durchführung durch vollziehbares Verbot untersagt ist,

1a. entgegen § 17a Abs. 2 Nr. 2 bei einer öffentlichen Versammlung unter freiem Himmel, einem Aufzug oder einer sonstigen öffentlichen Veranstaltung unter freiem Himmel oder auf dem Weg dorthin Gegenstände, die geeignet und den Umständen nach dazu bestimmt sind, die Feststellung der Identität zu verhindern, mit sich führt,

1b. *(aufgehoben)*

2. sich trotz Auflösung einer öffentlichen Versammlung oder eines Aufzuges durch die zuständige Behörde nicht unverzüglich entfernt,

3. als Teilnehmer einer öffentlichen Versammlung unter freiem Himmel oder eines Aufzuges einer vollziehbaren Auflage nach § 15 Abs. 1 oder 2 nicht nachkommt,

4. trotz wiederholter Zurechtweisung durch den Leiter oder einen Ordner fortfährt, den Ablauf einer öffentlichen Versammlung oder eines Aufzuges zu stören,

5. sich nicht unverzüglich nach seiner Ausschließung aus einer öffentlichen Versammlung oder einem Aufzug entfernt,

6. der Aufforderung der Polizei, die Zahl der von ihm bestellten Ordner mitzuteilen, nicht nachkommt oder eine unrichtige Zahl mitteilt (§ 9 Abs. 2),

7. als Leiter oder Veranstalter einer öffentlichen Versammlung oder eines Aufzuges eine größere Zahl von Ordnern verwendet, als die Polizei zugelassen oder genehmigt hat (§ 9 Abs. 2, § 18 Abs. 2), oder Ordner verwendet, die anders gekennzeichnet sind, als es nach § 9 Abs. 1 zulässig ist, oder

8. als Leiter den in eine öffentliche Versammlung entsandten Polizeibeamten die Anwesenheit verweigert oder ihnen keinen angemessenen Platz einräumt.

(2) Die Ordnungswidrigkeit kann in den Fällen des Absatzes 1 Nr. 1 bis 5 mit einer Geldbuße bis tausend Deutsche Mark[1] und in den Fällen des Absatzes 1 Nr. 6 bis 8 mit einer Geldbuße bis zu fünftausend Deutsche Mark[1] geahndet werden.

---

[25] BVerfG 27.4.1982 – 1 BvR 1138/81, NJW 1982, 1803; BayObLG 20.1.1987 – RReg. 4 St 209/86, NJW 1987, 1778.
[26] *Dietel/Gintzel/Kniesel* § 3 Rn. 13; nur im Ergebnis ebenso *Ridder/Breitbach/Steinmeier* § 3 Rn. 41.
[27] *Schönke/Schröder/Stree/Sternberg-Lieben* StGB § 86a Rn. 13.
[1] Beträge noch nicht auf Euro umgestellt.

Teilweise weichen die Bußgeldtatbestände des BayVersG, NVersG, des VersammlG-LSA 1
sowie des VersFG SH primär in ihren Regelungsstandorten vom VersammlG aF ab. Wesentliche Unterschiede, insbesondere die Aufwertung bisheriger Ordnungswidrigkeitstatbestände zu Straftaten gibt es jedoch nicht. Ebenso wenig zeichnet sich eine praktische Relevanz bezüglich dieser Änderungen ab. Auf ihre Darstellung wird daher zugunsten der einzelnen Gesetzestexte verzichtet. § 30 SächsVersG übernimmt die Ordnungswidrigkeitentatbestände des § 29 wörtlich, stellt allerdings die Höchstbeträge der Geldbuße gemäß Abs. 2 von DM auf EUR um (500 EUR bzw. 2.500 EUR)

§ 29a [Verletzung befriedeter Bezirke]

(1) Ordnungswidrig handelt, wer entgegen § 16 Abs. 1 an einer öffentlichen Versammlung unter freiem Himmel oder an einem Aufzug teilnimmt oder zu einer öffentlichen Versammlung unter freiem Himmel oder zu einem Aufzug auffordert.

(2) Die Ordnungswidrigkeit kann mit einer Geldbuße bis zu dreißigtausend Deutsche Mark[1] geahndet werden.

Die in § 29 Abs. 2 und § 29a Abs. 2 genannten Höchstbeträge der Geldbußen wurden 1
vom Bundesgesetzgeber nicht mehr auf Euro umgestellt. Bis zu einer landesgesetzlichen Neuregelung ist daher umzurechnen, wobei 1 Euro = 1,95583 DM.

§ 30 [Einziehung]

**[1]Gegenstände, auf die sich eine Straftat nach § 27 oder § 28 oder eine Ordnungswidrigkeit nach § 29 Abs. 1 Nr. 1a oder 3 bezieht, können eingezogen werden.
[2]§ 74a des Strafgesetzbuches und § 23 des Gesetzes über Ordnungswidrigkeiten sind anzuwenden.**

Die Einziehung von Waffen und Uniformen war im VersammlG anfangs nicht vorgese- 1
hen. Sie wurde 1968 als § 29a eingeführt.[1] 1978 wurde die Möglichkeit der Einziehung auf Gegenstände erstreckt, die bei Verstößen gegen Auflagen (§ 29 Abs. 1 Nr. 3) mitgeführt werden.[2] Außerdem wurde § 29a bei der Neufassung des VersG zu § 30.[3] Dieser wurde dann 1985 nochmals erweitert auf Schutzwaffen und Vermummungen.[4] Mit der Neufassung der §§ 27, 29 im Jahr 1989[5] wurde § 30 angepasst und um Satz 2 erweitert.[6] Inhaltlich entsprechende oder (nahezu) wortgleiche Vorschriften finden sich in Art. 22 BayVersG, § 22 NVersG, § 29 VersammlG-LSA, § 31 SächsVersG sowie § 25 VersFG SH.

Eingezogen werden können **Gegenstände,** mit denen eine Straftat oder Ordnungswid- 2
rigkeit nach den §§ 27, 28, 29 Abs. 1 Nr. 1a, 3 begangen wurde. Das sind Uniformen, Uniformteile und sonstige Kleidungsstücke, die unter Verstoß gegen § 3 getragen wurden (§ 28), Waffen, gefährliche Gegenstände, Schutzwaffen, Schutzgegenstände und Gegenstände, die zur Aufmachung verwandt wurden (§ 27, 29 Abs. 1 Nr. 1a) sowie Gegenstände, die unter Verstoß gegen eine Auflage mitgeführt wurden (§ 29 Abs. 1 Nr. 3).

Die **Voraussetzungen** der Einziehung bestimmen sich bei Straftaten (§§ 27, 28) nach 3
§ 74 StGB, bei Ordnungswidrigkeiten nach § 22 OWiG, dessen Anwendung § 30 zulässt. Gehören die Gegenstände einem Dritten, ermöglicht Satz 2 eine Einziehung über § 74a

---

[1] Beträge noch nicht auf Euro umgestellt.
[1] Art. 32 EGOWiG vom 24.5.1968, BGBl. I S. 503 (519).
[2] Art. 1 Nr. 10 Gesetz zur Änderung des VersG vom 25.9.1978, BGBl. I S. 1571 (1572).
[3] Art. 2 Gesetz zur Änderung des VersammlG (Fn. 2); Bekanntmachung in BGBl. I S. 1789 (1793).
[4] Art. 2 Nr. 3 Gesetz zur Änderung des StGB und des VersammlG vom 18.7.1985, BGBl. I S. 1511 (1512).
[5] § 27 Rn. 7.
[6] Art. 3 Nr. 7 Gesetz zur Änderung des StGB, der StPO und des VersammlG und zur Einführung einer Kronzeugenregelung bei terroristischen Straftaten vom 9.6.1989, BGBl. I S. 1059 (1060 f.).

StGB, § 23 OWiG. Rechtsfolge der Einziehung ist der Übergang des Eigentums auf den Staat (§§ 74e Abs. 1 StGB, § 26 Abs. 1 OWiG).

Abschnitt V. Schlußbestimmungen

§§ 31–33 *(nicht abgedruckt)*

Anlage *(zu § 15 Abs. 2)*

Die Abgrenzung des Ortes nach § 15 Abs. 2 S. 2 (Denkmal für die ermordeten Juden Europas) umfasst das Gebiet der Bundeshauptstadt Berlin, das umgrenzt wird durch die Ebertstraße, zwischen der Straße In den Ministergärten bzw. Lennéstraße und der Umfahrung Platz des 18. März, einschließlich des unbefestigten Grünflächenbereichs Ebertpromenade und des Bereichs der unbefestigten Grünfläche im Bereich des J.-W.-von-Goethe-Denkmals, die Behrenstraße, zwischen Ebertstraße und Wilhelmstraße, die Cora-Berliner-Straße, die Gertrud-Kolmar-Straße, nördlich der Einmündung der Straße In den Ministergärten, die Hannah-Arendt-Straße, einschließlich der Verlängerung zur Wilhelmstraße. Die genannten Umgrenzungslinien sind einschließlich der Fahrbahnen, Gehwege und aller sonstigen zum Betreten oder Befahren bestimmten öffentlichen Flächen Bestandteil des Gebiets.

Anhang
Begriffserläuterungs-Synopse

Die nachfolgende Tabelle listet wichtige Tatbestandsmerkmale auf, die in mehr als einem der in Band 6 und Band 8 behandelten Gesetze vorkommen. Sie soll den Leser/die Leserin in die Lage versetzen,
– entweder ein bei einem Gesetz noch nicht aufgetretenes Auslegungsproblem bei einem anderen Gesetz zu finden oder
– etwaige Divergenzen bei der Auslegung aufzuspüren.

Begriff	Gesetz	§ – Abs. – Ziff.	Bemerkungen
Abgeben	AMG	§ 4 Abs. 17	
		§ 4b Abs. 3	
		§ 95 Abs. 1 Z. 4, 5, 5a, 6, 7, 8, 9, 10,	
		§ 96 Z. 1, 12, 13, 15	
		§ 97 Abs. 2 Z. 5a, 10, 11, 12, 12a, 13a, 21, 21a	
	AntiDopG	§ 4 Abs. 1 Z. 1, Abs. 4 Z. 2 lit. a	
	BtMAHV	§ 16	
	BtMBinHV	§ 7 Z. 1, 2, 3	
	BtMVV	§ 12	
	BtMG	§ 29 Abs. 1 Z. 1, 7;	
		§ 29a Abs. 1 Z. 1, 2	
		§ 30 Abs. 1 Z. 3	
		§ 32 Abs. 1 Z. 7	
	GÜG	§ 29 Abs. 1 Z. 1	
		§ 29 Abs. 1 Z. 2	
		§ 30 Abs. 1 Z. 2	
	NpSG	§ 4 Abs. 3 Z. 1 lit. b	
Abgeben lassen	AMG	§ 97 Abs. 2 Z. 12a	
Abliefern	KrWaff-KontrG	§ 22a Abs. 5	
Anbauen	BtMG	§ 29 Abs. 1 Z. 1	
		§ 30 Abs. 1 Z. 1	
		§ 30a Abs. 1	
Anbieten	AMG	§ 96 Z. 18	
	BNatSchG	§ 69 Abs. 3 Z. 21	
		§ 69 Abs. 4 Z. 3	
		§ 71 Abs. 2 Z. 1	(„zum Kauf anbieten")
		§ 71a Abs. 2 Z. 1	(„zum Kauf anbieten")
Ändern eines Lagers	SprengG	§ 41 Abs. 1 Z. 7	
Angabe(n)	TFG	§ 8 Abs. 4 S. 2	
		§ 9 Abs. 2 S. 2, 3	
		§ 9 Abs. 3 S. 1, 2	
		§ 11 Abs. 1 S. 2	
		§ 11 Abs. 2 S. 3	
		§ 14 Abs. 2 S. 1	
		§ 16 Abs. 2 S. 2	
		§ 22 Abs. 2 S. 1	

Begriff	Gesetz	§ – Abs. – Ziff.	Bemerkungen
		§ 22 Abs. 1 S. 1	
		§ 23	
Angabe(n)	TPG	§ 5 Abs. 2 S. 3	
		§ 5 Abs. 3 S. 2	
		§ 8 Abs. 2 S. 4	
		§ 8d Abs. 2	
		§ 8d Abs. 3 S. 1, 2, 5	
		§ 8f Abs. 1 S. 2, 3	
		§ 8f Abs. 2 S. 1, 2	
		§ 10 Abs. 2 Z. 1	
		§ 12 Abs. 3 S. 3	
		§ 12 Abs. 4 S. 2 Z. 1	
		§ 13 Abs. 1 S. 3, 4	
		§ 13 Abs. 2	
		§ 13 Abs. 3 S. 3	
		§ 13b S. 2	
		§ 15 Abs. 1, 2, 3	
		§ 19 Abs. 3	
Anleiten	WaffG	§ 52 Abs. 1 Z. 4	
Anmeldung	GenTG	§ 12	
		§ 38 Abs. 1 Nr. 4	
	VersammlG	§ 25 Z. 1	
		§ 26 Z. 2	
Annahme	TPG	§ 10 Abs. 2 Z. 1	
		§ 17 Abs. 1 S. 2 Z. 1	
Anwenden	AMG		
		§ 95 Abs. 1 Z. 1, 8, 10	*(eines Arzneimittels)*
		§ 97 Abs. 2 Z. 21, 22a, 23	*(eines Arzneimittels)*
	AntiDopG	§ 2 Abs. 2, § 3 Abs. 1	
		§ 4 Abs. 1 Z. 2, 4 Abs. 4 Z. 2 lit. a, Abs. 8	
Anwendung	TPG	§ 1a Z. 7	
		§ 2 Abs. 1 S. 1	
		§ 12 Abs. 1 S. 4	
		§ 12 Abs. 2 S. 1, 2	
		§ 14 Abs. 1 S. 1	
Anzeige	GenTG	§ 9 Abs. 2 S. 1	
		§ 12 Abs. 1	
Aufbewahren	BtMVV	§ 17 Nr. 6	
	WaffG	§ 53 Abs. 1 Z. 19	
Auffordern	BtMG	§ 29 Abs. 1 Z. 12	
	VersammlG	§ 23	
	WaffG	§ 52 Abs. 1 Z. 4	
Aufklären	TPG	§ 2 Abs. 1 S. 1	
		§ 8 Abs. 1 Z. 1b	
		§ 8 Abs. 2 S. 1, 3	
Auflage	VersammlG	§ 25 Z. 2	
Auflösung (Versammlung)	VersammlG	§ 23	
		§ 26 Z. 1	
Aufmachung (Vermummung)	VersammlG	§ 27 Abs. 2 Z. 2	

Begriff	Gesetz	§ – Abs. – Ziff.	Bemerkungen
Aufrechterhalten	VereinsG	§ 20 Abs. 1 Z. 1, 2	
Aufsuchen von Bestellungen	AMG	§ 97 Abs. 2 Z. 15	
Aufzeichnen	TPG	§ 5 Abs. 2 S. 3	
		§ 20 Abs. 1 Z. 1	
Aufzeichnung(en)	GenTG	§ 6 Abs. 3	
	TFG	§ 8 Abs. 3 S. 3	
		§ 11 Abs. 1 S. 2, 4	
	TPG	§ 14 Abs. 3 S. 1, 3, 4	
		§ 2 Abs. 3 S. 3 Z. 3	
		§ 8b Abs. 1 S. 2	
		§ 8c Abs. 4	
		§ 15 Abs. 1 S. 1	
Aufzug	VersammlG	§ 21	
		§ 22	
		§ 23	
		§ 24	
		§ 25	
		§ 26	
		§ 27 Abs. 1, Abs. 2 Z. 1	
Ausführen	BNatSchG	§ 69 Abs. 4 Z. 1	
	BtMAHV	§ 16	
	BtMG	§ 29 Abs. 1 Z. 1	
		§ 30a Abs. 1	
		§ 30a Abs. 2 Z. 2	
		§ 32 Abs. 1 Z. 5	
	GÜG	§ 29 Abs. 1 Z. 1	
		§ 29 Abs. 1 Z. 2	
	KrWaffG	§ 19 Abs. 1 Z. 1	
		§ 20 Abs. 1 Z. 1	
		§ 20a Abs. 1 Z. 1	
		§ 22a Abs. 1 Z. 4	
Auskunft (erteilen)	TFG	§ 19 Abs. 3 S. 2	
	TPG	§ 2 Abs. 3 S. 1, 3 Z. 3, 4	
		§ 2 Abs. 4 S. 1, 3	
		§ 7 Abs. 2	
		§ 14 Abs. 1 S. 2	
		§ 14 Abs. 2 S. 1	
		§ 19 Abs. 3 Z. 1	
Auskunft weitergeben	TPG	§ 19 Abs. 3	
Ausüben einer Tätigkeit	AMG	§ 97 Abs. 2 Z. 24d	*(als Stufenplanbeauftragter)*
		§ 97 Abs. 2 Z. 27b	*(als Informationsbeauftragter)*
		§ 97 Abs. 2 Z. 29	*(als Pharmaberater)*
Bande	AntiDopG	§ 4 Abs. 4 Z. 2 lit. b	
	KrWaffG	§ 19 Abs. 2 Z. 1	
		§ 22a Abs. 2	
		§ 24 Abs. 3	
	NpSG	§ 4 Abs. 3 Z. 1 lit. a	
	WaffG	§ 51 Abs. 2 S. 2	

Begriff	Gesetz	§ – Abs. – Ziff.	Bemerkungen
		§ 52 Abs. 5 S. 2	
		§ 54 Abs. 3 S. 2	
Bearbeiten	BNatSchG	§ 69 Abs. 3 Z. 20	
	WaffG	§ 51 Abs. 1	
		§ 52 Abs. 1 Z. 1	
		§ 52 Abs. 1 Z. 2 lit. c	
		§ 52 Abs. 3 Z. 1	
		§ 52 Abs. 3 Z. 3	
Beauftragen	AMG	§ 97 Abs. 2 Z. 24c, 27a, 28	
	TFG	§ 24 S. 7	
	TPG	§ 11 Abs. 1 S. 2	
		§ 12 Abs. 1 S. 1	
Befördern	BNatSchG	§ 69 Abs. 3 Z. 21	
		§ 69 Abs. 4 Z. 3	
		§ 71 Abs. 2 Z. 1	
		§ 71a Abs. 2 Z. 1	
	KrWaffG	§ 22a Abs. 1 Z. 3	
		§ 22a Abs. 1 Z. 5	
		§ 22b Abs. 1 Z. 3	
		§ 22b Abs. 1 Z. 7	
Beförderung	GenTG	§ 3 Nr. 6a	
		§ 16b Abs. 3 Nr. 4	
	TPG	§ 16 Abs. 1 S. 1 Z. 4 lit. b	
		§ 17 Abs. 1 S. 2 Z. 1	
Beifügen einer unvollständigen bzw. unrichtigen Angabe oder Unterlage	AMG	§ 96 Z. 20a, 20b	
Bereitstellen	BtMG	§ 29 Abs. 1 Z. 13	
Berufsverbot	TierSchG	§ 20	
		§ 20a	
Beschädigen	BNatSchG	§ 69 Abs. 2 Z. 1, 3, 4	
Besitzen, in Besitz haben	AMG	§ 96 Z. 16	
	AntiDopG	§ 2 Abs. 3	
		§ 4 Abs. 1 Z. 3, Abs. 2	
	BNatSchG	§ 69 Abs. 3 Z. 20	
		§ 71a Abs. 1 Z. 2	
	BtMG	§ 29 Abs. 1 Z. 3	
		§ 29a Abs. 1 Z. 2	
	NpSG	§ 3 Abs. 1	
	WaffG	§ 51 Abs. 1	
		§ 52 Abs. 1 Z. 1	
		§ 52 Abs. 1 Z. 2 lit. b	
		§ 52 Abs. 3 Z. 1	
		§ 52 Abs. 3 Z. 2 lit. a	
		§ 52 Abs. 3 Z. 2 lit. b	

Begriff	Gesetz	§ – Abs. – Ziff.	Bemerkungen
		§ 52 Abs. 3 Z. 10	
		§ 53 Abs. 1 Z. 1	
		§ 52 Abs. 1 Z. 2	
In Besitz neh-men	BNatSchG	§ 69 Abs. 3 Z. 20	
		§ 71a Abs. 1 Z. 2	
Bestimmen	BtMG	§ 30a Abs. 2 Z. 1	
Betätigen	VereinsG	§ 20 Abs. 1 Z. 1, 2	
Betreiben	AMG	§ 97 Abs. 2 Z. 14	*(Einzelhandel)*
	GenTG	§ 3 Nr. 7	
		§ 39 Abs. 2 Z. 2	
	SprengG	§ 40 Abs. 1 Z. 2	
		§ 40 Abs. 2 Z. 2	
	TFG	§ 4 S. 1	
		§ 32 Abs. 2 Z. 1	
	WaffG	§ 53 Abs. 1 Z. 11	
Beziehen	AMG	§ 95 Abs. 1 Z. 5	*(von Arzneimitteln)*
		§ 97 Abs. 2 Z. 12	
Dokumentation	TFG	§ 9 Abs. 2 S. 1	
		§ 11 Abs. 1 S. 1	
		§ 12 Abs. 1 Z. 6	
		§ 14 Abs. 1 S. 2	
		§ 14 Abs. 2 S. 3	
	TPG	§ 15 Abs. 2 S. 2	
		§ 18 Abs. 1 Z. 1	
		§ 20 S. 2	
		§ 27 Abs. 4	
		§ 4a Abs. 3	
		§ 8d Abs. 1 Z. 1	
		§ 8d Abs. 2	
		§ 8d Abs. 3 S. 1	
		§ 8f Abs. 1 S. 3	
		§ 11 Abs. 5 S. 2	
		§ 15 S. 1	
		§ 16 Abs. 1 S. 1 Z. 2, 4	
		§ 16 Abs. 1 S. 4	
		§ 16a S. 2 Z. 1	
Dokumentieren	TFG	§ 14 Abs. 1 S. 1	
		§ 14 Abs. 2 S. 1	
		§ 17 Abs. 2	
	TPG	§ 19 Abs. 4	
		§ 8d Abs. 2	
		§ 10 Abs. 2 Z. 4	
		§ 12 Abs. 3 S. 3	
		§ 13b S. 1	
		§ 15 Abs. 2 S. 1	
		§ 20 Abs. 1 Z. 3	
Drohung mit Gewalt	VersammlG	§ 22	
Durchführen (durch das Bun-desgebiet)	BtMG	§ 29 Abs. 1 Z. 5	
	GÜG	§ 29 Abs. 1 Z. 1	
		§ 29 Abs. 1 Z. 2	

Begriff	Gesetz	§ – Abs. – Ziff.	Bemerkungen
	KrWaffG	§ 19 Abs. 1 Z. 1	
		§ 20 Abs. 1 Z. 1	
		§ 20a Abs. 1 Z. 1	
		§ 22a Abs. 1 Z. 4	
		§ 22a Abs. 1 Z. 5	
	SprengG	§ 40 Abs. 2 Z. 1	
Durchführen	AMG	§ 4 Abs. 23 S. 1	
einer klinischen		§ 96 Z. 10, 11	
Prüfung		§ 97 Abs. 2 Z. 9	
Durchführen lassen	SprengG	§ 40 Abs. 2 Z. 1	
Einführen	BNatSchG		
	BtMAHV		
	BtMG	§ 29 Abs. 1 Z. 1	
		§ 30 Abs. 1 Z. 4	
		§ 30a Abs. 1	
		§ 30a Abs. 2 Z. 2	
		§ 32 Abs. 1 Z. 5	
	GÜG	§ 29 Abs. 1 Z. 1	
		§ 29 Abs. 1 Z. 2	
	KrWaffG	§ 19 Abs. 1 Z. 1	
		§ 20 Abs. 1 Z. 1	
		§ 20a Abs. 1 Z. 1	
		§ 22a Abs. 1 Z. 4	
		§ 22a Abs. 5	
	SprengG	§ 40 Abs. 2 Z. 1	
		§ 41 Abs. 1 Z. 2	
		§ 41 Abs. 1 Z. 1c	
	TFG	§ 9 Abs. 2 S. 1	
Einführen lassen	SprengG	§ 40 Abs. 2 Z. 1	
Einsetzen	KrWaffG	§ 20a Abs. 1 Z. 1	
Einziehung (von	AMG	§ 98	
Gegenständen	AntiDopG	§ 5	
durch die Behör-	NpSG	§ 5	
den)	BNatSchG	§ 72	
	BtMG	§ 33 Abs. 2	
	GÜG	§ 31	
	KrWaffG	§ 24 Abs. 1	
	SprengG	§ 43	
	TierSchG	§ 19	
	VereinsG	§ 20 Abs. 3	
	VersammlG	§ 30	
	WaffG		
Entgelt	TFG	§ 1	
		§ 3 Abs. 4	
	TPG	§ 9 Abs. 2 S. 3, 4	
		§ 10 S. 1	
		§ 8f Abs. 1 S. 3, 4, 5, 6	
		§ 17 Abs. 1 S. 2 Z. 1	
(Blut-/Spende-)	TFG	§ 2 Z. 2	

Begriff	**Gesetz**	**§ – Abs. – Ziff.**	**Bemerkungen**
Entnahme		§ 4 S. 1 Z. 3	
		§ 4 S. 3	
		§ 5 Abs. 1 S. 1, 2	
		§ 5 Abs. 3 S. 2	
		§ 6 Abs. 1 S. 1	
		§ 6 Abs. 2 S. 1	
		§ 7 Abs. 1	
		§ 7 Abs. 2	
		§ 10 S. 1	
		§ 11 Abs. 1 S. 1	
		§ 11 Abs. 2 S. 2	
		§ 12 Abs. 1 S. 1 Z. 4, 6	
		§ 17 Abs. 1 S. 2	
		§ 28	
(Organ-/	**TPG**	§ 1 Abs. 1 S. 1	
Gewebe-) Ent-		§ 1a Z 3, 6, 11	
nahme		§ 2 Abs. 1 S. 1	
		§ 2 Abs. 2 S. 1	
		§ 2 Abs. 3 S. 2	
		§ 2 Abs. 4 S. 1	
		§ 2 Abs. 4 S. 3	
		§ 3 Abs. 1	
		§ 3 Abs. 1 Z. 1	
		§ 3 Abs. 2 Z. 1, 2	
		§ 3 Abs. 3 S. 1, 2	
		§ 4 Abs. 1 S. 1, 2, 3	
		§ 4 Abs. 3	
		§ 4a Abs. 1 S. 1	
		§ 5 Abs. 2 S. 1	
		§ 5 Abs. 3 S. 1	
		§ 6 Abs. 1	
		§ 7 Abs. 1	
		§ 7 Abs. 3	
		§ 8 Abs. 1 S. 1 Z. 1	
		lit. b, c	
		§ 8 Abs. 1 S. 1 Z. 3	
		§ 8 Abs. 1 S. 2	
		§ 8 Abs. 2 S. 1	
		§ 8 Abs. 3 S. 1	
		§ 8 Abs. 3 S. 3	
		§ 8a S. 1 Z. 3, 4, 5	
		§ 8c Abs. 1	
		§ 8c Abs. 2 S. 1	
		§ 8c Abs. 3 S. 1	
		§ 8d Abs. 1 Z. 1, 5	
		§ 8d Abs. 2	
		§ 10 Abs. 2 Z. 3	
		§ 11 Abs. 1 S. 1	
		§ 11 Abs. 2 S. 2 Z. 1, 4	
		§ 11 Abs. 4 S. 1, 3, 4	
		§ 12 Abs. 1 S. 4	

Begriff	Gesetz	§ – Abs. – Ziff.	Bemerkungen
		§ 14 Abs. 2 S. 1	
		§ 14 Abs. 2 S. 2	
		§ 15 Abs. 1 S. 1	
		§ 16 Abs. 1 S. 1 Z. 4, 6	
		§ 16 Abs. 2	
		§ 17 Abs. 1 S. 2 Z. 1	
Entnehmen	BNatSchG	§ 69 Abs. 2 Z. 1, 3, 4	
		§ 71a Abs. 1 Z. 1	
	ESchG	§ 1 Abs. 1 Z. 6	
	GenTG	§ 3 Nr. 3c lit. c aa	
	TFG	§ 2 Z. 2	
	TPG	§ 3 Abs. 3	
		§ 4a Abs. 2	
		§ 7 Abs. 2 S. 1 Z. 6	
		§ 17 Abs. 2	
		§ 18 Abs. 1	
		§ 19 Abs. 1	
		§ 19 Abs. 2	
Entwickeln	KrWaffG	§ 19 Abs. 1 Z. 1	
		§ 20 Abs. 1 Z. 1	
		§ 20a Abs. 1 Z. 1	
Errichten eines Lagers	SprengG	§ 41 Abs. 1 Z. 7	
Erwerben	AMG	§ 95 Abs. 1 Z. 9	
		§ 96 Z. 18	
		§ 97 Abs. 2 Z. 22	
	AntiDopG	§ 2 Abs. 3	
		§ 4 Abs. 1 Z. 3, Abs. 2	
	BNatSchG	§ 69 Abs. 3 Z. 21	
		§ 69 Abs. 4 Z. 3	
		§ 71 Abs. 2 Z. 2	
		§ 71a Abs. 2 Z. 2	
	BtMG	§ 29 Abs. 1 Z. 1	
	GÜG	§ 29 Abs. 1 Z. 1	
		§ 29 Abs. 1 Z. 2	
	KrWaffG	§ 19 Abs. 1 Z. 1	
		§ 20 Abs. 1 Z. 1	*(der tatsächlichen Gewalt)*
		§ 20a Abs. 1 Z. 1	
		§ 22a Abs. 1 Z. 2	
	NpSG	§ 3 Abs. 1	
	SprengG	§ 40 Abs. 1 Z. 3	
		§ 41 Abs. 1 Z. 17	
	WaffG	§ 51 Abs. 1	
		§ 52 Abs. 1 Z. 1	
		§ 52 Abs. 1 Z. 2 lit. a	
		§ 52 Abs. 1 Z. 2 lit. b	
		§ 52 Abs. 3 Z. 1	
		§ 52 Abs. 3 Z. 2 lit. a	
		§ 52 Abs. 3 Z. 2 lit. b	
		§ 53 Abs. 1 Z. 1	
		§ 53 Abs. 1 Z. 2	
Fangen	BNatSchG	§ 69 Abs. 2 Z. 1	

Begriff	Gesetz	§ – Abs. – Ziff.	Bemerkungen
Feilbieten	AMG	§ 4 Abs. 17	*(Unterfall des Inverkehrbrin-*
		§ 97 Abs. 2 Z. 15	*gens)*
Feilhalten	AMG	§ 4 Abs. 17	*(Unterfall des Inverkehrbrin-*
			gens)
Fördern	KrWaffG	§ 19 Abs. 1 Z. 2	
		§ 20 Abs. 1 Z. 2	
		§ 20a Abs. 1 Z. 3	
	TFG	§ 1	
		§ 3 Abs. 4	
Freisetzen	GenTG	§ 14 Abs. 1 S. 1 Z.1	
		§ 39 Abs. 2 Z. 1	
Führen	TPG	§ 10 Abs. 2 Z. 1	
	WaffG	§ 51 Abs. 1	
		§ 52 Abs. 1 Z. 1	
		§ 52 Abs. 1 Z. 2 lit. b	
		§ 52 Abs. 3 Z. 1	
		§ 52 Abs. 3 Z. 2 lit. a	
		§ 52 Abs. 3 Z. 5	
		§ 52 Abs. 3 Z. 9	
		§ 53 Abs. 1 Z. 2	
		§ 53 Abs. 1 Z. 8	
		§ 53 Abs. 1 Z. 21a	
Gefährlicher Gegenstand	VersammlG		
Gewährung	TPG	§ 17 Abs. 1 S. 2 Z. 1	
Gewahrsam	TPG	§ 7 Abs. 2 Z. 5	
In Gewahrsam haben	BNatSchG	§ 69 Abs. 3 Z. 20	
		§ 71a Abs. 1 Z. 2	
In Gewahrsam nehmen	BNatSchG	§ 69 Abs. 3 Z. 20	
		§ 71a Abs. 1 Z. 2	
Gewalt	VersammlG	§ 22	
Gewalt ausüben (über etwas)	KrWaffG	§ 19 Abs. 1 Z. 1	
		§ 20 Abs. 1 Z. 1	
		§ 20a Abs. 1 Z. 1	
		§ 22a Abs. 1 Z. 6	
Gewalttätigkeit	VersammlG	§ 21	
Gewerbsmäßig	AntiDopG	§ 4 Abs. 4 Z. 2 lit. b	
	BNatSchG	§ 71 Abs. 3	
		§ 71a Abs. 1 Z. 3	
	KrWaffG	§ 19 Abs. 2 Z. 1	
		§ 20a Abs. 2 Z. 1	
		§ 22a Abs. 2	
		§ 24 Abs. 3	
	NpSG	§ 4 Abs. 3 Z. 1 lit. a	
	TPG	§ 18 Abs. 2	
	WaffG	§ 51 Abs. 2 S. 2	
		§ 52 Abs. 5 S. 2	
		§ 53 Abs. 1 Z. 10	
		§ 54 Abs. 3 S. 2	

Begriff	Gesetz	§ – Abs. – Ziff.	Bemerkungen
Gewinnen (iS von erzeugen)	AMG	§ 96 Z. 4a, 17	
Gewohnheitsmäßig	BNatSchG	§ 71 Abs. 3	
		§ 71a Abs. 1 Z. 3	
Grobe Störung	VersammlG	§ 21	
Halten (von Tieren)	TierSchG		
Handel	TierSchG	§ 20 Abs. 1	
		§ 20a Abs. 1	
	TPG	§ 18 Abs. 2	
Handel treiben	AMG	§ 95 Abs. 1 Z. 4	*(betreibt)*
		§ 96 Z. 14	
		§ 97 Abs. 2 Z. 10	
	AntiDopG	§ 2 Abs. 1 Z. 2	
		§ 4 Abs. 1 Z. 1	
	BtMG	§ 29 Abs. 1 Z. 1	
		§ 29a Abs. 1 Z. 2	
		§ 30 Abs. 1 Z. 1	
		§ 30a Abs. 1	
		§ 30a Abs. 2 Z. 2	
	GÜG	§ 29 Abs. 1 Z. 1	
	KrWaffG	§ 19 Abs. 1 Z. 1	
		§ 20 Abs. 1 Z. 1	
		§ 20a Abs. 1 Z. 1	
	NpSG	§ 3 Abs. 1	
		§ 4 Abs. 1 Z. 1	
	TPG	§ 8 Abs. 3 S. 2	
		§ 17 Abs. 1 S. 1	
		§ 17 Abs. 2	
		§ 18 Abs. 1	
		§ 18 Abs. 4	
	WaffG	§ 51 Abs. 1	
		§ 52 Abs. 1 Z. 1	
		§ 52 Abs. 1 Z. 2 lit. c	
		§ 52 Abs. 1 Z. 1	
		§ 53 Abs. 1 Z. 2	
Herstellen, Herstellung	AMG	§ 4 Abs. 14	
		§ 95 Abs. 1 Z. 3a	
		§ 96 Z. 3, 4	
		§ 97 Abs. 2 Z. 18	
	AntiDopG	§ 2 Abs. 1 Z. 1	
		§ 4 Abs. 1 Z. 1	
	BtMG	§ 29 Abs. 1 Z. 1	
		§ 29 Abs. 1 Z. 2	
		§ 29a Abs. 1 Z. 2	
		§ 30 Abs. 1 Z. 1	
		§ 30a Abs. 1	
	GenTG	§ 11 Abs. 1 Nr. 5	
	GÜG	§ 1 Nr. 1	
		§ 2 Nr. 8	
		§ 3	

Begriff	Gesetz	§ – Abs. – Ziff.	Bemerkungen
		§ 4 Abs. 1 Nr. 1	
		§ 4 Abs. 1 Nr. 3	
		§ 7 Abs. 1	
		§ 15	
		§ 20 Abs. 1 Nr. 4a	
		§ 24 Abs. 2	
		§ 28 Abs. 1 Nr. 2	
		§ 29 Abs. 1 Nr. 3	
		§ 29 Abs. 1 Z. 1	
		§ 29 Abs. 1 Z. 2	
		§ 30 Abs. 1 Nr. 9	
	KrWaffG	§ 2	
		§ 10 Abs. 3 S. 2	
		§ 18 Nr. 1	
		§ 18a Abs. 1 Z. 1	
		§ 19 Abs. 1 Z. 1	
		§ 20 Abs. 1 Z. 1	
		§ 20a Abs. 1 Z. 1	
		§ 22a Abs. 1 Z. 1	
	NpSG	§ 4 Abs. 1 Z. 2 lit. a	
		§ 3 Abs. 1	
	SprengG	§ 1 Abs. 2 Nr. 2, Abs. 3a	
		§ 32 Abs. 2	
	TFG	§ 2 Z. 1, 3	
		§ 8 Abs. 1 S. 1	
		§ 9 Abs. 2 S. 1, 2	
		§ 11a	
		§ 14 Abs. 1 S. 1	
		§ 16 Abs. 1 S. 1	
		§ 21 Abs. 1 S. 1	
		§ 28	
	TPG	§ 1a Z. 1	
		§ 17 Abs. 1 S. 2 Z. 2	
	WaffG	§ 21 Abs. 1	
		§ 23 Abs. 1	
		§ 24 Abs. 1, 3, 5	
		§ 26 Abs. 1	
		§ 40 Abs. 1	
		§ 51 Abs. 1	
		§ 52 Abs. 1 Z. 1	
		§ 52 Abs. 1 Z. 2 lit. c	
		§ 52 Abs. 1 Z. 4	
		§ 52 Abs. 3 Z. 1	
		§ 52 Abs. 3 Z. 3	
		§ 53 Abs. 1 Z. 2	
Hinweis nicht geben	**WaffG**	§ 53 Abs. 1 Z. 18	
In Besitz nehmen			*siehe nach „Besitzen, in Besitz haben"*
In Gewahrsam haben			*siehe nach „Gebrauch im Rechtsverkehr"*

Begriff	Gesetz	§ – Abs. – Ziff.	Bemerkungen
In Gewahrsam nehmen			*siehe nach „in Gewahrsam haben"*
Instandsetzen	WaffG	§ 51 Abs. 1	
		§ 52 Abs. 1 Z. 1	
		§ 52 Abs. 1 Z. 2 lit. c	
		§ 52 Abs. 3 Z. 1	
		§ 52 Abs. 3 Z. 3	
		§ 53 Abs. 1 Z. 2	
In Verkehr bringen	AMG	§ 4 Abs. 17	
		§ 95 Abs. 1 Z. 1	*(zu Dopingzwecken im*
		§ 95 Abs. 1 Z. 2	*Sport)*
		§ 95 Abs. 1 Z. 3, 3a, 5a	
		§ 95 Abs. 3 S. 2 Z. 2	
		§ 96 Z. 3, 4a, 5, 5a, 7, 8, 9, 18, 19	
		§ 97 Abs. 2 Z. 1, 2, 3, 4, 5, 10, 16	
		§ 97 Abs. 2c Z. 1, 4	
	AntiDopG	§ 2 Abs. 1 Z. 3	
		§ 4 Abs. 1 Z. 1	
	BtMG	§ 29 Abs. 1 Z. 1	
	GenTG	§ 3 Nr. 2 lit. b, 3c, 5, 6, 6a, 7	
		§ 6 Abs. 1	
		§ 14 Abs. 1 Z. 2, 3, 4, 5	
		§ 14 Abs. 1a, 2, 5	
		§ 16b Abs. 1, 3 Z. 1	
		§ 16b Abs. 5	
		§ 16c Abs. 1	
		§ 38 Abs. 1 Z. 7	
	GÜG		
		§ 19 Abs. 1 Z. 2	
	NpSG	§ 2 Z. 3	
		§ 3 Abs. 1	
		§ 4 Abs. 1 Z. 1, 2	
	SprengG	§ 41 Abs. 1 Z. 1c	
		§ 41 Abs. 1 Z. 1d	
Inverkehrbringen	TFG	§ 2 Z. 2	
Kaufen	BNatSchG	§ 69 Abs. 3 Z. 21	
		§ 69 Abs. 4 Z. 3	
		§ 71 Abs. 2 Z. 1	
		§ 71a Abs. 2 Z. 1	
Konservierung	TPG	§ 1a Z. 8	
		§ 8d Abs. 1 S. 2 Z. 4	
		§ 8f Abs. 1 S. 2	
		§ 10 Abs. 2 S. 1 Z. 4	
		§ 11 Abs. 1a S. 2 Z. 6	
		§ 16 Abs. 1 S. 1 Z. 4 lit. b	
		§ 17 Abs. 1 S. 2 Z. 1	

Begriff	Gesetz	§ – Abs. – Ziff.	Bemerkungen
Lagern	AMG	§ 96 Z. 4a, 18	
	KrWaffG	§ 20a Abs. 1 Z. 1	
	TFG	§ 11a	
		§ 17 Abs. 1 S. 1	
Lagerung	TFG	§ 2 Z. 2	
		§ 20	
Leichtfertig	BNatSchG	§ 71a Abs. 3	
Leiden	TierSchG	§ 17 Z. 2	
Leiter (Versammlung)	VersammlG	§ 24	
		§ 25	
		§ 26	
Mitnehmen	WaffG	§ 51 Abs. 1	
		§ 52 Abs. 1 Z. 1	
		§ 52 Abs. 1 Z. 2 lit. d	
		§ 52 Abs. 3 Z. 1	
		§ 53 Abs. 1 Z. 2	
Mit sich führen	AMG	§ 96 Z. 18	
	BtMG	§ 30a Abs. 2 Z. 2	
	VersammlG	§ 24	
		§ 27 Abs. 1	
		§ 27 Abs. 2 Z. 1	
		§ 27 Abs. 2 Z. 3 lit. a, lit. b	
		§ 29 Abs. 1 Z. 1a	
Mitteilung nicht, nicht richtig, nicht vollständig oder nicht rechtzeitig machen	WaffG	§ 53 Abs. 1 Z. 6	
	AMG	§ 97 Abs. 2 Z. 7a	
	GenTG	§ 97 Abs. 2b Z. 1	
		§ 38 Abs. 1 Z. 9	
Mitteilung nicht, nicht vollständig oder nicht rechtzeitig erstatten	AMG	§ 97 Abs. 2 Z. 24c, 27a	
Nachstellen	BNatSchG	§ 69 Abs. 2 Z. 1	
Nachweis nicht bzw. nicht richtig führen oder vorlegen	AMG	§ 97 Abs. 2 Z. 13, 24b	
		§ 97 Abs. 2 Z. 24b	
	BNatSchG	§ 69 Abs. 4 Z. 1	
Nicht anbringen (nicht richtig, nicht vollständig, nicht in der vorgeschriebenen Weise oder nicht rechtzeitig)	WaffG	§ 53 Abs. 1 Z. 9	
Nicht anmelden	GenTG	§ 38 Abs. 1 Z. 4	
	SprengG	§ 41 Abs. 1 Z. 5	
	WaffG	§ 53 Abs. 1 Z. 15	
Nicht anwenden	SprengG	§ 41 Abs. 1 Z. 12a	

Begriff	Gesetz	§ – Abs. – Ziff.	Bemerkungen
Nicht aufbewah-ren	AMG	§ 97 Abs. 2 Z. 24b	*(von Unterlagen)*
	BtMBinHV	§ 7 Nr. 4, 7	
	BtMVV	§ 17 Nr. 6	
	WaffG	§ 53 Abs. 1 Z. 13	
		§ 53 Abs. 1 Z. 17	
Nicht aushändi-gen	WaffG	§ 53 Abs. 1 Z. 20	
Nicht beantragen	WaffG	§ 53 Abs. 1 Z. 7	
Nicht beauftra-gen	AMG	§ 97 Abs. 2 Z. 24c	*(eines Stufenplanbeauftrag-ten)*
		§ 97 Abs. 2 Z. 27a	*(eines Informationsbeauftrag-ten)*
Nicht dokumen-tieren	BtMVV	§ 17 Nr. 2	
Nicht Einsicht gewähren	WaffG	§ 53 Abs. 1 Z. 17	
Nicht eintragen	BtMBinHV	§ 7 Nr. 6	
Nicht erbringen	SprengG	§ 41 Abs. 1 Z. 4a	
Nichterfüllen einer Auflage	KrWaffG	§ 22b Abs. 1 Z. 1	
		§ 22b Abs. 1 Z. 3	
Nichterstatten einer Anzeige	AMG	§ 97 Abs. 2 Z. 7	
	BtMG	§ 32 Abs. 1 Z. 1	
		§ 32 Abs. 1 Z. 14	
	GenTG	§ 38 Abs. 1 Z. 6	
	SprengG	§ 41 Abs. 1 Z. 1	
		§ 41 Abs. 1 Z. 4	
	WaffG	§ 53 Abs. 1 Z. 5	
Nichterstatten einer Meldung	BtMG	§ 32 Abs. 1 Z. 12	
	GÜG	§ 20 Abs. 1 Z. 12, 13	
	KrWaffG	§ 22b Abs. 1 Z. 3	
Nichterteilen einer Auskunft		§ 35 Abs. 2 Z. 13	
	TabakerzG	§ 53 Abs. 1 Z. 21	
	WaffG		
Nicht erteilen (machen, beifü-gen) von Anga-ben	AMG	§ 96 Z. 6, 20 lit. a, 20 lit. b	
	BtMAHV	§ 16 Nr. 1, Nr. 2	
	BtMBinHV	§ 7 Nr. 2	
	BtMVV	§ 17 Nr. 1	
Nichterteilen von Auskünften	GenTG	§ 38 Abs. 1 Z. 10	
	KrWaffG	§ 22b Abs. 1 Z. 4	
Nicht führen (nicht richtig oder nicht voll-ständig)	WaffG	§ 53 Abs. 1 Z. 8	
Nicht führen (unrichtig oder nicht vollständig führen)	KrWaffG	§ 22b Abs. 1 Z. 2	

Begriff	Gesetz	§ – Abs. – Ziff.	Bemerkungen
Nicht führen von Aufzeichnungen (nicht machen, unterzeichnen, aufbewahren, vorlegen von Aufzeichnungen)	BtMVV	§ 17 Nr. 9	
Nicht führen von Nachweisen (nicht sicherstellen, daß Nachweis erbracht)	BtMVV	§ 17 Nr. 8	
Nicht herausgeben	WaffG	§ 53 Abs. 1 Z. 13	
Nicht kennzeichnen	AMG	§ 97 Abs. 2 Z. 19	
	BtMG	§ 32 Abs. 1 Z. 8	
	GÜG	§ 20 Abs. 1 Z. 10, 11	
Nicht mitführen	WaffG	§ 53 Abs. 1 Z. 14	
		§ 53 Abs. 1 Z. 20	
Nicht mitteilen	BtMG	§ 32 Abs. 1 Z. 3	*(siehe auch „Mitteilung nicht, nicht vollständig oder nicht rechtzeitig erstatten")*
Nicht nachkommen	SprengG	§ 41 Abs. 1 Z. 3	
Nicht nachreicht	BtMVV	§ 17 Nr. 7	
Nichtprotokollieren (nicht richtig, nicht vollständig oder nicht rechtzeitig)	WaffG	§ 53 Abs. 1 Z. 18	
Nicht sichern	BtMVV	§ 17 Nr. 5	
Nicht sicherstellen	AMG	§ 97 Abs. 2a	*(einer Mitteilung über Nebenwirkungen)*
		§ 97 Abs. 2b Z. 3	
	WaffG	§ 53 Abs. 1 Z. 12	
Nicht übergeben	KrWaffG	§ 22b Abs. 3	*(der Ausfertigung der Genehmigungsurkunde)*
Nicht überlassen	AMG	§ 97 Abs. 2 Z. 24a	*(auf Anforderung hin)*
Nicht (rechtzeitig) einsenden	BtMVV	§ 17 Nr. 2	
Nicht unterschreiben, eintragen	BtMBinHV	§ 7 Nr. 3, Nr. 5, Nr. 6	
Nicht unterstützen	BNatSchG	§ 69 Abs. 3 Z. 25	
Nicht vermerken	BtMBinHV	§ 7 Nr. 5	
Nicht versehen	BtMBinHV	§ 7 Nr. 5	
	WaffG	§ 53 Abs. 1 Z. 9	*(nicht richtig, nicht vollständig, nicht in der vorgeschriebenen Weise oder nicht rechtzeitig mit einem besonderen Kennzeichen)*

Begriff	Gesetz	§ – Abs. – Ziff.	Bemerkungen
Nicht vorführen	AMG	§ 97 Abs. 2 Z. 27	*(einer Sendung)*
	SprengG	§ 41 Abs. 1 Z. 5	
Nicht vorlegen	KrWaffG	§ 22b Abs. 1 Z. 5	*(von Betriebsaufzeichnungen und sonstigen Unterlagen)*
	SprengG	§ 41 Abs. 1 Z. 5a	
Nicht (rechtzeitig) vorführen	BtMVV	§ 17 Nr. 2 (= nicht vorlegt oder nicht einsendet)	
	WaffG	§ 53 Abs. 1 Z. 15	
Nicht (rechtzeitig) vorlegen	WaffG	§ 53 Abs. 1 Z. 7	
Nicht zurückgeben	BtMVV	§ 17 Nr. 4	
	WaffG	§ 53 Abs. 1 Z. 22	
Nicht zurück-, übersenden	BtMBinHV	§ 7 Nr. 5, Nr. 6	
Nutzen	TFG	§ 11 Abs. 2 S. 1	
		§ 14 Abs. 2 S. 3	
	TPG	§ 14 Abs. 4 S. 1	
Öffentlich	VersammlG	§ 23	
Öffentliche Versammlung	VersammlG	§ 22	
		§ 23	
		§ 24	
		§ 25	
		§ 26 Nr. 1	
		§ 27 Abs. 1, Abs. 2 Z. 1	
Offenbaren	TPG	§ 14 Abs. 2 S. 1, 4	
		§ 19 Abs. 3	
Ordner	VersammlG	§ 22	
		§ 24	
Organspende(r)/ Gewebespende(r)	TPG	§ 1 Abs. 1	
		§ 1a Nr. 5 lit. c	
		§ 2 Abs. 1 S. 1 Z. 1, 2	
		§ 2 Abs. 1 S. 3	
		§ 2 Abs. 1a S. 4, 5	
		§ 2 Abs. 2 S. 1	
		§ 2 Abs. 2a	
		§ 2 Abs. 3 S. 1	
		§ 2 Abs. 3 S. 3 Z. 1	
		§ 2 Abs. 4 S. 1	
		§ 3 Abs. 1 Z. 1, 2	
		§ 3 Abs. 2 Z. 2	
		§ 3 Abs. 3	
		§ 4 Abs. 1 S. 1, 4	
		§ 4 Abs. 2 S. 1, 4	
		§ 4 Abs. 2 S.	
		§ 4 Abs. 3	
		§ 5 Abs. 1 S. 1	
		§ 6 Abs. 1	
		§ 6 Abs. 2	
		§ 7 Abs. 1	

Begriff	Gesetz	§ – Abs. – Ziff.	Bemerkungen
		§ 7 Abs. 2 S. 1 Z. 1, 2, 3, 4, 5	
		§ 7 Abs. 2 S. 2	
		§ 7 Abs. 3 S. 3	
		§ 8 Abs. 1 S. 1 Z. 1 lit. c	
		§ 8 Abs. 1 S. 1 Z. 3	
		§ 8 Abs. 1 S. 2	
		§ 8 Abs. 2 S. 1 Z. 3	
		§ 8 Abs. 2 S. 2, 4	
		§ 8 Abs. 3 S. 1, 2	
		§ 8a S. 1 Z. 3	
		§ 8d Abs. 1 S. 2 Z. 2, 3, 5	
		§ 8d Abs. 2	
		§ 8e S. 1	
		§ 9 Abs. 1, 2 S. 1	
		§ 9 Abs. 3 S. 2	
		§ 10 Abs. 1 S. 1	
		§ 10 Abs. 2 S. 1 Z. 5, 8	
		§ 11 Abs. 1 S. 1	
		§ 11 Abs. 1a S. 1, 3 Z. 3	
		§ 11 Abs. 4 S. 1, 3	
		§ 11 Abs. 5 S. 2 Z. 1, 2, 6	
		§ 13 Abs. 1 S. 1	
		§ 13 Abs. 2	
		§ 13c Abs. 2 S. 1, 2	
		§ 14 Abs. 2 S. 1	
		§ 14 Abs. 2a S. 1	
		§ 14 Abs. 3 S. 2	
		§ 16 Abs. 1 S. 1 Z. 4 lit. a, c	
		§ 16 Abs. 2 S. 4	
		§ 16a S. 2 Z. 2, 3, 5	
		§ 16b Abs. 1 S. 1 Z. 1, 2	
		§ 18 Abs. 4	
Personenbezogene Daten	**TFG**	§ 6 Abs. 2 S. 1	
		§ 8 Abs. 2 S. 1 Z. 2	
		§ 8 Abs. 2 S. 2	
	TPG	§ 11 Abs. 2 S. 1	
		§ 14 Abs. 4 S. 1	
		§ 2 Abs. 3 S. 2	
		§ 11 Abs. 4 S. 3	
		§ 11 Abs. 5 S. 2	
		§ 13 Abs. 1 S. 1	
		§ 13 Abs. 2	
		§ 13 Abs. 3 S. 4	
		§ 14 Abs. 1 S. 2	
		§ 14 Abs. 2 S. 1, 2, 3	
		§ 19 Abs. 3 Z. 3	
Rohheit	**TierSchG**	§ 17 Z. 2 lit. a	

Begriff	Gesetz	§ – Abs. – Ziff.	Bemerkungen
Schießen	WaffG	§ 53 Abs. 1 Z. 3	
Schmerzen	TierSchG	§ 17 Z. 2 lit. a, b	
Schutzwaffe	VersammlG	§ 27 Abs. 2 Z. 1	
		§ 27 Abs. 2 Z. 3 lit. b	
(Blut)-Spende	TFG	§ 1	
		§ 2 Z. 1, 2	
		§ 3 Abs. 4	
		§ 5 Abs. 3 S. 1	
		§ 6 Abs. 1 S. 3	
		§ 7 Abs. 1, 2	
		§ 11 Abs. 1 S. 4	
		§ 19 Abs. 1 S. 1	
		§ 19 Abs. 1 S. 3 Z. 1, 2, 3, 4	
		§ 19 Abs. 1 S. 4	
		§ 22 Abs. 1 S. 3	
		§ 24 S. 1	
		§ 31	
Stören	BNatSchG	§ 69 Abs. 2 Z. 2	
Tätigkeit aus–	TFG	§ 33	
üben	SprengG	§ 41 Abs. 1 Z. 8	
Tätlich angreifen	VersammlG	§ 22	
Tauschen	BNatSchG	§ 69 Abs. 3 Z. 21	
Teilnehmen	AntiDopG	§ 4 Abs. 1 Z. 5	
Tellereisen	BNatSchG	§ 69 Abs. 5 Z. 1	
Töten	BNatSchG	§ 69 Abs. 2 Z. 1	
		§ 71a Abs. 1 Z. 1	
	TierSchG	§ 17 Z. 1	
Transportieren	KrWaffG	§ 20a Abs. 1 Z. 1	
Überlassen	BNatSchG	§ 69 Abs. 3 Z. 21	
	BtMG	§ 29 Abs. 1 Z. 6 lit. b	
		§ 29a Abs. 1 Z. 1	
		§ 30 Abs. 1 Z. 3	
	KrWaffG	§ 19 Abs. 1 Z. 1	
		§ 20 Abs. 1 Z. 1	
		§ 20a Abs. 1 Z. 1	
		§ 22a Abs. 1 Z. 2	
	SprengG	§ 40 Abs. 2 Z. 3 lit. a, b, c, d, e	
		§ 41 Abs. 1 Z. 1a	
		§ 41 Abs. 1 Z. 1b	
		§ 41 Abs. 1 Z. 1c	
		§ 41 Abs. 1 Z. 1d	
		§ 41 Abs. 1 Z. 2	
		§ 41 Abs. 1 Z. 10	
		§ 41 Abs. 1 Z. 17	
	WaffG	§ 51 Abs. 1	
		§ 52 Abs. 1 Z. 1	
		§ 52 Abs. 1 Z. 2 lit. a	
		§ 52 Abs. 1 Z. 3	
		§ 52 Abs. 3 Z. 1	

Begriff	Gesetz	§ – Abs. – Ziff.	Bemerkungen
		§ 52 Abs. 3 Z. 6	
		§ 52 Abs. 3 Z. 7	
		§ 53 Abs. 1 Z. 2	
		§ 53 Abs. 1 Z. 10	
		§ 53 Abs. 1 Z. 16	
Überlassen zum Verbrauch	NpSG	§ 4 Abs. 3 Z. 1 lit. b	
Übertragen	BtMVV	§ 17 Nr. 4	
	TFG	§ 12 S. 3	
	TPG	§ 19 Abs. 1 S. 6	
		§ 2 Abs. 2 S. 1	
		§ 2 Abs. 3 S. 1	
		§ 4 Abs. 3	
		§ 13 Abs. 1 S. 4	
		§ 13 Abs. 2	
		§ 13a	
		§ 16a S. 3	
		§ 17 Abs. 2	
		§ 18 Abs. 1	
		§ 20 Abs. 1 Z. 6	
Übertragen lassen	TFG	§ 19 Abs. 1 S. 3 Z. 1	
	TPG	§ 17 Abs. 2	
		§ 18 Abs. 1	
Umgehen	SprengG	§ 40 Abs. 1 Z. 1	
		§ 40 Abs. 1 Z. 3	
		§ 41 Abs. 1 Z. 17	
(Rück-)/Organ-Übertragung	TPG	§ 1 Abs. 2	
		§ 1a Z. 7, 8, 11	
		§ 2 Abs. 1 S. 1 Z. 3	
		§ 2 Abs. 2 S. 3	
		§ 2 Abs. 4 S. 1	
		§ 5 Abs. 2 S. 1	
		§ 5 Abs. 3 S. 1	
		§ 7 Abs. 3 Z. 1	
		§ 8 Abs. 1 S. 1 Z. 2	
		§ 8 Abs. 1 S. 2	
		§ 8 Abs. 2 S. 1 Z. 5	
		§ 8 Abs. 3 S. 3	
		§ 8a S. 1 Z. 2	
		§ 8b Abs. 1 S. 1	
		§ 8c Abs. 1 Z. 1 lit. b	
		§ 8c Abs. 1 Z. 2, 3	
		§ 8c Abs. 2 S. 1	
		§ 8c Abs. 3 S. 1	
		§ 9 Abs. 1 S. 1, 2, 3	
		§ 9 Abs. 2 S. 1, 2	
		§ 10 Abs. 1 S. 1, 2	
		§ 10 Abs. 2 S. 1 Z. 1, 2, 4, 5, 7	
		§ 11 Abs. 1 S. 1	

Begriff	Gesetz	§ – Abs. – Ziff.	Bemerkungen
		§ 11 Abs. 1a S. 1	
		§ 11 Abs. 5 S. 2 Z. 2	
		§ 12 Abs. 4 S. 2 Z. 1	
		§ 13 Abs. 1 S. 3	
		§ 13 Abs. 3 S. 1	
		§ 16 Abs. 1 S. 1 Z. 4	
		lit. a, b	
		§ 16 Abs. 1 S. 1 Z. 6	
		§ 16 Abs. 2 S. 4	
		§ 16b Abs. 1 S. 1 Z. 3	
		§ 19 Abs. 1 Z. 3	
		§ 20 Abs. 1 Z. 7, 8	
Unterlagen nicht bzw. nicht richtig oder unvollständig führen	AMG		
Unterschreiben	TPG	§ 5 Abs. 2 S. 3	
		§ 5 Abs. 3 S. 3	
		§ 8 Abs. 2 S. 3	
Unterstützen	VereinsG	§ 20 Abs. 1 Z. 3	
	TFG	§ 3 Abs. 2 S. 2	
Untersuchen	TFG	§ 5 Abs. 3 S. 1, 2	
		§ 6 Abs. 1 S. 1	
		§ 13 Abs. 1 S. 2	
		§ 14 Abs. 1 S. 2	
		§ 22 Abs. 1 S. 1	
		§ 31	
Verabreichen	AMG	§ 95 Abs. 1 Z. 11	
	BtMG	§ 29 Abs. 1 Z. 6 lit. b	
		§ 29a Abs. 1 Z. 1	
		§ 30 Abs. 1 Z. 3	
	NpSG	§ 3 Abs. 1	
		§ 4 Abs. 1 Z. 1, Abs. 3 Z. 1 lit. b	
Veräußern	AntiDopG	§ 4 Abs. 1 Z. 1, Abs. 4 Z. 2 lit. a	
	BtMG	§ 29 Abs. 1 Z. 1	
	GÜG	§ 19 Abs. 1 Z. 1	
Veranstalter (Versammlung)	VersammlG	§ 26	
Verarbeiten	BNatSchG	§ 69 Abs. 3 Z. 20	
		§ 71a Abs. 1 Z. 2	
	TFG	§ 11 Abs. 2 S. 1	
		§ 14 Abs. 4 S. 1	
Verbreiten	VereinsG	§ 20 Abs. 1 Z. 5	
	VersammlG	§ 23	
Verbringen	AMG	§ 96 Z. 5b, 18e	
		§ 97 Abs. 2 Z. 8	
	AntiDopG	§ 2 Abs. 3	
		§ 4 Abs. 1 Z. 3	
	BNatSchG	§ 69 Abs. 5 Z. 2	

Begriff	Gesetz	§ – Abs. – Ziff.	Bemerkungen
	KrWaffG	§ 19 Abs. 1 Z. 1	
		§ 20 Abs. 1 Z. 1	
		§ 20a Abs. 1 Z. 1	
		§ 22a Abs. 1 Z. 4	
		§ 22a Abs. 5	
	NpSG	§ 4 Abs. 1 Z. 2 lit. b	
		§ 3 Abs. 1	
	SprengG	§ 40 Abs. 2 Z. 1	
		§ 41 Abs. 1 Z. 1c	
		§ 41 Abs. 1 Z. 2	
		§ 41 Abs. 1 Z. 5a	
		§ 41 Abs. 1 Z. 10	
	WaffG	§ 51 Abs. 1	
		§ 52 Abs. 1 Z. 1	
		§ 52 Abs. 1 Z. 2 lit. d	
		§ 52 Abs. 3 Z. 1	
		§ 52 Abs. 3 Z. 4	
		§ 53 Abs. 1 Z. 2	
Verbringen lassen	SprengG	§ 40 Abs. 2 Z. 1	
Verkaufen	BNatSchG	§ 69 Abs. 3 Z. 21	
		§ 69 Abs. 4 Z. 3	
		§ 71 Abs. 2 Z. 1	
		§ 71a Abs. 2 Z. 1	
In Verkehr bringen			*(siehe „Inverkehrbringen")*
Verleiten	BtMG	§ 29 Abs. 1 Z. 10	
	KrWaffG	§ 19 Abs. 1 Z. 1a	
		§ 20 Abs. 1 Z. 1a	
		§ 20a Abs. 1 Z. 2	
Verletzen	BNatSchG	§ 69 Abs. 2 Z. 1	
Vermitteln	WaffG	§ 9 Abs. 2 S. 3	
	TPG	§ 12 Abs. 1 S. 3, 4	
		§ 12 Abs. 2 S. 1	
		§ 12 Abs. 3 S. 1	
Vernichten	TFG	§ 11 Abs. 1 S. 2	
		§ 14 Abs. 3 S. 3	
Vernünftiger Grund	TierSchG	§ 17 Z. 1	
Verpacken	AMG	§ 96 Z. 18	
Versammlung	VersammlG	§ 21	
		§ 23	
Sich verschaffen	BtMG	§ 29 Abs. 1 Z. 1	
		§ 30a Abs. 2 Z. 2	
	GÜG	§ 22 Abs. 1 Z. 1	
Verschreiben	AMG	§ 95 Abs. 1 Z. 8	*(eines Arzneimittels)*
		§ 96 Z. 15	
		§ 97 Abs. 2 Z. 20, 21, 21a	
	AntiDopG	§ 4 Abs. 1 Z. 1, Abs. 4	
		§ 2 Abs. 1 Z. 4	
	BtMG	§ 29 Abs. 1 Z. 6 lit. a	

Begriff	Gesetz	§ – Abs. – Ziff.	Bemerkungen
	BtMVV	§ 16 Z. 1, 2, 3 lit. c, Z. 4, 5	
Vertreiben	SprengG	§ 40 Abs. 2 Z. 3 lit. a	
		§ 40 Abs. 2 Z. 3 lit. e	
		§ 41 Abs. 1 Z. 1a	
		§ 41 Abs. 1 Z. 1c	
		§ 41 Abs. 1 Z. 2	
		§ 41 Abs. 1 Z. 10	
		§ 41 Abs. 1 Z. 17	
	WaffG	§ 52 Abs. 1 Z. 3	
Verwenden	BNatSchG	§ 69 Abs. 3 Z. 21	
		§ 69 Abs. 5 Z. 1	
		§ 71 Abs. 2 Z. 2	
		§ 71a Abs. 2 Z. 2	
	SprengG	§ 41 Abs. 1 Z. 1a	
		§ 41 Abs. 1 Z. 1c	
		§ 41 Abs. 1 Z. 2	
	TFG	§ 8 Abs. 4 S. 1	
	TPG	§ 13 Abs. 2	
		§ 14 Abs. 1 S. 2	
		§ 14 Abs. 2 S. 3, 4	
		§ 19 Abs. 3 Z. 2, 3	
	VereinsG	§ 20 Abs. 1 Z. 5	
Vollziehbares Verbot	VersammlG	§ 23	
		§ 26 Z. 1	
Vorlage einer Unterlage mit unvollständigem bzw. nicht richtigem Inhalt	AMG	§ 96 Z. 6	
(Eingriff) Vornehmen	TPG	§ 2 Abs. 4 S. 3	
		§ 3 Abs. 1 Z. 3	
		§ 4 Abs. 1 S. 1	
		§ 8 Abs. 1 S. 1 Z. 4	
Vorrätig halten (zu Verkaufszwecken)	BNatSchG	§ 69 Abs. 3 Z. 21	
		§ 69 Abs. 4 Z. 3	
		§ 71 Abs. 2 Z. 1	
		§ 71a Abs. 2 Z. 1	
Vorteil verschlafen	AntiDopG	§ 3 Abs. 1, Abs. 2, Abs. 4	
Waffe	VersammlG	§ 24	
		§ 27 Abs. 1	
		§ 27 Abs. 2 Z. 3 lit. a	
Weiterbeschäftigen	SprengG	§ 41 Abs. 1 Z. 15	
Weitergeben	TPG	§ 2 Abs. 4 S. 3	
		§ 13 Abs. 2	
		§ 14 Abs. 1 S. 2	
		§ 19 Abs. 3 Z. 1	
Werben	BtMG	§ 29 Abs. 1 Z. 8	

Begriff	Gesetz	§ – Abs. – Ziff.	Bemerkungen
Wesentlich ändern	WaffG	§ 53 Abs. 1 Z. 11	*(Beschaffenheit oder die Art ihrer Benutzung)*
Widerstand leisten	VersammlG	§ 22	
Wieder ausführen	BNatschG	§ 69 Abs. 4 Z. 1	
Zerstören (vernichten)	BNatSchG	§ 69 Abs. 2 Z. 1, 3, 4 § 71a Abs. 1 Z. 1	
Zur Schau stellen	BNatschG	§ 69 Abs. 3 Z. 21 § 69 Abs. 4 Z. 3 § 71 Abs. 2 Z. 2 § 71a Abs. 2 Z. 2	
Zurückbehalten	KrWaffG	§ 20a Abs. 1 Z. 1	
Zusammenrotten	VersammlG	§ 27 Abs. 2 Z. 3	
Zuwiderhandeln	AMG	§ 95 Abs. 1 Z. 2 § 96 Z. 2 § 97 Abs. 2 Z. 6, 23d, 24, 25, 26, 30, 31	
	BtMG	§ 29 Abs. 1 Z. 14 § 32 Abs. 1 Z. 4 § 32 Abs. 1 Z. 6 § 32 Abs. 1 Z. 9	
	BtMVV	§ 17 Nr. 9	
	GenTG	§ 38 Abs. 1 Z. 8 § 38 Abs. 1 Z. 11 § 38 Abs. 1 Z. 12 § 39 Abs. 1	
	GÜG	§ 20 Abs. 1 Z. 15	
	KrWaffG	§ 22b Abs. 1 Z. 3a § 22b Abs. 1 Z. 6	
	SprengG	§ 41 Abs. 1 Z. 16	
	TierSchG	§ 20 Abs. 3 § 20a Abs. 3	
	VereinsG	§ 20 Abs. 1 Z. 4 § 21 Abs. 1	
	VersammlG	§ 28	
	WaffG	§ 52 Abs. 3 Z. 8 § 53 Abs. 1 Z. 4 § 53 Abs. 1 Z. 23	

Sachregister

Bearbeiterin: Martina Ludlei

Die fett gedruckten Zahlen bezeichnen die Paragraphen,
die mageren Zahlen die Randnummern.

Beihilfe **BtMG 30** 70
besitzloser Bandenhandel **BtMG 30** 19
Beteiligung/Beteiligter **BtMG 30** 67 f.
Eigennutz **BtMG 30** 69
Erlaubnis **BtMG 30** 22
Geltungsbereich **BtMG 30** 12 ff.
Gleichgültigkeit des Täters **BtMG 30** 63
grenzüberschreitende Mehrfachverfolgung
    BtMG 30 16
Handeltreiben **BtMG 30** 20
Imitate **BtMG 30** 21
Irrtumskonstellationen **BtMG 30** 64
Konkurrenzen **BtMG 30** 75 ff.
kriminalpolitische Bedeutung **BtMG 30**
    7 ff.
Kritik **BtMG 30** 5 f.
mittäterschaftliche Zurechnung **BtMG 30**
    71
objektiver Tatbestand **BtMG 30** 17 ff.
Parallelwertung **BtMG 30** 62
persönliches Merkmal **BtMG 30** 66
PKS **BtMG 30** 7 ff.
rechtliche Einordnung **BtMG 30** 1 ff.
Rechtsentwicklung **BtMG 30** 10 f.
Rechtsfolgen **BtMG 30** 85 ff.
Sicherungsverwahrung **BtMG 30** 90
Strafklageverbrauch **BtMG 30** 82 ff.
Strafrahmenwahl **BtMG 30** 85
Strafzumessung **BtMG 30** 86 ff.
subjektiver Tatbestand **BtMG 30** 60 ff.
Täterschaft und Teilnahme **BtMG 30** 65 ff.
Tathandlungen **BtMG 30** 18 ff.
Tatobjekte **BtMG 30** 23
Verfassungsmäßigkeit **BtMG 30** 4
Versuch **BtMG 30** 72 ff.
Vorbereitungshandlungen **BtMG 30** 73
Vorsatz **BtMG 30** 61 ff.
**Bandenmäßiges Handeltreiben in nicht
    geringer Menge BtMG 30a** 1 ff.
Absehen von Strafe **BtMG 30a** 38
Bande **BtMG 30a** 16
BtM-Versand **BtMG 30a** 13, 36
Deliktsnatur **BtMG 30a** 2
Geltungsbereich **BtMG 30a** 10 f.
grenzüberschreitende Mehrfachverfolgung
    BtMG 30a 11
Grundtatbestände **BtMG 30a** 13
Irrtumskonstellationen **BtMG 30a** 19
Konkurrenzen **BtMG 30a** 26 ff.
kriminalpolitische Bedeutung **BtMG 30a**
    4 ff.
nicht geringe Menge **BtMG 30a** 15
objektiver Tatbestand **BtMG 30a** 12 ff.
PKS **BtMG 30a** 4 ff.
rechtliche Einordnung **BtMG 30a** 1 ff.
Rechtsentwicklung **BtMG 30a** 7 ff.
Rechtsfolgen **BtMG 30a** 34 ff.
Sicherungsverwahrung **BtMG 30a** 39

Strafklageverbrauch **BtMG 30a** 32 f.
straflose Vorbereitungshandlungen
    BtMG 30a 23
Strafmaßbeispiele **BtMG 30a** 37
Strafzumessung **BtMG 30a** 34 ff.
subjektiver Tatbestand **BtMG 30a** 17 f.
Täterschaft und Teilnahme **BtMG 30a** 20 f.
Verfassungsmäßigkeit **BtMG 30a** 3
Versuch **BtMG 30a** 22 ff.
Vollendung und Beendigung **BtMG 30a**
    25
Vorsatz **BtMG 30a** 18
Bannbruch BNatSchG 71 163; **BtMG 29**
743
Bannkreise VersammlG 16
Barbital
Ausnahmeregelungen **BtMG 1** 81
Be- oder Verarbeiten s. Herstellen von BtM
BtM **BtMG 29** 150 ff.
Bearbeiten
Grundstoffe **GÜG 1** 30
Neue psychoaktive Substanzen **NpSG 4** 18
**Beauftragter für Biologische Sicherheit
GenTG 3** 11 f.
Bedarfsmenge BtMG 4 29
Bedenkliche Arzneimittel
absolute Geltung **AMG 5** 1
Anwenden bei anderen **AMG 5** 3; **95** 44
Anwendungsverbot **AMG 5** 3
Arzneimittel **AMG 5** 4
Bedenklichkeit **AMG 5** 5 ff.
bestimmungsgemäßer Gebrauch **AMG 5**
    7 ff.
Güter- und Interessenabwägung **AMG 5** 2
Inverkehrbringen **AMG 5** 27; **95** 38 ff.
Produktbeobachtungspflicht **AMG 5** 10
Prognose **AMG 5** 5
Rechtsprechung **AMG 95** 38 ff.
sanktionsrechtliche Bedeutung **AMG 5**
    28 ff.
schädliche Wirkung von Arzneimitteln
    s. dort
strafrechtliche Rechtsprechung **AMG 95**
    38 ff.
Verdacht schädlicher Wirkung s. dort
verfassungsrechtliche Bestimmtheit **AMG 5**
    6
vertretbares Maß s. dort
Bedenklichkeit
des Arzneimittels **AMG 5** 5 ff.
**Beeinträchtigung und Bedrohung Ver-
    sammlG 22**
Drohung **VersammlG 22** 20
Gewalt **VersammlG 22** 19 f.
Historie **VersammlG 22** 4
Irrtum **VersammlG 22** 22
öffentliche Versammlung **VersammlG 22**
    7 f.

Sachregister